Larousse

diccionario
USUAL

por

Ramón García

Profesor de la Unive
y del Instituto de E
Miembro c. de la Aca
de la Academia de San Dio
de la Academia E
y de la Real Academia

56 000 palabras
más de 140 000 acepciones
120 mapas en negro
y un compendio
de gramática
al final del volumen

EDICIONES
Larousse

MARSELLA 53, MÉXICO 06600, D.F.

Paseo de Gracia 120　　*17, rue du Montparnasse*　　*Valentín Gómez 3530*
Barcelona 08008　　*75298 París　Cedex 06*　　*Buenos Aires R.13*

prólogo

Los inventos y hallazgos realizados hoy en los diversos campos del saber han incrementado tanto el caudal de voces que integra una lengua que tenemos que valernos cotidianamente de un glosario para comprender el significado de algunas palabras.

La necesidad de poner a disposición del hombre de nuestra época un útil que satisfaga su espíritu de síntesis nos ha llevado a emprender una compilación cada vez más actual que sustituye a la realizada hace ya cierto tiempo y publicada con el título de Larousse Usual. *Este NUEVO LAROUSSE USUAL recoge en sus páginas todos los cambios y novedades que se han producido últimamente para responder de modo cabal a las exigencias del mundo moderno.*

El lector encontrará en este libro el conjunto de voces que forma el acervo lingüístico de quienes utilizan en toda la superficie del planeta el castellano como medio de expresión. Los distintos artículos podrán despejar las dudas que le asalten y ayudarle en sus investigaciones gracias a la explicación sencilla y clara de los términos clásicos o modernos así como de los tecnicismos impuestos por los adelantos contemporáneos en el mundo del átomo, la astronáutica, la cibernética, la televisión, la informática, la medicina, etc.

© 1985, Librairie Larousse
"D.R." © 1985, por Ediciones Larousse, S.A. de C.V.
Marsella núm. 53, México 06600, D.F.

Esta obra no puede ser reproducida, total o parcialmente, sin autorización escrita del editor.

SEXTA EDICIÓN - Decimosegunda reimpresión

ISBN 2-03-490013-8 (Librairie Larousse)
ISBN 968-6042-69-5 (Ediciones Larousse)

Impreso en México — Printed in Mexico

Se ha procurado también, dada la importancia que siempre tuvieron y la pujanza que cobran en la actualidad las naciones de lengua castellana en el Nuevo Mundo, incluir incontables americanismos.

Al principio de cada vocablo estudiado hemos puesto la acepción más usual, seguida de las que encierran un matiz diferente, ya sea figurado, familiar o neológico. Con frecuencia las interpretaciones varias de que goza una palabra van acompañadas de un ejemplo que contribuye a su mejor entendimiento.

Mezcladas alfabéticamente con el repertorio idiomático, insertamos reseñas de orden biográfico, histórico, artístico o científico en las que tratamos con especial atención, y dentro del criterio objetivo e impersonal aplicado al ámbito lingüístico, todo cuanto tiene alguna relación con los países americanos de habla castellana.

En las últimas páginas de nuestro diccionario, un compendio de gramática expone con cierto detalle las estructuras fundamentales de nuestra lengua.

Pecaríamos de ingratitud si, al concluir estas líneas, no citásemos la valiosa colaboración que en la ejecución de esta tarea nos han prestado la Srta. M. Durand y Fernando García-Pelayo, así como el empeño puesto en la confección y corrección por Fernando Gómez Peláez.

Ramón GARCÍA-PELAYO Y GROSS

instrucciones
para el uso del diccionario

En el prólogo de este libro van implícitas algunas de las indicaciones necesarias para el manejo del diccionario. No obstante, creemos de utilidad repetirlas aquí de modo expreso y añadir otras indispensables para facilitar la consulta.

● Las diferentes acepciones de cada vocablo están separadas entre sí por dos barras (‖). A veces, una definición va precedida de una abreviatura, que indica el carácter técnico de la palabra, su condición de figurada, familiar o popular o el uso exclusivo de esa voz en algún país de América.

● En el caso de que una abreviatura sea común a dos o más acepciones sucesivas, éstas aparecen separadas entre sí por una sola barra (|).

● En cuanto a la estructura interna de los artículos lingüísticos, conviene señalar las siguientes particularidades : 1º los sustantivos que tienen dos géneros (m. y f.) figuran en la misma reseña; para pasar de uno a otro se ponen dos barras y una raya (‖ —) y a continuación el género correspondiente, con letra mayúscula (M. o F.); 2º los adjetivos pueden presentarse de tres formas : a) cuando la palabra sólo tiene una función adjetiva, en cuyo caso se advierte simplemente (v. gr. **decidido, da**); b) cuando la palabra es a la vez adjetivo y sustantivo, ambos con el mismo sentido, se señala adj. y s., si se aplica a los dos géneros (v. gr. **demócrata, americano, na**), mientras que si el sustantivo es sólo aplicable a uno de los géneros se pone adj. y s. m. o adj. y s. f. (v. gr. **labiodental**); c) cuando el vocablo tiene un significado adjetivo y también uno o varios significados sustantivos, se define en primer lugar el adjetivo y a continuación se ponen dos barras y raya (‖ —) seguidas del género en mayúscula y de la explicación correspondiente (v. gr. **labrado, da**). A veces estos tres casos pueden ir combinados en un mismo artículo (v. gr. **dental**). Finalmente, una palabra fundamentalmente adjetiva puede ir seguida de las abreviaturas (ú. t. c. s.) o (ú. t. c. s. m.) o (ú. t. c. s. f.), para indicar que es posible usarla también como sustantivo (v. gr. **chumbo**); 3º los adverbios, modos adverbiales, preposiciones, conjunciones e interjecciones figuran siempre después de los adjetivos y sustantivos, separados de éstos mediante dos barras y raya (‖ —).

● Las acepciones transitivas, intransitivas y pronominales de los verbos, cada una de ellas con sus expresiones correspondientes, van separadas por dos barras y raya (‖ —). A veces un verbo tratado como transitivo puede usarse también como intransitivo o pronominal, con un sentido fácilmente deducible. En tal caso esta posibilidad se indica abreviadamente entre paréntesis (ú. t. c. i.) o (ú. t. c. pr.).

● Las expresiones y frases figuradas, familiares o técnicas se incluyen en la parte gramatical a que pertenecen y van separadas de la acepción por dos barras y raya (‖ —), en el caso de que sean más de una. Si varias de éstas corresponden a una misma rúbrica entonces van separadas entre sí por una barra (|).

● Con el fin de ganar espacio, se ha prescindido de los adverbios terminados en -mente, cuando su significado es obvio y únicamente se han puesto aquellos que han tomado un significado diferente del adjetivo del que proceden (v. gr. **seguramente**). De igual modo se ha procedido con algunos derivados y compuestos formados por la adición de una partícula antepuesta o pospuesta, particularmente con los aumentativos y diminutivos de formación regular. Esta omisión voluntaria queda largamente paliada con la inclusión de dos cuadros especiales de prefijos y sufijos.

● Los nombres propios están reunidos en varios grupos : 1) nombres y apellidos, y 2) lugares geográficos o entidades administrativas. Los del primer caso, separados en general por el signo (‖ ~) y excepcionalmente si son nombres de una misma familia por una raya (—) [v. gr. **Fernández**], están a menudo clasificados por países, si se trata de reyes o emperadores (v. gr. **Carlos**), o por su condición de santos, papas y personajes diversos (v. gr. **León**). Los del segundo caso pueden estar separados dentro de un mismo grupo por una raya (-) cuando su enunciado es el mismo (v. gr. **Laredo**) o por el signo (‖ ~) cuando la segunda palabra de su denominación es diferente (v. gr. **Nueva**). Estas agrupaciones — de las que se excluyen los Estados, tratados siempre aparte — nos han permitido aprovechar al máximo el espacio que nos habíamos fijado y conseguir la inclusión de un mayor número de artículos.

● Para concluir, señalaremos que cuando una palabra tiene dos ortografías distintas se ha dado la preferencia a la más corriente, a la cual se remite desde la otra (v. gr. **sustituir** y **substituir**).

tabla de abreviaturas

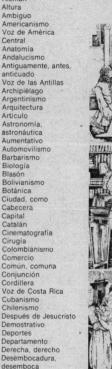

abrev.	Abreviatura		m	Metros
a. de J. C.	Antes de Jesucristo		m.	Masculino, modo,
adj.	Adjetivo			murió, muerto
adv.	Adverbio,		Mar.	Marina
	adverbial		Mat.	Matemáticas
afl.	Afluente		máx.	Máxima
Agr.	Agricultura		Mec.	Mecánica
alem.	Alemán		Med.	Medicina
alt.	Altura		Metal.	Metalurgia
amb.	Ambiguo		Méx.	Voz de México
Amer.	Americanismo		Mil.	Militar
Amér. C.	Voz de América		Min.	Mineralogía, mina
	Central		min.	Minuto
Anat.	Anatomía		Mit.	Mitología
And.	Andalucismo		mun.	Municipio
ant.	Antiguamente, antes,		Mús.	Música
	anticuado		N.	Norte
Antill.	Voz de las Antillas		n.	Nació, nacido, nombre
archip.	Archipiélago		NE.	Noreste
Arg.	Argentinismo		Neol.	Neologismo
Arq.	Arquitectura		Nicar.	Voz de Nicaragua
art.	Artículo		NO.	Noroeste
Astr.	Astronomía,		norteam.	Norteamericano
	astronáutica		n. pr.	Nombre propio
aum.	Aumentativo		núm.	número
Autom.	Automovilismo		O.	Oeste
barb.	Barbarismo		Observ.	Observación
Biol.	Biología		Ópt.	Óptica
Blas.	Blasón		pág.	Página
Bol.	Bolivianismo		pal.	Palabra
Bot.	Botánica		Parag.	Voz del Paraguay
c.	Ciudad, como		penins.	Península
cab.	Cabecera		Per.	Peruanismo
cap.	Capital		pers.	Persona, personal
cat.	Catalán		Pint.	Pintura
Cin.	Cinematografía		pl.	Plural
Cir.	Cirugía		pobl.	Población
Col.	Colombianismo		Poét.	Poética
Com.	Comercio		Pop.	Popular
com.	Común, comuna		Por ext.	Por extensión
conj.	Conjunción		pos.	Posesivo
cord.	Cordillera		pot.	Potencial
C. Rica	Voz de Costa Rica		p.p.	Participio pasivo
Cub.	Cubanismo		pr.	Principal, pronúnciese,
Chil.	Chilenismo			pronominal, premio
d. de J. C.	Después de Jesucristo		pref.	Prefijo
dem.	Demostrativo		prep.	Preposición
Dep.	Deportes		pres.	Presente, presidente
dep.	Departamento		pret.	Pretérito
der.	Derecha, derecho		P. Rico	Voz de Puerto Rico
des.	Desembocadura,		pron.	Pronombre
	desemboca		prov.	Provincia, proverbio
Despect.	Despectivo		Provinc.	Provincianismo
det. y determ.	Determinado		P. us.	Poco usado
dim.	Diminutivo		Quím.	Química
distr.	Distrito		Rad.	Radiotécnica
Dom.	Voz de la República		ref.	Refinería
	Dominicana		Rel.	Religión
E.	Este	ger.	Gerundio	rel.	Relativo
Ecuad.	Voz del Ecuador	Gob.	Gobierno	Rep.	República
ej.	Ejemplo	Gral.	General	Ret.	Retórica
Electr.	Electricidad	Gram.	Gramática	rev.	Revolución
Equit.	Equitación	Guat.	Voz de Guatemala	Riopl. y Rioplat.	Voz rioplatense
esp.	Español	h. y hab.	Habitantes	S., s.	Sur, siglo, sustantivo
Est.	Estado	Hist.	Historia	Salv.	Voz de El Salvador
etc.	Etcétera	Hist. nat.	Historia natural	SE.	Sureste
exclamat.	Exclamativo	Hond.	Voz de Honduras	símb.	Símbolo
expr.	Expresión	i.	Intransitivo	sing.	Singular
f.	Femenino	ilustr.	Ilustración	SO.	Suroeste
Fam.	Familiar	imper.	Imperativo	subj.	Subjuntivo
Farm.	Farmacia	imperf.	Imperfecto	sup.	Superficie
Fig.	Figurado	impers.	Impersonal	t.	Transitivo, tiempo
Fil.	Filosofía	Impr.	Imprenta	Tauram.	Tauromaquia
Filip.	Voz de Filipinas	ind.	Indicativo, industria	tb., t.	También
Fis.	Física	indet.	Indeterminado	Teatr.	Teatro
Fisiol.	Fisiología	ingl.	Inglés	Tecn.	Tecnicismo
flam.	Flamenco	interj.	Interjección	Teol.	Teología
For.	Forense	interr.	Interrogativo	térm. mun.	Término municipal
Fort.	Fortificación	inv.	Invariable	territ.	Territorio
Fot.	Fotografía	Irón.	Irónico	ú	Úsase
fr.	Frase, francés	irreg.	Irregular	Urug.	Voz del Uruguay
fut.	Futuro	ital.	Italiano	V., v.	Véase, verbo, villa
Galic.	Galicismo	izq.	Izquierdo, izquierda	Venez.	Voz de Venezuela
gén.	Género	km	Kilómetros	Veter.	Veterinaria
Geogr.	Geografía	lat.	Latín	Vulg.	Vulgarismo
Geol.	Geología	Lit.	Literatura	yac.	Yacimientos
Geom.	Geometría	lunf.	Lunfardo	Zool.	Zoología

Paisaje en los **Andes** bolivianos.

a m. Primera letra del alfabeto castellano y primera de sus vocales. (Pl. aes.) ‖ — **A,** símbolo del *amperio* y del *argón.*

a prep. Denota : 1.º Dirección : *voy a Madrid* ; 2.º Término del movimiento : *llegó a Lima* ; 3.º Lugar o tiempo : *sembrar a los cuatro vientos, lo vieron a las diez* ; 4.º Situación : *a mi derecha* ; 5.º Espacio de tiempo o de lugar : *de diez a once de la mañana, de un sitio a otro* ; 6.º Modo de la acción : *a pie, a caballo* ; 7.º Distribución o proporción : *a millares, veinte a veinte, a veinte por cabeza* ; 8.º Comparación o contraposición : *va mucho de uno a otro* ; 9.º Complemento directo de persona : *escribo a mi padre* ; 10.º Finalidad : *a decirme adiós* ; 11.º Hipótesis : *a decir verdad* ; 12.º Medida : *a litros* ; 13.º Orden : *¡a trabajar!* ; 14.º Al mismo tiempo que : *a la puesta del Sol.* ‖ Se antepone al precio : *a veinte pesetas los cien gramos.* ‖ Da principio a muchas frases adverbiales : *a veces, a bulto, a tientas.* ‖ De manera : *a la criolla.* ‖ Con : *dibujar a pluma.* Hacia : *vino a mí con mala cara.* Hasta : *con el agua a la cintura.* Junto a, cerca de : *a orillas del mar.* Para : *a beneficio propio.* ‖ Por : *a petición mía.* ‖ Según : *a lo que parece.*

Aabo o **Abo.** V. TURKU.

Aachen n. alem. de *Aquisgrán.*

Aaiún (El), c. septentrional del Sáhara Occidental que fue cap. del antiguo Sáhara Español o Río de Oro.

Aalborg o **Alborg,** c. y puerto del NE. de Dinamarca.

Aar, río de Suiza, afl. del Rin, que pasa por Berna ; 280 km.

Aarau, c. de Suiza, cap. del cantón de Argovia, al pie del Jura.

Aarhus, c. y puerto del E. de Dinamarca (Jutlandia).

Aarón, sumo sacerdote hebreo, hermano mayor de Moisés. *(Biblia.)*

ab intestato loc. lat. *For.* Sin testamento : *morir « ab intestato ».*

abacá m. Planta textil de Filipinas.

abacería f. Tienda de comestibles.

abacero, ra m. y f. Persona que vende comestibles.

abacial adj. Relativo al abad, a la abadesa o a la abadía.

Abaco, n. de dos islas del archip. de las Bahamas o Lucayas *(Gran Abaco y Pequeña Abaco).*

ábaco m. Marco de madera con alambres paralelos por los que corren diez bolas movibles que sirven para enseñar a contar. ‖ *Arq.* Parte superior del capitel de una columna.

abad m. Superior de un monasterio.

Abad I, primer soberano musulmán de Sevilla, fundador de la dinastía abadita. M. en 1042. — Su nieto ABAD III, llamado *Almotamid* (1040-1095),

reinó desde 1069 y se alió con Alfonso VI de Castilla. Fue tb. inspirado poeta.

Abadán, c. y puerto del SO. de Irán.

abadejo m. Bacalao.

abadengo, ga adj. Del abad.

abadesa f. Superiora en ciertas comunidades de religiosas.

abadía f. Iglesia o monasterio regido por un abad o una abadesa. ‖ Territorio o jurisdicción del abad o abadesa.

Abadía y Méndez (Miguel), escritor y político colombiano (1867-1947), pres. de la Rep. de 1926 a 1930.

Abadiano, mun. del N. de España (Vizcaya). Central eléctrica.

abadita o **abadi** adj. y s. De la dinastía árabe fundada por Abad I en Sevilla.

abajeño, ña adj. *Amer.* De la costa o tierras bajas (ú.t.c.s.).

abajo adv. Hacia lugar o parte inferior : *echar abajo.* ‖ En lugar o parte inferior : *están abajo.* ‖ — Interj. de reprobación : *¡abajo el tirano !*

Abakan, c. de la U. R. S. S., en Siberia, en la confluencia del río del mismo n. y del Yenisei.

abalanzarse v. pr. Arrojarse.

abalizar v. t. Señalar con balizas.

abalorio m. Cuentas de vidrio.

abancaino, na adj. y s. De Abancay (Perú).

Abancay, c. del SO. del Perú, cap. de la prov. homónima y del dep. de Apurímac. Obispado.

abanderado m. Oficial que lleva la bandera. ‖ *Fig.* Adalid, defensor.

abanderamiento m. Acción de abanderar o abanderarse.

abanderar v. t. Matricular bajo la bandera de un Estado a un buque extranjero (ú. t. c. pr.).

abandonado, da adj. Descuidado, desastrado : *persona abandonada.*

abandonamiento m. Abandono.

abandonar v. t. Dejar a una persona o cosa : *abandonar la casa de sus padres.* ‖ *Fig.* Renunciar, dejar alguna cosa emprendida ya : *abandonar un empleo.* ‖ No hacer caso de algo. ‖ — V. pr. Dejarse dominar por un afecto o emoción. ‖ Prestar poco interés a sus cosas o a su aseo. ‖ Confiarse.

abandonismo m. Tendencia a renunciar a algo sin luchar.

abandonista adj. Relativo al abandonismo. ‖ Partidario del abandonismo (ú. t. c. s.).

abandono m. Acción y efecto de abandonar o abandonarse. ‖ Descuido : *vivir en el abandono.* ‖ *For.* Incumplimiento de la obligación legal de suministrar alimentos a quien tiene derecho a recibirlos. ‖ Incumplimiento de los deberes del cargo o función : *abandono de servicio.* ‖ Renuncia a participar o seguir en una competición deportiva.

abanicar v. t. Hacer aire con el abanico (ú. t. c. pr.).

abanico m. Instrumento para hacer aire. ‖ *Fig.* Gama, serie de valores o de cosas que oscilan entre dos extremos.

Abanilla, v. de España (Murcia).

abaniqueo m. Acción de abanicar o abanicarse.

Abarán, v. del SE. de España (Murcia).

abaratamiento m. Acción y efecto de abaratar o abaratarse.

abaratar v. t. e i. Disminuir de precio (ú. t. c. pr.).

Abarbanel (Isaac), rabino portugués (1437-1508), padre de León Hebreo.

abarca f. Calzado rústico que se ata con correas al tobillo.

Abarca (Sancho), rey de Aragón y Navarra. M. hacia 926.

Abarca de Bolea. V. ARANDA *(Conde de).*

abarcar v. t. Ceñir, rodear. ‖ Comprender, contener. ‖ Alcanzar con la vista.

abaritonado, da adj. Con voz o sonido de barítono.

abarloar v. t. *Mar.* Arrimar el costado de un buque a otro o al muelle (ú. t. c. pr.).

Abaroa, prov. de Bolivia (Oruro) ; cap. *Challapata* y *Salinas.*

abarquillado, da adj. De forma de barquillo : *madera abarquillada.*

abarquillamiento m. Acción y efecto de abarquillar o abarquillarse.

abarquillar v. t. Dar figura de barquillo. ‖ — V. pr. Curvarse.

abarrotado, da adj. Muy lleno.

abarrotar v. t. *Mar.* Asegurar la estiba con abarrotes. ‖ Cargar un buque aprovechando todo el espacio disponible. ‖ *Fig.* Atestar, llenar con exceso (ú. t. c. pr.).

abarrote m. *Mar.* Fardo pequeño. ‖ — Pl. *Amer.* Comestibles y artículos menudos de primera necesidad : *comercio de abarrotes.* ‖ Tienda de comestibles. ‖ *Col.* Quincallería.

abarroteria f. *Amer.* Abacería.

abarrotero, ra m. y f. *Amer.* Persona que tiene tienda de abarrotes.

Abascal (José Fernando), militar y político español n. en Oviedo (1743-1827), virrey del Perú de 1806 a 1815.

abasi o **abasida** adj. y s. Descendiente de Abulbás. (La dinastía de los *abasíes* o *abasidas* destronó a los omeyas y reinó en Bagdad de 762 a 1258. Tuvo 37 califas.)

Abasolo (Mariano de), patriota mexicano (1784-1816). Se distinguió en la guerra de Independencia de su país.

1

abastecedor, ra adj. Que abastece (ú.t.c.s.).

abastecer v. t. Aprovisionar, proveer de lo necesario.

abastecido, da adj. Surtido.

abastecimiento, m. Acción y efecto de abastecer o abastecerse.

abasto m. Provisión de víveres. || Abundancia. || *No dar abasto*, no poder satisfacer todas las demandas.

abate m. Clérigo de órdenes menores. || Nombre dado a los clérigos de Francia e Italia.

abati m. Arg. Maíz.

abatible adj. Que puede abatirse.

abatido, da adj. Desanimado.

abatimiento m. Desaliento.

abatir v. t. Derribar: *abatir una casa*. || Bajar: *abatir las velas.* || *Fig.* Hacer perder el ánimo: *dejarse abatir por los infortunios.* || Desarmar, desmontar: *abatir la tienda de campaña.* || En ciertos juegos de naipes, mostrar las cartas. || *Mar. Abatir el rumbo*, desviarse el barco de su rumbo. — V. pr. Precipitarse el ave de rapiña: *el cóndor se abatió sobre su presa.*

Abbat (Per), escritor español del s. XIV, copista del *Cantar de Mío Cid* (1307).

Abd || ~ **el-Káder** (EL-HADI), emir argelino (1808-1883), que combatió de 1832 a 1847 contra los franceses. || ~ **el-Krim**, caudillo moro (1882-1963). Se rebeló en el Rif contra España y Francia (1921). Se rindió a los franceses en 1926.

Abdalá (Abú). V. BOABDIL. || ~ **Abenabó**, caudillo de los moriscos de Las Alpujarras, que sucedió a Aben Humeya. M. asesinado en 1571.

Abdera, ant. c. del SE. de España, hoy *Adra.* — Ant. c. de Tracia.

Abderramán || ~ **I el Justo** (731-788), primer emir omeya de España desde 756. || ~ **II el Victorioso** (792-852), emir de Córdoba en 822, que conquistó Barcelona. || ~ **III** (889?-961), emir de Córdoba en 822, fundador de la Escuela de Medicina de Córdoba y primer califa (929). || ~ **IV**, califa omeya de 1017 a 1025.

Abderramán el Gafequi, guerrero hispanomusulmán del s. VIII, vencido por Carlos Martel en Poitiers (732).

abdicación f. Acción y efecto de abdicar. || Documento que lo consta.

abdicar v. t. Renunciar al trono, a las dignidades.

abdomen m. Vientre.

abdominal adj. Del abdomen.

abducción f. *Anat.* Movimiento por el cual un miembro se aparta del eje del cuerpo: *abducción del brazo.*

abductor adj. ●Que produce la abducción (ú.t.c.s.m.).

abecé m. Alfabeto.

abecedario m. Alfabeto. || Cartel o librito con las letras del abecedario.

abedul m. Árbol betuláceo de madera blanca.

abeja f. Insecto himenóptero que produce la cera y la miel. || Hembra del zángano. || *Fig.* Persona laboriosa.

abejaruco m. Ave que se alimenta de abejas.

Abejorral, pobl. del NO. de Colombia (Antioquia).

abejorro m. Insecto himenóptero, velludo, que zumba mucho al volar. || Insecto coleóptero que zumba mucho al volar y cuya larva roe las raíces de los vegetales. || *Fig.* Persona pesada y molesta.

Abel, segundo hijo de Adán y Eva, asesinado por su hermano Caín.

Abelardo (Pedro), filósofo y teólogo escolástico francés (1079-1142), célebre por sus amores con Eloísa.

Aben || ~ **Ezra**, rabino español (¿ 1092 ?-1167), astrónomo y comentador de la Biblia. || ~ **Humeya**, rey de los moriscos sublevados de Las Alpujarras (1520-1569), cuyo verdadero n. era Fernando de Córdoba y Válor. M. ahorcado.

Abenabó. V. ABDALÁ ABENABÓ.

Abencerraje, miembro de una familia morisca, rival de los zegríes, que tuvo gran influencia en el reino de Granada en el siglo XV.

Abenmassarra, filósofo hispanoárabe (883-931), inspirado en Platón.

Abentofail, filósofo y médico hispanoárabe (1100-1185), autor de *El filósofo autodidacto.*

Abeokuta, c. en el SO. de Nigeria.

Aberdeen [-*dín*], c. y puerto de Gran Bretaña (Escocia), cap. del condado homónimo. Obispado.

aberración f. *Astr.* Desvío aparente de los astros. || *Opt.* Defecto de las lentes que produce una visión defectuosa: *aberración cromática.* || *Fig.* Error de juicio, disparate.

aberrante adj. Que va en contra de las normas o del sentido común.

aberrar v. i. Errar, equivocarse.

Aberri Eguna, festividad de la patria vasca, celebrada el domingo de Pascua de Resurrección.

abertura f. Acción de abrir o abrirse. || Hendidura o grieta: *una abertura en la pared.* || *Fig.* Franqueza.

abertzale, adj. y s. Nacionalista vasco.

abeto m. Árbol conífero de copa cónica y ramas horizontales.

abicharse v. pr. *Amer.* Agusanarse.

Abidján, cap. y puerto de Costa de Marfil; 1 060 000 h. Arzobispado.

Abidos, c. de Asia Menor, en el Helesponto. — C. del Alto Egipto, a orillas del Nilo.

abierto, ta adj. Desembarazado, llano, raso: *campo abierto.* || Que no tiene fortificaciones o no quiere defenderse: *ciudad abierta.* || *Fig.* Sincero, comunicativo: *carácter abierto.* || Comprensivo, generoso, liberal: *un espíritu abierto.* — *A cielo abierto*, al aire libre. || *Con los brazos abiertos*, cordialmente.

abietáceas f. pl. *Bot.* Familia de plantas gimnospermas, como el pino y el abeto (ú. t. c. adj.).

abigarrado, da adj. Que tiene colores o dibujos muy variados: *tela abigarrada.* || Heterogéneo.

abigarramiento m. Acción y efecto de abigarrar o abigarrarse.

abigarrar v. t. Dar o poner a una cosa varios colores mal combinados.

abigeato m. Robo de ganado.

Abila, ant. nombre de Ceuta.

abisal adj. De las profundidades submarinas: *flora y fauna abisales.*

Abisinia, ant. n. de *Etiopía.*

abisinio, nia adj. y s. De Abisinia.

abismal adj. Del abismo. || Abisal.

abismar v. t. Hundir en un abismo. || *Fig.* Confundir, abatir: *abismar en un mar de confusiones* (ú. t. c. pr.). || — V. pr. *Fig.* Sumirse.

abismático, ca adj. Profundo.

abismo m. Sima, gran profundidad. || *Fig.* Cosa inmensa, extremada: *un abismo de penas.* || Cosa difícil de descubrir: *los abismos del alma.* || Gran diferencia: *hay un abismo entre las dos cosas.* | Infierno.

Abjasia, rep. autónoma de la U.R.S.S. (Georgia), al S. del Cáucaso y a orillas del mar Negro; cap. *Sujumi.*

abjuración f. Acción y efecto de abjurar: *abjuración de Recaredo.*

abjurar v. t. Renunciar solemnemente a una religión o sentimiento o creencia (ú. t. c. i.).

ablación f. *Cir.* Extirpación de cualquier parte del cuerpo: *ablación de un riñón.* || *Geol.* Fusión de un glaciar por el calor.

ablandamiento m. Acción y efecto de ablandar o ablandarse.

ablandar v. t. Poner blanda alguna cosa: *el calor ablanda la cera.* || *Fig.* Mitigar la cólera, la ira, etc.: *ablandar el rigor paterno.* || *Amer.* Hacer el rodaje de un automóvil. — V. pr. Ponerse blando.

ablande m. *Arg.* Rodaje de un automóvil.

ablativo adj. y s. m. *Gram.* Dícese de uno de los casos de la declinación gramatical que expresa relación de procedencia, situación, modo, tiempo, instrumento, etc. (En castellano se indica por medio de las preposiciones *con, de, desde, en, por, sin, sobre, tras*.) || *Ablativo absoluto*, expresión elíptica sin conexión gramatical con el resto de la frase de la cual depende el sentido: *dicho esto, se fue.*

ablución f. Lavado, acción de lavarse: *hizo sus abluciones matinales.* || En algunas religiones, purificación por medio del agua. || Ceremonia de purificar el cáliz y de lavarse los dedos el sacerdote después de consumir.

abnegación f. Renunciamiento de la

propia voluntad o intereses a favor de Dios o del prójimo.

abnegado, da adj. Que tiene abnegación. || Desinteresado, sacrificado.

abnegarse v. pr. Sacrificarse.

Abo, n. sueco de *Turku.*

abocado, da adj. Aplícase al vino agradable por su suavidad. || *Fig.* Próximo, expuesto a : *abocado a la ruina.*

abocardado, da adj. De boca ancha, abocinado.

abocetar v. t. Ejecutar un boceto.

abocinado, da adj. De figura de bocina.

abocinar v. t. Dar a algo forma de bocina.

abochornado, da adj. Que siente bochorno. || *Fig.* Sonrojado.

abochornar v. t. Causar bochorno. || *Fig.* Avergonzar, sonrojar. || — V. i. Sentir bochorno. — V. pr. *Agr.* Enfermar las plantas por el excesivo calor. || *Fig.* Sentir vergüenza.

abofetear v. t. Pegar bofetadas. || *Fig.* Despreciar.

abogacía f. Profesión del abogado.

abogada f. Mujer que ejerce la abogacía. || *Fam.* Mujer del abogado. || *Fig.* Intercesora.

abogado, da m. y f. Perito en el derecho positivo que defiende en juicio los intereses de los litigantes y aconseja sobre cuestiones jurídicas. || *Fig.* Defensor, intercesor, medianero : *abogado de causas inútiles.* || — *Abogado del Estado*, el que está al servicio del Estado. || *Abogado de pobres*, el que los defiende de oficio.

abogar v. i. Defender en juicio. || *Fig.* Interceder, hablar en favor de uno o de algo : *abogar por la paz.*

abolengo m. Ascendencia de abuelos o antepasados. || *For.* Patrimonio o herencia que viene de los abuelos. || *De abolengo*, de gran solera.

abolición f. Acción y efecto de abolir.

abolicionismo m. Doctrina de los abolicionistas.

abolicionista adj. y s. Relativo a la abolición de la esclavitud o partidario de esta doctrina. || Que procura dejar sin vigor ni fuerza un precepto o costumbre.

abolir v. t. Derogar, suprimir.

abolsar v. pr. Formar bolsas, ahuecar (ú. t. c. pr.).

abollado, da adj. *Fam.* Desprovisto de dinero, en mala situación.

abolladura f. Acción y efecto de abollar o abollarse.

abollar v. t. Hacer a una cosa uno o varios bollos : *abollar una cacerola.* || V. pr. Hacerse bollos una cosa.

abombado, da adj. De figura convexa : *plancha abombada.*

abombar v. t. Dar forma convexa.

Abomey, c. de Benin, ant. cap. del reino de este n. Obispado.

abominable adj. Que excita aversión : *acción abominable.* || *Fig.* Detestable : *tiempo abominable.*

abominación f. Aversión, horror. || Cosa abominable.

abominar v. t. Condenar, maldecir : *abominar una doctrina.* || Aborrecer, detestar (ú t. c. i.).

abonado, da m. y f. Persona que ha tomado un abono : *abonado al fútbol.*

abonanzar v. i. Calmarse la tormenta o serenarse el tiempo.

abonar v. t. Acreditar, dar por bueno. || Salir fiador de uno : *abonar a un comerciante.* || Mejorar, bonificar alguna cosa. || Asentar en los libros de cuentas una partida a favor de alguno. || Anotar en cuenta : *abonar en cuenta un pagaré.* || Pagar : *abonar la factura.* || Poner un abono en la tierra. || Tomar un abono para otro : *abonar a uno el diario.* — V. pr. Tomar un abono o suscripción.

abonaré m. Pagaré, documento que promete el pago de una cantidad.

abonero m. *Méx.* Persona que cobra periódicamente a domicilio las cantidades pequeñas que corresponden a una mercancía obtenida a crédito.

abono m. Acción y efecto de abonar o abonarse. || Derecho que adquiere el que se abona o suscribe : *un abono de palco en el teatro.* || Materia con que se fertiliza la tierra.

abordable adj. Tratable.

abordaje m. *Mar.* Acción de abordar : *entrar, saltar, tomar al abordaje.*

a	Área.	M., Mme	Monsieur, Madame (señor, señora, en francés).	
a. de J. C.	Antes de Jesucristo.	Mlle	Mademoiselle (señorita, en francés).	
Admón.	Administración.			
afmo.	Afectísimo.	Mr., Mrs.	Mister, Mistress (señor, señora, en inglés).	
A. M. D. G.	A Mayor Gloria de Dios.			
atto.	Atento.	Mons.	Monseñor.	
B. L. M.	Besa la mano.	N.	Norte.	
B. O.	Boletín Oficial.	N. B.	Nota bene (nótese).	
cap.	Capítulo.	N.ª S.ª	Nuestra Señora.	
cm³	Centímetro cúbico.	N.º, núm.	Número.	
Cía.	Compañía.	O.	Oeste.	
c./c.	Cuenta corriente.	pág.	Página.	
Cf. o Cfe.	Confer (compárese).	pbro.	Presbítero.	
cg, cl, cm	Centigramo, centilitro, centímetro.	P. D., P. S.	Postdata, post scriptum.	
		P. O.	Por orden.	
cents, o cts.	Céntimos.	pral.	Principal.	
cta.	cuenta.	q. b. s. m.	Que besa su mano.	
C. V.	Caballo de vapor.	q. e. p. d.	Que en paz descanse.	
D., D.ª	Don, Doña.	q. e. s. m.	Que estrecha su mano.	
D. m.	Dios mediante.	R. I. P.	Requiéscat in pace.	
Dr.	Doctor.	Rvdo.	Reverendo.	
Dg, dg	Decagramo, decigramo.	S.	Sur.	
Dl, dl	Decalitro, decilitro.	S. A.	Sociedad Anónima.	
Dm, dm	Decámetro, decímetro.	S. A. R.	Su Alteza Real.	
g o gr	Gramo.	s. e. u o.	Salvo error u omisión.	
E.	Este.	S. L. o Ltda.	Sociedad Limitada.	
EE. UU.	Estados Unidos.	S. M.	Su Majestad.	
etc.	Etcétera.	s./n.	Sin número.	
Excmo.	Excelentísimo.	S. O. S.	Petición de auxilio.	
f. c.	Ferrocarril.	Sr., Sres.	Señor, Señores	
Fr.	Fray.	Sra., Srta.	Señora, Señorita.	
gral.	General.	s. s. s.	Su seguro servidor.	
h.	Horas.	Tel.	Teléfono.	
Ilmo.	Ilustrísimo.	Ud., Uds. o	Vds. Usted, Ustedes.	
J. C.	Jesucristo.	Vd., Vds.		
kg	Kilogramo.	v. gr.	Verbigracia.	
km	Kilómetro.	V.º B.º	Visto bueno.	
kW	Kilovatio.	W. C.	Watercloset, retrete.	
l	Litro.	X.	Anónimo, desconocido.	
Lic.	Licenciado.	&	Y.	
m	Metro.			

abordar v. t. e i. Mar. Rozar o chocar una embarcación con otra : el transatlántico fue abordado por un barco corsario. || Atracar una nave. || Tomar puerto : abordar a una costa. || Fig. Acercarse a uno para hablarle : no es el momento para abordarle. || Emprender, empezar un asunto : abordar un tema.

aborigen adj. Originario del país en que vive : tribu, animal, planta aborigen (ú. t. c. s.). || — M. pl. Primitivos moradores de un país.

aborrascarse v. pr. Ponerse el tiempo borrascoso.

aborrecer v. t. Detestar.

aborrecible adj. Digno de ser aborrecido.

aborrecimiento m. Odio. || Repugnancia. || Aburrimiento.

aborregado, da adj. Fig. Sin iniciativa, que va en grupo.

aborregarse v. pr. Cubrirse el cielo de nubes a modo de vellones de lana. || Fig. Seguir lo que hacen los otros sin ninguna iniciativa. || Per. y Riopl. Acobardarse.

abortar v. t. e i. Parir antes de tiempo espontáneamente o siendo provocada de modo expreso la interrupción del embarazo. || Interrumpirse en el animal o en la planta el desarrollo de algún órgano. || Fig. Malograrse una empresa, interrumpirse antes de estar terminada : la sublevación abortó. || — V. t. Fig. Producir algo monstruoso, absurdo.

abortivo, va adj. Nacido antes de tiempo. || Que hace abortar (ú. t. c. s. m.).

aborto m. Acción y efecto de abortar. || Cosa abortada. || Fig. Fracaso. || Fam. Persona o cosa de aspecto repugnante o muy fea.

abotagamiento y **abotargamiento** m. Acción y efecto de abotagarse.

abotagarse o **abotargarse** v. pr. Hincharse el cuerpo.

abotinado, da adj. Dícese de los zapatos que tienen una parte que cubre el empeine.

abotonar v. t. Cerrar con botones una prenda de vestir : abotonar el abrigo. || — V. i. Echar botones o yemas las plantas. || — V. pr. Abrocharse los botones.

abovedado, da adj. En forma de bóveda.

abovedar v. t. Arq. Cubrir con bóveda o dar figura de bóveda.

abra f. Bahía pequeña, ensenada. || Abertura ancha entre montañas.

Abra, río de Filipinas, en la isla de Luzón.

Abrabanel. V. ABARBANEL (Isaac).

abracadabra m. Palabra cabalística.

abracadabrante adj. Pasmoso.

Abrahán o **Abraham**, patriarca hebreo, padre de Ismael, primer antepasado de los árabes y de Isaac, el primero de los israelitas (s. XIX a. de J. C.).

Abrantes, c. del centro de Portugal (Extremadura).

abrasador, ra adj. Que abrasa.

abrasar v. t. Quemar, reducir a brasa. || Agr. Secar el excesivo calor o frío una planta o sus hojas. || Calentar demasiado : el sol abrasa. || Quemar, causar ardor la sed o ciertos alimentos (ú. t. c. i.). || Fig. Consumir : la impaciencia la abrasa. || — V. pr. Quemarse. || Fig. Estar agitado por alguna pasión : abrasarse en cólera.

abrasión f. Acción y efecto de raer o desgastar por fricción.

abrasivo, va adj. Relativo a la abrasión. || — M. Cuerpo duro que se usa, pulverizado o aglomerado, para pulimentar : el esmeril es un abrasivo.

abrazadera f. Aro o sortija de metal que sirve para asegurar una cosa.

abrazar v. t. Rodear con los brazos. || Estrechar entre los brazos en señal de cariño : abrazar a sus amigos. || Fig. Rodear. || Comprender, abarcar : abrazar todo un período histórico. || Admitir, adoptar : abrazar una doctrina. || Tomar a su cargo una cosa : abrazar un negocio, una empresa. || Seguir, profesar : abrazó la carrera militar.

abrazo m. Acción y efecto de abrazar o abrazarse.

abrecartas m. inv. Plegadera.

abrelatas m. inv. Instrumento para abrir latas de conservas.

Abréu ~ Gómez (ERMILO), novelista y dramaturgo mexicano. (1894-1971), autor de Héroes mayas. || ~ **Lima** (JOSÉ IGNACIO), historiador y patriota brasileño (1797-1869).

Abreus, mun. de Cuba (Cienfuegos).

abrevadero m. Pila donde beben los animales.

abrevar v. t. Dar de beber.

abreviación f. Acción y efecto de abreviar.

abreviado, da adj. Reducido, compendiado : diccionario abreviado.

abreviar v. t. Hacer algo más breve : abreviar un texto. || Acelerar, apresurar : el trabajo abrevia las horas. || — V. i. Hacer más rápido : para abreviar, mire el esquema.

abreviatura f. Representación abreviada de una palabra. || Palabra representada de este modo. || En abreviatura, empleando abreviaturas.

abridero, ra adj. Que se abre fácilmente. || — M. Bot. Variedad de melocotonero y su fruto.

abridor, ra adj. Que abre. || — M. Bot. Abridero. || Cuchilla para injertar. || Abrelatas. || Descapsulador, instrumento para quitar las cápsulas a las botellas.

abrigado, da adj. Protegido del viento, del frío.

abrigar v. t. Poner al abrigo : abrigar de la lluvia. || Cubrir una cosa o persona con algo para que no se enfríe : la manta es lo que más abriga. || Fig. Auxiliar, patrocinar, amparar. || Tratándose de ideas, afectos, etc., tenerlos : abrigar sospechas, amor. || — V. pr. Defenderse, resguardarse. || Ponerse cosas de abrigo.

abrigo m. Sitio donde se puede uno resguardar del frío o de la lluvia : el hombre primitivo buscó abrigo en las cavernas. || Fig. Amparo, lo que preserva de algún mal : buscar abrigo en la amistad. || Cobijo, refugio. || Prenda que sirve para abrigar, sobre todo la que se pone encima del traje para protegerse del frío. || Lugar defendido de los vientos. || Cosa que abriga : una manta de mucho abrigo. || — Fig. Al abrigo de, protegido por. || Fam. De abrigo, de cuidado. Enorme.

abril m. Cuarto mes del año : abril consta de treinta días. || Fig. Primera juventud : el abril de la vida. || — Pl. Fig. Años de juventud.

Abril (Manuel), escritor y crítico de arte español (1884-1946). || ~ (PEDRO SIMÓN), humanista español (¿1530-1595 ?), traductor de los clásicos griegos y latinos.

abrileño, ña adj. Del mes de abril.

abrillantar v. t. Hacer que brille.

abrir v. t. Hacer que lo que estaba cerrado deje de estarlo : abrir el armario. (Tiene otros muchos sentidos análogos : abrir una ventana, un pestillo, un grifo, los ojos, los brazos, los

3

dedos, las alas, unos alicates, un compás, un paraguas. || Cortar : *abrir una sandía.* || Cortar por los dobleces las páginas : *abrir un libro.* || Romper, despegar el sobre de una carta. || Extender : *abrir la mano.* || Vencer un obstáculo : *abrir paso.* || Permitir el paso por un sitio : *abrir las fronteras ; abrir el agua, el gas.* || Horadar, hacer : *abrir un túnel, un surco.* || Principiar, inaugurar : *abrir las Cortes, la discusión, la sesión, un congreso, un café.* || Ir a la cabeza o delante : *abrir la marcha.* || — Abrir crédito a uno, autorizarle para que disponga de cierta suma. || *Abrir el apetito,* excitarlo. || *Abrir los ojos a otro,* desengañarle. || — V. i. Tratándose de flores, separarse los pétalos que estaban recogidos en el capullo. || — V. pr. Distenderse un ligamento. || Dar a : *mi ventana se abre a un jardín.* || Fig. Presentarse : *ante ti se abren muchas perspectivas.* || — Fig. *Abrirse con uno,* confiarle su pensamiento. | *Abrirse paso en la vida,* salir adelante en ella.

abrochar v. t. Cerrar o unir con broches, botones, etc. (ú. t. c. pr.).

abrogable adj. Que puede abrogarse.

abrogación f. Acción y efecto de abrogar.

abrogar v. t. For. Derogar.

abrogatorio, ria adj. Que abroga.

abrojo m. Planta espinosa y su fruto.

abroncar v. t. Fam. Echar una bronca. | Abuchear, armar una bronca.

abroquelado, da adj. De forma de broquel.

abrótano m. Planta compuesta, de olor suave, que se emplea como vermífugo.

abrumado, da adj. Oprimido por un peso. || Fig. Molestado.

abrumador, ra adj. Que abruma.

abrumar v. t. Agobiar con un peso o carga. || Fig. Causar grave molestia : *abrumar de trabajo.* | Confundir a uno : *le abrumó con sus argumentos.*

abrupto, ta adj. Cortado a pico.

Abruzos, macizo montañoso de Italia, en los Apeninos centrales.

Absalón, hijo de David, que conspiró contra su padre y fue muerto por Joab. (*Biblia.*)

absceso m. Med. Acumulación de pus en un tejido orgánico.

abscisa f. Geom. Una de las dos coordenadas que determinan la posición de un punto en un plano (la otra se llama ordenada).

abscisión f. Separación de una parte pequeña en un cuerpo cualquiera, hecha con instrumento cortante.

absentismo m. Costumbre de residir en la localidad donde radican sus bienes. || Falta o ausencia de los obreros al trabajo.

absentista adj. Que practica el absentismo (ú. t. c. s.).

ábsida f. Ábside.

ábside amb. Arq. Parte del templo, abovedada, semicircular, o poligonal, que sobresale en la parte posterior del mismo. || — M. Astr. Ápside.

absidiola f. Arq. Cada una de las capillas semicirculares construidas en torno al ábside.

absintio m. Ajenjo.

absolución f. Acción de absolver. || For. Terminación del pleito favorable al demandado.

absolutismo m. Sistema de gobierno absoluto.

absolutista adj. Relativo al absolutismo. || — M. y f. Partidario del absolutismo.

absoluto, ta adj. Que excluye toda relación : *proposición absoluta.* || Ilimitado, no limitado por una constitución : *poder absoluto.* || Sin restricción : *una necesidad absoluta.* || Completo, total : *mi confianza es absoluta.* || Puro, dicho del alcohol. || Fig. y fam. De genio dominante : *carácter absoluto.* || Log. Lo que es relativo u hombre es término absoluto, porque lo es relativo. || Fís. Cero absoluto, temperatura de 273 °C. || *En absoluto,* de manera terminante, de ninguna manera. || *Lo absoluto,* el Ser Supremo, Dios.

absolutorio, ria adj. For. Dícese del fallo que absuelve.

absolvederas f. pl. Fam. Benevolencia excesiva de un confesor.

absolver v. t. Dar por libre de algún cargo u obligación. || For. Dar por libre al reo : *absolver al procesado.* || Remitir a un penitente sus pecados. || Fig. Disculpar.

absorbente adj. Que absorbe.

absorber v. t. Atraer un cuerpo y retener entre sus moléculas las de otro en estado líquido o gaseoso : *la esponja absorbe el agua.* || Neutralizar, hacer desaparecer : *el color negro absorbe los rayos luminosos.* || Fig. Consumir enteramente : *el juego lo absorbió la fortuna.* | Atraer a sí, cautivar : *absorber la atención.* || — V. pr. Ensimismarse.

absorción f. Acto de absorber.

absorto, ta adj. Ensimismado.

abstemio, mia adj. Que no bebe vino ni ninguna clase de licores alcohólicos (ú. t. c. s.).

abstención f. Acción de abstenerse : *abstención electoral.*

abstencionismo m. Doctrina que defiende la abstención, especialmente en elecciones políticas.

abstencionista adj. y s. Que se abstiene de tomar parte en un voto o contienda electoral.

abstenerse v. pr. Privarse de algo o impedirse hacer o tomar algo : *abstenerse de comer carne.* || No tomar parte en un voto.

abstergente adj. y s. m. Med. Que limpia.

abstinencia f. Acción de abstenerse. || Privación de comer carne por prescripción religiosa : *la abstinencia es diferente del ayuno.* || Virtud del que se abstiene total o parcialmente de los goces materiales.

abstinente adj. y s. Que se abstiene. || Sobrio en el comer y beber.

abstracción f. Acción y efecto de abstraer o abstraerse. || *Hacer abstracción de,* no tener en cuenta.

abstracto, ta adj. Genérico, no concreto : *ideas abstractas.* || Fig. Difícil de comprender : *escritor abstracto.* || — Arte abstracto, el que representa las cosas de una manera diferente de como son en realidad. || *En abstracto,* con exclusión del sujeto en quien se halla cierta cualidad. || *Lo abstracto,* lo difícil de determinar : *considerar lo abstracto y lo concreto.* || Mat. Número abstracto, el que no se refiere a unidad de especie determinada : *cuatro es un número abstracto, cuatro casas, concreto.*

abstraer v. t. Considerar separadamente las cosas unidas entre sí. || *Abstraer de,* prescindir, hacer caso omiso. || — V. pr. Entregarse a la meditación, estar distraído.

abstraído, da adj. Ensimismado.

abstruso, sa adj. Difícil de comprender, incomprensible.

absuelto, ta p. p. irreg. de *absolver.* Ú. c. adj. : *procesado absuelto.*

absurdidad f. Absurdo.

absurdo, da adj. Contrario a la razón : *proyecto absurdo.* || — M. Dicho o hecho contrario a la razón.

Abu : ~ Simbel, localidad del Alto Egipto. Santuario de Ramsés II, desmontado al construir la presa de Asuán. || **~ Zabi** o **~ Dhabi,** principado del Estado de los Emiratos Árabes Unidos, en el golfo Pérsico ; 67 000 km² ; 240 000 h. C. pr. *Abu Zabi.* Petróleo.

Abubeker (¿570 ?-634), primer califa árabe (632), suegro y sucesor de Mahoma.

abubilla f. Pájaro insectívoro, de pico largo y penacho de plumas eréctiles.

abuchear v. t. Sisear.

abucheo m. Acción de abuchear.

abuela f. Madre del padre o de la madre. || Fig. Mujer anciana. || *No necesitar abuela,* alabarse a sí mismo.

abuelastro, tra m. y f. Padre o madre del padrastro o de la madrastra. || Segundo marido de la abuela o segunda esposa del abuelo.

abuelo m. Padre del padre o de la madre. || Ascendiente (ú. m. en pl.).

abuhardillado, da adj. Con el techo en pendiente como las buhardillas.

Abuja, cap. en construcción de Nigeria.

Abukir, pobl. del Bajo Egipto, al NE.

de Alejandría. Derrota de la armada francesa por Nelson en 1798.

Abulabás, llamado el *Sanguinario,* primer califa abasida (750-754). Hizo asesinar a los omeyas.

abulense adj. y s. De Ávila (España).

abulia f. Falta de voluntad o de energía, apatía.

abúlico, ca adj. y s. Que adolece de abulia.

abultado, da adj. Grueso, grande.

abultamiento m. Bulto.

abultar v. t. Aumentar el bulto de una cosa : *las lentes convexas abultan los objetos.* || Ejecutar en relieve. || Fig. Aumentar, exagerar la cantidad, intensidad, grado, etc. : *abultar una historia.* | Ponderar, encarecer. || — V. i. Tener o hacer bulto.

Abuná, río de Bolivia que sirve de frontera con el Brasil y des. en el Madeira ; 321 km. — Prov. de Bolivia (Pando) ; cap. *Santa Rosa.*

abundamiento m. Abundancia. || *A mayor abundamiento,* además.

abundancia f. Copia, gran cantidad : *hay abundancia de cosas.* || Recursos considerables.

abundante adj. Que abunda.

abundar v. i. Haber gran cantidad de una cosa : *es una mercancía que abunda.* || Tener en abundancia : *el ganado abunda en Argentina.* || Convenir en un dictamen, adherirse a él.

¡ abur ! interj. Fam. ¡ Adiós !

aburguesamiento m. Acción y efecto de aburguesarse.

aburguesarse v. pr. Adquirir cualidades de burgués.

aburrido, da adj. Cansado, fastidiado : *aburrido de la vida.* || Que aburre o cansa (ú. t. c. s.).

aburrimiento m. Cansancio, fastidio, tedio : *¡ qué aburrimiento !*

aburrir v. t. Molestar, fastidiar, cansar : *aburrir con un largo discurso.* || — V. pr. Fastidiarse, hastiarse.

abusar v. i. Usar mal o indebidamente de alguna cosa : *abusar de la confianza de alguien.* || Hacer algo deshonesto con una persona menor de edad.

abusivo, va adj. Que se introduce o practica por abuso : *precios abusivos.*

abuso m. Uso indebido, excesivo o injusto : *abuso de autoridad.* || Cosa abusiva : *su precio es un abuso.* || *Abuso de confianza,* mal uso que hace uno de la confianza depositada en él.

abusón, ona adj. y s. Dado al abuso en provecho propio.

abyección f. Bajeza, vileza.

abyecto, ta adj. Bajo, vil, despreciable. || Abatido, humillado.

acá adv. Aquí, en esta parte. (Indica lugar menos determinado que el que se denota con el adv. *aquí* ; por eso admite ciertos grados de comparación con que rechaza *aquí* : *tan acá, más acá, muy acá.*) || Precedido de ciertas preposiciones y adv. de tiempo anterior, denota el presente : *de una semana acá* ; *desde aquel momento acá.* (En algunos países de América *acá* se emplea mucho más que *aquí.*)

acabado, da adj. Perfecto, completo, consumado : *ejemplo acabado de bondad.* || Arruinado, destrozado : *un negociante acabado.* || *Producto acabado,* producto industrial listo para su utilización. || — M. Última operación para perfeccionar una obra.

acaballadero m. Depósito de sementales.

acaballonar v. t. Agr. Hacer caballones en las tierras.

acabamiento m. Efecto o cumplimiento de alguna cosa. || Término, fin.

acabar v. t. Poner o dar fin a una cosa, terminarla. || Apurar, consumir : *acabar su ruina.* || Dar el último toque a una obra. || — V. i. Rematar, terminar, finalizar : *acabar en punta.* || Terminar : *ven cuando acabes.* || Morirse. || Resultar : *el asunto acabó mal.* || Volverse : *así acabaré loco.* || Extinguirse, apagarse, aniquilarse (ú. t. c. pr.). || *¡ Acabáramos !,* expr. fam. aplicada al salir de una duda, de un enredo. || *Acabar con una persona o cosa,* hacerla desaparecer : *acabarás con su paciencia.* || *Acabar de,* seguido de un infinitivo, haber ocurrido : *acaba de llegar.* || *Acabar por,* seguido de un infinitivo,

4

llegar el momento de producirse : *acabaron por aceptar.*

acabóse m. *Fam.* El colmo.

acacia f. Árbol de la familia de las mimosáceas, de flores amarillas.

acacoyol m. *Méx.* Planta gramínea llamada también *lágrimas de Job.*

acachetar v. t. *Taurom.* Dar la puntilla a una res.

academia f. Escuela filosófica fundada por Platón en los jardines de Academos, donde reunía a sus discípulos. ‖ Sociedad literaria, científica o artística : *Academia de la Lengua Española, Academia de Medicina.* ‖ Edificio donde se reúnen los académicos. ‖ Reunión de académicos. ‖ Establecimiento de enseñanza para ciertas carreras o profesiones : *Academia de Artes y Oficios.* ‖ En escultura o pintura, estudio de la figura tomada del natural.
— La *Academia Española*, llamada igualmente *Real Academia de la Lengua*, fue creada por Felipe V en 1714. Su lema (*limpia, fija y da esplendor*) enuncia su preocupación de dar propiedad, elegancia y pureza a las voces de la lengua castellana.

academicismo m. Calidad de académico. ‖ Sujeción a las reglas y la técnica clásicas.

académico, ca adj. *Fil.* Dícese del que sigue la escuela de Platón (ú. t. c. s.). ‖ Relativo a las academias : *diploma, discurso, estilo académico.* ‖ Aplícase a los estudios, diplomas o títulos cursados en la universidad : *Correcto : estilo académico.* ‖ En pintura y escultura, relativo a la academia : *figura académica.* ‖ Que observa con rigor las reglas clásicas. ‖ — M. y f. Miembro de una academia.

academismo m. Academicismo.

academizar v. t. Dar carácter académico.

Academos, héroe mítico de Ática en cuyos jardines se reunían los filósofos.

acaecer v. i. Suceder.

acaecimiento m. Suceso.

Achay, c. del Paraguay, cab. del partido homónimo (Paraguarí).

Acajutla, c. y puerto del SO. de El Salvador (Sonsonate).

acalefos m. pl. *Zool.* Orden de celentéreos que comprende las medusas, etc. (ú. t. c. adj.).

acalorado, da adj. Encendido, fatigado. ‖ *Fig.* Entusiasta, apasionado : *defensor acalorado mío.* ‖ Excitado.

acaloramiento m. Ardor, arrebato de calor. ‖ *Fig.* Apasionamiento.

acalorar v. t. Dar o causar calor. ‖ Encender o fatigar el trabajo o el ejercicio. ‖ *Fig.* Excitar, enardecer : *estar acalorado por la pasión.* ‖ Avivar, apresurar, incitar al trabajo. ‖ — V. pr. Tomar calor : *se acaloró en (con o por) la carrera.* ‖ *Fig.* Irritarse.

acallar v. t. Hacer callar. ‖ *Fig.* Aplacar, aquietar, sosegar.

Acamapichtli, primer soberano de los aztecas, que reinó de 1350 a 1403.

Acámbaro, pobl. de México (Guanajuato).

acampada f. Acción y efecto de acampar. ‖ Campamento.

acampanado, da adj. De forma de campana.

acampanar v. t. Dar forma de campana.

acampar v. i. Detenerse, hacer alto en el campo. ‖ Vivir en una tienda de campaña. ‖ — V. t. *Mil.* Alojar una tropa en un lugar.

acanalado, da adj. Que pasa por canal o paraje estrecho. ‖ De figura larga y abarquillada : *uñas acanaladas.* ‖ De figura de estría o con estrías : *columna acanalada.* ‖ Que tiene canalones : *calcetines acanalados.*

acanaladura f. Canal o estría.

acanalar v. t. Hacer canales o estrías en alguna cosa.

acanallar v. t. Encanallar.

acantáceas f. pl. Familia de plantas angiospermas que tiene por tipo el acanto (ú. t. c. adj.).

acantilado, da adj. Dícese del fondo del mar cuando forma cantiles o escalones. ‖ Aplícase a la costa cortada verticalmente o a plomo. ‖ — M. Costa acantilada : *los acantilados del Cantábrico.* ‖ Escarpa casi vertical de un terreno.

acanto m. Planta de hojas largas, rizadas y espinosas. ‖ *Arq.* Ornato del capitel corintio que imita esta planta.

acantocéfalos m. pl. *Zool.* Orden de nematelmintos (ú. t. c. adj.).

acantonamiento m. Acción y efecto de acantonar fuerzas militares. ‖ Sitio en que hay tropas acantonadas.

acantonar v. t. Distribuir y alojar tropas en varios lugares. ‖ — V. pr. Alojarse las tropas en un lugar.

acantopterigios m. pl. Familia de peces de aleta espinosa, como el atún y el besugo (ú. t. c. adj.).

acápite m. *Amer.* Párrafo. ‖ *Punto acápite*, punto y aparte.

Acaponeta, río, mun. y estación arqueológica de México (Nayarit).

Acapulco, c. y puerto del SO. de México (Guerrero), en la bahía homónima. Centro turístico. Obispado.

acapulqueño, ña adj. y s. De Acapulco (México).

acaracolado, da adj. Que tiene forma de caracol.

acaramelado, da adj. Bañado de caramelo. ‖ *Fig.* Melifluo : *voz acaramelada.* ‖ Obsequioso.

acaramelar v. t. Bañar de caramelo. ‖ Reducir a caramelo. ‖ — V. pr. *Fig.* y *fam.* Mostrarse muy cariñoso o dulce, muy enamorado.

acardenalar v. t. Causarle cardenales a uno. ‖ — V. pr. Salir en el cutis manchas de color cárdeno.

acardenillarse v. pr. Cubrirse de cardenillo.

acariciante adj. Que acaricia.

acariciar v. t. Hacer caricias. ‖ *Fig.* Tratar con amor y ternura. ‖ Tocar suavemente una cosa con otra. ‖ Complacerse en pensar en alguna cosa.

acárido m. *Zool.* Ácaro.

Acarigua, mun. y pobl. de Venezuela (Portuguesa).

Acarnania, región del NO. de la antigua Grecia, regada por el río Aqueloo.

ácaro m. *Zool.* Arácnido microscópico, generalmente parásito, portador de ciertas enfermedades.

acarreador, ra adj. y s. Que acarrea.

acarrear v. t. Transportar en carro o de cualquier otra manera : *acarrear carbón.* ‖ *Fig.* Ocasionar.

acarreo m. Transporte. ‖ Precio del transporte. ‖ *De acarreo,* terreno formado por el arrastre de las aguas.

acartonar v. t. Endurecerse como cartón. ‖ — V. pr. *Fig.* y *fam.* Apergaminarse, acecinarse, quedarse una persona vieja, enjuta, seca.

acasamatado, da adj. De forma de casamata. ‖ Protegido por casamata.

acaso m. Casualidad, suceso imprevisto : *fue el acaso el que nos reunió.* ‖ — Adv. Quizá, tal vez : *acaso venga.* ‖ — *Al acaso, al azar.* ‖ *Por si acaso,* por si sucede algo, en previsión.

acatamiento m. Obediencia, sumisión. ‖ Respeto, observación.

acatar v. t. Tributar homenaje de sumisión y respeto. ‖ Obedecer : *acatar una orden.* ‖ Respetar, observar.

acatarrarse v. pr. Resfriarse.

Acatenango, volcán de Guatemala (Chimaltenango), en el mun. homónimo ; 3 960 m.

acaudalado, da adj. y s. Que posee mucho dinero o bienes.

acaudalar v. t. Hacer o reunir caudal y dinero. ‖ *Fig.* Adquirir gran virtud o sabiduría. ‖ Acumular.

acaudillamiento m. Mando.

acaudillar v. t. Mandar como jefe, capitanear. ‖ *Fig.* Guiar, conducir. ‖ Ser cabeza de un partido o bando : *acaudilló las tropas rebeldes.*

Acay, nevado de la Argentina (Salta) ; 5 950 m. Oro.

Acaya, región del Peloponeso. En el s. XIII, principado vasallo del Imperio de Occidente y luego del Bizantino.

acayú m. *Bot.* Caoba.

Acayucán, estación arqueológica de México (Veracruz).

Acca. V. ACRE (*San Juan de*).

acceder v. i. Consentir en lo que otro solicita o quiere : *accedo a tus deseos.* ‖ Convenir con el dictamen o idea de otro. ‖ Ascender.

accesibilidad f. Calidad de accesible.

accesible adj. Que se puede llegar : *montaña accesible.* ‖ *Fig.* De fácil acceso o trato : *persona muy accesible.* ‖ Comprensible, inteligible.

accesión f. Acción y efecto de acceder : *accesión al poder.*

accésit m. Recompensa inferior inmediata al premio en ciertos certámenes. (No tiene pl.)

acceso m. Acción de llegar o acercarse. ‖ Entrada o paso : *puerta de acceso al jardín.* ‖ *Fig.* Trato o comunicación con alguno : *hombre de fácil acceso.* ‖ Arrebato, exaltación : *acceso de cólera.* ‖ *Med.* Ataque de una enfermedad : *acceso de histerismo.*

accesorio, ria adj. Que depende de lo principal : *decreto accesorio.* ‖ Secundario, no necesario : *asunto accesorio.* ‖ — M. Elemento, pieza o utensilio auxiliar : *accesorios de automóvil.* ‖ Objeto utilizado para completar una decoración teatral o de cine. ‖ Objeto : *accesorios de escritorio.* ‖ Cosa no esencial a otra, pero que la completa : *accesorios del vestido.*

accidentado, da adj. Turbado, agitado : *vida accidentada.* ‖ Escabroso, abrupto : *camino accidentado.* ‖ — M. y f. Víctima de un accidente.

accidental adj. No esencial. ‖ Casual, contingente. ‖ Producido por una circunstancia imprevista : *muerte accidental.* ‖ Sustituto : *alcalde accidental.*

accidentalidad f. Calidad de accidental.

accidentar v. t. Causar un accidente. ‖ — V. pr. Ser víctima de un accidente.

accidente m. Calidad no esencial. ‖ Suceso eventual, imprevisto : *accidente de aviación, de trabajo.* ‖ Irregularidad, desigualdad : *accidentes del terreno.* ‖ *Gram.* Alteración que sufren en sus terminaciones algunas palabras para denotar su género, número, modo, tiempo y persona. ‖ *Fil.* Lo que modifica una cosa momentáneamente, cualidad que no es esencial ni constante.

Accio o **Actium**, c. y promontorio del NO. de Grecia. Victoria de Octavio contra Marco Antonio (31 a. de J.C.).

Accio (Lucio), poeta trágico latino (170- ¿84 ? a. de J. C.).

acción f. Ejercicio de una potencia : *la acción benéfica de la lluvia.* ‖ Efecto de hacer, hecho, acto : *buena acción.* ‖ Operación o impresión de cualquier agente en el paciente : *acción química, de un tóxico.* ‖ Gesto, ademán : *unir la acción a la palabra.* ‖ Posibilidad o libertad de actuar : *así impides mi acción.* ‖ Movimientos y gestos de un orador o actor. ‖ *Com.* Título que representa los derechos de un socio en algunas sociedades : *acción nominativa, al portador.* ‖ *Fís.* Fuerza con que un cuerpo obra sobre otro. ‖ *For.* Demanda judicial : *acción civil.* ‖ *Mil.* Combate : *acción brillante.* ‖ Asunto de un poema : *acción heroica.* ‖ Serie de los acontecimientos narrados en un relato, en un drama : *el desenlace de la acción.*

Acción Católica, organismo católico laico internacional, creado en 1925, cuyos miembros participan en el apostolado de la Iglesia.

accionamiento m. Puesta en funcionamiento, en marcha.

accionar v. i. Hacer movimientos y gestos al hablar. ‖ — V. t. Hacer funcionar, poner en movimiento.

accionariado m. Conjunto de accionistas de una sociedad.

accionista com. Poseedor de acciones de una sociedad.

accounting [*acauting*] m. (pal. ingl.). Contabilidad.

Accra, cap. y puerto de Ghana en el golfo de Guinea ; 848 000 h.

acebo m. Árbol silvestre de hojas lustrosas y con púas.

acebuche m. Olivo silvestre.

acecinar v. t. Salar las carnes y secarlas al humo y al aire.

acechanza f. Acecho.

acechar v. t. Observar, vigilar cautelosamente con algún propósito : acechar al enemigo. || Amenazar.

acecho m. Acción de acechar. || Al acecho, vigilando en espera de algo.

acedar v. t. Agriar (ú. t. c. pr.).

acedera f. Planta poligonácea comestible, de sabor ácido.

acedía f. Calidad de acedo. || Acidez de estómago. || Platija, pez.

acedo, da adj. Agrio.

acéfalo, la adj. Falto de cabeza : animal, feto acéfalo. || Fig. Que no tiene jefe : sociedad, secta acéfala.

aceitar v. t. Dar, engrasar, bañar con aceite : aceitar un motor.

aceite m. Líquido graso y untuoso que se saca de diversas sustancias vegetales o animales. || Perfume que se obtiene macerando flores en aceite : aceite de jazmines. || Cualquier otra grasa empleada como lubricante. || Aceite mineral, el petróleo. || Aceite explosivo, la nitroglicerina. || Aceite pesado, el de petróleo obtenido por destilación a alta temperatura. || Fig. Echar aceite en el fuego, poner medios para acrecentar un mal.

aceitera f. La que vende aceite. || Recipiente para conservar el aceite.

aceitero, ra adj. Del aceite.

aceitoso, sa adj. Que tiene aceite. || Que se parece al aceite.

aceituna f. Fruto del olivo.

aceitunado, da adj. Verdoso.

aceituno m. Olivo.

aceleración f. Aumento de velocidad : la aceleración de los latidos del corazón, de un automóvil. || Pronta ejecución : aceleración de un plan. || — Aceleración de la gravedad, la obtenida por un cuerpo que cae libremente en el vacío. || Poder de aceleración, paso a un régimen de velocidad superior en un motor.

acelerado m. Cin. Artificio que permite dar a los movimientos mayor rapidez en la pantalla que en la realidad.

acelerador, ra adj. Que acelera. || — M. Mecanismo del automóvil que regula la entrada de la mezcla explosiva en el motor para hacer variar su velocidad. || Pedal con el que se pone en acción ese mecanismo. || Producto que acelera un proceso : acelerador fotográfico. || Fís. Cualquier aparato que comunica a partículas elementales (electrones, protones, etc.) velocidades muy elevadas.

aceleramiento m. Aceleración.

acelerar v. t. Dar celeridad, activar : el ejercicio acelera el movimiento de la sangre. || — V. i. Aumentar la velocidad de un motor. || — V. pr. Apresurarse.

aceleratriz adj. f. Aceleradora.

acelerón m. Acción y efecto de pisar fuertemente el acelerador. || Fig. Prisa, pronta ejecución.

acelga f. Planta hortense comestible. || Fig. Cara de acelga, la que indica mal humor o mala salud.

acémila f. Mula de carga. || Fam. Bruto, torpe.

acemilero, ra adj. Relativo a las acémilas. || — M. y f. Arriero.

acemita f. Pan de salvado.

acendrado, da adj. Puro y sin mancha : su acendrado fervor.

acendramiento m. Acción y efecto de acendrar.

acendrar v. t. Purificar los metales por la acción del fuego. || Fig. Acrisolar, purificar.

acento m. La mayor intensidad con que se hiere determinada sílaba al pronunciar una palabra. || Signo para indicarla (') : acento ortográfico. || Pronunciación particular : acento catalán. || Modulación de la voz. || Sonido, tono : acento rítmico.

acentuación f. Acción y efecto de acentuar : acentuación viciosa.

acentuado, da adj. Que lleva acento : sílaba acentuada. || Acusado.

acentuar v. t. Levantar el tono en las vocales tónicas : acentuar bien al hablar. || Poner el acento ortográfico : acentuar una vocal. || Fig. Subrayar,

pronunciar con fuerza una palabra o frase para llamar la atención : acentuar un párrafo de un discurso. || Recalcar las palabras exageradamente. || Dar vigor, precisar : acentuar un esfuerzo. || Aumentar, realzar, resaltar. || — V. pr. Aumentar, volverse más intenso : se acentúa el descontento.

aceña f. Molino harinero en el cauce de un río.

acepción f. Significado en que se toma una palabra : acepción propia, figurada, familiar. || Preferencia.

acepilladora f. Máquina para cepillar madera o metales.

acepillar v. t. Cepillar.

aceptable adj. Que puede ser aceptado.

aceptación f. Acción y efecto de aceptar : aceptación de una letra de cambio. || Aplauso : medida de aceptación general. || Aprobación. || Éxito : tener aceptación.

aceptador, ra y **aceptante** adj. y s. Que acepta.

aceptar v. t. Recibir uno voluntariamente lo que le dan, ofrecen o encargan : aceptar una donación. || Aprobar, dar por bueno : acepto sus excusas, una solución. || Admitir : aceptar un reto ; acepté su artículo. || Conformarse : aceptó sin chistar el castigo. || Tratándose de letras o libranzas, obligarse por escrito a su pago : aceptar una letra de cambio.

acequia f. Canal para conducir las aguas : las acequias de la huerta valenciana.

acera f. Orilla de la calle o de otra vía pública con pavimento adecuado para el tránsito de los peatones. || Fila de casas a cada lado de la calle o plaza : vive en la acera izquierda. || Arq. Paramento de un muro. || Fig. De la otra acera o de la acera de enfrente, dícese de la persona de ideas contrarias de quien habla ; (pop.) afeminado.

aceráceas f. pl. Familia de árboles que comprende el arce, el plátano falso, etc. (ú. t. c. adj.).

aceración f. Operación de dar a ciertos metales la dureza del acero.

acerado, da adj. Cortante : filo acerado. || Que contiene acero : hierro acerado. || Fig. Fuerte, resistente. || Incisivo, mordaz. || — M. Aceración.

acerar v. t. Transformar en acero la superficie o corte de un instrumento de hierro : acerar un cuchillo. || Convertir en acero : el carbono acera el hierro. || Recubrir de acero. || Fig. Fortalecer, vigorizar : acerar la resistencia. || Volver acerbo, mordaz : acerar una frase. || Poner aceras.

acerbo, ba adj. Áspero al paladar : sabor acerbo. || Fig. Duro, mordaz.

acerca adv. Acerca de, sobre aquello de que se trata.

acercamiento m. Acción y efecto de acercar o acercarse.

acercar v. t. Poner cerca o a menor distancia, aproximar : acercar la lámpara. || — V. pr. Aproximarse, llegar una persona junto a otra. || Fig. Aproximarse : acercarse a la vejez. | Ir : acércate a mi casa. | Estar próximo a suceder.

acería y **acería** f. Fábrica de acero.

acerico m. Almohadilla para clavar alfileres.

acero m. Aleación de hierro y carbono, que adquiere por el temple gran dureza y elasticidad. || Fig. Arma blanca : el acero homicida.

acerola f. Fruto del acerolo.

acerolo m. Árbol rosáceo espinoso.

acérrimo, ma adj. Fig. Muy fuerte.

acertado, da adj. Hecho con acierto. || Oportuno.

acertante adj. y s. Que acierta.

acertar v. t. Atinar, dar en el sitio propuesto : acertar al blanco. || Hallar, dar con : acertó mi domicilio. || Dar con lo cierto, atinar, elegir bien : acertaste en irte de allí. || Hacer con acierto una cosa (ú. t. c. i.). || Adivinar : ¿a que no lo aciertas ? || — V. i. Seguido de la prep. a y un infinitivo, suceder por casualidad : acertó a abrir la puerta. | Seguido de la prep. con, hallar : acertó con ello.

acertijo m. Enigma que se propone como pasatiempo, adivinanza.

acervo m. Montón de muchas cosas

menudas, como granos, legumbres, etcétera. || Conjunto de bienes en común : el acervo familiar. || Fig. Conjunto de valores, patrimonio, riqueza.

acetamida f. Amida del ácido acético.

acetato m. Quím. Sal del ácido acético : acetato de plomo.

acético, ca adj. Quím. Relativo al vinagre o sus derivados.

acetificar v. t. Quím. Convertir en ácido acético (ú. t. c. pr.).

acetileno m. Hidrocarburo o gas inflamable que se desprende por la acción del agua sobre el carburo de calcio, utilizado en el alumbrado y en la soldadura autógena.

acetocelulosa f. Acetato de celulosa, materia plástica transparente de numerosas aplicaciones.

acetol m. Vinagre destilado utilizado en medicina.

acetona f. Líquido incoloro, inflamable y volátil, de muy fuerte olor a éter, que se obtiene cuando se destila un acetato.

acetrinar v. t. Poner de color cetrino.

Aceval (Emilio), político paraguayo (1854-1931), pres. de la Rep. de 1898 a 1902.

Acevedo (Jesús Tito), arquitecto mexicano (¿ 1888-1918 ?). || ~ **Bernal** (RICARDO), pintor colombiano (1867-1930). || ~ **Díaz** (EDUARDO), político y novelista uruguayo (1851-1921), autor de Ismael, Nativa, Grito de gloria y Soledad. || ~ **Escobedo** (ANTONIO), escritor mexicano, n. en 1909, autor de la novela Serena en el aula. || ~ **y Gómez** (JOSÉ), patriota colombiano (1775-1817).

aciago, ga adj. Muy desgraciado.

acial m. Instrumento para sujetar las bestias por el hocico.

aciano m. Planta compuesta, de flores generalmente azules.

acíbar m. Áloe, planta liliácea. || Su jugo, muy amargo. || Fig. Amargura.

acibarar v. t. Poner acíbar en una cosa. || Fig. Amargar.

acicalado, da adj. Muy pulcro. || — M. Acción y efecto de acicalar.

acicalamiento m. Acción y efecto de acicalar o acicalarse.

acicalar v. t. Limpiar, alisar, bruñir : acicalar una espada. || Fig. Adornar o arreglar mucho. || — V. pr. Componerse, arreglarse mucho : Se acicaló para ir a la fiesta.

acicate m. Espuela de una sola punta. || Fig. Incentivo, lo que incita, estímulo : el acicate de ser famoso.

acicatear v. t. Estimular.

acicular adj. De forma de aguja.

acidez f. Calidad de ácido. || Sensación ácida. || Pirosis en el estómago.

acidificación f. Acción y efecto de acidificar.

acidificar v. t. Hacer ácida una cosa. || — V. pr. Volverse ácido.

acidimetría f. Determinación de la acidez de un líquido.

ácido, da adj. De sabor agrio : caramelo ácido. || Fig. Amargo, áspero, desabrido : tono ácido. || — M. Quím. Cualquier cuerpo compuesto que contiene hidrógeno que, al ser sustituido por radicales o un metal, forma sales : ácido acético. || Fam. Cierto alucinógeno.

acidular v. t. Poner ácido en una sustancia.

acierto m. Acción y efecto de acertar. || Coincidencia, casualidad. || Fig. Habilidad o destreza. || Cordura, tino. || Éxito, logro.

ácimo adj. Ázimo.

acimut m. Astr. Ángulo que con el meridiano forma el círculo vertical que pasa por un punto de la esfera celeste o del globo terráqueo. (Pl. acimut o acimuts.)

aclamación f. Acción y efecto de aclamar. || Por aclamación, unánimemente.

aclamador, ra adj. y s. Que aclama.

aclamar v. t. Vitorear, dar voces la multitud en honor y aplauso de una persona. || Conferir, por voz común, algún cargo u honor : le aclamaron rey.

aclaración f. Acción y efecto de aclarar, explicación.

aclarado m. Acción y efecto de aclarar con agua.

aclarar v. t. Disipar lo que ofusca la claridad o transparencia de una cosa. || Hacer menos espeso : *aclarar un jarabe, un zumo, una salsa.* || Hacer menos tupido o apretado : *aclarar un bosque, las filas.* || Hacer más perceptible la voz. || Volver a lavar la ropa con agua sola. || *Fig.* Poner en claro un asunto, explicar. || — V. i. Amanecer, clarear. || Disiparse las nubes o la niebla, serenarse el tiempo. || — V. pr. Entender, comprender : *no me aclaro de lo que dices.* || Purificarse un líquido, clarificarse. || *Fam.* Reponerse, recuperarse. || Explicarse, dar precisiones : *aclárate de una vez.*

aclaratorio, ria adj. Que aclara : *nota aclaratoria.*

aclimatación f. Acción y efecto de aclimatar o aclimatarse.

aclimatar v. t. Acostumbrar a un organismo a un nuevo clima : *aclimatar un animal, una planta.* || *Fig.* Introducir en otro país : *aclimatar palabras anglosajonas en España.* || — V. pr. Acostumbrarse a vivir en un nuevo lugar : *la patata se aclimató en Europa.* || *Fig.* Introducirse en un ambiente, adaptarse.

acné m. *Med.* Enfermedad cutánea caracterizada por la formación de espinillas y granos pequeños en la cara o en el tórax.

Acobamba, c. del Perú, cap. de la prov. homónima (Huancavelica).

acobardamiento m. Miedo.

acobardar v. t. Amedrentar, causar miedo (ú. t. c. pr.).

acocote m. *Méx.* Calabaza que se usa para extraer el pulque.

acodado, da adj. Doblado en forma de codo : *cañería acodada.* || Apoyado en los codos : *acodado en la barra.*

acodadura f. Acción y efecto de acodar.

acodar v. t. *Agr.* Meter debajo de tierra el vástago de una planta sin separarlo del tronco, dejando fuera la extremidad para que eche raíces y forme una nueva planta. || Doblar en ángulo recto. || — V. pr. Apoyar los codos sobre alguna parte.

acogedor, ra adj. Que acoge.

acoger v. t. Admitir uno en su casa : *acoger a los huéspedes.* || Proteger, amparar : *acoger al menesteroso.* || *Fig.* Recibir, dispensar buena aceptación : *acoger una petición.* || — V. pr. Refugiarse : *acogerse a (o bajo) sagrado en el domicilio de alguien.* || *Fig.* Valerse de un pretexto, recurrir a : *acogerse a una ley.*

acogida f. Recibimiento u hospitalidad que ofrece una persona o un lugar : *una acogida triunfal.* || Sitio donde pueden acogerse personas o cosas. || *Fig.* Protección, amparo. || Aceptación, aprobación.

acogido, da m. y f. Persona que se recoge en un establecimiento de asistencia pública o privada.

acogotar v. t. Matar de un golpe en el cogote. || *Fam.* Derribar a uno sujetándolo por el cogote. || Vencer.

acojonamiento m. *Pop.* Miedo. || Impresionante.

acojonante adj. *Pop.* Que asusta. || Impresionante.

acojonar v. t. *Pop.* Asustar (ú. t. c. pr.). || Impresionar.

acolada f. Beso y el espaldarazo que recibía el novel caballero armado.

acolar v. t. Unir, juntar los escudos de armas bajo un timbre o corona.

acolchado, da adj. Recubierto con guata, lana, etc. || — M. Acción y efecto de acolchar.

acolchar v. t. Poner algodón, guata, lana, etc., entre dos telas, y después bastearlas. || *Fig.* Amortiguar el ruido.

acolchonar v. t. Acolchar.

acolitado m. La superior de las cuatro órdenes menores del sacerdocio.

acólito m. Ministro de la Iglesia cuyo oficio es servir en el altar. || Monaguillo. || *Fig.* Adicto, cómplice.

Ácolman, c. de México, en el Estado de este nombre. Convento de San Agustín.

Acomayo, c. del Perú, cap. de la prov. homónima (Cuzco).

acometedor, ra adj. Que acomete.

acometer v. t. Atacar, embestir con ímpetu : *acometer al adversario.* || Emprender, intentar : *acometer una obra.* || Venir súbitamente una enfermedad, el sueño, un deseo, etc. : *me acometió la modorra.* || Embestir : *el toro le acometió.*

acometida f. Acometimiento, ataque. || Lugar en el que la línea de conducción de un fluido enlaza con la principal : *acometida de agua.*

acometimiento m. Acción y efecto de acometer.

acometividad f. Agresividad, propensión a acometer o reñir. || Carácter emprendedor.

acomodación f. Acción y efecto de acomodar. || Transacción, arreglo. || *Fisiol.* Acción de acomodarse el ojo para que la visión no se perturbe cuando varía la distancia a la luz del objeto que se mira.

acomodadizo, za adj. Que a todo se aviene fácilmente.

acomodado, da adj. Conveniente, apto, oportuno : *precios acomodados.* || Rico, abundante de medios : *gente acomodada.* || Amigo de la comodidad. || Instalado : *acomodado en un sillón.*

acomodador, ra adj. Que acomoda. || — M. y f. En los espectáculos, persona que designa a los asistentes su respectivo asiento.

acomodar v. t. Ordenar, componer, ajustar : *acomodar la poesía a la música.* || Adaptar : *acomodar un instrumento.* || Poner en sitio conveniente : *acomodar a uno en un cargo.* || Colocar a uno en un espectáculo. || Componer, concertar a los que riñen, pleitean, etcétera. || Dar colocación o empleo a una persona : *acomodar a un doméstico.* || Proveer a uno de lo que necesita. || — V. i. Venir bien a uno una cosa, convenirle : *acomodarle el cargo propuesto.* || — V. pr. Avenirse, conformarse : *acomodarse a las circunstancias, a un reglamento.* || Colocarse, ponerse : *se acomodó en su silla.*

acomodaticio, cia adj. Acomodadizo. || Complaciente.

acomodo m. Empleo, ocupación.

acompañador, ra adj. y s. Que acompaña.

acompañamiento m. Acción y efecto de acompañar o acompañarse. || Gente que acompaña a alguno : *el acompañamiento del rey.* || *Mús.* Conjunto de instrumentos que acompañan la voz, una melodía. || *Teatr.* Comparsa, figurante. || Guarnición de un plato.

acompañante, ta adj. y s. Que acompaña.

acompañar v. t. Estar o ir en compañía de otro : *acompañar a un enfermo.* || Escoltar : *acompañar los niños a la escuela.* || Adjuntar o agregar una cosa a otra : *acompañar copia de un escrito.* || *Mús.* Ejecutar el acompañamiento : *acompañar al cantante.* || Compartir : *le acompaño en su sentimiento.* || Existir algo al mismo tiempo que otra cosa : *viento acompañado de lluvia; siempre le acompaña la desgracia.* || — V. pr. Ejecutar el acompañamiento musical : *cantó acompañándose (o del) piano.*

acompasado, da adj. Hecho a compás : *paso acompasado.*

acompasar v. t. Medir con el compás. || Hacer a compás. || *Fig.* Dar cadencia a las palabras.

acomplejado, da adj. y s. Lleno de complejos.

acomplejar v. i. Dar o padecer complejos.

Aconcagua, cumbre de los Andes argentinos, en la prov. de Mendoza ; es la más elevada de América ; 6 959 m. — Río y prov. de Chile ; cap. *San Felipe.*

aconcagüino, na adj. y s. De Aconcagua (Chile).

aconcharse v. pr. *Fam.* Entenderse, confabularse.

acondicionado, da adj. Con los adv. *bien* o *mal,* de buen genio o condición, o al contrario. || *Aire acondicionado,* el dotado artificialmente de una temperatura y graduación higrométrica determinadas.

acondicionador m. Aparato para climatizar un local cualquiera : *acondicionador de aire.*

acondicionamiento m. Acción y efecto de acondicionar.

acondicionar v. t. Disponer : *acondicionar un manjar.* || Dar cierta cali-

dad o condición : *acondicionar el aire.*

aconfesional adj. Que no es confesional.

aconfesionalidad f. Carácter de aconfesional.

acongojar v. t. Angustiar, afligir.

Aconquija, sierra del NO. de la Argentina, entre las prov. de Catamarca y Tucumán.

aconsejable adj. Que se puede aconsejar.

aconsejador, ra adj. y s. Consejero.

aconsejar v. t. Dar consejo : *aconsejar al que vacila.* || Sugerir. || — V. pr. Tomar consejo de otra persona o de sí mismo.

aconsonantar v. i. Ser consonante una palabra con otra : *"diestro" aconsonanta con "estro".* || Incurrir en el vicio de la consonancia. || — V. t. Emplear en la rima una palabra como consonante de otra : *aconsonantar "fiereza" con "fiereza".*

acontecer v. i. Suceder, efectuarse.

acontecimiento m. Suceso : *fue un acontecimiento en mi vida.*

acopiar v. t. Juntar, reunir.

acopio m. Reunión.

acoplable adj. Que se puede acoplar.

acopladura f. Acción y efecto de acoplar.

acoplamiento m. Acción y efecto de acoplar o acoplarse.

acoplar v. t. Unir entre sí dos piezas de modo que se ajusten exactamente : *acoplar dos maderos.* || Parear o unir dos animales para yunta o tronco : *acoplar los bueyes al arado.* || Procurar la unión sexual de los animales. || *Fig.* Conciliar opiniones : *acoplar a las personas discordes.* || Adaptar, encajar : *acoplar mi horario con mis otras ocupaciones.* || *Fís.* Agrupar dos aparatos o sistemas : *acoplar generadores eléctricos.* || — V. pr. *Fig.* y *fam.* Unirse dos personas, encariñarse. || Entenderse, llevarse bien.

acoquinamiento m. Miedo. || Timidez. || Desánimo.

acoquinar v. t. *Fam.* Acobardar (ú. t. c. pr.). || Hacer que uno se raje (ú. t. c. pr.). || Pagar.

acorazado m. Buque de guerra blindado de grandes dimensiones.

acorazar v. t. Revestir con láminas de hierro o acero : *acorazar buques de guerra, fortificaciones, una cámara.* || — V. pr. Prepararse, defenderse : *acorazarse contra las penas.*

acorchado, da adj. Dícese de lo que es fofo y esponjoso como el corcho. || *Fig.* Entorpecido : *piernas acorchadas.* || Pastoso : *lengua acorchada.*

acorchamiento m. Efecto de acorcharse.

acorchar v. t. Cubrir con corcho. || — V. pr. Ponerse fofo y esponjoso como el corcho : *fruta acorchada.* || *Fig.* Entorpecerse los miembros del cuerpo o la sensibilidad.

acordar v. t. Determinar de común acuerdo o por mayoría de votos : *la asamblea acordó ampliar la Junta.* || Resolver : *el Gobierno acordó levantar la censura.* || Convenir, ponerse de acuerdo : *acordar un precio.* || *Mús.* Afinar los instrumentos o las voces para que no disuenen. || Traer a la memoria. || *Pint.* Armonizar los colores. || *Amer.* Conceder, otorgar. || — V. i. Concordar, conformar, convenir una cosa con otra. || — V. pr. Venir a la memoria.

acorde adj. Conforme, concorde : *quedaron acordes.* || Con armonía : *instrumentos acordes.* || — M. *Mús.* Conjunto de tres o más sonidos diferentes combinados armónicamente : *acorde perfecto.*

acordelar v. t. Señalar con cuerdas.

acordeón m. Instrumento músico de viento, portátil, compuesto de lengüetas de metal puestas en vibración por un fuelle.

acordeonista com. Persona que toca el acordeón.

acordonado, da adj. De forma de cordón. || *Fig.* Rodeado de policías, soldados, etc.

acordonamiento m. Acción y efecto de acordonar o acordonarse.

acordonar v. t. Ceñir o sujetar con cordones : *acordonar el zapato.* || Formar el cordoncillo en el canto de las monedas. ‖ *Fig.* Rodear de gente un lugar para incomunicarlo.

acorralamiento m. Acción y efecto de acorralar o acorralarse.

acorralar v. t. Encerrar en el corral: *acorralar los ganados.* ‖ *Fig.* Encerrar a uno, impidiéndole toda salida.

acortamiento m. Acción y efecto de acortar o acortarse.

acortar v. t. Reducir la longitud, duración o cantidad de una cosa, disminuir (ú. t. c. pr.).

acosador, ra adj. y s. Que acosa.

acosamiento m. Acción y efecto de acosar.

acosar v. t. Perseguir sin dar tregua ni reposo: *acosar con preguntas.*

acoso m. Acosamiento.

Acosta (Agustín) poeta modernista cubano (1886-1979). ‖ ~ (CECILIO), jurisconsulto, escritor y poeta romántico venezolano (1818-1881). ‖ ~ (JOAQUÍN), político, militar y escritor colombiano (1800-1852). ‖ ~ (JOSÉ DE), cronista español (1539-1600), autor de *Historia natural y moral de las Indias.* ‖ ~ (ÓSCAR), poeta y ensayista hondureño, n. en 1933. ‖ — **de Samper** (SOLEDAD), novelista romántica colombiana (1833-1903). ‖ ~ **García** (JULIO), político costarricense (1872-1954), pres. de la Rep. de 1920 a 1924.

Acosta Ñu, loc. del Paraguay (La Cordillera), teatro de la heroica resistencia de las mujeres y los niños durante la guerra de la Triple Alianza (1869).

acostar v. t. Echar o tender en la cama: *acostar a los niños.* ‖ Tender en tierra: *acostar a uno en el suelo.* ‖ *Blas.* Colocar una pieza junto a otra. ‖ *Mar.* Arrimar el costado de una embarcación a alguna parte: *acostar el buque al muelle.* ‖ — V. i. Llegar a la costa. ‖ — V. pr. Echarse en la cama o en el suelo. ‖ *Pop.* Unirse.

acostumbrado, da adj. Habitual (ú. t. c. s.).

acostumbrar v. t. Hacer adquirir costumbre : *acostumbrar al trabajo, al estudio.* ‖ — V. i. Tener costumbre : *acostumbro a levantarme temprano.* ‖ — V. pr. Adaptarse : *acostumbrarse a un clima.* ‖ Tomar la costumbre : *acostumbrarse a fumar.*

acotación f. Acotamiento. ‖ Nota que se pone en el margen de algún escrito.

acotamiento m. Acción y efecto de acotar.

acotar v. t. Poner cotos, amojonar con ellos : *acotar una heredad.* ‖ Reservar, prohibir, limitar. ‖ Fijar o señalar. ‖ Poner anotaciones : *acotar un libro.* ‖ *Topogr.* Poner cotas en los planos para indicar las alturas.

acotiledóneo, a *Bot.* Dícese de las plantas que carecen de cotiledones (ú. t. c. s. f.).

Acoyapa, pobl. de Nicaragua (Chontales).

ácrata adj. y s. Partidario de la supresión de toda autoridad, anarquista.

acrático, ca adj. Que tiene carácter ácrata.

acre m. Medida agraria inglesa equivalente a 40 áreas y 47 centiáreas.

acre adj. Áspero y picante al gusto o al olfato: *sabor acre.* ‖ *Fig.* Áspero, desabrido: *palabras acres.*

Acre, río que nace en el Perú y al llegar al Brasil se une al Purús ; 800 km. — Estado del Brasil, al SO. de Amazonia ; 153 000 km² ; cap. *Río Branco.* ‖ ~, hoy *Akko,* ant. Ptolemais, c. y puerto de Israel en el Mediterráneo. Siderurgia. Tb. se llamó *San Juan de Acre.*

acrecentamiento m. Aumento.

acrecentar v. t. Aumentar.

acreditación f. Credencial, documento que acredita a una persona.

acreditado, da adj. De crédito o reputación (ú. t. c. s.). ‖ Que tiene acreditación (ú. t. c. s.).

acreditar v. t. Hacer digno de crédito o reputación: *acreditar un establecimiento.* ‖ Dar fama o crédito : *un libro que acreditó a su autor.* ‖ Dar seguridad de que una persona o cosa es lo que representa o parece : *acreditar a un plenipotenciario.* ‖ Confirmar. ‖ *Com.* Abonar, anotar en el haber : *acreditar una cantidad.* ‖ — V. pr. Conseguir crédito o fama.

Presentar sus cartas credenciales un embajador.

acreedor, ra m. y f. Persona a quien se debe algo. ‖ Digno para obtener una cosa : *acreedor del respeto.*

acribillar v. t. Abrir muchos agujeros en alguna cosa. ‖ Hacer muchas heridas o picaduras : *acribillar a balazos.* ‖ *Fig. y fam.* Molestar mucho.

acrídidos m. pl. *Zool.* Familia de insectos que comprende los saltamontes y langostas (ú. t. c. adj.).

acrílico, ca adj. Dícese del ácido obtenido por oxidación de un aldehído etilénico. ‖ — M. Fibra textil sintética que resulta de la polimerización del nitrilo acrílico con otros monómeros.

acrilina f. *Quím.* Resina sintética incolora.

acriminar v. t. Acusar de delito.

acrimonia f. Aspereza de las cosas al gusto o al olfato. ‖ Calidad de acre.

acriollado, da adj. Que parece criollo (ú. t. c. s.).

acriollarse v. pr. *Amer.* Acomodarse el extranjero a los usos del país en que vive.

acrisolar v. t. Depurar los metales en el crisol. ‖ *Fig.* Purificar : *acrisolar la verdad.*

acristalado, da adj. Con cristales.

acristalar v. t. Poner cristales.

acritud f. Acrimonia.

acrobacia f. Acrobatismo. ‖ Cualquiera de las evoluciones espectaculares que efectúa un acróbata o un aviador en el aire.

acróbata com. Persona que ejecuta ejercicios difíciles, y a veces peligrosos, en los circos, etc. (Tómase también a veces por *equilibrista, payaso, volatinero, gimnasta*).

acrobático, ca adj. Relativo al acróbata.

acrobatismo m. Profesión y ejercicios del acróbata.

acromion m. Apófisis del omóplato.

acrópolis f. Sitio más elevado y fortificado en las ciudades antiguas. ‖ Ciudadela.

Acrópolis, ciudadela de la antigua Atenas en donde se construyeron templos y monumentos (el *Partenón,* la *Pinacoteca,* el *Erecteón,* etc.).

acrotera f. *Arq.* Cualquiera de los pedestales que sirven de remate en los frontones y sobre los cuales se colocan estatuas u otros adornos.

acta f. Relación escrita de lo tratado en una reunión, de los delitos que el fiscal acusa a un reo: *acta de una junta, de acusación.* ‖ Certificación en que consta la elección de una persona : *acta de diputado.* ‖ Levantar *acta,* extenderla.

Acta de Navegación, ley inglesa que prohibía a los barcos extranjeros llevar mercancías que no fueran de su propio país (1651).

actinio m. Metal radiactivo (Ac), hallado en algún compuesto de uranio.

actitud f. Postura del cuerpo humano : *actitud graciosa.* ‖ *Fig.* Disposición de ánimo manifestada exteriormente : *actitud benévola.*

Actium. V. ACCIO.

activación f. Acción y efecto de activar. ‖ Aumento de las propiedades químicas, físicas o biológicas de un cuerpo.

activador m. Cuerpo que, actuando sobre un catalizador, aumenta la actividad.

activar v. t. Avivar, excitar, acelerar : *activar los preparativos.* ‖ Hacer más activo. ‖ Hacer que un cuerpo químico sea más activo : *activar el carbón.* ‖ Poner un fulminante : *activar un explosivo.* ‖ — V. pr. Agitarse.

actividad f. Facultad de obrar : *actividad del pensamiento.* ‖ Diligencia, prontitud, eficacia. ‖ — Pl. Conjunto de operaciones o tareas propias de una entidad o persona : *actividades políticas.*

activismo m. Actividad en favor de una doctrina política, un partido, un sindicato, etc.

activista adj. y s. Miembro activo de un partido, de un grupo.

activo, va adj. Que obra o tiene virtud de obrar : *vida activa.* ‖ Vivo, laborioso : *trabajador activo.* ‖ Diligente : *hombre activo.* ‖ Que obra prontamente : *medicamento activo.*

‖ Que trabaja : *población activa.* ‖ *Gram.* Que denota acción en sentido gramatical : *verbo activo.* ‖ — M. Total de lo que posee un comerciante, una empresa. ‖ — En activo, en funciones, en ejercicio. ‖ *Fig. y fam. Por activa y por pasiva,* de todos modos.

acto m. Hecho : *acto heroico.* ‖ Tratándose de un ser vivo, movimiento adaptado a un fin : *acto instintivo.* ‖ Manifestación de la voluntad humana : *acto de justicia.* ‖ Movimiento del alma hacia Dios : *acto de fe, de contrición.* ‖ Decisión del poder público : *acto de gobierno.* ‖ Hecho público o solemne : *el acto de la inauguración.* ‖ División de la obra teatral : *comedia en tres actos.* ‖ Fiesta, función. ‖ — *Actos* o *Hechos de los Apóstoles,* libro que contiene la historia de los Apóstoles. ‖ *Acto seguido* o *en el acto,* en seguida. ‖ *Hacer acto de presencia,* mostrarse un instante.

Actopan, río y estación arqueológica de México (Hidalgo). Minerales.

actor, ra m. y f. *For.* Persona que demanda en juicio.

actor, triz m. y f. Artista que representa un papel en una obra de teatro o en un film. ‖ *Fig.* Persona que toma parte activa en un suceso. ‖ Simulador.

actuación f. Acción y efecto de actuar. ‖ Papel que desempeña uno : *actuación brillante.* ‖ — Pl. *For.* Diligencias de un procedimiento judicial.

actual adj. Presente, contemporáneo : *la situación actual.* ‖ Que existe en el tiempo presente.

actualidad f. Tiempo presente. ‖ Suceso que atrae la atención en un momento dado.

actualización f. Acción y efecto de actualizar.

actualizar v. t. Volver actual, dar actualidad a una cosa : *actualizar un texto.* ‖ En economía, ajustar valores futuros para tenerlos en cuenta en el momento de tomar decisiones.

actuante adj. Que actúa (ú. t. c. s.).

actuar v. t. Poner en acción : *actuar un mecanismo.* ‖ — V. i. Ejercer actos o funciones propias de su cargo : *actuar de juez de instrucción.* ‖ Realizar funciones propias de su naturaleza, obrar. ‖ *For.* Proceder judicialmente. ‖ Representar un papel en una obra de teatro o en una película.

actuario m. *For.* Escribano que redacta los autos. ‖ En las compañías de seguros, especialista que estudia las cuestiones matemáticas.

acuafortista com. Aguafuertista.

acuarela f. Pintura que se hace con colores diluidos en agua.

acuarelista com. Pintor o pintora de acuarelas.

acuario m. Depósito de agua donde se tienen vivos peces o vegetales acuáticos.

Acuario, constelación zodiacal que se encuentra actualmente delante del signo homónimo.

acuartelamiento m. Acción y efecto de acuartelar o acuartelarse : *acuartelamiento de las tropas.*

acuartelar v. t. *Mil.* Poner la tropa en cuarteles.

acuático, ca adj. Que vive en el agua : *animal acuático ; planta acuática.* ‖ Relativo al agua : *esquí acuático.*

acuatizaje m. Acción y efecto de posarse un avión en el agua.

acuatizar v. i. Posarse un avión en el agua.

acuciante o **acuciador, ra** adj. Que acucia : *deseo acuciante.*

acuciar v. t. Estimular, dar prisa : *siempre me estás acuciando.* ‖ Desear con vehemencia.

acucioso, sa adj. Diligente, solícito. ‖ Movimiento por deseo vehemente.

acucillarse v. pr. Ponerse en cuclillas.

acuchillado, da adj. *Fig.* Aplícase al vestido con aberturas semejantes a cuchilladas, bajo las cuales se ve otra tela distinta de la de aquél. ‖ — M. Acción de alisar pisos de madera o muebles.

acuchillar v. t. Dar cuchilladas. ‖ Matar a cuchillo, apuñalar : *lo acuchillaron en una venta.* ‖ *Fig.* Hacer aberturas semejantes a cuchilladas en los vestidos : *mangas acuchilladas.*

Raspar o alisar un piso de madera o un mueble : *acuchillar el entarimado.*

acudir v. i. Ir uno al sitio donde le conviene o es llamado : *acudir a una cita.* ‖ Presentarse : *acudir a un examen.* ‖ Asistir con frecuencia a alguna parte. ‖ Valerse de una cosa para un fin : *acudir al (o con el) remedio.* ‖ Recurrir a alguno : *acudir a su protector.* ‖ Venir, presentarse, sobrevenir : *acudir a la mente.*

acueducto m. Conducto artificial subterráneo o elevado sobre arcos para conducir agua.

ácueo, a adj. De agua.

acuerdo m. Resolución tomada por dos o más personas o adoptada en tribunal, junta o asamblea : *la obra fue realizada por común acuerdo.* ‖ Unión, armonía : *vivir todos en perfecto acuerdo.* ‖ Pacto, tratado : *acuerdo comercial francoespañol.* ‖ Parecer, dictamen. ‖ *Arg.* Consejo de ministros. ‖ Confirmación de un nombramiento hecho por el Senado. ‖ *Méx.* Reunión de una autoridad gubernativa con sus colaboradores para tomar una decisión. ‖ — *Acuerdo-marco,* acuerdo global. ‖ *De acuerdo,* conforme.

acuidad f. Agudeza de los sentidos.

acuífero, ra adj. Que embebe agua o permite la circulación de ésta.

acuitar v. t. Afligir.

acular v. t. Arrimar por detrás. Arrinconar.

aculturación f. Proceso de adaptación a una cultura, o de recepción de ella, de un pueblo por contacto con la civilización de otro más desarrollado.

acullá adv. En la parte opuesta del que habla.

acumulación f. Acción y efecto de acumular.

acumulador, ra adj. y s. Que acumula. ‖ — M. Aparato mecánico, eléctrico, etc., que almacena y suministra energía.

acumulamiento m. Acumulación.

acumular v. t. Juntar, amontonar.

acumulativo, va adj. Que acumula.

acunar v. t. Mecer en la cuna.

Acuña (Tristão Da). V. CUNHA.

Acuña (Álvaro), militar español, conquistador de Costa Rica en 1526. ‖ ~ (ANTONIO OSORIO DE), obispo de Zamora y uno de los jefes de los comuneros de Castilla. M. decapitado en 1526. ‖ ~ (CRISTÓBAL DE), misionero español (1597-¿1675 ?), autor de un notable relato de un viaje por el Amazonas (1639). ‖ ~ (HERNANDO DE), poeta petrarquista español (1520-1586), autor de un soneto a la gloria de Carlos I. ‖ ~ (MANUEL), poeta romántico mexicano (1849-1873), autor de *Nocturno.* ‖ — **de Figueroa** (FRANCISCO), poeta uruguayo (1791-1862) que compuso el himno nacional de su país.

acuñación f. Acción de acuñar.

acuñador, ra adj. y s. Que acuña.

acuñar v. t. Imprimir y sellar las monedas y medallas por medio del cuño o troquel : *acuñar piezas de plata.* ‖ Fabricar o hacer moneda. ‖ Meter cuñas. ‖ *Fig.* Inventar (frases).

acuosidad f. Calidad de acuoso.

acuoso, sa adj. De agua o relativo a ella. ‖ Abundante en agua.

acupuntor, ra m. y f. Especialista en acupuntura.

acupuntura f. *Cir.* Operación que consiste en clavar agujas en el cuerpo con fin terapéutico.

acurrucarse v. pr. Encogerse.

acusación f. Acción de acusar o acusarse : *acusación pública.*

acusado, da m. y f. Persona a quien se acusa : *absolver, condenar al acusado.* ‖ — Adj. Que resalta o revela.

acusador, ra adj. y s. Que acusa.

acusar v. t. Imputar a uno algún delito o culpa : *acusar de prevaricación.* ‖ Tachar, calificar : *acusar un libro de tendencioso.* ‖ Censurar, reprender. ‖ Denunciar, delatar : *acusado por las apariencias.* ‖ Indicar, avisar : *acusar recibo de una carta.* ‖ *For.* Exponer los cargos y las pruebas contra el acusado. ‖ Denotar, revelar. ‖ — V. pr. Confesarse culpable.

acusativo m. *Gram.* Uno de los seis casos de la declinación : *el acusativo indica el complemento directo.*

acusatorio, ria adj. *For.* Relativo a la acusación : *delación acusatoria.*

acuse m. Acción y efecto de acusar el recibo de cartas, etc. : *acuse de recibo.* ‖ Cada una de las cartas que en el juego sirven para acusar : *tener tres acuses.*

acuseta, acusica y **acusón, ona** adj. Soplón, delator (ú. t. c. s.) : *odio a las personas acusicas.*

acústica f. Parte de la física que trata de la formación y propagación de los sonidos. ‖ Calidad de un local en orden a la percepción de los sonidos.

acústico, ca adj. Relativo al órgano del oído o a la acústica.

acutángulo adj. *Geom.* Que tiene tres ángulos agudos : *triángulo acutángulo.*

Achá (José María de), general boliviano (1811-1868), pres. de la Rep. de 1861 a 1864.

achabacanar v. t. Volver, hacer chabacano.

achacar v. t. Atribuir, imputar : *le achacaron su descuido.*

achacosidad f. Predisposición a los achaques.

achacoso, sa adj. Que padece achaques : *viejo achacoso.* ‖ Indispuesto o levemente enfermo.

achaflanar v. t. Hacer o dar forma de chaflán.

Achala, peniplanicie de la Argentina en la Sierra Grande de Córdoba.

achampanado, da adj. Achampañado.

achampañado, da adj. Aplícase a la bebida que imita al champaña.

achancharse v. pr. *Amer.* Avergonzarse.

achancharse v. pr. *Fam.* Aguantarse, conformarse. ‖ Callarse. ‖ Acobardarse.

achaparrado, da adj. Aplícase al árbol grueso, bajo y poblado de ramas : *cerezo achaparrado.* ‖ *Fig.* Rechoncho : *hombre achaparrado.*

achaparrarse v. pr. Tomar un árbol la forma de chaparro. ‖ *Fig.* Quedarse rechoncha una persona.

achaque m. Indisposición habitual : *los achaques de la vejez.*

achares m. pl. *Fam.* Celos, inquietud : *dar achares a su novia.*

acharolado, da adj. Parecido al charol : *zapatos acharolados.*

acharolar v. t. Charolar.

achatado, da adj. Chato.

achatamiento m. Acción y efecto de achatar o achatarse. ‖ Falta de esfericidad del globo terrestre.

achatar v. t. Poner chata una cosa, aplanarla (ú. t. c. pr.).

achicar v. t. Que achica. ‖ — M. *Mar.* Pala de madera para achicar el agua en los buques.

achicar v. t. Disminuir el tamaño de una cosa : *achicar una ventana.* ‖ Extraer el agua de una mina, de una embarcación, con una pala, bombas o de otro modo. ‖ *Fig.* Humillar : *achicar a uno el orgullo.* ‖ Intimidar.

achicoria f. Planta de hojas recortadas, ásperas y comestibles.

achicharradero m. Sitio donde hace mucho calor.

achicharrar v. t. Freír, asar o tostar demasiado. ‖ *Fig.* Calentar con exceso. ‖ Molestar, abrumar : *achicharrar a preguntas.* ‖ — V. pr. Quemarse, freírse mucho una cosa. ‖ Abrasarse.

achilenado, da adj. y s. Que parece chileno.

achinado, da adj. Parecido a los chinos : *ojos achinados.* ‖ *Riopl.* Aplebeyado : *hombre achinado.*

achiotal m. Plantación de achiotes.

achiote m. Arbusto cuyo fruto rojo purpúreo contiene una pulpa llamada bija.

achiquillado, da adj. Aniñado.

achiquitar v. t. *Fam. Amer.* Achicar.

achira f. Planta sudamericana de flores coloradas. ‖ Planta del Perú de raíz comestible.

achispar v. t. Embriagar ligeramente a uno (ú. t. c. pr.).

Achkhabad, c. de la U. R. S. S., cap. del Turkmenistán. Universidad.

achocolatado, da adj. De color de chocolate : *rostro achocolatado.*

acholado, da adj. *Amer.* De tez parecida a la del cholo. ‖ Corrido, avergonzado.

acholar v. t. *Amer.* Avergonzar, amilanar.

achote m. Achiote.

achuchado, da adj. *Fam.* Difícil.

achuchar v. t. *Fam.* Azuzar, excitar. ‖ Aplastar, estrujar. ‖ Empujar.

achuchón m. *Fam.* Acción y efecto de achuchar. ‖ *Taurom.* Revolcón. ‖ Empujón. ‖ Enfermedad ligera.

achulado, da adj. *Fam.* Que tiene o modales de chulo.

achura f. *Riopl.* Intestinos o menudos de la res.

achurar v. t. *Riopl.* Quitar las achuras a un animal. ‖ *Fam.* Herir. ‖ Matar.

achurruscar v. t. *Chil.* Apretar. ‖ — V. pr. *Col.* y *Ecuad.* Encogerse.

ad prep. lat. Significa *a, junto, hacia,* etc.

ad hoc loc. lat. Que conviene a tal objeto : *argumento « ad hoc ».*

adagio m. Sentencia breve, las más de las veces de carácter moral. ‖ *Mús.* Ritmo bastante lento. ‖ Composición en este movimiento.

Adaja, río de España, afl. del Duero, que nace en Gredos y pasa por Ávila ; 192 km.

Adalia. V ANTALYA.

adalid m. Caudillo de gente de guerra. ‖ *Fig.* Guía y cabeza de algún partido o escuela.

adamantino, 'na adj. Diamantino.

Adamov (Arthur), autor dramático francés, de origen ruso (1908-1970), que cultivó el simbolismo trágico. Se suicidó.

Adams (John), político norteamericano (1735-1826), pres. de Estados Unidos de 1797 a 1800. — Su hijo JOHN QUINCY (1767-1848) fue tb. pres. de 1825 a 1829. ‖ ~ (SAMUEL), político norteamericano (1722-1803), uno de los promotores de la Independencia. Se le conoce con el nombre de *el Catón de América.*

adán m. *Fig.* y *fam.* Hombre desaseado o haraposo : *ir hecho un adán.* ‖ Hombre apático, descuidado.

Adán, primer hombre creado por Dios y esposo de Eva.

Adana, c. del S. de Turquía (Cilicia).

Adapazari, c. del NO. de Turquía.

adaptabilidad f. Calidad de adaptable.

adaptable adj. Capaz de ser adaptado : *pieza adaptable a un motor.*

adaptación f. Acción y efecto de adaptar o adaptarse.

adaptador, ra adj. y f. Persona que adapta. ‖ — M. Aparato que permite adaptar un mecanismo eléctrico para diversos usos.

adaptar v. t. Acomodar, ajustar una cosa a otra : *adaptar el mango al martillo.* ‖ *Fig.* Modificar con un fin o a otras circunstancias : *adaptar una obra literaria.* ‖ — V. pr. Acomodarse, avenirse a circunstancias, condiciones, etc. : *se adapta a todo.*

adaraja f. *Arq.* Diente, resalto en una pared.

adarga f. Escudo de cuero ovalado o de figura de corazón.

adarme m. *Fig.* Cantidad mínima.

adarve m. *Fort.* Camino almenado en la parte superior de la muralla. ‖ *Fig.* Protección, defensa.

Adda, río de Italia, en Lombardía, afl. del Po.

addenda f. Adición o complemento de una obra escrita.

Addis Abeba, cap. de Etiopía ; 1 083 000 h. Centro comercial.

adecentar v. t. Poner decente (ú. t. c. pr.).

adecuación f. Acción de adecuar o adecuarse. ‖ Adaptación.

adecuado, da adj. Apropiado, acomodado, proporcionado.

adecuar v. t. Proporcionar, acomodar una cosa a otra : *adecuar los esfuerzos a un fin.* ‖ Adaptar.

adefesio m. *Fam.* Disparate, despropósito, extravagancia : *evite los adefesios.* ‖ Traje o adorno ridículo. ‖ Persona fea o extravagante : *estás hecho un adefesio.*

adehala f. Lo que se da de más, de propina sobre un precio o sueldo.

Adelaida, c. y puerto de Australia, cap. del Est. de Australia Meridional. Arzobispado. Universidad.

adelantado, da adj. Precoz : *niño adelantado.* ‖ Evolucionado : *país ade-*

lantado. || — M. (Ant.). Gobernador de una provincia fronteriza, justicia mayor del reino, capitán general en tiempos de guerra. || Título concedido, hasta fines del s. XVI, a la primera autoridad política, militar y judicial en las colonias españolas de América. || *Fig.* Precursor.

adelantamiento m. Acción y efecto de adelantar o adelantarse. || Dignidad de adelantado y territorio de su jurisdicción. || *Fig.* Progreso.

adelantar v. t. Mover o llevar hacia adelante : *adelantar un pie.* || Acelerar, apresurar : *adelantar una obra.* || Anticipar : *adelantar el pago.* || Ganar la delantera a alguno, andando o corriendo : *adelantar a un rival en una carrera* (ú. t. c. pr.). || Dejar atrás : *adelantar un coche* (ú. t. c. pr.). || Tratándose del reloj, hacer que señale hora posterior a la que es. || *Fig.* Aumentar, mejorar. || — V. i. Andar el reloj más aprisa de lo debido. || Progresar en estudios, etc. : *este niño adelanta mucho.*

adelante adv. Más allá : *ir adelante.* || Denota tiempo futuro : *para en adelante.* || *En adelante,* en lo sucesivo.

adelanto m. Anticipo : *pedir un adelanto.* || Progreso.

adelfa f. Arbusto parecido al laurel, de flores rojizas o purpúreas.

adelgazamiento m. Acción y efecto de adelgazar o adelgazarse.

adelgazar v. t. Poner delgado (ú. t. c. pr.). || — V. i. Enflaquecer.

ademán m. Movimiento del cuerpo con que se manifiesta un afecto del ánimo. || — Pl. Modales.

además adv. A más de esto o aquello.

Adén, c. y puerto de la Rep. Democrática y Popular del Yemen, en el golfo homónimo ; 286 000 h.

Adenauer (Konrad), político alemán (1876-1967), canciller de la República Federal Alemana de 1949 a 1963.

adenopatía f. *Med.* Inflamación de los ganglios linfáticos.

adensarse v. pr. Volverse denso.

adentrarse v. pr. Penetrar.

adentro adv. A o en lo interior : *mar, tierra adentro.* || — M. pl. Lo interior del ánimo : *decirse en* (o *para*) *sus adentros.*

adepto, ta adj. y s. Afiliado a una secta o asociación. || Partidario.

aderezar v. t. Adornar, hermosear : *aderezar con gusto.* || Guisar, sazonar, condimentar : *plato bien aderezado.*

aderezo m. Acción y efecto de aderezar o aderezarse. || Cosa con que se aderéza. || Guisado, condimento. || Juego de joyas (collar, pendientes y pulsera).

adeudar v. t. Deber.

adeudo m. Deuda. || Cantidad que se debe a las aduanas : *retener mercancías en pago del adeudo.*

adherencia f. Acción y efecto de adherir o pegarse una cosa con otra.

adherente adj. Que adhiere o se adhiere. || — Com. Persona que forma parte de un grupo o sociedad.

adherir v. i. Unir una cosa con otra. || — V. pr. *Fig.* Mostrarse de acuerdo. || Afiliarse.

adhesión f. Adherencia. || *Fig.* Acción y efecto de adherir o adherirse : *adhesión a un partido.*

adhesividad f. Calidad de adhesivo.

adhesivo, va adj. Capaz de adherirse : *emplasto adhesivo.* || — M. Sustancia adhesiva.

adicción f. Estado de dependencia de una droga.

adición f. Acción y efecto de añadir o agregar. || Añadidura en una obra o escrito. || *Mat.* Operación de sumar. Primera de las cuatro operaciones fundamentales de la aritmética.

adicional adj. Que se adiciona o añade : *cláusula adicional.*

adicionar v. t. Agregar, sumar, añadir. || Hacer o poner adiciones.

adicto, ta adj. Apegado : *adicto a la democracia.* || — M. y f. Partidario, adepto. || Drogadicto.

adiestramiento m. Acción y efecto de adiestrar o adiestrarse.

adiestrar v. t. Hacer diestro (ú. t. c. pr.). || Enseñar, instruir (ú. t. c. pr.).

Adigio, río del NE. de Italia, que nace en los Alpes, pasa por Trento, Verona y des. en el Adriático ; 410 km.

adinerado, da adj. y s. Que tiene mucho dinero.

adinerarse v. pr. *Fam.* Enriquecerse.

adintelado adj. *Arq.* Aplícase al arco con forma de dintel.

adiós m. Despedida : *cordial adiós.* || — Interj. ¡ Hasta la vista !

adiposidad f. Calidad de adiposo.

adiposis f. *Med.* Enfermedad producida por el exceso de grasa.

adiposo, sa adj. *Anat.* Grasiento, lleno de grasa.

Adirondacks, macizo cristalino del E. de Estados Unidos (Nueva York).

aditamento m. Añadidura.

aditivo, va adj. Que se añade o agrega. || — M. Añadido.

adivinación f. Acción y efecto de adivinar.

adivinador, ra adj. y s. Que adivina.

adivinanza f. Acertijo, adivinación.

adivinar v. t. Descubrir lo futuro o lo oculto, predecir : *arte de adivinar.* || Acertar un enigma, algo oculto. || Juzgar por conjeturas, por intuición : *adivinar lo ocurrido.* || Penetrar : *adivinar el pensamiento.*

adivinatorio, ria adj. Relativo a la adivinación : *facultad adivinatoria.*

adivino, na m. y f. Persona que adivina.

Adjaria, república autónoma de la U. R. S. S. (Georgia), a orillas del mar Negro. Cap. *Batum.*

adjetivación f. Acción y efecto de adjetivar o adjetivarse.

adjetivado, da adj. Usado como adjetivo : *sustantivo adjetivado.*

adjetival adj. Relativo al adjetivo.

adjetivar v. t. *Gram.* Aplicar adjetivos. || Dar al nombre valor de adjetivo (ú. t. c. pr.). || Calificar : *lo adjetivó de imbécil.*

adjetivo, va adj. Que tiene relación a una cualidad o accidente. || *Gram.* Perteneciente al adjetivo : *nombre adjetivo.* || — M. Palabra que se agrega al sustantivo para designar una cualidad o determinar o limitar su extensión : *los adjetivos se dividen en calificativos y determinativos, y éstos en demostrativos, numerales, posesivos e indefinidos.*

Adjman, uno de los Emiratos Árabes Unidos. Petróleo.

adjudicación f. Acción y efecto de adjudicar o adjudicarse : *venta por adjudicación.* || Contrata.

adjudicador, ra adj. y s. Que adjudica.

adjudicar v. t. Declarar que una cosa corresponde a una persona.

adjudicatario, ria m. y f. Persona a quien se adjudica una cosa.

adjuntar v. t. Unir una cosa con otra.

adjuntía f. Cargo que tiene el profesor adjunto.

adjunto, ta adj. Que va unido con otra cosa : *la nota de precios adjunta.* || Dícese de la persona que acompaña a otra en un negocio o cargo (ú. t. c. s.) : *catedrático adjunto.*

adlátere m. A látere.

adminículo m. Auxilio. || Objeto, utensilio.

administración f. Acción de administrar : *la administración de una empresa.* || Empleo y oficina del administrador. || Ciencia del gobierno de un Estado. || Conjunto de los empleados de un ramo particular de un servicio público : *Administración de Correos.* || Consejo de administración.

administrado, da adj. y s. Sometido a una autoridad administrativa o a una administración.

administrador, ra adj. y s. Persona que administra.

administrar v. t. Gobernar, regir : *administrar el Estado.* || Dirigir la economía. || Conferir : *administrar los sacramentos.* || Tratándose de medicamentos, aplicarlos : *administrar un purgante.* || Dar, propinar : *administrar una paliza.* || Emplear con prudencia algo : *hay que administrar las fuerzas.*

administrativo, va adj. Relativo a la administración : *reglamento administrativo.* || M. y f. Persona que tiene por oficio administrar o llevar la parte administrativa de una empresa (ú. t. c. adj.).

admirable adj. Digno de admiración.

admiración f. Sensación de sorpresa, placer y respeto que se experimenta ante una cosa hermosa o buena. || Signo ortográfico (¡ !) usado para expresar admiración, queja o lástima.

admirador, ra adj. y s. Que admira.

admirar v. t. Mirar con entusiasmo, sorpresa o placer : *admirar una obra de arte.* || Causar sorpresa o placer : *tanta generosidad me admira.* || — V. pr. Asombrarse.

admirativo, va adj. Que expresa o denota admiración : *palabras admirativas.* || Capaz de causar admiración.

admisibilidad f. Calidad de admisible.

admisible adj. Que puede admitirse : *excusa admisible.*

admisión f. Acción y efecto de admitir. || Recepción.

admitir v. t. Recibir, dar entrada : *ser admitido en la Academia.* || Aceptar, reconocer : *admitir una hipótesis.* || Permitir, tolerar : *admitir excusas.*

admonición f. Amonestación.

adobado m. Carne puesta en adobo : *adobado de cerdo.* || Adobo.

adobamiento m. Adobo.

adobar v. t. Componer, preparar. || Guisar, aderezar. || Poner en adobo las carnes, el pescado.

adobe m. Ladrillo seco al sol.

adobo m. Acción y efecto de adobar : *el adobo de una piel.* || Salsa para sazonar y conservar las carnes, el pescado : *echar carne en adobo.*

adocenado, da adj. Vulgar, de muy poco mérito : *escritor adocenado.*

adocenarse v. pr. Llegar a ser vulgar, muy parecido a la media general.

adoctrinamiento m. Acción y efecto de adoctrinar.

adoctrinar v. t. Instruir.

adolecer v. i. Caer enfermo o padecer una dolencia habitual : *adolecer de artritis.* || *Fig.* Tener pasiones, vicios, etc. : *adolecer de ingratitud.*

adolescencia f. Período de transición entre la infancia y la edad adulta.

adolescente adj. y s. Que está en la adolescencia.

adonde adv. A qué parte, o a la parte que. (Se acentúa en sentido interrogativo : *¿ adónde van los niños ?*) || Donde.

adondequiera adv. A cualquier parte. || Donde quiera.

adonis m. *Fig.* Joven hermoso.

Adonis, joven griego de gran belleza, mortalmente herido por un jabalí. Afrodita lo metamorfoseó en anémona. *(Mit.)*

adopción f. Acción y efecto de adoptar o prohijar.

adoptar v. t. Prohijar : *César adoptó a Bruto.* || Admitir alguna opinión o doctrina : *adoptar el federalismo.* || Aprobar : *adoptar un proyecto de ley.*

adoptivo, va adj. Dícese de la persona adoptada y de la que adopta : *hijo, padre adoptivo.* || Aplícase a lo que uno elige para tenerlo por lo que no es realmente : *hermano adoptivo.*

adoquín m. Piedra labrada para empedrados. || *Fig.* y *fam.* Necio, idiota.

adoquinado m. Suelo empedrado con adoquines. || Acción y efecto de adoquinar.

adoquinar v. t. Empedrar con adoquines.

adorable adj. Digno de adoración. || *Fig.* y *fam.* Digno de ser amado.

adoración f. Acción y efecto de adorar. || *Fig.* Amor extremo.

adorador, ra adj. y s. Que adora.

adorar v. t. Reverenciar con sumo honor o respeto a un ser. || Rendir culto a Dios. || *Fig.* Amar en extremo.

adoratriz f. Religiosa de una orden española de votos simples. || En América, señora que pertenece a alguna hermandad de la adoración perpetua.

adormecedor, ra adj. Que adormece.

adormecer v. t. Dar o causar sueño : *adormecer al niño meciéndolo.* || *Fig.* Calmar, sosegar : *adormecer el dolor con morfina.* || — V. pr. Empezar a dormirse. || Entorpecerse.

adormecimiento m. Acción y efecto de adormecer o adormecerse.

adormidera f. Planta papaverácea de cuyo fruto se saca el opio.

adormilarse y adormitarse v. pr. Dormirse a medias, amodorrarse.

adornar v. t. Engalanar con adornos.

|| *Fig.* Concurrir en una persona ciertas prendas o circunstancias favorables.

adorno m. Lo que sirve para hermosear personas o cosas. || *Taurom.* Lance con que el torero remata una serie de pases.

adosar v. t. Arrimar una cosa a otra : *adosar a la pared.* || Casas adosadas, chalets independientes construidos apoyándose los unos en los otros.

Adoum (Jorge Enrique), escritor ecuatoriano, n. en 1923, autor de poesías (*Dios trajo la sombra*), obras de teatro (*El sol bajo las patas de los caballos*), novelas y crítica literaria.

Adour [adur], río del SO. de Francia, que nace en los Pirineos y atraviesa Tarbes, Dax y Bayona.

adquirente o **adquiriente** adj. y s. Comprador.

adquirido, da adj. Alcanzado, obtenido : *fama bien adquirida.*

adquiridor, ra adj. y s. Comprador.

adquirir v. t. Comprar. || Alcanzar.

adquisición f. Acción de adquirir. || Compra : *adquisición de una finca.*

adquisitivo, va adj. Que sirve para adquirir : *poder adquisitivo.*

Adra, c. del SE. de Almería.

adral m. Cada una de las tablas que se ponen a los lados del carro o camión para mantener la carga.

Adrar, región del Sáhara occidental (Mauritania).

adrede adv. De propósito : *lo hice adrede para molestarle.*

adrenalina f. Hormona segregada por la masa medular de las glándulas suprarrenales.

Adria, c. del NE. de Italia (Venecia) que ha dado su n. al mar Adriático.

Adriano (Publio Elio), emperador romano (76-138), n. en Itálica (España). Reinó desde 117.

Adriano — I, papa de 772 a 795. || **~ II** (792-872), papa desde 867. || **~ III,** papa de 884 a 885. || **~ IV** (¿ 1100 ?-1159), papa desde 1154. || **~ V,** papa en 1276. || **~ VI** (1459-1523), papa de 1522 a 1523. Su nombre era *Adriano de Utrecht* y antes fue preceptor del emperador Carlos V y regente de Castilla.

Adrianópolis. V. ANDRINÓPOLIS.

adriático, ca adj. Del mar Adriático.

Adriático (MAR), parte del Mediterráneo que baña Italia, Yugoslavia y Albania.

Adrogué. V. ALMIRANTE BROWN.

adscribir v. t. Inscribir. || Destinar a uno a un servicio. || — V. pr. Adherirse.

adscrito, ta adj. Escrito al lado. || Destinado.

adsorbente adj. Capaz de adsorción. || — M. Cuerpo que adsorbe.

adsorber v. t. Fijar por adsorción.

adsorción f. *Fís.* Penetración superficial de un gas en un líquido en un sólido.

Adua, c. de Etiopía.

aduana f. Administración que percibe los derechos sobre las mercancías importadas o exportadas. || Oficina de dicha administración. || Derechos cobrados por ella.

aduanero, ra adj. Relativo a la aduana. || — M. y f. Persona empleada en la aduana.

aduar m. Campamento de beduinos o gitanos. || Ranchería de indios americanos. || *Por ext.* Pueblo musulmán en África del Norte.

aducción f. *Anat.* Movimiento por el cual se acerca un miembro separado al eje del cuerpo : *aducción del brazo.*

aducir v. t. Presentar o alegar razones, pruebas, etc.

aductor adj. *Anat.* Dícese del músculo que produce un movimiento de aducción (ú. t. c. s. m.).

adueñarse v. pr. Hacerse dueño de una cosa o apoderarse de ella.

adulación f. Lisonja, halago.

adulador, ra adj. y s. Lisonjero, que adula.

adular v. t. Halagar.

adulteración f. Acción y efecto de adulterar o adulterarse.

adulterar v. t. Cometer adulterio. || — V. t. *Fig.* Alterar la naturaleza de algo : *adulterar el vino.* | Falsear, falsificar : *adulterar la verdad.*

adulterino, na adj. Procedente de adulterio : *hijo adulterino* (ú. t. c. s.).

|| Relativo al adulterio. || *Fig.* Falso, falsificado.

adulterio m. Violación de la fe conyugal. || Falsificación, fraude.

adúltero, ra adj. Que viola la fe conyugal o comete adulterio (ú. t. c. s.) : *hombre o mujer adúlteros.* || Relativo al adulterio. || *Fig.* Falsificado.

adulto, ta adj. y s. Llegado al término de la adolescencia.

adusto, ta adj. *Fig.* Austero.

advenedizo, za adj. y s. Extranjero o forastero. || *Despect.* Persona que no tiene empleo ni oficio o establecerse en un lugar. || Persona que ha conseguido cierta fortuna pero que no sabe ocultar su origen modesto.

advenimiento m. Venida o llegada. || Ascenso de un pontífice o de un soberano al trono : *el advenimiento de Paulo VI.*

advenir v. i. Venir, llegar.

adventicio, cia adj. Que sobreviene accidentalmente. || *Biol.* Aplícase al órgano o a la parte de los animales o vegetales que se desarrolla ocasionalmente y cuya existencia no es constante : *raíces adventicias.*

adventista adj. y s. Que espera un segundo advenimiento de Cristo.

adverbial adj. *Gram.* Relativo al adverbio : *expresión adverbial.*

adverbio m. *Gram.* Parte de la oración que modifica la significación del verbo, del adjetivo o de otro adverbio. — Por su forma, los adverbios pueden ser simples (*sí, allí, bastante, jamás,* etc.) y compuestos o expresiones adverbiales (*de pronto, a pie juntillas,* etc.). Por su significación pueden ser : de lugar (*aquí, ahí, allí, cerca, lejos,* etc.); de tiempo (*ayer, hoy, mañana, ahora,* etc.); de modo (*bien, mal, así, aprisa,* etc.); de cantidad (*mucho, poco, casi, más,* etc.); de orden (*primeramente, sucesivamente,* etc.); de afirmación (*sí, cierto, también,* etc.); de negación (*no, nunca, tampoco,* etc.); de duda (*acaso, quizá, tal vez,* etc.).

adversario, ria m. y f. Rival.

adversativo, va adj. *Gram.* Que denota oposición o antítesis : *conjunción, proposición adversativa.*

adversidad f. Calidad de adverso. || Infortunio.

adverso, sa adj. Contrario : *vencido por las tropas adversas.*

advertencia f. Acción y efecto de advertir. || Escrito breve al principio de una obra con que se advierte algo al lector.

advertido, da adj. Capaz, avisado.

advertir v. t. Reparar, observar : *advertir faltas en un escrito.* || Llamar la atención, señalar. || Aconsejar, amonestar. || — V. i. Caer en la cuenta.

adviento m. Tiempo litúrgico que precede a la Navidad.

advocación f. Título que se da a un templo, capilla, altar o imagen particular, como *Nuestra Señora del Carmen.* || Dedicación.

adyacente adj. Contiguo, próximo.

Aecio, general romano que participó en la derrota de Atila en los Campos Cataláunicos en 451.

aéreo, a adj. De aire o relativo a él. || Concerniente a la aviación : *navegación aérea.*

aericola adj. Aplícase a los animales y plantas que viven en el aire.

aerobio adj. *Biol.* Aplícase al ser vivo que necesita del aire para subsistir. || — M. Ser microscópico que vive en el aire.

aerobús m. Avión subsónico que transporta numerosos viajeros.

aeroclub m. Centro de formación de pilotos para la aviación civil.

aerodeslizador m. Vehículo que se desplaza mediante un colchón de aire situado debajo de él.

aerodinámica f. Parte de la mecánica que estudia el movimiento de los gases.

aerodinámico, ca adj. Relativo a la aerodinámica. || Aplícase a los vehículos u otras cosas de forma adecuada para disminuir la resistencia del aire : *carrocería aerodinámica.*

aerodinamismo m. Calidad de aerodinámico.

aeródromo m. Campo para el despegue y aterrizaje de aviones.

aeroespacial adj. Aeroespacial.

aerofagia f. Acción y efecto de tragar aire.

aerofaro m. Proyector potente en los aeródromos.

aerofobia f. Temor al aire.

aerofotografía f. Fotografía del suelo tomada desde un vehículo aéreo.

aerógrafo m. Aparato para pintar por vaporización.

aerolínea f. Organización o compañía de transporte aéreo.

aerolito m. Fragmento de un bólido que cae sobre la Tierra.

aerometría f. Ciencia que estudia las propiedades del aire.

aerómetro m. Instrumento para medir la presión del aire.

aeromodelismo m. Construcción de modelos reducidos de avión.

aeromodelista adj. y s. Que se dedica al aeromodelismo.

aeromodelo m. Tipo reducido de avión con motor o sin él utilizado con fines deportivos o experimentales.

aeronauta com. Persona que practica la navegación aérea.

aeronáutico, ca adj. Relativo a la aeronáutica : *construcciones aeronáuticas.* || — F. Ciencia que trata de la navegación aérea. || Conjunto de medios y técnicas del transporte aéreo.

aeronaval adj. Que es a la vez de la marina de guerra y de la aviación.

aeronave f. Nombre genérico de todos los aparatos de aviación.

aeroplano m. Avión.

aeropostal adj. Relativo al correo aéreo.

aeropuerto m. Conjunto de las instalaciones preparadas para el aterrizaje de aviones y el funcionamiento regular de las líneas aéreas de transporte.

aerosol m. Suspensión en el aire de un producto vaporizado que se utiliza en medicina.

aeroespacial adj. Relativo a la vez a la aeronáutica y a la astronáutica.

aerostático, ca adj. Relativo a los aeróstatos. || — F. Parte de la mecánica que estudia el equilibrio de los gases.

aeróstato m. Aparato lleno de un gas más ligero que el aire y que puede elevarse en la atmósfera.

aerotecnia f. Ciencia que trata de las aplicaciones del aire a la industria.

aerotransportado, da adj. *Mil.* Conducido por avión.

aerotransportar v. t. Transportar por avión.

aerotrén m. (n. reg.). Vehículo que se desliza a gran velocidad sobre una vía especial.

aerovía f. Ruta aérea.

afabilidad f. Calidad de afable.

afable adj. Agradable, amable.

afamado, da adj. Famoso.

afán m. Trabajo excesivo y solícito : *estudiar con afán.* || Anhelo vehemente : *afán de aventuras.*

afanar v. i. Entregarse al trabajo con solicitud. || Hacer diligencias para conseguir algo (ú. t. c. pr.). || — V. t. *Pop.* Robar.

afanípteros m. pl. *Zool.* Orden de insectos chupadores, sin alas, como la pulga (ú. t. c. adj.).

afanoso, sa adj. Muy trabajoso : *labor afanosa.* || Que se afana.

afarolado adj. Dícese de un lance de capa o muleta (ú. t. c. s. m.).

Afars, pueblo de la región de Jibuti. || **~ e Issas,** n. dado a la Costa Francesa de los Somalíes de 1967 a 1977. Actualmente constituye la *República de Jibuti* o *Yibuti.*

afasia f. Pérdida de la palabra.

afear v. t. Hacer o poner feo. || *Fig.* Tachar, vituperar.

afección f. Afición o inclinación, afecto : *afección filial.* || Impresión que hace una cosa en otra : *afección del ánimo.* || *Med.* Alteración morbosa : *afección pulmonar.*

afectación f. Acción de afectar : *afectación de humildad.* || Falta de sencillez y naturalidad.

afectado, da adj. Que muestra afectación : *orador afectado.* || Aparente, fingido : *celo afectado.* || Perjudicado : *tierras afectadas por la sequía.* || Aquejado, afligido (ú. t. c. s.).

afectar v. t. Obrar sin sencillez ni

11

naturalidad, fingir : *afectar suma estimación.* || Hacer impresión una cosa en una persona : *la muerte de su amigo le ha afectado mucho.* || Aparentar, fingir. || Atañer, concernir. || Emocionar, impresionar. || *Med.* Producir alteración en algún órgano : *afectar la vista.* || Perjudicar, dañar.

afectividad f. Propensión a querer. || Conjunto de todos los fenómenos afectivos.

afectivo, va adj. Relativo al afecto. || Sensible.

afecto, ta adj. Inclinado a una persona o cosa : *muy afecto a sus padres.* || Dícese de las rentas sujetas a carga u obligación. || Destinado a ejercer una función. || *Med.* Que padece : *afecto de reuma.* || — M. Cariño, amistad : *afecto filial.* || *Med.* Afección.

afectuosidad f. Calidad de afectuoso.

afectuoso, sa adj. Cariñoso.

afeitado m. Acción y efecto de afeitar. || *Taurom.* Corte de las puntas de los cuernos del toro para disminuir el peligro.

afeitadora f. Maquinilla de afeitar.

afeitar v. t. Cortar con navaja o maquinilla la barba o el pelo. || *Fam.* Rozar. || *Taurom.* Cortar las puntas de los cuernos al toro de lidia.

afeite m. Aderezo. || Cosmético.

afelio m. *Astr.* Punto más distante del Sol en la órbita de un planeta.

afeminación f. Acción y efecto de afeminarse.

afeminado, da adj. Parecido a las mujeres : *cara, voz afeminada.* || Dícese del hombre que se parece en su aspecto y modo de ser a las mujeres (ú. t. c. s. m.).

afeminamiento m. Afeminación.

afeminar v. t. Volver afeminado. || — V. pr. Perder la energía varonil.

aferente adj. *Anat.* Que trae, lleva o conduce a un órgano : *vasos, nervios aferentes.*

aféresis f. *Gram.* Supresión de una o más letras al principio de un vocablo, como *norabuena* y *noramala* por *enhorabuena* y *enoramala.*

aferrado, da adj. Insistente, obstinado.

aferramiento m. Obstinación.

aferrar v. t. Agarrar fuertemente. || — V. i. Mar. Agarrar el ancla en el fondo. || — V. pr. Obstinarse : *aferrárse a una idea, a los (etc.) su opinión.*

affaire [*afer*] m. (pal. fr.). Caso, asunto.

affiche m. (pal. fr.). Anuncio, cartel.

affidávit m. Declaración jurada del capitán de un buque mercante de que no lleva más mercancías que la consignada en el documento hecho anteriormente. || Documento dado a ciertos portadores de títulos de la deuda del Estado para eximirlos de los impuestos de que éstos están gravados.

Afganistán, rep. de Asia Occidental, entre Paquistán e Irán : 650 000 km² ; 21 100 000 h. (*afganos*) ; cap. *Kabul,* 590 000 h.; c. pr. : *Herat,* 150 000 h., y *Kandahar,* 195 000. País montañoso atravesado por el macizo del Hindú-Kuch. Fue reino hasta 1973.

afgano, na adj. y s. Del Afganistán.

afiambrar v. t. *Arg.* lunf. Matar.

afianzar v. t. Dar fianza o garantía. || Afirmar o asegurar con puntales, clavos, etc.: *afianzar una pared, afianzarse en los estribos* (ú. t. c. pr.). || Dar mayor seguridad. Ú. t. c. pr. : *afianzarse en su opinión.*

afición f. Inclinación a una persona o cosa : *tener afición a la música.* || Conjunto de aficionados.

aficionado, da adj. y s. Que tiene afición a una cosa. || Que cultiva algún arte sin tenerlo por oficio.

aficionar v. t. Inclinar, inducir a otro que guste de alguna persona o cosa. || — V. pr. Prendarse de una persona o cosa : *aficionarse al fútbol.*

afijo m. *Gram.* Partícula que se pone al principio o al fin de las palabras para modificar su significado.

afilador, ra adj. Que afila (ú. t. c. s.).

afilalápices m. inv. Sacapuntas.

afilar v. t. Sacar filo o punta : *afilar un arma blanca, un cuchillo.* || *Fam. Riopl.* Enamorar, requebrar.

afiliación f. Acción y efecto de afiliar o afiliarse.

afiliado, da adj. y s. Que pertenece a una asociación o partido.

afiliar v. t. Asociar una persona a una corporación o sociedad. || — V. pr. Adherirse a una sociedad.

afiligranar v. t. Hacer filigranas. || *Fig.* Pulir, hermosear.

afín adj. Próximo, contiguo : *jardines afines.* || Que guarda afinidad.

afinador, ra m. y f. *Mús.* Persona que afina instrumentos. || — M. Llave con que se hace.

afinar v. t. Hacer fino. || Purificar los metales : *afinar el oro.* || Poner en tono los instrumentos músicos : *afinar un piano, un violín.* || Mejorar : *afinar el tiro.*

afincar v. i. Adquirir fincas. || — V. pr. Establecerse. || Mantenerse firme, constante, perseverar.

afinidad f. Semejanza o analogía de una cosa con otra : *la afinidad del gallego con el portugués.* || Parentesco entre un cónyuge y los deudos del otro. || Impedimento dirimente derivado de este parentesco. || *Fil.* Simpatía nacida de una semejanza profunda de caracteres, de opiniones, etc. : *las afinidades electivas.* || *Quím.* Tendencia que tienen los cuerpos a combinarse : *la afinidad del carbono con el oxígeno.*

afirmación f. Acción y efecto de afirmar o afirmarse. || Palabra con que se afirma : *afirmación perentoria.*

afirmar v. t. Decir que sí : *lo afirmó con la cabeza.* || Asegurar, dar por cierto : *afirmó que se había ido.* || Afianzar, dar seguridad : *lo cual afirmó mi creencia.* || Dar firmeza : *afirmar el muro de sostén.* || — V. pr. Asegurarse en algo : *afirmarse en los estribos.* || Ratificarse en lo dicho.

afirmativo, va adj. Que afirma : *proposición afirmativa.* || — F. Sí : *contestar por la afirmativa.*

aflamencado, da adj. Que parece flamenco : *cantor aflamencado.*

aflautado, da adj. Dícese del sonido parecido al de la flauta. || Atiplado : *voz aflautada.*

aflicción f. Pesar, sentimiento.

aflictivo, va adj. Que causa aflicción. || *For.* Pena aflictiva, la corporal.

afligir v. t. Herir, causar molestias : *las enfermedades que afligen al hombre.* || Causar pena o tristeza. || — V. pr. Sentir pesar.

aflojar v. t. Disminuir la presión o tirantez : *aflojar un nudo.* || *Fig.* y *fam.* Entregar de mala gana : *aflojar la mosca.* || — V. i. *Fig.* Debilitarse una cosa, perder fuerza.

afloramiento m. Acción y efecto de aflorar.

aflorar v. i. Asomar un mineral a la superficie de un terreno. || *Fig.* Aparecer, manifestarse.

afluencia f. Acción y efecto de afluir. || Abundancia.

afluente m. Río que desemboca en otro principal.

afluir v. i. Acudir en abundancia, confluir : *los extranjeros afluyen a París.* || Verter un río sus aguas en otro o en un lago o mar. || Llegar : *la sangre afluye al corazón.*

aflujo m. *Med.* Afluencia anormal de líquidos a un tejido orgánico.

afonía f. Falta de voz o de la voz.

afónico, ca adj. Falto de voz o de sonido (ú. t. c. s.).

aforar v. t. Valuar los géneros o mercaderías para el pago de derechos : *aforar mercancías.* || Medir la cantidad de agua que lleva una corriente en una unidad de tiempo. || Calcular la capacidad.

aforismo m. Sentencia breve y doctrinal : *lo bueno si breve dos veces bueno es un aforismo.*

aforo m. Estimación. || Medida de la cantidad de agua : *el aforo de un río.* || Cabida de una sala de espectáculos.

a fortiori adv. Con mayor razón.

Afortunadas (ISLAS) n. ant. de las islas Canarias.

afortunado, da adj. Que tiene fortuna o buena suerte (ú. t. c. s.). || Feliz : *afortunada visita.*

afrancesado, da adj. y s. Que imita a los franceses : *literato afrancesado.* || Partidario de los franceses.

afrancesamiento m. Tendencia exagerada a las ideas o costumbres de origen francés.

afrancesar v. t. Dar carácter francés a una cosa (ú. t. c. pr.).

afrecho m. Salvado.

afrenta f. Vergüenza y deshonor. || Dicho o hecho afrentoso.

afrentar v. t. Causar afrenta.

afrentoso, sa adj. Que causa afrenta.

África, una de las cinco partes del mundo ; 30 224 000 km² ; 430 000 000 h. (*africanos*). África es casi como una península triangular unida a Asia por el istmo de Suez y se encuentra entre los mares Mediterráneo y Rojo, y los océanos Índico y Atlántico. — El continente comprende, al N., el Maghreb, región de montañas (Rif, Atlas) que enmarcan dos elevadas mesetas ; al E. una zona de importantes lagos (Malawi, ant. Nyassa, Tanganica, Victoria, Turkana, ant. Rodolfo), en cuyas cercanías hay volcanes (Kenia y Kilimanjaro), y en el resto del territorio hay grandes cuencas como la del Níger, el Chad, el Zaire, etc. Políticamente se divide en Estados independientes (Egipto, Sudán, Liberia, Etiopía, Libia, Marruecos, Argelia, Túnez, Togo, Camerún, Zaire, Rep. Popular del Congo, Somalia, Jibuti, Malí, Mauritania, Alto Volta, Guinea, Níger, Costa de Marfil, Gabón, Rep. Centroafricana, Chad, Guinea Ecuatorial, Madagascar, Rep. de África del Sur, Ruanda, Burundi, Guinea-Bissau, Angola, Mozambique y las islas de Cabo Verde), Estados y territorios independientes y que forman parte del Commonwealth (Gambia, Sierra Leona, Ghana, Nigeria, Uganda, Kenia, Zambia, Malawi, Zimbabwe, Botswana, Lesotho, Suazilandia, Tanzania, las islas Mauricio, Seychelles y Almirantes), territ. franceses (Reunión), posesiones portuguesas (Azores y Madera) y posesiones españolas (Ceuta y Melilla y el archipiélago de las Canarias, que forma dos provincias).

África del Sudoeste o **Sudoeste africano,** ant. colonia alemana de África. En 1920 bajo la tutela de la Unión Sudafricana y actualmente dependencia de hecho de la Rep. de África del Sur. V. NAMIBIA. — **del Sur** (República de). V. art. siguiente. — **Occidental Portuguesa.** V. ANGOLA.

África del Sur (República de), Estado de África formado por las ant. colonias británicas de las prov. de El Cabo, Natal y Transvaal, y del Estado Libre de Orange ; 1 221 000 km² ; 29 500 000 h. (*sudafricanos*), de los cuales un 18 p. ciento de blancos, un 70 p. ciento de negros y el resto de indios y mestizos. Cap. *Pretoria,* 690 000 h. (sede del Gobierno) y *El Cabo,* 1 100 000 (residencia del Parlamento). Otras ts. Johannesburgo, 1 500 000 h. ; Durban, 850 000 ; Port Elizabeth, 480 000 ; Germiston, 140 000 ; Bloemfontein, 190 000 y Pietermaritzburgo, 128 600. Los principales recursos son la minería (oro en Transvaal, diamantes en Kimberley, hulla, uranio, manganeso, cromo y antimonio). Agricultura, ganadería e industrias de transformación. La *Unión Sudafricana* fue creada en 1910, y por un referéndum celebrado en 1960 se transformó en república. (V. mapa en la pág. 14.)

africada adj. y s. f. *Gram.* Dícese de las consonantes que se pronuncian con un cierre momentáneo en la salida del aire, tales la *ch* y la *y* : *ocho, yoyo.*

africanismo m. Influencia ejercida por las lenguas, costumbres, etcétera, africanas. || Locución peculiar a los escritores latinos nacidos en África. || Voz de origen africano. || Afecto o simpatía por lo africano.

africanista com. Persona versada en el estudio de las cosas del África.

africanizar v. t. Dar carácter africano (ú. t. c. pr.).

africano, na adj. y s. De África.

afrikaander com. Persona de raza blanca y de origen holandés en África del Sur.

afrikaans m. Lengua hablada en África del Sur por los descendientes de los bóers.

afroamericano, na adj. Relativo a los negros de América.

ÁFRICA

0   1000 km

afroasiático, ca adj. y s. Relativo a la vez a África y a Asia.
afrocubano, na adj. Relativo a la música o arte cubanos de influencia africana.
afrodisiaco, ca adj. y s. m. Dícese de ciertas sustancias excitantes.
Afrodita, n. griego de Venus, diosa de la Belleza y del Amor.
afrontamiento m. Acción y efecto de afrontar dos personas o cosas.
afrontar v. t. Poner una cosa enfrente de otra : afrontar dos espejos. ‖ Carear : el juez afrontó a los dos testigos. ‖ Hacer frente.
afrutar v. t. Dar sabor de fruta.
afta f. Med. Úlcera pequeña que se forma en la boca.
afuera adv. Fuera del sitio en que uno está : aguardar, salir afuera. ‖ En la parte exterior : afuera hay gente que espera. ‖ — F. pl. Alrededores de una población : vivía y trabajaba en las afueras de Madrid.

afuereño, ña adj. Amer. De afuera, extraño.
afuste m. Cureña del mortero de artillería.
Ag, símbolo químico de la plata.
Agabama, río de Cuba (Cienfuegos y Villa Clara), llamado tb. Manatí ; 110 kilómetros.
agachadiza f. Ave zancuda parecida a la chocha.
agachar v. t. Fam. Inclinar o bajar una parte del cuerpo (ú. t. c. pr.).
agachona f. Méx. Ave acuática.
Agadir, c. y puerto del SO. de Marruecos, en el Atlántico. Cap. de la prov. homónima.
agalla f. Excrecencia redonda formada en el roble y otros árboles por la picadura de un insecto. ‖ Órgano de la respiración de los peces. ‖ Fig. y fam. Valor, ánimo esforzado.
agalludo, da adj. y s. Amer. Cicatero, codicioso. ‖ Arg. y Cub. Poco escrupuloso. ‖ Riopl. Valiente.

Agamenón o Agamemnón, rey legendario de Micenas y de Argos, jefe de los griegos en la guerra de Troya.
agami m. Ave zancuda de América.
ágape m. Banquete.
Agar, esclava egipcia de quien Abrahán tuvo a Ismael, padre de la raza semita. (Biblia.)
agareno, na adj. y s. Descendiente de Agar. ‖ Mahometano.
agarrada f. Fam. Altercado.
agarradera f. Amer. Agarradero. ‖ — Pl. Fam. Influencias.
agarradero m. Asa o mango.
agarrado, da adj. Fam. Roñoso, tacaño (ú. t. c. s.). ‖ Dícese del baile en que las parejas van enlazadas. ‖ Asido : agarrados del brazo.
agarrar v. t. Asir fuertemente : agarrar un palo, a un ladrón. ‖ Coger, tomar. ‖ Fig. Conseguir : agarrar un buen empleo. ‖ Contraer una enfermedad : agarrar un resfriado.

13

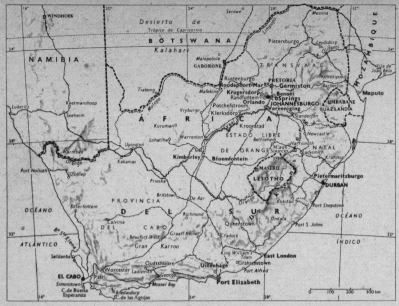

ÁFRICA DEL SUR

Fam. Agarrarla, emborracharse. ‖ — V. i. Fijarse una vacuna, un tinte. ‖ Echar raíces. ‖ *Amer.* Tomar una dirección. ‖ — V. pr. Asirse con fuerza: *agarrarse de (o a) una rama.* ‖ *Fig. y fam.* Tratándose de enfermedades, apoderarse de uno : *se le agarró la fiebre, la tos.* ‖ Disputarse.

agarrón, m. Altercado violento. ‖ Sacudida, tirón.

agarrotado, da adj. *Fig.* Tieso y rígido. ‖ Dícese de la pieza que no funciona por falta de engrase. ‖ Dícese de los músculos o tendones que se contraen impidiendo su normal funcionamiento.

agarrotamiento m. Acción y efecto de agarrotar o agarrotarse.

agarrotar v. t. Apretar fuertemente. ‖ Dar garrote al reo. ‖ Apretar, oprimir material o moralmente. ‖ — V. pr. Entumecerse los miembros del cuerpo humano. ‖ *Tecn.* Moverse con dificultad una pieza por falta de engrase.

Agartala, c. en el NE. de la India, cap. del estado de Tripura.

agasajador, ra adj. Que agasaja (ú. t. c. s.).

agasajar v. t. Dar grandes pruebas de afecto o consideración : *agasajar a sus invitados.* ‖ Regalar, obsequiar.

agasajo m. Regalo, muestra de afecto o consideración : *hacer agasajos a uno.* ‖ Fiesta, convite.

ágata f. Cuarzo jaspeado de colores muy vivos.

agauchado, da adj. Que parece gaucho.

agaucharse v. pr. Tomar las costumbres del gaucho.

agave m. y f. Pita, planta amarilidácea de hojas largas y espinosas.

agavilladora f. *Agr.* Máquina que hace y ata las gavillas.

agavillar v. t. Formar gavillas.

agazaparse v. pr. Esconderse, ocultarse. ‖ Agacharse.

Agen, c. del S. de Francia, cap. del dep. de Lot-et-Garonne, a orillas del Garona. Obispado.

agencia f. Empresa comercial destinada a la gestión de asuntos ajenos : *agencia inmobiliaria, de viajes.* ‖ Despacho u oficina de una empresa.

agenciar v. t. Procurarse o conseguir con diligencia : *agenciar a uno un buen empleo.* ‖ — V. pr. Hacer las diligencias oportunas para el logro de una cosa.

agenda f. Librito de notas para apuntar lo que hay que hacer cada día.

agente m. Todo lo que obra o produce un efecto : *agentes atmosféricos, naturales, medicinales.* ‖ El que obra con poder de otro : *agente diplomático, electoral.* ‖ *Gram.* Persona que ejecuta la acción del verbo. ‖ *Agente de Cambio o de Cambio y Bolsa,* el autorizado oficialmente para ejecutar las operaciones de Bolsa. ‖ *Agente de policía o de la autoridad,* empleado de orden público.

Agesilao, rey de Esparta (398-358 a. de J. C.), que realizó una brillante campaña en Persia (396) y derrotó a los confederados griegos en Queronea (394) y a Epaminondas (362).

aggiornamento m. (pal. ital.). Adaptación de la tradición de la Iglesia a la evolución del mundo. ‖ Puesta al día.

agigantado, da adj. Muy grande.

agigantar v. t. Dar proporciones gigantescas.

ágil adj. Ligero, pronto, expedito. ‖ Que tiene gran soltura en los movimientos. ‖ Rápido.

Agila, rey de los hispanovisigodos en 549. M. asesinado en 554.

agilidad f. Ligereza, prontitud.

agilipollado, da adj. y s. *Pop.* Idiota.

agilipollarse v. t. *Pop.* Volverse gilipollas.

agilización f. Aceleración, acción de agilizar.

agilizar v. t. Dar mayor rapidez.

agio m. Beneficio que se obtiene del cambio de la moneda o de descontar letras, pagarés, etc. ‖ Especulación sobre el alza y la baja de los fondos públicos. ‖ Conjunto de gastos derivados de una operación bancaria.

agiotaje m. Agio.

agitación f. Acción y efecto de agitar o agitarse.

agitador, ra adj. Que agita. ‖ — M. *Quím.* Varilla de vidrio para remover las disoluciones. ‖ — M. y f. Persona que provoca conflictos sociales o políticos.

agitanado, da adj. Que parece gitano o de gitano.

agitanar v. t. Dar aspecto o parecido de gitano (ú. t. c. pr.).

agitar v. t. Mover con frecuencia y violentamente. ‖ *Fig.* Inquietar, turbar el ánimo : *agitar las pasiones.* ‖ Excitar (ú. t. c. pr.). ‖ Provocar conflictos sociales o políticos.

Aglae o **Áglaya,** la más joven de las tres Gracias. *(Mit.)*

Aglipay (Gregorio), sacerdote y patriota filipino (1870-1940), fundador de la Iglesia filipina independiente (1902).

aglomeración f. Acción y efecto de aglomerar o aglomerarse. ‖ Gran acumulación de personas o cosas : *aglomeración urbana.*

aglomerado m. Agregación natural de sustancias minerales. ‖ Bloque de carbón menudo y alquitrán usado como combustible.

aglomerar v. t. Amontonar, juntar en montón. ‖ — V. pr. Reunirse.

aglutinación f. Acción y efecto de aglutinar o aglutinarse. ‖ *Gram.* Unión de dos o más palabras para formar una sola : *sinfín (de sin fin)* se forma *por aglutinación.*

aglutinante adj. Que aglutina.

aglutinar v. t. Conglutinar, pegar (ú. t. c. pr.). ‖ *Cir.* Mantener en contacto por medio de un emplasto : *aglutinar los labios de una herida.* ‖ *Fig.* Unir íntimamente dos cosas, trabar.

agnado, da adj. y s. *For.* Dícese del pariente por consanguinidad respecto de otro, cuando descienden de un mismo tronco masculino.

Agnon (Samuel Joseph), escritor israelí (1888-1970), autor de novelas. (Pr. Nobel, 1966.)

agnosticismo m. *Fil.* Doctrina que declara inaccesible al entendimiento humano toda noción de lo absoluto.

agnóstico, ca adj. Relativo al agnosticismo. ‖ Que profesa el agnosticismo (ú. t. c. s.).

agnus o **agnusdéi** m. Oración de la misa. ‖ Lámina con la imagen del Cordero de Dios.

agobiado, da adj. Cargado de espaldas. ‖ *Fig.* Sofocado, angustiado.

agobiador, ra adj. Que agobia.

agobiante adj. Difícil de soportar.

agobiar v. t. Doblar o encorvar la parte superior del cuerpo hacia la tierra : *agobiado por (o con) la carga.* ‖ *Fig.* Causar gran molestia o fatiga.

agobio m. Sofocación, angustia.

agolparse v. pr. Juntarse de golpe muchas personas o animales : *se agolpaba la gente.* ‖ *Fig.* Venir juntas y de golpe ciertas cosas.

agonía f. Angustia y congoja del moribundo. ‖ *Fig.* Final : *agonía de un régimen.* ‖ Aflicción extremada : *vivir en perpetua agonía.* ‖ Ansia.

agónico, ca adj. Relativo a la agonía.

agonioso, sa adj. *Fam.* Ansioso en el pedir (ú. t. c. s.).

agonizante adj. y s. Que agoniza.

agonizar v. i. Estar en la agonía. ‖

Extinguirse o terminarse una cosa : *la vela agoniza*. ‖ Perecerse por algo : *agonizar por irse*. ‖ *Fig.* Sufrir angustiosamente.

ágora f. Plaza pública en las ciudades de la Grecia antigua.

agorafobia f. Sensación morbosa de angustia ante los espacios abiertos.

agorar v. t. Predecir, presagiar.

agorero, ra adj. y s. Que adivina por agüeros o cree en ellos. ‖ Que predice sin fundamento males.

agostar v. t. Secar el excesivo calor las plantas.

agosteño, ña adj. De agosto.

agosto m. Octavo mes del año : *agosto consta de 31 días*. ‖ Época de la cosecha (en el hemisferio norte). ‖ *Fig.* Cosecha : *desear un buen agosto*. ‖ *Fig. y fam.* Hacer su agosto, hacer un buen negocio.

agotador, ra adj. Que agota.

agotamiento m. Acción y efecto de agotar o agotarse.

agotar v. t. Extraer todo el líquido que hay en un recipiente cualquiera : *agotar un pozo*. ‖ *Fig.* Gastar del todo, consumir : *agotar el caudal*. ‖ Terminar con una cosa : *agotar una mercancía, una edición*. | Tratar a fondo : *agotar un tema*. ‖ *Fig.* Cansar mucho. ‖ — V. pr. Extenuarse.

Agote (Luis), médico argentino (1869-1954), que descubrió en 1914 un procedimiento para evitar la coagulación en las transfusiones sanguíneas.

Agra, c. del N. de la India (Uttar Pradesh). Mausoleo de Tadj Mahal. Universidad. Arzobispado. Industrias.

agracejo m. Árbol de flores amarillas y bayas rojas.

Agraciada, paraje del río Uruguay (Soriano), donde desembarcaron los Treinta y Tres Orientales que iniciaron en 1825 la lucha por la independencia uruguaya.

agraciado, da adj. Gracioso, hermoso. ‖ Que ha obtenido una recompensa, afortunado en un sorteo (ú. t. c. s.).

agraciar v. t. Embellecer, hermosear. ‖ Conceder una gracia o merced : *agraciar a un condenado*. ‖ Premiar : *agraciar con un regalo*.

agradable adj. Que agrada.

agradar v. i. Complacer, contentar, gustar : *una película que agrada*.

agradecer v. t. Sentir o mostrar gratitud : *agradecer a un bienhechor*.

agradecido, da adj. y s. Que agradece.

agradecimiento m. Acción y efecto de agradecer, gratitud.

agrado m. Afabilidad, trato amable. ‖ Voluntad o gusto.

agrafe m. Grapa.

agrafia f. *Med.* Incapacidad total o parcial de expresar las ideas por escrito a causa de lesión o desorden cerebral.

Agramonte, mun. en el oeste de Cuba (Matanzas).

Agramonte (Arístides), médico cubano (1868-1931) que investigó sobre la fiebre amarilla. ‖ ~ (IGNACIO), jurista y patriota cubano, n. en Puerto Príncipe (1841-1873), que luchó en la guerra de los Diez Años y redactó la Constitución de Guáimaro (1869).

agramontés, esa adj. y s. Adepto de una facción navarra del s. xv, partidaria de Juan II de Aragón, viudo de Blanca I de Navarra, y enemiga de los *beamonteses*, que defendían al príncipe de Viana, hijo de aquéllos.

Agramunt, v. de España (Lérida).

agrandamiento m. Acción y efecto de agrandar.

agrandar v. t. Hacer más grande.

agranujar v. t. Hacer granujienta una superficie : *agranujar pieles*. ‖ — V. pr. Volverse granuja.

agrario, ria adj. Relativo al campo.

agravación f. Agravamiento.

agravamiento m. Acción y efecto de agravar o agravarse.

agravante adj. y s. Que agrava.

agravar v. t. Hacer más grave : *agravar una falta*. ‖ Oprimir con gravámenes : *agravar los tributos, las contribuciones*. ‖ — V. pr. Ponerse más grave : *agravarse la enfermedad*.

agraviar v. t. Hacer agravio. ‖ — V. pr. Ofenderse.

agravio m. Afrenta, ofensa. ‖ *For.* Perjuicio, daño.

agraz m. Uva sin madurar. ‖ Zumo de esta uva : *un vaso de agraz*. Marojo, planta parecida al muérdago. ‖ *Fig. y fam.* Amargura, sinsabor. ‖ *En agraz*, antes del tiempo debido.

Ágreda, v. de España (Soria).

Ágreda (Sor María de Jesús de), monja franciscana española (1602-1665), que sostuvo una interesante correspondencia con Felipe IV.

agredido, da adj. y s. Que ha sufrido agresión.

agredir v. t. Acometer, atacar.

agreement [agriman] m. (pal. ingl.). Acuerdo, convenio.

agregación f. Acción de agregar.

agregado m. Conjunto de cosas homogéneas que forman cuerpo. ‖ Especialista comercial, cultural, militar, etc., que trabaja en una embajada. ‖ Profesor de instituto o universidad inferior al catedrático.

agregaduría f. Cargo y oficina de un agregado diplomático o docente.

agregar v. t. Unir, juntar : *agregar a* (o con) *otro* (ú. t. c. pr.). ‖ Añadir.

agremán m. Cierta labor de pasamanería.

agremiar v. t. Reunir en gremio o formar gremios. ‖ *Amer.* Sindicar.

agresión f. Ataque.

agresividad f. Acometividad. ‖ Desequilibrio psicológico que provoca la hostilidad de una persona a las otras que la rodean.

agresivo, va adj. Que provoca o ataca : *movimiento agresivo, palabras agresivas*. ‖ Propenso a faltar al respeto, a ofender a los demás : *hombre agresivo*.

agresor, ra adj. y s. Persona que comete agresión. ‖ Que lesiona el derecho de otro.

agreste adj. Campesino o relativo al campo. ‖ Rústico : *lugar agreste*. ‖ *Fig.* Rudo, tosco.

agriar v. t. Poner agrio. Ú. m. c. pr. : *agriarse el vino en la cuba*. ‖ *Fig.* Exasperar los ánimos o las voluntades. Ú. m. c. pr. : *agriarse con la vejez*.

agrícola adj. Relativo a la agricultura : *pueblo, producción agrícola*.

agricultor, ra adj. Dícese de la persona que cultiva la tierra (ú. t. c. s.).

agricultura f. Labranza o cultivo de la tierra.

agridulce adj. Que tiene mezcla de agrio y de dulce (ú. t. c. s. m.).

agrietamiento m. Acción y efecto de agrietar o agrietarse.

agrietar v. t. Abrir grietas. ‖ — V. pr. Rajarse la piel de las manos, de los labios, etc.

Agrigento, ant. *Girgenti*, c. y puerto de Italia en el SO. de Sicilia.

agrimensor, ra m. y f. Persona perita en agrimensura.

agrimensura f. Arte de medir tierras.

agringarse v. pr. *Amer.* Tomar o adquirir costumbres o modales de gringo.

agrio, gria adj. Ácido : *agrio al o de gusto*. ‖ *Fig.* Acre, áspero, desabrido : *carácter agrio*. ‖ Frágil, quebradizo : *metal agrio*. ‖ — M. Sabor agrio. ‖ Zumo ácido de una fruta : *el agrio del limón*. ‖ — Pl. Frutas agrias o agridulces, como el limón, las naranjas, los pomelos, etc.

Agrio, río de la Argentina (Neuquen), afl. del Neuquen ; 175 km.

Agripa (Marco Vipsanio), general romano y ministro de Augusto, de quien era yerno (63-12 a. de J. C.).

agriparse v. r. Enfermar de gripe.

Agripina la Mayor (14 a. de J. C. - 33), nieta de Augusto y esposa de Germánico. — Su hija, AGRIPINA *la Menor* (16-59), madre de Nerón, casó con su tío, el emperador Claudio, a quien luego envenenó para colocar a Nerón en el trono. M. asesinada por su propio hijo.

agrisar v. t. Dar o adquirir color gris.

agro m. Campo. ‖ Conjunto de campos o tierras.

agronomía f. Ciencia o teoría de la agricultura.

agronómico, ca adj. Relativo a la agronomía.

agrónomo, ma adj. Dícese de la persona que se dedica a la agronomía : *perito agrónomo* (ú. t. c. s.).

agropecuario, ria adj. Que tiene relación con la agricultura y la ganade-

ría : *país que tenía abundantes minas y una gran riqueza agropecueria.*

agrupable adj. Que se puede agrupar o agruparse.

agrupación f. y **agrupamiento** m. Acción y efecto de agrupar o agruparse. ‖ Conjunto de personas agrupadas.

agrupar v. t. Reunir en grupo.

agua f. Líquido transparente, insípido e inodoro. ‖ Lluvia : *caer mucha agua*. ‖ Licor obtenido por destilación o por infusión : *agua de azahar, de heliotropo, de rosas*. ‖ Vertiente de un tejado : *tejado de media agua*. ‖ Refresco : *agua de fresas*. ‖ *Mar.* Grieta por donde entra el agua en el barco : *abrirse un agua*. ‖ — Pl. Reflejos de una tela o de una piedra : *las aguas del diamante*. ‖ Manantial de aguas medicinales : *las aguas de Solares*. ‖ El mar : *en aguas del Plata*. ‖ — *Agua de socorro*, bautismo sin solemnidad en caso de urgencia. ‖ *Agua dulce*, la no salada, de fuente, río o lago. ‖ *Agua dura*, la que no forma espuma con el jabón. ‖ *Agua fuerte*, ácido nítrico diluido en corta cantidad de agua. ‖ *Agua gorda*, la que contiene mucho yeso. ‖ *Agua oxigenada*, la compuesta por partes iguales de oxígeno e hidrógeno, usada como antiséptico, para blanquear, teñir el pelo de rubio, etc. ‖ *Agua potable*, la que se puede beber. ‖ *Fam. Aguas mayores o menores*, excremento mayor o menor del hombre. ‖ *Aguas minerales*, las cargadas de sustancias minerales, generalmente medicinales. ‖ *Aguas residuales*, las procedentes de desagües domésticos o industriales. ‖ *Aguas termales*, las que salen del suelo a una temperatura elevada. ‖ *Aguas territoriales o jurisdiccionales*, parte del mar cercano a las costas de un Estado y sometido a su jurisdicción. ‖ *Fig. Bailarle a uno el agua*, atender con extremado cuidado a todos sus caprichos por adulación. | *Claro como el agua*, evidente, patente. | *Como el agua de mayo*, muy bien. | *Con el agua al cuello*, en gran apuro. ‖ *Cubrir aguas*, poner el tejado a un edificio. ‖ *Mar. Hacer agua*, entrar agua en un buque ; *(fig.)* empezar a decaer, a hundirse. ‖ *Hacer aguas*, orinar. ‖ *Fig. Hacerse la boca agua*, pensar con fruición en algo. | *Hacerse una cosa agua de cerrajas o de borrajas*, desvanecer las esperanzas que una fundaba. | *Nadar entre dos aguas*, no inclinarse a un partido ni a otro. ‖ *Romper aguas*, romperse la bolsa que envuelve al feto y derramarse el líquido contenido en ella.

— El agua resulta de la combinación de dos volúmenes de hidrógeno por uno de oxígeno. Su fórmula es H_2O. En estado puro es incolora e insípida, hierve a la temperatura de 100 °C. y se solidifica a 0 °C.

Agua, volcán de Guatemala, a 25 km. de la capital ; 3 752 m. ‖ — **Blanca**, mun. de Guatemala (Jutiapa). — Pobl. de la Argentina (Salta) ; petróleo.

Aguacaliente de Cárate, balneario de México (Sinaloa).

aguacate m. Árbol de América cuyo fruto, parecido a una pera grande, es muy sabroso. ‖ Su fruto. ‖ *Méx. Pop.* Testículo. ‖ *Méx. Pop. Ser aguacate con pan una cosa*, ser muy sosa.

aguacero m. Lluvia repentina.

aguachirle f. Bebida de mala calidad.

aguada f. *Mar.* Provisión de agua potable : *hacer aguada*. ‖ Inundación en las minas. ‖ Pintura con color disuelto en agua con goma, miel o hiel de vaca. ‖ Dibujo hecho con esta pintura. ‖ *Amer.* Abrevadero.

Aguada de Pasajeros, mun. de Cuba (Cienfuegos).

Aguadilla, distrito, c. y puerto del NO. de Puerto Rico, en el O. de la isla.

aguador, ra m. y f. Persona que tiene por oficio llevar o vender agua.

Aguadulce, pobl. de Panamá (Coclé). Industrias.

aguafiestas com. inv. Persona que fastidia o turba una diversión.

aguafuerte m. Lámina o grabado al agua fuerte (ácido nítrico).

aguafuertista com. Grabador al agua fuerte.

aguamala f. *Amer.* Medusa.

aguamanil m. Jarro o palangana.

aguamarina f. Berilo verde transparente.

aguamiel f. Agua mezclada con miel. || *Méx.* Jugo de maguey.

Aguán, río de Honduras, que nace en el dep. de Yoro y des. en el mar Caribe ; 193 km. Llamado tb. *Romano.*

aguanieve f. Agua con nieve.

aguantaderas f. pl. *Fam.* Aguante.

aguantar v. t. Sufrir, soportar : *aguantar el frío, la lluvia.* || Sostener, sujetar. || Resistir, soportar un peso : *aguanta esta tabla aquí.* || Resistir, contener. || Resistir : *aguantar un trabajo duro.* || Resistir el picador al toro. || Esperar : *aguanté tres horas.* || — V. i. Resistir. || — V. pr. Callarse, contenerse, reprimirse : *aguantarse para no pegarle.* || Tolerar, resignarse : *aguantarse con una cosa.*

aguante m. Sufrimiento, resistencia. | Paciencia : *hombre de aguante.*

aguapé m. Hierba acuática que vive en las lagunas de América del Sur.

Aguapey, río de la Argentina (Corrientes), afl. del Uruguay, al sur de Alvear ; 226 km.

aguar v. t. Mezclar con agua : *aguar el vino.* || *Fig.* Turbar, estropear : *aguar la fiesta.* || Molestar, disgustar. || *Amer.* Abrevar. || — V. pr. Llenarse de agua algún sitio. || *Fig.* Estropearse, fastidiarse : *todos mis planes se aguaron.*

aguará m. *Zool.* Riopl. Especie de zorro grande.

Aguará-Guazú, río del Paraguay (San Pedro), afl. del Jejuí.

aguardar v. t. Esperar.

aguardentoso, sa adj. Que tiene aguardiente : *bebida aguardentosa.* | Que parece de aguardiente : *sabor aguardentoso.* || Dícese del modo de hablar áspero, bronco : *voz aguardentosa.*

aguardiente m. Bebida espirituosa que, por destilación, se saca del vino y otras sustancias.

Aguarico, c. y río del Ecuador (Oriente).

aguarrás m. Aceite volátil de trementina, usado para preparar pinturas y barnices.

Aguascalientes, c. de México, en la altiplanicie central, cap. del Estado homónimo. Obispado. Minerales. Viñedos. Fuentes termales.

aguatinta f. Grabado al agua fuerte imitando aguadas.

aguaturma f. Planta compuesta de rizoma tuberculoso, feculento.

agudeza f. Calidad de agudo. || Viveza y penetración del dolor. || *Fig.* Perspicacia de la vista, oído u olfato. | Perspicacia o viveza de ingenio. | Dicho agudo, rasgo ingenioso.

agudización y **agudizamiento** m. Agravamiento. || Intensificación.

agudizar v. t. Hacer aguda una cosa : *agudizar una herramienta.* || *Fig.* Acentuar, intensificar : *se agudiza la crisis.* || — V. pr. Tomar carácter agudo.

agudo, da adj. Delgado, afilado : *punta aguda.* || *Fig.* Sutil, perspicaz : *ingenio agudo.* | Vivo, gracioso, penetrante : *vista aguda, persona aguda, dicho agudo.* | Grande, vivo y penetrante : *al color vivo y penetrante.* || *Gram.* Dícese de la voz cuyo acento carga en la última sílaba como *maná, corazón.* || *Mús.* Aplícase al sonido alto por contraposición al bajo. || *Ángulo agudo,* aquel cuyo valor no llega a los noventa grados.

Agueda, río de España, afluente del Duero. En su curso inferior es fronterizo con Portugal.

agüero m. Presagio de cosa futura.

Agüero (Diego de), conquistador español del siglo XVI. Participó en la fundación de Piura y en la conquista de Quito. || ~ (JOAQUÍN DE), patriota cubano (1816-1851), jefe de la sublevación del año 1851. M. fusilado.

aguerrido, da adj. Ejercitado en la guerra. || *Fig.* Experimentado, perito.

aguerrir v. t. Acostumbrar a la guerra (ú. t. c. pr.). || Tomar experiencia (ú. t. c. pr.).

aguijada f. Vara larga con punta de hierro para estimular a los bueyes.

aguijar v. t. Picar con la aguijada. || *Fig.* Estimular, excitar.

aguijón m. Punta del palo con que se pincha. || Dardo de los insectos : *el aguijón de la avispa.* || *Fig.* Acicate, estímulo : *el aguijón de la gloria, de la pasión.*

aguijonamiento ni. Acción y efecto de aguijonear.

aguijoneador, ra adj. y s. Que aguijonea : *curiosidad aguijoneadora.*

aguijonear v. t. Aguijar, picar con la aguijada. || *Fig.* Excitar, estimular.

águila f. Ave rapaz diurna, de vista muy penetrante, fuerte musculatura y vuelo rapidísimo. || Enseña principal de la legión romana. || *Fig.* Persona de mucha viveza y perspicacia. || *Vista de águila,* la muy penetrante.

Aguila, constelación septentrional de la Vía Láctea.

Águila azteca, condecoración mexicana otorgada a extranjeros.

Águila y la serpiente (El), relatos del mexicano Martín Luis Guzmán (1928).

Aguilar, sierra del NO. de la Argentina (Jujuy). — C. de España (Córdoba). — **de Campoo,** pobl de España (Palencia). Ruinas del monasterio de Santa María la Real. || ~ **la Frontera,** c. de España (Córdoba).

Aguilar (Eugenio), político salvadoreño del siglo XIX, pres. de la Rep. de 1846 a 1848. || ~ (GASPAR DE), autor dramático español (1561-1623). || ~ (JERÓNIMO DE), soldado español (1489-1531). Estuvo en la conquista de México. || ~ (JOSÉ GABRIEL), patriota peruano (1759-1805), que se sublevó en Huánuco (1805). M. fusilado.

Águilas, pobl. y puerto en el SE. de España (Murcia). Playas.

aguileño, ña adj. Dícese de la nariz encorvada o del rostro largo.

Aguilera (Francisco Vicente), patriota y político cubano (1821-1877), que ayudó a Céspedes en la Revolución de 1868. || ~ **Malta** (DEMETRIO), escritor ecuatoriano, n. en 1905, autor de narraciones de carácter social y de defensa de los indios (*Don Goyo, La isla virgen, El secuestro del general, Episodios americanos*) y de obras de teatro (*Infierno negro*).

aguilucho m. Pollo del águila.

Aguimes, v. de España en la isla de Gran Canaria (Las Palmas).

aguinaldo m. Regalo que se da en Navidad en en Reyes.

Aguinaldo (Emilio), político filipino (1869-1964), jefe del alzamiento de 1896 contra la dominación española. Luchó después contra los norteamericanos.

Aguinis (Marcos), médico y escritor argentino, n. en 1935, autor de las novelas *Refugiados, La cruz invertida, Cantata de los diablos,* etc.

Aguirre (Francisco de), conquistador español (1500-1580), fundador de la c. argentina de Santiago del Estero (1553). || ~ (JOSÉ ANTONIO), estadista español (1904-1961), pres. del Gob. autónomo de Euskadi (1936). || ~ (LOPE DE), militar español (1518-1561), que se señaló por su crueldad en la conquista del Perú. || ~ (JULIÁN), compositor argentino (1868-1924). || ~ (MIRTA), ensayista y poetisa cubana (1912-1980). || ~ (NATANIEL), escritor boliviano (1843-1888). || ~ (RAUL GUSTAVO), poeta argentino, n. en 1927. || ~ **Cerda** (PEDRO), profesor y político chileno (1879-1941), pres. de la Rep. de 1938 a 1941.

agüista com. Persona que acude a tomar aguas medicinales.

aguja f. Barrita puntiaguda de acero, con un ojo en el extremo superior por donde se pasa el hilo con que se cose. || Varilla de metal que sirve para diversos usos : *aguja de hacer medias o puntos ; aguja del reloj, del barómetro,* etc. || Extremo de un campanario, de un obelisco. || Porción de riel movible que en los ferrocarriles y tranvías sirve para pasar los trenes o los vehículos de una vía a otra : *dar agujas ; entrar en agujas.* || Tubito metálico que se acopla a la jeringuilla para poner inyecciones. || Púa del gramófono o tocadiscos. || Buril de grabador. || Varilla que utilizan los aduaneros para examinar los equipajes o bultos. || *Zool.* Pez que tiene el hocico muy largo y puntiagudo. || — Pl. Costillas del cuarto delantero de la res. || *Amer.* Estacas de una valla.

agujerar y **agujerear** v. t. Hacer agujeros (ú. t. c. pr.).

agujero m. Abertura más o menos redonda en una cosa.

agujetas f. pl. Dolores que se sienten en el cuerpo después de un ejercicio violento.

¡agur ! interj. ¡A Dios !, ¡adiós !

agusanarse v. pr. Criar gusanos.

Agusti (Ignacio), novelista español, n. en Barcelona (1913-1974), autor de *La ciudad fue árbol,* ciclo compuesto de los relatos *Mariona Rebull, El viudo Rius, Desiderio, Diecinueve de julio* y *Guerra civil.*

Agustín (San), obispo de Hipona, hijo de Santa Mónica (354-430), Padre de la Iglesia y autor de *La Ciudad de Dios, Confesiones* y *Tratado de la Gracia.* Fiesta el 28 de agosto.

Agustín I, n. que tomó Iturbide durante su Imperio (1822).

Agustín (José Agustín RAMÍREZ, llamado José), V. JOSÉ AGUSTÍN.

Agustina de Aragón. V. ZARAGOZA DOMÉNECH (Agustina).

Agustini (Delmira), poetisa lírica uruguaya (1886-1914), autora de *El lirio blanco, Cantos a la mañana, Los cálices vacíos, El rosario de Eros,* etc.

agustiniano, na adj. Relativo a la orden o doctrina de San Agustín.

agustino, na adj. y s. Religioso o religiosa de la orden de San Agustín.

aguti m. Pequeño roedor de Sudamérica, del tamaño de un conejo.

aguzado, da adj. Agudo.

aguzanieves f. inv. Pájaro de color negro y blanco.

aguzar v. t. Hacer o sacar punta : *aguzar el lápiz.* || Afilar, sacar filo : *aguzar un arma blanca.* || *Fig.* Aguzar, estimular : *aguzar el apetito.* || Afinar, hacer más perspicaz, despabilar.

¡ah ! interj. Expresa generalmente admiración, sorpresa o pena.

Ah (~), dios maya de la Muerte. || ~ **Xupán,** caudillo revolucionario maya que arrasó Mayapán (1441).

ahechar v. t. Cribar el trigo.

ahecho m. Criba.

aherrojar v. t. Poner a alguno prisiones de hierro. || Encadenar.

aherrumbrar v. t. Dar a una cosa color o sabor de hierro. || — V. pr. Adquirir algo color o sabor de hierro. || Cubrirse de herrumbre.

ahi adv. En ese lugar o a ese lugar : *ahí está ella.* || En esto o en eso : *ahí está la dificultad.* || Por ahí, no lejos : *salir un rato por ahí.* || — *Fam. Ahí me las den todas,* poco me importa. || *Amer. Ahí no más, ahí mismo.* (En América *ahí* se usa mucho en lugar de *allí*). || *Por ahí, por ahí,* poco más o menos, o corta diferencia.

ahijado, da m. y f. Cualquiera persona respecto de sus padrinos. || *Fig.* Protegido.

ahijamiento m. Adopción.

ahijar v. t. Prohijar o adoptar al hijo ajeno.

ahinco m. Empeño muy grande.

ahito, ta adj. Dícese del que padece indigestión de estómago. || Harto.

Ahmedabad, c. de la India, ant. cap. de Gujerate. Universidad.

ahocicar v. i. Meter el buque la proa en el agua. || Caer de bruces. || *Fig.* y *fam.* Inclinarse, ceder, capitular.

ahogadilla f. *Dar una ahogadilla a uno,* meterle la cabeza debajo del agua del mar o de una piscina.

ahogado, da adj. Dícese del sitio estrecho y sin ventilación. || Oprimido, falto de aliento : *respiración ahogada.* || Dícese en el ajedrez cuando se deja al rey sin movimiento. || *Fig.* Apurado. || *Amer.* Rehogado. || — M. y f. Persona que muere por falta de respiración, especialmente en el agua.

ahogar v. t. Quitar la vida a alguien impidiéndole la respiración : *ahogar a uno apretándole la garganta,* sumergiéndole en el agua. || Tratándose del fuego, apagarlo, sofocarlo : *ahogar la lumbre con ceniza.* || En el ajedrez, hacer que el rey adverso no pueda moverse sin quedar en jaque. || *Fig.* Reprimir : *ahogar una rebelión, los sollozos.* | Hacer desaparecer, borrar : *ahogar su pena con vino.* || — V. pr. Perecer en el agua : *se ahogó en el río.* | Asfixiarse : *se ahogó bajo la almohada.* | Estrangularse. | Sentir ahogo, sofocación : *ahogarse de calor.* || *Fig. Ahogarse en un vaso de agua,* apurarse por poca cosa.

16

ahogo m. Opresión en el pecho. ‖ *Fig.* Aprieto, congoja, angustia : *Dificultad, penuria, falta de recursos.*

ahondar v. t. Hacer más hondo : *ahondar un hoyo.* ‖ — V. i. Penetrar mucho una cosa en otra : *las raíces ahondan en la tierra.* ‖ *Fig.* Investigar, estudiar a fondo.

ahora adv. En esta hora, en el momento, en el tiempo actual o presente : *ahora no está allí.* ‖ Pronto : *hasta ahora.* ‖ *Fig.* Hace poco tiempo : *ahora mismo han llegado.* ‖ Dentro de poco tiempo : *ahora te lo diré.* ‖ — *Ahora que,* pero, no obstante : *obra muy interesante, ahora que muy cara.* ‖ *Por ahora,* por lo pronto. ‖ — Conj. Ora, bien, ya : *ahora hablando, ahora cantando, siempre está contento.* ‖ Pero, sin embargo.

ahorcado, da m. y f. Persona ajusticiada en la horca.

ahorcar v. t. Quitar a uno la vida colgándole del cuello en la horca u otra parte (ú. t. c. pr.). ‖ Abandonar, dejar : *ahorcar los estudios.*

ahorita adv. Dim. de ahora. ‖ *Fam. Amer.* Ahora mismo.

ahormar v. t. Ajustar una cosa a su horma o molde (ú. t. c. pr.). ‖ *Fig.* Amoldar, poner en razón a alguno : *en el internado lo ahormaron.* ‖ Acostumbrar (ú. t. c. pr.).

ahorquillado, da adj. En forma de horquilla.

ahorrador, ra adj. y s. Que ahorra.

ahorrar v. t. Reservar una parte del gasto ordinario (ú. t. c. pr.). ‖ *Fig.* Evitar o excusar algún trabajo, riesgo u otra cosa (ú. t. c. pr.).

ahorrativo, va adj. Que ahorra.

ahorrista com. Ahorrador.

ahorro m. Acción y efecto de ahorrar. ‖ Lo que se ahorra : *contar con ahorros.* ‖ *Fig.* Economía : *ahorro de tiempo.* ‖ Caja de ahorros, establecimiento público destinado a recibir cantidades pequeñas que vayan formando un capital a sus dueños y devenguen réditos en su favor.

Ahuacán Mai, en el Nuevo Imperio Maya, nombre del Gran Sacerdote.

ahuacaquáhuite o ahuacate m. *Méx.* Aguacate.

Ahuacatlán, v. y mun. de México (Nayarit). Ind. azucarera. — Mun. de México (Puebla).

Ahuacuotzingo, pobl. y mun. de México (Guerrero).

Ahuachapán, c. de El Salvador, cap. del dep. homónimo. Café.

ahuachapaneco, ca adj. y s. De Ahuachapán (El Salvador).

Ahualulco, v. y mun. de México (San Luis Potosí).

Ahuatlán, pobl. y mun. de México (Puebla).

ahuautle m. *Méx.* Huevo comestible de ciertos insectos.

Ahuazotepec, pobl. y mun. de México (Puebla).

ahuecado, da adj. Hueco. ‖ Dícese de la voz grave, profunda.

ahuecador m. Miriñaque.

ahuecamiento m. Acción y efecto de ahuecarse. ‖ Engreimiento.

ahuecar v. t. Poner hueca o cóncava una cosa : *ahuecar un vestido.* ‖ Mullir alguna cosa que estaba apretada : *ahuecar la tierra, la lana.* ‖ *Fig.* Tratándose de la voz, hacerla más grave. ‖ — V. i. *Fam.* Irse, marcharse : *ahuecar el ala.* ‖ — V. pr. *Fig.* y *fam.* Engreírse.

ahuehué o ahuehuete m. *Méx.* Árbol conífero de madera semejante a la del ciprés.

ahuevar v. t. Dar forma de huevo.

ahuizotada f. *Méx.* Molestia.

ahuizotar v. t. *Méx.* Molestar.

ahuizote m. *Méx.* Nutria, animal que, según los aztecas, anuncia desgracias. ‖ Mal presagio. ‖ Persona fastidiosa.

Ahuizotl, emperador azteca de 1486 a 1502.

ahumado, da adj. Secado al humo : *jamón ahumado.* ‖ De color sombrío : *topacio, cuarzo, cristal ahumado.* ‖ *Fig.* y *fam.* Ebrio, borracho. ‖ — M. Acción y efecto de ahumar.

ahumar v. t. Poner una cosa al humo : *ahumar jamones.* ‖ Llenar de humo : *ahumar una colmena.* ‖ — V. i. Despedir humo. ‖ *Fig.* y *fam.* Emborrachar. ‖ — V. pr. Tomar los guisos sabor a humo. ‖ *Fig.* y *fam.* Emborra-

charse. ‖ *Fam. Ahumársele a uno el pescado,* irritarse.

Ahuramazda. V. ORMUZ.

ahuyentar v. t. Hacer huir a alguno : *ahuyentar a un ladrón.* ‖ *Fig.* Desechar un pensamiento o pasión. ‖ Alejar : *ahuyentar las penas; ahuyentar los malos pensamientos.*

Ahvaz o **Ahwaz,** c. del Irán al norte de Abadán. Siderurgia.

Ahvenanmaa (ISLAS DE), en sueco Aland, archip. finlandés en el mar Báltico ; 1 505 km².

ai m. *Zool. Arg.* Perezoso.

aillo m. (voz quechua). *Amer.* Casta, linaje. ‖ Comunidad agraria. ‖ *Per.* Boleadora.

aimara y **aimará** adj. y s. Individuo de un pueblo indio de Bolivia y del Perú que vivía cerca del lago Titicaca. (Los aimarás o aimaraes lograron un alto grado de civilización [Tiahuanaco].) ‖ — M. Lengua hablada por este pueblo.

Aimaraes, prov. del Perú (Apurímac) ; cap. *Chalhuanca.*

Ain, río de Francia, afl. del Ródano. — Dep. del SE. de Francia, limítrofe con Suiza ; cap. *Bourg-en-Bresse.*

aindiado, da adj. *Amer.* Que tiene el color y las facciones de los indios.

Aiquile, pobl. de Bolivia, cap. de la prov. de Campero (Cochabamba).

airado, da adj. Furioso, encolerizado : *tono airado.* ‖ Dícese de la vida desordenada y viciosa.

airar v. t. Encolerizar (ú. t. c. pr.).

aire m. Fluido gaseoso que forma la atmósfera de la Tierra. Ú. t. en pl. : *volar por los aires.* ‖ Viento o corriente de aire : *hoy hace mucho aire.* ‖ *Fig.* Parecido de las personas o cosas : *aire de familia.* ‖ Aspecto : *con aire triste.* ‖ Estilo : *lo hará a su aire.* ‖ Afectación : *aire de suficiencia.* ‖ Vanidad : *¡menudos aires tiene !* ‖ Gracia, primor, gentileza. ‖ Garbo, brío, gallardía. ‖ *Mús.* Melodía, canto : *aire popular.* ‖ *Fam.* Ataque, parálisis. ‖ — *Al aire libre,* fuera de todo resguardo : *dormir al aire libre.* ‖ *Fig. Beber los aires por,* desvivirse por. ‖ *Cambiar o mudar de aires,* cambiar del lugar donde se está. ‖ *Correr buenos o malos aires,* concurrir circunstancias buenas o malas. ‖ *Darse aires,* presumir, darse importancia. ‖ *Darse un aire a uno,* parecerse a él. ‖ *De buen o mal aire,* de buen o mal talante. ‖ *Dejar en el aire,* dejar pendiente de una decisión. ‖ *Estar en el aire,* estar pendiente de cualquier eventualidad. ‖ *Palabras al aire,* sin consistencia, vanas. ‖ *Tomar el aire,* salir a pasear. ‖ *Fig. Vivir del aire,* vivir con poca cosa.

— El aire puro contiene aproximadamente 21 partes de oxígeno por 78 de nitrógeno, una de argón (alrededor de un 1/100), gas carbónico, vapor de agua y algunos otros cuerpos (criptón, neón, helio, etc.).

aireación f. Ventilación.

aireado, da adj. Ventilado.

airear v. t. Poner al aire o ventilar : *airear el dormitorio.* ‖ *Fig.* Contar o hacer algo para que se sepa : *airear su vida disoluta.* ‖ — V. pr. Ponerse al aire para refrescarse o respirar con más desahogo : *ha ido a airearse.*

aireo m. Ventilación.

airoso, sa adj. Garboso, gallardo. ‖ Que tiene un resultado satisfactorio : *salir airoso de una empresa.*

Aisén, río de Chile formado por el Simpson y el Mañiguales. — Prov. y com. de Chile en la XI Región (Aisén del Gral Carlos Ibáñez del Campo) ; cap. *Puerto Aisén.* (Hab. *aiséninos.*) Vicariato apostólico. ‖ ~ **del General Carlos Ibáñez del Campo,** XI Región de Chile, formada por las prov. de Aisén, General Carrera, Capitán Prat y Coihaique ; cap. *Coihaique.*

aisenino, na adj. y s. De Aisén y Puerto Aisén (Chile).

aisevá m. *Méx. Fam.* Expresión con la que se da por terminada una cosa.

aislacionismo m. Política de un país que no interviene en los asuntos internacionales.

aislacionista adj. y s. Partidario del aislacionismo.

aislado, da adj. Apartado, separado : *vivir aislado.*

aislador, ra adj. *Fís.* Aplícase a los cuerpos que interceptan el paso de la

electricidad. Ú. t. c. s. m. : *la madera y el vidrio son buenos aisladores.*

aislamiento m. Acción y efecto de aislar o aislarse. ‖ *Fig.* Incomunicación, desamparo.

aislante adj. Que aísla (ú. t. c. s. m.).

aislar v. t. Separar por todas partes. ‖ Dejar sólo, incomunicar : *aislar a un detenido, aislar a un enfermo.* ‖ *Fís.* Apartar por medio de aisladores un cuerpo electrizado de los que no lo están.

Aisne, río, afl. del Oise y dep. del N. de Francia, cap. *Laon.*

Aix, ~**-en-Provence** [eks-], c. del S. de Francia (Bouches-du-Rhône). Arzobispado. Universidad. ‖ ~**-la-Chapelle,** n. francés de *Aquisgrán.* ‖ ~**-les-Bains,** c. del SE. de Francia (Savoie).

¡ ajá ! o **¡ ajajá !** interj. *Fam.* Denota aprobación, sorpresa.

Ajaccio [ayaccio], cap. de la isla de Córcega y del dep. francés de Córcega del Sur. Obispado.

ajamonarse v. pr. *Fam.* Hacerse jamona incipiente.

ajar v. t. Maltratar o deslucir. ‖ Quitar el brillo, la frescura : *flores ajadas* (ú. t. c. pr.).

ajardinado, da adj. Arreglado como un jardín.

ajardinamiento m. Acción y efecto de ajardinar.

ajardinar v. t. Hacer un jardín.

ajedrecista com. Persona que juega al ajedrez.

ajedrecístico, ca adj. Relativo al ajedrez.

ajedrez m. Juego entre dos personas, que se juega con 32 piezas movibles, sobre un tablero de 64 escaques blancos y negros alternos.

— En el juego del ajedrez cada jugador dispone de 16 piezas (un rey, una reina, dos alfiles, dos caballos, dos torres y ocho peones).

ajenjo m. Planta compuesta, medicinal, amarga y aromática. ‖ Licor alcohólico aromatizado con esta planta.

ajeno, na adj. Que pertenece a otro : *respetar el bien ajeno.* ‖ Extraño, de nación o familia distinta. ‖ Que nada tiene que ver : *ajeno a un negocio.* ‖ *Fig.* Libre de alguna cosa : *ajeno de prejuicios.*

ajetrearse v. pr. Atarearse.

ajetreo m. Acción de ajetrearse.

ají m. *Amer.* Pimiento chile : *el ají es muy usado como chile.* (Pl. *ajíes,* y más correcto *ajíes.*).

ajiaceite m. Salsa de ajos y aceite.

ajiaco m. *Amer.* Salsa hecha con ají. ‖ *Sol.* y *Per.* Plato de patatas.

ajilimoje y **ajilimójili** m. *Fam.* Salsa para los guisados. ‖ Gracia, salero.

ajillo m. Salsa hecha con aceite, ajo y guindilla : *angulas al ajillo.*

ajimez m. Ventana arqueada dividida en el centro por una columna.

ajipuerro m. Puerro silvestre.

Ajmer, c. del NO. de la India (Rayastán). Obispado.

ajo m. Planta cuyo bulbo, de olor fuerte, se usa como condimento. ‖ Este bulbo. ‖ Nombre de ciertos guisados o salsas : *ajo pollo, ajo comino, ajo blanco.* ‖ *Fig. Fam.* Negocio reservado o secreto : *andar o estar en el ajo.* ‖ *Ajo blanco,* especie de sopa fría que se hace con almendras.

ajoarriero m. Guiso de bacalao con ajos, aceite, pimientos y huevos.

ajolote m. Animal anfibio de México.

ajonjolí m. *Bot.* Sésamo.

ajorca f. Brazalete, pulsera.

ajornalar v. t. Ajustar a uno por un jornal.

ajuar m. Muebles, alhajas y ropas que aporta la mujer al matrimonio. ‖ Conjunto de muebles, enseres y ropas de uso común en una casa.

ajumarse v. pr. *Pop.* Ahumarse.

Ajusco, sierra y pico de México, cerca de la capital ; 3 926 m.

ajustado, da adj. Justo, recto : *dictamen, precio ajustado.* ‖ — M. Ajuste : *el ajustado de las piezas de un motor.*

ajustador, ra adj. Dícese de lo que ajusta. ‖ — M. y f. Obrero que ajusta : *ajustador de imprenta.* ‖ — M. Jubón ajustado al cuerpo.

ajustamiento m. Ajuste.

ajustar v. t. Poner justa una cosa, arreglarla, adaptarla : *ajustar un vestido al cuerpo.* ‖ Conformar, encajar : *ajustar un tapón a una botella.* ‖ Concertar : *ajustar un matrimonio, un* pleito, la paz. ‖ Reconciliar : ajustar a los enemistados. ‖ Ordenar, arreglar : ajustar un horario. ‖ Concretar el precio : ajustar a una criada. ‖ Liquidar una cuenta. ‖ Asestar, dar : ajustar un garrotazo, un par de azotes, dos bofetadas. ‖ Impr. Concertar las galeradas para formar planas. ‖ Mec. Trabajar una pieza de metal para que encaje en su lugar. ‖ Amer. Apretar : le ajustaron mucho en el examen. ‖ Fam. Ajustar las cuentas, arreglarlas, tomarse la justicia por su mano. ‖ — V. i. Venir justo. ‖ — V. pr. Adaptarse, conformar, acomodarse.

ajuste m. Acción y efecto de ajustar o ajustarse : ajuste de un obrero. ‖ Encaje, adaptación : ajuste de un artefacto. ‖ Ajuste de cuentas, venganza entre personas rivales.

ajusticiado, da m. y f. Reo a quien se ha aplicado la pena de muerte.

ajusticiamiento m. Acción y efecto de ajusticiar.

ajusticiar v. t. Castigar con la pena de muerte.

Akaba o **Aqaba**, golfo formado en la parte norte del mar Rojo.

Akademgorodok, c. de la U. R. S. S. en Siberia (Rusia), cerca de Novosibirsk. Centro de investigaciones.

Akashi, c. del Japón (Honshu).

Akita, c. del Japón (Honshu).

Akkad o **Akad**, región de la Baja Mesopotamia, que estuvo dominada por Babilonia.

Akko. V. ACRE.

Akmetchet, n. tártaro de Simferopol.

Akola, c. de la India (Maharashtra).

Akosombo, localidad de Ghana.

Akron., c. de los Estados Unidos (Ohio), cerca del lago Erie.

Aksum., c. de Etiopía.

Aktiubinsk, c. de la U. R. S. S. (Kazakstán). Industria química.

al, contracción de la prep. a y el artículo el : vi al profesor.

Al, símbolo del aluminio.

ala f. Parte del cuerpo de algunos animales de la que se sirven para volar. ‖ Por ext. Cada una de las partes laterales de alguna cosa : ala de la nariz, del hígado, del corazón, del tejado, de un edificio, de un ejército, de un avión. ‖ Parte del sombrero que rodea la copa. ‖ Extremo del brazo en una pieza de artillería. ‖ Paleta de la hélice. ‖ Fig. Protección : las alas maternas. ‖ Pop. Ahuecar el ala, irse. ‖ Ala derecha, sector de un grupo ideológico que defiende la forma menos extrema de los principios considerados básicos de la sociedad. ‖ Ala izquierda, conjunto de los partidos políticos extremos de un país.

Alá, Dios entre los musulmanes.

Alabama, río de Estados Unidos en el Estado homónimo, que des. en Mobile. — Uno de los Estados Unidos de Norteamérica, al SE. ; cap. Montgomery.

alabanza f. Elogio, acción de alabar o alabarse. ‖ Conjunto de expresiones con que se alaba : no he oído más que alabanzas sobre su persona.

alabar v. t. Elogiar, celebrar con palabras : alabar la virtud cívica. ‖ — V. pr. Mostrarse satisfecho.

alabarda f. Pica con cuchilla de figura de media luna.

alabardero m. Soldado armado de alabarda. ‖ Fig. y fam. Persona que, por aplaudir en los teatros, recibe recompensa de los empresarios.

alabastrino, na adj. De alabastro o semejante a él : yeso alabastrino.

alabastro m. Mármol translúcido, con visos de colores y susceptible de pulimento. ‖ Fig. Blancura.

alabe m. Paleta de una rueda hidráulica.

alabear v. t. Dar a una superficie forma alabeada o combada. ‖ — V. pr. Combarse o torcerse.

alabeo m. Vicio que toma una tabla u otra pieza de madera al alabearse.

alacaluf adj. De una tribu india que habitaba en la Tierra del Fuego, extremo de América del Sur (ú. t. c. s.).

alacena f. Hueco hecho en la pared, con puertas y anaqueles, a modo de armario.

alacrán m. Arácnido pulmonado, muy común en España.

Alacuás, v. de España (Valencia).

---

aladares m. pl. Porción de cabellos que caen sobre las sienes.

A. L. A. D. I., siglas de la Asociación Latinoamericana de Integración cuyo proyecto nació en Montevideo en agosto de 1980 para favorecer las relaciones comerciales entre los países miembros y sustituir a la Asociación Latinoamericana de Libre Comercio (A. L. A. L. C.).

Aladino o **La lámpara maravillosa**, cuento de Las mil y una noches.

alado, da adj. Que tiene alas.

Alagoas, Estado del NE. del Brasil ; cap. Maceió. Salinas.

Alagón, río de España, afl. del Tajo. — V. de España (Zaragoza).

Alahuistlán, pobl. de México (Guerrero).

Alain (Emile CHARTIER, llamado), filósofo francés (1868-1951), autor de Charlas. ‖ --Fournier. V. FOURNIER.

alajú m. Pasta de almendras, nueces, especias finas y miel cocida.

Alajuela, c. del centro de Costa Rica, cap. de la prov. homónima.

alajuelense adj. y s. De Alajuela (Costa Rica).

A. L. A. L. C., siglas de la asociación constituido por el Tratado de Montevideo (1960) para crear una zona de libre comercio entre los países firmantes. Se decidió en 1980 sustituirla por la A. L. A. D. I. (V. este nombre).

alamán adj. y s. Individuo de un grupo de tribus germánicas establecidas en el Rin de los s. III. (Los alamanes, llamados tb. alemanes, fueron vencidos por Clodoveo en 496.)

Alamán (Lucas), político e historiador mexicano (1792-1853), triunviro en 1829.

alamar m. Cairel : los alamares de un traje de torero.

alambicado, da adj. Fig. Dado con escasez y poco a poco. ‖ Muy complicado : lenguaje alambicado. ‖ Muy estudiado : precio alambicado.

alambicamiento m. Acción y efecto de alambicar.

alambicar v. t. Destilar. ‖ Fig. Examinar muy detenidamente. ‖ Complicar, sutilizar con exceso : alambicar los conceptos. ‖ Afinar mucho el precio de una mercancía.

alambique m. Aparato empleado para destilar.

alambrada f. Red de alambre grueso : alambrada de defensa.

alambrado m. Alambrera : el alambrado de una ventana. ‖ Cerco de alambres afianzado en postes.

alambrar v. t. Guarnecer de alambre : alambrar un balcón. ‖ Cercar con alambre : alambrar un terreno.

alambre m. Hilo de metal.

alambrera f. Tela de alambre que se coloca en las ventanas. ‖ Fresquera, alacena para guardar los alimentos que hay en la parte de fuera de las ventanas. ‖ Cobertura de alambre que se suele poner sobre los braseros o ante las chimeneas. ‖ Campana de red de alambre muy tupida que sirve para proteger los manjares.

alameda f. Sitio poblado de álamos. ‖ Paseo con álamos u otros árboles.

Alamein (El), pobl. de Egipto al O. de Alejandría, donde las tropas británicas de Montgomery batieron en 1942 a las alemanas de Rommel.

Alaminos (Antón de), marino español del s. XVI, piloto de Colón en su segundo viaje (1493). Descubrió más tarde la corriente del golfo de México.

álamo m. Árbol que crece en las regiones templadas, y cuya madera, blanca y ligera, resiste mucho al agua.

Alamogordo, pobl. de Estados Unidos (Nuevo México), en cuyas cercanías se experimentaron las primeras explosiones nucleares (1945).

Alamor, pobl. del Ecuador (Loja). — Río del Ecuador (Loja).

Álamos, río de México (Sonora) que des. en el golfo de California. — Mun. de México (Sonora). Agricultura. — (Los), c. de Chile en la VIII Región (Biobío) y en la prov. de Arauco, cap. de la com. de su n.

Aland (ISLAS DE). V. AHVENANMAA.

Alanje, pobl. y puerto de Panamá (Chiriquí).

alano, na adj. y s. Aplícase al pueblo bárbaro que invadió España en 406. (Los alanos fueron vencidos por los

---

visigodos.) ‖ — M. Perro grande y fuerte, de pelo corto.

Alarcón (Abel), escritor boliviano (1881-1954), autor de la novela En la corte de Yahuar-Huácac. ‖ — (JUAN RUIZ DE). V. RUIZ DE ALARCÓN y MENDOZA (Juan). ‖ — (PEDRO ANTONIO DE), escritor español, n. en Guadix (1833-1891). Sus novelas El Escándalo, La Pródiga, El niño de la bola, El final de Norma y El capitán Veneno, así como El sombrero de tres picos, le han dado justa fama.

Alarcos Llorach (Emilio), gramático español, n. en 1922.

alarde m. Gala, ostentación : hacer alarde de ingenio. ‖ Demostración : un alarde urbanístico.

alardear v. i. Hacer alarde, ostentar.

alardeo m. Ostentación, alarde.

alargamiento m. Acción y efecto de alargar o alargarse.

alargar v. t. Estirar, dar mayor longitud. ‖ Hacer que una cosa dure más tiempo : alargar su discurso. ‖ Retardar, diferir. ‖ Dar : le alargué lo que pedía. ‖ Dar cuerda, ir soltando poco a poco un cabo, maroma, etc. ‖ Fig. Aumentar : alargar el sueldo, la ración. ‖ — V. pr. Hacerse más largo : alargarse los días, las noches. ‖ Fig. Extenderse en lo que se habla o escribe : alargarse en una carta. ‖ Fig. Fam. Ir : alarguémonos a su casa.

alargue m. Arg. Prórroga.

Alarico ‖ — I (¿370 ?-410), rey de los visigodos (396) que saqueó Roma. ‖ — II, rey visigodo de España de 484 hasta su muerte (507). Promulgó el Código que lleva su nombre (506).

alarido m. Grito lastimero o de guerra : se oían alaridos de muerte.

alarife m. Maestro de obras. ‖ Albañil.

alarma f. Mil. Señal que se da para que se prepare inmediatamente la tropa a la defensa o al combate : grito de alarma. ‖ Rebato : sonar la alarma. ‖ Fig. Inquietud, sobresalto : vivir en constante alarma. ‖ — Estado de alarma, situación de excepción en un Estado provocada por una alteración grave del orden público que implica la suspensión de algunas garantías individuales (censura, registros domiciliarios, etc.). ‖ Señal de alarma, dispositivo al alcance de los pasajeros en un vehículo público o en un lugar para hacer que aquel se pare o llamar la atención.

alarmador y **alarmante** adj. Que es estado alarmante.

alarmar v. t. Dar la alarma. ‖ Fig. Asustar, inquietar : alarmar al vecindario. ‖ — V. pr. Inquietarse.

alarmista adj. y s. Que propaga noticias alarmantes.

Alas (Jesús), compositor salvadoreño (1866-1955). ‖ — (LEOPOLDO). V. CLARÍN.

Alaska, uno de los Estados Unidos de Norteamérica, en la península homónima, al NO. del continente ; 1 520 000 km². Cap. Juneau. Cobre, petróleo, etc. Industria pesquera.

alauita adj. y s. Descendiente de Alí, yerno de Mahoma : la dinastía alauita reina en Marruecos desde 1659.

Álava, prov. vascongada del N. de España ; cap. Vitoria. Industrias.

alavense y **alavés, esa** adj. y s. De Álava (España).

alazán, ana adj. y s. Dícese del caballo de color canela.

alba f. Luz del día antes de salir el Sol : clarea ya el alba. ‖ Vestidura blanca que los sacerdotes se ponen sobre el hábito y el amito para celebrar la misa. ‖ Romper o rayar el alba, amanecer.

Alba ‖ — de Tormes, v. de España (Salamanca). ‖ — Julia, en alem. Karlsburg, c. de Rumania (Transilvania). Obispado. ‖ — Longa, la más antigua ciudad del Lacio, fundada por Ascanio, hijo de Eneas.

Alba (Fernando ÁLVAREZ DE TOLEDO, duque de), general español (1508-1582). Tras distinguirse en la victoria de Carlos V en Mühlberg (1547), Felipe II le nombró en 1567 gobernador de los Países Bajos, donde su tiranía provocó la sublevación de los flamencos (1572). Más tarde, después de derrotar al prior de Crato, tomó Lisboa y sometió Portugal (1580).

Albacete, c. del SE. de España, cap. de la prov. homónima. Obispado. Agricultura. Aguardientes. Cuchillería.

albacea com. Ejecutor testamentario : *nombrar albacea.*

albacetense y **albaceteño, ña** adj. y s. De Albacete (España).

albahaca f. Planta labiada de flores blancas y olor aromático. || Su flor.

albaicín m. Barrio en cuesta, situado en una pendiente.

albanés, esa adj. y s. De Albania.

Albania, Est. de la península de los Balcanes, al SO. de Yugoslavia ; 28 748 km² ; 2 720 000 h. *(albaneses).* Cap. *Tirana,* 200 000 habitantes ; otras c. : *Valona,* 53 500 h. ; *Escutari,* 59 000, y *Korina,* 24 000. Su relieve es montañoso, y la economía está basada en la agricultura. Independiente desde 1912 y rep. popular desde 1946.

Albano, lago de Italia, sobre un volcán apagado a 20 km de Roma. En sus orillas se encuentra *Castelgandolfo,* residencia veraniega del Papa.

Albany, c. del E. de Estados Unidos, cap. del Estado de Nueva York.

albañal m. Alcantarilla.

albañil m. Obrero que ejecuta obras de construcción en que se emplean piedra, ladrillo, yeso.

albañilería f. Arte de construir edificios. || Obra hecha por un albañil.

albarán m. Relación duplicada de mercancías entregadas. || Letrero en que se anuncia el alquiler o arriendo de una casa.

albarda f. Silla de las caballerías de carga. || *Amer.* Silla de montar de cuero crudo.

albardilla f. Silla para domar potros. || Almohadilla que sirve para diferentes usos. || Agarrador para la plancha. || Caballete que divide las eras de un huerto. || Tejadillo de los muros. || Lonja de tocino gordo con que se cubren las aves antes de asarlas. || Huevo batido, harina dulce, etc., con que se rebozan las viandas. || Panecillo.

Albarico, mun. de Venezuela (Yaracuy). Minas.

albaricoque m. Fruto del albaricoquero. || Albaricoquero.

albaricoquero m. Árbol rosáceo de fruto amarillento.

albarizado, da De color negro y rojo mezclado. || — Adj. y s. *Méx.* Mestizo de china y jenízaro, o viceversa.

Albarracín, c. de sierra de España, perteneciente al sistema Ibérico, donde nacen los ríos Tajo, Jiloca, Guadalaviar y Júcar. — C. de España (Teruel). Obispado de Teruel-Albarracín.

albarrana adj. Dícese de las torres exteriores de una fortificación.

albatros m. Ave marina blanca.

Albay, prov. de Filipinas, al SE. de la isla de Luzón.

albayalde m. *Quím.* Carbonato de plomo, de color blanco, empleado en pintura : *el albayalde es un veneno.*

albedrío m. Potestad de obrar por reflexión y elección.

Albee (Edward), dramaturgo norteamericano, n. en 1928, autor de *¿Quién teme a Virginia Woolf ?, La historia del zoo, Un difícil equilibrio,* etc.

albéitar m. Veterinario.

Albemarle. V. ISABELA (Ecuador).

Albéniz (Isaac), pianista y compositor español, n. de Camprodón (Gerona) [1860-1909], autor de composiciones para piano : *Iberia* (colección de doce fragmentos), *Navarra, Sevilla,* etc.

alberca f. Depósito de agua con muros de fábrica. || *Méx.* Piscina.

albérchigo m. Variedad de melocotón : *la carne del albérchigo es jugosa y amarilla.* || Alberchiguero. || Albaricoque en algunas partes de España.

alberchiguero m. Árbol, variedad del melocotonero.

Alberdi (Juan Bautista), jurisconsulto, escritor y político argentino, n. en Tucumán (1810-1884), cuyos trabajos influyeron en las resoluciones del Congreso Constituyente de 1853.

albergar v. t. Dar albergue u hospedaje : *albergar a un caminante.* || *Fig.* Alimentar : *albergar muchas esperanzas.* || Sentir : *alberga cierta preocupación.* || — V. i. Tomar albergue.

albergue m. Lugar donde se hospeda o abriga : *tomar albergue.* || *Albergue de juventud,* sitio, generalmente en las afueras de una ciudad, donde se hospedan por poco precio los estudiantes y jóvenes que han emprendido un viaje de recreo.

albero m. Suelo hecho con tierra blancuzca.

Alberoni (Julio), sacerdote italiano, más tarde estadista y cardenal español (1664-1752). Ministro de Felipe V, intentó, después del Tratado de Utrecht, devolver a España su antigua potencia internacional y quiso obtener para su soberano la regencia de Luis XV de Francia, pero fracasó en la empresa.

Alberta, prov. del O. del Canadá ; cap. *Edmonton.* Petróleo, gas natural.

Alberti (Manuel), presbítero y patriota argentino (1763-1811), miembro de la Junta Gubernativa de 1810. || ~ (RAFAEL), poeta español, n. en 1902, de rompido lirismo. Autor de *Marinero en tierra, Cal y canto, Madrid, capital de la gloria, Sobre los ángeles, Entre el clavel y la espada,* etc. y de obras de teatro (*El adefesio*).

Alberto, ant. Alberto Nianza. V. MOBUTU (lago).

Alberto || ~ **I,** rey de los belgas en 1909 (1875-1934). || ~ **de Habsburgo,** archiduque de Austria (1559-1621), casado con la infanta Isabel Clara Eugenia, hija de Felipe II de España. Virrey de Portugal y gobernador de los Países Bajos. || ~ **Magno** (San), teólogo y filósofo (¿ 1193 ?-1280). Maestro de Santo Tomás de Aquino.

Albi, c. de Francia, cap. del dep. del Tarn. Arzobispado. Catedral (s. XII-XV).

albigense adj. y s. De Albi (Francia). || De una secta religiosa que se propagó hacia el s. XII por el sur de Francia. (Tb. se dice cátaro.)

albinismo m. Anomalía congénita que consiste en la disminución o ausencia total de la materia colorante de la piel, los ojos y el cabello.

albino, na adj. y s. Que presenta albinismo : *el pelo y la piel blancos de los albinos.* || *Méx.* Descendiente de morisco y europea, o viceversa.

Albinoni (Tomaso), compositor italiano (1671-1750), autor de música religiosa, sonatas, conciertos, etc.

Albión, n. dado a Gran Bretaña.

albis (in) adv. Lat. *Estar in albis,* no tener la menor idea. || *Quedarse in albis,* no comprender nada.

albo, ba adj. *Poét.* Blanco.

albóndiga f. Bolita de carne picada o pescado que se come guisada.

albor m. Albura, blancura. || Luz del alba. || *Fig.* Principio, inicio.

alborada f. Tiempo de amanecer o rayar el día. || Toque militar al romper el alba. || Música popular al amanecer : *dar una alborada a una personalidad.* || Composición poética o musical en que se canta la mañana.

Alborán, isla española deshabitada en el Mediterráneo (Almería). Faro.

alborear v. impers. Amanecer.

Alborg. V. AALBORG.

albornoz m. Especie de capa o capote, de lana, con capucha, que llevan los árabes. || Bata amplia de tejido esponjoso que se usa después de tomar un baño.

Albornoz (Gil ÁLVAREZ CARRILLO DE), arzobispo de Toledo y cardenal (1310-1367), fundador del Colegio Español de Bolonia.

alborotadizo, za adj. Que se suele alborotar con mucha facilidad.

alborotador, ra adj. y s. Que alborota.

alborotamiento m. Alboroto.

alborotar v. i. Armar ruido, meter jaleo. || Causar desorden. || Agitarse, moverse : *este niño no hace más que alborotar.* || — V. i. Perturbar. || Amotinarse. || Desordenar : *ha alborotado todo.* || — V. pr. Perturbarse. || Encolerizarse. || Enfurecerse.

alboroto m. Vocerío, jaleo. || Motín, sedición. || Desorden. || Sobresalto.

alborozador, ra adj. y s. Que alboroza o causa alborozo.

alborozar v. t. Causar gran placer o alegría (ú. t. c. pr.).

alborozo m. Extraordinario regocijo.

albricias f. pl. Regalo o felicitación que se da por alguna buena noticia. ||

— Interj. Expresión de júbilo, de contento, de felicidad.

Albucasis, médico musulmán cordobés, m. hacia 1013.

Albuera de España (Badajoz).

albufera f. Laguna junto al mar.

Albufera (La), laguna costera de España al S. de Valencia ; 45 km².

albugo m. Mancha blanca de la córnea del ojo o de las uñas.

álbum m. Libro en blanco, cuyas hojas se llenan con composiciones literarias, sentencias, máximas, fotografías, firmas, sellos de correo, discos fonográficos, etc. (Pl. *álbumes.*)

albumen m. *Bot.* Materia feculenta que envuelve al embrión de algunas semillas.

albúmina f. Sustancia blanquecina y viscosa que forma la clara de huevo y se halla en disolución en el suero de la sangre.

albuminoide adj. De la naturaleza de la albúmina. || — M. Albúmina.

albuminoideo, a adj. Albuminoide.

albuminosa f. Sustancia obtenida mediante la acción de un álcali sobre la albúmina.

Albuquerque (Afonso), navegante portugués (1453-1515). Conquistador de Goa, Malaca, Ormuz y las Molucas, y artífice de la influencia portuguesa en la India.

albur m. Pez de río. || *Fig.* Riesgo, azar : *los albures de la vida.* || *Méx.* Retruécano, equívoco.

albura f. Blancura perfecta.

alburear v. i. *Méx.* Echar albures.

alburero, ra adj. *Méx.* Aplícase a la persona aficionada a echar albures (ú. t. c. s.).

Alburquerque, v. de España (Badajoz), fronteriza con Portugal. — C. de los Estados Unidos (Nuevo México).

Alburquerque (Francisco FERNÁNDEZ DE LA CUEVA, *duque* de), militar español (1619-1676), virrey de Nueva España (1653-1660).

alcabala f. Tributo que se cobraba sobre las ventas.

alcabalero m. Cobrador de las alcabalas.

Alcácer v. de España (Valencia).

alcachofa f. Planta hortense compuesta, cuyas cabezuelas grandes y escamosas son comestibles. || Cabeza de esta planta, del cardo y de otras semejantes. || Pieza con muchos orificios que se adapta a la regadera, al tubo de aspiración de las bombas o a los aparatos de ducha.

alcahuete, ta m. y f. Persona que se entremete para facilitar amores ilícitos. || *Fig.* y *fam.* Persona que sirve para encubrir lo que se quiere ocultar. || Cnismoso.

alcahuetear v. i. Hacer de alcahuete.

alcahuetería f. Oficio de alcahuete.

alcaide m. El que tenía a su cargo la guarda y defensa de una fortaleza. || En las cárceles, encargado de custodiar a los presos.

alcaidía f. Oficio del alcaide.

Alcalá || ~ **de Chisvert,** v. de España (Castellón de la Plana). || ~ **de Guadaira,** v. de España (Sevilla). || ~ **de Henares,** v. de España (Madrid), a orillas del Henares. Lugar de nacimiento de Cervantes. Universidad creada en 1508 y trasladada a Madrid en 1836. Se creó de nuevo en 1974. Es la antigua *Complutum.* || ~ **del Río,** v. de España (Sevilla). || ~ **del Valle,** v. de España (Cádiz). || ~ **la Real,** v. de España (Jaén).

Alcalá (Macedonio), músico mexicano (1840-1896). || ~ (XAVIER), poeta contemporáneo español en lengua gallega. || ~ **Galiano** (ANTONIO), político liberal y escritor español (1789-1865). || ~ **Zamora** (NICETO), político y orador español (1877-1949). Pres. de la Rep. de 1931 a 1936. M. en el destierro.

alcalaíno, na adj. y s. De Alcalá de Henares y Alcalá la Real (España).

alcalareño, ña adj. y s. De Alcalá de Guadaira (España).

alcaldada f. Acción abusiva de una autoridad.

alcalde m. Presidente de un Ayuntamiento. || Cierto juego de naipes.

alcaldesa f. Mujer del alcalde. || Mujer que ejerce las funciones de alcalde.

alcaldía f. Cargo y casa u oficina del alcalde. || Territorio de su jurisdicción.

alcalescencia f. *Quím.* Paso de un cuerpo a su estado alcalino.

álcali m. *Quím.* Sustancia de propiedades análogas a las de la sosa y la potasa. || Amoníaco.

alcalinidad f. Calidad de alcalino.

alcalinizar v. t. Dar a una sustancia propiedades alcalinas.

alcalino, na adj. *Quím.* De álcali o que lo contiene. || Metales alcalinos, metales muy oxidables como el litio, potasio, rubidio, sodio y cesio. || M. Medicamento alcalino.

alcalinotérreo, a adj. y s. m. Aplícase a los metales del grupo del calcio (calcio, estroncio, bario, radio).

alcaloide m. *Quím.* Sustancia orgánica cuyas propiedades recuerdan las de los álcalis. (Muchos *alcaloides*, como la atropina, estricnina, morfina, cocaína, cafeína, quinina, etc., se emplean por su acción terapéutica.)

alcance m. Distancia a que llega el brazo: *la rama del árbol está a mi alcance.* || Lo que alcanza cualquier arma: *el alcance del máuser.* || Seguimiento, persecución. || Correo extraordinario. || *Fig.* En contabilidad, saldo deudor. | En los periódicos, noticia de última hora. | Capacidad de talento: *hombre de muchos alcances.* | Importancia.

alcancía f. Hucha.

alcándara f. Percha donde se ponían las aves de cetrería.

alcanfor m. Sustancia aromática cristalizada que se saca del alcanforero.

alcanforar v. t. Mezclar un producto con alcanfor o poner alcanfor en él.

alcanforero m. Árbol lauráceo de cuyas ramas y raíces se extrae el alcanfor.

Alcántara, v. de oeste de España (Cáceres), a orillas del Tajo. Puente romano.

Alcántara (San Pedro de). V. PEDRO DE ALCÁNTARA (San).

Alcántara (*Orden de*), orden religiosa y militar española, fundada en 1156.

alcantarilla f. Conducto subterráneo para recoger las aguas llovedizas o inmundas.

Alcantarilla, v. de España (Murcia). Escuela de paracaidismo.

alcantarillado m. Conjunto de alcantarillas de una población.

alcantarillar v. t. Construir o poner alcantarillas.

alcanzar v. t. Llegar a juntarse con una persona o cosa que va delante: *alcanzar un corredor a otro.* || Coger algo alargando la mano: *alcanzar un libro del armario.* || Alargar, tender una cosa a otro: *¡ Llegar hasta : alcanzar con la mano el techo.* || Unirse, llegar a : *allí alcanza la carretera.* || Dar : *la bala le alcanzó en el pecho.* || Llegar a percibir con la vista, el oído o el olfato. || *Fig.* Hablando de un período de tiempo, haber uno vivido en el : *yo alcancé a verle joven.* | Conseguir, lograr : *alcanzar un deseo.* | Afectar, estar dirigido a : *esta ley alcanza a todos los ciudadanos.* | Entender, comprender : *alcanzar lo que se dice.* | Llegar a igualarse con otro en alguna cosa : *le alcancé en sus estudios.* || — V. i. Llegar : *tu carta no me alcanzó.* || Llegar hasta cierto punto : *en ciertas armas, llegar a tiro a cierta distancia.* || *Fig.* Tocar a uno una cosa o parte de ella. | Ser suficiente una cosa : *la provisión alcanza para el viaje.* || — V. pr. Llegar a tocarse o juntarse. || *Veter.* Hacerse una contusión las caballerías.

Alcañiz, v. de España (Teruel).

alcaparra f. Arbusto caparidáceo de flores blancas y grandes. || Su fruto, que se usa como condimento.

alcaparral m. Sitio poblado de alcaparras.

alcaraván m. Ave zancuda de cuello muy largo.

Alcaraz, v. del SE. de España (Albacete), al N. de la sierra homónima.

alcarraza f. Vasija de arcilla porosa.

alcarria f. Terreno alto y raso.

Alcarria (La), comarca de España (Guadalajara y Cuenca).

alcatifa f. Alfombra.

alcatraz m. Pelícano americano.

Alcatraz, islote de Estados Unidos, en la bahía de San Francisco.

alcatufa f. Chufa.

alcauci y **alcaucil** m. Alcachofa silvestre. || Alcachofa.

Alcaudete, c. de España (Jaén).

alcaudón m. Pájaro dentirrostro.

alcayata f. Escarpia : *colgar un cuadro de una alcayata.*

alcayatar v. t. Poner, sujetar con alcayatas.

alcazaba f. Recinto fortificado en lo alto de una población amurallada.

alcázar m. Fortaleza : *el Alcázar de Toledo, de Segovia, de Sevilla.* || Palacio real. || *Mar.* Espacio que media entre el palo mayor y la popa.

Alcázar (Baltasar del), poeta festivo sevillano (1530-1606), autor de *La cena jocosa.*

Alcázar de San Juan, c. de España (Ciudad Real).

Alcazarquivir, hoy *Ksar El-Kébir,* c. del O. de Marruecos. Derrota y muerte del rey portugués Don Sebastián por los moros (1578).

alce m. Mamífero rumiante parecido al ciervo.

Alcibíades, general y político ateniense (450-404 a. de J. C.), primo de Pericles y discípulo de Sócrates. De gran ambición. M. asesinado.

Alcina (José Arturo), escritor paraguayo, n. en 1897, autor de obras de teatro (*La marca del fuego, Evangelista, Flor de estero*).

Alcinoo, rey de los feacios, padre de Nausícaa, que acogió a Ulises náufrago y protegió a Medea. (*Mit.*)

alción m. Ave fabulosa que sólo anidaba sobre un mar tranquilo.

Alción, estrella de las Pléyades.

Alcira, c. del E. de España (Valencia).

alcista com. Bolsista que juega al alza. || — Adj. Que está en alza: *tendencia bursátil alcista.*

alcoba f. Dormitorio.

Alcobaça, v. de Portugal (Leiria). Abadía cisterciense (s. XII-XIII). Panteón real.

Alcobendas, v. de España (Madrid).

alcohol m. Líquido obtenido por la destilación del vino y otros licores fermentados. (El *alcohol* hierve a 78° y se solidifica a −130°.) || Nombre de varios cuerpos de propiedades químicas análogas a la del alcohol etílico : *alcohol metílico, propílico,* etc. || Cualquier bebida que contiene alcohol : *el coñac y el anís son alcoholes.* || Alcohol de quemar, el que se emplea como combustible.

alcoholemia f. Presencia de alcohol en la sangre.

alcohólico, ca adj. Que contiene alcohol : *bebida alcohólica.* || Dícese de las personas que abusan de las bebidas alcohólicas. Ú. t. c. s. : *es un alcohólico empedernido.*

alcoholificación f. Conversión en alcohol por fermentación.

alcoholimetría f. Evaluación de la riqueza alcohólica.

alcoholímetro m. Alcohómetro.

alcoholismo m. Abuso de bebidas alcohólicas.

alcoholización f. *Quím.* Acción y efecto de alcoholizar.

alcoholizado, da adj. y s. Que padece alcoholismo.

alcoholizar v. t. Echar alcohol en otro líquido : *alcoholizar un vino.* || Obtener alcohol. || — V. pr. Contraer alcoholismo.

alcohómetro m. Densímetro utilizado para medir la proporción de alcohol en vinos y licores. || Aparato empleado para conocer la concentración alcohólica en la sangre.

Alcolea (*Puente de*), puente en el Guadalquivir (Córdoba). Batalla en 1868 en que Serrano derrotó a las tropas de Isabel II, lo que fue destronada.

Alcora, v. de España (Castellón).

Alcorán m. Corán.

Alcorcón, c. de España (Madrid).

alcornocal m. Sitio plantado de alcornoques.

alcornoque m. Variedad de encina cuya corteza es el corcho. || *Fig.* Idiota, necio.

alcotán m. Ave rapaz diurna.

alcotana f. Herramienta para cortar ladrillos. || Pico de los montañistas.

Alcoy, c. del E. de España (Alicante).

Alcubilla. V. MARTÍNEZ ALCUBILLA.

Alcudia, c. de España en la isla de Mallorca (Baleares). || ~ **de Carlet,** v.

de España (Valencia). || ~ **de Crespins,** v. de España (Valencia).

Alcuino (Albino Flaco), teólogo y sabio inglés (735-804), colaborador de Carlomagno.

alcurnia f. Ascendencia, linaje.

alcuza f. Vasija cónica en que se pone el aceite en la mesa.

alcuzcuz m. Cuscús.

aldaba f. Pieza de metal para llamar a las puertas. || Barra o travesaño con que se aseguran los postigos o puertas. || — Pl. *Fig.* y *fam.* Protección, agarraderas : *tener buenas aldabas.*

aldabada f. Aldabonazo.

aldabear v. i. Golpear con la aldaba.

aldabón m. Aldaba grande.

aldabonazo m. Golpe dado con la aldaba. || *Fig.* y *fam.* Advertencia.

Aldama (Ignacio), abogado y patriota mexicano (1769-1811). Participó en el movimiento de Hidalgo. M. fusilado. || ~ (JOSÉ MARÍA), músico mexicano (1730-1810). || ~ (MIGUEL DE), patriota cubano (1821-1888), que luchó en la guerra de los Diez Años.

Aldana (Francisco de), poeta español de la escuela salmantina (¿ 1537 ?-1578), autor de sonetos y canciones.

Aldao (José Félix), religioso y caudillo federal argentino (1785-1845). || ~ (MARTÍN), novelista argentino (1875-1961), autor de *Torcuato Méndez.*

Aldaya, mun. de España (Valencia).

aldea f. Pueblo de pocos vecinos.

Aldeadávila de la Ribera, c. de España (Salamanca). Central hidroeléctrica en el Duero.

aldeano, na adj. y s. Natural de una aldea. || Relativo a ella.

Aldebarán, estrella principal de la constelación de Tauro.

Aldecoa (Ignacio), escritor español (1925-1969), autor de novelas (*Gran Sol, Con el viento solano, Parte de una historia*) y relatos breves (*Caballo de pica, Pájaros y espantapájaros, La tierra de nadie,* etc.).

aldehído m. *Quím.* Compuesto volátil e inflamable resultante de la deshidrogenación u oxidación de ciertos alcoholes.

aldehuela f. y **aldeorrio** m. Aldea pequeña : *aldehuela vasca.*

Alderete o **Aldrete** (Bernardo José), humanista español (1565-1645).

Alderetes, pobl. de la Argentina, cab. del dep. de Cruz Alta (Tucumán).

Alderney, isla británica del archip. de las Anglonormandas. Turismo.

aldino, na adj. Relativo a la familia de impresores de Aldo Manucio : *letra, edición aldina.*

Aldo, jefe de la familia de los Manucios, impresores italianos del s. XVI.

¡ ale ! interj. ¡ Ea ! ¡ vamos !

aleación f. Mezcla íntima de dos o más metales.

alear v. t. Mezclar dos o más metales fundiéndolos.

aleatorio, ria adj. Que depende de un suceso fortuito.

aleccionador, ra adj. Instructivo. || Ejemplar : *un castigo aleccionador.*

aleccionamiento m. Enseñanza, instrucción.

aleccionar v. t. Dar lección. || Enseñar, instruir (ú. t. c. pr.).

aledaño, ña adj. Limítrofe, lindante : *campo, caserío aledaño.* || — M. pl. Confín, término, límite.

Aledua (SIERRA DE), ramal montañoso de España (Valencia).

alegación f. Acción de alegar. || Lo que se alega. || *For.* Alegato.

alegar v. t. Invocar, traer uno a favor de su propósito, como prueba, algún dicho o ejemplo. || Exponer méritos para fundar una pretensión. || — V. i. Defender el abogado su causa.

alegato m. *For.* Alegación por escrito. || Por ext. Razonamiento, exposición. || *Fig.* Defensa.

alegoría f. Ficción que presenta un objeto al espíritu para que sugiera la idea de otro : *las balanzas de Temis son una alegoría.* || Obra o composición literaria o artística de sentido alegórico.

alegórico, ca adj. Relativo a la alegoría : *figura alegórica.*

alegrar v. t. Causar alegría : *tu felicidad me alegra.* || *Fig.* Adornar, hermosear : *unos cuadros alegran las paredes.* || Animar : *para alegrar la fiesta.* || Subirse a la cabeza : *este vino ale-*

gra. ‖ Tratándose de la luz o del fuego, avivarlos. ‖ *Mar.* Aflojar un cabo. ‖ *Taurom.* Excitar al toro a la embestida. ‖ — V. pr. Recibir o sentir alegría : *alegrarse por, o de o con una noticia.* ‖ Animarse (los ojos, la cara). ‖ *Fig.* Achisparse.

alegre adj. Poseído o lleno de alegría. ‖ Que denota alegría : *rostro alegre.* ‖ Que ocasiona alegría : *música alegre.* ‖ Pasado de hecho con alegría : *fiesta alegre.* ‖ Que infunde alegría. ‖ *Fig.* Aplícase al color muy vivo. ‖ *Fig. y fam.* Algo libre : *historieta alegre.* ‖ Excitado por la bebida. ‖ Ligero, arriesgado : *alegre en el juego.*

Alegre, c. del este de Brasil (Espíritu Santo).

alegreto m. *Mús.* Movimiento menos vivo que el alegro.

alegría f. Sentimiento de placer. ‖ Cosa que lo provoca o manifestación de este sentimiento : *es la alegría de la casa.* ‖ Ajonjolí. ‖ — Pl. Regocijos y fiestas públicas. ‖ Cante y baile andaluz de Cádiz.

Alegría, laguna de El Salvador en el cráter del volcán de Tecapa. — C. de El Salvador (Usulután).

Alegría (Ciro), escritor peruano (1909-1967), autor de novelas (*La serpiente de oro, Los perros hambrientos, El mundo es ancho y ajeno, Duelo de caballeros, Lázaro*). ‖ ~ (CLARIBEL), escritora salvadoreña, n. en 1924, autora de poesías (*Anillo de silencio, Vigilias, Acuario, Sobrevivo*) y novelas (*Cenizas de Izalco*). ‖ ~ (DORA), escritora cubana, n. en 1910. ‖ ~ (FERNANDO), escritor chileno, n. en 1918, autor de poesías (*Viva Chile M...*), narraciones de carácter político, novelas (*Mañana los guerreros, Caballo de copas*) y obras de crítica (*Las fronteras del realismo*).

alegro m. *Mús.* Movimiento moderadamente vivo. ‖ Composición en este movimiento.

alegrón m. *Fam.* Alegría repentina y grande.

Aleijadinho (El). V. LISBOA (A. F.).

Aleixandre (Vicente), poeta español, n. en 1898, autor de *Ámbito, Espadas como labios, La destrucción o el amor, Historia del corazón, Sombra del paraíso, En un vasto dominio, Poemas de la consumación, Diálogo del conocimiento,* etc. (Pr. Nobel, 1977.)

alejado, da adj. Distante.

alejamiento m. Acción y efecto de alejar o alejarse. ‖ Distancia.

Alejandreta. V. ISKENDERUN.

Alejandría, c. y puerto del NO. de Egipto, a orillas del Mediterráneo. Comercio e industria. Fundada por Alejandro Magno (331 a. de J. C.). Fue centro artístico importante. — C. de Italia (Piamonte), cap. de la prov. homónima. Obispado.

alejandrino, na adj. y s. De Alejandría (Egipto). ‖ Relativo a Alejandro Magno. ‖ Neoplatónico. ‖ — M. *Poét.* Verso de arte mayor que consta de catorce sílabas, dividido en dos hemistiquios.

Alejandro, n. de ocho papas, entre los s. II y XVII. El más famoso fue ALEJANDRO VI (*Borgia*), n. en Játiva (España) [1431-1503], papa desde 1492, cuya vida privada fue la de un príncipe del Renacimiento.

Alejandro ‖ ~ I (1777-1825), emperador de Rusia desde 1801. Vencido por Napoleón en Austerlitz, Eylau y Friedland, luego se reconcilió con él en Tilsit, para combatirle de nuevo en 1812. ‖ ~ II (1818-1881), emperador de Rusia, hijo de Nicolás I, subió al trono en 1855, emancipó a los siervos (1861) y murió asesinado. ‖ ~ III (1845-1894), emperador de Rusia desde 1881, hijo del anterior.

Alejandro ‖ ~ Magno (356-323 a. de J. C.), rey de Macedonia desde 336, hijo de Filipo II. Fue educado por Aristóteles. Después de haber sometido Grecia, derrotar a los ejércitos de Darío III en Gránico (334) e Isos (333), se apoderó de Tiro, de Sidón, etc. conquistó Egipto, fundó Alejandría y, atravesando el Éufrates y el Tigris, aplastó a los persas en Arbelas (331). Continuando su marcha, tomó Babilonia y Susa, incendió Persépolis y llegó hasta el Indo. Obligado a regresar a Babilonia por la insubordinación de su tropa, murió en esa c. de una fiebre maligna en plena juventud. ‖ ~ Severo, emperador romano (209-235), sucesor de Heliogábalo en 222.

Alejandro Nevski, gran príncipe de Rusia de 1236 a 1263. Su nombre ha sido dado a una orden rusa (1722), transformada en orden militar soviética (1942).

Alejandro Selkirk, ant. *Más Afuera,* isla chilena del archipiélago de Juan Fernández.

Alejandrópolis, ant. *Dedeagh,* c. y puerto de Grecia, en el mar Egeo.

alejar v. t. Poner lejos o más lejos. ‖ *Fig.* Apartar : *alejar del poder.* ‖ — V. pr. Irse lejos.

Alejo, n. de cinco emperadores de Bizancio de 1081 a 1204.

alelado, da adj. y s. Lelo.

alelamiento m. Efecto de alelarse.

alelar v. t. Poner lelo. Ú. m. c. pr. : *alelarse por una mujer.*

aleluya amb. Voz que usa la Iglesia en señal de júbilo : *cantar la aleluya o el aleluya de Haendel.* ‖ — M. Tiempo de Pascua. ‖ — F. *Fig. y fam.* Alegría. ‖ — Interj. Se emplea para demostrar júbilo.

Alem (Leandro), abogado y político argentino (1842-1896). Fue el iniciador del movimiento que derribó a Juárez Celman (1890).

alemán, ana adj. y s. De Alemania. (V. ALMÁN.) — M. Idioma alemán.

Alemán (Mateo), escritor español n. en Sevilla (1547 - ¿1614 ?), autor del relato picaresco *Guzmán de Alfarache.* ‖ ~ Valdés (Miguel), abogado y político mexicano (1900-1983), pres. de la Rep. de 1946 a 1952.

Alemania, región de Europa Central, dividida desde 1949 en dos Estados : República Federal de Alemania y República Democrática Alemana. (Hab. *alemanes.*) El primero, en Alemania Occidental ; 248 000 km² ; 62 500 000 h.; cap. *Bonn,* 300 000 h. ; otras c. : *Hamburgo,* 1 857 000 h. ; *Munich,* 1 350 000 ; *Colonia,* 990 000 ; *Essen,* 729 000 ; *Düsseldorf,* 697 000 ; *Francfort,* 675 000 ; *Dortmund,* 643 000 ; *Stuttgart,* 637 000 ; *Brema,* 602 500 ; *Duisburgo,* 592 000 ; *Nuremberg,* 482 000 ; *Wuppertal,* 421 000 ; *Gelsenkirchen,* 391 000 ; *Bochum,* 361 000 ; *Mannheim,* 306 000 ; *Kiel,* 269 000 ; *Wiesbaden,* 257 000 ; *Brunswick,* 250 000 ; *Lübeck,* 240 000 ; *Oberhausen,* 256 000, y *Carlsruhe,* 235 000. El segundo, en Alemania Oriental ; 108 000 km²; 17 960 000 h.; cap. *Berlín Este,* 1 100 000 h.; otras c. : *Leipzig,* 641 000 h.; *Dresde,* 520 000 ; *Halle,* 289 000 ; *Karl-Marx-Stadt* (ant. *Chemnitz*), 320 000 ; *Magdeburgo,* 290 000 ; *Erfurt,* 202 000, y *Potsdam,* 117 000. (V. mapa en la pág. siguiente.)

La región meridional de Alemania está constituida por la meseta de Baviera, cortada por profundos valles, y la cuenca de Suabia y Franconia, con los valles de los ríos Main y Neckar, en el centro de una cadena de montañas ; en la región septentrional se encuentra un extenso valle central y su costa, sin acantilados, en la que se asientan innumerables puertos ; la zona central comprende Sajonia, fértil llanura agrícola y rica región industrial ; el Palatinado, nudo de comunicaciones ; el macizo esquistoso renano, recorrido por el Rin, el Mosela, el Lahn y el Sieg ; Westfalia, importante zona industrial con la cuenca hullera del Ruhr y Sarre. Las principales industrias son : metalúrgica (Essen, Bochum, Dortmund) ; textil (Karl-Marx-Stadt, Shot, Wuppertal) ; química (Mannheim, Ludwigshafen, Colonia, Leverkusen), etc. La agricultura, pese a su creciente mecanización y a la gran producción de centeno, lúpulo, tabaco, patatas, remolacha, etc., no basta para cubrir las necesidades del país. Otro tanto ocurre con la riqueza ganadera. La expansión económica ha hecho que la Alemania Federal sea un país que posee una balanza comercial excedentaria, gracias a una industria orientada hacia la exportación y a pesar de la carencia de hidrocarburos.

Alembert. V. D'ALEMBERT.

Alemtejo, n. de dos prov. del S. de Portugal : *Alto Alemtejo,* cap. *Évora,* y *Bajo Alemtejo,* cap. *Beja.* Agricultura, ganadería.

Alencar (José Martiniano de), escritor brasileño (1829-1877), autor de novelas históricas (*El guaraní*) e indianistas (*Iracema*).

Alençon. V. ALENZÓN.

alentado, da adj. Animado.

alentador, ra adj. Que alienta.

alentar v. i. Respirar. ‖ — V. t. Animar, infundir aliento o esfuerzo, dar vigor : *alentar a los jugadores.*

Alentejo. V. ALEMTEJO.

Alenza y Nieto (Leonardo), pintor y grabador español (1807-1844).

Alenzón, en fr. *Alençon,* c. del NO. de Francia, cap. del dep. del Orne.

Alepo, c. de Siria, cap. de la prov. homónima. Arzobispado.

alerce m. Árbol conífero, de madera resinosa.

alergia f. Estado de una persona provocado por una sustancia, a la que es muy sensible, que causa en ella diferentes trastornos como la fiebre del heno, urticaria, eczema, etc.

alérgico, ca adj. Relativo a la alergia. ‖ Incompatible con : *soy alérgico a la vida actual.*

alero m. Parte inferior del tejado que sale fuera de la pared. ‖ Guardabarros de algunos carruajes. ‖ *Fig.* Extremo de un equipo de fútbol, etc. ‖ *Fig. Estar en el alero,* ser muy incierto.

alerón m. Timón movible para la dirección de los aviones.

alerta adv. Con vigilancia : *estar alerta.* ‖ *Estar ojo alerta, estar sobre aviso.* ‖ — Interj. Sirve para excitar la vigilancia. ‖ — F. Alarma.

alertador, ra adj. Que alerta.

alertar v. t. Poner alerta o avisar a uno para que esté alerta.

alerto, ta adj. Vigilante, atento.

Alès, c. del S. de Francia (Gard).

Alessandri (Jorge), político chileno, n. en 1896, pres. de la Rep. de 1958 a 1964. ‖ ~ Palma (ARTURO), político chileno, padre del anterior (1868-1950), pres. de la Rep. de 1920 a 1924, en 1925 y de 1932 a 1938.

aleta f. *Zool.* Cada una de las membranas externas que tienen los peces para nadar. ‖ *Anat.* Cada una de las dos alas de la nariz. ‖ Parte saliente, lateral y plana de diferentes objetos. ‖ Parte saliente en la parte posterior de un proyectil para equilibrar su movimiento. ‖ Membrana que se adapta a los pies para facilitar la natación. ‖ Parte de la carrocería del automóvil que cubre las ruedas.

aletargamiento m. Letargo.

aletargar v. t. Producir letargo. ‖ — V. pr. Experimentar letargo.

aletear v. i. Agitar las aves las alas.

aleteo m. Acción de aletear.

Aleutianas (ISLAS), archipiélago de Estados Unidos, al NO. de América del Norte. Base aérea. Pesca.

aleve adj. Traidor, pérfido.

alevín o **alevino** m. Pez menudo que se echa para poblar los ríos y estanques. ‖ *Fig.* Principiante, novato.

alevosía f. Traición, perfidia.

alevoso, sa adj. Que obra con alevosía, traidor.

alfa f. Primera letra del alfabeto griego. ‖ — *Fig. Alfa y omega,* principio y fin. ‖ *Rayos alfa,* radiaciones emitidas por los cuerpos radiactivos formados de núcleos de helio.

alfabético, ca adj. Relativo al alfabeto : *orden alfabético.*

alfabetización f. Colocación por orden alfabético. ‖ Acción y efecto de enseñar a leer y escribir.

alfabetizar v. t. Ordenar alfabéticamente. ‖ Enseñar a leer y a escribir.

alfabeto m. Abecedario. ‖ Reunión de todas las letras de una lengua. ‖ Conjunto de signos que sirven para transmitir cualquier comunicación. ‖ — *Alfabeto Braille,* el utilizado por los ciegos. ‖ *Alfabeto Morse,* el usado en telegrafía.

Alfafar, v. de España en las cercanías de Valencia.

Alfajarín, v. de España (Zaragoza). Casino de juego.

alfajor m. *Arg.* Dulce redondo compuesto de dos trozos de masa.

alfalfa f. Planta papilionácea usada como forraje.

ALEMANIA

alfalfar m. Campo de alfalfa.

alfanje m. Sable corto y corvo.

alfanumérico, ca adj. Aplícase a la clasificación fundada a la vez en el alfabeto y la numeración.

alfaque m. Banco de arena.

alfarería f. Arte de fabricar vasijas de barro. || Taller y tienda del alfarero.

alfarero, ra m. y f. Persona que fabrica vasijas de barro.

alfarje m. Artefacto para moler la aceituna en los molinos de aceite.

Alfaro (Eloy), general y político liberal ecuatoriano, n. en Montecristo (1842-1912), pres. de la Rep. de 1895 a 1901 y de 1906 a 1911. M. asesinado. || ~ (JOSÉ MARÍA), político costarricense (1799-1856), jefe del Estado de 1842 a 1844 y de 1846 a 1847. || ~ (RICARDO J.), político, jurisconsulto y escritor panameño (1882-1971). || ~
Siqueiros (DAVID). V. SIQUEIROS.

alfeizar m. Arq. Vuelta o derrame de la pared en el corte de una puerta o ventana.

alfeñique m. Pasta de azúcar amasada con aceite de almendras dulces. || Fig. y fam. Persona delicada.

alferecía f. Med. Ataque de epilepsia.

alférez m. Mil. Oficial que lleva la bandera. | Oficial de categoría inferior a la de teniente.

Alfieri (Vittorio), poeta italiano (1749-1803), autor de las tragedias *Mérope, Felipe II, Polinices, Antígona.*

alfil m. Pieza del juego de ajedrez que se mueve diagonalmente.

alfiler m. Clavillo de metal, con punta por uno de sus extremos y una cabecilla por el otro, que sirve para varios usos. || Joya a modo de alfiler o broche : *alfiler de corbata.* || Pinzas : *alfiler de la ropa.* || Planta geraniácea

de flores purpúreas. || — *Fig. y fam. De veinticinco alfileres,* estar muy arreglada una persona. | *No caber un alfiler,* estar lleno un local o paraje.

alfilerazo m. Punzada de alfiler.

alfiletero m. Estuche para guardar los alfileres y agujas.

Alfinger (Ambrosio), aventurero alemán del s. XVI, primer gobernador de Venezuela (1529-1533).

Alföld, fértil llanura del NE. de Hungría, entre el Danubio y Rumania.

alfombra f. Tapiz con que se cubre el suelo de las habitaciones y escaleras : *alfombra persa.* || *Fig.* Conjunto de cosas que cubren el suelo.

alfombrado, da adj. Cubierto de alfombras : *habitación alfombrada.* || Que tiene dibujos como los de las alfombras. || — M. Conjunto de alfombras. || Acción de alfombrar.

alfombrar v. t. Cubrir el suelo con

alfombras : *alfombrar una habitación.* ‖ *Fig.* Tapizar, cubrir.

alfoncigo m. Árbol terebintáceo cuyo fruto en drupa contiene una semilla comestible. ‖ Su fruto.

alfonsi adj. Alfonsino : *maravedí alfonsí.*

Alfonsín (Raúl), abogado y político radical argentino, n. en 1927, pres. de la Rep. desde diciembre de 1983.

Alfonsinas (*Tablas*), tablas astronómicas realizadas en 1252 por orden del rey de Castilla Alfonso X el Sabio.

alfonsino, na adj. Relativo a alguno de los trece reyes españoles llamados Alfonso.

Alfonso ‖ ~ I *el Católico* (693-757), yerno de Don Pelayo, rey de Asturias desde 739. ‖ ~ II *el Casto* (759-842), rey de Asturias y León, coronado en 791. Ocupó Lisboa en 797. ‖ ~ III *el Magno* (¿838-910 ?), rey de Asturias y León, hijo de Ordoño I, coronado en 866, tras arrebatar Salamanca y Soria a los moros. Abdicó en favor de su hijo García I. ‖ ~ IV *el Monje*, rey de Asturias y León de 925 a 931. Abdicó en favor de su hermano Ramiro II. ‖ ~ V *el Noble*, rey de León desde 999 a 1027. Luchó contra los moros de Portugal y murió en el sitio de Viseo. ‖ ~ VI (1040-1109), rey de León en 1065, de Castilla en 1072, de Galicia en 1073, hijo de Fernando I. Destronado por su hermano Sancho II de Castilla, volvió al trono en 1072, después de jurar en Santa Gadea, en presencia del Cid, que no había participado en la muerte de aquél. Conquistó Toledo (1085) y fue derrotado en Zalaca. ‖ ~ VII *el Emperador* (1105-1157), rey de León y Castilla, desde 1126, proclamado emperador en 1135. ‖ ~ VIII *el de las Navas* (1155-1214), rey de Castilla en 1158, hijo de Sancho III. Durante su minoría, reinó bajo la tutela de su madre. Derrotó a las almohades en las Navas de Tolosa (1212), batalla decisiva en la historia de la Reconquista. ‖ ~ IX (1171-1230), rey de León en 1188, primo y yerno del anterior, hijo de Fernando II de León y padre de Fernando III. Conquistó la plaza de Mérida. ‖ ~ X el *Sabio* (1221-1284), rey de Castilla y León, coronado en 1252. Aspiró al trono imperial, que pasó finalmente a Rodolfo de Habsburgo. La muerte de su hijo Fernando de La Cerda provocó la guerra civil, por las ambiciones de su segundo hijo don Sancho, que iban en perjuicio de los infantes de La Cerda. Se distinguió sobre todo por sus actividades literarias (*Calila e Dimna,* el *Septenario, Cantigas de Santa María),* de historiador y de legislador (*Las Siete Partidas*), y de astronomía (*Tablas Alfonsinas*). ‖ ~ XI (1311-1350), rey de Castilla y León desde 1312. Gobernó primero bajo la tutela de su abuela María de Molina. Derrotó a los moros en la batalla del Salado (1340). ‖ ~ XII (1857-1885), hijo de Isabel II, rey de España desde 1874. Acabó con la tercera guerra carlista. ‖ ~ XIII (1886-1941), hijo póstumo del anterior. Reinó hasta 1902 bajo la tutela de su madre María Cristina de Habsburgo. Al triunfar la República en 1931, marchó al destierro.

Alfonso ‖ ~ I *el Batallador,* rey de Aragón y Navarra (1104-1134). Tomó Zaragoza a los almorávides en 1118 y realizó incursiones por Francia, Levante y Andalucía. Casó con Urraca de Castilla. ‖ ~ II, rey de Aragón (1162-1196). ‖ ~ III (1265-1291), rey de Aragón y Cataluña, coronado en 1285. Otorgó a los nobles el Privilegio de la Unión. ‖ ~ IV *el Benigno* (1299-1336), rey de Aragón y Cataluña, hijo de Jaime II, coronado en 1327. ‖ ~ V *el Magnánimo* (1396-1458), rey de Aragón, Cataluña y Sicilia (1416) y de Nápoles (1442). Era hijo de Fernando I de Antequera. Su corte de Nápoles fue uno de los centros intelectuales más notables de la época.

Alfonso ‖ ~ I (¿1110 ?-1185), fundador del reino de Portugal en 1139. ‖ ~ II (1185-1223), rey de Portugal desde 1211. ‖ ~ III (1210-1279), rey de Portugal desde 1248. ‖ ~ IV *el Bravo* (1290-1357), rey de Portugal desde 1325. ‖ ~ V *el Africano* (1432-1481), rey de Por-

tugal desde 1438, marido de Juana la Beltraneja. ‖ ~ VI (1643-1683), rey de Portugal de 1656 a 1668.

Alfonso (Pero), escritor judío converso español (1062-1140), autor de *Disciplina Clericalis.* ‖ ~ **María de Ligorio** (*San*), obispo de Nápoles (1696-1787), fundador de la congregación de los Redentoristas (1732). Fiesta el 2 de agosto.

alforfón m. Planta poligonácea, a veces llamada *trigo sarraceno.*

alforja f. Talega, abierta por el centro y cerrada por sus extremos, que se echa al hombro para llevar el peso bien repartido (ú. m. en pl.).

Alfortville, c. de Francia (Val-de-Marne), al SE. de París.

alforza f. Pliegue o doblez horizontal que se hace a una ropa.

alfoz m. Distrito con varios pueblos sujetos a una misma jurisdicción.

Alfredo Magno, rey anglosajón (878-899), fundador de la Universidad de Oxford.

alga f. Planta talofita que vive en la superficie o el fondo de las aguas dulces o saladas.

algarabía f. Lengua árabe. ‖ *Fig.* y *fam.* Lenguaje o escritura ininteligible : *hablar algarabía.* ‖ Gritería confusa.

algarada f. *Mil.* Incursión, correría. ‖ Tropa a caballo. ‖ Vocerío grande, alboroto. ‖ Motín sin importancia.

Algarbe. V. ALGARVE.

algarroba f. Planta papilionácea, de flores blancas, cuyo semilla, seca, se da de comer al ganado. ‖ Su fruto.

algarrobal m. Sitio poblado de algarrobos.

algarrobo m. Árbol papilionáceo de flores purpúreas, cuyo fruto es la algarroba.

Algarrobo, c. de Chile en la V Región (Valparaíso) y en la prov. de San Antonio.

Algarve, ant. prov. del S. de Portugal, correspondiente al actual distrito de Faro ; cap. Faro.

algazara f. Vocería de los moros al acometer al enemigo. ‖ *Fig.* Ruido, gritería.

álgebra f. Parte de las matemáticas que estudia la cantidad considerada en abstracto y representada por letras u otros signos. ‖ Arte de componer los huesos dislocados.

algebraico, ca adj. Del álgebra.

algébrico, ca adj. Algebraico.

algebrista com. Persona que estudia, sabe o profesa el álgebra.

Algeciras, c. y puerto del S. de España (Cádiz), en la bahía homónima y frente a Gibraltar. Industrias. Refinería de petróleo. Sede de la conferencia sobre Marruecos (1906).

algecireño, ña adj. Relativo o perteneciente a Algeciras (España).

Algemesí, c. de España (Valencia).

algidez f. Frialdad glacial.

álgido, da adj. Muy frío. ‖ *Med.* Dícese de las enfermedades acompañadas de frío glacial. ‖ Difícil, transcendental. ‖ Culminante, decisivo.

Alginet, v. de España (Valencia).

algo pron. Designa una cosa que no se quiere o no se puede nombrar : *leeré algo antes de dormirme.* ‖ También denota cantidad indeterminada : *apostemos algo.* ‖ *Fig.* Cosa de alguna importancia : *creerse algo.* ‖ — Adv. Un poco : *es algo tímido.* ‖ — Más vale algo que nada o algo es algo, todo, por pequeño que sea, tiene un valor. ‖ *Por algo,* por algún motivo, no sin razón, por esto.

algodón m. Planta malvácea, cuyo fruto es una cápsula que contiene de quince a veinte semillas envueltas en una borra muy larga y blanca. ‖ Esta misma borra : *algodón en rama, algodón hidrófilo.* ‖ Tejido hecho de esta borra. ‖ — *Algodón pólvora,* sustancia explosiva obtenida bañando algodón en rama en una mezcla de ácidos nítrico y sulfúrico. ‖ *Fig.* y *fam.* Criado *entre algodones,* criado con mimo y delicadeza.

algodonal m. Terreno poblado de plantas de algodón.

Algodonales, v. de España (Cádiz).

algodonar v. t. Rellenar de algodón.

algodonero, ra adj. Relativo al algodón : *industria algodonera.*

algodonita f. Mineral de cobre hallado en Algodón (Chile).

algodonoso, sa adj. Que tiene algodón o es semejante a él.

algonquino, na adj. y s. Individuo de un pueblo que habitaba en parte de América del Norte.

algorín m. Almacén de aceitunas.

algoritmo m. *Mat.* Ciencia del cálculo aritmético y algebraico.

Algorta, pobl. del Uruguay (Río Negro). Nudo ferroviario.

alguacil m. Ministro inferior de justicia que ejecuta las órdenes de los tribunales. ‖ Antiguamente, gobernador de una ciudad o comarca. ‖ Oficial inferior ejecutor de los mandatos del alcalde. ‖ *Taurom.* El que en las corridas de toros precede a la cuadrilla durante el paseo, recibe del presidente las llaves del toril y ejecuta sus órdenes. ‖ Ganzúa.

alguien pron. Alguna persona. ‖ *Fig.* Persona importante : *se cree alguien.*

algún adj. Apócope de *alguno,* empleado antepuesto a nombres masculinos : *Algún tanto,* un poco.

alguno, na adj. Se aplica indeterminadamente a una persona o cosa con respecto a otras. ‖ Ni poco ni mucho, bastante. ‖ — Pron. Alguien : *¿ ha venido alguno ?* ‖ *Alguno que otro,* unos cuantos, pocos.

alhaja f. Joya. ‖ Adorno o mueble precioso. ‖ *Fig.* Cualquiera otra cosa de mucho valor y estima : *casa bonita como una alhaja.* ‖ *Fig.* y *fam.* Persona o animal dotado de excelentes cualidades : *esta niña es una alhaja.*

alhajar v. t. Adornar con alhajas.

Alhakem ‖ ~ I, emir de Córdoba (796-822). ‖ ~ II, califa de Córdoba de 961 a 976, hijo de Abderramán III; llevó a su apogeo el Califato de Córdoba.

Alhama, sierra del S. de España (Málaga y Granada). — Río de España, afl. del Ebro (Soria y La Rioja). ‖ ~ **de Aragón,** v. de España (Zaragoza). Aguas termales. ‖ ~ **de Granada,** v. de España (Granada). Aguas medicinales. ‖ ~ **de Murcia,** v. de España (Murcia).

Alhambra, palacio de los reyes moros de Granada, obra maestra de la arquitectura musulmana. Fue empezado en el s. XIII, y en él se encuentran los admirables patios de los Leones y de los Arrayanes, y las salas de los Embajadores y de los Abencerrajes.

alharaca f. Demostración excesiva de admiración, alegría, o bien de queja, enfado, etc. : *hombre de muchas alharacas.*

Alhaurín ‖ ~ **de la Torre,** mun. de España (Málaga). ‖ ~ **el Grande,** v. de España (Málaga).

alhelí m. Planta crucífera de flores blancas, amarillas o rojas, muy cultivada para adorno. (Pl. *alhelíes.*)

Al-Hoceima, V. ALHUCEMAS.

alhóndiga f. Local público destinado a la venta y depósito de granos.

alhucema f. Espliego.

Alhucemas, en árabe Al-Hoceima, conjunto de tres islas (Peñón de Alhucemas, de soberanía española, islas de Tierra e isla de Mar) en la bahía del mismo nombre de la costa mediterránea de Marruecos. — Prov., ciudad y puerto de Marruecos en la bahía del mismo nombre. Central térmica. Se llamó Villa Sanjurjo durante la dominación española y actualmente tiene el nombre árabe de Al-Hoceima.

Alhué, montañas de Chile en la Cord. de la Costa. — Com. de Chile en la Región Metropolitana de Santiago y en la prov. de Melipilla ; cap. Villa Alhué.

Alí, primo y yerno de Mahoma, califa de 656 a 661.

aliáceo, a adj. Relativo al ajo.

aliado, da adj. y s. Ligado por un pacto de alianza. ‖ — M. pl. Conjunto de países que lucharon contra Alemania en la primera y segunda guerras mundiales.

aliadófilo, la adj. y s. Aplícase al que fue partidario de las naciones aliadas.

alianza f. Acción de aliarse dos o más naciones, gobiernos o personas : *alianza defensiva, ofensiva.* ‖ Unión de cosas que persiguen el mismo objetivo : *la alianza de tantas desgracias.* ‖ Asociación : *tratado de alianza.*

23

|| Parentesco contraído por casamiento. || Anillo de casado.

Alianza || ~ **(Cuádruple)**, la concertada en 1718 entre Francia, Inglaterra, Holanda y el Imperio Germánico para que se observase el Tratado de Utrecht. — La firmada en 1834 entre Francia, Inglaterra, España y más tarde Portugal para reconocer a Isabel II. || ~ **Popular Revolucionaria Americana.** Véase A. P. R. A. || ~ **(Santa)**, pacto místico firmado por Rusia, Austria y Prusia para el mantenimiento de los tratados de 1815 y oponerse al movimiento liberal o nacional de los pueblos oprimidos de Europa. || ~ **(Triple)**, acuerdo firmado por Inglaterra, Holanda y Suecia contra Luis XIV de Francia en 1668. — Pacto defensivo establecido en 1882 por la adhesión de Italia a la alianza austroalemana de 1879, llamado también de la *Triplice Alianza.*

aliar v. t. Poner de acuerdo. || — V. pr. Unirse, coligarse los Estados.

alias adv. De otro modo, por otro nombre: *Juan Martín, alias "el Empecinado".* || — M. Apodo.

alibí m. Coartada.

alicaído, da adj. Caído de alas. || *Fig. y fam.* Débil, falto de fuerza.

Alicante, c. y puerto del SE. de España, cap. de la prov. homónima. Centro comercial e industrial. Estación invernal y veraniega. Sede del obispado de Orihuela-Alicante. Universidad.

alicantino, na adj. y s. De Alicante (España).

alicatado m. Obra de azulejos, en general de estilo árabe. || Acción y efecto de alicatar.

alicatar v. t. Revestir de azulejos.

alicates m. pl. Tenacillas de acero que se emplean para diversos usos.

aliciente m. Atractivo o incentivo.

alicortar v. t. Cortar las alas.

alícuota adj. Proporcional. || Adj. y s. f. *Mat.* Que está contenido un número exacto de veces en un todo: *tres es una parte alícuota de doce.*

alienable adj. Enajenable.

alienación f. Acción y efecto de alienar. || *Med.* Enajenación.

alienado, da adj. y s. Loco.

alienador, ra o **alienante** adj. Que obliga, que esclaviza.

alienar v. t. Enajenar (ú. t. c. pr.). || *Fig.* Crear obligaciones, privar de libertad: *la televisión aliena a los pueblos.* || — V. pr. Retraerse.

alienista adj. y s. Dícese del médico especializado en las enfermedades mentales.

aliento m. Respiración. || Aire que sale de la boca cuando se respira: *tener mal aliento.* || *Fig.* Vigor del ánimo, esfuerzo, valor: *hombre de aliento.* || — *Cobrar aliento,* reanimarse. || *De un aliento,* sin tomar nueva respiración.

alifafe m. *Veter.* Tumor que nace a las caballerías en los corvejones. || *Fam.* Achaque.

Aligarh, c. de la India (Uttar Pradesh). Universidad.

aligator m. Cocodrilo americano de unos cinco metros de largo.

aligeramiento m. Acción y efecto de aligerar o aligerarse. || Prisa.

aligerar v. t. Hacer menos pesado: *aligerar la carga* (ú. t. c. pr.). || Acelerar, apresurar: *aligerar un trabajo.* || *Fig.* Moderar, templar: *aligerar el dolor.* || Aligerarse de ropa, quitarse algunas prendas de vestir.

alijar v. t. Aligerar o descargar una embarcación. || Transbordar y desembarcar géneros de contrabando.

alijo m. Acción y efecto de alijar. || Géneros de contrabando.

alimaña f. Animal dañino para la caza menor, como la zorra, el gato montés, el turón, etc.

alimentación f. Acción y efecto de alimentar o alimentarse.

alimentador, ra adj. y s. Que alimenta.

alimentar v. t. Dar alimento, sustentar. || *For.* Suministrar a alguna persona lo necesario para su manutención y subsistencia. || Suministrar a una máquina en movimiento la materia necesaria para seguir funcionando: *alimentar un motor, una caldera.* || Dar fomento y vigor a los cuer-

pos animados. || *Fig.* Sostener, fomentar vicios, pasiones, sentimientos, etc. || — V. pr. Tomar alimento.

alimentario, ria adj. Propio de o relativo a la alimentación.

alimenticio, cia adj. Que alimenta.

alimento m. Cualquier sustancia que sirve para nutrir: *el pan es un buen alimento.* || Alimentación. || *Fig.* Lo que sirve de pábulo, de fomento: *la lectura es el alimento del espíritu.* || — Pl. *For.* Asistencias que se dan en dinero a alguna persona a quien se deben por ley.

alimón (al) loc. adv. Hecho entre dos personas que se turnan.

alindar v. t. Señalar los lindes.

alineación f. Acción y efecto de alinear o alinearse. || Composición de un equipo deportivo.

alineado, da adj. Que está en línea. || *No alineado,* dícese de los países que rehúsan seguir sistemáticamente la política de los bloques de Estados antagónicos.

alineamiento m. Alineación. || *No alineamiento,* actitud de los países no alineados.

alinear v. t. Poner en línea recta: *árboles alineados* (ú. t. c. pr.). || Componer un equipo. || — V. r. Integrarse, formar parte de.

aliñador, ra adj. y s. Que aliña.

aliñar v. t. Arreglar, preparar. || Aderezar: *aliñar la ensalada.*

aliño m. Acción y efecto de aliñar o aliñarse. || Aderezo, condimento.

alioli m. Ajiaceite, salsa de ajos y aceite.

¡ alirón ! interj. de alegría, júbilo.

alisado, da adj. Acción y efecto de alisar.

alisador, ra adj. y s. Que alisa.

alisar v. t. Poner lisa alguna cosa. || Arreglar por encima el pelo (ú. t. c. pr.). || Regularizar el diámetro interior de un cilindro, de un tubo.

alisios adj. y s. m. pl. Aplícase a los vientos fijos que soplan de la zona tórrida.

alismáceas o **alismatáceas** f. pl. Plantas monocotiledóneas acuáticas, con rizoma feculento (ú. t. c. adj.).

aliso m. Árbol betuláceo que vive en terrenos húmedos.

alistado, da adj. Listado. || Inscrito, que ha sentado plaza para hacer el servicio militar (ú. t. c. s. m.).

alistamiento m. Acción y efecto de alistar o alistarse.

alistar v. t. Poner en una lista a alguien. || — V. pr. Sentar plaza en el ejército, enrolarse.

aliteración f. *Ret.* Repetición de las mismas letras o sílabas al principio de una palabra. Ex.: *el ruido con que rueda la ronca tempestad* (Zorrilla).

aliviadero m. Vertedero de aguas.

aliviador, ra adj. y s. Que alivia.

aliviar v. t. Aligerar, hacer menos pesado (ú. t. c. pr.). || *Fig.* Mitigar la enfermedad: *aliviar al enfermo con un medicamento.* (ú. t. c. pr.). || Disminuir las fatigas del cuerpo o las aflicciones del ánimo (ú. t. c. pr.).

alivio m. Acción y efecto de aliviar o aliviarse. || *De alivio,* de cuidado.

aljaba f. Caja para llevar flechas que se colgaba al hombro.

aljama f. Junta de moros o judíos. || Mezquita. || Sinagoga.

aljamía f. Escrito castellano en caracteres árabes o hebreos. || Nombre que daban los moros a la lengua castellana.

aljamiado, da adj. Que hablaba la aljamía. || Escrito en aljamía.

aljibe m. Cisterna. || *Mar.* Barco que suministra agua a otras embarcaciones, y por ext. el destinado a transportar petróleo. || Cada una de las cajas de chapa de hierro en que se tiene el agua a bordo. || *Amer.* Pozo de agua.

aljófar m. Perla pequeña.

aljofifa f. Trapo para fregar el suelo.

aljofifar v. t. Fregar con aljofifa.

Aljubarrota, c. de Portugal (Extremadura), donde Juan I de Portugal derrotó a Juan I de Castilla en el año 1385. El monasterio benedictino de Santa María de Batalha conmemora esta victoria.

Alkmaar, c. de Holanda, al NO. de Amsterdam.

alma f. Principio de la vida. || Cualidades morales, buenas o malas: *alma noble, abyecta.* || Conciencia, pensa-

miento íntimo. || *Fig.* Persona, individuo: *pueblo de tres mil almas.* || Viveza, energía. || Lo que da aliento y fuerza a alguna cosa. || Hueco de la pieza de artillería. || *Arq.* Madero vertical que sostiene los otros maderos de los andamios. || — *Fig. Alma de Caín,* persona avisa o cruel. | *Alma de cántaro,* persona falta de discreción. | *Alma de Dios,* persona muy bondadosa. | *Alma de un negocio,* su objeto, su motor principal. | *Alma en pena,* persona solitaria, melancólica. | *Caérsele a uno el alma a los pies,* desanimarse.

Alma Ata, ant. *Viernyi,* c. de la U. R. S. S., cap. de Kazakstán.

almacén m. Sitio donde se tienen mercancías para su custodia o venta. || Tienda muy grande. || *Amer.* Tienda de comestibles. || Pieza de un arma de repetición que contiene los cartuchos de repuesto. || — Pl. Tienda muy grande donde se vende de todo.

almacenaje m. Derecho de almacén. || Almacenamiento.

almacenamiento m. Acción y efecto de almacenar.

almacenar v. t. Guardar en un almacén. || Reunir, guardar: *almacenar documentos.* || En informática, introducir un dato en la memoria de un ordenador o computadora para conservarlo y utilizarlo más tarde.

almacenero, ra m. y f. Guarda de un almacén. || *Arg.* Almacenista.

almacenista com. Dueño de un almacén. || Persona que vende en un almacén. || Comerciante al por mayor.

Almácera, mun. de España (Valencia).

almáciga f. Especie de resina. || Lugar en donde se siembran semillas para trasplantarlas. || Masilla.

almácigo m. Almáciga, sementera. || Lentisco. || Árbol de Cuba.

Almadén, c. de España (Ciudad Real). Yacimiento de mercurio.

almádena f. Mazo de hierro con mango largo para romper piedras.

almadraba f. Pesca de atunes. || Sitio donde se hace esta pesca. || Red o cerco de redes para esta pesca.

almadrabero, ra adj. Relativo a la almadraba. || — M. Pescador de atunes.

Almafuerte. V. PALACIOS (Pedro).

almagesto m. Libro de astronomía.

almagre m. Óxido rojo de hierro que suele emplearse en pintura.

Almagro (Diego de), conquistador español (1475-1538), compañero de Pizarro en la conquista del Perú y que luchó luego contra él. — Su hijo DIEGO, llamado *el Mozo,* n. en Panamá (1518-1542), intervino en el asesinato de Francisco Pizarro y se sublevó contra la autoridad real. M. decapitado. || ~ **San Martín** (Melchor), escritor español (1882-1948).

Almaguer, c. de Colombia (Cauca).

almanaque m. Calendario que comprende los días del año con indicaciones meteorológicas, etc.

Almansa, c. de España (Albacete). Victoria de los borbónicos sobre los partidarios del archiduque de Austria (1707).

Almanzor, califa abasida (754-775) que conquistó Armenia, fundó Bagdad y fue un protector de las letras. || ~ (MOHAMED), jefe militar de la España musulmana (939-1002). Conquistó Santiago de Compostela.

Almanzor (PICO DE). V. PLAZA DEL MORO ALMANZOR.

Almaraz, pobl. de España (Cáceres). Central nuclear.

Almazán, v. de España (Soria).

almazara f. Molino de aceite.

Almazora, v. de España (Castellón).

almecina f. Fruto del almecino.

almecino m. Árbol ulmáceo, de hojas lanceoladas de color verde oscuro, cuyo fruto es la almecina.

Almeida (Manuel Antonio), novelista brasileño (1831-1861). || ~ **Garrett.** V. GARRETT.

almeja f. Molusco acéfalo comestible.

almejar m. Criadero de almejas.

almena f. Cada uno de los prismas que coronan los muros de las antiguas fortalezas.

almenado, da adj. *Fig.* Coronado de almenas: *torre almenada.* || Dentado.

almenar v. t. Coronar de almenas.

almenara f. Hoguera en las atalayas utilizada como señal de aviso.

Almenara, v. de España (Castellón).

almendra f. Fruto del almendro. (El aceite de *almendras* se usa en farmacia como emoliente, y la *esencia* de *almendras amargas* en perfumería, por su aroma.) ‖ Semilla de cualquier fruto drupáceo : *la almendra del melocotón.* ‖ Diamante en forma de almendra. ‖ *Almendra garapiñada,* almendra envuelta en azúcar grumoso.

almendrado, da adj. De figura de almendra. ‖ — M. Pasta de almendras.

almendral m. Sitio poblado de almendros.

Almendralejo, v. de España (Badajoz). Patria de Espronceda.

almendrilla f. Lima rematada en figura de almendra que usan los cerrajeros. ‖ Guijo pequeño que se emplea para firmes de carreteras.

almendro m. Árbol rosáceo de flores blancas o rosadas, cuyo fruto es la almendra.

Almería, c. del SE. de España, cap. de la prov. homónima, a orillas del Mediterráneo. Obispado.

almeriense adj. y s. De Almería (España).

almete m. Parte de la armadura que protege la cabeza y la nuca.

almez m. Almecino.

almiar m. Pajar, montón de paja o heno al descubierto.

almíbar m. Azúcar disuelto en agua y espesado al fuego..

almibarado, da adj. Meloso.

almibarar v. t. Bañar o cubrir con almíbar. ‖ *Fig.* Suavizar las palabras para ganarse la voluntad de otro.

almidón m. Fécula blanca, ligera, y suave al tacto, que se encuentra en diferentes semillas.

almidonado, da adj. Preparado con almidón. ‖ — M. Acción y efecto de almidonar.

almidonar v. t. Mojar la ropa blanca en almidón desleído en agua.

almilla f. Jubón que se ajustaba al cuerpo. ‖ Espiga de ensambladura.

alminar m. Torre de la mezquita.

almiranta f. Nave del almirante.

almirantazgo m. Alto Consejo de la Armada. ‖ Dignidad y jurisdicción del almirante. ‖ En Inglaterra, ministerio de Marina.

Almirantazgo (ISLAS DEL), archip. de Melanesia, al N. de la isla de Nueva Guinea. Dependen actualmente de Papuasia-Nueva Guinea.

almirante m. Jefe de la armada.

Almirante Brown, ant. *Adrogué,* c. de la Argentina, en los suburbios del S. de Buenos Aires.

Almirantes (ISLAS), arch. del océano Índico, al NE. de Madagascar. Dependen de las islas Seychelles. Copra.

almirez m. Mortero para moler.

almizcle m. Sustancia odorífera, untuosa al tacto, que se saca de la bolsa que el almizclero tiene en el vientre.

almizcleña f. Planta liliácea cuyas flores azules huelen a almizcle.

almocafre m. Instrumento de jardinero para escarbar y limpiar la tierra.

almocárabe m. *Arq.* Adorno en forma de lazos (ú. m. en pl.).

Almodóvar del Campo, v. de España (Ciudad Real).

almogávar m. Soldado de una tropa escogida y muy diestra que hacía correrías en tierra enemiga.

almohada f. Colchoncillo para reclinar la cabeza en la cama o para sentarse. ‖ Funda de lienzo blanco en que se mete la almohada de la cama.

almohadazo m. Golpe dado con la almohada.

almohade adj. y s. Perteneciente o miembro de una dinastía beréber que destronó a los almorávides en Andalucía y África del Norte (1147 a 1269). (Los almohades fueron derrotados en las Navas de Tolosa en 1212.)

almohadillar v. t. Acolchar, rellenar.

almohadón m. Almohada grande.

almohaza f. Instrumento de hierro a modo de raedera que sirve para limpiar las caballerías.

almohazar v. t. Limpiar con almohaza : *almohazar una caballería.*

almojarifazgo m. Derecho que se pagaba por las mercaderías que

entraban o salían del reino. ‖ Oficio y jurisdicción del almojarife.

almojarife m. Oficial encargado de cobrar el almojarifazgo y los derechos del rey.

Almonacid de Zorita, pobl. del centro de España (Guadalajara). Central nuclear.

almoneda f. Venta pública de bienes muebles con licitación y puja. ‖ Venta de objetos a bajo precio.

Almonte, v. del SO. de España (Huelva). Vinos.

Almonte (Juan Nepomuceno), general y político mexicano, hijo natural de Morelos (1803-1869), partidario del emperador Maximiliano I.

Almoradí, v. de España (Alicante).

almorávide adj. y s. Individuo de una tribu guerrera del Atlas que impuso su dominio en el S. de España de 1055 a 1147. (Los *almorávides* fueron vencidos por los almohades.)

almorranas f. pl. Varices de las venas del ano, hemorroides.

almorta f. Planta leguminosa cuyas simientes tienen forma de muela.

almorzar v. i. Tomar el almuerzo : *almorzar temprano.* — V. t. Comer en el almuerzo : *comer a mediodía.*

almotacén m. Encargado de contrastar las pesas y medidas.

almotacenazgo m. Oficina de almotacén. ‖ Oficio de almotacén.

Almotámid. V. ABAD III.

almuédano o **almuecín** m. Musulmán que, desde el alminar, llama al pueblo a la oración.

almuerzo m. Comida que se toma hacia el mediodía. ‖ En algunas regiones, desayuno.

Almunia de Doña Godina (La), v. de España (Zaragoza).

Almuñécar, v. de España (Granada), a orillas del Mediterráneo.

Almusafes, mun. de España (Valencia). Fábrica de automóviles.

¡alo ! o **¡aló !** interj. (ingl. alló). En algunas partes, ¡oiga !, ¡dígame ! (teléfono).

alocado, da adj. Que tiene cosas de loco, o parece loco (ú. t. c. s.). ‖ Poco juicioso : *decisión alocada.*

alocar v. t. Volver loco.

alocución f. Discurso.

alodial adj. *For.* Libre de toda carga y derecho señorial : *bienes alodiales.*

alodio m. Heredad o patrimonio alodial.

áloe m. Planta liliácea, con hojas largas y carnosas.

alógeno, a adj. y s. De diferente raza : *los pueblos alógenos.*

alojamiento m. Acción y efecto de alojar o alojarse. ‖ Lugar donde se está alojado.

alojar v. t. Aposentar : *alojar un viajero.* ‖ Dar alojamiento a la tropa. ‖ Colocar una cosa dentro de otra.

Alomar (Gabriel), escritor y político español (1873-1941).

alondra f. Pájaro de color pardo, de carne delicada.

Alone (Hernán DÍAZ ARRIETA, llamado). V. DÍAZ ARRIETA.

Alonso (Amado), filólogo y profesor español (1896-1952). ‖ — (CARLOS), pintor neofigurativo argentino, n. en 1929. ‖ — (DÁMASO), escritor español, n. en 1898, excelente poeta (*Poemas puros, y poemillas de la ciudad, El viento y el verso, Hijos de la ira, Oscura noticia*) y eminente filólogo y crítico literario (*El lenguaje poético de Góngora, La poesía de San Juan de la Cruz, Seis calas en la expresión literaria española*). ‖ — (DORA), escritora cubana, n. en 1910. ‖ — (RODOLFO), poeta argentino, n. en 1934. ‖ — Barba (ÁLVARO), escritor, mineralogista y sacerdote español (1569-1661), autor del libro *Arte de los metales.* Inventó un procedimiento para beneficiar la plata. ‖ — Martínez (MANUEL), jurisconsulto y político español (1827-1891). ‖ — y Trelles (JOSÉ), poeta uruguayo, n. en España (1857-1924) y cultivó el género gauchesco. Utilizaba el seudónimo de *El Viejo Pancho.*

Alonso de Ibáñez, prov. de Bolivia (Potosí) ; cap. *Sacaca.*

alópata adj. y s. *Med.* Que profesa la alopatía : *médico alópata.*

alopatía f. *Med.* Sistema terapéutico por antídotos, opuesto a la homeopatía.

alopático, ca adj. *Med.* Relativo a la alopatía o a los alópatas.

alopecia f. Caída o pérdida del pelo.

Alor Star, c. de Malasia, cap. del Estado de Kedah.

Alós (Concha), escritora española, n. en 1927, autora de *Los enanos, Argeo ha muerto, supongo,* etc.

Alost, c. de Bélgica en Flandes Oriental.

alotropía f. *Quím.* Diferencia que, en su aspecto, textura u otras propiedades, puede presentar a veces un mismo cuerpo, como el azúcar cande y el cristalizado.

alotrópico, ca adj. Relativo a la alotropía.

alpaca f. Rumiante de América, cubierto de pelo largo, fino y rojizo : *la alpaca se emplea como bestia de carga y su carne es comestible.* ‖ Pelo de este animal. ‖ Tela hecha del pelo de este animal, o tejido abrillantado y fino empleado en la confección de trajes de verano. ‖ *Min.* Aleación de cobre, cinc y níquel, llamada también *metal blanco.*

alpargata f. Calzado de cáñamo.

alpargatería f. Taller, tienda de alpargatas.

alpargatero, ra m. y f. Persona que hace o vende alpargatas.

alpax m. Aleación de aluminio y silicio.

alpechín m. Líquido oscuro y fétido que sale de las aceitunas apiladas.

Alpes, sistema montañoso de Europa que se extiende desde el Mediterráneo hasta las proximidades de Viena (1 200 km). Es más elevado de Europa, y su punto culminante es el Monte Blanco (4 807 m). Otros picos elevados son el San Gotardo (4 275 m) y el Simplón (2 209 m). Los Alpes son franqueables por varios puntos, gracias a valles profundos y túneles, como los de San Gotardo, Simplón y Monte Blanco. ‖ ~ de-Haute-Provence, antes *Basses-Alpes,* dep. francés ; cap. *Digne.* ‖ ~ Dináricos o Dalmáticos o Ilíricos, macizo montañoso de Yugoslavia (Bosnia y Herzegovina), paralelo a la costa del Adriático. ‖ ~ Maritimes, dep. francés ; cap. *Niza.* ‖ ~ (Hautes-). V. HAUTES-ALPES. (V. mapa pág. siguiente).

alpestre adj. De los Alpes, alpino.

alpinismo m. Deporte que consiste en la ascensión a altas montañas.

alpinista com. Persona aficionada al alpinismo.

alpino, na adj. De los Alpes. ‖ Practicado en los Alpes : *deporte alpino.*

alpiste m. Planta gramínea cuya semilla se da a los pájaros. ‖ *Pop.* Vino o aguardiente.

alpistelado, da adj. *Pop.* Ligeramente ebrio, achispado.

alpistelarse v. pr. *Pop.* Achisparse.

Alpujarras (Las), región montañosa de España, al S. de Sierra Nevada (Granada y Almería). Centro de sublevaciones moriscas (1568-1571).

alpujarreño, ña adj. y s. De Las Alpujarras (España).

alquería f. Casa de campo para la labranza.

alquilable adj. Que se puede alquilar.

alquilador, ra m. y f. Persona que alquila : *alquilador de coches.* ‖ Persona que toma en alquiler.

alquilar v. t. Dar o tomar para su uso una cosa por tiempo determinado y a cambio de una prestación económica : *alquilar una casa.*

alquiler m. Acción y efecto de alquilar. ‖ Precio en que se alquila alguna cosa. ‖ *De alquiler,* para alquilar : *coche de alquiler.*

alquimia f. Arte quimérico de la transmutación de los metales que intentó en vano durante la Edad Media descubrir la piedra filosofal para obtener oro, la panacea universal y el elixir de larga vida, pero dio nacimiento a la química.

alquimista adj. Relativo a la alquimia. ‖ — Com. Persona que profesaba la alquimia.

alquitara f. Alambique.

alquitarar v. t. Destilar. ‖ *Fig.* Sutilizar excesivamente, alambicar.

alquitrán m. Sustancia resinosa de olor fuerte y sabor amargo, residuo de la destilación de la leña de pino,

ALPES

de la hulla, de la turba, de los lignitos y otros combustibles.

alquitranado m. Mar. Lienzo impregnado de alquitrán. ‖ Acción y efecto de alquitranar.

alquitranar v. t. Poner alquitrán.

Alquízar, mun. de Cuba (La Habana).

alrededor adv. Denota la situación de personas o cosas que circundan a otras : *está alrededor suyo.* ‖ Cerca, sobre poco más o menos : *tu dejadez en este negocio te va a costar seguramente alrededor de mil dólares.* ‖ — M. pl. Afueras, contornos : *los alrededores de Buenos Aires.*

Alsacia, región del E. de Francia, ant. prov. Forma actualmente los dep. de Haut-Rhin y Bas-Rhin ; cap. *Estrasburgo.* Industrias. ‖ ~ **y Lorena,** traducción de *Elsass-Lothringen,* n. dado por los alemanes a parte de las ant. prov. francesas de Alsacia y de Lorena segregadas de Francia de 1871 a 1918 y de 1940 a 1944.

alsaciano, na adj. y s. De Alsacia (Francia). ‖ — M. Dialecto germánico hablado en Alsacia.

Alsasua, v. de España (Navarra).

Alsina (Carlos Roque), compositor argentino, n. en 1941. ‖ ~ (VALENTÍN), jurisconsulto y político argentino (1802-1869). Redactó el Código Penal.

alta f. En los hospitales, declaración que indica que un enfermo está curado. ‖ Documento que acredita la entrada en servicio activo de un militar. ‖ Entrada de una persona en un cuerpo, profesión, etc. ‖ Declaración que hace el contribuyente que se dedica a una profesión sujeta a impuestos. ‖ — *Dar de alta,* tomar nota del ingreso de un militar a su cuerpo. ‖ *Dar de alta o el alta,* declarar curado al enfermo.

Alta ‖ ~ **Gracia,** pobl. de la Argentina (Córdoba), al pie de la Sierra Grande ; cap. del dep. de Santa María. ‖ ~ **Verapaz,** dep. de Guatemala ; cap. *Cobán.* Café.

Altagracia (La), prov. de la Rep. Dominicana ; cap. *Higüey.* ‖ ~ **de Orituco,** mun. de Venezuela (Guárico). Carbón.

Altai, macizo montañoso de Asia Central, entre Siberia y Mongolia ; 4 506 m. Oro, hierro.

altaico, ca adj. Aplícase a la raza originaria, según se supone, de los montes Altai (Asia).

Altamira, cuevas prehistóricas de España, cerca de Santillana del Mar (Santander), que encierran interesantes pinturas rupestres.

Altamira (Rafael), historiador español (1866-1951).

Altamirano (Ignacio Manuel), escritor mexicano (1834-1893), autor de poesías (*Rimas*) y novelas (*Clemencia, El Zarco*).

altanería f. *Fig.* Altivez, soberbia.

altanero, ra adj. *Fig.* Altivo.

altar m. Ara o piedra o mesa destinada para ofrecer el sacrificio religioso. ‖ — *Altar mayor,* el principal. ‖ *Fig.* y *fam. Conducir o llevar al altar a una mujer,* contraer matrimonio con ella.

Altar o **Cápac Urcu,** volcán del Ecuador (Chimborazo) ; 5 320 m. ‖ ~ **de Sacrificios,** localidad maya al SO. de El Petén (Guatemala).

altaverapacense adj. y s. De Alta Verapaz (Guatemala).

altavoz m. Aparato que transforma las oscilaciones eléctricas en ondas sonoras y eleva la intensidad del sonido.

Altdorf, c. de Suiza, cap. del cantón de Uri.

Altea, pobl. en el E. de España (Alicante). *Puerto* pesquero.

alterabilidad f. Calidad de alterable.

alterable adj. Que puede alterarse.

alteración f. Acción de alterar o alterarse, modificación. ‖ Sobresalto, inquietud. ‖ Alboroto, motín. ‖ Altercado, pelea. ‖ Desarreglo : *alteración del pulso.*

alterado, da adj. Que ha mudado de forma : *aspecto alterado.* ‖ *Fig.* Perturbado, inquieto. ‖ Modificado.

alterador, ra adj. y s. Que altera.

alterar v. t. Cambiar la esencia o forma de una cosa (ú. t. c. pr.). ‖ Perturbar, trastornar (ú. t. c. pr.). ‖ Estropear, descomponer.

altercación f. y **altercado** m. Disputa, contienda.

altercador, ra adj. y s. Que alterca. ‖ Propenso a altercar.

altercar v. i. Disputar, contender.

alternación f. Acción y efecto de alternar.

alternador adj. Que. alterna. ‖ — M. *Electr.* Máquina generadora de corriente alterna por oposición a la dinamo.

alternancia f. Alternativa en el Poder.

alternante adj. Que alterna.

alternar v. t. Repetir con más o menos regularidad cosas diferentes : *alternar el trabajo con el descanso.* ‖ Distribuir por turno : *alternar los equipos de trabajadores.* ‖ — V. i. Sucederse unas cosas a otras repetidamente : *la noche alterna con el día.* ‖ Tener trato amistoso las personas entre sí : *alternar con gente seria.*

alternativa f. Acción o derecho de alternar. ‖ Opción entre dos cosas : *encontrarse ante la alternativa de inclinarse o dejar el empleo.* ‖ Sucesión de cosas que alternan. ‖ Opción entre dos posibilidades. ‖ Solución de recambio. ‖ *Taurom.* Autorización que el matador da al novillero para que alterne con él como espada. ‖ *Alternativa de Poder,* característica de un sistema político en el que dos o más partidos pueden sucederse en el Poder en el marco de las instituciones existentes.

alternativo, va adj. Que se dice, hace o sucede con alternación. ‖ *Cultivo alternativo,* aquel en que se alternan varios cultivos en un terreno.

alterne m. Relación más o menos íntima de las empleadas de ciertos establecimientos con los clientes : *chica de alterne.*

alterno, na, adj. Alternativo. ‖ Que sucede cada dos días : *clase alterna.* ‖ *Geom.* Dícese de dos rectas paralelas cuando están cortadas por una tercera y de los ángulos situados a ambos lados de la secante. ‖ — *Ángulos alternos externos,* los situados fuera de las paralelas y a ambos lados de la secante. ‖ *Ángulos alternos internos,* los situados dentro de las paralelas, pero de diferente lado de la secante. (Los ángulos alternos externos son iguales entre sí, lo mismo que los ángulos alternos internos.) ‖ *Corriente alterna,* la eléctrica que recorre un circuito ya en un sentido ya en otro.

alteza f. Altura. ‖ *Fig.* Elevación, sublimidad, excelencia : *alteza de sentimientos.* ‖ Tratamiento honorífico dado a los príncipes : *Su Alteza Real.*

Althaus (Clemente), poeta peruano (1835-1881), de tono pesimista.

altibajo m. Terciopelo labrado antiguo. ‖ — Pl. *Fam.* Desigualdades o altos y bajos de un terreno : *terreno con muchos altibajos.* ‖ *Fig.* y *fam.* Alternativa de bienes y males o de sucesos prósperos y adversos.

altilocuencia f. Grandilocuencia.

altillo m. Cerrillo.

altimetría f. Parte de la topografía que enseña a medir las alturas.

altiplanicie f. y **altiplano** m. *Amer.* Meseta de mucha extensión y gran altitud.

Altiplano, región de los Andes, principalmente de Bolivia, comprendida entre las cord. Oriental y Occidental.

altísimo, ma adj. Muy alto. ‖ *El Altísimo,* Dios.

altisonancia f. Calidad de altisonante.

altisonante f. y **altisono, na** adj. Altamente sonoro : *estilo altisonante.*

altitud f. Altura. ‖ Altura de un punto de la Tierra con relación al nivel del mar : *la altitud de una montaña.*

altivez f. Soberbia.

altivo, va adj. Orgulloso, soberbio.

alto, ta adj. Levantado, elevado sobre la tierra : *árbol alto, casa alta.* ‖ De altura considerable : *alta montaña.* ‖ De gran estatura : *un joven muy alto.* ‖ Sonoro, ruidoso : *en alta voz.* ‖ *Fig.* Excelente : *tener en alta estima el arte de Goya.* ‖ Crecido : *el río viene muy alto.* ‖ Alborotado : *la mar está muy alta.* ‖ De gran dignidad o representación : *persona de alta estirpe.* ‖ Arduo, difícil. ‖ Superior : *escuela de altos estudios.* ‖ Gravísimo : *alta traición.* ‖ Caro, subido : *precio muy alto.* ‖ Fuerte, que se oye a gran distancia. ‖ Avanzado : *bien alta la noche.* ‖ Que está muy elevado : *piso alto.* ‖ Superior, de gran importancia : *alta política internacio-*

nal. ‖ Dícese de algunas regiones situadas más al norte o más elevadas : *alta Castilla.* ‖ Dícese de lo anterior en el tiempo : *alta Edad Media.* ‖ — M. Altura : *esta mesa es de metro y medio de alto.* ‖ Sitio elevado : *los altos de la sierra.* ‖ *Geogr.* Parte en que un río está cerca de su nacimiento : *el Alto Amazonas.* ‖ Parte de un país más distante del mar : *el Alto Perú.* ‖ Interrupción momentánea de algo : *un alto en el camino.* ‖ *Mil.* Parada de la tropa que va marchando : *hacer alto.* ‖ *Mús.* Voz de contralto. ‖ — Adv. Arriba : *poner el pabellón muy alto.* ‖ En voz fuerte o que suene bastante : *hablar alto.* ‖ — Pasar por *alto,* omitir una cosa, callarla. ‖ *Por todo lo alto,* muy bien. ‖ — Interj. Voz para detener a uno.

Alto ~ Amazonas, prov. del Perú (Loreto); cap. *Yurimaguas.* ‖ — **Blanco,** cerro de la Argentina ; 5 800 m. ‖ **~ Campoo,** estación de deportes de invierno del N. de España, en el mun. de Reinosa (Cantabria). ‖ — **del Buey,** cima de Colombia (Chocó) ; 1 810 m. ‖ **~ del Carmen,** cerro de Chile en la III Región (Atacama) y en la prov. de Huasco, cap. de la actual *Bolivia.* ‖ del mismo nombre. ‖ **Paraguay,** dep. del Paraguay ; cap. *Olimpo.* ‖ **~ Paraná,** dep. del SE. del Paraguay ; cap. *Puerto Presidente Stroessner.* ‖ **~ Perú,** ant. n. de la actual **Bolivia.** ‖ **~ Sinú,** c. de Colombia (Bolívar). Prelatura nullius.

Alto Volta, república de África Occidental ; 274 122 km² ; 5 900 000 h. *(voltenses).* Cap. *Uagadugú,* 190 000 h. C. pr.: *Bobo Diulaso, Kudugu, Uahiguya.* El país se llama *Burkina Faso* desde 1984.

altocúmulo m. Conjunto de nubes dispuesto en forma de mechones.

altoestrato m. Nube en forma de velo filamentoso.

Altolaguirre (Manuel), poeta español (1905-1959).

altoparlante m. *Amer.* Altavoz.

altorrelieve m. Alto relieve.

altozano m. Monte de poca altura en terreno llano.

altramuz m. Planta papilionácea de semilla comestible. ‖ Su fruto y fibra.

altruismo m. Amor desinteresado al prójimo.

altruista adj. y s. Que tiene la virtud del altruismo.

altura f. Elevación de cualquier cuerpo sobre la superficie de la tierra : *volar a gran altura.* ‖ Dimensión de un objeto desde la base hasta el vértice : *la altura de un triángulo.* ‖ Cumbre de los montes, collados o parajes altos del campo : *las nevadas alturas de los Andes.* ‖ Altitud con relación al nivel del mar : *La Paz está a 3 400 metros de altura.* ‖ Nivel : *estar dos objetos a la misma altura.* ‖ *Fig.* Alteza, excelencia. ‖ Elevación moral o intelectual : *escritor de gran altura en la poesía lírica.* ‖ Mérito, valor. ‖ Posición, dignidad. ‖ — Pl. Cielo : *Dios de las alturas.* ‖ — *Fig.* A estas alturas, en este punto, ahora. ‖ *A la altura de,* al grado de perfección de, parecido a.

Altyntagh, cordillera de China que separa el Tíbet del Sinkiang.

alubia f. Judía.

alucinación f. Acción y efecto de alucinar o alucinarse. ‖ Sensación subjetiva que no va precedida de impresión en los sentidos.

alucinado, da adj. y s. Que tiene alucinaciones constantemente.

alucinador, ra adj. y s. Que alucina.

alucinamiento m. Alucinación.

alucinante adj. Que alucina. ‖ *Por ext.* Extraordinario.

alucinar v. t. Producir alucinación.‖ *Fig.* Seducir o engañar con arte.

alucinatorio, ria adj. De la alucinación.

alucinógeno, na adj. Dícese de algunas sustancias o de algunos estados patológicos que provocan alucinaciones (ú. t. c. s. m.).

alud m. Masa considerable de nieve que se desprende de los montes con violencia. ‖ *Fig.* Lo que se desborda y se precipita impetuosamente.

aludido, da adj. Que ha sido objeto de una alusión. (ú. t. c. s.).

aludir v. i. Referirse a una persona o cosa.

alumbrado, da adj. Que tiene mezcla de alumbre. ‖ *Fam.* Achispado.

— M. Hereje de una secta nacida en España en el s. XVI. (Los *alumbrados* consideraban que bastaba la oración para llegar a un estado perfecto.) ‖ Conjunto de luces que alumbran algún pueblo o sitio.

alumbramiento m. Acción y efecto de alumbrar. ‖ Parto.

alumbrar v. t. Llenar de luz y claridad : *el Sol alumbra a la Tierra.* Ú. t. c. i.: *esta lámpara alumbra bien.* ‖ Poner luz en algún lugar : *alumbrar las calles de la ciudad.* ‖ Acompañar con luz a otro. ‖ Dar vista al ciego. ‖ Disipar la ignorancia y el error. ‖ *Fig.* Enseñar, ilustrar. — V. i. Parir la mujer : *alumbró un hermoso varón.*

alumbre m. Sulfato doble de alúmina y potasa que constituye una sal blanca y astringente.

alúmina f. *Quím.* Óxido de aluminio que, con colores distintos, forma varias piedras preciosas (rubí, zafiro, esmeralda, etc.).

Aluminé, lago y río del E. de la Argentina (Neuquen).

aluminio m. Metal (Al) de color y brillo parecidos a los de la plata, muy sonoro, tenaz, ligero. (El *aluminio* se obtiene por electrólisis de la alúmina extraída de la bauxita.)

alumnado m. Conjunto de alumnos.

alumno, na m. y f. Discípulo.

alunarado, da adj. Con lunares.

alunizaje m. Acción de alunizar.

alunizar v. i. Posarse una aeronave en la superficie de la Luna.

alusión f. Acción y efecto de aludir. ‖ *Ret.* Figura que consiste en aludir a una persona o cosa. ‖ *Hacer alusión,* aludir a.

alusivo, va adj. Que alude.

aluvial adj. De aluvión.

aluvión m. Avenida fuerte de agua, inundación. ‖ Depósito arcilloso o arenoso que queda después de retirarse las aguas. ‖ *Fig.* Cantidad grande.

Alva ~ de la Canal (Ramón), pintor mexicano, n. en 1898, excelente muralista *(La Conquista, La enseñanza).* ‖ **Ixtlilxóchitl** (FERNANDO DE), cronista mexicano, n. entre 1578 y 1580 y m. hacia 1648.

Alvar (Manuel), filólogo y crítico literario español, n. en 1923.

Alvarado, laguna de Honduras (Cortés). — Laguna de México (Veracruz). — C. y puerto de México (Veracruz). Pesca. Estación arqueológica.

Alvarado (Pedro de), conquistador español, n. en Badajoz (1485-1541), lugarteniente de Cortés en México. Sus severas medidas obligaron a la retirada española de la Noche Triste (1520). Nombrado capitán general de Guatemala, exploró El Salvador y organizó una expedición al Perú. — Sus hermanos: ALONSO, m. en 1552, fue capitán general del Plata, y DIEGO fundó la c. de San Salvador.

Alvarenga Peixoto (Ignacio José de), sonetista brasileño (1744-1793).

Álvarez (Gregorio), general uruguayo, n. en 1925, pres. de la Rep. desde 1981. ‖ — (GRISELDA), poetisa mexicana, n. en 1918, autora de notables sonetos *(Desierta compañía).* ‖ — (JOSÉ SIXTO), escritor costumbrista argentino (1858-1903), que usó el seudónimo de *Fray Mocho;* autor de cuentos. ‖ — (JUAN), general mexicano de la guerra de la Independencia (1790-1867). Se sublevó contra Santa Anna (1854). ‖ — (MIGUEL DE LOS SANTOS), escritor y diplomático español (1818-1892). ‖ — **Bravo** (ARMANDO), ensayista y poeta cubano, n. en 1938. ‖ — **Cabral** (PEDRO), navegante portugués, n. en Belmonte (¿1460-1518 ?). Llegó a las costas del Brasil (1500), descubrió el Monte Pascual (en el hoy Estado de Bahía), y lo tomó en nombre del rey de Portugal. Siguió luego su viaje hasta la India. ‖ — **de Arenales.** V. ARENALES. ‖ — **de Castro** (MARIANO), general español de la guerra de la Independencia (1749-1810). Defensor de Gerona. ‖ — **de Cienfuegos** (NICASIO), poeta prerromántico español (1764-1809). ‖ — **de Toledo** (FERNANDO). V. ALBA *(Duque de).* ‖ — **de Toledo** (HERNANDO), poeta y conquistador español del siglo XVI, autor de *Purén indómito.* ‖ — **de Villasandino** (ALONSO), poeta español (¿1345-1424 ?). Sus poesías figuran en el Can-

cionero de Baena. ‖ — **Lleras** (ANTONIO), novelista y dramaturgo colombiano (1892-1956). ‖ — **Quintero** (SERAFÍN) [1871-1938] y su hermano JOAQUÍN (1873-1944), comediógrafos españoles, n. en Sevilla, figuras sobresalientes del teatro costumbrista contemporáneo *(Amores y amoríos, La reja, Puebla de las mujeres, Malvaloca, Las de Caín, Mariquilla Terremoto, Doña Clarines,* etc.). ‖ — **Rentería** (MANUEL), compositor mexicano (1892-1960). ‖ — **Thomas** (IGNACIO), militar y político argentino, n. en el Perú (1787-1857), Director Supremo de las Provincias Unidas del Río de la Plata en 1815.

Alvear, cadena montañosa del S. de la Argentina (Tierra del Fuego).

Alvear (Carlos de), general y político argentino, n. en Misiones (1789-1853), pres. de la Asamblea Constituyente de 1813. Tras conquistar Montevideo, en 1815 fue Director Supremo de las Provincias Unidas. En 1827 derrotó a los brasileños en Ituzaingó. ‖ — (MARCELO TORCUATO DE), político y diplomático argentino (1868-1942), pres. de la Rep. de 1922 a 1928.

alveolado, da adj. Alveolar.

alveolar adj. *Zool.* Relativo o semejante a los alveolos : nervios, receptáculos alveolares. ‖ En forma de panal. ‖ *Gram.* Dícese del sonido o letra pronunciado al aplicar la lengua a los alveolos de los incisivos superiores.

alveolo o **alvéolo** m. Celdilla : *los alveolos de un panal.* ‖ Cavidad en que están engastados los dientes.

Alves de Lima e Silva (Luis). V. CAXIAS *(Duque de).*

alza f. Aumento de precio, valor o cantidad. ‖ Regla graduada fija en la parte posterior del cañón de las armas de fuego que sirve para precisar la puntería. ‖ *Impr.* Pedazo de papel que se pega sobre el tímpano de la prensa para igualar la impresión. ‖ — *En alza,* en aumento. ‖ *Jugar al alza,* especular en la Bolsa previendo la elevación de las cotizaciones.

alzada f. Estatura del caballo hasta la cruz. ‖ *For.* Apelación : *es juez de alzadas.*

alzado, da adj. Que se alza. ‖ Aplícase al comerciante que quiebra fraudulentamente. ‖ Dícese del ajuste, o precio que se fija en determinada cantidad : *trabajar por un precio alzado.* ‖ — M. Acción y efecto de alzar. ‖ *Arq.* Diseño de un edificio, máquina o aparato en su proyección geométrica.

Alzaga (Martín de), político argentino (1756-1812), alcalde de Buenos Aires cuando las invasiones inglesas (1806-1807). M. fusilado.

alzamiento m. Acción y efecto de alzar o alzarse. ‖ Rebelión : *hubo alzamiento de las tropas.*

alzapaño m. Gancho en la pared para recoger la cortina.

alzaprima f. Palanca.

alzar v. t. Mover de abajo arriba una cosa : *alzar el brazo.* ‖ En la misa, elevar la hostia y el cáliz después de la consagración. ‖ Incrementar, aumentar : *alzar los precios.* ‖ Poner más alto : *lo alcé sobre mi cabeza.* ‖ Erigir : *alzar un monumento a su gloria.* ‖ Levantar : *alzó la mirada, la voz.* ‖ Quitar o recoger una cosa. ‖ Retirar la cosecha. ‖ *Impr.* Poner en rueda todas las jornadas de una impresión, y sacar los pliegos uno a uno para ordenarlos. ‖ — *Alzar cabeza,* restablecerse. ‖ *Alzar el tiempo,* quitarse las nubes. ‖ *Alzar el vuelo,* echar a volar. ‖ *Alzar velas,* empezar a navegar. ‖ — V. pr. Levantarse. ‖ Huir con una cosa : *se alzó con el santo y la limosna.* ‖ Quebrar fraudulentamente. ‖ — Sublevarse : *alzarse en armas.* ‖ Apelar. ‖ — *Alzarse con algo,* apoderarse de algo. ‖ *Alzarse de hombros,* encogerse de hombros por indiferencia.

alzo m. *Amer.* Robo. ‖ Victoria de un gallo de pelea.

allá adv. En aquel lugar. (Indica lugar alejado del que habla.) ‖ En otro tiempo. (Se refiere al tiempo remoto o pasado.) ‖ — *Allá arriba,* en el cielo. ‖ *Fam. Allá él, allá ella,* no me importa. ‖ *Allá se las compongan,* que se arregle como pueda. ‖ *El más allá,* ultratumba. ‖ *No ser muy allá,* no ser muy bueno.

27

Allahabad, hoy *Ilahabad,* c. del N. de la India (Uttar Pradesh).

allanador, ra adj. y s. Que allana.

allanamiento m. Acción y efecto de allanar o allanarse. || *For.* Acto de sujetarse a la decisión judicial. || *Allanamiento de morada,* violación de domicilio.

allanar v. t. Poner llano o igual. || *Fig.* Vencer alguna dificultad : *allanar los obstáculos.* || Permitir a los ministros de la justicia que entren en alguna iglesia u otro edificio. || Entrar por la fuerza en casa ajena y recorrerla contra la voluntad de su dueño : *allanar el domicilio del denunciado.* || — V. pr. Sujetarse a alguna cosa, conformarse : *allanarse ante una exigencia.*

allegado, da adj. Cercano, próximo. || — Adj. y s. Pariente : *llegaron él y sus allegados.* || Parcial, que sigue el partido de otro. || Dícese de las personas que colaboran con alguien o que están en la intimidad de alguien.

allegar v. t. Recoger, juntar : *allegar la parva trillada.* || Arrimar o acercar una cosa a otra : *allegar una silla.* || Añadir. || — V. i. Llegar. || — V. pr. Adherirse : *allegarse a un dictamen.*

Alleghanys, parte NO. del macizo de los Apalaches (Estados Unidos). — Río del NE. de Estados Unidos (Pensilvania), afl. del Ohio.

allende adv. De la parte de allá : *allende los mares.* || Además.

Allende (Humberto), compositor chileno (1885-1959). || ~ (IGNACIO MARÍA DE), militar y patriota mexicano (1779-1811), principal animador, con Hidalgo, del movimiento de Independencia. **M.** fusilado. || ~ (SALVADOR), político socialista chileno (1908-1973). Elegido pres. de la Rep. en 1970. Llevó a cabo un programa de nacionalizaciones. Una Junta Militar, formada por los comandantes en jefe de las fuerzas armadas, le obligó a abandonar el Poder. Allende se suicidó el once de septiembre de 1973.

Allentown, c. del NE. de Estados Unidos (Pensilvania).

Aller, río de Alemania, afl. derecha del Weser ; 256 km.

allí adv. En aquel lugar o sitio. || A aquel lugar. || Entonces.

Allier, dep. del centro de Francia ; cap. *Moulins.*

a. m., abrev. de *ante meridiem,* antes de mediodía.

Am, símbolo del *americio.*

ama f. Dueña de la casa o de alguna cosa. || Señora, respecto de sus criados. || Criada de un clérigo. || — *Ama de llaves o de gobierno,* criada principal encargada de las llaves y economía de la casa. || *Ama de cría o de leche,* mujer que cría a sus pechos a una criatura ajena. || *Ama seca,* niñera.

amabilidad f. Calidad de amable.

amable adj. Afable.

amacuco m. *Pop.* Ataque nervioso. | Síncope. | Desfallecimiento, desmayo. | Enfermedad.

amacureño, ña adj. y s. De Delta Amacuro (Venezuela).

Amacuro, río del NE. del continente sudamericano, fronterizo entre Venezuela y Guyana ; 180 km. || ~ (Delta), territ. del NO. de Venezuela ; cap. *Tucupita.*

Amadeo de Saboya, príncipe italiano (1845-1890), duque de Aosta y rey de España en 1870. Abdicó en 1873.

Amadís de Gaula, novela de caballerías de 1508, atribuida a Garci Ordóñez de Montalvo.

amado, da m. y f. Persona amada.

Amado (Jorge), escritor brasileño, n. en 1912, autor de novelas sobre Bahía (*El país del carnaval, Cacao, Jubiabá y Capitanes de la arena*).

amador, ra adj. y s. Que ama.

Amador || ~ de los Ríos (JOSÉ), historiador y erudito español (1818-1878). || ~ Guerrero (MANUEL), político y médico panameño (1833-1909), artífice de la separación de Panamá de Colombia (1903) y primer pres. de la Rep. de 1904 a 1908.

amadrinamiento m. Acción y efecto de amadrinar.

amadrinar v. t. Unir dos caballerías con la correa llamada madrina. || *Fig.* Apadrinar. || *Mar.* Unir dos cosas.

amaestrado, da adj. Adiestrado.

amaestrador, ra adj. y s. Que amaestra.

amaestramiento m. Acción y efecto de amaestrar o amaestrarse.

amaestrar v. t. Enseñar o adiestrar : *amaestrar en el uso de una máquina, amaestrar un animal* (ú. t. c. pr.).

amagar v. t. Dejar con la intención de ejecutar algo. || Amenazar, hacer ademán de. || — V. i. Próximo a suceder : *amagar mal tiempo.*

Amagasaki, c. del Japón (Honshu) en la bahía de Osaka. Industrias.

amago m. Amenaza. || Señal, indicio : *un amago de terciana.* || Ataque simulado.

amainar v. t. *Mar.* Recoger las velas de una embarcación para que no camine tanto. || — V. i. Aflojar, perder fuerza el viento : *amaina el temporal.* || *Fig.* Aflojar o ceder en algún deseo, empeño o pasión : *amainar en sus pretensiones.*

Amalarico, rey hispanovisigodo (511-531) cuyos dominios se extendieron hasta Septimania.

Amalasunta, hija de Teodorico el Grande, rey de los ostrogodos, y madre de Atalarico. M. ahorcada en 535.

Amalfi, c. y puerto del S. de Italia (Campania), en el golfo de Salerno.

amalgama f. *Quím.* Aleación de mercurio con otro metal : *amalgama de oro.* || *Fig.* Unión de cosas de naturaleza distinta : *amalgama de colores.*

amalgamación f. Acción y efecto de amalgamar o amalgamarse.

amalgamador, ra adj. y s. Que amalgama.

amalgamamiento m. Amalgamación.

amalgamar v. t. *Quím.* Combinar el mercurio con otro u otros metales : *amalgamar oro.* || *Fig.* Unir o mezclar cosas diferentes (ú. t. c. pr.).

Amalia, novela del argentino José Mármol (1851).

amamantamiento m. Acción y efecto de amamantar.

amamantar v. t. Dar de mamar.

Amambay, sierra del N. del Paraguay que señala el límite con el Brasil. — Dep. del Paraguay ; cap. *Pedro Juan Caballero.*

amambayense adj. y s. De Amambay (Paraguay).

amán m. Voz con que el moro pide paz y perdón.

amancebamiento m. Vida en común del hombre y mujer no casados.

amancebarse v. pr. Vivir juntos hombre y mujer sin estar casados.

Amancio Rodríguez, mun. al E. de Cuba (Las Tunas).

amanecer v. i. Empezar a clarear el día. || Estar en o llegar a un lugar al rayar el día : *amanecer en Sevilla.* || Aparecer algo al despuntar el día : *amaneció nevando.* || *Fig.* Empezar a manifestarse una cosa.

amanecer m. y **amanecida** f. Tiempo durante el cual amanece.

amaneramiento m. Acción y efecto de amanerarse (ú. t. c. s.).

amaneramiento m. Acción y efecto de amanerarse. || Falta de simplicidad en el estilo.

amanerarse v. pr. Contraer el vicio de dar a las obras o expresiones cierta uniformidad y monotonía contrarias a la verdad y a la variedad : *escritor, orador o artista que se amanera.*

amanita f. Género de hongos que comprende varias especies comestibles o venenosas.

amansamiento m. Acción y efecto de amansar o de amansarse.

amansar v. t. Hacer manso a un animal : *amansar un potro salvaje.* || *Fig.* Sosegar, apaciguar, mitigar : *amansar al irritado.* || Domar el carácter ; amansar al propenso a la ira. || — V. i. Apaciguarse. || Ablandarse.

amante adj. y s. Que ama : *Fig.* Apasionado por una cosa : *amante de la música.* || — Com. Hombre y mujer que se aman o que tienen relaciones sexuales o trato con la que no está unido en matrimonio.

amanuense com. Persona que escribe al dictado. || Escribiente.

amañado, da adj. Dispuesto, preparado. || Mañoso, hábil, diestro.

amañar v. t. Componer mañosa-

mente alguna cosa (Tómase generalmente en mala parte). || — V. pr. Darse maña para hacer algo.

amaño m. Disposición para hacer algo con maña. || *Fig.* Arreglo, artificio.

Amapá, territ. federal del Brasil, al N. de las bocas del Amazonas ; cap. *Macapá.* Manganeso.

Amapala, c. y puerto del SO. de Honduras (Valle), en el golfo de Fonseca.

amapola f. Planta papaverácea silvestre de flores rojas. || Su flor.

amar v. t. Tener amor a personas o cosas. || Estimar, apreciar.

Amar y Borbón (Antonio), último virrey de Nueva Granada de 1803 a 1810.

Amara, c. de Irak, a orillas del Tigris.

amaraje m. Acción de amarar.

amarantáceas f. pl. Familia de plantas dicotiledóneas, cuyo tipo es el amaranto (ú. t. c. adj.).

amaranto m. Planta anual de flores aterciopeladas en forma de cresta.

amarar v. i. Posarse en el agua un hidroavión, un vehículo espacial.

amargado, da adj. Pesaroso, resentido (ú. t. c. s.).

amargar v. i. Tener sabor parecido al de la hiel, el acíbar, etc. : *fruta amarga.* || Dar sabor desagradable. || — V. t. *Fig.* Causar aflicción o pesar.

amargo, ga adj. Que amarga : *almendra amarga.* || *Fig.* Que causa aflicción o disgusto. || Que está afligido o disgustado. || De genio desabrido. || — M. Amargor. || *Amer.* Mate sin azúcar.

amargor m. Sabor o gusto amargo. || *Fig.* Amargura, aflicción.

amargura f. Sabor amargo. || *Fig.* Aflicción o disgusto : *sentir amargura.*

amariconado, da adj. Afeminado (ú. t. c. s. m.).

amariconarse v. pr. *Fam.* Afeminarse.

amarilidáceas f. pl. Familia de plantas que tiene por tipo el narciso (ú. t. c. adj.).

amarillear v. i. Mostrar alguna cosa color amarillo : *el libro viejo amarillea.* || Tirar a amarillo alguna cosa.

amarillecer v. i. Ponerse o tomar color amarillo.

amarillento, ta adj. Que tira a amarillo (ú. t. c. s. m.).

amarillo, lla adj. De color semejante al del oro, el limón, la flor de retama, etc. || — M. *Fiebre amarilla,* enfermedad gastrointestinal, llamada también *vómito negro o tifus de América.* || *Raza amarilla o mongólica,* raza humana de Asia oriental que tiene la piel amarilla. || — M. Color amarillo.

Amarillo (MAR), mar perteneciente al Pacífico comprendido entre China al O., Manchuria al N. y Corea al E. — V. HOANGHO. || — C. de los Estados Unidos, al NO. de Texas.

amariposado, da adj. De figura de mariposa : *flor amariposada.*

amaromar v. t. Atar con maromas.

amarra f. Correa que va de la muserola al pecho de los caballos. || *Mar.* Cabo o cable para amarrar. || — Pl. *Fig.* Protección : *contar con buenas amarras.*

amarradero m. Poste o argolla donde se amarra algo.

amarrado, da adj. Atado. || *Fig.* Protegido, respaldado, asegurado.

amarraje m. Impuesto que se paga por amarrar un buque en un puerto.

amarrar v. t. Asegurar por medio de cuerdas, maromas, cadenas, etc. : *amarrar un barco al muelle.* || Por ext. Sujetar. || — V. pr. *Fam.* Asegurarse, respaldarse.

amarro m. Sujeción.

amartelamiento m. Amor apasionado.

amartelar v. t. Atormentar con celos. || Enamorar. || — V. pr. Enamorarse de una persona u otra.

amartillar v. i. Martillar. || Poner en disposición de disparar un arma de fuego.

amasadera f. Artesa para amasar.

amasadero m. Local donde se amasa el pan.

amasador, ra adj. y s. Que amasa.

amasar v. t. Hacer masa de harina, yeso, tierra, etc., con algún líquido : *amasar el pan.* || *Fig.* y *fam.* Disponer las cosas para conseguir un mal fin. ||

28

Amalgamar, unir. ‖ **Acumular**, atesorar : *amasó una fortuna.*

amasijo m. Harina amasada para hacer pan. ‖ Porción de masa hecha con yeso, tierra, etc. ‖ Acción de amasar. ‖ *Fig.* y *fam.* Obra o tarea. ‖ Mezcla confusa : *esta novela es un amasijo de tópicos.* ‖ *Arg. Fam.* Paliza.

Amat y Junyent (Manuel de), militar español (1704-1782), gobernador de Chile de 1755 a 1761 y, posteriormente, virrey del Perú de 1761 a 1776. Se vio influido por la mestiza Micaela Villegas, llamada la *Perricholi.*

Amaterasu, diosa del Sol en la mitología sintoísta japonesa.

amateur adj. y s. (pal. fr.). Aficionado, no profesional : *artista amateur.*

amatista f. Cuarzo transparente de color violeta, usado en joyería.

Amatitlán, lago de Guatemala. A 1 190 m de alt. ; 60 km². — C. del S. de Guatemala, en el dep. de Guatemala.

amatorio, ria adj. Relativo al amor.

amauta m. Sabio, entre los antiguos peruanos.

amazacotado, da adj. Pesado, groseramente compuesto a manera de mazacote. ‖ *Dicho* de obras literarias o artísticas, pesado, confuso, falto de proporción, gracia y variedad. ‖ Apretado.

amazona f. Mujer de una raza guerrera que pudo existir en los tiempos heroicos. ‖ *Fig.* Mujer que monta a caballo. ‖ Traje que suelen llevar las mujeres para montar a caballo. ‖ Especie de papagayo de América.
— El pueblo fabuloso de las *amazonas* se supone que vivía en la Antigüedad a orillas del Tempodonte (Capadocia). Los exploradores de América creyeron encontrar mujeres semejantes a orillas del Marañón, al que llamaron *río de las Amazonas.*

Amazonas, río de América del Sur, que nace en los Andes del Perú, atraviesa el Brasil y des. en el Atlántico ; 6 500 km., de los cuales 3 165 en territorio brasileño. Con su anchura, a veces de más de seis km, es el río más caudaloso del mundo. Suma más de 1 100 afluentes, entre ellos el Napo, Putumayo, Pastaza, Yapurá, Vaupés, Madeira, Tapajós, Tocantins, etc., y, por medio del Casiquiare, comunica con el Orinoco. En su primer tramo recibe el nombre de *Marañón* y en su desembocadura forma un amplio delta. — Comisaría del SO. de Colombia ; cap. *Leticia.* — Dep. del N. de Perú ; cap. *Chachapoyas.* — Est. del NE. del Brasil ; cap. *Manaus.* Bosques ricos en caucho, resinas y aceites. — Territ. federal del S. de Venezuela entre los ríos Orinoco y Negro ; cap. *Puerto Ayacucho.*

amazonense adj. y s. De Amazonas, comisaría de Colombia y dep. del Perú.

Amazonia, inmensa región de América del Sur en la cuenca del río Amazonas ; 7 millones de km². Territorio casi desierto, de clima ecuatorial y grandes selvas.

amazónico, ca adj. Relativo al río Amazonas. ‖ Propio de las amazonas.

amazoniés, esa adj. y s. De Amazonas (Venezuela).

ambages m. pl. *Fig.* Rodeos de palabras o circunloquios.

ámbar m. Resina fósil de color amarillo, dura, quebradiza y aromática. ‖ Perfume muy delicado. ‖ Color naranja en los semáforos.

ambarino, na adj. Relativo al ámbar. ‖ — F. Sustancia perfumada que se saca del ámbar gris.

ambateño, ña adj. y s. De Ambato (Ecuador).

Ambato, c. del centro del Ecuador, cap. de la prov. de Tungurahua, a orillas del río homónimo. Obispado. — Sierra y dep. de la Argentina (Catamarca).

Amberes, en flam. *Antwerpen* y en fr. *Anvers*, c. del N. de Bélgica, cap. de la prov. homónima. Obispado. Universidad. Puerto activo en el Escalda.

ambición f. Pasión desordenada por la gloria, el poder o la fortuna.

ambicionar v. t. Desear ardientemente : *ambicionar honores.*

ambicioso, sa adj. y s. Que tiene ambición, ansia o deseo vehemente

---

de algo : *es muy ambicioso.* ‖ Que manifiesta ambición : *plan ambicioso.*

ambidextro, tra adj. y s. Que se vale lo mismo de la mano izquierda que de la derecha.

ambientación f. Acción y efecto de ambientar. ‖ Ambiente. ‖ Efectos sonoros en la radio.

ambientador m. Producto utilizado para desodorizar y perfumar un lugar.

ambiental adj. Relativo al medio ambiente.

ambientar v. t. Dar el ambiente adecuado. ‖ — V. pr. Acostumbrarse, aclimatarse : *se ambientó en mi país.*

ambiente adj. Aplícase a cualquier fluido que rodea un cuerpo : *el aire ambiente.* ‖ — M. Lo que rodea a las personas o cosas, medio físico o moral : *vivir en un ambiente familiar.* ‖ Grupo, reunión de seres humanos que tiene cierto carácter : *viven en un ambiente intelectual muy extraño.* ‖ *Medio ambiente*, compendio de valores naturales, sociales y culturales existentes en un lugar y en un momento determinado que influye en la vida material y psicológica del hombre. (SINÓN. *Entorno.*)

ambiguo m. Comida compuesta de manjares fríos. ‖ Lugar donde se sirven estas comidas.

ambigüedad f. Calidad de ambiguo.

ambiguo, gua adj. Incierto, confuso : *expresión ambigua.* ‖ Que participa de dos naturalezas diferentes : *carácter ambiguo.* ‖ *Gram.* Aplícase a los sustantivos que son indistintamente masculinos o femeninos (azúcar, lente, calor, margen, mar, etc.).

ámbito m. Espacio incluido dentro de ciertos límites. ‖ Esfera, campo.

ambivalencia f. Carácter de lo que tiene dos aspectos radicalmente diferentes.

ambivalente adj. Que tiene ambivalencia o dos valores diferentes.

ambladura f. Acción y efecto de amblar.

amblar v. i. Andar los cuadrúpedos moviendo a un tiempo el pie y la mano de un mismo lado.

Ambo, c. del Perú, cap. de la prov. homónima (Huánuco). Industrias.

Amboina, c. de Indonesia, en el archip. de las Molucas, cap. de la isla homónima.

Amboise [-*buás*], c. del centro de Francia (Indre-et-Loire), a orillas del Loira. Castillo.

ambón m. Cada uno de los púlpitos que hay a uno y otro lado del altar mayor de ciertas iglesias para cantar el evangelio y las epístolas.

ambos, bas adj. pl. El uno y el otro, los dos : *llegaron ambos hermanos.*

Ambrogi (Arturo), escritor salvadoreño (1875-1936), autor de *Bibelots.*

Ambrosetti (Juan Bautista), arqueólogo argentino (1865-1917).

ambrosía f. *Mit.* Manjar de los dioses. ‖ *Fig.* Cosa o manjar exquisitos : *esto es pura ambrosía.*

ambrosíaco, ca adj. Que sabe o huele a ambrosía : *perfume ambrosíaco.* ‖ *Fig.* Exquisito.

Ambrosio (San), padre y doctor de la Iglesia latina, n. en Tréveris (340-397), arzobispo de Milán. Reformó el canto litúrgico y ayudó a la conversión de San Agustín. Fiesta el 7 de diciembre.

ambulancia f. Hospital móvil que va con un ejército de operaciones. ‖ Coche para transportar heridos o enfermos.

ambulanciero, ra m. y f. Persona al servicio de una ambulancia.

ambulante adj. Que va de un lugar a otro : *vendedor ambulante.* ‖ — M. *Amer.* Vendedor ambulante. ‖ *Méx.* El que conduce una ambulancia.

ambular v. i. Andar, ir de una parte a otra.

ambulatorio, ria adj. Que sirve para andar : *órganos ambulatorios.* ‖ — M. Dispensario, consultorio de la Seguridad Social.

ameba f. *Zool.* Protozoo provisto de seudópodos para moverse.

amebiasis f. *Med.* Disentería provocada por las amebas.

Ameca, c. de México (Jalisco), a orillas del río homónimo.

Amecameca de Juárez, c. de México, en cuyas cercanías está el

---

santuario de Sacro Monte. Importante centro turístico invernal.

Amedabad, V. AHMEDABAD.

amedrantar v. t. Amedrentar.

amedrentador, ra adj. y s. Que amedrenta.

amedrentar v. t. Infundir miedo, atemorizar (ú. t. c. pr.).

Ameghino (Florentino), paleontólogo argentino (1854-1911).

amejoramiento m. Mejoramiento.

amelga f. Faja de terreno que se señala para sembrarla con igualdad y proporción.

amelgar v. t. Hacer surcos a distancias regulares para sembrar con igualdad y proporción.

amén, voz hebrea que significa *así sea*, y que se usa al final de las oraciones. ‖ — Adv. Además : *amén de lo dicho.* ‖ Excepto, salvo. ‖ *Amén de*, además. ‖ *Fig. Decir amén a todo*, consentir a todo. | *En un decir amén*, en un santiamén.

amenaza f. Dicho o hecho con que se amenaza : *proferir amenazas.*

amenazador, ra adj. Que amenaza : *actitud amenazadora* (ú. t. c. s.).

amenazar v. t. Dar a entender con actos o palabras que se quiere hacer algún mal a otro. ‖ — V. i. Estar en peligro de suceder alguna cosa.

amenguar v. t. Disminuir.

amenidad f. Calidad de ameno.

amenizar v. t. Hacer ameno algún sitio : *las flores que amenizan la casa.* ‖ *Fig.* Hacer amena alguna cosa.

ameno, na adj. Grato, placentero.

amenorrea f. *Med.* Ausencia anormal del flujo menstrual.

amentáceas f. pl. Familia de plantas que tienen las flores en amento, como el abedul, el chopo, el roble, etc. (ú. t. c. adj.).

amento m. *Bot.* Especie de espiga compuesta de flores de un mismo sexo, como la del avellano, el roble.

América, vasto continente de 42 millones de km² (incluyendo Groenlandia) y 600 millones de hab., que se extiende desde las regiones árticas hasta el Círculo Polar Antártico. Con una longitud total de unos 18 000 km, su superficie representa cuatro veces la de Europa y unas ochenta y dos la de España.
— GEOGRAFÍA. América está constituida fundamentalmente por dos grandes porciones unidas por el istmo de América Central. El continente S. se extiende por las regiones tórridas intertropicales, y el N. se halla en las zonas templadas y en las regiones árticas. En el Ártico abunda la vegetación de tundra. Al S. se extienden los bosques de coníferas mientras que la pradera ocupa inmensas zonas en el centro de Estados Unidos. El bosque tropical (Amazonia) aparece hacia el Ecuador, y en las mesetas brasileñas constituye las sabanas. En Argentina, la llanura de la Pampa limita al O. con los bosques andinos. Existen grandes ríos, tanto al N. como al S. : Misisipí, Misuri, Yukon, San Lorenzo, Amazonas, Orinoco y Paraguay-Paraná. Y no faltan grandes lagos en América del Norte, verdaderos mares interiores. Los hay también en América Central, aunque menos extensos, y en el Sur, como el Titicaca, compartido entre Bolivia y Perú.
— *América del Norte* : 23 483 000 km² (incluyendo Groenlandia). Las principales regiones naturales son : 1.º la barrera canadiense, al N., vieja penillanura alrededor de la bahía de Hudson ; 2.º la región de los Grandes Lagos (Superior, Michigan, Huron, Erie y Ontario), con la gran vía fluvial del San Lorenzo ; 3.º al O. el sistema de las Montañas Rocosas, que encierran algunas mesetas (Gran Cuenca) ; 4.º la cadena de los Apalaches, al E., cerca del litoral atlántico ; 5.º entre los dos anteriores, grandes llanuras regadas por el Misisipí, Misuri y Ohío ; 6.º la meseta central mexicana. Políticamente está dividida entre los Estados de Canadá, Estados Unidos y México. Groenlandia es una posesión danesa.
— *América Central* : 517 998 km². Es una zona montañosa y volcánica, con una costa bastante recortada (península de Yucatán, golfos de Panamá,

A m é r i c a   d e l   N o r t e

0°   500   1000 km

Chiriquí y Fonseca, istmos de Panamá y Nicaragua). El archipiélago de las Antillas o Caribe puede considerarse como perteneciente geográficamente a América Central (235 000 km²). Políticamente se divide en las repúblicas de Guatemala, Honduras, El Salvador, Nicaragua, Costa Rica y Panamá. En las Antillas se encuentran los Estados de Bahamas, Barbados, Cuba, Dominica, Granada, Haití, Jamaica, Puerto Rico, República Dominicana, Santa Lucía, San Vicente y las Granadinas y Trinidad y Tobago.

— *América del Sur:* 17 850 000 km². Pueden considerarse en ella las siguientes regiones naturales : 1.ª la cordillera de los Andes, que se extiende por toda la banda occidental, junto al Pacífico ; 2.ª las mesetas de las Guayanas y del Brasil, al borde del Atlántico ; 3.º las grandes llanuras del interior : Pampa, Patagonia y

llanos del Orinoco, Amazonas, Paraná (Chaco) y Paraguay. Políticamente se divide en los siguientes Estados : Venezuela, Guyana, Surinam, Colombia, Ecuador, Brasil, Perú, Bolivia, Paraguay, Argentina, Uruguay y Chile. Francia posee una parte de Guayana y Holanda las islas de Curazao, Aruba y Bonaire. (V. mapa pág. 32.)

— HISTORIA. *Descubrimiento.* El descubrimiento de América fue obra de España y de Colón, que pisó tierra americana por primera vez el 12 de octubre de 1492, si bien en el s. X noruegos e islandeses habían llegado a las costas de Groenlandia y a algunos puntos del continente norte. Estas hazañas no tuvieron consecuencias históricas de ningún género. Los principales exploradores y conquistadores que recorrieron más tarde el continente fueron Balboa, Cortés, Caboto, Ojeda, Orellana, Cabral, Solís, Maga-

llanes, Pizarro, Almagro, Soto y Américo Vespucio, que dio su nombre al continente

América ‖ ~ **Española,** n. dado al conjunto de las colonias españolas de América hasta su emancipación en el s. XIX. ‖ ~ **Latina,** conjunto de países de América que fueron dominios de España y Portugal. Tb. llamado *Latinoamérica.*

americanada f. Hecho o dicho propio de los americanos, especialmente los que son de los Estados Unidos.

americana f. Chaqueta.

americanismo m. Voz, acepción o giro propio de los americanos que hablan castellano. ‖ Ciencia de las antigüedades americanas. ‖ Sentimiento de la calidad de americano. ‖ Exaltación y defensa del espíritu y tradiciones americanos.

americanista adj. Relativo a América. ‖ — Com. Persona que se dedica

30

al estudio de las lenguas y antigüedades de América : *fue uno de los americanistas más destacados.*

americanización f. Acción y efecto de americanizar.

americanizar v. t. Dar carácter americano. || — V. pr. Volverse americano.

americano, na adj. y s. De América. (Debe evitarse el empleo de *americano* con el sentido de norteamericano de los Estados Unidos.)

americio m. *Quím.* Elemento transuránico (Am), de número atómico 95, obtenido por bombardeo del uranio.

Américo Vespucio. V. VESPUCIO.

americoespañol adj. Forma con que algunos sustituyen la palabra *hispanoamericano.*

amerindio, dia adj. y s. Indio americano : *era una de las muchas tribus amerindias.*

Amerisque (SIERRA DE). V. CHONTALEÑA.

ameritado, da adj. *Amer.* Que tiene muchos méritos.

amerizaje m. Amaraje.

amerizar v. i. Amarar.

amestizado, da adj. Que tira a mestizo.

ametrallador, ra adj. Dícese de las armas que disparan por ráfagas : *fusil ametrallador.* || — F. Arma automática de pequeño calibre (inferior a 20 mm) que dispara los proyectiles muy rápidamente y por ráfagas.

ametrallamiento m. Acción y efecto de ametrallar.

ametrallar v. t. Disparar metralla. || Disparar con ametralladora o fusil ametrallador. || *Fig.* Acosar a preguntas.

amétrope adj. Que tiene ametropía (ú. t. c. s.).

ametropía f. *Med.* Conjunto de las imperfecciones del ojo considerado como sistema dióptico : *la ametropía* comprende la hipermetría, la miopía y el astigmatismo.

amianto m. Mineral en fibras blancas y flexibles que resiste poderosamente la acción del fuego.

amiba f. *Zool.* Ameba.

Amicis (Edmondo De), militar y escritor italiano (1846-1908), autor de *Corazón,* diario de un niño.

amida f. *Quím.* Compuesto orgánico obtenido por deshidratación de sales amoniacales.

Amiel (Henri Frédéric), escritor suizo (1821-1881), autor de *Diario íntimo.*

Amiens [amián], c. del N. de Francia, cap. del dep. del Somme. Obispado.

amiga f. Escuela de niñas. || Maestra de esta escuela. || Concubina.

amigable adj. Que obra como amigo : *un amigable componedor.* || Hecho amistosamente.

amígdala f. *Anat.* Cada una de las glándulas de color rojo en forma de

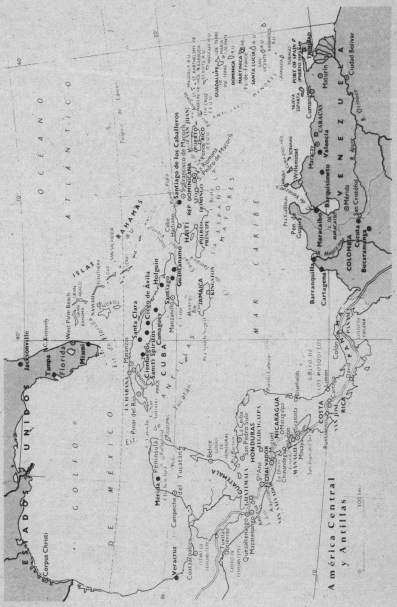

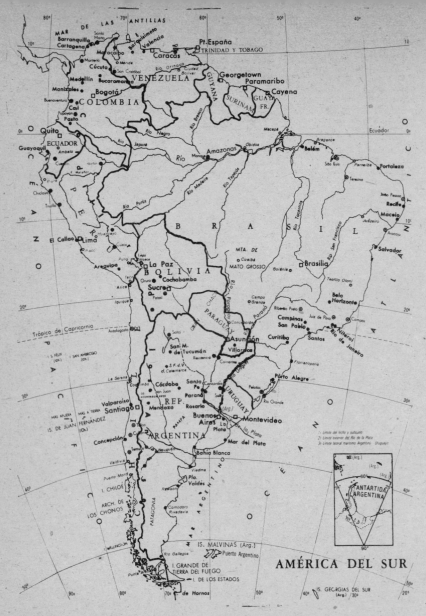

AMÉRICA DEL SUR

almendra situada a uno y otro lado de la entrada del istmo de la faringe.

amigdaláceas f. Familia botánica cuyo tipo es el almendro, el cerezo o el ciruelo (ú. t. c. adj.).

amigdalitis f. *Med.* Inflamación de las amígdalas.

Amighetti (Francisco), poeta costarricense, n. en 1907, autor de *Francisco en Harlem, Francisco y los caminos, Francisco en Costa Rica*, etc.

amigo, ga adj. Que tiene amistad (ú. t. c. s.): *persona amiga.* || Amistoso. || *Fig.* Aficionado o inclinado a alguna cosa. Ú. t. c. s. : *amigo del arte.* || — M. Querido, amante. || Tratamiento afectuoso : *¿ dónde va, amigo ?*

Amigos (ISLAS DE LOS). V. TONGA.

amilanado, da adj. Acobardado.

amilanamiento m. Miedo, susto. || Desánimo.

amilanar v. t. Causar gran miedo a uno : *sus amenazas amilanaron a los*

contrincantes. || — V. pr. Abatirse, amedrentarse, arredrarse.

Amílcar Barca, general cartaginés (¿ 290 ?-229 a. de J. C.), padre de Aníbal. Dirigió la conquista de España.

Amín Dada (Idi), político de Uganda, n. en 1925, pres. de la Rep. en 1971. Fue derrocado en 1979.

amina f. *Quím.* Cuerpo derivado del amoniaco.

aminoácido m. Sustancia orgánica que tiene una función ácida y una función amina.

aminoración f. Disminución.

aminorar v. t. Disminuir.

amistad f. Afecto o cariño entre las personas : *me une con él una gran amistad.* || *Fig.* Afinidad, conexión. || Amancebamiento. || — Pl. Amigos, relaciones.

amistar v. t. Unir en amistad. Ú. t. c. pr. : *amistarse con alguien.* || Reconciliar a los enemistados.

amistoso, sa adj. Que demuestra amistad : *consejo amistoso.* || Aplícase a los encuentros deportivos que no son de campeonato.

amitosis f. División celular directa.

Ammán, cap. de Jordania ; 634 400 h.

Ammón. V. AMÓN.

amnesia f. Pérdida o debilidad notable de la memoria.

amnésico, ca adj. y s. Que padece de amnesia, desmemoriado.

Amnesty International, organización humanitaria, privada e internacional, fundada en 1961. Defensora de los derechos humanos.

amnios m. *Zool.* Membrana interna que envuelve el feto.

amnistía f. Olvido de los delitos políticos por quien tiene potestad de hacer las leyes : *la amnistía perdona el castigo que se debe a causa de un delito cometido y la razón que lo provoca, mientras que el indulto suprime* la ejecución de la pena, pero deja subsistir los efectos de la condena.

amnistiado, da adj. y s. Que ha sido objeto de amnistía.

amnistiar v. t. Conceder amnistía.

amo m. Dueño o posesor de alguna cosa. ‖ Cabeza de familia. ‖ Persona que domina : llegó a ser el amo de la situación. ‖ El que tiene uno o más criados.

amodorrado, da adj. Soñoliento.

amodorramiento m. Acción y efecto de amodorrarse.

amodorrarse v. pr. Causar modorra o caer en ella.

amojamado, da adj. Fig. Seco.

amojamar v. t. Hacer mojama, acecinar. ‖ — V. pr. Enflaquecer.

amojonamiento m. Acción y efecto de amojonar : amojonamiento de un campo. ‖ Conjunto de mojones.

amojonar v. t. Señalar con mojones los límites de una propiedad, un término jurisdiccional, etc.

amok m. Acceso de locura furiosa entre los malayos.

amolado m. Acción y efecto de amolar.

amolador, ra m. y f. Persona que tiene por oficio amolar. ‖ — Adj. Fig. y fam. Cansado, pesado.

amolar v. t. Afilar un arma o instrumento en la muela : amolar cuchillos. ‖ Fig. y fam. Molestar. ‖ — V. pr. Méx. Fam. Fastidiarse.

amoldable adj. Que se amolda.

amoldador, ra adj. y s. Que se amolda.

amoldamiento m. Acción de amoldar o amoldarse.

amoldar v. t. Ajustar una cosa al molde. ‖ Fig. Arreglar la conducta a una pauta determinada. Ú. t. c. pr. : amoldarse a todo.

Amón, hijo incestuoso de Lot y hermano de Moab, padre de los amonitas. (Biblia.) ‖ — **Ra,** divinidad egipcia identificada con el Sol.

amonestación f. Acción y efecto de amonestar. ‖ Correr las amonestaciones, publicar en la iglesia al tiempo de la misa mayor los nombres de los que quieren contraer matrimonio u ordenarse.

amonestador, ra adj. y s. Que amonesta.

amonestar v. t. Advertir a una persona que ha hecho algo reprensible para que se enmiende : amonestar a un subordinado. ‖ Publicar las amonestaciones en la iglesia. ‖ — V. pr. Hacerse amonestar los que van a casarse u ordenarse.

amoniacal adj. De amoniaco.

amoniaco m. Gas compuesto de nitrógeno e hidrógeno combinados (NH₃). ‖ Disolución de dicho gas en agua, vulgarmente llamada álcali volátil.

amonio m. Quím. Radical compuesto de un átomo de nitrógeno y cuatro de hidrógeno que forma parte de las sales amoniacales.

amonita adj. y s. Individuo de un pueblo bíblico de Mesopotamia, descendiente de Amón.

amontonador, ra adj. y s. Que amontona.

amontonamiento m. Acción y efecto de amontonar o amontonarse.

amontonar v. t. Poner en montón : amontonar libros. ‖ Juntar, reunir en abundancia. ‖ Fig. Juntar y mezclar varias especies sin orden ni concierto : amontonar sentencias, citas. ‖ — V. pr. Juntarse sin orden. ‖ Ocurrir muchas cosas al mismo tiempo.

amor m. Sentimiento que inclina el ánimo hacia lo que le place : amor a la belleza, al arte. ‖ Pasión que atrae un sexo hacia otro : el amor de Diego de Marsilla por Isabel de Segura. ‖ Persona u objeto amado : eres mi amor. ‖ Inclinación natural : amor filial. ‖ Instinto de reproducción en los animales. ‖ Blandura, suavidad : reprender al hijo con amor. ‖ Esmero, interés : trabajar con amor. ‖ — Pl. Relaciones amorosas : los amores de Dafnis y Cloe. ‖ Requiebros. ‖ — Al amor de, cerca, junto o al lado de. ‖ Amor libre, relaciones sexuales no reguladas por el matrimonio. ‖ Amor platónico, el de carácter espiritual sin que medie interés alguno. ‖ Amor propio, inmoderada estimación de sí

mismo. ‖ Fam. Con mil amores, con mucho gusto. ‖ Hacer el amor, galantear, hacer la corte ; fornicar. ‖ Fig. Por amor al arte, sin recompensa.

Amor. V. EROS y CUPIDO.

Amor (Guadalupe), poetisa mexicana, n. en 1920, autora de Décimas a Dios, Todos los siglos del mundo. Ha escrito también novelas (Yo soy mi casa) y cuentos.

Amor Brujo (El), música y ballet de Manuel de Falla (1915).

amoral adj. Sin moral.

amoralidad f. Calidad o condición de amoral.

amoratado, da adj. Que tira a morado : amoratado de frío.

amoratar v. t. Poner morada una cosa (ú. t. c. pr.).

amorcillo m. Figura de niño que representa a Cupido, dios del Amor.

amordazador, ra adj. y s. Que amordaza.

amordazamiento m. Acción y efecto de amordazar.

amordazar v. t. Poner mordaza : amordazar un perro. ‖ Fig. Impedir a uno que hable o que escriba.

Amorebieta-Echano, mun. al N. de España (Vizcaya). Industria papelera.

amorfo, fa adj. Sin forma regular o concretamente determinada. ‖ Fig. y fam. Falto de energía, de vivacidad.

Amorim (Enrique), novelista uruguayo (1900-1960), pintor de la vida rural (La carreta, El paisano Aguilar, El caballo y su sombra).

amorío m. Fam. Enamoramiento. ‖ Relación de amor.

Amorós (Juan B.). V. LANZA.

amoroso, sa adj. Que siente amor : marido amoroso. ‖ Que manifiesta amor : ademán amoroso. ‖ Fig. Blando, fácil de labrar o cultivar : tierra amorosa. ‖ Templado, agradable : tiempo amoroso. ‖ Amer. Encantador.

amorriñarse v. pr. Tener morriña.

amortajador m. y f. Persona que amortaja a los difuntos.

amortajamiento m. Acción de amortajar.

amortajar v. t. Poner la mortaja al difunto. ‖ Por ext. Cubrir, envolver.

amortiguación f. Amortiguamiento.

amortiguador, ra adj. Que amortigua. ‖ — M. Dispositivo que amortigua la violencia de un choque, la intensidad de un sonido o el trepidar de una máquina. ‖ Mús. Apagador.

amortiguamiento m. Acción y efecto de amortiguar o amortiguarse. ‖ Fís. Disminución progresiva, en el tiempo, de la intensidad de un fenómeno periódico.

amortiguar v. t. Hacer menos viva o violenta una cosa : amortiguar el ruido, una pasión (ú. t. c. pr.).

amortizable adj. Que puede amortizarse : capital amortizable.

amortización f. Acción y efecto de amortizar.

amortizar v. t. Redimir, pagar el capital de un censo o préstamo : amortizar un empréstito. ‖ Recuperar los fondos invertidos : amortizar los gastos. ‖ — V. i. Desvalorizarse periódicamente los bienes por su uso.

amoscamiento m. Irritación.

amoscarse v. pr. Fam. Enfadarse : se amoscó con lo que le dije.

amostazar v. t. Irritar (ú. t. c. pr.).

amotinado, da adj. y s. Que se amotina : tropas amotinadas.

amotinamiento m. Rebelión.

amotinar v. t. Alzar en motín a cualquier multitud : amotinar al pueblo, a una tropa (ú. t. c. pr.).

amovible adj. Que puede ser quitado del lugar o puesto que ocupa.

Amoy o **Hia-Men,**c. y puerto del S. de China (Fukien).

amparable adj. Que puede ampararse.

amparador, ra adj. y s. Que ampara.

amparar v. t. Proteger : amparar a un delincuente. ‖ — V. pr. Valerse del favor o protección de alguno : se amparó en sus influencias. ‖ Defenderse, guarecerse.

amparo m. Acción y efecto de amparar o ampararse. ‖ Abrigo o defensa. ‖ Al amparo de, con la ayuda o el apoyo de.

Ampato, montes del Perú (Arequipa) ; 6 310 m.

amperaje m. Electr. Intensidad de una corriente medida por amperios.

Ampère (André Marie), matemático y físico francés (1775-1836), creador de la electrodinámica e inventor del electroimán y del telégrafo.

amperimetro m. Aparato para medir el número de amperios de una corriente eléctrica.

amperio m. Electr. Unidad de medida de corriente eléctrica (símb., A) que corresponde al paso de un culombio por segundo. ‖ Amperio hora, cantidad de electricidad que atraviesa un conductor en una hora cuando la intensidad de la corriente es un amperio. (Pl. amperios hora.)

ampliación f. Acción y efecto de ampliar o agrandar : ampliación fotográfica.

ampliador, ra adj. Que amplía.

ampliar v. t. Extender, dilatar : ampliar los poderes de uno. ‖ Hacer más grande, más extenso : ampliar estudios. ‖ Agrandar una fotografía.

amplificación f. Acción y efecto de amplificar. ‖ Desarrollo que se da a una proposición o idea.

amplificador, ra adj. y s. Que amplifica o aumenta : cristal amplificador. ‖ — M. Aparato que aumenta la potencia de una oscilación eléctrica, etc. ‖ Altavoz.

amplificar v. t. Ampliar, aumentar.

amplio, plia adj. Extenso, dilatado, espacioso : amplia sala. ‖ Comprensivo : mentalidad amplia.

amplitud f. Extensión. ‖ En un movimiento pendular, distancia entre las posiciones extremas alcanzadas. ‖ Astr. Ángulo que se mide sobre el horizonte y es complemento del acimut. ‖ Fig. Comprensión : amplitud de miras.

ampo m. Copo de nieve. ‖ Blancura.

ampolla f. Vejiga formada por la epidermis : se le formó una ampolla en el labio. ‖ Frasco pequeño de cuello largo. ‖ Tubito de vidrio, cerrado con soplete, que contiene un medicamento inyectable.

Amposta, c. del NE. de España (Tarragona), cap. de la comarca catalana de Montsiá.

Ampudia (Juan de), conquistador español, m. en 1541, compañero de Benalcázar, que se estableció en 1536 en Popayán (Colombia).

Ampués (Juan de AMPUÉS, llamado **el Capitán**), militar español del s. XVI, fundador de la c. de Coro (Venezuela) en 1527.

ampulosidad f. Calidad de ampuloso.

ampuloso, sa adj. Fig. Hinchado y redundante : orador muy ampuloso ; escribía en un estilo ampuloso.

Ampurdán, en cat. Empordá, región del NE. de España (Gerona), dividida en dos comarcas de Cataluña : Alto Ampurdán, cap. Figueras, y Bajo Ampurdán, cap. La Bisbal.

ampurdanés, esa adj. De la región española de Ampurdán (ú. t. c. s.).

Ampurias, pobl. al NE. de España (Gerona), cerca de la ant. Emporio.

amputación f. Acción de amputar.

amputado, da adj. y s. Que ha sufrido una amputación.

amputar v. t. Cortar y separar del cuerpo un miembro o parte de él : amputar una pierna. ‖ Quitar.

Amravati, c. de la India (Maharashtra).

Amritsar, c. de la India (Pendjab), al E. de Lahore.

Amsterdam, cap. de Holanda, aunque no residencia del Gobierno ; 997 000 h. Universidad. Museos. Industrias. Puerto a orillas del golfo del Ij.

Amu Daria, ant. Oxo, río de la U. R. S. S. en Asia Central que des. en el mar de Aral ; 2 650 km.

Amuay, pobl. de Venezuela (Falcón).

amueblar v. t. Poner muebles.

amulatado, da adj. y s. Parecido a los mulatos : cara amulatada.

amuleto m. Medalla u otro objeto al que se atribuye supersticiosamente virtud de protección.

Amunátegui (Miguel Luis), escritor y político chileno (1828-1888). — Su hermano GREGORIO VÍCTOR fue poeta y crítico (1830-1889). ‖ ~ **Reyes** (MIGUEL LUIS), filólogo chileno (1862-

1946). || ~ **Solar** (DOMINGO), historiador chileno (1860-1946).

Amundsen (Roald), explorador noruego (1872-1928), que llegó al polo Sur (1911) y pereció en el Ártico al ir en socorro de Nobile.

Amur o **Sajalín,** río del NE. de Asia, fronterizo entre China y Siberia. Des. en el mar de Ojotsk ; 2 845 km.

amura f. *Mar.* Cabo que hay en cada puño de las velas de cruz.

amurallado, da adj. Con murallas.

amurallar v. t. Cercar, rodear con murallas.

ana f. Medida de longitud equivalente a un metro aproximadamente.

Ana (*Santa*), esposa de San Joaquín y madre de la Santísima Virgen. Fiesta el 26 de julio.

Ana ~ **Bolena** (1507-1536), segunda esposa de Enrique VIII de Inglaterra y madre de Isabel I. M. decapitada. || ~ **de Austria** (1549-1580). cuarta esposa de Felipe II, rey de España, y madre de Felipe III. || ~ **de Austria** (1601-1666), hija de Felipe III de España, esposa de Luis XIII de Francia y regente durante la minoría de su hijo Luis XIV. || ~ **de Cleves** (1515-1557), cuarta esposa de Enrique VIII de Inglaterra. || ~ **Estuardo** (1665-1714), hija de Jacobo II, reina de Inglaterra desde 1702. Unió Escocia a Inglaterra con el nombre de Gran Bretaña (1707).

anabaptismo m. Secta de los anabaptistas.

anabaptista adj. Relativo a una secta religiosa del s. XVI, que defendía que los niños no debían ser bautizados antes de que lleguen al uso de razón. || Perteneciente a ella (ú. t. c. s.).

anabolizante adj. Dícese del fármaco que estimula el metabolismo proteico (ú. t. c. s. m.).

Anacaona, reina de Haití, ahorcada por los españoles en 1500 acusada de conspiración.

anacarado, da adj. Nacarado.

anacardiáceas f. pl. Familia de plantas que tiene por tipo el anacardo (ú. t. c. adj.).

anacardo m. Árbol de la América tropical, de fruto comestible.

anacoluto m. *Gram.* Elipsis que deja una palabra o un giro sin concordancia con la frase.

anaconda f. Boa americana.

Anaconda, c. de Estados Unidos (Montana). Minas de cobre.

anacoreta com. Persona que vive en lugar solitario dedicada a la vida contemplativa y a la penitencia.

Anacreonte, poeta lírico griego (560-478 a. de J. C.).

anacrónico, ca adj. Que padece anacronismo.

anacronismo m. Error de cronología. || Cosa impropia de las costumbres de una época : *gastar monóculo es un anacronismo.*

ánade am. *Zool.* Pato.

Anadir, río de la U. R. S. S. (Siberia), que des. en el mar de Bering por el golfo de este n. ; 1 145 km.

anaerobio, bia adj. Aplícase al microorganismo que puede vivir y desarrollarse sin el aire, y en especial sin oxígeno (ú. t. c. s. m.).

anafase f. *Biol.* Tercer estadio de la división de las células por mitosis.

anafe m. Hornillo portátil, infiernillo. || *Méx.* Fogón de una cocina.

Anagni, c. de Italia (Lacio).

anagrama m. Palabra resultante de la transposición de letras de otra : *amor, Roma ; diosa, asido ; gato, toga.*

Anaheim c. de los Estados Unidos (California).

Anáhuac, n. aplicado en un principio al valle de México, y actualmente a la parte sur de la meseta central mexicana.

anal adj. *Zool.* Relativo al ano.

anales m. pl. Relación de sucesos por años : *los "Anales de la Corona de Aragón" de Jerónimo Zurita.* || *Fig.* Crónica : *anales del crimen.*

Anales, obra de Tácito (s. II).

analfabetismo m. Falta de instrucción elemental en un país.

analfabeto, ta adj. y s. Que no sabe leer ni escribir.

analgesia f. *Med.* Falta o supresión de toda sensación dolorosa.

analgésico, ca adj. Relativo a la analgesia. || Que produce analgesia o calma el dolor (ú. t. c. s. m.).

análisis m. Separación y distinción de las partes de un todo hasta llegar a conocer sus principios constitutivos : *análisis químico, espectral.* || *Fig.* Examen de un libro o escrito. || *Fil.* Método que va de lo compuesto a lo sencillo. || Estudio de las palabras de una cláusula, indicando el género, número y atribuciones de cada una : *análisis gramatical.* || *Mat.* Arte de resolver problemas por álgebra. || *Med.* Examen químico o bacteriológico de los humores, secreciones o tejidos con un fin de diagnóstico. || En informática, primera etapa de la programación de lo que tiene que resolver un ordenador.

analista com. Autor de anales. || Persona que hace análisis. || Especialista de informática que, en la primera etapa de la programación, realiza el análisis del problema planteado para la elaboración del programa de un ordenador.

analístico, ca adj. Relativo a los anales.

analítico, ca adj. Relativo al análisis. || Que procede por medio del análisis. || *Geometría analítica,* aplicación del álgebra a la geometría.

analizable adj. Que puede analizarse.

analizador, ra adj. y s. Que analiza. || v. t. Hacer un análisis.

analogía f. Similitud : *hay una gran analogía en los dos casos.* || *Gram.* Parte de la gramática que trata de los accidentes y propiedades de las palabras consideradas aisladamente. || *Por analogía,* según la relación existente.

analogismo m. Razonamiento por analogía o comparación.

análogo, ga adj. Que tiene analogía o similitud con otra cosa.

Anam, región central del Vietnam, entre Tonquín y Cochinchina.

anamita adj. y s. De Anam.

ananás m. Planta bromeliácea, de fruto muy fragante y carnoso en forma de piña o una corona de hojas. (Pl. *ananaes o ananases*).

Ananea, nevado del S. del Perú (Puno) ; 5 852 m.

Anápolis, mun. del Brasil (Goiás).

Anapurna, macizo y pico del Himalaya ; 8 078 m.

anaquel m. Estante de un armario.

anaranjado, da adj. Que tiene color de naranja. || — M. Dicho color.

anarco y **anarcoide** adj. *Fam.* Anarquista (ú. t. c. s.).

anarcosindicalismo m. Anarquismo que da a los sindicatos un papel esencial en la lucha por el poder.

anarcosindicalista adj. Del anarcosindicalismo (ú. t. c. s.).

anarquía f. Ausencia de gobierno. || *Fig.* Desorden, confusión.

anárquico, ca adj. Relativo a la anarquía. || Desordenado, sin orden.

anarquismo m. Doctrina política y social que preconiza la completa libertad del individuo, la supresión de la propiedad privada y la abolición del Estado.

anarquista adj. Propio del anarquismo o de la anarquía. || — Com. Partidario de la anarquía o anarquismo.

anarquizar v. t. Dar carácter anarquista. || — V. i. Propagar el anarquismo.

Anastasio el Pollo. V. CAMPO (Estanislao del).

anatema m. Excomunión. || *Por ext.* Maldición, imprecación.

anatematizar v. t. Imponer el anatema. || Maldecir a uno. || *Fig.* Reprobar o condenar por mala a una persona o cosa.

Anatolia, penins. occidental de Asia, llamada tb. *Asia Menor.*

anatomía f. Ciencia que tiene por objeto dar a conocer el número, estructura, situación y relaciones de las diferentes partes de los cuerpos orgánicos : *anatomía humana, animal, vegetal.*

anatómico, ca adj. Relativo a la anatomía. || — M. y f. Anatomista.

anatomista com. Profesor de anatomía.

anatomizar v. t. Hacer la anatomía de un cuerpo.

Anaxágoras, filósofo presocrático griego (¿500 ?-428 a. de J. C.). Fue maestro de Pericles y Eurípides.

Anaximandro, filósofo jónico (610-547 a. de J. C.), discípulo de Tales.

Anaxímenes de Mileto, filósofo jónico (¿550 ?-480 a. de J. C.), último representante de la escuela de Mileto.

anca f. Cada una de las mitades laterales de la parte posterior de los animales : *anca de rana.* || Parte posterior de las caballerías.

Ancash, dep. del NO. del Perú ; cap. *Huarás.* Minas. Agricultura.

ancashino, na adj. y s. De Ancash (Perú).

Ancasti, estribación de los Andes en la Argentina (Catamarca).

ancestral adj. Relativo a los antepasados : *costumbre ancestral.*

ancestro m. Antepasado.

ancianidad f. Vejez.

anciano, na adj. y s. Dícese de la persona de mucha edad.

ancla f. *Mar.* Instrumento de hierro en forma de arpón o anzuelo doble para aferrar las embarcaciones al fondo del mar. || *Levar anclas,* zarpar.

anclaje m. *Mar.* Acción de anclar la nave. || Sitio donde se ancla. || Pago del derecho de anclar. || Fijación de un elemento de construcción : *anclaje de una puerta.*

anclar v. i. *Mar.* Echar el ancla para que la nave quede sujeta.

Ancohuma, pico de Bolivia (La Paz) ; 6 919 m.

Ancón, puerto del Ecuador (Guayas) ; petróleo. — Pobl. del Perú (Lima). Centro arqueológico. El *Tratado de Ancón* (1883) puso fin a la guerra del Pacífico entre Chile y Perú.

Ancona, c. y puerto de Italia en el Adriático, cap. de la prov. homónima (Marcas). Arzobispado.

Ancona (Eligio), novelista mexicano (1835-1893).

áncora f. Ancla. || Pieza de relojería que regula el escape. || *Fig.* Amparo en un peligro o infortunio : *áncora de salvación.*

Ancoraimes, c. y puerto de Bolivia (La Paz), en el lago Titicaca.

Ancud, golfo de Chile. — C. y puerto de Chile en la X Región (Los Lagos) y en la prov. de Chiloé, cap. de la com. de su n. Obispado.

ancuditano, na adj. y s. De Ancud (Chile).

Anchan. V. NGANCHAN.

anchar v. t. e i. Ensanchar (ú. t. c. pr.).

Anchieta (José de), jesuita español (1533-1597), llamado el *Apóstol del Brasil.*

ancho, cha adj. Que tiene anchura o la tiene excesiva. || Holgado, amplio. || — M. Anchura : *el ancho de una tela.* || — *A sus anchas,* con toda la comodidad. || *Estar o ponerse uno muy ancho o tan ancho,* ufanarse. || *Quedarse tan ancho,* no preocuparse por lo dicho o hecho.

anchoa f. Boquerón, pez.

Anchorage, c. y puerto de Estados Unidos al S. de Alaska. Base aérea.

Anchorena (Tomás Manuel de), político argentino (1780-1847).

anchura f. Latitud, lo que se opone a longitud. || Amplitud, extensión. || *Fig.* Libertad, soltura. || Elevación : *anchuras de miras.*

anchuroso, sa adj. Muy ancho.

Andacollo, pobl. de Argentina (Neuquen). — C. de Chile en la IV Región (Coquimbo) y en la prov. de Elquí, cap. de la com. de mismo n. — Centro minero de Chile (Atacama).

andadas f. pl. Huellas. || *Fig. Volver a las andadas,* reincidir en un vicio o mala costumbre.

andaderas f. pl. Aparato para que el niño aprenda a andar.

andador, ra adj. y s. Que anda mucho o con prisa : *caballo andador.* || Que anda de una parte a otra sin parar en ninguna. || — M. pl. Tirantes para sostener al niño que aprende a andar.

andadura f. Acción de andar.

Andagoya (Pascual de), conquistador español (1495-1548), que se distinguió en Panamá y Perú.

Andalucía, región del S. de España,

34

dividida en ocho prov.: *Huelva,
Cádiz, Sevilla, Málaga, Almería, Granada, Jaén* y *Córdoba.* Colonizada por
fenicios, griegos, cartagineses y romanos, que la llamaron *Bética,* llegó a su
mayor esplendor con los árabes (Califato de Córdoba, reinos de Sevilla y
Granada). En 1982 se aprobó un estatuto que convierte a esta región en
una Comunidad Autónoma, cuya capital es Sevilla.

andalucismo m. Palabra o giro propios del castellano hablado en Anda-
lucía. || Amor o apego a las cosas de
Andalucía. || Doctrina favorable a la
autonomía de Andalucía.

andalucista adj. y s. De Andalucía.
(España). || Partidario de la autonomía
de Andalucía.

andaluz, za adj. y s. De Andalucía
(España).

Andamán (ISLAS), archip. del golfo
de Bengala, al sur de Birmania, que
forma, con las islas Nicobar, un territorio de la India; cap. *Port Blair.*

andamiaje m. Conjunto de anda-
mios. || *Fig.* Estructura de algo.

andamiar v. t. Poner andamios.

andamio m. Armazón provisional de
tablones o vigas metálicas levantado
delante de una fachada para facilitar
la construcción, la reparación o la
pintura de muros y paredes, etc.:
andamio metálico.

andanada f. Descarga cerrada de
toda la batería de cualquiera de los
dos costados de un buque de guerra.
|| Localidad cubierta y con gradas en
las plazas de toros. || *Fig.* Reprensión
severa: *soltar una andanada.*

andante adj. Que anda. || *Caballero
andante,* el que viajaba en busca de
aventuras. || — M. *Mús.* Composición
moderadamente lenta. || — Adv. *Mús.*
Despacio.

andanza f. Caso, suceso.

andar v. i. Ir de un lugar a otro
dando pasos. || Moverse lo inani-
mado: *andar la nave, un astro.* ||
Funcionar un mecanismo: *anda el
reloj.* || *Fig.* Estar: *andar uno bueno
o malo, alegre o triste.* || Pasar o
correr el tiempo: *andan los días, los
meses, los años.* || Con la prep. a,
dar: *andar a palos.* || Con las prep.
con o sin, tener o padecer: *andar
con miedo.* || Seguido de con, mane-
jar: *andar con pólvora.* || Con la
prep. en, hurgar: *andar en un cajón;*
meterse en algo: *andar en pleitos;*
estar para cumplir: *andar en los
treinta años.* || Antepuesto a un gerun-
dio, denota lo que éste significa:
anduvo comiendo. || *Fam.* Ir: ¡ *anda,
márchate!, ¡anda, vete!* || — *Fig.
Andar tras algo,* pretenderlo. || *Andar
tras alguno,* buscarlo. || — V. t.
Recorrer: *andar tres kilómetros.* ||
— V. pr. Marcharse. || Con las prep. con
o en, usar, emplear: *andarse con
bromas, con circunloquios.*

andar m. Andadura. || Modo o
manera de proceder. || — Pl. Manera
de andar: *andares felinos.*

andariego, ga adj. y s. Andador.

andarivel m. Maroma tendida entre
las orillas de un río para guiar una
embarcación.

andas f. pl. Tablero con dos varas
para llevar algo en hombros.

andén m. En las estaciones de ferrocarriles, del metro, acera a lo largo de
la vía. || Muelle de un puerto. || *Per.*
Terraza, bancal en un monte. || *Amer.*
Acera de calle.

Anderlecht, suburbio de Bruselas.

Andersen (Hans Christian), escritor
danés (1805-1875), autor de *Cuentos
de hadas.*

Anderson (Carl David), físico norteamericano, n. en 1905, que descu-
brió el positrón. (Pr. Nobel, 1936.) ||
~ (SHERWOOD), novelista norteamericano (1876-1941), autor de *Winesburg
Ohio, Pobre blanco,* etc. || — **Imbert**
(ENRIQUE), escritor argentino, n. en
1910, autor de cuentos (*El gato de
Chesire, La botella de Klein*) y estudios (*Historia de la literatura hispanoamericana*).

Andes, cordillera de América del Sur
que se extiende desde el mar de las
Antillas o Caribe hasta la Antártica,
bordea la costa del Pacífico y termina
en el mar de las Antillas; más de
7 500 km de longitud; altura media,

4 500 m. De actividad volcánica muy
importante, sus conos más elevados
son los de *Cotopaxi, Chimborazo,
Aconcagua* y *Ojos del Salado.* || —
(Los), prov. de Bolivia (La Paz); cap.
Villa Pucarani. — C. de Chile en la
V Región (Valparaíso), cap. de la prov.
y de la com. del mismo n.

andesita f. *Geol.* Roca volcánica en
los Andes.

Andhra Pradesh, Estado del E. de
la India a orillas del golfo de Bengala;
cap. *Hyderabad.*

Andijan, c. de la U. R. S. S. (Uzbekistán). Centro de una región agrícola
(algodón). Cuenca petrolífera.

ANDES

35

andinismo m. *Amer.* Deporte de montaña en los Andes.

andinista com. Que practica el andinismo.

andino, na adj. y s. Relativo a la cordillera de los Andes.

Andino *(Pacto):* V. PACTO ANDINO.

Andoain, v. de España (Guipúzcoa).

andoba m. y f. *Fam.* Individuo.

Andong V. NGANTONG

andorga f. *Fam.* Barriga.

Andorra, pequeño principado de los Pirineos, al N. de la prov. española de Lérida, desde 1607 bajo la soberanía del obispo de La Seo de Urgel (España) y del jefe del Estado francés ; 465 km² ; 28 500 h. Cap. *Andorra la Vella* ; 7 500 h. Turismo.

andorrano, na adj. y s. De Andorra.

andova n. y f. *Fam.* Andoba.

Andrada e Silva (José Bonifacio de), político y escritor brasileño (1765-1838), prócer de la Independencia en su país.

Andrade (Carlos Drummond de), escritor brasileño, n. en 1902, autor de poesías *(Sentimiento del mundo)* y cuentos *(La bolsa o la vida).* ‖ ~ (MARIO DE), escritor brasileño (1893-1945), autor de novelas *(Macunaíma)*, cuentos, poesías, obras de crítica, ensayos, reforma de la música. ‖ ~ (OLEGARIO VÍCTOR), poeta argentino (1841-1882), autor de *El nido de cóndores, Prometeo, San Martín, Atlántida, El arpa perdida, La noche de Mendoza, La libertad de América,* etc. ‖ ~ (OSWALD DE), escritor brasileño (1890-1954), autor de poesías, novelas, obras de teatro y ensayos.

andrajo m. Pedazo roto o jirón de la ropa. ‖ *Fig.* y *despect.* Persona o cosa despreciable.

andrajoso, sa adj. y s. Lleno de andrajos.

Andrés *(San),* apóstol, hermano de San Pedro. Predicó en Patrás. Fue crucificado en una cruz en forma de X. Fiesta el 30 de noviembre.

Andria, c. del SE. de Italia (Pulla).

Andrinópolis o **Adrianópolis, en** turco *Edirne,* c. de Turquía (Tracia).

androceo m. Tercer verticilo de la flor, formado por los estambres.

Androcles, esclavo romano entregado a las fieras y respetado por un león al que había extraído un día una espina.

andrógeno m. Hormona masculina.

Andrómaca, esposa de Héctor. Tras la caída de Troya fue esclava de Pirro.

Andrómeda, constelación septentrional.

Andrómeda, hija de Cefeo, rey de Etiopía, y de Casiopea. Esposa de Perseo, que la había librado de un monstruo marino. *(Mit.)*

Andrónico. ‖ ~ I Comneno (1122-1185), emperador bizantino en 1183, asesinó a Alejo II y fue derribado por Isaac II Ángel. ‖ ~ II *Paleólogo* (1258-1332), emperador bizantino (1282-1328). Fue expulsado del trono por los turcos. ‖ ~ III *el Joven* (1295-1341), nieto del anterior, se rebeló contra él y lo obligó a abdicar (1328). ‖ ~ IV *Paleólogo* (1348-1385), emperador bizantino que se sublevó contra su padre Juan V (1376). Su desastroso reinado duró sólo tres años.

Andropov (Yuri), político soviético (1914-1984), secretario general del Partido Comunista a la muerte de Brejnev (1982). Llevó a cabo una nueva política económica y de descentralización.

Andros, isla griega de las Cícladas.

Andújar, c. de España (Jaén).

andujareño, ña adj. y s. De Andújar (España).

andurrial m. pl. *Fam.* Paraje extraviado o fuera de camino. U. m. en pl. : *¿ qué haces por estos andurriales ?*

anea f. Planta tifácea semejante a la espadaña.

anécdota f. Relación breve de un suceso curioso.

anecdotario m. Colección de anécdotas.

anecdótico, ca adj. Relativo a la anécdota. ‖ Poco importante, no esencial.

anegadizo, za adj. Que se anega.

anegar v. t. Inundar : *anegar un terreno.* ‖ Ahogar en el agua (ú. t. c. pr.). ‖ *Fig.* Abrumar.

anejo, ja adj. Anexo, dependiente : *local anejo.* ‖ ~ M. Cosa sujeta a otra principal.

anélidos m. pl. *Zool.* Animales vermiformes de cuerpo blando con anillos, y de sangre roja, como la lombriz (ú. t. c. adj.).

anemia f. *Med.* Empobrecimiento de la sangre.

anémico, ca adj. Relativo a la anemia. ‖ Que padece anemia (ú. t. c. s.).

anémona o **anemone** f. Planta ranunculácea de flores grandes. ‖ Su flor.

anestesia f. *Med.* Privación general o parcial de la sensibilidad, ya por efecto de un padecimiento ya producida artificialmente.

anestesiar v. t. *Med.* Provocar la anestesia.

anestésico, ca adj. Dícese de las sustancias como el éter, cloroformo, etc., que tienen la propiedad de causar anestesia (ú. t. c. s. m.).

anestesiólogo, ga m. y f. Especialista en anestesia.

anestesista com. Médico o auxiliar que administra la anestesia.

Aneto (PICO DE), cima de los Pirineos españoles (Huesca) ; 3 404 metros.

aneurisma m. *Med.* Tumor sanguíneo en las paredes de una arteria.

anexar v. t. Anexionar.

anexión f. Acción de anexionar.

anexionar v. t. Unir una cosa a otra con dependencia de ella.

anexionismo m. Doctrina imperialista que defiende las anexiones territoriales.

anexionista adj. Relativo al anexionismo. ‖ Partidario del anexionismo (ú. t. c. s.).

anexo, xa adj. y s. m. Unido a otra cosa y dependiente de ella.

anfetamina f. Medicamento, del tipo de la efedrina, estimulante del sistema nervioso.

anfibio, bia adj. Dícese de los animales y plantas que pueden vivir indistintamente en el agua y en la tierra (ú. t. c. s. m.). ‖ *Fig.* Que se desarrolla en tierra y mar : *operación militar anfibia.* ‖ Dícese del vehículo o del aparato que puede funcionar lo mismo en tierra que en el agua o en el aire : *coche anfibio.*

anfibología f. Doble sentido, manera de hablar a que puede darse más de una interpretación. ‖ Ambigüedad.

anfibológico, ca adj. De doble sentido.

anfictionía f. Asamblea a la que enviaban delegados las antiguas ciudades griegas confederadas para tratar asuntos políticos y religiosos.

Anfisa, c. del centro de Grecia, al O. del Parnaso, hoy *Salona.*

anfiteatro m. Edificio de figura redonda u oval con gradas alrededor. ‖ Conjunto de asientos en gradas semicirculares. ‖ Valle o depresión de terreno de forma circular y con laderas escalonadas.

anfitrión, ona adj. Que hace de anfitrión : *país anfitrión.* ‖ Que invita o convida (ú. t. c. s.).

Anfitrión, hijo de Alceo, rey de Tirinto, esposo de Alcmena. *(Mit.)*

Anfitrite, divinidad griega del Mar, esposa de Poseidón, madre de Tritón y de las Ninfas.

ánfora f. Cántaro de dos asas.

anfractuosidad f. Cavidad profunda y desigual.

Angamos, cabo cerca de Mejillones (Chile), teatro en 1879 de la heroica defensa del acorazado peruano *Huáscar* contra la armada chilena.

Angará, río de la U. R. S. S. (Siberia), que atraviesa el lago Baikal y es afl. del Yenisei ; 1 826 km.

Angaraes, prov. de Perú (Huancavelica) ; cap. *Lircay.*

angarillas f. pl. Andas.

Angarsk, c. de la U. R. S. S. (Rusia), a orillas del río del mismo n.

ángel m. Cualquiera de los espíritus celestes que pertenecen al último de los nueve coros. ‖ Por antonomasia, el Arcángel San Gabriel. ‖ *Fig.* Gracia, simpatía, atractivo : *Persona muy dulce.* ‖ *Ángel custodio* o *de la guarda,* el que Dios ha señalado a cada persona para su guarda. ‖ *Fam. Mal ángel,* persona que tiene el don de desagradar. ‖ *Fig. Tener ángel,* tener el don de agradar.

Ángel Etcheverri, pobl. de la Argentina (La Plata).

Ángela de Mérici *(Santa),* franciscana italiana (1474-1540). Fundó las Ursulinas (1535). Fiesta el 31 de mayo.

Ángeles, bahía de México, en la costa occidental del golfo de California. ‖ ~ (Los), c. del SO. de Estados Unidos (California), a orillas del río homónimo. Arzobispado. Universidad. Industrias. En sus alrededores se encuentra Hollywood, centro de la cinematografía. — C. del centro de Chile, en la VIII Región (Biobío), cap. de la prov. de Biobío y de la com. que lleva su n. Obispado. ‖ ~ **Custodios,** V. PUERTO CASADO.

angelical adj. Relativo a los ángeles. ‖ Que parece de ángel.

angélico, ca adj. Angelical.

Angélico (Fra Giovanni DA FIÉSOLE), pintor italiano (¿ 1400 ?-1455).

angelino, na adj. y s. De Los Ángeles (Chile).

angelote m. *Fig.* Niño. ‖ *Fig.* Figura grande de ángel. ‖ *Fig.* y *fam.* Niño muy gordo y tranquilo. ‖ Persona sencilla.

ángelus m. Oración que se reza por la mañana, al mediodía y al anochecer en honor de la Encarnación. ‖ Toque de oraciones.

Angers [anyé], c. del O. de Francia, a orillas del Maine, cap. del dep. de Maine-et-Loire. Obispado. Industrias.

angevino, na adj. y s. De Anjou o de Angers (Francia).

angina f. *Med.* Inflamación de la garganta. ‖ *Angina de pecho,* afección de la región precordial de origen cardiaco.

angioma m. *Med.* Tumor generalmente congénito, antojo, lunar.

angiospermas f. pl. Plantas cuya semilla está envuelta por un pericarpio (ú. t. c. adj.).

Angkor, pobl. de Camboya Occidental. Imponentes ruinas del arte kmer (s. IX-XII).

Anglada Camarasa (Hermenegildo), pintor posimpresionista español (1872-1959).

Anglés, v. de España (Gerona).

Anglés (Higinio), musicólogo español (1888-1969).

anglicanismo m. Conjunto de las doctrinas de la religión reformada predominante en Inglaterra desde el reinado de Enrique VIII.

anglicano, na adj. Relativo o perteneciente al anglicanismo. — M. y f. Persona que profesa el anglicanismo.

anglicismo m. Afición a lo inglés. ‖ Giro, vocablo o modo de hablar propio de la lengua inglesa y empleado en otra.

anglicista com. Especialista en lengua o cultura inglesas.

anglo, gla adj. y s. Individuo de un ant. pueblo germánico que invadió Gran Bretaña (s. VI) y dio su nombre a Inglaterra.

angloamericano, na adj. y s. Relativo a ingleses y norteamericanos. ‖ Dícese del inglés nacido en América. ‖ De Estados Unidos. ‖ Perteneciente a ellos.

angloárabe adj. y s. Dícese de un caballo que tiene mezcla de las razas inglesa y árabe.

anglófilo, la adj. y s. Amigo de los ingleses (ú. t. c. s.).

anglofobia f. Aversión a lo inglés o a Inglaterra.

anglófobo, ba adj. Que tiene odio a Inglaterra o a los ingleses (ú. t. c. s.).

anglófono, na adj. y s. Que habla inglés.

anglomanía f. Afición exagerada a las costumbres inglesas.

anglómano, na adj. y s. Que adolece de anglomanía.

Anglonormandas (ISLAS), archip. británico del Canal de la Mancha junto a la costa de Normandía. Las principales islas son Jersey, Guernesey y Alderney.

anglosajón, ona adj. y s. De los anglosajones y, por ext., de los pueblos de raza inglesa. ‖ — M. Lengua germánica hablada por los anglosa-

36

jones. ‖ — M. pl. Nombre genérico de los grupos germánicos que invadieron y colonizaron Inglaterra a partir del s. v.

Angol, c. de Chile en la IX Región (Araucanía), cap. de la prov. de Malleco y de la com. de su n. (Hab. *angolinos.*) Lavaderos de oro.

Anguila, isla de las Antillas, al NO. de Guadalupe ; 91 km². Es un territorio asociado a Gran Bretaña desde 1980.

angula f. Cría de anguila.

angular adj. De figura de ángulo, que tiene ángulos : *arteria angular.* ‖ *Piedra angular, la* principal de un edificio ; (fig.) base. ‖ — M. Objetivo

piración frecuente y fatigosa. ‖ Que siente anhelo por una cosa.

anhidrido m. Óxido que forma un ácido al combinarse con el agua.

anhidro, dra adj. *Quím.* Aplícase a los cuerpos sin agua : *sales anhidras.*

Anhui V. NGANHUEI.

Aníbal, general cartaginés (247-183 a. de J. C.), hijo de Amílcar Barca. Tras conquistar Sagunto (219), aliada de los romanos y cuyos habitantes prefirieron la muerte a la rendición, atravesó España, las Galias y los Alpes por el monte Genevre y derrotó a los romanos en Tesino, Trebia, Trasimeno y Cannas (218-216). De regreso a África para defender su patria, fue vencido en Zama (202) por Escipión el Africano.

anidar v. i. Hacer su nido : *la golondrina anida en los tejados* (ú. t. c. pr.). ‖ *Fig.* Morar, habitar, vivir en alguna parte (ú. t. c. pr.). ‖ — V. t. *Fig.* Abrigar : *anidar malos sentimientos.*

anilina f. *Quím.* Alcaloide artificial, líquido, incoloro, que se saca de la hulla.

anilla f. Anillo de colgaduras. ‖ — Pl. Aros, pendientes de cuerdas, para ejercicios de gimnasia. ‖ Este ejercicio.

anillado, da adj. De forma de anillo. ‖ — Adj. y s. m. Anélido. ‖ — M. Sujeción con anillos.

anillar v. t. Dar forma de anillo. ‖ Sujetar con anillos.

anillo m. Aro pequeño. ‖ Sortija : *anillo de boda.* ‖ *Arq.* Collarino de columna. ‖ *Zool.* Cada una de las divisiones en que tienen partido el cuerpo ciertos animales. ‖ — *Astr. Anillo de Saturno,* círculo que rodea a este planeta. ‖ *Anillo pastoral,* el que lleva una piedra grabada y usan los obispos. ‖ *Fig. Como anillo al dedo,* con oportunidad.

Anillo de los Nibelungos (El), drama lírico de Wagner, dividido en cuatro partes (*El oro del Rin, La Walkiria, Sigfrido y El crepúsculo de los dioses*).

ánima f. Alma : *ánima bendita, del Purgatorio.* ‖ Hueco del cañón de un arma.

animación f. Acción y efecto de animar o animarse. ‖ Vivacidad. ‖ Concurso de gente. ‖ Alegría.

animado, da adj. Dotado de vida. ‖ *Fig.* Divertido, concurrido : *la verbena estuvo muy animada.* ‖ Movido de : *animado de buenos sentimientos.* ‖ *Dibujos animados,* sucesión de dibujos que, cinematografiados, dan la ilusión del movimiento.

animador, ra adj. y s. Que anima o excita. ‖ — M. y f. Persona que presenta un programa artístico.

animadversión f. Enemistad, odio.

animal m. Ser orgánico que vive, siente y se mueve voluntariamente o por instinto : *el hombre es un animal dotado de razón.* ‖ Ser irracional por oposición al hombre. ‖ — Adj. Relativo al animal : *funciones animales.* ‖ *Fig.* Dícese de la persona muy ignorante, grosera o necia (ú. t. c. s. m.).

animalada f. Burrada, necedad.

animalidad f. Calidad o condición de animal.

animalismo m. Animalidad.

animalista adj. Dícese del pintor o escultor de animales (ú. t. c. s.).

animalizar v. t. Convertir los alimentos en materia apta para la nutrición. ‖ Convertir en ser animal. ‖ — V. pr. Embrutecerse.

animar v. t. Dar la vida. ‖ *Fig.* Incitar, alentar. ‖ Dar fuerza y vigor. ‖ Hacer que una obra de arte parezca dotada de vida : *animar el escultor el mármol.* ‖ Alegrar : *le animé con la noticia.* ‖

alturas : 500. 1000. 1500 m

ANGOLA

Angola, ant. *África Occidental Portuguesa,* Estado en la costa SO. de África : 1 246 700 km² ; cap. *Luanda,* 500 000 h. Portugués hasta 1975. Actualmente el país es una República Popular.

angolano, na, angoleño, ña y **angolés, esa** adj. y s. De Angola, país de África.

angolino, na adj. y s. De Angol (Chile).

angora com. Gato, conejo o cabra originarios de Angora o Ankara (Turquía).

angosto, ta adj. Estrecho.

angostura f. Calidad de angosto.

Angostura, ant. n. *de Ciudad Bolívar,* población en la que el Libertador reunió a los delegados de las provincias libres de Venezuela, Casanare y Nueva Granada (1819). Este *Congreso de Angostura* fue fundamental en el movimiento emancipador.

angra f. Ensenada, bahía.

Angra ‖ ~ **do Heroísmo,** c. de las islas Azores (Terceira). Obispado. ‖ ~ **dos Reis,** mun. y c. del Brasil (Río de Janeiro).

angström m. Unidad de medida de las longitudes de onda (diezmillonésima parte de un mm).

anguila f. Pez de agua dulce cilíndrico y cubierto de una sustancia viscosa. ‖ *Anguila de mar,* congrio.

de una cámara fotográfica para captar las imágenes según cierto ángulo.

Angulema, c. de Francia, cap. del dep. de Charente. Obispado.

Angulema *(Duque de),* hijo primogénito de Carlos X de Francia (1775-1844), jefe de la expedición que restauró el absolutismo en España (1823).

ángulo m. *Geom.* Abertura formada por dos líneas que parten de un mismo punto. ‖ Esquina o arista. ‖ Rincón que se forma entre dos paredes. ‖ Porción indefinida de plano limitada por dos líneas. ‖ *Fig.* Punto de vista, aspecto que sirve para hacer una consideración.

Ángulo Guridi (Javier), patriota y poeta dominicano (1816-1884), de inspiración indigenista.

angulosidad f. Calidad de anguloso.

anguloso, sa adj. Que tiene o forma ángulos.

angustia f. Aflicción, congoja.

angustiado, da adj. Afligido.

angustiar v. t. Causar angustia.

angustioso, sa adj. Lleno de angustia. ‖ Que causa o padece angustia.

Anhalt, región de Alemania Oriental, hoy en la República Democrática Alemana (Sajonia-Anhalt).

anhelante adj. Que anhela.

anhelar v. i. y t. Ansiar una cosa.

anhelo m. Deseo vehemente.

anheloso, sa adj. Aplícase a la res-

A B opuestos por el vértice

AB-CD alternos-internos
FH-GE alternos-externos
EB-CH-FD-AG correspondientes

ÁNGULOS

agudo · recto · obtuso · complementarios · suplementarios · adyacentes · diedro · bisectriz

Dar movimiento, alegría y vida: *animar una feria, una fiesta.* || — V. pr. Cobrar ánimo y esfuerzo: *animarse el público.* || Atreverse.

Ánimas, sierra del Uruguay, entre los dep. de Lavalleja y Maldonado. — Volcán de Colombia ; 4 242 m.

anímico, ca adj. Del alma.

animismo m. *Fil.* Doctrina que considera el alma como principio· de acción de los fenómenos vitales.

animista adj. Relativo al animismo. || Partidario del animismo (ú. t. c. s.).

ánimo m. Alma o espíritu. || Valor, energía : *hay que tener mucho ánimo para hacerlo.* || Intención, voluntad : *lo hice con ánimo de consolarle.* || Pensamiento : *por mi ánimo pasan ideas muy tristes.* || — Interj. Usada para alentar, enardecer a alguien.

animosidad f. Aversión, odio.

animoso, sa adj. Que tiene ánimo o valor : *hombre animoso.*

aniñado, da adj. Pueril.

anión m. *Electr.* Ion cargado negativamente.

aniquilación f. Acción y efecto de aniquilar o aniquilarse.

aniquilador, ra adj. y s. Que aniquila.

aniquilamiento m. Aniquilación.

aniquilar v. t. Reducir a la nada, destruir por entero : *aniquilar un ejército.* || *Fig.* Anonadar, apocar : *aniquilar el ánimo.* || — V. pr. *Fig.* Deteriorarse mucho una cosa. | Anonadarse.

anís m. Planta umbelífera aromática. || Grano de anís bañado en azúcar. || Aguardiente de anís.

anisado m. Aguardiente de anís.

anisar v. t. Echar anís a una cosa.

anisotropía f. Calidad de anisótropo.

anisótropo, pa adj. *Fís.* Aplícase a los cuerpos que no son isótropos (ú. t. c. s. m.).

aniversario adj. Anual. || — M. Día en que se cumplen años de algún suceso. || Oficio fúnebre al año del fallecimiento.

Anjeo, en fr. *Anjou,* ant. prov. del O. de Francia ; cap. *Angers.*

Anjeo o **Anjou** (Felipe de), n. del rey Felipe V de España, primero de la dinastía borbónica. || ~ (RENATO DE). V. RENATO.

Anjero-Sudjensk, c. de la U. R. S. S. en Siberia (Rusia).

Ankara, ant. *Angora,* cap. de Turquía, en la meseta central de Anatolia ; 2 300 000 h. Centro industrial.

Anking. V. NGANKING.

Annaba, antes *Bona,* c. y puerto del NE. de Argelia. Metalurgia.

Annam. V. ANAM.

Annápolis, c. del E. de Estados Unidos, cap. del Estado de Maryland.

Annapurna. V. ANAPURNA.

Annecy, c. del SE. de Francia, cap. del dep. de Haute-Savoie. Obispado.

Annobón, de 1964 a 1979 *Pagalu,* isla de Guinea Ecuatorial (Bioko), a 200 km de Elobey Chico ; 18 km².

Annual, ant. posición española en Marruecos (Rif). Derrota de los españoles en 1921.

Annunzio (Gabriel D'), escritor italiano, n. en Pescara (1863-1938), autor de poesías (*Canto nuevo, La Quimera, Elogios del cielo, del mar, de la tierra y de los héroes*), novelas (*El placer, El fuego, El triunfo de la muerte*) y obras de teatro (*La ciudad muerta, La nave, Fedra*).

ano m. *Anat.* Orificio del recto.

anoche adv. En la noche de ayer.

anochecer v. i. Empezar a faltar la luz del día, venir la noche : *ya empieza a anochecer.* || Llegar o estar en un paraje determinado al empezar la noche : *anochecer en Málaga.*

anochecer m. y **anochecida** f. Tiempo durante el cual anochece.

anodino, na adj. Ineficaz, insustancial. || *Fig.* Insípido, sin gracia.

ánodo m. *Electr.* Polo positivo de un generador de electricidad.

anofeles adj. Aplícase al mosquito cuya hembra es trasmisora del paludismo (ú. t. c. s. m.).

Anoia. V. ANOYA.

anomalía f. Irregularidad, calidad de irregular. || *Anat.* Alteración orgánica : *anomalía congénita.*

anómalo, la adj. Irregular, extraño.

anona f. Árbol anonáceo propio de

los países tropicales de fruto comestible y sabor dulce. || Este fruto.

anonáceas f. pl. Familia de plantas dicotiledóneas que tienen por tipo la anona (ú. t. c. adj.).

anonadación f. o **anonadamiento** m. Aniquilamiento, abatimiento.

anonadar v. t. Aniquilar. || *Fig.* Apocar, abatir : *me anonadó esa noticia.* | Sorprender, maravillar.

anonimato m. Carácter anónimo.

anónimo, ma adj. Dícese del escrito sin nombre de autor o del autor de nombre desconocido (ú. t. c. s. m.). || *Sociedad anónima,* asociación comercial cuyos socios, desconocidos del público, sólo son responsables por el valor del capital aportado.

anorak m. Chaquetón impermeable con capucha.

anorexia f. *Med.* Inapetencia.

anormal adj. Irregular, contra la regla. || — Com. Persona cuyo desarrollo mental o físico es deficiente.

anormalidad f. Carácter de anormal.

anotación f. Acción y efecto de anotar. || Apunte.

anotador, ra adj. y s. Que anota.

anotar v. t. Poner notas en un escrito o cuenta. || Apuntar, tomar nota.

Anouilh (Jean), dramaturgo francés, n. en 1910, autor de *Pobre Bitos, Querido Antonio, Antígona, La alondra, Colombe, El papanatas, Becket,* etc.

anovulación f. Falta de ovulación durante un ciclo menstrual.

anovulatorio, ria adj. Relativo a la anovulación. || — M. Medicamento para impedir la ovulación.

Anoya, en cat. *Anoia,* comarca del NE. de España en Cataluña (Barcelona) ; cap. *Igualada.*

anquilosamiento m. Acción y efecto de anquilosarse.

anquilosar v. t. Causar anquilosis. || — V. pr. Fijarse las articulaciones. | *Fig.* Detenerse una cosa en su progreso.

anquilosis f. *Med.* Privación de movimiento en las articulaciones.

Anquises, príncipe troyano, fundador de Troya y padre de Eneas. *(Mit.)*

ansa f. Antigua confederación comercial de varias ciudades libres de Alemania.

ánsar m. Ave palmípeda.

ansarino m. Pollo de ánsar.

Anschluss, anexión de Austria a Alemania impuesta por Hitler de 1938 a 1945.

anseático, ca adj. Del ansa.

ansia f. Inquietud muy violenta, aflicción. || Anhelo : *ansia de riquezas.* || — Pl. Náuseas.

ansiar v. t. Desear con ansia.

ansiedad f. Inquietud del ánimo : *lo esperaba con ansiedad.* || *Med.* Angustia que acompaña algunas enfermedades.

ansioso, sa adj. Acompañado de ansia o congoja. || Que tiene ansia de algo : *ansioso de riquezas* (ú. t. c. s.).

Ansó, valle y ciudad de los Pirineos españoles (Huesca).

Ansoáin, mun. de España (Navarra).

anta f. *Zool.* Alce. || Menhir.

Antabamba, pobl. del Perú, cap. de la prov. homónima (Apurímac).

antagónico, ca adj. Que denota antagonismo.

antagonismo m. Oposición.

antagonista adj. *Anat.* Que obra en sentido opuesto : *músculos antagonistas.* || — Com. Persona o cosa opuesta : *es desde siempre mi antagonista en todos los juegos.*

Antakia. V. ANTIOQUÍA

Antalya, ant. *Adalia,* c. y puerto de Turquía, a orillas del Mediterráneo.

Antananarivo. V. TANANARIVE.

antaño adv. En el año pasado. || Por ext. En tiempo antiguo.

Antártica Chilena, territorio que, en la XII Región (Magallanes), corresponde a Chile en el continente antártico.

Antárticas (TIERRAS). V. POLARES *(Regiones).*

antártico, ca adj. Austral.

Antártida, continente comprendido en el interior del Círculo Polar Antártico ; 14 millones de km². Repartido entre Australia, Nueva Zelanda, Gran Bretaña, Chile, Argentina, Noruega y Francia. || ~ **Argentina,** sector de la

Antártida entre los meridianos 74° y 25°, hasta el polo Sur.

ante m. Anta, especie de ciervo. || Su piel adobada y curtida : *chaqueta de ante.* || Búbalo.

ante prep. En presencia de, 'delante de : *ante el juez.* || Respecto de : *ante las circunstancias.*

anteanoche adv. En la noche de anteayer.

anteayer adv. En el día inmediatamente anterior a ayer.

antebrazo m. Parte del brazo desde el codo hasta la muñeca.

antecámara f. Pieza que precede las principales de una casa. || Antesala, recibimiento.

antecedente adj. Que antecede. || — M. Acción anterior que sirve para juzgar hechos posteriores : *persona de buenos antecedentes.* || *Gram.* Primer término de la relación gramatical. | Nombre, pronombre o proposición a que hacen referencia los pronombres relativos.

anteceder v. t. Preceder. || Anticipar. || — V. i. Ir delante.

antecesor, ra adj. Anterior en tiempo. || — M. y f. Persona que precedió a otra en una dignidad, empleo, etc. || Antepasado.

antedatar v. t. Poner una fecha anterior a la verdadera.

antedicho, cha adj. Dicho antes o con anterioridad.

antediluviano, na adj. Anterior al diluvio. || *Fig.* Antiquísimo.

antehélice y **antehélix** m. Línea curva prominente en la cara externa del pabellón de la oreja.

antelación f. Anticipación.

antemano adv. De antemano, con anterioridad.

antemencionado, da adj. Mencionado antes.

antemeridiano, na adj. (lat. *ante meridiem*), adj. Anterior al mediodía.

antena f. *Electr.* Conductor metálico que permite emitir y recibir las ondas electromagnéticas : *antena emisora.*

anteojera f. Estuche para los anteojos. || — Pl. Tela o piel con que se tapan los ojos del caballo.

anteojo m. Instrumento de óptica para ver objetos lejanos. || — Pl. Cristales convexos o cóncavos, sujetos a una armazón metálica, que se colocan delante de los ojos para corregir los defectos de la visión.

antepasado, da adj. Anterior, pasado. || — M. Ascendiente. Ú. m. en pl. : *éstos son mis antepasados.*

antepecho m. Pretil que se pone en ciertos lugares para evitar caídas : *el antepecho de un puente, de una ventana.* || *Méx.* Tablero que se pone en lo alto de las ventanas para reducir la abertura de las hojas.

antepenúltimo, ma adj. Dícese del que está antes del penúltimo.

anteponer v. t. Poner inmediatamente antes. || Preferir.

anteportada f. Hoja que precede a la portada de un libro.

anteproyecto m. Trabajos preliminares para trazar el proyecto principal de una obra de arquitectura o de ingeniería. || Estudio preparatorio de un proyecto.

antepuerto m. *Mar.* Parte avanzada de un puerto artificial.

Antequera, c. del S. de España (Málaga). Cueva megalítica. — C. de México, muy cerca de Oaxaca. Archidiócesis de Antequera-Oaxaca.

Antequera y Castro (José de), abogado y patriota peruano n. en Panamá (1690-1731), fiscal de la Audiencia de Charcas. Juez pesquisidor en el Paraguay cuando la revolución de los comuneros (1723-1725). M. ejecutado.

antequerano, na adj. y s. De Antequera (España).

antera f. Parte del estambre de las flores que contiene el polen.

anterior adj. Que precede en lugar o tiempo : *página anterior.*

anterioridad f. Precedencia temporal de una cosa con respecto a otra. || Prioridad.

antes adv. Expresa prioridad de tiempo o lugar : *antes de amanecer, de llegar.* || Denota preferencia : *antes morir que capitular.* || — Conj. Más bien, por el contrario : *no teme la muerte, antes la desea.* || — Adj. Anterior : *el día antes.* || *De antes,* de tiempo anterior.

antesala f. Pieza situada delante de la sala principal de una casa. || *Fig.* Estado anterior a otro : *antesala de la agonía.* || *Hacer antesala,* esperar.

anti prefijo que expresa oposición o protección contra.

antiaéreo, a adj. Relativo a la defensa contra la aviación.

antialcohólico, ca adj. Contra el alcoholismo.

antialcoholismo m. Lucha contra el alcoholismo.

Antiatlas, cord. del Marruecos Meridional ; 2 531 m.

antiatómico, ca adj. Que se opone a los efectos de cualquier radiación y al de los proyectiles atómicos.

antiautoritarismo m. Doctrina que está en contra del autoritarismo.

antiautoritarista adj. En contra del autoritarismo.

antibalas adj. Contra las balas : *chaleco antibalas.*

Antibes [*antib*], c. del S. de Francia (Alpes-Maritimes).

antibiótico, ca adj. *Med.* Dícese de las sustancias químicas que impiden la multiplicación o desarrollo de los microbios. Ú. t. c. s. m. : *la estreptomicina y la penicilina son antibióticos.*

anticanceroso, sa adj. Adecuado para combatir el cáncer.

anticapitalismo m. Doctrina que se opone al sistema capitalista.

anticapitalista adj. y s. Hostil al sistema capitalista.

anticarro adj. *Mil.* Que se opone a la acción de los vehículos blindados.

anticiclón m. Área o centro de máxima presión barométrica.

anticipación f. Acción y efecto de anticipar o anticiparse. || *Con anticipación,* de antemano.

anticipado, da adj. Prematuro : *pago anticipado.* || *Por anticipado,* de antemano.

anticipador, ra adj. y s. Que anticipa.

anticipar v. t. Hacer que ocurra algo antes de tiempo : *anticipar un viaje.* || Liquidar una deuda antes del tiempo señalado : *anticipar un pago.* || Adelantar fechas o plazos : *anticipar los exámenes.* || Decir someramente algo que se explicará más detalladamente después : *sólo se pudo anticipar el resultado positivo de la encuesta.* || — V. pr. Adelantarse una persona a otra : *anticiparse a un rival.* || Ocurrir una cosa antes del tiempo regular : *anticiparse el invierno.*

anticipo m. Anticipación. || Dinero o pago anticipado : *me dio un anticipo del dinero que me debía desde hace más tres años.*

anticlerical adj. y s. Contrario al clericalismo.

anticlericalismo m. Oposición a la influencia del clero en los asuntos públicos.

anticlinal adj. Dícese de un plegamiento de terreno cuyas capas son convexas hacia arriba (ú. t. c. s. m.).

anticolonialismo m. Oposición al colonialismo.

anticolonialista adj. y s. Opuesto al colonialismo.

anticombustible adj. y s. m. Contrario a la combustión.

anticomunismo m. Oposición al comunismo.

anticomunista adj. y s. Opuesto al comunismo.

anticoncepcional adj. Anticonceptivo.

anticonceptivo, va adj. y s. m. Contra la fecundación : *medios anticonceptivos.*

anticonformismo m. Oposición a las costumbres establecidas.

anticonformista adj. y s. Que se opone a las costumbres establecidas o comúnmente admitidas.

anticongelante adj. Aplícase al producto añadido al agua del radiador de un motor para impedir su congelación. (ú. t. c. s. m.).

anticonstitucional adj. Contrario a la Constitución.

anticonstitucionalidad f. Lo que es contrario al espíritu y a la letra de una Constitución.

anticontaminación f. Lo que impide la contaminación.

anticorrosivo, va adj. Que impide la corrosión (ú. t. c. s. m.).

Anticosti, isla del Canadá (Quebec), en la desembocadura del río San Lorenzo ; 8 160 km². Llamada tb. *Isla de la Asunción.*

anticoyuntural adj. Opuesto a la coyuntura.

anticresis f. Contrato en que el deudor consiente a su acreedor el abandono del usufructo de una finca.

anticristo m. Impostor que, según el Apocalipsis, ha de aparecer poco antes del fin del mundo y será vencido por el propio Jesucristo.

anticuado, da adj. Fuera de uso.

anticuar v. t. Declarar antigua o sin uso una cosa. || — V. pr. Hacerse antiguo.

anticuario, ria m. y f. Persona que estudia las cosas antiguas o que las colecciona o las vende.

anticuchos m. pl. *Per.* Brochetas.

anticuerpo m. *Med.* Sustancia defensiva creada por el organismo y que se opone a la acción de las bacterias, toxinas, etc.

antidemocrático, ca adj. Opuesto a la democracia.

antidepresivo, va adj. Dícese de lo que actúa contra la depresión (ú. t. c. s. m.).

antidetonante adj. Aplícase a cualquier producto añadido a la gasolina para evitar la explosión prematura de la mezcla (ú. t. c. s. m.).

antidiabético, ca adj. *Med.* Que previene o cura la diabetes.

antidisturbios adj. Dícese de lo que se opone a los disturbios.

antidiurético, ca adj. Dícese de lo que disminuye la formación de la orina (ú. t. c. s. m.).

antidoping adj. inv. Dícese de lo que evita el uso de estimulantes para practicar un deporte.

antidoto m. Contraveneno.

antieconómico, ca adj. Contrario a los principios de la economía.

antiesclavista adj. y s. Enemigo de la esclavitud.

antiescorbútico, ca adj. Que combate el escorbuto (ú. t. c. s. m.).

antiestético, ca adj. No estético.

antifascista adj. y s. Hostil al sistema fascista.

antifaz m. Velo o máscara para cubrir la cara.

antifebril adj. Febrífugo.

antifernales adj. pl. *For.* Lo que el marido donaba a la mujer en compensación y garantía de la dote.

antifona f. Breve pasaje de la Sagrada Escritura que se canta o reza en los oficios antes y después de los salmos.

antifrasis f. *Ret.* Figura que consiste en dar a las palabras un sentido distinto del que tienen.

antigás adj. Que sirve contra la acción de los gases tóxicos.

antígeno m. Sustancia nociva al organismo (microbio, sustancia química u orgánica), que provoca la formación de anticuerpos.

Antígona, hija de Edipo y de Yocasta, hermana de Eteocles y Polinices, que sirvió de lazarillo a su padre ciego.

Antígono, rey de los judíos de 40 a 37 a. de J. C., el último de los Macabeos, destronado y muerto por Marco Antonio.

Antigua, isla de las Antillas Menores (Barlovento) ; cap. *Saint John's.* Cons-

tituye un Estado asociado a Gran Bretaña ; 442 km² ; 80 000 h. Éste está formado por las islas Antigua, Barbados y Redonda. || ~ (La), río de México (Veracruz). — Mun. de México (Veracruz). || ~ Guatemala, c. de Guatemala, cap. del dep. de Sacatepéquez, ant. cap. de la Gobernación General. Destruida por los terremotos en 1773.

antigualla f. Objeto de antigüedad remota. || Cosa pasada de moda.

antigubernamental adj. Contrario al Gobierno.

antigüedad f. Calidad de antiguo. || Tiempo antiguo. || Tiempo transcurrido desde el día en que se obtiene un empleo : *ascenso por antigüedad.* || — Pl. Monumentos u objetos de arte antiguos : *antigüedades asirias.*

antigüeño, ña adj. y s. De Antigua Guatemala.

antiguo, gua adj. Que existe desde hace mucho tiempo : *porcelana antigua ; tradición antigua.* || Pasado de moda, anticuado : *traje antiguo.* || Dícese del que lleva mucho tiempo en su empleo. || — M. *B. Art.* Conjunto de las obras maestras que nos quedan de la Antigüedad : *copiar del Antiguo.* || — Pl. Los que vivieron en otro tiempo.

Antiguo Morelos, v. y mun. de México (Tamaulipas).

antihéroe m. Personaje antagonista al héroe. || Protagonista de una obra literaria que no tiene las características tradicionales dadas al héroe.

antihigiénico, ca adj. Contrario a la higiene.

antiimperialismo m. Actitud o doctrina que se funda en la lucha contra el imperialismo.

antiimperialista adj. Hostil al imperialismo (ú. t. c. s.).

antiinflación f. Lo que disminuye la inflación.

antiinflacionista adj. Destinado a luchar contra la inflación.

antiinflamatorio, ria adj. Dícese del medicamento empleado para reducir la inflamación (ú. t. c. s. m.).

antijudío, día adj. Antisemita.

antijurídico, ca adj. Contrario al Derecho.

antilegal adj. Ilegal.

Antilia o **Antilla,** isla fabulosa del Atlántico, de la que tomó su nombre el archip. de las Antillas.

Antilíbano, cord. entre Siria y Líbano ; 2 629 metros.

antílope m. *Zool.* Rumiante bóvido de aspecto de ciervo.

Antilla. V. ANTILIA. — Mun. de Cuba (Holguín).

antillano, na adj. y s. De las Antillas.

Antillas, archip. situado entre América del Norte y del Sur, enfrente de América Central, de la que geológica y geográficamente forma parte. Se suele dividir en *Antillas Mayores* (Cuba, Jamaica, Puerto Rico, Haití y Santo Domingo) y *Antillas Menores,* llamadas tb. *Caribes,* divididas en islas de Barlovento (Granada, San Vicente, Granadinas, Barbados, Dominica, Santa Lucía, Guadalupe, Martinica) y de Sotavento (Trinidad, Tobago, Margarita, Curazao, Aruba, Bonaire, etc.). Hay que citar asimismo el archip. de las Lucayas o Bahamas. || ~ (MAR DE LAS). V. CARIBE (Mar). || ~ del Sur, n. dado a las islas del hemisferio austral, entre la Antártida y América del Sur, que continúan la línea orográfica de los Andes Fueguinos (isla de los Estados, Burwood, Roca Shag, Georgia del Sur, Sandwich y Shetland del Sur). [V. mapa de América Central.]

antimateria f. *Fís.* Materia hipotética que estaría constituida por antipartículas, del mismo modo que la materia lo está por partículas.

antimilitarismo m. Oposición al militarismo.

antimilitarista adj. Que se opone al militarismo (ú. t. c. s.).

antimisil adj. Dícese del sistema utilizado para neutralizar los misiles estratégicos del enemigo (ú. t. c. s. m.).

antimonárquico, ca adj. Contrario a la monarquía (ú. t. c. s.).

antimonio m. Metal blanco azulado brillante (Sb).

antineurálgico, ca adj. Dícese del 39

producto que alivia o cura las neuralgias (ú. t. c. s. m.).

antiniebla adj. inv. Que permite ver a través de la niebla : *faro-antiniebla.*

antinomia f. Contradicción entre dos leyes o principios racionales.

antinómico, ca adj. Contradictorio.

Antínoo, joven griego de Bitinia, de gran belleza, que fue el favorito del emperador Adriano.

antinuclear adj. Opuesto a la utilización de la energía nuclear.

Antíoco, n. de trece reyes seléucidas, entre los cuales : ANTÍOCO III *el Grande,* rey de Siria de 223 á 187 a. de J. C., vencedor de los partos y de los egipcios ; derrotado por los romanos. — ANTÍOCO IV *Epífanes,* rey de 175 a 164 a. de J. C., que combatió a los judíos.

antioqueño, ña adj. y s. De Antioquia (Colombia).

Antioquia, c. de Colombia, en el dep. homónimo. Obispado. Centro comercial. Fundada por Jorge Robledo en 1541. — Dep. de Colombia ; cap. *Medellín.* Minería (oro, plata, hierro).

Antioquia, en turco *Antakia,* c. de Turquía, ant. cap. de Siria, a orillas del río Orontes o Nar el-Así.

antipapa m. Papa cismático.

antipapista adj. y s. Que no reconoce la soberanía del Papa.

antiparásito o **antiparasitario, ria** adj. y s. m. Que se opone a la producción o a la acción de las perturbaciones que afectan la recepción de emisiones radiofónicas o televisadas.

antiparlamentarismo m. Oposición al régimen parlamentario.

antiparras f. pl. *Fam.* Gafas.

antipartícula f. *Fís.* Partícula elemental (positón o positrón, antiprotón, antineutrón) con propiedades opuestas a las de los átomos de los elementos químicos.

Antipas. V. HERODES.

Antípater o **Antipatro,** general macedonio (397-319 a. de J. C.), que gobernó Macedonia en ausencia de Alejandro Magno.

antipatía f. Repugnancia instintiva hacia alguien o algo.

antipático, ca adj. Que causa antipatía (ú. t. c. s.).

antipatizar v. t. *Amer.* Tener antipatía.

antipatriota com. No patriota.

antipatriótico, ca adj. Contrario al patriotismo.

antipatriotismo m. Carácter antipatriótico.

antipirético, ca adj. y s. m. *Med.* Febrífugo.

antípoda adj. Dícese de lo relativo a un lugar de la Tierra ò de una persona que se hallan en lugar diametralmente opuesto (ú. t. c. s. pl.) : *países antípodas ; los españoles son los antípodas de los neocelandeses.* || *Fig.* Aplícase a lo que es enteramente contrario, opuesto : *su manera de ser es antípoda de la mía.*

antipoliomielítico, ca adj. Que combate la poliomielitis.

antiproteccionismo m. Oposición al proteccionismo.

antiproteccionista adj. Opuesto al proteccionismo.

antiprotón m. *Fís.* Protón negativo para romper los núcleos atómicos.

antiquísimo, ma adj. Muy antiguo.

antirrábico, ca adj. *Med.* Dícese de lo que se emplea contra la rabia (ú. t. c. s. m.).

antirracionalismo m. Doctrina opuesta al racionalismo.

antirracismo m. Oposición al racismo.

antirracista adj. Opuesto al racismo (ú. t. c. s.).

antirradar adj. Dícese de lo que anula o reduce la eficacia del radar (ú. t. c. s. m.).

antirreglamentario, ria adj. Contra lo que prescribe el reglamento.

antirreligioso, sa adj. Contrario a la religión (ú. t. c. s. m.).

antirrepublicano, na adj. Contra la república y los republicanos : *libelo antirrepublicano* (ú. t. c. s.).

antirrevolucionario, ria adj. Contrario a la revolución (ú. t. c. s.).

antirrobo adj. Dícese del dispositivo de seguridad que impide el robo (ú. t.

c. s. m.) : *colocó una cadena antirrobo en la rueda de la bicicleta.*

Antisana, volcán del Ecuador (Pichincha), en la Cord. Oriental, al. SE. de Quito ; 5 704 m.

antisegregacionista adj. y s. Opuesto a la segregación racial.

antisemita y **antisemítico, ca** adj. Hostil a los judíos (ú. t. c. s.).

antisemitismo m. Movimiento hostil a los judíos.

antisepsia f. Conjunto de métodos terapéuticos para destruir los microbios.

antiséptico, ca adj. *Med.* Que destruye los microbios o impide su desarrollo (ú. t. c. s. m.).

antisocial adj. Contrario al orden social.

Antístenes, filósofo griego, n. en Atenas (444-365 a. de J. C.). Discípulo de Sócrates, jefe de la escuela cínica y maestro de Diógenes.

antisubmarino, na adj. Propio para defenderse contrasubmarinos.

antisubversivo, va adj. Que combate la subversión, la rebeldía.

Antisuyo, sección noroeste del Tahuantinsuyo.

antitanque adj. *Mil.* Anticarro.

Antitauro, macizo montañoso de Turquía en el borde Sudeste de la meseta de Anatolia ; 3 014 m.

antiterrorismo m. Lucha contra el terrorismo.

antiterrorista adj. Que está contra el terrorismo (ú. t. c. s.).

antítesis f. *Ret.* Oposición de sentido entre dos frases o palabras : *la naturaleza es "grande" hasta en las cosas más "pequeñas".*

antitetánico, ca adj. *Med.* Dícese del remedio empleado para luchar contra el tétanos : *suero antitetánico.*

antitético, ca adj. Que implica antítesis. || Opuesto diametralmente.

antitoxina f. *Med.* Sustancia que destruye las toxinas.

antitrago m. Eminencia en el pabellón de la oreja.

antituberculoso, sa adj. Que combate la tuberculosis.

antivirus m. Vacuna.

antiyanqui adj. Que está en contra de los Estados Unidos (ú. t. c. s.).

antiyanquismo m. Oposición frente a todo lo norteamericano.

Antofagasta, bahía de Chile. — C. y puerto de Chile, cap. de la prov. y de la II Región del mismo n. Estación terminal del ferrocarril transandino. (Hab. *antofagastinos.*) Universidad. Arquidiócesis. La región consta de las prov. de Tocopilla, El Loa y Antofagasta. Gran actividad comercial. Minas (cobre, salitre, litio). || — **de la Sierra,** dep. de la Argentina (Catamarca).

antofagastino, na adj. y s. De Antofagasta (Chile).

Antofalla, río, sierra y volcán (6 100 m) de la Argentina (Catamarca).

antojadizo, za adj. Que tiene antojos o caprichos.

antojarse v. pr. Hacerse objeto una cosa de vehemente deseo. || Sospechar.

antojitos m. *Méx.* Bocado ligero.

antojo m. Deseo vivo y pasajero de algo, especialmente el que tienen las mujeres embarazadas. || Capricho : *hacer algo a su antojo.* || Pl. Lunares, manchas naturales en la piel.

Antolínez (José), pintor español en la corte de Felipe IV (1635-1675). — Su sobrino FRANCISCO ANTOLÍNEZ DE SARABIA (1644-1700) fue discípulo de Murillo.

antología f. Florilegio, colección de trozos literarios : *antología de poetas.* || *De antología,* magnífico.

antológico, ca adj. Relativo a la antología.

Antón, río de Panamá, que des. en el Pacífico. — Pobl. de Panamá (Coclé). || — **Lizardo** (BAJOS DE), arrecifes del golfo de México, frente a Veracruz.

Antonello de Mesina, pintor italiano (¿ 1430 ?-1479).

antonimia f. Oposición de dos voces diferentes.

antónimo, ma adj. y s. m. Contrario : *feo y hermoso son dos palabras antónimas.*

Antonino Pío (86-161), emperador romano de 138 a 161, protegido y

sucesor de Adriano. Su reinado señaló el apogeo del imperio romano.

Antoninos, nombre en el que se conocen siete emperadores romanos de 96 a 192 (Nerva, Trajano, Adriano, Antonino, Marco Aurelio, Vero y Cómodo).

Antonio (1531-1595), gran prior de Crato, nieto del rey Manuel de Portugal. Subió al trono al morir el rey cardenal don Enrique (1580), pero fue vencido por el duque de Alba en Alcántara y huyó a París. || — (MARCO). V. MARCO ANTONIO. || — (NICOLÁS), bibliógrafo español (1617-1684), autor de los repertorios *Bibliotheca hispana vetus* y *Bibliotheca hispana nova.* || — **Abad** o **Antón** (San), anacoreta de Tebaida (251-356), patrón de los animales domésticos. Fiesta el 17 de enero. || — **de Padua** (San), franciscano y predicador portugués (1195-1231), llamado *de Padua* por el lugar de su muerte. Fiesta el 13 de junio. || — **de Palermo.** V. PANORMITA. || — **María Claret** (San). V. CLARET.

antonomasia f. Figura de retórica por la cual se pone el nombre propio por el común, o viceversa : *el apóstol de las gentes por San Pablo.* || *Por antonomasia,* por excelencia.

Antony, c. de Francia (Hauts-de-Seine), al S. de París.

antorcha f. Hacha o tea para alumbrar. || *Fig.* Luz, guía.

antozoarios o **antozoos** m. pl. *Zool.* Clase de celentéreos que comprende las madréporas (ú. t. c. adj.).

antraceno m. Hidrocarburo sacado del alquitrán de hulla.

antracita f. Carbón fósil seco, llamado también *hulla seca.*

ántrax m. *Med.* Tumor inflamatorio en el tejido subcutáneo.

Antrim, condado de Irlanda del Norte (Ulster) ; cap. *Belfast.*

antro m. Caverna, cueva. || Lugar, establecimiento muy malo, tugurio.

antropocentrismo m. *Fil.* Sistema de considerar al hombre como centro del universo.

antropofagia f. Costumbre de comer carne humana.

antropófago, ga adj. y s. Que come carne humana.

antropoide o **antropoideo** adj. y s. Antropomorfo.

antropología f. Ciencia que trata del hombre, física y moralmente considerado.

antropológico, ca adj. De la antropología : *estudio antropológico.*

antropólogo, ga m. y f. Persona dedicada al estudio de la antropología.

antropometría f. Tratado de las proporciones y medidas del cuerpo humano.

antropomorfo, fa adj. y s. *Zool.* Aplícase al mono que tiene alguna semejanza corporal con el hombre.

antroponimia f. Estudio del origen y significación de los nombres propios de personas.

antropopiteco m. Pitecántropo.

antropozoico, ca adj. *Geol.* Dícese de la era cuaternaria (ú. t. c. s. m.).

Antserananá. V. DIEGO SUÁREZ.

Antsirabé, c. de Madagascar en la meseta central. Obispado.

Antuco, volcán de Chile (Biobío) ; 2 985 m. — C. de Chile de la prov. y en la VIII Región de Biobío, cap. de la com. del mismo n.

antuerpiense adj. y s. De Amberes (Bélgica).

Antúnez (Nemesio), arquitecto y pintor abstracto chileno, n. en 1918.

Antung, c. y puerto de China (Manchuria). Centro industrial.

anual adj. Que sucede o se repite cada año : *planta anual.* || Que dura un año : *cargo anual.*

anualidad f. Calidad de anual. || Importe anual de cualquier renta.

anualizar v. t. Repartir en anualidades.

anuario m. Libro que se publica de año en año para que sirva de guía en determinadas actividades o profesiones : *anuario telefónico.*

anubarrado, da adj. Con nubes.

Anubis, dios de la mitología egipcia.

anudadura f. o **anudamiento** m. Acción y efecto de anudar.

anudar v. t. Hacer uno o más nudos.

|| Juntar con un nudo. || *Fig.* Continuar lo interrumpido : *anudar la conversación.*

anuencia f. Consentimiento.

anulable adj. Que se puede anular.

anulación f. Acción y efecto de anular o anularse.

anulador, ra adj. y s. Que anula.

anular adj. Relativo al anillo. || De figura de anillo. || — Aplícase al cuarto dedo de la mano (ú. t. c. s. m.).

anular v. t. Dar por nulo : *anular una orden.* || Hacer desaparecer.

anunciación f. Acción y efecto de anunciar. || Fiesta con que la Iglesia católica celebra la visita del arcángel Gabriel a la Virgen.

anunciador, ra y **anunciante** adj. y s. Que anuncia.

anunciar v. t. Hacer saber : *anunciar una nueva.* || Publicar : *anunciar una subasta.* || Pronosticar, predecir. || — V. pr. Hacer publicidad o propaganda.

anuncio m. Aviso verbal o impreso con que se anuncia algo : *los anuncios de prensa.* || Pronóstico. || Signo, índice, presagio.

anuo m. *Bot.* : *planta anua.*

anuria f. *Med.* Supresión de la secreción urinaria.

anuros m. pl. *Zool.* Orden de batracios sin cola como las ranas, los sapos, etc. (ú. t. c. adj.).

Anvers. V. AMBERES.

anverso m. Haz de las monedas y medallas, de un impreso, etc.

Antwerpen. V. AMBERES.

anzoátega adj. y s. Anzoateguiense.

Anzoátegui, Estado del NE. de Venezuela ; cap. *Barcelona.* Petróleo.

Anzoátegui (José Antonio), general venezolano (1789-1819). Intervino en el alzamiento de Caracas (1808) y se distinguió en Boyacá (1819). || ~ (IGNACIO B.), poeta argentino (1905-1978).

anzoateguiense adj. De Anzoátegui, Venezuela (ú. t. c. s.).

anzuelo m. Arponcillo que, pendiente de un sedal, sirve para pescar. || *Fig. y fam.* Atractivo o aliciente.

Añzúrez (Pedro de), conquistador español del s. XVI, fundador en 1538 de la c. de Chuquisaca (hoy *Sucre*).

añada f. Año de la crianza del vino.

añadido, da adj. y s. que se añade. || — M. Añadidura. || *Valor añadido o agregado,* diferencia entre el valor de un producto acabado o producción y el de los distintos elementos empleados en su elaboración.

añadidura f. Lo que se añade o agrega a alguna cosa : *dar algo de añadidura.* || *Por añadidura,* además.

añadir v. t. Agregar, incorporar una cosa a otra : *añadir voces o artículos a un diccionario.* || Acrecentar, ampliar.

añagaza f. Señuelo para cazar aves. || *Fig.* Artificio para atraer con engaño : *andarse con añagazas.*

añalejo m. Calendario eclesiástico que indica el rezo, los oficios.

Añatuya, pobl. de la Argentina (Santiago del Estero).

añejo, ja adj. Aplícase a ciertas cosas que tienen uno o más años : *tocino, vino añejo.* || *Fig. y fam.* Que tiene mucho tiempo : *costumbre añeja.*

añicos m. pl. Pedazos de una cosa que se rompe.

añil m. Arbusto leguminoso de cuyas hojas se saca una pasta colorante azul. || Color de esta pasta, entre azul y violeta.

año m. Tiempo que tarda la Tierra en hacer su revolución alrededor del Sol : *el año consta de doce meses o 52 semanas o 365 días y cuarto.* || Período de doce meses. — Pl. Edad : *tengo ya muchos años.* || Día en que alguno cumple años. — *Año azteca,* año dividido en 18 períodos de 20 días, más otros cinco días considerados como nefastos. || *Año bisiesto,* el de 366 días. || *Año civil,* el de 365 días, tal como se considera para la vida usual. || *Año eclesiástico* o *litúrgico,* el que regula las fiestas de la Iglesia católica y empieza el primer domingo de adviento. || *Año escolar,* tiempo que media desde la apertura de las clases hasta las vacaciones. || *Año lunar,* período de doce revoluciones de la Luna, o sea 354 días. || *Año luz,* distancia equivalente al espacio recorrido por la luz en un año (9 461 000 000 000 de km). || *Año solar*

o *trópico,* duración de una revolución total de la Tierra alrededor del Sol : *el año solar dura exactamente 365 días, cinco horas, 40 minutos y 46 segundos.* || *Fig. El año de la nana,* hace ya mucho tiempo.

añoranza f. Aflicción causada por la ausencia o pérdida de una persona o cosa. || Nostalgia, soledad interior.

añorar v. t. Recordar con pena la ausencia o la pérdida de una persona o cosa : *añorar el terruño.*

Añover de Tajo, v. de España (Toledo).

aojadura f. y **aojamiento** m. Aojo.

aojar v. t. Hacer mal de ojo.

aojo m. Acción y efecto de aojar. || Mal de ojo, maleficio.

Aomori, c. y puerto del Japón en el N. de la isla de Honshu.

aoristo m. Pretérito indefinido de la conjugación griega.

aorta f. *Anat.* Arteria principal del cuerpo que arranca del ventrículo izquierdo del corazón.

aórtico, ca adj. Relativo a la aorta.

Aosta, c. del N. de Italia (Piamonte), cap. de la región autónoma del Valle de Aosta. Obispado.

aovado, da adj. De figura de huevo.

aovar v. i. Poner huevos.

Apa, río de América del Sur, afl. del Paraguay, en la frontera paraguayo-brasileña ; 300 km.

apabullar v. t. *Fam.* Aplastar, estrujar. || *Fig.* Reducir al silencio, dejar confuso.

apabullamiento m. Acción y efecto de apabullar o apabullarse.

apacentador, ra adj. y s. Que apacienta.

apacentamiento m. Acción y efecto de apacentar. || Pasto.

apacentar v. t. Dar pasto al ganado. || *Fig.* Instruir, enseñar : *apacentar el obispo a sus ovejas.* | Cebar, satisfacer los deseos y pasiones.

apacibilidad f. Carácter apacible.

apacible adj. Agradable, tranquilo.

apaciguador, ra adj. y s. Que apacigua.

apaciguamiento m. Acción y efecto de apaciguar o apaciguarse.

apaciguar v. t. Poner en paz.

apache m. Indio del SO. de Estados Unidos y N. de México. (La tribu de los *apaches* opuso dura resistencia a los colonos en el s. XIX.)

apacheta f. *Amer.* Túmulo funerario de piedras en los Andes.

apadrinador, ra adj. y s. Que apadrina.

apadrinamiento m. Acción y efecto de apadrinar.

apadrinar v. t. Asistir como padrino a alguno. || *Fig.* Patrocinar, proteger.

apagadizo, za adj. Que se apaga fácilmente.

apagado, da adj. Que ya no arde. || De genio sosegado y apocado : *hombre apagado.* || *Fig.* Descolorido.

apagador, ra adj. y s. Que apaga (ú. t. c. s. m.).

apagamiento m. Acción y efecto de apagar o apagarse.

apagar v. t. Extinguir el fuego o la luz : *apagar la estufa, la lámpara.* || *Fig.* Aplacar : *el tiempo apaga el rencor.* | Echar agua a la cal viva. | Rebajar un color. — V. pr. *Fig.* Morir dulcemente : *el abuelito se apagó.*

apagón m. Interrupción momentánea de la electricidad.

apaisado, da adj. Oblongo.

apalabrar v. t. Convenir de palabra.

Apalaches, cadena montañosa del E. de Estados Unidos que va desde Alabama hasta el Estado de Nueva York ; alt. máx. 2 037 m.

apalancamiento m. Acción y efecto de apalancar.

apalancar v. t. Levantar, mover con palanca.

apaleamiento m. Acción y efecto de apalear.

apalear v. t. Dar golpes con un palo. | Varear. || Aventar con pala el grano.

apaleo m. Acción de apalear.

apancle m. *Méx.* Acequia.

Apaneca, sierra de El Salvador (Ahuachapán), de una altura media de 1 300 metros. — Volcán de El Salvador, llamado también *Chichicatepeque* ; 1 850 m. — Mun. de El Salvador (Ahuachapán).

apantallado, da adj. *Méx.* Mentecato.

apantallar v. t. *Méx.* Atontar. Apocar.

apañado, da adj. Parecido al paño : *tejido apañado.* || *Fig. y fam.* Hábil, mañoso : *es un chico muy apañado.* | A propósito para el uso a que se destina, práctico : *una herramienta muy apañada.* | *Estamos apañados,* estamos arreglados.

apañar v. t. Coger con la mano. || *Fig.* Apoderarse de una cosa. || Arreglar, aderezar, preparar. || *Fam.* Abrigar, arropar. | Remendar lo roto : *apañar unos pantalones.* | Convenir : *no me apaña nada ir tan lejos.* || — V. pr. *Fam.* Darse maña o habilidad para una cosa. | *Apañárselas,* arreglárselas.

apaño m. Arreglo. || *Fam.* Compostura, remiendo. | Componenda, chanchullo. | Maña, destreza. | Concubina. | Lío amoroso. | Arreglo.

Apaporis, río de Colombia, fronterizo con el Brasil y afl. del Caquetá ; 1 200 km.

aparador m. Mueble donde se coloca lo necesario para el servicio de la mesa.

aparato m. Pompa, ostentación : *ceremonia con mucho aparato.* || Máquina, conjunto de instrumentos o útiles para ejecutar un trabajo : *aparato fotográfico, de televisión.* || *Fam.* Teléfono : *¿quién está al aparato ?* || Avión. || *Cir.* Apósito, vendaje : *un aparato ortopédico.* || *Anat.* Conjunto de órganos para una misma función : *aparato circulatorio, digestivo, auditivo.* || Conjunto de los responsables y miembros permanentes de un partido o sindicato.

aparatosidad f. Carácter de aparatoso.

aparatoso, sa adj. Que tiene mucho aparato, ostentoso, pomposo. || Espectacular : *accidente aparatoso, pero de poca gravedad.*

aparcamiento m. Acción y efecto de aparcar. | Sitio donde se aparca : *aparcamiento de vehículos.*

aparcar v. t. *Mil.* Colocar en un campamento los pertrechos de guerra. || Estacionar un coche en un lugar público señalado a propósito. Ú. t. c. i. : *prohibido aparcar.*

aparcería f. Contrato de explotación agrícola por el cual el propietario da, además de la tierra, todo o parte del capital a cambio de recibir del explotador ventajas materiales procedentes de la cosecha.

aparcero, ra m. y f. Explotador agrícola que tiene un contrato de aparcería con el propietario.

apareamiento m. Acción y efecto de aparear o aparearse.

aparear v. t. Ajustar una cosa con otra de forma que queden iguales. || Unir una cosa con otra formando par. || Juntar la hembra de un animal al macho para que críe. || — V. pr. Acoplarse.

aparecer v. i. Manifestarse, dejarse ver : *Jesús apareció a los apóstoles* (ú. t. c. pr.). || Encontrarse, hallarse : *aparecer lo perdido.* || Publicarse un libro, etc.

aparecido m. Espectro de un difunto.

aparejado, da adj. Apto, idóneo. || — *Ir aparejado con,* ir bien con. || *Traer aparejado,* acarrear.

aparejador, da adj. y s. Que apareja. || — M. Ayudante de un arquitecto.

aparejar v. t. Poner el aparejo a las caballerías.

aparejo m. Preparación, disposición. || Arreo para cargar las caballerías. || Sistema de poleas compuestas. | Conjunto de cosas necesarias para algo : *aparejo de pescar.* || *Mar.* Conjunto de velas y jarcias de las embarcaciones.

aparentador, ra adj. y s. Que aparenta.

aparentar v. t. Manifestar lo que no es o no hay : *aparentar alegría.* || Corresponder a la edad de una persona a su aspecto : *no aparenta cuarenta años.* || Fingir. || — V. i. Hacerse ver : *le gusta mucho aparentar.*

aparente adj. Que parece y no es : *forma, muerte aparente.* || Visible : *manifestaciones aparentes de una enfermedad.* || Que es muy visible : *un traje muy aparente.*

41

Aparicio (Francisco de), etnólogo y arqueólogo argentino (1892-1952).

aparición f. Acto y efecto de aparecer o aparecerse : *la aparición de un cometa.* || Visión de un ser sobrenatural : *la aparición de Jesús a Magdalena.* || Espectro. || Publicación.

apariencia f. Aspecto exterior : *fiarse de las apariencias.* || — Pl. Decoración de teatro. || — *En apariencia,* aparentemente. || *Guardar las apariencias,* cubrir las formas.

apartadero m. Sitio donde se aparta a los toros para enchiquerarlos. || Vía muerta donde se apartan los vagones.

apartado, da adj. Retirado, distante, remoto : *caserío apartado.* || — M. Correspondencia que se aparta en Correos para que la recoja el destinatario. || Acción de separar las reses de una vacada. || Acción de encerrar los toros en los chiqueros. || Párrafo o conjunto de párrafos de una ley, decreto, etc.

apartador, ra adj. Que aparta (ú. t. c. s.).

apartamento m. Piso pequeño. || *Amer.* Piso.

apartamiento m. Acción y efecto de apartar o apartarse. || Lugar apartado o retirado. || Apartamento.

apartar v. t. Alejar : *apartar un obstáculo.* || Quitar a una persona o cosa de un lugar, dejar a un lado : *apartar a uno de su camino.* || Escoger, entresacar : *apartar lo que se tiene que llevar.* || *Fig.* Disuadir. || *Méx.* Extraer oro de las barras de plata. || — V. i. Empezar : *apartar a correr.* || — V. pr. Alejarse. || Echarse a un lado.

aparte adv. En otro lugar : *poner aparte.* || A un lado : *broma aparte.* || Con omisión, con preterición de : *aparte de lo dicho.* || Además. || — Adj. Distinto, diferente : *es un caso aparte.* || — M. Párrafo.

apartheid m. (pal. afrikaans). Sistema de segregación racial practicado en la República de África del Sur, según el cual negros y blancos deben estar separados en todas las circunstancias.

apartijo m. Separación.

aparvar v. t. Disponer la mies para trillarla.

Apasa (Julián), caudillo indio peruano del s. XVIII, que se levantó contra la dominación española y con el nombre de *Túpac Catari* se proclamó virrey del Perú. M. ejecutado en 1781.

apasionado, da adj. Poseído de alguna pasión (ú. t. c. s.).

apasionamiento m. Pasión.

apasionante adj. Que apasiona.

apasionar v. t. Causar, excitar alguna pasión (ú. m. c. pr.). || — V. pr. Aficionarse con exceso.

Apastepeque, c. de El Salvador (San Vicente), cerca de la laguna homónima. Turismo.

apatía f. Dejadez, falta de interés.

apático, ca adj. y s. Que tiene apatía.

apatito m. y **apatita** f. *Min.* Fosfato de cal translúcido mineral.

apátrida adj. y s. Sin patria.

Apatzingán, c. de México (Michoacán). Allí fue firmada en 1814 la primera Constitución del país. Obispado.

apazote m. *Méx.* Planta aromática usada como condimento.

apeadero m. En los ferrocarriles, sitio donde pueden bajar viajeros, pero sin estación. || *Poyo* para montar en las caballerías. || *Fig.* Casa que uno habita de paso, fuera de su domicilio.

apear v. t. Bajar de una caballería o vehículo (ú. t. c. pr.). || *Apear el tratamiento,* suprimirlo.

apechugar v. i. *Fig.* Resignarse, cargarse : *apechugar con un trabajo.*

apedreamiento m. Acción y efecto de apedrear o apedrearse.

apedrear v. t. Tirar piedras a una persona o cosa. || Matar a pedradas. || — V. impers. Caer pedrisco o granizo.

apedreo m. Apedreamiento.

apegarse v. pr. Tener apego.

apego m. Afición, cariño.

apelable adj. Que admite apelación : *sentencia apelable.*

apelación f. *For.* Acción y efecto de apelar : *apelación contra un fallo.*

apeladarse v. pr. *Méx.* Adoptar la marera de ser de los "pelados". |

Volverse grosero : *el lenguaje oral se ha venido apeladando.*

apelado, da adj. y s. *For.* Aplícase al litigante favorecido por la sentencia contra la cual se recurre.

apelante adj. y s. *For.* Que apela.

apelar v. i. *For.* Pedir al juez o al tribunal superior que revoquen la sentencia dada por el inferior : *apelar de la condena.* || *Fig.* Recurrir a una persona o cosa : *apelar ante un superior ; apelaron a la astucia.* || Dar un nombre.

apelativo adj. *Gram.* Dícese del nombre común : *nombre apelativo.* || — M. Nombre dado a una persona o cosa. || *Amer.* Apellido.

Apeldoorn, c. en el centro este de Holanda (Güeldres). Industrias.

Apeles, pintor griego, n. en Éfeso (s. IV a. de J. C.), autor de retratos de Filipo y de Alejandro Magno.

apelmazar v. t. Hacer más compacto.

apelotonar v. t. Formar pelotones : *lana apelotonada.* || Amontonar (ú. t. c. pr.).

apellidar v. t. Nombrar a uno por su apellido. || Llamar, dar por nombre. || — V. pr. Tener tal nombre o apellido : *se apellidó Pelayo.*

apellido m. Nombre de familia que distingue a las personas.

apenar v. t. Causar pena. Ú. t. c. pr. : *le apenó la noticia.*

apenas adv. Casi no : *apenas se mueve.* || Luego que : *apenas llegó, se puso a trabajar.*

apencar v. i. *Fam.* Apechugar.

apéndice m. Cosa adjunta o añadida a otra. || *Zool.* Parte del cuerpo del animal unida o contigua a otra principal.

apendicitis f. *Med.* Inflamación del apéndice.

Apeninos, cord. que atraviesa de N. a S. la Italia peninsular ; 1 300 km. Alt. máx. en los Abruzos con el Gran Sasso (2 914 m.).

aperador, ra m. y f. Persona que cuida del campo y la labranza.

apercibimiento m. *Arg.* Amonestación de un árbitro a un jugador en un partido de fútbol, etc.

apercibir v. t. Disponer lo necesario para alguna cosa : *apercibir de ropa un viaje* (ú. t. c. pr.). || Amonestar, advertir. || *For.* Hacer saber a uno las sanciones a que está expuesto. || Percibir, observar (ú. t. c. pr.).

apergaminado, da adj. Semejante al pergamino. || *Fig.* Aplícase a la persona o cosa extremadamente flaca.

apergaminarse v. pr. *Fig.* y *fam.* Acartonarse.

aperitivo m. Licor que estimula el apetito y que se toma antes de las comidas. || *Fig.* Lo que hay antes de un hecho o acción principal.

apero m. Herramienta de cualquier oficio : *los aperos de labranza.*

aperrear v. t. *Fam.* Molestar, fatigar. || — V. pr. *Fam.* Obstinarse.

aperreo m. Molestia. | Cansancio : *¡qué aperreo de vida !* | Rabieta en un niño.

apertura f. Acción de abrir : *apertura de un testamento, de un pliego de condiciones, de una calle.* || Inauguración : *apertura de una exposición, de una asamblea, de la pesca, del año escolar, etc.* | Comienzo de una partida de ajedrez, de rugby. || En política, ampliación de las alianzas, búsqueda de apoyos en nuevos sectores de la opinión pública.

aperturista adj. Relativo a la apertura : *política aperturista.* || — M. y f. Partidario de la apertura.

apesadumbrar y **apesarar** v. t. Afligir, entristecer (ú. t. c. pr.).

apestar v. t. Comunicar la peste. || *Fig.* y *fam.* Fastidiar. || — V. i. Despedir mal olor : *apestar a ajo.*

apestoso, sa adj. Que apesta.

apétalo, la adj. *Bot.* Que carece de pétalos : *flor apétala.*

apetecedor, ra adj. Que apetece.

apetecer v. t. Desear con alguna cosa o desearla. || — V. i. Gustar.

apetecible adj. Que se puede apetecer.

apetencia f. Gana de comer. || Movimiento instintivo del hombre a desear una cosa.

apetito m. Gana de comer : *tener buen, mal apetito.* || *Fig.* Lo que excita

al deseo de alguna cosa : *el apetito de mando.*

apetitoso, sa adj. Que excita el apetito. || Gustoso, sabroso.

ápex m. *Astr.* Punto de la esfera celeste hacia el cual se dirige el Sol arrastrando a los planetas.

Apia, cap. y puerto de Samoa Occidental ; 25 000 h.

apiadar v. t. Causar piedad : *apiadar a sus amigos.* || — V. pr. Tener piedad : *apiadarse de los desvalidos.*

ápice m. Punta superior de una cosa : *el ápice de un edificio, de una hoja.* || Acento o signo ortográfico que se pone sobre las letras. || *Fig.* Parte pequeñísima de una cosa : *no falta un ápice.* | Lo más mínimo : *no tiene un ápice de bondad.* | Lo más difícil de un asunto. | Cumbre.

apícola adj. Relativo a la apicultura.

apicultor, ra m. y f. Persona dedicada a la apicultura.

apicultura f. Arte de criar abejas y de aprovechar sus productos.

apilamiento m. Acción y efecto de apilar.

apilar v. t. Amontonar, poner en pila.

apimplarse v. pr. *Fam.* Emborracharse.

apiñado, da adj. De figura de piña. || Apretado, junto : *gente apiñada.*

apiñamiento m. Acción y efecto de apiñar o apiñarse.

apiñar v. t. Juntar, agrupar personas o cosas. Ú. t. c. pr. : *apiñarse la multitud.*

apio m. Planta umbelífera comestible.

apiolar v. t. *Fam.* Matar.

apiparse v. pr. *Fam.* Atracarse.

Apipé, isla de la Argentina en el río Paraná, frente a la prov. de Corrientes.

apirexia f. *Med.* Falta de fiebre. | Intervalo entre dos accesos de fiebre.

Apis, buey adorado por los egipcios.

apisonadora f. Máquina provista de un cilindro de gran peso para afirmar caminos y pavimentos.

apisonamiento m. Acción y efecto de apisonar.

apisonar v. t. Apretar, aplanar la tierra, el pavimento, etc.

Apizaco, c. de México (Tlaxcala).

aplacable adj. Fácil de aplacar.

aplacador, ra adj. Que aplaca (ú. t. c. s.).

aplacamiento m. Acción y efecto de aplacar o aplacarse.

aplacar v. t. Mitigar, suavizar : *aplacar la cólera, el enojo* (ú. t. c. pr.). || Calmar, quitar : *aplacar el hambre.*

aplanador, ra adj. y s. Que aplana. || — F. *Méx.* Apisonadora.

aplanamiento m. Acción y efecto de aplanar o aplanarse : *el aplanamiento de un terreno.* || *Fig.* Abatimiento, descorazonamiento.

aplanar v. t. Allanar, poner llano. || *Fig.* y *fam.* Dejar a uno abatido : *la noticia le aplanó.* || — V. pr. *Fig.* Desanimarse.

Aplao, c. del Perú, cap. de la prov. de Castilla (Arequipa).

aplastante, ra y **aplastante** adj. Que aplasta. || *Fig.* Abrumador.

aplastamiento m. Acción y efecto de aplastar o aplastarse.

aplastar v. t. Aplanar una cosa por presión o golpe. || *Fig.* Vencer, aniquilar : *aplastar al enemigo.* | Dejar a uno confuso, apabullado.

aplatanarse v. pr. *Fam.* Ser o volverse indolente y apático. || *Antill.* Aclimatarse un extranjero al país donde vive.

aplaudir v. t. Palmotear en señal de aprobación : *aplaudir a un artista.* || Celebrar : *aplaudir una decisión.*

aplauso m. Acción y efecto de aplaudir : *salva de aplausos.*

aplazamiento m. Acción y efecto de aplazar.

aplazar v. t. Diferir, retardar la ejecución de algo : *aplazar un pago.*

aplicable adj. Que se puede aplicar.

aplicación f. Adaptación. || Ejecución : *la aplicación de una teoría.* || *Fig.* Esmero, diligencia.

aplicado, da adj. *Fig.* Estudioso. || Que tiene aplicación.

aplicar v. t. Poner una cosa sobre otra : *aplicar una cataplasma.* || *Fig.* Adaptar, apropiar : *aplicar las artes a la industria.* | Atribuir, referir a un caso particular. | Emplear : *aplicar un procedimiento.* | Dedicar. || — V. pr. Poner esmero, diligencia : *aplicarse en el trabajo, en el estudio.* || Concernir : *esta ley se aplica a todos.*

aplique m. Lámpara fijada en la pared.

aplomado, da adj. De color de plomo. || *Fig.* Que tiene aplomo.

aplomar v. i. Albañ. Examinar con la plomada si la construcción está vertical. || — V. pr. Cobrar aplomo.

aplomo m. Serenidad, seguridad.

apnea f. *Med.* Falta o suspensión de la respiración.

Apo, paso de la cord. de los Andes, en el Perú, cerca de Arequipa. — Volcán de la isla de Mindanao, punto culminante de Filipinas ; 2 930 m.

apocado, da adj. *Fig.* Pusilánime, de escaso ánimo (ú. t. c. s.).

apocalipsis m. y f. Suceso o situación espantosos, aterradores.

Apocalipsis, último libro del Nuevo Testamento, escrito por San Juan Evangelista hacia el año 95.

apocalíptico, ca adj. Relativo al Apocalipsis. || *Fig.* Oscuro, enigmático : *estilo apocalíptico.* || Terrorífico, espantoso, aterrador.

apocamiento m. Timidez.

apocarse v. pr. *Fig.* Humillarse, abatirse. | Asustarse, acobardarse.

apocináceas f. pl. *Bot.* Familia de angiospermas del tipo de la adelfa (ú. t. c. adj.).

apocopar v. t. Hacer apócope.

apócope f. *Gram.* Metaplasmo que consiste en suprimir una o más letras al fin de un vocablo : *algún por alguno, gran por grande.*

apócrifo, fa adj. No auténtico.

Apodaca (Juan RUIZ DE). V. RUIZ DE APODACA (Juan).

apodar v. t. Poner motes.

apoderado, da m. y f. Persona que tiene poder para representar a otro, mandatario. || Empresario de un torero.

apoderamiento m. Acción y efecto de apoderar o apoderarse.

apoderar v. t. Hacer apoderado a una persona. || Dar poderes. || — V. pr. Hacerse dueño de una cosa : *apoderarse de una ciudad.* || *Fig.* Dominar : *el miedo se apoderó de mí.*

apodo m. Sobrenombre.

ápodo, da adj. *Zool.* Sin pies.

apódosis f. *Ret.* Proposición en que se completa el sentido de otra condicional llamada *prótasis : si quieres* (prótasis) *me marcharé* (apódosis).

apófisis f. *Anat.* Parte saliente de un hueso : *apófisis coracoides.*

apogeo m. *Astr.* Punto en que la Luna se halla a mayor distancia de la Tierra. || Punto de la órbita de un proyectil dirigido o de un satélite artificial que se encuentra más lejano de la Tierra. || *Fig.* Lo sumo de la grandeza : *el apogeo de su gloria.*

apoliladura f. Señal que deja la polilla.

apolillamiento m. Daño hecho por las polillas.

apolillar v. t. Roer la polilla.

Apolinar. V. SIDONIO APOLINAR.

apolíneo, a adj. Perteneciente a Apolo o a la belleza masculina.

apolítico, ca adj. Ajeno a la política : *sindicalismo apolítico.*

apoliyar v. i. *Arg. lunf.* Dormir.

Apolo, dios griego de la Belleza, la Luz, las Artes y la Adivinación. Nacido en Delos, fue hijo de Zeus y de Leto, hermano de Artemisa y tuvo un templo en Delfos y otro en Delos. (*Mit.*)

Apolobamba, nudo montañoso de los Andes de Bolivia, junto a la frontera con el Perú. — C. de Bolivia (La Paz).

apologética f. Parte de la teología que tiene por objeto la justificación del cristianismo.

apologético, ca adj. Relativo a la apología o a la apología.

apología f. Discurso en alabanza de una persona o cosa. || *Por ext.* Glorificación.

apologista com. Persona que hace la apología de otra persona o de alguna cosa.

apólogo m. Fábula moral.

Apolonio — de Rodas, poeta y gramático de Alejandría (¿ 295-230 ? a. de J. C.). Escribió el poema épico *Los

Argonautas.* || — **de Tiana,** filósofo griego neopitagórico, m. en 97.

apoltronado, da adj. Perezoso.

apoltronamiento m. Acción y efecto de apoltronarse.

apoltronarse v. pr. Hacerse holgazán. || Arrellanarse.

Apollinaire (Wilhelm Apollinaris DE KOSTROWITZKY, llamado **Guillaume**), poeta francés, n. en Roma (1880-1918), precursor del movimiento surrealista. Autor de *Alcoholes, Caligramas,* etc.

aponeurosis f. Membrana conjuntiva que sirve de envoltura a los músculos.

apoplejía f. *Med.* Parálisis cerebral producida por derrame sanguíneo en el encéfalo o las meninges.

apopléctico, ca adj. Relativo a la apoplejía. || Dícese de la persona que padece apoplejía (ú. t. c. s.).

apoquinar v. i. *Pop.* Pagar.

aporcar v. t. Atar las hojas de una planta y cubrirlas con tierra.

aporía f. Duda, perplejidad. || Contradicción en un razonamiento.

Aporo, pobl. y mun. de México (Michoacán). Ind. maderera.

aporrear v. t. Golpear (ú. t. c. i.).

aporreo m. Golpe.

aportación f. Acción y efecto de aportar. || Lo que se aporta.

aportar v. i. Tomar puerto : *aportar en Barcelona.* || *Fig.* Llegar a parte no pensada : *aportó por allí.* || — V. t. Llevar uno bienes a la sociedad de la que es miembro. || *Fig.* Proporcionar.

aporte m. Aportación.

aportuguesar v. t. Dar carácter portugués.

aposentar v. t. Dar habitación y hospedaje. || — V. pr. Alojarse.

aposento m. Cuarto o habitación de una casa. || Domicilio, casa.

aposición f. Efecto de poner dos o más sustantivos consecutivos sin conjunción : *Madrid, capital de España.*

apósito m. *Med.* Remedio que se aplica exteriormente, sujetándolo con paños, vendas, etc.

aposta y **apostas** adv. Adrede.

apostadero m. *Mar.* Puerto o bahía en que se reúnen varios buques de guerra bajo un solo mando.

apostador, ra y **apostante** adj. y s. Que participa en una apuesta.

apostar v. t. e i. Hacer una apuesta : *apostar en el juego.* || Poner gente en un sitio para algún fin.

apostasía f. Acción de abandonar públicamente la religión que se profesa : *la apostasía del emperador Juliano.* || *Fig.* Deserción de un partido, cambio de opinión o doctrina.

apóstata com. Persona que comete apostasía.

apostatar v. i. Negar la fe cristiana. || Abandonar una creencia o doctrina.

a posteriori loc. adv. Dícese de la demostración que asciende del efecto a la causa : *razonamiento "a posteriori".*

apostilla f. Anotación que interpreta, aclara o completa un texto.

apostillar v. t. Poner apostillas : *apostillar un texto.* || — V. pr. Llenarse de postillas.

apóstol m. Cada uno de los doce primeros discípulos de Jesucristo (Pedro, Andrés, Santiago el Mayor, Juan, Felipe, Bartolomé, Mateo, Tomás, Santiago el Menor, Simón, Judas Tadeo, Judas Iscariote, luego sustituido por Matías). || Misionero que convierte a los infieles : *San Francisco Javier, apóstol de las Indias.* || Propagador de una doctrina política : *Marx, apóstol del socialismo.*

apostolado m. Ministerio o misión del apóstol. || *Fig.* Propagación de ideas nuevas.

apostólico, ca adj. Relativo a los apóstoles : *misión apostólica.* || Del Papa : *bendición apostólica.*

apostrofar v. t. Dirigir apóstrofes.

apóstrofe amb. *Ret.* Palabras dirigidas a uno con vehemencia. || *Fig.* Dicterio.

apóstrofo m. *Gram.* Signo ortográfico (') que indica elisión de vocal.

apostura f. Actitud, aspecto.

apotegma m. Dicho breve y sentencioso.

apotema f. *Geom.* Perpendicular trazada del centro de un polígono regular a uno de sus lados. || Altura

de las caras triangulares de una pirámide regular.

apoteósico, ca adj. Relativo a la apoteosis : *acogida apoteósica.*

apoteosis f. Deificación de los héroes : *la apoteosis de Augusto.* || *Fig.* Honores extraordinarios tributados a una persona.

apotrerar v. t. *Amer.* Encerrar el ganado en el potrero.

apoyacabezas m. inv. Reposacabezas.

apoyar v. t. Hacer que una cosa descanse sobre otra : *apoyar los codos en la mesa.* || Basar, fundar. || *Fig.* Favorecer : *apoyar a un candidato.* || Confirmar una opinión o doctrina : *apoyar una teoría sobre hechos indiscutibles.* || *Mil.* Prestar protección una fuerza : *apoyar con artillería a una columna atacante.* || — V. i. Descargar, cargar, descansar : *la bóveda apoya sobre las dos paredes laterales.* || — V. pr. Servirse de una persona o cosa como apoyo : *apoyarse en alguien.*

apoyatura f. *Mús.* Nota de adorno, cuyo valor se toma de la nota siguiente. || *Fig.* Apoyo, base.

apoyo m. Lo que sirve para sostener : *punto de apoyo.* || Fundamento, base. || *Fig.* Protección.

Appenzell, cantón de Suiza, dividido en Rodas Exteriores, cap. *Herisau,* y Rodas Interiores, cap. *Appenzell.*

Appleyard (José Luis), escritor paraguayo, n. en 1927, autor de poesías, novelas (*Imágenes sin tierra*) y obras de teatro.

A. P. R. A., siglas de Alianza Popular Revolucionaria Americana, partido político peruano fundado en 1924 por Víctor Raúl Haya de la Torre.

apreciable adj. Digno de estima.

apreciación f. Estimación.

apreciar v. t. Poner precio a las cosas vendibles, valorar. || *Fig.* Estimar, reconocer el valor de alguna cosa : *apreciar el valor de un cuadro.* | Tener en estima a una persona o cosa : *apreciar el mérito de un maestro.* || Darse cuenta.

apreciativo, va adj. Estimativo.

aprecio m. Estima.

aprehender v. t. Coger, asir. || Concebir, percibir.

aprehensión f. Captura, prendimiento. || (Ant). Comprensión.

aprehensivo, va adj. Que aprehende. || Capaz de aprehender.

apremiante adj. Que apremia.

apremiar v. t. Dar prisa : *apremiar a que se termine una obra.* || *For.* Compeler : *apremiar al pago de una multa.* || — V. i. Urgir, dar prisa.

apremio m. Urgencia, prisa. || Orden administrativa para obligar al pago de contribuciones. || *For.* Mandamiento judicial ejecutivo : *por vía de apremio.*

aprender v. t. Adquirir el conocimiento de una cosa : *aprender de memoria* (ú. t. c. pr.).

aprendiz, za m. y f. Persona que aprende un arte u oficio.

aprendizaje m. Acción y efecto de aprender algún arte u oficio. || Tiempo que en ello se emplea. || *Fig.* Primeros ensayos de una cosa.

aprensión f. Escrúpulo. || Temor infundado : *tener aprensión a los enfermos.* || Miramiento, delicadeza.

aprensivo, va adj. Temeroso, que tiene miedo (ú. t. c. s.).

apresamiento m. Acción y efecto de apresar.

apresar v. t. Asir, hacer presa con las garras o colmillos. || Hacer prisionero. || Apoderarse de una nave.

aprestar v. t. Disponer, preparar lo necesario. || Aprestar los tejidos. || — V. pr. Estar listo para.

apresto m. Prevención, disposición. || Acción y efecto de aprestar las telas, las pieles. || Lo que sirve para aprestar. || — Pl. Utensilios.

apresurado, da adj. Con prisa.

apresuramiento m. Prisa.

apresurar v. t. Dar prisa, acelerar (ú. t. c. pr.). || Ejecutar con rapidez algo (ú. t. c. pr.).

apretado, da adj. Comprimido. || *Fig.* Arduo, peligroso : *lance apretado.* | Intenso, muy lleno de actividades : *situación apretada.* | Apremiante, urgente : *situación apretada.* | Tacaño, roñoso.

apretar v. t. Estrechar con fuerza : *apretar entre los brazos.* || Oprimir :

apretar el gatillo. || Comprimir. || *Fig.* Activar : *apretar el paso.* | Afligir, angustiar. | Instar con eficacia. || *Arg.* En deportes, marcar al adversario. || — V. i. Intensificar : *la lluvia aprieta.* || *Fam.* Apretar a correr, echar a correr.

apretón m. Estrechamiento fuerte y rápido : *apretón de manos.* || *Fam.* Carrera violenta y corta. | Movimiento violento del vientre que obliga a evacuar. | Ahogo, conflicto : *estar en un apretón.* | Apretura de gente.

apretujar v. t. Apretar mucho. || — V. pr. Ponerse un grupo de personas en un sitio pequeño, estrecho.

apretujón m. Acción y efecto de apretujar o apretujarse.

apretura f. Aprieto, dificultad. || Gentío. || Escasez.

aprieto m. Opresión. || *Fig.* Dificultad, situación crítica, apuro.

a priori loc. adv. Dícese de los conocimientos que son anteriores a la experiencia : *juzgar "a priori".*

apriorismo m. Método de razonamiento apriorístico.

apriorístico, ca adj. Aplícase a lo que se acepta basándose en datos anteriores a la experiencia o que no proceden de ella.

aprisa adv. Rápidamente.

aprisco m. Paraje donde los pastores recogen el ganado.

aprisionar v. t. Poner en prisión. || *Fig.* Atar, sujetar.

aprobación f. Acción y efecto de aprobar.

aprobado, da adj. Que ha pasado con éxito un examen. || — M. Nota de aptitud en un examen.

aprobar v. t. Dar por bueno : *aprobar un dictamen.* | Calificar de bueno : *aprobar a un examinando.*

aprobativo, va y **aprobatorio, ria** adj. Que aprueba.

apropiación f. Acción y efecto de apropiar o apropiarse.

apropiado, da adj. Adecuado para el fin a que se destina.

apropiar v. t. Aplicar a una cosa lo que es propio : *apropiar las palabras a las circunstancias.* | *Fig.* Acomodar : *apropiar el remedio al estado del enfermo.* || — V. pr. Tomar, apoderarse de alguna cosa.

apropincuarse v. pr. Acercarse. || Apoderarse, ampararse.

aprovechable adj. Que se puede aprovechar o utilizar.

aprovechado, da adj. Bien empleado. || Que lo aprovecha todo o trata de sacar provecho de todo (ú. t. c. s.). || Aplicado, diligente.

aprovechamiento m. Provecho. || Utilización.

aprovechar v. i. Servir de provecho alguna cosa : *aprovechar la comida a uno.* | Adelantar en estudios, virtudes, etc. || — V. t. Emplear útilmente una cosa : *aprovechar una tela, el tiempo.* || — V. pr. Sacar utilidad de alguna cosa.

aprovechón, ona m. y f. *Fam.* Que trata de sacar provecho de todo.

aprovisionador, ra adj. Que aprovisiona (ú. t. c. s.).

aprovisionamiento m. Acción y efecto de aprovisionar.

aprovisionar v. t. Abastecer : *aprovisionar las tropas en campaña.*

aproximación f. Proximidad. || Acercamiento. || Número de la lotería muy próximo a los premios mayores y que goza de un pequeño premio. || Estimación aproximada.

aproximado, da adj. Aproximativo.

aproximar v. t. Arrimar, acercar (ú. t. c. pr.). || — V. pr. Estar próximo a suceder o alcanzar.

aproximativo, va adj. Que se aproxima o acerca : *cálculo aproximativo.*

ápside m. *Astr.* Cada uno de los dos extremos del eje mayor de la órbita trazada por un astro.

áptero, ra adj. Que carece de alas : *insecto áptero* (ú. t. c. s. m.).

aptitud f. Disposición natural.

apto, ta adj. Hábil, a propósito para hacer alguna cosa : *apto para el estudio, para un cargo.* || Idóneo : *película no apta para menores.* || — M. Calificación que reconoce los conocimientos de una materia por un examinando.

apuesta f. Acción y efecto de apostar dinero u otra cosa.

apuesto, ta adj. Ataviado, adornado. || Bien parecido y de buena facha.

Apuleyo (Lucio), escritor latino (125-¿ 180 ?), autor de *El asno de oro.*

apulgararse v. pr. Llenarse la ropa blanca de manchas menudas.

Apulia, región meridional de la ant. Italia, hoy *Pulla.*

apunarse v. pr. *Amer.*Tener puna o soroche al atravesar los Andes.

Apuntaciones críticas sobre el lenguaje bogotano, obra del colombiano Rufino José Cuervo, publicadas entre 1867 y 1905.

apuntador, ra adj. y s. Que apunta. || — M. y f. Persona colocada en la concha para apuntar a los actores.

apuntalamiento m. Acción y efecto de apuntalar.

apuntalar v. t. Poner puntales. || *Fig.* Sostener, respaldar (ú. t. c. pr.).

apuntar v. t. Dirigir hacia un punto un arma arrojadiza o de fuego : *apuntar el arco, el fusil.* || Señalar : *apuntar con el dedo.* || Tomar nota de alguna cosa : *apuntar una dirección, un dato.* || En el teatro, decir el texto de una obra a un actor. || Decir la lección a un alumno que no la sabe. || *Fig.* Insinuar : *apuntar una idea.* | Bosquejar. | Señalar o indicar : *apuntar la importancia de un problema.* || — V. i. Empezar a manifestarse una cosa : *apuntar el día, el bozo.* || *Fig.* Tener como misión u objeto. || Encararse un arma. || — V. pr. Empezar a agriarse el vino. || Inscribirse.

apunte m. Nota que se toma por escrito. || Dibujo ligero. || Apuntador de teatro. || — Pl. Notas de las explicaciones de un profesor.

apuntillar v. t. Dar la puntilla.

apuñalar v. t. Dar de puñaladas.

apurado, da adj. Pobre, con poco dinero. || Agotado. || Molesto : *estoy muy apurado.* || Falto : *estamos apurados de tiempo.* || Dificultoso, peligroso. || Exacto. || *Amer.* Apresurado.

apurar v. t. Acabar o agotar : *apurar un cigarrillo, un vaso de vino.* || *Fig.* Examinar a fondo una cosa : *apurar una noticia.* | Apremiar, dar prisa : *no me apures más.* | Molestar, afligir : *me apura decirlo.* | Agotar la paciencia, agotarla. || — V. pr. Afligirse. || Preocuparse : *apurarse por poca cosa.* || Apresurarse : *apurarse uno la barba, afeitarse mucho, al ras.*

Apure, río de Venezuela, unión del Uribante y el Sarare, afl. del Orinoco ; 815 km. — Estado de Venezuela ; cap. *San Fernando de Apure.*

apureño, ña adj. y s. De Apure (Venezuela).

Apurímac, nevado del Perú. — Río del Perú que nace en el dep. de Arequipa, baña los de Cuzco, Apurímac y Ayacucho, y des. en el Ucayali ; 525 km. — Dep. del Perú ; cap. *Abancay.*

apurimeño, ña adj. y s. De Apurímac (Perú).

apuro m. Aprieto, dificultad : *estar en un apuro.* || Escasez grande : *tener apuros de dinero.* || Vergüenza, sonrojo. || *Amer.* Prisa.

Aqaba. V. AKABA.

aquejar v. t. Afectar.

aquel, aquella, aquello adj. y pron. Designa lo que está lejos de la persona que habla y de la persona con quien se habla : *aquel señor ; éste es mayor que aquél.* (Aquel, aquella se acentúan cuando son pronombres.) || — M. *Fam.* Encanto, gracia : *tiene su aquél.* | Algo, un poco de.

aquelarre m. Reunión de brujos. || *Fig.* Ruido, jaleo.

aqueménida adj. Dícese de una dinastía persa fundada por Ciro (ú. t. c. s.). [Los *aqueménidas* realizaron la unidad del Oriente árabe entre el s. IV y fines del v a. de J. C.]

aquende adv. De la parte de acá.

aqueo, a adj. *De Acaya.* || *Por ext.* De la Grecia ant. (Los aqueos, originarios de Tesalia, ocuparon casi todo el Peloponeso en el s. XX a. de J.-C.)

aquerenciarse v. t. Tomar querencia a un lugar, a una persona.

Aqueronte, uno de los Infiernos, que nadie podía atravesar dos veces.

aquí adv. En este lugar. || En este lugar ocurrió el accidente. || A este lugar : *ven aquí.* || En esto o en eso, de esto : *de aquí*

viene su desgracia. || Ahora : *aquí me las va a pagar todas.* || Entonces, en tal ocasión : *aquí no. pudo contenerse.*

Aquidabán, río del Paraguay que nace en la Sierra de Amambay y des. en el río Paraguay. En sus orillas fue derrotado y muerto el presidente Francisco Solano López en la batalla de Cerro Corá (1870).

aquiescencia f. Consentimiento.

aquiescente adj. Que consiente.

aquietar v. t. Sosegar, apaciguar : *aquietar los ánimos* (ú. t. c. pr.).

Aquila, c. de Italia, en los Abruzos, cap. de la provincia homónima.

aquilatamiento m. Acción y efecto de aquilatar.

aquilatar v. t. Calcular los quilates del oro, las perlas y piedras preciosas. || Purificar. || *Fig.* Apreciar el mérito.

Aquilea o **Aquileya,** c. de Italia, a orillas del mar Adriático (Udine).

Aquiles, héroe legendario tesalio rey de los mirmidones, hijo de Peleo y de Tetis. Era el más famoso y valeroso de los protagonistas griegos de *La Ilíada.* Mató a Héctor en el sitio de Troya, pero fue mortalmente herido en el talón por una flecha envenenada lanzada por Paris.

aquilino, na adj. Aguileño.

Aquisgrán, en alem. *Aachen,* en fr. *Aix-la-Chappelle,* c. de Alemania Occidental (Rin Septentrional-Westfalia). Obispado. Industrias.

Aquitania, ant. prov. del SO. de Francia, en la cuenca del Garona.

aquitano, na adj. y s. De Aquitania (Francia).

Aquixtla, pobl. y mun. de México (Puebla). Cereales.

Ar, símbolo químico del argón.

ara f. Altar en que se ofrecen sacrificios. || Piedra consagrada del altar. || *En aras de,* en honor a. || — M. Guacamayo.

Ara, constelación austral situada debajo del Escorpión.

árabe adj. y s. De Arabia. || — M. Lengua árabe.

Árabe Unida (REPÚBLICA), Estado federal formado en 1958 por Egipto, Siria y Yemen. Estos dos últimos países dejaron de ser miembros de la Federación en 1961, pero Egipto conservó el n. oficial de *República Árabe Unida* (R. A. U.) hasta 1971.

Árabes Unidos (EMIRATOS), federación constituida en 1971 con parte de la ant. Costa de los Piratas, o Trucial States, en el golfo Pérsico. 83 600 km2 ; 750 000 h. Agrupa a los principados de Abu Zabi, Adjman, Chardja, Dibay, Fudjayra, Umm al-Qiiwayn y Ras al-Khayma. Petróleo.

arabesco, ca adj. Arábigo. || — M. Adorno formado por motivos vegetales y geométricos, característicos de las construcciones árabes.

Arabia, vasta península en el extremo SO. de Asia, entre el mar Rojo y el golfo Pérsico ; 3 millones de km2. En ella se encuentran Arabia Saudita, Yemen, Omán, los Emiratos Árabes Unidos, Katar y Kuwait. || ~ Saudita o Saudí, reino que ocupa la mayor parte de la península de Arabia ; 1 750 000 km2 ; 9 millones de hab. Cap. *Er-Riad,* 700 000 h. Otras c. : *La Meca,* 400 000 h., y *Medina,* 200 000.

arábigo, ga adj. De Arabia. || — M. Lengua árabe.

Arábigo (MAR o GOLFO), uno de los n. del mar *Rojo* o del mar de Omán.

arabismo m. Giro o modo de hablar propio de la lengua árabe. || Vocablo o giro de esta lengua empleado en otra. || Afición hacia lo árabe.
— La dominación de la Península Ibérica durante casi ocho siglos por los árabes dejó huella profunda en la lengua castellana.

arabista adj. Dícese de la persona que es especialista en lengua, literatura y civilización árabes (ú. t. c. s.).

arabización m. Acción y efecto de arabizar.

arabizar v. t. Dar carácter árabe.

Arabos Negros (Los), mun. de Cuba (Matanzas).

Aracajú, c. y puerto del Brasil, cap. del Estado de Sergipe. Obispado.

Aracataca, c. de Colombia (Magdalena).

Aracati, c. y mun. del Brasil (Ceará).

EMIRATOS ARABES UNIDOS

Aracay, río del Paraguay (Caaguazú y Alto Paraná), que des. en el Paraná. Central hidroeléctrica.

aráceas f. pl. Plantas angiospermas como el aro y la cala (ú. t. c. adj.).

Aracena, c. del sur de España (Huelva).

arácnidos m. pl. Clase de animales que comprende las arañas, escorpiones, etc.: *los arácnidos tienen cuatro pares de patas* (ú. t. c. adj.).

aracnoides adj. y s. f. *Anat.* Una de las tres meninges, colocada entre la duramadre y la piamadre.

Arad, c. de Rumania (Timishoara).

arado m. Instrumento para labrar la tierra y abrir surcos en ella.

arador, ra adj. y s. Que ara. || — M. *Zool.* Arácnido parásito que produce la sarna.

Arafat (Yasir), político palestino, n. en 1929, pres. desde 1969 de la Organización de Liberación de Palestina (O. L. P.).

Arago (François), astrónomo, físico y político francés (1786-1853).

Aragon (Louis), escritor francés (1897-1982), autor de poesías surrealistas (*Hoguera, Los ojos de Elsa, Loco por Elsa*), novelas (*Aniceto o el panorama, El campesino de París, Aureliano, Semana Santa*) y ensayos.

Aragón, región del NE. de España, constituida en 1982 en Comunidad Autónoma con el territorio formado por las provincias de Zaragoza, Huesca y Teruel. La capital se estableció en la ciudad de Zaragoza. El reino de Aragón, creado a mediados del s. XI, se unió en 1137 con Cataluña y en 1479 con Castilla. — Río del NE. de España, afl. izq. del Ebro.

Aragón (Enrique de). V. VILLENA (Enrique DE ARAGÓN, *marqués de*).

aragonés, esa adj. y s. De Aragón (España).

aragonesismo m. Palabra o giro propio del español hablado en Aragón. || Nacionalismo aragonés. || Afecto hacia Aragón.

Aragua, río de Venezuela (Anzoátegui), que des. en el lago de Valencia. — Estado de Venezuela, a orillas del mar Caribe; cap. Maracay. || — **de Barcelona,** c. de Venezuela (Anzoátegui).

Araguari, río del Brasil (Amapá), que des. en el Atlántico; 386 kilómetros. — Mun. del Brasil (Minas Gerais).

araguato m. Mono aullador de América del Sur.

Araguay, río de la Argentina (Formosa), afl. del Paraguay.

Araguaya, río del Brasil, afl. del Tocantins; 2 200 km.

aragüés, esa adj. y s. De Aragua (Venezuela).

Araguita, mun. al norte de Venezuela (Miranda). Agricultura.

Aral (LAGO o MAR DE), lago salado de la U. R. S. S. (Kazakstán); 67 000 km². En él desembocan los ríos Sir Daria y Amu Daria.

Aram, uno de los hijos de Sem.

Aramberri, c. y mun. de México (Nuevo León). Cereales.

Aramburu (Pedro Eugenio), general argentino (1903-1970), pres. de la Rep. de 1955 a 1958. Secuestrado, fue asesinado.

arameo, a adj. y s. Descendiente de Aram.

Arán, valle de España, fronterizo con Francia (Lérida). Estaciones de deportes de invierno. || — (VALLE DE), comarca del NE. de España en Cataluña (Lérida); cap. *Viella.*

arana f. Embuste, trampa.

Arana (Diego de), soldado español de fines del s. XV, a quien Colón confió la defensa del fuerte de Navidad (Haití), donde pereció, junto con los demás defensores, a manos de los indígenas (1493). || — (JOSÉ GREGORIO), general mexicano (1790-1828), que entró en México con el Ejército Trigarante. Acusado de conspiración para restablecer el dominio español,

ARABIA SAUDITA   45

fue condenado y ejecutado. || ~ **y Goiri** (SABINO), escritor y político español (1865-1903), patriarca del nacionalismo vasco y autor de varios tratados sobre la lengua vascuence. || ~ **Osorio** (CARLOS), militar guatemalteco, n. en 1919, Pres. de la Rep. de 1970 a 1974.

arancel m. Tarifa oficial de derechos de aduanas, ferrocarriles, etc. || Tasa.

arancelario, ria adj. Relativo al arancel : *derechos arancelarios.*

Aranda (Pedro Pablo ABARCA DE BOLEA, *conde de*), diplomático español (1719-1798), pres. del Consejo de Castilla (1765) y ministro del rey Carlos III. Reformó la administración e intervino en la expulsión de los jesuitas.

Aranda de Duero, c. de España (Burgos). Industrias. Comercio.

arándano m. Arbusto de bayas azuladas o negras comestibles. || Su fruto.

Arandas, v. y mun. de México (Jalisco). Centro agrícola e industrial.

arandela f. Disco perforado que se pone en el candelero para recoger lo que se derrama de la vela. || Anillo de metal para evitar el roce de dos piezas.

Arango (Antonio J.), novelista colombiano, n. en 1903, autor de *Oro y miseria.* V. VILLA (Pancho). || ~ (GONZALO), cuentista, dramaturgo y político colombiano (1931-1976). || ~ (RAFAEL), zoólogo cubano (1837-1893). || ~ (RAMÓN), médico colombiano (1853-1924). || ~ **y Escandón** (ALEJANDRO), político, escritor y orador mexicano (1821-1883). || ~ **y Parreño** (FRANCISCO), escritor, abogado y economista cubano (1765-1837).

Aranguren (José Luis LÓPEZ), escritor y filósofo español, n. en 1909, autor de *Crítica y meditación, Ética, Moral y sociedad*, etc.

Aranha [-ña] (José PEIREIRA DA GRACA), novelista brasileño (1868-1931), autor de *Canaán.*

Aranjuez, c. de España (Madrid), en la confluencia del Jarama y del Tajo. Palacio.

Aránzazu, santuario del s. XVI, consagrado a la Virgen en Guipúzcoa, cerca del río homónimo y de Oñate. — Mun. de Colombia (Caldas).

araña f. Zool. Arácnido pulmonado de cuatro pares de patas y abdomen no segmentado que segrega un hilo sedoso. || Lámpara colgante con varios brazos. || Cangrejo de mar.

arañar v. t. Rasgar ligeramente con las uñas, un alfiler, etc. || Hacer rayas superficiales. || *Fig.* Recoger de varias partes cantidades pequeñas de algo.

arañazo m. Rasguño.

Aráoz || ~ **Alfaro** (GREGORIO), médico e higienista argentino (1870-1955). || ~ **de La Madrid** (GREGORIO). V. LA MADRID.

Arapey, río del Uruguay (Artigas y Salto), afl. del río Uruguay ; 200 km. — Pobl. del Uruguay (Salto).

Arapiles, pueblo de España (Salamanca). Victoria de los españoles contra los franceses (1812).

Araquistáin (Luis), escritor y político socialista español (1886-1959).

arar v. t. Remover la tierra con el arado. || *Fig.* Arrugar. || *Fig. Arar en el mar*, trabajar inútilmente.

Ararat, monte de Turquía (Armenia), cerca de las fronteras con Irán y la U. R. S. S. ; 5 165 m. Allí, según la Biblia, se detuvo el arca de Noé después del Diluvio.

Araruama, c. del Brasil (Río de Janeiro). — C. del Brasil (Paraíba).

Aratu, centro industrial del Brasil, cerca de Salvador de Bahía.

arauaco, ca adj. y s. V. ARAWAKO.

Arauca, río de Colombia y Venezuela, afl. del Orinoco ; 1 000 km. Navegable en unos 800 km. — C. de Colombia, cap. de la intendencia homónima. Vicariato apostólico.

Araucana (*La*), poema épico de Alonso de Ercilla en 37 cantos en los que relata la conquista de Chile por Valdivia. Consta de tres partes, publicadas en 1569, 1578 y 1589.

Araucania, IX Región de Chile, situada entre los ríos Biobío y Toltén, formada por las prov. de Malleco y Cautín ; cap. Temuco. Vicariato apostólico. Agricultura. Bosques. Turismo. Habitada por los rebeldes araucanos, que lo mismo se opusieron a la domi-

nación inca que a la española, no fue sometida por Chile hasta últimos del siglo XIX.

araucanismo m. Voz de origen indio propia del castellano hablado en Chile. || Carácter araucano. || Afecto a lo araucano.

araucanista com. Persona que estudia la lengua y costumbres de los araucanos.

araucano, na adj. y s. De la Araucanía o Arauco. || De Arauco, prov. de Chile. || De Arauca (Colombia). || — M. Lengua de los araucanos o mapuches.

— Los *araucanos*, indios sudamericanos, conocidos también con el nombre de *mapuches*, se apoderaron sucesivamente de la región argentina de Neuquen y la parte central de Chile, donde se hicieron sedentarios.

araucaria f. Árbol conífero de América del Sur y Australia, que alcanza unos 50 m de altura.

Arauco, golfo de Chile. — Prov. de Chile en la VIII Región (Biobío) ; cap. Lebu. — C. de Chile en la VIII Región (Biobío), cap. de la com. de su n.

Arauco domado, poema del escritor chileno Pedro de Oña (1596).

Araujo (Juan GOMES DE), músico brasileño (1846-1942), autor de óperas, poemas sinfónicos, etc. || ~ (MANUEL ENRIQUE), médico salvadoreño (1859-1913), pres. de la Rep. de 1911 a 1913. M. asesinado.

Araure, v. de Venezuela (Portuguesa). Victoria de Bolívar contra los realistas en 1813.

aravico m. Poeta de los antiguos peruanos.

arawako, ka adj. y s. Individuo de un pueblo indio de América, originario de la cuenca del Orinoco. || — Múltiples tribus de arawakos se diseminaron en una amplia zona comprendida entre el sur de Florida, el norte del Paraguay, el litoral peruano, la desembocadura del Amazonas y el archipiélago de las Antillas.

Araxá, mun. del Brasil (Minas Gerais). Balneario.

Araxes, río de Asia occidental que señala la frontera entre Turquía y la Unión Soviética, y entre ésta e Irán ; 994 km.

Araya-Paria, península de Venezuela (Sucre), entre el mar Caribe y el golfo de Cariaco.

arbeja f. y sus derivados. V. ARVEJA.

Arbelas o **Arbela,** c. ant. de Asiria. En sus cercanías Alejandro Magno derrotó a Darío III (331 a. de J. C.). Hoy llamada *Arbil.*

Arbenz (Jacobo), militar guatemalteco (1914-1971), miembro de la Junta Gubernativa que sustituyó a Ponce (1944-1945). Pres. de la Rep. en 1951, fue derrocado en 1954 por una sublevación militar.

arbitraje m. Arreglo de un litigio por un árbitro y sentencia así dictada. || Acción del juez que arbitra un partido deportivo.

arbitral adj. Relativo al juez árbitro.

arbitrante adj. Que arbitra.

arbitrar v. t. Hacer que se observen las reglas de un juego : *arbitrar un partido de fútbol.* || *For.* Juzgar como árbitro : *arbitrar un conflicto.* || Disponer, reunir. || — V. pr. Ingeniarse.

arbitrariedad f. Acción o proceder contrario a la justicia, la razón.

arbitrario, ria adj. Que depende del arbitrio. || Que incluye arbitrariedad.

arbitrio m. Facultad que tiene la voluntad de elegir o de abstenerse : *libre arbitrio.* || Medio extraordinario que se propone para la obtención de algún fin. || Juicio del juez árbitro. || — Pl. Impuestos municipales para gastos públicos : *arbitrios sobre alquileres.*

árbitro m. Persona escogida por un tribunal para decidir una diferencia. || Juez que cuida de la aplicación del reglamento en una contienda deportiva. || Persona que obra con independencia : *yo soy árbitro de mi felicidad.*

Arbó (Sebastián Juan), novelista español (1902-1984), autor de *Martín de Caretas, Entre la tierra y el mar*, etc.

árbol m. *Bot.* Planta perenne, de tronco leñoso y elevado, que se ramifica a mayor o menor altura del suelo : *árbol frutal, de adorno.* || Nombre de varias plantas. || *Mar.* Palo de un

buque. || *Mec.* Eje que sirve para recibir o transmitir el movimiento en las máquinas : *árbol motor.* || — *Árbol de Navidad,* el decorado con el que se celebran las fiestas navideñas. || *Árbol genealógico,* cuadro descriptivo, en forma de árbol con sus ramificaciones, en el que consta la afiliación de los distintos miembros de una familia.

Árbol || ~ **de Guernica,** roble que se considera como símbolo de las libertades vascas. (V. GUERNICA.) || ~ **de la Noche Triste,** V. NOCHE TRISTE.

arbolado, da adj. Poblado de árboles : *plaza, calle arbolada.* || — M. Conjunto de árboles.

arboladura f. *Mar.* Conjunto de palos y vergas de un buque.

arbolar v. t. Enarbolar.

arboleda f. Sitio poblado de árboles.

Arboleda (Julio), poeta, militar y político colombiano, n. en Popayán (1817-1862). Autor del poema *Gonzalo de Oyón*, obra maestra que dejó sin acabar. M. asesinado en la Montaña de Berruecos (Pasto).

Arboledas, mun. de Colombia (Nariño), ant. *Berruecos.*

arborecer v. i. Hacerse árbol.

arbóreo, a adj. Relativo al árbol.

arborescencia f. Crecimiento o calidad de las plantas arborescentes.

arborescente adj. Planta que tiene caracteres parecidos a los del árbol.

arborícola adj. Que vive en los árboles.

arboricultor, ra m. y f. Persona que se dedica a la arboricultura.

arboricultura f. Cultivo de los árboles.

arbotante m. *Arq.* Arco que contrarresta el empuje de otro arco o bóveda. || *Mar.* Palo que sobresale del casco de un buque y sirve de sostén.

arbusto m. Planta perenne de tallos leñosos y ramas desde la base.

arca f. Caja, generalmente de madera, con tapa asegurada con bisagras, candados o cerraduras. || — Pl. Pieza o armario metálico donde se guarda el dinero en las tesorerías. || *Anat.* Vacíos que hay debajo de las costillas, encima de los ijares. || — *Arca de Noé,* embarcación grande en que se salvaron del diluvio Noé, su familia y cierto número de animales. || *Arcas públicas,* el erario.

arcabucero m. Soldado que iba armado de arcabuz.

arcabuz m. Arma de fuego antigua de menos calibre que el mosquete. || Arcabucero.

Arcachon, c. de Francia (Gironde).

arcada f. Conjunto o serie de arcos. || Ojo de puente. || — Pl. Náuseas.

Arcadia, nomo de Grecia, en el centro del Peloponeso.

Arcadio (¿ 377 ?-408), emperador de Oriente de 395 a 408, hijo de Teodosio I. Nació en España.

arcaico, ca adj. Viejo, desusado. || Anticuado. || *Geol.* Primitivo.

arcaísmo m. Voz o frase anticuada.

arcaizante adj. Que arcaíza.

arcaizar v. i. Usar arcaísmos.

arcángel m. Ángel de orden superior que pertenece al octavo coro.

Arcángel, c. y puerto de la U. R. S. S. (Rusia).

arcano, na adj. y m. Secreto.

Arcatao, pobl. de El Salvador (Chalatenango).

arce m. Árbol de madera muy dura. || Esta madera.

Arce (Aniceto), político boliviano (1824-1906), pres. de la Rep. de 1888 a 1892. || ~ (MANUEL JOSÉ), general salvadoreño (1787-1847), primer pres. de la Rep. Federal de las Provincias Unidas de Centro América (1825-1828).

arcedianato m. Dignidad de arcediano. || Territorio de su jurisdicción.

arcediano m. Dignidad eclesiástica en las iglesias catedrales.

arcén m. Espacio en la carretera entre la calzada y la cuneta.

Arcesilao, filósofo griego (316-241 a. de J. C.).

Arcila, en árabe *Asilah,* c. y puerto del N. de Marruecos.

Arcila Farías (Eduardo), historiador venezolano, n. en 1912.

arcilla f. Roca sedimentaria, plástica, formada principalmente por un silicato alumínico.

arcilloso, sa adj. Que tiene arcilla. || Parecido a la arcilla.

Arciniega (Rosa), novelista, comediógrafa e historiadora peruana, n. en 1909. Autora de *Jaque mate, Engranajes* (novelas).

Arciniegas (Germán), escritor colombiano, n. en 1900, autor de ensayos (*El estudiante de la mesa redonda, Entre la libertad y el miedo, América, tierra firme, Ese pueblo de América, América mágica*), novelas (*En medio del camino de la vida*) y biografías. || ~ (ISMAEL ENRIQUE), poeta parnasiano colombiano (1865-1938).

arciprestazgo m. Dignidad de arcipreste. || Territorio de su jurisdicción.

arcipreste m. Primero y principal de los presbíteros.

Arcipreste || ~ **de Hita** (Juan RUIZ). V. HITA (*Arcipreste de*). || ~ **de Talavera** (Alfonso MARTÍNEZ DE TOLEDO). V. TALAVERA (*Arcipreste de*).

arco m. Geom. Porción de curva : *arco de círculo*. || Arq. Construcción en forma de arco : *arco de puente*. || Arma para disparar flechas : *tirar con arco*. || Mús. Varilla de cerdas para tocar el violín, contrabajo, etc. || Aro de pipas, cubas, etc. || Anat. Hueso de forma arqueada : *arco alveolar, de la aorta*. || Portería, meta en deportes. || *Arco iris*, v. IRIS.

Arco (Santa Juana de). V. JUANA DE ARCO (*Santa*).

arcón m. Arca grande.

arcontado m. Gobierno de los arcontes.

arconte m. Primer magistrado de las repúblicas griegas.

Arcos de la Frontera, c. de España (Cádiz). Aceite. Turismo.

Arcturus o **Arturo**, estrella de primera magnitud de la constelación del Boyero.

Arcueil, c. de Francia (Val-de-Marne), al sur de París.

Archena, v. de España (Murcia).

archicofrade com. Miembro de una archicofradía.

archicofradía f. Cofradía más antigua o con mayores privilegios.

archidiácono m. Arcediano.

archidiócesis f. Arquidiócesis.

Archidona, v. de España (Málaga).

archiducado m. Dignidad y territorio del archiducado.

archiducal adj. Relativo al archiduque o al archiducado.

archiduque, sa m. y f. Dignidad de los príncipes de las casas de Austria y de Baviera.

archimillonario adj. y s. Varias veces millonario.

Archipenko (Alexander), escultor norteamericano, de origen ruso (1887-1964).

archipiélago m. Conjunto de islas.

Archipiélago, ant. n. del mar Egeo.

archivador, ra adj. y s. Que archiva. || — M. Mueble o caja para archivar.

archivar v. t. Poner o guardar en el archivo. || Fig. Dejar de lado, olvidar.

archivero, ra m. y f. y **archivista** com. Persona encargada de un archivo.

archivo m. Local donde se guardan documentos. || Conjunto de estos documentos. || Fichero de informática.

archivolta f. Conjunto de molduras que decoran un arco.

Ardabil o **Ardebil**, c. del N. de Irán (Azerbaidján), cerca de la frontera con la U. R. S. S.

Ardèche, río de Francia, afl. del Ródano ; 120 km. — Dep. de Francia ; cap. *Privas*.

Ardenas, en fr. *Ardennes*, meseta que se extiende por Bélgica, Francia y Luxemburgo.

Ardennes, dep. de Francia ; cap. *Charleville-Mézières*.

ardentía f. Ardor, pirosis.

arder v. i. Consumirse con el fuego : *la leña seca arde bien.* || Fig. Estar muy agitado por una pasión : *arder de* (o en) *amor, odio, ira.* || — V. t. Abrasar, quemar.

ardid m. Artificio, maña.

ardiente adj. Que arde : *carbón ardiente.* || Que causa ardor : *sed, fiebre ardiente.* || Fig. Activo.

ardilla f. Mamífero roedor de cola larga que vive en los árboles.

ardimiento m. Ardor. || Valor.

ardite m. Moneda antigua de escaso

---

valor. || Fam. *No valer un ardite,* valer muy poco.

ardor m. Calor grande. || Fig. Vehemencia : *amar con ardor.* | Anhelo : *desear con ardor.* | Valor : *luchar con ardor.* || — Pl. Ardentía, pirosis.

ardoroso, sa adj. Que tiene ardor.

arduo, dua adj. Muy difícil.

área f. Espacio de tierra ocupado por un edificio. || Medida agraria (100 m²). || Cuadro de tierra destinado al cultivo. || Geom. Superficie comprendida dentro de un perímetro : *el área de un triángulo.* | Superficie, zona, extensión. || Zona de un terreno de juego. || *Área metropolitana.* V. METROPOLITANA (*área*).

Arecibo, distr., c. y puerto septentrional de Puerto Rico.

Arechavaleta, v. de España (Guipúzcoa). Industrias. Agricultura.

Arelde (José Antonio de), visitador general del Alto Perú en 1780, cuyas exacciones provocaron la rebelión de Túpac Amaru.

Areguá, pobl. del Paraguay (Central), fundada por Martínez de Irala (1538).

Areia Branca, c. del Brasil (Río Grande del Norte).

arena f. Conjunto de partículas desagregadas de las rocas : *la arena de la playa.* | Metal o mineral en polvo : *arenas de oro.* | Fig. Lugar del combate o lucha, palenque. | Redondel de la plaza de toros. || — Pl. Med. Cálculos o piedrecitas que se encuentran en la vejiga.

arenal m. Terreno arenoso.

Arenal, laguna de Costa Rica (Guanacaste) ; 50 km². — Volcán (1 638 m) de Costa Rica (Alajuela).

Arenal (Concepción), socióloga española, n. en El Ferrol (1820-1893).

Aronales (José Ildefonso ÁLVAREZ DE), militar y geógrafo boliviano (1790-1862). || ~ (JUAN ANTONIO ÁLVAREZ DE), militar español (1770-1831), que luchó por la Independencia americana a las órdenes de San Martín.

arenar v. t. Cubrir de arena.

Arenas, cabo de Venezuela, en el mar Caribe (Sucre). || ~ **(Las),** pobl. de España, cerca de Bilbao. || ~ **de San Pedro,** v. de España (Ávila).

Arenas (Braulio), poeta, novelista, ensayista y pintor chileno, n. en 1913. || ~ (REINALDO), escritor cubano, n. en 1943, autor de novelas (*El mundo alucinante, Otra vez el mar*) y relatos (*Comienza el desfile, Termina el desfile*).

arenga f. Discurso enardecedor.

arengar v. t. Dirigir una arenga.

arenífero, ra Que contiene arena.

arenisco, ca adj. Que tiene arena : *terreno arenisco.* || — F. Roca silícea.

arenoso, sa adj. Que tiene arena : *playa arenosa.* || Parecido a la arena.

arenque m. Pez teleósteo parecido a la sardina.

Arenys de Mar, v. y puerto de España (Barcelona). Estación estival.

areola f. Med. Círculo rojizo que limita ciertas pústulas. || Anat. Círculo rojizo algo moreno que rodea el pezón del pecho.

areolar adj. Que tiene aréolas.

areómetro m. Fís. Instrumento que mide la densidad de los líquidos.

areopagita m. Cada uno de los jueces del Areópago.

areópago m. Tribunal superior de la antigua Atenas. (El *Areópago* estaba formado por 31 jueces que entendían de las causas criminales.) || Fig. Reunión de personas consideradas competentes en una materia.

arepa f. Amer. Torta de maíz con manteca que se sirve rellena de carne de cerdo, chicharrón u otra cosa. || Fam. Venez. *Ganarse la arepa,* ganarse su pan, la vida.

Arequipa, c. del S. del Perú, al pie del volcán Misti, cap. de la prov. y del dep. homónimos. Univ. Universidad. Fundada en 1540 por Pizarro, llamóse ant. *Villa Hermosa.* Industria, comercio.

arequipeño, ña adj. y s. De Arequipa (Perú).

Ares, paso en el Pirineo oriental entre Francia y España ; 1 610 m.

Arestegui (Narciso), novelista peruano (entre 1815 y 1820-1869), autor de *El Padre Horán.*

arete m. Arillo. || Pendiente, zarcillo.

---

aretino, na adj. y s. De Arezzo (Italia).

Aretino (Pietro **el**), escritor italiano (1492-1556), autor de poesías, obras de teatro y de famosos *Diálogos.*

Aretz-Thiele (Isabel), compositora argentina, n. en 1909.

arévaco, ca adj. y s. Natural de una región de la ant. España Tarraconense.

Arévalo, v. de España (Ávila).

Arévalo (Juan José), político guatemalteco, n. en 1904, pres. de la Rep. de 1945 a 1951. || ~ **Martínez** (RAFAEL), escritor guatemalteco (1884-1975), autor de novelas (*El hombre que parecía un caballo, El señor Monitot, Viaje a Ipanda, El mundo de los maharachías, El trovador colombiano, El hechizado,* etc.) y de poesías (*Mayas, Las rosas de Engaddi*).

Arezzo, c. de Italia (Toscana), cap. de la prov. homónima.

arfar v. t. i. Cabecear el buque.

Arfe (Enrique de), orfebre alemán, establecido en España en 1506, autor de custodias. — Su hijo ANTONIO (1510-1578) fue uno de los introductores del estilo plateresco en España. || — El hijo de éste, JUAN DE ARFE Y VILLAFAÑE (1535-1603), está considerado como uno de los maestros de la orfebrería española.

argamasa f. Mezcla de cal, arena y agua que se emplea en albañilería.

argamasar v. t. Hacer argamasa. || Trabar o unir con argamasa.

Argamasilla de Alba, v. de España (Ciudad Real).

Arganda, v. de España (Madrid).

Argao, c. de Filipinas, en la isla de Cebú.

Argar (El), estación prehistórica española de la Edad del Bronce (Almería).

Argel, cap. y puerto de Argelia, 1 800 000 h. Arzobispado. Universidad. Centro comercial y administrativo.

Argelès-sur-Mer, v. a SE. de Francia (Pyrénées-Orientales).

Argelia, república de África del Norte, entre Marruecos y Túnez ; 2 376 391 km² de los cuales 1 980 000 están en las regiones del Sáhara); 19 130 000 h. (*argelinos*). Cap. *Argel,* 1 800 000 h. Otras ciudades : *Orán,* 500 000 h.; *Constantina,* 450 000; *Annaba,* 360 000; *Tizi Uzu,* 250 000; *Blida,* 170 000; *Setif,* 165 000. Yacimientos (cobre, hierro, plomo, cinc, petróleo, gas natural, fosfatos). Agricultura (cereales, vinos, verduras, frutas). [V. *mapa pág. siguiente.*]

argelino, na adj. y s. De Argel o Argelia.

Argensola (Bartolomé Leonardo de), poeta y escritor español, n. en Barbastro (1562-1631): — Su hermano LUPERCIO LEONARDO (1559-1613) es autor de odas, sonetos, canciones, epístolas, sátiras, tragedias (*Isabel y Filida*) y de obras históricas.

argentado, da adj. Plateado.

Argentan, c. de Francia (Orne).

argentar v. t. Platear.

Argentártida, n. con que se conoce también *la Antártida Argentina.*

argénteo, a adj. De plata.

Argenteuil, c. de Francia, al norte de París y a orillas del Sena (Val d'Oise).

Argentière, centro de alpinismo de Francia (Haute-Savoie), cerca de Chamonix y el monte Blanco.

argentífero, na adj. Que contiene plata : *mineral argentífero.*

Argentina, república de América del Sur, situada entre Bolivia, Paraguay, Brasil, Uruguay, el océano Atlántico y Chile ; 2 791 810 kilómetros cuadrados ; 28 862 771 h. (*argentinos*). Son también de soberanía nacional 1 268 195 kilómetros cuadrados de la Antártida y 4 150 km² correspondientes a las islas intercontinentales (Georgias y Sandwich del Sur). Cap. *Buenos Aires,* 3 000 000 h. (área metropolitana 10 000 000 h.). Otras ciudades, capitales de provincias, son *La Plata,* 482 000 h.; *Catamarca,* 80 000; *Córdoba,* 990 000; *Corrientes,* 185 000; *Resistencia,* 225 000; *Rawson,* 15 000; *Paraná,* 160 000; *Formosa,* 98 000; *Jujuy,* 135 000; *Mendoza,* 120 000; *Posadas,* 145 000; *Neuquen,* 92 000; *Santa Rosa,* 55 000; *La Rioja,* 68 000; *Viedma,* 26 000; *Salta,* 265 000; *San*

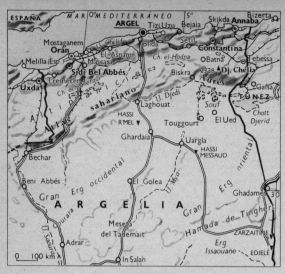

ARGELIA

Juan, 117 000 ; *San Luis,* 73 000 ; *Río Gallegos,* 45 000 ; *Santa Fe,* 290 000 ; *Santiago del Estero,* 150 000 ; *San Miguel de Tucumán,* 400 000 ; y *Ushuaia,* 11 000. Otras poblaciones importantes, situadas en diferentes provincias, son *Comodoro Rivadavia,* 98 000 h. ; *Concordia,* 95 000 ; *Godoy Cruz,* 145 000 ; *Río Cuarto,* 110 000 ; *Rosario,* 880 000 ; *Mar del Plata,* 410 000 ; *Bahía Blanca,* 225 000 ; *Guaymallén,* 160 000 ; *Las Heras,* 98 000 ; *San Nicolás,* 98 000 ; *Tandil,* 80 000 ; *San Rafael,* 72 000 ; *Pergamino,* 70 000 ; *Villa María,* 69 000 ; *Zárate,* 68 000 ; *Olavarría,* 65 000 ; *Junín,* 63 000. Existen en las inmediaciones de Buenos Aires otras muchas poblaciones con un elevado número de habitantes : *Almirante Brown,* 333 000 h ; *Avellaneda,* 338 000 ; *Berazategui,* 201 000 ; *Esteban Echeverría,* 188 000 ; *Florencio Varela,* 173 000 ; *General San Martín,* 385 000 ; *General Sarmiento,* 500 000 ; *Lanús,* 470 000 ; *Lomas de Zamora,* 509 000 ; *La Matanza,* 948 000 ; *Merlo,* 282 000 ; *Moreno,* 194 000 ; *Morón,* 596 000 ; *Quilmes,* 442 000 ; *San Fernando,* 134 000 ; *San Isidro,* 287 000 ; *Tigre,* 206 000 ; *Tres de Febrero,* 340 000 y *Vicente López,* 300 000. Administrativamente, la Argentina se divide en 23 provincias y Buenos Aires, Distrito federal. La población es de raza blanca, constituida por un 85 p. ciento de nativos, de origen español e italiano principalmente, y de un 15 p. ciento de inmigrantes. La religión más extendida es la católica, si bien existe la libertad de cultos. La lengua oficial es la española, o castellana. La densidad media de población es de 10,3 h./km², y las zonas más pobladas son la provincia de Tucumán, los valles fluviales y la capital federal.

— GEOGRAFÍA. La cordillera de los Andes atraviesa el país de norte a sur y establece la frontera con Chile. En su sección septentrional se encuentra la *Puna de Atacama,* meseta árida de 4 000 m con cumbres elevadas : Llullaillaco (6 723 m), Socompa (6 051 m) y Cerro Libertador (6 720 m). Más al sur aparecen los picos Tupungato (6 800 m) y Aconcagua (6 959 metros), el más elevado de América. En el extremo meridional, los Andes toman el nombre de Andes Patagónicos y Andes Fueguinos. Existen vastas llanuras, como son el *Chaco,* al norte, y la *Pampa,* en el centro. La zona mesopotámica tiene al norte la meseta de Misiones. En cuanto al relieve de la Antártida, prolongación de los Andes Patagónicos, es montañoso, por el arco de las Antillas australes, con una

gran meseta cubierta de hielo. La cuenca hidrográfica del Plata es la más importante del país, y está formada por los dos grandes ríos Paraná y Uruguay, que, junto con sus afluentes, constituyen un sistema navegable en su mayor parte, de gran importancia económica para las regiones que atraviesan. Otros ríos que van al Atlántico son : Colorado, Negro, Deseado y Santa Cruz. El Desaguadero recoge las aguas de los Andes y, en ciertas épocas, las vierte al Atlántico a través del Colorado. Algunos ríos menores van a parar a la laguna de Mar Chiquita, y en la región patagónica hay varios que van al Pacífico. La costa argentina tiene unos 4 000 km y es poco accidentada hasta Bahía Blanca, desde donde se hace más sinuosa, formando golfos como los de San Matías y San Jorge, bahías (Grande y San Sebastián) y la península de Valdés. El clima es templado, salvo en el norte, y hay varios vientos dominantes : pampeano (frío y seco), norte (cálido y húmedo), sudestada (frío y húmedo), zonda (cálido y seco). Las precipitaciones son abundantes en el norte y en el sudoeste, y la base de la economía argentina es la agricultura y la ganadería. Los principales productos son : trigo, maíz, cebada, avena, algodón, caña de azúcar, yerba mate (Misiones), vid (San Juan, Mendoza), frutales (Río Negro). Abundan las explotaciones forestales, y es muy importante la del quebracho colorado, del que se extrae el tanino. La riqueza ganadera es considerable (bovinos, ovinos, caballos, cerdos) y la pesca está bien desarrollada. Los recursos mineros son excelentes (cinc, plata, oro, plomo, volframio, uranio, azufre). Tampoco falta el petróleo, del cual hay yacimientos en diversas regiones (Salta, Mendoza, Neuquen, Chubut, Santa Cruz y Tierra del Fuego). La industria está en pleno desarrollo, concentrada sobre todo en Buenos Aires (química, textil, alimenticia, eléctrica y derivados del petróleo). Los dos complejos hidroeléctricos más importantes son el Chocón-Cerros Colorados y Salto Grande, y existe la central nuclear de Atucha, que provee de energía a la Capital Federal. Para los transportes, la Argentina cuenta con 50 000 km de ferrocarriles, 60 000 km de carreteras, una importante red fluvial y marítima, y un servicio aéreo interior y exterior (292 aeropuertos, entre ellos el internacional de Ezeiza, cerca de Buenos Aires).

Argentina (*La*). V. MERCÉ.
Argentina (*La*), crónica de Ruy Díaz de Guzmán en la que se describe

la colonización del Plata por Pedro de Mendoza. — Poema histórico de Barco Centenera (1602).

argentinidad f. Sentimiento de la nacionalidad argentina.
argentinismo m. Palabra o giro propio de los argentinos. || Amor a lo argentino.
argentinizar v. t. Dar carácter argentino.
argentino, na adj. y s. De la República Argentina. || — Adj. Argénteo. || Que tiene el sonido vibrante de la plata : *voz argentina.* || — M. Arg. Moneda de oro.
Argentino, lago de la Argentina (Santa Cruz) ; 1.415 km². || ~ (MAR), sector del océano Atlántico contiguo a las costas de la Argentina.
argilita f. Arcilla esquistosa.
Arginusas, archip. del mar Egeo, al E. de Lesbos.
argivo, va adj. y s. De Argos (Grecia).
Argólida, nomo de Grecia, en el NE. del Peloponeso ; cap. *Argos.*
argolla f. Aro grueso de metal que sirve de asidero. || Juego que consiste en pasar unas bolas por una argolla móvil. || Pena que consistía en exponer al reo a la vergüenza pública. || Gargantilla que usaban las mujeres como adorno. || *Fig.* Sujeción a la voluntad de otro. || *Méx. Fam.* Suerte. || *Per.* Cierta agrupación política. || *Amér. C. Fig. Formar argolla,* hacer un monopolio.
argón m. *Quím.* Elemento simple, gaseoso, incoloro, inodoro y sin ninguna actividad química (simb., A), que en proporción de uno por ciento entra en la composición del aire.
argonauta m. Molusco cefalópodo que vive en los mares calientes. || Cada uno de los héroes griegos que en el navío *Argos* fueron a Cólquida para apoderarse del Vellocino de Oro.
Argos, príncipe argivo que tenía cien ojos, cincuenta de los cuales permanecían abiertos cuando dormía.
argot m. Germanía, jerga. || Lenguaje convencional, especialmente utilizado por un grupo, una profesión, una clase social : *argot médico.*
Argote de Molina (Gonzalo), militar, poeta y humanista español (1548-1598).
Argovia, cantón del N. de Suiza ; cap. Aarau.
argucia f. Sutileza, sofisma.
Arguedas (Alcides), escritor boliviano, n. en La Paz (1879-1946), autor de *Raza de bronce,* novela indianista, de una historia de su país, de ensayos (*Pueblo enfermo*) y de memorias (*La danza de las sombras*). — (JOSÉ MARÍA), novelista peruano (1911-1969), autor de *Todas las sangres, Amor mundo, Yawar Fiesta, El zorro de arriba y el zorro de abajo.*
Argüelles (Agustín de), político liberal español (1776-1844).
Argüello (Lino), poeta nicaragüense (1886-1937). || ~ (MANUEL), escritor costarricense (1845-1902), autor de relatos de temas históricos y costumbristas. || ~ (SANTIAGO), escritor, erudito y poeta nicaragüense (1872-1940).
argüir v. t. Deducir, inferir. || Probar, demostrar, descubrir. || Echar en cara, acusar : *argüir de falso.* || — V. i. Oponer argumentos, impugnar. || Discutir.
argumentación f. Acción de argumentar. || Argumento.
argumentador, ra adj y s. Que argumenta.
argumentar v. Argüir, disputar, discutir. || — V. t. Probar. || Alegar, decir.
argumento m. Razonamiento para demostrar una proposición. || Asunto o materia de una obra : *el argumento de una comedia.* || Resumen de una obra.
Arhus V. AARHUS.
aria f. *Mús.* Composición escrita para una sola voz.
Ariadna o **Ariana,** hija de Minos, que dio a Teseo el hilo que le permitió salir del Laberinto después de matar al Minotauro.
Ariari, río de Colombia (Meta), afl. del Guaviare ; 250 km. — C. de Colombia (Meta). Prefectura apostólica.
Arias (Arnulfo), político panameño,

n. en 1901, pres. de la Rep. de 1940 a 1941 y de 1949 a 1951 ; elegido de nuevo pres. en 1968, fue derrocado a los pocos días. ‖ ~ (CÉLEO), político hondureño (1835-1890), pres. de la Rep. de 1872 a 1874. ‖ ~ (HARMODIO), político panameño (1886-1962), pres. de la Rep. en 1931 y de 1932 a 1936. ‖ ~ (LUIS FELIPE), compositor guatemalteco (1870-1908). ‖ **Dávila** o **de Ávila** (PEDRO). V. PEDRARIAS DÁVILA. ‖ ~ **de Saavedra** (HERNANDO), llamado *Hernandarias*, militar y político español, n. en Paraguay (1561-1634), gobernador del Plata. ‖ ~ **Montano** (BENITO), sacerdote y erudito español (1527-1598), autor de una nueva edición de la *Biblia Políglota*, llamada *Antuerpiense* o *Regia*. ‖ ~ **Suárez** (EDUARDO), escritor colombiano (1897-1958), autor de novelas (*Envejecer*) y cuentos (*Cuentos espirituales*). ‖ ~ **Trujillo** (BERNARDO), novelista colombiano (1905-1939), autor de *Risaralda*.

Aribau (Buenaventura Carlos), poeta español (1798-1862), cuya *Oda a la Patria* señala la *Renaixença* o Renacimiento catalán.

Arica, c. y puerto de Chile en la I Región (Tarapacá), cap. de la prov. y de la com. del mismo n. Prelatura *nullius*. Perteneció al Perú hasta 1883.

Aricagua, mun. al noreste de Venezuela (Sucre). — Mun. al este de Venezuela (Mérida).

ARGENTINA

aridez f. Condición de árido : *un alto índice de aridez.*

árido, da adj. Seco, estéril : *tierra árida.* ‖ *Fig.* Falto de amenidad : *plática árida.* ‖ — M. pl. Granos, legumbres y otras cosas sólidas a que se aplican medidas de capacidad.

Ariège, río y dep. de Francia, al pie de los Pirineos ; cap. *Foix.*

Ariel, ídolo de los moabitas, convertido después en el nombre dado a un ángel réprobo.

Aries, constelación boreal y signo del Zodiaco (de 21 de marzo a 20 de abril).

ariete m. Máquina militar que se empleaba antiguamente para derribar murallas. ‖ Buque de vapor, blindado y con un espolón muy reforzado y saliente para embestir. ‖ *Fig.* En fútbol, delantero centro.

Ariguanabo, laguna de Cuba (La Habana) ; 72 km².

arillo m. Arete, pendiente.

Arimao, río de Cuba (Cienfuegos) ; 78 km.

Arimatea o **Rama,** c. de Palestina en Judea, patria de José de Arimatea.

ario, ria adj. y s. De un pueblo primitivo de Asia Central, del que proceden los indoeuropeos : *los arios invadieron el N. de la India.* || — M. Lengua de este pueblo.

Ariosto (Ludovico), poeta renacentista italiano, n. en Reggio (1474-1533), autor del poema épico *Orlando furioso.*

arisco, ca adj. Áspero, intratable.

Arismendi (Juan Bautista), patriota venezolano (1775-1841), caudillo de la Independencia.

arista f. Geom. Línea de intersección de dos planos.

Arista (Mariano), general mexicano (1802-1855), pres. de la Rep. de 1851 a 1853.

Aristarco, astrónomo griego, n. en Samos (310-230 a. de J. C.). Fue el primero en sostener que la Tierra giraba alrededor del Sol. || **~ de Samotracia,** crítico y gramático alejandrino (¿ 215-143 ? a. de J. C.).

Aristides, general y político ateniense, llamado *el Justo* (¿ 540-468 ? a. de J. C.). Se distinguió en Maratón, pero fue desterrado por Temístocles. Más tarde, invadida su patria por Jerjes, su rival le llamó a Atenas y combatió heroicamente en Salamina (480 a. de J. C.) y Platea (479 a. de J. C.).

Aristipo, filósofo griego, n. en Cirene (s. v a. de J. C.), discípulo de Sócrates y fundador de la escuela cirenaica, cuya doctrina basaba la felicidad en el placer.

aristocracia f. Clase de los nobles. || Gobierno de la nobleza. || Clase que se destaca : *la aristocracia del mundo artístico.*

aristócrata com. Persona de la aristocracia.

aristocrático, ca adj. Relativo a la aristocracia : *sociedad aristocrática.* || Fino, distinguido.

aristocratizar v. t. Dar carácter aristocrático.

Aristófanes, poeta cómico griego, n. en Atenas (¿445-386 ? a. de J. C.), cuyas obras son a menudo sátiras políticas y literarias (*Las nubes, Las avispas, Lisístrata, Las ranas, Los acarnenses, La paz, Los caballeros, La asamblea de las mujeres,* etc.).

Aristóteles, filósofo griego. n. en Estagira (Macedonia) [384-322 a. de J. C.], preceptor de Alejandro Magno y fundador de la escuela peripatética. Profundo conocedor de todas las ramas del saber, escribió *Órganon, Física, Poética, Política, Metafísica, Ética a Nicómaco, Moral a Eudemo,* etc.

aristotélico, ca adj. Relativo a Aristóteles : *sistema aristotélico.* || — Adj. y s. Partidario del aristotelismo.

aristotelismo m. Doctrina de Aristóteles.

aritmética f. Ciencia de los números. || Libro que trata de esta ciencia.

aritmético, ca adj. Relativo a la aritmética. || Basado en la aritmética. || — M. y f. Persona que se dedica a esta ciencia.

Arizaro, salar de la Argentina en la Puna de Atacama ; 4 500 km².

Arizona, uno de los Estados Unidos de Norteamérica, en el SO., conquistado a México en 1848 ; cap. *Phoenix.* Agricultura. Minas. Turismo.

Arjona, mun. de Colombia (Bolívar).

Arjona Herrera (Francisco), llamado *Curro Cúchares,* torero español (1812-1868).

Arkángelsk o **Arjángelsk.** V. ARCÁNGEL.

Arkansas [*ákansa*], río de Estados Unidos, afl. del Misisipí, 2 333 km. — Uno de los Estados Unidos de Norteamérica, en el centro este. Cap. *Little Rock.* Agricultura. Minas.

Arlanza, río de España, afl. del Arlanzón ; 100 km.

Arlanzón, río de España, afl. del Pisuerga, que pasa por Burgos ; 130 km.

Arlberg, puerto de los Alpes en el Tirol (Austria) ; atravesado por un túnel de 10 239 m.

arlequín m. Personaje cómico de la comedia italiana que llevaba una careta negra y un traje hecho de rombos de distintos colores. || *Fig.* y *fam.* Persona informal, ridícula.

arlequinada f. Acción ridícula.

Arles, c. de Francia (Bouches-du-Rhône), a orillas del Ródano.

Arlt (Roberto), escritor argentino (1900-1942), autor de novelas (*El juguete rabioso, Los siete locos, Los lanzallamas, Los brujos*), cuentos (*Aguafuertes porteños, El jorobadito*) y de obras teatrales (*300 millones*).

arma f. Instrumento destinado a atacar o defenderse : *arma arrojadiza, de fuego.* || *Blas.* Escudo : *las armas de la ciudad.* || *Fig.* Medios para conseguir un fin : *las armas de la hipocresía.* || *Mil.* Cada uno de los diversos cuerpos que constituyen la parte principal de los ejércitos combatientes : *el arma de infantería, de caballería, de artillería,* etc. || — Pl. Tropas o ejércitos de un Estado : *las armas de España.* || Profesión militar : *Taurom.* Asta, cuerno. || *Zool.* Defensas de los animales. || *Alzarse en armas, sublevarse.* || *Arma biológica,* la que emplea organismos vivos o toxinas para provocar enfermedades o la muerte. || *Fig. Arma de dos filos,* la que puede tener efectos contrarios a los esperados. | *De armas tomar,* resuelto, de cuidado. || *Hacer sus primeras armas,* hacer su primera campaña ; (fig.) empezar algo. | *Hecho de armas,* hazaña de guerra. | *Pasar por las armas,* fusilar. || *Presentar las armas,* rendir honores. || *Rendir las armas,* entregarse al enemigo.

armada f. Conjunto de fuerzas navales de un Estado. || Escuadra.

Armada Invencible, nombre de la flota de 130 naves enviada en 1588 por Felipe II de España contra Inglaterra y destruida por una tempestad.

armadía f. Conjunto de maderos unidos unos con otros para conducirlos fácilmente a flote por los ríos.

armadijo m. Trampa.

armadillo m. Mamífero desdentado de la América meridional, cuyo lomo está cubierto de escamas córneas.

armado, da adj. Provisto de armas. || Provisto de una armadura metálica interna : *cemento armado.* || *A mano armada,* por la fuerza de las armas. || — M. Acción y efecto de armar.

armador, ra m. y f. Persona que arma o monta. || Persona que por su cuenta arma o equipa una embarcación.

armadura f. Conjunto de armas defensivas que protegían el cuerpo. || Armazón : *armadura de un tejado ; armadura de unas gafas.*

Armagh, c. de Irlanda del Norte, cap. del condado homónimo.

armamentista adj. De armamentos. || *Amér.* C. Militarista.

armamento m. Acción de armar. || Apresto para la guerra. || Conjunto de armas. || Armas y fornitura de un soldado. || Equipo de un buque.

Armañac, antiguo condado y región geográfica en Gascuña (Francia).

armar v. t. Dar armas. || Disponer para la guerra : *armar un ejército.* || Aprestar un arma para disparar : *armar la ballesta y el fusil.* || *Por ext.* Tensar el muelle de un mecanismo. || Concertar o montar las piezas de un mueble, artefacto, etc. : *armar una máquina, una cama, una tienda de campaña.* || Fundar, asentar una cosa sobre otra. || Dar forma, resistencia o consistencia. || Equipar un barco. || *Fig.* y *fam.* Organizar. | Causar, provocar : *armar disgustos.* || *Fam. Armar a armar una,* meter mucho ruido o jaleo. || — V. pr. *Fig.* Disponer deliberadamente el ánimo para conseguir un fin o resistir una contrariedad : *armarse de paciencia.* | Estallar, producirse : *se armó un escándalo.* || *Fam. Armarse la gorda, la de San Quintín o la de Dios es Cristo,* producirse un escándalo o alboroto.

armario m. Mueble con puertas y anaqueles para guardar objetos o ropa : *armario de luna.*

Armas (José de), escritor cubano (1866-1919). Defendió en sus escritos la causa de la Independencia.

Alfonso (ALFREDO), novelista y cuentista venezolano, n. en 1921. ||

Chitty (JOSÉ ANTONIO), escritor venezolano, n. en 1908, autor de poesías y de numerosos estudios históricos.

armatoste m. Cosa grande y destartalada.

Armavir, c. de la U. R. S. S. (Rusia). Industria (textil).

armazón f. Estructura sobre la que se monta una cosa. || *Fig.* Base, elemento principal de algo. || — M. Esqueleto.

armella f. Anillo de hierro con una espiga para clavarlo.

Armendáriz (José de). V. CASTELFUERTE.

Armenia, región de altiplanicies y cadenas montañosas de Asia Menor, entre Anatolia y la meseta de Irán. Está dividida entre la U. R. S. S. (cap. *Eriván*), Irán y Turquía, que posee la mayor parte. — C. de Colombia, cap. del dep. de Quindío. Universidad. Obispado. Industrias, principalmente las relacionadas con el café. — Mun. de Colombia (Antioquia). — C. de El Salvador (Sonsonate).

armenio, nia adj. y s. De Armenia.

armería f. Museo de armas : *la armería de Madrid.* || Arte de fabricar armas. || Tienda del armero.

armero m. Fabricante, reparador o vendedor de armas. || Aparato para colocar las armas.

Armero, c. de Colombia (Tolima).

Armijo (Roberto), poeta, dramaturgo y ensayista salvadoreño, n. en 1937.

Armilla, mun. de España (Granada).

armiño m. Mamífero de piel muy suave y delicada, parda en verano y blanquísima en invierno, excepto la punta de la cola, que es negra. || Su piel. || Figura del blasón.

armisticio m. Suspensión de hostilidades : *firmaron el armisticio.*

armón m. *Mil.* Juego delantero de la cureña del cañón de campaña.

armonía f. Arte de formar los acordes musicales. || Unión o combinación de sonidos agradables. || Proporción y correspondencia de las partes de un todo. || *Fig.* Amistad y buena correspondencia : *vivir en armonía.*

armónico, ca adj. Relativo a la armonía : *composición armónica.* || — M. *Mús.* Sonido producido por la resonancia de otro. | Sonido que se obtiene apoyando suavemente el dedo sobre una cuerda que vibra. || — F. Instrumento músico que se toca con los labios.

armonio m. *Mús.* Órgano pequeño al que se da aire con un fuelle movido con los pies.

armonioso, sa adj. Agradable al oído : *voz armoniosa.*

armonización f. Acción y efecto de armonizar.

armonizar v. t. Poner en armonía : *armonizar colores, opiniones, intereses.* || *Mús.* Escribir los acordes correspondientes a una melodía : *armonizar un tema.* || — V. i. Formar o estar en armonía.

Armórica, parte oeste de la Galia, actual Bretaña francesa.

armoricano, ca adj. y s. De la ant. Armórica, bretón (Francia).

Armstrong (Louis), trompetista, cantor y director de orquesta de jazz norteamericano (1900-1971). || — (NEIL), cosmonauta norteamericano, n. en 1930, primer hombre que pisó la Luna (21 de julio de 1969).

Arnau de Vilanova, alquimista y teólogo catalán (¿1235 ?-1313).

arnés m. Armadura que se amoldaba al cuerpo. || — Pl. Guarniciones de las caballerías. || *Fig.* y *fam.* Aprestos.

Arnhem, c. de Holanda, cap. de la prov. de Güeldres, a orillas del Rin.

árnica f. Planta compuesta, de cabezuela amarilla, cuyas flores y raíz se emplean en forma de tintura para heridas y contusiones. || Esta tintura.

Arniches (Carlos), comediógrafo español, n. en Alicante (1866-1943), que se distinguió con sus sainetes costumbristas (*El santo de la Isidra, La señorita de Trévelez, El amigo Melquiades*), comedias grotescas (*Don Quintín el Amargao*) y libretos del género chico (*El puñao de rosas*).

Arnim (Achim von), novelista y poeta romántico alemán (1781-1831).

Arno, río de Italia (Toscana), que atraviesa Florencia y Pisa ; 241 km.

aro m. Círculo o anillo de hierro, madera, etc. : *aro de un tonel.* || Juguete infantil en forma de aro de madera : *jugar al aro.* || Planta arácea de raíz feculenta. || Servilletero. || *Zar-*

cillo, pendiente. || *Fig.* y *fam. Entrar o pasar por el aro*, hacer algo por fuerza.

Aro, río de Venezuela (Bolívar), afl. del Orinoco ; 315 km.

Aroa, río de Venezuela ; 97 km. — Sierra de Venezuela (Falcón y Yaracuy) ; 1 780 m. Cobre.

Arolas (Juan), religioso y poeta español (1805-1849), de inspiración romántica *(Orientales)*.

aroma m. Perfume.

Aroma, prov. de Bolivia (La Paz) ; cap. *Sicasica*.

aromático, ca adj. Que tiene aroma o perfume.

aromatización f. Acción y efecto de aromatizar.

aromatizador m. Vaporizador.

aromatizar v. t. Perfumar con una sustancia. || Dar aroma.

aromo m. Árbol de ramas espinosas.

Arona, mun. de España en Canarias (Santa Cruz de Tenerife). Pesca.

Arona (Juan de). V. PAZ SOLDÁN Y UNANUE (Pedro).

Aros, n. que recibe el río Yaqui en Sonora (México).

Arosa, ría en el NO. de España, entre las prov. de La Coruña y Pontevedra.

Arosemena (Alcibíades), político panameño (1883-1958), pres. de la Rep. de 1951 a 1952. || ~ (CARLOS JULIO), político ecuatoriano (1894-1952), pres. de la Rep. de 1947 a 1948. — Su hijo CARLOS JULIO, n. en 1916, se hizo cargo del Gobierno en 1961 y fue depuesto en 1963. || ~ (FLORENCIO HARMODIO), político panameño (1872-1945), pres. de la Rep. en 1928, derrocado en 1931. || ~ (JUAN DEMÓSTENES), político panameño (1879-1939), pres. de la Rep. de 1936 a 1939. || ~ (JUSTO), político, jurisconsulto y escritor colombiano, n. en Panamá (1817-1896), autor de *El Estado Federal.* || ~ (PABLO), político panameño (1836-1920), pres. de la Rep. de 1910 a 1912. || ~ **Gómez** (Otto), abogado y político ecuatoriano, n. en 1921, pres. interino (1966-1968).

Arouet. V. VOLTAIRE.

arpa f. *Mús.* Instrumento triangular de cuerdas verticales que se toca con ambas manos : *tañer el arpa*.

arpegiar v. i. *Mús.* Hacer arpegios.

arpegio m. *Mús.* Sucesión de los sonidos de un acorde.

arpía f. Ser fabuloso con rostro de mujer y cuerpo de ave de rapiña. || *Fig.* Mujer perversa o muy fea y flaca.

arpillera f. Tejido basto.

arpista com. Persona que tañe el arpa : *una arpista hábil.*

arpón m. *Mar.* Dardo con ganchos para la pesca mayor.

arponear v. t. Cazar o pescar con arpón : *arponear una ballena.*

arponero, ra m. y f. Persona que fabrica o pesca con arpones.

Arque, pobl. de Bolivia, cap. de la prov. homónima (Cochabamba).

arquear v. t. Dar figura de arco. || Medir la capacidad de un buque.

arqueo m. Acción y efecto de arquear o arquearse. || *Com.* Reconocimiento de los caudales y papeles de una caja : *hacer el arqueo.* || *Mar.* Cabida de la nave : *arqueo neto.*

arqueolítico, ca adj. De la edad de piedra.

arqueología f. Ciencia que estudia las artes y los monumentos de la Antigüedad : *arqueología egipcia.*

arqueológico, ca adj. Relativo a la arqueología.

arqueólogo, ga m. y f. Especialista en arqueología.

arquero m. Soldado que peleaba con arco. || Cajero, tesorero. || *Dep.* Guardameta, portero.

arquetípico, ca adj. Relativo al arquetipo.

arquetipo m. Tipo ideal, ejemplo.

arquidiócesis f. Arzobispado.

arquiepiscopal adj. Arzobispal.

Arquíloco, poeta lírico griego, n. en Paros (712-¿664 ? a. de J. C.).

Arquímedes, geómetra y físico griego, n. en Siracusa (¿287-212 ? a. de J. C.), autor de numerosos inventos (tornillo sin fin, la rueda dentada, la polea movible, el polipasto, etc.). Durante tres años resistió a los romanos que sitiaban Siracusa y dícese que por medio de enormes espejos

incendió la escuadra enemiga. Descubridor del principio según el cual todo cuerpo sumergido en un fluido experimenta un impulso de abajo arriba igual al peso del fluido desalojado, que permitió determinar el peso específico de los cuerpos.

arquípteros m. pl. Orden de insectos masticadores con cuatro alas membranosas, como el caballito del diablo (ú. t. c. adj.).

arquitecto com. Persona que ejerce la arquitectura.

arquitectónico, ca adj. Relativo a la arquitectura. || — F. Conjunto de reglas de la arquitectura.

arquitectura f. Arte de proyectar, construir y adornar edificios. || *Fig.* Forma, estructura.

arquitrabe m. *Arq.* Parte inferior del cornisamiento, la cual descansa sobre el capitel de la columna.

arrabal m. Barrio extremo o contiguo a una población.

Arrabal Terán (Fernando), escritor español, n. en 1932, autor de obras teatrales *(El triciclo, El cementerio de coches, El gran ceremonial, El laberinto, El arquitecto y el emperador de Asiria, La Torre de Babel)* y de novelas *(La torre herida por el rayo)*.

arrabalero, ra y **arrabalesco, ca** adj. y s. Habitante de un arrabal. || *Fig.* y *fam.* Vulgar, bajo.

arrabio m. Hierro bruto de primera fusión.

arracimarse v. pr. Unirse en figura de racimo.

arraclán m. Árbol ramnáceo de cuya madera se saca carbón.

arraigamiento m. Arraigo.

arraigar v. i. *Bot.* Echar raíces. || *Fig.* Hacerse muy firme algo inmaterial : *arraigar una costumbre, una idea.* || — V. t. Fijar, afirmar, establecer : *arraigar el sistema democrático.* || — V. pr. Establecerse en un lugar.

arraigo m. Acción y efecto de arraigar o arraigarse.

Árraiz (Antonio), poeta y novelista venezolano (1903-1962).

arramblar y **arramplar** v. t. Dejar un río o torrente cubierto de arena el suelo por donde pasa. || *Fig.* Arrastrarlo todo, llevándoselo con violencia.

arrancada f. Acción de arrancar o emprender la marcha una persona, un animal, un buque, un automóvil u otro vehículo. || En halterofilia, movimiento para levantar de un golpe la barra por encima de la cabeza en el extremo de los brazos rígidos.

arrancador, ra adj. y s. Que arranca.

arrancadura f. y **arrancamiento** m. Acción de arrancar.

arrancar v. t. Sacar de raíz : *arrancar un árbol, una muela.* || Sacar con violencia : *arrancar un pedazo del vestido.* || *Fig.* Obtener con violencia, trabajo o astucia : *arrancar dinero, una confesión, un secreto.* | Separar con violencia a una persona de alguna parte o quitar una costumbre. || Poner en marcha, hacer funcionar : *arrancar el barco, el caballo, el automóvil.* || Iniciar el funcionamiento : *arrancar el motor.* || — V. i. Andar, partir : *el coche arrancó.* | Partir, irse. | Echar a correr. | Abalanzarse, arrojarse : *el toro arrancó contra él.* | *Arq.* Principiar el arco o la bóveda. | *Fam.* Salir de alguna parte : *el ferrocarril arranca de Irún.* || Provenir, traer origen : *esta costumbre arranca de la Edad Media.* | Empezar a hacer o a sufrir algo : *de eso arrancaron mis desgracias.* || — V. pr. Empezar, ponerse : *arrancarse a cantar.*

arranque m. Acción y efecto de arrancar. || *Fig.* Arrebato : *arranque de ira, de mal genio.* | Pujanza, brío. | Ocurrencia. | Salida : *un arranque desagradable.* | Comienzo, punto de partida : *el arranque de un razonamiento.* || *Anat.* Comienzo de un miembro. || *Arq.* Principio de un arco o bóveda. || *Mec.* Pieza para poner en funcionamiento un motor.

arrapiezo m. Chiquillo, chaval, muchacho muy joven.

arras f. pl. Lo que se da como prenda de un contrato. || Monedas que al celebrarse el matrimonio entrega el desposado a la desposada.

Arras, c. de Francia, cap. del dep. de Pas-de-Calais. Obispado.

arrasamiento m. Acción de arrasar.

arrasar v. t. Allanar, echar por tierra : *arrasar las viejas murallas.* || Arruinar, devastar : *arrasar el fuego un edificio.* || Rasar, igualar con el rasero : *arrasar los granos.* || Llenar de lágrimas los ojos. || — V. i. Despejarse el cielo (ú. t. c. pr.). || — V. pr. Sumirse : *arrasarse en lágrimas.*

arrastrado, da adj. *Fig.* y *fam.* Pobre, azaroso, miserable : *llevar una vida arrastrada.* || Dícese de los juegos en los que hay que servir cartas del mismo color : *tute arrastrado.*

arrastramiento m. Acción de arrastrar o arrastrarse.

arrastrar v. t. Llevar a una persona o cosa por el suelo tirando de ella : *la multitud arrastró al asesino.* || *Fig.* Convencer, llevar tras sí o traer a su dictamen : *la oratoria de Cicerón arrastraba a Roma.* | Impulsar irresistiblemente : *arrastrado al crimen.* | Tener por consecuencia inevitable : *la guerra arrastra la muerte y la ruina.* | Soportar penosamente : *arrastrar una triste vejez.* || — V. i. Colgar hasta tocar el suelo : *arrastrar una triste vejez.* | Jugar triunfos en las cartas. || — V. pr. Trasladarse rozando el suelo. || *Fig.* Humillarse demasiado.

arrastre m. Acción y efecto de arrastrar o transportar.

arrayán m. Arbusto mirtáceo de flores blancas y follaje verde.

¡ arre ! interj. Se emplea para arrear a las bestias : *¡ arre, burro !*

arrear v. t. Estimular a las bestias con la voz o el látigo. || Dar prisa, estimular. || Poner arreos. || *Fam.* Dar, soltar : *arrear un guantazo.* || — V. i. Caminar de prisa.

arrebañar v. t. Rebañar.

arrebatado, da adj. Precipitado e impetuoso. || De rostro encendido.

arrebatador, ra adj. Que arrebata.

arrebatamiento m. Arrebato.

arrebatar v. t. Quitar o tomar algo con violencia. || Coger con precipitación. || Llevar tras sí. || *Fig.* Sacar de sí, entusiasmar, conmover. | Atraer mucho la atención, el ánimo. || — V. pr. Enfurecerse, irritarse.

arrebato m. Furor : *hablar con arrebato.* | Arranque, manifestación brusca y pasajera de un sentimiento : *arrebato de cólera.* || Éxtasis.

arrebol m. Color rojo de las nubes. || Afeite encarnado. || Rubor.

arrebolarse v. pr. Pintarse con arrebol. || Ruborizarse. || Tomar un color rojizo : *el cielo se arrebolaba.*

arrebujar v. t. Coger o dejar desordenadamente. || Cubrir, envolver : *lo arrebujé en una manta* (ú. t. c. pr.).

arreciar v. i. Hacerse cada vez más violenta una cosa : *arrecia la lluvia.*

arrecife m. Banco o bajo formado en el mar por rocas o políperos casi a flor de agua : *arrecifes de coral.*

Arrecife, c. y puerto español de la prov. de Las Palmas (Canarias), cap. de la isla de Lanzarote.

Arrecifes, río de la Argentina (Buenos Aires), afl. del Paraná.

arrecirse v. pr. Entumecerse por exceso de frío.

arrechucho m. *Fam.* Arranque : *tener arrechuchos de ira.* | Indisposición repentina y pasajera.

Arredondo (José Miguel), general argentino, de origen uruguayo (1832-1904). || ~ (MIURA (CLODOMIRO), autor de música popular dominicano (1864-1935). — Su hijo HORACIO ARREDONDO SOSA, n. en 1912, es también compositor.

arredramiento m. Miedo.

arredrar v. t. Amedrentar, atemorizar. Ú. t. c. pr. : *nada le arredra.*

arreglado, da adj. Sujeto a una regla. || *Fig.* Ordenado y moderado. | Metódico : *vida arreglada.* | Razonable.

arreglar v. t. Sujetar a regla y orden : *arreglar el régimen alimenticio.* || Reparar : *arreglar un traje.* | Poner orden : *arreglar su cuarto.* || Instalar. || Solucionar : *arreglar un asunto.* || Decorar, embellecer : *arreglar un piso.* | Enmendar : *arreglar un escrito.* || Adaptar : *arreglar una comedia.* || Concertar, decidir. | Corregir : *arreglar un error.* || — V. pr. Conformarse : *me arreglo con cualquier cosa.* || Componerse, ataviarse se arregló para salir. || Fam. Arreglárselas, componérselas.

arreglista com. Persona que hace arreglos musicales.

arreglo m. Avenencia : *encontrar una fórmula de arreglo.* || Reparación : *arreglo de un mueble.* || Adaptación : *arreglo de una obra musical.* || Fam. Amancebamiento. || Adorno: *un arreglo floral.* || Con *arreglo a,* según.

arrellanarse v. pr. Sentarse con toda comodidad.

arremangado, da adj. *Fig.* Vuelto hacia arriba : *nariz arremangada.*

arremangar v. t. Recoger hacia arriba : *arremangar las mangas.*

arremetedor, ra adj. y s. Que arremete.

arremeter v. t. e i. Acometer con ímpetu y furia.

arremetida f. Acción y efecto de arremeter.

arremolinarse v. pr. Hacer remolinos. || *Fig.* Amontonarse.

arrendador, ra m. y f. Persona que da en arriendo alguna cosa. || Arrendatario, inquilino.

arrendamiento m. Acción y efecto de arrendar y precio en que se arrienda. || Contrato.

arrendar v. t. Adquirir mediante precio el disfrute temporal de bienes inmuebles : *arrendar una granja.*

arrendatario, ria adj. y s. Que toma en arrendamiento una cosa.

arrendaticio, cia adj. Relativo al arrendamiento.

arrendire m. *Per.* Campesino que cultiva una parcela de tierra que no es suya en beneficio propio a cambio del trabajo efectuado determinados días del mes a las órdenes del propietario.

arreo m. Atavío, adorno. || — Pl. Guarniciones de las caballerías. || Accesorios.

Arreola (Juan José), escritor mexicano, n. en 1918, autor de relatos, reunidos en *Confabulario personal,* novelas (*La feria*) y obras de teatro.

arrepanchigarse v. pr. Arrellanarse.

arrepentido, da adj. Persona que se arrepiente.

arrepentimiento m. Pesar de haber hecho una cosa.

arrepentirse v. pr. Pesarle a uno de haber hecho o no una cosa.

arrestado, da adj. Audaz, arrojado. || — Adj. y s. Preso.

arrestar v. t. Poner preso a uno : *arrestar a un militar.*

arresto m. Acción y efecto de arrestar. || Detención provisional : *arresto mayor.* || Arrojo, audacia.

arrevistar v. t. Dar forma de revista teatral.

Arrhenius (Svante), físico y químico sueco (1859-1927), autor de la teoría de los iones. (Pr. Nobel, 1903.)

Arriaga (Ponciano), jurista y político mexicano (1811-1863), llamado el *Padre de la Constitución de 1857.*

arrianismo m. Herejía de Arrio y de los adeptos de esta doctrina que negaba la divinidad del Verbo y sostenía la consustancialidad en las tres personas de la Trinidad.

arriano, na adj. y s. Sectario de Arrio (ú. t. c. s.). || Relativo al arrianismo.

Arriano (Flavio), historiador y filósofo griego (¿ 105-180 ?).

arriar v. t. Bajar una vela o bandera.

arriate m. Cuadro de plantas.

arriba adv. A lo alto. || En lo alto, en la parte alta. || En lugar anterior. || Más de : *de mil pesos arriba.* || En dirección a la parte más alta : *río, calle arriba.* || — Interj. Se emplea para alentar o aclamar. || — *Arriba de,* más allá de. || *De arriba abajo,* de cabo a rabo o con desdén.

arribada f. *Mar.* Llegada de la nave.

arribano, na adj. y s. *Per.* De la costa arriba o norte. || *Chil.* Del Sur.

arribar v. i. *Mar.* Llegar la nave al puerto. || Llegar por tierra a cualquier paraje.

arribeño, ña adj. *Amer.* Aplícase por los habitantes de las costas a los de las tierras altas (ú. t. c. s.).

arribismo m. Ambición, deseo de triunfar a toda costa.

arribista adj. Dícese de la persona dispuesta a triunfar a cualquier precio. Ú. t. c. s. : *arribistas de la política.*

arribo m. Llegada.

arriendo m. Arrendamiento.

arriero, ra m. y f. Persona que conduce las caballerías de carga.

arriesgado, da adj. Aventurado, peligroso. || Imprudente, temerario.

arriesgar v. t. Poner en riesgo : *arriesgar todo su capital, la vida.* || — V. pr. Exponerse.

Arrieta (Juan Emilio), compositor español (1823-1894), autor de la ópera *Marina* y de zarzuelas. || ~ (PEDRO DE), arquitecto español, m. en México en 1738. Construyó la antigua *Basílica de Guadalupe* y *La Profesa* en la capital.

arrimado, da adj. *Méx.* Fam. Dícese de la persona que vive a expensas de otra (ú. t. c. s.). || — M. *Per.* Guiso.

arrimar v. t. Acercar : *arrimar un armario a la pared.* || Arrinconar : *arrimar los libros.* || *Fig.* y fam. Dar un golpe : *arrimar un puntapié, un bofetón.* || *Pop.* Arrimar candela, pegar. || *Fam. Arrimar el ascua a su sardina,* velar preferentemente por los propios intereses. | *Arrimar el hombro,* cooperar a un trabajo. || — V. pr. Apoyarse sobre alguna cosa : *arrimarse a la mesa.* || *Fig.* Acogerse a la protección de uno : *arrimarse a buen padrino.* || *Fam.* Arrimarse al sol que más calienta, acogerse a la protección del más fuerte.

arrinconado, da adj. Apartado. || *Fig.* Olvidado.

arrinconamiento m. Recogimiento o retiro.

arrinconar v. t. Poner en un rincón : *arrinconar los muebles viejos.* || *Fig.* No hacer caso de uno, postergarle : *arrinconar a un funcionario.* | Acosar a uno.

Arrio, heresiarca griego, n. en Alejandría (¿ 256 ?-336), cuya doctrina fue condenada por el Concilio de Nicea (325). [V. ARRIANISMO.]

arriscado, da adj. Lleno de riscos.

arritmia f. Irregularidad del pulso.

arrítmico, ca adj. Relativo a la arritmia.

Arrivi (Francisco), escritor puertorriqueño, n. en 1915, autor de obras de teatro (*Bolero y Plena, Vejigantes, Sirena*), poesías y ensayos.

arrivismo m. Galicismo por arribismo.

arrivista adj. y s. Galicismo por arribista.

arroba f. Peso que equivale a 11,502 kg. || Medida variable de líquidos (16,137 litros de vino y 12,564 de aceite). || *Fig. Por arrobas,* en gran cantidad.

arrobado, da adj. En éxtasis.

arrobador, ra adj. Que arroba.

arrobamiento m. Éxtasis.

arrobar v. t. Embelesar. || — V. pr. Enajenarse, quedar fuera de sí.

arrobo m. Éxtasis.

arrocero, ra adj. Relativo al arroz.

arrodillamiento m. Acción de arrodillar o ponerse de rodillas.

arrodillar v. t. Hacer que uno hinque las rodillas. || — V. i. y pr. Ponerse de rodillas. || *Fig.* Humillarse.

arrodrigonar v. t. *Agr.* Poner rodrigones a las plantas.

arrogación f. Atribución. || Usurpación.

arrogancia f. Soberbia. || Gallardía, elegancia : *anda con arrogancia.*

arrogante adj. Altanero, soberbio. || Valiente. || Gallardo, airoso, elegante.

arrogarse v. pr. Atribuirse indebidamente : *arrogarse un derecho.*

arrojadizo, za adj. Que se puede arrojar : *arma arrojadiza.*

arrojado, da adj. *Fig.* Resuelto.

arrojar v. t. Lanzar : *arrojar una piedra.* || Echar : *arrojar a la basura.* || Echar, despedir a alguien de algún lugar. || Echar, despedir : *arrojar humo.* || Alcanzar, totalizar : *arrojar un gran beneficio.* || *Fig.* Dar como resultado : *el debe arroja más que el haber.* || Señalar, mostrar. || *Fam.* Vomitar. || — V. pr. Precipitarse : *arrojarse al agua.* || Abalanzarse : *arrojarse contra uno.* || *Fig.* Resolverse a emprender algo.

arrojo m. Osadía, intrepidez, valor.

arrollador, ra adj. Que arrolla. || Irresistible : *fuerza arrolladora.* || Clamoroso : *éxito arrollador.*

arrollar v. t. Envolver una cosa en forma de rollo. || Llevar rodando el agua o el viento alguna cosa : *arrollar*

árboles, muros, tejados. || Atropellar : *el coche arrolló a un peatón.* || *Fig.* Derrotar, dominar : *arrollar al enemigo.* | Confundir a uno en una discusión. | Atropellar, hacer caso omiso: *arrollar las leyes.*

arropamiento m. Acción y efecto de arropar o arroparse.

arropar v. t. Cubrir, abrigar con ropa. || *Fig.* Cubrir, rodear, proteger. || — V. pr. Cubrirse con ropa : *en invierno hay que arroparse.* || Taparse en la cama. || *Fig.* Protegerse.

arrope m. Mosto cocido. || *Farm.* Jarabe espeso : *arrope de moras.* || *Amer.* Dulce de tuna y algarroba.

arrostrar v. t. Hacer cara, afrontar.

arroyo m. Riachuelo. || Parte de la calle por donde corren las aguas. || *Fig.* Afluencia de cualquier cosa líquida : *arroyos de lágrimas.*

Arroyo (César Emilio), escritor ecuatoriano (1890-1937), autor de poemas, novelas y comedias. || ~ (EDUARDO), pintor español, n. en 1937. || ~ (JUSTO), escritor panameño, n. en 1936, autor de novelas (*La Gayola, Dedos*). || **del Río** (CARLOS ALBERTO), político ecuatoriano (1894-1969), pres. de la Rep. de 1940 a 1944.

Arroyo Naranjo, mun. de Cuba (Ciudad de La Habana).

Arroyos y Esteros, distr. y pobl. del Paraguay (La Cordillera).

arroz m. Planta gramínea cuya semilla, blanca y harinosa, es comestible. || Grano o semilla de esta planta. || — *Arroz con leche* (en América, *arroz de leche*), cierto plato dulce.

arrozal m. Campo de arroz.

Arrufat (Antón), escritor cubano, n. en 1935, autor de poesías, cuentos y dramas (*Los siete contra Tebas*)

arruga f. Pliegue en la piel : *arrugas en la cara.* || Pliegue que se hace en la ropa : *traje con muchas arrugas.*

arrugado, da adj. Con arrugas.

arrugamiento m. Acción y efecto de arrugar o arrugarse.

arrugar v. t. Hacer arrugas : *arrugar el ceño, la frente, una tela, un papel.* || — V. pr. Encogerse. || *Fam.* Tener miedo, acobardarse.

arruinamiento m. Ruina.

arruinar v. t. Causar ruina. || *Fig.* Destruir, causar daño : *arruinar la salud.*

arrullador, ra adj. Que arrulla.

arrullar v. t. Enamorar con arrullos el palomo a la hembra, o al contrario. || *Fig.* Adormecer al niño con arrullos. || *Fig.* Enamorar una persona a otra de distinto sexo. | Decir palabras cariñosas. | Adormecer o deleitar con un sonido suave.

arrullo m. Canto monótono con que se enamoran las palomas y las tórtolas. || *Fig.* Cantarcillo para adormecer a los niños. | Habla queda de los enamorados. | Sonido suave y agradable : *el arrullo de las olas.*

arruma f. *Mar.* División para distribuir la carga en la bodega.

arrumaco m. *Fam.* Demostración de cariño, mimo.

arrumaje m. *Mar.* Reparto y colocación de la carga en un buque.

arrumar v. t. *Mar.* Distribuir la carga en un buque.

arrumazón f. Acción de arrumar.

arrumbamiento m. Rumbo, dirección. || *Fig.* Arrinconamiento.

arrumbar v. t. Arrinconar una cosa como inútil en lugar apartado.

Arrupe (Pedro), jesuita español, n. en 1907, prepósito general de la Compañía (1965-1981).

Arruza (Carlos), matador de toros mexicano (1920-1966).

Ars Magna, libro de Raimundo Lulio, una de las obras principales de la escolástica (1305-1308).

Arsaces, fundador del imperio de los partos (250 a. de J. C.), y de la dinastía arsácida.

arsácida adj. y s. Pertenenciente o relativo a la dinastía fundada por Arsaces. (La dinastía arsácida reinó de 250 a. de J. C. a 224 de nuestra era.)

arsenal m. Establecimiento en que se construyen, reparan y conservan las embarcaciones. || Depósito o almacén de armas y otros efectos de guerra. || *Fig.* Recursos, medios de ataque y de defensa : *arsenal de leyes.* | Conjunto de conocimientos, datos.

arseniato m. *Quím.* Sal formada por el ácido arsénico con una base.

arsénico m. *Quím.* Cuerpo simple (As), de número atómico 33, de color gris y brillo metálico, y densidad 5,7. (Sus compuestos son venenosos.)

arseniuro m. *Quím.* Combinación del arsénico con un metal.

Arta, golfo, c. y puerto de Grecia en la costa NO. del Epiro, cap. del nomo homónimo.

Artá, bahía y pobl. de España en la isla de Mallorca (Baleares).

Artajerjes || ~ **I** *Longímano,* rey de Persia (465 a 424 a. de J. C.), hijo de Jerjes. || **II** *Mnemón,* rey de Persia (404 a 358 a. de J. C.). Venció y mató en Cunaxa (401) a su hermano Ciro el Joven. — Su hijo ARTAJERJES III *Oco,* rey de Persia de 358 a 338 a. de J. C., conquistó Egipto en 343.

arte amb. Virtud, poder, eficacia y habilidad para hacer bien una cosa : *trabajar con arte.* || Conjunto de reglas de una profesión : *arte dramático, militar.* || Obra humana que expresa simbólicamente, mediante diferentes materias, un aspecto de la realidad entendida estéticamente. || Conjunto de obras artísticas de un país o una época : *arte helénico, azteca.* || Manera de hacer las cosas. || Habilidad, destreza. || Cautela, astucia. || Aparato para pescar. — F. pl. Lógica, física y metafísica : *curso de artes.* — *Artes liberales,* las que requieren principalmente el ejercicio de la inteligencia. || *Artes mecánicas,* las que exigen el trabajo manual y el concurso de máquinas. || *Bellas Artes,* pintura, escultura, arquitectura, música y literatura. || *Malas artes,* procedimientos poco honrados. || *No tener arte ni parte,* no tener ninguna intervención en un asunto. — OBSERV. *Arte* se usa generalmente en el m. en el sing. y f. en el pl.

Arteaga, pobl. de la Argentina (Santa Fe). — Mun. de México (Michoacán).

Arteaga (Esteban de), jesuita español (1747-1799), autor del tratado de estética *Investigaciones filosóficas sobre la belleza ideal.* || ~ (HORTENSIO FÉLIX PARAVICINO Y). V. PARAVICINO. || ~ (JOSÉ MARÍA), general mexicano (1827-1865). M. fusilado por los franceses.

artefacto m. Aparato, máquina.

Arteijo, mun. de España (Coruña).

artejo m. Nudillo.

Artemis o **Artemisa,** divinidad griega de la Naturaleza y de la Caza, llamada *Diana* por los romanos.

Artemisa, mun. de Cuba (La Habana).

Artemisa || ~ **I,** reina de Halicarnaso, que acompañó a Jerjes I en Salamina (480 a. de J. C.). || ~ **II,** reina de Halicarnaso. Mandó edificar a su esposo Mausolo una tumba, considerada como una de las Siete Maravillas del mundo (353 a. de J. C.).

arteria f. *Anat.* Cada uno de los vasos que llevan la sangre desde el corazón a los demás partes del organismo : *arteria aorta, pulmonar.* || *Fig.* Gran vía de comunicación.

arteria f. Astucia.

arterial adj. De las arterias.

arterioesclerosis f. Arteriosclerosis.

arteriola f. Arteria pequeña.

arteriosclerosis f. *Med.* Endurecimiento de las arterias.

artero, ra adj. Astuto.

artesa f. Recipiente para amasar el pan y otros usos.

artesanado m. Conjunto de los artesanos.

artesanal adj. De artesanía.

artesanía f. Clase social de los artesanos. || Arte de los artesanos.

artesano, na m. y f. Trabajador manual que ejerce un oficio por su cuenta. || *Fig.* Autor, artífice.

artesiano, na adj. V. POZO ARTESIANO.

artesón m. *Arq.* Adornos con molduras que se ponen en los techos y bóvedas. || Artesonado.

artesonado, da adj. *Arq.* Adornado con artesones. || — M. *Arq.* Techo adornado con artesones : *un bello artesonado de caoba.*

Artibonito, río de la Rep. Dominicana que cruza Haití y des. en el golfo de Gonaives ; 220 km. — Dep. de

Haití, fronterizo con la Rep. Dominicana ; cap. *Gonaives.*

ártico, ca adj. Relativo al polo Norte : *tierras árticas.*

Ártico, gran región continental e insular situada en el círculo polar boreal. En ella se encuentran el norte de América, de Europa y de Siberia, Groenlandia y el archipiélago de Spitzberg o Svalbard. || ~ (OCÉANO GLACIAL). V. GLACIAL.

articulación f. Unión de un hueso con otro. || División o separación. || Pronunciación clara y distinta de las palabras : *articulación silbante.* || *Mec.* Unión de dos piezas : *la articulación de una biela.* || Enlace, unión.

articulado, da adj. Que tiene articulaciones : *animal articulado.* || Dícese de la voz humana modificada por la pronunciación : *lenguaje articulado.* || — M. Conjunto o serie de los artículos de un tratado, ley, reglamento, etc. || — Pl. Artrópodos.

articular adj. Relativo a las articulaciones : *cartílago articular.*

articular v. t. Pronunciar distintamente los sonidos vocales, las sílabas de una palabra valiéndose de los órganos de la voz. || Unir, enlazar las partes de un todo para que funcionen del modo debido (ú. t. c. pr.). || Disponer, dividir una ley o un texto cualquiera en artículos (ú. t. c. pr.). || — V. pr. Unirse los huesos como es debido.

articulista com. Persona que escribe artículos para un periódico.

artículo m. Una de las partes en que suelen dividirse los escritos. || Escrito publicado en un periódico o revista. || Cada una de las divisiones de un diccionario. || Cada una de las divisiones numeradas de una ley, contrato, tratado o reglamento. || Objeto de comercio : *artículo de moda.* || *Gram.* Parte de la oración que se antepone al nombre para determinarlo. || *Zool.* Artejo.

artífice com. Persona que ejecuta una obra artística o mecánica. || *Fig.* Autor : *ha sido el artífice de su fortuna.* | Persona muy hábil para lograr lo que desea.

artificial adj. Hecho por mano del hombre. || *Fig.* Ficticio, afectado, poco natural. | *Fuegos artificiales,* cohetes y artificios de fuego que se hacen en los regocijos públicos.

artificiero m. Soldado encargado de preparar los explosivos. || Pirotécnico.

artificio m. Arte, habilidad con que está hecha una cosa. || Aparato, mecanismo. || *Fig.* Disimulo, astucia.

artificioso, sa adj. Hecho con habilidad. || *Fig.* Disimulado, astuto.

Artigas, meseta del Uruguay (Paysandú). — C. del Uruguay, ant. *San Eugenio,* cap. del dep. homónimo, lindante con la Argentina y el Brasil.

Artigas (José Gervasio), general uruguayo, n. en Montevideo (1764-1850), caudillo de la Independencia. Adherido a la Junta de Buenos Aires (1810), en 1811 venció a los realistas en Las Piedras y puso sitio a Montevideo. Posteriormente, tras defender el federalismo frente al centralismo bonaerense, gobernó la Banda Oriental con el título de *Protector* e hizo frente a la invasión de los portugueses, que se apoderaron de la capital (1817). Hostigado por éstos y por los entrerrianos, Artigas se refugió en el Paraguay (1820), donde permaneció hasta su muerte. || ~ (MIGUEL), erudito y bibliotecario español (1887-1947).

artiguense adj. y s. De Artigas (Uruguay).

artilugio m. Aparato o mecanismo de poca importancia. || *Fig.* Maña, trampa, subterfugio.

artillar v. t. Armar de artillería.

artillería f. Parte del material de guerra que comprende los cañones, morteros, obuses, etc. : *artillería pesada.* | Cuerpo de artilleros.

artillero m. Militar que sirve en la artillería : *los artilleros de la costa.*

artimaña f. Trampa. || Artificio.

artimón m. *Mar.* Una de las velas de las galeras.

artiodáctilos m. pl. *Zool.* Orden de mamíferos ungulados, de dedos pares, que comprende los paquidermos y rumiantes (ú. t. c. adj.).

artista com. Persona que se dedica a alguna de las bellas artes, como el pintor, el escultor, etc. || Persona que interpreta una obra musical, coreográfica, teatral, cinematográfica. || — Adj. Que tiene gustos artísticos.

artístico, ca adj. Relativo a las artes : *velada artística.*

Artois [-tuá], ant. prov. del N. de Francia ; cap. *Arrás.*

artrítico, ca adj. *Med.* Relativo a la artritis : *dolor artrítico.* || — M. y f. Persona que padece artritis.

artritis f. *Med.* Inflamación de las articulaciones : *artritis crónica.*

artrópodos m. pl. *Zool.* Animales articulados, como los crustáceos y los insectos (ú. t. c. adj.).

artrosis f. Enfermedad crónica y degenerativa de las articulaciones.

Arturo. V. ARCTURUS.

Arturo o **Artús,** rey legendario del país de Gales (s. VI), cuyas aventuras dieron nacimiento en la literatura caballeresca al *Ciclo de Artús,* llamado también *Ciclo Bretón* o de la *Tabla Redonda.*

aruaco, ca adj. y s. V. ARAWAKO.

Aruba, isla holandesa de las Antillas (Sotavento). Refinería de petróleo.

Arucas, c. de España en la isla de Gran Canaria (Las Palmas).

Arunachal Pradesh, territorio del NE. de la India ; cap. *Itanagar.*

arúspice m. Sacerdote de la antigua Roma que examinaba las entrañas de las víctimas para hacer presagios.

arveja f. Algarroba. || Guisante.

arvejo m. Guisante.

Arvelo || ~ **Larriva** (Enriqueta), poetisa venezolana (1886-1962), autora de *Enjambres de rimas, Sones y canciones.* || ~ **Torrealba** (ALBERTO), poeta venezolano (1905-1971), autor de *Música de cuatro.*

Arze (Esteban), guerrillero boliviano (1775-1816).

Arzew, c. de Argelia al NE. de Orán y en el golfo del mismo nombre.

arzobispado m. Dignidad o jurisdicción o palacio del arzobispo.

arzobispal adj. Del arzobispo.

arzobispo m. Obispo de iglesia metropolitana de quien dependen otros obispos sufragáneos.

as m. Fuste de la silla de montar. || *Fig.* Moneda de cobre de los romanos, que valía doce onzas. | Carta de la baraja que lleva el número uno. || Punto único de una de las caras del dado. | *Fig.* El primero en su clase : *un as del volante.*

As, símbolo del arsénico.

asa f. Asidero de una vasija, cesta, etc., en forma de arco. || Mango.

asá (así que) loc. Lo mismo.

asado m. Carne asada. || *Riopl. Asado con cuero,* trozo de carne vacuna que se asa al aire libre con su correspondiente cuero.

asador m. Varilla en que se clava lo que se quiere asar. || Aparato para asar.

asadura f. Conjunto de las entrañas del animal (ú. m. en pl.). || *Pop.* Asaúra. | *Fig.* y *fam. Echar las asaduras,* afanarse, trabajar mucho. || — M. y f. *Pop.* Pachorrudo, apático.

asaetear o **asaetar** v. t. Disparar saetas. | Herir con saetas. || *Fig.* Importunar : *asaetear de preguntas a los congresistas.*

Asahigawa, c. del Japón, en el centro de la isla de Hokkaido.

asainetado, da adj. Parecido al sainete.

asalariado, da adj. y s. Que trabaja por salario.

asalariar v. t. Señalar a uno salario.

asalmonado, da adj. Dícese del pescado cuya carne se asemeja a la del salmón : *trucha asalmonada.* || De color salmón o rosa pálido.

asaltador y **asaltante** adj. y s. Que asalta.

asaltar v. t. Acometer una plaza o fortaleza. || Acometer, atacar a las personas. || *Fig.* Venirle a uno de improviso un pensamiento, una enfermedad, la muerte, etc.

asalto m. Acción y efecto de asaltar. || *Esgr.* Combate simulado. || Cada una de las partes en un combate de boxeo. || Diversión que consiste en convidarse algunas personas por sorpresa en casa de otras, llevando los elementos del convite. || Juego de niños que se hace en un tablero y con fichas.

Asam o **Assam,** Estado de la India ; cap. *Dispur.* Té.

asamblea f. Reunión de personas convocadas para un fin. || Cuerpo deliberante : *asamblea nacional.*

Asamblea || ~ **Constituyente,** asamblea del Río de la Plata reunida el 31 de enero de 1813. — Asamblea del Uruguay, reunida en San José en 1828. || ~ **General,** asamblea de las Naciones Unidas, formada por los representantes de todos los Estados miembros de ésta. Se reúne una vez al año y puede hacerlo también con carácter extraordinario.

asambleísta com. Miembro de una asamblea.

Asansol, c. de la India (Bengala Occidental). Centro minero (carbón).

asar v. t. Someter ciertos manjares a la acción del fuego : *asar en o a la parrilla ; asar un pollo.* || Fig. Importunar con preguntas : *me asaron con preguntas.* || — V. pr. Fig. Sentir mucho calor : *asarse bajo el sol.*

asaúra f. Pop. Pachorra, flema. || — M. y f. Pop. Apático, flemático.

asaz adv. Poét. Bastante. | Harto, muy. | Mucho.

asbesto m. Mineral de fibras duras parecido al amianto.

Asbestos, c. de Canadá (Quebec).

Ascanio o **Yulo,** hijo de Eneas.

ascáride f. Lombriz intestinal.

Ascasubi (Hilario), poeta argentino, n. cerca de Córdoba (1807-1875), autor de *Santos Vega* o *Los mellizos de La Flor,* poema épico de la literatura gauchesca y, dentro del mismo género, del romance *Paulino Lucero* o *los gauchos en el Río de la Plata.* Editó *Aniceto el Gallo,* periódico en prosa y verso en el que defendió el unitarismo. Tomó parte en las luchas contra Quiroga y Rosas.

Ascásubi (Manuel), político ecuatoriano, m. en 1869, pres. provisional de la Rep. en 1849, derribado en 1850.

ascendencia f. Serie de ascendientes o abuelos : *ascendencia paterna o materna.* || Fig. Influencia.

ascendente adj. Que asciende.

ascender v. i. Subir : *Jesús ascendió al cielo.* || Importar : *la cuenta asciende a mil francos.* || Alcanzar, elevarse : *la producción agrícola asciende cada año.* || Fig. Adelantar en un empleo o dignidad : *ascender en la carrera, en el escalafón.* || Pasar a una categoría superior : *el equipo ascendió a primera división.* || — V. t. Dar o conceder un ascenso.

ascendiente adj. Ascendente. || — M. y f. Padre o abuelo. || — M. Influencia moral.

Ascensio Segura (Manuel), escritor peruano (1805-1871), autor de cuadros de costumbres, sátiras (*La Pelimuertada*) y comedias (*El sargento Canuto, Ña Catita,* etc.).

ascensión f. Acción y efecto de ascender o subir : *la ascensión a los Alpes ; la ascensión en un globo.* || Por antonomasia, la de Jesucristo a los cielos. || Fiesta con que se celebra este misterio. || Exaltación a una dignidad : *ascensión al pontificado.*

Ascensión (ISLA DE LA), isla británica en el océano Atlántico (África).

ascensional adj. Dicho del movimiento de un cuerpo hacia arriba.

ascenso m. Promoción a mayor dignidad o empleo : *ascenso a jefe de negociado.* || Paso a un grado o nivel superior : *ascenso de un equipo a primera división.* || Subida : *ascenso al Moncayo o a Pichincha.*

ascensor m. Aparato para subir o bajar en los edificios.

ascensorista com. Persona que maniobra el ascensor.

ascesis f. Vida ascética.

asceta com. Persona que hace vida ascética.

ascético, ca adj. Relativo al ascetismo : *vida ascética.* || Que trata de la vida ascética : *autor ascético.* || Que se dedica al ascetismo. || — F. Ascetismo.

ascetismo m. Doctrina que prescribe una vida austera, la renuncia a todas las cosas terrenas, a los placeres

de los sentidos y la resistencia al dolor físico.

asclepiadáceas f. pl. Plantas de semilla sedosa a que pertenece la araujia (ú. t. c. adj.).

Asclepiades, familia de médicos griegos que se decían descendientes del dios Esculapio (Asclepios).

Asclepios. V. ESCULAPIO.

asco m. Repugnancia causada por el vómito. || Fig. Impresión desagradable : *dar asco.* | Cosa que repugna : *la vida es un asco.* || — Fig. y fam. *Estar hecho un asco,* muy sucio. | *Hacer asco,* despreciar sin motivo. | *Ser un asco,* no valer nada o estar sucio. | *Tener asco,* detestar, odiar.

Ascó, pobl. de España (Tarragona). Central nuclear.

Ascoli ~ **Piceno,** c. de Italia (Marcas), cap. de la prov. homónima. Obispado. || ~ **Satriano,** ant. *Ausculum,* c. de Italia (Pulla).

ascomicetos adj. Dícese de los hongos con los esporidios encerrados en saquitos (ú. t. c. s. m.).

Ascot, pobl. de Inglaterra, cerca de Windsor (Berkshire).

ascua f. Pedazo de materia sólida candente. || Fig. *Estar en,* o *sobre, ascuas,* estar inquieto.

Asdrúbal, general cartaginés (¿245-207 ? a. de J. C.), hermano de Aníbal, derrotado y muerto por los romanos en Metauro.

aseado, da adj. Limpio, curioso.

asear v. t. Lavar, limpiar (ú. t. c. pr.).

asechador, ra adj. y s. Que asecha.

asechanza f. Trampa.

asechar v. t. Armar asechanzas.

asediador, ra adj. y s. Que asedia.

asediar v. t. Poner sitio a una plaza fuerte. || Fig. Importunar.

asedio m. Cerco, sitio. || Fig. Importunidad, molestia.

asegurado, da adj. Dícese de la persona que tiene un seguro (ú. t. c. s.).

asegurador, ra adj. Que asegura : *compañía aseguradora.* || — M. y f. Persona o empresa que asegura.

aseguramiento m. Seguro. || Consolidación.

asegurar v. t. Dar firmeza y seguridad a una cosa. || Afirmar, garantizar : *le aseguro que es así.* | Tranquilizar. || Proteger de riesgos : *asegurar contra incendios.* || Poner a cubierto mediante un contrato de seguro : *asegurar una finca.* || — V. pr. Cerciorarse. | Suscribir un contrato de seguro.

asemejar v. t. Hacer una cosa a semejanza de otra. || — V. i. Tener semejanza. || — V. pr. Mostrarse semejante.

Asencio, arroyo al SO. del Uruguay (Soriano) en cuyas orillas los patriotas dieron el famoso *grito de Asencio* reclamando la independencia (28 de febrero de 1811).

Asenjo Barbieri (Francisco). V. BARBIERI (Francisco ASENJO).

asenso m. Asentimiento.

asentaderas f. pl. Fam. Nalgas.

asentado, da adj. Sentado. || Fig. Establecido. | Estable, permanente : *negocio bien asentado.* | Cuerdo.

asentamiento m. Acción y efecto de asentar o asentarse. | Establecimiento en un lugar. | Instalación provisional de colonos. || Com. Inscripción. | Emplazamiento. || Fig. Prudencia, juicio, cordura.

asentar v. t. Poner en un asiento. || Establecer en un lugar. || Colocar sobre algo sólido : *asentar cimientos.* || Asestar un golpe. || Afirmar. || Suponer. || Convenir. || Ajustar un contrato o convenio. || Poner por escrito, anotar. || — V. pr. Establecerse en un lugar. | Posarse : *asentarse un líquido.*

asentimiento m. Asenso.

asentir v. i. Admitir como cierto : *asintió a su opinión.* || Mostrarse conforme con alguien.

aseo m. Limpieza. || Pequeña habitación para lavarse : *cuarto de aseo.* || — Pl. Excusado, retrete.

asépalo, la adj. Bot. Sin sépalos.

asepsia f. Med. Ausencia de gérmenes patógenos. | Método para evitar las invasiones microbianas. || Fig. Limpieza, desapasionamiento.

aséptico, ca adj. Med. Relativo a la asepsia : *cura aséptica.* || Fig. Limpio, desapasionado.

aseptizar v. t. Poner aséptico.

asequible adj. Que puede conseguirse o alcanzarse. || Abordable.

aserción f. Proposición en que se afirma o se da por cierta alguna cosa.

aserradero m. Sitio donde se sierra la madera, la piedra, etc.

aserrador, ra adj. Que sierra (ú. t. c. s. m.). || — F. Máquina de serrar.

aserrar v. t. Cortar con sierra.

Aserrí, pobl. de Costa Rica (San José).

aserto m. Aserción.

asertor, ra m. y f. Persona que afirma.

asertorio, ria adj. Afirmativo.

asesinar v. t. Matar alevosamente. || Fig. Causar viva aflicción : *asesinar a disgustos.* | Maltratar, destrozar.

asesinato m. Crimen premeditado. || Acción y efecto de asesinar.

asesino, na adj. Que asesina (ú. t. c. s.) : *mano asesina ; asesino pagado.* || Fig. Que molesta : *mirada asesina.*

asesor, ra adj. y s. Que asesora o aconseja.

asesorado m. Cargo de asesor.

asesoramiento m. Acción y efecto de asesorar o asesorarse. | Consejo.

asesorar v. t. Dar consejo o dictamen. || — V. pr. Tomar consejo.

asesoría f. Oficio de asesor, asesorado. | Estipendio y oficina del asesor : *asesoría jurídica.*

asestar v. t. Descargar un proyectil o un golpe : *asestar un tiro.*

aseveración f. Acción y efecto de aseverar o afirmar.

aseverar v. t. Afirmar o asegurar.

aseverativo, va adj. Que asevera.

asexual adj. Sin sexo, ambiguo. || Biol. Dícese de la reproducción realizada sin intervención de los dos sexos.

asfaltado m. Acción y efecto de asfaltar. || Pavimento de asfalto.

asfaltar v. t. Revestir de asfalto.

asfáltico, ca adj. De asfalto.

asfalto m. Sustancia bituminosa sólida, lustrosa, que se emplea en el pavimento de carreteras, aceras, etc.

asfixia f. Suspensión de las funciones vitales por falta de respiración.

asfixiante adj. Que asfixia.

asfixiar v. t. Producir o padecer asfixia (ú. t. c. pr.).

Ashdod, c. y puerto del Estado de Israel, al S. de Tel Aviv.

Ashikaga, c. del Japón (Honshu).

así adv. De esta manera : *así habló.* || De tal suerte : *un amigo así no es corriente.* || Igualmente : *es hombre bueno y así honrado.* || Entonces : *¿ así me dejas ?* || — Conj. Tanto. || En consecuencia. || Por esto. || — Adj. De esta clase : *un caso así.* || — Así así, medianamente, tal cual. || *Así como,* o *así que,* tan luego como. || *Mex. Así no más,* de esta manera ; de pronto ; como si no tuviera importancia. || *Así y todo,* a pesar de eso.

Asia, una de las cinco partes del mundo, situada en el hemisferio Norte, entre los océanos Glacial Ártico, Pacífico e Índico, el mar Rojo, el canal de Suez, mares Mediterráneo y Negro, el Cáucaso, mar Caspio, el río Ural y los montes Urales ; 44 millones de km² ; 2 600 millones de hab. *(asiáticos),* sin incluir a la Unión Soviética. El continente presenta en su parte noroeste regiones bajas (Siberia occidental), en el S. grandes mesetas (Arabia, Decán), separadas por montañas (Cáucaso, Zagros, Himalaya, Tianchan, Altai) que delimitan grandes mesetas (Anatolia, Irán, Tíbet) y en el E. un relieve accidentado y fragmentado en penínsulas (Kamchatka, Corea, Malasia) y en archipiélagos (Japón, Insulindia). Asia comprendía en la Antigüedad Asia Menor, Armenia, Partia, Mesopotamia, Siria, Fenicia, Palestina, Arabia, Persia, India, Escitia o Samarcia y China. Actualmente comprende una mayoría de Estados independientes y algunos países bajo influencia europea. Pueden citarse : gran parte de la U. R. S. S., República Popular de Mongolia, República Popular de China, Imperio del Japón, Corea, dividida en República Democrática y Popular de Corea del Norte y en República de Corea del Sur, parte asiática de Turquía, Irán, Afganistán, Siria, Líbano, Irak, Estado de Israel, Reino de Arabia Saudita,

ASIA

ASIA

Reino Hachemita de Jordania, Kuweit, Omán, Rep. Árabe del Yemen, Rep. Popular y Democrática del Yemen, Nepal, Bután, Tailandia, Birmania, Rep. de Filipinas, Vietnam, Camboya o Kampuchea, Laos, Indonesia, Paquistán, Bangladesh, India, Ceilán o Sri Lanka, Singapur, Federación de Malaysia, Estado de los Emiratos Árabes Unidos, Katar, Bahrein, Brunei, Taiwan, Chipre, Maldivas, la colonia británica de Hong Kong y la posesión portuguesa de Macao. ‖ ~ **Menor** o **Anatolia, n.** dado a la parte más occidental de Asia, unida al resto del continente por las altiplanicies de Armenia y del Kurdistán, que forma una gran península entre el Mediterráneo oriental, los mares Egeo, de Mármara y Negro.

asiático, ca adj. y s. De Asia.
asidero m. Parte por donde se ase una cosa. ‖ *Fig.* Ocasión o pretexto. ‖

Apoyo, protección : *tiene muchos asideros en la administración pública.*
asiduidad f. Frecuencia.
asiduo, dua adj. Frecuente. ‖ — M. y f. Habitual.
asiento m. Cosa que sirve para sentarse. ‖ Localidad en un espectáculo. ‖ Sitio, lugar. ‖ Base, fundamento. ‖ Colocación, emplazamiento. ‖ Puesto en un tribunal o junta. ‖ Poso de un líquido. ‖ Parte inferior de un recipiente. ‖ Sitio en el cual está o estuvo fundada una ciudad o un edificio. ‖ Anotación. ‖ *Com.* Anotación en un libro de cuentas. ‖ Capítulo de un presupuesto. ‖ Partida de una cuenta. ‖ *Fig.* Estabilidad. ‖ Cordura, prudencia : *hombre de asiento.* ‖ *Amer.* Territorio de una mina. ‖ — Pl. Asentaderas. ‖ *Tomar asiento,* sentarse.
Asientos, sierra en el centro de México (Aguascalientes).
asignable adj. Que puede asignarse.

asignación f. Atribución. ‖ Cita. ‖ Salario, sueldo.
asignar v. t. Señalar lo que corresponde a una persona o cosa : *asignar una renta, un sueldo.* ‖ Fijar. ‖ Nombrar, destinar. ‖ Destinar para un uso determinado.
asignatura f. Materia que se enseña en un centro docente.
asilado, da m. y f. Persona acogida en un asilo.
Asilah. V. ARCILA.
asilar v. t. Albergar en un asilo.
asilo m. Refugio, retiro : *derecho de asilo.* ‖ *Fig.* Amparo, protección : *el asilo de la paz.* ‖ Establecimiento en que se albergan los ancianos.
asimetría f. Falta de simetría.
asimétrico, ca adj. Que no guarda simetría.
asimilable adj. Que puede asimilarse : *sustancia asimilable.*
asimilación f. Acción de asimilar.

55

asimilar v. t. Asemejar, comparar : *asimilar un caso a otro.* ‖ Conceder a los individuos de una profesión los mismos derechos que a los de otra : *asimilar el personal de Correos al de Telégrafos.* ‖ Comprender e incorporar a los conocimientos propios lo que se aprende. ‖ Apropiarse los órganos las sustancias nutritivas : *asimilar los alimentos.* ‖ — V. i. Parecerse dos cosas.

asimismo adv. De este o del mismo modo. ‖ También, igualmente.

Asín Palacios (Miguel), sacerdote y erudito español (1871-1944), notable arabista.

asíndeton m. *Ret.* Figura por la que se omiten las conjunciones.

asíntota f. *Geom.* Línea recta que, prolongada, se acerca indefinidamente a una curva sin llegar a encontrarla.

asir v. t. Agarrar, tomar. ‖ — V. i. Arraigar las plantas. ‖ — V. pr. Agarrarse de alguna cosa : *asirse a una cuerda.* ‖ *Fig.* Tomar pretexto, aprovecharse. ‖ Reñir o contender : *asirse de las manos, del pelo.*

Asir, prov. de Arabia Saudita, a orillas del mar Rojo ; cap. *Abha.*

Asiria, ant. reino de Asia, en la parte septentrional de Mesopotamia. Tuvo por capitales sucesivas a Asur, Kalach y Nínive. (Hab. *asirios.*)

asirio, ria adj. y s. De Asiria.

Asís, c. de Italia en Umbría (Perusa). Obispado. Patria de San Francisco.

asistencia f. Presencia : *con su asistencia.* ‖ Auditorio. ‖ Socorro, favor, ayuda. ‖ Tratamiento o cuidados médicos : *asistencia facultativa.* ‖ — F. pl. Pensión alimenticia.

asistencial adj. Relativo a la asistencia.

asistenta f. Criada no permanente.

asistente adj. y s. Que asiste, auxilia o ayuda : *religioso asistente, el asistente general.* ‖ Que está presente en un sitio : *los miembros asistentes votaron ; los asistentes aplaudieron al orador.* ‖ — M. *Mil.* Soldado al servicio personal de un oficial. ‖ *Asistente social,* persona diplomada encargada de ayudar a resolver los problemas médicos o sociales en entidades públicas y privadas.

asistir v. t. Acompañar a alguno en un acto público : *asistir a un profesor.* ‖ Auxiliar. ‖ Socorrer : *asistir a un herido.* ‖ Cuidar a los enfermos. ‖ Servir interinamente un criado. ‖ Estar de parte de una persona. ‖ — V. i. Estar presente : *asistir a una fiesta, a un espectáculo.* ‖ Concurrir con frecuencia a una casa o reunión. ‖ *Dirección asistida,* servomando destinado a garantizar el buen funcionamiento de la dirección en el automóvil, servodirección.

Asiut o **Asyut,** c. de Egipto central.

asma f. *Med.* Enfermedad de los pulmones que se manifiesta por sofocaciones intermitentes.

Asmara, c. de Etiopía cerca del mar Rojo, cap. de Eritrea.

asmático, ca adj. Relativo al asma. ‖ — M. y f. Persona que la padece : *era asmático y muy nervioso.*

Asmoneos, n. dado a la familia de los Macabeos, originaria de Asmón.

asna f. Hembra del asno.

asnada f. *Fig.* y *fam.* Necedad.

asnal adj. Relativo al asno.

Asnam (El-), antes *Orleansville.* c. del N. de Argelia, cap. del dep. homónimo.

Asnières-sur-Seine, c. de Francia (Hauts-de-Seine), al NO. de París.

asno m. Animal solípedo, más pequeño que el caballo y de orejas largas. ‖ *Fig.* Persona ruda y de escaso entendimiento.

asociación f. Acción de asociar. ‖ Conjunto de asociados : *asociación cooperativa.* ‖ Entidad que persigue un fin común para los miembros que forman parte de ella : *asociación de antiguos alumnos.* ‖ *Asociación de ideas,* acción psicológica mediante la cual unas ideas o imágenes evocan otras.

Asociación Latinoamericana de Integración. Véase A. L. A. D. I. ‖ ~ **de Libre Comercio.** Véase A. L. A. L. C.

asociado, da adj. y s. Dícese de la persona que acompaña a otra en

alguna comisión. ‖ — M. y f. Persona que forma parte de una asociación.

asociar v. t. Juntar una cosa con otra. ‖ Tomar uno como compañero a alguien que le ayude. ‖ — V. pr. Reunirse para un fin : *asociarse para un negocio.* ‖ *Fig.* Compartir : *me asocio a tu júbilo.*

asolación f. Asolamiento.

asolamiento m. Destrucción.

asolar v. t. Destruir, arrasar. ‖ Secar los campos el calor o la sequía.

asoleada f. *Amer.* Insolación.

asomar v. i. Empezar a mostrarse alguna cosa : *asoma el Sol ; el pañuelo asomaba fuera del bolsillo.* ‖ — V. t. Sacar o mostrar una cosa por una abertura : *asomar la cabeza por la ventana* (ú. t. c. pr.). ‖ — V. pr. Mostrarse : *asomarse a la calle.* ‖ Inclinarse : *asomarse al exterior.* ‖ *Fam.* Empezar a enterarse sin propósito de profundizar : *usted no se ha asomado apenas a la lección.*

asombrar v. t. *Fig.* Causar admiración o extrañeza (ú. t. c. pr.).

asombro m. Admiración, sorpresa. ‖ Susto, espanto. ‖ Lo que asombra.

asombroso, sa adj. Que causa asombro.

asomo m. Apariencia. ‖ Indicio o señal : *sin el menor asomo de duda.* ‖ *Ni por asomo,* de ninguna manera.

asonada f. Motín.

asonancia f. Correspondencia de un sonido con otro. ‖ Repetición del mismo sonido. ‖ *Fig.* Conformidad o relación : *esto tiene asonancia con lo que se dijo antes.* ‖ En métrica, identidad de vocales en las terminaciones de dos palabras a contar desde la última sílaba acentuada : *marido, compromiso ; baja, agua.*

asonantado, da adj. Que está en forma de asonante : *rima asonantada.*

asonantar v. i. Ser dos palabras asonantes. ‖ Incurrir en el vicio de la asonancia. ‖ — V. t. Emplear en la rima una palabra como asonante de otra : *asonantar "humilde" con "milite".*

asonante adj. Dícese de la voz que tiene asonancia con otra, como *cisne y triste* (ú. t. c. s.).

Asososca, laguna volcánica de Nicaragua, cerca de Managua.

aspa f. Cruz en forma de × : *San Andrés murió en el aspa.* ‖ Velamen de molino de viento y sus brazos. ‖ Signo de la multiplicación.

aspaviento m. Gestos excesivos o afectados : *hacer aspavientos.*

aspecto m. Apariencia.

aspereza f. Escabrosidad.

áspero, ra adj. De superficie desigual o rugosa : *terreno áspero.* ‖ Desapacible al gusto o al oído : *voz áspera.* ‖ Inclemente, dicho del tiempo. ‖ Falto de afabilidad.

asperón m. Arenisca empleada en construcción y para fregar.

aspersión f. Acción y efecto de asperjar : *la aspersión de un jardín.*

aspersorio m. Hisopo.

Aspiazu (Agustín), jurista y científico boliviano (1817-1897).

áspid m. Víbora muy venenosa.

aspillera f. Abertura estrecha en el muro, en los costados de un buque, para poder disparar contra el enemigo.

aspiración f. Acción y efecto de aspirar. ‖ Vivo anhelo : *tener aspiraciones elevadas.* ‖ *Gram.* Sonido del lenguaje que resulta de una fuerte emisión del aliento.

aspirador, ra adj. Que aspira. ‖ — M. Aspiradora. ‖ — F. Aparato doméstico de limpieza que aspira el polvo.

aspirante adj. Que aspira : *bomba aspirante.* ‖ — M. y f. Persona que aspira : *aspirante a un empleo.*

aspirar v. t. e i. Atraer el aire exterior a los pulmones. ‖ Atraer un líquido, un gas. ‖ Pretender con ansia : *aspirar a los honores.* ‖ *Gram.* Pronunciar la letra *hache* como *jota.*

aspiratorio, ria adj. Relativo a la aspiración : *movimiento aspiratorio.*

aspirina f. *Farm.* Ácido acetilsalicílico muy usado como analgésico y febrífugo.

Aspropótamo, río de Grecia en Epiro. Fue llamado *Aquelóo* por los antiguos.

asqueado, da adj. Que tiene asco : *estoy asqueado de la vida.*

asquear v. i. Tener asco de algo. U. t. c. t. : *su conducta me asquea.*

asquerosidad f. Suciedad que da asco. ‖ Cosa asquerosa.

asqueroso, sa adj. y s. Repugnante.

Assab, c. y puerto principal de Etiopía en el mar Rojo.

Assam. V. ASAM.

Assen, c. de Holanda, cap. de la prov. de Drenthe.

Assiut. V. ASIUT.

Assuán. V. ASUÁN.

asta f. Arma ofensiva de los antiguos romanos. ‖ Palo de la pica, la lanza, la alabarda, etc. ‖ Lanza o pica. ‖ Palo de la bandera. ‖ Mango o cabo de una herramienta. ‖ Cuerno : *las astas del toro.* ‖ *A media asta,* a medio izar una bandera, en señal de luto.

astado, da adj. Provisto de asta. ‖ — M. Toro.

Astarté o **Astarte,** diosa del Cielo entre los pueblos semíticos.

astato m. Cuerpo químico (símb., At) artificial y radiactiva.

astenia f. *Med.* Disminución de las fuerzas vitales.

asterisco m. Signo ortográfico en forma de estrella (*) para hacer llamada a notas.

asteroide m. Planeta pequeño cuya órbita se halla comprendida entre los de Marte y Júpiter.

Asti, c. de Italia (Piamonte), cap. de la prov. homónima. Obispado.

astigmático, ca adj. Que padece astigmatismo (ú. t. c. s.).

astigmatismo m. *Med.* Turbación de la vista por desigualdad en la curvatura del cristalino.

astil m. Mango de hacha, azada, pico, etc. ‖ Varilla de saeta. ‖ Brazo de la balanza. ‖ Vara de hierro por donde corre el pilón de la romana o los platillos de la balanza.

astilla f. Fragmento que salta de una cosa que se parte o rompe.

astillar v. t. Hacer astillas.

astillero m. Establecimiento donde se construyen y reparan buques.

Astillero (El), mun. de España (Cantabria).

astilloso, sa adj. Aplícase a los cuerpos que saltan o se rompen formando astillas.

Astorga, c. de España (León). Obispado. Es la ant. *Astúrica.*

astracán m. Piel de cordero nonato o recién nacido, de lana muy rizada.

Astracán, c. y puerto de la U. R. S. S. (Rusia), en una isla del mar Caspio. Célebre por sus pieles de cordero caracul o *astracán.*

astracanada f. Farsa teatral disparatada.

astrágalo m. *Arq.* Anillo que rodea una columna. ‖ *Zool.* Hueso corto en la parte superior y media del tarso, vulgarmente llamado *taba.*

astral adj. Relativo a los astros.

Astrana Marín (Luis), erudito español (1889-1959), traductor de Shakespeare.

astreñir v. t. Astringir, constreñir.

astringencia f. Calidad de astringente.

astringente adj. Que astringe (ú. t. c. s. m.).

astringir v. t. Apretar, estrechar una sustancia los tejidos orgánicos. ‖ *Fig.* Sujetar, constreñir, obligar.

astriñir v. t. Astringir.

astro m. Cuerpo celeste. ‖ *Fig.* Estrella de cine, etc.

astrofísica f. Estudio de la constitución física de los astros.

astrolabio m. Antiguo instrumento para observar los astros.

astrología f. Predicción del porvenir mediante la observación de los astros.

astrológico, ca adj. Relativo a la astrología : *observación astrológica.*

astrólogo, ga m. y f. Persona versada en astrología.

astronauta com. Piloto que navega en una astronave.

astronáutica f. Ciencia que estudia los vuelos interplanetarios. ‖ Navegación extraterrestre.

‖ — El 4 de octubre de 1957, la U. R. S. S. puso en órbita el primer satélite artificial y en 1961 lanzó un satélite tripulado por Gagarin. Los Estados Unidos consiguieron en 1969 que desembarcasen dos astronautas, Armstrong y Aldrin, en la Luna.

astronave f. Vehículo destinado a la navegación interplanetaria.

astronomía f. Ciencia que trata de la posición, movimiento y constitución de los cuerpos celestes.

astronómico, ca adj. Relativo a la astronomía. ‖ *Fig.* Exagerado.

astrónomo, ma m. y f. Persona especialista en astronomía.

astroso, sa adj. Desastrado.

astucia f. Calidad de astuto. ‖ Ardid.

Astún, estación de deportes de invierno en el N. de España (Jaca).

astur adj. y s. Individuo de un pueblo ant. al NO. de España, el último que se sometió a los romanos. ‖ Asturiano.

asturianismo m. Voz o giro propio del castellano hablado en Asturias. ‖ Carácter asturiano. ‖ Afecto o amor por Asturias.

asturiano, na adj. y s. De Asturias (España). ‖ — M. Bable.

Asturias, región montañosa del N. de España, antigua prov. de *Oviedo*, constituida en 1979, con la denominación de *Principado de Asturias*, en Comunidad Autónoma, cap. *Oviedo*. Otras c. *Gijón, Avilés, Langreo, Mieres, Siero*. Minas. Siderurgia.

Asturias (Miguel Ángel), escritor guatemalteco, n. en la c. de Guatemala (1899-1974), autor de *Leyendas de Guatemala*, de novelas de carácter social (*El señor Presidente, Hombres de maíz, El papa verde, Los ojos de los enterrados, Weekend en Guatemala*, serie de relatos, *Mulata de tal*, etc.) y de poesías. (Pr. Nobel, 1967.)

astuto, ta adj. y s. Sagaz, taimado.

Asuán, hoy *Sadd al-Alí*, c. del Alto Egipto, a orillas del Nilo. Presas.

asueto m. Vacación corta.

asumir v. t. Tomar para sí : *asumir un deber*. ‖ Aceptar. ‖ Adquirir.

asunción, na adj. y s. De Asunción (Paraguay).

asunción f. Acción y efecto de asumir. ‖ *Por ext.* Elevación de la Virgen Santísima al cielo. (Fiesta del 15 de agosto.)

Asunción, isla de México (Baja California). — Cap. de la Rep. del Paraguay y del dep. de Central, a orillas del río homónimo ; 464 000 h. (*asuncenos*). Arzobispado. Universidad. Plaza comercial y puerto de mucho tráfico. Fundada en 1537 por Juan de Salazar y Gonzalo de Mendoza. — Distr. de Costa Rica (Heredia). — Distr. de Chile (Santiago). — Distr. del Perú (Cajamarca). ‖ — **(La),** c. de Venezuela, cap. del Estado de Nueva Esparta, en la isla Margarita. — V. ANTICOSTI.

asuncionense adj. y s. De La Asunción (Venezuela).

Asúnsolo (Ignacio), escultor mexicano (1890-1965).

asunto m. Materia de que se trata. ‖ Tema o argumento de una obra. ‖ Lo que representa un cuadro o escultura. ‖ Negocio. ‖ Caso : *el asunto es que no hay dinero*. ‖ *Fam.* Lío amoroso. ‖ *Amer.* Poner asunto, prestar atención.

Asur, la cap. más ant. de Asiria.

Asurbanipal, rey de Asiria (669-627 a. de J. C.).

asustadizo, za adj. Que se asusta con facilidad : *caballo asustadizo*.

asustar v. t. Dar o causar susto. Ú. t. c. pr. : *asustarse con, nada*.

Asyut. V. ASIUT.

At, símbolo químico del *astato*.

atabal m. Timbal.

Atabapo, río de Colombia y Venezuela, afl. del Guaviare ; 280 km.

Atacama, volcán de los Andes, entre la III Región de Chile y la boliviana de Potosí ; 5 500 m. Llamado tb. *Licancabur*. — Prov. de la III Región de Chile, formada por las prov. de Chañaral, Copiapó y Huasco ; cap. *Copiapó*. (Hab. *atacameños*.) Minas (hierro, cobre). ‖ — (DESIERTO DE), desierto de Chile entre la III Región (Atacama) y la II (Antofagasta). Minas. ‖ — (PUNA DE), nudo de los Andes, en el N. de la Argentina y Chile.

atacameño, ña adj. y s. De Atacama (Chile).

atacante adj. Que ataca (ú. t. c. s.). ‖ — M. Delantero en un equipo de fútbol o de hockey.

atacar v. t. Acometer : *atacar a un adversario*. ‖ *Quím.* Ejercer acción una

---

sustancia sobre otra : *el orín ataca al hierro*. ‖ *Fig.* Tratándose del sueño, enfermedades, etc., dar : *atacar la fiebre*. ‖ Afectar, producir un efecto dañino : *atacar los nervios*. ‖ Iniciar : *atacar un estudio*. ‖ Impugnar, combatir.

atadero m. Lo que sirve para atar. ‖ Parte por donde se ata algo. ‖ *Fig.* Sujeción, embarazo.

atado m. Conjunto de cosas atadas.

atador, ra adj. Que ata.

atadura f. Acción y efecto de atar. ‖ Cosa con que se ata. ‖ *Fig.* Conexión.

Atahualpa, último emperador inca del Perú (1500-1533), hijo de Huayna Cápac y hermano de Huáscar, con quien compartió el Imperio a partir de 1525. Fue soberano de la parte norte y se asentó en Quito, la capital. Luchó contra su hermano por no estar conforme con la división hecha por su padre. Pizarro, aprovechando esta rivalidad, hizo prisionero al inca y, después de hacerle pagar un fuerte rescate, lo hizo ejecutar en Cajamarca. ‖ ~ (JUAN SANTOS), caudillo peruano (¿ 1710 ?-1756), que se sublevó contra los españoles.

atajar v. i. Tomar un atajo. ‖ — V. t. Salir al encuentro de uno estorbando el paso. ‖ *Fig.* Detener, impedir.

atajo m. Senda más corta : *tomar por el atajo*. ‖ *Fig.* Empleo de un medio rápido : *echar por el atajo*. ‖ Conjunto, abundancia.

Atajo (El), sierra de la Argentina (Catamarca) ; 2 500 m de alt. media.

Atalárico, rey de los ostrogodos de Italia de 526 a 534.

atalaya f. Torre en lugar alto.

Atalaya, pobl. y distr. de Panamá (Veraguas).

Atalía, reina de Judá (841 835 a de J. C.), hija de Acab y de Jezabel.

Atanagildo, rey visigodo de España de 554 a 567, vasallo de Justiniano.

Atanasio (San), patriarca de Alejandría y Padre de la Iglesia (¿ 295-373 ?).

atañer v. i. Tocar o corresponder : *esto nos atañe*.

ataque m. Acción militar ofensiva con la idea de apoderarse de una posición o de un país. ‖ Trabajos de trinchera para tomar una plaza. ‖ *Fig.* Acometimiento repentino de algún mal : *ataque de apoplejía*. ‖ Acceso : *ataque de tos*. ‖ Crisis : *ataque de nervios*. ‖ Línea delantera en un equipo de fútbol, etc.

atar v. t. Unir, enlazar con ligaduras : *atar las manos*. ‖ *Fig.* Impedir o quitar el movimiento : *estas obligaciones me atan*. ‖ Juntar, relacionar, conciliar. ‖ — V. pr. *Fig.* Embarazarse, no saber cómo salir de un atolladero.

atarazana f. Astillero. ‖ Mercado.

atardecer m. Último período de la tarde.

atardecer v. i. Caer el día.

atarear v. t. Señalar tarea. ‖ — V. pr. Entregarse al trabajo.

atarjea f. Cañería. ‖ Alcantarilla.

atarugamiento m. Acción y efecto de atarugar o atarugarse.

atarugar v. t. Asegurar con tarugos.

atascadero m. Atolladero.

atascamiento m. Atasco.

atascar v. t. Obstruir (ú. t. c. pr.). ‖ *Fig.* Poner impedimentos, estorbar.

atasco m. Impedimento, estorbo, embarazo. ‖ Obstrucción de un conducto. ‖ Embotellamiento de automóviles.

Ataturk. V. KEMAL BAJÁ.

ataúd m. Caja para un cadáver.

Ataúlfo, primer rey de los visigodos de España (410-415), cuñado y sucesor de Alarico I.

ataviar v. t. Componer (ú. t. c. pr.).

atávico, ca adj. Del atavismo.

atavío m. Adorno. ‖ *Fig.* Vestido.

atavismo m. Herencia de algunos caracteres que provienen de los antepasados. ‖ Costumbres ancestrales.

Atbara, río del Sudán y de Etiopía, afl. derecho del Nilo ; 1 120 km.

Atchinsk, c. de la U. R. S. S. (Rusia), en Siberia oriental. Cemento.

ate m. *Méx.* Dulce de pasta con frutas : *los ates de Morelia*.

ateísmo m. Negación de la existencia de Dios.

Atela, ant. c. de Campania (Italia).

atelaje m. *Mil.* Tiro de caballerías. ‖ Arreos de las bestias de tiro.

---

atelana f. *Teatr.* Pieza cómica latina a modo de sainete.

ateles m. *Zool.* Variedad de mono.

atemorizar v. t. Causar o sentir temor (ú. t. c. pr.).

Atempan, pobl. y mun. de México (Puebla).

atemperar v. t. Moderar (ú. t. c. pr.).

Atenas, cap. del Ática, la c. más importante de la Grecia antigua y centro de la civilización y de la cultura clásicas. (Hab. *atenienses*.) — Cap. de la Grecia moderna ; 867 000 h. (2 540 000 h. con los suburbios). Arzobispado. Universidad. Industrias. ‖ ~ (DUCADO DE), ducado del Imperio Latino de Oriente, instituido en 1205 después de la conquista de Atenas por Bonifacio de Monferrato, jefe de la Cuarta Cruzada. Fue feudo de los franceses hasta 1312, en que pasó a ser dominio de los catalanes. Acabó su existencia en 1456 cuando los turcos se apoderaron de la ciudad.

atenazar v. t. *Fig.* Hacer sufrir, causar un dolor vivo. ‖ Atormentar. ‖ Sujetar fuertemente.

atención f. Aplicación de la mente a un objeto : *no prestar atención*. ‖ Interés. ‖ Cortesía, urbanidad. ‖ — Pl. Negocios, ocupaciones. ‖ Cumplidos, miramientos, amabilidades : *tuvo muchas atenciones conmigo cuando estuve viviendo en su casa*.

atender v. t. Acoger con favor : *atender una petición*. ‖ Servir en una tienda : *¿ le atienden ?* ‖ (Ant.). Esperar o aguardar. ‖ — V. i. y t. Aplicar el entendimiento a un objeto : *atender a una lección*. ‖ Cuidar de una persona o cosa : *atender a un enfermo*. ‖ Tener en cuenta, en consideración : *atendiendo a su condición*.

Atenea o **Palas Atenea,** una de las principales divinidades griegas, hija de Zeus, símbolo del Pensamiento, de las Ciencias y de la Industria. Corresponde a la *Minerva* latina.

ateneísta com. Socio de un ateneo.

ateneo m. Asociación literaria o científica : *el Ateneo de Madrid*.

atenerse v. pr. Ajustarse, sujetarse.

ateniense adj. y s. De Atenas (Grecia).

atentado m. Acto criminal contra las personas o cosas. ‖ Delito contra una autoridad, contra un principio.

atentar v. i. Cometer atentado : *atentar contra a la vida de uno*. ‖ Transgredir : *atentar contra la moral*.

atentatorio, ria adj. Que implica atentado : *medida atentatoria*.

atento, ta adj. Que tiene fija la atención en algo : *atento a la lección*. ‖ Servicial, complaciente : *muy atento*. ‖ Comedido, cortés. ‖ Particular, especial : *su atenta atención a esos problemas*. ‖ *Su atenta*, su carta.

atenuación f. Acción y efecto de atenuar.

atenuante adj. Que atenúa. ‖ *For.* Atenuantes o circunstancias atenuantes, hechos que disminuyen la responsabilidad criminal.

atenuar v. t. Disminuir, aminorar.

ateo, a adj. Que niega la existencia de Dios (ú. t. c. s.).

aterciopelar v. t. Poner como terciopelo.

aterido, da adj. Transido de frío.

aterirse v. pr. Estar transido de frío.

atérmico, ca adj. Que no se deja atravesar por el calor.

aterrador, ra adj. Que aterra.

aterrajar v. t. Labrar con la terraja las roscas de los tornillos y tuercas. ‖ Hacer molduras con la terraja.

aterrar v. t. Causar terror. ‖ — V. pr. Estar atemorizado.

aterrizaje m. Acción y efecto de aterrizar.

aterrizar v. i. Tomar tierra : *aterrizar mal en la pista*. ‖ *Fig.* Aparecer, presentarse : *aterrizó por casa de manera inesperada*.

aterrorizar v. t. Aterrar, causar terror : *aterrorizar a la población*.

Atescatempa, laguna y mun. de Guatemala (Jutiapa).

atesoramiento m. Acción y efecto de atesorar.

atesorar v. t. Reunir y guardar dinero o cosas de valor. ‖ *Fig.* Tener muchas cualidades : *atesorar dones morales*.

atestación f. *For.* Deposición de testigo o de persona que afirma.

atestado m. Documento en que se da fe de un hecho. || Acta.

atestar v. 't. Llenar : *atestar de lana un costal.* || Meter una cosa en otra. | *For.* Testificar : *atestar un hecho.*

atestiguar v. t. Declarar como testigo. || Fig. Dar fe, testimoniar.

atezado, da adj. De piel morena.

atezar v. t. Ennegrecer. || — V. pr. Ponerse moreno.

Athabasca, río del Canadá que des. en el lago homónimo (11 500 km²); 1 200 km.

Athos. V. ATOS.

atiborramiento m. Acción y efecto de atiborrar o atiborrarse.

atiborrar v. t. Llenar completamente. || — V. pr. *Fig.* y *fam.* Atracarse : *atiborrarse de pan.*

Ática, península, región y nomo de Grecia ; cap. *Atenas.*

aticismo m. *Lit.* Delicadeza y buen gusto de los escritores atenienses clásicos.

ático, ca adj. Relativo al aticismo. || Relativo a Atenas (Grecia). || — M. Dialecto de la lengua griega. || *Arq.* Cuerpo que disimula el tejado. || Último piso de una casa bajo el tejado : *vivir en un ático.*

Atila, rey de los hunos (434-453), fundador de un vasto imperio. Sometió a vasallaje a los emperadores de Oriente y Occidente. Vencido finalmente en los Campos Cataláunicos (451). Fue llamado *el Azote de Dios.*

atildado, da adj. Pulcro. || Elegante. || *Fig.* Rebuscado (estilo).

atildamiento m. Elegancia.

atildar v. t. Acicalar (ú. t. c. pr.).

atinado, da adj. Acertado : *tomó entonces medidas muy atinadas.*

atinar v. t. Acertar : *atinar con la solución.* || Dar en el blanco. || Acertar una cosa por conjeturas.

atípico, ca adj. Que no es normal, que se sale de lo corriente.

Atiquizaya, v. y distr. de El Salvador (Ahuachapán).

atirantar v. t. Poner tirante.

atisbar v. t. Acechar, observar recatadamente. || Vislumbrar.

atisbo m. Acecho. || Vislumbre, indicio : *atisbos de lucidez.*

Atitlán, lago de Guatemala (Sololá), a 1 500 m de altura y cerca del volcán homónimo ; 468 km² ; 3 505 m.

¡atiza! interj. Denota sorpresa.

atizador, ra adj. y s. Que atiza.

atizar v. t. Remover el fuego. || Avivar las pasiones : *atizar las discordias.* | *Fig.* y *fam.* Dar, pegar : *atizar un palo a uno.* || — V. pr. *Pop.* Comer, beber.

Atl (Doctor). V. MURILLO (Gerardo).

Atlacatl, rey indígena de Cuscatlán (El Salvador), apresado y condenado a muerte por Alvarado (1524).

Atlanta, c. de Estados Unidos, cap. del Estado de Georgia. Obispado.

atlante m. *Arq.* Estatua de hombre que sirve de columna.

Atlante. V. ATLAS.

Atlantic City, c. de Estados Unidos (New Jersey). Playas.

atlanticense adj. y s. De Atlántico (Colombia).

atlántico, ca adj. Relativo al monte Atlas o al océano Atlántico.

Atlántico, dep. septentrional de Colombia, en la región de la desembocadura del río Magdalena ; cap. *Barranquilla.* || ~ (OCÉANO), océano del hemisferio occidental, entre Europa y África al E. y América al O. ; 106 200 000 km².

Atlántico (Pacto del). V. PACTO DEL ATLÁNTICO.

Atlántida, continente hipotético que los antiguos suponen que existió en el Atlántico y desapareció a causa de un cataclismo. — Dep. de Honduras, a orillas del mar Caribe ; cap. *La Ceiba.*

Atlántida (La), poema catalán de Jacinto Verdaguer (1877). — Poema sinfónico póstumo de Manuel de Falla, empezado en 1926 y concluido por Ernesto Halffter.

atlantidense adj. y s. De Atlántida (Honduras).

Atlántides o **Atlántidas**, hijas de Atlas, llamadas también **Pléyades.**

atlantismo m. Doctrina de los partidarios del Pacto del Atlántico Norte.

atlantista adj. Partidario del atlantismo (ú. t. c. s.).

atlas m. Colección de mapas geográficos. || Primera vértebra cervical.

Atlas, cord. de Marruecos, Argelia y Túnez. El *Atlas Mayor* y el *Atlas Medio* están en Marruecos, y su altura varía entre 2 000 y 4 500 m.

Atlas o **Atlante**, dios griego, hijo de Zeus, que sostiene el mundo sobre sus hombros.

atleta com. Persona que practica ejercicios o deportes atléticos. || *Fig.* Persona de grandes fuerzas.

atlético, ca adj. Relativo al atleta.

atletismo m. Conjunto de deportes practicado por los atletas.

Atlixco, c. de México (Puebla).

atmósfera f. Masa gaseosa que rodea al globo terráqueo, y, más generalmente, masa gaseosa que rodea cualquier astro. || Aire de un lugar : *atmósfera sofocante.* || Unidad de presión, numéricamente igual al peso de una columna cilíndrica de mercurio de 76 cm de alto por 1 cm² de base : *presión de diez atmósferas.* || *Fig.* Medio en el que se vive y que ejerce cierta influencia.

atmosférico, ca adj. Relativo a la atmósfera : *presión atmosférica.*

atoaje m. *Mar.* Remolque.

atoar v. t. *Mar.* Remolcar.

atocolate m. *Méx.* Renacuajo.

atole m. Bebida muy común en América. (El *atole* se hace con harina de maíz, agua, leche y azúcar.)

atolón m. *Geogr.* Isla de coral de forma anular.

atolondrado, da adj. *Fig.* Que procede sin reflexión (ú. t. c. s.).

atolondramiento m. Aturdimiento, precipitación, falta de serenidad.

atolondrar v. t. Aturdir, causar aturdimiento (ú. t. c. pr.).

atolladero m. Sitio donde se atascan los vehículos, las caballerías. || *Fig.* Dificultad, impedimento. | Apuro, mala postura : *sacar del atolladero.*

atomicidad f. Número de átomos que forman la molécula de un cuerpo.

atómico, ca adj. Relativo a los átomos : *teoría atómica.* || — *Arma atómica*, arma que utiliza la reacción de fisión a base de plutonio o de uranio. (La potencia de estas armas se expresa en kilotoneladas.) | *Energía atómica*, la liberada por transmutaciones nucleares. | *Masa atómica*, masa relativa de los átomos de diversos elementos (la del oxígeno se ha fijado convencionalmente en 16). | *Número atómico*, número de un elemento en la clasificación periódica. | *Peso atómico*, peso de un átomo de un elemento químico comparado con el peso de un núcleo de carbono.

atomismo m. *Fil.* Doctrina de la formación del mundo por combinación fortuita de los átomos.

atomista com. *Fil.* Partidario del atomismo. || *Fís.* Persona que investiga los fenómenos atómicos.

atomístico, ca adj. Del atomismo. || — F. Estudio de los átomos.

atomización f. Pulverización.

atomizado, da adj. Sujeto al efecto de las radiaciones atómicas.

atomizador m. Aparato para la pulverización : *frasco atomizador.*

atomizar v. t. Dividir un líquido o un sólido en partes sumamente pequeñas, pulverizar. || Hacer sufrir los efectos de las radiaciones atómicas. | Destruir por medio de armas atómicas. || *Fig.* Fragmentar.

átomo m. *Quím.* Elemento primario de la composición química de los cuerpos. || Partícula material microscópica. || *Fig.* Cosa sumamente pequeña. —

— El átomo está constituido por un núcleo formado de *neutrones* (partículas materiales sin carga), *protones* (partículas cargadas positivamente), rodeando a este núcleo, los *electrones*, de carga negativa. Los núcleos de los átomos de ciertos cuerpos tienden a desintegrarse y liberan cantidades enormes de energía (radiactividad, pilas y bombas atómicas).

atonal adj. *Mús.* Escrito según las reglas de la atonalidad.

atonalidad f. Sistema moderno de escritura musical, creado por la

Escuela de Viena (Schönberg), que desconoce la tonalidad en armonía.

atonía f. Falta de tono o energía.

atónito, ta adj. Estupefacto.

átono, na adj. Sin vigor. || Sin acentuación prosódica : *sílaba átona.*

atontado, da adj. Aturdido. || Entontecido (ú. t. c. s.).

atontamiento m. Aturdimiento, atolondramiento.

atontar y **atontolinar** v. t. Aturdir.

atoramiento m. Atascamiento.

atorar v. t. Obstruir (ú. t. c. i. y pr.).

atormentador, ra adj. y s. Que atormenta : *idea atormentadora.*

atormentar v. t. Causar dolor físico. || *Fig.* Causar aflicción, disgusto.

atornillar v. t. Fijar con tornillos. || Introducir un tornillo o tuerca haciéndolos girar alrededor de su eje.

atorrante adj. y s. *Arg.* Holgazán. | Granuja.

atorrantismo m. *Arg.* Holgazanería. | Granujería.

atorrar v. i. *Arg.* Holgazanear.

atortolado, da adj. *Fig.* Enamorado.

Atos o **Athos**, monte de Grecia (Macedonia), en una de las tres penínsulas de Calcídica. Constituye una unidad administrativa autónoma. Iglesias (s. X-XIV) y monasterios.

atosigador, ra adj. y s. Que atosiga.

atosigamiento m. Envenenamiento. || *Fig.* Acoso.

atosigar v. t. Envenenar. || *Fig.* Fatigar a uno dándole prisa para que haga una cosa. | Fastidiar.

Atotonilco, laguna, río y mun. al oeste de México (Jalisco).

Atoyac, río de México (Oaxaca).

atrabiliario, ria adj. *Fam.* De humor irritable : *genio atrabiliario.*

atrabilis f. *Fig.* Mal genio o humor.

atracadero m. *Mar.* Sitio donde atracan las embarcaciones menores.

atracador, ra m. y f. Salteador.

atracar v. t. *Mar.* Arrimar las embarcaciones a tierra o a otra nave. || *Fam.* Hacer comer y beber mucho. | Asaltar a los transeúntes para desvalijarlos. || — V. pr. Hartarse, comer mucho.

atracción f. Acción de atraer. || *Fig.* Simpatía : *sentir atracción por una persona.* | Atractivo. || *Fís.* Fuerza en virtud de la cual se atraen recíprocamente las diversas partes de un todo. || Número de un espectáculo de variedades, circo, etc. || — Pl. Espectáculos de variedades.

atraco m. Robo.

atracón m. *Fam.* Acción y efecto de atracarse : *darse un atracón de fruta.*

atractivo, va adj. Que atrae. || — M. Cualidad física o moral de una persona que atrae la voluntad. || *Fig.* Seducción, incentivo.

atraer v. t. Traer hacia sí algo : *el imán atrae el hierro.* || *Fig.* Captar la voluntad. | Ocasionar, acarrear.

atragantamiento m. Sofoco. || Ahogo.

atragantarse v. pr. Ahogarse por detenerse algo en la garganta. | Tener atravesada alguna cosa en la garganta. || *Fig.* y *fam.* Turbarse, cortarse en la conversación. | No poder aguantar a una persona.

atrancar v. t. Cerrar la puerta o la ventana con una tranca. || Atascar. || — V. pr. Encerrarse. | Atascarse.

atranco m. Atasco. || *Fig.* Apuro.

atrapar v. t. *Fam.* Coger : *atrapar moscas.* | Conseguir algo : *atrapar un empleo.* | Engañar con maña.

atraque m. Acción de atracar una nave. | *Fam.* Atracón.

atrás adv. En la parte posterior, detrás : *ir atrás.* || Antes : *algunos días atrás.* || — Interj. Se emplea para mandar retroceder a alguno.

atrasado, da adj. Que adolece de debilidad mental (ú. t. c. s.). || Que tiene atraso (ú. t. c. s.).

atrasar v. t. Retardar, retrasar. || Hacer retroceder las agujas del reloj. || — V. i. Andar despacio : *su reloj atrasa.* || — V. pr. Quedarse atrás. || Llevar atraso.

atraso m. Efecto de atrasar o atrasarse. || Falta de desarrollo : *atraso mental.* || Disminución de la marcha de un reloj. || — Pl. *Fam.* Pagos vencidos.

Atrato, río de Colombia que des. en el mar Caribe por el golfo de Urabá (Antioquia) ; 700 km.

atravesado, da adj. Cruzado. || *Fig.* De mala intención, perverso. | Que se le tiene odio.

atravesar v. t. Poner una cosa de modo que pase de una parte a otra : *atravesar un cable eléctrico en una calle.* || Pasar de parte a parte : *el agua atraviesa este impermeable.* || Pasar cruzando de una parte a otra : *atravesar la calle, un río.* || *Fig.* Pasar, vivir : *atravesar un período difícil.* | Pasar, cruzar : *atravesar el pensamiento.* || — V. pr. Ponerse una cosa entre otras. || *Fig.* No poder sufrir a una persona, ser antipático : *tener a una persona atravesada.*

atrayente adj. Que atrae.

atreverse v. pr. Determinarse a hacer o decir algo arriesgado. || Insolentarse : *atreverse con el jefe.*

atrevido, da adj. Que se atreve (ú. t. c. s.). || Hecho o dicho con atrevimiento : *acto atrevido.*

atrevimiento m. Osadía. || Insolencia.

atrezo m. V. ATTREZZO.

atribución f. Acción y efecto de atribuir. || Facultades que da a una persona el cargo que ejerce.

atribuir v. t. Aplicar, conceder. || Achacar, imputar : *atribuir un éxito a la casualidad.* || Señalar una cosa a uno como de su competencia. — V. pr. Reivindicar, arrogarse.

atribular v. t. Causar tribulación, afligir. || — V. pr. Padecer tribulación.

atributivo, va adj. Que indica atributo o cualidad.

atributo m. Cada una de las cualidades de un ser : *la razón es atributo del hombre.* || *Gram.* Lo que se enuncia del sujeto. || *Teol.* Cualquiera de las perfecciones de Dios.

atrición f. Dolor de haber pecado.

atril m. Mueble para sostener libros o papeles abiertos.

atrincheramiento m. *Fort.* Conjunto de trincheras.

atrincherar v. t. *Fort.* Rodear con trincheras : *atrincherar una posición.* || — V. pr. Resguardarse en trincheras del enemigo. || *Fig.* Obstinarse.

atrio m. *Arq.* Patio interior cercado de pórticos. || Andén delante de algunos templos y palacios. | Zaguán.

atrito, ta adj. Que tiene atrición.

atrocidad f. Crueldad grande. || *Fam.* Demasía. | Necedad.

atrofia f. *Med.* Falta de desarrollo del cuerpo o de un órgano por deficiencia de nutrición. || *Fig.* Disminución de una facultad.

atrofiar v. t. y **atrofiarse** v. pr. *Med.* Disminuir de tamaño, dicho de un miembro o de un órgano. || *Fig.* Disminuir una facultad.

atrompetado, da adj. De forma de trompeta : *nariz atrompetada.*

atronador, ra adj. Que atruena.

atronar v. t. Perturbar con un ruido.

atropellado, da adj. Que habla u obra con precipitación. | Precipitado : *discurso atropellado.* || Víctima de un atropello (ú. t. c. s.).

atropellamiento m. Atropello.

atropellar v. t. Pasar precipitadamente por encima de una persona : *fue atropellado por un coche.* || Derribar a uno para pasar. || *Fig.* Proceder sin miramiento o respeto : *atropellar los principios morales.* | Agraviar abusando de la fuerza. | Agraviar a uno de palabra. | Hacer precipitadamente. || — V. pr. Apresurarse demasiado.

atropello m. Acción y efecto de atropellar o atropellarse.

atropina f. *Quím.* Alcaloide venenoso extraído de la belladona.

Atropos, la Parca que corta el hilo de la vida humana. *(Mit.)*

atroz adj. De gran maldad, cruel : *venganza atroz.* || Horrible de soportar : *dolor atroz.* || Desagradable, espantoso : *tiempo atroz.* || Desmesurado, enorme : *estatura, hombre atroz.*

A. T. S. com. Ayudante Técnico Sanitario.

attrezzo o **atrezo** m. *Cin.* y *Teatr.* Conjunto de útiles para el servicio de la escena o del plató.

Atucha, pobl. de Argentina (Buenos Aires). Central nuclear.

Atuel, río de Argentina, que nace en los Andes (Mendoza) ; 400 km.

atuendo m. Atavío.

atufar v. t. *Fig.* Enfadar, enojar. ||

V. i. Despedir mal olor. || — V. pr. Tomar tufo. || Enojarse.

atún m. Pez acantopterigio comestible. || *Fig.* y *fam.* Idiota.

atunero, na adj. y s. Que se dedica a la pesca de atunes : *bou atunero.*

aturdido, da adj. y s. Atolondrado.

aturdidor, ra adj. Que aturde.

aturdimiento m. Perturbación de los sentidos por efecto de un golpe, un ruido muy fuerte, etc. || *Fig.* Perturbación moral. | Torpeza. | Irreflexión, atolondramiento.

aturdir v. t. Causar aturdimiento. || *Fig.* Pasmar, confundir.

aturquesado, da adj. De color azul turquesa (ú. t. c. s. m.).

aturrullamiento m. Atolondramiento.

aturrullar v. t. *Fam.* Confundir, turbar (ú. t. c. pr.).

atusar v. t. Acariciar el pelo.

Atyrá, distr. y pobl. del Paraguay (La Cordillera).

Au, símbolo químico del oro.

Aub (Max), escritor español (1903-1972), autor de obras de teatro, de crítica y novelas (*Luis Álvarez Petreña, Jusep Torres Campalans, La gallina ciega, El laberinto mágico,* etc.).

Aube [ob], río de Francia, afl. del Sena ; 248 km. — Dep. de Francia (Champaña) ; cap. *Troyes.*

Aubervilliers, c. de Francia, al norte de París, en los suburbios de París.— Dep. del dep. de Seine-Saint-Denis.

Aubusson [obusón], c. de Francia (Creuse). Tapices.

Auckland, archip. del Pacífico, al SO. de Nueva Zelanda. — C. y puerto de Nueva Zelanda, en la isla del Norte ; cap. de la prov. homónima. Obispado. Universidad. Industrias.

Auch [och], c. de Francia, cap del dep. del Gers. Arzobispado.

audacia f. Osadía.

audaz adj. y s. Osado, atrevido.

Aude [od], río de los Pirineos de Francia que des. en el Mediterráneo ; 220 km. — Dep. del S. de Francia ; cap. *Carcasona.*

Audiberti (Jacques), poeta, dramaturgo y novelista francés (1899-1965).

audible adj. Que puede oírse.

audición f. Función del sentido auditivo. || Recepción de un sonido. | Acción de oír, de escuchar : *audición de los testigos.* || Reunión musical hecha por un artista. | Ensayo o prueba que hace un artista ante un director de teatro o un espectáculo de variedades : *pasé una audición antes de que me contratasen.*

audiencia f. Admisión a presencia de una autoridad : *obtener o dar audiencia.* || Crédito dado a alguien o a algo. || Número de personas que oyen o escuchan. || Acto de oír a los litigantes. || Tribunal de justicia y su territorio. || Edificio donde se reúne. || Órgano judicial y administrativo en las colonias españolas en América.
— La *Audiencia* fue un órgano judicial y administrativo por medio del cual los reyes españoles ejercían una parte de la gobernación de los territorios de América. Asesoraba, además de dirimir los asuntos civiles y criminales, a los virreyes, intervenía en su gestión y llegaba a veces incluso a destituirlos y ejercer sus funciones. El organismo supremo de que dependían las Audiencias era el Consejo de Indias, y hubo, en total, catorce (Santo Domingo, la primera fundada, Guadalajara, México, Panamá, Cuba, Caracas, Lima, Cuzco, Bogotá, Charcas o Chuquisaca, Quito, Buenos Aires y Santiago de Chile).

audífono m. Aparato, usado por los sordos, que amplía los sonidos. || *Amer.* Auricular.

audiograma m. Gráfico de la sensibilidad del oído.

audiovisual adj. Aplícase al método pedagógico que utiliza los sentidos del educando, en especial el auditivo y el visual, por medio de películas, fotografías, grabaciones sonoras, etc.

auditar v. t. Proceder, efectuar una auditoría.

auditivo, va adj. Del oído : *conducto auditivo.* || De la audición.

auditor m. Funcionario jurídico militar o eclesiástico : *auditor de guerra.*

auditor, ra adj. Que efectúa una auditoría económica (ú. t. c. s.).

auditoría f. Dignidad, tribunal o despacho del auditor. || Examen de las operaciones financieras, administrativas y de otro tipo de una entidad pública o de una empresa por especialistas ajenos a ellas y con objeto de evaluar la situación de las mismas.

auditorio m. Concurso de oyentes : *la aprobación del auditorio.* || Lugar, con buenas condiciones acústicas, para celebrar conciertos, conferencias, etc.

auditorium m. Sala para la audición de una obra musical o teatral o para un programa radiofónico.

auge m. Elevación en posición social o fortuna : *en pleno auge.*

Auge, región de Francia en Normandía (Calvados). C. pr. *Lisieux.*

Augias o **Augías** rey legendario de Élida, uno de los argonautas.

Augsburgo, c. de Alemania Occidental (Baviera). Obispado.

augur m. Sacerdote romano que practicaba la adivinación por el canto de las aves. || *Fig.* Adivino.

augurador, ra adj. Que augura o presagia (ú. t. c. s.).

augurar v. t. Agorar, predecir.

augurio m. Agüero, presagio.

Augusta, c. de Estados Unidos, cap. del Est. de Maine. Universidad. — C. de Estados Unidos (Georgia). Industria (papel). — C. de Italia (Sicilia).

augusto, ta adj. Que infunde respeto y veneración, majestuoso.

Augusto (César Octavio), emperador romano, sobrino y heredero de Julio César, n. en Roma el año 63 a. de J. y muerto en Nola en 14 de nuestra era. Miembro del segundo triunvirato con Marco Antonio y Lépido, guardó para sí el Poder tras la victoria de Accio contra Antonio (31) y en 27, con el nombre de *Augusto,* ejerció todos los poderes civiles y religiosos. Con él empezó la era de los emperadores romanos. Honrado a su muerte como un dios, su reinado constituyó uno de los períodos más brillantes de la historia romana (*Siglo de Augusto*). Protegió las artes y las letras.

aula f. Sala destinada a la enseñanza en un centro de estudios : *daba clases en el aula magna.*

áulico, ca adj. Relativo a la corte. || Cortesano, palaciego (ú. t. c. s.).

Áulida o **Aulis,** puerto de Grecia continental en Beocia.

Aulnay-sous-Bois, c. de Francia (Seine-saint-Denis), en la zona suburbana del noreste de París.

Aulo Gelio, gramático y crítico latino del s. II, autor de *Noches áticas.*

aullar v. i. Dar aullidos.

aullido m. Voz quejosa del lobo, el perro y otros animales. || *Fig.* Voz quejosa, lastimera.

aumentación f. Aumento.

aumentador, ra adj. Que aumenta.

aumentar v. t. Hacer mayor el número, el tamaño o la intensidad (ú. t. c. i.). || Mejorar : *aumentar un sueldo.*

aumentativo, va adj. *Gram.* Aplícase al vocablo que aumenta la significación de otro (ú. t. c. s. m.).
— Los *aumentativos* se forman añadiendo al vocablo las terminaciones *ón, azo, acho, ote, arrón, etón.* Así, hombre, se convierte en *hombrón, hombrazo, hombracho, hombrote,* etc.

aumento m. Acrecentamiento.

aun adv. Denota a veces idea de encarecimiento y equivale a *hasta* en sentido afirmativo, y a *siquiera* en sentido negativo. || — Conj. *Aun cuando,* aunque.

aún adv. Todavía.

aunar v. t. Asociar para un fin : *aunar los esfuerzos.* || Unificar (ú. t. c. pr.).

aunque conj. Denota oposición : *aunque es malo lo quiero.*

¡aúpa! interj. ¡Upa! || — *Fam.* De *aúpa,* formidable ; de cuidado, malo. | *Ser de aúpa,* ser malintencionado.

aupar v. t. *Fam.* Ayudar a subir.

aura f. Viento apacible. || *Fig.* Aprobación general : *aura popular.* || *Amer.* Gallinazo, zopilote.

auranciáceas f. pl. *Bot.* Familia a la que pertenecen el naranjo y el limonero (ú. t. c. adj.).

AUSTRALIA

Aurangabad, c. de la India (Maharashtra).

Aurangzeb, caudillo mogol (1618-1707), descendiente de Tamerlán y emperador de la India de 1658 hasta su muerte.

Auranítida o **Auranitis.** V. HAURÁN.

Áurea (Santa). V. ORIA.

áureo, a adj. De o parecido al oro.

aureola f. Círculo luminoso que suele ponerse detrás de la cabeza de las imágenes religiosas. || *Fig.* Fama que alcanza una persona : *la aureola del genio.* || *Astr.* Luminosidad circular que envuelve al Sol o a la Luna. || Círculo, mancha de forma circular.

aureolar v. t. Ceñir la cabeza con la aureola. || *Fig.* Glorificar, adornar.

aureomicina f. Artibiótico de gran poder germicida.

Aurés, cord. del este de Argelia ; alt. máx. 2 328 m.

aurícula f. *Anat.* Cada una de las dos cavidades de la parte superior del corazón, que recibe la sangre de las venas. || Labellón de la oreja.

auricular adj. Relativo al oído : *conducto auricular.* || Que ha oído : *testigo auricular.* || *Dedo auricular,* el meñique. || — M. Pieza del teléfono o de un receptor radiofónico que se aplica al oído.

aurífero, ra adj. Que lleva oro.

auriga m. *Poét.* Cochero.

Auriga, constelación del hemisferio boreal, entre Géminis y Perseo.

Aurignac [oriñac], pobl. de Francia (Haute-Garonne).

Aurillac [orillac], c. de Francia, cap. del dep. del Cantal.

aurora f. Claridad que precede a la salida del Sol. || *Fig.* Principio : *la aurora de la vida.* || *Bot.* Artemisa.

Aurora, diosa de la Mañana.

Ausangate, nevado y cordillera del Perú (Cuzco).

auscultación f. *Med.* Acción y efecto de auscultar.

auscultar v. t. *Med.* Aplicar el oído o el estetoscopio a ciertos puntos del cuerpo humano para explorar los sonidos y ruidos en las cavidades del tórax o del abdomen.

Ausculum. V. ASCOLI.

Auschwitz, en polaco *Oswiecim,* c. de Polonia (Katovice), donde hubo cuatro campos de exterminio alemán (1940-1945).

ausencia f. Acción y efecto de ausentarse o de estar ausente : *señalar una ausencia.* || Tiempo en que alguno está ausente. || Falta o privación de alguna cosa. || *For.* Situación jurídica de la persona cuyo paradero se desconoce. || *Fig.* Distracción.

ausentarse v. pr. Alejarse una persona del punto de su residencia.

ausente adj. y s. Fuera de su residencia, que no está presente. || *Fig.* Distraído.

ausentismo m. Absentismo.

ausentista adj. Absentista (ú. t. c. s.).

ausetano, na adj. y s. Individuo de un pueblo celtibérico de España.

Ausias March. V. MARCH (Ausias).

auspiciar v. t. Favorecer.

auspicio m. Agüero. || Protección, favor : *bajo los auspicios de.* || — Pl. Señales que presagian un resultado favorable o adverso : *con buenos auspicios.*

auspicioso, sa adj. De buen augurio, favorable.

Austen (Jane), novelista inglesa (1775-1817), autora de *Orgullo y prejuicio* y *La abadía de Northanger.*

austeridad f. Calidad de austero.

Austerlitz, en checo *Slavkov,* pobl. de Checoslovaquia (Moravia), donde Napoleón I derrotó a austriacos y rusos en 1805.

austero, ra adj. Riguroso, rígido : *la vida austera de un asceta.* || Severo con uno mismo o con los demás. || Sin adornos : *arquitectura austera.* || Sobrio, moderado.

Austin, c. de Estados Unidos, cap. de Texas. Obispado. Universidad.

austral adj. Del lado del polo Sur.

Austral (OCÉANO), n. dado a veces al océano Glacial Antártico.

Austral (*Universidad*), universidad de Chile, radicada en Valdivia.

Australasia, conjunto geográfico formado por Australia, Nueva Guinea y Nueva Zelanda.

Australia, Estado federal de Oceanía formado por seis estados (Australia Meridional, Australia Occidental, Nueva Gales del Sur, Queensland, Tasmania y Victoria) y dos territorios (Territorio del Norte y Territorio de la Capital ; 7 700 000 km² ; 15 260 000 h. (*australianos*). Cap. *Canberra,* 198 000 h. C. pr. *Sidney,*

3 355 200 h. ; *Melbourne,* 2 800 600 ; *Brisbane,* 1 100 510 ; *Adelaida,* 930 000 ; *Perth,* 864 100 ; *Newcastle,* 219 000 y *Wollongong,* 222 000.

— GEOGRAFÍA. Australia puede ser considerada como el continente más pequeño o como la mayor isla del mundo. Las costas del país son poco recortadas. La Cordillera Australiana se extiende a lo largo de la costa oriental (monte Kosciusko ; 2 228 m), mientras el centro está ocupado por dos vastas llanuras y el O. constituye una meseta de 200 a 600 m de alt. En general, el clima es cálido y seco. Las regiones húmedas, cubiertas de bosques tropicales, están en el NE. Hacia el centro se encuentran las sabanas y los grandes desiertos. El país conserva una flora y una fauna de formas arcaicas.

La población indígena, muy primitiva, es poco numerosa. La base actual de la población la constituyen los elementos de raza blanca procedentes de las constantes inmigraciones, comenzadas en 1793. Las principales riquezas del país son la agricultura (trigo) y la ganadería (la cabaña más importante del mundo en ganado lanar, seguida del vacuno y caballar). El subsuelo es rico en oro, carbón, bauxita, hierro, petróleo, uranio, plomo y cinc. La industria se ha desarrollado considerablemente después de 1945.

Australia. || ~ **Meridional,** Est. federado de Australia ; cap. *Adelaida.* || ~ **Occidental,** Est. federado de Australia ; cap. *Perth.*

australiano, na adj. y s. De Australia.

Australandia, n. por el que se conoce la región andina de la Tierra del Fuego.

Austrasia, reino merovingio en la parte oriental de la Galia franca ; cap. *Metz.* Duró de 511 a 771 y fue cuna de la dinastía carolingia.

austrásico, ca adj. De Austrasia.

Austria, Estado de Europa Central situado entre Alemania, Suiza, Italia, Checoslovaquia, Hungría y Yugoslavia ; 84 000 kilómetros cuadrados ; 7 550 000 h. (*austriacos*). Cap. *Viena,* 2 000 000 h. ; otras c. : *Graz,* 260 000 h. ; *Linz,* 210 000 ; *Salzburgo,* 145 000, e *Innsbruck,* 126 000. Austria forma actualmente una confederación de

60

nueve provincias (Baja Austria, Alta Austria, Burgenland, Carintia, Salzburgo, Estiria, Tirol, Viena y Vorarlberg).
— GEOGRAFÍA. De E. a O., los Alpes de Austria son conocidos por los nombres de Alpes del Tirol o Gran y Pequeño Tauern. Paralelamente se extienden los Alpes Austriacos, al N., y los de Estiria al S. Austria cuenta con fértiles regiones agrícolas y ganaderas (valle del Inn y región de las colinas). Los bosques constituyen un importante recurso económico junto con el lignito de Mür y el petróleo de Zistersdorf. Los complejos industriales se encuentran principalmente en la región de Viena.

Austria || ~ **(Alta)**, prov. de Austria ; cap. *Linz.* || ~ **(Baja)**, prov. de Austria ; cap. *Viena.* || ~ — **Hungría** o **Imperio Austrohúngaro**, ant. Estado de Europa central, creado en 1867 por la asociación de los dos países. Tenía una superficie, en 1914, de 676 615 km² y su población sobrepasaba los 51 millones. El Imperio, después de la primera guerra mundial, dejó de existir y se dividió (1919) en Estados independientes.

Austria (CASA DE), dinastía de los Habsburgo, que reinó en el Sacro Imperio Romano Germánico (1418-1806), España (1514-1700) y Austria-Hungría (1867-1918).

Austria (Juan de), hijo natural de Carlos I de España, n. en Ratisbona en 1545, m. cerca de Namur en 1578. Sobresalió en la guerra contra los moriscos (1568-1571) y en Lepanto como jefe supremo (1571). Fue gobernador general de los Países Bajos (1576). || ~ (JUAN JOSÉ DE), general español (1629-1679), hijo natural de Felipe IV y María Calderón. Fue virrey en Flandes (1656), luchó para reprimir la insurrección portuguesa (1663) y se sublevó contra Carlos II.

austriaco, ca adj. Relativo o perteneciente a Austria. || Habitante de este país (ú. t. c. s.).

austriaco, ca adj. y s. De Austria.

austrohúngaro, ra adj. Relativo o perteneciente al antiguo Imperio formado por Austria y Hungría.

autarcía f. Independencia económica de un Estado.

autarquía f. Gobierno de los ciudadanos por sí mismos. || Gobierno que no depende de una autoridad exterior. || Independencia económica de un Estado. || Autosuficiencia.

autárquico, ca adj. De la autarquía : *economía autárquica.*

autentica f. Documento que certifica la autenticidad.

autenticación f. Acción y efecto de autenticar.

autenticar v. t. Autentificar.

autenticidad f. Calidad, condición de auténtico.

auténtico, ca adj. Acreditado de cierto y positivo : *relato auténtico.* || Autorizado o legalizado, que hace fe pública : *copia auténtica.*

autentificar y **autentizar** v. t.

Hacer auténtico, legalizar, certificar. || Acreditar, dar fama.

autillo m. Ave rapaz nocturna.

autismo m. Tendencia psicopatológica a desinteresarse del mundo exterior y a ensimismarse.

autista adj. Relativo al autismo. || Dícese del que padece autismo (ú. t. c. s.)

Autlán, pobl. de México (Jalisco). Obispado.

auto m. *For.* Resolución o sentencia judicial. || Composición dramática alegórica : *los autos sacramentales de Calderón.* || *Fam.* Automóvil. || — Pl. Procedimiento judicial. || — *Auto de fe,* castigo público impuesto por la Inquisición. || *De autos,* de referencia : *la noche de autos.*

Auto de los Reyes Magos, la obra más antigua del teatro español (hacia 1200), de la que sólo se conservan 147 versos.

autoabastecerse v. r. Satisfacer su propio abastecimiento.

autoabastecimiento m. Acción y efecto de autoabastecerse.

autoadhesivo, va adj. Que se pega sin necesidad de humedecerse (ú. t. c. s. m.).

autoanálisis m. Introspección.

autobiografía f. Vida de una persona escrita por ella misma.

autobiográfico, ca adj. Relativo a la autobiografía.

autobombo m. *Fam.* Elogio que uno se tributa a sí mismo.

autobús m. Vehículo automóvil de transporte colectivo urbano.

autocar m. Autobús de turismo.

autocensura f. Censura realizada por un escritor de sus propios textos o por una persona de sus actos.

autocensurarse v. pr. Censurarse a sí mismo.

autoclave m. Aparato para la desinfección por vapor y altas temperaturas.

autocomplacencia f. Satisfacción de sí mismo.

autocomplacerse v. pr. Estar satisfecho de sí mismo.

autocopia f. Fotocopia.

autocopiar v. t. Fotocopiar.

autocracia f. Gobierno de una sola persona.

autócrata com. Persona que ejerce sola la autoridad suprema.

autocrático, ca adj. Relativo al autócrata o a la autocracia.

autocrítica f. Crítica de sí mismo.

autóctono, na adj. y s. Originario del país en que vive.

autodefensa f. Defensa hecha de sí mismo.

autodestrucción f. Destrucción de uno mismo.

autodestructor, ra adj. Dícese de un dispositivo que provoca la autodestrucción.

autodestruirse v. pr. Destruirse uno mismo.

autodeterminación f. Derecho de los pueblos a su soberanía.

autodidacta adj. Autodidáctico. Ú. t. c. s. : *es un auténtico autodidacta.*

autodidáctico, ca adj. Que se instruye por sí mismo, sin maestro.

autodirección f. Procedimiento que permite a un móvil dirigirse a sí mismo hacia un objetivo.

autodirigido, da adj. Que se dirige a sí mismo.

autódromo m. Pista para carreras de automóviles.

autoencendido m. *Mec.* Encendido espontáneo de una mezcla de gases en un motor.

autoescuela f. Escuela para enseñar a conducir automóviles.

autofecundación f. *Bot.* Unión de los dos elementos de sexo diferente de una misma planta.

autofinanciación f. o **autofinanciamiento** m. Financiación de una empresa con las inversiones de una parte de los beneficios.

autofinanciar v. t. Financiar con sus propios fondos. || — V. pr. Practicar la autofinanciación.

autógeno, na adj. Aplícase a la soldadura de metales por la fundición parcial obtenida con un soplete.

autogestión f. Gestión realizada en una empresa por los que trabajan en ella.

autogestionar v. t. Hacer la autogestión.

autogestionario, ria adj. Relativo a la autogestión. || Que practica la autogestión (ú. t. c. s.).

autogiro m. Avión provisto de hélice horizontal que aterriza verticalmente.

autogobierno m. Gobierno de sí mismo.

autógrafo, fa adj. y s. m. Escrito de mano de su mismo autor.

autoguiado, da adj. Autodirigido.

autoinducción f. *Electr.* Inducción que un conductor produce sobre sí mismo.

automación f. Funcionamiento de una máquina o de un grupo de máquinas que, dirigido por un programa único, permite efectuar sin la intervención de la persona humana una serie de operaciones contables, de estadística o industriales. || Creación de autómatas.

automarginación f. Acción y efecto de marginarse uno mismo.

automarginarse v. pr. Marginarse uno mismo.

autómata m. Máquina que imita los movimientos de un ser animado. || *Fig.* y *fam.* Persona que se deja dirigir por otra.

automaticidad f. Condición de automático.

automático, ca adj. Maquinal, indeliberado, que se ejecuta sin participación de la voluntad. || Que obra por medios mecánicos : *teléfono automático.* || Inmediato. || — M. Botón a modo de corchete. || — F. Ciencia y técnica de la automación.

automatismo m. Ejecución de actos automáticos. || Automación. || Carácter automático.

automatización f. Acción y efecto de automatizar. || Sustitución del hombre por una máquina para realizar un

AUSTRIA

61

trabajo determinado : *el proceso de automatización.*

automatizar v. t. Volver automático.

automedicación f. Utilización de medicamentos por iniciativa propia.

automedicamentarse o **automedicarse** v. pr. Tomar medicamentos sin haber consultado al médico.

automotor, triz adj. y s. m. Dícese del aparato que ejecuta ciertos movimientos sin intervención exterior. || *Amer.* Industria automotriz, industria automovilística. || — M. Vehículo ferroviario con motor eléctrico o diesel.

automóvil adj. Dícese de los aparatos que se mueven solos : *lancha, torpedo, coche automóvil.* || — M. Vehículo que camina movido por un motor de explosión.

automovilismo m. Término genérico aplicado a todo lo relativo al automóvil. || Deporte del automóvil.

automovilista com. Conductor de un automóvil.

automovilístico, ca adj. Relativo a los automóviles.

autonomía f. Facultad de gobernarse por sus propias leyes : *la autonomía de Cataluña.* || *Fig.* Condición de la persona que no depende de otra. || Distancia máxima que puede recorrer un vehículo o motor con el depósito lleno de combustible.

autonómico, ca adj. Relativo a la autonomía.

autonomismo m. Condición de autonomista. || Autonomía.

autonomista adj. De la autonomía. || Partidario de la autonomía. Ú. t. c. s. : *los autonomistas vascos.*

autónomo, ma adj. Que goza de autonomía : *poder autónomo.*

autopista f. Carretera con dos calzadas separadas para automóviles.

autopropulsado, da adj. Dícese del vehículo que se desplaza por autopropulsión.

autopropulsión f. *Mec.* Propulsión de ciertos artefactos por sus propios medios.

autopropulsor, ra adj. Dícese del dispositivo de propulsión que puede funcionar automáticamente (ú. t. c. s. m.).

autopsia f. *Med.* Examen anatómico y patológico del cadáver para conocer la causa de la muerte.

autor, ra m. y f. Persona que es causa de alguna cosa. || Persona que produce una obra, especialmente literaria o musical. || *For.* Causante.

autoría f. Calidad de autor.

autoridad f. Derecho o poder de mandar, de hacerse obedecer : *autoridad de las leyes, paterna,* etc. || Persona revestida de poder, mando o magistratura. || Crédito concedido a una persona o cosa en determinada materia : *la autoridad de Platón.* || Texto que se cita en apoyo de lo que se dice : *diccionario de autoridades.*

autoritario, ria adj. Que se basa en la autoridad : *política autoritaria.* || Muy partidario del principio de autoridad (ú. t. c. s.). || Que no tolera la contradicción : *carácter autoritario.*

autoritarismo m. Sistema fundado en la sumisión incondicional a la autoridad. || Carácter autoritario de una persona.

autoritarista adj. Relativo al autoritarismo.

autorización f. Permiso.

autorizado, da adj. Digno de respeto y de crédito : *opinión autorizada.* || Consagrado : *palabra autorizada por el uso.*

autorizar v. t. Dar a uno autoridad o facultad para hacer una cosa. || Legalizar una escritura o instrumento : *autorizar una donación.* || Confirmar, comprobar o aprobar una cosa con autoridad : *autorizar una reunión.*

autorregulación f. Regulación de una máquina o de un organismo por sí mismo.

autorregularse v. pr. Regularse por sí mismo.

autorretrato m. Retrato que un artista, un escritor, hace de sí.

autorriel m. *Amer.* Autovía.

autosatisfacción f. Satisfacción de sí mismo, vanidad.

autosatisfacerse v. pr. Satisfacer a sí mismo.

autosatisfecho, cha adj. Satisfecho de sí mismo.

autoservicio m. Servicio que el cliente realiza por sí mismo en ciertos establecimientos.

autostop m. Manera de viajar un peatón consistente en parar a un automovilista y pedirle que le lleve en su coche.

autostopista com. Persona que viaja en autostop.

autosuficiencia f. Sentimiento de suficiencia propia.

autosuficiente adj. Relativo a la autosuficiencia.

autosugestión f. Influencia persistente de una idea en la conducta de un individuo.

autosugestionarse v. pr. Sugestionarse a uno mismo.

autotomía f. Mutilación espontánea que efectúan sobre sí mismos algunos animales para escapar del peligro.

autovía m. Automotor. || — F. Autopista.

autovolquete m. Camión, vagón u otro vehículo utilizado para el transporte de materiales y que descarga haciendo bascular la caja.

Autun [otán], c. de Francia (Saône-et-Loire). Obispado.

Auvernia, región de Francia en el Macizo Central, situada en los dep. de Cantal y Puy-de-Dôme y en parte de los de Haute-Loire, Allier y Aveyron. C. pr. *Clermont-Ferrand.*

Auxerre [oser], c. de Francia, cap. del dep. del Yonne. Catedral gótica.

auxiliar adj. Que auxilia (ú. t. c. s.). || *Gram.* Dícese de los verbos como *haber* y *ser,* que sirven para conjugar los demás verbos (ú. t. c. s. m.). || — M. y f. Empleado subalterno : *auxiliar de vuelo.* || Profesor que sustituye al catedrático.

auxiliar v. t. Dar auxilio.

auxilio m. Ayuda, socorro, amparo.

aval m. *Com.* Firma que se pone al pie de una letra de crédito para garantizar su pago. || Escrito en que uno responde de la conducta de otro, garantía.

avalador, ra adj. Que avala (ú. t. c. s.).

avalancha f. Alud.

avalar v. t. Garantizar.

avalista adj. y s. Avalador.

avance m. Acción de avanzar. || Adelanto. || Anticipo de dinero. || Balanza comercial. || *Cin.* Fragmentos de una película de estreno proyectados con fines publicitarios. || Resumen de las noticias que se darán extensamente más tarde en un diario informativo de radio o televisión.

avante adv. *Méx. Fam.* Adelante.

avantrén m. *Mil.* Juego delantero de los carruajes y de la cureña de los cañones.

avanzada f. *Mil.* Partida de soldados destacada para observar al enemigo. || Adelanto, progreso.

avanzadilla f. *Mil.* Avanzada.

avanzado, da adj. Adelantado : *avanzado de (en) edad.* || De ideas políticas radicales en sentido liberal.

avanzar v. t. e i. Ir hacia adelante. || Adelantar, mover o llevar hacia adelante. || Adelantar, anticipar. || Acercarse a su fin el tiempo. || *Fig.* Progresar, mejorar.

avaricia f. Apego excesivo a las riquezas. || *Con avaricia,* en extremo.

avaricioso, sa o **avariento, ta** adj. y s. Que tiene avaricia, avaro.

avaro, ra adj. y s. Que acumula dinero y no lo emplea. || *Fig.* Que reserva o escatima.

ávaro, ra adj. y s. Individuo de un pueblo uraloaltaico que saqueó Europa durante tres siglos. (Carlomagno sometió a los ávaros en 796).

avasallador, ra adj. y s. Que avasalla.

avasallamiento m. Acción y efecto de avasallar o avasallarse.

avasallar v. t. Sujetar, rendir o someter a obediencia. || — V. pr. Hacerse vasallo de un señor. || Sujetarse, someterse.

avatar m. Vicisitud, cambio.

ave f. Animal vertebrado, ovíparo, de respiración pulmonar y sangre caliente, pico córneo, cuerpo cubierto de plumas con dos pies y dos alas. (Se conocen veinte mil especies de aves, que se pueden dividir en ocho órdenes : *palmípedas, rapaces, gallináceas, palomas, zancudas, prensoras, pájaros y corredoras.*

ave, voz lat. que se emplea como salutación. || *¡ Ave María !,* exclamación que denota asombro.

avecinar v. t. Avecindar. || — V. pr. Aproximarse, acercarse.

avecindar v. t. Dar o adquirir vecindad. || — V. pr. Tomar residencia en un pueblo.

avefría f. Ave zancuda.

Aveiro, c. y puerto al NO. de Portugal (Beira). Obispado.

avejentar v. t. Poner viejo antes de tiempo (ú. m. c. pr.).

avellana f. Fruto del avellano, de corteza leñosa.

avellanado m. Acción y efecto de barrenar.

avellanar m. Sitio donde abundan los avellanos.

avellanar v. t. Ensanchar la entrada de un agujero por medio de una barrena o broca.

Avellaneda, c. de la Argentina (Buenos Aires), al SE. de la cap. Industrias. Refinerías de petróleo. Llamóse antes **Barracas al Sur.** Obispado. — Dep. al N. de la Argentina (Santiago del Estero) ; cap. *Herrera.*

Avellaneda (Alonso FERNÁNDEZ DE), escritor español, autor de la segunda parte apócrifa del *Quijote* (1614), un año antes de la escrita por Cervantes. || — (GERTRUDIS). V. GÓMEZ DE AVELLANEDA). || — (MARCO M.), político argentino (1813-1841), sublevado contra Rosas. M. fusilado. — Su hijo NICOLÁS, político, jurista y escritor, n. en Tucumán (1837-1885), pres. de la Rep. de 1874 a 1880.

avellano m. Arbusto de la familia de las betuláceas, cuyo fruto es la avellana. || Su madera.

avemaría f. Salutación del arcángel San Gabriel a la Virgen. || Cuenta pequeña del rosario.

Avempace, filósofo astrónomo, matemático, médico y poeta hispanoárabe, n. en Zaragoza (¿ 1085-1128 ?), maestro de Averroes.

avena f. Planta gramínea que se cultiva para alimento de caballerías y otros animales. || Su grano.

avenamiento m. Acción y efecto de avenar, drenaje.

avenar v. t. Dar salida al agua de los terrenos por medio de zanjas, drenar.

avenate m. Ataque de locura.

avenencia f. Convenio. || Conformidad y unión.

avenida f. Crecida impetuosa de un río. || Calle ancha con árboles. || *Fig.* Afluencia de varias cosas o personas.

avenido, da adj. Con los adverbios *bien* o *mal,* conforme o no comforme con algo, en buenos o malos términos.

avenimiento m. Acuerdo.

avenir v. t. Conciliar las partes discordes : *avenir a los adversarios* || — V. i. Suceder. || — V. pr. Ponerse de acuerdo. || Llevarse bien.

aventador, ra adj. y s. Que avienta los granos. || — F. Máquina usada con este fin. || — M. Bieldo.

aventajado, da adj. Que aventaja a lo ordinario : *alumno aventajado.* || Ventajoso, conveniente.

aventajar v. t. Llevar ventaja : *aventajar a los demás en el juego, en los estudios.* || Dar ventaja. || Anteponer, preferir. || — V. pr. Adelantarse.

aventar v. t. Hacer aire a alguna cosa. || Echar al viento : *aventaron sus cenizas, los granos.* || *Méx.* Alejar de sí por medio de un empujón : *aventar la mesa.* || — V. pr. *Méx.* Echarse o lanzarse sobre algo.

Aventino (MONTE), una de las siete colinas de Roma, cerca del Tíber.

aventura f. Suceso o lance extraño : *las aventuras de Telémaco.* || Casualidad : *si de aventura le ves.* || Riesgo. || Relación amorosa temporal.

aventurado, da adj. Osado.

aventurar v. t. Poner en peligro : *aventurar su vida.* || Decir una cosa atrevida : *aventurar una doctrina.* || — V. pr. Arriesgarse.

aventurero, ra adj. y s. Que busca aventuras : *espíritu aventurero.* || — M. y f. Persona que busca aventuras, que vive de intrigas.

Avenzoar, médico hispanoárabe, n.

en Sevilla (¿ 1073 ?-1162). maestro de Averroes.

average m. (pal. ingl.). Promedio.

avergonzar v. t. Causar, tener vergüenza. || — V. pr. Sentir vergüenza.

avería f. Daño, desperfecto.

averiado, da adj. Echado a perder. || Deteriorado, roto.

averiarse v. t. Echarse a perder una cosa. || Sufrir una avería un buque, un motor, etc., no funcionar.

averiguación f. Acción y efecto de averiguar.

averiguador, ra adj. y s. Que averigua.

averiguar v. t. Inquirir la verdad hasta descubrirla.

averno m. Poét. Infierno.

Averno, lago de Italia, en las cercanías de Nápoles. Se creía que las emanaciones que despedía procedían del infierno.

Averroes, médico, jurista y filósofo árabe, n. en Córdoba (1126-1198).

averroísmo m. Doctrina o sistema de Averroes.

averroísta adj. y s. Que profesa el averroísmo.

Aversa. V. ATELA.

aversión f. Repugnancia, asco.

Avesta o **Zend Avesta**, conjunto de textos mazdeos de Zoroastro.

avestruz m. Ave corredora, la mayor de las conocidas. || — Avestruz de América, el ñandú. || Fig. Política del avestruz, dícese de la que aquel que no quiere ver el peligro patente que le acecha.

Aveyron, río y dep. del centro de Francia ; cap. Rodez.

avezar v. t. Acostumbrar. Ú. t. c. pr. : avezarse a todo.

aviación f. Navegación aérea con aparatos más pesados que el aire. || Ejército del Aire.

aviador, ra m. y f. Persona que tripula un aparato de aviación.

aviar v. t. Preparar algo para el camino : aviar una maleta. || Arreglar : aviar la carne. || Componer. Ú. t. c. pr. : aviarse para ir a cenar. || Fam. Acelerar, despachar lo que se está haciendo. Ú. t. c. pr. : avíate que es tarde. | Proporcionar a uno lo necesario (ú. t. c. pr.). | Hacer un favor. | Convenir : ¿ te avía si te llevo en coche ?

Avicebrón (Salomón ben GABIROL, conocido con el nombre de), filósofo hispanojudío (¿ 1020-1058 ?).

Avicena, filósofo y médico árabe (980-1037), autor de Comentarios a la obra de Aristóteles.

avícola adj. De la avicultura.

avicultor, ra m. y f. Persona que se dedica a la avicultura.

avicultura f. Arte de criar las aves y aprovechar sus productos.

avidez f. Ansia.

ávido, da adj. Codicioso.

aviejar v. t. e i. Avejentar.

avieso, sa adj. Torcido : mirada aviesa. || Fig. Malo o mal inclinado.

Avignon. V. AVIÑÓN.

Ávila, c. de España, cap. de la prov. homónima (Castilla la Vieja). Obispado. Murallas (s. XI). Patria de Santa Teresa de Jesús.

Ávila (San Juan de), escritor ascético español (1500-1569), autor de Epistolario espiritual. Fue canonizado en 1970. || ~ (SANCHO DE), general español (1513-1573), que combatió en los Países Bajos y tomó Amberes. Conocido con el n, de Sancho Dávila. || ~ Camacho (Manuel), general y político mexicano (1897-1955), pres. de la Rep. de 1940 a 1946. || ~ y Zúñiga (Luis de), historiador español (¿ 1500-1564 ?), autor de un Comentario de la guerra de Alemania.

Avilés, prov. de Bolivia (Tarija) ; cap. Villa Uriondo. — C. y puerto del N. de España (Asturias). Nudo ferroviario. Importante complejo industrial.

Avilés Blonda (Máximo), escritor dominicano, n. en 1931, autor de poesías y de obras de teatro.

avilés, esa adj. y s. De Ávila (España).

avilesino, na adj. y s. De Avilés (España).

avinagrado, da adj. Agrio.

avinagrar v. t. Poner agria una cosa (ú. t. c. pr.).

Aviñón, en fr. Avignon, c. de Francia,

cap. del dep. de Vaucluse, a orillas del Ródano. Arzobispado. Sede papal de 1309 a 1376.

aviñonés, esa o **aviñonense** adj. y s. De Aviñón (Francia).

avío m. Preparativo, apresto. || Provisión de comida. || — Pl. Fam. Utensilios necesarios para algo : avíos de escribir, de coser. || — Fig. Hacer avío, apañar, arreglar. | Hacer su avío, pensar sólo en sí.

avión m. Vehículo aéreo más pesado que el aire, capaz de desplazarse en la atmósfera mediante una o varias hélices propulsoras o mediante la expulsión de gases. || Pájaro parecido al vencejo. || Avión de geometría variable, aeronave en la que el ángulo formado por las alas con el fuselaje es pequeño en el momento del despegue y se modifica cuando alcanza cierta velocidad.

avioneta f. Avión de turismo.

Avis (CASA DE), segunda dinastía real de Portugal (1385-1580), fundada por Juan I. Tb. se dice Aviz.

avisado, da adj. Que ha recibido un aviso. || Fig. Prudente, sagaz.

avisador, ra adj. y s. m. Que avisa.

avisar v. t. Dar noticia de una cosa. || Advertir o aconsejar. || Llamar : avisar al médico.

aviso m. Noticia. || Consejo. || Atención, cuidado. || Prudencia. || Advertencia : sin previo aviso. || Mar. Buque de guerra pequeño y muy ligero. || Taurom. Advertencia de la presidencia cuando el matador prolonga su faena más tiempo del reglamentario. || — Andar o estar sobre aviso, estar prevenido.

avispa f. Insecto himenóptero provisto de aguijón.

avispado, da adj. Fig. y fam. Vivo, espabilado, despierto.

avispar v. t. Espabilar.

avispero m. Panal que fabrican las avispas. || Lugar donde anidan las avispas y conjunto de éstas. || Fig. y fam. Negocio enredado.

avistar v. t. Alcanzar con la vista.

avitaminosis f. Med. Carencia o escasez de vitaminas.

avituallamiento m. Acción y efecto de avituallar.

avituallar v. t. Proveer de vituallas o alimentos : avituallar un cuartel.

avivar v. t. Excitar, animar : avivar a los combatientes. || Fig. Encender, acalorar : avivar una discusión. | Dar más vigor al fuego o a los colores. || — V. i. y pr. Cobrar vida, vigor.

avizor adj. ¡ Ojo avizor !, ¡ cuidado !

avizorar v. t. Acechar.

avo, ava, terminación que se añade a los números cardinales para significar las fracciones de unidad : la dieciseisava parte.

Avogadro di Quaregna (Amadeo), químico y físico italiano (1776-1856). El número de Avogadro (6 × 10²³) es el número de moléculas contenidas en una molécula-gramo.

avorazado, da adj. Méx. Ávido, muy codicioso.

avutarda f. Ave zancuda.

Axayácatl, rey de los aztecas entre 1469 y 1480. Consagró la Piedra del Sol. Era padre de Moctezuma II.

axial o **axil** adj. Relativo al eje.

axila f. Anat. Sobaco.

axilar adj. Relativo a las axilas.

axioma f. Verdad evidente.

axiomático, ca adj. Evidente.

axis m. Segunda vértebra del cuello.

axolotl m. Ajolote.

¡ ay! interj. Denota admiración o dolor : ¡ ay de mí !

Ayabaca, c. del Perú, cap. de la prov. homónima (Piura).

ayacaste m. Méx. Variedad de calabaza, de fruto pequeño.

ayacuchano, na adj. y s. De Ayacucho (Perú).

ayacucho, cha adj. y s. De Puerto Ayacucho (Venezuela).

Ayacucho, dep. de la Argentina (San Luis) ; cap. San Francisco de la Argentina (Buenos Aires). — C. del Perú, cap. de la prov. de Huamanga y del dep. homónimo. Universidad. Arzobispado. Centro comercial y turístico. Fundada en 1539 por Francisco Pizarro. En sus cercanías tuvo lugar la batalla decisiva de la independencia de América (9 de diciembre de 1824),

en la que Sucre derrotó a las tropas españolas.

Ayala (Adelardo LÓPEZ DE). V. LÓPEZ. || ~ (DANIEL), compositor mexicano perteneciente a la escuela moderna (1908-1975). || ~ (ELIGIO), político paraguayo (1880-1930), pres. de la Rep. de 1923 a 1928. || ~ (EUSEBIO), político paraguayo (1875-1942), pres. de la Rep. de 1921 a 1923 y de 1932 a 1936, período de la guerra del Chaco. || ~ (FRANCISCO), escritor español, n. en 1906, autor de ensayos, de estudios sociológicos, de novelas (El jardín de las delicias) y de narraciones cortas (El tiempo y yo).

Ayala (Plan de), plan hecho por el mexicano Emiliano Zapata en 1911 para efectuar el reparto de las tierras entre los campesinos.

Ayamonte, c. y puerto de España (Huelva). Playas.

Ayapungu, cumbre del Ecuador, en la Cord. Oriental ; 4 698 m.

Ayarza, laguna de Guatemala (Santa Rosa) ; 252 km².

ayatollah m. (pal. árabe que sig. representante de Alá). Título honorífico dado a los principales jefes religiosos chiítas de la India.

Ayaviri, río, distrito y c. al SE. del Perú, cap. de la prov. de Melgar (Puno). Prelatura nullius. — V. RAMIS.

Aycinena (Mariano), político guatemalteco del s. XIX, uno de los firmantes del Acta de Independencia (1821). Jefe del Estado de 1827 a 1829. Fue depuesto por Morazán.

ayer adv. En el día inmediatamente anterior al de hoy : ayer por la tarde. || Fig. Hace algún tiempo : parece que fue ayer. | En tiempo pasado. || — M. Tiempo pasado.

Ayllu. V. AÍLLO.

aymará adj. y s. V. AIMARÁ.

Ayna, mun. de España (Albacete).

ayo, ya m. y f. Persona encargada de criar o educar a un niño.

ayocote m. Méx. Frijol grueso.

Ayolas, pobl. del Paraguay (Misiones).

Ayolas (Juan de), militar español, n. en Briviesca (1510-1538). Acompañó a Pedro de Mendoza en la conquista del Río de la Plata y, después de la marcha de su jefe, dirigió la expedición. Remontó el Paraná y el Paraguay y atravesó el Chaco.

Ayopaya, prov. de Bolivia (Cochabamba) ; cap. Villa Independencia.

Ayora (Isidro), político y médico ecuatoriano (1879-1978), pres. de la Rep. de 1926 a 1931. Promulgó la Constitución de 1928.

ayote m. Amér. C. Calabaza.

ayotera f. Amér. C. Calabacera.

Aysén. V. AISÉN.

ayuda f. Acción y efecto de ayudar. || Persona o cosa que ayuda. || Lavativa. || Emolumento que se puede dar, además del sueldo. || — M. Criado.

ayudanta f. Ayudante.

ayudante adj. Que ayuda (ú. t. c. s.). || — M. En algunos cuerpos u oficinas, oficial de clase inferior. || Profesor adjunto. || Mil. Oficial que está a las órdenes de otro superior : ayudante de campo. || — Ayudante de obras públicas, auxiliar técnico de los ingenieros de caminos, canales y puertos. || Ayudante Técnico Sanitario (A. T. S.), profesional titulado que, a las órdenes de un médico, asiste a uno de los enfermos y está capacitado para realizar ciertas intervenciones de cirugía menor.

ayudantía f. Empleo de ayudante.

ayudar v. t. Prestar cooperación : ayudar a uno a llevar una maleta. || Auxiliar, amparar : ayudar a los pobres. || — V. pr. Prestarse socorro. | Valerse : lo rompió ayudándose con los dientes.

Ayui. V. SALTO GRANDE.

ayunar v. i. Abstenerse de comer y beber : ayunar en cuaresma.

ayuno m. Acción y efecto de ayunar.

ayuno, na adj. Que no ha comido : estar ayuno. || Fig. y fam. Privado : estar ayuno del calor materno. | Sin noticias de una cosa, o sin comprenderla : quedarse en ayunas. || — M. Ayuno.

ayuntamiento m. Corporación que administra el municipio. || Casa consistorial, alcaldía. || Reunión. || Cópula carnal.

ayuntar v. t. Juntar. || — V. pr. Tener cópula carnal.

Ayutla, c. de México (Guerrero) donde se proclamó el plan para derribar a Santa Anna (1854).

Aza (Vital), médico, poeta y autor de sainetes español (1851-1912).

azabache m. Variedad de lignito, duro y compacto, de color negro.

azacán m. Hombre que efectúa trabajos duros.

azada f. Instrumento que sirve para remover la tierra.

azadón m. Instrumento algo mayor que la azada.

azafata f. Persona que sirve a la reina, a quien viste y aderaza. || Empleada que atiende a los pasajeros de un avión, barco, tren o autocar o a los que asisten a una feria o congreso o visitan una empresa comercial.

azafrán m. Planta iridácea cuyos estigmas, de color rojo, se emplean para condimentar, teñir de amarillo y en farmacia. || Este condimento.

azafranado, da adj. De color del azafrán : tez azafranada.

azahar m. Flor del naranjo, del limonero y del cidro, empleada en medicina y perfumería : agua de azahar.

azalea f. Arbusto ericáceo de adorno. || Su flor.

Azángaro, río del Perú que, al unirse con el Pucará y el Huancané, forma el Ramis. — C. del Perú, cap. de la prov. homónima (Puno).

Azaña (Manuel), político y escritor español (1880-1940), tres veces jefe del Gobierno y pres. de la Rep. de 1936 a 1939. Fue autor de novelas (El jardín de las frailes), comedias (La corona) y ensayos literarios. M. en el destierro.

azar m. Hecho fortuito.

Azar (Héctor), escritor mexicano, n. en 1930, autor de obras de teatro (Juegos de escarnio).

Azara (Félix de), naturalista y marino español (1746-1811), autor de Viaje a través de la América Meridional de 1781 a 1801, libro en el que estudió la fauna y la geografía del Paraguay y del Río de la Plata. — Su hermano JOSÉ NICOLÁS (1730-1803) fue diplomático y erudito y protegió las artes.

azaramiento m. Acción y efecto de azarar.

azarar v. t. Avergonzar. || — V. pr. Turbarse, perder la serenidad. || Ruborizarse : siempre te azaras.

azaroso, sa adj. Desgraciado : vida azarosa. || Peligroso, arriesgado.

Azcapotzalco, c. de México (Distrito Federal). Industrias.

Azcoitia v. de España (Guipúzcoa).

Azerbaidján o **Azerbeiyán,** rep. federada de la U. R. S. S., en la parte oriental de Transcaucasia ; cap. Bakú. Agricultura. Industrias. Petróleo. — Región y ant. prov. de Irán, fronteriza con la U. R. S. S., Turquía e Irak ; c. pr. Tabriz. Minas.

Azevedo (Aloísio), novelista naturalista brasileño (1857-1913), autor de Una lágrima de mujer, El mulato, etc.

ázimo adj. Aplícase al pan sin levadura (ú. t. c. s. m.).

Azócar (Rubén), poeta y novelista chileno (1901-1965).

ázoe m. Quím. Nitrógeno.

Azofeifa (Isaac Felipe), poeta costarricense, n. en 1912, autor de Trunca unidad, Cima del gozo, etc.

azogado, da adj. Que tiene azogue : espejo azogado. || Que padece temblor mercurial (ú. t. c. s.). || Fig. Inquieto. || Fig. Temblar como un azogado, temblar de miedo o de frío.

azogamiento m. Acción y efecto de azogar o azogarse.

azogar v. t. Cubrir de azogue : azogar un espejo. || Apagar la cal con agua. || — V. pr. Med. Contraer la enfermedad producida por absorción de los vapores de azogue.

azogue m. Mercurio.

azogueño, ña adj. y s. De Azogues (Ecuador).

Azogues, c. en los Andes del Ecuador, cap. de la prov. de Cañar. Minas. Industria (sombreros). Obispado.

azor m. Ave de rapiña diurna.

azoramiento m. Azaramiento.

azorar v. t. Azarar (ú. t. c. pr.).

Azores, archip. portugués en el océano Atlántico ; 2 335 km² ; 336 000 h. C. pr. Ponta Delgada, en la isla de San Miguel. Las principales islas son Pico, Santa María, Fayal, Terceira y San Miguel. Agricultura.

Azorín (José MARTÍNEZ RUIZ, llamado), escritor español, n. en Monóvar (1873-1967), delicado estilista de la Generación del 98. Ha legado estudios sobre los clásicos (Clásicos y románticos, Al margen de los clásicos, Los valores literarios), evocaciones históricas (Una hora de España) o del paisaje (Castilla), novelas (Don Juan, Los pueblos, Las confesiones de un pequeño filósofo).

azotacalles com. inv. Fig. y fam. Persona callejera.

azotador, ra adj. y s. Que azota : hacía un viento azotador.

azotaina f. Fam. Paliza.

azotar v. t. Dar azotes. || Fig. Golpear violentamente : el mar azota las rocas.

azote m. Látigo o vergajo con que se azota y golpe dado con él. || Golpe dado con la mano en las nalgas. || Embate repetido de agua o aire. || Fig. Calamidad, desgracia : la peste es un azote. | Persona mala.

azotea f. Cubierta llana y descubierta después del último piso de una casa. || Fig. y fam. Cabeza. || Fig. y fam. Estar mal de la azotea, estar loco.

Azov (MAR DE), golfo o mar interior formado por la prolongación del mar Negro, en la costa meridional y del O. de la U. R. S. S., al NE. de Crimea.

Azpeitia, v. de España (Guipúzcoa). Lugar de nacimiento de San Ignacio de Loyola. Santuario.

Aztatlán, reino mexicano (Jalisco) antes de la conquista española.

azteca adj. y s. Aplícase al individuo y a un pueblo indio invasor del territorio conocido hoy con el nombre de México (ú. t. c. s.). || Relativo a los aztecas. || — M. Idioma azteca. || Moneda de oro mexicana de veinte pesos.

— Los aztecas, procedentes del Norte, llegaron al territorio de México hacia el s. VII. En 1325 fundaron la capital de Tenochtitlán. De espíritu guerrero, llegaron a constituir un imperio de gran fuerza y extensión, regido por una monarquía electiva. Ofrecían sacrificios humanos a sus divinidades, en particular a Huitzilopóchtli, dios de la Guerra. El arte azteca, heredado del tolteca, floreció en arquitectura, escultura, joyería, pintura, poesía, música y danza. El apogeo de su civilización fue desde el s. XIV hasta la llegada de los españoles (1519).

Aztlán, país mítico del NO. de México o la Alta California, de donde proceden los aztecas.

Azua, prov. de la Rep. Dominicana, al S. de la Cord. Central. — Azua de Compostela. || ~ de Compostela, c. de la Rep. Dominicana, cap. de la prov. de Azua.

Azuay, macizo volcánico de los Andes, en el Ecuador (prov. de Chimborazo y Cañar) ; 4 479 m. — Prov. del SO. del Ecuador ; cap. Cuenca.

azuayo, ya adj. y s. De Azuay (Ecuador).

azúcar amb. y mejor f. Cuerpo sólido cristalizable, de color blanco, soluble en el agua, y extraído especialmente de la caña dulce y de la remolacha. || Quím. Nombre genérico de un grupo de hidratos de carbono. || — Azúcar cande o candí, la que por medio de una evaporación lenta queda reducida a cristales transparentes. || Azúcar de cortadillo, la refinada que se expende en terrones. || Azúcar glass, la muy fina y pulverizada usada en repostería.

— Los principales productores de azúcar de caña son Cuba, Brasil, Alemania Occidental, Italia y Polonia, mientras que la Unión Soviética, Estados Unidos, Francia ocupan los primeros puestos en la producción de azúcar extraída de la remolacha.

azucarado, da adj. Dulce. || Fig. y fam. Blando y afable : estilo azucarado.

azucarar v. t. Bañar o endulzar con azúcar : azucarar el café. || Fig. y fam. Suavizar : azucarar su carácter. || — V. pr. Almibarar.

azucarero, ra adj. Relativo al azúcar. || — M. Recipiente para poner azúcar. || Ave trepadora tropical. || Amer. Dueño de un azucarera. || Fabricante de azúcar. || — F. Fábrica de azúcar.

azucarillo m. Masa esponjosa de almíbar, clara de huevo y zumo de limón.

azucena f. Planta liliácea, de flores blancas muy olorosas. || Su flor.

Azuela (Mariano), médico y escritor mexicano, n. en Lagos de Moreno (Jalisco) [1873-1952]. Combatió la dictadura de Porfirio Díaz y el gobierno de Victoriano Huerta. Sus novelas (Los de abajo, Mala Yerba, Sendas perdidas, La maldición, La malhora, etc.) evocan la revolución mexicana y sus consecuencias.

Azuero, península de Panamá, en el Pacífico, entre el golfo de Panamá y el de Montijo.

azufaifa f. Fruto dulce y comestible del azufaifo.

azufaifo m. Árbol ramnáceo cuyo fruto es la azufaifa.

azufrado, da adj. Sulfuroso. || Parecido en el color al azufre. || — M. Acción y efecto de azufrar.

azuframiento m. Azufrado.

azufrar v. t. Echar azufre : hay que azufrar las viñas.

azufre m. Metaloide sólido (S), de número atómico 16, de color amarillo, insípido e inodoro, de densidad 1,96, punto de fusión, 119 °C y 444,6 °C de ebullición.

Azufre. V. COPIAPÓ.

azufrera f. Yacimiento de azufre.

azul adj. De color de cielo sin nubes. Ú. t. c. s. m. : el azul es el quinto color del espectro solar. || Dícese de algunos pescados, como la sardina, la caballa, etc., por oposición a los llamados blancos. || — Azul celeste, el más claro. || Azul de cobalto, materia usada en pintura y cerámica. || Azul de Prusia, ferrocianuro férrico. || Azul marino, el oscuro. || Azul turquí, el más oscuro. || Med. Enfermedad azul, malformación del corazón y de los vasos que produce en la piel una coloración azul por insuficiente de oxigenación de la sangre. || Fig. Príncipe azul, personaje de los cuentos de hadas e ideal masculino de la mujer. | Sangre azul, sangre noble.

Azul, cumbre de la Argentina (Catamarca) ; 5 600 m. — Río de la Argentina (Buenos Aires) ; 160 kilómetros. — C. de la Argentina (Buenos Aires). Turismo. — V. HONDO. || — (Río). V. YANG TSE KIANG.

azulado, da adj. De color azul (ú. t. c. s. m.).

azular v. t. Teñir de azul.

azulear v. i. Tirar a azul.

azulejo m. Ladrillo pequeño vidriado, de varios colores, que se usa generalmente para revestimiento, frisos, etc.

azulete m. Sustancia que sirve para avivar el color blanco de la ropa después de haber sido lavada.

Azuqueca de Henares, v. de España (Guadalajara).

azur adj. y s. m. Blas. Azul.

Azurduy, prov. de Bolivia (Chuquisaca) ; cap. Villa Azurduy. Agricultura. Ganadería.

Azurduy de Padilla (Juana), heroína boliviana de la Independencia (1781-1862).

azuzar v. t. Incitar a los perros. || Fig. Impulsar, excitar.

Giraudon

Bodegón de Francisco de Zurbarán.

B

b f. Segunda letra del alfabeto castellano y primera de sus consonantes. ‖ ~ **B,** símbolo químico del *boro.*

Ba, símbolo químico del *bario.*

Baalbek. V. BALBEK.

baba f. Saliva espesa y viscosa. ‖ Jugo viscoso de algunas plantas. ‖ *Fig* y *fam.* Caérsele a uno la baba, dar a entender que una persona es boba, y también sentir gran agrado con o por cosa.

Baba, c. del Ecuador (Los Ríos), donde se dio el grito de Independencia el 2 de octubre de 1820.

babadero y **babador** m. Babero de niño.

babahoyense adj. y s. De Babahoyo (Ecuador).

Babahoyo, c. y puerto del Ecuador, al pie de la Cord. Occidental ; cap. de la prov. de Los Ríos. Centro comercial. — Río del Ecuador (Guayas), afl. del Guayas ; 235 km. También llamado *Bodegas.*

babear v. i. Echar baba. ‖ Babosear.

babel amb. *Fig.* y *fam.* Lugar en que reina el desorden.

Babel *(Torre de)*, torre que elevaron los descendientes de Noé para alcanzar el cielo. *(Biblia.)*

Bab el-Mandeb, estrecho entre Arabia y África, que une el mar Rojo con el océano Índico ; 25 km de ancho.

babeo m. Acción de babear.

Baber (1483-1530), primer emperador mongol de la India (1505-1530).

babero m. Lienzo que se pone a los niños en el pecho. ‖ Guardapolvos.

Babia, territorio de España en las montañas de León. ‖ ~ (SERRANÍA DE LA), sector de la Sierra Madre Oriental de México (Coahuila y Nuevo León).

Babieca, n. del caballo del Cid.

Babilonia, cap. de la antigua Caldea, a orillas del Éufrates, una de las ciudades más importantes y ricas de Oriente. Sus jardines colgantes, construidos por Semíramis, eran una de las siete maravillas del mundo. — Región de Caldea, vecina de la c. homónima.

babilonio, nia adj. y s. De Babilonia (Caldea).

babilla f. En las caballerías, músculos y tendones que articulan la tibia con el fémur. ‖ Rótula de los cuadrúpedos ‖ Carne de los cuadrúpedos que corresponde al muslo.

bable m. Dialecto de los asturianos.

babor m. Lado izquierdo de la embarcación.

babosa f. Molusco gasterópodo que segrega una baba pegajosa.

babosear v. t. Llenar de baba.

baboso, sa adj. y s. Que babea mucho. ‖ *Fig* y *fam.* Que hace cosas que no son de su edad.

babucha f. Zapatilla.

Babuyanes, grupo de cinco islas volcánicas de Filipinas al N. de Luzón.

baby *[beibi]* m. (pal. ingl.). Babero. ‖ Bebé. ‖ — Pl. *babies.*

baca f. Parte superior de los automóviles y autocares, donde se colocan los equipajes. ‖ Toldo de lona para cubrirlos.

bacalada f. Bacalao curado.

bacaladero, ra adj. Relativo al bacalao o a la pesca de éste. ‖ — M. Barco para pescar bacalao.

bacalao m. Pez teleósteo comestible. (El *bacalao* vive en los mares árticos, sobre todo entre Terranova e Islandia.) ‖ *Fig.* y *fam. Partir* o *cortar el bacalao,* tener el mando en un asunto, ser el que dispone.

bacán m. *Arg. Fam.* Persona adinerada y de buena familia. ‖ Chula.

bacanal f. Orgía. ‖ — Pl. Antiguas fiestas paganas, de carácter licencioso, celebradas en honor de Baco.

bacanora f. *Méx.* Bebida fermentada sacada del maguey.

bacante f. Sacerdotisa de Baco.

bacará y **bacarrá** m. Juego de naipes en que el banquero juega contra los puntos.

Bacarisse (Mauricio), poeta y novelista español (1895-1931). ‖ ~ (SALVADOR), músico español (1898-1963).

Bacata, ant. n. de *Bogotá,* cap. de la nación chibcha.

Baccarat, c. de Francia (Meurthe-et-Moselle). Ind. de cristales.

bacia f. Vasija que usan los barberos para remojar la barba.

bacilar adj. Relativo a los bacilos.

bacilo m. Microbio del grupo de las bacterias, en forma de bastoncillo, que no suele medir más de 10 micras.

bacilón, na adj. Vacilón (ú. t. c. s.).

bacin m. Orinal grande.

bacinica f. *Méx.* Orinal.

background *[bacgraun]* m. (pal. ingl.). Pasado. ‖ Bases. ‖ Conocimientos.

Baco, n. romano de *Dionisos,* dios griego del Vino.

Bacolod, c. de Filipinas en el NO. de la isla Negros, cap. de la prov. de Negros Occidentales. Obispado.

bacon m. (pal. ingl.). Tocino magro : *huevos con bacon.*

Bacon (Francis), filósofo y canciller de Inglaterra (1561-1626), barón de Verulam. ‖ ~ (ROGER), franciscano y sabio inglés (¿ 1220 ?-1292).

bacteria f. Microorganismo vegetal unicelular, de forma alargada *(bacilo)* o esférica *(coco).*

bacteriáceas f. pl. Familia de algas microscópicas en forma de bastón o de filamento (ú. t. c. adj.).

bacteriano, na adj. De las bacterias : *sustancia bacteriana.*

bactericida adj. Que destruye las bacterias o impide su desarrollo : *suero bactericida* (ú. t. c. s. m.).

bacteriología f. Parte de la microbiología que trata de las bacterias.

bacteriológico, ca adj. Relativo a la bacteriología.

Bactra, ant. c. del N. de Persia, cap. de Bactriana. Hoy *Balj.*

Bactriana, región de la ant. Asia central, habitada por los persas.

báculo m. Cayado : *báculo pastoral.* ‖ *Fig.* Alivio, consuelo, sostén. ‖ Apoyo : *báculo de la vejez.*

Bach, n. de una célebre familia de músicos alemanes. El más ilustre fue JOHANN SEBASTIAN, n. en Eisenach (1685-1750), autor de música religiosa, vocal e instrumental, admirable por la sublimidad de la inspiración y la armonía *(Cantatas, Pasiones, Misas, conciertos para órgano, tocatas, corales, sonatas, conciertos para clave, suites, Concierto italiano, conciertos para violín y para dos violines, obras para flauta, para violoncelo, Conciertos de Brandeburgo,* etc.). — Alcanzaron también celebridad tres de sus hijos : WILHELM FRIEDEMAN (1710-1784), CARL PHILIPP EMANUEL (1714-1788), creador de la sonata moderna, y JOHANN CHRISTIAN (1735-1782).

bache m. Hoyo en una carretera o en un camino. ‖ Corriente atmosférica que provoca un descenso brusco y momentáneo del avión. ‖ — Pl. *Fig.* Momentos difíciles, altibajos.

bachiller, ra m. y f. Persona que ha obtenido el título al terminar la enseñanza media.

bachillerato m. Grado de bachiller. ‖ Estudios necesarios para conseguirlo : *estudia bachillerato.*

Bachkiria, rep. autónoma de la U. R. S. S. (Rusia) ; cap. *Ufa.*

badajo m. Pieza metálica que hace sonar la campana. ‖ *Fig.* y *fam.* Persona muy habladora y necia.

badajocense y **badojoceño, ña** adj. y s. De Badajoz (España).

Badajoz, c. de España a orillas del Guadiana, próxima a la frontera con Portugal, cap. de la prov. homónima (Extremadura). Puente romano, murallas moriscas ; catedral gótica. Sede de la Universidad de Extremadura. Obispado.

Badalona, c. del NE. de España en las cercanías de Barcelona. Industrias.

badana f. Piel curtida de oveja o carnero. ‖ — M. y f. *Fam.* Persona holgazana. ‖ *Fig.* y *fam. Zurrar la badana,* pegar, golpear.

badén m. Cauce en una carretera para dar paso al agua. ‖ Bache en un camino o carretera.

Baden, c. de Alemania (Baden-Wurtemberg). Estación termal. (Se dice tb. *Baden Baden*.) — Región de Alemania, que se extiende por la orilla derecha del Rin, en la Selva Negra y al SE, hasta el lago de Constanza. Es hoy, junto con Wurtemberg, un Estado de la República Federal de Alemania ; cap. *Stuttgart*.

Badía y Leblich (Domingo), aventurero español (1766-1818). Se hizo musulmán, viajó por Oriente y por el norte de África.

badila f. Paleta para mover la lumbre en las chimeneas y braseros.

bádminton m. (voz ingl.). Juego del volante.

badulaque m. Afeite antiguo. || — Adj. y s. *Fam.* Tonto, bobo.

Baena, c. de España (Córdoba).

Baena (Juan Alfonso de), erudito y poeta español (1406-1454), secretario del rey Juan II de Castilla. Publicó un *Cancionero* (1445), antología de la poesía lírica castellana.

Báez (Buenaventura), general y político dominicano (1810-1884), rival de Santana. Pres. de la Rep. de 1849 a 1853, de 1856 a 1857, en 1867, de 1868 a 1873 y en 1877. Proyectó incorporar la Rep. a Estados Unidos.

Baeza, c. al S. de España (Jaén).

Baeza Flores (Alberto), poeta, novelista, dramaturgo y ensayista chileno, n. en 1914.

Baffin (TIERRA DE), isla del archip. ártico canadiense, separado de Groenlandia por el mar homónimo. Fue descubierta por el navegante inglés William BAFFIN (1584-1622) en 1616.

bafle o **baffle** m. (pal. ingl.). Pantalla acústica o caja de resonancia en un equipo estereofónico.

baga f. Cápsula del lino.

bagaje m. Equipaje de un ejército en marcha. || Acémila. || *Fig.* Caudal intelectual. || Galicismo por *equipaje*.

bagatela f. Cosa de poco valor. || Cosa frívola o fútil.

bagazo m. Cáscara de la baga del lino. || Residuos de la caña de azúcar.

Bagdad, cap. y prov. de Irak, a orillas del Tigris ; 2 970 000 h.

Bages, comarca del NE. de España en Cataluña (Barcelona). Su cap. es Manresa.

Bagnères || ~ **de Bigorre**, c. de Francia (Hautes-Pyrénées). || ~ **de Luchon**, c. de Francia (Haute-Garonne).

Bagneux, c. de Francia (Hauts-de-Seine), al sur de París.

Bagua, c. del Perú, cap. de la prov. homónima (Amazonas).

bagual adj. *Amer.* Bravo, feroz. Incivil. || — M. *Amer.* Caballo no domado.

Baguanos, mun. de Cuba (Holguín).

Baguío, c. de Filipinas al N. de la isla de Luzón.

Bagur, pobl. en el NE. de España (Gerona).

¡bah! interj. Denota duda.

Bahamas (ARCHIPIÉLAGO DE LAS), ant. *Islas Lucayas*, archip. del Atlántico, al N. del canal de Bahama y de las Antillas Mayores ; 13 935 km² ; 250 000 h. Cap. *Nassau*. Colón desembarcó en una de sus islas (*San Salvador*) en 1492. Británico hasta 1973, independiente después.

Bahawalpur, c. de Paquistán.

bahía f. Entrada del mar en la costa.

Bahía, Estado oriental del Brasil ; cap. *Salvador* o *Bahía*. (Se escribe tb. *Baía*.) Minas (cobre). || ~ **Blanca**, golfo de la Argentina en la prov. de Buenos Aires. — C. y puerto de la Argentina (Buenos Aires). Arzobispado. Residencia de la Universidad Nacional del Sur. || ~ **de Caráquez**, pobl. y puerto del Ecuador (Manabí). || ~ **Honda**, mun. y bahía de Cuba (Pinar del Río), en la que des. el río homónimo. — Bahía de Colombia, en el océano Atlántico (Guajira).

Bahoruco. V. BAORUCO.

Bahrein, archip. en el golfo Pérsico ; 662 km² ; 310 000 h. ; cap. *Manama*. Petróleo. Fue protectorado británico ; independiente en 1971. Petróleo.

Baikal, lago de la U. R. S. S., en Siberia meridional, cerca de la Mongolia Exterior ; 31 500 km².

Baikonur, c. de la U. R. S. S. (Kazakstán). Base para lanzamientos espaciales.

bailable adj. Dícese de la música compuesta para bailar : *canción bailable.* || Que puede bailarse.

bailador, ra m. adj. y s. Que baila.

bailaor, ra m. y f. Bailarín de flamenco.

bailar v. i. Mover el cuerpo al compás de la música : *bailar amorosamente.* || Girar rápidamente : *la peonza baila* (ú. t. c. t.). || *Fig.* Llevar algo demasiado ancho : *mis pies bailan en los zapatos.* || — *Fig. Bailar al son que tocan*, hacer en cualquier sitio o circunstancias lo que los demás hacen. | *Otro que bien baila*, otro igual. || — V. t. Hacer bailar. || Ejecutar un baile.

bailarín, ina adj. Que baila (ú. t. c. s.). || — M. y f. Persona que baila profesionalmente.

baile m. Acción de bailar. || Manera particular de bailar : *baile clásico.* || Reunión para bailar : *dar un baile.* || Función teatral dedicada a la mímica y a la danza. || — *Baile de candil*, o *de cascabel gordo*, el de la gente vulgar. || *Baile de San Vito*, afección convulsiva, como la corea y otras.

baile m. Nombre de algunos magistrados antiguos.

Bailén, pueblo de España (Jaén). Batalla de la guerra de Independencia ganada por el general español F. J. Castaños contra las tropas francesas de Dupont (1808).

bailete m. Ballet.

bailía f. Territorio sometido a la jurisdicción del baile. || Bailiaje en las órdenes militares.

bailiaje m. Encomienda o dignidad en la orden de San Juan.

bailiazgo m. Bailío.

bailío m. El que tenía un bailiaje.

bailongo m. *Amer.* Baile pobre.

bailotear v. i. Bailar sin arte.

bailoteo m. Acción y efecto de bailotear, baile.

Baire, lugar de Cuba en la población de Jiguaní (Granma) donde se dio el grito de Independencia el 24 de febrero de 1895.

baja f. Disminución del precio : *baja del coste de la vida.* || *Mil.* Pérdida de un individuo : *el ejército tuvo muchas bajas.* || Cese en una corporación, profesión o carrera por traslado, retiro u otro motivo. || Cese temporal en un servicio o trabajo a causa de enfermedad. || Documento que acredita este cese. || — *Darse de baja*, dejar de pertenecer, retirarse ; declararse enfermo ; suspender una suscripción. | *Jugar a la baja*, negociar en la Bolsa cuando se prevé una baja de los valores.

bajá m. Dignatario turco.

Baja Verapaz, dep. del centro de Guatemala ; cap. *Salamá*.

bajada f. Acción y efecto de bajar : *la bajada de las aguas.* || Camino por donde se baja. || *Bajada de bandera*, puesta en marcha del taxímetro.

bajamar f. Nivel inferior que alcanza el mar al fin del reflujo.

bajante adj. Que baja.

bajar v. i. Ir de un lugar a otro que está más bajo : *bajar al piso primero.* || Disminuir alguna cosa : *bajar la fiebre, los precios, el frío, la vista.* || *Fig.* Descender : *ha bajado mucho en mi aprecio.* || — V. t. Poner una cosa en lugar inferior al que ocupaba : *bájame aquel libro.* || Descender : *bajar una escalera.* || Rebajar. || Disminuir el precio de una cosa. || Inclinar hacia abajo : *bajar la cerviz.* || *Fig.* Humillar : *bajar el orgullo a uno.* || — V. pr. Inclinarse. || Apearse : *bajarse del autobús.*

bajaverapacense adj. y s. De Baja Verapaz (Guatemala).

bajel m. Buque.

bajeza f. Hecho vil, indigno : *eso es una bajeza.* || *Fig.* Pequeñez, miseria.

bajines o **bajini** adv. *Fam.* Bajo. *Fam. Por bajines*, disimuladamente.

bajío m. Banco de arena. || *Fam.* Mala suerte, cenizo. || *Amer.* Terreno bajo.

Bajío, región de México que comprende parte de los Estados de Guanajuato, Querétaro y Michoacán.

bajista com. Persona que juega a la baja en la Bolsa. || — Adj. Relativo a la baja de precios en la Bolsa.

bajo, ja adj. Poco elevado : *una silla baja, la cifra más baja.* || Que está en lugar inferior. || De poca estatura (ú. t. c. s.) : *una persona muy baja.* ||

Inclinado hacia abajo : *con los ojos bajos.* || Dicho de colores, poco vivo, pálido : *azul bajo.* || Aplícase a la parte de un territorio o río que está a un nivel más inferior que el resto : *baja Rioja ; rías bajas.* || Dícese de una época anterior a otra : *baja Edad Media.* || De categoría inferior : *el bajo latín.* || *Fig.* Vulgar, grosero, ordinario : *lenguaje bajo.* | Plebeyo : *los barrios bajos.* | Poco considerable : *Que no se oye de lejos : en voz baja.* | Débil : *la vista baja.* || *Mús.* Grave : *voz baja.* || — Parte inferior. | Lugar hondo, parte baja, hondonada. || En los mares y ríos, elevación del fondo : *bajo de arena.* || Piso bajo : *vivo en el bajo* (ú. t. en pl.). || *Mús.* Voz o instrumento que produce los sonidos más graves de la escala. | Persona que canta o toca la parte de bajo. || — *Mús. Bajo cantante*, barítono de voz tan robusta como la del bajo. | *Bajo profundo*, cantor de voz más grave que la ordinaria. | *Fig. Bajos fondos*, conjunto de gente de mala vida. || — Adv. Abajo, en lugar inferior. || En voz baja : *hablar bajo.* || *Por lo bajo*, oculta, secretamente. || — Prep. Debajo de. || En tiempos de : *bajo la dominación romana.* || Con la garantía de : *bajo palabra.* || Por debajo de, inferior a : *dos grados bajo cero.* || *Por lo bajo*, de forma encubierta.

Bajo || ~ **Boquete**, pobl. de Panamá, cab. del cantón homónimo (Chiriquí). || ~ **Imperio**, nombre dado al *Imperio Romano* de 235 a 476.

bajón m. *Mús.* Instrumento de viento de sonido grave. | Instrumentista que lo toca. || *Fig.* Disminución.

bajonazo m. *Fig.* Golpe bajo.

bajonista com. Músico que toca el bajón.

bajorrelieve m. Obra esculpida cuyas figuras resaltan poco del plano.

bajuno, na adj. Poco distinguido.

bajura f. Paraje de aguas poco profundas : *pesca de bajura.*

bakelita f. Baquelita.

Baker, río de Chile, nacido en la Argentina, que pasa por los lagos General Carrera y Capitán Prat (XI Región) ; 440 km. — Com. de Chile (Aisén).

Baker Glover (Mary). V. EDDY.

Bakú, c. de la U. R. S. S., cap. de la Rep. Federada de Azerbaidján, a orillas del mar Caspio. Universidad. Petróleo.

Bakunin (Miguel), revolucionario ruso (1814-1876), teorizante del anarquismo.

bala f. Proyectil de las armas de fuego : *bala trazadora.* || Fardo de mercaderías : *bala de algodón.* || Atado de diez resmas de papel. || *Impr.* Almohadilla para entintar la composición. || *Amer.* Peso en deportes. || — *Bala perdida*, la que cae en un punto muy distante ; (fig.) tarambana. || *Fig. Bala rasa*, persona alegre y poco seria.

balada f. Composición poética sentimental.

baladí adj. Fútil.

baladrón, ona adj. y s. Fanfarrón.

baladronada f. Bravuconería.

baladronear v. i. Hacer o decir baladronadas.

bálago m. Paja de los cereales.

Balaguer, c. de NE. de España (Lérida), cap. de la comarca catalana de La Noguera. Centro comercial.

Balaguer (Joaquín), político y escritor dominicano, n. en 1906, Pres. de la Rep. de 1960 a 1962 y de 1966 a 1978. || ~ (VÍCTOR), escritor español (1824-1901) de lengua catalana.

Balaitús, macizo de los Pirineos franceses, en la frontera con España ; 3 144 m.

Balaklava, c. y puerto de la U. R. S. S. (Ucrania), en Crimea.

balalaica f. Laúd triangular ruso de tres cuerdas.

balance m. *Com.* Libro en que los comerciantes escriben sus créditos y deudas. | Cuenta general que demuestra el estado de una empresa o negocio. | Balanceo. || *Mar.* Movimiento que hace el barco de babor a estribor. || *Fig.* Resultado de un asunto. | Comparación de hechos favorables y desfavorables. | Vacilación.

balancear v. i. Moverse de un lado

BALEARES

para otro una embarcación. || Columpiar (ú. t. c. pr.). || *Fig.* Dudar, vacilar.

balanceo m. Movimiento oscilatorio : *el balanceo del péndulo.*

balancín m. Mecedora. || *Mec.* Pieza o barra dotada de un movimiento oscilatorio que regula generalmente otro movimiento o le da un sentido o amplitud diferentes. || En un automóvil, pieza que, movida por una especie de palanca, transmite el movimiento de ésta a una válvula del cilindro.

balandra f. Velero pequeño.

balandrista com. Persona que conduce un balandro.

balandro m. Velero de recreo de dos velas y un solo palo.

bálano m. Percebe. || *Glande.*

balanza f. Instrumento para pesar. || *Fig.* Comparación que se hace de las cosas. || — *Balanza de comercio,* estado comparativo de la importación y exportación en un país. || *Balanza de pagos,* relación de las transacciones entre las personas residentes en un país y las que residen en el extranjero. || *Fig. Inclinarse la balanza,* decidirse algo a favor de alguien.

Balanza, constelación zodiacal.

balar v. i. Dar balidos.

balarrasa m. Bala rasa.

balasto m. Grava para asentar y sujetar la vía del ferrocarril.

Balatón, lago extenso y poco profundo de Hungría ; 596 km².

balaustrada f. Serie de balaustres rematados por una barandilla.

balaustre m. Columnita de las barandillas.

balazo m. Tiro o herida de bala.

Balbek o **Baalbek,** ant. *Heliópolis,* c. del Líbano.

Balbín (Ricardo), político radical argentino (1904-1981).

balboa m. Unidad monetaria de Panamá.

Balboa, distr. de Panamá, en la prov. homónima. — Puerto en la costa panameña del Pacífico, a la entrada del canal interoceánico.

Balboa (Silvestre de), poeta cubano, n. en Canarias (¿1564-1634 ?). || ~ (VASCO NÚÑEZ DE), conquistador español, n. en Jerez de los Caballeros (Badajoz) [1475-1517]. Compañero de Rodrigo de Bastidas en su expedición al Urabá (1501), fue jefe de la colonia de Darién y, después de atravesar el istmo de Panamá, descubrió el *Mar del Sur,* llamado luego océano *Pacífico* (25 de septiembre de 1513). Acusado de conspiración por Pedrarias, fue ejecutado en Acla (Panamá).

balbucear v. i. Articular mal y dificultosamente.

balbuceo m. Acción y efecto de balbucir. || *Fig.* Primera prueba, ensayo inicial, comienzo.

balbuciente adj. Que balbuce.

balbucir v. i. Balbucear.

Balbuena (Bernardo de), poeta épico español (1568-1627), obispo de Puerto Rico. Autor de *Bernardo o Victoria de Roncesvalles,* poema épico.

Balcanes, macizo montañoso de Bulgaria que da nombre a la península donde está situado ; punto culminante 2 376 m en el Pico Botev. || ~ (PENÍNSULA DE LOS), península de Europa, la más oriental de las tres del Mediterráneo, cuyo territorio está ocupado en su mayor parte por Yugoslavia, Albania, Bulgaria y Grecia, y en menor grado por Turquía.

balcánico, ca adj. y s. De los Balcanes.

balcanización f. *Fig.* Fragmentación en numerosos estados de lo que formaba anteriormente una sola entidad territorial y política.

balcanizar v. t. *Fig.* Fragmentar.

Balcarce, c. de la Argentina (Buenos Aires).

Balcarce (Antonio GONZÁLEZ), militar argentino (1774-1819). Vencedor en Suipacha (1810), participó en la campaña de San Martín.

balcón m. Ventana grande con barandilla saliente : *asomarse al balcón.* || Mirador.

balconaje m. Conjunto de balcones : *el balconaje del palacio.*

balconcillo m. Balcón pequeño. || En la plaza de toros, galería encima del toril. || *Teatr.* Galería delante de la primera fila de palcos : *localidades del balconcillo.*

balda f. Anaquel.

baldado, da adj. Muy cansado.

baldadura f. y **baldamiento** m. Impedimento físico del uso de un miembro.

baldaquín o **baldaquino** m. Palio. || Pabellón del altar, del trono, etc.

baldar v. t. Impedir o dificultar una enfermedad el uso de un miembro (ú. t. c. pr.). || *Fig.* Causar a uno una gran contrariedad. || — V. pr. *Fam.* Cansarse mucho.

balde m. *Mar.* Cubo.

balde (de) m. adv. Gratis : *tener entradas de balde.* || Sin motivo. || — *En balde,* en vano. || *Estar de balde,* estar de sobra.

baldear v. t. Regar con baldes.

baldeo m. Limpieza con cubos.

baldío, a adj. Aplícase al terreno sin cultivar (ú. t. c. s. m.). || *Fig.* Vano, inútil : *esfuerzo baldío.*

Baldomir (Alfredo), general uruguayo (1884-1948), pres. de la Rep. de 1938 a 1943.

baldón m. Afrenta, oprobio.

baldosa f. Ladrillo de enlosar.

baldosado m. Embaldosado.

baldosar v. t. Enlosar con baldosas.

baldosín m. Baldosa pequeña.

Baldovinetti (Alesso), pintor florentino (1425-1499).

baldragas m. *Fam.* Dícese del hombre que se deja dominar muy fácil-

mente por otra persona, calzonazos (ú. t. c. s. m.). || Dícese del hombre débil, de poca energía (ú. t. c. s. m.).

Balduino I, rey de los belgas desde 1951. N. en 1930.

Bâle. V. BASILEA.

balear adj. y s. De las islas Baleares (España).

balear v. t. *Amer.* Herir o matar a balazos. | Tirotear.

Baleares, archip. español del Mediterráneo occidental, que forma una prov. cuya cap. es *Palma de Mallorca.* Constituido por las islas de Mallorca, Menorca, Ibiza, Formentera, Cabrera, Conejera y otras más pequeñas ; 5 014 km² ; 670 000 h. Clima y vegetación mediterráneos. Agricultura, ganadería. Calzado. Universidad en Palma de Mallorca. Importante centro de turismo.

baleárico, ca adj. Perteneciente a las islas Baleares (España).

balénidos m. pl. Familia de cetáceos del tipo de la ballena (ú. t. c. s.).

baleo m. *Amer.* Tiroteo.

Baler, pueblo de Filipinas (Luzón), donde un grupo de soldados españoles resistió a las fuerzas norteamericanas hasta 1899.

Bali, isla de la Sonda (Indonesia), separada de Java por el estrecho del mismo n ; 5 561 km².

balido m. Grito de los óvidos.

Balikpapan, c. de Indonesia (Borneo).

balín m. Bala pequeña.

balístico, ca adj. De la balística. || — F. Ciencia que estudia el movimiento de los proyectiles.

baliza f. Señal óptica, sonora o radioeléctrica para guiar los barcos y los aviones.

balizaje y **balizamiento** m. Derecho de puerto. || Sistema de balizas de una ruta marítima o aérea.

balizar v. t. Señalar con balizas.

Balj. V. BACTRA.

Baljash o **Balkash,** lago de la U. R. S. S., en Kazakstán ; 17 300 kilómetros cuadrados. — C. de la U. R. S. S. (Kazakstán).

Balkanes. V. BALCANES.

Balmaceda (José Manuel), político chileno (1838-1891), pres. de la Rep. de 1886 a 1891. Se suicidó.

Balmes (Jaime), sacerdote y filósofo católico español, n. en Vich (1810-1848), autor del manual de lógica aplicada *El criterio.*

Balmori (Jesús), escritor filipino (1886-1948), autor de poemas (*Rimas malayas, Mi casa de Nipa*) y novelas.

balneario, ria adj. Relativo a los baños : *estación balnearia.* || — M. Lugar donde se toman baños medicinales : *el balneario de Bath.*

balneoterapia f. *Med.* Tratamiento por los baños.

balompédico, ca adj. Futbolístico.

balompié m. Fútbol.

balón m. Recipiente para cuerpos gaseosos. || Pelota de fútbol y juegos parecidos. || Fardo grande.

baloncestista com. Jugador de baloncesto.

baloncesto m. Juego de equipo (cinco jugadores) que consiste en lanzar el balón a un cesto colocado en alto e introducido en él.

balonmano m. Juego de equipo (once jugadores) en el que se emplean sólo las manos.

balonvolea m. Juego de equipo (seis jugadores) que consiste en lanzar el balón por encima de una red sin que aquel toque el suelo.

balota f. Bolilla para votar. || *Amer.* Papeleta de voto.

balotaje m. En algunos países, segunda votación al no haber obtenido ningún candidato el mínimo de sufragios requerido.

balsa f. Plataforma flotante. || Hoyo del terreno que se llena de agua. || Árbol propio de la América tropical cuya madera es particularmente ligera. || *Fig. y fam. Ser un lugar una balsa de aceite*, ser muy tranquilo.

balsámico, ca adj. Que tiene las propiedades del bálsamo.

balsamina f. Planta cucurbitácea de América. || Planta balsaminácea de flores amarillas.

balsamináceas f. pl. Familia de plantas herbáceas angiospermas cuyo fruto tiene forma de cápsula carnosa, como la balsamina (ú. t. c. adj.).

bálsamo m. Líquido aromático que fluye de ciertos árboles y se usa como producto farmacéutico : *bálsamo de Tolú.* || *Fig.* Consuelo, alivio.

Balsas, río meridional de México que des. en el Pacífico ; 840 km. Recibe a veces el n. de *Mezcala* y en su desembocadura el de *Zacatula.* — Río del Brasil. afl. del Parnaíba ; 360 km. — Río del Brasil, afl. del Tocantins.

Balseiro (Rafael), compositor puertorriqueño (1867-1929). — Su hijo JOSÉ AGUSTÍN, n. en 1900, es escritor y ha publicado la obra de crítica *El vigía.* Es también poeta y novelista.

balsero m. Conductor de una balsa.

Balta (José), militar peruano (1812-1872), pres. de la Rep. de 1868 a 1872. M. asesinado.

Baltas, cantón del Ecuador (Loja) ; cab. *Catatocha.*

Baltasar, regente de Babilonia, destronado en 539 a. de J. C. por orden de Ciro. — Uno de los Reyes Magos.

báltico, ca adj. Relativo al mar Báltico. || De los países ribereños del Báltico : *países bálticos* (ú. t. c. s.).

Báltico (MAR), mar de Europa septentrional, comprendido entre Suecia, Finlandia, U. R. S. S., Polonia, Alemania, Dinamarca y Suecia. Se prolonga hacia el N. y el E. por los golfos de Botnia y Finlandia.

Baltimore, c. y puerto de Estados Unidos, cap. de Maryland. Arzobispado. Universidad.

baluarte m. Fortificación exterior de figura pentagonal. || *Fig.* Amparo.

Baluchistán. V. BELUCHISTÁN.

Balza (José), novelista venezolano, n. en 1939, autor de *Marzo anterior, Largo,* etc.

Balzac (Honoré de), novelista francés n. en Tours (1799-1850), autor de *La Comedia humana,* serie de 91 novelas sobre la sociedad francesa de la primera mitad del s. XIX (*Eugenia Grandet, Papá Goriot, En busca de lo absoluto, Azucena del valle, César Birotteau, El primo Pons, Piel de zapa, El coronel Chabert, Las ilusiones perdidas, La Rabouilleuse, La prima Bette, La casa Nucingen, El museo de antigüedades, Esplendor y miserias de las cortesanas,* etc.).

Balzar, pobl. y puerto fluvial del Ecuador (Guayas).

Ballagas (Emilio), poeta cubano, n. en Camagüey (1910-1954), autor de composiciones sensuales y dramáticas (*Júbilo y fuga, Cuaderno de poesía negra, Sabor eterno, Elegías sin nombre, Nocturno y elegía, Cielo en rehenes, Poema de la jícara, Para dormir a un negrito, María Belén Chacón,* etc.).

Ballarat, c. de Australia (Victoria).

ballena f. El mayor de los cetáceos conocidos. || Cada una de las láminas córneas y elásticas que posee este animal en la mandíbula superior. || Varilla de metal para varios usos : *ballena de paraguas.*

ballenato m. Cría de la ballena.

ballenero, ra adj. Relativo a la pesca de la ballena : *arpón ballenero.* || — M. Pescador de ballenas. || Barco destinado a esta pesca.

ballesta f. Arma de disparar flechas, saetas. || Muelle de suspensión para vehículos.

ballestero m. El que tira con ballesta.

Ballesteros Beretta (Antonio), historiador español (1880-1949).

ballet m. Composición coreográfica destinada a ser representada en un teatro e interpretada por uno o varios bailarines. || Música que la acompaña. || Compañía que ejecuta estos espectáculos coreográficos.

Ballivián (José), general boliviano, n. en La Paz (1804-1852). Derrotó a las tropas peruanas de Gamarra en Ingaví (1841) y fue pres. de la Rep. de 1841 a 1847. — Su hijo ADOLFO (1831-1874) fue pres. de la Rep. en 1873. || ~ **Rojas** (HUGO), general boliviano, jefe de una Junta militar de 1951 a 1952.

Bamako, cap. de la Rep. de Malí ; 245 000 h. Puerto en el Níger.

bamba f. Baile mexicano. || Su música. || *Venez.* Moneda de medio peso.

bambalina f. *Teatr.* Lienzo pintado que cuelga del telar.

bambalinón m. Bambalina grande que forma como una segunda embocadura que reduce el hueco de una escena de teatro.

Bamberg, c. de Alemania Occidental (Baviera), a orillas del Regnitz.

bambino, na m. y f. (pal. ital.) *Amer.* Niño : *pelea de bambinos.*

Bamboche (Pieter VAN LAAR, llamado el), pintor holandés (1592-1645).

bambolear v. i. Oscilar, no estar bien firme en su sitio una persona o cosa (ú. t. c. pr.).

bamboleo m. Acción y efecto de bambolear o bambolearse.

bambolla f. *Fam.* Pompa, aparato. || *Amer.* Fanfarronería.

bambú m. Planta graminea originaria de la India, cuyo tallo leñoso puede alcanzar más de veinte metros.

bambuco m. Música y baile popular de Colombia.

banal adj. Galicismo por *trivial.*

banalidad f. Galicismo por *trivialidad.*

banana f. Banano, plátano.

bananal o **bananar** m. Plantío de bananos.

bananero, ra adj. Dícese del plantío de plátanos. || Relativo a los plátanos. || — M. Plátano, planta. || Barco que transporta plátanos.

banano m. Plátano.

banasta f. Cesto.

banasto m. Banasta redonda.

Banato, región de Europa Central, dividida entre Rumania, Hungría y Yugoslavia.

banca f. Asiento de madera sin respaldo. || Juego en el que el banquero pone cierta suma de dinero y sus adversarios apuestan a las cartas que eligen la cantidad que quieren. || Cantidad puesta por el banquero en ciertos juegos : *hacer saltar la banca.* || Establecimiento de crédito que efectúa las operaciones de préstamos, de giro, cambio y descuento de valores, y la compra y venta de efectos públicos. || *Fig.* Conjunto de bancos o banqueros : *la nacionalización de la banca.* || Embarcación filipina. || *Amer.* Banco, asiento : *las bancas del parque.* | Escaño en el Parlamento. | Casa de juego. | Pupitre. | Banquillo en deportes. || *Méx.* Conjunto de jugadores suplentes en un equipo.

bancal m. Pedazo de tierra para sembrar : *un bancal de legumbres.* || Parte de una huerta, en un terreno elevado, que forma escalón.

bancario, ria adj. Del banco.

bancarrota f. *Com.* Quiebra.

banco m. Asiento para varias personas. || Tablón grueso escuadrado que sirve de mesa en ciertos oficios : *banco de carpintero.* || Establecimiento público de crédito : *el Banco de España.* || Acción y efecto de copar la banca en el juego. || *Mar.* Bajío de gran extensión : *banco de arena.* | Conjunto de peces. || *Amer. Dep.* Banquillo. || — *Banco azul,* el de los ministros en el Parlamento. || *Banco de datos,* conjunto de informaciones sobre un sector determinado que se almacenan en un ordenador para que puedan ser utilizadas por todos. || *Banco de esperma, de ojos, de órganos, de sangre,* servicio público o privado destinado a recoger, conservar y distribuir a los que lo necesiten esperma, córneas, etc. || *Banco de hielo,* banquisa. || *Banco de pruebas,* el que determina las características de una máquina ; (fig.) lo que permite evaluar las capacidades de una persona o cosa.

Banco (El), mun. de Colombia (Magdalena) ; puerto de pesca.

Banco Mundial, banco internacional creado en 1945 para prestar ayuda a los estados que la soliciten.

Banchs (Enrique), poeta argentino (1888-1968), autor de *Las barcas, El libro de los elogios, La urna,* etc.

banda f. Faja. || Cinta distintiva de ciertas órdenes : *la banda de Carlos III.* || Lado : *por esta banda.* || Baranda del billar. || Cinta, tira. | Humeral, paño litúrgico. || Grupo de personas o animales. || Asociación de personas con fines criminales. || En el fútbol, línea que delimita el campo : *saque de banda.* || *Rad.* Conjunto de frecuencias comprendidas entre dos límites : *banda reservada a la televisión.* || *Blas.* Pieza que cruza el escudo desde el ángulo superior derecho hasta el inferior izquierdo, ocupando el tercio central del campo. || Parte exterior del neumático o cubierta que rodea al cámara. || *Mar.* Costado de la nave. || *Mús.* Conjunto de músicos militares o civiles. || *Amer.* Faja, cinturón. || — *Banda de frecuencias,* conjunto de frecuencias entre dos límites de una estación de radio. || *Banda sonora,* parte de la película en la que se graba el sonido.

Banda, grupo de islas en las Molucas (Indonesia). || ~ **(La),** pobl. de la Argentina, cap. del dep. homónimo (Santiago del Estero). || **Oriental,** n. que se dio a las posesiones españolas situadas al E. del río Uruguay.

bandada f. Grupo de aves que vuelan juntas. || Banco de peces.

Bandar Seri Begawan, cap. del Estado de Brunei.

bandazo m. *Amer.* Paseo, vuelta : *estás dando bandazos por la ciudad.* || Cambio brusco de opinión. || *Mar.* Inclinación violenta del barco sobre un lado. || Desviación brusca de un coche.

bandearse v. pr. Ingeniárselas.

Bandeira (Manuel), poeta brasileño (1886-1968).

bandeirante m. Aventurero, explorador o buscador de oro en el Brasil colonial, especialmente en São Paulo.

bandeja f. Plato grande que sirve para presentar, llevar o poner algo. || *Amer.* Fuente.

bandera f. Pedazo de tela, colocado en un asta, que lleva los colores de una nación : *izar la bandera.* || Estandarte de una iglesia, cofradía, etc. || *Mil.* En España, compañía de los antiguos tercios y del actual tercio de extranjeros. || — *Bandera blanca,* la utilizada para pedir la paz. || *Fig. y fam. De bandera,* estupendo.

Banderas, bahía de México en el Pacífico (Jalisco y Nayarit).

bandería f. Bando o partido.

banderilla f. Dardo adornado que clavan los toreros en el cerviguillo a los toros : *las banderillas negras se ponen cuando los toros no son bravos.* || *Fig.* Tapa clavada en un palillo de dientes.

banderillear v. i. Poner banderillas.

banderillero, ra m. y f. Torero que pone banderillas.

banderín m. Bandera pequeña. || *Mil.* Soldado que sirve de guía y lleva una banderita en el cañón del fusil. || *Banderín de enganche,* depósito de reclutamiento ; (fig.) lo que atrae o incita a lanzarse en defensa de algo.

banderola f. Bandera pequeña.

bandidaje m. Bandolerismo.

bandido m. Bandolero. || Persona

68

BANGLADESH

que realiza acciones criminales. ‖ Persona poco honrada.

bando m. Edicto o mandato solemne : *bando de guerra, de policía, de la alcaldía.* ‖ Partido, facción, parcialidad : *está en el bando contrario.* ‖ Bandada de pájaros. ‖ — Pl. Amonestaciones.

Bandoeng. V. BANDUNG.

bandolera f. Mujer que vive con bandoleros. ‖ Correa cruzada por el pecho en la que se cuelga un arma.

bandolerismo m. Carácter y hechos de los bandoleros.

bandolero m. Salteador de caminos.

bandoneón m. Instrumento músico de la familia de los acordeones.

Bandung, c. de Indonesia, al O. de la isla de Java.

bandurria f. Instrumento de cuerda parecido a la guitarra, pero menor. ‖ *Zool.* Ave zancuda de América, de color gris oscuro.

Banes, puerto de Cuba (Holguín).

Bangalore o **Bangalur,** c. de la India, cap. del Estado de Karnataka.

Bangka. V. BANKA.

Bangkok, cap. del reino de Tailandia, en las orillas del río Menam ; 2 230 000 h. Puerto activo.

Bangladesh [Bengala Libre] (REPÚBLICA DEL), Estado de Asia formado en 1971 con el antiguo Paquistán Oriental ; 142 776 km² ; 81 200 000 h. Cap. *Dacca* ; 1 680 000 h.

Bangüelo, lago de África, en Zambia ; 5 000 km².

Bangui, cap. de la República Centroafricana ; 302 000 h. Arzobispado.

Bani, c. de la Rep. Dominicana, cap. de la prov. de Peravia.

banilejo, ja adj. y s. De Baní (Rep. Dominicana).

Banja Luka, c. de Yugoslavia (Bosnia-Herzegovina).

Banjermasin, c. y puerto de Indonesia, en el S. de Borneo.

banjo m. Guitarra de caja circular cubierta con una piel.

Banjul, ant. *Bathurst,* cap de Gambia, en el estuario del río de este n. ; 39 000 h.

Banka o **Bangka,** isla de Indonesia, al SE. de Sumatra.

banquero m. Director de un banco. ‖ El que se dedica a negocios bancarios. ‖ En los juegos de azar, el que tiene en su poder la banca.

banqueta f. Asiento sin respaldo. ‖ Escabel para los pies. ‖ Acera o andén de una alcantarilla subterránea. ‖ *Méx.* Acera de la calle.

banquete m. Comida a la que se asiste para celebrar algo (una boda, una conmemoración, etc.). ‖ Comida espléndida, festín. ‖ *Banquete eucarístico,* la comunión.

banquetear v. t. Dar o asistir a banquetes (ú. t. c. i.).

banquillo m. Banco bajo. ‖ Escabel para los pies. ‖ Asiento del acusado. ‖ Lugar donde están el entrenador y los suplentes en un encuentro deportivo.

banquina f *Arg.* Arcén, parte lateral de un camino.

banquisa f. Banco de hielo.

bantú adj. y s. De un grupo de pueblos del África sudecuatorial. (Los *bantús* hablan la misma lengua, pero son de tipos étnicos diferentes.)

Banzer (Hugo), militar boliviano, n. en 1921, pres. de la Rep. (1971-1978).

Baña (La), v. de España (Coruña).

bañadera f. *Amer.* Bañera. ‖ Autobús grande para excursiones, generalmente descubierto.

bañadero m. Charco donde se bañan los animales monteses.

bañador m. Traje de baño.

bañar v. t. Sumergir en un líquido. Ú. t. c. pr. : *bañarse en el mar.* ‖ Humedecer. ‖ Cubrir una cosa con una capa de otra sustancia : *un pastel bañado en chocolate.* ‖ Pasar por algún sitio el mar, un río, etc. : *el Ebro baña Zaragoza.* ‖ Dar el aire o la luz de lleno en algo : *el sol baña el balcón.* ‖ *Fig.* Mojar con un líquido : *bañar en sangre, en llanto.*

bañera f. Baño, pila para bañarse.

bañista com. Persona que se baña en una playa o balneario.

baño m. Inmersión en un líquido : *dar un baño.* ‖ Líquido para bañarse. ‖ Bañera. ‖ Sitio donde hay agua para bañarse. ‖ Aplicación medicinal del aire, vapor, etc. : *baños de sol.* ‖ Capa con que se cubre una cosa : *un baño de laca.* ‖ *Fig.* Tintura, nociones, barniz : *darse un baño de inglés.* ‖ *Quím.* Mano de pintura que se da sobre algo. ‖ Calor obtenido de un modo indirecto. ‖ *Amer.* Excusado, retrete. Cuarto de baño. ‖ — Pl. Lugar donde hay aguas medicinales. ‖ Cárcel donde los moros encerraban a los cautivos : *baños de Argel.* ‖ — *Baño de asiento,* el de las nalgas. ‖ *Baño de María,* recipiente con agua puesta a calentar donde se mete una vasija para que su contenido reciba calor suave. ‖ *Baño de sol,* exposición del cuerpo al sol para broncearlo. ‖ *Mex. Medio baño,* cuarto de aseo.

Baño (Orden del), orden de caballería inglesa creada en 1721 por Jorge I.

Bañolas, c. de España (Gerona).

Baños, c. del Ecuador, cab. del cantón homónimo (Tungurahua).

bao m. Madero transversal del buque que sostiene las cubiertas.

Bao Dai, n. en 1913, emperador de Anam (1925-1945). Abdicó y fue jefe del Estado vietnamita de 1949 a 1955.

baobab m. Árbol bombáceo de África tropical (*el baobab es el mayor vegetal conocido.* (Pl. *baobabs.*)

Baoruco o **Bahoruco,** prov. occidental de la Rep. Dominicana ; cap. *Neiba.* Petróleo.

Baptista (Mariano), político boliviano (1832-1907), pres. de la Rep. de 1892 a 1896.

baptisterio m. Sitio donde está la pila bautismal. ‖ Esta pila. ‖ Edificio, por lo común próximo a una catedral, donde se bautiza.

Baquedano, c. de Chile en la II Región y en la prov. de Antofagasta, cap. de la com. de Sierra Gorda.

Baquedano (Manuel), general chileno (1826-1897), que de 1879 a 1881 dirigió la campaña contra el Perú. Anteriormente combatió en la guerra de independencia y contra los araucanos.

Baqueira Beret, estación de deportes de invierno de España, en el Valle de Arán (Lérida).

baquelita f. Resina sintética.

Baquerizo Moreno (Alfredo), político y escritor ecuatoriano (1859-1950), pres. de la Rep. de 1916 a 1920 y de 1931 a 1932.

baqueta f. Varilla para limpiar las armas de fuego. ‖ *Arq.* Junquillo, moldura. ‖ — Pl. Palillos del tambor. ‖ — *Fig. y fam. Mandar a la baqueta,* mandar despóticamente. ‖ *Tratar a la baqueta,* tratar con desprecio o severidad.

baquetazo m. *Fam.* Caída.

baqueteado, da adj. *Fig.* Experimentado, curtido. ‖ Acostumbrado a penalidades : *baqueteado por la vida.*

baquetear v. t. *Fig.* Tratar mal. ‖ Ejercitar. ‖ Hacer pasar penas.

baqueteo m. Traqueteo. ‖ Molestia excesiva. ‖ Cansancio, fatiga.

baquía f. Conocimiento de un país. ‖ *Amer.* Destreza, habilidad.

baquiano, na adj. y s. Que conoce los caminos. ‖ Experto, perito. ‖ — M. Guía para viajar por el campo.

báquico, ca adj. Relativo a Baco.

bar m. Establecimiento en el que se venden bebidas que suelen tomarse en el mostrador. ‖ *Fís.* Unidad de presión atmosférica equivalente a un millón de barias.

Bar, c. de la U. R. S. S. (Ucrania). — C. de Yugoslavia en el Adriático.

Barabudur. V. BORUBUDUR.

baraca f. En Marruecos, don divino atribuido a los jerifes y morabitos. ‖ *Fig.* Suerte, destino favorable.

Baracaldo, c. de España (Vizcaya), cerca de Bilbao. Metalurgia.

Baracoa, bahía de Cuba (Guantánamo). — C. y puerto de Cuba (Guantánamo).

baracuda o **baracuta** f. *Amér. C.* Barracuda.

Baradero, río de la Argentina (Buenos Aires). Recibe a veces el n. de Paraná de las Palmas. — Pobl. de la Argentina (Buenos Aires).

Baragua, sierra de Venezuela (Lara). Punto culminante, 1 450 m (pico de Sirairigua).

Baraguá, mun. de Cuba (Ciego de Ávila).

Barahona, c. de la Rep. Dominicana en la bahía de Neiba, cap. de la prov. homónima.

Barahona de Soto (Luis), poeta y médico español (1548-1595), autor de *Las lágrimas de Angélica.*

barahúnda f. Ruido, alboroto y confusión grandes. ‖ Desorden.

baraja f. Conjunto de naipes para jugar : *la baraja española tiene 48 cartas y la francesa 52.* ‖ *Amer.* Naipe.

barajar v. t. Mezclar las cartas antes de repartirlas. ‖ *Fig.* Mezclar, revolver : *barajar ideas.* ‖ Manejar : *barajar datos.* ‖ Nombrar, citar : *se barajan varios nombres para este cargo.*

Barajas, pobl. de España en el NE. de Madrid. Aeropuerto.

Baralt (Rafael María), escritor, filólogo y poeta venezolano, n. en Maracaibo (1810-1860), autor de *Historia de Venezuela* y de un *Diccionario de galicismos.*

baranda f. Barandilla, pasamano.

barandal m. Larguero que sostiene los balaustres. ‖ Barandilla

barandilla f. Antepecho de los balcones, escaleras, etc.

Baranoa, c. de Colombia (Atlántico).

Barataria (Ínsula), isla imaginaria cuyo gobierno obtuvo Sancho Panza y donde experimentó los inconvenientes del Poder.

baratija f. Objeto sin valor.

baratillo m. Tienda de objetos de poco valor.

barato, ta adj. De poco precio : *vida barata.* ‖ — Adv. Por poco precio : *salir barato.* ‖ *De balde,* de balde.

baratura f. Precio bajo.

baraúnda f. Barahúnda.

Baraya, mun. de Colombia (Huila).

Baraya (Antonio), general colombiano (1770-1816), héroe de la Independencia. M. fusilado.

barba f. Parte de la cara, debajo de la boca. ‖ Pelo que nace en esta parte del rostro : *un joven de barba rubia* (ú. t. en pl.). ‖ Pelo de algunos animales en la quijada inferior : *barbas de chivo.* ‖ Carnosidad que cuelga del cuello de algunas aves. ‖ Nombre de ciertas plantas. ‖ — *Fam. Con toda la barba,* cabal, con plenitud de facultades. ‖ *En las barbas de uno,* en su presencia. ‖ *Por barba,* por persona. ‖ *Subirse uno a las barbas de otro,* perderle el respeto. ‖ — M. *Teatr.* El que hace el papel de anciano.

Barba, volcán de Costa Rica, al N. de San José ; 2 830 m. — C. de Costa Rica (Heredia).

Barba (Álvaro ALONSO). V. ALONSO BARBA. ‖ ~ **Jacob** (PORFIRIO). V. OSORIO BENÍTEZ.

Barba Azul, personaje de un cuento de Perrault que mató a sus seis primeras mujeres.

barbacana f. Fortificación aislada. ‖ Aspillera, tronera.

Barbacena, c. de Brasil (Minas Gerais). Textiles.

barbacoa f. *Amer.* Especie de catre abierto y también camilla o andas. ‖ Utensilio a modo de parrilla que sirve

BA

69

para asar la carne o el pescado al aire libre. ‖ Lo asado de este modo.

Barbacoas, sierra de Venezuela, llamada también *Sierra de Tocuyo.* — Bahía de Colombia (Bolívar). — C. de Colombia (Nariño).

barbada f. Cadenilla que une las dos partes del freno de los caballos por debajo de la barba.

Barbados, isla de las Antillas Menores ; 431 km² ; 265 000 h. Cap. *Bridgetown.* Fue británica de 1625 a 1966.

Bárbara (Santa), virgen y mártir de Nicomedia (s. IV), patrona de los artilleros. Fiesta el 4 de diciembre.

Bárbara (Doña), novela naturalista de R. Gallegos (1929).

bárbaramente adv. De modo bárbaro. ‖ *Fam.* Estupendamente.

barbaridad f. Calidad de bárbaro. ‖ *Fam.* Necedad, disparate : *decir una barbaridad.* ‖ Atrocidad : *cometer barbaridades.* ‖ Gran cantidad, mucho.

barbarie f. *Fig.* Incultura. ‖ Crueldad : *acto de barbarie.*

barbarismo m. Vicio del lenguaje. ‖ Idiotismo, vocablo o giro de una lengua extranjera.

— Consiste el *barbarismo* en escribir mal una palabra, como *expontáneo* por *espontáneo, exhorbitar,* por *exorbitar,* etc. ; en acentuarla mal, como *kilógramo,* por *kilogramo* ; *cólega* por *colega* ; en pronunciarla mal, como *haiga,* por *haya* ; *cuala,* por *cual* ; *jaga* por *haga* ; en emplear voces de otros idiomas con lo que se forman, según su origen, *anglicismos, galicismos, italianismos,* etc.

barbarizar v. t. Hacer bárbara una cosa. ‖ Usar barbarismos o adulterar una lengua con ellos. ‖ — V. i. Decir disparates.

bárbaro, ra adj. Nombre que daban los griegos y romanos a los pueblos ajenos a su cultura (ú. t. c. s.). ‖ *Fig.* Bruto, cruel. ‖ Arrojado, temerario. ‖ Inculto, grosero. ‖ *Fig. y fam.* Muy bien, magnífico, esplendido : *una película bárbara.* ‖ Muy grande. ‖ — Adv. Muy bien : *lo pasé bárbaro.*

— Del s. III al s. VI de nuestra era, los *bárbaros* invadieron el Imperio Romano, derribaron a los emperadores de Occidente y fundaron Estados más o menos duraderos. Pertenecían, la mayor parte, a las razas germánicas, eslavas o góticas (francos, suevos, vándalos, etc.) ; otros, como los ávaros, eran de raza uraloaltaica.

Barbarroja, sobrenombre con que era conocido el emperador de Occidente *Federico I.* ‖ ~ (HORUC), pirata berberisco (1473-1518). Se apoderó de Argel (1516) y fue vencido por los españoles. — Su hermano KAIR ED-DIN (1467-1546) fue almirante de Solimán, creó el puerto de Argel y arrebató a los españoles Túnez (1534), que volvió a perder dos años más tarde.

Barbastro, c. de España (Huesca). Obispado.

Barbate, pobl. del S. de España (Cádiz). Pesca. Playas.

barbear v. t. *Méx.* Coger una res vacuna por el testuz y torcerle el cuello hasta echarla al suelo.

barbechar v. t. Disponer la tierra en barbecho.

barbecho m. Campo que se deja de cultivar durante cierto tiempo para que descanse.

Barberà (Conca de), comarca del NE. de España en Cataluña (Tarragona) ; cap. *Montblanch.*

Barberena, mun. de Guatemala (Santa Rosa).

barbería f. Establecimiento del barbero.

barbero m. El que se dedica a afeitar o a cortar el pelo.

Barbero de Sevilla (El), comedia de Beaumarchais (1775). — Ópera bufa, obra maestra de Rossini (1816).

barbián, ana adj. Dícese de la persona simpática y jovial (ú. t. c. s.).

Barbieri (Francisco Asenjo), músico español, n. y m. en Madrid (1823-1894), autor de las zarzuelas *El barberillo de Lavapiés, Pan y Toros,* etc. ‖ ~ (VICENTE), poeta vanguardista argentino (1903-1956), autor de *Fábula del corazón, La columna y el viento, El bailarín,* etc. Escribió también un libro

de relatos (El río distante) y una obra de teatro (Facundo en la ciudadela).

barbilampiño, ña adj. y s. De poca barba.

barbilla f. Mentón, punta o remate de la barba. ‖ Aleta carnosa de algunos peces. ‖ *Carp.* Corte oblicuo hecho en un madero para que encaje en el hueco de otro.

barbitúrico, ca adj. *Med.* Dícese de un radical químico, base de numerosos hipnóticos y sedantes del sistema nervioso (ú. t. c. s. m.).

barbo m. Pez de río.

barboquejo m. Cinta con que se sujeta el sombrero debajo de la barbilla.

Barbosa, mun. y pobl. de Colombia (Antioquia).

barbotar y barbotear v. t. e i. Mascular.

Barbuda, isla de las Antillas.

barbudo, da adj. Que tiene muchas barbas (ú. t. c. s.).

barbuquejo m. Barboquejo.

barca f. Embarcación pequeña.

barcada f. Carga de una barca.

barcaje m. Transporte en barca.

barcarola f. Canción popular italiana. ‖ Canto de marineros que imita el movimiento de los remos.

barcaza f. Lanchón para transportar carga de una embarcación a otra o a tierra.

Barcelata Castro (Lorenzo), músico mexicano (1894-1943).

Barcelona, c. y puerto de España, cap. de la prov. homónima, de la comarca del Barcelonés, y de la Comunidad Autónoma de Cataluña, a orillas del Mediterráneo, al N. del delta del Llobregat y al pie del Tibidabo. Arzobispado. Universidad. Escuelas superiores. Museos. Puerto muy activo. Aeropuerto. Industrias (siderúrgica, textil, eléctrica, de maquinarias, del automóvil, etc.). Debió ser fundada por el cartaginés Amílcar Barca. — C. de Venezuela, cap. del Estado de Anzoátegui. Obispado. Fundada por Sancho Fernández de Angulo en 1671.

barcelonense adj. y s. De Barcelona (Venezuela).

barcelonés, esa adj. y s. De Barcelona (España).

Barcelonés (El), comarca del NE. de España en Cataluña ; cap. *Barcelona.* Forman parte de ella Hospitalet de Llobregat, Esplugas de Llobregat, San Justo Desvern, Santa Coloma de Gramanet y San Adrián de Besós.

Barcia (Roque), escritor y político español (1824-1885), autor de un *Diccionario etimológico de la lengua española* y de un *Diccionario de sinónimos.*

Barcino, n. que en la Edad Antigua se daba a *Barcelona.*

barco m. Embarcación : *barco de vapor.* ‖ Parte de la nave espacial donde se instala el astronauta.

Barco Centenera (Martín del), poeta español (1535-1605), autor del poema épico *La Argentina,* nombre del que derivó el de este país.

Barco ‖ ~ (El), mun. de España (Orense). ‖ ~ **de Ávila** (El), v. de España (Ávila). Agricultura (alubias). Castillo (s. XIV).

bardo m. Poeta.

Barea (Arturo), novelista español (1897-1957), autor de la trilogía *La forja de un rebelde* (La forja, La ruta, La llama).

Bareilly, c. de la India (Uttar Pradesh).

baremo m. Libros de cuentas ajustadas. ‖ Tabla de tarifas. ‖ Conjunto de normas que sirve para evaluar algo.

Barents (Willem), marino y explorador holandés (¿1550 ?-1597), descubridor de Nueva Zembla y del Spitzberg. Lleva el n. de *mar de Barents* la parte del océano Glacial Ártico comprendida entre Nueva Zembla y la rep. soviética de Carelia.

Bares. V. VARES (Estaca de).

Barga (Corpus). V. CORPUS BARGA.

bargueño m. Mueble de madera con cajoncitos y gavetas.

Bari, c. y puerto de Italia, cap. de la prov. de Pulla. Universidad. Arzobispado. Industrias.

baria f. Unidad C. G. S. de presión

que equivale a una dina por centímetro cuadrado.

Barichara, v. de Colombia (Santander). Gruta de Macaregua.

Bariloche, dep. de Argentina (Río Negro), cab. *San Carlos de Bariloche.* Estación de deportes de invierno.

Barillas (Manuel Lisandro), general guatemalteco (1844-1907), pres. de la Rep. de 1886 a 1892. M. asesinado.

Barinas, c. de Venezuela, cap. del Estado homónimo. Centro ganadero ; yac. de petróleo. Universidad. Obispado.

barinense adj. y s. De Barinas, ciudad de Venezuela.

barinés, esa adj. y s. De Barinas, Estado de Venezuela.

bario m. Metal (Ba), de número atómico 56, blanco amarillo, fusible a 710 ºC. y de densidad 3,8.

barisfera f. Núcleo central de la Tierra.

barita f. Óxido de bario.

barítono m. *Mús.* Voz media entre la de tenor y la del bajo. ‖ El que tiene esta voz.

Bar-le-Duc, c. de Francia, cap. del dep. del Meuse. Industrias.

Barletta, c. y puerto de Italia (Pulla).

Barletta (Leónidas), novelista y cuentista argentino de carácter realista (1902-1975).

barloventear v. i. *Mar.* Navegar contra el viento.

barlovento m. *Mar.* Lado de donde procede el viento.

Barlovento (ISLAS DE), en inglés *Windward Islands,* grupo de las Antillas Menores (Dominica, Granada, Granadinas, Santa Lucía, San Vicente), entre Puerto Rico y Trinidad.

barman m. (pal. ingl.). Camarero de bar.

Barmen. V. WUPPERTAL.

Barnard (Christian), cirujano sudafricano, n. en 1922. En 1967 llevó a cabo el primer trasplante de corazón humano.

Barnaul, c. de la U. R. S. S. (Rusia) en Siberia y a orillas del río Ob.

Barnet (Miguel), escritor cubano, n. en 1940, autor de narraciones (Cimarrón, La canción de Raquel, Gallego), poesías y ensayos.

barniz m. Disolución de una resina en un líquido volátil. ‖ Baño que se da a la loza o porcelana, a los muebles, etc. ‖ Laca para las uñas. ‖ *Fig.* Conocimientos poco profundos, capa : *barniz literario.*

barnizado m. Acción y efecto de barnizar.

barnizador, ra adj. y s. Que barniza.

barnizar v. t. Dar barniz.

Baroda, c. de la India (Gujerate).

Baroja (Pío), novelista español, n. en San Sebastián (1872-1956), una de las máximas figuras de la llamada Generación del 98. Su obra exalta los paisajes y las costumbres del País Vasco (La casa de Aizgorri, Zalacaín el Aventurero, El mayorazgo de Labraz, Las inquietudes de Shanti Andía), las andanzas del bajo pueblo de Madrid (La busca, Mala hierba, Aventuras, inventos y mixtificaciones de Silvestre Paradox) y las vicisitudes políticas de la España de su tiempo (El árbol de la ciencia, César o nada, El mundo es ansí, Camino de perfección, etc.). Hay que citar también otros importantes relatos suyos (La feria de los discretos, La ciudad de la niebla) y libros de memorias (Juventud, egolatría, Desde la última vuelta del camino, Memorias de un hombre de acción).

barométrico, ca adj. Del barómetro : *presión barométrica.*

barómetro m. Instrumento que determina la presión atmosférica.

barón m. Título nobiliario.

baronesa f. Mujer del barón. ‖ Mujer que goza de una baronía.

baronía f. Dignidad de barón.

barquero, ra m. y f. Persona que conduce una barca.

barquilla f. Cesto del globo aerostático. ‖ Armazón de forma ahusada que contiene el motor de un avión.

barquillero, ra m. y f. Persona que hace o vende barquillos. ‖ — M. Molde para hacer barquillos.

barquillo m. Hoja delgada de pasta de harina sin levadura, generalmente en forma de canuto.

barquinazo m. *Fam.* Batacazo, caída.

barquisimetano, na adj. y s. De Barquisimeto (Venezuela).

Barquisimeto, c. de Venezuela, cap. del Estado de Lara. Universidad. Arzobispado. Centro comercial. Fundada en 1552 por Juan Villegas, con el n. de *Nueva Segovia*.

barra f. Pieza larga y estrecha de cualquier materia : *barra de acero.* ‖ Palanca para levantar grandes pesos. ‖ Lingote : *barra de oro.* ‖ Barandilla que separa a los jueces del público en un tribunal : *el acusado se acercó a la barra.* ‖ Mostrador de un bar : *tomar una copa en la barra.* ‖ Pan de forma alargada. ‖ Tubo superior del cuadro de una bicicleta. ‖ Parte de la quijada del caballo donde se coloca el bocado. ‖ Banco de arena en la embocadura de un río. ‖ *Blas.* Pieza que cruza diagonalmente el escudo desde el ángulo superior izquierdo hasta el inferior derecho, ocupando el tercio central del campo. ‖ Lista o bastones de un escudo : *las barras de Aragón.* ‖ *Amer.* Prisión a modo de cepo. ‖ Acción de minar. ‖ Público de una sesión, un proceso o asamblea. ‖ *Arg., Parag. y Urug.* Pandilla, grupo de amigos. ‖ *Mar.* Galicismo por caña del timón. ‖ — *Barra americana*, bar con un mostrador. ‖ *Barra fija, barras paralelas,* aparatos de gimnasia. ‖ *Fig. Sin pararse en barras,* sin reparar en los inconvenientes, sin hacer caso.

Barra (Eduardo de la), ingeniero y poeta chileno (1839-1900). Usó el seudónimo *Rubén Rubí.* ‖ — (EMMA DE LA). V. DUAYEN (César).

barrabás m. Niño travieso.

Barrabás, malhechor judío, preferido por la multitud cuando Poncio Pilato propuso a los judíos que entre él y Jesús escogiesen el que debía ser puesto en libertad con ocasión de la Pascua.

barrabasada f. *Fam.* Acción mala y perversa. | Burrada. | Travesura.

barraca f. Casa tosca. ‖ Vivienda rústica de las huertas de Valencia y Murcia. ‖ Caseta, puesto : *barraca de tiro al blanco.* ‖ *Amer.* Almacén.

barracón m. Barraca grande.

barracuda f. Pez marino voraz de la familia de los esfirénidos.

Barragán, ensenada de la Argentina, puerto de la ciudad de La Plata.

Barragán (Miguel), general mexicano (1789-1835) al que se rindió el castillo de San Juan de Ulúa, último baluarte español (1825).

barragana f. Concubina.

barraganería f. Amancebamiento.

barranca f. Barranco.

Barrancabermeja, c. de Colombia (Santander), puerto en el río Magdalena. Importante ref. de petróleo ; oleoducto hasta Cartagena (540 km). Obispado.

Barrancas, río de la Argentina (Mendoza), afl. del Colorado ; 120 km. — Com. de Chile (Santiago).

barranco m. Despeñadero, precipicio. ‖ Cauce profundo que hacen las aguas llovedizas. ‖ *Fig.* Dificultad.

barrancoso, sa adj. Que tiene muchos barrancos.

Barranqueras, pobl. de la Argentina (Chaco).

Barranquilla, c. y puerto de Colombia, cap. del dep. del Atlántico. Arzobispado. Universidad. Centro industrial. Famoso carnaval.

barranquillero, ra adj. y s. De Barranquilla (Colombia).

Barraverde, pobl. del Brasil (Río Grande del Norte).

Barreda (Gabino), filósofo mexicano (1820-1881). Introdujo el positivismo en la educación pública de su país.

barredero, ra adj. Que barre. ‖ — F. Máquina para barrer las calles.

barredor, ra adj. Que barre. ‖ — F. Barredera.

barredura f. Barrido. ‖ — Pl. Basuras.

Barreiro, c. de Portugal, en frente de Lisboa y a orillas del Tajo.

Barreiro (Miguel), patriota uruguayo (1780-1848), secretario de Artigas. Miembro de la Asamblea Constituyente, participó en la redacción de la primera Constitución (1829).

barrena f. Instrumento para taladrar. ‖ Barra de hierro para sondar terrenos, agujerear rocas, etc. ‖ Entrar

en barrena, empezar un avión a descender verticalmente y girando.

barrenador m. Barrenero.

barrenar v. t. Perforar con barrena o barreno : *barrenar una roca.* ‖ *Fig.* Desbaratar : *barrenar un proyecto.*

barrendero, ra m. y f. Persona que barre.

Barrenechea (Julio), escritor chileno (1910-1978), delicado poeta (*El espejo del ensueño, Mi ciudad, Diario morir*). ‖ — **y Albis** (Fray JUAN DE), religioso mercedario y escritor chileno (1669-1707), autor de *Restauración de la Imperial.*

barreno m. Barrena grande. ‖ Agujero hecho con la barrena. ‖ Orificio relleno de pólvora que se abre en la roca o mina para hacerla volar.

barrer v. t. Quitar con la escoba el polvo, la basura, etc. : *barrer la habitación, las calles.* ‖ Pasar rozando : *el vestido barre el suelo.* ‖ Arrastrar : *el viento barre los papeles.* ‖ *Fig.* Quitar todo lo que había en alguna parte. ‖ Hacer desaparecer : *barrer los obstáculos.* ‖ Enfocar con un haz de luz electrónica la superficie de una pantalla luminiscente de un tubo de lámpara catódica. ‖ *Fig. Barrer hacia adentro,* conducirse interesadamente.

barrera f. Valla de palos, tablas u otra cosa : *barrera de paso a nivel.* ‖ Parapeto, antepecho. ‖ Valla, en las plazas de toros, que resguarda a los toreros. ‖ Primera fila de asientos en las plazas de toros. ‖ Lo que separa : *barrera geográfica entre los dos países.* ‖ *Fig.* Impedimento, obstáculo : *poner barreras.* ‖ Valla formada en un encuentro deportivo por los jugadores para impedir la dirección de un tiro o disparo cuando se saca una falta. ‖ *Barrera del sonido,* aumento brusco de la resistencia del aire que se produce cuando el avión alcanza la velocidad del sonido.

Barrero Grande. V. EUSEBIO AYALA.

Barrès (Maurice), escritor francés (1862-1923).

barretina f. Gorro usado por los catalanes, parecido al gorro frigio.

Barrett (Elisabeth). V. BROWNING. ‖ — (RAFAEL), escritor español (1876-1910), autor de *Moralidades actuales, El dolor paraguayo, Cuentos breves, Mirando vivir,* etc. Residió en Argentina, Paraguay y Uruguay.

barriada f. Barrio, generalmente en la parte exterior de una ciudad.

barrica f. Tonel pequeño.

barricada f. Parapeto improvisado para estorbar el paso del enemigo.

barrido m. Acción y efecto de barrer. | Barreduras.

Barrie (James Mathew), escritor inglés (1860-1937), autor de relatos (*Peter Pan*) y de obras dramáticas.

Barrientos (René), escritor boliviano (1919-1969), pres. de la Rep. de 1964 a 1969.

barriga f. Vientre.

barrigazo m. *Fam.* Caída de bruces.

barrigón, ona y **barrigudo, da** adj. y s. Que tiene mucha barriga.

barril m. Tonel para guardar licores u otros géneros : *un barril de vino, de pólvora.* ‖ Medida de capacidad para productos petrolíferos, equivalente a 159 litros.

barrilete m. Pieza cilíndrica y móvil del revólver donde se colocan los cartuchos, tambor.

barrilla f. Planta quenopodiácea, cuyas cenizas contienen la sosa.

barrillo m. Barro cutáneo.

barrio m. Cada una de las partes en que se dividen las ciudades y pueblos : *el barrio gótico de Barcelona.* ‖ — *Fam. Barrio chino,* el de los bajos fondos. | *El otro barrio,* el otro mundo.

barrioporteño, ña adj. y s. De Puerto Barrios (Guatemala).

Barrios (Los), v. de España (Cádiz).

Barrios (Eduardo), novelista chileno (1884-1963), autor de *El niño que enloqueció de amor, Un perdido, El hermano asno, La viña vaga, Tamarugal y Gran señor y rajadiablos,* etc., donde se muestra un gran observador de la vida social. ‖ — (GERARDO), general y político salvadoreño (1809-1865), pres. de la Rep. en 1858, de 1859 a 1860 y de 1861 a 1863. M. fusilado por orden

de Dueñas, su sucesor. ‖ — (JUSTO RUFINO), general y político guatemalteco, n. en San Lorenzo (1835-1885), pres. de la Rep. de 1873 hasta su muerte en Chalchuapa al pretender restablecer por la fuerza la federación centroamericana.

barrista com. Gimnasta que hace los ejercicios en la barra fija.

barritar v. i. Berrear el elefante o el rinoceronte.

barrizal m. Lodazal.

barro m. Masa de tierra y agua : *caminos llenos de barro.* ‖ Arcilla de alfareros : *modelar con barro.* ‖ Recipiente hecho con ella. ‖ Arcilla : *Dios creó al hombre con barro.* ‖ Granillo en el rostro. ‖ *Fig.* Cosa despreciable, ignominia : *arrastrarse por el barro.*

Barro Vermelho, pobl. del Brasil (Río Grande do Norte).

barroco, ca adj. y s. m. *Arq.* Dícese del estilo artístico caracterizado por la profusión de adornos propio de los s. XVII y XVIII en contraposición al Renacimiento clásico. (Procedente de Italia, se desarrolló mucho en la Península Ibérica y luego en América Latina.) [Se aplica tb. a las obras de pintura, escultura y literarias.] ‖ *Fig.* Complicado, enrevesado.

barroquismo m. Calidad de lo barroco. ‖ Tendencia a lo barroco. ‖ *Fig.* Extravagancia.

Barros (João de), historiador portugués (1496-1570), autor de *Asia,* relación de los descubrimientos portugueses. ‖ — **Arana** (DIEGO), historiador chileno (1830-1907), autor de *Historia general de la Independencia de Chile* e *Historia de la Guerra del Pacífico.* ‖ — **Grez** (DANIEL), escritor chileno (1834-1907), autor de comedias (*Cada oveja con su pareja*) y narraciones (*Cuentos para niños grandes, El huérfano, Pipiolos y pelucones*). ‖ — **Luco** (RAMÓN), político chileno (1835-1919), pres. de la Rep. de 1910 a 1915.

barrote m. Barra gruesa.

Barrow in Furness, c. y puerto de Gran Bretaña (Lancaster).

Barrundia (José Francisco), político guatemalteco (1784-1854), pres. de la Rep. Federal de las Provincias Unidas de Centro América de 1829 a 1830. — Su hermano JUAN fue jefe del Estado de 1824 a 1826 y en 1829.

barruntador, ra adj. Que barrunta.

barruntamiento m. Barrunto.

barruntar v. t. Prever, presentir.

barrunte y **barrunto** m. Indicio, señal. | Presentimiento.

Barry (Jeanne BÉCU, *condesa* DU) [1743-1793], favorita de Luis XV, decapitada durante el Terror.

Bartok (Bela), músico húngaro (1881-1945), uno de los más eminentes compositores contemporáneos. Autor, inspirado en la tradición folklórica de su país, de *Microcosmos,* 3 conciertos de piano, 6 cuartetos de cuerda, *El castillo de Barba Azul, El mandarín maravilloso,* una ópera y numerosas obras vocales.

bartola f. *Fam.* Barriga. ‖ *Fam. A la bartola,* boca arriba ; sin mucho cuidado, sin preocuparse de nada.

Bartolache (José Ignacio), matemático, médico y químico mexicano (1739-1790).

Bártolo, jurisconsulto italiano, n. en Sassoferrato (Urbino) [1314-1357].

Bartolomé (San), uno de los doce apóstoles. Fiesta el 24 de agosto.

Bartolomé Masó, mun. de Cuba (Granma).

Bartrina (Joaquín María), poeta español (1850-1880).

bártulos m. pl. *Fig.* Trastos, chismes.

Barú, volcán de Panamá, 3 475 m. — Distr. de Panamá (Chiriquí).

barullo m. *Fam.* Confusión.

basa f. Asiento de la columna.

Basadre (Jorge), escritor, crítico y ensayista peruano, n. en 1903.

Basaldua (Héctor), pintor y escenógrafo argentino (1895-1976).

basáltico, ca adj. De basalto.

basalto m. Roca volcánica negra o verdosa, muy dura.

basamento m. *Arq.* Cuerpo formado por la basa y el pedestal de la columna. | Parte inferior de una construcción en la que descansa la obra.

basar v. t. Apoyar una base en otra. ‖ *Fig.* Fundar, apoyar. Ú. t. c. pr. : *basarse*

71

en datos falsos. | Tener su base: *escuadrilla basada en Torrejón* (ú. t. c. pr.).

Basauri, mun. de España (Vizcaya). Forma parte del Gran Bilbao.

basca f. Ganas de vomitar, náuseas.

bascosidad f. Ansia, ganas de vomitar. || Asco. || Inmundicia.

bascoso, sa adj. Que tiene bascas o náusias. || Inmundo, sucio.

báscula f. Aparato para pesar : *platillo de la báscula.* || *Fig.* Cosa que oscila sobre un eje horizontal. || *Fort.* Máquina para levantar el puente levadizo.

basculador m. Volquete.

bascular v. i. Ejecutar un movimiento de báscula alrededor de un punto en equilibrio. || En algunos vehículos de transportes, inclinarse la caja para descargar la carga.

Baschi o **Bassi** (Mateo), religioso de San Francisco (1495-1552), fundador de la Orden de los Capuchinos (1528).

base f. Asiento, apoyo o superficie en que se sostiene un cuerpo : *base de una construcción.* || Basa de una columna. || Parte inferior de un cuerpo. || *Fig.* Fundamento : *la base de un razonamiento.* | Origen : *ésta fue la base de su riqueza.* || *Geom.* Lado o cara en que se supone descansa una figura. || *Mat.* Cantidad que ha de elevarse a una potencia dada. || *Mil.* Lugar de concentración de los medios necesarios para emprender una operación terrestre, aérea o naval: *base de operaciones.* || *Quím.* Cuerpo que puede combinarse con los ácidos para formar sales. || *Topogr.* Recta de la cual es parte. || Conjunto de militantes de un partido u organización sindical, y también de los trabajadores de una empresa o ramo industrial. || — *A base de,* teniendo como fundamento. || *Base de datos,* informaciones almacenadas en un ordenador. || *Base imponible,* cantidad gravada con impuestos. | *Sueldo base.* V. SUELDO.

base-ball [*béisbol*] m. (pal. ingl.). Béisbol, pelota base.

básico, ca adj. Que sirve de base.

basidio m. Célula madre de las esporas de ciertos hongos.

basidiomicetos m. pl. Hongos provistos de basidios (ú. t. c. adj.).

Basilea, c. de Suiza, a orillas del Rin ; cap. del cantón homónimo, en la frontera con Francia y Alemania. Obispado. Centro comercial. Importante puerto fluvial.

basileense y **basilense** adj. y s. Basiliense (Suiza).

basílica f. Edificio público que servía a los romanos de tribunal y sitio de reunión. || Nombre de algunas iglesias : *la basílica de Lourdes.*

Basilicata, ant. *Lucania,* región del S. de Italia ; c. pr. *Potenza.*

basiliense adj. y s. De Basilea (Suiza).

basilisco m. Animal fabuloso que mataba con la mirada. || Reptil de América parecido a la iguana. || *Fam.* Hecho un basilisco, furioso, iracundo.

basket-ball [*básketbol*] m. (pal. ingl.). Baloncesto.

Basora o **Basrah,** c. de Irak, cap. de la prov. homónima. Puerto fluvial de Bagdad. Petróleo.

Bas-Rhin, dep. de Francia ; cap. *Estrasburgo.*

Bass, estrecho que separa Australia de Tasmania.

Bassano (Jacopo, DA PONTE, llamado el), pintor realista italiano (¿ 1510-1592 ?).

Basses || ~-Alpes, n. del dep. francés de *Alpes de Haute-Provence* hasta 1970. || ~-Pyrénées, n. del dep. francés de *Pyrénées-Atlantiques* hasta 1969.

basset m. Perro pachón.

Basse-Terre, v. y puerto de la isla de Guadalupe, cap. del dep. francés de Guadalupe. Obispado.

Bassi (Mateo). V. BASCHI.

basta f. Hilván. || Puntada dada al colchón.

bastante adj. Suficiente : *tiene bastantes amigos.* || — Adv. Ni mucho ni poco : *comí bastante.* || No poco : *bastante tonto.* || *Mex.* Demasiado.

bastar v. i. Ser suficiente.

bastardear v. i. Degenerar. || — V. t. Falsear, falsificar.

bastardeo m. Degeneración.

bastardía f. Calidad de bastardo.

bastardilla f. Dícese de la letra de imprenta ligeramente inclinada hacia la derecha (ú. t. c. s. f.).

bastardo, da adj. Nacido fuera del matrimonio : *hijo bastardo* (ú. t. c. s.). || Que pertenece a dos géneros distintos : *especie bastarda ; estilo bastardo.* || Que no es de raza pura : *perro bastardo.* || Letra bastardilla. || *Fig.* Innoble, ilegítimo.

Basterra (Ramón de), poeta y diplomático español (1888-1928).

Bastetania, ant. región de la Bética, que perteneció luego a la prov. Tarraconense (España).

bastetano, na adj. y s. De Bastetania (España).

basteza f. Calidad de basto.

Bastia, c. y puerto de Córcega, cap. del dep. de Alta Córcega.

Bastidas (Rodrigo de), navegante y conquistador español (1460-1526). Hizo una expedición a las costas venezolanas y colombianas y llegó hasta Panamá (1501). Fundador de la c. de Santa Marta en 1525 (Colombia).

bastidor m. Armazón de madera o metal que sirve de soporte a otros elementos : *bastidor de pintor, de puerta, de máquina,* etc. || Lienzos pintados que, en los teatros, se pone a los lados del escenario. || Armazón que soporta una máquina, una automóvil, etc. || *Mar.* Armazón en que se apoya la hélice. || *Fig. Entre bastidores,* en la intimidad, en secreto.

Bastilla, fortaleza de París, convertida en prisión de Estado y tomada por el pueblo el 14 de julio de 1789.

Bastimentos, isla y pobl. de Panamá (Bocas del Toro).

bastión m. *Fort.* Baluarte.

basto, ta adj. Grosero, tosco : *tela basta.* || Ordinario, vulgar, poco fino : *hombre basto.* || — M. Albarda. | Naipe del palo de bastos. || — Pl. Uno de los cuatro palos de la baraja española.

bastón m. Palo con puño y contera para apoyarse al andar. || Insignia de autoridad civil o militar : *bastón de mando.* || Palo en que se apoya el esquiador.

bastoncillo m. *Anat.* Elemento de ciertas células de la retina.

bastonero m. El que hace o vende bastones. || El que dirige ciertos bailes o ceremonias.

basura f. Desperdicio, inmundicia : *colector de basuras.* || Estiércol de las caballerías. || *Fig.* Cosa vil, asquerosa.

basurero, ra m. y f. Persona que recoge la basura. || — M. Sitio donde se arroja y amontona la basura.

Basurto (Luis G.), escritor mexicano, n. en 1920, autor de numerosas obras de teatro.

Basutolandia, antiguo protectorado británico en África austral de 1868 a 1966. (V. LESOTHO.)

bata f. Ropa larga y cómoda que usa para estar en casa o para trabajar.

Bata, c. y puerto de Guinea Ecuatorial, cap. de Mbini. Obispado.

Bataán, peníns. montañosa en la isla de Luzón (Filipinas), al NO. de la bahía de Manila.

Batabanó, golfo de Cuba, entre el cabo Francés y la peníns. de Zapata. — Térm. mun. y puerto de Cuba, frente a la isla de Pinos (La Habana).

batacazo m. Caída.

batahola f. *Fam.* Jaleo, gran ruido.

Batalha [-*lla*], c. de Portugal (Extremadura). Monasterio de estilo gótico y manuelino (s. XIV-XVI).

batalla f. Combate : *ganar, perder la batalla.* || Orden de batalla : *formar en batalla.* || Distancia de eje a eje en un coche o carruaje. || *Fig.* Lucha, pelea. | Agitación, inquietud interior. || — *Fig. Batalla de flores,* fiesta en la que los participantes se arrojan flores. | *Dar batalla,* dar guerra. | *De batalla,* de uso diario : *traje de batalla.*

batallador, ra adj. y s. Que batalla.

batallar v. i. Pelear, combatir, luchar.

batallón, ona adj. Combativo. || Revoltoso : *un niño batallón.* || — M. Unidad militar compuesta de varias compañías. || *Fig.* Grupo grande de personas.

batán m. Máquina compuesta de mazos de madera que golpean y enfurten los paños.

Batangas, c. y prov. de Filipinas, al S. de la isla de Luzón.

batata f. Planta convolvulácea, de raíz comestible. || Esta raíz.

Bátava (REPÚBLICA), nombre de *Holanda* de 1795 a 1806.

Batavia. V. YAKARTA.

bátavo, va adj. y s. De la República Bátava, ant. n. de Holanda.

batayola f. Baranda de los barcos.

bate m. (pal. ingl.). Pala en el béisbol.

batea f. Bandeja. || Barco pequeño en forma de cajón. || Vagón descubierto de bordes muy bajos. || *Amer.* Vasija para lavar.

bateador m. Jugador de béisbol que emplea el bate.

batear v. t. Dar a la pelota con el bate.

batel m. Bote, barca.

batelero m. y f. Barquero.

batería f. *Mil.* Conjunto de cañones. | Unidad de artillería : *batería contracarro.* | Obra de fortificación que contiene cierto número de cañones. || *Mar.* Conjunto de cañones de cada puente o cubierta. || *Mús.* Conjunto de instrumentos de percusión de una orquesta. | Tambor y platillos de una orquesta. || *Electr.* Agrupación de varios acumuladores, pilas o condensadores dispuestos en serie. | Acumulador. || *Teatr.* Fila de luces del proscenio. || — *Aparcar en batería,* colocar un coche oblicuamente a la acera. | *Batería de cocina,* conjunto de cacerolas y otros utensilios. || — M. y f. *Mús.* Persona que toca la batería.

batey m. *Cub.* En los ingenios de azúcar, conjunto de la maquinaria para la zafra.

Bath, c. de Gran Bretaña (Somerset).

Bathurst. V. BANJUL.

Bathy, c. de Grecia en la isla de Samos.

batiborrillo o **batiburrillo** m. Revoltijo, mezcolanza.

baticola f. Correa sujeta a la silla, terminada en un ojal, donde entra la cola del caballo.

batida f. Caza que se hace batiendo el monte. || Reconocimiento y registro de un lugar en busca de alguien : *batida de la policía.* || Recorrido del campo para levantar la caza.

batido, da adj. Dícese de los tejidos de seda que presentan visos distintos. || Aplícase al camino muy andado. || — M. Acción de batir. || Refresco de leche o fruta pasado por la batidora.

batidor, ra adj. y s. Que bate : *batidor de cobre.* || — M. Explorador que reconoce el campo. | Cada uno de los soldados de caballería que preceden al regimiento. | Peine para batir el pelo. || *Mont.* El que levanta la caza en las batidas. || — F. Aparato en que se baten los alimentos : *hacer una salsa con la batidora.*

batiente adj. Que bate. || — M. Marco de las puertas y ventanas en que éstas baten al cerrarse. | Hoja de la puerta. | Lugar que bate el mar.

batín m. Bata corta de casa.

batintín m. Gong.

batir v. t. Golpear con fuerza alguna cosa : *las olas baten la costa.* || Alcanzar, llegar hasta : *batir las murallas a cañonazos.* || Derribar, tirar abajo : *batir un blocao.* || Anular, destruir. || Dar el Sol, el aire, el agua en una parte. || Superar : *batir una marca.* | Mover con fuerza : *batir las alas, la lana.* | Revolver una cosa para trabarla : *batir los huevos.* | Martillar un metal hasta reducirlo a chapa. || Bajar las banderas en señal de respeto. || Acuñar : *batir moneda.* || Derrotar, vencer : *batir al adversario.* || Cardar el pelo. || Reconocer, registrar un lugar : *batir el campo.* || *Arg. Fam.* Contar, relatar." || — V. pr. Combatir, pelear : *batirse en duelo.* || *Mex.* Ensuciarse : *batirse de pintura.*

batiscafo m. Aparato de exploración submarina que desciende a gran profundidad.

batista f. Tejido fino de lino.

Batista (Fulgencio), general cubano (1901-1973), caudillo del movimiento militar contra Céspedes en 1933. Pres.

de la Rep. de 1940 a 1944, volvió al Poder en 1952, mediante un golpe de Estado, y fue derrocado en 1958 por Fidel Castro.

Batlle, pobl. del Uruguay (Lavalleja).

Batlle (Lorenzo), general y político uruguayo (1810-1887), pres. de la Rep. de 1868 a 1872. || **— Berres** (LUIS), político uruguayo (1897-1964), pres. de la Rep. de 1947 a 1951 y del Consejo Nacional de Gobierno de 1955 a 1959. || **— Planas** (JUAN), pintor surrealista argentino (1911-1966). || **— y Ordóñez** (JOSÉ), político uruguayo (1856-1929), pres. de la Rep. de 1903 a 1907 y 1911 a 1915.

Batna, c. y dep. de Argelia.

bato m. *Pop.* Padre. | Tonto.

Baton Rouge, c. de Estados Unidos, cap. de Luisiana. Universidad. Puerto fluvial. Refinería de petróleo

batracios m. pl. Clase de animales de sangre fría, como la rana y el sapo (ú. t. c. adj.).

Batres || **— Jáuregui** (Antonio), historiador y filósofo guatemalteco (1847-1929). | **— y Montúfar** (JOSÉ), poeta y cuentista guatemalteco (1809-1844).

Battenberg. V. MOUNTBATTEN.

Battistesa (Ángel J.), crítico y escritor argentino, n. en 1902, autor de notables ensayos literarios.

Batuecas (Las), comarca de España en la prov. de Salamanca.

Batumo Batumi, c. y puerto de la U. R. S. S. (Georgia), en el mar Negro, cap. de Adjaria.

baturro, rra adj. Aragonés rústico (ú. t. c. s.). || Relativo a él.

batuta f. Varita con la que marca el compás el director de orquesta. || *Fig. y fam.* Llevar una la batuta, dirigir.

Batuta (Ibn), viajero y geógrafo árabe (1307 1377 ó 1384)

Baucis. V. FILEMÓN.

Baudelaire (Charles), poeta parnasiano y escritor francés, n. en París (1821-1867), autor de *Las flores del mal* y *Pequeños poemas en prosa.*

Baudó, mun., sierra y río de Colombia (Chocó) ; 150 km.

baúl m. Maleta muy grande, cofre.

bauprés m. *Mar.* Palo horizontal fijado en la proa del barco.

Baurés (RÍO). V. BLANCO.

Baurú, c. del Brasil (São Paulo).

Bauta, mun. de Cuba (La Habana).

bautismal adj. Del bautismo.

bautismo m. Sacramento de la Iglesia que confiere el carácter de cristiano. || Su ceremonia. || *Fig. Bautismo de fuego,* primer combate. | *Bautismo del aire,* primer vuelo en avión.

bautista m. El que bautiza. || Miembro de una secta protestante. || *El Bautista,* en onomasia, san Juan.

Bautista Saavedra, prov. de Bolivia (La Paz) ; cap. *Villa General Juan José Pérez.*

bautizar v. t. Administrar el bautismo. || Bendecir una campana. || Poner nombre : *bautizar una calle.* || *Fig. y fam.* Dar a una persona o cosa otro nombre que el suyo. | Aguar el vino. || — V. pr. Recibir el bautismo.

bautizo m. Acción de bautizar y fiesta con que se solemniza.

Bautzen, c. de Alemania Oriental, al este de Dresde.

bauxita f. Hidrato de alúmina que se encuentra en una roca blanda de color rojizo.

bávaro, ra adj. y s. De Baviera (Alemania).

Baviera, región de Alemania, que forma, con Franconia y Suabia, un Estado de la Rep. Federal de Alemania. Cap. *Munich.* — c. pr. *Augsburgo, Nuremberg, Rastibona, Bayreuth.*

baya f. Fruto carnoso de una planta con pepitas como la uva y la grosella.

Bayaceto I, sultán turco (1354-1402), que conquistó Asia Menor, derrotó a los cristianos en Nicópolis (1396) y fue hecho prisionero por Tamerlán en Ancira (1402).

bayadera f. Bailarina y cantora de la India.

bayamés, esa adj. y s. De Bayamo (Cuba).

Bayamesa, pico de Cuba (Granma); 1 700 m.

Bayamesa (*La*), himno nacional cubano, adoptado en Bayamo durante la *Guerra Grande.*

Bayamo, c. de Cuba, cap. de la prov. de Granma.

Bayamón, c. del N. de Puerto Rico (San Juan).

Bayano o de los Plátanos, río de Panamá (Los Santos) ; 160 km.

Bayardo (Pierre DU TERRAIL, *señor de*), militar francés (1476-1524), célebre por su valor y caballerosidad. Se le dio el nombre del *Caballero sin miedo y sin tacha.*

Bayas, sector de la Sierra Madre Occidental de México (Durango).

bayeta f. Tela de lana basta. || Trapo de fregar.

Bayeu Subias (Francisco), pintor español (1734-1795), cuñado de Goya.

Bayle (Édgar), poeta argentino, n. 1919.

bayo, ya adj. De color blanco amarillento : *caballo bayo.*

Bayo, cerro de la Argentina, en la sierra de Belén ; 3 000 m.

Bayona, v. de España (Pontevedra). Pesca. Playas. — C. del S. de Francia (Pyrénées-Atlantiques), a orillas del Adur. Obispado. Industrias.

bayoneta f. Hoja de acero que se fija en el cañón del fusil.

bayonetazo m. Golpe dado con la bayoneta y herida producida.

Bayreuth, c. de Alemania Occidental (Baviera), a orillas del Meno. Festival musical anual.

baza f. Naipes que recoge el que gana. || *Fig.* Oportunidad, posibilidad. | Ventaja. || *Fig.* y *fam. Meter baza en un asunto,* intervenir en él.

Baza, c. de España (Granada). En 1971 se encontró aquí una escultura iberofenicia (*La dama de Baza*), ejecutada hace 23 siglos. Obispado de Guadix-Baza.

Bazaine [-zán] (Achille), mariscal de Francia (1811-1888), jefe, después de Forey, de la expedición a México (1863-1867).

Bazán (Álvaro de), almirante español (1526-1588), que luchó contra los turcos en Lepanto (1571). Fue marqués de Santa Cruz.

bazar m. En Oriente, mercado público. || Tienda donde se venden toda clase de objetos.

Bazin (René), novelista francés (1853-1932) || — (HERVÉ), novelista francés, n. en 1911, autor de *Víbora en el puño, Muro de obstinación, Levántate y anda.*

bazo m. *Anat.* Víscera vascular situada en el hipocondrio izquierdo entre el colon y las costillas falsas.

bazofia f. Sobras de comidas. || *Fig.* Comida mala. | Cosa, despreciable.

Baztán, valle pirenaico regado por el río Bidasoa (Navarra). Agricultura. — Mun. de España (Navarra).

bazuca o bazooka m. Tubo portátil empleado para lanzar cohetes contra los tanques, lanzagranadas.

be f. Nombre de la letra *b.*

Be, símbolo del *berilio.*

Beaconsfield, c. del Canadá (Quebec), en las cercanías de Montreal.

Beagle, canal del extremo meridional de América del Sur, entre la Tierra del Fuego y las Islas Navarino y Hoste.

beamontés, esa adj. y s. V. AGRAMONTÉS.

Bearn, ant. prov. del SO. de Francia ; cap. *Pau.*

bearnesa adj. Dícese de una salsa hecha con yemas de huevo y mantequilla. || *f.* Esta salsa.

Beasain, v. de España (Guipúzcoa). Centro industrial. Central térmica.

Beata, cabo meridional de la Rep. Dominicana. — Isla de la Rep. Dominicana (Baoruco).

beatería f. Piedad exagerada.

beatificación f. Acción de beatificar : *la beatificación de Juana de Arco.*

beatificar v. t. Colocar entre los bienaventurados. || *Fig.* Hacer venerable.

beatífico, ca adj. Que hace bienaventurado a alguno. || Arrobado, contento : *sonrisa beatífica.*

beatitud f. Bienaventuranza eterna.

beatnik m. y f. Seguidor de un movimiento norteamericano aparecido hacia 1950 y basado en una reacción contra la vida y los valores tradicionales de los Estados Unidos (ú. t. c. adj.).

beato, ta adj. Bienaventurado. ||

Beatificado por la Iglesia católica (ú. t. c. s.). || Piadoso. || *Fig.* Que finge piedad, muy devoto. || — M. El que viste hábito religioso, sin vivir en comunidad. || Hombre muy devoto. || — F. *Fam.* Mujer muy devota. | Peseta.

Beatriz, n. en 1938, reina de Holanda tras la abdicación de su madre Juliana en abril de 1980.

Beatriz Portinari, dama florentina (¿ 1265 ?-1290), inmortalizada por Dante en *La Divina Comedia.*

Beauce, región de la cuenca de París, entre Chartres y Orleáns. — Región de Quebec (Canadá).

Beaujolais, región de Francia entre los ríos Loira y Garona. Vinos.

Beaumarchais [*bomarché*] (Pierre Augustin CARON DE), escritor francés, n. en París (1732-1799), autor de *El barbero de Sevilla* y *El casamiento de Fígaro.*

Beaumont, c. y puerto petrolero de Estados Unidos (Texas).

Beauport, c. del Canadá, en las cercanías de Quebec.

Beauvais, c. de Francia, cap. del dep. del Oise. Obispado. Industrias.

Beauvoir (Simone de), escritora francesa, n. en 1908. Discípula de Sartre, ha escrito ensayos, novelas, obras de teatro y memorias.

bebé m. Niño pequeño. — OBSERV. En Argentina se dice *bebe,* m., y *beba,* f.

bebedero m. Recipiente para dar de beber.

Bebedero, laguna de la Argentina (San Luis). — Río de Costa Rica, afl. del Tempisque.

bebedizo m. Bebida medicinal. || Bebida envenenada. || Bebida que tiene la virtud de provocar el amor.

bebedor, ra adj. y s. Que bebe.

beber m. Acción y efecto de beber. || Bebida.

beber v. i. y t. Absorber un líquido por la boca : *beber vino de la botella.* || Brindar : *beber por la salud de uno.* || *Fig.* Abusar de bebidas alcohólicas : *un hombre que bebe mucho.* | Informarse, aprender : *beber en fuentes fidedignas.* | Suspirar, ansiar : *bebe los vientos por su novia.* | Escuchar : *estaba bebiendo sus palabras.* | Consumir, devorar.

bebible adj. Que se puede beber.

bebido, da adj. Embriagado. || — F. Acción de beber. || Cualquier líquido que se bebe : *bebida alcohólica.* || *Fig.* Vicio de beber : *darse a la bebida.*

bebistrajo m. Bebida de mal sabor.

beca f. Pensión para cursar estudios.

becada f. *Zool.* Chocha.

becar v. t. Conceder a uno una beca.

becario, ria m. y f. Estudiante que tiene una beca.

Beccaria (Cesare de), filósofo y penalista italiano (1738-1794).

becerra f. Ternera de menos de un año.

Becerra (José Carlos), poeta mexicano (1937-1970), autor de *Oscura palabra.*

becerrada f. Corrida de becerros.

becerrista m. y f. Persona que torea becerros.

becerro m. Toro de menos de un año. || Piel de ternero curtida.

Becket (Santo Tomás). V. TOMÁS.

Beckett (Samuel), escritor irlandés, n. en 1906, autor de obras de teatro vanguardistas (*Esperando a Godot*). [Pr. Nobel, 1969.]

becuadro m. *Mús.* Signo que, colocado delante de una nota, indica que ésta deja de ser sostenida o bemol y recobra su sonido natural.

Bécquer (Gustavo Adolfo), poeta y escritor romántico español, n. en Sevilla (1836-1870), autor de popularísimas *Rimas* (*Volverán las oscuras golondrinas, Qué solos se quedan los muertos, Del salón en el ángulo oscuro,* etc.) y de *Leyendas.*

bechamel f. Salsa blanca hecha con harina, leche y mantequilla.

Bechar, ant. *Colomb-Bechar,* c. del Sáhara argelino y cap. del dep. de su nombre.

Bechuanalandia, ant. protectorado británico en África austral. (V. BOTSWANA.)

Beda el Venerable (San), historiador inglés y doctor de la Iglesia (672 ó 673-735). Fiesta el 27 de mayo.

bedel m. En un centro docente, empleado que cuida del orden, anuncia la entrada o salida de las clases.

Bedford, c. de Gran Bretaña (Inglaterra), a orillas del Ouse, cap. del condado homónimo. Automóviles.

Bedregal (Yolanda), escritora y escultora boliviana, n. en 1916, autora de poesías y de novelas.

beduino, na adj. y s. Árabe nómada del desierto.

Beecher-Stowe (Harriet), novelista norteamericana (1811-1896), autora del relato *La cabaña del tío Tom*.

beefsteak [*biftek*] m. (pal. ingl.). Bistec.

Beersheba o **Beer-Shev'a,** c. de Israel a orillas del Neguev.

Beethoven (Ludwig VAN), compositor alemán, n. en Bonn (1770-1827), autor de 32 sonatas para piano, 17 cuartetos, nueve sinfonías, cinco conciertos para piano y uno para violín, y de la ópera *Fidelio*.

befa f. Burla, escarnio.

befo, fa adj. De labio inferior grueso. ‖ *Zambo*, con los pies torcidos.

begonia f. Planta perenne de flores rosadas sin corola. ‖ Su flor.

begoniáceas f. pl. Plantas dispétalas del género de la begonia (ú. t. c. adj.).

Begoña, suburbio de la c. de Bilbao (España). Santuario.

begum f. Título de algunas princesas indias.

behetría f. Población cuyos vecinos podían elegir por señor a quien quisiesen.

Behistún, pobl. de Irán, en el Curdistán.

Behovia, pobl. del N. de España (Guipúzcoa), en la frontera con Francia.

Behring. V. BERING.

Behring (Emil Adolf VON), médico y bacteriólogo alemán (1854-1917), creador de la sueroterapia. (Pr. Nobel, 1901.)

beige adj. De color café con leche (ú. t. c. s. m.).

Beira, ant. prov. en el centro de Portugal, dividida hoy en tres : *Beira Alta* (cap. *Viseu*), *Beira Baja* (cap. *Castelo Branco*) y *Beira Litoral* (cap. *Coimbra*). — Puerto de Mozambique, cap. de la prov. de Sofala.

Beirut, cap. del Líbano ; puerto en el Mediterráneo ; 940 000 h.

béisbol m. Juego de pelota practicado sobre todo en Estados Unidos.

Beja, c. de Portugal, cap. del distr. homónimo (Alemtejo Bajo).

Bejaia o **Bijaia,** ant. *Bujía*, c. y puerto petrolero del N. de Argelia (Setif), en el golfo homónimo.

Béjar, v. de España (Salamanca).

bejucal m. Terreno poblado de bejucos.

Bejucal, mun. de Cuba (La Habana).

bejuco m. Nombre de varias plantas tropicales de tallos muy largos.

bel m. Unidad de intensidad sonora. (V. DECIBEL.)

Bel. V. BAAL.

Belalcázar, mun. de Colombia (Caldas). — V. de España (Córdoba).

Belalcázar. V. BENALCÁZAR.

Belaúnde Terry (Fernando), arquitecto y político peruano, n. en 1912, pres. de la Rep. en 1963, fue derrocado en 1968. Reelegido en 1980.

Belaval (Emilio S.), escritor puertorriqueño (1903-1973), autor de relatos, obras de teatro (*La hacienda de los cuatro vientos*) y ensayos.

Belcebú, n. del demonio, jefe de los espíritus del mal. (*Biblia.*)

Belchite, v. de España (Zaragoza).

beldad f. Belleza o hermosura.

Belem, c. del N. del Brasil, cap. del Estado de Pará ; puerto fluvial en el Amazonas. Arzobispado. — Suburbio de Lisboa (Portugal). Convento de los Jerónimos, de estilo manuelino (s. XIV).

belén m. *Fig.* Nacimiento : *artístico belén de Navidad*. ‖ *Fam.* Confusión, lío. Ú. m. en pl. : *no quiero meterme en belenes*. ‖ Sitio desordenado.

Belén, pobl. de la Argentina, cab. del dep. homónimo (Catamarca). — Pobl. de Nicaragua (Rivas). — Pueblo de Jordania (Cisjordania) en Palestina y a ocho km al S. de Jerusalén. En él nació Jesucristo. (Suele usarse la expr. *estar*, o *estar bailando, en Belén,* que

significa que está uno distraído.) — Pobl. del Paraguay (Concepción). ‖ ~ (CAMPO DE), llanura desértica de la Argentina, a una alt. de 1 000 m.

Beleño (Joaquín), escritor panameño, n. en 1921, autor de novelas (*Luna verde, Los forzados de Gamboa, Flor de banana*).

Belerofonte, héroe mitológico corintio, hijo de Poseidón. Montado en el caballo alado Pegaso, dio muerte a la Quimera en Licia.

Belfast, cap. y puerto de Irlanda del Norte o Ulster ; 444 000 h.

Belfort, c. del E. de Francia, cap. del territorio del mismo n.

belga adj. y s. De Bélgica.

Bélgica, Estado del O. de Europa, constituido en reino, que se encuentra entre Holanda, Alemania, Luxemburgo, Francia y el mar del Norte ; 30 507 km² ; 9 900 000 h. (*belgas*). El 44 p. ciento de la población es de habla francesa y el resto flamenco. Cap. *Bruselas*, 1 100 000 h. (área metropolitana). Otras c. : *Amberes*, 672 000 h. ; *Gante*, 248 000 ; *Lieja*, 440 000 ; *Malinas*, 80 000 ; *Ostende*, 72 000 ; *Brujas*, 120 000 ; *Verviers*, 60 000 ; *Lovaina*, 115 000 ; *Namur*, 100 000, y *Charleroi*, 229 000.
— GEOGRAFÍA. Bélgica comprende : al O., la *Baja Bélgica* (Flandes), región del litoral, en el centro, la *Bélgica intermedia*, llana y fértil, y al E. la *Alta Bélgica*, rica cuenca hullera. El país posee una agricultura y una ganadería productivas, una industria moderna y un comercio activo. Está dividida en nueve provincias (Amberes, Brabante, Flandes Occidental, Flandes Oriental, Henao, Lieja, Limburgo, Luxemburgo y Namur).

Belgorod. V. BIELGOROD.

Belgrado, cap. de Yugoslavia y de la república federada de Serbia, en la confluencia del Danubio y el Sava ; 1 455 000 h. Arzobispado. Universidad.

Belgrano, lago de la Argentina (Santa Cruz). — N. de cuatro dep. de la Argentina (La Rioja, San Luis, Santa Fe y Santiago del Estero). — Puerto militar de la Argentina, en el estuario de Bahía Blanca (Buenos Aires).

Belgrano (Manuel), general argentino, n. en Buenos Aires (1770-1820), héroe de la lucha por la independencia y miembro de la primera Junta Gubernativa. Dirigió la campaña del Paraguay (1811) y venció a las tropas españolas en las batallas de Tucumán (1812) y Salta (1813).

Belice, río de Guatemala, que des. en el golfo de Honduras ; 241 kilómetros. — C. y puerto de Guatemala, cap. del dep. homónimo. El dep. estuvo ocupado de facto por Gran Bretaña con el nombre de *Honduras Británica* y hoy es independiente con el nombre de *Belice* ; 22 965 km² ; 150 000 h. Cap. *Belmopan,* ant. *Belice*.

beliceNse o **beliceño, ña** adj. y s. De Belice.

belicismo m. Tendencia belicista.

belicista adj. y s. Partidario de la guerra.

bélico, ca adj. De la guerra.

belicosidad f. Calidad de belicoso.

belicoso, sa adj. Guerrero, inclinado a la guerra. ‖ *Fig.* Agresivo.

beligerancia f. Estado y calidad de beligerante.

beligerante adj. y s. Que participa en una guerra.

Belin (Edouard), ingeniero francés (1876-1963), descubridor de varios procedimientos de telefotografía.

belio m. *Fís.* Bel.

Belisario Boeto, prov. de Bolivia (Chuquisaca) ; cap. *Villa Serrano*.

Belitung. V. BILLITON.

Bélmez, v. de España (Córdoba).

Belmonte, v. de España (Cuenca).

Belmonte (Juan), torero español, n. en Sevilla (1892-1962). Se suicidó. ‖ ~ **Bermúdez** (LUIS), dramaturgo clásico español (1587-1650).

Belo Horizonte, c. del Brasil, cap. del Estado de Minas Gerais.

Belmopan, nombre actual de la ciudad de Belice.

Belovo o **Bielovo,** c. de la U.R.S.S. en Siberia.

Belt (Gran y Pequeño), n. de dos estrechos en Dinamarca, el primero entre las islas de Fionia y de Seeland, el segundo entre Fionia y Jutlandia, que unen el mar Báltico y el mar del Norte.

Beltraneja. V. JUANA LA BELTRANEJA.

Beluchistán, región de Asia meridional, que comprende el Irán oriental y parte del Paquistán, al N. del mar de Omán ; 350 000 km².

belvedere m. Mirador.

Belzú (Manuel Isidoro), general boliviano, n. en La Paz (1808-1865). En 1848 se apoderó del Poder y gobernó autoritariamente hasta 1855. Murió asesinado.

Bell (Alexander Graham), físico norteamericano, n. en Edimburgo (Escocia) [1847-1922], inventor del teléfono (1876).

Bell Ville, c. de la Argentina (Córdoba), cab. del dep. de Unión.

Bella ‖ ~ **Unión,** distr. de Chile (Talca). — Pobl. del Uruguay (Artigas). Puerto fluvial. ‖ ~ **Vista,** n. de tres pobl. de la Argentina (Buenos Aires, Corrientes y Tucumán). — Pobl. del Paraguay (Amanbay), ant. llamada *Villa Bella*.

Bella durmiente del bosque (La), cuento de Perrault. — Ballet de Tchaikowski.

bellaco, ca adj. y s. Pícaro.

belladona f. Planta solanácea narcótica y venenosa. (De sus flores se extrae un alcaloide, la atropina, que se utiliza en medicina.)

bellaquería f. Ruindad, vileza.

Bellay (Joachim DU), poeta francés (1522-1560), discípulo de Ronsard.

Belleau (Rémy), poeta francés de la Pléyade (1528-1577).

belleza f. Armonía física o artística

BÉLGICA

74

que inspira admiración y placer : *la belleza de Adonis.* ‖ Mujer hermosa.

Bellini, familia de pintores venecianos, cuyos miembros más notables fueron IACOPO (¿1400 ?-1470) y sus hijos GENTILE (¿1429 ?-1507) y GIOVANNI (¿1429 ?-1516). ‖ ~ (VICENZO), compositor de ópera italiano (18011835), autor de *Norma.*

bello, lla adj. Que tiene belleza, hermoso. ‖ *Fig.* Muy bueno.

Bello, c. de Colombia (Antioquia).

Bello (Andrés), escritor, filólogo, poeta, jurisconsulto y político americano, n. en Caracas en 1781, m. en Santiago de Chile en 1865. Estuvo con Bolívar en Londres (1810), y en 1829 se trasladó a Santiago de Chile, donde fue rector de la Universidad (1843). Redactó el *Código Civil de Chile* (1855). Sus poesías (*Alocución a la Poesía, Silva, La agricultura de la zona tórrida, La oración por todos*) son de honda inspiración americana. Escribió también una famosa *Gramática castellana.* V. PRETÉRITO.

Belloc (Hilaire), historiador, novelista y poeta inglés (1870-1953).

bellota f. Fruto de la encina.

Bellow (Saul), escritor norteamericano, n. en 1915, autor de novelas (*Herzog, Las aventuras de Augie March, El planeta de Mr. Sammler, Memorias de Mosby, Memorias del legado de Humboldt, El diciembre del decano,* etc.). [Pr. Nobel, 1976.]

Bellvís, c. de España (Lérida).

bemba f. *Amer.* Boca gruesa. ‖ Hocico, jeta. ‖ *Venez.* Bembo.

bembo, ba adj. *Méx.* Tonto. ‖ *Amer.* De labio grueso. — M. *Cub.* Bezo.

bembón, ona, adj. y s. *Cub.* Persona de labios pronunciados.

bemol m. *Mús.* Signo que baja la nota un semitono.

bemolado, da adj. Con bemoles.

Bembibre, v. de España (León).

ben, pal. semítica que significa *hijo de.* (Pl. *beni.*)

Ben Nevis, cima culminante de la Gran Bretaña, en Escocia ; 1 343 m.

Ben ‖ ~ **Bella** (Mohamed), político argelino, n. en 1916, uno de los artífices de la independencia de su país. Pres. de la Rep. en 1963, fue derrocado en 1965 y encarcelado hasta 1980. ‖ ~ **Gurión** (DAVID), político israelí (1886-1973), uno de los fundadores del Estado de Israel y jefe del Gobierno de 1948 a 1953 y de 1955 a 1963. ‖ ~ **Jonson.** V. JONSON.

Benalcázar (Sebastián de), conquistador español (1480-1551). Exploró el istmo de Panamá y después acompañó a Pizarro al Perú (1530). Gobernador de Piura, hizo una expedición al Ecuador y fundó Quito (1534) y Guayaquil (1535).

Benalmádena, pobl. del sur de España (Málaga), dividida en *Benalmádena Costa,* a orillas del mar, y *Benalmádena Pueblo,* un poco más al interior. Turismo. Casino de juego.

Benamejí, v. de España (Córdoba).

Benarés o **Banaras,** hoy *Varanasi.* c. de la India (Uttar Pradesh), a orillas del Ganges. Ciudad santa.

Benasque, mun. en el N. de España (Huesca). Estación de deportes de invierno en Cerler.

Benavente, v. de España (Zamora).

Benavente (Jacinto), dramaturgo español. n. en Madrid (1866-1954), autor de obras teatrales de todos los géneros, en las que pone de manifiesto sus dotes de observador : *Los intereses creados, La malquerida, Señora Ama, La ciudad alegre y confiada, Rosas de otoño, La noche del sábado, Campo de armiño, Pepa Doncel,* etc. (Pr. Nobel, 1922.)

Benavides, mun. de España (León).

Benavides (Óscar Raimundo), general peruano (1876-1945), pres. de la Rep. de 1914 a 1915 y de 1933 a 1939.

benceno m. Hidrocarburo incoloro, volátil y combustible extraído de la destilación del alquitrán.

bencina f. *Quím.* Mezcla de hidrocarburo que se emplea como carburante y como solvente.

bendecir v. t. Invocar en favor de uno o de algo la bendición divina : *bendecir la mesa.* ‖ Consagrar al culto : *bendecir un templo.* ‖ Alabar, celebrar : *bendecir a sus protectores.* ‖

Colmar de bienes a uno la Providencia. ‖ Agradecer, dar las gracias : *bendecir un favor.*

Bendery, c. de la U.R.S.S. (Moldavia).

bendición f. Acción y efecto de bendecir : *echar la bendición.* ‖ — Pl. Ceremonia del matrimonio, llamada tb. *bendiciones nupciales.*

bendito, ta adj. Bienaventurado. ‖ Dichoso.

Benedetti (Mario), escritor uruguayo, n. en 1920, autor de poesías (*Inventario*), ensayos (*Crítica cómplice*) y novelas (*Gracias por el fuego, Montevideanos, La tregua, Primavera con una esquina rota*).

Benedetto (Antonio di), escritor argentino, n. en 1922, autor de novelas (*Los suicidas, El silenciero, Zama*) y cuentos (*Mundo animal, Absurdos*).

benedicite m. Oración que se recita antes de la comida.

benedictino, na adj. y s. Perteneciente o relativo a la orden de San Benito, fundada en 529. (Los benedictinos transcribieron y conservaron las joyas literarias de Grecia y Roma.) ‖ *Fig.* Obra de benedictino, la que requiere mucha paciencia. — M. Cierto licor fabricado por benedictinos.

Benedicto ‖ — **I,** papa de 575 a 579. ‖ — **II** (San), papa de 684 a 685. ‖ — **III,** papa de 855 a 858. ‖ — **IV,** papa de 900 a 903. ‖ — **V,** papa de 964 a 966. ‖ — **VI,** papa de 973 a 974. ‖ — **VII,** papa de 974 a 983. ‖ — **VIII,** papa de 1012 a 1024. ‖ — **IX,** papa de 1032 a 1045. ‖ — **X,** antipapa de 1058 a 1060. ‖ — **XI,** papa de 1303 a 1304. ‖ — **XII,** papa de Aviñón de 1334 a 1342. ‖ — **XIII** (Pedro DE LUNA), antipapa aragonés de 1394 a 1423. Sobresalió por su piedad, su gran cultura y su tenacidad. ‖ — **XIII** (Orsini), papa de 1724 a 1730. ‖ — **XIV,** papa de 1740 a 1758. ‖ — **XV,** papa de 1914 a 1922.

Benedito (Manuel), pintor español (1875-1963).

benefactor, ra adj. y s. Bienhechor.

Benefactor. V. SAN JUAN DE LA MAGUANA.

beneficencia f. Virtud de hacer bien. ‖ Conjunto de institutos benéficos para socorrer a las personas necesitadas.

beneficiado, da m. y f. Persona en cuyo beneficio se da un espectáculo. — M. El que goza de un beneficio eclesiástico.

beneficiar v. t. Hacer bien : *beneficiar al género humano.* ‖ Hacer fructificar una cosa, poner en valor : *beneficiar un terreno.* ‖ Explotar una mina y someter los minerales a tratamiento metalúrgico. — V. i. y pr. Sacar provecho : *beneficiarse de una ocasión.*

beneficiario, ria adj. y s. Que goza de un beneficio (ú. t. c. s.).

beneficio m. Bien hecho o recibido : *colmar a uno de beneficios.* ‖ Utilidad, provecho : *beneficio industrial, comercial.* ‖ Cultivo de los campos. ‖ Acción de beneficiar minas o minerales. ‖ Producto de un espectáculo concedido a una institución benéfica o a una persona. ‖ Cargo eclesiástico que tiene una renta. ‖ — *Fig. A beneficio de inventario,* con su cuenta y razón, con precaución. ‖ *Beneficio de inventario,* a condición de no quedar obligado a pagar a los acreedores más de lo que importa la herencia misma.

beneficioso, sa adj. Provechoso, benéfico. ‖

benéfico, ca adj. Que hace bien : *remedio benéfico.* ‖ Relativo a la beneficencia : *dio una fiesta benéfica.* ‖ *dio una fiesta benéfica.*

Benaguacil, v. de España (Valencia).

Benelux, asociación creada en 1948 para establecer una unión aduanera y económica entre Bélgica, Holanda y Luxemburgo.

benemérito, ta adj. Digno de recompensa, meritorio. ‖ *La Benemérita,* la Guardia Civil española.

beneplácito m. Aprobación.

Benes (Edvard), político checo (1884-1948), pres. de la Rep. de 1935 a 1938 y de 1945 a 1948.

Benet (Juan), escritor español, n. en 1927, autor de novelas (*Nunca llegarás a nada, Un viaje de invierno, La otra casa de Mazón*). Ha escrito también obras de teatro y ensayos.

Benevento, c. de Italia, cerca de Nápoles, cap. de la prov. homónima.

benevolencia f. Bondad.

benevolente adj. Benévolo.

benévolo, la adj. Que tiene buena voluntad o afecto. ‖ Hecho gratuitamente : *acto benévolo.* ‖ Indulgente.

bengala f. Cohete luminoso.

Bengala, región de Asia meridional, dividida entre la Rep. India (*Bengala Occidental* ; cap. *Calcuta*) y Bangladesh (ant. *Bengala Oriental* ; cap. *Dacca*). — Golfo formado por el océano Índico, entre India, Bangladesh y Birmania.

bengalí adj. y s. De Bengala. ‖ — M. Lengua hablada en Bengala.

Bengasi, c. de Libia, cap. de Cirenaica.

Bengbu. V. PENGPU.

Benguela, c. y puerto de Angola.

beni, pal. semítica, plural de *ben,* que significa *hijos de.*

Beni, río de Bolivia, afl. del Madeira ; 1 700 km. — Dep. de Bolivia en la zona tropical ; cap. *Trinidad.*

beniano, na adj. y s. De Beni (Bolivia).

Benicarló, v. y puerto de España (Castellón de la Plana).

Benicasim, pobl. en el E. de España (Castellón). Turismo.

Benidorm, pobl. en el E. de España (Alicante). Turismo.

benignidad f. Calidad de benigno.

benigno, na adj. Afable, benévolo : *persona benigna.* ‖ *Fig.* Templado.

benimerin adj. y s. De una tribu oriunda del norte de África. (Los *benimerines,* en el s. XIII, sustituyeron a los almohades en la dominación de España.)

Benín, golfo entre las costas del país del mismo nombre y Nigeria. Fue un ant. reino a orillas de Guinea, que alcanzó el máximo apogeo en el s. XVII.

BENIN

— Estado de África Occidental, llamado hasta 1975 **Dahomey,** en el golfo de Benín ; 115 800 km² ; 3 380 000 h. Cap. *Porto Novo,* 115 000 h. C. pr. *Cotonú,* 178 000 h. Agricultura.

Benisa, v. de España (Alicante).

Benítez (Fernando), escritor mexicano, n. en 1912, autor de ensayos y novelas (*El agua envenenada*).

Benito de Nursia (San), monje italiano (¿480 ?-547), fundador de la orden de los benedictinos en 529.

Benito Juárez, delegación del Distrito Federal de México, en la capital del país.

benjamín, ina m. y f. Hijo menor.

Benjamín, último hijo de Jacob y Raquel.

Benjamín Aceval, ant. *Monte Sociedad,* pobl. del Paraguay (Presidente Hayes).

benjuí m. Bálsamo aromático.

Benlliure (Mariano), escultor español (1862-1947).

Bennet (Enoch Arnold), novelista inglés (1867-1931).

Benoit (Pierre), novelista francés (1886-1962), autor de *Koenigsmark, La Atlántida, La castellana del Líbano, La señorita de la Ferté,* etc.

Bentham (Jeremy), filósofo, economista y jurisconsulto inglés (1748-1832), fundador de la escuela utilitarista.

Benué, río de Nigeria y Camerún, afl. de Níger ; 1 400 km.

Benz (Carl Friedrich), ingeniero alemán (1844-1929), constructor de un motor de gas de dos tiempos (1878).

benzol m. Carburante formado por la mezcla de bencina y tolueno.

Beocia, ant. región y nomo de Grecia, al NE. del golfo de Corinto ; c. pr. *Tebas.* Centro de la cultura micénica.

beodo, da adj. y s. Borracho.

Beppu, c. y puerto del Japón, en la isla de Kiusiu.

Berazategui, c. y partido de la Argentina (Buenos Aires).

Berbeo (Juan Francisco de), patriota colombiano (1730-1795), que dirigió en 1781 la sublevación de los Comuneros de Socorro.

Berbera, puerto de Somalia.

berberecho m. Molusco bivalvo y comestible del norte de España.

Berbería, n. dado en otro tiempo a las regiones de África del Norte (Marruecos, Argelia, Túnez).

berberisco, ca adj. y s. Beréber.

berbiquí m. Taladro de mano.

Berceo (Gonzalo de), poeta español del mester de clerecía (¿ 1195-1264 ?). Escribió vidas de santos (*Vida de Santo Domingo, Vida de San Millán, Vida de Santa Oria*), obras de exaltación mariana (*Milagros de Nuestra Señora, Loores de Nuestra Señora, Duelos de la Virgen*) y otros libros de carácter religioso (*El martirio de San Lorenzo*).

Berchem, c. de Bélgica en los suburbios de Amberes.

beréber adj. y s. De Berbería.

berebere adj. y s. Beréber.

Berenguela, hija de Alfonso VIII de Castilla (1181-1244) y esposa de Alfonso IX de León. Madre de San Fernando.

Berenguer Ramón ‖ — **I,** conde de Barcelona de 1018 a 1039. ‖ — **II,** conde de Barcelona de 1076 a 1096.

Berenice (CABELLERA DE), constelación del hemisferio boreal.

berenjena f. Planta solanácea de fruto comestible. ‖ Este fruto.

berenjenal m. Plantío de berenjenas. ‖ Fam. Asunto o situación difícil : *meterse en un berenjenal.* | Confusión, desorden.

Beresford (William Carr), general inglés (1768-1854). Puso sitio a Buenos Aires en 1806.

Beresina, río de la U. R. S. S. (Rusia Blanca), afl. del Dniéper ; 613 km.

Berg (Alban), músico austríaco (1885-1935), creador del atonalismo.

Berga, c. del NE. de España (Barcelona), cap. de la comarca catalana de Bergadá.

Bergadá, en cat. *Berguedà,* comarca del NE. de España en Cataluña (Barcelona y Lérida) ; cap. *Berga.*

Bergamín (José), escritor español (1897-1983), autor de ensayos (*El arte de birlibirloque, Mangas y capirotes*), obras de teatro (*Enemigo que huye*) y poesías.

Bérgamo, c. de Italia (Lombardía), cap. de la prov. homónima. Obispado. Industrias mecánicas y textil.

bergamota f. Variedad de pera y lima muy aromáticas.

bergantín m. Barco de dos palos y vela cuadrada o redonda.

Bergen, c. y puerto del SO. de Noruega. Universidad. Centro industrial. Astilleros. ‖ ~ **op Zoom,** c. de Holanda (Brabante Septentrional).

Bergerac, c. de Francia (Dordogne).

Bergerac (Cyrano de). V. CYRANO.

Bergslag, región del centro de Suecia. Hierro. Metalurgia.

Bergson (Henri), filósofo francés (1859-1941). Su sistema se basa en la intuición de los datos de la conciencia liberada de la idea del espacio y el tiempo. (Pr. Nobel, 1927.)

Berguedà. V. BERGADÁ.

beri m. *Fam.* Con las del beri, con muy malas intenciones.

beriberi m. *Med.* Enfermedad provocada por la falta de vitaminas B y caracterizada por trastornos digestivos, edemas, hidropesía, parálisis e insuficiencia cardiaca.

berilio m. Metal ligero (Be), de número atómico 4, llamado también *glucinio.*

berilo m. Silicato natural de aluminio y berilio. (Cuando es verde es la esmeralda ; azul transparente, el aguamarina ; rosa, la morganita ; amarillo, el heliodoro.)

Bering (ESTRECHO DE), estrecho que comunica el océano Glacial Ártico y el mar homónimo, entre Alaska y el Extremo Oriente soviético. ‖ — (MAR DE), mar del océano Pacífico, entre Alaska y las islas Aleutianas.

Bering o Behring (Vitus), marino y explorador danés (1681-1741), al servicio de Pedro el Grande de Rusia. Descubrió las islas Aleutianas y Alaska.

Berisso (Emilio), dramaturgo argentino (1878-1922).

Beristain (Joaquín), músico mexicano (1817-1839).

Beristayn (Jorge), pintor argentino (1894-1964), excelente paisajista y retratista.

Berja, pobl. de España (Almería).

Berkeley, c. de Estados Unidos (California), en la bahía de San Francisco. Universidad.

berkelio m. Elemento químico (Bk), de número atómico 97, obtenido artificialmente al bombardear el americio con partículas alfa.

Berkshire, condado de Inglaterra ; cap. *Reading.*

Berlín, c. de Alemania, a orillas del Spree, ant. cap. del país, dividida hoy en *Berlín Oeste,* parte antes ocupada por los Estados Unidos, Gran Bretaña y Francia (3 135 000 h.) y *Berlín Este* (cap. de la Rep. Democrática, 1 100 000 h.). Universidad. Industrias. — Distr. de El Salvador (Usulután).

berlina f. Coche cerrado, comúnmente de dos asientos. ‖ Automóvil cerrado de conducción interior, llamado también *sedán.* ‖ Departamento delantero en un vehículo de viajeros.

berlinés, esa adj. y s. De Berlín (Alemania).

Berlioz (Hector), músico francés (1803-1869), autor de óperas (*Benvenuto Cellini, Romeo y Julieta, La condenación, de Fausto*), de la *Sinfonía fantástica,* cantatas, *Réquiem,* etc.

Bermejo, ja adj. Rubio rojizo.

Bermejo, río de América del Sur, que nace en los Andes de Bolivia, forma la frontera bolivianoargentina y es afl. del Paraguay ; 1 800 km. — Río de la Argentina (Catamarca), que recibe también el n. de *Vinchina.* Desaparece por infiltración.

Bermejo (Bartolomé), pintor español del s. xv, autor de obras de gran realismo y acendrada técnica.

bermellón m. Color rojo vivo.

Bermeo, c. de España (Vizcaya).

bermuda m. Pantalón corto que llega hasta las rodillas.

Bermudas, archip. británico del Atlántico, al NE. de las Antillas ; 53,5 km² ; cap. *Hamilton.*

Bermúdez, ant. Estado de Venezuela, hoy dividido entre los de *Anzoátegui, Monagas y Sucre.*

Bermúdez (Jerónimo), religioso dominico y poeta español (¿ 1530 ?-1599), autor de la tragedia *Nise lastimosa.* ‖ — (JOSÉ FRANCISCO), militar y patriota venezolano (1782-1831), defensor de Cartagena en 1815. ‖ — (RICARDO J.), escritor panameño, n. en 1914, poeta surrealista y ensayista. ‖ — **de Castro** (SALVADOR), diplomático y escritor español (1817-1883), inventor de la estrofa en octavas italianas,

que recibió en su honor el nombre de *bermudina.* Fue duque de Ripalda.

Bermudo ‖ — **I** *el Diácono,* rey de Asturias y León de 789 a 791. ‖ — **II** *el Gotoso,* rey de Asturias y León de 982 a 999. ‖ — **III,** rey de León de 1027 a 1037. M. en la batalla de Támara (Palencia).

Berna, cap. de Suiza, en el cantón homónimo, a orillas del Aar ; 285 000 h. Universidad. Industria activa. Residencia de oficinas internacionales y del Gobierno helvético.

Bernabé (Manuel), poeta filipino (1890-1960), autor de *Cantos del trópico, Perfil de cresta,* etc.

Bernadette Soubirous (Santa), pastora francesa (1844-1879) a la que se apareció la Virgen en Lourdes (1858). Fiesta el 10 de abril.

Bernadotte (Jean), mariscal de Francia (1763-1844). Adoptado por el rey de Suecia, fue soberano de este país en 1818 con el nombre de *Carlos XIV o Carlos Juan.*

Bernáldez (Andrés), sacerdote y escritor español (¿ 1450 ?-1513), llamado el *Cura de Los Palacios.* Autor de una *Historia de los Reyes Católicos.*

Bernanos (Georges), escritor francés (1888-1948), autor de las novelas *Bajo el sol de Satán, Diario de un cura de aldea, Los grandes cementerios bajo la luna, Diálogos de carmelitas,* etc.

Bernard (Claude), fisiólogo francés (1813-1878). Demostró la existencia de centros nerviosos independientes. ‖ ~ (PAUL, llamado **Tristan**), autor teatral francés (1866-1947).

Bernárdez (Francisco Luis), poeta argentino (1900-1978), autor de *Alcándara, El buque, La ciudad sin Laura, El Ángel de la Guarda, El arca, Poemas de cada día,* etc. ‖ — (MANUEL), escritor uruguayo (1867-1942).

Bernardin de Saint-Pierre (Henri), escritor francés (1737-1814), autor de la novela *Pablo y Virginia,* exaltación de la naturaleza, y de ensayos.

Bernardo (San), monje cisterciense francés (1090-1153). Fundó la abadía de Clairvaux y predicó la Segunda Cruzada. Fiesta el 20 de agosto. ‖ ~ **de Menthon** (San), fundador de los Hospicios de San Bernardo en los Alpes (923-1009). Fiesta el 15 de junio.

Bernardo del Carpio, personaje mítico español cuyas hazañas integran un ciclo del Romancero.

Bernat de Ventadorn o Ventadour, trovador provenzal del siglo XII en la Corte de Leonor de Aquitania.

bernés, esa adj. y s. De Berna (Suiza).

Berni (Antonio), pintor argentino de la Escuela Rioplatense (1905-1982).

Bernina macizo montañoso de los Alpes, entre Suiza e Italia ; 4052 m.

Bernini (Gian Lorenzo), pintor, escultor y arquitecto barroco italiano (1598-1680), autor de la doble columnata de San Pedro (Roma) y de la *Transverberación de Santa Teresa.*

Bernstein (Henri), autor dramático francés (1876-1953). ‖ — (LEONARD), músico norteamericano, n. en 1918, autor de *West Side Story.*

berraco m. Niño que berrea.

berrear v. i. Dar berridos o gritos estridentes al llorar o al cantar.

berrenchín m. Berrinche.

berrendo, da adj. Aplícase al toro que tiene manchas de color distinto : *berrendo en negro.*

Berri. V. BERRY.

berrido m. Voz del becerro y otros animales. ‖ *Fig.* Grito estridente.

berrinche m. *Fam.* Rabieta, enojo.

berro m. Planta crucífera comestible.

Berro (Adolfo), poeta romántico uruguayo (1819-1841), autor de la balada *Lirompeya.* ‖ ~ (BERNARDO PRUDENCIO), político y escritor uruguayo (¿ 1800 ?-1868), pres. de la Rep. de 1860 a 1864. M. asesinado.

Berrocal (Miguel ORTIZ), escultor español n. en 1933. Sus obras consisten en estructuras desmontables.

berroqueña adj. Piedra berroqueña, granito.

Berruecos (MONTES DE), región montañosa, cerca del Pasto (Colombia), donde fue asesinado Sucre.

Berruguete (Pedro), pintor español (¿ 1450 ?-1503 ó 1504), iniciador del renacimiento pictórico en España. — Su hijo ALONSO (¿ 1490 ?-1461) fue pintor y escultor famoso del Renacimiento.

Berry o **Berri**, ant. prov. y región del centro de Francia ; c. pr. *Bourges*.

Berthelot (Marcelin), químico francés (1827-1907), creador de la termoquímica.

Bertrán de Born, trovador provenzal (¿ 1140-1215 ?).

Bertrand (Francisco), político hondureño, m. en 1926. pres. de la Rep. de 1913 a 1919.

Beruete (Aureliano de), pintor paisajista español (1845-1912).

Beruti (Antonio Luis), militar argentino (1772-1841), que se distinguió en Chacabuco (1817). ‖ ~ (ARTURO), compositor argentino (1862-1938), autor de óperas (*Pampa, Los Héroes*).

Berwick, condado de Gran Bretaña, al SE. de Escocia ; cap. *Duns*.

Berwick (Jacobo Estuardo, *duque de*), militar inglés, naturalizado francés, hijo natural de Jacobo II de Inglaterra (1670-1734). Ganó en España la batalla de Almansa (1707).

berza f. *Bot.* Col. ‖ Cocido con muchas verduras.

berzas m. y f. inv. *Fam.* Berzotas.

berzal m. Campo de berzas.

Berzelius (Barón Jöns Jacob), químico sueco (1779-1848), uno de los creadores de la química moderna. Instituyó la notación atómica por símbolos.

berzotas m. y f. inv. *Fig.* Idiota.

besalamano m. Esquela encabezada con la abreviatura B. L. M., escrita en tercera persona a secas : *recibir un besalamano*.

besamanos m. inv. Ceremonia y modo de saludar que consiste en besar la mano a los príncipes y otras personas.

besamel y **besamela** f. Bechamel.

besana f. *Agr.* Labor de la tierra en surcos paralelos. ‖ Primer surco hecho. | Tierra dispuesta para la siembra. | Medida agraria de Cataluña (21,87 áreas) y de México (3 ha).

Besanzón, c. de Francia, cap. del dep. de Doubs. Arzobispado. Universidad. Metalurgia y relojería. Ant. cap. del Franco Condado.

besar v. t. Tocar con los labios una cosa en señal de amor, saludo, amistad o reverencia : *besar la mano, en los mejillas* (ú. t. c. pr.). ‖ *Fig. y fam.* Tocar unas a otras varias cosas (ú. t. c. pr.). ‖ *Llegar y besar el santo,* hacer una cosa de prisa.

Besarabia, región de la U. R. S. S. (Moldavia), entre los valles del Prut y del Dniéster. Agricultura.

Beskides, región montañosa de Europa central, al NO. de los Cárpatos (Checoslovaquia, Polonia).

beso m. Acción y efecto de besar. ‖ *Fig. Beso de Judas,* el que se da con hipocresía.

Bessemer (Henry), ingeniero inglés (1813-1898). Descubrió un método para fabricar el acero.

best seller m. (pal. ingl.). Libro, disco o cualquier otro producto que ha obtenido un gran éxito de venta.

bestia f. Animal cuadrúpedo, especialmente caballerías. ‖ — Com. *Fig.* Persona ruda, ignorante. | Persona bruta, poco delicada.

bestial adj. Brutal, irracional : *instintos bestiales.* ‖ *Fam.* Extraordinario, estupendo : *un proyecto bestial.* | Enorme : *hambre bestial.*

bestialidad f. Brutalidad. ‖ Pecado de lujuria cometido con una bestia. ‖ *Fam.* Barbaridad, tontería muy grande. | Gran cantidad.

bestializar v. t. Dar carácter bestial. ‖ — V. pr. Vivir como las bestias.

bestiario m. Gladiador.

besucón, ona adj. Que besuquea (ú. t. c. s.).

besugo m. Pez teléosteo de carne muy estimada. ‖ *Fam.* Majadero.

besuquear v. t. Besar repetidas veces.

besuqueo m. Acción de besuquear.

beta f. Letra griega (β) que corresponde a nuestra *b.* ‖ *Rayos β,* radiaciones emitidas por los cuerpos radiactivos.

Betancourt (Fray Agustín), cronista y

sacerdote mexicano (1620-1700), autor de *Arte de la lengua mexicana.* ‖ ~ (RÓMULO), político venezolano (1908-1981), pres. de la Rep. de 1945 a 1948 y, elegido por segunda vez, de 1959 a 1964. Fundador del partido de Acción Democrática. ‖ ~ **Cisneros** (GASPAR), patriota y escritor cubano (1803-1866).

Betancur (Belisario), político conservador colombiano, n. en 1923, Pres. de la Rep. desde agosto de 1982.

Betania, aldea de la ant. Palestina, cerca de Jerusalén. Hoy *El-Azarié.*

Betanzos, pobl. de Bolivia, cap. de la prov. de Cornelio Saavedra (Potosí). — V. de España (Coruña).

Betanzos (Juan de), cronista español (1510-1576).

betarraga f. Remolacha.

betatrón m. *Fís.* Acelerador electromagnético de partículas beta.

Beteta y Quintana (Ramón), economista mexicano (1901-1965).

Bethencourt (Juan de), marino francés, n. en Normandía (¿ 1360 ?-1425). Colonizó las Canarias al servicio de Enrique III de Castilla (1402). ‖ ~ (PEDRO DE), misionero español, n. en Canarias (1619-1667), fundador de una orden hospitalaria en Guatemala.

Bética, división de la España romana, regada por el río Betis (Guadalquivir). Hoy *Andalucía.* ‖ ~ (CORDILLERA), conjunto montañoso de España, borde meridional de la altiplanicie de Castilla la Nueva, formado por la Sierra Morena y la Sierra de Aracena.

bético, ca adj. De la Bética (ú. t. c. s.).

Betijoque, distr. y v. de Venezuela (Trujillo).

Betis, ant. n. del río *Guadalquivir.*

betlemita adj. y s. De Belén. ‖ Religioso de una orden hospitalaria. (La orden de los *betlemitas* fue fundada en Guatemala por Pedro de Bethencourt en el s. XVII.)

Betsabé, mujer con quien casó David. Madre de Salomón.

Betti (Ugo), dramaturgo italiano (1892-1953).

betuláceas f. pl. *Bot.* Familia de árboles angiospermos (ú. t. c. adj.).

Betulia, c. de la ant. Palestina.

betún m. Nombre de varias sustancias naturales, compuestas de carbono e hidrógeno, que arden con llama, humo espeso y olor peculiar. ‖ Crema o líquido con que se lustra el calzado.

betunero m. El que vende o fabrica betunes. ‖ Limpiabotas.

Beuthem. V. BYTOM.

bevatrón m. *Fís.* Acelerador de partículas del tipo sincrotón.

Beveren, c. de Bélgica (Flandes Oriental).

bey m. Gobernador turco.

bezo m. Labio grueso.

Beyle (Henri). V. STENDHAL.

Beziers, c. del S. de Francia (Hérault). Centro vinícola.

Bezwada o **Vijayavada,** c. de la India (Andhra Pradesh).

Bhadravati, c. de la India (Karnataka).

Bhagalpur, c. de la India (Bihar).

Bhatpara, c. de la India.

Bhavnagar, c. y puerto de la India (Gujerate).

Bhilai, c. de la India (Madhya Pradesh). Centro siderúrgico.

Bhopal, c. de la India, cap. del Estado de Madhya Pradesh.

Bhubaneswar, c. de la India, cap. de Orisa.

Bhután. V. BUTÁN.

Bi, símbolo del bismuto.

Biafra (República de), nombre que tomó la región sudeste de Nigeria durante la guerra de secesión (1967-1970).

Bialystok, c. del NE. de Polonia.

Bianchi (Alfredo A.), escritor y crítico argentino (1882-1942).

Biar, mun. al este de España (Alicante). Agricultura. Ganadería.

Biarritz, c. del SO. de Francia (Pyrénées-Atlantiques), en el golfo de Gascuña. Estación veraniega.

bibelot m. (pal. fr.). Pequeño objeto curioso, decorativo.

biberón m. Frasco con tetilla de goma para la lactancia artificial. ‖ Su contenido.

bibijagua f. *Cub.* Hormiga muy perjudicial para las plantas. ‖ *Fig. Cub.* Persona trabajadora y diligente.

bibijagüero, ra m. y f. *Amer.* Hormiguero. ‖ *Fig. y fam. Amer.* Tumulto.

biblia f. V. BIBLIA. ‖ *Amér.* C. Viveza, maña. ‖ *Fam. La biblia en pasta,* cantidad demasiado grande, mucho.

Biblia f. La Sagrada Escritura.
— Se divide la *Biblia* en Antiguo y Nuevo Testamento. El *Antiguo Testamento* se compone de tres grupos de libros (*Pentateuco, Profetas y Hagiógrafos*), escritos generalmente en hebreo y algunos pocos en griego. El *Nuevo Testamento,* redactado casi en su totalidad en griego, salvo el Evangelio de San Mateo, en hebreo, consta de los cuatro *Evangelios, Los Hechos de los Apóstoles, las Epístolas* y el *Apocalipsis.* La traducción hecha al latín del Antiguo Testamento, llamada *Versión de los Setenta,* fue realizada por San Jerónimo en el s. IV y el texto nuevo recibió el nombre de *Vulgata.*
En España, el cardenal Cisneros patrocinó una traducción de los libros sagrados al hebreo, caldeo, griego y latín (*Biblia Políglota Complutense*), realizada en Alcalá de Henares de 1514 a 1517, y Arias Montano dirigió otra versión, por orden de Felipe II, 1573 (*Biblia Políglota Antuerpiense o Regia*).

Biblián, pobl. y cantón del Ecuador (Cañar).

bíblico, ca adj. De la Biblia.

bibliófilo, la m. y f. Persona aficionada a libros raros y valiosos. ‖ Amante de los libros.

bibliografía f. Descripción de libros, de sus ediciones, etc. ‖ Conjunto de títulos de obras que tratan de un asunto : *bibliografía taurina.*

bibliográfico, ca adj. De la bibliografía : *notas bibliográficas.*

bibliógrafo, fa m. y f. Persona que se ocupa de bibliografía.

biblioteca f. Local donde se tienen libros ordenados para la lectura y la consulta. ‖ Colección de libros, manuscritos, etc. ‖ Librería, mueble para colocar los libros.

bibliotecario, ria m. y f. Persona encargada de una biblioteca.

Biblos, ant. c. de Fenicia, hoy en el Líbano donde recibe el nombre de *Jubayl.*

bicameral adj. De dos cámaras.

bicameralismo m. Sistema parlamentario de dos cámaras.

bicarbonato m. *Quím.* Sal ácida del ácido carbónico. ‖ La sal de sodio especialmente.

bicéfalo, la adj. Que tiene dos cabezas. ‖ *Fig.* Con dos jefes.

bicentenario m. Segundo centenario.

biceps adj. inv. *Anat.* Dícese de los músculos que tienen dos cabezas u orígenes, especialmente del brazo (ú. t. c. s. m.).

bici f. *Fam.* Bicicleta.

bicicleta f. Vehículo de dos ruedas iguales en que la de atrás se mueve por medio de unos pedales que actúan en una cadena.

biciclo m. Velocípedo de dos ruedas de tamaño desigual.

bicoca f. *Fig. y fam.* Cosa de poca monta, fruslería. | Ganga.

bicolor adj. De dos colores.

bicóncavo, va adj. *Ópt.* De dos caras cóncavas : *lentes bicóncavos.*

biconvexo, xa adj. *Ópt.* De dos caras convexa : *lentes biconvexos.*

bicornio m. Sombrero de dos picos.

bicromía f. Impresión en dos colores.

bicha f. Culebra.

bicharraco m. *Fam.* Animalucho. | Persona mala, tiparraco.

bicho m. Animal pequeño. ‖ Toro de lidia. ‖ *Fig.* Persona mala. ‖ — *Fam. Mal bicho,* persona mala. | *Todo bicho viviente,* todo el mundo.

bichoco, ca adj. *Méx.* Desdentado.

Bidasoa, río de los Pirineos occidentales, que señala la frontera (12 km) entre España y Francia ; 70 km.

bidé m. Recipiente de aseo empleado para lavados íntimos.

bidón m. Recipiente de hojalata o plástico para líquidos.

biela f. *Mec.* Barra metálica que une dos piezas móviles por medio de articulaciones, fijadas en los extremos de éstas, y que transforma y transmite un movimiento. ‖ Palanca del pedal de la bicicleta.

bieldo m. Instrumento de madera, en forma de tenedor, que sirve para aventar la mies.

Bielefeld, c. de Alemania Occidental (Rin Septentrional-Westfalia).

Bielgorod o **Belgorod**, c. de la U. R. S. S. (Rusia).

Bielorrusia. V. RUSIA BLANCA.

Bielovo. V. BELOVO.

Bielsko-Biala, c. de Polonia en Silesia y al sur de Katovice. Metalurgia.

Biella, c. de Italia (Piamonte).

bien adv. Según la moral ordena hacer : *discernir el bien del mal.* ‖ Lo que es bueno, favorable o conveniente : *eso fue un bien para mí.* ‖ Lo que es conforme al deber : *ser persona de bien.* ‖ Utilidad, beneficio : *el bien del país.* ‖ Lo que es objeto de un derecho o de una obligación : *bien familiar.* ‖ Lo que es propiedad de uno : *es un bien mío.* ‖ — Pl. Hacienda, caudal : *hombre de bienes.* ‖ *Productos* : *bienes de la tierra, de equipo.* ‖ — *Bienes gananciales,* los que adquieren los cónyuges durante el matrimonio. ‖ *Bienes inmuebles* o *raíces,* los que no pueden trasladarse. ‖ *Bienes mostrencos,* los que no tienen dueño conocido. ‖ *Bienes muebles,* los que pueden trasladarse. ‖ — Adv. Correctamente : *hablar, obrar bien.* ‖ Cómodamente : *vivir bien.* De modo agradable : *oler bien.* ‖ Bastante o mucho : *es bien malo; hemos caminado bien.* ‖ Se usa tb. para expresar el acuerdo. ‖ — Adj. Acomodado : *la gente bien.* ‖ — Conj. Ya sea : *bien por una razón, bien por otra, no lo haré.* ‖ — *Bien que,* aunque. ‖ *No bien, tan pronto como.* ‖ *Si bien,* aunque. ‖ *Tener a bien,* estimar justo o conveniente.

bienal adj. Que sucede cada bienio o que dura dos años. ‖ — F. Exposición que se celebra cada dos años.

bienandanza f. Felicidad, suerte.

bienaventurado, da adj. y. s. Que goza de Dios en el cielo. ‖ Afortunado, feliz.

bienaventuranza f. Visión beatífica de Dios en el cielo. ‖ Prosperidad, felicidad. ‖ — Pl. Las ocho felicidades que Jesús expuso en el Sermón de la Montaña a sus discípulos.

bienestar m. Estado del que está bien : *gran sensación de bienestar.*

bienhablado, da adj. Que habla con corrección (ú. t. c. s.).

bienhechor, ra adj. Que hace bien a otro (ú. t. c. s.).

bienintencionado, da adj. De buena intención (ú. t. c. s.).

bienio m. Período de dos años.

Bienne, c. y lago de Suiza (Berna).

bienquerer v. t. Querer.

bienquistar v. t. Poner bien a una o varias personas con otra u otras (ú. t. c. pr.).

bienquisto, ta adj. Que goza de buena fama, estimado.

bienteveo m. Mirador alto para vigilar. ‖ *Arg.* Pájaro de vientre amarillo.

bienvenida f. Parabién : *dar la bienvenida.*

bienvivir v. i. Vivir con holgura. ‖ Vivir honradamente.

Bierzo, comarca occidental de la prov. de León. C. pr. : *Ponferrada* y *Villafranca.*

bies m. Sesgo. ‖ *Al bies,* oblicuamente.

bifásico, ca adj. Aplícase a los sistemas eléctricos de dos corrientes alternas iguales procedentes del mismo generador.

bife m. *Amer.* Bistec. ‖ *Fam. Arg.* Guantada.

bifocal adj. *Ópt.* De doble foco.

bifurcación f. Punto donde una cosa se divide en dos.

bifurcarse v. pr. Dividirse en dos una cosa : *bifurcarse un camino.* ‖ Cambiar de dirección.

bigamia f. Estado del bígamo.

bígamo, ma adj. y s. Casado con dos personas a un tiempo.

bígaro m. Caracolillo marino.

Bignone (Reynaldo), militar argentino, n. en 1928, pres de la Rep. desde

julio de 1982. Sucedió a L. F. Galtieri (1982-1983) e inició un proceso democratizador en la política de su país.

bigornia f. Yunque con dos puntas opuestas.

bigote m. Pelos que cubren el labio superior (ú. t. en pl.). ‖ *De bigotes,* formidable ; enorme, muy grande.

bigotudo, da adj. y s. Que tiene mucho bigote.

bigudí m. Pinza o rizador sobre el cual las mujeres enroscan el pelo para ondularlo.

Bihar, Estado de la India, al E. de Uttar Pradesh ; cap. *Patna.*

Bihor o **Bihar**, macizo montañoso de Rumania ; 1 848 m.

Biisk, c. de la U. R. S. S. en Siberia (Rusia). Centro industrial.

bija f. Árbol bixáceo de América cuya semilla sirve para teñir de rojo y su fruto para hacer una bebida.

bijagua f. *Cub.* Árbol de hojas medicinales.

Bijaia. V. BEJAIA.

Bijapur, ant. *Vizapur,* c. del S. de la India (Karnataka).

bijirita f. *Cub.* Cometa.

Bikaner, c. de la India (Rayastán).

bikini m. Bañador de dos piezas de reducidas dimensiones.

Bikini, atolón del océano Pacífico (Marshall), polígono de explosiones atómicas desde 1946.

bilabial adj. Que se pronuncia con ambos labios (ú. t. c. s. f.).

Bilac (Olavo), poeta brasileño (1865-1918).

bilateral adj. Relativo a ambos lados. ‖ Que obliga a las dos partes firmantes : *contrato bilateral.*

bilbaíno, na adj. y s. de Bilbao (España).

Bilbao, c. del N. de España, cap. de la prov. de Vizcaya, en el estuario del río Nervión. Obispado. Universidad del País Vasco. Escuela de Ingenieros Industriales. Minas de hierro ; altos hornos ; astilleros.

Bilbao (Francisco), escritor y sociólogo chileno (1823-1865). Vivió desterrado. ‖ — (MANUEL), escritor chileno (1827-1895), autor de novelas (*El inquisidor mayor, El pirata de Guayas*).

Bilbilis, ant. n. de Calatayud.

bilbilitano, na adj. y s. De Bílbilis, hoy Calatayud (España).

biliar adj. De la bilis.

bilingüe adj. Que habla dos lenguas : *persona, región bilingüe* (ú. t. c. s.). ‖ Escrito en dos idiomas.

bilingüismo m. Uso de dos idiomas : *el bilingüismo paraguayo.*

bilioso, sa adj. Abundante de bilis. ‖ *Fig.* Desagradable.

bilis f. Humor viscoso, de color amarillo verdoso, amargo, segregado por el hígado. ‖ *Fig.* Mal humor, ira.

bilocular adj. Dividido en dos cavidades.

bill m. (pal. ingl.). Proyecto de ley en Gran Bretaña. ‖ La ley misma.

Bill (Búfalo). V. BÚFALO BILL.

billar m. Juego que consiste en empujar bolas de marfil con tacos sobre una mesa rectangular cubierta con un tapete verde. ‖ La misma mesa y sala donde se juega.

billarista com. Jugador de billar.

billetaje m. Conjunto de billetes para un espectáculo, una rifa, etc.

billete m. Carta o esquela : *billete amoroso.* ‖ Tarjeta o documento que da derecho para entrar en alguna parte, para viajar, etc. : *billete de toros, de ferrocarril, de avión.* ‖ Papeleta que acredita la participación en una lotería. ‖ Cédula emitida por un banco o por el Tesoro en reemplazo de las monedas de oro y plata : *pagar, cobrar en billetes.* ‖ *Blas.* Pequeña pieza rectangular. ‖ *Billete kilométrico,* el que da autorización para recorrer por ferrocarril cierto número de kilómetros por un precio determinado.

billetera y **billetero** m. y f. Cartera de billetes. ‖ *Mex.* Vendedor de billetes de lotería.

Billinghurst (Guillermo Enrique), político peruano (1851-1915), pres. de la Rep. en 1912, derrocado en 1914.

Billini (Francisco Gregorio), escritor y político dominicano (1844-1898), autor de la novela *Baní* y de obras de teatro. Pres. de la Rep. de 1884 a 1885.

Billiton o **Belitung**, isla de Indonesia, al E. de Sumatra ; 248 km². C. pr. *Tanjung Pandan.*

billón m. Un millón de millones. (En Estados Unidos, el billón equivale a mil millones.)

bimano, na o **bímano, na** adj. y s. *Zool.* De dos manos : *sólo el hombre es bímano* ‖ — M. pl. *Zool.* Grupo del orden de los primates, al cual sólo pertenece el hombre.

bimensual adj. Que ocurre dos veces por mes.

bimestral adj. Que ocurre cada bimestre o que dura dos meses.

bimestre m. Tiempo de dos meses.

bimetalismo m. Sistema monetario que utiliza como patrones el oro y la plata.

bimetalista adj. Partidario del bimetalismo (ú. t. c. s.). ‖ Relativo a dicho sistema.

bimotor adj. Dícese de los aviones de dos motores (ú. t. c. s. m.).

bina f. *Agr.* Acción y efecto de binar.

binador m. *Agr.* El que bina.

binar v. t. Arar por segunda vez.

binario, ria adj. Compuesto de dos elementos : *sistema binario.* ‖ V. CÓDIGO.

bingarrote m. *Méx.* Aguardiente destilado del maguey. ‖ Maguey.

bingo m. Juego de azar parecido a la lotería con cartones. ‖ Premio dado al ganador.

binguero, ra adj. Relativo al bingo. ‖ Empleado de una sala de bingo (ú. t. c. s.). ‖ Jugador de bingo (ú. t. c. s.).

binocular adj. Que se hace con ayuda de los dos ojos.

binóculo m. Anteojo para ambos ojos que se fija en la nariz.

binomio m. *Mat.* Expresión algebraica formada por dos términos, como $a - b$. ‖ *Binomio de Newton,* fórmula que da el desarrollo de las diferentes potencias a que puede elevarse un binomio.

biobiense adj. y s. De Biobío (Chile).

Biobío, río de Chile, uno de los más caudaloso del país ; 380 km. — VIII Región en el centro de Chile, formada por las prov. de Nuble, Biobío, Concepción y Arauco ; cap. *Concepción.* Centro industrial, siderúrgico y petroquímico. — Prov. de Chile en la VIII Región cuya su n. ; cap. *Los Ángeles.*

biodegradación f. Transformación de un cuerpo complejo en sustancias más simples efectuada por un organismo vivo : *la biodegradación de las aguas es un proceso natural de destrucción de la materia orgánica.*

biogenésico, ca adj. Relativo a la biogénesis.

biogénesis f. Origen y desarrollo de la vida.

biogeografía f. Estudio de la distribución geográfica de vegetales y animales, y sus causas.

biografía f. Historia de la vida de una persona.

biografiar v. t. Escribir la biografía de una persona.

biográfico, ca adj. Relativo a la biografía : *noticias biográficas.*

biógrafo, fa m. y. f. Autor de biografías.

Bioko, ant. *Fernando Poo* y de 1964 a 1979 *Macías Nguema,* isla de África en el golfo de Guinea, a 36 km del continente, perteneciente al Estado de Guinea Ecuatorial ; 2 017 km² ; 62 612 h. Cap. *Malabo,* ant. *Santa Isabel.* Cacao, café, plátanos. Maderas.

biología f. Ciencia que estudia las leyes de la vida : *biología animal.*

biológico, ca adj. De la biología : *estudios biológicos.* ‖ Que emplea como medio de ataque microbios, insectos o las toxinas producidas por organismos vivos : *guerra biológica.*

biólogo, ga m. y. f. Persona que se dedica al estudio de la biología.

biomasa f. Masa total de los seres vivos, animales y vegetales, de un biotopo.

biombo m. Mampara formada por varios bastidores articulados.

biometría f. Aplicación de los métodos estadísticos y del cálculo de probabilidades al estudio biológico de los seres vivientes.

biopsia f. Examen microscópico de un trozo de tejido cortado de un órgano vivo.

bioquímica f. Ciencia que estudia los fenómenos químicos en el ser vivo.

bioquímico, ca adj. De la bioquímica. ‖ — M. y f. Persona que se dedica a la bioquímica.

biosfera f. Parte de la esfera terrestre en la que hay vida.

biosíntesis f. Formación de una sustancia orgánica en otro ser vivo.

bioterapia f. Tratamiento de ciertas enfermedades por sustancias vivas, como fermentos lácticos, levaduras.

biotopo m. Espacio geográfico en el que vive un grupo de seres sometidos a condiciones relativamente constantes o cíclicas.

bióxido m. Combinación de un radical con dos átomos de oxígeno.

Bioy Casares (Adolfo), escritor argentino, n. en 1914, autor, junto con su esposa, Silvina Ocampo, de la novela *Los que aman, odian*, y de *La invención de Morel*, *Plan de evasión*, *El sueño de los héroes*, etc.

bipartición f. División en dos partes.

bipartidismo m. Régimen político caracterizado por la alternativa en el poder de dos partidos.

bipartidista adj. De dos partidos.

bipartir v. t. Partir en dos.

bipartito, ta adj. Compuesto de dos : *pacto bipartito*.

bípedo, da adj. y s. m. De dos pies.

biplano, na adj. Dícese del avión con dos alas paralelas a cada lado (ú. t. c. s. m.).

biplaza adj. Dícese del vehículo de dos plazas o asientos (u. t. c. s. m.).

bipolar adj. De dos polos.

bipolaridad f. Carácter de bipolar.

bipolarización f. Agrupación de la vida política de un país en dos partidos únicamente.

biquini m. Bikini.

Birkenhead, c. y puerto de Inglaterra (Chester).

birlar v. t. *Fig.* y *fam.* Robar.

birlibirloque m. *Por arte de birlibirloque*, mágica o extraordinariamente.

Birmania, en ingl. *Burma*, Estado del SE. de Asia, en la parte oeste de Indochina, entre Bangladesh, la India, China, Laos y Tailandia ; 678 000 km² ; 32 000 000 h. (*birmanos*). Cap. Rangún, 2 300 000 h. ; otras c.: *Mandalay*, 402 000 h.; *Mulmein*, 336 000. País montañoso, productor de arroz y petróleo.

birmano, na adj. y s. De Birmania.

Birmingham, c. en el centro de Inglaterra (Warwick), a orillas del Rea. Universidad. Industrias. — C. de Estados Unidos (Alabama). Metalurgia.

Birobidján, c. de la U. R. S. S. (Rusia), cap. del territorio autónomo homónimo, en la frontera de China del NE.

birome f. *Arg.* Bolígrafo.

birrefringencia f. *Ópt.* Doble refracción.

birrefringente adj. De doble refracción.

birreme f. Nave de dos filas de remos.

birreta f. Solideo de los cardenales.

birrete m. Birreta. ‖ Gorro con borla negra, propio de magistrados, catedráticos, abogados, jueces, etc. ‖ Bonete.

birria f. *Fam.* Cosa o persona fea. | Objeto sin valor. ‖ *Méx.* Carne de borrego o chivo.

birriondo adj. y s. m. *Méx.* Mujeriego.

Birsheba. V. BEERSHEVA.

bis adv. Se emplea para indicar que una cosa debe repetirse. ‖ — Adj. Duplicado, repetido : *página 94 bis.*

bisabuelo, la m. y f. Padre o madre del abuelo o de la abuela.

bisagra f. Conjunto de dos planchitas de metal articuladas entre sí que permite el movimiento de las puertas y ventanas. ‖ — Adj. *Fig.* Dícese de algo que se encuentra entre dos elementos y que sirve de unión entre ellos.

bisar v. t. Repetir la ejecución de un trozo de música, canto, etc.

Bisayas (ISLAS). V. VISAYAS.

bisayo, ya adj. y s. Visayo.

Bisbal (La), c. de España (Gerona), cap. de la comarca catalana de Bajo Ampurdán.

BIRMANIA

bisbisar y **bisbisear** v. t. *Fam.* Decir entre dientes, musitar.

bisbiseo m. Acción de bisbisear.

biscuit m. (pal. fr.). Bizcocho de porcelana.

bisector, triz adj. *Geom.* Que divide en dos partes iguales : *el plano bisector de un diedro*. ‖ — F. Línea que divide un ángulo en dos partes iguales.

bisel m. Borde cortado oblicuamente.

biselado m. Acción y efecto de biselar.

biselar v. t. Cortar en bisel.

bisemanal adj. Que se repite dos veces por semana.

bisiesto adj. Dícese del año de 366 días.

— Como la duración verdadera del año es de 365 días y cuarto, se agrega cada cuatro años un día al año común, que pasa a ser de 366 días. El día intercalar se añade a febrero.

bisílabo, ba adj. Compuesto de dos sílabas.

Biskra, c. de Argelia en el dep. del mismo nombre. Oasis.

Bismarck, archip. de Melanesia, al NE. de Nueva Guinea ; 53 000 km² ; 157 000 h. Fue colonia alemana de 1885 a 1914, estuvo administrado por Australia desde 1921 y se integró a Papuasia-Nueva Guinea en 1949. Llamada tb. *archipiélago de Nueva Bretaña*, n. de su isla principal. — C. de Estados Unidos, a orillas del Misuri, cap. de Dakota Norte. Obispado.

Bismarck (Otto, *príncipe de*), militar y político prusiano (1815-1898). Fue ministro del rey Guillermo I y se le considera como el realizador de la unidad alemana.

bismuto m. Metal (Bi) de número atómico 83, de color gris, fusible a 271 ºC, de densidad 9,8.

bisnieto, ta m. y f. Hijo o hija del nieto.

bisojo, ja adj. y s. Bizco.

bisonte m. Rumiante bóvido salvaje, parecido al toro, con lomo arqueado y giba.

bisoñada y **bisoñería** f. *Fig.* y *fam.* Inexperiencia, novatada.

bisoñé m. Peluca que cubre sólo la parte anterior de la cabeza.

bisoño, ña adj. y s. Novicio.

Bissagos (ISLAS), archipiélago que depende de Guinea-Bissau.

Bissau, cap. de Guinea-Bissau.

bisté y mejor **bistec** m. Filete, lonja de carne de vaca asada.

bisturí m. Instrumento cortante usado en cirugía. (Pl. *bisturíes*.)

bisutería f. Joyería de imitación.

Bisutún. V. BEHISTÚN.

bit m. (pal. ingl.). En informática, unidad elemental binaria de información.

bita f. Poste para amarrar los cables del ancla cuando se fondea la nave.

bitácora f. Caja de cobre, cercana al timón, en que se aloja la brújula.

biter m. Licor amargo y sin alcohol preparado con diversas plantas.

Bitinia, ant. región y reino del NO. de Asia Menor, en el Ponto Euxino ; c. pr. : *Nicea* y *Nicomedia.*

Bitola o **Bitolj**, ant. *Monastir*, c. de Yugoslavia en Macedonia.

bitongo, ga adj. Mimado.

Bitonto, c. del S. de Italia (Pulla).

bitter m. Bíter.

bituminoso, sa adj. Que tiene betún : *carbón bituminoso.*

bivalente adj. *Quím.* Con dos valencias.

bivalvo, va adj. y s. m. De dos valvas : *molusco, fruto bivalvo.*

Bizancio, ant. n. de Constantinopla o Estambul.

bizantinismo m. Carácter bizantino.

bizantino, na adj. y s. De Bizancio, hoy Estambul, y de su imperio (ú. t. c. s.). || *Fig.* Decadente, degenerado. || *Discusiones bizantinas*, las muy sutiles, inútiles y vanas.

Bizantino (IMPERIO), llamado también *Imperio Romano de Oriente*, n. que recibió una de las dos partes en que quedó dividido el Imperio Romano a la muerte de Teodosio el Grande (395). Justiniano I (527-565) intentó vanamente reconstituir la unidad con Roma. Basilio II (976-1025) llevó el Imperio a su máximo esplendor, para entrar en decadencia con la dinastía de los Comnenos. En 1204 los cruzados cristianos se apoderaron del Imperio y establecieron el *Imperio Latino de Constantinopla*, que fue reconquistado por Miguel Paleólogo en 1261. En el s. XIV se inició el avance de los turcos otomanos, y la caída de Constantinopla en poder de Mahoma II en 1453 señaló el fin del Imperio de Oriente.

bizarría f. Valor, osadía. || Generosidad. || Gallardía.

bizarro, rra adj. Valiente. || Generoso. || Gallardo : *un bizarro militar.*

bizcaitarra com. Nacionalista vasco.

bizco, ca adj. y s. Que tuerce los ojos al mirar. || *Fig.* y *fam. Dejar bizco*, dejar pasmado.

bizcocho m. Pan sin levadura que se cuece dos veces para conservarlo mucho tiempo. || Masa de harina, huevo y azúcar cocida al horno.

bizcotela f. Bizcocho con baño de azúcar.

Bizerta, c. y puerto de Túnez, en la costa mediterránea, junto al lago homónimo. Base naval.

Bizet (Georges), músico francés (1838-1875), autor de las óperas *Carmen, La arlesiana, Pescadores de perlas* y de obras sinfónicas, de cámara, cantatas, etc.

biznaga f. Planta cactácea de México, sagrada entre los aztecas. || Ramillete de jazmines clavados en una penca.

80 **biznieto, ta** m. y f. Bisnieto.

bizquear v. i. *Fam.* Ser bizco. || *Fig.* y *fam.* Quedarse estupefacto.

bizquera f. Estrabismo.

Björnson (Björnstjerne), dramaturgo y escritor noruego (1832-1910). [Pr. Nobel, 1903.]

Bk, símbolo del berkelio.

Blackburn, c. de Inglaterra (Lancaster). Textiles.

Blackpool, c. de Inglaterra (Lancaster). Balneario.

Blagovechtchensk, c. de la U.R.S.S., en la frontera con China.

Blake (William), poeta místico y pintor inglés (1757-1827), precursor del romanticismo. || ~ (JOAQUÍN), general español de la guerra de la Independencia (1739-1827).

blanca f. Moneda antigua de vellón. || *Fam.* Dinero : *estar sin una blanca.*

Blanca || ~ **de Borbón**, reina de Castilla (1338-1361), esposa de Pedro I, quien la hizo envenenar. || ~ **de Castilla**, esposa de Luis VIII de Francia y madre de San Luis (1188-1252). Fue dos veces regente de Francia. || ~ **de Navarra**, esposa de Sancho III de Castilla (1136-1156). — Reina de Francia (1331-1398), esposa de Felipe IV, hija de Felipe III de Navarra. — Hija de Carlos III de Navarra y esposa de Juan II de Aragón (1385-1441). — Hija de la anterior y esposa de Enrique IV de Castilla (1424-1464).

Blancanieves y los siete enanitos, célebre cuento infantil de los hermanos Grimm (1812).

blanco, ca adj. De color de nieve : *pan blanco.* || De color más claro que otras cosas de la misma especie : *vino blanco* (ú. t. c. s. m.). || Dícese de la raza europea o caucásica (ú. t. c. s.). || Dícese de cierto pescado, como la merluza, el róbalo, etc., que tienen la carne blanca. || ~ *Arma blanca*, la cortante o punzante. || *Papel blanco*, el que no tiene nada escrito. || ~ M. Color blanco. || Tabla que sirve para ejercitarse en el tiro y cualquier otro objetivo sobre el que se dispara : *hacer blanco.* || Hueco entre dos cosas. || Espacio que se deja blanco en un escrito. || *Fam.* Vaso de vino blanco. || *Fig.* Meta, objetivo. || ~ *Blanco del ojo*, la córnea. || *Dar en el blanco*, acertar. || *En blanco*, sin escribir o imprimir ; (fig.) sin lo que uno se esperaba : *quedarse en blanco* ; sin dormir ; sin comprender.

Blanco, cabo en la costa occidental de África (Mauritania). — Cabo de la Argentina (Santa Cruz). — Cabo de Costa Rica, en el Pacífico, en el extremo S. de la península de Nicoya. — Cabo del N. de Venezuela, en el mar Caribe. — Pico de Costa Rica, en la Cord. de Talamanca ; 3 595 m. Recibe tb. el n. de *Pico Kamuk.* — Mar formado por el océano Glacial Ártico, al N. de la U. R. S. S. — Monte más elevado de los Alpes (Francia) ; 4 807 m. ; túnel de 11 600 m. — Río que recibe el río de la Argentina *Jáchal*, al atravesar La Rioja, San Juan y Mendoza. — Río de Bolivia, afl. del Guaporé ; 531 km. Tb. llamado *Baurés.* — Río del Ecuador, afl. del Esmeraldas ; 298 km. — Río de Honduras, afl. del Ulúa. — Río de México, que des. en la laguna de Alvarado ; 150 km.

Blanco (Andrés Eloy), poeta modernista y político venezolano (1899-1955), autor de *El huerto de la epeya, Poda, Barco de piedra*, etc. || ~ (EDUARDO), político y escritor venezolano (1838-1912), autor de la novela *Zárate.* || ~ (JUAN CARLOS), jurista, político y orador uruguayo (1847-1909). || ~ (SALVADOR JORGE), político dominicano, n. en 1926, Pres. de la Rep. desde agosto de 1982. || ~ (EDUARDO), poeta, novelista, autor de teatro y ensayista español (1900-1979). Escribió en gallego y en castellano. Residió en Argentina. || ~ **Asenjo** (RICARDO), cuentista y poeta español (1847-1897). || ~ **Encalada** (MANUEL), militar y político chileno, n. en Buenos Aires (1790-1876). Oficial de la Armada española, en 1812 se unió a la causa de la independencia americana. Organizador de la Marina chilena, y pres. de la Rep. en 1826. Posteriormente mandó

el ejército contra la Confederación Peruboliviana (1837). || ~ **Fombona** (RUFINO), escritor venezolano, n. en Caracas (1874-1944), autor de *Cuentos americanos*, de novelas (*El hombre de hierro* y *El hombre de oro*), de poesías y de obras de crítica literaria e históricas. || ~ **García** (Padre Francisco), escritor español (1864-1903), autor de *Historia de la Literatura española en el siglo XIX.* || ~ **White** (JOSÉ MARÍA), sacerdote y poeta español (1775-1841). Escribió en castellano y en inglés (*Letters from Spain*).

Blanco (Partido), nombre del Partido Conservador en Uruguay, rival del Colorado o Liberal.

blancor m. Blancura.

blancura f. Calidad de blanco.

blancuzco, ca adj. Blanquecino.

Blanchard (María), pintora española (1881-1932), autora de cuadros de niños y maternidades. Vivió en París.

blandear v. i. Ceder.

blandengue adj. Blando, de poco carácter. — M. Soldado armado con lanza de la antigua provincia de Buenos Aires.

blandicie f. Molicie. || Lisonja.

blandir v. t. Mover alguna cosa antes de golpear con ella.

blando, da adj. Que se deforma fácilmente : *masa blanda.* || Que cede a la presión, muelle : *colchón blando.* || Tierno : *pan blando.* || *Fig.* Indulgente, benévolo : *blando con los alumnos.* || Débil : *carácter blando.* || Suave, templado.

blandura f. Calidad de blando. || Molicie, bienestar. || Amabilidad, carácter afable. || Indulgencia, carácter débil. || Suavidad. || Lisonja, halago.

Blanes, c. y puerto de España (Gerona). Playa. Estación estival.

Blanes (Juan Manuel), pintor uruguayo (1830-1901). Reprodujo paisajes y temas históricos. || ~ **Viale** (PEDRO), pintor paisajista uruguayo (1879-1926).

blanqueado m. Blanqueo.

blanqueador, ra adj. y s. Que blanquea.

blanqueadura f. y **blanqueamiento** m. Blanqueo.

blanquear v. t. Poner blanca una cosa : *blanquear la ropa.* || Encalar las paredes : *blanquear un patio.* || Limpiar los metales. || Poner blanca el azúcar. || Recubrir las abejas de cierta sustancia los panales. || ~ V. i. Presentarse blanca una cosa. || Ponerse blanca. || Tirar a blanco.

blanquecer v. t. Limpiar, bruñir los metales preciosos. || Blanquear.

blanquecino, na adj. Algo blanco.

blanqueo m. Encalado de las paredes. || Acción de poner blanca el azúcar, de limpiar los metales.

Blanquerna, novela de Raimundo Lulio, descripción de un universo utópico (1284).

Blanquilla (La), isla de Venezuela, en el mar Caribe ; 32 km².

blanquillo, lla adj. Candeal : *trigo blanquillo.* || ~ M. *Chil.* y *Per.* Durazno blanco. || *Méx.* Huevo de gallina o de cualquier ave. || *Méx. Pop.* Testículo.

blanquinegro, gra adj. De color blanco y negro.

Blantyre, c. de Malawi.

Blasco Ibáñez (Vicente), novelista español, n. en Valencia (1867-1928). Su fecunda obra, de gran realismo, ofrece relatos de ambiente levantino (*Entre naranjos, Flor de Mayo, Arroz y tartana, Cañas y barro, La barraca*), de viajes (*Vuelta al mundo de un novelista*) y novelas de tesis social (*La bodega, La catedral, El intruso, La horda*) y del más diverso carácter (*Sangre y arena, Mare Nostrum, Los cuatro jinetes del Apocalipsis, Los argonautas*).

blasfemador, ra adj. y s. Blasfemo.

blasfemar v. i. Decir blasfemias. || *Fig.* Maldecir.

blasfematorio, ria adj. Blasfemo.

blasfemia f. Insulto dirigido contra Dios o las cosas sagradas. || *Fig.* Palabra injuriosa.

blasfemo, ma adj. Que contiene blasfemia. || Que blasfema (ú. t. c. s.).

blasón m. Ciencia heráldica. || Cada pieza del escudo. || Escudo de armas. || *Fig.* Motivo de orgullo, gloria. || ~ Pl. Abolengo.

blasonador, ra adj. Que blasona o se jacta de algo (ú. t. c. s.).

blasonar v. i. *Fig.* Jactarse, presumir.

blastodermo m. Conjunto de las células que proceden de la segmentación parcial del huevo de los animales.

blastómeros m. pl. Células formadas en las primeras etapas por división del huevo (ú. t. c. adj.).

Blay (Miguel), escultor español (1886-1936).

blazer m. (pal. ingl.). Chaqueta de sport de color azul marino.

bledo m. Planta quenopodiácea comestible. || — *Fig.* y *fam.* No importar o no dársele a uno un bledo, importar muy poco. | *No valer un bledo*, ser de escaso valor.

blenda f. Sulfuro natural de cinc que aparece en cristales brillantes.

blenorragia f. *Med.* Inflamación infecciosa de la uretra, producida por un gonococo.

blenorrea f. Blenorragia crónica.

Bleriot (Luis), aviador francés (1872-1936), el primero que atravesó el Canal de la Mancha en aeroplano (1909).

Blest Gana (Alberto), escritor chileno, n. en Santiago (1830-1920), autor de relatos realistas (*La aritmética del amor, Martín Rivas, Los transplantados, El loco Estero* y *El ideal de un calavera*). — Su hermano GUILLERMO (1829-1905) fue poeta y dramaturgo.

Blida, c. de Argelia, cap. del dep. de su nombre. Está al pie del *Atlas de Blida*. Agricultura.

Blind River, c. del Canadá (Ontario).

blindado, da adj. Revestido con blindaje : *caja, puerta blindada*. || — M. Tanque o carro blindado.

blindaje m. Revestimiento con chapas metálicas de protección : *el blindaje de un buque, de una puerta*. || Chapas metálicas para blindar.

blindar v. t. Revestir con chapas metálicas de protección.

bloc m. Conjunto de hojas de papel blanco que se pueden separar para dibujar o hacer apuntes.

blocaje m. Bloqueo.

blocao m. Reducto fortificado de cemento.

blocar v. t. En fútbol, parar el balón con el pie. || Detener y sujetar el balón el portero o guardameta.

Bloemfontein, c. de la Rep. de África del Sur, cap. del Estado de Orange. Arzobispado. Universidad.

Blois, c. de Francia, a orillas del Loira, cap. del dep. de Loir-et-Cher. Obispado. Castillo (siglo XIII).

blondo, da adj. Rubio. || — F. Cierto encaje de seda : *vestido de blondas*.

bloom [*blum*] m. (pal. ingl.). Desbaste, lingote grueso de hierro.

bloque m. Trozo grande de materia sin labrar : *bloque de piedra.* || Conjunto : *bloque de papel.* || Grupo, unión de varios países, partidos, etc. : *bloque soviético.* || Grupo de viviendas : *bloque de casas.* || En los motores de explosión, pieza que lleva dentro uno o varios cilindros.

bloquear v. t. Cercar una ciudad, un puerto o un país, para cortar todo género de comunicaciones con el exterior. || Inmovilizar los créditos o bienes de alguien : *bloquear la cuenta corriente.* || Interceptar, interrumpir la marcha de cualquier proceso. || Detener un vehículo apretando los frenos. || Detener, interceptar, blocar : *bloquear el balón.* || *Fig.* Impedir : *bloquear la entrada.*

bloqueo m. Acción y efecto de bloquear.

Blücher (Gebhard Leberecht), mariscal prusiano (1742-1819). Su intervención en la batalla de Waterloo decidió la derrota de Napoleón (1815).

Bluefields, c. y puerto de Nicaragua, cap. del dep. de Zelaya.

blue-jean [*bluyín*] m. (pal. ingl.). Pantalón vaquero, tejano.

blues m. (pal. ingl.). Canción del folklore negro de los Estados Unidos caracterizada por una armonía constante y un ritmo de cuatro tiempos.

bluff m. (pal. ingl.). Farol, palabra o acción propia para engañar o asombrar sin ser verdad.

Blum (Léon), político socialista francés (1872-1950). Constituyó un gobierno con el Frente Popular (1936).

Blumenau, c. del Brasil (Santa Catarina).

blusa f. Camisa de mujer.

blusón m. Blusa larga y suelta.

boa f. La mayor de las serpientes conocidas. || — M. Adorno o prenda de vestir en forma de serpiente con que las mujeres cubren el cuello.

Boa Vista, c. del Brasil, cap. del territorio de Roraima.

Boabdil o **Abú Abdalá,** último rey moro de Granada en 1492. M. en 1518.

Boaco, c. en el centro de Nicaragua, cap. del dep. homónimo.

Boadilla del Monte, v. de España (Madrid).

boaqueño, ña adj y s. De Boaco (Nicaragua).

Boari (Adamo), arquitecto italiano (1865-1928). Edificó el Palacio de Bellas Artes en la ciudad de México.

boato m. Lujo.

bobada f. Necedad.

Bobadilla, v. de España (Málaga).

Bobadilla (Emilio), poeta y escritor cubano (1862-1921). Utilizó el seudónimo *Fray Candil.* || — (FRANCISCO DE), comendador español, m. en 1502. Gobernador en La Española, hizo prender a Colón y a sus hermanos, y los envió a España encadenados.

bobalicón, ona adj. *Fam.* Bobo (ú. t. c. s.).

bobear v. i. Decir, hacer boberías.

bobería f. Dicho o hecho necio.

boberia f. Bobería.

Bobi. V. GENERAL ARTIGAS.

Bobigny, pobl. de Francia, cerca de París, cap. del dep. de Seine-Saint-Denis.

bóbilis bóbilis (de) loc. adv. *Fam.* De balde. | Sin trabajo.

bobina f. Carrete : *bobina de hilo.* || Cilindro hueco en el que está arrollado un hilo metálico aislado por el que circula una corriente eléctrica. || Cilindro hueco de inducción que se utiliza para verificar el encendido de la mezcla en un motor de explosión.

bobo, ba adj. y s. Falto de inteligencia, tonto.

Bobo Diulaso, c. del Alto Volta.

Bobruisk, c. de la U. R. S. S. (Rusia), a orillas del Beresina.

bobsleigh [*bobslei*] m. (pal. ingl.). Trineo articulado para deslizarse por una pista de nieve.

boca f. Orificio de la cabeza del hombre y de los animales por el cual toman el alimento : *boca grande, pequeña, bonita.* || Los labios. || Pinza de los crustáceos. || *Fig.* Entrada, abertura : *boca de horno, de puerto, de calle.* | Corte de ciertas herramientas. | Gusto o sabor de los vinos : *vino de buena boca.* | Órgano de la palabra : *abrir, cerrar la boca.* | Persona o animal a quien se mantiene : *mantener seis bocas.* | Persona que come. | Pico de una vasija. || — Pl. Desembocadura de un río : *bocas del Tajo.* || — A boca de jarro, a quema ropa. | *Fig.* Abrir boca, despertar el apetito. | *Andar de boca en boca,* estar divulgado. | A pedir (o a querer) de boca, según el deseo de uno. | Boca abajo, tendido de bruces. || Boca a boca, respiración artificial fundada en el principio de la ventilación mediante aire inspirado. | Boca arriba, tendido de espaldas. || Boca de fuego, pieza de artillería. | Boca de león, orquídea ornamental mexicana. | Boca del estómago, parte central de la región epigástrica. | Boca de riego, lugar donde se enchufa la manga de riego para abastecerse de agua. | *Fig.* Calentarse de boca, irritarse. | Cerrar la boca a uno, hacerle callar. | Como boca de lobo, muy oscuro. | Con la boca chica, con pocos deseos. | Dar en la boca, pegar fuerte ; dejar patidifuso. | De boca, sin que venga del corazón, poco sentido. | Hablar uno por boca de ganso, repetir lo que otro ha dicho. | Hacer boca, tomar un aperitivo. | Hacérsele a uno la boca agua, desear ardientemente algo comestible al verlo o al olerlo. | Írsele a uno la boca, hablar demasiado. | Meterse en la boca del lobo, exponerse a un peligro. | *No decir esta boca es mía,* no despegar la boca, no hablar nada. | Por la boca muere el pez, refrán que da a entender que no hay que hablar mucho sin

reflexionar. | Quedarse con la boca abierta, quedar en suspenso o admirado. | Quitar de la boca, adelantarse a otro diciendo lo que éste iba a decir. | Tapar la boca, hacer callar a uno con razones concluyentes o por medio de algo que lo soborne.

Boca || ~ **(La),** barrio popular del S. de Buenos Aires, a orillas del Riachuelo. || ~ **Grande,** entrada de la bahía de Acapulco (México, Est. de Guerrero).

bocacalle f. Calle pequeña que desemboca en otra.

bocadillo m. Emparedado, panecillo abierto o dos rebanadas de pan rellenos con jamón, chorizo, queso, etc. || Comida ligera. || En las historietas ilustradas, elemento gráfico que sale de la boca de los personajes y contiene las palabras que éstos pronuncian. || *Méx.* Dulce hecho con leche, azúcar, coco y huevo.

bocado m. Alimento que cabe de una vez en la boca. || Un poco de comida : *comer un bocado.* || Mordisco. | Freno de la caballería.

bocajarro (a) expr. A boca de jarro.

bocal m. Jarro con la boca ancha.

bocamanga f. Parte de la manga más cerca de la mano.

bocanada f. Cantidad de líquido que llena de una vez la boca : *una bocanada de vino.* | Porción de humo que se echa cuando se fuma. || Ráfaga de aire, de viento.

Bocanegra (Matías de), poeta gongorista y jesuita mexicano (1612-1668).

Bocas || ~ **del Ródano.** V. BOUCHES-DU-RHÔNE. || ~ **del Toro,** archip. de Panamá, en la costa del Atlántico. — C. y puerto de Panamá, cap. de la prov. homónima.

bocatoreño, ña adj. y s. De Bocas del Toro (Panamá).

bocaza f. *Fam.* Boca grande.

bocazas com. inv. Hablador sin discreción : *el oficial era un bocazas.*

Boccaccio (Giovanni), escritor italiano, n. en París (1313-1375), autor del *Decamerón,* colección de cien cuentos. Fue el primer gran prosista italiano.

Boccherini (Luigi), músico italiano (1743-1805), que residió largo tiempo en Madrid. Autor de un *Stábat,* sonatas, sinfonías, tríos, cuartetos y quintetos.

bocel m. *Arq.* Moldura convexa cilíndrica : *el bocel de la columna.* | Instrumento que sirve para hacer dicha moldura.

bocera f. Suciedad que se queda pegada a los labios después de haber comido o bebido. || Grieta en la comisura de los labios.

boceras com. inv. Bocazas.

boceto m. Ensayo que hace el artista antes de empezar una obra, esbozo, bosquejo. || *Fig.* Esquema.

bocina f. Trompeta de metal para hablar a distancia. || Aparato para avisar : *la bocina de un coche.* || Caracol marino que sirve de bocina. || *Amer.* Trompetilla para sordos.

bocinazo m. Toque de bocina. || *Pop.* Grito desaforado.

bocio m. *Med.* Hipertrofia de la glándula tiroides. || Tumor en el cuerpo tiroides.

bock m. (pal. alem.). Vaso de cerveza ancho y de cerámica. || Su contenido.

bocón, ona adj. y s. *Fam.* Hablador.

Boconó, río de Venezuela (Trujillo), afl. del Portuguesa. — Distrito y v. de Venezuela (Trujillo).

bocoy m. Barril grande.

bocha f. Bola de madera con que se tira en el juego de bochas. || — Pl. Juego que consiste en arrojar bolas de madera según ciertas reglas.

Bochalema, mun. y c. de Colombia (Norte de Santander).

Bochica, divinidad creadora de la civilización y bienhechor de los chibchas.

bochinche m. *Pop.* Alboroto.

bochorno m. Aire caliente de estío. || Calor sofocante. || *Fig.* Sofocación. | Vergüenza, rubor.

bochornoso, sa adj. Que causa bochorno : *acción bochornosa.*

Bochum, c. de Alemania Occidental (Rin Septentrional-Westfalia), en la cuenca del Ruhr. Industrias (siderurgia, automóviles). Universidad.

boda f. Casamiento y fiesta con que se solemniza. || *Bodas de plata*, de oro, de diamante, aniversario vigésimoquinto, quincuagésimo o sexagésimo, respectivamente, de una boda u otro acontecimiento.

bodega f. Lugar donde se guarda y cría el vino. || Cosecha o mucha abundancia de vino. || Despensa. || Tienda donde se venden vinos. || *Mar.* Espacio interior de los buques. || Almacén en los puertos. || Espacio inferior en barcos y aviones que sirve para almacenar mercancías. || *Méx.* Tienda de abarrotes.

Bodegas. V. BABAHOYO.

bodegón m. Tienda de comidas. || Taberna. || Pintura o cuadro donde se representan cosas comestibles, vasijas, cacharros, etc.

bodijo m. *Fam.* Boda desigual o con poco aparato.

Bodoni (Giambattista), impresor italiano (1740-1813), que ha dado su nombre a una familia de tipos de imprenta.

bodoque m. Bola de barro que se disparaba con ballesta. || *Fig.* Tonto.

bodorrio m. *Fam.* Bodijo.

bodrio m. Bazofia, comida mala. || *Fig.* Mezcla confusa. | Cosa mal hecha.

Bodrum. V. HALICARNASO.

Boecio (Severino), filósofo, político y poeta latino (¿480?-524), autor de *Consolatione philosophiae*.

bóer adj. y s. Habitante del África austral, de origen holandés. (Los *bóers*, establecidos en Transvaal y Orange, fueron dominados por los británicos en 1902.)

Boétie (Étienne de LA). V. LA BOÉTIE.

bofes m. pl. *Fam.* Pulmones : *bofes de carnero.* || *Fig.* y *fam.* *Echar los bofes*, trabajar mucho ; jadear.

bofetada f. y **bofetón** m. Golpe dado en la cara con la mano abierta. | *Fam.* Afrenta, desaire. || — *Fig.* y *fam.* *Darse de bofetadas*, desentonar, no ir una cosa con otra. | *Darse una bofetada*, chocar ; caerse.

Bofuthatswana, Estado bantú en el norte de África del Sur, autónomo desde 1972 ; cap. *Mmabatho*.

boga f. Acción de bogar o remar. || *Fig.* y *fam.* Fama, moda : *estar en boga.* || Pez de mar o río comestible.

bogar v. i. Remar. || Navegar.

bogavante m. *Zool.* Crustáceo marino, parecido a la langosta.

bogie y **boggie** m. Carretón.

Bogomoletz (Aleksandr), biólogo ruso (1881-1946), descubridor de un suero regenerador de los tejidos.

Bogotá, cap. de la República de Colombia y del dep. de Cundinamarca, a orillas del río homónimo y a 2 600 m de altura ; 4 831 000 habitantes. Fundada por Gonzalo Jiménez de Quesada en 1538, con el n. de *Santa Fe de Bogotá*, fue cap. del Virreinato de Nueva Granada. Centro cultural. Universidad. Arzobispado. Constituye, desde 1954, un Distrito Especial. — Río de Colombia, afl. del Magdalena ; 200 km. Tb. llamado *Funza*.

bogotano, na adj. y s. De Bogotá. (Colombia).

Bográn (Luis), general y político hondureño, pres. de la Rep. de 1883 a 1891. Luchó por la unión de los países centroamericanos.

Bohemia, región de Europa Central, fértil y rica en minerales, regada por el Elba y el Moldava. Es una república federada de Checoslovaquia.

bohemio, mia adj. y s. Bohemo. || Dícese de la persona de costumbres libres que lleva una vida poco acorde con las normas sociales tradicionales. || Gitano. || — F. Vida de bohemio. | Conjunto de bohemios : *la bohemia de las artes.*

bohemo, ma adj. y s. De Bohemia (Checoslovaquia).

bohío m. *Amer.* Cabaña.

Böhl de Fáber (Cecilia). V. FERNÁN CABALLERO. || ~ (JUAN NICOLÁS), hispanista alemán (1770-1836), padre de la escritora Fernán Caballero.

Bohol, isla de las Visayas (Filipinas) ; cap. *Tagbilarán.*

boicot m. Boicoteo.

boicoteador, ra adj. y s. Que boicotea.

boicotear v. t. Practicar el boicoteo.

boicoteo m. Ruptura o cese voluntario de las relaciones con un individuo, una empresa o una nación.

Boil (Bernardo), religioso español (¿1445?-1520). Acompañó a Colón en su segundo viaje a América (1493) y fundó la primera iglesia en La Isabela (Santo Domingo).

Boileau-Despréaux (Nicolas), poeta y retórico francés, n. en París (1636-1711), autor de *Sátiras*, y de *Arte poética*, obra de retórica sobre el arte literario y dramático.

boina f. Gorra redonda y chata, sin visera : *boina vasca.*

Boise, c. de Estados Unidos, a orillas del río homónimo, cap. del Estado de Idaho. Obispado.

Bois-le-Duc, en hol. *'s Hertogenbosch*, c. de Holanda, cap. de Brabante Septentrional.

boite [buat] f. (pal. fr.). Sala de baile. || Cabaret.

boj y **boje** m. Arbusto buxáceo siempre verde. || Su madera.

Bojador, cabo de África, en el Sáhara Occidental.

bojar y **bojear** v. t. *Mar.* Medir el perímetro de una isla, cabo, etc. || — V. i. Tener una isla determinada dimensión. || Bojeo.

bojeo m. Perímetro de una isla.

Bokassa, (Jean Bedel), político centroafricano, n. en 1921. Pres. de la Rep. en 1966, se proclamó emperador en 1976. Fue derrocado en 1979.

bol m. Taza grande sin asa. || Lanzamiento de la red. || Jábega.

bola f. Cuerpo esférico : *bola de marfil ; bola de lotería.* || Esfera empleada en el juego de bolos. || Pequeña esfera de acero que se pone en los rodamientos. || En ciertos juegos de naipes, lance en que hace uno todas las bazas. || Pelota grande usada para señales de los buques y semáforos. || *Fig.* y *fam.* Mentira : *decir bolas.* | Pelota en algunos deportes. | Canica. | *Amer.* Cometa redonda. | Motín. | Betún. || — Pl. Boleadoras. | *Amer. Pop.* Testículos. || — *Bola pampa*, arma arrojadiza usada en América del Sur que consiste en una piedra atada con una correa larga. || *Fig. No dar pie con bola*, no acertar.

bolada f. Tiro hecho con la bola. || *Amer.* Mentira. | Ganga, ocasión. | Jugarreta. | Motín, tumulto.

bolado m. Azucarillo. || *Amer.* Asunto, negocio. || *Amer.* Aventura amorosa.

Bolaños de Calatrava, v. de España (Ciudad Real).

Bolaños (Fray Luis), misionero franciscano español (1539-1629), evangelizador del Paraguay. Fundó en 1607 la c. de Caazapá.

bolchevique m. y f. Miembro del sector mayoritario del Partido Socialdemócrata ruso. || Miembro del Partido Comunista soviético. || *Por ext.* Partidario del bolchevismo. || — Adj. Relativo al Partido Comunista soviético o su doctrina.

bolcheviquismo y **bolchevismo** m. Tendencia mayoritaria del Partido Socialdemócrata ruso, representada por Lenin. || *Por ext.* Doctrina del Partido Comunista soviético.

bolchevización f. Acción y efecto de bolchevizar.

bolchevizar v. t. Difundir o adoptar los principios del bolchevismo.

boleada f. *Arg.* Cacería con boleadoras. || *Méx.* Acción y efecto de dar lustre al calzado.

boleador, ra adj. y s. *Méx.* Limpiabotas.

boleadoras f. pl. *Arg.* Arma arrojadiza que consiste en dos o tres bolas unidas con correas y que se utiliza para cazar o apresar animales.

bolear v. t. *Arg.* Cazar con boleadoras. || *Méx.* Limpiar el calzado. || *Amer.* Votar en contra. | *Arg.* Hacer una mala jugada, jugar una mala pasada. || *Amer.* Tirar las bolas o bolos. || — V. pr. *Amer.* Confundirse.

Bolena. V. ANA BOLENA.

bolero, ra adj. *Fig.* y *fam.* Que miente mucho : *niño bolero*. (ú. t. c. s.). || — M. Chaqueta corta que suelen usar las mujeres. || Música española y cubana, canción hecha con ella y baile que la acompaña. || *Amer.* Chistera, sombrero. | Hongo, sombrero. || *Méx.* Limpiabotas. || — F.

Lugar donde se juega a los bolos. || Canto y baile venezolano.

Bolet Peraza (Nicanor), político y escritor costumbrista venezolano (1838-1906), autor de *Cuadros caraqueños.*

boleta f. Billete de entrada. || Papeleta de una rifa. || *Amer.* Cédula para votación u otros usos. || Porción de tabaco liado en un papel.

boletaje m. *Amer.* Conjunto de boletos o boletas.

boletería f. *Amer.* Taquilla de boletos, despacho de billetes.

boletero, ra m. y f. *Amer.* Persona que despacha billetes en las taquillas de los teatros, trenes, etc. || — Adj. *Arg.* Muy mentiroso (ú. t. c. s.).

boletín m. Boleta, cédula, billete : *boletín de entrada.* || Papel que se rellena para suscribirse a algo. || Periódico que trata de asuntos especiales : *Boletín Oficial del Estado.* || Cuadernillo en el que se ponen las notas de un alumno.

boleto m. Cierta clase de hongo. || *Amer.* Billete de teatro, de ferrocarril, etc. | Papeleta de quinielas, rifa o sorteo. | Carta breve. || *Arg.* Contrato preliminar de compraventa.

boliche m. Bola pequeña usada en el juego de bochas. || Juego de bolos. || Bolera. || Blanco en la petanca. || Juguete que consiste en un palo y una bolita taladrada sujeta con un cordón que se lanza al aire y se ensarta en el palo. || || Jábega pequeña. || Pescado menudo. || *Amer.* Almacén pequeño, tenducho. | Tabernucha.

Boliche, macizo montañoso de los Andes del Ecuador (Carchi) ; punto culminante 4 157 m.

bolichear v. i. *Amer.* Ocuparse en negocios de poca categoría.

bólido m. Masa mineral ígnea que atraviesa la atmósfera. || *Fig.* Automóvil de competición muy rápido.

bolígrafo m. Lápiz estilográfico cuya punta es una bolita de acero.

bolillo m. Palito torneado para hacer encajes.

bolina f. *Mar.* Cabo con que se lleva hacia proa la relinga de una vela para que reciba mejor el viento. || *Navegar de bolina*, hacerlo contra el viento.

bolinear v. i. Navegar de bolina.

bolista adj. y s. *Fam.* Mentiroso. || *Méx.* Revolucionario.

bolívar m. Unidad monetaria de Venezuela.

Bolívar, pico de Colombia en la Sierra Nevada de Santa Marta (Magdalena) ; 5 780 m. — Pico culminante de Venezuela, en la Sierra Nevada de Mérida ; 5 002 m. Hierro. — C. de la Argentina (Buenos Aires). — Pobl. de Bolivia, sección de la prov. de Arque (Cochabamba). — Dep. septentrional de Colombia ; cap. *Cartagena.* Centro minero (oro, plata, carbón ; petróleo). Agricultura. — C. de Colombia (Cauca). Anteriormente tenía el n. de *Trapiche.* — Prov. del Ecuador ; cap. *Guaranda.* Ganadería. Agricultura. Minas. — Pobl. del Perú (Manabí). — C. del Perú, cap. de la prov. homónima (La Libertad). — Pobl. del Uruguay (Canelones). — Estado de Venezuela, entre el río Orinoco y Guyana y Guayana brasileña ; cap. *Ciudad Bolívar.* Es el de mayor superficie de toda la República. Café, maíz, caucho. Oro y diamantes.

Bolívar (Ignacio), entomólogo español (1850-1944).

Bolívar (SIMÓN), general y estadista venezolano, n. en Caracas (1783-1830), caudillo de la emancipación americana. Iniciado en la lectura de los enciclopedistas franceses, prosiguió sus estudios en España (1799). Observó el debilitamiento de la metrópoli a raíz de la invasión francesa y juró en Roma dedicar su vida a liberar su país de la dominación española. Tras participar en el movimiento de 1810 y al ver que Venezuela caía de nuevo bajo el régimen colonial, Bolívar se refugió en Curazao. A su regreso entró en Caracas (octubre de 1813), donde fue proclamado *Libertador*, pero tuvo que desterrarse de nuevo en Jamaica (1814). De vuelta al continente (1816), convocó el Congreso de Angostura (1819), ante el cual propugnó la unión de Nueva Granada y Venezuela, por

82

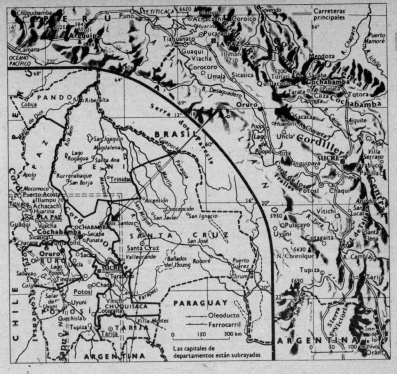

BOLIVIA

Las capitales de departamentos están subrayadas

Carreteras principales

● Oleoducto
━━ Ferrocarril

0   150   300 km

cuyo motivo reunió un ejército que, a través de la Cordillera de los Andes, se dirigió hacia el territorio colombiano. Su victoria contra los realistas en Boyacá (1819) le abrió las puertas de Bogotá, donde proclamó la República de Gran Colombia, formada por Nueva Granada y Venezuela y de la que fue elegido presidente. Se entrevistó en Guayaquil (1822) con San Martín, que renunció los poderes en su favor, y entró en Lima en 1823. El año siguiente, a raíz de la victoria de Sucre en Ayacucho, Bolívar puso término a la dominación española gracias a la batalla de Junín (1824). Pero al regresar a Colombia (1827) tuvo que asistir a la separación de ésta y Venezuela (1829). Por otra parte, el Perú abolió la Constitución boliviariana y la provincia de Quito se constituyó en república independiente. Lleno de amargura, al ver como se deshacía su obra, el Libertador renunció al Poder en 1830 y se retiró a Santa Marta (Colombia), donde falleció el 17 de diciembre del mismo año.

bolivarense adj. y s. De Bolívar, prov. del Ecuador y dep. de Colombia.

bolivariano, na adj. y s. Relativo a Bolívar. ‖ De Bolívar, Estado de Venezuela.

boliviariense adj. y s. De Bolívar, c. de Venezuela.

Bolivia, rep. de América del Sur, situada entre Brasil, Paraguay, Argentina, Chile y Perú ; 1 098 581 km²; 6 050 000 h. (*bolivianos*). Cap. *Sucre,* 107 000 h. Otras c.: *Cobija,* 13 000 h. ; del Gobierno, *La Paz,* 697 000 h. Otras c.: *Cochabamba,* 245 000 ; *Oruro,* 145 000 ; *Potosí,* 210 000 ; *Tarija,* 36 000 ; *Santa Cruz,* 263 000, y *Trinidad,* 23 000.
Bolivia se divide administrativamente en 9 departamentos. La población está constituida principalmente por elementos de raza india (quechuas, aimaraes, guaraníes), en una proporción superior al 50 p. ciento ; un 30 p. ciento de mestizos y el resto de blancos y otras razas diversas. La religión

católica es la más extendida (95 p. ciento), y el castellano o español es el idioma oficial. Otras lenguas importantes son el quechua y el aimará. La densidad media de población es de 5,4 h./km².

— GEOGRAFÍA: Bolivia, país andino por excelencia, está cruzado por dos secciones de los Andes : la cordillera Occidental, de carácter volcánico, y la cordillera Oriental o Real, con elevadas cumbres (Illampu o Sorata, Illimani). Entre ambas se extiende el *Altiplano,* con una altura media de 3 500 m. Las tres cuartas partes del territorio están formadas por los *Llanos,* entre las faldas de la cordillera oriental y la frontera brasileña. Tres zonas climáticas principales pueden distinguirse : la andina, a 3 000 metros, con temperaturas medias de 10º a 15º, la zona de los valles o las yungas (18º a 25º) y la zona de los Llanos, tropical (30º). La economía de Bolivia está basada sobre todo en la minería (estaño, cobre, plomo, cinc, plata, oro), y está adquiriendo creciente importancia la extracción de petróleo en los dep. de Santa Cruz y Tarija. La agricultura le sigue con cultivos de patatas y cereales en el Altiplano, maíz y trigo en Cochabamba, productos tropicales en las yungas y caucho en la región oriental. La ganadería comprende ovejas, vacunos y cabras, así como alpacas, vicuñas y llamas, en la región andina. La red ferroviaria está constituida por 4 300 km y las carreteras suman 39 000 km. Los ríos navegables (27 700 km) y las líneas aéreas completan el sistema boliviano de transportes.

Bolivia, mun. de Cuba (Ciego de Ávila).

bolivianismo m. Giro o vocablo propio de Bolivia. ‖ Afecto a la nación boliviana. ‖ Carácter o condición de boliviano.

boliviano, na adj. y s. De Bolivia. ‖ — M. Unidad monetaria de Bolivia.

Bolkar Dag, macizo montañoso de Turquía en la llanura de Adana.

bolo m. Palito torneado que se pone derecho en el suelo : *juego de bolos.* ‖ Eje o nabo de las escaleras de caracol y de ciertas máquinas. ‖ *Mec.* Árbol, eje. ‖ Especie de machete de los indios filipinos. ‖ *Farm.* Píldora más grande que la ordinaria. ‖ *Fig. y fam.* Torpe, necio. ‖ *Méx.* Obsequio que el padrino de un bautizo da a los niños. ‖ — Pl. Cierto juego. ‖ *Bolera.* ‖ *Bolo alimenticio,* alimento masticable e insalivado que se traga de una vez.

bolo, la adj. *Amer.* Borracho.

Bolognesi, prov. del Perú (Áncash) ; cap. *Chiquián.* Terremoto en 1970.

Bolonia, c. y prov. de Italia, cerca del río Reno, afl. del Po, cap. de la región Emilia-Romaña. Monumentos de la Edad Media y del Renacimiento. Escuelas de Derecho (s. XII-XIII) y de Pintura (s. XVI). Industrias.

Bolonia (Juan de) o **Giambologna,** escultor flamenco (1529-1608). Residió en Florencia en la corte de los Médicis.

boloñés, esa adj. y s. De Bolonia, ciudad de Italia (ú. t. c. s.). ‖ Dícese de una salsa de tomate y carne picada (ú. t. c. s. f.).

bolsa f. Recipiente flexible de tela, papel, plástico, etc., utilizado para llevar cosas. ‖ Saquillo para guardar el dinero. ‖ Taleguilla de tafetán en que se recogían el cabello los hombres. ‖ Arruga en los vestidos. ‖ Arruga que se forma debajo de los ojos (ú. t. en pl.). ‖ *Com.* Lonja : *Bolsa de granos.* Edificio donde se reúnen los que compran y venden acciones o títulos. ‖ Esta reunión : *hoy no hay Bolsa.* ‖ *Fig.* Bienes o dinero : *tiene llena la bolsa.* ‖ *Med.* Cavidad llena de materia : *bolsa sinovial; de pus.* ‖ Acumulación de un fluido : *bolsa de aire.* ‖

83

Min. Parte donde se halla metal puro. ‖ *Amer.* Bolsillo. ‖ Bolso de mujer. ‖ — *Aflojar la bolsa,* dar dinero. ‖ *Amer. Bolsa de aire,* bache. ‖ *Bolsa de Trabajo,* organismo que centraliza ofertas y peticiones de trabajo.

Bolsena, lago y pobl. de Italia, al N. de Viterbo (Lacio) ; 114 km².

bolsillo m. Bolsa para el dinero, portamonedas. ‖ Saquillo cosido a los vestidos : *bolsillo de parches.* ‖ — *De bolsillo,* pequeño : *libro de bolsillo.* ‖ *Fam.* Meterse a uno en el *bolsillo,* granjearse su voluntad. ‖ *Rascarse el bolsillo,* soltar dinero, pagar.

bolsín m. *Com.* Reunión de bolsistas, fuera de las horas y sitio del reglamento. ‖ Bolsa poco importante.

bolsista com. Persona que hace especulaciones en la bolsa de valores. ‖ *Amer.* Ladrón.

bolso m. Bolsa o estuche de piel u otro material que llevan en las manos las mujeres y en donde guardan los objetos de uso personal : *bolso de ante.* ‖ Bolsillo, portamonedas. ‖ Cualquier bolsa o estuche de cuero u otro material, con asa, para llevar objetos.

bolsón m. Bolsa grande. ‖ *Amer.* Cartera que llevan los niños para ir al colegio.

Bolsón, pico de la Argentina, en el Aconquija ; 5 050 m.

Bolton, c. de Inglaterra (Lancaster), al NO. de Manchester.

boludear v. i. *Arg.* Perder el tiempo.

boludo, da adj. *Arg.* y *fam.* Tonto.

Bolzano, en alem. *Bozen,* c. de Italia (Alto Adigio), cap. de la prov. homónima. Industrias (metalurgia).

Böll (Heinrich), escritor alemán, n. en 1917, autor de novelas (*Retrato de grupo con señora, El honor perdido de Katharina Blum*). [Pr. Nobel, 1972.]

bollado, da adj. *Fam.* Sin dinero (ú. t. c. s.).

bolladura f. Abolladura.

bollería f. Tienda donde venden bollos, pastelería.

bollo m. Panecillo esponjoso de harina amasada con huevos, leche, etc. ‖ Abultamiento o hueco hecho por un golpe en un objeto. ‖ *Fig.* Chichón : *hacerse un bollo en la cabeza.* Lío, embrollo : *se armó un bollo.* ‖ *Fig.* y *fam. No estar el horno para bollos,* no ser el momento más propicio para hacer algo.

Bollo (El), pueblo en el NO. de España (Orense). Monumentos celtas.

Bollullos del Condado, v. del S. de España (Huelva).

bomba f. Máquina para elevar agua u otro fluido. ‖ Artefacto explosivo : *bomba de efecto retardado.* ‖ Globo de cristal de algunas lámparas. ‖ En los instrumentos músicos de metal, tubo movible que, enchufado en otro, sirve para cambiar de tono. ‖ *Fig.* Noticia sensacional o inesperada que causa sorpresa (ú. t. c. adj.). ‖ *Cub.* Cucharón usado en los ingenios. ‖ *Méx.* Sátira, verso que se improvisa en las fiestas. ‖ *Fam. Méx.* Noticia falsa. ‖ — *Bomba aspirante, la que eleva el líquido gracias a la presión atmosférica.* ‖ *Bomba aspirante e impelente,* la que aspira el agua y luego la impele con esfuerzo. ‖ *Bomba atómica,* v. ATÓMICO. ‖ *Bomba centrífuga,* aquella en que la elevación del agua se hace por medio de una rueda de paletas dentro de una caja cilíndrica. ‖ *Bomba de cobalto,* generador de rayos gamma utilizados con fines terapéuticos. ‖ *Bomba de mano,* la que se lanza con la mano. ‖ *Bomba H o de hidrógeno,* v. TERMONUCLEAR. ‖ *Bomba impelente,* la que eleva el agua más arriba del plano de la máquina. ‖ *Bomba neumática,* la que sirve para extraer o comprimir el aire. ‖ *Fig.* y *fam. Caer como una bomba,* dar una noticia inesperada o presentarse de improviso en una reunión. ‖ *Estar echando bombas,* estar muy furioso. ‖ *Éxito bomba,* éxito enorme, descomunal. ‖ *Pasarlo bomba,* pasarlo muy bien.

bombáceas f. pl. Plantas o árboles dicotiledóneos e intertropicales, como el baobab (ú. t. c. adj.).

bombachas f. pl. *Arg.* Pantalones bombachos.

bombacho adj. m. y s. m. Dícese del calzón o pantalón ancho que se ciñe un poco más abajo de las pantorrillas (ú. más en pl.).

Bombal (María Luisa), novelista y autora de cuentos chilena (1910-1981).

bombardear v. t. Atacar con artillería o arrojar bombas : *bombardear una posición.* ‖ Someter un cuerpo a la acción de ciertas radiaciones.

bombardeo m. Ataque de un objetivo con bombas u obuses : *bombardeo aéreo.* ‖ Acción de radiar un cuerpo. ‖ *Bombardeo atómico,* proyección de partículas engendradas por una sustancia radiactiva acelerada mediante aparatos especiales (ciclotrón, por ej.).

bombardero, ra adj. Que bombardea : *avión bombardero.* ‖ — M. Artillero al servicio de las bombardas. ‖ Avión de bombardeo.

Bombay, c. y puerto de la India, cap. del Est. de Maharashtra, en la isla homónima del golfo de Omán. Arzobispado. Universidad. Industrias.

bombazo m. *Fig.* Noticia o dicho inesperado. ‖ *Arq.* Balón bombeado.

bombear v. t. Bombardear. ‖ Sacar o trasegar con bomba : *bombear agua.* ‖ Dar forma abombada. ‖ *Fig.* y *fam.* Dar bombo a uno, adular. ‖ Dar al balón un golpe de volea.

bombeo m. Convexidad. ‖ Estación de bombeo, estación donde se extrae un líquido con bomba.

bombero m. Miembro de un cuerpo destinado a apagar incendios. ‖ El que trabaja con la bomba hidráulica. ‖ *Fam.* Fontanero. ‖ *Fig.* y *fam.* Idea de bombero, idea descabellada.

bómbice m. Gusano de seda.

bombilla f. Ampolla o globo de cristal que contiene el filamento de la lámpara eléctrica : *bombilla fundida.* ‖ Tubito de caña o de metal para sorber el mate.

bombín m. *Fam.* Sombrero hongo. ‖ Pequeña bomba para hinchar los neumáticos de bicicletas.

bómbix m. Bómbice.

bombo m. Tambor grande que se toca con maza : *bombo de banda militar.* ‖ El que lo toca. ‖ Barco de fondo chato. ‖ Caja en que están los números de un sorteo : *bombo de la lotería.* ‖ *Fig.* Elogio exagerado : *anunciar con mucho bombo.* ‖ *Pop.* Vientre de una mujer que espera un niño. ‖ — *Fig.* y *fam. A bombo y platillos,* muy aparatoso. ‖ *Dar bombo,* elogiar demasiado.

bombón m. Confite de chocolate. ‖ *Fig.* y *fam.* Mujer muy bonita.

bombona f. Damajuana, garrafa. ‖ Vasija metálica con cierre hermético que se utiliza para contener gases a presión o líquidos muy volátiles : *bombona de butano.*

Bombona, pueblo de Colombia (Nariño). Batalla ganada por Bolívar en 1822.

bombonera f. Caja para bombones.

bombonería f. Tienda donde se venden bombones.

Bona. V. ANNABA.

bonachón, ona adj. y s. *Fam.* Buenazo, muy bueno.

bonachonería f. Calidad o carácter de bonachón.

bonaerense adj. y s. De Buenos Aires (Argentina).

Bonaire, isla holandesa de las Antillas (Sotavento), frente a las costas venezolanas ; 246 km². Cap. *Kralendijk.*

Bonampak, pobl. de México (Chiapas), centro maya del antiguo Imperio. En 1946 se descubrieron admirables frescos, realizados con colores muy vivos y gran realismo, que reproducen escenas religiosas o profanas (s. VII-IX).

bonancible adj. Sereno, apacible : *tiempo bonancible.*

bonanza f. Tiempo sereno en el mar. ‖ *Fig.* Prosperidad. ‖ Tranquilidad.

Bonaparte, n. de una familia originaria de Toscana (Italia) establecida en Córcega, cuyos principales miembros fueron : CARLOS MARÍA (1746-1785), casado con María Leticia Ramolino, que tuvo trece hijos, de los cuales JOSÉ y NAPOLEÓN (v. estos nombres) ; LUCIANO (1775-1840) ; ELISA (1777-1820) ; LUIS (1778-1846), padre de Napoleón III y rey de Holanda de 1806 a 1810 ; PAULINA (1780-1825) ; CAROLINA

(1782-1839), casada con Murat y reina de Nápoles ; JERÓNIMO (1784-1860), rey de Westfalia de 1807 a 1813.

bonapartismo m. Concepción política de los bonapartistas.

bonapartista adj. y s. Partidario de la dinastía de Napoleón Bonaparte.

bondad f. Calidad de bueno. ‖ Inclinación a hacer el bien. ‖ Amabilidad.

bondadoso, sa adj. Apacible, muy bueno (ú. t. c. s.).

Boneo (Martín León), pintor argentino (1829-1915).

Bonet (Carmelo J.), crítico y ensayista argentino, n. en Uruguay (1886-1978).

bonete m. Birrete, gorro de forma redonda. ‖ Gorro de los eclesiásticos, colegiales y graduados. ‖ *Zool.* Redecilla de los rumiantes. ‖ *Fig. A tente bonete,* con obstinación.

Bonete, pico de la Argentina (Catamarca) ; 6 872 m. — Cerro de Bolivia (Potosí) ; 5 653 m.

bonetería f. Oficio, taller y tienda de bonetero. ‖ *Amer.* Mercería.

Bongará, prov. del Perú (Amazonas) ; cap. *Jumbilla.*

bongo m. *Amer.* Canoa india.

bongó m. Tambor de los negros de Cuba.

bongosero m. Tocador de bongó.

boniato m. Batata, planta convolvulácea y su tubérculo comestible.

Bonifacio, c. y puerto de Córcega del Sur. El estrecho homónimo separa Córcega de Cerdeña.

Bonifacio (San), evangelizador de Alemania y arzobispo de Maguncia, degollado por los bárbaros (¿680 ?-754). Fiesta el 5 de junio. ‖ — **I** (San), papa de 418 a 422. ‖ — **II,** papa de 530 a 532. ‖ — **III,** papa de 607 a 608. ‖ — **IV** (San), papa de 608 a 615. ‖ — **V,** papa de 619 a 625. ‖ — **VI,** papa, no reconocido, en 896. ‖ — **VII,** papa, no reconocido reconocido, en 974 y 984 a 985. ‖ — **VIII,** de origen catalán, papa de 1294 a 1303. ‖ — **IX,** papa de 1389 a 1404.

Bonifaz (Ramón), marino español (1196-1252). Conquistó Sevilla a los árabes. ‖ — **Nuño** (RUBÉN), escritor mexicano, n. en 1923, autor de poesías (*Siete de espadas, El corazón de la espiral*) y novelas.

bonificación f. Mejora. ‖ Rebaja, descuento.

Bonilla (Manuel), general hondureño (1849-1913), pres. de la Rep. de 1903 a 1907 y de 1912 a 1913. ‖ — (POLICARPO), político y escritor hondureño (1858-1926), pres. de la Rep. de 1894 a 1898. ‖ — **y San Martín** (ADOLFO), erudito español (1875-1926).

Bonin, archip. al SE. del Japón, en el Pacífico.

bonito m. Pez parecido al atún.

bonito, ta adj. Bueno. ‖ Lindo, agraciado, agradable.

Bonn, c. de Alemania Occidental (Rin Septentrional-Westfalia), cap. de la Rep. Federal desde 1949 ; 300 000 h.

Bonnard (Pierre), pintor postimpresionista francés (1867-1947).

bono m. Vale. ‖ *bono de pago al portador.* ‖ Cualquier papel fiduciario : *bonos de la Deuda pública.* ‖ Título de deuda emitido por el Estado : *bonos del tesoro.* ‖ Vale de beneficencia : *bonos de carne.*

Bonpland (Aimé), médico y naturalista francés (1773-1858), compañero de Humboldt en el viaje científico de éste a América del Sur.

bonzo m. Sacerdote budista.

boñiga f. Excremento del ganado vacuno y otros animales.

boom [bum] m. (pal. ingl.). Prosperidad brusca y momentánea. ‖ Alza repentina de productos industriales, de valores de la Bolsa, etc. ‖ Auge, expansión.

boomerang m. Bumerang.

Bootes. V. BOYERO.

Booth (William), predicador evangelista inglés (1829-1912), fundador del Ejército de Salvación (1878).

Boothia, peníns. del NO. del Canadá, entre la Tierra de Baffin y la isla Príncipe de Gales.

boqueada f. Acción de abrir la boca justo antes de morir.

boquera f. Llaguita en las comisuras de los labios.

boquerón m. Pez pequeño : *los boquerones de Málaga.*

Boquerón, dep. del Paraguay en la región del Chaco ; cap. *Doctor Pedro P. Peña.* — Pobl. de Panamá (Chiriquí).

boqueronense adj. y s. De Boquerón (Paraguay).

boquete m. Agujero, brecha : *el obús abrió un boquete en la muralla.*

boquiabierto, ta adj. Que tiene la boca abierta. || *Fig.* Que se queda asombrado : *quedarse boquiabierto.*

boquilla f. Abertura para sacar las aguas de riego. || Parte de algunos instrumentos músicos de viento que se introduce en la boca. || Tubo pequeño para fumar cigarrillos. || Parte de la pipa que se introduce en la boca. || Extremo del cigarrillo : *boquilla con filtro.* || Pez del golfo de México. || *De boquilla,* de mentirijillas.

Bora (Catalina de), monja alemana (1499-1552), que se casó con Lutero.

Boras, c. de Suecia (Goteborg).

bórax m. *Quím.* Sal blanca compuesta de ácido bórico, sosa y agua.

borbollar y **borbollear** v. i. Hacer borbollones el agua.

borbolleo m. Borboteo.

borbollón m. Borbotón.

borbollonear v. i. Borbollar.

Borbón (ISLA DE). V. REUNIÓN.

Borbón, familia real francesa, cuyo primer representante fue ROBERTO DE Clermont (1327), sexto hijo de San Luis. La rama mayor de los *Borbones* subió al trono de Francia con Enrique IV (1589) y a ella pertenecieron todos sus soberanos hasta Carlos X (1830). Felipe V, nieto de Luis XIV de Francia, fue el primero de los Borbones de España (1700). Dejaron de reinar en este país de 1868 a 1874, con el reinado de Amadeo I de Saboya y la primera república de 1931 a 1975, con la segunda república (1931-1939) y el gobierno de Franco. En 1975, un nuevo príncipe Borbón, nieto de Alfonso XIII, subió al trono español con el nombre de Juan Carlos I.

Borbón (CARLOS MARÍA ISIDRO DE), infante de España (1788-1855), hermano de Fernando VII, que con el n. de *Carlos V* sostuvo durante siete años la primera guerra carlista. — Su hijo mayor, CARLOS, conde de Montemolín (1818-1861), se sublevó dos veces para apoderarse del trono de España. Apresado en Tortosa en 1860. || ~ (CARLOS MARÍA DE LOS DOLORES), llamado *Don Carlos* (1848-1909), pretendiente al trono de España y promotor de la tercera guerra carlista (1872-1876). || ~ (JAIME DE), pretendiente al trono de España (1870-1931), hijo de Don Carlos. || ~ (JUAN DE), conde de Barcelona, n. 1913, es el tercer hijo de Alfonso XIII y padre de Juan Carlos I, rey de España. Renunció a sus derechos dinásticos. || ~ (JUAN CARLOS DE). V. JUAN CARLOS I. || ~ (LUIS MARÍA DE), infante y arzobispo de España (1777-1823), sobrino de Carlos III. Presidió la Junta de Regencia de Cádiz y abolió la Inquisición.

borbónico, ca adj. De los Borbones o propio o partidarios de ellos.

borborigmo m. Ruido de los gases del abdomen.

borbotar y **borbotear** v. i. Hacer borbotones el agua.

borboteo m. Acción y efecto de borbotar o borbotear.

borbotón m. Agitación del agua en ebullición : *hervir a borbotones.* || *Fig. A borbotones,* en cantidad y violentamente : *la sangre corre a borbotones.* || *Fam.* Hablar a borbotones, hablar precipitadamente.

borceguí m. Bota que se ajusta con cordones.

borda f. *Mar.* Parte superior del costado del barco. | Vela mayor en las galeras. — *Fig. y fam. Arrojar o echar o tirar por la borda,* deshacerse de algo o alguien. | *Fuera borda,* embarcación con el motor fuera del casco.

Borda (Arturo), pintor boliviano (1883-1953). || ~ (José CORNELIO), ingeniero y político colombiano (1830-1866). N. en la defensa del Callao. || ~ (José JOAQUÍN), novelista colombiano (1835-1878), autor de *Morgan el Pirata.* || ~ (JUAN IDIARTE). V. IDIARTE BORDA.

Bordaberry (Juan María), político uruguayo, n. en 1928, pres. de la Rep. en 1972. Depuesto en mayo de 1976.

bordada f. Camino del barco entre dos viradas. || *Fig.* Vuelta, paseo.

bordado, da adj. *Fig.* Perfecto, logrado : *me salió bordado.* || — M. Labor de relieve en tela o piel con aguja.

bordador, ra m. y f. Persona que borda.

bordar v. t. Hacer bordados. || *Fig.* Realizar una cosa con perfección.

borde adj. Dícese de las plantas silvestres. || Dícese del hijo ilegítimo (ú. t. c. s.). || Dícese de la persona que tiene malas intenciones o que es muy avara (ú. t. c. s.). || Dícese de la persona desaborida (ú. t. c. s.). || — M. Extremo u orilla de una cosa : *el borde de la mesa.* || Línea de separación entre el agua y la tierra : *al borde del río.* || En las vasijas, orilla, contorno de la boca. || *A o al, borde de,* a punto de suceder o hacer una cosa.

bordear v. i. *Mar.* Dar bordadas. | Costear, ir por el borde (ú. t. c. t.). || *Fig.* Aproximarse. || — V. t. Rodear. | *Fig.* Frisar, estar cerca de.

Bordeaux. V. BURDEOS.

Bordeaux (Henry), novelista francés (1870-1963).

bordelés, esa adj. De Burdeos, ciudad de Francia (ú. t. c. s.). || Dícese de una salsa hecha con vino de Burdeos.

Bordighera, c. de Italia (Liguria).

bordillo m. Borde de la acera.

bordo m. Costado exterior de un barco. || *A bordo,* en la embarcación : *los hombres de a bordo.*

burdón m. Bastón largo de los peregrinos. | Verso quebrado repetido al fin de cada copla. || *Fig.* Muletilla, estribillo que se repite en la conversación. || En los instrumentos músicos, las cuerdas gruesas que hacen el bajo.

Bordoncillo, volcán de Colombia, en la Cord. Central (Nariño) ; 3 800 m.

bordonear v. i. Rasguear la guitarra. || Zumbar los insectos.

bordoneo m. Zumbido. || Sonido grave del bordón de la guitarra.

boreal adj. Del Norte.

Borges (Jorge Luis), escritor argentino, n. en Buenos Aires en 1899. Su sentido de la metáfora y su imaginación creadora lo colocan en lugar preeminente entre los escritores de lengua castellana. Autor de poesías (*Fervor de Buenos Aires, Luna de enfrente, Cuaderno San Martín, Para las seis cuerdas, Elogio de la sombra, La rosa profunda*), cuentos (*Historia universal de la infamia, Ficciones, El Aleph, El libro de arena*) y ensayos (*Inquisiciones, Otras inquisiciones, Historia de la eternidad*). || ~ (NORAH), hermana del anterior, pintora argentina, n. en 1901, autora de cuadros y dibujos costumbristas.

Borgia o Borja, familia italiana, de origen español, entre cuyos miembros se encuentran el papa ALEJANDRO VI (v. este nombre). El hijo de éste, el cardenal CÉSAR (¿ 1475 ?-1507), fue un político hábil, pero ambicioso, inhumano y licencioso, y su hija LUCRECIA (1480-1519) se distinguió por su belleza y fue acusada de crímenes por la leyenda.

borgoña m. Vino de Borgoña.

Borgoña, región y ant. prov. del E. de Francia ; cap. *Dijon.*

Borgoña, de dos casas reales de Francia, una condal y otra ducal ; la primera, fundada por Roberto el Piadoso (1002), se extinguió en 1361 ; a la segunda, fundada por Juan el Bueno, pertenecían Felipe el Atrevido, Juan Sin Miedo, Felipe el Bueno y Carlos el Temerario, a cuya muerte se extinguió la dinastía (1477).

Borgoña (Felipe de). V. VIGARNY. || ~ (JUAN DE), pintor renacentista flamenco (¿ 1465-1536 ?). Residió en Castilla.

borgoñón, ona adj. De Borgoña, en Francia (ú. t. c. s.).

bórico adj. *Quím.* Dícese del ácido formado por el boro.

Borinquén, n. indígena de *Puerto Rico.*

borinqueño, ña adj. y s. De Puerto Rico.

Boris Godunov. V. GODUNOV.

Borja, c. de España (Zaragoza). Centro de arte mudéjar. — Pobl. del Paraguay (Guairá). — Pobl. del Perú (Loreto).

Borja. V. BORGIA, y tb. FRANCISCO DE BORJA (San). || ~ (ARTURO), poeta simbolista ecuatoriano (1892-1912), autor de *La flauta de ónix.*

Borjas Blancas, c. del NE. de España (Lérida), cap. de la comarca catalana de Las Garrigas.

borla f. Conjunto de hebras reunidas por uno de sus cabos : *la borla del gorro militar.* || Insignia de los doctores. || Lo que utilizan las mujeres para darse polvos.

Born. V. BERTRÁN DE BORN.

borne m. Extremo de la lanza empleada en justas. || Botón de cobre a que se une un conducto eléctrico.

bornear v. t. Torcer, ladear. || *Arq.* Labrar en contorno las columnas. || — V. i. *Mar.* Girar el buque sobre el ancla fondeada.

Borneo, isla de Insulindia, la tercera del mundo en extensión, que se encuentra entre los mares de Sulú, de China meridional y de Java, en el estrecho de Macasar ; 730 000 km². La parte S. de la isla (*Kalimantan*) pertenece a la República de Indonesia (539 000 km²) y en el N. están Sabah y Sarawak, miembros de la Federación de Malaysia, y el Estado de Brunei. Petróleo.

Bornholm, isla de Dinamarca en el mar Báltico ; 588 km².

boro m. Metaloide (B) de número atómico 5, de densidad 2,45, sólido, duro y de color pardo oscuro.

Borobudur o Barabudur, localidad de Java. Templo budista (s. VIII-IX).

Borodin (Aleksandr), músico ruso (1833-1887), autor de la ópera *El Príncipe Igor,* del poema sinfónico *En las estepas del Asia Central,* y de sonatas.

Borodino, pobl. de la U. R. S. S., cerca de Moscú, donde Napoleón venció a las tropas rusas (1812).

borona f. Pan de maíz.

Bórquez Solar (Antonio), poeta modernista chileno (1872-1938).

borra f. Parte más basta de la lana. | Pelo de cabra. | Pelusa del algodón. || *Fig. y fam.* Palabras insustanciales.

borrachera f. Embriaguez, efecto de emborracharse. || Orgía. || *Fig.* Exaltación extremada : *la borrachera del triunfo.*

borrachin, ina m. y f. Borracho.

borracho, cha adj. Que toma bebidas alcohólicas con exceso (ú. t. c. s.). || *Fig. y fam.* Dominado por una pasión : *borracho de odio.* | Exaltado : *borracho con sus éxitos.*

borrador m. Escrito de primera intención que ha de sufrir correcciones. || Libro en el que el comerciante hace sus cuentas provisionales. || Goma de borrar.

borragináceas f. pl. Familia de dicotiledóneas que tiene por tipo la borraja (ú. t. c. adj.).

borraja f. Planta borraginácea de tallo cubierto de espinas, usada en medicina. || Su flor.

borrar v. t. Tachar lo escrito. || Hacer desaparecer con la goma lo escrito. || *Fig.* Hacer desaparecer, desvanecer, quitar : *borrarlo de tu memoria* (ú. t. c. pr.). | Quitar de una lista, dar de baja en una asociación.

Borrás (Tomás), escritor español (1891-1976), autor de notables cuentos, novelas y obras de teatro.

Borrassá (Luis), pintor primitivo catalán (¿ 1360 ?-1424). Autor de retablos en Manresa, Tarrasa y el de *Santa Clara* (museo de Vich).

borrasca f. Tempestad, tormenta. || *Fig.* Contratiempo : *las borrascas de la vida.* | Disputa, enfado.

borrascoso, sa adj. Que causa borrascas. || Propenso a ellas. || *Fig. y fam.* Desenfrenado : *vida borrascosa.* | Accidentado, con discusiones, agitado : *reunión, asamblea borrascosa.*

borrego, ga m. y f. Cordero o cordera de uno a dos años. || *Fig. y fam.* Persona muy sencilla o ignorante. | Persona servil que hace lo mismo que los demás.

borreguil adj. Perteneciente o relativo al borrego. || *Fig.* Que sigue las iniciativas de los demás.

Borrero (Dulce María), poetisa y pintora cubana (1883-1945). — Su hermana JUANA fue poetisa (1878-1896) y escribió *Rimas*.

borrica f. Asna. || *Fig.* y *fam.* Necia.

borricada f. Manada de borricos. || *Fig.* Disparate, idiotez.

horrico m. Asno, burro: || Caballete o soporte para apoyar la madera los carpinteros. || *Fig.* y *fam.* Asno, muy necio : *este chico es un borrico.*

borriquero adj. Aplícase a una variedad de cardo.

borriquete m. Caballete.

Borromeas, grupo de tres islas en el lago Mayor (Italia).

Borromeo. V. CARLOS BORROMEO.

borrón m. Mancha de tinta. || *Pint.* Primer apunte en colores. || *Fig.* Imperfección, defecto. || *Fig.* Borrón y cuenta nueva, dícese para expresar que se quiere olvidar lo pasado.

borronear v. t. Garrapatear : *borronear unas cuartillas.*

borroso, sa adj. Confuso, poco claro : *escritura, vista, idea borrosa.*

borujo m. Orujo de la aceituna.

borujón m. Bulto, chichón.

boscaje m. Espesura, conjunto de árboles y plantas.

Boscán y Almogáver (Juan), poeta renacentista español, n. en Barcelona (¿ 1492 ?-1542), que adaptó al castellano el endecasílabo italiano. Tradujo *El Cortesano* de Baltasar de Castiglione.

Bosco. V. JUAN BOSCO (San).

boscoso, sa adj. Abundante en bosques.

Bosch (Jerónimo VAN AKEN, llamado Jerónimo el Bosco o), pintor, escultor y grabador holandés (¿ 1450 ?-1516), de imaginación exuberante y fantástica. || ~ (JUAN), escritor y político dominicano, n. en 1909. Pres. de la Rep. en 1963, derrocado el mismo año. Ha escrito cuentos, novelas y ensayos. || ~ Gimpera (PEDRO), historiador español (1891-1974), autor de obras de prehistoria. M. exiliado en México.

Bósforo, estrecho entre Europa y Asia que une los mares de Mármara y Negro (Turquía). Está atravesado, desde 1973, por un puente. Ant. *Estrecho de Constantinopla.*

Bosnia y Herzegovina, una de las repúblicas federadas de Yugoslavia ; 51 129 km2 ; 4 075 000 h. ; cap. *Sarajevo.*

bosque m. Terreno poblado de árboles, monte : *un bosque de pinos.*

Bosque (El), com. de Chile en el Área Metropolitana de Santiago.

bosquejar v. t. Trazar los rasgos principales de una pintura : *bosquejar un paisaje.* || Dar la primera mano a una obra de escultura. || *Fig.* Esbozar.

bosquejo m. Traza primera de una obra. || *Fig.* Idea vaga de una cosa.

Bossuet (Jacques Bénigne), prelado, escritor y predicador francés, n. en Dijon (1627-1704), crítico severo del protestantismo.

bostezar v. i. Abrir la boca por efecto del cansancio, del sueño, etc.

bostezo m. Acción de bostezar.

Boston, c. y puerto de Estados Unidos, en Nueva Inglaterra, cap. del Estado de Massachusetts.

Bosworth, c. del centro de Inglaterra (Leicester), teatro de la última batalla de la guerra de las Dos Rosas (1485).

bota f. Calzado que cubre el pie y parte de la pierna : *botas de montar, de esquiar.* || Por ext. Botina, borceguí. || Odre pequeño de cuero u otra materia similar para vino en el cual se bebe. || Cuba o tonel de madera. || *Fig.* y *fam. Ponerse las botas,* ganar mucho dinero, enriquecerse.

botado, da adj. y s. *Amer.* Expósito, inclusero. || *Méx.* Borracho. | Barato, casi regalado. | Fam. Expulsado.

botadura f. Lanzamiento al agua de una embarcación.

botafumeiro m. Incensario.

botalón m. *Mar.* Palo que sale fuera de la embarcación.

botana f. Tapón. || *Méx.* Tapa, bocado que se toma como aperitivo.

botánica f. Ciencia que trata de los vegetales.

botánico, ca adj. Perteneciente o relativo a la botánica : *la ciudad tenía*
un gran jardín botánico. || — M. y f. Persona que se dedica a la botánica.

botanista com. Botánico.

botar v. t. Arrojar, tirar o echar fuera con violencia. || *Fam.* Despedir, echar a una persona : *lo botaron del colegio.* || *Mar.* Enderezar el timón a la parte que conviene : *botar a babor, a estribor.* || Lanzar al agua : *botar un buque.* || *Amer.* Malgastar, despilfarrar. || — V. i. Salir despedida una cosa después de chocar con el suelo : *botar la pelota.* || Saltar : *botar de alegría.* || Dar botes el caballo. || *Fig.* y *fam. Estar alguien que bota,* estar furioso. || — V. pr. Volverse, hacerse : *botarse a listo.*

botaratada f. *Fam.* Tontería, idiotez.

botarate m. *Fam.* Idiota, majadero.

botavara f. *Mar.* Palo horizontal apoyado en el mástil para asegurar la vela cangreja.

bote m. Brinco que da el caballo. || Salto que da la pelota al chocar con el suelo. || Salto que da una persona. || Tarro : *bote de farmacia.* || Barca, lancha sin cubierta que se mueve remando. || *Fam.* Recipiente en que se ponen las propinas dadas por los clientes. || — *Bote de salvamento,* salvavidas. || *Fam. Chupar del bote,* aprovecharse. | *Dar el bote,* despedir. | *Darse el bote, irse.* | *De bote en bote,* completamente lleno. | *Estar en el bote,* estar en el bolsillo. | *Tener en el bote,* haber logrado una cosa ; convencer a una persona.

botella f. Vasija, generalmente de vidrio, de cuello largo : *botella de vino.* || Su contenido. || *Pop. Cub.* Empleo oficial sin trabajar. || *Fís. Botella de Leiden,* acumulador eléctrico.

botellazo m. Golpe dado con una botella.

botellero m. El que hace o vende botellas. || Estante para colocar las botellas. || Cesto para llevarlas.

botellín m. Botella pequeña.

botero m. El que hace o vende botas. || *Pop. Cub.* Persona que goza de un empleo oficial sin trabajar. || *Fam. Pedro Botero,* el demonio.

Botero (Fernando), pintor expresionista argentino, n. en 1932.

Botev (PICO), ant. *Jumrukchal,* altura máxima de los Balcanes, en Bulgaria ; 2 376 m.

Botha (Louis), general y político sudafricano (1862-1919). Intervino en la guerra de los bóers y fue luego primer ministro del Transvaal (1907) y de la Unión Sudafricana (1910).

Boti (Regino Eladio), poeta y crítico cubano (1878-1958).

botica f. Farmacia, establecimiento donde se preparan y venden medicinas. || Conjunto de medicamentos : *le pagó médico y botica.* || Tienda.

boticario, ria m. y f. Farmacéutico, persona que tiene una farmacia. || *Fig. Venir como pedrada en ojo de boticario,* venir al pelo una cosa.

botija f. Vasija de barro poroso de cuello corto y estrecho.

botijero, ra m. y f. Persona que hace o vende botijos.

botijo m. Vasija de barro poroso con asa, boca y pitón destinada a refrescar el agua que contiene. || *Fam. Tren botijo,* el organizado para un festejo.

botillería f. Tienda donde se venden bebidas.

botillero m. El que hace o vende bebidas heladas. || El encargado de los vinos en un restaurante.

botín m. Polaina. || Bota, botina. || *Mil.* Despojo tomado al enemigo. || *Arg.* Bota de deportista.

botiquín m. Mueble, habitación o maletín para guardar las medicinas. || Estas medicinas.

Botnia, golfo en la parte septentrional del mar Báltico, entre Finlandia y Suecia. — Región de Europa, al E. del golfo homónimo.

botón m. Bota alta.

botocudo, da adj. y s. Individuo de una tribu del E. del Brasil, entre los ríos Doce y Pardo (Minas Gerais).

botón m. *Bot.* Yema o brote de los vegetales. | Capullo de flor. || Disco de nácar, de metal o cualquier otra materia que se pone en los vestidos para
abrocharlos. || Cosa en forma de botón que sirve para hacer funcionar algo : *pulsar el botón ; botón eléctrico ; botón de la radio.* || *Arg. Fam.* Agente del orden público.

botonadura f. Juego de botones : *botonadura de plata.*

botonería f. Establecimiento donde se hacen o venden botones.

botones m. inv. *Fam.* Recadero.

botoque m. Disco de madera que se introducen en los labios, las orejas o la nariz los indios botocudos.

Botswana, Estado republicano del África meridional ; 570 000 km2 ; 950 000 h. Cap. *Gaborone,* 33 000 h. Es la antigua *Bechuanalandia,* hoy miembro del Commonwealth.

Botticelli (Sandro di Mariano FILIPEPI, llamado **Sandro**), pintor, dibujante y grabador italiano, n. en Florencia (1444-1510), autor de obras de inspiración religiosa y pagana (*Primavera, Nacimiento de Venus*).

Botto (Marta Segunda), pintora abstracta y escultora argentina, n. en 1925.

Bottrop, c. de Alemania Occidental en el Ruhr.

Botucatu, c. del Brasil (São Paulo).

botulismo m. Intoxicación producida por la ingestión de alimentos en malas condiciones.

Botzaris (MARKOS), héroe de la independencia griega (1788-1823).

bou m. Pesca en que dos barcas tiran de una red : *salir al bou.* || Barco para esta pesca.

Bou (Teresa), dama valenciana, musa de Ausias March (s. XV).

Bou Craa, lugar del Sáhara Occidental. Explotación de fosfatos.

Bouchard (Hipólito), corsario argentino de origen francés, que colaboró con San Martín en la expedición al Perú (1820). M. en 1837.

Bouches-du-Rhône, dep. del S. de Francia ; cap. *Marsella.*

boudoir [*budoar*] m. (pal. fr.). Galicismo por *camarín, saloncito, tocador.*

Bougainville, isla de Melanesia (Salomón). Cobre.

Bouillon (Godofredo de). V. GODOFREDO DE BOUILLON.

Boulez (Pierre), compositor y director de orquesta francés, n. en 1925.

Boulogne [*buloñ*] = **Billancourt,** c. de Francia (Hauts-de-Seine), suburbio del SO de París. Construcción de automóviles. || **~-sur-Mer,** c. y puerto de Francia (Pas-de-Calais). Allí vivió retirado y murió San Martín.

bouquet [*buqué*] m. (pal. fr.). Ramillete de flores. || Perfume, gustillo, buqué, aroma del vino.

Bourdelle (Antoine), escultor francés (1861-1929), autor del monumento a Alvear (Buenos Aires).

Bourg-en-Bresse, c. de Francia, cap. del dep. del Ain.

Bourges [*burges*], c. de Francia, cap. del dep. del Cher. Arzobispado.

Bourget, lago de los Alpes de Francia (Saboya) ; 45 km2 ; 18 km. de longitud y 3 de anchura. || **~ (Le),** pobl. de Francia, al N. de París (Seine-Saint-Denis). Aeropuerto.

Bourget (Paul), escritor francés (1852-1935), autor de ensayos y novelas psicológicas.

Bourgogne. V. BORGOÑA.

Bournemouth, c. de Gran Bretaña, en Inglaterra (Southamptonshire).

Bousoño (Carlos), poeta y crítico español, n. en 1923.

Boussingault (Jean-Baptiste), químico y agrónomo francés (1802-1887). Fue miembro del Estado Mayor de Bolívar en sus campañas.

boutade [*butad*] f. (pal. fr.). Ocurrencia, rasgo de ingenio, salida.

boutique [*butik*] f. (pal. fr.). Tienda pequeña pero elegante donde se suelen vender géneros de confección.

Bovary (Madame), novela de Flaubert, una de las obras maestras de realismo (1857).

bóveda f. *Arq.* Construcción de forma arqueada con objeto de cubrir el espacio comprendido entre muros o pilares. | Habitación subterránea abovedada. | Cripta de las iglesias. || — *Bóveda celeste,* el firmamento. | *Bóveda craneana* (o *craneal*), interior del cráneo. || *Bóveda palatina,* cielo de la boca.

Boves (José Tomás), guerrillero español (1783-1814). Al frente de sus llaneros, luchó contra los patriotas venezolanos.

bóvidos m. pl. Familia de rumiantes que comprende los bovinos, ovinos, caprinos, antílopes, búfalos, etc.

bovino, na adj. Del buey o la vaca : *especie bovina*. || Dícese de los animales rumiantes que tienen cuernos (ú. t. c. s.).

bowling [*boulin*] m. (pal. ingl.). Bolera, juego de bolos.

box m. (pal. ingl.). Departamento de una cuadra en que se deja un solo caballo. || Departamento de un garaje.

boxeador, ra m. y f. Persona que boxea.

boxear v. i. Luchar dos personas a puñetazos.

boxeo m. Deporte de combate en el cual dos adversarios se acometen a puñetazos.

boxer m. Insurgente chino durante la intervención armada europea de 1900.

boy m. (pal. ingl.). Mozo, muchacho. || Bailarín de una revista musical. || Criado indígena en las antiguas colonias africanas. || *Boy scout,* explorador, chico que forma parte de ciertas sociedades de carácter educativo y deportivo.

boya f. Cuerpo flotante sujeto al fondo del mar, de un río o de un lago para la señalización : *boya luminosa.* || Corcho que se pone en las redes.

Boyacá, río de Colombia, donde Bolívar derrotó a los realistas (1819). — Dep. de Colombia; cap. *Tunja.*

boyacense adj. y s. De Boyacá (Colombia).

boyada f. Manada de bueyes.

boyante adj. Dícese del toro fácil de torear. || *Mar.* Aplícase al buque que lleva poca carga y no cala lo que debe. || *Fig.* Próspero, rico. | Feliz.

boyardo m. Señor feudal de Rusia.

Boyardo (Matteo Maria), poeta italiano (1441-1494), autor de *Orlando enamorado,* poema continuado por Ariosto.

boycot m. Boicoteo.

boycotear v. t. Boicotear.

Boyer (Jean-Pierre), político haitiano (1776-1850), pres. de la Rep. de 1818 a 1843. Invadió el territorio dominicano en 1822. Fue derrocado.

Boyero, constelación boreal, cuya estrella principal es Arturo.

Boyeros, mun. de Cuba (Ciudad de La Habana).

bozal adj. y s. Dícese del negro recién sacado de su país. || *Fig.* Nuevo, novato, bisoño. || *Fam.* Bobo, necio. | Cerril, sin domar : *caballo bozal.* | *Amer.* Dícese del indio o extranjero que habla muy mal el castellano. — M. Aparato que se pone a los perros en la boca para que no muerdan o a los terneros para que no mamen.

Bozen. V. BOLZANO.

bozo m. Vello en la parte superior del labio antes de nacer el bigote. || Parte exterior de la boca.

Br, símbolo del bromo.

Brabante, prov. del centro de Bélgica ; cap. *Bruselas.* || *Septentrional,* prov. meridional de Holanda ; cap. *Bois-le-Duc.*

bracear v. i. Mover o agitar los brazos. || Nadar a braza.

braceo m. Acción de bracear.

bracerismo m. *Méx.* Condición de bracero. | Conjunto de braceros.

bracero n. Peón, jornalero.

bracista com. Persona que nada a braza.

bracmán m. Bramán.

bráctea f. Hoja que nace en el pedúnculo de la flor.

Bracho (Carlos), escultor mexicano (1899-1966).

Bradford, c. de Gran Bretaña (York).

braga f. Calzón femenino (ú. m. en pl.). || Pañal de los niños.

Braga, c. del norte de Portugal (Miño). Arzobispado.

Braga (Francisco), músico brasileño (1868-1944), autor de poemas sinfónicos. || ~ (JOAQUÍN TEÓFILO), historiador, filósofo y político portugués (1843-1924), que presidió el primer gobierno de la República (1910) y fue pres. de la Rep. en 1915.

bragado, da adj. Que tiene las entrepiernas de distinto color que el resto del cuerpo : *buey bragado.* || *Fig.* Enérgico, decidido, valiente : *un hombre bragado* (ú. t. c. s.).

Bragado, c. de la Argentina (Buenos Aires).

Braganza, c. de Portugal (Tras-os-Montes), cap. de distrito. Obispado.

Braganza, familia real portuguesa descendiente de Alfonso I, hijo natural de Juan I (s. XIV). Reinó en Portugal desde 1640 hasta 1910, y en el Brasil de 1822 a 1889.

bragazas m. inv. *Fam.* Hombre débil de carácter, calzonazos.

braguero m. Vendaje para contener las hernias.

bragueta f. Abertura delantera que tienen los pantalones de hombre.

braguetazo m. *Fam.* Casamiento por interés.

Brahe (Tycho), astrónomo danés (1546-1601), maestro de Kepler.

Brahma. V. BRAMA.

brahmán m. Bramán.

brahmánico, ca adj. Bramánico.

brahmanismo m. Bramanismo.

Brahmaputra, río del S. del Tíbet y de la India, que des. en el golfo de Bengala. Mezcla sus aguas, en un gran delta, con las del Ganges ; 2 900 km.

Brahms (Johannes), músico alemán, n. en Hamburgo (1833-1897), autor de obras para piano, sinfonías, *lieder,* sonatas, serenatas, música de cámara, conciertos para violín, para piano, etc.

Braila, c. de Rumania, puerto fluvial en el Danubio.

Braille (Louis), profesor francés (1809-1852), inventor de la escritura para ciegos consistente en puntos marcados en relieve sobre el papel.

brainstorming [*breinstorming*] m. (pal. ingl.). Reflexión en grupo que permite que los miembros de éste puedan sugerir libremente ideas sobre el asunto que se trata.

Brakpan, c. de África del Sur (Transvaal).

brama f. Mugido. || Época del celo de los ciervos y otros animales salvajes.

Brama, dios supremo de los hindúes, creador del mundo, de los dioses y de los seres. Es una persona de la trinidad (Trimurti).

bramán m. Sacerdote de Brama.

bramánico, ca adj. Relativo al bramanismo : *templo bramánico.*

bramanismo m. Religión practicada en la India :
— El *bramanismo* es la organización social, política y religiosa que sucedió al vedismo (v. VEDISMO), Brama, Visnú y Siva constituyen la trinidad india o Trimurti. De Brama nacieron las cuatro castas de la India : bramanes, chatrias, vaicias y sudras. Fuera de estas castas están los impuros y los parias.

bramante m. Cuerda delgada.

Bramante (Donato d'Angelo LAZZARI, llamado **el**), arquitecto renacentista italiano (1444-1514), autor de los planos de San Pedro de Roma.

bramar v. i. Dar bramidos, mugir. || *Fig.* Gritar de ira. | Mugir, ulular, hacer mucho ruido el viento, el mar, etc., cuando están agitados.

bramido m. Mugido, voz del toro y de otros animales. || *Fig.* Grito de cólera. | Ruido grande del viento, etc.

Bramón (Francisco), escritor mexicano del s. XVII, autor de *Los Sirgueros de la Virgen sin original pecado.*

Brampton, c. del Canadá (Ontario).

brancal m. Conjunto de los largueros de la armazón de la cureña de artillería o de un carro.

Branco, río del Brasil (Amazonas), afl. del Negro ; 1 340 km.

Brandeburgo o **Brandenburg,** región de Alemania Oriental. Asiento de un poderoso electorado desde el s. XV, fue el núcleo de la monarquía prusiana ; cap. *Berlín.* — C. de Alemania Oriental al O. de Berlín y a orillas del Havel, afl. del Elba.

Brandt (Hennig), alquimista alemán, m. en 1692, descubridor del fósforo (1669). || ~ (SEBASTIAN). V. BRANT. || ~ (WILLY), político socialdemócrata alemán, n. en 1913, canciller de la Rep. Federal Alemana de 1969 a 1974. Pr. Nobel de la Paz en 1971.

brandy m. (pal. ingl.). Coñac.

Branly (Edouard), físico francés (1844-1940). Inventó el radioconduc-

tor o *cohesor* que hizo posible la utilización de las ondas hertzianas en telegrafía.

branquial adj. De las branquias.

branquias f. pl. Órganos respiratorios de los peces, moluscos, etc.

Brant o **Brandt** (Sebastian), humanista, poeta y jurista alemán (1458-1521), autor de *La nave de los locos,* poema satírico.

Brantford, c. del Canadá (Ontario).

Brañas (César), escritor guatemalteco, n. en 1900, autor de poesías, novelas, cuentos y ensayos históricos.

Braque (Georges), pintor cubista francés (1882-1963).

braquial adj. Del brazo.

braquicefalia f. y **braquicefalismo** m. Carácter o condición de braquicéfalo.

braquiocefálico, ca adj. Relativo a la cabeza y a los brazos.

braquicéfalo, la adj. Dícese de los hombres de cráneo casi redondo (ú. t. c. s.).

braquiópodos m. pl. Animales marinos parecidos a los moluscos lamelibranquios, con tentáculos alrededor de la boca (ú. t. c. adj.).

brasa f. Ascua : *asar a la brasa.*

brasero m. Recipiente redondo de metal en que se echa carbón menudo y que sirve como medio de calefacción, que se coloca generalmente en la parte inferior de una mesa o camilla. Hoy existen braseros eléctricos.) || *Méx.* Hogar, fogón para guisar.

Brashov, c. de Rumania (Transilvania), al NE. de Bucarest.

Brásidas, general espartano de la guerra de Peloponeso (431-404 a. de J. C.).

brasil m. Palo brasil.

Brasil, república federal de América del Sur que limita con todos los países del subcontinente, salvo con Ecuador y Chile ; 8 511 965 km² ; 126 000 000 de h. (*brasileños* o *brasileros*). Cap. *Brasilia,* 763 000 h. Otras ciudades : *Río de Janeiro* (ant. capital), 5 000 000 de h. (12 millones en el área metropolitana) ; *São Paulo,* 8 000 000 ; *Belo Horizonte,* 1 600 000 ; *Recife,* 1 300 000 ; *Salvador,* 1 580 000 ; *Fortaleza,* 1 150 000 ; *Porto Alegre,* 1 100 000 ; *Nova Iguaçú,* 950 000 ; *Belem,* 780 000 ; *Curitiba,* 870 000 ; *Cuiabá,* 769 000 ; *Santo André,* 557 000 ; *Goiânia,* 525 000 ; *Duque de Caxias,* 432 000 ; *Niterói,* 408 000 ; *Manaus,* 400 000 ; *Santos,* 390 000 ; *São Luís,* 340 000 ; *Maceió,* 335 000 ; *João Pessoa,* 290 000 ; *Teresina,* 290 000 ; *Aracajú,* 250 000 ; *Juiz de Flora,* 239 000 ; *Petrópolis,* 200 000 ; *Florianópolis,* 155 000 ; *Campo Grande,* 150 000 ; *Vitória,* 140 000 ; *Porto Velho,* 100 000 ; *Río Branco,* 90 000 ; *Macapá,* 89 000 ; *Boa Vista,* 50 000.

Brasil desde el punto de vista administrativo, se divide en 22 Estados, 4 territorios y 1 distrito federal. La población está formada por elementos blancos y negros, que al mezclarse han dado un porcentaje de mulatos de un 25 p. ciento aproximadamente. Las razas amerindias han quedado muy reducidas (menos del 2 p. ciento). La inmigración, procedente de países europeos (Portugal, Italia, España), ha contribuido notablemente a la formación de este joven país, pero ha disminuido mucho en la actualidad. La religión católica predomina sobre las otras, y la lengua portuguesa es la oficial. La densidad media de población es del orden de los 14,8 h./km².

— GEOGRAFÍA. En el Brasil pueden señalarse cuatro grandes zonas : la gigantesca cuenca del Amazonas al N. (3 549 033 km²) ; las altiplanicies, que ascienden de E. a O. (Goiás, Mato Grosso) ; los macizos montañosos como el de Guayanas (Pico Roraima, 2 835 m) ; y el Atlántico, reborde marítimo que comprende las sierras Geral, do Mar (Pico Bandeira, 2 890 m), Mantiqueira, Espinhaco y Chapada Diamantina. Los picos más elevados del Brasil se encuentran en la sierra Imeri, fronteriza con Venezuela (Pico da Neblina, 3 014 m, y Pico 31 de Marzo, 2 392 m). El río Amazonas, el más caudaloso del mundo, recorre más de

Las capitales de los Estados están subrayadas

— Ferrocarril

BRASIL

3 000 km en el territorio brasileño y su anchura llega a veces a los 6 km. Numerosos afluentes engrosan su caudal (Negro, Madeira, Tapajós, Xingú, Tocantins con el Araguaia). Otros ríos importantes son : São Francisco, Paraguay, Paraná (con sus afluentes Río Grande e Iguazú) y Uruguay. La costa, de unos 7 200 km de longitud, es poco accidentada, con el archipiélago de Marajó, en la desembocadura del Amazonas, y el de Fernando de Noronha, frente a Natal. La isla fluvial de Bananal, en el río Araguaia, es la mayor del mundo (4 300 km²). El clima es en general cálido y húmedo, ecuatorial en la Amazonia, seco en el NE. y continental en el Mato Grosso. Los recursos económicos del Brasil son numerosos y variados : agricultura (café, cacao, caña de azúcar, arroz, mandioca, cereales, caucho); ganadería (bovinos, porcinos, ovinos, equinos); minería (hierro en Minas Gerais, cromo, manganeso, bauxita, carbón, petróleo). La industria ha experimentado un notable desarrollo (textil, alimenticia, química, metalúrgica, cemento, automóviles), y se localiza principalmente en los Estados de São Paulo y Río de Janeiro. Una red ferroviaria de 30 000 km y más de un millón medio de km de carreteras enlazan las ciudades del Brasil, a lo que hay que añadir 44 000 km de vías fluviales y una densa red de líneas aéreas.

Brasileña. V. CUAREIM.

brasileño, ña y **brasilero, ra** adj. y s. Del Brasil.

brasilete m. Árbol cuyo tronco tiene una madera de un color algo más oscuro que el brasil o palo brasil. || Madera de este árbol.

Brasilia, cap. del Brasil y del Distrito Federal ; 763 000 h. Empezó a construirse en 1955 y fue inaugurada oficialmente en 1960.

Bratislava, ant. *Presburgo,* c. de Checoslovaquia, a orillas del Danubio ; cap. de Eslovaquia. Universidad.

Bratsk, c. de la U. R. S. S. (R. S. F. S. de Rusia), en Siberia.

Braulio *(San),* obispo de Zaragoza (585-646). Continuó las *Etimologías de San Isidoro.* Fiesta el 18 de marzo.

Braun (Karl Ferdinand), físico alemán (1850-1918), inventor de la antena dirigida. (Pr. Nobel, 1909). || ~ (WERNHER VON), físico alemán (1912-1977), naturalizado norteamericano. Constructor del cohete V-2 (1944), tomó parte luego en la creación de vehículos espaciales en los Estados Unidos.

brava f. *Amer.* Bravata. | Coacción. || *Fig.* Hacer u obtener algo por las bravas, hacerlo con mucho atrevimiento o valor, por la fuerza.

bravata f. Amenaza hecha con arrogancia. || Fanfarronada.

bravear v. i. Fanfarronear.

braveza f. Bravura. || Furia o ímpetu de los elementos : *la braveza del mar.*

bravío, vía adj. Sin domar, salvaje : *toro bravío.* || *Fig.* Silvestre.

bravo, va adj. Valiente. || Salvaje, que acomete con los cuernos : *ganadería de toros bravos.* || Embravecido, dícese del mar alborotado. || Inculto, abrupto : *terreno bravo.* || Salvaje, sin civilizar : *indio bravo.* || *Fam.* Valentón, bravucón. || *Fig.* y fam. De genio áspero. || Colérico, muy enojado. || Suntuoso, magnífico. || *Amer.* Picante, que pica mucho : *el chile está muy*

bravo. || — M. Aplauso : *se oían los bravos.* || — Interj. Expresa aplauso.

Bravo, río que nace en las Montañas Rocosas y sirve de frontera entre Estados Unidos y México ; 2 800 km. Se le conoce también con el nombre de *Río Grande del Norte.*

Bravo (Juan), jefe comunero castellano, n. en Segovia. Defendió esta ciudad y fue vencido con Padilla y Maldonado en Villalar. M. decapitado en 1521. || ~ (MARIO), político, escritor, poeta y sociólogo argentino (1882-1944). || ~ (NICOLÁS), general y político mexicano (¿1784 ?-1854), caudillo de la Independencia. En 1823 luchó contra Iturbide. Vicepres. de la Rep. en 1824 y pres. interino de 1842 a 1843. || ~ **Murillo** (JUAN), político español (1803-1873) cuyo gobierno absolutista provocó la revolución de 1854.

bravucón, ona adj. y s. *Fam.* Que presume de valiente.

bravuconada f. Bravuconería.

bravuconear v. i. Dárselas de valiente.

bravuconería f. Dicho o hecho del bravucón.

bravura f. Fiereza de los animales : *la bravura de un toro.* || Valentía. || Baladronada.

braza f. *Mar.* Medida de longitud de 1,6718 m. || Modo de nadar : *braza clásica, braza mariposa.*

brazada f. Movimiento que se hace con los brazos extendidos. || Movimiento de natación. || Cantidad de algo (hierba, flores, etc.) que se puede abarcar con los brazos.

brazal m. Pieza de la armadura que cubría el brazo. || Insignia que se lleva en el brazo : *el brazal de la Cruz Roja.* || Brazalete.

88

brazalete m. Pulsera. || Brazal de la armadura antigua. || Banda que rodea el brazo más arriba del codo : *brazalete de luto.*

brazo m. Cada uno de los miembros superiores del cuerpo humano desde el hombro hasta la mano : *brazo derecho, izquierdo.* || Pata delantera de los cuadrúpedos : *los brazos de la yegua.* || Cosa de figura parecida : *los brazos del sillón, de la cruz, de la balanza.* || Soporte lateral : *lámpara de tres brazos.* || Rama, ramal : *los brazos de un río.* || *Fig.* Fuerza, poder. || — Pl. *Fig.* Braceros, trabajadores : *brazos para la agricultura.* || *A brazo partido,* sin armas ; (fig.) a viva fuerza. | *Brazo de gitano,* pastel, arrollado en forma de cilindro, que tiene entre las diferentes capas que lo forman mermelada, nata, etc. || *Brazo de mar,* canal ancho y largo de mar que va tierra adentro. || *Fig. Con los brazos abiertos,* con cariño. | *Estarse con los brazos cruzados,* no hacer nada. | *No hecho un brazo de mar,* estar de punta en blanco. | *No dar uno su brazo a torcer,* mantenerse firme en sus ideas. | *Ser el brazo derecho de uno,* ser de su mayor confianza.

brazuelo m. Parte del brazo de los cuadrúpedos comprendida entre el codo y la rodilla.

Brazza (Pierre SAVORGNAN DE), explorador francés (1852-1905), que consiguió para su país parte del Congo.

Brazzaville, cap. de la Rep. Popular del Congo, a orillas del lago Malebo Pool ; 300 000 h. Arzobispado.

brea f. Sustancia resinosa extraída de varias plantas coníferas obtenida por destilación del petróleo. || Lienzo basto e impermeable para fardos. || *Mar.* Mezcla de brea, sebo, pez y otros ingredientes utilizada para calafatear.

Brea (La), puerto de Honduras (Valle).

brear v. t. *Fig.* y *fam.* Maltratar : *brear a palos.* | Fastidiar, molestar.

brebaje m. Bebida generalmente desagradable al paladar.

breca f. Nombre de dos peces comestibles.

brécol m. Variedad de col.

brecha f. Boquete hecho por la artillería : *batir en brecha una fortificación.* || Abertura hecha en la pared o en cualquier otro lugar : *se hizo una brecha en la cara.* || *Fig.* Impresión, efecto hecho en el ánimo de uno : *abrir brecha en opinión ajena.*

Brecha de Rolando o **de Roldán,** desfiladero de los Pirineos.

Brecht (Bertolt), dramaturgo alemán (1898-1956), autor de *La ópera de dos peniques, Madre Coraje, El círculo de tiza caucasiano, Galileo Galilei, El señor Puntila y sus criados, La increíble ascensión de Arturo Ui,* etc.

Breda, c. de Holanda (Brabante Septentrional), cerca de la frontera belga. El *Compromiso de Breda* (1565) señaló el comienzo de la sublevación de los Países Bajos contra España.

brega f. Lucha. || Broma.

bregar v. i. Reñir con uno. || Trabajar mucho : *vivir bregando.*

Brejnev (Leónidas Ilich), político soviético (1910-1982), secretario del Partido Comunista en 1964 y pres. del Presidium Supremo (1977).

Brema, ant. *Bremen,* c. y puerto del N. de Alemania Occidental, cap. del Est. del mismo n.

Bremerhaven, c. de Alemania Occidental, antepuerto de Brema.

Brenes Messén (Roberto), político, escritor, poeta y filólogo costarricense (1874-1947).

Brennero, paso de los Alpes que comunica Italia con Austria.

Brentano (Clemens), poeta y novelista romántico alemán (1778-1842).

breña f. Tierra poblada de maleza.

breñal m. Terreno lleno de breñas.

Brescia, c. de Italia en Lombardía, cap. de la prov. homónima.

Breslau. V. WROCLAW.

Brest, c. y puerto del O. de Francia (Finistère). || — **Litovsk,** c. de la U. R. S. S. (Rusia Blanca), en la frontera con Polonia.

Bretaña, ant. prov. de Francia. Formó un ducado independiente, reunido con la Corona en 1491 ; cap. *Ren-*

---

nes. || — **(Gran),** la mayor de las Islas Británicas, que comprende Inglaterra, País de Gales y Escocia. Ant. llamada *Britania.* (V. GRAN BRETAÑA.) || — **(Nueva).** V. NUEVA BRETAÑA y BISMARCK.

brete m. Cepo que se ponía a los reos en los pies. || *Fig.* Apuro, dificultad, aprieto : *estar en un brete.*

bretón, ona adj. y s. De Bretaña (Francia). || — M. Lengua hablada por los bretones. || Variedad de col.

Breton (André), escritor francés (1896-1966). Fue uno de los creadores del surrealismo en los manifiestos que publicó y en su obra poética o narrativa *(Nadja, Los vasos comunicantes, El amor loco, Arcano).*

Bretón (Tomás), músico español (1850-1923), autor de las zarzuelas *La Dolores, La Verbena de la Paloma,* etc. || — **de los Herreros** (MANUEL), escritor español, n. en Quel (Logroño) [1796-1873], autor de numerosas comedias *(Marcela o ¿ Cuál de los tres ?, El pelo de la dehesa, A la vejez viruelas, Muérete y verás,* etc.).

Bretton Woods, pobl. de Estados Unidos (New Hampshire). Conferencia Monetaria Internacional en 1944.

Breughel. V. BRUEGHEL.

Breuil (Henri), sacerdote y etnógrafo francés (1877-1961), que estudió el arte paleolítico, principalmente en España.

breva f. Primer fruto de la higuera.

breve adj. De poca extensión o duración : *intervención breve.* || *Gram.* Dícese de la palabra grave y de la vocal o sílaba no acentuada (ú. t. c. s. f.). || — M. Documento pontificio. || — F. *Mús.* Nota que vale dos compases mayores. || *En breve,* muy pronto.

brevedad f. Corta extensión o duración. || Concisión : *hablar con brevedad.*

breviario m. Libro de rezos. || Compendio. || *Fig.* Lectura habitual.

Brevísima relación de la destrucción de las Indias, obra del Padre de las Casas, en que denuncia las crueldades de los conquistadores (1552).

brezal m. Sitio poblado de brezos.

Breznef (L. Ilich). V. BREJNEV.

brezo m. Arbusto ericáceo de madera muy dura.

Briansk, c. de la U. R. S. S. al SE. de Moscú (Rusia). Centro industrial.

bribón, ona adj. y s. Pícaro, pillo, granuja : *es un redomado bribón.*

bribonada f. Picardía.

bribonear v. i. Hacer bribonadas.

bribonería f. Vida de bribón.

Briceño (Arturo), escritor venezolano (1908-1971), autor de cuentos *(Conuco, Pancho Urdiales).* || — (FRANCISCO), político español del s. XVI, m. en 1575. Oidor de Nueva Granada, gobernador de Popayán y capitán general de Guatemala. || — (MANUEL), general y escritor colombiano (1849-1885). Intervino en las guerras civiles de 1876 y 1885. || — **Iragorry** (MARIO), historiador y ensayista venezolano (1897-1958). || — **Méndez** (PEDRO), patriota venezolano (1794-1836), secretario de Bolívar.

bricolage (pal. fr.) o **bricolaje** m. Arreglos caseros, reparaciones de poca importancia.

brida f. Freno del caballo con las riendas y demás correaje.

bridge m. (pal. ingl.). Juego de naipes entre cuatro personas. || Puente dental.

Bridgeport, c. y puerto de Estados Unidos (Connecticut). Obispado.

Bridgetown, cap. de la isla Barbados, principal puerto de la isla.

Brie, región de Francia, al E. y SE. de la cuenca de París. Quesos.

briefing [*brífing*] m. (pal. ingl.). Sesión de información.

Brienz, lago de Suiza, en el cantón de Berna, formado por el Aar ; 30 km².

brigada f. *Mil.* Reunión de dos regimientos. | Nombre de otras divisiones militares : *brigada de transmisiones, topográfica, sanitaria.* | Grado en la jerarquía militar comprendido entre los del sargento y alférez. || Conjunto de trabajadores, equipo : *brigada de peones camineros.*

Brigadas Internacionales, agrupaciones militares, constituidas por voluntarios extranjeros, que combatieron

---

durante la guerra civil española (1936-1939) en las filas republicanas.

brigadier m. Antiguo grado militar, correspondiente hoy al de general de brigada.

Brighton, c. de Inglaterra (Sussex).

Brígida (Santa), virgen y abadesa (¿ 452-524 ?), patrona de Irlanda. Fiesta el 1 de febrero.

Brihuega, v. de España (Guadalajara). Batalla de la guerra de Sucesión española, ganada por Felipe V (1710).

brillante adj. Que brilla, reluciente : *objeto brillante.* || *Fig.* Sobresaliente, notable, excelente : *estilo brillante.* || — M. Diamante labrados con facetas.

brillantez f. Brillo.

brillantina f. Producto aplicado al pelo para darle brillo.

brillar v. i. Resplandecer : *el Sol brilla en el firmamento.* || *Fig.* Destacarse en algo : *brillar por sus virtudes.*

brillo m. Resplandor, destello : *el brillo de las estrellas.* || Lustre : *sacar brillo a los zapatos.*

brincar v. i. Dar brincos, saltar. || *Fig.* y *fam.* Enfadarse. | No caber en sí : *brincar de alegría.*

brinco m. Salto : *dar un brinco.* || *Fig. En un brinco,* rápidamente.

brindar v. i. Beber a la salud de uno. || — V. t. Ofrecer a uno alguna cosa : *le brindó esta oportunidad.* || — V. pr. Ofrecerse voluntariamente : *brindarse a colaborar.*

brindis m. Acción y efecto de brindar. || Palabras pronunciadas al brindar : *echar un brindis.*

Brindis o **Brindisi,** c. y puerto de Italia (Pulla), cap. de la prov. homónima. Arzobispado.

Brindis de Salas (Claudio), músico cubano (1800-1872), autor de la opereta *Las congojas matrimoniales.* — Su hijo CLAUDIO JOSÉ DOMINGO (1852-1911) fue violinista.

brío m. Energía, empuje, ánimo : *hombre de brío* (ú. m. en pl.). || *Fig.* Arresto, decisión, resolución : *hablar con brío.* | Garbo, gallardía.

briofitas f. pl. *Bot.* Familia de criptógamas que tienen tallos y hojas, pero carecen de vasos y raíces, como los musgos (ú. t. c. s. adj.).

Brión (Pedro Luis), marino y comerciante colombiano, n. y m. en Curazao (1782-1820). Colaborador de Bolívar.

brioso, sa adj. Que tiene brío. || Fogoso : *caballo brioso.*

briozoarios m. pl. Animales acuáticos que forman colonias que recubren las rocas, las conchas, las plantas marinas (ú. t. c. s. adj.).

brisa f. Viento fresco y suave.

Brisbane, c. y puerto de Australia, cap. del Estado de Queensland.

brisca f. Juego de naipes.

Brisgovia, región de Alemania, entre la Selva Negra y el Rin ; c. pr. *Friburgo.*

bristol m. Especie de cartulina.

Bristol, c. y puerto de Inglaterra (Gloucester y Somerset), a orillas del Avon. || — **(Canal de),** golfo del Atlántico en la costa O. de Inglaterra, entre el país de Gales y Cornualles.

Britania, ant. n. de Gran Bretaña.

Británicas (ISLAS). V. GRAN BRETAÑA.

británico, ca adj. y s. De Gran Bretaña : *súbdito británico.*

Británico, hijo de Claudio y Mesalina, envenenado por Nerón (41-55).

britano, na adj. y s. De la ant. Britania. || Inglés, británico.

British Museum, museo británico creado en Londres en 1753. Ricas colecciones de arqueología, de arte griego y romano, etc.

Britten (Benjamin), compositor inglés (1913-1976), autor de óperas y de música religiosa.

Britto García (Luis), novelista venezolano, n. en 1940, autor de *Vela de armas, Rajatabla.*

Briviesca, c. de España (Burgos).

brizna f. Filamento delgado. || *Fig.* Pizca, miaja.

Brno, ant. *Brünn,* c. de Checoslovaquia, cap. de Moravia.

Broadway, arteria principal de Nueva York, en Manhattan.

broca f. Barrena para taladrar.

brocado, da adj. Tejido con oro o plata. || — M. Tela de seda tejida con oro o plata.

89

brocal m. Pretil de la boca del pozo.

Brocar o **Brocario** (Arnaldo Guillermo de), tipógrafo español del s. XVI que imprimió la *Biblia Políglota Complutense.*

brocense adj. y s. De Las Brozas (Cáceres).

Brocken, altura máxima del macizo cristalino de Harz, en Alemania Oriental ; 1 142 m.

bróculi m. Brécol.

Broch (Hermann), escritor austriaco, naturalizado norteamericano (1886-1951), autor de ensayos (*La muerte de Virgilio, El tentador*) y novelas.

brocha f. Pincel para pintar, afeitarse o para otros usos. || *Pintor de brocha gorda,* el que pinta de paredes ; (fig. y fam.) mal pintor de paredes ; (fig. y fam.) mal el pintor.

brochazo m. Pasada que se da con una brocha.

broche m. Conjunto de dos piezas de metal que enganchan entre sí. || Joya en forma de imperdible. || *Fig. Broche de oro,* lo mejor, el remate.

brocheta f. Aguja en la que se ensartan trozos de carne o pescado para asarlos.

Broglie (Maurice, *duque de*), físico francés (1875-1960), investigó sobre los rayos X. — Su hermano LOUIS, *príncipe* y después *duque de Broglie,* n. en 1892, es el descubridor de la mecánica ondulatoria. (Pr. Nobel, 1929.)

Broken Hill, c. de Australia (Nueva Gales del Sur). Minas.

broma f. Chanza, burla.

bromatología f. Tratado de los alimentos o ciencia de la alimentación.

bromazo m. Broma pesada.

Bromberg. V. BYDGOSZCZ.

bromear v. i. Estar de broma.

bromeliáceas f. pl. Familia de monocotiledóneas originarias de América, como el ananas, la tillandsia, etc. (ú. t. c. adj.).

Bromfield (Louis), novelista norteamericano (1896-1956), autor de *Vinieron las lluvias.*

bromista adj. y s. Aficionado a gastar bromas.

bromo m. *Quím.* Metaloide (Br) líquido, de número atómico 35, que hierve a 58'8 °C despidiendo unos vapores rojizos muy densos y tóxicos.

bromuro m. Sal de bromuro.

bronca f. Disputa ruidosa. || Represión severa : *echar una bronca.*

bronce m. Aleación de cobre y estaño : *un cañón de bronce.* || *Fig.* Estatua o escultura de bronce.

bronceado, da adj. De color de bronce. || Tostado por el sol. || — M. Acción y efecto de broncear o broncearse.

bronceador, ra adj. Que broncea. || — M. Producto cosmético usado para broncearse.

broncear v. t. Pintar de color de bronce. || *Fig.* Tostar la piel al Sol (ú. t. c. pr.).

bronco, ca adj. Tosco. || Aplícase al sonido ronco o grave. || *Fig.* Desabrido, de mal carácter.

bronconeumonía f. *Med.* Enfermedad consistente en la inflamación de los bronquiolos y de los alveolos pulmonares.

broncorrea f. *Med.* Flujo mucoso de los bronquios.

bronquial adj. De los bronquios.

bronquio m. *Anat.* Cada uno de los dos conductos en que se divide la tráquea.

bronquiolo m. *Anat.* Cada una de las ramificaciones de los bronquios.

bronquitis f. *Med.* Enfermedad consistente en la inflamación de la mucosa de los bronquios.

Brontë (Charlotte), escritora inglesa (1816-1855), autora de la novela *Jane Eyre.* — Su hermana EMILY (1818-1848) escribió *Cumbres borrascosas.* — Su otra hermana ANNY (1820-1849) fue también novelista (*Agnes Grey*).

Bronx, barrio residencial de Nueva York, al NO. de Manhattan.

Bronzino (Agnolo TORI, llamado **el**), pintor retratista y poeta italiano, n. en Florencia (1503-1572).

Brooklyn, barrio de Nueva York, en el E. de Long Island.

Broqua (Alfonso), músico uruguayo (1876-1946), autor de óperas, ballets, composiciones para guitarra, etc.

broquel m. Escudo pequeño. || *Fig.* Defensa o amparo.

broqueta f. Brocheta.

brotar v. i. Nacer las plantas : *brotar el maíz.* || Echar la planta hojas, flores o renuevos : *el árbol empieza a brotar.* || Manar, salir agua u otro líquido. || *Fig.* Aparecer, salir : *brotar el sarampión.* || Salir, surgir o comenzar a manifestarse una cosa : *en su cabeza brotó una sospecha.*

brote m. Acción y efecto de brotar. || Botón, renuevo de una planta. || *Fig.* Primera manifestación.

Brown (Ford Madox), pintor inglés (1821-1893), precursor del prerrafaelismo. || — (GUILLERMO), marino argentino, n. en Irlanda (1777-1857). Luchó en favor de la Independencia americana y destruyó la escuadra realista en el Buceo (1814). Luchó posteriormente contra los brasileños (1826). || — (ROBERT), botánico escocés (1773-1858), descubridor del movimiento oscilatorio (*browniano*) de las partículas.

Browning (Elisabeth BARRETT), poetisa inglesa (1806-1861), autora de *Sonetos traducidos del portugués* y de la novela filosófica y en verso *Aurora Leigh.* — Su marido, ROBERT BROWNING (1812-1889), fue también poeta.

broza f. Despojo de los vegetales. || Maleza, matorrales. || Desperdicio. || *Fig.* Relleno, paja, cosas inútiles : *haber más broza que provecho en sus numerosos escritos críticos.*

Brozas, v. de España (Cáceres).

bruces (de) m. adv. Boca abajo.

Bruckner (Anton), compositor austriaco (1824-1896), maestro del contrapunto en sus obras.

Brueghel, familia de célebres pintores flamencos : PEDRO **Brueghel** *el Viejo* (¿ 1530 ?-1569), paisajista. — PEDRO **Brueghel** *el Joven,* hijo del anterior (¿ 1564-1638 ?), llamado, por su predilección a las escenas demoníacas, *Brueghel del Infierno.* — JUAN **Brueghel,** hermano del anterior (1568-1625), llamado *Brueghel de terciopelo* o aterciopelado.

Brughetti (Faustino Eugenio), pintor argentino (1877-1956). Tuvo como tema de inspiración escenas del Río de la Plata. || — (ROMUALDO), crítico de arte argentino, n. en 1913, autor de *Historia del arte en la Argentina.*

bruja f. Hechicera. || *Fig. y fam.* Mujer fea y vieja | Mujer mala, arpía.

Brujas, en fr. *Bruges* y en flam. *Brugge,* c. de Bélgica, cap. de Flandes Occidental, unida con el mar del Norte por un canal de 13 km.

brujería f. Prácticas supersticiosas que cree el vulgo que realizan las brujas.

brujo, ja adj. *Fig.* Cautivador, encantador. || — M. Hechicero.

brújula f. Aguja imantada que marca el norte magnético : *con la brújula se orientan los navegantes.* || *Fig.* Lo que sirve de guía.

brujulear v. t. Vagar, andar sin rumbo fijo. || *Fig. y fam.* Adivinar.

brulote m. Barco cargado de materias inflamables que se lanzaba en los s. XVII y XVIII contra las naves enemigas para incendiarlas.

Brull (Mariano), poeta dadaísta cubano (1891-1956).

Brum (Baltasar), político uruguayo (1883-1933), pres. de la Rep. de 1919 a 1923.

bruma f. Niebla que se levanta particularmente sobre el mar. || *Fig.* Oscuridad, confusión.

brumario m. Segundo mes del año republicano francés que va del 23 de octubre al 21 de noviembre.

brumoso, sa adj. Nebuloso.

Brunn. V. BRNO.

Brunei, Estado en el NO. de Borneo ; cap. *Bandar Seri Begawan* ; 5 765 km² ; 177 000 h. Petróleo. Protectorado británico, fue independiente en 1984.

Brunelleschi o **Brunellesco,** (Filippo), pintor, arquitecto y escultor italiano del Renacimiento (1377-1446).

Brunet (Marta), novelista chilena (1901-1967), autora de *Montañas aden-*

tro, *María Rosa, flor de Quillén, Aguas abajo, María Nadie, Amasijo,* etc.

Brunete, mun. de España (Madrid). Batalla de la guerra civil española (1937).

Brunilda o **Brunequilda,** hija del rey visigodo de España Atanagildo (¿ 534 ?-613). Casada en 566 con Sigiberto, rey de Austrasia, entabló con Fredegunda, reina de Neustria, una lucha encarnizada. M. atada a la cola de un caballo sin domar.

Bruno (*San*), fundador de la orden de los Cartujos, n. en Colonia (¿ 1030 ?-1101). Fiesta el 6 de octubre.

Brunswick, c. de Alemania Occidental (Baja Sajonia), ant. cap. de la región homónima. Centro industrial. — Peníns. de Chile (Magallanes). || ~ (**Nuevo**). V. NUEVO BRUNSWICK.

bruñido m. Pulimento.

bruñir v. t. Sacar lustre o brillo.

Brusa. V. BURSA.

brusco, ca adj. Súbito, repentino : *cambio brusco.* || Desabrido, áspero : *tener genios bruscos.*

Bruselas, en fr. *Bruxelles* y en flam. *Brussel,* cap. de Bélgica y de Brabante, a orillas del Senne, afl. del Dyle ; 1 100 000 h. (área metropolitana). Arzobispado (con Malinas). Universidad. Sede de la Comunidad Económica Europea.

bruselense adj. y s. De Bruselas (Bélgica).

Brus Laguna, c. al E. de Honduras (Gracias a Dios).

brusquedad f. Calidad de brusco.

brutal adj. Que imita o se parece a los brutos : *apetitos brutales.* || *Fig.* Violento : *niño brutal.* || Falto de consideración, de delicadeza : *franqueza brutal.* || Enorme, mucho. || Formidable.

brutalidad f. Calidad de bruto : *la brutalidad de aquel hombre.* || *Fig.* Falta de inteligencia : *conducirse con brutalidad.* || Acción brutal : *cometer brutalidades.* || Enormidad, gran cantidad.

brutalizar v. t. Tratar brutalmente. || — V. pr. Embrutecerse.

bruto, ta adj. Necio, falto de inteligencia. || Falto de consideración, de prudencia o de instrucción. || Tosco : *estilo bruto.* || — *En bruto,* sin pulir. || *Peso bruto,* el de un objeto y su embalaje, por oposición a *peso neto.* || — M. y f. Imbécil, idiota. || Salvaje, rústico. || — M. Animal por oposición al hombre.

Bruto (Lucio Junio), cónsul romano, que expulsó de Roma a los Tarquinos e instituyó la república en 509 a. de J. C. || ~ (MARCO JUNIO), ahijado de César (¿ 85 ?-42 a. de J. C.). Complicado en la conspiración contra su protector, al verle éste entre sus asesinos exclamó : *Tu quoque, fili mi!* (" ¡ Tú también, hijo mío ! "). Vencido por Marco Antonio y Octavio, se suicidó.

Bruxelles, n. fr. de *Bruselas.*

Bruyère (Jean de LA). V. LA BRUYÈRE.

bruza f. Cepillo fuerte.

Bruzual, distr. de Venezuela (Anzoátegui).

Bryan (William Jennings), político norteamericano (1860-1925), que firmó con el pres. de Nicaragua el tratado de 1916 (Bryan-Chamorro).

Bryant (William Cullen), escritor norteamericano (1794-1878), uno de los grandes poetas de su país.

Bryce Echenique (Alfredo), escritor peruano, n. en 1939, autor de narraciones (*Huerto cerrado, Un mundo para Julius, La felicidad, ja, ja, La vida extraordinaria de Martín Romaña*).

bu m. *Fam.* Fantasma con que se asusta a los niños.

Buaké, c. de la Costa de Marfil.

Bubastis, c. del ant. Bajo Egipto, en uno de los brazos del Nilo.

bubi m. Negro de Fernando Poo. (Pl. *bubíes* o *bubis.*)

bucal adj. De o por la boca : *por vía bucal.*

bucanero m. En América, en el s. XVII, aventurero que se dedicaba al tráfico de carnes y pieles. || Corsario que, en los s. XVII y XVIII, saqueaba las posesiones españolas en América.

Bucaramanga, c. de Colombia, cap. del dep. de Santander, llamada *Ciudad de los Parques.* Obispado.

Bucareli y Ursúa (Antonio María), militar español (1717-1779), gobernador de Cuba en 1760 y virrey de Nueva España (1771-1779).

Bucarest, cap. de Rumania, a orillas del Dimbovita, afl. del Danubio ; 2 000 000 de h. Universidad. Arzobispado. Centro administrativo.

búcaro m. Vasija de cerámica para poner flores.

buccinador m. Anat. Músculo de la mejilla inervado por el nervio facial.

buceador, ra m. y f. Persona que bucea.

bucear v. i. Nadar bajo el agua. || Trabajar como buzo. || Fig. Investigar un asunto. | Buscar.

Bucéfalo, n. que tenía el caballo de Alejandro Magno.

Buceo, playa, cerca de Montevideo, donde desembarcaron los ingleses en 1807. Victoria naval de Brown contra los realistas (1814).

Buck (Pearl Sydenstricker), novelista norteamericana (1892-1973), autora de libros sobre China (*La buena tierra, Viento del Este, Viento del Oeste, La Madre,* etc.). [Pr. Nobel, 1938.]

Buckingham, condado del centro de Inglaterra ; cap. Aylesbury.

Buckingham Palace, residencia real británica, en Londres. Fue edificada en 1762 y modificada después.

bucle m. Rizo del pelo de forma helicoidal. || Curva en forma de rizo.

bucólico, ca adj. Pastoril, campestre : *vida bucólica.* || Dícese de la poesía relativa a asuntos pastoriles o de la vida campestre. || Aplícase al poeta que la cultiva (ú. t. c. s.). — F. Composición poética de tema campestre o pastoril : *las bucólicas de Virgilio.*

bucolismo m. Afición a la poesía bucólica, a la vida del campo.

Bucovina, región de los Cárpatos orientales cuya parte norte pertenece a la U. R. S. S. (Ucrania) y el resto a Rumania.

buchaca f. *Amer.* Bolsa. || *Méx.* Tronera de la mesa de billar.

buchada f. Buche, bocanada.

buche m. Bolsa de las aves para recibir la comida antes de pasarla al estómago. || Estómago de ciertos animales. || Bocanada de líquido. || Bolsa, pliegue que hace la ropa. | *Fam.* Estómago : *llenar el buche.*

Buchir o **Bender Buchir.** V. BUSHIR.

Buda ("el Sabio") o **Zákyamuni** ("el Solitario de los Zákyas"), n. del fundador del budismo, *Siddharta Gotama,* hijo del jefe de la tribu de los zákyas (s. VI a. de J. C.).

Budapest, cap. de Hungría, a orillas del Danubio ; 2 150 000 h. Está formada por la unión (1872) de las ciudades *Buda* y *Pest.* Universidad.

Budé o **Budeo** (Guillermo), helenista francés (1467-1540), traductor de los clásicos griegos.

Budejovice. V. CESKE BUDEJOVICE.

búdico, ca adj. Budista.

budín m. Plato de dulce a modo de bizcocho, pudín. || Pastel de patatas o de tapioca, espinacas, etc. con carne o pescado.

budismo m. Doctrina filosófica y religiosa de Buda.

budista adj. Del budismo. || — Com. Persona que profesa el budismo.

buen adj. Apócope de *bueno.*

Buena Esperanza, cabo de las *Tormentas,* al S. de África, descubierto por Bartolomé Dias en 1487.

buenamente adv. Sencillamente. || De buena fe. || Voluntariamente.

buenaventura f. Buena suerte. || Adivinación supersticiosa : *echar la buenaventura.*

Buenaventura, bahía de Colombia (Valle del Cauca), en el golfo homónimo, tb. llamado de *las Tortugas.* — C. y puerto de Colombia, en el Pacífico (Valle del Cauca).

Buenaventura (San), Padre de la Iglesia y escritor italiano (1221-1274), llamado *el Doctor Seráfico.* Fiesta el 14 de julio.

Buendía, presa y embalse de España sobre el río Tajo (prov. de Guadalajara), que enlaza, por medio de un túnel, con la presa de Entrepeñas.

bueno, na adj. Que tiene bondad :

buen hombre. || Que no da guerra : *un niño muy bueno.* || Conforme con la moral : *buena conducta.* || A propósito para una cosa, favorable : *una buena ocasión.* || Hábil en su oficio : *una buena costurera.* | Sano : *estar bueno.* || Agradable, divertido. || Grande : *una buena cantidad.* || Suficiente : *buena porción de comida.* || No deteriorado : *esta carne ya no está buena.* || Sencillote : *una buena chica.* || — M. Lo que es bueno. || — M. y f. Persona buena. || *A la buena de Dios,* sin ningún cuidado. || *A buenas o por las buenas,* de buen grado. || *¡Buenas !,* exclamación familiar de saludo de bienvenida. || *¡Bueno !,* exclamación de sorpresa, aprobación o satisfacción ; *(Méx.)* dígame (en el teléfono). || *Bueno está,* basta. || *De buenas,* de buen humor. || *De buenas a primeras,* de repente ; a primera vista. || *Librarse de una buena,* escapar de un gran peligro. || *Amer. ¡Qué bueno !, ¡qué bien !*

Buenos Aires, cap. y puerto de la Rep. Argentina, en la orilla derecha del Río de la Plata ; 3 000 000 h. (*bonaerenses o porteños*). El *Gran Buenos Aires,* que agrupa las localidades suburbanas, tiene más de diez millones de vecinos. Arzobispado. Universidad. Importante centro comercial e industrial. Fue fundada por Pedro de Mendoza en 1536, con el nombre de *Puerto de Nuestra Señora Santa María del Buen Aire,* nombre que fue pronto abreviado por el de *Puerto de Buenos Aires.* Las dificultades por las que pasaron los conquistadores en su nuevo asentamiento hizo que la población se trasladase en 1542 a Asunción, abandonando la naciente ciudad hasta 1580, en que llegó Juan de Garay con nuevos pobladores. La ciudad, actualmente una de las más importantes del mundo, tiene admirables y amplias avenidas, paseos, parques y jardines públicos y artísticos monumentos. — Prov. de la Argentina que limita al N. con las de Córdoba y Santa Fe y el río Paraná, al E. con el río de la Plata y el Atlántico, al S. con el océano y con la prov. de Río Negro y al O. con las prov. de Córdoba, La Pampa y Río Negro ; cap. La Plata. Agricultura ; ganadería. Industrias. || ~ (LAGO), lago de origen glaciar entre la prov. argentina de Santa Cruz y la chilena de Aisén, donde recibe el nombre de lago *General Carrera.* Comunica con el Pacífico por medio del río Baker y con el Atlántico por el río Deseado ; 400 km².

Buero Vallejo (Antonio), dramaturgo español, n. en 1916, autor de *Historia de una escalera, En la ardiente oscuridad, El concierto de San Ovidio, El tragaluz, El sueño de la razón, La fundación, La doble historia del doctor Valmy, Caimán,* etc.

Buesaco, c. de Colombia (Nariño).

buey m. Toro castrado. || *Méx. Fam.* El que se conforma con una situación mala o deshonrosa. || — *Buey de mar,* masera. || *El buey suelto bien se lame,* refrán que significa que no hay nada mejor que la libertad. || *Trabajar como un buey,* trabajar mucho.

Buey, páramo de la cord. Central de Colombia (Cauca). || ~ **Arriba,** mun. de Cuba (Granma).

bufa f. *Geol. Méx.* Roca escarpada : *las Bufas de Zacatecas.*

búfalo, la m. y f. Rumiante salvaje de Asia y África, parecido al toro. || Bisonte de América.

Búfalo Bill (William Frederick CODY, llamado), explorador norteamericano (1846-1917), que dio a conocer la vida de los indios del Oeste de Estados Unidos.

bufanda f. Prenda de abrigo, consistente en una banda de tela, mucho más larga que ancha, que se lleva alrededor del cuello.

bufar v. i. Resoplar con furor. || *Fig.* Estar muy colérico.

bufet m. Buffet.

bufete m. Mesa de escribir, escritorio. || Despacho y clientela de abogado : *tiene bufete en Vigo.*

Búffalo, c. de Estados Unidos (Nueva York), a orillas del lago Erie.

buffet [*bufé*] m. (pal. fr.). En los bailes, recepciones y en algunos restaurantes, mesa en la que los invitados o clientes se hacen servir, o ellos mismos se sirven, bebidas y comida que consumen en el lugar que ellos han escogido. || Fonda en las estaciones de ferrocarril. || Aparador de un comedor.

Buffon (Georges Louis LECLERC, conde de), naturalista y escritor francés (1707-1788), autor de *Historia Natural.*

bufido m. Resoplido, voz de animal que bufa : *el bufido del toro.* || *Fig.* y *fam.* Explosión de enfado, de cólera.

bufo, fa adj. Jocoso, cómico : *actor bufo.* || — M. Bufón.

bufón, ona m. y f. Personaje que hace reír.

bufonada f. Dicho o hecho propio de bufón. || Chanza satírica.

bufonesco, ca adj. Bufo, grotesco.

Bug, río de la U. R. S. S. (Ucrania) que des. en el mar Negro ; 856 km. || ~ **Occidental,** río de la U. R. S. S. y de Polonia que des. en el Vístula, cerca de Varsovia ; 813 km.

Buga, mun. y c. de Colombia (Valle del Cauca). Obispado.

bugambilia f. *Méx.* Buganvilla.

buganvilla f. Planta trepadora ornamental de flores moradas.

bugle m. *Mús.* Instrumento de viento con llaves y pistones.

buharda y **buhardilla** f. Ventana en el tejado de una casa. || Habitación con esta clase de ventanas. || Desván.

buharro m. Corneja, ave rapaz.

búho m. Ave rapaz nocturna.

buhonería f. Tienda ambulante con baratijas.

buhonero, ra m. y f. Vendedor ambulante de baratijas.

Buin, c. de Chile en la Región Metropolitana de Santiago y en la prov. de Maipo, cap. de la com. del mismo n.

Buitrago, pobl. de España (Madrid).

buitre m. Ave rapaz vultúrida que se nutre de animales muertos.

Bujalance, pobl. del S. de España (Córdoba).

Bujara, c. de la U. R. S. S. (Uzbekistán). Textiles.

buje m. Arandela interior que se pone en el cubo de las ruedas de los carruajes.

bujía f. Vela de cera o estearina. || Órgano del motor de explosión que produce la chispa en los cilindros. || Unidad de intensidad luminosa.

Bujía. V. BEJAIA.

Bujumbura, ant. *Usumbura,* cap. de Burundi ; 80 000 h.

Bukavu, ant. *Costermansville,* c. del Zaire, cap. de la prov. de Kivu.

bula f. Sello de plomo de ciertos documentos pontificios. || Documento pontificio que lleva este sello : *bula unigenitus.*

Bulacán, prov. de la isla de Luzón (Filipinas) ; cap. Malolos.

Bulawayo, c. del SO. de Zimbabwe.

bulbo m. *Bot.* Parte abultada de la raíz de algunas plantas : *el bulbo del tulipán.* || *Anat.* Parte blanda y sensible del interior del diente. || *Bulbo raquídeo,* primera parte de la médula espinal.

buldog m. Cierto perro de presa, de nariz chata.

buldozer o **bulldozer** m. Excavadora con cuchara, empleada para desmonte y nivelación de terrenos.

bulerías f. pl. Cante y baile popular andaluz.

bulevar m. Avenida ancha con árboles.

Bulgaria (REPÚBLICA POPULAR de), Estado de la península de los Balcanes, entre Turquía, Grecia, Yugoslavia y Rumania ; 110 927 km² ; 9 000 000 h. (*búlgaros*). Cap. *Sofía,* 1 100 000 h. Otras c. : *Plovdiv,* 345 000 h. ; *Varna,* 280 000 ; *Ruse,* 170 000 ; *Burgas,* 165 000 ; *Stara Zagora,* 135 000. El país, formado por dos regiones montañosas y tres planicies (las del *Danubio, Maritza* y *Rumelia Oriental*), es esencialmente agrícola (cereales, tabaco, vid). (V. mapa pág. siguiente.)

búlgaro, ra adj. y s. De Bulgaria. || — M. Lengua búlgara.

bulimia f. Hambre excesiva.

bulímico, ca adj. y s. Que padece bulimia.

bulín m. *Arg. Fam.* Casa.

Bulnes, c. de Chile en la VIII Región   91

BULGARIA

(Biobío) y en la prov. de Ñuble, cap. de la com. de su n. — Pobl. de la Argentina (Córdoba).

Bulnes (Francisco), político, sociólogo, ensayista y orador mexicano (1847-1924). || ~ (MANUEL), político y general chileno (1790-1866), vencedor de la Confederación Peruboliviana en Yungay (1839) y pres. de la Rep. de 1841 a 1851.

bulo m. Infundio, noticia falsa.

bulto m. Volumen, tamaño de una cosa : *libro de poco bulto*. || Cuerpo cuya figura se distingue mal : *vi un bulto en la oscuridad*. || Abultamiento, saliente : *aquí hay un bulto*. || Chichón, tumor o hinchazón : *hacerse un bulto al caer*. || Busto o estatua. || Fardo, paquete : *cargado de bultos*. || *Fig.* Cuerpo : *el toro busca el bulto*. || — *Fig.* A bulto, a ojo, aproximadamente. | *De bulto*, grande, importante. | *Escurrir el bulto*, eludir un riesgo, zafarse de un compromiso.

Bull (*John*) [pal. ingl. que significa *Juan Toro*], apodo que se suele dar al pueblo inglés.

bulla f. Alboroto : *meter bulla*. || Concurrencia grande, gentío : *hay mucha bulla en las tiendas*. || *Fig.* Prisa : *tengo bulla*.

bullabesa f. Sopa de pescado, típica de la región de Marsella (Francia).

bullanga f. Tumulto, alboroto.

bullanguero, ra adj. y s. Alborotador, amigo de jaleos.

bulldog m. Buldog.

bulldozer m. Buldózer.

bullebulle com. *Fam.* Persona bulliciosa y activa.

bullicio m. Ruido de multitud : *el bullicio de la ciudad*. || Alboroto.

bullicioso, sa adj. Muy ruidoso : *plaza bulliciosa*. || Inquieto, alborotador : *niño bullicioso* (ú. t. c. s.).

bullidor, ra adj. Que bulle.

bullir v. i. Moverse, agitarse un líquido u otra cosa : *bullir la sangre, las hormigas, los peces*. || Hervir el agua. || *Fig.* Moverse, agitarse una o varias personas o cosas : *las ideas le bullían en la mente*.

Bullón. V. GODOFREDO DE BOUILLON.

Bullrich (Silvina), escritora argentina, n. en 1915, autora de poemas y de novelas (*La redoma del primer ángel, El hechicero, Los burgueses*, etc.).

bumangués, esa adj. y s. De Bucaramanga (Colombia).

Bumedian (Huari), político argelino (1927-1978). Ejerció el poder supremo desde 1965.

bumerán y **bumerang** m. Arma arrojadiza que tiene la propiedad de volver a proximidad del lanzador. || *Fig.* Acto hostil que se vuelve contra su autor.

Bundesrat, asamblea legislativa de la Alemania Occidental compuesta por los representantes de los Estados.

Bundestag, asamblea legislativa de la Rep. Federal Alemana, elegida cada cuatro años por sufragio universal.

bungalow [*búngalo*] m. (pal. ingl.). Casita de un piso.

Bunge (Carlos Octavio), ensayista, jurista y sociólogo argentino (1875-

1918). || ~ (MARIO), filósofo y físico argentino, n. en 1919, autor de *La causalidad, Intuición y ciencia*, etc.

Bunin (Iván), poeta y novelista ruso (1870-1953). [Pr. Nobel, 1933.]

bunquer y **bunker** m. (pal. ingl.). Refugio subterráneo contra bombardeos. || *Fig.* En España, conjunto de personas que pretendía que no hubiese ningún cambio político después de morir Franco.

Bunsen (Robert Wilhelm), químico alemán (1811-1899), creador del mechero de gas de su nombre, de una pila eléctrica y descubridor del análisis espectral.

Buñol, mun. de España en la comarca de la *Hoya de Buñol* (Valencia).

buñolería f. Tienda de buñuelos.

buñolero, ra m. y f. Persona que hace o vende buñuelos.

Buñuel (Luis), director de cine español (1900-1983).

buñuelo m. Masa de harina y agua que se fríe en la sartén. || *Fam.* Cosa hecha chapuceramente.

Buonarroti. V. MIGUEL ÁNGEL.

buque m. Barco de gran tamaño.

buqué m. Bouquet.

Burayda, c. de la Arabia Saudí.

burbuja f. Glóbulo de aire o de otro gas formado en los líquidos.

burbujear v. i. Hacer burbujas.

burbujeo m. Acción de burbujear.

burdel m. Casa de prostitución.

Burdeos, en fr. *Bordeaux*, c. y puerto del O. de Francia, cap. del dep. de Gironda y de la región de Aquitania, a orillas del Garona. Arzobispado. Universidad. Vinos.

burdeos adj. Dícese de un color rojo oscuro, bastante parecido al violeta (ú. t. c. s. m.). || — M. Vino de la región de Burdeos (Francia).

burdo, da adj. Basto, tosco : *tejido burdo*. || Grosero : *mentira burda*.

Burdwan, c. de la India (Bengala Occidental). Universidad.

Bureia, río de la U. R. S. S., afl. del Amur ; 716 km. Yacimientos mineros.

bureo m. *Fam.* Diversión, juerga. | Paseo.

bureta f. *Quím.* Tubo de vidrio graduado para hacer análisis.

burgalés, esa adj. y s. De Burgos (España).

Burgas, c. y puerto de Bulgaria a orillas del mar Negro.

Burgenland, prov. de Austria, fronteriza con Hungría ; cap. *Eisenstadt*.

Burgess (Antony), escritor británico, n. en 1917, autor de novelas (*La naranja mecánica, Jesucristo y el juego del amor, Poderes terrenales*, etc.).

burgo m. Población pequeña. || *Burgo podrido*, en Inglaterra, aquellos cuyos electores vendían sus votos ; (fig.) expresión con la que se alude a la corrupción política causada por el caciquismo.

Burgo de Osma (El), c. de España (Soria). Sede del obispado de Burgo de Osma-Soria.

burgomaestre m. Alcalde en algunas ciudades de Alemania, Holanda, Bélgica, Suiza, etc.

Burgos, c. de España, cap. de la prov. homónima y antes de Castilla la Vieja, a orillas del río Arlanzón. Arzobispado. Catedral gótica.

Burgos (Carmen de), escritora española (1878-1932). Firmó con el seudónimo de *Colombine*. || ~ (FAUSTO), escritor argentino (1888-1955), autor de cuentos, novelas y poemas. || ~ (FRANCISCO JAVIER DE), político y comediógrafo español (1778-1849). || ~ (JAVIER DE), escritor español (1842-1902), autor de la zarzuela *La boda de Luis Alonso*. || ~ (JULIA DE), poetisa puertorriqueña (1914-1953).

Burgoyne (John), general inglés (1722-1792). Firmó la capitulación de Saratoga, que aseguró la independencia de los Estados Unidos (1777).

burgrave m. En Alemania, antiguo señor de una ciudad.

burgraviato m. Territorio, jurisdicción y dignidad de burgrave.

burgués, esa m. y f. Persona perteneciente a la clase acomodada. || — Adj. Relativo a la burguesía. || Vecino de un burgo (ú. t. c. s.).

burguesía f. Clase media o acomodada.

Burguiba (Habib), político tunecino, n. en 1903. Luchó por la independencia de su país y fue primer presidente (1959), cargo para el que se le eligió vitaliciamente en 1975.

burgundio, dia adj. y s. Individuo de un pueblo de la ant. Germania.

Buriato-Mongolia, rep. autónoma de la U. R. S. S. (Rusia) ; cap. *Ulán Udé*.

Buridan (Jean), filósofo escolástico francés (¿ 1300-1358 ?).

buril m. Instrumento puntiagudo o punzón para grabar.

Burjasot, v. de España (Valencia).

Burkina Faso. V. ALTO VOLTA.

burla f. Mofa : *hacer burla de uno*. || Chanza, broma : *entre burlas y veras*. || Engaño. || — *Fam. Burla burlando*, bromeando ; sin darse cuenta ; disimuladamente. | *De burlas*, no de veras.

burladero m. *Taurom.* Trozo de valla paralelo a las barreras para el resguardo del torero.

burlador, ra adj. y s. Que burla. || — M. Seductor, libertino.

Burlador de Sevilla (El), comedia de Tirso de Molina, en la que aparece por primera vez el personaje *Don Juan* (1630).

burlar v. t. Hacer burla. Ú. t. c. pr. : *burlarse de alguien*. || Esquivar, evitar : *burlar la vigilancia de alguien* (ú. t. c. pr.). || *Fig.* Engañar, frustrar la esperanza. | No hacer caso : *burlar las leyes*.

burlesco, ca adj. *Fam.* De broma.

burlete m. Tira de paño o de un material esponjoso que se pone en las ranuras de puertas o ventanas para impedir que el aire entre.

burlón, ona adj. Que expresa burla : *sonrisa burlona*. || Amigo de decir o hacer burlas (ú. t. c. s.).

Burma. V. BIRMANIA.

Burne-Jones (Edward), pintor inglés prerrafaelista (1833-1898).

Burney (Fanny), novelista inglesa (1752-1840), autora de *Evelina*.

Burnley, c. de Inglaterra (Lancaster).

Burns (Robert), poeta escocés (1759-1796), autor de *Cantos populares de Escocia*.

buró m. Galicismo por *escritorio, oficina, despacho* y a veces también por *comité, órgano dirigente*.

burocracia f. Conjunto de los empleados públicos : *la burocracia municipal*. || Influencia excesiva de las administraciones.

burócrata com. Funcionario público : *exceso de burócratas*.

burocrático, ca adj. De la burocracia : *sistema burocrático*.

burocratismo m. Abuso de la burocracia.

burocratización f. Acción y efecto de burocratizar.

burocratizar v. t. Aumentar los poderes de los servicios administrativos dándoles casi una función autónoma.

burra f. Asna. || *Fig. y fam.* Mujer necia e ignorante. | Animal, bestia, bruta (ú. t. c. adj.). | Mujer trabajadora y sufrida.

burrada f. Manada de burros. ‖ Gran cantidad : *una burrada de chicos.* ‖ *Fig. y fam.* Necedad, barbaridad.

Burriana, c. de España (Castellón).

burriciego, ga adj. Cegato.

burro m. Asno. ‖ Soporte para sujetar el madero que se ha de serrar. ‖ Cierto juego de naipes. ‖ *Fig.* Asno, necio. Ú. t. c. adj. : *ser muy burro.* ‖ Persona muy trabajadora y de mucha resistencia. ‖ Animal, bruto, bestia. ‖ *Antill.* y *Méx.* Escalera de tijera. ‖ Mesa de planchar. ‖ — *Fig.* y *fam. Apearse, bajarse o caerse del burro,* reconocer un error. ‖ *Burro de carga,* hombre trabajador y sufrido. ‖ *No ver tres en un burro,* no ver nada.

Burro (SERRANÍA DEL), sector de la Sierra Madre Oriental de México (Coahuila y Nuevo León).

Burro (Sexto Afranio), general romano, m. en 62. Fue preceptor, y luego consejero, de Nerón.

Burroughs (Edgar Rice), escritor norteamericano (1875-1950), creador del personaje de Tarzán en sus novelas. ‖ ~ (WILLIAM SEWARD), ingeniero norteamericano (1857-1898), inventor de la máquina registradora.

Bursa o **Brusa,** c. de Turquía, cap. de la prov. homónima, al SE. del mar de Mármara. Fue cap. del Imperio Otomano de 1326 a 1402. Ant. llamada *Prusa.*

bursátil adj. *Com.* De la Bolsa de valores.

burseráceas f. pl. *Bot.* Plantas angiospermas dicotiledóneas, que destilan resinas, como el arbolito que produce incienso (ú. t. c. adj.).

Burton (Richard), explorador inglés (1821-1890), que descubrió, con Speke, el lago Tanganica (1858).

burujón m. *Fam.* Chichón. ‖ Bulto.

burundés, esa adj. y s. De Burundi.

Burundi, ant. *Urundi,* República de África Central en 28 000 km² y 4 500 000 h. Cap. *Bujumbura,* 80 000 h. Formaba parte del ant. territorio del *Ruanda-Urundi.*

bus m. Autobús : *carril bus.*

busarda f. *Arg. Fam.* Estómago.

busca f. Acción de buscar.

buscador, ra adj. y s. Que busca.

buscapiés m. inv. Cohete que corre por el suelo.

buscapleitos com. inv. Pleitista.

buscar v. t. Hacer diligencias para encontrar o conseguir algo : *buscar un objeto perdido.* ‖ Rastrear el perro de caza. ‖ *Fam.* Provocar : *¿ me estás buscando !* ‖ — *Fig. Buscársela,* inge-

niarse para hallar medios de subsistencia ; provocar. ‖ *Quien busca halla,* la inteligencia y la actividad siempre dan resultados satisfactorios.

buscavidas com. inv. *Fig. y fam.* Persona que sabe desenvolverse en la vida. ‖ Persona muy curiosa.

buscón, ona adj. y s. Que busca. ‖ — M. Ratero. ‖ Aventurero. ‖ — F. *Fam.* Ramera.

Buscón (*El*), novela picaresca de Quevedo (1626).

Busch (Germán), militar boliviano (1904-1939), pres. de la Rep. de 1937 a 1939.

Bushir o **Bender Bushir,** c. y puerto de Irán en la península homónima del golfo Pérsico.

busilis m. *Fam.* Detalle en que se encuentra una dificultad, intríngulis : *dar con el busilis.*

business [*bisnes*] m. (pal. ingl.). Negocio.

búsqueda f. Busca.

Bustamante, v. y mun. de México (Tamaulipas). Estación arqueológica.

Bustamante (Anastasio), general, político y médico mexicano (1780-1853), pres. de la Rep. de 1830 a 1832, de 1837 a 1839 y de 1839 a 1841. ‖ ~ (CALIXTO CARLOS INCA). V. CONCOLORCORVO. ‖ ~ (CARLOS MARÍA), escritor mexicano, n. en Oaxaca (1774-1848), autor de estudios de historia contemporánea. ‖ ~ (RICARDO JOSÉ), poeta romántico boliviano (1821-1884). ‖ ~ **y Ballivián** (ENRIQUE), escritor y político peruano (1883-1937), autor de poesías. ‖ ~ **y Guerra** (JOSÉ DE), marino español (1759-1825), gobernador del Uruguay de 1797 a 1804, y capitán general de Guatemala en 1811. Luchó denodadamente contra el movimiento de independencia. ‖ ~ **y Rivero** (JOSÉ LUIS), político peruano, n. en 1894, pres. de la Rep. de 1945 a 1948. Fue derrocado.

Bustillo, prov. de Bolivia (Potosí) ; cap. *Uncía.*

Bustillos, laguna de México (Chihuahua).

busto m. Parte superior del cuerpo humano. ‖ Escultura, pintura o fotografía que la representa. ‖ Pecho femenino.

Bustos (Hermenegildo), pintor y retratista mexicano (1832-1907).

butaca f. Asiento con brazos : *una butaca cómoda.* ‖ Asiento o localidad en un teatro o cine : *butaca de patio.*

Bután, Estado de Asia, al pie del Himalaya ; 50 000 km² ; 1 300 000 h.

Cap. *Punaka,* 35 000 h., y, en verano, *Thimbu,* 15 000 h.

butanés, esa adj. y s. De Bután.

butano m. Hidrocarburo gaseoso empleado como combustible y que se vende, licuado, en bombonas.

buten (de) loc. *Pop.* Magnífico.

butifarra f. Embutido catalán hecho con carne de cerdo.

butifarrero, ra m. y f. Que hace o vende butifarra.

Butler (Guillermo), pintor argentino (1880-1961). ‖ ~ (HORACIO), pintor argentino (1897-1983). ‖ ~ (JOSEPH), filósofo inglés (1692-1752), autor de *Analogía.* ‖ ~ (NICOLÁS MURRAY), filósofo y sociólogo norteamericano (1862-1947). [Pr. Nobel de la Paz, 1931.] ‖ ~ (SAMUEL), poeta satírico inglés (1612-1680), autor de *Hudibras,* poema contra los puritanos inspirado en *El Quijote.* ‖ ~ (SAMUEL), escritor satírico y filósofo inglés (1835-1902), autor de *Erewhon,* crítica de las teorías de Darwin, y de la novela *El camino de toda carne.*

buxáceas f. pl. Plantas dicotiledóneas que tienen por tipo el boj (ú. t. c. adj.).

buzar v. i. *Geol.* Inclinarse hacia abajo un filón metalífero.

Buzau, c. de Rumania (Ploesti).

buzo m. Hombre que trabaja bajo el agua : *los buzos están provistos de una escafandra.* ‖ Mono de trabajo.

buzón m. Abertura para echar las cartas en el correo. ‖ *Por ext.* Receptáculo para depositar las cartas.

Buzzati (Dino), novelista, pintor y músico italiano (1906-1972).

Bydgoszcz, en alem. *Bromberg,* c. de Polonia, al NE. de Poznan.

Byng (George), almirante inglés (1663-1733), que se apoderó de Gibraltar en 1704.

Byrd (Richard Evelyn), marino, aviador y explorador antártico norteamericano (1888-1957). ‖ ~ (WILLIAM), músico inglés (¿ 1543 ?-1623).

Byrne (Bonifacio), poeta cubano (1861-1936).

Byron (George Gordon, *lord*), poeta romántico inglés, n. en Londres (1788-1824), autor de *La peregrinación de Childe Harold, Don Juan, La desposada de Abydos, Lara, El sitio de Corinto, El corsario, El lamento del Tasso, Manfred, Mazeppa.* Luchó en Grecia a favor de los helenos y murió en Misolonghi.

Bytom, en alem. *Beuthen,* c. de Polonia (Silesia). Siderurgia.

Catedral de Lima.

C

c f. Tercera letra del alfabeto castellano y segunda de sus consonantes. || ~ **C,** letra numeral que vale 100 en la numeración romana ; precedida de X (XC), vale 90. || Símbolo químico del carbono. || Abreviatura del culombio. || — **ºC,** indicación de grados centígrados o Celsius en la escala termométrica.

ca f. Pop. Apócope de casa : está en ca su padre. | No, negación.

¡ ca ! interj. Fam. ¡ Quiá !

Ca, símbolo químico del calcio.

Caacupé, c. del Paraguay, cap. del dep. de La Cordillera. Obispado.

caacupeño, ña adj. y s. De Caacupé (Paraguay).

Caaguazú, tord. del Paraguay. — Dep. del Paraguay ; cap. Coronel Oviedo. — Pobl. del Paraguay en el dep. homónimo.

caaguazuense adj. y s. De Caaguazú (Paraguay).

Caamaño (Francisco), militar y político dominicano (1933-1973), jefe de un levantamiento en su país en 1965. || ~ (JOSÉ MARÍA PLÁCIDO), político conservador ecuatoriano (1838-1901), pres. de la Rep. de 1884 a 1888.

Caapucú, cerro del Paraguay ; 600 m. — Pobl. del Paraguay (Paraguarí). Minas.

Caazapá, c. del Paraguay, cap. del dep. homónimo. Fundada en 1607 por fray Luis Bolaños.

caazapeño, ña adj. y s. De Caazapá (Paraguay).

Cabaiguán, mun. de Cuba (Sancti Spíritus).

cabal adj. Preciso, exacto : cuentas cabales. || Fig. Sin defecto, acabado : un hombre cabal. || Fig. En sus cabales, en su sano juicio. || — Adv. Cabalmente.

cábala f. Interpretación mística de la Biblia por los hebreos. || Fig. Conjetura, suposición. Ú. m. en pl. : hacer cábalas. || Fig. y fam. Tráfico secreto, intriga : andar metido en una cábala muy extraña y peligrosa.

cabalgadura, ra m. y f. Persona que cabalga.

cabalgadura f. Montura, bestia de silla. || Bestia de carga.

cabalgar v. i. Montar a caballo (ú. t. c. t.). || Estar a horcajadas.

cabalgata f. Conjunto de caballistas y de carrozas : la cabalgata de los Reyes Magos.

cabalista com. Individuo versado en la cábala. || Fig. Intrigante.

cabalístico, ca adj. De la cábala :

libro cabalístico. || Fig. Misterioso, enigmático : signos cabalísticos.

cabalmente adv. Perfecta o completamente.

caballa f. Pez acantopterigio de los mares de España, de carne roja.

caballar adj. Del caballo.

caballeresco, ca adj. Propio de caballero. || De la caballería : novela caballeresca. || Fig. Galante, elevado, sublime : conducta caballeresca.

caballería f. Caballo, borrico o mula que sirve para cabalgar. (Llámase caballería mayor al caballo o mula, y menor al borrico.) || Cuerpo de soldados a caballo, hoy generalmente mecanizado : el arma de caballería. || Medida agraria que en España equivale a 3 863 áreas, en Cuba 1 343, en Puerto Rico 7 858 y 4 279 en Guatemala y México. || — Caballería andante, profesión de los caballeros aventureros. || Orden de Caballería, institución militar y religiosa cuyos miembros debían combatir a los infieles, como la orden de Malta.

caballeriza f. Cuadra para los caballos. || Conjunto de caballerías.

caballerizo m. Encargado de la caballeriza.

caballero, ra adj. Montado en un caballo : caballero en un alazán. || Fig. Obstinado, terco : caballero en sus pareceres. — M. Hidalgo, noble. || Miembro de una orden de caballería : los caballeros de Calatrava. || Persona condecorada con la insignia de alguna orden. || El que se conduce con distinción y cortesía : ser un caballero. || Persona de buen porte : se acercó a él un caballero. || Señor : ¡ señoras y caballeros ! ; trajes para caballeros. || — Caballero andante, el que andaba por el mundo en busca de aventuras ; (fig. y fam.) quijote. || Caballero de industria o de la industria, estafador.

Caballero, cerro de El Salvador (San Salvador). — Pobl. del Paraguay (Paraguarí).

Caballero (Agustín), compositor mexicano (1820-1886). || ~ (BERNARDINO), general y político paraguayo, n. en Ibicuí (1848-1912). Luchó en la guerra de la Triple Alianza (1864-1870) y ocupó la pres. de la Rep. de 1880 a 1886. || ~ (FERNÁN). V. FERNÁN CABALLERO. || ~ (JOSÉ AGUSTÍN), sacerdote, filósofo y orador sagrado cubano (1762-1835). || ~ (MANUEL FERNÁNDEZ), músico español (1835-1906), autor de zarzuelas (Gigantes y cabezudos y El dúo de la Africana). || ~ (PEDRO JUAN), militar y patriota paraguayo (1876-1821). Se opuso a la dictadura de Rodríguez de Francia. Se suicidó. || ~ **Audaz** (El). V. CARRETERO NOVILLO (José María). || ~ **Bonald** (José MANUEL), escritor español, n. en 1928, autor de poesías (Vivir para contarlo, Selección natural) y novelas (Dos días

de septiembre, Ágata ojo de gato, Toda la noche oyeron pasar pájaros). || ~ **Calderón** (EDUARDO), escritor colombiano, n. en 1910, autor de las novelas El Cristo de espaldas, El buen salvaje, etc. || ~ **y Góngora** (ANTONIO), obispo español y virrey de Nueva Granada (1782-1788).

Caballero || ~ **Cifar** (El), la más antigua novela de caballerías española (principios del siglo XIV). || ~ **de la Triste Figura** (El), n. dado por Sancho Panza a Don Quijote.

caballerosidad f. Distinción, cortesía. || Conducta digna, honrada. || Cortés, galante.

caballeroso, sa adj. Noble, digno.

caballete m. Lomo de un tejado. || Madero horizontal apoyado por cada extremo en otros dos y que sirve para varios usos : caballete de guarnicionero. || Lomo de la nariz. || Soporte en que descansa el cuadro que se pinta.

caballista com. Jinete.

caballito m. Caballo pequeño. || Arg. Hacer el caballito, en fútbol, colocar el cuerpo debajo del adversario que salta para cabecear. || — Pl. Tiovivo.

Caballito (El) n. pop. de la estatua ecuestre de Carlos IV en la cap. de México.

caballo m. Mamífero doméstico ungulado, de la familia de los équidos, con crin larga y cola cubierta de pelo, que el hombre utiliza para montar o como animal de tiro. || Carta que tiene la figura de un caballero en la baraja española. || Pieza del ajedrez que tiene figura de caballo. || Caballete o soporte que se utiliza para sostener un madero cuando se sierra. || Fam. Persona muy fuerte y resistente : Caballo grande, espingarda. || Amer. Persona tonta, bruta. || — A caballo, montado en una caballería. || Fig. Caballo regalado, no hay que mirarle el diente, las cosas que nada cuestan pueden admitirse sin inconveniente aunque tengan algún defecto. | A mata caballo, muy de prisa, atropelladamente. | Caballo de batalla, asunto más debatido en una discusión ; tema en el que sobresale una persona : la filosofía es su caballo de batalla ; punto principal. | Caballo de Troya, gigantesco caballo de madera en cuyo interior se ocultaron los griegos para tomar la ciudad de Troya ; (fig.) regalo peligroso. | Caballo de vapor, unidad de potencia (simb. CV) que corresponde a 75 kilográmetros por segundo.

caballón m. Lomo de tierra entre dos surcos.

caballuno, na adj. Semejante al caballo : rostro caballuno.

Cabanatuán, c. de Filipinas, cap. de la prov. de Nueva Écija (Luzón).

Cabanillas, c. del Perú (Puno).

cabaña f. Choza : *cabaña de pastor.* || Número de cabezas de ganado.

Cabaña (La), cantón de El Salvador (San Salvador). Azúcar.

Cabañas, bahía de Cuba (Pinar del Río). — Sierra de El Salvador. — Dep. de El Salvador ; cap. *Sensuntepeque.* — Mun. de Cuba (Pinar del Río).

Cabañas- (José Trinidad), general hondureño (1805-1871), pres. de la Rep. de 1852 a 1855. Abogó por la creación de la Federación Centroamericana.

cabañense adj. y s. De Cabañas, dep. de El Salvador.

cabaret m. (pal. fr.). Establecimiento público en que la gente se reúne con objeto de beber, bailar y asistir a un espectáculo de variedades.

cabaretera adj. f. *Fam.* Dícese de la mujer que trabaja en un cabaret o va mucho a él (ú. t. c. s. f.).

cabecear v. i. Mover la cabeza : *mula que cabecea.* || Mover la cabeza de un lado a otro en señal de negación. || Dar cabezadas el que está durmiendo. || Oscilar un barco de proa a popa o avanzar un vehículo con fuerte vaivén. || En fútbol, dar al balón con la cabeza.

cabeceo m. Movimiento hecho con la cabeza. || Oscilación de un barco o vehículo sobre su eje transversal.

cabecera f. Lugar principal : *la cabecera del tribunal, del estrado.* || Parte de la cama donde se pone la cabeza. || Origen de un río. || Capital de una nación, provincia, departamento, partido o distrito. || Grabado puesto en algunos libros en principio de capítulo. || Cada uno de los extremos del lomo de un libro. || Título grande en la parte superior de una plana de periódico. || *Médico de cabecera,* el que asiste de modo continuo al enfermo.

cabecilla com. ant.

cabellera f. Conjunto de los pelos de la cabeza : *cabellera rubia.*

Cabellera de Berenice. V. BERENICE.

cabello m. Cada uno de los pelos de la cabeza : *cabellos rizados.* || Cabellera, conjunto de todos los pelos : *tener el cabello castaño.*

Cabello de Carbonera (Mercedes), novelista peruana (1845-1909), autora de *Blanca Sol, El conspirador, El mártir, Los amores de Hortensia,* etc.

caber v. i. y t. Poder entrar una cosa dentro de otra : *el armario no cabe en la habitación.* || Tocarle o corresponderle a uno una cosa : *me cupo el honor de acompañarle.* || Ser posible : *no cabe la menor duda.* || — *No cabe más,* expresión que indica que ha llegado una cosa a su último punto. || *Fig.* No caber en sí, estar uno muy engreído o muy contento. | *Todo cabe en él,* es capaz de todo. | *Todo cabe en lo humano,* todo es posible.

cabestrante m. Cabrestante.

cabestrillo m. *Cir.* Venda que se sujeta alrededor del cuello para sostener la mano o el brazo rotos o heridos.

cabestro m. Cuerda o correa que se ata al cuello de las caballerías. || Buey manso con cencerro que guía a los toros. || *Fam.* Cornudo. | Necio.

cabeza f. Parte superior del cuerpo del hombre y superior o anterior de de muchos animales : *bajar la cabeza.* | Cráneo : *romper la cabeza a uno.* || *Fig.* Imaginación, mente : *tener algo metido en la cabeza.* | Juicio, talento, capacidad : *hombre de gran cabeza.* | Vida : *defender una la cabeza.* | Razón, sangre fría : *conservar la cabeza.* | Persona, individuo : *a cien por cabeza.* | Res : *rebaño de mil cabezas.* | Dirección : *estar a la cabeza de una fábrica.* || Principio o parte extrema de una cosa : *la cabeza de un clavo, de una viga.* | Corte superior de un libro : *libro de cabeza dorada.* || Primera fila : *ir a la cabeza del ejército.* | Capital : *cabeza de distrito.* | Cumbre de un monte. || Nombre dado a ciertos dispositivos de aparatos o máquinas : *la cabeza sonora de un magnetófono.* || — M. Jefe de una comunidad, corporación. etc. : *cabeza de un partido político.* | Padre : *cabeza de familia.* || — F. pl. *Ant. y Amer.* Fuentes de un río, naci-miento. || — A la, o en, cabeza, al frente, delante. || *Fig.* Alzar (o levantar) cabeza, salir uno de la miseria o restablecerse de una enfermedad. | *Andar o estar mal de la cabeza,* estar chiflado. | *Andar (o ir) de cabeza,* estar atareado. | *Bajar o doblar uno la cabeza,* humillarse, obedecer. | *Cabeza abajo,* con la parte superior hacia abajo. | *Cabeza de ajo,* bulbo del ajo. || *Fig. y fam.* Cabeza de chorlito, persona sin juicio o sin memoria. | *Cabeza de grabación,* parte de una máquina grabadora que graba los sonidos en un soporte determinado. | *Cabeza de la Iglesia,* el Papa. | *Cabeza de lectura,* dispositivo que reproduce las señales grabadas en un disco, cinta magnética, etc. | *Cabeza de partido,* ciudad o pueblo del que dependen otros pueblos en lo judicial. || *Cabeza de puente,* posición provisional con objeto de una operación ulterior. || *Fig.* Cabeza de turco, persona a quien se carga la culpa de todo lo malo sucedido. | *Calentarse la cabeza,* fatigarse mentalmente. | *Dar en la cabeza,* contradecir, llevar la contraria. | *De cabeza,* de memoria. | *De mi cabeza,* de mi ingenio. | *Méx.* Echar de cabeza a alguien, denunciar a alguien o descubrir sus actos. | *Escarmentar en cabeza ajena,* aprovechar el ejemplo ajeno para evitar la misma suerte. | *Méx.* Hacer cabeza, recordar. | *Írsele de cabeza,* caerse. | *Fig.* Írsele la cabeza, estar uno mareado. | *Más vale ser cabeza de ratón que cola de león,* es mejor ser el primero en un pueblo pequeño que el último en otro mayor. | *Metérsele en la cabeza alguna cosa,* perseverar uno en un error o capricho. | *Pasarle por la cabeza,* antojársele a uno una cosa, imaginarla. | *Quebrar la cabeza,* aturdir a uno. | *Romperse la cabeza,* cavilar mucho. | *Sentar la cabeza,* volverse uno juicioso. || *Subírsele a la cabeza,* marearse uno con una cosa ; (fig.) envanecerse con algo, engreírse. | *Fig.* Tocado de la cabeza, chiflado. | *Traer de cabeza,* estar muy preocupado ; tener mucho trabajo ; estar muy atraído por algo o alguien.

Cabeza ~ del Buey, v. en el oeste de España (Badajoz). Agricultura. Ganadería. Industrias. || — del Caballo, mun. en el centro oeste de España (Salamanca). Agricultura. Ganadería. || — de Manzaneda, montaña en el noroeste de España (Galicia). Estación de deportes de invierno, cerca de los municipios de Manzaneda y de Puebla de Trives (Orense). || — la Vaca, v. en el oeste de España (Badajoz). Ganadería. Agricultura.

Cabeza de Vaca (Álvar NÚÑEZ), conquistador español (¿ 1500-1560 ?). Fue con Pánfilo de Narváez a Florida (1527) y recorrió el Misisipí y el N. de México (1536). Nombrado adelantado de la prov. del Río de la Plata, exploró el Chaco (1544). Autor de *Naufragios* y *Comentarios.*

cabezada f. Golpe dado con la cabeza o que se recibe en ella. | *Mar.* Movimiento que hace el barco bajando o subiendo alternativamente la proa. || Inclinación de la cabeza a modo de saludo. || Correaje que ciñe la cabeza de una caballería. || *Fig.* Dar cabezadas, inclinar la cabeza el que está sentado y empieza a dormirse.

cabezal m. Almohada larga. || Cada una de las dos piezas que sirven para sostener el objeto que se trabaja en el torno o en cualquier máquina.

Cabezas de San Juan (Las), v. de España (Sevilla), donde se sublevó Riego en 1820.

cabezazo m. Golpe dado con la cabeza o recibido en ella. || En el fútbol, golpe dado al balón con la frente.

cabezón, ona adj. y s. *Fam.* De cabeza grande.| Testarudo.

Cabezón (Antonio de), compositor y organista español (1510-1566). Fue ciego y músico de cámara de Carlos V y de Felipe II. Su obra la publicó su hijo HERNANDO (1541-1602) con el título de *Obras de música para tecla, arpa y vihuela.*

Cabezón de la Sal, v. de España (Cantabria).

cabezonada f. *Fam.* Testarudez.

cabezonería f. *Fam.* Cabezonada.

cabezota f. Cabeza muy grande. || — Com. *Fam.* Persona obstinada.

cabezudo, da adj. Que tiene grande la cabeza. || *Fig. y fam.* Testarudo, terco, obstinado. || M. Mújol, pez. || — Pl. En algunas fiestas, junto a los gigantes, figuras grotescas de enanos con gran cabeza de cartón.

cabida f. Capacidad de una cosa.

cabila adj. y s. De Cabilia o Kabilia, región de Argelia.

cabildada f. *Fam.* Acción abusiva de autoridad. | Su efecto.

cabildante com. *Amer.* Miembro de un cabildo.

cabildear v. i. Intrigar, procurar con astucia ganar partidarios en una corporación o cabildo.

cabildeo m. Intriga.

cabildo m. Ayuntamiento de una ciudad. || Cuerpo de eclesiásticos capitulares de una catedral. || Junta celebrada por este cuerpo. || Sala donde se celebra. || En Canarias, organismo que representa a los pueblos de cada isla.

— Los españoles dieron en América el nombre de *cabildos* a las juntas encargadas de los intereses de las ciudades. Sus miembros se llamaban *regidores, concejales* o *cabildantes,* y su presidente *alcalde.* Cuando en el cabildo participaba el vecindario era denominado *cabildo abierto.*

Cabildo, pobl. de Argentina (Buenos Aires). — C. de Chile en la V Región (Valparaíso) y en la prov. de Petorca, cap. de la com. de su n. Cobre.

Cabilia. V. KABILIA.

Cabimas, puerto de Venezuela en el lago de Maracaibo (Zulia). Ref. de petróleo. Oleoducto. Obispado.

cabina f. Locutorio telefónico. || Recinto pequeño donde hay un aparato que manejan una o más personas : *la cabina de un intérprete.* || En una sala de cine, recinto donde están instalados los proyectores. || Camarote de barco. || Departamento en los aviones o en una nave espacial para la tripulación. || Recinto pequeño puesto a disposición del elector para que vote en secreto.

Cabinda, c. y terr. de Angola en la des. del Zaire, entre la Rep. Popular del Congo y Zaire. Petróleo.

cabio m. *Arq.* Madero de través de las vigas, que sirve de asiento a las tablas del suelo. || Travesaño superior e inferior que forma el marco de una puerta o ventana.

cabizbajo, ja adj. Que va con la cabeza inclinada, por preocupación o melancolía.

cable m. Cuerda gruesa, maroma. || Hilo metálico para la conducción de electricidad, la telegrafía o la telefonía subterránea o submarina. || Mensaje transmitido por este medio, cablegrama. || *Mar.* Medida de 185 m. || — *Cable hertziano,* conjunto de enlaces efectuados con ondas cortas o extracortas dirigidas. || *Fig. y fam.* Echar un cable, prestar ayuda.

cablegrafiar v. t. Enviar un cablegrama.

cablegrama m. Mensaje enviado por cable submarino.

cablevisión f. Televisión por cable.

cabo m. Punta o extremo de una cosa. || Lo que queda de una cosa, pedazo : *cabo de vela.* || Mango : *cabo de una herramienta.* || Portaplumas. || Punta de tierra que penetra en el mar : *el cabo de Creus.* || *Fig.* Fin : *llegar al cabo de una tarea.* || *Mar.* Cuerda. || *Mil.* Individuo de tropa inmediatamente superior al soldado : *cuatro soldados y un cabo.* || — Pl. Piezas sueltas que acompañan el vestido, como medias, zapatos, etc. || Cola, hocico y crines del caballo : *yegua baya con cabos negros.* || Tobillos y muñecas : *persona de cabos finos.* || — *Al cabo,* al fin : *al cabo del año.* || *Al cabo del mundo,* a cualquier parte : *seguir a uno hasta el cabo del mundo.* || *Atar cabos,* reunir antecedentes para sacar una consecuencia. || *Cabo suelto,* circunstancia imprevista o pendiente. || *Dar cabo a una cosa,* perfeccionarla. || *Fam.* De cabo a rabo o de cabo a cabo, del principio al fin : *leer un libro de cabo a rabo.* || *Estar al cabo o al cabo de la* calle, estar al corriente. ‖ **Llevar una cosa a cabo**, realizarla. ‖ **No dejar cabo suelto**, preverlo todo.

Cabo ‖ ~ **(El)**, en ingl. *Capetown*, cap. legislativa de la Rep. de África del Sur y de la prov. del mismo n. Puerto activo en la extremidad del continente africano; 1 097 000 h. — Prov. de la Rep. de África del Sur, cap. la c. del mismo n. C. pr. *Port Elisabeth, East London, Kimberley*. ‖ ~ **Bretón**, isla de Canadá, al N. de Nueva Escocia; c. pr. *Sidney*. ‖ ~ **Frío**, isla del Brasil (Río de Janeiro). Salinas. ‖ ~ **Gracias a Dios**, c. y puerto de Nicaragua, cap. de la comarca homónima. ‖ ~ **Haitiano**, en fr. *Cap-Haïtien*, c. y puerto de Haití, cap. del dep. del Norte. ‖ ~ **Rojo**, mun. de Puerto Rico (Mayagüez). — Peníns. de México (Veracruz). ‖ ~ **Verde**, archip. del Atlántico, al O. del Senegal; cap. *Praia*, en la isla de Santiago; 4 033 km² ; 310 000 h. Estado independiente en 1975. Fue portugués.

Cabónico, bahía de Cuba (Oriente).

cabotaje m. *Mar.* Navegación a lo largo de la costa.

Caboto o **Cabot** (Juan), navegante italiano (1450-1498). Enviado por Enrique VII de Inglaterra, descubrió las costas de los actuales Estados Unidos (1497). — Su hijo SEBASTIÁN (1476-1557) exploró, por cuenta de España, el río de la Plata y remontó el Paraná y el Paraguay (1527).

cabra f. Mamífero rumiante con cuernos vueltos hacia atrás : *leche de cabra*. ‖ — *Fig. y fam. Como una cabra*, loco. ‖ *La cabra siempre tira al monte*, cada uno obra según su naturaleza o carácter.

Cabra, c. de España (Córdoba).

Cabral, com. de la Rep. Dominicana (Barahona).

Cabral (José María), general dominicano (1819-1899), uno de los caudillos de la Independencia. Pres. de la Rep. en 1865 y de 1866 a 1868. ‖ ~ (MANUEL DEL), escritor dominicano, n. en 1907, autor de poesías negristas (*Trópico negro, Sangre mayor, Compadre Mon, La isla ofendida*) y de novelas (*El presidente negro*). ‖ ~ (PEDRO ÁLVAREZ). V. ÁLVAREZ CABRAL.

Cabrales, v. de España (Oviedo).

Cabrales (Luis Alberto), poeta y ensayista nicaragüense (1904-1976).

Cabras (Las), cerro de Cuba (Pinar del Río) ; 484 m. — C. de Chile en la VI Región (Libertador General Bernardo O'Higgins) y en la prov. de Cachapoal, cap. de la com. de su n.

cabrear v. t. *Pop.* Enojar (ú. t. c. pr.).

cabreo m. *Pop.* Enfado.

Cabrera, isla de España (Baleares), cerca de Mallorca ; 20 km². — Río de Colombia (Huila y Tolima), afl. del Magdalena. — Com. de la Rep. Dominicana (Samaná).

Cabrera (Jerónimo Luis de), conquistador español (1528-1574). Fundó la c. argentina de Córdoba (1573). ‖ ~ (LYDIA), novelista cubana, n. en 1900, autora de *Cuentos negros de Cuba* y *Por qué*. ‖ ~ (MIGUEL), pintor mexicano (1695-1768), autor de numerosas obras de motivos religiosos. Fundó la primera Academia de Pintura que hubo en México (1753). ‖ ~ (RAMÓN), lexicógrafo español (1754-1833), autor de un *Diccionario de etimologías de la lengua castellana*. ‖ ~ (RAMÓN), guerrillero carlista (1806-1877), de gran violencia y fanatismo. Fue conde de Morella. M. en Inglaterra. ‖ ~ **Infante** (GUILLERMO), escritor cubano, n. en 1929, autor de novelas (*Tres tristes tigres, La Habana para un infante difunto, Cuerpos divinos*, etc.), relatos y ensayos.

cabrerizo, za adj. De las cabras.

cabrero, ra m. y f. Pastor de cabras.

Cabrero, c. de Chile en la prov. y en la VIII Región de Biobío, cap. de la com. del mismo n.

cabrestante m. Torno vertical para halar o tirar de un cable.

cabria f. Máquina simple con tres pies para levantar pesos.

cabrillas f. pl. Pequeñas olas blancas. ‖ Rebotes que dan las piedras planas en la superficie del agua.

Cabrillas, n. de las siete estrellas principales de las Pléyades. ‖ ~ (SIERRA

DE), sierra de España en las prov. de Cuenca y Valencia.

cabrio m. *Arq.* Madero que recibe la tablazón de un tejado.

cabrío, a adj. Relativo a las cabras.

cabriola f. Brinco, salto ligero. ‖ Voltereta. ‖ Salto que da el caballo coceando en el aire. ‖ *Fig.* Equilibrio, pirueta.

cabriolé m. Coche ligero de dos ruedas y con capota. ‖ Automóvil convertible en coche descubierto.

cabritilla f. Piel curtida de cabrito.

cabrito m. Cría de la cabra. ‖ *Pop.* Cabrón. ‖ *Méx.* Gorrón. — Pl. *Chil.* Rosetas de maíz.

cabrón m. Macho cabrío. ‖ *Fig. y Pop.* Marido de mujer adúltera. ‖ Persona muy mala.

cabrona f. *Pop.* Mujer muy mala.

cabronada f. *Pop.* Mala pasada, cochinada.

cabronazo m. *Pop.* Cabrón.

Cabrujas (José Ignacio), escritor venezolano, n. en 1937, autor de obras de teatro de carácter histórico.

Cabudare, c. de Venezuela (Lara).

Cabuérniga (VALLE DE), v. de España (Cantabria).

cabujón m. Piedra fina de una joya con la cabeza redondeada.

Cabul. V. KABUL.

Cabure, v. de Venezuela (Falcón).

caburé y **caburey** m. *Arg.* Ave de rapiña, pequeña y voraz.

caca f. *Fam.* Excremento. ‖ *Fig. y fam.* Defecto o vicio : *descubrir la caca*. ‖ Porquería, inmundicia. ‖ — *Fig. y fam. Eso es una caca*, eso no vale para nada. ‖ *Tener caca*, tener miedo. ‖ — M. *Fam.* Miedoso.

Caca-Aca, pico de Bolivia, en la cord. Real ; 6 195 m.

cacahual m. *Amer.* Cacao. ‖ Plantío de cacaos.

Cacahuamilpa, grutas de México, en el límite de los Estados de Guerrero y Morelos.

cacahuatal m. *Amer.* Campo donde se cultivan los cacahuetes.

cacahuate m. *Méx.* Cacahuete.

cacahuete m. Planta leguminosa de América y África cuyo fruto penetra en tierra para madurar y cuyas semillas oleaginosas se comen tostadas y sirven para hacer aceite.

cacalote m. *Méx.* Cuervo.

cacao m. Árbol esterculiáceo, originario de México, cultivado en los países tropicales : *las semillas del cacao se emplean como principal ingrediente del chocolate*. ‖ Semilla de este árbol. ‖ *Fam.* Lío, follón. ‖ *Amer.* Chocolate. ‖ *Fam.* Cacao mental, confusión mental.

cacaotal m. Plantío de cacaos.

cacaraña f. Hoyo que deja la viruela en el rostro.

cacareador, ra adj. Que cacarea.

cacarear v. i. Cantar el gallo o la gallina. ‖ — V. t. *Fig. y fam.* Exagerar las cosas propias : *¡cómo cacarea lo que hace!* ‖ Publicar, hablar mucho de algo.

cacareo m. Acción de cacarear.

cacatúa f. Ave trepadora de Oceanía, parecida al papagayo, de plumaje blanco y moño de grandes plumas.

cacereño, ña adj. y s. De Cáceres, c. y prov. de España.

Cáceres, c. de España, cap. de la prov. homónima (Extremadura). Antigüedades romanas. Sede del obispado de Coria-Cáceres.

Cáceres (Alonso de), conquistador español del s. XVI que exploró Honduras. ‖ ~ (ANDRÉS AVELINO), general peruano (1833-1923), pres. de la Rep. de 1886 a 1890 y de 1894 a 1895. ‖ ~ (ESTHER DE), poetisa uruguaya (1903-1971), autora de *Las ínsulas extrañas, Canción, Libro de la soledad, El alma y el ángel, Concierto de amor, Tiempo y abismo*, etc. ‖ ~ (RAMÓN), general dominicano (1868-1911), pres. de la Rep. de 1906 a 1911. M. asesinado. ‖ ~ **Lara** (VÍCTOR), historiador y autor de cuentos hondureños, n. en 1915. ‖ ~ **Romero** (ADOLFO), escritor boliviano, n. en 1937, autor de novelas y cuentos (*La emboscada*).

cacería f. Partida de caza. ‖ Conjunto de animales muertos en una partida de caza.

cacerola f. Vasija con mango o asas para guisar.

cacicato y **cacicazgo** m. Dignidad de cacique. ‖ Territorio que gobierna.

cacique m. Jefe en algunas tribus de indios americanos. ‖ *Fig. y fam.* Persona muy influyente en un pueblo. ‖ Déspota, autoritario.

caciquear v. i. *Fam.* Mangonear.

caciquil adj. De cacique.

caciquismo m. Influencia abusiva de los caciques en los pueblos.

caco m. *Fig.* Ladrón.

Caco, famoso bandido del monte Aventino (Roma).

Cacocum, mun. de Cuba en la ciudad de Holguín.

cacofonía f. Vicio del lenguaje que consiste en la repetición de unas mismas sílabas o letras : *atónito ante TI me postro.* ‖ *Mús.* Discordancia, mezcla de sonidos discordes.

cacofónico, ca adj. Que tiene cacofonía, discorde.

cactáceas f. pl. Familia de plantas de hojas carnosas como los cactos (ú. t. c. adj.).

cacto y **cactus** m. Nombre de varias plantas cactáceas como el nopal o higuera chumba.

Cactus, complejo petroquímico de México (Veracruz).

cacumen m. *Fig. y fam.* Caletre, cabeza. ‖ Perspicacia.

cacha f. Cada una de las hojas en los lados del mango de una navaja o cuchillo. ‖ Mango de cuchillo o pistola. ‖ *Fam.* Nalga ; Carrillo ; *Ant. y Amer.* Cuerno : *las cachas de un toro.* ‖ *Fig. y fam. Hasta las cachas*, hasta más no poder, completamente.

cachalote m. Cetáceo carnívoro parecido a la ballena, de 15 a 20 metros de largo y de cabeza enorme.

Cachapoal, prov. en el centro de Chile y en la VI Región (Libertador General Bernardo O'Higgins) ; cap. *Rancagua*.

cacharrazo m. Golpe dado con un objeto o ruido que produce. ‖ *Fam.* Trompazo, porrazo. ‖ Golpe. ‖ Caída. ‖ *Fam. Amer.* Trago.

cacharrería f. Tienda de loza.

cacharrero, ra m. y f. Persona que vende cacharros de loza.

cacharro m. Vasija tosca. ‖ Pedazo o tiesto de vasija. ‖ Recipiente. ‖ *Fam.* Cosa, trasto, cachivache, chisme generalmente de poco valor. ‖ Máquina vieja, coche viejo y roto. ‖ Utensilio de cocina.

cachaza f. Pachorra, calma, flema.

cachazudo, da adj. y s. Flemático.

cachear v. t. Registrar a una persona. ‖ *Méx.* Espiar, inquirir.

cachemir m. y **cachemira** f. Tejido fabricado con el pelo de una cabra de Cachemira.

Cachemira, ant. Estado de la India, hoy dividido entre la República India (Est. de *Jammu* y *Cachemira*) y Paquistán.

cacheo m. Registro.

cachet m. (pal. fr.). Galicismo por distinción, elegancia, sello distintivo.

cachete m. Carrillo abultado. ‖ Nalga. ‖ Bofetada : *dar un cachete.*

Cacheuta, pobl. de la Argentina (Mendoza). Petróleo.

Cachi, nevado de la Argentina (Salta), llamado actualmente *El Libertador* ; 6 720 m. — Dep. de la Argentina (Salta). — Distr. de Costa Rica, en el cantón de Paraíso (Cartago).

cachimba f. Pipa. ‖ *Fig. y fam. Amer. Fregar la cachimba*, fastidiar.

cachimbo m. *Amer.* Pipa. ‖ *Cub.* Vasija grande de metal. ‖ Ingenio de azúcar pequeño. ‖ *Per.* Guardia nacional. ‖ Música de una orquesta de aficionados. ‖ *Chil.* Baile de las zonas salineras y música alegre que le acompaña. ‖ *Venez.* Chupar cachimbo, fumar en pipa o chuparse un niño el dedo.

cachiporra f. Porra, maza.

cachiporrazo m. Porrazo.

cachivache m. *Fam.* Cosa inútil o de poco valor, chisme, trasto.

cacho m. Trozo, pedazo pequeño.

cachondearse v. pr. *Pop.* Guasearse, burlarse.

cachondeo m. *Pop.* Guasa.

cachondo, da adj. En celo. ‖ *Fig. y vulg.* Dominado por el apetito sexual (ú. t. c. s.). ‖ Gracioso, divertido (ú. t. c. s.). ‖ *Fam.* Cachondo mental, persona que gusta de decir rarezas, que es extraña desde el punto de vista mental.

cachorreña adj. Dícese de una especie de naranja agria. ‖ Sopa de ajos.

cachorro, rra m. y f. Cría de perro, león, tigre, lobo, oso, etc.

cachua f. Baile de los indios del Perú, Ecuador y Bolivia. ‖ Su música.

cachuchear v. t. *Fam.* Mimar. | Acariciar. | Adular.

cachumbambé m. *Cub.* Juego de niños.

cachureco, ca adj. y s. En Honduras, miembro del Partido Conservador, llamado también *servil*, adversario de los *coquimbos.*

cada adj. Úsase para designar separadamente una o más cosas o personas : *a cada cual lo suyo, el pan nuestro de cada día.* ‖ U. elípticamente con sentido irónico: *vemos hombres con cada intención.* ‖ — *Amer,* Cada quien, cada cual. ‖ *Fam.* Cada quisque, cada cual. ‖ Cada vez que, siempre que.

cadalso m. Patíbulo para la ejecución de un reo. ‖ Tablado.

Cadalso (José), militar y escritor español, n. en Cádiz (1741-1782), m. heroicamente ante Gibraltar. Poeta neoclásico, escribió *Ocios de mi juventud, Noches lúgubres y Cartas marruecas.*

Cadaqués, pobl. del NE. de España (Gerona). Estación veraniega.

cadáver m. Cuerpo muerto.

cadavérico, ca adj. Del cadáver.

caddy m. (pal. ingl.). Muchacho que en el juego del golf lleva los palos. (Pl. *caddies.*)

cadena f. Conjunto de eslabones enlazados : *cadena de reloj.* ‖ Cuerda de presos. ‖ Grupo de emisoras de radiodifusión o de televisión que emiten simultáneamente el mismo programa, o de periódicos que publican la misma serie de artículos. ‖ Serie de empresas enlazadas entre sí : *cadena de hoteles.* ‖ Conjunto de máquinas, dispositivos, operaciones y operarios coordinados para la realización de las distintas fases en un proceso industrial : *trabajo en cadena ; cadena de fabricación.* ‖ Cordillera : *cadena de montañas.* ‖ Figura de la danza. ‖ *Fig.* Sujeción : *la cadena del amor.* | Continuación, serie, sucesión : *cadena de sucesos.* ‖ *Arq.* Machón de sillería. ‖ *For.* En algunos países, pena mayor después de la de muerte : *condenar a cadena perpetua.* ‖ *Quím.* Unión de una fórmula a los átomos de carbono.

cadencia f. Ritmo, compás, repetición regular de sonidos, acciones o · movimientos : *cantar, bailar con cadencia.* ‖ Distribución de los acentos en la prosa o versos : *la cadencia del alejandrino.* ‖ Ritmo de un trabajo.

cadencioso, sa adj. Con cadencia.

cadeneta f. Punto de ganchillo en forma de cadenilla.

cadenilla f. Cadena estrecha.

cadera f. *Anat.* Parte del cuerpo donde se unen el muslo y el tronco.

Cadereyta — **de Montes,** c. de México (Querétaro). ‖ ~ **Jiménez,** c. de México (Nuevo León). Refinería de petróleo.

cadete m. Alumno de una academia militar : *un cadete de Toledo.* ‖ *Riopl.* y *Bol.* Aprendiz.

cadi m. Juez civil árabe o turco.

Cádiz, c. y puerto de España (Andalucía), cap. de la prov. homónima. Sede del obispado de Cádiz-Ceuta. Universidad. Construcciones navales. Puente de 3 400 m sobre la bahía, construido en 1969. Es la antigua *Gades* de los fenicios. En Cádiz se promulgó la Constitución liberal de 19 de marzo de 1812. La prov. es esencialmente agrícola y pesquera. Vinos.

cadmio m. Cuerpo simple (Cd), parecido al estaño, de número atómico 48, de densidad 8, que funde a 321 ºC.

caducar v. i. Prescribir : *caducó el pasaporte.* ‖ Perder su fuerza un decreto o ley. ‖ Extinguirse un derecho, un plazo, una facultad, etc.

caduceo m. Atributo de Mercurio,

formado por una varilla con dos alas en la punta y rodeada de dos culebras, usado como emblema del comercio y la medicina.

caducidad f. Acción de caducar.

caduco, ca adj. Viejo, decrépito : *órganos caducos.* ‖ *Bot.* Que se cae, que se marchita : *hojas caducas.* ‖ Perecedero : *bienes caducos.* ‖ Que ha caducado, nulo.

Caen [kan], c. y puerto del NO. de Francia, cap. del dep. de Calvados.

caer v. i. Venir un cuerpo de arriba abajo por la acción de su propio peso : *caer del tejado* (ú. t. c. pr.). ‖ Perder el equilibrio. U. t. c. pr. : *se cayó bajando del caballo.* ‖ Lanzarse, abalanzarse, arrojarse : *cayó a sus pies.* ‖ Llegar inesperadamente sobre el enemigo. ‖ Pender, colgar. Ú. t. c. pr. : *las ramas se caen por el peso de los frutos.* ‖ Desprenderse : *caer las hojas del árbol.* ‖ *Fig.* Sobrevenir una desgracia. | Incurrir : *cayó en error.* | Morir : *caer en la batalla.* | Ponerse : *caer enfermo.* | Venir a dar, dejarse coger : *caer en el garlito.* | Desaparecer : *caer la monarquía.* | Dejar de gozar un empleo o valimiento : *caer una familia.* | Disminuir : *caer la conversación.* | Perder su viveza, el color o la voz : *dejar caer la voz al fin de la frase.* | Estar situado : *la ventana cae al jardín.* | Quedar incluido : *caer en una clase social.* | Llegar, venir : *cayó en mi casa.* | Declinar : *el Sol cae.* | Aproximarse a su fin : *el día cae.* | Tocar : *el premio gordo cayó en Málaga.* | Coincidir : *mi santo cae en lunes.* | Entender, adivinar : *no caigo en la solución.* | Recordar : *no caigo en su nombre.* | Estar : *cae en su jurisdicción.* | *Fig.* y *fam.* Caer bien o mal, venir bien o mal alguna cosa, o ser bien o mal acogida una persona. | Caer en la cuenta, comprender. | Caer de pie, tener suerte. | Caer pesado, no hacerse simpática una persona. | Caerse de, ser muy : *caerse de ingenuo.* | *Caer de suyo o de su peso, ser evidente.* | *Estar al caer una cosa, estar muy próxima.*

Caetano (Marcelo), político portugués (1906-1980). Pres. del Consejo de Ministros en 1968. Derrocado en 1974.

Cafarnaum, c. de Galilea, cerca del lago de Genesaret, donde residió Jesús.

Cafayate, pobl. de la Argentina, cab. del dep. homónimo (Salta). Prelatura *nullius.*

café m. Cafeto. ‖ Semilla del cafeto : *el café de Puerto Rico es muy estimado.* ‖ Infusión hecha con esta semilla tostada y molida : *una taza de café.* ‖ Establecimiento público donde se vende y toma esta bebida : *el primer café se abrió en Londres en 1652.* ‖ — Adj. De color de café : *tela café.* ‖ — Café cantante o concierto, aquel en que se canta y baila. ‖ Café teatro, café o local pequeño en que se representan obras de teatro cortas, a menudo improvisadas, con una estructura e ideología poco apropiadas para una sala corriente de espectáculos. ‖ *Fam.* Mal café, mal genio ; mala intención.

cafeína f. Alcaloide extraído del café, del té, del mate, etc., utilizado como estimulante cerebral y cardíaco.

Cafelandia, mun. y c. del Brasil (São Paulo). Café.

cafetal m. Plantación de cafetos.

cafetalero, ra adj. Del café. ‖ — M. Dueño de un cafetal.

cafetera f. Recipiente para hacer o servir el café. ‖ *Fam.* Cosa vieja. | *Fam.* Estar como una cafetera, estar medio loco.

cafetería f. Despacho de café donde se toman también bebidas y se puede comer ligeramente.

cafetero, ra adj. Del café. ‖ *Fam.* Aficionado al café (ú. t. c. s.). ‖ — M. y f. Persona que cosecha café. | Dueño de un café.

cafeto m. Planta rubiácea cuya semilla es el café.

cafetucho m. Café malo.

cáfila f. *Fam.* Conjunto de personas, animales o cosas. ‖ *Fig.* Retahila : *una cáfila de tonterías.*

cafiolo m. *Arg. Fam.* Proxeneta.

cafre adj. y s. Habitante de la parte oriental de África del Sur. ‖ *Fig.* Bárbaro y cruel, salvaje.

cagada f. *Pop.* Acción y efecto de cagar. | Excremento. | Desacierto. | Metedura de pata.

cagado, da adj. y s. *Pop.* Cobarde.

cagajón m. Excremento de animales.

cagalera f. *Pop.* Diarrea.

cagar v. i. *Pop.* Exonerar el vientre (ú. t. c. pr.). ‖ — V. t. *Pop.* Estropear, echar a perder. | Manchar, echar a perder una cosa. ‖ — V. pr. *Pop.* Acobardarse, tener miedo. | Proferir cierto insulto contra alguien. | *Cagarla,* meter la pata.

cagarria f. Hongo comestible.

cagarruta f. Excremento del ganado.

cagatinta y **cagatintas** com. *Fam.* Chupatintas.

Cagayán, río y prov. de Filipinas (Luzón). Tabaco. — C. de Filipinas (Mindanao).

Cagliari, c. y puerto de Italia, c. pr. de Cerdeña. Arzobispado.

cagón, ona adj. y s. *Pop.* Miedoso.

caguama f. Tortuga marina de las Antillas de gran tamaño y comestible.

Caguán, río de Colombia (Amazonas), afl. del Caquetá.

Caguas, c. en el SE. de Puerto Rico (Guayana).

cagueta adj. y s. *Pop.* Cagón.

cahíta adj. y s. Indígena mexicano de los Estados de Sonora y Sinaloa. ‖ — M. Dialecto de los cahítas.

Cahí-Ymox, rey de los cakchiqueles, en América Central. M. hacia 1540.

Cahors, c. de Francia, cap. del dep. del Lot. Obispado.

cai m. *Amer.* Especie de mono pequeño.

Caibarién, c. y puerto de Cuba (Villa Clara).

Caicara, c. de Venezuela (Bolívar).

Caicedo (Domingo), general colombiano (1783-1843). Combatió por la Independencia y fue vicepres. de la Rep. en 1830. ‖ ~ (JOSÉ MARÍA TORRES), V. TORRES CAICEDO. ‖ ~ **Rojas** (José), político y escritor colombiano (1816-1897), autor de *Apuntes de ranchería, Don Álvaro,* etc.

Caicedonia, mun. y c. de Colombia (Valle del Cauca).

Caicos, grupo de islas del archip. de las Bahamas.

caíd m. Gobernador o juez en algunos países musulmanes.

caída f. Acción y efecto de caer : *la caída de un cuerpo en el vacío.* ‖ Bajada o declive. ‖ *Fig.* Hundimiento, ruina : *la caída de un imperio.* ‖ Salto de agua. | Cosa que cuelga, como tapices, cortinas, etc. | Manera de caer los paños o la ropa. | Parte donde termina una cosa. | Disminución : *caída de la tensión.* ‖ *Fig.* Pecado del primer hombre : *la caída de Adán.* ‖ *Fig.* y *fam.* Ocurrencia, agudeza. ‖ — A la caída de la tarde, al terminar la tarde. ‖ A la caída del Sol, a la puesta del Sol. ‖ Caída de ojos, manera de cerrar los párpados.

caído, da adj. *Fig.* Abatido, desfallecido. | Lacio : *pelo caído.* ‖ — M. *Fig.* Muerto : *los caídos en la guerra.*

Caifás, sumo sacerdote de los judíos que condenó a Jesús.

Cailloma, prov. del Perú (Arequipa) ; cap. Chivay.

caimán m. Reptil de América, semejante al cocodrilo.

Caimanes, archip. británico de las Antillas, al S. de Cuba ; cap. Georgetown. — V. CUYUTLÁN.

Caimanera, mun. de Cuba (Guantánamo).

caimito m. Árbol sapotáceo de las Antillas cuyo fruto, del tamaño de una naranja, contiene una pulpa dulce y refrescante.

Caimito, mun. de Colombia (Bolívar). — Mun. de Cuba (La Habana).

Caín, hijo mayor de Adán y Eva. Mató por envidia a su hermano Abel. Se dice, por extensión, *con las de Caín,* con mala intención ; *pasar las de Caín* (padecer mucho).

Cai-Puente. V. CORONEL BOGADO.

cairel m. Fleco de algunas ropas.

Cairo (El), capital de Egipto, a orillas del Nilo ; 7 200 000 h. Industrias ; comercio. Mezquita (s. XII). Centro comercial, administrativo.

cairota adj. y s. De El Cairo (Egipto).

Caithness, condado del NE. de Escocia ; cap. *Wich.*

caja f. Recipiente de madera, metal, materia plástica, etc. : *caja para embalar.* || Su contenido : *caja de naranjas.* || Hueco en que está la escalera de un edificio o una chimenea o el ascensor. || Cubierta que tiene en su interior ciertos mecanismos : *caja del reloj, de engranajes.* || Ataúd. || Armario donde se guarda el dinero : *caja fuerte.* || Oficina o taquilla donde se recibe dinero y se hacen pagos : *caja de ahorros, de un banco.* || Parte exterior de madera que cubre algunos instrumentos : *la caja de un violín.* || Hueco en una ensambladura de carpintería. || Organismo militar que se encarga de todo lo referente a los reclutas : *entrar en caja.* || *Impr.* Cajón de madera con separación o cajetines, donde se colocan los caracteres tipográficos : *se distingue la caja baja* (de las minúsculas) *y la caja alta* (de las mayúsculas). || Pieza de la balanza en que entra el fiel. || Culata de madera de las armas de fuego portátiles. || Parte del coche donde se sientan las personas. || Tambor. || *Chil.* Lecho de un río. || — *Caja de ahorros,* banco creado para fomentar el ahorro. || *Caja de cambios,* órgano que encierra los engranajes de los cambios de velocidad en un automóvil. || *Caja del cuerpo,* la torácica. || *Caja del tímpano,* cavidad del oído medio. || *Caja de Pandora,* V. PANDORA. || *Caja de reclutamiento o de recluta,* organismo militar encargado del llamamiento de los reclutas. || *Fig. Caja de resonancia,* lo que graba o registra lo dicho para servir de recuerdo y darle así mayor importancia ; organismo o agrupación en el que se debaten cuestiones y que sirve para informar sobre un tema determinado. || *Caja fuerte o de caudales,* armario metálico blindado, generalmente empotrado en la pared, para guardar objetos de valor. || *Caja negra,* aparato, utilizado en caso de accidente, que registra todos los pormenores del vuelo de un avión o de otros vehículos de transportes. Llamado también *tacógrafo.* || *Caja registradora,* máquina que sirve para registrar las cantidades cobradas y abonadas. || *Fig. y fam. Despedir a uno con cajas destempladas,* echarle de algún sitio con enojo. || *Entrar en caja,* estar inscrito en la caja de recluta.

Cajabamba, pobl. del Perú ; cab. del cantón de Colta (Chimborazo). — C. del Perú, cap. de la prov. homónima (Cajamarca).

Cajal (Santiago RAMÓN Y). V. RAMÓN Y CAJAL.

Cajamarca, río del Perú, que, con el Condebamba, forma el Crisnejas. — C. del Perú, cap. de la prov. del dep. homónimos. Universidad Obispado. — Mun. de Colombia (Tolima).

cajamarquino, na adj. y s. De Cajamarca (Perú).

Cajas, macizo montañoso de la Cord. Occidental del Ecuador ; 4 135 m.

Cajatambo, c. del Perú, cap. de la prov. homónima (Lima).

Cajeme. V. CIUDAD OBREGÓN.

cajero, ra m. y f. Persona encargada de la caja de un comercio, banco.

cajeta f. *Méx.* Caja de dulce y dulce que contiene : *las cajetas de Celaya.*

cajete m. *Méx.* y *Guat.* Cazuela honda y gruesa sin vidriar. || Cráter de ciertos volcanes. || Oquedad de la planta del maguey en que se recoge el aguamiel.

cajetear v. t. *Arg. Iunf.* Estafar.

cajetilla f. Paquete de cigarrillos. || Cajita de fósforos.

cajetin m. Cada uno de los compartimientos de la caja tipográfica.

Cajigal (Juan Manuel), matemático venezolano (1802-1856). Fundó el Instituto de Matemáticas y un observatorio astronómico en Caracas (1831).

cajista com. Tipógrafo, oficial de imprenta que compone lo que se ha de imprimir.

cajón m. Caja grande. || Caja movible de los armarios, mesas y otros muebles. || En los estantes, espacio entre las tablas. || Puesto, tiendecilla de un mercado. || *Amer.* Cañada por cuyo fondo corre algún río. || Ataúd. ||

Fig. y fam. Cajón de sastre, mezcla de cosas desordenadas. || *Ser de cajón,* ser muy evidente.

cakchiquel adj. Relativo o perteneciente a un antiguo pueblo de Guatemala, de origen tolteca (ú. t. c. s.).

caki adj. y s. m. Caqui.

cal f. Óxido de calcio que forma la base del mármol, la tiza, etc. || *Fig.* De (o a) cal y canto, fuerte, sólido. || *Lechada de cal,* cal mezclada con agua. || *Fig. Una de cal y otra de arena,* alternar las cosas buenas con las malas.

cal, símbolo de la caloría.

cala f. Acción y efecto de calar. || Trozo que se corta de una fruta para probarla : *vender un melón a cala y cata.* || *Bot.* Planta arácea de grandes flores blancas. || Su flor. || La parte más baja del barco. || *Mar.* Bahía pequeña. || Supositorio. || *Fam.* Peseta.

calabacear v. t. *Fam.* Suspender en un examen. | Decir no a la declaración de un pretendiente.

calabacin m. Calabaza pequeña y cilíndrica. || *Fam.* Necio.

calabacino m. Calabaza seca y hueca que se usa como vasija.

calabaza f. Planta cucurbitácea de tallos rastreros y fruto grande. || Su fruto. || *Fig. y fam.* Necio, idiota. || Suspenso en un examen : *recibió calabazas.* || *Dar calabazas,* rechazar la mujer a un pretendiente ; suspender en un examen.

calabazar m. Campo de calabazas.

Calabazar de Sagua, mun. de Cuba (Cienfuegos).

calabobos m. inv. Llovizna.

calabozo m. Lugar para·encerrar a los presos.

Calabozo, río de México (Veracruz). — Pobl. de Venezuela (Guárico). Fundada en 1695. Obispado.

calabrés, esa adj. y s. De Calabria (Italia).

Calabria, región del S. de Italia ; cap. Catanzaro.

calabrote m. *Mar.* Cable hecho de tres cordones trenzados.

calada f. Acción y efecto de calar. || Humo que se aspira al fumar.

caladero m. Sitio donde se calan las redes.

calado m. Bordado hecho sacando y atando hilos en una tela : *el calado de un pañuelo.* || Perforado del papel, madera, etc., a modo de encaje. || *Mar.* Parte sumergida de un barco, entre la línea de flotación y la base de la quilla : *barco de mucho calado.* || Profundidad : *puerto de poco calado.* || *Mec.* Acción de calarse un motor.

calafate y **calafateador** m. Obrero que calafatea embarcaciones.

calafatear v. t. Tapar con estopa y brea las junturas de las tablas del casco de un barco para que no entre agua. || *Por ext.* Cerrar junturas, tapar.

calafateo y **calafateado** m. Acción y efecto de calafatear.

Calafell, pobl. en el NE. de España (Tarragona). Playas.

calagurris. V. CALAHORRA.

calagurritano, na adj. y s. De Calahorra (España).

Calahorra, c. de España (Rioja). Sede del obispado de Calahorra-Santo Domingo de la Calzada-Logroño.

Calais [-lé], c. y puerto del NO. de Francia (Pas-de-Calais). El *Paso de Calais* es un estrecho que une Francia y Gran Bretaña. Tiene una anchura de 31 km y una longitud de 185 km.

Calakmul, ant. c. maya de México (Campeche). Centro arqueológico.

Calama, c. de Chile en la II Región (Antofagasta), cap. de la com. del mismo n. y de la prov. de El Loa.

calamar m. Molusco cefalópodo comestible : *calamares en su tinta.*

Calamar, c. de Colombia (Bolívar).

calambre m. *Med.* Contracción espasmódica y dolorosa de ciertos músculos : *calambre de estómago.* || Sensación producida por una descarga eléctrica.

calambur m. Juego de palabras.

Calamianes, archip. de Filipinas, situado entre las islas de Paragua y Mindoro.

calamidad f. Desastre, desgracia general : *las calamidades de la guerra.* || Desgracia, infortunio. || *Fig. y fam.* Persona torpe, incapaz o pobre de

salud : *ser una calamidad.* | Cosa mal hecha, defectuosa.

calamina f. Silicato natural de cinc. || Residuo de la combustión de los gases en los cilindros de los motores de explosión.

calamitoso, sa adj. Desgraciado, infortunado. || Que causa calamidades o es propio de ellas. || Dícese de la persona que es una calamidad.

cálamo m. *Poét.* Pluma. || Especie de flauta.

calamocano, na adj. Ebrio.

Calancha (Fray Antonio de la), escritor boliviano (1584-1654), autor de *Coránica moralizada.*

calandra f. *Autom.* Calandria.

calandria f. Pájaro semejante a la alondra. || Máquina para satinar el papel y las telas. || Especie de torno grande usado en las canteras. || Rejilla de los radiadores de automóviles. || *Méx.* Coche viejo.

calaña f. Modelo, muestra. || *Fig.* Índole : *era un individuo soez, de infame calaña.*

calanés, esa adj. y s. De Calañas (Huelva). || *Sombrero calañés,* el de ala vuelta hacia arriba y copa baja.

calar v. t. Atravesar un líquido : *el agua le caló el vestido.* || Echar las redes al agua. || Colocarse el sombrero, la gorra. || Poner la bayoneta en el fusil. || Atravesar con un objeto punzante algo. || Bordar con calados una prenda. || Hacer agujeros en un papel, materia plástica, etc., formando dibujos. || Examinar el interior de algo para ver lo que hay : *calar un melón.* || *Fig.* Adivinar, descubrir : *caló mis intenciones.* | Probar, degustar. | Comprender : *calar hondamente en el alma humana.* | Profundizar : *un libro que cala mucho en la materia.* || Parar el motor de un vehículo por insuficiencia de carburante. || *Amer.* Humillar. | Extraer una muestra. || — V. i. Mar. Llegar a una profundidad : *este buque cala demasiado.* || — V. pr. Empaparse, mojarse : *se caló de arriba abajo.* || Ser atravesado por un líquido : *esta gabardina se cala.* || Ponerse : *calarse el sombrero ; calarse las gafas.* || Pararse bruscamente : *se me caló el motor.*

Calar Alto, pobl. de España (Almería), en la Sierra de los Filabres. Observatorio astronómico.

Calarcá, c. de Colombia (Quindío).

calasancio, cia adj. y s. Escolapio.

Calasanz (San José de), sacerdote español (1550-1648), fundador de las *Escuelas Pías* en el año 1597. Fiesta el 27 de agosto.

Calatañazor, pueblo de España (Soria). Derrota de Almanzor por los cristianos (1002).

Calatayud, c. de España (Zaragoza). Es la *Bilbilis* de los romanos.

Calatayud (Alejo), caudillo peruano, uno de los dirigentes de la sublevación de Cochabamba (1730). M. ejecutado.

Calatrava (CAMPO DE), comarca de España (Ciudad Real), cuya defensa, contra los árabes, fue encomendada a la Orden homónima. || — **la Vieja,** v. de España (Ciudad Real).

Calatrava (Orden de), orden religiosa y militar española fundada en 1158 por San Raimundo, abad de Fitero.

calatraveño, ña adj. y s. De la v. y la comarca de Calatrava (España).

calatravo adj. Dícese del caballero de la orden de Calatrava (ú. t. c. s. m.).

calavera f. Armazón ósea de la cabeza, cráneo. || — M. *Fig.* Hombre sin juicio o juerguista.

calaverada f. Insensatez.

Calbuco, archipiélago y volcán de Chile (Llanquihue). — C. de Chile en la X Región (Los Lagos) y en la prov. de Llanquihue, cap. de la com. del mismo nombre.

Calca, c. del Perú, cap. de la prov. homónima (Cuzco).

calcado m. Acción de calcar.

calcáneo m. Hueso del talón.

calcañar y **calcaño** m. Parte posterior de la planta del pie.

Calcaño (José Antonio), poeta y escritor venezolano (1827-1897), autor de *La siega, La hoja, La nave,* etc. || — (JULIO), escritor venezolano (1840-1918), hermano del anterior, autor de novelas (*El rey de Tebas, Blanca de Torrestella, Noches del hogar*), obras sobre la lengua (*El castellano en Venezuela*), ensayos literarios y poesías.

calcar v. t. Reproducir un escrito o dibujo por transparencia, papel de calco o procedimientos mecánicos : *calcar un plano.* || *Fig.* Imitar, copiar.

calcáreo, a adj. Que contiene cal : *rocas de consistencia calcárea.*

calce m. Cuña o alza.

calcedonia f. Ágata translúcida.

Calcedonia, ant. c. de Asia Menor en el estrecho del Bósforo (Bitinia). Sede de un concilio ecuménico (451).

calcedonio, nia adj. y s. De Calcedonia (Asia Menor).

calceta f. Media de punto.

Calceta, c. del Ecuador, cab. del cantón de Bolívar (Manabí).

calcetín m. Prenda que cubre el pie y llega hasta media pantorrilla.

cálcico, ca adj. *Quím.* Relativo al calcio : *sales cálcicas.*

Calcídica, peníns. de Grecia, entre los golfos de Salónica y Orfani.

calcificación f. *Med.* Depósito de las sales calcáreas en los tejidos orgánicos.

calcificar v. t. Producir por medios artificiales carbonato cálcico. — V. pr. Depositarse en los tejidos orgánicos sales de calcio.

calcinación f. Acción y efecto de calcinar o quemar.

calcinar v. t. Transformar en cal viva los minerales calcáreos. || Someter a una temperatura elevada : *calcinar madera, hulla, etc.* || Quemar : *con la piel calcinada.* || *Pop.* Fastidiar.

calcio m. Metal (Ca) de número atómico 20, de color blanco y blando, de 1,54 de densidad, que se funde a los 850 ºC.

calcita f. Carbonato de calcio.

calco m. Reproducción de un dibujo obtenido por transparencia. || Acción de calcar : *papel de calco.* || *Fig.* Imitación servil.

calcografía f. Arte de estampar con láminas metálicas grabadas.

calcografiar v. t. Estampar por medio de calcografía.

calcomanía f. Procedimiento que permite pasar de un papel a cualquier objeto dibujos coloreados preparados con trementina. || Imagen obtenida.

calcopirita f. Pirita de cobre.

calculable adj. Que se puede calcular.

calculador, ra adj. y s. Que se encarga de calcular. || *Fig.* Que prevé, interesado : *mente calculadora.* — M. y f. Dispositivo mecánico o electrónico capaz de efectuar cálculos matemáticos.

calcular v. t. Hacer cálculos : *calcular una suma.* || *Fig.* Apreciar, evaluar : *calcular los gastos.* | Pensar, suponer.

cálculo m. Operación que se hace para conocer el resultado de la combinación de varios números : *establecer un cálculo.* || Arte de resolver los problemas de aritmética. || Evaluación : *cálculo de gastos.* || Reflexión, prudencia : *obrar con mucho cálculo.* | *Med.* Concreción pétrea que se forma en alguna parte del cuerpo: *cálculos biliares, urinarios, renales.* || — *Mat.* Cálculo diferencial, parte de las matemáticas que estudia el cálculo de las derivadas y sus aplicaciones. | *Cálculo infinitesimal,* parte de las matemáticas que comprende el cálculo diferencial y el integral. | *Cálculo integral,* parte de las matemáticas que estudia la integración de las funciones. || *Cálculo mental,* el que se hace sin operaciones escritas.

Calcuta, c. de la India, cap. del Estado de Bengala Occidental, a orillas del río Hugli. Centro industrial.

calchaqui adj. y s. De los indios pertenecientes a una tribu de los diaguitas. Ú. t. c. s. : *los calchaquíes vivían al NO. de la Argentina.*

Calchaqui, n. que se da en su nacimiento al río Salado de la Argentina (Santa Fe). — Sierra de la Argentina (Salta). — Pobl. de la Argentina (Santa Fe).

caldas f. pl. Baños termales.

Caldas, dep. en el centro de Colombia ; cap. *Manizales.* Café. Minas. || **— de Montbúy,** c. de Caldas de Montbui, c. d' I NE. de España (Barcelona).

Caldas (Francisco José de), botánico y patriota colombiano, n. en Popayán

---

(† 1770 ?-1816). Estableció el mapa del virreinato del Perú. M. fusilado.

Caldea, región meridional de Mesopotamia. Posteriormente recibió el n. de *Babilonia.*

caldeamiento m. Calentamiento.

caldear v. t. Calentar (ú. t. c. pr.). || Poner al rojo el hierro. || *Fig.* Acalorar, animar : *caldear el ambiente.*

caldense adj. y s. De Caldas (Colombia).

caldeo m. Calentamiento.

caldeo, a adj. y s. De Caldea. || — M. Lengua caldea.

Calder (Alexander), escultor norteamericano (1898-1976).

Calder Hall, localidad del NO. de Inglaterra. Central nuclear.

caldera f. Recipiente grande de metal en que se calienta cualquier cosa. || Su contenido : *una caldera de azúcar.* || Depósito en el que se hace hervir el agua : *caldera de vapor, de calefacción.* || — *Caldera de vapor,* aparato generador del vapor en las máquinas. || *Fam. Las calderas de Pero Botero,* el Infierno.

Caldera, c. de Chile en la III Región (Atacama) y en la prov. de Copiapó, cap. de la com. del mismo n.

Caldera (Rafael), abogado y político venezolano, n. en 1916, pres. de la Rep. de 1969 a 1974.

Calderas, sierra de Venezuela, ramal de la de Trujillo. — Mun. de Venezuela (Barinas).

caldereria f. Profesión y taller del calderero. || Construcción de piezas metálicas.

calderero, ra m. y f. Persona que hace o vende calderas. || En los ingenios azucareros, obrero encargado de las calderas.

calderilla f. Moneda fraccionaria de poco valor.

caldero m. Caldera pequeña de metal, de fondo redondo y con una sola asa. || Su contenido.

calderón m. Caldera grande. || *Gram.* Signo ortográfico antiguo (|||) : *el calderón se usaba en lugar del párrafo* (§). || *Mús.* Signo que marca la suspensión de un compás (~) y floreo que lo acompaña.

Calderón (PUENTE DE). V. PUENTE DE CALDERÓN.

Calderón (Abdón), militar ecuatoriano (1804-1822), m. en la batalla de Pichincha. || — (FERNANDO), poeta dramático mexicano (1809-1845), autor de *Hernán o la vuelta del Cruzado, La muerte de Virginia,* etc. || — (RODRIGO), noble español († 1570 ?-1621), favorito del duque de Lerma y de Felipe III. M. decapitado. || — (SERAFÍN ESTÉBANEZ). V. ESTÉBANEZ CALDERÓN. || — **de la Barca** (PEDRO), poeta dramático español, n. y m. en Madrid (1600-1681). Hijo de familia noble, abrazó la carrera militar y en 1651 se ordenó de sacerdote. Su obra está compuesta por autos sacramentales (*La cena del rey Baltasar, El gran teatro del mundo*), comedias de capa y espada (*Casa con dos puertas mala es de guardar, La dama duende*), dramas de honor (*El médico de su honra, A secreto agravio secreta venganza, Amar después de la muerte*), comedias de carácter religioso (*El príncipe constante, La Devoción de la Cruz, El Mágico prodigioso*) y algunos entremeses. Pero sus creaciones inmortales son la comedia filosófica *La vida es sueño,* en la que plantea el problema del sentido de la vida humana, el drama *El alcalde de Zalamea,* en el que lleva a la escena el tema del honor del villano, y la tragedia clásica *El mayor monstruo, los celos.* ||

Guardia (RAFAEL ÁNGEL), médico y político costarricense (1900-1970), pres. de la Rep. de 1940 a 1944 || — **Navarro** (PEDRO), compositor costarricense (1864-1909).

calderoniano, na adj. Característico de Calderón de la Barca.

caldibache m. Caldo muy claro.

caldillo m. Salsa, jugo.

caldo m. Líquido obtenido cociendo carne, pescado, verduras en agua : *caldo de pescado.* || Vino o aceite : *caldo de pescado.* || *Amer.* Jugo de la caña de azúcar. || *Caldo de cultivo,* el preparado para el

---

desarrollo de un microbio. || *Fig. y fam.* Hacer a uno el caldo gordo, facilitarle medios para conseguir una cosa.

caldoso, sa adj. Que tiene mucho caldo o jugo.

Caldwell [calduel] (Erskine), novelista norteamericano, n. en 1903, autor de *El camino del tabaco, La chacrita de Dios, Somos los que vivimos, Disturbio en Julio, Tierra trágica, Gretta, Hombres y mujeres, El vecindario de Earnshaw,* etc.

calé adj. y s. Gitano.

Caledonia, ant. n. de *Escocia.* — Bahía de Panamá, en el mar Caribe (Colón). || — **(Nueva).** V. NUEVA CALEDONIA.

caledonio, nia adj. y s. De Caledonia (Escocia).

Caledonio, canal de Escocia que une el mar del Norte y el Atlántico.

calefacción f. Producción de calor : *calefacción con carbón.* || Conjunto de aparatos destinados a calentar un edificio : *calefacción central, urbana.*

calefactor m. Persona que fabrica, instala o repara aparatos de calefacción. || Calentador.

caleidoscopio m. Calidoscopio.

calendario m. Sistema de división del tiempo. || Almanaque, cuadro de los días, semanas, meses, estaciones y fiestas del año. || Programa, distribución en el tiempo de la labor que debe efectuarse.

calendas f. pl. Entre los antiguos romanos, primer día del mes. || Período, tiempo. || Tiempo futuro muy lejano. || *Calendas griegas,* tiempo que nunca llega.

calentador, ra adj. Que calienta. || — M. Recipiente lleno de carbón, agua caliente, etc., para calentar la cama. || Aparato para calentar agua.

calentamiento m. Acción y efecto de calentar o calentarse. || *Veter.* Enfermedad de los caballos en las ranillas y el pulmón. || *Fig. y fam.* Excitación sexual. || Acción de hacer entrar en calor el cuerpo antes de efectuar ejercicios físicos.

calentar v. t. Poner caliente : *calentar agua para el baño.* || *Fig. y fam.* Avivar, enardecer : *calentar el auditorio.* || *Fig.* Golpear, pegar. || — V. pr. Entrar en calor. || *Fig.* Animarse, enfervorizarse, exaltarse : *calentarse en la discusión.* || *Fig. y fam.* Excitarse sexualmente. || *Amer.* C. Enfadarse.

calentura f. Fiebre.

calenturiento, ta adj. Que padece calentura. || Algo caliente, pero sin fiebre. || *Fig.* Excitado, exaltado.

calenturón m. Calentura grande.

caleño, ña adj. y s. De Cali (Colombia).

calera f. Cantera de caliza.

Calera, c. de Chile en la V Región (Valparaíso) y en la prov. de Quillota, cap. de la com. de su n. || — **de Tango,** c. de Chile en la Región Metropolitana de Santiago y en la prov. de Maipo, cap. de la com. del mismo n.

Calero (Juan), religioso franciscano español del s. XVI, protomártir de su orden en Jalisco (México).

calesa f. Coche hipomóvil descubierto con dos o cuatro ruedas y capota.

caleta f. Cala, ensenada.

Caleta, playa renombrada de Acapulco (México).

caletero m. *Amer.* Descargador en un puerto de mar.

Caletilla, playa renombrada de Acapulco (México).

caletre m. *Fam.* Tino, talento.

Calgary, c. del Canadá (Alberta).

Cali, c. de Colombia, cap. del dep. del Valle del Cauca. Fundada por Sebastián de Benalcázar en 1536. Universidad. Arzobispado. Industrias.

calibración f. y **calibrado** m. Acción de dar a una pieza el calibre deseado o de verificar las dimensiones de un objeto. || Mandrilado.

calibrador m. Aparato para calibrar.

calibrar v. t. Medir el calibre interior de las armas de fuego o de otros tubos. || Dar al calibre que se desea. || Mandrilar un tubo. || *Fig.* Juzgar, medir la proporcionalidad de una cosa.

calibre m. Diámetro interior del cañón de las armas de fuego : *cañón de pequeño calibre.* || Diámetro del

99

proyectil o de un alambre. ‖ Diámetro interior de un cilindro. ‖ Instrumento que sirve de regla o escantillón : *un calibre de fotógrafo*. ‖ *Fig.* Tamaño, importancia : *de poco calibre*.

Calicrates, arquitecto que edificó con Ictinos el Partenón de Atenas (s. v. a. de J. C.).

Calicut, hoy *Kozhicoda*, c. y puerto de la India (Kerala), en el golfo de Omán.

calidad f. Manera de ser de una persona o cosa : *artículo de buena calidad*. ‖ Clase : *tejidos de muchas calidades*. ‖ Carácter, genio, índole. ‖ Valía, excelencia de una cosa. ‖ Condición social, civil, jurídica, etc. : *calidad de ciudadanía*. ‖ Función : *en calidad de jefe*. ‖ Nobleza, linaje : *hombre de calidad*. ‖ *Fig.* Importancia : *asunto de calidad*. — *Calidad de la vida*, modo, manera de vivir. ‖ *En calidad de*, con el carácter de.

Calidasa. V. KALIDASA.

cálido, da adj. Que está caliente, caluroso : *clima muy cálido*. ‖ *Fig.* Ardiente, vivo : *color cálido*. | Afectuoso : *cálida amistad*.

calidoscopio m. Aparato formado por un tubo opaco en cuyo interior hay dos o más espejos colocados en ángulo agudo que multiplican simétricamente la imagen de los objetos colocados entre ellos.

calientaplatos m. inv. Aparato para calentar los platos.

caliente adj. Que tiene o da calor: *aire caliente*. ‖ *Fig.* Acalorado : *riña caliente*. ‖ Ardiente sexualmente. ‖ Cálido : *color caliente*. ‖ — *Fam. Caliente de cascos*, fácilmente irritable. ‖ *En caliente*, en el acto ; en la fase aguda del mal (o una operación).

califa m. Título de los príncipes musulmanes sucesores de Mahoma, o de los soberanos del Islam después de Mahoma.

califato m. Dignidad de califa. ‖ Tiempo de su gobierno y territorio gobernado por él. ‖ Período histórico en que hubo califas.

— Los califatos más importantes fueron : 1.º el *califato de Oriente*, creado por Abubeker en La Meca y trasladado a Bagdad por los abasidas (632-1258) ; 2.º el *califato de Córdoba*, erigido por Abderramán III (929-1031) ; 3.º el *califato de Egipto*, fundado por los fatimíes (909-1171).

calificable adj. Que se puede calificar.

calificación f. Acción y efecto de calificar. ‖ Nota de un examen.

calificado, da adj. De autoridad o importancia : *filósofo calificado*. ‖ Que tiene los requisitos necesarios : *perito calificado*.

calificador, ra adj. y s. Que califica.

calificar v. t. Atribuir la calidad de : *calificar un acto de heroico*. ‖ Dar o poner una nota : *calificar a un alumno*. ‖ *Fig.* Ennoblecer, ilustrar. ‖ — V. pr. Probar uno la nobleza de su sangre. ‖ En deportes, ganar las pruebas eliminatorias.

calificativa, va adj. Que califica. Ú. t. c. s. m. : *un calificativo injurioso*. ‖ Adjetivo calificativo, el que expresa una cualidad del sujeto.

California, golfo de México en el Pacífico, tb. llamado *Mar de Cortés*. — Uno de los Estados Unidos de Norteamérica ; cap. *Sacramento* ; c. pr.: *San Francisco, Los Ángeles, San Diego, Oakland*. Perteneció a México hasta 1848. Industrias. Petróleo. — **(Baja),** penins. de México, en la que se encuentran el Estado de *Baja California Norte* (cap. *Mexicali*) y el *Baja California Sur* (cap. *La Paz*).

californiano, na adj. y s. De California. — M. *Fam.* Variedad de droga.

californio m. Elemento químico (Cf), de número atómico 98, obtenido artificialmente sometiendo el curio a los rayos alfa.

caliginoso, sa adj. *Poét.* Nebuloso. | Bochornoso, cálido.

caligrafía f. Arte de escribir con letra correctamente formada. ‖ Escritura, forma de escribir.

caligrafiar v. t. Escribir con letra clara y bien formada.

caligráfico, ca adj. De la caligrafía.

caligrafo, fa m. y f. Persona especialista en caligrafía, perito en caligra-

fía. ‖ Persona que tiene muy buena letra. ‖ Copista, amanuense.

Calígula (12-41), emperador romano (37-41).

Calila y Dimna, colección de apólogos indios, atribuidos a Pilpay.

calimbar v. t. *Amer.* Marcar los animales con hierro al rojo.

Calimete, mun. de Cuba (Matanzas).

calina f. Neblina. ‖ Calor.

Calíope, musa de la Poesía épica y la Elocuencia.

Calipso, ninfa reina de la isla de Ogigia, en el mar Jónico. Acogió a Ulises náufrago.

Calisto, hija de Licaón, rey de Arcadia. Hera la metamorfoseó en osa y Zeus la colocó en el cielo, donde ormó la Osa mayor. (*Mit.*)

Calisto, protagonista principal de *La Celestina,* enamorado de Melibea.

Calixto : — I (*San*), papa de 217 a 222. ‖ — **II,** papa de 1119 a 1124. ‖ — **III,** papa de 1455 a 1458. Era español.

Calixto García, mun. de Cuba (Holguín).

cáliz m. Vaso sagrado donde se echa el vino para consagrar en la misa. ‖ *Bot.* Cubierta externa de las flores. ‖ *Poét.* Copa, vaso. ‖ *Fig.* Padecimiento, amarguras : *apurar el cáliz hasta las heces*. ‖ *Anat.* Parte de la pelvis renal a la que llegan los tubos uriníferos.

calizo, za adj. Que tiene cal. ‖ — F. Roca compuesta de carbonato de calcio.

calma f. Falta de movimiento, tranquilidad : *la calma del Mediterráneo*. ‖ Tranquilidad, sosiego, quietud : *la calma de la vida provinciana*. ‖ Cesación, cese, interrupción momentánea : *calma en los negocios*. ‖ Sin preocupaciones o tareas : *quiero verle cuando esté en calma*. ‖ Flema, pachorra : *hace todo con mucha calma*. ‖ Serenidad, conformidad : *las desgracias hay que tomarlas con calma*. ‖ Paciencia : *espérame con calma*. ‖ *Calma chicha*, ausencia de viento u oleaje en el mar.

calmante adj. Que calma. Ú. t. c. s. m. : *tomar un calmante*.

calmar v. t. Aliviar, moderar un dolor, el frío. ‖ Dar sosiego o calma a alguien. ‖ — V. i. Calmarse. ‖ — V. pr. Abonanzar el tiempo ; Tranquilizarse, sosegarse. ‖ Caer el viento.

Calmar, c., puerto y prov. del S. de Suecia. En 1397 se firmó una convención que unió Noruega, Suecia y Dinamarca hasta 1521.

Calmeca, la más importante de las escuelas sacerdotales aztecas, en el Templo Mayor de Tenochtitlán.

calmoso, sa adj. Tranquilo.

calmuco, ca adj. y s. Kalmuco.

caló m. Lenguaje o dialecto de los gitanos adoptado a veces en el habla popular.

Calobre, pobl. de Panamá, cab. del distrito homónimo (Veraguas).

Calomarde (Francisco Tadeo), político español (1773-1842), favorito de Fernando VII.

calomel m. y **calomenanos** m. pl. *Med.* Cloruro de mercurio.

Caloocán, barrio de Manila (Filipinas).

calor m. *Fís.* Fenómeno que eleva la temperatura y dilata, funde, volatiliza o descompone un cuerpo. ‖ Calidad de lo que está caliente : *mantener el calor*. ‖ Sensación que produce un cuerpo caliente : *este radiador da mucho calor*. ‖ Elevación de la temperatura del cuerpo : *el calor de la fiebre*. ‖ Temperatura elevada : *el calor canicular*. ‖ *Fig.* Ardor, entusiasmo, viveza : *en el calor de la improvisación*. | Afecto, interés : *acoger con calor*. ‖ Lo más vivo de la lucha : *el calor del combate*.

caloría f. *Fís.* Unidad de cantidad de calor equivalente a la cantidad de calor necesaria para elevar la temperatura un grado un gramo de agua de 14,5 ºC a 15,5 ºC, con la presión atmosférica normal (símb., cal).

calorífero, ra adj. Relativo al calor. ‖ Que da y propaga el calor.

calorífico, ca adj. Que produce calor : *rayos caloríficos*.

calorífugo, ga adj. Que no transmite el calor (ú. t. c. s. m.). ‖ Incombustible.

calorimetría f. Parte de la física que

trata de la medición de la cantidad de calor.

calorímetro m. *Fís.* Instrumento para medir la cantidad de calor absorbida o cedida por un cuerpo.

calostro m. Primera leche que la hembra da a su cría.

Caloto, c. de Colombia (Cauca).

Calovébora, río de Panamá (Bocas del Toro), que des. en el Caribe.

Calpán, pobl. de México (Puebla).

Calpe, ant. n. de *Gibraltar* y de una de las *Columnas de Hércules*. También se dio este nombre al peñón de *Ifach* (Alicante). — Pobl. en el E. de España (Alicante), enfrente del peñón de Ifach.

calpense adj. De Calpe (ú. t. c. s.).

calpixque m. *Méx.* Mayordomo o capataz de las haciendas.

Calpulalpan (SAN MIGUEL DE), pobl. de México (México).

calpulli m. Entre los aztecas, cada una de las partes que se hacían de las tierras cultivadas en común.

Caltanissetta, c. de Sicilia, cap. de la prov. homónima.

calumnia f. Acusación falsa para dañar la reputación de alguien.

calumniador, ra adj. y s. Que calumnia, difamador.

calumniar v. t. Atribuir falsamente a otro ciertas intenciones o actos deshonrosos.

calumnioso, sa adj. Que contiene calumnia : *escrito calumnioso*.

caluroso, sa adj. Que tiene o da calor : *tarde calurosa*. ‖ *Fig.* Fervoroso : *un aplauso caluroso*.

calva f. Parte de la cabeza de la que se ha caído el pelo. ‖ Piel que ha perdido el pelo. ‖ Calvero.

calvados m. Aguardiente de sidra.

Calvados, dep. del NO. de Francia (Normandía) ; cap. Caen.

calvario m. Vía crucis. ‖ *Fig.* Padecimiento : *sufrir un calvario*.

Calvario, montaña de Jerusalén, llamada también *Gólgota,* donde fue crucificado Jesús. ‖ — **(El),** pobl. de Colombia (Meta).

Calvas, cantón del Ecuador (Loja).

calvero m. Tierra sin vegetación.

Calvert (George), político inglés (¿1580?-1632), fundador de la colonia de Maryland (América del Norte).

Calviá, mun. de España en la isla de Mallorca (Baleares). Casino de juego.

calvicie f. Falta de pelo en la cabeza.

calvinismo m. Doctrina religiosa protestante de Calvino, defensora de la predestinación.

calvinista adj. Del calvinismo : *doctrina calvinista*. ‖ — Com. Partidario del calvinismo.

Calvino (Jean), teólogo francés, n. en Noyon (1509-1564), que propagó la Reforma en Francia y en Suiza.

calvo, va adj. Que ha perdido el cabello (ú. t. c. s.). ‖ Sin vegetación. ‖ Raído, gastado (tejido). ‖ *Fig. Ni tanto ni tan calvo,* lo que se ha dicho es exagerado por exceso o por defecto.

Calvo (Daniel), escritor boliviano (1832-1880), autor de la leyenda poética *Ana Dorset.* ‖ — **Sotelo** (JOAQUÍN), autor de teatro español, n. en 1905, cuyas obras más celebradas son *Plaza de Oriente* y *La muralla.* ‖ — **Sotelo** (JOSÉ), político español (1893-1936), jefe del partido Renovación Española. Su asesinato precipitó el inicio de la guerra civil. ‖ — **(LEOPOLDO),** político español, n. en 1926, sobrino del anterior. Pres. del Gobierno (1981-1982).

calza f. Cuña o calce para calzar. ‖ Señal que se pone en las patas a ciertos animales. ‖ *Fam.* Media.

calzada f. Parte de una calle entre las aceras o de la carretera reservada a los vehículos. ‖ Camino empedrado en Roma.

Calzada de Calatrava, mun. de España (Ciudad Real).

calzado, da adj. Con zapatos : *carmelita calzado.* ‖ Dícese del ave cuyas plumas llegan hasta los pies : *paloma calzada.* ‖ Aplícase al cuadrúpedo que tiene las patas de color distinto que el resto del cuerpo : *potro calzado.* ‖ Provisto de calzado o calce. ‖ — M. Lo que se pone en los pies para cubrirlos : *tienda de calzado*.

calzador m. Instrumento utilizado para meter el pie en el zapato.

calzar v. t. Cubrir el pie con el

calzado (ú. t. c. pr.). || Proveer de zapatos. || *Por ext.* Llevar puestos los guantes, las espuelas, las gafas, etc. || Poner cuñas o calces : *calzar una mesa coja.* || Poner los neumáticos a un vehículo.

calzo m. Calce, cuña. || Fulcro, punto de apoyo de la palanca. || En el fútbol, golpe dado con la suela de la bota. || — Pl. Patas de la caballería de color distinto del pelo del cuerpo.

calzón m. Pantalón. Ú. m. en pl. : *ponerse los calzones.*

calzonazos m. inv. *Fam.* Hombre dominado por su mujer.

calzoncillos m. pl. Prenda interior del hombre que se pone debajo de los pantalones.

callada f. Silencio : *dar la callada por respuesta.*

callado, da adj. En silencio. || Silencioso, reservado, poco hablador.

callandico y **callandito** adv. *Fam.* En secreto, con disimulo.

Callao, bahía del Perú, en la prov. constitucional de El Callao. || ~ (EL), c. y puerto del Perú, cap. de la prov. constitucional homónima. Comercio. Industria (pesca). Universidad. Obispado. Fundada en 1537. Destruida por un maremoto en 1746. — Pobl. de Venezuela (Bolívar). Yacimiento de oro. Siderurgia.

Callaqui, cumbre volcánica de Chile (Biobío) ; 3 146 m.

callar v. i. No hablar, guardar silencio : *los niños deben callar* (ú. t. c. pr.). || Apagarse un sonido : *callaron las campanas* (ú. t. c. pr.). || — *Fig.* Al buen callar llaman Sancho, proverbio que aconseja hablar con prudencia y moderación. | *Calla callando,* suavemente, disimuladamente. | *Matarlas callando,* hacer las cosas con mucho disimulo. | *Quien calla otorga,* el que no dice nada sobre una decisión está de acuerdo con ella. || — V. t. No decir algo. Ú. t. c. pr. : *se calló toda la verdad.*

calle f. Vía de circulación en una población, entre dos filas de casas : *calle mayor.* || Conjunto de vecinos que viven en ella : *la calle entera está al corriente.* || Conjunto de ciudadanos : *el hombre de la calle piensa lo contrario.* || En el juego de damas o en el ajedrez, casillas en diagonal u horizontales que deben recorrer las piezas. || Banda trazada en un campo deportivo para que el atleta corra, o línea o corchera para los nadadores. || *Impr.* Línea de espacio en blanco que afea la composición. || — *Fig.* Dejar a uno en la calle o echar a uno a la calle, despedirle, expulsarle. | *Echar por la calle de en medio,* obrar sin miramientos o con decisión para conseguir un objetivo. | *Echarse a la calle,* salir de la casa : amotinarse. | *Estar al cabo de la calle,* estar enterado ; resolver un asunto.

Calle Larga, c. de Chile en la V Región (Valparaíso) y en la prov. de Los Andes, cap. de la com. del mismo n.

Calleja del Rey (Félix María), general español (1759-1828), que luchó en México contra Hidalgo, al que venció en Puente de Calderón (1811). Virrey de Nueva España (1813-1816).

callejear v. i. Corretear, ir de un sitio a otro sin ningún fin.

callejeo m. Acción de callejear.

callejero, ra adj. Relativo a la calle. || Amigo de callejear. || Ambulante : *venta callejera.* || — M. Lista de calles de una población.

callejón m. Calle pequeña y estrecha. || Espacio entre la barrera y la contrabarrera en las plazas de toros. || *Callejón sin salida,* el que sólo tiene entrada y no salida ; (fig. y fam.) situación apurada de difícil salida.

callejuela f. Calle pequeña.

Calles (Plutarco ELÍAS). V. ELÍAS CALLES.

Callhuanca, c. del Perú, cap. de la prov. de Aimaraes (Apurímac).

callicida m. Remedio para extirpar los callos.

callista com. Persona que se dedica a cortar y curar los callos, pedicuro.

callo m. Dureza producida en los pies o en las manos por el roce de un cuerpo duro. || Cicatriz formada en un hueso roto. || Extremos de la herradura de las caballerías. || *Fig.* y *fam.*

Mujer fea. || *Fig.* y *fam. Dar el callo,* trabajar. || — Pl. Pedazos del estómago de la ternera o cordero, que se comen guisados : *callos a la madrileña.*

callosidad f. Espesor y endurecimiento de la epidermis.

calloso, sa adj. Que tiene callos.

Cam, uno de los tres hijos de Noé. || ~ o **Cão** (DIOGO), navegante portugués, descubridor del Congo en 1484.

cama f. Mueble para descansar o dormir : *está en la cama.* || Sitio donde uno se puede acostar. || Sitio donde se acuestan los animales para dormir : *cama de liebres, de lobos.* || Plaza en una comunidad : *hospital o colegio de cien camas.* || Suelo de la carreta. || Pieza central del arado.

Camacho, prov. de Bolivia (La Paz) : cap. *Puerto Acosta.* — Ant. nombre de *Mariscal Estigarribia.*

Camacho (Heliodoro), general boliviano de la guerra del Pacífico (1831-1899). || ~ (JORGE), pintor surrealista cubano, n. en 1934. || ~ (JUAN VICENTE), poeta romántico venezolano (1829-1872), autor de *Última luz.*

Camacho (Bodas de). V. BODAS DE CAMACHO.

camada f. Hijos que cría de una vez un animal : *camada de conejos.* || *Fig.* y *fam.* Banda : *camada de rateros.*

camafeo m. Piedra preciosa labrada en relieve.

camagua f. *Amer.* Maíz tardío.

Camagüey, c. de Cuba, cap. de la prov. homónima. Universidad. Obispado. Centro comercial. Fundada en 1515 con el n. de *Puerto Príncipe.*

camagüeyano, na adj. y s. De Camagüey (Cuba).

Camajuaní, mun. de Cuba (Villa Clara).

camaleón m. Género de reptiles saurios cuyo color cambia según el medio que le rodea. || — Adj. y s. *Fig.* Que cambia fácilmente de opinión.

Camalig, pobl. de Filipinas en la prov. de Albay (Luzón).

Camaná, c. del Perú, cap. de la prov. homónima (Arequipa).

camándula f. *Fam.* Hipocresía, falsedad. | Astucia, treta. || — Com. Persona hipócrita o astuta.

camandulear v. i. Ostentar falsa o exagerada devoción.

camandulero, ra adj. y s. Hipócrita. | Beato.

cámara f. (Ant.). Habitación. || Habitación principal de una casa. || Cuarto de dormir : *cámara nupcial.* || Habitación de un rey, de un papa. || Sala de los barcos destinada a los jefes u oficiales. || Tomavistas de cine o de televisión. || Armario refrigerador en el que se conservan los alimentos. || Hueco en el que se pone un cartucho, un explosivo. || Tubo de goma, en el interior de la cubierta de un neumático o en un balón, que se hincha con aire. || Espacio hueco en el cuerpo : *cámara del ojo.* || Espacio entre las compuertas superior e inferior de una esclusa. || *Mec.* Espacio cerrado en que tiene lugar una combustión. || Lugar en que se reúnen ciertos cuerpos profesionales : *Cámara de Comercio.* | Edificio en que se reúnen los cuerpos legislativos de un país : *Cámara de Diputados.* (Ant.) Tribunal : *Cámara de Indias.* | Armario : *cámara acorazada.* | Granero, troj. | Diarrea. || — *Cámara de gas,* recinto en el que, inyectando gases tóxicos, se da muerte a una persona. | *Cámara de los Comunes,* cámara baja del Parlamento británico que ejerce el poder legislativo. | *Cámara de los Lores,* cámara alta del Parlamento británico, formada por los pares, grandes señores y altos funcionarios del Reino Unido, equivalente al Senado. | *Cámara fotográfica,* máquina de retratar. | *Cámara lenta,* proyección lenta de una película. | *Cámara mortuoria,* habitación donde está de cuerpo presente un cadáver.

cámara com. Operador de cine.

camarada com. Compañero.

camaradería f. Compañerismo.

camarero, ra m. y f. Persona que sirve a los consumidores de un café, bar, restaurante. || Persona encargada de las habitaciones de un hotel o de los camarotes de un barco. Criado,

dama de un rey o de un Papa : *camarera mayor de la reina.* || Persona que atiende a los pasajeros de un avión.

Camargo, pobl. de Bolivia, cap. de la prov. de Nor Cinti. — Mun. de España (Cantabria), en las cercanías de Santander. — Pobl. de México (Chihuahua).

Camargo Ferreira (Edmundo), poeta surrealista boliviano (1936-1964).

Camargue (La), región de Francia en el delta del Ródano. Ganadería.

camarilla f. Conjunto de personas que influyen en los asuntos del Estado o cerca de alguna autoridad o personalidad. || Grupo de personas que dirigen cualquier asunto sin que dejen que otros interesados intervengan en nada.

Camarillo de Pereyra (María Enriqueta), poetisa y escritora mexicana (1875-1968).

camarín m. Habitación de las iglesias en las que se guardan las ropas y joyas de una imagen de la Virgen. || Capilla pequeña. || Camerino de los actores. || Tocador.

Camarines, prov. de Filipinas, al SE. de Luzón, dividida en *Camarines Norte* (cap. *Daet*) y *Camarines Sur* (cap. *Naga*).

Camariñas, pobl. y ría del NO. de España (La Coruña). Encajes.

camarlengo m. Cardenal que administra el tesoro de la Iglesia o preside la cámara apostólica.

camarón m. Pequeño crustáceo decápodo, marino y comestible.

Camarones, bahía de Argentina (Chubut), en la costa patagónica. — Com. y río de Chile en la I Región (Tarapacá) y en la prov. de Arica ; cap. *Cuya.*

camarote m. Dormitorio de un barco.

Camas, v. de España (Sevilla).

camastro m. Cama mala.

camastronería f. Astucia.

Camba (Francisco), novelista español (1882-1947), autor de *Episodios contemporáneos.* — Su hermano JULIO (1882-1962) fue periodista y humorista y publicó libros de viajes.

Cambaceres (Eugenio), político y escritor argentino (1843-1888), autor de novelas realistas (*Música sentimental, Sin rumbo, En la sangre*).

Cambacérès (Jean-Jacques DE), duque de Parma, jurista y político francés (1753-1824), segundo cónsul y gran canciller del Imperio.

cambalache m. *Fam.* Cambio.

cambalachear v. t. *Fam.* Hacer cambalaches.

cambalacheo m. *Fam.* Cambio.

cámbaro m. Crustáceo marino.

cambiadizo, za adj. Que cambia : *carácter cambiadizo.*

cambiador, ra adj. y s. Que cambia. || — M. *Amer.* Guardaagujas.

cambiante adj. Que cambia : *humor cambiante.* || — M. Cambista. || — Pl. Visos, reflejos.

cambiar v. t. Ceder una cosa por otra : *cambiar sellos con un filatelista.* || Reemplazar : *cambiar una rueda del automóvil.* || Convertir una moneda en otra : *cambiar pesetas por pesos.* || Convertir en dinero menudo : *cambiar mil pesetas* (ú. t. c. i.). || Transformar : *cambiar la paz en guerra.* || Variar, mudar : *cambiaron el horario.* || — V. i. Mudar el viento. | Variar, alterarse : *el tiempo va a cambiar.* || Pasar otro velocidad a un automóvil. || — V. pr. Mudarse de ropa.

cambiario, ria adj. Referente al cambio.

cambiazo m. Sustitución. || Cambio radical. || *Dar el cambiazo,* trocar fraudulentamente una cosa por otra.

cambio m. Acción y efecto de cambiar. || Modificación que resulta de ello : *cambio de gobierno.* || Trueque : *cambio de libros.* || Dinero menudo, moneda fraccionaria : *no tener cambio.* || Dinero que se da de vuelta : *el camarero no me dio el cambio.* || Precio de cotización de los valores mercantiles. || Operación que consiste en la compra y venta de valores, monedas y billetes. || Diferencia que se paga o cobra por cambiar moneda de un país por la de otro. || — *A las primeras de cambio,* de buenas a

primeras ; a la primera oportunidad. ||
Cambio de marcha o *de velocidad*,
sistema de engranajes que permite
ajustar la velocidad de un vehículo al
régimen de revoluciones del motor. ||
Cambio de vía, mecanismo para diri-
gir los trenes por las vías deseadas. ||
En cambio, en véz de ; por el contrario.

Cambises II, rey de Persia de 530 a
522 a. de J. C. Se apoderó de Egipto
(525).

cambista com. Persona que cambia
dinero. || Banquero.

Cambó (Francisco), político y financiero español (1875-1947), jefe del partido regionalista catalán. M. en el destierro.

Camboya o **Cambodia**, Estado de
Indochina, situado entre el sur del
Vietnam y Tailandia ; 181 000 km² ;
9 030 000 h. *(camboyanos)*. Cap. *Pnom
Penh*, 650 000 habitantes ; c. pr. :
Battambang, 45 000 h. La población se
concentra a lo largo del río Mekong
y del lago Tonlé Sap, donde se cultiva
el arroz y el algodón. Estado independiente en 1953, recibió en 1970 el nombre de
República Kmer en 1970 y adoptó en
1975 un régimen socialista. Hoy tiene
el nombre de *Kampuchea*.

camboyano, na adj. y s. De
Camboya.

Cambrai [*-bré*], c. de Francia (Nord).

Cambre, v. de España (Coruña).

cambriano, na y **cámbrico, ca**
adj. *Geol.* Dícese del primer período
de la era primaria, así como de sus
terrenos y fósiles (ú. t. c. s. m.).

Cambridge, c. de Inglaterra cap. del
condado homónimo. Universidad. —
C. de Estados Unidos (Massachusetts).
Universidad de Harvard, cerca de
Boston.

Cambrils, v. del NE. de España
(Tarragona). Estación balnearia.

Cambuquira, mun. del Brasil (Minas
Gerais).

camelador, ra adj. y s. *Fam.* Que
camela.

camelar v. t. *Fam.* Enamorar, con-
quistar. | Embaucar con adulaciones.

cameleo n. *Fam.* Acción y efecto de
camelar.

camelia f. Arbusto de Asia oriental
de flores bellas e inodoras. || Su flor.

camélidos m. pl. Familia de
rumiantes a la que pertenecen el
camello, el dromedario, la llama, el
alpaca, etc. (ú. t. c. adj.).

camelista com. Cuentista. ||
Adj. Sin valor : *pintor camelista*.

camelo m. *Fam.* Galanteo. | Enga-
ñifa. | Mentira, cuento.

camellar v. i. *Fam.* Vender drogas.

camellero m. Encargado de los
camellos.

camello m. Rumiante de Asia Central que tiene dos jorobas en el lomo.
|| *Mar.* Dique flotante para levantar
los barcos. | *Fam.* Bruto, bestia. |
Traficante de drogas al por menor.

cameraman m. (pal. ingl.). Operador de cine, cámara. (Pl. *cameramen*).

camembert m. Queso de pasta fermentada.

camerino m. Cuarto donde se arre-
glan y visten los artistas en el teatro.

Camerún, territorio africano del
golfo de Guinea. Ocupado por los
alemanes en 1884, por los Aliados de
1914 a 1916, después administrado
por Francia y la Gran Bretaña, es desde
1960 una República Unitaria independiente ; 474 000 km² ; 8 700 000 h.
(cameruneses). La cap. es *Yaundé*,
300 000 h. ; c. pr. : *Duala*, 260 000 h. ;
N'Kongsamba, 100 000, y *Fumban*,
38 000. || ~ (MONTES), macizo volcá-
nico de Guinea frente a Bioko, antes
Fernando Poo ; 4 000 m.

camerunense adj. y s. Del Camerún
(África).

camilla f. Cama pequeña. || Cama
portátil, a modo de angarillas o andas,
para transportar enfermos y heridos.
|| Mesa redonda cubierta con faldilla
bajo la cual se pone un brasero. Ú. t.
c. adj. : *mesa camilla*.

camillero, ra m. y f. Persona que
transporta heridos en camilla.

Camin (Alfonso), poeta modernista
español (1890-1982).

caminante adj. y s. Que camina.

caminar v. i. Ir de viaje : *caminar*
o *para Barcelona*. || Ir de un sitio a

CAMBOYA

otro, andar. || Seguir su curso los ríos,
los astros. || *Fig.* Ir : *camina a su ruina*.
|| *Amer.* Funcionar, marchar. — V. t.
Recorrer.

caminata f. Recorrido largo.

caminero, ra adj. Propio de los
caminos y carreteras. || *Peón caminero*,
el encargado de cuidar las carreteras.

camino m. Vía de tierra por donde se
pasa para ir de un sitio a otro. || Cual-
quier vía de comunicación. || Ruta : *me
lo encontré en el camino*. || Curso : *el
camino de un astro*. || Viaje : *ponerse
en camino*. || *Fig.* Medio para conse-
guir una cosa : *estar en buen camino*.
| Vía, medio que conduce a un fin :
el camino de la gloria. || — *Camino
de herradura*, el que sólo sirve para
caballerías. || *Camino de hierro*, el
ferrocarril. || *Camino de ronda*, el que
da la vuelta a la ciudad o fortaleza. ||
Camino de Santiago, Vía Láctea. ||
Camino de sirga, el que está a orillas
de ríos y canales. || *Camino trillado*, el
muy frecuentado ; (fig.) tema corrien-
temente tratado. || *Camino vecinal*,
el construido por el municipio, más
estrecho que los demás.

Camino (León Felipe). V. FELIPE
(León). || ~ (MIGUEL A.), poeta y escri-
tor argentino (1877-1944), autor de
Chacayaleras, Chaquiras, etc.

Camiña, c. de Chile en la I Región
(Tarapacá) y en la prov. de Iquique,
cap. de la com. de su n.

camión m. Vehículo grande utili-
zado para transportar mercancías. ||
Amer. Autobús. || *Camión cisterna*, el
que transporta carburantes líquidos,
agua, vinos, etc.

camionaje m. Transporte por
camión. || Precio que cuesta.

camionero, ra m. y f. Conductor de
camión o camioneta.

camioneta f. Camión pequeño.

camisa f. Prenda con cuello y puños
que cubre el busto. || *Bot.* Telilla o
piel de ciertos frutos : *la camisa del
guisante*. || Revestimiento interior o
exterior de una pieza mecánica, de un
horno, de un proyectil. || Carpeta,
portadocumentos. || Sobrecubierta de
un libro. || Red con que se cubren los
mecheros de gas. || *Zool.* Epider-
mis de una serpiente. || — *Camisa
azul*, miembro de Falange Española. ||
Camisa de fuerza, la que se pone a
los locos. (En América, *chaleco de
fuerza*.) || *Camisa negra*, adherente
fascista italiano. || *Camisa parda*, la
utilizada por el partido nazi alemán. ||
Camisa roja, compañero de Garibaldi.
|| *Camisa vieja*, miembro de Falange
Española antes de la guerra civil (1936).
| *Fam. Dejar sin camisa*, arruinar,
quitar a uno cuanto tenía. | *Meterse
en camisa de once varas*, inmiscuirse
uno en lo que no le importa. | *Mudar*

o *cambiar de camisa*, cambiar de
opinión o de partido. | *No llegarle
la camisa al cuerpo*, estar uno con
mucho miedo. | *Vender hasta la
camisa*, venderlo todo.

camisería f. Tienda donde se venden camisas y taller o fábrica donde
se hacen.

camisero, ra m. y f. Persona que
confecciona o vende camisas. || —
Adj. Aplícase a cierto traje de mujer
abotonado por delante (ú. t. c. s. m.).

camiseta f. Prenda de vestir corta,
de punto o de franela, que se pone
debajo de la camisa. || Camisa de
verano cuya botonadura no llega hasta
el final. || La usada por los deportistas.

camisola f. Vestido de mujer corto
y sin mangas. || Camiseta deportiva.

camisón m. Camisa de dormir. ||
Camisa larga o grande. || En algunas
partes, camisa de hombre.

camita adj. y s. Descendiente de
Cam. || — Pl. Conjunto de pueblos
que viven en África.

camoati m. *Amer.* Especie de avispa.

Camocim, mun. del Brasil (Ceará).

Camoens (Luís VAZ DE), poeta portugués, n. en Lisboa (1524-1580). Tras
combatir en Marruecos, donde perdió un ojo, participó en una expedición a la India, que le inspiró su
poema *Los Lusíadas*, dedicado a la
gloria de Vasco de Gama y del pueblo

CAMERUN

portugués. Escribió también algunas comedias y un libro de *Rimas*.

camomila f. Manzanilla.

camorra f. Pendencia, pelea.

camorrista adj. y s. Pendenciero.

camotal m. Terreno sembrado de camotes.

camote m. *Amer*. Batata, planta comestible. | *Fig. Amer*. Enamoramiento. | *Querida*. | *Tonto*. | *Fig*. y *fam. Méx. Tragar camote*, hablar con dificultad.

camotear v. i. *Méx*. Andar vagando.

Camp *(Alt* y *Baix)*. V. CAMPO.

Campa (Gustavo E.), compositor y musicógrafo mexicano (1863-1934).

campal adj. Del campo. || *Batalla campal*, la de campo raso ; la muy enconada.

campamento m. Acción y efecto de acampar o acamparse. || Lugar donde se acampa.

campana f. Instrumento de bronce, de forma de copa invertida, que tiene en su interior un badajo que la golpea y la hace sonar. || *Fig*. Cualquier cosa que tiene forma semejante a este instrumento : *campana de la chimenea*. | Vaso de cristal o de vidrio utilizado para proteger ciertas cosas : *campana del queso*. — *Campana de buzo o de salvamento*, recipiente con aire comprimido utilizado por los buzos para sumergirse. || *Campana neumática*, recipiente en cuyo interior se hace el vacío. || *Doblar las campanas*, tocar a muerto. || *Fig*. y *fam. Echar las campanas al vuelo*, alegrarse mucho de algo. | *Oír campanas y no saber dónde*, no comprender más que a medias una cosa. || *Vuelta de campana*, trecha ; vuelco de un coche o avión.

Campana, isla de Chile, en el archip. de Wellington. — Pobl. de la Argentina (Buenos Aires). Frigoríficos. Refinería de petróleo. Puerto en el Paraná. || ~ **(La)**, v. de España (Sevilla).

Campana (Dino), poeta italiano (1885-1932), autor de *Cantos órficos*.

campanada f. Golpe dado por el badajo en la campana. || Sonido que hace. | Sonido del reloj al dar las horas. || *Fig*. Suceso inesperado que causa escándalo o sorpresa.

campanario m. Torre de iglesia donde se colocan las campanas.

Campanario, grupo de islas de Bolivia, en el lago Titicaca. — Cerro del Salvador (Cuscatlán). Combate entre hondureños y salvadoreños (1839).

campanear v. i. Tañer las campanas. || *Fig*. y *fam. Campaneárselas*, arreglárselas. || — V. t. *Arg. Fam*. Mirar. || — V. pr. *Fig*. y *fam*. Contonearse.

Campanella (Tommaso), humanista italiano (1568-1639), adversario de la escolástica y autor del relato filosófico y utópico *La ciudad del Sol*.

campaneo m. Toque de campanas.

Campania, región del S. de Italia. Cap. *Nápoles*.

campanil m. Campanario. || Campanilo.

campanilo m. Campanario de ciertas iglesias italianas separadas del edificio : *el campanilo de Florencia*.

campanilla f. Campana pequeña : *la campanilla del monaguillo, de la puerta*. || *Anat*. Úvula, galillo de la garganta. || Flor de la enredadera y otras plantas campanuláceas. || Adorno de figura de campana : *fleco de campanillas*. || Burbuja. || *Fam. De muchas campanillas*, importante, notable.

campanillear v. i. Tocar la campanilla.

campanilleo m. Sonido de las campanillas.

campante adj. *Fig*. y *fam*. Ufano, contento de sí mismo.

campánula f. *Bot*. Farolillo.

campanuláceas f. pl. *Bot*. Plantas angiospermas dicotiledóneas que tienen por tipo el farolillo o la campánula (ú. t. c. adj.).

campaña f. Expedición militar : *las campañas de Aníbal*. || Período de tiempo en una guerra : *la campaña de Rusia fue larga*. || Cualquier empresa política, económica o de otra cosa, de poca duración, encaminada a obtener un resultado : *campaña antialcohólica, electoral, comercial, publicitaria*.

campar v. i. Acampar. || Sobresalir. || Errar, vagabundear. || *Fig. Campar por*

sus respetos, hacer lo que uno quiere.

campeador adj. Que sobresalía en la guerra : *Rodrigo Díaz de Vivar fue llamado el Cid Campeador* (ú. t. c. s.).

campear v. i. *Fig*. Sobresalir : *en su prosa campea la ironía*.

campechania f. Llaneza.

campechano, na adj. y s. De Campeche (México). || — *F. Méx*. Bebida compuesta de diferentes licores.

campechano, na adj. Amistoso, llano, bonachón. | Sin cumplidos.

campechanote, ta adj. Muy campechano.

campeche m. Madera dura tintórea de América. (Se dice indistintamente *palo campeche* o *campeche*.)

Campeche, c. y puerto de México, en la costa O. de Yucatán, cap. del Estado homónimo. Fundada en 1540. Universidad. Obispado.

Campeche (José), pintor puertorriqueño (1752-1809).

Campechuela, municipio en el E. de Cuba (Granma).

Campello, mun. en el E. de España (Alicante).

campeón, ona m. y f. Persona o asociación que vence en una competición deportiva : *campeón de fútbol*. || *Fig*. Defensor, paladín : *campeón de la justicia*. || As, el primero en su clase.

campeonato m. Prueba deportiva en la que el vencedor recibe el título de campeón : *campeonato de fútbol*. || *Fig*. y *fam. De campeonato*, formidable, terrible ; enorme.

campero, ra adj. Relativo al campo o en el campo. || — *F. Amer*. Prenda de abrigo a modo de blusa que llega a la cintura. || — *M. Jeep*, vehículo todo terreno.

Campero, prov. de Bolivia (Cochabamba).

Campero (Narciso), general boliviano (1815-1896). Intervino en la guerra del Pacífico y fue pres. de la Rep. de 1880 a 1884. || ~ **Echazú** (OCTAVIO), escritor boliviano (1898-1970), autor de poesías (*Al borde de la sombra*).

campesinado m. Conjunto o clase social de los campesinos.

campesino, na adj. Propio del campo : *vida campesina*. || Que vive en el campo, que se dedica al cultivo de la tierra (ú. t. c. s.).

campestre adj. Del campo. || — *M. Danza antigua mexicana*.

Campina || ~ **Grande**, c. del NE. del Brasil (Paraíba). Industrias ; comercio. || ~ **Verde**, mun. del Brasil (Paraíba).

Campinas, c. del Brasil (São Paulo). Arzobispado.

camping m. (pal. ingl.). Deporte que consiste en vivir al aire libre y dormir en una tienda de campaña. || Terreno reservado a esta actividad.

campiña f. Campo.

Campiña Romana, en ital. *Agro Romano*, llanura al S. del Tíber, entre el mar y los Apeninos.

campirano, na adj. *Méx*. Campesino (ú. t. c. s.).

campista m. y f. Persona que hace camping.

Campisteguy (Juan), político uruguayo (1859-1937), pres. de la Rep. de 1927 a 1931.

campo m. Terreno que no está en poblado : *vivir en el campo*. || Tierra laborable : *campo de maíz*. || Lugar en que tiene lugar un combate : *campo de operaciones*. || Sitio en que se encuentra un ejército : *el campo enemigo*. || Lugar donde se celebra un encuentro deportivo : *campo de fútbol, de tenis, etc*. || *Fig*. Ámbito, medio, esfera : *campo de actividad*. | Asunto, materia : *el campo de la cultura, de la erudición*. | Partido político, filosófico : *campo carlista*. || *Blas*. Fondo del escudo. || *Fís*. Espacio en que se hace perceptible un fenómeno : *campo magnético*. || — *A campo traviesa*, atravesando el campo sin seguir un camino. || *Campo de aviación*, terreno reservado al despegue y aterrizaje de aviones. || *Campo de batalla*, sitio en el que se lucha. || *Campo de concentración*, terreno cercado en el que se recluyen, en tiempo de guerra, los súbditos de países enemigos y también a otras personas por razones políticas. || *Campo raso*,

el llano y sin casas. || *Campo santo*, cementerio. || *Fam. Levantar el campo*, irse.

Campo, en cat. *Camp*, región del NE. de España en Cataluña (Tarragona), dividida en dos comarcas : *Alto Campo*, cap. Valls, y *Bajo Campo*, cap. Reus. Industrias. Turismo. || ~ **Belo**, mun. de Brasil (Minas Gerais). || ~ **de Criptana**, v. de España (Ciudad Real). Su paisaje inspiró a Cervantes el capítulo de los molinos de viento del *Quijote*. || ~ **del Arenal**, altiplanicie de la Argentina (Catamarca) ; 2 500 m. || ~ **del Cielo**, dep. de la Argentina (Chaco). || ~ **do Brito**, mun. de Brasil (Sergipe). || ~ **Durán**, pobl. de la Argentina (Salta). Petróleo. || ~ **Elías**, distr. de Venezuela (Mérida). || ~ **Formoso**, mun. del Brasil (Bahía). || ~ **Grande**, c. del Brasil, cap. del Estado de Mato Grosso do Sul. Centro comercial. || ~ **Largo**, mun. de Brasil (Mato Grosso). — Mun. de Brasil (São Paulo). || ~ **Mayor**, mun de Brasil (Piauí). || ~ **Santo**, pobl. de la Argentina (Salta). || ~ **Viera**, pobl. de la Argentina (Misiones).

Campo (Ángel de), escritor costumbrista mexicano (1868-1908), autor de la novela *La rumba* y de poesías (*Cosas vistas*). Firmó con el seudónimo de *Micrós*. || ~ (ESTANISLAO DEL), político y poeta argentino, n. en Buenos Aires (1834-1880), autor del poema *Fausto*, uno de los mejores entre las obras de la literatura gauchesca. Utilizó el seudónimo de *Anastasio el Pollo*. Fue partidario de Mitre. || ~ (RAFAEL), político salvadoreño (1813-1890), pres. de la Rep. de 1856 a 1858. || ~ **Serrano** (JOSÉ MARÍA), general colombiano (1836-1915), pres. de la Rep. de 1886 a 1887.

Campoalegre, c. de Colombia (Huila).

Campoamor (Ramón de), poeta español (1817-1901), autor de *Doloras, Humoradas* y *Pequeños poemas*.

Campobasso, c. de Italia, cap. de la prov. del mismo nombre.

Campomanes (Pedro RODRÍGUEZ, conde de), político español (1723-1803). Creó las *Sociedades económicas de Amigos del País*.

Campoo, valle y comarca del N. de España (Cantabria). || ~ **(Alto)**, estación de deportes de invierno del N. de España, en el mun. de Reinosa (Cantabria).

Campos, c. del Brasil (Río de Janeiro). || ~ **(TIERRA DE)**, comarca de España en la prov. de Palencia de gran fertilidad. || ~ **Cataláunicos**. V. CATALÁUNICOS.

Campos (Daniel), poeta satírico y épico boliviano (1829-1901), autor de *Colichá*. || ~ (MAURICIO), arquitecto mexicano (1878-1912). Construyó la Cámara de Diputados en la capital. || ~ (RUBÉN M.), escritor folklorista mexicano (1876-1945). || ~ **Alatorre** (CIPRIANO), novelista y autor de cuentos mexicano (1906-1934). || ~ **Cervera** (ANDRÉS). V. HERRERA (Julián de la). || ~ **Cervera** (HÉRIB), poeta surrealista y nativista paraguayo (1908-1953), autor de *Ceniza redimida, Hombre secreto*.

Campos Elíseos. V. ELÍSEO.

camposanto m. Cementerio.

campus m. Ciudad universitaria cerca de una población para la enseñanza y el alojamiento de los estudiantes.

camuesa f. Fruto del camueso.

camueso f. Variedad de manzano, cuyo fruto es la camuesa.

camuflaje m. Artificio usado para ocultar un objetivo militar. || Disimulo.

camuflar v. t. Ocultar un objetivo militar. || *Fig*. Disimular.

Camus (Albert), novelista francés, n. en Argelia (1913-1960). Autor de ensayos (*El mito de Sísifo*), novelas (*La peste, El extranjero*), obras teatrales (*Calígula, Los justos, El estado de sitio*). Adaptó para el teatro de Dostoievski, Calderón de la Barca y Lope de Vega. (Pr. Nobel, 1957.)

can m. Perro.

Can || ~ **Mayor**, constelación austral donde se encuentra Sirio. || ~ **Menor**, constelación boreal.

cana f. Cabello blanco. || — *Fig*. y *fam. Echar una cana al aire*, divertirse

103

uno ocasionalmente. | Peinar canas, tener cierta edad.

Cana, c. de Galilea, célebre por las bodas donde Jesucristo convirtió el agua en vino. (Nuevo Testamento.)

Canaán (TIERRA DE), ant. n. de Palestina o Tierra de Promisión.

canacúa f. Danza mexicana tarasca. || Su música.

canacuate m. Méx. Serpiente acuática muy gruesa.

Canadá, Estado de América del Norte, miembro del Commonwealth británico, dividido en diez provincias (Nueva Escocia, Nuevo Brunswick, Quebec, Ontario, Manitoba, Colombia Británica, isla del Príncipe Eduardo, Alberta, Saskatchewan, Terranova) y los territorios del NO. y del Yukon; 9 960 000 km²; 24 000 000 h. (canadienses), de los que 6 000 000 son de lengua francesa. Cap. Ottawa, 304 462 h. (cerca de 700 000 con la aglomeración metropolitana). Otras c.: Montreal, 2 900 000 h.; Toronto, 2 950 400; Vancouver, 1 200 000; Winnipeg, 600 000; Hamilton, 499 000; Edmonton, 590 000; Calgary, 510 000; Quebec, 580 000; Windsor, 200 000; London, 250 000; y Halifax, 280 000; Victoria, 225 000, y Regina, 160 000.

canadiense adj. y s. Del Canadá. — F. Chaqueta forrada de piel.

Canaguá, río de Venezuela (Mérida y Barinas), afl. del río Apure.

canal m. Cauce artificial que, mediante esclusas, permite a las embarcaciones salvar las diferencias de nivel. || Paso artificial que hace comunicar entre sí a dos mares: el canal de Panamá. || Estrecho o brazo de mar: el canal de la Mancha, de Mozambique. || Parte más profunda de la entrada de un puerto. || Conducto excavado en la tierra por donde pasan las aguas, el gas, etc. || Vaso del organismo animal o vegetal: canal excretor. || Banda de frecuencia entre cuyos límites se efectúa una emisión de televisión. || Fig. Vía, cauce.

canaladura f. Arq. Estría, surco en línea vertical.

canalé adj. (pal. fr.). Tejido de punto estriado.

Canalejas y Méndez (José), político y escritor español (1854-1912). Jefe del Partido Liberal, fue pres. del Gobierno (1910). M. asesinado.

Canaletto (Antonio CANAL, llamado el), pintor italiano (1697-1768), autor de Vistas de Venecia.

canalizable adj. Que se puede canalizar.

canalización f. Acondicionamiento de un curso de agua para hacerlo navegable. || — Pl. Conjunto de tubos o cañerías. || Amer. Alcantarillado.

canalizar v. t. Abrir canales. || Hacer navegable un curso de agua. || Fig. Encauzar, orientar en una dirección: canalizar el descontento (ú. t. c. pr.).

canalón m. Cañería que recoge en los tejados el agua de los canales. ||

7 273 km²; 1 500 000. Se divide en dos prov.: Santa Cruz de Tenerife y Las Palmas; la primera consta de las islas de Tenerife, La Palma, Gomera y Hierro; la segunda de las de Gran Canaria, Lanzarote, Fuerteventura y diversos islotes. El territorio de ambas provincias constituye desde 1982 una Comunidad Autónoma cuya capitalidad se fija compartidamente en las ciudades de Santa Cruz de Tenerife y Las Palmas de Gran Canarias. El Parlamento tiene su sede en la primera y la Presidencia del Gobierno alternará por períodos legislativos entre ambas poblaciones. Clima benigno. Centro turístico. Universidades en Las Palmas de Gran Canaria y en La Laguna (Santa Cruz de Tenerife). Plátanos, verduras, tabaco.

canariera f. Jaula utilizada para encerrar a canarios.

canario m. Pájaro de color amarillo claro y de canto melodioso.

canario, ria adj. y s. De las islas Canarias (España). || Canelonense. (Uruguay.)

Canaris (Konstantin). V. KANARIS.

Canaro (Francisco), compositor argentino, n. en Uruguay (1888-1964), autor de populares comedias musi-

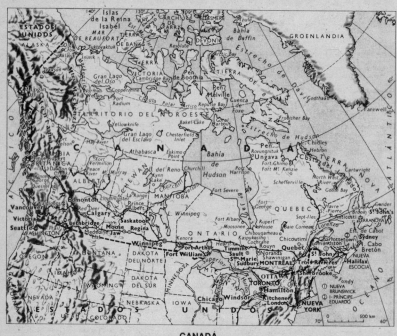

CANADÁ

— GEOGRAFÍA. Canadá presenta, en el centro, planicies de erosión alrededor de la bahía de Hudson, llamadas el escudo canadiense; en el E., la extremidad N. de los Apalaches; en el O., las montañas Rocosas, las Selkirks y la cadena costera. El Canadá es un gran país agrícola (cereales, frutas, ganadería, etc.), que explota también las riquezas de sus bosques (celulosa, papel), de sus cursos de agua (hulla blanca) y de su subsuelo (hierro, carbón, petróleo, gas natural, potasa, níquel, cobre, cinc, plomo, uranio, oro, amianto). Posee una industria y un comercio importantes.

canalla f. Gente ruin, populacho vil. || — M. y f. Persona vil, miserable.

canallada f. Acción o dicho propio de un canalla.

canallesco, ca adj. Propio de la canalla o de un canalla: acción canallesca.

canana f. Cartuchera.

Cananea, río de México que nace en la sierra homónima, también llamada del Cobre (Sonora). — C. y mun. de México (Sonora).

cananeo, a adj. y s. De la Tierra de Canaán.

canapé m. Sofá. || Pedazo de pan untado de algo (caviar, salmón ahumado, queso, etc.), que se sirve en los cócteles.

canaria f. Hembra del canario.

Canaria (GRAN), isla principal del archip. de las Canarias; 1 667 km²; cap. Las Palmas.

Canarias, archip. español del Atlántico, a 115 km. de Marruecos;

Estría de los calcetines || — Pl. Placas rectangulares de pasta, rellenas de carnes y arrolladas.

cales y tangos (Adiós Pampa mía, La última copa, Madreselva).

Canarreos, archip. de Cuba del que forma parte la isla de Pinos, hoy de la Juventud.

Canas, prov. del Perú (Cuzco) · cap. Yanaoca. — V. CANNAS.

canasta f. Cesto de mimbres ancho de boca. || Cierto juego de naipes con dos o más barajas francesas. || Tanto o punto en el baloncesto, cesto.

canastero, ra m. y f. Persona que hace o vende canastas.

canastilla f. Cestillo: canastilla de costura. || Ropa o ajuar del niño que va a nacer.

canastillo m. Canasto pequeño.

canasto m. Canasta que tiene menos ancha la boca. || ¡ Canastos !, interj. de enfado, de protesta o de sorpresa.

Canberra, cap. federal de Australia, en el SE. de Nueva Gales del Sur; 198 000 h.

cancab m. Méx. Tierra colorada en Yucatán.

cáncamo m. Armella.

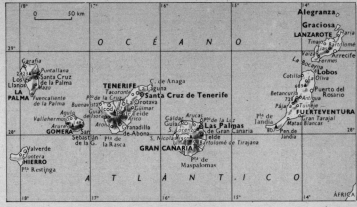

ISLAS CANARIAS

cancanear v. i. *Fam. Méx.* Tartamudear.

cancel m. Armazón de madera que se pone delante de las puertas de los edificios, por la parte interior, para impedir la entrada del aire. || *Amer.* Biombo, mampara.

cancela f. Reja de hierro forjado en el umbral de una puerta.

Cancela (Arturo), escritor argentino (1892-1957), autor de *Tres relatos porteños, Cacambo, El burro de Maruff, Historia tunambulesca del profesor Landormy* y de obras de teatro (*El origen del hombre, Sansón y Dalila*).

cancelación f. Anulación. || Acción y efecto de cancelar.

cancelador m. Dispositivo para picar o fechar los billetes.

cancelar v. t. Anular : *cancelar un viaje.* || Saldar, pagar una deuda. || Picar o fechar un billete de transporte, etc.

cáncer m. *Med.* Tumor maligno formado por la multiplicación desordenada de las células de un tejido o de un órgano. || Lo que devora una sociedad, una organización, etc.

Cáncer, cuarto signo del Zodíaco (22 de junio-23 de julio). — Constelación situada en la parte más septentrional de la eclíptica, entre Leo y Géminis. || ~ (TRÓPICO DE). V. TRÓPICO.

cancerarse v. pr. Volverse canceroso un tumor. || *Fig.* Corromperse.

Cancerbero. V. CERBERO.

cancerbero m. Portero.

cancerígeno, na adj. Que provoca el cáncer.

cancerólogo, ga m. y f. Médico especialista que trata el cáncer.

canceroso, sa adj. De la naturaleza del cáncer : *úlcera cancerosa.* || Atacado de cáncer (ú. t. c. s.).

canciller m. Antiguo dignatario que guardaba el sello real. || Empleado consular inferior al vicecónsul. || En algunos Estados, jefe del Gobierno : *el canciller alemán.* || En diversas naciones latinoamericanas, ministro o secretario de Relaciones Exteriores.

cancillería f. Dignidad o cargo de canciller. || Oficina especial en las embajadas y consulados. || Alto centro diplomático que dirige la política exterior de un país.

canción f. Composición en verso que se puede cantar. || Música con que se canta. || Nombre de diferentes composiciones poéticas. || ~ *de cuna,* la cantada para dormir a los niños. || *Canción de gesta,* cantar de gesta. || *Fig.* y *fam.* Ésa es otra canción, eso es otra cosa. | *Volver a la misma canción,* insistir en lo que se dijo.

cancionero m. Colección de canciones y poesías de diversos autores : *cancionero de la guerra civil.*

canco m. *Amer.* Homosexual.

Cancún, pobl. de México (Quintana Roo), en la costa de la península de Yucatán. Turismo.

cancha f. *Amer.* Campo de deportes : *cancha de fútbol.* || Hipódromo. | Patio, corral, espacio cer-

cado. | Trozo de un río entre dos recodos.

Cancha Rayada, llano de Chile, al N. de Talca, donde San Martín fue derrotado por las tropas realistas de Osorio (1818).

canchero, ra adj. *Amer.* Relativo a la cancha. || — M. y f. *Amer.* Persona encargada de una cancha.

Canchis, prov. del Perú (Cuzco) ; cap. *Sicuani.*

canchero m. Cerradura móvil que, por medio de anillos o armellas, asegura puertas, tapas de cofre, etc.

Candamo (Manuel), político peruano (1841-1904), pres. de la Rep. de 1903 a 1904.

Candanchú, pobl. en el N. de España (Huesca) en el Puerto de Somport. Estación de esquí.

Candarave. V. UBINAS.

cande adj. Aplícase al azúcar cristalizado.

candeal adj. Aplícase al trigo que da una harina muy blanca y al pan que con ella se puede hacer (ú. t. c. s. m.).

candela f. Vela de sebo, resina, etc. | *Fam.* Lumbre, fuego : *pedir candela para el cigarro.* | *Fís.* Unidad legal de intensidad luminosa (símb., *cd*). || *Fig. Arrimar, dar o atizar candela,* pegar, dar una paliza.

Candela (Félix), arquitecto español, naturalizado mexicano, n. en 1910.

candelabro m. Candelero de varios brazos. || Planta cactácea.

Candelaria, cabo en el NO. de España (Coruña). — Río de Costa Rica (San José), afl. del Pirris. — Río de Guatemala (El Petén) y México (Campeche). — Sierra de México (Zacatecas). — Dep. y pobl. de la Argentina (Misiones). — Sierra, dep. y pobl. de la Argentina (Salta). Cultura prehispánica. — Cantón de Bolivia (Cochabamba). — Mun. de Colombia (Valle del Cauca). — Mun. de Colombia (Atlántico). — Mun. de Cuba (Pinar del Río). — Mun. de El Salvador (Cuscatlán). — Mun. de España en la isla de Tenerife (Santa Cruz de Tenerife). — Mun. de Honduras (Lempira). — Mun. de Venezuela en los Estados de Carabobo y Trujillo. — Pobl. de Venezuela en el Gran Caracas.

candelero m. Utensilio con que se sostiene una vela. || Velón.

candente adj. Aplícase al metal calentado al rojo. || *Fig. Cuestión candente,* la muy grave o de actualidad.

candi adj. Cande.

Candia, isla del mar Egeo. — C. de Grecia, hoy Heraclión (Creta).

candidato, ta m. y f. Persona aspirante a algún cargo, dignidad o título. || *Fig.* Persona propuesta o indicada para una dignidad, aunque no tome parte activa en su designación.

candidatura f. Aspiración a un honor o cargo. || Presentación de alguien como candidato. || Papeleta en la que va impreso el nombre del candidato o candidatos. || Propuesta de una o varias personas para un cargo.

candidez f. Calidad de un alma pura e inocente, ingenuidad.

cándido, da adj. Que carece de

astucia, sencillo, ingenuo (ú. t. c. s.). || *Fig.* Simple, sin malicia.

candil m. Lámpara de aceite con una mecha. || *Méx.* Araña, lámpara.

candilejas f. pl. *Teatr.* Luces del proscenio.

candombe m. *Amer.* Cierto baile de los negros de Sudamérica. | Su música. | Tambor. || *Urug.* Ritmo tocado en Carnaval.

candombear v. i. *Amer.* Bailar el candombe. | *Fig.* y *fam.* Intrigar en política.

candor m. Candidez.

candoroso, sa adj. y s. Cándido.

Cané (Luis), escritor y poeta argentino (1897-1957), autor de *Mal estudiante, Romancero del Río de la Plata, Bailes y coplerías.* Cultivó también el teatro. || ~ (MIGUEL), escritor argentino (1812-1863), opuesto a la dictadura de Rosas. Autor de novelas (*Esther, Laura*). — Su hijo MIGUEL (1851-1905) fue político y escritor, autor de *Juvenilia,* recuerdos autobiográficos de estudiante en Buenos Aires.

Canea, puerto de Creta.

canela f. Corteza del canelo, empleada como condimento aromático. || *Fig.* y *fam.* Cosa buena, muy apreciada : *este vino es canela fina.*

Canela Baja, c. de Chile en la IV Región (Coquimbo) y en la prov. de Choapa, cap. de la com. de Mincha.

canelo, la adj. De color de canela. || — M. Color de la corteza del canelo. || Árbol lauráceo, cuya corteza es la canela. || *Chil.* Árbol magnoliáceo. || *Fam. Hacer el canelo,* hacer el tonto.

canelón m. Canalón. || Labor de pasamanería.

canelonense adj. y s. De Canelones (Uruguay).

Canelones, c. del Uruguay, cap. del dep. homónimo. Obispado. Comercio. En 1828 fue cap. de la Rep. con el n. de *Guadalupe.*

canesú m. Cuerpo de vestido de mujer corto y sin mangas. || Pieza superior de la camisa o blusa a la cual se pega el cuello, las mangas y el resto de la prenda.

Canet de Mar, v. de España (Barcelona).

Canetti (Elías), escritor y pensador sefardí, n. en Bulgaria en 1905. Sus obras están escritas en alemán (*Auto de fe, Masa y poder, La antorcha al oído*). [Pr. Nobel, 1981.]

canevá m. *Amer.* Cañamazo.

caney m. Bohío de techo cónico.

Caney, térm. mun. de Cuba (Oriente). Duro combate durante la guerra hispano-cubana (1898).

Canfranc (PUERTO DE), paso de los Pirineos Centrales, entre Aragón y Francia ; 1 640 m. Atravesado por el túnel de Somport (7 857 m).

Cangallo, dep. del Perú, cap. de la prov. homónima (Ayacucho).

Cangas, v. y puerto de España (Pontevedra). || ~ **de Narcea,** ant. Cangas de Tineo, c. de España (Oviedo). || ~

105

de Onís, c. de España (Oviedo). Residencia de los primeros reyes de Asturias.

cangilón m. Cada una de las vasijas de la noria o de ciertas dragas, excavadoras, etc. || *Amer.* Carril del camino.

cangreja f. *Mar.* Vela en popa, de forma trapezoidal.

Cangrejera (La), complejo petroquímico de México, cerca de Coatzacoalcos (Veracruz).

cangrejo m. Crustáceo fluvial o marino comestibles. || *Mar.* Verga que se ajusta al palo del buque.

canguelo m. *Pop.* Miedo.

canguro m. Mamífero marsupial de Australia y Nueva Guinea que anda a saltos por tener las patas delanteras más cortas que las posteriores. (La hembra, más pequeña, lleva a sus crías en una bolsa que tiene en el vientre.)

caníbal adj. y s. Antropófago. || *Fig.* Salvaje, cruel, bruto.

canibalismo m. Antropofagia atribuida a los caníbales. || *Fig.* Salvajismo, crueldad.

canica f. pl. Juego de muchachos con bolitas de barro o de cristal. || Estas bolitas.

canicie f. Blancura del pelo.

canícula f. Período más caluroso del año, correspondiente al principio del verano.

Canícula. V. SIRIO.

canicular adj. Relativo a las canículas : *un calor canicular.*

caniche adj. Dícese de un perro pequeño con el pelo ensortijado (ú. t. c. s. m.).

cánidos m. pl. *Zool.* Familia de mamíferos carniceros cuyo tipo es el perro y el lobo (ú. t. c. adj.).

Canigó, monte de Francia (Pyrénées-Orientales) ; 2 784 m.

canijo, ja adj. Enclenque. (ú. t. c. s.).

canilla f. *Anat.* Cualquiera de los huesos largos de la pierna o del brazo. || Tubo pequeño de madera por donde se vacía la cuba. || Carrete de la lanzadera de la máquina de coser o de tejer. || *Arg.* Grifo. || *Méx.* Fuerza.

canino, na adj. Relativo al perro : *raza canina.* || *Fig.* Enorme, muy grande : *hambre canina.* — M. Colmillo. Ú. t. c. adj. : *diente canino.*

canje m. Cambio.

canjeable adj. Que se puede canjear.

canjear v. t. Cambiar, trocar, hacer un canje : *canjear notas diplomáticas.*

cannáceas f. pl. Familia de plantas dicotiledóneas y apétalas, como el cáñamo (ú. t. c. adj.).

cannáceas f. pl. Familia de plantas monocotiledóneas (ú. t. c. adj.).

Cannas, ant. v. de Apulia (Ofanto). Derrota de los romanos por Aníbal (216 a. de J. C.).

Cannes [kan], c. del SE. de Francia (Alpes-Maritimes). Festival cinematográfico anual.

Canning (George), político y orador inglés (1770-1827), promotor del librecambio.

cano, na adj. De cabellera blanca.

Cano (Alonso), pintor, arquitecto y escultor español, n. en Granada (1601-1667), discípulo de Montañés y amigo de Velázquez. Sus obras son de un misticismo atormentado. || ~ (FRANCISCO A.), pintor y escultor colombiano (1865-1935). || ~ (JOSÉ LUIS), poeta y crítico literario español, n. en 1912. || ~ (JUAN SEBASTIÁN EL). V. ELCANO. || ~ (MELCHOR), dominico y teólogo español (1509-1560), representante español en el Concilio de Trento.

canoa f. Embarcación estrecha de remo o con velas o motor.

Canoas, río del Brasil, que, con el Pelotas, forma el río Uruguay.

canódromo m. Pista para las carreras de galgos.

Canogar (Rafael GARCÍA GÓMEZ, llamado **Rafael**), pintor español, n. en 1935. Fue de tendencia realista en un principio y abstracta posteriormente.

canon m. Decreto, norma relativa a la fe o a la disciplina religiosa. || Conjunto de libros que se consideran que han sido inspirados por Dios. || Rogativas y ceremonias de la misa, hechas desde el prefacio hasta la

comunión. || Frase musical cantada por varias voces sucesivamente y en que cada una repite el canto último de la anterior. || Unidad de medida que sirve de modelo a los escultores en las proporciones que las estatuas: *el canon de Lisipo es diferente del de Policleto.* || Regla metódica, norma, precepto que se debe observar : *esto no se ajusta a los cánones clásicos.* || Prototipo, tipo perfecto, modelo : *este es el canon de la belleza ideal.* || Pago o precio de un arrendamiento : *un canon muy elevado.* || Cantidad pagada por unidad métrica del producto sacado de las minas. || Censo, tributo. || *Impr.* Tipo de letra de veinticuatro puntos. || Pl. Derecho canónico.

canonicato m. Canonjía.

canónico, ca adj. Hecho según los sagrados cánones : *Derecho Canónico.* || Aplícase a los libros auténticos de la Sagrada Escritura.

canónigo m. Sacerdote que es miembro del cabildo catedralicio y recita el oficio público de la iglesia.

canonista com. Persona versada en Derecho Canónico.

canonización f. Inclusión en el catálogo de santos.

canonizar v. t. Declarar santo la Iglesia católica a un siervo de Dios ya beatificado. || *Fig.* Alabar y aplaudir una cosa. | Calificar de buena a una persona o cosa.

canonjía f. Cargo y prebenda del canónigo. || *Fig. y fam.* Cargo de poco trabajo y buen provecho.

canoro, ra adj. Aplícase al ave que canta. || *Fig.* Melodioso.

canoso, sa adj. Que tiene canas.

Canossa, burgo y castillo de Italia (Emilia). El monarca de Germania Enrique IV se humilló allí ante el papa Gregorio VII durante la querella de las Investiduras (1077).

canotié y **canotier** m. (pal. fr.). Sombrero de paja de ala plana.

Canova (Antonio), escultor neoclásico italiano (1757-1822), autor de *Amor y Psique, Paulina Borghese,* etc.

Cánovas del Castillo (Antonio), político conservador y escritor español, n. en Málaga (1828-1897). Fue seis veces presidente del Consejo de ministros y alma de la Restauración de 1874. Autor de la novela histórica *La campana de Huesca.* M. asesinado.

Canovellas, en cat. *Canovelles,* mun. de España (Barcelona).

cansado, da adj. Fatigado. || Fatigoso : *viaje cansado.* || Que declina o decae : *tierra cansada.* || *Fig.* Fastidioso : *cansado de oír ese ruido.*

cansancio m. Fatiga, falta de fuerzas que resulta de haberse fatigado. || Aburrimiento, molestia.

cansar v. t. Causar cansancio, fatigar : *cansar a un caballo.* || Quitar fertilidad a la tierra. || Afectar desagradablemente : *tanta claridad cansa los ojos.* || *Fig.* Aburrir, hartar : *el cine cansa.* | Fastidiar : *su habla me cansa.* V. pr. Fatigarse.

cansino, na adj. Pesado : *película cansina.* || Lento : *voz cansina.*

Cansinos-Assens (Rafael), escritor y crítico literario (1883-1964).

Canta, c. del Perú, cap. de la prov. homónima (Lima).

cantable adj. Que puede ser cantado. — M. Melodía fácil. | Letra de la música. || Parte cantada de una zarzuela u opereta.

Cantabria, región del norte de España, que constituye una comunidad autónoma desde 1981 en el territorio de la antigua provincia de Santander ; cap. *Santander.* Agricultura. Minerales. Industrias (lácteas, conserveras, metalurgia, construcción naval).

Cantábrica (CORDILLERA). V. CÁNTABROS (Montes).

cantábrico, ca adj. y s. Cántabro.

Cantábrico (Mar), parte del Atlántico, al N. de España.

cántabro, bra adj. y s. De Cantabria (España).

Cántabros (MONTES), continuación de los Pirineos al norte de España, que se extiende hasta la meseta de Reinosa ; alt. máx. 2 648 m.

Cantacuceno, familia bizantina cuyo principal miembro fue el emperador Juan VI.

cantador, ra m. y f. Persona que canta : *cantador de romanzas.*

Cantal, macizo montañoso de Francia, formado por antiguos volcanes (1 855 m). — Dep. de Francia, en el Macizo Central ; cap. *Aurillac.*

cantaletear v. t. *Amer.* Repetir las cosas.

cantamañanas m. y f. inv. *Fam.* Cuentista, persona informal.

cantante adj. Que canta. || *Fig.* Llevar la voz cantante, mangonear, llevar la dirección de un asunto. || — Com. Persona que tiene como oficio cantar.

cantaor, ra m. y f. Cantor de flamenco.

cantar m. Composición poética, generalmente de cuatro versos, que puede ser cantada. || *Fig. y fam.* Asunto, cosa : *eso es ya otro cantar.* || Cantar de gesta, poema medieval de origen popular o anónimo, perteneciente al *mester de juglaría,* en que los héroes ensalzados son en general personajes históricos (Fernán González, los Infantes de Lara, Don Rodrigo, el Cid, etc.).

cantar v. t. e i. Emitir con la boca sonidos musicales : *canta muy bien ; cantó un himno.* || Producir sonidos melodiosos los pájaros, los gallos, los insectos. || *Fig.* Celebrar, ensalzar : *cantar la gloria de un pueblo.* || Decir algo con cierta entonación : *cantar los números de la lotería.* || *Decir : cantar misa.* || Anunciar los naipes cuando se tiene tute : *cantar las cuarenta.* || *Fig. y fam.* Confesar, declarar : *cantó de plano su intervención en el robo.* | Rechinar, hacer un ruido desagradable.

Cantar || ~ **de los cantares** (El), libro del Antiguo Testamento, atribuido a Salomón (s. x a. de J. C.), que fue traducido al castellano por fray Luis de León. || ~ **de Mío Cid,** primer monumento que ha llegado a nosotros de la literatura castellana, compuesto hacia mediados del s. XII (1140), donde se celebran las hazañas de Rodrigo Díaz de Vivar.

cántara f. Cántaro.

cantárida f. Insecto coleóptero de color verde dorado.

cantarín, ina adj. Que canta mucho : *una niña cantarina.* || *Fig.* De sonido placentero, agradable.

cántaro m. Recipiente grande de barro, ancho de barriga y estrecho de pie y de cuello. || Su contenido. || *Fig. Llover a cántaros,* llover con abundancia.

cantata f. Composición poética cantable. || Su música.

cantatriz f. Cantante.

cantautor, ra m. y f. Persona que compone las canciones que interpreta.

cante m. En Andalucía, cualquier género de canto popular : *cante hondo o jondo ; cante flamenco.*

cantera f. Lugar de donde se extrae piedra de construcción. || *Fig.* Sitio que proporciona personas o elementos para el ejercicio de un trabajo o profesión : *una cantera de sabios.*

Canterac (José), general español (1787-1835), que firmó la capitulación de Ayacucho (1824).

Canterbury. V. CANTORBERY.

cantería f. Arte de labrar piedras de construcción. || Sillar.

cantero m. Hombre que labra las piedras o las saca de la cantera.

cántico m. Canto religioso, particularmente de acción de gracias : *los cánticos de Moisés.* || *Fig.* Poesía.

Cántico espiritual, poema de San Juan de la Cruz (1577).

cantidad f. Todo lo que es capaz de aumento o disminución, y puede medirse o numerarse. || Porción de algo : *ésta es la cantidad precisa.* || Gran número de cosas : *había gran cantidad de trigo.* || Suma de dinero. || Duración de una letra en fonética. || *Mat.* Expresión de una magnitud. — Adv. *Fam.* Mucho : *me gusta cantidad.*

cantiga f. Antigua composición poética destinada al canto. (Son famosas las *Cantigas de Santa María,* compuestas, en el s. XIII, por Alfonso X el Sabio de Castilla en lengua galaica.)

cantil m. Acantilado.

cantilena f. Composición poética

corta para ser cantada. || *Fig.* Repetición : *siempre con la misma cantilena.*

cantilever m. *Tecn.* Viga fijada en un extremo y libre en el otro.

Cantilo (José María), político, escritor y periodista argentino (1816-1872).

Cantillana, v. de España (Sevilla).

cantimpla adj. y s. Simplón.

cantimplora f. Vasija aplanada de metal para llevar líquidos en viajes, especialmente la de los soldados.

cantina f. Sitio donde se sirve de comer y de beber a los soldados, a los obreros de una fábrica o a los niños de una escuela. || Puesto público, generalmente en las estaciones, que se venden bebidas y comestibles. | Sótano donde se guarda el vino. | *Méx.* Taberna. || *Arg.* Restaurante.

cantinela f. Cantilena.

cantinero, ra m. y f. Encargado de la cantina.

Cantinflas. V. MORENO (Mario).

cantinflear v. i. *Méx. Fam.* Hablar por hablar.

canto m. Acción y efecto de cantar. || Arte de cantar. || Serie de sonidos modulados emitidos por la voz : *el canto del pastor, de los pájaros.* | Lo que se canta. | Su letra : *canto de amor.* | Canción, cualquier composición poética : *canto nupcial, guerrero, fúnebre.* | Himno. | Cada una de las divisiones del poema épico o didáctico : *los cantos de Homero.* | *Mús.* Parte melódica de una pieza : *el canto de los violines.* | — *Fig. Canto de sirena,* petición constante, reiterada, para reclamar algo sin que haya respuesta para conceder lo solicitado. | *Canto del cisne,* la última obra de un ingenio próximo a extinguirse.

canto m. Extremo o borde : *el canto de una moneda.* || Esquina o arista. || Lado. | Pedazo o cantero de pan. | Parte del cuchillo o sable opuesta al filo. || Corte del libro opuesto al lomo. || Espesor de una cosa : *Piedra, guijarro.* | *Canto rodado,* guijarro. || *Fig. Darse con un canto en los dientes,* darse por contento. | *De canto,* de lado. | *Fig. Por el canto de un duro,* por menos que nada, por poco. | *Prueba al canto,* inmediatamente.

Canto General, poemario de Pablo Neruda (1950), bello himno a la naturaleza y evocación de las raíces autóctonas de los indios de América.

cantón m. Esquina. || Región, país. || División administrativa de ciertos Estados : *los cantones de la Confederación helvética, del Ecuador.*

Cantón, c. del S. de China, cap. de Kuangtung ; puerto a orillas de un brazo del delta del Sikiang. Arzobispado. — C. de Estados Unidos (Ohio).

Cantón (Edgardo), compositor y musicólogo argentino, n. en 1934.

cantonal adj. Del cantón : *división cantonal.* || — Adj. y s. Partidario o relativo al cantonalismo.

cantonalismo m. Sistema político que divide el Estado en cantones confederados.

cantonalista adj. y s. Cantonal.

cantonera f. Pieza que protege la esquina de una cosa.

cantor, ra m. y f. Persona que canta. || Poeta. || — F. pl. *Zool.* Dícese de un orden de aves que cantan como el canario, el ruiseñor, el mirlo, etc. (ú. t. c. adj.).

cantoral m. Libro de coro.

Canterbery, en ingl. *Canterbury,* c. de Inglaterra (Kent). Residencia del arzobispo anglicano primado del Reino Unido. Catedral (s. XI-XV).

Cantú (César), historiador y político italiano (1804-1895).

cantueso m. Planta labiada, de flores moradas, semejante al espliego.

cantúo, úa adj. *Pop.* Magnífico.

canturrear v. t. e i. *Fam.* Cantar a media voz.

canturreo m. Acción y efecto de canturrear.

cánula f. Caña pequeña. || *Cir.* Tubo corto de goma que forma parte de aparatos quirúrgicos. | Sonda para drenar. | Parte final de las jeringas.

canutas f. pl. *Fam. Pasarlas canutas,* pasarlo muy mal, pasar un mal rato.

canuto m. En las cañas, parte que media entre nudo y nudo. | Tubo. | Cerbatana. | *Fam.* Porro.

Canuto o **Knuto,** n. de varios reyes de Dinamarca, Inglaterra y Suecia.

caña f. *Bot.* Tallo de las gramíneas : *caña del bambú.* | Nombre de varias plantas gramíneas que se crían a orillas de los ríos y estanques. | Rota. | Canilla del brazo o de la pierna. | Médula de los huesos : *caña de buey.* | Parte de la bota que cubre la pierna. | Vaso alto, estrecho y cilíndrico : *una caña de cerveza, de manzanilla.* | Su contenido. | Eje del ancla. | Cierta canción popular andaluza. | *Arq.* Fuste : *caña de una columna.* | Cuerpo de varios instrumentos : *caña del timón.* || *Amer.* Ron, caña. | — Pl. Cierta fiesta antigua de caballería : *correr cañas.* | *Caña de azúcar,* planta gramínea cuyo tallo está lleno de un tejido esponjoso del que se extrae el azúcar. | *Caña de pescar,* palo al que se ata el sedal y sirve para la pesca.

cañacoro m. Planta cannácea de la India, de flores rojas.

cañada f. Camino por el que pasan los rebaños trashumantes. | Paso o valle entre dos alturas montañosas. || *Amer.* Arroyo.

Cañada de Gómez, pobl. de la Argentina (Santa Fe).

cañaduz f. Caña de azúcar.

cañamazo m. Tela con agujeros empleada para bordar. || *Fig.* Boceto.

cáñamo m. Planta cannabácea textil con cuyas fibras se fabrican tejidos y cuerdas.

Cañar, río del Ecuador. — Prov. del Ecuador ; cap. *Azogues.* — Cantón del Ecuador, en la prov. homónima.

cañarense adj. y s. De Cañar (Ecuador).

Cañas (Alberto F.), escritor costarricense, n. en 1920, autor de obras de teatro, cuentos y ensayos. || — (ANTONIO JOSÉ), político salvadoreño, n. en 1844, pres. de la Rep. en 1839 y en 1840. || — (JOSÉ MARÍA), militar salvadoreño (1809-1860). Abogó por la unidad centroamericana. Murió fusilado. || — (JUAN JOSÉ), militar, político y poeta salvadoreño (1826-1900), autor del himno nacional de El Salvador. || — (JUAN MANUEL DE), militar español, gobernador de Costa Rica en el momento de proclamarse la Independencia (1821). || — y **Villacorta** (JOSÉ SIMEÓN), sacerdote salvadoreño (1767-1838), defensor de la abolición de la esclavitud.

cañaveral m. Plantación de cañas. || *Amer.* Plantío de caña de azúcar.

Cañaveral (CABO), de 1964 a 1972 cabo Kennedy, cabo del E. de Florida (Estados Unidos). Base de lanzamiento de cohetes y satélites artificiales.

Cañazas, pobl. de Panamá (Veraguas).

cañería f. Tubo o conducto para el agua, el gas, etc.

cañetano, na adj. y s. De Cañete (Perú).

Cañete, c. de Chile en la VIII Región (Biobío) y en prov. de Arauco, cap. de la com. de su n. — Prov. del Perú (Lima) ; cap. *San Vicente de Cañete.* (Hab. cañetanos.)

cañi adj. y s. Gitano.

cañizar m. Cañaveral.

cañizo m. Tejido o zarzo de caña que sirve para cubrir los techos o para dar sombra.

caño m. Tubo. || Chorro de agua : *el caño de la fuente.* || Conducto del aire que produce el sonido en el órgano. || *Arg.* Hacer el caño, en fútbol, hacer el túnel.

cañón m. Tubo que sirve para varios usos : *cañón de anteojo, de órgano, de fuelle.* || Tubo de un arma de fuego : *el cañón del fusil.* | Pieza de artillería : *cañón antiaéreo, anticarro, atómico.* || Tubo por el que sale el humo de las cocinas, estufas, chimeneas, etc. || Parte córnea y hueca de la pluma del ave. || Pliegue redondo en la ropa. || *Geogr.* Desfiladero, paso entre montañas : *el cañón del Colorado.* || Conjunto de electrodos que produce un haz intenso de electrones.

cañonazo m. Disparo de cañón de artillería. || *Fig.* Ruido y daño que causa. || En el fútbol, chut fuerte.

cañonear v. t. Disparar o batir a cañonazos.

cañoneo m. Disparos de cañón.

cañonera f. Aspillera, tronera. || *Mil.* Espacio en las baterías para poner los cañones. || *Mar.* Porta.

cañonero, ra adj. *Mar.* Dícese del barco armado de algún cañón : *lancha cañonera* (ú. t. c. s. f.).

Cáo (Diogo). V. CAM.

caoba f. Árbol meliáceo de madera rojiza empleada en ebanistería. || Su madera : *mesa de caoba.*

Caobal, pico de Venezuela (Carabobo) ; 1 890 m.

caobilla f. Árbol parecido a la caoba. || Su madera.

caobo m. Caoba, árbol.

caolín m. Variedad de arcilla blanca.

Caonabó, cacique indio de La Española que luchó contra los conquistadores. M. en 1496.

caos m. Estado de confusión de la materia antes de la creación del universo. || *Fig.* Desorden.

caótico, ca adj. Muy confuso.

capa f. Prenda de abrigo larga, suelta y sin mangas : *capa madrileña.* || Tela encarnada que usan los toreros para lidiar los toros. || Vestidura sacerdotal : *capa de coro, magna, pluvial.* || Lo que cubre, revestimiento : *capa de barniz.* | Cada una de las zonas superpuestas de algo que está dividido : *tenía diferentes capas de mermelada.* || Disposición de terrenos sedimentarios en una masa homogénea : *capas de arcilla, capa acuífera.* || Cubierta con que se protege una cosa. || Color de las caballerías. || *Fig.* Baño, barniz, tinte : *una ligera capa de cultura.* | Apariencia : *bajo una capa de humildad.* | Pretexto. | Encubridor. | Clase, categoría : *las capas sociales.* || — *Fig. Andar de capa caída,* andar mal de posición o de salud. | *Defender a capa y espada,* defender mucho. | *Hacer de su capa un sayo,* hacer uno lo que le viene en gana con lo suyo. | *So o bajo capa de,* con el pretexto de.

Cápac Urcu. V. ALTAR.

Cápac Yupanqui, quinto inca del Perú (s. XIII).

capacidad f. Cabida, contenido : *la capacidad de una vasija.* || Espacio en un sitio o local : *cine de gran capacidad.* || *Fig.* Inteligencia, talento, aptitud, competencia : *hombre de gran capacidad.* || *For.* Aptitud legal para gozar de un derecho : *capacidad de elector o elegible.*

capacitación f. Formación, acción y efecto de capacitar : *escuela de capacitación profesional.*

capacitar v. t. Formar, preparar, hacer apto a uno para realizar algo. || Dar derecho.

capacho m. Espuerta de juncos o mimbres : *un capacho de fruta.* || Sera de esparto que sirve para varios usos. || *Amer.* Bolsillo o alforja. | Sombrero viejo.

Capadocia, ant. región de Asia Menor, al O. de Armenia (Turquía).

capador, ra m. y f. Persona que capa.

capadura f. Ablación de las glándulas genitales.

capar v. t. Castrar, inutilizar los órganos genitales. || *Fig. y fam.* Disminuir, cercenar.

caparazón m. Armadura de adorno con que se viste al caballo. || Cubierta que se pone a una cosa para protegerla : *caparazón de un motor.* || Cubierta que protege el cuerpo de ciertos animales : *caparazón de cangrejo, de tortuga.* || Esqueleto torácico del ave. || *Fig.* Protección, coraza.

caparidáceas f. pl. Familia de plantas dicotiledóneas que tiene por tipo la alcaparra (ú. t. c. adj.).

Caparro, río de Venezuela, afl. del Apure ; 285 km.

caparrosa f. *Quím.* Nombre vulgar de diversos sulfatos.

capataz m. Encargado de dirigir cierto número de trabajadores.

capaz adj. Que puede contener : *estadio capaz para cien mil personas.* || Grande : *banco capaz para tres personas.* || *Fig.* Que puede hacer : *es capaz de matarle.* | Accesible : *capaz de compasión.* | Apto : *capaz para el cargo.* | Que tiene talento o instrucción. | *For.* Apto legalmente para una cosa. || *Méx.* Capaz que, quizá.

capciosidad f. Cosa que induce a engaño.

capcioso, sa adj. Insidioso, engañoso, que induce a error.

Capdevila (Arturo), escritor argentino, n. en Córdoba (1889-1967), autor de estudios filológicos (*Babel y el castellano*), obras históricas (*Rivadavia, Dorrego, Los incas*), piezas teatrales (*Sulamita*), ensayos, poemas (*Melpómene y Córdoba azul*), novelas (*El gran reidor Segovia*) y obras de medicina y de viajes.

capea f. Toreo con la capa. ‖ Lidia de becerros o novillos por aficionados en los pueblos.

capear v. t. *Taurom.* Torear con la capa. ‖ *Fig.* y *fam.* Entretener con pretextos : *capear a uno.* ‖ Eludir o sortear un compromiso o dificultad : *capear la situación.* ‖ *Mar.* Mantenerse el barco con viento contrario. ‖ *Capear el temporal*, sortear el mal tiempo ; *(fig.)* eludir una dificultad.

capelo m. Sombrero rojo de los cardenales.

capellán m. Sacerdote de una capellanía o el que está al servicio de un establecimiento o comunidad.

capellanía f. Beneficio eclesiástico que goza un sacerdote.

capeo m. Toreo con la capa.

Caperucita Roja, título y personaje de un cuento de Perrault (1697).

caperuza f. Bonete. ‖ Pieza que se pone en la extremidad de algo.

Capetillo (Manuel), novelista mexicano, n. en 1937, autor de *El cadáver del tío.*

Capeto, apodo de Hugo, primer rey francés de la tercera dinastía, llamada con este nombre (987-1328).

Capetown. V. CABO (El).

Cap-Haitien. V. CABO HAITIANO.

Capiatá, pobl. del Paraguay (Central).

capiateño, ña adj. y s. De Capiatá (Paraguay).

capibara m. Carpincho.

capicúa m. (voz cat.). Cantidad que se lee lo mismo en un sentido que en otro. Ú. t. c. adj. : *el 37073 es capicúa.*

capilar adj. Relativo a la capilaridad. ‖ Del cabello : *loción capilar.* ‖ Fino como un cabello, muy fino : *tubo capilar.* ‖ *Zool.* Vasos capilares, las últimas ramificaciones de los vasos sanguíneos del sistema circulatorio.

capilaridad f. Calidad de capilar. ‖ Conjunto de los fenómenos producidos en los tubos capilares.

capilla f. Iglesia pequeña o la existente en una casa particular o en determinados edificios : *se casó en la capilla de su casa ; la capilla del hospital.* ‖ Parte de una iglesia que tiene altar. ‖ Altar portátil en un regimiento. ‖ Cuerpo de músicos de una iglesia : *maestro de capilla.* ‖ Comunidad de capellanes. ‖ *Fig.* y *fam.* Religioso, fraile. ‖ Camarilla.

Capillana, princesa peruana que, enamorada de Francisco Pizarro, le ayudó en su misión. M. en 1549.

capillita f. Miembro de una cofradía. ‖ Camarilla.

Capillitas, pobl. de la Argentina (Catamarca).

Capim, río del Brasil (Pará), afl. del Amazonas ; 400 km.

Capinota, pobl. de Bolivia, cap. de la prov. homónima (Cochabamba).

capirotazo m. Golpe dado en la cabeza con un dedo.

capirote m. Especie de gorro antiguo muy alto. ‖ Muceta de los doctores de universidad. ‖ Cucurucho que cubre la cabeza y que lleva dos orificios a la altura de los ojos : *el capirote está hecho de cartón recubierto de tela y lo llevan los penitentes de las procesiones de Semana Santa.* ‖ *Fig.* y *fam. Tonto de capirote*, tonto rematado.

cápita (per). V. PER CÁPITA.

capitación f. Repartimiento de tributos y contribuciones por cabeza.

capital adj. Esencial, fundamental, importante : *punto capital de un negocio.* ‖ Importantísimo : *equivocación capital.* ‖ Relativo a la cabeza. ‖ Que es como cabeza de una cosa : *ciudad capital de provincia.* ‖ Que cuesta la vida : *ejecución capital.* ‖ *Pecados capitales*, aquellos que son como el pecado de los demás : *los siete pecados capitales son el orgullo, la avaricia, la lujuria, la envidia, la*

gula, la ira y la pereza. ‖ — M. Bienes, fortuna que uno posee, por oposición a los intereses que ésta pueda dar : *tener mucho capital.* ‖ Dinero de que dispone una empresa. ‖ Conjunto de dinero en el aspecto financiero : *el capital y el trabajo.* ‖ *Fig.* Conjunto de recursos intelectuales de una persona. ‖ — Pl. Conjunto de todos los instrumentos de producción. (El marxismo considera capitales solamente los medios de producción no empleados por sus propietarios.) ‖ — F. Ciudad de un Estado en la que reside el Gobierno : *Madrid es la capital de España.* ‖ Población principal y cabeza de un distrito, departamento, Estado o provincia. ‖ Centro principal de una actividad industrial o de cualquier otra cosa : *Barcelona es la capital económica de España.* ‖ *Impr.* Letra mayúscula (ú. t. c. adj.).

Capital (El), obra de Karl Marx (1867), crítica de la economía capitalista.

capitalidad f. Condición de capital de Estado, provincia o distrito.

capitalismo m. Régimen económico en el que los medios de producción pertenecen a los que han invertido capitales : *el capitalismo es el régimen económico fundado en la iniciativa individual, la competencia entre las empresas y la propiedad privada de los medios de producción.* ‖ Conjunto de capitales y capitalistas.

capitalista adj. Relativo al capital y al capitalismo : *régimen capitalista.* ‖ Dícese de la persona que posee dinero o que invierte capital en una empresa : *socio capitalista* (ú. t. c. s.). ‖ Dícese de la persona muy rica (ú. t. c. s.). ‖ — M. *Taurom.* Torero espontáneo.

capitalizable adj. Que se puede capitalizar.

capitalización f. Acción y efecto de capitalizar. ‖ Valoración de un capital por la renta que éste produce.

capitalizar v. t. Determinar el capital según los intereses que produce. ‖ Agregar al capital los intereses producidos por él. ‖ *Fig.* Sacar utilidad o provecho de algo : *sabe capitalizar su simpatía.* ‖ V. i. Acumular dinero.

capitán m. Jefe de una tropa. ‖ En el ejército o en aviación, jefe de una compañía, escuadrón o batería, entre el grado de teniente y comandante. ‖ Comandante de un barco, puerto, avión, etc. ‖ Jefe de guerra distinguido : *Bolívar, gran capitán de la independencia americana.* ‖ Jefe en un grupo de gente, de un equipo deportivo, de una banda. ‖ *Capitán general*, grado supremo de la milicia española ; jefe superior de una región militar.

Capitán Prat, prov. de Chile en la XI Región (Aisén del Gral Carlos Ibáñez del Campo) ; cap. *Cochrane.*

capitana f. Mujer del capitán. ‖ Jefa de un grupo. ‖ Nave principal de una escuadra.

capitanear v. t. Acaudillar, mandar.

capitanía f. *Mil.* Empleo de capitán. ‖ Oficina del capitán. ‖ *Mar.* Derecho que se paga al capitán de un puerto. ‖ *Capitanía general*, edificio donde están las oficinas y cargo y territorio de un capitán general. (En la América española, *la capitanía general* era una demarcación territorial que gozaba de cierta independencia respecto al virreinato. Las hubo en Cuba, Guatemala, Venezuela, Chile y Puerto Rico.)

capitel m. *Arq.* Parte superior de la columna : *capitel corintio.*

capitolino, na adj. Relativo al Capitolio : *Monte capitolino.*

Capitolino (Monte) o **Roca Tarpeya**, una de las siete colinas de Roma. (V. CAPITOLIO.)

capitolio m. *Fig.* Edificio majestuoso y elevado : *el Capitolio de Washington, de La Habana.*

Capitolio, templo consagrado a Júpiter y ciudadela que se elevaban en el monte Capitolino, donde se coronaba a los héroes.

capitoné adj. Galicismo por acolchado. ‖ — M. Vehículo acolchado para transportar muebles.

capitoste com. *Fam.* Mandamás.

capitulación f. Convenio de rendición de una plaza o ejército. ‖ *Fig.* Abandono de una opinión, de una

actitud, de cualquier resistencia. ‖ — Pl. Contrato de matrimonio.

capitular adj. De un capítulo o un cabildo : *sala capitular.*

capitular v. i. Rendirse al enemigo.

capítulo m. División de un libro, tratado, ley, código, etc. : *división de una novela en capítulos.* ‖ Asamblea o cabildo de canónigos o religiosos. ‖ Represión grave y pública : *llamar a capítulo.* ‖ *Fig.* Tema del que se habla.

Cápiz, c. de Filipinas, cap. de la prov. homónima, en la isla de Panay.

capó m. Cubierta metálica que protege el motor de un automóvil y de un avión.

capón m. Pollo que se castra y se ceba. ‖ *Fam.* Golpe dado en la cabeza con los nudillos, coscorrón. ‖ *Arg.* y *Urug.* Carnero.

caponada f. *Arg.* y *Urug.* Rebaño de carneros.

Caporetto, hoy *Kobarid*, pobl. yugoslava, ant. italiana, a orillas del Isonzo.

capot m. (pal. fr.). Capó.

capota f. Cubierta plegable de algunos coches. ‖ Tela del paracaídas. ‖ *Arg.* Manteo.

capotaje m. Acción de capotar.

capotar v. i. Volcar un vehículo automóvil o un avión.

capotazo m. *Taurom.* Pase con el capote. ‖ *Fig.* Ayuda oportuna : *echar un capotazo.*

capote m. Capa ancha con mangas y con un agujero en el centro para pasar la cabeza : *capote militar.* ‖ Capa de los toreros. ‖ *Chil.* y *Méx.* Paliza, tunda. ‖ *Amer.* Hoja que recubre un cigarro puro. ‖ — *Fig. A o para mi capote*, en mi fuero interior. ‖ *Echar un capote a uno*, ayudar al que está en apuros.

Capote (Truman), escritor norteamericano, n. en 1924, autor de novelas (*Otras voces, otros ámbitos, Color local, El arpa verde, Desayuno en Tiffany's, A sangre fría, etc.*).

capotear v. t. Dar pases con el capote. ‖ *Fig.* Entretener, engañar a uno con vanas promesas. ‖ Sacar de apuros, eludir las dificultades y compromisos. ‖ *Arg.* Mantear. ‖ *Fig.* y *fam. Capoteárselas*, arreglárselas.

capra f. (pal. lat.). *Capra hispánica*, cabra montés de España.

Caprera, isla italiana en la costa NE. de Cerdeña. Turismo.

Caprese Michelangelo, pobl. de Italia (Arezzo).

Capri, isla de Italia en el mar Tirreno y en el golfo de Nápoles.

Capricornio, décimo signo del Zodiaco (24 de diciembre-23 de enero). — Constelación austral. ‖ — (TRÓPICO DE). V. TRÓPICO de *Capricornio.*

capricho m. Deseo irreflexivo : *los caprichos de una mujer.* ‖ Deseo pasajero y vehemente : *satisfacer un capricho.* ‖ Gusto pasajero, inconstancia : *los caprichos de la moda.* ‖ Obra de arte llena de imaginación : *los caprichos de Goya constan de 84 aguafuertes.* ‖ *Mús.* Composición fantasiosa y alegre. ‖ *Al capricho de*, al antojo de.

caprichoso, sa adj. Que obra por capricho : *niña caprichosa* (ú. t. c. s.). ‖ Que se hace por capricho, sin razón de ser. ‖ Inconstante, fantasioso : *moda caprichosa.*

caprifoliáceas f. pl. Familia de plantas angiospermas que tienen hojas opuestas, como la madreselva (ú. t. c. adj.).

caprino, na adj. De las cabras.

cápsula f. Casquete de metal utilizado para cerrar algunas botellas. ‖ Envoltura soluble en que se encierran algunas medicinas de sabor desagradable. ‖ *Quím.* Recipiente de bordes muy bajos usado para evaporaciones. ‖ *Zool.* Membrana en forma de saco cerrado que se encuentra en las articulaciones y otras partes del cuerpo : *cápsula sinovial, atrabiliaria, suprarrenal, del cristalino.* ‖ Cabina que ocupan los astronautas en el morro del cohete espacial : *las cápsulas pueden desprenderse en caso de emergencia.* ‖ Base de los cartuchos en la que se pone el fulminante. ‖ *Bot.* Fruto seco que contiene la semilla.

capsular v. t. Cerrar con cápsulas.

captación f. Acción de captar.

captar v. t. Atraer : *captar el interés, las miradas.* || Recoger las aguas. || Percibir, comprender : *captar el sentido de su mensaje.* || Conseguir : *captar su simpatía.* || Recibir una emisión : *captar una estación de radio.* || — V. pr. Granjearse, ganarse.

captura f. Acción y efecto de capturar. || Fenómeno consistente en el desvío natural del cauce de un río por otro que ha llegado a captar las aguas del primero.

capturar v. t. Apresar : *capturar a un asesino.* || Coger.

Capua, c. de Italia (Nápoles).

capucha f. Parte de una prenda de vestir con forma de gorro en la parte superior de la espalda : *abrigo con capucha.* || Bolsa del pulpo.

capuchina f. Planta de jardín, de hermosas flores. || Esta flor.

capuchino, na adj. y s. Religioso o religiosa de la orden de San Francisco : *fraile capuchino.* || Relativo a esta orden. (La orden de los *capuchinos,* reforma de la franciscana, fue fundada en 1526 por Mateo Baschi.) || — M. *Zool.* Mono de América del Sur.

capuchón m. Capucha. || Objeto que cubre el extremo de algo.

Capuletos, familia gibelina de Verona, enemiga de los *Montescos.* A estas familias pertenecían Romeo y Julieta.

capullada f. *Pop.* Idiotez, tontería.

capullo m. Botón de flor : *capullo de rosa.* || Extremo del fruto de la bellota. || Envoltura que se refugian las orugas antes de transformarse en mariposa : *capullo de gusano de seda.* | *Fam.* Tipo, persona desaborida. | Glande.

capuz m. Capuchón o capucha.

Caquetá, río de América del Sur que nace en Colombia (Cauca) y severo entra en el Brasil, afl. del Amazonas ; 2 200 km. (V. JAPURÁ.) — Departamento de Colombia en la región amazónica ; cap. *Florencia.*

caquetense adj. y s. De Caquetá (Colombia).

caquexia f. *Bot.* Decoloración de las partes verdes de las plantas por falta de luz. || *Med.* Desnutrición, alteración profunda del organismo, que produce un gran adelgazamiento.

Cáqueza, c. de Colombia (Cundinamarca).

caqui m. Árbol ebenáceo originario del Japón. || Su fruto. || Color que va desde el amarillo de ocre al verde gris. Ú. t. c. adj. : *uniforme de color caqui.* | *Fam.* Ropa militar.

cara f. *Anat.* Rostro del hombre : *cara ovalada, ancha, larga,* etc. || Parte anterior de la cabeza de ciertos animales : *la cara de la lechuza, del mono, del toro.* || Semblante : *tener buena cara.* || *Fig.* Aspecto, apariencia : *esta carne tiene buena cara.* || Cariz : *el asunto tiene buena cara.* || Fachada, frente de algunas cosas : *la cara de un edificio, de una medalla.* || Superficie : *página de papel escrita por las dos caras.* || Anverso de una moneda : *jugar a cara o cruz.* || *Geom.* Cada una de las superficies que forman o limitan un poliedro. || *Fig. y fam.* Descaro, desfachatez : *tener mucha cara.* || — Adv. Hacia : *cara al sol.* || — *Fig.* A cara descubierta, descubiertamente. || *Cara a cara,* frente a frente. || *Fig. y fam. Cara de acelga,* de pocos amigos, de viernes, de vinagre, la triste, desagradable. | *Cara de pascua,* la muy alegre. | *Cara dura, caradura.* || *Cara y cruz,* decisión tomada echando una moneda al aire para ver, según caiga por un lado o por otro, quien tiene la última palabra. (En Colombia, *cara y sello* ; en Argentina, *cara y ceca.*) || *Cruzar la cara,* abofetear. || *Dar la cara,* enfrentarse con un peligro. || *De cara a,* con vistas a, para. || *Echar en cara,* reprochar la conducta de uno. || *Hacer cara a,* oponerse, resistir. || *Fig. Lavar la cara,* arreglar superficialmente. || *Poner buena o mala cara,* mostrar agrado o desagrado. || *Fig. Querer algo por su linda cara* o por *su cara bonita,* solici-

tar uno alguna cosa sin derecho a ello. || *Sacar la cara por otro,* salir uno en su defensa. || *Saltar a la cara,* ser evidente. || — Adj. y s. *Fam. Caradura : tiene una cara de órdago.*

caraba f. *Fam.* El colmo.

Carabanchel (Alto y **Bajo),** suburbios del O. de Madrid.

Carabaña, v. de España (Madrid). Aguas minerales purgantes.

carabao m. Búfalo de Filipinas.

Carabaya, sección de los Andes peruanos ; alt. máx. 5 210 m. — Prov. del Perú (Puno) ; cap. *Macusani.*

carabela f. *Mar.* Antigua embarcación con tres palos, pequeña y ligera : *las carabelas* de Colón.

carabina f. Arma de fuego menor que el fusil. || *Fig.* y *fam.* Señora de compañía, acompañante de una joven. || *Fam. Ser la carabina de Ambrosio,* no servir para nada.

carabinera f. *Fam.* Mujer dominanta.

carabiné m. Baile típico de Colombia. || Su música.

carabinero m. Soldado armado con carabina. || En España, guardia destinado a la persecución del contrabando. (El cuerpo de *carabineros,* creado en 1842, se fusionó, en 1940, con el de la Guardia Civil.) || Crustáceo algo mayor que la gamba. || *Fam.* Persona muy seria y adusta.

carabobeño, ña adj. y s. De Carabobo (Venezuela).

Carabobito, pobl. de Venezuela (Carabobo).

Carabobo, sierra de Venezuela. — Estado de Venezuela, a orillas del mar de las Antillas ; cap. *Valencia.* — Lugar de Venezuela en el Estado homónimo donde Bolívar derrotó dos veces a los realistas (1814 y 1821).

Carabuco, puerto de Bolivia (La Paz), en el lago Titicaca.

Caracalla, emperador romano, hijo de Septimio Severo (188-217). En su reinado (211-217) se concedió el derecho de ciudadanía a todos los habitantes del Imperio (212).

caracará m. Ave de rapiña de América del Sur.

Caracas, c. de Venezuela, cap. del Distrito Federal y del dep. de Libertador y de la República, a 17 km de La Guaira, que le sirve de puerto en el mar de las Antillas ; 2 300 000 h. Arzobispado. Universidad. Comercio. Industrias importantes. Fundada en 1567 por Diego de Losada. || ~ (SILLA DE), cumbre de Venezuela, a más de 1 500 m en la Cord. Caribe.

caraceño, ña adj. y s. De Carazo (Nicaragua).

caracol m. Molusco gasterópodo terrestre o marino, comestible, de concha revuelta en hélice. || Rizo de pelo. || Vuelta o giro que hace el caballo : *hacer caracoles.* || *Anat.* Cavidad del oído interno. || *Escalera de caracol,* escalera de forma espiral. || — Interj. y pl. *¡ Caracoles !, ¡ caramba !*

Caracol (El), edificio de la c. maya de Chichén Itzá (Yucatán).

caracola f. Caracol marino.

caracolada f. Guiso de caracoles.

caracolear v. i. Hacer caracoles o giros el caballo.

caracoleo m. Acción y efecto de caracolear.

caracolillo m. Planta leguminosa de América. || Su flor. || Clase de café de grano pequeño.

Caracollo, pobl. de Bolivia, cap. de la prov. de Cercado (Oruro).

carácter m. Signo escrito o grabado. || Letra y signo de la escritura : *carácter cursivo.* || Forma de letra : *carácter claro.* || Índole o condición de una persona o cosa : *carácter espléndido, carácter oficial.* || Manera de ser, particularidad, rasgo distintivo : *los caracteres de un pueblo.* || Natural, modo de ser de una persona o pueblo : *carácter tímido ; el carácter latino.* || Energía, entereza, firmeza : *mostrar carácter.* || Genio, humor : *tener buen o mal carácter.* || Personalidad, originalidad : *facciones sin carácter.* || Condición : *carácter sagrado.* || Estilo literario : *el carácter de la poesía castellana.* || Señal espiritual que imprimen algunos sacramentos. || Título, dignidad : *con carácter de ministro plenipotenciario.* || Persona

considerada en su individualidad. || — Pl. Letras de imprenta, de molde.

característico, ca adj. Del carácter. || Que caracteriza : *diferencia característica.* || — M. y f. Actor o actriz que representa papeles de personas de edad. || — F. Particularidad, carácter peculiar : *las características de una persona o cosa.* || *Mat.* La parte entera de un logaritmo. (La otra parte se llama *mantisa.*)

caracterización f. Acción y efecto de caracterizar o caracterizarse.

caracterizador, ra adj. Que caracteriza. || — M. y f. Maquillador.

caracterizar v. t. Determinar con precisión a alguien o algo por sus cualidades distintivas o peculiares. Ú. t. c. pr. : *se caracteriza por su manera de ser simpática.* || Representar un actor su papel expresivamente. || — V. pr. Maquillarse y vestirse un actor.

caracterología f. Carácter y personalidad del hombre.

caracterológico, ca adj. Relativo a la caracterología.

caracú m. *Amer.* Casta de ganado vacuno argentino. | Tuétano.

caracul m. Carnero de Asia occidental y su piel, semejante al astracán.

Carache, pobl. y río de Venezuela (Trujillo), que des. en el lago de Maracaibo.

caradura com. *Fam.* Desvergonzado, descarado, fresco. || — F. Descaro, desfachatez : *tener caradura.*

Caraffa (Emilio), pintor argentino (1863-1939), autor de cuadros de género y costumbristas, de temas históricos y de retratos.

Caraguatay, pobl. del Paraguay (Cordilleras). Agricultura y ganadería.

Carahuasi, prolongación en Salta (Argentina) de las cumbres calchaquíes. Estación prehistórica.

Carahue, c. de Chile en la IX Región (Araucanía) y en la prov. de Cautín, cap. de la com. del mismo nombre.

carajada f. *Pop.* Tontería.

carajillo m. Bebida caliente hecha con café y un licor alcohólico.

carajo m. *Pop.* Órgano sexual masculino. || — *Pop. ¡ Carajo !,* expresión de disgusto y, a veces, de sorpresa. | *De carajo,* espléndido. | *Importar un carajo,* importar muy poco. | *Irse al carajo,* irse : malograrse una cosa. | *Mandar al carajo,* despedir con malos modos. | *Ni carajo,* nada de nada...

carajote m. *Pop.* Imbécil, idiota.

Caramanta, pico de Colombia, en la Cordillera Occidental ; 3 900 m.

¡ caramba ! interj. Denota extrañeza, disgusto.

carámbano m. Hielo que cuelga al helarse el agua.

carambola f. Lance del juego de billar en que la bola atacada toca a las otras dos. || *Fig. y fam.* Doble resultado que se consigue sin buscarlo. | Casualidad : *aprobó por carambola.*

caramelizar v. t. Convertir en caramelo.

caramelo m. Golosina hecha con azúcar. || Azúcar fundida y endurecida al enfriarse. || *Fam. De caramelo,* magnífico.

caramillo m. Flautilla de caña.

Caramurú, nombre indio del aventurero gallego *Diego Álvarez y Correa,* que, en el s. XV, vivió entre los indígenas del Brasil.

Carangas, prov. de Bolivia (Oruro) ; cap. *Corque.*

carantoña f. *Fam.* Zalamería.

caraña f. Nombre de varios árboles gutíferos de América.

Carapá. V. YGUREY.

carapacho m. Caparazón.

¡ carape ! interj. *¡ Caramba !*

Carapé, sierra del Uruguay (Lavalleja).

Carapeguá, pobl. del Paraguay (Paraguarí). Azúcar.

carapegueño, ña adj. y s. De Carapeguá (Paraguay).

caraqueño, ña adj. y s. De Caracas (Venezuela).

Caraz, c. del Perú, cap. de la prov. de Huaylas (Áncash).

cárate m. Kárate.

carátula f. Careta. || *Fig.* Profesión de comediante. || *Amer.* Portada de un libro o de la funda de un disco. || *Méx.* Esfera de un reloj.

Caravaca, c. de España (Murcia).

Caravaggio (Michelangelo AMERIGHI o MERISI, llamado **el**), pintor realista italiano (1573-1610). Sobresalió en el claroscuro. ‖ — (POLIDORO CALDARA, llamado **el**), pintor manierista italiano (1495-1543).

caravana f. Grupo de viajeros que se reúnen para atravesar el desierto. ‖ Remolque habitable. ‖ *Fig.* y *fam.* Grupo, multitud de gente : *viajar en caravana.* ‖ — Pl. *Fam. Méx.* Cortesías. ‖ *Amer.* Pendientes, aretes.

caravaning m. Remolque.

Caraveli, c. del Perú, cap. de la prov. homónima (Arequipa).

¡ caray ! interj. ¡ Caramba !

carayá m. Mono grande, aullador, de América del Sur.

Carayá, sector de la cordillera. paraguaya de Caaguazú.

Carazinho [-ño], mun. del Brasil (Rio Grande do Sul).

Carazo, dep. de Nicaragua ; cap. *Jinotepe.* Café.

Carazo (Evaristo), general nicaragüense (1822-1889), pres. de la Rep. de 1887 a 1889. ‖ — (RODRIGO), político costarricense, n. en 1926, pres. de la Rep. (1978-1982).

Carballido (Emilio), escritor mexicano, n. en 1925, autor de relatos (*La caja vacía, Los zapatos de fierro*) y de obras de teatro.

Carballo, c. en el noroeste de España (La Coruña).

carbón m. Combustible sólido de color negro, de origen vegetal, que contiene una proporción elevada de carbono. ‖ Carboncillo de dibujo. ‖ Dibujo hecho con carboncillo. ‖ Enfermedad criptogámica de los vegetales producida por un hongo.

carbonada f. Gran cantidad de carbón que se pone en el fuego. ‖ Guiso de carne asada en la parrilla o en las ascuas. ‖ *Amer.* Guisado de carne mezclado con choclos, patatas, zapallos y arroz.

carbonara adj. Dícese de una salsa que se pone en las pastas.

carbonario m. Individuo de una sociedad secreta revolucionaria enemiga del absolutismo. (La sociedad de los *carbonarios* fue fundada en Italia entre 1807 y 1812 y se extendió por Francia y España en 1858. Su fin era la unificación de Italia.)

carbonato m. *Quím.* Sal resultante de la combinación del ácido carbónico con un radical.

carboncillo m. Palillo de madera que, carbonizado, sirve para dibujar.

Carbonera (*Batalla de*), episodio de la guerra de intervención francesa en México, en que las fuerzas de Porfirio Díaz derrotaron a las intervencionistas (1866).

carbonería f. Tienda de carbón.

carbonero, ra adj. Del carbón. ‖ — M. y f. Persona que vende carbón. ‖ *Fig.* Fe de carbonero, la muy simple.

carbónico, ca adj. *Quím.* Aplícase a un anhídrido resultante de la unión del carbono y el oxígeno. ‖ Dícese de la bebida gaseosa.

carbonífero, ra adj. Que contiene carbón : *terreno carbonífero.*

carbonilla f. Carboncillo a medio quemar que queda en la ceniza. ‖ Ceniza del carbón : *tener carbonillas en los ojos.* ‖ Carboncillo.

carbonización f. Transformación de un cuerpo en carbono.

carbonizar v. t. Reducir a carbón.

carbono m. *Quím.* Cuerpo simple (C) que se encuentra puro en la naturaleza, cristalizado en el diamante y el grafito o amorfo en el carbón de piedra, antracita, hulla, etc.

carbunco y **carbunclo** m. *Med.* Enfermedad infecciosa septicémica que sufren algunos animales domésticos, e incluso el hombre, debida a una bacteria. ‖ Ántrax.

carburación f. Operación que consiste en someter ciertos cuerpos a la acción del carbono : *la carburación del hierro convierte éste en acero.* ‖ Mezcla de aire a un carburante para formar una combinación detonante.

carburador m. Dispositivo que produce una saturación completa del gas del alumbrado o del aire por medio de vapores de esencias hidrocarbu-radas. ‖ Dispositivo que mezcla el carburante y el aire en los motores de explosión : *era necesario cambiar el carburador al automóvil.*

carburante m. Combustible utilizado en los motores de explosión o de combustión interna. (ú. t. c. adj.).

carburar v. t. Mezclarse con los motores de explosión el aire con los carburantes. ‖ — V. i. *Fam.* Pitar, funcionar, ir bien.

carburo m. *Quím.* Combinación del carbono con un radical simple.

carca adj. y s. *Fam.* Reaccionario.

carcacha f. *Méx.* Vehículo desvencijado.

Carcagente, c. del Este de España (Valencia).

carcaj m. Aljaba de flechas.

carcajada f. Risa ruidosa.

carcajearse v. pr. Reírse a carcajadas. ‖ *Fig.* No hacer caso, burlarse.

carcamal m. *Fam.* Vejestorio.

Cárcamo (Jacobo), poeta hondureño (1916-1959).

Cárcano (Miguel Ángel), jurista y escritor argentino (1889-1978).

carcarañá f. *Arg.* Ave de rapiña.

Carcarañá, río de la Argentina, afl. del Paraná (Santa Fe), llamado en Córdoba *río Tercero.* — Pobl. de la Argentina (Santa Fe).

Carcasona, c. en el SE. de Francia, cap. del dep. del Aude. Obispado.

cárcel f. Edificio donde están encerrados los presos : *meter en la cárcel.* ‖ *Fig.* Lugar desagradable : *mi casa se convirtió en una cárcel sin barrotes.* ‖ Instrumento de carpintería en el que se colocan, para que se peguen, las maderas encoladas.

carcelario, ria adj. Relativo a la cárcel : *régimen carcelario.*

carcelero, ra m. y f. Persona encargada del cuidado de la cárcel y de los presos. ‖ — F. Aire popular andaluz.

carcinoma m. *Med.* Tumor de naturaleza cancerosa.

Carco (Francis), poeta y novelista francés (1886-1958).

carcoma f. Pequeño insecto coleóptero que roe la madera. ‖ Polvo de esta madera. ‖ *Fig.* Cosa que destruye. ‖ Preocupación, pesadumbre.

carcomer v. t. Roer la carcoma la madera. ‖ *Fig.* Corroer, consumir lentamente. Ú. t. c. pr. : *este problema me carcome.*

Cárcova (Ernesto de la), pintor realista argentino (1867-1927).

carchense adj. y s. De Carchi (Ecuador).

Carchi, prov. del N. del Ecuador, limítrofe con Colombia ; cap. *Tulcán.*

carda f. Acción y efecto de cardar.

cardado m. Acción de cardar.

cardadura f. Cardado.

cardán m. *Mec.* Articulación mecánica que permite la transmisión de un movimiento de rotación en diferentes direcciones. ‖ Suspensión compuesta de dos círculos concéntricos cuyos ejes están en ángulo recto.

Cardano (Gerolamo), médico, matemático y filósofo italiano, n. en Pavía (1501-1576), a quien se debe el mecanismo de suspensión llamado *cardán.*

cardar v. t. Peinar con la carda las materias textiles antes de hilar. ‖ Sacar con la carda el pelo a los paños. ‖ Peinarse al formar una red para que quede más esponjoso.

cardenal m. Cada uno de los prelados que componen el Sacro Colegio de consejeros del Papa. ‖ Equimosis, mancha amoratada en la piel a causa de un golpe. ‖ *Amer.* Pájaro americano de color ceniciento con un penacho rojo en la cabeza.

Cardenal (Ernesto), poeta, político y sacerdote nicaragüense, n. en 1925, autor de composiciones líricas de inspiración épica y religiosa (*La ciudad deshabitada, El conquistador, Hora O, El estrecho dudoso, Epigramas, Gethsemani Ky, Homenaje a los indios americanos, Canto nacional, Salmos, Vida en el amor, etc.*).

Cardenal Caro, prov. en el centro de Chile y en la VI Región (Libertador General Bernardo O'Higgins) ; cap. *Pichilemu.*

cardenalato m. Dignidad de cardenal.

cardenalicio, cia adj. Del cardenal : *púrpura cardenalicia.*

Cárdenas, bahía y c. de Cuba (Matanzas). Industrias. Comercio. — Nombre de dos mun. de México en Tabasco y en San Luis Potosí.

Cárdenas (Adán), político y médico nicaragüense (1836-1916), pres. de la Rep. de 1883 a 1887. ‖ — (AGUSTÍN), escultor cubano, n. en 1927. ‖ — (BERNARDINO DE), religioso franciscano boliviano (1579-1668), obispo de Asunción del Paraguay. Adversario de los jesuitas. ‖ — (LÁZARO), político y general mexicano, n. en Jiquilpan (1895-1970), pres. de la Rep. de 1934 a 1940. Nacionalizó la industria petrolera y los ferrocarriles (1938) y prosiguió la reforma agraria. ‖ ~ Peña (JOSÉ), poeta mexicano (1918-1963), autor de *Retama del olvido.* ‖ — Pinelo (AUGUSTO), músico mexicano (1905-1932). Fue llamado **Guty.** ‖ — y Rodríguez (JOSÉ MARÍA DE), escritor cubano (1812-1882).

cardenillo m. Verdín.

cárdeno, na adj. Morado, violáceo : *lirio cárdeno* (ú. t. c. s. m.). ‖ Dícese del toro de color blanco y negro.

cardiaco, ca y **cardíaco, ca** adj. *Med.* Del corazón. ‖ Enfermo del corazón (ú. t. c. s.).

cardias m. Orificio superior del estómago por el que éste comunica con el esófago.

Cardiff, c. y puerto de Gran Bretaña (Gales). Arzobispado. Universidad.

cardigán m. Chaleco de punto.

cardinal adj. Principal, fundamental : *virtudes cardinales.* ‖ — Adjetivo numeral cardinal, el que expresa el número, como uno, dos, tres, cuatro, etc. ‖ Puntos cardinales, Norte, Sur, Este y Oeste.

cardiografía f. *Med.* Estudio del corazón.

cardiógrafo, fa m. y f. Especialista en enfermedades del corazón. ‖ — M. Aparato que registra en un gráfico los movimientos del corazón.

cardiograma m. *Med.* Gráfico obtenido con el cardiógrafo.

cardiología f. Parte de la medicina que trata del corazón.

cardiólogo, ga m. y f. Especialista en las enfermedades cardíacas.

cardiópata adj. Dícese de la persona que padece una afección cardíaca (ú. t. c. s.).

cardiopatía f. *Med.* Enfermedad del corazón.

cardiovascular adj. Relativo o perteneciente al corazón y a los vasos sanguíneos.

cardo m. Nombre de varias plantas espinosas. ‖ *Fam.* Persona abrupta, arisca. ‖ Mujer fea.

Cardona, pobl. de España (Barcelona). Minas de sal.

Cardona (Rafael), poeta y ensayista costarricense (1892-1973). ‖ — Peña (ALFREDO), poeta, ensayista y autor de cuentos costarricense, n. en 1917.

Cardoso (Onelio Jorge), escritor cubano, n. en 1914, autor de cuentos (*Cuentos completos, El carbonero*) y crónicas (*Gente de pueblo*).

Cardoza y Aragón (Luis), escritor guatemalteco, n. en 1904, autor de poesías (*Luna Park, Torre de Babel, El sonámbulo*), ensayos y críticas de arte.

Cardozo (Efraím), historiador paraguayo, n. en 1906.

Carducci (Giosue), poeta y crítico italiano (1835-1907), de estilo clásico (*Juvenilia, Odas bárbaras*).

cardumen m. Banco de peces. ‖ *Amer.* Profusión, abundancia.

carear v. t. Interrogar juntas dos personas para confrontar lo que dicen. ‖ Cotejar, comparar. ‖ — V. pr. Entrevistarse dos personas para tratar algún asunto. ‖ Encararse, afrontarse. ‖ *Amer.* Poner dos gallos frente a frente para saber si son luchadores.

carecer v. i. Faltar, no tener.

carecimiento m. Carencia.

Carelia, rep. autónoma de la U. R. S. S. (Rusia), formada por la ant. república de Carelia, a la que se agregó en 1940 la Carelia finlandesa. Cap. *Petrozavodsk.*

carena f. *Mar.* Reparación que se hace en el casco de la nave.

carenaje m. Carena.

carenadura f. y **carenaje** m. y

carenar v. t. *Mar.* Reparar el casco

110

de una nave. ‖ Dar forma aerodinámica a la carrocería de un vehículo.

carencia f. Falta o privación : *carencia de alimentos.*

carencial adj. Ausente, que no tiene.

carenero m. Astillero en el que se carenan las embarcaciones.

Carenero, isla y c. del archip. de Los Roques (Venezuela).

carente adj. Que carece, falto.

careo m. Confrontación : *el careo de los testigos.*

carero, ra adj. y s. Que vende caro.

carestía f. Falta, escasez, carencia de alguna cosa : *carestía de víveres.* ‖ Subido precio de las cosas de uso común : *la carestía de la vida.*

careta f. Máscara : *careta de carnaval.* ‖ Mascarilla de alambre u otra materia para proteger la cara, como la de apicultores, esgrimidores, bomberos, mineros, etc. ‖ *Fig.* Cubierta para disimular.

carey m. Tortuga de mar. ‖ Concha de carey : *peine de carey.*

car-ferry m. (pal. ingl.). Barco para transportar automóviles.

carga f. Lo que puede llevar un hombre, un animal, un vehículo, etc. : *arrastraban una carga enorme.* ‖ Cantidad de pólvora destinada al lanzamiento de proyectiles en las armas de fuego o a provocar la explosión de una mina o barreno. ‖ Acción y efecto de cargar un arma de fuego. ‖ Cantidad de electricidad acumulada en un conductor, en un condensador o en una batería. ‖ Producción de esta carga. ‖ Repuesto : *carga de un bolígrafo.* ‖ Ataque de un cuerpo militar : *carga de la tropa motorizada.* ‖ Descarga : *se oyó la carga de los fusiles.* ‖ Acción y efecto de cargar o llenar : *la carga de la caldera de la calefacción; la carga de un camión.* ‖ Peso que soporta una viga, estructura metálica, etc. ‖ Tributo, impuesto, gravamen : *las cargas sociales.* ‖ Obligación onerosa : *cargas económicas.* ‖ *Fig.* Peso : *la carga de los años.*

cárgada f. Méx. Acción de cargar. ‖ *Fam.* Ir a la cargada, adherirse a la opinión o al partido con mayores posibilidades de triunfo.

cargado, da adj. Lleno, recubierto. ‖ Pesado : *el tiempo está cargado.* ‖ Denso : *ambiente cargado.* ‖ Fuerte : *café cargado.* ‖ — Cargado de años, muy viejo. ‖ *Cargado de espaldas,* encorvado.

cargador, ra adj. Que carga : *pala cargadora.* ‖ — M. Aparato con el que se cargan los cartuchos, balas. ‖ Persona que carga una pieza de artillería. ‖ Aparato utilizado para cargar los acumuladores. ‖ *Cargador de muelle,* el que carga y descarga los barcos. ‖ — F. Pala mecánica.

cargamento m. Carga.

cargante adj. *Fig.* y *fam.* Pesado, latoso, fastidioso.

cargar v. t. Poner una carga sobre algo o alguien : *cargar un animal, un petrolero.* ‖ Llenar : *cargar un horno, una estilográfica, una máquina de fotografiar.* ‖ Llenar una bala o cartucho en la recámara de un arma : *cargar un cañón, una pistola.* ‖ Llenar abundantemente : *la mesa estaba cargada de frutas.* ‖ Achacar : *me cargaron toda la responsabilidad.* ‖ Gravar, imponer : *cargar la nación de tributos.* ‖ Aumentar, añadir : *me cargaron mucho el precio.* ‖ Anotar, apuntar : *cárgueme lo que le debo en mi cuenta.* ‖ Hacer sostener un peso : *cargaron demasiado el estante.* ‖ Atacar, acometer : *cargar a las tropas enemigas* (ú. t. c. i.). ‖ *Fig.* y *fam.* Fastidiar, molestar : *este trabajo me carga.* ‖ Producir pesadez : *tanto humo carga la cabeza.* ‖ — V. i. Apoyarse : *el edificio carga sobre la columna.* ‖ Pesar, recaer : *impuestos que cargan sobre el pueblo.* ‖ Llevarse : *cargué con todas las maletas.* ‖ Tomar a su cargo : *cargó con toda la responsabilidad.* ‖ Caer : *acento que carga en la última sílaba.* ‖ Contener, tener cabida : *este barco carga muchas toneladas.* ‖ — V. pr. Tomar sobre sí una carga : *cargarse de equipaje, de hijos.* ‖ Abundar en : *mis ojos se cargaron de lágrimas.* ‖ Encapotarse el cielo, llenarse de nubes. ‖ Romper,

destruir : *se cargó todos los juguetes.* ‖ *Fam.* Dar calabazas, suspender en los exámenes. ‖ Matar : *se lo cargaron en el frente.* ‖ Hacer, ejecutar : *se cargó todo el trabajo.* ‖ Acabar con, aniquilar. ‖ Poner la carga necesaria : *el bolígrafo se carga si ya no escribe.*

cargo m. Empleo, puesto : *ocupa un cargo muy importante.* ‖ Responsabilidad, cuidado : *lo tomó todo a su cargo.* ‖ Acusación : *testigo de cargo.* ‖ Censura, crítica : *graves cargos al gobierno.* ‖ Débito, debe : *cuenta a su cargo.* ‖ Buque de carga. ‖ — *Cargo de conciencia,* remordimiento. ‖ *Con cargo a,* a cuenta de. ‖ *Hacerse cargo,* encargarse ; darse cuenta.

cargoso, sa adj. *Fam.* Cargante.

carguero m. Buque de carga.

Carhuás, c. del Perú, cap. de la prov. homónima (Ancash).

Carhué, pobl. de la Argentina (Buenos Aires), en las márgenes del lago Epecuén.

cari m. Curry.

Caria, ant. región de Asia Menor, en las riberas del mar Egeo ; c. pr. : *Mileto, Halicarnaso.*

Cariaco, puerto y golfo de Venezuela (Sucre), en el mar Caribe.

cariacontecido, da adj. Pesaroso.

cariado, da adj. Con caries.

Cariamanga, pobl. del Ecuador, cab. del cantón de Calvas (Loja).

cariar v. t. Producir caries. ‖ — V. pr. Ser atacado por la carie un diente.

Carias ‖ ~ **Andino** (TIBURCIO), general hondureño (1876-1969), pres. de la Rep. de 1933 a 1949. ‖ ~ **Reyes** (MARCOS), escritor hondureño (1905-1949), autor de narraciones (*La heredad, Cuento de lobos*).

cariátide f. *Arq.* Columna en forma de estatua de persona.

Caribdis, torbellino del estrecho de Mesina, junto al escollo de Escila, muy temido por los navegantes.

caribe adj. y s. Individuo de un pueblo indio originario de la cuenca del Orinoco. (Los *caribes,* enemigos de los arawakos, habitaban en el s. XV las Antillas Menores, la costa del mar de las Antillas y las Guayanas.) ‖ De las Antillas. ‖ — M. Lengua de los caribes.

Caribe, cord. de Venezuela. ‖ ~ (MAR) que forma el océano Atlántico en América Central, denominado tb. de *las Antillas.* Baña las islas de este mar, las costas centroamericanas y las septentrionales de Colombia y Venezuela.

caribeño, ña adj. y s. Caribe.

Caribes (ISLAS), n. que se da tb. a las *Antillas Menores.*

caricáceas f. pl. Familia de plantas angiospermas (ú. t. c. adj.).

caricato m. Actor que imita a personajes famosos. ‖ Bufo en la ópera. ‖ *Amer.* Caricatura.

caricatura f. Dibujo o pintura satírica o grotesca de una persona o cosa. ‖ Obra de arte en que se ridiculiza a una persona o cosa. ‖ Deformación grotesca y exagerada de ciertos defectos. ‖ Persona ridícula.

caricaturesco, ca adj. Como una caricatura.

caricaturista com. Dibujante de caricaturas.

caricaturizar v. t. Representar por medio de caricaturas.

caricia f. Roce, toque en demostración de cariño. ‖ *Fig.* Roce suave y agradable : *la caricia de las olas.*

caridad f. Amor de Dios y del prójimo : *la caridad es una virtud teologal.* ‖ Especialmente amor al prójimo : *obrar con caridad.* ‖ Limosna, buena acción.

Caridad (*Hermanos de la*), congregación religiosa creada en 1634 por San Vicente de Paúl para prestar ayuda a pobres y enfermos.

caries f. Picadura, enfermedad inflamatoria de los huesos y de los dientes o muelas que acaba destruyéndolos.

Carihuairazo, cumbre volcánica del Ecuador (Tungurahua) ; 4 990m.

carilampiño, ña adj. Barbilampiño.

carilargo, ga adj. De cara larga.

carilla f. Cara, página.

carillón m. Conjunto de campanas acordadas. ‖ Su sonido.

carimba f. Señal que se ponía en el

Perú a los esclavos con hierro candente.

carimbo m. *Amer.* Hierro para marcar el ganado lanar.

Carintia, prov. meridional de Austria ; cap. *Klagenfurt.*

Cariñena, c. de España (Zaragoza) en la comarca del *Campo de Cariñena,* rica región vitivinícola.

cariño m. Apego, afecto, amor : *le tiene mucho cariño.* ‖ Cuidado : *hazlo con cariño.* ‖ — Pl. Saludos, recuerdos. ‖ Caricia, mimo, manifestaciones de afecto.

cariñoso, sa adj. Afectuoso.

carioca adj. y s. De Río de Janeiro (Brasil). ‖ — F. Danza brasileña.

cariocinesis f. *Biol.* Mitosis.

cariofiláceas f. pl. Familia de plantas dicotiledóneas que tienen por tipo el clavel (ú. t. c. adj.).

Caripe, montañas, valle, río, mun. y distrito de Venezuela (Monagas).

Caripito, pobl. y puerto fluvial de Venezuela (Monagas).

carisma m. Don espiritual otorgado a grupos o individuos. ‖ Fascinación, gran prestigio del que gozan algunas personas.

carismático, ca adj. Relativo al carisma. ‖ Fascinante, que goza de un prestigio excepcional.

carita f. *Arg.* Estampa.

caritativo, va adj. Que tiene caridad. ‖ Relativo a la caridad.

cariz m. Aspecto.

carlanca f. Collar con púas que se pone a los perros.

carlense adj. y s. De San Carlos (Venezuela).

carleño, ña adj. y s. De San Carlos (Nicaragua).

carlinga f. *Mar.* Madero que refuerza la quilla. ‖ Cabina del piloto de un avión y lugar donde toman asiento los pasajeros.

Carlisle, c. del NO. de Inglaterra, a orillas del Caldew. Catedral.

carlismo m. Doctrina de los carlistas. ‖ Partido, comunión o agrupación de los carlistas.

carlista adj. y s. Partidario de don Carlos María Isidro de Borbón, pretendiente al trono español en 1833, y de sus descendientes.

— Se han llamado *guerras carlistas* las contiendas civiles motivadas por la sucesión al trono de España a la muerte de Fernando VII. La primera duró de 1833 a 1839. La segunda, menos sangrienta, se desarrolló de 1855 a 1860. El origen de la tercera (1872-1876) fue la elección de Amadeo I y la proclamación de la República.

Cariomagno o **Carlos I,** rey de los francos y emperador de Occidente (742-814). Hijo de Pipino el Breve, sucedió a su padre en 768 y gobernó con su hermano Carlomán hasta 771. Sometió a aquitanos, lombardos, bávaros y sajones y dirigió contra los árabes de España una expedición en la que su retaguardia fue derrotada en Roncesvalles (778). En 800 fue coronado por el papa León III emperador de Occidente, y dio su nombre a la dinastía carolingia.

Carlos ‖ ~ **I** de España y V de Alemania (1500-1558), hijo de Felipe el Hermoso y Juana la Loca, rey de España en 1516 y emperador germánico en 1519. Dueño de inmensos dominios (España y sus colonias, Flandes y Austria), luchó contra Francisco I de Francia en cuatro guerras y le venció en Pavía, obligándole a firmar el Tratado de Madrid (1526), contra el sultán de Turquía Solimán II y contra los luteranos. A principio de su reinado en España estalló la sublevación de los comuneros, ahogada en sangre (v. COMUNIDADES). Abdicó en 1556 y se retiró al monasterio de Yuste (Cáceres), donde murió. ‖ ~ **II,** rey de España (1661-1700), hijo de Felipe IV y Mariana de Austria. Sucedió a su padre en 1665 bajo la tutela de su madre. Enfermizo y abúlico, su reinado fue un verdadero desastre. En 1678 perdió el Franco Condado y en 1684 Luxemburgo. Al no tener descendencia designó por heredero a Felipe de Anjou, segundo nieto de Luis XIV de Francia. ‖ ~ **III,** rey de España (1716-1788), quinto hijo de Felipe V. Fue primero nombrado

CA

111

duque de Parma, conquistó el reino de Nápoles y, al morir Fernando VI (1759), subió al trono español. Sostuvo las guerras contra Inglaterra, expulsó a los jesuitas y se le deben muchas y útiles reformas. Sus principales ministros fueron Esquilache, el conde de Aranda y el de Florida-blanca. ‖ ~ **IV** (1748-1819), rey de España de 1788 a 1808, hijo y sucesor de Carlos III. Perdió cuanto España había logrado en el reinado de su padre. Declaró, instigado por su esposa María Luisa de Parma y por su favorito Manuel Godoy, la guerra a la República Francesa, pero, derrotado, firmó la paz de Basilea (1795). Aliado con los franceses contra Inglaterra, perdió la batalla naval de Trafalgar (1805). La conspiración de su hijo Fernando y el motín de Aranjuez (1808) le obligaron a abdicar. Pidió luego auxilio a Napoleón, que se apoderó del trono de España y, después de las discusiones de Bayona entre padre e hijo, el emperador francés hizo que Fernando renunciase a la corona y que Carlos IV se la cediera a él. **Carlos** ‖ ~ **de Viana**, infante de Navarra y príncipe de Viana (1421-1461), famoso por sus disensiones con su padre, Juan II de Aragón, y su madrastra, Juana Enríquez. ‖ ~ **I de Navarra**, rey de Navarra. (V. CARLOS IV *de Francia*.) ‖ ~ **II** *el Malo* (1332-1387), rey de Navarra de 1349 a 1387. Se alió con los ingleses durante la guerra de los Cien Años y fue vencido por Duguesclin. ‖ ~ **III** *El Noble* (1361-1425), rey de Navarra de 1387 a 1425. ‖ ~ (PRÍNCIPE DON), hijo de Felipe II y de su primera esposa María de Portugal, n. en 1545. Un accidente afectó su razón. Su padre le encarceló en su propio palacio, donde murió en 1568.

Carlos I (1863-1908), rey de Portugal en 1889, hijo de Luis I y de María Pía, hija de Víctor Manuel de Saboya. M. asesinado.

Carlos ‖ ~ **Martel**, príncipe franco y mayordomo de palacio merovingio (¿685?-741), hijo de Pipino de Heristal. Derrotó en 732 a los árabes cerca de Poitiers, cortando así la conquista musulmana. ‖ ~ **el Temerario** (1433-1477), duque de Borgoña en 1467, uno de los príncipes más notables de su tiempo. ‖ ~ **I.** V. CARLOMAGNO. ‖ ~ **II** *el Calvo* (823-877), rey de Francia (840) y emperador de Occidente en 875. Bajo su reinado se desmembró el Imperio carolingio. ‖ ~ **III** *el Simple* (879-929), rey de Francia de 898 a 923. ‖ ~ **IV** *el Hermoso* (1294-1328), rey de Francia de 1322 a 1328 y rey de Navarra con el nombre de *Carlos I.* ‖ ~ **V** *el Sabio* (1338-1380), rey de Francia en 1364. Recuperó de los ingleses casi todas las posesiones francesas. ‖ ~ **VI** *el Amado* (1368-1422), rey de Francia en 1380. Perdió la razón en 1392. ‖ ~ **VII** *el Victorioso* (1403-1461), rey de Francia en 1422. Al subir al trono casi todo el país estaba en poder de los ingleses hasta que Juana de Arco levantó el espíritu nacional. ‖ ~ **VIII** *el Amable* (1470-1498), rey de Francia en 1483, hijo de Luis XI. Conquistó el reino de Nápoles en 1495, que abandonó al sublevarse los italianos (1497). ‖ ~ **IX** (1550-1574), rey de Francia en 1560, cuarto hijo de Enrique II y de Catalina de Médicis. En su reinado hubo cinco guerras religiosas entre católicos y protestantes, uno de cuyos dramas fue la matanza de la noche de San Bartolomé (1572). ‖ ~ **X** (1757-1836), rey de Francia en 1824. Hermano de Luis XVI y de Luis XVIII, a quien sucedió. Su política provocó la revolución de julio de 1830 y el advenimiento de Luis Felipe. Conquistó Argel.

Carlos ‖ ~ **I.** V. CARLOMAGNO. ‖ **II.** V. CARLOS II, rey de Francia. ‖ ~ **III** *el Gordo* (839-888), rey de Germania (882-887), emperador de Occidente (881-887) y rey regente de Francia (884-887). ‖ ~ **IV** (1316-1378), emperador germánico de 1355 a 1378, hijo de Juan de Luxemburgo, rey de Bohemia. Promulgó la *Bula de Oro* (1356). ‖ ~ **V.** V. CARLOS I *de España.* ‖ ~ **VI** (1685-1740), emperador germánico de

1711 a 1740, segundo hijo de Leopoldo I y padre de María Teresa. Pretendiente al trono español al morir Carlos II. ‖ ~ **VII** (1697-1745), elector de Baviera, rival de María Teresa y emperador en 1742.

Carlos ‖ ~ (ARCHIDUQUE), general austriaco (1771-1847), tercer hijo de Leopoldo II. Derrotado por Napoleón en Wagram. ‖ ~ **I de Habsburgo** (1887-1922), emperador de Austria y rey de Hungría (CARLOS IV) de 1916 a 1918.

Carlos ‖ ~ **I** (1600-1649), rey de Inglaterra y de Escocia (1625-1649), hijo de Jacobo I (VI) Estuardo. Su política despótica provocó la oposición del Parlamento y desencadenó la guerra civil entre parlamentarios y realistas. El rey se refugió en Escocia y los partidarios de Cromwell le condenaron a muerte. Decapitado en Whitehall. ‖ ~ **II** (1630-1685), rey de Inglaterra y de Escocia de 1660 a 1685, hijo del anterior. Se alió con Francia y con Holanda. ‖ ~ **Eduardo** *el Pretendiente* (1720-1788), hijo de Jacobo Estuardo. Desembarcó en Escocia para apoderarse del trono de este país y de Inglaterra, pero fue vencido en Culloden (1746).

Carlos, n. de cuatro reyes de Hungría ; respecto al último, v. CARLOS I *de Habsburgo.*

Carlos, n. de varios reyes de Suecia. Los más notables fueron : CARLOS IX (1550-1611), rey de Suecia en 1607, tercer hijo de Gustavo Vasa y padre de Gustavo Adolfo ; CARLOS X GUSTAVO (1622-1660), sucesor de la reina Cristina (1654) ; CARLOS XI (1655-1697), hijo del anterior, rey de Suecia a los cinco años en 1660. Monarca absoluto ; CARLOS XII (1682-1718), rey de Suecia (1697-1718), hijo de Carlos XI ; derrotó al rey de Dinamarca en Copenhague (1700), a los rusos en Narva y a Augusto II de Polonia en Kissow (1701) ; en lucha de nuevo con Rusia fue vencido por Pedro el Grande en Poltava (1709) y tuvo que refugiarse en Turquía ; CARLOS XIII (1748-1818), rey de Suecia de 1809 a 1818. Adoptó al francés Bernadotte. ‖ ~ **XIV.** V. BERNADOTTE (Juan). ‖ ~ **XV** (1826-1872), rey de Suecia y de Noruega en 1859. ‖ ~ **XVI** *Gustavo*, nieto de Gustavo VI Adolfo de Suecia, n. en 1946, rey en 1973.

Carlos Alberto (1798-1849), rey de Cerdeña (1831-1849), derrotado por los austriacos en Custozza (1848) y en Novara (1849). Abdicó en su hijo Víctor Manuel II.

Carlos Borromeo (*San*), arzobispo de Milán (1538-1584). Se distinguió por su abnegación cuando la peste asoló la ciudad.

Carlos ‖ ~ **Ibáñez del Campo.** V. AISÉN. ‖ ~ **Manuel de Céspedes,** mun. de Cuba (Camagüey). ‖ ~ **Pellegrini,** pobl. de la Argentina (Santa Fe). ‖ ~ **Rojas,** mun. en el oeste de Cuba (Matanzas). Ingenios azucareros.

Carlota (**La**), v. de España (Córdoba). Aceite.

Carlota ‖ ~ **Amalia**, emperatriz de México (1840-1927), hija de Leopoldo I de Bélgica. Poco antes del fusilamiento de su esposo Maximiliano (1867), perdió la razón. ‖ ~ **de Borbón** (JOAQUINA), hija de Carlos IV de España (1775-1830), casada con el infante Don Juan de Portugal. Se separó de su marido en 1806 y fue el alma de la oposición contra él.

Carlovci o **Karlowitz,** actualmente **Sremski Karlovci,** c. de Yugoslavia (Serbia), a orillas del Danubio.

carlovingio, gia adj. et s. Carolingio.

Carlsbad. V. KARLONY VARY. — C. de los Estados Unidos (Nuevo México).

Carlsburgo. V. ALBA JULIA.

Carlscrona. V. KARLSKRONA.

Carlsruhe. V. KARLSRUHE.

Carlstad. V. KARLSTAD.

Carlyle [*karlail*] (Thomas), historiador y pensador inglés (1795-1881).

carmañola f. Chaquetilla corta usada en Francia durante la Revolución. ‖ Danza y canto revolucionario francés de 1793.

carmelita adj. Dícese del religioso o de la religiosa de la orden del Carmen (ú. t. c. s.).

carmelitano, na adj. De la orden del Carmen. ‖ De Carmelo en Uruguay (ú. t. c. s.).

Carmelo, pobl. del Uruguay (Colonia). Astilleros ; centro turístico. ‖ ~ (MONTE), montaña de Israel, cerca de Haifa, donde residieron muchos profetas y ermitaños.

carmen m. Quinta con huerto o jardín en Granada (España).

Carmen, isla de México en el golfo de California. — Pobl. de la Argentina (Santa Fe). — Pobl. de Colombia (Bolívar). Ind. tabacalera. ‖ ~ (**El**), río de México (Chihuahua) ; 250 km. — C. de Chile en la VIII Región (Biobío) y en la prov. de Ñuble, cap. de la com. del mismo n. ‖ ~ **de Atrato**, mun. de Colombia (Chocó). Cobre. ‖ ~ **de Carupa,** mun. de Colombia (Cundinamarca). Plomo. ‖ ~ **de las Flores,** pobl. de la prov. de Buenos Aires (Argentina). ‖ ~ **del Paraná,** pobl. del Paraguay (Itapúa). Arroz. ‖ ~ **de Patagones,** pobl. de la prov. de Buenos Aires (Argentina). Ganado.

Carmen, ópera francesa, de tema español, inspirada en una narración de Prosper Mérimée, música de Bizet (1875).

Carmen (*Orden del*), una de las cuatro grandes órdenes mendicantes, fundada en Palestina por Simón Stok (1245). En 1451 fundó Juan Soreth una orden semejante para las mujeres, cuyas reglas hizo más rigurosas en 1562 Santa Teresa de Ávila. San Juan de la Cruz reformó la de los varones (1568).

carmenar v. t. Desenredar, desenmarañar el cabello, la lana o la seda.

carmesí adj. y s. m. Color rojo.

carmín m. Color rojo de la cochinilla. ‖ Lápiz rojo de labios que emplean las mujeres. ‖ — Adj. De color rojo : *rosal carmín.*

Carmona, c. en el S. de España (Sevilla). Monumentos romanos y árabes. Aceite.

Carmona (Antonio Óscar de FRAGOSO), general portugués (1869-1951), pres. de la Rep. de 1928 a 1951. ‖ ~ **y Valle** (MANUEL), médico mexicano (1827-1902).

Carnac, aldea del Alto Egipto, situada sobre las ruinas de Tebas. Templos. (Tb. se escribe *Karnak*.) — Pobl. del O. de Francia, cerca de Lorient. Monumentos megalíticos.

carnada f. Cebo para pescar o cazar.

carnadura f. Musculatura de una persona o res. ‖ Disposición de los tejidos para cicatrizar.

carnal adj. Relativo a la carne. ‖ Lascivo o lujurioso : *amor carnal.* ‖ Aplícase a los parientes colaterales en primer grado : *tío carnal.*

carnaval m. Tiempo que se destinaba a las diversiones populares desde el día de los Reyes hasta el miércoles de Ceniza. ‖ Los tres días que preceden al miércoles de Ceniza. ‖ Diversiones que tienen lugar en carnaval : *el carnaval de Río de Janeiro.*

carnavalada f. Fam. Acto ridículo.

carnavalesco, ca adj. Propio de carnaval : *diversiones carnavalescas.*

carnaza f. Parte de la piel que toca la carne. ‖ Carne abundante y mala. ‖ Carne de animales muertos. — Carnada. ‖ *Amer. Fig.* Víctima inocente.

carne f. Parte blanda y mollar del cuerpo : *la carne del brazo ; carne prieta.* ‖ La comestible : *carne de vaca, de ternera, de cordero, etc.* ‖ Alimento animal en contraposición a pescado. ‖ Pulpa, parte blanda de la fruta : *carne de melocotón.* ‖ Sensualidad : *pecado de la carne.* ‖ El cuerpo humano, en oposición al espíritu : *el Verbo se hizo carne.* ‖ *Amer.* Parte dura y sana de un tronco de árbol. — Pl. Gordura : *está echando carnes o metido en carnes.* ‖ — *Fig.* Carne de cañón, los soldados, gentes expuestas a los peligros mayores. ‖ *Carne de gallina,* la piel humana, cuyos pelos se erizan con el frío o con el miedo. ‖ *Carne de membrillo,* dulce hecho con la pulpa de esta fruta. ‖ *Carne de pelo,* la de conejos, liebres, etc. ‖ *Carne de pluma,* la de aves comestibles. ‖ *En carne viva,* sin piel. ‖ *En carnes vivas,* desnudo. ‖ *Metido en carnes,* que está algo grueso. ‖ *Fig. No ser carne ni pescado,* no tener uno carácter determinado. | *Poner toda la carne en el asador,* poner en juego de una vez todos los recursos de que se dispone para lograr algo.

carné m. Librito : *carné de billetes.* || Agenda : *carné de apuntes.* || Cédula, documento : *carné de identidad.*

carneada f. *Arg.* Acción de matar y descuartizar las reses de consumo. | Matadero.

Carnéades, filósofo griego (¿215-129 a. de J. C. ?). No ha quedado de él ningún escrito.

carnear v. t. *Amer.* Matar y descuartizar las reses. || *Amer. Fig.* Engañar.

Carner (Josep), escritor y poeta catalán, n. en Barcelona (1884-1970).

carnero m. Animal rumiante, de cuernos en espiral, lana espesa y pezuña hendida. | Carne de este animal. || *Amer.* Llama, rumiante. | Persona sin voluntad.

carnestolendas f. pl. Carnaval.

carnet m. Carné.

Carnicer (Ramón), compositor español (1789-1855), autor de óperas, de música religiosa y del himno nacional chileno.

carnicería f. Tienda donde se vende la carne al por menor. || *Fig.* Destrozo, mortandad grande. | Escabechina, castigo aplicado a muchas personas.

carnicero, ra adj. Aplícase al animal que mata a otros para devorarlos : *el lobo es carnicero.* (ú. t. c. s.). || Carnívoro, que le gusta la carne. || *Fam.* Cruel, inhumano. || — M. y f. Persona que vende carne al por menor.

cárnico, ca adj. De la carne de consumo : *industrias cárnicas.*

Carniola, ant. prov. de Austria, dividida en 1919 entre Yugoslavia e Italia, cap. *Liubliana.*

carnitas f. pl. *Méx.* Carnes fritas y adobadas en tacos.

carnívoro, ra adj. Que se alimenta de carne : *animal carnívoro : el hombre es carnívoro pero no carnicero.* || — M. pl. Orden de mamíferos que se alimentan de carne.

carniza f. *Arg. Fam.* Carnicero.

carnosidad f. Excrecencia que se forma en una llaga o en una parte del cuerpo. | Exceso de carne, gordura.

carnoso, sa adj. De carne : *apéndice carnoso.* || De muchas carnes.

Carnot (Lazare), político, matemático y revolucionario francés (1753-1823), organizador de los ejércitos de la primera República. — Su hijo SADI (1796-1832) fue un físico que enunció los principios de la termodinámica. — Su nieto MARIE FRANÇOIS SADI (1837-1894) fue pres. de la Rep. de 1887 a 1894. M. asesinado. Se le conoce con el n. de Sadi-Carnot.

caro, ra adj. Subido de precio : *la vida está cara.* || Querido, amado. || — Adv. A un precio alto.

Caro (José Eusebio), político y poeta colombiano, n. en Ocaña (1817-1853). Introductor del romanticismo en su país con sus poemas *El hacha del proscripto, Héctor* y *En la boca del último inca.* || ~ (MANUEL A.), pintor costumbrista y retratista chileno (1835-1903). || ~ (MARCO AURELIO), emperador romano, después del asesinato de Probo (282-283). || ~ (MIGUEL ANTONIO), político y escritor colombiano, n. en Bogotá (1843-1909), pres. de la Rep. de 1896 a 1898. Autor de una *Gramática Latina, Métrica y ortología de Bello,* etc. || ~ (RODRIGO), arqueólogo y poeta español (1573-1647), autor de la elegía *A las ruinas de Itálica.* || ~ **Baroja** (JULIO), etnólogo e historiador español, sobrino de Pío Baroja, n. en 1914, autor de *Los pueblos de España, Los vascos, Razas, pueblos y linajes* y de otros ensayos históricos y literarios. || ~ **de Boesi** (JOSÉ ANTONIO), músico venezolano (1780-1814). Murió fusilado por los españoles.

Carolina, nombre de dos Estados de América del Norte : *Carolina del Norte* (136 197 km²; 5 500 000 h.; cap. *Raleigh)* y *Carolina del Sur* (80 432 km²; 2 800 000 h.; cap. *Columbia).* — Isla del Brasil, en Río Paraná, entre los Estados de São Paulo y Mato Grosso. — V. de El Salvador (San Miguel) — Mun. de Puerto Rico

(Bayamón). Industrias. || — **(La),** c. de España (Jaén). Plomo.

Carolinas (ISLAS), archip. de Oceanía. Cedido por España a Alemania (1899), ocupado de 1919 a 1945 y hoy bajo tutela de Estados Unidos ; 1 093 km².

carolingio, gia adj. Relativo a Carlomagno y sus descendientes : *imperio carolingio.* || — M. y f. Perteneciente a esta familia o dinastía.

carolino, na adj. y s. De las islas Carolinas (Oceanía). || De San Carlos (Uruguay). || Carolingio.

Caroní, río de Venezuela (Bolívar), afl. der. del Orinoco ; 650 km. || ~ **(Alto),** comarca de Venezuela (Bolívar). Oro. || ~ **(Bajo),** comarca de Venezuela (Bolívar). Diamantes.

Caronte o **Carón,** barquero de los Infiernos, que conducía en su barca, por la laguna Estigia, las almas de los muertos. (*Mit.*)

carota com. *Fam.* Caradura.

carótida adj. f. *Anat.* Cada una de las dos grandes arterias que por uno y otro lado del cuello llevan la sangre a la cabeza (ú. t. c. s. f.).

carpa f. Pez de agua dulce, de la familia de los ciprínidos, cuya carne es muy apreciada. || Tienda de campaña. || *Amer.* Toldo de un mercado. || *Méx.* y *Cub.* Tinglado en el que se representan espectáculos populares.

Carpaccio (Vittore), pintor veneciano (¿1455-1525 ?).

carpanel adj. *Arq.* Variedad de arco.

carpanta f. *Fam.* Hambre.

Cárpatos, cord. de Europa Central, que se extiende en forma de arco por Checoslovaquia, Polonia, U.R.S.S. y Rumanía. Alt. máx. en el Tatra (2 663 m).

Carpeaux [karpó] (Jean Baptiste), escultor francés (1827-1875).

Carpentaria (GOLFO DE), golfo de la costa N. de Australia.

Carpentier (Alejo), músico, escritor y poeta cubano (1904-1980), autor de las novelas *Ecué-Yamba-O, El acoso* y *El reino de este mundo,* de tema negro, y *Los pasos perdidos, El siglo de las luces, El recurso del método, Concierto barroco, La consagración de la Primavera,* etc.

carpeta f. Especie de cartapacio para guardar papeles. || Cubierta de un legajo. || Relación de valores comerciales. || Tapete pequeño. || *Arg. Fam.* Mesa.

carpetano, na adj. Dícese de los miembros de un pueblo ibero del centro de España (ú. t. c. s.).

Carpetovetónica o **Carpetana** (CORDILLERA), cordillera que divide a España de E. a O. por la mitad, al tiempo que las cuencas del Duero y del Tajo y las dos Castillas. Alt. máx. en el pico llamado Plaza del Moro Almanzor, 2 592 m.

carpincho m. Mamífero roedor de América.

carpintear v. t. Trabajar la madera.

carpintería f. Oficio y taller de carpintero. || Conjunto de las cosas de madera de una casa. || *Fig.* Oficio, conocimiento profundo de una cosa : *la carpintería teatral.* || *Carpintería metálica,* conjunto de piezas de metal que constituyen la estructura de puertas, ventanas, etc.

carpintero, ra m. y f. Persona que por oficio labra la madera.

Carpio (Bernardo del). V. BERNARDO. || ~ (MANUEL), poeta mexicano (1791-1860), de tendencia clásica.

carpo m. *Anat.* Conjunto de los huesos de la mano que se articula en su parte superior con el cúbito y el radio y en la inferior con el metacarpo.

carraca f. Nave antigua de transporte. || *Despect.* Barco viejo y destartalado. || Astillero. || Instrumento de madera, de ruido seco y desapacible.

Carraca (La), pobl. de España en la bahía de Cádiz. Arsenal. Francisco de Miranda murió en la prisión de esta localidad (1816).

Carracci, n. de tres pintores italianos, nacidos en Bolonia : LUDOVICO (1555-1619) y sus primos AGOSTINO (1557-1602) y ANNIBALE (1560-1609).

carrada f. Carretada.

carraleja f. Insecto coleóptero.

Carranza (Ángel Justiniano), historiador argentino (1834-1899). || ~ (ANTONIO JOSÉ), pintor venezolano (1817-1863). || ~ (BARTOLOMÉ), teólogo español (1503-1576), arzobispo de Toledo en 1557. Acusado de herejía, su proceso duró dieciséis años. || ~ (EDUARDO), poeta colombiano, n. en 1913, autor de *Seis elegías* y *un himno, Canciones para iniciar una fiesta, La sombra de las muchachas, Azul de ti, Sonetos sentimentales, El corazón escrito, Hablar soñando,* etc. || ~ (VENUSTIANO), general mexicano (1859-1920), que derrotó a Huerta (1914). Pres. de la Rep. de 1915 a 1920, convocó en Querétaro al Congreso que promulgó la Constitución de 1917, aún vigente. M. asesinado.

carrara m. Mármol blanco.

Carrara, c. de Italia (Toscana). Mármoles.

carrasca f. Encina.

carrascal m. Monte poblado de carrascas. || *Chil.* Pedregal.

Carrasco, cerro de Chile (Tarapacá) ; 1 590 m. — Prov. de Bolivia (Cochabamba) ; cap. *Totorá.* — Playa del Uruguay, en los alrededores de Montevideo.

Carrasco Candil (Alfredo), compositor mexicano (1875-1945).

carraspear v. i. Hablar con voz ronca. || Aclararse la voz limpiando la garganta con una toscecilla.

carraspeo m. y **carraspera** f. Cierta irritación o aspereza en la garganta : *tener carraspera.*

carrasposo, sa adj. Que carraspea.

Carrasquilla (Rafael María), obispo, orador y escritor colombiano (1857-1930). || ~ (RICARDO), poeta costumbrista colombiano (1827-1886). || ~ (TOMÁS), novelista colombiano (1858-1941), autor de *Frutos de mi tierra, En la diestra de Dios Padre, La marquesa de Yolombó,* cuadro de la vida colonial de *Hnes del s.* XVIII, *El Zarco, Por cumbres y cañadas,* etc.

Carrel (Alexis), médico y filósofo francés (1873-1944). Realizó estudios sobre el trasplante de los tejidos. Autor de *La incógnita del hombre.* (Pr. Nobel, 1912.)

Carreño (Mario), pintor abstracto cubano, n. en 1913, autor de murales. || ~ **de Miranda** (JUAN), pintor retratista español de la corte de Carlos II (1614-1685).

carrera f. Paso rápido del hombre o del animal para trasladarse de un sitio a otro : *emprender la carrera.* || Espacio recorrido corriendo : *una carrera de dos kilómetros.* || Lugar destinado para correr. || Prisa : *me di una carrera para terminar.* || Curso, recorrido de los astros : *la carrera del Sol.* || Curso del tiempo : *la carrera de los siglos.* || Calle que antes fue camino : *la carrera de San Jerónimo,* en Madrid. || Calles que recorre algo, camino : *la carrera de un desfile.* || Recorrido : *los soldados cubrían la carrera.* || Espacio recorrido por un coche de alquiler : *la carrera de un taxi.* || Competición de velocidad : *carrera de automóviles, de caballos, ciclista.* || Lucha por alcanzar un objetivo más rápidamente que sus adversarios : *carrera de armamentos* o *armamentista.* || Línea de puntos sueltos en labores de mallas : *una carrera en la media.* || Vida humana : *una carrera bien aprovechada.* || Estudios : *hacer la carrera de derecho.* || Profesión : *carrera militar.* || Línea de conducta seguida por alguien : *Arq.* Viga larga colocada horizontalmente. || *Mec.* Movimiento rectilíneo de un órgano mecánico : *la carrera del émbolo.*

Carrera (Ignacio), patriota chileno, m. en 1819. Fue miembro de la primera Junta de Gobierno (1810). — Dos de sus hijos, JUAN JOSÉ y LUIS, se rebelaron contra O'Higgins y fueron fusilados en Mendoza (1818). — Otro hijo, JOSÉ MIGUEL (1785-1821), se hizo con el poder de 1811 a 1813. Designado jefe del ejército chileno, combatió a los realistas, y, tras el descalabro de Rancagua (1814), se exilió a la Argentina, donde fomentó las guerrillas contra O'Higgins. M. ejecutado en Mendoza. || ~ (RAFAEL), general y político guatemalteco (1814-1865). Con las tropas conservadoras venció a Morazán en 1840. Jefe del Estado de 1844 a 1848, fue designado pres. de la Rep. en 1851, cargo que convirtió en vitalicio en 1854. Gobernó dictatorialmente hasta su muerte. ‖ ~ **Andrade** (JORGE), poeta ecuatoriano (1903-1978), autor de *Estanque inefable, Latitudes, La tierra siempre verde, País secreto, Biografía para uso de los pájaros, Microgramas, Hombre planetario, Lugar de origen, Edades poéticas*, etc.

Carreras (Roberto de las), poeta uruguayo (1873-1963).

Carrere (Emilio), periodista y poeta español, n en Madrid (1881-1947).

carrerilla f. Movimiento de la danza española. ‖ Línea de puntos que se sueltan en la media. ‖ *De carrerilla, de corrido* ; de memoria.

Carrero Blanco (Luis), marino español (1903-1973), presidente del Gobierno. M. víctima de un atentado.

carreta f. Carro de dos ruedas con un madero largo, que sirve de lanza, donde se sujeta el yugo.

carretada f. Carga de una carreta. ‖ *Fam.* Gran cantidad de una cosa. ‖ *Fig.* A carretadas, en abundancia.

carrete m. Cilindro taladrado en que se arrollan el hilo, seda, etc. ‖ *Electr.* Cilindro hueco de madera o metal en el que se arrolla un alambre. ‖ Rollo de película para hacer fotografías. ‖ Rueda en que los pescadores llevan enrollado el sedal. ‖ — *Carrete de inducción*, el formado por dos circuitos de alambre recorrido uno de ellos por una corriente eléctrica que ejerce influencia sobre el otro circuito. ‖ *Carrete de Ruhmkorff*, el de inducción con electroimán e interruptor automático que permite obtener efectos muy intensos. ‖ *Fig. Dar carrete*, entretener a uno o darle conversación.

carretera f. Camino empedrado, pavimentado o asfaltado.

carretería f. Industria y taller del carretero. ‖ Conjunto de carretas.

Carretero Novillo (José María), novelista español (1890-1951). Utilizó el seudónimo de *el Caballero Audaz*.

carretilla f. Carro pequeño de mano con una rueda y dos pies o con dos, tres o cuatro ruedas. ‖ Aparato de madera en que se colocan los niños que aprenden a andar. ‖ Buscapiés, cohete. ‖ *Riopl.* Carro tirado por tres mulas. ‖ — *Carretilla elevadora*, carrito dotado de un sistema de grúa para elevar objetos pesados. ‖ *Saber de carretilla una cosa*, saberla de memoria, sin ni siquiera reflexionar.

carretón m. Carro pequeño.

Carriego (Evaristo), escritor argentino (1883-1912), autor de excelentes poesías (*Misas herejes*) y de cuentos (*Flor de arrabal*).

carril m. Surco que deja en el suelo de tierra una rueda. ‖ Camino estrecho y sin asfaltar. ‖ Vía, cada una de las barras de hierro paralelas por donde corren la locomotora y los vagones de ferrocarril. ‖ Cada una de las bandas longitudinales señaladas en las calzada y destinada al tránsito de una sola fila de vehículos : *carril bus*. ‖ *Chil.* y *P. Rico* Tren. ‖ Ferrocarril.

carrillo m. Parte carnosa de la cara, desde los pómulos hasta la mandíbula inferior. ‖ Mesa provista de ruedas para trasladarla. ‖ Carro pequeño con tres ruedas y con pedales. ‖ *Fam. Comer a dos carrillos*, comer mucho.

Carrillo (Braulio), político costarricense (1800-1845), jefe del Estado y dictador de 1835 a 1837 y de 1838 a 1842. Separó Costa Rica de la Federación Centroamericana. Derrocado por Morazán, murió asesinado en El Salvador. ‖ (JOSÉ), pintor ecuatoriano (1805-1870), excelente miniaturista. ‖ ~ (JULIÁN), musicólogo y compositor mexicano (1875-1965), autor de *Concierto para piano y orquesta*. ‖ ~ (LILIA), pintora mexicana (1930-1974). ‖ ~ **Alarcón** (ÁLVARO), músico mexicano (1921-1969). V. de Albornoz. V. ALBORNOZ. ‖ ~ **de Sotomayor** (Luis), poeta culterano español (¿ 1582 ?-1610), autor de *Fábula de Acis y Galatea*. ‖ ~ **Puerto** (FELIPE), político

mexicano (1872-1924), gobernador del Estado de Yucatán. Fue fusilado por los partidarios de Victoriano Huerta.

Carrión (*Infantes o condes de*), título de los dos yernos del Cid, desafiados y muertos por haber afrentado en Corpes a sus esposas.

Carrión (Alejandro), escritor ecuatoriano, n. en 1915, autor de libros de poesías (*Luz del nuevo paisaje, ¡ Aquí, España nuestra !, Poesía de la soledad y el deseo, Tiniebla, El tiempo que pasa, Canto a la América española*) y relatos (*La manzana dañada, La espina*). ‖ — (BENJAMÍN), escritor ecuatoriano (1897-1979), autor de *Creadores de la nueva América, Mapa de América, Atahuallpa, Cartas al Ecuador, El nuevo relato ecuatoriano*, ensayos de gran valor. ‖ — (DANIEL), médico peruano (1859-1885). Estudió la enfermedad infecciosa llamada localmente *verruga*. M. en aras de la ciencia. ‖ — (JERÓNIMO), político ecuatoriano (1804-1873), miembro del Gob. provisional de 1859 a 1861 y pres. de la Rep. de 1865 a 1867. ‖ — (MIGUEL DE), escritor cubano (1875-1929), autor de novelas naturalistas.

Carrión de los Condes c. de España (Palencia). Iglesia románica.

carrito m. Carrillo (mesa o carrillo para llevar algo).

Carrizal, monte de Colombia, en la Cord. Occidental ; 3 200 m. — Río de México (Michoacán), que des. en el Pacífico ; 4 226 km2 de cuenca.

carrizo m. Planta gramínea.

carro m. Vehículo de diversas formas. (Dícese generalmente del carro grande, de dos ruedas, tirado por caballerías y dedicado a transportar cargas.) ‖ Carga de un carro : *un carro de trigo*. ‖ Cierto juego infantil. ‖ Parte móvil de algunos aparatos : *carro de una máquina de escribir, de un torno*. ‖ *Amer.* Automóvil. ‖ Tranvía. ‖ Coche, vagón. ‖ — *Fam.* Aguantar carros y carretas, tener mucha paciencia. ‖ *Mil.* Carro de combate, automóvil blindado provisto de orugas y armado con cañones y ametralladoras. ‖ *Fam. Parar el carro*, detenerse o contenerse.

Carro ‖ — **Mayor**, Osa Mayor. ‖ **Menor**, Osa Menor.

carrocería f. Taller del carrocero. ‖ Caja que recubre un automóvil.

carrocero m. Constructor o reparador de carruajes o coches o carrocerías.

Carroll (Charles DOGSON, llamado **Lewis**), escritor y matemático inglés (1832-1898), autor del cuento *Alicia en el país de las maravillas*.

carromato m. Carro grande de dos ruedas con toldo de lona. ‖ Carro de feriantes, nómadas, gitanos.

carroña f. Carne podrida.

carroza f. Coche grande y lujoso. ‖ *Mar.* Cubierta en la popa de las embarcaciones. ‖ — Adj. y s. *Fam.* Anticuado, viejo.

carrozar v. t. Poner carrocería.

carruaje m. Vehículo montado sobre ruedas.

carrusel m. Ejercicio ecuestre. ‖ Tiovivo.

carry m. Curry.

Carso, en alem. *Karst*, altiplanicie calcárea al N. de Yugoslavia.

Carson City, c. de Estados Unidos, cap. de Nevada.

carta f. Papel escrito que se manda a una persona : *carta de felicitación, de pésame*. ‖ Naipe de la baraja : *jugar a las cartas*. ‖ Ley constitucional de un país establecido por concesión : *la Carta Magna de Juan Sin Tierra en Inglaterra*. ‖ Lista de platos en un restaurante : *comer a la carta*. ‖ Mapa : *carta de marear*. ‖ (Ant.) Pergamino, documento antiguo. ‖ — *A carta cabal*, perfectamente. ‖ *Carta apostólica*, la publicada por el Papa. ‖ *Carta blanca*, poder amplio otorgado a alguien para que lleve a cabo una misión. ‖ *Carta credencial*, la que acredita a un embajador o enviado plenipotenciario. ‖ *Carta de ajuste*, conjunto de imágenes fijas de forma geométrica que aparecen en la pantalla de televisión con objeto de ajustar la imagen. ‖ *Carta de crédito*, tarjeta de crédito. ‖ *Carta de hidalguía, ejecutoria.* ‖ *Carta de natura-*

leza, documento que acredita que un extranjero ha conseguido su naturalización. ‖ *Carta pastoral*, la que un prelado dirige a sus diocesanos. ‖ *Amer. Carta postal*, tarjeta postal (es galicismo). ‖ *Echar las cartas*, adivinar cosas ocultas o venideras por medio de los naipes. ‖ *Fig. Jugar a cartas vistas*, obrar sin disimulo. ‖ *Jugarse la última carta*, hacer un supremo esfuerzo para conseguir algo. ‖ *Tomar cartas en un asunto*, intervenir en él.

Carta ‖ — **de Jamaica**, escrito de Bolívar (1815) en el que se explican los fines de la Revolución americana. ‖ ~ **del Atlántico**, programa de paz elaborado por Roosevelt y Churchill el 14 de agosto de 1941. ‖ ~ **de las Naciones Unidas**, acuerdo firmado en San Francisco (1945) por los representantes de los Estados miembros. ‖ ~ **Magna**, constitución otorgada por el rey Juan Sin Tierra, fundamento de las libertades políticas inglesas (1215).

cartabón m. Instrumento a modo de escuadra que se emplea en el dibujo lineal. ‖ *Amer.* Marca o talla para medir de las personas.

Cartagena, c. y puerto de Colombia, cap. del dep. de Bolívar. Comercio ; industria. Astilleros. Universidad. Fundada por Pedro de Heredia en 1533. — C. de Chile en la V Región (Valparaíso) y en la prov. de San Antonio, cap. de la com. del mismo nombre. — C. y puerto de España (Murcia). Base naval. Ref. de petróleo (*Escombreras*). Obispado de Cartagena-Murcia.

cartagenero, ra adj. y s. De Cartagena (España y Colombia).

cartaginense adj. y s. Cartaginés.

Cartaginense, prov. romana de España fundada por Diocleciano con parte de la Tarraconense. Cap. *Cartago Nova.*

cartaginés, esa adj. y s. De Cartago, ant. c. del N. de África. ‖ De Cartago (Costa Rica).

Cartago, c. de África del N. fundada hacia 825 a. de J. C. por los fenicios en una península junto a la actual Túnez. Cap. de una rep. marítima fundada, fundó colonias en Sicilia, en España, y se enfrentó a Roma en las *Guerras Púnicas*. (V. este art.) Fue destruida después de la tercera guerra por Escipión Emiliano (146 a. de J. C.). Reconstruida más tarde, del s. I al VI fue capital del África romana. — C. de Colombia (Valle del Cauca). Obispado. Ferias ganaderas. Edificios virreinales. — C. de Costa Rica, cap. de la prov. homónima. Centro comercial y agrícola (café, caña de azúcar, maíz). Industrias. Ha sido destruida varias veces por terremotos. Está al pie del volcán Irazú. Fundada en 1563 por Juan Vázquez de Coronado.

cartapacio m. Funda o bolsa en la que los niños que van al colegio llevan cuadernos y libros.

cartear v. i. Jugar las cartas falsas para tantear el juego. ‖ — V. pr. Escribirse dos personas.

cartel m. Anuncio o aviso que se fija en sitio público. ‖ Cuadro mural para la enseñanza en las escuelas. ‖ Cártel. ‖ *Fig. Tener cartel*, tener fama en algo.

cártel m. Asociación entre empresas, sindicatos o grupos políticos para llevar a cabo una acción común. ‖ Asociación entre varias empresas de la misma índole — sin que ninguna de ellas pierda su autonomía económica — con objeto de regular los precios mediante la limitación de la producción y de la competencia.

cartelera f. Armazón para fijar anuncios o carteles. ‖ En los periódicos, sección donde aparecen los anuncios de espectáculos.

cartelismo f. Arte de hacer carteles.

cartelista com. Persona que dibuja carteles.

cartelización f. Agrupación en cártel.

carteo m. Correspondencia.

cárter m. *Mec.* Envoltura que protege un engranaje, un motor.

Carter (Jimmy), político demócrata norteamericano, n. en 1924. Pres. del país desde 1977 a 1981.

cartera f. Especie de estuche, generalmente de piel, para llevar papeles, billetes de banco, etc. : *una cartera de*

becerro. ‖ Bolsa análoga de forma mayor o maletín pequeño para llevar o guardar valores, documentos, libros, etc. ‖ Tira de paño que cubre el bolsillo. ‖ Bolsillo, saquillo. ‖ *Com.* Conjunto de clientes o de pedidos. ‖ Valores o efectos comerciales de curso legal que forman parte del activo de un comerciante, banco o sociedad : *la cartera de una compañía de seguros.* ‖ *Fig.* Ministerio : *cartera de Marina.* ‖ Ejercicio de un ministerio : *ministro sin cartera.* ‖ *Amer.* Bolso de señora. ‖ *Fig.* Tener en cartera una cosa, tenerla en proyecto.

carteria f. Empleo de cartero. ‖ Oficina de Correos donde se recibe y despacha la correspondencia.

carterilla f. Tira de tela que cubre la abertura de un bolsillo. ‖ Estuche de cartón que contiene cerillas.

carterista com. Ladrón de carteras.

cartero, ra, m. y f. Repartidor de correos que lleva las cartas a domicilio.

cartesianismo m. Sistema metódico y racional preconizado por Descartes.

cartesiano, na adj. Relativo al cartesianismo. ‖ Metódico, racional. ‖ — M. y f. Su partidario.

Cartier [-tié] (Jacques), navegante francés (1491-1557). Exploró Terranova y Canadá, descubiertos ya por Caboto, y se apoderó del Canadá enviado por Francisco I (1534).

cartilaginoso, sa adj. *Zool.* De naturaleza de cartílago.

cartílago m. Tejido del organismo elástico, menos duro que el hueso.

cartilla f. Cuaderno pequeño con las letras del alfabeto. ‖ Cuaderno con diferentes indicaciones que sirve para usos diversos : *cartilla de la Caja de Ahorros.* ‖ Documento de identidad de los que hacen el servicio militar. ‖ — *Fig.* Leerle la cartilla a uno, reprenderle mucho. ‖ *No saber la cartilla,* ser ignorantes.

cartografía f. Arte de trazar mapas geográficos.

cartografiar v. t. Trazar un mapa.

cartográfico, ca adj. Relativo a la cartografía.

cartógrafo, fa m. y f. Persona que traza mapas o cartas geográficas.

cartomancia f. Adivinación por las cartas de la baraja.

cartón m. Conjunto de varias hojas superpuestas de pasta de papel o materia plástica endurecido. ‖ *Arq.* Ménsula. ‖ Dibujo o boceto que se ejecuta antes de hacer un cuadro, fresco, tapicería o vidriera : *los cartones de Rafael, de Goya.* ‖ Caja con diez paquetes de cigarrillos. ‖ *Cartón piedra,* pasta de papel, yeso y aceite secante, que resulta muy dura.

cartonaje m. Obras de cartón.

cartoné (en) adv. Tipo de encuadernación con tapas de cartón.

cartonería f. Fábrica de cartón.

cartoon [*cartun*] m. (pal. ingl.). Dibujo animado. ‖ Película de dibujos animados.

cartuchera f. Estuche para llevar los cartuchos de un arma de fuego : *llevaba una cartuchera de cuero.*

cartucho m. Carga de un arma de fuego, encerrada en un cilindro de cartón o de metal. ‖ Paquete cilíndrico de monedas : *un cartucho de calderilla.* ‖ Bolsa de papel fuerte o de plástico en la que se meten ciertos géneros. ‖ Cucurucho de dulces. ‖ *Fig.* Quemar el último cartucho, acudir al último recurso.

cartuja f. Convento de cartujos.

Cartuja, orden religiosa fundada por San Bruno en un monasterio edificado en un macizo de los Prealpes franceses (1084).

cartujano, na adj. De o perteneciente a la orden de la Cartuja. ‖ Cartujo (ú. t. c. s.).

cartujo, ja adj. y s. Religioso de la Cartuja. ‖ *Fig.* Vivir como un cartujo, vivir aislado del mundo.

cartulina f. Cartón delgado.

carúncula f. *Anat.* Excrecencia de color rojo vivo que tienen en la cabeza algunos animales como el pavo. ‖ *Carúncula lagrimal,* grupo pequeño de glándulas sebáceas en el ángulo interno del ojo.

Carupa. V. CARMEN DE CARUPA.

Caruso (Enrico), tenor italiano (1873-1921).

Carvajal (Francisco), capitán español (1464-1548), compañero de Pizarro en el Perú. Su crueldad le valió el nombre de *el Demonio de los Andes.* M. ejecutado. ‖ ~ (GASPAR DE), religioso español (1500-1584). Estuvo con Orellana en el descubrimiento del Amazonas, del que redactó una *Relación.* ‖ ~ (HERMANOS JUAN y PEDRO ALONSO), caballeros castellanos del s. XIV llamados *los Carvajales,* partidarios de Sancho IV de Castilla. Acusados de asesinato sin pruebas, Fernando IV, en castigo, mandó que fuesen despeñados en Martos (1312). Según una leyenda, desprovista de fundamento, los hermanos emplazaron al monarca para que compareciese al cabo de treinta días ante el tribunal de Dios para dar cuenta de su injusta sentencia. El rey murió dentro de ese plazo. ‖ ~ (MANUEL MELITÓN), marino y político peruano (1847-1935), heroico combatiente en la guerra con Chile al frente del monitor *Huáscar.* ‖ ~ (MARÍA ISABEL). V. LYRA (Carmen). ‖ ~ **y Lancaster** (JOSÉ DE), político español (1698-1754), ministro de Fernando VI.

Carvalho e Mello. V. POMBAL (Sebastián José).

casa f. Edificio o piso dedicado a vivienda : *casa amueblada.* ‖ Conjunto de personas que tienen el mismo domicilio : *fuimos toda la casa.* ‖ Conjunto de los asuntos domésticos, del hogar : *mujer que lleva bien su casa.* ‖ Colocación de un criado : *sirve en una casa muy buena.* ‖ Descendencia : *la Casa de los Borbones.* ‖ Establecimiento o empresa comercial : *casa editorial.* ‖ Cuadro o escaque del ajedrez, de las damas, etc. ‖ Término con el que designan ciertos establecimientos penitenciarios : *casa correccional.* ‖ — *Casa civil,* conjunto de funcionarios civiles de un jefe de Estado. ‖ *Casa consistorial,* el Ayuntamiento. ‖ *Casa cuna,* hospicio de niños. ‖ *Casa de banca, banco.* ‖ *Casa de campo,* casa fuera de poblado para el cultivo o recreo. ‖ *Casa de citas, burdel.* ‖ *Casa de Dios,* iglesia. ‖ *Casa de empeños o montepíos,* establecimiento donde se presta dinero sobre alhajas u otros efectos. ‖ *Casa de fieras,* sitio donde están reunidos animales del mundo entero para enseñarlos al público. ‖ *Casa de huéspedes,* pensión. ‖ *Casa de la villa,* Ayuntamiento. ‖ *Casa de locos o de salud,* manicomio. ‖ *Fam. Casa de Tócame Roque,* aquella en que cada uno hace lo que le viene en gana. ‖ *Casa de trato,* establecimiento de prostitución. ‖ *Casa de vecindad o de vecinos,* la dividida en muchos departamentos distintos para varias familias. ‖ *Casa matriz,* establecimiento central del que dependen sucursales. **Casa** ‖ ~ **Blanca,** en ingl. *White House,* residencia en Washington del presidente de Estados Unidos. ‖ ~ **de Contratación,** Cámara de Comercio que funcionó en Sevilla (1503) y después en Cádiz. Hizo tb. mapas y organizó varias expediciones marítimas. Dejó de existir en 1790. ‖ ~ **Rosada,** sede en Buenos Aires del gobierno de la Rep. Argentina.

casabe m. Pez del mar Caribe. ‖ Pan de yuca molida en las Antillas.

Casabe, pobl. de Colombia (Antioquia). Petróleo.

casabería f. *Amer.* Lugar donde se produce o vende casabe.

Casablanca, en árabe *Dar El-Beida,* c. y puerto del O. de Marruecos en el Atlántico. Industrias ; comercio. — Laguna de México (Zacatecas). — C. de Chile en la V Región y en la prov. de Valparaíso, cap. de la com. del mismo n.

casaca f. Prenda de vestir de mangas anchas, con faldones y ceñida al cuerpo : *casaca de ministro.*

Casaccia (Gabriel), escritor paraguayo (1907-1980), autor de novelas (*Mario Pereda, La babosa, La llaga, Los exiliados, Los herederos*) y de cuentos (*El pozo*).

casación f. *For.* Anulación de una sentencia : *recurso de casación.*

casadero, ra adj. Que tiene ya edad de casarse : *joven casadera.*

casado, da adj. y s. Que ha contraído matrimonio : *los recién casados.* ‖ — *Fig. Casado y arrepentido,* dícese de los que siempre se arrepienten de lo que hacen. ‖ *El casado casa quiere,* proverbio que aconseja que cada matrimonio debe vivir independiente.

Casado del Alisal (José), pintor español, n. en Valencia (1832-1886), autor de cuadros históricos.

Casaguala, pico volcánico del Ecuador, al N. de Ambato, en la Cord. Occidental ; 4 465 m.

Casal (Julián del), poeta cubano, n. en La Habana (1863-1893), de tendencia romántica y modernista (*Hojas al viento, Nieve y Bustos y rimas*). ‖ ~ (JULIO J.), poeta ultraísta uruguayo (1889-1954), autor de *Nuevos horizontes y Cuadernos de otoño.*

Casals (Pablo), violoncelista, director de orquesta y compositor español, n. en Vendrell (Tarragona) [1876-1973]. Organizador de los Festivales de Prades (Francia).

casamata f. *Fort.* Reducto abovedado para instalar artillería. ‖ Abrigo subterráneo.

casamiento m. Matrimonio.

Casanare, río en el centro de Colombia (Boyacá), afl. del Meta ; 500 km. — Intendencia de Colombia ; cap. Yopal.

Casanay, pobl. de Venezuela (Sucre).

Casandra, hija de Príamo y Hécuba, sacerdotisa de Apolo.

Casanova de Seingalt (Giovanni Giacomo), aventurero veneciano, considerado como el prototipo del Don Juan (1725-1798). Autor de *Memorias.*

casapuerta f. Portal de una casa.

casar v. i. Unirse en matrimonio (ú. más en pr.). ‖ Corresponderse, armonizar : *colores que casan bien* (ú. t. c. pr.). ‖ — V. t. Celebrar el matrimonio un sacerdote o el juez municipal. ‖ *Fig.* Unir o juntar dos cosas de modo que hagan juego : *casar los colores.* ‖ *For.* Anular, derogar : *casar una ley.*

Casaravilla Lemos (Enrique), poeta uruguayo (1889-1969).

Casares (Julio), lexicógrafo español (1877-1964), autor de un *Diccionario ideológico de la lengua española* y de varios ensayos (*Crítica efímera, Crítica profana,* etc.). ‖ ~ **Quiroga** (SANTIAGO), abogado y político español (1884-1950), jefe del Gob. en 1936.

Casas (Bartolomé de Las), religioso dominico español, n. en Sevilla (1474-1566). Combatió los abusos de los conquistadores en América, lo que le valió los títulos de *Apóstol de las Indias o Protector de los indios.* Obispo de Chiapas (1545) y autor de *Brevísima relación de la destrucción de las Indias e Historia general de las Indias.* ‖ ~ (IGNACIO MARIANO DE las), arquitecto y escultor mexicano (1719-1773), autor de obras de estilo barroco (Iglesia de Santa Rosa, Convento de San Agustín en Querétaro). ‖ ~ (RAMÓN), pintor impresionista español (1866-1932). ‖ ~ **Aragorri** (Luis de Las), militar y político español (1745-1800), capitán general de Cuba de 1790 a 1796. ‖ ~ **Castañeda** (JOSÉ JOAQUÍN), escritor y político colombiano (1865-1951), autor de *Recuerdo de fiestas, Crónicas de aldea, Poemas criollos,* etc. ‖ ~ **y Romero** (LUIS), compositor popular cubano (1882-1950).

Casaya, isla de Panamá, en el archipiélago de las Perlas.

cascabel m. Bolita de metal hueca y horadada que contiene algo en el interior que la hace sonar. ‖ — *Fig. y fam.* Poner el cascabel al gato, poner en ejecución un proyecto difícil y desagradable. ‖ *Serpiente de cascabel,* crótalo.

cascabelear v. t. *Fig. y fam.* Engañar con esperanzas vanas. ‖ — V. i. Sonar los cascabeles.

cascabeleo m. Ruido de cascabeles.

cascada f. Salto de agua. ‖ *Fig. En serie, uno tras otro.*

Cascadas, cord. del O. de Estados Unidos y Canadá, a orillas del Pacífico ; 1 000 km. de long. Altura máx. en el monte Rainiero (4 391 m).

cascado, da adj. Viejo, enclenque :

un anciano muy cascado. || Aplícase a la voz que carece de sonoridad.

Cascais, c. de Portugal, al O. de Lisboa. Estación balnearia.

Cascajal, isla de Colombia, en la que se encuentra la c. y el puerto de Buenaventura.

cascajo m. Guijo, grava. || Escombros. || Fruta de cáscara seca. || Fam. Chisme, trasto roto o viejo. || Casa o coche viejo. || *Fig. y fam. Estar hecho un cascajo,* estar achacoso o viejo.

cascanueces m. inv. Instrumento, a modo de tenazas, para partir las nueces. || *Zool.* Pájaro conirrostro de la familia de los fringílidos.

cascar v. t. Rajar, hender : *cascar un huevo, una nuez.* || Perder su sonoridad habitual la voz de alguien. || *Fam.* Golpear, pegar a uno. || Charlar (ú. m. c. i.). || Quebrantar la salud de uno : Poner : *nos cascaron una multa.* || — V. i. *Fam.* M rir : *voy a cascar pronto.* | Pagar. | Ch... ar.

cáscara f. Corteza o envoltura dura de algunas frutas : *cáscara de nuez, de almendra,* etc. || Cubierta exterior de los huevos. || Corteza de los árboles u otras cosas. || — ¡ *Cáscaras !,* interj. de sorpresa o admiración. || *Fam. De la cáscara amarga,* homosexual.

cascarilla f. Corteza amarga y aromática de una planta euforbiácea de América.

cascarón m. Cáscara del huevo.

cascarrabias com. inv. *Fam.* Persona gruñona o que protesta mucho.

casco m. Armadura para cubrir y defender la cabeza : *casco de motorista, de bombero, de minero, militar.* || Copa del sombrero. || Armadura que se pone en la cabeza para sostener algo : *casco del auricular.* || Aparato para secar el pelo. || Cráneo. || Pedazo de una botella, una vasija o vaso que se rompe. || Pedazo de metralla. || Parte carnosa de la cebolla. || Recinto de población : *el casco antiguo de Barcelona.* || *And.* y *Amer.* Gajo de naranja, granada, etc. || Envase, botella : *casco pagado.* || Tonel, pipa : *casco de vino.* || Pezuña, uña del pie de las caballerías. || *Blas.* Yelmo, celada. || *Mar.* Cuerpo del barco. || Embarcación filipina. || — Pl. Cabeza de carnero o vaca, depojada de sesos y lengua. || — *Fig. y fam. Romperse o calentarse los cascos,* fatigarse mucho en el estudio de una cosa. || *Ser alegre o ligero de cascos,* ser poco juiciosa una persona.

Cascorro, pobl. de Cuba (Camagüey). Lugar donde dio pruebas de heroísmo el soldado español Eloy Gonzalo García (1896).

cascote m. Escombro.

caseificar v. t. Transformar en caseína. || Separar la caseína de la leche.

caseina f. *Quím.* Sustancia albuminoidea de la leche, que, unida a la manteca, forma el queso.

caserío m. Pueblecito, conjunto de casas en el campo. || Cortijo, alquería.

casero, ra adj. Que se hace en casa : *tarta casera.* || Que se cría en casa, doméstico. || Que se hace en las casas, sin cumplido, entre personas de confianza : *reunión casera.* || Dícese de la persona amante de su hogar, que sale poco de su casa. || *Remedio casero,* el que se hace empíricamente. || — M. y f. Dueño de la casa que se alquila a otros. || Persona que cuida de la casa de otro, gerente. || Administrador de una finca rústica.

caserón m. Casa grande.

Caseros, pobl. de la Argentina (Buenos Aires) y sus alrededores. Urquiza venció a las tropas de Rosas (3 de febrero de 1852).

Caserta, c. de Italia, al N. de Nápoles.

Cases (Las). V. LAS CASES.

caseta f. Casilla : *caseta de madera.* || Construcción pequeña de los bañistas en las playas o piscinas, de los feriantes, expositores, etc. || Vestuario de los que juegan a un deporte.

casete m. o f. Cajita de material plástico que contiene una cinta magnética para el registro y la reproducción del sonido o de las imágenes.

cash flow m. (pal. ingl.). Flujo monetario, capacidad de autofinanciación de una empresa representada por el conjunto de beneficios netos, una vez deducidos los impuestos y las amortizaciones.

casi adv. Cerca de, con poca diferencia, aproximadamente : *botella casi llena.* (Ú. tb. repetido : *eran casi, casi las doce.*) || Hállase construido con la conj. *que : casi que parece de ayer.*

casilla f. Casa pequeña : *casilla de guardagujas.* || Taquilla de venta de billetes. || Anaquel de un estante. || División de un papel cuadriculado : *escribir un número en cada casilla.* || División en un casillero, de un crucigrama, escaque de un tablero de ajedrez, de damas, etc. || *Pop. Cárcel :* meter en la casilla. || *Amer.* Apartado postal. || Excusado, retrete. || — *Fam. Sacar de sus casillas,* hacer variar la manera de obrar de algu en. || *Salir de sus casillas,* enfurecerse mucho.

Casillas (Las), mun. de Guatemala (Santa Rosa).

casillero m. Mueble con divisiones para guardar papeles, etc. || Buzón donde se depositan las cartas.

casimir f. Tela de lana muy fina.

Casimiro (*San*), príncipe jagelón (1458-1484), patrón de Polonia. Fiesta el 4 de marzo. — N. de cinco reyes de Polonia.

casino m. Lugar de reunión y diversión, por lo común en los balnearios. || Casa de juego : *el casino de Montecarlo.* || Centro de recreo, club. || Asociación de hombres de las mismas ideas o clase : *casino agrícola, industrial.* || Edificio donde se reúnen.

Casino (MONTE). V. CASSINO.

Casiopea, constelación cerca del polo Norte, en el lado opuesto a la Osa Mayor.

Casiquiare (BRAZO), río de Venezuela en el territ. de Amazonas, afl. del río de este mismo nombre. Pone en comunicación el Orinoco con el río Negro ; 225 km.

casis f. Grosellero negro y licor sacado de esta planta. || Su fruto.

Casita, cumbre volcánica de Nicaragua (Chinandega) ; 1 405 m.

Casitérides, n. ant. de un archip. que se cree que es el actual de *Scilly* (Inglaterra).

Casma, río del Perú (Ancash), que des. en la bahía homónima. — C. del Perú, cap. de la prov. de su nombre (Ancash). Terremoto en 1970.

caso m. Acontecimiento, suceso : *un caso extraordinario.* || Asunto, situación determinada : *le expuse mi caso.* || Casualidad. || Ocasión : *en este caso venga.* || Punto de consulta : *un caso difícil.* || Tipo : *este hombre es un caso de idiotez.* || Problema planteado o pregunta hecha. || *Gram.* Relación que guardan las palabras declinables. (Los casos son seis : *nominativo, genitivo, dativo, acusativo, vocativo y ablativo.*) || *Med.* Cada una de las manifestaciones de las enfermedades epidémicas : *caso de tifoidea, de peste,* etc. || — *Caso de conciencia,* punto dudoso en materia moral. || *Caso que o dado el caso que o en caso de que,* si sucede tal o cual cosa. || *Amer. Dado caso,* si es necesario. || *En todo caso,* puesto que lo pase. || *Fig. y fam. Hacer caso,* prestar una atención a lo que se dice o quiere otro. || *Hacer caso omiso,* prescindir. || *Ir al caso,* tratar de lo principal. || *Fam. No hacer o venir al caso,* no tener ninguna relación. || *Poner por caso,* poner por ejemplo. || *Ser un caso,* ser algo especial, raro. || *Méx. Tener o no tener caso,* hacer o no hacer falta. || *Un caso perdido,* persona sin posibilidad de enmienda.

Caso (Alfonso), historiador y arqueólogo mexicano (1898-1970). Autor de estudios sobre Monte Albán (Oaxaca). || — (ANTONIO), escritor y ensayista mexicano (1883-1946), autor de *Filosofía de la intuición* y *Doctrina e ideas.*

Casona (Alejandro RODRÍGUEZ, llamado **Alejandro**), autor dramático español (1900-1965). Escribió *Nuestra Natacha, La sirena varada, Los árboles mueren de pie, La dama del alba, La barca sin pescador, Corona de amor y muerte, La tercera palabra, El caballero de las espuelas de oro,* etc.

casorio m. *Fam.* Boda.

caspa f. Escamilla blanca formada en la cabeza.

Caspe, v. de España (Zaragoza). (V. COMPROMISO de *Caspe.*)

caspera f. Lendrera.

Caspicara (Manuel CHILI, llamado), escultor de Quito del último tercio del s. XVIII, autor de *La Asunción de la Virgen, Descendimiento de Cristo, Niño dormido,* etc.

Caspio, gran lago o mar interior entre Europa y Asia, cuyas aguas bañan la U. R. S. S. e Irán ; 430 000 km².

¡ cáspita ! interj. Denota sorpresa.

casquería f. Tienda en la que se venden los despojos de las reses.

casquero, ra m. y f. Persona que tiene una casquería, tripicallero.

casquete m. Casco antiguo de armadura. || Gorro : *un casquete de lana.* || Media peluca. || *Geom.* Casquete *esférico,* parte de la superficie de una esfera cortada por un plano que no pasa por su centro.

casquillo m. Anillo o abrazadera de metal : *casquillo de bayoneta.* || Parte metálica de una lámpara eléctrica. || Parte metálica del cartucho de cartón de un arma. || Cartucho metálico vacío.

casquivano, na adj. *Fam.* Alegre de cascos, poco formal o serio (ú. t. c. s.).

Cassel. V. KASSEL.

cassette. m. o f. Casete.

Cassino, monte y c. de Italia (Lacio). San Benito erigió en la colina un monasterio (529).

casta f. Raza o linaje. || Cada una de las clases hereditarias que formaban en la Indía la división jerárquica de la sociedad. || *Fig.* Especie o calidad de una persona o cosa : *de buena o mala casta.* | Grupo : *forman entre ellos una casta aparte.*

Castagnino (Juan Carlos), pintor y muralista argentino (1908-1972). Ejecutó murales y óleos. || — (RAÚL), ensayista argentino, n. en 1914.

Castagno [-ño] (Andrea del), pintor realista italiano (1423-1457).

Castañeda Castro (Salvador), general salvadoreño (1888-1965), pres. de la Rep. de 1945 a 1948.

castaña f. Fruto del castaño. || Vasija grande de cristal de forma redonda : *una castaña de vino.* || Mata o moño de las mujeres. || *Fig. y fam.* Puntazo, golpe. | Borrachera. || — *Castaña pilonga,* la seca y avellanada. || *Fig. y fam. Sacar a uno las castañas del fuego,* sacar a otro de un apuro.

castañar m. Lugar poblado de castaños.

castañazo m. *Fam.* Golpe. | Porrazo.

castañero, ra m. y f. Persona que vende castañas.

castañeta f. Chasquido de dedos. || Castañuela.

castañetazo m. Chasquido fuerte de las castañuelas o dedos. || Estallido de la castaña en las ascuas. || *Fam.* Golpe. | Porrazo : *me dio un castañetazo contra un árbol.*

castañetear v. t. Tocar las castañuelas. || Hacer chasquear : *castañetear los dedos.* || — V. i. Sonarle a uno los dientes : *castañeteaba de frío.* || Crujir los huesos.

castañeteo m. Ruido de las castañuelas o de los dientes al chocar unos con otros. || Crujido de los huesos.

castaño, ña adj. Del color de la cáscara de la castaña : *una cabellera castaña.* || — M. Color de la cáscara de la castaña. || Árbol cupulífero, cuyo fruto es la castaña. || Su madera. || *Castaño de Indias,* árbol de adorno. || *Fig. y fam. Pasar de castaño oscuro,* ser algo abusivo, enojoso o increíble.

Castaño, río de la Argentina (San Juan) que, al unirse al Patos, forma el río San Juan. — Pobl. de la Argentina (San Juan). Plata.

Castaños (Francisco Javier), general español (1756-1852). Derrotó a las tropas invasoras francesas en Bailén (1808). Fue duque de Bailén.

castañuela f. Instrumento músico compuesto de dos tablillas en forma de castaña que se fijan en los dedos y se repican vivamente. || *Fig. y fam. Estar como unas castañuelas,* estar muy alegre.

Castelao (Alfonso Rodríguez), escritor, dibujante y político español (1886-1950), defensor del movimiento galleguista. M. en el destierro.

Castelar (Emilio), político, orador y escritor español, n. en Cádiz (1832-1899). Refugiado en Francia, después de tomar parte en la sublevación de 1866, a su regreso (1868) combatió la elección del rey Amadeo I (1870). Fue el cuarto y último presidente de la Primera República (1873).

Castelfuerte (José ARMENDÁRIZ, marqués de), virrey del Perú de 1724 a 1735. Sofocó la sublevación de los comuneros paraguayos (1735).

Castelgandolfo, pobl. de Italia (Lacio), cerca del lago Albano. Residencia veraniega del Papa.

Castelnuovo (Elías), escritor argentino, n. en 1893, autor de relatos y de obras de teatro y ensayos.

Castelo Branco, c. de Portugal (Beira Baja), en el distrito homónimo.

Castelo Branco (Camilo), novelista, poeta y dramaturgo portugués (1825-1890), uno de los maestros de la novela realista, autor de *Amor de perdición*, etc. || ~ (HUMBERTO), militar brasileño (1900-1967), pres. de la Rep. de 1964 a 1967.

Castellamare di Stabia, c.y puerto de Italia en el golfo de Nápoles.

Castellani (Leonardo), sacerdote argentino (1895-1979), autor de novelas, cuentos y ensayos.

castellanismo m. Palabra o giro propio de Castilla. || Amor a Castilla. || Carácter castellano.

castellanizar v. t. Dar forma castellana a una palabra de otro idioma, hispanizar. || Adoptar las costumbres o usos castellanos.

castellano, na adj. y s. De Castilla. || — M. Lengua oficial de España e Hispanoamérica. || Señor de un castillo. || — F. Señora de un castillo. || Mujer del castellano. || Copla de romance octosílabo.
— El *castellano* o *español* constituye la lengua más difundida de todas las procedentes del latín, gracias al periodo glorioso de la historia de España que dio a su idioma nacional carácter internacional al propagarlo como medio de expresión en América, norte de África y Oceanía (Filipinas). Más de trescientos millones de personas hablan actualmente castellano como lengua nativa. El castellano se deriva esencialmente del latín hablado por los conquistadores romanos que ocuparon la Península.

castellanoparlante adj. Que habla castellano (ú. t. c. s.).

Castellanos (Aarón), explorador argentino (1801-1878), colonizador de la Pampa || ~ (ALBERTO), pintor argentino (1860-1908) || ~ (JESÚS), escritor cubano (1879-1912), narrador costumbrista en sus cuentos (*De tierra adentro, La maniqua sentimental*) y novelas (*La conjura*). || ~ (JULIO), pintor mexicano (1905-1947), autor de numerosos frescos, de excelentes óleos y de dibujos y litografías. || ~ (JUAN DE), poeta, cronista y humanista español (1522-1607), autor del poema *Elegías de varones ilustres de Indias*. || ~ (JULIO), pintor mexicano (1905-1947), autor de frescos. || ~ (PEDRO ANTONIO), capitán español (1480-1556), enemigo de Cortés y después su defensor ante Carlos I. || ~ (ROBERTO), pintor uruguayo (1871-1942), autor de marinas. || ~ (ROSARIO), escritora mexicana (1925-1974), autora de obras en verso (*Al pie de la letra, De la vigilia estéril, El rescate del mundo, Lívida luz*), novelas (*Balún Canán, Oficio de tinieblas*), cuentos (*Ciudad Real*) y dramas (*Judit y Salomé*) y ensayos.

Castellar del Vallès, mun. de España (Barcelona).

Castelldefels, pobl. en el NE. de España (Barcelona). Playás.

Castelli (Juan José), abogado y político argentino (1764-1812), miembro de la primera Junta Gubernativa (1810). || ~ (LUIS), escritor uruguayo, n. 1918, autor de relatos nativistas.

Castellón de la Plana, c. de España, cap. de la prov. homónima. Sede del obispado Segorbe-Castellón.

castellonense adj. y s. De Castellón de la Plana (España).

casticidad y **casticismo** m. Pureza, propiedad en el lenguaje. || Respecto de los usos o costumbres, tradicionalismo.

casticista com. Purista en el uso de la lengua.

castidad f. Virtud opuesta a la lujuria. || Continencia absoluta.

castigador, ra adj. y s. Que castiga. || — M. y f. *Fam.* Seductor.

castigar v. t. Imponer castigo al que ha cometido una falta. || Maltratar : *castigado por la vida*. || Escarmentar. || Mortificar, atormentar : *castigar su carne*. || *Fig.* Corregir, enmendar : *castigar el estilo de un escrito*. || Dañar, perjudicar, estropear un fenómeno natural. || Enamorar por pasatiempo. || Herir al toro con picas o banderillas o torear con pases de castigo.

castigo m. Pena, corrección de una falta. || *Fig.* Tormento, padecimiento, sufrimiento : *esta hija es su castigo*. || En deportes, sanción tomada contra un equipo : *castigo máximo*. || *Taurom.* Pase o herida que se hace al toro para cansarlo más.

castilla f. *Amer.* Entre los indígenas, el idioma español.

Castilla, meseta central de España, dividida en dos partes por las sierras de Gredos y de Guadarrama. Limita al N. con los montes Cantábricos, al S. con Sierra Morena y al E. con las sierras del Moncayo, de la Demanda, de Albarracín y de Cuenca. Algunos valles fértiles disminuyen un poco la aridez y sequedad del suelo. En la parte NO. se encuentra la región de *Castilla la Vieja*, formada por las provincias de Cantabria, Burgos, La Rioja, Soria, Segovia, Ávila, Valladolid y Palencia, y en el SE. *Castilla la Nueva*, con las provincias de Madrid, Toledo, Ciudad Real, Cuenca y Guadalajara. Cultivo de cereales ; ganadería. Industria. V. *Castilla-La Mancha* y *Castilla-León*.

Castilla, punta de América Central, en el mar Caribe, en la zona limítrofe de Costa Rica y Nicaragua. — Prov. del Perú (Arequipa) ; cap. *Aplao*. || **~ del Oro**, ant. parte del istmo centroamericano, entre el golfo de Urabá y el cabo de Gracias a Dios. || **~ (Nueva).** V. NUEVA CASTILLA.

Castilla (Ramón), general peruano, n. en Tarapacá (1797-1867). Luchó por la Independencia y fue pres. de la Rep. de 1845 a 1851 y de 1854 a 1862. Promulgó la Constitución de 1860. || ~ (MANUEL J.), pintor argentino (1872-1961).

Castilla-La Mancha, nombre adoptado por la Comunidad Autónoma constituida en España en 1982 y que comprende cuatro antiguas provincias de Castilla la Nueva, sin estar entre ellas Madrid (Ciudad Real, Cuenca, Guadalajara y Toledo) y una de Murcia (Albacete).

Castilla-León, nombre adoptado por la Comunidad Autónoma constituida en España en 1982 y que comprende las antiguas provincias castellanas de Burgos, Soria, Segovia, Ávila, Valladolid y Palencia, y las leonesas de León, Zamora y Salamanca.

Castilleja de la Cuesta, v. de España (Sevilla).

Castillejo (Cristóbal), poeta español (¿ 1490 ?-1550), defensor de la escuela tradicional castellana.

Castillejos, lugar de Marruecos, al SO. de Ceuta. Derrota de los moros por O'Donnell y Prim (1860).

castillo m. Edificio fortificado con murallas, baluartes, fosos, etc. || *Blas.* Figura con una o más torres. || *Mar.* Cubierta principal del buque entre el trinquete y la proa. || *Mil.* Máquina de guerra antigua en forma de torre. || ~ de fuego, armazón para fuegos artificiales. || *Fig. Castillo de naipes*, lo que es fácil de destruir ; proyecto descabellado. || *Castillo en el aire*, ilusiones fantasiosas.

Castillo (El), com. de la Rep. Dominicana (Duarte).

Castillo (El), edificio en forma de pirámide escalonada, de la ant. ciudad maya de Chichén Itzá (México).

Castillo (Eduardo), poeta colombiano (1889-1939), autor de *El árbol que canta*. || ~ (FLORENCIO M. DEL), novelista mexicano (1828-1863), autor

de *Hasta el cielo, Dolores ocultos*, etc. || ~ (HERNANDO DEL), compilador español del siglo XVI, autor de *Cancionero general de muchos y diversos autores*. || ~ (IGNACIO MARÍA DEL), general español, n. en México (1817-1893). Luchó en la guerra carlista (1873). Fue conde de Bilbao. || ~ (JESÚS), compositor folklorista y musicólogo guatemalteco (1877-1946), autor de *5 Oberturas Indígenas*, *Quinché-Vinak* (ópera), *Guatemala* (ballet), poemas sinfónicos, etc. || ~ (MANUEL), escritor romántico español (1814-1871). || ~ (MICHEL DEL), escritor francés de origen español, n. en Madrid en 1933, autor de novelas (*Tanguy, La noche del decreto*, etc.). || ~ (RAMÓN S.), político argentino (1873-1944), pres. de la Rep. de 1942 a 1943. || ~ (RICARDO), compositor guatemalteco (1891-1967), autor de la sinfonía *Guatemala*. || ~ (TEÓFILO), pintor peruano (1857-1922), autor de cuadros de temas históricos. || ~ **Andrada y Tamayo** (Fray FRANCISCO DE), poeta y autor dramático peruano (1716-1770). Era ciego de nacimiento, y sus *Coplas*, llamadas del *Ciego de la Merced*, alcanzaron gran popularidad. || ~ **Armas** (CARLOS), militar guatemalteco (1914-1957), pres. de la Rep. de 1954 a 1957. M. asesinado. || ~ **Ledón** (LUIS), poeta y crítico mexicano (1879-1944). || ~ **Puche** (JOSÉ LUIS), escritor español, n. en 1919, autor de novelas (*Con la muerte al hombro, El vengador, Sin camino, Paralelo 50*, etc.). || ~ **Solórzano** (ALONSO DE), escritor español (1584-¿ 1648 ?), autor de las novelas picarescas *Noches de Madrid* y *La garduña de Sevilla*. || ~ **y Guevara** (FRANCISCA JOSEFA DEL), escritora y poetisa mística colombiana (1671-1742), autora de *Vida* y *Sentimientos espirituales*, diarios de su intimidad. || ~ **y Rada** (JOSÉ MARÍA DEL), prócer de la Independencia colombiana (1776-1835).

Castillos, laguna y pobl. del Uruguay (Rocha).

castizo, za adj. Dícese de la persona o cosa que representa bien los caracteres de su raza, país, ciudad, etc., típico, genuino : *español castizo ; bailes castizos* (ú. t. c. s.). || Dícese del lenguaje puro y del escritor que lo usa : *estilo, autor castizo*. || De buena casta, sin defectos.

casto, ta adj. Que tiene pureza de alma, de cuerpo : *casta esposa* (ú. t. c. s.). || Conforme a las normas de la decencia, del pudor : *una vida casta*.

castor m. Mamífero roedor, de pelo muy fino y de piel estimada.

Cástor y Pólux, héroes mitológicos, hermanos gemelos, hijos de Zeus y Leda.

castoreño m. Sombrero de pelo de castor, sobre todo el del picador.

castración f. Ablación de las glándulas genitales en el macho.

castrado adj. m. y s. m. Que ha sufrido la castración.

castrador, ra adj. Que castra (ú. t. c. s.).

castrar v. t. Capar, extirpar los órganos necesarios a la generación.

castrense adj. Propio del ejército o de la profesión militar.

Castres, c. de Francia (Tarn).

Castri. V. DELFOS.

Castriota (Jorge). V. SCANDERBEG.

castrismo m. Doctrina que se inspira en las ideas de Fidel Castro.

castrista adj. y s. Partidario o relativo al castrismo.

Castro, c. y puerto de Chile en la X Región (Los Lagos), cap. de la prov. de Chiloé y de la com. de su nombre. Destruida por un terremoto en 1575. || ~ **del Rey**, v. de España (Lugo). || ~ **Urdiales**, c. y puerto del N. de España (Cantabria).

Castro (Américo), crítico, ensayista y filólogo español (1885-1972). Su libro *La realidad histórica de España* levantó fuertes polémicas. || ~ (CIPRIANO), general venezolano (1858-1924), pres. dictatorial de la Rep. de 1899 a 1908. || ~ (CRISTÓBAL VACA DE), político español, m. en 1558. Carlos I le nombró gobernador del Perú para que concluyese con la disputa de Pizarro y Almagro (1541). Venció y mandó ejecutar a Almagro. || ~ (EUGENIO DE), poeta simbolista portugués (1869-

1944), autor de *Belkiss, Las horas, Salomé,* etc. ‖ ~ (FELIPE DE), escultor español (1711-1775), que decoró el Palacio Real de Madrid. ‖ ~ (FIDEL), abogado y político cubano, n. en 1927. Opuesto a la política del presidente Batista, desembarcó en la prov. de Oriente (1956) y se refugió en la Sierra Maestra con los seguidores del llamado *Movimiento 26 de Julio,* desencadenando una lucha de guerrillas que concluyó con el derrocamiento del Poder establecido y su nombramiento como primer ministro (1959). Instauró un régimen socialista. En 1976 fue nombrado presidente del Consejo de Estado y, por lo tanto, jefe de éste. ‖ ~ (GUILLÉN DE), autor dramático español, n. en Valencia (1569-1631), autor de las comedias *Las mocedades del Cid* (imitada por Corneille en Francia), *El conde de Alarcos, El narciso en su opinión, Los amores de Dido y Eneas, La fuerza de la sangre, El curioso impertinente, El amor constante,* etc. ‖ ~ (INÉS DE). V. INÉS DE CASTRO. ‖ ~ (JOSÉ MARÍA), músico y director de orquesta argentino (1892-1964), autor de un *Concerto Grosso.* — Su hermano JUAN JOSÉ (1895-1968) fue tb. compositor y autor de *Sinfonía argentina* y del ballet *Mekhano.* — Su otro hermano, WASHINGTON, n. en 1909, es también compositor. ‖ ~ (JOSUÉ), economista brasileño (1908-1973). Estudió principalmente el problema del hambre en el mundo ‖ ~ (ÓSCAR), escritor chileno (1910-1947), autor de *Camino en el alba, Rocío en el trébol* (poesías) y de *Llampo de sangre* (novela). ‖ ~ (ROSALÍA DE), poetisa española (1837-1885), que escribió en lengua gallega *(Cantares gallegos, Ruinas, Follas Novas)* y en castellano *(En las orillas del Sar).* ‖ ~ Alves (ANTONIO DE), poeta romántico brasileño (1847-1871), adversario de la esclavitud. ‖ ~ Barros (PEDRO IGNACIO DE), sacerdote, patriota y escritor argentino (1777-1849). ‖ ~ Herrera (RICARDO), músico mexicano (1864-1907). ‖ ~ Leal (ANTONIO), ensayista mexicano (1896-1981). ‖ ~ Madriz (JOSÉ MARÍA), político costarricense (1818-1892), pres. de la Rep. de 1847 a 1849 y de 1866 a 1868.

Castropol, v. de España (Asturias).

Castrovirreyna, c. del Perú, cap. de la prov. homónima (Huancavelica).

casual adj. Que ocurre accidentalmente, por casualidad, imprevisto.

casualidad f. Combinación de circunstancias que no se pueden prever ni evitar, azar. ‖ Suceso inesperado.

casuista adj. Dícese del teólogo que se dedica a resolver casos de conciencia. (ú. t. c. s.). ‖ Dícese del que acomoda los principios morales a cada caso particular (ú. t. c. s.).

casuístico, ca adj. Relativo a la casuística o al casuista. — F. Parte de la teología moral que estudia los casos de conciencia.

casulla f. Vestidura sagrada que se pone el sacerdote sobre las demás para celebrar la misa.

cata f. Acción de catar o probar.

Catacaos, c. del Perú (Piura).

cataclismo m. Cambio profundo en la superficie del globo terrestre : *el cataclismo de la Atlántida.* ‖ *Fig.* Gran trastorno en el orden político, social, familiar.

catacumbas f. pl. Galerías subterráneas utilizadas por los cristianos primitivos como templos y cementerios : *las catacumbas de Roma.*

catador, ra m. y f. Persona que prueba alimentos o bebidas : *catador de vinos.* ‖ Conocedor, perito. ‖ Persona que prospecta.

catadura f. Degustación, acción y efecto de catar. ‖ *Fig.* Aspecto o apariencia : *tener mala o fea catadura.*

catafalco m. Túmulo que se levanta en las iglesias para las exequias.

catalán, ana adj. y s. De Cataluña. ‖ ~ M. Idioma hablado en Cataluña, en el antiguo reino de Valencia, islas Baleares, Rosellón (Francia) y ciudad de Alghero (Cerdeña) : *el catalán, de origen grecolatino, es una lengua neolatina o románica que ha sido vehículo de importantes obras literarias.*

Catalán (Miguel Ángel), físico español (1894-1957).

catalanidad f. Calidad de catalán.

catalanismo m. Catalanidad. ‖ Giro o vocablo catalán. ‖ Doctrina favorable a la autonomía o la independencia de Cataluña. ‖ Amor a Cataluña.

catalanista adj. Relativo o perteneciente al catalanismo. ‖ Partidario del catalanismo (ú. t. c. s.).

catalanizar v. t. Dar forma catalana a una palabra de otro idioma. ‖ Adoptar las costumbres o usos catalanes.

Cataláunicos (CAMPOS), llanura en la que Atila y el ejército de los hunos fueron derrotados por Aecio, Meroveo y Teodorico (451). Su emplazamiento se encontraba a unos 20 km. de Troyes (Francia).

catalejo m. Anteojo.

catalepsia f. *Med.* Accidente nervioso repentino que suspende la sensibilidad exterior y el movimiento.

Catalina, isla de la Rep. Dominicana (Seibo). — Com. de Chile (Antofagasta).

Catalina ‖ ~ **I** (1684-1727), emperatriz de Rusia, esposa de Pedro I el Grande y su sucesora en el trono en 1725. ‖ ~ **II** *la Grande,* emperatriz de Rusia, n. en Stettin (1729-1796), esposa de Pedro III. Gobernó sola (1762-1796) después del asesinato de su marido. Déspota y cruel, protegió sin embargo la cultura. Fue llamada *la Semíramis del Norte.* ‖ ~ **de Aragón,** princesa española, hija de los Reyes Católicos (1485-1536). Casada con Enrique VIII de Inglaterra (1509), fue repudiada por éste en 1526. Su divorcio, concedido en 1533, fue una de las causas del cisma inglés. Madre de María Tudor. ‖ ~ **de Jesús,** impostora sevillana del s. XVI, que creó, con Juan de Villalpando, la secta de los iluminados. ‖ ~ **de Médicis,** hija de Lorenzo de Médicis, n. en Florencia (1519-1589), esposa de Enrique II de Francia, madre de Francisco II, de Carlos IX y de Enrique III. Regente en la minoría de Carlos IX (1560). ‖ ~ **de Siena** *(Santa),* religiosa italiana (1347-1380), autora de una colección de *Cartas devotas.* Fiesta el 30 de abril. Proclamada Doctora de Iglesia en 1970. ‖ ~ **Howard** (1522-1542), quinta esposa de Enrique VIII de Inglaterra después del divorcio de éste con Ana de Cleves. M. decapitada. ‖ ~ **Parr,** reina de Inglaterra (1512-1548), sexta y última esposa de Enrique VIII.

catálisis f. *Quím.* Aceleración de una reacción producida por la presencia de una sustancia que permanece aparentemente intacta.

catalítico, ca adj. *Quím.* Relativo a la catálisis : *fuerza catalítica.*

catalizador, ra adj. Dícese de lo que puede producir la catálisis : *cuerpo catalizador* (ú. t. c. s. m.). ‖ *Fig.* Aplícase a lo que provoca y fija una reacción (ú. t. c. s. m.).

catalizar v. t. *Quím.* Intervenir como catalizador en una transformación. ‖ *Fig.* Provocar una reacción.

catalogación f. Acción y efecto de catalogar, inventario.

catalogar v. t. Registrar en un catálogo. ‖ *Fig.* Clasificar.

catálogo m. Lista, enumeración ordenada : *un catálogo de libros.*

Cataluña, región histórica, hoy Comunidad Autónoma, de la parte del NE. que se divide en las provincias de Barcelona, Tarragona, Lérida y Gerona ; cap. *Barcelona.* Ant. condado independiente (s. IX), se unió en 1137 con Aragón y más tarde, durante el reinado de Fernando II el Católico (1469), con Castilla, aunque conservando cierta autonomía hasta el fin de la guerra de Sucesión de España (1714). Con la República Española de 1931, Cataluña fue de nuevo autónoma hasta 1939 y volvió a serlo a partir de 1979. Su recia personalidad, fundada en una lengua y civilización propias, así como su desarrollo económico (industrias y comercio activos) la colocan en lugar excepcional en la Península Ibérica.

catamarán m. Embarcación de vela y con dos flotadores.

Catamarca, c. de la Argentina, cap. de la prov. homónima, en las faldas de los Andes. Universidad. Obispado. Fundada por Fernando de Mendoza en 1683. Centro de peregrinación al

Santuario de Nuestra Señora del Valle. Región agrícola y minera.

catamarqueño, ña adj. y s. De Catamarca (Argentina).

Catania, c. y puerto de Sicilia, cap. de la prov. homónima, al S. del Etna.

cataplasma f. *Med.* Masa de consistencia blanda, envuelta en una tela, que se aplica con fines curativos en cualquier parte del cuerpo. ‖ *Fig.* y *fam.* Pesado, pelmazo.

¡ cataplún ! interj. ¡ Pum !

catapulta f. Máquina de guerra antigua para arrojar piedras o flechas. ‖ Máquina para hacer despegar aviones o cohetes en una superficie de lanzamiento reducida.

catapultar v. t. Lanzar con catapulta. ‖ *Fig.* Lanzar violentamente : *catapultar a alguien a la celebridad.*

catar v. t. Probar : *catar un melón.*

Catarama, c. del Ecuador (Los Ríos).

catarata f. Caída grande de agua : *las cataratas del Nilo.* ‖ *Fig.* Lluvia torrencial, aguacero. ‖ *Med.* Opacidad del cristalino del ojo o de su membrana que produce la ceguera total o parcial.

Catari (Tomás), caudillo indio del s. XIII. En unión de sus hermanos DÁMASO y NICOLÁS se rebeló contra el poder de España en el Alto Perú. M. ajusticiado en 1781.

Catarina, pobl. en el SO. de Nicaragua (Masaya).

cátaro m. V. ALBIGENSE.

catarro m. *Med.* Resfriado, constipado. ‖ Inflamación de las mucosas.

catarsis f. Purificación de las pasiones por la contemplación de obras estéticas. ‖ Psicoterapia destinada a liberar el inconsciente de recuerdos traumatizantes.

catastral adj. Del catastro.

catastro m. Censo estadístico de las fincas rústicas y urbanas de un país.

catástrofe f. Desenlace doloroso del poema dramático. ‖ *Fig.* Suceso inesperado que causa desgracias. ‖ *Fam.* Cosa mal hecha : *su pintura es una catástrofe.*

catastrófico, ca adj. Que tiene las características de una catástrofe. ‖ *Fig.* Muy grave e imprevisto. ‖ Desastroso.

Catatocha, pobl. del Ecuador, cab. del cantón de Baltas (Loja).

Catatumbo, río de Colombia (Norte de Santander), que en el lago de Maracaibo (Venezuela) ; 400 km.

catavino m. Taza para probar el vino o pipeta para sacarlo de las bodegas.

catavinos m. y f. inv. Persona que tiene por oficio probar el vino para apreciarlo.

Catay, nombre de China en la Edad Media.

catch m. (pal. ingl.). Lucha libre en que están permitidas casi todas las presas.

cate m. *Pop.* Bofetón. ‖ *Fam.* Nota de suspenso en los exámenes.

cateador m. *Amer.* El que busca yacimientos minerales.

catear v. t. Buscar. ‖ Observar. ‖ *Fam.* Suspender en un examen. ‖ *Amer.* Reconocer y explorar el terreno buscando yacimientos minerales. ‖ Allanar o registrar el domicilio de alguien.

Cateau-Cambrésis (Le), c. de Francia (Nord). Textiles, metalurgia.

catecismo m. Enseñanza de los principios y los misterios de la fe cristiana. ‖ Libro que contiene la explicación de la doctrina cristiana.

catecúmeno, na m. y f. Persona que aprende los principios de la doctrina cristiana para bautizarse.

cátedra f. Asiento elevado del profesor. ‖ Aula, clase : *cátedra de Historia.* ‖ *Fig.* Cargo y función del catedrático. ‖ Dignidad pontificia o episcopal. — *Cátedra de San Pedro,* dignidad del Sumo Pontífice. ‖ *Fig. Poner cátedra,* hablar en tono magistral.

catedral adj. y s. f. Iglesia episcopal. ‖ *Fig. Ser como una catedral de grande,* ser muy grande, enorme.

catedralicio, cia adj. Relativo a la catedral.

catedrático, ca m. y f. Profesor titular de una cátedra en una facultad, instituto, etc.

categoría f. *Fil.* Según Aristóteles, cada una de las nociones más generales : *el lugar y el tiempo son categorías.* ‖ En la crítica de Kant, cada una de las formas del entendimiento, a saber *cantidad, cualidad, relación* y *modalidad.* ‖ *Fig.* Condición de una persona respecto a otra : *categoría social.* | Clase de objetos semejantes : *hotel de primera categoría.* ‖ Nivel, importancia. ‖ *Fig. De categoría,* de elevada condición.

categórico, ca adj. Rotundo, claro.

Catemaco, laguna, v. y mun. de México (Veracruz).

Catemu, c. de Chile en la V Región (Valparaíso) y en la prov. de San Felipe de Aconcagua, cap. de la com. del mismo n. Cobre.

catenaria adj. Dícese del sistema de suspensión de un cable eléctrico que lo mantiene a una altura uniforme respecto a la vía (ú. t. c. s. f.).

cateo m. *Amer.* Acción y efecto de catear las minas.

catequesis f. Enseñanza de la religión.

catequista com. Persona que enseña el catecismo.

catequización f. Acción y efecto de catequizar.

catequizar v. t. Enseñar la doctrina cristiana. ‖ *Fig.* Intentar persuadir a uno, adoctrinar.

catering m. (pal. ingl.). Servicio de suministro de comidas a los aviones, llamado también *mayordomía.*

caterpillar m. (pal. ingl.). Oruga, tractor oruga.

caterva f. Multitud, abundancia.

catetada f. Dicho o hecho propio de cateto o paleto.

catéter m. *Cir.* Sonda.

cateto m. Cada lado del ángulo recto en el triángulo rectángulo.

cateto, ta adj. y s. Palurdo.

Catilina (Lucio Sergio), noble romano (¿109 ?-62 a. de J. C.). Cicerón reveló en las *Catilinarias* la conspiración que tramaba contra el Senado en el año 63. M. en la batalla de Pistoya.

catilinaria f. *Fig.* Discurso violento contra una persona.

catión m. *Fís.* Ion positivo.

catirrinos m. pl. *Zool.* Grupo de simios (ú. t. c. adj.).

catite m. Pilón de azúcar. ‖ Golpe. ‖ *Méx.* Especie de tela de seda.

Catoche, cabo de México al NE. de Yucatán (Quintana Roo), primer lugar que exploraron los conquistadores del país (1517).

catódico, ca adj. Relativo al cátodo.

cátodo m. Polo negativo de un generador de corriente y electrodo que conecta con este polo.

catolicidad f. Catolicismo. ‖ Conjunto de los pueblos católicos.

catolicismo m. Religión católica. ‖ Comunidad universal de los que viven en la religión católica.

católico, ca adj. Relativo a la Iglesia romana : *dogma católico.* ‖ *Fig.* Correcto. ‖ — M. y f. Persona que profesa el catolicismo. ‖ — *Los Reyes católicos,* Fernando V de Aragón e Isabel I de Castilla, primeros reyes de España. ‖ *Fig.* y *fam. No estar muy católico,* no estar muy bien de salud | *No ser muy católico,* no ser muy normal, estar mal.

catón m. *Fig.* Crítico severo. ‖ Libro para aprender a leer.

Catón el Censor (Marco PORCIO, llamado), tribuno, militar, censor e historiador latino (234-149 a. de J. C.), famoso por el *Catonismo* — Su biznieto CATÓN DE UTICA (95-46 a. de J. C.) fue partidario de Pompeyo y se suicidó después de la derrota de Farsalia. ‖ ~ **de América.** V. ADAMS (S.).

catorce adj. Diez más cuatro (ú. t. c. s.). ‖ — M. *catorce personas.* ‖ Decimocuarto (ú. t. c. s.).

catorceno, na y **catorzavo, va** y **cartoceavo, va** adj. Decimocuarto (ú. t. c. s.).

catorro m. *Méx.* Golpe.

catre m. Cama ligera individual.

catrera f. *Arg. Fam.* Armazón para poner el colchón de la cama.

Catriló, pobl. de la Argentina (La Pampa).

catrín, ina m. y f. *Méx.* Lechuguino. ‖ — F. *Méx.* Medida utilizada para el pulque, que equivale casi a un litro.

Cattaro, n. ital. de *Kotor,* c. de Yugoslavia, bañada por el Adriático (Dalmacia).

Cattegat, brazo de mar entre Suecia

y Dinamarca que se une al mar del Norte a través del Skagerrak y al Báltico por el Sund y el Grande y Pequeño Belt.

Cattovitz. V. KATOVICE.

Cauca, río de Colombia, afl. del Magdalena, que cruza de S. a N. varios dep. ; 1 350 km. — Dep. de Colombia, bañado por el Cauca ; cap. Popayán. Agricultura ; ganadería.

caucano, na adj. y s. De Cauca (Colombia).

Caucasia, región de la U. R. S. S. en la que se encuentran, de norte a sur, la extremidad de la Rusia de estepas (Ciscaucasia), las regiones montañosas del Cáucaso y Georgia, Transcaucasia, Azerbaidján y una parte de Armenia.

caucásico, ca adj. y s. Del Cáucaso. ‖ *Raza caucásica,* la blanca o europea.

Cáucaso, cord. de la U. R. S. S., entre el mar Negro y el mar Caspio, límite de los dos continentes europeo y asiático ; 1 200 km. Alt. máx., el volcán Elbruz, 5 633 m.

cauce m. Lecho de un río o arroyo. ‖ Acequia para riegos. ‖ *Fig.* Curso.

caución f. Garantía, fianza.

caucionar v. t. Garantizar.

cauchero, ra adj. Del caucho. ‖ — M. y f. Persona que trabaja o negocia con el caucho.

caucho m. Sustancia elástica y resistente que se extrae por incisión de varios árboles de los países tropicales. ‖ Planta euforbiácea que produce esta sustancia.

cauchutado m. Acción y efecto de cauchutar.

cauchutar v. t. Poner una capa de caucho.

caudal adj. Caudaloso : *río caudal.* ‖ Relativo a la cola : *aleta caudal.* ‖ — M. Dinero, fortuna : *hombre de gran caudal.* ‖ Cantidad de agua que lleva un río. ‖ *Fig.* Abundancia : *un caudal de datos.*

caudaloso, sa adj. De mucha agua o caudal : *un río caudaloso.*

caudillaje m. Mando o gobierno de un caudillo. ‖ *Amer.* Caciquismo.

caudillismo m. Sistema del caudillaje.

caudillo m. El que manda gente de guerra. ‖ Jefe de un gremio o comunidad : *caudillo de un partido.* ‖ Adalid : *José Martí, caudillo de la independencia cubana.* ‖ *Arg.* Cacique. ‖ *Méx.* Segundo jefe de las estancias ganaderas.

Caudinas. V. HORCAS CAUDINAS.

Caudio, ant. c. de Italia (Samnio).

Caunao, río de Cuba (Cienfuegos).

Caupolicán, caudillo araucano n. en 1558. Guerreó contra los españoles y fue derrotado por García Hurtado de Mendoza. M. ejecutado. Ercilla relata sus hazañas en *La Araucana.*

Cauquenes, c. de Chile, en la VII Región (Maule), cap. de la prov. y de la com. del mismo n.

cauquenino, na adj. y s. De Cauquenes (Chile).

Caura, río de Venezuela (Bolívar), afl. del Orinoco ; 745 km.

causa f. Lo que hace que una cosa exista, origen, principio : *no hay efecto sin causa.* ‖ Razón, motivo : *obrar con causa.* ‖ Ideal, interés : *defender la causa de la justicia.* ‖ *For.* Proceso, juicio, pleito : *causa criminal, civil.* ‖ — *A causa de,* por efecto de. | *Causa final,* razón por la cual se supone que ha sido hecha una cosa. | *Hacer causa común,* unir los intereses para un fin determinado.

causahabiente com. *For.* Persona a quien han sido transmitidos los derechos de otra.

causal adj. Que anuncia relación de causa a efecto.

causalidad f. Causa, origen, principio. ‖ *Fil.* Relación de causa y efecto.

causante adj. y s. Que causa.

causar v. t. Ser causa, provocar.

causticidad f. Calidad de cáustico. ‖ *Fig.* Malignidad, mordacidad.

cáustico, ca adj. Que quema, corrosivo : *hacer cauterio con potasa cáustica* (ú. t. c. s. m.). ‖ *Fig.* Mordaz : *hombre cáustico.*

cautela f. Precaución, reserva.

cautelarse v. pr. Precaverse.

cauteloso, sa adj. Que obra con precaución o cautela (ú. t. c. s.).

cauterio m. Agente mecánico o químico que sirve para quemar o destruir las partes mórbidas de un tejido o para conseguir una acción hemostática. ‖ *Fig.* Lo que ataja algún mal.

cauterización f. Acción y efecto de cauterizar.

cauterizador, ra y **cauterizante** adj. Que cauteriza (ú. t. c. s. m.).

cauterizar v. t. *Cir.* Quemar y curar con un cauterio. ‖ *Fig.* Aplicar un remedio enérgico.

Cautín, río de Chile (Malleco y Cautín), que, unido al Cholchol, forma el Imperial. — Prov. de Chile en la IX Región (Araucanía) ; cap. Temuco. Agricultura (trigo). Ganadería. Maderas.

cautivador, ra adj. Encantador, que cautiva. ‖ — M. y f. Seductor.

cautivante adj. Que cautiva.

cautivar v. t. Hacer prisionero : *cautivar tropas.* ‖ *Fig.* Atraer, ganar : *cautivar a sus oyentes.* | Atraer irresistiblemente, conquistar.

cautiverio m. y **cautividad** f. Privación de libertad.

cautivo, va adj. y s. Prisionero.

cauto, ta adj. Que obra con precaución o cautela (ú. t. c. s. m.).

Cauto, río de Cuba (Granma), que des. en el golfo de Guacanayabo ; 254 km. — V. RÍO CAUTO. ‖ ~ **Cristo,** mun. de Cuba (Granma).

cava f. *Anat.* Dícese de cada una de las dos venas mayores que desembocan en la aurícula derecha del corazón : *vena cava superior e inferior* (ú. t. c. s. f.). ‖ — F. Acción y efecto de cavar. ‖ Bodega de vino.

Cava (La). V. FLORINDA.

cavador, ra m. y f. Persona que cava.

Cavallari (Javier), arquitecto italiano (1809-1896). Trabajó en la ciudad de México.

Cavallón (Juan de), conquistador español, m. en 1565. Estuvo en Costa Rica.

cavar v. t. Remover la tierra con una herramienta. ‖ — V. i. Ahondar, profundizar en una cosa. | Reflexionar.

Cavendish (Henry), físico y químico inglés (1731-1810). Aisló el hidrógeno, analizó el aire, averiguó la densidad media de la Tierra y descubrió la composición del agua. Fue uno de los creadores de la electrostática. ‖ — (THOMAS), navegante inglés (¿1555 ?-1592). Dio la vuelta al mundo (1586-1588).

caverna f. Excavación profunda. ‖ Cueva de ladrones. ‖ *Med.* Cavidad que resulta en algunos tejidos orgánicos de la pérdida de sustancia : *cavernas pulmonares.*

cavernícola adj. y s. Que vive en las cavernas. ‖ *Fig.* y *fam.* Retrógrado.

cavernosidad f. Cavidad natural de la tierra, cueva.

cavernoso, sa adj. Relativo a la caverna. ‖ Lleno de cavernas : *región cavernosa.* ‖ *Fig.* Grave, ronco : *voz cavernosa.*

Cavia (Mariano de), periodista español (1855-1919), célebre por sus artículos lingüísticos. Existe un premio literario, otorgado anualmente por el diario ABC de Madrid al mejor trabajo periodístico.

caviar m. Huevas de esturión.

cavidad f. Vacío, hueco en un cuerpo sólido : *cavidad torácica.*

cavilación f. Reflexión, meditación.

cavilar v. i. Pensar mucho en algo.

caviloso, sa adj. *Fam.* Pensativo.

Cavite, c. y puerto de Filipinas (Luzón), en la bahía de Manila, cap. de la prov. homónima. La flota española fue destruida aquí por la norteamericana en 1898.

Cavour [-vur] (Camillo BENSO, *conde de*), político italiano, n. en Turín (1810-1861). Fue ministro de Víctor Manuel II y preparó la unidad de Italia.

Cawnpore. V. KANPUR.

caxcan adj. y s. m. Lengua indígena mexicana. (El *caxcan* se habla en algunos lugares de Zacatecas, Jalisco y Aguascalientes.)

Caxias (Luis ALVES DE LIMA E SILVA, *duque de*), militar y político brasileño (1803-1880), que consolidó la unidad nacional durante la regencia de Pedro II y luchó en la guerra contra el Paraguay (1865-1870).

cayado m. Bastón de los pastores. ‖ Báculo de los obispos. ‖ *Anat.* Cayado de la aorta, curva que forma esta arteria al salir del corazón.

Cayambe, cumbre volcánica del Ecuador en la Cord. Central ; 5 790 m. — Pobl. del Ecuador (Pichincha).

Cayena, cap. del dep. de la Guayana Francesa ; 34 000 h. Obispado.

cayerio m. *Cub.* Conjunto de cayos.

Cayetano (San), sacerdote italiano (1480-1547), fundador de la orden de los Teatinos (1524). Fiesta el 7 de agosto.

Cayetano Germosén, distr. de la Rep. Dominicana (La Vega).

Cayey, c. de Puerto Rico (Guayama).

cayo m. Isla rocosa, arrecife.

Cayo Hueso. V. KEY WEST. ‖ — **Romano,** isla de Cuba, en el archip. Sabana-Camagüey.

caz m. Canal para tomar y conducir agua de un río.

caza f. Acción de cazar : *ir de caza.* ‖ Animales que se cazan. — M. Avión de guerra : *escuadrillas de caza.* ‖ — *Fig.* Caza de brujas, búsqueda y eliminación sistemática de los opositores a las autoridades. ‖ *Caza mayor,* la de jabalíes, ciervos, etc. ‖ *Caza menor,* la de liebres, perdices, etc.

cazabe m. V. CASABE.

cazabombardero adj. Dícese del avión de caza y bombardeo al mismo tiempo (ú. t. c. s. m.).

cazador, ra adj. Que caza (ú. t. c. s.). ‖ *Fig.* Que busca ansiosamente. Ú. t. c. s. : *cazadores de autógrafos.* ‖ — M. *Mil.* Soldado de tropas ligeras. ‖ — *Cazador de dotes,* persona que se casa por interés. ‖ *Cazador furtivo,* el que caza en terreno vedado. ‖ — F. Chaqueta de tejido fuerte, ajustado a la cintura por un elástico y cerrada por delante con una cremallera.

cazalla f. Aguardiente anisado.

Cazalla de la Sierra, c. de España (Sevilla). Aguardientes.

cazar v. t. Perseguir la caza : *cazar patos, perdices, jabalíes.* ‖ *Fig.* y *fam.* Conseguir una cosa con maña : *cazar un buen destino.* ‖ Sorprender en un descuido, error o acción : *le cacé dus faltas graves.*

cazasubmarino m. Buque para luchar contra los submarinos.

cazatorpedero m. *Mar.* Barco de guerra pequeño y muy rápido destinado a la persecución de los torpederos enemigos, contratorpedero.

cazcarria f. Lodo que se queda pegado.

cazo m. Vasija metálica de forma semiesférica y con mango.

cazoleta f. Cazuela pequeña. ‖ Pieza de las antiguas armas de fuego donde se colocaba la pólvora. ‖ Parte de la pipa donde se pone el tabaco.

cazoletear v. i. *Fam.* Entremeterse.

cazoletero, ra adj. Dícese de la persona muy dada a las faenas domésticas (ú. t. c. s.). ‖ *Fam.* Entremetido (ú. t. c. s.). ‖ Dícese del hombre poco viril.

cazón m. Pez seláceo muy voraz.

Cazones, río de México (Veracruz), que des. en el golfo de México. En su parte alta se denomina *San Marcos.* — V. y mun. de México (Veracruz).

Cazorla, c. de España (Jaén).

cazuela f. Vasija para guisar. ‖ Cierto guisado : *cazuela de patatas.* ‖ *Teatr.* Galería alta o paraíso : *el público de la cazuela.* ‖ Parte hueca del sostén.

cazurrería f. Carácter de cazurro.

cazurro, rra adj. y s. De pocas palabras y encerrado en sí, huraño : *hombre muy cazurro.* ‖ *Tonto.* ‖ Astuto.

CC.OO. V. COMISIONES OBRERAS.

Cd, símbolo químico del *cadmio.* ‖ Símbolo físico de *candela.*

ce f. Nombre de la letra *c.*

Ce, símbolo químico del *cerio.*

Ceará, Estado del N. del Brasil ; cap. *Fortaleza.*

Cébaco, isla de Panamá (Veraguas).

cebada f. Planta gramínea parecida al trigo.

cebadero m. El que vende cebada. ‖ Lugar para cebar animales. ‖ Tragante de un horno.

cebador, ra adj. Que ceba. — M. Frasquito de pólvora para cebar las armas de fuego.

Ceballos (Pedro de). V. CEVALLOS. ‖

— (PEDRO FERMÍN), escritor y político ecuatoriano (1812-1893).

cebar v. t. Sobrealimentar a los animales para engordarlos. ‖ Atraer los peces con un cebo. ‖ *Fig.* Alimentar el fuego, la lumbre, un horno, un molino, etc. ‖ Poner cebo en la escopeta, el cohete, etc. para inflamarlos. ‖ Poner en movimiento una máquina : *cebar un motor.* ‖ Fomentar un afecto o pasión : *cebar el amor, el odio.* ‖ *Riopl.* Cebar el mate, prepararlo. ‖ — V. pr. Encarnizarse, ensañarse : *cebarse en su víctima.*

cebellina f. Variedad de marta.

cebiche m. *Amer.* Guisado de pescado o mariscos con ají y limón.

cebo m. Comida para los animales para engordarlos. ‖ Comida que se pone en un anzuelo o en una trampa para atraer a los animales. ‖ Pólvora con que se ceban las armas de fuego, los barrenos. ‖ Mineral que se echa al metal. ‖ *Fig.* Aliciente, incentivo. ‖ Pábulo, comidilla de la maledicencia, etc.

cebolla f. Planta hortense, liliácea, de raíz bulbosa comestible. ‖ Bulbo : *cebolla de la azucena, del tulipán.* ‖ *Fig.* Bola con agujeros que se pone en las cañerías, en el caño de la regadera, etc., para que por ellas no pase broza.

cebollar m. Campo de cebollas.

Cebollati, río del Uruguay (Lavalleja) que des. en la laguna de Merín.

cebollazo m. *Fam.* Porrazo. ‖ Caída.

cebolleta f. Tipo de cebolla.

cebolletazo m. *Fam.* Cebollazo.

cebollino m. Simiente de cebollas. ‖ Cebollana. ‖ *Fam.* Tonto, necio.

cebón, ona adj. Que está cebado : *pavo cebado.* — M. Cerdo.

ceboruco m. *Méx.* Lugar donde hay rocas puntiagudas.

Ceboruco, volcán de México (Nayarit).

cebra f. Mamífero ungulado de África Austral, parecido al asno, de pelaje amarillento rayado de negro. ‖ *Paso de cebra,* paso de peatones.

cebrado, da adj. Rayado semejante al de la cebra.

cebú m. Mamífero bovino, con una giba en el lomo.

Cebú, c. de Filipinas, cap. de la isla y la prov. homónima (Visayas).

ceca f. Casa de moneda. ‖ — *Fam.* Ir de la Ceca a la Meca, ir de un sitio a otro.

C. E. C. A. V. COMUNIDAD EUROPEA DEL CARBÓN Y DEL ACERO.

cecal adj. *Anat.* Del intestino ciego.

ceceante adj. Que cecea la s como c.

cecear v. i. Pronunciar la s como c.

ceceo m. Acción y efecto de cecear. (Esta pronunciación viciosa, que consiste en identificar los fonemas s y c, se encuentra en Andalucía y en algunas partes de Hispanoamérica.)

cecina f. Carne salada y seca.

cecinar v. t. Acecinar.

ceda f. Zeda o zeta.

C. E. D. A., siglas de Confederación Española de Derechas Autónomas, partido conservador creado por Gil Robles (1933-1936).

Cedar Rapids, c. de los Estados Unidos (Iowa). Industria electrónica.

cedazo m. Tamiz rodeado con un aro de madera.

Cedeira, pobl. y ría del NO. de España (La Coruña).

ceder v. t. Dar, transferir : *ceder un negocio, una propiedad.* ‖ Dar : *ceder el sitio a una señora.* ‖ — V. i. Renunciar : *ceder en su derecho.* ‖ Rendirse, someterse : *ceder a sus pretensiones.* ‖ Ponerse menos tenso. ‖ Romperse : *el puente ha cedido.* ‖ Disminuir : *cedió la fiebre, el viento.* ‖ Ser inferior una persona o cosa a otra semejante : *no le cede en valentía.*

cedilla f. Virgulilla que se coloca debajo de la c. ‖ La letra c ortografiada así (ç).

cedro m. Árbol conífero abietáceo, de tronco grueso y ramas horizontales. ‖ Su madera.

Cedros, isla de Costa Rica, en el golfo de Nicoya. — Isla de México (Baja California).

cédula f. Escrito o documento : *cédula de vecindad, de citación, real.* ‖ Documento en que se reconoce una

deuda. ‖ *Amer.* Documento de identidad.

cedulario m. Colección de cédulas reales.

Cee, cabo y c. en el noroeste de España (Coruña).

C. E. E. V. COMUNIDAD ECONÓMICA EUROPEA.

cefalalgia f. Dolor de cabeza.

cefalea f. Dolor de cabeza.

cefálico, ca adj. Relativo a la cabeza : *índice cefálico.*

Cefalonia, isla de Grecia, la mayor de las Jónicas ; cap. *Argostoli.*

cefalópodos m. pl. Clase de moluscos sin concha con la cabeza rodeada de tentáculos y pico córneo : *el pulpo, el calamar y la jibia son cefalópodos* (ú. t. c. adj.).

cefalorraquídeo, a adj. *Zool.* Del encéfalo y de la médula espinal.

cefalotórax m. Parte anterior del cuerpo de los arácnidos y crustáceos que une la cabeza y el tórax.

Céfiro, hijo de la Aurora y nombre dado al viento de poniente.

cegador, ra adj. Que ciega.

cegar v. i. Perder enteramente la vista. ‖ — V. t. Dejar ciego a alguien. ‖ Perder momentáneamente la vista. ‖ *Fig.* Obcecar, trastornar la razón : *le ciega la pasión* (ú. t. c. i.). ‖ Obturar, obstruir : *cegar un tubo.*

cegato, ta adj. *Fam.* Que ve muy poco (ú. t. c. s.).

cegesimal adj. Dícese del sistema de medidas científico, llamado también C. G. S., que tiene por unidades fundamentales el centímetro, el gramo y el segundo.

Cegled. V. CZEGLED.

cegri m. Individuo de una familia del reino musulmán de Granada.

ceguera y **ceguedad** f. Total privación de la vista. ‖ *Fig.* Ofuscación.

ceiba f. Árbol bombáceo americano de tronco grueso. ‖ Su fruto.

Ceiba (La), c. y puerto de Honduras, cap. del dep. de Atlántico.

ceibal m. Terreno poblado o plantado de ceibos.

ceibo m. Ceiba. ‖ Ceibal. ‖ Árbol americano de flores rojas y brillantes.

Ceilán, isla del océano Índico, hoy Sri Lanka, del que está separada por el estrecho de Palk. Constituye un Estado independiente y forma parte del Commonwealth británico. Sup. 65 610 km² ; 16 000 000 h. (cingaleses). Cap. *Colombo,* 650 000 h. Otras ciudades *Dehiwala-Mont Lavinia,* 180 000 ; *Jaffna,* 120 000 ; *Kandy,* 110 000 hab.

ceja f. Parte prominente y curvilínea, cubierta de pelo, en la parte superior del ojo. ‖ Pelo que la cubre. ‖ *Fig.* Borde que sobresale de ciertas cosas : *la ceja de una costura, de las tapas de encuadernaciones.* ‖ *Mús.* Pieza de madera que tienen los instrumentos de cuerda entre el mástil y el clavijero. ‖ Abrazadera que se pone en el mástil de la guitarra para elevar el tono de todas las cuerdas. ‖ — *Fig.* y *fam. Hasta las cejas,* harto. ‖ *Meterse una cosa entre ceja y ceja,* obstinarse en un pensamiento o propósito.

cejar v. i. Andar para atrás las caballerías. ‖ *Fig.* Renunciar, ceder, desistir.

cejijunto, ja adj. Que tiene las cejas muy pobladas y casi juntas. ‖ Ceñudo.

cejilla f. Ceja de la guitarra.

Cela (Camilo José), escritor español, n. en Iria Flavia (Coruña) en 1916, autor de novelas de estilo castizo y gran realismo (La familia de Pascual Duarte, La colmena, Pabellón de reposo, etc.) y relatos (Viaje a la Alcarria, Nuevas andanzas y desventuras del Lazarillo de Tormes, San Camilo 1936, Oficio de Tinieblas 5, etc.).

celacanto m. Pez encontrado fosilizado cerca de Madagascar.

celada f. Pieza de la armadura que cubría la cabeza. ‖ Emboscada de gente armada en paraje oculto. ‖ *Fig.* Trampa, engaño : *preparar una celada.*

celador, ra adj. y s. Vigilante.

celandés, esa adj. y s. Zelandés.

Celanova, v. de España (Orense).

Celaya, mun. en el centro de México (Guanajuato). Agricultura. Obispado.

Celaya (Rafael MÚGICA, llamado Gabriel), escritor español, n. en 1911, autor de poesías de tono social (*Tranquilamente hablando, Paz y concierto, Cantos iberos, Lo demás es silencio, Poesía urgente*) y de ensayos y relatos.

celda f. Cuarto o habitación de los religiosos en un convento, de los presos en una cárcel, de los internos en un colegio, etc. || Celdilla de un panal de abejas. || Casilla formada por la intersección de una columna y una línea horizontal en un cuadro estadístico.

celdilla f. Casilla de un panal.

celebérrimo, ma adj. Muy célebre.

Célebes o **Sulawesi**, isla de Asia en Insulindia (Indonesia) ; 189 000 km² ; 9 100 000 h. Cap. *Macasar*. Descubierta en 1512 por los portugueses, fue holandesa en 1667 y formó parte de la República de Indonesia en 1950. El *mar de Célebes* está entre esta isla, Borneo y Mindanao.

celebración f. Acción y efecto de celebrar. || Aplauso o aclamación.

celebrante adj. y s. Que celebra. || — M. Sacerdote que dice la misa.

celebrar v. t. Exaltar, alabar : *celebrar su honestidad.* || Conmemorar, festejar : *celebrar su cumpleaños.* || Realizar, verificarse : *hoy celebra sesión el Parlamento.* || Hacer solemnemente una ceremonia : *se ha celebrado el casamiento.* || Decir misa (ú. t. c. i.). || Alegrarse, congratularse : *celebro tu éxito.* || Concluir : *celebraron un contrato.* || — V. pr. Verificarse una sesión, una entrevista, un encuentro deportivo, un acto, etc.

célebre adj. Famoso, reputado.

celebridad f. Gran reputación, fama grande. || Persona célebre.

celemín m. Medida de capacidad para áridos (4,625 litros).

Celendín, c. del Perú, cap. de la prov. homónima (Cajamarca).

celentéreos m. pl. Animales cuyo cuerpo contiene una sola cavidad digestiva y están provistos de tentáculos, como las medusas, la hidra, etc. (ú. t. c. adj.).

celeridad f. Rapidez, velocidad.

celeste adj. Del cielo. || — Adj. y s. m. Azul muy pálido.

Celeste Imperio, n. de *China*.

Celestes (MONTES). V. TIANCHAN.

celestial adj. Del cielo : *los coros celestiales.* || *Fig.* Perfecto, delicioso.

celestina f. *Fig.* Alcahueta.

Celestina (La), personaje y nombre por el que también se conoce la *Tragicomedia de Calisto y Melibea*, primera obra de teatro española, publicada en Burgos en 1499 y atribuida a Fernando de Rojas.

celiaco, ca adj. *Anat.* De los intestinos : *la arteria celíaca.*

celibato m. Soltería.

célibe adj. y s. Soltero.

Célica, pobl. del Ecuador (Loja).

Céline (Louis-Ferdinand), novelista francés (1894-1961), autor de *Viaje al fondo de la noche.*

celo m. Esmero o cuidado puesto en el cumplimiento de una obligación : *mostrar gran celo.* || Gran actividad inspirada por la fe religiosa o por el afecto a una persona. || Recelo que inspira el bien ajeno, envidia. || Apetito de la generación en los irracionales : *estar en celo un animal.* || Papel transparente que sirve para pegar. || — Pl. Inquietud de la persona que teme que aquella a quien ama de la preferencia a otra : *celos infundados.* || *Dar celos*, dar motivos para que otro los sienta.

celofán m. y **celófana** f. Tejido delgado y flexible, a manera de papel transparente, que sirve para preservar los objetos de la humedad o para presentarlos mejor.

celosía f. Enrejado que se pone en las ventanas para ver sin ser vistos.

celoso, sa adj. Que tiene celo o celos (ú. t. c. s.).

Celsio o **Celsius** (Anders), astrónomo y físico sueco (1701-1744), que estableció la escala termométrica centesimal.

celta adj. y s. Individuo de un ant. pueblo indogermánico. || — M. Idioma de este pueblo.
— Los *celtas* se extendieron en los tiempos prehistóricos por Europa Central, y avanzaron sucesivamente por las Galias, España (s. VIII a de J. C.) y las Islas Británicas, hasta someterse al Imperio Romano (s. II y I a. de J. C.).

Celtiberia, región de la España Tarraconense.

celtibérico, ca adj. De los celtíberos.

celtíbero, ra y **celtíbero, ra** adj. y s. De Celtiberia. (Los *celtíberos*, pueblo de la España Tarraconense, eran el producto de la fusión de celtas e iberos.)

céltico, ca adj. De los celtas.

celtio m. *Quím.* Hafnio.

celtismo m. Doctrina que supone ser la lengua céltica origen de la mayoría de las modernas. || Afición al estudio de lo celta. || Amor a lo celta.

célula f. *Bot.* y *Zool.* Elemento anatómico constitutivo de los seres vivos. || *Fig.* Grupo político : *célula comunista.* | Elemento constitutivo esencial de un conjunto organizado.

celular adj. Relativo a las células. || Formado por células : *tejido celular.* || Relativo a una prisión con celdas. || *Coche celular*, el utilizado para llevar a las personas sospechosas a los reos.

celulita f. Pasta de una fibra leñosa muy usada en la industria.

celulitis f. *Med.* Inflamación del tejido celular subcutáneo que produce obesidad.

celuloide m. *Quím.* Material plástico compuesto de nitrocelulosa y alcanfor del que se fabrican peines, bolas de billar, pelotas, cajas, etc. || Película de cine : *celuloide rancio.* || *Fig.* Llevar al *celuloide*, hacer una película.

celulosa f. *Quím.* Sustancia orgánica, insoluble en el agua, que forma la membrana envolvente de las células vegetales : *con la celulosa se fabrica papel.*

celulósico, ca adj. Relativo a la celulosa.

cella f. *Arq.* Espacio del templo clásico, entre el pronaos y el pórtico.

Cellini (Benvenuto), escultor, orfebre y grabador italiano (1500-1571). Se estableció en la corte de Francisco I de Francia. Autor de *Memorias.*

cellisca f. Temporal de agua y nieve.

cementación f. Acción y efecto de cementar.

cementar v. t. Modificar la composición de un metal incorporándole otro cuerpo (generalmente carbono) bajo una temperatura alta : *cementar el hierro con el carbón para convertirlo en acero.* || Unir con cemento.

cementerio m. Lugar destinado a enterrar cadáveres. || Lugar donde se ponen los vehículos inutilizables : *cementerio de coches.*

cemento m. Material de construcción, formado por una mezcla de arcilla y silicatos calcinados (silicato doble de aluminio y de calcio), que se fragua o solidifica rápidamente si se le añade agua. || Tejido fibroso que cubre el marfil en la raíz de los dientes. || Material que se componen los dientes. || — *Cemento armado*, cemento u hormigón reforzado interiormente con varillas de hierro o alambres. || *Cemento hidráulico*, el que fragua inmediatamente bajo el agua. || *Cemento Portland*, el obtenido mezclando arcilla y carbonato de cal que se cuece luego en un horno continuo.

cemita f. *Méx.* Acemita. || *Méx. Fam. Parecer cemita revolcada*, haberse empolvado demasiado la cara.

compasúchil m. *Méx.* Planta herbácea utilizada para adornar las tumbas.

cempoal adj. y s. Indio mexicano que habitaba en Cempoala.

Cempoala, ant. pobl. de la costa E. de México (hoy Est. de Veracruz). Su cacique luchó con Cortés contra Moctezuma (1520).

cempoalxóchitl m. *Méx.* Flor de la maravilla.

Cempoaltépetl, monte de México en la Sierra de Oaxaca.

cena f. Comida tomada a la entrada de la noche. || Alimentos que se toman en ella. || Última comida que hizo Jesús con sus apóstoles y en la que instituyó la Eucaristía.

cenáculo m. Sala en la que celebró Jesús la última cena. || *Fig.* Reunión de escritores, artistas, etc.

cenachero m. Vendedor ambulante de pescado llevado en cenachos.

cenacho m. Espuerta de esparto.

cenador, ra adj. y s. Que cena. || — M. Pabellón de hierro o cañas, adornado de follaje en un jardín.

cenagal m. Lugar cenagoso. || *Fig.* y *fam.* Atolladero, dificultad, apuro.

cenagoso, sa adj. Con cieno.

cenar v. i. Tomar la cena. || — V. t. Comer en la cena : *ceno huevos.*

cencerrada f. *Fam.* Alboroto armado con cencerros.

cencerrear v. i. Tocar o sonar con insistencia cencerros. || *Fig.* y *fam.* Tocar mal un instrumento músico. || Hacer ruido las piezas de hierro cuando no están bien ajustadas.

cencerro m. Campanilla que se cuelga al pescuezo de las reses.

cencoatl m. *Méx.* Cencuate.

cencuate m. Culebra de México, de la que la gente cree que mama la leche de las mujeres cuando están criando y mientras duermen.

cendal m. Tela de seda o lino delgada y transparente. || Humeral, vestidura del sacerdote.

Cendé, páramo de Venezuela, entre los Est. de Lara y Trujillo y en la sierra de Calderas ; 3 585 m.

cenefa f. Borde o ribete : *cenefa de un vestido.* || Tabla que cubre la parte inferior de la pared.

cenetista adj. De la Confederación Nacional del Trabajo (ú. t. c. s.).

cenicero m. Platillo donde se echa la ceniza del cigarro.

cenicienta f. Mujer injustamente postergada.

ceniciento, ta adj. De color de ceniza : *rubio ceniciento.*

Cenis, monte de los Alpes, entre Francia e Italia, que atraviesa un túnel ferroviario ; 2 083 m.

cenit m. *Astr.* Punto del hemisferio celeste que corresponde verticalmente a otro de la Tierra. || *Fig.* Apogeo, punto máximo.

cenital adj. Relativo al cenit. || Dícese de la luz que procede del techo.

ceniza f. Resto que queda después de una combustión completa. || — Pl. Restos mortales.

Ceniza, cerro de Venezuela (Aragua) ; 2 435 m. || ~ (BOCAS DE), lugar en Colombia (Atlántico) donde desemboca el río Magdalena.

cenizo, za adj. Ceniciento. || — M. Planta quenopodiácea. || Oídio de la vid. || *Fam.* Aguafiestas. | Gafe. | *Mala suerte* : *tener el cenizo.*

Cenobia. V. ZENOBIA.

cenobio m. Monasterio.

cenobita m. Monje, anacoreta. || — Com. *Fig.* Persona que lleva una vida ascética.

Cenón. V. ZENÓN.

cenotafio m. Monumento funerario vacío erigido en memoria de un personaje.

cenote m. *Méx.* Pozo de agua o manantial que se halla generalmente a gran profundidad : *los cenotes son comunes en el Yucatán.* (El *Cenote Sagrado* de Chichén Itzá tuvo gran importancia religiosa en los ritos de los antiguos mayas.)

censar v. t. Hacer el censo.

censatario, ria m. y f. Persona obligada a pagar los réditos de un censo.

censo m. En Roma, lista de personas y bienes que los censores hacían cada cinco años. || Padrón o lista estadística de un país : *censo de población.* || Contribución o tributo : *censo redimible.* || *For.* Contrato por el cual se sujeta un inmueble al pago de una pensión anual : *censo consignativo.* || Registro general de ciudadanos con derecho de voto : *censo electoral.* || *Fig. y fam. Ser un censo*, ser costoso.

censor, ra m. y f. Crítico, juez : *censor muy severo.* || Encargado por la autoridad del examen de los libros, periódicos, películas, etc., desde el punto de vista moral o político. || En los colegios, encargado de vigilar la observancia de las leyes, reglamentos, etc. || — M. Antigua magistrado de Roma. || *Censor jurado de cuentas*, el que controla la contabilidad y balance de una empresa.

censualista com. Persona que percibe el rédito del censo.

censura f. Cargo y funciones del censor. || Juicio o criterio acerca de la conducta ajena : *la implacable censura de Catón.* || Intervención de la autoridad gubernativa en las cosas públicas o privadas : *censura de prensa, de los espectáculos.* || Órgano que la ejerce.

censurable adj. Que merece censura.

censurador, ra adj. y s. Que censura.

censurar v. t. Reprobar, criticar. || Prohibir la publicación o la representación : *las autoridades censuraron sus obras de teatro.*

centauro m. *Mit.* Monstruo mitad hombre y mitad caballo.

Centauro, constelación austral.

centavo, va adj. Centésimo. || — M. Moneda que vale la centésima parte de algunas unidades monetarias : *el peso se divide en centavos.* || Dinero.

centella f. Rayo : *cayó una centella.* || Chispa. || *Fig.* Cosa rápida, fugaz.

centelleante adj. Que centellea.

centellear v. i. Despedir destellos.

centelleo m. Acción de centellear.

centena f. Conjunto formado por cien unidades.

centenar m. Centena.

centenario, ria adj. Relativo a la centena. || — Adj. y s. Que tiene cien o más años de edad : *árbol centenario.* || — M. Fiesta que se celebra cada cien años. || Día en que se cumplen una o más centenas de años de un acontecimiento.

centeno m. Planta anual gramínea, semejante al trigo.

Centeocihuatl, una de las advocaciones, entre las aztecas, de Chicomecóatl, la diosa del Maíz.

centesimal adj. Dividido en cien partes.

centésimo, ma adj. Que ocupa el orden correspondiente al número ciento. || Dícese de cada una de las cien partes iguales en que se divide un todo (ú. t. c. s.).

centiárea f. Centésima parte del área, equivalente a un metro cuadrado.

centigrado, da adj. Dividido en cien grados : *termómetro centígrado.* || — M. Centésima parte del grado (símb., cgr).

centigramo m. Centésima parte del gramo (símb., cg).

centilitro m. Centésima parte del litro (símb., cl).

centímetro m. Centésima parte del metro (símb., cm).

céntimo, ma adj. Centésimo. || — M. Centésima parte de la unidad monetaria.

centinela m. Soldado que hace guardia en un sitio. || — Com. *Fig.* Persona que vigila.

centinodia f. Planta poligonácea.

centolla f. y **centollo** m. Cangrejo marino comestible.

centrado, da adj. Dícese de la cosa cuyo centro está en la posición que debe ocupar. || *Fig.* Que está en su elemento. | Equilibrado, sensato. || — M. Operación que consiste en determinar el punto céntrico de una pieza.

central adj. Relativo al centro : *despacho central.* || Que está en el centro : *núcleo central.* || General : *calefacción central.* || Principal : *personaje central del relato.* || Matriz : *casa central de una multinacional.* || — F. Establecimiento central : *Central de Correos, de Comunicaciones.* | Fábrica productora de energía : *central hidroeléctrica, nuclear.* || Casa matriz o principal de una empresa o comunidad. || *Central telefónica,* lugar donde terminan los hilos de los circuitos telefónicos de un grupo de abonados y en el cual se efectúan las operaciones necesarias (manuales o automáticas) para el establecimiento de las comunicaciones.

Central, n. de diferentes cord. americanas como la de *Colombia,* desde el límite del Ecuador hasta el dep. de Antioquia ; la de *Costa Rica,* de origen volcánico ; la de la *Rep. Dominicana,* en la que se hallan las alt. máx. de las Antillas ; la del *Ecuador,* desde el nudo de Loja hasta el Perú ; la del *Perú,* desde el nudo de Pasco hasta el de Vilcanota ; la de *Puerto Rico,* entre Cerro Gordo y la sierra del Cayey. — Dep. del Paraguay, en la región oriental ; cap. *Asunción.* Agricultura.

centralismo m. Sistema administrativo en el que el poder central asume todas las funciones. || Organización interna de un movimiento político o sindical que postula el acatamiento de los resoluciones mayoritarias.

centralista adj. Relativo a la centralización política y administrativa de un país. || Partidario de ella (ú. t. c. s.).

centralita f. Central telefónica que une los teléfonos interiores de un mismo edificio o entidad.

centralización f. Hecho de reunir todo en un centro único de acción o de autoridad.

centralizador, ra adj. y s. Que centraliza.

centralizar v. t. Reunir en un centro común. || Asumir el poder público facultades atribuidas a organismos locales : *el nuevo gobierno centralizó toda la administración.*

centrar v. t. Hacer que se reúnan en un punto los proyectiles, rayos luminosos, etc. || Colocar una cosa en el centro de otra. || Determinar el punto céntrico. || Poner en el centro. || Dirigir una lugar determinado : *centrar los disparos hacia mí.* || *Fig.* Atraer la atención, etc. || Orientar : *centrar una novela sobre las cuestiones sociales.* || En deportes, lanzar el balón hasta el centro (ú. t. c. i.). || — V. pr. Orientarse.

centrear v. t. *Arg.* En fútbol, centrar.

céntrico, ca adj. Central.

centrifugación f. Separación de los elementos de una mezcla por la fuerza centrífuga.

centrifugadora f. Máquina para centrifugar.

centrifugar v. t. Someter los componentes de una mezcla a la fuerza centrífuga para separarlos.

centrífugo, ga adj. Mec. Que aleja del centro : *bomba centrífuga.*

centrípeto, ta adj. Que acerca al centro : *aceleración centrípeta.*

centrista adj. Que pertenece al centro, en política (ú. t. c. s.).

centro m. Geom. Punto situado a igual distancia de todos los puntos de un círculo, de una esfera, etc. : *centro de un círculo, de una elipse, de un polígono regular,* etc. || Lo más alejado de la superficie exterior de una cosa : *el centro de Colombia.* || *Fig.* Lugar de donde parten o convergen acciones coordenadas, foco : *el centro de la rebelión.* || Círculo : *en los centros diplomáticos.* || Establecimiento, organismo : *centro docente.* || Dirección general del Estado : *centro político y administrativo.* || Conjunto de miembros de una asamblea política que se encuentra entre la derecha y la izquierda. || *Fig.* Punto hacia donde se dirigen las miradas, la atención, etc. : *fue el centro de la curiosidad.* || Zona más concurrida de una población : *el centro de Buenos Aires.* || Lugar donde se concentra una actividad : *centro de los negocios.* || Estructura o parte del organismo que dirige o coordina ciertas funciones : *centro digestivo.* || Punto de reunión : *centro literario.* || En fútbol, pase largo. || *Cub.* y *Méx.* Saya de raso que se ponen las mujeres debajo de los vestidos de tela transparente. || — *Centro comercial,* conjunto urbano que agrupa diversas tiendas y diversos servicios (bancos, correos, etc.). || *Centro de atracción,* punto que ejerce constante atracción sobre un cuerpo celeste. || *Centro de gravedad,* punto de un cuerpo situado de tal forma que, si se le suspendiese por él, permanecería en equilibrio en cualquier posición que se le diere. || *Centro de mesa,* tapete o vasija de adorno puesto en el centro de una mesa.

Centroafricana (REPÚBLICA), Estado de África Ecuatorial ; 617 000 km² ; 2 610 000 h. *(centroafricanos).* Cap. *Bangui,* 302 000 h. Diamantes. Ant. *Ubangui Chari,* independiente en 1960. Fue imperio de 1976 a 1979.

centroafricano, na adj. y s. De la Rep. Centroafricana.

Centroamérica o **Centro América,** América Central.

Centroamericana, cadena de montañas que cruza Honduras y Nicaragua de NO. a SE.

centroamericano, na adj. y s. De América Central.

centrocampismo m. Mediocampismo.

centrocampista adj. y s. Mediocampista.

centroderechista adj. Que pertenece al centro en política, con cierta inclinación a la derecha (ú. t. c. s.).

centroeuropeo, a adj. De Europa Central (ú. t. c. s.) : *Yugoslavia es una nación centroeuropea.*

centroizquierdista adj. Que pertenece al centro en política, con cierta inclinación a la izquierda (ú. t. c. s.).

centrolense adj. y s. Del dep. Central (Paraguay).

centromexicano, na adj. *Méx.* Dícese de la persona de la meseta central mexicana (ú. t. c. s.).

centunviro m. Miembro del tribunal civil de la Roma antigua.

centuplicar v. t. Hacer cien veces mayor : *ha centuplicado su fortuna.*

céntuplo, pla adj. Cien veces mayor (ú. t. c. s. m.).

centuria f. Siglo, cien años. || Compañía de cien hombres en Roma.

centurión m. Jefe de una centuria.

Centurión (Emilio), pintor argentino, n. en 1894.

centzontle m. *Méx.* Sinsonte.

ceñidor m. Faja, cinturón.

ceñir v. t. Rodear o ajustar la cintura. || Rodear : *el mar ciñe la tierra.* || Ajustar : *camiseta que ciñe el busto* (ú. t. c. pr.). || Abrazar : *ceñir a un adversario.* || *Fig.* Abreviar. || — V. pr. Moderarse en los gastos, en las palabras, etc. | Limitarse, ajustarse : *me ciño a lo dicho.* | Amoldarse : *me ciño a mis posibilidades.* | Acercarse mucho : *hay que ceñirse a la curva.*

ceño m. Gesto de disgusto hecho arrugando la frente.

ceñudo, da adj. Que hace ceño.

ceoán f. *Méx.* Ave parecida al tordo.

REP. CENTROAFRICANA

C. E. O. E., *Confederación Española de Organizaciones Empresariales.*

cepa f. Parte del tronco de una planta inmediata a las raíces y que está bajo tierra. ‖ Planta o tronco de la vid. ‖ *Méx.* Foso para plantar árboles. ‖ *Arq.* En los puentes y arcos, tronco o arranque del machón desde el suelo hasta la imposta. ‖ *Fig.* Linaje, casta : *ser de buena cepa.* ‖ Denominación dada a cada tipo de vino según el lugar y la época de la recolección de la uva. ‖ *Fig. De pura cepa,* auténtico.

C. E. P. A. L. V. COMISIÓN ECONÓMICA PARA AMÉRICA LATINA.

CEPE. V. PETROLERA ECUATORIANA.

Cepeda Samudio (Álvaro), escritor colombiano (1926-1972). ‖ **— y Ahumada** (TERESA). V. TERESA DE JESÚS.

cepillado m. Acción de cepillar.

cepillar v. t. Limpiar con cepillo. ‖ Alisar con el cepillo de carpintero. ‖ *Fam.* Robar. ‖ Adular, lisonjear. ‖ — V. pr. *Fig.* y *fam.* Suspender en un examen. ‖ Matar. ‖ Acabar.

cepillo m. Caja para donativos : *el cepillo de las iglesias.* ‖ Herramienta de carpintero para alisar las maderas. ‖ Utensilio formado de cerdas o filamentos análogos fijos en una chapa de forma variable y que sirve para quitar el polvo : *cepillo para la ropa.*

cepo m. Madero grueso en que se ponen el yunque, la bigornia, etc. ‖ Madero que, fijo a la pierna, al cuello o a las manos del reo, le servía de prisión. ‖ Trampa para cazar animales. ‖ Cepillo de limosna. ‖ Varilla para sujetar periódicos. ‖ *Fig.* Trampa, ardid. ‖ Dispositivo empleado por los agentes de la circulación para inmovilizar un vehículo mal aparcado bloqueándole una rueda.

ceporro m. *Fam.* Torpe, ignorante.

cera f. Sustancia blanda y amarillenta segregada por las abejas y con la que éstas forman las celdillas de los panales. ‖ Sustancia análoga que recubre ciertas hojas, flores y frutos. ‖ Cerumen de los oídos. ‖ Sustancia vegetal o animal hecha con ésteres alcohólicos monovalentes. ‖ Preparación grasienta usada para untar la suela de los esquíes. ‖ *Amer.* Vela de cera.

Ceram, mar e isla de Indonesia en el archipiélago de las Molucas.

cerámica f. Arte de fabricar vasijas y objetos de barro cocido : *cerámica griega.* ‖ Objeto así fabricado.

ceramista com. Persona que fabrica objetos de cerámica.

cerbatana f. Tubo usado para disparar flechas soplando por un extremo.

Cerbère (CABO). V. CERVERA.

Cerbero o **Cancerbero,** perro de tres cabezas que guardaba las puertas de los Infiernos. *(Mit.)*

cerca f. Vallado, valla, barrera.

cerca adv. A poca distancia, junto a : *cerca de mi casa.* ‖ *Cerca de,* casi, aproximadamente : *cerca de cinco días ;* ante : *embajador cerca de la Santa Sede.*

cercado m. Terreno rodeado de una valla. ‖ Cerca, valla : *un cercado de alambre.* ‖ *Bol.* y *Per.* División territorial que comprende la capital de un Estado o provincia y los pueblos que de ella dependen.

Cercado, n. de cinco prov. de Bolivia, en los dep. del Beni (cap. *Trinidad*), Cochabamba (cap. *Cochabamba*), Oruro (cap. *Caracollo*), Potosí, llamada tb. *Frías* (cap. *Tinquipaya*) y Tarija (cap. *Tarija*). ‖ **(El),** com. de la Rep. Dominicana (San Juan de la Maguana).

cercanía f. Calidad de cercano o próximo, proximidad. ‖ — Pl. Alrededores : *vivir en las cercanías de Madrid.* ‖ Suburbios : *tren de cercanías.*

cercano, na adj. Próximo.

Cercano Oriente. V. ORIENTE.

cercar v. t. Vallar, rodear con cerca o vallado. ‖ Rodear : *me cercó la muchedumbre.* ‖ *Mil.* Sitiar.

Cercedilla, mun. del centro de España (Madrid), en el Puerto de Navacerrada. Estación de deportes de invierno.

cercén adv. a cercén, de raíz.

cercenar v. t. Cortar las extremidades de una cosa : *cercenar un árbol.* ‖ Abreviar, acortar un texto. ‖ Disminuir : *cercena el gasto.*

cerceta f. Ave palmípeda.

cerciorar v. t. Dar a alguien la certeza de una cosa. ‖ — V. pr. Convencerse, adquirir la certeza de una cosa.

cerco m. Acción y efecto de cercar. ‖ Lo que ciñe. ‖ Aro de un tonel. ‖ Sitio : *alzar* o *levantar el cerco.* Corrillo : *cerco de gentes.* ‖ Cinturón, anillo : *un cerco de pueblos a su alrededor.* ‖ Halo de los astros. ‖ Aureola alrededor del Sol. ‖ Círculo que rodea una mancha. ‖ Marco de ventana o puerta. ‖ *Amer.* Valla, cerca. ‖ *Poner cerco,* sitiar, cercar.

cercopiteco m. Mono catirrino, de cola larga, que vive en África.

cerda f. Pelo grueso y duro del cuerpo del jabalí y cerdo, y de la cola y crines de los caballos : *cepillo de cerda.* ‖ Hembra del cerdo.

Cerda (Manuel Antonio de la), político y patriota nicaragüense, m. en 1828, jefe del Estado de 1824 a 1828. M. fusilado. ‖ **~ Sandoval** (GASPAR DE LA), virrey de Nueva España de 1688 a 1696. Fue conde de Galve (1653-1697). ‖ **~ y Aragón** (TOMÁS ANTONIO), virrey de Nueva España de 1680 a 1686. (1638-1692).

cerdada f. *Fam.* Mala pasada, jugarreta, jugada. ‖ Porquería.

Cerdanya, V. CERDAÑA.

Cerdaña, en cat. *Cerdanya,* región de los Pirineos Orientales, dividida entre Francia y España. — Comarca del NE. de España en Cataluña (Gerona) ; cap. *Puigcerdá.*

cerdear v. i. *Fam.* Portarse suciamente y con poca honradez.

Cerdeña, isla de Italia en el Mediterráneo, al S. de Córcega ; cap. *Cagliari* ; 24 090 km² ; 1 700 000 h. (sardos). Reino de 1720 a 1860.

cerdo m. Mamífero ungulado paquidermo, doméstico, de cabeza grande, orejas caídas y hocico casi cilíndrico. ‖ Carne de cerdo. ‖ *Fig.* y *fam.* Puerco, hombre sucio y grosero. ‖ Persona despreciable.

cereal m. Planta farinácea, como el trigo, maíz, centeno, cebada, avena, sorgo, arroz, alforfón, etc. ‖ Su semilla.

cerealista adj. Relativo a los cereales. ‖ — M. y f. Productor de cereales.

cerebelo m. *Anat.* Centro nervioso del cerebro en la parte inferior y posterior de la cavidad craneana.

cerebral adj. *Anat.* Relativo al cerebro : *circunvoluciones cerebrales.* ‖ *Fig.* Intelectual, frío, desapasionado.

cerebro m. *Anat.* Centro nervioso que ocupa la parte superior y anterior del cráneo de los vertebrados. ‖ *Fig.* Mente, inteligencia : *es un cerebro excepcional.* ‖ Centro de dirección : *la capital, cerebro del país.* ‖ Sabio, gran especialista : *fuga de cerebros.* ‖ *Cerebro electrónico,* máquinas electrónicas que efectúan las operaciones (cálculo) sin intervención del hombre.

cerebroespinal adj. Relativo al cerebro y a la médula.

ceremonia f. Forma exterior y regular de un culto : *las ceremonias de la Iglesia.* ‖ Acto solemne. ‖ Pompa, aparato : *recibir con gran ceremonia.*

ceremonial adj. De la ceremonia. ‖ — M. Conjunto de normas establecidas en algunos actos públicos : *el ceremonial de la corte.* ‖ Libro en que están escritas las ceremonias que se deben observar en ciertos actos.

ceremonioso, sa adj. Que gusta de ceremonias y cumplidos. ‖ Con mucha ceremonia.

céreo, a adj. De cera.

cerería f. Tienda y oficio del cerero.

cerero, ra m. y f. Persona que hace o vende cera y velas. ‖ *Pop. Méx.* Vago, trotacalles.

Ceres, diosa romana de la Agricultura. Es la Deméter griega.

cereza f. Fruto redondo del cerezo. ‖ *Amer.* Cáscara del grano de café.

cerezal m. Lugar plantado de cerezos.

cerezo m. Árbol frutal de la familia de las rosáceas, de fruto comestible. ‖ Nombre de varios árboles americanos. ‖ Madera de estos árboles.

Cerezo de Arriba, mun. del centro de España (Segovia). Centro de deportes de invierno de La Pinilla.

Cergy, c. de Francia, al NO. de

París (Val-d'Oise). En este municipio se encuentra la nueva ciudad de Cergy-Pontoise.

cerilla f. Fósforo. ‖ Cerumen de los oídos.

cerillero m. y **cerillera** f. Caja que contiene fósforos o cerillas. ‖ Bolsillo para guardar los fósforos. ‖ Persona que vende cerillas o tabaco.

cerillo m. Cerilla, fósforo.

Ceriñola, c. de Italia (Pulla). Gonzalo de Córdoba venció aquí a los franceses (1503).

cerio m. Metal (Ce) de número atómico 58, duro, brillante, extraído de la ceria.

Cerler, estación de deportes de invierno de España en el mun. de Benasque (Huesca).

Cerna (Vicente), general guatemalteco, pres. de la Rep. de 1865 a 1871.

Cernauti. V. TCHERNOVTSY.

cerner v. t. Cribar, separar con el cedazo las partes más finas de una cosa de las gruesas : *cerner harina.* ‖ Observar, examinar. ‖ — V. pr. Mantenerse las aves y los aviones en el aire. ‖ *Fig.* Amenazar : *se cernía el infortunio sobre la familia.*

cernícalo m. Ave de rapiña de plumaje rojizo manchado de negro. ‖ *Fig.* y *fam.* Bruto, ignorante.

cernido m. Tamizado, cribado.

cernidor m. Cedazo, criba, tamiz.

cernir v. t. Cerner.

Cernuda (Luis), poeta español (1902-1963), autor de *Donde habite el olvido, Como quien espera el alba,* etc., composiciones reunidas con el título *La realidad y el deseo.*

cero m. Signo aritmético sin valor propio : *el cero colocado a la derecha de un número significativo aumenta diez veces el valor de éste.* ‖ *Fís.* En las diversas escalas de los termómetros, manómetros, etc. punto desde el cual se cuentan los grados : *cero termométrico.* ‖ Nada : *redujo su capital a cero.* ‖ — Adj. Ninguno : *tuve cero errores en mis cálculos.* ‖ — *Cero absoluto,* punto de la escala termométrica a 273,16 grados centígrados por debajo del cero normal ; (fig.) cosa que por sí sola no tiene valor. ‖ *Fig.* y *fam. Ser un cero a la izquierda,* ser inútil.

cerón m. Árbol maderable de gran talla propio de toda la América tropical. ‖ Su madera.

ceroso, sa adj. Blando como la cera o parecido a ella : *tez cerosa.*

cerrado, da adj. No abierto : *puerta cerrada.* ‖ *Fig.* Incomprensible : *el sentido cerrado de un escrito.* ‖ Cubierto de nubes. ‖ Dícese de la barba muy poblada. ‖ En que es difícil entrar : *sociedad cerrada.* ‖ Insensible, inaccesible : *cerrado al amor.* ‖ Que encierra completamente : *curva cerrada.* ‖ Obstinado : *actitud cerrada.* ‖ Tupido : *lluvia muy cerrada.* ‖ Poco expansivo o comunicativo : *carácter cerrado.* ‖ De mucho acento : *hablar un andaluz cerrado.* ‖ Nutrido, grande : *ovación cerrada.* ‖ Denso, completo : *noche cerrada.* ‖ Muy torpe : *hombre cerrado de mollera* (ú. t. c. s.).

cerradura f. Mecanismo con llave que sirve para cerrar.

cerrajería f. Oficio y taller de cerrajero.

cerrajero m. El que fabrica cerraduras, llaves, cerrojos, etc.

Cerralvo, isla de México, en el golfo de California.

cerrar v. t. Hacer que una cosa que estaba abierta deje de estarlo : *cerrar la puerta.* ‖ Asegurar con cerradura, pestillo, pasador, etc. : *cerrar con llave.* ‖ Impedir la circulación de un fluido : *cerrar los grifos.* ‖ Interrumpir el tránsito : *cerrar el tráfico.* ‖ Cercar, vallar : *cerrar un terreno.* ‖ Tapar, obstruir : *cerrar un hueco.* ‖ Interrumpir el funcionamiento : *cerrar la escuela, la radio.* ‖ *Fig.* Impedir la entrada : *cerrar el paso.* ‖ Juntar las extremidades del cuerpo : *cerrar las piernas, los brazos.* ‖ Juntar las partes que componen un todo : *cerrar la boca.* ‖ Unir estrechamente : *cerrar las filas.* ‖ Doblar, plegar : *cerrar un paraguas.* ‖ Pegar el sobre de una carta. ‖ *Fig.* Poner término : *cerrar una discusión.* ‖ Dar por firme o terminado un con-

123

trato, un negocio, una cuenta, etc. ‖ Cicatrizar : *cerrar una herida.* ‖ Llegar completamente : *al cerrar la noche.* ‖ — *Cerrar la marcha,* caminar detrás de los demás. ‖ *Cerrar los ojos,* dormirse ; morir. ‖ *Cerrar plaza,* ser el último toro de la corrida. — V. i. Cerrarse una cosa : *la ventana cierra mal.* ‖ *Fig.* Llegar a su plenitud : *la noche está cerrada.* ‖ Acometer, embestir : *cerrar con* (o *contra*) *uno.* ‖ — V. pr. Juntarse los pétalos de una flor. ‖ Cicatrizar. ‖ Encapotarse : *cerrarse el cielo.* ‖ *Fig.* Mantenerse uno firme en su propósito, obstinarse : *se cierra en callar.* ‖ Ser contrario a admitir algo : *me cierro a todo cambio.*

cerrazón f. Oscuridad que precede a las tempestades cuando se cubre el cielo de nubes muy negras. ‖ *Fig.* Torpeza, incapacidad en comprender. ‖ Obstinación. ‖ *Amer.* Contrafuerte de una cordillera.

Cerredo (PEÑA al TORRE DE), monte en el N. de España, en los Picos de Europa ; 2 648 m.

Cerretani (Arturo), escritor argentino, n. en 1907, autor de relatos (*La violencia, El deschave*) y de obras de teatro.

cerril adj. Sin domar, salvaje : *potro cerril.* ‖ *Fig.* y *fam.* Grosero, basto : *persona cerril.* ‖ Torpe.

cerrilismo m. Obstinación, terquedad. ‖ Torpeza.

Cerrillos, nevados y dep. de Argentina (Salta) ; cab. *San José de los Cerrillos.* — Com. de Chile en el Área Metropolitana de Santiago.

Cerrito, lugar cerca de Montevideo donde Rondeau venció a los realistas (1812). — Pobl. del Paraguay (Ñeembucú).

cerro m. Elevación del terreno. ‖ *Fig.* y *fam. Echar o irse por los cerros de Úbeda,* salirse del tema.

Cerro, mun. de Cuba (Ciudad de La Habana). ‖ — **Bolívar,** importante yacimiento de hierro en Venezuela (Bolívar). ‖ — **Castillo,** com. de Chile (Magallanes). ‖ — **Corá,** loc. del Paraguay (Amambay), escenario del último combate de la guerra de la Triple Alianza (1870). ‖ — **de la Cruz,** cima de Bolivia ; 5 433 m. ‖ — **de la Muerte,** monte de Costa Rica (Cartago), en la cord. de Talamanca. ‖ — **de las Campanas,** cerro de México (Querétaro), donde fueron fusilados el emperador Maximiliano y los generales Miramón y Mejía (17 de junio de 1867). ‖ — **de las Vueltas,** monte de Costa Rica en la cord. de Talamanca ; 3 000 m. ‖ — **de los Ángeles,** cerro cerca de Madrid en cuya cima se eleva una estatua al Sagrado Corazón. ‖ — **de Pasco,** c. del Perú, cap. de la prov. y del dep. homónimos. Minas (cobre, plata, oro, plomo, cinc, bismuto). ‖ — **Gordo,** pobl. de México (Veracruz). ‖ — **Hermoso** o **Yúrac Llanganati,** cumbre del Ecuador, en la Cord. Central ; 4 638 m. ‖ — **Largo,** cuchilla del Uruguay, entre los ríos Tacuarí y Cebollatí. ‖ — **Nava,** com. de Chile en el Área Metropolitana de Santiago. ‖ — **Pax,** cumbre del Ecuador, en la Cord. Oriental ; 3 350 m. ‖ — **Puntas,** alt. máx. de Puerto Rico (Ponce) ; 1 338 m. ‖ — **Quebrado.** V. CHACO. ‖ — **Quemado,** cumbre volcánica de Guatemala (Quezaltenango) ; 3 179 m. ‖ — **Sombrero,** c. de Chile en la XII Región (Magallanes) y en la prov. de Tierra del Fuego, cap. de la com. de Primavera.

cerrojo m. Barra de hierro, movible entre dos armellas, que cierra una puerta o ventana. ‖ En los fusiles y armas ligeras, cilindro metálico que contiene los elementos de percusión, obturación y extracción del casquillo.

cerrolarguense adj. y s. De Cerro Largo (Uruguay).

Cerruto (Óscar), escritor boliviano (1912-1981), autor de poesías (*Cifra de la rosa* y *siete cantares*) y novelas (*Aluvión de fuego*).

certamen m. Desafío, duelo, pelea, batalla. ‖ *Fig.* Concurso sobre una materia intelectual.

certero, ra adj. Acertado : *tiro certero.* ‖ Cierto y determinado.

certeza y **certidumbre** f. Conocimiento seguro y claro de alguna cosa.

certificación f. Acción y efecto de certificar. ‖ Certificado.

certificado m. Documento o escrito que se asegura algo : *certificado médico.* ‖ Diploma. ‖ — Adj. Dícese del envío postal que se certifica (ú. t. c. s. m.).

certificador, ra adj. Que certifica (ú. t. c. s.).

certificar v. t. Dar una cosa por segura, afirmar. ‖ *For.* Hacer cierta una cosa por medio de documento público : *certificar una fianza.* ‖ *Certificar una carta, un paquete,* obtener, mediante pago, un certificado con que se puede acreditar haber depositado el objeto en Correos.

certitud f. Certeza.

Cerulario (Miguel), patriarca hereje de Constantinopla (¿1000 ?- 1059). Durante su mandato (1043-1058) se consumó el cisma de la Iglesia bizantina (1054).

cerúleo, a adj. Azul celeste.

cerumen m. Secreción grasa del interior de los oídos.

cerval adj. Del ciervo. ‖ *Fig.* Dícese del miedo grande.

Cervantes, v. de España (Lugo).

Cervantes Saavedra (Miguel de), escritor español, n. en Alcalá de Henares en 1547 y m. en Madrid en 1616. Combatió en la batalla de Lepanto (1571), donde fue herido en la mano izquierda, y estuvo prisionero de los turcos en Argel. Cultivó la novela pastoril con *La Galatea* y la novela corta con las doce *Novelas Ejemplares* (*El coloquio de los perros, El casamiento engañoso, Rinconete y Cortadillo,* de carácter picaresco, *El celoso extremeño, La gitanilla, La ilustre fregona, La fuerza de la sangre* y *El amante liberal,* costumbristas, *La española inglesa* y *El licenciado Vidriera,* filosóficas, *La señora Cornelia* y *Las dos doncellas,* al estilo italiano). Su última creación fue la novela bizantina *Los trabajos de Persíles y Segismunda.* Pero la obra que le dio fama inmortal fue las *Aventuras del ingenioso Hidalgo Don Quijote de la Mancha* (primera parte, 1605 ; segunda, 1615). *El Quijote* es una novela de caballerías, una obra en la que se encuentran todos los géneros conocidos en su época (pastoril, picaresco, italiano, picaresco, etc.) [V. QUIJOTE]. Escribió tb. un poema en tercetos (*Viaje del Parnaso*), entremeses (*La guarda cuidadosa, La cueva de Salamanca, El juez de los divorcios,* etc.) y varias comedias (*La gran sultana, Los baños de Argel*) y tragedias (*La Numancia*).

Cervantes (*Premio Miguel de*), premio literario concedido todos los años, desde 1976, en Madrid a los escritores en lengua española por el conjunto de su obra.

cervantesco, ca y **cervantino, na** adj. Propio de Cervantes.

cervantista com. Persona que se dedica al estudio de las obras de Cervantes.

cervato m. Ciervo pequeño.

cerveceria f. Lugar donde se fabrica o vende cerveza.

cervecero, ra adj. Relativo a la cerveza. ‖ — M. y f. Persona que hace o vende cerveza.

Cervera, c. del NE. de España (Lérida), cap. de la comarca catalana de Segarra. Antigua universidad de 1717 a 1842. ‖ — (CABO), cabo del Mediterráneo, en la costa interior entre España y Francia. (En fr. *Cerbère*).

Cervera (Pascual), marino español (1839-1909), almirante de la escuadra española derrotada por los Estados Unidos en la bahía de Santiago de Cuba (1898).

Cerveteri, c. de Italia (Lacio).

cerveza f. Bebida alcohólica, hecha con granos de cebada germinados y fermentados y lúpulo.

cervical adj. Relativo a la cerviz.

cérvidos m. pl. Familia de mamíferos rumiantes, como el ciervo, el camello, el corzo, el huemul, etc. (ú. t. c. adj.).

Cervino (MONTE) o **Matterhorn,** cumbre de los Alpes Peninos, en la frontera de Suiza e Italia ; 4 478 m.

cerviz f. *Anat.* Parte que se encuentra en la parte posterior del cuello del

hombre y de los animales. ‖ — *Fig. Bajar o doblar la cerviz,* humillarse. ‖ *Duro o doblar la cerviz,* indómito ; testarudo.

cesación f. Interrupción, acción y efecto de cesar. ‖ Cese.

cesante adj. Que cesa. ‖ Dícese del empleado que queda sin empleo (ú. t. c. s.).

cesantear v. t. *Arg.* Dejar cesante.

cesantía f. Estado de cesante. ‖ Pensión que disfruta en ciertos casos el empleado cesante.

cesar v. i. Detenerse o terminarse una cosa. ‖ Dejar de desempeñar algún empleo o cargo : *cesar en el gobierno.* ‖ Dejar de hacer lo que se está haciendo : *cesar de trabajar.* ‖ *Sin cesar,* sin parar. ‖ — V. t. Hacer dimitir : *cesaron a todos los que tenían ideas conservadoras.*

Cesar, dep. del N. de Colombia, cap. *Valledupar.* — Río de Colombia (Magdalena), afl. del Magdalena ; 315 km. Llamado tb. *Cesare.*

césar m. Emperador, soberano.

César, sobrenombre de la familia romana Julia, que llevaron, junto con el de Augusto, los emperadores romanos y, desde Diocleciano, el heredero presunto del Imperio.

César (Cayo Julio), general romano, n. en Roma (101-44 a. de J. C.), una de las figuras más egregias de la historia. Participó en la conquista de las Galias (59-51), atravesó el Rubicón, en la guerra civil contra Pompeyo, al que derrotó en Farsalia (48), persiguió a sus partidarios hasta España, donde los venció en Munda (45), y se hizo proclamar dictador con poderes soberanos (44). Fue apuñalado en el Senado por un grupo de conjurados en el que figuraba su propio hijo adoptivo Bruto. Historiador eminente, nos ha dejado *Comentarios de la guerra de las Galias* y *Comentarios de la guerra civil.*

Cesarea, ant. c. septentrional de Palestina, a orillas del Mediterráneo.

cesárea adj. Dícese de la operación médica que consiste en extraer el feto por incisión de la pared abdominal (ú. t. c. s. f.).

cesarismo m. Gobierno de los césares. ‖ Sistema de gobierno personal y absoluto.

cese m. Detención, interrupción. ‖ Revocación de un cargo. ‖ Escrito en que se hace constar.

cesio m. Metal raro (Cs), de número atómico 55, semejante al potasio.

cesión f. Renuncia de alguna cosa, posesión o derecho.

cesionario, ria m. y f. Persona en cuyo favor se hace una cesión.

cesionista com. Persona que hace una cesión.

Ceske Budejovice, c. de Checoslovaquia (Bohemia).

césped m. Hierba corta y tupida : *alfombra de verde césped.* ‖ Terreno cubierto de esta hierba.

Céspedes (Ángel María), poeta y diplomático colombiano (1892-1956). ‖ — (AUGUSTO), escritor boliviano, n. en 1904, autor de novelas (*Sangre de mestizos, Metal del diablo*) y crónicas (*El dictador suicida, El presidente colgado*). ‖ — (CARLOS MANUEL DE), patriota cubano, n. en Bayamo (1819-1874), que lanzó en Yara el grito de "Viva Cuba Libre" (1868). Proclamó la Rep. en Armas, de la que fue pres. de 1869 a 1873. M. asesinado. ‖ — (FRANCISCO JAVIER DE), general cubano (1821-1903). Luchó en la guerra de los Diez Años y fue pres. de la Rep. en Armas en 1877. ‖ — (PABLO DE), pintor y escritor español (¿1538-1608 ?), autor del poema *Arte de la pintura.* ‖ — y Quesada (CARLOS MANUEL DE), político e historiador cubano (1871-1939), hijo de Carlos Manuel. Fue pres. de la Rep. en 1933.

cesta f. Recipiente de mimbre o junco trenzado, que sirve para transportar o guardar cosas : *una cesta para la compra.* ‖ Su contenido. ‖ Especie de pala utilizada para jugar al frontón. ‖ Juego realizado con esta pala. ‖ Red que cuelga de un aro en el juego del baloncesto. ‖ Tanto marcado en este juego. ‖ — *Fig. Cesta de la compra,* valor del contenido y del precio de una cesta con los productos esenciales para alimentar un hogar. ‖

Fam. Llevar la cesta, acompañar y vigilar a una jovencita.

cestapunta f. Variedad del juego del frontón.

cestería f. Taller y tienda del cestero. || Oficio del cestero.

cestero, ra m. y f. Persona que hace o vende cestos.

Cestero (Manuel Florentino), novelista dominicano (1879-1926), autor de *Cuentos a Lila* y *El canto del cisne.* || ~ (TULIO MANUEL), escritor dominicano (1877-1954), autor de poesías (*El jardín de los sueños*), de poemas en prosa (*Sangre de primavera*), novelas (*La sangre*) y el libro de viajes *Hombres y piedras.*

cesto m. Cesta grande. || Cesta, en baloncesto.

cestodos m. pl. Orden de gusanos platelmintos.

Cestona, v. de España (Guipúzcoa).

cesura f. Pausa hecha en un verso para regular el ritmo.

cetáceos m. pl. Orden de mamíferos marinos de gran tamaño, como la ballena, el cachalote, el delfín, el narval, etc. (ú. t. c. adj.).

Cetina (Gutierre de), poeta español, n. en Sevilla (1520-de 1554 a 1557), autor del *Madrigal a unos ojos.* M. en México.

Cetiña, c. de Yugoslavia, ant. cap. de Montenegro.

cetona f. Nombre genérico de ciertos compuestos químicos análogos a la acetona.

cetrería f. Arte de criar halcones y demás aves de caza. || Caza con halcones.

cetrino, na adj. De color amarillo verdoso : *tenía la tez cetrina.*

cetro m. Bastón o insignia de mando : *el cetro del emperador.*

Cette. V. SÈTE.

Ceuta, plaza y puerto de soberanía española en el N. de Marruecos. Forma parte de la prov. de Cádiz. Obispado de Cádiz-Ceuta. Conquistada por España en 1688.

ceutí adj. y s. De Ceuta.

Cevallos (Pedro Fermín de), militar español (1716-1778), gobernador de Buenos Aires de 1756 a 1766 y primer virrey del Río de la Plata en 1766.

Cevenas, región montañosa de Francia, en el O. del Macizo Central ; alt. máx. en el Mézenc (1 699 m.).

Ceylán. V. CEILÁN.

Cézanne (Paul), pintor impresionista francés (1839-1906), precursor de la pintura moderna.

Cf., abrev. de *confer*, que significa *compárese, véase.*

Cf, símb. químico del *californio.*

C. G. S., sistema cegesimal de medidas cuyas unidades son el centímetro (cm), el gramo (g) y el segundo (s).

C. G. T. V. CONFEDERACIÓN GENERAL DEL TRABAJO.

Ci, símbolo del *curie,* unidad de medida de actividad nuclear.

C. I. A., sigla de *Central Intelligence Agency*, o sea servicios secretos de Estados Unidos.

cía f. *Anat.* Hueso de la cadera.

cianuria f. *Med.* Emisión de orina de color azulado.

cianuro m. *Quím.* Sal del ácido cianhídrico : *cianuro de potasio.*

ciar v. i. *Mar.* Remar hacia atrás.

ciático, ca adj. Relativo a la cadera : *dolor ciático.* || — F. *Med.* Neuralgia del nervio ciático.

Cibao, macizo montañoso de las Rep. de Haití y Dominicana. Alt. máx. 3 140 m.

Cibeles, hija del Cielo y la Tierra, esposa de Saturno, madre de Júpiter, Neptuno, Plutón, etc. Recibe también el nombre de *Rea.* (Mit.)

cibernética f. Ciencia que estudia los mecanismos automáticos de comunicación y de control de los seres vivos y de las máquinas.

Cibola, región legendaria en el N. de México de la que habla Marcos de Niza y en la que se creía que había siete ciudades maravillosas. Fue buscada por los conquistadores.

ciboney adj. y s. Individuo de un ant. pueblo de Cuba, Jamaica y parte de la isla de Haití o Santo Domingo.

cicatería f. Calidad de cicatero.

cicatero, ra adj. y s. Tacaño, avaro.

cicatriz f. Señal que queda después de cerrarse una herida o llaga. || *Fig.* Huella que deja en el ánimo algún sentimiento pasado.

cicatrización f. Fenómeno que hace que una llaga o herida se cierre.

cicatrizante adj. Dícese del remedio que hace cicatrizar (ú. t. c. s. m.).

cicatrizar v. t. e i. Completar la curación de una herida o llaga hasta quedar bien cerrada. || *Fig.* Calmar, hacer olvidar.

cícero m. *Impr.* Unidad de medida tipográfica que equivale a doce puntos (4,51 mm).

cicerón m. *Fig.* Hombre muy elocuente.

Cicerón (Marco Tulio), escritor y orador romano, n. cerca de Arpino (106-43 a. de J. C.), llamado *Padre de la Patria* por haber descubierto la conspiración de Catilina. Fue la expresión máxima de la elocuencia latina en sus discursos de defensa (*Verrinas, Pro Murena, Pro Milone*) y en sus arengas políticas (*Catilinarias, Filípicas*). Autor también de *Correspondencia.* M. asesinado a instigación de Marco Antonio.

cicerone m. y f. Persona que enseña y explica las curiosidades de una localidad, edificio, etc.

ciceroniano, na adj. Propio de Cicerón : *estilo ciceroniano.*

Cícladas, archip. griego en el mar Egeo ; cap. *Hermópolis.* Formado por las islas Delos, Andros, Tinos, Naxos, Paros y Santorín.

ciclamen m. Pamporcino.

ciclismo m. Deporte y utilización de la bicicleta.

ciclista adj. Relativo al ciclismo : *corredor ciclista.* || — Com. Persona que practica el ciclismo.

ciclo m. Período de tiempo en que se cumple una serie de fenómenos realizados en un orden determinado : *el ciclo de las estaciones.* || Serie de acciones, modificaciones o fenómenos que sufre un cuerpo o sistema que pasa por diferentes fases hasta volver al estado inicial. || Conjunto de poemas, generalmente épicos, que tienen como tema un héroe un, personaje, un hecho : *el ciclo bretón, el ciclo del rey Artús.* || Serie de conferencias u otros actos culturales sobre cierto asunto. || Serie de operaciones destinadas al mismo fin : *ciclo de fabricación.* || *Astr.* Período de tiempo después del cual los mismos fenómenos astronómicos se reproducen en orden semejante : *ciclo solar, lunar.* || Cadena atómica cerrada que existe en las moléculas de los compuestos orgánicos cíclicos. || Conjunto de las operaciones necesarias para el funcionamiento de un motor de explosión y que se produce en cada uno de sus cilindros. || Nombre genérico de los vehículos del tipo de la bicicleta.

ciclocrós m. Carrera ciclista a campo traviesa.

ciclomotor m. Bicicleta con motor.

ciclón m. Huracán que gira a gran velocidad alrededor del centro de baja presión.

ciclópeo, a adj. Propio de los cíclopes. || Dícese de ciertas construcciones prehistóricas hechas con piedras enormes, unidas sin argamasa. || *Fig.* Gigantesco, enorme.

cíclopes m. pl. Gigantes monstruosos que poseían un solo ojo en medio de la frente. (Mit.)

ciclostil y **ciclostilo** m. Máquina para copiar escritos o dibujos.

ciclóstomos m. pl. Orden de peces de forma cilíndrica y oblonga con boca a modo de ventosa, como la lamprea (ú. t. c. adj.).

ciclotrón m. Acelerador electromagnético de alta frecuencia que comunica a las partículas electrizadas gran velocidad para obtener de este modo transmutaciones y desintegraciones de átomos.

cicloturismo m. Turismo que se practica en bicicleta.

cicuta f. Planta umbelífera venenosa. || Veneno extraído de ella.

cid m. *Fig.* Hombre valiente.

Cid Campeador (Rodrigo DÍAZ DE VIVAR, llamado **el**), personaje seme-le-gendario, n. cerca de Burgos hacia 1043, m. en Valencia en 1099. Vivió en las cortes de Fernando I y de Sancho II de Castilla y, al ser asesinado éste en el sitio de Zamora, tuvo que servir al nuevo rey Alfonso VI, tras haberle hecho jurar que no había participado en la muerte de su hermano (*Jura de Santa Gadea*), lo que le atrajo su enemistad y el destierro. Luchó entonces contra moros, que le dieron el nombre de Cid (*Señor*), y cristianos, y al final de su vida defendió Valencia, que había arrebatado a los árabes. Contrajo matrimonio, antes de su destierro, con doña Jimena. Ya en el s. XII los romances *Crónica rimada del Cid, el Cantar de Mio Cid* y la *Crónica del Cid* cantaban sus hazañas de este héroe.

Cidambaram, c. de la India (Tamil Nadu).

cidiano, na adj. Del Cid.

Cidno. V. TARSUS.

cidra f. Fruto del cidro.

cidro m. Árbol rutáceo de flores rojas que produce la cidra.

ciego, ga adj. Que no ve, privado de la vista : *ser ciego de nacimiento* (ú. t. c. s.). || *Fig.* Obcecado, enloquecido por alguna pasión : *ciego de ira, de amor.* | Que no ve algo patente. | Obstruido, cegado : *una tubería ciega.* | Dícese del pan o queso que no tienen ojos. || — M. *Anat.* Parte del intestino grueso entre el íleon y el colon. || — *A ciegas,* ciegamente, sin ver ; (fig.) sin reflexión. | *Dar palos de ciego,* darlos al aire. | *En tierra de ciegos el tuerto es rey,* donde todos son ignorantes sobresale el que sabe un poco más.

Ciego || ~ *de Ávila,* c. de Cuba, cap. de la prov. del mismo nombre, creada en 1976 con parte de la prov. de Camagüey. || — *Montero,* pobl. de Cuba (Ciego de Ávila).

cielito m. *Riopl.* Baile y canto popular.

cielo m. Espacio indefinido, azul de día y poblado de estrellas por la noche, en el cual se mueven los astros. || Parte del espacio que parece formar una bóveda encima de la Tierra : *levantar las manos al cielo.* || Aire, atmósfera : *cielo alegre, claro.* || Mansión de los bienaventurados : *ganarse el cielo.* || *Fig.* Dios, la Providencia : *rogar al Cielo.* | Nombre cariñoso dado a una persona amada : *¡cielo mío !* | Parte superior de un espacio cerrado : *el cielo de la boca, de un coche.* || *Arg.* y *Urug.* Cielito. | Baile popular. || — *A cielo abierto,* al raso, al descubierto. | *A cielo raso,* al aire libre. | *Fig. Al que al cielo escupe en la cara le cae,* es peligrosa la excesiva arrogancia. | *Bajado del cielo,* muy oportuno, inesperado. | *Cielo de la boca,* paladar. | *Cielo raso,* techo interior en el cual no se ven las vigas. | *Fig. Estar en el séptimo cielo,* no caber en sí de gozo. | *Juntarse el cielo con la tierra,* acongojarse, amilanarse ante una dificultad. | *Llovido del cielo,* muy oportuno. | *Mover cielo y tierra,* hacer uno todos los esfuerzos para conseguir una cosa. | *Poner el grito en el cielo,* gritar mucho. | *Ser un cielo,* ser agradable, encantador.

ciempiés m. Nombre vulgar de los miriápodos.

Ciempozuelos, pobl. en el centro de España (Madrid).

cien adj. Apócope de *ciento,* que se usa antes de un sustantivo : *cien años, cien pesetas* (ú. t. c. s. m.). || *Fig. Cien por cien,* completamente.

Cien || ~ *Años (Guerra de los),* lucha entre Francia e Inglaterra (1337 a 1453), originada por la oposición de Felipe VI de Valois a Eduardo III de Inglaterra, pretendiente al trono de Francia. Los fracasos franceses de Crécy (1346), Poitiers (1356) y Azincourt (1415) fueron borrados por Juana de Arco, que recuperó todas las plazas perdidas. || ~ *Días (Los),* nombre dado al período comprendido entre el 20 de marzo de 1815, vuelta de Napoleón I a París, y el 22 de junio, día en que éste renunció al Poder por segunda vez. || ~ *Mil Hijos de San Luis,* n. dado al cuerpo de ejército enviado por Luis XVIII de Francia a España en ayuda de Fernando VII (1823).

ciénaga f. Lugar lleno de cieno.

Ciénaga, c. y puerto de Colombia (Magdalena). || ~ **de Zapata,** mun. y región pantanosa de la isla de Cuba (Matanzas). Aquí se encuentra Playa Girón.

ciencia f. Conocimiento exacto y razonado de las cosas por sus principios y causas : *la ciencia del bien y del mal.* | Conjunto de los conocimientos humanos : *los adelantos de la ciencia.* | Conjunto de conocimientos relativos a un objeto determinado : *las ciencias humanas.* | *Fig.* Saber o erudición. | Conjunto de conocimientos : *la ciencia del vividor.* || — *A ciencia cierta,* con seguridad. | *Ciencia cristiana,* v. CHRISTIAN SCIENCE. || *Ciencia infusa,* la comunicada directamente por Dios : *la ciencia infusa de los Apóstoles.* || *Ciencias exactas,* las matemáticas., || *Ciencias naturales,* las que estudian los reinos animal, vegetal y mineral.

ciencia-ficción f. Género narrativo que describe situaciones y aventuras en un futuro imaginado que posee un desarrollo científico y técnico muy superior al del momento presente.

Cienfuegos, bahía, denominada también *Jagua,* y puerto de Cuba, cap. de la prov. del mismo nombre. Obispado. (Hab. *cienfuegueros.*) La prov., creada en 1976, se encuentra en parte de la ant. prov. de Las Villas.

Cienfuegos (Nicasio ÁLVAREZ DE). V. ÁLVAREZ DE CIENFUEGOS. || ~ **y Camús** (ADOLFO), militar y diplomático mexicano (1889-1943). Fue colaborador del presidente Obregón.

cienfueguero, ra adj. y s. De Cienfuegos (Cuba).

cienmilésimo, ma adj. Que está en lugar indicado por el número cien mil. || — M. Cada una de las cien mil partes iguales en que se divide un todo.

cienmilímetro m. Centésima parte de un milímetro (símb., *cmm*).

cieno m. Fango.

cientificismo m. Tendencia a valorizar con exceso las nociones científicas.

científico, ca adj. Relativo a la ciencia : *principios, métodos científicos.* || Que investiga sobre alguna ciencia (ú. t. c. s.).

ciento adj. Diez veces diez (ú. t. c. s. m.). || Centésimo : *número ciento* (ú. t. c. s.). || — M. Signo o conjunto de signos que expresan la cantidad de ciento : *en la numeración romana la letra C equivale a ciento.* || Centena : *un ciento de personas.* || *Darle ciento y raya a- uno,* sobrepasarle.

cierne m. *Bot.* Acción de florecer la flor de ciertas plantas. || — *En cierne,* dícese del trigo, de la vid, etc., en flor. || *Fig. Estar en cierne o en ciernes una cosa,* estar en sus comienzos.

cierre m. Acción y efecto de cerrar o cerrarse : *el cierre de la Bolsa.* || Mecanismo que sirve para cerrar : *cierre de un bolso.* || — *Cierre metálico,* cortina de hierro para cerrar las tiendas. || *Cierre patronal,* lock out.

cierro m. Cierre. | *Cierro de cristales,* mirador.

cierto, ta adj. Verdadero, seguro, indubitable : *una noticia muy cierta.* || Determinado, fijo : *verse cierto día.* || Alguno : *tenía ciertas sospechas.* | Un poco de, algo de : *siento cierta tristeza.* || Seguro, que no puede fallar : *promesa cierta.* || *Por cierto,* a propósito.

cierva f. Hembra del ciervo.

Cierva (Juan de la). V. LA CIERVA.

ciervo m. Género de mamíferos rumiantes, de color pardo rojizo y con varios cuernos ramificados.

cierzo m. Viento frío del Norte.

Cieszyn, en alem. *Teschen,* c. fronteriza del S. de Polonia. Desde 1920, está dividida entre Polonia (Cieszyn) y Checoslovaquia (Teshin).

Cieza, c. de España (Murcia).

Cieza de León (Pedro), historiador español (1518-1560), autor de una *Crónica del Perú.*

C. I. F., siglas de *cost insurance and freight,* coste, seguro y flete.

cifra f. Signo o signos con que se representan los números. || Escritura secreta, clave : *escrito en cifra.* ||

Monograma, letras enlazadas. || Abreviatura. || Cantidad. || Suma.

cifrar v. t. Escribir en clave : *cifrar un telegrama.* || *Fig.* Compendiar. || Fijar, colocar : *cifrar la ambición en una cosa.* || — V. pr. Elevarse : *cifrarse en mil pesetas.*

Cifuentes, mun. de Cuba (Villa Clara). — V. de España (Guadalajara).

cigala f. Crustáceo marino comestible.

cigarra f. Insecto hemíptero de color amarillo verdoso.

cigarral m. Finca de recreo en la región de Toledo (España).

cigarrera f. Mujer que hace cigarros. | Caja de cigarros puros.

cigarrería f. Tienda de tabaco.

cigarrillo m. Tabaco picado liado en papel muy fino que se fuma.

cigarro m. Rollo de hojas de tabaco que se fuma : *cigarro habano.* | Cigarrillo de papel que se fuma.

cigarrón m. Saltamontes.

cigomático, ca adj. Relativo a la mejilla o al pómulo : *arco cigomático.*

cigoto m. *Biol.* Óvulo fertilizado.

ciguato, ta adj. y s. *Antill.* y *Méx.* Idiota. | Pálido. || — F. *Méx.* Mujer.

cigüeña f. Ave zancuda migratoria, de cuello largo y pico rojo, que tiene más de dos metros de envergadura.

cigüeñal m. *Mec.* Eje acodado de un motor en el que van ajustadas las bielas o los pistones o émbolos y que transforma el movimiento rectilíneo de éstos en circular o rotativo.

ciliado, da adj. Aplícase a las células o microorganismos provistos de cilios. || — M. pl. *Zool.* Clase de protozoos provistos de cilios.

ciliar adj. Relativo a las pestañas.

Cilicia, región de Turquía asiática, al SE. de Anatolia ; c. pr. : *Adana* y *Tarso.*

cilicio m. Vestidura o cinturón áspero o con pinchos que se llevan sobre la carne por penitencia.

cilindrada f. *Mec.* Capacidad de los cilindros de un motor de explosión.

cilindrero, ra m. y f. *Méx.* Músico callejero que toca el organillo.

cilíndrico, ca adj. Relativo al cilindro : *hélice cilíndrica.* || De forma de cilindro : *cuerpo cilíndrico.*

cilindro m. Cuerpo de sección circular del mismo grosor en toda su longitud. || Cuerpo geométrico limitado por una superficie cilíndrica y dos planos paralelos que cortan dicha superficie. || Cámara tubular en la que se mueve en sentido alternativo el émbolo de un motor o bomba : *automóvil de cuatro cilindros.* || Pieza cilíndrica que al girar imprime el papel o el tejido. | Rodillo compresor para apisonar. || *Amer.* Sombrero de copa. | Organillo. || *Cilindro de revolución,* sólido engendrado por el movimiento circular de un rectángulo alrededor de uno de sus lados.

cilio m. *Biol.* Filamento del protoplasma que emerge de ciertos protozoos ciliados y de algunas otras células : *cilio vibrátil.*

cima f. Parte más alta, cumbre de una montaña, de un árbol, de la cresta de una ola, etc. || *Fig.* Apogeo, altura máxima.

Cimabue (Cenni DI PEPO, llamado), pintor primitivo italiano de la escuela de Florencia (¿ 1240 ?-1302).

cimacio m. *Arq.* Moldura de perfil en forma de s, gola.

Cimarosa (Domenico), músico italiano (1749-1801), autor de óperas (*El matrimonio secreto*), misas, oratorios, sonatas, conciertos.

cimarrón, ona adj. *Amer.* Salvaje, montaraz : *animal cimarrón* (ú. t. c. s.). || Decíase del esclavo negro que huía al campo : *negro cimarrón* (ú. t. c. s.). || — Adj. *Riopl.* Dícese del mate sin azúcar. Ú. t. c. s. m. : *tomar un cimarrón.*

cimarronada f. *Amer.* Manada de animales salvajes.

cimarronear v. i. *Riopl.* Tomar mate cimarrón. || *Amer.* Huir.

címbalos m. pl. *Mús.* Platillos.

cimbel m. Ave que sirve de señuelo para cazar. || *Fig.* Señuelo, añagaza.

cimborio y **cimborrio** m. *Arq.* Cuerpo cilíndrico que sirve de base a la cúpula. || Cúpula.

cimbra f. *Arq.* Armazón sobre la que se construye un arco o bóveda.

cimbrar v. t. Poner las cimbras en una bóveda o arco. || Cimbrear.

cimbreante adj. Delgado y flexible.

cimbrear v. t. Hacer vibrar en el aire un objeto largo y flexible agarrándolos por su extremo. || Mover graciosamente y con garbo el cuerpo. || — V. pr. Vibrar un objeto flexible. | Moverse con garbo al caminar.

cimbreo m. Acción y efecto de cimbrear o cimbrearse.

cimbro, bra adj. y s. Individuo de un ant. pueblo germánico que habitaba Jutlandia. (Los *cimbros* asolaron las Galias en el siglo II a. de J. C.)

cimbrón m. *Amer.* Acción y efecto de vibrar una vara o cosa flexible. | Estremecimiento nervioso. || *Méx.* Cintarazo : *dar un cimbrón.*

cimentación f. Acción y efecto de cimentar.

cimentar v. t. Poner los cimientos. || Fijar con cemento : *cimentar una pared.* || *Fig.* Consolidar, asentar : *cimentar la paz.*

cimero, ra adj. Que está en la parte más alta. || *Fig.* Destacado, sobresaliente : *figura cimera.*

cimiento m. Parte del edificio que está debajo de tierra y sobre la cual estriba toda la fábrica : *los cimientos de una casa.* || *Fig.* Origen de una cosa. | Base, fundamento.

cimitarra f. Especie de sable curvo usado por turcos y persas.

cinabrio m. Mineral compuesto de azufre y mercurio, muy pesado y de color rojo oscuro.

cinamomo m. Árbol de la familia de las meliáceas, de madera dura y aromática, de cuyo fruto se extrae cierta clase de aceite.

cinc m. Cuerpo simple, metálico (Zn), de número atómico 30 y de color blanco azulado. (Pl. *cines.*)

Cinca, río del NE. de España (Huesca), afl. del Segre ; 280 km.

cincel m. Herramienta para labrar maderas, piedras y metales.

cincelado m. Acción y efecto de cincelar.

cincelador, ra m. y f. Persona que cincela.

cinceladura f. Cincelado.

cincelar v. t. Labrar o grabar con el cincel en piedras, maderas o metales.

Cincinnati, c. de Estados Unidos (Ohio), a orillas del Ohio. Industrias.

cinco adj. Cuatro y uno : *tiene cinco niños.* || Quinto : *libro cinco.* || — M. Signo con que se representa el número cinco : *un cinco bien escrito.* || *Méx.* Cinco centavos : *dame\ un cinco.* | Las nalgas : *azotar el cinco.* || — *Fig.* y *fam.* Decir a uno cuántas son cinco, decirle las verdades. | *Esos cinco,* la mano (ú. con los verbos *venir, chocar,* etc.). | *Sin cinco,* sin dinero : *estoy sin cinco.*

cincoenrama f. Planta rosácea de flores amarillas y medicinal.

cincolite m. *Méx.* Especie de huacal para almacenar la cosecha de maíz.

cincuate m. *Méx.* Cencuate.

cincuenta adj. y s. m. Cinco veces diez. || Quincuagésimo.

cincuentavo, va adj. y s. m. Dícese de cada una de las cincuenta partes en que se divide un todo.

cincuentenario m. Fecha en que se cumplen los cincuenta años o un hecho.

cincuenteno, na adj. Quincuagésimo (ú. t. c. s.). || — F. Conjunto de cincuenta unidades.

cincuentón, ona adj. y s. Que tiene más o menos cincuenta años.

cincha f. Faja con que se asegura la silla o albarda a la caballería.

cinchar v. t. Poner la cincha a una caballería. || Asegurar con cinchos : *cinchar un tonel.* || *Méx.* Pegar con la cincha, dar cintarazos. || — V. i. *Riopl.* *Fig.* Hacer esfuerzos para que algo se realice según se desea. | Trabajar denodadamente.

cincho m. Faja o cinturón. || Aro de hierro con que se rodean algunas cosas : *cincho de tonel.*

cine m. Arte de componer y realizar películas para proyectarlas. || Sala de espectáculos destinada a la proyección de películas.

cineasta com. Creador o actor de películas cinematográficas.

cineclub m. Asociación cuyo objeto

es dar a sus miembros una cultura cinematográfica.

cinegético, ca adj. Relativo a la cinegética. || — F. Arte de cazar.

cinemascope m. Procedimiento cinematográfico de proyección en pantalla panorámica.

cinemateca f. Lugar en el que se archivan películas y sala en donde se proyectan.

cinemática f. *Fís.* Parte de la mecánica que estudia el movimiento en sus elementos de espacio y tiempo.

cinematografía f. Arte de representar imágenes en movimiento por medio del cinematógrafo.

cinematografiar v. t. Fotografiar una escena en movimiento destinada a ser reproducida en una pantalla.

cinematográfico, ca adj. Relativo al cinematógrafo.

cinematógrafo m. Aparato óptico que reproduce en proyección vistas animadas. || Local público en que se exhiben películas cinematográficas.

cinerama m. Procedimiento cinematográfico basado en la proyección yuxtapuesta de tres imágenes procedentes de tres proyectores para dar una impresión de relieve.

cinerario, ria adj. *Urna cineraria,* la destinada a contener cenizas de cadáveres.

cinesiterapia f. Terapéutica a base de gimnasia y masaje.

cinético, ca adj. *Fís.* Relativo al movimiento : *energía cinética.* || — F. Parte de la física que estudia el movimiento.

cingalés, esa adj. y s. De Ceilán, hoy Sri Lanka.

cíngaro, ra adj. y s. Gitano.

cinglberáceas f. pl. Familia de plantas monocotiledóneas, de rizoma rastrero, a que pertenece el jengibre (ú. t. c. adj.).

cínico, ca adj. Que tiene poco en cuenta los principios morales, impúdico, desvergonzado (ú. t. c. s.). || Dícese de los filósofos y de la filosofía que pretendían vivir con arreglo a la naturaleza y se oponían completamente a las convenciones sociales (ú. t. c. s.) : *el principal filósofo cínico fue Diógenes.*

cinismo m. Doctrina de los filósofos cínicos. || Falta de escrúpulos, desvergüenza, procacidad.

cinocéfalo m. Mono grande de África, cuya cabeza es semejante a la de los perros.

cinódromo m. Canódromo.

Cinoscéfalos (MONTES), colinas de Tesalia, entre Farsalia y Larissa.

cinta f. Tira o banda de tela : *una cinta azul.* || *Por ext.* Lo que tiene aspecto de banda o tira : *cinta de máquina de escribir ; metro de cinta.* || *Arq.* Filete, parte más fina de la moldura. || *Blas.* Divisa, faja. || Película cinematográfica. || Tira de acero o tela dividida en metros y centímetros que sirve para medir distancias. || *Veter.* Corona del casco. || *Cinta adhesiva,* tira que sirve para pegar. || *Cinta aisladora o aislante,* la empleada para cubrir los empalmes de cables eléctricos. || *Cinta magnética,* cinta en la que se graba el sonido o la imagen y, en informática, la que se utiliza como soporte de información. || *Cinta transportadora,* cinta sin fin flexible para transportar materias a granel.

cintarazo m. Golpe del plano con la espada.

Cinti, comarca de Bolivia (Chuquisaca), en la que hay dos prov. (*Nor Cinti y Sur Cinti*).

cinto m. Cinturón : *con la espada al cinto.* || Cintura, talle.

cintra f. *Arq.* Curvatura de un arco o de una bóveda.

Cintra o **Sintra,** c. de Portugal (Lisboa). Palacio real. Estación estival.

Cintruénigo, mun. en el norte de España (Navarra).

cintura f. Talle, parte más estrecha del cuerpo humano por encima de las caderas : *tener poca cintura.* || *Fig.* y *fam.* Meter en cintura, hacer entrar en razón.

cinturita f. *Méx. Fam.* Hombre que vive de las mujeres.

cinturón m. Cinto de cuero con que cuelga la espada o el sable. || Banda de cuero o de tela con que se sujetan

los pantalones, las faldas o los vestidos. || *Fig.* Fila o serie de cosas que rodean otra. || Cada una de las categorías en judo : *cinturón negro.* || *Fig. Apretarse el cinturón,* pasar privaciones. || *Cinturón de seguridad,* dispositivo destinado a mantener en el asiento los pasajeros de un coche, de un avión, etc. || *Cinturón verde,* zona no edificada que rodea una ciudad.

Cione (Otto Miguel), autor de teatro y novelista uruguayo (1875-1945).

Ciotat (La), c. de Francia (Bouches-du-Rhône). Astilleros.

cipayo m. Antiguo soldado indio al servicio de los ingleses.

Cipó, mun. del Brasil (Bahía).

cipote adj. *Fam.* Memo, necio (ú. t. c. s.). || — M. *Pop.* Miembro viril.

ciprés m. Árbol cupresáceo, de copa cónica y madera rojiza, olorosa e incorruptible. || Su madera. || *Fig. Méx.* Altar mayor de las catedrales, formado por cuatro altares reunidos. || *Méx. Ciprés de Moctezuma,* el ahuehuete.

cipresal m. Terreno poblado de cipreses.

Circasia, ant. nombre de la región situada al norte del Cáucaso.

circense adj. Del circo.

circo m. En la antigua Roma, gran espacio rectangular destinado a los juegos públicos, especialmente luchas, carreras de carros y caballos. || Local público de espectáculos, con gradas y pista circulares, donde se realizan ejercicios ecuestres y acrobáticos. || Espectáculo que allí se da : *me gusta el circo.* || *Geogr.* Espacio de forma arqueada rodeado de montañas : *circo glaciar.* || *Fig.* Escenario.

circón m. Silicato de circonio, inco loro o de color amarillo rojizo.

circonio m. Metal gris (Zr), en forma de polvo negro, de número atómico 40 y densidad 6,53.

circuir v. t. Rodear.

circuito m. Contorno, límite exterior : *el circuito de París.* || Viaje organizado, periplo : *circuito de los lagos italianos.* || Itinerario de una prueba deportiva : *circuito automovilístico.* || Conjunto de conductores eléctricos por el que pasa una corriente : *cortar el circuito.* || Cada uno de los enlaces que une los mercados de servicios y de productos. || — *Circuito impreso,* fina capa de metal que reproduce, en una superficie aislante, el conjunto de conexiones necesarias para un elemento electrónico. || *Circuito integrado,* placa de silicio en la cual se encuentran transistores, diodos y resistencias interconectados que pueden desempeñar las funciones de un sistema electrónico completo. || *Circuito lógico,* conjunto de los distintos órganos capaces de efectuar, en un ordenador, las operaciones lógicas fundamentales. || *Corto circuito,* cortocircuito.

circulación f. Movimiento continuo : *circulación de la sangre por las venas.* || Tráfico, facilidad de desplazarse por medio de las vías de comunicación : *la circulación de los automóviles.* || Movimiento de las monedas, de los artículos de comercio o de los valores bancarios. || Transmisión, propagación : *circulación de principios anticonstitucionales.* || *Circulación fiduciaria o monetaria,* dinero existente en billetes de banco.

circulante adj. Que circula. || *Biblioteca circulante,* aquella cuyos libros pueden prestarse.

circular adj. De forma de círculo : *objeto circular.* || — F. Carta, comunicación o aviso, con el mismo contenido, que se envía simultáneamente a varias personas.

circular v. i. Moverse de forma continua para alcanzar de nuevo el punto de partida : *la sangre circula por las venas.* || Pasar : *el agua circula por los tubos.* || Ir por las vías de comunicación : *circular por una autopista.* || Ir y venir, pasar : *circular por las calles.* || Pasar de mano en mano : *moneda que ya no circula.* || *Fig.* Propagarse, transmitirse : *circular falsas noticias.*

circulatorio, ria adj. Relativo a la circulación.

círculo m. *Geom.* Superficie plana contenida dentro de la circunferen-

cia. || Circunferencia. || Casino, club : *círculo de juego.* || *Fig.* Extensión : *ampliar el círculo de sus ocupaciones o estudios.* | Conjunto de amigos o de relaciones personales. | Objetos o personas colocadas en corro. || *Círculo vicioso,* razonamiento en que se toma como prueba lo que precisamente se debe demostrar. || — *Pl.* Medios : *en los círculos bien informados.* || *Círculos polares,* los menores de la esfera terrestre, tan distantes del polo como los trópicos del ecuador : *círculo polar ártico o antártico.*

circuncidar v. t. Cortar circularmente una porción del prepucio. || *Fig.* Cercenar, moderar.

circuncisión m. Acción y efecto de circuncidar. || *Circuncisión de Jesucristo,* fiesta que la Iglesia católica celebra el día 1 de enero.

circunciso adj. Dícese de la persona a quien se le ha practicado la circuncisión (ú. t. c. s. m.).

circundante adj. Que circunda.

circundar v. t. Cercar, rodear.

circunferencia f. *Geom.* Línea curva cerrada, cuyos puntos están todos a la misma distancia de un punto interior llamado *centro : la longitud de una circunferencia se obtiene multiplicando el diámetro por 3,1416.* || *Fig.* Contorno, perímetro.

circunferir v. t. Circunscribir.

circunflejo adj. Dícese de un acento (ê) que ya ha desaparecido en castellano, pero que sigue existiendo en otras lenguas, como el francés, el portugués.

circunlocución f. y **circunloquio** m. Perífrasis, manera de hablar en la que se expresa el sentido de una palabra de una forma imprecisa o indirecta.

circunnavegación f. Acción y efecto de circunnavegar.

circunnavegar v. t. Navegar alrededor : *circunnavegar una isla.* || — V. i. Dar un buque la vuelta al mundo.

circunscribir v. t. Limitar, mantener dentro de ciertos límites : *circunscribir una epidemia.* || *Geom.* Dibujar una figura cuyos lados toquen exteriormente al círculo. || — V. pr. Reducirse, limitarse, ceñirse.

circunscripción adj. Acción y efecto de circunscribir o circunscribirse. || División administrativa, militar, electoral, eclesiástica, etc., de un territorio.

circunspección f. Cordura, prudencia en los actos o palabras.

circunspecto, ta adj. Cuerdo, prudente, comedido en tomar una decisión. || Serio, grave.

circunstancia f. Accidente de tiempo, lugar, modo, etc. || *For.* Particularidad que acompaña a un acto : *circunstancias atenuantes o agravantes.* || Situación : *circunstancia favorable.* || Cualidad o requisito.

circunstanciado, da adj. Detallado : *informe circunstanciado.*

circunstancial adj. Que depende de una circunstancia, incidental. || *Gram.* Que expresa una circunstancia (causa, lugar, tiempo).

circunstanciar v. t. Determinar las circunstancias de algo.

circunvalación f. Acción y efecto de circunvalar. || *Mil.* Obras de defensa, línea de trincheras. || Línea de circunvalación, línea de transporte o carretera que recorre el perímetro de una ciudad.

circunvalar v. t. Ceñir, rodear.

circunvecino, na adj. Próximo, cercano, vecino.

circunvolución f. Vuelta alrededor de un centro común : *describir circunvoluciones.* || Sinuosidad del cerebro.

Cirenaica, región del NO. de Libia, dividida en tres provincias ; c. pr. Bengasi. Petróleo.

Cirene, c. de la ant. Cirenaica (Libia).

cirial m. Candelero de iglesia.

cirílico, ca adj. Relativo al alfabeto, atribuido a San Cirilo (s. IX), usado en ruso y otras lenguas eslavas.

Cirilo (San), apóstol, con su hermano Metodio, de los eslavos (827-869). Fiesta el 9 de marzo.

Cirineo (Simón), persona que ayudó a Jesús a llevar su cruz.

cirio m. Vela grande de las iglesias.

Ciro ‖ — **II** el *Grande*, rey de Persia (¿ 556 ?-530 a. de J. C.). Derribó al monarca de los medos, derrotó a Creso, conquistó Babilonia y llegó a apoderarse de toda Asia occidental. M. en una batalla. ‖ — **el Joven,** príncipe persa hijo de Darío II (424-401 a. de J. C.). Murió en la batalla de Cunaxa librada contra su hermano Artajerjes II.

Ciro Redondo, mun. de Cuba (Ciego de Ávila), creado en 1976 en honor de uno de los asaltantes del cuartel Moncada (1953).

cirrípedos m. pl. Crustáceos marinos que viven adheridos a las rocas, como los percebes (ú. t. c. adj.).

cirro m. Zarcillo de la vid. ‖ *Med.* Tumor duro e indolore. ‖ Nube alta y blanca de aspecto filamentoso.

cirrópodos m. pl. Cirrípedos.

cirrosis f. *Med.* Enfermedad del hígado, caracterizada por granulaciones de color rosado y por la destrucción de las células hepáticas.

cirrus m. Cirro, nube.

ciruela f. Fruto comestible del ciruelo. ‖ *Ciruela claudia,* ciruela redonda, de color verde claro.

ciruelo m. Árbol rosáceo que produce la ciruela.

cirugía f. Parte de la medicina cuyo fin es la curación de las enfermedades mediante operaciones hechas con instrumentos generalmente cortantes. ‖ *Cirugía estética* o *plástica,* la que corrige defectos físicos con el objeto de embellecer.

cirujano, na m. y f. Médico que se dedica a la cirugía, operador.

Cisalpina, nombre dado por los romanos a la Galia que se encontraba en el norte de Italia. ‖ — (REPÚBLICA), Estado formado por Napoleón Bonaparte en el norte de Italia (1797), que fue más tarde República de Italia (1802) y Reino de Italia (1804).

cisalpino, na adj. Decíase de las regiones entre los Alpes y Roma.

cisandino, na adj. Del lado de acá de los Andes.

cisca f. *Pop. Méx.* Rubor.

ciscadura f. *Cub.* y *Méx.* Acción y efecto de ciscar o ciscarse.

ciscar v. t. Ensuciar, defecar. ‖ *Cub.* y *Méx.* Avergonzarse.

cisco m. Carbón menudo. ‖ *Fig.* y *fam.* Bullicio, alboroto. ‖ *Cub.* y *Méx.* Vergüenza. ‖ — *Hacer cisco,* hacer trizas. ‖ *Fam. Hecho cisco,* abatido, hecho polvo.

cisión f. Cisura, incisión.

Cisjordania, parte de Jordania al oeste del río Jordán. Incorporada en 1950 al reino hachemita, este territorio, formado por Samaria y Judea, fue ocupado por Israel en 1967.

Ciskei, Estado bantú de África del Sur, situado en la prov. de El Cabo; 12 075 km²; 600 000 h. Cap. *Zwelitsha.*

Cisleitania, n. de *Austria* cuando estaba unida con Hungría, denominada ésta *Transleitania* (1867-1918).

cisma m. Separación entre los miembros de una religión o comunidad : *el cisma de Occidente.* ‖ Discordia, desacuerdo.

cismático, ca adj. Que se separa de la comunidad de fieles (ú. t. c. s.).

Cisne m. Ave palmípeda, de cuello largo y flexible, comúnmente de plumaje blanco y, en una especie, negro.

Cisne, constelación boreal de la Vía Láctea. ‖ — Ramal de los Andes del Ecuador.

Cisneros (Baltasar HIDALGO DE), marino español (1755-1829), último virrey del Río de la Plata residente en Buenos Aires (1809-1810). Fue derrocado por el Cabildo Abierto. ‖ (FRANCISCO JIMÉNEZ DE), cardenal y político español, n. en Torrelaguna (Madrid) en 1436 y m. en 1517, en Roa (Burgos), confesor de Isabel la Católica. Reformó las órdenes religiosas españolas, ejerció las funciones de regente de España (1504) y de España (1516), creó la Universidad de Alcalá de Henares e intervino en la redacción de la *Biblia Políglota.* ‖ — (LUIS BENJAMÍN), escritor peruano (1837-1904), autor de poesías y novelas (*Julia, Edgardo*). ‖ — **Betancourt** (SALVADOR), patriota cubano (1828-1914). Intervino en el alzamiento de 1868, sucedió a

Céspedes en la pres. de la Rep. en Armas (1873-1875) y fue nuevamente pres. de 1895 a 1897.

Cisnes, río de Chile (Aisén) que nace en Argentina. — Com. de Chile en la XI Región (Aisén del Gral. Carlos Ibáñez del Campo) en la prov. de Aisén ; cap. *Puerto Cisnes.*

cisoria adj. Dícese de la habilidad en cortar o trinchar las viandas.

Cisplatina (PROVINCIA), nombre dado al Uruguay cuando formaba parte del Brasil (1821-1828).

cisplatino, na adj. De este lado del Plata (ú. t. c. s.).

cistáceas f. pl. Familia de plantas dicotiledóneas de fruto en forma de cápsula (ú. t. c. adj.).

Cister o **Císter,** en fr. *Cîteaux,* aldea de Francia (Côte-d'Or), donde se creó (1098) una orden religiosa derivada de la de San Benito.

cisterciense adj. Relativo o perteneciente al Cister (ú. t. c. s.).

cisterna f. Aljibe, depósito subterráneo para recoger el agua de lluvia. ‖ Depósito de retención de agua : *la cisterna de un retrete.*

Cisterna (La), com. de Chile en el Área Metropolitana de Santiago.

cisticerco m. Larva de la tenia.

cístico adj. Dícese del conducto que desde la vesícula biliar va a unirse al conducto hepático (ú. t. c. s.). ‖ Perteneciente o relativo a la vejiga.

cistitis f. Inflamación de la vejiga.

cisura f. Hendidura o incisión muy fina. ‖ Sangría que se hace en una vena. ‖ Línea de unión.

cita f. Hora y lugar en que acuerdan verse dos personas. ‖ Nota textual sacada de una obra.

citación f. Acción y efecto de citar.

citadino, na adj. *Méx.* De la ciudad : *el hombre citadino.*

Citalá, v. de El Salvador (Chalatenango).

citar v. t. Señalar a uno día y lugar para encontrarse con él : *citar a uno en un café.* ‖ Decir textualmente lo que otro ha dicho o escrito : *citar un pasaje de Rodó.* ‖ Mencionar, aludir : *ni siquiera la cita en sus Memorias.* ‖ Provocar al torero al toro para que embista. ‖ Emplazar a uno ante un juez : *citar ante un consejo de guerra.* — V. pr. Darse cita dos personas.

cítara f. *Mús.* Instrumento de cuerdas algo parecido a la guitarra.

citerior adj. De la parte de acá.

citiso m. *Bot.* Codeso.

citlalcuate m. *Méx.* Cencuate.

Citlaltépec, v. ORIZABA.

Citlaltlachtli, nombre dado por los indios mexicanos a la constelación de Orión.

citología f. Parte de la biología que estudia las células.

citoplasma m. Parte del protoplasma que la célula rodea al núcleo.

cítrico, ca adj. *Quím.* Aplícase al ácido que se extrae del limón. ‖ — Adj. y s. m. pl. Agrios : *producción de cítricos.*

citrícola adj. De los cítricos.

citricultura f. Cultivo de cítricos.

City, barrio de los negocios y de la Bolsa en Londres.

ciudad f. Población grande : *la ciudad de Barcelona.* ‖ — *Ciudad obrera,* conjunto de viviendas destinadas a los obreros. ‖ *Ciudad dormitorio,* población, cerca de otra grande, en la que viven los obreros que trabajan en esta última. ‖ *Ciudad satélite,* conjunto urbano que pertenece a una ciudad pero que está separado de ella por un espacio sin urbanizar. ‖ *Ciudad universitaria,* conjunto de edificios universitarios y residencias para estudiantes y profesores. ‖ *La Ciudad Eterna,* Roma. ‖ *La Ciudad Santa,* Jerusalén, Roma, Medina, La Meca, etc., según las religiones.

Ciudad, pobl. de Puerto Rico. ‖ — **Altamirano,** c. de México (Guerrero). Obispado. ‖ — **Arce,** c. de El Salvador (La Libertad). ‖ — **Barrios,** c. de El Salvador (San Miguel). ‖ — **Blanca.** V. LIBERIA. ‖ — **Bolívar,** c. de Venezuela, cap. del Estado de Bolívar. Puerto en el Orinoco. Arzobispado. Siderurgia. Fundada en 1764, conservó el n. de *Angostura* hasta 1846 (v. ANGOSTURA). ‖ — **Condal,** n. que se da a *Barcelona.*

‖ — **Darío,** ant. *Metapa,* pobl. de Nicaragua (Matagalpa). Lugar de nacimiento de Rubén Darío. ‖ — **de la Habana,** prov. de Cuba creada en 1976 y dividida en 15 municipios ; cap. *La Habana.* ‖ — **de los Reyes,** n. ant. de *Lima.* ‖ — **de Valles,** c. de México (San Luis Potosí). Prelatura nullius. ‖ — **del Cabo.** V. CABO *(El).* ‖ — **del Carmen,** c. de México (Campeche). ‖ — **del Lago Salado,** c. de Estados Unidos (Utah). ‖ — **del Vaticano.** V. VATICANO. ‖ — **Dolores Hidalgo.** V. DOLORES. ‖ — **Eterna,** n. dado a Roma. ‖ — **García,** c. de México (Zacatecas). ‖ — **Guayana,** c. de Venezuela (Bolívar), unión de las c. de San Félix y Puerto Ordás, en la confluencia de los ríos Caroní y Orinoco. Siderurgia. ‖ — **Guzmán,** c. de México (Jalisco). Obispado. ‖ — **Ho Chi-Minh,** n. actual de la c. de Saigón (Vietnam). ‖ — **Juárez,** c. de México (Chihuahua), puerto en el río Bravo. Industrias. Comercio. Universidad. Obispado. ‖ — **Madero,** c. de México (Tamaulipas). Industrias ; ref. de petróleo. ‖ — **Obregón,** ant. *Cajeme,* c. de México (Sonora). Obispado. ‖ — **Porfirio Díaz,** c. de México (Coahuila). Llamada hoy *Piedras Negras.* ‖ — **Quezón,** c. de Filipinas (Luzón), cap. de la Rep. de 1948 a 1976. ‖ — **Real,** c. de España, cap. de la prov. homónima (Castilla la Nueva). Obispado. Sede de la Universidad de Castilla-La Mancha. ‖ — **Rodrigo,** c. del O. de España (Salamanca). Obispado. ‖ — **Trujillo.** V. SANTO DOMINGO. ‖ — **Victoria,** c. de México, cap. del Est. de Tamaulipas. Obispado. Universidad.

ciudadanía f. Calidad y derecho de ciudadano. ‖ Civismo, calidad de buen ciudadano.

ciudadano, na adj. De la ciudad. ‖ — M. y f. Habitante o vecino de la ciudad. ‖ Natural de un Estado que tiene derechos y deberes políticos que le permiten tomar parte en el gobierno del mismo. ‖ *Fig. Ciudadano de a pie,* el hombre corriente.

ciudadela f. Recinto fortificado en el interior de una ciudad.

Ciudadela, c. de España (Menorca). Sede del obispado de Menorca. — C. de la Argentina (Buenos Aires).

cívico, ca adj. Relativo al civismo. ‖ De la ciudad. ‖ *Fig.* Patriótico, de buen ciudadano. ‖ — M. *Amer.* Guardia.

civil adj. Relativo a los ciudadanos (dícese en oposición a *militar* y *eclesiástico*) : *matrimonio civil.* ‖ Concerniente a las relaciones privadas entre ciudadanos : *vida civil.* ‖ *Fig.* Sociable, urbano. ‖ — *Guerra civil,* la que se produce entre ciudadanos del mismo país. ‖ *Muerte civil,* privación de los derechos civiles. ‖ — M. *Fam.* Guardia civil. ‖ *Fig.* Paisano, no militar.

civilidad f. Cortesía. ‖ Civismo.

civilismo m. *Amer.* Gobierno llevado por personas civiles.

civilista com. Persona versada en Derecho civil. ‖ — Adj. Dícese del abogado que defiende asuntos civiles (ú. t. c. s.). ‖ *Amer.* Enemigo de la influencia religiosa o militar en política (ú. t. c. s.).

civilización f. Acción y efecto de civilizar o civilizarse. ‖ Conjunto de caracteres propios de un pueblo o raza o de los pueblos desarrollados.

civilizado, da adj. Aplícase al que emplea el lenguaje y las costumbres de la gente culta (ú. t. c. s.). ‖ Que tiene una civilización : *país civilizado.*

civilizador, ra adj. y s. Que desarrolla o favorece la civilización.

civilizar v. t. Sacar del estado de barbarie : *civilizar a un país.* ‖ Educar, ilustrar (ú. t. c. pr.).

civismo m. Celo por la patria del buen ciudadano. ‖ Cortesía, educación.

Civitavecchia [*chivitavékia*], c. de Italia (Lacio). Es el puerto de Roma.

cizalla f. Tijeras grandes o máquina para cortar metal.

cizaña f. Planta gramínea que perjudica los sembrados. ‖ *Fig.* Cosa mala o que echa a perder otra cosa : *separar la cizaña del buen grano.* ‖ Motivo de discordia o enemistad.

cizañero, ra adj. y s. Que le gusta meter cizaña.

Cizur, mun. de España (Navarra).

Cl, símbolo químico del cloro.

cla. V. TLA para ciertas palabras mexicanas.

claclauyo m. *Méx.* Empanada de maíz rellena de frijoles, carne, etc.

Clairac y Sáenz (Pelayo), ingeniero cubano (1839-1891), autor de un *Diccionario general de arquitectura e ingeniería* (1889).

Clairvaux, aldea de Francia (Aube).

clamar v. t. Hablar con vehemencia, gritar : *clamar su indignación.* || Desear vivamente : *clamar venganza.* || — V. i. Quejarse implorando favor o socorro : *clamar a Dios, por la paz.* || Protestar : *clamar contra una injusticia.* || Tener necesidad de algo : *la tierra clama por agua.*

Clamart, pobl. de Francia (Hauts-de-Seine), al SO. de París.

clamoreo m. Clamor repetido y continuado : *el clamoreo del público.*

clamoroso, sa adj. Rotundo : *éxito clamoroso.* || Vocinglero.

clan m. En Escocia o Irlanda, tribu o familia. || *Por ext.* Grupo de personas unidas por un interés común.

clancuino m. *Méx.* Persona a quien faltan los dientes.

clandestinidad f. Calidad de clandestino.

clandestino, na adj. Secreto, hecho de modo oculto : *un matrimonio clandestino.* || A espaldas del Gobierno : *partido, periódico clandestino.*

claque f. *Teatr.* Alabarderos.

claqué m. Baile zapateado.

claqueta f. Instrumento formado por dos tablillas articuladas que sirve, en cinematografía, para indicar el comienzo del rodaje.

clara f. Parte transparente y líquida que rodea la yema de un huevo. || Claridad : *a las claras del día.* || Calvicie. || *Fam.* Cese de la lluvia.

Clara (*Santa*), abadesa italiana (1194-1253), fundadora de la orden de las Clarisas (1212). Fiesta el 12 de agosto.

Clará (José), escultor español (1878-1958).

claraboya f. Ventana en el techo o en la parte alta de la pared.

clarear v. t. Poner más claro : *clarear un color.* || Dar claridad o luz. || — V. i. Amanecer : *levantarse al clarear el día.* || Despejarse las nubes : *el cielo clarea.* || — V. pr. Transparentarse : *tu vestido se clarea.* || *Fig. y fam.* Descubrir uno sin proponérselo sus intenciones : *se ha clareado sin querer.*

Claret (San Antonio María), obispo español (1807-1870), consejero de Isabel II y fundador de una orden de misioneros. Fiesta el 23 de octubre.

clarete adj. Dícese del vino tinto ligero y de color más claro que éste, realizado mediante una fermentación muy corta (ú. t. c. s. m.).

claretiano, na adj. De la orden de Misioneros Hijos del Corazón de María, fundada por San Antonio María Claret en 1849 (ú. t. c. s.).

claridad f. Luz : *la claridad del amanecer.* || *Fig.* Nitidez : *la claridad de su prosa.* || Lucidez : *claridad de juicio.* || *De una claridad meridiana,* muy claro.

clarificación f. Acción y efecto de clarificar.

clarificar v. t. Poner claro un líquido : *clarificar el vino.* || Purificar : *clarificar azúcar.* || Aclarar.

clarín m. Trompeta de sonido muy agudo : *toque de clarín.* || Músico que lo toca.

Clarín (Leopoldo ALAS, llamado), escritor español, n. en Zamora (1852-1901), autor de la novela *La Regenta,* numerosos cuentos (*Adiós, Cordera*) y artículos de crítica literaria.

clarinete m. *Mús.* Instrumento de viento, formado por una boquilla de lengüeta de caña y un tubo de madera con agujeros que se tapan con los dedos o con llaves. || — COM. Músico que lo toca.

clarinetista com. Persona que toca el clarinete.

clarisa f. Religiosa de la orden de Santa Clara, fundada en 1212.

clarividencia f. Lucidez, claridad de percepción.

clarividente adj. Que ve o percibe las cosas con claridad.

claro, ra adj. Que tiene mucha luz, luminoso : *una casa clara.* || Definido,

preciso : *una fotografía clara.* || Transparente : *agua muy clara.* || Limpio, sin nubes : *cielo claro.* || Pálido, poco subido : *color verde claro.* || Poco consistente : *chocolate claro.* || Poco apretado o tupido : *pelo, tejido claro.* || Perceptible, inteligible : *prosa clara.* || Neto, puro : *voz clara.* || Perspicaz, agudo : *mente clara.* || Expresado sin rebozo : *lenguaje claro.* || Evidente, manifiesto : *verdad clara.* || *Fig.* Ilustre : *de claro linaje.* || *¡Claro !* o *¡ claro está !,* expresión usada para manifestar conformidad. || — M. Abertura : *los claros de un edificio.* || Espacio, intervalo. || Claridad : *claro de luna.* || Calva en un bosque. || Ausencia, espacio sin ocupar : *había muchos claros en la manifestación.* || Interrupción, cese : *un claro de lluvia.* || *Pint.* Parte más luminosa de un dibujo o de una pintura : *cuadro con pocos claros.* || — Adv. Claramente : *explicarse claro.* || — *A las claras,* evidentemente. || *Pasar una noche en claro,* pasarla sin dormir. || *Poner* o *sacar en claro,* aclarar una cosa.

claroscuro m. *Pint.* Estilo que utiliza sólo la luz y sombra omitiendo los diversos colores. || Distribución de la luz y la sombra de manera que produzcan un efecto armonioso : *los claroscuros de Ribera.* || *Fig.* Situación no definida o contrapuesta.

clase f. Conjunto de personas que tienen la misma función, los mismos intereses o la misma condición en una sociedad : *la clase obrera, campesina.* || Conjunto de objetos que poseen uno o varios caracteres comunes. || Grupo de personas que tienen caracteres comunes : *esta explicación se dirige a toda clase de personas.* || Grado, categoría que tienen ciertas personas o cosas según sus funciones : *ciudadano de segunda clase.* || *Fam.* Distinción : *tiene mucha clase.* || Cada una de las grandes divisiones de los tipos de los seres vivientes, subdividida en órdenes. || Conjunto de alumnos que reciben la enseñanza de un profesor : *clase terminal.* || Enseñanza dada por un profesor : *clase de matemáticas.* || Sala, aula en que se dan los cursos : *las clases son muy espaciosas.* || Actividad docente : *en verano no hay clase en las universidades.* || — Pl. Individuos de tropa cuyo grado está entre los soldados rasos y los oficiales. || — *Clase media,* clase social formada por las personas que viven de un trabajo no manual. || *Clases pasivas,* la formada por las personas que reciben del Estado una pensión de jubilación, viudedad, orfandad. || *Lucha de clases,* oposición irreductible, según los principios marxistas, existente entre los trabajadores, que ponen en acción los medios de producción, y los capitalistas, que poseen estos medios.

clasicismo m. Conjunto de caracteres propios a la Antigüedad grecolatina o al período de grandes realizaciones artísticas en un país. || Doctrina literaria y artística fundada en el respeto de la tradición clásica : *el clasicismo se opone al romanticismo.* || Carácter de lo que sigue la costumbre, el hábito.

clasicista adj. y s. Adicto al clasicismo.

clásico, ca adj. Perteneciente a la Antigüedad grecolatina o al período de mayor esplendor literario o artístico de un país : *las lenguas clásicas; el teatro clásico* (ú. t. c. s.). || Dícese de aquello que se considera modelo en su género : *obra actualmente clásica* (ú. t. c. s.). || Conforme a un ideal, a las normas o a las costumbres establecidas : *va siempre vestido de forma muy clásica.* || *Fam.* Habitual, común, corriente, característico.

clasificación f. Distribución sistemática en diversas categorías, siguiendo criterios precisos.

clasificador, ra adj. y s. Que clasifica. || — M. Mueble de oficina para guardar papeles o documentos. || — F. Máquina que clasifica rápidamente tarjetas perforadas.

clasificar v. t. Ordenar por clases : *clasificar fichas, plantas.* || — V. pr. Obtener determinado puesto en una competición. || Conseguir un puesto

que permite continuar en un torneo deportivo.

clasismo m. Discriminación hecha por una clase social privilegiada respecto a otra.

clasista adj. Relativo al clasismo. || — M. y f. Partidario del clasismo.

Claudel [*clodél*] (Paul), escritor y diplomático francés (1868-1955), autor de poesías místicas (*Cinco grandes odas*) y de obras de teatro (*La Anunciación de María, El zapato de raso*).

claudicación f. Cojera. || *Fig.* Sometimiento. || Incumplimiento.

claudicar v. i. Cojear. || *Fig.* Faltar a sus deberes. || Ceder, someterse.

Claudio — I (TIBERIO DRUSO), emperador romano (10 a. n. e. 54), n. en Lyon el año 10 a. de J. C. Casó con Mesalina y más tarde con Agripina, quien lo envenenó. || ~ II (214-270), emperador romano de 268 a 270.

Clausell (Joaquín), pintor impresionista mexicano (1885-1936).

claustral adj. Del claustro.

claustro m. Galería que cerca el patio principal de una iglesia o convento : *un claustro románico.* || Junta de los profesores de una universidad o colegio. || *Fig.* Estado monástico : *retiró al claustro.* || *Claustro materno,* matriz.

claustrofobia f. Aversión morbosa y de angustia producida por la permanencia en lugares cerrados.

cláusula f. *For.* Cada una de las condiciones, disposiciones de un contrato, testamento, documento, etc. || *Gram.* Oración, período, frase : *cláusula simple o compuesta.*

clausura f. Aislamiento en que viven ciertos religiosos : *la clausura de los trapenses.* || Vida religiosa o encerrada en algún recinto. || Parte de los conventos en la que no pueden entrar las personas ajenas a los mismos. || Acto solemne con que terminan las deliberaciones de un tribunal, asamblea o reunión, etc. : *sesión de clausura.*

clausurar v. t. Cerrar.

clavado, da adj. Adornado con clavos. || *Fig.* Puntual, exacto : *llegó a las seis clavadas.* || Pintiparado : *este traje le está clavado.* || Parecido : *es clavado a su hermano.* || — M. *Amer.* Salto de trampolín. || *Méx.* Hombre que se tira al mar desde rocas muy altas.

clavar v. t. Poner clavos : *clavar un cuadro.* || Fijar con clavos : *clavar un tablero.* || *Fig.* Fijar : *clavar la mirada en una mujer.* || *Fig. y fam.* Dejar pasmado, sorprendido. || Cobrar muy caro. || Hacer bien : *clavó el problema.* || — V. pr. Hincarse una cosa puntiaguda : *clavarse una aguja.* || *Méx.* Tirarse al agua desde una altura elevada. | Guardarse. | Engañar.

clave f. Explicación de los signos convenidos para escribir en cifra : *la clave de un mensaje cifrado.* || Explicación que necesitan algunos libros para ser comprendidos : *la clave de un método de francés.* || *Fig.* Explicación : *la clave de un misterio.* || *Arq.* Piedra en la parte superior con que se cierra un arco o bóveda : *una clave esculpida.* || *Mús.* Signo que indica la entonación : *clave de sol.* || — M. *Mús.* Clavicordio. || — Adj. inv. Esencial, capital : *esos fueron los motivos clave de sus disgustos.*

Clavé (Antonio), pintor español, n. en 1913. || ~ (JOSÉ ANSELMO), compositor de música coral español (1824-1874). || ~ (PELEGRÍN), pintor español (1811-1880). Residió en México.

clavecín m. *Mús.* Clavicordio.

clavel m. Planta cariofiliácea, de flores de bellos colores. || Su flor.

Claver. V. PEDRO CLAVER.

clavero m. Árbol mirtáceo que da el clavo.

claveteado m. Acción de clavetear.

clavetear v. t. Adornar con clavos : *clavetear una caja.* || Herretear.

clavicembalista com. Músico que toca el clavicémbalo.

clavicémbalo m. *Mús.* Instrumento de cuerdas semejante a la clave.

clavicordio m. *Mús.* Instrumento de cuerdas, semejante al piano, pero de sonido más agudo.

clavícula f. *Anat.* Cada uno de los dos huesos largos situados transversalmente en la parte superior del

129

pecho y que unen el esternón con los omóplatos.

clavija f. Pieza de madera, metal u otra materia que se usa para ensamblajes o para tapar un agujero. || Pieza que sirve, en los instrumentos músicos con astil, para asegurar o atirantar las cuerdas. || Parte macho de un enchufe : *clavija de dos contactos.* || *Fam.* Apretar las clavijas, exigir una obediencia completa a uno.

Clavijero (Francisco Javier), jesuita e historiador mexicano (1731-1787).

Clavijo, lugar español (Logroño), donde Ramiro I, rey de Asturias, derrotó a los moros (845) con la legendaria ayuda del apóstol Santiago.

Clavijo (Ruy GONZÁLEZ DE), cronista español (¿ 1356 ?-1412), autor de *Historia del Gran Tamerlán,* relato de su viaje a Persia.

Clavillo de Aconquija, cima de la Argentina (Tucumán y Catamarca); 5 550 m.

clavo m. Piececilla metálica, con cabeza y punta, que se hinca en un cuerpo para sujetar alguna cosa. || Capullo seco de la flor del clavero : *el clavo se usa como especia.* || *Med.* Punto central de la masa de pus de un furúnculo o divieso. || Callo. || *Fig.* Dolor agudo. | Jaqueca. || *Pop.* Deuda. | Cosa muy cara. || *Min. Bol.* Bolsón de mineral de plata. || *Min. Hond.* y *Méx.* Parte de una veta muy rica en metales. || — *Fig. Agarrarse a un clavo ardiendo,* valerse de cualquier medio en un apuro. | *Como un clavo,* muy puntual. | *Dar en el clavo,* acertar. | *Dar una en el clavo y ciento en la herradura,* acertar por casualidad.

claxon m. Bocina de los automóviles accionada eléctricamente.

clearing [klírin] m. (pal. ingl.). Compensación : *el acuerdo de clearing entre dos países consiste en la liquidación de las deudas existentes entre ellos, debidas a operaciones financieras o comerciales, sin necesidad de que haya transferencia de divisas u oro.*

clemátide f. Planta ranunculácea trepadora, de flores blancas. || Su flor.

Clemenceau [-mansó] (Georges), político francés (1841-1929), jefe del Gobierno (1906-1909 y 1917-1920), artífice de la victoria contra Alemania en 1918.

clemencia f. Virtud que consiste en perdonar o moderar el rigor.

Clemens (Samuel Langhorne). V. MARK TWAIN.

clemente adj. Que tiene clemencia : *un juez clemente.* || *Fig.* Poco riguroso : *invierno clemente.*

Clemente, n. de catorce papas. Los más célebres fueron : CLEMENTE V *(Bertrand de Got),* papa de 1305 a 1314, que estableció la Santa Sede en Aviñón ; CLEMENTE VII *(Julio de Médicis),* papa de 1523 a 1534, que tuvo disensiones con Carlos I de España y con Enrique VIII de Inglaterra ; CLEMENTE VIII *(Gil Muñoz),* antipapa español de 1424 a 1429, sucesor de Pedro de Luna ; CLEMENTE XI, papa de 1700 a 1721, autor de la bula *Unigénitus* contra los jansenistas ; y CLEMENTE XIV *(Ganganelli),* papa de 1769 a 1774, que suprimió la Compañía de Jesús.

clementina f. Mandarina que no tiene huesos.

Cleopatra, n. de siete reinas de Egipto. La más célebre fue CLEOPATRA VII (69-30 a. de J. C.). Sedujo a César y a Marco Antonio. Se suicidó tras la derrota de Antonio en Accio.

clepsidra f. Reloj de agua.

cleptomanía f. Propensión morbosa al robo.

cleptómano, na adj. Dícese de la persona que padece cleptomanía (ú. t. c. s.).

clerecía f. Clero. || Oficio y ocupación de los clérigos. (V. MESTER.)

clergyman m. (pal. ingl.). Clérigo o pastor protestante.

clerical adj. Relativo al clérigo.

clericalismo m. Influencia excesiva del clero en la vida política.

Clerice (Justino), compositor argentino (1863-1908), autor de óperas *(Leda),* operetas y obras sinfónicas.

clérigo m. Sacerdote. || En la Edad Media, hombre letrado y de estudios, aunque no tuviese orden alguna.

Clermont-Ferrand, c. de Francia, cap. del dep. de Puy-de-Dôme.

clero m. Conjunto de sacerdotes o eclesiásticos : *el clero argentino.*

Cleveland, c. de Estados Unidos (Ohio), puerto en el lago Erie.

Cleves o **Cléveris,** en alem. *Kleve,* c. de Alemania. Occidental (Rin Septentrional-Westfalia).

cliché m. Plancha o grabado en metal para la impresión. || Imagen fotográfica negativa. || *Fig.* Tópico, frase hecha : *valerse de clichés.*

Clichy, c. de Francia, en el NO. de París. || ~-sous-Bois, c. de Francia (Seine-Saint Denis), en el NO. de París.

cliente, ta m. y f. Respecto de una persona que ejerce una profesión, la que utiliza sus servicios. || Respecto de un comerciante, el que compra en su establecimiento.

clientela f. Conjunto de clientes de una persona o un establecimiento.

clima m. Conjunto de fenómenos meteorológicos que caracterizan el estado atmosférico y su evolución en un lugar determinado. || *Fig.* Atmósfera moral : *clima político de un país.*

Clímaco (Juan). V. JUAN CLÍMACO (San).

climaterio m. Período de la vida que precede y sigue al cese de la actividad sexual.

climático, ca adj. Del clima.

climatización f. Acondicionamiento del aire.

climatizador, ra adj. Que climatiza. || — M. Aparato que sirve para climatizar.

climatizar v. t. Acondicionar el aire.

climatología f. Tratado de los climas.

climatológico, ca adj. Del clima.

clímax m. Gradación. || Momento culminante de un poema o de una acción dramática o cinematográfica.

clínico, ca adj. Perteneciente o relativo a la enseñanza práctica de la medicina : *hospital clínico.* || *Historia o historial clínico.* V. HISTORIAL. || *Fig. Tener ojo clínico,* ser perspicaz. || — M. Persona dedicada al ejercicio práctico de la medicina. || — F. Hospital privado, generalmente de carácter quirúrgico.

Clio, musa de la Historia y de la Poesía épica.

clip m. Sujetapapeles de alambre. || Broche de muelle. || Horquilla para el pelo.

Clipperton, isla de México en el Pacífico ; 5 km².

clisar v. t. Reproducir en planchas de metal la composición tipográfica y los grabados con objeto de efectuar la tirada.

clisé m. Cliché.

Clitemnestra, mujer de Agamenón y madre de Orestes, Electra e Ifigenia. Asesinó a su marido y murió a manos de su hijo Orestes.

clitoridiano, na adj. Relativo al clítoris.

clítoris m. *Anat.* Pequeño órgano eréctil situado en la parte superior de la vulva de la mujer.

Cliza, c. de Bolivia, cap. de la prov. de Jordán (Cochabamba).

cloaca f. Conducto por donde van las aguas sucias de una ciudad. || *Fig.* Sitio sucio. || *Zool.* Porción final del intestino de las aves.

Clodomiro, rey de los francos (511-524). Hijo de Clodoveo I.

Clodoveo I (465-511), rey de los francos de 481 a 511.

clorato m. Sal del ácido clórico.

clorhídrico adj. m. *Quím.* Ácido clorhídrico, combinación de cloro e hidrógeno obtenida haciendo obrar el ácido sulfúrico sobre la sal marina.

Clorinda, c. de la Argentina (Formosa).

cloro m. *Quím.* Cuerpo simple (Cl), de número atómico 17, gaseoso a la temperatura ordinaria, de color amarillo verdoso, y tóxico.

clorofila f. *Bot.* Pigmento verde de los vegetales : *la clorofila se produce en células expuestas a la luz.*

clorofílico, ca adj. De la clorofila.

cloroformización f. Anestesia por medio del cloroformo.

cloroformizar v. t. *Med.* Someter a la acción anestésica del cloroformo.

cloroformo m. *Quím.* Líquido incoloro, de olor etéreo, resultante de la acción del cloro sobre el alcohol, y que se emplea como anestésico.

cloromicetina f. Poderoso antibiótico.

cloruro m. Combinación del cloro con un cuerpo simple o compuesto.

Clouet (Janet), pintor francés (¿ 1475 ?-1541). — Su hijo FRANCOIS (¿ 1510 ?-1572) fue pintor del rey Francisco I y de sus sucesores.

clown [clun o klon] m. (pal. ingl.). Payaso.

club m. Asamblea política : *club revolucionario.* || Sociedad deportiva, literaria, de recreo, etc. || Lugar donde está. || Palo de golf para lanzar la pelota. (Pl. *clubs* o *clubes.*)

clueca adj. Dícese del ave cuando empolla : *gallina clueca* (ú. t. c. s. f.).

Cluj [kluí], hoy Cluj Napoca, c. de Rumania (Transilvania). Universidad.

cluniacense adj. y s. De la abadía y la congregación de Cluny (Francia).

Cluny, c. de Francia (Saône-et-Loire). Antigua abadía benedictina, fundada en 910.

Clusium. V. CHIUSI.

Clyde, río de Escocia que pasa por Glasgow y des. en el mar de Irlanda ; 170 km.

Cm, símbolo químico del curio.

Cnido o **Gnido,** ant. c. de Asia Menor en Caria, colonia lacedemonia. Consagrada a Venus.

Cnosos, cap. de la ant. Creta. Centro de la civilización minoica.

C. N. T., sigla de *Confederación Nacional del Trabajo.*

Co, símbolo químico del cobalto.

coa f. *Chil.* Jerga de los delincuentes. || *Méx.* Apero agrícola que se usa en lugar de la azada.

coacción f. Violencia con que se obliga a uno a hacer una cosa.

coaccionar v. t. Hacer coacción.

coactivo, va adj. *For.* Que tiene fuerza de apremiar u obligar.

coacusado, da adj. y s. Acusado con otro.

coadjutor, ra m. y f. Persona que ayuda a otra en sus funciones, especialmente en la Iglesia (ú. t. c. adj.).

coadjutoría f. Cargo o empleo de coadjutor.

coadquirir v. t. Adquirir juntamente con otro.

coadquisición f. Adquisición con otro u otros.

coadyuvar v. t. e i. Contribuir o ayudar : *coadyuvar a una obra.*

coagulable adj. Que puede coagularse.

coagulación f. Acción y efecto de coagular o coagularse.

coagulador, ra y **coagulante** adj. Que coagula (ú. t. c. s. m.).

coagular v. t. Cuajar, solidificar lo líquido. Ú. t. c. pr. : *la sangre se coagula al aire.*

coágulo m. Masa de sustancia cuajada. || Sangre coagulada.

Coahuatlán, templo azteca dentro del recinto cercado (Templo Mayor) de Tenochtitlán.

Coahuila, Estado del N. de México ; cap. *Saltillo.* Cobre, plomo, cinc, carbón. Ganadería. Agricultura.

coala m. Koala.

Coalcomán, sector de la Sierra Madre del Sur de México. — Pobl. y mun. de México (Michoacán).

coalición f. Confederación, alianza : *coalición de naciones europeas.*

coalicionista com. Miembro de una coalición.

coaligar v. t. Coligar.

coamil m. *Méx.* Tierra que se desmonta para sembrar.

coartada f. *For.* Prueba que hace el reo de haber estado ausente del sitio en el momento en que se cometió el delito : *presentar una coartada.*

coartar v. t. Limitar, restringir.

Coast Range, cadena de montañas que bordea el Pacífico, desde Colombia Británica (Canadá) hasta California (Estados Unidos).

Coata, río del Perú (Puno), que vierte sus aguas en el Titicaca.

coate m. *Méx.* Leguminosa de propiedades colorantes y fosforescentes.

Coatepec, c. de México (Veracruz).

Coatepeque, lago de El Salvador (Santa Ana), a 730 m de alt. ; 40 km².

— C. de El Salvador (Santa Ana). — V. de Guatemala (Quezaltenango).

coati m. Pequeño mamífero carnicero de América, de color pardo grisáceo y cola negra, llamado también *tejón, pizote, zorro guache, soncho.*

Coati, isla de Bolivia en el lago Titicaca. Recibe tb. el n. de *La Luna.*

Coatlicue, diosa azteca de la Tierra, madre de 400 hijos (las estrellas) y una hija (la Luna).

Coatzacoalcos, río de México, que nace en Chiapas y des. en el golfo de México con un estuario navegable ; 332 km. — C. de México (Veracruz). Ant. *Puerto México.*

coautor, ra m. y f. Autor con otro u otros : *coautor de una obra.*

coaxial adj. Que tiene el mismo eje que otro cuerpo : *cilindros coaxiales.*

coba f. *Fam.* Lisonja, halago.

Coba, lugar arqueológico maya en el norte de El Petén (Quintana Roo, México).

cobalto m. Metal blanco rojizo (Co), de número atómico 27, densidad 8,8 y punto de fusión a 1 490 °C. || *Bomba de cobalto,* generador de rayos gamma terapéuticos, emitidos por una carga de radiocobalto.

Cobán, c. de Guatemala, cap. del dep. de Alta Verapaz. Obispado. Ruinas arqueológicas mayas.

cobanero, ra adj. y s. De Cobán (Guatemala).

cobarde adj. y s. Miedoso.

cobardía f. Falta de ánimo y valor.

cobardón, ona adj. *Fam.* Especialmente cobarde (ú. t. c. s.).

cobaya f. y **cobayo** m. Conejillo de Indias.

cobear v. i. *Fam.* Adular.

cobertera f. Tapadera.

cobertizo m. Tejado saledizo para resguardarse de la lluvia, para dar sombra, etc.

cobertor m. Manta ligera.

cobertura f. Cubierta. || Ocupación que permite a una persona llevar a cabo más fácilmente operaciones clandestinas. || Valores que sirven para garantizar una operación financiera o comercial. || *Mil.* Dispositivo de protección de una zona o de una operación. || Obra que corona exteriormente una construcción.

cobija f. Teja que abraza dos canales del tejado. || Cada una de las plumas pequeñas que cubren el arranque de las grandes del ave. || *Amer.* Manta de cama.

Cobija, c. de Bolivia en la frontera brasileña, cap. del dep. de Pando.

cobijador, ra adj. y s. Que cobija.

cobijamiento m. Acción y efecto de cobijar o cobijarse.

cobijar v. t. Cubrir o tapar (ú. t. c. pr.). || Albergar (ú. t. c. pr.).

cobijeño, ña adj. y s. De Cobija (Bolivia).

cobijo m. Cobijamiento. || Lugar que sirve de cobijo.

cobista adj. y s. *Fam.* Adulador.

cobla f. En Cataluña, banda de música de once miembros que interpreta sardanas.

Coblenza, c. de Alemania Occidental (Renania-Palatinado).

C. O. B. O. L, siglas de *common business oriented language,* en informática, lenguaje de programación común a todo tipo de ordenadores para resolver problemas de gestión.

Cobquecura, c. de Chile en la VIII Región (Biobío) y en la prov. de Ñuble, cap. de la com. de su n.

cobra f. *Zool.* Serpiente venenosa de los países tropicales.

cobrador, ra adj. Dícese del perro que sabe cobrar y traer la caza. — M. y f. Persona que se encarga de cobrar alguna cosa.

cobranza f. Acción y efecto de cobrar.

cobrar v. t. Percibir uno lo que se le debe : *cobrar el sueldo.* || Tomar o sentir cierto afecto : *cobrar cariño a un amigo.* || Capturar, apoderarse. || Recuperar : *cobrar aliento, ánimo.* || Adquirir : *cobrar mala fama.* || *Fam.* Recibir castigo : *vas a cobrar una torta.* || Recoger el perro los animales matados por el cazador. || Cazar un cierto número de piezas. || — V. pr. Pagarse, resarcirse.

cobre m. Metal (Cu), de número

atómico 29, de color pardo rojizo cuando está puro : *el cobre fue el primer metal descubierto por el hombre.* || *Amer.* Moneda de este metal, de escaso valor. || Batería de cocina cuando es de este metal. || — Pl. *Mús.* Conjunto de los instrumentos de viento que forman una orquesta. || — *Fig.* y *fam.* Batir el cobre, trabajar mucho en negocios que producen utilidad. | *Batirse del cobre,* echar el resto.

Cobre, ~ (El), pico de Chile (Atacama). — Volcán de México (Sinaloa). — Pico de Venezuela (Táchira) ; 3 613 m. — Río de Panamá (Veraguas), afl. del San Pablo. — Térm. mun. de Cuba, cerca de Santiago. Cobre. — V. CANANEA. — (SIERRA DEL), cadena montañosa de Cuba (Santiago). Minas.

cobrizo, za adj. Aplícase al metal que contiene cobre : *pirita cobriza.* || Parecido al color del cobre.

cobro m. Cobranza. || Pago : *día de cobro.*

Coburgo, c. de Alemania Occidental (Baviera).

coca f. Arbusto de cuyas hojas se extrae la cocaína. || Cocaína.

Coca, río del Ecuador (Oriente), afl. del Napo ; 274 km.

cocaína f. *Farm.* Alcaloide que se extrae de la coca y que se utiliza como anestésico.

cocainismo m. Abuso de la cocaína.

cocainómano, na adj. Que tiene el vicio de tomar abusivamente cocaína (ú. t. c. s.).

Cocanada. V. KAKINADA.

coccinela f. Mariquita.

coccinélidos m. pl. *Zool.* Familia de insectos coleópteros, como la mariquita (ú. t. c. adj.).

cocción f. Acción y efecto de cocer.

cóccix m. *Anat.* Hueso pequeño que termina la columna vertebral.

cocear v. i. Dar coces.

Cocentaina, v. de España (Alicante).

cocer v. t. Preparar los alimentos por medio del fuego : *cocer legumbres.* || Someter una sustancia a la acción del fuego : *cocer ladrillos.* || — V. i. Hervir un líquido : *el agua cuece.* || Fermentar un líquido : *el mosto cuece.* || — V. pr. *Fig.* Tener mucho calor. | Ocurrir, urdirse.

cocido m. Plato muy popular en España que consiste en un guisado de carne, tocino y chorizo con garbanzos y algunas verduras.

cociente m. Resultado obtenido al dividir una cantidad por otra.

cocimiento m. Cocción. || Líquido cocido con sustancias medicinales.

cocina f. Habitación donde se guisa la comida. || Aparato para guisar : *una cocina de carbón.* || Arte de preparar los manjares : *cocina francesa, china.*

cocinar v. t. Guisar. || — V. i. *Fam.* Meterse uno en lo que no le importa.

cocinero, ra m. y f. Persona que guisa por oficio.

cocinilla f. Infiernillo.

cocker adj. (pal. ingl.). Dícese de una raza de perros de talla pequeña, pelo largo y orejas colgantes (ú. t. c. s. m.).

cock-tail [cóctel] m. (pal. ingl.). Cóctel.

Coclé, prov. de Panamá ; cap. Penonomé. || ~ **del Norte,** río de Panamá (Coclé y Colón).

coclesano, na adj. y s. De Coclé (Panamá).

coco m. Cocotero. || Fruto de este árbol. || *Bot.* Micrococo, bacteria de forma esférica. || *Fam.* Fantasma con que se mete miedo a los niños : *no llores, que viene el coco.* | Cabeza. | Mueca. | Moño de pelo. || *Zool.* Gorgojo, insecto coleóptero cuyas larvas viven dentro de las lentejas y guisantes. || *Arg. Fam.* Cocaína.

Coco, isla del Pacífico en Costa Rica ; 30 km². — Río de América Central cuyas fuentes están en Honduras, se interna en Nicaragua y des. en el mar Caribe ; 749 km. Llamado también *Segovia.*

cocoa f. *Amer.* Harina de cacao.

cocodrilo m. Reptil anfibio, de cuatro a cinco metros de largo, cubierto de escamas, que vive en las regiones intertropicales. || *Fig. Lágrimas de cocodrilo,* las hipócritas.

cocolia f. *Méx.* Ojeriza, antipatía.

cocoliste m. *Méx.* Cualquier enfermedad epidémica, tifus, etc.

Cocom, familia maya soberana de Mayapán de fines del s. X.

cócono m. *Méx.* Pavo común.

cocoricó m. Canto del gallo.

Cocos (ISLAS DE), archip. de Australia en el océano Índico y al SO. de Java. Llamado tb. *Keeling.*

cocotal m. Terreno plantado de cocoteros.

cocotero m. Palmera de los países tropicales.

Cocteau [-tó] (Jean), escritor francés (1889-1963), autor de poesías, novelas (*Los hijos terribles*) y obras teatrales (*La voz humana, La máquina infernal, Los padres terribles, Orfeo, El águila de dos cabezas*). Fue también director cinematográfico (*Orfeo*).

cóctel m. Combinación de bebidas alcohólicas y hielo. || Reunión donde se dan. || *Cóctel Molotov,* botella explosiva a base de gasolina.

coctelera f. Recipiente para hacer cócteles. || *Fig.* Mezcla.

Cocula, río de México (Guerrero) que se une al Mezcala ; 75 km.

cocuy m. Cocuyo. || *Amer.* Agave.

Cocuy, V. SIERRA NEVADA DE CHITA. || ~ (El), c. de Colombia (Boyacá).

cocuyo m. Insecto coleóptero de América tropical.

Cocha, lago de Colombia (Putumayo).

Cochabamba, cord. de Bolivia ; cima a los 4 851 m. — C. de Bolivia, cap. de la prov. de Cercado y del dep. homónimo. Arzobispado. Universidad. Fundada en 1574.

cochabambino, na adj. y s. De Cochabamba (Bolivia).

cochambre f. *Fam.* Suciedad.

cochambroso, sa adj. y s. *Fam.* Lleno de mugre, de suciedad.

Cochamó, río de Chile (Llanquihue), que des. en el estuario del Reloncaví. — C. de Chile en la X Región (Los Lagos) y en la prov. de Llanquihue, cap. de la com. del mismo nombre.

coche m. Carruaje, generalmente de cuatro ruedas : *un coche de caballos.* || Automóvil : *coche de carreras.* || Vagón de ferrocarril o de tranvía. || *Coche cama,* vagón de ferrocarril con camas para dormir. || *Coche celular,* furgoneta al servicio de las fuerzas de orden público. || *Coche de plaza o de punto,* el que se alquila para el servicio público. || *Méx. Coche de sitio,* coche de punto, taxi. || *Coche restaurante,* vagón de ferrocarril en que hay un comedor. || *Coche utilitario,* automóvil no lujoso que se emplea para los servicios que tiene que realizar una persona. || *Fig. y fam. Ir en el coche de San Fernando,* ir a pie.

Coche, isla de Venezuela, en el Caribe (Estado de Nueva Esparta).

cochera adj. f. Dícese de la puerta por donde pasan los vehículos. || — F. Lugar donde se guardan los coches. || Garaje.

cochero m. Hombre que por oficio conduce un coche.

cochifrito m. Guiso de cabrito.

Cochin, c. y puerto de la India, en la costa Malabar (Kerala). Obispado.

cochinada f. *Fig.* y *fam.* Grosería, mala jugada. || Porquería.

Cochinchina, región meridional del Vietnam.

cochinería f. *Fig.* y *fam.* Porquería, grosería : *decir cochinerías.*

cochinilla f. Insecto hemíptero, oriundo de México, dañino a las plantas, de color rojo. || Materia colorante producida por este insecto. || Pequeño crustáceo isópodo terrestre, de color ceniciento, que vive en los lugares húmedos debajo de las piedras y que toma forma de bola cuando se le sorprende.

cochinillo m. Lechón.

cochino, na m. y f. Cerdo. || — Adj. y s. *Fig.* y *fam.* Sucio, puerco. | Cicatero, ruin. || Sucio, grosero. || — M. Cierto pez de los mares de Cuba. || *Méx. Cochino de monte,* jabalí. || — Adj. *Fam.* Asqueroso, desagradable, sin valor : *tiempo cochino.* | Maldito : *el cochino dinero.* | Repugnante, malo : *cochina comida.*

Cochinos (BAHÍA), bahía en el SE. de Cuba.

Cochrane, lago de Chile (Aisén), cuya mitad oriental pertenece a la Argentina con el n. de *Pueyrredón.* —

C. de Chile en la XI Región (Aisén del Gral. Carlos Ibáñez del Campo), cap. de la prov. Capitán Prat.

Cochrane (Tomás Alejandro), marino inglés, n. en Annsfield (Lanark) [1775-1860]. Luchó por la independencia de Chile y Perú de 1818 a 1821 y sirvió después en Brasil en favor de su emancipación (1822).

cochura f. Cocción.

coda f. *Mús.* Período vivo y brillante al final de una pieza.

codaste m. *Mar.* Madero grueso longitudinal ensamblado en la quilla que sostiene la armazón de la popa y el timón.

codazo m. Golpe con el codo.

Codazzi, monte de Venezuela (Aragua); 2 424 m. — Pobl. de Colombia (Magdalena).

Codazzi (Agustín), militar y geógrafo italiano (1793-1859). Trazó mapas de Colombia y Venezuela.

codear v. i. Mover mucho los codos : *abrirse paso codeando.* || *Amer.* Pedir, sacar dinero. || — V. pr. Alternar, tener trato con otras personas : *se codea con la alta sociedad.*

Codeguia, c. de Chile en la VI Región (Libertador General Bernardo O'Higgins) y en la prov. de Cachapoal, cap. de la com. del mismo n.

codeína f. Alcaloide calmante sacado de la morfina y del opio.

codeo m. Acción y efecto de codear o codearse. || *Amer.* Sablazo.

Codera, cabo del N. de Venezuela (Miranda), en el mar Caribe.

Codesido (Julia), pintora peruana (1893-1979), autora de murales.

codeso m. Arbusto papilionáceo de flores amarillas.

codeudor, ra m. y f. Deudor con otro u otros.

códice m. Libro manuscrito antiguo : *el códice del poema del Cid.*
— Los códices mexicanos son unos documentos jeroglíficos realizados por artistas mayas o aztecas en papel de fibras de maguey o de venado.

codicia f. Ambición, ansia exagerada de riquezas. || *Fig.* Deseo vehemente, violento : *codicia de saber.*

codiciador, ra adj. y s. Que codicia.

codiciar v. t. Ambicionar, desear con vehemencia, ansiar.

codicilo m. *For.* Cláusula adicional que modifica un testamento. | (Ant.) Testamento.

codicioso, sa adj. y s. Que tiene codicia. || *Fig.* y *fam.* Laborioso.

codificación f. Acción y efecto de codificar normas, leyes o costumbres. || Transformación de la formulación de un mensaje por medio de un código determinado. || En informática, proceso gracias al cual el ordenador puede tratar un programa o conjunto de datos.

codificador, ra adj. y s. Que codifica. || — M. y f. Especialista que realiza la codificación en informática. || — M. Aparato que hace la codificación.

codificar v. t. Unir en un cuerpo único textos legislativos que tratan de la misma materia. | Transformar, mediante un código, la formulación de un mensaje.

código m. Cuerpo de leyes que forma un sistema completo de legislación sobre alguna materia. || Recopilación de la leyes de un país : *código civil, penal.* || Reglamento : *código de la circulación.* || Sistema de signos y reglas que permite formular y comprender un mensaje. || Cifra o signo para comunicar algo secreto. || En informática, conjunto de instrucciones formuladas en un lenguaje específico que puede ejecutar directamente el ordenador. || — *Rioplat.* Arrimar el código, hacer sentir el rigor de la ley. || *Código binario,* el utilizado en la numeración de los calculadores electrónicos en el cual los decimales se representan por su equivalente binario : *1 es igual a 0001 ; 14 a 1110.* || *Mar. Código de señales,* vocabulario convencional por medio de banderas que utilizan los buques. || *Código postal,* conjunto de cifras que permite identificar la oficina de Correos encargada de repartir las cartas y que facilita la clasificación de las mismas.

codillo m. En los cuadrúpedos, articulación del brazo inmediata al codo. || Tubo acodado. || Parte del jamón que toca a la articulación.

Codina (Iverna), escritora argentina, n. en Chile en 1924, autora de poesías (*Después del llanto*) y de novelas (*Los guerrilleros*). || ~ **Fernández** (GENARO), músico mexicano (1852-1901).

codirección f. Dirección en común con otra u otras personas.

codirector, ra adj. y s. Director con otro u otros.

codo m. Parte posterior y prominente de la articulación del brazo con el antebrazo. || En los cuadrúpedos, codillo. || Tubo acodado. || Medida de unos 42 cm, que va desde el codo hasta los dedos. || *Méx.* Tacaño, agarrado, cicatero. || — *Codo con* (o *a*) *codo,* al mismo nivel. || *Méx.* Doblar los codos, ceder, transigir. || *Fig.* y *fam.* Empinar el codo, beber bebidas alcohólicas. | *Hablar por los codos,* hablar en demasía. | *Romperse los codos,* estudiar mucho.

codoñate m. Carne de membrillo.

codorniz f. Ave gallinácea de paso, semejante a la perdiz.

Cody (William Frederick). V. BÚFALO BILL.

coedición f. Publicación de una obra realizada por diversos editores.

coeditar v. t. Publicar entre varios editores.

coeficiente adj. Que juntamente con otra cosa produce un efecto. || — M. Índice, tasa : *coeficiente de incremento.* || Grado : *coeficiente de invalidez.* || Valor relativo que se atribuye a cada prueba de un examen. || *Mat.* Número que se coloca delante de una cantidad para multiplicarla : *2* (*a* + *b*).

Coéforas (*Las*), tragedia de Esquilo que, con *Agamenón* y *Las Euménides,* compone la trilogía *La Orestíada.*

Coelemu, c. de Chile en la VIII Región (Biobío) y en la prov. de Ñuble, cap. de la com. de su n.

Coello (Alonso SÁNCHEZ), pintor español (1531 ó 1532-1588), retratista en la corte de Felipe II. || ~ (CLAUDIO), pintor de cámara español (1642-1693), de origen portugués.

coendú m. *Amer.* Puerco espín.

coercer v. t. Forzar. || Impedir. || Contener, reprimir. || Sujetar.

coerción f. Contención por la fuerza, obligación.

coercitivo, va adj. Que obliga.

coetáneo, a adj. y s. Contemporáneo : *coetáneo de Platón.*

coexistencia f. Existencia simultánea de varias cosas.

coexistente adj. Que coexiste.

coexistir v. i. Existir una persona o cosa a la vez que otra.

cofa f. *Mar.* Plataforma pequeña en un mastelero.

cofia f. Gorro de encaje o blonda que usaban las mujeres para abrigar y adornar la cabeza. || El que hoy usan las enfermeras, criadas mismas, etc. || Red para el pelo. || *Bot.* Cubierta que protege la extremidad de las raíces, pilorriza.

cofrade com. Miembro de una cofradía o hermandad.

cofradía f. Asociación o hermandad de personas devotas. || Grupo o asociación para un fin preciso.

cofre m. Caja a propósito para guardar : *cofre de alhajas.* || Baúl.

Cofre de Perote o **Naucampatépetl**, volcán apagado de México (Puebla de Veracruz) ; 4 282 m.

Cofrentes, valle y mun. en la prov. de Valencia. Central nuclear.

cofto, ta adj. y s. Copto.

coger v. t. Asir, agarrar o tomar : *coger de* o *por la mano* (ú. t. c. pr.). || Apoderarse : *coger muchos peces.* || Tomar : *cogió el trabajo que le di.* || Adquirir : *coger entradas para el tren.* || Alquilar : *cogí un piso en París.* || Contratar : *cogí muchos obreros para que me ayudasen.* || Recoger los frutos de la tierra : *coger la uva.* || Contener : *esta tinaja coge cien litros de aceite.* || Ocupar : *la alfombra coge toda la sala.* || Alcanzar, adelantar : *el coche cogió al camión.* || Apresar : *cogieron al asesino.* || Subirse : *cogí el tren.* || Encontrar : *coger a uno de buen humor.* || Sorprender : *le cogió la lluvia.* || Contraer enfermedad :

coger un resfriado. || Experimentar, tener : *le cogió frío.* || Cubrir el macho a la hembra. || *Amer.* Realizar el acto sexual. || Adquirir : *cogió esa manía.* || Cobrar, tomar : *les he cogido cariño.* || Atropellar : *ser cogido por un automóvil.* || *Fig.* Entender : *no has cogido lo que te dije.* || Herir o enganchar el toro con los cuernos a uno. || Captar : *coger Radio España.* || Tomar, recoger : *le cogí sus palabras en cinta magnetofónica.* || Elegir : *he cogido lo que me pareció mejor.* || — V. i. Tomar, dirigirse : *coja a la derecha.* || *Pop.* Caber : *el coche no coge en el garaje.* || Arraigar una planta : *Hallarse, encontrarse : la universidad me coge muy lejos.*
— OBSERV. Coger tiene en algunos países de América un sentido poco correcto y se sustituye este verbo por otros (*tomar, agarrar, alcanzar,* etc.).

cogestión f. Administración ejercida por varias personas. || Gestión ejercida por el jefe de empresa y los representantes de los trabajadores de la misma.

cogestionario, ria adj. Administrado por el sistema de cogestión.

cogida f. Cosecha de frutos : *la cogida de la aceituna.* || *Fam.* Cornada, acción de coger : *el torero sufrió una cogida.* || *Méx.* y *P. Rico.* Ardid.

cogitar v. t. Pensar.

Cognac [*koñak*], c. de Francia (Charente). Vinos y licores.

cognación f. Parentesco de consanguinidad, especialmente por la línea femenina.

cognado, da m. y f. Pariente por cognación.

cognición f. Conocimiento.

cogollo m. Parte interior de la lechuga, la col, etc. || Brote de un árbol y otras plantas. || *Fig.* Centro. | Lo mejor, élite. || *Arg.* Chicharra grande. | *Amer.* Punta de la caña de azúcar.

cogorza f. *Pop.* Borrachera.

cogote m. Nuca.

cogotudo, da adj. *Fig.* Altivo, orgulloso. || *Amer.* Nuevo rico (ú. t. c. s.).

cogujada f. Especie de alondra.

cogulla f. Hábito de ciertos religiosos.

coh m. *Méx.* Tigre, jaguar.

cohabitación f. Estado de las personas que viven juntas.

cohabitar v. i. Vivir una persona con otra. || Vivir maritalmente un hombre y una mujer.

cohechador, ra adj. y s. Corruptor.

cohechar v. t. Sobornar, corromper : *cohechar a un funcionario.*

cohecho m. Soborno, corrupción.

coheredero, ra m. y f. Heredero con otro u otros.

coherencia f. Enlace conexión.

coherente adj. Que se compone de partes unidas y armónicas.

cohesión f. Adherencia, fuerza que une las moléculas de un cuerpo. || *Fig.* Unión : *la cohesión entre los países de Europa.* | Coherencia.

cohesivo, va adj. Que une.

cohesor m. En la telegrafía sin hilos primitiva, detector de ondas.

cohete m. Tubo cargado de pólvora que se eleva por sí solo y al estallar en el aire produce efectos luminosos diversos en forma y color : *los cohetes se usan como señales en la marina y en la defensa antiaérea.* || Artificio de uno o más cuerpos que se mueve en el aire por propulsión a chorro y se emplea con fines de guerra o científicos : *cohete espacial.*

cohibición f. Acción de cohibir.

cohibir v. t. Coartar, contener, reprimir (ú. t. c. pr.). || Intimidar : *su presencia lo cohíbe.* || Embarazar.

cohombro m. Variedad de pepino.

cohonestar v. t. Dar apariencia de buena a una acción que no lo es. || Armonizar, hacer compatibles dos cosas.

cohorte f. Unidad de infantería romana, décima parte de la legión. || *Fig.* Serie. | Acompañamiento.

Coiba, isla de Panamá en el Pacífico (Veraguas).

Coihaique, c. de Chile en la XI Región (Aisén del Gral. Carlos Ibáñez del Campo), cap. de esta división administrativa del país y de la prov. y com. que llevan su nombre.

Coihueco, río de Chile (Osorno). — C. de Chile en la VIII Región (Biobío) y en la prov. de Nuble, cap. de la com. del mismo nombre. Agricultura.

Coimbatore, c. de la India (Tamil Nadu), en el Decán. Obispado.

Coimbra, c. de Portugal, cap. del distr. homónimo (Beira Litoral). Obispado. Universidad.

Coimbra (Juan B.), escritor boliviano, n. en 1895, autor de la novela *Siringa, memorias de un colonizador del Beni.*

coimear v. i. *Amer.* Dejarse sobornar, aceptar sobornos.

coimero, ra m. y f. *Amer.* Persona que se deja sobornar.

Coín, v. de España (Málaga).

coincidencia f. Concurso de circunstancias, concordancia.

coincidente adj. Que coincide.

coincidir v. i. Ajustarse una cosa con otra : *coincidir dos superficies, dos versiones, en los gustos.* ‖ Suceder al mismo tiempo : *mi llegada coincidió con su salida.* ‖ Encontrarse simultáneamente dos o más personas en un mismo lugar.

Coihco, c. de Chile en la VI Región (Libertador General Bernardo O'Higgins) y en la prov. de Cachapoal, cap. de la com. de la.

coipo y **coipu** m. *Arg.* y *Chil.* Especie de castor.

Coire, en alem. *Chur,* c. de Suiza, cap. del cantón de los Grisones.

coito m. Cópula carnal.

cojear v. i. Caminar inclinando el cuerpo más de un lado que de otro. ‖ No guardar el debido equilibrio un mueble en el suelo : *esta mesa cojea.* ‖ *Fig.* y *fam.* No obrar como es debido. ‖ No ir bien : *negocio que cojea.* ‖ Adolecer de algún defecto.

cojedense adj. y s. De Cojedes (Venezuela).

Cojedes, río de Venezuela, afl. del Portuguesa ; 340 km. — Estado de Venezuela ; cap. *San Carlos.*

cojera f. Defecto del cojo.

cojín m. Almohadón.

cojinete m. *Mec.* Pieza de acero o de fundición que se fija a las traviesas del ferrocarril y sujeta los rieles. ‖ Pieza en la que se apoya y gira un eje : *cojinete de bolas.*

cojo, ja adj. Que cojea (ú. t. c. s.). ‖ Falto de una pierna o pata (ú. t. c. s.). ‖ Que tiene patas desiguales : *mesa coja.* ‖ *Fig.* Mal asentado, incompleto : *razonamiento cojo.*

cojón m. *Pop.* Testículo. ‖ — *Pop.* *¡Cojones!,* exclamación que denota alegría, dolor o enfado. ‖ *Tener cojones,* tener valor.

cojonada f. *Pop.* Estupidez. ‖ — Adv. *Pop.* Mucho.

cojonudo m. *Pop.* Estupendo, formidable. | Grande. | Valiente. | Asombroso. | Resistente.

Cojutepeque, volcán de El Salvador (Cuscatlán). — C. de El Salvador, cap. del dep. de Cuscatlán. Tabaco.

cojutepequense adj. y s. De Cojutepeque (El Salvador).

cok m. Coque.

col f. Planta crucífera de huerta, de la que hay muchas variedades. ‖ *Col de Bruselas,* la muy pequeña.

cola f. Rabo, región posterior del cuerpo de numerosos vertebrados, largo y flexible, cuyo esqueleto no es más que una prolongación de la columna vertebral. ‖ Extremidad del cuerpo opuesto a la cabeza : *la cola de un escorpión.* ‖ Conjunto de plumas largas que tienen las aves al final del cuerpo : *la cola de un pavo.* ‖ Apéndice de un objeto que sirve de agarrador : *la cola de una cacerola.* ‖ Parte de un vestido que cuelga o arrastra por detrás : *la cola de un traje de novia.* ‖ Estela luminosa que acompaña el cuerpo de un cometa. ‖ Cualquier apéndice que está en la parte de atrás de una cosa. ‖ *Fig.* Final, último lugar : *en la cola de la lista.* ‖ Último puesto : *está en la cola de la lista.* ‖ Fila o serie de personas que esperan que llegue su turno : *ponerse en cola.* | Consecuencias que se derivan de algo : *esto que has hecho traerá mucha cola.* ‖ Parte posterior del avión. ‖ Sustancia de gelatina o de otro ingrediente que sirve para pegar. ‖ Sustancia tónica y estimulante que tienen algunas bebidas refrescantes. ‖ *Cola de caballo,* peinado en que se recogen con una cinta los pelos sueltos detrás de la cabeza. ‖ *Fig.* No pegar ni con cola,* desentonar mucho.

colaboración f. Acción y efecto de colaborar.

colaboracionismo m. En tiempo de guerra, ayuda prestada al enemigo.

colaboracionista adj. Aplícase al que apoya a un régimen político instaurado por los enemigos de su país (ú. t. c. s.).

colaborador, ra m. y f. Persona que trabaja con otra en una obra común : *los colaboradores de este diccionario.* ‖ Persona que escribe habitualmente en un periódico o una revista sin ser redactor fijo. ‖ Colaboracionista.

colaborar v. i. Trabajar con otros en obras literarias, artísticas, científicas, etc. ‖ Escribir habitualmente en un periódico o revista. ‖ Ser colaboracionista en política. ‖ Contribuir a la formación de algo.

colación f. Acto de conferir un beneficio eclesiástico, un grado universitario, etc. ‖ Cotejo, confrontación, comparación. ‖ Comida ligera. ‖ *Méx.* Mezcla de confites diversos, dulces, etc., que se venden en las fiestas. ‖ *Sacar o traer a colación,* hacer mención de.

colacionar v. t. Comparar.

colada f. Lavado de ropa con lejía : *hacer la colada.* ‖ Lejía en que se lava la ropa. ‖ Ropa lavada así. ‖ *Min.* Piquera en los altos hornos para sacar el hierro en fusión.

coladero m. Cedazo para colar líquidos. ‖ Camino o paso estrecho. ‖ *Fam.* Sitio por donde pasa uno fácilmente. ‖ Tribunal de examen muy benévolo.

colado, da adj. *Fam.* Enamorado. ‖ V. HIERRO.

colador m. Utensilio de cocina que sirve para filtrar el café, el té, las verduras, etc.

coladura f. Filtrado. ‖ *Fig.* y *fam.* Metedura de pata, desacierto. | Equivocación.

Colambo, monte del Ecuador (Loja) ; 3 090 m.

colambre f. *Méx.* Cuero, especialmente el de pulque. ‖ Odre.

colapsar v. i. *Fig.* Paralizar o disminuir mucho una actividad (ú. t. c. r.).

colapso m. *Med.* Postración repentina de las fuerzas vitales y de presión arterial, sin síncope. ‖ *Fig.* Paralización : *colapso de la economía.*

colar v. t. Filtrar, pasar a través de un colador para separar las partículas sólidas que contiene : *colar el té.* ‖ Hacer la colada de la ropa. ‖ Vaciar : *hierro colado.* ‖ *Fig.* Pasar en fraude : *colar una moneda falsa.* ‖ Engañar, hacer pasar como verdadero lo que no lo es : *colar una mentira.* ‖ — V. i. Pasar. ‖ *Fig.* Intentar dar apariencia de verdad a lo que no lo es : *esta noticia falsa no ha colado.* ‖ Introducirse por un sitio estrecho. ‖ — V. pr. Pasar una persona con disimulo, a escondidas : *colarse en los toros.* ‖ Meterse sin respetar su turno : *se coló en la fila.* ‖ Meterse el toro bajo el engaño. ‖ Cometer un error. | Meter la pata. ‖ *Fam. Colarse por alguien,* enamorarse mucho de él.

colateral adj. Lateral, adyacente por un lado : *nave colateral.* ‖ Dícese del pariente que no lo es por línea recta : *los tíos y primos son parientes colaterales* (ú. t. c. s.).

Colay, cima del Ecuador, en la Cord. Central ; 4 685 m.

Colbert (Jean-Baptiste), político francés (1619-1683), ministro de Luis XIV.

Colbún, c. de Chile en la VII Región (Maule) y en la prov. de Linares, cap. de la com. de la.

colcha f. Cubierta de cama.

Colchagua, prov. del centro de Chile en la VI Región (Libertador General Bernardo O'Higgins) ; cap. *San Fernando.* (Hab. *colchaguinos.*)

colchagüino, na adj. y s. De Colchagua (Chile).

Colchane, c. de Chile en la I Región (Tarapacá) y en la prov. de Iquique, cap. de la comide su m.

Colchester, c. de Inglaterra. Universidad.

colchón m. Saco o cojín grande, relleno de lana, pluma u otra materia esponjosa, como la goma, colocado encima de la cama para dormir. ‖ *Colchón de aire,* sistema de sustentación de un vehículo o de un barco en movimiento mediante la insuflación de aire a poca presión debajo del chasis o de la embarcación.

colchonería f. Tienda de colchones.

colchoneta f. Colchón estrecho. ‖ Colchón hinchable o neumático.

cole m. *Fam.* Colegio.

colear v. i. Mover la cola. ‖ *Méx.* y *Venez.* Tirar de la cola a un toro. ‖ *Fig.* Colear un asunto, no haberse teminado todavía.

colección f. Reunión de varias cosas que tienen entre sí cierta relación : *una colección de medallas.* ‖ Compilación : *colección de cuentos.* ‖ *Fig.* Gran número, abundancia : *colección de sandeces.* ‖ Conjunto de nuevos modelos de ropa de vestir presentado cada temporada por los modistos.

coleccionable adj. Que se puede coleccionar. ‖ — M. Sección de una publicación periódica que se puede separar de ésta para conservarla.

coleccionar v. t. Hacer colección.

coleccionista com. Persona que colecciona : *coleccionista de sellos.*

colecistitis f. *Med.* Inflamación de la vesícula biliar.

colecta f. Recaudación de donativos o de un impuesto.

colectar v. t. Recaudar.

colectividad f. Comunidad de los miembros que forman una colectividad : *colectividad agrícola.* ‖ El pueblo considerado en su conjunto. ‖ Posesión en común : *colectividad de los instrumentos de trabajo.*

colectivismo m. Sistema político y económico que propugna la solución del problema social a través de la comunidad de los medios de producción en beneficio de la colectividad.

colectivista adj. Del colectivismo : *doctrina colectivista.* ‖ — M. y f. Persona partidaria de este sistema.

colectivización f. Conversión en una cosa en colectiva.

colectivizar v. t. Poner los medios de producción y de intercambio al servicio de la colectividad por la expropiación o la nacionalización : *colectivizar los transportes.*

colectivo, va adj. Relativo a cualquier agrupación de individuos : *los intereses colectivos.* ‖ Realizado por varios : *una demanda colectiva.* ‖ — M. *Gram.* Palabra que estando en singular presenta una idea de conjunto, como rebaño, grupo, asociación. ‖ Grupo, conjunto de personas de características comunes que tienen un objetivo político, social, sindical, profesional determinado. ‖ *Arg.* Autobús pequeño.

colector m. Recaudador : *colector de contribuciones.* ‖ *Mec.* Pieza de un dinamo o de un motor eléctrico en cuya superficie rozan las escobillas para recoger la corriente. ‖ Cañería general de una alcantarilla. ‖ Colector de basuras, dispositivo que permite tirar directamente la basura de un piso superior a un recipiente común situado en la planta baja.

colédoco m. *Anat.* Canal del hígado que conduce la bilis al duodeno (ú. t. c. adj.).

colega m. y f. Compañero en un colegio, iglesia, corporación, etc. ‖ Persona que tiene el mismo cargo.

colegiación f. Inscripción en una corporación oficial.

colegiado, da adj. Aplícase al individuo inscrito a un colegio de su profesión : *médico colegiado* (ú. t. c. s.). ‖ Formado por varias personas.

colegial adj. Relativo al colegio. ‖ Que pertenece a un capítulo de canónigos : *iglesia colegial.* ‖ — M. Estudiante en un colegio. ‖ *Fig.* Inexperto en una cosa. ‖ — F. Iglesia colegial.

colegiala f. Alumna en un colegio. ‖ *Fig.* Inexperta en una cosa.

colegiarse v. pr. Inscribirse en un colegio : *colegiarse los abogados.*

colegiata f. Iglesia colegial.

colegio m. Establecimiento de enseñanza : *un colegio religioso.* ‖ Corporación, asociación oficial formada por individuos que pertenecen a una

133

misma profesión : *colegio de abogados.* ‖ Conjunto de personas que tienen la misma función : *colegio cardenalicio.* ‖ — Colegio electoral, conjunto de personas que tienen derecho a elegir a sus representantes en una misma unidad donde se verifican elecciones y lugar donde se realiza esta votación. ‖ Colegio mayor, residencia estatal o privada para los estudiantes universitarios.

Colegio de México (El), institución de cultura fundada en la capital de México por Lázaro Cárdenas (1939).
colegir v. t. Deducir.
colegislador, ra adj. Aplícase a la asamblea que legisla junto con otra.
coleo m. Acción y efecto de colear.
coleóptero, ra adj. Dícese de los insectos que tienen boca para masticar, caparazón consistente y dos élitros córneos que cubren dos alas membranosas, plegadas cuando el animal no vuela (ú. t. c. s. m. : *el escarabajo, el cocuyo, la cantárida y el gorgojo son coleópteros).* ‖ — M. pl. Orden de estos insectos.
cólera f. *Fig.* Ira, irritación, enojo. ‖ — M. *Med.* Enfermedad epidémica caracterizada por vómitos, diarreas y fuertes dolores intestinales. (Se le llama tb. *cólera morbo.*)
colérico, ca adj. Enojado, irritado, iracundo : *humor colérico* (ú. t. c. s.). ‖ Relativo al cólera morbo.
Coleridge (Samuel Taylor), poeta, crítico y filósofo inglés (1772-1834).
colero m. *Amer.* En las minas, ayudante de capataz. ‖ *Méx.* Ayudante en el establo, el pastoreo, etc.
colesterol m. y **colesterina** f. *Med.* Sustancia grasa que se encuentra en todas las células, en la sangre, etc., en un 1,5 a 2 por mil, y en mayor cantidad en la bilis.
coleta f. Trenza de pelo en la parte posterior de la cabeza : *coleta de torero.* ‖ *Fig* y *fam.* Añadidura breve a un escrito. ‖ *Cortarse la coleta,* retirarse.
coletazo m. Golpe con la cola. ‖ *Fig.* Última reacción o manifestación.
coletilla f. Adición breve a un escrito. ‖ Repetición.
coleto m. *Fig.* y *fam.* Fuero interior.
Colette (Sidonie Gabrielle), novelista francesa (1873-1954), autora de *Claudine, La ingenua libertina, Chéri, El trigo en cierne, Sido.*
coletudo, da adj. *Col.* y *Venez.* Descarado, insolente. ‖ *Méx.* Persona que lleva el pelo suelto.
colgadizo, za adj. Destinado a ser colgado. ‖ — M. Tejadillo saledizo de un edificio.
colgador m. Percha para colgar.
colgadura f. Tapices o cortinas con que se adorna una puerta, una ventana, una cama, una habitación, un balcón, etc.
colgante adj. Que cuelga : *puente colgante.* ‖ — M. *Arq.* Festón o adorno con colgantes. ‖ Cosa que se cuelga en una cadena, joya, etc.
colgar v. t. Sujetar algo por su parte superior, pender, suspender : *colgar un cuadro.* ‖ Ahorcar : *lo colgaron por criminal.* ‖ Poner el microteléfono en su sitio e interrumpir la comunicación telefónica. ‖ *Fig.* y *fam.* Suspender en un examen : *le colgaron dos asignaturas.* ‖ Endilgar, cargar : *me colgó un trabajo molesto.* ‖ Achacar, imputar, atribuir : *le colgaron ese sambenito.* ‖ Abandonar : *colgó los libros, los hábitos.* ‖ — V. i. Estar suspendido : *frutas que cuelgan del árbol.* ‖ Caer demasiado a un lado : *traje que cuelga por la izquierda.*
Colhué Huapi, lago de la Argentina (Chubut).
colibacilo m. Bacteria que se encuentra en el intestino del hombre y de los animales, pero que invade a veces ciertos tejidos y órganos y puede ser patógeno.
colibacilosis f. Infección causada por los colibacilos.
colibrí m. Pájaro mosca.
cólico m. Trastorno orgánico que provoca contracciones espasmódicas en el colon y dolores violentos acompañados de diarrea. ‖ — *Cólico hepático,* dolor agudo en las vías biliares. ‖ *Cólico miserere,* nombre que se daba antiguamente a los síndromes

agudos abdominales de la peritonitis y a la oclusión intestinal. ‖ *Cólico nefrítico* o *renal,* el causado por el paso de un cálculo por las vías urinarias.
coliflor f. Variedad de col comestible cuyos pedúnculos nacientes forman una masa blanca y grumosa.
coligarse v. pr. Unirse, aliarse.
Coligny (Gaspard de), almirante francés (1519-1572), jefe de los protestantes. Decapitado en la matanza de San Bartolomé.
colilla f. Punta de cigarrillo. ‖ *Fam.* Persona de poca importancia, que ocupa siempre el último lugar.
colillero, ra m. y f. Persona que recoge las colillas.
Colima, nevado de México (Jalisco) ; 4 330 m. — Volcán de México (Jalisco) ; 3 860 m. — Río al oeste de México. — C. de México, cap. de este Estado homónimo. Fundada en 1523. Universidad. Obispado.
colimador m. Aparato óptico que permite obtener un haz de rayos luminosos paralelos. ‖ Aparato en un arma para apuntar.
colimense o **colimeño, ña** o **colimote, ta** adj. y s. De Colima (México).
Colín (Eduardo), escritor y poeta mexicano (1880-1945), autor de *La vida intacta, Siete cabezas,* etc.
colina f. Elevación de terreno.
Colina, pobl. de la Argentina (Buenos Aires). — C. de Chile en la Región Metropolitana de Santiago, cap. de la prov. de Chacabuco y de la com. de su mismo nombre.
colinabo m. Variedad de col.
Colinas, c. de Honduras (Santa Bárbara).
colindante adj. Limítrofe.
colindar v. i. Limitar entre sí dos o más terrenos o edificios.
Colindres, v. de España (Cantabria).
colirio m. Medicamento líquido aplicado en la conjuntiva de los ojos.
coliseo m. Teatro destinado a la representación de dramas y comedias. ‖ Cine grande y lujoso.
colisión f. Choque de dos cuerpos : *colisión de automóviles.* ‖ *Fig.* Conflicto, lucha u oposición de ideas o intereses.
colisionar v. i. Chocar. ‖ *Fig.* Oponerse.
colista adj. y s. Último.
colita f. *Fig.* y *fam. Amer.* Persona que no se despega de otra.
colitis f. Inflamación del colon.
colmado m. Tasca, taberna.
Colman (Narciso Ramón), escritor paraguayo (1880-1954). Tradujo la Biblia al guaraní y compuso otras obras en esta lengua.
colmar v. t. Llenar hasta el borde : *colmar un tarro.* ‖ Llenar un hueco : *colmar un hoyo.* ‖ *Fig.* Satisfacer por completo : *colmar sus deseos.* ‖ Dar con abundancia.
Colmar, c. del NE. de Francia. cap. del dep. de Haut-Rhin. Industrias.
Colmeiro Guimarás (Manuel), pintor español, n. en 1901. Reside en la Argentina.
colmena f. Habitación artificial para las abejas. ‖ Conjunto de las abejas que hay en ella.
colmenar m. Lugar en que están las colmenas.
Colmenar, v. de España (Málaga). ‖ - **de Oreja,** c. de España (Madrid). ‖ - **Viejo,** v. de España (Madrid).
colmenero, ra m. y f. Apicultor. ‖ — M. Oso hormiguero.
colmillo m. Diente canino, colocado entre los incisivos y la primera muela. ‖ Cada uno de los dos dientes largos del elefante. ‖ — *Fig.* y *fam.* Enseñar los colmillos, mostrar enérgicamente lo que uno es capaz de hacer. ‖ *Escupir por el colmillo,* echárselas de valiente ; despreciar.
colmo m. Lo que rebasa la medida. ‖ *Fig.* Complemento o término de alguna cosa : *el colmo de una obra.* ‖ Último extremo o grado máximo : *el colmo de la locura.*
colmoyote m. *Méx.* Mosquito de grandes extremidades.
Colne, c. de Gran Bretaña (Lancashire), al pie de los montes Peninos.
colobo m. Mono catirrino de América, de cola muy larga.

colocación f. Acción y efecto de colocar o colocarse. ‖ Situación de una cosa : *la colocación de un cuadro.* ‖ Empleo, puesto, destino : *conseguir una colocación del Estado.* ‖ Inversión de dinero.
colocar v. t. Poner en un lugar : *colocar libros en el estante.* ‖ Hacer tomar cierta posición : *colocar los brazos en alto.* ‖ Emplear a uno, dar un empleo : *lo colocó en la imprenta.* ‖ Encontrar trabajo. Ú. t. c. pr. : *me coloqué en Larousse.* ‖ Invertir dinero. ‖ Contar, endilgar : *colocó sus chistes de siempre.*
Colocolo, cacique araucano (1515-1561) que venció a Valdivia en Tucapel (1554).
colofón m. *Impr.* Nota al final de un libro para indicar el nombre del impresor y la fecha en que se concluyó. ‖ Viñeta puesta al final de un capítulo. ‖ *Fig.* Colmo, lo mejor. ‖ Remate, fin : *el brillante colofón de su carrera.*
cologaritmo m. *Mat.* Logaritmo del número inverso de otro.
coloidal adj. *Quím.* Propio a los coloides.
coloide m. *Quím.* Sustancias no dializables que tienen la apariencia de la cola de gelatina (ú. t. c. adj.).
Cololo, cumbre de los Andes bolivianos (La Paz), en la Cord. Real ; 5 911 m.
Coloma (Padre Luis), sacerdote, jesuita y novelista español (1851-1914), autor de las novelas *Pequeñeces, Jeromín, Boy, La reina mártir,* etc.
Colombes, c. de Francia (Hauts-de-Seine), en las cercanías de París.
Colombey - les - Deux - Eglises, pobl. al NE. de Francia (Haute-Marne). Tumba de Ch. de Gaulle.
Colombia, república de América del Sur, situada entre el océano Atlántico, Venezuela, Brasil, Perú, Ecuador, el océano Pacífico y Panamá ; 1 138 338 km² ; 29 500 000 h. (*colombianos*). Cap. *Bogotá,* 4 831 000 hab. Otras ciudades : *Santa Marta,* 210 000 h. ; *Barranquilla,* 925 000 ; *Cartagena,* 418 000 ; *Montería,* 225 000 ; *Cúcuta,* 400 000 ; *Bucaramanga,* 450 000 ; *Barrancabermeja,* 73 000 ; *Bello,* 150 000 ; *Medellín,* 1 600 000 ; *Manizales,* 260 000 ; *Pereira,* 255 000 ; *Armenia,* 190 000 ; *Ibagué,* 270 000 ; *Girardot,* 79 000 ; *Buenaventura* 120 000 ; *Buga,* 94 000 ; *Palmira,* 155 000 ; *Cali,* 1 400 000 ; *Valledupar,* 282 000 ; *Ciénaga,* 180 000 ; *Neiva,* 175 000 ; *Popayán,* 125 000 ; *Pasto,* 215 000, y *Tuluá,* 82 000.
Administrativamente, Colombia se divide en 23 departamentos, cuatro intendencias, cinco comisarías y un distrito especial (D. E.) [Bogotá]. La población está constituida por un 57 p. ciento de mestizos, un 14 p. ciento de mulatos, un 20 p. ciento de blancos, descendientes de españoles, un 5 p. ciento de negros y un 3 p. ciento de indios. La religión católica es profesada por la mayoría y el idioma oficial es el castellano o español. La densidad media de población es de 25,2 h./km².
— GEOGRAFÍA. Dos regiones están bien diferenciadas en Colombia : la zona andina al O. y las tierras bajas del Oriente, que ocupan dos tercios del territorio, pero están escasamente pobladas. Los Andes forman tres cadenas paralelas : la Occidental, la Central, que es la más elevada, donde se encuentran los nevados de Huila (5 750 m) y Tolima (5 620 m), y la Oriental, que encierra algunas altiplanicies de las cuales se encuentra Bogotá. Estas tres cordilleras, después de atravesar el país de N. a S., se unen en el Nudo de Pasto. Aparte de los Andes, hay que citar la Sierra Nevada de Santa Marta, al NE., con los picos Colón y Bolívar (5 775 m), y la sierra del Baudó, en la costa del Pacífico. El río más importante de Colombia es el Magdalena, con su gran afluente el Cauca, que surca casi todo el país y desemboca en el mar Caribe, donde también lo hace el Atrato. Al Pacífico van los ríos Baudó, San Juan de Chocó, Patía y Mira. En la zona oriental están el Orinoco, con sus afluentes Meta, Vichada y Guaviare, y el Amazonas, que sirve de

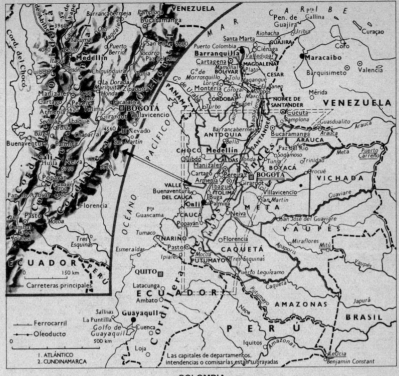

COLOMBIA

frontera con el Perú en 115 km, importante sobre todo por sus afluentes Vaupés, Caquetá y Putumayo. Existen algunos lagos como el de La Cocha (Nariño) y el de Tota (Boyacá). La costa del Pacífico es baja al S. y escarpada en el N. La del Atlántico presenta numerosos abrigos para la navegación (Cartagena, Barranquilla, Santa Marta). En razón de su orografía, el clima de Colombia es variado, a pesar de hallarse todo el país en la zona tórrida : va desde el cálido en las regiones costeras hasta el frío en las zonas de más de 2 000 m de altitud. Las lluvias son abundantes, salvo en el N. La economía colombiana está basada principalmente en la agricultura y la minería. Las producciones principales son : café, cacao, caña de azúcar, cereales, algodón. El subsuelo encierra azufre, cromo, mercurio, sal, cinc, gas natural, barita, esmeraldas, feldespato, magnesia, hierro, carbón, petróleo, uranio, oro, plata y platino. La ganadería está bien desarrollada, y la industria siderúrgica es importante (planta de Paz del Río), así como la producción de electricidad hidráulica. Unos 3 403 km de ferrocarril y 59 581 km de carreteras aseguran las comunicaciones, sin olvidar las importantes vías fluviales que ofrecen el Magdalena, el Cauca y los ríos de la zona oriental. La navegación marítima y la aérea son muy extendidas (más de 60 aeropuertos).

Colombia, mun. al este de Cuba (Las Tunas).

Colombia Británica, prov. occidental del Canadá ; cap. *Victoria.* Minas.

colombianismo m. Voz o giro del castellano hablado en Colombia. ‖ Carácter colombiano. ‖ Amor a Colombia o a sus cosas.

colombicultura f. Arte de criar palomas.

colombino, na adj. Relativo a Cristóbal Colón o a su época.

colombio m. Niobio.

Colombo, cap. y puerto de Sri Lanka o Ceilán ; 650 000 h. Industrias.

colombofilia f. Cría y educación de las palomas mensajeras.

colombófilo, la adj. Aficionado a o relacionado con la cría de palomas : *sociedad colombófila* (ú. t. c. s.).

Colomi, cantón del centro de Bolivia (Cochabamba). Agricultura.

Colomoncagua, mun. de Honduras (Intibucá), cerca de la frontera con El Salvador. Agricultura.

colon m. *Anat.* Parte del intestino grueso, entre el ciego y el recto.

colón m. Unidad monetaria de Costa Rica y El Salvador.

colon, nombre también dado al *Archipiélago de los Galápagos* en el Ecuador. — Cerro de Colombia, en la Sierra Nevada de Santa Marta (Magdalena) ; 5 775 m. — Llanura de Cuba (Matanzas). — Sierra de Honduras (Choluteca) ; cumbre a 2 000 m. — Dep. de Honduras, en la costa del Caribe ; cap. *Trujillo.* — C. de Panamá, cap. de la prov. homónima. Centro universitario. — Dep. de la Argentina en la prov. de Córdoba ; cap. *Jesús María.* — Dep. y pobl. de la Argentina (Entre Ríos). Un puente, construido en 1975, une esta ciudad con la de Paysandú (Uruguay) a través del río Uruguay. — Mun. de Cuba (Matanzas). — Mun. en el centro de México (Querétaro). Minas.

Colón *(Faro),* gran faro en la Rep. Dominicana, levantado donde se fundó la c. de Santo Domingo de Guzmán, primera de América.

Colón (Bartolomé), cartógrafo y explorador, hermano de Cristóbal (¿ 1461 ?-1514), adelantado de la Española y fundador de la c. de Santo Domingo (1496). ‖ ~ (CRISTÓBAL), navegante, n. probablemente en Génova (¿ 1451 ?-1506), descubridor de América. Desde sus primeros años acarició el proyecto de llegar a las Indias por Occidente. En 1492 consiguió la ayuda de la reina de Castilla Isabel la Católica, firmó las Capitulaciones de Santa Fe (Granada), en las

que se le otorgaban los títulos de almirante del mar Océano y el cargo de virrey y gobernador de todo lo que descubriera. Se hizo a la vela en el puerto de Palos (3 de agosto de 1492) con tres carabelas (la *Santa María,* la *Pinta* y la *Niña),* tripuladas por unos 120 hombres. El 12 de octubre el marinero Rodrigo de Triana vio la isla de Guanahaní, una de las Bahamas, a la que Colón llamó San Salvador. Desembarcó posteriormente en Cuba y Haití, llamada *La Española,* y volvió a España en marzo de 1493 donde fue acogido triunfalmente en Barcelona. Efectuó aún tres viajes ; en el segundo (1493) exploró las Antillas Menores, Puerto Rico, la costa SE. de Cuba y Jamaica ; en el tercero (1498) descubrió Trinidad, la desembocadura del Orinoco y la punta de Paria (Venezuela). Como consecuencia del desorden imperante en La Española, el comendador Francisco de Bobadilla, influido por los enemigos de Colón, detuvo al Almirante y a sus hermanos y ordenó su traslado a España. Después de ser rehabilitado, llevó todavía a cabo un cuarto viaje (1502) en el que visitó las costas de Honduras, Nicaragua, Costa Rica y Panamá. Enfermo, volvió a España (1504), residió en Valladolid, donde murió postergado. ‖ ~ (DIEGO), hermano de Cristóbal (¿ 1465 ?-1515), gobernador de La Española en 1494. ‖ ~ (DIEGO), almirante español (1474-1526), hijo de Cristóbal. Fue gobernador de las Indias en 1509 y residió en Santo Domingo. ‖ ~ (FERNANDO), historiador español, hijo de Cristóbal (1488-1539). Fue varias veces a las Indias, publicó la vida de su padre y dejó a la catedral de Sevilla su biblioteca, base de la *Biblioteca Colombina.*

colonato m. Explotación de las tierras por colonos.

colonense adj. y s. De Colón (Panamá).

colonense, ña adj. y s. De Colón (Honduras).

colonia f. Grupo de gente que va de **135**

un país a otro para poblarlo o establecerse en él : *las colonias griegas.* || País donde se establece esta gente. || Establecimiento fundado por una nación en otro país y gobernado por la metrópoli : *las antiguas colonias británicas.* || Conjunto de extranjeros originarios del mismo país que viven en una ciudad : *la colonia española de Buenos Aires.* || Reunión de personas o animales que viven juntas : *una colonia de artistas; colonia de hormigas.* || Grupo de niños que pasan juntos las vacaciones : *colonia escolar.* || Agua de Colonia.

Colonia, c. de Alemania Occidental (Rin Septentrional-Westfalia), a orillas del Rin. Arzobispado. Universidad. Catedral gótica. — C. del Uruguay, cap. del dep. homónimo. Puerto en el río de la Plata. Ruinas célebres. || ~ **del Sacramento,** c. del Uruguay (Colonia). V. SACRAMENTO. || ~ **Suiza,** pobl. del Uruguay (Colonia). || ~ **Valdense,** pobl. del Uruguay (Colonia).

coloniaje m. Período de la dominación española en América. || Época colonial de cualquier país.

colonial adj. De la colonia : *imperio colonial.* || Ultramarino, exótico : *productos coloniales.* || Estilo colonial, el que une los elementos de los pueblos colonizadores con los autóctonos. (El *estilo colonial* tiene gran importancia en la América hispana.)

colonialismo m. Doctrina imperialista que sólo considera la colonización como medio de prosperidad de la nación colonizadora.

colonialista adj. Perteneciente o relativo al colonialismo. || Partidario de él (ú. t. c. s.).

Colonias Mennonitas, asociación de colonias agrícolas del Paraguay (Boquerón), de unas 500 000 hectáreas, organizadas según las doctrinas de Mennon Simón. Las principales fueron *Filadelfia* y *New Neuland.*

coloniense adj. y s. De Colonia (Uruguay).

colonización f. Acción y efecto de colonizar. || Movimiento de población de un país (metrópoli) a otro (colonia). || Transformación de un país en territorio dependiente de la metrópoli. || Repoblación y revalorización agrícolas de un territorio poco desarrollado.

colonizador, ra adj. Que coloniza (ú. t. c. s.).

colonizar v. t. Transformar en colonia una tierra extranjera. || Poblarla de colonos.

colono m. Habitante de una colonia. || Labrador arrendatario de tierras.

coloquial adj. Propio de la conversación : *estilo coloquial.*

coloquio m. Conversación entre dos o varias personas : *han estado en animado coloquio.* || Reunión cuyo objeto es el estudio de un problema científico o la discusión de asuntos diplomáticos, económicos, etc. || *Coloquio de los perros (El),* una de las *Novelas Ejemplares* de Cervantes (1609).

color m. Impresión producida en los ojos por la luz difundida por los cuerpos. || Lo que se opone al negro o al blanco. || Sustancia colorante. | *Fig.* Brillo, luminosidad : *relato lleno de color.* | Carácter propio de una opinión, un partido político. | Apariencia, aspecto : *describir la tragedia con colores trágicos.* | Colorido del rostro : *tienes mal color.* | Cada uno de los cuatro atributos que distinguen los palos de los naipes : *escalera de color.* || *Fam.* Droga. || — Pl. Señal distintiva que forma las banderas nacionales : *los colores de Argentina.* || — *Color local,* puntualidad con que refleja a un escritor o un pintor las costumbres de un país. || *Hombre de color,* el que no es de raza blanca, especialmente el negro y el mulato. || *Fig. Mudar de color,* mudar de semblante. | *Sacarle a uno los colores a la cara,* confundirlo, avergonzarlo. | *So color de,* con el pretexto de. || *Fig. Ver las cosas de color de rosa,* pensar en ellas de un modo muy optimista.

coloración, f. Acción y efecto de colorear. || Color.

Colorada, lago que se encuentra en el sudoeste de Bolivia, en el departa-

mento de Potosí. Está a 4 000 m de altura. — Nombre de un sector de la Sierra Madre de Oaxaca, en el sur de México.

colorado, da adj. Que tiene color. || *Fig.* Libre, subido de tono, picante. | Rojo (ú. t. c. s. m.). || — M. Miembro del Partido Liberal uruguayo. (Su contrario es el *Partido Blanco.*) | Miembro de un partido paraguayo llamado *Asociación Nacional Republicana,* creado en 1887. || En la Argentina, nombre que se daba a los seguidores de Rosas. || *Fig. Poner colorado,* avergonzar.

Colorado, uno de los Estados Unidos de Norteamérica en el SO. ; cap. *Denver.* — Cima de Bolivia (Potosí) ; 5 400 m. — Río del S. de la Argentina en la frontera N. de Patagonia ; 1 300 km. — Río de Costa Rica, brazo del delta del San Juan. — Río de Estados Unidos, cuyas fuentes están en las Montañas Rocosas ; se interna en México, unos 80 km, en el golfo de California ; 2 250 km. — Río de Estados Unidos (Texas), tributario del golfo de México ; 1 400 km. || ~ **Springs,** c. de los Estados Unidos (Colorado), al pie de las Montañas Rocosas. Academia del Aire. Turismo.

Colorados, volcán en la frontera de la Argentina (Catamarca) y Chile (Atacama) ; 6 049 m.

colorante adj. Que da color o tiñe. || — M. Sustancia natural o artificial que da un color determinado.

colorar v. t. Colorear.

colorear v. t. Dar color. || *Fig.* Dar a alguna cosa apariencia de verdad : *colorear un pretexto.* || — V. i. Tomar color rojo (ú. t. c. pr.).

colorete m. Pintura de maquillaje, colorada, para el rostro.

colorido m. Arte de disponer el grado e intensidad de los colores de una pintura : *aprender el colorido.* | Efecto que resulta de la mezcla y el empleo de los colores. || *Fig.* Color : *el colorido de las mejillas.* | Brillo : *lleno de colorido.*

colorín m. Sarampión. || Jilguero. || — Pl. Colores chillones.

colorismo m. Tendencia artística que abusa mucho del colorido.

colorista adj. y s. Dícese del pintor que se distingue en el empleo de los colores o del escritor muy expresivo (ú. t. c. s.).

colosal adj. De gran tamaño. || *Fig.* Inmenso. | Formidable.

coloso m. Estatua muy grande : *el coloso de Rodas.* || Hombre muy grande : *el coloso Sansón.* || *Fig.* Persona o cosa de gran importancia.

Colotepec, sector de la sierra Madre del Sur de México (Oaxaca).

Colotlán, c. y mun. de México (Jalisco).

Colquechaca, c. de Bolivia, cap. de la prov. de Chayanta (Potosí).

Cólquida, ant. comarca de Asia Menor, al E. del Ponto Euxino y al S. del Cáucaso. Los argonautas organizaron una expedición en busca del vellocino de oro.

Colt (Samuel), ingeniero norteamericano (1814-1862), inventor del revólver que lleva su nombre.

Coltauco, c. de Chile en la VI Región (Libertador General Bernardo O'Higgins) y en la prov. de Cachapoal, cap. de la com. del mismo nombre.

coludir v. i. Concertar un acuerdo en perjuicio de un tercero.

columbario m. Entre los romanos, edificio donde se conservaban las urnas funerarias. || Edificio donde se guardan las cenizas de los cadáveres incinerados.

Columbia, río del N. de Estados Unidos, que nace en las Montañas Rocosas (Canadá) y desemboca en el Pacífico, en Portland ; 1 953 km. Centrales hidroeléctricas. Llamado antes *Oregón.* — Distr. federal de Estados Unidos de Norteamérica ; cap. *Washington.* — C. de Estados Unidos, cap. de Carolina del Sur. || ~ **Británica.** V. COLOMBIA BRITÁNICA.

Columbia University, universidad de Estados Unidos con sede en la ciudad de Nueva York. Fue fundada en el año 1754.

colúmbidos m. pl. Orden de aves (palomas, etc.) [ú. t. c. adj.].

columbrar v. t. Divisar, ver de lejos, percibir. || *Fig.* Adivinar, prever.

Columbus, c. de Estados Unidos, cap. del Est. de Ohio. Obispado. Universidad. — C. de Estados Unidos (Georgia). Textiles.

Columela (Lucio), escritor hispanolatino del s. I, n. en Cádiz, autor de un *Tratado de agricultura.*

columna f. *Arq.* Pilar cilíndrico con base y capitel que sostiene un edificio : *columna corintia, salomónica.* || Monumento conmemorativo en forma de columna : *la columna de Trajano.* || *Fig.* Apoyo, sostén, pilar, puntal : *las columnas de la sociedad.* | Serie de cosas colocadas unas encima de otras : *columnas de números.* || *Fís.* Masa de fluido de forma cilíndrica : *la columna del termómetro.* || *Impr.* Parte de una página de libro o diario dividida verticalmente. || *Mil.* Masa de tropas dispuesta en formación de poco frente y mucho fondo : *caminar en columna.* || — *Columna vertebral,* espina dorsal, conjunto de huesos o vértebras soldadas que se extienden desde la base del cráneo hasta el nacimiento de los miembros inferiores. || *Quinta columna,* los partidarios que ayudan al enemigo dentro de un país en guerra.

columnata f. Serie de columnas que sostienen o adornan un edificio.

columnista m. y f. Colaborador de un periódico.

columpiar v. t. Mecer en un columpio. || *Amer.* Entender. || — V. pr. Mecerse en el columpio. | *Fig. y fam.* Andar contoneándose. | Equivocarse.

columpio m. Asiento suspendido entre dos cuerdas para mecerse.

colusión f. Acuerdo entre varios para perjudicar a un tercero.

colza f. Especie de col de flores amarillas y semillas oleaginosas.

Coll (Pedro Emilio), escritor venezolano (1872-1947), autor de *El castillo de Elsinor* y *La escondida senda.*

colla adj. y s. Indio aimará. (Los *collas* habitan las mesetas andinas de Bolivia y del N. argentino.)

collada f. *Amer.* Caravana, multitud. | Dicho o hecho propio de un indígena colla.

collado m. Colina.

Collado (El), meseta al S. y al E. del lago Titicaca (Bolivia). || ~ **Mediano,** v. de España (Madrid). || ~ **Villalba,** v. de España (Madrid). En la parte baja de esta población de la sierra se encuentra *Collado-Estación.*

collage m. (pal. fr.). Pintura ejecutada pegando sobre el lienzo determinados materiales, particularmente recortes de papel.

collar m. Adorno que rodea el cuello : *un collar de perlas.* || Insignia de algunas órdenes : *el collar del Toisón de Oro.* || Plumas del cuello de algunas aves. || Aro que se ciñe al pescuezo de los animales domésticos. || Collar deportivo.

collarín m. Collar deportivo.

Collasuyo, ant. reino aimará de Bolivia. Durante la dominación inca era parte del Tahuantinsuyo y se extendía hasta Argentina y Chile.

collera f. Collar de cuero para caballerías y bueyes. || Pareja. || — Pl. *Amer.* Gemelos de camisa.

Collipulli, c. de Chile en la IX Región (Araucanía) y en la prov. de Malleco, cap. de la com. del mismo nombre.

Collivadino (Pío), pintor realista argentino (1869-1945).

Collodi (Carlo). V. LORENZINI.

coma f. Signo de puntuación en forma de trazo o poco curvado hacia la izquierda que sirve para separar los diferentes miembros de una frase. || El mismo signo que se utiliza para separar la parte entera de la decimal en un número. || Ménsula de las sillas de coro. || *Mús.* Intervalo muy pequeño que equivale a una fracción de sonido y cuyo valor varía según los sistemas considerados. || — M. Estado mórbido caracterizado por un sopor profundo, la pérdida total o parcial de la inteligencia, de la sensibilidad y del movimiento voluntario, sin perder las funciones respiratorias y de la circulación : *coma irreversible.*

comadre f. Comadrona, partera. || Madrina de un niño respecto del padrino o los padres del niño. || La madre respecto de la madrina. ‖ *Fam.* Vecina o amiga de confianza. ‖ Mujer chismosa. ‖ Alcahueta.

comadrear v. i. Criticar.

comadreja f. Mamífero carnicero que vive en las regiones frías.

comadreo m. Chismorreo.

comadrón m. Médico partero.

comadrona f. Partera.

Comagene, ant. prov. del NE. del reino seléucida de Siria, al E. de Capadocia ; cap. *Samosata.*

comal m. *Méx.* y *Amér.* C. Disco de barro o metálico, generalmente redondo, que, colocado encima del brasero o fogón, sirve para guisar ciertos platos de cocina (tortillas, tacos, etc.) o tostar granos de café, cacao, maíz, etc.

Comalcalco, pobl. de México (Tabasco). Restos mayas.

comalería f. *Méx.* y *Amér.* C. Lugar donde se hacen o venden comales.

comanche adj. y s. Indio de América del Norte. (Los *comanches* vivían en tribus en Texas y Nuevo México.) ‖ — M. Lengua de los comanches.

comanda f. Lo que pide de comer al camarero un cliente en un restaurante .

comandancia f. Grado de comandante. ‖ División militar al mando de un comandante. ‖ Edificio donde está.

comandante m. Oficial superior en los ejércitos de tierra y de aire, entre el capitán y el teniente coronel. ‖ Piloto que tiene el mando de un avión.

Comandante Fernández, partido de la Argentina (Chaco) ; cab. *Presidencia Roque Sáenz Peña.*

comandar v. t. *Mil.* Mandar.

comandita f. *Sociedad en comandita, sociedad comercial en la que una parte de los socios aportan el capital sin participar en la gestión.*

comanditario, ria adj. Dícese del que aporta el capital (ú. t. c. s.).

comando m. *Mil.* Unidad militar de pocos elementos encargada de misiones especiales y que efectúa sus acciones aisladamente.

comarca f. Subdivisión territorial.

comarcal adj. De la comarca.

Comasagua, v. de El Salvador (La Libertad).

comatoso, sa adj. *Med.* Del coma.

Comayagua, río de Honduras, afl. del Ulúa. — C. de Honduras, cap. del dep. homónimo en la depresión central. Centro comercial. Fundada en 1537, fue residencia de la Audiencia de los Confines y cap. de la Rep. desde la Independencia hasta 1880. Obispado.

comayagüense adj. y s. De Comayagua (Honduras).

comba f. Saltador, cuerda para saltar.

combar v. t. Torcer : *combar un hierro* (ú. t. c. pr.). ‖ Alabear (ú. t. c. pr.).

Combarbalá, c. de Chile en la IV Región (Coquimbo) y en la prov. de Limarí, cap. de la com. del mismo nombre.

combate m. Lucha, pelea : *combate armado, naval, de boxeo, de gallos.* ‖ *Fig.* Oposición, lucha de fuerzas contrarias : *el combate de los elementos, de la vida.* ‖ *Fuera de combate,* sin poder seguir luchando.

combatiente adj. y s. Que combate : *los ex combatientes.*

combatir v. i. Luchar, sostener un combate contra. ‖ Golpear, batir el viento, las olas. ‖ *Fig.* Atacar, oponerse : *combatir los prejuicios.*

combatividad f. Inclinación a la lucha, al combate.

combativo, va adj. Luchador.

combina f. *Fam.* Combinación, plan.

combinación f. Unión, arreglo, en cierto orden, de cosas semejantes o diversas : *combinación de tejidos.* ‖ Unión de varios cuerpos químicos para formar uno nuevo. ‖ Prenda de ropa interior de las mujeres debajo del vestido. ‖ Bebida alcohólica hecha mezclando otras. ‖ *Mat.* Cada una de las maneras de elegir *n* veces repetidas uno u otro de *m* objetos dados. ‖ Clave que permite la abertura de un cierre. ‖ Pase entre los varios compañeros de un equipo deportivo. ‖ *Fig.* Medidas tomadas o cálculos para asegurar el éxito de una empresa. ‖ Arre-

glo, intriga. ‖ Plan. ‖ Enlace entre diferentes medios de transporte.

combinado m. Complejo industrial. ‖ Combinación. ‖ Combinación, bebida. ‖ *Dep.* Equipo formado por una selección de jugadores de diversa procedencia : *un combinado catalán.*

combinar v. t. Unir varias cosas para conseguir cierto resultado : *combinar colores.* ‖ Disponer en un orden determinado : *combinar fórmulas.* ‖ *Quím.* Hacer una mezcla de. ‖ *Fig.* Disponer de la manera conveniente para lograr un resultado.

combinatorio, ria adj. *Mat.* De las combinaciones o de la combinatoria. ‖ — F. Parte de las matemáticas que trata de las combinaciones.

Combita, mun. al NE. de Colombia (Boyacá). Agricultura. Minas.

comburente adj. Dícese de un cuerpo que, combinándose con otro, produce la combustión del último (ú. t. c. s. m.).

combustibilidad f. Propiedad de los cuerpos combustibles.

combustible adj. Que puede arder o quemarse. ‖ — M. Materia cuya combustión produce energía.

combustión f. Acción de arder. ‖ Conjunto de fenómenos producidos al mezclarse un cuerpo con oxígeno.

comecocos com. inv. *Fam.* Persona o cosa enajenante.

comecome m. *Fig.* y *fam.* Preocupación, desazón. ‖ Picazón. ‖ Comezón fija.

Comecon, siglas de *Council for Mutual Economic Assistance,* organismo que designa el Consejo de Ayuda Económica Mutua, creado en 1949, para asociar a la U. R. S. S. la mayoría de los Estados europeos de régimen socialista y, más tarde, a Mongolia, Cuba y Vietnam.

Comechingones, cadena montañosa de la Argentina, en la Sierra Grande de Córdoba.

comedia f. Obra dramática de tema ligero y desenlace feliz : *comedia de capa y espada, de costumbres, de enredo, de carácter o de figurón.* ‖ Cualquier obra dramática. ‖ Género teatral o cinematográfico compuesto de esta clase de piezas. ‖ Teatro : *ir a la comedia.* ‖ *Fig.* Ficción, farsa.

Comedia humana (La), título que designa las novelas de H. de Balzac desde la edición de 1842.

comediante, ta m. y f. Actor o actriz. ‖ *Fig.* y *fam.* Farsante.

comedido, da adj. Mesurado.

comedimiento m. Moderación.

comediógrafo, fa m. y f. Autor de comedias.

comedirse v. pr. Moderarse.

comedor, ra adj. Que come mucho, comilón. ‖ — M. Habitación para comer, y muebles que la adornan. ‖ Casa de comidas.

comején m. Insecto arquíptero de los países cálidos que roe toda clase de sustancias.

Comena, sector de la Sierra Madre Oriental de México (San Luis Potosí). — Pobl. del Paraguay (Paraguarí).

comendador m. Caballero que tiene encomienda. ‖ Dignidad entre caballero y gran cruz.

Comendador, c. de la República Dominicana, cap. de la prov. de Elías Piña. Se designó, de 1930 a 1972, con este último nombre.

comendadora f. Superiora de un convento de las órdenes militares.

comensal com. Persona invitada a comer en una casa. ‖ Cada una de las personas que comen en la misma mesa.

comentador, ra m. y f. Persona que comenta. ‖ Persona que comenta una emisión de radio o de televisión.

comentar v. t. Hacer comentarios.

comentario m. Observaciones hechas acerca de un texto. ‖ Exposición e interpretación oral o escrita de noticias, de informaciones o de un texto. ‖ — Pl. Memorias históricas : *los "Comentarios de César".* ‖ *Fam.* Interpretación maligna de los actos o dichos de alguien.

comentarista com. Comentador.

comenzar v. t. e i. Empezar, principiar, tener principio : *comenzar el año.*

comer m. Comida, alimento.

comer v. i. Masticar y desmenuzar

los alimentos en la boca y pasarlos al estómago (ú. t. c. t. y pr.). ‖ Tomar alimento : *comer de todo.* ‖ Tomar la comida principal : *comer al mediodía.* ‖ — V. t. Tomar como alimento : *comer carne.* ‖ *Fig.* Desgastar : *el Sol come los colores* (ú. t. c. pr.). ‖ Corroer los metales. ‖ Gastar, consumir : *comer el capital* (ú. t. c. pr.). ‖ Sentir comezón. ‖ Sentir desazón : *los celos te comen.* ‖ En el ajedrez y juego de damas, ganar una pieza : *comer un peón, una ficha.* ‖ — *Fig. Ser pan comido,* ser muy fácil. ‖ *Sin comerlo ni beberlo,* sin saber cómo. ‖ — V. pr. Comer. ‖ *Fig.* Saltar, suprimir algo al hablar, al leer o al escribir : *comerse una línea.* ‖ *Amer. Fig.* Comer pavo, quedarse una mujer sin bailar.

comerciable adj. Dícese de lo que se puede comerciar.

comercial adj. Relativo al comercio y a los comerciantes, mercantil. ‖ Donde hay tiendas : *calle comercial.* ‖ — M. *Méx.* Publicidad o anuncio en la radio, televisión o cine.

comercialidad f. Carácter o condición comercial.

comercialización f. Mercantilización. ‖ Mercadeo, estudio del mercado, marketing.

comercializar v. t. Dar a los productos las condiciones requeridas para efectuar su venta. ‖ Ordenar las ideales, hábitos y métodos de una persona, asociación o comunidad en el marco exclusivo del espíritu y maneras de la vida mercantil y del afán de lucro.

comerciante adj. Que comercia : *hombre comerciante.* ‖ — M. y f. Persona que se dedica al comercio : *comerciante al por mayor, al por menor.* ‖ *Fig.* Interesado, que sólo busca el lucro.

comerciar v. i. Negociar, comprar y vender con fin lucrativo : *comerciar en granos.* ‖ *Fig.* Tratar unas personas con otras. ‖ Especular con fines de lucro.

comercio m. Compra y venta o cambio de productos naturales e industriales. ‖ Conjunto de comerciantes. ‖ Establecimiento comercial y conjunto de éstos. ‖ *Fig.* Comunicación y trato : *el comercio de las personas.* ‖ Trato sexual : *comercio carnal.* ‖ — *Cámara de Comercio,* organismo consultivo de los comerciantes. ‖ *Código de comercio,* conjunto de leyes que rigen el comercio.

comestible adj. Que se puede comer : *molusco, planta comestible.* ‖ — M. Alimento, víveres.

cometa m. *Astr.* Astro generalmente formado por un núcleo poco denso y una atmósfera luminosa que le precede, le envuelve o le sigue según su posición respecto del Sol y que describe una órbita muy excéntrica : *la cola o cabellera de un cometa.* ‖ — F. Juguete hecho con un armazón de forma poligonal revestido de papel o tela que se mantiene en el aire sujeto con una cuerda.

cometer v. t. Incurrir en errores, culpas, delitos, etc.

cometido m. Encargo, tarea, misión. ‖ Deber, trabajo.

comezón f. Picazón, escozor. ‖ *Fig.* Intranquilidad, desasosiego.

comible adj. *Fam.* Comestible.

comic o **cómic** m. (pal. ingl.) Tebeo, historietas ilustradas.

comicastro, tra m. y f. Mal actor.

comicial adj. Relativo a los comicios. ‖ Relativo a la epilepsia.

comicidad f. Carácter cómico.

comicio m. Asamblea del pueblo romano para tratar de los asuntos públicos. ‖ — Pl. Elecciones.

cómico, ca adj. Relativo a la comedia : *actor cómico.* ‖ *Fig.* Divertido, gracioso. ‖ — M. y f. Actor.

comics m. pl. (pal. ingl.) Comic.

comida f. Alimento del cuerpo. ‖ Alimento que se toma a ciertas horas : *hacer tres comidas al día.* ‖ Almuerzo. ‖ Acción y efecto de comer.

comidilla f. *Fam.* Tema de conversación : *es la comidilla del barrio.*

comilón, ona adj. y s. *Fam.* Que come mucho. ‖ — F. *Fam.* Festín, banquete, comida muy abundante.

comillas f. pl. *Gram.* Signo ortográfico (" ") al principio y fin de las citas, de un palabra jergal, extranjera o para hacer hincapié en ella.

Comillas, v. de España (Cantabria). Universidad pontificia.

comino m. Planta umbelífera de semillas aromáticas de figura aovada usadas como condimento y en medicina. || Esta semilla. || *Fig.* y *fam.* Poco, insignificancia : *me importa un comino.*

comis m. Ayudante de camarero.

comisar v. t. Confiscar.

comisaría f. Función u oficina de comisario. || *Amer.* Territorio administrado por un comisario.

comisario, ria m. y f. Jefe de policía. || Persona en quien se ha delegado una comisión.

comiscar v. t. Comisquear.

comisión f. Cometido : *la comisión de un delito.* || Delegación, orden y facultad que se da a una persona para que ejecute algún encargo. || Delegación, conjunto de personas delegadas por una corporación : *ir en comisión a visitar a una autoridad* || Porcentaje que recibe alguien en un negocio de compraventa o por ocuparse de asuntos ajenos : *cobrar una comisión.*

Comisión Económica Para América Latina (C. E. P. A. L.), organismo económico regional del Consejo Económico y Social de las Naciones Unidas, creado en 1948, con residencia en Santiago de Chile.

comisionado, da adj. y s. Encargado para ocuparse de algún negocio : *comisionado para resolver un conflicto.*

comisionar v. t. Dar poder, comisión o encargo a una o más personas.

Comisiones Obreras (CC. OO.), organización sindical española creado en 1962.

comisionista com. Persona que vende y compra por cuenta de otra persona y cobra una comisión.

comiso m. Confiscación.

comisquear v. t. Comer poco y frecuentemente.

comisura f. Punto de unión de ciertas partes : *comisura de los labios.*

Comitán de Domínguez, c. y mun. de México (Chiapas).

comité m. Comisión o junta de personas delegadas para entender en algún asunto : *comité administrativo, político, sindical.* || — *Comité de empresa,* comisión integrada por los representantes de los obreros, empleados y cargos superiores que, bajo la presidencia del jefe de empresa, asume algunas funciones de gestión y de control. || *Comité ejecutivo,* junta o comisión de los responsables de un partido, etc.

comitiva f. Acompañamiento.

cómitre m. El que gobernaba a los galeotes.

Commonwealth [-*uelz*] **of Nations,** comunidad británica de naciones, integrada por Gran Bretaña y los ant. mandatos, dominios, protectorados, posesiones y colonias que han alcanzado hoy la independencia. Además del Reino Unido de Gran Bretaña e Irlanda del Norte, son sus principales miembros Australia, Bahamas, Bangladesh, Barbados, Bostwana, Canadá, Chipre, Dominica, Fidji, Gambia, Ghana, Granada, Guyana, India, Jamaica, Kenia, Kiribati o islas Gilbert, Lesotho, Malawi, Malaysia, Malta, isla Mauricio, Nauru, Nigeria, Nueva Zelanda, Papuasia-Nueva Guinea, Santa Lucía, San Vicente, las islas Salomón, las Seychelles, Sierra Leona, Singapur, Sri Lanka o Ceilán, Suazilandia, Tanzania, islas Tonga, Trinidad y Tobago, Tuvalu, Uganda, Zambia.

Commune (*La*), órgano revolucionario francés creado en París a raíz del levantamiento popular del 18 de marzo de 1871. Dejó de existir el 27 de mayo.

Comneno, familia bizantina a la que pertenecen seis emperadores de Oriente (s. XI y XII).

como adv. Lo mismo que, del modo que : *haz como quieras.* || Tal como : *un hombre como él.* || En calidad de : *asistió a la ceremonia como testigo.* || Porque : *como recibí tarde tu invitación, no pude venir.* || Según : *como*

dice la Biblia. || Aproximadamente. || — Conj. Si : *como no lo hagas, te castigaré.*

Como, c. de Italia en las faldas de los Alpes (Lombardía), en las riberas del lago homónimo (146 km²).

cómo adv. De qué manera, de qué modo : *no sé cómo agradecerle.* || Por qué : *¿ cómo no viniste ?* || — M. Modo o manera de hacer algo. || — Interj. Denota sorpresa o indignación : *¡ Amer. ¡ Cómo no !,* ciertamente.

cómoda f. Mueble con varios cajones que sirve para guardar ropa u otras cosas.

comodidad f. Calidad de lo que es cómodo, agradable. || Utilidad, interés. || — Pl. Conveniencias, cosas agradables y cómodas : *vivir con todas las comodidades.*

comodín m. Lo que puede servir para todo. || Carta que tiene el valor que se le quiera dar.

cómodo, da adj. Fácil, manejable : *un trabajo cómodo.* || Acomodadizo : *carácter cómodo.* || Agradable, que permite estar a gusto.

comodón, ona adj. Que le gusta estar cómodo o hacer las cosas con poca molestia (ú. t. c. s.).

comodoro m. *Mar.* En Inglaterra, Estados Unidos, Argentina y México, jefe de marina inferior al contraalmirante.

Comodoro Rivadavia, c. y puerto del S. de la Argentina (Chubut). Sede universitaria. Obispado. Petróleo.

Comonfort, c. y mun. de México (Guanajuato).

Comonfort (Ignacio), general mexicano, n. en Puebla (1812-1863), pres. de la Rep. en 1855. Acaudilló un golpe de Estado (Plan de Tacubaya) para derogar la Constitución promulgada por él mismo. Reemplazado por B. Juárez, huyó a Estados Unidos (1858). Regresó a su patria ante la invasión francesa (1861) y sirvió lealmente a Juárez, hasta que murió asesinado.

comoquiera adv. De cualquier modo : *comoquiera que sea.*

Comores, archip. del océano Índico, al NO. de Madagascar ; 1 797 km² ; 300 000 h. ; cap. *Moroni.* Fue francés hasta 1975 y, actualmente, es una República Federal e Islámica.

Comorín, cabo de la India, al S. de la península del Decán.

compactar v. t. Hacer compacta.

compacto, ta adj. De textura apretada y poco porosa : *la caoba es una madera muy compacta.* || *Impr.* Dícese de la impresión en que poco espacio tiene mucha lectura : *texto compacto.* || *Fig.* Denso, apretado, apiñado : *muchedumbre compacta.* || Dícese de un aparato que reúne en un solo conjunto un amplificador, un receptor de radio y un tocadiscos (ú. t. c. s. m.). || Dícese del automóvil pequeño (ú. t. c. s. m.).

compadecer v. t. Sentir compasión por el mal ajeno (ú. t. c. pr.).

compadrada f. *Amer.* Fanfarronería.

compadraje m. Amistad entre compadres. || *Fig.* Conchabamiento.

compadrazgo m. Parentesco entre el padrino de un niño y los padres de éste. || Compadraje.

compadre m. Padrino del niño respecto de los padres y la madrina de éste. || *Fam.* Amigo o conocido.

compadrear v. i. *Arg.* y *Urug.* Bromear.

compadreo m. Relación entre compadres, amigos o camaradas.

compaginación f. Reunión. || *Impr.* Ajuste. || *Fig.* Acuerdo.

compaginador, ra m. y f. *Impr.* Ajustador.

compaginar v. t. Poner en buen orden cosas que tienen alguna relación mutua. || Hacer compatible, combinar. || *Impr.* Ajustar : *compaginar un periódico.* || — V. pr. Corresponder.

Companys [-*pañs*] (Luis), político catalán (1883-1940), presidente de la Generalidad en 1934 y de 1936 a 1939. Murió fusilado.

compaña f. Compañía.

compañerismo m. Relación entre compañeros. || Armonía entre ellos.

compañero, ra m. y f. Persona que acompaña a otra para algún fin : *compañero de viaje.* || Persona que convive con otra. || Persona que hace

alguna cosa con otra : *compañero de trabajo.* || *Fig.* Cosa que hace juego o forma pareja con otra.

compañía f. Efecto de acompañar : *hacer compañía.* || Persona o cosa que acompaña a otra. || Sociedad o junta de varias personas unidas para un mismo fin. || Reunión de personas que forman un cuerpo : *compañía teatral.* || Empresa industrial o comercial : *compañía ferroviaria, de seguros.* || *Mil.* Unidad de infantería mandada por un capitán. || — *Compañía de Jesús,* la orden de los jesuitas. (V. JESUITA.) || *Compañía de la legua,* la de cómicos que anda de pueblo en pueblo. || *Compañías blancas,* compañías de aventureros dirigidos por el francés Bertrand Duguesclin, que apoyaron en España a Enrique de Trastamara (s. XIV).

comparable adj. Que se puede comparar.

comparación f. Acción y efecto de comparar, paralelo. || *Ret.* Símil, semejanza. || *Gram.* Grados de comparación, el positivo, el comparativo y el superlativo.

comparar v. t. Examinar las semejanzas y las diferencias que hay entre las personas y cosas.

comparativo, va adj. Que expresa comparación. || — M. Segundo grado de comparación de los adjetivos.

— Los *adjetivos comparativos* son muy escasos en castellano (*mayor, menor, mejor, peor, superior, inferior*). Su falta se sustituye por los adverbios *tan, más, menos,* antepuestos (*no hay hombre tan bueno como él*).

comparecencia f. *For.* Presentación de una persona ante el juez.

comparecer v. i. *For.* Presentarse en un lugar en virtud de una orden. || Presentarse, aparecer, llegar.

compareciente adj. y s. *For.* Que comparece.

comparsa f. Acompañamiento, grupo : *una comparsa numerosa.* || Grupo de gente con máscaras. || — Com. Figurante (teatro), extra (cine). || *Fig.* Persona que desempeña un papel sin importancia en algo.

compartimento y **compartimiento** m. Acción y efecto de compartir. || Departamento de un vagón de tren, de un casillero, etc.

compartir v. t. Repartir, dividir, distribuir las cosas en partes : *compartir las ganancias.* || Participar uno en alguna cosa : *compartir las alegrías.*

compás m. Instrumento de dos brazos articulados para trazar circunferencias o medir. || Símbolo de la masonería. || *Fig.* Regla o medida de alguna cosa. | Ritmo. || *Mar.* Brújula. || *Mús.* División de la duración de los sonidos en partes iguales.

compasión f. Sentimiento de piedad por la desgracia ajena.

compasivo, va adj. Que siente compasión : *hombre compasivo.*

compatibilidad f. Calidad de compatible.

compatibilizar v. t. Hacer compatible.

compatible adj. Que puede coexistir : *caracteres compatibles.*

compatriota com. Nacido en la misma patria.

compeler v. t. Forzar, obligar.

compendiar v. t. Abreviar, resumir : *compendiar una historia.* || *Fig.* Expresar brevemente, sintetizar.

compendio m. Breve o corta exposición de una materia.

compenetración f. Penetración mutua. || *Fig.* Identificación en ideas o sentimientos.

compenetrarse v. pr. Penetrar las partículas de una sustancia entre las de otra, o recíprocamente. || *Fig.* Identificarse las personas en ideas y sentimientos.

compensación f. Acción y efecto de compensar. || Indemnización : *dar algo en compensación del daño.* || *For.* Modo de extinción de dos obligaciones recíprocas. || Operación financiera en la que las compras y ventas se saldan por medio de transferencias recíprocas, sin intervención del dinero. || Pago similar efectuado por las naciones respecto a los créditos del comercio internacional (llamado también *clearing*).

138

compensador, ra adj. Que compensa.

compensar v. t. Equilibrar un efecto con otro, neutralizar. ‖ Indemnizar, resarcir los daños.

compensatorio, ria adj. Que establece una compensación.

competencia f. Disputa o rivalidad entre dos o más sujetos sobre alguna cosa. ‖ Empresa o comercio que compiten con otra u otro en el mercado. ‖ Incumbencia : *es de mi competencia*. ‖ Capacidad, aptitud, conocimiento profundo. ‖ Conjunto de atribuciones concedidas a un órgano o persona y límite legal en el que uno u otra pueden ejecutar una acción. ‖ *Amer.* Competición deportiva.

competente adj. Que tiene aptitud para resolver un asunto : *juez competente*. ‖ Que es capaz o conocedor de cierto asunto.

competer v. i. Ser de la competencia de, incumbir.

competición f. Prueba deportiva. ‖ Competencia entre comerciantes. ‖ Lucha entre varios para conseguir algo.

competidor, ra adj. y s. Rival. ‖ Concursante, participar, que concurre a una prueba deportiva o a otra cosa : *había numerosos competidores*.

competir v. i. Rivalizar, oponerse dos o más personas para un puesto o a la superioridad en algo. ‖ Rivalizar en el comercio, concurrir varias personas o cosas ofreciendo condiciones similares.

competitividad f. Carácter de lo que es competitivo.

competitivo, va adj. Capaz de competir con otros : *precio competitivo*. ‖ Dícese donde la competencia comercial es posible : *mercado competitivo*.

Compiègne, c. de Francia (Oise).

compilación f. Colección de noticias, leyes o materias.

compilador, ra adj. Que compila (ú. t. c. s.).

compilar v. t. Reunir en un solo cuerpo de obra extractos de otros libros o documentos. ‖ *Fig.* Reunir.

compinche com. *Fam.* Amigote.

complacencia f. Satisfacción.

complacer v. t. Ser agradable a una persona. ‖ Dar satisfacción y placer : *me complace su éxito*. ‖ Acceder a los deseos de alguien. ‖ — V. pr. Gustarle a uno algo.

complacido, da adj. Satisfecho.

complaciente adj. Solícito, amable. ‖ Indulgente con las faltas.

complejidad f. Calidad de complejo.

complejo, ja adj. Formado de elementos diferentes : *carácter complejo*. ‖ Complicado : *asunto complejo*. ‖ *Mat.* Número complejo, el formado por unidades de diferentes especies. ‖ — M. Conjunto de varias cosas. ‖ Cuerpo químico obtenido por la asociación de diferentes moléculas. ‖ Conjunto o combinado de industrias que se dedican a cierta producción : *el complejo siderúrgico de Avilés*. ‖ Tendencia independiente e inconsciente de la voluntad de uno que condiciona su conducta.

complementación f. Acción y efecto de complementar.

complementar v. t. Completar (ú. t. c. pr.).

complementariedad f. Calidad de lo que es complementario.

complementario, ri adj. Que completa. ‖ *Geom.* Ángulos complementarios, ángulos cuya suma es igual a la de un recto.

complemento m. Lo que completa una cosa : *esto sería el complemento de mi felicidad*. ‖ *Geom.* Lo que falta añadir a un ángulo agudo para obtener un ángulo recto. ‖ *Gram.* Palabra u oración que añade algo al sentido de otro vocablo o frase : *los complementos gramaticales se dividen en directos e indirectos*.

completar v. t. Hacer una cosa completa (ú. t. c. pr.).

completo, ta adj. Entero, íntegro, que tiene todos los elementos necesarios. ‖ Acabado, perfecto : *un deportista completo*. ‖ Lleno : *autobús completo*. ‖ Absoluto : *un completo fracaso*. ‖ *Por completo,* completamente. ‖ — M. Lleno.

complexión f. Constitución física del individuo.

complicación f. Estado de lo que es complicado : *la complicación de las matemáticas*. ‖ Dificultad. ‖ *Med.* Síntoma distinto de los habituales de una enfermedad.

complicado, da adj. Compuesto de gran número de piezas : *una máquina muy complicada*. ‖ *Fig.* Muy difícil : *asunto complicado*. ‖ Difícil de comprender (persona). ‖ Implicado : *complicado en un robo*.

complicar v. t. Hacer difícil de comprender. ‖ Comprometer o mezclar en un asunto. ‖ — V. pr. Hacerse difícil. ‖ Presentarse dificultades. ‖ Empeorarse una enfermedad.

cómplice adj. Dícese del copartícipe en un delito (ú. t. c. s.). ‖ *Fig.* Que ayuda o favorece (ú. t. c. s.). ‖ Que indica un acuerdo secreto : *se vio en sus labios una sonrisa cómplice*.

complicidad f. Participación en un crimen, en un delito. ‖ *Fig.* Acuerdo.

complo m. Conjura, conspiración.

complot m. (pal. fr.). Compló.

complotar v. t. e i. Conjurarse.

complutense adj. y s. De Alcalá de Henares (España).

Complutum, n. romano de *Alcalá de Henares.*

componedor, ra m. y f. Mediador, árbitro. ‖ — M. *Impr.* Regla en la que el tipógrafo pone las letras para formar las líneas.

componenda f. Combinación poco escrupulosa, chanchullo. ‖ Reparación provisional.

componente adj. Que forma parte de un todo (ú. t. c. s.). ‖ — M. Elemento usado en la realización de los circuitos electrónicos.

componer v. t. Constituir un todo con diferentes partes. ‖ Hacer una obra literaria o de música : *componer un concierto para piano*. ‖ *Impr.* Reunir caracteres o tipos de letras : *componer en itálicas*. ‖ Adornar, ataviar. ‖ Reconciliar : *componer a los enemistados*. ‖ Arreglar : *componer un asunto*. ‖ Reparar, arreglar una cosa rota : *componer un mueble*. ‖ — V. i. Hacer versos o composiciones musicales. ‖ — V. pr. Estar formado, formarse. ‖ Arreglarse, ataviarse. ‖ Ponerse de acuerdo. ‖ *Méx.* Restablecerse : *ya me compuse de mi enfermedad*. ‖ *Fig.* y *fam.* Compónérselas, manejárselas, ingeniárselas.

comportamiento m. Conducta : *tuvo un comportamiento satisfactorio.*

comportar v. t. *Fig.* Sufrir, aguantar, sobrellevar. ‖ Traer consigo, implicar, acarrear, causar. ‖ — V. pr. Portarse.

composición f. Acción y efecto de componer. ‖ Cosa compuesta. ‖ Manera como forman un todo diferentes partes. ‖ Proporción de los elementos que forman parte de un cuerpo compuesto : *la composición del agua*. ‖ Compostura, circunspección. ‖ Obra científica, musical, literaria o artística. ‖ Combinación musical de las formas melódicas. ‖ Arte de agrupar las figuras y accesorios para conseguir el mejor efecto en pintura y escultura. ‖ Ejercicio de redacción. ‖ Acuerdo. ‖ Comedimiento. ‖ *Gram.* Modo de formar nuevas palabras. ‖ *Impr.* Conjunto de líneas, galeradas y páginas antes de la imposición. ‖ *Fig.* Hacer composición de lugar, pesar el pro y el contra.

compositor, ra m. y f. Persona que compone, especialmente música.

Compostela, pobl. y mun. de México (Nayarit). ‖ — **(Santiago de).** V. SANTIAGO DE COMPOSTELA.

compostelano, na adj. y s. De Santiago de Compostela (España).

compostura f. Arreglo, reparación. ‖ *compostura de un reloj*. ‖ Aseo o arreglo de una persona. ‖ Manera de portarse. ‖ Mesura, comedimiento. ‖ Recato en las mujeres.

compota f. Fruta cocida con azúcar.

compra f. Adquisición mediante pago. ‖ Cosa comprada. ‖ Conjunto de comestibles comprados para el consumo diario. ‖ *Fig.* Soborno, corrupción. ‖ *Hacer la compra,* ir al mercado.

comprador, ra adj. y s. Que compra.

comprar v. t. Adquirir por dinero. ‖ *Fig.* Sobornar con dinero.

compraventa f. Contrato de compra y venta.

comprender v. t. Contener, constar de : *este diccionario lo comprende todo.* ‖ Entender : *no comprendo bien.* ‖ Encontrar justificado o natural : *comprendo tu enfado.* ‖ — V. pr. Avenirse dos personas.

comprensible adj. Inteligible.

comprensión f. Acción y efecto de comprender. ‖ Facultad, capacidad para entender y penetrar las cosas. ‖ *Fig.* Indulgencia, carácter benévolo.

comprensivo, va adj. Que tiene facultad de comprender. ‖ Tolerante, indulgente : *hombre comprensivo.* ‖ Que comprende, contiene o incluye.

compresa f. Pedazo de gasa u otro material que se pone debajo del vendaje. ‖ Paño higiénico de gasa que usan las mujeres cuando tienen el menstruo.

compresibilidad f. Propiedad de los cuerpos que pueden ser comprimidos.

compresible adj. Comprimible.

compresión f. Acción y efecto de comprimir : *bomba de compresión.* ‖ *Gram.* Sinéresis. ‖ *Mec.* En un motor, presión alcanzada por la mezcla detonante en la cámara de explosión antes del encendido.

compresivo, va adj. Que comprime.

compresor, ra adj. Que comprime : *músculo, rodillo compresor.* ‖ — M. Aparato para comprimir un gas.

comprimible adj. Que se puede comprimir.

comprimido, da adj. Disminuido de volumen : *aire comprimido.* ‖ Aplastado. ‖ — M. Pastilla médica.

comprimir v. t. Hacer presión sobre un cuerpo de modo que ocupe menos volumen : *comprimir una arteria.*

comprobación f. Acción y efecto de comprobar.

comprobante adj. Que comprueba. ‖ — M. Prueba, justificación. ‖ Recibo.

comprobar v. t. Confirmar una cosa : *comprobar algo con testigos.*

comprometedor, ra adj. Que compromete : *dicho comprometedor.*

comprometer v. t. Exponer, poner en peligro : *comprometer un negocio, una empresa.* ‖ Perder la reputación de una persona. ‖ Poner en un compromiso. ‖ Poner de común acuerdo en manos de un tercero la resolución de una diferencia. ‖ Obligar a uno a una cosa. ‖ Contratar, apalabrar. ‖ — V. pr. Obligarse a una cosa : *comprometerse a pagar.* ‖ Tomar posición : *este escritor no se ha comprometido.*

compromisario m. Árbitro. ‖ Persona designada por otras en una elección para presentarse a una elección.

compromiso m. Convenio entre litigantes para aceptar un fallo. ‖ Obligación contraída, palabra dada : *cumplir sus compromisos.* ‖ Dificultad, apuro : *poner en un compromiso.* ‖ Esponsales : *compromiso matrimonial.* ‖ Elección en que los electores se hacen representar por compromisarios. ‖ — Es históricamente conocido por el n. de *Compromiso de Caspe* el acuerdo a que llegaron en Caspe, a la muerte de Martín I el Humano de Aragón, los delegados de los parlamentos catalán, aragonés y valenciano, que reconocieron como rey a Fernando de Antequera (1412). V. tb. BREDA *(Compromiso de).*

compuerta f. Portón movible en presas y canales.

compuesto, ta adj. Constituido por varias partes. ‖ Arreglado, acicalado. ‖ Reparado. ‖ *Arq.* Dícese del orden formado por la mezcla del jónico y el corintio : *capitel compuesto.* ‖ *Gram.* Aplícase a los tiempos de un verbo que se conjugan con el participio pasivo precedido de un auxiliar : *he dado, había dado, habré dado.* ‖ Nombre compuesto, el formado por la unión de palabras distintas, pero que representa un solo objeto : *cortaplumas, prototipo, sacacorchos son nombres compuestos.* ‖ — M. *Quím.* Sustancia química en cuya composición entran dos o más cuerpos simples. ‖ — F. pl. Plantas dicotiledóneas gamopétalas cuyas flores forman una

139

o más filas sobre el receptáculo, como la margarita (ú. t. c. adj.).

compulsar v. t. Cotejar, confrontar documentos. || *Amer.* Obligar.

compunción f. Tristeza.

compungirse v. pr. Entristecerse.

compurgar v. t. *Méx.* Cumplir la pena el reo.

computación f. Cómputo.

computador m. y **computadora** f. Ordenador.

computadorizar v. t. Computarizar.

computar v. t. Calcular. || Contar.

computarizar y **computerizar** v. t. Tratar con un ordenador.

cómputo m. Cuenta, cálculo.

Comte (Auguste), filósofo francés, n. en Montpellier (1798-1857), fundador de la escuela positivista.

comulgante adj. y s. Que comulga.

comulgar v. i. Recibir la comunión. || Fig. Coincidir, tener ideas comunes.

común adj. Aplícase a las cosas que pertenecen a todos : *bienes, pastos comunes.* || Admitido por la mayor parte : *opinión común.* || Que se ejecuta con otros : *obra común.* || General, universal : *interés común.* || Ordinario, frecuente : *de uso común.* || Vulgar : *modales comunes.* || *Méx.* Asentaderas. || *Gram.* Nombre común, el que conviene a todos los seres de la misma especie. — M. Todo el pueblo, todo el mundo : *el común de los mortales.* || Comunidad. — *Cámara de los Comunes,* v. CÁMARA. || *En común,* conjuntamente. || *Por lo común,* generalmente.

comuna f. *Amer.* Municipio.

comunal adj. Del municipio.

comunero, ra adj. y s. Partidario de las comunidades de Castilla. (V. COMUNIDAD.) || En Colombia y Paraguay, n. de los primeros partidarios de la Independencia. || — M. Copropietario.

— Los comuneros paraguayos se levantaron en 1717 contra el dominio español, y fueron reducidos en 1735. El alzamiento de los comuneros colombianos se produjo hacia 1781 (en Socorro) y fue reprimido.

comunicación f. Acción y efecto de comunicar : *la comunicación de un movimiento.* || Escrito : *una comunicación oficial.* || Enlace entre dos puntos : *comunicación telefónica.* || Trato entre personas. — Pl. Correspondencia postal, telegráfica, telefónica : *Palacio de Comunicaciones.* || Medios de enlace : *barrio con malas comunicaciones.* || *Comunicación de masas,* proceso de producción y transmisión social de información.

comunicado m. Aviso oficial que se transmite a la prensa. || Aviso, a cargo del remitente, que sale en un periódico.

comunicante adj. Que comunica.

comunicar v. t. Transmitir : *comunicar un virus.* || Hacer partícipe a otro de lo que uno conoce o tiene : *Hacer saber, decir : le comuniqué mi decisión.* || — V. i. Estar en relaciones, hablar : *comunicar con una persona* (ú. t. c. pr.). || Estar unidos por un paso común : *cuartos que comunican* (ú. t. c. pr.). || Dar un teléfono la señal indicadora de que la línea está ocupada : *tu teléfono estaba comunicando.* || — V. pr. Tener correspondencia comunicarse o cosas con otras : *comunicarse por señas.* || Propagarse.

comunicativo, va adj. Que se comunica : *risa comunicativa.* || Que le gusta decir a los demás sus pensamientos, sus sentimientos.

comunidad f. Estado de lo que es común : *comunidad de bienes.* || Asociación de personas o Estados que tienen un interés común : *comunidad de propietarios; comunidad económica europea.* || Sociedad religiosa sometida a una regla común. || — M. (Ant.). Levantamientos populares : *las comunidades de Castilla.* || — *Comunidad agraria,* en México, congregación de campesinos que tienen sus tierras en común y, por ello, necesidades afines y derechos semejantes. || *For. Comunidad de bienes,* régimen de gananciales. || *En comunidad,* juntos.

— Se conoce históricamente con el n. de *Sublevaciones de las Comunida-*des el alzamiento de los comuneros de Castilla al comienzo del reinado de Carlos I en defensa de los derechos de la nación y las libertades municipales. Habiendo derrotado las fuerzas reales a las comuneras en Villalar (1521), sus caudillos Padilla, Bravo y Maldonado fueron decapitados.

Comunidad || ~ **Económica Europea** (C. E. E.), asociación creada en 1957 entre Alemania Federal, Bélgica, Holanda, Francia, Italia y Luxemburgo a fin de establecer una unión arancelaria y un mercado común. Puesta en vigor en 1959. Gran Bretaña, Dinamarca e Irlanda ingresaron en ella en 1973 y Grecia en 1981. || ~ **Europea de la Energía atómica** (EURATOM), asociación creada en 1957 entre Alemania Federal, Bélgica, Holanda, Francia, Italia y Luxemburgo para favorecer el desarrollo de las industrias nucleares. || ~ **Europea del Carbón y el Acero** (C. E. C. A.), asociación fundada en 1951 entre Alemania Federal, Bélgica, Holanda, Francia, Italia y Luxemburgo para crear un mercado común del carbón y el acero.

comunión f. Unión en la misma fe : *comunión de los fieles.* || Ceremonia y recepción del sacramento de la Eucaristía. || Comunidad de ideas, de principios entre personas.

comunismo m. Teoría de la colectivización de los medios de producción y de la repartición de los bienes de consumo según las necesidades del individuo. || Aplicación política de esta teoría.

Comunismo (PICO), ant. *Pico Stalin,* alt. máx. de la U. R. S. S. (Tadjikistán), en el Pamir ; 7 495 m.

comunista adj. Relativo al comunismo. || Partidario o miembro de este partido (ú. t. c. s.).

comunistoide adj. y s. *Fam.* Que simpatiza con el comunismo.

comunitario, ria adj. De la comunidad. || De la Comunidad Económica Europea.

comuña f. Aparcería.

con prep. Indica el medio o la manera de hacer alguna cosa : *comer con un tenedor.* || Juntamente : *salir con un amigo.* || Con un infinitivo equivale a un gerundio : *con pulsar este botón se enciende la luz.* || A pesar de : *con ser tan inteligente no ha conseguido triunfar.*

Conakry, c. y puerto de Guinea ; 300 000 h. Cap. del país. Arzobispado.

conato m. Tendencia, propósito. || *For.* Intento, tentativa : *intento de robo.* || Comienzo : *conato de incendio.* || Empeño, esfuerzo.

Conca de Barberá. V. BARBERÁ.

concadenar v. t. Concatenar.

concatenación f. Encadenamiento.

concatenar v. t. Enlazar.

concavidad f. Calidad de cóncavo.

cóncavo, va adj. Que forma una cavidad : *lente cóncava.*

concebible adj. Comprensible.

concebir v. i. y t. Quedar encinta la hembra. || *Fig.* Tener idea de una cosa, comprenderla : *concebir un proyecto.* || Pensar : *no lo puedo concebir.* || Sentir : *concibió enorme odio hacia sus congéneres.*

conceder v. t. Dar, otorgar. || Asentir, reconocer.

concejal, la m. y f. Miembro de un ayuntamiento.

concejalía f. Concejo.

concejo m. Ayuntamiento.

concelebración f. Acción y efecto de concelebrar.

concelebrar v. t. Celebrar ceremonias litúrgicas varios sacerdotes u obispos juntos.

concentrable adj. Que se puede concentrar.

concentración f. Acción y efecto de concentrar o concentrarse. || Reunión en público de personas para manifestarse. || Conjunto de relaciones entre empresas para limitar la competencia. || Relación entre la cantidad de un cuerpo disuelto y la cantidad total de la disolución. || *Fig.* Abstracción. || *Concentración parcelaria,* agrupación de fincas pequeñas para facilitar su cultivo.

concentrado m. Producto en el que se ha hecho desaparecer el agua.

concentrar v. t. Reunir en un centro (ú. t. c. pr.). || Reunir en un mismo punto : *concentrar tropas* (ú. t. c. pr.). || Tender hacia un único objetivo : *concentrar las energías.* || Condensar : *concentrar leche.* || — V. pr. *Fig.* Reflexionar profundamente.

concéntrico, ca adj. *Geom.* Que tienen un mismo centro.

concepción f. Acción que hace que el niño o el animal exista. || Por antonomasia, la de la Virgen. || Su festividad (8 de diciembre). || Idea.

Concepción, estrecho del S. de Chile (Magallanes), entre las islas Lobos, la de Doñas y la del Duque de York. — Laguna al E. de Bolivia (Santa Cruz) ; 540 km². — Sierra al O. de México (Baja California). Recibe tb. el n. de *la Giganta.* — Cerro volcánico al S. de Nicaragua, en la isla homónima ; 1 610 m. Conocido tb. por el n. de Ometepe. — N. de cuatro pobl. de la Argentina (Corrientes, Misiones, San Juan y Tucumán). — Pobl. al E. de Bolivia, cap. de la prov. de Nuflo de Chávez (Santa Cruz). — C. en el centro de Chile, cap. de la VIII Región de Biobío y de la prov. y com. que llevan su mismo nombre. Industrias. Universidad. Arzobispado. — V. al O. de Panamá, cap. del distr. de Baugaba (Chiriquí). — C. al N. del Paraguay, cap. del dep. homónimo. Puerto en el río Paraguay. Obispado. — C. en el centro del Perú, cap. de la prov. homónima (Junín). || ~ **de Ataco,** c. al O. de El Salvador (Ahuachapán). || ~ **de Buenos Aires,** pobl. en el oeste de México (Jalisco). || ~ **de la Vega,** c. al de la Rep. Dominicana, cap. de la prov. de La Vega. Fundada en 1495 por Bartolomé Colón. Obispado. || ~ **de Oriente,** v. al E. de El Salvador (La Unión). || ~ **del Uruguay,** c. al E. de la Argentina (Entre Ríos). Puerto fluvial. Sede de la Universidad Nacional de Entre Ríos. Obispado.

concepcionero, ra adj. y s. De Concepción (Paraguay).

conceptismo m. Estilo literario conceptuoso, propio de España en el s. XVII : *Quevedo es el mejor representante del conceptismo.*

conceptista adj. Relativo al conceptismo. || Partidario de él (ú. t. c. s.).

concepto m. Idea que concibe o forma el entendimiento : *el concepto del espacio.* || Opinión : *tener un gran concepto de una persona.* || Razón, motivo : *en su concepto.* || *En concepto de,* en calidad de.

conceptuar v. t. Tener formado juicio sobre una persona o cosa, juzgar.

concerniente adj. Relativo a.

concernir v. i. Atañer, afectar.

concertación f. Acción y efecto de concertarse.

concertar v. t. Proyectar en común : *concertar un plan.* || Ponerse de acuerdo sobre el precio de algo. || Coordinar, hacer en común : *concertar esfuerzos.* || Pactar, tratar : *concertar la paz, una rendición.* || Concordar : *esto concierta con sus dichos.* || Armonizar voces o instrumentos músicos. || — V. i. *Gram.* Concordar : *concertar en género y número las palabras.* || — V. pr. Ponerse de acuerdo.

concertina f. Acordeón de forma hexagonal u octogonal.

concertino m. Primer violinista de una orquesta. || Obra musical más corta que un concierto.

concertista com. *Mús.* Solista de un instrumento.

concesión f. Privilegio que da el Estado para explotar algo : *concesión minera.* || Cosa concedida. || *Fig.* Renuncia a sus derechos, a sus pretensiones : *hacer concesiones.*

concesionado, da adj. Que es objeto de una concesión.

concesionario, ria adj. Que tiene una concesión : *sociedad concesionaria.* || — M. y f. Intermediario comercial que ha recibido de un productor el derecho exclusivo de venta en una región determinada. || — F. Empresa que tiene una concesión.

conciencia f. Conocimiento, idea, noción : *tener conciencia de sus actos, de sus derechos.* || Sentimiento por el cual aprecia el hombre sus acciones : *escuchar la voz de la conciencia.* || Moralidad, rectitud, integri-

CO

dad : *hombre de conciencia.* || — *A conciencia,* con seriedad. || *Fig. Ancho de conciencia,* indulgente, tolerante. | *En conciencia,* seriamente. | *Estrecho de conciencia,* poco tolerante. || *Libertad de conciencia,* libertad absoluta en materia religiosa.
concienciación y **concientización** f. Conocimiento, conciencia.
concienciar y **concientizar** v. t. Darse cuenta. || Hacer conocer.
concienzudo, da adj. Que hace todo con mucho cuidado.
concierto m. Ejecución musical, pública o privada. || Lugar donde se verifica. || Composición musical para orquesta y un instrumento solista : *concierto de piano y orquesta.* || Acuerdo : *llegar a un concierto.* || *De concierto,* de común acuerdo.
conciliábulo m. Concilio ilegítimo. || *Fig.* Reunión secreta.
conciliación f. Acción y efecto de conciliar.
conciliador, ra adj. Que concilia o es propenso a conciliar (ú. t. c. s.).
conciliar adj. Del concilio : *decisión, decreto conciliar.* || Que asiste a un concilio (ú. t. c. s.).
conciliar v. t. Poner de acuerdo a los que estaban opuestos entre sí : *el juez concilió las partes.* || Conformar dos o más proposiciones o doctrinas. || Hacer compatibles : *Conciliar el sueño,* conseguir dormirse. || — V. pr. Granjearse : *conciliarse la amistad de todos.*
conciliatorio, ria adj. Que concilia.
concilio m. Junta o congreso. || Reunión de obispos y doctores en teología que tratan de cuestiones de doctrina y disciplina eclesiástica. || *Concilio ecuménico,* el que reúne los obispos de todos los países.
concisión f. Brevedad, precisión.
conciso, sa adj. Breve y preciso.
conciudadano na m. y f. Persona de la misma ciudad o nación.
cónclave y **conclave** m. Asamblea en que los cardenales eligen al Sumo Pontífice. || Junta, reunión.
concluir v. t. Acabar, dar fin, finalizar : *ayer concluyó el año.* || Sacar como consecuencia, determinar : *concluí que era él el culpable.* || Deducir. || — V. i. Determinar, decidir : *concluyeron en pedir un armisticio* (ú. t. c. t.).
conclusión f. Término, fin : *la conclusión de nuestra obra.* || Idea que expresa un razonamiento, un libro. || Consecuencia : *conclusión mal entendida.* || Acuerdo, decisión : *no llegamos a ninguna conclusión.* || *En conclusión,* en suma, por último.
concluso, sa adj. Terminado.
concluyente adj. Categórico.
Concolorcorvo (Calixto Carlos BUSTAMANTE, llamado), escritor peruano del s. XVIII, autor del relato picaresco *El Lazarillo de ciegos caminantes.*
concomerse v. pr. Consumirse de impaciencia.
concomitancia f. Simultaneidad, relación entre las acciones que cooperan a un mismo efecto.
concomitante adj. Que se produce al mismo tiempo.
Concón, balneario en el centro de Chile (Valparaíso).
Concord, c. al NE. de Estados Unidos, cap. del Estado de New Hampshire.
concordancia f. Conformidad. || *Gram.* Correspondencia entre dos o más palabras variables.
concordar v. t. Poner de acuerdo. || — V. i. Estar de acuerdo. || *Gram.* Formar concordancia.
concordato m. Tratado referente a asuntos eclesiásticos entre la Santa Sede y un Estado.
concorde adj. Conforme.
concordia f. Acuerdo, conformidad de pareceres. || Buena inteligencia.
Concordia, c. al E. de la Argentina (Entre Ríos). Obispado. Puerto fluvial. — C. de Colombia (Antioquia).
concreción f. Acción y efecto de concretar. || Reunión de partículas en una masa sólida : *concreción salina.* || *Med.* Cálculo : *concreción renal.*
concretar v. t. Precisar, hacer concreto lo que es abstracto : *Reducir a lo más esencial : *concretar una idea.* || — V. pr. Limitarse, reducirse : *se*

concretó a hablar de su problema. || Materializarse.
concretización f. Materialización.
concretizar v. t. Materializar (ú. t. c. p.) : *concretizar un proyecto.*
concreto, ta adj. Determinado, preciso. || Real, positivo, específico. || — *En concreto,* concretamente. || *Música concreta,* la que utiliza el conjunto de los sonidos producidos por distintos objetos y grabados en una cinta magnética. || *Mat.* Número concreto, aquel cuya unidad está determinada, como *cien metros.* || — M. Concreción, cálculo. || *Amer.* Hormigón.
concubina f. Mujer que vive con un hombre sin estar casada con él.
concubinato m. Cohabitación de un hombre y de una mujer que no están casados.
conculcar v. t. Infringir, violar.
concuñado, da m. y f. Hermano o hermana del cuñado o cuñada.
concupiscencia f. Deseo excesivo de los bienes materiales, especialmente de los goces sensuales.
concupiscente adj. y s. Dominado por la concupiscencia.
concurrencia f. Asistencia, conjunto de personas que asiste a una reunión en un sitio : *había gran concurrencia en el teatro.* || Simultaneidad de dos sucesos.
concurrente adj. y s. Asistente, que concurre. || Concursante.
concurrido, da adj. Que acude o va mucha gente : *espectáculo concurrido.* || De mucho tráfico.
concurrir v. i. Asistir, ir o acudir al mismo lugar o tiempo : *concurrir a una fiesta.* || Influir, contribuir : *concurrir al éxito de una obra.* || Ser del mismo parecer, estar de acuerdo. || Participar, tomar parte en un concurso : *concurrir a una oposición del Estado.* || Coincidir en el tiempo o en el lugar.
concursante m. y f. Participante en un concurso (ú. t. c. adj.).
concursar v. t. *Fam.* Ordenar que los bienes del deudor vayan a concurso de acreedores. || — V. i. Participar en un concurso o certamen.
concurso m. Reunión simultánea de personas o sucesos : *concurso de espectadores, de circunstancias.* || Cooperación, contribución, ayuda : *prestar su concurso para una buena obra.* || Licitación para adjudicar algo : *concurso de Obras Públicas.* || Oposición, certamen : *concurso literario, de belleza.* || Prueba deportiva : *concurso hípico.* || *Concurso de acreedores,* juicio para el pago de acreedores.
concusión f. Exacción cometida por un funcionario.
concha f. Caparazón que cubre las tortugas, moluscos, crustáceos, etc. || Animal que vive en una concha. || Materia córnea : *gafas de concha.* || *Fig.* Cosa en forma de concha : *la concha del apuntador en los teatros.* || Ensenada : *la Concha de San Sebastián.* || *Amer. Pop.* Órgano genital de la mujer.
Concha (Gilberto). V. VALLE (Juvencio). — (GUTIÉRREZ DE LA). V. GUTIÉRREZ DE LA. — (JOSÉ VICENTE), jurista colombiano (1867-1929), pres. de la Rep. de 1914 a 1918.
conchabamiento m. y **conchabanza** f. Asociación con malos fines.
conchabarse v. pr. *Fam.* Confabularse : *conchabarse con ladrones.*
Conchagua, mun. y volcán al E. de El Salvador (La Unión) ; 1 250 m.
Conchalí, com. de Chile en el Área Metropolitana de Santiago.
Conchas (Las). V. TIGRE.
Conchillas, pobl. al SE. del Uruguay (Colonia).
Conchos, río al N. de México (Chihuahua), afl. del Bravo ; 590 m.
condado m. Dignidad o territorio de jurisdicción del conde.
condal adj. Relativo al conde.
Condamine (Charles de La). V. LA CONDAMINE.
conde m. Título de nobleza entre el marqués y el vizconde.
Conde (Carmen), escritora española, n. en 1907, autora de relatos, novelas (*Las oscuras raíces*) y poesías (*Brocal, Júbilos, Corrosión, Iluminada tierra*).
Conde Lucanor (El), llamado también *Libro de Patronio,* colección de

cuentos, escrita entre 1330 y 1335, de carácter didáctico y moralizador. Su autor fue el infante Don Juan Manuel.
Condé, familia real francesa, rama colateral de los Borbones. || ~ (LUIS II, *príncipe* de CONDÉ, llamado **el Gran**), general francés (1621-1686). Derrotó a los españoles en Rocroi (1643).
Condebamba, río al NE. del Perú que, al confluir con el Cajamarca, forma el Crisnejas. — Distr. al NE. del Perú (Cajabamba).
condecoración f. Acción y efecto de condecorar. || Cruz, insignia honorífica de una orden.
condecorar v. t. Otorgar una condecoración.
condena f. Decisión de un tribunal que impone a uno de los litigantes inclinarse ante las pretensiones de su adversario. || Decisión o sentencia de un tribunal criminal que pronuncia una pena contra el autor de un crimen, de un delito, etc. || Esta misma pena.
condenación f. Condena.
condenado, da adj. Sometido a una pena por un tribunal (ú. t. c. s.). || Que está en el infierno (ú. t. c. s.). || *Fam.* Malo, travieso : *estos condenados niños.* || Enfadoso, maldito : *¡condenados zapatos!* || *Fam.* Como un condenado, mucho.
condenar v. t. Declarar culpable : *condenar a presidio, a una multa.* || Censurar, reprobar una doctrina u opinión. || Reducir a, forzar a : *condenar al silencio.* || Desaprobar : *condenar una costumbre.* || Tabicar, enmurar : *condenar una puerta.* || Mandar al Infierno. || — V. pr. Incurrir en la pena eterna.
condenatorio, ria adj. Que condena : *sentencia condenatoria.*
condensación f. Paso de un vapor al estado líquido o al estado sólido.
condensado, da adj. Hecho más denso. || — M. Resumen, compendio.
condensador, ra adj. Que condensa. || — M. *Electr.* Sistema de dos conductores o armaduras, separados por un medio aislante, que acumula cargas eléctricas de signos opuestos. || Aparato destinado a enfriar el gas para realizar la mayor parte de los productos fácilmente condensables. || En general, aparato que sirve para condensar un vapor.
condensar v. t. Transformar un cuerpo gaseoso al estado líquido. || Hacer más denso. || *Fig.* Compendiar.
Condes (Las), com. de Chile en el Área Metropolitana de Santiago.
condesa f. Mujer del conde o que tiene este título.
condescendencia f. Complacencia. || Benevolencia, tolerancia.
condescender v. i. Dignarse consentir, deferir a los deseos de otro.
condescendiente adj. Que condesciende, complaciente.
condestable m. (Ant.). Jefe superior de la milicia. || En Francia, oficial mayor de la Corona.
Condesuyos, prov. al SO. del Perú (Arequipa) ; cap. *Chuquibamba.*
condición f. Manera de ser, naturaleza, índole : *la condición humana* ; *áspero de condición.* || Estado social : *condición modesta.* || Circunstancia exterior de la que dependen las personas o las cosas. || Situación ventajosa o no : *en condiciones muy malas.* || Base fundamental, calidad requerida : *exijo esta condición.* || Cláusula, convenio : *condición de un pacto.* || — Pl. Cualidades : *persona de excelentes condiciones.* || Estado : *carne en malas condiciones.* || — *A condición que,* siempre que. || *En condiciones,* capaz ; apto ; en buen estado.
condicional adj. Dependiente de una condición. || *Gram.* Dícese de la oración, o de la conjunción que la introduce, o que expresa una condición. || — M. Potencial, modo de verbo.
condicionamiento m. Acción y efecto de condicionar.
condicionante adj. Que condiciona (ú. t. c. s. m.).
condicionar v. t. Depender de o someter a condiciones, supeditar.
cóndilo m. Parte prominente del hueso de una articulación.

141

Condillac (Etienne BONNOT DE), filósofo francés (1714-1780).

condimentación f. Aderezo.

condimentar v. t. Sazonar.

condimento m. Aderezo.

condiscípulo, la m. y f. Compañero de estudios.

condolencia f. Pésame. || Pesar.

condolerse v. pr. Compadecerse.

condominio m. Propiedad de una cosa por varias personas en común : *apartamentos en condominio.* || Derecho de soberanía de varias naciones sobre un país.

condón m. *Fam.* Preservativo.

condonación f. Perdón.

condonar v. t. Perdonar.

cóndor m. Ave rapaz, especie de gran buitre, de América del Sur. || Moneda de oro de Ecuador, Colombia y Chile.

Cóndor, cadena montañosa al este del Ecuador ; 4 000 m. — Desfiladero en las montañas de los Frailes, al E. de Bolivia ; 4 800 m.

Condorcanqui (José Gabriel). V. TÚPAC AMARU.

Cóndores (SIERRA DE LOS), extremo S. de la Sierra Chica de Córdoba (Argentina).

Condoriri, cima de Bolivia, 6 105 m.

condotiero m. En Italia, antiguo jefe de mercenarios. || Mercenario.

Condoto, c. en el oeste del centro de Colombia (Chocó).

condrioma m. Conjunto de todas las mitocondrias de la célula.

conducción f. Acción y efecto de conducir : *permiso o licencia de conducción.* || Transporte. || Conducto de tuberías, cables, etc., para el paso de un fluido. || Dirección : *la conducción de un negocio.*

conducir v. t. Guiar : *conducir un coche* (ú. t. c. i.). || Llevar : *conducir al colegio.* || Dirigir, mandar : *conducir una empresa, tropas.* || Impulsar, llevar : *conducir a la desesperación.* || Ir un fluido por una tubería, cable, etc. || — V. i. Llevar : *carretera que conduce a París.* || Convenir. || — V. pr. Portarse, proceder : *se condujo como un perfecto caballero.*

conducta f. Comportamiento.

conductancia f. *Electr.* Valor inverso de la resistencia.

conductibilidad f. *Fís.* Propiedad natural que poseen los cuerpos de transmitir el calor o la electricidad.

conductividad f. Valor inverso de la resistividad. || Calidad de conductivo. || Conductibilidad.

conducto m. Canal, tubo. || *Fig.* Camino : *por conducto jerárquico.* || *Anat.* Canal : *conducto lagrimal.* || *Por conducto de,* a través de.

conductor, ra adj. y s. Que conduce : *conductor de masas.* || Chófer, que conduce : *conductor de automóvil.* || — Adj. y s. *Fig.* Dícese de los cuerpos que transmiten el calor o la electricidad : *hilo conductor.*

conectador m. Aparato que sirve para verificar una conexión.

conectar v. t. *Electr.* Establecer la comunicación entre dos o más circuitos. || *Mec.* Comunicar el movimiento de una máquina a otro aparato. || *Fig.* Poner en relación o contacto.

coneja f. Hembra del conejo.

conejera f. Madriguera de conejos.

Conejera, isla en el arch. de las Baleares, al S. de Mallorca (España).

conejillo m. Dim. de *conejo.* || *Conejillo de Indias,* pequeño mamífero roedor que se emplea para experimentos de laboratorio ; *(fig.)* persona en quien se ensaya algo.

conejo m. Mamífero roedor de carne comestible. || Su piel.

conepatl m. *Méx.* Especie de mamífero mustélido.

conexidad f. Relación.

conexión f. Enlace, relación, encadenamiento : *no hay conexión entre ambas cosas.* || Relación, contacto, amistad. || *Electr.* Unión de un aparato eléctrico a un circuito. || Enchufe. || — Pl. Amistades, mancomunidad de ideas o intereses.

conexionar v. t. Enlazar. || *Electr.* Enchufar. || — V. pr. Contraer conexiones o relaciones.

conexo, xa adj. Relacionado.

confabulación f. Conjuración.

confabulador, ra m. y f. Que se confabula.

confabular v. i. Tratar una cosa entre dos o más personas. || — V. pr. Conjurarse, conspirar.

confección f. Hechura de un traje. || Acción de hacer algo. || Fabricación en serie de ropa de vestir : *industria de la confección.* || *Impr.* Compaginación.

confeccionado, da adj. Dícese de la ropa no hecha a medida.

confeccionador, ra m. y f. Persona que hace o confecciona algo. || Persona que hace trajes. || Persona que realiza la compaginación de un libro.

confeccionar v. t. Hacer : *confeccionar una chaqueta, un plato.* || *Impr.* Compaginar.

confeccionista adj. Que confecciona. || — M. y f. Persona que fabrica ropas hechas.

confederación f. Unión de Estados que se someten a un gobierno o poder común conservando, sin embargo, un gobierno particular. || Organismo que agrupa diversas asociaciones o federaciones (sindicales, deportivas, etc.).

Confederación ~ Argentina, n. de la Rep. Argentina de 1854 a 1862. || ~ **del Rin,** unión política que agrupó varios Estados alemanes de 1806 a 1813, bajo la protección de Napoleón I. || ~ **Germánica,** unión política que agrupó los Estados alemanes de 1815 a 1866. || ~ **Granadina,** n. de Colombia desde 1858 a 1861. || ~ **Helvética.** V. SUIZA. || ~ **Peruboliviana.** V. PERUBOLIVIANA (*Confederación*).

Confederación ~ Española de Organizaciones Empresariales (C. E. O. E.), institución española, fundada en 1977, que agrupa a la mayoría de las empresas para defender sus intereses. || ~ **General del Trabajo** (C. G. T.), n. de la central sindical francesa, fundada en 1895, y de las de Argentina (1930), Costa Rica (1943), Chile (1931), Nicaragua (1949) y Perú (1926). || ~ **Nacional del Trabajo** (C. N. T.), central sindical obrera española, fundada en 1910.

confederado, da adj. y s. Que forma parte de una confederación. || — M. Partidario de la esclavitud en la guerra de Secesión norteamericana. (Los *confederados,* llamados también *sudistas,* se opusieron a los federales o *nordistas.*)

confederal adj. Confederado.

confederar v. t. Reunir en confederación (ú. t. c. v. pr.).

confer, pal. lat. que significa *compárase.* Se utiliza para indicar una obra que se ha de consultar. Se suele abreviar *Cf., Cfr., Conf.*

conferencia f. Examen, discusión de un asunto. || Reunión de personas, especialmente de carácter político, que tratan de cuestiones internacionales : *conferencia entre los países aliados.* || Discurso destinado a un público y que trata de asuntos de índole literaria, artística, científica, etc. || Comunicación telefónica entre dos ciudades.

conferenciante com. Persona que pronuncia una conferencia.

conferenciar v. i. Entrevistarse, celebrar una conferencia.

conferir v. t. Dar, administrar : *conferir el bautismo.* || Otorgar, conceder : *conferir un honor.* || Atribuir.

confesable adj. Que se puede confesar o decir.

confesar v. t. Decir sus pecados en la confesión (ú. t. c. pr.). || Oír en confesión : *confesar a un penitente.* || Proclamar : *confesar la fe.* || *Fig.* Declarar, reconocer : *confesar su incapacidad.* || Decir algo que se había mantenido secreto.

confesión f. Declaración de los pecados propios a un confesor para obtener la absolución. || Afirmación pública de la fe, de una creencia, de un delito, de un hecho cualquiera, etc. || Resumen de los artículos que contienen la declaración de fe de una Iglesia, de una persona, etc. : a *Confesión de Augsburgo.* || Credo de una religión y conjunto de los que la practican.

Confesión de Augsburgo, formulario en 28 artículos, redactado por Melanchton, que contenía la profe-

sión de la fe luterana. Fue presentado a la Dieta de Augsburgo (1530).

confesionario m. Confesonario.

confeso, sa adj. Que ha confesado su delito (ú. t. c. s.). || Judío convertido (ú. t. c. s.). || — M. Monje lego.

confesonario m. Garita donde el sacerdote oye las confesiones.

confesor m. Sacerdote que confiesa a los penitentes.

confeti m. pl. Papelillos que se tiran en carnaval y en otras fiestas.

confiado, da adj. Crédulo.

confianza f. Sentimiento del que confía, esperanza en una persona o cosa : *el me da confianza.* || Actitud del que confía en sí mismo, seguridad : *tengo confianza en mí.* || Sentimiento de seguridad : *la confianza ha desaparecido.* || Apoyo dado al Gobierno por la mayoría del Parlamento. || Familiaridad : *tengo mucha confianza con él.*

confiar v. t. Dejar al cuidado : *confiar su hijo a sus padres.* || Suponer : *confío en que no lloverá.* || Esperar : *confiaba en su apoyo.* || Fiar, fiarse : *yo confío en su probidad.* || Dejar : *confío en mi buena estrella.* || Tener : *confío en mi memoria.* || Decir en confianza : *me confió sus infortunios.* || — V. pr. Franquearse.

confidencia f. Revelación de un secreto.

confidencial adj. Que se hace o dice reservadamente o en confianza.

confidente adj. Fiel y seguro : *el amigo más confidente.* || — M. y f. Persona a quien se confían secretos íntimos. || Persona que sirve de espía.

configuración f. Forma exterior.

configurar v. t. Dar forma a.

confín adj. Limítrofe. || — M. pl. Límites. || El sitio más lejano : *en los confines del Universo.*

confinación f. Confinamiento.

confinado, da adj. Encerrado. || Desterrado (ú. t. c. s.).

confinamiento m. Destierro. || Límite.

confinar v. i. Limitar : *México confina con los Estados Unidos.* || — V. t. Desterrar. || Meter en un campo de concentración. || — V. pr. Encerrarse.

Confines (*Audiencia de los*), audiencia creada en 1543 por el rey Carlos I de España que tenía jurisdicción en casi toda América Central y el sur de México. Tuvo su sede en Honduras (Comayagua, Gracias), Guatemala y Panamá.

confirmación f. Ratificación, corroboración : *confirmación de una noticia.* || Sacramento de la Iglesia que confirma la gracia adquirida por el bautismo.

confirmado, da m. y f. Persona que ha recibido la confirmación.

confirmador, ra adj. Que confirma (ú. t. c. s.).

confirmar v. t. Corroborar la verdad o certeza de una cosa : *confirmar un hecho.* || Ratificar. || Dar validez definitiva : *confirmar una sentencia.* || Dar mayor firmeza o seguridad : *esto confirmó mis dudas.* || Asegurar la habitación ya retenida en un hotel, una cita, un viaje en avión, etc. || *Teol.* Conferir la confirmación.

confiscación f. Acto de pasar al Estado los bienes o parte de ellos a causa de una condena.

confiscar v. t. Apoderarse el Estado de bienes de una persona.

confitar v. t. Cubrir las frutas con azúcar o cocerlas en almíbar.

confite m. Golosina pequeña.

confiteor m. Oración que empieza con esta palabra en la misa o en la confesión. || *Fig.* Confesión.

confitería f. Tienda donde se hacen o venden dulces. || *Arg.* Cafetería.

confitero, ra m. y f. Persona que hace o vende dulces y confituras.

confitura f. Especie de mermelada.

conflagración f. Guerra, conflicto.

Conflans-Sainte-Honorine, c. de Francia (Yvelines), cerca de París.

conflictividad f. Carácter conflictivo : *conflictividad laboral.*

conflictivo, va adj. Que implica u origina conflictos.

conflicto m. Choque, combate : *conflicto entre dos países.* || Lucha de sentimientos contrarios, antagonismo :

conflicto de intereses. ‖ *Fig.* Apuro, situación difícil.

confluencia f. Acción y efecto de confluir. ‖ Paraje donde confluyen dos ríos, caminos, calles, etc.

confluir v. i. Unirse ríos o calles o caminos. ‖ *Fig.* Reunirse en un lugar mucha gente que viene de diversas partes.

conformación f. Colocación, distribución de las partes de un todo : *la conformación del cráneo.*

conformar v. t. Poner de acuerdo : *conformar su vida a sus ingresos.* ‖ Dar o adquirir una forma. ‖ — V. pr. Resignarse, contentarse : *no tienes más que conformarte con tu suerte.*

conforme adj. Igual : *conforme con el modelo.* ‖ Que conviene : *conforme con sus ideales, con la razón.* De acuerdo : *estar conforme.* ‖ *Fig.* Contento, resignado : *conforme con su suerte.* ‖ — M. Aprobación puesta al pie de un escrito. ‖ — Adv. Según, con arreglo a : *conforme a lo que dijiste.* ‖ Tan pronto como : *conforme amanezca iré.* ‖ A medida que : *colóquense conforme lleguen.* ‖ Como, de la misma manera : *te lo cuento conforme lo vi.* ‖ — Interj. ¡De acuerdo !

conformidad f. Analogía, igualdad, semejanza. ‖ Acuerdo, concordancia. ‖ Aprobación, asentimiento, consentimiento : *tienen mi conformidad.* ‖ Resignación, paciencia.

conformismo m. Aceptación de todo lo establecido.

conformista adj. Que está de acuerdo con lo establecido (ú. t. c. s.).

confort m. (pal. fr.) Comodidad.

confortable adj. Cómodo.

confortador, ra adj. Que conforta.

confortar v. t. Reconfortar.

confraternidad f. Fraternidad.

confraternizar v. i. Fraternizar.

confrontación f. Careo entre dos o más personas : *confrontación de testigos.* ‖ Cotejo.

confrontar v. t. Poner frente a frente, carear : *confrontar al reo con un testigo.* ‖ Cotejar, comparar.

confucianismo y **confucionismo** m. Doctrina de Confucio.

Confucio, filósofo chino (551-479 a. de J. C.), fundador de un sistema de moral basado en la tradición nacional y familiar.

confundir v. t. Mezclar cosas o personas. ‖ Reunir en un todo. ‖ Equivocar : *confundir el camino.* ‖ Tomar por : *confundir una cosa con otra.* ‖ *Fig.* Abrumar, agobiar : *sus alabanzas me confunden.* ‖ Humillar : *confundió a sus adversarios.* ‖ Turbar, dejar confuso (ú. t. c. pr.) ‖ Perturbar, desordenar. ‖ — V. pr. Equivocarse : *me he confundido.* ‖ Estar desdibujado, confuso.

confusión f. Reunión de cosas inconexas. ‖ Desorden, falta de orden. ‖ Falta de claridad : *confusión de ideas, de argumentos.* ‖ Acción de tomar una cosa por equivocación, error : *confusión de nombres.* ‖ *Fig.* Vergüenza, turbación.

confusionismo m. Confusión.

confuso, sa adj. Desordenado, revuelto. ‖ Oscuro, poco claro, dudoso : *sentido confuso.* ‖ Que no puede distinguirse : *luz confusa.* ‖ Vago, incierto : *recuerdo confuso.* ‖ *Fig.* Avergonzado.

confutar v. t. Refutar.

conga f. Cierto baile tropical originario de Cuba. ‖ Su música.

congelable adj. Que puede congelarse.

congelación f. Acción y efecto de congelar. ‖ Intervención estatal para impedir el cambio de un factor económico, como el precio, salarios, etc.

congelador m. Parte más fría de una nevera.

congelados m. pl. Alimentos congelados.

congelamiento m. Congelación.

congelar v. t. Solidificar por el frío un líquido (ú. t. c. pr.). ‖ Coagular, espesarse ciertos líquidos. ‖ Enfriar ciertos alimentos para conservarlos : *carne congelada.* ‖ Efectuar una congelación de precios, salarios, etc. ‖ *Fig.* Enfriar (relaciones, etc.). ‖ — V. pr. Helarse.

congénere adj. Del mismo género, especie o clase (ú. t. c. s.).

congeniar v. i. Convenir en carácter, avenirse : *los dos congenian.*

congénito, ta adj. De nacimiento.

congestión f. *Med.* Afluencia excesiva de sangre en algún órgano del cuerpo. ‖ *Fig.* Aglomeración anormal del tráfico en una vía pública.

congestionar v. t. Producir congestión en una parte del cuerpo. ‖ — V. pr. Acumularse la sangre en una parte del organismo. ‖ *Fig.* Aglomerarse el tráfico de vehículos.

conglomeración f. Acción y efecto de conglomerar o conglomerarse.

conglomerado m. Roca compuesta por la aglomeración de fragmentos diversos reunidos por un cemento calcáreo o silíceo. ‖ Masa compacta de materiales artificialmente. ‖ *Fig.* Mezcla. ‖ Asociación de empresas de producciones diversas.

conglomerar v. t. Reunir en una sola masa.

conglutinar v. t. Aglutinar.

congo, ga adj. y s. *Cub.* Negro.

Congo, río de África, actualmente llamado *Zaire (ver).* — Río del Ecuador (Pichincha y Guayas), afluente del Daule. — Río de Panamá. — Cerro de Costa Rica (Alajuela). ‖ ~ **(El),** mun. de El Salvador (Santa Ana). Agricultura. Ganadería. Turismo. ‖ ~ **(República Democrática del),** llamada también *Congo Kinshasa,* ant. *Congo Belga,* ant. Estado de África ecuatorial formado por casi toda la cuenca del Congo. Tiene desde 1971 el nombre de *Zaire (ver).* ‖ ~ **(República Popular del),** Estado del África ecuatorial, independiente desde 1960 ; 342 000 km² ; 1 460 000 *(congoleños).* Cap. *Brazzaville,* 300 000 h. C. pr. *Pointe-Noire,* 150 000 h. Tiene como lengua oficial el francés. Diamantes. Petróleo.

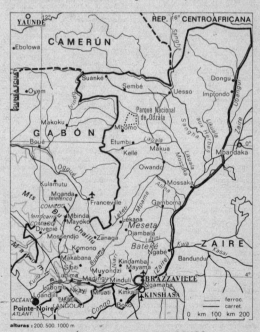

alturas : 200, 500, 1000 m

REPÚBLICA POPULAR DEL CONGO

congoja f. Angustia.

congoleño, ña y **congolés, esa** adj. y s. Del Congo.

Congolón, monte de Honduras en los límites con El Salvador ; 2134 m.

congraciarse v. pr. Atraerse la benevolencia de uno : *congraciarse con su superior.* ‖ Ganar : *se congració las voluntades.*

Congrains Martin (Enrique), novelista peruano, n. en 1932, autor de *No una, sino muchas muertes.*

congratulación f. Felicitación.

congratular v. t. Manifestar satisfac-

ción a otro por una cosa favorable, felicitar. ‖ — V. pr. Felicitarse.

congregación f. Reunión de personas religiosas o seglares que viven regidas por los mismos estatutos. ‖ Asamblea de prelados y cardenales que examina ciertos asuntos en el Vaticano : *Congregación de Ritos.*

congregante, ta m. y f. Miembro de una congregación.

congregar v. t. Reunir (ú. t. c. pr.).

congresista com. Asistente a un congreso.

congreso m. Asamblea, reunión, junta de personas para deliberar sobre ciertos asuntos. ‖ Asamblea nacional.

Congreso (ISLA). V. CHAFARINAS.

congrio m. Anguila de mar.

congruencia f. Conveniencia, relación lógica, oportunidad.

congruente adj. Acorde, conveniente, oportuno.

congruo, grua adj. Congruente. ‖ *Porción congrua,* renta que se da al eclesiástico que tiene cura de almas.

cónico, ca adj. *Geom.* Relativo al cono. ‖ De figura de cono : *techo cónico ; cavidad cónica.*

conífero, ra adj. Dícese de las plantas y árboles gimnospermos de fruto cónico, como el pino, el ciprés, el abeto. ‖ F. pl. Clase de estas plantas.

Conil, pobl. del S. de España (Cádiz).

conirrostro, tra adj. y s. m. Dícese del pájaro que tiene el pico de forma cónica (gorrión, pardillo).

conjetura f. Opinión basada en apariencias, en probabilidades.

conjeturar v. t. Formar juicio probable de una cosa por indicios.

conjugación f. *Gram.* Acción y efecto de conjugar. ‖ Modo de conjugar un verbo. ‖ Clase de verbos : en castellano hay tres conjugaciones terminadas respectivamente en infinitivo por AR, ER e IR.

conjugar v. t. *Gram.* Poner un verbo en sus diferentes formas para expresar los accidentes de modo, tiempo, número y persona. ‖ *Fig.* Reunir, juntar : *conjugar los esfuerzos.*

conjunción f. Reunión : *conjunción de hechos.* ‖ *Gram.* Palabra invariable que enlaza dos vocablos o dos oraciones.

conjuntado, da adj. Aplícase a la asociación de personas o cosas que constituyen un cuerpo bien unido para el fin a que se destina.

conjuntar v. t. Reunir personas o cosas de modo armonioso.

conjuntiva f. *Anat.* Mucosa que cubre la parte anterior del ojo y las posterior de los párpados.

conjuntivitis f. *Med.* Inflamación de la conjuntiva.

conjunto, ta adj. Unido : *realizar una obra conjunta.* || Incorporado a otra cosa distinta : *las tres cualidades forman la expresión conjunta de su valor.* || Mixto : *propiedad conjunta de ambos.* — M. Agrupación de varias cosas. || Reunión : *conjunto artístico.* || Equipo : *conjunto deportivo.* || Totalidad : *es buena en su conjunto.* || Juego de prendas de vestir destinadas a llevarse al mismo tiempo : *un elegante conjunto de falda y chaqueta.* || *Mat.* Serie de elementos o de números que tienen en común una o varias propiedades que los caracterizan. || *Mús.* Grupo de intérpretes vocales o instrumentales. || — *Conjunto urbanístico,* agrupación de viviendas y servicios en la periferia de una población. || *Teoría de los conjuntos,* parte de las matemáticas que estudia las propiedades de los conjuntos y las operaciones a que se puedan ser sometivos. || *Vista de conjunto,* vista general.

conjura y **conjuración** f. Conspiración contra el Estado o cualquier otra autoridad.

conjurado, da adj. Que participa en una conjuración (ú. t. c. s.). || Impedido, evitado : *peligro conjurado.*

conjurador, ra m. y f. Persona que conjura.

conjurar v. t. Rogar mucho. || Exorcizar. || *Fig.* Evitar un daño, alejar un peligro : *conjurar un incendio.* — V. i. Conspirar : *Catilina conjuró contra la República.* || — V. pr. Confabularse, conspirar.

conjuro m. Exorcismo. || Ruego encarecido. || Fascinación.

Conlara, río en el centro de la Argentina (San Luis) ; 180 km. — Pobl. de la Argentina (Córdoba).

conllevar v. t. Sufrir, soportar.

conmemoración f. Ceremonia hecha en recuerdo de un acontecimiento importante. || Recuerdo.

conmemorar v. t. Recordar un acontecimiento : *conmemorar un hecho histórico.* || Celebrar con solemnidad.

conmemorativo, va adj. Que conmemora : *lápida conmemorativa.*

conmigo pron. Conmigo. Junto a mí.

conminación f. Amenaza.

conminar v. t. Amenazar con algún daño o castigo. || Intimar.

conminatorio, va y **conminatorio, ria** adj. Que conmina.

conmiseración f. Compasión.

conmoción f. Perturbación violenta del cuerpo, choque. || Emoción fuerte. || Movimiento sísmico. || *Fig.* Trastorno, disturbio : *conmoción política.* || *Conmoción cerebral,* pérdida del conocimiento debida a un golpe en la cabeza, una descarga eléctrica o una explosión.

conmocionar v. t. Causar, producir conmoción.

conmovedor, ra adj. Que emociona : *escena conmovedora.*

conmover v. t. Emocionar, turbar (ú. t. c. pr.). || Hacer temblar, estremecer.

conmutable adj. Cambiable.

conmutación f. Cambio o permuta. || *For.* Indulto parcial que altera la naturaleza del castigo en favor del reo : *conmutación de pena.*

conmutador, ra adj. Que conmuta. || — M. *Electr.* Dispositivo que sirve para invertir el sentido de la corriente o hacer pasar voluntariamente la corriente por diferentes aparatos. || *Amer.* Centralita telefónica.

conmutar v. t. Cambiar.

conmutativo, va adj. Dícese de la justicia basada en la igualdad de derechos y deberes.

Connacht, ant. *Connaught,* prov. del NO. de la Rep. del Eire o Irlanda.

connatural adj. Natural.

Connecticut [*coneticat*], río en el N. de Estados Unidos, que des. en el Atlántico ; 553 km. — Uno de los Estados Unidos de América del Norte, en el NE. ; cap. *Hartford.*

connivencia f. Complicidad entre varias personas, acuerdo secreto.

connotación f. Valores que se pueden atribuir a un término además de su sentido propio. || Significado. || Comprensión.

connotar v. t. Implicar, sugerir un significado que viene a sumarse al sentido propio. || Significar.

cono m. Superficie engendrada por una recta, o *generatriz,* que pasa por un punto fijo, llamado *vértice* del cono, que se encuentra sobre una curva fija o *directriz.* || Cualquier cuerpo que tiene la forma de este sólido : *un cono de luz.* || Fruto de las coníferas. || *Astr.* Sombra proyectada por un planeta que intercepta los rayos solares. || Cúspide de un volcán por donde sale la lava.

Cono Sur, la región más meridional de América del Sur y más concretamente la formada por Chile, Argentina y Uruguay.

conocedor, ra adj. Entendido, que conoce bien algo (ú. t. c. s.). || Informado de. || — M. Mayoral de toros.

conocer v. t. Saber. || Saber, tener en la cabeza : *conocer su apellido.* || Estar en relación : *lo conozco mucho.* || Haber visto : *lo conozco de vista.* || Haber oído hablar de : *lo conocía de oídas.* || Tener experiencia de : *conocer a las gentes.* || Sufrir, soportar : *conocí la miseria en mis años mozos.* || Ser distinguido por : *hacerse conocer.* || Reconocer : *conocer por la voz.* || Ser experto o perito : *conoce mucho de música.* || Distinguir : *está tan viejo que ya no conoce a nadie.* || Entender : *conoce mucho de vinos.* || Ser competente : *juez que conoce este asunto.* — V. pr. Tener una idea cabal de uno mismo : *conócete a ti mismo.* || Tener trato : *se conocen de toda la vida.*

conocido, da adj. Que se conoce. || Evidente, claro, cierto : *cosa bien conocida.* || Descubierto, explorado : *el mundo conocido.* || Reputado, famoso : *pintor muy conocido.* || — M. y f. Persona con quien se ha tenido algún trato, pero no amistad.

conocimiento m. Noción, idea : *el conocimiento de las leyes.* || Información : *tengo conocimiento de eso.* || Entendimiento, inteligencia. || Sentido : *perdí el conocimiento.* || — Pl. Saber, erudición : *tiene muchos conocimientos.* || Personas con las que se tiene relación.

conque conj. Así pues, así que.

conquense adj. y s. De Cuenca (España).

conquista f. Acción y efecto de conquistar. || Cosa conquistada. || *Fig.* Acción de ganarse el amor de una persona. || Esta misma persona.

conquistador, ra adj. y s. Que conquista. || Dícese particularmente de los españoles que llevaron a cabo la conquista de América. || *Fig.* Aplícase a la persona que enamora a muchas del otro sexo.

conquistar v. t. Ganar, apoderarse con las armas : *conquistar un país.* || *Fig.* Captar la voluntad de uno : *su simpatía nos ha conquistado.* || Enamorar. | Conseguir, lograr.

Conrad (Jozef Konrad KORZENIOWSKI, llamado **Joseph**), escritor inglés, de origen polaco (1857-1924), autor de novelas de aventuras (*Lord Jim, El negro del Narcissus, Tifón*).

Conrado, n. de cinco reyes y emperadores de Germania.

consabido, da adj. Conocido de antes. || Acostumbrado, repetido.

consagración f. Acción y efecto de consagrar a Dios. || En la misa, transformación del sacerdote del pan y el vino en el cuerpo y sangre de Jesucristo. || *Fig.* Confirmación, ratificación. || Ceremonia por la que consagra un rey.

consagrado, da adj. Que ha recibido la consagración religiosa. || *Fig.* Dedicado : *monumento consagrado a la Victoria.* | Destinado : *consagrado al arte.* | Sancionado, ratificado : *consagrado por el uso.*

consagrar v. t. Dar carácter, dedicar a Dios : *consagrar a un obispo, un templo.* || En la misa, transformar del sacerdote el pan y el vino en cuerpo y sangre de Jesucristo. || *Fig.* Emplear,

dedicar : *consagrar las horas al estudio.* | Sancionar, ratificar : *consagrar una nueva palabra.* || *Fig.* Acreditar, confirmar : *ese trabajo lo ha consagrado como un gran lexicógrafo.* — V. pr. *Fig.* Dedicarse : *consagrarse a la política, al arte.* | Adquirir fama.

consanguíneo, a adj. y s. Dícese de los hermanos hijos de un mismo padre y de madre diferente. || Dícese de las personas que tienen un antepasado común.

consanguinidad f. Ascendencia común. || Parentesco por el lado paterno.

consciencia f. Conciencia.

consciente adj. Que tiene conciencia o noción de algo (ú. t. c. s.).

conscripción f. *Amer.* Reclutamiento.

conscripto adj. m. *Padre conscripto,* senador romano. || — M. *Amer.* Quinto, recluta.

consecución f. Obtención.

consecuencia f. Hecho que se deduce de otro. || Resultado que puede tener una cosa.

consecuente adj. Que sigue inmediatamente a otra cosa. || Aplícase a la persona que mantiene sus ideas o principios : *conducta consecuente.*

consecutivo, va adj. Que sigue inmediatamente a otra cosa.

conseguir v. t. Lograr, obtener.

conseja f. Cuento, leyenda.

consejería f. Departamento de un consejo.

consejero, ra m. y f. Persona que aconseja. || Miembro de un consejo : *consejero de Estado.*

consejo m. Advertencia dada a alguien sobre lo que debe hacer : *consejo de persona competente.* || Asamblea, junta o reunión de personas que tiene como misión dirigir, guiar, administrar : *consejo provincial.* || Tribunal de jurisdicción superior : *Consejo de Castilla, de Aragón.* || Organismo consultivo : *Consejo Superior de Agricultura.* || Sesión que celebra. || — *Consejo de Estado,* cuerpo consultivo que delibera de los asuntos más importantes del Estado. || *Consejo de familia,* reunión de personas que se ocupan de los asuntos de un menor o incapacitado. || *Consejo de guerra,* tribunal que entiende de las causas de jurisdicción militar. || *Consejo de ministros,* reunión de éstos.

Consejo (el), ~ **de Ciento,** asamblea municipal establecida en Barcelona por el rey Jaime I (1274). || ~ **de Europa,** organismo de cooperación de los países europeos creado en 1949 con sede en Estrasburgo. || ~ **de Indias,** institución española, fundada en 1509 por Fernando el Católico, encargada de los asuntos administrativos y económicos de América. Carlos I lo reformó en 1524. Dejó de existir en 1834. || ~ **de los Tumultos.** V. TRIBUNAL. || ~ **de Seguridad,** organismo de la O. N. U., integrado por cinco miembros permanentes (Rep. China, Francia, Gran Bretaña, Estados Unidos y Unión soviética) y diez elegidos cada dos años. Su función reside en el mantenimiento de la paz y la seguridad internacional. || ~ **Económico y Social de las Naciones Unidas,** organismo de las Naciones Unidas formado por 18 miembros elegidos cada tres años. Tiene unas comisiones regionales para Europa, Asia y Lejano Oriente y para América Latina. || ~ **Europeo,** reunión de los jefes de gobiernos de los países que forman parte de la Comunidad Económica Europea. Creado en 1974.

Conselheiro, ~ **Lafaite,** mun. al E. del Brasil (Minas Gerais). || ~ **Pena,** mun. al E. del Brasil (Minas Gerais).

consenso m. Acuerdo de varias personas.

consensuado, da adj. Aceptado, aprobado por consenso.

consensual adj. Del consenso.

consentido, da adj. Mimado con exceso : *hijo consentido.* || Dícese del marido que tolera el adulterio de su mujer.

consentimiento m. Permiso, autorización. || Acuerdo de un gran número de personas.

consentir v. t. e i. Dejar, permitir, autorizar una cosa : *consentir un plazo.* || Tolerar, admitir. || — V. t. Mimar a un niño.

conserje com. Portero de un establecimiento público o privado.

conserjería f. Cargo y habitación del conserje. || Recepción en un hotel.

conserva f. Sustancia alimenticia envasada que se puede guardar mucho tiempo : *conserva de carne.*

conservación f. Acción y efecto de conservar o conservarse. || Estado de lo que se conserva.

conservador, ra adj. Que conserva. || Poco amigo de cambios o reformas : *mente conservadora.* || En política, defensor de las instituciones tradicionales y enemigo de las innovaciones (ú. t. c. s.). || — M. y f. Título de ciertos funcionarios : *conservador de museo.* — M. *Amer.* Sustancia agregada para conservar algo : *conservador de alimentos.*

conservadurismo m. Actitud o tendencia de los que son contrarios a las innovaciones políticas y sociales.

conservar v. t. Mantener una cosa o cuidar de su permanencia : *conservar la juventud.* || Guardar cuidadosamente : *conservar un secreto.* || No perder : *conservar las amistades.* || Retener : *conservar el calor.* || Hacer conservas. || *Fig.* Bien conservado, de aspecto joven. — V. pr. Durar, permanecer.

conservatismo m. *Amer.* Conservadurismo.

conservativo, va adj. Que conserva. || — Adj. y s. *Amer.* Conservador.

conservatorio m. Escuela oficial de música o de teatro.

conservería f. Industria de conservas.

conservero, ra adj. De la conservería : *industria conservera.*

considerable adj. Digno de tenerse en cuenta. || Importante, eminente : *figura considerable de la política.* || Grande, cuantioso.

consideración f. Examen atento : *digno de consideración.* || Pensamiento. || Estimación, aprecio : *me tiene gran consideración.* || Trato respetuoso. || Cortesía, educación, respeto : *tratar a uno con consideración.* || Cuidado : *no tiene consideración con los libros.* || *Fig.* Razón, motivos : *aguantar a uno en consideración a su edad.* || — Pl. Reflexiones. || Buen trato. || — *Amer.* De mi consideración, muy señor mío (cartas). || *Ser una cosa de consideración,* ser importante. || *Tomar en consideración,* tener en cuenta.

considerado, da adj. Examinado. || Apreciado, estimado. || Respetado. || Que se conduce con respeto con los demás. || Comedido.

considerando m. Fundamento, motivo que justifica un dictamen.

considerar v. t. Pensar, reflexionar con atención. || Juzgar, examinar : *considerar las ventajas y los inconvenientes.* || Tener en cuenta. || Creer : *lo considero fácil.* || Tratar a una persona con respeto o aprecio. || — V. pr. Pensar, creer.

consigna f. *Mil.* Órdenes que se dan al que manda o vigila un puesto : *la consigna del centinela.* || Órdenes recibidas : *observar la consigna.* || En las estaciones de ferrocarril, aeropuertos, lugar en el que los viajeros depositan sus equipajes para recogerlos más tarde.

consignación f. Acción y efecto de consignar. || Cantidad consignada en un presupuesto : *consignación de créditos.* || *Méx.* Entrega de un detenido a la autoridad competente.

consignador, ra m. y f. *Com.* Persona que consigna mercaderías a un corresponsal.

consignar v. t. Entregar en depósito : *consignar dinero, una maleta.* || *Com.* Dirigir a un consignatario : *consignar una mercancía.* || Enviar, remitir algo. || Poner por escrito : *consignar lo ocurrido.* || Señalar una cantidad en un presupuesto.

consignatario, ria m. y f. Negociante al que se dirige una mercancía. || *For.* Persona que recibe en depósito el dinero que otro consigna. || *Mar.*

Representante de un armador en un puerto.

consigo ablat. sing. y pl. de la forma reflexiva *se, sí* del pron. *él o ella, ellos o ellas* : *trajo el dinero consigo.*

consiguiente adj. Natural, que depende o resulta de otra cosa. || *Por consiguiente,* por lo tanto.

consistencia f. Estado de un líquido que se solidifica : *salsa poco consistente.* || Cohesión de los cuerpos sólidos : *la consistencia de la cera.* || *Fig.* Estabilidad, solidez, firmeza : *la consistencia de su argumentación.*

consistente adj. Que consiste. || Que tiene consistencia, cohesión.

consistir v. i. Residir, radicar, estribar. || Estar compuesto o formado. || Depender : *en ti consiste hacerlo.*

consistorial adj. Del consistorio. || Del ayuntamiento.

consistorio m. Junta de cardenales convocada por el Papa. || Asamblea de ministros protestantes o de rabinos. || Ayuntamiento.

consocio, cia m. y f. Socio con otro : *carta dirigida a tus consocios.*

consola f. Mesa de adorno puesta junto a la pared. || Ménsula. || Pupitre de un ordenador.

consolación f. Consuelo. || *Premio de consolación,* el de poca importancia atribuido a veces a los que no han sido agraciados con los primeros premios.

Consolación || ~ **del Norte,** mun. al O. de Cuba (Pinar del Río). || ~ **del Sur,** mun. al O. de Cuba (Pinar del Río).

consolador, ra adj. y s. Que consuela.

consolar v. t. Aliviar la pena o dolor de uno. || — V. pr. Poner una fin a su dolor, encontrar consuelo.

consolidación f. Fortalecimiento, aseguramiento, mayor solidez. || — *Consolidación de balance,* técnica contable que presenta de manera sintética el balance o los resultados de la actividad de un conjunto de empresas que pertenecen al mismo grupo. || *Consolidación de renta, de deuda,* conversión de títulos reembolsables, a plazo medio o corto, en títulos de largo plazo o perpetuos.

consolidado, da adj. Dícese de un estado contable que presenta de manera sintética el balance o los resultados de la actividad de un conjunto de empresas que pertenecen al mismo grupo.

consolidar v. t. Dar firmeza y solidez a una cosa : *consolidar un edificio.* || *Fig.* Asegurar, hacer duradero : *consolidar una alianza.* || Convertir una deuda a largo plazo en una a corto plazo. || Hacer la consolidación de un balance.

consomé m. (fr. *consommé*). Caldo.

consonancia f. *Mús.* Reunión de sonidos acordes. || Uniformidad de sonido en la terminación de dos palabras. || *Fig.* Armonía o conformidad de algunas cosas entre sí. || *En consonancia con,* de acuerdo con.

consonante adj. y s. f. Dícese de las letras que sólo pueden pronunciarse combinadas con una vocal.

consorcio m. Asociación de empresas para hacer operaciones comunes.

consorte com. Cónyuge.

conspicuo, cua adj. Eminente.

conspiración f. Conjura.

conspirador, ra m. y f. Persona que conspira.

conspirar v. i. Unirse varias personas para derribar un gobierno. || Unirse contra un particular para hacerle daño.

Constable (John), pintor paisajista inglés (1776-1837).

constancia f. Paciencia, perseverancia. || Firmeza en las opiniones, ideas o sentimientos. || Reproducción ininterrumpida del mismo hecho. || Circunstancia de hacer constar o saber : *dejar constancia.*

Constancia, paso de los Andes, entre Chile y la Argentina.

Constancio || ~ **I** Cloro (¿ 225 ?-306), emperador romano de 305 a 306. || ~ **II** (317-361), emperador romano, hijo de Constantino I. Reinó a partir de 337 con sus hermanos, y sólo de 351 a 361. Favoreció a los cristianos. || ~

III, emperador romano, en unión de Honorio, en 421. Casó con Gala Placidia. M. en 421.

Constanta V. CONSTANTZA.

constante adj. Que consta. || Que tiene constancia. || Duradero, persistente. || — F. *Mat.* Cantidad que guarda valor fijo. || Lo que no varía.

Constanti, v. al noreste de España (Tarragona).

Constantina, dep. y c. del NE. de Argelia. Universidad. Obispado. Ant. *Cirta.* — C. al S. de España (Sevilla).

Constantino, nombre de once emperadores romanos. Los más importantes fueron : CONSTANTINO I *el Grande* (entre 270 y 288-337), emperador en 306, que hizo de Bizancio, con el n. de *Constantinopla,* la capital del Imperio. Derrotó a Majencio cerca de Roma y promulgó el Edicto de Milán (313) por el que toleraba el cristianismo en Roma ; CONSTANTINO XI *Paleólogo* (1405-1453), último emperador de Bizancio (1449-1453).

Constantino || ~ **I,** rey de Grecia (1868-1923). Heredero de Jorge I, subió al trono en 1913, renunció a la corona en 1917, reinó de nuevo en 1920 y volvió a abdicar en 1922. || ~ **II,** rey de Grecia, n. en 1940. Sucedió a su padre Pablo I (1964) y tuvo de abandonar el país en 1967.

Constantinopla, n. dado por Constantino a Bizancio, y después llamado *Estambul* por los turcos. || ~ (ESTRECHO DE). V. BÓSFORO.

Constantza o **Constanta,** c. y puerto de Rumania en el mar Negro.

Constanza, lago de Europa Central, entre Suiza, Austria y Alemania ; 540 km². — C. de Alemania, enclave en territorio suizo (Wurtemberg-Baden), en las márgenes del lago homónimo. El Concilio de 1414 acabó con el Cisma de Occidente. — Com. al centro de la Rep. Dominicana (La Vega).

constar v. i. Ser cierto, evidente. || Componerse, estar formado de diferentes partes : *un libro que consta de dos partes.* || Estar, hallarse : *esto consta en el contrato.* || Figurar, mencionarse : *quiero que conste mi negativa en el acta de la reunión.*

constatación f. Acción y efecto de constatar.

constatar v. t. Confirmar, comprobar, observar, darse cuenta, advertir.

constelación f. *Astr.* Conjunto de estrellas fijas y vecinas que tienen una forma invariable que le ha valido un nombre determinado : *constelación de la Osa Mayor.* || *Fig.* Grupo de cosas o personas.

constelar v. t. Cubrir, llenar.

consternación f. Profundo abatimiento o aflicción, desolación.

consternar v. t. Causar profunda aflicción, apenar (ú. t. c. pr.).

constipado m. Resfriado.

constipar v. t. Resfriar. || Cerrar y apretar los poros impidiendo la transpiración. || — V. pr. Acatarrarse.

constitución f. Acción y efecto de constituir : *la constitución de una nueva sociedad, de una renta.* || Esencia y calidades de una cosa : *la constitución del cuerpo humano, del aire, del agua.* || Forma o sistema de gobierno de cada Estado : *constitución monárquica, republicana.* || Ley fundamental de la organización de un Estado : *la Constitución española de 1876, de 1931, de 1978.* || Cada una de las ordenanzas o estatutos con que se gobierna una corporación.

Constitución, bahía al N. de Chile (Antofagasta). — C. del centro de Chile en la VII Región (Maule) y en la prov. de Talca, cap. de la com. de su n. — Pobl. al NO. del Uruguay (Salto). — Dep. al N. de la Argentina (Santa Fe).

constitucional adj. Perteneciente a la Constitución : *ley constitucional.* || Sujeto a una Constitución : *monarquía constitucional.* || De la constitución de un individuo : *enfermedad constitucional.* || — M. y f. Partidario de una Constitución.

constitucionalidad f. Calidad de constitucional.

constitucionalismo m. Régimen constitucional.

constitucionalizar v. t. Dar carácter constitucional.

145

constituir v. t. Formar, componer : *constituir una familia, un gobierno, un equipo.* ‖ Ser : *esto no constituye una falta.* ‖ Hacer : *le constituyó heredero.* ‖ Organizar : *constituir una sociedad.* ‖ Establecer : *constituir una pensión.* ‖ — V. pr. Asumir una obligación, un cargo o cuidado : *constituirse en fiador, en guardador.* ‖ Personarse, presentarse : *se constituyó en el lugar.* ‖ Entregarse : *me constituí prisionero.*

constituyente adj. Que entra en la composición de una cosa. Ú. t. c. s. m. : *el hidrógeno es uno de los constituyentes del agua.* ‖ Dícese de las asambleas convocadas para reformar la Constitución del Estado. Ú. t. c. s. f. : *las Cortes Constituyentes o las Constituyentes.*

constreñimiento m. Coacción.

constreñir v. t. Obligar, forzar. ‖ Fig. Coartar, cohibir. ‖ — V. pr. Limitarse.

constrictor, ra adj. Que produce constricción : *músculos constrictores.*

construcción f. Acción y efecto de construir. ‖ Arte de construir. ‖ Edificio construido : *construcciones modernas.* ‖ Gram. Disposición de las palabras en una oración.

constructivo, va adj. Que crea.

constructor, ra adj. y s. Que construye.

construir v. t. Poner en orden los elementos diversos que forman un edificio, una máquina, un aparato, una obra inmaterial : *construir una casa, un avión, una frase, una comedia.* ‖ Imaginar, idear.

consubstancial adj. Consustancial.

consubstancialidad f. Consustancialidad.

Consuegra, c. en el centro de España (Toledo).

consuegro, gra m. y f. Padre o madre de uno de los esposos respecto a los del otro.

consuelo m. Sentimiento de alivio. ‖ Gozo, alegría.

Consuelo, sierra N. de México (Coahuila), en la Sierra Madre Occidental.

consuetudinario, ria adj. Referente a las costumbres.

cónsul m. Magistrado romano que compartía con otro durante un año la magistratura suprema de la República. ‖ Cada uno de los tres magistrados que componían en Francia el Consulado (1799-1804) y de los gobernantes en Paraguay cuando existió el Consulado. ‖ — M. y f. Agente diplomático con misión de proteger a sus compatriotas en el extranjero.

consulado m. Dignidad de cónsul romano : *el consulado fue instituido a la caída de Tarquino el Soberbio.* ‖ Su duración. ‖ Hoy, cargo, oficina y jurisdicción del cónsul de un país.
— En Francia, el Consulado instituyóse como régimen después del derrocamiento del Directorio en 1799 y dejó de existir en 1804 al proclamarse emperador Napoleón. En el Paraguay fue la forma de gobierno de 1813 a 1814 y de 1841 a 1844.

consular adj. Del cónsul o del consulado.

consulesa f. Fam. Mujer que ejerce las funciones de cónsul.

consulta f. Petición de un consejo, de un parecer, etc. ‖ Examen de un enfermo por un médico. ‖ Consultorio.

consultar v. t. e i. Preguntar su parecer a alguien, asesorarse : *consultar con el médico, al abogado.* ‖ Buscar una explicación, una aclaración : *consultar el diccionario.*

consultivo, va adj. Destinado para dar consejos, pareceres, etc.

consultorio m. Establecimiento donde se informa o consulta : *consultorio médico, técnico, de informaciones.* ‖ Sección en un periódico o emisora de radio que responde a las preguntas del público.

consumación f. Perpetración : *la consumación de un crimen.* ‖ Fin : *la consumación de los siglos.*

consumado, da adj. Perfecto.

consumar v. t. Realizar, llevar a cabo : *consumar un acto.* ‖ Consumar el matrimonio, haber unión carnal.

consumición f. Acción y efecto de consumir o consumirse. ‖ Bebida que se consume en un bar, sala de fiestas u otro establecimiento similar.

consumido, da adj. Agotado. ‖ Delgado y débil.

consumidor, ra adj. Dícese de la persona que compra en una tienda o utiliza los servicios de un restaurante, bar, etc. (ú. t. c. s.).

consumir v. t. Destruir : *consumido por las llamas.* ‖ Comer o beber : *consumir alimentos.* ‖ Gastar : *coche que consume mucha gasolina.* ‖ Fig. Agotar, corroer : *nos consumen las preocupaciones.* ‖ Tomar alguna bebida o comida en un establecimiento (ú. t. c. i.). ‖ Comulgar el sacerdote en la misa (ú. t. c. i.). ‖ — V. pr. Quedarse seco y arrugado.

consumismo m. Consumo de bienes en cantidad superior a la necesaria.

consumista adj. Que hace consumir. ‖ Relativo al consumo.

consumo m. Gasto que se hace de los productos naturales o industriales : *bienes de consumo.* ‖ — Pl. Impuesto que gravaba los productos que entraban en una población. ‖ Sociedad de consumo, nombre dado a las sociedades de los países industrializados en las cuales, al considerarse satisfechas las necesidades básicas de la mayor parte de la población, se orienta la producción a la fabricación y a la venta de artículos superfluos.

consunción f. Acción y efecto de consumir o consumirse.

consuno (de) adv. De común acuerdo.

consustancial adj. Que es de la misma sustancia. ‖ Que está estrechamente vinculado a algo o a alguien.

consustancialidad f. Calidad de consustancial.

contabilidad f. Ciencia y arte de llevar las cuentas. ‖ Conjunto de las cuentas de una persona o de una colectividad. ‖ Servicio encargado de llevar las cuentas.

contabilización f. Acción y efecto de contabilizar.

contabilizar v. t. Anotar en los libros de cuentas. ‖ Contar.

contable adj. Que se puede anotar en las cuentas. ‖ — Com. Tenedor de libros de cuentas, persona que lleva las cuentas.

contactar v. t. Galicismo por *entrar en contacto, establecer relaciones.*

contacto m. Relación de los cuerpos que se tocan : *contagiar una enfermedad por contacto.* ‖ Dispositivo que permite la abertura y el cierre de un circuito eléctrico. ‖ Enlace : *contactos radiofónicos.* ‖ Trato, relación : *ponerse en contacto con él.* ‖ Persona que hace de enlace secreto con otras. ‖ Foto obtenida por contacto. ‖ Méx. Enchufe. ‖ Lentes de contacto, llamadas también *microlentillas,* pequeñas lentes, puestas en la superficie del globo ocular directamente, que se emplean para corregir defectos de la visión.

contado, da adj. Raro, escaso. ‖ Determinado, señalado. ‖ Al contado, pagando en efectivo.

contador m. Nombre dado a varios aparatos que miden las distancias recorridas, la velocidad o el número de movimientos efectuados en un espacio de tiempo. ‖ Aparato que registra las cantidades de gas, agua, electricidad, etc., que se consumen en una casa. ‖ Contable.

contaduría f. Oficio y oficina del contador. ‖ Contabilidad : *estudiar contaduría.* ‖ Nombre de ciertas administraciones : *Contaduría General del Estado.* ‖ Taquilla en la que se venden los billetes de un espectáculo por anticipado.

contagiar v. t. Comunicar a otro una enfermedad. ‖ Fig. Comunicar o pegar a otro costumbres, gustos, malas cualidades, etc. ‖ — V. pr. Adquirir por contagio. ‖ Fig. Transmitirse, pegarse.

contagio m. Med. Transmisión de una enfermedad específica por contacto : *el contagio del tifus.* ‖ Germen de la enfermedad contagiosa. ‖ Fig. Transmisión : *el contagio del vicio.*

contagioso, sa adj. Aplícase a la enfermedad que se comunica por

contagio : *el tifus es contagioso.* ‖ Que tiene una enfermedad que se pega (ú. t. c. s.). ‖ Fig. Dícese de los vicios o costumbres que se transmiten o comunican : *risa contagiosa.*

container m. (pal. ingl.) Contenedor.

Contamana, ramal de la cord. de los Andes, entre el Perú y el Brasil. — C. al NE. del Perú (Ucayali).

contaminación f. Contagio. ‖ Presencia en el aire o en el agua de sustancias tóxicas.

contaminador, ra adj. Que contamina.

contaminante adj. Que contamina (ú. t. c. s. m.).

contaminar v. t. Alterar nocivamente una sustancia u organismo por efecto de residuos procedentes de la actividad humana o por la presencia de determinados gérmenes microbianos (ú. t. c. pr.). ‖ Ensuciar, manchar. ‖ Contagiar. ‖ Fig. Corromper, viciar. Pervertir, corromper (ú. t. c. pr.).

contante adj. Efectivo : *dinero contante.*

contar v. t. Calcular, computar : *cuenta lo que hemos dejado.* ‖ Poner en el número de : *contar entre sus amistades.* ‖ Tener : *contar poca edad.* ‖ Poseer : *cuenta cinco millones de habitantes.* ‖ Relatar, narrar : *contar sus aventuras.* ‖ — V. i. Decir los números : *cuenta hasta cinco.* ‖ Enumerar : *contar los niños.* ‖ Hacer cálculos : *contar con los dedos.* ‖ Hacer cuentas : *tengo que contar mucho para acabar el mes.* ‖ Equivaler : *cuento por cinco.* ‖ Tener en cuenta : *lo dicho no cuenta.* ‖ Importar, interesar : *lo que cuenta es su edad.* ‖ Considerar, pensar : *cuenta que ya no sirvo para eso.* ‖ Proponer, tener intención de : *cuento irme mañana.* ‖ — Contar con, estar provisto : *el barco cuenta con un motor eléctrico;* tener : *cuenta con ingresos considerables;* tener en cuenta. ‖ Contar con alguien, confiar en él.

contemplación f. Acción y efecto de contemplar. ‖ — Pl. Miramientos.

contemplador, ra adj. y s. Que contempla.

contemplar v. t. Mirar con atención : *contemplar la ciudad, el paisaje.* ‖ Tratar con miramientos. ‖ Tener en cuenta, considerar.

contemplativo, va adj. Que contempla. ‖ Teol. Muy dado a la contemplación de Dios. ‖ Vida contemplativa, la pasada en la meditación.

contemporaneidad f. Calidad de contemporáneo.

contemporáneo, a adj. Que existe al mismo tiempo (ú. t. c. s.). ‖ Del tiempo actual.

contemporización f. Acción y efecto de contemporizar.

contemporizador, ra adj. y s. Que contemporiza.

contemporizar v. i. Ser tolerante o acomodaticio, transigir.

contención f. Acción y efecto de contener : *muro de contención.* ‖ Moderación. ‖ For. Pleito.

contencioso, sa adj. Litigioso. — M. Conjunto de litigios. ‖ Administración que se encarga de los asuntos litigiosos.

contender v. i. Combatir.

contendiente adj. y s. Que lucha, adversario.

contenedor, ra adj. Que contiene. ‖ — M. Caja para transportar mercancías. ‖ Batea en un vagón de ferrocarril.

contener v. t. Llevar dentro de sí una cosa a otra. ‖ Mantener en ciertos límites : *contener a la multitud.* ‖ Encerrar, decir : *libro que contiene la verdad.* ‖ Fig. Mantener en la sumisión : *contener un pueblo.* ‖ Reprimir o moderar : *contener su ira.* ‖ — V. pr. Fig. Dominarse.

contenido m. Cosa contenida. ‖ Tema, asunto : *el contenido de una carta.*

contentadizo, za adj. Que se da por contento fácilmente.

contentamiento m. Contento.

contentar v. t. Poner contento o satisfecho : *contentar al hijo.* ‖ — V. pr. Conformarse, darse por contento, estar satisfecho.

contento, ta adj. Alegre. ‖ Satisfecho : *estoy contento y feliz.* || — M. Alegría, satisfacción o placer.

contera f. Remate de metal con que se protege el extremo del bastón, del paraguas, del lapicero, etc.

contertulio, lia m. y f. Asistente, con respecto a otros, a una tertulia.

contesta f. *Fam. Amer.* Contestación.

contestable adj. Impugnable.

contestación f. Respuesta, || Discusión o disputa. || Impugnación de la sociedad, de las instituciones y de la ideología predominante.

contestador m. Dispositivo que permite grabar una comunicación telefónica o dar una información a la persona que telefonea.

contestar v. t. Responder : *contestar una carta.* || Galicismo por *discutir, impugnar.*

contestatario, ria adj. Dícese del que adopta una actitud de contestación o protesta (ú. t. c. s.). [Es galicismo.]

contexto m. Disposición de una obra literaria. || Su texto. || Enredo, trabazón. || *Fig.* Hilo de un relato, discurso, etc. | Conjunto de circunstancias que acompañan un suceso.

contextura f. Unión de las partes de un todo. || *Anat.* Constitución, naturaleza. || Estructura.

Conti (Haroldo), novelista argentino (1925-1976), autor de *Sudeste, Todos los veranos, Con otra gente,* etc.

contienda f. Guerra. || Combate.

contigo ablat. sing. del pron. pers. *tú,* en género m. y f. : *llévame contigo.*

contigüidad f. Vecindad.

contiguo, gua adj. Inmediato, adyacente, que está cerca de otra cosa.

continencia f. Abstinencia de los deleites carnales.

continental adj. Relativo a los países de un continente.

continente adj. Que contiene algo. Ú. t. c. s. m. : *el continente y el contenido.* || Que tiene continencia, casto (ú. t. c. s.). || *Fig.* Aspecto exterior : *persona de continente agraciado.* || Gran extensión de tierra que se puede recorrer sin atravesar el mar. || — *Nuevo Continente,* América. || *Viejo Continente,* Europa, Asia y África.

contingencia f. Posibilidad de que una cosa suceda o no. || Cosa que puede o no suceder.

contingente adj. Que puede suceder o no. || — M. Contingencia. || Parte proporcional con que uno contribuye, en unión de otros, para alcanzar un objetivo. || Cuota que se señala a un país o a un industrial para la importación, exportación o producción de determinadas mercancías. || *Mil.* Cupo anual de reclutas.

continuación f. Acción y efecto de continuar. || Prolongación. || *A continuación,* después o detrás.

continuador, ra adj. y s. Que continúa lo empezado por otro : *fue continuador de su política.*

continuar v. t. Seguir lo comenzado : *continuar la lectura, el trabajo.* || — V. i. Durar, persistir, permanecer : *continuar el buen o mal tiempo.* || Proseguir : *la sesión continúa.* || — V. pr. Seguir, extenderse.

continuidad f. Carácter de continuo : *la continuidad de un ruido, de la fiebre.* || Solución de continuidad, interrupción.

continuismo m. *Amer.* Permanencia indefinida de un mandatario en un cargo público.

continuista adj. y s. Partidario de prolongar la duración de un cargo público, y también de un gobierno o sistema político.

continuo, nua adj. No dividido : *línea continua.* || Que dura sin interrupción : *lluvia continua.* || Incesante : *temor continuo.* || Perseverante : *estadista continuo en su política.* || Dícese de la corriente eléctrica de intensidad constante que circula siempre en el mismo sentido.

Contisuyo, sección sudoeste del Tahuantinsuyo.

Conto (César), poeta, escritor y político colombiano (1836-1891).

contonearse v. pr. Mover al andar los hombros y las caderas.

contoneo m. Movimiento de la persona que se contonea.

contorno m. Territorio que rodea un lugar. Ú. m. en pl. : *los contornos de una ciudad.* || Línea que limita una figura.

contorsión f. Movimiento violento de los miembros o facciones.

contorsionarse v. pr. Hacer contorsiones.

contorsionista com. Acróbata, persona que hace contorsiones.

contra prep. Indica : 1.º Contacto : *apretado contra su pecho* ; 2.º Oposición : *obrar contra nuestras costumbres* ; 3.º Hostilidad : *ir contra el enemigo* ; 4.º Defensa : *remedio contra la tos* ; 5.º Apoyo : *está contra el pretil* ; 6.º A cambio de : *contra reembolso.* || — M. Lo opuesto : *defender el pro y el contra.* || — F. *Fam.* Dificultad, inconveniente : *tiene sus contra.* || Parada circular en esgrima. || — *En contra,* contra. || *Fig. Hacer la contra,* llevar siempre la contraria.

contraalmirante m. Jefe de marina inferior al vicealmirante.

contraatacar v. t. Efectuar un contraataque.

contraataque m. *Mil.* Acción de pasar de la defensiva a la ofensiva : *contraataque nocturno.* || Respuesta ofensiva a un adversario que ha atacado antes.

contrabajo m. *Mús.* El mayor y más grave de los instrumentos de cuerda y arco. | Persona que lo toca. | Voz más grave que la del bajo y persona que la tiene.

contrabalancear v. t. Equilibrar. || *Fig.* Compensar, contrapesar.

contrabandear v. i. Hacer contrabando.

contrabandista adj. Que hace contrabando (ú. t. c. s.).

contrabando m. Introducción en un país, sin pagar los derechos de aduanas, de mercancías u objetos prohibidos. || Estas mismas mercancías.

contrabarrera f. Segunda fila en los tendidos de las plazas de toros.

contracarril m. Riel colocado en el interior del riel principal.

contracción f. Disminución del volumen de un cuerpo. || Respuesta mecánica de un músculo correspondiente a una excitación que hace que éste disminuya la longitud y aumente de tamaño. || *Gram.* Unión de dos sílabas de dos vocales en una, como *doquier, al, del.*

contracepción f. Infecundidad causada por el empleo de métodos anticonceptivos.

contraceptivo, va adj. Dícese de los métodos o productos que evitan la concepción (ú. t. c. s. m.).

contracorriente f. Corriente de dirección opuesta a la de la principal de que procede. || *Fig. Ir a contracorriente,* ir en sentido opuesto a la marcha normal.

contráctil adj. Que se contrae.

contractilidad f. Facultad que tienen ciertos cuerpos de contraerse. || Calidad de contráctil.

contracultura f. Rebelión contra las instituciones, costumbres, jerarquías y valores de la sociedad existente.

contrachapado, da y **contrachapeado, da** adj. Dícese del tablero formado por capas de maderas encoladas entre sí (ú. t. c. s. m.).

contrachapar y **contrachapear** v. t. Poner chapas de madera.

contradecir v. t. Decir lo contrario de lo que otro afirma. || Estar en oposición. || — v. pr. Estar en contradicción.

contradicción f. Acción y efecto de contradecir o contradecirse. || Oposición, incompatibilidad. || *Espíritu de contradicción,* disposición a contradecir siempre a todo.

contradictor, ra adj. y s. Que contradice.

contradictorio, ria adj. Que contradice. || *For.* Hecho ante los interesados : *juicio contradictorio.*

contradiós m. *Pop.* Cosa anormal.

contraer v. t. Disminuir de volumen. || *Fig.* Adquirir : *contraer una costumbre, un resfriado.* || Contraer deudas, entramparse. || Contraer matrimonio, casarse. || — V. pr. Encogerse una cosa : *contraerse los músculos.*

contraespionaje m. Servicio de seguridad encargado de descubrir la actividad de los agentes de información enemigos.

contrafagot m. Contrabajo.

contrafallar v. t. En algunos juegos de naipes, poner triunfo superior al jugado por el que falló antes.

contrafoque m. *Mar.* Foque pequeño y de lona más gruesa.

contrafuerte m. *Arq.* Pilar que sostiene o refuerza un muro. || *Fort.* Fuerte que se hace enfrente de otro. || *Geogr.* Cadena secundaria de montañas : *los contrafuertes de los Andes.* || Pieza de cuero que refuerza la parte trasera del zapato.

contragolpe m. *Arg.* Contraataque.

contraguerrilla f. Lucha contra la guerrilla.

contrahacer v. t. Falsificar, imitar.

contrahecho, cha adj. Deforme (ú. t. c. s.).

contrahechura f. Imitación fraudulenta de alguna cosa.

contrahilo (a) m. adv. En dirección opuesta al hilo.

contraindicación f. *Med.* Peligro que implica la administración de un medicamento determinado.

contraindicar v. t. *Med.* Hacer peligrosa la aplicación de un tratamiento que por otra parte parece conveniente. || *Fig.* Ser poco conveniente.

contralmirante m. Contraalmirante.

Contralmirante Villar, prov. al NO. del Perú (Tumbes) ; cap. *Zorritos.*

contralor m. Control. || *Amer.* Inspector de la contabilidad.

contraloría f. *Amer.* Oficina del Estado que verifica las diversas cuentas del gobierno.

contralto m. *Mús.* Voz media entre tiple y tenor. || Com. Persona que la tiene.

contraluz m. Iluminación de un objeto que recibe la luz del lado opuesto del que la mira.

contramaestre m. Encargado o jefe de los obreros en un taller. || Capataz en las minas. || *Mar.* Oficial que manda la marinería.

Contramaestre, mun. y río al este de Cuba, afl. del Cauto (Santiago de Cuba).

contramanifestación f. Manifestación opuesta a otra.

contramanifestar v. i. Manifestar en oposición a otros.

contramaniobra f. Maniobra contraria a otra.

contramano (a) m. adv. En dirección contraria a la indicada.

contramarcha f. Marcha en sentido inverso al normal. || Marcha atrás en los automóviles.

contraofensiva f. *Mil.* Operación ofensiva con la que se responde a una del enemigo.

contraorden f. Orden opuesta a la dada anteriormente.

contrapartida f. Asiento para corregir un error en una cuenta. || Lo que se da a cambio de otra cosa. || Compensación.

contrapelo (a) m. adv. En dirección opuesta a la del pelo. *Fig. y fam.* En contra del sentido normal.

contrapesar v. t. Hacer contrapeso. || *Fig.* Igualar, compensar una cosa con otra, contrarrestar.

contrapeso m. Peso que sirve para equilibrar otro : *el contrapeso de un ascensor.* || Añadido con que se completa un peso. || Balancín de los volatineros. || *Fig.* Fuerza que contrarresta otra.

contraponer v. t. Oponer (ú. t. c. pr.). || Comparar, cotejar.

contraportada f. Cuarta página de la cubierta de un libro o revista.

contraposición f. Oposición. || Comparación. || Contraste.

contraprestación f. Prestación que debe hacer cada una de las partes de un acuerdo.

contraproducente adj. De efecto contrario al que se desea obtener : *medida contraproducente.*

contrapropuesta f. Proposición que se contesta o se impugna otra ya formulada sobre determinada materia.

contraproyecto m. Proyecto diferente de otro determinado.

contrapuesto, ta adj. Opuesto.

147

contrapuntista com. *Mús.* Compositor que utiliza el contrapunto.

contrapunto m. Disciplina musical que combina diferentes líneas melódicas.

contrariar v. t. Oponerse a las palabras, acciones o voluntad de otro : *contrariar el deseo de alguien.* || Disgustar. || Poner obstáculo.

contrariedad f. Oposición de una cosa con otra. || Impedimento, dificultad : *tropezar con una contrariedad.* || Disgusto, enfado.

contrario, ria adj. Que se opone a, que difiere completamente : *contrario a los principios.* || De dirección opuesta : *vientos contrarios.* || Desfavorable, perjudicial, nocivo : *contrario a la salud.* || Adverso, hostil : *suerte contraria.* || En sentido diferente : *íbamos en dirección contraria.* || — M. y f. Adversario, enemigo. || M. Palabra que, por su significado, se opone a otra, antónimo : *orgullo y modestia son contrarios.* || Lo que se opone a algo : *es lo contrario.*

Contrarreforma, movimiento producido después de la Reforma protestante en el s. XVI, que tuvo por objetivos, para luchar contra ella, el resurgimiento espiritual de la Iglesia siguiendo el dogma y la tradición y llevar de nuevo a su seno los países y las almas que se habían separado de Roma. El instrumento esencial de esta reforma católica fue la Compañía de Jesús.

contrarréplica f. Respuesta del demandado al demandante.

contrarrestar v. t. Hacer frente, oponerse, resistir. || Neutralizar una cosa los efectos de otra. || En tenis, devolver la pelota del saque.

contrarrevolución f. Movimiento político destinado a combatir una revolución o a anular sus resultados.

contrarrevolucionario, ria adj. y s. Favorable a la contrarrevolución.

contraseguro m. Seguro accesorio de otro contraído antes.

contrasentido m. Interpretación opuesta al verdadero sentido. || *Fig.* Lo que se opone a la realidad, a lo que debe ser.

contraseña f. Señal convenida para reconocerse. || *Mil.* Seña dada al centinela para ser reconocido, consigna. || Tarjeta que se da en los espectáculos a los espectadores que quieren salir en el entreacto para poder luego entrar : *contraseña de salida.*

contrastar v. i. Formar contraste. || Ser muy diferente, no parecerse en nada. || — V. t. Resistir, hacer frente : *contrastar el ataque.* || Someter a prueba la veracidad de algo. || Comprobar la ley de los metales preciosos, las monedas y la exactitud de las pesas y medidas.

contraste m. Acción y efecto de contrastar. || Oposición : *contraste de sombra y luz.* || El que ejerce el oficio público de contrastar las pesas y medidas. || Su oficina. || Señal que se pone en los objetos de plata y oro para dar fe de su autenticidad.

contrata f. Escritura de un contrato. || Contrato, convenio. || Contrato para ejecutar una obra por precio determinado : *construcción por contrata.* || Ajuste de obreros.

contratación f. Contrato.

contratante adj. Que suscribe un contrato (ú. t. c. s.).

contratapa f. Carne de vaca entre la babilla y el tapar.

contratar v. t. Hacer un contrato con. || Tomar a su servicio para realizar un trabajo.

contraterrorismo m. Conjunto de acciones para responder al terrorismo.

contraterrorista adj. Relativo al contraterrorismo. || — Com. Persona que ejecuta actos de contraterrorismo.

contratiempo m. Suceso imprevisto. || Accidente desagradable, enojoso. || *A contratiempo*, en momento poco oportuno.

contratista com. Persona que ejecuta una obra por contrata.

contrato m. Pacto entre dos o más personas : *un contrato de venta.* || Documento en que consta.

contratorpedero m. *Mar.* Barco de

guerra destinado a la persecución de torpederos.

contravalor m. Valor dado a cambio de otro.

contravención f. Infracción. || Multa.

contraveneno m. Medicamento que obra contra el veneno, antídoto.

contravenir v. i. Obrar en contra de lo que está mandado.

contraventor, ra adj. y s. Infractor.

contrayente adj. Que contrae. || Aplícase sobre todo a la persona que contrae matrimonio (ú. t. c. s.).

Contreras (Francisco), poeta chileno (1877-1932). || ~ (JESÚS F.), escultor mexicano (1866-1902). || ~ (RODRIGO), conquistador español (1502-1558), gobernante de Nicaragua (1535-1544).

contribución f. Acción y efecto de contribuir. || Parte realizada en una obra común. || Contribución : *la contribución de las ciencias en el progreso.* || Carga que se aporta a un gasto común, particularmente a los gastos del Estado o de una colectividad pública, impuesto. || *Contribución directa*, tributos establecidos en función de la fortuna de los contribuyentes y pagados directamente por ellos. || *Contribución indirecta*, la establecida por el consumo de ciertos artículos, etc.

contribuidor, ra adj. y s. Contribuyente.

contribuir v. i. y t. Intervenir, cooperar en algo : *contribuir al éxito de una empresa.* || Dar, pagar una parte de una obra común. || Pagar impuestos.

contribuyente adj. y s. Que contribuye. || Dícese de la persona que paga contribución o impuestos al Estado.

contrición f. Pesar de haber ofendido a Dios : *acto de contrición.*

contrincante com. Competidor.

contristarse v. pr. Apenarse.

contrito, ta adj. Arrepentido de haber cometido una falta.

control m. Verificación, comprobación, intervención, fiscalización. || Inspección : *Vigilancia : bajo control médico.* || Lugar donde se verifica esta inspección. || Contraste de pesas y medidas. || Autoridad : *territorio bajo el control de las Naciones Unidas.* || Revisión de entradas. || Regulación : *control de nacimientos.* || Dominio : *perdió el control de los nervios.* || Dispositivo para hacer funcionar o comprobar el funcionamiento de una máquina o mecanismo : *los controles de una nave espacial.*

controlable adj. Que se puede controlar.

controlador, ra adj. Que controla (ú. t. c. s.). || *Controlador aéreo*, persona que, desde la torre de control, dirige el vuelo de los aviones en ruta.

controlar v. t. Inspeccionar. || Verificar, comprobar. || Fiscalizar, intervenir. || Revisar en los ferrocarriles. || Contrastar pesas y medidas. || Regular los precios, las cuentas, la natalidad. || Vigilar. || Dominar : *controlar sus nervios.* || Dirigir : *controlar la circulación.* || — V. pr. Dominarse, retenerse.

controversia f. Debate, discusión, polémica sobre algo.

controvertible adj. Discutible.

controvertir v. i. Discutir, polemizar, debatir (ú. t. c. s.).

contubernio m. Cohabitación ilícita. || *Fig.* Alianza o unión vituperable.

Contulmo, c. del centro de Chile en la VIII Región (Biobío) y en la prov. de Arauco, cap. de la com. de su n.

contumacia f. Obstinación. || *For.* Rebeldía, no comparecencia.

Contumasá, c. al N. del Perú, cap. de la prov. homónima (Cajamarca).

contumaz adj. Obstinado. || *For.* Rebelde, que no comparece ante un tribunal (ú. t. c. s.).

contumelia f. Injuria, afrenta.

contundencia f. Calidad de contundente. || *Fig.* Peso de un argumento.

contundente adj. Que causa contusión : *arma contundente.* || *Fig.* Categórico, terminante.

conturbar v. t. Turbar.

contusión f. Lesión por golpe sin herida exterior.

contusionar v. t. Causar o sufrir una contusión.

conuco m. (voz antill.). Parcela de

tierra que concedían en Cuba los dueños a sus esclavos para cultivarla por su cuenta.

conuquero, ra adj. *Amer.* Animal que merodea por los conucos. | Relativo al conuco. || — M. y f. Dueño de un conuco.

conurbación f. Conjunto urbano formado por la reunión de varias poblaciones vecinas.

convalecencia f. Estado del convaleciente.

convalecer v. i. Recobrar las fuerzas perdidas por enfermedad.

convaleciente adj. y s. Que se repone de una enfermedad.

convalidación f. Acción y efecto de convalidar.

convalidar v. t. Ratificar, confirmar. || Dar por válido. || Reconocer oficialmente que un título universitario tiene el mismo valor que otro.

convección f. *Fís.* Transmisión de calor de los cuerpos en movimiento.

convecino, na adj. Cercano, próximo. || Vecino de un mismo pueblo o en la misma casa (ú. t. c. s.).

convencer v. t. Persuadir, conseguir que uno reconozca una cosa (ú. t. c. pr.). || Gustar : *no me convence ese automóvil.* || — V. pr. Adquirir la seguridad.

convencido, da adj. Persuadido, seguro (ú. t. c. s.).

convencimiento m. Certeza absoluta, creencia segura.

convención f. Acuerdo, pacto : *convención laboral.* || Asamblea de los representantes de un país. || En Estados Unidos, congreso de un partido para designar un candidato a la presidencia. || Reunión, asamblea, junta. || Conveniencia, conformidad.

Convención, c. de Colombia (Santander). — Prov. del Perú (Cuzco) ; cap. *Quillamba.*

convencional adj. Relativo a convenio o convención. || Establecido en virtud de precedentes o de costumbres. || Consabido, según costumbres. || *Armas convencionales*, las no atómicas, bacteriológicas o químicas.

convencionalismo m. Conjunto de prejuicios que, por comodidad o conveniencia social, no se modifican.

convenenciero, ra adj. y s. *Méx.* Amigo de su conveniencia.

conveniencia f. Calidad de lo que conviene o es apropiado a. || Acuerdo, afinidad recíproca : *conveniencia de humores.* || Lo que es favorable a alguien : *no mira más que a sus conveniencias.* || Oportunidad : *conveniencia de una gestión.* || Comodidad, gusto : *a su conveniencia.* || — Pl. Normas o reglas que siguen los hábitos de la sociedad.

conveniente adj. Que conviene.

convenio m. Pacto, acuerdo : *convenio comercial.* || *Convenio colectivo*, acuerdo entre los asalariados y los empresarios para regular las condiciones laborales.

convenir v. t. e i. Acordar, decidir algo entre varios : *convenimos irnos juntos.* || Decidir : *convenimos no decirle nada.* || Asentir : *convengo en que no tengo razón.* || Ser conveniente o apropiado : *no te conviene esa colocación.* || Venir bien : *no me conviene ese precio.* || — V. impers. Ser a propósito.

convento m. Casa de religiosos.

convergencia f. Dirección común hacia el mismo punto. || Este punto. || *Fig.* Objetivo común.

convergente adj. Que converge.

converger y **convergir** v. i. Dirigirse a o coincidir en un mismo punto. || *Fig.* Tener lo mismo fin las opiniones de dos o más personas.

conversación f. Charla, plática, coloquio. || Manera de conversar.

conversada f. *Chil* y *Méx.* Charla.

conversador, ra adj. y s. Que conversa amenamente.

conversar v. i. Hablar una o más personas con otra u otras.

conversión f. Acción y efecto de hacer creer : *la conversión de un ateo.* || Cambio de una creencia : *la conversión de un pagano.* || Cambio de una moneda por otra.

converso, sa adj. Decíase de los moros y judíos convertidos al catolicismo (ú. t. c. s.). ‖ — M. y f. En algunas órdenes religiosas, lego o lega.

convertibilidad f. Calidad de convertible.

convertible adj. Que puede convertirse : *fracción convertible en decimales.* ‖ Descapotable (automóviles).

convertidor m. *Tecn.* Aparato para transformar el hierro fundido en acero : *el convertidor Bessemer.* ‖ Transformador de corriente.

convertir v. t. Cambiar una cosa en otra, transformarla : *convertir un palacio en escuela.* ‖ Hacer cambiar de religión, parecer u opinión : *convertir a los ateos* (ú. t. c. pr.). ‖ Hacer, transformar. Ú t. c. pr. : *se convirtió en una persona odiosa.*

convexidad f. Curvatura. ‖ Parte convexa.

convexo, xa adj. Esférico, curvado hacia el exterior.

convicción f. Convencimiento. ‖ — Pl. Creencias, ideas, pareceres.

convicto, ta adj. *For.* Aplícase al reo a quien se ha probado el delito, aunque no lo haya confesado (ú. t. c. s.).

convidado, da m. y f. Invitado. ‖ — F. *Fam.* Invitación.

convidar v. t. Ofrecer una persona a otra que la acompañe a comer, a una fiesta, etc. ‖ *Fig.* Mover, incitar : *los alimentos salados convidan a beber.*

convincente adj. Que convence.

convite m. Invitación. ‖ Fiesta, banquete, etc., a que uno es convidado.

convivencia f. Coexistencia. ‖ Vida en común.

convivir v. i. Vivir con otra u otras personas, cohabitar. ‖ Vivir en buena armonía. ‖ Coexistir.

convocación f. Convocatoria.

convocar v. t. Citar, llamar a varias personas para que concurran a un lugar o acto determinado : *convocar las Cortes, una huelga, una oposición.*

convocatorio, ria adj. Que convoca. ‖ — F. Escrito o anuncio con que se convoca. ‖ Examen : *la convocatoria de septiembre.*

convolvuláceas f. pl. Plantas angiospermas de fruto capsular, como la batata (ú. t. c. adj.).

convoy m. Escolta o guardia. ‖ Grupo de naves, vehículos, etc., escoltados. ‖ *Fig.* y *fam.* Séquito. ‖ *Pop.* Cow-boy.

convulsión f. Contracción violenta e involuntaria de los músculos. ‖ *Geol.* Sacudida de la tierra o del mar por efecto de los terremotos. ‖ *Fig.* Trastorno, agitación.

convulsivo, va adj. Relativo a la convulsión : *movimientos convulsivos.* ‖ Dícese de lo que tiene convulsiones : *tos convulsiva.*

conyugal adj. De los cónyuges.

cónyuge com. Consorte, marido o mujer, respectivamente.

coña f. *Pop.* Guasa. ‖ Broma pesada. ‖ Fastidio, molestia. ‖ Tontería.

coñac m. Aguardiente envejecido en toneles de roble, según se hace en Cognac (Francia).

coñazo m. *Pop.* Persona pesada, latosa (el). ‖ Cosa pesada, latosa, lata. ‖ *Pop. Dar el coñazo,* fastidiar, molestar.

coñear v. pr. *Pop.* Burlarse.

coñeo m. *Pop.* Guasa, burla.

coño m. *Pop.* Sexo de la mujer. ‖ *Pop.* ¡ *Coño* !, interjección de enfado, asombro, fastidio, admiración, etc.

Cook [kuk], islas de Nueva Zelanda, al O. de Tahití ; 241 km² ; cap. *Avarua,* en la isla de Rarotonga. — C. y puerto de la isla de los Estados al S. de Argentina. ‖ ~ (ESTRECHO DE), brazo de mar de Oceanía que separa las dos islas de Nueva Zelanda ; 80 km. de ancho.

Cook [kuk] (James), navegante inglés (1728-1779), que organizó tres expediciones a Oceanía.

cooli [kulī] m. (ingl. *coolee*). Trabajador indio o chino.

Cooper [kuper] (James Fenimore), novelista norteamericano (1789-1851), autor de *El último mohicano.*

cooperación f. Participación a una obra común.

cooperador, ra o **cooperante** adj. y s. Que coopera.

cooperar v. i. Obrar conjuntamente, con otra u otras personas, para un mismo fin.

cooperativa f. Sociedad formada por productores o consumidores para producir, vender o comprar en común : *cooperativa de trabajo, agrícola, de consumo,* etc. ‖ Establecimiento de esta sociedad.

cooperativismo m. Doctrina económica de las cooperativas. ‖ Movimiento favorable a las cooperativas.

cooperativista adj. Relativo a la cooperación. ‖ — Com. y f. Persona partidaria del cooperativismo.

cooperativo, va adj. Basado en la cooperación.

cooptación f. Elección de una persona como miembro de una sociedad o cuerpo mediante el voto de los asociados.

coordenadas f. pl. *Geom.* Líneas que determinan la posición de un punto en el espacio o en una superficie. (Las dos *coordenadas* de un punto en un plano son la *abscisa* y la *ordenada.*) ‖ *Fig.* Elementos, datos.

coordinación f. Acción y efecto de coordinar.

coordinador, ra adj. y s. Que coordina.

coordinar v. t. Disponer cosas metódicamente. ‖ Reunir esfuerzos para un objetivo común.

copa f. Vaso con pie para beber. ‖ Su contenido : *beber una copa de vino.* ‖ Parte superior de las ramas de un árbol. ‖ Parte hueca del sombrero en que entra la cabeza. ‖ Premio que se concede en algunos certámenes deportivos : *copa de plata.* ‖ Esta competición. ‖ Brasero. ‖ — Pl. Uno de los palos de la baraja española.

Copacabana, pobl. del NO. de la Argentina (Catamarca). — Peníns. en el oeste del centro de Bolivia, en el lago Titicaca, donde se encuentra la v. homónima, cap. de la prov. de Manco Cápac (La Paz). — Pobl. de Colombia (Antioquia). — Barrio de Río de Janeiro (Brasil). Casino y playa.

Copahue, volcán de los Andes, entre Argentina (Neuquén) y Chile (Bío-bío) ; 2 980 m. — Estación termal al O. de la Argentina (Neuquén).

copalchi m. Árbol de América cuya corteza es amarga y medicinal.

Copán, río de América Central (Honduras y Guatemala), afl. del Motagua. — Macizo montañoso de Guatemala. Recibe tb. el n. de *Montañas del Merendón.* — Dep. de Honduras fronterizo con Guatemala ; cap. *Santa Rosa de Copán.* Ruinas mayas.

copaneco, ca adj. y s. De Copán (Honduras).

copar v. t. En los juegos de azar ; hacer una apuesta equivalente a todo el dinero de la banca. ‖ *Mil.* Cortar la retirada a una tropa y hacerla prisionera. ‖ *Fig.* En unas elecciones, conseguir todos los puestos. ‖ Acaparar.

coparticipación f. Acción y efecto de participar a la vez con otro u otros en alguna cosa.

coparticipar v. i. Participar con otros.

copartícipe com. Que participa o comparte con otro en alguna cosa.

copear v. i. Tomar copas.

copec f. Moneda rusa equivalente a un céntimo de rublo.

copelación f. Operación consistente en la separación por el calor de un metal precioso de sus impurezas.

Copenhague, cap. y puerto de Dinamarca en la E. de la isla de Seeland ; 960 300 h. (1 400 000 con los suburbios). Obispado. Universidad. Centro industrial.

copeo m. Acción de tomar unas copas de vino, y también de irse de bar en bar para tomarlas.

Copérnico (Nicolás), astrónomo polaco (1473-1543). Probó que la Tierra no está en el centro del Universo y que gira en una órbita alrededor del Sol.

copero m. Servidor encargado de las bebidas de un dios, de un rey, etc. ‖ *Fig.* Que participa en alguna cosa : *el copete del pavo real.* ‖ Colmo de un helado. ‖ *Fig. De alto copete,* encopetado.

copetín m. *Amér.* Cóctel. ‖ Copa de licor.

copey m. Árbol gutífero de las Antillas de flores amarillas y rojas.

copia f. Abundancia de una cosa. ‖ Reproducción de un escrito, de un texto musical u obra artística. ‖ Fotocopia. ‖ Retrato, persona muy parecida a otra.

copiapeño, ña adj. y s. De Copiapó (Chile).

Copiapó, río al N. de Chile (Atacama), cuya desembocadura forma extensas vegas ; 180 km. — Volcán de Chile (Atacama) ; 6 072 m. Llamado tb. *Azufre.* — C. de Chile, cap. de la III Región (Atacama) y de la prov. y com. de su n. Centro comercial. Escuela de Minería. Obispado.

copiar v. t. Reproducir lo escrito, una obra de arte. ‖ Escribir lo que otro dicta. ‖ Imitar : *copiar a un autor.* ‖ Remedar a una persona. ‖ Plagiar el ejercicio de otro en un examen.

copiloto m. Piloto auxiliar.

copiosidad f. Abundancia.

copioso, sa adj. Abundante.

copista com. Copiador.

copla f. Canción popular. ‖ Estrofa. ‖ — Pl. *Fam.* Versos.

copo m. Mechón de cáñamo, lino, algodón, etc., dispuesto para el hilado. ‖ Pequeña masa que cae al nevar. ‖ Coágulo. ‖ Grumo. ‖ Acción de copar. ‖ Bolsa que forman algunas redes de pescar.

copón m. Copa grande en que se guarda la Eucaristía.

coposesión f. Posesión con otro.

copra f. Médula del coco, de la palma, de la que se extrae el aceite.

coproducción f. Producción en común : *película en coproducción.*

coproducir v. t. Hacer en coproducción, producir en común.

coproductor, ra adj. y s. Que realiza una coproducción.

copropiedad f. Propiedad en común : *edificio en copropiedad.*

copropietario, ria adj. y s. Que posee bienes con otras personas.

copto, ta adj. y s. Cristiano de Egipto y Etiopía. ‖ — M. Lengua litúrgica de estos cristianos.

cópula f. Unión. ‖ Atadura, ligamento. ‖ Unión sexual.

copulativo, va adj. Que une.

coque m. Carbón poroso, con pocas sustancias volátiles, que resulta de la calcinación de la hulla.

coquear v. i. *Amer.* Masticar hojas de coca.

coquefacción f. Transformación de la hulla en coque.

coqueluche f. (pal. fr.). Tos ferina. (Es galicismo).

coqueta adj. Que coquetea (ú. t. c. s.). *era una chica que apenas conocía, pero que se mostró muy coque-tona.*

coquetear v. i. Tratar de agradar por mera vanidad. ‖ Flirtear. ‖ *Fig.* Tener trato superficial.

coquetería f. Coquetismo, flirteo, coqueteo. ‖ Deseo de agradar. ‖ Afición a arreglarse y vestirse bien.

coquetón, ona adj. *Fam.* Atractivo, agradable. ‖ Bastante grande : *una cantidad de dinero coquetona.* ‖ Dícese de la persona que coquetea (ú. t. c. s.).

Coquilhatville. V. MBANDAKA.

coquimbano, na adj. y s. De Coquimbo (Chile).

coquimbo m. En Honduras, liberal, rojo o colorado. (Los rivales de los *coquimbos* eran los *cachurecos* o conservadores.)

Coquimbo, IV Región de Chile, dividida en tres prov. de Elqui, Limarí y Choapa ; cap. *La Serena.* Riquezas agropecuarias y mineras (cobre, hierro, oro, molibdeno). — C. y puerto del norte de Chile en la IV Región y en la bahía que llevan su nombre, cap. de la prov. de Elqui y de la com. del mismo n. (Hab. *coquimbano*).

coquina f. Almeja pequeña.

Cora (José Antonio VILLEGAS), escultor mexicano (1713-1785). Fue tío de

JOSÉ ZACARÍAS CORA y maestro de JOSÉ VILLEGAS CORA, también escultores.

coracero m. Soldado de caballería con coraza.

Coracora, c. al S. del Perú. cap. de la prov. de Parinacochas (Ayacucho).

coraisquita o **coreisquita** adj. Dícese de los miembros de una tribu árabe de la que formaba parte Mahoma (ú. t. c. s.).

coraje m. Ánimo, valentía. valor. ‖ Rabia, ira.

corajudo, da adj. Valiente, valeroso. ‖ Colérico, irritable.

coral m. Celentéreo antozoo cuya estructura calcárea de color blanco, rosado o encarnado se emplea en joyería. ‖ Esta sustancia. ‖ Arbusto de Cuba de cuyas semillas se hacen sartas para collares. ‖ — F. Culebra venenosa de América del Sur.

coral adj. *Mús.* Relativo al coro ‖ — F. *Mús.* Composición para coro. ‖ Conjunto de personas que interpretan juntas un canto musical.

Coral (MAR DEL), parte del Pacífico, entre el NE. de Australia, Papuasia-Nueva Guinea, las Islas Salomón, las Nuevas Hébridas y Nueva Caledonia.

coralillo m. Serpiente de la América tropical, muy venenosa.

coralino, na adj. De coral.

Corán o **Alcorán,** libro sagrado de los musulmanes, redactado por Mahoma y atribuido por el Profeta a Dios mismo. Está escrito en árabe y se compone de 114 capítulos. El texto es una colección de dogmas y preceptos, mezclados con relatos procedentes del Antiguo y del Nuevo Testamento, que constituye el fundamento de la civilización musulmana.

coránico, ca adj. Del Corán.

coraza f. Armadura que protegía el pecho y la espalda. ‖ *Mar.* Cubierta metálica de un buque. ‖ *Zool.* Concha, caparazón : *la coraza de la tortuga.* ‖ *Fig.* Lo que defiende o protege.

corazón m. Órgano hueco de forma ovoide, situado en el pecho o tórax, que constituye el elemento central de la circulación de la sangre. ‖ *Por ext.* Parte anterior del pecho en la que se sienten los latidos de este órgano. ‖ *Fig.* Figura en forma de corazón en los naipes franceses. ‖ Parte central o esencial de una cosa : *corazón de alcachofa.* ‖ Asiento de los sentimientos, de la sensibilidad. ‖ Conjunto de las facultades afectivas y morales : *entristecer los corazones.* ‖ Asiento de los sentimientos altruistas : *tener buen corazón.* ‖ Valor, energía : *yo no tengo corazón para hacer eso.* ‖ Sentido moral, conciencia : *muchacha de corazón puro.* ‖ Centro : *en el corazón de la población.* ‖ Término afectuoso : *¡corazón mío !* ‖ — *Fig. De corazón,* con franqueza ; generoso. ‖ *Llevar el corazón en la mano,* hablar y obrar sin disimulo, con toda sinceridad. ‖ *No caberle a uno el corazón en el pecho,* ser extremadamente bueno y generoso ; estar muy alegre. ‖ *No tener corazón,* tener poca sensibilidad. ‖ *No tener corazón para hacer algo,* no ser capaz de hacerlo.
— El corazón se divide en dos partes separadas, la derecha y la izquierda, que tiene cada una una aurícula y un ventrículo que se comunican. La sangre de las venas de la circulación general llega a la aurícula derecha, y de allí pasa al ventrículo derecho, que la envía a los pulmones, donde se regenera. El líquido sanguíneo pasa luego de los pulmones a la aurícula izquierda y ésta al ventrículo izquierdo, del cual, por la aorta, pasa al resto del cuerpo.

Corazón, monte del Ecuador, en la Cord. Occidental ; 4 791 m. — Pobl. del Ecuador, cab. del cantón de Pangua (Cotopaxi). — Estrella de la constelación de los Lebreles. ‖ — **del León.** V. RÉGULO.

corazonada f. Impulso instintivo. ‖ Presentimiento.

Corbacho (El) o *Reprobación del amor mundano,* obra satírica del Arcipreste de Talavera (1438).

corbata f. Tira de tela que se anudan los hombres al cuello de la camisa para adorno.

corbeta f. Barco de guerra ligero.

Corbusier (Le). V. LE CORBUSIER.

Córcega, en fr. *Corse,* isla del Mediterráneo, al O. de Italia, perteneciente a Francia desde 1768 ; 8 680 km². Desde 1975 está dividida en dos departamentos : *Córcega del Sur,* cap. Ajaccio, y *Alta Córcega,* cap. Bastia.

corcel m. Caballo.

Corcira. V. CORFÚ.

corcova f. Joroba.

corcovado, da adj. y s. Jorobado.

Corcovado, monte del Brasil en cuyas faldas está Río de Janeiro. En su cumbre se levanta una grandiosa estatua de Cristo ; 704 m. — Com. de Chile (Chiloé). — Volcán de Chile (Chiloé) ; 2 290 m.

Corcubión, pobl., golfo y ría del NO. de España (La Coruña).

corchea f. *Mús.* Nota cuyo valor es la mitad de una negra.

corchero, ra adj. Del corcho : *industria corchera.* ‖ — M. Trabajador que descorcha los alcornoques. ‖ — F. Recipiente de corcho para helar las bebidas. ‖ Línea que delimita, en una carrera, las calles de una piscina.

corchete m. Broche compuesto de macho y hembra. ‖ Macho en forma de gancho. ‖ Signo de estas figuras ([ ]) utilizado a modo de paréntesis.

corcho m. Corteza del alcornoque.

¡córcholis ! interj. ¡ Caramba !

cordada f. Grupo de montañeros unidos por una cuerda.

cordados m. pl. *Zool.* Tipo de metazoos que comprende los vertebrados y seres afines (ú. t. c. adj.).

cordaje m. *Mar.* Jarcia de una embarcación. ‖ Conjunto de cuerdas de la guitarra, de una raqueta, etc.

cordal adj. Dícese de la muela del juicio (ú. t. c. s. f.).

Corday [kordé] (Charlotte), joven francesa (1768-1793) que apuñaló a Marat. M. guillotinada.

cordel m. Cuerda fina, delgada. ‖ Cuerda.

cordelería f. Oficio, taller y tienda del cordelero.

cordelero, ra m. y f. Persona que hace o vende cordeles.

cordera f. Oveja que no pasa de un año. ‖ *Fig.* Persona dócil, muy sumisa.

corderillo m. Piel curtida de cordero.

cordero m. Cría de la oveja que no pasa de un año. ‖ Piel curtida de cordero. ‖ *Fig.* y *fam.* Hombre muy dócil. ‖ *El Cordero de Dios* o *el Divino Cordero,* Jesucristo.

Cordero (Juan), pintor de murales y retratista mexicano (1824-1884). ‖ — (LUIS), político y escritor ecuatoriano (1833-1912), pres. de la Rep. de 1892 a 1895. Redactó un *Diccionario del idioma quechua.*

cordial adj. Afectuoso, amistoso.

cordialidad f. Calidad de cordial.

cordillera f. Serie de montañas enlazadas entre sí : *cordillera pirenaica.*

Cordillera, prov. al E. de Bolivia (Santa Cruz) ; cap. *Lagunillas.* — Prov. de Chile en la Región Metropolitana de Santiago ; cap. *Puente Alto.* ‖ — **(La),** dep. en el centro del Paraguay ; cap. *Caacupé.*

cordillerano, na adj. Relativo a la cordillera, especialmente a la de los Andes. ‖ — Adj. y s. De La Cordillera (Paraguay).

córdoba m. Moneda de Nicaragua.

Córdoba, c. del S. de España, cap. de la prov. homónima, atravesada por el Guadalquivir. Obispado. Escuela de Ingenieros Agrónomos. Universidad. Turismo. De los monumentos sobresalen la Mezquita, convertida por Carlos I en catedral, construida por el califa árabe Abderramán I (786), el Alcázar y el puente romano. — Sierra de la Argentina, en la prov. homónima ; alt. máx. 2 880 m. Riquezas mineras. — C. de la Argentina, cap. de la prov. homónima. Arzobispado. Universidad. Fundada en 1573 por Jerónimo de Cabrera. Construcción de automóviles. — Pobl. al N. de Colombia en el mar Caribe ; cap. *Montería.* — Pobl. al E de México (Veracruz).

Córdoba (Gonzalo FERNÁNDEZ DE). V. FERNÁNDEZ DE CÓRDOBA (Gonzalo). ‖ — (JOSÉ MARÍA), general colombiano (1799-1829). Intervino decisivamente en la batalla de Ayacucho. Posteriormente se rebeló contra Bolívar. ‖

~ (MATÍAS DE), dominíco, patriota y poeta guatemalteco (1750-1828). ‖ — **y Figueroa** (PEDRO DE), historiador chileno (1692-1770). ‖ — **y Válor.** V. ABEN HUMEYA.

cordobán m. Piel de cabra curtida.

cordobense adj. y s. Cordobés, de Córdoba (Colombia).

cordobés, esa adj. y s. De Córdoba (España y Argentina). ‖ Cordobense.

cordón m. Cuerda pequeña : *los cordones de los zapatos.* ‖ Cable o hilo que conduce la electricidad. ‖ Cuerda con que se ciñen el hábito algunos religiosos. ‖ *Arq.* Bocel. ‖ Serie de personas o cosas destinadas a proteger o vigilar : *cordón sanitario, de policía, de tropa.* ‖ *Zool.* Fibra : *cordón nervioso.* ‖ *Riopl.* Bordillo de la acera. ‖ *Cordón umbilical,* conjunto de vasos que unen la placenta materna con el vientre del feto.

cordon-bleu m. (pal. fr.). Cocinero o cocinera excelente.

cordoncillo m. Labor de ciertos tejidos. ‖ Borde labrado de ciertas monedas.

Córdova (Jorge), general boliviano (1822-1861), pres. de la Rep. de 1855 a 1857. M. asesinado.

cordura f. Juicio, sensatez.

Core. V. PERSÉFONE.

corea f. *Med.* Baile de San Vito.

Corea, península de Asia oriental entre el mar del Japón y el mar Amarillo, dividida, desde 1945, en dos Estados : *la República Popular Democrática de Corea del Norte* (120 500 km² ; 18 500 000 h. ; cap. Pyongyang, 1 500 000 h.) *y la República de Corea del Sur* (98 400 km² ; 38 000 000 h. ; cap. Seúl, 7 000 000 h.).

COREA

Corea (ESTRECHO DE), brazo de mar entre la penins. homónima y el Japón.

coreano, na adj. y s. De o relativo a Corea.

corear v. t. Repetir en coro, acompañar cantando a coro. ‖ *Fig.* Repetir, unirse con otros para asentir a lo que ellos dicen.

Corelli (Arcangelo), violinista y compositor italiano (1653-1713), autor de *Sonatas* y de *conciertos* de violín.

coreografía f. Arte de la danza. ‖ Conjunto de pasos de un ballet.

coreografiar v. t. Hacer la coreografía.

coreográfico, ca adj. De la coreografía.

coreógrafo, fa m. y f. Persona que dirige la ejecución de un ballet.

Corfú, ant. *Corcira.* c. y puerto de Grecia, cap. de la isla homónima, una de las Jónicas. Turismo.

Coria, c. al O. de España (Cáceres). Obispado de Coria-Cáceres. ‖ — **del Río,** v. al S. de España (Sevilla).

coriáceo, a adj. Relativo o semejante al cuero. || *Fig.* y *fam.* Duro como el cuero. | Obstinado.

coriano, na adj. y s. De Coro (Venezuela).

Coriano *(Sistema).* V. YARACUY-LARA-FALCÓ.

corifeo m. Hombre que guiaba el coro en las tragedias antiguas. || *Fig.* Portavoz, persona que habla por un conjunto de personas.

corindón m. Alúmina cristalizada de diferentes colores y muy dura.

Corintia, nomo de Grecia; cap. *Corinto.*

corintio, tia adj. y s. De Corinto (Grecia). || *Orden corintio,* orden de arquitectura y columna cuyo capitel está adornado con una hoja de acanto.

Corinto, c. de Grecia, cap. del nomo de Corintia, al fondo del istmo de igual n., que une Grecia continental y el Peloponeso. — Mun. al E. del Brasil (Minas Gerais). — Pobl. al NO. de El Salvador (Morazán). — Pobl. y puerto en la bahía del mismo nombre al NO. de Nicaragua (Chinandega).

Corisco, isla de Guinea Ecuatorial (Río Muni), a 24 km del continente.

corista m. Religioso que asiste al coro. || — Com. *Teatr.* Persona que canta en un coro. || — F. Artista femenina que forma parte del conjunto de una revista teatral.

coriza f. Catarro nasal.

Cork, c. y puerto en el S. de la rep. de Irlanda. Obispado. Universidad.

cormorán m. Cuervo marino.

Corn Island, isla y pobl. al E. de Nicaragua (Zelaya).

cornaca m. El que doma, conduce y cuida un elefante.

cornada f. Golpe dado por el toro con el cuerno. || Herida producida.

cornamenta f. Conjunto de los cuernos de un animal. || *Fam.* Atributo del cónyuge engañado.

cornamusa f. Trompeta larga de metal que tiene el tubo vuelto por en medio y un gran pabellón. || Especie de gaita.

córnea f. Membrana transparente y abombada de la parte exterior del globo del ojo.

cornear v. t. Dar cornadas. || *Fig.* Faltar la mujer a la fidelidad conyugal.

Corneille (Pierre), poeta dramático francés, n. en Ruán (1606-1684), autor de la tragicomedia *El Cid,* inspirada en la obra del español Guillén de Castro, y de una serie de tragedias de asuntos históricos (*Horacio, Cinna, Polyeucto, Edipo, Tito y Berenice,* etc.) y de comedias (*El mentiroso*).

corneja f. Especie de cuervo. || Especie de búho.

Cornejo (José María), político salvadoreño, jefe del Estado en 1829 a 1830 y de 1830 a 1832.

Cornelio || ~ **Hispano.** V. LÓPEZ (Ismael). || ~ **Nepote** (Cayo), biógrafo latino (¿99-24 ? a. de J. C.), autor de *Varones ilustres.*

Cornelio Saavedra, prov. al SO. de Bolivia (Potosí); cap. *Betanzos.*

Cornelius (Peter von), pintor alemán (1783-1867), autor de frescos.

córneo, a adj. De cuerno.

córner m. En fútbol, saque de esquina : *tirar los córners.*

corneta f. *Mús.* Instrumento de viento parecido al clarín. || Trompa de caza. || Trompetilla acústica. || Especie de sombrero de algunas monjas. || — M. y f. Persona que toca la corneta.

cornete m. Cuerno pequeño. — Pl. *Anat.* Huesecillos interiores en la fosa de la nariz.

cornetín m. Instrumento músico de pistones o llaves. || — M. y f. Músico que lo toca.

cornezuelo m. Honguillo ascomiceto parásito del centeno.

cornflakes m. pl. (pal. ingl., pr. *cornfleics*). Alimento hecho con copos de granos de maíz cortados muy finos.

cornicabra f. *Méx.* Venado de cuerno recto y delgado, sin ramificación llamado también *venado aguja.*

cornisa f. *Arq.* Adorno compuesto de molduras saledizas que corona un entablamento. || Carretera escarpada y tortuosa al borde del mar o de una montaña.

Cornisa Cantábrica, n. geoturístico dado al litoral del Atlántico en el N. de España, entre el río Bida-

soa (Guipúzcoa) y la ría de Ribadeo (Lugo).

cornisamento m. Conjunto de molduras que rematan un edificio.

Cornualles, en ingl. *Cornwall,* extremo del SO. de Inglaterra que constituye una larga península. — C. del Canadá (Ontario). Central hidroeléctrica.

cornucopia f. Espejo de marco tallado con varios brazos para colocar las velas. || Cuerno de la abundancia.

cornúpeta y **cornúpeto** m. Toro de lidia.

Cornwall, c. al S. del Canadá (Ontario), a orillas del río San Lorenzo. Central hidroeléctrica. Electroquímica. — V. CORNUALLES.

Cornwallis (Charles), general inglés (1738-1805). Capituló ante los norteamericanos en Yorktown (1781). Reprimió la rebelión de Irlanda (1798).

coro m. Reunión de cantores para ejecutar una obra musical en común : *el Coro de Pamplona.* || Título dado a las piezas musicales compuestas para ser cantadas por un conjunto de voces. || Grupo de personas que ejecutan un baile reunidas. || Parte de una iglesia en la que están los religiosos. (En las iglesias españolas se encuentran en el centro de la nave y en las francesas entre el crucero y el ábside). || Nombre dado a las jerarquías de ángeles y a ciertas categorías de santos : *coro celestial.* || *Fig.* Conjunto de personas que tienen la misma opinión : *un coro de descontentos.* || En las tragedias griegas y romanas, conjunto de actores que participaban en los entreactos y tenían escaso papel en la representación.

Coro, golfo de Venezuela (Falcón). — C. al NO. de Venezuela, cap. del Estado de Falcón. Obispado.

Corocoro, pobl. de Bolivia (La Paz).

Coroico, pobl. al O. de Bolivia, cap. de la prov. de Nor Yungas (La Paz).

coroides f. inv. *Anat.* Segunda membrana del globo del ojo, entre la esclerótica y la retina.

corola f. *Bot.* Segunda envoltura de las flores que protege los estambres y el pistilo.

corolario m. Afirmación segura de una proposición que se ha demostrado anteriormente.

Coromandel, costa oriental de la India, en el golfo de Bengala.

Cominas (Pere), polígrafo español (1870-1939). — Su hijo JOAN, n. en 1905, es filólogo y autor de un notable *Diccionario etimológico de la lengua castellana.*

corona f. Guirnalda de flores o de otra cosa que rodea la cabeza como adorno o como signo de distinción. || Joya de metal que se pone en la cabeza como signo de dignidad, autoridad o potencia : *corona imperial, ducal, real.* || Monarquía : *decíase partidario de la corona.* || Adorno en forma de corona : *corona funeraria.* || Parte de un diente o muela junto a la encía. || Forro de oro o de otro metal para cubrir un diente o muela estropeados. || Tonsura de un monje. || Aureola o halo en la cabeza de un santo o alrededor de un astro. || Círculo metálico que se pone a un objeto. || Parte superior de la pezuña. || Unidad monetaria de diversos países (Dinamarca, Noruega, Suecia, Islandia, Checoslovaquia) o pieza de moneda (Gran Bretaña). || Moneda antigua española y de otros países. || Trépano anular para perforaciones. || Rueda dentada que engrana con un piñón para transmitir el movimiento a las ruedas de un automóvil. || Pieza que permite dar cuerda a un reloj. || *Fig.* Cualquier cosa de forma circular : *corona de nubes.* | Gloria : *la corona del martirio.*

coronación f. Acción y efecto de coronar o coronarse. || Ceremonia con que se celebra la posesión oficial del trono por un rey. || *Fig.* Remate.

Coronación, isla del archip. de las Orcadas del Sur (Argentina).

Coronado, isla al O. de México (Baja California).

Coronado (Carolina), poetisa román-

tica española (1823-1911). || ~ (FRANCISCO y JUAN VÁZQUEZ DE). V. VÁZQUEZ DE CORONADO. || ~ (MARTÍN), escritor argentino (1850-1919), uno de los precursores del teatro nacional (*La piedra del escándalo, Culpas ajenas, Flor del aire, La chacra de don Lorenzo,* etc.) y notable poeta (*Carapachay, Visión de ensueño, La tarde*).

coronamiento m. *Fig.* Remate, final. || *Arq.* Adorno que remata un edificio.

coronar v. t. Colocar la corona en la cabeza : *coronar al vencedor.* || Elegir por soberano : *coronar al rey.* || Premiar : *coronar a un académico.* || *Fig.* Rematar, acabar, servir de remate : *este éxito coronó su vida.* | Completar una obra : *coronar un edificio.* | Dominar, servir de remate : *la cúpula que corona un palacio.* || Llegar a la cúspide de un monte o de cualquier altura. || — V. pr. *Fig.* Cubrirse. | Ponerse una corona.

coronario, ria adj. De forma de corona. || *Anat.* Dícese de cada uno de los vasos que conducen la sangre al corazón.

coronel m. Oficial superior del ejército, entre teniente coronel y general, que manda un regimiento.

Coronel, c. y puerto del centro de Chile en la VIII Región (Biobío) y en la prov. de Concepción, cap. de la com. del mismo n. || ~ **Bogado,** pobl. al SE. del Paraguay (Itapúa), ant. *Caí-Puente.* — Pobl. de la Argentina (Santa Fe). || ~ **Eugenio A. Garay,** pobl. del Paraguay (Guairá). || ~ **Martínez,** pobl. del Paraguay (Guairá). || ~ **Oviedo,** c. al E. del Paraguay, cap. del dep. de Caaguazú. Prelatura nullius. || ~ **Portillo,** prov. al N. del Perú (Ucayali) ; cap. *Pucallpa.* || ~ **Pringles,** c. de la Argentina (Buenos Aires). || ~ **Suárez,** partido de la Argentina (Buenos Aires).

Coronel (Pedro), pintor abstracto mexicano, n. en 1923. || ~ **Urtecho** (José), escritor nicaragüense, n. en 1906, autor de poesías vanguardistas (*Pol-la d'Ananta, Katanta, Paranta*), de relatos y cuentos.

Coroneo. V. TIGRE.

Corongo, c. del Perú. cap. de la prov. homónima (Ancash).

coronilla f. Parte superior y posterior de la cabeza. || Tonsura de los eclesiásticos. || — *Fig. Andar o ir de coronilla,* estar muy atareado. | *Estar hasta la coronilla,* estar harto.

Coropuna, nevado del Perú, al NO. de Arequipa ; 6 615 m.

corosol m. Chirimoya.

Corot (Camille), pintor paisajista francés (1796-1875).

corotos m. pl. *Amer.* Trastos.

Corozal, al noroeste de Colombia (Sucre).

corozo m. Chirimoya.

Corozo, c. al NO. de Colombia (Bolívar). Tabacos. — Pobl. en el norte del centro de Venezuela (Guárico).

Corpancho (Manuel Nicolás), escritor peruano (1830-1863), autor de poesías (*Brisas del mar*) y dramas.

corpiño m. Blusa de mujer sin mangas. || *Amer.* Sostén.

corporación f. Asociación de personas que ejercen la misma profesión o que tienen una finalidad común.

corporal adj. Del cuerpo : *los sentidos corporales.* || — M. Lienzo que se pone sobre el altar y en el que el sacerdote coloca la hostia y el cáliz.

corporativismo m. Doctrina económica y social que defiende la creación de instituciones profesionales corporativas dotadas de poderes económicos, sociales e incluso políticos.

corporativista adj. Del corporativismo. || Partidario de éste (ú. t. c. s.)

corporativo, va adj. Perteneciente o relativo a una corporación (ú. t. c. s.) : *sociedad corporativa.*

corporeidad f. Calidad de corpóreo.

corpóreo, a adj. Corporal.

corps m. Voz francesa que designa algunos empleos al servicio del rey : *sumiller de corps, guardia de corps.*

corpulencia f. Altura y carácter fornido de un cuerpo.

corpulento, ta adj. Alto y gordo (ú. t. c. s.). || Grande.

Corpus o **Corpus Christi** m. Jueves en que la Iglesia católica conmemora la institución de la Eucaristía.

Corpus Barga (Andrés GARCÍA DE LA

151

BARGA, llamado), escritor y periodista español (1887-1975), autor de novelas (*La vida rota, Pasión y Muerte*) y de memorias (*Los pasos contados*).

Corpus Christi, c. y puerto del S. de Estados Unidos (Texas).

corpuscular adj. Relativo a los corpúsculos, a los átomos.

corpúsculo m. Partícula pequeña, como la célula, el electrón, etc.

Corque, pobl. de Bolivia, cap. de la prov. de Carangas (Oruro).

corral m. Sitio cerrado y descubierto destinado a los animales domésticos. || Patio de una casa de vecinos. || Patio al aire libre donde antiguamente se representaban las obras teatrales : *el Corral de la Pacheca, el del Príncipe* (Madrid). || Circo de montañas con nieves. || *Fam.* Lugar muy sucio.

Corral, c. del centro de Chile en la X Región (Los Lagos) y en la prov. de Valdivia, cap. de la com. de su n. || ~ **Quemado,** pobl. de Chile (Coquimbo).

Corral (Juan del), patriota colombiano (1778-1814). Dictador del Estado de Antioquia, proclamó la independencia de este territorio en 1813.

Corrales, rancho al O. de México (Jalisco). Derrota de las tropas realistas el 1 de mayo de 1814.

Corralillo, térm. mun. en el centro de Cuba (Villa Clara).

corralón m. Corral grande. || Casa de vecindad en los barrios pobres. || *Méx.* Corralón de tránsito, lugar al que se llevan los vehículos mal estacionados.

Corralones, pobl. al S. del Perú, cerca de Arequipa.

correa f. Tira de cuero o cosa que se le asemeja : *correa de un reloj*. || Cinturón de cuero. || — *Correa de transmisión,* correa sin fin que permite un movimiento circular ; (fig.) persona u organismo que transmite las directivas de otro organismo | *Fig.* y *fam.* Tener mucha correa, aguantar pacientemente las bromas y burlas.

Correa (Juan), pintor mexicano que ejerció su arte entre los años 1674 y 1739. Fue un maestro del estilo barroco (Iglesia de San Diego en Aguascalientes). Vivió los últimos años de su vida en Guatemala. || ~ (JULIO), escritor paraguayo (1890-1953), creador del teatro guaraní contemporáneo (*Lo que no es pertenece, Para siempre así*). || ~ **Morales** (Lucio), escultor argentino (1852-1923).

correaje m. Conjunto de correas.

correazo m. Golpe con la correa.

corrección f. Acción de corregir, de enmendar : *corrección de erratas.* || Revisión, señalando las faltas, del ejercicio de un alumno que sufre un examen. || Cambio hecho a una obra con el objeto de mejorarla. || Reprimenda, reprensión. || Comportamiento conforme a las normas de trato social. || *Impr.* Enmienda de los errores contenidos en el original de un escrito o de las planas compuestas.

correccional adj. Propio a las faltas cometidas y de los tribunales que juzgan los delitos. || — M. Establecimiento penitenciario destinado al cumplimiento de ciertas penas.

correctivo, va adj. Que corrige. || — M. Castigo.

correcto, ta adj. Conforme a las normas. || Exacto. || Bien educado. || Decente : *llevar un traje correcto.*

corrector, ra adj. y s. Que corrige. || — M. y f. *Impr.* Persona que corrige las pruebas tipográficas.

corredero, ra adj. Que se corre : *puerta corredera.* || — F. Ranura o carril por donde resbala una pieza : *ventana de corredera.* || Esta pieza. || Muela superior del molino. || Cucaracha. || *Arg.* Rápido de río. || Nombre de algunas calles que fueron pistas para los caballos.

corredizo, za adj. Que se desata o se corre fácilmente : *nudo corredizo.* || *Techo corredizo,* el que se puede abrir en los techos, etc.

corredor, ra adj. Que corre. || — M. y f. Persona que participa en una carrera. || Persona intermediaria en compras y ventas : *corredor de fincas, de Bolsa, etc.* || — M. Pasillo de una casa. || — F. pl. Orden de aves, como el avestruz (ú. t. c. adj.).

corregente adj. Que comparte la regencia con otro (ú. t. c. s.).

Correggio (Antonio ALLEGRI **el**), pintor italiano (¿1489 ?-1534).

corregidor m. (Ant.). Oficial de justicia en algunas poblaciones. || Alcalde nombrado por el rey.

Corregidor, isla de Filipinas (Cavite), a la entrada de la bahía de Manila. Ocupada por los japoneses de 1942 a 1945.

Corregidora de Querétaro. V. ORTIZ DE DOMÍNGUEZ (Josefa).

corregimiento m. Empleo, jurisdicción y oficina del corregidor.

corregir v. t. Quitar los errores : *corregir una prueba.* || Amonestar, castigar. || Encontrar remedio a un defecto físico : *corregir la desviación de la columna vertebral.* || Examinar los ejercicios de una prueba escrita. || — V. pr. Enmendarse.

correinado m. Gobierno simultáneo de dos reyes en una nación.

correlación f. Relación.

correlacionar v. t. Relacionar varias cosas.

correlativo, va adj. Que tiene o indica relación. || Consecutivo.

correligionario, ria adj. De la misma religión o ideas políticas que otro (ú. t. c. s.).

correntino, na adj. y s. De Corrientes (Argentina).

correo m. Encargado de llevar y traer la correspondencia. || Administración pública para el transporte de la correspondencia. Ú. t. en pl. : *la administración de Correos.* || Oficina de dicha administración (ú. t. en pl.). || Correspondencia que se recibe o expide. || Tren correo. || — Adj. Que lleva la correspondencia : *avión correo.*

correoso, sa adj. Que es flexible y elástico : *sustancia correosa.* || *Fig.* Difícil de masticar : *pan correoso.*

correr v. i. Ir muy rápidamente : *correr tras uno.* || Participar en una carrera. Ú. t. c. t. : *correr los mil metros.* || Fluir : *el río corre entre los árboles.* || Soplar : *correr el viento.* || Extenderse : *el camino corre de Norte a Sur.* || Transcurrir el tiempo. || Propagarse, difundirse ; *corre la voz que...* || Devengarse un sueldo. || Ser válido : *esta moneda ya no corre.* || Encargarse : *correr con los gastos.* || — A todo correr,* con gran velocidad. || *Correr a cargo o por cuenta de,* ser de la incumbencia de. || Correr con, encargarse de. || — V. t. Perseguir, acosar : *correr un ciervo.* || Lidiar toros. || Recorrer : *correr el mundo.* || Deslizar : *corre un poco la mesa.* || Echar : *correr el pestillo.* || Tender o recoger : *correr las cortinas.* || Estar expuesto : *correr peligro.* || *Fig.* Avergonzar, confundir : *Méx.* y *Nicar.* Despedir a uno de mala manera. || *Fam.* Correrla, divertirse, irse de juerga. || — V. pr. Apartarse, hacerse a un lado. || Extenderse los colores, la pintura. || Ruborizarse. || *Pop.* Gozar.

correría f. Incursión armada en territorio enemigo. || Viaje corto y rápido.

correspondencia f. Relación, concordancia. || Comunicación entre dos localidades, dos vehículos públicos. || Intercambio de cartas : *mantener correspondencia con uno.* || Cartas recibidas y expedidas : *encargarse de la correspondencia.* || Significado de una palabra en otro idioma.

corresponder v. i. Pagar a alguien con una atención semejante a la que ha tenido antes : *corresponder al favor recibido.* || Estar en relación una cosa con otra : *a cada cuadro corresponde un espejo.* || Ser adecuado. || Pertenecer : *esta llave corresponde a mi reloj.* || Tocar : *te corresponde a ti hacerlo.* || Concordar : *no corresponde a lo que imaginaba.* || Tener un sentimiento recíproco : *él la quiere y ella le corresponde.* || — V. pr. Escribirse : *corresponderse con un amigo.* || Tenerse estimación o cariño recíproco. || Comunicarse una habitación o dependencia con otra.

correspondiente adj. Que corresponde. || Que mantiene correspondencia con una persona (ú. t. c. s. m.). || Aplícase al académico que reside fuera del lugar donde está la Academia a la cual pertenece (ú. t. c. s.). ||

Ángulos correspondientes, los formados por dos paralelas y una secante y colocados del mismo lado de la secante, uno siendo interno y el otro externo.

corresponsal adj. y s. Que mantiene correspondencia con una persona. || — M. y f. Persona con quien un comerciante tiene relaciones en otro país. || Periodista que envía noticias a su periódico desde otro país o población.

corresponsalía f. Cargo de corresponsal de un medio de comunicación.

corretaje m. Profesión de corredor. || Comisión que éste cobra.

corretear v. i. *Fam.* Callejear. | Correr de un lado para otro jugando.

correteo m. Acción y efecto de corretear.

correveidile com. Chismoso.

Corrèze, río y dep. en el centro de Francia ; cap. *Tulle.*

corrida f. Carrera. || *Taurom.* Lidia de toros en plaza cerrada. || *Min.* Dirección de una veta. || — Pl. Playeras, canto popular andaluz. || *De corrida,* apresuradamente ; sin dificultad.

corrido, da adj. Que excede un poco lo justo : *un kilo corrido.* || Aplícase a la letra cursiva. || *Fig.* Avergonzado. | Experimentado. || — M. Cobertizo. || Música, canción y baile mexicano, venezolano. || *De corrido,* sin dificultad : *traducir de corrido.*

corriente adj. Que corre : *agua corriente.* || Dícese del tiempo que transcurre : *el diez del corriente.* || Frecuente, habitual : *cosa corriente.* || Ordinario : *vino corriente.* || Fluido, suelto : *estilo corriente.* || — *Corriente y moliente,* nada extraordinario. || *Cuenta corriente,* la que se tiene en un banco. || *Moneda corriente,* la que tiene curso legal en un país. || — F. Movimiento de traslación de las aguas o del aire en dirección determinada : *corriente marina ; la corriente de un río.* || *Fís.* Electricidad transmitida a lo largo de un conductor : *corriente alterna, continua, polifásica.* || *Fig.* Curso, dirección que llevan algunas cosas : *la corriente de la opinión.* || — *Al corriente,* al tanto, al día. || *Dejarse llevar de (o por) la corriente,* no oponerse a la marcha de las cosas ni a lo que hacen los demás.

Corrientes, cabo de la costa E. de la prov. argentina de Buenos Aires. — Cabo al O. de Colombia (Chocó), en el Pacífico. — Cabo al O. de México (Jalisco). — Río al N. de la Argentina, en la prov. homónima, afl. del Paraná. — Río del Ecuador que se interna en el Perú, afl. del Tigre ; 340 km. — C. del NE. de la Argentina, cap. de la prov. homónima. Puerto en el río Paraná. Universidad. Obispado.

corrillo m. Grupo de personas reunido para hablar. || Espacio en la Bolsa donde se reúnen los agentes de cambio.

corrimiento m. Acción y efecto de correr o correrse. || Deslizamiento : *corrimiento de tierras.* || *Fig.* Vergüenza, confusión.

corro m. Grupo de personas alrededor de algo o de alguien. || Danza ejecutada por varias personas que forman un círculo cogidas de las manos : *bailan en corro.* || Grupo de cotizaciones de Bolsa : *el corro bancario.* || Corrillo en la Bolsa.

corroboración f. Confirmación.

corroborar v. t. Confirmar.

corroer v. t. Desgastar lentamente como royendo, carcomer. || *Fig.* Consumir, arruinar la salud una pena.

corromper v. t. Alterar, dañar, pudrir. || Echar a perder (ú. t. c. pr.). || *Fig.* Depravar : *corromper las costumbres.* | Pervertir : *corromper a una mujer.* | Sobornar. | Viciar, estropear : *corromper la lengua castellana con innumerables extranjerismos.*

corrosión f. Acción y efecto de las sustancias corrosivas.

corrosivo, va adj. Que corroe (ú. t. c. s. m.). || *Fig.* Virulento, cáustico.

corrupción f. Putrefacción. || Alteración o tergiversación : *corrupción de un libro, de un escrito.* || *Fig.* Soborno, cohecho : *corrupción de un juez, de un funcionario.* | Vicio introducido en

las cosas no materiales : *corrupción de la moral.*
corruptela f. Corrupción.
corruptibilidad f. Calidad de lo que puede ser corrompido.
corruptible adj. Que puede corromperse.
corruptivo, va adj. Que corrompe.
corruptor, ra adj. y s. Que corrompe. || Depravador.
corrusco m. Mendrugo de pan.
corsario, ria adj. y s. *Mar.* Aplícase al barco armado en corso y al que lo manda. || — M. Pirata.
Corse. V. CÓRCEGA.
corsé m. Prenda interior para ceñirse el cuerpo.
corsetería f. Fábrica de corsés y tienda donde se venden.
corso m. *Mar.* Campaña que hacen por el mar los buques mercantes con patente de su gobierno para perseguir a los piratas o a las embarcaciones enemigas : *patente de corso.*
corso, sa adj. y s. De Córcega.
corta f. Tala de árboles.
cortacésped o **cortacéspedes** m. inv. Máquina para cortar el césped.
cortacircuitos m. inv. *Electr.* Aparato que interrumpe automáticamente la corriente.
cortado, da adj. Coagulado : *leche cortada.* || *Fig.* Turbado : *quedarse cortado.* || Aplícase al estilo cuyos períodos no están bien enlazados entre sí. || Dícese del estado del cuerpo cuando se siente malestar o síntomas de enfermedad. || — M. Taza de café con algo de leche. || *Arg.* Travesía entre dos calles principales.
cortadura f. Incisión.
cortafrío m. Cincel para cortar metales en frío a golpes de martillo.
cortante adj. Que corta.
cortapisa f. Restricción, condición o traba : *poner múltiples cortapisas.*
cortar v. t. Separar por medio de un instrumento cortante : *cortó las ramas.* || Amputar un miembro : *le cortaron la pierna.* || Rajar : *estas tijeras cortan.* || Hacer una raja : *el filo de esta cartulina corta.* || Separar y dar la forma adecuada a las telas en confección o al cuero o piel : *cortar un traje.* || Dividir : *calle cortada en dos.* || Interceptar, interrumpir : *cortar las comunicaciones.* || Hacer una pausa en la frase : *estilo cortado.* || Tomar el camino más corto : *cortar por un atajo.* || Atravesar : *la nave cortaba las olas.* || Hacer disminuir la graduación : *cortar el vino con agua.* || Suprimir : *cortó el capítulo incriminado.* || Causar una sensación comparable a la de un corte : *el frío corta la cara.* || Agrietar la piel por el frío. || Separar los dobleces de un libro con una plegadera. || *Geom.* Dividir una línea a otra en un punto común o una superficie a otra con una línea común (ú. t. c. pr.). || Dividir la baraja de cartas en dos partes, poniendo una debajo de otra. || Aislar : *un foso cortaba la extensión del fuego.* || Impedir que continúe un proceso : *cortar los abusos desde el comienzo.* || Impedir la continuación : *le corté la palabra.* || Separar los elementos que constituyen una salsa, la leche, etc. || Avergonzar, turbar, confundir. Ú. m. c. pr. : *me cortan las personas tan serias.* || *Fam.* Mezclar la droga con otro producto extraño. || *Méx.* Separar los animales de una manada : *cortar los toros.* || — V. pr. Cuajarse. || *Fam.* Parar de hablar, interrumpirse : *me corté cuando habló de mi novio.*
cortaúñas m. inv. Alicates o pinzas para cortarse las uñas.
Cortázar (Julio), escritor argentino, n. en Bruselas y m. en París (1914-1984), autor de narraciones cortas *(Bestiario, Las armas secretas, Un tal Lucas, Octaedro, La vuelta al día en ochenta mundos, Historia de cronopios y de famas, Queremos tanto a Glenda, Deshoras)*, novelas *(Los premios, Rayuela, 62-Modelo para armar, Libro de Manuel)* y crónicas *(Nicaragua, tan violentamente dulce)*.
corte m. Acción y efecto de cortar. || División de un tejido para la confección de un vestido : *traje de buen corte.* || Cantidad de tela necesaria para hacer un traje. || Manera de estar hecho un vestido : *chaqueta de corte*

elegante. || *Fig.* Figura, forma, contorno : *el corte de su cara.* || Concepción, realización : *es un montaje teatral de corte muy moderno.* || Pausa, breve interrupción en una frase. || Representación o diseño de un edificio, de una máquina, etc., en el que se muestra la disposición de su interior. || Separación de las cartas de una baraja en dos partes. || Herida o raja efectuada con un instrumento cortante. || Interrupción : *corte del agua.* || Borde afilado de un cuchillo o una herramienta. || *Fam.* Contestación ingeniosa e inesperada. || Situación inesperada y molesta. || Vergüenza : *me da corte ir.* || — *Corte celestial,* el Cielo y los que están en él. || *Méx. Corte de caja,* control de la caja de un establecimiento comercial. || *Fam. Corte de mangas,* gesto grosero hecho con un brazo doblado que tiene a la altura del codo la mano del otro brazo. || — F. Conjunto de las personas que forman el séquito y la comitiva de un rey o emperador. || Población donde reside el rey y su séquito : *la corte de Versalles.* || Tribunal de justicia. || *Hacer la corte,* galantear. || — Pl. Asamblea legislativa o consultiva formada por el Senado y el Congreso o por una sola cámara.
Corte Internacional de Justicia, órgano jurídico de las Naciones Unidas constituido por quince jueces. Tiene su sede en La Haya (Holanda).
cortedad f. Pequeñez, poca extensión. || *Fig.* Escasez o falta de talento, valor, instrucción, fortuna, etc. || Timidez, encogimiento.
cortejador, ra adj. y s. Que corteja.
cortejar v. t. Galantear a una mujer. || Agasajar, halagar.
cortejo m. Requiebro o galanteo. || Agasajo. || Séquito, comitiva. || *Fig.* Secuela, acompañamiento.
cortés adj. Que se conduce con gran educación.
Cortés, dep. del NO. de Honduras ; cap. *San Pedro Sula.* Minas. Cafetales. || — (MAR DE), n. que recibe tb. el golfo de California.
Cortés (Alfonso), poeta nicaragüense (1893-1969), autor de *Tardes de oro, Las coplas del pueblo, Poemas Eleusinos,* etc. Murió loco. || — (HERNÁN), conquistador español, n. en Medellín (Badajoz) [1485-1547]. En 1504 se dirigió a las Indias, desembarcó primero en La Española, a las órdenes de Ovando. Participó después en la conquista de Cuba con Diego de Velázquez (1511), quien le encargó que organizase una expedición a México. Partió en 1518, hizo escala en Cozumel y Tabasco, fundó la ciudad de Veracruz y negó luego obediencia a Velázquez. Tras ordenar el hundimiento de las naves, para impedir la vuelta de sus compañeros a Cuba, Cortés se dirigió a México, ciudad en la que entró el 8 de noviembre de 1519. Más tarde, viéndose obligado a abandonar la capital del Imperio Azteca a causa de la insurrección indígena, emprendió la desafortunada retirada llamada de la *Noche Triste* (1520). La victoria conseguida después en Otumba le permitió apoderarse de nuevo de México tras un sitio de 75 días (1521). Nombrado por Carlos I gobernador y capitán general de Nueva España (1522), Cortés emprendió diversas expediciones a Honduras y California. Fue marqués del Valle de Oaxaca. — Su hijo MARTÍN (¿1530-1589 ?) conspiró contra la autoridad virreinal (1566). || — (MANUEL JOSÉ), poeta e historiador boliviano (1811-1865). || — Castro (LEÓN), político costarris. de la Rep. de 1936 a 1940.
cortesanía f. Cortesía.
cortesano, na adj. Relativo a la corte. || Cortés. || — M. y f. Palaciego. || — F. Prostituta de alta categoría.
cortesía f. Demostración de respeto y educación, delicadeza. || Regalo. || Gracia, favor. || Tratamiento.
corteza f. Capa exterior y protectora de los troncos y ramas de los árboles. || Parte exterior y dura de algunas frutas, del pan, del queso, del tocino. || Zona superficial de la Tierra. || *Anat.* Capa exterior de un órgano.
cortical adj. Perteneciente o relativo a la corteza. || Relativo a la corteza

o capa más superficial del cerebelo, cerebro o riñón.
corticoide m. Compuesto químico de actividad semejante a la de las hormonas de la corteza suprarrenal.
cortijero, ra m. y f. Propietario de un cortijo. || — M. Capataz encargado de un cortijo.
cortijo m. Finca.
cortina f. Tela con que se cubre una puerta, ventana, etc. : *descorrer la cortina.* || *Fig.* Lo que oculta algo.
Cortina (Joaquín GÓMEZ DE LA), humanista y bibliófilo español, n. en Mexico (1808-1868).
Cortina d'Ampezzo, c. al noroeste de Italia (Venecia). Estación de deportes de invierno en los Dolomitas.
cortinaje m. Conjunto de cortinas.
cortisona f. *Med.* Hormona de la corteza de las glándulas suprarrenales aplicada a la artritis y a ciertas enfermedades de la sangre.
corto, ta adj. De poca longitud o poca duración : *falda, lucha corta.* || Escaso : *corto de dinero.* || *Fig.* De poco talento : *corto de alcances.* || Tímido, timorato, vergonzoso. || — *A la corta o a la larga,* más pronto o más tarde. || *Corto de vista,* de oído, que ve u oye poco. || *De corto,* vestido con pantalón corto o muchacha que todavía no frecuenta la sociedad. || *Quedarse corto,* no calcular bien ; hablar de algo o alguien menos de lo que se merece. || — M. Cortometraje.
cortocircuito m. Fenómeno eléctrico producido al conectar con un conductor de poca resistencia dos puntos entre los cuales hay un potencial diferente.
cortometraje m. Película cinematográfica de poca duración.
Cortona, c. de Italia (Toscana).
Cortona (Pietro BERRETTINI DA CORTONA, llamado **Pietro da**), pintor y arquitecto italiano (1596-1669).
Corumbá, c. al S. del Brasil (Mato Grosso), en los límites con Bolivia.
Coruña (La), c. y puerto al NO. de España en Galicia, cap. de la prov. homónima. Refinería de petróleo.
coruñés, esa adj. y s. De La Coruña (España).
corva f. Parte de la pierna, detrás de la rodilla.
corvejón m. Cuervo marino. || Parte de la caña del animal donde se dobla la pata. || Espolón de los gallos. || *Corva. Méx.* Ave de ribera de tierra caliente.
corveta f. Movimiento del caballo que camina con los brazos o las patas en el aire.
córvidos m. pl. Pájaros dentirrostros de pico largo, necrófobos, como el cuervo (ú. t. c. adj.).
corvina f. Pez teleósteo marino.
Corvino (Matías), rey de Hungría en 1458 (1440-1490). Protegió las artes y las letras.
corvo, va adj. Curvo.
corzo, za m. y f. Cuadrúpedo rumiante cérvido con cuernos cortos, verrugosos y ahorquillados.
Cos o **Ko,** isla griega del mar Egeo, en el archip. del Dodecaneso ; cap. *Cos.*
cosa f. Palabra indeterminada cuyo significado (materia, objetos, bienes, palabras, acontecimientos, asuntos) se precisa por lo que le precede o la sigue : *se pueden decir muchas cosas en pocas palabras.* || Ser inanimado, por oposición a ser animado : *personas y cosas.* || Realidad, por oposición a apariencia : *estudiar el fondo de las cosas.* || Lo que se piensa, lo que se hace, lo que pasa : *hizo grandes cosas en su vida.* || Lo que depende de nosotros, lo que se posee : *estas cosas son suyas.* || Nada : *no ha hecho cosa útil.* || Ocurrencia, agudeza. || — Pl. Hechos o dichos propios de alguien : *esas son cosas de Ramón.* || — *A cosa hecha,* adrede, de intento. || *Como quien no quiere la cosa,* sin darle mucha importancia o con disimulo. || *Como si tal cosa,* como si no hubiera ocurrido nada. || *Cosa de,* aproximadamente, cerca de. || *No haber tal cosa,* no ser verdadera. || *No ser cosa que,* no vaya a ser que. || *No ser cosa del otro jueves* o *del otro mundo,* no ser nada extraordinario.

Cosa (Juan de la), navegante, geógrafo y cartógrafo español (¿1460?-1510), compañero de Colón en sus dos primeros viajes, piloto de Alonso de Ojeda y de Américo Vespucio, y jefe de dos expediciones a las tierras recién descubiertas. Autor del primer mapa mundi (1500) donde se señala el Nuevo Mundo. M. a manos de los indígenas en el Darién. ||

cosaco, ca adj. y s. Dícese del habitante de algunos distritos de Rusia. || — M. Soldado de un cuerpo de caballería ruso.

Cosamaloapán, c. y mun. al E. de México (Veracruz).

cosario m. Ordinario, recadero.

coscarse v. pr. Fam. Vaguear. || Fam. No coscarse, no hacer nada.

coscoja f. Árbol cupulífero.

coscomate m. Méx. Troje de maíz.

cosecante. f. Secante del complemento de un ángulo o de un arco (símb., cosec).

cosecha f. Conjunto de frutos que se recogen de la tierra : cosecha de trigo, cebada, aceite, vino, etc. || Tiempo y trabajo en que se recogen los frutos : pagar a la cosecha. || Fig. Abundancia de ciertas cosas : cosecha de datos.

cosechar v. i. Hacer la cosecha. || — V. t. Recoger los frutos del campo. || Fig. Obtener, ganar : cosechó galardones.

cosechero, ra m. y f. Persona que cosecha : cosechero de tempisque.

coselete m. Tórax del insecto.

coseno m. Seno del complemento de un ángulo (símb., cos.).

Cosenza, c. al S. de Italia (Calabria).

coser v. t. Unir con hilo, generalmente enhebrado en la aguja : coser un botón. || Hacer dobladillos, pespuntes y otras labores de aguja. || Unir una cosa a otra : coser papeles. || Atravesar : coser a cuchilladas, a balazos. || — Máquina de coser, máquina que hace el mismo trabajo que la costurera. || Fig. y fam. Ser una cosa coser y cantar, ser muy fácil.

cosido m. Acción y efecto de coser. || Fig. Herido : cosido a puñaladas.

Cosigüina, volcán al O. de Nicaragua (Chinandega), en el S. del golfo de Fonseca ; 859 m.

Cosío Villegas (Daniel), escritor, economista y diplomático mexicano (1900-1976).

Coslada, v. de España (Madrid).

Cosme (San) y **Damián** (San), mártires cristianos en la época de Diocleciano, hacia 287. Patronos de los cirujanos. Fiesta el 27 de septiembre.

cosmético, ca adj. Dícese de ciertos productos de belleza para el cutis o para fijar el pelo (ú. t. c. s. m.). || — F. Ciencia de los cosméticos.

cósmico, ca adj. Relativo al universo : espacios cósmicos. || Rayos cósmicos, radiaciones procedentes de los espacios intersiderales.

cosmogonía f. Ciencia o sistema de la formación del universo.

cosmografía f. Descripción de los sistemas astronómicos del mundo.

cosmología f. Ciencia de las leyes generales que rigen el mundo.

cosmonauta m. Piloto o pasajero de un vehículo espacial.

cosmonave f. Astronave.

cosmopolita adj. Aplícase a la persona ha vivido en muchos países y ha adquirido las costumbres de ellos (ú. t. c. s.). || Dícese de los lugares donde hay muchos extranjeros al país y de las costumbres que son influidas por el extranjero.

cosmopolitismo m. Carácter de lo que tiene influencia de muchos países.

cosmos m. El universo en su conjunto. || Espacio intersideral.

coso m. Plaza de toros.

Cosoleacaque, pobl. al E. de México (Veracruz). Complejo petroquímico.

cosqui y **cosque** m. Coscorrón.

cosquillas f. pl. Excitación nerviosa que se experimenta en ciertas partes del cuerpo cuando son tocadas por otra persona y que provoca la risa. || Fig. y fam. Buscarle a uno las cosquillas, hacer lo posible por irritarle.

cosquillear v. t. Hacer cosquillas.

cosquilleo m. Sensación que producen las cosquillas. || Fig. Desasosiego.

cosquilloso, sa adj. y s. Que siente mucho las cosquillas. || Fig. Quisquilloso, puntilloso, susceptible.

Cosquín, río y pobl. de la Argentina (Córdoba).

Cossío (Francisco GUTIÉRREZ COSSÍO, llamado **Pancho**), pintor español de origen cubano (1898-1970), autor de retratos, marinas y bodegones. || (JOSÉ MARÍA DE), escritor español (1893-1977), autor de la enciclopedia Los toros. || — (MANUEL BARTOLOMÉ), pedagogo e historiador del arte español (1857-1935).

costa f. Orilla del mar y tierra que está cerca de ella : la costa de Málaga. || — Pl. For. Gastos judiciales : condenado a pagar las costas del juicio. || — A costa de, a expensas de. || A toda costa, cueste lo que cueste : quería verla a toda costa.

Costa (Ángel Floro), escritor y jurista uruguayo (1839-1907). || — (CLÁUDIO MANUEL DA), poeta épico brasileño (1729-1789), autor de Vila-Rica. || — (JOAQUÍN), escritor, jurisconsulto e historiador español (1844-1911), autor de ensayos sobre la reconstrucción política y económica de su país. || — (LÚCIO), arquitecto brasileño, n. en 1902. Trazó el plano de Brasília. || — **du Rels** (ADOLFO), escritor boliviano (1891-1980), autor de obras de teatro (El jamín jinete), relatos (El embrujo del oro), novelas (Tierras hechizadas, Coronel), poesías y ensayos. Escribió generalmente en francés.

Costa, n. dado por su situación a varias cordilleras en América. || — **Azul,** parte oriental del litoral francés del Mediterráneo. Estaciones estivales e invernales (Cannes, Niza, Mónaco, Menton). || — **Blanca,** n. geoturístico del litoral mediterráneo del E. de España, entre Gandía y el cabo de Gata. Estaciones veraniegas e invernales en las prov. de Alicante (Denia, Jávea, Calpe, Altea, Benidorm, Villajoyosa, Alicante, Santa Pola, Torrevieja), Murcia (Mar Menor, Cartagena, Mazarrón, Águilas) y Almería (Garrucha, Mojácar). || — **Brava,** n. geoturístico del litoral del Mediterráneo, en el NE. de España, desde Port-Bou, en la frontera con Francia, hasta Blanes en la prov. de Gerona. Estaciones veraniegas (Cadaqués, Rosas, Ampurias, Palafrugell, Palamós, S'Agaró, San Feliú de Guíxols, Tossa de Mar, Lloret de Mar, Blanes). || — **de la Luz,** n. geoturístico del litoral del Atlántico en el S. de España, desde la des. del río Guadiana hasta Tarifa. Estaciones veraniegas en la provincia de Huelva (Ayamonte, Isla Cristina, Punta Umbría, Mazagón) y de Cádiz (Sanlúcar de Barrameda, Chipiona, Rota, Puerto de Santa María, Conill). || — **de los Mosquitos.** V. MOSQUITIA. || — **de los Piratas.** V. ÁRABES UNIDOS (Estado de los Emiratos). || — **de Marfil.** V. art. siguiente. || — **de Oro.** V. GHANA. || — **del Azahar,** n. geoturístico del litoral mediterráneo del E. de España, en la prov. de Castellón de la Plana (Vinaroz, Benicarló, Peñíscola, Benicasim, Burriana) y de Valencia (El Perelló, Cullera, Gandía). || — **del Bálsamo,** costa al S. de El Salvador, entre Acajutla y La Libertad. || — **del Sol,** n. geoturístico del litoral mediterráneo del S. de España, desde el cabo de Gata hasta pasado Tarifa. Estaciones veraniegas e invernales en las prov. de Almería (Roquetas de Mar, Adra), Granada (Motril, Salobreña, Almuñécar), Málaga (Nerja, Torrox, Torre del Mar, Rincón de la Victoria, Torremolinos, Benalmádena, Fuengirola, Marbella, Estepona) y Cádiz (San Roque, La Línea de la Concepción, Algeciras, Tarifa). || — **Dorada,** n. geoturístico del litoral mediterráneo del NE. de España, entre Blanes y la des. del Ebro, en las prov. de Barcelona (Arenys de Mar, Prat de Llobregat, Castelldefels, Sitges, Villanueva y Geltrú) y Tarragona (Calafell, Salou, Cambrils, San Carlos de la Rápita). || — **Firme,** n. dado por Colón a la costa del istmo centroamericano. || — **Francesa de los Somalíes.** V. JIBUTI. || — **Rica.** V. más adelante, y TEMBLEQUE. || — **Vasca,** sector del litoral cantábrico entre la ciudad francesa de Biarritz y la española de Bilbao. Turismo. || — **Verde,**

n. geoturístico en el N. de España (Asturias).

Costa de Marfil, rep. de África Occidental, en la costa norte del golfo de Guinea ; 322 500 km² ; 8 000 000 de h. ; cap. Abidján, 990 000 h. Independiente desde 1960.

Costa Rica, república de América Central, situada entre Nicaragua, el océano Atlántico, Panamá y el océano Pacífico ; 50 900 km² ; 2 620 000 h. (costarricenses). Cap. San José, 260 000 h. ; otras c. : Puntarenas, 31 000 h. ; Alajuela, 46 500 ; Heredia, 37 000 ; Cartago, 78 000, y Limón, 50 000. Administrativamente, Costa Rica se divide en siete provincias. La población es blanca en su mayoría, con un pequeño porcentaje de negros y de indios. La religión predominante es la católica y el idioma oficial el castellano o español. La densidad media es de 42,7 h./km².

~ GEOGRAFÍA. El centro de Costa Rica está constituido por un valle, donde se asienta la agricultura del país. Al N. se encuentran las cordilleras de Guanacaste y Central, con los volcanes Irazú y Poás. La cordillera de Talamanca, en el S., presenta la mayor eminencia del país, el Chirripó Grande (3 382 m). Al Atlántico van los ríos San Juan (con sus afluentes San Carlos y Sarapiquí), Reventazón y Sixaola ; en el Pacífico desembocan los ríos Tempisque, Grande de Tárcoles y Grande de Térraba. La costa atlántica es baja, arenosa y poco accidentada, mientras que la del Pacífico es más recortada (península y golfo de Nicoya, península de la Osa, golfo Dulce). La isla del Coco se encuentra a unos 300 km de la costa, en el Pacífico. El clima es cálido en la costa y en las tierras bajas, frío en las montañas. Las lluvias son abundantes en la zona atlántica. Costa Rica basa su economía en la agricultura (café, cacao, caña de azúcar, tabaco, maderas preciosas). La ganadería está medianamente desarrollada, y la industria transforma principalmente los productos agrícolas (ingenios azucareros, beneficios de café, aserraderos de madera, etc.). Unos 1 400 km de vías férreas aseguran las comunicaciones, junto con 25 000 km de carreteras y varias líneas aéreas interiores.

costado m. Cada una de las dos partes laterales del cuerpo humano. || Lado. || Mar. Cada uno de los dos lados de un buque, banda. || Mil. Lado derecho o izquierdo de un ejército. || Méx. Andén del ferrocarril. || — Pl. Línea de ascendientes : noble por los cuatro costados.

costalada f. y **costalazo** m. Caída.

Costantini (Humberto), escritor argentino, n. en 1924, autor de poesías y relatos.

costar v. t. Valer una determinada cosa cierto precio. || Causar gastos : me costará caro. || Fig. Ser penoso o difícil : le cuesta mucho decirlo. || Ocasionar molestias : las promesas cuestan poco. || — V. t. Causar, ocasionar : me costó mucho trabajo hacerlo. || Ocasionar una pérdida : le costó la vida. || Consumir tiempo : le costó dos días realizarlo. || — Fig. Costar los ojos de la cara o un riñón o un sentido, valer muy caro. || Cueste lo que cueste, a toda costa.

costarricense y **costarriqueño, ña** adj. y s. De Costa Rica.

costarriqueñismo m. Vocablo o giro propio de los costarriqueños. || Amor a Costa Rica. || Carácter propio de Costa Rica.

coste m. Precio en dinero.

costear v. t. Pagar el gasto : costeó sus estudios (ú. t. c. pr.). || Mar. Navegar cerca de la costa. || — V. pr. Cubrir los gastos.

costeño, ña adj. De la costa. || — Adj. y s. De Zelayense, de Zelaya (Nicaragua). || Costeño del Cabo, de Cabo Gracias a Dios (Nicaragua).

Costera (CADENA), conjunto de montañas al S. de El Salvador, alineadas a lo largo del litoral y con numerosos volcanes.

Costermansville. V. BUKAVU.

costero, ra adj. De la costa : pueblo costero ; navegación costera. || — M. y f. Habitante de la costa.

COSTA DE MARFIL

CO

costumbre. || — Pl. Conjunto de cualidades y usos que forman el carácter distintivo de un país o persona.

costumbrismo m. Género literario o pictórico que describe las costumbres de un país o región determinados.

costumbrista com. Escritor o pintor que pinta las costumbres de un país. || — Adj. Relativo al costumbrismo.

costura f. Cosido. || Unión de dos piezas cosidas. || Oficio de confeccionar vestidos.

costurera f. Mujer que cose por oficio.

costurero m. Caja, mesita o cesto para la costura. || Hombre cuyo oficio es realizar trajes femeninos, modista. || Cuarto para coser.

costurón m. Costura mal hecha. || Fig. Señal, cicatriz.

cota f. Armadura antigua : cota de mallas. || Número que indica la dimensión en un diseño o plano, o una diferencia de nivel entre dos puntos. || Altura señalada en un mapa. || Fig. Nivel, altura, grado : alcanzó cotas de gran popularidad.

Cota (Rodrigo de), poeta español del s. XV, de origen judío, a quien se ha atribuido el primer acto de La Celestina y las Coplas de Mingo Revulgo.

Cotabanana, cacique de Haití, ahorcado por los españoles en 1504.

Cotacachi, pobl. del Ecuador (Imbabura), al pie del volcán del mismo n. ; 4 966 m.

Cotacajes, río de Bolivia (La Paz y Beni), afl. del Beni.

Cotagaita, pobl. de Bolivia, cap. de la prov. de Nor Chichas (Potosí).

Cotahuasi, c. al S. del Perú, cap. de la prov. de La Unión (Arequipa).

cotangente f. Tangente del complemento de un ángulo o de un arco (símb., cot.).

cotarro m. Fig. y fam. Alborotar el cotarro, sembrar disturbios. | Dirigir el cotarro, mangonear.

Cotaxtla, v. y mun. al E. de México (Veracruz).

Côte || ~ -d'Or, dep. al E. de Francia, en Borgoña ; cap. Dijon. Viñedos. || ~ -de-Fer, c. de Haití (Oeste).

cotejar v. t. Comparar.

cotejo m. Comparación.

costilla f. Anat. Cada uno de los huesos que forman la caja torácica : costilla flotante. || Este hueso en las reses que, con la carne que tiene, sirve de alimento. || Cosa en forma de costilla : las costillas de una silla. || Fig. y fam. Esposa. || Mar. Cuaderna. || — Pl. Fam. Espalda. || Medir las costillas, pegar.

costo m. Coste : mercancía de poco costo ; costo de la vida. || Gasto.

costomate m. Méx. Solanácea de fruto comestible.

costoso, sa adj. Que cuesta o vale mucho. || Fig. Que exige grandes sacrificios o de consecuencias desagradables : triunfo costoso.

costra f. Corteza exterior que se endurece o seca sobre una cosa húmeda o blanda : la costra del pan, del queso. || Postilla : la costra de una llaga. || Fig. y fam. Suciedad.

costroso, sa adj. Con costras.

costumbre f. Hábito, uso : la fuerza de la costumbre. || Práctica que ha adquirido fuerza de ley : regirse por la

COSTA RICA

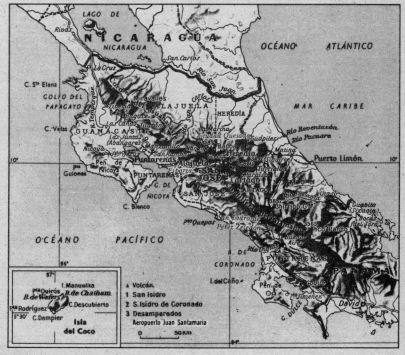

155

Cotentin, peníns. al NO. de Francia en el canal de la Mancha (Manche).

coterráneo, a adj. y s. Del mismo país.

Côtes-du-Nord, dep. al NO. de Francia, en Bretaña ; cap. *Saint-Brieuc.*

cotidianidad f. Carácter cotidiano.

cotidiano, na adj. Diario, de todos los días : *trabajo cotidiano.*

Cotija, c. de México (Michoacán).

cotiledón m. *Bot.* Parte de la semilla que rodea el embrión.

cotilla f. Ajustador armado de ballenas que usaban las mujeres. || — Com. *Fam.* Persona chismosa.

cotillear v. i. *Fam.* Chismorrear.

cotilleo m. Chisme, chismorreo.

cotillón m. Danza con figuras en la cual se distribuyen obsequios. || Fiesta muy animada celebrada generalmente el último día del año.

cotinga m. Pájaro dentirrostro de América, de hermoso plumaje.

cotización f. Valor de los títulos negociables en la Bolsa y cuadro que señala el precio de ciertas mercancías. || Cuota. || Valor, estimación.

cotizar v. t. *Com.* Asignar precio en la Bolsa o mercado. || *Fig. Estar cotizado,* ser apreciado. || — V. i. Pagar o recaudar una cuota. || — V. pr. Pagar a determinado precio. || Dar un valor a algo.

coto m. Vedado, terreno acotado : *coto de pesca, de caza.* || *Fig.* Término.

cotón m. Tela de algodón estampada.

cotona f. *Amer.* Camisa de trabajo que usan los hombres.

cotonada f. Tela de algodón.

Cotonú, c. y puerto del SE. de Benin.

cotopaxense adj. y s. De Cotopaxi (Ecuador).

Cotopaxi, volcán nevado de los Andes del Ecuador, en la Cord. Central ; 5 943 m. — Prov. del Ecuador ; cap. *Latacunga.*

cotorra f. Papagayo pequeño de color verde. || Urraca. || *Fig. y fam.* Persona muy parlanchina.

cotorrear v. i. *Fig. y fam.* Hablar demasiado.

cotorreo m. *Fig. y fam.* Charla sin sustancia.

Cotorro, mun. de Cuba (Ciudad de La Habana).

cotorrón, ona adj. y s. *Fam.* Carcamal. | Loro, persona que habla demasiado. | Murmurador. | Chismoso.

cottage [cotech] m. (pal. ingl.). Casita de campo.

Cottbus, c. de Alemania Oriental, a orillas del Spree.

cotufa f. Tubérculo de la aguaturma. || Chufa.

Cotui, c. de la Rep. Dominicana, cap. de la prov. de Sánchez Ramírez.

coturno m. Calzado.

cotutor, ra m. y f. Tutor con otro.

Coubertin (Pierre de), educador francés (1863-1937), restaurador de los Juegos Olímpicos (1896).

Coulomb (Charles de), físico francés (1736-1806). Investigó sobre electrostática y magnetismo.

Coulommiers, c. de Francia (Seine-et-Marne), al este de París.

Couperin (François), organista y compositor francés (1668-1733).

Courbet (Gustave), pintor realista francés (1819-1877).

Courbevoie, c. de Francia (Hauts-de-Seine), suburbio al NO. de París.

Courteline (Georges MOINAUX, llamado), escritor francés (1858-1929), autor de comedias de carácter satírico.

Courtrai, c. de Bélgica (Flandes Occidental).

covacha f. Cueva. | Zaquizamí.

covachuela f. *Fam.* Cualquiera de las antiguas secretarías del despacho universal en el real palacio de Madrid, hoy ministerios. || Oficina pública.

covachuelista m. *Fam.* Oficinista.

Covadonga, aldea de la prov. de Oviedo, al noroeste de España, en la que Don Pelayo venció a los árabes (718) iniciando la Reconquista de España. Parque Nacional.

Covarrubias (Antonio Alonso de), arquitecto renacentista español (1488-1570). || — (MIGUEL), pintor mexicano (1904-1957). || **— y Leyva** (DIEGO), obispo y jurista español (1512-1577).

Fue arzobispo de Santo Domingo y recibió el n. de *el Bártolo español.* || **~ y Orozco** (SEBASTIÁN DE), filólogo español (1539-1613), autor del diccionario *Tesoro de la lengua castellana o española* (1611).

Coventry, c. del centro de Inglaterra (West Midlands). Universidad.

Covilhã, c. en el centro de Portugal (Castelo Branco).

cow-boy [kao-] m. (voz ingl.). Vaquero norteamericano.

Coward (Noel), dramaturgo inglés (1899-1973).

Cowes [kaus], c. y puerto de Inglaterra (isla de Wight).

coxalgia f. Artritis muy dolorosa causada por infección en la cadera, generalmente de origen tuberculoso.

coxálgico, ca adj. y s. Que sufre coxalgia.

coxis m. *Anat.* Cóccix.

coya f. Entre los ant. peruanos, mujer del emperador o princesa.

coyamel m. *Méx. Zool.* Pecarí.

Coyhaique. V. COIHAIQUE.

Coyle, río del S. de la Argentina (Santa Cruz) ; 800 km.

Coyoacán, delegación del Distrito Federal de México, en la cap. del país.

coyol m. *Méx.* Palmera de cuyo tronco se extrae un jugo. || Su fruto.

Coyolxauhqui, diosa azteca de la Luna, hija única de Coatlicue.

coyotaje m. *Méx.* Acción de coyotear. | Remuneración del coyote.

coyote m. Lobo de México y de América Central. || *Méx.* Traficante de operaciones de Bolsa. | Persona que hace los trámites que debían ser realizados por otro mediante una remuneración.

coyotear v. i. *Méx.* Actuar como coyote.

coyoteo m. *Méx.* Acción y efecto de coyotear.

coyotero, ra adj. y s. *Amer.* Perro amaestrado para perseguir coyotes.

Coysevox (Antoine), escultor francés (1640-1720).

Coyuca de Catalán, c. y mun. al suroeste de México (Guerrero).

coyunda f. Correa del yugo de los bueyes. || *Fig.* Lazos matrimoniales.

coyuntura f. Articulación o juntura movible de un hueso con otro. || *Fig.* Oportunidad, ocasión, circunstancia. | Pronóstico, sobre la evolución próxima en el sector económico, social, político o demográfico, basado en una comparación de la situación presente con la pasada y en datos estadísticos. | Conjunto de elementos que constituye la situación presente.

coyuntural adj. Relativo a la coyuntura económica.

coz f. Golpe violento que dan las bestias con las patas traseras : *pegar coces.* || Golpe dado por una persona con el pie hacia atrás. || Culatazo del arma de fuego. || Culata de la escopeta. || *Fig.* Exabrupto, grosería, mal modo : *le trata a coces.*

Cozumel, isla de México en la costa de Yucatán (frente a Quintana Roo), en el Caribe ; 489 km².

Cr, símbolo químico del cromo.

crac m. Quiebra, bancarrota.

crack m. (pal. ingl.). As, estrella.

cracking m. (pal. inglesa). Transformación de los aceites pesados del petróleo en combustibles para motores.

Cracovia, c. al S. de Polonia, a orillas del Vístula. Arzobispado.

Craiova, c. del S. de Rumania.

crampón m. Gancho en las botas de los montañeros.

cran m. *Impr.* Muesca de los caracteres tipográficos.

Cranach (Lucas), pintor y grabador alemán (1472-1553).

Crane (Stephen), novelista norteamericano (1871-1900).

craneal y **craneano, na** adj. *Anat.* Del cráneo : *fractura craneal.*

cráneo m. *Anat.* Caja ósea en que está el encéfalo. || *Fam.* Cabeza. || *Fam. Ir de cráneo,* estar muy preocupado o atareado.

Cranmer (Thomas), arzobispo de Canterbory (1489-1556), promotor de la Reforma en Inglaterra. Quemado como hereje.

crápula f. Libertinaje. || — Adj. y s. Crapuloso.

crapuloso, sa adj. Libertino, disoluto (ú. t. c. s.).

craqueo m. Cracking.

craso, sa adj. Grueso, lleno de grasa. || *Fig.* Grande, muy grave : *ignorancia crasa.*

Craso (Marco Licinio), triunviro con Pompeyo y César (¿ 115 ? -53 a. de J. C.). M. asesinado.

cráter m. Boca de volcán.

Crato (*Gran Prior de*). V. ANTONIO.

Cravioto (Alfonso), escritor y político mexicano (1884-1955).

crawl [krol] m. (pal. ingl.). Forma de nadar consistente en un movimiento rotatorio de los brazos y con los pies golpeando el agua.

Crawley, c. de Inglaterra, al sur de Londres.

creación f. Acción y efecto de crear. || El universo, conjunto de las cosas creadas. || Fundación, realización, establecimiento. || *Fig.* Obra literaria o artística. | Representación de un personaje en el teatro o en el cinematógrafo.

creacionismo m. Doctrina poética, reacción contra la técnica modernista, que defiende el verso libre : *el chileno Vicente Huidobro fue fundador del creacionismo.*

creacionista adj. Relativo al creacionismo. || Partidario del creacionismo (ú. t. c. s.).

creador, ra adj. y s. Que crea. || *El Creador,* Dios.

crear v. t. Producir algo de la nada. || Engendrar. || Hacer Dios el mundo. || *Fig.* Inventar. | Fundar : *crear una academia.* | Establecer : *crear un premio.* || Instituir un cargo.

creatividad f. Capacidad de crear.

creativo, va adj. Que crea.

crecer v. i. Aumentar insensiblemente : *los días crecen.* || Desarrollarse : *el árbol ha crecido.* || Ponerse más alto : *crecer con la edad.* || Aumentar la parte iluminada de la Luna. || Aumentar, hacerse más grande : *creció su animosidad.* || Aumentar de caudal un río. || — V. pr. Envanecerse. | Ser más osado.

creces f. pl. Aumento. || *Fig.* Ventajas. | Intereses : *pagar con creces.* || *Con creces,* abundantemente.

crecida f. Aumento de caudal de una corriente de agua.

crecido, da adj. Grande, elevado : *una suma crecida.* || De edad : *hijos crecidos.*

creciente adj. Que crece. || — M. *Blas.* Media luna.

crecimiento m. Acción y efecto de crecer, aumento.

credencial adj. Que acredita : *cartas credenciales.* || — F. Documento que acredita el nombramiento a un empleo. || *Amer.* Pase. | Permiso. || F. pl. Cartas que acreditan a un embajador.

credibilidad f. Calidad de creíble.

crediticio, a adj. Relativo al crédito.

crédito m. Confianza, creencia otorgada a una cosa o a una persona digna de fe. || Reputación, fama. | Influencia que se tiene a causa de la confianza que se inspira. || Reputación de ser solvente : *persona de crédito.* || Plazo concedido para un pago : *dos meses de crédito.* || Préstamo concedido por un banco. || Parte de la cuenta en que figura el haber. || Cantidad que puede cobrar uno como acreedor. || En la enseñanza universitaria, cada una de las asignaturas o materias que permiten obtener un título académico. || — *Apertura de crédito,* compromiso de poner una cantidad de dinero a disposición de alguien. || *Crédito a corto plazo, a largo plazo, a medio plazo,* crédito concedido por un período inferior a un año, por un período de unos quince años, por un período que puede alcanzar dos años. || *Dar crédito a una cosa,* creerla. || *Tarjeta de crédito,* v. TARJETA.

credo m. Oración, símbolo de la fe. || *Fig.* Conjunto de principios que rigen la conducta o las opiniones de alguien o de una colectividad.

credulidad f. Facilidad en creerse todo : *una credulidad asombrosa.*

crédulo, la adj. Que cree fácilmente lo que se le dice (ú. t. c. s.).

creencia f. Acción de creer en la

verosimilitud o en la posibilidad de una cosa. ‖ Fe religiosa. ‖ Opinión, convicción completa.

creer v. t. Tener por cierto, aceptar como verdad : *creo lo que me dices* (ú. t. c. pr.). ‖ Dar por sincero, verídico : *no hay que creer a los embusteros* (ú. t. c. pr.). ‖ Pensar, estimar, juzgar : *creo que vendrá* (ú. t. c. pr.). ‖ Imaginar, suponer : *nunca lo hubiera creído* (ú. t. c. pr.). ‖ — V. i. Dar por cierta su existencia : *creo en la vida eterna*. ‖ Tener fe en la veracidad : *creer en sus palabras*. ‖ Tener fe en su eficacia : *creo en la medicina*. ‖ — V. pr. Tener muy buena opinión de sí mismo.

creible adj. Digno de ser creído.

creído, da adj. Confiado. ‖ Engreído, vanidoso (ú. t. c. s.).

Creil, c. de Francia (Oise).

crema f. Nata de la leche. ‖ Dulce de leche, huevos, azúcar, etc. ‖ Cosmético para el cutis o para la piel en general. ‖ Líquido extraído de ciertos frutos : *crema de cacao*. ‖ Betún : *crema para el calzado*. ‖ *Fig.* Lo mejor, la nata : *la crema de la sociedad*. ‖ *Gram.* Diéresis. ‖ Sopa de puré : *crema de espárragos*. ‖ Licor alcohólico algo espeso : *me gusta mucho la crema de menta*. ‖ — Adj. Dícese de lo que tiene un color blanco amarillento.

cremá f. En Valencia, quema de las fallas la noche de San José.

cremación f. Incineración.

cremallera f. *Mec.* Barra con dientes que engranan con un piñón. ‖ Cierre que consiste en dos tiras flexibles con dientes por las que se desliza una corredera. ‖ Raíl dentado en el cual engrana una rueda motriz.

crematístico, ca adj. Relativo al dinero.

crematorio, ria adj. De la cremación de los cadáveres : *horno crematorio*. ‖ — M. Edificio para la incineración de los cadáveres o lugar donde se quema la basura.

Crémer (Victoriano), escritor español, n. en 1910, autor de poesías, de obras teatrales y de novelas.

Cremona, c. en el norte de Italia (Lombardía), cap. de la prov. homónima. Obispado.

cremoso, sa adj. Parecido a la crema.

crencha f. Raya del pelo.

crepe f. (pal. fr.). Tortilla hecha con una hojuela de harina que se pasa por la plancha de la cocina o en la sartén.

crepé m. (pal. fr.). Crespón, tela ligera y fina. ‖ Caucho esponjoso empleado en las suelas del calzado.

crepitación f. Acción y efecto de crepitar. ‖ Ruido de una cosa que chisporrotea en el fuego.

crepitante adj. Que crepita.

crepitar v. i. Hacer ruido semejante a los chasquidos de la leña que arde.

crepuscular adj. Del crepúsculo.

crepúsculo m. Luz del amanecer y del anochecer : *crepúsculo matutino, vespertino*. ‖ *Fig.* Decadencia.

crescendo [crechendo] m. (pal. ital.). *Mús.* Aumento gradual de intensidad de los sonidos (ú. t. c. adv.). ‖ *In crescendo,* loc. adv. que expresa que algo aumenta.

creso m. *Fig.* Hombre muy rico.

Creso, rey de Lidia (560 a 546 a. de J. C.), célebre por sus riquezas. Derrotado por Ciro.

crespo, pa adj. Aplícase al pelo muy rizado.

Crespo (Joaquín), general venezolano (1841-1898), pres. de la Rep. de 1884 a 1886 y de 1892 a 1898. ‖ ~ **Paniagua** (RENATO), dramaturgo y novelista boliviano, n. en 1922. ‖ ~ **Toral** (REMIGIO), escritor ecuatoriano (1860-1939), autor de poesías y ensayos.

crespón m. Tela de seda que tiene la urdimbre muy retorcida.

cresta f. Carnosidad en la cabeza de algunas aves : *la cresta del gallo*. ‖ Penacho de plumas. ‖ *Fig.* Cumbre peñascosa de una montaña. ‖ Cima de una ola generalmente coronada de espuma. ‖ *Fig. Dar en la cresta,* humillar.

creta f. Carbonato de cal.

Creta, ant. *Candía,* isla griega del E. del Mediterráneo ; 8 336 km2 ; 482 000 h. (*cretenses*). Cap. *La Canea* y *Heraclión.* Centro de una civilización prehelénica.

cretáceo, a adj. Gredoso. ‖ — M. Capa geológica posterior al jurásico.

Créteil, c. de Francia, cerca de París, cap. del dep. de Val-de-Marne.

cretense adj. y s. De Creta. (Grecia).

cretinismo m. *Med.* Idiotez endémica o heredada, acompañada de degeneración física. ‖ *Fig. y fam.* Necedad, estupidez.

cretino, na adj. y s. Que padece cretinismo. ‖ *Fig.* Idiota.

cretona f. Tela de algodón con dibujos estampados.

Creus (CABO DE), promontorio en el NE. de España (Gerona).

Creuse, dep. en el centro de Francia ; cap. *Gueret.*

Creusot (Le), c. al E. de Francia (Saône-et-Loire). Metalurgia. Textiles.

Crevillente, sierra de España (Murcia) y v. en la prov. de Alicante.

creyente adj. y s. Que cree.

cria f. Acción y efecto de criar : *cría extensiva.* ‖ Niña o animal mientras están criando. ‖ Conjunto de hijos que tienen los animales de una vez.

criadero m. Sitio donde se trasplantan los arbolillos nacidos en el semillero. ‖ Yacimiento, lugar donde abunda un mineral. ‖ Lugar para criar animales.

criadilla f. Testículo de las reses.

criado, da adj. Con los adverbios *bien* o *mal,* de buena o mala educación. ‖ — M. y f. Persona que sirve a otra por dinero o se ocupa de las faenas domésticas.

criador, ra adj. Que nutre y alimenta. ‖ — Adj. y s. Que cría animales domésticos : *criador de caballos, de gallinas.* ‖ Vinicultor.

crianza f. Acción y efecto de criar. ‖ Época de la lactancia. ‖ Educación, cortesía : *buena o mala crianza.* ‖ *Crianza del vino,* elaboración del vino.

criar v. t. Amamantar a las crías en su leche. ‖ Alimentar a un niño : *criar con biberón.* ‖ Cuidar animales : *criar toros.* ‖ Producir : *criar piojos.* ‖ Educar, cuidar en la niñez : *ella me crió.* ‖ Someter el vino a los cuidados propios de su elaboración. ‖ Cultivar plantas. ‖ — V. pr. Desarrollarse, crecer, hacerse hombres.

criatura f. Cosa creada. ‖ Niño de pecho. ‖ *Fig.* Niño.

criba f. Tamiz para cribar.

cribado m. Operación de cribar.

cribar v. t. Pasar por la criba. ‖ *Fig.* Limpiar de impurezas. ‖ Seleccionar.

cric m. Gato para levantar pesos.

cricquet m. Juego de pelota, con palas de madera, entre dos equipos de once jugadores.

Crimea, ant. *Quersoneso Táurico,* peníns. al SO. de la U. R. S. S., entre el mar Negro y el de Azov (Ucrania). C. pr. : *Sinferopol, Sebastopol, Yalta.*

crimen m. Delito grave. ‖ *Fig.* Falta muy grande o cosa muy mal hecha.

criminal adj. Del crimen : *atentado criminal.* ‖ Penal : *código criminal.* ‖ — Adj. y s. Autor de un crimen.

criminalidad f. Calidad de criminal. ‖ Estadística de los crímenes cometidos en un tiempo o lugar determinado.

criminalista adj. Penalista, jurista especializado en derecho penal : *abogado criminalista* (ú. t. c. s.).

criminología f. Tratado acerca del delito, sus causas y la pena con que se castiga.

crin f. Pelos largos en el cuello de algunos animales : *crin de caballo.*

crinolina f. Galicismo por *miriñaque.*

crio com. *Fam.* Niño.

criollismo m. Carácter criollo. ‖ Afición a las cosas criollas.

criollo, lla adj. y s. Aplícase al blanco nacido en las colonias y a los españoles nacidos en América. ‖ Dícese del negro nacido en América. ‖ Aplícase en América a los animales, plantas, etc., que proceden del país, cuando hay que distinguirlos de los extranjeros : *caballo criollo, pan criollo.*

cripta f. Parte subterránea de una iglesia donde se enterraba a los muertos. ‖ Capilla subterránea de una iglesia.

criptico, ca adj. Oscuro, poco comprensible, secreto, misterioso.

criptógamo, ma adj. *Bot.* Dícese de las plantas que tienen ocultos los órganos reproductores, como los hongos y los helechos (ú. t. c. s. f.).

criptografia f. Arte de escribir con clave secreta.

criptón m. *Quím.* Gas raro que se encuentra en el aire (símb., Kr).

criquet m. Cricquet.

crisálida f. *Zool.* Ninfa de un insecto entre el estado de oruga y el de mariposa.

crisantemo m. Planta perenne de la familia de las compuestas, de hermosas flores ornamentales. ‖ Su flor.

crisis f. Cambio rápido que se produce en el transcurso de una enfermedad y que es síntoma de mejora. ‖ Ataque : *crisis de rabia.* ‖ Manifestación profunda de un sentimiento : *crisis de melancolía.* ‖ *Fig.* Momento difícil, dificultad : *crisis financiera.* ‖ Falta, penuria, escasez : *crisis de mano de obra.* ‖ Ruptura del equilibrio entre la producción y el consumo caracterizada por la súbita baja de los precios, quiebras y paro. ‖ Período intermedio entre la dimisión de un gobierno y la formación de otro.

crisma m. Aceite consagrado. ‖ — F. *Fam.* Cabeza : *romperse la crisma.*

crismas m. Christmas.

Crisnejas, río del Perú, formado al unirse el Cajamarca con el Condebamba.

crisol m. Recipiente empleado para fundir y purificar metales a gran temperatura. ‖ Depósito inferior de los hornos que recoge el material fundido. ‖ *Fig.* Lugar en el que se mezclan o funden diversas cosas. ‖ Medio de purificación, de ensayo o prueba, de análisis.

crispación f. Acción y efecto de crispar.

crispar v. t. Poner tensos o rígidos los músculos. ‖ Poner nervioso, exasperar (ú. t. c. pr.).

cristal m. *Min.* Cuerpo solidificado en forma poliédrica. ‖ Vidrio incoloro y transparente : *cristal de Bohemia.* ‖ Objeto de cristal : *cristales de Venecia.* ‖ Hoja de vidrio que se pone en las ventanas. ‖ *Fig.* Espejo.

Cristal, cima al E. del Brasil (Minas Gerais) ; 2 798 m. — Laguna de la Argentina (Santa Fe). — Sierra del este de Cuba. — Macizo montañoso del África ecuatorial, atravesado por el río Ubanga.

cristalera f. Armario con cristales. ‖ Puerta o ventana de cristales. ‖ Techo de cristales.

cristaleria f. Fábrica o tienda de objetos de cristal, de placas de vidrio para las ventanas. ‖ Conjunto de vasos, copas, jarras, etc. para el servicio de mesa.

cristalero m. El que hace o pone cristales.

cristalino, na adj. De la naturaleza del cristal. ‖ Semejante a él por la transparencia o sonoridad : *agua, voz cristalina.* ‖ — M. Elemento constitutivo del ojo, de forma de lente biconvexa, que reproduce en la retina la imagen de los objetos.

cristalización f. Acción y efecto de cristalizar o cristalizarse. ‖ Cosa cristalizada. ‖ *Fig.* Concretización.

cristalizar v. t. Tomar forma de cristales (ú. t. c. pr.). ‖ *Fig.* Formar un conjunto de diferentes elementos dispersos : *cristalizar el descontento.* ‖ — V. i. *Fig.* Concretarse, convertirse en realidad, materializarse.

cristalografia f. Estudio de los cristales.

cristero adj. y s. m. En México, durante el gobierno de P. Elías Calles, adversario de la aplicación de los artículos de la Constitución relativos a la cuestión religiosa.

cristianar v. t. *Fam.* Bautizar.

cristiandad f. Conjunto de los fieles cristianos. ‖ Cristianismo.

Cristiania. V. OSLO.

cristianismo m. Religión cristiana. ‖ Conjunto de los cristianos.

— El *cristianismo* (o religión de Cristo) fue predicado por los apóstoles después de la muerte del Redentor.

cristianización f. Acción y efecto de cristianizar.

cristianizar v. t. Convertir a la religión cristiana. ‖ Dar carácter cristiano.

cristiano, na adj. Que está bautizado y profesa la religión de Cristo (ú. t. c. s.). ‖ Propio de la religión de Cristo. ‖ *Fig.* y *fam. Hablar en cristiano,* hablar claro. ‖ — M. y f. *Fam.* Individuo, persona.

Cristiansand. V. KRISTIANSAND.

Cristina (1626-1689), reina de Suecia (1632-1654), hija de Gustavo Adolfo.

cristo m. Crucifijo : *cristo de marfil.*

Cristo, el Redentor, el Mesías entre los cristianos. (V. JESÚS.)

Cristo de Aranza, mun. al NO. de Venezuela (Zulia), cerca de Maracaibo.

Cristóbal, c. y puerto de Panamá en la Zona del Canal. ‖ ~ **Colón,** monte al NO. de Colombia, en la Sierra Nevada de Santa Marta (Magdalena) ; 5 775 m.

Cristóbal (*San*), mártir del cristianismo (250), n. en Siria. Patrón de los automovilistas. Fiesta el 25 de julio.

cristobalense adj. y s. De San Cristóbal (Venezuela).

criterio m. Norma para juzgar, estimar o conocer la verdad. ‖ Juicio, discernimiento : *persona de buen criterio.* ‖ Opinión, parecer. ‖ Prueba deportiva.

crítica f. V. CRÍTICO.

criticable adj. Que puede criticarse.

criticador, ra adj. y s. Que critica.

criticar v. t. Enjuiciar, analizar las cualidades o defectos de las obras literarias o artísticas. ‖ Censurar, dar un juicio desfavorable de una persona o cosa. ‖ Murmurar.

criticismo m. Sistema filosófico de Kant basado en la crítica del conocimiento.

crítico, ca adj. Producido por una crisis, por un ataque : *época crítica.* ‖ Decisivo : *momento crítico.* ‖ Difícil, peligroso : *situación crítica.* ‖ Preciso : *vino en aquella hora crítica.* ‖ Oportuno, conveniente : *lo dijo en el momento crítico.* ‖ Que juzga : *análisis crítico.* ‖ *Fís.* Dícese de las condiciones bajo las cuales se inicia la reacción en cadena dentro de un reactor nuclear. ‖ — M. y f. Persona que estudia, analiza o juzga las obras artísticas o literarias : *crítico de un periódico.* ‖ — F. Juicio que se hace sobre las obras literarias o artísticas. ‖ Conjunto de personas que lo hacen : *la crítica es unánime.* ‖ Actividad de los críticos : *escribe crítica teatral.* ‖ Ataque, censura, juicio desfavorable : *estoy harto de tus críticas.* ‖ Murmuración, habladuría, chismes.

criticón, ona adj. y s. Que critica todo.

critiqueo m. *Fam.* Crítica.

crizneja f. Trenza de pelo.

Crna Gora, n. eslavo de Montenegro.

Croacia, rep. federada al NO. de Yugoslavia ; 56 553 km² ; 5 600 000 h. ; cap. Zagreb.

croar v. i. Cantar ranas y sapos.

croata adj. y s. De Croacia (Yugoslavia).

Croce (Benedetto), filósofo, historiador y político italiano (1866-1952).

croché y **crochet** m. (pal. fr.). Labor de ganchillo. ‖ Gancho en boxeo.

croissant m. (pal. fr.). Medialuna.

crol m. Crawl.

cromado m. Acción y efecto de cromar.

Cro-Magnon, caverna de Francia (Dordoña), donde se encontraron restos humanos fósiles (1868).

cromar v. t. Cubrir con cromo.

cromático, ca adj. Relativo a los colores.

cromatina f. Sustancia protoplasmática del núcleo de la célula.

cromatismo m. Coloración. ‖ Aberración cromática.

crómlech m. Crónlech.

Crommelynck (Fernand), autor de teatro belga (1886-1970).

cromo m. Metal de color gris claro (Cr), de número atómico 24, duro e inoxidable. ‖ Cromolitografía, estampa, grabado.

cromolitografía f. Impresión de imágenes, en varios colores superpuestos, por procedimientos litográficos. ‖ Imagen obtenida.

cromosfera f. *Astr.* Capa media de la atmósfera del Sol, entre la fotosfera y la corona solar.

cromosoma m. Elemento que en forma de corpúsculos, filamentos o bastoncillos existe en el núcleo de las células en el momento de su división.

Cromwell (Oliver), lord protector de la República de Inglaterra, Escocia e Irlanda (1599-1658), dirigente de la Revolución burguesa que llevó al rey Carlos I al patíbulo (1649). Sojuzgó a Irlanda y Escocia y gobernó dictatorialmente. — Su hijo RICHARD (1626-1712) fue también protector y abdicó (1658-1659).

crónica f. Relato de hechos históricos por su orden que sucedieron : *las crónicas del Gran Capitán.* ‖ Artículo de periódico o información radiofónica o televisiva en el que se relatan los hechos o las noticias de la actualidad.

cronicidad f. Calidad de crónico.

crónico, ca adj. Dícese de las enfermedades que aquejan siempre a un enfermo. ‖ Relativo a un mal antiguo y constante : *paro crónico.*

cronista com. Persona que escribe crónicas.

crónlech m. Monumento megalítico consistente en varios menhires que cercan un terreno pequeño.

cronógrafo m. Reloj de precisión que permite medir la duración de un fenómeno.

cronología f. Ciencia que tiene por objeto determinar el orden y las fechas de los sucesos históricos. ‖ Orden y fecha de los acontecimientos históricos.

cronológico, ca adj. Referente al tiempo : *orden cronológico.*

cronometrador, ra m. y f. Persona que mide con precisión el tiempo en que se realiza una acción.

cronometraje m. Medición del tiempo con el cronómetro.

cronometrar v. t. Medir el tiempo en que se ejerce una acción.

cronométrico, ca adj. Exacto en la medida del tiempo. ‖ Puntual.

cronómetro m. Reloj de precisión.

Cronos, deidad griega del Tiempo, hijo de Urano y de Gea y padre de Zeus. Es el *Saturno* de los romanos.

Cronstadt, c. y puerto al NO. de la U. R. S. S., en una isla del golfo de Finlandia.

Crookes [cruks] (William), físico y químico inglés (1832-1919), descubridor de los rayos catódicos.

croquet m. Juego que consiste en hacer pasar bajo unos arcos una bola de madera impulsada con un mazo.

croqueta f. Fritura de carne, pescado u otro ingrediente, de forma ovalada, rebozada con huevo, bechamel y pan rallado.

croquis m. Apunto, diseño.

cross-country [-*kontre*] m. (pal. ingl.). Carrera de obstáculos a campo traviesa.

crótalo m. Serpiente de cascabel. ‖ — Pl. Castañuelas.

Crotona, c. de la ant. Italia del S. (Calabria).

croupier m. (pal. fr.). Crupier.

Croydon, c. de Inglaterra (Surrey).

cruce m. Acción de cruzar o de cruzarse. ‖ Lugar donde se cortan mutuamente dos líneas : *el cruce de dos caminos.* ‖ Paso de peatones. ‖ Reproducción sexual a partir de dos seres de razas diferentes. ‖ *Electr.* Cortocircuito. ‖ Interferencia en las conversaciones telefónicas o emisiones de radio.

cruceiro m. Cruzeiro.

cruceño, ña adj. y s. De Santa Cruz (Bolivia).

crucería f. *Arq.* Adorno propio del estilo gótico compuesto de molduras que se cruzan : *bóveda de crucería.*

crucero m. Espacio de una iglesia en que se cruzan la nave mayor y la transversal. ‖ El que lleva la cruz en ciertas ceremonias. ‖ Viaje de turismo de mar o por aire. ‖ Barco de guerra.

Crucero, constelación del hemisferio austral. (V. CRUZ.)

Cruces, mun. en el centro de Cuba (Cienfuegos). ‖ ~ (CERRO DE LAS), monte de Costa Rica, al S. de Cartago. ‖ ~ (MONTES DE LAS), parte de la Cord. Neovolcánica de México ; 3 217 m. ‖ ~ (PASO DE LAS), paso de los Andes en la Cord. Oriental de Colombia ; 1 874 m.

Cruces (Batalla de las), episodio de la guerra de Independencia de México,

en que las fuerzas de Hidalgo derrotaron a las españolas (30 de octubre de 1810).

crucial adj. De figura de cruz : *incisión crucial.* ‖ *Fig.* Culminante, decisivo, fundamental : *cuestión crucial.*

crucificado, da adj. Clavado en la cruz. ‖ — M. *El Crucificado,* Jesucristo.

crucificar v. t. Clavar una persona en una cruz. ‖ *Fig.* Atormentar.

crucifijo m. Imagen de Jesús crucificado.

crucifixión f. Acción y efecto de crucificar : *la crucifixión de Jesús.*

cruciforme adj. De forma de cruz.

crucigrama m. Juego o pasatiempo que consiste en encontrar ciertas palabras, según una definición dada, y ponerlas en unos casilleros de tal modo que colocadas vertical y horizontalmente algunas de sus letras coincidan. ‖ *Fig.* Adivinanza, acertijo.

Cruchaga Santa María (Ángel), poeta chileno (1893-1964), autor de *La selva prometida, Los mástiles de oro, Medianoche, La ciudad invisible, Afán del corazón, Rostro de China.*

cruda f. *Méx.* Resaca después de una borrachera.

crudeza f. Calidad de riguroso, de severo : *la crudeza del tiempo.* ‖ Realismo de una descripción. ‖ Ausencia de atenuantes, franqueza : *lo dijo con crudeza.* ‖ Palabra o dicho grosero.

crudillo m. Tejido fuerte empleado para entretelas.

crudo, da adj. Que aún no ha cocido : *carne cruda.* ‖ Sin preparar : *seda cruda.* ‖ De color amarillo : *camisa cruda.* ‖ Riguroso, duro : *clima crudo.* ‖ Que contiene yeso en disolución : *agua cruda.* ‖ Chocante, demasiado libre o realista : *chiste crudo.* ‖ Cruel, despiadado : *la cruda realidad.* ‖ *Méx.* Amodorrado después de una borrachera. ‖ Dícese del petróleo bruto, sin refinar (ú. t. c. s. m.).

cruel adj. Aficionado a hacer sufrir o a ver sufrir : *persona cruel.* ‖ Que indica crueldad : *sonrisa cruel.* ‖ Implacable, riguroso : *destino cruel.* ‖ Que causa gran sufrimiento : *dolor cruel.* ‖ Riguroso : *clima cruel.* ‖ Con mala idea o malignidad : *burla cruel.*

crueldad f. Placer o gozo que se siente haciendo sufrir o viendo sufrir. ‖ Ferocidad : *la crueldad de un tigre.* ‖ Rigor, dureza. ‖ Sentimiento sin compasión, despiadado. ‖ Acto maligno.

cruento, ta adj. Sangriento : *fue un sacrificio cruento.*

crujido m. Sonido hecho por algo que cruje, por un látigo.

crujiente adj. Que cruje.

crujir v. i. Hacer un ruido.

crupier m. Empleado de una casa de juego que paga o recoge las fichas apostadas por los clientes.

crustáceos m. pl. Clase de animales articulados, del orden de los artrópodos, acuáticos, de respiración branquial y con un caparazón de quitina y calcáreo, como los cangrejos, langostinos, bogavantes, langostas, percebes, etc. (ú. t. c. adj.).

cruz f. Figura formada de dos líneas que se atraviesan o cortan perpendicularmente. ‖ Instrumento de suplicio formado por un madero hincado verticalmente, atravesado por otro horizontal en la parte superior, del que se suspendían o clavaban los criminales. ‖ Objeto que representa la cruz de Jesucristo. ‖ Símbolo del cristiano en memoria de la crucifixión de Jesús. ‖ Señal en forma de cruz. ‖ Distintivo de ciertas órdenes y condecoraciones religiosas, militares o civiles : *la gran cruz de Isabel la Católica.* ‖ Entrepierna de los pantalones. ‖ Reverso de las medallas o monedas : *jugar a cara o cruz.* ‖ Señal que hacen los que no saben firmar. ‖ Parte más alta del espinazo de los animales. ‖ Parte del árbol en que empiezan las ramas. ‖ *Blas.* Pieza formada por el cruce del palo y de la banda. ‖ *Fig.* Aflicción, pesar : *este hijo es la cruz de sus padres.* ‖ *Mar.* Unión de la caña del ancla con los brazos. ‖ — *Cruz de mayo,* fiesta de la Invención de la Santa Cruz (3 de mayo). ‖ *Cruz de San Andrés,* aspa. ‖ *Cruz Roja,* v. art. aparte. ‖ *Cruz y raya,* expr. con la que se da por terminado un asunto, una amistad. ‖ *Fig.* Hacerse cruces, quedar estupefacto.

Cruz, cabo del S. de Cuba. — Constelación próxima al círculo polar antártico cuyas estrellas forman una cruz. Es llamada tb. *Cruz del Sur.* ‖ ~ **(La),** c. al SO. de Colombia (Nariño). — C. de Chile en la V Región (Valparaíso) y en la prov. de Quillota, cap. de la com. del mismo n. ‖ ~ **Alta,** dep. al NO. de Argentina (Tucumán); cab. Alderetes. ‖ ~ **de Piedra** *(La),* paso argentino de los Andes, en la prov. de Mendoza ; 3 442 m. ‖ ~ **del Eje,** c. de la Argentina, cab. del dep. homónimo (Córdoba). Presa en el río así tb. llamado. Obispado. ‖ ~ **del Obispo** *(La),* cima de Costa Rica, en la cord. de Talamanca ; 2 775 m. ‖ ~ **del Sur,** c. de Chile en la XII Región (Magallanes), cap. de Río Verde.

Cruz (Fernando de RIBERA, llamado **Hernando)**, pintor panameño (1592-1646). Vivió en Lima y en Quito. ‖ ~ (JUAN DE YEPES, llamado **San Juan de la),** escritor, místico y sacerdote carmelita español, n. en Fontiveros (Ávila) [1542-1591]. Fue encarcelado por haber querido reformar la Orden, y, fugado de la cárcel, con ayuda de Santa Teresa, vivió en los conventos de Granada y Baeza. Su poesía está escrita en su mayor parte en liras *(Subida al monte Carmelo, Noche oscura del alma, Llama de amor viva* y *Cántico espiritual),* pero dejó también algunos romances acansonarados. Fiesta el 24 de noviembre. ‖ ~ (SOR JUANA INÉS DE LA), carmelita y poetisa mexicana, n. en San Miguel Nepantla en 1651 y m. en la c. de México en 1695. Escribió autos sacramentales *(El cerco de José, El mártir del sacramento, El divino Narciso),* comedias *(Los empeños de una casa, Amor es más laberinto),* poesías de estilo gongorista *(Inundación castálida),* relatos *(Crisis de un Sermón, Respuesta a Sor Filotea de la Cruz)* y loas y sainetes. Su nombre de familia fue *Juana Inés de Asbaje y Ramírez de Cantillana* y se la llamó *La décima Musa* o *El Fénix de México.* ‖ ~ (OSWALDO), bacteriólogo e higienista brasileño (1872-1917). ‖ ~ (RAMÓN DE LA), escritor español, n. en Madrid (1731-1794), autor de obras de teatro en un acto o sainetes costumbristas del Madrid de su época *(Las castañeras picadas, La casa de Tócame Roque, El fandango del candil, Manolo, La pradera de San Isidro,* etc.). ‖ ~ (RAMÓN ERNESTO), político y jurista hondureño, n. en 1903, pres. de la Rep. en 1971, derrocado en 1972. ‖ ~ e Souza (JOÃO DA), poeta simbolista brasileño (1862-1898). ‖ ~ **Mena** (JOSÉ DE LA), compositor nicaragüense (1874-1907). ‖ ~ **Varela** (Juan). V. VARELA.

Cruz Roja, organización internacional, apolítica, neutral y no confesional, creada en Ginebra en 1863 para socorrer a las víctimas de las guerras y de cualquier catástrofe.

cruzada f. Expedición para reconquistar Tierra Santa : *la cruzada de Pedro el Ermitaño.* ‖ Tropa que iba en ella. ‖ *Por ext.* Expedición contra herejes. ‖ *Fig.* Campaña en pro de algún fin : *cruzada antituberculosa.* — Las *cruzadas* emprendidas por la Europa cristiana entre los s. XI al XIII fueron ocho : la primera en 1095-1099 ; la segunda, 1147-1149 ; la tercera, 1189-1192 ; la cuarta, 1202-1204 ; la quinta, 1217-1221 ; la sexta, 1228-1229 ; la séptima, 1248-1254 ; y la octava, 1270.

cruzadillo m. Tela de algodón.

cruzado, da adj. Atravesado. ‖ En cruz : *líneas cruzadas.* ‖ Dícese de una tela de hilos muy apretados : *tela cruzada.* ‖ Rayado : *cheque cruzado.* ‖ Dícese del animal nacido de padres de raza distinta : *perro, caballo cruzado.* — M. Soldado que tomaba parte en una cruzada. ‖ Persona que pertenece a una orden cuyo distintivo es una cruz. ‖ Nombre de varias monedas antiguas españolas. ‖ *Méx.* Hacer un cruzado, tomar la copa dos personas entrelazando los brazos.

cruzamiento m. Cruce.

cruzar v. t. Atravesar una cosa sobre otra en forma de cruz. ‖ Atravesar : *cruzar la calle.* ‖ Cortar : *camino que*

cruza la carretera. ‖ Acoplar hembras y machos de distintas razas o plantas de variedad diferente. ‖ Poner a una persona la cruz y el hábito de una orden. ‖ Pasar por un sitio dos personas o cosas que vienen de dirección opuesta (ú. t. c. pr.). ‖ Trazar en un cheque dos rayas paralelas para que éste sólo pueda ser cobrado por medio de una cuenta corriente. ‖ Intercambiar palabras, sonrisas, saludos. ‖ Pegar, dar un golpe : *le cruzó la cara con el látigo.* — V. pr. Ingresar en una orden.

cruzeiro m. Unidad monetaria del Brasil.

Cruzeiro, cima al E. del Brasil (Minas Gerais y Espírito Santo) ; 2 861 m. ‖ ~ Pobl. al SE. del Brasil (São Paulo).

Cs, símbolo químico del cesio.

Ctesifonte, ant. c. de Asiria, a orillas del Tigris. Morada invernal de los reyes partos, arsácidas y sasánidas.

Cu, símbolo químico del cobre.

cuachate m. *Méx.* Cigarro puro hecho con hoja de tabaco cimarrón.

cuache adj. y s. *Amer.* Mellizo.

cuaderna f. *Mar.* Cada una de las piezas que arrancan de la quilla de un barco y forman la armadura del casco. ‖ *Cuaderna vía,* estrofa monorrima de cuatro versos utilizada por los escritores del mester de clerecía.

cuadernillo m. Librillo. ‖ *Impr.* Pliego. ‖ Conjunto de cinco pliegos de papel.

cuaderno m. Conjunto de pliegos de papel cosidos en forma de libro. ‖ Libro pequeño de apuntes.

cuadra f. Lugar donde están las caballerías, caballeriza. ‖ Conjunto de caballos o de automóviles de un mismo propietario. ‖ Grupo de corredores de caballos del mismo equipo. ‖ Sala grande, especialmente la de un cuartel u hospital. ‖ *Fam.* Lugar muy sucio. ‖ *Amer.* Manzana de casas y distancia entre las esquinas de dos calles.

Cuadra (José de la), escritor ecuatoriano (1903-1941), autor de la novela *Los sangurimas.* ‖ ~ (JOSÉ VICENTE), político nicaragüense, pres. de la Rep. de 1871 a 1875. ‖ ~ (MANOLO), escritor nicaragüense (1908-1957), autor de poesías *(Tres amores),* cuentos *(Contra Sandino en las montañas)* y novelas *(Itinerario de Little Corn Island, Almidón).* ‖ ~ (PABLO ANTONIO), escritor nicaragüense, n. en 1912, autor de poemas vanguardistas *(Canciones de pájaro y señora, Libro de horas, Poemas nicaragüenses, Canto temporal, Elegías, El jaguar y la luna, Los cantos de Cifar,* etc.), narraciones, ensayos *(Breviario imperial, Entre la cruz y la espada)* y obras de teatro *(El árbol seco, Satanás entra en escena).*

cuadrado, da adj. De forma cuadrangular. ‖ *Fig.* Rechoncho, gordo y bajo. ‖ *Mat.* Raíz cuadrada de un número, que, multiplicado por sí mismo, da un producto igual a aquel número : *la raíz cuadrada de 64 es 8 y se escribe √64 = 8.* ‖ — M. Geom. Cuadrilátero de lados y ángulos iguales. ‖ *Mat.* Segunda potencia de un número : *el cuadrado de 6 es 36.*

cuadragenario, ria adj. y s. De cuarenta años.

cuadragésimo, ma adj. Que está en el lugar del número cuarenta. ‖ M. La cuadragésima parte de un todo. ‖ — F. Cuaresma.

cuadrangular adj. Que posee cuatro ángulos.

cuadrante m. *Geom.* Cuarta parte del círculo limitada por dos radios. ‖ Indicador para señalar las dimensiones de una magnitud. ‖ Reloj solar trazado en un plano. ‖ Cada una de las cuatro partes en que se divide el horizonte por el meridiano y el paralelo del punto de observación. ‖ Almohada cuadrada. ‖ Dial del reloj.

cuadrar v. t. Dar a una cosa forma de cuadro o cuadrada. ‖ *Mat.* Elevar una cantidad al cuadrado o a la segunda potencia. ‖ *Geom.* Determinar el cuadrado de superficie equivalente a la de otra figura. ‖ — V. i. Conformarse una cosa con otra : *su carácter no cuadra con el mío.* ‖ Acomodar o convenir una cosa. ‖ Casar, estar de acuerdo. ‖ Salir exactas las cuentas. ‖ — V. pr. Ponerse firme un militar

delante de un superior : *me cuadré ante el coronel.* ‖ Pararse el caballo o el toro con las cuatro patas en firme. ‖ *Mostrar firmeza.*

cuadratín m. *Impr.* Espacio en blanco que se deja al principio de una línea. ‖ En América, cícero.

cuadratura f. *Geom.* Acción y efecto de cuadrar una figura. ‖ Situación relativa de dos astros cuando están entre sí un cuarto de círculo. ‖ *Fig.* y *fam.* La cuadratura del círculo, dícese de un problema insoluble.

cuádriceps adj. *Anat.* Dícese del músculo con cuatro inserciones que forma en la pierna la parte anterior del muslo (ú. t. c. s. m.).

cuadriculado, da adj. Dividido en cuadrículas : *papel cuadriculado.*

cuadricular v. t. Dividir en cuadrículas.

cuadrienal adj. Que ocurre cada cuatro años. ‖ Que dura cuatro años.

cuadrienio m. Espacio de tiempo de cuatro años.

cuadriga y cuádriga f. Tiro y carro de cuatro caballos.

cuadrilátero, ra adj. Con cuatro lados. ‖ — M. *Geom.* Polígono de cuatro lados. ‖ *Ring* de boxeo.

cuadrilla f. Brigada, conjunto de personas que realizan juntas una misma obra : *cuadrilla de trabajadores.* ‖ Conjunto de subalternos que ayudan y torean con el mismo matador. ‖ Banda : *cuadrilla de malhechores.* ‖ Cierto baile de salón : *cuadrilla de lanceros.*

cuadringentésimo, ma adj. Que está en el lugar del número cuatrocientos. ‖ — M. Cada una de las cuatrocientas partes iguales en que se divide un todo.

cuadriplicar v. t. e i. Cuadruplicar.

cuadrivio m. En la Edad Media, las cuatro artes liberales matemáticas (aritmética, música, geometría y astrología).

cuadro, dra adj. Cuadrado. ‖ — M. Rectángulo. ‖ Lienzo, pintura : *un cuadro de Velázquez.* ‖ Marco. ‖ Dibujo en forma de cuadrícula en un tejido. ‖ Armadura de la bicicleta. ‖ Tablero en el que se hallan los dispositivos que hacen funcionar una instalación. ‖ Parte de un jardín con plantas en forma de cuadro : *cuadro de flores.* ‖ Parte de una obra de teatro. ‖ Representación sinóptica. ‖ *Fig.* Descripción de un suceso : *cuadro de costumbres.* ‖ Escena, espectáculo : *cuadro horripilante.* ‖ Equipo. ‖ *Mil.* Formación en figura de cuadrilátero. ‖ Conjunto de los jefes de un regimiento. ‖ Ejecutivo, miembro del personal dirigente. ‖ — *Cuadro de distribución,* conjunto de aparatos de una central eléctrica o telefónica. ‖ *Estar o quedarse en cuadro,* quedarse un cuerpo sin tropas ; (fig.) irse toda la gente. ‖ *Méx.* Hacer o hacerse la vida de cuadros o de cuadritos, hacer o hacerse la vida complicada.

cuadrumano, na adj. Aplícase a los animales que tienen cuatro manos, como el mono (ú. t. c. s. m.).

cuadrúpedo, da adj. Dícese del animal con cuatro pies (ú. t. c. s. m.).

cuádruple adj. Cuatro veces mayor (ú. t. c. m.). ‖ Dícese de la serie de cuatro cosas iguales o semejantes.

cuadruplicación f. Multiplicación por cuatro.

cuadruplicar v. t. e i. Hacer cuádruple una cosa ; multiplicar por cuatro una cantidad.

cuajada f. Requesón.

cuajar m. *Zool.* Última de las cuatro divisiones del estómago de los rumiantes.

cuajar v. t. Unir y trabar las partes de un líquido para convertirlo en sólido : *cuajar la leche con un ácido* (ú. t. c. pr.). ‖ Cubrir, llenar. ‖ *Fig.* Adornar con exceso. ‖ — V. i. *Fig.* y *fam.* Llegar a realizarse, lograrse : *no cuajó su negocio.* ‖ Gustar : *no cuajó esta moda.* ‖ Convertirse : *esa promesa ha cuajado en un gran artista.* ‖ *Cuajado de,* lleno de : *sus palabras estaban cuajadas de malas intenciones.*

cuajarón m. Porción de líquido cuajado : *cuajarón de sangre.*

Cuajimalpa de Morelos, delegación del Distrito Federal de México, en la capital del país.

159

cuajiote m. *Amer.* Planta que produce una goma medicinal.

cuajiotera f. *Amer.* Plantación de cuajiotes.

cuajo m. Cuajar de los rumiantes. || Materia que cuaja la leche. || Efecto de cuajar. || *Fig. y fam.* Calma. || *De cuajo, de raíz : arrancar de cuajo.*

cual pron. Hace un pl. cuales. Precedido del artículo equivale al pron. *que.* || Carece de artículo cuando significa *como.* || Se usa con acento en frases interrogativas o dubitativas. (En este caso no lleva nunca artículo.) || Contraponese a tal con igual sentido : *cual el padre, tal el hijo.* || Ú. c. pron. indeterminado, repetido, para designar personas o cosas sin nombrarlas. (En tal caso lleva acento : *todos contribuyeron, cuál más, cuál menos, a este éxito.)* || *A cual más, en competencia cerrada : los mozos cantaban a cual más, hasta enronquecer.* || — Adv. Como : *cual se lo cuento.* || En sentido ponderativo lleva acento y significa *de qué modo.*

cualesquier pron. Pl. de *cualquier.*

cualesquiera pron. Pl. de *cualquiera.*

cualidad f. Cada una de las circunstancias o caracteres que distinguen a las personas o cosas.

cualificado, da adj. Aplícase al obrero preparado para hacer cierto trabajo.

cualificar v. t. Calificar.

cualitativo, va adj. Que denota cualidad.

cualquier pron. Cualquiera. (Sólo se emplea antepuesto al nombre.)

cualquiera pron. Uno o alguno. || *Ser un cualquiera,* ser persona de poca importancia.

cuamil m. *Méx.* Huerta con árboles.

cuan adv. Apócope de *cuanto.* (Lleva acento cuando es admirativo o interrogativo.) || Correlativo de *tan,* denota idea de igualdad.

cuando adv. En el mismo momento que : *me iré cuando venga él.* || En qué momento : *¿ cuándo te vas ?* || Conj. Aunque : *cuando lo dijeras de rodillas.* || Puesto que : *cuando lo dices será verdad.* || En el momento en que : *cuando sea viejo.* || *Cuando más,* todo lo más. || *Max. Cuándo no,* como era de esperar, como es corriente. || *De cuando en cuando,* algunas veces.
— OBSERV. *Cuando* lleva siempre acento ortográfico en las formas interrogativas o admirativas y al ser sustantivo (*el cómo y el cuándo).*

cuanta m. pl. *Fís.* Quanta.

cuantía f. Cantidad. || Suma de cualidades de algo o alguien.

cuántico, ca adj. Relativo a los quanta o unidades de energía : *mecánica cuántica.*

cuantificar v. t. Cifrar.

cuantioso, sa adj. Abundante.

cuantitativo, va adj. De la cantidad.

cuanto, ta adj. Qué cantidad : *¿ cuántas manzanas quieres ?* || Indica una cantidad indeterminada y se emplea al mismo tiempo que *tanto* : *cuantas personas, tantos pareceres.* || Qué : *¡ cuánta gracia tiene !* || Todo : *se llevó cuantos objetos había sobre la mesa.* || Algún : *unos cuantos amigos.* || — Pron. Qué cantidad : *¿ cuántos han muerto ?* || Todo lo que : *¡ sí supieras cuánto me ama !* || — Adv. De qué modo : *ya conoce cuánto le estimo.* || Qué precio : *¿ cuánto vale eso ?* || Qué tiempo : *¿ cuánto duró su discurso ?* || *En cuanto* a o *en cuanto a,* por lo tocante a, respecto de. || *Cuanto antes,* lo más pronto posible. || *Cuanto más,* todo lo más ; con mayor razón. || *Cuanto,* tan pronto como que. || *Por cuanto,* puesto que.
— OBSERV. *Cuanto* lleva siempre acento ortográfico en las formas interrogativas y admirativas.

cuáquero, ra m. y f. Miembro de una secta religiosa creada en Inglaterra en 1652 por George Fox y extendida a Estados Unidos.

cuarcita f. Roca granular unida por un cemento silíceo.

Cuareim, isla al sur del Brasil, en la unión del río homónimo con el Uruguay ; 5 km².

cuarenta adj. Cuatro veces diez (ú. t. c. s. m.). || — M. Cuadragésimo. || Signos que representan el número

cuarenta. || *Fig. Cantar las cuarenta,* decirle a uno la verdad sin cortapisa.

cuarentavo, va adj. y s. Cuadragésimo.

cuarentena f. Conjunto de cuarenta unidades. || Edad de cuarenta años. || Cuaresma. || Tiempo que están en observación los que llegan de lugares donde hay una epidemia. || *Fig. y fam.* Aislamiento impuesto a una persona.

cuarentón, ona adj. y s. Que tiene ya cuarenta años.

Cuarepoti, río del Paraguay (San Pedro), afl. del Paraguay.

cuaresma f. Para los católicos, tiempo de penitencia entre el miércoles de Ceniza y la Pascua de Resurrección.

Cuaró, río al NE. del Uruguay (Artigas), afl. del Cuareim ; 125 km.

cuarta f. Cada una de las cuatro partes iguales de un todo.

cuartana f. Fiebre palúdica e intermitente que dura cuatro días.

cuartear v. t. Dividir en cuatro. || *Por ext.* Dividir en más o menos partes. || Descuartizar. || — V. i. *Taurom.* Dar el torero un salto lateral para poner las banderillas. || — V. pr. Agrietarse una pared. || *Fig.* Conmoverse las estructuras de algo.

cuartel m. Edificio destinado a la tropa. || Alojamiento del ejército en campaña : *cuartel de invierno.* || *Blas.* Cualquier división del escudo.

cuartelada f. Sublevación militar.

cuartelazo m. *Amer.* Cuartelada.

cuartelero, ra adj. Del cuartel.

cuartelillo m. Lugar donde está un retén de policías.

cuarterón, ona adj. y s. Hijo de blanco y mestizo o viceversa. || — M. Cuarta parte. || Cuarta parte de la libra : *cuarterón de tabaco.* || Panel o cuadrado de una puerta.

cuarteta f. Combinación métrica de cuatro versos octosílabos.

cuarteto m. Combinación métrica de cuatro versos endecasílabos o de arte mayor. || Conjunto musical formado por cuatro voces o instrumentos. || Composición de música escrita para este conjunto.

cuartilla f. Hoja de papel, cuarta parte de un pliego.

cuarto, ta adj. Que ocupa el cuarto lugar. || *Fam. Estar a la cuarta pregunta,* estar sin dinero. || — M. Cada una de las cuatro partes iguales de un todo : *un cuarto de hora.* || Habitación : *cuarto de dormir.* || Piso : *cuarto amueblado.* || Cuarto piso : *vive en el cuarto.* || Moneda de vellón española antigua (tres céntimos de peseta). || *Por ext.* Dinero : *no tener un cuarto* (ú. t. c. pl.). || Cada una de las cuatro partes del cuerpo de los animales : *cuarto trasero, delantero.* || *Astr.* Cuarta parte del tiempo que transcurre entre dos lunas nuevas : *cuarto menguante, cuarto creciente.* || *Mil.* Tiempo que un soldado de centinela. || — *Cuarto de banderas,* en los cuarteles, sala donde se custodian éstas y donde se reúnen los oficiales. || *Cuarto de estar,* habitación en que se reúne la familia. || *Cuarto de final,* cada una de las cuatro antepenúltimas competiciones de un campeonato o concurso. || *Fig. y fam. Dar un cuarto al pregonero,* divulgar una cosa. || *De tres al cuarto,* de poco valor. || *Echar su cuarto a espadas,* meter uno baza en la conversación.

Cuarto, río de la Argentina (Córdoba). Des. en la laguna de Olmos.

cuarzo m. Sílice cristalizado que se encuentra en numerosas rocas (granito, arena, etc.).

cuasicontrato m. *For.* Acto que se ejecuta sin convenio previo.

cuasidelito m. *For.* Hecho ilícito, cometido sin intención de dañar, que da lugar a una acción judicial al resultar perjudicada una persona.

Cuasimodo m. Primer domingo después de Pascua.

cuate, ta adj. *Méx.* Mellizo, gemelo (ú. t. c. s.). || Igual, parecido, semejante. || Dícese de las personas que son muy amigas, que siempre van juntas, compadre (ú. t. c. s.). || *Cuate,* amigo, compañero : *dime, cuate, ¿ cuándo nos vemos ?*

cuatequil m. *Méx.* Maíz destinado a la siembra.

cuatera f. *Méx.* Mujer que da a luz cuates.

cuaternario, ria adj. Que consta de cuatro unidades, números o elementos. || *Geol.* Perteneciente al terreno sedimentario más moderno (3 millones de años) en el que hace su aparición el hombre. U. t. c. s. m. : *el cuaternario.*

cuatezonar v. t. Cortar los cuernos.

cuatismo m. *Méx.* Compadrazgo.

cuatreño, ña adj. De cuatro años.

cuatrero, ra m. y f. Ladrón de ganado.

cuatricromía f. Impresión en cuatro colores.

cuatrienal adj. Relativo al cuatrienio.

cuatrienio m. Espacio de cuatro años.

cuatrillizo, za adj. Dícese de cada uno de los cuatro hermanos nacidos de un mismo parto (ú. t. c. s.).

cuatrillón m. Millón de trillones.

cuatrimestral adj. Que sucede cada cuatro meses. || Que dura cuatro meses.

cuatrimestre m. Período de cuatro meses.

cuatrimotor m. Avión de cuatro motores (ú. t. c. adj.).

cuatrisílabo, ba adj. Que tiene cuatro sílabas (ú. t. c. s. m.).

cuatro adj. Tres y uno. || Cuarto, número que sigue al tercero. || — M. Signo que representa el número cuatro. || Naipe de cuatro figuras : *cuatro de oros.* || Guitarrilla venezolana.

Cuatro Cantones o **de Lucerna,** (LAGO DE LOS), lago en el centro de Suiza ; 114 km².

cuatrocentista adj. Dícese de los artistas y escritores italianos del siglo XV (ú. t. c. s.).

cuatrocientos, tas adj. Cuatro veces ciento. || Cuadringentésimo. || — M. Signos que representan el número cuatrocientos.

Cuauhtémoc, delegación del Distrito Federal de México, en la cap. del país.

Cuauhtémoc o **Guatimozín,** último emperador azteca (¿ 1495 ?-1525), hijo de Ahuízotl y sucesor en 1520 de su tío Cuitláhuac. Defendió México heroicamente frente a H. Cortés, por fue derrotado y hecho prisionero (1521). M. en la horca.

Cuauhxicalli, piedra de sacrificios de los ant. mexicanos. (El ejemplar más famoso, llamado *Piedra del Sol,* se encuentra en el Museo Nacional de México.)

Cuautla, pobl. de México, al sur del Estado del mismo nombre (Morelos).

cuba f. Recipiente de madera, cerrado por ambos extremos : *una cuba de vino, de aceite,* etc. || Tonel grande de madera abierto por su cara superior : *cuba de fermentación.* || Todo el líquido que cabe en una cuba. || Parte del horno entre el vientre y el tragante. || *Cuba libre,* bebida hecha con coca cola y ron. || *Fig. y fam. Estar hecho una cuba,* estar muy borracho.

Cuba, república de las Antillas ubicada en la isla del mismo nombre, que se encuentra entre Florida, las Bahamas, Haití, Jamaica y México ; 114 524 km² ; 10 500 000 h. (cubanos). Cap. *La Habana,* 2 000 000 h. ; otras c. : *Pinar del Río,* 73 000 h. ; *Matanzas,* 110 000 ; *Cienfuegos,* 98 000 ; *Santa Clara,* 160 000 ; *Sancti Spíritus,* 58 000 ; *Ciego de Ávila,* 61 000 ; *Camagüey,* 250 000 ; *Manzanillo,* 78 000 ; *Holguín,* 175 000 ; *Santiago de Cuba,* 340 000 ; *Guantánamo,* 169 000 ; *Bayamo,* 95 000 Administrativamente, Cuba se divide en 14 provincias y 169 municipios. La población es blanca en un 73 por 100, negra en un 12 por 100 y mestiza en un 14 por 100. La religión católica es la que cuenta más adeptos, y el idioma oficial es el castellano o español. La densidad media de población es de 87 h./km².
— GEOGRAFÍA. La isla de Cuba, de unos 1 200 km de longitud y de una anchura máxima de 145 km, está esencialmente constituida por una llanura, que ocupa las tres cuartas partes del territorio, por el macizo montañoso de la Sierra Maestra al SE. (pico Turquino, 2 040 m), y por la cordillera de Gua-

160

CUBA

niguanico al O. Los ríos son cortos y muy numerosos, distinguiéndose entre los principales : Cauto, Zaza, Jatibonico del Norte, Jatibonico del Sur y Agabama. El litoral cubano se extiende sobre 3 500 km y su perfil es sinuoso. En la costa aparecen numerosas formaciones coralinas e islas, entre ellas el archipiélago de los Canarreos, al que pertenece la isla de Pinos, hoy de la Juventud. El clima es cálido, algo templado por las brisas marinas. Las lluvias son abundantes y suelen producirse huracanes. La economía cubana es esencialmente agrícola, destacando sobre todo el cultivo de la caña de azúcar (primer productor mundial), sin olvidar el tabaco, de excelente calidad, el café y las frutas tropicales. La pesca y la ganadería son dos importantes recursos económicos, mientras que el subsuelo encierra yacimientos de hierro, cobre, manganeso, níquel, cobalto. La industria es sobre todo transformadora de productos agrícolas (azucarera, tabacalera) y las vías de comunicación están formadas por 14 494 km de ferrocarriles y 12 422 km de carreteras. La navegación marítima y la aérea son importantes.

Cubagua, isla al NE. de Venezuela (Nueva Esparta) en el mar Caribe, vecina a la de Margarita.

cubalibre m. Cuba libre.

Cubango, río de África ecuatorial y austral que nace en Angola, sirve de frontera entre este país y África del Sudoeste y acaba su recorrido en Botswana ; 1 700 kms.

cubanismo m. Voz o giro propio de Cuba. || Amor a Cuba. || Carácter propio de Cuba.

cubanización f. Acción y efecto de cubanizar.

cubanizar v. t. Dar carácter cubano a una cosa.

cubano, na adj. y s. De Cuba. || — F. Pescadora, camisa.

Cubará, mun. al este de Colombia (Boyacá).

cubata m. Fam. Bebida hecha mezclando coca cola con ron, cuba libre.

Cubatão, pobl. al S. del Brasil (São Paulo) al pie de la sierra de Cubatão.

cubero m. El que hace o vende cubas. || Fig. y fam. A ojo de buen cubero, poco más o menos aproximado.

cubeta f. Cuba pequeña. || Depósito del barómetro. || Recipiente rectangular para operaciones químicas y fotográficas.

cubicación f. Estimación del volumen de un cuerpo en unidades cúbicas.

cubicar v. t. Mat. Elevar un número a la tercera potencia. || Geom. Medir el volumen de un cuerpo o la capacidad de un recipiente en unidades cúbicas.

cúbico, ca, adj. Geom. Perteneciente al cubo. || De figura de cubo geométrico. || Mat. Dícese de una medida destinada a estimar el volumen de los cuerpos en unidades cúbicas.

cubículo m. Fam. Habitación.

cubierta f. Lo que tapa o cubre una cosa : cubierta de cama, de mesa. ||

Tapa de libro. || Banda que protege las cámaras de los neumáticos. || Funda que cubre algo. || Fig. Simulación, pretexto. || Mar. Cada uno de los puentes del barco, especialmente el superior.

cubierto m. Servicio de mesa para cada persona. || Juego de cuchara, tenedor y cuchillo. || Cada una de estas tres piezas. || Comida de los restaurantes a precio fijo : cubierto turístico. || Estar a cubierto, estar protegido.

cubil m. Guarida de los animales. || Fig. y Fam. Cuartucho : Juan Carlos vivía en un tugurio, en un cubil infame.

cubilete m. Vaso para diversos usos y especialmente los empleados en juegos de manos o dados.

Cubillín. V. QUILLIMAS.

cubismo m. Escuela artística que se caracteriza por la representación de los objetos bajo formas geométricas : Picasso, Juan Gris y Braque fueron los iniciadores del cubismo y pertenecieron a esta escuela los pintores Robert Delaunay, Fernand Léger y los escultores Brancusi, Archipenko y Lipchitz.

cubista adj. Del cubismo. || — Com. Artista que sigue el cubismo.

cubital adj. Anat. Del codo.

cubito m. Cubo pequeño. || Pedazo de hielo de una nevera o refrigerador.

cúbito m. El mayor y más grueso de los dos huesos del antebrazo.

cubo m. Recipiente de diversas formas y materias para contener líquidos. || Parte hueca de algunos objetos en la que se encaja otro : cubo de bayoneta. || Pieza central de la rueda donde encajan los radios. || Geom. Sólido limitado por seis cuadrados iguales, hexaedro. || Mat. Tercera potencia de un número : el cubo de 2 es 8. || Cubito de hielo.

cubrecama m. Colcha.

cubrefuego m. Galicismo por toque de queda.

cubrepiés m. inv. Manta que se pone en la cama para abrigar los pies.

cubrir v. t. Poner una cosa encima o delante de otra para ocultarla, protegerla, adornarla, etc. : cubrir la cara con las manos ; cubrir una capa de pintura. || Tapar : cubrió la olla. || Poner muchas cosas encima de algo : cubrir de flores. || Acoplarse el macho con la hembra. || Extenderse : la nieve cubría el camino. || Recorrer una distancia : cubrió muchos kilómetros. || Compensar, ser equivalente : lo recaudado no cubre los gastos. || Llenar : me cubrieron de elogios, de insultos, de besos. || Ahogar, apagar : el ruido de la calle cubría sus gritos. || Proteger un riesgo : la policía cubre sus espaldas. || Simular, ocultar : se cree que con esto cubre su mala acción. || Ser suficiente, bastar : lo que gana no cubre sus necesidades. || Proteger con un dispositivo militar de seguridad. || Asegurar : el cameraman de la televisión cubría la información. || Cubrir carrera, disponerse la tropa o policía en dos hileras para proteger a una personalidad. || — V. pr. Ponerse algo

en la cabeza (sombrero, gorra, etc.). || Encapotarse el cielo. || Proveer : se cubrieron todas las plazas. || Adquirir : se cubrió de gloria. || Precaverse contra un riesgo : se cubrió con un seguro de vida, contra incendios.

cucalambé m. P. Rico. Baile popular de negros. || Su música.

cucamonas f. pl. Carantoñas.

cucaña f. Palo alto enjabonado y resbaladizo por el que hay que subir para alcanzar un premio atado a su extremo.

cucaracha f. Insecto ortóptero nocturno de cuerpo aplastado. || Méx. Aire popular bailable.

cuclillas (en) adv. Acurrucado apoyándose en los talones.

cuclillo m. Cuco, ave.

cuco, ca adj. Fig. y fam. Bonito, mono. | Taimado, astuto (ú. t. c. s.). || — M. Oruga de una mariposa nocturna. || Ave trepadora. || — Pl. Fam. Bragas de mujer. || Reloj de cuco, el de madera del que sale un cuclillo para dar la hora.

cucú m. Onomatopeya del canto del cuclillo. || Reloj de cuco.

cucucha f. Méx. Paloma enana.

Cuculcán, deidad maya identificada con el Quetzalcóatl azteca.

cuculi m. Amer. Tórtola.

cucurbitáceas f. pl. Familia de plantas dicotiledóneas rastreras, como la calabaza y el pepino (ú. t. c. adj.).

cucurucho m. Papel arrollado en forma de cono que sirve de bolsa. || Capirote, gorro de esta forma. ||

Cucurucho, pico de la Rep. Dominicana entre las prov. de Azua y De La Vega : 2 250 m.

Cúcuta, c. al NE. de Colombia, cap. del dep. de Norte de Santander. Obispado. (V. ROSARIO.)

cucuteño, ña adj. y s. De Cúcuta (Colombia).

cucuyo o **cocuyo** m. Antill. y Méx. Insecto luminoso tropical.

cuchara f. Utensilio de mesa con mango y una palita cóncava para llevar a la boca alimentos líquidos. || Su contenido. || Instrumento parecido a la cuchara utilizado para pescar, para agarrar objetos o por la mecánica, para tomar metales en fusión, etc.

cucharada f. Contenido de una cuchara.

Cucharas, parte de la Sierra Madre Oriental de México (Tamaulipas).

Cúchares (Curro). V. ARJONA HERRERA (Francisco).

cucharilla f. Cuchara pequeña.

cucharón m. Cuchara grande para servir o utilizada en la cocina.

cuché adj. Dícese de un papel de impresión recubierto de una capa de sulfato de bario (ú. t. c. s. m.).

cuchichear v. i. Hablar al oído.

cuchicheo m. Acción y efecto de cuchichear.

cuchilla f. Lámina cortante de una máquina. || Cuchillo de hoja ancha. || Hoja de arma blanca. || Hoja de afeitar. || Amer. Ceja de la sierra o cadena de la montaña.

Cuchilla ~ de Belén, elevaciones en Uruguay pertenecientes a la Cuchilla de Haedo. || **~ de Haedo,** sistema montañoso de NO. de Uruguay (Artigas, Salto, Paysandú y Río Negro), cuyas ramificaciones, se extiende en territorio brasileño. || ~ **de Santa Ana,** elevaciones en Brasil y en Uruguay (Artigas y Rivera). Se unen con la Cuchilla de Haedo, con el nombre de Cuchilla Negra, en el nudo de Santa Ana. || ~ **Grande Principal,** elevaciones orográficas que empiezan en Brasil y se prolongan por el Uruguay (Cerro Largo, Treinta y Tres, Florida, Lavalleja y Canelones).

cuchillada f. Corte o herida hechos con cuchillo o arma cortante.

cuchillazo m. Cuchillada.

cuchillería f. Oficio de cuchillero. || Taller donde se hacen y venden cuchillos. || Barrio o calle donde antiguamente se hallaba esta industria.

cuchillo m. Utensilio cortante compuesto de una hoja y un mango : *cuchillo de trinchar, de postre.* || Corriente de aire frío que pasa por una rendija. || Defensa inferior del jabalí. || *Fig.* Añadidura triangular que se hace a una prenda para agrandar su vuelo. || *Pasar a cuchillo,* matar.

cuchipanda f. *Fam.* Comilona.

cuchitril m. Zaquizamí.

Cuchivero, río al E. de Venezuela, afl. del Orinoco (Bolívar).

cuchufleta f. *Fam.* Chanza.

cuchufletero, ra m. y f. *Fam.* Bromista.

Cuchumatanes, macizo montañoso de Guatemala (Huehuetenango y El Quiché).

cueca f. Baile popular de Chile, norte de la Argentina, Bolivia y Perú. || Su música.

Cuéllar, v. en el centro de España (Segovia). Castillo gótico.

Cuéllar (Jerónimo de), dramaturgo español (1622-¿ 1665 ?), autor de *El pastelero de Madrigal y Cada cual a su negocio.* || ~ (JOSÉ TOMÁS DE), novelista romántico mexicano (1830-1894), autor de *La linterna mágica* y también de obras de teatro.

cuello m. Parte del cuerpo que une la cabeza al tronco. || Gollete, parte alargada y estrecha que precede al orificio de ciertos recipientes : *el cuello de una botella.* || Parte de un traje o vestido que rodea el cuello : *cuello de la camisa.* || Número que señala la medida del cuello de las camisas. || Prenda de piel o de otra cosa que se pone en esta parte del cuerpo : *cuello de visón.*

cuenca f. Concavidad. || Cavidad en la que se encuentra cada uno de los ojos. || Territorio regado por un río y sus afluentes : *la cuenca del Guadalquivir.* || Depresión topográfica. || Importante yacimiento de hulla o de hierro que forma una unidad geográfica y geológica : *la cuenca del Sarre.*

Cuenca, c. del Ecuador, cap. de la prov. de Azuay. Universidad. Arzobispado. Centro comercial. Fundada en 1557 por Gil Ramírez Dávalos, que le dio el n. de *Santa Ana de los Ríos de Cuenca.* — C. de España, cap. de la prov. homónima (Castilla la Nueva). Obispado. Museo de Arte Abstracto. La prov. es principalmente ganadera. || ~ (SERRANÍA DE), macizo montañoso del sistema Ibérico. Está al NE. de la sierra de Albarracín.

Cuenca (Agustín F.), poeta y dramaturgo romántico mexicano (1850-1884). Su esposa LAURA MARÍA DE CUENCA (1853-1928) fue poetisa (*Nieblas, Adiós Invierno*), comediógrafa y novelista.

cuencano, na adj. y s. De Cuenca (Ecuador).

cuenco m. Concavidad de algo. || Escudilla de barro.

cuenta f. Valoración de una cantidad : *llevar la cuenta de sus errores.* || Operación de sumar, restar, multiplicar y dividir : *no sabe hacer cuentas.* || Factura : *la cuenta del gas.* || Relación de gastos e ingresos. || Lo que se debe de cobrar o lo que se le debe a otra persona : *tengo muchas cuentas pendientes.* || Explicación, justificación de un hecho : *no hay por qué darle cuenta de tus actividades.* || Cosa, asunto : *eso es cuenta mía.* || Obligación, responsabilidad : *eso corre de su cuenta.* || Cuidado : *te lo dejo de tu cuenta.* || Bolita con un

orificio para ensartar y formar collares o. rosarios. || Provecho, beneficio : *trabajar por su cuenta.* || — *Abrir una cuenta,* depositar dinero en un establecimiento bancario. || *A cuenta,* dícese de la cantidad que se da o recibe para pagar una-parte de lo que se debe. || *A cuenta de qué,* con qué motivo. || *A fin de cuentas,* en resumen. || *Ajustarle a uno las cuentas,* saldar con una todas las quejas que se puedan tener con él. || *Caer en la cuenta,* comprender. || *Con su cuenta y razón,* con sus motivos. || *Cuenta atrás,* la que se hace en orden decreciente : *tres, dos, uno.* || *Cuenta corriente,* depósito de dinero en una entidad bancaria. || *Fam. Cuenta de la vieja,* cálculo hecho con los dedos. || *Fig. Cuentas galanas o del Gran Capitán,* cuenta exagerada. || *Dar cuenta de,* dar a conocer ; comunicar ; acabar con. || *Darse cuenta de,* comprender. || *En resumidas cuentas,* en conclusión, brevemente. || *Estar fuera de cuenta,* haber pasado los nueve meses en una mujer que está embarazada. || *Méx. Hacer de cuenta,* suponer o fingir algo. || *Llevar las cuentas,* llevar los ritmos en que se anotan los ingresos y los gastos. || *Más de la cuenta,* demasiado. || *No querer cuentas con uno,* no desear trato con él. || *Pedir cuentas a uno,* pedir explicaciones. || *Por mí cuenta,* a mi parecer. || *Tener cuenta de,* ocuparse de una cosa. || *Tener cuenta una cosa,* ser ventajosa. || *Tener (Amer. tomar) en cuenta una cosa,* tenerla presente, tomarla en consideración. || *Méx. Tomar en cuenta,* tener en cuenta. || *Fig. Tomar en cuenta,* recordar un favor. || *Trabajar por cuenta propia,* el que trabaja sin depender de una empresa.

cuentacorrentista com. Titular de una cuenta corriente.

cuentagotas m. inv. Aparato para verter un líquido gota a gota. || *Fig. Con cuentagotas,* poco a poco.

cuentakilómetros m. inv. Contador que indica el número de kilómetros recorrido por un vehículo.

cuentarrevoluciones m. inv. Contador que registra las revoluciones del motor de un vehículo. || Aparato que mide el número de revoluciones de un eje móvil o de una máquina.

cuentista adj. y s. Persona que escribe cuentos. || *Fam.* Chismoso, mentiroso. || Soplón. || Persona poco seria, camelista. || Dícese de la persona que exagera mucho.

cuento m. Relato, narración breve. || Fábula o relación de un suceso imaginario : *cuento de hadas.* || *Fam.* Chisme. || Mentira, camelo, infundio. || Pretexto, simulación. || Historieta, cosa sin interés. || Exageración, camelo. || — *Fig. Cuento chino o tártaro,* patraña, relato inverosímil. || *Cuento de viejas,* leyenda. || *El cuento de la lechera,* cálculo demasiado optimista. || *Es el cuento de nunca acabar,* es algo interminable. || *Quitarse o dejarse de cuentos,* dejar de contar cosas que no son verdad. || *Sin cuento, sin número.* || *Tener cuento,* exagerar mucho ; darse mucha importancia. || *Traer a cuento,* referirse a algo. || *Fam. Venir a cuento,* venir al caso. || *Venir con cuentos,* contar bolas.

cuerazo m. *Amer.* Latigazo.

cuerda f. Unión de hilos de cáñamo, lino u otra materia flexible que torcidos juntos forman un solo cuerpo. || Hilo de tripa, metal o nylon para ciertos instrumentos músicos. || Órgano de un reloj o de cualquier mecanismo que comunica el movimiento a toda la máquina : *dar cuerda al reloj.* || Conjunto de presos atados juntos. || *Geom.* Línea recta que une los dos extremos de un arco. || *Fig.* Suplicio de la horca. || *Mús.* Cada una de las voces fundamentales : *cuerda de bajo, tenor, contralto y tiple.* || — Pl. *Mús.* Término genérico que designa los instrumentos de cuerda como el violín, contrabajo, violonchelo. || *Fig. Aflojar la cuerda,* ceder en las pretensiones. || *Bailar en la cuerda floja,* no tomar partido entre bandos opuestos. || *Cuerda floja,* alambre poco tenso sobre el que los volatineros ejecutan sus ejercicios. || *Cuerdas vocales,* ligamentos de la laringe cuyas

vibraciones producen la voz. || *Fig. Dar cuerda a uno,* hacerle hablar de lo que él desea. | *No ser de la misma cuerda,* no ser de la misma opinión. | *Por debajo de cuerda o bajo cuerda,* encubiertamente. | *Tener cuerda para rato,* quedarle por hablar mucho a una persona o durar mucho una cosa. | *Tener mucha cuerda,* aguantar mucho.

cuerdo, da adj. y s. Sano de juicio. || Sensato, prudente.

cuereada f. *Amer.* Paliza, zurra. | Tiempo necesario para obtener los cueros secos después de haber desollado a los animales.

cuerear v. t. *Amer.* Azotar, dar una paliza. | Desollar una res para sacarle la piel. | *Riopl.* Despellejar al prójimo.

Cuerici, cerro de Costa Rica, en el límite de las provincias de San José y Cartago, perteneciente a la cordillera de Talamanca ; 3 395 m.

cueriza f. *Fam. Amer.* Paliza.

Cuernavaca, c. al S. de México, cap. del Estado de Morelos. Obispado. Universidad. Centro turístico.

cuernavaquense adj. y s. De Cuernavaca (México).

cuerno m. Prolongación ósea y cónica que tienen ciertos rumiantes en la región frontal. || Protuberancia dura y puntiaguda que el rinoceronte tiene sobre la mandíbula superior. || Antena de los insectos y crustáceos. || Materia que forma la capa exterior de los cuernos : *calzador de cuerno.* || Instrumento músico de viento, de forma corva : *cuerno de caza.* || *Fig.* Cada una de las puntas de la Luna creciente o menguante. || — Pl. *Pop.* Aditamento que lleva figuradamente la persona que ha sido objeto de la infidelidad de su cónyuge. || — *Fam. ¡ Al cuerno !, ¡ al diablo !* | *Cuerno de la abundancia,* figura decorativa en forma de cuerno, rebosante de frutos, símbolo de la abundancia. || *Fig. y fam. Irse al cuerno,* fastidiarse, malograrse. | *Mandar al cuerno,* mandar a paseo. | *Poner en los cuernos del toro,* poner en peligro. | *Poner los cuernos,* faltar a la fidelidad conyugal.

cuero m. Piel de los animales. || Pellejo curtido y preparado. || Odre. || — *Cuero cabelludo,* piel del cráneo. | *En cueros o en cueros vivos,* desnudo.

Cuero y Caicedo (José), obispo y prócer n. en Colombia (1735-1815), pres. de la Junta Suprema de Gobierno en 1811.

cuerpo m. Toda sustancia material orgánica o inorgánica. || Parte material de un ser animado. || Tronco del cuerpo, a diferencia de las extremidades. || Figura o aspecto de una persona : *un joven de buen cuerpo.* || Parte del vestido que cubre hasta la cintura. || Cadáver. || Hablando de libros, volumen : *una librería de dos mil cuerpos.* || Colección de leyes. || Grueso, consistencia : *tela de mucho cuerpo.* || Espesura o densidad de un líquido. || Corporación, comunidad : *el cuerpo diplomático.* || Cada una de las partes de un todo : *armario de tres cuerpos.* || Parte de una casa que forma una habitación distinta. || *Impr.* Tamaño de letra. || Unidad orgánica militar : *cuerpo de ejército.* || — *A cuerpo,* sin abrigo. || *A cuerpo de rey,* con toda comodidad. || *Cuerpo a cuerpo,* a brazo partido. || *Cuerpo de baile,* conjunto de bailarines y bailarinas de un teatro. || *Cuerpo de casa,* limpieza de la casa. || *Cuerpo del delito,* objeto que prueba su existencia. || *Cuerpo facultativo,* los médicos. || *Dar cuerpo,* espesar un líquido. || *De cuerpo presente,* dícese del cadáver expuesto al público. || *En cuerpo y alma,* por completo. || *Hacer de cuerpo,* exonerar el vientre. || *Pedir el cuerpo algo,* apetecerle.

cuervo m. Pájaro dentirrostro carnívoro, de pico fuerte y plumaje negro.

Cuervo (Ángel), escritor colombiano (1838-1898). || ~ (RUFINO), jurista y escritor colombiano (1801-1853), padre del anterior, autor de cuadros de costumbres e históricos. — Su hijo RUFINO JOSÉ, escritor y filólogo, n. en Bogotá (1844-1911), fue autor de un *Diccionario de construcción y régimen de la lengua castellana* (del que sólo se publicaron dos tomos), *Apun-*

taciones críticas sobre el lenguaje bogotano, *Notas a la Gramática de Bello*, *Disquisiciones filológicas*, etc. || **~ Márquez** (EMILIO), escritor colombiano (1873-1937), autor de novelas (*La ráfaga, Lili, Phinées*).

cuesta f. Terreno en pendiente. || *A cuestas*, sobre los hombros.

Cuesta (Jorge), escritor mexicano (1903-1942), autor del poema *Canto a un Dios mineral* y de ensayos.

cuestación f. Colecta.

Cuestas (Juan Lindolfo), político uruguayo (1837-1905), pres. interino de la Rep. de 1897 a 1898, dictador de 1898 a 1899 y pres. constitucional de 1899 a 1903.

cuestión f. Pregunta o proposición para averiguar la verdad de una cosa. || Materia, objeto de discusión o controversia. || *Cosa* : *es cuestión de una hora.* || Asunto : *es cuestión de vida o muerte.* || Punto dudoso o discutible. || Disputa, pendencia. || *For.* Tormento. || *Mat.* Problema. || *Fam. Cuestión batallona*, motivo de discusión permanente. || *Cuestión candente*, la que tiene gran actualidad. || *Cuestión de confianza*, la planteada por el Gobierno al Parlamento.

cuestionar v. t. Discutir, poner en duda. || — V. pr. Discutirse.

cuestionario m. Lista de asuntos de discusión. || Programa de los temas de un examen u oposición. || Impreso o formulario para recoger datos.

cuestor m. Magistrado romano encargado de la administración o de asuntos fiscales.

cuete m. *Méx.* Borracho. | Borrachera.

Cueto, mun. al E. de Cuba (Holguín).

Cueto (Germán), escultor mexicano (1893-1975).

Cuetzalán del Progreso, v. y mun. de México, al SE. de este Est. (Puebla).

Cuetzamala o **Cutzamala**, río al E. de México (Michoacán), afl. del río de las Balsas ; 108 km.

cueva f. Caverna, gruta.

Cueva (Alfonso de la), obispo y político español (1572-1655). Participó en la conjuración de Venecia. Fue marqués de Belmar. || ~ (AMADO DE LA), pintor mexicano (1891-1926), autor de murales. || ~ (BELTRÁN DE LA), noble español (¿ 1440 ?-1492), valido de Enrique IV de Castilla y padre de Juana la Beltraneja, supuesta hija del rey. || ~ (JUAN DE LA), poeta español, n. en Sevilla (¿ 1543 ?-1610), uno de los creadores de la comedia en su país, en el libro *Ejemplar poético*. Autor de la comedia *El Infamador*, primer precedente de la figura de Don Juan.

Cuevas (José Luis), pintor expresionista mexicano, n. en 1934.

Cuevas de Almanzora o **de Vera**, v. del SE. de España (Almería). Minas.

cui m. *Amer.* Cuy.

Cui (César), músico ruso (1835-1918).

Cuiabá, río del Brasil, afl. del Paraguay ; 482 km. — C. en el centro del Brasil, cap. del Estado de Mato Grosso do Norte. Arzobispado.

cuicacoche f. Ave canora de México y América Central.

cuicateca adj. y s. De Cuicatlán (México).

Cuicatlán, pobl. en el sur de México (Oaxaca).

cuico m. *Méx.* Agente de policía.

Cuicuilco, centro arqueológico de la cultura preclásica del Valle de México (Coyoacán). Templo.

cuidado m. Esmero : *hacer las cosas con cuidado.* || Asunto a cargo de uno : *esto corre a su cuidado.* || Recelo, temor : *hay que tener cuidado con él.* || Preocupación. || Prudencia, precaución : *tan cuidado con lo que haces.* || Atención. || — Pl. Medios usados para curar a un enfermo. || Interj. Denota amenaza o advierte la proximidad de un peligro. || — *De cuidado*, peligroso : *hombre de cuidado* ; grave : *enfermo de cuidado.* || *Salir de cuidado*, dar a luz ; estar fuera de peligro un enfermo. || *Fam. Tenerle o traerle a uno sin cuidado*, no importarle nada.

cuidador, ra adj. y s. Que cuida (ú. t. c. s.). || — M. y f. Entrenador. || *Arg.* Enfermero. || — F. *Méx.* Niñera.

cuidar v. t. Poner esmero en una cosa. || Asistir : *cuidar a un enfermo.*

|| Conservar : *cuidar la ropa, la casa.* (Ú. t. c. i. seguido de la prep. de : *cuidar de su salud.*) || — V. pr. Darse buena vida, mirar por su salud. || Atender, ocuparse. || Preocuparse.

cuido m. Cuidado.

Cuilapa, c. al SE. de Guatemala, cap. del dep. de Santa Rosa.

Cuilapán de Guerrero, mun. al sur de México (Oaxaca).

cuilapeño, ña adj. y s. De Cuilapa (Guatemala).

cuis m. inv. Especie de roedor, parecido al conejo de indias.

Cupisnique, lugar arqueológico situado en el valle de *Cupisnique*, zona costera en el norte del Perú.

cuita f. Pena, tristeza.

cuitlacoche m. *Méx.* Hongo comestible, parásito del maíz.

Cuitláhuac, décimo rey de México, hermano y sucesor de Moctezuma II. Derrotó a los españoles en la *Noche Triste* (1520).

Cuitzeo, lago al E. de México (Michoacán). || **~ de Hidalgo**, v. en el centro de México (Guanajuato) a orillas del río Lerma. || **~ del Porvenir**, v. al E. de México (Michoacán), a orillas del lago de Cuitzeo.

Cujas (Jacques), jurisconsulto francés (1522-1590).

culata f. Parte posterior de la caja de un arma de fuego portátil que sirve para asir o afianzar esta arma : *la culata del fusil.* || Recámara del cañón de artillería. || Ancas de las caballerías. || *Fig.* Parte posterior de una cosa. || *Mec.* Parte superior de los cilindros en los motores de explosión. || *Fig. Salir el tiro por la culata*, fracasar.

culatazo m. Golpe dado con la culata del arma. || Retroceso que da la escopeta u otra arma de fuego al dispararla.

culebra f. Reptil sin pies y de cuerpo casi cilíndrico.

Culebra, isla del archip. de las Vírgenes al E. de Puerto Rico. — Río de Panamá, afl. del Chagres. — Loma, en el istmo de Panamá, por donde se hizo la principal excavación del canal.

culebrear v. i. Zigzaguear.

culebrina f. Pieza de artillería antigua. || Relámpago en forma de línea ondulada.

culí m. Coolí.

Culiacán, río de México en los Est. de Sinaloa y Durango ; des. en el Pacífico. — C. al O. de México, cap. del Est. de Sinaloa. Universidad. Obispado.

culiacano, na adj. y s. De Culiacán (México).

culimiche adj. *Méx.* Tacaño.

culinario, ria adj. De la cocina.

culmen m. Cima.

culminación f. Acción y efecto de culminar.

culminante adj. Dícese de lo más elevado de una cosa : *el punto culminante de los Andes.* || *Fig.* Superior, principal, sobresaliente.

culminar v. i. Llegar al punto más alto. || Pasar un astro por su punto más alto. || Dar fin a algo.

culo m. Parte posterior o asentaderas del hombre y de los animales. || Ano. || *Fig.* Fondo de una cosa : *el culo de la botella.*

culombio m. Unidad de cantidad de electricidad (símb., C).

culón, ona adj. *Fam.* Que tiene el culo muy grande (ú. t. c. s.).

culpa f. Falta más o menos grave cometida a sabiendas : *confesar una culpa.* || Causa, responsabilidad : *tener alguien la culpa.*

culpabilidad f. Calidad de culpable.

culpabilización f. Sentimiento de culpabilidad.

culpabilizar v. t. Dar un sentimiento de culpabilidad (ú. t. c. pr.).

culpable adj. y s. Aplícase a aquel a quien se puede echar la culpa ; Acusado. || — Adj. Que constituye una falta o delito.

culpado, da adj. y s. Culpable, que ha cometido una falta ; Acusado. || Reo.

culpar v. t. Acusar, atribuir la culpa a alguien (ú. t. c. pr.).

cultalatiniparla f. *Fam.* Lenguaje afectado. | Mujer pedante.

culteranismo m. Estilo literario, existente a finales del siglo XVI y

principios del XVII, que consistía en el empleo de giros rebuscados y de una sintaxis complicada, abundando las riquezas de imágenes : *la poesía lírica tuvo su más eximio representante en España en la persona de Góngora.*

culterano, na adj. Aplícase a lo influido por el culteranismo. || Que seguía este movimiento (ú. t. c. s.).

cultismo m. Palabra culta o erudita. || Culteranismo.

cultivable adj. Que se puede cultivar : *tierra cultivable.*

cultivado, da adj. Que ha sido objeto de cultivo. || Culto.

cultivador, ra adj. y s. Que cultiva.

cultivar v. t. Dar a la tierra y a las plantas las labores necesarias para que fructifiquen : *cultivar un terreno, cultivar cereales, flores, etc.* || Criar, desarrollar microbios o gérmenes. || *Fig.* Dedicarse a : *cultivó la poesía.* | Mantener, cuidar o conservar : *cultivar la amistad.*

cultivo m. Acción y efecto de cultivar. || Tierra o plantas cultivadas. || Desarrollo de los microbios : *caldo de cultivo.*

culto, ta adj. Que tiene cultura : *hombre culto* (ú. t. c. s.). || Empleado por personas instruidas : *palabra culta.* || — M. Homenaje religioso : *culto a los santos.* || Religión. || *Fig.* Veneración, admiración : *rendir culto a su valentía.* | Culto de la personalidad, admiración excesiva por un jefe político u otra persona famosa.

cultura f. Conjunto de conocimientos adquiridos, saber : *hombre de gran cultura.* || Conjunto de estructuras sociales, religiosas, de manifestaciones intelectuales, artísticas, etc., que caracteriza una sociedad : *la cultura helénica.* || Civilización : *historia de la cultura.* || *Cultura física*, gimnasia.

cultural adj. Relativo a la cultura.

culturalismo m. Movimiento etnológico y sociológico norteamericano que distingue lo que es natural en el comportamiento y lo que se debe a la sociedad.

culturalista adj. Relativo al culturalismo. || Partidario de él (ú. t. c. s.).

culturismo m. Cultura física destinada a fortalecer los músculos.

culturista adj. Relativo al culturismo. || Que practica el culturismo (ú. t. c. s.).

culturización f. Acción y efecto de culturizar.

culturizar v. t. Ilustrar, dar cultura.

Cullera, c. al E. de España (Valencia).

Culleredo, mun. en el noroeste de España (Coruña).

Culloden, localidad de Escocia (Inverness).

Cumaná, c. al NE. de Venezuela, a la entrada del golfo de Cariaco, cap. del Estado de Sucre. Obispado. Universidad. Industrias. Centro comercial. Fundada por Gonzalo de Ocampo en 1521 con el nombre de *Nueva Toledo.* Luego llamada *Nueva Córdoba.* Lugar de nacimiento de Sucre.

Cumanacoa, pobl. al NE. de Venezuela (Sucre). Industrias.

Cumanayagua, mun. en un suburbio de la c. cubana de Cienfuegos.

Cumandá, novela indigenista del ecuatoriano Juan León Mera (1871).

cumanés, esa adj. y s. De Cumaná (Venezuela).

Cumas, c. al S. de Italia (Campania).

Cumbal, pobl. y volcán al SO. de Colombia (Nariño).

Cumberland, c. al NE. de Estados Unidos (Maryland), a orillas del río Potomac. — V. CUMBRIA. || ~ (PENÍNSULA DE), península en el E. de la Tierra de Baffin (Canadá).

cumbia y **cumbiamba** f. Cierto baile colombiano. || Su música.

cumbre f. Cima o parte superior de un monte. || *Fig.* Apogeo, punto culminante de una cosa. | Conferencia internacional que reúne a los dirigentes de países deseosos de resolver un problema determinado.

Cumbre, paso de los Andes, entre la prov. argentina de Mendoza y la chilena de Los Andes ; 3 863 m. Por él entró en Chile el ejército del general Las Heras (1817). || ~ (LA), pobl. de la Argentina (Córdoba). Estación de veraneo. Turismo. || **~ de la Tenta-**

ción, parte de la Sierra Madre del S. de México (Guerrero).

cumbrera f. Caballete de tejado. || Dintel. || Cumbre.

Cumbres Calchaquíes, macizo montañoso al SO. de la Argentina, en la región de Salta ; 4 500 m.

Cumbria, ant. Cumberland, condado en el NO. de Inglaterra que se extiende en el macizo de Cumberland (1 070 m) ; cap. Carlisle.

cumiche m. Amér. C. El más joven de los hijos de una familia.

Cumpeo, c. del centro de Chile en la VII Región (Maule) y en la prov. de Talca, cap. de Río Claro.

cumpleaños m. inv. Día en que se celebra el aniversario del nacimiento de una persona.

cumplido, da adj. Que ha sobrepasado una edad : cuarenta años cumplidos. || Realizado : profecía cumplida. || Completo, cabal, perfecto : un cumplido caballero. || Amplio, holgado : abrigo demasiado cumplido. || Bien educado, cortés : persona muy cumplida. || Que ha acabado su servicio en las armas : soldado cumplido. || — M. Cortesía, amabilidad : basta de cumplidos. || — Pl. Consideraciones, miramientos, respeto : deshacerse en cumplidos. || De cumplido, por compromiso.

cumplidor, ra adj. Serio, de fiar. || Que ejecuta sus compromisos u obligaciones (ú. t. c. s.).

cumplimentar v. t. Recibir, saludar cortésmente : fue cumplimentado por las autoridades. || Felicitar. || Ejecutar órdenes.

cumplimiento m. Ejecución, realización de una orden. || Aplicación de una ley, decreto, etc. || Acatamiento de los requisitos. || Educación, cortesía, cumplido.

cumplir v. t. Realizar, ejecutar : cumplir una orden. || Hacer : cumplir el servicio militar. || Obedecer : cumplir las leyes. || Obrar en conformidad con : cumplir un contrato. || Llevar a cabo : cumplir lo que se prometió. || Tener : ha cumplido cuarenta años. || Purgar : cumplir condena. || — V. i. Respetar la palabra o una promesa. || Ejecutar su deber. || Cumplir con los requisitos legales. || Ser obligación de : esto es a cargo de : cumple a Ramón hacer esto. || Vencer, llegar a su término : el pagaré cumple dentro de ocho días. || Haber servido un soldado en el ejército el tiempo normal. || Satisfacer los preceptos religiosos. || Tener cierta cortesía : cumplir con las personas que le recibieron. || Para cumplir o por cumplir, por la forma, por educación o cortesía. || — V. pr. Realizarse : se cumplieron tus predicciones. || Tener lugar, verificarse : ahora se cumple el cincuentenario de la fundación. || Expirar un plazo. || Cúmplase, hágase : cúmplase según la ley.

cúmulo m. Multitud, montón. || Fig. Serie, concurso, conjunto : cúmulo de necedades. || Nube blanca con forma de cúpula.

cuna f. Cama de niños dotada de una barandilla. || Inclusa. || Fig. Origen : cuna de la civilización. || Nacimiento, origen : de ilustre cuna. || Lugar de nacimiento de una persona.

Cunaxa, c. del Imperio Persa, cerca del Éufrates y de Babilonia.

Cunco, c. del centro de Chile en la IX Región (Araucanía) y en la prov. de Cautín, cap. de la com. de su n.

Cundinamarca, dep. del centro de Colombia, en la Cord. Oriental ; cap. Bogotá. Salinas. Agricultura. Ganadería. Minas (carbón, hierro).

cundinamarqués, esa adj. y s. De Cundinamarca (Colombia).

cundir v. i. Propagarse, extenderse : cundió el pánico. || Dar mucho de sí, dar impresión que hay más cantidad : esta pierna de cordero cunde mucho. || Hincharse, aumentar de volumen : el arroz cunde mucho. || Adelantar, progresar : su trabajo cunde. || Ocupar cada vez más extensión : las manchas de aceite cunden rápidamente. || Correr : cunde la voz que no es cierto.

cuneiforme adj. De forma de cuña. || Dícese especialmente de la escritura de los asirios, persas y medos.

164

Cúneo (Dardo), ensayista argentino, n. en 1914. || ~ (JOSÉ), pintor uruguayo, n. en 1887.

cuneta f. Zanja al lado de un camino o carretera para recoger las aguas de lluvia. || Arcén.

Cunha [kuña] (Euclides da), escritor brasileño (1866-1909), autor de la novela Os sertões. M. asesinado. || ~ (JUAN), poeta uruguayo, n. en 1910. || ~ (RODRIGO DA), obispo de Lisboa (1577-1643). En 1640 liberó a su país de la dominación española e instauró la Casa de Braganza. || ~ (TRISTÃO DA), navegante portugués (1460-1540), descubridor de diversas islas en el continente austral. — Su hijo NUÑO, fue virrey de las Indias portuguesas (1487-1539).

cunicultura f. Arte de criar conejos.

Cunninghame Graham (Robert Bontine), escritor inglés (1852-1936), autor de relatos sobre la Argentina.

Cunqueiro (Álvaro), escritor en castellano y gallego (1912-1981), autor de obras en prosa y de poesías.

cuña f. Pieza terminada en ángulo diedro muy agudo, que sirve para hender cuerpos sólidos, para calzarlos o para rellenar un hueco. || Anat. Cada uno de los tres huesos del tarso. || Fig. Influencia, recomendación : tener mucha cuña. || Breve espacio publicitario en radio o televisión.

cuñado, da m. y f. Hermano o hermana de uno de los esposos respecto del otro, hermano político.

cuño m. Troquel con que se imprimen las monedas y las medallas. || Sello con que se imprime. || Fig. Huella, señal.

cuota f. Parte o cantidad fija o proporcionada. || Cantidad que aporta cada contribuyente. || Gastos : la cuota de instalación del teléfono. || Amer. Plazo : venta por cuotas. || Soldado de cuota, soldado a quien se disminuía el tiempo que tenía que hacer en el servicio militar mediante el pago de cierta cantidad de dinero.

cupaje m. Mezcla de vinos o alcoholes con otros de menor graduación.

cupé m. Coche cerrado de cuatro ruedas, generalmente de dos plazas.

Cupica o Chirichire, golfo al O. de Colombia (Chocó) en el Pacífico.

cupido m. Fig. Hombre enamoradizo y galanteador.

Cupido, divinidad romana del Amor ; es el Eros griego.

Cupira, mun. y río al N. de Venezuela (Miranda).

Cupisnique, lugar arqueológico situado en el Valle de Cupisnique, zona costera en el norte del Perú.

cupla f. Amer. Par de fuerzas.

cuplé m. Copla, cancioncilla.

cupletista com. Cantor de cuplés.

cupo m. Parte que cada uno debe pagar o recibir en el reparto de una cantidad total. || Cantidad máxima de mercancías que pueden importarse en un período de tiempo determinado. || Cantidad de una cosa racionada que cada persona tiene derecho a recibir.

cupón m. Título de interés unido a una acción, a una obligación, y que se separa en el momento de su vencimiento. || Trozo de papel que se recorta de un documento o cartilla para utilizar el derecho conferido por él. || Vale : cupón de pedido. || Billete de la lotería de los ciegos.

cupresáceas f. pl. Plantas coníferas cuyo tipo es el ciprés (ú. t. c. adj.).

cúprico, ca adj. Quím. De cobre.

cuprífero, ra adj. Que contiene cobre : mineral cuprífero.

cuproníquel m. Aleación de cobre y níquel.

cúpula f. Arq. Bóveda semiesférica de algunos edificios monumentales.

cuquería f. Fam. Astucia.

cura m. Sacerdote encargado de una feligresía. || Fam. Sacerdote católico. || Saliva que salta al hablar. || — Cura de almas, párroco. || Cura de misa y olla, el poco instruido. || Fam. Este cura, yo. || — F. Curación. || Tratamiento a que se somete un enfermo : hacer una cura de aguas. || Aplicación de apósitos y remedios. || Fig. y fam. No tener cura, ser incorregible. || Ponerse en cura, empezar un trata-

miento curativo. || Tener cura, poderse curar.

Cura, c. al N. de Venezuela (Aragua), en las márgenes del lago Tacarigua. || ~ Malal, sierra de Argentina (Buenos Aires) ; 1 037 m.

curaca m. Amer. Cacique.

Curaçao. V. CURAZAO.

Curacautín, c. del centro de Chile en la IX Región (Araucanía) y en la prov. de Malleco, cap. de la com. del mismo nombre.

Curacaví, c. de Chile en la Región Metropolitana de Santiago y en la prov. de Melipilla, cap. de la com. del mismo nombre.

curación f. Acción y efecto de curar.

Curaco de Vélez, c. de Chile en la X Región (Los Lagos) y en la prov. de Chiloé, cap. de la com. del mismo nombre.

curado, da adj. Seco : un jamón curado. || Fig. Endurecido : curado de espanto. || — M. Acción y efecto de curar y preparar algo para su conservación (jamón, pieles, etc.).

Curaeim, río del Uruguay, en la frontera con Brasil (Artigas) ; 281 km.

Curahuara de Carangas, pobl. en el centro de Bolivia, cap. de la prov. de Sajama (Oruro).

curalotodo m. Panacea.

curandero, ra m. y f. Persona que cura sin ser médico.

Curanilahue, c. del centro de Chile en la VIII Región (Biobío) y en la prov. de Arauco, cap. de la com. del mismo nombre.

Curanipe, c. de Chile en la VII Región (Maule) y en la prov. de Cauquenes, cap. de la com. de Pelluhue.

curar v. i. Ponerse bien un enfermo, sanar (ú. t. c. pr.). || Fig. Quitarse un padecimiento moral. || Tener o poner cuidado : curar de una cosa. || — V. t. Aplicar al enfermo los remedios adecuados. || Cuidar las heridas. || Exponer al aire o al humo las carnes y pescados para conservarlos : curar al humo. || Curtir pieles, preparar para su uso la madera, el tabaco. || Fig. Quitar un mal moral. || — V. pr. Tratar : se cura con antibióticos. || Amer. Embriagarse. || Méx. Tomar licor después de una borrachera. || Fig. Curarse en salud, precaverse de algo.

Curaray, río al E. del Ecuador (Napo-Pastaza) y Perú (Loreto), afl. del Napp ; 600 km.

curare m. Veneno que los indios sudamericanos sacan de la raíz del maracure para emponzoñar sus flechas de caza o de guerra.

Curarrehue, c. del centro de Chile en la IX Región (Araucanía) y en la prov. de Cautín, cap. de la com. del mismo nombre.

curasao o curazao m. Licor fabricado con cortezas de naranja.

Curatella Manes (Pablo), diplomático y escultor vanguardista argentino (1891-1962).

curativo, va adj. Que cura : remedio curativo.

Curazao o Curaçao, isla holandesa de las Antillas, al N. de Venezuela ; 472 km² ; 160 300 h. Cap. Willemstad.

Curcio Rufo (Quinto). V. QUINTO CURCIO.

curda f. Fam. Borrachera. || — Adj. Fam. Borracho (ú. t. c. s.).

Curdistán o Kurdistán, región del O. de Asia, dividida entre Turquía, Irak, Irán y Siria.

curdo, da adj. y s. Del Curdistán.

cureña f. Armazón sobre la que se monta el cañón.

Curepto, c. del centro de Chile en la VII Región (Maule) y en la prov. de Talca, cap. de la com. de su n.

curia f. Subdivisión de la sociedad romana. || Lugar donde se reunía la curia. || Lugar donde se reunía el Senado. || Tribunal de lo contencioso. || Conjunto de abogados, jueces, escribanos, etc. : gente de curia. || Organismo gubernamental, administrativo y judicial de la Santa Sede.

Curiacios. V. HORACIOS.

curiana f. Cucaracha.

Curiapo, c. y puerto al NE. de Venezuela, en el Orinoco (Delta Amacuro).

curicano, na adj. y s. De Curicó (Chile).

Curicó, c. del centro de Chile y en la VII Región (Maule), cap. de la prov.

y de la com. que llevan su mismo nombre. (Hab. *curicanos*.)

curie m. Unidad de actividad nuclear (símb., Ci).

Curie (Pierre), químico y físico francés (1859-1906), que, con su esposa MARIE SKLODOWSKA (1867-1934), descubrió el radio (1898). [Pr. Nobel, 1903 y 1911.] — Su hija IRENE, casada con Frédéric Joliot (v. JOLIOT-CURIE), continuó la obra de sus padres.

Curiel Barba (Gonzalo), músico mexicano (1904-1950).

Curiepe, pobl. situada en el centro del norte de Venezuela (Miranda).

Curinhuas, río al E. de Nicaragua que nace en las montañas de Huapí y desemboca en el Caribe (Zelaya); 203 km.

curio m. Elemento radiactivo (Cm), de número atómico 96.

curiosear v. i. *Fam.* Interesarse en averiguar lo que otros hacen. || — V. t. Ir a ver las cosas que no tienen ningún interés para la persona que lo hace.

curiosidad f. Deseo de ver, de conocer. || Deseo de conocer los secretos, los asuntos ajenos. || Aseo, limpieza. || Cosa curiosa, rareza.

curioso, sa adj. Que tiene curiosidad (ú. t. c. s.). || Que excita la curiosidad. || Extraño, raro, sorprendente, singular. || Limpio, aseado, cuidado.

Curitiba, c. al S. del Brasil, cap. del Est. de Paraná. Arzobispado. Universidad.

currante adj. *Fam.* Trabajador, que trabaja (ú. t. c. s.).

currar y **currelar** v. i. *Fam.* Trabajar.

currelo m. *Fam.* Trabajo.

curricán m. Aparejo de pesca de un solo anzuelo.

curriculum vitae m. (pal. lat.) Conjunto de datos relativos al estado civil, a los estudios y a la capacidad profesional de una persona, en que el candidato a un puesto.

Curridabat, cantón en el centro de Costa Rica (San José). Agricultura.

Curros Enríquez (Manuel), escritor español (1851-1908), gran cantor poético de Galicia. Autor también de dramas y novelas.

curruca f. Pájaro cantor.

curruscar v. i. Crujir al mascar lo que se come.

currutaco, ca adj. y s. *Fam.* Elegante con afectación. | Pequeño, mequetrefe.

curry m. (pal. ingl.) Especia fuerte compuesta de jengibre, azafrán, clavo, etc.

cursar v. t. Estar estudiando : *cursar Derecho* ; *cursa en Madrid*. || Dar curso, enviar, remitir : *cursé un cable*. || Dar, transmitir : *cursar órdenes*. || Dar curso, hacer que siga su tramitación : *cursamos una petición, una solicitud, una instancia*.

cursi adj. *Fam.* De mal gusto : *vestido cursi*. || Que presume de fino y elegante sin serlo (ú. t. c. s.). || Afectado, remilgado (ú. t. c. s.).

cursilada f. Acción cursi.

cursilería f. Calidad de cursi. || Cosa cursi.

cursilón, ona adj. y s. Cursi.

cursillista adj. Dícese de las personas que siguen un cursillo (ú. t. c. s.).

cursillo m. Curso breve. || Serie de conferencias sobre determinada materia. || Período de prácticas : *cursillo de capacitación*.

cursivo, va adj. Dícese de la letra bastardilla (ú. t. c. s. f.).

curso m. Corriente de agua por un cauce : *el curso del Amazonas*. || Camino recorrido por los astros. || Clase : *un curso de Derecho*. || Conjunto de estudiantes que la sigue. || Año escolar : *curso 1985-1986*. || Texto en que se estudia una asignatura determinada. || Serie o continuación : *el curso del tiempo*. || Desarrollo, período de tiempo : *en el curso de su existencia*. || Corriente : *el curso de la historia*. || Circulación : *moneda de curso legal*. || — *Dar curso*, dar rienda suelta ; remitir, tramitar. || *En curso actual* : *debe hacer su demanda en el año en curso*.

cursor m. Corredera de algunos aparatos (regla de cálculo, etc.).

curtido m. Acción y efecto de curtir.

curtidor, ra m. y f. Persona que curte pieles.

curtiduría f. Taller donde se curten y trabajan pieles, tenería.

curtir v. t. Adobar, aderezar las pieles. || *Fig.* Tostar, poner moreno el sol el cutis (ú. t. c. pr.). || *Fig.* Acostumbrar a uno a la vida dura, endurecer : *curtido contra el frío* (ú. t. c. pr.).

curupa m. *Riopl.* Árbol leguminoso cuya corteza se emplea como curtiente.

Curupayty o **Curupaiti**, localidad al SO. del Paraguay (Ñeembucú), teatro de un importante combate de la guerra de la Triple Alianza (1866).

Curuzú Cuatiá, dep. y pobl. al NE. de la Argentina (Corrientes).

curva f. *Geom.* Línea curva, línea cuya dirección cambia progresivamente sin formar ningún ángulo. || Representación gráfica de las fases de un fenómeno : *curva de temperatura, de natalidad*. || Vuelta, recodo : *las curvas de una carretera, de un río*. || Forma redondeada : *las curvas del cuerpo*. || *Topogr.* Línea imaginaria que se utiliza en los mapas, formada por la unión de los puntos que tienen igual altura : *curva de nivel*. || *Fig. Curva de la felicidad*, dícese de un período de la vida de alguien que ya ha conseguido todo lo que deseaba y vive tranquilamente ; (fam.) barriga.

curvar v. t. Poner curvo lo que está derecho, encorvar (ú. t. c. pr.).

curvatura f. Forma curva.

curvo, va adj. Que constantemente se va apartando de la dirección recta sin formar ángulos.

cusca f. *Méx.* Cuzca, mujer ligera. || *Fam.* Hacer la cusca, fastidiar.

Cuscatlán, dep. central de El Salvador ; cap. Cojutepeque.

Cusco. V. CUZCO.

cuscurrear v. i. Crujir al mascar.

cuscurro m. Trozo de pan duro o frito : *sopa con cuscurros*.

cuscús m. Plato norteafricano hecho con pasta de sémola al vapor, carne y legumbres.

cusifai m. *Arg. Fam.* Fulano.

cúspide f. Cima, cumbre, el punto más alto de un monte : *la cúspide del Everest*. || *Geom.* Punta del cono o de la pirámide, opuesta a la base. || *Fig.* Cima, cumbre : *la cúspide de los honores*.

custodia f. Vigilancia, guarda : *bajo la custodia de*. || Persona o escolta encargada de custodiar a un preso. || Vaso, generalmente de oro o plata, en el que se expone el Santísimo Sacramento. || Tabernáculo. || *Chil.* Consigna en una estación de ferrocarril, aeropuerto.

custodiar v. t. Guardar con cuidado y vigilancia. || Proteger.

custodio adj. Que custodia : *ángel custodio* (ú. t. c. s. m.).

Custoza o **Custozza**, aldea de Italia (Venecia), al SO. de Verona.

cusumbé y **cusumbo** m. Coatí.

cutáneo, a adj. Del cutis o de la piel : *erupción cutánea liviana*.

Cutervo, c. al NO. del Perú, cap. de la prov. homónima (Cajamarca).

cuti f. Abrev. de *cutirreacción*.

cutícula f. Epidermis.

cutirreacción f. *Med.* Prueba para descubrir ciertas enfermedades (tuberculosis) que consiste en poner en la piel determinadas sustancias (tuberculina) que provocan una reacción visible.

cutis m. Piel del cuerpo humano, especialmente de la cara.

Cuttack, c. al NE. de la India (Orisa).

Cutzamala de Pinzón, mun. al SO. de México (Guerrero), a orillas del río del mismo nombre.

Cuvier (Georges), naturalista francés (1769-1832), creador de la anatomía comparada y de la paleontología.

Cuxhaven, c. y puerto de Alemania Occidental (Baja Sajonia), en las des. del Elba y cerca de Hamburgo.

cuy m. *Amer.* Conejillo de Indias.

Cuya, c. al N. de Chile en la I Región (Tarapacá) y en la prov. de Arica, cap. de la com. de Camarones.

cuyano, na adj. y s. De Cuyo (Argentina).

cuyo, ya pron. De quien : *el hombre cuya madre conocemos*. || A quien, en el que : *el amigo a cuya generosidad debo esto* ; *el cuarto en cuyo fondo está la chimenea*. (Este pronombre tiene siempre carácter posesivo ; precede inmediatamente al nombre y concuerda con la cosa poseída y no con el poseedor.)

Cuyo, región de la Argentina, al pie de los Andes, ant. prov. formada por las actuales de Mendoza, San Juan y San Luis. Hoy se da el n. de *Cuyo* a una Universidad, establecida en Mendoza, y a un arzobispado en San Juan.

Cuyultitán, v. al sur de El Salvador (La Paz).

Cuyuni, río al este de Venezuela (Bolívar) que entra en Guyana y se une al río Esequibo.

Cuyutlán, laguna al O. de México en la costa del Estado de Colima. (Se llama tb. *Caimanes*.)

cuzca f. *Amér.* C. Coqueta. || *Méx.* Mujer ligera. || Prostituta.

Cuzco o **Cusco**, nevado de Bolivia (Potosí) ; 5 434 m. — C. del S. del Perú, cap. del dep. homónimo, en un fértil valle de los Andes Orientales, a 3 650 m de alt. Arzobispado. Universidad. Centro comercial y turístico. Fundada en el s. XI por Manco Cápac, era cap. del Imperio de los Incas cuando se apoderaron de ella los españoles. Numerosas ruinas.

cuzcuz m. Cuscús.

cuzma f. Camisa sin mangas de los indios andinos.

cuzqueño, ña adj. y s. De Cuzco (Perú).

CV, abrev. de *caballo de vapor*.

Cyrano de Bergerac (Savinien de), escritor francés (1619-1655), autor de obras de teatro y de cartas amorosas y satíricas.

czar y sus derivados, v. ZAR y los suyos.

Czegled, c. de Hungría, al SE. de Budapest. Vinos.

Czernowitz. V. TCHERNOVTSY.

Czestochowa, c. meridional de Polonia (Katovice), a orillas del Warta.

Chacal

Ch

ch f. Cuarta letra del alfabeto castellano y tercera de sus consonantes.

cha m. Sha.

Chaab (Al-). V. AL-CHAAB.

chabacanada f. Chabacanería.

chabacanear v. i. Obrar con chabacanería.

chabacanería f. Falta de arte y
gusto. ‖ Grosería, vulgaridad.

chabacano, na adj. Vulgar : un
aspecto chabacano. ‖ De mal gusto.

chabola f. Choza. ‖ Barraca.

chabolismo m. Aglomeración de
barracas cerca de una ciudad.

Chabrier [-brié] (Emmanuel), músico
francés (1841-1894). Compuso la rapsodia España.

Chabuca. V. GRANDA (María Isabel).

chac m. Entre los mayas, ayudante
del sacerdote.

Chac, divinidad maya de la Lluvia,
que comprende otras cuatro : Sac Xib
Chac, Kan Xib Chac, Chac Xib Chac y
Ek Xib Chac. ‖ ~ Mool, deidad mayatolteca de la Lluvia. — N. dado tb. a
una escultura del Imperio Maya, de la
que se han encontrado ejemplares en
varios lugares de México.

Chacabuco, sierra de Chile, en una
de cuyas laderas las fuerzas realistas
fueron derrotadas por los patriotas de
San Martín (12 de febrero de 1817). —
Pobl. de la Argentina (Buenos Aires).
— Prov. de Chile en la Región Metropolitana de Santiago ; cap. Colina.

chacal m. Mamífero carnicero de
Asia y África semejante al lobo.

chacalín, ina m. y f. Amer. Niño.

Chacao (CANAL DE), estrecho que
separa la prov. chilena de Llanquihue
de la isla de Chiloé.

chacarero, ra adj. y s. Amer. Campesino. ‖ F. Bol. y Riopl. Cierto
baile y su música.

Chacel (Rosa), escritora española, n.
en 1898, autora de novelas (Memorias
de Leticia Valle, La sinrazón, Barrio de
Maravillas, Teresa, La confesión, Estación de ida y vuelta), poesías (A la
orilla de un pozo), ensayos y memorias (Alcancía).

chácena f. Reserva de decorados en
los bastidores de un teatro.

chacina f. Carne de cerdo adobada
o preparada.

chacinería f. Establecimiento donde
se prepara o se vende chacina.

chacinero, ra m. y f. Persona que
hace o vende chacina.

chaco m. Amer. Territorio llano.

Chaco o Gran Chaco, meseta central de América del Sur, perte-
ciente a Bolivia, Paraguay y la Argentina ; 700 000 km². Se divide en Chaco
Boreal, desde el río Pilcomayo hasta
Chiquitos, Chaco Central, entre los
ríos Pilcomayo y Bermejo, y Chaco
Austral, que penetra hasta la Pampa.
Es una región de tierras bajas, cálida y
semiárida. Bolivia y Paraguay sostuvieron una guerra (1932-1935) por territorios en litigio del Chaco Boreal. El
Tratado de Buenos Aires (1938) fijó los
límites entre ambos países.

Chaco, prov. al NE. de la Argen-
tina ; cab. Resistencia. Quebracho. —
Volcán al N. de Chile (Antofagasta) ;
5 180 m. Recibe tb. el n. de Cerro
Quebrado. — Dep. al O. del Para-
guay ; cap. Mayor Pablo Lagerenza.
— (Gran), prov. al SE. de Bolivia
(Tarija) ; cap. Yacuiba.

chacó m. Morrión.

chacolí m. Vino ligero.

Chacón (Lázaro), general guatemalteco (1873-1931), pres. de la Rep. de
1926 a 1930.

chacona f. Composición musical. ‖
Baile antiguo español.

chacota f. Burla, broma.

chacotear v. i. Burlarse (ú. t. c. pr.).

chacoteo m. Burla, broma.

chacra f. Amer. Finca rústica
pequeña, granja. ‖ Casa de campo.

chacuaco m. Méx. Horno para fundir minerales de plata.

chacual m. Amer. Taza hecha de
cáscara de fruta.

chacualear v. i. Méx. Chismorrear.

chacha f. Fam. Criada. ‖ Niñera.

chachachá m. Baile moderno parecido a la rumba y al mambo. ‖ Música
que lo acompaña.

chachalaca f. Ave gallinácea de
México. ‖ Fig. Parlanchín.

Chachani, volcán al sur del Perú
(Arequipa) ; 6 096 m.

Chachapoyas, c. del N. del Perú,
cap. de la prov. homónima y del dep.
de Amazonas. Obispado. Fundada en
1536. — Pobl. al NO. de la Argentina
(Salta). Refinería de petróleo.

chachapoyense o chachapuyno,
na adj. y s. De Chachapoyas (Perú).

cháchara f. Fam. Charla.

chacharear v. i. Hablar de cosas
insustanciales.

chacho, cha m. y f. Fam. Muchacho, muchacha. ‖ Hermano.

Chad, extensión lacustre del centro
de África en los confines del Chad,
Camerún, Nigeria y Níger ; 25 000 km².

Chad, rep. de África Central, al E.
y al nordeste del lago homónimo ;
1 284 000 km² ; 5 200 000 h. Independiente desde 1960. Cap. N'Djamena,
ant. Fort Lamy, 180 000 h.

Chadli (Bendjedid), militar y político
argelino, n. en 1929, pres. de la Rep.
desde 1979.

Chadwick (James), físico británico
(1891-1974). Especialista en física
nuclear, descubrió, en 1932, la naturaleza del neutrón. (Pr. Nobel, 1935.)

chafalote adj. Amer. Vulgar, ordinario. ‖ — M. Amer. Chafarote.

chafar v. t. Aplastar : chafar la fruta.
‖ Arrugar la ropa, estropear algo. ‖
Fig. Estropear, echar a perder : me ha
chafado el plan (ú. t. c. pr.). ‖ Abatir,
desanimar. ‖ Cortar a uno en una
conversación dejándole sin respuesta.

Chafarinas (ISLAS), archip. español
en el litoral mediterráneo de Marruecos, compuesto de las islas Congreso,
Rey e Isabel II, donde está la capital.

chafarote m. Sable corvo.

chaflán m. Cara de un sólido que se
obtiene cortando por un plano una
esquina del mismo. ‖ Plano que, en
lugar de esquina, une dos superficies
planas que forman ángulo.

Chagall (Marc), pintor francés, de
origen ruso, n. en 1887.

Chagas (Carlos), médico brasileño
(1879-1934), descubridor del tripanosoma que lleva su nombre.

Chagos, archipiélago inglés del
océano Índico, al sur de las Maldivas.
La isla principal es la de Diego García.

Chagres, río de Panamá, que des.
en el mar Caribe ; 150 km. Utilizado
por el canal interoceánico. ‖ — Pobl.
en el cantón de Panamá (Colón).

chagual m. Arg., Chil. y Per. Planta
bromeliácea, de médula comestible,
de cuyas fibras se fabrican cuerdas.

CHAD

166

chaguí m. *Ecuad.* Pajarito algo parecido al gorrión.

chah m. Sha, soberano de Irán.

Chaikowski (Piotr Ilich). V. TCHAIKOVSKI.

Chain (Ernst Boris), fisiólogo inglés (1906-1979). Encontró, en unión de Fleming y Florey, la penicilina. (Pr. Nobel, 1945.)

chaira f. Cuchilla de zapatero. || Barra de acero de los carniceros para afilar los cuchillos.

chaise-longue [ches-long] f. (pal. fr.). Tumbona, hamaca, meridiana.

Chaitén, río de Chile que des. en la bahía del mismo n. — C. de Chile en la X Región (Los Lagos), cap. de la prov. de Palena y de la com. de su n.

chajá m. *Riopl.* Ave zancuda.

Chajty, c. de la U. R. S. S. (Rusia).

Chakán, n. de una ant. prov. maya de Yucatán, al SE. de México.

chal m. Especie de mantón.

Chala, c. y puerto al sur del Perú (Arequipa).

chalaco, ca adj. y s. De El Callao (Perú).

chalado, da adj. *Fam.* Tonto, necio (ú. t. c. s.). || Chiflado, loco (ú. t. c. s.), Muy enamorado.

chaladura f. *Fam.* Tontería, necedad. | Extravagancia, chifladura. | Locura. | Enamoramiento.

chalán m. Tratante de caballos o de ganado. || *Fig.* Hombre poco escrupuloso en sus tratos.

chalana f. Barco no muy grande que tiene el fondo muy plano.

chalanear v. i. Negociar, cambalachear, comerciar como los chalanes.

chalaneo m. Discusión en un trato. | Poca escrupulosidad en los tratos.

chalanería f. Astucia de que se vale el chalán.

chalar v. t. Enloquecer, chiflar. || — V. pr. Enamorarse, perder el seso.

chalateco, ca adj. y s. De Chaltenango (El Salvador).

Chalatenango, c. del N. de El Salvador, cap. del dep. homónimo.

Chalcatzingo, lugar arqueológico de México (Morelos).

Chalco, ant. reino chichimeca de México. — C. y mun. de México en el Estado de este n.

chalchihuite m. *Méx.* Entre los nahuas, piedra de color verde para hacer dijes, estatuitas, etc.

Chalchihuites, mun. en el centro de México (Zacatecas).

Chalchihuitlicue, diosa tolteca del Agua, hermana y tal vez esposa de Tláloc.

Chalchuapa, c. al NO. de El Salvador (Santa Ana).

chalé m. Chalet.

chaleco m. Prenda del traje, sin mangas, que se pone sobre la camisa. | Jersey. || — *Chaleco antibalas*, prenda para protegerse de las balas de las armas de fuego. || *Amer. Chaleco de fuerza*, camisa de fuerza. || *Chaleco salvavidas*, prenda neumática usada en caso de naufragio.

chalequear v. t. *Méx.* Trampear.

chalet m. Casa de madera de estilo suizo. || Casa con jardín, hotelito.

Chalia o **Shehuen**, río al sur de Argentina (Santa Cruz), afl. del Chico ; 225 km.

chalina f. Corbata ancha con un gran nudo. || *Amer.* Chal, bufanda.

Chalma, c. de México en el Est. de este n. y cerca de Malinalco.

Châlons-sur-Marne, c. de Francia, cap. del dep. del Marne. Obispado. En sus cercanías se encontraban los *Campos Cataláunicos*.

Chalon-sur-Saône, c. de Francia (Saône-et-Loire), al NE. de París.

chalote m. Planta liliácea parecida a la cebolla. || Su fruto.

Chalpán, laguna al este de México (Veracruz).

chalupa f. *Mar.* Embarcación pequeña de dos palos. || Lancha, bote o canoa de diversas formas. || *Méx.* Tortilla pequeña y ovalada que tiene el condimento encima.

challenge m. (pal. ingl.). Prueba o competición deportiva.

challenger m. y f. (pal. ingl.). Aspirante a un título deportivo.

Chama, río al NO. de Venezuela (Est. de Mérida y Zulia) ; des. en el lago de Maracaibo.

Chamá, cadena montañosa en el centro de Guatemala (Alta Verapaz).

chamaco, ca m. y f. *Méx.* Niño.

chamal m. *Arg., Bol.* y *Chil.* Paño que usan los indios para cubrirse de la cintura para abajo, envolviéndolo en forma de pantalones.

chamarilear v. i. Cambalachear. || Vender trastos viejos.

chamarileo m. Cambalache. || Comercio o venta de trastos viejos.

chamarilero, ra m. y f. Vendedor de trastos viejos, de cosas usadas.

chamariz m. Pájaro fringílido de color verdoso.

chamarra f. Zamarra, pelliza. || *Amer.* Manta usada como poncho.

chamarro m. *Amer.* Manta burda.

Chamartín de la Rosa, barrio del N. de Madrid (España).

Chamaya. V. HUANCABAMBA.

chamba f. *Fam.* Chiripa, suerte. || *Méx.* Ocupación, empleo, aunque sea transitorio y poco remunerado. || *Por chamba*, por casualidad.

Chambas, mun. de Cuba (Ciego de Ávila), en un suburbio de Morón.

chambear v. t. *Méx.* Hacer trabajos poco remunerados.

chambelán m. Gentilhombre de cámara, camarlengo.

chambergo, ga adj. Dícese de la guardia personal de Carlos II de España y de las prendas de su uniforme. | *Sombrero chambergo*, el de copa campanuda y de ala ancha. || — M. Sombrero chambergo.

Chamberí, barrio en el N. de Madrid (España).

Chamberlain (Neville), político británico (1869-1940), primer ministro conservador de 1937 a 1940. Declaró la guerra a Alemania en 1939.

chambero, ra m. y f. *Méx.* Persona que busca una chamba o que suele trabajar en chambas.

Chambéry, c. al este de Francia, cap. del dep. de Savoie. Arzobispado.

Chambo, hoya y región natural de los Andes del Ecuador (Chimborazo), irrigada por el río del mismo nombre. En ella se encuentra Riobamba.

chambón, ona adj. y s. *Fam.* Que consigue algo por casualidad (ú. t. c. s.).

Chambord, c. de Francia, al SO. de París (Loir-et-Cher). Castillo (1519).

Chame, golfo, bahía y punta en el centro de Panamá.

Chamelecón, río al NO. de Honduras (Santa Bárbara y Cortés), que des. en el mar Caribe.

Chamical, pobl. al oeste de la Argentina (La Rioja).

Chaminade (Guillaume-Joseph), sacerdote francés (1761-1850), creador en 1817 de la Compañía de María u orden de los Marianistas.

Chamisso (Adelbert von), escritor y naturalista alemán (1781-1838).

chamizo m. Leño medio quemado. || *Fam.* Tugurio, casucha.

Chamo. V. GOBI.

Chamonix-Mont-Blanc, c. al E. de Francia (Haute-Savoie), en las faldas del monte Blanco. Deportes de invierno.

Chamorro (Diego Manuel), político nicaragüense, m. en 1923. Pres. de la Rep. de 1921 a 1923. || ~ (EMILIANO), general nicaragüense (1871-1965), pres. de la Rep. de 1917 a 1921 y en 1926. || ~ (FRUTO), general nicaragüense, n. en Guatemala (1806-1855), director supremo de 1853 a 1855. Reformó la Constitución. || ~ (PEDRO JOAQUÍN), político nicaragüense (1818-1890), pres. de la Rep. de 1875 a 1879.

champagne [-pañ] m. (pal. fr.). Champaña.

Champagne. V. CHAMPAÑA.

Champaigne o **Champagne** (Philippe de), pintor flamenco (1602-1674), autor de retratos.

champán m. Champaña.

champaña m. Vino blanco espumoso, originario de Francia.

Champaña, en fr. *Champagne*, ant. prov. del E. de Francia ; cap. *Troyes*. Vinos espumosos.

Champaqui, pico de la Argentina, en la Sierra de Córdoba ; 2 884 m.

Champara, cumbre nevada en el centro oeste del Perú (Ancash) ; 5 754 m.

Champerico, c. y puerto de Guatemala en el Pacífico (Retalhuleu).

Champigny-sur-Marne, c. de Francia al SE. de París (Val-de-Marne).

champiñón m. Hongo comestible.

Champlain (LAGO), lago en la frontera de Estados Unidos y el Canadá. (Quebec). Turismo.

Champlain (Samuel de), colonizador francés (¿ 1567 ?-1635), fundador de Quebec (1608) y gobernador del Canadá (1633).

Champollion (Jean-François), egiptólogo francés (1790-1832), que descifró los jeroglíficos.

Champotón. V. POTONCHÁN.

champú m. Jabón líquido para el lavado de la cabeza. || Este lavado.

Chamula, mun. en el sur de México (Chiapas).

chamullar v. i. *Pop.* Hablar mal una lengua.

chamuscar v. t. Quemar ligeramente. || Pasar por la llama. || *Méx.* Vender mercancías a bajo precio.

chamusquina f. Acción y efecto de chamuscar o chamuscarse. || Olor a quemado. || *Fig.* y *fam.* Riña, pelea. || *Fig.* y *fam.* Oler a *chamusquina*, parecer herética una teoría o discusión ; ir por mal camino una cosa.

Chan, Estado en el E. de Birmania.

chaná adj. y s. Individuo de un pueblo indio de América del Sur. (Los *chanás* se establecieron en las islas del delta del Paraná.)

chanca adj. y s. Individuo de un pueblo indio del Perú. (Los *chancas* fueron sometidos por los incas.)

chancar v. t. *Amer.* Triturar, moler. | Golpear, pegar. || *Per.* Empollar.

Chancay, río del Perú que des. en el Pacífico. — Prov. y v. en el centro oeste del Perú (Lima) ; cap. *Huacho*.

chance m. (pal. fr.). *Amer.* Oportunidad, posibilidad, ocasión, suerte.

chancear v. i. Bromear. || — V. pr.

chanciller m. Canciller.

chancillería f. Tribunal superior de justicia donde se conocía por apelación de todas las causas de los demás tribunales.

chancla f. Zapato viejo. || Chancleta.

chancleta f. Zapatilla sin talón.

chanclo m. Zueco de madera utilizado en el campo.

Chanco, río de Chile que des. en el Pacífico. — C. del centro de Chile en la VII Región (Maule) y en la prov. de Cauquenes, cap. de la com. del mismo nombre.

chancro m. Úlcera sifilítica.

chancha f. Cerda.

chanchada f. *Amer. Fam.* Cerdada, marranada. | Porquería, suciedad.

Chanchamayo, río y distrito en el centro del Perú (Junín), en la Cordillera Occidental de los Andes.

Chanchán, región de la zona central de los Andes ecuatorianos y monte que allí se encuentra (Azuay) ; 4 096 m. — Capital, hoy en ruinas, del reino chimú, en la costa norte del Perú, cerca de la ciudad de Trujillo.

chanchería f. *Amer.* Salchichería.

chanchero, ra m. y f. *Amer.* Persona que cuida cerdos.

chancho, cha adj. *Amer.* Sucio, puerco. || — M. *Amer.* Cerdo.

chanchullero, ra adj. y s. Intrigante, marrullero.

chanchullo m. *Fam.* Acción poco escrupulosa, tejemaneje.

chandal y **chandail** m. Traje de punto o jersey ancho de deportistas.

Chandernagor, c. en el norte de la India (Bengala Occidental), a orillas del Hugli. Fue francesa hasta 1951.

Chandigarh, c. en el norte de la India, al pie del Himalaya ; cap. de los Estados de Pendjab y Hariana.

chanelar v. i. *Pop.* Saber. | Comprender.

chanflear v. t. *Arg.* En fútbol, dar efecto al balón cuando se dispara.

Chang o **Yin**, dinastía que gobernó China de 1450 a 1050 a. de J. C.

Chang Kai-chek, mariscal chino (1887-1975). Luchó contra el Japón de 1937 a 1945 y fue pres. de la Rep. de 1943 a 1948. En 1949, al ser derrotado por las tropas comunistas de Mao Tse-tung, se retiró a Formosa, hoy Taiwán.

changa f. *Arg.* y *Chil.* Trabajo del changador. | *Fam.* Trato, negocio.

changador m. *Arg.* Mozo de cuerda.

changar v. i. *Arg.* Trabajar de cargador. | Hacer trabajos de poca monta.
Changcheu, c. de China oriental (Kiangsú). Textiles. Metalurgia.
Changchuen, c. en el NE. de China, cap. del Estado de Kirin.
Changhai, en ingl. *Shanghai,* c. y puerto del E. de China (Kiangsú).
Changhua, c. del O. de Taiwan.
Changkieu, c. al centro este de China (Honan).
chango m. *Méx.* Mono, simio. | Listo.
Changsha, c. del centro de China, cap. de Hunan.
Changuinola, río de Panamá (Bocas del Toro) que des. en el mar Caribe.
Chankiang, c. y puerto del SE. de China (Kuangtung).
chanquete m. Pez pequeño comestible pescado en la costa de Málaga.
Chansi, en ingl. *Shansi,* prov. del N. de China. al S. de Mongolia ; cap. *Taiyuán.* Carbón.
chantaje m. Delito que consiste en obtener dinero o conseguir favores, etc., de una persona con la amenaza de revelaciones escandalosas.
chantajear v. t. Hacer chantaje.
chantajista com. Persona que hace un chantaje a otra.
Chanteu, ant. *Swaton,* c. y puerto al sur de China (Kuangtung).
chantilli y **chantilly** m. Crema de nata batida. ‖ Clase de encaje.
Chantilly, pobl. de Francia (Oise), al norte de París. Castillo. Encajes.
chantre m. Canónigo que se ocupaba del coro.
Chantung, prov. oriental de China, en las riberas del mar Amarillo. Cap. *Tsinan.*
chanza f. Dicho festivo y gracioso. ‖ Broma, burla. ‖ *Entre chanzas y veras,* medio en serio, medio en broma.
chañar m. *Amer.* Árbol papilionáceo, semejante al olivo.
Chañaral, c. de Chile en la III Región (Atacama), cap. de la prov. y de la com. de su n.
Chani, pico al noroeste de Argentina (Jujuy) ; 6 200 m.
¡ chao ! interj. *Fam.* Adiós.
Chaocheu, c. del SE. de China (Kuangtung). Metalurgia. Puerto.
Chaohing, c. de China (Chekiang).
Chaoyang, c. de China meridional (Honan).
chapa f. Hoja, lámina, placa o plancha de madera, metal, etc. : *chapa de acero.* ‖ Producto siderúrgico laminado. ‖ Cápsula, tapón corona : *coleccionar chapas de botellines de cerveza.* ‖ Insignia distintiva de una profesión, de un cargo : *chapa de policía.* ‖ Ficha, señal : *chapa del guardarropa.* ‖ Chapeta. ‖ *Amer.* Cerradura. ‖ — Pl. Cierto juego de muchachos con cápsulas de botellas.
chapado, da adj. Cubierto o revestido con una chapa : *mueble chapado ; reloj chapado de oro.* ‖ *Fig. Chapado a la antigua,* dícese de la persona apegada a los hábitos y costumbres anticuados. ‖ — M. Revestimiento con una chapa de madera o metal de cualquier superficie de otra materia. ‖ Contrachapado.
Chapala, lago de México (Jalisco y Michoacán) ; 1 530 km². — Mun. al O. de México (Jalisco), a orillas de este lago. Agricultura. Ganadería. Turismo.
chapapote m. *Méx.* Asfalto.
chapar v. t. Cubrir con chapas.
Chapare, prov. y río en el centro de Bolivia (Cochabamba) ; cap. *Sacaba.*
chaparral m. Sitio poblado de chaparros.
chaparrón m. Lluvia fuerte.
chapear v. t. Chapar. ‖ *Cub.* Quitar las hierbas de la tierra de cultivo. ‖ — V. i. Chacolotear la herradura. ‖ — V. pr. *Amer.* Adquirir buen color.
Chapeltique, v. al este de El Salvador (San Miguel).
chapeo m. Sombrero.
chapeta f. Mancha roja en la piel de las mejillas.
chapete m. *Fam. Méx.* Chapeta.
chapetón, ona adj. y s. Español o europeo recién llegado a América. ‖ *Amer. Fig.* Novato, bisoño. ‖ — M. Chaparrón, aguacero. ‖ Chapeta.

‖ Chapetonada, enfermedad. ‖ *Méx.* Rodaja de plata que adorna los arreos de una caballería.
chapetonada f. Primera enfermedad que padecían los españoles al llegar a América. ‖ *Fig. Amer.* Bisoñería.
Chapi (Ruperto), músico español (1851-1909), compositor de zarzuelas (*La revoltosa, El puñao de rosas, El rey que rabió, El tambor de granaderos, La tempestad, La patria chica,* etc.) y de algunas óperas.
chapin, ina adj. y s. *Amer.* Guatemalteco. | Patituerto. ‖ — M. Chanclo.
chápiro m. *Fam.* Voz que se usa en algunas exclamaciones de enojo : *¡ por vida del chápiro verde !*
chapista adj. Dícese de la persona, que hace chapas (ú. t. c. s.). ‖ Aplícase a la persona que repara la carrocería de un automóvil (ú. t. c. s.).
chapistería f. Taller y labor del chapista.
chapitel m. Capitel.
Chaplin (sir Charles), actor y director de cine inglés. n. en Londres (1889-1977), creador del personaje de *Charlot.*
chapopote m. Asfalto.
chapopotear v. t. Asfaltar.
chapotear v. t. Remojar, humedecer repetidas veces una cosa. ‖ — V. i. Agitar los pies o las manos en el agua para que salpique.
chapoteo m. Acción y efecto de chapotear. ‖ Ruido hecho al chapotear.
chapucear v. t. Hacer algo de prisa y mal.
chapucería f. Acción de hacer mal un trabajo. ‖ Arreglo rápido. ‖ Trabajo mal hecho.
chapucero, ra adj. Hecho de prisa y mal : *trabajo chapucero.* ‖ Que trabaja de prisa y mal (ú. t. c. s.).
chapulín m. *Méx.* Insecto ortóptero de color pardo claro a veces y tres de patas.
Chapultepec, parque de la ciudad de México, con un cerro, que fue lugar de recreo de los toltecas (1299) y de los reyes de Tenochtitlan. Los virreyes españoles construyeron un castillo sobre las ruinas del edificio anterior (1785), que fue residencia del Colegio Militar (1840) y fortificación para defender de la invasión de los Estados Unidos (1847). El emperador Maximiliano vivió en este lugar, unido en su época a la Ciudad de México por el Paseo de la Reforma, y también lo hicieron varios presidentes de la República hasta 1944.
chapurrar y **chapurrear** v. t. Hablar mal un idioma extranjero.
chapurreo m. *Fam.* Modo de hablar mal un idioma extranjero.
chapuz m. y **chapuza** f. Chapucería. ‖ Trabajo de poca importancia. ‖ Zambullida, chapuzón.
chapuzar v. t. Meter a uno en el agua (ú. t. c. i. y pr.).
chapuzón m. Zambullida.
chaqué m. Chaqueta negra con faldones que se lleva con pantalones rayados y se usa en las ceremonias.
chaquense y **chaqueño, ña** adj. y s. Del Chaco (América del Sur).
chaqueta f. Prenda de vestir con mangas, abotonada por delante y que cubre el busto hasta las caderas. ‖ *Fig.* Cambiarse de chaqueta, chaquetear.
chaquetear v. i. *Fig.* Cambiar de ideas. | Tener miedo.
chaqueteo m. Cambio de ideas. ‖ Acobardamiento, miedo.
chaquetero, ra adj. Que chaquetea (ú. t. c. s.).
chaquetilla f. Chaqueta corta.
chaquetón m. Pelliza, chaqueta larga de abrigo : *chaquetón de cuero.*
Char (René), poeta francés. n. en 1907.
chara f. *Arg.* y *Chil.* Cría de avestruz o de ñandú.
charada f. Adivinanza que consiste en hallar una palabra mediante el previo encuentro de las sílabas que tienen un significado completo.
charal m. Pez de los lagos de México. ‖ *Fig.* Persona muy flaca.
Charalá, pobl. al este de Colombia (Santander).
charanda f. *Méx.* Tierra rojiza por contener óxido de hierro. ‖ Aguardiente de caña.

charanga f. Banda de música. ‖ Baile familiar.
charango m. *Amer. Mús.* Bandurria pequeña.
charape m. *Méx.* Bebida hecha con pulque.
charca adj. y s. Indio de la América Meridional sujeto al Imperio de los Incas. ‖ — F. Charco grande.
Charcas, sierra y c. en el centro de México (San Luis Potosí). — N. que tuvo *Sucre* (Bolivia). Durante la colonia fue sede de la Real Audiencia, de la que dependían los actuales territorios de Bolivia, Argentina, Paraguay y parte del Brasil, y de una universidad. — Prov. SO. de Bolivia (Potosí) ; cap. *San Pedro de Buenavista.*
charco m. Agua u otro líquido estancados en un hoyo del terreno.
Charcot (Jean Martin), médico francés (1825-1893). Estudió las enfermedades nerviosas. — Su hijo JEAN (1867-1936) fue también médico y explorador de las regiones polares.
charcutería f. Tienda de embutidos, salchichería.
charcutero, ra m. y f. Persona que tiene una tienda de embutidos.
Chardin (Jean-Baptiste), pintor francés (1699-1779), autor de naturalezas muertas, interiores y retratos.
Chardja, uno de los Emiratos Árabes Unidos. Petróleo.
Charente, río de Francia que atraviesa Angulema y des. en el Atlántico ; 360 km. — Dep. al O. de Francia ; cap. *Angulema.* ‖ ∼-**Maritime,** dep. al O. de Francia ; cap. *La Rochela.*
Charenton, c. de Francia al SE. de París (Val-de-Marne).
Chari, río del África ecuatorial que des. en el lago Chad ; 1 200 km.
charla f. Conversación. ‖ Conferencia breve, coloquio.
charlar v. i. *Fam.* Conversar.
charlatán, ana adj. Que habla mucho (ú. t. c. s.). ‖ — M. Curandero. | Vendedor ambulante.
charlatanear v. i. Charlar.
charlatanería f. Palabrería. ‖ Calidad de charlatán.
Charleroi [-rua], c. en el sur del centro de Bélgica (Henao).
Charlesbourg, c. al este del Canadá (Quebec).
Charles-de-Gaulle, aeropuerto de la región de París (Val-d'Oise), cerca de Roissy-en-France.
Charleston, c. y puerto al E. de Estados Unidos (Carolina del Sur). Centro de la resistencia sudista en la guerra de Secesión. — C. al. E. de Estados Unidos, cap. de Virginia Occidental.
charlestón m. Baile de moda en 1925. ‖ Su música.
charleta f. Charla.
Charleville-Mézières, c. del NE. de Francia, cap. del dep. de Ardennes, formado por la reunión de Charleville, Mézières y otros municipios.
charlista com. Persona que da charlas.
Charlot. V. CHAPLIN.
charlotada f. Corrida bufa con becerros. ‖ Acción grotesca.
charlotear v. i. Charlar.
charloteo m. Charla.
Charlotte, c. al E. de los Estados Unidos (Carolina del Norte).
Charlottetown, c. al SE. del Canadá, cap. de la prov. Isla del Príncipe Eduardo. Universidad.
charnego, ga adj. Dícese del emigrante que se asienta en Cataluña (ú. t. c. s.).
charnela f. Bisagra.
charol m. Barniz muy brillante. ‖ Cuero que tiene este barniz.
charola f. *Méx.* Bandeja.
Charolais, región de Francia al pie del macizo Central. Ganadería.
charolar v. t. Poner charol.
Charpentier (Gustave), compositor francés (1860-1956), autor de *Louise.* ‖ ∼ (MARC ANTOINE), músico francés (¿1634 ?-1704), autor de motetes, misas y oratorios.
charque y **charqui** m. *Amer.* Cecina.
charquicán m. Guiso de charqui.
charrada f. Torpeza. ‖ Baile propio de los charros.
charrán, ana adj. y s. Granuja. ‖ Patán, zafio.

168

charranada f. Grosería. ‖ Mala jugada, cochinada.

charranear v. i. Hacer una charranada.

charranería f. Condición de charrán. ‖ Charranada.

charreada f. Méx. Entretenimiento de los charros.

charretera f. Adorno que llevan los militares en el hombro de la guerrera.

charro, rra adj. Nativo de la provincia española de Salamanca (ú. t. c. s.). ‖ *Fig.* Llamativo, muy recargado. ‖ De mal gusto, cursi. ‖ — M. Caballista mexicano que lleva un sombrero de grandes alas y un traje bordado. ‖ Su sombrero.

Charron (Pierre), escritor moralista francés (1541-1603).

charrúa adj. y s: Indio de alguna de las tribus que vivían en la costa septentrional del Río de la Plata, ya extinguidas.

charter adj. (pal. ingl.). Dícese del avión fletado por una compañía de turismo o un grupo de personas, cuyas tarifas son menos elevadas que en las líneas regulares (ú. t. c. s. m.).

Chartier (Emile). V. ALAIN.

Chartres, c. de Francia, cap. del dep. de Eure-et-Loir, al SO. de París. Catedral gótica (s. XII-XIII). Obispado.

chartreuse [*chartrés*] f. (pal. fr.). Licor alcohólico fabricado en distintos lugares por los monjes de la Cartuja.

chascar v. i. Dar chasquidos.

chascarrillo m. *Fam.* Chiste.

chasco m. Desilusión que causa un suceso contrario a lo que uno esperaba : *llevarse un chasco.* ‖ Burla.

Chascomús, c. de la Argentina (Buenos Aires), a orillas de la laguna homónima.

chasis m. Armazón que sostiene el motor y la carrocería de un automóvil o de un vehículo cualquiera. ‖ Bastidor donde se colocan las placas fotográficas. ‖ *Fam.* Esqueleto. ‖ *Fig.* y *fam.* Quedarse en el chasis, quedarse en los huesos, muy delgado.

chasquear v. t. Dar chasquidos. ‖ — V. i. Chascar. ‖ *Fig.* Decepcionar. ‖ — V. pr. Sufrir un desengaño. ‖ Fracasar.

chasqui m. *Amer.* Mensajero indio.

chasquido m. Ruido del látigo, de la honda al restallar o de la lengua al moverse.

chata f. Orinal plano de cama.

chatarra f. Residuos metálicos. ‖ Escoria del mineral de hierro. ‖ Hierro viejo. ‖ *Fam.* Moneda fraccionaria. ‖ Cosa de poco valor.

chatarrería f. Lugar donde se vende chatarra.

chatarrero, ra m. y f. Persona que coge y vende hierro viejo.

chatear v. i. *Fam.* Beber vino en chatos.

chateaubriand m. (pal. fr.) Solomillo.

Chateaubriand (François René, *vizconde de*), escritor romántico fran-

cés, n. en Saint-Malo (1768-1848), autor de *El genio del Cristianismo*, apología de su religión, *Atala* y *René*, novelas, *El último Abencerraje*, relato histórico sobre los moros de Granada, *Los mártires* y *Los Nátchez*, poemas en prosa, y *Memorias de ultratumba*, diario de su vida.

Châteaudun, c. de Francia (Eure-et-Loir), al SO. de París.

Chateauroux, c. en el centro de Francia, cap. del dep. del Indre.

Châtelet, c. de Bélgica (Henao).

Châtellerault, c. de Francia al S. de París (Vienne).

Châtenay-Malabry, c. de Francia (Hauts-de-Seine), al S. de París.

chateo m. *Fam.* Copeo.

Chatham, c. y puerto al SE. de Inglaterra (Kent). Astilleros. — C. del Canadá (Ontario). — Archipiélago de Nueva Zelanda en Oceanía ; 950 km².

Châtillon, c. de Francia (Hauts-de-Seine), al sur de París.

chato, ta adj. Poco prominente, aplastado : *nariz chata.* ‖ *Fig.* De poca altura : *barco chato.* ‖ *Fam. Dejar chato*, sorprender mucho. ‖ — M. y f. Persona que tiene la nariz poco abultada. ‖ *Fam.* Expresión de cariño : *¡ chata mía !* — M. *Fam.* Vaso pequeño, generalmente de vino.

Chattanooga, c. del centro de Estados Unidos (Tennessee).

Chatt el-Arab, río del Irak constituido por la confluencia del Tigris y el Éufrates ; 200 km.

¡ chau ! interj. *Arg.* ¡ Chao !

Chaucer [*chóser*] (Geoffrey), poeta inglés (¿ 1340 ?-1400), iniciador de la literatura poética en su país con los *Cuentos de Cantorbery.*

chaucha adj. *Amer.* Pobretón.

Chaumont [*chomón*], c. al E. de Francia, cap. del dep. de Haute-Marne.

Chaure, pobl. de Venezuela. Refinerías de petróleo.

chauvinismo m. Patriotería, nacionalismo exagerado.

chauvinista adj. y s. Patriotero.

Chaux-de-Fonds (La) [*chod'-fón*], c. al O. de Suiza (Neuchâtel).

chaval, la m. y f. Niño.

Chavarría (Lisímaco), poeta costarricense (1878-1913).

chavea m. *Fam.* Chaval.

Chavero (Alfredo), historiador y dramaturgo mexicano (1841-1906).

Chaves (Federico), militar y político paraguayo (1878-1978), pres. de la Rep. en 1949. Fue derrocado en 1954. ‖ ~ (FERNANDO), novelista ecuatoriano, n. en 1902, autor de *Plata y bronce.* ‖ ~ (JULIO CÉSAR), historiador y ensayista paraguayo, n. en 1907. ‖ ~ (NUFLO DE), conquistador español (¿ 1518 ? - 1568). Exploró el Paraguay y fundó más tarde la c. de Santa Cruz de la Sierra, en Bolivia (1561).

chaveta f. Clavija o pasador que une dos piezas. ‖ *Fam.* Chiflado. ‖ *Cub.* y

Méx. Cuchilla de hoja ancha. ‖ *Fig.* y *fam. Perder la chaveta*, volverse loco.

Chávez (Carlos), músico mexicano (1899-1978), autor de ballets (*El fuego nuevo, La hija de Cólquida, Los cuatro soles*), obras corales (*Llamadas o Sinfonía proletaria*), conciertos para diversos instrumentos, óperas (*Pánfilo* y *Lauretta*) y de *Sinfonía india.* ‖ ~ (CORONADO), político hondureño (1807-1881), pres. de la Rep. de 1845 a 1847. ‖ ~ (GERARDO), pintor surrealista peruano, n. en 1937. ‖ ~ (NUFLO DE). V. CHAVES. ‖ ~ **Alfaro** (LISANDRO), novelista nicaragüense, n. en 1929, autor de *Trágame tierra.* ‖ ~ **Morado** (JOSÉ), pintor y grabador mexicano, n. en 1909, autor de murales.

Chavín de Huántar, estación arqueológica preincaica en los Andes peruanos y en la prov. de Huari (Ancash).

chavo m. Moneda de diez céntimos.

chavó m. (voz gitana). Chaval.

Chayanta, prov. al SO. de Bolivia (Potosí) ; cap. *Colquechaca.*

chayote m. Fruto de la chayotera, parecido a la calabaza. ‖ Chayotera.

chayotera f. Planta cucurbitácea americana, cuyo fruto es el chayote.

che f. Nombre de la letra *ch.*

¡ che ! interj. Se emplea para llamar la atención de una persona.

checa f. Primera policía política de la U. R. S. S. ‖ Organismo semejante en otros países. ‖ Local donde estaba.

Checa (Ulpiano), pintor español (1860-1916).

checar v. t. *Amer.* Chequear. ‖ Comprobar : *checar el aparato de aire acondicionado.* ‖ Cotejar, comparar. ‖ Picar, marcar : *checar los boletos de autobús.* ‖ Facturar el equipaje. ‖ — V. i. *Amer.* Registrar las horas de entrada y salida de una oficina, fichar.

checo, ca adj. y s. De Checoslovaquia. ‖ De Bohemia, de Moravia, o de una parte de Silesia ‖ — M. Lengua eslava hablada en Checoslovaquia.

checoslovaco, ca adj. y s. De Checoslovaquia.

Checoslovaquia, rep. federal y socialista del centro de Europa, situada entre Alemania, Polonia, Austria, Hungría y Ucrania ; 127 860 km² ; 16 700 000 h. (*checoslovacos*). Cap. *Praga*, 1 250 000 h.; otras c. : *Brno*, 384 000 h.; *Bratislava*, 370 000 ; *Ostrava*, 350 000 ; *Plzen*, 160 000, y *Koshice*, 200 000.
El país lo forman tres extensas regiones : *Bohemia*, llanura de rica agricultura e importante industria, *Moravia*, corredor entre Bohemia y Eslovaquia, y *Eslovaquia*, muy montañosa.

chécheres m. pl. *Amer.* Trebejos.

chef m. (pal. fr.). Jefe de cocina.

chef-d'œuvre [*chedovr*] m. (pal. fr.). Obra maestra.

Chefu. V. YENTAI.

Chejov (Antón), escritor ruso (1860-1904), autor de obras de teatro (*El tío*

CHECOSLOVAQUIA

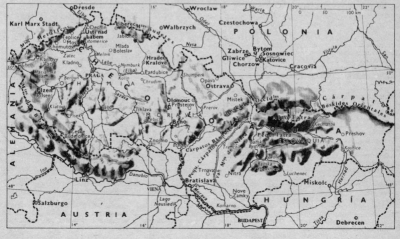

Vania, *El jardín de los cerezos, La gaviota,* etc.), cuentos y novelas.

Chekiachuang, c. de China, al SO. de Pekín, cap. de Hopei. Textiles.

Chekiang, prov. del centro de China ; cap. *Hangcheu.*

cheli m. *Fam.* Lenguaje jergal moderno de la juventud en España.

Cheliabinsk, c. en el centro oeste de la U. R. S. S. (Rusia). Metalurgia.

chelin m. Moneda inglesa que valía hasta 1971 doce peniques y actualmente cinco nuevos peniques.

Chelsea, barrio residencial del O. de Londres (Inglaterra).

Cheltenham, c. de Gran Bretaña (Gloucester). Universidad.

Chelles, c. de Francia (Seine-et-Marne), al E. de París.

Chemnitz. V. KARL-MARX-STADT.

Chemulpo. V. INCHÓN.

Chengcheu, c. de China, cap. de Honan, a orillas del Hoangho.

Chengchu, c. de China oriental (Kiangsú).

Chengkiang, c. en el este de China (Kiangsú).

Chengtu, c. en el centro de China, cap. de Sechuán. Industrias.

Chenier (André), poeta lírico francés (1762-1794). Guillotinado durante la Revolución.

Chensi, en ingl. *Shensi,* prov. septentrional de China ; cap. *Sian.*

Chenyang, ant. *Mukden,* c. del NE. de China, cap. de la prov. de Liaoning.

chepa f. *Fam.* Joroba.

Chépica, c. del centro de Chile en la VI Región (Libertador General Bernardo O'Higgins) y en la prov. de Colchagua, cap. de la com. del mismo nombre.

Chepo, pobl. y río de Panamá en la prov. de este n. Des. en el Pacífico ; 250 km.

cheposo, sa y **chepudo, da** adj. y. s. Jorobado.

cheque m. *Com.* Documento en forma de orden de pago para que una persona cobre la cantidad asignada de los fondos que el expedidor tiene en una cuenta bancaria. || — *Cheque cruzado,* el expedido al portador que tiene dos rayas paralelas y no puede ser cobrado sino por intermedio de un banco. | *Cheque de viaje,* el emitido por los turistas, que se puede cobrar en bancos de diversos países. || *Cheque sin fondos,* el hecho sin que el librador tenga dinero en su cuenta para efectuar su pago.

chequear v. t. *Amér.* C. Hacer un cheque. | *Amer.* Controlar, verificar. | Confrontar, cotejar. || Vigilar. | Hacer un reconocimiento médico || V. CHECAR.

chequeo m. *Amer.* Control. | Reconocimiento médico. | Cotejo.

chequera f. y **chequero** m. Talonario de cheques.

Cher, río del centro de Francia, afl. del Loira ; 320 km. — Dep. de Francia ; cap. *Bourges.*

Cherburgo, c. y puerto al noroeste de Francia (Manche). Astilleros.

Chernenko (Constantin), político soviético, n. en 1911, secretario general del Partido Comunista en 1984. Sucedió a Andropov en el cargo supremo del país a la muerte de éste.

Cherubini [ker-] (Luigi), músico italiano (1760-1842), autor de obras religiosas y de óperas.

Chesapeake [-pick], bahía del Atlántico en la costa E. de Estados Unidos (Maryland y Virginia).

Cheshire, condado de Gran Bretaña, en el NO. de Inglaterra ; cap. *Chester.*

Cheste, v. al E. de España (Valencia).

Cheste (Conde de). V. GONZÁLEZ DE LA PEZUELA.

chéster m. Queso inglés.

Chester, c. y puerto al NO de Inglaterra, cap. de Cheshire.

Chesterfield, c. de Gran Bretaña en Inglaterra (Derby). Industrias.

Chesterton (Gilbert Keith), novelista, ensayista e historiador inglés (1874-1936), autor de *El hombre que fue jueves, El regreso de don Quijote* y las historias del *Padre Brown.*

Chetumal, c. y puerto en el SE. de México, en la bahía homónima (Yucatán oriental), cap. del territ. de Quintana Roo. Prelatura nullius.

Cheu, dinastía china que reinó desde 1050 a 249 a. de J. C.

cheviot m. (pal. ingl.). ◝Lana de cordero de Escocia y tela que se hace con ella.

Cheviot, conjunto de altas colinas de Gran Bretaña entre Escocia e Inglaterra ; 810 m en el monte homónimo.

Cheyenne, c. al O. de los Estados Unidos, cap. del Estado de Wyoming.

Chi Cumarcah, ant. c. de Guatemala, cap. de los quichés.

Chia, pobl. en el centro de Colombia (Cundinamarca).

Chiang Kai-chek. V. CHANG KAI-CHEK.

Chiangmai, c. del N. de Tailandia.

Chianti [*kianti*], región de Italia en Toscana (Siena). Vinos.

Chiantla, mun. en el oeste de Guatemala (Huehuetenango).

Chiapa de Corzo, c. al SE. de México (Chiapas). Centro comercial.

Chiapas, Est. del SE. de México, a orillas del Pacífico ; cap. *Tuxtla Gutiérrez.* Restos mayas. Petróleo.

Chiappori (Atilio), escritor y crítico de arte argentino (1880-1947).

Chiari (Roberto Francisco), político panameño (1905-1981), pres. de la Rep. de 1960 a 1964. || — (RODOLFO), político panameño (1869-1937), pres. de la Rep. en 1912 y de 1924 a 1928.

chibcha adj. y s. Individuo de un ant. pueblo indio de América.
— Los *chibchas,* llamados por los españoles *muiscas* o *moscas,* vivían principalmente en Colombia, en las altiplanicies de la Cord. Oriental (Boyacá, Cundinamarca y parte de Santander).

chic m. (pal. fr.). Distinción, elegancia, buen gusto : *vestir con chic.*

chica f. V. CHICO.

Chica (MAR). V. MAR CHICA.

Chicacao, mun. en el S. de Guatemala (Suchitepéquez).

Chicago, c. de Estados Unidos (Illinois), en el extremo SO. del lago Michigan. Arzobispado. Universidad. Puerto de gran actividad.

Chicamocha. V. SOGAMOSO.

chicana f. *Amer.* Galicismo por *ardid, triquiñuela, argucia.*

chicanear v. t. e i. *Amer.* Galicismo por *tergiversar, trapacear, trapichear.*

chicano, na adj. Dícese del mexicano asentado en Estados Unidos (ú. t. c. s.). || — M. Lengua que habla.

chicar v. i. *Arg.* Mascar tabaco.

chicarrón, ona m. y f. *Fam.* Muchacho fuerte y robusto.

Chiclana de la Frontera, c. en el sur de España (Cádiz). Vinos.

chiclayano, na adj. y s. De Chiclayo (Perú).

Chiclayo, c. situada en el noroeste del Perú, cap. del dep. de Lambayeque. Obispado.

chicle m. Goma de mascar aromática : *pastilla de chicle.* || *Amer.* Gomorresina del chicozapote.

chico, ca adj. Pequeño : *un libro chico.* | De poco valor : *le pagó con una perra chica.* | Dícese del niño o chiquillo (ú. t. c. s.). | Dícese del muchacho (ú. t. c. s.). || V. pr. Término de familiaridad : *oye, chico, ¿qué haces ?* | Recadero, aprendiz joven. || — F. Niña. | Muchacha. | Criada. || Niñera. || Moneda de cien céntimos.

Chico, río meridional de la Argentina (Santa Cruz), que atraviesa Patagonia y des. cerca de Santa Cruz ; 600 km. — Río al SE. de México (Tabasco y Chiapas), afl. del Usumacinta.

chicolear v. i. *Fam.* Piropear.

chicoleo m. *Fam.* Piropo.

Chicomecóatl, diosa azteca del Maíz.

Chicomoztoc. V. QUEMADA (La).

Chicontepec, mun. al este de México (Veracruz).

chicoria f. Achicoria.

chicotazo m. Chorro. || *Amer.* Latigazo, azote.

Chicoutimi, c. al este del Canadá (Quebec).

chicozapote m. Árbol de fruto comestible, del cual se extrae el chicle.

chicha f. Bebida alcohólica americana hecha con maíz fermentado. || *Fam.* Carne comestible. | Gracia : *persona de poca chicha.* || — *Calma*

chicha, en el mar, calma completa. || *Fig.* y *fam. De chicha y nabo,* de poca importancia. || *No ser ni chicha ni limonada* o *limoná,* no tener carácter definido, no valer para nada.

chícharo m. Guisante. || *Méx.* Muchacho de servicio.

chicharra f. Cigarra, insecto.

chicharro m. Jurel, pez. || Chicharrón.

Chicharro (Eduardo), pintor costumbrista español (1873-1949), realizador de notables cuadros de carácter exótico y costumbrista.

chicharrón m. Residuo muy frito de las pellas ' del cerdo. || Carne requemada.

chiche m. *Amer.* Pecho de la nodriza. | *Méx.* Nodriza. | *Chil.* y *Arg.* Chuchería. || *Arg.* Juguete de los niños.

Chichén Itzá, ant. localidad maya del SE. de México, en el Yucatán. Fundada hacia el s. IX por los indios itzáes. Fue cap. del Estado mayatolteca. Abandonada en el s. XV. Conjunto arqueológico de la cultura maya (*Castillo, Casa de la Monjas,* etc.).

chichería f. *Amer.* Establecimiento en el que se vende chicha.

chichero m. *Amer.* Fabricante de chicha.

Chichester, c. al suroeste de Inglaterra (Sussex).

Chichicastenango, mun. al NO. de Guatemala (Quiché).Turismo.

Chichicastepeque, volcán de El Salvador. (V. APANECA.)

chichicuilote m. *Méx.* Ave zancuda de pequeño tamaño.

Chichigalpa, pobl. al NO. de Nicaragua (Chinandega). Azúcar.

Chichihua, río al S. de México (Oaxaca), que, al confluir con el Chivela, forma el Coatzacoalcos.

chichimeca adj. y s. Individuo de un ant. pueblo indio de raza nahua que, procedente del N. de México, venció a los toltecas (s. XII). [Los *chichimecas* se asentaron en Tenayuca y más tarde en Texcoco.]

chicho, cha adj. *Méx.* Bueno, aceptable.

chichón m. Bulto producido por un golpe en la cabeza o frente.

Chichón, volcán al S. de México (Chiapas). Erupción en 1982.

Chichontepec, volcán de El Salvador. (V. SAN VICENTE.)

Chieti [*ki-*], c. de Italia, en los Abruzos, cap. de la prov. homónima.

Chietla, v. de México (Puebla).

chifarrada f. Señal de una herida, de un golpe.

chifla f. Silbido. || Pitada a una persona. | Pito, silbato. || Burla, mofa.

chiflado, da adj. *Fam.* Dícese de la persona que tiene algo perturbada la razón (ú. t. c. s.). | Muy enamorado, con el seso sorbido. | Apasionado, muy aficionado (ú. t. c. s.).

chifladura f. Silbido. | *Fam.* Locura. | Manía. | Afición exagerada. | Enamoramiento grande.

chiflar v. i. *Fam.* Silbar. || — V. t. Mofar, hacer burla : *chiflar una obra de teatro.* | *Fam.* Beber mucho, zamparse. | Gustar mucho : *cazar es lo que le chifla.* || — V. pr. *Fam.* Gustar exageradamente : *chiflarse por una mujer, por el cine.* | Burlarse, mofarse.

chiflato m. Silbato.

chiflido m. Silbido.

Chignahuapan, c. de México, al SE. del Estado de este nombre (Puebla).

chigre m. *Mar.* Torno.

Chiguará, pobl. al oeste de Venezuela (Mérida).

Chiguayante, c. del centro de Chile en la VIII Región (Biobío), cerca de Concepción. Industrias.

chihuahua adj. Dícese de una raza de perros de talla muy pequeña (ú. t. c. s. m.).

Chihuahua, c. del México septentrional, cap. del Estado homónimo. Universidad. Arzobispado. Centro comercial. El Estado es esencialmente ganadero. Minas de plata, plomo, cobre y cinc. Oleoducto que une esta ciudad con Reynosa.

chihuahuense adj. y s. De Chihuahua (México).

chiita adj. y s. Dícese de la secta musulmana que defiende que sólo Alí y sus descendientes son los únicos califas legítimos.

chilaba f. Túnica con capucha que llevan los árabes.

chilacayote m. Calabaza, planta cucurbitácea de México.

Chilam Balam *(Libros de)*, crónicas de autor desconocido escritas en maya después de la Conquista y halladas en Chumayel (Yucatán).

Chilamate, pobl. al NE. de Costa Rica (Heredia).

Chilanga, v. al este de El Salvador (Morazán).

chilango m. *Méx.* Nativo de la ciudad de México.

Chilapa, c. al SO. de México (Guerrero). Obispado.

chilaquile m. *Méx.* Guiso de tortillas desmenuzadas.

chilar m. Plantío de chiles.

chilate m. *Amer.* Bebida hecha con chile, maíz tostado y cacao.

chile m. *Amer.* Ají, pimiento.

Chile, Estado republicano de América del Sur que se encuentra al oeste del continente y limita al N. con Perú, al S. con el Polo Sur, al E. con Bolivia y Argentina y al O. con el océano Pacífico ; 756 945 km² ; 11 500 000 h. *(chilenos)*. Chile considera también territorio del país, por motivos geográficos e históricos, 1 250 000 km² de la Antártica. La capital es *Santiago*, 3 615 000 h. Otras ciudades : *Valparaíso*, 289 000 h. ; *Viña del Mar*, 362 000 ; *Talcahuano*, 205 000 ; *Concepción*, 180 000 ; *Antofagasta*, 157 000 ; *Arica*, 130 000 ; *Temuco*, 119 000 ; *Puente Alto*, 113 000 ; *Talca*, 104 000 ; *Rancagua*, 96 000 ; *Coronel*, 93 000 ; *Iquique*, 77 000 ; *La Serena*, 70 000 ; *Punta Arenas*, 70 000 ; *Coquimbo*, 69 000 ; *Puerto Montt*, 69 000 ; *Quillota*, 59 000 ; *San Bernardo*, 57 000 ; *Lota*, 54 000 ; *Copiapó*.

El país se divide, según la Constitución de 1981, en trece regiones (Tarapacá, Antofagasta, Atacama, Coquimbo, Valparaíso, Libertador General Bernardo O'Higgins, Maule, Biobío, Araucanía, Los Lagos, Aisén del General Carlos Ibáñez del Campo, Magallanes y Antártica Chilena y la Región Metropolitana de Santiago). Estas regiones están formadas por provincias y éstas por comunas.

La población, fusión de los grupos étnicos indígenas con los conquistadores españoles, tiene un alto índice de natalidad (21,2 %) y una densidad media de 15,1 h./km².

La religión católica es la practicada por la mayoría de los habitantes (hay 6 arquidiócesis, 14 diócesis, 2 vicariatos apostólicos y 3 prelaturas nullius). El idioma oficial es el español y la enseñanza superior se imparte en

CH

CHILE

8 universidades, entre estatales y privadas.

— GEOGRAFÍA. Chile está recorrido de N. a S. por la cordillera de los Andes, que sirve de frontera con Bolivia y Argentina y que se prolonga hasta la Antártica, donde recibe el nombre de *Andes Antárticos* o *Antartandes*. Sus alturas son importantes : Ojos del Salado (6 100 m), Tacora (5 980 m), Llullaillaco (6 723 m), Tupungato (6 800 m), Maipo (5 323 m), Osorno. Otra cordillera, paralela a la anterior, es la de la Costa, de menor altitud (máxima 2 000 m). Entre ambas se extiende una depresión que forma al N. la Pampa de Tamarugal y el Desierto de Atacama, mientras que al S. se hunde en el mar formando un angosto valle. La actividad sísmica es considerable y algunos terremotos han asolado regiones enteras. Los ríos son cortos y rápidos : Aconcagua, Maipo, Maule, Biobío, Valdivia y Palena, y hay varios lagos como el Llanquihue, Ranco, Rupanco y Villarrica. La costa es recta y acantilada al N., con algunas zonas bajas que sirven de puertos, mientras que al S. el litoral es muy recortado, formando innumerables golfos, estrechos, fiordos e islas (Chiloé, Chonos, Magallanes, Tierra del Fuego). Otras islas más lejanas forman parte también del territorio nacional : las islas de Juan Fernández, las islas de San Félix y San Ambrosio y, en Oceanía, la isla de Pascua. El clima chileno es templado y bastante uniforme en todo el país, a pesar de la excepcional longitud del mismo. Las lluvias, abundantes en la zona de los Andes y en el S., son muy escasas en el N. La agricultura ha alcanzado un notable desarrollo, a pesar de la relativa escasez de tierras cultivables ; los principales productos son cereales, patatas, arroz, naranjas, tabaco y vid. Posee importantes explotaciones forestales y ganaderas, pero la mayor riqueza del país la constituye la minería (cobre, carbón, hierro, azufre y manganeso, y también petróleo en la Tierra del Fuego). Chile es el segundo productor mundial de cobre y el primero de salitre. En otros tiempos, el salitre representaba una riqueza considerable, pero su importancia disminuyó tras la aparición de productos sintéticos. La industria se encuentra en período de desarrollo (química, textil, alimenticia y siderúrgica). Para sus comunicaciones, Chile cuenta con una red de 17 707 km de vías férreas, 80 000 km de carreteras y numerosas líneas aéreas (más de 70 aeropuertos).

Chile Chico, c. de centro de Chile en la XI Región (Aisén del Gral. Carlos Ibáñez del Campo), cap. de la prov. General Carrera y de com. de su n.

Chilecito, pobl. al oeste de la Argentina (La Rioja). Ruinas precolombinas en la Tambería del Inca.

chilelitense adj. Dícese de una unidad geológica existente en Chile y la Argentina (ú. t. c. s. m.).

chilenismo m. Vocablo, giro o modo de hablar de los chilenos. || Afección por todo lo que es chileno. | Carácter propio de Chile.

chilenización f. Acción y efecto de chilenizar.

chilenizar v. t. Dar carácter chileno.

chileno, na adj. Relativo a Chile. | Nativo de Chile (ú. t. c. s.). || — M. Modalidad del castellano en Chile.

chileño, ña adj. Chileno.

Chiles, pobl. al N. de Costa Rica (Alajuela). — Volcán en el N. del Ecuador (Carchi) ; 4 748 m.

Chilete, mun. en el norte del Perú (Cajamarca). Agricultura. Minas.

chilindrina f. *Fam.* Pequeñez, cosa de poca importancia. || *Méx.* Pan cubierto con granos de azúcar.

chilindrinero, ra adj. *Fam.* Dícese de la persona que tiene costumbre de contar o hacer chilindrinas (ú. t. c. s.).

chilindrón m. Juego de naipes entre dos o cuatro personas.

Chilka (*Lago*) lag. al NE. de la India (Orisa) y en la costa del golfo de Bengala.

chilmole m. Salsa de chile.

Chiloé, isla y prov. al S. de Chile en la X Región (Los Lagos) ; cap. *Castro.* La mayor parte de este territorio está constituida por islas. La de Chiloé fue descubierta por García Hurtado de Mendoza en el año 1558.

Chilon, mun. al sur de México (Chiapas).

chilote m. *Méx.* Bebida de pulque a la que se ha añadido chile.

chilote, ta adj. y s. De Chiloé (Chile).

Chilpancingo de los Bravos, c. al suroeste de México, en un valle de la vertiente N. de la Sierra Madre del Sur, cap. del Estado de Guerrero. Universidad. Aquí se celebró el primer Congreso Constituyente (1813).

Chillán, río de Chile (Ñuble), afl. del Ñuble. — Volcán de Chile ; 2 904 m — C. del centro de Chile en la VIII Región (Biobío), cap. de la prov. de Ñuble y de com. de su n. (Hab. *chillanejos.*) Aguas termales. Obispado.

chillar v. i. Gritar, dar chillidos. | Chirriar : *la puerta chilla.* || *Fam.* Reñir, regañar, alborotar, protestar. || Estar mal combinados los colores o no pegar o sentar bien dos cosas.

chillería f. Conjunto de chiquillos. | Reprensión en voz alta.

Chillida (Eduardo), escultor abstracto español, n. en 1924. Su obra está hecha con la técnica de la forja del hierro y con estructuras de grandes bloques de madera.

chillido m. Grito muy agudo.

chillón, ona adj. *Fam.* Que grita mucho : *chico chillón* (ú. t. c. s.). || Dícese de todo sonido agudo y desagradable : *voz chillona.* || *Fig.* Llamativo,- muy vivo o mal combinado : *colores chillones.*

Chilly-Mazarin, c. de Francia, al SO. de París (Essonne).

chimacalli m. Entre los antiguos aztecas, administrador de los poblados.

Chimalpopoca, señor de México que reinó de 1416 a 1428. Consolidó la autonomía de Tenochtitlán. Asesinado.

chimalteco, ca adj. y s. De Chimaltenango (Guatemala).

Chimaltenango, c. en el centro de Guatemala, cap. del dep. homónimo.

Chimán, pobl. y río de Panamá que des. en la bahía de Panamá.

Chimanas, islas al N. de Venezuela, en el mar Caribe, que forman parte del Estado de Anzoátegui.

Chimbarongo, c. del centro de Chile en la VI Región (Libertador General Bernardo O'Higgins) y en la prov. de Colchagua, cap. de la com. de su n.

Chimbo, río del Ecuador (Bolívar, Chimborazo y Guayas), afl. del Bodegas. — Cantón del Ecuador (Bolívar).

chimboracense adj. y s. De Chimborazo, prov. del Ecuador.

Chimborazo, cumbre volcánica andina del Ecuador, en la Cord. Occidental ; 6 310 m. — Prov. en el centro del Ecuador ; cap. *Riobamba.*

Chimbote c. y puerto en el oeste del centro del Perú, cap. de la prov. de Santa (Áncash), en la desembocadura del río Santa. Siderurgia. Pesquerías. Prelatura nullius. Terremoto en 1970.

chimenea f. Conducto para dar salida al humo que resulta de la combustión. || Hogar para cocinar o calentarse : *chimenea de campana.*

Chimichagua, mun. al NE. de Colombia (Cesar).

chiminango m. Árbol corpulento de Colombia.

Chimkent. V. TCHIMKENT.

chimó o **chimojo** m. *Cub.* y *Venez.* Pasta de tabaco que mascan algunos indios.

chimpancé m. Mono antropomorfo domesticable de África con brazos muy largos.

chimú adj. y s. Individuo de un ant. pueblo indio de América en el litoral N. del Perú. (Los *chimúes* fueron sometidos por los incas en el s. XV. La cap. de su Imperio era *Chanchán.*)

china f. Piedra pequeña : *tirar chinas al agua.* || Tela o porcelana de China. || — *Fig.* y *fam.* Poner chinas, poner obstáculos o dificultades. | *Tocarle a uno la china,* ser designado por la suerte.

china f. Femenino de chino. || *Amer.* Criada. | Dícese en algunos puntos de la mujer guapa, en otros de la india soltera. | Compañera, amiga | Querida, amante. || *Arg.* y *Amér. C.* Niñera. | *Méx.* y *Arg.* Criada mestiza. || *Col.* Peonza.

China, Estado de Asia. República Popular desde 1949. Superficie 9 780 000 km² ; más de mil millones de hab. (*chinos*), casi un cuarto de la población del globo. Cap. *Pekín,* 10 000 000 h. ; otras c. : *Changhai,* 10 700 000 h. ; *Tientsin,* 4 000 000 ; *Chenyang,* 2 900 000 ; *Chongking,* 2 800 000 ; *Cantón,* 3 000 000 ; *Pin Kiang,* 1 600 000 ; *Sian,* 1 500 000 ; *Tsingtao,* 1 150 000 ; *Chengtu,* 1 100 000 ; *Tsinan,* 865 000, y *Wuhan,* 2 800 000.

— GEOGRAFÍA. Separando de la descripción las regiones autónomas, en parte desérticas, de Mongolia Interior, Sinkiang y el Tíbet, China se divide en *China del Nordeste* (ant. Manchuria), planicie encuadrada por macizos boscosos donde las riquezas del subsuelo (carbón, hierro, cobre, etc.) han favorecido el desarrollo de potentes industrias (Anchan, Mukden) ; *China del Norte,* compuesta de macizos y una planicie cubierta por un limo amarillento al que el *Hoangho* o *Río Amarillo* debe su n. ; *China Central,* de clima tropical templado, atravesada por el gran río *Yang-tse-Kiang* o *Río Azul,* donde se hallan la fértil *Cuenca Roja* (arroz, té, caña de azúcar, maíz, naranja) y las llanuras bajas del Yang-tse, intensamente pobladas ; *China del Sur,* también de clima tropical. La costa, muy abrupta, posee excelentes puertos : *Cantón, Fucheu, Amoy.*

China (MAR DE), mar en el interior del océano Pacífico a lo largo de las costas de China e Indochina. Se divide en *mar de China Oriental* (Corea, islas Riukiu, Taiwan) y *mar de China Meridional,* limitada, al este, por las islas Filipinas, Borneo e Indochina.

chinaca f. *Méx.* Gente pobre.

chinacate m. Pollo sin plumas.

chinaco m. Soldado liberal mexicano en la Guerra de la Reforma.

Chinácota, c. al NE. de Colombia (Norte de Santander).

Chinameca, volcán de El Salvador (San Miguel), en la sierra homónima ; 1 402 m. — C. al E. de El Salvador (San Miguel). — Pobl. de México, al SE. del Est. de este nombre (Morelos). En ella asesinaron a Emiliano Zapata (1919).

chinamo m. *Amér. C.* Puesto en las fiestas populares en el que se venden comidas y bebidas.

chinampa f. Huertos, antiguamente flotantes, cerca de la c. de México en el antiguo lago de Xochimilco.

Chinandega, c. de Nicaragua occidental, en las faldas del volcán Viejo, cap. del dep. homónimo. Ant. cap. de la Unión Centroamericana.

chinandegano, na adj. y s. De Chinandega (Nicaragua).

Chinautla, mun. de Guatemala (Guatemala), a orillas del río del mismo nombre.

chincol m. *Amér. C.* Especie de gorrión. | Agua con aguardiente.

chincual m. *Méx.* Sarampión.

Chincha, prov. al oeste del Perú (Ica) ; cap. *Chincha Alta.* || — **Alta,** c. del O. del Perú, cap. de la prov. de Chincha (Ica).

chinchal m. *Méx.* Tenducho.

chinchano, na adj. y s. De Chincha (Perú).

chinchar v. t. *Pop.* Molestar. | Matar. || — V. pr. *Pop.* Fastidiarse.

Chinchas, islas guaneras al oeste del Perú, frente al dep. de Ica.

Chinchasuyo, sección norte del *Tahuantinsuyo.*

Chinchaycocha. V. JUNÍN.

chinche f. Insecto hemíptero de cuerpo elíptico, olor fétido, parásito del hombre. || Clavito metálico de cabeza grande y plana y punta corta y fina. || *Arg.* Enfermedad venérea. || — Com. *Fig.* y *fam.* Persona exigente y pesada, latosa o cargante. | Chismoso. || *Fig.* y *fam. Morir como chinches,* morir en gran cantidad.

chincheta f. Chinche, clavo.

chinchibí m. *Amer.* Bebida hecha con jengibre.

chinchilla f. Mamífero roedor de la América meridional parecido a la ardilla. || Su piel, de color gris perla.

CHINA

chinchin m. *Fam.* Ruido de música callejera. | Brindis.

Chinchiná, mun. en el centro de Colombia (Caldas).

Chinchipe, río del Ecuador y Perú (Cajamarca), afl. del Marañón ; 180 km. — Cantón al SE. del Ecuador (Zamora-Chinchipe), en el alto valle andino llamado con el mismo nombre.

Chinchón, c. en el centro de España (Madrid). Aguardientes.

Chinchón (Luis Jerónimo FERNÁNDEZ DE CABRERA, *conde de*), virrey del Perú de 1629 a 1639, cuya esposa, ANA OSSORIO, dio a conocer en Europa en 1632 el uso de la quinina.

chinchona f. *Amer.* Quinina.

chinchorrería f. *Fig.* y *fam.* Impertinencia, lata, molestia. | Chisme.

chinchorrero, ra adj. y s. *Fam.* Chinchoso.

chinchorro m. Red parecida a la jábega. || Barca de remos pequeña.

chinchoso, sa adj. y s. *Fam.* Fastidioso, cargante, latoso, pesado.

chinchulines m. pl. *Arg.* Tripas de vacunos u ovinos que se comen generalmente asadas.

Chindasvinto, rey visigodo de España (642-652), padre de Recesvinto.

chiné adj. (pal. fr.). Dícese de las telas de varios colores (ú. t. c. m.).

chinela f. Zapatilla sin talón.

chinesco, ca adj. Chino, de China ; *facciones chinescas*. || *Sombras chinescas,* siluetas negras producidas por figurillas de cartón recortado o hechas con las manos que se proyectan sobre una pantalla.

chingada f. *Pop.* Molestia.

chingado, da adj. *Pop.* Enfadado, disgustado. | Fastidiado. | Irritado. | Borracho. | Fracasado.

chingadura f. *Amer. Fam.* Enojo, molestia. || *Amer. Fam.* Fracaso.

chingana f. *Amer.* Tabernucha. || *Arg.* Fiesta populachera.

chinganear v. i. *Arg.* y *Per. Fam.* Parrandear.

chingar v. t. *Pop.* Molestar, fastidiar. | Frustrar. | Ocasionar perjuicio. | Beber mucho. | Fornicar. || *Amer. C.* Bromear. || — V. pr. *Pop.* Enfadarse. | Fastidiarse. | Emborracharse. || *Amer. Pop.* Fracasar, frustrarse.

chingón, ona adj. *Pop.* Molesto, fastidioso (ú. t. c. s.).

chinguere m. *Méx. Pop.* Aguardiente común.

Chinju, c. de Corea del Sur, al O. de Fusán.

Chinnampo, c. de Corea del Norte, puerto de Pyongyang. Metalurgia.

chino, na adj. De China (ú. t. c. s.). *Fig.* Complicado, extraño : eso es *chino para mí*. || — M. Lengua hablada por los chinos. (El *chino* es monosilábico, las palabras son invariables, su fonética es pobre y se escribe con caracteres o ideogramas.) || — *Fig.* y *fam. Engañar como a un chino,* engañar completamente. | *Trabajar como un chino,* trabajar muchísimo.

chino, na adj. y s. *Amer.* Dícese del hijo de mulato y negra. | Dícese del hijo de indio y negra. | Sirviente, criado. || — M. China, piedra. | Colador. | *Amer.* Enfado, irritación. | Hombre del pueblo. | Apelativo de cariño. || — F. Véase CHINA (segundo artículo).

Chinú, pobl. al norte de Colombia (Bolívar).

chipá m. *Riopl.* Torta de maíz.

chipé o **chipén** f. *Pop.* Verdad. || — Adj. *Pop.* Verdadero, auténtico. || *De chipén* o *de chipendi,* magnífico.

chipiar v. t. *Amer.* Molestar.

chipichipi m. *Méx.* Llovizna.

chipil adj. *Méx.* Niño enfermizo.

chipilín m. *Méx.* Tamal.

Chipiona, v. al S. de España (Cádiz).

chipirón m. Calamar.

chipote m. *Méx.* Chichón.

Chipre, isla del Mediterráneo Oriental ; 9 251 km² / 660 000 h. (*chipriotas*). Cap. *Nicosia,* 118 000 h. ; otras c. : *Limasol,* 105 500 h. ; *Famagusta,* 44 500, y *Larnacas,* 30 000.

chipriota adj. y s. De Chipre.

chiquear v. t. *Cub.* y *Méx.* Mimar.

chiquero m. Toril. | Pocilga.

Chiquián, c. en el centro del Perú, capital de la prov. de Bolognesi (Ancash). Terremoto en 1970.

chiquilicuatre y **chiquilicuatro** m. *Fam.* Mequetrefe.

chiquilín, ina m. y f. *Fam.* Chiquillo.

chiquillada f. Niñería.

chiquillería f. *Fam.* Conjunto de chiquillos. | Chiquillada.

chiquillo, lla adj. y s. Chico.

chiquimole m. *Méx.* Pajarillo. || *Fig.* y *fam. Méx.* Charlatán.

Chiquimula, c. oriental de Guatemala, cab. del dep. homónimo.

Chiquimulilla, mun. al SE. de Guatemala (Santa Rosa). Industrias.

chiquimulteco, ca adj. y s. De Chiquimula (Guatemala).

Chiquinchaque (San Luis), pequeño volcán al SE. de México, en la Sierra Madre de Chiapas ; 1 850 m.

Chiquinquirá, mun. en el centro de Colombia (Boyacá), en el valle homónimo. Minas. Nudo de comunicaciones. — Mun. al NO. de Venezuela (Zulia), cerca de Maracaibo. Petróleo.

chiquirritín, ina adj. Chiquitín.

Chiquita (MAR). V. MAR CHIQUITA.

Chiquita (*Guerra*), n. que recibió la segunda guerra de Independencia de Cuba (1879).

chiquitín, ina adj. y s. De China.

chiquito, ta adj. y s Muy pequeño. || — M. Vaso de vino. | *Riopl.* Un poco : *espérese un chiquito.* || — *Fig.* y *fam. Dejar chiquito,* superar en mucho. | *No andarse con chiquitas,* ir con mano dura ; no dudar.

Chiquito, río al este de México (Veracruz), afl. del Coatzacoalcos.

Chiquitos, prov. al E. de Bolivia (Santa Cruz) ; cap. *Santa Cruz de Chiquitos.*

chirapa f. *Per.* Lluvia con sol. || *Bol.* Andrajo.

Chiraz o **Chirás,** c. del SO. de Irán, en la cord. de Zagros. Numerosas mezquitas. Tapices.

chiribita f. Chispa. || — Pl. *Fam.* Chispas en los ojos. | *Fig. Echar chiribitas,* estar furioso.

chiribitil m. Cuchitril.

chiricano, na adj. y s. De Chiriquí (Panamá).

Chirico (Giorgio de). V. DE CHIRICO.

Chirichire. V. CUPICA.

chirigota f. *Fam.* Cuchufleta.

chirigotear v. i. *Fam.* Bromear.

chirigotero, ra adj. y s. Bromista.

Chiriguaná, mun. al noroeste de Colombia (Cesar).

Chirilagua, v. al este de El Salvador (San Miguel).

chirimbolo m. *Fam.* Trasto, chisme.

chirimía f. *Mús.* Instrumento de viento semejante a la flauta.

chirimoya f. Fruto del chirimoyo, de sabor agradable y pepitas negras.

chirimoyo m. Árbol anonáceo.

chiringuito m. *Fam.* Merendero al aire libre.

Chirino (Martín), escultor español, n. en 1925. Se inspira en los motivos de Canarias.

chiripa f. En el billar, suerte que se gana por casualidad. || *Fig.* y *fam.* Casualidad favorable, chamba.

chiripá m. *Chil.* y *Riopl.* Prenda de vestir de los campesinos o gauchos consistente en un paño que, a modo de calzones, cubre el delantero de los muslos y se ata a la cintura.

Chiriquí, golfo del Pacífico en Panamá (Chiriquí). — Laguna de Panamá (Bocas del Toro). — Río de Panamá, que des. en el golfo homónimo; 80 km. Recibe tb. el n. de *Chiriquí Viejo.* — Cadena de montañas en el O. de Panamá, en la que se halla el volcán homónimo; 3 475 m. — Prov. al SO. de Panamá; cap. *David.* || — **Grande**, pobl. al NO. de Panamá (Bocas del Toro).

Chirivella, mun. al este de España (Valencia).

chirla f. Almeja pequeña.

chirlo m. Herida o cicatriz en la cara. || *Méx.* Desgarrón en la ropa.

chirola f. *Fam.* Cabeza. || *Arg. Fam.* Ficha de metal. || Moneda pequeña.

chirona f. *Fam.* Prisión.

chirriador, ra adj. Que chirría.

chirriar v. i. Producir cierto sonido discordante : *chirriar las ruedas.*

chirrido m. Sonido estridente o desagradable.

chirrión m. *Amer.* Látigo de cuero.

chirriona adj. *Méx.* Dícese de la mujer coqueta (ú. t. c. s. f.).

Chirripó, río de Costa Rica (Limón), que des. en el mar Caribe. || ~ **Grande**, pico del E. de Costa Rica (Limón), en la cord. de Talamanca.

chirriquitín, ina adj. *Fam.* Chiquitín.

chirula f. Flautilla vascongada.

chirumen m. *Fam.* Caletre.

chirusa y **chiruza** f. *Amer.* Joven campesina de escasa instrucción.

Chirveches (Armando), escritor y diplomático boliviano (1881-1926), autor de novelas (*La candidatura de Rojas, Casa solariega, La virgen del Lago, Flor del trópico*) y de poesías modernistas (*Cantos de primavera*). Se suicidó en París.

chisgarabís m. *Fam.* Zascandil, informal. | Mequetrefe, pequeñajo.

chisme m. Murmuración, habladuría, hablilla : *decir chismes.* || *Fam.* Bártulo, cosa, trasto, trebejo. || *El cuarto de los chismes*, el desván, el cuarto trastero.

chismear v. i. Chismorrear.

chismografía f. *Fam.* Gusto a los chismes. | Murmuración.

chismorrear v. i. Contar chismes, murmurar : *se pasa la vida entera chismorreando y sin hacer nada.*

chismorreo m. Chismes.

chismosear v. i. Chismorrear.

chismoso, sa adj. y s. Que chismea.

chispa f. Partícula pequeña encendida que salta de la lumbre. || Fenómeno luminoso que acompaña una descarga eléctrica. || Diamante muy pequeño. || Gota de lluvia menuda. || *Fig.* Porción, cantidad pequeña : *no sobró ni una chispa de pan.* | Destello : *chispa de inteligencia.* | Agudeza, viveza de ingenio : *tiene mucha chispa.* | *Fam.* Borrachera. || *Fig.* y *fam.* Echar uno chispas, estar colérico, furioso. | *No tener chispa de*, no tener nada de.

chispar v. t. *Méx.* Sacar. || — V. pr. *Fam.* Emborracharse.

chispazo m. Chispa. || Acción de saltar la chispa del fuego. || *Fig.* Momento brillante, muy logrado : *fue un chispazo de gracia.* | Fenómeno súbito y pasajero en el desarrollo de algo : *los primeros chispazos de la conflagración.* | Chisme.

chispeante adj. Que chispea. || *Fig.* Agudo, ingenioso, brillante : *conversación chispeante.* | Que despide destellos : *ojos chispeantes.*

chispear v. i. Echar chispas. | Despedir destellos, brillar mucho : *ojos que chispean de alegría.* || — V. impers. Lloviznar : *está chispeando.*

chispero m. Herrero. || Tipo popular del barrio de Maravillas de Madrid a principios del siglo XIX

chisporrotear v. i. Despedir reiteradamente chispas al arder una cosa : *el fuego chisporrotea.* || Producir ruidos parásitos : *chisporrotear la radio.*

chisporroteo m. Proyección de chispas y ruido que hace algo que está ardiendo. || Ruidos parásitos en la radio.

chisquero m. Encendedor de yesca.

¡ chist ! interj. Se emplea para imponer silencio.

chistar v. i. Hablar : *no nos atrevimos ni siquiera a chistar.*

chiste m. Historieta burlesca y que hace reír : *siempre está contando chistes.* | Agudeza, dicho agudo. || Gracia : *esto tiene chiste.* || Burla, broma : *siempre está de chistes.*

chistera f. Sombrero de copa alta. || Cesta del pelotari.

chistosada f. *Méx.* Chiste malo.

chistoso, sa adj. Que cuenta chistes. | Gracioso : *anécdota chistosa.* || Bromista (ú. t. c. s.).

chistu m. Flauta vasca.

chistulari m. Músico que toca el chistu.

Chita. V. SIERRA NEVADA DE CHITA.

chiticallando adv. *Fam.* En secreto, sin meter ruido.

¡ chitón ! interj. ¡ Silencio !

Chitré, c. en el sur del centro de Panamá, cap. de la prov. de Herrera. Centro universitario. Obispado.

chitreano, na adj. y s. De Chitré (Panamá).

Chittagong, c., puerto y prov. al SE. del Bangladesh. Obispado.

Chiusi, c. de Italia (Toscana). Necrópolis etrusca. Llamada ant. *Clusium.*

chiva f. Femenino de *chivo.* || *Amer.* Perilla, barba. | Manta. | Colcha.

Chiva, v. al E. de España (Valencia).

Chivacoa, mun. al NO. de Venezuela (Yaracuy).

chivar v. t. *Pop.* Fastidiar. || — V. pr. *Fam.* Delatar, acusar, soplar.

chivatazo m. *Fam.* Delación, soplo, acusación.

chivatear v. i. *Fam.* Chivar.

chivateo m. *Fam.* Chivatazo.

chivato, ta m. y f. Chivo de más de seis meses y de menos de un año. || *Fam.* Soplón, delator, acusón (ú. t. c. adj.).

Chivay, c. al suroeste del Perú, cap. de la prov. de Cailloma (Arequipa).

Chivela, río al sur de México (Oaxaca), que, al confluir con el Chihua, forma el Coatzacoalcos.

Chivilcoy, c. en el E. de la Argentina (Buenos Aires).

chivo, va m. y f. Cría de la cabra desde que no mama hasta que llega a la edad de procrear. || *Fig. Chivo expiatorio*, el que paga las consecuencias de algo sin merecerlo.

Chivor, pobl. de Colombia (Boyacá).

Chixoy. V. SALINAS.

¡ cho ! interj. ¡ So !

Choa, región de Etiopía en la que se encuentra Addis Abeba.

Choapa, río de Chile (Coquimbo) ; 160 km. — Prov. de Chile en la IV Región (Coquimbo) ; cap. *Illapel.*

choc m. Shock.

Chocano (José SANTOS), poeta lírico peruano, n. en Lima (1875-1934). De ideas socialistas y revolucionarias, protector de los indios, m. asesinado en Santiago de Chile. En sus composiciones celebró la naturaleza de la tierra de su país (*Iras santas, Alma América, Primicias de oro de Indias, Ayacucho y los Andes, La selva virgen, La epopeya del Morro, Poemas del amor doliente, Fiat Lux,* etc.).

chocante adj. Que choca. || Desagradable : *voz chocante.* || *Méx.* Fastidioso.

chocar v. i. Golpearse violentamente dos cuerpos o una cosa con otra : *chocar contra, o con, una muralla.* || *Fig.* Pelear, combatir. | Tener una pelea : *chocaron los dos en el despacho.* | Causar extrañeza, extrañar, sorprender : *su conducta me choca.* || — V. t. Entrechocar : *chocaron los vasos al brindar.* | Estrechar : *chocaron las manos.* | Molestar, fastidiar.

chocarrería f. Calidad de chocarrero. || Dicho o acción grosero.

chocarrero, ra adj. Soez, grosero (ú. t. c. s.).

Chocaya, cantón al SO. de Bolivia (Potosí). Minas.

Chocim. V. HOTIN.

choclo m. Chanclo. || *Amer.* Mazorca de maíz sin madurar. || *Méx. Fam. Meter el choclo*, cometer un desatino.

choco, ca adj. *Amer.* Mutilado. | *Bol.* De color rojo oscuro. | *Col.* De tez muy morena. | *Chil.* De pelo ensortijado. || — M. Jibia pequeña. | *Amer.* Perro de aguas. | *Chil.* Muñón.

Chocó, región en el centro oeste de Colombia, a orillas del Pacífico, que forma un departamento y comprende una parte de la Cord. Occidental de Colombia ; cap. *Quibdó.*

chocoano, na adj. y s. De Chocó (Colombia).

chocolate m. Pasta alimenticia sólida hecha con cacao y azúcar molido. || Bebida hecha con esta pasta desleída en agua o leche. || *Pop.* Hachís. || — Adj. inv. De color del chocolate.

chocolatería f. Fábrica en la que se hace o tienda donde se vende o sirve chocolate.

chocolatero, ra m. y f. Persona que fabrica o vende chocolate. || — Adj. y s. Que le gusta mucho el chocolate. || — F. Recipiente para hacer chocolate. || *Fam.* Trasto, cacharro.

chocolatín m. y **chocolatina** f. Tableta o bombón de chocolate.

chocolomo m. *Amer.* Cocido de carne, tomate y otros ingredientes.

chocón, ona adj. *Méx.* Antipático.

Chocón (El), presa y central hidroeléctrica de la Argentina (Neuquen y Río Negro) en el río Limay.

Chocontá, pobl. en el centro de Colombia (Cundinamarca).

Chocope, distrito en el NO. del Perú (La Libertad).

Choczin. V. HOTIN.

chocha f. Ave zancuda de pico largo.

chochear v. i. Repetir la misma cosa. || Volver a la infancia un viejo. || *Fig.* y *fam.* Perder el seso, gustar mucho.

chochera y **chochez** f. Repetición de lo mismo. || Disminución de la inteligencia en los viejos. || *Fam.* Admiración, cariño, amor.

chocho, cha adj. Que chochea : *viejo chocho.* || *Fig.* y *fam.* Que está loco de puro cariño, que le gusta mucho. || — M. *Fam.* Altramuz. || *Pop.* Órgano sexual femenino.

chochoperdiz f. Chocha.

Choderlos de Laclos. V. LACLOS (Pierre).

Choele-Choel, isla de la Argentina en el río Negro.

chofer m. *Amer.* Chófer.

chófer m. Conductor de un automóvil.

Choisy-le-Roi, c. de Francia (Val-de-Marne), al sur de París.

chola f. *Fam.* Cabeza.

cholada f. y **cholerío** m. *Amer.* Conjunto de cholos.

cholo, la adj. y s. *Amer.* Mestizo de blanco e india. || Dícese del indio civilizado. || *Chil.* Indio puro. || *Arg., Bol., Chil., Ecuad.* y *Per.* Gente de color mezclada.

Cholojov (Mijaíl), escritor soviético (1905-1984), autor de las novelas *El Don apacible*, gran fresco épico de la revolución, *Campos roturados* y *Cuentos del Don.* (Pr. Nobel, 1965.)

Cholón, c. meridional de Vietnam.

Cholula de Rivadabia, c. de México (Puebla). Pirámide azteca. Ant. c. tolteca. Universidad.

choluteco, ca adj. y s. De Choluteca (Honduras).

Choluteca, c. meridional de Honduras, a orillas del río *Choluteca,* cap. del dep. homónimo. Prelatura nullius.

chomba f. Cholla. || *Fam.* Cabeza.

chollo m. *Fam.* Ganga. | Suerte.

chomba y **chompa** f. *Per.* Suéter.

Chomsky (Noam), lingüista norteamericano, n. en 1928. Precisó la noción de gramática generativa.

Chonco o **San Nicolás**, cumbre volcánica al oeste de Nicaragua (Chinandega) ; 1 105 m.

Chonchi, c. de Chile en la X Región (Los Lagos) y en la prov. de Chiloé, cap. de la com. de su n.

Chone, río y pobl. al oeste del Ecuador (Manabí).

Chongjin, c. y puerto de Corea del Norte, en el mar del Japón.

Chongking, c. de China central (Sechuán), a orillas del Yang tse Kiang.

chongo m. *Méx.* Moño de pelo.

chono, na adj. y s. Indio alcalufe del S. de Chile.

Chonos, archip. de Chile meridional formado por más de mil islas o islotes. Depende de las prov. de Aisén, en la XI Región, y de la de Chiloé, en la X Región.

chontal adj. y s. Dícese del individuo de una ant. tribu india de México (Tabasco) y de América Central.

Chontaleña, cordillera de Nicaragua, en el centro del país. Recibe tambien el n. de *Sierra de Amerisque.*

chontaleño, ña adj. y s. De Chontales (Nicaragua).

Chontales, páramo al N. de Colombia (Boyacá y Santander Norte). — Dep. en el centro de Nicaragua ; cap. *Juigalpa.*

Chontla, mun. al este de México (Veracruz). Petróleo.

chopera f. Plantío de chopos.

Chopin [*-pan*] (Frédéric), compositor romántico polaco, de origen francés, n. cerca de Varsovia (1810-1849). Sus obras, dedicadas especialmente al piano, son notables por su sencillez y riqueza melódica (*Conciertos, Estudios, Preludios, Nocturnos, Sonatas, Polonesas, Mazurcas,* etc.).

chopito m. Calamar pequeño.

chopo m. Árbol de las regiones templadas y húmedas. ‖ Su madera. ‖ Calamar pequeño. ‖ *Fam.* Fusil.

choque m. Encuentro violento de un cuerpo con otro : *choque de coches.* ‖ *Mil.* Combate, pelea : *un choque de tanques.* ‖ *Fig.* Disputa, lucha, contienda. ‖ Conflicto, oposición : *choque de dos ideas.* ‖ *Med.* Conmoción : *choque nervioso.*

choriceo m. *Fam.* Robo.

choricería f. Tienda de embutidos.

chorizo m. Embutido de carne de cerdo, picada y adobada con pimentón. ‖ Contrapeso. ‖ Balancín de volatineros. ‖ *Pop.* Ratero. ‖ Maleante. ‖ *Arg.* Lomo bajo de vaca.

chorla f. *Fam.* Cabeza.

chorlito m. Ave zancuda de carne muy estimada. ‖ *Fig. y fam. Cabeza de chorlito,* persona distraída.

Choroique, macizo montañoso al SO. de Bolivia (Potosí) ; 5 615 m. Minas.

chorotega adj. y s. Individuo de una ant. tribu india de América Central.

chorra f. *Pop.* Suerte : *tener mucha chorra.* ‖ — M. *Pop.* Tonto.

chorrada f. *Pop.* Tontería.

chorrear v. i. Caer o salir un líquido formando chorro. ‖ Salir el líquido lentamente y goteando : *la ropa chorrea.* ‖ *Fam.* Abundar : *el dinero chorrea en esta casa.* ‖ — V. t. Derramar, vertir : *chorreo sudor.*

chorreo m. Salida de un líquido. ‖ *Fig.* Afluencia : *un chorro de gente.* ‖ Gasto continuo.

chorreón m. Chorro. ‖ Pequeña cantidad : *un chorreón de aceite.*

chorrera f. Lugar por donde chorrea un líquido. ‖ Señal que deja. ‖ Adorno de encajes que se ponía en la abertura de la camisa. ‖ *Arg.* Serie, conjunto : *chorrera de disparates.*

Chorrera (La), distrito de Panamá, en la llanura costera del Pacífico. ‖ ~ del Guayabo, pobl. de El Salvador (Cabañas). Central eléctrica del río Lempa.

chorrillo m. *Fig. y fam.* Chorro continuo. ‖ Chorreón.

Chorrillos, c. del Perú (Lima).

chorro m. Salida de un líquido con fuerza : *un chorro de agua.* ‖ Salida violenta del agua o vapor que sirve de fuerza propulsora. ‖ Caída sucesiva de ciertas cosas : *un chorro de trigo.* ‖ *Fig.* Gran cantidad : *un chorro de luz, de dólares.* ‖ — A chorros, abundantemente. ‖ Avión de chorro, avión de reacción. ‖ *Fam. Como los chorros del oro,* muy limpio.

Chorros, pobl. en el sur de El Salvador (La Libertad).

Chorzow, ant. *Königshütte,* c. de Polonia, en Alta Silesia (Katovice).

Chosen, n. japonés de Corea.

Chostakovich (Dimitri Dimitrievich), músico ruso (1906-1975), autor de sinfonías, de música para piano y de cámara.

Chota, río al N. del Ecuador (Imbabura y Carchi), afl. del Mira. En su recorrido se encuentra la *Hoya del Chota,* región de riqueza agrícola. — C. al N. del Perú, cap. de la prov. homónima (Cajamarca).

chotearse v. pr. *Fam.* Burlarse.

choteo m. *Fam.* Burla, pitorreo ‖ *Fam. Tomar a choteo,* tomar a broma.

chotis f. Baile por parejas típico de Madrid. ‖ Su música y canción.

choto, ta m. y f. Cabrito. ‖ Ternero.

chovinismo m. Chauvinismo.

chovinista adj. y s. Chauvinista.

Choya, dep. al N. de la Argentina (Santiago del Estero), cap. *Frías.*

choza f. Cabaña de estacas y ramas.

chozo m. Choza.

Christchurch, c. de Nueva Zelanda, en la isla del Sur, cap. de la prov. de Canterbury. Universidad.

Christian Science, secta religiosa fundada en 1879 en Boston (Estados Unidos).

Christiansted, c. y puerto de Estados Unidos en la isla de Santa Cruz (Islas Vírgenes en las Antillas Menores).

Christie (Agatha), escritora inglesa (1891-1976), autora de numerosas novelas policíacas protagonizadas por el detective Hércules Poirot.

christmas [*kristmas*] m. (pal. ingl.). Tarjeta de felicitación en Navidad. (Es mejor usar la ortografía *crismas.*)

Christmas, isla del océano Índico, al sur de Java. Depende de Australia.

Christophe (Henri), general haitiano (1767-1820), pres. de la Rep. (1807-1811) que se proclamo rey (1811-1820). Se suicidó.

Chu, dinastía china que reinó de 1111 a 249 a. de J. C. ‖ — **En-lai,** político chino (1898-1976), pres. del Consejo de la República Popular.

Chuacús, cerro al oeste de Guatemala (Totonicapán).

chuamico m. *Méx.* Ponche de sidra con frutas agridulces.

chubasco m. Chaparrón, aguacero.

chubesqui m. Estufa.

Chubut, río del S. de la Argentina que des. en el Atlántico ; 800 km. — Prov. en el sur de la Argentina ; cap. *Rawson.* Ganadería. Petróleo.

chubutense adj. y s. De Chubut (Argentina).

Chucuito, pobl. al NO. del lago *Titicaca.* — Prov. al sureste del Perú (Puno) ; cap. *Juli.*

Chucunaque, río al E. de Panamá (Darién), que se une al Tuira ; 150 km.

chuchería f. Baratija, fruslería.

chucho m. *Fam.* Perro. ‖ *Cub.* Conmutador de la luz. ‖ Aguja del tren. ‖ *Méx.* Chismoso, enredador.

chuchón m. *Méx.* Gallo de pelea.

chuchurrido, da adj. *Fam.* Marchito. ‖ Arrugado.

Chudsk. V. PEIPUS.

Chueca (Federico), músico español (1846-1908), compositor de zarzuelas (*La Gran Vía, La alegría de la huerta, Agua, azucarillos y aguardiente,* etc.).

chufa f. Planta ciperácea de cuyos tubérculos, comestibles, se hace una horchata. ‖ Su tubérculo.

chufla f. Cuchufleta.

chuflarse y **chuflearse** v. pr. Burlarse.

chufleta f. Chufla.

Chukutién, aldea de China al SO. de Pekín. Estación prehistórica donde se descubrió el sinántropo (1921).

chulada f. Fam. Desenfado, desfachatez. ‖ Grosería. ‖ Bravata, dicho o hecho jactancioso. ‖ Agudeza. ‖ *Méx.* Lo que es bonito, hermoso.

chulapear v. i. *Fam.* Portarse a lo chulo.

chulapería f. *Fam.* Chulería.

chulapo, pa y **chulapón, ona** adj. y s. *Fam.* Chulo.

chulear v. t. Vivir a costa de una mujer. ‖ *Méx.* Requebrar. ‖ *Fam.* Gastar bromas. ‖ — V. i. Jactarse, presumir. ‖ — V. pr. Burlarse. ‖ Presumir.

chulería f. *Fam.* Gracia, donaire, salero. ‖ Desfachatez, descaro, desenfado. ‖ Bravata. ‖ Conjunto de chulos.

chulesco, ca adj. y s. Relativo a los chulos. ‖ Populachero.

---

chuleta f. Costilla de cerdo, ternera, cordero, etc. : *almorzamos chuletas.* ‖ *Fig. y fam.* Guantazo, capón, bofetón. ‖ Nota o papelito que llevan escondidamente los estudiantes a los exámenes y en el que están apuntadas fórmulas, resúmenes de temas, etc., que les van a preguntar. ‖ — M. *Fam.* Chulo.

chulo, la adj. Chulesco, propio del pueblo de Madrid, picaresco : *andares chulos.* ‖ Descarado, desenfadado, insolente : *no seas tan chulo* (ú. t. c. s.). ‖ Bravucón, atrevido : *estuvo muy chulo con el director* (ú. t. c. s.). ‖ Presumido, ufano : *se paseaba muy chulo con su novia al lado* (ú. t. c. s.). ‖ Majo, de buen efecto : *¡ qué coche tan chulo !* ‖ — M. y f. Persona del pueblo bajo de Madrid. ‖ — M. Rufián, que vive de las mujeres. ‖ *Pop.* Tipejo, individuo.

Chulucanas, c. al norte del Perú, cap. de la prov. de Morropón (Piura).

Chulumani, c. al O. de Bolivia (La Paz), cap. de la prov. de Sur Yungas.

chullo m. *Bol.* y *Per.* Shullo.

chullpa o **chulpa** f. Monumento funerario precolombino en Bolivia y Perú.

Chuma, c. al oeste de Bolivia, cap. de la prov. de Muñecas (La Paz).

chumacera f. *Mec.* Pieza en que descansa y gira un eje.

Chumacero (Alí), poeta mexicano, n. en 1918, autor de *Páramo de sueños* y *Palabras en reposo.*

chumarse v. pr. *Arg.* Embriagarse.

Chumayel, pobl. y mun. al SE. de México (Yucatán), donde fue hallada la versión más importante de las crónicas maya de Chilam Balam.

chumbera f. Higuera chumba.

Chumbivilcas, prov. al sur del Perú (Cuzco) ; cap. *Santo Tomás.*

chumbo, ba adj. Dícese del nopal y de su fruto (ú. t. c. s.).

chuminada f. *Fam.* Tontería.

Chunchi, pobl. en el centro del Ecuador (Chimborazo).

chunga f. *Fam.* Burla o broma.

Chungking. V. CHONGKING.

chunguear v. i. *Fam. Méx.* Bromear. ‖ — V. pr. *Fam.* Burlarse, guasearse.

chungueo m. *Fam.* Chunga.

chupacirios m. inv. *Fam.* Beato.

chupada f. Acción de chupar.

chupado, da adj. *Fig. y fam.* Muy flaco. ‖ *Está chupado,* es muy fácil.

chupadura f. Acción y efecto de chupar o chuparse, succión.

chupar v. t. Extraer con los labios el jugo de una cosa o un fluido : *chupar un limón, un cigarrillo.* ‖ Lamer : *chupar un caramelo.* ‖ Embeber los vegetales u otra cosa un líquido, el agua o la humedad : *las raíces chupan la humedad del suelo.* ‖ Mamar el niño. ‖ *Fig. y fam.* Absorber. ‖ Despojar los bienes de uno con astucia y engaño : *chuparle el dinero a uno.* ‖ *Amer. Fam.* Beber mucho (vinos, licores, etc.). ‖ — V. pr. Pasar entre los labios y humedecer con saliva : *se chupa el dedo meñique.* ‖ Enflaquecer, adelgazar. ‖ Tirarse, soportar una cosa : *chuparse seis meses de prisión.* ‖ Emplear en provecho propio : *se chupó todo el capital.* ‖ *Amer.* Emborracharse. ‖ — *Fam. Chupar del bote,* aprovecharse. ‖ *Chuparse el dedo,* tener poca experiencia. ‖ *Chuparse los dedos,* deleitarse con una cosa. ‖ *¡ Chúpate esa !,* ¡ tómate esa !

chupatintas m. inv. *Fam.* Oficinista.

chupendo m. *Fam.* Chupetón. ‖ Señal dejada en la piel por los labios al chupar.

chupeta f. *Amer.* Chupete.

chupete m. Objeto que se da a los niños de muy corta edad para que chupen. ‖ Tetina del biberón.

chupetear v. i. Chupar mucho.

chupeteo m. Succión.

Chupícuaro, centro arqueológico de las culturas preclásicas en el centro de México (Guanajuato).

chupinazo m. *Fam.* En fútbol, chut fuerte. ‖ Cañonazo.

chupón, ona adj. y s. Que chupa. ‖ *Fig. y fam.* Parásito, aprovechón.

Chuquibamba, c. al sur del Perú, cap. de la prov. de Condesuyos (Arequipa). Prelatura nullius.

Chuquibambilla, c. al sur del Perú, **175**

cap. de la prov. de Grau (Apurímac). Prelatura nullius.

Chuquicamata, pobl. del norte de Chile en la prov. de Antofagasta (II Región). Posee la mayor mina de cobre a cielo abierto del mundo.

Chuquicara o **Tablacacha,** río del Perú, afl. del Santa.

Chuquisaca, dep. al sur de Bolivia ; cap. *Sucre.* — N. ant. de la c. de *Sucre* (Bolivia).

chuquisaqueño, ña adj. y s. De Chuquisaca (Bolivia).

Chur. V. COIRE.

Churchill, río al SO. del Canadá (Saskatchewan y Manitoba), que des. en la bahía de Hudson ; 1 500 km. En su desembocadura se encuentra la ciudad del mismo nombre.

Churchill (*Sir* Winston Spencer), político y escritor inglés, n. en Blenheim (Oxford) [1874-1965]. Fue Lord del Almirantazgo durante la primera guerra mundial y jefe del Gobierno en la segunda, contribuyendo con su energía y dotes de mando al triunfo aliado de 1945. Asumió otra vez el poder de 1951 hasta su dimisión en 1955. Su obra literaria, que le valió el Premio Nobel en 1953, es esencialmente histórica y autobiográfica.

churla f. y **churlo** m. *Amer.* Saco.

churrascado, da adj. Quemado.

churrasco m. *Arg.* Carne asada en las brasas.

churrasquear v. i. *Arg.* Comer un churrasco. | Asar.

churrasqueria f. Tienda de asados.

churreria f. Tienda de churros.

churrero, ra m. y f. Persona que hace o vende churros.

churrete m. Mancha en la cara.

churretón m. Churrete.

churretoso, sa adj. Sucio.

churri adj. *Fam.* De poco valor.

Churriguera, familia de arquitectos españoles cuyos representantes más destacados fueron JOSÉ, m. en 1679, autor de retablos, y su hijo JOSÉ (1665-1723), que creó un estilo exuberante, mezcla de elementos góticos, platerescos y barrocos.

churrigueresco, ca adj. *Arq.* Dícese del estilo derivado del barroco introducido en España a principios del siglo XVIII por Churriguera, Ribera y sus discípulos (ú. t. c. s. m.) : *el estilo churrigueresco se cultivó abundantemente, incluso más recargado que en España, en las colonias hispanas de América.* || *Fig.* Recargado, rococó.

churriguerismo m. Estilo arquitectónico cuya característica principal fue la excesiva o recargada ornamentación.

churriguerista com. Persona adepta al churriguerismo.

churro, rra adj. Dícese de la lana basta y grosera. || — M. Masa de harina y agua que se fríe y tiene forma de bastoncito alargado o en rueda. || *Fig.* y *fam.* Obra mal hecha, mamarracho. | Fracaso : *salir un churro.* | Casualidad, suerte.

Churruca y Elorza (Cosme Damián de), marino español, n. en 1761, m. en 1805 en la batalla de Trafalgar.

Churubusco, colonia de la c. de México, donde se batieron las tropas norteamericanas y los restos del ejército mexicano del Norte, el 20 de agosto de 1847.

churumbel m. *Pop.* Niño.

churumbela f. *Arg.* Bombilla para tomar mate.

chusco, ca adj. Gracioso, humorístico. || — M. *Fam.* Pieza de pan que se da al soldado para la comida.

chusma f. Gentuza, populacho, gente soez. || *Fam.* Multitud, muchedumbre. || *Amer.* Conjunto de indios reunido en un campamento.

chusmaje m. *Amer.* Chusma.

chuspa f. *Arg.* y *Per.* Bolsa.

chusquero adj. Dícese del oficial procedente de la clase de tropa y que no ha pasado por una academia militar (ú. t. c. s. m.).

chut m. En fútbol, puntapié al balón.

chutar v. i. En fútbol, lanzar el balón de un puntapié. || *Fam.* Funcionar, pitar. || — *Fam. Esto va que chuta,* esto va muy bien. | *¡Y va que chuta !,* ya es suficiente.

Chuvaquia, rep. autónoma de la U. R. S. S. (Rusia), a orillas del Volga ; cap. *Tcheboksari.*

chuzo m. Bastón, con un hierro en la punta, de los serenos. || *Amer.* Látigo. || *Fam. Llover a chuzos* o *caer chuzos de punta,* llover muy fuerte.

Delta del Orinoco

D

d f. Quinta letra del alfabeto castellano y cuarta de sus consonantes. ‖ — **D,** cifra romana que vale 500. ‖ *Mat.* Símbolo de *diferencial.* ‖ *Quím.* Símbolo del *deuterio.* ‖ — D., abrev. de *Don.*

Dabajuro, mun. de Venezuela (Falcón), cerca del golfo de Venezuela.

Dabeiba, mun. de Colombia (Antioquia).

Dacca, cap. del Bangladesh y de la prov. homónima, al sur del país y en un brazo del Ganges ; 1 700 000 h. Universidad. Arzobispado.

Dacia, ant. conjunto de regiones de Europa situado en la orilla izquierda del Danubio, correspondiente a la actual Rumania y al sur de Hungría.

dacio, cia adj. y s. De Dacia.

dación f. *For.* Donación.

dactilar adj. Digital : *huellas dactilares.*

dactilografía f. Mecanografía.

dactilográfico, ca adj. Relativo a la dactilografía.

dactilógrafo, fa adj. y f. Mecanógrafo.

dacha f. En Rusia, finca de recreo.

Dachau, c. de Alemania Occidental (Baviera). Campo de concentración nazi (1933-1945).

dadá adj. Relativo al dadaísmo. ‖ — M. Dadaísmo.

dadaísmo m. Movimiento artístico de vanguardia iniciado en 1916, que tendía a suprimir toda relación entre el pensamiento y la expresión : el *dadaísmo desapareció con la separación de los surrealistas y tuvo como principales representantes a Tristan Tzara, Hans Arp, Hans Richter, Marcel Duchamp, Francis Picabia, Man Ray, Max Ernst, André Breton.*

dadaísta adj. Relativo al dadaísmo. ‖ Partidario de él (ú. t. c. s.).

dádiva f. Don, regalo.

dadivoso, sa adj. y s. Liberal, generoso, propenso a dar.

dado m. Pieza de forma cúbica en cuyas caras hay señalados puntos desde uno hasta seis o figuras, y que sirve para varios juegos de azar.

dado, da adj. Inclinado : *dado a la bebida.* ‖ — Conj. *Dado que,* siempre que ; puesto que.

Daet, c. de Filipinas (Luzón), cap. de la prov. de Camarines Norte.

Dafne, ninfa metamorfoseada en laurel por Apolo cuando éste quiso poseerla. *(Mit.)*

Dafnis, pastor siciliano, creador de la poesía bucólica. *(Mit.)*

daga f. Arma blanca, de hoja corta.

Dagenham, c. de Gran Bretaña, en los suburbios del este de Londres.

Daghestán. V. DAGUESTÁN.

Dagua, mun. y río al O. de Colombia (Valle del Cauca).

Daguerre (Jacques), inventor francés (1787-1851), que descubrió la fijación de las imágenes de la cámara oscura en planchas metálicas *(daguerrotipia).*

daguerrotipia f. Procedimiento, inventado por Daguerre.

daguerrotipo m. Imagen obtenida por daguerrotipia.

Daguestán, rep. soviética autónoma (Rusia), a orillas del Caspio ; cap. *Makhatchkala.* Petróleo.

dahir m. Decreto promulgado por el rey de Marruecos.

Dahomey. V. BENIN.

dahomeyano, na adj. y s. De Dahomey o Benin.

daifa f. Concubina.

Dairen. V. TALIÉN.

Dajabón, c. al NO. de la Rep. Dominicana, cap. de la prov. homónima.

Dakar, cap. y puerto del Senegal ; 700 000 h. Universidad.

Dakhla. V. VILLA CISNEROS.

Dakota, región del centro-norte de Estados Unidos, dividida en *Dakota del Norte* (cap. *Bismarck*) y *Dakota del Sur* (cap. *Pierre*).

Dalai-Lama, jefe supremo religioso y político del Tíbet que, tras la ocupación de este país por China, vive en exilio (1950). Residía en Lhassa.

Dalat, c. del Vietnam.

Dalcahue, c. de Chile en la X Región (Los Lagos) y en la prov. de Chiloé, cap. de la com. de su n.

Dalecarlia, ant. prov. de Suecia central. País montañoso. Turismo.

D'Alembert (Jean LE ROND), matemático y filósofo francés, n. en París (1717-1783), autor del *Discurso preliminar* de la Enciclopedia francesa.

Dalence, prov. en el centro de Bolivia (Oruro) ; cap. *Huanuni.*

Dalfinger (Ambrosio). V. ALFÍNGER.

Dalí (Salvador), pintor español n. en 1904. Ha sufrido, en diversos períodos, influencias cubista, dadaísta y surrealista. Su pintura, onírica y delirante, posee una gran perfección académica *(Madona de Port Lligat, La cesta de pan, El hombre invisible, Cristo de San Juan de la Cruz, Última cena, Pesca de atún, El atleta cómico, La escuela de Atenas,* retratos de Gala.

dalia f. Planta compuesta de flores sin olor. ‖ Flor de esta planta.

Dalian. V. TALIÉN.

Dalila, amante de Sansón que, sobornada por los filisteos, cortó a éste los cabellos de los que dependía su fuerza.

Dalmacia, región histórica al este de los Balcanes y a orillas del Adriático, perteneciente a Yugoslavia (Croacia). C. pr. *Split, Dubrovnik.*

dálmata adj. y s. Dálmata.

dalmático, ca adj. Dálmata. ‖ — M. Lengua hablada en Dalmacia. ‖ — F. Túnica blanca que llevaban los emperadores romanos.

Dalmáticos (Alpes). V. ALPES.

Dalmau (Luis), pintor catalán, m. en 1460, autor del *Retablo de los Consellers.*

Dalton (John), físico y químico inglés (1766-1844), considerado como el autor de la teoría atómica. Estudió la perversión del sentido de los colores *(daltonismo).* ‖ ~ (ROQUE), poeta y ensayista salvadoreño (1933-1975). Murió asesinado.

daltoniano, na y **daltónico, ca** adj. Relativo al daltonismo. ‖ Que padece daltonismo (ú. t. c. s.).

daltonismo m. *Med.* Defecto de la vista que impide distinguir ciertos colores o que los confunde, especialmente el rojo y el verde.

Dallas, c. al sur de Estados Unidos (Texas). Obispado. Refinería de petróleo. Petroquímica, electrónica. Aquí fue asesinado el pres. J. F. Kennedy en 1963.

dama f. Mujer noble o de calidad distinguida. ‖ Mujer galanteada. ‖ La que acompaña o sirve a la reina o a las princesas e infantas : *dama de honor, de palacio.* ‖ Actriz que representa los papeles principales. ‖ Manceba. ‖ Pieza coronada en el juego de las damas. ‖ Reina en el ajedrez y en los naipes. ‖ — Pl. Juego que se hace con peones redondos negros y blancos en un tablero escaqueado (dos jugadores).

Dama (La). ~ *de Baza, de Elche.* V. BAZA y ELCHE. ‖ ~ *de las Camelias,* novela (1848) y drama (1852) de Dumas, hijo.

damajuana f. Botellón grande : *una damajuana de vino corriente.*

Damanhur, c. de Egipto, cerca de Alejandría.

Damao, c. y puerto de la India, al N. de Bombay, de soberanía portuguesa de 1558 a 1961.

damasceno, na adj. y s. De Damasco (Siria).

damasco m. Tela de seda con dibujos. ‖ Variedad de albaricoque.

Damasco, cap. de Siria y de la prov. homónima ; 837 000 h.

Dámaso | ~ **I** *(San),* papa español de 366 a 384. Hizo que San Jerónimo tradujese la Biblia *(Vulgata).* Fiesta el 11 de diciembre. ‖ ~ **II,** papa en 1048.

damasquillo m. Albaricoque.

damasquinado m. Ataujía o embutido de metales finos.

damasquinar v. t. Incrustar con hilos de oro o plata ciertos objetos.

damero m. Tablero del juego de damas.

177

Damieta, c. y puerto de Egipto, en el delta del Nilo.

damisela f. Moza que se las da de dama. ‖ Mujer mundana.

damnación f. Condenación.

damnificado, da adj. y s. Perjudicado, dañado, siniestrado.

damnificar v. t. Dañar, perjudicar.

Damocles, cortesano de Dionisio el Viejo (s. IV a. de J. C.), tirano de Siracusa, famoso por la leyenda de la espada que pendía sobre su cabeza.

Damodar, río del NE. de la India que se une al Hugli ; 545 km.

Danaides, las cincuenta hijas de Dánao, que, excepto una, mataron todas a sus esposos la noche de bodas. *(Mit.)*

Dánao, rey de Egipto y de Argos, padre de las Danaides. *(Mit.)*

dáncing m. (pal. ingl.). Sala de baile.

dandi m. Dandy.

dandismo m. Elegancia de los dandíes.

dandy m. (pal. ingl.). Hombre elegante, a la moda. (Pl. *dandies*.)

Daneri (Eugenio), pintor argentino (1881-1970), notable paisajista urbano.

danés, esa adj. y s. De Dinamarca.

Daniel, punta del S. de Chile, en el estrecho de Magallanes. — **Campos,** prov. al S. de Bolivia (Potosí) ; cap. *Llica.* ‖ — **Carrión,** prov. en el centro del Perú (Pasco) ; cap. *Yanahuanca.*

Daniel, uno de los cuatro profetas mayores (s. VII a. de J. C.).

Danlí, c. de Honduras (El Paraíso).

D'Annunzio. V. ANNUNZIO.

danta f. *Zool.* Anta. ‖ Tapir.

Dantas (Julio), escritor portugués (1876-1962), autor de *Viaje en España,* de obras teatrales (*La cena de los cardenales, La ceguera, Santa Inquisición*), de poesías y de ensayos.

Dante Alighieri, poeta italiano n. en Florencia en 1265 y m. en Ravena en 1321. Su amor imposible por Beatriz Portinari le inspiró los sonetos de la *Vita Nuova* y la *Divina Comedia,* poema alegórico en treinta y tres cantos y en tercetos, visión teológica y metafísica del mundo, escrito con incomparable dominio del lenguaje poético y dividido en tres partes (*Infierno, Purgatorio y Paraíso*). Es autor también de *El Convivio* o *El Banquete,* del tratado latino *De Monarchía,* de *Rimas* o *Cancionero* y de *Églogas.*

dantesco, ca adj. Propio de Dante o de su poesía. ‖ Parecido a su estilo. ‖ *Fig.* Enorme. ‖ Horripilante.

Danton (Georges), político, revolucionario y orador francés (1759-1794). M. guillotinado.

Dantzig. V. GDANSK.

danubiano, na adj. Del Danubio.

Danubio, río de Europa Central, que nace en la Selva Negra, atraviesa Alemania, Austria, Checoslovaquia, Hungría, Yugoslavia, Rumania, Bulgaria y la U. R. S. S., y des. en el mar Negro ; 2 850 km. Pasa por Viena, Budapest y Belgrado.

danza f. Baile, serie de movimientos cadenciosos efectuados al son de la música cantada o tocada. ‖ *Fig.* y fam. Negocio sucio o poco acertado. ‖ Riña, pelea. ‖ Acción : *meter* (o *entrar*) en *danza.*

danzante adj. Que danza.

danzar v. t. e i. Bailar. ‖ — V. i. Efectuar movimientos rápidos, bullir. ‖ *Fig.* y fam. Entremeterse una persona en un asunto. ‖ Pasar rápidamente de un sitio a otro.

danzarín, ina m. y f. Bailarín.

Danzig. V. GDANSK.

dañado, da adj. Estropeado : *mercancía dañada.*

dañar v. t. Causar daño, perjudicar : *dañarle a uno en su honra.* ‖ Echar a perder una cosa : *el granizo ha dañado las cosechas.* ‖ — V. pr. Lastimarse, hacerse daño.

dañino, na adj. Que hace daño. ‖ Nocivo.

daño m. Detrimento, perjuicio. ‖ Estropicio : *los daños causados por la sequía.* ‖ Dolor : *estos zapatos me hacen daño.* ‖ *Daños y perjuicios,* lo que se reclama de indemnización para reparar un mal.

dañoso, sa adj. Que daña.

Daoiz (Luis), héroe de la guerra de la Independencia española (1767-1808),

que, con Velarde y Ruiz, se rebeló en Madrid contra los franceses (1808).

Dapsang. Véase K2.

dar v. t. Donar : *dar un regalo.* ‖ Entregar : *dame el libro que está en la mesa.* ‖ Conferir : *dar un título.* Otorgar, conceder : *dar permiso.* ‖ Proponer : *dar una idea.* ‖ Producir : *el rosal da rosas.* ‖ Producir beneficios : *inversión que da intereses.* ‖ Declarar, comunicar : *dar conocimiento, noticias.* ‖ Causar : *dar mucho que hacer.* ‖ Ocasionar, provocar : *dar alegría.* ‖ Sacrificar : *dar su existencia.* ‖ Imponer : *dar leyes a un país.* ‖ Asestar : *dar un puñetazo.* ‖ Administrar : *dar un remedio.* ‖ Proporcionar : *dar sustento.* ‖ Conceder un empleo u oficio : *le dieron la jefatura del ejército.* ‖ Importar : *le da lo mismo.* ‖ Untar : *dar con betún.* Hacer : *dar los primeros pasos.* Lanzar, exhalar : *dar voces, un suspiro.* ‖ Sonar las campanadas : *el reloj da las diez* (ú. t. c. i.). ‖ Echar una película o representar una obra de teatro. ‖ Mostrar, indicar : *dar los resultados.* ‖ Soltar : *lo exprimes para que dé agua.* ‖ Comunicar, decir : *te di mi enhorabuena.* ‖ Celebrar, ofrecer : *dieron un almuerzo para festejarlo.* ‖ Evaluar : *le doy veinte años.* ‖ *Fam.* Fastidiar : *me dio la tarde.* ‖ ¡*Dale !,* interj. para ponderar la obstinación. ‖ *Dar clases,* impartirlas el profesor o seguirlas el alumno. ‖ *Dar que decir,* provocar la murmuración. ‖ *Dar que hacer,* causar trabajo o molestia. ‖ *Donde las dan las toman,* las malas acciones se pagan con la misma moneda. ‖ *No dar golpe,* no hacer nada. ‖ — V. i. Golpear : *darle fuerte a un niño malo.* ‖ Caer : *dar de espaldas.* ‖ Poner en movimiento : *darle a la máquina.* ‖ Pulsar : *dar al botón.* ‖ Empeñarse : *le dio en pintar.* ‖ Tener, sobrevenir : *me dio un calambre.* ‖ Acertar : *dar en el blanco.* ‖ Estar orientado hacia : *la ventana da al patio.* ‖ *Fig.* Presagiar : *me da el corazón que va a llover.* ‖ — *Dar con una persona o cosa,* encontrarla. ‖ *Dar de sí,* ensancharse. ‖ *Dar en qué pensar,* despertar sospechas. ‖ *Dar por, considerar : dar por acabado algo : ocurriérasele a uno : ahora le ha dado por beber.* ‖ — V. pr. Entregarse : *darse a la bebida.* ‖ Ocurrir, suceder : *se da el caso.* ‖ *Fig.* Ocuparse : *darse a la música.* ‖ Pegarse, topar : *darse contra la pared.* ‖ Considerarse : *darse por contento.* ‖ Producirse las plantas : *esta fruta se da bien aquí.* ‖ Tener habilidad o facilidad : *se le dan muy bien los idiomas.*

Dar ‖ — **El-Beida.** V. CASABLANCA. — C. de Argelia. Aeropuerto de Argel. ‖ — **Es-Salam,** c. y puerto al este de Tanzania, cap. del país. Arzobispado.

Dardanelos, ant. *Helesponto,* estrecho de Turquía, entre Europa (península de los Balcanes) y Asia (Anatolia). Une el mar Egeo con el de Mármara.

dardo m. Arma pequeña arrojadiza.

Darfur, prov. montañosa en el O. del Sudán ; cap. *El-Facher.*

Darién, golfo del mar Caribe, entre las costas O. del Panamá y N. de Colombia. — Serranía en la frontera de Panamá y Colombia. — Prov. de la parte oriental de Panamá, entre el golfo homónimo y el O. del de Panamá ; cap. *La Palma.*

darienita adj. y s. De Darién (Panamá).

Dariense (CORDILLERA). V. SEGOVIANA.

Darío ‖ — **I,** rey de Persia de 522 a 486, hijo de Histaspes, n. hacia 550 a. de J. C. Organizó sus dominios, se apoderó de la India, dominó Tracia y Macedonia, pero fue derrotado por los griegos en Maratón (490 a. de J. C.). ‖ — **II** Oco o Noto, rey de los persas de 423 a 404 a. de J. C. Combatió contra Atenas. ‖ — **III** Codomano, rey de los persas de 336 a 330 a. de J. C. Derrotado por Alejandro en Gránico, Isos y Arbelas. M. asesinado.

Darío (Félix Rubén GARCÍA SARMIENTO, llamado Rubén), escritor nicaragüense n. en Metapa en 1867 y m. en León en 1916, considerado como uno de los primeros poetas líricos contemporáneos de la escuela modernista, cuya influencia se ha extendido

a todas las literaturas de lengua castellana. Fue corresponsal de prensa y diplomático. Entre sus obras más famosas figuran *Abrojos, Azul, Prosas profanas, Cantos de vida y esperanza, El Canto errante, Canto a la Argentina, Poema del otoño y otros poemas,* etc. Escribió en prosa (*Azul*) e introdujo cuentos y prosas poemáticas en *Los raros, Peregrinaciones* y *La caravana pasa.*

Darjeeling o **Darjiling,** c. al N. de India, al pie del Himalaya (Bengala Occidental).

Darling, río navegable al E. de Australia (Queensland y Nueva Gales del Sur), afl. del Murray ; 2 450 km.

Darlington, c. al NE. de Inglaterra (Durham).

Darmstadt, c. de Alemania Occidental (Hesse).

Daroca, c. al NE. de España (Zaragoza). Iglesias mudéjares.

Darro, río al sur de España, en la prov. de Granada, afl. del Genil.

dársena f. *Mar.* Parte interior y resguardada de un puerto : *reparaban mi yate en la dársena.*

Dartmouth, c. y puerto al SE. del Canadá (Nueva Escocia).

darviniano, na adj. Del darvinismo.

darvinismo m. Teoría de Darwin que trata del origen de las especies por la transformación de unas en otras y la selección natural.

darvinista com. Partidario del darvinismo.

Darwin, c. septentrional de Australia, cap. del Territorio del Norte.

Darwin (Charles), naturalista inglés (1809-1882), autor de una teoría sobre la evolución de las especies (*darvinismo*), que expone en su libro *Del origen de las especies por medio de la selección natural.*

data f. Fecha.

datar v. t. Poner la fecha : *datar un libro.* ‖ *Com.* Poner en las cuentas las partidas de descargo. ‖ — V. i. Remontarse a tal o cual fecha.

dátil m. Fruto comestible de la palmera. ‖ Molusco bivalvo parecido a este fruto. — Pl. *Pop.* Dedos.

datilera f. Palmera que da dátiles.

dativo m. En las lenguas declinables, caso que indica la atribución, la destinación. (En castellano se expresa con las preposiciones *a* y *para*.)

dato m. Antecedente necesario para el conocimiento de una cosa : *los datos del problema.* ‖ Documento, testimonio. ‖ Noción, información.

Dato Iradier (Eduardo), político español (1856-1921), jefe del Partido Conservador y pres. del Gobierno (1914-1918 y 1920-1921). Fue asesinado.

Daudet [*dodé*] (Alphonse), escritor francés, n. en Nimes (1840-1897), autor de las novelas *Cartas desde mi molino y Tartarín de Tarascón,* inspiradas en temas de Provenza. — Su hijo LÉON (1867-1942) fue periodista y escritor.

Daule, río al oeste del Ecuador (Guayas), afl. del Guayas.

Daumier [*domié*] (Honoré), pintor, grabador y escultor francés (1808-1879), autor de ilustraciones del Quijote y de caricaturas políticas y sociales.

Davalaghiri. V. DHAULAGHIRI.

Dávalos (Balbino Adolfo), poeta mexicano (1866-1951), autor de *Nieblas londinenses, Las ofrendas* y de ensayos. ‖ — (JUAN CARLOS), escritor argentino (1887-1959), autor de cuentos (*De mi vida y de mi tierra, Salta, Relatos lugareños*), poesías (*Cantos agrestes, Cantos de la montaña*), obras de teatro (*La tierra en armas*) y ensayos (*Los gauchos*). ‖ — (MARCELINO), político, autor dramático y poeta mexicano (1871-1923).

Davao, prov., c., golfo y puerto de Filipinas (Mindanao).

David, río de Panamá, que des. en el golfo de Chiriquí. — C. al SO. de Panamá, cap. de la prov. de Chiriquí. Centro universitario. Obispado.

David, rey y profeta de Israel (¿ 1015-975 ? a. de J. C.). Sucedió a Saúl, derrotó a los filisteos y fundó Jerusalén. Autor de *Salmos.*

David (Gérard), pintor primitivo flamenco de cuadros religiosos (¿ 1460 ?-1523). ‖ — (LOUIS), pintor academicista francés (1748-1825). Estuvo al servicio de Napoleón I.

davideño, ña adj. y s. De David (Panamá).

Dávila (Miguel R.), general hondureño, m. en 1927. Pres. de la Rep. en 1907, depuesto en 1911. || ~ (PEDRARIAS). V. PEDRARIAS. || ~ (SANCHO). V. ÁVILA (Sancho de). || ~ **Andrade** (César), escritor ecuatoriano (1918-1967), autor de poesías (*Espacio, me has vencido*) y relatos.

Davis, estrecho que separa la Tierra de Baffin de Groenlandia.

Davis (Jefferson), político norteamericano (1808-1889), pres. de la Confederación sudista durante la guerra de Secesión. || ~ (JOHN), navegante inglés (¿ 1550 ?-1605), que descubrió el estrecho que lleva su nombre (1585).

Davos, pobl. al E. de Suiza (Grisones). Estación de invierno.

Dawson, c. del Canadá (Yukon).

Dax, c. del SO. de Francia (Landes). Obispado. Aguas termales.

Dayton, c. al E. de Estados Unidos (Ohio). Agricultura.

Daza (Hilarión), general boliviano (1840-1894). Pres. de la Rep. en 1876 y, derrotado en la guerra del Pacífico (1879), fue derrocado en 1880. M. asesinado.

dazibao m. Periódico o cartel mural en la China Popular.

dB, símbolo del *decibel* o *decibelio*.

D. D. T. m. Fuerte insecticida.

de f. Nombre de la letra d. || — Prep. Indica la posesión, el origen, la materia, la extracción, el modo de hacer una cosa, el contenido, la separación, las cualidades personales. || Por : *me lo dieron de regalo.* || Desde : *de enero a marzo.* || Durante : *de día, de noche.* || Con : *el señor de las gafas.* || Para : *¿ qué hay de postre ?* || Entre : *estuvo aquí de embajador.* || Entre : *tres de estos cuatro son dos.* || Se usa a veces para reforzar la expresión : *el bribón de mi hermano.* || Seguida del infinitivo, puede indicar suposición : *de saberlo antes, no venía.*

de prep. lat. De. || — De jure, de derecho. || *De profundis*, salmo penitencial rezado por los difuntos.

De || ~ **Amicis** (Edmondo). V. AMICIS. || ~ **Chirico** (GIORGIO), pintor surrealista italiano, n. en Grecia (1888-1978). || ~ **Forest** (LEE). V. FOREST || ~ **Gasperi** (ALCIDE DE). V. GASPERI. || ~ **Gaulle** (CHARLES). V. GAULLE.

deambular v. i. Pasear, andar.

deán m. El que preside el cabildo después del prelado. || Párroco.

Deán Funes, pobl. de la Argentina (Córdoba).

Dearborn, c. al N. de los Estados Unidos (Michigan).

Deauville [*dovil*], c. del NO. de Francia (Calvados). Estación balnearia.

debacle f. (pal. fr.). Catástrofe.

debajo adv. En lugar inferior. || Cubierto por : *debajo de un paraguas.* || Galicismo por *bajo*.

debate m. Discusión, disputa.

debatir v. t. Discutir : *debatir una cuestión.* || Combatir, pelear por una cosa. || — V. pr. Luchar.

debe m. Com. Parte que señala las partidas de cargo en las cuentas corrientes. (Se opone al *haber*.) || *Debe y haber*, activo y pasivo.

debelación f. Victoria armada. || Represión de una sublevación.

debelador, ra adj. y s. Que debela. Reprimir una sublevación.

debelar v. t. Vencer con las armas. Reprimir una sublevación.

deber v. t. Tener la obligación de pagar : *me debe quinientas pesetas.* || Estar obligado a algo por precepto religioso o moral o positiva : *debes cumplir las órdenes.* || Deber de, haber ocurrido o haber de ocurrir una cosa. || — V. pr. Tener obligación de dedicarse a algo o alguien : *deberse a la patria.* || Tener por motivo : *esto se debe a su ignorancia.*

deber m. Lo que cada uno está obligado a hacer : *cumplir con sus deberes.* || Tarea, trabajo escolar.

debido, da adj. Que se debe. || Conveniente. || — Como es debido, como hay que hacerlo. || Debido a, a causa de.

débil adj. y s. De poco vigor o fuerza. || Fig. Que transige fácilmente : *ser de*

carácter *débil.* || Débil mental, atrasado. || — Adj. Escaso, insuficiente.

debilidad f. Falta de vigor, de fuerza física. || *Fig.* Falta de energía moral. || Flaqueza, punto flaco. || Afecto, cariño : *tener una debilidad por uno.* || *Debilidad mental*, atraso intelectual.

debilitación f. Disminución de fuerzas, de actividad.

debilitador, ra adj. Que debilita (ú. t. c. s.).

debilitamiento m. Debilitación.

debilitar v. t. Disminuir la fuerza (ú. t. c. pr.).

débito m. Deuda. || Deber.

Debravo (Jorge), poeta costarricense (1938-1967).

Debrecen, c. de Hungría oriental.

Debussy (Claude), músico francés (1862-1918), autor de *Preludios* para piano, de un drama lírico (*Pelléas et Mélisande*) y de poemas sinfónicos (*Preludio a la siesta de un fauno, El mar* y *El martirio de San Sebastián*).

debut m. (pal. fr.). Presentación o primera actuación de un artista. || Estreno de una obra.

debutante com. Principiante. (Es galicismo.)

debutar v. i. Presentarse por primera vez una obra o un artista. (Es galicismo.) || Presentarse en sociedad.

década f. Decena. || Espacio de diez días o años. || Parte de una obra compuesta de diez capítulos : " *Las Décadas* " de Tito Livio.

decadencia f. Declinación, principio de la ruina, de la degradación.

decadente adj. Que decae. || Aplícase a los artistas y escritores que cultivan un refinamiento exagerado (ú. t. c. s.).

decadentismo m. *Lit.* Escuela de los Decadentistas. || Estilo de un refinamiento excesivo.

decaedro m. *Geom.* Sólido o cuerpo geométrico de diez caras.

decaer v. i. Ir a menos : *comercio que decae.* || Declinar : *fuerzas que decaen.* || Disminuir.

decagonal adj. Del decágono.

decágono m. *Geom.* Polígono de diez lados.

decagramo m. Peso de diez gramos.

decaído, da adj. En decadencia. || Triste, desalentado. || Débil.

decaimiento m. Decadencia. Desaliento. || *Med.* Postración, debilidad general.

decalitro m. Medida de capacidad equivalente a diez litros.

decálogo m. En la religión cristiana, los diez mandamientos.

Decamerón, serie de cuentos de Boccaccio, publicados entre 1349 y 1353.

decámetro m. Medida de longitud equivalente a diez metros.

Decán o **Dekkán**, región meridional y peninsular de la India.

decanato m. Cargo de decano. || Despacho del decano.

decano, na m. y f. Persona más antigua de una comunidad. || Persona nombrada para presidir una corporación o facultad : *el decano del Colegio de Abogados.*

decantación f. Acción y efecto de decantar o decantarse.

decantar v. t. Ponderar, celebrar : *decantar las aventuras de un héroe.* || Trasegar un líquido para que caiga sin que salga el poso. || — V. pr. Aclararse, ponerse de manifiesto.

decapado m. Eliminación del óxido de la superficie de un metal.

decapante adj. Dícese del producto que sirve para decapar (ú. t. c. s.).

decapar v. t. Desoxidar la superficie de un metal.

decapitación f. Acción y efecto de decapitar.

decapitar v. t. Cortar la cabeza.

decápodos m. pl. Familia de crustáceos que tienen cinco pares de patas, como el cangrejo (ú. t. c. adj.). || Familia de moluscos cefalópodos que tienen diez tentáculos, como la jibia y el calamar (ú. t. c. adj.).

decapsulado m. Acción y efecto de decapsular.

decapsular v. tr. Quitar la cápsula de un proyectil, a una botella, etc.

decasílabo, ba adj. De diez sílabas : *composición en versos decasílabos* (ú. t. c. s. m.).

decatlón o **decathlón** m. Conjunto

de diez pruebas de atletismo (carreras de 100 m, 400 m, 1 500 m, 110 m vallas, saltos de altura, de longitud, con pértiga, y lanzamientos de peso, disco y jabalina).

decelerar v. i. Reducir la velocidad.

decena f. *Mat.* Conjunto de diez unidades. || Cada uno de los múltiplos de diez por los nueve primeros números. || Total de diez objetos o diez personas. || Sucesión de diez días consecutivos. || Aproximadamente diez : *una decena de mujeres.*

decenal adj. Que se sucede o se repite cada decenio. || Que dura diez años.

decencia f. Decoro, recato. || Dignidad en las palabras y los actos.

decenio m. Diez años.

deceno, na adj. y. Décimo.

decente adj. Conforme a la decencia. || Que obra con dignidad, honestidad o recato : *una mujer decente.* || Correcto : *un libro decente.* || Regular, suficiente : *un ingreso decente.* || Ni bueno ni malo : *un empleo decente.*

decenviro m. Cada uno de los diez magistrados romanos que redactaron la ley de las Doce Tablas. || Antiguo magistrado romano que servía de consejero a los pretores.

decepción f. Desengaño, desilusión.

Decepción, isla de la Argentina en el archip. de Shetland del Sur.

decepcionar v. t. Desilusionar, desengañar. || Contrariar.

deceso m. Muerte.

deciárea f. Medida de superficie que equivale a 10 m².

decibel o **decibelio** m. Unidad de medida para expresar la intensidad de los sonidos (símb., dB), que equivale a la décima parte del bel.

decidida, da adj. Atrevido, osado, resuelto : *un adversario decidido.* || Firme : *apoyo decidido.*

decidir v. t. Pronunciar un juicio sobre una cosa discutida : *decidir una cuestión.* || Determinar, acordar : *decidieron salir.* || Convencer a alguien de hacer algo : *le decidió a que se fuera.* || Resolver, tomar una determinación. || — V. pr. Tomar una resolución.

decidor, ra adj. Que habla fácilmente (ú. t. c. s.).

decigramo m. Décima parte del gramo.

decilitro m. Décima parte del litro.

décima f. Cada una de las diez partes iguales de un todo. || Composición de diez versos octosílabos. || Décima parte de un grado del termómetro. || Diezmo.

decimal adj. Que tiene por base el número diez. || Aplícase a la fracción cuyo denominador es divisible por diez. || Relativo al diezmo. || — M. Cada una de las cifras colocadas después de la coma en un número decimal.

decímetro m. Décima parte del metro.

décimo, ma adj. Que va después del noveno (ú. t. c. s.). || Aplícase a cada una de las diez partes iguales de un todo (ú. t. c. s. m.). || — M. Décima parte de un billete de lotería. || Este billete.

decimoctavo, va adj. Que va después del decimoséptimo (ú. t. c. s.).

decimocuarto, ta adj. Que va después del decimotercero (ú. t. c. s.).

decimonónico, ca adj. Que es del siglo XIX.

decimonono, na adj. Que va después del decimoctavo (ú. t. c. s.).

decimonoveno, na adj. Que va después del decimoctavo (ú. t. c. s.).

decimoquinto, ta adj. Que va después del decimocuarto (ú. t. c. s.).

decimoséptimo, ma adj. Que va después del decimosexto (ú. t. c. s.).

decimosexto, ta adj. Que va después del decimoquinto (ú. t. c. s.).

decimotercero, ra adj. Que va después del decimosegundo (ú. t. c. s.).

Decio, emperador romano de 248 a 251. Persiguió a los cristianos.

decir m. Dicho, palabra con que se expresa algo. || Lo que se dice. || *Es un decir*, es una forma de hablar.

decir v. t. Manifestar el pensamiento con palabras y por escrito : *decir la verdad.* || Hablar : *dicen muchas cosas de ti.* || Asegurar, sostener, afirmar. || Nombrar o llamar, dar un apodo. || Divulgar, descubrir. || Relatar : *me dijo lo que vio.* || Ordenar : *le dijo que viniera.* || Recitar : *decir el avema-*

ría. ‖ Celebrar : *decir misa.* ‖ Revelar, denotar : *su indumentaria dice su pobreza.* ‖ Parecer familiar : *esto me dice algo.* — *Fam.* Como quien dice o como si dijéramos, expr. que se emplea para explicar lo que se ha dicho. ‖ *Como quien no dice nada,* de una manera falsamente ingenua. ‖ *Fig. y Fam. Méx.* Decir algo debajo de las *cobijas,* decirlo en secreto. ‖ *Fig.* Decir bien o mal de alguien, hablar bien o mal de él. ‖ *Fam.* Decirle a uno cuántas son cinco, o las cuatro verdades, reprenderle. ‖ *Decir por decir,* hablar sin fundamento. ‖ *¿ Diga ?,* o *¿ dígame ?,* expr. que se emplea al descolgar el teléfono. ‖ *Fam.* ¡ *Digo* !, interj. de sorpresa. ‖ *El qué dirán,* la opinión pública. ‖ *Ello dirá,* ya se verá el resultado. ‖ *Es decir,* esto es. ‖ *Ni que decir tiene,* ser evidente. ‖ *Fig.* No haber más que decir, ser insuperable una cosa. ‖ *¡ No le digo nada* !, loc. de encarecimiento. ‖ *¡ No me digas* !, expr. que indica la sorpresa. ‖ *Por decirlo así,* o *digamos,* expr. explicativa. ‖ *¡ Y usted que lo diga* !, expr. de asentimiento.
decisión f. Acción de decidir, determinación : *la decisión del Gobierno.* ‖ Ánimo, firmeza, entereza. ‖ Fallo de un tribunal.
decisivo, va adj. Que decide. ‖ Que conduce a un resultado definitivo : *batalla decisiva.* ‖ Tajante, categórico.
decisorio, ria adj. Decisivo.
declamación f. Acción, arte o manera de declamar.
declamador, ra adj. Que declama (ú. t. c. s.).
declamar v. t. e i. Hablar en público. ‖ Expresarse con vehemencia y enfáticamente. ‖ Recitar versos en voz alta con la entonación adecuada.
declaración f. Acción y efecto de declarar o declararse. ‖ Enunciación. ‖ *For.* Deposición hecha ante el juez : *declaración de los testigos.* ‖ Confesión : *declaración amorosa.* Declaración ‖ ~ de los Derechos del Hombre y del Ciudadano, conjunto de principios adoptados por la Asamblea Constituyente francesa de 1789, fundamento de los derechos humanos ‖ ~ Universal de los Derechos del Hombre, documento promulgado por la Asamblea General de las Naciones Unidas (1948) en el que se proclaman los derechos fundamentales de la humanidad.
declarante adj. y s. Que declara.
declarar v. t. Dar a conocer : *declarar una intención.* ‖ Confesar, descubrir, conocer, manifestar. ‖ Significar : *declarar la guerra.* ‖ Decir de uno cómo se le considera : *declarar incompetente.* ‖ *For.* Hacer una deposición los reos y testigos : *declarar ante el juez.* ‖ Decir en la aduana lo que uno lleva consigo. ‖ Dar conocimiento a la administración de sus ingresos. — V. pr. Manifestarse una cosa : *se declaró un incendio.* ‖ Hacer confesión de amor. ‖ Determinar hacer algo : *declararse en huelga todos los empleados por la tiranía de los patronos.*
declaratorio, ria adj. Que declara.
declinable adj. *Gram.* Que se declina : *palabra declinable.*
declinación f. Pendiente, declive. ‖ *Fig.* Decadencia o menoscabo. ‖ *Gram.* Serie ordenada de los casos gramaticales. ‖ *Astr.* Distancia angular de un astro al ecuador celeste.
declinante adj. Que declina.
declinar v. i. Inclinarse. ‖ Ir hacia su fin : *declinar el día.* ‖ *Fig.* Decaer, menguar en salud, inteligencia, etc. ‖ Alejarse del meridiano la aguja imantada. ‖ *Astr.* Alejarse un astro del ecuador. — V. t. Rehusar, rechazar. ‖ *Gram.* Poner una palabra declinable en los distintos casos.
declive m. y **declividad** f. Inclinación del terreno o de una superficie. ‖ Pendiente.
decodificación f. En informática, proceso que permite pasar de un lenguaje codificado a otro legible directamente.
decodificador, ra adj. Que decodifica (ú. t. c. s.). ‖ — M. Dispositivo que sirve para decodificar.
decodificar v. t. En informática, pasar de un lenguaje codificado a otro que se puede leer directamente.

decoloración f. Acción y efecto de descolorar o descolorarse.
decolorante m. Producto que sirve para decolorar.
decolorar v. t. Suprimir o aminorar el color : *pelo decolorado.*
decomisar v. t. Confiscar, incautarse de.
decomiso m. Confiscación. ‖ Cosa decomisada.
descontaminación f. Descontaminación.
descontaminar v. t. Descontaminar.
decorante f. Acción y efecto de decorar. ‖ Cosa o conjunto de cosas que decoran : *la decoración de un piso.* ‖ *Teatr.* Decorado.
decorado m. Conjunto de cosas que representan el lugar en que ocurre la escena en una obra de teatro o película.
decorador, ra adj. Que se dedica a decorar (ú. t. c. s.).
decorar v. t. Adornar una cosa o sitio con accesorios destinados a embellecerlo.
decorativo, va adj. Relativo a la decoración : *arte decorativo.* ‖ Que adorna. ‖ *Fig.* Que interesa sólo por su presencia.
decoro m. Respeto : *guardar el decoro a uno.* ‖ Recato. ‖ Dignidad.
decoroso, sa adj. Que tiene decoro, respetable, recatado : *persona decorosa.* ‖ Decente : *no·es decoroso ir ahí.*
decrecer v. i. Disminuir.
decreciente adj. Que decrece.
decrecimiento m. Decremento.
decrépito, ta adj. De edad muy avanzada y achacoso.
decrepitud f. Suma vejez. ‖ *Fig.* Gran decadencia.
decrescendo m. *Mús.* Disminución de la intensidad de un sonido.
decretal f. Epístola en la que el Papa resuelve alguna duda. ‖ — Pl. Libro en que están compiladas.
decretar v. t. Decidir con autoridad. ‖ Ordenar por decreto.
decreto m. Disposición tomada por el jefe de un Estado, el Papa o por alguna otra autoridad. ‖ Resolución de carácter político o gubernativo. ‖ *Decreto-ley,* ley dictada por el poder ejecutivo, como procedimiento de extrema urgencia, que será refrendada más tarde por el Parlamento.
decúbito m. Posición del cuerpo tendido sobre un plano horizontal. ‖ *Decúbito supino, prono, lateral,* descansando en la parte posterior o espaldas, en la parte anterior, sobre el costado.
decuplar y **decuplicar** v. t. Multiplicar por diez.
décuplo, pla adj. Diez veces mayor (ú. t. c. s. m.).
decurso m. Sucesión o continuación del tiempo.
dechado m. Ejemplo, modelo.
dedal m. Estuche generalmente metálico que se pone en la extremidad del dedo que empuja la aguja de coser para protegerlo. ‖ Dedil.
dédalo m. *Fig.* Laberinto. ‖ Cosa confusa y enmarañada.
Dédalo, arquitecto griego, constructor del Laberinto de Creta. — *Mit.* V. ÍCARO.
dedicación f. Acción y efecto de dedicar o dedicarse. ‖ Solemnidad que recuerda dicha dedicación. ‖ *Trabajo de dedicación exclusiva,* o de plena dedicación, el que se hace en la jornada entera.
dedicar v. t. Consagrar al culto. ‖ Dirigir a una persona, como homenaje, una obra : *dedicar un libro.* ‖ Emplear, aplicar. ‖ Destinar : *estas palabras te van dedicadas.* — V. pr. Entregarse a : *dedicarse al estudio.* Ocuparse.
dedicatorio, ria adj. Que supone dedicación : *inscripción dedicatoria.* — F. Fórmula con que se dedica una obra.
dedil m. Funda que se pone en los dedos : *dedil de goma.*
dedillo m. Dedo pequeño. ‖ *Fig.* y *fam.* Saber una cosa al dedillo, saberla perfectamente.
dedo m. Cada una de las extremidades móviles de la mano o el pie del hombre y de los animales vertebrados. (Llámase *dedo anular,* al cuarto de la

mano ; *auricular* o *meñique,* al quinto y más pequeño ; *cordial* o *del corazón,* al tercero y más largo ; *índice,* al segundo ; *gordo* o *pulgar,* al primero.) ‖ — *Fig.* A dedo, al azar. ‖ A dos dedos de, muy cerca de. ‖ *Méx.* Coger a uno con los dedos en la puerta, descubrir la intención oculta, sorprender. ‖ *Chuparse los dedos,* relamerse de gusto. ‖ *Méx. Fig.* Escapársele a uno algo de o entre los dedos, desperdiciar una ocasión. ‖ *Fig.* Mamarse el dedo, ser simple o tonto. ‖ Meter los dedos a alguien, hacerle hablar. ‖ Morderse los dedos, arrepentirse de algo. ‖ *Méx. Fig.* No quitar el dedo del renglón, insistir, hacer hincapié. ‖ *Fig.* No tener dos dedos de frente, ser tonto. ‖ Pillarse o cogerse los dedos, padecer las consecuencias de un error. ‖ Poner el dedo en la llaga, señalar el punto sensible.
deducción f. Acción y efecto de deducir. ‖ Conclusión.
deducible adj. Que se puede deducir.
deducir v. t. Sacar consecuencias de una proposición inferir. ‖ Rebajar.
deductivo, va adj. Que obra por deducción : *método deductivo.*
defalcar v. tr. Desfalcar.
defalco m. Desfalco.
defasaje m. *Electr.* Diferencia de fase entre dos fenómenos alternativos de igual frecuencia. ‖ *Fig.* Diferencia.
defasar v. t. Desfasar.
defecación f. Expulsión de las heces fecales. ‖ Heces.
defecar v. t. Quitar las heces. ‖ — V. i. Expeler los excrementos.
defección f. Abandono de una causa con deslealtad.
defectivo, va adj. Defectuoso. ‖ *Gram.* Dícese del verbo que no se emplea en todos los tiempos, modos y personas (ú. t. c. s. m.).
defecto m. Carencia, falta de algo. ‖ Imperfección moral, física o material : *esta madera tiene defectos.*
defectuosidad f. Carácter de defectuoso, imperfección, defecto.
defectuoso, sa adj. Imperfecto.
defender v. t. Luchar para proteger a uno o algo contra un ataque : *defender la ciudad, a una persona, sus privilegios.* ‖ Proteger, amparar : *defender al desvalido.* ‖ Abogar en favor de uno o de una idea. — V. pr. Resistir.
defendible adj. Que se puede defender : *argumentación defendible desde un punto de vista moral.*
defenestración f. Acción de arrojar a alguien por la ventana o balcón.
defenestrar v. t. Arrojar por la ventana.
defensa f. Acción y efecto de defender o defenderse. ‖ Resistencia : *la defensa de Numancia.* ‖ Dispositivos usados para defenderse (ú. t. c. pl.). ‖ Amparo, protección : *defensa del perseguido.* ‖ Medio de justificación : *un acusado en defensa de su honor.* ‖ *For.* Abogado defensor. ‖ En ciertos deportes, parte del equipo que protege la portería. ‖ *Amer.* Parachoques de un vehículo. ‖ — Pl. Colmillos de los elefantes, morsas, etc. ‖ Cuernos del toro. ‖ — *Defensa nacional,* todo lo que emprende un país para salvaguardar su seguridad. ‖ *Defensa pasiva,* protección de la población civil contra los ataques aéreos. ‖ *Legítima defensa,* causa eximente de culpabilidad. ‖ M. Jugador de la línea de defensa.
defensivo, va adj. Útil para defender : *línea defensiva.* ‖ — F. Aptitud de defensa : *ponerse a la defensiva.*
defensor, ra adj. y s. Que defiende. ‖ *For.* Que defiende a un acusado. *Defensor del pueblo,* alto cargo de algunos Estados, que, con completa independencia, vela por el respecto de las libertades y derechos de los ciudadanos, a instancias de éstos, cuando hay cualquier violación de algún derecho constitucional o un abuso del Poder.
deferencia f. Condescendencia. ‖ Respeto.
deferente adj. Condescendiente, respetuoso. ‖ *Anat.* Que lleva fuera : *conducto deferente.*
deferir v. i. Adherirse al dictamen de

uno por respeto o cortesía. || — V. t. Atribuir a una jurisdicción o poder.

deficiencia f. Defecto, imperfección. || *Deficiencia mental*, debilidad mental.

deficiente adj. Que presenta una insuficiencia física o mental. || Mediocre : *alumno deficiente*.

déficit m. Com. Cantidad que falta para que los ingresos se equilibren con los gastos. | Lo que falta para alcanzar el nivel adecuado : *déficit de vitaminas.* (Pl. *déficits*.)

deficitario, ria adj. Que tiene déficit.

definición f. Explicación clara y exacta del significado de una palabra. || Determinación de una duda. || Número de líneas y de puntos en que se divide la imagen transmitida por la televisión. || Decisión o determinación con la que se resuelve algo o parecer que alguien tiene sobre algo.

definido, da adj. Explicado : *palabra mal definida.* || Que tiene límites precisos. || *Gram.* Determinado : *artículo definido.*

definidor, ra adj. Que define o determina (ú. t. c. s.).

definir v. t. Fijar con precisión el significado de una palabra o la naturaleza de una cosa. || Determinar, resolver una duda. || Precisar : *definir su opinión.* || Aclarar, determinar las intenciones, las opiniones de uno.

definitivo, va adj. Fijado o resuelto para siempre : *solución definitiva.* || *En definitiva*, finalmente.

definitorio, ria adj. Que define.

deflación f. Reducción de la circulación fiduciaria : *la deflación aumenta el valor del dinero y disminuye los precios.*

deflacionar v. t. Someter la circulación fiduciaria a la deflación.

deflacionario, ria y **deflacionista** adj. Que practica la deflación. || Relativo a la deflación.

deflagración f. Acción de deflagrar. || Explosión violenta.

deflagrar v. i. Arder una sustancia súbitamente con llama y sin que haya explosión.

Defoe (Daniel), escritor inglés, n. en Londres (¿ 1660 ?-1731), autor de *Robinson Crusoe*, novela de aventuras, y de *Moll Flanders.*

deformación f. Alteración de la forma normal. || *Deformación profesional*, apreciación errónea de los hechos o costumbres adquiridos por el ejercicio de una profesión.

deformador, ra adj. y s. Que deforma.

deformar v. t. Alterar la forma de una cosa (ú. t. c. pr.). || Fig. Alterar la verdad.

deforme adj. Que tiene una forma anormal o anómala.

deformidad f. Alteración persistente en la forma, en las posiciones. || Cosa deforme. || *Fig.* Error.

defraudación f. Fraude.

defraudador, ra adj. y s. Que defrauda.

defraudar v. t. Usurpar a uno lo que le toca de derecho : *defraudar a sus acreedores.* || Eludir el pago de impuestos : *defraudar al fisco.* || *Fig.* Frustrar : *defraudar las ilusiones.*

defunción f. Muerte, fallecimiento.

Degaña, v. en el NO. de España (Asturias). Coto de caza.

Degas (Edgar), pintor impresionista francés, n. en París (1834-1917).

De Gaulle. V. GAULLE.

degeneración f. Degradación. || Alteración de la estructura de una parte del cuerpo.

degenerado, da adj. Que muestra degeneración física, intelectual o moral (ú. t. c. s.).

degenerar v. i. Decaer, degradarse, no corresponder a su origen una persona o cosa. || Perder el nivel, el valor físico o moral. || Cambiar empeorando. || — V. pr. Bastardear.

degenerativo, va adj. Que causa degeneración.

deglución f. Paso de los alimentos de la boca al estómago.

deglutir v. t. e i. Tragar.

degolladero m. Matadero de animales. || Cadalso.

Degollado (Santos), patriota mexicano (1811-1861), paladín de la causa liberal durante la guerra de la Reforma. Murió al enfrentarse con los asesinos de Melchor Ocampo.

degollamiento m. Degüello.

degollar v. t. Cortar la garganta o la cabeza : *degollar una res, un reo.* || *Taurom.* Dar una estocada delantera al toro, haciéndole echar sangre por la boca. || *Fig.* Desbaratar, arruinar.

degollina f. *Fam.* Matanza.

degradación f. Acción y efecto de degradar o degradarse.

degradante adj. Que degrada.

degradar v. t. Rebajar de grado o dignidad : *degradar a un militar.* || Envilecer : *degradado por la bebida.* || Disminuir progresivamente la intensidad de un color en una pintura.

degüello m. Acción de degollar. || Matanza : *entrar a degüello.* || *Fig.* y *fam.* Tirar a degüello, encarnizarse.

degustación f. Acción de degustar.

degustar v. t. Probar alimentos o bebidas para apreciar su calidad.

dehesa f. Campo de pastos. || *Fam.* Soltar el pelo de la dehesa, civilizarse.

dehiscente adj. Aplícase al fruto cuyo pericarpio se abre para que salga la semilla y a las anteras que se abren para dejar salir el polen.

Dehra Dun, c. de la India (Uttar Pradesh), al N. de Delhi.

deicida adj. Dícese de los que dieron muerte a Jesucristo o de los que matan a un Dios (ú. t. c. s.).

deicidio m. Crimen del deicida.

deidad f. Divinidad.

deificación f. Acción de deificar.

deificar v. t. Divinizar.

Deir Ez-Zor, c. de Siria, a orillas del Éufrates, cap. de la prov. homónima.

dejación f. Abandono, cesión.

dejada f. V. DEJADO, DA.

dejadez f. Pereza, falta de energía. || Descuido, negligencia.

dejado, da adj. Perezoso. || Negligente, descuidado (ú. t. c. s.). || Bajo de ánimo. || — F. En tenis, pelota muy corta y sin fuerza. || Dejación. || *Méx.* Carrera (trayecto y precio) de un taxi o coche de punto.

Dejanira. V. DEYANIRA.

dejar v. t. Soltar una cosa : *deja este libro.* || Poner algo que se había cogido en un sitio : *deja este florero aquí.* || Abandonar, apartarse : *dejar a su mujer, su país.* || Cesar : *dejar sus estudios.* || No quitar : *deja noticia de los muebles.* || Hacer que quede de cierto modo : *deja todo el piso pasmado.* || Dar : *le dejó una carta para mí.* || Prestar : *te dejaré mi tocadiscos para unos días.* || Olvidar : *dejé el paraguas en casa* (ú. t. c. pr.). || Omitir : *dejar de hacer lo prometido.* || Permitir, no impedir : *deja a su hijo que salga.* || Producir : *los pasos dejan huellas*; *el negocio le dejó ganancia.* || No molestar : *déjale tranquilo.* || Despreocuparse : *déjate que se las arregle.* || Aplazar : *deja este trabajo para mañana.* || Esperar : *deja que venga para decírselo.* || Entregar, encargar, encomendar : *dejar al cuidado de uno.* || Designar, considerar : *dejar como heredero.* || Legar. || — *Fig.* *Dejar atrás, adelantar* : *superar.* || *Dejar caer*, insinuar una cosa fingiendo no darle importancia : *Dejar correr, permitir.* || *Dejar fresco*, no preocupar. || *Dejar que desear*, ser de poca estima o calidad. || *No dejar de*, no cesar ; forma que sirve para afirmar : *no deja de extrañarme su conducta.* || — V. pr. Descuidarse. || Abandonarse, entregarse : *dejarse llevar por la corriente.* || Cesar : *déjese de llorar.*

deje m. Acento en el hablar. || Placer o disgusto que queda después de una acción. || *Deje de cuenta*, mercancía rechazada después de solicitada a un fabricante o proveedor.

dejo m. Deje. || Gustillo que queda de la comida o bebida.

Dekkán. V. DECÁN.

del, contracción de la preposición *de* y el artículo *el.*

Del Monte (Domingo). V. MONTE (Domingo del).

delación f. Denuncia, acusación.

Delacroix [-krúá] (Eugène), pintor romántico francés (1798-1863).

Delagoa, bahía del océano Índico en Mozambique, SE. de África, en la que se encuentra el puerto de Maputo, antes *Lourenço Marques.*

Delambre (Jean-Baptiste), astrónomo francés (1749-1822). Midió el arco del meridiano entre Barcelona y Dunkerque.

delantal m. Prenda que sirve para proteger los vestidos, mandil.

delante adv. En la parte anterior : *ir delante.* || Enfrente : *hay un hotel delante de mi casa.* || En presencia de, a la vista de : *lo hizo delante de mí.*

delantero, ra adj. Que va delante. || Anterior, que está delante. || — M. Jugador que forma parte de la línea de ataque en un equipo deportivo. || *Delantero centro*, en fútbol, jugador que juega en el centro de la línea de ataque. || — F. Parte anterior de una cosa. || Primera fila de asientos en un local público de espectáculos. || Anticipación en el tiempo o el espacio : *llevar la delantera.* || Línea de ataque en un equipo deportivo. || *Fam.* Pechos en la mujer. || *Coger* (o *tomar*) *la delantera*, adelantarse a uno.

delatar v. t. Revelar a la autoridad un delito y designar a su autor : *delatar a los cómplices.* || Descubrir, revelar.

delator, ra adj. y s. Acusador.

Delaunay (Robert), pintor francés (1885-1941). — Su mujer, SONIA (1885-1979), fue también pintora.

Delaware, río del E. de Estados Unidos, que pasa por Filadelfia y des. en la bahía homónima ; 406 km. — Uno de los Estados Unidos de Norteamérica ; cap. *Dover.*

delco m. Distribuidor eléctrico que produce el encendido del motor de explosión.

dele y **deleátur** m. Signo de corrección que indica en las pruebas de imprenta que ha de quitarse una letra o palabra.

delectación f. Deleite.

Deledda (Grazia), escritora italiana (1871-1936), autora de novelas (*Mariana Sirca, Elías Portolú* y *El camino del mal*). [Pr. Nobel, 1926.]

delegación f. Acción y efecto de delegar. || Cargo y oficina del delegado. || Reunión de delegados : *la delegación española en la O. N. U.* || Cada una de las divisiones territoriales y administrativas que componen el distrito federal en México y en otros países. || Oficina o lugar de una delegación.

delegado, da adj. Aplícase a la persona que actúa en nombre de otra (ú. t. c. s.).

delegar v. t. Dar autorización a uno para que actúe en lugar de otro.

deleitación f. Deleite.

deleitar v. t. Causar placer en el ánimo o en todos los sentidos. Ú. t. c. pr. : *deleitarse con la lectura.*

deleite m. Placer : *leer con deleite.*

deleitoso, sa adj. Que causa gran deleite, sumamente agradable.

Delémont, cap. del cantón suizo del Jura.

deletéreo, a adj. Venenoso.

deletrear v. t. Pronunciar o decir las letras y las sílabas por separado.

deletreo m. Acción de deletrear.

deleznable adj. Que se deshace fácilmente. || Desagradable : *clima deleznable.*

delfín m. Cetáceo carnívoro que puede alcanzar tres metros de largo. || Título que se daba en Francia al príncipe heredero desde 1349.

delfina f. Esposa del delfín de Francia.

Delfinado, ant. prov. al este de Francia ; cap. *Grenoble.* Dividida actualmente en los dep. de *Hautes-Alpes, Isère* y *Drôme.*

Delfos, c. de la ant. Grecia, al pie del Parnaso. Célebre oráculo del templo de Apolo. Hoy *Castri.*

Delft, c. de Holanda (Holanda Meridional), al SE. de La Haya.

delgadez f. Estado de delgado.

Delgadillo (Luis Abraham), compositor nicaragüense (1887-1961), autor de obras de inspiración autóctona (*Sinfonía de Centro América, Sinfonía incaica, Teotihuacán*), óperas y operetas.

delgado, da adj. Poco grueso : *hilo delgado.* || Flaco : *quedarse delgado* (ú. t. c. s.).

Delgado, cabo del océano Índico en la costa E. de África (Mozambique).

Delgado (José), torero español (1754-

1801). Utilizó el nombre de *Pepe Hillo*. ‖ ~ (JOSÉ MATÍAS), sacerdote salvadoreño (1768-1833), paladín de la Independencia centroamericana. Caudillo del primer conato revolucionario en San Salvador (1811), fue después uno de los signatarios del Acta de Independencia de América Central (1821) y presidió la Asamblea Constituyente de su patria (1823). ‖ ~ (RAFAEL), escritor mexicano (1853-1914), autor de novelas (*La Calandria*, *Angelina*, *Los parientes ricos*, *Historia vulgar*). Publicó también poesías, obras de teatro y de crítica. ‖ ~ (WASHINGTON), poeta peruano, n. en 1927, autor de *Para vivir mañana*. ‖ ~ **Chalbaud** (CARLOS), militar venezolano (1909-1950), pres. de una Junta Militar de 1948 a 1950. M. asesinado. ‖ **Palacios** (GUILLERMO), biólogo venezolano (1866-1941).

Delhi, c. al N. de la India, cap. del territorio homónimo. ‖ ~ **(Nueva)**, cap. de la India. Arzobispado. Construida en las cercanías de Delhi.

deliberación f. Discusión sobre un asunto. ‖ Reflexión.

deliberado, da adj. Voluntario.

deliberante adj. Que delibera.

deliberar v. i. Examinar y discutir una cosa antes de tomar una decisión : *las Cortes deliberan*.

deliberativo, va y **deliberatorio, ria** adj. De la deliberación.

Delibes (Léo), músico francés (1836-1891), autor de óperas y ballets (*Copelia*, *Silvia*). ‖ ~ (MIGUEL), novelista español, n. en 1920, autor de *La sombra del ciprés es alargada*, *El camino*, *Diario de un cazador*, *Cinco horas con Mario*, *Parábola del náufrago*, *Las ratas*, *El disputado voto del señor Cayo*, *Los santos inocentes*, etc.

delicadeza f. Finura : *delicadeza del gusto*. ‖ Suavidad. ‖ Miramiento, atención, amabilidad : *tener mil delicadezas con uno*. ‖ Escrupulosidad.

delicado, da adj. Agradable al gusto, exquisito : *manjar delicado*. ‖ Endeble, enfermizo : *delicado de salud*. ‖ Frágil, quebradizo. ‖ Escrupuloso, susceptible : *carácter delicado*. ‖ Discreto, cuidadoso de no ofender. ‖ Complicado : *un asunto delicado*. ‖ Difícil de contentar. Ú. t. c. s. : *hacerse el delicado*. ‖ Sensible : *Ingenioso*. ‖ Fino : *facciones delicadas*. ‖ Atento. ‖ Primoroso, exquisito.

Delicado (Francisco), escritor español del s. XVI, autor de la novela picaresca *Retrato de la lozana andaluza* (1528).

delicia f. Placer extremo. ‖ Encanto : *esta mujer es una delicia*.

delicioso, sa adj. Muy agradable. ‖ Encantador : *mujer deliciosa*.

delictivo, va y **delictuoso, sa** adj. Relativo al delito.

delicuescencia f. Condición de delicuescente. ‖ *Fig.* Decadencia.

delicuescente adj. Que absorbe la humedad del aire y se transforma lentamente en líquido.

Deligne (Gastón Fernando), poeta y escritor dominicano (1861-1913), autor de *Galaripsos*, *Romances de la Hispaniola*. Se suicidó. — Su hermano, RAFAEL ALFREDO (1863-1902), fue también poeta y autor teatral y de relatos.

delimitación f. Acción y efecto de delimitar.

delimitador, ra adj. Que delimita.

delimitar v. t. Limitar, deslindar. ‖ Fijar los límites de algo.

delincuencia f. Calidad de delincuente. ‖ Conjunto de actos delictivos en un país o época.

delincuencial adj. *Méx.* Relativo a la delincuencia.

delincuente adj. Que es culpable de un delito (ú. t. c. s.).

delineación f. Diseño.

delineante m. y f. Dibujante que traza planos o proyectos.

delinear v. t. Trazar las líneas de una cosa. ‖ ~ V. pr. Perfilarse.

delinquir v. i. Cometer delito.

delirante adj. Que delira. ‖ Excesivo, frenético : *ovaciones delirantes*.

delirar v. i. Desvariar : *el enfermo delira*. ‖ Tener perturbada la razón.

delirio m. Acción de delirar. ‖ Perturbación mental causada por una enfermedad : *delirio de la persecución*. ‖ *Fig.* Agitación grande originada por

las pasiones, las emociones. ‖ *Delirio de grandeza*, actitud de una persona que aparenta tener unas posibilidades superiores a las suyas verdaderas.

delirium tremens m. (pal. lat.). Delirio con agitación y temblor de miembros, frecuente en los alcohólicos.

delito m. Infracción a la ley, de menos gravedad que el crimen. ‖ *Cuerpo del delito*, objeto que sirve para hacerlo constar.

Delos, isla griega del mar Egeo (Cícladas).

delta f. Cuarta letra del alfabeto griego, que corresponde a la *d* : *la delta tiene la forma de un triángulo* (Δ). ‖ ~ M. Terreno bajo triangular formado en la desembocadura de un río : *el delta del Ebro*.

Delta ~ **Amacuro**, territorio federal de Venezuela ; cap. *Tucupita*. ‖ ~ **del Paraná**, región al E. de la Argentina en las dos del río Paraná.

deltano, na adj. y s. Del Delta Amacuro (Venezuela).

deltoides adj. inv. De forma de delta mayúscula. ‖ Dícese del músculo triangular del hombro (ú. t. c. s. m.).

Della Francesca. V. FRANCESCA.

Dellebro, mun. al NE. de España (Tarragona).

Dell'Oro Maini (Atilio), escritor y jurista argentino, n. en 1895.

demacración f. Adelgazamiento por desnutrición o enfermedad.

demacrado, da adj. Sumamente delgado : *rostro demacrado a causa de su excesivo cansancio*.

demacrarse v. pr. Adelgazar mucho.

demagogia f. Gobierno de la plebe. ‖ Política que intenta agradar al pueblo.

demagógico, ca adj. De la demagogia.

demagogo, ga m. y f. Persona que intenta ganar influencia política halagando al pueblo.

Demajagua (La), ingenio azucarero próximo a Yara (Cuba). En él Carlos Manuel de Céspedes comenzó la guerra de Independencia (10 de octubre de 1868).

demanda f. Petición. ‖ *For.* Petición a un tribunal del reconocimiento de un derecho. ‖ Acción que se ejercita en juicio. ‖ *Com.* Pedido o encargo de mercancías. ‖ Conjunto de los productos y servicios que los consumidores están dispuestos a adquirir : *la oferta y la demanda*. ‖ Limosna para un fin benéfico. ‖ *Busca* : *demanda de empleo*. ‖ Pregunta.

Demanda (SIERRA DE LA), sierra al norte de España (La Rioja).

demandado, da m. y f. *For.* Persona acusada en un pleito civil.

demandador, ra adj. y s. Que demanda o pide. ‖ Demandante.

demandante adj. *For.* Que demanda (ú. t. c. s.).

demandar v. t. *For.* Presentar querella ante un tribunal civil : *demandar en juicio*. ‖ Pedir. ‖ Desear, apetecer.

demarcación f. Limitación : *línea de demarcación*. ‖ Territorio demarcado. ‖ Jurisdicción.

demarcar v. t. Limitar.

Demare (Lucio), compositor argentino (1902-1981), autor de populares tangos.

Demaria (Bernabé), escritor y pintor argentino (1827-1910).

demás adj. Precedido del artículo *lo, la, los, las* significa *lo otro, la otra, los otros, las otras*. — Adv. Además. ‖ ~ *Por demás*, inútil ; demasiado. ‖ *Por lo demás*, aparte de esto.

demasía f. Exceso : *cometer demasías*. ‖ Atrevimiento, descaro. ‖ *En demasía*, excesivamente.

demasiado, da adj. Más de lo necesario : *había demasiadas personas*. ‖ Excesivo, sobrado : *tienen demasiada confianza*. ‖ — Adv. En demasía.

Demavend, pico al norte del Irán, altura máxima de los montes Elburz ; 5 604 m.

demencia f. Locura.

demencial adj. Característico de la demencia. ‖ *Fig.* Desproporcionado ; Caótico.

demente adj. y s. Loco.

demérito m. Falta de mérito.

Deméter, deidad griega de la Tierra. Es la Ceres latina.

demiurgo m. Entre los platónicos y alejandrinos, Dios creador.

democracia f. Gobierno en que el pueblo ejerce la soberanía eligiendo a sus dirigentes. ‖ Nación gobernada por este sistema. ‖ Doctrina que lo defiende y conjunto de las personas que la tienen.

demócrata adj. y s. Partidario de la democracia.

democratacristiano, na adj. Democristiano (ú. t. c. s.).

democrático, ca adj. Conforme con la democracia.

democratización f. Acción y efecto de democratizar.

democratizador, ra adj. De carácter democrático.

democratizar v. t. Hacer demócratas a las personas y democráticas las instituciones. ‖ Poner al alcance de todos : *democratizar la universidad*.

democristiano, na adj. Que defiende el ideal democrático y los principios del cristianismo (ú. t. c. s.) : *partido democristiano*.

Demócrito de Abdera, filósofo griego del s. v a. de J. C.

demografía f. Estudio estadístico de la población humana.

demográfico, ca adj. Referente a la demografía : *estudio, registro demográfico*. ‖ Relativo a la población.

demógrafo, fa m. y f. Especialista en demografía.

demoledor, ra adj. Que demuele : *crítica demoledora* (ú. t. c. s.).

demoler v. t. Deshacer, derribar, destruir.

demolición f. Derribo, destrucción.

demoniaco, ca adj. Concerniente al demonio. ‖ Endemoniado (ú. t. c. s.).

demonio m. Ángel rebelde, diablo. ‖ *Mit.* Genio o ser sobrenatural. ‖ *Fig.* Persona mala o traviesa : *este muchacho es el mismísimo demonio*. ‖ ~ *De demonios*, fantástico, extraordinario. ‖ *¡ Demonio !* o *¡ demonios !*, ¡ caramba !, ¡ diablo !

¡ demontre ! interj. ¡ Diablo !

demora f. Tardanza, retraso : *llegar algo con demora*. ‖ Tiempo de espera para conseguir una conferencia telefónica internacional o interurbana.

demorar v. t. Retardar, diferir : *demorar el pago de una deuda*. ‖ — V. i. Detenerse en un lugar. ‖ Tardar : *me he demorado mucho*.

Demóstenes, político y orador ateniense (384-322 a. de J. C.). Adversario de Filipo de Macedonia, pronunció contra él las *Filípicas* y las *Olintícas*, se alió con Tebas y fue derrotado en Queronea (338). Se envenenó para no sobrevivir a la sumisión de Grecia.

demostrable adj. Que se puede demostrar.

demostración f. Acción y efecto de demostrar. ‖ Razonamiento por el cual se da pruebas de la exactitud de una proposición : *demostración matemática, de un teorema*. ‖ Comprobación experimental de un principio. ‖ Manifestación, prueba.

demostrador, ra adj. y s. Que demuestra o prueba.

demostrar v. t. Probar de un modo evidente : *demostrar una proposición*. ‖ *Fig.* Atestiguar : *demostrar inteligencia*. ‖ Dar pruebas.

demostrativo, va adj. Que demuestra. ‖ *Gram.* Dícese de los adjetivos y pronombres que señalan personas o cosas (ú. t. c. s. m.).

demótico, ca adj. Aplícase a cierta escritura cursiva utilizada por los antiguos egipcios para diversos actos privados (ú. t. c. s. m.).

demudar v. t. Mudar, variar. ‖ Alterar repentinamente el color, la expresión del semblante : *rostro demudado por la cólera*. ‖ — V. pr. Inmutarse.

Denain [denán], c. al N. de Francia (Nord), a orillas del Escalda.

denario, ria adj. y s. m. Decimal. ‖ — M. Moneda romana de plata.

Denbighshire, condado de Gran Bretaña, al N. de Gales ; cap. *Ruthin*.

denegación f. Negación.

denegar v. t. Negar, rehusar.

denegatorio, ria adj. Que incluye denegación.

Denevi (Marco), escritor argentino, n. en 1922, autor de narraciones (*Rosaura a las diez*, *Ceremonia secreta*) y obras de teatro.

denguear v. i. Hacer remilgos. || — V. pr. *Amer.* Contonearse.

Deng Xiaoping, político chino, n. en 1904. Tras muchas vicisitudes en su vida de dirigente del país, en 1978 fue elegido a un cargo importante y se convirtió en una de las personas más influyentes de la nación.

Denia, c. y puerto al E. de España (Alicante). Los orígenes de dieron el n. de *Hemeroscopión* y los romanos el de *Dianium.* Playas.

denigración f. Difamación.

denigrador, ra y **denigrante** adj. Que denigra, deshonroso.

denigrar v. t. Desacreditar, atacar la fama de una persona : *denigrar por envidia.* || Injuriar, insultar.

denigratorio, ria adj. Que denigra.

Denizli, c. de Turquía al SE. de Esmirna. Cerca se encuentran las ruinas de Laodicea.

denodado, da adj. Valiente. || Esforzado, decidido.

denominación f. Nombre con que se designa una persona o cosa.

denominador, ra adj. y s. Que denomina. || — M. *Mat.* Divisor en el quebrado.

denominar v. t. Nombrar, llamar, dar un nombre a una persona o cosa.

denostador, ra adj. Que injuria o denuesta (ú. t. c. s.).

denostar v. t. Injuriar.

denotar v. t. Indicar, revelar : *lenguaje que denota cultura.* || Significar.

densidad f. Calidad de denso. || *Fís.* Relación entre la masa de un cuerpo y la del agua o del aire que ocupa el mismo volumen. || *Densidad de población,* número de habitantes por kilómetro cuadrado.

densímetro m. Areómetro para medir la densidad de los líquidos.

denso, sa adj. Compacto, muy pesado en relación con su volumen. || *Fig.* Espeso : *neblina densa.* || Apiñado : *denso auditorio.* || Apretado : *bosque denso.* || Oscuro, confuso : *pensamiento denso.* || Con mucho contenido : *carta muy densa.*

dentado, da adj. Que tiene dientes : *rueda dentada.* — M. Borde semejante a los dientes de una sierra : *el dentado de los sellos.*

dentadura f. Conjunto formado por los dientes y muelas.

dental adj. Referente a los dientes : *arteria dental ; crema dental.* || Dícese de las consonantes que se pronuncian tocando los dientes con la lengua, como *d, n, t* (ú. t. c. s. f.).

dentar v. t. Formar dientes en algo. || — V. i. Echar dientes.

dentario, ria adj. Dental.

dentellada f. Mordisco. || Herida que hace éste.

dentellado, da adj. Que tiene dientes o muescas.

dentellar v. i. Castañetear los dientes : *dentellar de miedo.*

dentellear v. t. Morder con los dientes.

dentera f. Sensación desagradable en los dientes que causan, al ver ciertas cosas o al oír ciertos ruidos desagradables. || *Fig.* y *fam.* Envidia.

dentición f. Acción y efecto de echar los dientes. || Tiempo en que se realiza. || Conjunto formado por los dientes.

denticulado, da adj. *Bot.* Que tiene dentículos o dientes.

denticular adj. Que tiene forma de dientes.

dentículo m. *Arq.* Adorno en forma de dientes.

dentífrico, ca adj. Que sirve para limpiar los dientes (ú. t. c. s. m.).

dentina f. Marfil de los dientes.

dentirrostros m. pl. Suborden de pájaros que tienen puntas y escotaduras en el pico a modo de dientes, como el mirlo (ú. t. c. s.).

dentista com. Médico cirujano que se dedica a curar y arreglar los dientes, odontólogo.

dentistería f. *Amer.* Odontología. | Consultorio de un dentista.

dentro adv. A o en el interior de un lugar, espacio de terreno o de tiempo : *dentro de la casa, de un año.*

denuedo m. Valor.

denuesto m. Insulto.

denuncia f. Acusación. Anulación.

denunciación f. Denuncia.

denunciador, ra y **denunciante** adj. y s. Que denuncia.

denunciar v. t. *For.* Acusar ante la autoridad : *denunciar a uno como autor de un delito.* || Declarar el estado ilegal de algo. || Anular, cancelar : *denunciar un convenio.* || *Fig.* Revelar. Poner de manifiesto, indicar. || *Amer.* Solicitar la concesión de una mina.

Denver, c. en el oeste del centro de Estados Unidos, cap. del Estado de Colorado. Arzobispado.

deontología f. Ciencia o tratado de los deberes. || *Deontología médica,* reglas para las relaciones de los médicos entre sí o de los facultativos con los enfermos.

deparar v. t. Ofrecer, presentar : *deparar una oportunidad.* || Conceder.

departamental adj. Relativo al departamento.

departamento m. División territorial en ciertos países. || Ministerio o división administrativa : *el departamento de Guerra, de Marina, de Hacienda.* || Cada una de las partes en que se divide una caja, un edificio, un vagón de ferrocarril, etc. || Conjunto de los puestos de un almacén que venden la misma clase de géneros : *el departamento de las corbatas.* || Piso, apartamento. || División, servicio en una empresa, universidad, colegio, etc.

departir v. i. Hablar, conversar.

depauperación f. Empobrecimiento. || *Med.* Debilitación del organismo.

depauperar v. t. Empobrecer. || Debilitar física o moralmente.

dependencia f. Sujeción, subordinación : *la dependencia de los efectos a las causas.* || Oficina dependiente de otra superior. || Sucursal. || Relación de parentesco o amistad. || Conjunto de dependientes de una casa de comercio. || — Pl. Cosas accesorias de otra principal. || Habitaciones de un edificio grande. || Conjunto de edificios donde vive la servidumbre. || *Dependencia de la droga,* necesidad de seguir tomándola para suprimir un malestar somático o psíquico.

depender v. i. Estar bajo la dependencia. || Ser consecuencia, estar determinado por algo : *mi decisión depende de la tuya.* || Estar sometido a las circunstancias.

dependienta f. Empleada.

dependiente adj. Que depende. || — M. Empleado.

depilación f. Acción y efecto de depilar o depilarse.

depilar v. t. Quitar los pelos o vello (ú. t. c. pr.).

depilatorio, ria adj. Dícese del producto usado para depilar (ú. t. c. s. m.).

deplorable adj. Lamentable. || Que inspira compasión.

deplorar v. t. Lamentar profundamente : *deplorar un suceso.*

deponer v. t. Dejar, apartar de sí : *deponer un resentimiento.* || *Rendir :* deponer las armas. || Destituir de un empleo o dignidad : *deponer a una autoridad.* || Declarar ante el juez u otro magistrado.

deportación f. Destierro a un punto determinado. || Prisión en un campo de concentración en el extranjero.

deportar v. t. Condenar a deportación.

deporte m. Práctica metódica de ejercicios físicos. || *Fig.* Por deporte, por afición.

deportista adj. Que practica uno o varios deportes (ú. t. c. s.).

deportivamente adv. Lealmente.

deportividad f. Carácter deportivo. || Imparcialidad, generosidad.

deportivo, va adj. Relativo al deporte : *un diario deportivo.* || — M. Coche deportivo o deportivo, automóvil, generalmente de dos plazas y descapotable. || *Fig.* Leal, generoso.

deposición f. Privación de empleo o dignidad : *la deposición de un monarca.* || *Fig.* Declaración hecha ante el juez. || Evacuación del vientre.

depositador, ra y **depositante** adj. y s. Que deposita.

depositar v. t. Poner bienes o cosas de valor bajo la custodia de persona que responda de ellos : *depositar fondos en el Banco.* || Colocar en un

lugar determinado. || Sedimentar un líquido. || *For.* Sacar el juez a una persona menor de su domicilio y colocarla en un sitio donde pueda expresar libremente su voluntad. || *Fig.* Fundar esperanzas, ilusiones, etc., en algo o alguien. || Entregar, encomendar : *deposité todo mi amor en ella.* || — V. pr. Sedimentarse.

depositaria f. Oficina en la que se efectúan los depósitos.

depositario, ria adj. Relativo al depósito. || Que contiene algo. || Dícese de la persona a quien se confía un depósito o algo inmaterial como un secreto, la confianza, etc. (ú. t. c. s.).

depósito m. Acción y efecto de depositar. || Cosa depositada. || Recipiente para contener un líquido : *depósito de gasolina.* || Sedimento de un líquido. || Lugar donde se guardan, almacenan o se ponen cosas. || *Depósito de cadáveres,* sitio donde se expone el cuerpo de las personas muertas antes de darles sepultura.

depravación f. Acción de depravar o depravarse. || *Fig.* Corrupción, vicio.

depravado, da adj. Pervertido, desenfrenado en las costumbres (ú. t. c. s.).

depravador, ra adj. y s. Que deprava : *literatura depravadora.*

depravar v. t. Pervertir, corromper : *depravar las costumbres.*

deprecativo, va y **deprecatorio, ria** adj. En forma de ruego.

depreciación f. Disminución del valor o precio.

depreciar v. t. Hacer disminuir el precio o valor de una cosa.

depredación f. Pillaje, robo con violencia. || Malversación o exacción injusta por abuso de autoridad o de confianza.

depredador, ra adj. y s. Que depreda. || Dícese del animal que devora las piezas que caza.

depredar v. t. Robar, saquear.

depresión f. Hundimiento natural o accidental en un terreno o superficie. || Estado patológico de sufrimiento psíquico señalado por un abatimiento del ánimo. || *Fís.* Descenso de presión : *depresión barométrica.* || Disminución de actividad económica que precede o sigue a una crisis.

depresivo, va adj. Que deprime.

depresor, ra adj. Que deprime.

deprimente adj. Que deprime.

deprimido, da adj. Que sufre depresión.

deprimir v. t. Reducir el volumen por presión. || *Fig.* Quitar las fuerzas, debilitar, abatir (ú. t. c. pr.). || — V. pr. Disminuir un cuerpo de volumen o cambiar de forma por efecto de algún hundimiento parcial.

deprisa adv. m. De prisa. (Debe escribirse separado.)

depuesto, ta adj. Que ha sufrido deposición.

depuración f. Acción de depurar.

depurador, ra adj. Que depura. || — M. Aparato para la depuración.

depurar v. t. Quitar las impurezas : *depurar el agua.* || Perfeccionar : *depurar el estilo.* || Eliminar de un cuerpo, organización o partido a sus miembros considerados disidentes.

depurativo, va adj. Dícese del medicamento que depura la sangre, el organismo (ú. t. c. s. m.).

Derain (André), pintor fauvista francés (1880-1954).

derby m. (pal. ingl.). Carrera anual de caballos en Epsom (Inglaterra).

Derby, c. de Inglaterra, al SO. de Nottingham, cap. del Derbyshire.

derecha f. Lado derecho. || Mano derecha. || La parte más moderada o conservadora de una colectividad política. || — *A la derecha, a mano derecha,* por el lado derecho. || *De derecha,* de ideas políticas conservadoras. || *No hacer nada a derechas,* hacer todo mal.

derechazo m. Golpe dado con la mano derecha. || *Taurom.* Muletazo con la mano derecha. || En fútbol, chut, tiro con la pierna derecha.

derechismo m. Doctrina política de derecha.

derechista adj. Relativo o partidario del derechismo. || — Com. Miembro de un partido político de derecha.

derechización f. En política, tendencia a volverse conservador.

derechizar v. t. Volver conservador (ú. t. c. pr.).

derecho m. Conjunto de las leyes y disposiciones a que está sometida toda sociedad civil. ‖ Su estudio : *cursar el primer año de Derecho*. ‖ Facultad de hacer una cosa, de disponer de ella o de exigir algo de una persona : *tener derecho a cierta consideración*. ‖ Facultad, poder que se tiene sobre algo : *tengo derecho a cobrar la jubilación*. ‖ Tributo, tasa : *derechos de aduana*. ‖ Anverso, lado mejor labrado en una tela. ‖ — Pl. Honorarios. ‖ — Derecho canónico, normas doctrinales de la Iglesia católica. ‖ *Derecho civil*, el que determina las relaciones privadas de los ciudadanos entre sí. ‖ *Derecho consuetudinario*, el que se funda en la costumbre. ‖ *Derecho de gentes o internacional*, el que regula las relaciones entre los pueblos. ‖ *Derecho natural*, conjunto de reglas morales que se fundan en el buen sentido y la equidad. ‖ *Derecho positivo*, el establecido por las leyes. ‖ *Derecho público*, el que regula el orden del Estado.

derecho, cha adj. Recto : *camino derecho*. ‖ Vertical : *poner derecho un poste*. ‖ Que no está encorvado. ‖ Dícese de lo que está colocado en el cuerpo del hombre, del lado opuesto al del corazón : *mano derecha*. ‖ Aplícase a las cosas que están del lado de la mano derecha de la persona que mira. ‖ Justo, legítimo : *persona muy derecha y sincera*. ‖ — Adv. Directamente.

derechohabiente adj. Aplícase a las personas cuyos derechos derivan de otras (ú. t. c. s.).

derechura f. Condición de derecho.

deriva f. Desvío del rumbo de un barco o una aeronave por efecto del viento o una corriente. ‖ *Fig.* A la deriva, sin gobierno.

derivación f. Acción y efecto de derivar. ‖ *Gram.* Procedimiento para formar vocablos añadiendo sufijos, etc. ‖ Canalización, cable, carretera, etc., secundario que arranca de otro principal.

derivado, da adj. *Gram.* Dícese de la palabra que procede de otra. Ú. t. c. s. m. : *amorío es un derivado de amor*. ‖ — M. *Quím.* Producto que se saca de otro. ‖ F. *Mat.* Derivada de una función, de una variable, límite hacia el cual tiende la relación entre el incremento de la función y el atribuido a la variable cuando éste tiende a cero.

derivar v. i. Traer su origen de una cosa (ú. t. c. pr.). ‖ Desviarse (ú. t. c. pr.). ‖ V. t. Dirigir, encaminar. ‖ *Gram.* Traer una palabra de cierta raíz, como *marina*, de *mar*. ‖ Llevar parte de una corriente o conducto en otra dirección. ‖ — V. pr. *Fig.* Proceder.

derivativo, va adj. y s. m. Que deriva.

dermatitis f. Inflamación cutánea.

dermatología f. Estudio de las enfermedades de la piel.

dermatólogo, ga m. y f. Especialista de enfermedades de la piel.

dermatosis f. Cualquier enfermedad de la piel.

dérmico, ca adj. De la piel.

dermis f. Capa de la piel, intermedia entre la epidermis y la hipodermis.

dermitis f. Dermatitis.

derogación f. Abolición, anulación.

derogar v. t. Abolir, anular.

derogatorio, ria adj. *For.* Que deroga : *cláusula derogatoria*.

Derqui (Santiago), político argentino (1810-1867), pres. de la Confederación de 1860 a 1862.

derrama f. Repartimiento de un impuesto o gasto. ‖ Contribución extraordinaria.

derramamiento m. Acción y efecto de derramar o derramarse.

derramar v. t. Verter : *derramar agua*. ‖ Esparcir : *derramar arena*. ‖ Repartir los impuestos o cargas.

derrame m. Derramamiento. ‖ Salida de un líquido. ‖ Cantidad de líquido que se sale de un recipiente roto o

estropeado. ‖ Corte oblicuo del muro en una puerta o ventana. ‖ Subdivisión de un valle. ‖ Declive. ‖ *Med.* Acumulación de humor en una cavidad o en la salida del mismo al exterior del cuerpo : *derrame sinovial*. ‖ Repartición de impuestos.

derrapar v. i. Galicismo por *resbalar* o *patinar*.

derrelicto, ta adj. *Mar.* Embarcación u objeto abandonado en el mar.

derrengado, da adj. *Fig.* Molido.

derrengar v. t. Lastimar el espinazo. ‖ *Fig. y fam.* Cansar (ú. t. c. pr.).

derretimiento m. Acción y efecto de derretir o derretirse.

derretir v. t. Disolver o hacer líquido por medio del calor : *derretir sebo*. ‖ *Fig.* Consumir, derrochar su fortuna. ‖ — V. pr. Volverse líquido. ‖ *Fig. y fam.* Enamorarse locamente. ‖ Consumirse, estar lleno de impaciencia.

derribar v. t. Echar a tierra : *derribar una muralla, un edificio, una persona*. ‖ Hacer caer : *derribar un avión*. ‖ Echar abajo, a rodar : *derribar los bolos*. ‖ Tirar al suelo las reses con la garrocha. ‖ *Fig.* Derrocar : *derribar a un gobierno*.

derribo m. Acción y efecto de derribar. ‖ Materiales sacados de la demolición. ‖ Sitio donde se derriba.

derrick m. (pal. ingl.). Torre de perforación de un pozo de petróleo.

derrocamiento m. Acción y efecto de derrocar.

derrocar v. t. Destituir, deponer : *derrocar de un cargo*. ‖ Echar abajo, hacer caer : *derrocar la monarquía*.

derrochador, ra adj. y s. Despilfarrador, que derrocha el dinero.

derrochar v. t. Malgastar.

derroche m. Despilfarro. ‖ *Fig.* Profusión : *un derroche de luces*.

derrota f. Acción y efecto de derrotar. ‖ *Fig.* Fracaso, revés : *las derrotas de la vida*. ‖ *Mar.* Rumbo o ruta. ‖ Camino, sendero, vereda.

derrotar v. t. Vencer a una persona, equipo, ejército, partido, etc. : *derrotar en las elecciones*. ‖ — V. i. *Mar.* Desviarse un barco de su rumbo (ú. t. c. pr.). ‖ Dar cornadas el toro.

derrote m. Cornada.

derrotero m. *Mar.* Rumbo que lleva la nave. ‖ *Fig.* Dirección, camino.

derrotismo m. Propensión a extender el desaliento y el pesimismo en tiempos de guerra o con cualquier otro motivo sobre los resultados de algo que se ha emprendido.

derrotista adj. Relativo al derrotismo. ‖ Partidario del derrotismo (ú. t. c. s.).

derruir v. t. Derribar. ‖ Destruir poco a poco.

derrumbamiento m. Desplome. ‖ Desmoronamiento. ‖ *Fig.* Derrocamiento. ‖ Destrucción : *el derrumbamiento de un imperio*. ‖ Agotamiento : *derrumbamiento físico*.

derrumbar v. t. Derribar, echar abajo (ú. t. c. pr.). ‖ Arrojar, despeñar : *derrumbar por el barranco* (ú. t. c. pr.). ‖ *Fig.* Hundir moralmente.

Derry. V. LONDONDERRY.

derviche m. Religioso musulmán.

Des Moines, c. en el centro de los Estados Unidos, cap. de Iowa. Obispado. Universidad. — Río de Estados Unidos, afl. del Misisipí ; 658 km. Pasa por la c. homónima.

desabastecer v. t. No abastecer.

desabastecido, da adj. No abastecido.

desabollar v. t. Quitar los bollos.

desaborido, da adj. Insípido. ‖ *Fig.* Soso, con poco ángel (ú. t. c. s.).

desabotonar v. t. Desabrochar (ú. t. c. pr.).

desabrido, da adj. Insípido, con poco sabor. ‖ Destemplado, desapacible : *clima desabrido*. ‖ *Fig.* Áspero, brusco en el trato, huraño.

desabrigar v. t. Quitar el abrigo, descubrir (ú. t. c. pr.).

desabrimiento m. Insipidez. ‖ Calidad de desapacible, hablando del tiempo. ‖ *Fig.* Dureza o aspereza de genio. ‖ Disgusto, desazón interior.

desabrochar v. t. Abrir los broches, corchetes, botones, etc., de una cosa que estaba cerrada. Ú. t. c. pr. : *desabrocharse la chaqueta*.

desacatar v. t. Faltar al respeto que se debe a una persona : *desacatar a*

los superiores, a los padres. ‖ Desobedecer, contravenir : *desacatar la ley*.

desacato m. Falta de respeto o consideración. ‖ *For.* Ofensa a una autoridad. ‖ Infracción, transgresión.

desaceleración f. Acción y efecto de desacelerar.

desacelerar v. t. e i. Dejar de acelerar.

desacertado, da adj. Hecho sin acierto. ‖ Inoportuno.

desacertar v. i. No acertar, errar. ‖ No tener tino.

desacierto m. Error : *fue un desacierto actuar así*. ‖ Dicho o hecho desacertado, desatino.

desacomodo m. Molestia, incomodidad. ‖ Paro forzoso.

desaconsejar v. t. Aconsejar no hacer algo.

desacoplar v. t. Desajustar.

desacordar v. t. Destemplar o desafinar un instrumento músico.

desacorde adj. *Mús.* Desacordado.

desacostumbrado, da adj. Desusado, extraño, poco frecuente.

desacostumbrar v. t. Hacer perder la costumbre de algo.

desacreditado, da adj. Que no goza de buena fama o crédito.

desacreditar v. t. Disminuir el crédito de uno, desprestigiar.

desactivación f. Acción y efecto de desactivar.

desactivar v. t. Quitar la espoleta o el sistema detonador a un artefacto explosivo para evitar que explote.

desacuartelar v. t. *Mil.* Sacar la tropa del cuartel.

desacuerdo m. Disconformidad.

desachiguar v. t. *Amer.* Enderezar.

desafecto, ta adj. Que muestra desapego. ‖ Opuesto, contrario. ‖ — M. Falta de afecto. ‖ Frialdad.

desafiador, ra adj. y s. Que desafía.

desafiar v. t. Provocar, retar : *desafiar a un rival*. ‖ Arrostrar, afrontar : *desafiar los peligros*.

desafinación f. Acción de desafinar.

desafinar v. i. *Mús.* Destemplarse un instrumento o la voz. ‖ *Fig. y fam.* Desvariar. ‖ — V. tr. Destemplar un instrumento o la voz.

desafío m. Reto. ‖ Duelo. ‖ Rivalidad.

desaforadamente adv. Atropelladamente. ‖ Con exceso : *comer desaforadamente*. ‖ Con furia.

desaforado, da adj. Excesivo, desmedido : *ambición desaforada*. ‖ Violento, furioso : *dar voces desaforadas*.

desafortunado, da adj. Que tiene mala suerte (ú. t. c. s.). ‖ Desgraciado, adverso. ‖ Inoportuno, desacertado.

desafuero m. Acto violento contra la ley o el fuero. ‖ Acto arbitrario. ‖ Hecho que priva de fuero al que lo tenía. ‖ *Fig.* Desacato. ‖ Abuso.

desagradable adj. Que no gusta : *una película desagradable*. ‖ Molesto : *un trabajo desagradable*. ‖ Antipático, poco tratable : *persona desagradable*.

desagradar v. i. Causar desagrado, disgustar : *su comportamiento me desagrada*. ‖ Molestar : *el humo le desagrada*. ‖ Ser antipático.

desagradecer v. t. Mostrar ingratitud.

desagradecido, da adj. y s. Ingrato.

desagradecimiento m. Ingratitud.

desagrado m. Disgusto.

desagraviar v. t. Reparar un agravio, dando satisfacción al ofendido. ‖ Compensar el perjuicio causado.

desagravio m. Reparación de un agravio.

desagregación f. Acción y efecto de desagregar o desagregarse.

desagregar v. t. Descomponer un conjunto (ú. t. c. pr.).

desaguadero m. Conjunto o cañería de desagüe.

Desaguadero, río al O. de la Argentina, entre las prov. de Mendoza y San Luis. — Río de Bolivia, que une los lagos Titicaca y Poopó ; 320 km.

desaguar v. t. Extraer el agua de un sitio para desecarlo. ‖ — V. i. Desembocar un río.

desagüe m. Acción y efecto de desaguar. ‖ Desaguadero.

desaguisado, da adj. Hecho contra ley o razón. ‖ — M. Ofensa, injusticia. ‖ Desacierto, cosa mal hecha : *cometer un desaguisado*. ‖ Destrozo.

desahogado, da adj. Descarado, desvergonzado. ‖ Aplícase al sitio espacioso : *habitación desahogada.* ‖ Que vive con acomodo.

desahogar v. t. Aliviar la pena o el trabajo a una persona. ‖ Dar libre curso a un sentimiento o pasión : *desahogar su ira contra uno.* ‖ — V. pr. Recobrarse del cansancio o del calor. ‖ Librarse de deudas. ‖ Confiarse, sincerarse con una persona : *desahogarse con un amigo.* ‖ Decir lo que se piensa.

desahogo m. Alivio, descanso. ‖ Desenvoltura : *contestar con desahogo.* ‖ Comodidad, bienestar.

desahuciar v. t. Quitar toda esperanza de salvación : *desahuciar a un enfermo.* ‖ Expulsar al inquilino o arrendatario.

desahucio m. Expulsión del arrendatario o inquilino.

desairado, da adj. ‖ Fig. Que queda mal : *el pretendiente se fue desairado.* ‖ Desatendido, menospreciado.

desairar v. t. Hacer un feo. ‖ Desestimar, despreciar una cosa.

desaire m. Acción de desairar, afrenta : *hacer un desaire.* ‖ Desprecio.

desajustar v. t. Desacoplar, quitar el ajuste. ‖ Desconcertar, desarreglar : *desajustar mis planes.*

desajuste m. Acción y efecto de desajustar o desajustarse.

desalentador, ra adj. Que causa o provoca desaliento.

desalfombrar v. t. Quitar las alfombras : *desalfombrar un piso.*

desaliento m. Desánimo.

desalinización f. Proceso para quitar la sal que llevan las aguas salinas.

desaliñado, da adj. Descuidado, desaseado : *persona desaliñada.*

desaliño m. Desaseo.

desalmado, da adj. y s. Malvado.

desalojar v. t. Expulsar : *desalojar el enemigo del fortín.* ‖ Mar. Desplazar : *barco que desaloja 100 toneladas.* ‖ Abandonar : *desalojar una posición, el edificio.* ‖ — V. i. Mudarse, cambiar de residencia.

desalojo m. Desalojamiento.

desalquilar v. t. Dejar o hacer dejar lo alquilado. ‖ — V. pr. Quedar desocupada una casa.

desalterar v. t. Sosegar.

desambientado, da adj. Inadaptado, desorientado. ‖ Con poca animación.

desambientar v. t. Desorientar : *encontrarse desambientado.* ‖ Carecer de animación un sitio.

desamontonar v. t. Deshacer el montón o lo amontonado.

desamor m. Desapego, falta de afecto. ‖ Aborrecimiento, odio.

desamortizable adj. Que puede desamortizarse.

desamortización f. Acción y efecto de desamortizar.

desamortizador, ra adj. Que desamortiza (ú. t. c. s.).

desamortizar v. t. Liberar bienes amortizados. ‖ Poner en venta los bienes vinculados.

Desamparados, pobl. al O. de la Argentina (San Juan). — Cantón en el centro de Costa Rica (San José).

desamparar v. t. Dejar sin amparo.

desamparo m. Acción y efecto de desamparar. ‖ Abandono. ‖ Aflicción.

desamueblar v. t. Quitar los muebles : *desamueblar un piso.*

desanclar y desancorar v. t. Mar. Levantar el ancla.

desandar v. t. Volver atrás, retroceder : *desandar el camino.*

Desangles (Luis), pintor impresionista dominicano (1862-1937).

desangramiento m. Acción y efecto de desangrar o desangrarse.

desangrar v. t. Sacar o perder la sangre. ‖ Fig. Sacarle todo el dinero a uno. ‖ — V. pr. Perder mucha sangre.

desanimado, da adj. Desalentado (ú. t. c. s.). ‖ Que tiene poca animación : *calle desanimada.*

desanimar v. t. Quitar el ánimo, la energía, el valor (ú. t. c. pr.). ‖ Quitar la animación.

desánimo m. Desaliento.

desanudar v. t. Desatar un nudo.

desapacible adj. Que causa disgusto, áspero : *tono desapacible.* ‖ Desagradable a los sentidos.

desaparecer v. i. Dejar de ser visible. ‖ Ocultarse, quitarse de la

vista : *el Sol desapareció detrás de los montes.* ‖ Irse. ‖ No encontrarse en su sitio : *ha desaparecido mi reloj.* ‖ Dejar de existir.

desaparecido, da adj. Que no puede verse. ‖ Muerto o dado como tal (ú. t. c. s.).

desaparición f. Acción y efecto de desaparecer.

desapasionado, da adj. Falto de pasión (ú. t. c. s.).

desapasionamiento m. Acción y efecto de desapasionar o desapasionarse.

desapasionar v. t. Desinteresar, quitar la pasión que tenía (ú. t. c. pr.).

desapegar v. t. Fig. Hacer perder un afecto (ú. t. c. pr.).

desapego m. Fig. Falta de afecto o interés, desvío, alejamiento.

desapercibido, da adj. Desprevenido. ‖ Inadvertido.

desaplicación f. Falta de aplicación.

desaplicado, da adj. y s. Que no es aplicado.

desapreciar v. t. Desestimar.

desaprensión f. Condición de desaprensivo.

desaprensivo, va adj. Que no obra con conciencia, que es poco honrado (ú. t. c. s.).

desapretar v. t. Aflojar, soltar : *desapretar un nudo.*

desaprobación f. Falta de aprobación.

desaprobador, ra adj. Que desaprueba : *gritos desaprobadores.*

desaprobar v. t. Censurar, encontrar algo mal hecho o poco aconsejable : *desaprobar un proyecto.*

desapropiar v. t. Desposeer.

desaprovechado, da adj. Aplícase al que pudiendo adelantar en algo no lo hace : *estudiante desaprovechado.* ‖ Mal empleado, desperdiciado : *tiempo desaprovechado.* ‖ Infructuoso.

desaprovechamiento m. Mal uso o empleo.

desaprovechar v. t. Desperdiciar.

desapuntalar v. t. Quitar los puntales : *desapuntalar un muro.*

desarbolar v. t. Mar. Quitar los mástiles de un barco.

desarenar v. t. Quitar la arena.

desarmado, da adj. Sin armas.

desarmar v. t. Quitar las armas : *desarmar al enemigo.* ‖ Desmontar las piezas de un artefacto : *desarmar una máquina, un mueble.* ‖ Mar. Retirar a un buque la artillería o aparejo. ‖ Mil. Licenciar fuerzas de tierra, mar o aire (ú. t. c. i.). ‖ Fig. Templar, apaciguar : *desarmar el enojo.* ‖ Confundir, desconcertar : *su respuesta me desarmó.*

desarme m. Acción y efecto de desarmar un país. ‖ Reducción o supresión de las fuerzas armadas. ‖ Acción y efecto de desarmar un artefacto, aparato, etc.

desarmonía f. Falta o ausencia de armonía.

desarmonizar v. t. Destruir la armonía.

desarraigar v. t. Arrancar de raíz : *desarraigar un árbol.* ‖ Fig. Extirpar una costumbre, vicio o pasión : ‖ Echar a alguien del sitio donde vivía antes : *desarraigar un pueblo* (ú. t. c. pr.).

desarraigo m. Acción y efecto de desarraigar o desarraigarse.

desarrapado, da adj. Desharrapado.

desarreglado, da adj. Descompuesto. ‖ Desordenado.

desarreglar v. t. Desordenar. ‖ Descomponer : *desarreglar una máquina.* ‖ Fig. Trastornar : *esto ha desarreglado mis planes.*

desarreglo m. Falta de arreglo, desorden. ‖ Descompostura. ‖ Falta de orden en la vida que se lleva. ‖ — Pl. Trastornos : *desarreglos intestinales.*

desarrendar v. t. Dejar o hacer dejar lo que se tenía arrendado.

desarrollar v. t. Extender, desplegar lo que está arrollado. ‖ Fig. Ampliar, aumentar, acrecentar : *desarrollar el comercio.* ‖ Perfeccionar, mejorar : *desarrollar la memoria.* ‖ Explicar una teoría detalladamente. ‖ Tener, realizar : *desarrollar actividades subversivas.* ‖ Mat. Hacer operaciones para cambiar la forma de una expresión analítica. ‖ Quím. Extender una fór-

mula. ‖ — V. pr. Crecer, desenvolverse. ‖ Alcanzar el organismo su estado adulto. ‖ Tener lugar, transcurrir : *la semana pasada se desarrolló la conferencia episcopal.*

desarrollismo m. Doctrina económica que quiere a toda costa impulsar el desarrollo sin tener en cuenta los aspectos negativos que éste a veces lleva consigo.

desarrollista adj. Del desarrollismo. ‖ — M. y f. Partidario del desarrollismo.

desarrollo m. Acción y efecto de desarrollar o desarrollarse. ‖ Crecimiento de un organismo. ‖ Progreso cualitativo y duradero de la economía de un país o de una empresa.

desarropar v. t. Quitar la ropa (ú. t. c. pr.).

desarrugar v. t. Estirar, quitar las arrugas : *desarrugar una tela.*

desarticulación f. Acción y efecto de desarticular o desarticularse.

desarticular v. t. Separar dos o más huesos o piezas articuladas entre sí. ‖ Fig. Descomponer : *desarticular un partido.*

desarzonar v. t. Lanzar el caballo al jinete fuera de la silla.

desaseado, da adj. Sin aseo.

desaseo m. Falta de aseo.

desasimilación f. Proceso inverso o contrario al de la asimilación.

desasimilar v. t. Producir la desasimilación.

desasir v. t. Soltar o desprender lo asido. ‖ V. pr. Fig. Desprenderse de una cosa, soltarse.

desasistencia f. Abandono.

desasistir v. t. Desamparar.

desasnar v. t. Desembrutecer.

desasosegar v. t. Privar de sosiego, inquietar (ú. t. c. pr.).

desasosiego m. Falta de sosiego.

desastrado, da adj. Sucio, desaliñado. ‖ Harapiento. ‖ Desgraciado. ‖ Desordenado : *vida desastrada.*

desastre m. Calamidad, catástrofe. ‖ Fig. Dicho de una persona, nulidad, falto de habilidad. ‖ Persona mal vestida, sucia. ‖ Persona con mala suerte. ‖ Fracaso : *la función fue un desastre.*

desatar v. t. Soltar lo atado : *desatar un fardo.* ‖ Fig. Resolver, aclarar : *desatar un asunto.* ‖ Soltar : *desatar la lengua.* ‖ Desencadenar, hacer estallar. ‖ — V. pr. Deshacerse. ‖ Fig. Excederse en hablar : *desatarse en insultos.* ‖ Encolerizarse. ‖ Desencadenarse una fuerza física o moral : *se desató una tormenta.*

desatascar v. t. Sacar de un atolladero. ‖ Desobstruir un conducto.

desatención f. Falta de atención.

desatender v. t. No prestar atención : *desatender lo que dice.* ‖ No hacer caso de una persona o cosa. ‖ No satisfacer una demanda.

desatento, ta adj. Que no presta la atención requerida. ‖ Descortés, poco delicado (ú. t. c. s.).

desatinado, da adj. Sin juicio. ‖ Insensato, disparatado, absurdo.

desatinar v. t. Hacer perder el juicio. ‖ — V. i. Cometer desatinos.

desatino m. ‖ Disparate, despropósito.

desatorar v. t. Desobstruir.

desatornillar v. t. Destornillar.

desatracar v. t. Mar. Soltar las amarras. ‖ — V. i. Mar. Separarse el barco del sitio donde estaba atracado.

desatrancar v. t. Quitar la tranca de la puerta. ‖ Desobstruir.

desautorización f. Desaprobación. ‖ Descrédito.

desautorizar v. t. Quitar la autoridad : *desautorizar a un embajador.* ‖ Desaprobar. ‖ Desacreditar.

desavenencia f. Desacuerdo.

desavenido, da adj. Que está enemistado con otro.

desavenir v. t. Enemistar (ú. t. c. pr.).

desaventajado, da adj. Poco ventajoso. ‖ Que no tiene ventaja.

desaviar v. t. Apartar del camino, desviar. ‖ Molestar : *eso me desavía.*

desayunar v. i. Tomar el desayuno (ú. t. c. pr.). ‖ — V. t. Comer en el desayuno. ‖ — V. pr. Fig. Acabar de enterarse de algo.

desayuno m. Primera comida del día.

desazón f. Picazón. ‖ Fig. Disgusto. ‖ Desasosiego, inquietud. ‖ Malestar.

desazonado, da adj. Que siente desazón.

desazonar v. t. Volver insípido, soso. ‖ *Fig.* Disgustar. | Molestar. — V. pr. Enfadarse. ‖ Preocuparse.

desbancar v. t. En los juegos de azar, ganar al banquero todo el dinero. ‖ *Fig.* Suplantar a uno.

desbandada f. Acción y efecto de desbandarse. ‖ *A la desbandada,* sin orden ni concierto.

desbandarse v. pr. Huir en desorden. ‖ Desertar. ‖ Dispersarse.

desbarajustar v. t. Producir desbarajuste.

desbarajuste m. Desorden, confusión.

desbaratado, da adj. Desordenado. ‖ Roto, deshecho.

desbaratador, ra adj. y s. Que desbarata : *desbaratador de planes.*

desbaratamiento m. Acción y efecto de desbaratar.

desbaratar v. t. Descomponer : *desbaratar un reloj.* ‖ Derrochar, malgastar : *desbaratar sus bienes.* ‖ *Fig.* Frustrar, hacer fracasar : *desbaratar sus planes.* ‖ *Mil.* Descomponer al enemigo. ‖ — V. i. Disparatar. — V. pr. Descomponerse.

desbarrancadero m. *Amer.* Despeñadero.

desbarrancar v. t. *Méx.* Hacer perder una buena posición política o social. ‖ *C. Rica.* Desbancar a un rival.

desbarrar v. i. Disparatar, decir despropósitos.

desbarro m. Desacierto.

desbastar v. t. Quitar las partes más bastas a lo que se ha de labrar : *desbastar un madero, una piedra.* ‖ *Fig.* Quitar la tosquedad, educar a una persona rústica.

desbaste m. Acción y efecto de desbastar. ‖ *Tecn.* Lingote grueso.

desbloquear v. t. *Com.* Levantar el bloqueo : *desbloquear un crédito.* ‖ Quitar los obstáculos que bloquean un proceso, una situación.

desbloqueo m. Acción y efecto de desbloquear.

desbocado, da adj. Sin freno. ‖ *Fig. y fam.* Desvergonzado (ú. t. c. s.).

desbocar v. t. Romper o estropear la boca a una cosa : *desbocar un cántaro.* ‖ — V. i. Desembocar. — V. pr. Dejar una caballería de obedecer al freno y disparara. ‖ *Fig.* Prorrumpir en denuestos y desvergüenzas. | Pasarse de la raya.

desbordamiento m. Acción y efecto de desbordar o desbordarse.

desbordante adj. Que desborda. ‖ Que se sale de sus límites o de la medida : *alegría desbordante.*

desbordar v. i. Salir de los bordes, derramarse un líquido (ú. t. c. pr.). ‖ Salir de su cauce un río (ú. t. c. pr.). ‖ *Fig.* Rebosar. | Rebasar, sobrepasar. ‖ — V. pr. Exaltarse.

desborde m. Desbordamiento.

desbravar v. t. Amansar el ganado cerril. ‖ — V. i. y pr. Amansarse.

desbridar v. t. Quitar la brida.

desbroce m. Acción y efecto de desbrozar.

desbrozar v. t. Quitar la broza, limpiar. ‖ *Fig.* Aclarar.

desbrozo m. Desbroce.

desbullador m. Tenedor para ostras. ‖ El que abre las ostras.

desbullar v. t. Abrir las ostras.

desburocratización f. Acción y efecto de desburocratizar.

desburocratizar v. t. Quitar el carácter burocrático.

descabal adj. No cabal.

descabalamiento m. Acción y efecto de descabalar.

descabalar v. t. Dejar incompleta una cosa. ‖ Desemparejar : *descabalar un par de guantes.*

descabalgadura f. Acción de descabalgar el que va montado.

descabalgar v. i. Apearse de una caballería.

descabellado, da adj. *Fig.* Insensato, disparatado : *plan descabellado.*

descabellar v. t. Matar al toro hiriéndolo en la cerviz con un estoque acabado en cruz.

descabello m. Acción y efecto de descabellar al toro. ‖ Instrumento para descabellar.

descabezado, da adj. y s. *Fig.* Que procede sin juicio.

Descabezado ‖ ~ *Chico,* volcán en el centro de Chile (Talca) ; 3 300 m. ‖ ~ *Grande,* volcán de Chile (Talca) ; 3 888 m.

descabezamiento m. Acción y efecto de descabezar o descabezarse.

descabezar v. t. Cortar la cabeza. ‖ *Fig.* Cortar la parte superior o las puntas de algunas cosas : *descabezar árboles.* ‖ *Descabezar un sueño,* dormir poco tiempo. ‖ — V. pr. *Fig.* Romperse la cabeza para saber algo.

descacharrar v. t. Escacharrar.

descafeinado, da adj. Dícese del café sin cafeína (ú. t. c. s. m.). ‖ *Fig. y fam.* Desprovisto de fuerzas.

descafeinar v. t. Suprimir la cafeína del café. ‖ *Fig. y fam.* Quitar fuerza.

descalabrado, da adj. Herido en la cabeza. ‖ *Fig.* Mal parado.

descalabradura f. Herida en la cabeza y cicatriz que queda.

descalabrar v. t. Herir en la cabeza y, por extensión, en otra parte del cuerpo (ú. t. c. pr.). ‖ *Fam.* Causar daño o perjuicio.

descalabro m. Contratiempo. ‖ Daño. ‖ Fracaso. ‖ Derrota en la guerra.

descalcificación f. Acción y efecto de descalcificar.

descalcificar v. t. Provocar la disminución de sustancia calcárea del organismo.

descalificación f. Acción y efecto de descalificar.

descalificar v. t. Desautorizar, incapacitar, inhabilitar : *descalificar a un contrincante.* ‖ Excluir de una prueba.

descalzar v. t. Quitar el calzado (ú. t. c. pr.). ‖ Quitar un calzo o calce : *descalzar un mueble.*

descalzo, za adj. Que trae desnudos los pies : *andar descalzo.* ‖ — Adj. y s. *Fig.* Falto de recursos. ‖ Religioso que va descalzo o sólo con sandalias : *carmelita descalzo.*

descamarse v. pr. Caerse la piel en forma de escamillas.

descambiar v. t. Volver a cambiar.

descaminar v. t. Apartar a uno del camino recto. ‖ Disuadir a uno de su buen propósito, descarriar.

descamisado, da adj. *Fam.* Sin camisa. ‖ — Adj. y s. Muy pobre, desharrapado. ‖ — M. pl. En la Argentina, partidarios de Perón. ‖ En España, liberales de la revolución de 1820.

descampado, da adj. Dícese del terreno sin vegetación ni viviendas (ú. t. c. s. m.). ‖ *En descampado,* a campo raso, al aire libre.

descangayar v. t. *Arg. lunf.* Desgastar.

descansado, da adj. Tranquilo. ‖ Reposado : *persona, cara descansada.* ‖ Cómodo, fácil.

descansar v. i. Dejar de trabajar. ‖ Reparar las fuerzas con reposo. ‖ *Por ext.* Dormir : *el enfermo descansó toda la noche.* ‖ Confiar en la ayuda de otro. ‖ *Fig.* Tener algún alivio en un daño o pena. | Tranquilizarse. | Apoyarse una cosa en otra : *la viga descansa en la pared.* | Estar enterrado : *descansar en el sepulcro.* ‖ Estar sin cultivo las tierras.

descansillo m. Rellano de una escalera.

descanso m. Quietud. ‖ Pausa en el trabajo. ‖ Cesación del trabajo por algún tiempo : *descanso por enfermedad.* ‖ Alto en una marcha. ‖ Descansillo. ‖ Entreacto. ‖ Pausa entre las dos partes de un partido de fútbol. ‖ Asiento en que se apoya una cosa. ‖ *Fig.* Alivio. ‖ Posición militar contraria a la de firmes.

descantillar v. t. Romper las aristas o cantos de una cosa.

descapotable adj. Dícese del automóvil que tiene una capota plegable (ú. t. c. s.).

descapotar v. t. Plegar o quitar la capota de los coches.

descarado, da adj. y s. Desvergonzado : *niño descarado.*

descararse v. pr. Hablar u obrar con desvergüenza o descaro.

descarga f. Acción y efecto de descargar. ‖ *Arq.* Aligeramiento que se da a una pared. ‖ *Mil.* Fuego que se hace de una vez por una o más unidades. ‖ *Electr.* Fenómeno producido cuando un cuerpo electrizado pierde su carga.

descargadero m. Sitio donde se descarga.

descargador, ra m. y f. Persona que por oficio descarga mercancías. ‖ — M. Parte de las armas de fuego que sirve para descargar.

descargar v. t. Quitar o aliviar la carga : *descargar un barco.* ‖ Disparar las armas de fuego. ‖ Extraer la carga a un arma de fuego o a un barreno. ‖ Dar un golpe con violencia ‹ *descargar un puntapié.* ‖ Quitar la carga eléctrica : *descargar un acumulador.* ‖ *Fig.* Exonerar a uno de una obligación. | *Fig.* Desahogarse (ú. t. c. pr.). ‖ — V. i. Desembocar los ríos. ‖ Deshacerse una nube y caer en lluvia o granizo. ‖ — V. pr. Dejar a otro las obligaciones de un cargo. ‖ *For.* Disculparse.

descargo m. Acción y efecto de descargar. ‖ *Com.* En las cuentas, partidas de data o salida. ‖ Satisfacción o excusa del cargo que se hace a uno. ‖ Defensa : *testigo de descargo.* ‖ *En descargo,* como disculpa.

descargue m. Descarga.

descarnadamente adv. *Fig.* Con franqueza, sin rodeos.

descarnado, da adj. Demacrado. ‖ Desnudo. ‖ Crudo, sin paliativos : *la verdad descarnada.*

descarnadura f. Acción y efecto de descarnar o descarnarse.

descarnar v. t. Quitar la carne al hueso, a los dientes (ú. t. c. pr.).

descaro m. Desvergüenza.

descarriar v. t. Apartar a uno del camino. ‖ Apartar cierto número de reses de un rebaño. ‖ Apartar a uno de su deber. ‖ — V. pr. Perderse. ‖ *Fig.* Apartarse de lo razonable.

descarrilamiento m. Acción y efecto de descarrilar.

descarrilar v. i. Salir un vehículo del carril : *descarrilar un tren.*

descartable adj. Dícese de lo que se puede prescindir.

descartar v. t. *Fig.* Desechar una cosa o apartarla de sí : *descartar todos los obstáculos.* ‖ — V. pr. En algunos juegos, dejar las cartas inútiles.

descarte m. Acción de descartar. ‖ En los juegos de naipes, cartas que se desechan o no se reparten. ‖ *Fig.* Excusa, evasiva.

Descartes (René), filósofo y matemático francés, n. en La Haye, hoy *Descartes* (Turena) [1596-1650]. Creó la geometría analítica y dio las primeras nociones de la óptica geométrica y de la metafísica moderna. Atacó los principios escolásticos, consagró un nuevo método de raciocinio (*cartesianismo*), elaboró su teoría de la duda metódica y llegó al conocimiento de su propia existencia por medio del pensamiento (cogito, ergo sum, pienso, luego existo). Sus principales obras son *Discurso del método* y *Las pasiones del alma.* M. en Estocolmo.

descasar v. t. Anular un matrimonio. ‖ Descomponer cosas que casaban bien. ‖ — V. pr. Divorciarse.

descascarar v. t. Quitar la cáscara.

descascarillado m. Acción y efecto de descascarillar.

descascarillar v. t. Quitar la cascarilla. ‖ Hacer saltar en escamas la superficie de un objeto. Ú. t. c. pr. : se me ha descascarillado el esmalte de las uñas.

descastado, da adj. y s. Que es poco cariñoso.

descebar v. t. Quitar el cebo.

descendencia f. Hijos y generaciones sucesivas. ‖ Casta, linaje.

descendente adj. Que desciende.

descender v. i. Bajar. ‖ Proceder : *descender de una estirpe de músicos.* ‖ *Fig.* Derivarse. ‖ — V. t. Bajar.

descendiente adj. Descendente. ‖ — Com. Persona que desciende de otra.

descendimiento m. Descenso. ‖ Por antonomasia, el de Cristo de la Cruz.

descenso m. Acción y efecto de descender. ‖ Bajada. ‖ *Fig.* Acción de pasar de una dignidad o estado a otro inferior. | Decadencia. | Disminución.

descentrado, da adj. Dícese de lo que está fuera de su centro. ‖ *Fig.* Que está mal en un ambiente.

descentralización f. Acción y

186

efecto de descentralizar. ‖ Sistema político que tiende a descentralizar.

descentralizador, ra adj. Que descentraliza.

descentralizar v. t. Transferir a corporaciones locales o regionales servicios privativos del Estado. ‖ Dispersar en todo el país administraciones, organismos, etc., que estaban reunidos en un mismo sitio.

descentramiento m. Acción y efecto de descentrar.

descentrar v. t. Sacar de su centro. ‖ Fig. Desequilibrar.

descepar v. t. Arrancar de raíz.

descerrajar v. t. Abrir violentamente una cerradura o un cerrojo. ‖ Fig. y fam. Disparar con armas de fuego : descerrajar un tiro. ‖ Decir.

descifrable adj. Que se puede descifrar o explicar.

descifrado m. Deciframiento.

descifrador, ra adj. y s. Que descifra.

desciframiento m. Acción y efecto de descifrar.

descifrar v. t. Sacar el significado de lo que está escrito en cifra o clave. ‖ Fig. Aclarar lo que está poco claro o difícil de entender.

desclavar v. t. Quitar los clavos.

descoagulante adj. Que descoagula (ú. t. c. s. m.).

descoagular v. t. Convertir en líquido lo coagulado (ú. t. c. pr.).

descocado, da adj. Descarado, poco juicioso, sin sensatez.

descocamiento m. Descaro.

descocar v. t. Agr. Limpiar de bichos dañinos los árboles. ‖ — V. pr. Fam. Mostrar descaro.

descodificación f. Decodificación.

descodificador, ra adj. y s. Decodificador.

descodificar v. t. Decodificar.

descojonación f. y **descojonamiento** m. Pop. El colmo. ‖ Confusión, caos.

descojonante adj. Pop. Muy gracioso. ‖ Tremendo, impresionante.

descojonarse v. pr. Pop. Reírse mucho. ‖ Trabajar mucho.

descolapsamiento m. Acción y efecto de descolapsar.

descolapsar v. i. Desaparecer el colapso (ú. t. c. pr.).

descolgar v. t. Bajar lo colgado : descolgar una lámpara. ‖ Quitar las colgaduras. ‖ Tomar el teléfono para hablar por él. ‖ Dep. Dejar atrás un corredor a sus competidores. ‖ — V. pr. Soltarse y caer. ‖ Escurrirse : descolgarse por una cuerda. ‖ Fig. Ir bajando rápidamente por una pendiente : descolgarse de las montañas. ‖ Fig. y fam. Presentarse inesperadamente una persona en un sitio. ‖ Decir o hacer algo inesperado.

descolonización f. Acción y efecto de poner término a la situación de un pueblo colonizado.

descolonizar v. t. Efectuar la descolonización.

descolorar v. t. Quitar el color.

descolorido, da adj. Pálido de color.

descollar v. t. Descolorar.

descollar v. t. Sobresalir, destacarse.

descombrar v. t. Quitar de algún sitio los escombros.

descombro m. Escombro.

descomedido, da adj. Sin medida. ‖ Exceso, falta de proporción.

descomedimiento m. Falta de respeto. ‖ Exceso, falta de proporción.

descomedirse v. pr. Faltar al respeto. ‖ Excederse, pasarse de la raya (de obra o de palabra).

descompaginar v. t. Descomponer. ‖ Perturbar.

descompasado, da adj. Descomedido, desproporcionado.

descompasarse v. pr. Descomedirse.

descompensación f. Acción y efecto de descompensar.

descompensar v. t. Hacer perder o perder la compensación algo que estaba equilibrado.

descomponer v. t. Desordenar. ‖ Estropear, desarreglar un mecanismo : descomponer un motor (ú. t. c. pr.). ‖ Pudrir, corromper. ‖ Separar las diversas partes que forman un compuesto : descomponer el agua en hidrógeno y oxígeno. ‖ Fig. Irritar, enfadar. ‖ Alterar : el miedo descompuso sus rasgos.

‖ Trastornar : esto ha descompuesto mis proyectos. ‖ — V. pr. Corromperse : descomponerse un cadáver. ‖ Sentirse indispuesto. ‖ Fig. Perder la templanza. ‖ Irritarse.

descomposición f. Separación de los elementos de un todo. ‖ Putrefacción. ‖ Alteración : descomposición del rostro. ‖ Disgregación : la descomposición del Imperio. ‖ Diarrea.

descompostura f. Descomposición. ‖ Desaliño. ‖ Fig. Descaro.

descompresión f. Disminución de la presión.

descompresor, ra adj. Que reduce la presión (ú. t. c. s. m.).

descomprimir v. t. Suprimir o disminuir la compresión.

descompuesto, ta adj. Que ha sufrido descomposición. ‖ Fig. Alterado : rostro descompuesto. ‖ Atrevido, descarado. ‖ Amer. Medio ebrio.

descomunal adj. Extraordinario.

desconcertante adj. Que desconcierta : cinismo desconcertante.

desconcertar v. t. Desorientar, turbar : mi pregunta le ha desconcertado. ‖ Dislocar un hueso (ú. t. c. pr.). ‖ — V. pr. Fig. Descomedirse. ‖ Turbarse.

desconcierto m. Fig. Desorden, desacuerdo. ‖ Confusión. ‖ Falta de medida en las acciones.

desconchado m. y desconchadura f. Parte en que una pared ha perdido el enlucido o revestimiento.

desconchar v. t. Quitar a una pared, vasija, etc., parte de su enlucido o revestimiento (ú. t. c. pr.).

desconectar v. t. Interrumpir una conexión eléctrica. ‖ Fig. Estar desconectado, haber perdido todo contacto.

desconfiado, da adj. y s. Que no se fía.

desconfianza f. Falta de confianza.

desconfiar v. i. No confiar, tener poca confianza. ‖ No creer que algo sea posible.

descongelación f. Acción y efecto de descongelar.

descongelador m. Dispositivo para eliminar la capa de hielo que se forma en una nevera.

descongelar v. t. Hacer que un producto congelado vuelva a su estado normal. ‖ Suprimir la congelación que afectaba a los precios, salarios, etc.

descongestión f. Acción y efecto de descongestionar.

descongestionar v. t. Disminuir o quitar la congestión. ‖ Fig. Despejar, librar : descongestionar la calle.

desconocedor, ra adj. y s. Que desconoce.

desconocer v. t. No conocer : desconozco a esta persona. ‖ Ignorar : desconozco su punto de vista. ‖ Afectar que se ignora una cosa. ‖ Fig. No reconocer.

desconocido, da adj. No conocido : pintor, país desconocido (ú. t. c. s.). ‖ Muy cambiado. ‖ Mal apreciado : méritos desconocidos.

desconocimiento m. Acción y efecto de desconocer, ignorancia.

desconsideración f. Ausencia de consideración.

desconsiderado, da adj. Falto de consideración (ú. t. c. s.).

desconsiderar v. t. No tener la consideración debida.

desconsolado, da adj. Sin consuelo. ‖ Afligido, triste.

desconsolador, ra adj. Que desconsuela : carta desconsoladora.

desconsolar v. t. Entristecer.

desconsuelo m. Aflicción profunda, pena difícil de consolar.

descontado, da adj. Que se descuenta. ‖ Por descontado, dado por cierto o por hecho.

descontaminación f. Acción y efecto de descontaminar.

descontaminar v. t. Suprimir o reducir la contaminación.

descontar v. t. No contar con. ‖ Deducir una cantidad al tiempo de hacer un pago. ‖ Com. Pagar una letra de cambio antes de su vencida, rebajándole la cantidad estipulada como interés del dinero anticipado.

descontentadizo, za adj. Que siempre está descontento.

descontentar v. t. Disgustar : descontentar a los subordinados.

descontento, ta adj. y s. Disgustado. ‖ — M. Disgusto.

descontrol m. Falta de control.

descontrolarse v. pr. Perder el control.

desconvocación f. Anulación de una manifestación, huelga, etc.

desconvocar v. t. Anular una convocatoria o convocación.

descoñarse v. pr. Pop. Escoñarse.

descorazonador, ra adj. Que descorazona.

descorazonamiento m. Desánimo.

descorazonar v. t. Fig. Desanimar, desalentar (ú. t. c. pr.).

descorchar v. t. Arrancar el corcho al alcornoque. ‖ Destapar una botella.

descorche m. Acción y efecto de descorchar el alcornoque. ‖ Destape de una botella. ‖ En bares de alterne, prima que cobra una empleada cuando induce al cliente a abrir una botella.

descornar v. t. Arrancar los cuernos a un animal. ‖ — V. pr. Fig. y fam. Romperse los sesos. ‖ Trabajar mucho.

descorrer v. t. Plegar lo que estaba estirado : descorrer las cortinas. ‖ Abrir : descorrer el pestillo.

descortés adj. y s. Falto de cortesía.

descortesía f. Falta de cortesía.

descortezamiento m. Acción y efecto de descortezar.

descortezar v. t. Quitar la corteza : descortezar un árbol. ‖ Fig. y fam. Desbastar, pulir a alguien.

descoser v. t. Deshacer una costura o desprender algo cosido.

descosido, da adj. Fig. Que habla demasiado. ‖ Desordenado : discurso descosido. ‖ Desastrado. ‖ — M. Parte descosida en una prenda. ‖ Fig. y fam. Como un descosido, mucho.

descoyuntamiento m. Acción y efecto de descoyuntar o descoyuntarse. ‖ Fig. Gran cansancio.

descoyuntar v. t. Desencajar los huesos de su lugar. Ú. t. c. pr. : descoyuntarse un brazo. ‖ Fam. Descoyuntarse de risa, reírse mucho.

descrédito m. Pérdida de crédito.

descreído, da adj. y s. Incrédulo.

descreimiento m. Falta de fe.

descremado, da adj. Sin crema.

descremar v. t. Quitar la crema o nata a la leche.

describir v. t. Representar a personas o cosas por medio del lenguaje : describir un paisaje. ‖ Relatar. ‖ Geom. Trazar : describir un arco.

descripción f. Acción de describir.

descriptivo, va adj. Dícese de lo que describe : narración descriptiva. ‖ — Anatomía descriptiva, descripción de los órganos del cuerpo humano. ‖ Geometría descriptiva, la que representa los cuerpos por medio de proyecciones en planos adecuadamente escogidos.

descriptor, ra adj. y s. Que describe.

descristianizar v. t. Quitar el carácter de cristiano. ‖ Apartar del cristianismo.

descuajaringar o **descuajeringar** v. t. Fam. Descomponer. ‖ — V. pr. Morirse de risa. ‖ Estar descuajaringado, estar molido, extenuado.

descuartizamiento m. Acción y efecto de descuartizar.

descuartizar v. t. Dividir un cuerpo en trozos o cuartos. ‖ Fam. Hacer pedazos una cosa.

descubierta f. Reconocimiento, inspección. ‖ Descubrimiento.

Descubierta (La), mun. al SO. de la Rep. Dominicana (Independencia).

descubiertamente adv. Claramente, abiertamente.

descubierto, ta adj. Sin cubrir : coche descubierto. ‖ Sin sombrero. ‖ — M. Déficit. ‖ — A la descubierta o al descubierto, sin disfraz ; sin protección. ‖ Al (o en) descubierto, en deuda.

descubridor, ra adj. y s. Que descubre o inventa algo.

descubrimiento m. Acción y efecto de descubrir un país ignorado o cosas científicas : descubrimiento geográfico. ‖ Cosa descubierta : descubrimientos de la ciencia. ‖ Acto solemne de descubrir una estatua o lápida.

descubrir v. t. Hallar lo escondido o ignorado : descubrir un tesoro, una tierra. ‖ Inventar : descubrir la litogra-

DE

187

fía. ‖ Destapar : *descubrir una estatua.* ‖ Fig. Divisar : *descubrir el Guadarrama.* ‖ Enterarse : *descubrir un complot.* ‖ Revelar : *descubrir sus intenciones.* ‖ — V. pr. Quitarse el sombrero, la gorra, etc. ‖ Fig. Abrirse, sincerarse. ‖ Manifestar admiración : *descubrirse ante un acto de valor.*

descuento m. Acción y efecto de descontar. ‖ Lo que se descuenta.

descuerar v. t. Despellejar una res. ‖ Fig. Amer. Desollar, criticar.

descuidado, da adj. Negligente. ‖ Desaliñado. ‖ Desprevenido : *coger descuidado.* ‖ Despreocupado.

descuidar v. t. Desatender una cosa, no poner en ella la atención debida : *descuidar sus obligaciones* (ú. t. c. pr.). ‖ No preocuparse : *descuida, que yo me encargaré de todo.* ‖ — V. pr. Fig. No cuidar nada su arreglo personal o su salud.

descuido m. Falta de cuidado, negligencia. ‖ Inadvertencia, distracción. ‖ Desliz, falta.

deschavar v. t. Arg. Fam. Explicar, aclarar. ‖ Manifestar su intención.

deschavetarse v. pr. Amer. Perder la chaveta, el juicio.

desde prep. Denota principio de tiempo o lugar y forma parte de muchos modismos adverbiales : *desde entonces ; desde allí.* ‖ — *Desde luego,* naturalmente, claro. ‖ *Desde que,* a partir del momento o el tiempo en que. ‖ Fam. *Desde ya,* inmediatamente, desde ahora mismo.

desdecir v. i. Fig. No estar una persona o cosa a la altura de su origen, educación o clase : *desdecir de su familia.* ‖ No ir bien una cosa con otra : *dos colores que desdicen uno de otro.* ‖ Contradecir. ‖ — V. pr. Retractarse : *desdecirse de su palabra.*

desdén m. Desprecio, menosprecio.

desdentado, da adj. Que no tiene dientes o que los ha perdido. ‖ — M. pl. Animales que no tienen dientes incisivos, como el oso hormiguero (ú. t. c. adj.).

desdentar v. t. Dejar sin dientes.

desdeñable adj. Digno de desdén.

desdeñar, ra adj. Que desdeña o desestima (ú. t. c. s.).

desdeñar v. t. Despreciar. ‖ — V. pr. No dignarse a : *desdeñarse de hablar.*

desdeñoso, sa adj. y s. Que muestra desdén.

desdibujado, da adj. Que no está bien definido.

desdibujarse v. pr. Borrarse, desvanecerse los contornos de algo.

desdicha f. Desgracia : *ocurrir muchas desdichas.* ‖ Persona o cosa calamitosa. ‖ *Ser el rigor de las desdichas,* ser muy desgraciado.

desdichado, da adj. y s. Desgraciado.

desdoblamiento m. Acción y efecto de desdoblar. ‖ *Desdoblamiento de la personalidad,* perturbación mental caracterizada por la coexistencia en un mismo ser de dos personalidades, una normal y otra patológica.

desdoblar v. t. Extender una cosa que estaba doblada : *desdoblar un mantel.* ‖ Fig. Dividir una cosa en dos o más iguales. ‖ Construir una carretera o un acueducto paralelos a otra ya existentes, para duplicar la capacidad.

desdoro m. Deshonra, descrédito.

desdramatización f. Acción y efecto de desdramatizar.

desdramatizar v. t. Quitar el carácter dramático.

deseable adj. Que se desea.

Deseada (La), isla de las Antillas Francesas, al este de la de Guadalupe ; 27 km².

Deseado, río del S. de la Argentina (Patagonia) ; 482 km.

desear v. t. Tender a la posesión o realización de algo agradable o útil para sí mismo o para otro : *desear la felicidad, el éxito de un amigo.* ‖ Expresar algún voto : *le deseo unas felices Pascuas.* ‖ — *Hacerse desear,* hacerse esperar. ‖ *No dejar nada que desear,* ser perfecta una cosa.

desecación f. y **desecamiento** m. Acción y efecto de desecar.

desecar v. t. Secar, extraer la humedad. : *desecar un pantano.*

desechar v. t. Excluir, rechazar : *desechar los malos pensamientos.* ‖ Menospreciar, desestimar : *desechar*

---

un consejo. ‖ Rechazar un empleo, una oferta o una dignidad. ‖ Apartar de sí una sospecha, temor, etc. ‖ Dejar de lado una prenda de vestir u otra cosa para no volver a servirse de ellas.

desecho m. Lo que se desecha. ‖ Residuo. ‖ Fig. Desprecio, desestimación. ‖ Lo más despreciable, escoria : *el desecho de la sociedad.*

desembalaje m. Acción y efecto de desembalar.

desembalar v. t. Deshacer un embalaje : *desembalar muebles.*

desembarazado, da adj. Libre, despejado. ‖ Desenvuelto, desenfadado. ‖ Vivo.

desembarazar v. t. Quitar lo que estorba, despejar. ‖ Evacuar, desocupar. ‖ — V. pr. Fig. Quitarse de encima lo que estorba.

desembarazo m. Acción y efecto de desembarazar. ‖ Desenvoltura, desenfado. ‖ Parto.

desembarcadero m. Lugar donde se desembarca.

desembarcar v. t. Sacar o salir de la embarcación o aeronave : *desembarcar mercancías.* ‖ — V. i. Salir de la embarcación los pasajeros.

desembarco m. Acción y efecto de desembarcar personas. ‖ Mar. Operación militar que consiste en desembarcar : *el desembarco de tropas.*

desembargar v. t. Quitar estorbos. ‖ For. Levantar el embargo.

desembargo m. For. Acción y efecto de desembargar.

desembarque m. Acción y efecto de desembarcar mercancías.

desembarrancar v. t. Desencallar.

desembocadura f. Lugar por donde un río desemboca en otro o en el mar, o una calle en otra.

desembocar v. i. Desaguar un río o canal en otro o en el mar : *el Amazonas desemboca en el Atlántico.* ‖ Dar una calle, camino o cañería a un lugar determinado. ‖ Salir de un lugar angosto : *desembocar en la llanura.* ‖ Fig. Conducir a un resultado.

desembolsar v. t. Gastar o pagar una cantidad de dinero.

desembolso m. Entrega que se hace de una cantidad de dinero. ‖ Dispendio, gasto.

desembotar v. t. Fig. Avivar, despertar : *desembotar la mente.*

desembozar v. t. Quitar el embozo. ‖ Fig. Revelar, descubrir.

desembragar v. t. Desconectar un mecanismo del eje de un motor.

desembrague m. Mec. Acción y efecto de desembragar.

desembriagar v. t. Quitar, hacer desaparecer la embriaguez.

desembrollar v. t. Desenredar.

desembuchar v. t. Vaciar las aves lo que tienen en el buche. ‖ — V. i. Fig. y fam. Confesar, decir lo que sabe.

desemejante adj. Diferente.

desemejanza f. Diferencia.

desemejar v. i. Diferenciarse.

desempacar v. t. Desempaquetar, quitar de las pacas : *desempacar las mercaderías.* ‖ Deshacer las maletas.

desempachar v. t. Quitar el empacho. ‖ — V. pr. Curarse del empacho.

desempalagar v. t. Quitar el empalagamiento.

desempañar v. t. Quitar el vaho.

desempapelar v. t. Quitar el revestimiento de papel.

desempaque y **desempaquetado** m. Acción y efecto de desempacar o desempaquetar.

desempaquetar v. t. Desenvolver, sacar de su paquete.

desemparejar v. t. Desigualar, descabalar.

desempatar v. t. Deshacer el empate, tratándose de una votación o en deportes. ‖ Méx. y P. Rico. Desatar. ‖ Fig. Méx. y P. Rico. Deshacer un enredo o una confusión.

desempate m. Acción y efecto de desempatar.

desempedrar v. t. Levantar las piedras del pavimento.

desempeñar v. t. Liberar lo empeñado : *desempeñar sus alhajas.* ‖ Dejar a uno sin deudas (ú. t. c. pr.). ‖ Ejercer : *desempeñar cargos, una función.* ‖ Realizar : *desempeñar una misión peligrosa.* ‖ Sacar a uno airoso

---

de un apuro (ú. t. c. pr.). ‖ Representar un papel en el teatro o cine. ‖ — V. pr. Amer. Hacer lo que uno tiene encomendado.

desempeño m. Acción y efecto de desempeñar o desempeñarse.

desempleado, da adj. y s. Sin empleo.

desemplear v. t. Dejar sin trabajo.

desempleo m. Paro forzoso. ‖ Subempleo, paro encubierto.

desempolvar v. t. Quitar el polvo. ‖ Sacar del olvido : *desempolvar viejos recuerdos.*

desemponzoñar v. t. Quitar el veneno.

desempotrar v. t. Arrancar una cosa empotrada.

desempuñar v. t. Soltar.

desencadenador, ra adj. Que desencadena (ú. t. c. s.).

desencadenamiento m. Acción y efecto de desencadenar.

desencadenar v. t. Soltar al que está amarrado con cadena : *desencadenar un perro.* ‖ Fig. Provocar : *desencadenar una guerra.* ‖ Romper la cadena o vínculo de las cosas inmateriales. ‖ — V. pr. Fig. Desatarse : *desencadenarse las pasiones.*

desencajamiento m. Acción y efecto de desencajar o desencajarse.

desencajar v. t. Sacar de su encaje o trabazón. ‖ Dislocar los huesos. ‖ — V. pr. Demudarse, alterarse el semblante por enfermedad o por pasión del ánimo.

desencajonamiento m. Taurom. Acción y efecto de desencajonar : *presenciar el desencajonamiento de los toros.* ‖ Tecn. Desencofrado.

desencajonar v. t. Sacar lo que está dentro de un cajón. ‖ Taurom. Hacer salir al toro del cajón en que está encerrado. ‖ Tecn. Desencofrar.

desencallar v. t. Mar. Poner a flote una embarcación encallada.

desencantador, ra adj. Que desencanta o desilusiona.

desencantar v. t. Romper el encanto. ‖ Desilusionar, decepcionar (ú. t. c. pr.).

desencanto m. Acción y efecto de desencantar. ‖ Fig. Desilusión.

desencapotar v. t. Quitar el capote o la capota. ‖ — V. pr. Despejarse : *desencapotarse el cielo.*

desencoger v. t. Extender lo encogido : *desencoger un tejido.* ‖ — V. pr. Fig. Perder uno la timidez.

desencogimiento m. Acción y efecto de desencoger. ‖ Desenfado.

desencolar v. t. Despegar lo que estaba pegado con cola.

desencolerizar v. t. Apaciguar.

desenconar v. t. Med. Desinflamar, quitar la inflamación. ‖ Fig. Apaciguar, moderar el encono.

desencono m. Acción y efecto de desenconar o desenconarse.

desencontrarse v. pr. Amer. No encontrarse, como era previsto, dos o más personas.

desencuadernar v. t. Quitar la encuadernación.

desenchufar v. t. Quitar el enchufe : *desenchufar el televisor.*

desendiosar v. t. Humillar al que se muestra altanero.

desenfadado, da adj. Desenvuelto, desahogado.

desenfadar v. t. Desenojar.

desenfado m. Desenvoltura.

desenfardar v. t. Abrir y desatar los fardos.

desenfocar v. t. Perder el enfoque. ‖ Fig. Enfocar mal.

desenfoque m. Enfoque defectuoso.

desenfrenado, da adj. Alocado : *baile desenfrenado.* ‖ Inmoderado.

desenfrenar v. t. Quitar el freno : *desenfrenar una caballería.* ‖ — V. pr. Fig. Entregarse al libertinaje, desmandarse. ‖ Desencadenarse alguna fuerza bruta o los elementos.

desenfreno m. Fig. Acción y efecto de desenfrenarse. ‖ Libertinaje.

desenfundar v. t. Sacar de la funda.

desenfurruñar v. t. Calmar el furor (ú. t. c. pr.).

desenganchar v. t. Soltar lo enganchado : *desenganchar dos vagones.* ‖ Quitar de un carruaje las caballerías.

desengañado, da adj. Desilusionado (ú. t. c. s.).

desengañador, ra adj. y s. Que desengaña.

desengañar v. t. Hacer conocer el error. ‖ Desilusionar, decepcionar. ‖ Quitarle a uno las ilusiones.

desengaño m. Conocimiento del error. ‖ Decepción : *llevarse un desengaño.* ‖ — Pl. Desilusiones que se experimentan en la vida.

desengarzar v. t. Quitar el engarce.

desengastar v. t. Sacar una cosa de su engaste.

desengrasar v. t. Quitar la grasa. ‖ Limpiar de grasa. ‖ Quitar el sabor de grasa. ‖ — V. i. *Fig.* Adelgazar mucho.

desenhebrar v. t. Sacar la hebra de la aguja.

desenjaular v. t. Sacar de la jaula.

desenlace m. Acción y efecto de desenlazar o desenlazarse. ‖ Final de un suceso, de un poema dramático, de una novela, de una película, etc.

desenlazar v. t. Soltar lo que está atado. ‖ *Fig.* Dar desenlace o solución a un asunto o problema.

desenmarañar v. t. Desembrollar lo enmarañado. ‖ *Fig.* Aclarar un asunto embrollado.

desenmascarar v. t. Quitar la máscara. ‖ *Fig.* Descubrir lo que una persona o cosa es en realidad.

desenmohecer v. t. Quitar el moho. ‖ Desentumecer.

desenmudecer v. i. Romper a hablar el que no lo había hecho desde hacía mucho tiempo.

desenojar v. t. Quitar o calmar el enojo. ‖ — V. pr. Distraerse.

desenojo m. Apaciguamiento, desaparición del enojo.

desenredar v. t. Desembrollar. ‖ *Fig.* Poner en orden lo enredado. ‖ Resolver una intriga, etc. ‖ — V. pr. *Fig.* Salir de apuro.

desenredo m. Acción y efecto de desenredar o desenredarse.

desenrollar v. t. Extender una cosa arrollada.

desenroscar v. t. Deshacer lo enroscado.

desensamblar v. t. Separar dos cosas que estaban ensambladas.

desensartar v. t. Soltar lo ensartado : *desensartar cuentas.*

desensibilizar v. t. Quitar la sensibilidad.

desensillar v. t. Quitar la silla a una caballería.

desentenderse v. pr. No querer saber nada de un asunto. ‖ Fingir que no se entiende algo.

desenterramiento m. Acción y efecto de desenterrar.

desenterrar v. t. Sacar lo enterrado. ‖ Exhumar. ‖ *Fig. y fam.* Recordar cosas ya olvidadas.

desentonadamente adv. Con desentono.

desentonar v. i. *Mús.* Estar fuera de tono : *desentonar un instrumento, la voz.* ‖ *Fig.* Salir del tono, chocar.

desentono m. Acción y efecto de desentonar.

desentorpecer v. t. Desentumecer : *desentorpecer las piernas.*

desentrampar v. t. Quedar libre de deudas (ú. t. c. pr.).

desentrañar v. t. Sacar las entrañas. ‖ *Fig.* Indagar, adivinar : *desentrañar un misterio.*

desentrenar v. t. No entrenar lo suficiente (ú. t. c. pr.).

desentumecer v. t. Hacer que un miembro entorpecido recobre su agilidad y soltura (ú. t. c. pr.).

desentumecimiento m. Acción y efecto de desentumecer.

desenvainar v. t. Sacar de la vaina.

desenvoltura f. *Fig.* Desembarazo, desenfado. ‖ Facilidad, soltura.

desenvolver v. t. Deshacer lo envuelto : *desenvolver un paquete.* ‖ Extender lo arrollado. ‖ *Fig.* Aclarar un asunto embrollado. ‖ — V. pr. Desarrollarse. ‖ *Fig.* Salir adelante, arreglárselas. ‖ Salir de apuro.

desenvolvimiento m. Desarrollo, acción y efecto de desenvolver.

desenvuelto, ta adj. *Fig.* Que tiene desenvoltura : *aire desenvuelto.*

deseo m. Aspiración por el conocimiento o la posesión de algo : *según sus deseos.* ‖ Lo que se desea : *tener muchos deseos.* ‖ Voto : *deseos de felicidad.* ‖ Apetito sexual. ‖ *A medida de sus deseos, según su gusto.*

deseoso, sa adj. Que desea (ú. t. c. s.). ‖ Obsequioso, atento.

desequilibrado, da adj. y s. Falto de equilibrio normal o mental.

desequilibrar v. t. Hacer perder el equilibrio normal o mental.

desequilibrio m. Falta de equilibrio.

deserción f. Acción y efecto de desertar.

desertar v. i. Abandonar el soldado sus banderas. ‖ Pasarse al enemigo. ‖ *Fig. y fam.* Dejar de frecuentar.

desértico, ca adj. Desierto.

desertización f. Transformación de una región en desierto. ‖ Abandono de los habitantes de un lugar.

desertizar v. t. Transformar en desierto. ‖ Abandonar un lugar.

desertor, ra adj. Que deserta (ú. t. c. s.).

desescalada f. Disminución progresiva de la tensión y de los riesgos de conflicto.

desescolarización f. Acción y efecto de desescolarizar.

desescolarizar v. t. Dejar sin escuela a los niños o suprimir las existentes.

desespañolización f. Acción y efecto de desespañolizar.

desespañolizar v. t. Quitar el carácter español (ú. t. c. pr.).

desesperación f. Pérdida total de esperanza. ‖ *Fig.* Cólera, enojo : *causar desesperación.* ‖ *Ser una desesperación,* ser sumamente molesto.

desesperado, da adj. Poseído de desesperación (ú. t. c. s.). ‖ Que no tiene esperanzas, deshauciado : *enfermo en estado desesperado.* ‖ *A la desesperada,* como último recurso.

desesperante adj. Que desespera.

desesperanza f. Desesperación.

desesperanzador, ra adj. Que hace perder la esperanza.

desesperanzar v. t. Quitar la esperanza. ‖ — V. pr. Quedarse sin esperanza.

desesperar v. t. Quitar la esperanza. ‖ *Fam.* Irritar, exasperar : *este niño me desespera* (ú. t. c. pr.). ‖ — V. i. No tener esperanza : *desespero de que venga mi tío.* ‖ — V. pr. Perder la esperanza. ‖ Apesadumbrarse.

desestabilización f. Ruptura del equilibrio en política.

desestabilizador, ra adj. Que desestabiliza.

desestabilizar v. t. Romper el equilibrio.

desestalinización f. Medidas tomadas para combatir el estalinismo.

desestimación f. Acción y efecto de desestimar.

desestimar v. t. Tener en poco. ‖ Despreciar. ‖ Denegar, rechazar.

desestructuración f. Acción y efecto de desestructurar.

desestructurar v. t. Suprimir la estructura.

desfacedor, ra adj. Dícese de la persona que deshace (ú. t. c. s.). ‖ *Desfacedor de entuertos,* deshacedor de agravios.

desfachatez f. *Fam.* Descaro.

desfalcar v. t. Rebajar. ‖ Malversar.

desfalco m. Acción de desfalcar.

desfallecer v. t. Debilitar, causar desfallecimiento. ‖ — V. i. Debilitarse mucho, quedar sin fuerzas. ‖ Desmayarse.

desfallecimiento m. Debilidad. ‖ Desmayo.

desfasado, da adj. Fuera de fase. ‖ Descentrado, que no se halla en su centro. ‖ Fuera de las circunstancias del momento.

desfasaje m. Defasaje.

desfasar v. t. *Electr.* Establecer una diferencia de fase entre los fenómenos alternativos que tienen la misma frecuencia. ‖ *Fig.* Estar desfasado.

desfase m. Condición de desfasado.

desfavorable adj. Contrario, poco favorable o ventajoso : *medidas muy desfavorables para los parados.*

desfavorecer v. t. Dejar de favorecer.

desfibrar v. t. Eliminar las fibras : *desfibrar plantas textiles.*

desfigurar v. t. Deformar el semblante o el cuerpo : *una cicatriz le desfigura.* ‖ *Fig.* Alterar, falsear : *desfigurar la verdad.* ‖ Disfrazar : *desfigurar la voz.* ‖ Disimular, velar las formas.

DE

desfiladero m. Paso estrecho entre montañas.

desfilar v. i. Marchar en fila : *desfilar la tropa.* ‖ Ir, pasar o salir uno tras otro : *desfilar en fila india.*

desfile m. Acción y efecto de desfilar. ‖ Gente que desfila.

desfloración f. y **desfloramiento** m. Acción y efecto de desflorar.

desflorar v. t. Ajar, quitar la flor o el lustre. ‖ Desvirgar. ‖ *Fig.* Tratar un asunto sin profundizarlo.

desfogar v. t. Dar salida a. ‖ *Fig.* Dar rienda suelta a una pasión : *desfogar la cólera* (ú. t. c. pr.).

desfogue m. Acción de desfogar.

desfondamiento m. Desfonde.

desfondar v. t. Romper o quitar el fondo : *desfondar una caja.* ‖ Quitar o perder las fuerzas, el fondo, agotar (ú. t. c. pr.).

desfonde m. Acción y efecto de desfondar. ‖ *Fig.* Agotamiento.

desforestación f. Acción y efecto de desforestar.

desforestar v. t. Destruir los bosques.

desfruncir v. t. Quitar los frunces.

desgaire m. Descuido, desaliño. ‖ Desgarbo : *andar con desgaire.* ‖ Ademán de desprecio.

desgajar v. t. Arrancar con violencia una rama del tronco. ‖ Despedazar, romper. ‖ Separar, apartar. ‖ — V. pr. Desprenderse, soltarse una cosa de otra. ‖ *Fig.* Apartarse.

desgalichado, da adj. *Fam.* Desgarbado o desaliñado : *mujer desgalichada* (ú. t. c. s.).

desgana f. Falta de apetito. ‖ *Fig.* Falta de ganas, aversión : *trabajar con desgana,* a desgana.

desganado, da adj. Sin apetito. ‖ Sin ganas.

desganar v. t. Cortar el apetito, la gana. ‖ — V. pr. Perder el apetito.

desgañitarse v. pr. Gritar muy fuerte y largo tiempo.

desgarbado, da adj. Sin garbo.

desgarbo m. Ausencia de garbo.

desgarrador, ra adj. Que desgarra.

desgarramiento m. Rotura de una tela o de un músculo.

desgarrar v. t. Rasgar : *desgarrar un vestido.* ‖ *Fig.* Destrozar : *desgarrar el corazón.* ‖ Lastimar : *la tos le desgarraba el pecho.*

desgarro m. Desgarrón. ‖ Rotura muscular. ‖ *Fig.* Bravuconería. ‖ Descaro. ‖ *Amer.* Escupitajo.

desgarrón m. Rotura grande en la ropa. ‖ Jirón, colgajo.

desgastar v. t. Deteriorar poco a poco por el roce o el uso. ‖ *Fig.* Pervertir. ‖ — V. pr. *Fig.* Debilitarse.

desgaste m. Deterioro progresivo. ‖ Debilitación.

desglosar v. t. Separar, apartar un tema de otros. ‖ Separar un escrito de otros, particularmente un documento de una pieza de autos judiciales. ‖ Hacer el desglose de una película. ‖ Distribuir ciertos gastos entre varias partidas.

desglose m. Acción y efecto de desglosar. ‖ División de un guión de película en cierto número de planos. ‖ Repartición de los gastos. ‖ Separación.

desgobernar v. t. Gobernar mal.

desgobierno m. Falta de gobierno.

desgracia f. Suerte desfavorable : *labrarse la propia desgracia.* ‖ Revés, acontecimiento adverso : *sufrir muchas desgracias.* ‖ Pérdida del valimiento : *caer en desgracia.* ‖ Suceso en que hay muertos o heridos : *en esta casa ha ocurrido una desgracia.* ‖ Falta de gracia, torpeza. ‖ *Por desgracia,* desgraciadamente.

desgraciado, da adj. Que no tiene suerte (ú. t. c. s.). ‖ Funesto : *empresa desgraciada.* ‖ Falto de gracia o atractivo. ‖ Desagradable. ‖ *Fig.* Ser un desgraciado, ser un don nadie.

desgraciar v. t. Estropear, echar a perder. ‖ Lisiar, herir. ‖ *Fam.* Deshonrar a una mujer. ‖ — V. pr. Enemistarse. ‖ Salir mal, malograrse : *desgraciarse un plan.*

desgranar v. t. Sacar los granos : *desgranar una espiga.* ‖ Pasar las cuentas de un rosario. ‖ Decir, soltar : *desgranar estupideces.* ‖ — V. pr. Soltarse lo ensartado : *desgranarse un collar.*

189

desgrane m. Acción y efecto de desgranar o desgranarse.

desgravación f. Rebaja, disminución. ‖ Supresión.

desgravar v. t. Rebajar o suprimir un impuesto o un derecho arancelario.

desgreñado, da adj. Despeinado.

desgreñar v. t. Enmarañar los cabellos. ‖ — V. pr. Reñir, tirándose del pelo : *desgreñarse dos vecinas.*

desguace m. Acción y efecto de desguazar : *el desguace de un buque.*

desguanzarse v. pr. *Méx.* Desfallecer.

desguanzo m. *Fam. Méx.* Falta de vigor.

desguarnecer v. t. Quitar la guarnición o adornos : *desguarnecer un salón.* ‖ *Mil.* Retirar las fuerzas de una plaza : *desguarnecer un fuerte.*

desguazar v. t. Desbastar la madera. ‖ Deshacer un barco o un automóvil.

desguince m. Esguince.

deshabillé m. (pal. fr.). Galicismo por bata, traje de casa, salto de cama.

deshabitado, da adj. Donde no vive nadie : *edificio deshabitado.*

deshabitar v. t. Dejar de habitar una casa. ‖ Dejar sin habitantes.

deshabituar v. t. Desacostumbrar (ú. t. c. pr.).

deshacedor, ra adj. y s. Que deshace. ‖ *Deshacedor de agravios o de entuertos,* el que los hace desaparecer.

deshacer v. t. Destruir lo hecho : *deshacer la cama.* ‖ Derrotar : *deshacer un ejército.* ‖ Anular : *deshacer un contrato.* ‖ Derretir : *el sol deshace la nieve.* ‖ Disolver : *deshacer un terrón de azúcar.* ‖ Dividir. ‖ *Fig.* Desbaratar : *deshacer una intriga, unos planes.* | Desandar el camino. | *Deshacer agravios, vengarlos.* ‖ — V. pr. Descomponerse : *deshacerse las nubes en lluvia.* ‖ *Fig.* Trabajar con ahínco : *deshacerse por conseguir algo.* | Hacer todo lo que se puede : *cuando vine aquí se me deshizo por mí.* | Impacientarse. | Afligirse mucho. | Estropearse. | Extenuarse. ‖ — *Deshacerse de,* desembarazarse. | *Deshacerse en atenciones o cumplidos,* tener muchas atenciones. | *Deshacerse por una cosa,* anhelarla.

desharrapado, da adj. Andrajoso, harapiento (ú. t. c. s.).

deshecho, cha adj. Sin hacer. | Destruido. | Anulado. ‖ Derretido. | Disuelto. | Dividido. | Desbaratado. | Descompuesto. ‖ *Fig.* Molido, extenuado. | Abatido.

deshelar v. t. Derretir lo que está helado (ú. t. c. pr.).

desherbar v. t. Arrancar las hierbas.

desheredado, da adj. y s. Que no tiene dones naturales ni tampoco bienes de fortuna (ú. t. c. s.). ‖ Excluido de una herencia (ú. t. c. s.).

desheredamiento m. Acción y efecto de desheredar.

desheredar v. t. Excluir de la herencia : *desheredar a sus hijos.*

deshermanar v. t. Destruir la igualdad o semejanza entre dos cosas.

deshidratación f. Acción y efecto de deshidratar.

deshidratar v. t. *Quím.* Quitar a un cuerpo el agua que contiene.

deshidrogenación f. Acción y efecto de deshidrogenar.

deshidrogenar v. t. *Quím.* Quitar a una sustancia el hidrógeno que contiene.

deshielo m. Acción y efecto de deshelar o deshelarse. ‖ Ruptura de la capa de hielo que cubre los ríos y las aguas polares durante la primavera.

deshilar v. t. Sacar los hilos de un tejido.

deshilvanado, da adj. Sin hilvanes. ‖ *Fig.* Sin enlace ni trabazón.

deshilvanar v. t. Quitar hilvanes : *deshilvanar lo cosido.* ‖ *Fig.* Dejar sin trabazón o enlace.

deshinchar v. t. Quitar la hinchazón. ‖ Desinflar : *deshinchar un globo.* ‖ *Fig.* Dar rienda suelta a su cólera. ‖ — V. pr. Desaparecer la hinchazón. ‖ *Fig. y fam.* Deponer el orgullo.

deshipotecar v. t. Levantar la hipoteca : *deshipotecar una finca.*

deshojar v. t. Quitar las hojas a una planta o los pétalos a una flor. ‖ — V. pr. Caerse las hojas.

deshoje m. Caída de las hojas.

deshollinador, ra adj. y s. Que deshollina. ‖ — M. Utensilio para deshollinar chimeneas.

deshollinar v. t. Limpiar de hollín.

deshonestidad f. Indecencia, falta de honestidad, inmoralidad. ‖ Dicho o hecho deshonesto.

deshonesto, ta adj. Falto de honestidad, inmoral, indecente.

deshonor m. Pérdida del honor. ‖ Afrenta, deshonra.

deshonra f. Pérdida de la honra. ‖ Cosa deshonrosa. ‖ *Tener uno a deshonra una cosa,* juzgarla indigna.

deshonrador, ra adj. Que deshonra (ú. t. c. s.).

deshonrar v. t. Quitar la honra (ú. t. c. pr.). ‖ Injuriar. ‖ Hacer perder la virginidad a una mujer.

deshonroso, sa adj. Indecente, vergonzoso, afrentoso.

deshora f. Tiempo inoportuno. ‖ *A deshora o a deshoras,* fuera de tiempo o de ocasión.

deshuesar v. t. Quitar el hueso.

deshumanización f. Acción y efecto de deshumanizar.

deshumanizar v. t. Quitar el carácter humano.

deshumano, na adj. Inhumano.

deshumedecer v. t. Quitar la humedad.

desiderátum m. Lista o serie de cosas que se desean tener. (Pl. *desiderata.*)

desidia f. Negligencia, dejadez. ‖ Pereza, inercia.

desidioso, sa adj. y s. Negligente, despreocupado.

desierto, ta adj. Despoblado, deshabitado : *comarca desierta.* ‖ Donde hay muy poca gente : *calle desierta.* ‖ Solitario : *lugar desierto.* ‖ Dícese del concurso o subasta en que nadie toma parte o en que no se concede el premio o la plaza. ‖ — M. Lugar arenoso, árido y despoblado.

designación f. Nombramiento. ‖ Señalamiento : *designación de sus sucesores.* ‖ Nombre : *designación de un objeto.*

designar v. t. Nombrar, destinar para un fin determinado : *designar a un embajador.* ‖ Denominar, llamar. ‖ Fijar : *designar el lugar.*

designio m. Proyecto. ‖ Propósito.

desigual adj. No igual, diferente. ‖ Escabroso, cubierto de aspereza. ‖ *Fig.* Cambiadizo (dicho del cielo). | Inconstante, irregular : *tiempo, alumno desigual.*

desigualar v. t. Hacer desigual.

desigualdad f. Falta de igualdad, diferencia. ‖ Aspereza de un terreno. ‖ Expresión algebraica que indica la falta de igualdad entre dos cantidades : *la desigualdad se indica con los signos* (>) *y* (<) : *a > b = a mayor que b; a < b = a menor que b.*

desilusión f. Pérdida de las ilusiones. ‖ Desengaño.

desilusionar v. t. Hacer perder las ilusiones, engañar. ‖ Decepcionar. ‖ — V. pr. Desengañarse.

desimanación y desimantación f. Pérdida de la imantación.

desimpresionar v. t. Quitar la impresión, el asombro (ú. t. c. pr.).

desincrustar v. t. Quitar las incrustaciones.

desindexación f. Supresión de la indexación.

desindexar v. t. Quitar la indexación.

desinencia f. *Gram.* Terminación de una palabra.

desinencial adj. Perteneciente o relativo a la desinencia.

desinfección f. Acción y efecto de desinfectar.

desinfectador, ra adj. Que desinfecta.

desinfectante adj. Dícese del producto que desinfecta (ú. t. c. s. m.).

desinfectar v. t. Destruir los gérmenes nocivos.

desinficionar v. t. Desinfectar.

desinflamación f. Desaparición de la inflamación.

desinflamar v. t. Hacer desaparecer la inflamación (ú. t. c. pr.).

desinflar v. t. Sacar el aire o gas de un cuerpo inflado (ú. t. c. pr.). ‖ Aminorar la importancia de algo. | Desanimar, decepcionar. ‖ — V. pr. *Fam.* Acobardarse, rajarse.

desintegración f. Descomposición. ‖ Disgregación. ‖ Transformación espontánea del núcleo del átomo.

desintegrador m. Máquina para desintegrar o pulverizar.

desintegrar v. t. Separar los elementos que forman un todo. ‖ — V. pr. Disgregarse. ‖ Hablando del átomo radiactivo, transformarse espontáneamente el núcleo, dando origen a una radiación.

desinterés m. Falta de interés. ‖ Desprendimiento.

desinteresado, da adj. Que no está movido por el interés. ‖ Desprendido (ú. t. c. s.). ‖ Liberal (ú. t. c. s.).

desinteresarse v. pr. No mostrar ningún interés por una cosa : *se desinteresaba por todo lo ajeno.*

desintoxicación f. Acción y efecto de desintoxicar o desintoxicarse.

desintoxicar v. t. Suprimir la intoxicación (ú. t. c. pr.).

desistimiento m. Acción y efecto de desistir.

desistir v. i. Renunciar a una empresa o intento. ‖ *For.* Abandonar un derecho. ‖ Cuando hay varias votaciones seguidas para un mismo puesto, no presentar su candidatura después de la primera.

deslastrar v. t. Quitar lastre.

deslavazado, da adj. *Fig.* Descosido, sin ilación, desordenado.

desleal adj. Falto de lealtad (ú. t. c. s.). ‖ Dícese del comercio o comerciante que se valen de prácticas deshonestas o poco ortodoxas para vender sus productos en el mercado.

deslealtad f. Falta de lealtad.

desleimiento m. Acción y efecto de desleír o desleírse.

desleír v. t. Disolver un cuerpo sólido en otro líquido.

deslenguado, da adj. *Fig.* Mal hablado, grosero (ú. t. c. s.).

deslenguamiento m. *Fig. y fam.* Insolencia, grosería.

deslenguar v. t. Cortar la lengua. ‖ — V. pr. *Fig. y fam.* Hablar con insolencia o groseramente.

desliar v. t. Deshacer un lío, desatar : *desliar un paquete.*

desligadura f. Acción y efecto de desligar o desligarse.

desligar v. t. Desatar, quitar las ligaduras. ‖ *Fig.* Separar. | Eximir de una obligación (ú. t. c. pr.). ‖ — V. pr. Desapegarse : *desligarse de su familia.*

deslindador, ra adj. Que deslinda. Ú. t. c. s. : *deslindadores comarcanos.*

deslindamiento m. Deslinde.

deslindar v. t. Limitar, poner los lindes a un lugar : *deslindar una heredad.* ‖ *Fig.* Delimitar, poner límite.

deslinde m. Acción de deslindar.

desliz m. Acción y efecto de deslizar o deslizarse. ‖ *Fig.* Falta, equivocación. | Desacierto.

deslizamiento m. Acción y efecto de deslizar. ‖ *Fig.* Desliz.

deslizar v. t. Resbalar (ú. t. c. pr.). ‖ — V. t. Poner algo en un sitio u obrar con disimulo : *deslizar una carta en su bolso.* | Decir : *le deslizó unas palabras.* ‖ — V. pr. Escurrirse. | Escaparse, evadirse. ‖ *Fig.* Introducirse : *se ha deslizado una falta.* | Caer en una flaqueza : *deslizarse en el vicio.* | Pasar el tiempo. | Incurrir en un error, falta.

deslomar v. t. Derrengar, moler. ‖ — V. pr. *Fam.* Trabajar mucho.

deslucido, da adj. Falto de brillo.

deslucimiento m. Falta de lucimiento.

deslucir v. t. Quitar la gracia o belleza a una cosa : *deslucir el discurso, el estilo.* ‖ *Fig.* Desacreditar.

deslumbrador, ra adj. Que deslumbra.

deslumbramiento m. Ofuscación de la vista por exceso de luz. ‖ *Fig.* Ceguera del entendimiento.

deslumbrante adj. Que deslumbra.

deslumbrar v. t. Ofuscar la vista un exceso de luz. ‖ *Fig.* Causar mucha impresión algo que no tiene gran valor.

deslustrar v. t. Quitar el lustre. ‖ Quitar la transparencia al vidrio. ‖ *Fig.* Deslucir. | Desacreditar.

deslustre m. Falta de lustre o de brillo. ‖ *Fig.* Descrédito.

desmadejado, da adj. *Fig.* Sin energía. | Desgarbado.

desmadejamiento m. *Fig.* Flojedad, falta de energía. | Desgarbo.

desmadejar v. t. *Fig.* Debilitar mucho.

desmadrarse v. pr. Propasarse, obrar sin convencionalismos.

desmadre m. Desbarajuste. ‖ Caos, confusión. ‖ Jolgorio, juerga.

desmallar v. t. Deshacer las mallas : *desmallar una red*.

desmán m. Exceso, abuso : *cometer desmanes*. ‖ Desdicha. ‖ Mamífero insectívoro parecido al musgaño.

desmandado, da adj. Desobediente. ‖ Indómito. ‖ Desbandado.

desmandarse v. pr. Descomedirse, pasarse de la raya. ‖ Desobedecer. ‖ Insubordinarse.

desmano (a) loc. adv. Fuera de alcance. ‖ Fuera del camino seguido.

desmantelado, da adj. Dícese de la casa mal cuidada o desamueblada. ‖ *Fig.* Desamparado.

desmantelamiento m. Acción de desmantelar. ‖ *Fig.* Desamparo.

desmantelar v. t. *Fig.* Desamueblar una casa. | Desorganizar : *desmantelar una organización.* ‖ *Mar.* Desarbolar. | Desarmar y desaparejar un barco. ‖ Desmontar, deshacer.

desmaña f. Falta de maña.

desmañado, da adj. y s. Falto de maña y habilidad, torpe.

desmaquillador, ra adj. Dícese del producto para quitar el maquillaje (ú. t. c. s. m.).

desmaquillar v. t. Quitar el maquillaje.

desmarcar v. t. Borrar una marca. ‖ — V. pr. En el fútbol y otros deportes, liberarse de la vigilancia del adversario (ú. t. c. t.).

desmayado, da adj. Dícese del color apagado. ‖ *Fig.* Sin fuerzas. | Muy hambriento. | Desanimado.

desmayar v. t. Provocar desmayo. ‖ — V. pr. Perder el sentido.

desmayo m. Pérdida del sentido. ‖ Pérdida de las fuerzas físicas o morales.

desmedido, da adj. Desproporcionado, falto de mesura.

desmedirse v. pr. Excederse.

desmedrado, da adj. Enclenque, flaco, débil.

desmedrar v. t. Deteriorar (ú. t. c. pr.). ‖ — V. i. Debilitarse.

desmedro m. Acción y efecto de desmedrar o desmedrarse.

desmejoramiento m. Deterioro. ‖ Empeoramiento de la salud.

desmejorar v. t. Hacer perder el lustre y perfección. ‖ — V. i. y pr. Ir perdiendo la salud. ‖ Empeorar.

desmelenamiento m. Acción y efecto de desmelenarse.

desmelenar v. t. Desordenar el pelo, despeinar. ‖ — V. pr. *Fig.* Dejarse llevar por una pasión.

desmembración f. y **desmembramiento** m. Acción de desmembrar.

desmembrar v. t. Separar los miembros del cuerpo. ‖ *Fig.* Dividir : *desmembrar un Estado.*

desmemoriado, da adj. y s. Olvidadizo, falto de memoria.

desmemoriarse v. pr. Olvidarse, faltar a uno la memoria.

desmentido m. Mentís.

desmentir v. t. e i. Decir a uno que miente : *desmentir a un falso testigo.* ‖ Negar : *desmentir una noticia.* ‖ *Fig.* No corresponder : *desmentir el linaje de su noble familia.*

desmenuzamiento m. Acción y efecto de desmenuzar.

desmenuzar v. t. Dividir en trozos pequeños : *desmenuzar el pan.* ‖ *Fig.* Examinar minuciosamente : *desmenuzar un proyecto.*

desmerecedor, ra adj. Que desmerece.

desmerecer v. t. No ser digno de algo : *desmerecer el cargo que ocupa.* ‖ — V. i. Perder mérito o valor. ‖ No valer tanto una cosa como otra.

desmerecimiento m. Demérito.

desmesura f. Falta de mesura.

desmesurado, da adj. Excesivo.

desmesurar v. t. Desordenar. ‖ — V. pr. *Fig.* Descomedirse.

desmigajar y **desmigar** v. t. Hacer migajas (ú. t. c. pr.).

desmilitarización f. Acción y efecto de desmilitarizar.

desmilitarizar v. t. Quitar el carác-

ter militar. ‖ Prohibir toda instalación o actividad militar.

desmineralización f. *Med.* Pérdida anormal de los principios minerales necesarios al organismo, como fósforo, potasio, calcio, etc.

desmineralizar v. t. Hacer perder la condición de mineral.

desmirriado, da adj. *Fam.* Flaco, enclenque : *un niño desmirriado.*

desmitificación f. Acción de desmitificar.

desmitificar v. t. Quitar el carácter mítico.

desmochar v. t. Quitar la parte superior de una cosa : *desmochar árboles.* ‖ *Fig.* Mutilar una obra.

desmoche m. Acción y efecto de desmochar.

Des Moines. V. DES.

desmonetización f. Acción y efecto de desmonetizar.

desmonetizar v. t. Quitar a la moneda o a un papel moneda su valor legal.

desmontable adj. Que se puede desmontar : *aparato desmontable.* ‖ — M. *Autom.* Palanca usada para desmontar los neumáticos.

desmontaje m. Acción y efecto de desmontar.

desmontar v. t. Quitar algo del conjunto del que forma parte : *desmontar un neumático.* ‖ Desarmar : *desmontar una máquina.* ‖ Rozar, talar el monte : *desmontar árboles, matas.* ‖ Allanar un terreno. ‖ Bajar del disparador la llave de un arma de fuego o descargar ésta. ‖ Echar a tierra al jinete una caballería. ‖ — V. i. y pr. Bajar del caballo, apearse.

desmonte m. Acción y efecto de desmontar. ‖ Paraje desmontado. ‖ *Amer.* Desecho de los minerales en la boca de la mina.

desmoralización f. Desánimo.

desmoralizador, ra adj. y s. Que desmoraliza : *libro desmoralizador.*

desmoralizar v. t. Corromper las costumbres : *desmoralizar con el mal ejemplo.* ‖ Desalentar (ú. t. c. pr.).

desmoronamiento m. Acción y efecto de desmoronar o desmoronarse : *el desmoronamiento del muro.*

desmoronar v. t. Deshacer y arruinar poco a poco los edificios (ú. t. c. pr.). ‖ Disgregar lentamente una cosa. ‖ *Fig.* Destruir poco a poco. ‖ — V. pr. *Fig.* Ir decayendo hasta desaparecer : *desmoronarse un imperio, el crédito.*

desmovilizable adj. Que puede ser desmovilizado.

desmovilización f. Acción y efecto de desmovilizar.

desmovilizador, ra adj. Que desmoviliza.

desmovilizar v. t. Licenciar tropas : *desmovilizar una quinta.* ‖ *Fig.* Quitar energía o entusiasmo por una causa.

desmultiplicación f. Acción y efecto de desmultiplicar.

desmultiplicar v. t. Reducir la velocidad por medio de un sistema de transmisión.

desnacionalización f. Acción y efecto de desnacionalizar.

desnacionalizar v. t. Quitar el carácter nacional.

desnatar v. t. Quitar la nata.

desnaturalización f. Acción y efecto de desnaturalizar.

desnaturalizado, da adj. Que falta a los deberes impuestos por la naturaleza : *padre desnaturalizado.* ‖ Que ha perdido sus cualidades naturales : *alcohol desnaturalizado.*

desnaturalizar v. t. Privar a uno del derecho de naturaleza y patria. ‖ Alterar, desfigurar. ‖ *Fig.* Hacer perder a un producto sus cualidades naturales.

desnitrificar v. t. *Quím.* Extraer el nitrógeno de una sustancia.

desnivel m. Diferencia de alturas entre dos o más puntos. ‖ Elevación o depresión del terreno. ‖ *Fig.* Desequilibrio. ‖ Falta de nivel.

desnivelación f. Acción y efecto de desnivelar o desnivelarse.

desnivelar v. t. Sacar de nivel (ú. t. c. pr.). ‖ *Fig.* Poner en una situación desigual.

Desnoes (Edmundo), escritor cubano, n. en 1930, autor de narraciones (*El cataclismo, Memorias del subdesarrollo,* etc.).

desnucar v. t. Dislocar o romper los

huesos de la nuca (ú. t. c. pr.). ‖ Causar la muerte por un golpe en la nuca (ú. t. c. pr.).

desnuclearización f. Acción y efecto de desnuclearizar.

desnuclearizar v. t. Prohibir la fabricación o la posesión de armas nucleares.

desnudar v. t. Quitar la ropa : *desnudar a un niño para lavarle* (ú. t. c. pr.). ‖ *Fig.* Despojar una cosa de lo que la cubre. ‖ — V. pr. *Fig.* Apartar de sí : *desnudarse de las pasiones.*

desnudez f. Calidad de desnudo.

desnudismo m. Práctica que consiste en exponer el cuerpo desnudo a los agentes naturales, nudismo.

desnudista adj. y s. Que practica el desnudismo, nudista.

desnudo, da adj. Sin ropa. ‖ *Fig.* Sin adorno : *un local desnudo.* | Desprovisto de todo. | Falto de algo no material : *desnudo de talento.* | Sin rebozo, tal y como es : *la verdad desnuda.* ‖ — M. Figura humana desnuda.

desnutrición f. *Med.* Depauperación del organismo por trastornos nutritivos o por falta de alimentos.

desnutrirse v. pr. Padecer desnutrición.

desobedecer v. t. No obedecer.

desobediencia f. Falta de obediencia.

desobediente adj. y s. Que desobedece. ‖ Propenso a desobedecer.

desobstruir v. t. Quitar lo que obstruye : *desobstruir un conducto.*

desocupación f. Falta de ocupación, ocio. ‖ *Amer.* Desempleo.

desocupado, da adj. Ocioso (ú. t. c. s.). ‖ Sin empleo (ú. t. c. s.). ‖ Vacío, sin nadie : *un piso desocupado.*

desocupar v. t. Desalojar, abandonar : *desocupar una casa.* ‖ Desembarazar, vaciar : *desocupar una habitación.* ‖ — V. pr. Liberarse de una ocupación.

desodorante adj. Que destruye los olores molestos (ú. t. c. s. m.).

desodorizar v. t. Hacer desaparecer los olores.

desoir v. t. Desatender, no hacer caso, no prestar atención.

desolación f. Destrucción. ‖ Aflicción, desconsuelo.

desolador, ra adj. Que desuela, asolador. ‖ *Fig.* Que aflige.

desolar v. t. Asolar, devastar : *desolar la guerra una nación.* ‖ — V. pr. *Fig.* Afligirse, entristecerse.

desolidarizarse v. pr. Dejar de ser solidario de alguien.

desolladero m. Lugar donde se desuellan las reses.

desolladura f. Acción y efecto de desollar. ‖ Rasguño, arañazo.

desollar v. t. Despellejar : *desollar una res.* ‖ *Fig.* Hacer. Vender muy caro. | Sacarle a uno todo el dinero : *desollarle a uno vivo.* | Causar grave daño a una persona. | Murmurar de ella acerba o despiadadamente.

desollón m. *Fam.* Rasguño.

desorbitado, da adj. *Fig.* Excesivo.

desorbitar v. t. Hacer que una cosa se salga de su órbita : *ojos desorbitados* (ú. m. c. pr.). ‖ *Fig.* Exagerar : *este periódico desorbita los hechos.*

desorden m. Falta de orden : *un cuarto en desorden.* ‖ Confusión : *desorden político, administrativo.* ‖ Disturbio : *hay muchos desórdenes en el país.* ‖ *Fig.* Desarreglo en la conducta : *vivir en el desorden.* ‖ Trastorno físico : *desorden cerebral.*

desordenado, da adj. Que no tiene orden, descuidado : *persona desordenada.* ‖ Desarreglado : *piso desordenado.* ‖ *Fig.* Que no sigue regla alguna : *vida desordenada.*

desordenar v. t. Poner en desorden : *desordenar la vida privada.* ‖ — V. pr. Salir de la regla, excederse.

desorejar v. t. Cortar las orejas.

desorganización f. Falta de organización.

desorganizador, ra adj. Que desorganiza (ú. t. c. s.).

desorganizar v. t. Desordenar en sumo grado, llenar de confusión o desorden : *desorganizar un servicio público* (ú. t. c. pr.).

desorientación f. Acción y efecto de desorientar.

desorientador, ra adj. Que desorienta (ú. t. c. s.).

DE

191

desorientar v. t. Hacer perder la orientación. || *Fig.* Desconcertar, confundir : *esta pregunta le desorientó.*

desornamentar v. t. Quitar los ornamentos o adornos.

desosar v. t. Quitar los huesos.

desovar v. t. *Zool.* Poner las huevas las hembras de los peces, insectos y anfibios.

desove m. Acción y efecto de desovar. || Época en que tiene lugar.

desoxidación f. Acción y efecto de desoxidar.

desoxidante adj. Que desoxida, que quita el óxido (ú. t. c. s. m.).

desoxidar v. t. *Quím.* Quitar el oxígeno a una sustancia (ú. t. c. pr.). || Limpiar la superficie de un metal del óxido que se ha formado.

desoxigenación f. Acción y efecto de desoxigenar.

desoxigenar v. t. Desoxidar, quitar el oxígeno a : *desoxigenar el aire.*

desoxirribonucleico, ca adj. Dícese de los ácidos nucleicos que constituyen uno de los elementos fundamentales de los cromosomas del núcleo celular.

despabilado, da adj. Despierto. || *Fig.* Espabilado, vivo, listo.

despabilar v. t. *Fig.* Espabilar, quitar la torpeza o timidez excesiva. || — V. pr. Despertarse : *despabilarse temprano.* || Darse prisa.

despacio adv. Lentamente : *andar muy despacio.* || *Amer.* En voz baja. || — Interj. Se emplea para aconsejar moderación o prudencia.

despacioso, sa adj. Lento.

despachar v. t. Hacer : *despachar el correo.* || Enviar : *despachar un paquete.* || Concluir, resolver un negocio. || Vender : *despachar vinos.* || Atender : *despachar a los clientes.* || Despedir : *despachar a un importuno.* || *Fig.* y *fam.* Acabar rápidamente : *despachar un discurso.* | Matar. | Tragarse : *despachar una botella de vino.* || — V. i. Darse prisa (ú. t. c. pr.). || Hablar francamente. Ú. t. c. pr. : *se despachó a sus anchas.*

despacho m. Acción y efecto de despachar. || Envío. || Venta. || Tienda donde se despachan mercancías : *despacho de vinos.* || Oficina : *despacho del director.* || Mesa de una oficina. || Comunicación : *despacho diplomático.* || Título dado para desempeñar un empleo.

despachurramiento m. Aplastamiento.

despachurrar v. t. *Fam.* Aplastar, reventar : *despachurrar un tomate.* | Confundir, apabullar.

despampanante adj. *Fam.* Sorprendente. | Muy divertido o gracioso. | Llamativo.

despampanar v. t. *Agr.* Cortar los pámpanos a las vides. | Quitar los brotes de las plantas. || *Fig.* y *fam.* Sorprender, dejar pasmado. || — *Despampanarse de risa,* reírse mucho.

despanzurrar o **despanchurrar** v. t. *Fam.* Despachurrar (ú. t. c. pr.).

desparejar v. t. Quitar una de las cosas que formaban pareja.

desparejo, ja adj. Dispar. || Descabalado.

desparpajado, da adj. Desenvuelto, descarado.

desparpajo m. *Fam.* Desembarazo, desenvoltura. | Descaro.

desparramado, da adj. Esparcido, disperso. || Derramado.

desparramamiento m. Acción y efecto de desparramar.

desparramar v. t. Esparcir, dispersar. || Derramar, verter. || *Fig.* Disipar, malgastar : *desparramar su caudal.*

despatarrar v. t. *Fam.* Abrir mucho las piernas (ú. t. c. pr.).

despavorido, da adj. Asustado.

despavorirse v. pr. Asustarse.

despectivo, va adj. Despreciativo : *una mirada despectiva.* || *Gram.* Dícese de la palabra que incluye la idea de menosprecio, como *poetastro, villorrio, cafetucho* (ú. t. c. s. m.).

despechar v. t. Causar despecho.

despecho m. Descontento grande debido a un desengaño. || Desesperación. || *A despecho de,* a pesar de.

despechugado, da adj. Con el pecho desnudo, al descubierto.

despechugar v. t. Quitar la pechuga a un ave. || — V. pr. *Fig.* Dejar al

descubierto el pecho y la garganta : *despechugarse para combatir el calor.*

despedazador, ra adj. y s. Que despedaza.

despedazamiento m. Acción y efecto de despedazar.

despedazar v. t. Cortar en pedazos : *despedazar una res.* || *Fig.* Afligir mucho : *despedazar el alma.*

despedida f. Acción y efecto de despedir a uno o despedirse.

despedir v. t. Lanzar, arrojar : *el sol despide rayos de luz.* || Echar : despedir a un empleado, a una persona molesta, a un inquilino. || *Fig.* Difundir, desprender : *despedir luz, olor.* | Apartar de sí : *despedir un mal pensamiento.* || Acompañar al que se marcha : *fui a despedirlo al puerto.* || — V. pr. Saludar al irse : *se fue sin despedirse de nadie.* || Separarse : *nos despedimos en la estación.* || Emplear una expresión de afecto o de cortesía al final de una carta. || *Fig.* Dar algo por perdido : *despídete del libro que le has prestado.* || *Despedirse a la francesa,* irse sin decir adiós.

despegado, da adj. *Fig.* Poco afectuoso en el trato. | Indiferente.

despegar v. t. Separar lo pegado : *despegar varias hojas de un almanaque.* || — V. i. Dejar el suelo un avión o el agua un hidroavión : *despegar el avión de París-Madrid.* || — V. pr. Desapegarse, apartarse : *despegarse de sus amigos.*

despego m. Desapego.

despegue m. Acción y efecto de despegar el avión, el hidroavión, etc.

despeinar v. t. Deshacer el peinado.

despejado, da adj. Que tiene soltura en el trato. || Sin nubes : *cielo despejado.* || Sin estorbos : *camino despejado.* || *Fig.* Claro : *entendimiento despejado.* | Espabilado, listo. | Espacioso, ancho : *plaza despejada.*

despejar v. t. Desocupar un sitio : *despejar el local.* || Desembarazar : *despejar la calle de los escombros.* || *Mat.* Separar la incógnita de la ecuación. || *Fig.* Aclarar, poner en claro : *despejar una situación.* || En deportes, lanzar o enviar la pelota lejos del área de la portería. || — V. pr. Adquirir soltura, espabilarse. | Aclararse, quedar sin nubes : *despejarse el cielo.* || Esparcirse, distraerse. | Tomar el aire para reponerse.

despeje m. Acción y efecto de despejar. || *Dep.* Lanzamiento de la pelota lejos del área de la portería.

despejo m. Despeje.

despelotarse v. pr. *Fam.* Desnudarse. | Morirse de risa. | Desmadrarse.

despelote m. *Fam.* El colmo. | Desmadre. | Despelotarse.

despeluznante adj. Pavoroso.

despeluznar v. t. Despeinar. || Erizar el pelo a causa del miedo (ú. t. c. pr.).

despellejar v. t. Quitar el pellejo, desollar. || *Fig.* Criticar, desollar.

despenalización f. Acción y efecto de despenalizar.

despenalizar v. t. Quitar el carácter punible : *despenalizar el aborto.*

despenar v. t. Matar.

despensa f. Lugar donde se guardan los alimentos en una casa. || Provisiones o comestibles. || Oficio de despensero.

despensero, ra m. y f. Persona encargada de la despensa.

despeñadero m. Precipicio.

despeñamiento m. Acción y efecto de despeñar o despeñarse.

Despeñaperros, desfiladero del centro sur de España, en Sierra Morena, que une la meseta de Castilla la Nueva y el valle del Guadalquivir : 745 m.

despeñar v. t. Precipitar, arrojar desde una eminencia. || — V. pr. Precipitarse, caer.

despepitar v. t. Quitar las pepitas : *despepitar el algodón.* | *Méx.* y *P. Rico.* Quitar la cáscara al café. || *Fam. Amer.* Decir lo que uno tiene callado. || — V. pr. Desgañitarse. | Hablar sin concierto. || *Fig. Despepitarse por una cosa,* anhelarla.

desperdiciador, ra adj. y s. Que desperdicia.

desperdiciamiento m. Acción y efecto de desperdiciar.

desperdiciar v. t. Malgastar, derrochar : *no desperdiciar el dinero.* || Emplear mal una cosa, no sacar provecho de ella.

desperdicio m. Malbaratamiento, derroche. || Residuo que no se puede aprovechar. || *No tener desperdicio,* ser enteramente aprovechable.

desperdigar v. t. Desparramar.

desperezarse v. pr. Estirar los miembros para desentumecerse.

desperfecto m. Ligero deterioro. | Defecto, imperfección.

despersonalización f. Acción y efecto de despersonalizar.

despersonalizar v. t. Perder o hacer perder la personalidad.

despertador, ra adj. Que despierta. || — M. y f. Persona encargada de despertar a los demás. || — M. Reloj con timbre o cualquier otro sonido para despertar. || *Fig.* Estímulo.

despertar m. Acción y efecto de salir de la inactividad : *el despertar de un pueblo.*

despertar v. t. Cortar el sueño : *el ruido me despertó.* || *Fig.* Avivar, traer a la memoria : *despertar recuerdos.* | Suscitar : *despertar interés.* | Excitar : *despertar el apetito.* || — V. i. y pr. Dejar de dormir. || *Fig.* Espabilarse.

despiadado, da adj. Sin piedad.

despido m. Acción y efecto de despedir a un empleado.

despiece m. Descuartizamiento.

despierto, ta adj. Sin dormir. || *Fig.* Espabilado, listo, avispado.

despilfarrador, ra adj. y s. Derrochador.

despilfarrar v. t. Derrochar.

despilfarro m. Derroche.

despintar v. t. Borrar o quitar lo pintado : *la lluvia despintó la fachada.* || *Fig.* Desfigurar, alterar : *despintar un asunto.* || — V. i. *Fig.* Desdecir : *despintar de su casta.*

despiojar v. t. Quitar los piojos.

despistado, da adj. Desorientado. || Distraído : *un tan despistado que hace las cosas al revés* (ú. t. c. s.).

despistar v. t. Hacer perder la pista : *el ciervo despistó a sus perseguidores* (ú. t. c. pr.). || *Fig.* Desorientar. || — V. pr. Extraviarse. || Desorientarse, desconcertarse.

despiste m. Acción de despistarse, desorientación. || Atolondramiento, distracción. || Movimiento brusco que desvía un vehículo de su dirección : *sufrir un despiste.*

desplacer m. Disgusto.

desplacer v. t. Disgustar.

desplantar v. t. Desarraigar ciertos vegetales : *desplantar tomates.*

desplante m. Postura incorrecta. || *Fig.* Descaro, desfachatez.

desplatear v. t. *Amer.* Sacar la plata que cubre un objeto. | Sacar dinero a uno.

desplayado m. *Arg.* Claro en un bosque. | Playa.

desplazamiento m. *Mar.* Espacio que ocupa en el agua un buque hasta su línea de flotación. | Traslado.

desplazar v. t. *Mar.* Desalojar un volumen de agua igual al de la parte sumergida. | Trasladar. | Quitar a uno del lugar que ocupa. || — V. pr. Trasladarse.

desplegable adj. Que se puede desplegar. || — M. Prospecto constituido por una sola hoja doblada en forma de plegado.

desplegar v. t. Extender, desdoblar : *desplegar las banderas.* || *Fig.* Dar muestras de una cualidad, hacer alarde : *desplegar ingenio.* || *Mil.* Hacer pasar del orden compacto al abierto : *desplegar la tropa.*

despliegue m. Acción y efecto de desplegar.

desplomar v. t. Hacer perder la posición vertical. || — V. pr. Perder la posición vertical : *desplomarse un edificio.* || Derrumbarse. || Caer pesadamente. || *Fig.* Caer sin vida o sin sentido. || *Fig.* oír aquellas palabras se desplomó.

desplome m. Acción y efecto de desplomar o desplomarse.

desplumar v. t. Quitar las plumas. || *Fig.* Quitar a uno con engaño lo que tiene, dejarlo sin el dinero.

despoblación f. Acción de despoblar. || Ausencia parcial o total de habitantes en un lugar.

despoblado m. Sitio no poblado.
despoblar v. t. Dejar sin habitantes : *la guerra ha despoblado este país.* ‖ *Fig.* Despojar un sitio de lo que hay en él : *despoblar un campo de árboles, de plantas.* ‖ — V. pr. Quedarse un lugar sin habitantes. ‖ Clarear el pelo : *tenía la frente despoblada.*
despoetizar v. t. Quitar el carácter poético.
despojador, ra adj. y s. Que despoja : *una medida despojadora.*
despojar v. t. Quitarle a uno lo que tiene : *despojar del mando.* ‖ Quitar a una cosa lo que la cubre o adorna. ‖ — V. pr. Desnudarse, quitarse : *despojarse de su abrigo.* ‖ *Fig.* Desprenderse voluntariamente de algo.
despojo m. Acción y efecto de despojar. ‖ Botín del vencedor. ‖ — Pl. Vientre, asadura, cabeza y patas de las reses muertas. ‖ Alones, patas, cabeza, pescuezo y molleja de un ave muerta. ‖ Escombros, materiales de una casa derribada. ‖ Restos mortales, cadáver. ‖ Sobras, residuos.
despolarización f. Acción y efecto de despolarizar.
despolarizar v. t. *Ópt.* y *Electr.* Quitar la polarización.
despolitización f. Acción y efecto de despolitizar.
despolitizar v. t. Suprimir, eliminar el carácter político. ‖ Apartar, separar de la política.
despopularización f. Pérdida de la popularidad.
despopularizar v. t. Quitar la popularidad o el carácter popular.
desportilladura f. Acción de desportillar. ‖ Astilla.
desportillar v. t. Deteriorar el borde de una cosa haciéndole una mella.
desposado, da adj. Recién casado (ú. t. c. s.). ‖ Aprisionado con esposas.
desposar v. t. Autorizar el matrimonio, el párroco o el juez. ‖ Casar. ‖ — V. pr. Contraer esponsales. ‖ Casarse.
desposeer v. t. Quitarle a uno lo que posee. ‖ — V. pr. Desprenderse, renunciar a lo que se posee : *se desposeyó de todo cuanto tenía.*
desposeimiento m. Privación de la posesión de algo.
desposorios m. pl. Promesa mutua de matrimonio. ‖ Matrimonio.
despostar v. t. *Arg.* Descuartizar.
déspota com. Soberano absoluto. ‖ *Fig.* Persona que impone su voluntad a otros.
despótico, ca adj. Tiránico.
despotismo m. Poder absoluto. ‖ Tiranía. ‖ Arbitrariedad. ‖ *Despotismo ilustrado,* en el siglo XVIII, forma de gobierno cuya divisa era "todo para el pueblo, pero sin el pueblo".
despotricar v. i. Hablar mal.
despreciable adj. Que merece desprecio. ‖ De poca monta.
despreciar v. t. Desestimar, tener en poco, desdeñar (ú. t. c. pr.).
despreciativo, va adj. Que indica desprecio : *tono despreciativo.*
desprecio m. Falta de estimación, desdén, menosprecio. ‖ Desaire : *hacer un desprecio.*
desprender v. t. Desunir, separar. ‖ Despedir, emitir. ‖ — V. pr. Separarse, privarse de algo : *se desprendió de sus joyas.* ‖ *Fig.* Deducirse, inferirse : *de todo ello se desprenden dos consecuencias.* ‖ Despegarse, desunirse lo que estaba fijo o pegado. ‖ Quitarse de encima : *no puedo desprenderme de su constante presencia.*
desprendido, da adj. Generoso, desinteresado (ú. t. c. s.).
desprendimiento m. Acción y efecto de desprender : *un desprendimiento de la retina.* ‖ *Fig.* Desapego. ‖ Generosidad. ‖ Caída de tierra. ‖ Representación del descendimiento del cuerpo de Cristo.
despreocupación f. Estado de ánimo libre de preocupaciones.
despreocupado, da adj. y s. Indiferente, que no se preocupa por nada.
despreocuparse v. pr. Librarse de una preocupación. ‖ Desentenderse.
Des Prés. V. DES.
desprestigiar v. t. Quitar el prestigio, desacreditar (ú. t. c. pr.).
desprestigio m. Pérdida de prestigio o de la buena fama.
despresurización f. Acción y efecto de despresurizar.

despresurizar v. t. Quitar la presión.
desprevenido, da adj. Poco precavido, que no está prevenido.
desproporción f. Sin proporción.
desproporcionado, da adj. Que no tiene la proporción conveniente.
desproporcionar v. t. Quitar la proporción a una cosa.
despropósito m. Dicho o hecho que no viene a cuento, falto de sentido : *decir muchos despropósitos.*
desproveer v. t. Quitar a uno lo necesario.
desprovisto, ta adj. Falto de lo necesario : *desprovisto de todo.*
después adv. Indica posterioridad de lugar, de tiempo, de jerarquía o de preferencia.
despulmonarse v. pr. *Fam.* Desgañitarse, gritar mucho.
despuntar v. t. Quitar o gastar la punta : *despuntar unas tijeras.* ‖ Cortar las puntas de los cuernos al ganado. ‖ — V. i. *Bot.* Empezar a brotar las plantas : *ya despunta el trigo.* ‖ Manifestar inteligencia : *muchacho que despunta.* ‖ *Fig.* Destacarse, sobresalir : *mi joven hijo despunta entre los demás.* ‖ Empezar : *al despuntar la aurora.*
despunte m. *Arg.* Leña fina.
desquiciamiento m. Trastorno. ‖ Desequilibrio.
desquiciar v. t. Desencajar o sacar de quicio : *desquiciar una puerta.* ‖ *Fig.* Descomponer, trastornar. ‖ Quitar el aplomo : *un hombre desquiciado.* ‖ Desequilibrar : *la guerra ha desquiciado a muchos hombres.*
desquitar v. t. Recuperar. ‖ Dar una compensación : *desquitar a uno por los estropicios producidos.* ‖ — V. pr. Resarcirse : *desquitarse de una pérdida.* ‖ *Fig.* Tomar satisfacción o venganza de un agravio.
desquite m. Satisfacción que se toma de una ofensa o desprecio.
desratización f. Acción y efecto de desratizar : *campaña de desratización.*
desratizar v. t. Exterminar las ratas.
desrielar v. t. *Amer.* Descarrilar.
desriñonar v. t. Derrengar.
desrizar v. t. Estirar lo rizado.
Dessalines (Jean-Jacques), esclavo negro haitiano (1758-1806), que proclamó la independencia de su país. Nombrado gobernador vitalicio, se dio el título de emperador con el n. de *Jacobo I* (1804). M. asesinado.
Dessau, c. de Alemania Oriental, al SO. de Berlín. Metalurgia.
destacamento m. *Mil.* Porción de tropa destacada.
destacar v. t. *Mil.* Separar de un cuerpo una porción de tropa : *el comandante destacó una compañía para ocupar la loma.* ‖ *Fig.* Hacer resaltar una cosa de modo que sobresalga o se note (ú. t. c. pr.). ‖ Recalcar, subrayar : *hay que destacar la importancia de tal decisión.* ‖ Destinar : ‖ — V. i. y pr. Descollar, sobresalir.
destajista m. Persona que trabaja a destajo.
destajo m. Trabajo que se contrata por un tanto alzado. ‖ — *A destajo,* por un tanto. ‖ *Fam.* Hablar a destajo, hablar demasiado.
destapar v. t. Quitar la tapa, tapadera o tapón a : *destapar la olla, la botella.* ‖ Quitar lo que abriga. Ú. t. c. pr. : *destaparse en la cama.* ‖ — V. pr. *Fig.* Descubrir uno su verdadera manera de ser, sus pensamientos o sus intenciones. ‖ *Fam.* Desnudarse.
destape m. Acción y efecto de destapar o destaparse. ‖ Desnudo pornográfico. ‖ Liberalización de prohibiciones.
destaponar v. t. Quitar el tapón.
destartalado, da adj. Desproporcionado, mal dispuesto.
destechar v. t. Quitar el techo.
destejer v. t. Deshacer lo tejido. ‖ *Fig.* Desbaratar lo tramado.
destellar v. t. Despedir ráfagas de luz, rayos, etc.
destello m. Resplandor momentáneo, ráfaga de luz : *los destellos de un diamante.* ‖ *Fig.* Manifestación inesperada y momentánea de talento.
destemplado, da adj. Falto de mesura. ‖ Disonante, desafinado. ‖ Poco armonioso. ‖ *Med.* Calenturiento. ‖ Desapacible (tiempo).

destemplanza f. Desigualdad del tiempo. ‖ *Med.* Ligera elevación de la temperatura. ‖ *Fig.* Falta de moderación : *destemplanza en el hablar, en el comer.* ‖ Irritabilidad, impaciencia.
destemplar v. t. Alterar el orden o la armonía de una cosa. ‖ Desafinar : *destemplar el violín.* ‖ Quitar el temple : *destemplar el acero.* ‖ — V. pr. *Med.* Tener un poco de fiebre. ‖ *Fig.* Descomponerse, irritarse, perder la moderación en acciones o palabras.
desteñir v. t. Quitar el tinte o color. ‖ — V. pr. Perder su color.
desternillarse v. pr. *Desternillarse de risa,* reírse mucho.
desterrar v. t. Echar a uno de un lugar o territorio : *desterrar a uno por razones políticas.* ‖ *Fig.* Apartar de sí : *desterrar la tristeza.* ‖ Abandonar, hacer abandonar una costumbre. ‖ — V. pr. Expatriarse.
Desterro, bahía al SE. del Brasil (Santa Catarina) en cuya orilla está la c. de Florianópolis.
destetar v. t. Hacer que deje de mamar.
destete m. Acción de destetar.
destiempo (a) expr. adv. Fuera de tiempo, en mal momento.
destierro m. Pena que consiste en echar a una persona de su lugar de nacimiento o residencia. ‖ Situación del que está desterrado. ‖ Lugar donde reside el desterrado.
destilación f. Acción de destilar. ‖ Lo producido por esta operación.
destilador, ra adj. Que destila. ‖ — M. y f. Persona que destila agua o licores. ‖ — M. Filtro. ‖ Alambique.
destilar v. t. Evaporar una sustancia para separarla de otras y reducirla después a líquido : *destilar vino.* ‖ Filtrar. ‖ *Fig.* Contener algo que va desprendiendo : *este libro destila amargura.* ‖ — V. i. Correr gota a gota una cosa líquida. Ú. t. c. t. : *la llaga destila pus.*
destilería f. Lugar donde se destila : *destilería de ron.*
destinación f. Acción de destinar.
destinar v. t. Determinar el empleo de una persona o cosa : *destinar a su hijo al foro ; edificio destinado a oficinas.* ‖ Asignar a una persona el sitio donde ha de servir un cargo, etc. : *destinado a Burgos.* ‖ — V. pr. Tener pensado el empleo de que se va a ocupar.
destinatario, ria m. y f. Persona a quien se dirige una cosa.
destino m. Hado, sino : *un destino desgraciado.* ‖ Fin por el cual se designa una cosa : *este edificio ha cambiado de destino.* ‖ Destinación, sitio a donde se dirige algo o alguien : *buque con destino a Buenos Aires.* ‖ Empleo, colocación : *obtener un destino en Correos.* ‖ Uso, aplicación.
destitución f. Acción y efecto de destituir.
destituir v. t. Quitar a uno su cargo : *destituir a un funcionario.*
destocar v. t. Despeinar. ‖ — V. pr. Quitarse el sombrero.
destorcer v. t. Deshacer lo retorcido. ‖ Enderezar lo torcido.
destornillado, da adj. y s. *Fig.* Atolondrado. ‖ Chiflado, loco.
destornillador m. Instrumento para atornillar y destornillar.
destornillar v. t. Dar vueltas a un tornillo para quitarlo. ‖ — V. pr. *Fig.* Perder el juicio.
Destorrents (Ramón), pintor español de la escuela catalana de mediados del s. XIV, autor de retablos de estilo gótico. — Su hijo o nieto, RAFAEL (¿1375-1410 ?), fue notable miniaturista.
destrabar v. t. Quitar las trabas.
destreza f. Habilidad.
destripador, ra adj. Que destripa (ú. t. c. s.).
destripamiento m. Acción y efecto de destripar.
destripar v. t. Quitar o sacar las tripas : *el toro destripó un caballo.* ‖ Abrir la tripa. ‖ *Fig.* Reventar, sacar lo interior : *destripar un sillón.* ‖ Despachurrar, aplastar.
destripaterrones m. inv. *Fig.* y *fam.* Gañán, jornalero agrícola. ‖ Paleto.
destronamiento m. Acción y efecto de destronar.
destronar v. t. Deponer, echar del

trono. ‖ *Fig.* Quitar a uno su preponderancia.

destroncamiento m. Acción y efecto de destroncar.

destroncar v. t. Cortar un árbol por el tronco.

destroyer m. (pal. ingl.). *Mar.* Destructor.

destrozar v. t. Hacer trozos, romper : *destrozar la ropa, un juguete.* ‖ *Fig.* Arruinar : *destrozar la salud.* Echar abajo, destruir : *destrozar los planes de uno.* ‖ Causar quebranto moral : *destrozar el corazón.* ‖ Abatir, dejar sin ánimo : *esta noticia le ha destrozado.* ‖ Agotar : *este viaje me ha destrozado.* ‖ Estropear, arruinar. ‖ *Mil.* Derrotar : *destrozar al ejército enemigo.*

destrozo m. Acción y efecto de destrozar.

destrucción f. Acción y efecto de destruir. ‖ Ruina, asolamiento, devastación : *sembrar la destrucción.*

destructible adj. Destruible.

destructividad f. Instinto de destrucción.

destructivo, va adj. Que destruye o puede destruir.

destructor, ra adj. y s. Que destruye. ‖ — M. *Mar.* Torpedero de alta mar utilizado como escolta.

destruible adj. Que puede destruirse.

destruir v. t. Echar abajo : *destruir una casa.* ‖ Aniquilar, asolar : *destruir un país.* ‖ Hacer desaparecer por varios medios : *destruir unos documentos.* ‖ *Fig.* Deshacer una cosa inmaterial : *destruir un argumento.* ‖ Desbaratar : *destruir unos proyectos.*

desubicación f. Mala ubicación.

desubicar v. t. Ubicar mal.

desuello m. Acción de desollar.

desulfurar v. t. Quitar el azufre.

desuncir v. t. Quitar el yugo.

desunión f. Separación. ‖ *Fig.* Desacuerdo, discordia, división : *la desunión de los países.*

desunir v. t. Separar. ‖ Introducir la discordia, enemistar.

desusado, da adj. Fuera de uso : *modos desusados.* ‖ Poco usado o corriente. ‖ Desacostumbrado : *hablar en tono desusado.*

desusar v. t. Desacostumbrar.

desuso m. Falta de uso.

desvaído, da adj. Descolorido, pálido : *color desvaído.* ‖ Impreciso.

desvalido, da adj. y s. Desamparado, menesteroso.

desvalijador, ra m. y f. Persona que desvalija.

desvalijamiento y **desvalijo** m. Acción y efecto de desvalijar.

desvalijar v. t. Robar. ‖ *Fig.* Despojar mediante robo, engaño, juego, etc.

desvalimiento m. Desamparo.

desvalorar v. t. Quitar valor.

desvalorización f. Acción y efecto de desvalorizar.

desvalorizar v. t. Hacer perder parte de su valor a una cosa.

desván m. Parte más alta de una casa, inmediata al tejado.

desvanecer v. t. Disipar, hacer desaparecer gradualmente : *el viento desvanece el humo* (ú. t. c. pr.). ‖ Atenuar, borrar, esfumar los colores. ‖ *Fig.* Hacer cesar : *desvanecer la sospecha, toda duda.*

desvanecimiento m. Desmayo, pérdida del conocimiento. ‖ Disipación, desaparición.

desvariar v. i. Delirar. ‖ *Fig.* Desatinar, decir locuras o disparates.

desvarío m. Delirio. ‖ *Fig.* Desatino : *los desvaríos de una imaginación enfermiza.* ‖ Monstruosidad. ‖ Capricho : *los desvaríos del azar.*

desvelar v. t. Impedir o quitar el sueño : *el café desvela.* ‖ Revelar, descubrir. ‖ — V. pr. *Fig.* Desvivirse, afanarse por : *desvelarse por la patria.*

desvelo m. Insomnio. ‖ Preocupación. ‖ Esfuerzo : *sus desvelos le resultaron inútiles.*

desvenar v. t. *Min.* Sacar de la vena el mineral. ‖ Quitar las venas a la carne. ‖ Quitar las fibras al tabaco.

desvencijar v. t. Separar, desunir las diferentes partes de una cosa.

desvendar v. t. Quitar la venda.

desventaja f. Perjuicio : *llevar desventaja en un concurso.* ‖ Inconveniente : *hay muchas desventajas.*

desventajoso, sa adj. Que no tiene ventaja alguna.

desventura f. Desgracia.

desventurado, da adj. Desgraciado (ú. t. c. s.).

desvergonzado, da adj. y s. Descarado, sinvergüenza, fresco.

desvergonzarse v. pr. Perder la vergüenza. ‖ Descomedirse.

desvergüenza f. Falta de vergüenza, frescura. ‖ Insolencia, grosería.

desvestir v. t. Desnudar (ú. t. c. pr.).

desviación f. Acción y efecto de desviar o desviarse. ‖ Cambio de dirección en un camino : *a veinte kilómetros de aquí hay una desviación.* ‖ Separación de la aguja imantada de su posición normal por la atracción de una masa de hierro. ‖ *Med.* Paso de los humores fuera de su conducto natural : *desviación de la bilis.* ‖ Cambio de la posición natural de los huesos : *desviación de la columna vertebral.*

desviacionismo m. Acción y efecto de apartarse una persona de la doctrina de un partido político, de un sindicato, etc.

desviacionista adj. y s. Que se aparta de la doctrina de su partido, sindicato, etc.

desviar v. t. Hacer cambiar de dirección : *desviar el curso de un río.* ‖ *Fig.* Apartar : *desviar a uno de su deber.* ‖ Disuadir : *desviar a uno de un proyecto.* ‖ — V. pr. Cambiar de dirección.

desvinculación f. Acción y efecto de desvincular.

desvincular v. t. Suprimir un vínculo : *desvincular de un compromiso, de la familia.* ‖ *For.* Liberar los bienes vinculados.

desvío m. Desviación. ‖ *Fig.* Despego, desafecto.

desvirgamiento m. Acción y efecto de desvirgar.

desvirgar v. t. Quitar la virginidad.

desvirtuar v. t. Quitar a una cosa su virtud o su fuerza. ‖ Adulterar.

desvitalizar v. t. Quitar la pulpa de un diente. ‖ Quitar la vitalidad.

desvivirse v. pr. Afanarse, esforzarse : *desvivirse por hacer el bien.* ‖ Desear mucho : *se desvive por ir al teatro.* ‖ Estar enamorado : *desvivirse por una chica.*

desyerbar v. t. Desherbar.

detal o **detall (al)** expr. adv. Al por menor, al menudeo, al detalle.

detallar v. t. Referir algo con todos sus pormenores. ‖ Vender al detall.

detalle m. Pormenor, circunstancia : *contar algo con muchos detalles.* ‖ *Amer.* Comercio de menudeo. ‖ Amabilidad, atención : *tener miles de detalles por una persona.* ‖ Parte de una obra de arte reproducida separadamente. ‖ *Al detalle,* al por menor, al menudeo ; (Méx.) con pormenores.

detallista adj. Con muchos detalles. ‖ — M. y f. Comerciante que vende al por menor. ‖ Persona que tiene siempre muchos detalles o gentilezas.

deté com. *Arg.* Director técnico de un equipo deportivo.

detección f. Acción y efecto de detectar.

detectar v. t. Descubrir. ‖ Localizar.

detective com. Persona encargada de investigaciones privadas.

detector, ra adj. Que sirve para detectar : *aparato detector de ondas.* Ú. t. c. s. m. : *detector de mentiras.*

detención f. Parada, suspensión : *la detención de los negocios.* ‖ Tardanza. ‖ Prisión, arresto. ‖ Sumo cuidado : *examinar con detención.*

detenedor, ra adj. Que detiene o para (ú. t. c. s.).

detener v. t. Parar : *detener un coche.* ‖ Entretener : *no me detengas mucho.* ‖ Arrestar, poner en prisión. ‖ Retener, guardar : *detener una cantidad.* ‖ — V. pr. Pararse. ‖ Entretenerse : *detenerse mucho tiempo en una tienda.* ‖ *Fig.* Pararse a examinar algo : *detenerse a revisar una cuenta.*

detenidamente adv. Con tiempo y cuidado.

detenido, da adj. Que detiene. ‖ Minucioso : *un estudio detenido.* ‖ Arrestado (ú. t. c. s.).

detenimiento m. Detención.

detentación f. Posesión ilegal de algo.

detentador, ra m. y f. Persona que retiene lo que no es suyo. ‖ Poseedor.

detentar v. t. Atribuirse una posesión de algo que no le pertenece. ‖ Tener : *detentar un récord.*

detentor, ra m. y f. (P. us.). Detentador.

detergente adj. Que sirve para lavar, quitar las manchas. ‖ — M. Producto comercial para el lavado.

deterger v. t. *Med.* Limpiar una herida. ‖ Lavar con detergente.

deterioración f. Acción y efecto de deteriorar o deteriorarse.

deteriorar v. t. Estropear : *deteriorar un objeto.* ‖ Arruinar la salud. ‖ — V. pr. Empeorar.

deterioro m. Deterioración.

determinación f. Fijación. ‖ Decisión : *tomó la determinación de marcharse.* ‖ Resolución.

determinado, da adj. Resuelto, decidido. ‖ Preciso : *una misión determinada.* ‖ *Gram.* Artículo determinado, el que determina con precisión el nombre que acompaña : *el, la, lo, los, las son artículos determinados.*

determinante adj. Que determina : *causas determinantes* (ú. t. c. s. m.).

determinar v. t. Fijar con precisión : *determinar el volumen de un cuerpo.* ‖ Decidir : *determinaron firmar la paz* (ú. t. c. pr.). ‖ Hacer tomar una decisión : *eso me determinó a hacerlo.* ‖ Señalar : *determinar el día de una visita.* ‖ Causar, provocar. ‖ Motivar. ‖ Distinguir, discernir. ‖ *For.* Sentenciar.

determinativo, va adj. Que determina.

determinismo m. *Fil.* Sistema según el cual todos los hechos están determinados por causas precisas.

determinista adj. Relativo al determinismo : *escuela determinista.* ‖ — Com. Su partidario.

detersión f. Limpieza.

detersivo, va adj. Detergente (ú. t. c. s. m.).

detestable adj. Muy malo, execrable, odioso.

detestar v. t. Aborrecer, tener aversión por algo o a alguien.

detonación f. Acción de detonar.

detonador m. Carga ultrasensible que provoca la explosión.

detonante adj. Que detona. ‖ — M. Sustancia que puede producir detonación. ‖ *Fig.* Explosivo. ‖ Chocante, muy llamativo.

detonar v. i. Dar estampido al explotar : *detonar un barreno.* ‖ *Fig.* Chocar, ser chocante.

detracción f. Denigración.

detractar v. t. Denigrar.

detractor, ra adj. y s. Difamador.

detraer v. t. Desviar. ‖ *Fig.* Infamar, denigrar, desacreditar, difamar.

detrás adv. En la parte posterior. ‖ Por detrás. ‖ *Fig. Por detrás,* a espaldas de una persona.

detrimento m. Daño, perjuicio.

detrito o **detritus** m. Residuo de la desagregación de una masa sólida en partículas. ‖ — Pl. Residuos.

Detroit, c. y puerto en el NE. de Estados Unidos (Michigan), a orillas del río homónimo. Arzobispado. Universidad. Industrias (automóviles).

Deucalión, hijo de Prometeo y marido de Pirra. Habiendo sido sumergida la Tierra por un diluvio, se refugió con su mujer en una barca que los llevó al monte Parnaso y juntos volvieron a poblar la Tierra, de la que había desaparecido toda vida humana.

deuda f. Lo que uno debe a otro. ‖ Cantidad de dinero debida : *contraer deudas.* ‖ Falta, pecado. ‖ *Deuda pública,* obligaciones de un Estado.

deudo, da m. y f. Pariente.

deudor, ra adj. y s. Que debe.

Deurne, c. de Bélgica en los suburbios de Amberes.

Deusto, barrio de Bilbao (España). Universidad católica.

Deústua (Alejandro Octavio), escritor y pedagogo peruano (1849-1945).

deuterio m. *Quím.* Isótopo del hidrógeno pesado.

Deuteronomio, quinto libro del Pentateuco (Antiguo Testamento), código de leyes civiles y religiosas.

Deux-Sèvres, dep. del O. de Francia ; cap. *Niort.*

Deva, v. de España (Guipúzcoa), al

O. de San Sebastián. Playas. — C. al O. de Rumania (Transilvania).

devaluación f. Acción y efecto de devaluar.

devaluar v. t. Disminuir el valor de una moneda o de otra cosa. (ú. t. c. pr.).

devanadera f. Armazón giratoria para devanar madejas, cables, tubos.

devanado m. Acción de devanar.

devanador, ra adj. y s. Que devana. || — M. Carrete. || — F. Arg. Devanadera.

devanar v. t. Arrollar hilo en ovillo o carrete. || — V. pr. *Fig.* y *fam.* Devanarse los sesos, cavilar mucho.

devanear v. i. Disparatar.

devaneo m. Pasatiempo vano o inútil. || Amorío pasajero.

devastación f. Acción de devastar.

devastador, ra adj. y s. Que devasta.

devastar v. t. Destruir, arrasar.

devengar v. t. Tener derecho a retribución : *devengar salarios.*

devengo m. Suma devengada.

devenir m. En filosofía, progresión que hace que las cosas se realicen o se transformen.

devenir v. i. Sobrevenir, suceder. || *Fil.* Llegar a ser.

Deventer, c. en el centro de Holanda (Overijsel).

deviación f. Desviación.

devoción f. Fervor religioso. || Práctica religiosa : *cumplir con sus devociones.* || *Fig.* Predilección, simpatía : *tenerle devoción a una.* | Costumbre. | Veneración.

devocionario m. Libro de oraciones para uso de los fieles.

devolución f. Restitución. || Reenvío : *devolución de una carta al remitente.* || Reembolso.

devolver v. t. Restituir : *devolver un libro prestado.* || Reenviar : *devolver un paquete.* || Volver una cosa a su estado primitivo : *Rechazar, no aceptar : devolver un regalo.* || Volver a entregar una cosa comprada : *devolver un vestido.* || Corresponder a un favor o a un agravio : *devolver bien por mal.* || *Fam.* Vomitar. || — V. pr. *Amer.* Volver, regresar.

Devon o **Devonshire,** condado del SO. de Inglaterra ; cap. *Exeter.*

devoniano, na y **devónico, ca** adj. *Geol.* Aplícase al período comprendido entre el silúrico y el carbonífero, así como a sus terrenos (ú. t. c. s. m.).

Devonport, c. y puerto al SO. de Inglaterra, cerca de Plymouth.

devorador, ra adj. y s. Que devora.

devorante adj. Devorador.

devorar v. t. Comer desgarrando con los dientes, hablando de las fieras. || Comer con ansia. || *Fig.* Consumir : *el fuego devoraba el bosque.* || Disipar, gastar : *devorar la hacienda.* || — *Fig. Devorar un libro,* leerlo muy rápidamente y con avidez. | *Devorar sus lágrimas,* contener el llanto.

devoto, ta adj. Piadoso : *persona devota* (ú. t. c. s.). || De devoción : *imagen devota.* || Adicto, afecto a una persona o cosa (ú. t. c. s.).

Devoto (Daniel), musicólogo y filólogo argentino, n. en 1916.

Dewsbury, c. al NE. de Inglaterra (Yorkshire). Industrias.

dexteridad f. Destreza.

Deyanira o **Dejanira,** esposa de Heracles a quien mató dándole la túnica envenenada del centauro Neso.

deyección f. *Geol.* Materias arrojadas por un volcán en erupción o desprendidas de una montaña. || *Med.* Evacuación de los excrementos. || Excrementos.

D.F., siglas de *Distrito Federal.*

D'Halmar (Augusto). V. THOMSON (Augusto Goemine).

Dhaulaghiri o **Davalaghiri,** cima del Himalaya (Nepal) ; 8 172 m.

día m. Tiempo que tarda la Tierra en girar sobre sí misma : *día solar.* || Tiempo que dura la claridad del Sol : *ya es de día.* || Tiempo atmosférico : *día despejado, lluvioso, cubierto.* || Fecha en que la Iglesia católica celebra la memoria de un santo : *día de San Juan.* || Fecha en que se celebra cualquier acontecimiento : *día de la victoria.* || Aniversario o cumpleaños y fecha onomástica (ú. t. en pl.). || — Pl. Vida. || Época, tiempos : *nuestros días.*

|| — *A días,* a veces. || *Al día, al corriente.* || *A tantos días* vista o *fecha,* expresión comercial que indica el plazo en que se han de cobrar los pagarés, etc. || *Buenos días,* saludo familiar durante el día. || *Como del día a la noche,* completamente diferente. || *Cualquier día, un día ; nunca.* || *Fig. Dar el día,* molestar. || *De día en día,* a medida que pasan los días. || *Del día, de hoy ; de moda ; hecho en el día de hoy.* || *Astr. Día astronómico,* tiempo transcurrido entre dos pasos consecutivos del Sol por el meridiano superior. || *Día civil,* tiempo comprendido entre dos medias noches consecutivas. || *Fam. Día de mucho, víspera de nada,* la fortuna puede cambiar de un momento a otro. || *Día de Reyes,* la Epifanía o el 6 de enero. || *Día del Juicio,* último de los tiempos en que Dios juzgará a los vivos y a los muertos ; día final, nunca. || *Día por medio,* un día sí y otro no. || *Día y noche,* constantemente. || *El día de mañana,* en un tiempo venidero. || *El día menos pensado,* cuando menos se espere. || *En su día,* a su tiempo. || *Estar al día,* estar al corriente de una cosa. || *Fam.* Hay más *días* que longanizas, no corre prisa hacer o decir ciertas cosas. || *Hoy día* u *hoy en día,* actualmente. || *Romper el día,* amanecer. || *Tener días,* ser de un humor muy cambiadizo. || *Tener los días contados,* estar cerca de la muerte.

diabetes f. *Med.* Enfermedad caracterizada por la presencia de glucosa en la orina o sangre.

diabético, ca adj. *Med.* Relativo a la diabetes. || Que padece diabetes (ú. t. c. s.).

diablear v. i. Hacer travesuras.

diablillo, lla m. y f. Astuto, travieso.

diablito m. *Méx.* Dispositivo usado en las instalaciones eléctricas para robar corriente sin que marque el contador.

diablo m. Ángel rebelde. || *Fig.* Persona mala o traviesa. | Persona muy fea. || Carro de dos ruedas para arrastrar troncos de árbol. || *Méx.* Conexión fraudulenta en una red eléctrica. | Pieza a ambos lados del eje trasero de una bicicleta en que se apoya una persona de pie para ser transportada. || — *Como el diablo,* mucho. || *Darse al diablo,* desesperarse. || *Fam. De todos los diablos,* muy grande. || *Diablo encarnado,* persona maligna. || *Fam. Mandar al diablo,* mandar a paseo. | *Más sabe el diablo por viejo que por diablo,* la larga experiencia es lo que más sirve. | *Pobre diablo,* pobre hombre ; persona insignificante. | *Tener el diablo en el cuerpo* o ser la piel del diablo, ser muy o revoltoso. || — Interj. Denota admiración o extrañeza.

Diablo cojuelo (*El*), novela de Luis Vélez de Guevara (1641), de la que se inspiró el francés Lesage (1707).

diablura f. Travesura. || Cosa extraordinaria.

diabólico, ca adj. Del diablo. || *Fig.* y *fam.* Muy malo, muy perverso : || Como inspirado por el diablo : *idea diabólica.* | Muy difícil.

diábolo o **diávolo** m. Juguete de forma de carrete que se hace girar sobre un cordón y se arroja al aire, imprimiéndole un movimiento de rotación muy rápido.

diácido m. Cuerpo que tiene dos funciones ácidas.

diaconato m. Segunda de las órdenes mayores.

diácono m. Ministro eclesiástico de grado inmediatamente inferior al sacerdocio.

diacrítico, ca adj. *Gram.* Dícese de los signos ortográficos, como la diéresis, que sirven para dar a una letra un valor especial.

Diada f. (pal. cat.). Fiesta nacional de Cataluña (España), que se celebra el 11 de septiembre.

diadema f. Cinta blanca que antiguamente ceñía la cabeza de los reyes. || Corona. || Adorno femenino de cabeza en forma de media corona. || Aro abierto usado para sujetarse el pelo hacia atrás.

diafanidad f. Calidad de diáfano.

diáfano, na adj. Transparente. || *Fig.* Claro, límpido.

diáfisis f. *Anat.* Parte media de los huesos largos.

diafragma m. Músculo ancho y delgado que separa el pecho del abdomen. || Tabique, separación. || Lámina vibrátil del fonógrafo y del micrófono. || Disco para limitar la entrada de la luz en una cámara fotográfica. || Dispositivo anticonceptivo femenino.

diagnosis f. Diagnóstico.

diagnosticar v. t. *Med.* Determinar por los síntomas el carácter de una enfermedad.

diagnóstico m. Determinación de una enfermedad por los síntomas.

diagonal adj. *Geom.* Dícese de la línea recta que va de un vértice a otro no inmediato (ú. t. c. s. f.).

diagrama m. Dibujo geométrico que representa gráficamente las variaciones de un fenómeno. || Maqueta de una publicación. || *Bloque diagrama,* representación de una región en corte y perspectiva.

diagramación f. Acción y efecto de diagramar.

diagramador, ra adj. Que diagrama (ú. t. c. s.).

diagramar v. t. Hacer la maqueta de un libro, revista, etc.

diaguita adj. Dícese de un pueblo indio establecido en la región andina del NO. argentino y de los miembros de éste (ú. t. c. s.). || Relativo a este pueblo.

dial m. Placa exterior de un receptor de radio o de un teléfono, detrás de la cual se mueve una aguja que permite escoger la conexión deseada.

dialectal adj. De un dialecto.

dialectalismo m. Voz o giro dialectal. || Carácter dialectal.

dialéctico, ca adj. Propio del arte de razonar. || — F. *Log.* Arte de razonar metódicamente. || *Fig.* Sutilezas, distinciones ingeniosas e inútiles. || — M. y f. Persona que profesa la dialéctica.

dialecto m. Variante regional de un idioma : *el dialecto leonés.* || — En el área de extensión hispánica se distinguen varios *dialectos,* como el bable asturiano, el leonés, el montañés, el extremeño, el murciano y el aragonés.

dialectología f. Tratado de los dialectos.

diálisis f. *Quím.* Análisis fundado en la propiedad que tienen ciertos cuerpos de atravesar las membranas porosas. || Método terapéutico para eliminar del organismo los productos producidos por insuficiencias renales.

dializar v. t. Hacer la diálisis.

dialogante adj. Que dialoga (ú. t. c. s.) : *persona dialogante.*

dialogar v. i. Sostener un diálogo.

diálogo m. Conversación entre dos o más personas. || Obra literaria escrita en forma de conversación o plática. || *Fig. Diálogo de sordos,* conversación en que ninguno de los participantes en ella escucha a su interlocutor.

dialoguista com. Escritor que hace los diálogos de una película cinematográfica.

diamantar v. t. Dar a una cosa el brillo del diamante.

diamante m. Piedra preciosa formada por carbono puro cristalizado. || Útil para cortar el vidrio. || — Pl. Uno de los palos de la baraja francesa o « pique ». || — El diamante es el más brillante, duro y límpido de los minerales. Hoy día se extrae principalmente de los yacimientos del Zaire, U. R. S. S., Rep. de África del Sur, Botswana, Ghana, Sierra Leona, Venezuela, Angola, Brasil y Australia.

Diamante, cerro y río al O. de la Argentina (Mendoza). — Dep. y c. al E. de la Argentina (Entre Ríos).

diamantífero, ra adj. Que contiene diamante.

Diamantina, c. del Brasil (Minas Gerais). Arzobispado. Diamantes.

diamantino, na adj. Del diamante. || De la dureza y el brillo del diamante.

diamantista com. Persona que labra o vende diamantes.

diametral adj. Directo.

diametralmente adv. De extremo a extremo. || *Fig.* Del todo.

diámetro m. *Geom.* Línea recta que pasa por el centro del círculo y termina por ambos extremos en la circunferencia : *el diámetro equivale al doble del radio.* | Eje de la esfera. | Línea que divide en dos partes iguales un sistema de cuerdas paralelas de una curva.

diana f. Toque militar al amanecer. | Punto central de un blanco de tiro.

Diana, diosa romana de la Caza, hija de Júpiter y de Latona. Es la *Artemisa* griega.

Diana, novela pastoril de Jorge de Montemayor (1559). | ~ **Enamorada,** continuación de la *Diana* de Montemayor por Gaspar Gil Polo (1564).

Dianda (Hilda), compositora argentina, n. en 1925, autora de obras de música de cámara.

Dianium. V. DENIA.

¡ diantre ! interj. ¡ Diablo !

diapasón m. *Mús.* Instrumento de acero en forma de horquilla que sirve para dar la nota *la.*

diapositiva f. Imagen fotográfica positiva sobre soporte transparente para la proyección.

diarero, ra y **diariero, ra** m. y f. *Amer.* Vendedor de periódicos.

diario, ria adj. De todos los días : *uso diario.* | — M. Periódico que sale cada día. | Relación de acontecimientos hecha por días. | Gasto de un día en una casa. | Ganancia de cada día. | *Com.* Libro en que el comerciante apunta día por día las operaciones que efectúa. | — *De* (o *a*) *diario,* diariamente. | — *Diario hablado, televisado,* noticias de actualidad transmitidas por la radio, la televisión. | *Traje de diario,* el usado ordinariamente.

diarismo m. *Amer.* Periodismo.

diarista com. *Amer.* Periodista.

diarquía f. Gobierno simultáneo de dos soberanos o jefes.

diarrea f. *Med.* Evacuación frecuente de excrementos líquidos.

diartrosis f. Articulación movible.

Dias (Bartolomeu), navegante portugués (¿ 1450 ?-1500), descubridor del cabo de Buena Esperanza (1487). | ~ (HENRIQUE), general brasileño de raza negra (1600-1662). Luchó contra los invasores holandeses. | ~ (TEÓFILO), poeta brasileño (1854-1889).

diáspora f. Dispersión del pueblo hebreo a través del mundo. | Dispersión de un pueblo o comunidad.

diastasa f. Fermento soluble que transforma varias sustancias amílicas.

diástole f. Movimiento de dilatación del corazón o de las arterias. | Licencia poética para usar como larga una sílaba breve.

diatomeas f. pl. Familia de algas unicelulares (ú. t. c. adj.).

diatriba f. Crítica violenta.

diávolo m. Diábolo.

Díaz (Adolfo), político nicaragüense (1874-1964), pres. de la Rep. de 1911 a 1916 y de 1926 a 1929. | ~ (CÉSAR), general y político uruguayo (1812-1857). Tras luchar en Caseros (1852) y ser pres. interino de la Rep. (1853), se sublevó contra Gabriel Antonio Pereira (1857). Derrotado, fue fusilado. | ~ (EUGENIO), novelista colombiano (1804-1865), autor de *Manuela,* una de las primeras novelas costumbristas en su país, y de otras obras (*El rejo de enlazar, Bruna la carbonera, Cuadros de costumbres*). | ~ (JORGE), dramaturgo, arquitecto y pintor chileno, n. en 1930, autor de obras del teatro del absurdo. | ~ (JOSÉ EDUVIGIS), general paraguayo, m. en 1867. Participó en la defensa de Curupayty (1866). | ~ (JOSÉ DE JESÚS), militar y poeta mexicano (1809-1846). | ~ (JUAN MARTÍN). V. EMPECINADO (El). | ~ (LEOPOLDO), poeta modernista y diplomático argentino (1862-1947), autor de *Fuegos fatuos, Bajos relieves, Las sombras de Hellas, La Atlántida conquistada, La cólera del bronce, Las ánforas y las urnas,* etc. | ~ (PORFIRIO), general mexicano, n. en Oaxaca (1830-1915), pres. en 1876, de 1877 a 1880 y de 1884 a 1911. De buen gobernante se convirtió en dictador, y, aunque logró algunos progresos para el país, jamás intentó elevar el nivel de las clases populares. Fue derrocado por el movimiento de F. I. Madero. M. expatriado en París. | ~ **Alfaro** (ABELARDO), escritor puertorriqueño, n. en 1920, autor de la novela *Terrazo.* | ~

Arosemena (DOMINGO), político panameño (1875-1949), pres. de la Rep. de 1948 a 1949. | ~ **Arrieta** (HERNÁN), escritor chileno (1891-1984), autor de novelas (*La sombra inquieta*) y de crítica literaria. Conocido por el n. de Alone. | ~ **Cañabate** (ANTONIO), escritor español (1898-1980), autor de *Historia de una taberna.* | ~ **Casanueva** (HUMBERTO), poeta chileno, n. en 1908, autor de *Vigilia por dentro, El blasflemo coronado, La hija vertiginosa, Sol de lenguas,* etc. | ~ **Covarrubias** (FRANCISCO), astrónomo mexicano (1833-1889). Fundó el Observatorio Astronómico y publicó las *Tablas Geodésicas de la República Mexicana.* | ~ **Covarrubias** (JUAN), poeta y escritor romántico mexicano (1837-1859). M. fusilado en Tacubaya. La historia mexicana le designa a él y sus compañeros con el n. de *Mártires de Tacubaya.* | ~ **de Armendáriz** (LOPE), virrey de Nueva España de 1635 a 1640. Fundador de la c. de Cadereyta y marqués de este n. | ~ **de Guzmán** (RUY), militar e historiador paraguayo (¿ 1558 ?-1629), autor de *La Argentina* o *Historia del descubrimiento, población y conquista del Río de la Plata.* | ~ **de la Peña** (NARCISO VIRGILIO), pintor francés, de origen español (1807-1876). | ~ **de León** (FRANCISCO), grabador mexicano (1897-1976). | ~ **de Solís** (JUAN). V. SOLÍS (JUAN DÍAZ DE). | ~ **de Vivar** (RODRIGO). V. CID. | ~ **del Castillo** (BERNAL), militar y cronista español (1492-¿ 1581 ?).Intervino en la conquista de México, de la que dejó un fiel relato en *Verdadera Historia de los sucesos de la conquista de Nueva España.* | ~ **Granados** (DOMINGO), poeta colombiano (1835-1868). | ~ **Icaza** (RAFAEL), poeta, cuentista y novelista ecuatoriano, n. en 1925. | ~ **Leguizamón** (HÉCTOR), poeta y escritor argentino (1892-1938), hijo de Leopoldo Díaz. | ~ **Lozano** (ARGENTINA), escritora hondureña, n. en 1912, autora de cuentos y novelas. | ~ **Machicao** (PORFIRIO), novelista, autor de cuentos, ensayista, historiador y diplomático boliviano (1909-1981). | ~ **Mirón** (SALVADOR), poeta mexicano, n. en Veracruz (1853-1928), de agradable musicalidad y gran perfección técnica (*Poesías, Lascas*). Su labor política le obligó a desterrarse. | ~ **Ordaz** (GUSTAVO), político mexicano (1911-1979), pres. de la Rep. (1964-1970). | ~ **Plaja** (FERNANDO), escritor español, n. en 1918, autor del célebre ensayo *El español y los siete pecados capitales.* | ~ **-Plaja** (GUILLERMO), profesor y crítico literario español (1909-1984), autor de *Historia de las Literaturas Hispánicas* y de innumerables ensayos. | ~ **Rodríguez** (MANUEL), escritor venezolano (1871-1927), autor de novelas (*Ídolos rotos, Sangre patricia, Peregrina o el pozo encantado,* etc.) y ensayos (*Sensaciones de viaje, De mis romerías,* etc.). | ~ **Romero** (BELISARIO), médico, historiador, arqueólogo y filósofo boliviano (1870-1940). | ~ **Sánchez** (RAMÓN), novelista venezolano (1903-1968), autor de *Mene,* sobre la explotación del petróleo, *Cumboto,* sobre la región costera del país, y *Borburata.* Escribió también libros históricos y obras de teatro (*La casa*). | ~ **Valcárcel** (EMILIO), escritor puertorriqueño, n. en 1929, autor de relatos (*El asedio*). | ~ **Venero de Leiva** (ANDRÉS). V. VENERO DE LEIVA (Andrés Díaz).

Dibay o **Dubay,** uno de los Emiratos Árabes Unidos, en el golfo Pérsico ; 3 900 km² ; 250 000 h. C. pr. *Dibay.* Petróleo.

dibujante adj. y s. Que dibuja.

dibujar v. t. Representar con el lápiz, la pluma, el pincel, etc., una cosa copiada o inventada. | *Fig.* Describir : *dibujar un carácter, una pasión.* | — V. pr. Manifestarse, aparecer : *una sonrisa se dibujó en su rostro.*

dibujo m. Cosa dibujada. | Arte que enseña la manera de dibujar. | *Dibujo animado,* serie de dibujos, cinematografiados, dan la sensación de movimiento.

dicción f. Modo de pronunciar : *dicción clara.* | Palabra.

diccionario m. Reunión, por orden alfabético o ideológico, de todas las palabras de un idioma o de una ciencia o de cualquier otra cosa seguidas de su definición o de su traducción a otro idioma.

diccionarista com. Lexicógrafo.

Dicenta (Joaquín), dramaturgo y novelista español (1863-1917).

diciembre m. Duodécimo mes del año, que cuenta 31 días.

Dickens (Charles), novelista inglés, n. en Landport (1812-1870), autor de obras llenas de emoción humana y de amor a los pobres (*Oliver Twist* o *El hijo de la parroquia, La pequeña Dorrit, Los papeles póstumos del Club Pickwick, Las aventuras de Nicolás Nickleby, David Copperfield, Cuentos de Navidad*).

Dickinson (Emily), poetisa norteamericana (1830-1886).

dicotiledóneas f. pl. Clase de plantas angiospermas cuyo embrión tiene dos cotiledones, como la judía y la malva (ú. t. c. adj.).

dicotomía f. *Bot.* Bifurcación, división en dos partes. | *Astr.* Fase de la Luna en la que sólo está visible la mitad de su disco. | División en dos partes. | Oposición existente entre dos cosas. | Reparto ilegal de los honorarios entre dos médicos.

dictado m. Acción de dictar : *escribir al dictado.* | Lo que se dicta : *dictado ortográfico, musical.* | Ejercicio escolar para aprender la ortografía. | — Pl. *Fig.* Inspiraciones, preceptos de la razón o la conciencia.

dictador m. En Roma, magistrado investido de la autoridad suprema por el Senado en tiempos de peligro : *dictadores fueron Cincinato y Julio César.* | En los Estados modernos, jefe investido de todos los poderes.

dictadura f. Dignidad y gobierno de dictador. | Tiempo que dura : *la dictadura de Primo de Rivera.* | Gobierno que se ejerce al margen de las leyes constitucionales. | *Dictadura del proletariado,* principio marxista del ejercicio del poder del Estado por una minoría que actúa en nombre de la clase obrera y campesina.

dictáfono m. Aparato que graba la voz y sirve sobre todo para dictar el correo.

dictamen m. Opinión, parecer.

dictaminar v. t. Dar su opinión. | Dar consejo. | Recetar un médico.

dictar v. t. Decir o leer algo para que otro lo escriba : *dictar una carta.* | *For.* Pronunciar un fallo o sentencia. | *Fig.* Sugerir, inspirar. | Dar una clase, pronunciar una conferencia.

dictatorial adj. Relativo al dictador : *poderes dictatoriales.* | *Fig.* Absoluto, despótico : *fue un tirano, un gobernante dictatorial.*

dicterio m. Insulto.

dicha f. Felicidad. | Suerte feliz ; ser hombre de dicha. | Por dicha, por casualidad.

dicharachero, ra adj. y s. *Fam.* Propenso a decir dicharachos, bromista, gracioso. | Parlanchín.

dicharacho m. Palabra inconveniente. | Broma, dicho gracioso.

dicho, cha p. p. irreg. de *decir.* | *Dicho y hecho,* expresa que una cosa se ejecuta con gran rapidez o prontitud. | — M. Frase o sentencia : *dicho agudo, oportuno.* | Ocurrencia, frase aguda. | Refrán. | Declaración de la voluntad de los contrayentes en el acto del matrimonio. Ú. m. en pl. : *tomarse los dichos.*

dichoso, sa adj. Feliz. | Que incluye o trae consigo dicha. | *Fam.* Enfadoso, molesto : *¡ dichosa visita!,* *¡ dichoso niño!* | En sentido irónico, desafortunado, malhadado.

didáctico, ca adj. Relativo a la enseñanza : *obra didáctica.* | Propio para enseñar : *método didáctico.* | — F. Arte de enseñar.

didáctilo, la adj. De dos dedos.

didelfos m. pl. Orden de mamíferos cuyas hembras tienen una bolsa donde permanecen encerradas las crías, como el canguro (ú. t. c. adj.).

Diderot [-ró] (Denis), escritor francés, n. en Langres (1713-1784). Emprendió la publicación de la *Enciclopedia* (1751) y escribió novelas de carácter filosófico (*El sobrino de Rameau*), dramas y obras de crítica.

Dido, hija del rey de Tiro, fundadora de Cartago.

diecinueveavo, va adj. y s. Dícese de cada una de las diecinueve partes iguales en que se divide un todo.

dieciochavo, va adj. y s. Dícese de cada una de las dieciocho partes iguales en que se divide un todo.

dieciseisavo, va adj. y s. Dícese de cada una de las dieciséis partes iguales en que se divide un todo.

dieciseiseno, na adj. Decimosexto.

diecisieteavo, va adj. y s. Dícese de cada una de las diecisiete partes iguales en que se divide un todo.

diedro adj. *Geom.* Dícese del ángulo formado por dos planos que se cortan (ú. t. c. m.).

Diego ‖ ~ **de Almagro,** c. del N. de Chile en la III Región (Atacama) y en la prov. de Chañaral, cap. de la com. del mismo nombre. ‖ ~ **de Ocampo,** monte al NO. de la Rep. Dominicana (Santiago), en la Cord. Septentrional ; 1 217 m. ‖ ~ **García,** isla del archipiélago británico de Chagos, en el océano Índico. Base militar. ‖ ~ **Ramírez,** islas de Chile, en el extremo austral de América. ‖ ~ **Suárez,** hoy *Antseranana,* c. y puerto en el norte de Madagascar y en la bahía que lleva su nombre.

Diego (Eliseo), poeta cubano, n. en 1920, autor de *En la calzada de Jesús del Monte, Por los extraños pueblos, El oscuro esplendor, Versiones,* etc. ‖ ~ (GERARDO), poeta y crítico español, n. en 1896, perteneciente a la Generación del 27. Autor de *El romancero de la novia, Imagen, Manual de espumas, Limbo, Ángeles de Compostela, Amor solo, Cementerio civil, Versos humanos, Alondra de verdad, Romances, Poesía de creación,* etc.

Diéguez (Juan), político y poeta romántico guatemalteco (1813-1866), autor de *La garra, El cisne,* etc.

Diemen (TIERRA DE VAN). V. TASMANIA.

Diemen (Anthony VAN), explorador y colonizador holandés (1593-1645).

Dien Bien Phu, localidad y llanura del Vietnam en el Alto Tonkin.

diente m. Cada uno de los huesos visibles de las mandíbulas que sirven para masticar : *el hombre tiene treinta y dos dientes (ocho incisivos, cuatro colmillos y veinte muelas).* ‖ Puntas de ciertas herramientas, instrumentos y otros objetos : *dientes de sierra, de rueda, de peine.* ‖ *Arq.* Adaraja, piedra que se deja sobresaliendo en el muro de un edificio : ‖ Cada una de las partes que constituyen la cabeza del ajo. ‖ — *Fig. y fam.* Alargársele a uno los dientes, desear algo con ansia. ‖ *Dar diente con diente,* temblar de frío o miedo. ‖ *De dientes afuera,* sin sinceridad. ‖ *Diente de leche,* cada uno de los de la primera dentición. ‖ *Bot. Diente de león,* planta compuesta, de flores amarillas. ‖ *Fig. y fam. Enseñar los dientes,* hacer cara a uno. ‖ *Hablar uno entre dientes,* hablar bajo y sin que se le entienda lo que dice.

Diente (MESA DEL), meseta al E. de México (Tamaulipas) ; 1 714 m.

Dieppe, c. y puerto del NO. de Francia en el Canal de la Mancha (Seine-Maritime).

diéresis f. *Gram.* Figura que consiste en separar las vocales que forman un diptongo, haciendo de una sílaba dos : *su-a-ve por suave ; vi-o-le-ta por violeta.* ‖ *Gram.* Signo ortográfico (¨) que se coloca sobre la *u* en los grupos formados por *-gu* más *e* o *i* para indicar que la *u* debe pronunciarse : *vergüenza, güira.*

diesel adj. Dícese del motor de combustión interna en el que los cilindros aspiran y comprimen aire puro al cual se inyecta, con fuerte presión, el combustible (aceite pesado, sensiblemente menos costoso que la gasolina) que se inflama espontáneamente (ú. t. c. s. m.).

Diesel (Rudolf), ingeniero alemán (1858-1913), inventor de un motor de combustión interna y de aceite pesado.

Dieste (Rafael), escritor español en lengua gallega (1899-1981), autor de novelas, obras de teatro y ensayos.

diestro, tra adj. Derecho. ‖ Hábil : *ser diestro en su oficio.* ‖ Sagaz. ‖ A

diestro y siniestro, por todos lados ; sin tino. ‖ — M. Matador de toros. ‖ — F. Mano derecha.

dieta f. Asamblea legislativa de ciertos Estados que forman confederación. ‖ *Med.* Privación total o parcial de comer : *estar a dieta.* ‖ Regulación de los alimentos como medida higiénica o terapéutica. ‖ Retribución o indemnización que se da a un funcionario o a un empleado por tener que trabajar fuera de su residencia.

dietario m. Agenda. ‖ Libro donde se apuntan los gastos efectuados en un día.

dietético, ca adj. Relativo a la dieta : *régimen dietético.* ‖ — F. Parte de la terapéutica que estudia el régimen de nutrición.

diez adj. Nueve y uno. ‖ Décimo : *Pío diez.* ‖ — M. El número diez.

Diez Años (Guerra de los), guerra de los mambises en Cuba, comenzada por Carlos Manuel de Céspedes contra la dominación española (1868-1878).

Diez de Octubre, mun. de Cuba (Ciudad de La Habana). Llamada ant. *Jesús del Monte.*

Diez (Friedrich), filólogo alemán (1794-1876), que estudió las lenguas romances. ‖ ~ **Canedo** (ENRIQUE), ensayista y poeta español (1879-1944). ‖ ~ **Canseco** (JOSÉ), escritor costumbrista peruano (1904-1949), autor de cuentos (*Estampas mulatas*) y novelas (*Duque, Una historia sin nombre, Los Urrutia*). ‖ ~ **Canseco** (PEDRO), general peruano (1815-1893), pres. interino de la Rep. ‖ ~ **de Medina** (EDUARDO), escritor y político boliviano (1881-1955). Formuló una doctrina sobre los límites marítimos nacionales. Autor de poesías (*Tríptico sentimental, Paisajes criollos*), de crónicas, ensayos y memorias. ‖ ~ **de Medina** (FERNANDO), escritor boliviano, n. en 1908, autor de cuentos (*La enmascarada,* etc.), novelas, ensayos, poesías y obras de crítica.

diezmar v. t. *Fig.* Causar gran mortandad.

diezmilésimo, ma adj. y s. Aplícase a cada una de las diez mil partes iguales en que se divide un todo.

diezmilímetro m. Décima parte de un milímetro.

diezmo m. Décima parte de los frutos que daban como tributo los fieles a la Iglesia o al rey. ‖ *Fig.* Impuesto.

difamación f. Acción y efecto de difamar.

difamador, ra adj. Que difama (ú. t. c. s.).

difamar v. t. Desacreditar a uno oralmente o por escrito. ‖ Despreciar.

difamatorio, ria adj. Que difama (ú. t. c. s.).

difásico adj. *Electr.* De dos fases : *corriente difásica.*

diferencia f. Falta de similitud : *hay mucha diferencia entre tú y yo.* ‖ Discrepancia, disensión. ‖ *Mat.* Resto en una sustracción. ‖ — *A diferencia de,* contrariamente a. ‖ *Fig. Limar diferencias,* quitar o disminuir las diferencias, las desigualdades.

diferenciación f. Acción y efecto de diferenciar.

diferencial adj. *Mat.* Dícese de la cantidad infinitamente pequeña. ‖ *Mat. Mec.* Mecanismo que permite que la velocidad de un móvil sea igual a la suma o a la diferencia de otros dos. ‖ En un automóvil, dispositivo mediante el cual las curvas la rueda exterior puede girar más rápidamente que la anterior al recorrer ésta un arco más pequeño. ‖ — F. *Mat.* Diferencia infinitamente pequeña de una variable.

diferenciar v. t. Hacer distinción : *no sabe diferenciar los colores.* ‖ *Mat.* Calcular la diferencial de una cantidad variable. ‖ — V. i. Estar en desacuerdo : *diferenciar en opiniones* (ú. t. c. pr.). ‖ — V. pr. Distinguirse, descollar : *diferenciarse de sus compañeros.* ‖ Diferir, ser diferente.

diferendo m. *Arg.* Desacuerdo.

diferente adj. Distinto. ‖ — Pl. Varios. ‖ — Adv. De manera distinta.

diferido, da adj. Dícese de la emisión radiofónica o televisada que se transmite después de haber sido grabada : *emitieron su discurso en dife-*

rido (ú. t. c. s. m.). ‖ Dado posteriormente.

diferir v. t. Retrasar, aplazar : *diferir un viaje, una visita.* ‖ — V. i. Ser diferente : *diferir en costumbres.*

difícil adj. Que requiere mucho trabajo : *una labor difícil.* ‖ Complicado : *cuestión difícil de resolver.* ‖ Descontentadizo : *una persona difícil.* ‖ Dícese de la cara extraña y fea.

dificultad f. Calidad de difícil : *la dificultad de una multiplicación.* ‖ Problema : *las dificultades de una empresa.* ‖ Inconveniente. ‖ Obstáculo, impedimento : *poner dificultades.* ‖ Objeción.

dificultador, ra adj. Que pone o imagina dificultades (ú. t. c. s.).

dificultar v. t. Poner dificultades. ‖ Estorbar : *dificultar el paso.*

dificultoso, sa adj. Difícil.

difracción f. *Fís.* Desviación de las ondas luminosas, acústicas o radioeléctricas cuando rozan los bordes de un cuerpo opaco.

difractar v. t. *Fís.* Hacer sufrir una difracción.

difteria f. Enfermedad contagiosa caracterizada por la formación de falsas membranas en las mucosas.

diftérico, ca adj. *Med.* De la difteria : *angina diftérica.* ‖ Que sufre difteria (ú. t. c. s.).

difumar y **difuminar,** v. t. Frotar con difumino un dibujo. ‖ *Fig.* Esfumar.

difumino m. Papel arrollado para esfumar las sombras en los dibujos.

difundir v. t. Extender, derramar un fluido. ‖ Divulgar : *difundir la instrucción, una noticia.* ‖ Propagar : *difundir una epidemia.* ‖ Transmitir : *difundir una emisión radiofónica.*

difuntear v. t. *Méx. Fam.* Matar. ‖ — V. pr. *Méx. Fam.* Morir.

difunto, ta adj. y s. Fallecido.

difusión f. Acción y efecto de difundir o difundirse : *la difusión de la luz, de ondas sonoras.* ‖ Propagación, divulgación : *difusión de la cultura.*

difuso, sa adj. Extenso, poco preciso. ‖ Demasiado prolijo en palabras.

difusor, ra adj. Que difunde. ‖ — M. Aparato para sacar el jugo sacarino de la remolacha. ‖ Altavoz.

digerir v. t. Hacer la digestión. ‖ *Fig.* Sobrellevar : *digerir una pena.* ‖ Asimilar : *no ha digerido la lección.*

digestión f. Transformación de los alimentos en el aparato digestivo.

digestivo, va adj. Relativo o que ayuda a la digestión. ‖ *Zool.* Aparato *digestivo,* conjunto de órganos que concurren a la digestión. ‖ — M. Licor que facilita la digestión.

digesto m. Colección de las decisiones del Derecho romano : *el "Digesto" de Justiniano.*

digestónico, ca adj. Digestivo. ‖ — M. Licor que facilita la digestión.

digital adj. Relativo a los dedos : *músculos digitales.* ‖ Numérico (ordenador). ‖ — F. Planta escrofulariácea venenosa, de flores purpúreas en forma de dedal.

digitalina f. Glucósido venenoso que se extrae de las hojas de la digital.

digitalizar v. t. En informática, codificar numéricamente la información.

dígito adj. Dícese del número que puede expresarse con un solo guarismo : *1, 6* (ú. t. c. s. m.). ‖ — M. En informática, elemento de información digital que puede adoptar un número finito de valores diferentes : *Dígito binario,* bit.

dignarse v. pr. Servirse por condescendencia a hacer una cosa.

dignatario, ria m. y f. Persona investida de una dignidad.

Digne, c. en el S. de Francia, cap. del dep. de los Alpes de Haute-Provence.

dignidad f. Calidad de digno. ‖ Alto cargo o título eminente : *la dignidad cardenalicia.* ‖ Nobleza, gravedad en los modales : *obrar con dignidad.* ‖ Respeto que se tiene a uno mismo.

dignificar v. t. Hacer digno.

digno, na adj. Que merece algo en sentido favorable o adverso : *digno de recompensa, de castigo.* ‖ Correspondiente al mérito y condición : *hijo digno de su padre.* ‖ Grave, mesurado : *respuesta digna.*

digresión f. Desviación en el hilo de un relato. ‖ Relato.

dije m. Joyas, alhajas pequeñas que suelen llevarse por adorno : *una pulsera con muchos dijes.* || Fig. y fam. Persona que tiene muchas cualidades o gran habilidad.

Dijon, c. al E. de Francia, en Borgoña, cap. del dep. de Côte-d'Or. Obispado. Universidad. Centro ferroviario.

dilaceración f. Acción y efecto de dilacerar o dilacerarse.

dilacerar v. t. Desgarrar.

dilación f. Retraso, demora. || *Sin dilación,* inmediatamente.

dilapidación f. Disipación, despilfarro.

dilapidador, ra adj. y s. Que dilapida.

dilapidar v. t. Malgastar, disipar, despilfarrar : *dilapidar la hacienda.*

dilatable adj. Que se dilata.

dilatación f. Acción y efecto de aumentar el volumen o la longitud de un cuerpo, el calibre de un conducto.

dilatadamente adv. Anchamente. | Detalladamente.

dilatador, ra adj. Que dilata o extiende. || — M. *Cir.* Aparato para dilatar un conducto o una cavidad.

dilatar v. t. Aumentar el volumen de un cuerpo mediante una elevación de su temperatura. || Ensanchar. || *Fig.* Diferir, aplazar : *dilatar un asunto.* | Propagar, extender : *dilatar la fama.* || — V. pr. *Fig.* Extenderse mucho en un discurso o escrito : *dilatarse en argumentos.* | Extenderse, ensancharse : *la llanura se dilata hasta el horizonte.* || *Amer.* Demorarse : *su llegada se dilata mucho.*

dilatorio, ria adj. *For.* Que sirve para prolongar un pleito, para aplazar un fallo o para prorrogar la tramitación de un asunto. || — F. Dilación, retraso. Ú. m. en pl. : *andar siempre valiéndose de dilatorias.*

dilección f. Amor tierno y puro.

dilecto, ta adj. Muy estimado.

dilema m. Argumento de dos proposiciones contrarias que conducen a una misma conclusión. || *Por ext.* Obligación de escoger entre dos cosas.

diletante adj. Que practica un arte, una actividad, por simple afición y sin la preparación necesaria (ú. t. c. s.).

diletantismo m. Condición de diletante.

Dili, c. en el E. de la isla de Timor.

diligencia f. Cuidado en hacer una cosa. || Prisa, prontitud. || Antiguo coche grande para el transporte por carretera de viajeros y mercancías. | Trámite, gestión. || *For.* Ejecución de un auto o decreto judicial.

diligenciar v. t. Hacer los trámites necesarios para conseguir algo.

diligente adj. Cuidadoso y activo. | Pronto, rápido.

dilucidación f. Aclaración.

dilucidador, ra adj. y s. Que dilucida.

dilucidar v. t. Aclarar y explicar un asunto, una cuestión.

dilución f. Acción y efecto de diluir.

diluir v. t. Desleír, disolver un cuerpo en un líquido. | *Quím.* Añadir líquido en las disoluciones para aclararlas.

diluvial adj. Del diluvio.

diluviano, na adj. Relativo al diluvio.

diluviar v. impers. Llover mucho.

diluvio m. Inundación universal de que habla la Biblia. | *Fig. y fam.* Lluvia torrencial. | Excesiva abundancia.

dimanar v. i. Proceder, tener origen.

dimensión f. Cada una de las tres direcciones en que se mide la extensión de un cuerpo (largo, ancho, alto). | Tamaño : *un mueble de grandes dimensiones.* || *Fig.* Importancia, magnitud, grandeza.

dimes y diretes loc. fam. Discusiones, réplicas entre dos o más personas : *andar en dimes y diretes.*

diminutivo, va adj. Que tiene cualidad de disminuir o reducir a menos una cosa. || Aplícase a lo que disminuye o atenúa el sentido de una palabra (ú. t. c. s. m.) : *los principales sufijos diminutivos son -ito, -illo, -ico, -ín, -uelo, -cito, -cillo, -ecito, -ecillo.*

diminuto, ta adj. Muy pequeño.

dimisión f. Renuncia a un cargo que se tiene : *presentó la dimisión del cargo de ministro.*

dimisionario, ria adj. y s. Que dimite : *alcalde dimisionario.*

dimitente adj. y s. Que dimite.

dimitir v. t. Renunciar a una cosa, a un cargo : *dimitir de un empleo.*

Dimitrovgrado, c. en el centro de Bulgaria. Centro industrial.

Dimitrovo. V. PERNIK.

din m. Unidad práctica del grado de sensibilidad de las emulsiones fotográficas.

dina f. Unidad de fuerza C. G. S. que aplicada a la masa de un gramo le comunica la velocidad de un centímetro por segundo.

Dinamarca, reino septentrional de Europa, entre el mar del Norte y el mar Báltico ; 43 042 km²; 5 200 000 h. (*daneses*). Cap. Copenhague, 1 400 000 h. ; otras c. : *Aarhus* o *Arhus,* 260 000 h. ; *Odense,* 168 000 ; *Aalborg,* 156 000 ; *Helsingor,* 60 000. — GEOGRAFÍA. El país comprende una parte continental, la península de Jutlandia, y una parte insular (islas de Seeland, Laaland, Fionia, etc.). Sus explotaciones agrícolas y ganaderas son muy modernas y su nivel de vida es uno de los más altos de Europa.

dinamarqués, esa adj. y s. Danés, de Dinamarca.

dinámico, ca adj. Relativo a la fuerza cuando ésta produce movimiento : *efecto dinámico.* || *Fig. y fam.* Activo, enérgico : *un hombre dinámico.* || — F. Parte de la mecánica que estudia el movimiento en relación con las fuerzas que lo producen.

dinamismo m. Doctrina filosófica según la cual los elementos materiales no son sino combinaciones de fuerzas. || *Fig.* Energía, actividad.

dinamita f. Explosivo compuesto por nitroglicerina, descubierto por A. Nobel (1866).

dinamitar v. t. Hacer saltar con dinamita : *dinamitar un puente.*

dinamitero, ra m. y f. Obrero que en las minas u otros lugares efectúa destrucciones con dinamita. | Persona que comete atentados con dinamita.

dinamizar v. t. Intensificar la acción de algo.

dinamo f. *Fís.* Máquina destinada a transformar la energía mecánica (movimiento) en energía eléctrica (corriente) o viceversa por inducción electromagnética.

Dinant, c. al sur de Bélgica (Namur).

dinar m. Unidad monetaria de Argelia, Irak, Jordania, Kuwait, Libia, Túnez, Rep. Democrática Popular del Yemen y Yugoslavia.

Dináricos (ALPES). V. ALPES.

dinastía f. Serie de soberanos de una misma familia : *dinastía borbónica, austriaca.* || Serie de hombres célebres de una misma familia : *la dinastía de los Couperin.* || Serie de personas que ejercen una misma influencia en un campo determinado.

dinástico, ca adj. De la dinastía. || Partidario de una dinastía.

dineral m. Cantidad muy grande de dinero : *gastarse un dineral.*

dinerario, ria adj. Del dinero.

dinero m. Cualquier clase de moneda. || *Fig. y fam.* Riqueza, fortuna : *ser hombre de dinero.* || *De dinero y calidad, la mitad de la mitad,* se suele exagerar la riqueza y linaje de las personas.

Dinis o **Diniz** (Dom.), rey y poeta portugués (1261-1325). Gobernó a partir de 1279, y fundó las universidades de Coimbra y Lisboa. Contrajo matrimonio con Isabel de Aragón, más tarde llamada *Santa Isabel de Portugal.* Escribió diversas canciones de amor, serranillas y pastorelas, compiladas en el *Cancionero de Dom Dinis.* || — [JOAQUIM GUILHERME GOMES COELHO, llamado *Julio*], novelista portugués (1839-1871), autor de *Las pupilas del señor rector.*

dinosaurio m. Reptil fósil gigantesco con cola larga y cabeza pequeña.

dintel m. *Arq.* Parte superior de las puertas y ventanas que carga sobre las jambas. | *Barb.* por umbral.

diñar v. t. *Pop.* Diñarla, morir.

diocesano, na adj. y s. De la diócesis : *clero diocesano.*

diócesis f. Territorio en que ejerce jurisdicción espiritual un obispo o arzobispo.

Diocleciano (245-313), emperador romano (284-305), n. en Dalmacia. Estableció la tetrarquía (ejercicio del

DINAMARCA

Poder por cuatro titulares), sin dividir por eso el Imperio. Perseguidor de los cristianos (303), abdicó en 305.

diodo m. Válvula electrónica de dos electrodos por la cual la corriente pasa en un solo sentido.

Diógenes || — **el Cínico,** filósofo griego, n. en Sínope (413-327 a. de J. C.). Criticó las costumbres y creencias de su época, la riqueza y las convenciones sociales. Vivió en un tonel, buscó en pleno día a un hombre en Atenas con un farol, respondió un día a Alejandro Magno que lo único que deseaba de él era que se apartase porque le quitaba el sol. || — **Laercio,** historiador griego del s. III, autor de *Vidas y sentencias de los más ilustres filósofos.*

dionisíaco, ca adj. De Dionisio o Baco. || — F. pl. Fiestas en su honor.

Dionisio o **Dionisos,** nombre con que en Grecia al dios griego *Baco.*

Dionisio || — **Areopagita** (San), obispo y mártir ateniense del s. I, convertido por San Pablo. Fiesta el 9 de octubre. || — **de Halicarnaso,** historiador griego, m. hacia el año 8 a. de J. C.

dioptria f. Unidad de convergencia de las lentes o de potencia de los aparatos ópticos.

Dios m. Ser supremo y criador del universo. || *Mit.* Deidad : *los dioses del Olimpo.* || *Fig.* Persona o cosa que se venera por encima de todo. || — ¡*A Dios!,* adiós (despedida). || *A Dios gracias,* felizmente. || *A Dios rogando y con el mazo dando,* debemos hacer todo lo que podemos en vez de esperar que los demás lo hagan por nosotros. || *A la buena de Dios,* de cualquier manera, sin mucho cuidado. || *Como Dios manda,* como es debido. || ¡*Dios!,* ¡*por Dios!* o ¡*válgame Dios!,* expr. de impaciencia o de sorpresa. || *Dios dirá,* expr. de confianza en el porvenir. || *Dios Hijo o Dios Hombre,* Jesucristo. || *Dios sabe,* expr. que indica duda. || *Fig. Méx.* Está de Dios y de la ley, magnífico. || *Fig. Pasar la de Dios es Cristo,* pasarlo muy mal. || *Si Dios quiere,* si nada se opone a lo que uno espera. || *Fam. Todo Dios,* todo el mundo. || — Según las mitologías griega y romana existieron doce *dioses* mayores (entre paréntesis los griegos): *Júpiter* (Zeus), *Febo* (Apolo), *Marte* (Ares), *Mercurio* (Hermes), *Vulcano* (Hefestos), *Vesta* (Hestia), *Juno* (Hera), *Ceres* (Deméter), *Diana* (Artemisa), *Venus* (Afrodita), *Minerva* (Atenea), *Neptuno* (Poseidón).

diosa f. Deidad del sexo femenino.

Diosdado (Ana María), novelista y autora de teatro española, n. en Buenos Aires en 1943.

Dipilto, sierra fronteriza entre Honduras y Nicaragua.

diplodoco m. Especie de dinosaurio, reptil fósil de gran tamaño.

diploma m. Documento en que consta un título conferido por un cuerpo o facultad. || Documento oficial que establece un privilegio.

diplomacia f. Ciencia de las relaciones entre Estados soberanos. ||

Cuerpo o carrera diplomática. || *Fig.* y *fam.* Tacto, habilidad.

diplomado, da adj. y s. Que ha obtenido un título o diploma.

diplomar v. t. Conferir un diploma. || — V. pr. Obtener un diploma.

diplomática f. Arte que enseña las reglas para conocer y distinguir los diplomas u otros documentos oficiales. || Diplomacia.

diplomático, ca adj. De la diplomacia : *cuerpo diplomático.* || Concerniente a las diplomas. || *Fig.* y *fam.* Sagaz, circunspecto, que tiene tacto. || — M. y f. Persona encargada de ciertas funciones diplomáticas.

díptero, ra adj. *Arq.* Aplícase al edificio de dos costados salientes y doble fila de columnas. || — M. pl. Orden de insectos con dos alas membranosas, como la mosca (ú. t. c. adj.).

díptico m. o **díptica** f. Cuadro o bajorrelieve compuesto de dos tableros articulados que se cierran lo mismo que un libro.

diptongación f. *Gram.* Acción y efecto de diptongar.

diptongar v. t. *Gram.* Unir dos vocales pronunciándolas en una sola sílaba : cau-sa, cua-llo. || — V. pr. Convertirse en diptongo una vocal, como la o de *poder* en *puedo.*

diptongo m. *Gram.* Reunión de dos vocales en una sola sílaba : como *feria, deuda, aula, aorta, aire, puerta.*

diputación f. Conjunto de diputados : *diputación provincial, general, permanente.* || Cargo de diputado. || Duración de este cargo. || *Amer.* Casa consistorial. || Diputación provincial, entidad territorial española que es el órgano representativo de la provincia.

diputado, da m. y f. Persona nombrada para representar a otras : *diputado a Cortes, del Congreso.*

diputar v. t. Destinar, comisionar. || Delegar, designar un cuerpo a uno de sus miembros para que les represente en una asamblea.

dique m. Muro para contener las aguas. || Parte de un puerto cerrada con obra de fábrica para reparar el casco de las naves. || *Fig.* Freno, obstáculo : *poner un dique al desorden.* || *Arg. Fam.* Dar dique, engañar.

diquelar v. t. *Pop.* Comprender. | Mirar.

Diquís, río de Costa Rica. (V. GRANDE DE TÉRRABA.)

dirección f. Acción y efecto de dirigir o dirigirse. || Rumbo o sentido que un cuerpo sigue en su movimiento : *la dirección del viento.* || Persona o conjunto de personas encargadas de dirigir : *la dirección de una sociedad, de un partido.* || Cargo de director. || Oficina del director. || Señas que se ponen a una carta o paquete. || Mecanismo para guiar un vehículo automóvil. || Realización escénica o cinematográfica de una obra.

directivo, va adj. Que dirige (ú. t. c. s.). || — F. Línea de conducta, instrucción. || Mesa o junta de dirección de una corporación, sociedad, etc. || — M. Ejecutivo, dirigente.

directo, ta adj. Derecho, en línea recta : *carretera directa.* || Que va de una parte a otra sin pararse en los puntos intermedios : *tren directo de París a Marsella.* || *Fig.* Sin intermediario : *relaciones directas.* | Sin rodeos : *pregunta muy directa.* | Encaminado a su objeto por medios expeditivos : *acción directa.* | Que se sigue de padre a hijo : *los herederos en línea directa.* || *Gram.* Complemento directo, que va unido al verbo. || — M. Golpe dado por los boxeadores hacia adelante estirando el brazo. || *En directo,* dícese de la emisión radiofónica o televisiva no diferida. || — F. *Autom.* Combinación en la caja de cambios mediante la cual el árbol secundario gira a la misma velocidad que el primario.

director, ra adj. Que dirige. || — M. y f. Persona que dirige una administración, una película cinematográfica, una orquesta, etc. || — Director espiritual, confesor habitual. || Director general, director de una empresa. || Director técnico, entrenador y dirigente que ordena la manera como tiene que jugar un equipo deportivo.

— Los patriotas chilenos dieron a San Martín el título de *Director General* (1817), pero éste lo rehusó y lo hizo conceder a O'Higgins. En las Provincias Unidas del Río de la Plata, el *Director Supremo* ejerció funciones de jefe del Estado (1813 a 1820). El primero fue Gervasio Antonio Posadas y el último José Rondeau.

directorio, ria adj. Destinado a dirigir. || — M. Conjunto de reglas e instrucciones : *directorio jurídico.* || Asamblea directiva. || Gobierno. || *Amer.* Lista de direcciones. | Guía de teléfonos.

— El nombre de *Directorio* fue dado en Francia al gobierno establecido de 1795 a 1799, derrocado por Bonaparte el 18 de brumario del año VIII (9 de noviembre de 1799). En México, el *Directorio Ejecutivo* sucedió al Congreso Nacional de 1815. En España, llamóse *Directorio Militar* al gobierno del general Primo de Rivera durante el período 1923-1925. En las Provincias Unidas del Río de la Plata, el poder ejecutivo entre 1814 y 1820.

directriz adj. y s. f. *Geom.* Dícese de la línea o superficie que determina las condiciones de generación de otras. || — F. pl. Instrucciones, orientaciones.

dirigente adj. y s. Que dirige.

dirigible adj. Que puede dirigirse. || — M. Aeronave menos pesada que el aire que tiene helices propulsoras y un sistema de dirección.

dirigir v. t. Encaminar hacia cierto punto : *dirigir la mirada ; dirigir el coche hacia la derecha.* || Gobernar : *dirigir una empresa.* || Mandar, hacer ejecutar : *dirigir las operaciones.* | Poner las señas a lo que se manda. || Aconsejar : *dirigir a uno en un asunto.* || Aplicar a una persona un dicho : *dirigir unos insultos a alguien.* || Dirigir la palabra a uno, hablarle. || — V. pr. Ir : *dirigirse a Barcelona.* || Destinar unas palabras oralmente o por escrito a alguien.

dirigismo m. Sistema en que el Gobierno ejerce un poder de orientación o de decisión en la actividad económica del país.

dirigista adj. Del dirigismo. || — M. y f. Partidario del dirigismo.

dirimente adj. Que anula.

dirimir v. t. Resolver o terminar una controversia : *dirimir la discusión.*

Diriomo, pobl. al sur de Nicaragua (Granada).

Dirraquio. V. DURAZZO.

discal adj. Relativo a los discos vertebrales.

discar v. t. *Arg.* Marcar un número de teléfono.

Discépolo (Armando), autor de teatro argentino (1887-1971). — Su hermano ENRIQUE (1901-1951) fue tb. comediógrafo y compositor de música popular, particularmente tangos (*Yira-Yira, Esta noche me emborracho, Chorra*).

discernimiento m. Distinción. || Juicio recto : *proceder con discernimiento.*

discernir v. t. Distinguir con acierto. || Conceder, adjudicar, otorgar ;dar.

disciplina f. Doctrina y observancia de las leyes o reglamentos que rigen ciertos cuerpos, como la Magistratura, la Iglesia, el Ejército, las escuelas, un partido político, etc. || Aceptación o sujeción a estas reglas. || Asignatura. || Objeto de estudio en el campo de las artes, las letras o las ciencias. || Pl. Instrumento de penitencia para azotar.

disciplinado, da adj. Que observa la disciplina.

disciplinante adj. y s. Penitente.

disciplinar v. t. Enseñar a uno su profesión. || Imponer, hacer guardar la disciplina : *disciplinar al soldado.* || Azotar, dar disciplinazos (ú. t. c. pr.). || *Fig.* Contener, dominar : *disciplinar sus instintos.*

disciplinario, ria adj. Relativo a la disciplina.

discípulo, la m. y f. Persona que recibe la enseñanza en un centro docente. || Persona que sigue la opinión de una escuela filosófica : *discípulo de Aristóteles.*

disc-jockey com. (pal. ingl.) Pinchadiscos.

disco m. Objeto plano y circular. ||

Placa circular de materia plástica en la que se graba el sonido : *un disco microsurco.* || Señal que en los ferrocarriles indica si la vía está libre. || Señal luminosa para el tráfico : *disco rojo.* || Tejo que se utiliza en los juegos gimnásticos : *lanzamiento del disco.* || *Astr.* Figura circular y plana con que se presentan a nuestra vista el Sol, la Luna y los planetas. || *Fam.* Cosa pesada, aburrida o enojosa. || Placa circular para la grabación y reproducción de sonidos, imágenes (disco video) o datos informáticos (disco magnético). || *Anat.* Denominación de diversas estructuras del organismo : *discos intervertebrales.* || — *Autom.* Disco de embrague, pieza de un embrague hecha con chapas delgadas que están entre los platos. || *Disco video,* disco que sirve para registrar imágenes que serán luego reproducidas en un televisor. || *Freno de disco,* sistema de frenado en el que el esfuerzo se aplica a unas mordazas que presionan a uno o varios discos situados en el eje de la rueda. || *Saltarse un disco rojo,* no detenerse.

discóbolo m. Atleta que lanzaba el disco.

discófilo, la adj. y s. Aficionado a los discos fonográficos.

discografía f. Arte de impresionar discos fonográficos. || Conjunto de discos sobre un tema.

discográfico, ca adj. De los discos fonográficos.

díscolo, la adj. Travieso, indócil, perturbador : *niño muy díscolo y muy desobediente* (ú. t. c. s.).

disconforme adj. No conforme.

disconformidad f. Desacuerdo.

discontinuar v. t. e i. Interrumpir la continuación de una cosa.

discontinuidad f. Falta de continuidad.

discontinuo, nua adj. Interrumpido, cortado. || *Mat.* No continuo.

disconvenir v. i. Desconvenir.

discordancia f. Desacuerdo.

discordante adj. Opuesto. || Discorde.

discordar v. i. Ser opuesto o diferentes entre sí dos o más cosas. || Estar en desacuerdo dos personas. || *Mús.* No estar acordes las voces, los instrumentos. || Carecer de armonía : *colores que discuerdan.*

discorde adj. No conforme. || *Mús.* Disonante, sin consonancia.

discordia f. Desacuerdo, desavenencia : *sembrar la discordia.* || *Fig.* Manzana de la discordia, objeto de disputa.

Discordia, deidad maléfica hija de la Noche y hermana de Marte. Encolerizada por no haber sido invitada a las bodas de Tetis y Peleo, arrojó entre los dioses la *manzana de la discordia.* (V. PARIS.)

discoteca f. Colección de discos fonográficos. || Local o mueble donde se guardan. || Establecimiento de baile con discos.

discotequero, ra adj. De los discos fonográficos. || Relativo a las discotecas. || Que va a ellas (ú. t. c. s.).

discreción f. Rectitud de juicio, cordura. || Moderación. || Capacidad para guardar los secretos. || Agudeza, ingenio. || *A discreción,* sin tasa ni limitación, al antojo.

discrecional adj. Que se hace libremente. || — *Parada discrecional,* aquella en que el autobús, tranvía, etc., solamente se para si se avisa al conductor. || *Servicio discrecional,* servicio especial.

discrecionalidad f. Carácter de lo que se puede hacer libremente.

discrepancia f. Diferencia, desigualdad. || Disentimiento, desacuerdo : *discrepancia de ideas.*

discrepante adj. y s. Que discrepa o es distinto. || Que disiente.

discrepar v. i. Ser diferente : *mi opinión discrepa de la tuya.* || Disentir, no estar de acuerdo.

discreto, ta adj. Dotado de discreción, cuerdo (ú. t. c. s.). || Que denota discreción : *conducta discreta.* || Moderado, no muy grande : *tengo un sueldo discreto.* || Reservado, moderado en sus palabras o acciones : *hombre discreto* (ú. t. c. s.). || Que sabe guardar un secreto (ú. t. c. s.). ||

Que no llama la atención : *un peinado discreto*. || Agudo, ingenioso.

discriminación f. Acción y efecto de discriminar. || *Discriminación racial*, separación de las personas de origen, raza o religión diferentes en un país.

discriminar v. t. Separar, distinguir, diferenciar una cosa de otra. || Dar trato de inferioridad a una persona o colectividad.

discriminatorio, ria adj. Que da muestras de discriminación.

disculpa f. Razón que se da para excusarse de una culpa.

disculpable adj. Que se puede disculpar.

disculpar v. t. Dar razones o pruebas que descarguen de una culpa o delito. Ú. t. c. pr. : *se disculpó de su retraso*. Ú. || Perdonar.

discurrir v. i. Caminar, andar por un sitio : *discurrir de un punto a otro*. || Correr un líquido. || Pasar el tiempo. || Fig. Reflexionar : *discurrir sobre política*. || — V. t. Imaginar, idear.

discursear v. i. Fam. Pronunciar discursos.

discursivo, va adj. Dado a discurrir, meditabundo. || Propio del discurso.

discurso m. Exposición oral de alguna extensión hecha generalmente con el fin de persuadir. || Escrito o tratado : el "*Discurso sobre las Ciencias y las Artes*" de J.-J. Rousseau. || Pieza oratoria : *un discurso académico*. || Facultad de discurrir, raciocinio. || Transcurso del tiempo : *el discurso de los días*.

Discurso del Método, libro en que Descartes somete las cosas a la duda metódica y reconstruye la ciencia a partir del principio *Cogito, ergo sum* (pienso, luego existo).

discusión f. Acción de discutir.

discutible adj. Que puede discutirse.

discutidor, ra adj. y s. Amante de disputas y discusiones.

discutir v. t. e i. Examinar minuciosamente una materia : *discutir sobre arte*. || Debatir : *discutir una cuestión*. || Poner en tela de juicio, controvertir : *libro muy discutido*.

disecador, ra m. y f. Persona que diseca. || Taxidermista.

disecar v. t. Cortar para examinar su estructura un cuerpo animal, un vegetal, etc. : *disecar una planta*. || Preparar animales muertos o una planta para su conservación. || Fig. Analizar minuciosamente.

disección f. Acción y efecto de disecar. || Fig. Análisis minucioso.

diseminación f. Dispersión, esparcimiento. || Fig. Difusión.

diseminar v. t. Dispersar, esparcir. || Fig. Difundir : *diseminar ideas*.

disensión f. Desacuerdo.

disentería f. Med. Diarrea dolorosa, persistente y sangrante.

disentérico, ca adj. De la disentería.

disentimiento m. Divergencia de opiniones, de pareceres.

disentir v. i. No tener el mismo parecer : *disentir en política*. || Ser diferente : *ideas que disienten*.

diseñador, ra m. y f. Persona que diseña.

diseñar v. t. Hacer un diseño.

diseño m. Dibujo. || Descripción o bosquejo de alguna cosa. || Confección de la tapa en el libro, de la ilustración de éste.

disertación f. Examen crítico y detallado de una cuestión. || Ejercicio escolar sobre un tema literario o filosófico. || Discurso, conferencia.

disertador, ra y **disertante** adj. y s. Aficionado a disertar. || Conferenciante.

disertar v. i. Razonar, hablar sobre una materia.

diserto, ta adj. Elocuente.

disfagia f. Med. Dificultad para deglutir.

disfasia f. Med. Perturbación del lenguaje por una lesión cerebral.

disforme adj. Deforme. || Feo, horroroso. || Desproporcionado.

disfraz m. Artificio para ocultar o disimular. || Vestido de máscara : *baile de disfraces*. || Fig. Fingimiento, disimulo.

disfrazar v. t. Desfigurar la forma natural de una persona o cosa para

que no se la conozca. || Vestir de máscara (ú. t. c. pr.). || Fig. Cambiar, alterar : *disfrazar la voz*. || Disimular los sentimientos. || Maquillar, encubrir : *disfrazar en suicidio un crimen*.

disfrutar v. t. Poseer. || Aprovechar. || — V. i. Gozar, tener algo de lo cual se sacan ventajas : *disfrutar de buena salud, del favor de uno*. || Sentir placer : *disfrutar ante el paisaje*.

disfrute m. Acción de disfrutar.

disfumino m. Difumino.

disgrafía f. Trastorno de la facultad de expresar las ideas por medio de la escritura.

disgregación f. Separación de las partes de un todo.

disgregar v. t. Separar las partes que forman un todo (ú. t. c. pr.).

disgustado, da adj. y s. Descontento, enfadado : *disgustado con uno*. || Decepcionado : *disgustado por la actitud de un amigo*.

disgustar v. t. Causar disgusto. || — V. pr. Enfadarse, enojarse.

disgusto m. Contrariedad : *llevarse un gran disgusto*. || Decepción. || Pesadumbre : *esta muerte le dio un gran disgusto*. || Revés, desgracia. || Desavenencia, disputa : *tener un disgusto con uno*. || Tedio, repulsión. || *A disgusto*, contra la voluntad de uno.

disidencia f. Separación de una doctrina, creencia u opinión. || Desacuerdo.

disidente adj. y s. Que diside, que está en desacuerdo.

disidir v. i. Separarse de una comunidad, doctrina, creencia u opinión política o filosófica. || Estar en desacuerdo.

disilábico, ca y **disílabo, ba** adj. Bisílabo.

disimetría f. Falta de simetría.

disimétrico, ca adj. Falto de simetría.

disímil adj. Desemejante.

disimilación f. Alteración de un sonido o fonema por otro próximo o igual.

disimilitud f. Desemejanza.

disimulación f. Ocultación, encubrimiento. || Disimulo.

disimulado, da adj. Oculto. || Que disimula lo que siente, hipócrita. || *Hacerse el disimulado*, fingir que uno no se entera de algo.

disimulador adj. y s. Que disimula.

disimular v. t. Ocultar, esconder. || Encubrir algo que uno siente o padece : *disimular su alegría*. || Disfrazar una enfermedad. || — V. i. Fingir que no se ve o se siente algo.

disimulo m. Arte con que se oculta lo que se siente o sabe. || Hipocresía, encubrimiento. || Indulgencia.

disipación f. Despilfarro : *disipación de sus bienes*. || Vida disoluta.

disipado, da adj. y s. Despilfarrador.

disipador, ra adj. y s. Despilfarrador.

disipar v. t. Desvanecer : *el Sol disipa las nieblas*. || Derrochar : *disipar la fortuna*. || Fig. Hacer desaparecer : *los años disipan las ilusiones*. || — V. pr. Fig. Desvanecerse : *disiparse las sospechas*.

dislalia f. Med. Dificultad de articular las palabras.

dislate m. Disparate, desatino.

dislexia f. Dificultad en niño, en adulto para aprender a leer.

disléxico, ca adj. De la dislexia. || — M. y f. Aquejado de dislexia.

dislocación y **dislocadura** f. Acción y efecto de dislocar o dislocarse. (Dícese, por lo común, de los huesos.)

dislocar v. t. Sacar una cosa de su lugar. Ú. m. c. pr. : *dislocarse un brazo*. || Fig. Dispersar : *dislocar un cortejo*. || Desmembrar : *dislocar un ejército*. || Alterar.

disloque m. Fam. El colmo : *aquella fiesta fue el disloque*.

disminución f. Acción y efecto de disminuir.

disminuir v. t. Hacer menor (ú. t. c. i. y pr.).

disnea f. Dificultad de respirar.

Disney (Walt), dibujante norteamericano (1901-1966), creador de dibujos animados en el cine (*El ratón Mickey*,

Blancanieves y los siete enanitos, Fantasía, Bambi, Alicia en el país de las maravillas, Peter Pan, etc.). Creó un parque de atracciones, en las cercanías de Los Ángeles (Estados Unidos), llamado *Disneylandia*.

disociación f. Acción y efecto de disociar o disociarse.

disociar v. t. Separar, desunir (ú. t. c. pr.). || Quím. Descomponer una sustancia (ú. t. c. pr.).

disolubilidad f. Condición de disoluble.

disoluble adj. Que se puede disolver.

disolución f. Fís. Descomposición de los cuerpos por la acción de un agente que se une íntimamente a ellos. | Solución así formada. || Solución viscosa de caucho para reparar cámaras de neumáticos. || Fig. Relajación de las costumbres. | Rompimiento de vínculos : *disolución del matrimonio*. | Acción de suprimir o de hacer cesar : *disolución de las Cortes*.

disoluto, ta adj. Relajado : *vida disoluta*. || Licencioso (ú. t. c. s.).

disolvente adj. Dícese del líquido propio para disolver (ú. t. c. s. m.). || Fig. Que causa corrupción.

disolver v. t. Descomponer un cuerpo por medio de un líquido formando una mezcla. || Deshacer, desunir : *disolver un partido*. | Anular : *disolver un contrato*. | Poner fin al tiempo. || Relajar : *disolver las costumbres*.

disonancia f. Asociación de sonidos desagradables.

disonante adj. Que disuena.

disonar v. i. Hacer un sonido desagradable al oído. || Fig. No ir bien una cosa con otra.

dispar adj. Desigual, diferente.

disparada f. Arg. y Méx. Acción de echar a correr o partir con prisa.

disparador, ra m. y f. Persona que dispara. || — M. Pieza de las armas de fuego que se suelta para disparar. || Pieza del obturador automático de una cámara fotográfica.

disparar v. t. Arrojar, lanzar con violencia. || Lanzar un proyectil con un arma : *disparar un cañón* (ú. t. c. pr.). || Enviar con fuerza el balón hacia la meta. || — V. i. Apretar el disparador de un mecanismo. || Salir disparado, salir corriendo. || — V. pr. Fig. Partir con gran rapidez : *dispararse un caballo*. || Fig. Dejarse llevar por un sentimiento violento. || Méx. Invitar.

disparatadamente adv. Fuera de razón.

disparatado, da adj. Que disparata. || Absurdo, loco : *idea disparatada*. || Fam. Excesivo.

disparatar v. i. Decir o hacer tonterías o barbaridades.

disparate m. Cosa absurda o tonta : *hacer, decir disparates*. || Barbaridad, insulto : *soltar un disparate*. || Fam. *Un disparate*, mucho.

disparejo, ja adj. Dispar.

disparidad f. Desemejanza.

disparo m. Acción de disparar. || Tiro. | Tiro, chut, en fútbol.

dispatching m. (pal. ingl.). Centro distribuidor, despacho central.

dispendio m. Gasto excesivo.

dispendioso, sa adj. Costoso. || Gastoso.

dispensa f. Excepción en un caso particular de una regla general y papel en que aquélla consta.

dispensable adj. Que puede ser objeto de una dispensa.

dispensador, ra adj. y s. Que dispensa.

dispensar v. t. Dar, conceder, distribuir : *dispensar mercedes*. || Proporcionar : *dispensar ayuda*. || Eximir de una obligación : *dispensar la asistencia a un acto* (ú. t. c. i.). || Perdonar, excusar : *dispénseme por llegar tan tarde*.

dispensario m. Centro gratuito o poco costoso de asistencia médica y farmacéutica.

dispepsia f. Mala digestión.

dispéptico, ca adj. De la dispepsia. || Enfermo de dispepsia (ú. t. c. s.).

dispersar v. t. Diseminar, esparcir (ú. t. c. pr.). || Poner en fuga. || Fig. Repartir entre muchas cosas : *dispersar sus esfuerzos*.

dispersión f. Acción y efecto de dispersar o dispersarse. || *Fís.* Separación de los diversos colores espectrales de un rayo de luz por medio de un prisma.

disperso, sa adj. Que está disgregado. || *Mil.* Incomunicado del cuerpo a que pertenece : *en orden disperso.*

display [*disple*] m. (pal. ingl.). En informática, representación visual, visualización.

displicencia f. Frialdad, indiferencia en el trato. || Desaliento. || Descuido.

displicente adj. Que desagrada y disgusta : *tono displicente.* || Desabrido, de mal humor. || Descuidado, negligente (ú. t. c. s.).

disponer v. t. Colocar en cierto orden : *disponer las naves en orden de batalla.* || Preparar a alguien a una cosa. || Preparar algo : *disponer el salón para una fiesta.* || Mandar, ordenar. || — V. i. Tener, poseer : *disponer de mucho dinero.* || Valerse de : *disponer de alguien, de sus bienes.* || — V. pr. Prepararse : *disponerse a (o para) salir.*

disponibilidad f. Calidad de disponible. || Situación de excedencia. || — Pl. Cantidad disponible, cosas de las que se puede disponer : *carezco por completo de las disponibilidades necesarias para hacer tal viaje.*

disponible adj. Dícese de todo aquello de que se puede disponer libremente. || Aplícase al militar o funcionario que no está en servicio activo.

disposición f. Distribución, colocación : *la disposición de las piezas de una casa.* || Posibilidad de disponer de algo : *tener la libre disposición de su fortuna.* || *Fig.* Aptitud : *tener disposición para la pintura.* || Estado de salud o de ánimo : *estar en buena disposición para emprender la marcha.* || Precepto legal o reglamentario. || Medida. || — Hallarse en disposición de hacer una cosa, estar dispuesto a hacerla. || Poner algo a la disposición de alguien, ponerlo en condiciones de que pueda utilizarlo cuando quiera. || *Última disposición,* testamento.

dispositivo, va adj. Que dispone : *parte dispositiva de un decreto.* || — M. Mecanismo, aparato, máquina : *dispositivo automático.*

dispuesto, ta adj. Listo, preparado. || Servicial : *una mujer dispuesta.*

Dispur, cap. de la región de Asam, al NE. de la India.

disputa f. Discusión, debate. || Altercado. || *Sin disputa,* sin duda.

disputar v. t. Debatir, discutir. || Contender, pretender lo mismo que otro : *disputar el primer puesto a uno* (ú. t. c. pr.).

disquero, ra adj. De los discos fonográficos : *industria disquera.*

disquisición f. Exposición rigurosa y detenida de una cosa. || Digresión.

Disraeli (Benjamin), político y escritor inglés, n. en Londres (1804-1881). Jefe del Partido Conservador y Primer ministro (1868 y de 1874 a 1880). Fue conde de Beaconsfield.

distancia f. Intervalo que separa dos puntos del espacio o del tiempo. || *Fig.* Diferencia entre unas cosas y otras. | Alejamiento afectivo. || — *A distancia a la distancia,* lejos. || *Acortar las distancias,* acercarse. || *Guardar las distancias,* no dar un trato familiar a una persona considerada como inferior. || *Mantener la distancia,* dicho de personas, evitar toda familiaridad.

distanciamiento m. Acción y efecto de distanciar.

distanciar v. t. Alejar : *el acompañarte me distanciaría de mi casa.* || Separar, apartar. || — V. pr. Desunirse, perder la amistad. || Dejar atrás : *un corredor que distancia a su rival.*

distante adj. Apartado, remoto. || Que dista : *su casa no está muy distante.* || Poco familiar en el trato : *persona distante.*

distar v. i. Estar una cosa apartada de otra en el espacio o en el tiempo : *distar diez kilómetros de París.* || *Fig.* Ser muy diferente : *el niño de Fulano dista mucho de ser bueno.*

distender v. t. Aflojar. || Disminuir la tensión entre países o personas.

distensión f. *Med.* Lesión producida por la tensión demasiado violenta de

un músculo o de una articulación. || Disminución de la tensión entre países o personas.

distinción f. División, separación : *distinción de poderes.* || Diferencia : *no hacer distinción entre dos cosas.* || Dignidad, prerrogativa, honor. || Elegancia, buenas maneras. || Consideración : *tratar a alguien con distinción.* || *A distinción de,* a diferencia de.

distingo m. Distinción lógica de los sentidos de una proposición. || Reparo, distinción sutil o maliciosa.

distinguido, da adj. Notable : *autor distinguido.* || Elegante, que tiene buenos modales.

distinguir v. t. Discernir, divisar. || Saber hacer la diferencia entre dos o más cosas. || Separar, diferenciar : *distinguir varios grupos en una clase.* || Caracterizar : *la razón distingue al hombre.* || Mostrar preferencia por una persona. || Otorgar una prerrogativa, dignidad, condecoración, etc. || — V. pr. Descollar : *distinguirse por su aplicación.*

distintivo, va adj. Que distingue. || — M. Insignia, señal. || Cualidad que distingue esencialmente una cosa.

distinto, ta adj. Diferente, no semejante : *estas dos fotos son distintas.* || Inteligible, claro. || — M. y f. pl. Varios, diversos.

distorsión f. Torsión. || Deformación, alteración. || *Fís.* Deformación de una onda luminosa o sonora. || *Med.* Esguince.

distorsionar v. t. Deformar.

distracción f. Diversión, entretenimiento. || Falta de atención o aplicación : *una falta por distracción.*

distraer v. t. Divertir, recrear, entretener. Ú. t. c. pr. : *distraerse con cualquier cosa.* || Atraer la atención de uno para que no la fije en otra cosa : *distraer a las tropas enemigas.* || Quitar una idea : *distraer a uno de un proyecto.* || Sustraer : *distraer sumas importantes.* || — V. pr. No prestar la atención debida.

distraído, da adj. Que divierte o entretiene : *película distraída.* || Poco atento a lo que se hace o de lo que se dice (ú. t. c. s.).

distribución f. Reparto. || Disposición : *la distribución de una casa.* || Reparto de papeles a los actores. || Conjunto de las operaciones por las cuales las mercancías están encaminadas del productor al consumidor. || *Autom.* Arrastre por el motor de ciertos órganos auxiliares.

distribuidor, ra adj. y s. Que distribuye. || — M. Aparato que sirve para distribuir : *distribuidor de gasolina.* || En los motores de explosión, aparato que distribuye la corriente a las bujías.

distribuir v. t. Repartir una cosa entre varios. || Disponer : *distribuir los muebles de un cuarto.* || Comercializar un producto.

distributivo, va adj. De la distribución. || *Justicia distributiva,* la que da a cada cual lo que merece.

distrito m. División administrativa o judicial de una provincia, territorio o población. || División administrativa de la enseñanza.

Distrito ~ Federal, división administrativa de México : cap. *Ciudad de México.* (V. MÉXICO, D. F.) — División administrativa en el centro-norte de Venezuela, en la que se encuentran las ciudades de Caracas, La Guaira y Macuto. || **~ Nacional,** división administrativa de la República Dominicana : cap. *Santo Domingo.*

disturbar v. t. Perturbar.

disturbio m. Perturbación, trastorno del orden : *la adopción de estas medidas ha suscitado disturbios.*

disuadir v. t. Convencer a uno por razones para cambiar de propósito, alejar de una idea.

disuasión f. Acción y efecto de disuadir. || *Fuerza* (o *poder*) *de disuasión,* conjunto de los medios militares modernos destinados a dar un golpe decisivo al enemigo.

disuasivo, va adj. Que disuade.

disuasorio, ria adj. Disuasivo.

disyunción f. Separación.

disyuntivo, va adj. Que desune o separa. || *Gram.* Conjunción disyuntiva, la que uniendo las palabras, separa las ideas, como *o, ni.* || — F.

Alternativa entre dos cosas por una de las cuales hay que optar.

disyuntor m. *Electr.* Interruptor automático.

dita f. Fianza de un pago. || *Vender a dita,* vender a crédito.

ditirámbico, ca adj. Relativo al ditirambo. || *Fam.* Excesivamente elogioso.

ditirambo m. *Poét.* Composición en honor de Baco. || *Fig.* Alabanza exagerada.

Diu, isla y puerto en el NO. de la India y S. de la penín. de Gujerate. Fue portuguesa de 1535 a 1961.

diuca f. *Arg.* Ave de color gris.

Diuchambe. V. DUCHANBE.

diurético, ca adj. *Med.* Que facilita la secreción de orina (ú. t. c. s. m.).

diurno, na adj. Concerniente al día. || Que dura un día.

diva f. V. DIVO.

divagación f. Acción y efecto de divagar.

divagador, ra adj. y s. Que divaga.

divagar v. i. Andar sin rumbo fijo. || Hablar o escribir sin precisión.

diván m. Consejo Supremo del sultán de Turquía y sala donde se reunía. || Especie de sofá con o sin respaldo.

divergencia f. Situación de dos líneas o rayos que se van apartando uno de otro. || *Fig.* Desacuerdo, diferencia : *divergencia de opiniones.*

divergente adj. Que diverge.

divergir v. i. Irse apartando progresivamente una de otra dos líneas o rayos. || *Fig.* Disentir, diferenciarse.

diversidad f. Variedad.

diversificación f. Variación.

diversificar v. t. Variar, hacer diverso, diferenciar (ú. t. c. pr.).

diversión f. Pasatiempo, recreo. || *Mil.* Operación o estratagema para divertir al enemigo.

diverso, sa adj. Diferente : *hablaron sobre los temas más diversos.* || — Pl. Varios : *diversas cosas.*

divertido, da adj. Que divierte, gracioso : *persona divertida.* || Alegre, de buen humor.

divertimento m. *Mús.* Composición ligera.

divertimiento m. Diversión.

divertir v. t. Recrear, entretener (ú. t. c. pr.). || Provocar la risa : *este chiste me ha divertido mucho.* || Apartar, desviar. || *Mil.* Desviar la atención del enemigo para alejarle del sitio donde se le quiere atacar.

dividendo m. Cantidad que ha de dividirse por otra. || *Com.* Parte de interés que corresponde a cada acción.

dividir v. t. Partir, separar en partes : *el río divide la ciudad en dos partes.* || Desunir, sembrar la discordia : *este asunto dividió a la familia.* || *Mat.* Averiguar cuántas veces el divisor está contenido en el dividendo, hacer una división.

divieso m. *Med.* Furúnculo.

Divina Comedia, poema de Dante (1307-1321) que consta de tres partes (*Infierno, Purgatorio y Paraíso*). Esta obra ha ejercido una gran influencia.

divinamente adv. *Fig.* Admirablemente, maravillosamente.

divinidad f. Esencia, naturaleza divina. || Dios o diosa. || *Fig.* Persona o cosa dotada de gran belleza.

divinización f. Acción y efecto de divinizar.

divinizar v. t. Considerar como un dios : *divinizar a un héroe, a la amada.* || *Fig.* Ensalzar con exceso.

divino, na adj. De Dios o de un dios. || *Místico : poeta divino.* || *Fig.* Excelente, exquisito.

divisa f. Señal exterior para distinguir personas, grados u otras cosas. || Lazo que permite distinguir los toros de varias ganaderías. || *Blas.* Lema, debajo del escudo. || *Fig.* Lema. || Dinero en moneda extranjera.

divisar v. t. Ver de una manera imprecisa : *divisar un buque lejos.*

divisibilidad f. Calidad de divisible.

divisible adj. Que puede dividirse.

división f. Acción y efecto de dividir, separar o repartir. || Corte. || Parte de un todo dividido. || *Mat.* Operación de dividir. || *Fig.* Desavenencia, desunión, discordia : *sembrar la división en una familia.* ‖ *Mar.* Parte de una escuadra. ‖ *Mil.* Parte de un cuerpo de ejército. ‖ Categoría en la que está clasificado un equipo deportivo o un deportista.

divisor adj. y s. m. *Mat.* Submúltiplo. ‖ Número que divide a otro llamado *dividendo.* ‖ — *Común divisor,* el que divide exactamente a varios otros. ‖ *Máximo común divisor,* el mayor de los divisores comunes de varios números.

divisorio, ria adj. y s. Que divide.

divo, va m. y f. Cantante famoso. ‖ *Fig.* Figura principal, estrella.

divorciar v. t. Separar judicialmente a dos casados. ‖ *Fig.* Separar, desunir. ‖ — V. pr. Separarse de su consorte disolviendo el matrimonio.

divorcio m. Disolución del matrimonio. ‖ *Fig.* Desacuerdo. Separación.

divorcista adj. Del divorcio. ‖ — Com. Partidario del divorcio.

divulgación f. Acción y efecto de divulgar o hacer público. ‖ Acción de poner al alcance de todos lo que antes no lo estaba.

divulgador, ra adj. y s. Que divulga.

divulgar v. t. Difundir, propagar : *divulgar una noticia.* ‖ Revelar, hacer público : *divulgar un secreto.* ‖ Poner al alcance de todos algo reservado antes a unos pocos.

Diyala, río del Irak, afl. del Tigris ; 442 km.

Diyarbakir, c. al E. de Turquía, a orillas del Tigris. Gran mezquita.

Djajapura, ant. *Hollandia,* luego *Sukarnopura,* c. de Indonesia, cap. de Nueva Guinea Occidental.

Djakarta. V. YAKARTA.

Djambul, c. al SO. de la U. R. S. S. (Kazakstán).

Djeddah. V. JEDDAH.

Djerba, isla al E. de Túnez, a la entrada del golfo de Gabes. Turismo.

Djibuti. V. JIBUTI.

Djokjakarta. V. JOGJAKARTA.

Dniéper, río del O. de la U. R. S. S. (Bielorrusia, Rusia y Ucrania), que nace en las colinas de Valdai y des. en el mar Negro ; 1 950 km. Pasa por Smolensko y Kiev. Centrales hidroeléctricas. Llamado ant. *Borístenes.*

Dnieprodzerjinsk, ant. *Kamenskoie,* c. al oeste de la U. R. S. S. (Ucrania). Industrias. Central hidroeléctrica.

Dniepropetrovsk, ant. *Iekaterinoslav,* c. al O. de la U. R. S. S. (Ucrania), puerto en el Dniéper. Industrias.

Dniéster, río al O. de la U. R. S. S., que nace en los Cárpatos de Ucrania y des. en el mar Negro ; 1 411 km.

do m. Primera nota de la escala musical. ‖ — *Do de pecho,* nota muy aguda en la voz del tenor. ‖ *Fig.* y fam. *Dar el do de pecho,* sobrepasarse a sí mismo, hacer un gran esfuerzo. ‖ — Adv. *Poét.* Donde.

doberman m. Perro guardián de origen alemán.

dobladillo m. Pliegue en el borde de una tela.

doblado, da adj. Plegado (ú. t. c. s. m.). ‖ Que se ha hecho el doblaje : *película doblada al español.*

doblaje m. Acción y efecto de doblar una película.

doblar v. t. Aumentar una cosa para que sea el doble : *doblar el precio* (ú. t. c. i.). ‖ Hacer doble, multiplicar por dos : *he doblado mi fortuna con este negocio.* ‖ Aplicar una sobre otra dos partes de una cosa flexible : *doblar un mantel.* ‖ Torcer, curvar, cimbrar : *doblar una barra de hierro.* ‖ Torcer. U. t. c. i. : *doblar a la izquierda.* ‖ Pasar al otro lado : *doblar la esquina.* ‖ Franquear : *doblar el cabo de Hornos.* ‖ *Fig.* Convencer a uno para que haga lo contrario de lo que pensaba. ‖ Sustituir la voz del actor de una película o reemplazarle en las escenas peligrosas. ‖ Grabar en otro idioma las voces de los actores de una película. ‖ — V. i. Tocar a muerto : *doblar las campanas.* ‖ *Méx.* Derribar a uno de un balazo. ‖ *Taurom.* Desplomarse o caer agonizante el toro después de la estocada. ‖ *Amer.* Doblar el petate, morir.

doble adj. Duplo, dos veces mayor. ‖ Que vale, pesa, contiene dos veces la cosa designada : *doble decalitro.* ‖ Que se repite dos veces : *consonante*

doble. ‖ Dícese de la cosa que va acompañada de otra idéntica : *doble ventana.* ‖ Dícese de las flores de más hojas que las sencillas : *rosa doble.* ‖ *Fig.* Disimulado, hipócrita. ‖ — M. Cantidad dos veces más grande. ‖ Vaso de cerveza de gran tamaño. ‖ Doblez : *hacer tres dobles a una tela.* ‖ Toque de difuntos. ‖ Copia, reproducción : *el doble de un acta.* ‖ Actor parecido a la estrella de una película a quien sustituye en las escenas peligrosas. ‖ En el tenis, partido jugado uno contra dos. ‖ *Ver* doble, ver dos cosas cuando sólo hay una. ‖ — Adv. Doblemente.

doblegable adj. Fácil de doblegar.

doblegar v. t. Doblar, torcer. ‖ *Fig.* Someter, ceder : *doblegar la voluntad de uno.* ‖ — V. pr. *Fig.* Someterse, ceder : *doblegarse ante la fuerza.*

doblemente adv. Con duplicación. ‖ *Fig.* Con doblez o falsedad.

Dobles (Fabián), escritor costarricense, n. en 1918, autor de cuentos (*El targuá, El violín y la chatarra*), de novelas (*Ese que llaman pueblo, Una burbuja en el limbo, Los leños vivientes*) y poesías. ‖ **— Segreda** (Luis), novelista y ensayista costarricense (1890-1956).

doblete m. En el juego del billar, suerte consistente en la bola con que se juega varias trayectorias perpendiculares a las bandas que toca. ‖ Repetición. ‖ Acción de matar dos pájaros con los tiros de cada cañón de la escopeta.

doblez m. Parte de una cosa que se dobla. ‖ Señal que queda en la parte en que se ha doblado una cosa. ‖ — F. *Fig.* Falsedad, hipocresía : *obrar con doblez.*

Dobrudja, Dobrucha o **Dobrogea,** región de Europa oriental entre el mar Negro y el Danubio, perteneciente a Bulgaria y Rumania.

doce adj. y s. m. Diez y dos. ‖ Duodécimo : *Pío doce.*

Doce, río al E. del Brasil (Minas Gerais) ; 579 km. Desemboca en el Atlántico. ‖ **— de Octubre,** dep. al N. de la Argentina (Chaco) ; cab. *General Pinedo.*

Doce Tablas (*Ley de las*), código de los romanos (450 a. de J. C.).

doceavo, va adj. Dícese de cada una de las doce partes iguales en que se divide un todo (ú. t. c. s. m.).

docencia f. Enseñanza.

doceno, na adj. Duodécimo. ‖ — F. Conjunto de doce cosas : *una docena de pañuelos.*

docente adj. De la enseñanza : *centro docente.* ‖ Que enseña : *El cuerpo docente,* conjunto de profesores y maestros. ‖ — M. y f. Profesor.

dócil adj. Fácil de dirigir, obediente.

docilidad f. Calidad de dócil.

dock m. (pal. ingl.). *Mar.* Dársena, muelle rodeado de almacenes. ‖ Depósito de mercancías.

docker m. Descargador portuario.

docto, ta adj. y s. Erudito, que posee muchos conocimientos.

doctor, ra m. y f. Persona que ha obtenido el último grado universitario. ‖ Teólogo de gran autoridad : *los doctores de la Iglesia.* ‖ Médico. ‖ — F. *Fam.* Mujer del médico. ‖ *Doctor honoris causa,* título honorífico que las universidades conceden a personalidades eminentes.

Doctor — Arroyo, c. al NE. de México (Nuevo León). ‖ **— Pedro P. Peña,** c. al NO. del Paraguay, cab. del dep. de Boquerón.

doctorado m. Grado de doctor y estudios seguidos para obtenerlo.

doctoral adj. Del doctor o doctorado. ‖ *Fam.* Pedantesco, solemne.

doctorar v. t. Graduar de doctor en una universidad (ú. t. c. pr.).

doctrina f. Lo que es objeto de enseñanza. ‖ Conjunto de las ideas de una escuela literaria o filosófica, de un partido político o los dogmas de una religión. ‖ *Por ext.* Doctrina cristiana. ‖ Predicación religiosa.

Doctrina Cristiana o **Escuelas Cristianas** (*Hermanos de la*), congregación religiosa creada en Francia, en 1680, por San Juan Bautista de La Salle.

doctrinal adj. Relativo a la doctrina.

doctrinar v. t. Enseñar, dar instrucción. ‖ *Fig.* Aleccionar, convencer.

doctrinario, ria adj. Relativo a la doctrina. ‖ Partidario de manera sistemática de un parecer o doctrina (ú. t. c. s.).

documentación f. Acción y efecto de documentar. ‖ Conjunto de documentos, particularmente los de identidad.

documentado, da adj. Dícese del memorial acompañado de los documentos necesarios o de la persona bien informada.

documental adj. Fundado en documentos : *prueba documental.* ‖ — M. Película cinematográfica tomada con fines instructivos o de información.

documentalista com. Persona encargada de buscar, seleccionar, clasificar y difundir documentos. ‖ Persona que realiza documentales cinematográficos.

documentar v. t. Probar, justificar con documentos. ‖ Informar sobre un asunto (ú. t. c. pr.).

documento m. Escrito con que se prueba o hace constar una cosa : *un documento oficial.* ‖ *Fig.* Testimonio de algún hecho, cosa que sirve de prueba : *documento histórico.* ‖ — Pl. Carnet de identidad.[(El término oficial, en España, es *Documento Nacional de Identidad.*)

dodecaedro m. *Geom.* Poliedro de doce caras.

dodecafonia f. Dodecafonismo.

dodecafónico, ca adj. *Mús.* Relativo al dodecafonismo.

dodecafonismo m. *Mús.* Forma atonal fundada en el empleo sistemático de los doce sonidos de la gama cromática, con exclusión de otra escala sonora.

dodecágono m. *Geom.* Polígono de doce ángulos y doce lados.

Dodecaneso, archip. griego del mar Egeo, formado por las islas Espóradas meridionales. La principal es Rodas.

dodecasilabo, ba adj. De doce sílabas. ‖ Dícese del verso de doce sílabas (ú. t. c·s. m.).

Dodgson (Charles). V. CARROLL (Lewis).

Dodoma, c. de Tanzania, en el centro del país.

dogaresa f. Mujer del dux.

dogma m. Punto fundamental de una doctrina religiosa o filosófica. ‖ Conjunto de estos puntos capitales.

dogmático, ca adj. Relativo al dogma. ‖ *Fig.* Intransigente en sus convicciones.

dogmatismo m. Doctrina según la cual el espíritu humano puede conocer la verdad. ‖ Acción de afirmar sin la menor duda ciertas ideas consideradas como ciertas y que son en realidad discutibles.

dogmatizador, ra y **dogmatizante** adj. Dícese del o de lo que dogmatiza (ú. t. c. s.).

dogmatizar v. t. Enseñar dogmas. ‖ Afirmar categóricamente principios contradictorios.

dogo, ga m. y f. Perro guardián, de cabeza grande y hocico chato, de singular fuerza y valor (ú. t. c. adj.).

Doha o **Dawha,** cap. del Estado de Katar, en el golfo Pérsico.

dólar m. Unidad monetaria de los Estados Unidos, Canadá, Australia, Hong Kong, Liberia y Nueva Zelanda (sím., \$). [Pl. *dólares.*]

dolencia f. Indisposición, achaque, enfermedad.

doler v. i. Sufrir dolor : *doler los ojos, la cabeza.* ‖ Sentir disgusto o pesar : *me duele su tanta injusticia.* ‖ — V. pr. Arrepentirse : *dolerse de su conducta.* ‖ Afligirse, lamentarse : *dolerse de las desgracias que ocurren.* ‖ Compadecer. ‖ Quejarse : *dolerse con o sin razón de su comportamiento.*

Dolfos (Bellido o Vellido), traidor zamorano que asesinó a Sancho II de Castilla (1072).

dolicocefalia f. Calidad de dolicocéfalo.

dolicocéfalo, la adj. Dícese de la persona de cráneo muy oval o más largo que ancho (ú. t. c. s.).

doliente adj. Enfermo (ú. t. c. s.).

dolmen m. Monumento megalítico de carácter funerario que tiene forma de mesa.

dolo m. Engaño, fraude. ‖ Perjuicio, daño.

Dolomitas o **Alpes Dolomíticos,** macizo montañoso italiano de los Alpes orientales.

dolor m. Sufrimiento, padecimiento físico : *dolor de cabeza.* ‖ Aflicción, pena : *dolor por la pérdida de un ser querido.* ‖ Arrepentimiento.

dolorense adj. y s. De Dolores (Uruguay).

Dolores, bahía de México, en el O. de la Baja California. — C. de la Argentina (Buenos Aires). — Pobl. de México (Guanajuato), hoy *Ciudad Dolores Hidalgo.* — Pobl. al SO. del Uruguay (Soriano). Agricultura.

Dolores (*Grito de*), acto de rebelión que encabezó el cura Miguel Hidalgo en el pueblo de Dolores, el 16 de septiembre de 1810, y que inició la guerra de Independencia de México con el célebre grito *¡ Mueran los gachupines !*

dolorido, da adj. Que se resiente de un dolor anterior : *pierna dolorida.* ‖ Apenado, triste, lleno de dolor : *estoy dolorido por tantas injusticias.*

doloroso, sa adj. Que causa dolor : *una herida dolorosa.* ‖ Lamentable, que da pena. ‖ — F. La Virgen de los Dolores.

doloso, sa adj. Engañoso, fraudulento. ‖ Perjudicial, dañoso.

dom m. Tratamiento que se da a ciertos religiosos.

doma f. Acción y efecto de domar. ‖ *Fig.* Represión de las pasiones.

domador, ra m. y f. Persona que doma. ‖ Persona que exhibe y maneja fieras domadas.

domar v. t. Amansar a un animal : *domar potros.* ‖ Amaestrar. ‖ *Fig.* Sujetar, reprimir : *domar sus inclinaciones.* ‖ Someter. ‖ Hacer que una cosa dura se vuelva más flexible : *domar zapatos nuevos.*

Domenchina (Juan José), escritor español (1898-1959), autor de poesías (*Dédalo*) y de libros en prosa (*Destierro*). M. en el destierro.

Domènech y Montaner (Luis), arquitecto neogótico español (1850-1923).

domeñable adj. Que puede domeñarse.

domeñar v. t. Someter.

domesticable adj. Que se puede domesticar.

domesticación f. Acción y efecto de domesticar.

domesticar v. t. Acostumbrar a un animal a la vista y compañía del hombre : *domesticar un potro.* ‖ *Fig.* Volver a una persona más tratable.

domesticidad f. Calidad, condición de doméstico.

doméstico, ca adj. Relativo al hogar : *artes domésticas.* ‖ Dícese del animal que se cría en la compañía del hombre. ‖ — M. y f. Criado. ‖ — M. Ciclista que en un equipo tiene la misión de ayudar al corredor principal.

Domiciano (Tito Flavio) [51-96], emperador romano de 81 a 96, hijo de Vespasiano y hermano de Tito.

domiciliación f. Acción y efecto de domiciliar.

domiciliar v. t. Dar o asignar domicilio a alguien. ‖ Hacer pagable en el domicilio de un tercero un efecto de comercio. ‖ *Méx.* Poner sobrescrito a una carta. ‖ — V. pr. Establecer su domicilio.

domiciliario, ria adj. Referente al domicilio. ‖ Hecho a domicilio : *las visitas domiciliarias de un médico.*

domicilio m. Casa en que uno habita o se hospeda. ‖ Población donde se considera legalmente que reside una persona. ‖ *Domicilio social,* sitio donde está establecida una entidad.

dominación f. Autoridad soberana. ‖ *Fig.* Influencia.

dominador, ra adj. y s. Que domina.

dominanta adj. y s. f. *Fam.* Aplícase a la mujer que domina a todos, particularmente a su marido.

dominante adj. Que domina. ‖ Que quiere imponer su voluntad : *de carácter dominante.* ‖ *Fig.* Sobresaliente, característico : *la modestia es su cualidad dominante.* ‖ — F. Rasgo característico.

dominar v. t. Tener bajo su dominio : *Roma ha dominado a todo el Mediterráneo.* ‖ Sujetar, contener, reprimir : *dominar las pasiones.* ‖ Contener : *dominar un incendio, una rebelión.* ‖ Predominar, sobresalir. ‖ *Fig.* Conocer perfectamente : *dominar el inglés.* ‖ Ocupar una posición más alta : *la loma que domina la ciudad* (ú. t. c. i.). ‖ Abarcar, ver desde una altura. ‖ — V. pr. Reprimirse, contenerse, controlarse.

domingo m. Primer día de la semana dedicado al descanso.

Domingo (*Santo*), abad de Silos (1000-1073). Fiesta el 20 de diciembre. ‖ ~ **de Guzmán** (*Santo*), predicador español (1170-1221), fundador de la orden de los Dominicos (1206). Fiesta el 4 de agosto. ‖ ~ **de la Calzada** (*Santo*), religioso español, m. en 1109. Fiesta el 12 de mayo.

Domingo Martínez de Irala, pobl. en el sur del Paraguay (Caazapá).

dominguero, ra adj. *Fam.* Que se usa o hace en domingo : *vestido dominguero.* ‖ — M. y f. *Fam.* Conductor que sólo usa los coches los días festivos. ‖ Conductor poco hábil.

Domínguez (Belisario), médico y político mexicano (1863-1913), senador maderista. M. asesinado. ‖ ~ (FRANKLIN), poeta y dramaturgo dominicano, n. en 1931. ‖ ~ (LUIS L.), poeta e historiador argentino (1819-1898), autor del poema *El Ombú.* ‖ ~ (LORENZO), escultor chileno (1901-1963). ‖ ~ (MANUEL), historiador paraguayo (1896-1935), autor de *El alma de la raza.* ‖ ~ (ÓSCAR), pintor surrealista español (1906-1957). ‖ ~ **Alba** (BERNARDO). V. SINÁN (Rogelio). ‖ ~ **Borras** (ALBERTO), compositor mexicano (1913-1975). ‖ ~ **Camargo** (HERNANDO), jesuita y poeta colombiano (¿ 1590 ?-1656), autor de *Poema heroico de San Ignacio de Loyola,* obra no terminada.

dominguillo m. Muñeco con un contrapeso en la base que siempre vuelve a ponerse derecho si se le tumba.

Dominica, isla de las Antillas Menores : 751 km² ; 80 000 h. ; cap. *Roseau.* Es un Estado independiente desde 1978 y forma parte del Commonwealth Británico.

dominica f. En lenguaje eclesiástico, domingo. ‖ Texto de la Escritura que corresponde al oficio divino de cada domingo.

dominical adj. Del domingo.

Dominicana (REPÚBLICA), república del archipiélago de las Antillas, ubicada en la parte oriental de la isla de Santo Domingo, que comparte con la república de Haití ; 48 442 km² ; 5 700 000 h. (*dominicanos*). Cap. *Santo Domingo,* 1 300 000 h. Otras c. : Santiago de los Caballeros, 270 000 ; Concepción de la Vega, 51 500 ; San Juan de la Maguana, 63 000 ; Barahona, 38 000 ; Puerto Plata, 51 000 ; Baní, 39 000 ; San Cristóbal, 26 000 ; San Pedro de Macorís, 74 000 ; La Romana, 57 000 ; San Francisco de Macorís, 80 000 ‖.

El país se divide en 26 provincias y un distrito nacional. La población está constituida esencialmente por blancos (16 por 100), negros (11 por 100) y el resto por mulatos. La religión católica es la de la mayoría y la lengua oficial la castellana o española. La densidad media de población es de 113 h./km².

— GEOGRAFÍA. El país presenta un aspecto montañoso, pues está atravesado de E. a O. por cuatro sistemas orográficos. En el más importante de ellos, la cordillera Central, se encuen-

REPÚBLICA DOMINICANA

203

tra el pico Duarte (3 175 m), punto culminante de las Antillas. A la región central pertenece el valle del Cibao, zona muy fértil y, por lo tanto, de las más pobladas de la isla. Existen numerosos ríos (Yaque del Norte, Yaque del Sur, Yuna, Artibonito, Ozama), algunos de ellos navegables para embarcaciones de poco calado. En el SO. se encuentra el lago *Enriquillo*, en una depresión a 44 m bajo el nivel del mar, así como varias lagunas. Los 1 400 km de costas presentan varias bahías (Escocesa, Samaná, Ocoa), y algunas islas (Saona, Catálina, Beata). El clima es variado, según la altitud, pero en general es cálido y húmedo, moderado por las corrientes oceánicas. La agricultura es el principal renglón de la economía dominicana (caña de azúcar, tabaco, café, cacao). La industria de base es la azucarera, y existen también fábricas de cemento, textiles e instalaciones madereras. Aseguran las comunicaciones unos 12 000 km de carreteras, al mismo tiempo que 1 600 km de vías férreas (1 000 de los cuales pertenecen a las compañías azucareras), y varias líneas aéreas (aeropuertos de Santo Domingo, Santiago y San Juan).

dominicanismo m. Palabra o giro propio del habla de los habitantes de la República Dominicana. ‖ Amor a este país. ‖ Carácter propio de él.

dominicano, na adj. y s. Dominico. ‖ De la República Dominicana. ‖ Habitante o nativo de este país. — M. Modalidad del español hablado en este país.

Dominici (Aníbal), biógrafo y novelista venezolano (1837-1897). ‖ — (PEDRO CÉSAR), escritor venezolano (1872-1954), autor de las novelas *El triunfo del ideal, La tristeza voluptuosa* y *El cóndor*.

dominico, ca adj. Aplícase a los religiosos de la orden de Santo Domingo (ú. t. c. s.). — M. *Cub*. y *Amer. C*. Especie de plátano de tamaño pequeño. ‖ *Cub*. Pajarillo de plumaje negruzco y manchas blancas.

— La orden de los Dominicos o Predicadores fue fundada en Toulouse (Francia) por Santo Domingo de Guzmán para combatir a los albigenses (1206).

dominio m. Libre disposición de lo que es de uno : *dominio de sus bienes*. ‖ Superioridad legítima sobre las personas. ‖ Autoridad : *tener dominio sobre sus alumnos*. ‖ Campo, esfera, terreno, sector. ‖ Territorio sujeto a un Estado soberano (ú. m. en pl.). ‖ Nombre de varios Estados de la Comunidad Británica, políticamente independientes, pero ligados a la Corona de Inglaterra, aunque, actualmente, se tiende a sustituir este término por el de Estado miembro del Commonwealth. (V. COMMONWEALTH.) ‖ *Fig*. Conocimiento perfecto : *dominio de un idioma*. ‖ Represión de las pasiones. ‖ — *Dominio de sí mismo*, poder que tiene uno sobre sus propias pasiones o reacciones. ‖ *Ser del dominio público* una cosa, ser sabido de todos.

Dominiquino (Domenico ZAMPIERI, llamado **el**), pintor y arquitecto italiano (1581-1641).

dominó m. Juego que se hace con veintiocho fichas rectangulares, blancas y marcadas con puntos. ‖ Estas fichas. ‖ Traje con capucha que se usa en los bailes de máscara.

domo m. *Arq*. Cúpula.

Domodossola, c. al N. de Italia en Piamonte (Novara), a la salida del túnel del Simplón.

Domrémy-La-Pucelle, pobl. al E. de Francia, en Lorena (Vosges), donde nació Juana de Arco.

Domuyo, cerro de los Andes en el centro oeste de Argentina (Neuquen).

don m. Dádiva, regalo. ‖ Talento : *el don de la palabra*. ‖ Habilidad especial para algo : *don de mando*. ‖ Tratamiento que hoy se usa por lo común antepuesto al nombre de pila : *Don Pedro*. ‖ *Tener don de gentes*, saber tratar a todos con afabilidad y simpatía.

Don, río de la U. R. S. S. que nace al S. de Moscú y des. en el mar de Azov ; 1 967 km. ‖ — **Benito**, v. al O. de España, en Extremadura (Badajoz).

Don ‖ — **Juan**, personaje mítico de la literatura española. La leyenda del caballero sevillano Juan de Mañara y obras literarias como *El infamador*, de Juan de la Cueva, sirvieron de base a Tirso de Molina en *El Burlador de Sevilla y convidado de piedra* para trazar definitivamente la imagen de su héroe, utilizado como protagonista en muchas obras por escritores extranjeros (Molière, Goldoni, D'Aponte, Byron, Dumas, Mérimée, Puschkin, Montherlant) o españoles (A. de Zamora, Espronceda, Zorrilla [*Don Juan Tenorio*], Machado, Martínez Sierra, Marquina, Jacinto Grau, Azorín) o músicos (Mozart, Gluck, R. Strauss). ‖ — **Quijote**. V. QUIJOTE. ‖ — **Segundo Sombra**, novela gauchesca de Ricardo Güiraldes.

donación f. Acción y efecto de donar, regalo.

donador, ra adj. y s. Que da. ‖ Que hace un don o presente. ‖ *Donador de sangre*, el que da sangre suya para que se utilice en transfusiones.

donaire m. Prestancia, garbo : *hablar con mucho donaire*. ‖ Gracia en el hablar o en el estilo. ‖ Chiste.

donante adj. Dícese del que hace una donación (ú. t. c. s.). ‖ Donador de sangre (ú. t. c. s.).

donar v. t. Dar.

donatario, ria m. y f. Persona a quien se hace una donación.

Donatello (Donato DI BETTO BARDI, llamado), escultor italiano, n. en Florencia (1386-1466).

donativo m. Regalo.

Donbass, cuenca hullera en el SO. de la U.R.S.S. (Ucrania y Rusia), a orillas del río Donets. Industrias.

Doncaster, c. en el NE. de Inglaterra (Yorkshire). Cuenca hullera.

doncel m. Joven noble que aún no estaba armado caballero. ‖ Paje : *el doncel de Sigüenza*. ‖ Hombre que no ha conocido mujer.

doncella f. Mujer virgen. ‖ Soltera. ‖ Criada que se ocupa de todo menos de la cocina.

doncellez f. Estado de doncella.

donde adv. En un lugar : *allí es donde vivo*. ‖ Cuando es interrogativo o dubitativo se acentúa : *¿ Dónde está ?* ‖ Adonde. ‖ Actúa a veces como pron. relativo con el sentido de en que, lo cual, etc. ‖ En algunas partes se emplea con el sentido de en casa de : *voy donde Juan*. ‖ *Méx*. Ya que, dado que, puesto que : *donde él lo asegura es que es así*. ‖ *Méx. Donde que*, tanto más que : *tengo un frío enorme, donde que estoy con traje muy ligero*.

dondequiera adv. En cualquier sitio.

dondiego m. Planta cuyas flores sólo se abren al anochecer. También se llama *dondiego de noche*.

Donets, río al SO. de la U. R. S. S. (Ucrania), afl. del Don.

Donetsk, de 1935 a 1961 *Stalino*, c. al SO. de la U. R. S. S. (Ucrania), en el Donbass. Metalurgia.

Donizetti (Gaetano), autor de óperas (*La Favorita, Lucrecia Borgia, Lucía de Lammermoor, El elixir de amor, Don Pasquale*).

donjuán m. Conquistador de mujeres : *es un donjuán anticuado*.

donjuanesco, ca adj. Propio de un don Juan.

donjuanismo m. Comportamiento y carácter que recuerdan los de don Juan.

donosamente adv. Con donosura, graciosamente.

donosidad f. Donosura, gracia. ‖ Chiste.

donoso, sa adj. *Fam*. Gracioso. ‖ Antepuesto al sustantivo, ú. en sentido irónico : *¡ donosa ocurrencia !*

Donoso (Armando), escritor y ensayista chileno (1887-1946). ‖ — (JOSÉ), escritor chileno, n. en 1924, autor de relatos cortos, de novelas (*Coronación, Este domingo, El lugar sin límites, Casa de campo, El obsceno pájaro de la noche*, etc.) y de obras de teatro (*Sueños de mala muerte*). ‖ — **Cortés** (JUAN), escritor, político y diplomático español (1809-1853), autor de *Ensayo sobre el catolicismo, el liberalismo y el socialismo, Discurso sobre la Biblia, El cerco de Zamora*, etc.

Donostia, n. vasco de la c. de *San Sebastián* (España).

donostiarra adj. y s. De San Sebastián (España).

donosura f. Donaire, gracia.

doña f. Tratamiento dado a las mujeres, antepuesto al nombre de pila. ‖ (Ant.). Dueña.

Doña ‖ — **Ana**, pico chileno de los Andes (Coquimbo) ; 5 314 m. ‖ — **Inés**, volcán de Chile en los Andes (Atacama) ; 5 070 m. ‖ — **Juana**, volcán andino de Colombia (Nariño), en la Cord. Central ; 4 200 m. ‖ — **Rosa**, cord. de los Andes en Chile (Coquimbo).

Doña ‖ — **Bárbara**, novela de Rómulo Gallegos, canto a los llanos venezolanos (1929). ‖ — **Francisquita**, zarzuela en tres actos, música de Amadeo Vives y libreto de G. Fernández Shaw (1923). ‖ — **Perfecta**, novela de Benito Pérez Galdós (1876). ‖ — **Rosita la soltera**, drama de Federico García Lorca (1935).

Doñana (COTO), reserva ecológica al SO. de España (Almonte, Huelva).

Doñihue, c. del centro de Chile en la VI Región (Libertador General Bernardo O'Higgins) y en la prov. de Cachapoal, cap. de la com. del mismo nombre.

dopar v. t. Administrar un doping, drogar (ú. t. c. pr.).

doping m. (pal. ingl.). Estimulante que se da a un hombre o a un animal antes de una prueba deportiva.

doquier y **doquiera** adv. Dondequiera.

dorada f. Pez marino, común en las costas de España, de carne muy apreciada.

Dorada, constelación cercana del polo austral. ‖ — **(La)**, c. al O. de Colombia (Caldas), puerto en el Magdalena.

dorado, da adj. De color de oro : *marco dorado*. ‖ *Fig*. Esplendoroso : *siglos dorados*. ‖ M. Doradura.

Dorado (El). V. ELDORADO.

doradura f. Acción de dorar.

dorar v. t. Cubrir con oro o dar o tomar este color : *dorar una cadena*. ‖ *Fig*. Asar o freír ligeramente : *dorar un alimento*. ‖ Dar una apariencia agradable a lo que no lo es : *dorar la verdad*. ‖ *Fig*. y *fam. Dorar la píldora*, decir o hacer aceptar con palabras amables una cosa desagradable. ‖ — V. pr. Tomar color dorado : *Broncearse la piel*.

Dorchester, c. del S. de la Gran Bretaña (Inglaterra), cap. del condado de Dorset.

Dordogne, dep. en el centro de Francia ; cap. Périgueux.

Dordoña, en fr. *Dordogne*, río de Francia, que nace en el Macizo Central y, al confluir con el Garona, forma el Gironda ; 472 km.

Dordrecht, c. y puerto de Holanda (Holanda Meridional). Industrias.

Doré (Gustave), dibujante y pintor francés (1832-1883), autor de ilustraciones para *El Quijote, La Divina Comedia*, etc.

Doria, familia noble de Génova cuyos miembros más distinguidos fueron ANDREA (1466-1560), almirante de las escuadras del emperador Carlos V y de Francisco I, y su sobrino JUAN ANDREA (1539-1606), que participó en la batalla de Lepanto (1571).

dórico, ca adj. Dorio. ‖ *Arq. Orden dórico*, el caracterizado por su sobriedad. ‖ — M. Dialecto de los dorios.

Dórida, región montañosa de la Grecia central.

dorífera y **dorifora** f. Insecto parásito de la patata.

dorio, ria adj. De la Dórida (ú. t. c. s.) : *los dorios, pertenecientes a un pueblo indoeuropeo, invadieron Grecia a partir del s. XII a. de J. C.*

Doris, hija de Océano y Tetis. Unida a su hermano Nereo tuvo cincuenta hijas, llamadas las Nereidas. (*Mit*.)

dormición f. Muerte de la Virgen.

dormida f. Acción de dormir : *echar una dormida*. ‖ *Amer*. Sitio donde se pasa la noche.

dormilón, ona adj. y s. *Fam*. Que duerme fácilmente y mucho.

dormir v. i. Descansar con el sueño (ú. t. c. t.) : *dormir la siesta*. ‖ Pernoctar : *dormimos en Madrid antes de salir para Galicia*. ‖ *Fig*. Obrar con poca diligencia (ú. t. c. pr.). ‖ *Fig.* *Dejar dormir un asunto,* no ocuparse de él. ‖ — V. t. Hacer dormir : *dormir a un niño.* ‖ *Dormir el último sueño,* estar muerto. ‖ — V. pr. Entregarse al sueño. ‖ Entumecerse un miembro : *se me ha dormido la pierna.* ‖ *Fig. Dormirse sobre los laureles,* abandonarse después de haber triunfado.

dormitar v. i. Estar medio dormido.

dormitivo, va adj. y s. m. Soporífero.

dormitorio m. Habitación o cuarto de dormir. ‖ Muebles en esta habitación.

Dornoch, c. de Gran Bretaña al N. de Escocia.

Dorpat. V. TARTU.

Dorrego (Manuel), militar argentino, n. en Buenos Aires (1787-1828). Gobernador de la Provincia de Buenos Aires (1820 y 1827), fue derrocado por Lavalle. M. fusilado.

D'Ors (Eugenio), ensayista español, n. en Barcelona (1882-1954), autor de *Tres horas en el museo del Prado, Mi salón de otoño, La bien plantada, Glosario* y *Nuevo Glosario,* comentarios de la actualidad de su tiempo. Utilizó el seudónimo de *Xenius.*

dorsal adj. Del dorso, espalda o lomo : *región dorsal.* ‖ *Gram.* Aplícase a la consonante que se articula con el dorso de la lengua, es decir, *ch, ñ y k* (ú. t. c. s. f.). ‖ — M. Número que se suele coser en la camiseta de los atletas, ciclistas, futbolistas, etc., para distinguirlos. ‖ — F. Cordillera : *la dorsal andina.*

Dorset, condado de Inglaterra en las costas del canal de la Mancha ; cap. *Dorchester.*

dorso m. Espalda. ‖ Revés : *el dorso de un escrito.* ‖ *Anat.* Parte superior de ciertos órganos : *dorso de la nariz.*

Dorticós Torrado (Osvaldo), político cubano (1919-1983), pres. de la Rep. de 1959 a 1976. Se suicidó.

Dortmund, c. de Alemania Occidental (Rin Septentrional-Westfalia). Gran puerto fluvial. Industrias del Ruhr.

dos adj. Uno y uno. ‖ Segundo : *año dos.* ‖ — M. Guarismo que representa el número dos. ‖ Segundo día del mes : *el dos de mayo.* ‖ Naipe que tiene dos figuras : *el dos de oros.* ‖ — *Cada dos por tres,* muy a menudo. ‖ *De dos en dos,* apareado. ‖ *En un dos por tres,* en un instante.

Dos ‖ *~ Bahías,* cabo al SE. en la costa atlántica de la Argentina (Chubut). ‖ *~ Bocas,* lago artificial en el oeste de Puerto Rico (Aguadilla). Central hidroeléctrica. ‖ *~ de Mayo,* prov. del centro del Perú (Huánuco) ; cap. *La Unión.* ‖ *~ Hermanas,* c. al S. de España (Sevilla). Agricultura. ‖ *~ Puentes,* en alem. *Zweibrücken,* c. de Alemania (Renania-Palatinado). ‖ *~ Sicilias* (REINO DE LAS). V. SICILIAS.

Dos Aguas, palacio del Marqués de Dos Aguas en Valencia (España), modelo de estilo rococó, obra del escultor Ignacio Vergara (1740-1744). Museo nacional de cerámica.

Dos de Mayo, fecha del alzamiento en Madrid (1808) contra el ejército napoleónico.

Dos Passos (John), escritor norteamericano (1896-1970), autor de novelas realistas en la trilogía *U. S. A.* (*El paralelo 42, 1919* y *El gran dinero*), *Manhattan Transfer, Aventuras de un joven, Número uno* y *El gran destino.*

doscientos, tas adj. pl. Dos veces ciento. ‖ Ducentésimo.

dosel m. Colgadura que cubre el sitial o el altar y cae por detrás. ‖ Techo de madera cubierto de tela y sostenido por columnas que se pone encima de ciertas camas. ‖ Coronamiento de un trono.

dosificación f. Acción de dosificar. ‖ *Quím.* Relación entre la masa del cuerpo disuelto y la de la solución.

dosificar v. t. Graduar la dosis de un medicamento. ‖ *Quím.* Determinar la cantidad proporcional de una solución. ‖ *Fig.* Hacer algo dentro de ciertos límites, poco a poco : *dosificar los esfuerzos.*

dosis f. Cantidad de medicina que se toma de una vez. ‖ *Fig.* Porción de una cosa cualquiera.

dos piezas m. Traje femenino com-

---

puesto de chaqueta y falda del mismo tejido. ‖ Bikini, bañador.

dossier m. (pal. fr.) Expediente, historial. ‖ Conjunto de documentos referentes a una persona o a un tema.

Dostoievski (Fedor Mijáilovich), novelista ruso, n. en Moscú (1821-1881). Sufrió nueve años de prisión, después de haber sido condenado a la pena capital por sus actividades revolucionarias. Sus obras están impregnadas de gran patetismo (*Pobres gentes, Noches blancas, Recuerdos de la casa de los muertos, Humillados y ofendidos, Crimen y castigo, El jugador, El idiota, Los endemoniados, Los hermanos Karamazov,* etc.).

Dota, cantón y monte al centro de Costa Rica, en la cordillera de Talamanca (San José). Agricultura.

dotación f. Acción y efecto de dotar. ‖ *Mar.* Tripulación de un buque de guerra. ‖ Personal de un taller, oficina, finca, etc. ‖ Dote. ‖ Patrulla de policía, retén de bomberos, etc.

dotar v. t. Constituir dote a la mujer que va a casarse. ‖ Asignar una dotación a una fundación : *dotar un hospital.* ‖ Asignar a una oficina, barco, etc., el número de personas necesarias. ‖ Dar, proveer. ‖ *Fig.* Adornar la naturaleza a uno con particulares dones : *dotar de hermosura.*

dote f. Caudal que aporta la mujer al matrimonio o que entrega la monja al convento. ‖ — F. pl. Cualidades o aptitudes excepcionales : *un militar debe tener en principio dotes de mando.*

Douai [*dué*], c. septentrional de Francia (Nord). Metalurgia.

Doubs [*du*], río de Francia y Suiza que nace en el Jura y es afl. del Saona ; 430 km. — Dep. del E. de Francia ; cap. *Besanzón.*

Douglas Point, localidad del Canadá (Ontario), a orillas del lago Huron. Central nuclear.

dovela f. *Arq.* Piedra labrada en forma de cuña que se forman los arcos o bóvedas.

Dover, c. y puerto al E. de Inglaterra en el Paso de Calais (Kent). — C. del E. de Estados Unidos, cap. de Delaware.

Down, condado de Irlanda del N. (Ulster) ; cap. *Downpatrick.*

Downing Street, calle de Londres en la que se encuentra la morada del Primer Ministro de la Gran Bretaña.

Doyle (Sir Arthur Conan), novelista inglés (1859-1930). Cultivó el género policiaco con su célebre personaje *Sherlock Holmes.*

dozavo, va adj. Dícese de cada una de las doce partes de un todo (ú. t. c. s.).

Draa o **Dra,** río del Marruecos meridional que nace en el Alto Atlas ; 1 000 km.

dracma f. Moneda griega que valía cuatro sestercios. ‖ Unidad monetaria actual de Grecia.

Dracón, legislador ateniense (fines del s. VII a. de J. C.).

draconiano, na adj. Relativo a Dracón. ‖ *Fig.* Excesivamente severo.

draga f. Máquina para dragar. ‖ Barco provisto de esta máquina.

dragado m. Acción de dragar.

dragaminas m. inv. Barco para limpiar de minas los mares.

dragar v. t. Limpiar de fango y arena los puertos, los ríos, los canales, etc. ‖ Limpiar de minas los mares.

dragea f. Gragea, píldora.

Drago (Luis María), jurista argentino (1859-1921), autor de una doctrina internacional que preconizaba que la deuda pública no puede dar lugar a intervención armada alguna.

dragón m. Monstruo fabuloso en forma de serpiente con pies y alas. ‖ Reptil de la familia de los lagartos. ‖ Planta perenne escrofulariácea. ‖ *Mil.* Soldado que combatía a pie y a caballo. ‖ *Tecn.* Tragante de un horno.

Dragón, constelación y estrella del hemisferio boreal que rodea la Osa Menor.

Dragonera, isla al E. de España (Baleares), al oeste de Mallorca.

dragontea f. Planta arácea.

Draguignan, c. del SE. de Francia, cap. del dep. del Var de 1797 a 1974.

Dragún (Osvaldo), escritor argentino, n. en 1929, autor de numerosas

---

obras de teatro (*Túpac Amaru, El jardín del infierno, Dos en la ciudad, Amoretta, Historias con cárcel,* etc.).

Drake, estrecho que separa la Tierra del Fuego del continente antártico.

Drake (Sir Francis), marino inglés (¿ 1540 ?-1596) que llevó a cabo varias expediciones a los dominios españoles de América (1570-1572). Realizó el primer viaje inglés que dobló el estrecho de Magallanes. Participó en la destrucción de la Armada Invencible (1588).

Drakensberg, cord. de la Rep. de África del Sur ; 3 482 m.

drama m. *Teatr.* Obra escénica, de teatro. ‖ Pieza cuyo asunto suele ser serio o incluso triste. ‖ Obra cuyo argumento puede ser a la vez cómico y trágico. ‖ *Fig.* Suceso trágico, catástrofe : *el drama de Hiroshima.* ‖ *Drama lírico,* ópera.

dramático, ca adj. Relativo al drama, al teatro : *estilo dramático.* ‖ *Fig.* Emocionante, capaz de conmover : *asunto dramático.* ‖ Crítico, peligroso : *situación dramática.* ‖ Afectado, teatral : *una mujer muy dramática.* ‖ — Adj. y s. Que hace obras dramáticas : *autor dramático ; un dramático.* ‖ — F. Arte de componer obras dramáticas.

dramatismo m. Cualidad de dramático.

dramatización f. Acción y efecto de dramatizar.

dramatizar v. t. Dar forma dramática a una cosa. ‖ Exagerar la gravedad de algo.

dramaturgia f. Dramática.

dramaturgo, ga m. y f. Escritor de obras dramáticas.

Drammen, c. y puerto de Noruega, al SO. de Oslo.

Drancy, c. de Francia (Seine-Saint-Denis), cerca de París.

drapear v. t. Disponer los pliegues de los paños.

draque m. *Amer.* Bebida azucarada hecha con ron o aguardiente y vino.

drástico, ca adj. Draconiano : *tuve que tomar medidas drásticas.*

Drave, río de Austria y de Yugoslavia que nace en los Alpes, afl. del Danubio ; 707 km.

Dreiser (Theodore), novelista norteamericano (1871-1945), autor de relatos naturalistas (*Hermana Carrie, El titán, Una tragedia americana,* etc.).

drenaje m. Avenamiento. ‖ *Med.* Procedimiento para facilitar la salida de humores de una herida o absceso.

drenar v. t. Avenar, encañar. ‖ Hacer un drenaje : *drenar una llaga.*

Drenthe, prov. del NE. de Holanda, limítrofe con Alemania ; cap. *Assen.*

Dresde, en alem. Dresden, c. y distrito de Alemania Oriental, ant. cap. de Sajonia, a orillas del Elba.

Dreux, c. de Francia (Eure-et-Loir), al sudoeste de París.

dribbling m. (pal. ingl.). En fútbol, regateo.

driblar v. i. En el fútbol y otros deportes, engañar al adversario sin perder el balón, regatear.

drible o **dribble** m. (pal. ingl.). Acción y efecto de driblar.

driblear v. i. *Arg.* Driblar.

Drieu La Rochelle (Pierre), escritor francés (1893-1945), autor de novelas (*Gilles*). Se suicidó.

dril m. Tela fuerte de hilo o algodón crudos. ‖ Mono cinocéfalo africano.

drive m. (pal. ingl.). En tenis, pelota rasante. ‖ En el golf, primera jugada realizada desde el terreno de la salida.

droga f. Cualquier sustancia medicamentosa natural o sintética de efecto estimulante, deprimente o narcótico. ‖ Cualquier producto para pintar, limpiar, etc. ‖ *Fig.* Embuste, mentira. ‖ Trampa. ‖ Cosa fastidiosa o molesta. ‖ *Chil.* y *Per.* Deuda. ‖ *Amer.* Medicamento. ‖ — *Droga blanda,* estupefaciente que produce efectos menores en el organismo. ‖ *Droga dura,* estupefaciente que produce efectos graves en el organismo.

drogadicción f. Toxicomanía.

drogadicto, ta adj. y s. Enviciado en administrarse drogas.

drogado m. Acción y efecto de drogar o drogarse.

drogar v. t. Dar drogas a un enfermo. ‖ Dar un estimulante a un deportista.

‖ — V. pr. Administrarse una persona narcóticos o estimulantes.

drogata y **drogota** com. *Fam.* Drogadicto.

droguería f. Comercio en drogas y tienda en que se venden. ‖ Tienda de productos de limpieza, pinturas, etc. ‖ *Amer.* Farmacia.

droguero, ra m. y f. Persona que vende drogas. ‖ *Amer.* Tramposo, persona que contrae deudas y no las paga.

Droguett (Carlos), escritor chileno, n. en 1912, autor de novelas (*Eloy, Patas de perro, Escrito en el aire, El compadre, El hombre que trasladaba ciudades, etc.*).

droguista com. Droguero.

Drôme, río de Francia, afl. del Ródano ; 110 km. — Dep. del SE. de Francia ; cap. *Valence.*

dromedario m. Rumiante de África parecido al camello, pero con una sola giba.

drugstore m. (pal. ingl.). Establecimiento comercial compuesto de varias secciones (prensa, librería, artículos de regalo, tabaco, comestibles, farmacia, etc.), de un servicio de bar, y que suele estar abierto por la noche mucho más tiempo que las demás tiendas, incluso las 24 horas del día.

druida, esa m. y f. Sacerdote de los pueblos celtas.

Drummond de Andrade (Carlos), escritor brasileño, n. en 1902, autor de poesías (*José, Poesía hasta ahora*) y de relatos (*El gerente*).

Dryden (John), poeta y dramaturgo inglés (1631-1700).

Du ‖ ~ **Barry.** V. BARRY. ‖ ~ **Bellay** (JOACHIM). V. BELLAY. ‖ ~ **Guesclin** (Bertrand). V. DUGUESCLIN. ‖ ~ **Maurier** (Daphne). V. MAURIER.

dual adj. Dícese del número gramatical que designa dos personas o cosas : *número dual.*

Duala, c. y puerto al SO. del Camerún. Obispado.

dualidad f. Condición de reunir dos caracteres un mismo sujeto.

dualismo m. Doctrina filosófica que explica el universo por la acción de dos principios opuestos. ‖ Reunión de dos Estados autónomos bajo un mismo cetro.

Duarte, cima de la Rep. Dominicana, en la Cordillera Central, punto culminante de las Antillas ; 3 175 m. — Prov. en el centro de la Rep. Dominicana ; cap. *San Francisco de Macorís.*

Duarte, rey de Portugal. V. EDUARDO.

Duarte (José Napoleón), político democristiano salvadoreño, n. en 1926, pres. de la Rep. de 1980 a 1982. Fue elegido constitucionalmente para el mismo cargo en mayo de 1984. ‖ ~ (JUAN PABLO), patriota dominicano (1813-1876), considerado como el fundador de la Rep. después de la ocupación haitiana (1844). ‖ ~ **de Perón** (María Eva). V. PERÓN.

Duayen (Emma DE LA BARRA, llamada **César**), novelista argentina (1860-1947), autora de *Stella.*

Dubay. V. DIBAY.

dubitación f. Duda.

dubitativo, va adj. Dudoso.

Dublín, cap. y puerto de Irlanda en la costa E. ; 700 000 h. Arzobispado. Universidad. Industrias.

Dubrovnik, en ital. *Ragusa,* c. y puerto al oeste de Yugoslavia (Croacia) en la costa dálmata. Fue italiana de 1941 a 1943.

ducado m. Título y territorio de duque. ‖ Antigua moneda de oro de España y otros países.

ducal adj. Del duque.

ducas f. pl. *Fam.* Penas.

Ducasse (Isidore). V. LAUTRÉAMONT.

duce m. (pal. ital.). Jefe, guía. ‖ Título que tomó Mussolini de 1922 a 1945.

ducentésimo, ma adj. Que ocupa el lugar doscientos. ‖ — M. Cada una de las 200 partes iguales en que se divide un todo.

duco m. Pintura de consistencia de la laca.

dúctil adj. Que puede alargarse, estirarse y adelgazarse sin romperse. ‖ *Fig.* Acomodadizo, que se aviene a todo.

ductilidad f. Carácter de dúctil.

ducha f. Dispositivo por el cual el agua sale a chorro y puede ser utili-

---

zada para fines higiénicos o curativos. ‖ El chorro mismo : *tomar una ducha.*

Duchanbe, de 1929 a 1961 *Stalinabad,* c. de la U.R.S.S. en Asia central, cap. de Tadjikistán.

duchar v. t. Dar una ducha. ‖ — V. pr. Tomarla.

ducho, cha adj. Experimentado, hábil, experto : *ducho en política.*

duda f. Incertidumbre : *no cabe duda.* ‖ Sospecha. — *Duda filosófica,* escepticismo voluntario. ‖ *Méx. Por las dudas o por si las dudas,* por si acaso, si por casualidad. ‖ *Sin duda,* seguramente ; tal vez.

dudar v. i. No estar seguro de algo : *dudar de la sinceridad de uno.* ‖ Vacilar : *dudo en salir.* ‖ Tener sospechas acerca de uno. ‖ — V. t. No creer alguna cosa : *dudo lo que dice.*

dudoso, sa adj. Poco cierto, poco probable : *éxito dudoso.* ‖ Vacilante : *estoy dudoso.* ‖ Sospechoso : *honradez dudosa ; amor dudoso.*

Dudley, c. de Inglaterra (Worcester).

duela f. Cada una de las tablas curvadas que forman la cuba o el tonel.

duelista com. Persona que anda siempre en desafíos.

duelo m. Combate entre dos, a consecuencia de un desafío. ‖ Dolor, pena. ‖ Sentimiento por la muerte de una persona. ‖ Cortejo fúnebre : *presidir el duelo.* — Pl. Fatigas, trabajos.

duende m. Ser fantástico, entre los espíritus y los hombres, que tiene poderes sobrenaturales. ‖ *Fig.* Encanto.

dueña f. Propietaria de una cosa. ‖ Antiguamente, ama de llaves, dama de compañía. ‖ *Fig.* Señora, mujer principal. ‖ *Fig. Poner como no digan dueñas,* hablar mal de alguien.

Dueñas (Francisco), político salvadoreño (1811-1884), pres. de la Rep. de 1852 a 1854, de 1863 a 1865 y de 1865 a 1871. M. en el destierro.

dueño, ña m. y f. Posesor de una cosa, propietario, amo. ‖ — *Hacerse dueño de una cosa,* apoderarse de ella. ‖ *Ser dueño de sí mismo,* saber dominarse. ‖ *Ser muy dueño de hacer una cosa,* ser libre de hacerla.

Duero, río de la península Ibérica que nace en la sierra de Urbión, pasa por Soria y Zamora y des. en Oporto (Portugal) ; 850 km. Centrales hidroeléctricas (Villalcampo, Castro, Saucelle y Aldeadávila en España, y Miranda, Picoste y Bemposta en Portugal).

duetista com. Persona que canta o toca un instrumento en un dueto.

dueto m. *Mús.* Dúo.

duffle coat m. (pal. ingl.). Abrigo tres cuartos, con un capuchón, de tela muy fuerte.

Dufy (Raoul), pintor fauvista y dibujante francés (1877-1953).

Duguesclin (Bertrand), caballero francés (¿ 1320 ?-1380). Ayudó en España, con sus tropas a *Compañías Blancas,* a Enrique II de Trastamara.

Duhamel (Georges), novelista francés (1884-1966).

Duina o **Dvina** ‖ ~ **Septentrional,** río al O. de la U. R. S. S. (Rusia), que des. en el mar Blanco, en Arcángel ; 1 293 km. ‖ ~ **Occidental,** río al NO. de la U. R. S. S. (Rusia), que des. en el golfo de Riga ; 1 024 km.

Duisburgo, c. de Alemania Occidental (Rin Septentrional-Westfalia), en el Ruhr. Puerto fluvial.

Duitama, c. en el centro de Colombia (Boyacá). Obispado.

Dukas (Paul), músico francés (1865-1935), autor de *El aprendiz de brujo.*

dulce adj. De sabor agradable. ‖ De sabor azucarado : *el café está muy dulce.* ‖ Que produce una impresión agradable : *música dulce.* ‖ *Fig.* Amable, complaciente : *carácter dulce.* ‖ Cariñoso : *mirada dulce.* ‖ Grato : *voz dulce.* ‖ Dúctil : *hierro dulce.* ‖ *Agua dulce,* la que no contiene sal. ‖ — M. Manjar compuesto con azúcar : *dulce de membrillo.* ‖ Fruta o cosa confitada : *Dulce de almíbar, fruta en almíbar.* ‖ — Pl. Golosinas.

Dulce, bahía del SO. de Costa Rica, en el Pacífico (Puntarenas). — Río al N. de Guatemala (Izabal), que des. en el golfo de Honduras. V. IZABAL. — Río del norte de la Argentina (Salta), conocido en sus principios con los

---

nombres de *Tala* y *Salí.* ‖ ~ **Nombre,** pobl. al O. de Honduras (Copán). ‖ ~ **Nombre de María,** v. al N. de El Salvador (Chalatenango).

dulcera f. Recipiente para dulce de almíbar.

dulcificación f. Acción y efecto de dulcificar.

dulcificar v. t. Volver dulce : *dulcificar una poción.* ‖ *Fig.* Suavizar.

dulcinea f. *Fam.* Mujer amada. ‖ *Fig.* Objeto ideal, aspiración.

Dulcinea del Toboso, personaje del *Quijote,* "dama del pensamiento" del protagonista.

dulia f. Culto a los ángeles y santos.

Duluth, c. en el centro-noroeste de los Estados Unidos (Minnesota). Puerto en el O. del lago Superior.

dulzaina f. *Mús.* Instrumento de viento parecido a la chirimía.

dulzarrón, ona y **dulzón, ona** adj. *Fam.* Empalagoso.

dulzura f. Calidad de dulce. ‖ *Fig.* Afabilidad, bondad en el trato.

duma f. Asamblea en la época de los zares rusos.

Dumas [-má] (Alexandre), escritor francés (1802-1870), autor de novelas históricas (*Los tres mosqueteros, Veinte años después, El vizconde de Bragelonne, El conde de Montecristo,* etc.) y de dramas (*La torre de Nesle, Don Juan de Mañara,* etc.). — Su hijo ALEXANDRE (1824-1895) fue autor de novelas, dramas y comedias (*La dama de las camelias, Las ideas de Madame Aubray,* etc.). ‖ ~ (JEAN-BAPTISTE), químico francés (1800-1884).

Dumont (Alberto SANTOS). V. SANTOS. ‖ ~ **D'Urville** (Jules), navegante francés (1790-1842). Dio la vuelta al mundo y exploró la Antártida.

dumping m. (pal. ingl.). Venta de mercancías en el mercado exterior a un precio inferior al que se paga en el mismo país exportador.

Dun Laoghaire, ant. *Kingstown,* c. y puerto al E. de la Rep. de Irlanda.

duna f. Amontonamiento de arena formado por la acción del viento en los desiertos y playas.

Dunaujvaros, c. de Hungría, al sur de Budapest. Centro siderúrgico.

Duncan I, rey de Escocia de 1034 a 1040. Fue asesinado por Macbeth.

Dundee, c. y puerto de Gran Bretaña, en Escocia.

dundera f. *Amer.* Necedad, idiotez.

Dunedin c. y puerto en el SE. de Nueva Zelanda (isla de Sur), cap. de la prov. de Otago. Universidad.

Dunfermline, c. de Gran Bretaña, en el centro de Escocia (Fife).

Dungeness, cabo del S. de la Argentina (Patagonia), punto más austral del país.* — Cabo en el SE. de Inglaterra (Kent). Central nuclear.

Dunkerque c. y puerto al NO. de Francia (Nord).

Duns Escoto (John), teólogo y filósofo inglés (¿ 1266 ?-1308), adversario de Santo Tomás de Aquino. Fue llamado el *Doctor Sutil.*

dúo m. *Mús.* Composición escrita para dos voces o instrumentos. ‖ Conjunto de dos voces o instrumentos. ‖ *A dúo,* entre dos personas.

duodecimal adj. Duodécimo. ‖ *Mat.* Dícese de todo sistema aritmético cuya base es el número doce.

duodécimo, ma adj. Que ocupa el lugar doce. ‖ — M. Cada una de las 12 partes iguales en que se divide un todo.

duodenal adj. Del duodeno.

duodeno, na adj. *Mat.* Duodécimo. ‖ — M. *Anat.* Primera sección del intestino delgado que va desde el estómago hasta el yeyuno.

Dupin (Aurore). V. SAND (George).

dúplex m. Sistema en radiotelefonía que permite por un solo hilo la transmisión simultánea en los dos sentidos : *las emisiones en dúplex en radiodifusión y televisión permiten oír o ver programas hechos simultáneamente a partir de dos estaciones diferentes.* ‖ Piso o apartamento que tiene dos plantas unidas por una escalera interior.

duplicación f. Acción y efecto de duplicar o duplicarse.

duplicado, da adj. Doblado. ‖ Reproducido. ‖ Dícese de un número repetido : *calle Luchana, número 5*

206

duplicado. ‖ *Por duplicado*, en dos ejemplares. ‖ — M. Copia, reproducción de un documento.

duplicador, ra adj. y s. Que duplica. ‖ — M. Máquina para sacar copias.

duplicar v. t. Hacer doble : *duplicar la producción.* ‖ Multiplicar por dos (ú. t. c. pr.). ‖ Reproducir, sacar copia.

duplicata m. Duplicado.

duplicativo, va adj. Que duplica.

duplicidad f. Doblez, falsedad. ‖ Condición de doble.

duplo, pla adj. Que contiene un número dos veces exactamente. Ú. t. c. s. m. : *veinte es el duplo de diez.*

duque m. Título nobiliario que viene después del de príncipe.

Duque ‖ ~ **de Caxias**, c. del Brasil, suburbio de Río de Janeiro. ‖ ~ **de York**, isla al S. de Chile (Magallanes).

Duque Job. V. GUTIÉRREZ NÁJERA (Manuel).

duquesa f. Esposa del duque o mujer que posee un título ducal.

durable adj. Duradero.

duración f. Espacio de tiempo que dura algo.

duradero, ra adj. Que dura.

duraluminio m. Aleación ligera y muy resistente de aluminio, cobre, magnesio, manganeso y silicio.

duramadre y **duramáter** f. Membrana fibrosa que envuelve el encéfalo y la médula espinal.

Durán (Fray Diego), misionero dominico y cronista español (1537-1588), autor de *Historia de las Indias de Nueva España.*

Durance, río de los Alpes franceses del sur, afl. del Ródano ; 305 km.

Durand (Luis), novelista chileno (1894-1954), autor de novelas criollistas *(Chabela, Frontera)* y de ensayos *(Presencia de Chile).*

Durango, c. al N. de España (Vizcaya). Fundiciones. —. C. en el centro de México, llamada tb. *Victoria de Durango*, cap. del Estado homó-nimo. Arzobispado. Universidad. El Estado es agrícola y ganadero, y posee minas de hierro, oro, plata y cinc.

durangués, esa adj. y s. De Durango (España y México).

durante prep. Mientras.

Durão (Fray José de SANTA RITA), poeta épico brasileño (1722-1784), autor de *Caramurú*, epopeya nacional.

durar v. i. Continuar siendo u ocurriendo : *la conferencia duró cuatro días.* ‖ Subsistir, permanecer.

duraznense adj. y s. De Durazno (Uruguay).

duraznero m. Variedad de melocotón, pero de fruto más pequeño.

duraznillo m. *Méx.* Especie de nopal.

durazno m. Duraznero, y su fruto. ‖ *Amer.* Melocotonero, y su fruto.

Durazno, c. del Uruguay, al N. de Montevideo, cap. del dep. homónimo. Academia militar. En el departamento tres lagos artificiales sobre el río Negro alimentan las centrales hidroeléctricas de Rincón del Bonete, Rincón de Baygorria y Palmar.

Durazzo, ant. *Dirraquio*, hoy *Durresi,* c. y puerto de Albania, en el Adriático. Arzobispado.

Durban, ant. *Port Natal*, c. y puerto al E. de la Rep. de África del Sur (Natal). Arzobispado.

Durero (Alberto), pintor alemán, n. en Nuremberg (1471-1528). Se distinguió en el óleo, en la acuarela y en numerosos grabados.

dureza f. Calidad de duro. ‖ *Fig.* Insensibilidad. ‖ *Med.* Tumor o callosidad.

Durg, c. en el centro de la India (Madhya Pradesh).

Durham, c. de Gran Bretaña, al N de Inglaterra, cap. del condado homónimo. Catedral (s. XII).

durmiente adj. y s. Que duerme. ‖ — M. Traviesa.

duro, ra adj. Dícese del cuerpo sólido, difícil de cortar, romper o doblar. ‖ *Fig.* Fuerte, resistente : *muchacho duro a la fatiga.* ‖ Violento, cruel. ‖ Penoso : *trabajo duro.* ‖ Aplícase al agua que está demasiado cargada de sales. ‖ *Fig.* Áspero, rígido : *estilo duro.* ‖ Severo. ‖ Insensible : *corazón duro.* ‖ — *Fam.* Ser duro de cascos, comprender difícilmente o ser testarudo. ‖ Ser duro de oído, oír con dificultad. ‖ — M. Moneda de cinco pesetas. ‖ Actor que representa personajes crueles, insensibles. ‖ — Adv. Con fuerza : *dale duro al trabajo.*

Durresi. V. DURAZZO.

Dürrenmatt (Friedrich), escritor suizo, n. en 1921, autor de obras de teatro *(La visita de la vieja dama, Rómulo el Grande, Los físicos, El proceso por la sombra de un burro)* y de novelas.

Durruti (Buenaventura), revolucionario anarquista español (1898-1936). M. en la guerra civil.

Düsseldorf, c. de Alemania Occidental, cap. del Rin Septentrional-Westfalia, a orillas del Rin. Industrias.

Dutra (Eurico Gaspar), militar brasileño (1885-1974), pres. de la Rep. de 1946 a 1951.

duunviro m. Nombre de varios magistrados de la Roma antigua.

Duvalier (François), político haitiano (1909-1971), pres. de la Rep. de 1957 a 1971. Le sustituyó su hijo JEAN-CLAUDE, n. en 1951, que siguió gobernando investido de todos los poderes.

dux m. Magistrado supremo que existía en Venecia y Génova.

duz adj. Dulce. ‖ *Palo duz*, regaliz.

Dvina. V. DUINA.

Dvorak (Anton), músico checoslovaco, n. en Nelahozeves (Bohemia) [1841-1904], autor de la *Sinfonía del Nuevo Mundo* y de conciertos.

Dyck (A. van). V. VAN DYCK.

Dyle, río de Bélgica que pasa por Lovaina y Malinas. Al confluir con el Nethe, forma el Rupel ; 86 km.

DR

Escuela española de **equitación** de Viena

E

e f. Sexta letra del alfabeto castellano y segunda de sus vocales. ‖ — Conj. Se usa en vez de y para evitar el hiato antes de las palabras que empiezan por *i* o *hi : Federico e Isabel.*

E, símbolo químico del einstenio.

¡ea! interj. Denota resolución o sirve para animar.

Eanes (Ramalho), general y político portugués, n. en 1935, pres. de la Rep. en 1976. Reelegido en 1980.

Easo, n. de *San Sebastián.*

easonense adj. y s. Donostiarra.

East ‖ ~ **Ham,** c. de Gran Bretaña en Inglaterra (Essex), suburbio industrial al E. de Londres. ‖ ~ **Kilbride,** c. de Escocia, cerca de Glasgow. ‖ ~ **London,** c. y puerto al SO. de la Rep. de África del Sur (El Cabo). ‖ ~ **Saint Louis,** c. al NE. de los Estados Unidos (Illinois), a orillas del Misisipí.

Eastbourne, c. de Gran Bretaña al SE. de Inglaterra (Sussex).

ebanista com. Persona que fabrica muebles.

ebanistería f. Arte o taller del ebanista. ‖ Conjunto de muebles y otras obras del ebanista.

ébano m. Árbol ebenáceo africano cuya madera, dura y negra, se usa para la fabricación de muebles. ‖ Madera de este árbol.

ebenáceas f. pl. Familia de plantas angiospermas dicotiledóneas que tiene por tipo el ébano (ú. t. c. adj.).

Eberth (Karl Joseph), bacteriólogo alemán (1835-1926), que descubrió el microbio de las fiebres tifoideas.

Eboli (Ana de MENDOZA Y LA CERDA, *princesa de*), dama española (1540-1591), desterrada por sus relaciones con Antonio Pérez, secretario de Felipe II.

ebonita f. Caucho endurecido por vulcanización.

Ebre (*Baix*). V. EBRO.

ebriedad f. Embriaguez.

ebrio, a adj. y s. Embriagado, borracho. ‖ *Fig.* Loco, ofuscado.

Ebro, río de la España septentrional, que nace en Fontibre, cerca de Reinosa (Cantabria), pasa por Miranda, Logroño, Tudela, Zaragoza, Tortosa y des. en el Mediterráneo por un amplio delta ; 927 km. Centrales hidroeléctricas (Sástago, Flix, Mequinenza y Ribarroja). — Región del NE. de España en Cataluña (Tarragona), dividida en dos comarcas : *Bajo Ebro,* cap. Tortosa, y *Ribera de Ebro,* cap. Mora de Ebro.

ebullición f. Hervor : *entrar en ebu-*

llición. ‖ *Fig.* Efervescencia, gran agitación : *los ánimos están en ebullición.*

ebúrneo, a adj. De marfil.

Eça de Queirós (José María), novelista portugués (1845-1900), representante del naturalismo. Autor de *El crimen del padre Amaro, El primo Basilio, Los Maias,* etc.

ecapacle m. Leguminosa medicinal de México que tiene propiedades medicinales como febrífugo.

Ecatepec de Morelos, c. de México (México), en la sierra de Guadalupe. Industrias. Lugar donde fue fusilado José María Morelos (1815).

Ecbatana. V. HAMADÁN.

eccehomo o **ecce homo** m. Jesucristo coronado de espinas.

eccema amb. *Med.* Inflamación local de la piel caracterizada por ciertas pústulas pruriginosas.

Écija, c. del S. de España (Sevilla), a orillas del Genil. Cereales.

eclecticismo m. Método que consiste en reunir lo que parece más valedero en varios sistemas filosóficos para formar una doctrina. ‖ *Fig.* Modo de juzgar que procura evitar las soluciones extremas. ‖ Variedad.

ecléctico, ca adj. Relativo al eclecticismo : *escuela ecléctica.* ‖ *Fig.* Compuesto de elementos muy diversos. ‖ — Adj. y s. Partidario de esta doctrina : *filósofo ecléctico.* ‖ *Fig.* Que coge de cada cosa lo que mejor le parece. ‖ Que tiene opiniones o gustos muy variados.

eclesial adj. Eclesiástico.

Eclesiastés (*El*), libro sapiencial del Antiguo Testamento. Atribuido a Salomón.

eclesiástico, ca adj. De la Iglesia. ‖ — M. Clérigo.

Eclesiástico (*El*), libro sapiencial del Antiguo Testamento.

eclipsar v. t. Causar un astro el eclipse de otro : *la Luna eclipsa al Sol cuando se interpone entre este astro y la Tierra.* ‖ *Fig.* Oscurecer, deslucir : *eclipsar por su belleza a las demás mujeres.* ‖ — V. pr. Ocurrir el eclipse de un astro. ‖ *Fig.* Ausentarse discretamente.

eclipse m. Ocultación total o parcial de un astro por la interposición de otro cuerpo celeste. ‖ *Fam.* Ausencia, desaparición transitoria.

eclíptica, ca adj. *Astr.* Relativo a la eclíptica : *camino, término eclíptico.* ‖ — F. *Astr.* Círculo máximo de la esfera celeste que señala el curso aparente del Sol durante el año. ‖ Órbita descrita por la Tierra en su movimiento anual alrededor del Sol.

eclosión f. Nacimiento, aparición.

eco m. Repetición de un sonido por reflexión de las ondas sonoras : *el eco de las campanas.* ‖ Sonido lejano y débil : *eco de gritería, de lucha.* ‖ Onda electromagnética emitida por

un radar que vuelve a él después de haber sido reflejada por un obstáculo. ‖ Composición poética en que se repite la última sílaba de algunos versos en forma de eco. ‖ *Fig.* Resonancia : *sus palabras no tuvieron eco alguno.* ‖ Persona que repite lo que otra dice. ‖ Rumor, noticia imprecisa. ‖ — *Ecos de sociedad,* noticias referentes a la alta sociedad. ‖ *Fig. Hacer eco,* tener efecto. ‖ *Hacerse eco de,* repetir, difundir.

Eco, ninfa metamorfoseada en roca y condenada siempre a repetir las últimas sílabas de las palabras. (*Mit.*)

ecografía f. Método de exploración médica verificado por medio de ultrasonidos.

ecográfico, ca adj. De la ecografía.

Ecolampadio (Juan HAUSSCHEIN, llamado), teólogo reformador suizo (1482-1531). Amigo de Zuinglio.

ecología f. Parte de la biología que estudia la relación de los seres vivos con la naturaleza. ‖ Defensa de la naturaleza, protección del medio ambiente.

ecológico, ca adj. De la ecología.

ecologismo m. Aplicación de los conceptos de ecología a la realidad social.

ecologista adj. Relativo a la ecología. ‖ — M. y f. Defensor, amante de la naturaleza. ‖ Ecólogo.

ecólogo, ga m. y f. Especialista en ecología.

economato m. Cargo de ecónomo. ‖ Establecimiento en forma de cooperativa que depende de una sociedad industrial, administrativa o comercial y donde su personal puede adquirir o comprar los productos más baratos que en otro sitio. ‖ *Chil.* y *Méx.* Oficina del ecónomo.

economía f. Arte de administrar y ordenar los gastos e ingresos de una casa : *economía doméstica.* ‖ Riqueza pública, conjunto de los recursos de un país : *la economía nacional.* ‖ Estudio de las relaciones sociales de la producción y distribución de los bienes materiales. ‖ Moderación en los gastos. ‖ Ahorro : *economía de dinero, de trabajo, de tiempo,* etc. ‖ Armonía entre las diferentes partes de un cuerpo organizado : *economía animal.* ‖ — Pl. Lo que se economiza, ahorros. ‖ — *Economía dirigida,* la intervenida por el Estado. ‖ *Economía política,* ciencia que estudia los mecanismos que regulan la producción, repartición y consumo de las riquezas.

económico, ca adj. Relativo a la economía : *ciencias, doctrinas económicas.* ‖ Parco en el gasto : *persona económica.* ‖ Poco costoso : *pensión económica.* ‖ Ciencias económicas o económicas, estudios de economía.

economista com. Especialista en estudios de fenómenos económicos.

economizar v. t. Ahorrar. ‖ *Fig.* No prodigar : *economizar esfuerzos.*

económo, ma m. y f. Persona encargada de administrar los gastos de un establecimiento : *el económo de un convento, de un colegio.*

ecosistema m. Sistema constituido por los seres vivos existentes en un lugar determinado y el medio ambiente que les es propio.

ectoplasma m. *Biol.* Parte exterior del citoplasma.

ecuación f. *Mat.* Igualdad que contiene una o más incógnitas : *ecuación de segundo grado.* ‖ *Astr.* Diferencia entre el lugar o movimiento medio y el verdadero o aparente de un astro.

ecuador m. *Astr.* Círculo máximo que se considera en la esfera celeste perpendicular al eje de la Tierra. ‖ *Geom.* Paralelo de mayor radio de una superficie de revolución. ‖ — *Ecuador magnético,* línea trazada en la Tierra por todos los puntos donde es nula la inclinación de la aguja imantada. ‖ *Ecuador terrestre,* círculo máximo de la Tierra perpendicular a la línea de los polos. ‖ *Paso del ecuador,* momento en que se cruza la línea ecuatorial ; mitad de la carrera de un estudiante.

Ecuador, república de América del Sur, situada entre Colombia, Perú y el océano Pacífico ; 270 670 km² ; 8 500 000 h. (*ecuatorianos*). Cap. *Quito,* 844 000 h. Otras c. : *Guayaquil,* 1 100 000 ; *Cuenca,* 140 000 ; *Machala,* 110 000 ; *Ambato,* 98 000 ; *Esmeraldas,* 84 000 h.; *Portoviejo,* 82 000 ; *Riobamba,* 73 000 ; *Loja,* 62 000 ; *Ibarra,* 55 000, *Babahoyo,* 40 000 ; *Tulcán,* 30 000 ; *Latacunga,* 28 000. Administrativamente, el Ecuador se divide en 19 provincias y un territorio insular (Archipiélago de los Galápagos). La composición étnica de la población es bastante heterogénea (indios, blancos, negros), con predominio de los elementos indígena y mestizo. La religión dominante es la católica y la lengua oficial la castellana o española, si bien el quechua es hablado también por los indios de la Sierra. La densidad media de población es de 30,9 h./km².
— GEOGRAFÍA. La cordillera de los Andes, formando dos ramales, atraviesa el país de N. a S., y en ella se encuentra una serie de picos volcánicos (Cotopaxi, Chimborazo). Entre ambos ramales, unidos por estribaciones laterales, se encuentra la región llamada la *Sierra.* La *Costa* o *Litoral* es la zona situada entre el mar y los Andes, y la región amazónica u *Oriente,* cubierta de selva virgen y escasamente poblada, queda entre la cadena andina y la frontera peruana. La cuenca hidrográfica más importante es la amazónica (Napo, Pastaza, Putumayo), si bien la vertiente del Pacífico es de mayor importancia económica, pues sus ríos (Guayas, Esmeraldas) irrigan zonas muy fértiles. La costa ecuatoriana tiene una longitud de unos 1 000 km y su accidente mayor lo constituye el golfo de Guayaquil. Varias islas jalonan el litoral (Puná), y a 1 000 km de distancia se encuentra el archipiélago de los Galápagos o de Colón, de soberanía ecuatoriana. El clima es variado, debido al escalonamiento de las altitudes, y va desde el tropical al glacial. En el Oriente es cálido y húmedo. La agricultura constituye la base de los recursos económicos del país, a pesar de la escasa explotación de las tierras. La zona litoral, más la fértil, produce plátanos, cacao, café, caña de azúcar, algodón y tabaco, mientras que en la Sierra se cultivan los cereales y las patatas, se explotan las maderas de sus bosques, se extrae el caucho y se desarrolla la cría del ganado vacuno. El subsuelo produce petróleo en la península de Santa Elena y en las provincias de Napo, Pastaza y Morona-Santiago, gas natural, en el golfo de Guayaquil, oro en Esmeraldas, plata y cobre. Las principales industrias ecuatorianas son las derivadas del petróleo, la textil y la alimenticia. Unos 990 km de vías ferreas y 22 000 km de carreteras (incluida la Panamericana) constituyen la red de comunicaciones, además de las líneas aéreas (aeropuertos de Guayaquil y Quito).

ecuánime adj. Que da pruebas de ecuanimidad.

ecuanimidad f. Igualdad y constancia de ánimo. ‖ Imparcialidad.

ecuatorial adj. Relativo al ecuador.

ecuatorianismo m. Voz o giro propios del Ecuador : *un interesante diccionario de ecuatorianismos.* ‖ Amor o apego a las cosas del Ecuador. ‖ Carácter propio del Ecuador.

ecuatoriano, na adj. y s. Del Ecuador : *los hallazgos de yacimientos de petróleo han mejorado enormemente la economía ecuatoriana.*

Ecuco, río de Guinea Ecuatorial (Mbini) que desemboca al sur de Bata.

ecuestre adj. Relativo al caballero, al caballo o a la orden y ejercicio de la caballería : *estatua ecuestre del rey.*

ecumene m. Universo.

ecumenicidad f. Universalidad.

ecuménico, ca adj. Universal. ‖ Dícese de los concilios generales cuando en ellos está representada la Iglesia católica oriental y la occidental.

ecumenismo m. Universalismo.

eczema m. *Med.* Eccema.

echada f. *Méx.* Fanfarronada. ‖ Mentira.

echado, da adj. *Amér. C* y *Méx.* Dícese del que trabaja poco y gana mucho.

echador, ra adj. y s. Que echa. ‖ *Echadora de cartas,* mujer que predice el porvenir por medio de combinaciones de cartas. ‖ — M. *Cub.* y *Méx.* Fanfarrón.

Echagüe (Juan Pablo), ensayista y crítico teatral argentino (1877-1951), historiador del teatro nacional. ‖ ~ (PASCUAL), general argentino (1797-1867), partidario del federalismo, derrotado por F. Rivera en Cagancha (1839) y por Paz en Caaguazú (1841).

Echandi (Mario), político costarricense, n. en 1916, pres. de la Rep. de 1958 a 1962.

Echano. V. AMOREBIETA.

echar v. t. Lanzar : *échame la pelota.* ‖ Arrojar, tirar : *echar mercancías al mar.* ‖ Tender : *echar las redes.* ‖ Despedir : *echar olor, chispas.* ‖ Dejar caer : *echar dinero en un saco.* ‖ Verter : *echar agua en un vaso.* ‖ Poner : *echar un remiendo.* ‖ Poner en el buzón : *echar una carta.* ‖ Expulsar : *echar del Poder a un rey.* ‖ Brotar : *echar las plantas raíces* (ú. t. c. i.). ‖ Salirle a una persona o

EA

209

ECUADOR

1. IMBABURA
2. BOLÍVAR
3. TUNGURAHUA
4. CHIMBORAZO

animal cualquier complemento natural de su cuerpo : *echar los dientes, el bigote.* ‖ *Acostar* : *echar un niño en la cama.* ‖ *Inclinar* : *echar el cuerpo hacia atrás.* ‖ *Correr* : *echar el pestillo a la puerta.* ‖ *Imponer* : *echar una multa.* ‖ *Atribuir* : *echar la culpa a otro.* ‖ *Dar* : *echar la comida a las bestias.* ‖ *Repartir* : *echar las cartas.* ‖ *Hacer* : *echar cálculos, una partida de cartas.* ‖ *Decir* : *echar la buenaventura; echar pestes de uno.* ‖ *Pronunciar* : *echar un discurso.* ‖ *Dirigir una reprimenda* : *echar un rapapolvo, una bronca.* ‖ *Conjeturar, suponer* : *¿ cuántos años me echas ?* ‖ *Tardar* : *echar una hora de Madrid a Aranjuez.* ‖ *Ir* : *echar por la derecha.* ‖ *Proyectar o representar* : *echar una película.* ‖ *Presentar* : *echar una instancia.* ‖ *Publicar* : *echar una copla.* ‖ *Fam. Tomar* : *echar una copa, un cigarrillo.* ‖ *Jugar, apostar. Ú. t. c. i.* : *echar a la lotería.* ‖ *Echar,* seguido de un sustantivo indica la manera de tomar una cosa : *echar a broma, a risa.* ‖ *Echar* (o *echarse*) *a,* significa empezar cuando va seguido de un infinitivo : *echar a correr, a llorar.* ‖ *Echar abajo,* destruir, derribar. ‖ *Echar a perder,* estropear ; malograr. ‖ *Echar de menos,* sentir la falta de una cosa o la ausencia de una persona. ‖ *Echar de ver,* notar, percatarse. ‖ *Fam. Echarla* (o *echárselas*) *de,* jactarse de. ‖ *Echarlo todo a rodar,* mandarlo todo a paseo. ‖ *Fig. y fam. Méx. Echar perico,* hablar más de la cuenta. ‖ — V. pr. *Arrojarse* : *echarse al agua.* ‖ *Tumbarse, acostarse* : *echarse en la cama.* ‖ *Hacerse a un lado, apartarse.* ‖ *Dedicarse* : *echarse a la vida.* ‖ *Empezar a tener* : *echarse novio.* ‖ *Calmarse el viento* : — *Echarse a perder,* estropearse una cosa ; corromperse una persona. ‖ *Fig. Echarse atrás,* desdecirse, desistir de algún propósito. ‖ *Echarse encima,* ser muy próximo ; llegar inesperadamente.

echarpe m. Galicismo por *chal, mantón.*

Echave ~ **Orio** (BALTASAR DE), pintor español (¿ 1548-1620 ?) que vivió en México desde 1573. Autor del *Retablo de Xochimilco, Adoración de los Reyes* y *Visitación.* ‖ ~ **Ibía** (BATALSAR DE), pintor español, hijo del anterior, n. en México (¿ 1580-1660 ?), autor de escenas religiosas. ‖ ~ **Rioja** (BALTASAR DE), pintor mexicano, hijo del anterior (1632-1682), autor de cuadros de carácter tenebrista.

Echegaray (José), dramaturgo español, n. en Madrid (1832-1916). Escribió en un principio obras científicas y más tarde teatrales que le proporcionaron gran celebridad : *O locura o santidad, El gran galeoto,* etc. (Pr. Nobel en 1904, compartido con Frédéric Mistral.). — Su hermano MIGUEL (1848-1927) fue autor de obras teatrales del género chico (*Gigantes y cabezudos, El dúo de la Africana*).

Echenique (José Rufino), general peruano (1800-1887), pres. de la Rep. de 1851 a 1854.

Echévarri, mun. en el norte de España (Vizcaya). Siderurgia.

Echevarria (Juan de), pintor español (1875-1931), autor de retratos (*Azorín, Unamuno*).

Echeverri (Camilo Antonio), escritor, político y orador colombiano (1828-1887). ‖ ~ **Mejía** (ÓSCAR), poeta colombiano, n. en 1918.

Echeverría (Aquileo J.), poeta romántico costarricense (1866-1909), autor de *Romances, Concherías,* etc. ‖ ~ (ESTEBAN), escritor romántico argentino, n. en Buenos Aires (1805-1851). Autor de libros de poesías (*Elvira o la novia del Plata, Rimas,* donde se encuentra el célebre poema llamado *La cautiva, Los consuelos, Ángel caído*) y del relato costumbrista *El matadero.* ‖ ~ **Álvarez** (LUIS), político mexicano, n. en 1922, pres. de la Rep. de 1970 a diciembre de 1976. Nacionalizó la industria del cobre.

echón, ona adj. y s. *Méx.* Fanfarrón.

Echternach, c. del E. de Luxemburgo. Peregrinación célebre.

edad f. Tiempo transcurrido desde el nacimiento : *un hombre de cuarenta años de edad.* ‖ Duración de la vida : *la flor de la edad.* ‖ Vejez : *persona*

de edad. ‖ Tiempo transcurrido desde la creación de una cosa material : *la edad de un monumento.* ‖ Período de la vida : *las cuatro edades del hombre son la infancia, la juventud, la madurez y la vejez.* ‖ Período histórico : *la Edad Moderna.* ‖ Época : *en la edad de nuestros padres.* ‖ — *Edad adulta,* la de la persona llegada a su completo desarrollo. ‖ *Edad crítica,* en la mujer, la menopausia. ‖ *Edad del juicio o de la razón,* momento en que los niños empiezan a tener realmente conciencia de sus actos. ‖ *Edad del pavo,* principio de la adolescencia en que los niños suelen ser pesados y tontos. ‖ *Edad de Oro,* en la mitología, tiempo de inocencia y de felicidad ; periodo de mayor esplendor. ‖ *Edad Media,* tiempo que va del siglo V a la mitad del XV. ‖ *Mayor edad,* la requerida por la ley para poder ejercer sus derechos. ‖ *Menor edad,* la de la persona que no puede todavía disponer completamente de sus bienes y persona.

Edam, c. de Holanda (Holanda Septentrional), al norte de Amsterdam.

Eddy (Mary BAKER GLOVER), reformadora norteamericana (1821-1910), fundadora en 1883 del movimiento Ciencia Cristiana (*Christian Science*).

Ede, c. al E. de Holanda (Güeldres). — C. del SO. de Nigeria.

Edea, c. del Camerún.

Edegem, suburbio de Amberes.

edema m. *Med.* Hinchazón de una parte del cuerpo producida por infiltración de serosidad en el tejido celular, especialmente en el conjuntivo.

edén m. Paraíso terrenal. (Según la Biblia, lugar donde vivieron Adán y Eva antes del pecado.) ‖ *Fig.* Lugar delicioso : *tu jardín es un edén.*

edénico, ca adj. Del Edén.

Edesa, ant. c. del N. de Mesopotamia. Fue capital de un principado cristiano (1098), conquistada por los turcos en 1144. Hoy Orfa.

edetano, na adj. y s. Individuo de un ant. pueblo de la España Tarraconense. (Los edetanos vivían entre los cursos inferiores del Ebro y el Júcar.)

Edfú, c. de Egipto (Asuán).

edición f. Impresión, publicación y difusión de una obra. ‖ Conjunto de los ejemplares de una obra o periódico impresos de una vez : *primera edición de un diccionario.* ‖ Cada celebración de algo que se repite con cierta periodicidad : *Edición príncipe o príncep,* la primera de todas.

edicto m. Ley u ordenanza : *el edicto real.*

edificación f. Construcción : *edificación de una casa.* ‖ Obra construida. ‖ *Fig.* Incitación a la piedad y a la virtud por el buen ejemplo.

edificador, ra adj. Constructor (ú. t. c. s.). ‖ *Fig.* Edificante.

edificante adj. Que edifica o incita a la virtud : *conducta edificante.*

edificar v. t. Construir. ‖ *Fig.* Crear : *edificar una teoría.* ‖ Incitar a la piedad o a la virtud con el buen ejemplo.

edificativo, va adj. Edificante.

edificio m. Construcción que suele ser de grandes dimensiones. ‖ *Fig.* Institución : *edificio social.*

edil m. Magistrado romano encargado de la inspección y conservación de los monumentos públicos. ‖ Concejal de un ayuntamiento.

edilicio, cia adj. Del edil.

Edimburgo, c. de Gran Bretaña, cap. de Escocia, cerca de la des. del Forth. Catedral. Universidad.

Edimburgo (*Duque de*). V. MOUNTBATTEN.

Edipo, hijo de Layo, rey de Tebas, y de Yocasta. Dio muerte a su padre, sin saber que era él, y, después de resolver el enigma de la esfinge, liberando a Tebas de este monstruo, le concedieron la mano de la reina de este país ignorando que era su madre. Ésta, desesperada, se ahorcó y él se cegó y anduvo, guiado por su hija Antígona, errante por toda Grecia hasta que murió en Colona. La leyenda de Edipo inspiró a Sófocles tres famosas tragedias (*Edipo rey, Edipo en Colona y Antígona*).

Edirne. V. ANDRINÓPOLIS.

Edison (Thomas Alva), físico norteamericano (1847-1931). Inventor de

varios aparatos eléctricos (lámpara de incandescencia, el fonógrafo, etc.).

editar v. t. Imprimir, publicar y difundir la obra de un escritor, compositor o grabador : *editar un libro.*

editor, ra m. y f. Persona que se dedica a la edición de una obra literaria, musical o artística. ‖ — Adj. Que edita : *casa, sociedad editora.* ‖ — F. Editorial.

editorial adj. Del editor o de la edición : *casa editorial.* ‖ — M. Artículo de fondo y no firmado en un periódico. ‖ — F. Casa editora.

editorialista com. Persona que escribe el editorial en un periódico.

Edjelé, explotación petrolífera del Sáhara argelino (Oasis).

Edmonton, c. del SO. del Canadá, cap. de la prov. de Alberta. Arzobispado. Universidad. Industrias.

Edom. V. IDUMEA.

edredón m. Plumón muy fino de ciertas aves. ‖ Cobertor de cama relleno de plumón.

Eduardo, lago entre Uganda y Zaire que comunica con el lago Mobutu, ant. Alberto ; 2 150 km².

Eduardo ~ **el Viejo,** rey de los anglosajones de 899 a 924. ‖ ~ **II el Mártir** (¿ 963 ?-978), rey de los anglosajones desde 975. ‖ ~ **III el Confesor** (*San*) [¿ 1000 ?-1066), rey de los anglosajones desde 1042. Fiesta el 13 de octubre.

Eduardo ~ **I** (1239-1307), rey de Inglaterra desde 1272. Sometió el País de Gales. ‖ ~ **II** (1284-1327), rey de Inglaterra desde 1307, hijo del anterior. M. asesinado. ‖ ~ **III** (1312-1377), rey de Inglaterra desde 1327, hijo del anterior. Conquistó Escocia y emprendió contra Francia la guerra de los Cien Años. ‖ ~ **IV** (1442-1483), rey de Inglaterra desde 1461 y jefe del partido de la *Rosa Blanca.* ‖ ~ **V** (1470-1483), hijo del anterior, rey de Inglaterra en 1483. M. asesinado. ‖ ~ **VI** (1537-1553), rey de Inglaterra desde 1547. Apoyó la Reforma. ‖ ~ **VII** (1841-1910), hijo de la reina Victoria, rey de la Gran Bretaña desde 1901. ‖ ~ **VIII** (1894-1972), hijo de Jorge V, rey de la Gran Bretaña en 1936. Abdicó ese mismo año por su casamiento morganático. Tomó el nombre de duque de Windsor.

Eduardo, hijo de Eduardo III de Inglaterra, príncipe de Gales llamado el *Príncipe Negro* (1330-1376). Ayudó a Pedro I de Castilla contra Enrique de Trastamara, a quien derrotó en Nájera (1367).

Eduardo, en portugués *Duarte* (1391-1438), hijo de Juan I, rey de Portugal desde 1433. Conquistó Ceuta y favoreció las empresas marítimas de su hermano Enrique el Navegante.

educación f. Acción y efecto de educar. ‖ Instrucción, enseñanza : *educación primaria.* ‖ Conocimiento de las normas de cortesía : *tener educación.* ‖ — *Educación física, gimnasia.* ‖ *Educación general básica* (E.G.B.), enseñanza obligatoria hasta los catorce años. ‖ *Educación nacional,* instrucción pública. ‖ *Educación permanente,* enseñanza dispensada durante toda la vida profesional.

educacional adj. Educativo.

educacionista com. Educador.

educado, da adj. Correcto : *Mal educado,* grosero.

educador, ra adj. y s. Que educa.

educando, da adj. y s. Que recibe educación en un colegio.

educar v. t. Desarrollar las facultades intelectuales y morales del niño o del joven (ú. t. c. pr.). ‖ Enseñar la urbanidad. ‖ Perfeccionar, afinar los sentidos : *educar el gusto, el ojo (o la vista).* ‖ Acostumbrar un miembro a realizar cierta función por medio del ejercicio apropiado.

educativo, va adj. De la educación : *método educativo.*

edulcoración f. Acción y efecto de edulcorar.

edulcorante adj. Que endulza (ú. t. c. s. m.).

edulcorar v. t. *Farm.* Endulzar.

Edwards (Jorge), escritor y diplomático chileno, n. en 1931, autor de relatos (*El patio, Persona non grata*) y novelas (*Gente de la ciudad, Museo de cera*). ‖ ~ **Bello** (Joaquín), novelista

210

chile...
descri...
roto, E...
París, La...
efe f. N...
efebo m...
efectista
producir e...
ánimo : *un p...*
efectividad
Mil. Posesió...
se tenía el gra...
efectivo, va
ayuda efectiva.
cargo de plantil...
interino. || *Contar*...
|| — M. Número ...
ponentes de una ...
en pl.). || Dinero en...
pl. Fuerzas militares...
en numerario. || *Hace*... realizar ; pagar.

efecto m. Resultado de una acción : *la relación de causa a efecto.* || Impresión hecha en el ánimo : *sus palabras hicieron efecto en mi corazón ; causar buen efecto.* || Fin por el que se hace una cosa : *lo destinado al efecto.* || Artículo de comercio. || Documento o valor mercantil : *efecto nominativo, endosable, al portador.* || Movimiento giratorio que toman una bola de billar o una pelota al picarla lateralmente. || — Pl. Bienes, enseres. || — *Efectos públicos,* documentos de crédito emitidos por una corporación oficial. || *En efecto,* efectivamente. || *Llevar a efecto,* realizar. || *Surtir efecto,* dar una cosa el resultado esperado ; entrar en vigor una ley, etc.
efectuar v. t. Hacer, ejecutar, realizar : *efectuar un registro.* — V. pr. Cumplirse, realizarse : *efectuarse el escrutinio.*
efemérides f. pl. Escrito en que se refieren los acontecimientos de cada día. || *Astr.* Tablas que indican para cada día del año la situación de los planetas. || Hechos notables ocurridos el mismo día en diferentes épocas.
efervescencia f. Desprendimiento de burbujas gaseosas a través de un líquido. || *Fig.* Agitación muy viva : *la efervescencia del país.*
efervescente adj. Que está o puede estar en efervescencia.
efesio, sia adj. y s. De Éfeso.
Éfeso, ant. c. de Asia Menor, a orillas del mar Egeo.
eficacia f. Carácter de lo que produce el efecto deseado.
eficaz adj. Que produce el efecto deseado : *un medicamento eficaz.* || Activo, que actúa útilmente.
eficiencia f. Facultad para lograr un efecto determinado. || Acción con que se logra este efecto. || *Méx.* Relación existente entre el trabajo desarrollado, el tiempo invertido, la inversión realizada en hacer algo y el resultado logrado, productividad.
eficiente adj. Que tiene eficiencia : *causa eficiente.* || Capaz, competente : *un empleado eficiente.*
efigie f. Representación pictórica o escultórica de una persona. || Representación de un personaje importante en una moneda o medalla : *la efigie del rey, de un santo.* || *Fig.* Personificación, imagen viva : *ser una persona la efigie del dolor.*
efímero, ra adj. Que dura un solo día. || Pasajero, de poca duración.
efluvio m. Emanación que se desprende de un cuerpo. || *Fig.* Irradiación : *efluvios de simpatía.*
efracción f. Galicismo por *fractura* : *robo con efracción.*
efugio m. Recurso para evitar una dificultad : *valerse de efugios.*
efusión f. Derramamiento de un líquido : *efusión de sangre.* || *Fig.* Manifestación de un sentimiento muy vivo : *abrazar con efusión.*
efusividad f. Carácter o calidad de efusivo.
efusivo, va adj. Que manifiesta sentimientos afectuosos.
Ega, río del N. de España, afl. del Ebro ; 122 km.
Egaña (Juan), jurista y patriota chileno (1768-1836), autor de la Constitución de 1823. — Su hijo MARIANO (1793-1846), también jurista, participó en la redacción de la Constitución de 1833. Fue igualmente dramaturgo.

neptarquía anglosajona.
Egea de los Caballeros, v. al NE. de España (Zaragoza).
Egeo (MAR), parte del Mediterráneo, entre la costa oriental de Grecia y Turquía. Llamado ant. *Archipiélago.*
Eger, c. de Hungría al pie de los montes Matra. Arzobispado. Agricultura. — V. CHER,
egeria f. *Fig.* Persona que aconseja secretamente a otra.
Egeria, ninfa consejera del rey romano Numa Pompilio.
Égica, rey hispanovisigodo de 687 a 702.
égida f. *Fig.* Protección, apoyo.
Egina, isla de Grecia, en el golfo homónimo, entre Ática y el Peloponeso. Su cap., la c. de igual n., era rival de Atenas.
egipciaco, ca y **egipciano, na** adj. y s. Egipcio : *Santa María Egipciaca.*
egipcio, cia adj. y s. De Egipto. — M. Lengua egipcia.
Egipto, Estado del NE. de África ; 1 000 000 km² ; 44 000 000 h. (*egipcios*). Cap. *El Cairo,* 7 200 000 h. ; otras c. : *Alejandría,* 2 350 000 h. ; *Gizeh,* 580 000 ; *Port Said,* 313 000 ; *Tanta,*

egiptólogo, ga m. y f. Especialista en la cultura del antiguo Egipto.
égira f. Hégira.
Egisto, uno de los Atridas. Sedujo a Clitemnestra, y luego entre los dos dieron muerte a Agamenón, esposo de Clitemnestra. A su vez fue muerto por Orestes.
égloga f. Composición poética del género bucólico.
Egmont (Lamoral, *conde de*), militar flamenco (1522-1568). Primeramente al servicio de España, se alzó contra los abusos de la Inquisición. M. decapitado por orden del duque de Alba.
ego m. *Fil.* Ser individual. || Parte consciente del individuo.
egocéntrico, ca adj. Que se cree el centro del universo (ú. t. c. s.).
egocentrismo m. Exagerada exaltación de la propia personalidad, hasta considerarse como centro del universo.
egoísmo m. Inmoderado amor de sí mismo que antepone a todo la conveniencia y el interés propio, incluso en perjuicio de los demás.
egoísta adj. Que da muestras de

EGIPTO

Acción y efecto

Eguren (José María), lista peruano (1882-1942). Simbólicas, La canción de las figuras, Sombra, Rondinelas.

Egusquiza (Juan Bautista), general paraguayo (1845-¿ 1898 ?), pres. de la Rep. de 1894 a 1898.

¡ eh ! interj. Sirve para llamar la atención.

Ehecatl, dios náhuatl del viento, una de las personificaciones de Quetzalcóatl.

Ehrenburg (Iliá), escritor ruso (1891-1967), autor de novelas y relatos (El segundo día, España, república de trabajadores, No pasarán, La caída de París, La novena ola, El deshielo, etc.).

Eibar, v. del N. de España (Guipúzcoa). Industrias.

Eichelbaum (Samuel), escritor argentino (1894-1967), autor de narraciones (Un monstruo en libertad, Tormenta de Dios) y de obras de teatro realistas (La mala sed, La quietud del pueblo, Tejido de madre, Dos brasas, Pájaro de barro, Señorita, Un guapo del 900, Rostro perdido, Subsuelo, etc.).

eider m. (pal. sueca). Pato del que se saca el edredón. (Llámase tb. pato de flojel.)

Eifel, meseta en el Oeste de Alemania Occidental (Renania) ; 746 m.

Eiffel (Torre), torre metálica de París (320 m.), construida para la Exposición universal de 1889 por Gustave EIFFEL (1832-1923).

Eilat, c. de Israel en el golfo de Akaba. Oleoducto que la une con Haifa.

Einaudi (Luigi), político y economista italiano (1874-1961), pres. de la Rep. de 1948 a 1955.

Eindhoven, c. al SE. de Holanda (Brabante Septentrional). Industrias.

Einstein [ainstain] (Albert), físico alemán, n. en Ulm (1879-1955), naturalizado norteamericano, creador de la teoría de la relatividad. (Pr. Nobel, 1921.)

einstenio m. Elemento químico artificial de número atómico 99. (Símb. E).

eirá m. Eyrá.

Eire, n. oficial de la República de Irlanda.

Eisenach [aisenaj], c. de Alemania Oriental (Erfurt).

Eisenhower (Dwight David), general norteamericano (1890-1969), jefe supremo de los ejércitos aliados en la segunda guerra mundial. Pres. de Estados Unidos de 1953 a 1961.

Eisenhüttenstadt [aisenjut-], ant. Stalinstadt, c. de Alemania Oriental, a orillas del Oder.

Eisenstadt [aisenc-], c. al este de Austria, cap. del Burgenland.

Eisleben [aisli-], c. de Alemania Oriental (Halle), donde nació Lutero.

eje m. Varilla o barra que atraviesa un cuerpo giratorio. || Barra horizontal dispuesta perpendicularmente a la línea de tracción de un carruaje y que entra por sus extremos en los bujes de las ruedas. || Línea que divide por mitad el ancho de una calle u otra cosa semejante. || Geom. Línea alrededor de la cual se supone que gira una figura : eje de un cilindro, de un cono. || Mat. Línea a la cual se da un valor especial : eje de correderas. || Fig. Idea fundamental : el eje de una política. | Tema central de una obra o empresa : el eje de un discurso, de una tesis. || Fig. y fam. Partir por el eje a uno, fastidiarle, causarle perjuicio.

Eje, alianza realizada entre Berlín y Roma (1936), completada luego por

egresar v. t. Realizar, llevar a cabo : ejecutar un proyecto. || Cumplir : ejecutar una orden (ú. t. c. i.). || For. Obligar a una persona a que pague sus deudas : ejecutar a un deudor. || Ajusticiar : ejecutar a un reo de muerte. || Mús. Tocar, cantar : ejecutar un trozo de Beethoven. || Pintar, esculpir : ejecutar un cuadro, una escultura.

ejecutivo, va adj. Encargado de la aplicación de las leyes : poder ejecutivo. || Encargado de aplicar un mandato : consejo ejecutivo. || Dirigente, directivo. || Urgente. || — M. Dirigente, directivo de una empresa. || Poder ejecutivo. || — F. Junta dirigente.

ejecutor, ra adj. y s. Que ejecuta.

ejecutoria f. Título o carta de nobleza. || Fig. Mérito, timbre.

ejecutoria f. Cargo de ejecutor.

ejecutorio, ria adj. For. Firme : sentencia ejecutoria.

¡ ejem ! interj. Expresa duda o ironía.

ejemplar adj. Que puede servir de ejemplo : vida ejemplar. || Lo que debe servir de escarmiento : castigo ejemplar. || — M. Cada objeto sacado de un mismo modelo : un ejemplar de la Biblia. || Obra, libro : tirada de un millón de ejemplares. || Número suelto de una revista. || Objeto de una colección : un ejemplar magnífico de escarabajo. || Fig. Individuo : ¡ menudo ejemplar !

ejemplaridad f. Calidad de ejemplar : la ejemplaridad de su conducta.

ejemplarizar v. t. Servir de ejemplo.

ejemplificación f. Acción y efecto de ejemplificar.

ejemplificar v. t. Demostrar o explicar con ejemplos.

ejemplo m. Caso o hecho que se propone y cita para que se imite o para que se evite, si es malo : seguir los buenos ejemplos y no los malos. || Persona cuyo comportamiento puede servir de modelo : es muchacho es un ejemplo de buen alumno. || Hecho, texto o cláusula que se cita para ilustrar o autorizar un aserto : los ejemplos de este diccionario. || Desgracia o castigo que puede servir de escarmiento. || — Dar ejemplo, excitar la imitación de los demás. || Por ejemplo, como muestra. || Sin ejemplo, sin precedente.

ejercer v. t. e i. Practicar los actos propios de una profesión : ejercer una carrera. || — V. t. Hacer uso de : ejercer sus derechos ; ejercer influencia sobre alguien.

ejercicio m. Acción y efecto de ejercer : el ejercicio de la abogacía. || Acción y efecto de ejercitarse : ejercicio con máquina de escribir. || Trabajo que se hace para el aprendizaje de una cosa : ejercicios de piano, de matemáticas. || Paseo u otro esfuerzo corporal o intelectual : ejercicio pedestre, gimnástico. || Prueba en un examen o en una oposición : ejercicio oral, escrito. || Mil. Movimientos y evoluciones con que se adiestra al ejército. || Período comprendido entre dos inventarios contables o dos presupuestos : ejercicio económico. || — Ejercicios espirituales, período de retiro dedicado a la meditación y a las prácticas piadosas. || En ejercicio, activo.

ejercitación f. Ejercicio.

ejercitador, ra adj. Que ejerce un ministerio u oficio (ú. t. c. s.).

ejercitante adj. Que ejercita.

ejercitar v. t. Enseñar con la práctica : ejercitar a uno en el manejo de las armas. || Usar de una facultad : ejercitar sus derechos. || — V. pr. Adiestrarse : ejercitarse en nadar.

ejército m. Conjunto de las fuerzas

de un país o que operan en un conflicto. || Fig. Gran número, multitud : un ejército de acreedores. || Ejército de Salvación, v. SALVACIÓN.

Ejército Argentino, meseta de la Antártida Argentina ; 4 000 m.

ejidal adj. Del ejido.

ejidatario, ria adj. Méx. Relativo al ejido. || Dícese de la persona que cultiva un ejido (ú. t. c. s.).

ejido m. Campo común situado en las afueras de un pueblo y donde suelen reunirse los ganados o establecerse las eras. || En México, parcela o unidad agrícola establecida por la Ley, no menor de diez hectáreas.

ejote m. Amer. Vaina del frijol verde.

Ekofisk, yacimiento de hidrocarburos en el mar del Norte, en el sur de la zona explotada por Noruega. Oleoducto hacia Gran Bretaña y gasoducto hacia Alemania Occidental.

el art. determ. en gén. m. y núm. sing. : el perro es mío.

El | ~ **Azarié.** V. BETANIA. || ~ **Callao.** V. CALLAO. || ~ **Escorial.** V. ESCORIAL. || ~ **Loa.** V. LOA (El). || ~ **Paso.** V. PASO (El). || ~ **Quisco.** V. QUISCO (El). || ~ **Tabo** V. TABO (El).

él pronom. pers. de 3.ª pers. en gén. m. y núm. sing. : él es mi padre.

El Salvador, rep. de América Central, situada entre Guatemala, Honduras y el océano Pacífico ; 21 156 km² ; 4 860 000 h. (salvadoreños). Cap. San Salvador, 800 000 h. Otras c. : Ahuachapán, 40 000 h. ; Santa Ana, 175 000 ; Sonsonate, 56 000 ; Nueva San Salvador, 55 000 ; San Vicente, 33 000 ; Zacatecoluca, 30 000 ; San Miguel, 132 000 ; Sensuntepeque, 31 000 ; Cojutepeque, 35 000 ; Chalatenango, 24 000 ; La Unión, 32 000 ; Usulután, 40 000. Administrativamente, El Salvador se divide en 14 departamentos. La población es mestiza en un 85 por 100, blanca en un 10 por 100 e india en un 5 por 100. La religión católica es la más extendida, y el idioma oficial es el castellano o español. La densidad media es de 229 h./km².

— GEOGRAFÍA. Dos cadenas montañosas atraviesan el territorio salvadoreño : una paralela a la costa y de carácter volcánico (Santa Ana o Ilamatepec, 2 385 m ; Chichontepec, 2 174 ; San Miguel, 2 153 ; Izalco, aún en actividad), y otra cadena es fronteriza con Honduras. Entre ambas se sitúa una meseta de 650 m de altura media, donde se concentra la mayor parte de la población. El río más importante es el Lempa, en cuyo curso se ha levantado la gran presa 5 de Noviembre. Otros ríos son el Paz y el Goascorán, limítrofes con Guatemala y Honduras, respectivamente. Existen lagos bastante extensos, como son el Ilopango, el Güija y el Coatepeque. El accidente costero más importante es el golfo de Fonseca, que El Salvador comparte con Honduras y Nicaragua. El clima es cálido en la costa y templado en la meseta. La economía salvadoreña está basada en la agricultura, aun cuando solamente la cuarta parte de las tierras están cultivadas. Se produce café, algodón, caña de azúcar, tabaco y frutas tropicales. La ganadería es bastante importante (vacunos, cerdos, caballos), la minería está poco explotada (oro, plata) y la industria ha realizado grandes progresos. Las comunicaciones están ampliamente servidas por 1 500 km de carreteras pavimentadas, 640 km de ferrocarril y varias líneas aéreas.

elaborable adj. Que se puede elaborar o elaborable.

elaboración f. Fabricación : elaboración del tabaco. || Preparación : la elaboración del presupuesto.

elaborador, ra adj. y s. Que elabora : él fue el elaborador de los planes militares en la última guerra.

elaborar v. t. Transformar en producto una materia prima : elaborar un producto químico. || Idear, preparar por un largo trabajo : elaborar un reglamento, una ley. || Transformar en sustancia asimilable : el hígado elabora bilis.

Elam o **Susiana,** ant. Estado vecino de Caldea ; cap. Susa.

elàmita adj. y s. De Elam.
elan m. (pal. fr.). Impulso. || *Fil. Elan vital*, ímpetu de vida, impulso continuo de la vida que, según el filósofo francés Bergson, produce la evolución de los seres.
elasticidad f. Calidad de elástico : *la elasticidad de los gases.* || *Fig.* Flexibilidad : *la elasticidad de un miembro.* | Flexibilidad, falta de rigor.
elástico, ca adj. Que recobra su forma inicial después de haber sido estirado o deformado : *los gases son sumamente elásticos.* || *Fig.* Flexible, no estricto : *conciencia elástica ; reglamento elástico.* || *Goma elástica,* caucho. || — M. Tejido que tiene elasticidad. || Cinta o cordón elástico. || Parte superior de un calcetín de punto elástico. || — Pl. Tirantes. || — F. Camiseta de punto.
Elath. V. EILAT.
Elazig, c. de Turquía oriental.
Elba, en checo *Labe,* río de Checoslovaquia y Alemania que des. en el mar del Norte a la altura de Hámburgo ; 1 100 km. — Isla del Mediterráneo (Italia) al E. de Córcega, donde fue desterrado Napoleón en 1814.
Elbasani o Elbasan c. central de Albania. Siderurgia.
Elberfeld. V. WUPPERTAL.
Elbeuf, c. de Francia (Seine-Maritime), en la orilla izquierda del Sena.
Elblag, ant. *Elbing,* c. de Polonia, al E. del delta del Vístula.
Elbruz, altura máxima del Cáucaso (U. R. S. S.) ; 5 633 m.
Elburz, cord. de Irán, al S. del mar Caspio. El Demavend (5 604 m) es su punto culminante.
Elcano (Juan Sebastián), navegante español, n. en Guetaria (¿ 1476 ?-1526). Participó en la expedición de Magallanes, a cuya muerte (1521) asumió el mando, y a bordo de la nave *Victoria* dio la primera vuelta al mundo (1519-1522).
Elche, c. al E. de España (Alicante). En 1897 se encontró en esta ciudad una escultura de piedra iberofenicia que representa un busto de mujer, llamada *La dama de Elche* (s. V-III a. de J.C.). Industria del calzado.
Elda, c. al E. de España (Alicante).
Eldorado, dep. en el NE. de la Argentina (Misiones), a orillas del Paraná.
Eldorado, país mítico de América del Sur, buscado afanosamente por los conquistadores españoles. El nacimiento de esta leyenda se debe a la ceremonia de consagración de los nuevos *zipas,* que se sumergían en la laguna de Guatavita con el cuerpo cubierto de polvo de oro. Jiménez de Quesada y Benalcázar intentaron llegar a esta región fabulosa, situada en Colombia, Venezuela y Guayana.
ele f. Nombre de la letra *l.*
Elea, ant. ciudad del S. de Italia (Lucania), colonia focense. Lugar de naci-

mie...
mac...
ele...
se...

electiv...
electivo, ...se designa o se da po...cción : *presidente electivo ; cargo electivo.*
electo, ta adj. Elegido : *presidente electo de la República.* || — M. y f. Persona elegida o nombrada cuando aún no ha tomado posesión.
elector, ra adj. y s. Que vota o tiene derecho a hacerlo en unas elecciones. || — M. Cada uno de los príncipes germánicos a quienes correspondía la elección y nombramiento de emperador.
electorado m. Estado soberano germánico cuyo príncipe tenía voto para elegir emperador. || Conjunto de electores.
electoral adj. Del elector o de las elecciones : *derechos electorales.*
electoralismo m. Intervención con fines puramente electorales en la política de un partido.
electoralista adj. Relativo al electoralismo. || Que tiene miras puramente electorales.
electorero, ra adj. Relativo a una elección.
Electra, hija de Agamenón y Clitemnestra. Unida a su hermano Orestes, vengó a su padre. *(Mit.)*
electricidad f. *Fís.* Forma de energía que se manifiesta por fenómenos mecánicos, luminosos, térmicos, fisiológicos y químicos. || Parte de la física que estudia los fenómenos eléctricos. — Cuando se frotan entre sí dos cuerpos se producen dos clases de *electricidad* : una *positiva* en uno de estos cuerpos y una *negativa* en el otro. Este fenómeno se debe a la composición de los átomos, que están formados de un núcleo central, electrizado positivamente, rodeado de electrones a su vez cargados de electricidad negativa. Estas cargas, de signos contrarios, se compensan en los cuerpos eléctricamente neutros. En cambio, un exceso de electrones determina una carga negativa, y una falta de electrones provoca una carga positiva. La electricidad creada por frotamiento se llama *estática.* Las cargas eléctricas transmitidas por los con-

electrific... ...ilización de la electricidad para hacer funcionar una máquina o una explotación : *la electrificación de los ferrocarriles.* || Producción y suministro de energía eléctrica en un sitio desprovisto anteriormente de ella.
electrificar v. t. Dotar de instalación eléctrica : *electrificar un país.* || Adaptar a una instalación un equipo eléctrico : *electrificar el ferrocarril.*
electriz f. Mujer de un príncipe elector.
electrizable adj. Que puede electrizarse : *cuerpos electrizables.*
electrización f. Acción y efecto de electrizar o electrizarse.
electrizador, ra adj. Que electriza.
electrizar v. t. Comunicar o producir energía eléctrica : *electrizar un cuerpo por frotación.* || *Fig.* Entusiasmar, exaltar : *electrizar al auditorio.*
electroacústico, ca adj. Dícese de la técnica de la producción, transmisión, grabación y reproducción de los fenómenos acústicos por medios eléctricos (ú. t. c. s. f.). || Aplícase a la música que emplea esta técnica.
electrocardiografía f. Parte de la medicina que estudia la obtención e interpretación de los electrocardiogramas.
electrocardiógrafo m. Dispositivo que registra en electrocardiogramas la variación de la tensión producida por la actividad cardíaca.
electrocardiograma m. Gráfico producido por el electrocardiógrafo.
electrocinética f. Parte de la física que se ocupa de los fenómenos de la electricidad en movimiento.
electrocoagulación f. *Med.* Procedimiento de destrucción de los tejidos humanos por medio de corrientes eléctricas de alta tensión.
electrocución f. Muerte producida por una descarga eléctrica.
electrocutar v. t. Matar por una descarga eléctrica (ú. t. c. pr.).
electrochoque m. *Med.* Tratamiento de algunas enfermedades mentales por aplicación al encéfalo de una corriente eléctrica de corta duración.
electrodiagnóstico m. Diagnóstico

EL SALVADOR

213

…do
…iento
…ganismo
…es produ-
cidas por éste.
electrodoméstico, ca adj. y s. m. pl. Aplícase a los aparatos eléctricos destinados al uso doméstico (plancha eléctrica, aspirador, nevera, diferentes aparatos de cocina, etc.).
electroencefalografía f. Parte de la medicina que trata de la obtención e interpretación de los electroencefalogramas.
electroencefalógrafo m. Aparato que registra gráficamente las corrientes eléctricas producidas por la actividad del encéfalo.
electroencefalograma m. Gráfico obtenido por la grabación, mediante electrodos fijados en el cuero cabelludo y unidos a un oscilógrafo, de la potencia eléctrica de las neuronas del cerebro.
electrófono m. Aparato que reproduce los sonidos grabados en un disco por procedimientos electromecánicos. (Se compone de un tocadiscos y un amplificador con altavoz.)
electrógeno, na adj. Que produce electricidad : *grupo electrógeno.* ‖ — M. Generador eléctrico.
electroimán m. *Fís.* Barra de hierro dulce imantado artificialmente por la acción de una corriente eléctrica.
electrólisis f. *Quím.* Descomposición de un cuerpo haciendo pasar por su masa una corriente eléctrica.
electrolítico, ca adj. Producido por electrólisis : *descomposición electrolítica.* ‖ De la electrólisis.
electrólito m. *Fís.* y *Quím.* Cuerpo que en estado líquido puede ser descompuesto por la electricidad.
electrolización f. Electrólisis.
electrolizador, ra adj. Que electroliza. ‖ — M. *Fís.* Aparato para efectuar la electrólisis.
electrolizar v. t. Efectuar la electrólisis.
electromagnético, ca adj. Relativo al electromagnetismo.
electromagnetismo m. Parte de la física que estudia las acciones y reacciones de las corrientes eléctricas sobre los campos magnéticos.
electromecánico, ca adj. Aplícase al dispositivo mecánico que funciona por medio de la electricidad. ‖ — F. Ciencia de las aplicaciones de la electricidad y de la mecánica.
electrómetro m. *Fís.* Aparato para medir la carga o el potencial eléctrico de un cuerpo.
electromotor, ra adj. *Fís.* Aplícase a todo aparato o máquina que transforma la energía eléctrica en trabajo mecánico : *aparato electromotor; máquina electromotora* (ú. t. c. s. m.). ‖ Que produce electricidad bajo la influencia de agentes químicos o mecánicos.
electromotriz adj. f. *Fís. Fuerza electromotriz,* relación entre la potencia suministrada por un generador y la intensidad de la corriente.
electrón m. *Fís.* Partícula elemental constituyente del átomo dotada de una carga de electricidad negativa : *la carga del electrón es 1,60 × 10⁻¹⁹ culombios.* ‖ *Electrón positivo,* el positrón.
electronegativo, va adj. *Quím.* Aplícase al cuerpo que en la electrólisis se dirige al ánodo o polo positivo.
electrónico, ca adj. Relativo al electrón : *haz electrónico.* ‖ Que funciona según los principios de la electrónica : *microscopio electrónico.* ‖ *Música electrónica,* la que utiliza las oscilaciones eléctricas para crear sonidos musicales. ‖ — F. Parte de la física y de la técnica que estudia y utiliza las variaciones de las magnitudes eléctri-

…néticos, car-
…ptar, transmitir
…ación.
… adj. Relativo a la
…roducida por las cen-
…res.
…**voltio** m. *Fís.* Unidad de
… utilizada en física nuclear
…, eV) equivalente a la energía
…quirida por un electrón acelerado con una diferencia de potencial de un voltio.
electropositivo, va adj. *Quím.* Aplícase al cuerpo que en la electrólisis se deposita o se dirige al cátodo o polo negativo.
electropuntura f. Método terapéutico consistente en aplicar una corriente eléctrica, por medio de agujas, en ciertos lugares de la piel humana.
electroquímico, ca adj. De la electroquímica. ‖ — F. Parte de la física que estudia las transformaciones mutuas de las energías eléctrica y química. ‖ Aplicación industrial de estos conocimientos.
electroscopio m. *Fís.* Instrumento que indica la existencia de electricidad en un cuerpo y su signo.
electroshock m. Electrochoque.
electrostático, ca adj. Relativo a la electricidad estática : *inducción electrostática.* ‖ — F. Parte de la física que estudia la electricidad estática o en equilibrio.
electrotecnia f. Estudio de las aplicaciones técnicas de la electricidad.
electrotécnico, ca adj. De la electrotecnia.
electroterapia f. *Med.* Aplicación de la electricidad en el tratamiento de las enfermedades.
electroterápico, ca adj. De la electroterapia.
electrotipia f. Aplicación de medios electroquímicos en la reproducción tipográfica.
electrotipo m. Reproducción galvanoplástica de un grabado o composición tipográfica.
electrovalencia f. Valencia química definida por el fenómeno de la electrólisis.
elefancía f. *Med.* Elefantiasis.
elefanciaco, ca adj. y s. Elefantiásico.
elefante m. Mamífero proboscidio herbívoro, que tiene trompa prensil, piel rugosa y dos incisivos prolongados o colmillos que dan el marfil. ‖ — *Fig.* y *fam. Méx. Elefante blanco,* objeto, finca o negocio de mucho costo y poca utilidad. ‖ *Elefante marino,* morsa.
elefantiásico, ca adj. *Med.* Relativo a la elefantiasis. ‖ Que padece este mal (ú. t. c. s.).
elefantiasis f. *Med.* Enfermedad de los países tropicales caracterizada por el desarrollo excesivo de algunas partes del cuerpo, especialmente de las extremidades, y por la rugosidad de la piel.
Elefantina, isla fluvial del Nilo (Egipto), frente a Asuán. Ruinas de tiempos de los faraones.
elefantino, na adj. Relativo al elefante o que se le parece.
elegancia f. Gracia y distinción en el porte, el vestido y los modales. ‖ Buen gusto en la elección de las palabras.
elegante adj. Distinguido, de buen gusto : *hombre, traje, estilo elegante.* ‖ Que se ajusta mucho a la moda (ú. t. c. s.). ‖ Fino, sin mezquindad : *una acción elegante.*
elegantón, ona adj. *Fam.* Muy elegante.
elegía f. Composición lírica de tema triste : *las elegías de Ovidio.*
elegiaco, ca adj. De la elegía. ‖ *Por ext.* Triste, lastimero : *tono elegiaco.*
elegibilidad f. Calidad de elegible.
elegible adj. Que puede ser elegido.
elegido, da adj. y s. Que ha sido designado o nombrado por elección. ‖ — M. y f. Predestinado.
elegir v. t. Escoger, dar su preferencia : *elegir un libro entre varios.* ‖ Designar por medio de una elección : *lo eligieron diputado por su simpatía personal.*
Elektrostal, c. de la U. R. S. S. (Rusia), al este de Moscú.

elemental adj. Fundamental, primordial : *principio elemental.* ‖ Que contiene los elementos de una ciencia : *química elemental.* ‖ Muy sencillo : *nociones elementales de matemáticas.* ‖ Evidente : *no vale la pena decir algo tan elemental.*
elemento m. Componente de un cuerpo : *el cuarzo es uno de los elementos del granito.* ‖ Cuerpo simple : *elemento químico.* ‖ Parte integrante de un todo : *los elementos de una obra ; la agricultura es un elemento de la riqueza de un país.* ‖ Motivo : *un elemento de descontento.* ‖ Medio en que se desenvuelve un ser : *el aire es el elemento de los pájaros.* ‖ Medio favorito o habitual : *estar uno en su elemento.* ‖ Persona que pertenece a un grupo : *elemento activo de un partido.* ‖ *Fam.* Individuo. ‖ *Fís.* Par de una pila eléctrica, de un acumulador. ‖ — Pl. Fundamentos, primeras nociones : *elementos de geometría, de dibujo.* ‖ Fuerzas naturales : *luchar contra los elementos desencadenados.* ‖ *Fig.* Medios : *poseer elementos de subsistencia.* ‖ *Los cuatro elementos,* el aire, el fuego, la tierra y el agua.
Elena. V. HELENA. ‖ ~ *(Santa)*, madre de Constantino el Grande (¿247 ?-327). Participó en la Invención de la Santa Cruz (326). Fiesta el 18 de agosto.
elenco m. Catálogo, índice. ‖ Conjunto de actores en una compañía de teatro. ‖ Reparto de una obra teatral. ‖ *Arg. Dep.* Equipo.
elepé m. Disco fonográfico de larga duración.
Elets. V. YELETS.
Eleusis, c. de Grecia (Ática), al NO. de Atenas, donde había un templo de Deméter. Sus fiestas eran famosas.
elevación f. Acción y efecto de elevar o elevarse. ‖ Eminencia, cosa elevada. ‖ *Fig.* Distinción, nobleza : *elevación de los sentimientos, del estilo.* ‖ Ascensión a un cargo muy elevado. ‖ El alzar en el sacrificio de la misa.
elevado, da adj. Alto : *cumbres elevadas.* ‖ *Fig.* Sublime.
elevador, ra adj. Que eleva : *músculo elevador ; bomba elevadora.* ‖ — M. Aparato para subir mercancías, montacargas. ‖ *Amer.* Ascensor. ‖ Montacargas.
elevalunas m. inv. Aparato para levantar los cristales de las ventanillas de un vehículo.
elevamiento m. Elevación.
elevar v. t. Levantar, alzar : *elevar un peso* (ú. t. c. pr.). ‖ Construir : *elevar un monumento.* ‖ *Fig.* Colocar en un cargo elevado. ‖ *Mat.* Poner un número a una potencia : *elevar al cuadrado.* ‖ *Elevar protestas,* suscitarlas. ‖ — V. pr. *Fig.* Ascender, alcanzar : *los gastos se elevan a sesenta millones.* ‖ Alcanzar una posición social elevada. ‖ Enajenarse : *elevarse en éxtasis.* ‖ Engreírse, envanecerse.
Elgar (Edward), compositor inglés (1857-1934), autor de sinfonías, cantatas y oratorios.
Elgóibar, v. al N. de España (Guipúzcoa). Siderurgia.
Elhúyar (Fausto de), químico español, n. en Logroño (1757-1833). Descubrió el volframio o tungsteno. Fundador de la Escuela de Minería de México. Autor de *Teoría de la amalgamación.* — Su hermano JUAN JOSÉ (1754-1804) participó también en el descubrimiento.
Elías, profeta judío (s. IX a. de J. C.). ‖ ~ **Calles** (PLUTARCO), general mexicano (1877-1945), pres. de la Rep. de 1924 a 1928.
Elías Piña, prov. del oeste de la República Dominicana ; cap. *Comendador.* Agricultura. Ganadería.
eliaspiñero, ra adj. y s. De la prov. de Elías Piña (Rep. Dominicana).
Élide, región de Grecia (Peloponeso).
elidir v. t. *Gram.* Quitar la vocal con que acaba una palabra cuando la que sigue empieza por otra vocal, v. gr. : *del* por *de el, al* por *a el.*
eliminación f. Supresión. ‖ Exclusión de una competición o concurso, al no tener la puntuación necesaria.
eliminador, ra adj. y s. Que elimina.
eliminar v. t. Suprimir, quitar : *eliminar dificultades.* ‖ Apartar, excluir :

eliminar a un concursante. || *Med.* Expeler del organismo. || *Fam.* Matar.

eliminatorio, ria adj. Que sirve para eliminar : *prueba eliminatoria*. || — F. Prueba para eliminar a los concursantes más débiles.

Elio (Francisco Javier de), general español (1767-1822). Siendo gobernador de Montevideo en 1807, se sublevó contra Liniers y, nombrado virrey del Río de la Plata (1811), trató de sofocar la guerra civil y puso fin al virreinato.

Eliot (Mary Ann EVANS, llamada George), novelista inglesa (1819-1880), autora de *El molino del Floss, Silas Marner* y *Escenas de la vida clerical*. || ~ (THOMAS STEARNS), escritor inglés (1888-1965), autor de poesías (*Tierra yerma, Poemas 1909-1925, Cuatro cuartetos*), obras de teatro (*La roca, Asesinato en la catedral, Reunión de familia, Cocktail Party*) y ensayos críticos (*El bosque sagrado, Ensayos isabelinos, etc.*). [Pr. Nobel, 1948.]

elipse f. *Geom.* Curva plana convexa y cerrada, con dos ejes de simetría que se cortan perpendicularmente.

elipsis f. Supresión de palabras cuyo sentido se sobreentiende : *¿ qué tal ?* por *¿ qué tal está ?*

elipsoidal adj. *Geom.* De forma de elipsoide.

elipsoide m. *Geom.* Cuerpo engendrado por la revolución de una elipse alrededor de uno de sus ejes.

elíptico, ca adj. *Geom.* De la elipse : *órbita elíptica.* || *Gram.* De la elipsis : *frase elíptica.*

Elisabethville. V. LUBUMBASHI.

eliseo, a adj. y s. *Mit.* Del Eliseo.

Eliseo, en fr. *Elysée*, palacio de París donde reside el presidente de la República. || — o **Campos Elíseos,** morada de los hombres virtuosos. (*Mit.*)

elisión f. Supresión de una vocal al final de una palabra cuando la siguiente empieza por otra vocal.

élite f. Galicismo por *lo más selecto, lo mejor, la minoría selecta.*

elitismo m. Sistema que favorece a los mejores individuos de un grupo en perjuicio de la masa.

elitista adj. Relativo al elitismo.

élitro m. Cada una de las dos alas anteriores córneas de algunos insectos que cubren las posteriores.

elixir m. Medicamento disuelto en alcohol. || *Fig.* Remedio maravilloso.

Elizabeth, c. y puerto al NE. de los Estados Unidos (Nueva Jersey).

Elizaga (José Mariano), compositor mexicano (1786-1842).

Elizondo (Rafael), músico mexicano, n. en 1930. || — (SALVADOR), escritor mexicano, n. en 1932, autor de relatos (*Farabeuf o la crónica de un instante, Narda o el verano, El grafógrafo, La invitación, etc.*).

Elobey, n. de dos islas de la Guinea Ecuatorial (Mbini), llamadas *Elobey Grande* y *Elobey Chico*. Fueron de España hasta 1968.

elocución f. Modo de expresarse.

elocuencia f. Facultad de hablar bien y de modo convincente : *la elocuencia de un orador.* || *Fig.* Fuerza expresiva : *la elocuencia del gesto.*

elocuente adj. Que tiene elocuencia : *orador elocuente.* || Significativo, expresivo : *cifras muy elocuentes.*

elogiable adj. Que merece elogio.

elogiador, ra adj. y s. Que elogia.

elogiar v. t. Alabar, ponderar.

elogio m. Alabanza.

elogioso, sa adj. Que elogia.

Eloísa, religiosa francesa (1101-1164), célebre por sus amores con Abelardo.

elongación f. *Med.* Alargamiento accidental o terapéutico a un miembro o un nervio.

Elorrio, v. al N. de España (Vizcaya).

elotada f. *Amer.* Merienda de elotes. | Conjunto de elotes.

elote m. *Amér. C.* y *Méx.* Mazorca tierna de maíz, que se come cocida o asada en guisos diversos.

elotear v. t. *Amer.* Coger elotes en la milpa. || — V. i. *Amer.* Comenzar a brotar los elotes.

Eloy Alfaro, cantón al N. del Ecuador (Esmeraldas). Puerto fluvial.

Elqui, laguna de Chile (Coquimbo), a más de 3 000 m de alt. — Río de Chile, llamado también *Coquimbo* ; 210 km.

— Prov. de Chile en la IV Región (Coquimbo) ; cap. *Coquimbo.*

Elsass-Lothringen. V. ALSACIA Y LORENA.

Elsinor, hoy *Helsingoer,* c. y puerto de Dinamarca (Seeland), donde Shakespeare sitúa la acción de *Hamlet.*

Eluard (Eugène GRINDEL, llamado Paul), poeta surrealista francés (1895-1952), autor de *Morir de no morir, Capital del dolor, La vida inmediata, Los ojos fértiles, Poesía y verdad, Una lección de moral, etc.*

elucidación f. Explicación.

elucidar v. t. Aclarar, dilucidar.

elucubración f. Lucubración.

elucubrar v. t. Lucubrar.

eludible adj. Que puede eludirse.

eludir v. t. Evitar, librarse de.

Elure V. ELLORA.

Elvas, c. del E. de Portugal (Portalegre). Catedral.

Elvend, macizo montañoso del Irán occidental ; 3 914 m.

Elytis (Odysseas), poeta surrealista griego, n. en 1911. (Pr. Nobel, 1979.)

Elzevir, Elzevirio o **Elzevier,** n. de una familia de impresores holandeses de los s. XVI y XVII.

ella pron. personal de 3.ª pers. en género f. núm. sing. : *ella sonrió displicentemente y se fue.*

Ellauri (José Eugenio), político uruguayo (1834-1894), pres. de la Rep. del 1873 a 1875. Reelegido en 1894, dimitió inmediatamente.

elle f. Nombre de la letra *ll.*

Ellices, archipiélago independiente de Micronesia, llamado hoy *Tuvalu* (Ver).

Elliot Lake, región minera del Canadá (Ontario).

ello pron. pers. de 3.ª pers. del sing. en el género neutro.

Ellora o **Elure,** pobl. de la India en el Decán (Andhra Pradesh).

ellos, ellas pron. pers. de 3.ª pers. en género m. y f. núm. pl. : *¡ A ellos !,* expresión con que se incita a atacar.

emaciación f. Demacración.

emaciado, da adj. Demacrado.

emanación f. Olor o exhalación que se desprende de algunos cuerpos. || *Fig.* Manifestación.

emanar v. i. Desprenderse, exhalarse : *el olor que emana de una sustancia.* || *Fig.* Proceder, derivar.

emancipación f. Acción y efecto de emancipar o emanciparse.

emancipador, ra adj. y s. Que emancipa.

emancipar v. t. Libertar de la patria potestad, de la tutela o de la servidumbre : *emancipar a un esclavo.* || Librar de alguna sujeción o mando. || — V. pr. *Fig.* Librarse de las obligaciones y convencionalismos sociales. | Permitirse toda clase de libertad.

emascular v. t. Castrar los órganos genitales masculinos.

Emaús, aldea de Judea, cerca de Jerusalén, donde apareció Jesucristo después de la Resurrección.

Emba, río del SO. de la U. R. S. S. que desemboca en el mar Caspio. — Región petrolífera de la U. R. S. S. entre el Ural meridional y el Caspio.

Embabeh o **Imbaba,** c. de Egipto, cerca del Cairo.

embadurnar v. t. Untar. | Manchar. U. t. c. pr. : *embadurnarse de grasa.* | Pintarrajear.

embajada f. Cargo de embajador. || Su residencia. || Sus empleados. || *Fig.* Mensaje. | Proposición desagradable o molesta : *¡ vaya embajada !*

embajador, ra m. y f. Representante de un Estado cerca de otro : *embajador cerca de la Santa Sede.* || *Fig.* Emisario, mensajero. || — F. Mujer del embajador.

embalador, ra m. y f. Persona que hace los embalajes.

embalaje m. Acción y efecto de embalar : *él hizo el embalaje.* || Caja o envoltura que sirve para embalar : *embalaje de cartón.* | Coste de esta envoltura.

embalar v. t. Envolver, empaquetar. | Poner en cajas. || Acelerar un motor (ú. t. c. pr.). || — V. pr. Hablar de prisa. || Ir o correr más de prisa. || *Fig.* Entusiasmarse.

embaldosado m. Suelo cubierto de baldosas. || Trabajo u operación de embaldosar.

embaldosar v. t. Cubrir un suelo con baldosas.

embalsamador, ra adj. y s. Que embalsama.

embalsamamiento m. Acción y efecto de embalsamar.

embalsamar v. t. Preparar un cadáver para evitar su putrefacción. || Perfumar : *las flores embalsaman el aire.*

embalsar v. t. Recoger en un embalse.

embalse m. Acción y efecto de embalsar. || Retención artificial de las aguas de un río para utilizarlas en el riego de los campos : *el embalse de Asuán.*

emballenar v. t. Poner ballenas a una cosa : *emballenar un vestido.*

embarazado, da adj. Cohibido, molesto. || Dícese de la mujer que ha concebido (ú. t. c. s. f.).

embarazador, ra adj. Molesto.

embarazar v. t. Impedir, estorbar, dificultar : *embarazar el paso.* || Poner encinta a una mujer. || *Fig.* Cohibir, turbar. || — V. pr. Estar molesto por cualquier embarazo : *embarazarse con (o por) la ropa.*

embarazo m. Estorbo, obstáculo. || Encogimiento, falta de soltura. || Turbación. || Preñez de una mujer.

embarazoso, sa adj. Que estorba : *paquete embarazoso.* || Molesto : *pregunta embarazosa.*

embarcación f. Barco.

embarcadero m. Sitio destinado para embarcar.

embarcar v. t. Meter a personas, mercancías, etc., en una embarcación, aeronave, etc. || *Fig.* Meter a uno en un negocio : *le embarcaron en un pleito.* || — V. i. Subirse, meterse en una nave, avión, automóvil, coche de ferrocarril (ú. t. c. pr.). || — V. pr. Meterse, emprender : *embarcarse en un asunto muy feo.*

embarco m. Acción de embarcar o embarcarse personas.

embargar v. t. Embarazar, estorbar, impedir. || *Fig.* Paralizar : *el dolor embargó mis sentidos.* | Absorber, llenar totalmente : *la felicidad le embargaba.* | Molestar, estorbar. || *For.* Retener una cosa judicialmente : *le embargaron todos sus bienes.*

embargo m. *For.* Retención de bienes por mandamiento judicial. || *Sin embargo,* no obstante.

embarque m. Carga de mercancías en un barco, tren, avión, etc.

embarrada f. *Chil.* Gran error.

embarradilla f. *Méx.* Empanada.

embarrancar v. i. *Mar.* Varar, encallarse (ú. t. c. t.). || — V. pr. Atascarse.

embarrilar v. t. Poner en barriles.

embarullar v. t. *Fam.* Mezclar desordenadamente unas cosas con otras, embrollar. || — V. pr. Hacer o decir cosas atropelladamente.

embate m. Golpe impetuoso de mar : *los fuertes embates de las olas.* || Acometida impetuosa : *embate del viento.*

embaucador, ra adj. y s. Que embauca.

embaucamiento m. Acción y efecto de embaucar. || Seducción.

embaucar v. t. Engañar.

embeber v. t. Absorber un cuerpo un líquido : *la esponja embebe el agua.* || Empapar : *embeber en agua* (ú. t. c. pr.). || Contener, encerrar. || Recoger los bordes de una costura para achicar un vestido. || — V. i. Encoger : *los trajes de lana embeben* (ú. t. c. pr.). || — V. pr. Quedarse extasiado, embelesado. || *Fig.* Empaparse, impregnarse bien : *embeberse en el espíritu de Voltaire.* | Ensimismarse, quedar absorto.

embelecador, ra adj. y s. Embaucador.

embelecamiento m. Engaño.

embelecar v. t. Engañar.

embeleco m. Embaucamiento.

embelesado, da adj. Encantado. | Hechicero (ú. t. c. s.).

embelesamiento m. Embeleso.

embelesar v. t. Cautivar los sentidos, encantar : *embelesar al público con su voz.* Ú. t. c. pr. : *embelesarse con una pintura.*

embeleso m. Encanto. || Arrebato.

embellecedor, ra adj. Que embellece. || — M. Moldura cromada de los coches. || Tapacubos.

embellecer v. t. Hacer más bello.

embellecimiento m. Acción y efecto de embellecer o embellecerse.

emberrenchinarse y **emberrincharse** v. pr. Coger un berrinche.

embestida f. Ataque, acometida.

embestir v. t. Arrojarse con ímpetu sobre una persona, animal o cosa : *el toro embistió al matador*. || — V. i. *Fig.* y *fam.* Arremeter, atacar, acometer.

embetunar v. t. Cubrir con betún.

embicar v. t. *Amer.* Dirigir hacia la costa con un barco. || *Méx.* Beber en un recipiente.

embijar v. t. *Amér. C.* y *Méx.* Untar con algo pegajoso.

emblanquecer v. t. Blanquear.

emblema m. Figura simbólica con una sentencia o lema. || Representación simbólica : *la perla es el emblema del pudor*. || Atributo : *los emblemas de la reputación.*

embobamiento m. Admiración injustificada. || Alelamiento.

embobar v. t. Causar admiración. || Atontar, alelar. || — V. pr. Quedarse absorto y admirado.

embocecer v. t. Volver bobo.

embocadura f. Acción y efecto de embocar.

embodegar v. t. Meter en la bodega : *embodegar vino, aceite.*

embolado m. *Fig.* En el teatro, papel corto y desairado. || *Fam.* Engaño. Engorro, pega : *¡ pues vaya un embolado !* || Toro embolado.

embolar v. t. Poner bolas de madera en los cuernos del toro de lidia. || *Amer.* Dar bola o betún a los zapatos.

embolia f. *Med.* Obstrucción de un vaso sanguíneo por un coágulo.

émbolo m. *Mec.* Disco cilíndrico que se desplaza alternativamente en el cuerpo de una bomba o en el cilindro de una máquina de vapor.

embolsar v. t. Poner en una bolsa. || Cobrar. Ú. t. c. pr. : *se embolsó mucho dinero en aquel negocio.*

emboquillado, da adj. Con boquilla de filtro : *un cigarrillo emboquillado* (ú. t. c. s. m.).

emboquillar v. t. Poner boquilla de filtro a los cigarrillos.

emborrachar v. t. Poner borracho, ebrio : *el vino blanco le emborracha.* || Atontar, perturbar, adormecer : *emborrachar a uno con ciertos olores* (ú. t. c. pr.). || — V. pr. Beber más de la cuenta, ponerse borracho.

emborrizar v. t. Bañar en huevo y harina lo que ha de freírse.

emborronador, ra adj. y s. Que emborrona. Ú. t. c. s. : *emborronador de cuartillas.*

emborronar v. t. Llenar de muchos borrones : *emborronar un papel.* || *Fig.* Escribir de prisa y mal y con poca meditación.

emboscada f. Ataque por sorpresa. || *Fig.* Asechanza, trampa preparada contra alguien.

emboscar v. t. *Mil.* Poner oculta una tropa para atacar por sorpresa al enemigo. || — V. pr. Esconderse entre el ramaje. || *Fig.* Escudarse en una ocupación cómoda para no hacer otra.

embotadura f. y **embotamiento** m. Acción y efecto de embotar o embotarse : *embotamiento de los sentidos, de la voluntad.*

embotar v. t. Volver menos cortante o menos aguda la hoja de un arma, de un cuchillo o de una herramienta (ú. t. c. pr.). || *Fig.* Debilitar : *el ocio embota el ánimo* (ú. t. c. pr.).

embotellado, da adj. En botella. || *Fig.* Dícese del discurso preparado de antemano. || — M. Acción y efecto de embotellar.

embotellador, ra m. y f. Persona encargada de embotellar. || — F. Máquina para embotellar.

embotellamiento m. Embotellado. || *Fig.* Atasco de la circulación.

embotellar v. t. Meter en botellas : *embotellar champaña.* || *Fig.* Obstruir, estorbar : *embotellar la circulación.* || Aprender de memoria. Ú. t. c. pr. : *se embotelló todo el Código Civil.* || *Méx.* Encarcelar.

embozadamente adv. Encubiertamente.

embozar v. t. Cubrir la parte inferior del rostro. Ú. m. c. pr. : *se embozó en la capa.* || Poner el bozal a un animal. || *Fig.* Disfrazar, encubrir.

embozo m. Parte doblada de la sábana de encima que toca el rostro. || Parte superior de la capa al lado del rostro. || *Fig.* Disimulo.

embragar v. t. *Mec.* Establecer conexión entre el motor y los órganos que debe poner en movimiento. || *Fig.* : *el coche está tan viejo que hace mucho ruido al embragar.*

embrague m. Acción y efecto de embragar. || Dispositivo que permite poner una máquina en movimiento uniéndola al motor.

embravecer v. t. Irritar, poner furioso. || — V. pr. Enfurecerse.

embreado m. y **embreadura** f. Acción y efecto de embrear.

embrear v. t. Untar con brea.

embriagador, ra y **embriagante** adj. Que embriaga.

embriagar v. t. Poner ebrio, hacer perder el uso de la razón. Ú. t. c. pr. : *embriagarse con anís.* || *Fig.* Enajenar : *embriagado por la gloria* (ú. t. c. pr.).

embriaguez f. Pérdida de la razón por el abuso del alcohol. || *Fig.* Enajenación del ánimo.

embridar v. t. Poner la brida.

embrión m. *Biol.* Organismo en vías de desarrollo desde la fecundación del óvulo hasta el momento en que puede llevar una vida autónoma. || *Fig.* Origen : *esto fue el embrión de la revolución.* Principio, estado incipiente de una cosa.

embrionario, ria adj. Del embrión. || *Fig.* En sus comienzos, en gestación : *proyecto embrionario.*

embrocación f. *Med.* Acción y efecto de derramar lentamente un líquido en la parte enferma. || Este líquido.

embrocar v. t. Coger el toro al lidiador entre las astas. || *Méx.* Poner una prenda de vestir por la cabeza, como el sarape, la casulla, etc. || Empinar el codo, beber. || *Arg.* Observar.

embrollador, ra adj. y s. Que embrolla.

embrollar v. t. Enredar, enmarañar : *embrollar un asunto.* || — V. pr. Hacerse un lío, mezclarlo todo.

embrollo m. Enredo, maraña : *un embrollo de hilos.* || *Fig.* Lío, situación confusa o difícil de resolver : *¡ en menudo embrollo se ha metido !* | Chisme, mentira.

embromador, ra adj. y s. Bromista. || *Amer.* Fastidioso.

embromar v. t. Dar bromas. || Engañar, chasquear. || *Méx.* Retardar el despacho de un asunto, entretenerlo. || *Amer.* Fastidiar, molestar.

embrujador, ra adj. y s. Que embruja.

embrujamiento m. Acción y efecto de embrujar.

embrujar v. t. Hechizar.

embrujo m. Hechizo.

embrutecedor, ra adj. Que embrutece : *trabajo embrutecedor.*

embrutecer v. t. Volver bruto. Ú. t. c. pr. : *el trato con esta gente le ha embrutecido.*

embrutecimiento m. Acción y efecto de embrutecer.

embuchacar v. t. *Amer.* En la pelea de gallos, herir uno de éstos al contrario en el buche. || *Chil.* y *Méx.* Callar un secreto.

embuchado m. Embutido de carne picada. || *Fig.* Introducción fraudulenta de votos en una urna electoral. | Añadidura que introduce un cómico en su papel. | Asunto detrás del cual se oculta algo de mayor gravedad e importancia.

embuchar v. t. Meter comida en el buche de un ave. || Embutir carne picada en un buche. || *Fam.* Engullir.

embudo m. Utensilio hueco de forma cónica para trasegar líquidos. || Hueco producido en la tierra por una explosión. || *Fig. Ley del embudo,* la que no aplica el mismo criterio para juzgar a varias personas.

embullar v. t. *Amer.* Alborotar.

embullo m. *Amer.* Alboroto.

embuste m. Mentira.

embustero, ra adj. y s. Mentiroso.

embutido m. Intestino de animal rellenado con carne picada y condimentos. || Operación que consiste en embutir metales.

embutir v. t. Meter un en material trozo de otro : *embutir un metal en*

otro. || *Tecn.* Dar formas adecuadas a las chapas de metal por compresión o martilleo. || Hacer embutidos. || Meter una cosa apretada en otra : *embutir lana en una almohada.* || *Fig.* Incluir : *embutir toda la asignatura en pocas lecciones.*

Emden, c. de Alemania Occidental (Baja Sajonia). Puerto en el Ems.

eme f. Nombre de la letra *m.*

emergencia f. Acción y efecto de emerger. || *Fig.* Circunstancia imprevista : *en un caso de emergencia.* || — *Estado de emergencia,* estado de excepción o de urgencia. | *Salida de emergencia,* la que se utiliza en caso de peligro.

emergente adj. Que emerge.

emerger v. i. Salir de un líquido : *en medio del lago emerge una roca.* || Salir de otro medio. || *Fig.* Resultar, proceder.

Emérita Augusta, n. romano de *Mérida,* c. al O. de España (Badajoz).

emeritense adj. y s. De Mérida (España).

emérito, ta adj. Dícese del que se ha retirado de un cargo y disfruta de un premio por sus servicios : *profesor emérito.*

Emerson (Ralph Waldo), filósofo norteamericano (1803-1882).

emético, ca adj. y s. Vomitivo.

emigración f. Acción y efecto de emigrar. || Conjunto de habitantes de un país o región que se establece en otro. (Desde el punto de vista del país de destino se llama *inmigración.*) || *Fig.* Salida de un país : *emigración de capitales.*

emigrado, da adj. y s. Que reside fuera de su patria por motivos políticos o económicos.

emigrante adj. y s. Que emigra. || — Com. Persona que va a residir a otro país sin que medien razones políticas.

emigrar v. i. Salir de un país o región para ir a establecerse en otro : *emigrar a América.* || Ausentarse temporalmente. || Cambiar periódicamente de clima ciertos animales : *las golondrinas emigran.*

emigratorio, ria adj. Referente a la emigración.

Emilia, región del N. de Italia, al sur del Po, en el litoral adriático. || **~-Romaña,** región administrativa del norte de Italia ; cap. *Bolonia.* Está formada por las provincias de Bolonia, Ferrara, Forli, Módena, Parma, Plasencia, Ravena y Reggio nell'Emilia. Agricultura.

Emiliano Zapata, mun. en el este de México (Veracruz), al pie de la Sierra Madre Oriental.

eminencia f. Parte del terreno más elevada que la circundante. || *Por ext.* Cualquier cosa que sobresale. || Tratamiento dado a los cardenales. || Persona eminente. || *Anat.* Saliente de algunos huesos y de algunas partes blandas : *eminencia tenar, hipotenar.* || *Fig. Eminencia gris,* persona que aconseja a otra secretamente.

eminente adj. Elevado : *edificado en lugar eminente.* || *Fig.* Distinguido, de mucho valor : *artista eminente.*

emir m. Príncipe o jefe árabe.

emirato m. Estado gobernado por un emir. || Dignidad y funciones de un emir.

Emiratos Árabes Unidos. V. ÁRABES UNIDOS (Emiratos).

Emiro Kastos. V. RESTREPO (Juan de Dios).

emisario m. Mensajero. || Desaguadero. || *Emisario submarino,* conducto que sirve para verter mar adentro las aguas residuales de una ciudad.

emisión f. Acción y efecto de emitir. || Difusión por radio o televisión. || Programa difundido por radio o televisión. || Puesta en circulación : *emisión de un empréstito.* | Puesta en circulación de sellos, monedas o valores. || *Fís.* Acción de emitir ondas electromagnéticas, partículas. | *Emisión de la voz,* pronunciación de sonidos articulados.

emisor, ra adj. y s. Que emite : *centro emisor.* || — M. Aparato de emisión radiofónica o televisiva. || — F. Estación emisora de radio o de televisión.

emitir v. t. Despedir, producir : *emitir radiaciones, sonidos.* || Poner en

216

circulación : *emitir moneda.* || Manifestar : *emitir un juicio.* || — V. i. Difundir emisiones de radio o televisión : *emitir en onda corta* (ú. t. c. tr.).

Emmen, c. al NE. de Holanda (Drenthe). — C. de Suiza (Lucerna).

Emmenthal o **Enmental,** valle de Suiza (Berna). Quesos.

emoción f. Alteración del ánimo provocada por la alegría, la sorpresa, el miedo, etc. || Expectación.

emocional adj. Referente a la emoción : *choque emocional.*

emocionante adj. Que causa emoción. || Conmovedor : *emocionantes pruebas de simpatía.* || Apasionante.

emocionar v. t. Conmover, causar emoción : *le emociona ver sangre.* || — V. pr. Conmoverse.

emoliente adj. Que ablanda : *cataplasma emoliente* (ú. t. c. s. m.).

emolumento m. Retribución correspondiente a un cargo o empleo (ú. m. en pl.).

emotividad f. Sensibilidad a las emociones.

emotivo, va adj. Que produce emoción. || De la emoción. || Que se emociona fácilmente (ú. t. c. s.) : *era una persona extremadamente emotiva y delicada.*

empacador, ra adj. Que empaca. || — F. Máquina para empacar.

empacamiento m. Acción y efecto de empacar o empaquetar.

empacar v. t. Poner en pacas, paquetes o cajas. || — V. i. *Amer.* Hacer las maletas. || — V. pr. Emperrarse, obstinarse. || Avergonzarse, turbarse. || *Amer.* Plantarse una bestia.

empachado, da adj. Que tiene una indigestión. || *Fig.* Harto.

empachar v. t. Causar indigestión : *le empachó la cena.* || *Fig.* Hartar. || — V. pr. Tener una indigestión. || *Fig.* Estar harto, causar saciedad.

empacho m. Indigestión : *padecer empacho de estómago.* || *Fig.* Hartura, saciedad. || Estorbo : *¡ qué empacho de niño !*

empachoso, sa adj. Que causa empacho : *comida empachosa.*

empadrarse v. pr. Encariñarse demasiado el niño con sus padres.

empadronamiento m. Inscripción en el padrón, censo o registro.

empadronar v. t. Inscribir en un padrón, censo o registro (ú. t. c. pr.).

empajar v. t. Cubrir o rellenar con paja. || *Amer.* Techar con paja.

empalagamiento m. Empalago.

empalagar v. t. Empachar un alimento por ser muy dulce. Ú. t. c. pr. : *empalagarse de almíbar.* || *Fig.* Fastidiar, cansar, hartar. Ú. t. c. pr. : *me empalagan las novelas de amor.*

empalago m. Hartura. || *Fig.* Fastidio.

empalagoso, sa adj. Que empalaga. || *Fig.* Fastidioso, pesado. || Dulzón, meloso : *voz empalagosa.* || Afectadamente suave o amable : *chica empalagosa.* || Excesivamente sentimental.

empalar v. t. Atravesar a un reo en un palo puntiagudo.

empalidecer v. i. Palidecer.

empalizada f. Cerca, vallado.

empalizar v. t. Poner empalizadas.

empalmadura f. Empalme.

empalmar v. t. Unir dos cosas por sus extremos : *empalmar un tubo con otro.* || *Fig.* Ligar, enlazar : *empalmar planes, ideas, acciones, etc.* || En fútbol, recoger y disparar el balón cuando éste se encuentra todavía en el aire. || V. i. Juntarse una cosa con otra. || Unirse dos carreteras. || Combinarse adecuadamente la hora de llegada de un tren u otro vehículo público con la de salida de otro : *el autocar empalma con el tren.*

empalme m. Acción y efecto de empalmar. || Punto en que empalman dos cosas. || Cosa que empalma con otra. || Tramo de carretera que permite pasar de una vía pública a otra. || Correspondencia (de trenes, aviones, etc.). || En fútbol, tiro dado con el balón cuando éste se encuentra todavía en el aire.

empanada f. Manjar que consiste en una vianda emborrizada en masa y cocida al horno o frita. || *Fig.* Maniobra secreta. || *Fam.* Empanada mental, confusión mental.

empanadilla f. Pastel pequeño y relleno con carne o dulce.

empanar v. t. Rebozar con huevo batido, harina y pan rallado carne o pescado.

empanizado m. *Méx.* Pan rallado y huevo para empanar. | Empanado.

empanizar v. t. *Méx.* Empanar.

empantanar v. t. Inundar un terreno. Ú. t. c. pr. : *la carretera se empantanó.* || Meter en un pantano o barrizal. Ú. t. c. pr. : *el carro se empantanó.* || *Fig.* Detener, no hacer progresar un asunto. Ú. t. c. pr. : *este expediente se empantana en el ministerio.* Ú. t. c. pr.

empanturrarse v. pr. *Méx.* Hartarse.

empanzarse v. pr. *Amer.* Hartarse.

empañado, da adj. Sin brillo. || *Fig.* Manchado. || *Voz empañada,* aquella cuyo timbre no es puro.

empañar v. t. Envolver a una criatura en pañales. || Quitar la tersura, el brillo o la transparencia : *empañar un espejo.* || *Fig.* Manchar : *empañar el honor, el mérito* (ú. t. c. pr.).

empapamiento m. Acción y efecto de empapar o empaparse.

empapar v. t. Mojar, humedecer : *empapar un trapo con agua oxigenada.* || Absorber : *la tierra empapa la lluvia.* || Penetrar un líquido en un cuerpo : *el agua empapa la esponja.* || Enjugar : *empapar el agua con un trapo.* || Empapado en sudor, muy sudoroso. || — V. pr. Penetrar : *la lluvia se empapa en el suelo.* || Calarse, mojarse mucho : *mi traje se ha empapado.* || *Fig.* Meterse en la cabeza : *empaparse unas ideas, un discurso.*

empapelado m. Revestimiento de las paredes con papel. || Papel empleado. || *Fig.* Proceso.

empapelador, ra m. y f. Persona que empapela.

empapelar v. t. Envolver en papel. || Cubrir de papel : *empapelar una habitación.* || *Fig. y fam.* Formar un proceso a uno.

empaque m. Empaquetado. || Envoltura del paracaídas. || *Fam.* Distinción, aspecto señorial. || Afectación : *hablar con empaque.* || *Méx.* Envase. || *Amer.* Desfachatez.

empaquetado m. Acción y efecto de empaquetar.

empaquetador, ra m. y f. Persona que empaqueta.

empaquetar v. t. Hacer paquetes, poner en paquetes. || *Fig.* Amontonar : *empaquetar a la gente en un sitio pequeño.* | Encargar de hacer una cosa fastidiosa. | Imponer un castigo. || — V. pr. Vestirse elegantemente.

Emparán (Vicente), militar español (¿ 1750-1815 ?), capitán general de Venezuela en 1809, destituido por la Revolución de 1810.

empardar v. t. e i. *Arg.* Empatar.

emparedado, da adj. y s. Recluso, encerrado por castigo o penitencia. || — M. Bocadillo.

emparedamiento m. Acción de emparedar. || Su encierro.

emparedar v. t. Encerrar a una persona sin comunicación alguna (ú. t. c. pr.). || Encerrar u ocultar alguna cosa entre paredes.

emparejamiento m. Formación de una pareja.

emparejar v. t. Formar una pareja : *guantes emparejados.* || Combinar : *emparejar una cosa con otra.* || Juntar la puerta o la ventana sin cerrarlas. || — V. i. Alcanzar : *tuve que correr para emparejar con él.* || Ser igual una cosa con otra (ú. t. c. pr.). || — V. pr. Formar pareja con una persona.

emparentar v. i. Contraer parentesco por vía de casamiento.

emparrado m. Cobertizo formado por vástagos y hojas de parra. || Armazón que sostiene la parra u otra planta trepadora.

emparrandarse v. pr. *Amer.* Darse a la parranda.

emparrar v. t. Hacer o formar un emparrado.

emparrillar v. t. Asar en la parrilla.

empastador, ra adj. Que empasta. || — M. Pincel para empastar. || — M. y f. *Amer.* Encuadernador.

empastar v. t. Cubrir con pasta. || Encuadernar en pasta. || Aplicar suficiente color en las pinturas para ocul-

tar el lienzo. || Llenar con pasta o metal el hueco de un diente cariado.

empaste m. Acción y efecto de empastar. || Unión perfecta de los colores. || Pasta o metal con que se llena un diente cariado.

empatar v. i. Obtener el mismo número de votos : *los dos candidatos salieron empatados.* || Tener el mismo número de tantos dos equipos deportivos contrarios : *empataron a cuatro tantos.* || Sacar el mismo número de puntos en un concurso. || — V. t. *Amer.* Unir o empalmar dos cosas. || — V. pr. Anularse la votación por no haber conseguido el número de votos requeridos ninguno de los candidatos.

empate m. Igual número de puntos. || Votación que se tiene que repetir por no haber alcanzado la mayoría requerida ninguno de los candidatos. || En deportes, partido que no ha sido ganado por ninguno de los contrincantes. || Igualdad.

empavesar v. t. *Mar.* Engalanar un buque. || Adornar, engalanar.

empavonado m. *Tecn.* Acción y efecto de empavonar.

empavonar v. t. *Tecn.* Dar pavón al hierro o al acero.

empecinado, da adj. Obstinado.

Empecinado (Juan MARTÍN DÍAZ, llamado **el**), guerrillero español (1775-1825), que se distinguió en la guerra de la Independencia de su país (1808-1814).

empecinamiento m. Obstinación.

empecinar v. t. Untar con pez. || — V. pr. Obstinarse.

empedernido, da adj. *Fig.* Insensible, duro : *corazón empedernido.* || Incorregible, impenitente : *bebedor, jugador empedernido.*

Empédocles, filósofo y médico de Agrigento (s. v a. de J. C.). Se suicidó arrojándose al cráter del volcán Etna.

empedrado m. Pavimento de piedra. || Empedramiento.

Empedrado, pobl. al NE. de la Argentina (Corrientes), a orillas del Paraná. — C. del centro de Chile en la VII Región (Maule) en la prov. de Talca, cap. de la com. del mismo nombre.

empedramiento m. Acción y efecto de empedrar.

empedrar v. t. Pavimentar el suelo con piedras o adoquines. || *Fig.* Llenar, plagar.

empeine m. Parte superior del pie. || Parte del calzado que la cubre. || Parte inferior del vientre entre las ingles. || *Med.* Impétigo, enfermedad de la piel.

empella f. *Amer.* Grasa de cerdo.

empellón m. Empujón.

empenachado, da adj. Que lleva penacho.

empenaje m. Planos de estabilización de un avión.

empeñar v. t. Dejar un objeto de valor en garantía de un préstamo : *empeñar una joya en mil dólares.* || Comprometer : *empeñar su palabra* (ú. t. c. pr.). || Utilizar a uno como mediador. || — V. pr. Obstinarse : *empeñarse en hacer algo.* || Esforzarse : *se empeña en trabajar lo mejor posible.* || Insistir : *si te empeñas tanto lo haré.* || Endeudarse. || Trabarse en una lucha.

empeñero, ra m. y f. *Méx.* Prestamista.

empeño m. Acción y efecto de empeñar o empeñarse. || Afán : *tener empeño en conseguir algo.* || Obstinación, tesón, constancia : *trabajar con empeño.* || Intento, empresa : *dejó toda la fortuna en el empeño.* || Esfuerzo : *empeño constante.* || Casa de empeños, Monte de Piedad.

empeoramiento m. Acción y efecto de empeorar o empeorarse.

empeorar v. t. Poner peor. || — V. i. Ponerse peor : *el enfermo empeora.* || — V. pr. Agravarse : *la situación se empeoró mucho con la proclamación de la dictadura* (ú. t. c. pr.).

empequeñecer v. t. Hacer una cosa más pequeña. || Disminuir la importancia de algo.

empequeñecimiento m. Acción y efecto de empequeñecer.

emperador m. Jefe supremo de un imperio. || Pez espada.

emperadora f. Emperatriz.

emperatriz f. Mujer del emperador. || Soberana de un imperio.

EM

217

emperejilar v. t. *Fam.* Arreglar, acicalar (ú. t. c. pr.).

emperezarse v. pr. Dejarse dominar por la pereza.

emperifollar v. t. *Fam.* Emperejilar (ú. t. c. pr.).

empero conj. Pero. ‖ Sin embargo.

emperramiento m. *Fam.* Obstinación. ‖ Empeño. ‖ Rabia.

emperrarse v. pr. *Fam.* Obstinarse en no ceder. ‖ Empeñarse. ‖ Encapricharse. ‖ Irritarse.

empestillarse v. pr. Obstinarse.

empetacar v. t. *Amer.* Guardar en petaca.

empetatar v. t. *Amer.* Cubrir el piso con petate. ‖ Envolver con petate.

empezar v. t. Comenzar, dar principio : *empezar una obra.* ‖ *Fig.* Empezar la casa por el tejado, empezar una cosa por donde se debía acabar. — V. i. Tener principio : *el año 1968 empezó en lunes.* ‖ Hacer algo por primera vez : *hace unos meses que empezó a trabajar.* ‖ Hacer algo antes de cualquier otra cosa : *¡ empieza por callarte !*

empicarse v. pr. Aficionarse demasiado : *empicarse en el juego.*

empiece y **empiezo** m. *Arg. Fam.* Comienzo, principio.

empilchar v. i. *Arg. Fam.* Vestir bien. ‖ — V. pr. *Arg. Fam.* Emperifollarse.

empinado, da adj. Erguido. ‖ Muy alto. ‖ En pendiente.

empinamiento m. Pendiente.

empinar v. t. Enderezar, levantar. ‖ Poner en alto. ‖ Inclinar una botella para beber. ‖ *Fig.* y *fam. Empinar el codo,* beber mucho. ‖ — V. pr. Ponerse de puntillas.

empingorotado, da adj. *Fam.* Encopetado. ‖ Engreído.

empírico, ca adj. Relativo al empirismo, que se apoya exclusivamente en la experiencia, la observación y no en una teoría : *procedimiento empírico.* ‖ Que aplica el sistema del empirismo (ú. t. c. s.).

empirismo m. Procedimiento fundado en la observación y la experiencia. ‖ Sistema filosófico que considera la experiencia como única fuente del conocimiento.

empistelarse v. t. *Fam.* Emborracharse.

empitonar v. t. Coger el toro al torero con los cuernos.

empizarrado m. Tejado de pizarras.

empizarrar v. t. Cubrir algo con pizarras : *empizarrar un tejado.*

emplasto m. *Farm.* Ungüento extendido en un lienzo utilizado para curar las afecciones cutáneas.

emplazamiento m. *For.* Citación judicial. ‖ Situación, colocación, ubicación. ‖ Sitio.

emplazar v. t. *For.* Citar ante un tribunal. ‖ Colocar, situar. ‖ Citar a alguien en un lugar o tiempo determinados.

empleado, da m. y. f. Persona que trabaja a sueldo en una empresa pública o privada. ‖ *Empleada de hogar,* persona que presta sus servicios en los trabajos domésticos de un hogar.

empleador, ra adj. Que emplea. ‖ — M. y f. Persona que tiene empleados.

emplear v. t. Utilizar : *emplear un instrumento, una palabra* (ú. t. c. pr.). ‖ Dar trabajo o empleo : *emplear a un trabajador.* ‖ Invertir dinero : *emplear la fortuna en fincas.* ‖ Gastar : *emplear bien (o mal) el tiempo.* ‖ *Lo tiene bien empleado,* se lo ha merecido.

emplebeyecer v. t. Dar carácter plebeyo.

empleo m. Uso : *el buen empleo de una palabra.* ‖ Colocación, trabajo : *tener un buen empleo.* ‖ *Pleno empleo,* situación que se presenta cuando hay suficiente trabajo para ocupar toda la mano de obra disponible. ‖ *Regulación de empleo.* V. REGULACIÓN. ‖ *Suspensión de empleo,* interrupción temporal de un trabajo.

emplomadura f. *Amer.* Empaste (muela).

emplomar v. t. Fijar o soldar con plomo : *emplomar las vidrieras.* ‖ Poner sellos o precintos de plomo : *emplomar un fardo.* ‖ *Amer.* Empastar : *emplomar un diente.*

emplumecer v. i. Echar plumas las aves.

empobrecer v. t. Volver pobre : *empobrecer a un pueblo con la guerra.* ‖ — V. i. Venir a pobre una persona (ú. t. c. pr.). ‖ Decaer (ú. t. c. pr.).

empobrecido, da adj. y s. Pobre.

empobrecimiento m. Pobreza.

empolvar v. t. Echar polvo o polvos. ‖ Llenar de polvo. ‖ — V. pr. Cubrirse de polvo. ‖ Ponerse polvos en la cara.

empollar v. t. Calentar el ave los huevos para que nazcan los pollos (ú. t. c. i.). ‖ *Fig.* y *fam.* Meditar profundamente. ‖ Estudiar mucho. Ú. t. c. pr. : *empollarse una lección.* ‖ *Amer.* Levantar ampollas.

empollón, ona adj. Dícese del alumno que estudia mucho (ú. t. c. s.).

emponchado, da adj. y s. *Amer.* Envuelto en un poncho. ‖ Sospechoso.

emponzoñamiento m. Envenenamiento. ‖ *Fig.* Corrupción.

emponzoñar v. t. Envenenar. ‖ *Fig.* Corromper.

Empordá (Alt y Baix). V. AMPURDÁN.

emporio m. Gran centro comercial. ‖ *Fig.* Lugar famoso por su riqueza material, cultural. ‖ *Amer.* Almacén.

emporrarse v. pr. Estar bajo los efectos del porro.

empotramiento m. Acción y efecto de empotrar.

empotrar v. t. Fijar una cosa en un muro o en el suelo con fábrica.

empotrerar v. t. *Amer.* Meter el ganado en un potrero. ‖ Cercar un campo.

empozarse v. pr. *Amer.* Estancarse el agua y formar charcos.

emprendedor, ra adj. Que toma iniciativas y las lleva a cabo (ú. t. c. s.). ‖ Atrevido, resuelto.

emprender v. t. Comenzar una obra o empresa. ‖ *Fam. Emprenderla con uno,* meterse con él.

empresa f. Acción dificultosa que se acomete con resolución : *empresa atrevida.* ‖ Sociedad comercial o industrial : *empresa privada, pública; pequeña y mediana empresa.* ‖ Símbolo, emblema.

empresariado m. Conjunto de los empresarios de sociedades.

empresarial adj. Relativo a la empresa o los empresarios : *clase empresarial.* ‖ — F. pl. Estudios hechos para dirigir empresas.

empresario, ria m. y f. Persona que explota una empresa. ‖ Persona que se ocupa de los intereses de un actor o de un deportista.

emprestar v. t. *Fam.* Tomar o préstamo. ‖ Prestar.

empréstito m. Acción de pedir un préstamo : *haz un empréstito.* ‖ Préstamo que toma el Estado o una corporación o empresa, especialmente cuando está representado por títulos negociables o al portador : *empréstito al seis por ciento.* ‖ Cantidad prestada.

empujar v. t. Impulsar, hacer fuerza contra una persona o cosa, para moverla : *empujar la puerta.* ‖ *Fig.* Hacer presión para conseguir algo : *ella me empujó para que dimitiese.* ‖ Incitar : *le empujaron a actuar así.*

empuje m. Acción y efecto de empujar, empujón. ‖ *Arq.* Fuerza ejercida por un elemento de construcción sobre otro. ‖ *Fís.* Fuerza vertical que se ejerce hacia arriba sobre todo cuerpo sumergido en un fluido. ‖ Fuerza propulsiva de los motores de reacción. ‖ *Fig.* Energía, brío, eficacia : *persona de empuje.* ‖ Fuerza, influencia.

empujón m. Golpe brusco que se da con fuerza para apartar o mover a una persona o cosa. ‖ *Fig.* Avance notable y rápido : *dar un empujón a un trabajo.*

empuñadura f. Puño de la espada, daga, bastón, etc.

empuñar v. t. Coger fuertemente por el puño o empuñadura : *empuñar la espada.* ‖ Asir con la mano : *empuñar el tenedor.* ‖ *Fig.* Hacerse con : *empuñar el mando.*

Ems, río de Alemania, fronterizo con Holanda, que des. en el mar del Norte ; 320 km. — C. de Alemania Occidental, cerca de Coblenza.

emú m. Ave corredora de Australia.

emulación f. Deseo de igualar o superar las acciones de otro.

emulador, ra adj. y s. Que compite con otro.

emular v. t. Competir con uno intentando igualarle o superarle.

émulo, la m. y f. Competidor, persona que procura aventajar a otra.

emulsión f. Líquido constituido por dos sustancias no miscibles, una de las cuales se halla dispersa en la otra en forma de gotas.

emulsionar v. t. Convertir un líquido en emulsión.

en prep. Sirve para indicar el lugar, la situación, el tiempo, el modo : *estar en casa; el libro está en la mesa; sucedió en domingo; lento en obrar.* ‖ Con un gerundio significa en cuanto, luego que o si : *en saliendo a la calle lo compro; en haciendo lo que te digo triunfarás.* ‖ Seguido de infinitivo equivale a por : *le conocí en el andar.* ‖ Se usa a veces antes de un precio : *vender algo en veinte dólares.*

enagua f. Prenda interior femenina bajo la falda (ú. t. en pl.).

enajenable adj. Que se puede enajenar.

enajenación f. Cesión. ‖ *Fig.* Turbación. ‖ Embelesamiento, éxtasis. ‖ *Enajenación mental,* locura.

enajenador, ra adj. y s. Que enajena.

enajenamiento m. Enajenación. ‖ Acción y efecto de enajenar.

enajenar v. t. Transmitir a otro la propiedad de una cosa. ‖ *Fig.* Trastornar, hacer perder el juicio : *el miedo le enajenó.* ‖ Embelesar, arrobar : *la música te enajena.* — V. pr. Desprenderse de algo. ‖ Perder : *enajenarse la amistad de uno.* ‖ *Fig.* Volverse loco. ‖ Extasiarse.

enaltecedor, ra adj. Que enaltece.

enaltecer v. t. Ensalzar (ú. t. c. pr.).

enaltecimiento m. Ensalzamiento.

enamoradizo, za adj. Propenso a enamorarse (ú. t. c. s.).

enamorado, da adj. y s. Dícese de la persona que siente amor por otra o por una cosa.

enamorador, ra adj. y s. Que enamora.

enamoramiento m. Acción y efecto de enamorar o enamorarse.

enamorar v. t. Despertar amor : *le enamoró otro su garbo.* ‖ Cortejar, galantear. ‖ — V. pr. Sentir amor por una persona. ‖ Aficionarse mucho a una cosa : *enamorarse de un coche.*

enamoricarse y **enamoriscarse** v. pr. *Fam.* Enamorarse superficialmente.

enanismo m. *Med.* Trastorno del crecimiento caracterizado por una talla inferior a la media propia de los individuos de la misma edad, especie y raza.

enano, na adj. *Fig.* Muy pequeño : *persona, planta enana.* ‖ — M. y f. Persona de estatura inferior a la normal. ‖ *Fig.* y *fam. Trabajar como un enano,* trabajar mucho.

enarbolar v. t. Levantar.

enarcar v. t. Arquear.

enardecedor, ra adj. Que enardece : *espectáculo enardecedor.*

enardecer v. t. *Fig.* Excitar : *enardecer los ánimos.* ‖ Avivar, enconar.

enardecimiento m. Excitación del ánimo.

enarenar v. t. Echar arena.

encabestrar v. t. Poner el cabestro.

encabezamiento m. Fórmula con que se empieza una carta o un escrito. ‖ Palabras puestas a la persona a quien va dirigido un libro o escrito. ‖ Titulares de un periódico.

encabezar v. t. Poner el encabezamiento a un libro o escrito. ‖ Comenzar : *encabezó su libro con la frase siguiente.* ‖ Estar al principio, iniciar : *encabezar una suscripción, una lista.* ‖ Estar en cabeza al frente : *encabezar una rebelión.* ‖ Empadronar.

encabritarse v. pr. Levantarse el caballo sobre los pies. ‖ *Fig.* Levantarse la parte delantera de un vehículo. ‖ *Fam.* Enfadarse, enojarse.

encabronarse v. pr. *Fam.* Enfadarse.

encachorrarse v. pr. *Amer.* Enojarse. ‖ Emperrarse.

encadenado m. Armazón de

maderos. ‖ Unión de dos escenas de una película.

encadenamiento m. Sujeción con cadena. ‖ Enlace, trabazón.

encadenar v. t. Sujetar con cadena. ‖ *Fig.* Trabar, enlazar unas cosas con otras. Ú. t. c. pr. : *se encadenaron las desgracias.* ‖ Obligar a uno a quedarse en un sitio. ‖ Impedir a uno que actúe libremente. ‖ Unir dos escenas de una película.

encajable adj. *Fig.* Que entra bien en un sitio.

encajador, ra m. y f. Persona que encaja. ‖ — M. Instrumento que sirve para encajar una cosa en otra. ‖ Boxeador que aguanta bien el castigo de su rival.

encajar v. t. Meter una cosa en otra de modo que ajuste : *encajar una pieza en otra.* ‖ Poner en su sitio : *encajar un hueso.* ‖ Hacer soportar una cosa molesta : *le encajó una arenga.* ‖ Recibir : *encajar un golpe.* ‖ Soportar, aguantar : *encajar críticas* (ú. t. c. i.). ‖ Dar : *encajar un billete falso.* ‖ Asestar : *le encajó un puñetazo.* ‖ V. i. Quedar bien ajustado (ú. t. c. pr.) : *la ventana no encaja.* ‖ En boxeo, recibir y aguantar los golpes del adversario. ‖ *Fig.* Convenir, estar de acuerdo : *este cuadro encaja bien en la habitación.* ‖ Ir bien : *esto encaja en mis proyectos.* ‖ — V. pr. Meterse en un sitio de donde no se puede salir : *la rueda se encajó entre dos piedras.* ‖ *Fig. y fam.* Ponerse una prenda : *se encajó el gabán.* ‖ Adaptarse : *ya está encajado en su nueva colocación.* ‖ Ir, hacer un desplazamiento : *me encajé a su casa.* ‖ Introducirse : *enrajarse uno donde no le llaman.* ‖ Llevar una vida ordenada. ‖ *Arg.* Atascarse.

encaje m. Ajuste de dos piezas que se adaptan. ‖ Tejido de mallas que se obtiene entrelazando hilos manual o mecánicamente : *encaje de bolillos.* ‖ *Amer.* Dinero o valores en caja.

encajero, ra m. y f. Persona que hace encajes o los vende.

encajetar v. t. Encajar, meter.

encajetillar v. t. Meter en cajetillas.

encajonado m. Acción y efecto de encajonar.

encajonamiento m. Acción y efecto de encajonar.

encajonar v. t. Meter algo dentro de un cajón : *encajonar naranjas para el transporte.* ‖ Meter en un sitio angosto : *río encajonado entre rocas.* ‖ Construir cimientos en cajones abiertos. ‖ Reforzar un muro con machones. ‖ Poner los toros en cajones para transportarlos. ‖ *Fig.* Arrinconar, poner en situación difícil.

encalado m. Blanqueo con cal.

encalador, ra adj. y s. Blanqueador.

encaladura f. Encalado.

encalamocar v. t. *Amer.* Atontar.

encalar v. t. Dar de cal, blanquear con cal. ‖ Cubrir uno con cal.

encalmarse v. pr. Calmarse.

encalladero m. Sitio donde pueden encallar las naves.

encalladura f. y **encallamiento** m. Acción y efecto de encallar.

encallar v. i. Varar, quedar inmovilizado un barco en arena o rocas. ‖ *Fig.* Quedarse detenido, no poder salir adelante en un asunto o empresa. ‖ — V. pr. Encallecerse.

encallecer v. i. Criar, salir callos (ú. t. c. pr.). ‖ — V. pr. Endurecerse. ‖ *Fig.* Endurecerse, curtirse con la costumbre.

encallecido, da adj. Avezado, curtido, endurecido.

encamarse v. pr. Meterse en la cama el enfermo : *estuvo encamado tres días.* ‖ Tumbarse las mieses. ‖ Méterse la liebre en su madriguera. ‖ *Fam.* Acostarse juntos una mujer y un hombre.

encaminamiento m. Acción y efecto de encaminar o encaminarse.

encaminar v. t. Indicar el camino o poner en camino (ú. t. c. pr.). ‖ Dirigir, orientar : *medidas encaminadas a suprimir los abusos.*

encamisar v. t. Poner la camisa. ‖ Enfundar : *encamisar las sillas.* ‖ Envolver. ‖ *Tecn.* Poner camisas a los cilindros de un motor.

encamotarse v. pr. *Arg. Fam.* Enamorarse.

---

encanado, da adj. y s. *Arg. Fam.* Dícese de la persona encarcelada.

encanallamiento m. Acción y efecto de encanallar o encanallarse.

encanallar v. t. Envilecer. ‖ — V. pr. Hacerse canalla una persona.

encanastar v. t. Poner en canasta.

encandilamiento m. Brillo de los ojos. ‖ *Fig.* Deslumbramiento.

encandilar v. t. Deslumbrar. ‖ — V. pr. Ponerse muy brillantes los ojos.

encanecer v. i. Ponerse cano. ‖ *Fig.* Envejecer. ‖ Encanecer en el oficio, adquirir veteranía por haber trabajado muchos años. ‖ — V. t. Volver cano, envejecer.

encanijamiento m. Enflaquecimiento, adelgazamiento excesivo.

encanijar v. t. Poner flaco y enfermizo. ‖ — V. pr. Ponerse canijo.

encantado, da adj. Muy contento : *encantado de conocerle.* ‖ Distraído, embobado. ‖ Que parece habitado por fantasmas : *casa encantada.*

encantador, ra adj. Muy agradable : *voz encantadora.* ‖ Sumamente simpático : *persona encantadora.* ‖ — M. y f. Hechicero.

encantamiento m. Acción y efecto de encantar.

encantar v. t. *Fig.* Gustar mucho : *me encanta su gracia, el teatro.* ‖ Ejercitar artes de magia sobre cosas o personas.

encanto m. Cualidad de lo que agrada o atrae : *¡qué encanto tiene esta mujer!* ‖ *Fig.* Persona muy simpática : *este niño es un encanto.* ‖ Cosa muy agradable : *la playa es un encanto.* ‖ Pl. Atractivos. ‖ Como por encanto, por arte de magia.

encañado m. Conducto para el agua. ‖ Enrejado de cañas.

encañar v. t. Conducir el agua por cañerías. ‖ Desecar un terreno húmedo con encañados. ‖ Poner cañas para sostener las plantas.

encañizada f. Armazón de cañas para la pesca. ‖ Enrejado de cañas.

encañonar m. Planchado en forma de cañones o pliegues.

encañonar v. t. Hacer pasar por un conducto muy estrecho, encajonar (ú. t. c. pr.). ‖ Apuntar con un arma.

encapotamiento m. Ceño del rostro. ‖ Oscurecimiento del cielo.

encapotar v. t. Cubrir con el capote. ‖ — V. pr. Nublarse mucho el cielo.

encaprichamiento m. Capricho.

encapricharse v. pr. Obstinarse, empeñarse en un capricho. ‖ Enamorarse, aficionarse mucho por una persona o cosa.

encapuchado, da adj. Que lleva una capucha (ú. t. c. s.).

encapuchar v. t. Poner una capucha sobre el rostro (ú. t. c. pr.).

encaramar v. t. Levantar o subir. ‖ *Fig. y fam.* Elevar, colocar en puestos altos (ú. t. c. pr.). ‖ — V. pr. Trepar : *encaramarse a (o en) una rama.*

encarar v. t. Poner dos cosas cara a cara. ‖ Apuntar : *encarar el fusil.* ‖ Mirar cara a cara. ‖ *Fig.* Afrontar, hacer frente. Ú. t. c. pr. : *encararse con las dificultades.* ‖ Contraponer dos aspectos de algo. ‖ — V. pr. Ponerse cara a cara. ‖ Oponerse, tener o manifestar actitudes contrarias.

encarcelación f. y **encarcelamiento** m. Acción de encarcelar.

encarcelar v. t. Meter en la cárcel.

encarecer v. t. Aumentar, subir el precio de alguna cosa. Ú. t. c. i. : *la vida ha encarecido.* ‖ *Fig.* Ponderar, alabar. ‖ Recomendar : *le encareció mucho que trabajase.* ‖ Insistir, instar : *se lo encarezco.*

encarecimiento m. Subida de precio, aumento : *el encarecimiento de la vida.* ‖ Recomendación. ‖ Insistencia : *pedir algo con encarecimiento.*

encargado, da adj. Que recibe el encargo de hacer algo. ‖ — M. y f. Persona que se ocupa de un trabajo determinado : *el encargado del vestuario.* ‖ *Encargado de negocios,* agente diplomático inferior al embajador y al ministro, consejero.

encargar v. t. Confiar a uno la realización de una cosa : *encargar la administración de un negocio.* ‖ Dar el cuidado de algo : *encargar a alguien del teléfono.* ‖ Ordenar, pedir : *encargar un vestido, la comida.* ‖ Recomendar, aconsejar : *me encargó mucho que

---

tratase de conseguirlo. ‖ — V. pr. Tomar a su cuidado, tomar la responsabilidad de algo : *encargarse de dirigir la hacienda.* ‖ Mandar hacer : *acabo de encargarme un traje.*

encargo m. Acción y efecto de encargar. ‖ Mandado, recado, compra : *hacer sus encargos.* ‖ Com. Pedido : *hacer un encargo.* ‖ Empleo.

encariñar v. t. Despertar o suscitar el cariño. ‖ — V. pr. Aficionarse, tomar cariño.

encarnaceno, na adj. y s. De Encarnación (Paraguay).

encarnación f. Manifestación exterior y visible, personificación : *es la encarnación de todo lo que odio.* ‖ Acto mediante el cual un ser espiritual se encarna en el cuerpo de un ser viviente. ‖ Misterio de hacerse Dios hombre en la persona de Jesucristo.

Encarnación, c. del SE. del Paraguay, cap. del dep. de Itapúa ; puerto en el Paraná. ‖ — **de Díaz,** c. al O. de México (Jalisco). Agricultura.

encarnado, da adj. Rojo, colorado (ú. t. c. s.). ‖ Personificado : *el diablo encarnado.*

encarnadura f. Disposición de la carne viva para cicatrizar.

encarnamiento m. Efecto de encarnar bien o mal una herida.

encarnar v. i. Haberse hecho hombre el Verbo Divino. ‖ Cicatrizarse una herida. ‖ Entrar en la carne : *uña encarnada.* ‖ Introducirse la carne un arma blanca. ‖ — V. t. *Fig.* Ser la personificación de una cosa : *encarnar la justicia.* ‖ Representar un personaje : *actor que encarna el papel del malo.* ‖ Cebar el perro en la caza (ú. t. c. pr.). ‖ — V. pr. Unirse, incorporarse una cosa con otra.

encarnizado, da adj. Encendido, ensangrentado : *ojos encarnizados.* ‖ Muy explícito y violento.

encarnizamiento m. Acción y efecto de encarnizarse. ‖ *Fig.* Crueldad, ensañamiento.

encarnizar v. t. Cebar el perro en la carne de otro animal para que se haga fiero. ‖ *Fig.* Enfurecer : *la guerra encarniza a los hombres.* ‖ — V. pr. Cebarse un animal en su presa. ‖ *Fig.* Ensañarse : *el invasor se encarnizó con los vencidos.*

encarpetar v. t. Guardar en carpetas. ‖ *Fig.* Dar carpetazo, dejar detenido un expediente.

encarrilar v. t. Encaminar, dirigir. ‖ Colocar sobre carriles un vehículo descarrilado. ‖ *Fig.* Poner en buen camino : *encarrilar un negocio.* ‖ Encauzar, orientar (ú. t. c. pr.) : *desde entonces encarrilé mi vida familiar.*

encartado, da adj. Implicado en un asunto (ú. t. c. s.).

encartar v. t. *For.* Condenar en rebeldía a un reo. ‖ Incluir a uno en los padrones. ‖ Insertar : *encartar un prospecto.* ‖ Implicar en un asunto. ‖ — V. i. *Fig. y fam.* Ir bien : *esto no encarta en mis proyectos.* ‖ Echar carta de un palo que el otro tiene que seguir. ‖ — V. pr. En los juegos de naipes, tomar cartas o quedarse con ellas. ‖ *Si se encarta,* si la ocasión se presenta.

encarte m. Acción y efecto de encartar o encartarse en los juegos de naipes. ‖ *Impr.* Hoja o cuaderno que se inserta en un libro, revista, etc.

encartonar v. t. Cubrir con cartones. ‖ Encuadernar un libro con tapas de cartón.

encasillado m. Conjunto de casillas : *el encasillado de un crucigrama.*

encasillamiento m. Clasificación, catalogación. ‖ *Fig.* Obstinación.

encasillar v. t. Poner en casillas. ‖ Clasificar personas o cosas. ‖ Encerrar : *encasillarse en un egoísmo monstruoso.* ‖ — V. pr. Encajar siempre en la misma cosa. ‖ Especializarse en un tema, con olvido de otros : *el actor se encasilló en papeles de galán.*

encasquetar v. t. Calarse bien el sombrero (ú. t. c. pr.). ‖ *Fig.* Meter en la cabeza : *encasquetar a uno una idea.* ‖ Hacer aguantar algo molesto, encajar : *nos encasquetó un discurso muy largo.* ‖ — V. pr. Meterse en la cabeza, empeñarse en algo : *se le encasquetó la idea de ir a América.*

EM

encasquillarse v. pr. Quedarse la bala en el cañón de un arma de fuego.

encastillado, da adj. Fig. Altivo.

encastillamiento m. Fig. Aislamiento, retiro. | Obstinación.

encastillar v. t. Fortificar con castillos. || — V. pr. Resguardarse en un castillo o en un sitio de difícil acceso. || Fig. Obstinarse, empeñarse : *encastillarse en su opinión.* | Abstraerse.

encastrar v. t. *Mec.* Encajar dos piezas, engranar. || Empotrar.

encausticar v. t. Encerar.

encáustico, ca adj. Aplícase a la pintura hecha con encáustico. || — M. Preparado de cera y aguarrás que sirve para dar brillo a los muebles, entarimados, etc. || — F. Encáustico.

encauzamiento m. Canalización. || Fig. Orientación, dirección.

encauzar v. t. Abrir cauce o conducir por un cauce : *encauzar una corriente.* || Fig. Dirigir, orientar.

encebollado m. Guisado de carne, cortada en trozos, mezclada con cebollas y sazonada con especias.

encebollar v. t. Echar mucha cebolla a un manjar.

encefálico, ca adj. Del encéfalo.

encefalitis f. *Med.* Inflamación del encéfalo.

encéfalo m. *Anat.* Conjunto de los órganos nerviosos (cerebro, cerebelo, bulbo raquídeo) encerrados en el cráneo.

encefalografía f. Radiografía del encéfalo.

encefalograma m. Electroencefalograma.

encelamiento m. Celo.

encelar v. t. Dar celos. || — V. pr. Tener celos. || Estar en celo un animal.

encella f. Molde de mimbres para requesones y quesos.

encenagado, da adj. Cubierto de cieno. || Atascado. || Fig. Entregado al vicio, envilecido.

encenagamiento m. Acción y efecto de encenagarse.

encenagarse v. pr. Revolcarse en el cieno. || Cubrirse de cieno o de lodo. || Atascarse. || Fig. Entregarse a los vicios : *encenagarse en la corrupción.*

encendedor, ra adj. y s. Que enciende. || — M. Utensilio para encender los cigarrillos y otras cosas.

encender v. t. Prender fuego : *encender un cigarrillo.* || Hacer funcionar : *encender la luz, la calefacción.* || Fig. Causar ardor : *la pimienta enciende la lengua.* | Avivar, excitar : *encender una pasión.* | Provocar, ocasionar : *encender un conflicto.* | Poner muy colorado : *la fiebre encendía sus mejillas.* | Cub. Castigar. || — V. pr. Fig. Ponerse muy brillantes los ojos. | Ruborizarse.

encendido, da adj. Muy colorado : *tener la cara encendida.* || Hecho ascua. || — M. Acción y efecto de encender : *el encendido de los faroles.* || En los motores de explosión, inflamación, por medio de una chispa eléctrica, de la mezcla carburante. || Dispositivo que provoca esta inflamación.

encerado, da adj. De color de cera. || Untado con cera. || — M. Tablero o lienzo pintado de color negro u oscuro utilizado en las escuelas para escribir con tiza. || Tela impermeabilizada. || Capa de cera que se da a los muebles y entarimados.

encerador, ra m. y f. Persona que encera. || — F. Máquina eléctrica para dar cera y lustre al entarimado.

enceramiento m. Acción y efecto de encerar.

encerar v. t. Aplicar cera : *su obligación era encerar el entarimado.*

encerradero m. Sitio donde se encierra el ganado. || Toril.

encerramiento m. Encierro.

encerrar v. t. Meter en un sitio cerrado : *encerrar a una persona en un cuarto, unos papeles en un cajón.* || Recluir : *encerrar en la cárcel.* || En los juegos de damas o ajedrez, inmovilizar las fichas o peones del contrario. || Fig. Incluir, contener : *una pregunta que encierra misterio.* || — V. pr. Apartarse del mundo entrando en un convento o clausura. | Recluirse en un lugar aislado. || Fig. Encastillarse, obstinarse en algo.

encerrona f. Celada : *prepararle a uno la encerrona.*

encestar v. t. Meter en un cesto. || Marcar un tanto en el juego de baloncesto.

enceste m. Tanto en el juego de baloncesto.

encía f. Carne que cubre la raíz de los dientes.

encíclica f. Carta solemne dirigida por el Sumo Pontífice a los obispos del orbe católico.

enciclopedia f. Conjunto de todos los conocimientos humanos. || Obra que trata metódicamente de todas las ciencias y artes : *Enciclopedia Temática en color.* || Fig. Persona que posee muchos conocimientos sobre materias muy variadas.

Enciclopedia, obra filosófica en 33 tomos publicada en París por D'Alembert y Diderot (1751-1772).

enciclopédico, ca adj. De la enciclopedia : *diccionario enciclopédico.* || De erudición universal : *saber enciclopédico.*

enciclopedismo m. Doctrinas filosóficas profesadas por los autores de la Enciclopedia y sus seguidores en el s. XVIII. || Gran saber o erudición.

enciclopedista adj. y s. Adicto al enciclopedismo. || — M. y f. Autor de una enciclopedia.

encierro m. Acción y efecto de encerrar o encerrarse. || Sitio donde se encierra. || Retiro, recogimiento. || Prisión estrecha. || Acto de conducir los toros al toril : *los encierros de Pamplona.* || Toril. || Recogida, tras su recorrido, de una procesión religiosa.

encima adv. En lugar o posición superior. || Sobre sí : *llevar encima un abrigo.* || Además : *le insultaron y encima le pegaron.* || — Por encima, de paso, superficialmente : *leyó el libro muy por encima.* || Por encima de todo, a pesar de todo ; más que cualquier cosa.

encimar v. t. *Arg.* En fútbol, marcar a un adversario.

encimero, ra adj. Que está encima.

encina f. Árbol de la familia de las fagáceas, de madera muy dura, cuyo fruto es la bellota. || Su madera.

Encina (Carlos), poeta, matemático e ingeniero argentino (1840-1882). || — (JUAN DEL), dramaturgo español (¿1469?-1529), considerado como uno de los padres del teatro en España, autor de las llamadas *Églogas* de *De Fileno, Zambardo* y *Cardonio, De Plácida* y *Victoriano, De Cristino* y *Febea,* y *De Carnaval* o *Antruejo* y del *Auto del Repelón.*

encinar m. Sitio poblado de encinas.

encino m. Encina.

encinta adj. Embarazada.

encintado m. Fila de piedras que forma el borde de la acera.

Enciso (Martín FERNÁNDEZ DE). V. FERNÁNDEZ DE ENCISO (Martín).

encizañar v. t. Provocar discordia.

enclaustrar v. t. Meter en un claustro. || Fig. Esconder, encerrar.

enclavado, da adj. Dícese del sitio incluido dentro del área de otro.

enclave m. Territorio perteneciente a un país situado en otro.

enclenque adj. Raquítico (ú. t. c. s.).

enclítico, ca adj. Dícese de la palabra que se une con la que precede, formando con ella un solo vocablo, como los pronombres pospuestos al verbo (*aconséjame, aplícase,* etc.).

encofrado m. Revestimiento de madera o metálico en las minas para evitar los desprendimientos de tierra. || Armazón que se pone para que se fragüe el cemento.

encofrar v. t. Poner un encofrado.

encoger v. t. Contraer : *encoger el brazo, la pierna* (ú. t. c. pr.). || Disminuir, reducir : *el lavado encoge ciertos tejidos* (ú. t. c. i.). || — V. pr. Fig. Apocarse, acobardarse. || — *Encogerse de hombros,* alzarlos en signo de indiferencia o de desprecio. || Fig. *Encogérsele a uno el corazón,* tener el corazón oprimido.

encogimiento m. Acción y efecto de encoger o encogerse. || Fig. Vergüenza, cohibimiento, timidez.

encolado m. Acción y efecto de encolar.

encolamiento m. Acción y efecto de encolar.

encolar v. t. Pegar con cola.

encolerizar v. t. Poner colérico, enfurecer (ú. t. c. pr.).

encomendado m. Dependiente del comendador. || Indio de una encomienda.

encomendamiento m. Encargo, encomienda.

encomendar v. t. Confiar, encargar : *le encomiendo a usted mi hijo.* || — V. pr. Entregarse, confiarse a la protección de uno : *encomendarse a Dios.*

encomendero, ra m. y f. Recadero. || — M. En América, el que tenía indios en encomienda.

encomiador, ra adj. y s. Que encomia.

encomiar v. t. Alabar, celebrar.

encomiasta com. Panegirista.

encomiástico, ca adj. Laudatorio.

encomienda f. Encargo. || Dignidad en las órdenes militares y civiles. || Cruz de los caballeros de las órdenes militares. || Renta vitalicia. || Recomendación, elogio. || Amparo, protección. || Pueblo de indios que estaba a cargo de un encomendero. || *Amer.* Paquete que se envía por correo.

— Las encomiendas eran una institución colonial española en América y tenían por objeto el repartimiento de indios entre los conquistadores. El indio debía trabajar o pagar un tributo a su dueño, llamado encomendero, que tenía obligación de enseñarle la doctrina cristiana, instruirle y protegerle. Ciertas encomiendas sobrevivieron hasta el s. XVIII.

encomio m. Alabanza, elogio.

enconado, da adj. Apasionado : *partidario enconado.* || Reñido : *lucha enconada.*

enconamiento m. Inflamación de una herida. || Fig. Encono.

enconar v. t. Inflamar una herida (ú. m. c. pr.). || Fig. Intensificar, agudizar : *enconar la discusión, la lucha.* (ú. m. c. pr.). | Irritar (ú. m. c. pr.).

encongarse v. pr. *Méx.* Encolerizarse.

encono m. Animadversión, rencor. || Ensañamiento : *luchar con encono.* | Pasión. || Irritación.

encontradizo, za adj. Que se encuentra. || *Hacerse el encontradizo,* simular encontrar por casualidad a uno cuando en realidad se le busca.

encontrado, da adj. Opuesto.

encontrar v. t. Tropezar con uno : *le encontré en el teatro.* || Hallar una cosa : *encontrar un objeto, una solución.* || Enfrentar : *encontrar muchos obstáculos.* || Juzgar : *¿ cómo encuentras este libro ?* || Ver : *te encuentro mala cara.* || — V. i. Tropezar. || — V. pr. Coincidir en un sitio : *se encontraron en la playa.* || Chocar : *encontrarse dos vehículos.* || Reunirse : *se encuentran en este bar.* || Hallarse, estar : *encontrarse en el extranjero, sin un céntimo.* || Fig. Sentirse : *encontrarse mal de salud.* | Ser contrarias dos cosas. || Coincidir, estar de acuerdo : *no encontrarse en las opiniones.* || Oponerse, enemistarse.

encontronazo m. Choque.

encoñarse v. pr. *Pop.* Enamorarse. | Encapricharse.

encopetado, da adj. Fig. De alto copete. | Presumido, engreído.

encopetar v. t. Elevar, alzar. | Formar copete. || — V. pr. Fig. Envanecerse, engreírse.

encorajinarse v. pr. Encolerizarse.

encorchetar v. t. Poner corchetes.

encordar v. t. Poner cuerdas a un instrumento de música. || — V. pr. Hablando de montañistas, unirse unos a otros con una cuerda.

encornadura f. Disposición de los cuernos de un animal. || Cornamenta.

encorralar v. t. Meter en el corral.

encorselar y **encorsetar** v. t. Poner el corsé (ú. t. c. pr.). || Fig. Poner una faja. | Poner límites.

encortinar v. t. Poner cortinas.

encorvadura f. y **encorvamiento** m. Curva.

encorvar v. t. Dar forma curva : *encorvar la espalda.* || — V. pr. Inclinarse : *encorvarse por la edad, por el peso de una carga.* | *Tecn.* Doblarse.

encrespamiento m. Acción y efecto de encrespar o encresparse.

encrespar v. t. Ensortijar, rizar el

pelo. ‖ Poner el pelo de punta. ‖ *Fig.* Irritar. ‖ — V. pr. Agitarse mucho el mar con el viento. ‖ *Fig.* Excitarse las pasiones. | Acalorarse una discusión.

encristalar v. t. Poner cristales.

encrucijada f. Cruce, sitio donde se cruzan varias calles, caminos o carreteras. ‖ *Fig.* Situación difícil en la cual no se sabe qué solución escoger.

Encrucijada, mun. en el centro de Cuba (Villa Clara).

encuadernación f. Acción y efecto de encuadernar. ‖ Tapa o cubierta de un libro : *encuadernación en rústica.*

encuadernador, ra m. y f. Persona que tiene por oficio encuadernar.

encuadernar v. t. Reunir varios pliegos y ponerles cubierta para hacer un libro : *encuadernar en rústica.*

encuadramiento m. Encuadre.

encuadrar v. t. Colocar en un marco o cuadro : *encuadrar una fotografía.* ‖ Servir de marco. ‖ Enfocar bien la imagen en foto y cine. ‖ Ajustar las imágenes en un televisor. ‖ *Fig.* Encajar, ajustar una cosa dentro de otra. ‖ Encerrar. ‖ *Mil.* Incorporar soldados bisoños. | Colocar una unidad entre otras. ‖ — V. pr. Incorporarse.

encuadre m. *Fot.* y *Cin.* Enfoque de la imagen. ‖ En los televisores, sistema regular que permite centrar la imagen en la pantalla. ‖ *Fig.* Límite.

encuartelar v. t. Acuartelar.

encuatar v. t. *Méx.* Hacer dos cosas iguales. ‖ Unir, conectar dos objetos semejantes.

encubar v. t. Meter en cubas.

encubierto, ta adj. Tapado. ‖ *Palabras encubiertas,* medias palabras.

encubridor, ra adj. y s. Que encubre un delito o una falta. ‖ Que encubre a un delincuente.

encubrimiento m. Ocultación.

encubrir v. t. Ocultar o disimular una cosa : *encubrir sus intenciones.* ‖ *For.* Hacerse indirectamente partícipe de un delito ocultando una cosa o persona para que no sean descubiertas.

encuclillarse v. pr. *Méx.* Ponerse en cuclillas.

encuentro m. Acción y efecto de encontrarse : *un encuentro casual.* ‖ Choque : *encuentro de dos automóviles.* ‖ Combate imprevisto : *encuentro de las tropas enemigas.* ‖ Hallazgo : *un encuentro interesante.* ‖ Competición deportiva. ‖ Oposición, contradicción.

encuerado, da adj. *Amer.* Desnudo. ‖ *Méx.* Dícese de la mujer vestida con poca ropa.

encuerar v. t. *Cub.* y *Méx.* Desnudar. ‖ *Amer.* Enchalecar.

encuesta f. Averiguación, investigación : *proceder a una encuesta policial.* ‖ Averiguación de la opinión dominante sobre una materia por medio de unas preguntas hechas a muchas personas.

encuestado, da adj. Sometido a una encuesta (ú. t. c. s.).

encuestador, ra m. y f. Persona que interroga en una encuesta.

encuestar v. t. Someter a una encuesta. ‖ — V. i. Hacer una encuesta.

encuetar v. t. *Amer.* Fajar a los niños de pecho. ‖ — V. pr. *Méx.* Embriagarse.

encufar v. t. *Arg. lunf.* Encarcelar.

encumbrado, da adj. Elevado.

encumbramiento m. Acción y efecto de encumbrar o encumbrarse. ‖ Posición encumbrada. ‖ *Fig.* Ensalzamiento, exaltación. | Progreso.

encumbrar v. t. Poner en alto. ‖ *Fig.* Ensalzar. ‖ — V. pr. Llegar a gran altura : *las peñas se encumbran hasta hacerse inaccesibles.* ‖ *Fig.* Envanecerse, engreírse. | Progresar, adquirir elevada posición social o económica.

encunar v. t. Poner al niño en la cuna. ‖ *Taurom.* Coger el toro al lidiador entre las astas.

encurtido m. Fruto o legumbre en vinagre, como los pepinillos, alcaparras, etc.

enchalecar v. t. *Pop.* Embolsar (ú. t. c. pr.).

enchamarrado, da m. y f. *Pop. Méx.* Persona de mala cadatura.

enchancletar v. t. Poner los zapatos o cualquier otra clase de calzado a modo de chancletas (ú. t. c. pr.).

enchapado m. Chapa.

enchapar v. t. Cubrir con chapas.

enchaquetar v. t. *Méx.* y *P. Rico.* Ponerse la chaqueta.

encharcamiento m. Formación de charcos. ‖ Inundación. ‖ Hemorragia interna de los pulmones.

encharcar v. t. Cubrir de agua, formar charcos (ú. t. c. pr.). ‖ — V. pr. *Med.* Tener una hemorragia interna en los pulmones.

enchichicastarse v. i. *Amér. C.* y *Méx.* Enojarse.

enchiladera f. *Méx.* Enchiladora.

enchilado, da adj. *Méx.* De color de chile, bermejo : *un toro enchilado.* | Rabioso, emberrenchinado. ‖ — M. *Cub.* y *Méx.* Guisado de mariscos con salsa de chile. ‖ — F. *Méx.* Tortilla de maíz enrollada o doblada, rellena con vianda y aderezada con chile.

enchiladora f. *Méx.* Mujer que hace y vende enchiladas.

enchilar v. t. *Amer.* Untar o sazonar con chile. ‖ *Méx.* Enfadar (ú. t. c. pr.).

enchinar v. t. Empedrar con chinas.

enchinchar v. t. *Amer.* Chinchar.

enchiqueramiento m. Encierro en el chiquero. ‖ *Fig.* Encarcelamiento.

enchiquerar v. t. Encerrar el toro en el chiquero. ‖ *Fig.* y *fam.* Encarcelar.

enchironar v. t. *Fam.* Encarcelar.

enchuecar v. t. *Amer.* Torcer.

enchufado, da adj. y s. *Fam.* Que tiene un puesto o cargo obtenido por influencia. | Que acumula otro cargo o función.

enchufar v. t. Empalmar tubos. ‖ Establecer una conexión eléctrica por medio de un enchufe : *enchufar una lámpara.* ‖ *Fig.* Valerse de influencia para favorecer a uno. | Enlazar, unir. ‖ — V. pr. *Fam.* Obtener un enchufe.

enchufe m. Acción y efecto de enchufar. ‖ Dispositivo para conectar un aparato con la red eléctrica. ‖ Parte de un tubo que entra en otro. ‖ *Fam.* Influencia : *tener mucho enchufe.* | Recomendación. | Puesto, generalmente muy bueno, obtenido por influencia.

enchufismo m. *Fam.* Corruptela, influencia que favorece a los enchufados.

ende (por) adv. Por tanto.

endeble adj. Poco resistente, débil : *niña endeble.* ‖ *Fig.* De poco valor.

endeblez f. Calidad de endeble.

endecágono adj. *Geom.* Dícese del polígono que tiene once ángulos y lados (ú. t. c. s. m.).

endecasílabo, ba adj. Aplícase al verso de once sílabas (ú. t. c. s. m.).

endecha f. Canción melancólica y de lamento. | Combinación métrica de cuatro versos de seis o siete sílabas.

endemia f. *Med.* Enfermedad que existe habitualmente en un país.

endémico, ca adj. *Med.* Relativo a la endemia : *enfermedad endémica.* ‖ *Fig.* Que se repite con frecuencia.

endemoniado, da adj. *Fig.* y *fam.* Muy perverso : *niño endemoniado.* | Infernal, diabólico : *invento endemoniado.* | Malísimo : *tiempo endemoniado.* | Maldito, muy difícil : *traducción endemoniada.* ‖ Poseído del demonio (ú. t. c. s.).

endemoniar v. t. Meter los demonios en el cuerpo. ‖ *Fig.* Enfurecer.

enderezador, ra adj. y s. Que endereza.

enderezamiento m. Acción de enderezar.

enderezar v. t. Poner derecho lo que está torcido : *enderezar una viga.* ‖ Poner vertical : *enderezar un poste.* ‖ *Fig.* Corregir, enmendar : *enderezar entuertos.* | Arreglar : *enderezar una situación.* | Dirigir o gobernar bien. ‖ Orientar, encaminar : *enderezar sus esfuerzos a un propósito noble.* ‖ — V. pr. *Fig.* Tender hacia cierto objetivo.

endeudamiento m. Acción y efecto de endeudarse.

endeudarse v. pr. Contraer deudas.

endiablado, da adj. Endemoniado. | Muy feo.

endiablar v. t. Endemoniar.

endibia f. Especie de achicoria.

endilgar v. t. *Fam.* Hacer aguantar algo desagradable.

endino, na adj. *Fam.* Malo, maldito.

endiñar v. t. *Pop.* Dar.

endiosamiento m. *Fig.* Orgullo, soberbia. | Suspensión o abstracción de los sentidos. | Divinización.

endiosar v. t. Divinizar. ‖ — V. pr. *Fig.* Engreírse, ensoberbecerse.

endivia f. Endibia.

endocardio m. *Anat.* Membrana que cubre el interior del corazón.

endocarditis f. *Med.* Inflamación del endocardio.

endocrino, na adj. Aplícase a las glándulas de secreción interna.

endocrinología f. Estudio de las glándulas endocrinas.

endocrinólogo, ga m. y f. Médico especialista en endocrinología.

endógeno, na adj. *Biol.* Que se forma en el interior, como la célula que se forma dentro de otra.

endomingar v. t. Poner la ropa de fiesta (ú. t. c. pr.).

endoparásito, ta adj. Aplícase al parásito que vive en el interior de otro animal o planta (ú. t. c. s. m.).

endoplasma m. Parte central del citoplasma de las células.

endosable adj. *Com.* Que se puede endosar.

endosante adj. y s. Que endosa.

endosar v. t. *Com.* Ceder a favor de alguien un documento de crédito, haciéndolo constar al dorso. ‖ *Fig.* y *fam.* Encargar a alguien una cosa molesta.

endosatario, ria m. y f. Persona a cuyo favor se endosa un documento de crédito.

endoscopio m. Aparato destinado al examen visual de la uretra y de la vejiga urinaria.

endoso m. *Com.* Acción y efecto de endosar un documento de crédito. | Lo que se escribe al dorso de este documento.

endotelio m. *Anat.* Tejido que cubre los vasos y las cavidades serosas.

endrino, na adj. De color negro azulado.

endrogarse v. pr. *Méx.* Endeudarse.

endulzar v. t. Poner dulce : *endulzar algo con miel.* ‖ *Fig.* Suavizar : *el cariño endulza las penas.*

endurecer v. t. Poner duro : *la sequía endurece la tierra* (ú. t. c. pr.). ‖ *Fig.* Hacer a uno resistente : *el ejercicio endurece al hombre.* | Volver insensible : *la vida le ha endurecido* (ú. t. c. pr.).

endurecimiento m. Dureza. ‖ Aumento de la dureza. ‖ *Fig.* Resistencia. | Tenacidad. | Insensibilidad.

ene f. Nombre de la letra *n.* ‖ Un número indeterminado : *costará ene* (o *n*) *pesetas.*

Ene, río del centro del Perú formado por la confluencia del Apurímac y del Mantaro (Ayacucho) ; 250 km.

eneágono, na adj. *Geom.* Aplícase al polígono que tiene nueve ángulos y lados (ú. t. c. s. m.).

Eneas, príncipe troyano, héroe de *La Eneida* de Virgilio.

eneasílabo, ba adj. Que tiene nueve sílabas : *verso eneasílabo.*

enebro m. Arbusto cupresáceo, de fruto aromático.

Eneida (La), poema épico de Virgilio en doce cantos (29-19 a. de J. C.).

enema m. *Med.* Lavativa, irrigación (ú. t. c. s. f.).

enemigo, ga adj. y s. Contrario : *países enemigos.* ‖ Que odia y procura hacer daño : *es mi enemigo personal.* ‖ Que aborrece : *enemigo de trasnochar.* ‖ — M. El contrario en la guerra : *el enemigo fue rechazado.* ‖ — F. Enemistad, mala voluntad : *tenerle enemiga a una persona.*

enemistad f. Aversión, odio. ‖ Hostilidad.

enemistar v. t. Hacer perder la amistad. ‖ — V. pr. : *me he enemistado con todos.*

eneolítico m. Período prehistórico en el cual se empezó a utilizar el cobre.

energético, ca adj. De la energía. ‖ — F. Ciencia que estudia la energía.

energía f. Fuerza : *la energía muscular.* ‖ Virtud, eficacia : *la energía de un medicamento.* ‖ *Fig.* Fuerza de carácter, firmeza. ‖ *Fís.* Capacidad que tiene un cuerpo de producir un efecto : *energía calorífica, eléctrica, hidráulica.*

enérgico, ca adj. Que tiene o implica energía.

energúmeno, na m. y f. *Fig.* Persona muy exaltada.

enero m. Primer mes del año civil.

enervación f. y **enervamiento** m. Debilitación, abatimiento.

enervador, ra y **enervante** adj. Que debilita las fuerzas.

enervar v. t. Debilitar, quitar energía física o moral (ú. t. c. pr.). ‖ Poner nervioso (ú. t. c. pr.).

enésimo, ma adj. Aplícase al número indeterminado de veces que se repite una cosa : *decir por enésima vez.* ‖ *Mat.* Aplícase a la cosa que ocupa el número ene en una serie (escríbese nº).

enfadadizo, za adj. Propenso a enfadarse : *madre enfadadiza.*

enfadar v. t. Disgustar, enojar. Ú. t. c. pr. : *enfadarse por algo.*

enfado m. Enojo, disgusto.

enfadoso, sa adj. Enojoso.

enfangar v. t. Cubrir o ensuciar con fango (ú. t. c. pr.). ‖ — V. pr. *Fig. y fam.* Entregarse a los placeres sensuales. ‖ Meterse en negocios vergonzosos.

enfardar v. t. Hacer fardos. ‖ Embalar, empaquetar.

énfasis m. Exageración en la manera de expresarse que implica cierta afectación o que realza lo que se dice.

enfático, ca adj. Que denota énfasis : *lenguaje enfático.*

enfatizar v. t. Dar énfasis, realzar.

enfermar v. i. Ponerse enfermo : *enfermar del pecho.* — V. t. Causar enfermedad. ‖ *Fig.* Debilitar. ‖ Poner enfermo, irritar.

enfermedad f. Alteración en la salud : *enfermedad infecciosa, mental.* ‖ *Fig.* Pasión dañosa.

enfermería f. Departamento de algún establecimiento donde se curan a los enfermos y heridos.

enfermero, ra m. y f. Persona que tiene por oficio y obligación atender a los enfermos.

enfermizo, za adj. Que tiene poca salud : *niño enfermizo.* ‖ Que puede causar enfermedad : *alimento, clima enfermizo.* ‖ Propio de un enfermo : *Dícese del que es propio de los trastornos mentales, mórbido : curiosidad enfermiza.*

enfermo, ma adj. y s. Que sufre una enfermedad. ‖ *Fig.* Poner enfermo, causar mucho desagrado.

enfervorizar v. t. Despertar fervor (ú. t. c. pr.).

enfeudar v. t. Dar en feudo.

Enfield, c. de Gran Bretaña (Middlesex), al N. de Londres.

enfilar v. t. Colocar en fila. ‖ Ensartar : *enfilar perlas.* ‖ *Mil.* Batir de flanco. ‖ Apuntar con un arma. ‖ Dirigir una visual. ‖ Dirigirse : *enfilar hacia la plaza.* ‖ Seguir una dirección : *el viento enfilaba la calle.*

enfisema m. *Med.* Hinchazón producida por la presencia de aire o gas en el tejido celular.

enfiteusis f. *For.* Cesión por largo tiempo del dominio útil de un inmueble o finca mediante el pago anual de un canon.

enfiteuta com. *For.* Persona que tiene el dominio útil en el censo enfitéutico.

enfitéutico, ca adj. Relativo a la enfiteusis o dado en enfiteusis.

enflaquecer v. t. Poner flaco : *las penas le enflaquecen.* ‖ *Fig.* Debilitar. ‖ — V. i. Adelgazar mucho.

enflaquecimiento m. Adelgazamiento excesivo. ‖ Debilitación.

enfocar v. t. Hacer que la imagen de un objeto producida por una lente coincida con un punto determinado. ‖ Dirigir : *enfocar sus gemelos hacia cierto punto.* ‖ Dirigir un foco de luz. ‖ *Fig.* Considerar, analizar.

enfoque m. Acción y efecto de enfocar : *el enfoque de la imagen.* ‖ *Fig.* Manera de considerar y tratar un asunto.

enfrascamiento m. Acción y efecto de enfrascarse.

enfrascar v. t. Meter en frascos. ‖ — V. pr. *Fig.* Dedicarse por completo, entregarse : *enfrascarse en la política.*

enfrentamiento m. Acción y efecto de enfrentarse.

enfrentar v. t. Afrontar, hacer frente, arrostrar : *enfrentar el peligro* (ú. t. c. pr.). ‖ Poner frente a frente. ‖ Oponer.

‖ — V. pr. Tener ante sí : *enfrentarse con una dificultad.* ‖ Hacer frente : *enfrentarse con una persona importante.* ‖ Oponerse : *se enfrenta con todos.* ‖ Encontrarse dos equipos o jugadores.

enfrente adv. Delante, en el lugar opuesto : *la escuela está enfrente.*

enfriadero m. Sitio donde se enfrían las cosas.

enfriador, ra adj. Que enfría. ‖ — M. Enfriadero.

enfriamiento m. Acción y efecto de enfriar o enfriarse. ‖ *Med.* Catarro.

enfriar v. t. Poner fría una cosa : *enfriar un líquido.* ‖ *Fig.* Moderar las pasiones : *enfriar el entusiasmo.* ‖ — V. pr. Acatarrarse, resfriarse.

enfrijolada f. Comida típica mexicana hecha de tortilla de maíz, puré de frijoles y queso.

enfrijolarse v. pr. *Méx.* Enredarse una cosa, un negocio.

enfundar v. t. Poner en una funda.

enfurecer v. t. Poner furioso, encolerizar : *esta observación le enfureció.* (ú. t. c. pr.).

enfurecimiento m. Irritación.

enfurruñamiento m. Enfado.

enfurruñarse v. pr. *Fam.* Enfadarse.

enfurtido m. Abatanamiento.

enfurtir v. t. Abatanar.

Engadina, valle al este de Suiza (Grisones). Turismo.

engaitar v. t. *Fig. y fam.* Embaucar.

engalanado m. *Mar.* Empavesado.

engalanar v. t. Adornar. ‖ Ataviar. ‖ — V. pr. Acicalarse, ataviarse.

engallado, da adj. *Fig.* Arrogante, envalentonado.

engallamiento m. Acción y efecto de engallarse.

engallarse v. pr. *Fig.* Ponerse arrogante. ‖ Envalentonarse.

enganchamiento m. Enganche.

enganchar v. t. Agarrar con un gancho. ‖ Colgar de un gancho. ‖ Sujetar las caballerías a un carruaje o unir los vagones entre sí. ‖ *Fig. y fam.* Atraer a uno con arte : *le engancharon para que les ayudase.* ‖ Coger, pescar : *enganchar una borrachera, un marido, una colocación.* ‖ Alistar a alguien como soldado. ‖ *Mec.* Engranar. ‖ *Taurom.* Coger al toro al torero u otra cosa y levantarlo con los pitones. ‖ — V. pr. Quedarse prendido en un gancho o algo semejante : *se me enganchó la falda en un clavo.* ‖ Sentar plaza de soldado : *engancharse por cinco años.*

enganche m. Acción y efecto de enganchar o engancharse. ‖ Pieza para enganchar. ‖ *Mil.* Reclutamiento.

enganchón m. Enganche. ‖ Desgarrón. ‖ Deterioro en una prenda de punto o una media.

engañabobos m. inv. *Fam.* Engaño falaz, cosa engañosa.

engañadizo, za adj. Fácil de ser engañado. ‖ Que engaña.

engañador, ra adj. Que engaña. ‖ *Fig.* Que atrae con cariño.

engañar v. t. Hacer creer algo que es falso : *me engañó con sus promesas ; la vista engaña.* ‖ *Fig.* Burlar : *engañar a un cliente.* ‖ Hacer más llevadero : *engañar el tiempo, el sueño, el hambre.* ‖ Ser infiel a su cónyuge. ‖ — V. pr. Equivocarse : *engañarse en la cuenta.* ‖ No querer ver la verdad.

engañifa f. *Fam.* Engaño artificioso.

engaño m. Acción y efecto de engañar. ‖ *Error.* ‖ Cualquier arte de pescar. ‖ *Taurom.* Capa o muleta con que se engaña al toro.

Engaño, cabo oriental de la Rep. Dominicana (La Altagracia).

Engaños (RÍO DE LOS). V. YARÍ.

engañoso, sa adj. Que engaña.

engaratusar v. t. *Amer.* Engatusar.

engarce m. Acción y efecto de engarzar. ‖ Metal en que se engarza una piedra preciosa. ‖ *Fig.* Enlace.

engarzador, ra adj. Que engarza (ú. t. c. s.).

engarzar v. t. Reunir formando cadena : *engarzar perlas.* ‖ Rizar el pelo. ‖ Engastar : *engarzar un brillante en platino.* ‖ *Fig.* Trabar, encadenar. ‖ — V. pr. Liarse en una disputa.

engastador, ra adj. Que engasta.

engastar v. t. Embutir una cosa en otra : *engastar un rubí en oro.*

engaste m. Acción y efecto de engastar. ‖ Cerco de metal que abraza y asegura la piedra engastada : *el engaste de los rubíes del collar.*

engatusador, ra adj. y s. *Fam.* Que engatusa, embaucador.

engatusamiento m. *Fam.* Acción y efecto de engatusar.

engatusar v. t. *Fam.* Ganar la voluntad de uno con atenciones y halagos.

Engels, c. al SO. de la U. R. S. S. (Rusia), en la orilla izquierda del Volga y SE. de Saratov.

Engels (Friedrich), filósofo, economista y político alemán (1820-1895), autor, con Karl Marx, del *Manifiesto Comunista* (1848).

engendrador, ra adj. y s. Que engendra.

engendramiento m. Acción y efecto de engendrar.

engendrar v. t. Procrear, dar existencia. ‖ *Fig.* Causar, originar.

engendro m. Engendramiento. Feto. ‖ Criatura deforme, monstruo. ‖ *Fig.* Producción intelectual muy mala : *esta obra es un engendro.*

Enghien-les-Bains, pobl. de Francia (Val-d'Oise), al N. de París.

engineering m. (pal. ingl., pr. *enyiníriñ*). Estudio de un proyecto industrial en todos los aspectos que requiere una labor de síntesis para coordinar los trabajos de varios equipos.

englobar v. t. Reunir en un conjunto.

engolado, da adj. Que tiene gola. ‖ *Fig.* Presuntuoso, enfático.

engolamiento m. Presunción.

engolfarse v. pr. *Fig.* Sumirse, entregarse por completo.

engolosinador, ra adj. Tentador, atrayente.

engolosinar v. t. Excitar el deseo. ‖ — V. pr. Aficionarse, tomar gusto a algo : *engolosinarse con el juego.*

engolletarse v. pr. *Fam.* Engreírse.

engolliparse v. pr. Atragantarse.

engomado, da adj. Acicalado, gomoso, peripuesto. ‖ — M. Pegamento. ‖ Apresto de los tejidos.

engomar v. t. Poner goma de pegar.

engordadero m. Sitio donde se engordan los animales. ‖ Tiempo en que se engordan.

engordar v. t. Cebar : *engordar cerdos para la matanza.* ‖ *Fig.* Aumentar, hacer mayor. ‖ — V. i. Ponerse gordo : *engorda de día en día.*

engorde m. Acción y efecto de engordar o cebar animales.

engorro m. Molestia, fastidio.

engorroso, sa adj. Fastidioso.

engranaje m. *Mec.* Acción y efecto de engranar. ‖ Piezas que engranan. ‖ Conjunto de los dientes de una máquina. ‖ *Fig.* Enlace, conexión de ideas, circunstancias o hechos.

engranar v. t. e i. *Mec.* Introducir unos en otros los dientes de dos piezas : *engranar dos ruedas.* ‖ *Fig.* Enlazar, trabar.

engrandecer v. t. Aumentar, hacer mayor : *engrandecer la fama de uno.* ‖ *Fig.* Alabar, celebrar. ‖ Enaltecer, elevar : *la lectura engrandece el espíritu* (ú. t. c. pr.). ‖ Exaltar.

engrandecimiento m. Aumento. ‖ Extensión mayor. ‖ *Fig.* Ponderación, elogio. ‖ Acción de elevar o elevarse uno a una dignidad superior.

engrapadora f. Máquina utilizada para fijar papeles con grapas.

engrapar v. t. Fijar con grapas.

engrasador, ra adj. y s. Que engrasa.

engrasamiento m. Engrase.

engrasar v. t. Untar o ensuciar con grasa. Ú. t. c. pr. : *las bujías se han engrasado.* ‖ Lubrificar.

engrase m. Acción y efecto de engrasar. ‖ Materia lubricante.

engreído, da adj. Creído de sí mismo (ú. t. c. s.). ‖ *Antill., Col. y Méx.* Encariñado.

engreimiento m. Vanidad, orgullo.

engreír v. t. Llenar de vanidad. ‖ *Amer.* Malcriar por exceso de mimos. ‖ — V. pr. Envanecerse.

engrescar v. t. Provocar la disputa o riña : *engrescar a dos rivales.* ‖ — V. pr. Disputarse.

engrifar v. t. *Méx.* Enojarse, irritarse. ‖ — V. pr. Ponerse bajo los efectos de la grifa.

engringarse v. pr. *Amer.* Adoptar las maneras de los gringos.

engrosamiento m. Acción y efecto de engrosar.

engrosar v. t. Poner grueso. ‖ *Fig.* Aumentar : *engrosar las filas del ejército* (ú. t. c. i.).

engrudar v. t. Poner engrudo.

engrudo m. Masa de harina o almidón cocidos en agua que sirve para pegar.

engruesar v. i. Engrosar.

engrumecerse v. pr. Formar grumos : *engrumecerse una masa.*

enguachinar v. t. Enaguachar.

enguantar v. pr. Cubrirse las manos con guantes.

enguaraparse v. pr. *Cub., Méx.* y *P. Rico.* Tomar guarapo en exceso.

enguatar v. t. Poner guata.

enguijarrar v. t. Empedrar con guijarros : *enguijarrar un camino.*

enguirnaldar v. t. Adornar con guirnaldas : *enguirnaldar un patio.*

engullidor, ra adj. y s. Que engulle.

engullir v. t. Tragar.

engurruñar y **engurruñir** v. t. Encoger, arrugar (ú. t. c. pr.).

enharinar v. t. Cubrir o espolvorear con harina (ú. t. c. pr.).

enhebrar v. t. Pasar la hebra por el ojo de la aguja. ‖ Ensartar : *enhebrar perlas.* ‖ *Fig.* y *fam.* Decir muchas cosas seguidas.

enhiesto, ta adj. Alzado.

enhilar v. t. Enhebrar.

enhorabuena f. Felicitación : *dar la enhorabuena.* ‖ — Adv. Felizmente.

enhoramala adv. Poco a propósito.

enhornar v. t. Meter en el horno.

enigma m. Adivinanza. ‖ *Fig.* Dicho de interpretación difícil. ‖ *Fig.* Cosa o persona incomprensible.

enigmático, ca adj. Que encierra enigma : *palabras enigmáticas* ‖ Misterioso, difícil de comprender.

enjabonado, da adj. Con jabón. ‖ — M. Jabonadura.

enjabonadura f. Jabonadura.

enjabonar v. t. Jabonar, dar jabón. ‖ *Fig.* y *fam.* Lisonjear, adular.

enjaezar v. t. Poner los jaeces.

enjalbegadura f. Encalado.

enjalbegar v. t. Encalar.

enjalma f. Albarda.

enjalmar v. t. Poner la enjalma.

enjambre m. Conjunto de abejas con su reina que van a formar una colonia. ‖ *Fig.* Gran cantidad de hombres o animales. ‖ *Astr.* Conjunto de numerosas estrellas que pertenecen al mismo sistema.

enjaretar v. t. Hacer pasar por una jareta una cinta, etc. ‖ *Fig.* Hacer o decir algo atropelladamente : *enjaretar unos versos.* ‖ Endosar, endilgar, hacer aguantar algo molesto.

enjaular v. t. Encerrar en una jaula. ‖ *Fig.* y *fam.* Encarcelar.

enjoyar v. t. Adornar con joyas. ‖ Engastar piedras preciosas. ‖ *Fig.* Hermosear, enriquecer.

enjuagar v. t. Limpiar la boca con agua u otro líquido (ú. m. c. pr.). ‖ Aclarar con agua limpia.

enjuague m. Acción de enjuagar. ‖ Recipiente para enjuagarse la boca o las manos. ‖ *Fig.* Intriga, tejemaneje.

enjugar v. t. Secar : *enjugar el sudor, las lágrimas* (ú. t. c. pr.). ‖ *Fig.* Liquidar una deuda o hacer desaparecer un déficit.

enjuiciamiento m. Acción y efecto de enjuiciar : *así lo dice la ley de enjuiciamiento criminal.*

enjuiciar v. t. *Fig.* Someter una cuestión a examen, discusión y juicio. ‖ *For.* Instruir una causa. ‖ Juzgar. ‖ Sujetar a uno a juicio, procesar.

enjulio y **enjullo** m. Madero del telar donde se enrolla la urdimbre.

enjundia f. *Fig.* Sustancia, importancia : *libro de mucha enjundia.*

enjundioso, sa adj. Que tiene enjundia.

enjuto, ta adj. Seco. ‖ *Fig.* Muy delgado, flaco.

enlace m. Encadenamiento. ‖ Unión, conexión, relación : *enlace entre las ideas.* ‖ Dicho de los trenes, empalme : *enlace ferroviario.* ‖ *Fig.* Intermediario : *enlace sindical.* ‖ Casamiento. ‖ *Quím.* Unión de dos átomos en una combinación.

enladrillado m. Suelo o pavimento hecho de ladrillos.

enladrillar v. t. Pavimentar con ladrillos : *enladrillar un piso.*

enlatar v. t. Envasar conservas en botes de lata.

enlazar v. t. Sujetar con lazos. ‖ Unir, trabar, relacionar : *enlazar una idea con otra.* ‖ Hablando de los medios de comunicación, empalmar, unir varios sitios o combinarse con respecto al tiempo o a la hora. ‖ — V. pr. *Fig.* Casarse. ‖ Unirse dos familias por casamiento.

enlobreguecer v. t. Oscurecer.

enlodamiento m. Acción y efecto de enlodar o enlodarse.

enlodar y **enlodazar** v. t. Ensuciar con lodo. ‖ *Fig.* Manchar.

enloquecedor, ra adj. Que enloquece.

enloquecer v. t. Hacer perder el juicio, volver loco. ‖ Trastornar, hacer perder la sensatez. ‖ — V. i. Volverse loco. ‖ *Enloquecerse por,* gustar mucho.

enloquecimiento m. Locura.

enlosado m. Pavimento de losas o baldosas. ‖ Acción de enlosar.

enlosar v. t. Revestir, cubrir el suelo con losas o baldosas.

enlucido, da adj. Blanqueado con yeso. ‖ — M. Capa de yeso o estuco que se da a los muros.

enlucir v. t. Poner una capa de yeso en los muros, techos, etc.

enlutado, da adj. De luto.

enlutar v. t. Vestir de luto. ‖ *Fig.* Entristecer, afligir (ú. t. c. pr.). ‖ — V. pr. Vestirse de luto. ‖ *Fig.* Oscurecerse.

enllantar v. t. Poner llantas.

enmaderado y **enmaderamiento** m. Acción de enmaderar. ‖ Revestimiento de madera.

enmaderar v. t. Cubrir con madera.

enmadrarse v. pr. Encariñarse demasiado el niño con su madre.

enmaizarse v. pr. *Méx.* Enfermar el ganado por comer maíz en grano y en seguida beber agua.

enmaniguarse v. pr. *Cub.* Convertirse un terreno en manigua. ‖ Acostumbrarse a la vida del campo.

enmarañamiento m. Confusión, mezcla. ‖ Embrollo.

enmarañar v. t. Mezclar, poner en desorden : *enmarañar una madeja* (ú. t. c. pr.). ‖ Complicar, embrollar : *enmarañar un pleito* (ú. t. c. pr.). ‖ — V. pr. Confundirse.

enmarcar v. t. Encuadrar.

enmariguanado, da adj. *Méx.* Que fuma marihuana.

enmaromar v. t. Atar con maroma.

enmascarado, da adj. Disfrazado. ‖ Con el rostro encubierto, tapado. ‖ — M. y f. Persona que lleva una máscara.

enmascaramiento m. Acción y efecto de enmascarar.

enmascarar v. t. Cubrir el rostro con máscara. ‖ *Fig.* Encubrir.

enmasillar v. t. Sujetar con masilla.

enmelar v. t. Untar con miel.

enmendable adj. Que se puede enmendar.

enmendador, ra adj. y s. Que enmienda o corrige.

enmendar v. t. Corregir, quitar defectos o errores. ‖ Resarcir, compensar. ‖ *For.* Rectificar una sentencia o modificar una ley. ‖ — V. pr. Corregirse o enmendarse de una equivocación. ‖ *Taurom.* Moverse el torero.

enmienda f. Corrección. ‖ Rectificación en un escrito. ‖ Propuesta de un cambio en un texto oficial : *esta ley ha tenido varias enmiendas.* ‖ *Fig.* No tener enmienda, ser incorregible.

enmohecer v. t. Cubrir de moho (ú. t. c. pr.).

enmohecimiento m. Moho.

enmoquetado m. Acción y efecto de poner moqueta.

enmoquetar v. t. Poner moqueta.

enmudecer v. t. Hacer callar. ‖ — V. i. Perder el habla : *enmudeció de espanto.* ‖ *Fig.* Callarse.

enmudecimiento m. Silencio.

Enna, c. de Sicilia (Italia).

ennegrecer v. t. Poner negro (ú. t. c. pr.). ‖ — V. pr. *Fig.* Ponerse muy oscuro, nublarse.

ennegrecimiento m. Negrura.

Ennio (Quinto), poeta latino (239-169 a. de J. C.). Autor de *Los Anales.*

ennoblecer v. t. Conceder rejas de nobleza : *ennoblecer a un servidor de la monarquía.* ‖ *Fig.* Dar nobleza,

dignificar : *la virtud ennoblece al hombre.* ‖ Adornar, dar belleza.

ennoblecimiento m. Acción y efecto de ennoblecer.

enojada f. *Méx.* y *P. Rico.* Acción y efecto de enojarse.

enojadizo, za adj. Que se enoja.

enojar v. t. Causar enojo, disgustar, irritar. ‖ — V. pr. Irritarse, encolerizarse : *enojarse con* (o *contra*) *el maldiciente.* ‖ Enfadarse : *enojarse con un amigo.*

enojo m. Ira, cólera. ‖ Enfado, disgusto. ‖ Molestia, fastidio.

enojón, ona adj. *Chil.* y *Méx.* Enojadizo.

enojoso, sa adj. Molesto, fastidioso. ‖ Muy desagradable, que contraría.

enología f. Conjunto de conocimientos relativos al vino.

enológico, ca adj. De la enología.

enólogo, ga m. y f. Persona entendida en enología.

enorgullecer v. t. Llenar de orgullo. Ú. t. c. pr. : *enorgullecerse de* (o *con*) *sus éxitos.*

enorgullecimiento m. Orgullo.

enorme adj. Muy grande o excesivo : *una casa enorme.* ‖ *Fig.* Grave, importante : *error enorme.*

enormidad f. Tamaño descomunal. ‖ *Fig.* Desatino, despropósito. ‖ Barbaridad, atrocidad.

enquillotrarse v. pr. Engreírse, envanecerse. ‖ *Fam.* Enamorarse.

enquistado, da adj. De aspecto de quiste. ‖ *Fig.* Que está metido dentro, encajado.

enquistarse v. pr. *Med.* Formarse un quiste. ‖ *Fig.* Meterse dentro de una organización, etc.

enrabiar v. t. Encolerizar, poner furioso (ú. t. c. pr.).

enracimarse v. pr. Arracimarse.

enraizar v. i. Arraigar, echar raíces.

enramada f. Ramaje. ‖ Cobertizo hecho con ramas. ‖ Adorno de ramas.

enrarecer v. t. Hacer menos denso un cuerpo gaseoso (ú. t. c. i. y pr.). ‖ Hacer que escasee una cosa (ú. t. c. i. y pr.). ‖ Contaminar.

enrarecimiento m. Rarefacción. ‖ Escasez. ‖ Contaminación.

enredadera f. Dícese de las plantas que se enredan en varas, cuerdas, etc. ‖ — F. Planta convolvulácea, de flores acampanadas.

enredador, ra adj. y s. Que enreda. ‖ *Fam.* Chismoso, lioso.

enredar v. t. Enmarañar, mezclar desordenadamente : *enredar cuerdas* (ú. t. c. pr.). ‖ *Fig.* Meter cizaña, enemistar. ‖ Meter en mal negocio, liar (ú. t. c. pr.). ‖ Entretener. ‖ Complicar : *enredar un asunto* (ú. t. c. pr.). ‖ — V. i. Travesear : *este niño está siempre enredando.* ‖ Hacer algo para entretenerse. ‖ — V. pr. Trepar las plantas enredaderas. ‖ *Fam.* Amancebarse, liarse : *se enredó con una vecina.* ‖ Empezar : *se enredaron a hablar.*

enredo m. Maraña, lío. ‖ *Fig.* Asunto complicado, situación inextricable, lío. ‖ Confusión. ‖ Travesura de niños. ‖ Engaño, mentira. ‖ Relaciones amorosas ilícitas. ‖ Trama de una obra de teatro o una novela.

enredoso, sa adj. Complicado. ‖ *Fig.* Que enreda : *niño enredoso.*

enrejado m. Conjunto de rejas : *el enrejado de un jardín.* ‖ Celosía de cañas u otra cosa. ‖ Emparrillado.

enrejar v. t. Cercar con rejas.

enrevesado, da adj. Intrincado, complicado de realizar o de comprender.

Enrique | ~ **I** de Castilla (1203-1217). Reinó desde 1214 bajo la tutela de su hermana Berenguela. ‖ ~ **II** de Trastamara (1333-1379), rey de Castilla desde 1369, hermano bastardo de Pedro I el Cruel. Huyó a Francia y, más tarde, con las Compañías Blancas de Duguesclin, invadió Castilla. El asesinato de su hermano en Montiel le dio la Corona. ‖ ~ **III** el Doliente (1379-1406), rey de Castilla desde 1390. ‖ **IV** el Impotente (1425-1474), rey de Castilla desde 1454. Su sucesión provocó la lucha entre Juana la Beltraneja e Isabel la Católica.

Enrique | ~ **I** (1008-1060), rey de Francia desde 1031. ‖ ~ **II** (1519-1559), hijo de Francisco I, rey de Francia desde 1547. Luchó contra el emperador Carlos V y conquistó Metz, Toul y Verdún (1552). ‖ ~ **III** (1551-1589), rey de Francia desde 1574. M. asesinado por un fanático en 1589. ‖ ~ **IV** (1553-1610), rey de Navarra desde 1562, bajo el nombre de Enrique III, y de Francia desde 1589. Protestante, abjuró de su religión en 1593. Reparó los daños causados por una guerra civil de cuarenta años, hizo la paz con España y promulgó el Edicto de Nantes (1598). M. asesinado.

Enrique ‖ ~ **I** *el Pajarero* (¿ 876 ?-936), rey de Germania desde 919. ‖ ~ **II** (973-1024), duque de Baviera en 995, emperador de Occidente desde 1002. ‖ ~ **III** (1017-1056), rey de Germania y de Italia desde 1039 y emperador de Occidente desde 1046. ‖ ~ **IV** (¿ 1050 ?-1106), hijo del anterior, emperador de Occidente desde 1056. Luchó contra el papa Gregorio VII (Querella de las Investiduras) y tuvo que ir a humillarse ante él en Canossa (1077). ‖ ~ **V** (1081-1125), hijo del anterior, emperador de Occidente desde 1106. ‖ ~ **VI** *el Cruel* (1165-1197), hijo y sucesor de Federico I Barbarroja, emperador de Occidente desde 1190. ‖ ~ **VII** (¿ 1269 ?-1313), conde de Luxemburgo, emperador de Occidente desde 1308.

Enrique ‖ ~ **I** (1068-1135), hijo de Guillermo el Conquistador, rey de Inglaterra desde 1100. ‖ ~ **II** (1133-1189), rey de Inglaterra desde 1154. ‖ ~ **III** (1207-1272), rey de Inglaterra desde 1216. ‖ ~ **IV** (1367-1413), rey de Inglaterra desde 1399. ‖ ~ **V** (1387-1422), rey de Inglaterra desde 1413. Derrotó a los franceses en Azincourt (1415) y fue regente y heredero de la corona de Francia (1420). ‖ ~ **VI** (1421-1471), hijo del anterior, rey de Inglaterra de 1422 a 1461. Tuvo que renunciar a sus derechos en Francia. Durante su reinado comenzó la guerra de las *Dos Rosas.* ‖ ~ **VII** (1457-1509), rey de Inglaterra desde 1485. Terminó con la *guerra de las Dos Rosas* y restauró en Inglaterra la autoridad real. ‖ ~ **VIII** (1491-1547), hijo del anterior, rey de Inglaterra desde 1509. Instruido y amigo de las artes, pero cruel y vicioso. Al no concederle el Papa el divorcio con Catalina de Aragón, hija de los Reyes Católicos de España, se separó de la Iglesia de Roma y se proclamó jefe de la Iglesia anglicana. Casado seis veces, hizo morir en el cadalso a dos de sus esposas (Ana Bolena y Catalina Howard).

Enrique ‖ ~ (**Don**), infante de Castilla (1225-1304), hijo de Fernando III. Se rebeló contra su hermano Alfonso X, pero fue derrotado. Fue regente de Fernando IV. ‖ ~ **el Navegante,** hijo de Juan I de Portugal, n. en Oporto (1394-1460), promotor de viajes y descubrimientos.

enriquecedor, ra adj. Que enriquece.

enriquecer v. t. Hacer rico : *enriquecer a una persona, una comarca.* ‖ *Fig.* Adornar, embellecer : *enriquecer el estilo.* — V. i. y pr. Hacerse rico. ‖ Prosperar un país, una empresa.

enriquecido, da adj. Que se ha hecho rico (ú. t. c. s.). ‖ Dícese en física de un cuerpo en el que uno de sus componentes entra en proporción muy superior a la normal : *uranio enriquecido.*

enriquecimiento m. Acción y efecto de enriquecer o enriquecerse.

Enríquez (Fray Camilo). V. HENRÍQUEZ. ‖ ~ **de Almansa** (MARTÍN), virrey de Nueva España de 1568 a 1580 y del Perú de 1580 a 1583. ‖ ~ **de Arana** (BEATRIZ), dama vizcaína (¿ 1467-1521 ?), presunta esposa de Cristóbal Colón. ‖ ~ **de Guzmán** (LUIS), virrey de Nueva España de 1650 a 1653, y del Perú de 1655 a 1661. ‖ ~ **de Rivera** (Fray PAYO), prelado y estadista español, m. en 1684, obispo de Guatemala (1657-1667), arzobispo de México (1668-1680) y virrey de Nueva España de 1673 a 1681.

Enriquillo, lago del SO. de la Rep. Dominicana, a 44 m bajo el nivel del mar ; 500 km². Ant. llamado *Xaragua.* — Valle en el SE. de la Rep. Dominicana, entre las sierras de Neiba y Baoruco. — Com. en el SE. de la Rep. Dominicana (Barahona).

Enriquillo, cacique indio de La Española, que luchó contra los conquistadores hasta obtener en 1533 la libertad de los indígenas.

Enriquillo, popular novela histórica del dominicano Manuel de Jesús Galván (1878).

enriscado, da adj. Con muchos riscos. ‖ Escarpado.

enristrar v. t. Hacer ristras : *enristrar cebollas.* ‖ Poner la lanza en ristre.

enrocar v. t. En el ajedrez, mover el rey al mismo tiempo que una de las torres.

enrojecer v. t. Poner rojo con el calor. ‖ Dar color rojo : *la cólera enrojecía su rostro.* ‖ Sonrojar, ruborizar. — V. pr. Sonrojarse.

enrojecimiento m. Acción y efecto de ponerse rojo. ‖ Rubor, sonrojo.

enrolar v. t. *Mar.* Inscribir en la lista de tripulantes de un buque. ‖ Alistar.

enrollamiento m. Acción y efecto de enrollar.

enrollar v. t. Arrollar, poner en forma de rollo. ‖ *Fam.* Liar, enredar. ‖ Gustar. — V. pr. *Fam.* Liarse en un asunto, meterse en algo. ‖ Hablar mucho de un asunto. ‖ Participar en algo.

enronquecer v. t. Poner ronco : *la niebla le enronqueció* (ú. m. c. pr.).

enronquecimiento m. Ronquera.

enroque m. Acción y efecto de enrocar en el ajedrez.

enroscadura f. y **enroscamiento** m. Acción y efecto de enroscar.

enroscar v. t. Dar forma de rosca o espiral. ‖ Introducir a vuelta de rosca, atornillar.

enrostrar v. i. *Amer.* Criticar.

enrular v. t. *Amer.* Rizar el pelo.

ensabanar v. t. Envolver o cubrir con sábanas.

ensacar v. t. Meter en un saco.

ensaimada f. Bollo de pasta hojaldrada en forma de espiral.

ensalada f. Verdura, a veces acompañada de carne o pescado, aderezada con vinagreta : *ensalada de tomate.* ‖ *Fig. y fam.* Mezcla de cosas inconexas. ‖ Lío, confusión : *armar una ensalada.* ‖ *Fig.* Pieza musical formada por la reunión de varias canciones famosas. ‖ — *Ensalada de fruta,* mezcla de trozos de diferentes frutas con azúcar y a veces un licor. ‖ *Ensalada rusa,* la compuesta de varias legumbres frías, con salsa mayonesa.

ensaladera f. Recipiente donde se sirve la ensalada.

ensaladilla f. Especie de ensalada rusa. ‖ *Fig.* Lío, confusión.

ensalivar v. t. Llenar, mojar de saliva (ú. t. c. pr.).

ensalmador, ra m. y f. Algebrista, persona que compone los huesos rotos y dislocados. ‖ Curandero.

ensalmar v. t. Componer los huesos dislocados. ‖ Curar con ensalmos.

ensalmo m. Modo supersticioso de curar con palabras mágicas y aplicación empírica de medicinas. ‖ Hacer una cosa por ensalmo, hacerla con mucha prontitud y por arte de magia.

ensalzador, ra adj. y s. Que ensalza.

ensalzamiento m. Elogio.

ensalzar v. t. Enaltecer, exaltar : *ensalzar la fe.* ‖ Alabar, celebrar (ú. t. c. pr.) : *no dejaba de ensalzar constantemente sus virtudes.*

ensamblado m. Ensambladura.

ensamblador, ora m. y f. Persona u objeto que ensambla.

ensambladura f. y **ensamblaje** m. Unión de dos piezas encajando una en otra.

ensamblar v. t. Unir dos piezas haciendo encajar la parte saliente de una en la parte entrante de la otra. ‖ *Fig.* Unir.

ensamble m. Ensambladura.

ensanchamiento m. Aumento de la anchura.

ensanchar v. t. Poner más ancho : *ensanchar un tubo.* ‖ Extender : *ensanchar una ciudad.*

ensanche m. Extensión : *ensanche del firme ; ensanche de una ciudad.* ‖ Tela que se mete en las costuras del traje para poder ensancharlo. ‖ Terreno dedicado a nuevas edificaciones en las afueras de una población : *el ensanche de Barcelona.*

ensandecer v. i. Volverse necio (ú. t. c. i.).

ensangrentar v. t. Manchar con sangre. Ú. t. c. pr. : *ensangrentarse las manos.* ‖ *Fig.* Provocar derramamiento de sangre.

ensañamiento m. Encarnizamiento.

ensañar v. t. Irritar, encolerizar, poner furioso. — V. pr. Mostrarse cruel, encarnizarse.

ensartar v. t. Pasar por un hilo, alambre, etc. : ensartar perlas, cuentas. ‖ Enhebrar : *ensartar una aguja.* ‖ Atravesar : *el toro le ensartó el cuerno en el muslo.* ‖ *Fig.* Decir una serie de cosas seguidas : *ensartar mentiras.*

ensayar v. t. Poner a prueba : *ensayar un prototipo, un metal precioso.* ‖ Hacer la prueba de algo antes de realizarlo en público. ‖ Hacer el ensayo de un espectáculo (ú. t. c. i.). ‖ Amaestrar, adiestrar. ‖ Intentar. — V. pr. Probar hacer una cosa.

ensayismo m. Género literario constituido por los ensayos.

ensayista com. Autor, escritor de ensayos.

ensayo m. Prueba a que se somete una cosa : *ensayo de una máquina.* ‖ Análisis rápido de un producto químico. ‖ Obra literaria que consiste en la reunión de algunas reflexiones hechas sobre un tema determinado : *Unamuno es autor de numerosos ensayos.* ‖ Representación preliminar y preparatoria de un espectáculo antes de presentarlo al público : *ensayo general.* ‖ En rugby, acción de colocar el balón detrás de la línea de meta adversaria.

Ensayos, obra filosófica de Montaigne.

Enschede, c. en el este de Holanda (Overijsel).

ensebar v. t. Untar con sebo.

enseguida adv. En seguida.

ensenada f. Pequeña bahía.

Ensenada, c. y puerto de la Argentina (Buenos Aires). Frigoríficos. — C. y puerto al NO. de México (Baja California Norte).

Ensenada (Zenón DE SOMODEVILLA, *marqués de la*), político español (1702-1781), ministro de Fernando VI ; restauró la marina. Derribado por una intriga en 1751.

enseña f. Insignia. ‖ Estandarte.

enseñante adj. Que enseña o instruye (ú. t. c. s.).

enseñanza f. Instrucción, acción de enseñar los conocimientos humanos de una materia : *la enseñanza de las matemáticas.* ‖ Método empleado para ello. ‖ — Pl. Ideas, preceptos : *seguir las enseñanzas de un maestro.* ‖ — *Enseñanza laboral o técnica,* la que da la formación necesaria para seguir una carrera industrial o comercial. ‖ *Enseñanza superior,* la dada en la universidad y en las escuelas especiales de ingenieros, etc. ‖ *Primera enseñanza o enseñanza primaria,* la que se da en el colegio a los niños. ‖ *Segunda enseñanza o enseñanza media,* la que corresponde al bachillerato.

enseñar v. t. Instruir, hacer que alguien aprenda algo : *enseñar las primeras letras, a bailar.* ‖ Dar clases : *enseñar latín en la universidad.* ‖ Indicar : *enseñar el camino.* ‖ Mostrar : *enseñar un libro.* ‖ Dejar ver involuntariamente : *enseñar los pies por tener rotos los zapatos.* ‖ Aleccionar : *ya te enseñaré a portarte como Dios manda* ! ‖ — V. pr. Aprender. ‖ *Méx.* Acostumbrarse alguien a realizar algo : *enseñarse a trabajar.*

enseñoramiento m. Adueñamiento. ‖ Apoderamiento.

enseñorearse v. pr. Hacerse dueño.

enseres m. pl. Efectos, muebles o utensilios necesarios en una casa o para una profesión.

ensiladora f. Máquina para ensilar.

ensilaje y **ensilamiento** m. Acción y efecto de ensilar.

ensilar v. t. Guardar en un silo.

ensillado, da adj. Con montura.

ensillar v. t. Poner la silla o la montura.

ensimismado, da adj. Pensativo : *quedarse ensimismado.* ‖ Absorto.

ensimismamiento m. Reflexión o meditación profunda.

ensimismarse v. pr. Abstraerse, concentrarse. ‖ Reflexionar profundamente : *estaba ensimismado pensando en su amor.* ‖ *Amer.* Envanecerse.

ensoberbecer v. t. Causar o sentir soberbia (ú. t. c. s.).

ensombrecer v. t. Oscurecer : *ensombrecer un paisaje.* ‖ *Fig.* Hacer más negro : *ensombrecer la situación.* ‖ Entristecer. Ú. t. c. pr. : *al saber lo ocurrido su cara se ensombreció.*

ensoñación f. Ensueño.

ensoñador, ra adj. y s. Soñador.

ensopar v. t. *Amer.* Empapar.

Ensor (James), pintor impresionista y grabador belga (1860-1949).

ensordecedor, ra adj. Que ensordece : *ruido ensordecedor.*

ensordecer v. t. Causar sordera. ‖ Dejar momentáneamente sordo : *nos ensordecía con sus gritos.* ‖ Hacer menos fuerte un sonido. ‖ — V. i. Quedarse sordo.

ensordecimiento m. Acción de ensordecer. ‖ Sordera.

ensortijamiento m. Acción de ensortijar. ‖ Sortijas o rizos formados en el cabello.

ensortijar v. t. Rizar.

ensuciamiento m. Suciedad.

ensuciar v. t. Manchar, poner sucia una cosa. Ú. t. c. pr. : *ensuciarse con lodo.* ‖ *Fig.* Manchar, deslucir : *ensuciar su nombre, su fama.* ‖ — V. pr. *Fam.* Hacer las necesidades corporales. ‖ *Fig.* y fam. Meterse en negocios sucios : *ensuciarse por dinero.*

ensueño m. Cosa que se sueña.

ensullo m. Enjulio.

entablado m. Suelo formado de tablas. ‖ Armazón de tablas.

entablamento m. Parte superior de un edificio formado por el arquitrabe, el friso y la cornisa.

entablar v. t. Cubrir, asegurar o cercar con tablas. ‖ Emprender, iniciar : *entablar negociaciones, un combate.* ‖ Trabar : *entablar relaciones, amistad.* ‖ Entablillar un miembro. ‖ Disponer en su escaque las piezas del ajedrez o de las damas. ‖ — V. i. *Amer.* Hacer tablas, empatar.

entablerarse v. pr. *Taurom.* Arrimarse el toro a la barrera.

entablillar v. t. *Med.* Sujetar con tablillas y vendaje un miembro que tiene un hueso roto.

entalegar v. t. Guardar en talegos : *entalegar monedas.* ‖ Ahorrar dinero. ‖ — V. pr. *Fam.* Embolsarse.

entalladura f. y **entallamiento** m. Corte que se hace en los pinos para extraer la resina o en las maderas para ensamblarlas. ‖ Acción y efecto de entallar o esculpir.

entallar v. t. Cortar la corteza de ciertos árboles para extraer la resina. ‖ Hacer cortes en una pieza de madera para ensamblarla con otra. ‖ Esculpir. ‖ Ajustar un vestido. ‖ — V. i. Estar ajustado al talle.

entarimado m. Suelo de tablas ensambladas.

entarimar v. t. Cubrir el suelo con tablas o parqué.

entarquinar v. t. Inundar un terreno, rellenarlo o sanearlo por sedimentación para dedicarlo al cultivo.

entarugado m. Pavimento formado con tarugos de madera.

ente m. Ser : *ente racional.* ‖ Entidad. ‖ Colectividad. ‖ Corporación. ‖ Sociedad comercial, organismo. ‖ *Fam.* Persona extraña o ridícula. ‖ — *Fil.* Ente de razón, el que sólo existe en el entendimiento. ‖ Ente público, servicio, organismo público, especialmente la televisión.

Entebbe, c. en el sur de Uganda, ant. cap. a orillas del lago Victoria.

enteco, ca adj. Enclenque.

entechar v. t. *Amer.* Techar.

entejar v. t. *Amer.* Tejar.

entelequia f. *Fil.* Realidad que tiende a la perfección o la ha alcanzado ya. (Palabra introducida por Aristóteles y renovada por Leibniz.) ‖ *Fam.* Cosa perfecta que no puede existir.

entenado, da m. y f. *Méx.* Hijastro, hijastra.

entendederas f. pl. *Fam.* Comprensión : *ser duro de entendederas.*

entendedor, ra adj. y s. Que entiende. ‖ *Al buen entendedor pocas palabras bastan,* las personas inteligentes comprenden fácilmente.

entender v. t. Comprender : *entender bien una lección, el inglés ; no*

entiendo cómo te gusta este libro. ‖ Oír. ‖ Querer decir : *¿ qué entiendes por esta palabra ?* ‖ Creer : *entiendo que será mejor obrar así.* ‖ Imaginar : *yo no entiendo las cosas así.* ‖ Querer, exigir : *yo entiendo que se me obedezca.* ‖ Dar a entender, insinuar. ‖ — V. i. Conocer muy bien : *entender de (o en) pintura.* ‖ — V. pr. Comprenderse : *entenderse por señas.* ‖ Llevarse bien dos o más personas. ‖ Ponerse de acuerdo : *entenderse con sus socios.* ‖ Estar de acuerdo. ‖ Saber lo que se hace : *cada uno se entiende.* ‖ Tener alguna relación amorosa : *José se entiende con María.*

entender m. Opinión, parecer : *a mi entender, esto es un error.*

entendido, da adj. Comprendido. ‖ Conocedor, que tiene buenos conocimientos en una materia : *entendido en electricidad y en historia* (ú. t. c. s.). ‖ *No estoy dado por entendido,* hacerse el sordo. ‖ — Interj. De acuerdo.

entendimiento m. Capacidad de comprensión. ‖ Inteligencia, juicio. ‖ Comprensión, acuerdo.

entenebrecer v. t. Oscurecer. Ú. t. c. pr. : *entenebrecerse el cielo.*

entente f. (pal. fr.). Acción de ponerse de acuerdo. ‖ Acuerdo entre Estados, grupos o empresas. ‖ — Se dio el n. de *Entente Cordial* a la colaboración franco-inglesa establecida bajo el reinado de Luis Felipe (1841-1846) y reanudada en 1904.

enterado, da adj. Informado. ‖ Entendido (ú. t. c. s.).

enterar v. t. Notificar, informar : *enterar de un asunto.* ‖ — V. pr. Informarse : *entérate de todo lo que pasa.* ‖ Saber, adquirir cierto conocimiento : *enterarse de la muerte de un amigo.* ‖ Darse cuenta.

entereza f. Integridad. ‖ *Fig.* Firmeza, fortaleza : *entereza de carácter.* ‖ Energía.

enteritis f. Inflamación del intestino, especialmente del intestino delgado.

enterizo, za adj. Entero.

enternecedor, ra adj. Que enternece : *cuadro enternecedor.*

enternecer v. t. Ablandar. ‖ *Fig.* Conmover, mover a compasión o ternura. Ú. t. c. pr. : *enternecerse ante el dolor ajeno.*

enternecimiento m. Acción y efecto de enternecer o enternecerse. ‖ Compasión o ternura.

entero, ra adj. Completo : *la casa entera.* ‖ Aplícase al animal no castrado. ‖ *Fig.* Que tiene entereza o firmeza de carácter : *hombre entero.* ‖ Íntegro, robusto : *Recto, justo.* ‖ — *Número entero,* el que no contiene fracciones de unidad. ‖ Por entero, enteramente. ‖ — M. Punto en la cotización de la Bolsa : *acciones que han perdido muchos enteros.* ‖ Billete de la lotería entero.

enterrador, ra m. y f. Sepulturero.

enterramiento m. Entierro. ‖ Sepulcro. ‖ Sepultura.

enterrar v. t. Poner debajo de tierra : *enterrar un tesoro.* ‖ Sepultar, dar sepultura : *enterrar a una persona.* ‖ *Fig.* Poner debajo de algo que lo tapa todo : *el libro estaba enterrado debajo de otros muchos.* ‖ Dejar de lado, olvidar : *enterrar un asunto.* ‖ Sobrevivir : *enterrar a todos sus deudos.* ‖ — V. pr. Apartarse del mundo : *enterrarse en un convento.*

entibación f. y **entibado** m. *Min.* Colocación de maderas o tablas destinadas a sostener la tierra en las excavaciones. ‖ Forro interior de un pozo de mina.

entibador m. Obrero que entiba.

entibar v. t. *Min.* Hacer un entibado. ‖ — V. i. Estribar.

entibiar v. t. Poner tibio. ‖ *Fig.* Enfriar, templar, moderar.

entidad f. *Fil.* Lo que constituye la esencia de una cosa. ‖ Ente, ser. ‖ Colectividad, sociedad, empresa : *entidad privada.* ‖ *Fig.* Importancia.

entierro m. Acción de enterrar. ‖ Funerales. ‖ Convoy fúnebre.

entintado m. Acción y efecto de entintar.

entintar, ra adj. Que entinta.

entintar v. t. Manchar o empapar con tinta.

entoldado m. Acción de entoldar. ‖ Conjunto de toldos para dar sombra.

entoldar v. t. Cubrir con toldos : *entoldar el patio para que no entre el sol.* ‖ Cubrir con tapices o colgaduras. ‖ — V. pr. Nublarse.

entomología f. Parte de la zoología que se dedica al estudio de los insectos.

entomológico, ca adj. De la entomología.

entomólogo, ga m. y f. Persona que se dedica a la entomología.

entompeatada f. *Fam. Méx.* Acción y efecto de entompeatar. ‖ Engaño.

entompeatar v. t. *Fig.* y *Fam. Méx.* Embaucar, engañar.

entonación f. Manera de entonar. ‖ Tono. ‖ *Fig.* Arrogancia, orgullo.

entonado, da adj. *Amer.* Vanidoso.

entonamiento m. Entonación.

entonar v. t. Empezar a cantar : *entonar una canción.* ‖ Cantar. ‖ Dar cierto tono a la voz. ‖ Fortalecer, tonificar : *esta medicina me ha entonado.* ‖ Armonizar los colores u otras cosas (ú. t. c. i.). ‖ — V. i. Cantar ajustado al tono, afinar la voz. ‖ — V. pr. *Fig.* Engreírse. ‖ Reponerse, recuperarse.

entonces adv. En aquel tiempo : *entonces llegué yo.* ‖ En este caso : *entonces vete.*

entonelar v. t. Poner algo en toneles.

entongador m. *Cub.* y *Méx.* Que entonga.

entongadura f. *Cub.* y *Méx.* Acción y efecto de entongar.

entongar v. t. *Cub.* y *Méx.* Apilar, formar tongas. (Es muy común en el corte de caña.)

entontar v. t. *Amer.* Atontar.

entontecer v. t. Volver tonto (ú. t. c. i. y pr.).

entontecimiento m. Atontamiento.

entorchado m. Cuerda o hilo de seda cubierto de metal. ‖ Bordado en oro o plata de ciertos uniformes. ‖ *Fig.* Título, calificación.

entorchar v. t. Cubrir un hilo o cuerda con otro de plata u oro.

entornar v. t. Cerrar a medias la puerta, la ventana o los ojos.

entorno m. Conjunto de personas, objetos y circunstancias que rodean a alguien o a algo. ‖ En ecología, medio ambiente.

entorpecedor, ra adj. y s. Que entorpece.

entorpecer v. t. Poner torpe : *el frío entorpece los miembros.* ‖ *Fig.* Embotar, debilitar : *el alcohol entorpece la inteligencia.* ‖ Dificultar, estorbar.

entorpecimiento m. Acción y efecto de entorpecer o entorpecerse.

entozoario m. Parásito de las cavidades internas.

entrada f. Acción de entrar : *entrada triunfal ; discurso de entrada.* ‖ Sitio por donde se entra : *el parque tiene dos entradas.* ‖ Vestíbulo, antesala. ‖ Billete : *sacar entradas para ir al cine.* ‖ Cantidad de personas que asisten a un espectáculo : *haber gran entrada en el circo.* ‖ Lo recaudado en la venta de billetes. ‖ Caudal que ingresa en una caja : *un mes de buenas entradas.* ‖ Desembolso inicial : *pagar una entrada muy elevada para comprar un piso.* ‖ Principio : *la entrada del invierno.* ‖ Plato que se sirve al principio de la comida. ‖ Ángulo entrante que el pelo tiene en las sienes o frente. ‖ Palabra que encabeza un artículo en un diccionario. ‖ En informática, introducción de los datos en un ordenador. ‖ *Amistad* : *tener entrada en una familia.* ‖ *Cub.* y *Méx.* Zurra, azotaina, embestida. ‖ *Méx.* Cada una de las partes en que se divide un partido de béisbol. ‖ — De entrada, desde el principio. ‖ *Méx.* De entrada por salida, de prisa, de poca duración. ‖ Tener entradas en la frente, empezar a caerse el pelo de la frente.

entramado m. Armazón de maderas para una pared, el suelo, etc. ‖ *Fig.* Estructura : *el complejo entramado burocrático.*

entramar v. t. Hacer un entramado. ‖ *Amer.* Tramar.

entrambos, bas adj. y pron. num. pl. Ambos, los dos.

entrampar v. t. Hacer caer en la trampa : *entrampar un animal sal-*

vaje(ú. t. c. pr.). || *Fig.* Engañar. || — V. pr. *Fig.* y *fam.* Contraer deudas.

entrante adj. Que entra : *el año entrante.* || — M. y f. Persona que entra. || — M. Hueco.

entraña f. Víscera (ú. m. en pl.). || — Pl. *Fig.* Parte más oculta : *las entrañas de la Tierra, de los montes.* | Lo más íntimo o esencial de una cosa : *las entrañas de un conflicto.* | Corazón, sensibilidad : *no tener entrañas.*

entrañable adj. Íntimo, muy querido : *amigo entrañable.*

entrañar v. t. Llevar en sí, implicar.

entrar v. i. Pasar adentro : *entrar en una casa.* || Encajar, caber : *entrar bien en la cabeza el sombrero ; el libro no entra en el cajón.* || Penetrar : *el clavo entra en la pared.* || *Fig.* Ser admitido : *entrar en la Academia.* | Incorporarse : *entrar en la milicia, en una sociedad.* | Empezar a desempeñar una función : *entrar de criada en una casa.* | Estar incluido : *entrar en mis atribuciones.* | Haber : *en la paella entran arroz y carne.* | Empezar : *el verano entra el 21 de junio.* | Hacerse sentir : *le entraron ganas de hablar.* | Tener un ataque de : *entrar en cólera.* | *Fig.* y *fam.* Ser asimilable : *no me entra la geometría.* || *Mec.* Engranar : *no entra la tercera velocidad.* || *Mús.* Empezar a tocar o a cantar. || *Taurom.* Arremeter el toro. || — *Entrado* en años, de edad avanzada. || *Entrar a matar,* prepararse el matador a dar la estocada. || — V. t. Introducir : *entrar la ropa en el armario.* || Meter tela en una costura o dobladillo. || — V. pr. Introducirse : *se entra a golpetazos.*

entre prep. En medio de : *ciudad que está entre Madrid y Málaga ; conducir entre la niebla.* | En el intervalo : *entre las dos y las tres.* || En : *coger algo entre sus manos.* || En el número de : *contar a alguien entre sus amigos.* || En una colectividad : *entre los sastres.* || Contando : *entre chicos y chicas serán unos veinte.* || Indica cooperación : *hacer un trabajo entre dos.* || Significa estado intermedio : *sabor entre dulce y agrio.* || En sus adentros : *así pensaba entre mí.* || Unida a otra palabra debilita el significado de ésta, v. gr. : *entreabrir, entrever, entrefino.*

Entre || ~ *Lagos,* c. de Chile en la X Región (Los Lagos) y en la prov. de Osorno, cap. de la com. del mismo nombre. || ~ *Ríos,* cord. de la Antártida Argentina descubierta en 1956. — Prov. del NE. de la Argentina ; cap. *Paraná.* Agricultura, ganadería. La Universidad se halla en Concepción de Uruguay. — Pobl. al SE. de Bolivia, cap. de la prov. de O'Connor (Tarija).

entreabrir v. t. Abrir a medias.

entreacto m. Intermedio en un espectáculo.

entreayudarse v. pr. Ayudarse mutuamente.

entrebarrera f. *Taurom.* Espacio entre la barrera y la contrabarrera.

entrecano, na adj. A medio encanecer : *cabello entrecano.*

entrecejo m. Espacio entre ceja y ceja. || Ceño : *mirar con entrecejo.*

entrecerrar v. t. Entornar.

entrecomillado, da adj. Dícese de aquello que se encuentra entre comillas (ú. t. c. s. m.).

entrecomillar v. t. Poner entre comillas.

entrecoro m. En las catedrales, espacio que hay entre el coro y la capilla mayor.

entrecortado, da adj. Discontinuo.

entrecortar v. t. Cortar una cosa sin acabar de dividirla. || Interrumpir a trechos : *voz entrecortada.*

entrecote [entrecot] m. (pal. fr.). Lomo.

entrecruzar v. t. Cruzar cosas entre sí (ú. t. c. pr.).

entrecubierta f. *Mar.* Espacio entre las cubiertas de un barco (ú. m. en pl.).

entrechocar v. t. Chocar una cosa con otra.

entredicho m. Prohibición. || Privación eclesiástica de la asistencia a los oficios y de algunos sacramentos. || — *Fig. Estar en entredicho,* estar en duda. | *Poner en entredicho,* poner en tela de juicio : *todos pusieron en entredicho su honradez.*

entredós m. Tira de bordado o de encaje que se cose entre dos telas.

entrefilete m. Suelto, recuadro en un periódico.

entrega f. Acción y efecto de entregar : *la entrega de las llaves, de los premios, de un pedido.* || Rendición : *la entrega de una ciudad.* || Cada uno de los cuadernillos de un libro que se vende a medida que se imprime : *novela por entregas.* || Devoción : *entrega a una causa.*

entregar v. t. Dar algo a la persona a quien corresponde : *entregar una carta, un pedido.* || Hacer que uno caiga en las manos de otro : *entregar a uno a la policía.* || Abandonar. || Rendir : *entregar la ciudad.* || *Entregar el alma,* expirar. || — V. pr. Ponerse a la disposición de uno : *entregarse al enemigo.* || Declararse vencido. || Dedicarse por entero : *entregarse al estudio.* || *Fig.* Dejarse dominar : *entregarse a un vicio,* etc. | Confiarse.

entreguerras (de), sucedido entre dos guerras.

entrelazamiento m. Enlace.

entrelazar v. t. Enlazar, entretejer una cosa con otra.

entrelínea f. Espacio entre dos líneas. || Lo escrito entre dos líneas.

entrelinear v. t. Escribir algo que se intercala entre las líneas.

entrelistado, da adj. Con listas de varios colores : *tela entrelistada.*

entremedias y **entremedio** adv. En medio.

entremés m. Obra de teatro jocosa en un acto que solía servir de entreacto. || Manjares que se sirven en una comida antes de los platos fuertes.

entremeter v. t. Meter una cosa entre otras. || — V. pr. Meterse, inmiscuirse : *entremeterse en todo.*

entremetido, da adj. y s. Que se quiere meter en todo.

entremetimiento m. Acción y efecto de entremeter o entremeterse.

entremezclar v. t. Mezclar.

entrenador, ra m. y f. Persona que se dedica al entrenamiento de deportistas : *entrenador de tenis.* || Motorista que precede al ciclista en las carreras tras moto.

entrenamiento m. Acción y efecto de entrenar o entrenarse.

entrenar v. t. Preparar adecuadamente a la práctica de un deporte o a la utilización de algo (ú. t. c. pr.).

entreoír v. t. Oír a medias.

entrepaño m. Tabla de una estantería. || *Arq.* Lienzo de pared entre dos columnas o dos ventanas. || Tablero de puerta o ventana.

Entrepeñas, presa y embalse en el centro de España sobre el río Tajo (prov. de Guadalajara), que enlaza, por un túnel, con el de Buendía.

entrepiernas f. pl. Parte interior de los muslos (ú. t. en sing.). || Parte correspondiente del pantalón.

entrerrenglonar v. t. Escribir entre renglones.

entrerriano, na adj. y s. De la prov. argentina de Entre Ríos.

entresacar v. t. Sacar una cosa de entre otras, seleccionándola.

entresijo m. Mesenterio, redaño. || *Fig.* Cosa oculta : *conocer todos los entresijos.* | *Fig.* y *fam.* Tener muchos entresijos, contener muchas dificultades una cosa ; ser una persona muy cautelosa y disimulada.

entresuelo m. Piso entre la planta baja y el principal. || Piso principal en un teatro.

entretanto adv. Mientras tanto. || — M. En el entretanto.

entretecho m. *Amer.* Desván.

entretejer v. t. Meter en la tela que se teje hilos diferentes.

entretela f. Tela rígida que se pone entre el tejido y el forro de un traje. || — *Pl. Fig.* y *fam.* Lo más íntimo del corazón, entrañas.

entretener v. t. Detener a uno : *me ha entretenido media hora en la calle* (ú. t. c. pr.). || Divertir, distraer : *esta película me ha entretenido mucho* (ú. t. c. pr.). || *Fig.* Hacer olvidar momentáneamente algo desagradable : *entretener el dolor, el hambre.* | Hacer más soportable. | Embaucar : *entretener a uno con promesas.* | Dar largas a un asunto. | Ocupar, tomar :

estas gestiones me han entretenido toda la mañana. | Mantener, conservar. || — V. pr. Retrasarse : *entretenerse en casa de alguien.*

entretenido, da adj. Que distrae : *una lectura entretenida.* || Que toma mucho tiempo : *un trabajo entretenido.* || *Blas.* Enlazado.

entretenimiento m. Recreo, distracción. || Pasatiempo. || Conservación, cuidado.

entretiempo m. Tiempo de primavera y otoño : *traje de entretiempo.* || *Arg.* Descanso en un partido deportivo, etc.

entreventana f. Lienzo de pared entre dos ventanas.

entrever v. t. Ver confusamente, vislumbrar : *sólo pude entrever su casa.* || *Fig.* Conjeturar, prever : *entrever una desgracia.* | Adivinar.

entreverado, da adj. Con una cosa distinta intercalada. || *Tocino entreverado,* el que tiene algo de magro.

entreverar v. t. Intercalar en una cosa otra diferente.

entrevía f. Espacio entre los rieles.

entrevista f. Encuentro concertado entre dos o más personas para tratar de un asunto. || Conversación que tiene un periodista con una persona importante para interrogarla sobre sus ideas, proyectos, etc.

entrevistado, ra m. y f. Persona que hace una entrevista.

entrevistar v. t. Hacer una entrevista a una persona. || — V. pr. Tener una entrevista con alguien.

entristecedor, ra adj. Que causa tristeza, que entristece.

entristecer v. t. Causar tristeza : *su desgracia entristeció a todos sus amigos.* || Dar aspecto triste : *la lluvia entristece el paisaje.* || — V. pr. Ponerse triste.

entristecimiento m. Tristeza.

entrometer y sus deriv. V. ENTREMETER.

entrometerse v. pr. *Amer.* Enfadarse. || *Fam.* Emborracharse.

entroncamiento m. Parentesco. || Unión. || Empalme de dos medios de comunicación (trenes, etc.).

entroncar v. i. Tener parentesco con una familia o persona. || Contraer parentesco : *sus familias entroncaron en el siglo XVII.* || *Amer.* Empalmar (ú. t. c. pr.). || — V. tr. Unir. || *Méx.* Aparear caballos del mismo polo.

entronización f. y **entronizamiento** m. Acción de entronizar.

entronizar v. t. Colocar en el trono. || *Fig.* Ensalzar. || — V. pr. *Fig.* Engreírse, envanecerse.

entronque m. Entroncamiento.

entruchada f. y **entruchado** m. *Fam.* Trampa, intriga, conspiración.

entruchar v. t. *Fam.* Atraer a uno con engaños para hacerle intervenir en un negocio. || — V. pr. *Méx.* Entremeterse.

entubación f., **entubado** y **entubamiento** m. Colocación de un tubo.

entubar v. t. Poner un tubo.

entuerto m. Agravio, daño.

entumecer v. t. Impedir, entorpecer el movimiento de un miembro : *entumecer la pierna* (ú. t. c. pr.). || — Hinchar : *labios entumecidos.*

entumecimiento m. Entorpecimiento de un miembro. || Hinchazón.

enturbiar v. t. Poner turbio. || *Fig.* Oscurecer. | Disminuir, aminorar : *su muerte enturbió mi alegría.* || — V. pr. Ponerse turbio. || *Fig.* Oscurecerse.

entusiasmar v. t. Provocar entusiasmo : *el orador entusiasmó al público.* || Encantar, gustar mucho : *el teatro me entusiasma.* || — V. pr. Sentir entusiasmo.

entusiasmo m. Excitación que impulsa a actuar : *entusiasmo religioso.* || Admiración apasionada : *la representación despertó el entusiasmo.* || Adhesión fervorosa : *acoger una reforma con entusiasmo.* || Fervor, ardor : *hablar con entusiasmo.*

entusiasta adj. Que siente entusiasmo (ú. t. c. s.). || Entusiástico : *público entusiasta.*

entusiástico, ca adj. Que revela entusiasmo : *tuvo un recibimiento entusiástico.*

enucleación f. *Med.* Extirpación de un órgano, de un tumor.

enumeración f. Enunciación sucesiva de las partes de un todo. || Cómputo, cuenta : *la enumeración de la población de un país.*

enumerar v. t. Exponer sucesivamente : *enumerar las ventajas.*

enumerativo, va adj. Que supone enumeración.

enunciación f. y **enunciado** m. Exposición, formulación.

enunciar v. t. Expresar, formular de una manera concisa y sencilla.

envainar v. t. Meter en la vaina.

envalentonamiento m. Acción y efecto de envalentonar o envalentonarse.

envalentonar v. t. Dar valor. || Estimular. || — V. pr. Cobrar valentía. || Animarse : *se envalentonó con aquellas palabras tan elogiosas.* || Enorgullecerse : *envalentonarse con un pequeño éxito.* || Ponerse atrevido.

Envalira, puerto montañoso de Andorra. Estación de deportes de invierno.

envanecedor, ra adj. Que envanece : *palabras envanecedoras.*

envanecer v. t. Engreír : *el éxito le envaneció.* || — V. pr. Engreírse, enorgullecerse : *envanecerse con (o de o en o por) la victoria.* || Sentirse orgulloso.

envanecimiento m. Orgullo.

envaramiento m. Entumecimiento. || Tiesura.

envarar v. t. Entorpecer, entumecer un miembro. || — V. pr. Entumecerse. || Marchar muy tieso.

envasable adj. Que puede ser envasado.

envasado m. Acción y efecto de poner en un envase. || Envase.

envasador, ra adj. y s. Que envasa. || — M. Lo que sirve para envasar.

envasar v. t. Poner, meter algo en recipientes adecuados.

envase m. Acción y efecto de envasar : *envase de gas butano.* || Recipiente : *envase de materia plástica.*

envejecer v. t. Hacer viejo : *los disgustos le envejecieron antes de tiempo.* || Hacer parecer más viejo de lo que uno es : *este traje te envejece.* || — V. i. Hacerse viejo (ú. t. c. pr.).

envejecido, da adj. Que se ha vuelto viejo.

envejecimiento m. Acción y efecto de envejecer.

envenenador, ra adj. y s. Que envenena.

envenenamiento m. Acción y efecto de envenenar o envenenarse.

envenenar v. t. Provocar la muerte o enfermedad por la ingestión de veneno : *el traidor envenenó al rey.* || Poner veneno en algo : *envenenar un alimento, una flecha.* || Fig. Amargar : *este hijo me envenena la existencia.* | Encona : *envenenar una discusión.*

envergadura f. Mar. Ancho de una vela. || Ancho de las alas extendidas de las aves. || Ancho de las alas de un avión. || Fig. Importancia.

envergar v. t. Mar. Sujetar las velas a las vergas.

envés m. Revés.

enviado, da m. y f. Persona enviada a un sitio para cumplir una misión. || Mensajero. || *Enviado especial de prensa o radio,* encargado de un reportaje especial. || *Enviado extraordinario,* ministro plenipotenciario.

enviar v. t. Mandar, hacer que llegue algo o alguien a otra parte : *enviar a su hijo a Inglaterra.* || Fam. *Enviar a paseo,* despedir de muy mala manera.

enviciar v. t. Corromper con un vicio. Ú. t. c. pr. : *enviciarse con el contacto de las malas compañías.* || — V. pr. Aficionarse con exceso.

enviudar v. t. Hacer viudo.

envidia f. Deseo del bien ajeno.

envidiable adj. Digno de ser deseado : *salud, suerte envidiable.*

envidiar v. t. Tener envidia. || Fig. Desear algo lícito.

envidioso, sa adj. y s. Que tiene envidia.

Envigado, c. de Colombia (Antioquia).

envilecedor, ra adj. Que envilece.

envilecer v. t. Hacer vil y despreciable : *la cobardía envilece al hombre.* || Quitar la honra y estimación a uno : *esta acción le ha envilecido.* || — V. pr. Degradarse, perder su dignidad.

---

envilecimiento m. Bajeza. || Deshonra. || Degradación.

envío m. Acción de enviar. || Cosa enviada. || *Com.* Remesa.

envite m. Apuesta que se añade a la ordinaria en ciertos juegos de naipes. || Fig. Ofrecimiento. || *Al primer envite,* de buenas a primeras.

enviudar v. i. Quedar viudo o viuda : *enviudó cuando era aún muy joven.*

envoltorio m. Lío, paquete. || Cosa para envolver.

envoltura f. Lo que envuelve.

envolvente adj. Que envuelve : *movimiento envolvente.* || — F. Línea que envuelve a otra línea.

envolver v. t. Cubrir completamente : *envolver un paquete en un papel* (ú. t. c. pr.). || Recubrir : *envolver un medicamento con chocolate.* || Fig. Ocultar, disimular. | Complicar en un asunto (ú. t. c. pr.). | Enrollar : *envolver hilo en un carrete.* || Mil. Rebasar las líneas del enemigo para atacar por todos los lados. || Méx. Liar a alguien, embaucar.

envuelto m. Méx. Tortilla de maíz guisada y arrollada.

enyantar v. t. Arg. lunf. Comer.

enyerbar v. t. Méx. Hechizar, dar chamico. || — V. i. Amer. Envenenarse un animal por comer hierba. || — V. pr. Amer. Llenarse de malezas.

enyesado m. Escayolado.

enyesar v. t. Cubrir con yeso. | Aplicar, poner un vendaje cubierto con yeso : *enyesar una pierna rota.*

enzarzar v. t. Cubrir con zarzas. | Poner zarzos para los gusanos de seda. || Fig. Malquistar. || — V. pr. Enredarse en las zarzas, matorrales, etc. || Fig. Meterse en malos negocios. | Enredarse : *enzarzarse en una disputa, en una conversación.* | Pelearse.

enzima f. Quím. Sustancia orgánica que actúa como catalizador en los procesos de metabolismo.

enzootia f. Veter. Epidemia local que ataca a uno o más especies.

eñe f. Nombre de la letra ñ.

eoceno m. Geol. Primer período de la era terciaria. || — Adj. Relativo a los terrenos de aquella época.

Eolia o **Eólida,** ant. región del SO. de Asia Menor, entre Tróade y Jonia.

Eolias o **Lípari,** archip. volcánico del mar Tirreno (Italia), al N. de Sicilia, que comprende las islas Lípari, Vulcano, Salina, Alicudi, Filicudi, Panarea y Strómboli.

eolio, lia adj. Relativo a Eolo. || — Adj. y s. De Eólida o Eolia (Asia).

Eolo, dios de los Vientos, hijo de Zeus. (Mit.)

epacigüil m. Planta euforbiácea de México cuyas semillas se emplean como purgante.

Epaminondas, general de Tebas (¿ 418 ?-362 a. de J. C.), vencedor de los lacedemonios en Leuctra (371) y Mantinea, donde murió.

epatar v. t. Galicismo por sorprender.

epazote m. Planta herbácea de México que se usa como condimento.

Epecuén o **Carhué,** laguna salada del E. de la Argentina (Buenos Aires).

Epernay [né], c. del NE. de Francia (Marne), a orillas del Marne. Vinos de champaña.

épica f. Poesía épica.

epicardio m. Membrana serosa que cubre el corazón.

epicarpio m. Película que cubre el fruto de las plantas.

epiceno adj. Gram. Dícese del género de las palabras que tienen una sola forma para el macho y la hembra, v. gr. : *águila, lince, ardilla, perdiz, milano.*

epicentro m. Geol. Punto de la superficie terrestre a partir del cual se propagan los movimientos sísmicos : *el epicentro de un terremoto.* || Fig. Punto central.

epiciclo m. Astr. Círculo que se suponía descrito por un planeta alrededor de un centro que se movía en otro círculo mayor.

épico, ca adj. Que relata epopeyas : *poesía épica.* || Propio de la epopeya : *estilo épico.* || Cultivador del género épico : *poeta épico.* || Fig. Extraordinario.

Epicteto, filósofo estoico griego del s. I. Su discípulo Flavio Arriano dio

---

a conocer su doctrina en las obras *Manual* o *Enquiridión* y *Coloquios.*

epicureísmo m. Filosofía de Epicuro. || Fig. Búsqueda del placer exento de todo dolor.

epicúreo, a adj. De Epicuro : *filosofía epicúrea.* || — Adj. y s. Seguidor de la filosofía de Epicuro. || Fig. Que sólo busca el placer.

Epicuro, filósofo griego (341-270 a. de J. C.). Enseñaba que el fin supremo del hombre es el placer.

Epidauro, c. de la antigua Grecia (Argólida), a orillas del mar Egeo.

epidemia f. Enfermedad que afecta transitoriamente a muchas personas en un sitio determinado : *epidemia de gripe.* || Fig. Cosa que se produce al mismo tiempo en muchos sitios.

epidémico, ca adj. De la epidemia.

epidérmico, ca adj. De la epidermis : *tejido epidérmico.* || Fig. Reacción epidérmica, actitud del que reacciona inmediatamente y con fuerza ante una crítica o un disgusto.

epidermis f. Anat. Membrana epitelial que envuelve el cuerpo.

epifanía f. Festividad de la adoración de los Reyes Magos (6 de enero).

epífisis f. Anat. Parte terminal de un hueso largo. || Pequeño órgano nervioso y glandular situado en el encéfalo, entre los hemisferios cerebrales y el cerebelo.

epigástrico, ca adj. Del epigastrio.

epigastrio m. Anat. Parte superior del abdomen.

epiglotis f. Anat. Cartílago que cierra la glotis durante la deglución.

epígono m. El que sigue las huellas o enseñanzas de alguien.

epígrafe m. Cita o sentencia a la cabeza de una obra o capítulo. || Resumen que se pone a veces al principio de un capítulo. || Título, rótulo. || Inscripción sobre un edificio.

epigrafía f. Ciencia que estudia las inscripciones.

epigrama m. Composición poética satírica.

epigramático, ca adj. Parecido al epigrama.

Epila, v. al NE. de España (Zaragoza).

epilepsia f. Med. Enfermedad crónica, caracterizada por crisis convulsivas con pérdida del conocimiento, debida a la excitación simultánea de un grupo o de la totalidad de las células cerebrales.

epiléptico, ca adj. Med. Que padece epilepsia (ú. t. c. s.). || De la epilepsia : *crisis epilépticas.*

epilogar v. t. Resumir, compendiar. || Recapitular.

epílogo m. Conclusión de una obra literaria. || Resumen, compendio. || Recapitulación. || Fig. Final.

Epimeteo, hermano de Prometeo y esposo de Pandora. (Mit.)

Epinal, c. del NE. de Francia, cap. del dep. de los Vosgos, a orillas del Mosela.

epinicio m. Canto de victoria.

Epiro, región montañosa griega en la península de los Balcanes.

episcopado m. Dignidad de obispo. || Época y duración del gobierno de un obispo. || Conjunto de los obispos.

episcopal adj. Del obispo : *palacio episcopal.* || — M. Ritual de los obispos. || *Iglesia episcopal,* iglesia anglicana que conserva el episcopado.

episódico, ca adj. Que sólo constituye un episodio. || Circunstancial.

episodio m. Acción secundaria relacionada con la principal en una composición literaria. || Circunstancia que forma parte de una serie de acontecimientos que constituyen un todo : *un episodio de la guerra mundial.* || División de la acción dramática : *película de episodios.*

Episodios Nacionales, colección de novelas históricas de B. Pérez Galdós en 46 volúmenes.

epístola f. Carta. || Discurso escrito : *las epístolas de los apóstoles.* || Composición poética en forma de carta : *las epístolas de Horacio.* || Liturg. Parte de la misa, antes del gradual.

epistolar adj. Relativo a las cartas : *tuvimos relaciones epistolares.*

epistolario m. Colección de cartas de un autor. || Libro litúrgico que contiene las epístolas de la misa.

epitafio m. Inscripción funeraria.

EN

227

epitalamio m. Poema en loor de una boda.

epitelial adj. Del epitelio.

epitelio m. *Anat.* Tejido celular que cubre el cuerpo, las cavidades internas y los órganos.

epitelioma m. *Med.* Tumor canceroso de origen epitelial.

epíteto adj. Dícese de la función de un adjetivo que califica un sustantivo sin que haya cópula verbal (ú. t. c. s. m.). ‖ — M. Calificativo aplicado a alguien o a algo. ‖ Calificativo ofensivo, injurioso.

epítome m. Resumen o compendio de una obra extensa.

época f. Momento determinado en el tiempo : *la época de la Primera Cruzada, del reinado de Felipe II, de la siembra.* ‖ Período geológico : *la época terciaria.* ‖ *Fig.* Hacer época, dejar un recuerdo duradero.

epónimo, ma adj. Que da su nombre a un pueblo, a una época (ú. t. c. s. m.).

epopeya f. Poema extenso que relata hechos heroicos, como *La Ilíada, La Eneida, Los Lusiadas, La Cristiada.* ‖ *Fig.* Serie de sucesos heroicos : *la epopeya americana.* ‖ Empresa difícil.

épsilon f. Nombre de la e breve griega.

Epsom, c. de Gran Bretaña al SE. de Inglaterra (Surrey). Célebres carreras hípicas (el *Derby*).

Epunamún, dios de la Guerra entre los araucanos.

Epuyén, pobl. en el sur de la Argentina (Chubut). Carbón.

equiángulo, la adj. *Geom.* Dícese de figuras y sólidos cuyos ángulos son iguales entre sí.

equidad f. Justicia.

equidistancia f. Igualdad de distancia entre varios puntos u objetos.

equidistante adj. Situado a igual distancia.

equidistar v. i. Estar a igual distancia.

équidos m. pl. Aplícase a los animales de la familia de los caballos, asnos, cebras : *los équidos tienen las patas terminadas por un solo dedo con pezuña* (ú. t. c. s. m. adj.).

equilátero, ra adj. *Geom.* Aplícase a las figuras cuyos lados son todos iguales entre sí (ú. t. c. s. m.).

equilibrado, da adj. *Fig.* Sensato, ecuánime.

equilibrar v. t. Poner en equilibrio : *equilibrar un peso, dos fuerzas opuestas.* ‖ *Fig.* Armonizar, proporcionar : *equilibrar las partes de un discurso.*

equilibrio m. Estado de reposo de un cuerpo sometido a dos fuerzas que se contrarrestan : *el equilibrio de la balanza.* ‖ Posición vertical o estable del cuerpo humano : *me caí al perder el equilibrio.* ‖ *Fig.* Armonía, proporción : *el equilibrio de las fuerzas militares.* ‖ Combinación ajustada de los varios elementos de un todo : *equilibrio político.* ‖ Moderación, Ponderación, sensatez. ‖ — *Equilibrio económico,* situación de un país o de un grupo de países caracterizada por la igualdad entre la oferta y la demanda en el mercado comercial, de los capitales, de la producción laboral, y por una tendencia al retorno a la estabilidad y, a veces, por la interdependencia de diferentes mercados. ‖ *Fig.* Hacer equilibrios, hacer con maña algo muy difícil.

equilibrismo m. Arte del equilibrista.

equilibrista com. Artista que hace ejercicios acrobáticos consistentes en mantenerse en equilibrio.

equimosis f. Cardenal, mancha producida en la piel por un golpe.

equino, na adj. Relativo al caballo.

equinoccial adj. Del equinoccio.

equinoccio m. *Astr.* Momento del año en que el día y la noche tienen la misma duración.

— Hay dos equinoccios, el de primavera (20 ó 21 de marzo en el hemisferio norte y 22 ó 23 de septiembre en el hemisferio sur) y el de otoño (22 ó 23 de septiembre en el hemisferio norte y 20 ó 21 de marzo en el hemisferio sur).

equinodermo adj. Dícese de los animales marinos radiados de piel espinosa, como el erizo (ú. t. c. s. m.).

equipaje m. Conjunto de maletas y demás objetos que se llevan en los viajes. ‖ *Mar.* Tripulación.

equipamiento m. Equipo, material.

equipar v. t. Proveer de todo lo necesario : *nos equipamos de lo necesario para el invierno.*

equiparable adj. Comparable.

equiparación f. Comparación. ‖ Adaptación, adecuación.

equiparar v. t. Comparar dos cosas o personas, considerándolas iguales o equivalentes : *equiparar Alejandro con (o a) César.* ‖ Adaptar, adecuar.

equipo m. Acción y efecto de equipar. ‖ Lo que sirve para equipar, accesorios necesarios para determinado fin : *equipo eléctrico, quirúrgico.* ‖ Conjunto de ropas u otras cosas para uso personal : *equipo de novia, de colegial, de soldado.* ‖ Conjunto de personas que efectúan un mismo trabajo : *equipo de colaboradores.* ‖ Grupo de jugadores que compiten siempre juntos contra otros : *un equipo de fútbol.* ‖ Sistema de reproducción del sonido constituido por un tocadiscos, un amplificador y pantallas acústicas.

equiponderar v. i. Tener una cosa igual peso que otra.

equis f. Nombre de la letra x. ‖ Representación de la incógnita en los cálculos. ‖ Cantidad desconocida o indiferente : *hace x años que le vi.*

equitación f. Arte de montar a caballo. ‖ Ejercicio de montar a caballo. ‖ Deporte practicado montando a caballo.

equitativo, va adj. Con equidad.

equivalencia f. Igualdad en el valor.

equivalente adj. Igual, que tiene el mismo valor. ‖ *Geom.* Aplícase a las figuras y sólidos que tienen igual área o volumen y distinta forma. ‖ — M. Lo que equivale a otra cosa. ‖ Término o expresión que sustituye a otro de sentido parecido.

equivaler v. i. Tener el mismo valor una cosa que otra : *en música una blanca equivale a dos negras.* ‖ *Fig.* Significar : *esta contestación equivale a una negativa.*

equivocación f. Error.

equivocar v. t. Tomar, decir o hacer una cosa por otra. Ú. m. c. pr. : *equivocarse de nombre.* ‖ Incurrir en error. Ú. m. c. pr. : *equivocarse en un cálculo.*

equívoco, ca adj. De doble sentido, ambiguo. ‖ *Fig.* Sospechoso : *individuo equívoco.* ‖ — M. Palabra que se aplica a varias cosas, como *cáncer* (signo zodiacal y también enfermedad). ‖ Confusión, mala interpretación. ‖ Situación, expresión que son poco claras.

Er, símbolo químico del *erbio.*

era f. Fecha determinada a partir de la cual se cuentan los años : *era cristiana.* ‖ *Fig.* Época, período : *una era de prosperidad.* ‖ Lugar descubierto donde se trillan las mieses. ‖ Sitio donde se aparta el carbón en las minas. ‖ — *Era cristiana,* la que empieza con el nacimiento de Cristo. ‖ *Era de la hégira* o *musulmana,* la comenzada en 622. ‖ *Era geológica,* cada una de las cuatro grandes divisiones de la historia de la Tierra (*era primaria, secundaria, terciaria y cuaternaria*).

eral, la m. y f. Res vacuna entre uno y dos años.

erario m. Tesoro público.

erasmismo m. Doctrina filosófica de Erasmo.

erasmista adj. Partidario del erasmismo (ú. t. c. s.).

Erasmo (Desiderius), humanista holandés, n. en Rotterdam (¿ 1469 ?-1536), autor de *Adagios, Coloquios* y *Elogio de la locura.*

Erato, musa de la Poesía elegiaca.

Eratóstenes, astrónomo, matemático y filósofo griego (¿ 284-195 ? a. de J. C.). Fue el primero en medir el meridiano terrestre.

Erauso (Catalina de), religiosa española, la Monja Alférez, n. en San Sebastián (1592-1635). Se fugó del convento donde profesaba y, vestida de hombre, pasó a América (Perú, Chile y México). Sirvió como soldado, y por valor ascendió a alférez.

Erbil. V. ARBELAS.

erbio m. Metal raro de número atómico 68 (Er).

Ercilla, c. del centro de Chile en la IX Región (Araucanía) y en la prov. de Malleco, cap. de la com. de su n.

Ercilla y Zúñiga (Alonso de), poeta épico y militar español, n. en Madrid (1533-1594), que describió la conquista española de Chile en *La Araucana,* poema en cuyos cantos exalta la nobleza de los caudillos indígenas.

ere f. Nombre de la letra r suave.

Erebo, región tenebrosa bajo la Tierra encima del Infierno. (*Mit.*)

Erebus o **Erebo,** volcán en la Antártida en la isla de Ross ; 3 794 m.

erección f. Construcción : *erección de un templo.* ‖ Fundación, institución : *la erección del tribunal.* ‖ Hinchazón de un órgano causada por la afluencia de sangre.

Erecteón, templo de la Acrópolis de Atenas (s. V a. de J. C.).

eréctil adj. Que tiene la facultad de erguirse o de ponerse rígido.

erectilidad f. Calidad de eréctil.

erecto, ta adj. Erguido. ‖ Rígido.

Eregli. V. HERACLEA.

eremita com. Ermitaño.

eremítico, ca adj. Del eremita.

Eresma, río en el centro de España, afl. del Adaja y del Duero, que pasa por Segovia ; 150 km.

Erevan. V. ERIVÁN.

Erfurt, c. de Alemania Oriental. Catedral. Ant. cap. de Turingia.

erg m. Ergio.

ergio m. Unidad de trabajo en el sistema cegesimal.

ergo conj. Lat. Por tanto.

ergotizar v. i. Abusar de la argumentación silogística.

erguimiento m. Acción y efecto de erguir o erguirse.

erguir v. t. Levantar y poner derecha una cosa : *erguir la cabeza, el cuello.* ‖ — V. pr. Enderezarse. ‖ Ponerse de pie. ‖ *Fig.* Alzarse : *la montaña se yergue a lo lejos.* ‖ *Fig.* Engreírse.

erial adj. Aplícase a la tierra sin labrar. ‖ — M. Terreno sin cultivar.

ericáceas f. pl. Familia de dicotiledóneas cuyo tipo es el brezo común (ú. t. c. adj.).

Erico el Rojo, explorador noruego (¿ 940-1010 ?), que descubrió Groenlandia hacia 982.

Erie, uno de los grandes lagos de los Estados Unidos y Canadá, entre los de Hudson y Ontario : 25 000 km². Se une al Hudson por el canal de Erie. — C. del NE. de los Estados Unidos, puerto en el lago del mismo nombre (Pensilvania). Industrias.

Erígena (Juan ESCOTO). V. ESCOTO.

erigir v. t. Construir, levantar : *erigir un edificio.* ‖ Instituir. ‖ Dar a algo o a alguien un carácter que antes no tenía : *erigir un territorio en provincia.* ‖ — V. pr. Atribuirse una función : *erigirse en dictador, en juez.*

Erin, n. poético de Irlanda.

Erinias y **Euménides,** nombres de unas diosas griegas identificadas con las Furias romanas.

erisipela f. *Med.* Enfermedad infecciosa caracterizada por una inflamación cutánea superficial.

eritema m. *Med.* Inflamación superficial de la piel, caracterizada por manchas rojas.

Eritrea, región de África oriental que forma una prov. del reino de Etiopía ; 124 300 km² ; 2 100 000 h. Cap. Asmara. De 1890 hasta la segunda guerra mundial fue colonia italiana, después estuvo administrada por Gran Bretaña hasta 1952.

Eritreo (Mar), nombre que se dio al mar Rojo, al golfo Pérsico y a .a parte NO. del océano Índico.

eritrocito m. Glóbulo rojo.

Eriván, c. en el SO. de la U. R. S. S., cap. de la Rep. de Armenia.

erizado, da adj. *Fig.* Lleno : *problema erizado de dificultades.*

erizamiento m. Acción y efecto de erizar o erizarse.

erizar v. t. Poner rígido. Ú. m. c. pr. : *erizarse el pelo.* ‖ Armar de púas o pinchos. ‖ *Fig.* Poner obstáculos.

erizo m. Mamífero roedor cuyo cuerpo está cubierto de púas. ‖ Planta papilionácea muy espinosa. ‖ Envoltura espinosa de la castaña. ‖ *Fig.* y *fam.* Persona huraña y arisca. ‖ Puntas de hierro que se ponen como defensa en las tapias y murallas. ‖ *Erizo de mar,* equinodermo globoso, de caparazón cubierto de púas.

Erlangen, c. de Alemania Occidental (Baviera). Universidad.

ermita f. Santuario o capilla fuera de una población.

Ermita o **Ermitage** *(Palacio y Museo de la),* palacio construido por Catalina II en San Petersburgo (Leningrado), actualmente museo.

ermitaño m. Persona que vive en la ermita y cuida de ella. ‖ Religioso que vive solitario. ‖ *Fig.* Persona que vive aislada de todos. ‖ Cangrejo marino que se aloja en la concha de otros moluscos.

Ermua, v. en el norte de España (Vizcaya). Industrias.

Ernst (Max), pintor francés de origen alemán (1891-1976), que ha seguido las tendencias dadaísta y surrealista.

erogar v. t. Distribuir.

erógeno, na adj. Sensible a la excitación sensual.

Eros, dios griego del Amor.

erosión f. Desgaste producido en un cuerpo por el roce de otro. ‖ Destrucción lenta causada por algún agente físico : *erosión fluvial.* ‖ Herida producida por el roce continuo de algo. ‖ *Fig.* Deterioro lento y continuo. ‖ *Fig. Erosión monetaria,* disminución progresiva del poder adquisitivo de una moneda.

erosionar v. t. Producir erosión. ‖ *Fig.* Desgastar, deteriorar.

erosivo, va adj. Que erosiona.

erótico, ca adj. Relativo al amor carnal. ‖ De asunto amoroso : *poesías eróticas.* ‖ Licencioso.

erotismo m. Amor sensual. ‖ Calidad de erótico.

erotomanía f. Enajenación mental caracterizada por un delirio erótico.

erotómano, na adj. y s. Que sufre erotomanía.

erque m. *Arg.* y *Bol.* Instrumento musical indígena, de viento, hecho con una caña de tres metros de largo.

erquencho m. *Arg.* y *Bol.* Instrumento musical de viento hecho, por los indígenas, con un asta de vacuno.

errabundo, da adj. Vagabundo.

erradicación f. Extirpación. ‖ Supresión radical.

erradicar v. t. Arrancar de raíz. ‖ Suprimir radicalmente.

errado, da adj. Equivocado. ‖ Que no alcanza su meta : *tiro errado.*

erraj m. Carbón hecho con huesos de aceituna.

errante adj. Vagabundo.

errar v. t. No acertar : *errar el tiro, el golpe.* ‖ Equivocarse : *errar la vocación.* ‖ — V. i. Vagar. ‖ *Fig.* Divagar el pensamiento, la imaginación, la atención. ‖ Equivocarse : *errar es humano.*

errata f. Falta que se ha dejado en un impreso. ‖ *Fe de erratas,* lista de las faltas cometidas.

Errázuriz (Fernando), político chileno (1777-1841), miembro de la Junta Gubernativa de 1823 y pres. provisional de la Rep. en 1831. ‖ ~ **Echaurren** (FEDERICO), político chileno (1850-1901), pres. de la Rep. de 1896 a 1901. ‖ ~ **Zañartu** (FEDERICO), político chileno (1825-1877), pres. de la Rep. de 1871 a 1876.

erre f. Nombre de la letra r fuerte. ‖ *Erre que erre,* tercamente.

Er-Riad V. RIAD (Er-).

erróneo, a adj. Equivocado.

error m. Idea falsa o equivocada : *incurrir en error.* ‖ Conducta reprobable : *perseverar en el error.* ‖ Desacierto : *fue un error actuar de esta manera.* ‖ *Fig.* Falta.

eructar v. i. Expeler con ruido por la boca los gases del estómago.

eructo m. Acción de eructar.

erudición f. Conocimientos amplios en una o varias materias.

erudito, ta adj. y s. Que tiene amplios conocimientos, que demuestra erudición. ‖ *Fam. Erudito a la violeta,* el que tiene unos conocimientos muy superficiales.

erupción f. Salida repentina y violenta de alguna materia contenida en las profundidades de la Tierra : *la erupción de un volcán.* ‖ *Med.* Aparición de granos, etc., en la piel.

eruptivo, va adj. Producido por la

erupción volcánica : *rocas eruptivas.* ‖ Que va acompañado de erupción.

Ervigio, rey hispanovisigodo (680-687), sucesor de Wamba.

Erzberg, monte al este de Austria (Estiria) ; 1 534 m. Hierro.

Erzerum o **Erzurum,** c. de Turquía oriental, cap. de la prov. homónima.

Erzgebirge o **Montes Métalicos,** en checo *Krusne Hory,* montañas en la frontera de Alemania Oriental y de Checoslovaquia (Bohemia).

Esaú, hijo de Isaac y de Rebeca, hermano mayor de Jacob, a quien vendió por un plato de lentejas su derecho de primogenitura. *(Biblia.)*

Esauira, ant. *Mogador,* c. y puerto del O. de Marruecos (Marrakech).

esbeltez f. Cualidad de esbelto.

esbelto, ta adj. Alto, delgado y de buen porte. ‖ Hermoso, bello.

esbirro m. Alguacil. ‖ El que obliga a hacer ejecutar las órdenes de una autoridad. ‖ *Fig.* Individuo encargado de proteger de cualquier manera la vida del que le paga. ‖ Subalterno que acepta ciegamente las órdenes de su superior.

Esbjerg, c. y puerto al O. de Dinamarca (Jutlandia). Pesca. Conservas.

esbozar v. t. Bosquejar : *esbozar un lápiz.* ‖ Empezar a hacer : *esbozó una sonrisa.*

esbozo m. Bosquejo, boceto.

escabechar v. t. Poner en escabeche. ‖ *Fam.* Matar : *le escabechó al volver la esquina.* ‖ Suspender en un examen : *fue escabechado en física.*

escabeche m. Salsa de vinagre, aceite, sal, laurel y otros ingredientes en que se conservan pescados o carnes : *atún en escabeche.* ‖ Carne o pescado escabechado.

escabechina f. *Fig.* Destrozo : *hacer una escabechina.* ‖ Abundancia de suspensos en un examen.

escabel m. Asiento sin respaldo. ‖ Taburete para los pies.

escabrosidad f. Desigualdad, aspereza. ‖ Lo que es escabroso.

escabroso, sa adj. Desigual, lleno de asperezas : *un terreno escabroso.* ‖ *Fig.* Difícil : *asunto escabroso.* ‖ Peligroso, resbaladizo : *conversación escabrosa.* ‖ Al borde de lo obsceno : *novela escabrosa.* ‖ Áspero, intratable.

escabullirse v. pr. Escaparse.

escacharrar v. t. Romper un cacharro. ‖ *Fig.* Estropear, destrozar.

escachifollar v. t. *Fam.* Romper. ‖ Estropear.

escafandra f. Aparato hermético de los buzos provisto de un dispositivo para renovar el aire.

escafoides m. *Anat.* Aplícase a uno de los huesos del carpo y del tarso (ú. t. c. s. m.).

escagüil m. *Méx.* Escagüite.

escagüite m. *Méx.* Árbol euforbiáceo cuya corteza tiene tanino y produce un tinte rojo y un jugo empleado en algunas medicinas.

escala f. Escalera de mano. ‖ Serie de cosas ordenadas según cierto criterio : *escala de colores, de los sonidos.* ‖ Puerto o aeropuerto donde toca una embarcación o un avión : *hacer escala en Buenos Aires.* ‖ *Fís.* Graduación de un instrumento de medida : *escala barométrica, termométrica.* ‖ Relación que existe entre una dimensión y su representación en un plano o mapa. ‖ Línea dividida en partes iguales que representa esta relación. ‖ *Mil.* Escalafón : *escala cerrada, de reserva.* ‖ *Mús.* Sucesión de las siete notas : *escala musical.* ‖ *Fig.* Orden de magnitud : *problema que se plantea a escala internacional.* ‖ — En gran escala, de mucha importancia. ‖ *Escala móvil,* sistema de fijación de los salarios en función de los precios.

escalada f. Acción y efecto de escalar. ‖ *Mil.* Progresión en el empleo de armas estratégicas que motiva la agravación de un conflicto bélico. ‖ Progresión, intensificación : *escalada del terrorismo, de los precios.*

escalador, ra adj. y s. Que escala. ‖ — M. Ciclista que sube bien las pendientes de una montaña.

escalafón m. Lista de los individuos de un cuerpo, clasificados según su categoría, antigüedad, etc. ‖ Grado.

escalamiento m. Acción y efecto de escalar.

Escalante, río al NO. de Venezuela, en los Est. de Mérida y Zulia, que des. en el lago Maracaibo ; 123 km. — Dep. al sur de la Argentina (Chubut), cab. *Comodoro Rivadavia.*

Escalante (Constantino), dibujante mexicano (1836-1868) cuyas caricaturas contribuyeron a la lucha contra el emperador Maximiliano. ‖ ~ (JUAN ANTONIO), pintor religioso español (1630-1670). ‖ ~ (JUAN DE), conquistador español, m. en 1519, compañero de Cortés en México.

escalar v. t. Subir y pasar por encima de algo : *escalar un muro.* ‖ Trepar, ascender : *escalar una montaña.* ‖ Entrar en un sitio valiéndose de escalas. ‖ Introducirse con violencia en una parte : *escalar una casa.* ‖ *Fig.* Alcanzar una posición elevada.

Escalda, río del O. de Europa (Francia, Bélgica y Holanda), que des. en el mar del Norte ; 400 km.

escaldado, da adj. *Fig.* y *fam.* Escarmentado.

escaldadura f. Acción de escaldar.

escaldar v. t. Sumergir o limpiar en agua hirviendo : *escaldar la verdura antes de cocerla.* ‖ Poner al rojo : *escaldar el hierro.* ‖ *Fig.* Hacer sufrir un desengaño y escarmentar. ‖ — V. pr. Escocerse la piel.

escaleno adj. m. *Geom.* Aplícase al triángulo que tiene sus tres lados desiguales (ú. t. c. s. m.).

escalera f. Serie de escalones que sirve para subir o bajar a algo situado a dos niveles distintos. ‖ Sucesión de cartas de valor correlativo : *escalera al rey, de color, máxima.* ‖ — *Fig. De escalera abajo,* de situación inferior. ‖ *Escalera de mano,* utensilio portátil formado por dos largueros unidos por travesaños paralelos entre sí que sirve para subir a un sitio elevado. ‖ *Escalera de tijera,* la compuesta de dos de manos unidas por bisagras. ‖ *Escalera mecánica* o *automática,* la de peldaños movidos por un mecanismo eléctrico, utilizada en estaciones, almacenes y otros lugares.

Escalera (José Nicolás de la), pintor y muralista cubano (1734-1804).

escalerilla f. Escalera de pocos escalones. ‖ Pasarela de un avión.

escalfar v. t. Echar en agua hirviendo los huevos sin cáscara.

escalinata f. Escalera amplia de piedra en la entrada de un edificio.

escalo m. Acción y efecto de escalar : *robo con escalo.*

escalofriante adj. Que produce escalofrío.

escalofriar v. t. Aterrar, producir escalofríos.

escalofrío m. Estremecimiento con sensación de frío. ‖ Miedo, terror.

escalón m. Peldaño. ‖ *Fig.* Grado de un empleo o dignidad. ‖ Paso dado para adelantar la consecución de algo.

Escalón (Pedro José), político salvadoreño (1847-; 1907 ?), pres. de la Rep. de 1903 a 1907.

Escalona, v. en el centro de España (Toledo). Castillo gótico del s. XV.

escalonamiento m. Distribución en el tiempo.

escalonar v. t. Situar de trecho en trecho : *hizo escalonar las tropas* (ú. t. c. pr.). ‖ Distribuir en el tiempo : *escalonar los pagos.* ‖ Graduar.

escalope m. Filete delgado de carne, generalmente de ternera.

escalpar v. t. Separar del cráneo con un instrumento cortante.

escalpe y **escalpo** m. Cabellera arrancada con la piel que los pieles rojas conservaban como trofeo de guerra.

escalpelo m. Bisturí para disecciones anatómicas y autopsias.

escama f. Cada una de las laminillas que cubren la piel de los peces y ciertos reptiles. ‖ Lo que tiene forma parecida : *jabón de escamas.* ‖ Laminilla que se desprende de la piel. ‖ *Fig.* Recelo, desconfianza.

escamado, da adj. *Fam.* Desconfiado, receloso (ú. t. c. s.).

escamar v. t. Quitar las escamas a los peces. ‖ *Fig.* y *fam.* Volver desconfiado. ‖ Parecer sospechoso : *tanta solicitud me escama.* ‖ — V. pr. *Fam.* Desconfiar.

escamocha f. *Méx.* Sobras de la comida.

EP

229

escamol m. Méx. Ninfa de ciertas especies de hormigas que comen los indígenas. | Guiso que se hace con estas ninfas.

escamón, ona adj. y s. Escamado.

escamonda f. Acción y efecto de escamondar.

escamondadura f. Ramas inútiles que se quitan.

escamondar v. t. Limpiar los árboles de las ramas inútiles. || Fig. Quitar a una cosa lo superfluo. | Lavar, limpiar.

escamoso, sa adj. Cubierto de escamas. || Fig. Sospechoso.

escamotable adj. Que puede escamotearse.

escamotar v. t. Escamotear.

escamotear v. t. Hacer desaparecer un objeto sin que nadie se dé cuenta. | Fig. Robar sutilmente. | Eludir : escamotear la resolución de un asunto.

escamoteo m. Acción y efecto de escamotear.

escampada f. Momento corto en que deja de llover.

escampar v. impers. Dejar de llover.

escanciador, ra adj. Persona encargada de escanciar (ú. t. c. s.).

escanciar v. t. Servir el vino. — V. i. Beber vino.

escandalera f. Fam. Escándalo.

escandalizar v. t. Indignar, causar escándalo : su conducta escandalizó a todo el mundo. || Armar escándalo. || — V. pr. Mostrar indignación. || Encolerizarse, irritarse.

escándalo m. Acción que ofende a la moral. | Indignación provocada por una mala acción. || Alboroto, jaleo : escándalo nocturno.

escandaloso, sa adj. Que causa escándalo. || Ruidoso (ú. t. c. s.).

escandallar v. t. Mar. Sondear con el escandallo. || Com. Aplicar a una mercancía el procedimiento del escandallo.

escandallo m. Com. Fijación o determinación del precio de coste o de venta de una mercancía según los factores que la integran. || Fig. Prueba o ensayo de una cosa. || Mar. Sonda o plomada que sirve para reconocer la calidad del fondo del agua.

Escandinava (PENÍNSULA), península del N. de Europa rodeada por el mar Báltico, el mar del Norte y el océano Atlántico. Políticamente comprende los Estados de Suecia y Noruega.

Escandinavia, región septentrional de Europa formada por Noruega, Suecia y Dinamarca. Por sus analogías física y humana se suele incluir también a Finlandia en esta agrupación y, a veces, a Islandia.

escandinavo, va adj. y s. De Escandinavia.

escandio m. Cuerpo simple metálico (Sc), de número atómico 21.

escantillón m. Regla o plantilla para trazar las líneas y fijar las dimensiones labrar las piezas.

escaño m. Banco con respaldo. || Asiento en el Parlamento.

escapada f. Acción de escapar o escaparse. || Escapatoria.

escapamiento m. Escapada.

escapar v. i. Huir, salir de un sitio o lugar donde se estaba encerrado. Ú. t. c. pr. : se escapó por la azotea. | Librarse de un peligro : escapar de la muerte por milagro. | Ponerse fuera del alcance de algo : esta conducta escapa a mi humilde entender. | Irse apresuradamente. || — V. pr. Salirse un líquido o gas por algún resquicio. || Dejar salir un líquido o gas : la cacerola se escapa. || Soltarse algo que estaba sujeto. || No poder conseguir algo, perder : se me escapó una ocasión magnífica para hacerme rico. || Decir algo inadvertidamente, por descuido : se me escapó delante suya el mote que tiene. || Adelantar mucho un ciclista a los demás en una carrera.

escaparate m. Parte delantera de una tienda cerrada con cristales donde se exponen las mercancías.

escaparatista com. Decorador de escaparates.

escapatoria f. Acción y efecto de escaparse. || Fam. Evasiva, pretexto, salida para eludir algo.

escape m. Pérdida : un escape de gas. || Mec. Pieza que detiene la marcha de una máquina : el escape de un reloj. || Válvula que abre o cierra la salida de los gases en los automóviles. || Fig. Salida, solución : no tenemos escape. || Acción de escaparse. || A escape, a toda prisa.

escapismo m. Tendencia a evitar que no se quiere afrontar.

escapista adj. Relativo al escapismo : lleva una política escapista.

escápula f. Anat. Omóplato.

escapular adj. Relativo a la escápula, al omóplato.

escapulario m. Objeto de piedad, compuesto de dos trozos de tela reunidos con cintas, que se lleva sobre el pecho y la espalda.

escaque m. Casillas del tablero de ajedrez o damas.

escaqueado, da adj. Que forma escaques.

escara f. Costra en las llagas.

escarabajo m. Insecto coleóptero, de élitros lisos y cuerpo ovalado que se alimenta de estiércol. || Cualquier coleóptero de cuerpo ovalado y cabeza corta. || Fig. Defecto de los tejidos y de los cañones de artillería. | Fam. Persona pequeña y mal hecha. || — Pl. Fam. Garrapatos, letras mal formadas.

escaramuza f. Mil. Combate de poca importancia. || Fig. Riña, disputa.

escarapela f. Divisa compuesta de cintas de varios colores.

escarbadero m. Sitio donde escarban los animales.

escarbadientes m. inv. Mondadientes.

escarbar v. t. Remover la tierra ahondando algo : escarbar el toro la tierra. || Limpiar los dientes u oídos. || Remover la lumbre. || Fig. Investigar, intentar averiguar lo oculto : Registrar. | Hurgar.

escarcela f. Bolsa que pendía de la cintura. || Mochila del cazador.

escarceo m. Formación de pequeñas olas en los sitios donde hay corriente. || — Pl. Equit. Vueltas y caracoles que da el caballo. || Fig. Rodeos. | Divagaciones. | Primeros pasos : escarceos amorosos.

escarcha f. Rocío helado.

escarchado, da adj. Cubierto de escarcha. | Cubierto con azúcar cristalizado : fruta escarchada. || Dícese del aguardiente cuando se hace cristalizar azúcar en un ramo de anís dentro de la botella.

escarchar v. impers. Formarse escarcha en las noches frías. || — V. t. Preparar frutas y pasteles para que queden cubiertos de azúcar cristalizado. || Poner en el aguardiente un ramo de anís con azúcar. || Fig. Salpicar.

escarda f. Azada pequeña.

escardador, ra m. y f. Persona que escarda.

escardar v. t. Arrancar las malas hierbas de los campos cultivados.

escardilla f. Almocafre.

escardillar v. t. Escardar.

escardillo m. Instrumento para escardar.

escariador m. Herramienta para ensanchar o redondear taladros.

escariar v. t. Ensanchar y redondear un agujero con el escariador.

escarificación f. Med. Incisión poco profunda hecha en la piel.

escarificar v. t. Mullir la tierra. || Med. Hacer incisiones superficiales : escarificar la piel.

escarlata adj. inv. De color rojo subido. || — M. Este color, menos intenso que el grana.

escarlatina f. Enfermedad infecciosa, contagiosa y epidémica, que se manifiesta por la aparición de manchas rojas difusas en la piel.

escarmentado, da adj. y s. Que escarmentó.

escarmentar v. t. Castigar con severidad. || — V. i. Enmendarse con la experiencia propia o ajena.

escarmiento m. Lección, experiencia que hace escarmentar : esto le servirá de escarmiento. | Castigo, pena.

escarnecedor, ra adj. y s. Que escarnece.

escarnecer v. t. Ofender a uno burlándose de él, zaherir.

escarnecimiento y escarnio m. Burla que ofende, mofa.

escarola f. Achicoria.

escarpa f. Cuesta empinada.

escarpado, da adj. Muy empinado.

escarpadura f. Cuesta empinada.

escarpelo m. Escalpelo.

escarpia f. Alcayata, clavo acodado usado para colgar objetos.

escarpín m. Zapato descubierto y de suela muy fina : escarpines de charol. || Calzado interior. || Arg. Calcetín de un bebé.

escarzano adj. m. Arq. Aplícase al arco cuyo centro está situado más bajo que la línea de arranque.

escasez f. Insuficiencia : escasez de agua, de mano de obra. || Falta de productos alimenticios : año de escasez. || Tacañería, mezquindad : proveer a los gastos con escasez. | Pobreza : vivir con escasez.

escaso, sa adj. Insuficiente : la cena resultó escasa. || Poco abundante : escasa vegetación; escasos recursos. || No completo, falto de algo : un metro escaso de paño. || Poco : tiene escasas posibilidades de triunfar. | Tacaño. || Andar escaso de, estar falto de.

escatimar v. t. Dar con parsimonia, ser parco en : escatimar la comida. || Fig. Ahorrar : escatimar energías.

escatofagia f. Hábito de comer excrementos.

escatófago, ga adj. Aplícase a los animales que comen excrementos : el escarabajo es escatófago (ú. t. c. s.).

escatología f. Conjunto de creencias y doctrinas relativas a la vida de ultratumba. || Tratado de cosas excrementicias. || Literatura o broma relacionada con cosas sucias.

escatológico, ca adj. Relativo a las postrimerías de la muerte. || Referente a los excrementos y suciedades. | Indecente, grosero.

escaupil m. Vestido acolchado a modo de armadura que usaban los antiguos indios mexicanos.

escayola f. Yeso calcinado. || Estuco. || Vendaje endurecido con yeso que se pone para inmovilizar una parte del cuerpo en la que se ha roto un hueso o que se desea que no se mueva.

escayolar v. t. Inmovilizar un miembro roto con un vendaje endurecido con escayola.

escayolista com. Persona especializada en hacer molduras y otros adornos con escayola.

escena f. Escenario, parte del teatro donde se representa el espectáculo. || Conjunto de los decorados : cambio de escena. || Subdivisión de un acto : tercera escena del primer acto. || Fig. Arte dramático : tener vocación para la escena. | Suceso considerado como un espectáculo digno de atención : una escena commovedora. | Lugar de un suceso : la escena del asesinato. || — Fam. Hacer una escena, armar un escándalo. || Llevar a la escena, escoger como tema de una obra de teatro. || Poner en escena, llevar al teatro.

escenario m. Parte del teatro donde se representa el espectáculo : el escenario de la Ópera. || Sitio donde ruedan los interiores de una película. || Lugar donde se desarrolla una película. || Fig. Lugar de un suceso : el escenario de un crimen. | Ambiente, medio, circunstancias que rodean algo o a alguien.

escénico, ca adj. De la escena : representaciones escénicas. || Dirección escénica, dirección de la representación de una obra de teatro o de la toma de vistas de una película.

escenificación f. Disposición de la escena para representar una obra teatral o rodar una película.

escenificar v. t. Dar forma dramática a una obra o a un asunto para representarlo.

escenografía f. Arte de realizar los decorados. || Decorados escénicos.

escenográfico, ca adj. De la escenografía.

escenógrafo, fa m. y f. Autor de los decorados escénicos.

escepagüíl m. Méx. Escagüite.

escepticismo m. Doctrina filosófica que sostiene que el hombre es incapaz de alcanzar la verdad. || Duda, tendencia al no creer nada.

escéptico, ca adj. y s. Que profesa

el escepticismo : *filosofía escéptica.* ‖ Que duda de todo.

Escila, escollo del estrecho de Mesina, frente al torbellino de Caribdis (Sicilia).

escindir v. t. Dividir, separar. ‖ *Fís.* Romper un núcleo atómico en dos porciones iguales, con liberación de energía.

Escipión, n. de una familia patricia de la antigua Roma cuyos principales representantes fueron : ESCIPIÓN *el Africano* (236-183 a. de J. C.), que luchó en España en la segunda guerra púnica y derrotó a Aníbal en Zama en 202 a. de J. C., y ESCIPIÓN EMILIANO (185-129 a. de J. C.), vencedor de Numancia y destructor de Cartago en 146 a. de J. C.

Esciros. V. SKIROS.

escisión f. División.

escisionista adj. Separatista (ú. t. c. s.).

escita adj. y s. De Escitia.

Escitia, ant. región de Europa al N. del Ponto Euxino.

esclarecedor, ra adj. Que sirve para esclarecer.

esclarecer v. t. *Fig.* Aclarar, dilucidar, poner en claro : *esclarecer una cosa dudosa.* | Hacer famoso a uno : *varón esclarecido.*

esclarecido, da adj. Insigne.

esclarecimiento m. Aclaración.

esclavina f. Prenda de vestir de forma de capa muy corta.

esclavista adj. y s. Partidario de la esclavitud.

esclavitud f. Condición de esclavo : *la abolición de la esclavitud.* ‖ *Fig.* Sumisión a las pasiones, a una autoridad o poder tiránico, a algo que suprime la libertad.

esclavizar v. t. Someter a esclavitud. ‖ *Fig.* Oprimir, tiranizar : *esclavizar a cuantos le rodean.* | Dominar : *esta pasión le esclaviza.* | No dejar un momento libre : *su trabajo le esclaviza.*

esclavo, va adj. y s. Que está bajo la dependencia absoluta del que le compra o hace prisionero. ‖ *Fig.* Completamente dominado por una persona o cosa : *esclavo del tabaco.* | Enteramente sometido a una obligación : *esclavo de su deber.* | A la disposición de uno : *esclavo de sus amigos.* ‖ — F. Pulsera sin ningún adorno.

Esclavo (GRAN LAGO DEL), lago en el NO. del Canadá en el que desemboca el río del mismo nombre, parte del Mackenzie ; 27 800 km².

Esclavonia. V. ESLAVONIA.

Esclavos, río de Guatemala que des. en el océano Pacífico. ‖ — (COSTA DE LOS), ant. n. de la costa de África entre Benin y el O. de Nigeria.

esclerosar v. t. Producir esclerosis.

esclerosis f. *Med.* Endurecimiento patológico de los tejidos o de los órganos. ‖ *Esclerosis múltiple* o *en placas,* enfermedad de la sustancia blanca del sistema nervioso, caracterizada por múltiples focos de esclerosis, que provoca trastornos nerviosos.

esclerótica f. *Anat.* Membrana dura y blanca, que cubre el globo del ojo, salvo la córnea transparente.

esclerotizar v. t. Esclerosar.

esclusa f. Recinto en un canal de navegación con puertas movibles de entrada y salida que se pueden cerrar y abrir según se quiera contener las aguas o dejarlas correr. ‖ Esta puerta.

escoba f. Utensilio para barrer constituido por un cepillo empalmado con un mango o por un manojo de palmas, de crin o de otra cosa atado a un palo.

escobajo m. Escoba vieja. ‖ Raspa del racimo sin uvas.

escobar v. t. *Cub.* y *Méx.* Sostener, apuntalar. ‖ — V. pr. *Cub.* y *Méx.* Vivir a costa de otro.

Escobar (Arcesio), escritor y poeta romántico colombiano (1832-1867). ‖ ~ (ELOY), poeta venezolano (1829-1889), autor del drama *Nicolás Rienzi.* ‖ ~ (LUIS ANTONIO), compositor colombiano, n. en 1925. ‖ ~ (PATRICIO), general paraguayo, m. en 1912, que luchó en la guerra de la Triple Alianza. Pres. de la Rep. de 1886 a 1890. ‖ ~ **Velado** (OSWALDO), poeta social salvadoreño (1919-1961).

escobazo m. Golpe de escoba. ‖ Barrido ligero. ‖ *Fam. Echar a escobazos,* despedir a alguien de mala manera.

Escobedo (Juan de), político español (¿ 1530 ?-1578), asesinado en Madrid, al parecer, por orden de Antonio Pérez. ‖ ~ (MARIANO), general y político mexicano (1827-1902), defensor de la Reforma liberal. ‖ ~ **y Aguilar** (PEDRO), médico mexicano (1798-1844), autor de una *Farmacopea mexicana.*

escobén m. *Mar.* Agujero situado en la proa del barco para dar paso a las cadenas del ancla.

escobilla f. Escoba pequeña. ‖ Cepillo para la ropa. ‖ *Bot.* Especie de brezo usado para hacer escobas. ‖ *Electr.* Pieza conductora, generalmente de cobre o de carbón aglomerado, con la cual se establece el contacto entre un órgano fijo y otro móvil en los motores eléctricos.

escobón m. Escoba.

escocedura f. Irritación de la piel. ‖ Sensación de quemadura, escozor.

escocer v. i. Causar una sensación parecida a una quemadura : *el chile escuece en la lengua.* ‖ *Fig.* Herir, doler : *la reprimenda le escoció de veras.* ‖ — V. pr. Irritarse o inflamarse una parte del cuerpo. ‖ Tener escocedura. ‖ *Fig.* Picarse, dolerse.

escocés, esa adj. De Escocia (ú. t. c. s.). ‖ Aplícase a las telas de cuadros de distintos colores. ‖ — M. Dialecto céltico hablado en Escocia.

Escocesa, bahía y punta al NE. de Panamá (San Blas), en el mar Caribe.

Escocia, región historicogeográfica del N. de Gran Bretaña ; 77 180 km² ; 5 300 000 h. *(escoceses).* Cap. *Edimburgo* ; otras c. : *Glasgow* y *Dundee.* Escocia se divide en tres regiones : *Highlands* o *Tierras Altas del Norte, Lowlands* o *Tierras Bajas* y *Tierras Altas del Sur.* ‖ — **(Nueva).** V. NUEVA ESCOCIA.

escocimiento m. Escozor.

escoda f. Especie de martillo con corte en ambos extremos de la cabeza utilizado para picar o labrar piedras.

escofina f. Lima de dientes gruesos.

escofinar v. t. Limar con escofina.

escoger v. t. Tomar entre varias personas o cosas la que mejor parece : *escoger uno (o por) mujer.*

escogido, da adj. Seleccionado : *trozos escogidos de un libro.* | Excelente, selecto : *un artículo escogido.*

escolanía f. Escuela de música que en un monasterio. ‖ Coro de niños de las iglesias : *la escolanía de Montserrat.*

escolano m. Niño que se educaba, especialmente para el canto, en ciertos monasterios españoles.

escolapio, a adj. Relativo a la orden religiosa de las Escuelas Pías. ‖ Religioso o alumno de éstas (ú. t. c. s.).

escolar adj. De la escuela : *libro escolar.* ‖ — M. y f. Estudiante, alumno de una escuela.

escolaridad f. Duración de los estudios en un centro docente.

escolarización f. Acción y efecto de escolarizar.

escolarizar v. t. Crear escuelas. ‖ Dar instrucción en una escuela.

escolástica f. Filosofía de la Edad Media, ligada a la teología y basada en los libros de Aristóteles. ‖ Espíritu exclusivista de escuela en filosofía, ciencia, etc.

— Los principales doctores de la escolástica fueron Escoto Erígena, San Anselmo, Abelardo, Alberto Magno, Santo Tomás de Aquino, Duns Escoto, San Buenaventura, Francis Bacon, Raimundo Lulio, Guillermo de Occam, etc.

escolástico, ca adj. Concerniente a la escolástica. ‖ Aplícase al que enseña o profesa la escolástica (ú. t. c. s.).

escoliosis f. *Med.* Desviación lateral de la columna vertebral.

escolopendra f. *Zool.* Ciempiés.

escolta f. Conjunto de soldados, barcos o vehículos que escoltan algo o a alguien. ‖ Barco que protege los buques mercantes. ‖ Conjunto de personas que acompaña a otra.

escoltar v. t. Acompañar para proteger o vigilar : *los guardaespaldas escoltan al presidente.* ‖ Acompañar por cortesía y respeto a un personaje importante.

escollar v. i. *Arg.* Dar al barco en un escollo. ‖ *Fig. Arg.* Frustrarse.

escollera f. Dique de defensa contra el oleaje en un puerto.

escollo m. Peñasco a flor de agua. ‖ *Fig.* Peligro, dificultad.

Escoma, puerto al este de Bolivia, a orillas del lago Titicaca.

escombrar v. t. Quitar los escombros. ‖ *Fig.* Desembarazar, despejar.

escombrera f. Vertedero para los escombros.

Escombreras, isla del Mediterráneo, al SE. de España y frente a Cartagena (Murcia). Ref. de petróleo.

escombro m. Material de desecho de un edificio derribado, de la explotación de una mina, de una cantera o de una fábrica.

esconder v. t. Ocultar. Ú. t. c. pr. : *esconderse detrás de un árbol.* ‖ *Fig.* Encerrar, llevar en sí.

escondido, da adj. Oculto. ‖ — M. *Riopl.* Baile y música popular. ‖ — F. pl. *Amer.* Escondite. ‖ *A escondidas,* ocultamente. (Se dice también *a escondidillas.*)

Escondido, río al E. de Nicaragua (Zelaya) que des. en el mar Caribe ; 104 km.

escondite m. Escondrijo. ‖ Juego de muchachos en que todos se esconden menos uno que tiene que buscarlos.

escondrijo m. Lugar oculto.

escoñar v. t. *Pop.* Estropear. | Romper. ‖ — V. pr. *Pop.* Estropearse. | Romperse. | Lesionarse, hacerse daño. | Salir mal algo, no salir bien.

Escopas, escultor griego (¿ 420-350 ? a. de J. C.).

escopeta f. Arma de fuego para cazar, con uno o dos cañones. ‖ *Fig.* y *fam. ¡ Aquí te quiero ver, escopeta !,* quiero ver cómo te las arreglas en este caso.

escopetazo m. Disparo de escopeta. ‖ Herida producida. ‖ *Fig.* Noticia o hecho inesperado o desagradable : *al abrir el periódico recibió un escopetazo al enterarse de la muerte de su amigo íntimo.*

escopetero m. Soldado armado con escopeta. ‖ Fabricante o vendedor de escopetas.

escopladura y **escopleadura** f. Corte hecho con el escoplo.

escoplear v. t. Hacer corte, muesca o agujero con el escoplo.

escoplo m. Herramienta de carpintero o escultor parecida al cincel.

escora f. *Mar.* Inclinación accidental del barco. ‖ Cada uno de los puntales que sostienen el barco en construcción o en reparación.

escoraje m. Acción de escorar.

escorar v. t. *Mar.* Apuntalar un barco con escoras. ‖ — V. i. *Mar.* Inclinarse el barco.

escorbuto m. Enfermedad producida por la carencia de vitaminas C.

escoria f. Sustancia vítrea que sobrenada en el crisol de los hornos de fundición. ‖ Óxido que salta del hierro candente. ‖ Residuo, sustancia de desecho. ‖ Lava esponjosa de los volcanes. ‖ *Fig.* Lo más vil, desecho.

escoriación f. Excoriación.

Escorial (El), v. en el centro de España (Madrid), al pie del Guadarrama.

Escorial *(San Lorenzo de El),* monasterio y antigua residencia real, cerca de Madrid, construido entre 1562 y 1584 por Juan Bautista de Toledo, Juan de Herrera y Francisco Mora por orden de Felipe II en el recuerdo de la batalla de San Quintín.

escoriar v. t. Excoriar.

Escorpio o **Escorpión,** constelación del Zodiaco, entre Sagitario y Libra. — Octavo signo del Zodiaco (del 24 de octubre al 23 de noviembre).

escorpión m. Alacrán.

escorzado m. Escorzo.

escorzar v. t. Representar una figura pictórica según las reglas de la perspectiva.

escorzo m. Acción y efecto de escorzar. ‖ Figura o parte de figura escorzada.

Escosura (Patricio de la), político y escritor romántico español (1807-1878), autor de la leyenda *El bulto vestido de negro capuz* y de las novelas

El conde de Candespina y Ni Rey ni Roque.

escotado m. Escote.

escotadura f. Escote de vestido.

escotar v. t. Hacer escote.

escote m. Corte que forma en una prenda la abertura del cuello. || Abertura grande de una prenda que deja al descubierto la garganta y parte de la espalda. || Esta parte del busto de una persona. || *Fam.* Parte que toca pagar a cada uno en un gasto común.

escotilla f. *Mar.* Abertura que permite pasar de un piso del barco a otro. || Puerta de acceso a un carro de combate, avión, etc.

escotillón m. Trampa, puerta en el suelo. || Abertura en el escenario por donde se pueden subir y bajar objetos y también entrar o desaparecer los actores.

escoto, ta adj. y s. Individuo de un pueblo céltico de Hibernia (Irlanda). [Los *escotos* se establecieron en Caledonia (Escocia) hacia el s. VI.]

Escoto (John Duns). V. Duns — **Erígena** (John), filósofo y teólogo escocés o irlandés (¿ 830-880 ?).

escozor m. Sensación dolorosa en la piel parecida a la de una quemadura. || *Fig.* Dolor, aflicción. | Remordimiento.

escriba m. Doctor e intérprete de la ley judaica. || *Fam.* Escribano.

escribanía f. Profesión de escribano. || Despacho del escribano.

escribano m. El que por oficio público estaba autorizado para dar fe de las escrituras que pasan ante él. (Hoy sólo se ocupa de las escrituras judiciales.) || Secretario. || Pendolista.

escribido, da adj. *Fam.* Ser muy leído y escribido, ser muy pedante.

escribiente m. Oficinista que copia o pone en limpio escritos ajenos, y también escribe al dictado.

escribir v. t. Representar palabras, ideas o sonidos por signos convencionales. || Redactar : *escribir libros, discursos,* etc. || Comunicar por escrito : *escribir una carta.* || Ortografiar : *escribir "hombre" con "h" y "jilguero" con "j".* || *Fig.* Marcar, señalar : *la ignominia escrita en su cara.*

escrito, ta p. p. irreg. de *escribir.* || *Fig.* Estaba escrito, así tenía que ocurrir. || — M. Cualquier cosa escrita. || Obra literaria : *los escritos de Platón.* || Conjunto de pruebas escritas en un examen. || *For.* Alegato, solicitud. || *Por escrito,* escribiendo en un papel : *escribir por escrito.*

escritor, ra m. y f. Persona que escribe. || Autor de libros.

escritorio m. Mueble para guardar documentos. || Mesa de despacho. || Cuarto donde tiene su despacho una persona. || Pequeño mueble de cajones para guardar joyas.

escritura f. Acción y efecto de escribir. || Arte de escribir. || Escrito. || Caracteres con que se escribe : *escritura iconográfica.* || *For.* Documento público de que da fe el notario : *escritura de venta.* (Dícese también *escritura pública.*) || *La Sagrada Escritura,* la Biblia.

escriturar v. t. *For.* Hacer constar en escritura pública : *escriturar una venta.* || Contratar a un artista.

Escrivá de Balaguer (José María), prelado español (1902-1975), fundador del *Opus Dei* (1928).

escrófula f. *Med.* Inflamación de los ganglios del cuello.

escroto m. *Anat.* Bolsa de piel que cubre los testículos.

escrúpulo m. Duda, aprensión de hacer algo malo : *escrúpulos de conciencia.* || Aprensión, temor de tomar o usar algo malo : *le da escrúpulo comer en este plato.* || Escrupulosidad : *hacer algo con escrúpulo.*

escrupulosidad f. Minuciosidad, sumo cuidado. || Exactitud en el cumplimiento de las cosas.

escrupuloso, sa adj. Que tiene escrúpulos (ú. t. c. s.). || Concienzudo. || *Fig.* Exacto, minucioso : *cuentas escrupulosas.* | Delicado : *no se puede invitar a gente tan escrupulosa.*

escrutador, ra adj. Escudriñador. || — M. y f. Persona que hace el recuento de votos en las elecciones.

escrutar v. t. Hacer el recuento de votos. || Mirar con mucha atención.

escudriñar : *ambos escrutaron el horizonte para ver si su amigo venía.*

escrutinio m. Recuento de los votos en una elección. || Examen minucioso.

escuadra f. Utensilio de dibujo para trazar ángulos rectos. || Pieza de hierro, en forma de L o de T, para asegurar una ensambladura. || Cuadrilla de obreros. || *Mar.* Conjunto de barcos de guerra que maniobran juntos : *la sexta escuadra estadounidense.* || *Mil.* Cierto número de soldados con su cabo.

escuadrar v. t. Labrar o formar a escuadra : *escuadrar un madero.*

escuadrilla f. Escuadra de buques pequeños. || Conjunto de aviones que vuelan juntos.

escuadrón m. *Mil.* Compañía de un regimiento al mando de un capitán. || Unidad de las fuerzas aéreas.

escuagüil m. *Méx.* Escagüite.

escualidez f. Flaqueza.

escuálido, da adj. Muy flaco.

escualo m. Cualquiera de los peces selacios con cuerpo fusiforme y boca grande como el tiburón.

escucha f. Acción de escuchar : *ponerse a la escucha.* || En los conventos y colegios de religiosas, la que presencia las visitas en el locutorio para oír lo que allí se dice. || Centinela avanzado. || — *Escuchas telefónicas,* acción de oír secretamente, gracias a unas instalaciones, las conversaciones telefónicas de una persona que se quiere espiar. || *Estación de escucha,* la que controla las conversaciones radiotelefónicas.

escuchar v. t. Estar atento para oír algo : *escuchar tras la puerta ; escuchar un discurso.* || *Fig.* Hacer caso, tomar en cuenta : *escuchar los consejos.* | Obedecer : *escuchar la voz del deber.* || — V. pr. Hablar con pausa y afectación, con cierta satisfacción de sí mismo : *hablar escuchándose.*

escuchimizado, da adj. Enclenque.

escudar v. t. Proteger con el escudo. || *Fig.* Resguardar y defender de algún peligro. || — V. pr. Ampararse.

escudería f. Servicio u oficio de escudero. || Conjunto de conductores, del personal técnico y de coches de carrera que corre o participa en una prueba deportiva bajo el patrocinio de la misma marca.

escudero m. Paje que llevaba al escudo del señor. || Hidalgo. || El que recibía retribución del su señor por asistirle. || Criado que acompañaba a una señora. || El que hacía escudos.

Escudero (Gonzalo), poeta ecuatoriano (1903-1971). || — (Vicente), bailarín y coreógrafo español (1892-1981).

escudete m. Escudo pequeño. || Escudo de una cerradura. || Trozo de corteza con una yema que se injerta en otro árbol : *injerto de escudete.*

escudilla f. Vasija semiesférica.

escudo m. Arma para cubrirse el cuerpo que se llevaba en el brazo izquierdo. || *Blas.* Figura en forma de escudo donde se pintan los blasones de un estado, ciudad o familia. (En este sentido se llama tb. *escudo de armas.*) || *Fig.* Protección, defensa. || *Mar.* Espejo de popa. || Antigua moneda de oro. || Moneda actual en algunos países, como Portugal y Mozambique, y unidad de cuenta de la Comunidad Económica Europea.

Escudo Central de Nicaragua, región de Nicaragua entre los ríos Coco y San Juan.

escudriñador, ra adj. y s. Que escudriña. || Curioso.

escudriñamiento m. Acción y efecto de escudriñar.

escudriñar v. t. Examinar minuciosamente. || Otear, mirar intensamente de lejos : *escudriñar el horizonte.*

escuela f. Establecimiento donde se da la primera enseñanza : *escuela municipal.* || Establecimiento donde se da cualquier género de instrucción : *escuela de ingenieros.* || Edificio en que está instalado. || Instrucción : *tener buena escuela.* || Conjunto de los seguidores de un maestro o doctrina : *escuela estoica.* || Conjunto de los pintores que han dado fama a un sitio o han seguido un maestro : *la escuela española ; la escuela de David.* || Lo que da experiencia : *la escuela de la vida.*

Escuela, || ~ **de Traductores de Toledo,** corporación de traductores, fundada por Alfonso X el Sabio (s. XII), que vertieron al latín los principales textos orientales. || ~ **Salmantina,** poetas españoles del s. XVI, como Fray Luis de León, Aldana, Medrano, etc., en los que predomina el fondo sobre la forma. || ~ **Sevillana,** poetas españoles del s. XVI, como F. de Herrera, B. del Alcázar, F. de Rioja, etc., en los que predomina la forma sobre el fondo en un estilo exuberante y colorista.

Escuelas || ~ **Cristianas.** V. Doctrina Cristiana. || ~ **Pías,** orden religiosa fundada por San José de Calasanz para la educación de niños pobres (1597).

escueto, ta adj. Sobrio : *estilo escueto.* || Sin ambages, simple : *la verdad escueta.* || Conciso, sucinto.

escuimpacle m. Hierba medicinal de México.

Escuintla, c. del S. de Guatemala, cap. del dep. homónimo. Llamada ant. *Itzcuitlan.* Prelatura nullius. — Pobl. y mun. al S. de México (Chiapas).

escuintle m. *Méx.* Perro callejero. || *Fig. Méx.* Muchacho, rapaz.

escuintleco, ca adj. y s. De Escuintla (Guatemala).

Esculapio o **Asclepios,** dios de la Medicina, hijo de Apolo.

escultar v. t. Escudriñar. || *Amer.* Registrar. || — V. pr. *Amer.* Registrarse los bolsillos.

escultor, ra m. y f. Escultor.

esculpir v. t. Labrar con el cincel.

escultismo m. Escutismo.

escultor, ra m. y f. Artista que se dedica a la escultura.

escultórico, ca adj. Escultural.

escultura f. Arte de labrar figuras con un cincel. || Obra así hecha.

escultural adj. De la escultura : *arte escultural.* || Digno de ser esculpido por su belleza : *formas esculturales.*

escupidera f. Recipiente para escupir. || Orinal.

escupido, da adj. *Fig.* Muy parecido : *este niño es su padre escupido.* || — M. Escupitajo.

escupir v. i. Arrojar saliva por la boca : *escupir en el suelo.* || — V. t. Arrojar de la boca : *escupir sangre.* || *Fig.* Soltar : *el metal escupe la escoria.* | Arrojar con violencia : *los cañones escupían balas.* || *Fam.* Despreciar. | Pagar. | Cantar, confesar lo que se sabe.

escupitajo y **escupitanajo** m. Saliva que se escupe de una vez.

escurialense adj. De El Escorial (España) : *el monasterio escurialense.*

Escurra (Juan A.). V. Ezcurra.

escurridizo, za adj. Que se escurre o desliza fácilmente, resbaladizo : *terreno escurridizo.* || *Fig.* Que evita algo. || *Fig.* Hacerse el escurridizo, desaparecer disimuladamente.

escurrido, da adj. Que escurre. || Dícese de la persona muy estrecha de caderas. || *Fam.* Desvergonzado.

escurridor m. Colador para escurrir. || En la máquina de lavar, parte que sirve para escurrir la ropa.

escurriduras f. pl. Últimas gotas de un licor que quedan en el fondo de un recipiente. || Marcas que deja la pintura al escurrirse.

escurrimiento m. Acción y efecto de escurrir o escurrirse. || *Fig.* Desliz.

escurrir v. t. Verter las últimas gotas de un líquido fuera del recipiente donde estaban : *escurrir vino.* || Hacer que una cosa mojada suelte el líquido que contiene : *escurrir la ropa.* || *Fig. y fam. Escurrir el bulto,* escaparse. || — V. i. Caer o dejar caer el líquido contenido. || Resbalar : *el suelo escurre.* || — V. pr. Deslizarse : *escurrirse por la pendiente.* || Escaparse : *el plato se le escurrió de las manos.* || *Fam.* Escaparse, escabullirse : *se escurrió por el dejar rastro.* || Equivocarse.

Escutari, c. al NO. de Albania, a orillas del lago homónimo, llamada hoy *Shkodër* o *Shkodra.* — C. de Turquía, suburbio asiático de Estambul.

escúter m. Motocicleta de poca cilindrada y con el motor debajo de un capó en el que el conductor toma asiento.

escutismo m. Actividad de los exploradores, adolescentes que forman parte de una organización mundial creada por Baden-Powell en 1909.

esdrújulo, la adj. Aplícase al vocablo acentuado en la antepenúltima sílaba, como *carátula, fenómeno, gramática* (ú. t. c. s. m.).

ese f. Nombre de la letra *s*. ‖ Eslabón de cadena en forma de *s*. ‖ Zigzag : *carretera con eses*. ‖ *Fam.* Andar haciendo eses, titubear por estar borracho.

ese, esa, esos, esas adj. dem. Sirven para designar lo que está cerca de la persona con quien se habla : *ese libro ; esa mesa*. ‖ — Prom. dem. Se escriben con acento y se aplican a la persona que está cerca de aquella con quien se habla : *ése quiero ; vendrán ésas*. ‖ — *¡ A ése !*, grito para incitar a detener al que huye. ‖ *Ni por ésas*, de ninguna manera.

esencia f. Ser y naturaleza propia de las cosas. ‖ *Quim.* Sustancia volátil y olorosa : *esencia de rosas*. ‖ Perfume : *un frasco de esencia*. ‖ Extracto concentrado : *esencia de café*. ‖ Lo esencial, lo principal : *la esencia de una materia*. ‖ *Quinta esencia*, entre los alquimistas, principio fundamental de la materia ; (fig.) lo más puro y acendrado de una cosa.

esencial adj. Relativo a la esencia. ‖ Que constituye la esencia de algo : *la inteligencia es esencial en el hombre*. ‖ Primordial, fundamental, principal.

Esequibo, río de Guyana que des. en el Atlántico por un ancho estuario ; 800 km. — Cord. de Guyana.

Esera, río del NE. de España (Huesca), afl. del Cinca ; 70 km.

esfenoidal adj. *Anat.* Del hueso esfenoides.

esfenoides adj. inv. Aplícase al hueso que ocupa la parte anterior y media del cráneo (ú. t. c. s. m.).

esfera f. Globo, sólido limitado por una superficie curva cuyos puntos equidistan todos de otro interior llamado *centro* : *el volumen de una esfera*. ‖ Círculo en que giran las manecillas del reloj. ‖ *Fig.* Clase social : *hombre de alta esfera*. ‖ Círculo, medio, ambiente : *salirse de su esfera*. ‖ Campo, terreno : *esfera de actividad*. ‖ *Esfera celeste*, esfera ideal que rodea nuestro globo, y donde parecen estar situados los astros.

esfericidad f. Calidad de esférico.

esférico, ca adj. De la esfera : *superficie esférica ; casco esférico*. ‖ De forma de esfera : *figura esférica*. ‖ — M. *Fam.* Balón.

esferográfica f. y **esferográfico** m. *Amer.* Bolígrafo.

esferoide m. Cuerpo de forma casi esférica : *la Tierra es un esferoide*.

esfinge f. Animal fabuloso de los egipcios, con cabeza y pecho de mujer, cuerpo y pies de león, que personificaba el Sol. (La gran esfinge de Gizeh, labrada en roca viva, mide 17 m. de altura y 39 de longitud.)

esfínter m. *Anat.* Anillo muscular que abre y cierra un orificio natural : *esfínter del ano*.

esforzado, da adj. Valiente.

esforzar v. t. Obligar a hacer un esfuerzo. ‖ Infundir ánimo o valor. ‖ — V. pr. Hacer esfuerzos física o moralmente con algún fin.

esfuerzo m. Empleo enérgico de la fuerza física o de la actividad del ánimo. ‖ Sacrificios : *hace un esfuerzo para dar instrucción a sus hijos*.

esfumar v. t. Extender el lápiz con el difumino. ‖ Rebajar los tonos. ‖ — V. pr. *Fig.* Desvanecerse, desaparecer.

esfumino m. Difumino.

esgrima f. Arte y deporte de manejar la espada, el florete y otras armas blancas.

esgrimidor, ra m. y f. Persona que sabe esgrimir. ‖ *Fig.* Persona que esgrime.

esgrimir v. t. Manejar un arma blanca como la espada. ‖ Blandir : *esgrimía un palo*. ‖ *Fig.* Valerse de algo para defenderse o lograr un objetivo : *esgrimir un argumento*. ‖ Amenazar con algo.

esgrimista com. *Amer.* Esgrimidor.

esguince m. Movimiento del cuerpo para evitar el golpe o la caída. ‖

Distensión de una articulación : *tenía un esguince en el tobillo*.

esgunfiar v. t. *Arg. lunf.* Importunar.

esgunfio m. *Arg. Fam.* Disgusto.

Eskilstuna, c. al este de Suecia a orillas del lago Mälar. Metalurgia.

Eskisehir, c. de Turquía al oeste de Ankara.

Esla, río al NO. de España (León, Zamora), afl. del Duero ; 280 km.

eslabón m. Pieza en forma de anillo que, unida a otras, forma una cadena. ‖ Hierro con que se sacan chispas del pedernal. ‖ Chaira para afilar. ‖ *Fig.* Elemento que sirve de enlace.

eslabonamiento m. Acción y efecto de eslabonar.

eslabonar v. t. Trabar eslabones. ‖ *Fig.* Enlazar, encadenar.

eslálom m. Slalom.

Eslava (Fernán). V. GONZÁLEZ DE ESLAVA. ‖ ~ (SEBASTIÁN DE), gobernante español (1684-1759), virrey de Nueva Granada de 1740 a 1749. Derrotó a los ingleses que sitiaban Cartagena de Indias (1741). ‖ ~ **y Elizondo** (MIGUEL HILARIÓN), compositor español (1807-1878), autor de música sacra (*Miserere*) y obras didácticas.

eslavismo m. Estudio de todo lo relacionado con los eslavos. ‖ Carácter eslavo. ‖ Amor a lo eslavo.

eslavizar v. t. Dar carácter eslavo.

eslavo, va adj. Relativo a los eslavos. ‖ De raza eslava. ‖ — M. Lengua eslava.

Eslavonia, región al NO. de Yugoslavia (Croacia).

eslip m. Slip.

eslogan m. Slogan.

eslora f. *Mar.* Longitud interior de la nave desde el codaste hasta la roda.

eslovaco, ca adj. y s. De Eslovaquia.

Eslovaquia, región oriental de Checoslovaquia ; 49 014 km², al E. de Moravia ; cap. *Bratislava*.

Eslovenia, rep. federada del NO. de Yugoslavia ; 20 215 km² ; cap. *Liubliana*.

esloveno, na adj. y s. De Eslovenia.

Esmalcalda. V. SMALCALDA.

esmaltado m. Acción y efecto de esmaltar.

esmaltador, ra m. y f. Persona que esmalta.

esmaltar v. t. Aplicar o cubrir con esmalte. ‖ *Fig.* Adornar de varios colores : *las florecillas esmaltan el prado*.

esmalte m. Barniz vítreo, opaco o transparente, que se aplica en caliente sobre la loza, la porcelana o los metales. ‖ Objeto esmaltado. ‖ Materia dura que cubre la superficie de los dientes. ‖ Barniz que sirve para adornar las uñas. ‖ *Blas.* Color.

esmerado, da adj. Hecho con sumo cuidado : *trabajo esmerado*. ‖ Que se esmera : *una persona muy esmerada*.

esmeralda f. Piedra fina, silicato de berilio y aluminio, de color verde. ‖ — Adj. De color de esmeralda.

Esmeralda, peníns. del S. de Chile (Aisén). — Mun. en el centro de Cuba (Camagüey).

Esmeraldas, río del NO. del Ecuador, que des. en el Pacífico ; 289 km. — C. y puerto del NO. del Ecuador, cap. de la prov. homónima, en la des. del río de igual n. Centro comercial.

esmeraldeño, ña adj. y s. De Esmeraldas (Ecuador).

esmerar v. t. Pulir, limpiar. ‖ — V. pr. Poner sumo cuidado en lo que se hace : *esmerarse en su trabajo*.

esmeril m. Roca negruzca compuesta de corindón granoso, mica y óxido de hierro que, reducida a polvo, sirve para pulir. ‖ *Papel de esmeril*, lija.

esmerilado m. Pulido con esmeril.

esmerilar v. t. Pulir con esmeril. ‖ Rectificar una pieza : *esmerilar las válvulas de un motor*. ‖ *Papel esmerilado*, lija.

esmero m. Sumo cuidado.

Esmirna, en turco *Izmir*, c. y puerto del O. de Turquía. Centro comercial.

esmog m. Smog.

esmoquin m. Smoking.

esmorecido, da adj. Aterido.

esnifar v. t. *Fam.* Aspirar por la nariz una droga.

esnob adj. y s. Snob.

esnobismo m. Snobismo.

eso pron. dem. Forma neutra que sirve para designar lo que está más

---

cerca de la persona con quien se habla. ‖ — A eso de, hacia, aproximadamente : *llegó a eso de las ocho*. ‖ *¡ Eso ! o ¡ eso es !*, exactamente.

esofágico, ca adj. Del esófago.

esófago m. *Anat.* Primera parte del tubo digestivo que va de la faringe al estómago.

Esopo, fabulista griego (s. VII-VI a. de J. C.).

esotérico, ca adj. Aplícase a la doctrina que los filósofos de la Antigüedad no comunicaban sino a algunos de sus discípulos : *la doctrina esotérica de Aristóteles*. ‖ Incomprensible.

esoterismo m. Calidad de esotérico. ‖ Doctrina esotérica.

esotro, tra pron. Ese otro, esa otra (ú. t. c. adj.).

espabilar v. t. Despabilar.

espaciador m. En la máquina de escribir, tecla que deja un espacio en blanco.

espacial adj. Del espacio.

espaciar v. t. Separar las cosas en el espacio o en el tiempo : *espaciar las comidas, los pagos*. ‖ Separar las palabras, letras o renglones en un impreso o en lo escrito con máquina. ‖ — V. pr. Dejar pasar un período de tiempo. ‖ Haber una separación de espacio.

espacio m. Extensión indefinida que contiene todo lo existente : *el espacio es indivisible al infinito*. ‖ Extensión limitada : *hay un gran espacio delante de la casa*. ‖ Sitio : *este armario no deja espacio para la cómoda*. ‖ Distancia entre dos o más objetos. ‖ Extensión del Universo fuera de la atmósfera terrestre : *la conquista del espacio*. ‖ Lugar : *espacio ocupado por este partido político*. ‖ Transcurso de tiempo : *un espacio de dos años*. ‖ Blanco dejado entre las líneas. ‖ *Mat.* Conjunto que tienen ciertas estructuras algebraicas, geométricas o topológicas : *espacio vectorial*. ‖ *Impr.* Pieza de metal que sirve para separar las palabras y a veces las mismas letras. ‖ *Mús.* Separación entre cada dos rayas del pentagrama. ‖ Emisión de televisión o de radio. ‖ *Espacio publicitario*, película de publicidad de corta duración. ‖ *Espacio verde*, terreno reservado en una población para parques y jardines. ‖ *Espacio vital*, territorio que una nación juzga indispensable adquirir para su desarrollo demográfico y económico. ‖ *Geometría del espacio*, la que estudia las figuras de tres dimensiones.

espacioso, sa adj. Muy ancho.

espace m. Escagüite.

espachurrar v. t. Despachurrar.

espada f. Arma blanca, recta, aguda y cortante con empuñadura y guarnición. ‖ Persona diestra en su manejo : *excelente espada*. ‖ *Fig.* Autoridad, figura : *es una de las primeras espadas en su profesión*. ‖ Torero que mata al toro con la espada (ú. más c. m.). ‖ Pez espada. ‖ — Pl. En el juego de naipes, palo que representa una o más espadas : *rey, as de espadas*. ‖ — *Fig. Echar su cuarto a espadas*, intervenir en una conversación. ‖ *Entre la espada y la pared*, en trance apurado. ‖ *Espada de Damocles*, peligro que está constantemente amenazando a uno. ‖ *Espada de dos filos*, que puede producir un efecto opuesto al que se busca.

espadachín m. El que maneja bien la espada. ‖ Pendenciero.

espadaña f. Hierba tifácea acuática. ‖ Campanario formado por un muro con huecos para las campanas.

espagueti m. Spaghetti.

Espaillat, prov. del N. de la Rep. Dominicana ; cap. *Moca*. Agricultura (café, cacao, maíz, arroz, tabaco).

Espaillat (Ulises Francisco), político y escritor dominicano (1823-1878). Soldado de la Independencia y pres. de la Rep. en 1876.

espalda f. Parte posterior del cuerpo humano, desde los hombros hasta la cintura (ú. t. en pl.). ‖ Parte semejante de los animales. ‖ Parte posterior del vestido. ‖ Parte de atrás. Ú. t. en pl. : *las espaldas del edificio*. ‖ Estilo de natación en el que se nada boca arriba. ‖ — *Cargado de espaldas*, algo jorobado. ‖ *Fig. Echarse una cosa sobre las espaldas*, encargarse voluntaria-

ES

233

mente de ella. | *Hablar de uno a sus espaldas,* hablar mal de él en su ausencia. | *Medirle a uno las espaldas,* pegarle. | *Tener buenas espaldas,* tener mucho aguante. | *Tener guardadas las espaldas,* tener suficiente protección. | *Tirar de espaldas,* causar una gran sorpresa. | *Volver la espalda,* retirarse mostrando desprecio.

espaldar m. Parte de la coraza que servía para defender la espalda. | Respaldo : *el espaldar de un banco.* | Espaldera. | Espalda.

espaldarazo m. Golpe dado de plano con la espada, o con la mano en las espaldas. | *Fig. Dar el espaldarazo,* reconocer la competencia de alguien en determinada materia, reconocer su triunfo.

espaldera f. Enrejado para que trepen ciertas plantas. | Serie de barras paralelas adosadas a una pared para ejecutar ejercicios gimnásticos.

espaldilla f. Omóplato. | Cuarto delantero de algunas reses.

espantada f. Huida repentina de un animal. | Desistimiento súbito motivado por el miedo.

espantadizo, za adj. Que se espanta fácilmente : *es un animal espantadizo y poco amigo de los hombres..*

espantador, ra adj. Que espanta, que hace huir (ú. t. c. s.).

espantajo m. Lo que se pone para espantar. | Espantapájaros. | *Fig.* Cosa con que se amenaza a alguien. | Persona fea o ridícula. | Persona que se desprecia.

espantapájaros m. inv. Objeto grotesco que figura un hombre y sirve para ahuyentar los pájaros.

espantar v. t. Causar espanto, asustar. | Ahuyentar, echar de un lugar : *espantar las gallinas.* | — V. pr. Asustarse, tener mucho miedo : *espantarse con el estruendo.* | Maravillarse,

asombrarse : *se espanta de verte tan solícito.*

espanto m. Terror, miedo intenso. | Horror. | Fantasma, espectro, aparecido (ú. más en pl.). | — *De espanto,* muy intenso. | *Fam.* Estar curado de *espanto,* ver algo con impasibilidad por la experiencia que se tiene.

espantoso, sa adj. Que causa espanto o terror. | Horrible. | *Fig.* Muy grande : *tener una sed espantosa.* | Muy feo.

España, Estado de la Europa meridional y occidental, que forma, junto con Portugal, la Península Ibérica ; 504 782 km² (incluidos los territ. insulares) ; 38 200 000 h. *(españoles).* Cap. *Madrid,* 3 900 000 h. Otras c. : *Barcelona,* 1 900 000 ; *Valencia,* 751 000 ; *Sevilla,* 651 000 ; *Zaragoza,* 575 000 ; *Málaga,* 510 000 ; *Bilbao,* 438 000 ; *Las Palmas* (Canarias), 390 000 ; *Valladolid,* 325 000 ; *Palma de Mallorca* (Baleares),

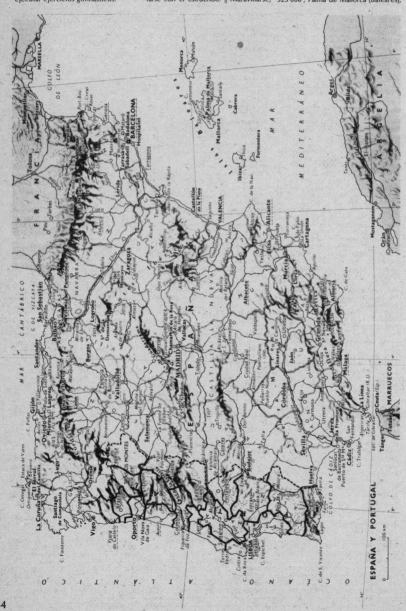

ESPAÑA Y PORTUGAL

310 000 ; *Hospitalet,* 300 000 ; *Murcia,* 290 000 ; *Córdoba,* 285 000 ; *Vigo,* 265 000 ; *Gijón,* 260 000 ; *Granada,* 250 000 ; *Alicante,* 250 000 ; *La Coruña,* 235 000 ; *Badalona,* 235 000 ; *Vitoria,* 195 000 ; *Santa Cruz de Tenerife* (Canarias), 210 000 ; *Oviedo,* 190 000 ; *Sabadell,* 190 000 ; *Santander,* 185 000 ; *Pamplona,* 185 000 ; *San Sebastián,* 180 000 ; *Jerez de la Frontera,* 180 000 ; *Cartagena,* 171 000 ; *Elche,* 170 000 ; *Burgos,* 160 000 ; *Tarrasa,* 160 000 ; *Salamanca,* 159 000 ; *Cádiz,* 159 000 ; *Almería,* 159 000 ; *Alcalá de Henares,* 140 000 ; *Castellón de la Plana,* 131 000 ; *Huelva,* 130 000 ; *León,* 130 000 ; *Baracaldo,* 122 000 ; *Albacete,* 121 000 ; *Badajoz,* 120 000 ; *Logroño,* 115 000 ; *Tarragona,* 115 000 ; *Lérida,* 110 000 ; *La Laguna* (isla de Tenerife), 110 000 ; *Jaén,* 100 000.

Administrativamente, España se divide en 50 provincias (47 peninsulares y tres insulares, dos en Canarias y una en Baleares). Actualmente existen 17 Comunidades Autónomas (Galicia, Asturias, Cantabria, País Vasco, Navarra, Rioja, Aragón, Cataluña, Baleares, Valencia, Castilla-León, Castilla-La Mancha, Madrid, Murcia, Extremadura, Andalucía, Canarias).

La nueva Constitución de 1978 declara la laicidad del Estado y la cooficialidad, además del castellano, de otras lenguas españolas (vasco, gallego y catalán) en sus respectivas regiones. La densidad media de la población es de 74 h./km².

— GEOGRAFÍA: España está constituida fundamentalmente por una meseta central (Castilla), que se halla dividida en dos zonas por las sierras de Guadarrama y Gredos. Los rebordes de esta altiplanicie son montañosos : montes Cantábricos al N. y NO., montes Ibéricos al NE. y sierra Morena al S. Los Pirineos señalan la frontera con Francia (Pico de Aneto, 3 404 m) y al S. se encuentra el sistema Penibético, al que pertenece la Sierra Nevada, con el pico Mulhacén (3 478 m), el más alto de la Península. Existen también llanuras como el valle del Guadalquivir, la cuenca del Ebro y las planicies costeras de Murcia y Levante. El río Ebro, el más caudaloso de España, desemboca en el Mediterráneo ; al Atlántico van a parar varios ríos importantes : Miño, Duero, Tajo, Guadiana y Guadalquivir. Los 3 300 km de costa que pertenecen a España son de variado perfil, muy recortado en Galicia. Las islas Baleares, en el Mediterráneo, y el archipiélago de las Canarias, en el Atlántico, al NO. de la costa africana, forman parte del territorio metropolitano español. Dadas las características del relieve, el clima es muy variado : continental en el interior, lluvioso en el NO. atlántico, suave en el Mediterráneo, seco y caluroso durante el verano en los valles del Ebro y el Guadalquivir. La agricultura ha sido tradicionalmente el primer recurso económico del país, y sus principales producciones son : cereales, olivos, vid, hortalizas, algodón, agrios, arroz, tabaco, remolacha. Grandes obras de regadío (Extremadura, Ebro) han transformado zonas antes improductivas. La ganadería está bastante desarrollada (vacunos, ovinos) y la pesca constituye una riqueza considerable, dada la extensión del litoral. Del subsuelo español se extrae cobre, mercurio, plomo, cinc, uranio, volframio, hierro, hulla y, desde hace poco tiempo, algo de petróleo en la provincia de Burgos. El sector industrial es el que ha recibido mayor impulso en los últimos años : industrias textiles, vinícolas, metalúrgicas, eléctricas, químicas, alimenticias, fabricación de automóviles, construcción naval y refinerías de petróleo. Capítulo aparte merece el turismo, que ha alcanzado un espectacular desarrollo, para lo cual dispone de una excelente organización hotelera. Los saneados ingresos que proporciona esta actividad han revigorizado sustancialmente la economía española. Para sus comunicaciones, España cuenta con una red ferroviaria de 18 000 km, 150 000 km de carreteras, un intenso tráfico marítimo y un servicio aéreo interior muy importante (33 aeropuertos).

España (José María), patriota venezolano (1761-1799). Sublevado, en unión de Manuel Gual, contra los españoles (1797), fue ejecutado.

España invertebrada, ensayo de José Ortega y Gasset en el que estudia la crisis social y política de España de los primeros cuatro lustros del s. XX (1921).

español, la adj. y s. De España. ‖ — M. Lengua neolatina nacida en Castilla y oficial en España y gran parte de América, hablada en Filipinas y comunidades indias de Oriente y Norte de África.

Española, isla deshabitada del Ecuador (Archip. de los Galápagos). — **(La),** n. que dio Colón a la isla de Haití o Santo Domingo.

española. f. Dicho o hecho propio de españoles. ‖ Acción, obra literaria o espectáculo que exagera y deforma las cosas típicas de España o el carácter español : escribió *la clásica y aburrida española.*

españolear v. i. Hablar de España.

españoleta f. Falleba.

Españoleto (El). V. RIBERA.

españolidad f. Carácter español.

españolismo m. Admiración o apego a las cosas españolas. ‖ Hispanismo. ‖ Carácter español.

españolista adj. De España o del españolismo.

españolización f. Acción y efecto de españolizar.

españolizar v. t. Castellanizar, dar forma española. ‖ — V. pr. Adoptar costumbres españolas.

esparadrapo m. Tela o papel adherente que sirve para sujetar vendajes o como apósito si se le ha agregado algún antiséptico.

esparavel m. Red redonda para la pesca fluvial.

esparciata adj. y s. Espartano.

esparcimiento m. Acción y efecto de esparcir o esparcirse.

esparcir v. t. Echar, derramar : *esparcir el grano, la arena.* ‖ Desparramar : *esparcir flores.* ‖ Divulgar, difundir : *esparcir una noticia.* ‖ — V. pr. Divertirse, distraerse.

espárrago m. Planta liliácea cuyos tallos son comestibles : *puntas de espárragos.* ‖ Palo largo que sostiene un entoldado. ‖ *Fig.* Persona alta y delgaducha. ‖ Madero atravesado por estacas a modo de escalera. ‖ *Fig.* y *fam.* Mandar a freír espárragos, despedir a uno de mala manera.

esparraguera f. Espárrago. ‖ Plantación de espárragos.

esparrancarse v. pr. *Fam.* Ponerse con las piernas muy abiertas.

Esparta, c. de la ant. Grecia, en el Peloponeso, llamada tb. *Lacedemonia.* Fundada por los dorios, constituyó un Estado, y fue dotado por Licurgo de una constitución severa y aristocrática. Dominó el Peloponeso y consiguió triunfar de Atenas (404 a. de J. C.). — Pobl. al SE. de Costa Rica (Puntarenas). Fundada en 1574, llamóse primitivamente *Esparza.*

Espartaco, caudillo de los esclavos que se sublevaron contra Roma. Muerto en 71 a. de J. C.

espartano, na adj. De Esparta (ú. t. c. s.). ‖ *Fig.* Severo, disciplinado.

Espartel, cabo en el NO. de Marruecos (Tánger).

Espartero (Baldomero), general y político español, n. en Granátula (Ciudad Real) [1793-1879]. Luchó contra los carlistas y firmó el Convenio de Vergara. Regente del Reino de 1841 a 1843 y de 1854 a 1856. Fue *duque de la Victoria.*

esparto m. Planta gramínea cuya fibra se usa para hacer sogas, esteras, papel y otras cosas.

Esparza Oteo (Alfonso), compositor mexicano (1897-1950), autor de populares canciones (*Un viejo amor, Plenitud, El adolorido, La rondalla, etc.).

espasmo m. Contracción convulsiva e involuntaria de los músculos.

espasmódico, ca adj. Relativo al espasmo o parecido a él.

espástico, ca adj. Aplícase a un tipo especial de parálisis caracterizado por la rigidez de los músculos y cierta tendencia al espasmo. ‖ Que padece esta parálisis (ú. t. c. s.).

espatarrarse v. pr. Despatarrarse.

espato m. *Min.* Mineral de estructura laminosa.

espátula f. Paleta pequeña de farmacéuticos, pintores, etc.

especia f. Sustancia aromática usada como condimento, como el comino, nuez moscada, clavo, pimienta, azafrán, chile.

especial adj. Particular : *servicio especial.* ‖ Fuera de lo corriente : *una comida especial.* ‖ Extraño : *tener un gusto especial.* ‖ Muy propio o adecuado para algo : *acero especial para cañones o escopetas.* ‖ *En especial,* especialmente.

especialidad f. Particularidad. ‖ Parte de una ciencia o arte a que se dedica una persona : *los retratos son la especialidad de este pintor.* ‖ Cosa que alguien conoce o hace particularmente bien : *los pasteles son su especialidad.* ‖ Producto característis-

COMUNIDADES AUTÓNOMAS

PAÍS VASCO
1. Vizcaya
2. Guipúzcoa
3. Álava

CANTABRIA

NAVARRA

ASTURIAS

ARAGÓN

GALICIA
La Coruña
Lugo
Pontevedra
Orense

León
Burgos
RIOJA
Huesca
Lérida
Gerona

CASTILLA-LEÓN
1. Zamora
2. Valladolid
3. Palencia
4. Salamanca
5. Segovia

Soria
Zaragoza
Barcelona

CATALUÑA

Ávila
Guadalajara
Teruel
Tarragona

MADRID

Cáceres
Toledo
Cuenca
Castellón

EXTREMADURA
VALENCIANA

Valencia
BALEARES

Badajoz
Ciudad Real
Albacete

Jaén
Alicante

CASTILLA-LA MANCHA

MURCIA

ANDALUCÍA
1. Huelva
2. Córdoba
3. Cádiz
4. Almería

Sevilla
Granada
Málaga

CEUTA-MELILLA

Santa Cruz de T.
Las Palmas

CANARIAS

ES

235

tico de una región determinada, de un restaurante, etc. || *Fam.* Manía propia de alguien : *su especialidad es meter la pata constantemente.* || Rama de la medicina o de otras ciencias ejercida exclusivamente por ciertos médicos o científicos que han hecho estudios complementarios.

especialista adj. Dícese de la persona que tiene altos conocimientos teóricos o prácticos en un campo determinado de su profesión (ú. t. c. s.). || Dícese del médico que cuida especialmente un tipo de enfermedad (ú. t. c. s.).

especialización f. Acción y efecto de especializar o especializarse.

especializado, da adj. Dícese del que efectúa un trabajo que necesita cierta formación profesional.

especializar v. t. Destinar algo o alguien para un fin determinado. || — V. pr. Adquirir conocimientos especiales para dedicarse a una ciencia o arte en particular, a una producción, a un trabajo determinado, etc.

Especias (ISLAS DE LAS), n. dado a las *Molucas.*

especie f. Subdivisión del género : *la especie se subdivide en variedades y razas.* || Conjunto de seres o cosas que tienen uno o varios caracteres comunes : *especie humana.* || Género humano : *la propagación de la especie.* || Variedad : *la toronja es una especie de cidra.* || Género, clase : *allí había gente de toda especie.* || Asunto : *se trató de aquella especie.* || Noticia : *una especie falsa.* || Apariencia : *bajo la especie de un coche se ocultaba un carro de combate muy sofisticado.* || *Teol.* Apariencia de pan y vino después de la consagración : *las especies sacramentales.* || — *En especie,* en mercancías o productos naturales y no en metálico : *pagar en especie.* || *Especie de,* término despreciativo : *Una especie de, persona o cosa que no se puede definir con precisión y que se asimila a otra con la que tiene parecido : es una especie de funcionario jubilado.*

especieria f. Tienda de especias. Conjunto de especias.

especificación f. Acción y efecto de especificar.

especificar v. t. Determinar con todo detalle.

especificativo, va adj. Que especifica.

especificidad f. Carácter específico.

específico, ca adj. Que caracteriza y distingue una especie de otra : *caracteres específicos del caballo, de una droga.* || *Fís. Peso específico,* relación entre la masa o peso de un cuerpo y su volumen. || — M. *Med.* Medicamento apropiado para tratar una enfermedad determinada. | Medicamento preparado en laboratorios y no en la misma farmacia.

espécimen m. Muestra, modelo. || Ejemplar de un libro, de una revista ofrecido gratuitamente. (Pl. *especímenes.*)

especioso, sa adj. Engañoso.

espectacular adj. Que tiene caracteres de espectáculo público. || Impresionante, aparatoso.

espectacularidad f. Calidad de espectacular.

espectáculo m. Representación teatral, cinematográfica, etc. || Conjunto de las actividades del teatro, de la cinematografía, del deporte, etc. : *industria del espectáculo.* || Lo que atrae la atención : *el espectáculo de la naturaleza.* || *Fig. Dar el espectáculo,* armar un escándalo.

espectador, ra adj. Dícese de la persona que presencia cualquier acontecimiento y más particularmente un espectáculo público (ú. t. c. s.). || — M. pl. Público.

espectral adj. Del espectro.

espectro m. Fantasma, aparición fantástica que se cree ver : *Fig. y fam.* Hombre de aspecto cadavérico. || *Fig.* Lo que se teme mucho, lo que amenaza : *el espectro de la guerra.* || Conjunto variado de elementos : *el amplio espectro de las condiciones puestas.* || *Med.* Conjunto de bacterias en el que ejerce una acción un antibiótico. || *Fís.* Resultado de la des-

composición de la luz a través de un prisma.

espectrometría f. Estudio de los espectros por medio de espectrómetros.

espectrómetro m. Aparato que sirve para estudiar y medir los espectros ópticos o electrónicos.

espectroscopia f. *Fís.* Ciencia que se ocupa de la producción y estudio de los espectros.

espectroscópico, ca adj. *Fís.* De la espectroscopia o del espectroscopio.

espectroscopio m. *Fís.* Aparato, instrumento que sirve para observar un espectro luminoso.

especulación f. Reflexión : *especulación filosófica.* || *Com.* Operación consistente en comprar algo con la idea de venderlo sacando un beneficio : *especulación bancaria.*

especulador, ra adj. y s. Que especula : *especuladores de la Bolsa.*

especular v. i. Reflexionar, meditar, raciocinar : *especular sobre la esencia de las cosas.* || Hacer operaciones comerciales o financieras de las cuales se espera sacar provecho gracias a las variaciones de los precios o de las cotizaciones. || Comerciar, negociar : *especular en carbones.* || Utilizar algo para obtener provecho o ganancia : *especular con su cargo.*

especulativo, va adj. *Com.* Relativo a la especulación. || Teórico : *conocimientos especulativos.*

espéculo m. Instrumento médico para examinar por la reflexión luminosa ciertas cavidades del cuerpo.

espejear v. i. Reflejar la luz.

espejeo m. Espejismo. || Brillo intermitente : *el espejeo de las olas.*

espejismo m. Ilusión óptica característica de los países cálidos, particularmente de los desiertos, por la cual los objetos lejanos producen una imagen invertida como si se reflejasen en una superficie líquida. || *Fig.* Ilusión engañosa.

espejo m. Lámina de cristal azogada por la parte posterior para reflejar los objetos : *mirarse en el espejo.* || Superficie que refleja los objetos : *el espejo del mar.* || *Fig.* Imagen, reflejo : *los ojos son el espejo del alma.* || Modelo, ejemplo : *espejo de ciudadanía.*

Espejo, cantón al N. del Ecuador (Carchi). — V. al S. de España (Córdoba). Centro comercial.

Espejo (Francisco Eugenio de SANTA CRUZ Y). V. SANTA CRUZ Y ESPEJO.

espejuelo m. Yeso cristalizado de estructura hojosa. || Hoja de talco. || Instrumento de madera con espejitos que se hacen girar al sol para atraer a las alondras y cazarlas. || *Por ext.* Cosa atractiva que se muestra a alguien para seducirle. || Excrecencia córnea que tienen las caballerías en las patas. || — Pl. Cristales de las gafas. || *Amer.* Anteojos, lentes.

espeleología f. Estudio y exploración de las grutas o cavernas.

espeleólogo, ga m. y f. Persona que se dedica a la espeleología.

espeluznante adj. Espantoso : *me hizo una descripción espeluznante del accidente.*

espeluznar v. t. Hacer erizarse el cabello. || Espantar, horrorizar.

espeluzno m. *Fam.* Escalofrío.

espera f. Acción y efecto de esperar : *estar en espera de un acontecimiento.* || Tiempo durante el cual se espera : *una espera muy larga.* || Plazo concedido para la ejecución de una cosa. || Calma y paciencia.

esperancero, ra adj. y s. De la ciudad de Esperanza (Rep. Dominicana).

esperantista adj. Relativo al esperanto : || Partidario y defensor del esperanto (ú. t. c. s.).

esperanto m. Lengua internacional creada en 1887 por el médico polaco Zamenhof.

esperanza f. Confianza en lograr una cosa o en que ocurra algo deseado : *tengo la esperanza de que mi madre venga.* || Objeto de esta confianza : *vivir de esperanzas.* || Una de las tres virtudes teologales : *Alimentarse de esperanzas, forjarse ilusiones.* || *Como última esperanza,* en último recurso. || *Esperanza de vida,* promedio de la duración de 'la

vida para un grupo de seres determinado.

Esperanza, c. al NE. de la Argentina (Santa Fe). — C. de Honduras, cap. del dep. de Intibucá. — Térm. mun. de Cuba (Las Villas). — Mun. al N. de la Rep. Dominicana (Valverde).

esperanzador, ra adj. Alentador.

esperanzano, na adj. y s. De la Esperanza (Honduras).

esperanzar v. t. Dar, influir esperanzas, animar. || — V. i. Tener esperanzas (ú. t. c. pr.).

esperar v. t. e i. Confiar en que vaya a ocurrir algo que se desea : *esperar tener éxito.* || Desear : *espero que todo te vaya bien.* || Contar con la llegada de una persona o cosa : *esperar una carta ; le esperamos esta noche para cenar.* || Permanecer en un sitio hasta que llegue una persona o cosa que ha de venir : *esperar el metro ; esperar a su madre* (ú. t. c. pr.). || Dejar pasar cierto tiempo : *esperaremos tres días antes de emprender este trabajo.* || Prever, suponer. Ú. t. c. pr. : *no se esperaba tal cosa de ti.* | Suponer que va a ocurrir algo : *buena noche nos espera ; muchas dificultades le esperan.* || Tener confianza : *esperar en Dios.* || — *Fam.* *¡Espérate sentado !,* expr. que indica que lo deseado puede tardar mucho en ocurrir o no ocurrir nunca. || *Quien espera desespera,* no hay cosa peor que la esperanza de algo poco seguro.

esperma amb. *Anat.* Líquido seminal. || *Amer.* Vela, candela. || *Esperma de ballena,* grasa del cráneo del cachalote usada para fabricar velas.

espermático, ca adj. Del o de la esperma : *canal espermático.*

espermatozoide y **espermatozoo** m. Célula reproductora masculina.

esperpéntico, ca adj. Ridículo.

esperpento m. *Fam.* Persona fea o ridícula por su desaliño.

espesamiento m. Acción y efecto de espesar.

espesar v. t. Volver más espeso : *espesar el chocolate* (ú. t. c. pr.). || Poner tupido : *espesar el punto de las medias.* || — V. pr. Hacerse más tupido : *espesarse un sembrado.*

espeso, sa adj. Poco fluido : *salsa espesa.* || Denso : *humo espeso.* || Tupido : *bosque, tejido espeso.* || Grueso : *muros espesos.*

espesor m. Grueso. || Densidad : *el espesor de la nieve.*

espesura f. Calidad de espeso. || Sitio muy poblado de árboles y arbustos.

espetar v. t. Poner en el asador : *espetar sardinas.* || Traspasar : *le espetó una cuchillada.* || *Fig. y fam.* Soltar : *espetar un sermón.*

espeto m. Espetón, asador.

espetón m. Varilla de hierro para asar carne o pescado. || Hurgón.

espía com. Persona encargada de recoger informaciones secretas sobre una potencia extranjera. || Persona que observa con disimulo las acciones de otra o intenta conocer sus secretos.

espiar v. t. Observar con disimulo lo que pasa o se dice generalmente para contárselo a otra persona.

espichar v. t. Pinchar. || — V. i. *Fam.* Morirse. || — V. pr. *Cub.* y *Méx.* Enflaquecer, adelgazar.

espiga f. Conjunto de flores o frutos situados a lo largo de un tallo común : *la espiga del trigo.* || Extremidad de un madero o eje, adelgazada para entrar en un hueco de otro. || Clavija. || Dibujo parecido a la espiga del trigo : *tela de espiga.*

espigado, da adj. Aplícase a las plantas crecidas hasta la completa madurez de su semilla. || Dícese del árbol nuevo de tronco muy elevado. || *Fig.* Alto, crecido de cuerpo, de gran estatura y delgado : *joven espigado.*

espigar v. t. Recoger las espigas que quedan en el rastrojo. || *Fig.* Recoger : *espigar datos en los libros.* || Hacer espiga en los maderos. || — V. i. Empezar las plantas a echar espiga. || — V. pr. Crecer algunas hortalizas más de lo debido : *espigarse las lechugas.* || *Fig.* Crecer mucho una persona : *este chico se ha espigado mucho.*

espigón m. Malecón que protege la orilla de un río o un puerto de mar.

‖ **Aguijón.** ‖ Punta de una cosa : *el espigón del cuchillo.* ‖ Mazorca o panoja. ‖ Cerro alto y puntiagudo.

espiguilla f. Cada de las espigas secundarias cuya reunión forma la espiga principal. ‖ Dibujo parecido a la espiga : *tela de espiguillas.*

espín m. Puerco espín. ‖ *Fís.* Momento cinético del electrón.

espina f. Púa que tienen algunas plantas : *el rosal y la chumbera tienen espinas.* ‖ Astilla pequeña : *clavarse una espina en el pie.* ‖ *Anat.* Espinazo : *espina dorsal.* ‖ Hueso de pez : *el arenque tiene muchas espinas.* ‖ *Fig.* Pena muy grande y duradera : *tener o llevar clavada una espina en el corazón.* ‖ Dificultad : *la vida está llena de espinas.* — *Fig. y fam.* Eso me da mala espina, eso me parece raro o me preocupa. ‖ *Sacarse la espina,* desquitarse de algo.

Espina (Concha), novelista española (1877-1955), autora de *La esfinge maragata, Altar mayor, La niña de Luzmela.*

espinaca f. Hortaliza quenopodiácea cuyas hojas son comestibles.

espinal adj. Relativo al espinazo.

Espinal, c. al O. de Colombia (Tolima). Obispado.

espinapez m. Disposición de un entarimado con las tablas formando zigzag en direcciones diagonales y endentando las cabezas.

Espinar, prov. al SE. del Perú (Cuzco) ; cap. *Yauri.* ‖ — **(El),** v. en el centro de España (Segovia).

espinazo m. *Anat.* Columna vertebral. ‖ *Arq.* Clave de una bóveda o de un arco. ‖ *Fig. y fam.* Doblar el espinazo, humillarse, someterse.

espinel m. *Mar.* Palangre de ramales cortos y cordel grueso.

Espinel (Vicente), escritor español, n. en Ronda (1550-1624), autor de la novela picaresca *Vida del escudero Marcos de Obregón.* Inventó la estrofa *décima,* tb. llamada *espinela.*

espinela f. Décima, combinación métrica de diez versos octosílabos debida al escritor Espinel.

espineta f. Clavicordio pequeño.

espingarda f. Cañón antiguo mayor que el falconete. ‖ Escopeta muy larga que usaban los moros. ‖ *Fam.* Persona muy alta y delgada.

Espinhaco [-ñaco] (SERRA DO), macizo montañoso en el SE. del Brasil (Minas Gerais) ; 2 147 m.

espinilla f. Parte anterior del tercio superior y medio de la pierna. ‖ Grano pequeño, turmorcillo que se forma en la piel : *tenía toda la cara cubierta de espinillas.*

espinillera f. Pieza de la armadura que cubría la espinilla. ‖ Pieza que protege la espinilla.

espino m. Arbusto espinoso rosáceo de flores blancas. ‖ *Espino artificial,* alambre con pinchos.

Espinola (Ambrosio de), general español de origen italiano (1569-1630), que luchó en Flandes y tomó Breda. ‖ — (FRANCISCO), escritor uruguayo (1901-1973), autor de *Raza ciega,* novela gauchesca, *Sombras sobre la tierra,* relato de los bajos fondos, y de admirables *Cuentos.*

Espinosa (Baruch). V. SPINOZA. ‖ — (FERMÍN), torero mexicano, conocido por *Armillita Chico,* n. en 1911. ‖ — ~ (GASPAR DE), conquistador español (¿ 1484 ?-1537). Explorador de la costa panameña y costarricense del Pacífico, estuvo luego en el Perú. ‖ — (GERMÁN), escritor colombiano, n. en 1938, autor de cuentos, novelas (*Los cortejos del diablo*) y obras de teatro. ‖ — ~ (JACINTO JERÓNIMO DE), pintor español (1600-1680), discípulo de Ribalta. ‖ — (JANUARIO), escritor chileno (1882-1946), autor de novelas criollas y rurales (*Cecilia, Vida humilde, El juguete roto*). ‖ — ~ (JAVIER), político ecuatoriano (1815-1870), pres. de la Rep. de 1867 a 1869. ‖ — ~ (NICOLÁS), general y político salvadoreño, jefe del Estado en 1835. ‖ — **Medrano** (JUAN), poeta peruano (1629-1682), de tendencia culterana. Autor de *Auto sacramental del Hijo pródigo* y *Apologético en favor de Don Luis de Góngora.* Conocido con el nombre del *Lunarejo.* ‖ — **Pólit** (AURELIO), escritor y sacerdote jesuita ecuatoriano (1894-1961), autor de colecciones de poemas y de estudios literarios. ‖ — **Prieto** (JOSÉ MARÍA), pintor colombiano (1796-1883), autor de cuadros históricos y de retratos.

espinoso, sa adj. Que tiene espinas. ‖ *Fig.* Difícil, delicado.

espionaje m. Trabajo de espía. ‖ *Fig.* Vigilancia secreta.

espionitis f. *Fam.* Obsesión del espionaje.

Espira, en alem. *Speyer,* c. de Alemania Occidental (Renania-Palatinado). Obispado ; catedral románica. Dieta de los protestantes (1529).

Espira (Jorge de). V. SPIRA.

espiración f. Segundo tiempo de la respiración consistente en expeler el aire.

espiral adj. De forma de espira : *línea, escalera espiral.* ‖ — F. Curva que se desarrolla alrededor de un punto del cual se aleja progresivamente. ‖ Repercusión recíproca de una cosa sobre otra : *la espiral de precios y salarios.* — M. Muelle en espiral de un reloj. ‖ Dispositivo anticonceptivo que se coloca en la cavidad uterina.

espirar v. i. Expulsar el aire aspirado (ú. t. c. t.). ‖ Respirar. ‖ — V. t. Exhalar : *espirar un olor.*

espiritismo adj. Doctrina según la cual por ciertos procedimientos los vivos pueden entrar en comunicación con el alma de los difuntos.

espiritista adj. Relativo al espiritismo. ‖ Que cree en el espiritismo y lo practica (ú. t. c. s.).

espiritoso, sa adj. Vivo, animoso. ‖ Que contiene alcohol.

espíritu m. Alma : *el espíritu humano.* ‖ Ser inmaterial : *los ángeles son espíritus.* ‖ Aparecido o ser sobrenatural como los genios y gnomos : *creer en los espíritus.* ‖ Don sobrenatural : *espíritu de profecía.* ‖ Tendencia natural : *espíritu de sacrificio.* ‖ Sentido profundo : *el espíritu de una ley, de una corporación.* ‖ Manera de pensar propia a un grupo de personas : *espíritu militar, de clase.* ‖ *Fig.* Ánimo, valor : *ser de mucho espíritu.* ‖ Vivacidad del ingenio. ‖ Virtud, ciencia mística. ‖ *Gram.* Cada uno de los dos signos ortográficos, uno suave y otro áspero o rudo, que se escriben sobre algunas palabras griegas. ‖ *Quím.* Sustancia extraída : *espíritu de vino.* ‖ Pl. Demonios. ‖ — *Espíritu de sal,* ácido clorhídrico. ‖ *Espíritu maligno,* el demonio. ‖ *Espíritu Santo,* tercera persona de la Santísima Trinidad. ‖ *Levantar el espíritu,* animar. ‖ *Pobre de espíritu,* apocado.

Espíritu Santo, cabo de la parte N. de la isla Grande de Tierra del Fuego, punto límite argentino-chileno. — Monte al O. de Bolivia (Oruro) ; 4 700 m. — Estado del E. del Brasil ; cap. *Vitória.* Agricultura. Minas. — Isla al O. de México, en el golfo de California.

espiritual adj. Del espíritu : *vida espiritual.* ‖ Formado sólo por el espíritu, inmaterial. ‖ Religioso : *poder espiritual.* ‖ Galicismo por ingenioso. ‖ — *Espiritual negro,* canto religioso de los negros de Estados Unidos.

espiritualidad f. Calidad de espiritual : *la espiritualidad del alma.*

espiritualismo m. *Fil.* Doctrina opuesta al materialismo que admite la existencia del espíritu como realidad sustancial : *el espiritualismo de Leibniz.* ‖ Tendencia a llevar una vida espiritual.

espiritualista adj. Del espiritualismo. ‖ Partidario de él (ú. t. c. s.).

espiritualización f. Acción y efecto de espiritualizar.

espiritualizar v. tr. Hacer espiritual una persona. ‖ Dar carácter espiritual. ‖ *espiritualizar el amor.*

espirituano, na adj. y s. De Sancti Spíritu (Cuba).

espirituoso, sa adj. Espiritoso.

espiroqueta f. Animal protozoario de forma espiral.

Espita f. Canilla de cuba. ‖ Grifo pequeño.

Espita, v. y mun. en el sureste de México (Yucatán).

Esplá (Óscar), compositor español (1886-1976), autor de ballets (*El contrabandista*), cantatas (*La nochebuena del diablo*), poemas sinfónicos (*Don Quijote velando las armas*) y otras

obras (*La pájara pintá, Sonata del Sur, Sinfonía Coral,* etc.).

esplender v. i. Resplandecer.

esplendidez f. Belleza. ‖ Magnificencia : *la esplendidez de una recepción.* ‖ Generosidad, liberalidad.

espléndido, da adj. Magnífico : *un día espléndido ; una casa espléndida.* ‖ Generoso, liberal : *un hombre espléndido.* ‖ Resplandeciente.

esplendor m. Resplandor, brillo. ‖ Esplendidez, magnificencia. ‖ *Fig.* Lustre, nobleza : *el esplendor de una familia.* ‖ Apogeo : *período de esplendor de la literatura.*

esplendoroso, sa adj. Resplandeciente : *hacía un sol esplendoroso.* ‖ Espléndido, magnífico.

esplénico, ca adj. Del bazo. ‖ — M. Esplenio.

esplenio m. *Anat.* Músculo largo y aplanado que une las vértebras cervicales con la cabeza y contribuye al movimiento de ésta.

espliego m. Planta labiada de flores azules y su semilla utilizada en perfumería. (En este caso se llama *lavanda.*)

esplín m. Hastío, tedio, melancolía.

Esplugas de Llobregat, en cat. *Esplugues de Llobregat,* mun. al noroeste de España en el área metropolitana de Barcelona y en la comarca del Barcelonés.

Espoile (Raúl Hugo), compositor argentino (1888-1958), autor de poemas sinfónicos (*En la paz de los campos*), óperas (*Frenos*) y música de cámara inspirada en el folklore indígena.

espolear v. t. Picar con la espuela a la caballería. ‖ *Fig.* Incitar, estimular.

espoleta f. Dispositivo que provoca la explosión de los proyectiles.

Espoleto, c. del centro de Italia (Umbría). Arzobispado.

espoliador, ra adj. y s. Que expolia.

espoliar v. t. Despojar.

espolio m. Bienes que deja a su muerte un eclesiástico. ‖ (Ant.). Entierro : *el Espolio del Greco.*

espolón m. Protuberancia ósea en el tarso de varias aves gallináceas. ‖ *Arq.* Contrafuerte. ‖ Tajamar de un puente y de un barco. ‖ Malecón para contener las aguas de un río o del mar. ‖ Ramal montañoso corto.

espolonazo f. Golpe dado con el espolón.

espolvorear v. t. Quitar el polvo. ‖ Echar polvo a algo.

espondeo m. Pie de la poesía antigua compuesto de dos sílabas largas.

espongiarios m. pl. *Zool.* Animales acuáticos cuyo cuerpo está compuesto de alveolos y de un esqueleto calcáreo (ú. t. c. adj.).

esponja f. *Zool.* Cualquier animal espongiario. ‖ Esqueleto de estos animales empleado para diversos usos, sobre todo para la limpieza. ‖ Imitación artificial de este esqueleto : *esponja de plástico.* ‖ *Quím.* Masa esponjosa. ‖ *Fig. y fam.* Persona que se aprovecha de los bienes de otra. ‖ — *Fig. Beber como una esponja,* beber mucho. ‖ *Pasar la esponja,* decidir olvidar algo enojoso. ‖ *Tejido esponja,* el que tiene una textura esponjosa, como la toalla. ‖ *Tirar la esponja,* abandonar.

esponjar v. t. Ahuecar, volver esponjoso. ‖ Dar volumen.

esponjosidad f. Calidad de condición de esponjoso.

esponjoso, sa adj. Muy poroso.

esponsales m. pl. Promesa mutua de matrimonio.

espontanearse v. pr. Ser espontáneo o poco reservado con alguien.

espontaneidad f. Calidad de espontáneo. ‖ Naturalidad.

espontáneo, a adj. Voluntario, sin influencia externa : *ayuda, declaración espontánea.* ‖ Natural : *carácter espontáneo.* ‖ Dícese de aquello que no hay intervención del hombre : *combustión espontánea.* ‖ Que crece sin cultivo : *Generación espontánea,* aparición espontánea de los seres vivos a partir de la materia inerte. ‖ — M. Taurom. Espectador que se lanza para torear.

espora f. Célula reproductora de las plantas criptógamas y de algunos protozoos.

Espóradas o **Espórades,** archip. 237

griego del mar Egeo, dividido en *Espóradas del Norte* y *Espóradas del Sur* o
Dodecaneso.
esporádico, ca adj. *Med.* Aplícase
a las enfermedades que no tienen
carácter epidémico ni endémico. ||
Fig. Aislado, ocasional.
esporangio m. *Bot.* Cápsula donde
están las esporas.
esporidio m. *Bot.* Espora de la
segunda generación.
esporofito, ta adj. *Bot.* Aplícase a
las plantas que se reproducen por
esporas (ú. t. c. s.).
esporozoarios y **esporozoos** m.
pl. *Zool.* Protozoarios parásitos que
se reproducen por medio de esporas
(ú. t. c. adj.).
esport m. Deporte. || — Adj.
Deportivo.
esportilla f. Espuerta pequeña.
esporulación f. *Bot.* Reproducción
por esporas.
esposado, da adj. y s. Casado.
esposar v. t. Ponerle a uno esposas.
Espósito (Arnaldo D'), compositor
argentino (1908-1945), autor de ballets
(*Rapsodia del tango*), óperas y obras
para piano.
esposo, sa m. y f. Persona que ha
contraído matrimonio. || En relación
con una persona, la que está casada
con ella. || — F. pl. Manillas unidas por
una cadena con las cuales se sujetan
las muñecas de los presos o dete-
nidos : *tenía las manos unidas por las
esposas.*
espot m. Spot, cuña.
Espot, mun. al noreste de España
(Lérida). Estación de deportes de
invierno.
Espoz y Mina (Francisco Javier),
general español, n. en Idocín
(Navarra) [1781-1836]. Guerrillero en la
lucha por la Independencia, tomó
después parte del bando liberal contra Fernando VII y el carlismo.
espray m. Spray.
esprint m. Sprint.
esprinter m. Sprinter, velocista.
esprit m. (pal. fr.) Ingenio, agudeza.
Espriu (Salvador), escritor español
en lengua catalana, n. en 1913, autor
de narraciones (*Espejismo en Citerea,
Adriana en el laberinto grotesco, La
lluvia*), tragedias (*Antígona, Primera
historia de Esther*) e inspiradas poesías (*Cementerio de Sinera, Las horas,
Mrs. Death, Semana Santa*, etc.).
Espronceda (José), poeta romántico español, n. en Almendralejo
(Badajoz) [1808-1842], autor de *El diablo mundo* y de la leyenda lírica
El estudiante de Salamanca. Escribió
numerosos poemas (*Himno al Sol, La
canción del pirata,* etc.).
espuela f. Espiga de metal terminada
en una rodajita con puntas ajustada al
talón para picar a la cabalgadura. || *Fig.*
Estímulo, aliciente : *la espuela del
deseo.* | Última copa. || *Amer.* Espolón
del gallo, espoleta de las aves.
espuelero adj. *Amer.* Gallo de pelea
que usa bien sus espuelas.
espuerta f. Cesta de esparto, palma
o incluso materia plástica usada sobre
todo para transportar materiales. || *A
espuertas,* en abundancia.
espulgar v. t. Quitar las pulgas o
piojos. || *Fig.* Examinar de muy cerca
para quitar lo malo.
espuma f. Conjunto de burbujas
que se forman en la superficie de un
líquido : *la espuma del mar.* || Baba
en los labios. || Parte del jugo o de las
impurezas que suben a la superficie
de algunos líquidos cuando hierven :
la espuma de la leche. || Escoria en la
superficie de los metales en fusión. ||
Fig. Nata, lo más estimado. || — *Fig.
Crecer como la espuma,* crecer muy
rápidamente. || *Espuma de mar,* sili-
cato natural de magnesia hidratado,
blanco y poroso que sirve para hacer
pipas. || *Espuma de nylon,* nylon de
gran elasticidad.
espumadera f. Cuchara grande y
algo cóncava o paleta con agujeros
que sirve para quitar la espuma y para
sacar de la sartén u olla y escurrir los
manjares que se fríen o cuecen.
espumajear v. i. Echar espumarajos.
espumajo m. Espumarajo.
espumante adj. Espumoso.
espumar v. t. Quitar la espuma :
espumar un licor, el caldo. || — V. i.

Formar espuma. || *Fig.* Crecer, aumen-
tar rápidamente.
espumarajo m. Saliva espumosa
arrojada en abundancia por la boca.
espumilla f. Tejido de crespón muy
fino. || *Amer.* Merengue.
espumoso, sa adj. Que tiene o
forma espuma : *ola espumosa ; vino
espumoso ; jabón espumoso.* || — M.
Vino o champán con espuma.
espúreo adj. Espurio.
espurio, ria adj. Bastardo : *hijo
espurio.* || *Fig.* Adulterado, falto de
legitimidad o autenticidad.
espurrear y **espurriar** v. t. Rociar
con un líquido expelido por la boca.
esputar v. t. Expectorar, escupir.
esputo m. Lo que se escupe.
esqueje m. Tallo joven de una planta
que se echa en tierra para que forme
una planta nueva.
Esquel, c. al SE. de la Argentina
(Chubut), cab. del dep. de Futaleofú.
esquela f. Carta breve : *esquela
amorosa.* | Carta para comunicar
una invitación o ciertas noticias. ||
Esquela de defunción, notificación de
la muerte de alguien por medio de
una carta especial o de un artículo en
el periódico con recuadro negro.
esquelético, ca adj. Del esqueleto.
|| *Fam.* Muy flaco.
esqueleto m. Armazón ósea de los
vertebrados o partes duras de los
artrópodos. || *Fig.* Armazón, arma-
dura : *el esqueleto de una construc-
ción.* | Bosquejo, plan. | Persona muy
flaca, delgada.
esquema m. Representación de una
figura sin entrar en detalles, indicando
solamente sus relaciones y funciona-
miento. || Plan, bosquejo.
esquemático, ca adj. Representado
por o perteneciente a un esquema. ||
Sin detalles.
esquematismo m. Procedimiento
esquemático.
esquematización f. Acción y efecto
de esquematizar.
esquematizar v. t. Representar una
cosa en forma esquemática.
Esquerra Republicana de Catalunya,
partido político español que defiende
el catalanismo de izquierda. Fundado
en 1931.
esquí m. Plancha de madera o de
metal, larga, estrecha y algo encorvada en la punta para patinar sobre
nieve o agua. (Pl. *esquíes* o *esquís*). ||
Deporte practicado sobre estos utensilios.
esquiador, ra m. y f. Persona que
esquía.
esquiar v. i. Patinar con esquíes.
esquife m. Barco pequeño que se
lleva en la nave para saltar a tierra. ||
Barco muy estrecho y alargado para
un solo tripulante utilizado en competiciones deportivas.
esquila f. Cencerro. || Campanilla.
Esquilache (Leopoldo Gregorio,
marqués de), ministro de Carlos III
(¿ 1700 ?-1785), cuya gestión provocó
el motín de 1766.
esquilador, ra m. y f. Persona que
se dedica al esquileo. || — F. Maqui-
nilla para esquilar.
esquilar v. t. Cortar con las tijeras o
una maquinilla la lana o el pelo de los
animales.
esquileo m. Operación consistente
en esquilar los animales. || Temporada
en que se esquila.
Esquilino (*Monte*), colina de Roma,
en la orilla der. del Tíber.
esquilmar v. t. Recoger los frutos de
la tierra, heredados y ganado. || Ago-
tar, empobrecer la tierra. || *Fig.* Empo-
brecer : *Despojar : esquilmar a uno.*
Esquilo, poeta griego n. en Eleusis
(525-456 a. de J. C.), creador de la
tragedia antigua con la trilogía *La
Orestíada* (*Agamenón Las Coéforas y
Las Euménides*) y otras obras como
*Los persas, Los Siete contra Tebas,
Prometeo encadenado* y *Las supli-
cantes.*
esquimal adj. y s. Que pertenece a
los pueblos de las regiones polares.
esquina f. Ángulo exterior formado
por dos superficies unidas por uno de
sus lados : *una casa que hace esquina.*
|| En fútbol, lugar desde donde se tira
un córner. | Arista. || — *Fig. A la vuelta
de la esquina,* muy cerca. || *Las cuatro
esquinas,* juego de niños.

Esquina, monte en el centro de la
Argentina (San Luis) ; 1545 m. — Pobl.
al NE. de la Argentina (Corrientes) ;
puerto en el Paraná.
esquinado, da adj. Que hace
esquina o forma ángulos. || *Fig.* De
trato difícil : *hombre muy esquinado.*
esquinar v. t. e i. Formar esquina. ||
Poner en una esquina : *esquinar un
armario.* | Escuadrar un madero. || *Fig.*
Enfadar. Ú. t. c. pr. : *esquinarse con
uno.*
esquinazo m. *Fam.* Esquina. || *Fam.
Dar esquinazo a uno,* dejarle plantado, darle un plantón.
Esquines, orador griego (¿ 390-314 ?
a. de J. C.), rival de Demóstenes.
Esquipulas, mun. al E. de Guatemala (Chiquimula). Santuario, templo
de estilo barroco, donde se venera en
innumerables peregrinaciones la imagen de un *Cristo Negro,* obra del
escultor Quirio Cataño. — Pobl. en el
centro de Nicaragua (Matagalpa).
esquirla f. Fragmento pequeño de
un hueso roto.
esquirol m. *Fam.* Obrero que sustituye a un huelguista o que acude al
trabajo cuando hay huelga.
esquisto m. Roca de estructura
hojosa, pizarra.
esquistoso, sa adj. De estructura
hojosa o laminar.
esquisúchil m. *Amer.* Flor seme-
jante al grano de maíz tostado. | Árbol
que la produce.
Esquiú (Fray Mamerto), religioso
argentino (1826-1883), autor de
arengas en favor de la Constitución.
esquivar v. t. Evitar con habilidad,
rehuir : *esquivar un encuentro.* || —
V. pr. Evitar de hacer algo.
Esquivel (Antón de), conquistador
español del s. XVI que acompañó a
Benalcázar. || ~ (ANTONIO MARÍA), pin-
tor y retratista español (1806-1857). —
Su hijo CARLOS MARÍA (1830-1867) fue
también pintor. || ~ (JUAN DE), con-
quistador español, primer gobernador
de Jamaica en 1509. || ~ Ibarra (Ascen-
sión), político costarricense (1848-
1927), pres. de la Rep. de 1902 a 1906.
esquivez f. Frialdad, desdén.
esquivo, va adj. Arisco, desdeñoso.
esquizofrenia f. Enfermedad mental
caracterizada por la disociación de las
funciones psíquicas.
esquizofrénico, ca adj. Relativo a
la esquizofrenia. || Que la padece
(ú. t. c. s.).
Essaouira. V. MOGADOR.
Essen, c. de Alemania Occidental
(Rin Septentrional-Westfalia).
Essequibo. V. ESEQUIBO.
Essex, condado de Gran Bretaña en
el SE. de Inglaterra, regado por el
Támesis ; cap. *Chelmsford.*
Esslingen [-guen], c. de Alemania
Occidental (Baden-Wurtemberg).
Essonne, dep. de Francia al S. de
París ; cap. *Evry.*
estabilidad f. Equilibrio : *la estabili-
dad de un avión.* || Firmeza, resisten-
cia : *la estabilidad de un puente.* ||
Permanencia, duración : *la estabili-
dad del poder.* || Seguridad : *la estabi-
lidad de una situación.* || *Quím.* Resis-
tencia a la descomposición : *la estabi-
lidad de un cuerpo.* || *Fig.* Equilibrio.
estabilización f. Acción y efecto de
estabilizar o estabilizarse : *política de
estabilización.* || *Planos de estabiliza-
ción de un avión,* dispositivo para dar
estabilidad al avión.
estabilizador, ra adj. Que estabiliza
(ú. t. c. s. m.).
estabilizar v. t. Dar estabilidad. ||
Fijar oficialmente el valor de una
moneda o el precio de las mercancías : *estabilizar los precios.*
estable adj. Que no está en peligro
de caerse, bien equilibrado. || Seguro,
duradero : *posición estable ; paz esta-
ble.* | Constante : *carácter estable.*
establecedor, ra adj. Que establece (ú. t. c. s.).
establecer v. t. Instalar : *establecer
un campamento.* || Fundar, instituir :
establecer la república. || Fijar : *esta-
blecer una regla.* || — V. pr. Instalarse : *estable-
cerse en París.*
establecimiento m. Fundación,
institución : *establecimiento de un
nuevo régimen, de un colegio.* || Fija-
ción : *establecimiento de una regla.* ||

238

Local donde se desarrolla una actividad de enseñanza, sanitaria, penitenciaria, de beneficencia : *establecimiento docente, asistencial.* ‖ Lugar donde se ejerce una actividad comercial o industrial. ‖ Colonia fundada en un país por habitantes de otro.

Establecimientos de los Estrechos. V. STRAITS SETTLEMENTS.

establishment m. (pal. ingl.). En los países anglosajones, grupo de personas dirigentes que defienden los privilegios y la situación social que cada una de ellas tiene o posee.

establo m. Lugar cubierto donde se encierra el ganado.

estabulación f. Permanencia del ganado en el establo.

estabular v. t. Poner en un establo.

estaca f. Palo terminado por una punta que se clava en el suelo. ‖ Rama verde que se planta para que arraigue. ‖ Palo grueso : *apalear con una estaca.*

Estaca de Vares. V. VARES.

estacada f. Valla hecha con estacas. ‖ — Fig. y fam. *Dejar en la estacada,* abandonar en una situación apurada. ‖ *Quedar en la estacada,* ser vencido ; perecer ; fracasar.

estacazo m. Golpe dado con una estaca. ‖ Fig. Fracaso. ‖ Caída.

Estacio, poeta latino (¿ 45 ?-96).

estación f. Cada una de las cuatro épocas en que se divide el año y que son primavera, verano, otoño e invierno. ‖ Temporada, período : *la estación de las lluvias, de las siembras, turística.* ‖ Lugar donde se pasa una temporada : *estación balnearia.* ‖ Lugar donde paran o empiezan su recorrido los trenes y edificios administrativos allí instalados : *estación de ferrocarril, de metro.* ‖ Establecimiento donde se efectúan investigaciones científicas : *estación meteorológica.* ‖ Instalación de emisoras de radio, de televisión, de telecomunicaciones. ‖ Lugar en que se detiene uno cuando hace un viaje o da un paseo. ‖ Rel. Visita que se hace a las iglesias para rezar ante el Santísimo en determinadas ocasiones : *las estaciones de Semana Santa.* ‖ Oraciones rezadas en estas ocasiones. ‖ Estado, posición : *estación vertical.* ‖ Astr. Detención aparente de los planetas en su órbita. ‖ — *Estación de radio,* emisora. ‖ *Estación de servicio,* instalación donde se proveen los vehículos de gasolina, aceite, agua, etc. ‖ *Estación espacial,* vehículo espacial de poca autonomía y medios de propulsión limitados destinado a llevar a cabo una misión determinada en el espacio o en un astro durante cierto tiempo.

estacional adj. Propio y peculiar de una estación del año : *calenturas estacionales.* ‖ Astr. Estacionario : *planeta estacional.* ‖ Obrero estacional, el que sólo trabaja durante ciertas estaciones o temporadas del año.

estacionalidad f. Condición de estacional.

estacionamiento m. Acción de aparcar, aparcamiento : *estacionamiento de automóviles.* ‖ Lugar donde se estaciona.

estacionar v. t. Dejar un vehículo en un lugar (ú. t. c. pr.). ‖ Dejar algo parado. ‖ — V. pr. Quedarse estacionario, dejar de progresar.

estacionario, ria adj. Que no sufre ningún cambio : *estado estacionario.* ‖ Astr. Aplícase al planeta que parece detenido en su órbita. ‖ Temporal : *el paro estacionario.*

Estación central, com. de Chile en el Área Metropolitana de Santiago.

estada f. Estancia.

estadia f. Estancia.

estadio m. Lugar público con graderíos para competiciones deportivas. ‖ Fase, período relativamente corto.

estadista com. Persona que participa en la dirección del Estado, que se ocupa de política. ‖ Estadístico, especialista en estadística.

estadístico, ca adj. De la estadística : *informaciones estadísticas.* ‖ — M. y f. Especialista en estadística. ‖ — F. Ciencia que se ocupa de la reunión de todos los hechos que se pueden valorar numéricamente para hacer comparaciones entre las cifras y sacar conclusiones aplicando la teo-

ría de las probabilidades. ‖ Conjunto de los hechos así reunidos.

estadium m. Estadio.

estado m. Manera de ser : *estado de salud.* ‖ Forma en que se presenta una cosa : *estado sólido, líquido, gaseoso.* ‖ Condición : *máquina en estado de funcionamiento.* ‖ Situación : *el estado de los negocios.* ‖ Lista enumerativa, inventario, cuenta : *estado de gastos.* ‖ Condición social : *estado de casado.* ‖ Clase : *estado noble.* ‖ Nación o grupo de territorios autónomos que forman una nación : *Estado unitario.* ‖ Gobierno, administración superior : *conflicto entre la Iglesia y el Estado.* ‖ Forma de gobierno : *Estado monárquico, republicano, socialista.* ‖ — *Estado civil,* condición de cada individuo en relación con los derechos y obligaciones civiles. ‖ *Estado de alarma,* situación considerada oficialmente grave para el orden público. ‖ *Estado de alma o de ánimo,* estado moral. ‖ *Estado de cosas, circunstancias.* ‖ *Estado de sitio,* aquel en que las libertades individuales son casi totalmente suprimidas. ‖ Fam. *Estado interesante,* embarazo. ‖ *Estado llano,* antigua clase formada por el pueblo. ‖ *Estado mayor,* el cuadro técnico de un ejército. ‖ Fig. *Estado providencia,* Estado que resuelve todo. ‖ *Estar en estado,* estar embarazada una mujer. ‖ *Golpe de Estado,* acción de apoderarse violenta e ilegalmente del poder. ‖ *Razón de Estado,* justificación de un acto injusto por el interés nacional. ‖ *Tomar estado,* casarse.

Estados (ISLA DE LOS), isla del sur de Argentina al E. de Tierra del Fuego. ‖ **— Pontificios.** V. IGLESIA.

Estados Unidos de América, república federal de América del Norte, entre el Canadá, el océano Atlántico, México y el océano Pacífico. Agrupa cincuenta Estados, incluyendo Alaska y las islas Hawai, a los que hay que añadir el distrito federal de Columbia y los territorios exteriores : Estado libre asociado de Puerto Rico, las islas Vírgenes (Antillas Menores), las islas Samoa y Guam ; 9 385 000 km² ; 229 500 000 h. (*estadounidenses* o *norteamericanos*) ; cap. federal Washington, D. F. (más de 3 millones con sus alrededores) ; otras ciudades : *Nueva York,* 7 870 000 h. (cerca de 17 millones con sus suburbios) ; *Chicago,* 3 600 000 ; *Los Ángeles,* 2 900 000 ; *Filadelfia,* 2 040 000 ; *Detroit,* 1 670 000 ; *Baltimore,* 950 000 ; *Houston,* 1 590 000 ; *Cleveland,* 755 000 ; *Indianápolis,* 750 000 ; *Dallas,* 860 000 ; *San Diego,* 862 000 ; *San Antonio,* 800 000 ; *Saint Louis,* 625 000 ; *San Francisco,* 720 000 ; *Milwaukee,* 700 000 ; *Phoenix,* 750 000 ; *Boston,* 650 000 ; *Nueva Orleans,* 596 000 ; *Pittsburgh,* 510 000 ; *Seattle,* 535 000 ; *Denver,* 525 000 ; *Búfalo,* 465 000 ; *Minneápolis,* 438 000 ; *Cincinnati,* 455 000 ; *Atlanta,* 435 000 ; *Columbus,* 560 000 ; *Nashville,* 490 000. (V. mapa en la pág. siguiente.)

— GEOGRAFÍA. Estados Unidos comprende : 1.º el macizo montañoso de los Apalaches al E. ; 2.º una región de extensas planicies en el Centro ; 3.º unas cordilleras paralelas al O. (Montañas Rocosas, Cascadas y Cadenas costeras) cuyas cuencas son muy elevadas. Sus numerosos ríos discurren por las cuencas del Pacífico (Columbia con el Snake), golfo de California (Colorado), Atlántico (Hudson, Delaware, Potomac) y golfo de México (Grande, Colorado de Texas y Misisipí con el Misuri). Abundan los lagos, sobre todo los más importantes (Grandes Lagos, en la frontera con el Canadá). El clima es muy variado, marítimo en el Pacífico y continental en el resto del país. Dentro de la federación, cada uno de los Estados goza de amplia autonomía y tiene su propio Gobierno. Washington, la capital, se halla en el distrito federal de Columbia. Gracias a su superficie y a la abundancia de vías fluviales y terrestres que posee, así como a su inmenso mercado interior y exterior, Estados Unidos es hoy la primera potencia económica del

mundo. Sus recursos son inmensos : agricultura (algodón, trigo, caña de azúcar, maíz, tabaco, maderas), ganadería (ovejas, bovinos, caballos), minería (hierro, cinc, plomo, azufre, bauxita, fosfatos, cobre, carbón, petróleo, gas natural, hidroelectricidad). La industria está superdesarrollada (metalúrgica, cemento, automóviles, aeronáutica, química, alimenticia, electrónica, textil). La riqueza de la producción global hace que los habitantes de este país posean el mayor nivel de vida del universo. No obstante, la saturación del mercado interior y la competencia extranjera traen como consecuencia crisis económicas de superproducción y de desempleo.

Estados Unidos de Centroamérica, confederación creada por Honduras, El Salvador y Nicaragua (1895-1896).

estadounidense adj. y s. De Estados Unidos de Norteamérica.

estafa f. Timo.

estafador, ra adj. y s. Que estafa.

estafar v. t. Sacar dinero o cosas de valor con engaño : *le estafó muchos millones de pesos.* ‖ Cobrar más de lo justo. ‖ Pagar menos de lo debido.

estafeta f. Correo ordinario que iba de un lugar a otro. ‖ Oficina del correo, especialmente la que depende de la central en una ciudad. ‖ Correo especial diplomático.

estafiate m. Méx. Ajenjo.

estafilocócica f. Med. Infección causada por estafilococos.

estafilococo m. Microbio redondeado que se agrupa en racimos y produce el furúnculo, el ántrax, etc.

Estagira, hoy Stavros, c. de la ant. Grecia (Macedonia), donde nació Aristóteles, llamado por eso el Estagirita.

estagirita adj. y s. De Estagira (Grecia). ‖ *El Estagirita,* Aristóteles.

estalactita f. Geol. Concreción calcárea formada en la bóveda de las cuevas por el agua.

estalagmita f. Geol. Concreción calcárea formada en el suelo de las cuevas por las gotas que caen de la bóveda y se evaporan.

estalinismo m. Stalinismo.

estalinista adj. y s. Stalinista.

estallar v. i. Reventar violentamente y con ruido : *estallar una bomba, un petardo, un neumático.* ‖ Fig. Suceder de repente : *estalló un conflicto, un incendio.* ‖ Manifestarse bruscamente : *estalló su cólera ; estalló una ovación general.* ‖ Irritarse : *eso le hizo estallar.*

estallido m. Acción y efecto de estallar. ‖ Ruido producido.

estambre m. Hebra larga del vellón de lana. ‖ Tela de baja calidad hecha con estas hebras. ‖ Urdimbre. ‖ Órgano sexual masculino de las plantas fanerógamas.

Estambul, ant. *Constantinopla* o *Bizancio,* c. y puerto al NO. de Turquía, a orillas del Bósforo. Universidad. Mezquitas (Santa Sofía).

estamento m. Cada uno de los cuatro Estados que concurrían a las Cortes de Aragón. ‖ Cada uno de los dos cuerpos colegisladores establecidos en España por el Estatuto Real de 1834. ‖ Grupo social formado por aquellos que poseen la misma situación jurídica y disfrutan de los mismos privilegios. ‖ Clase. ‖ Grado.

estameña f. Tejido de lana con urdimbre de estambre.

estampa f. Imagen, grabado impreso : *un libro con estampas.* ‖ Fig. Aspecto, traza, figura : *hombre, toro de buena estampa.* ‖ Huella : *aquí se ve la estampa de sus pasos ; la estampa de la caballerosidad.* ‖ Símbolo : *ser la estampa de su raza.* ‖ Representación : *era clara estampa de su raza.* ‖ Molde, matriz para forjar piezas. ‖ Imprenta o impresión : *dar una obra a la estampa.* ‖ Fam. Tener mala estampa, ser feo.

estampación f. Acción y efecto de estampar.

estampado, da adj. Aplícase a las telas en que se estampan dibujos. ‖ Escrito : *firma estampada en el contrato.* ‖ — M. Estampación. ‖ Operación para estampar los metales. ‖ Tela con dibujos estampados.

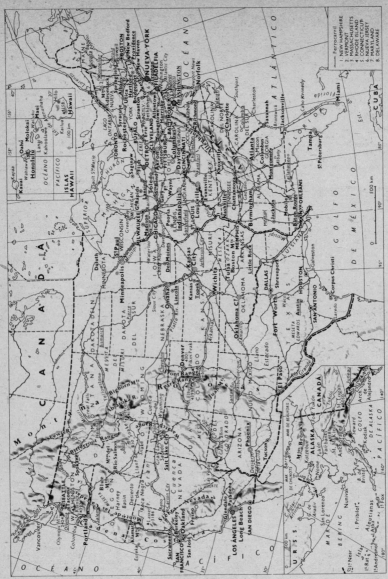

ESTADOS UNIDOS

estampador, ra adj. Que estampa. ‖ — M. y f. Persona que estampa.

estampar v. t. Imprimir : *estampar letras, grabados.* ‖ Dejar huella : *estampar el pie en la arena.* ‖ Escribir : *estampar su firma.* ‖ *Fig.* Imprimir algo en el ánimo. ‖ *Fam.* Arrojar, hacer chocar contra algo : *estampó la botella contra la pared.* ‖ Asestar, dar : *le estampó una bofetada.* ‖ Producir una forma en relieve en una chapa metálica.

estampía (de) m. adv. De repente, de prisa : *salir de estampía.*

estampida f. Estampido. ‖ *Amer.* Carrera precipitada. ‖ *De estampida,* muy rápido.

estampido m. Ruido fuerte como el producido por una cosa que explota.

estampilla f. Sello en que están dibujadas la firma y rúbrica de una persona. ‖ Sello que se imprime en los documentos para atestiguar su autenticidad o para indicar que cierto derecho ha sido pagado. ‖ Marca que

deja. ‖ *Amer.* Sello de correos o fiscal.

estampillado m. Acción y efecto de estampillar. ‖ Matasellos.

estampilladora f. *Amer.* Máquina de franquear correspondencia.

estampillar v. t. Sellar, marcar con estampilla : *estampillar documentos.* ‖ *Amer.* Franquear la correspondencia.

estampita f. Estampa pequeña. ‖ *Timo de la estampita,* timo consistente en dar un fajo de billetes falsos a cambio de cierta cantidad.

estancación f. y **estancamiento** m. Detención : *estancación de la sangre, del agua.* ‖ Embalse. ‖ *Fig.* Situación en que parece imposible seguir adelante : *el estancamiento de las negociaciones.* ‖ Monopolización de las mercancías.

estancar v. t. Detener, parar : *estancar la sangre.* ‖ Embalsar : *estancar las aguas para el riego* (ú. t. c. pr.). ‖ Monopolizar la venta de ciertas mercancías : *estancar el tabaco.* ‖ *Fig.*

Detener, dejar en suspenso : *estancar un negocio.* ‖ — V. pr. Quedar en suspenso o parado : *las negociaciones se han estancado.*

estancia f. Permanencia en un sitio : *una estancia de cinco días en Madrid.* ‖ Precio que se paga por alojarse cierto tiempo en un sitio. ‖ Tiempo que se queda un enfermo en un hospital y cantidad que por ello paga. ‖ Morada. ‖ Habitación de una vivienda. ‖ Estufa. ‖ *Amer.* Hacienda de campo. ‖ *Riopl.* y *Chil.* Finca de ganadería.

estanciero, ra m. y f. *Amer.* Persona propietaria o encargada de una estancia.

estanco, ca adj. Que no deja filtrar el agua : *compartimiento estanco.* ‖ Completamente cerrado. ‖ — M. Prohibición de la venta libre de una mercancía, monopolio : *el estanco del tabaco.* ‖ Sitio donde se despachan los géneros estancados. ‖ Tienda donde se venden tabaco y sellos.

240

estand, estandard, estandardización, estandarización, estandardizar, estandarizar, estanding. V. STAND, STANDARD, STANDARDIZACIÓN, etc.

estandarte m. Insignia, bandera.

Estanislao ‖ ~ I *Lesczinski* (1677-1766), rey de Polonia desde 1704. ‖ ~ II *Poniatowski* (1732-1798), último rey de Polonia de 1764 a 1795.

estanque m. Balsa de agua artificial para el riego, o el adorno, criar peces, etc. : *el estanque de un jardín.*

estanqueidad f. Condición de estanco.

estanquero, ra m. y f. Persona encargada de un estanco.

estanquillero, ra m. y f. Estanquero.

estante adj. Fijo y permanente en un sitio : *estar estante en París.* ‖ — M. Anaquel, tabla que sirve para colocar objetos. ‖ Mueble formado por un conjunto de anaqueles. ‖ Cada uno de los cuatro pies que sirven de soporte para ciertas máquinas. ‖ *Amer.* Madero incorruptible que, en la zona tropical, se hinca en el suelo para sostén de las casas.

estantería f. Conjunto de estantes o anaqueles.

estañado m. y **estañadura** f. Baño o soldadura con estaño. ‖ Aleación para estañar.

estañar v. t. Cubrir, bañar o soldar con estaño : *estañar una cacerola.*

estaño m. Metal blanco, relativamente ligero, muy maleable e inalterable al aire, usado para soldar y para proteger otros metales. ‖ *Arg. Fam.* Mostrador de bar.

estaquear v. t. *Amer.* Hincar estacas en el suelo para hacer un cercado.

estar v. i. Hallarse con cierta permanencia en un lugar : *estar en casa.* ‖ Indica un estado momentáneo : *estar malo ; estar de rodillas.* ‖ Indica la fecha : *hoy estamos a martes.* ‖ Sentar bien o mal : *este traje le está ancho.* ‖ Ir vestido : *estar de paisano.* ‖ Tener como actividad : *estar de embajador.* ‖ Entender : *¿ estás en ello ?* ‖ Costar : *el pan está hoy muy caro.* ‖ Junto con el gerundio, indica la duración de la acción : *estar durmiendo.* ‖ — *Fam. Estar a la que salta,* estar dispuesto a aprovechar todas las ocasiones que se presenten. ‖ *Estar al caer,* hablando de horas, estar a punto de sonar ; estar a punto de ocurrir un suceso. ‖ *Estar al tanto,* estar al corriente. ‖ *Estar a matar,* estar muy enemistados. ‖ *Estar a oscuras,* estar ignorante de algo. ‖ *Estar bien,* gozar de buena salud, situación, comodidades, etc. ‖ *Estar bien con uno,* llevarse bien. ‖ *Estar de más,* sobrar. ‖ *Estar en todo,* ocuparse de todo. ‖ *Estar para,* estar a punto de hacer algo ; estar de cierto humor : *hoy no estoy para bromas.* ‖ *Estar por,* quedar de una cosa ; estar una cosa a favor de otro. ‖ *Fam. Estar uno que bota,* estar muy indignado. ‖ — V. pr. Permanecer : *estarse quieto ; estarse mucho tiempo en un sitio.*

estárter m. Starter.

estatal adj. Del Estado.

estatalista adj. De la nacionalización.

estatalización f. Nacionalización.

estatalizar v. t. Nacionalizar.

estático, ca adj. Relativo al equilibrio de las fuerzas : *energía, presión estática.* ‖ Que no se mueve, que permanece en el mismo sitio o estado. ‖ *Fig.* Que se queda parado de asombro o de emoción. ‖ — F. Parte de la mecánica que estudia el equilibrio de los sistemas de fuerzas.

estatificar v. t. Nacionalizar.

estatismo m. Sistema político en el cual el Estado interviene directamente en el terreno económico.

estatorreactor m. Propulsor de reacción, sin órgano móvil, constituido por una tobera de propulsión térmica.

estatua f. Escultura que representa un ser animado. ‖ *Fig. y fam.* Quedarse hecho una estatua, quedarse paralizado de espanto o sorpresa.

estatuario, ria adj. Relativo a las estatuas o que sirve para hacerlas. ‖ — F. Arte de hacer estatuas.

estatúder m. En los Países Bajos, título de los antiguos gobernadores

de cada provincia y luego de los jefes militares de la Unión, especialmente los príncipes de Orange.

estatuir v. t. e i. Establecer, disponer lo que hay que hacer.

estatura m. Altura de una persona.

estatutario, ria adj. Conforme a los estatutos o designado por ellos.

estatuto m. *For.* Reglamento que rige el funcionamiento de una comunidad, asociación o sociedad. ‖ Régimen jurídico. ‖ Ley básica por la cual un Estado concede autonomía a una de sus regiones. ‖ *Estatuto Real,* ley fundamental del Estado español que estuvo vigente de 1834 a 1836.

estay m. *Mar.* Cabo que sujeta la cabeza de un mastelero.

este m. Parte del horizonte por donde sale el Sol, oriente. ‖ Uno de los cuatro puntos cardinales. ‖ Parte oriental de un país o región.

este, esta, estos, estas adj. dem. Designan lo que se halla más cerca de la persona que habla o lo que se acaba de mencionar : *este periódico ; esta mujer ; este objetivo.* ‖ Expresa el tiempo actual o inmediatamente pasado : *este año.* ‖ — Cuando son pronombres llevan un acento : *veo a éstos ; conozco a éstas.* ‖ *Ésta,* ciudad en la que está el que escribe.

Este, c. en el noreste de Italia (Venecia). Obispado.

Este (*Villa de*), villa de Tívoli, al E. de Roma.

estearina f. Cuerpo graso, principal constituyente de las grasas animales.

Esteban (*San*), primer mártir del cristianismo, lapidado en Jerusalén (¿ 37 ?). Fiesta el 26 de diciembre. — N. de nueve papas del s. III al XI. — N. de cinco reyes de Hungría, entre los cuales ESTEBAN I (*San*), rey de 1000 a 1038, que favoreció la propagación del cristianismo.

Esteban ~ *Arze,* prov. en el centro oeste de Bolivia (Cochabamba) ; cap. *Tarata.* ‖ ~ *Echeverría,* c. de la Argentina (Buenos Aires) y partido del mismo nombre ; cab. *Monte Grande.*

Estébanez Calderón (Serafín), escritor costumbrista español (1799-1867), llamado *el Solitario,* autor de *Escenas andaluzas.*

Estebanillo González, personaje español del s. XVII que escribió el relato picaresco *La vida de Estebanillo González, hombre de buen humor.*

estela f. Huella o rastro momentáneo que deja el barco en la superficie del agua, un cuerpo luminoso en el cielo o cualquier cuerpo en movimiento en el espacio. ‖ *Fig.* Rastro que queda de una cosa : *dejar una estela de descontento.* ‖ Monumento en forma de lápida, pedestal o cipo destinado a llevar una inscripción conmemorativa.

estelar adj. De las estrellas. ‖ *Fig.* De más importancia : *combate estelar.*

Esteli, c. del NO. de Nicaragua, cap. del dep. homónimo. Obispado.

Estella, c. del norte de España (Navarra).

esténcil m. Sténcil.

Estenger (Rafael), escritor cubano, n. en 1899, autor de poemas (*Retorno*) y novelas (*El pulpo de oro*).

estenio m. Unidad de fuerza en el sistema M. T. S., equivalente a 10^3 newtons (símb. *sn*).

estenografía f. Taquigrafía.

estenografiar v. t. Taquigrafiar.

estenográfico, ca adj. Escrito por medio de la estenografía.

estenógrafo, fa m. y f. Taquígrafo.

estenotipia f. Transcripción rápida de la palabra por medio de un estenotipo. ‖ Estenotipo. ‖ Texto hecho con esta máquina.

estenotipista com. Persona que se dedica a la estenotipia.

estenotipo m. Máquina de escribir, con un número reducido de teclas, que sirve para reemplazar la taquigrafía manual.

estentóreo, a adj. Muy fuerte : se oían en toda la casa gritos estentóreos que me dieron pavor.

estepa f. Llanura extensa caracterizada por una vegetación discontinua.

Estepa, c. del sur de España (Sevilla). Agricultura, ganadería.

Estepona, v. del sur de España (Málaga). Playa en la Costa del Sol.

éster m. *Quím.* Cuerpo derivado de la acción de un ácido sobre un alcohol.

estera f. Tejido de esparto, juncos, tallos entrelazados u otro material. ‖ Felpudo.

esterar v. t. Cubrir con esteras.

estercoladura f. y **estercolamiento** m. Abono con estiércol.

estercolar v. t. Abonar las tierras con estiércol.

estercolero m. Lugar donde se amontona el estiércol. ‖ *Fig.* Sitio muy sucio. ‖ Mozo que recoge el estiércol.

esterculiáceas f. pl. Plantas dicotiledóneas, como el cacao (ú. t. c. adj.).

estéreo m. Unidad de medida para leña que equivale a un m³.

estéreo adj. Estereofónico. ‖ — F. Estereofonía.

estereofonía f. Reproducción de los sonidos destinada a dar la impresión del relieve acústico.

estereofónico, ca adj. De la estereofonía.

estereometría f. Parte de la geometría que se ocupa de la medición de los sólidos.

estereoscopia f. Visión en relieve mediante un estereoscopio.

estereoscópico, ca adj. Relativo al estereoscopio.

estereoscopio m. Instrumento óptico que da la ilusión del relieve.

estereotipado, da adj. Que se presenta siempre del mismo modo.

estereotipar v. t. *Impr.* Fundir en planchas o clichés una composición tipográfica. ‖ Imprimir con estas planchas. ‖ *Fig.* Fijar, hacer inmutable : *expresión estereotipada.*

estereotipia f. Reproducción por medio de estereotipos. ‖ Taller donde se estereotipa. ‖ Máquina de estereotipar.

estereotípico, ca adj. Relativo a la estereotipia : *impresión estereotípica.*

estereotipo m. Plancha o cliché de imprenta hecho en plomo fundido. ‖ *Fig.* Imagen o idea adoptada por un grupo, concepción muy simplificada de algo o de alguien.

Esterhazy, c. del Canadá (Saskatchewan). Yacimientos de potasa.

esterificar v. t. *Quím.* Transformar en éster.

estéril adj. Que nada produce : *terreno estéril ; ingenio estéril.* ‖ Que no puede tener hijos : *mujer estéril.* ‖ *Fig.* Inútil, sin resultado : *planes estériles.* ‖ Que no contiene ningún fermento o microbio : *gasa estéril.*

esterilete m. Dispositivo de contracepción usado por las mujeres y colocado en el útero.

esterilidad f. Condición de estéril.

esterilización f. Acción y efecto de esterilizar. ‖ Destrucción de los microbios existentes en una sustancia u objeto por procedimientos físicos (calor, rayos ultravioleta) o químicos (antisépticos). ‖ Intervención quirúrgica practicada en el hombre (vasectomía) o en la mujer (resección de trompas) que suprime la posibilidad de procrear.

esterilizado, da adj. Sometido a la esterilización.

esterilizador, ra adj. Que esteriliza. ‖ — M. Aparato para esterilizar.

esterilizar v. t. Volver, hacer estéril. ‖ *Med.* Destruir los fermentos o microbios : *esterilizar la leche.* ‖ Hacer la esterilización.

esterilla f. Estera pequeña.

esterlina adj. f. V. LIBRA esterlina.

esternón m. *Anat.* Hueso plano situado en la parte anterior de la caja torácica, al cual están unidas las costillas verdaderas.

estero m. Estuario, terreno anegadizo situado a la orilla de un río. ‖ Acción de esterar. ‖ *Arg.* Cada uno de los brazos que forman los ríos cuando éstos enlazan con otros o con los esteros, el agua corre abundantemente en la época de crecidas y en la seca se forman innumerables arroyos. ‖ Terreno pantanoso.

Estero Real, río del NO. de Nicaragua, que des. en el golfo de Fonseca.

estertor m. Respiración anhelosa con ronquido sibilante de los moribundos. ‖ En la auscultación del aparato respiratorio, ruido producido por el paso del aire a través de las mucosidades. ‖ Estar en los últimos estertores, estar próximo a morir.

esteta com. Amante de la belleza.

esteticismo m. Estetismo.

esteticista com. Persona que en los institutos de belleza se ocupa de dar los tratamientos de embellecimiento corporal.

estético, ca adj. De la estética. ‖ De la belleza. ‖ Artístico, bello : postura estética. ‖ Cirugía estética, la que corrige las alteraciones no patológicas del cuerpo humano. ‖ — M. y f. Amante de la estética. ‖ — F. Ciencia que trata de la belleza en general y de los sentimientos que suscita en el hombre. ‖ Belleza en general.

estetismo m. Escuela literaria y artística de origen anglosajón que quería hacer volver las artes a sus formas primitivas. ‖ Valoración que se hace de algo basada exclusivamente en la belleza.

estetoscopia f. Med. Auscultación por medio del estetoscopio.

estetoscopio m. Med. Instrumento para auscultar el pecho.

esteva f. Pieza curva por donde se empuña el arado.

Esteva (José María), político y poeta mexicano (1818-1904), ministro del emperador Maximiliano. Firmó con el seudónimo El Jarocho poesías costumbristas y jocosas (La mujer blanca).

esthéticienne f. (pal. fr.). Esteticista.

estiaje m. Caudal mínimo de un río en verano. ‖ Período en que ocurre el descenso de nivel del río.

estiba f. Mar. Carga en la bodega de los barcos. ‖ Descarga de las mercancías. ‖ Colocación de esta carga.

estibación f. Estiba.

estibador, ra m. y f. Persona que estiba las mercancías en un barco.

estibar v. t. Apretar las cosas para que quepan más en el menor sitio. ‖ Mar. Cargar o descargar mercancías en un barco.

estiércol m. Excrementos de los animales. ‖ Materias vegetales descompuestas y excrementos que se usan como abono.

estigarribeño, ña adj. y s. De Mariscal Estigarribia (Paraguay).

Estigarribia (José Félix), militar paraguayo (1888-1940). Fue supremo durante la guerra del Chaco (1932-1935) y pres. de la Rep. de 1939 a 1940. Promulgó la Constitución de 1940, que reforzaba los poderes presidenciales. M. en accidente de aviación.

Estigia, laguna de los Infiernos, formada por un río que daba siete veces la vuelta a éstos. (Mit.)

estigma m. Huella, marca o señal que deja en el cuerpo una enfermedad o lesión. ‖ Marca que se imponía con hierro candente como pena infamante. ‖ Fig. Huella vergonzosa : los estigmas del vicio. ‖ Bot. Parte superior del pistilo de la flor que recibe el polen. ‖ Med. Lesión orgánica o trastorno funcional. ‖ Zool. Orificio respiratorio de los insectos. — M. pl. Teol. Huellas parecidas a las de las cinco llagas de Jesucristo que aparecieron en el cuerpo de algunos santos.

estigmatización f. Acción y efecto de estigmatizar.

estigmatizar v. t. Marcar con hierro candente : estigmatizar a un criminal. ‖ Fig. Infamar. ‖ Censurar, condenar : estigmatizar el vicio.

estilar v. t. Acostumbrar. ‖ Redactar una escritura o despacho conforme al estilo establecido. — V. pr. Usarse, ser costumbre hacer, llevar o utilizar algo : los jubones ya no se estilan.

estilete m. Pieza en forma de aguja : el estilete de un aparato grabador. ‖ Punzón de escribir. ‖ Pequeño puñal de hoja muy estrecha.

estiliano, na adj. y s. De Estelí (Nicaragua).

estilista com. Escritor de estilo muy elegante y pulcro.

estilístico, ca adj. Del estilo. ‖ — F. Estudio científico de los recursos que ofrece el estilo.

estilización f. Acción y efecto de estilizar.

estilizar v. t. Representar artísticamente, y de forma simple, sintética, para darle cierta belleza, un objeto por sus rasgos característicos.

estilo m. Punzón con que escribían

los antiguos en sus tablillas. ‖ Manera de expresarse : el estilo de Cervantes. ‖ Modo de escribir o hablar propio de los varios géneros literarios : estilo oratorio. ‖ Manera de expresarse utilizada en ciertas actividades : estilo de la administración estatal. ‖ Carácter original de un artista, una época, escuela, nación, etc. : el estilo colonial, gótico, de Picasso. ‖ Manera de comportarse : no me gusta el estilo de esta chica. ‖ Manera de hacer algo : tiene un estilo muy particular para peinarse. ‖ Clase, categoría : esta mujer tiene mucho estilo. ‖ Especialidad dentro de un deporte : estilo mariposa. ‖ Bot. Prolongación del ovario que sostiene el estigma.

estilográfico, ca adj. Que sirve para la estilográfica : tinta estilográfica. ‖ Dícese de la pluma que tiene o almacena tinta en un depósito (ú. t. c. s. f.).

estiloides adj. inv. Dícese de ciertas apófisis óseas finas y alargadas.

estima f. Aprecio, afecto, opinión favorable : tener a uno en alta estima.

estimable adj. Que se puede valorar. ‖ Digno de estimación.

estimación f. Evaluación, valoración : estimación presupuestaria. ‖ Estima, aprecio : merece la estimación del público. ‖ For. Aceptación y estudio de una demanda.

estimador, ra adj. y s. Que estima.

estimar v. t. Evaluar, valorar : estimar una joya en cinco mil dólares. ‖ Juzgar, creer, considerar : estimo que no merecía este castigo. ‖ Apreciar : todos le estiman por sus cualidades. ‖ For. Aceptar y examinar una demanda. ‖ — V. pr. Tener dignidad : ninguna persona que se estime obraría así.

estimativa f. Capacidad para apreciar el valor de las cosas. ‖ Instinto.

estimativo, va adj. Relativo a la estimación.

estimatorio, ria adj. Referente a la estimación.

estimulante adj. Dícese de lo que estimula (ú. t. c. s. m.).

estimulador, ra adj. Que estimula. ‖ Estimulador cardíaco, marcapasos.

estimular v. t. Aguijonear, animar : el éxito le va a estimular. ‖ Fig. Incitar : le estimulé a que hablase. ‖ Fomentar : estimular la industria. ‖ Activar las funciones de un órgano.

estímulo m. Incitación para obrar, aguijón, acicate. ‖ Breve excitación de un órgano que provoca una reacción. ‖ Cosa que estimula.

estío m. Verano.

estipendiar v. t. Dar estipendio.

estipendiario, ria m. y f. Persona que recibe un estipendio.

estipendio m. Pago, retribución.

estípula f. Apéndice foliáceo de las hojas en la base del pecíolo.

estipulación f. For. Cláusula inserta en un contrato. ‖ Acuerdo verbal.

estipulante adj. Que estipula.

estipular v. t. For. Formular muy claramente una cláusula en un contrato : estipular una garantía. ‖ Convenir, acordar.

estirado, da adj. Fig. Arrogante. Mezquino. ‖ Tieso : andar estirado. Muy esmerado en el vestir, acicalado. ‖ — M. Tecn. Acción de estirar. ‖ Desrizamiento del pelo. ‖ — F. En fútbol, salto que da el guardameta para detener el balón.

estirar v. t. Alargar una cosa tirando de sus extremos para que dé de sí. ‖ Poner tenso : estirar la piel. ‖ Tirar : estira de un borde y yo hago lo mismo del otro. ‖ Desarrugar la ropa cogiéndola con las manos por un extremo : estirar las medias. ‖ Tecn. Pasar una barra o un tubo de metal por una hilera. ‖ Extender verticalmente la masa de cristal fundida en el crisol. ‖ Alargar los brazos para desperezarse. ‖ Fig. Alargar más de lo debido : estirar la conversación para hacerle perder el tren. ‖ Hacer durar : estirar el dinero. ‖ — V. i. Fig. Crecer una persona (ú. t. c. pr.). ‖ Amer. Matar. ‖ — V. pr. Desperezarse. Tenderse : se estiró en la cama.

Estiria, prov. del SE. de Austria y cap. Graz. Ganadería.

estirón m. Sacudida brusca, tirón. ‖ Crecimiento brusco o rápido : a los catorce años da un estirón.

estirpe f. Linaje, origen de una familia : ser de buena estirpe.

estivación f. Adaptación al calor y sequedad del verano.

estival adj. Perteneciente o relativo al verano o estío : estación estival.

esto pron. dem. Forma neutra. Sirve para designar lo que se halla más cerca de la persona que habla o lo que se acaba de mencionar. ‖ En esto, en este momento.

estocada f. Golpe dado con la punta de la espada o estoque. ‖ Herida producida.

Estocolmo, cap. de Suecia, al este del país ; 1 400 000 h. Obispado. Universidad. La ciudad, edificada sobre varias islas, es de gran belleza.

estofa f. Fig. Calidad, clase.

estofado, da adj. Aliñado, adornado. ‖ — M. Acción de estofar : el estofado de una tela, de una pintura. ‖ Guiso de carne cocida a fuego lento en un recipiente tapado.

estofar v. t. Guisar en estofado.

estoicidad f. Estoicismo.

estoicismo m. Doctrina filosófica de Zenón de Citio, llamada también doctrina del Pórtico, según la cual el bien supremo reside en el esfuerzo que obedece a la razón y queda indiferente ante las circunstancias exteriores. ‖ Fig. Entereza ante la adversidad.

estoico, ca adj. Del estoicismo. ‖ Seguidor del estoicismo : filósofo estoico (ú. t. c. s.). ‖ Fig. Firme, que no se deja impresionar por las circunstancias adversas (ú. t. c. s.).

estola f. Ornamento litúrgico que el sacerdote se pone en el cuello. ‖ Banda larga, generalmente de piel, que usan las mujeres alrededor del cuello para abrigarse.

estolidez f. Estupidez.

estólido, da adj. y s. Estúpido. ‖ Para la digestión : licor estomacal. ‖ — M. Digestivo : tomar un estomacal.

estomacal adj. Del estómago. ‖ Para la digestión : licor estomacal. ‖ — M. Digestivo : tomar un estomacal.

estomagar v. t. Empachar, indigestar. ‖ Fam. Fastidiar, empalagar.

estómago m. Anat. Parte del aparato digestivo que forma una bolsa y está situada entre el esófago y el duodeno. ‖ — Fam. Revolver el estómago, repugnar. ‖ Tener el estómago en los pies, tener mucha hambre.

estomatología f. Med. Estudio y tratamiento de las enfermedades de la boca y de los dientes.

estomatólogo, ga m. y f. Especialista en estomatología.

Estonia, rep. federada al NO. de la U. R. S. S., a orillas del Báltico ; 45 100 km² ; 1 466 000 h. (estonios). Cap. Tallin.

estonio, nia adj. y s. De Estonia. ‖ — M. Lengua hablada por los estonios.

estop m. Stop.

estopa f. Parte basta del lino o cáñamo. ‖ Tela gruesa fabricada con esta parte. ‖ Cuerda o soga sin retorcer.

estoque m. Espada estrecha y sin filo. ‖ Bastón con esta clase de espada en el interior. ‖ Espada de torero.

estoqueador m. Torero que mata o hiere con el estoque.

estoquear v. t. Herir o matar al toro con el estoque. ‖ Fig. Rematar, acabar.

estorbar v. t. Embarazar : este paquete me estorba. ‖ Dificultar, obstaculizar : estorbar el paso, las negociaciones. ‖ Molestar.

estorbo m. Molestia. ‖ Obstáculo.

Estoril, c. al O. de Portugal (Lisboa). Centro turístico (playa famosa).

estornino m. Pájaro de cabeza pequeña y plumaje negro.

estornudar v. i. Expeler violenta y ruidosamente aire por la boca y la nariz : aquel polvo me hacía estornudar constantemente.

estornudo m. Expulsión violenta y ruidosa de aire por la boca y la nariz.

estotro, tra pron. Contracción de este, esta o esto y otro u otra.

estrábico, ca adj. Relativo al estrabismo. ‖ Bizco (ú. t. c. s.).

estrabismo m. Med. Defecto de la vista por el cual el eje óptico derecho se dirige en sentido opuesto al izquierdo.

Estrabón, geógrafo griego (¿ 58 a. de J. C.-25 d. de J. C. ?).

estrada f. Camino.

Estrada (Ángel de), escritor argentino (1872-1923), autor de poesías (*Los espejos, Alma nómada*), novelas (*Redención, La ilusión*), crónicas (*Formas y espíritus*) y obras de teatro (*Las tres gracias*). || ~ (GENARO), escritor y diplomático mexicano (1887-1937), autor de libros de versos (*Crucero, Escalera*) y de la novela *Pero Galín*. || ~ (JOSÉ MANUEL), orador y escritor argentino (1842-1894), autor de estudios históricos. Fue uno de los fundadores del Partido Radical. — Su hermano SANTIAGO (1841-1891) escribió poesías y relatos biográficos y de viajes. || ~ **Cabrera** (MANUEL), político guatemalteco (1857-1923), pres. de la Rep. de 1898 a 1920. Su gobierno dictatorial fue derribado por una revolución. || ~ **Palma** (TOMÁS), político cubano, n. en Manzanillo (1835-1908), pres. de la Rep. en Armas (1876-1877) y de la Rep. libre de 1902 a 1906, año en que, después de ser reelegido, debió dimitir. Tuvo que firmar con los Estados Unidos varios tratados que redujeron la independencia del país (arriendo de las bases de Guantánamo, Bahía Honda).

Estradivario. V. STRADIVARIUS.

estrado m. Tarima sobre la que se coloca el trono real o la mesa presidencial en actos solemnes. || — Pl. Salas de los tribunales de justicia.

estrafalario, ria adj. *Fam.* Extravagante y algo ridículo.

estragador, ra adj. Que estraga.

estragamiento m. Estrago.

estragar v. t. Viciar, pervertir (ú. t. c. pr.). || Causar estrago, deteriorar. || *Tener el gusto estragado*, tener muy mal gusto.

estrago m. Daño, destrucción, destrozo : *las guerras hacen muchos estragos; el terremoto causó muchos estragos.* || Matanza de gente. || Daño moral.

estragón m. Planta compuesta usada como condimento.

estrambote m. Versos que se añaden al final del soneto o de otra composición poética.

estrambótico, ca adj. *Fam.* Extravagante, extraño, irregular.

estramonio m. Planta solanácea, tóxica, de flores grandes y blancas.

estrangulación f. Ahogo por opresión del cuello.

estrangulado, da adj. *Med.* Muy oprimido : *hernia estrangulada.*

estrangulador, ra adj. y s. Que estrangula. || — M. Starter de coche.

estrangulamiento m. Estrangulación.

estrangular v. t. Ahogar oprimiendo el cuello. (ú. t. c. pr.). || Impedir la respiración : *la bufanda le estrangula.* || Interceptar el paso de la sangre : *estrangular una vena.* || *Fig.* Impedir la realización del proyecto.

estraperlear v. i. *Fam.* Vender de estraperlo : *hizo una gran fortuna estraperleando en la guerra.*

estraperlista adj. y s. *Fam.* Que se dedica a negocios de estraperlo.

estraperlo m. *Fam.* Comercio clandestino o fraudulento de mercancías, mercado negro. || Mercancía objeto de este comercio.

Estrasburgo, c. del E. de Francia, cap. de Alsacia y del dep. del Bas-Rhin, a orillas de los ríos Ill y Rin. Obispado. Universidad. Sede del Consejo de Europa. Hermosa catedral gótica. Importante puerto fluvial.

estratagema f. *Mil.* Ardid, maniobra de guerra. || *Fig.* Treta, artimaña.

estratega com. Especialista en estrategia.

estrategia f. *Mil.* Arte de dirigir y coordinar las operaciones militares. || *Fig.* Arte de dirigir las acciones y de obrar para alcanzar un objetivo.

estratégico, ca adj. Relativo a la estrategia.

estratificación f. Geol. Disposición de las rocas en capas paralelas superpuestas.

estratificar v. t. Geol. Formar estratos o poner, disponer por estratos (ú. t. c. pr.).

estrato m. Geol. Capa formada por rocas sedimentarias en estratos calcáreos, cristalinos. || Nube que se presenta en forma de banda paralela al horizonte : *estratos crepusculares.* || Capa en un órgano : *estrato granu-*

loso. || *Fig.* Capa o clase de la sociedad.

estratocúmulo m. Nube grisácea y de aspecto ondulado que se encuentra a una altura media de dos mil metros.

estratosfera f. Parte de la atmósfera, entre la troposfera y la mesosfera, que tiene un espesor de unos 30 km y una temperatura casi constante.

estratosférico, ca adj. De la estratosfera o que la atraviesa. || *Fig.* Muy alto, elevado : *precios estratosféricos.*

estraza f. Trapo de tela basta. || *Papel de estraza*, papel basto y áspero.

Estrázulas (Enrique), escritor uruguayo, n. en 1941, autor de novelas (*Pepe Corvina*).

estrechamiento m. Disminución de la anchura : *estrechamiento de una calle.* || Encogimiento : *estrechamiento de un vestido.* || *Fig.* Fortalecimiento, unión más fuerte.

estrechar v. t. Volver más estrecho : *estrechar un vestido, un cinturón; estrechar los lazos de amistad* (ú. t. c. pr.). || *Fig.* Apretar : *estrechar las manos, entre los brazos.* || Aumentar la acción, la amistad. || Arrinconar a uno, acosarle. || — V. pr. Apretarse : *estrecharse en un banco para dejar sitio.* || *Fig.* Reducir los gastos. || Trabar estrecha intimidad : *parentesco que se ha estrechado.*

estrechez f. Falta de anchura. || Falta de espacio o de tiempo. || *Fig.* Apuro, escasez de dinero : *vivir en la estrechez.* || Dificultad : *pasar estrecheces.* || Austeridad. || *Estrechez de miras*, incapacidad de tener una visión amplia de las cosas.

estrecho, cha adj. De poca anchura : *camino estrecho.* || Ajustado, apretado : *vestido estrecho.* || *Fig.* Limitado, de cortos alcances : *espíritu estrecho.* || Íntimo : *amistad estrecha.* || Muy próximo : *parentesco estrecho.* || Muy unido o fuerte : *lazos estrechos.* || Riguroso : *persona de moral estrecha.* || Tacaño. || — M. *Geogr.* Brazo de mar entre dos tierras : *el estrecho de Magallanes.*

estrechura f. Estrechez.

estregar v. t. Frotar con fuerza una cosa sobre otra (ú. t. c. pr.).

estrella f. Astro brillante que aparece en el cielo con un punto luminoso. || Figura convencional y estilizada con que se representa. || Objeto de forma parecida. || Insignia que llevan los militares para indicar el grado que tienen. || Hado, suerte, destino : *nacer con buena estrella.* || *Impr.* Asterisco. || Moneda cubana de plata. || Lunar de pelo blanco en la frente de algunas caballerías. || *Fig.* Artista de mucha fama : *estrella cinematográfica.* || Persona que se distingue en su profesión, oficio. || *Estrella de David*, símbolo judío que representa una estrella con seis puntas. || *Estrella de mar*, estrellamar. || *Estrella errante o errática*, planeta. || *Estrella polar*, la que está más cerca del Polo Norte.

Estrella, río al E. de Costa Rica (Limón) ; 60 km. — Cerro de México (Distrito Federal), donde la tradición sitúa el jardín de Moctezuma. || **(La)**, c. de Chile en la VI Región (Libertador General Bernardo O'Higgins) y en la prov. de Cardenal Caro, cap. de la com. del mismo nombre. || ~ (SIERRA DE), cordillera central de Portugal ; altura máxima 1981 m.

estrellado, da adj. De figura de estrella. || Salpicado de estrellas. || Aplícase al caballo que lleva una estrella en la frente. || *Fig.* y *fam.* Que ha chocado : *vi una moto estrellada contra un árbol.* || Fracasado. || *Huevos estrellados*, los fritos.

estrellamar f. Animal equinodermo que tiene la forma de estrella.

estrellar adj. Relativo a las estrellas.

estrellar v. t. *Fam.* Arrojar con violencia una cosa contra otra haciéndola pedazos o aplastándola : *estrellar un vaso contra la pared* (ú. t. c. pr.). || Dicho de los huevos, freírlos. || Constelar. — V. pr. Caer brutalmente : *estrellarse contra el suelo.* || Chocar violentamente contra algo : *las olas se estrellaban contra las rocas.* || Lisiarse y matarse a consecuencia de

un choque : *estrellarse contra un poste.* || *Fig.* Fracasar : *mis proyectos se han estrellado.* || Chocar con uno. || Tropezar con una dificultad insuperable.

estrellato m. Condición de estrella de cine, teatro, etc.

estremecedor, ra adj. Violento.

estremecer v. t. Hacer temblar, sacudir : *el ruido del cañonazo estremeció las casas.* || *Fig.* Sobresaltar. || Impresionar, emocionar. || — V. pr. Temblar : *estremecerse de frío.*

estremecimiento m. Sacudida. || Temblor, escalofrío. || *Fig.* Sobresalto.

Estremoz, c. del centro de Portugal (Alemtejo).

estrenar v. t. Usar por primera vez : *estrenar unos zapatos.* || Representar por primera vez : *estrenar una comedia, una película* (ú. t. c. pr.). || Ser el primero en hacer un papel : *este actor estrenó muchas comedias.* — V. pr. Empezar a desempeñar un cargo o darse a conocer por primera vez en un arte o en cualquier otra cosa : *estrenarse como orador.*

estreno m. Primera representación de un espectáculo. || Primer uso de una cosa. || *Cine de estreno*, aquel en el que sólo se representan películas que todavía no han proyectado en público.

estreñido, da adj. Que padece estreñimiento (ú. t. c. s.).

estreñimiento m. Dificultad o imposibilidad de evacuar el vientre.

estreñir v. t. Dificultar o imposibilitar la evacuación del vientre.

estrépito m. Ruido muy grande.

estrepitoso, sa adj. Que hace mucho ruido : *aplausos estrepitosos.* || *Fig.* Muy grande, espectacular.

estreptococia f. *Med.* Infección producida por los estreptococos.

estreptococo m. Bacteria del grupo de los cocos, redondeada, que forma colonias en cadenas que pueden producir infecciones graves.

estreptomicina f. *Med.* Antibiótico contra el bacilo de la tuberculosis y otros microbios (difteria, peste, etc.).

estrés m. Stress.

estria f. Acanaladura, raya profunda. || *Arq.* Mediacaña hueca labrada en la columna. || — Pl. Rayas que se forman en la piel de la mujer embarazada, debido a la distensión o ruptura de las fibras elásticas de la dermis.

estriación f. Formación de estrías.

estriar v. t. Formar estrías.

estribación f. *Geogr.* Ramal lateral corto de una cordillera.

estribar v. i. Apoyarse una cosa de peso en otra que la sostiene : *el depósito estriba en cuatro vigas.* || *Fig.* Fundarse, residir, proceder.

estribillo m. Verso o versos que se repiten al fin de cada estrofa. || Fórmula musical que se repite regularmente en una canción o composición. || *Fig.* y *fam.* Lo que repite constantemente una persona.

estribo m. Pieza de metal, a cada lado de la montura, en que el jinete apoya el pie. || Especie de escalón para subir o bajar de un vehículo. || *Anat.* Uno de los tres huesecillos del oído medio y que está articulado con la apófisis lenticular del yunque. || *Arq.* Contrafuerte : *el estribo de un puente.* || *Fig.* Fundamento. || *Geogr.* Estribación. || — Hacer estribo en las manos, poner las manos de tal manera que sirvan de apoyo a uno para que pueda subir. || *Fig.* Perder los estribos, obrar fuera de razón ; perder la calma.

estribor m. Costado derecho del barco mirando de popa a proa.

estricnina f. Veneno que se extrae de la nuez vómica.

estrictez f. *Amer.* Rigurosidad.

estricto, ta adj. Riguroso.

estridencia f. Calidad de estridente. || *Fig.* Extravagancia. || Violencia de la expresión o de la acción.

estridente adj. Agudo, desapacible y chirriante : *una voz estridente.* || Molesto.

estro m. Inspiración. || Fase del ciclo sexual en la hembra en que hay modificaciones del equilibrio hormonal y de la mucosa de la región genital que traen consigo una atracción hacia el sexo contrario.

estrofa f. Grupo de versos que forma un conjunto con otro u otros parecidos : *las estrofas de un poema.*

estrógeno, na adj. Dícese de la hormona que determina el período menstrual en la mujer (ú. t. c. s. m.).

Estrómboli, isla volcánica del mar Tirreno (Italia).

estroncio m. Metal blanco (Sr), de número atómico 38, análogo al calcio.

estropajo m. Porción de esparto o de otra materia que sirve para fregar : *estropajo metálico.* ‖ *Fig.* Desecho.

estropajoso, sa adj. *Fig.* y *fam.* Que pronuncia con dificultad : *tener la lengua estropajosa.* | Desaseado y andrajoso. | Fibrocarne estropajosa.

estropear v. t. Dejar en mal estado : *una máquina le estropeó la mano.* ‖ Lisiar. ‖ Deteriorar : *el granizo estropeó la cosecha.* ‖ *Fig.* Echar a perder : *el vicio le estropeó la salud ; has estropeado el negocio.* ‖ Volver inservible : *estropear el ascensor.*

estropicio m. Ruido de cosas que se rompen. ‖ *Fam.* Destrozo. ‖ Trastorno ruidoso, jaleo : *armar un estropicio.*

estructura f. Disposición de las distintas partes de un todo : *la estructura de un edificio.* ‖ Armazón que sostiene un conjunto. ‖ Conjunto de caracteres relativamente estables de un sistema económico en un momento dado, por oposición a coyuntura.

estructuración f. Acción y efecto de estructurar.

estructural adj. Relativo a la estructura, a las estructuras o al estructuralismo.

estructuralismo m. En lingüística, teoría que considera la lengua como un conjunto autónomo y estructurado y las interrelaciones entre los vocablos definen éstos en sus diferentes niveles (fonemas, morfemas, frases).

estructurar v. t. Dar una estructura, ordenar las partes de una obra.

estruendo m. Ruido grande : *el estruendo del trueno.* ‖ *Fig.* Confusión, alboroto. | Pompa, fausto.

estruendoso, sa adj. Ruidoso.

estrujar v. t. Apretar una cosa para sacarle el zumo o líquido que contiene : *estrujar un limón, un trapo.* ‖ Apretar algo arrugándolo : *estrujar un papel.* ‖ Apretar y dejar magullado : *le estrujó el pie de un pisotón.* ‖ *Fig.* y *fam.* Sacar todo el partido posible : *estrujar al pueblo con tributos.* ‖ — V. pr. *Fig.* Apretujarse.

estrujón m. Estrujadura.

Estuardo, familia que reinó en Escocia de 1371 a 1688 en Inglaterra de 1603 a 1688.

estuario m. Entrada del mar en la desembocadura de un río.

estucado m. Revestimiento con estuco. ‖ Estuco, enlucido.

estucador, ra m. y f. Persona que cubre las paredes con estuco.

estucar v. t. Cubrir con estuco.

estuco m. Masa de yeso blanco y agua de cola. ‖ Masa de cal y mármol pulverizado para enlucir las paredes.

estuche m. Caja o funda : *estuche para joyas, para gafas.* ‖ Conjunto de utensilios que se guardan en esta caja : *un estuche de aseo.*

estudiado, da adj. *Fig.* Rebuscado, que no es natural, afectado.

estudiantado m. Conjunto de alumnos o estudiantes.

estudiante m. y f. Persona que cursa estudios en una universidad u otro centro de enseñanza.

estudiantil adj. *Fam.* De los estudiantes.

estudiantina f. Conjunto musical de estudiantes.

estudiar v. t. Ejercitar el entendimiento para comprender o aprender una cosa : *estudiar francés.* ‖ Recibir enseñanza en un centro docente : *estudio en la universidad de México.* ‖ Seguir un curso. Ú. t. c. i. : *estudiar para médico.* ‖ Aprender de memoria : *estudiar la lección.* ‖ Examinar, observar con detenimiento : *estudiar un problema.* ‖ *Pint.* Dibujar del modelo o del natural. ‖ *Méx.* Ayudar a un actor, a un músico, a preparar su papel, la partitura : *le estudiaba el texto a su amigo, el actor, todos los días.* ‖ — V. pr. Observarse.

estudio m. Aplicación del espíritu para aprender o comprender algo : *dedicarse al estudio de un asunto, de las matemáticas.* ‖ Obra en que un autor examina y aclara una cuestión : *estudio sobre la Edad Media.* ‖ Cuarto donde trabajan los pintores, exultores, arquitectos, fotógrafos, etc. ‖ Apartamento que consta de una habitación, una cocina y un cuarto de aseo. ‖ Local donde se hacen las tomas de vista o de sonido para las películas o donde se transmiten programas radiofónicos o de televisión (ú. m. en pl.). ‖ *Pint.* Dibujo o pintura de tanteo : *estudio del natural.* ‖ *Mús.* Composición de ejercicios. ‖ Trabajos preparatorios: *el estudio de un metropolitano.* ‖ *Fig.* Aplicación, interés : *trabajar con estudio.* ‖ *Riopl.* Bufete de abogado. ‖ — M. pl. Serie completa de cursos seguidos para hacer una carrera. ‖ Actividad para estudiar.

estudiosidad f. Aplicación en el estudio.

estudioso, sa adj. Aplicado, que se dedica al estudio (ú. t. c. s.). ‖ — M. y f. Especialista.

estufa f. Aparato para la calefacción de las habitaciones.

estultícia f. Necedad, sandez.

estulto, ta adj. Necio (ú. t. c. s.).

Estúñiga (Lope de). V. STÚÑIGA.

estupa f. *Pop.* Brigada de estupefacientes. ‖ — M. *Pop.* Policía de esta brigada.

estupefacción f. Asombro, pasmo.

estupefaciente adj. Que causa estupefacción. ‖ — M. Sustancia narcótica, como la morfina, la cocaína, etc.

estupefacto, ta adj. Atónito.

estupendo, da adj. Magnífico.

estupidez f. Tontería, necedad.

estúpido, da adj. y s. Tonto, necio.

Estupiñán (Nelson), escritor ecuatoriano, n. en 1915, autor de narraciones.

estupor m. Asombro.

estupro m. Violación de una mujer joven y virgen.

estuquista com. Persona que hace obras de estuco.

esturión m. Pez ganoideo con cuyas huevas se prepara el caviar.

esvástica f. Svástica.

esviaje m. Oblicuidad.

Esztergom, c. del N. de Hungría, a orillas del Danubio. Arzobispado.

Eta, montaña de Grecia (Tesalia).

E. T. A., siglas de *Euskadi ta Azkatasuna,* organización vasca revolucionaria creada en 1959. Sostiene una lucha armada contra el poder existente y ha adoptado los principios marxistas. Se divide en dos ramas : E. T. A. político-militar y E. T. A. militar.

etalaje m. Parte del alto horno entre la obra y el vientre.

Étampes, c. de Francia (Essonne).

etano m. Carburo de hidrógeno.

etapa f. Sitio donde se para un viajero, un ciclista, un soldado para descansar. ‖ Distancia que hay que recorrer para llegar a este sitio. ‖ Período que media entre dos puntos importantes de una acción o proceso : *las etapas de la vida.*

etarra adj. y s. De la E. T. A.

etcétera loc. adv. Y lo demás (ú. t. c. s. m.). [Se escribe con la abreviatura etc.]

Etéocles, hijo de Edipo y de Yocasta, hermano de Polinices.

éter m. *Fís.* Fluido sutil, invisible, imponderable y elástico que, según cierta hipótesis antigua y caduca, llena todo el espacio, y por su movimiento vibratorio, transmite la luz y otras formas de energía. ‖ *Quím.* Óxido de etilo, líquido muy volátil e inflamable, de olor muy fuerte, llamado también *éter sulfúrico,* que se emplea como anestésico. ‖ *Poét.* Espacio celeste.

etéreo, a adj. Del éter : *vapores etéreos ; solución etérea.* ‖ *Poét.* Celeste : *regiones etéreas.* ‖ *Fig.* Vago, impreciso : *elucubraciones etéreas.*

eternidad f. Tiempo que no tiene principio ni tendrá fin. ‖ *Fig.* Tiempo muy largo : *hace una eternidad que no le vemos.* ‖ *Teol.* Vida eterna.

Eternidad, cord. de la Antártida Argentina ; 3 000 m.

eternizar v. t. Hacer durar o prolongar demasiado alguna cosa (ú. t. c.

pr.). ‖ Perpetuar la duración de algo : *quiso eternizar su juventud.*

eterno, na adj. Que no tiene principio ni tendrá fin : *un ser eterno.* ‖ *Fig.* Que dura o parece durar mucho tiempo : *el discurso se me hizo eterno.* ‖ Que no tiene fin, perpetuo : *la vida eterna ; gratitud eterna.* ‖ Que es válido o que existe desde siempre. ‖ Padre Eterno, Dios.

ético, ca adj. Relativo a los principios de la moral. ‖ — F. Moral.

etileno m. *Quím.* Hidrocarburo gaseoso incoloro que se obtiene deshidratando el alcohol con el ácido sulfúrico.

etílico, ca adj. *Quím.* Aplícase a los cuerpos derivados del etano : *alcohol etílico.* ‖ Alcohólico.

etilismo m. Intoxicación causada por el alcohol etílico, alcoholismo.

etilo m. *Quím.* Radical univalente derivado del alcohol etílico.

etimología f. Origen y derivación de las palabras. ‖ Ciencia que lo estudia.

Etimologías, vasto compendio enciclopédico de San Isidoro de Sevilla.

etimológico, ca adj. Referente a la etimología.

etimologista com. Filólogo que se dedica a la etimología.

etimólogo, ga m. y f. Etimologista.

etiología f. Estudio de las causas de las cosas o de las enfermedades.

etiope y **etíope** adj. y s. De Etiopía.

Etiopía, ant. *Abisinia,* república de África oriental, entre el Sudán, Kenia, Somalia y el mar Rojo ; 1 237 000 km² ; 31 700 000 h. *(etíopes).* Cap. *Addis Abeba,* 1 083 000 h. Otras c. : *Asmara* (Eritrea), 310 000 h.

etiópico, ca adj. De Etiopía.

etiqueta f. Ceremonial observado en actos públicos solemnes. ‖ Trato ceremonioso : *recibir sin etiqueta.* ‖ Marbete, rótulo, inscripción : *poner una etiqueta en una maleta.* ‖ *Fig.* Calificativo, clasificación. ‖ *De etiqueta,* solemne : *fiesta de etiqueta ;* para los actos solemnes : *traje de etiqueta ;* de cumplido : *visita de etiqueta.*

etiquetado m. Acción y efecto de etiquetar.

etiquetar v. tr. Poner etiquetas. ‖ *Fig.* Situar a una persona en un partido, organización, clase o ideología.

etiquetero, ra adj. Muy ceremonioso.

etmoides adj. inv. *Anat.* Dícese de un hueso pequeño encajado en la escotadura del hueso frontal y que forma las cavidades nasales y las órbitas (ú. t. c. s. m.).

Etna, volcán activo de Italia en el NE. de Sicilia ; 3 295 m. Erupción en 1983.

etnarca m. Jefe de una etnarquía.

etnarquía f. Provincia vasalla de los romanos. ‖ Dignidad de etnarca.

etnia f. Agrupación natural de individuos de la misma cultura.

étnico, ca adj. Relativo a la etnia. ‖ Que designa los habitantes de un país.

etnocidio m. Destrucción de la cultura de una etnia o raza.

etnografía f. Parte de las ciencias humanas que se dedica a la descripción y clasificación de las razas.

etnología f. Parte de las ciencias humanas que estudia los distintos caracteres de las razas.

etnológico, ca adj. De la etnología.

etnólogo, ga m. y f. Persona que se dedica a la etnología.

Etolia, región de la ant. Grecia, al N. del golfo de Corinto ; cap. *Misolonghi.*

etolio, lia adj. y s. De Etolia.

Eton, c. de Inglaterra (Buckingham), al O. de Londres y a orillas del Támesis. Célebre colegio fundado en 1440.

Etruria, ant. región de Italia, entre el Tiber, los Apeninos, el mar Tirreno y el río Magra. Hoy *Toscana.* Su civilización influyó en la romana.

etrusco, ca adj. y s. De Etruria. ‖ — M. Lengua etrusca.

etzaquáhitl m. Planta euforbiácea de México.

Eu, símbolo químico del *europio.*

Eubea, isla de Grecia en el SO. del mar Egeo. En la Edad Media se llamó *Negroponto.*

eucalipto m. Árbol de la familia de las mirtáceas que puede alcanzar cien metros de alto, de hojas olorosas, utilizadas en productos farmacéuticos, y de madera empleada para la construcción y para obtener celulosa. ‖ Su madera.

eucaristia f. Sacramento instituido por Jesucristo que consiste en la transformación del pan y el vino en el cuerpo y sangre de Cristo por la consagración.

eucarístico, ca adj. De la eucaristía : *congreso eucarístico.*

Eucken (Rudolf), filósofo alemán (1846-1926).

Euclides, matemático griego, que enseñaba en Alejandría (s. III a. de J. C.). Fundador de la geometría plana. ‖ ~ **el Socrático,** filósofo griego (450-380 a. de J. C.). Fundó la escuela de Megara.

euclidiano, na adj. Relativo al método matemático de Euclides.

Eudoxia, esposa de Arcadio, emperatriz de Oriente. M. en 404.

eufemismo m. Expresión que substituye a otra que sería demasiado fuerte o malsonante.

eufemístico, ca adj. Relativo al eufemismo.

eufonía f. Sonoridad agradable que resulta de la acertada combinación de los elementos fonéticos de la palabra.

eufónico, ca adj. Que tiene eufonía. ‖ De la eufonía.

euforbiáceas f. pl. Familia de plantas angiospermas dicotiledóneas que suelen contener látex, como el ricino (ú. t. c. adj.).

euforbio m. Planta euforbiácea medicinal.

euforia f. Sensación de confianza, satisfacción y bienestar.

eufórico, ca adj. Relativo a la euforia. ‖ En estado de euforia.

Eufrates, río de Asia occidental, que unido al Tigris forma el Chat el Arab ; 2 780 km.

Eufrosina, una de las tres Gracias. *(Mit.)*

eufuismo m. Culteranismo puesto de moda en Inglaterra por el escritor John Lyly (¿ 1553 ?-1606).

eugenesia f. Aplicación de las leyes biológicas de la herencia al perfeccionamiento de la especie humana.

eugenésico, ca adj. Relativo a la eugenesia.

Eugenia de Montijo, dama española, n. en Granada (1826-1920), esposa de Napoleón III, emperatriz de los franceses de 1853 a 1870.

Eugenio ‖ ~ **I** *(San),* papa de 654 a 657. Fiesta el 2 de junio. ‖ ~ **II,** papa de 824 a 827. ‖ ~ **III,** papa de 1145 a 1153. ‖ ~ **IV** (1383-1447), papa desde 1431. Favoreció el renacentismo.

Eugenio de Saboya, llamado *el*

Príncipe Eugenio, general de las fuerzas imperiales en la guerra de Sucesión de España (1663-1736). Vencedor en Audenarde y Malplaquet.

Eulalia *(Santa),* virgen española, patrona de Mérida, martirizada en esa ciudad (303). Fiesta el 10 de diciembre. — Virgen y mártir española, n. hacia 308, copatrona de Barcelona. Fiesta el 12 de febrero.

Euler (Leonhard), matemático suizo (1707-1783), autor de estudios de análisis matemáticos, mecánica racional y astronomía.

Eulogio *(San),* mártir cordobés m. en 859. Fiesta el 11 de marzo. — Mártir español, m. en 259 en Tarragona. Fiesta el 21 de enero.

Euménides. V. ERINIAS.

eunuco m. Hombre castrado.

Eupatoria, hoy *Ievpatoria,* c. y puerto de la U. R. S. S. (Ucrania).

Eupátridas, miembros de la nobleza en Ática que formaron una oligarquía gobernante hasta la Constitución de Solón (s. VII a. de J. C.).

Euráfrica, n. dado a veces al conjunto de Europa y África.

Eurasia, n. dado a veces al conjunto de Europa y Asia.

eurasiático, ca adj. Relativo al conjunto formado por Europa y Asia. ‖ Dícese del mestizo de europeo y asiático (ú. t. c. s.).

Euratom. V. COMUNIDAD EUROPEA DE LA ENERGÍA ATÓMICA.

Eure, río de Francia, afl. izq. del Sena ; 225 km. — Dep. de Francia al S. de París ; cap. *Evreux.* ‖ ~ **-et-Loir,** dep. de Francia ; cap. *Chartres.*

¡ eureka ! interj. Voz griega que significa *¡ he hallado !*

Eurico, rey visigodo (¿ 420 ?-484), el primer monarca independiente de España (466). Ordenó una compilación de leyes o *Código de Eurico.*

Eurídice, mujer de Orfeo.

Eurípides, poeta trágico griego, n. en Salamina (480-406 a. de J. C.), autor de *Alcestes, Medea, Andrómaca, Ifigenia en Táuride, Electra, Ifigenia en Aulide, Las bacantes,* etc.

euroafricano, na adj. Relativo a la vez a Europa y África.

eurocomunismo m. Adaptación del comunismo a la situación particular de los países de la Europa Occidental.

eurocomunista adj. Relativo o partidario del eurocomunismo (ú. t. c. s.).

eurodivisa f. Divisa depositada en los bancos europeos.

eurodólar m. Dólar de los Estados Unidos invertido en Europa.

Europa, una de las cinco partes del mundo, la más pequeña después de

Oceanía, pero la que tiene la mayor densidad de población. Situada entre el océano Glacial Ártico, el Atlántico, el Mediterráneo, el mar Caspio y los Urales ; diez millones de km² ; 680 000 000 de hab. *(europeos).*

— GEOGRAFÍA. Europa presenta, en el NO. y el N., una región de islas o de penínsulas accidentadas (islas Británicas, Dinamarca, Suecia y Noruega). Al S. de la zona indicada se encuentran llanuras ocupadas por Francia, Bélgica, Holanda, Alemania, Polonia, Rusia, en las que aparecen algunas formaciones montañosas (Macizo Central, Vosgos, Selva Negra, Ardenas, mesetas de Bohemia, etc.). Por último, el S. de Europa está formado por extensas penínsulas a orillas del Mediterráneo (Grecia, Italia y la Ibérica, bañada tb. por el océano Atlántico). La hidrografía europea presenta varios tipos de ríos : los *orientales,* con abundantes crecidas de primavera (Volga, Ural, Dniéster, Dniéper, Don, Vístula) ; los del *Atlántico* y el *Báltico,* muy navegables (Oder, Elba, Weser, Escalda, Mosa, Sena, Támesis) ; los de tipo *alpino,* con crecidas primaverales (Rin, Ródano, Po) ; los de tipo *mixto* (Danubio) ; los de las mesetas torrenciales (Loira, Duero, Tajo, Guadalquivir) ; y los *mediterráneos* (Ebro, Tíber, Vardar, Maritza). El clima es, en conjunto, moderado. Se pueden distinguir tres tipos : el *oceánico,* con ligeras variaciones de temperatura entre el verano y el invierno, el *continental,* con diferencias notables, y el *mediterráneo,* de inviernos tibios, veranos cálidos y secos, y lluvias violentas en otoño y primavera. Existen también zonas frías en el Ártico y en las altas montañas.

Políticamente, Europa puede dividirse fundamentalmente en dos grandes bloques : Europea Occidental, con una economía de tipo liberal, y Europa Oriental, socialista. Dentro de estos dos grandes grupos existen Estados fuertemente industrializados (Alemania, Bélgica, Holanda, Francia, Gran Bretaña, U. R. S. S., Checoslovaquia) y otros donde predomina la agricultura (Albania, Bulgaria, España, Grecia, Portugal, Yugoslavia). Si bien no existe unidad política, se han ido constituyendo grandes agrupaciones económicas tanto en el O. (Benelux, Mercado Común) como en el E. (Comecon). *(V. mapa en la pág. siguiente.)*

Europa ‖ ~ *(PICOS DE).* V. PICOS. ‖ ~ *(PUNTA DE),* saliente en la costa del Mediterráneo en la bahía de Algeciras, al sur de España.

Europa, hija de Agenor, rey de Fenicia, y hermana de Cadmo, que fue raptada por Zeus metamorfoseado en toro. *(Mit.)*

Europa Verde, nombre con el que se designa a los países pertenecientes al Mercado Común cuando éstos se consideran o estudian en relación con los problemas agrícolas que tienen.

europeidad f. Condición o calidad de europeo.

europeísmo m. Doctrina favorable a la unión europea.

europeísta adj. Relativo a la unión europea : *política europeísta.* ‖ — Com. Partidario de la unión europea.

europeización f. Introducción de las costumbres europeas.

europeizar v. t. Introducir en un pueblo las costumbres y la cultura europeas (ú. t. c. pr.).

europeo, na adj. y s. De Europa.

europio m. Cuerpo simple (Eu), de número atómico 63.

Eurotas, río al sur de Grecia que des. en el golfo de Laconia ; 80 km.

Eurovisión, organismo internacional para el intercambio europeo de emisiones televisadas o radiofónicas. Su sede está en Bruselas.

euscalduna adj. Perteneciente a la lengua vascuence. ‖ — M. Lengua vascuence.

éuscaro, ra adj. y s. Vasco. ‖ — M. Lengua vascuence.

Eusebio Ayala, pobl. al O. del Paraguay (La Cordillera), ant. llamada *Barrero Grande.*

Euskadi, nombre oficial del País Vasco español, que obtuvo la autonomía en 1936 y de nuevo en 1980.

ETIOPIA

alturas : 500, 1000, 2000 m

0 km 200

— carret
— ferroc.

MAR ROJO

ARABIA SAUDITA

YEMEN

RÉP. DEM. Y POP. DEL YEMEN

ADÉN

GOLFO DE ADÉN

SUDÁN

Atbara
36°
40°
Nilo
16°
Nilo
Keren
Massaua
I.ª Dahlak
OSANA
Agordat
Tessénei
Asmara
Aqua
Aksum
Magalié
Assab
Danakil
Ras Dachan
4620
Gondar
LAGO TANA
4190
Danguila
Debra-Tabor
Dessié
Debra Marqos
Assossa
Nilo Azul
Diredaua
Berbera
Hargeisa
Nagamté
ADDIS-ABEBA
Didiga
Harar
SOMALIA
Gore
Debra Zeyt
Auách
Degahabur
Gambéla
Adama (Nazret)
Djimyra
Asselia
Ogaden
Maji
Yrga-Alam
Goba
Arba Minch
Omo
LAGO ABAYA
Quebi-Chebeli
Daua
Yabela
L. RODOLFO (TURKANA)
UG.
KENIA
40°
44°

245

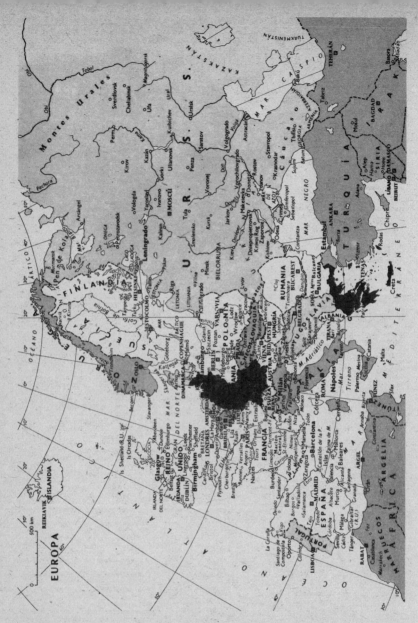

EUROPA

euskalduna adj. y s. m. Euscalduna.
euskara y **euzkera** adj. y s. m. Euscaro, vascuence.
eusquero, ra adj. y s. Euscaro.
eutanasia f. Med. Muerte sin dolor. || Teoría según la cual se podría acortar la vida de un enfermo incurable para que no sufra.
Euterpe, musa de la Música.
Eutiques, heresiarca griego (¿378-454?), que negaba la naturaleza humana de Cristo.
Euzkadi, Euskadi, País Vasco.
euzkera o **euzkara** adj. y s. m. Euscaro, vascuence.
eV, símbolo del electrón-voltio.
Eva, nombre de la primera mujer, y esposa de Adán. (Biblia.)
evacuación f. Expulsión.
evacuar v. t. Hacer salir de un sitio : evacuar a los damnificados. || Desocupar, marcharse de un sitio : evacuar una sala, un país. || Expeler del cuerpo

humores o excrementos : evacuar el vientre. || Med. Sacar, extraer los humores viciados del cuerpo humano. || For. Realizar, efectuar : evacuar un traslado, una diligencia. || Tomar : evacuar una consulta con el asesor.
evadido, da adj. Que se ha escapado (ú. t. c. s.).
evadir v. t. Evitar un peligro. || Eludir, esquivar : evadir una dificultad. || — V. pr. Fugarse, escaparse.
evaluación f. Valuación, valoración. || Valoración de los conocimientos de un alumno.
evaluar v. t. Valorar, fijar el valor : evaluar algo en mucho dinero. || Valorar los conocimientos de un alumno.
evanescencia f. Desaparición.
evanescente adj. Que se desvanece o esfuma.
evangeliario m. Libro que contiene los evangelios para todas las misas del año.

evangélico, ca adj. Relativo al Evangelio o conforme con él. || Protestante : iglesia evangélica (ú. t. c. s.).
evangelio m. Historia de la vida, doctrina y milagros de Jesucristo. Ú. t. en pl. : los "Evangelios" contienen los cuatro relatos de San Mateo, San Marcos, San Lucas y San Juan. || Parte de estos relatos que se lee o canta en la misa. || Fig. Doctrina cristiana : abrazar el Evangelio ; convertirse al Evangelio. || Fig. y fam. Ley sagrada. Cosa cierta : palabras de Evangelio. || Ideología, creencia : el liberalismo fue desde siempre mi evangelio.
evangelista m. Cada uno de los cuatro apóstoles que escribieron el Evangelio : San Mateo, San Marcos, San Lucas y San Juan. || Clérigo que canta el Evangelio en misa. || Predicador protestante. || Méx. Memorialista.
evangelización f. Acción y efecto de evangelizar.

evangelizador, ra adj. y s. Que evangeliza.

evangelizar v. t. Predicar el Evangelio y la doctrina de Jesucristo : *evangelizar a los infieles*. ‖ *Fig.* Enseñar.

Evans (Mary Ann). V. ÉLIOT (George).

Evansville, c. en el centro oeste de los Estados Unidos (Indiana).

evaporación f. Lenta transformación de un líquido en vapor.

evaporar v. t. Transformar en vapor : *el calor del sol evapora el agua.* ‖ — V. pr. Transformarse en vapor. ‖ *Fig.* Disiparse, desaparecer : *evaporarse el entusiasmo.* ‖ Marcharse, desaparecer sin ser visto : *el preso se evaporó de su encierro.*

evaporizar v. t. Convertir en vapor.

evasión f. Fuga : *la evasión de un ladrón.* ‖ *Fig.* Evasiva, escapatoria. Salida de dinero al extranjero para evitar impuestos o la devaluación de la moneda.

evasivo, va adj. Vago, impreciso : *una respuesta evasiva.* ‖ — F. Recurso para no comprometerse con una respuesta o una promesa.

evento m. Acontecimiento, suceso. ‖ *A todo evento*, en todo caso.

eventual adj. Que depende de las circunstancias. ‖ Hipotético, posible. ‖ No seguro. ‖ No fijo.

eventualidad f. Posibilidad : *no querer pensar en la eventualidad de una guerra.* ‖ Cosa que puede ocurrir.

Everest (MONTE), pico más alto del mundo, en el Himalaya ; 8 848 m.

Evia (Jacinto de), poeta ecuatoriano del s. XVII. Compiló en *Ramillete de varias flores poéticas* las composiciones de autores del país.

Evian-les-Bains, c. del SE. de Francia (Haute-Savoie), a orillas del lago Leman.

evicción f. *For.* Pérdida de un derecho por sentencia firme y en virtud de un derecho anterior ajeno sobre la misma cosa. ‖ Expulsión.

evidencia f. Calidad de evidente. ‖ Cosa que es evidente. ‖ Demostración, prueba : *no hay evidencia del robo.*

evidenciar v. t. Hacer patente, demostrar la evidencia de algo. ‖ — V. pr. Ser evidente.

evidente adj. Tan claro que no deja lugar a dudas, patente.

Evinayong, distrito de Guinea Ecuatorial (Mbini), en el macizo del mismo nombre.

evitar v. t. Escapar de algo peligroso o molesto : *evitar el contagio, las visitas.* ‖ Impedir que suceda algo. ‖ Abstenerse de, guardarse de : *evito siempre beber alcohol.* ‖ Huir, procurar no encontrar.

evocación f. Acción y efecto de evocar. ‖ Recuerdo, rememoración.

evocador, ra adj. Que hace recordar cosas pasadas.

evocar v. t. Hacer aparecer por sortilegios a los espíritus y a los muertos. ‖ *Fig.* Traer alguna cosa a la memoria, recordar : *evocar un recuerdo.* ‖ Mencionar, citar : *evocar una cuestión.*

evocativo, va adj. Evocador.

evolución f. Transformación progresiva : *la evolución de un país, de unas ideas, del carácter.* ‖ *Biol.* Serie de transformaciones sucesivas, particularmente las que han sufrido los seres vivos durante los tiempos geológicos. ‖ *Med.* Curso de una enfermedad : *la evolución de un cáncer.* ‖ — Pl. *Mil.* Movimiento, especialmente de tropas, buques y aviones : *evoluciones de un ejército.*

evolucionar v. i. Transformarse progresivamente : *la humanidad está evolucionando.* ‖ Hacer evoluciones. ‖ Mudar de parecer, de conducta, de actitud. ‖ Desarrollarse, alcanzar cierto grado de civilización.

evolucionismo m. Doctrina fundada en la evolución de las especies : *el evolucionismo de Lamarck, de Darwin.* ‖ Doctrina sociológica y antropológica según la cual la historia de las sociedades de los seres vivientes se desarrolla de una manera progresiva y sin interrupción.

evolucionista adj. Del evolucionismo : *doctrina evolucionista.* ‖ — Adj. y s. Partidario del evolucionismo.

evolutivo, va adj. Susceptible de evolución o que la produce. ‖ Dícese de una enfermedad cuyos síntomas

o manifestaciones se suceden sin interrupción.

Évora, c. del centro de Portugal (Alentejo), cap. de distrito.

Évreux, c. del NO. de Francia, cap. del dep. del Eure. Obispado.

Évry, c. de Francia al S. de París, cap. del dep. de Essonne.

Evtuchenko (Ievgueni Aleksandrovich), poeta soviético, n. en 1933, símbolo de la joven lírica rusa posterior a la época de Stalin.

ex, prefijo que significa *fuera* o *más allá de.* Ante un sustantivo o un adjetivo indica lo que ha sido o ha tenido una persona : *ex presidente.* ‖ — Ex abrupto, bruscamente, sin que sea previsto. ‖ *Ex aequo*, de igual mérito, en el mismo lugar. (Es inv. : *dos ex equo.*) ‖ *Ex cátedra*, desde la cátedra de San Pedro : *el Papa habla ex cátedra*; (fig. y fam.) en tono doctoral y terminante : *persona que está siempre hablando ex cátedra.* ‖ *Ex profeso*, de propósito, expresamente.

exabrupto m. Salida de tono, contestación brusca e inesperada.

exacción f. Acción y efecto de exigir impuestos, multas, etc. ‖ Cobro ilegal, injusto. ‖ — Pl. Abuso de poder. ‖ Actos de violencia.

exacerbación f. Irritación. ‖ Agravación de una enfermedad.

exacerbar v. t. Exasperar, irritar : *exacerbar los ánimos* (ú. t. c. pr.). ‖ Avivar, aguzar : *exacerbar un dolor, una pasión* (ú. t. c. pr.).

exactitud f. Puntualidad y fidelidad en la ejecución de una cosa.

exacto, ta adj. Conforme a la realidad, a la verdad : *descripción exacta.* ‖ Justo : *un cálculo exacto, una balanza exacta.* ‖ Fiel : *exacto cumplimiento de la ley.* ‖ Puntual. ‖ *Ciencias exactas*, las matemáticas, la astronomía, la física.

exageración f. Acción de propasarse en cualquier cosa. ‖ Abuso.

exagerado, da adj. Que exagera las cosas (ú. t. c. s.). ‖ Que rebasa los límites de lo justo : *precio exagerado.*

exagerar v. t. e i. Deformar las cosas dándoles proporciones mayores de las que tienen en realidad. ‖ Abusar, pasarse de la raya, propasarse.

exágono m. *Geom.* Polígono de seis lados y seis ángulos.

exaltación f. Elevación a una dignidad o a un cargo importante : *exaltación a la jefatura del Estado.* ‖ Ponderación, enaltecimiento. ‖ Intensificación : *exaltación de un sentimiento.* ‖ Sobreexcitación del ánimo. ‖ Acaloramiento, apasionamiento.

exaltado, da adj. y s. Que se exalta.

exaltador, ra adj. Que exalta.

exaltamiento m. Exaltación.

exaltar v. t. Elevar a una dignidad o a un cargo importante : *exaltar al pontificado.* ‖ Ponderar, enaltecer : *exaltar las hazañas de uno.* ‖ Entusiasmar, excitar. ‖ — V. pr. Excitarse, apasionarse : *exaltarse con la discusión.* ‖ Avivarse : *pasión que se exalta.*

examen m. Acción y efecto de observar algo con mucho cuidado : *examen de un asunto.* ‖ Prueba a que se somete a un candidato para conocer sus conocimientos o capacidades : *pasar un examen de matemáticas.* ‖ — *Examen de conciencia*, meditación sobre la propia conducta. ‖ *Examen médico*, reconocimiento médico. ‖ *Libre examen*, acción de someter los dogmas al juicio de la razón.

exámetro m. Hexámetro.

examinador, ra m. y f. Persona que examina.

examinando, da m. y f. Persona que sufre un examen.

examinante adj. Que examina.

examinar v. t. Observar atentamente, someter a examen : *examinar un mineral, la conducta de uno.* ‖ Hacer sufrir un examen : *examinar de gramática a un alumno.* ‖ — V. pr. Sufrir un examen.

exangüe adj. Desangrado. ‖ *Fig.* Agotado. ‖ Muerto.

exánime adj. Inanimado, muerto. ‖ Sin señal de vida, desmayado. ‖ *Fig.* Agotado.

exantema m. *Med.* Erupción cutánea que acompaña algunas enfermedades, como el sarampión, etc.

exantemático, ca adj. *Med.* Rela-

tivo al exantema o que va acompañado de esta erupción. ‖ *Tifus exantemático*, infección tífica, epidémica, transmitida generalmente por el piojo, caracterizada por manchas en la piel.

exarca m. Gobernador bizantino de las provincias de Ravena (Italia) y de Cartago (África). ‖ Dignidad que sigue inmediatamente a la de patriarca en la Iglesia griega.

exarcado m. Dignidad de exarca y territorio que administra.

exasperación f. Irritación, sumo enojo. ‖ Agravación, intensificación.

exasperador, ra y **exasperante** adj. Que exaspera.

exasperar v. t. Hacer mucho más intenso : *exasperar un mal* (ú. t. c. pr.). ‖ Irritar, poner muy nervioso.

excarcelación f. Acción y efecto de sacar de la cárcel.

excarcelar v. t. Sacar de la cárcel, poner en libertad.

excavación f. Acción y efecto de excavar : *excavación de zanjas.* ‖ Hoyo, parte excavada. ‖ Acción de quitar la tierra, las rocas, etc., para encontrar restos arqueológicos.

excavador, ra adj. y s. Que excava. ‖ — F. Máquina para excavar.

excavar v. t. Cavar : *excavar un pozo.* ‖ *Agr.* Quitar la tierra alrededor del pie de una planta. ‖ Hacer excavaciones arqueológicas.

excedencia f. Condición de excedente. ‖ Sueldo que se da al empleado excedente.

excedente adj. Dícese del empleado que durante cierto tiempo deja de prestar su servicio (ú. t. c. s.). ‖ Dícese de lo que sobra, excede o sobrepasa (ú. t. c. s. m.).

exceder v. t. Sobrepasar : *los ingresos exceden los gastos.* ‖ Superar : *exceder en inteligencia a uno.* ‖ — V. pr. Propasarse.

excelencia f. Suma perfección. ‖ Título honorífico dado a los ministros, embajadores, académicos, etc. ‖ *Por excelencia*, en sumo grado ; por antonomasia.

excelente adj. Que sobresale en lo que hace : *obrero excelente.* ‖ Muy bueno, perfecto : *comida excelente.*

excelentísimo, ma adj. Tratamiento aplicado a la persona a quien se da el título de excelencia.

excelsitud f. Suma alteza : *la excelsitud de un rey.* ‖ Excelencia.

excelso, sa adj. Muy elevado.

excentricidad f. Rareza, extravagancia. ‖ Estado de lo que se halla lejos de su centro.

excentricismo m. Calidad o condición de excéntrico.

excéntrico, ca adj. Muy raro, extravagante : *un hombre excéntrico* (ú. t. c. s.). ‖ Muy alejado del centro : *barriada excéntrica.* ‖ *Geom.* Que está fuera del centro o que tiene un centro diferente.

excepción f. Derogación a lo normal : *hacer una excepción.* ‖ Lo que se aparta de una regla general : *no hay regla sin excepción.* ‖ *For.* Motivo que alega el demandado para hacer ineficaz la acción del demandante : *excepción dilatoria, perentoria.* ‖ — *A excepción de* o *con excepción de*, excepto. ‖ *De excepción*, extraordinario.

excepcional adj. Que constituye una excepción : *circunstancias excepcionales.* ‖ Extraordinario.

excepto prep. Menos, salvo.

exceptuar v. t. Excluir, no comprender (ú. +. c. pr.). ‖ Hacer salvedad : *exceptuar a uno de su deber.*

excesivo, va adj. Demasiado grande o que sale de lo normal : *trabajo excesivo.* ‖ Exagerado.

exceso m. Lo que sobra : *exceso de carga, de peso, de equipaje.* ‖ Lo que pasa de los límites : *exceso de velocidad.* ‖ Lo que sobrepasa una cantidad : *exceso de la natalidad sobre la mortalidad.* ‖ Abuso : *cometer excesos ; exceso de poder.* ‖ — *Con exceso*, demasiado. ‖ *En exceso*, excesivamente, demasiado.

excipiente m. Sustancia en la que se disuelven medicamentos.

excisión f. *Med.* Extirpación hecha con un instrumento cortante.

excitabilidad f. Calidad de excitable.

excitación f. Provocación, incitación. ‖ Estado de agitación. ‖ *Biol.* Efecto que produce un excitante al actuar sobre una célula, un órgano.

excitador, ra adj. Que excita (ú. t. c. s.). ‖ — M. *Fís.* Especie de tenacilla, con dos mangos de materia aislante, con la que conectan dos polos de potencial eléctrico diferente.

excitante adj. Que puede excitar el organismo. Ú. t. c. s. m. : *el café es un excitante.*

excitar v. t. Suscitar, causar : *excitar la sed.* ‖ Activar la energía : *el café excita el sistema nervioso.* ‖ Provocar : *excitar la envidia.* ‖ Estimular, animar : *excitar los ánimos ; excitar a la rebelión.* ‖ Poner en estado de agitación moral o física (ú. t. c. pr.).

excitativo, va adj. y s. m. Excitante.

exclamación f. Frase o expresión provocada por una alegría, indignación o sorpresa súbitas. ‖ Signo de admiración o interjección (¡!).

exclamar v. i. Proferir exclamaciones. ‖ Decir algo gritando.

exclamativo, va y **exclamatorio, ria** adj. Que denota exclamación.

exclaustración f. Acción y efecto de exclaustrar.

exclaustrado, da m. y f. Religioso a quien se ha hecho abandonar el claustro.

exclaustramiento m. Exclaustración.

exclaustrar v. t. Dar permiso u orden a un religioso para que abandone el claustro.

excluir v. t. Echar a una persona del lugar que ocupaba : *excluir a uno de un partido, de la sociedad.* ‖ Apartar : *excluir de una herencia.* ‖ No hacer entrar, eliminar : *esta clasificación excluye a todos los insectos.* ‖ Rechazar, descartar : *excluir una hipótesis.* ‖ Hacer imposible : *la generosidad excluye el egoísmo.* ‖ — V. pr. Ser incompatibles.

exclusión f. Acción de excluir.

exclusiva f. Privilegio, derecho de hacer solo algo : *dar la exclusiva a un editor.* ‖ Producto, película, etc., que tiene este derecho.

exclusivamente adv. Con exclusión, sin comprender o abarcar : Únicamente.

exclusive adv. Únicamente. ‖ Con exclusión : *hasta el 15 de agosto exclusive.*

exclusividad f. Exclusiva. ‖ Carácter o calidad de exclusiva.

exclusivismo m. Obstinada adhesión a una persona, una cosa o una idea, excluyendo a las demás. ‖ Exclusividad.

exclusivista adj. y s. Que demuestra exclusivismo.

exclusivo, va adj. Que excluye. ‖ Único, solo. ‖ Que se tiene a causa de un privilegio especial : *derecho exclusivo.* ‖ Que rechaza todo aquello que le es ajeno : *amor exclusivo.* ‖ *Méx.* De mucha calidad y difícil de tener.

excombatiente adj. y s. Que luchó en una guerra.

excomulgado, da m. y f. Persona excomulgada (ú. t. c. adj.).

excomulgar v. t. Apartar la Iglesia católica a una persona de la comunión de los fieles y del uso de los sacramentos. ‖ *Fig.* y *fam.* Excluir a una persona del trato de otra u otras.

excomunión f. Censura por la cual se aparta a uno de la comunión de los fieles. ‖ Carta o edicto con que se intima. ‖ Exclusión de un grupo.

excoriación f. Irritación o desolladura superficial en la piel.

excoriar v. t. Producir excoriación (ú. m. c. pr.).

excrecencia f. Tumor o parte superflua que se cría en ciertos tejidos animales y vegetales (verrugas, pólipos, agallas, etc.).

excreción f. Expulsión de los excrementos o de las sustancias secretadas por una glándula.

excrementar v. i. Deponer los excrementos.

excrementicio, cia adj. De los excrementos : *materia excrementicia.*

excremento m. Materia evacuada del cuerpo por las vías naturales y particularmente residuos evacuados por el recto.

excrescencia f. Excrecencia.

248 **excretar** v. t. e i. Expeler el excremento. ‖ Expeler las glándulas las sustancias que secretan.

excretor, ra y **excretorio, ria** adj. Aplícase a lo que sirve para excretar o que se relaciona con la excreción.

exculpación f. Acción y efecto de exculpar.

exculpar v. t. Declarar que una persona no es culpable (ú. t. c. pr.).

excursión f. Paseo o viaje corto a algún sitio por motivos de recreo, turismo o estudio : *ir de excursión.* ‖ *Fam.* Acción de ir a un sitio : *hice una excursión a su despacho para verla.*

excursionismo m. Práctica de las excursiones como deporte.

excursionista com. Persona que hace excursiones o es aficionado al excursionismo.

excusa f. Razón dada para disculparse o disculgar a otro : *buscar excusas.* ‖ Razón invocada para no cumplir una obligación : *siempre tiene excusas para no trabajar.* ‖ — Pl. Justificación de haber cometido una falta o haber ofendido a alguien : *presentar sus sinceras excusas.*

excusado, da adj. Disculpado. ‖ Superfluo, inútil, vano : *excusado es decirlo.* ‖ Secreto : *puerta excusada.* ‖ — M. Retrete.

excusar v. t. Disculpar. ‖ Evitar : *esto le excusó de venir.* ‖ Rechazar, no aceptar : *excusar responsabilidades.* ‖ — V. pr. Disculparse.

exchequer m. (pal. ingl.) Hacienda.

execrable adj. Abominable.

execrador, ra adj. y s. Que execra.

execrar v. t. Aborrecer, detestar : *execrar el vicio.* ‖ Maldecir

exégesis f. Explicación, interpretación : *exégesis de la Sagrada Escritura.*

exégeta y **exegeta** com. Intérprete o expositor de la Sagrada Escritura. ‖ Intérprete de un texto.

exención f. Efecto de eximir o eximirse. ‖ Privilegio que exime de una obligación : *exención fiscal.*

exento, ta adj. Libre : *exento de temor ; producto exento de aduanas.*

exequátur m. inv. (pal. lat.). Pase dado por la autoridad civil a las bulas y breves pontificios. ‖ Autorización del jefe de un Estado a los representantes extranjeros para que puedan desempeñar sus funciones.

exequias f. pl. Honras fúnebres.

exergo m. Parte de una medalla donde se pone la leyenda debajo del emblema o figura. ‖ Ésta leyenda.

Exeter, c. y puerto del SO. de Inglaterra, cap. del condado de Devon.

exfoliación f. División en laminillas. ‖ Caída de la corteza de un árbol. ‖ *Med.* Caída de la epidermis en forma de escamas.

exfoliador m. *Amer.* Calendario de taco del que se arranca una hoja diariamente.

exfoliar v. t. Dividir en láminas o escamas. Ú. t. c. pr. : *exfoliarse un mineral.*

exhalación f. Emanación de gases, vapores u olores. ‖ Estrella fugaz. ‖ Rayo, centella : *iba como una exhalación.*

exhalar v. t. Despedir gases, vapores, olores : *exhalar miasmas el pantano, perfume las flores.* ‖ *Fig.* Lanzar : *exhalar suspiros.* ‖ Proferir : *exhalar quejas.* ‖ Exhalar el último suspiro, morir.

exhaustivo, va adj. Que agota a apura por completo.

exhausto, ta adj. Agotado, rendido, extenuado : *quedar exhausto.* ‖ Apurado, completamente desprovisto.

exhibición f. Demostración. ‖ Presentación : *exhibición de modelos de alta costura.* ‖ Exposición. ‖ Manifestación deportiva o de cualquier otra cosa sin carácter competitivo. ‖ Proyección cinematográfica. ‖ *Méx.* Pago de una cantidad a cuenta de una acción, póliza, etc.

exhibicionismo m. Prurito de exhibirse. ‖ Tendencia patológica que induce a mostrar los órganos genitales. ‖ Hecho de manifestar públicamente ideas, sentimientos o actos que deberían mantenerse secretos.

exhibicionista com. Persona aficionada a exhibirse

exhibir v. t. Presentar, mostrar : *exhibir una prueba, modelos de alta costura.* ‖ Exponer : *exhibir cuadros.* ‖ Proyectar una película. ‖ Lucir, mostrar con orgullo. ‖ *Méx.* Pagar, entregar una cantidad de dinero. ‖ — V. pr. Mostrarse en público : *exhibirse un acróbata.* ‖ Procurar llamar la atención.

exhortación f. Incitación : *exhortación a la piedad.* ‖ Sermón breve. ‖ Discurso, palabras para exhortar.

exhortador, ra adj. y s. Que exhorta.

exhortar v. t. Aconsejar encarecidamente, incitar con razones o ruegos.

exhorto m. *For.* Despacho que manda un juez a otro para rogarle que lleve a cabo lo que le pide.

exhumación f. Desenterramiento : *proceder a una exhumación.*

exhumar v. t. Desenterrar : *exhumar un cadáver.* ‖ *Fig.* Sacar a luz lo perdido u olvidado : *pasaba su vida exhumando el pasado.*

exigencia f. Lo que uno exige de otro : *persona que tiene muchas exigencias.* ‖ Obligación.

exigente adj. y s. Difícil de contentar por pedir demasiado.

exigible adj. Que puede ser exigido : *rendimiento exigible.*

exigir v. t. Instar u obligar a alguien a que haga lo de algo en virtud de un derecho o por fuerza : *exigir explicaciones, los tributos.* ‖ *Fig.* Demandar imperiosamente, reclamar : *el crimen exige castigo.* ‖ Necesitar, requerir.

exigüidad f. Pequeñez : *la exigüidad de un cuarto.* ‖ Escasez, insuficiencia.

exiguo, gua adj. Muy pequeño

exilado, da adj. y s. Exiliado.

exilar v. t. Exiliar.

exiliado, da adj. y s. Desterrado.

exiliar v. t. Desterrar, expatriar (ú. t. c. pr.). [Se dice particularmente del que abandona su patria por razones políticas.]

exilio m. Destierro, expatriación

eximente adj. Que exime. ‖ Dícese de la circunstancia que libra de responsabilidad criminal (ú. t. c. s. f.).

eximio, mia adj. Ilustre, eminente.

eximir v. t. Liberar de una obligación, cargo, culpa, etc. (ú. t. c. pr.).

existencia f. Hecho de existir : *la existencia de Dios para el creyente.* ‖ Vida : *la existencia humana.* ‖ — Pl. Mercancías que no han sido aún vendidas : *liquidación de las existencias.*

existencial adj. De la existencia.

existencialismo m. Doctrina filosófica que funda el conocimiento de la realidad en la experiencia inmediata de la existencia propia [el existencialismo de Heidegger, de Sartre].

existencialista adj. Del existencialismo : *doctrina existencialista.* ‖ — M. y f. Seguidor de esta doctrina.

existente adj. Que existe.

existir v. i. Tener ser real : *los duendes no existen.* ‖ Tener vida, vivir : *esta sociedad existe desde hace cinco años.* ‖ Durar, permanecer.

éxito m. Resultado feliz de un negocio, actuación, etc. : *ser coronado por el éxito.* ‖ Aprecio, aprobación : *esta obra de teatro ha tenido mucho éxito.* ‖ Cosa muy conseguida y apreciada.

exitoso, sa adj. Con éxito.

exlibris m. V. Ex libris.

exocrina adj. Aplícase a las glándulas de secreción externa.

éxodo m. *Fig.* Emigración de un grupo de gente.

Éxodo (El), segundo libro del Pentateuco en que se narra la huida de los hebreos, conducidos por Moisés, de Egipto (¿ 1250 ? a. de J. C.).

exoneración f. Acción y efecto de exonerar.

exonerar v. t. Liberar de una carga u obligación : *exonerar de impuestos.* ‖ Evacuar : *exonerar el vientre.*

exorbitante adj. Excesivo.

exorbitar v. t. Exagerar.

exorcismo m. Conjuro ordenado por la Iglesia católica contra el espíritu maligno.

exorcista com. Persona que tiene potestad para exorcizar.

exorcizar v. t. Usar de exorcismos contra el espíritu maligno : *exorcizar al demonio.* ‖ Librar del demonio por medio de exorcismos.

exordio m. Introducción, preámbulo.

exósmosis f. *Fís.* Corriente de dentro afuera cuando dos líquidos de distinta concentración están separados por una membrana.

exotérico, ca adj. Accesible para el vulgo (opuesto a *esotérico*).

exótico, ca adj. Procedente de un país extranjero : *planta exótica.* ‖ Extraño, raro : *moda exótica.*

exotismo m. Calidad de exótico.

expandirse v. pr. Extenderse.

expansibilidad f. *Fís.* Tendencia a la expansión de un gas.

expansión f. *Fís.* Dilatación, del volumen, aumento de la superficie : *la expansión de un gas o vapor.* ‖ *Fig.* Propagación, difusión : *la expansión del socialismo.* ‖ Desarrollo : *la expansión de la producción.* ‖ Dilatación : *la expansión del espíritu.* ‖ Desahogo, exteriorización : *expansión de alegría.* ‖ Recreo, diversión. ‖ Tendencia a incrementar sus posesiones, la influencia política o económica, etc.

expansionarse v. pr. Desahogarse, sincerarse. ‖ Recrearse. ‖ Aumentar las posesiones territoriales. ‖ Incrementar la potencia económica.

expansionismo m. Tendencia a la expansión territorial. ‖ Tendencia de los poderes políticos a fomentar el incremento de la renta nacional y de la economía en general.

expansionista adj. Que tiende al expansionismo : *política expansionista.* ‖ Que es partidario del expansionismo (ú. t. c. s.).

expansivo, va adj. ‖. *Fig.* Abierto, comunicativo : *carácter expansivo.*

expatriación f. Salida de su patria para instalarse en otro país.

expatriar v. t. Obligar a uno a que abandone su patria. ‖ — V. pr. Abandonar su patria.

expectación f. Interés e impaciencia con que se espera algo.

expectativa f. Espera de algo que ha de suceder : *estar a la expectativa.*

expectoración f. Expulsión de las secreciones de las vías respiratorias. ‖ Lo que se expectora.

expectorar v. i. Expeler por la boca las secreciones de las mucosas de la tráquea, los bronquios y los pulmones.

expedición f. Envío o remesa : *expedición de mercancías.* ‖ Conjunto de cosas expedidas. ‖ Viaje de exploración : *expedición al Polo Norte.* ‖ Viaje para cumplir una misión particular : *expedición militar.* ‖ Personas que participan en estos viajes. ‖ Rapidez con que se despacha algo.

expedicionario, ria adj. y s. Que participa en una expedición.

expedidor, ra m. y f. Persona que expide o manda algo.

expedientar v. t. Instruir un expediente.

expediente m. Recurso para conseguir algún fin : *hallar un expediente para desentenderse de un asunto.* ‖ Investigación oficial sobre la conducta de un empleado : *le abrieron expediente por prevaricación.* ‖ Conjunto de documentos relativos a un asunto. ‖ Documentos que dan fe de la actuación de una persona : *tener un expediente cargado en la policía.* ‖ *For.* Negocio sin juicio contradictorio en un tribunal : *instruir un expediente.* — Pl. Trámites. ‖ *Fig.* y *fam. Cubrir el expediente,* hacer sólo lo indispensable de lo que se tiene que hacer.

expedienteo m. Prolongación y complicación de los expedientes. ‖ *For.* Tramitación de los expedientes.

expedir v. t. Enviar : *expedir una carta, un pedido.* ‖ Resolver un asunto. ‖ Extender un documento : *expedir un pasaporte.* ‖ Dar copia legalizada de un documento : *expedir un contrato.* ‖ Despachar, hacer algo rápidamente.

expeditar v. t. *Méx.* Despachar un asunto con celeridad. ‖ *Amer.* Acelerar. ‖ Facilitar.

expeditivo, va adj. Que despacha o permite despachar las cosas con rapidez : *métodos expeditivos.*

expedito, ta adj. Desembarazado, libre : *camino expedito.* ‖ Pronto para obrar.

expeler v. t. Arrojar, expulsar.

expendedor, ra adj. Que expende. ‖ — M. y f. Persona que vende al por menor objetos propios o de otros : *expendedor de tabaco, de sellos, de billetes de lotería.*

expendeduría f. Tienda o puesto en que se venden al por menor ciertos objetos estancados : *en su viudedad tuvo una expendeduría de tabaco.*

expender v. t. Vender al por menor : *expender tabaco.*

expendio m. *Arg., Méx.* y *Per.* Tienda de ventas al por menor.

expensas f. pl. Gastos, costas. ‖ *A expensas,* a costa, a cargo.

experiencia f. Enseñanza sacada de lo que uno ha hecho : *una persona de experiencia.* ‖ Conocimientos adquiridos por la práctica : *un piloto sin experiencia.* ‖ Hecho de haber experimentado o presenciado algo : *conocer una cosa por experiencia.* ‖ Suceso con el cual se adquiere conocimiento de la vida : *una experiencia desagradable pero aleccionadora.* ‖ Experimento : *una experiencia de física.*

experimentación f. Acción y efecto de someter a experimentos.

experimentado, da adj. Que tiene experiencia : *persona experimentada.*

experimentador, ra adj. y s. Que hace experimentos.

experimental adj. Basado en la experiencia : *conocimiento experimental.* ‖ Basado en experimentos.

experimentar v. t. Someter a experimentos, poner a prueba : *experimentar con nuevos productos.* ‖ Conocer por experiencia. ‖ Sentir : *experimentar una gran satisfacción.* ‖ Sufrir : *experimentar una derrota.* ‖ Tener : *experimentar una mejoría.*

experimento m. Operación que consiste en observar las reacciones de un cuerpo u objeto cuando se le somete a ciertos fenómenos.

experto, ta adj. Que conoce perfectamente algo, muy hábil : *piloto experto.* ‖ — M. Perito.

expiación f. Castigo, sufrimiento padecido para reparar una falta.

expiar v. t. Sufrir un castigo para reparar una falta o delito cometido.

expiatorio, ria adj. Que sirve para la expiación : *sacrificio expiatorio.*

expiración f. Término, vencimiento de un plazo.

expirar v. i. Morir. ‖ *Fig.* Acabar, llegar a su término : *expirar el mes.*

explanada f. Terreno de cierta extensión llano y descubierto.

explanar v. t. Allanar, nivelar : *explanar una carretera.* ‖ *Fig.* Aclarar, explicar.

explayar v. t. Extender (ú. t. c. pr.). ‖ — V. pr. *Fig.* Extenderse al hablar : *explayarse en una peroración.* ‖ Desahogarse, confiarse : *explayarse contando sus cuitas.* ‖ Distraerse.

explicación f. Palabras que permiten hacer comprender algo : *explicación del sentido de una frase.* ‖ Razón por la cual ocurre algo : *la explicación de un fenómeno.* ‖ Justificación : *dar, pedir una explicación.*

explicar v. t. Hacer comprender : *explicar una frase oscura, una lección.* ‖ Enseñar : *explicar geología en la Universidad.* ‖ Justificar, motivar : *explicar su actuación en un asunto.* ‖ Dar a conocer : *me ha explicado lo que quiere hacer.* ‖ — V. pr. Comprender : *ahora me lo explico.* ‖ Expresarse : *no sabe explicarse.*

explicativo, va adj. Que explica.

explicitar v. t. Hacer explícito.

explícito, ta adj. Claro y formal.

exploración f. Reconocimiento, observación en un país o sitio : *viaje de exploración.* ‖ *Med.* Examen de una herida u órgano interno.

explorador, ra adj. y s. Que se dedica a la exploración. ‖ — M. Muchacho afiliado a cierta asociación educativa y deportiva.

explorar v. t. Recorrer un país o un sitio poco conocidos o desconocidos observándolos detenidamente : *explorar las orillas del río Amazonas, el fondo del mar.* ‖ Examinar atentamente una herida o una parte interna del organismo.

exploratorio, ria adj. Utilizado para explorar. ‖ Preliminar : *no fueron más que conversaciones exploratorias.*

explosión f. Acción y efecto de estallar violentamente y con estruendo un cuerpo o recipiente : *explosión de un mortero.* ‖ Dilatación repentina de un gas en el interior de un cuerpo hueco, sin que éste estalle : *motor de explosión.* ‖ Tercer tiempo en el funcionamiento de un motor de explosión. ‖

Fig. Manifestación viva y repentina : *explosión de entusiasmo.* ‖ Aumento brusco y fuerte : *explosión demográfica.* ‖ En fonética, expulsión del aire al pronunciar ciertas consonantes.

explosionar v. t. Hacer estallar o explotar. ‖ — V. i. Estallar, explotar.

explosivo, va adj. Que hace explosión o puede producirla : *fuerza, materia explosiva.* ‖ *Gram.* Que se articula con explosión : *la « p » es una consonante explosiva.* ‖ Crítico, tenso : *situación explosiva.* ‖ — M. *Quím.* Agente o cuerpo que puede producir explosión.

explotable adj. Que puede ser explotado : *terreno explotable.*

explotación f. Acción de aprovechar, de sacar provecho o beneficios de bienes, bosques, minas, fábricas, comercios, etc. ‖ Negocio que se explota, lugar en el que se explota (tierras, minas, etc.) : *explotación agrícola, minera, comercial.* ‖ Acción de abusar, de aprovecharse : *la explotación del hombre por el hombre.* ‖ Utilización metódica : *vive de la explotación de sus éxitos anteriores.*

explotador, ra adj. Que explota o saca provecho. Ú. t. c. s. : *eran explotadores de las minas, de la miseria de aquellos desgraciados.*

explotar v. t. Aprovechar una riqueza natural : *explotar una mina, un terreno.* ‖ *Fig.* Sacar provecho abusivo de alguien o de algo : *explotar a un obrero ; explotar la generosidad de uno.* ‖ Sacar provecho de algo : *explotar la situación.* ‖ — V. i. Estallar : *explotar un petardo.*

expoliación f. Despojo violento o injusto.

expoliador, ra adj. y s. Que expolia.

expoliar v. t. Despojar con violencia o injusticia.

expolio m. Expoliación.

exponencial adj. *Mat.* Dícese de la cantidad que está elevada a una potencia cuyo exponente es variable o desconocido (ú. t. c. s.).

exponente adj. y s. Que expone. ‖ — M. Número que indica la potencia a que se ha de elevar otro número u otra expresión. ‖ *Fig.* Expresión, ejemplo : *Cervantes es el máximo exponente de la literatura española.*

exponer v. t. Dar a conocer : *exponer una teoría, un programa.* ‖ Mostrar, poner a la vista : *exponer el Santísimo.* ‖ Presentar en una exposición : *exponer una obra de arte.* ‖ Situar, orientar : *casa expuesta al norte.* ‖ Colocar : *exponer al sol.* ‖ Arriesgar, poner en peligro : *exponer la vida* (ú. t. c. pr.). ‖ Abandonar : *exponer un niño.* ‖ Someter : *un sitio expuesto a las intemperies.*

exportación f. Envío de un producto a otro país. ‖ Conjunto de mercancías que se exportan.

exportador, ra adj. y s. Que exporta : *país exportador.*

exportar v. t. Mandar mercancías a otro país : *España exporta vinos.*

exposición f. Acción y efecto de poner algo a la vista. ‖ Exhibición pública de artículos de la industria, ciencias o artes : *la exposición de Montreal de 1967.* ‖ Narración hecha verbalmente o por escrito. ‖ Orientación : *exposición de una casa al Este.* ‖ Colocación : *exposición al sol.* ‖ *Fot.* Tiempo durante el cual una película recibe la luz. ‖ Riesgo, peligro.

exposímetro m. *Fot.* Aparato que permite calcular el tiempo de exposición que requiere un cliché.

expositivo, va adj. Que expone.

expósito, ta adj. Aplícase al recién nacido abandonado en un sitio público y recluido o internado en la inclusa (ú. t. c. s.).

expositor, ra adj. Que expone. Ú. t. c. s. : *el expositor de un texto, de un tema.* ‖ — M. y f. Persona que participa en una exposición pública.

exprés adj. Rápido : *olla exprés.* ‖ — M. Tren expreso. ‖ Manera de preparar el café a presión : *Este café.*

expresado, da adj. Anteriormente mencionado.

expresar v. t. Manifestar lo que se piensa, siente o quiere.

expresión f. Manifestación de un pensamiento, sentimiento o deseo : *estas palabras son la expresión de su* modo de pensar. ‖ Manera de expresarse verbalmente. ‖ Palabra, frase, giro : *expresiones impertinentes*. ‖ Aspecto del semblante que traduce un sentimiento : *una expresión de bondad*. ‖ Capacidad de manifestar intensamente sus sentimientos : *una cara llena de expresión*. ‖ Mat. Representación de una cantidad : *expresión algébrica*. ‖ — Pl. Recuerdos, saludos. ‖ Fig. *Reducir a la mínima expresión*, disminuir hasta el máximo.

expresionismo m. Tendencia artística y literaria iniciada a principios del siglo XX, marcada por un intento de representar la sensación interna y subjetiva que las cosas y seres producen : *entre los pintores que cultivaron el expresionismo se encuentran Edvar Munch, Kokoschka, George Rouault, Marcel Gromaire, J. Ensor, Soutine, Modigliani, Segall, Picasso, en determinada época, Isidro Nonell, Gutiérrez Solana, Rafael Zabaleta, Orozco y entre los que lo cultivaron en literatura Rainer Maria Rilke, James Joyce, Kafka, Aldous Huxley.*

expresionista adj. Relativo al expresionismo. ‖ Partidario o seguidor de él (ú. t. c. s.).

expresividad f. Actitud, conducta de una persona expresiva.

expresivo, va adj. Que expresa perfectamente lo que piensa, quiere o siente : *palabra expresiva*. ‖ Que tiene expresión : *mirada expresiva*. ‖ Cariñoso : *hombre expresivo*.

expreso, sa adj. Especificado, explícito : *por orden expresa*. ‖ Aplícase a los trenes de viajeros muy rápidos (ú. t. c. s. m.). ‖ — M. Correo extraordinario. ‖ — Adv. Adrede, intencionadamente : *lo hizo expreso*.

exprimidor m. Utensilio para sacar el zumo de una sustancia.

exprimir v. t. Sacar el zumo o el líquido de algo : *exprimir una naranja*. ‖ Fig. Estrujar, sacar todo lo que se puede de una persona o cosa.

expropiación f. Desposeimiento legal de una propiedad. ‖ Cosa expropiada.

expropiador, ra adj. y s. Que expropia.

expropiar v. t. Desposeer legalmente a alguien de su propiedad, generalmente con indemnización, por motivos de utilidad pública.

expuesto, ta adj. Manifestado, dicho. ‖ Que no está protegido : *casa expuesta a todos los vientos*. ‖ Peligroso, arriesgado : *acción expuesta*.

expulsar v. t. Despedir, echar : *expulsar a un revoltoso de un local*. ‖ Hacer salir : *expulsar mucosidades*.

expulsión f. Acción y efecto de expulsar.

expulsor, ra adj. Que expulsa (ú. t. c. s. m.).

expurgación f. Supresión de las cosas malas contenidas en algo.

expurgar v. t. Quitar de algo lo malo que contiene : *expurgar un texto*.

expurgo m. Expurgación.

exquisitez f. Calidad de exquisito. ‖ Cosa exquisita.

exquisito, ta adj. De muy buen gusto : *un espectáculo exquisito; un detalle exquisito*. ‖ Muy bueno, delicioso : *manjar exquisito*. ‖ Muy agradable : *casa, persona exquisita*. ‖ Delicado, elegante : *poeta exquisito*.

extasiarse v. pr. Arrobarse, enajenarse. ‖ Maravillarse.

éxtasis m. Estado de admiración o alegría intensa que hace desaparecer cualquier otro sentimiento : *caer en éxtasis ante un cuadro*. ‖ Teol. Estado del alma que se siente transportada fuera del mundo sensible : *los éxtasis de Santa Teresa*.

extemporaneidad f. Calidad de extemporáneo.

extemporáneo, a adj. Impropio del tiempo en que ocurre. ‖ Inoportuno.

extender v. t. Hacer que una cosa ocupe más espacio que antes. ‖ Abrir : *extender las alas*. ‖ Aumentar : *extender su influencia*. ‖ Esparcir : *extender la hierba segada para que se seque*. ‖ Desdoblar, desplegar : *extender un mapa*. ‖ Hacer llegar : *extender a más personas un derecho*. ‖ Escribir y entregar documentos : *extender una fe de vida*. ‖ Redactar : *extender un cheque*. ‖ — V. pr. Ocupar cierto

espacio de tiempo o terreno : *la llanura se extiende hasta muy lejos*. ‖ Alcanzar : *su venganza se extendió a toda su familia*. ‖ Fig. Propagarse : *extenderse una epidemia*. ‖ Hablar dilatadamente. ‖ Tenderse : *se extendió en la cama*. ‖ Detenerse mucho en una explicación o relato.

extensibilidad f. Capacidad de aumentar de extensión.

extensible adj. Que puede aumentar de extensión : *mesa extensible*.

extensión f. Dimensiones, espacio ocupado por una cosa : *la extensión de un país*. ‖ Acción y efecto de extender o de extenderse : *la extensión de un miembro*. ‖ Duración : *la extensión de un fenómeno, de un discurso*. ‖ Propagación : *la extensión de un conflicto*. ‖ Amplitud : *la extensión de un suceso*. ‖ Significación : *en toda la extensión de la palabra*. ‖ Línea telefónica suplementaria conectada con la principal.

extensivo, va adj. Que se extiende o se puede extender. ‖ *Cultivo extensivo*, el que se practica en superficies muy grandes utilizando escasa mano de obra.

extenso, sa adj. Extendido : *brazo extenso*. ‖ Amplio, muy grande : *un extenso país*. ‖ Largo : *discurso extenso*.

extensor, ra adj. Que sirve para extender : *músculo extensor*. ‖ — M. Aparato de gimnasia formado por cables de caucho y usado para desarrollar los músculos. ‖ Músculo extensor.

extenuación f. Agotamiento.

extenuar v. t. Agotar (ú. t. c. pr.).

exterior adj. Que está por la parte de fuera : *la capa exterior de un árbol*. ‖ Que da a la calle : *ventana exterior*. ‖ Visible, aparente : *signos exteriores de riqueza*. ‖ Que existe fuera de alguien : *el mundo exterior*. ‖ Relativo a otros países : *las relaciones exteriores; comercio exterior*. ‖ — M. Superficie externa de los cuerpos : *el exterior de una esfera*. ‖ Lo que está fuera : *el exterior de una casa*. ‖ Espacio que rodea una casa : *no quiso entrar, se quedó al exterior*. ‖ Aspecto, porte, modales de una persona. ‖ Países extranjeros. ‖ — M. pl. Escenas cinematográficas rodadas fuera de un estudio.

exterioridad f. Calidad de exterior. ‖ — Pl. Apariencias.

exteriorización f. Manifestación ante los demás de una idea o sentimiento.

exteriorizar v. t. Manifestar ante los demás lo que se piensa o siente.

exterminación f. Exterminio.

exterminador, ra adj. y s. Que extermina.

exterminar v. t. Acabar por completo con una cosa : *exterminar una plaga de insectos*. ‖ Aniquilar : *exterminar un pueblo*. ‖ Devastar.

exterminio m. Destrucción completa o casi completa, aniquilación.

externado m. Centro de enseñanza para alumnos externos.

externo, na adj. Que se manifiesta al exterior o viene de fuera : *influencia externa*. ‖ Que se pone fuera : *medicina de uso externo*. ‖ Aplícase al alumno que da clases en una escuela sin dormir y comer en ella (ú. t. c. s.). ‖ Manifestado con actos : *signos externos de alegría*.

extinción f. Acción de apagar o apagarse. ‖ Cesación o desaparición progresiva : *extinción de la voz*.

extinguible adj. Que se puede extinguir.

extinguidor m. Extintor.

extinguir v. t. Hacer que cese el fuego o la luz, apagar : *extinguir un incendio* (ú. t. c. pr.). ‖ Fig. Hacer cesar o desaparecer gradualmente : *extinguir el sonido, un afecto, la vida* (ú. t. c. pr.). ‖ — V. pr. Morirse.

extintivo, va adj. For. Que sirve para hacer cesar una posesión.

extintor, ra adj. Que extingue. ‖ — M. Aparato para extinguir incendios.

extirpable adj. Que puede ser extirpado.

extirpación f. Supresión completa y definitiva.

extirpador, ra adj. y s. Que extirpa.

extirpar v. t. Arrancar de cuajo o de

raíz : *extirpar las malas hierbas*. ‖ Fig. Acabar definitivamente con algo.

extorsión f. Despojo : *extorsión de fondos*. ‖ Fig. Perturbación, trastorno.

extorsionador, ra adj. Que extorsiona (ú. t. c. s.).

extorsionar v. t. Usurpar con violencia. ‖ Causar extorsión.

extra prep. Significa fuera de, como en *extramuros, extraoficial*. ‖ Fam. Además : *extra del sueldo, tiene otras ganancias*. ‖ — Adj. Extraordinario, de calidad superior. ‖ — M. Fam. Beneficio accesorio : *cobrar extras*. ‖ Actor de cine o persona que no desempeña un papel importante en una película o en algo. ‖ Persona que presta accidentalmente un servicio. ‖ Gasto o comida especial.

extracción f. Acción y efecto de extraer : *la extracción de carbón, de una muela, de un preso*. ‖ Mat. Operación consistente en sacar la raíz de una cantidad : *extracción de una raíz cuadrada*. ‖ Origen, estirpe : *de extracción noble, campesina*.

extractar v. t. Resumir.

extractivo, va adj. Que se dedica a la extracción : *industrias extractivas*.

extracto m. Resumen, compendio : *un extracto de una novela*. ‖ Perfume concentrado : *extracto de rosas*. ‖ Sustancia que se extrae de otro cuerpo : *extracto de quinina*. ‖ *Extracto de cuentas*, documento que consigna la situación de una cuenta bancaria.

extractor, ra m. y f. Persona que extrae. ‖ — M. Aparato que sirve para extraer.

extradición f. Entrega del reo refugiado en un país al gobierno de otro que lo reclama.

extraer v. t. Sacar, arrancar : *extraer una muela, extraer carbón de una mina*. ‖ Sacar, tomar parte de algo : *extraer una cita de un libro*. ‖ Hacer salir : *extraer de la prisión*. ‖ Deducir. ‖ Mat. Sacar la raíz de un número. ‖ Separar una sustancia del cuerpo en que está contenida.

extrafino, na adj. De calidad superior : *comestibles extrafinos*.

extrajudicial adj. Que se hace fuera de la vía judicial.

extralegal adj. Que se hace fuera de la legalidad : *medios extralegales*.

extralimitación f. Acción y efecto de extralimitarse, abuso.

extralimitarse v. pr. Fig. Propasarse, ir demasiado lejos ; pasar los límites en la conducta que uno tiene o las atribuciones que uno se toma.

extramuros adv. Fuera del recinto de una población.

extranjería f. Calidad y condición de extranjero.

extranjerismo m. Afición desmedida a todo lo extranjero. ‖ Palabra, giro extranjero : *affaire, average, bluff, capot, carter, bouquet, chance, dossier, élite, film, impasse, jeep, jet, lobby, lunch, match, royalty, slogan, stand, stock, surmenage, test, ticket, trust, weekend son extranjerismos en la lengua castellana*.

extranjerizar v. t. Introducir en un país los usos de otro (ú. t. c. pr.).

extranjero, ra adj. y s. De otro país. ‖ — M. Toda nación que no es la propia.

extranjis (de) loc. fam. De tapadillo ; callandito.

extrañamiento m. Destierro. ‖ Asombro, sorpresa.

extrañar v. t. Sorprender : *me extrañó verte allí*. ‖ Encontrar una cosa extraña o ser nueva : *no dormí por extrañarle la cama del hotel*. ‖ Ser muy tímido un niño con los desconocidos. ‖ Desterrar : *extrañar de la patria* (ú. t. c. pr.). ‖ Dejar de tratar a uno. ‖ Amer. Echar de menos. ‖ — V. pr. Sorprenderse, maravillarse.

extrañeza f. Admiración, asombro. ‖ Calidad de extraño. ‖ Cosa extraña.

extraño, ña adj. Que pertenece a una nación, familia, grupo u oficio distintos (ú. t. c. s.). ‖ Raro, extravagante : *extraño humor; extraña idea*. ‖ Sorprendente : *es extraño que no haya venido*. ‖ Ajeno a una cosa : *ser extraño a un hecho*. ‖ Med. *Cuerpo extraño*, el que se encuentra en un organismo sin formar parte de él normalmente.

extraoficial adj. No oficial, oficioso.
extraordinario, ria adj. Fuera de lo corriente : *medida extraordinaria.* ‖ Singular : *proyecto extraordinario.* ‖ Magnífico, admirable : *un hombre extraordinario.* ‖ Muy grande : *un talento extraordinario.* ‖ Suplementario : *horas extraordinarias.* ‖ Imprevisto : *gastos extraordinarios.* ‖ Dícese de un número de periódico o publicación que sale por algún motivo especial. ‖ Dícese de una reunión realizada fuera de las fechas previstas normalmente : *asamblea extraordinaria.* ‖ — M. Plato añadido a la comida de todos los días. ‖ Número especial de un periódico : *un extraordinario de " La Nación ".*
extraparlamentario, ria adj. Fuera del parlamento.
extrapolación f. *Mat.* Procedimiento que consiste en llevar la aplicación de una ley o el conocimiento de una función más allá de los límites en que han sido averiguados. ‖ Operación consistente en hacer previsiones a partir de los datos estadísticos disponibles. ‖ *Fig.* Extensión, generalización.
extrapolar v. t. *Mat.* Hacer una extrapolación. ‖ *Fig.* Generalizar.
extrarradio m. Circunscripción administrativa en las afueras de una población : *el extrarradio de Madrid.*
extraterrestre y **extraterreno, na** adj. Que no está en la Tierra. ‖ Habitante de un planeta distinto de la Tierra (ú. t. c. s.).
extraterritorial adj. Que está fuera del territorio de la propia jurisdicción : *aguas extraterritoriales.*
extraterritorialidad f. Inmunidad que exime a los agentes diplomáticos, los buques de guerra, etc., de la jurisdicción del Estado en que se encuentran.
extravagancia f. Calidad de extravagante : *la extravagancia de un proyecto, de una persona.* ‖ Excentricidad, acción o cosa extravagante.
extravagante adj. Fuera del sentido común, raro, extraño, excéntrico : *tener ideas extravagantes* (ú. t. c. s.).
extravasarse v. pr. Salirse un líquido de su conducto natural.
extraversión f. Característica de una persona que se exterioriza.
extravertido, da adj. Dícese de la persona cuyo interés y actividad están dirigidos preferentemente hacia el mundo exterior (ú. t. c. s.).
extraviado, da adj. Que ha perdido su camino : *res extraviada.* ‖ Aislado, retirado : *calle extraviada.* ‖ Perdido : *objeto extraviado.* ‖ De vida airada : *muchacho extraviado.* ‖ Con la mirada perdida y llena de asombro.
extraviar v. t. Desorientar (ú. t.

c. pr.). ‖ Perder, no acordarse de dónde se puso una cosa : *extravió su libro* (ú. t. c. pr.). ‖ No fijar la vista en algo determinado. ‖ — V. pr. *Fig.* Pervertirse, dedicarse a la mala vida.
extravío m. Acción y efecto de extraviar o extraviarse. ‖ Pérdida. ‖ *Fig.* Desorden en las costumbres. ‖ Error, equivocación, desvarío.
extremado, da adj. En grado extremo.
Extremadura, región occidental de España que forma las provincias de Badajoz y Cáceres. Ganadería. Universidad en Badajoz y Cáceres. En 1982 se constituyó en Comunidad Autónoma. — Ant. prov. de Portugal, en el litoral, que comprendía los actuales distritos de Lisboa, Santarem y Leiria.
extremar v. t. Llevar hacia el más alto grado : *extremar la vigilancia, las precauciones.* ‖ — V. pr. Esmerarse.
extremaunción f. Sacramento que se administra a los moribundos.
extremeño, ña adj. y s. De Extremadura (España).
extremidad f. Punta, cabo : *la extremidad de una lanza.* ‖ Último momento. ‖ Actitud, decisión extrema. ‖ — Pl. Pies y manos del hombre.
extremis, pal. lat. *In extremis,* como último recurso ; al final de la vida.
extremismo m. Tendencia a adoptar ideas o actitudes extremas, exageradas, especialmente en política.
extremista adj. Relativo al extremismo. ‖ Partidario del extremismo (ú. t. c. s.).
extremo, ma adj. Que llega al mayor grado : *bondad extrema ; calor extremo.* ‖ Más alejado de un sitio : *la punta extrema de una península.* ‖ *Fig.* Excesivo, falto de moderación : *opiniones extremas ; la extrema derecha en el Parlamento.* ‖ Que excede a lo normal, violento : *emplear medios extremos.* ‖ Distante, diferente. ‖ — M. Extremidad : *el extremo de un palo.* ‖ Situación extremada : *llegó al extremo de suicidarse.* ‖ Lo opuesto, lo contrario : *pasar de un extremo a otro.* ‖ Punto, tema : *se trataron varios extremos durante la sesión.* ‖ *Mat.* El primero y el último término en una proporción. ‖ En fútbol, cada uno de los jugadores que juega en la parte lateral de la delantera de un equipo.
Extremo Oriente, conjunto de países de Asia oriental (China, Japón, Corea, Estados de Indochina y de Insulindia y la parte asiática de la U. R. S. S.).
extremosidad f. Calidad o condición de extremoso.
extremoso, sa adj. Excesivo, que no guarda ninguna moderación.
extrínseco, ca adj. Externo.
extroversión f. Extraversión.

extrovertido, da adj. y s. Extravertido.
exuberancia f. Gran abundancia : *la exuberancia de la vegetación tropical.* ‖ *Fig.* Temperamento muy vivo.
exuberante adj. Muy abundante : *vegetación exuberante ; imaginación exuberante.* ‖ Que manifiesta sus sentimientos por demostraciones excesivas : *mujer exuberante.*
exudación f. *Med.* Acción y efecto de exudar.
exudar v. i. *Med.* Salir un líquido fuera de sus vasos o conductos propios. ‖ Rezumar.
exultación f. Manifestación muy viva de alegría.
exultar v. i. Sentir y mostrar viva alegría.
exutorio m. *Med.* Úlcera mantenida abierta para un fin curativo. ‖ *Fig.* Derivativo.
exvoto m. Ofrenda hecha en agradecimiento de un beneficio obtenido, que se cuelga en los muros de las capillas.
eyaculación f. Expulsión violenta del líquido contenido en un órgano o cavidad, particularmente del semen.
eyacular v. t. Lanzar con fuerza el contenido de un órgano o cavidad. ‖ Expeler el semen.
Eyck (Jan VAN). V. VAN EYCK.
eyección f. Extracción. ‖ Proyección. ‖ Deyección.
eyectar v. t. Proyectar.
eyector m. Dispositivo para extraer los cartuchos vacíos de algunas armas o, simplemente, para proyectar al exterior.
Eylau, hoy *Bagrationovsk,* c. al NO. de la U. R. S. S. (Rusia).
eyrá m. Pequeño puma de América.
Eyzaguirre (Agustín), político y patriota chileno (1766-1837), miembro de la Junta de 1823 y pres. de la Rep. de 1826 a 1827.
Ezcurra (Juan Antonio), militar y político paraguayo (1859-¿ 1905 ?), pres. de la Rep. de 1902 a 1904.
Ezeiza, pobl. de la Argentina. Aeropuerto de Buenos Aires.
Ezequiel, profeta judío (entre 593 y 531 a. de J. C.).
Ezequiel Zamora, mun. al NE. de Venezuela (Monagas) ; cap. *Punta de Mata.* Yacimientos petrolíferos.
Ezeta (Carlos), general salvadoreño (1855-1903), pres. de la Rep. de 1890 a 1894.
ezpatadanza f. Baile vasco.
Ezpeleta de Galdeano (José de), general español (1741-1823), gobernador de Cuba de 1785 a 1789 y virrey de Nueva Granada de 1789 a 1797.
Ezra (Moisés Ben), poeta hispanojudío (¿ 1060 ?-1138), autor de *El collar de perlas.*

Fiordo en Noruega

F

f f. Séptima letra del alfabeto castellano y quinta de sus consonantes. ‖ ~ **F,** símbolo del *faradio* y del *flúor.* ‖ **°F,** símbolo del *grado* en la escala de Fahrenheit.

fa m. Cuarta nota de la escala musical. ‖ Signo que la representa.

fabada f. En Asturias, potaje de alubias con chorizo, morcilla y tocino.

Fabbiani Ruiz (José), escritor venezolano n. en 1911, autor de novelas *(Valle hondo, La dolida infancia de Perucho González)* y de ensayos.

Fabela Alfaro (Isidro), jurista, diplomático y escritor mexicano (1882-1964), autor de *La neutralidad, La doctrina de Monroe* y el *monroísmo,* etc.

Fabini (Eduardo), músico uruguayo (1882-1950), que cultivó los temas nativos *(Campo, La isla de los ceibos)* etc.

Fabiola de Mora y Aragón, dama española n. en 1929, reina de los belgas por su casamiento con Balduino I en 1960.

Fabra (Pompeyo), filólogo español (1868-1948), director de los estudios para normalizar la lengua catalana moderna. Autor de una *Gramática catalana* y director de un *Diccionario general de la lengua catalana.*

Fábrega (José Isaac), novelista panameño, n. en 1900, autor de *El crisol.*

Fabri (Diego), dramaturgo italiano (1911-1980), autor de *El seductor, Proceso a Jesús,* etc.

Fabriano (Gentile da). V. GENTILE.

fábrica f. Establecimiento industrial en el que se transforman los productos semimanufacturados o materias primas para la creación de objetos destinados al consumo : *fábrica siderúrgica.* ‖ Fabricación : *defecto de fábrica.* ‖ Edificio, construcción hecha por los albañiles. ‖ *Fig.* Trama de historias, de mentiras, etc. ‖ *Precio de fábrica,* el que pide el fabricante al comercio.

fabricación f. Acción de fabricar.

fabricante adj. Que fabrica. Ú. t. c. s. : *fabricante de muebles.*

fabricar v. t. Transformar materias en productos industriales : *fabricar automóviles.* ‖ Edificar, construir : *fabricar un puente.* ‖ *Fig.* Inventar, forjar : *fabricar un tejido de mentiras.* ‖ Hacer : *fabricar uno su fortuna.*

fabril adj. Industrial, manufacturero.

fábula f. Apólogo, relato alegórico, generalmente en verso, del que se saca una moraleja : *las fábulas de Fedro, Esopo, La Fontaine, Iriarte y Samaniego.* ‖ Mentira, historia inventada : *lo que dices es una fábula.* ‖ Relato mitológico. ‖ Tema que provoca la burla : *su adulterio es la fábula de todo el barrio.* ‖ Rumor, habladuría.

fabulación f. Sustitución de la realidad verdadera por una invención. ‖ Conjunto de hechos falsos de la imaginación de ciertos enfermos mentales.

fabulario m. Colección de fábulas.

fabulista com. Autor de fábulas.

fabuloso, sa adj. Imaginario, creado por la mente : *personaje fabuloso.* ‖ Enorme, extraordinario.

faca f. Cuchillo grande con la punta corva.

Facatativá, c. del centro de Colombia (Cundinamarca). Obispado.

facción f. Conjunto de gentes unidas para llevar a cabo una acción política violenta. ‖ *Mil.* Servicio de guardia que hace un soldado. ‖ — Pl. Rasgos del rostro.

faccioso, sa adj. y s. Sedicioso.

faceta f. Cada una de las caras de un poliedro : *las facetas de un brillante.* ‖ *Fig.* Aspecto, lado.

facetada f. *Méx.* Chiste sin gracia.

facial adj. De la cara : *arteria, músculo, nervio facial.* ‖ — *Ángulo facial,* el formado por el eje de la cara y el del cráneo. ‖ *Cirugía facial,* la que opera en la cara.

facies f. Semblante.

fácil adj. Que cuesta poco trabajo, sencillo : *una tarea fácil de resolver.* ‖ Cómodo : *llevar una vida fácil.* ‖ Que parece hecho sin esfuerzo : *estilo fácil.* ‖ Dócil, manejable : *temperamento fácil.* ‖ Probable : *es fácil que lo haga pronto.* ‖ Liviana : *mujer fácil.* ‖ — Adv. Con facilidad.

facilidad f. Calidad de fácil : *la facilidad de un problema.* ‖ Disposición, capacidad para ejecutar algo sin esfuerzo : *tiene facilidad de palabra.* ‖ Poca dificultad : *tiene gran facilidad para que se le contagie cualquier enfermedad.* ‖ — Pl. Comodidades: *facilidades de comunicaciones.* ‖ Plazos para pagar : *dar facilidades.*

facilitación f. Acción y efecto de facilitar una cosa.

facilitar v. t. Hacer fácil, sencilla o posible una cosa : *facilitar el trabajo.* ‖ Proporcionar, dar. ‖ Procurar.

facilón, ona adj. Muy fácil.

facineroso, sa adj. y s. Malhechor.

facistol m. Atril grande. ‖ — Adj. *Antill., Méx. y Venez.* Engreído.

facistolería f. *Fig. y fam. Antill., Méx. y Venez.* Vanidad, afectación.

facón m. *Riopl.* Daga o puñal grande.

facoquero m. Mamífero de África semejante al jabalí.

facsímil y **facsímile** m. Reproducción perfecta de una firma, escrito, dibujo, etc.

factible adj. Hacedero.

facticio, cia adj. Que no es natural.

fáctico, ca adj. Real, verdadero. ‖ *Poderes fácticos,* grupos de presión capaces de condicionar, por su influencia, a un gobierno.

factor m. Cada uno de los términos de un producto : *el orden de los factores no altera el producto.* ‖ Elemento, causa : *los factores de una desgracia.* ‖ Agente causal hereditario que determina un cierto carácter en la descendencia : *factor Rhesus.* ‖ Persona que hace una cosa.

factoraje m. Factoría.

factoría f. Establecimiento de comercio en un país colonial. ‖ Fábrica. ‖ Empleo y oficina del factor. ‖ *Amer.* Campamento de los cazadores de ballenas.

factorial f. *Mat.* Producto obtenido al multiplicar un número dado por todos los enteros sucesivos inferiores : *la factorial de 5 es* $5! = 5 \times 4 \times 3 \times 2 \times 1 = 120.$

factótum com. Persona que se encarga de todo por cuenta de otra.

factual adj. Relativo a los hechos.

factura f. Cuenta detallada de las mercancías compradas o vendidas. ‖ Hechura : *versos de buena factura.*

facturación f. Acción y efecto de facturar. ‖ Volumen de ventas de un negocio.

facturar v. t. Extender una factura de las mercancías vendidas. ‖ En las estaciones de ferrocarril, puertos o aeropuertos, hacer registrar el depósito de las mercancías o equipajes que se envían. ‖ *Fig. y fam.* Enviar, mandar.

facultad f. Aptitud, capacidad, potencia física o moral : *facultad de pensar, de sentir, de querer.* ‖ Poder, derecho para hacer alguna cosa : *la ley da facultad para disponer de nuestros bienes.* ‖ Virtud, propiedad : *el imán tiene la facultad de atraer el hierro.* ‖ En la Universidad, cada una de las divisiones en la enseñanza superior : *la Facultad de Derecho de Filosofía y Letras.* ‖ Edificio en que está. ‖ Pl. Disposiciones, aptitudes.

facultar v. t. Autorizar.

facultativo, va adj. Perteneciente a una facultad : *dictamen facultativo.* ‖ Potestativo, que puede hacerse o no : *aplicación facultativa de una ley, de una regla.* ‖ Propio del médico : *parte facultativo.* ‖ *El cuerpo facultativo, los médicos.* ‖ — M. Médico.

facundia f. Locuacidad.

facundo, da adj. Hablador.

Facundo o **Civilización y barbarie,** obra histórica y sociológica del escritor argentino D. F. Sarmiento (1845).

facha f. *Fam.* Presencia, figura, aspecto : *tener mala facha.* ‖ Adefesio (ú. t. c. m.). ‖ — M. y f. *Fam.* Fascista.

fachada f. Aspecto exterior que ofrece un edificio, un buque, etc., por cada uno de sus lados. ‖ *Fam.* Presencia, apariencia.

fachenda f. *Fam.* Jactancia. ‖ — Com. Vanidoso, presumido.

fachendoso, sa adj. y s. Fachenda.

Fachoda, hoy *Kodok,* c. al SE. del Sudán, a orillas del Nilo.

fachosear v. i. *Méx.* Presumir.

fachoso, sa adj. De mala facha.

Fadeiev (Aleksandr), novelista ruso (1901-1956).

Fader (Fernando), pintor paisajista argentino (1882-1935).

fading m. (pal. ingl.). Debilitación momentánea de la intensidad de las señales radioeléctricas.

fado m. Canción portuguesa.

Fadrique, infante de Castilla (¿1334 ?-1358), mandado asesinar por su hermano Pedro I el Cruel.

faena f. Trabajo corporal, labor : *las faenas de la recolección.* ‖ Trabajo mental : *las faenas del ingenio.* ‖ Quehacer, tarea : *dedicarse a sus faenas cotidianas.* ‖ Cada una de las operaciones que se hacen con el toro en el campo : *faena de vacas.* ‖ Trabajo del torero con la muleta. ‖ *Fig.* Mala jugada : *hacer una faena a un amigo.* ‖ *Amer.* Trabajo agrícola hecho fuera de las horas normales. ‖ *Arg.* Matanza de las reses para el consumo.

faenar v. tr. Matar reses y prepararlas para el consumo. ‖ Hacer un trabajo, particularmente el realizado por los pescadores.

faenero, ra m. y f. Jornalero.

Faenza, c. del N. de Italia (Emilia).

faetón m. Coche de caballos, alto y descubierto, con cuatro ruedas.

Faetón, hijo de Helios y de Clímena, que guiando el carro del Sol estuvo a punto de abrasar la Tierra. (*Mit.*)

fagáceas f. pl. Familia de árboles angiospermos dicotiledóneos, como la encina (ú. t. c. adj.).

Fagatogo, puerto y cap. de las Samoa orientales.

Faggioli (Juan Carlos), pintor argentino, n. en 1910.

Fagnano, llamado tb. *Cami,* lago y valle de la Tierra del Fuego, en el sur de Argentina y Chile.

Fagnano [-ñano] (José), religioso italiano (1844-1916), explorador del sur argentino.

fagocito m. Glóbulo blanco de la sangre capaz de absorber y asimilarse las células que lo rodean.

fagocitosis f. Función que desempeñan los fagocitos en el organismo.

fagot m. Instrumento músico de viento. ‖ M. y f. Persona que lo toca.

Fagundes Varela (Luis Nicolau), poeta brasileño (1841-1875).

Fahrenheit (Daniel Gabriel), físico alemán, n. en Dantzig (1686-1736), inventor de una escala termométrica.

Fahrenheit (*Escala*), graduación termométrica en la que 0° centesimal equivale a 32 °Fahrenheit y 100 °C a 212 °F.

[Fórmulas de conversión :

$$C = \frac{5}{9}(F-32)$$

$$9 \text{ y } F = \frac{9}{5}C + 32.]$$

F. A. I., siglas de *Federación Anarquista Ibérica.*

Faial, ant. *Fayal,* isla de Portugal al O. de las Azores ; cap. *Horta.*

Fairbanks, c. al NO. de Estados Unidos (Alaska). Universidad.

fair play [*fear pley*] m. (pal. ingl.). Juego limpio, deportividad.

Faisal, rey de Arabia Saudita (1905-1975) que sucedió a su hermano Saud en 1964. Defendió el panislamismo y la modernización del país. Murió asesinado. ‖ — **I** (1883-1933), rey de Siria (1920) y luego de Irak en 1921. ‖ — **II** (1935-1958), nieto del anterior, rey de Irak desde 1939. M. asesinado.

faisán m. Ave gallinácea comestible.

Faisanes (ISLA DE LOS), isla fluvial del Bidasoa al N. de España (frontera francoespañola), donde se firmó el Tratado de los Pirineos (1659).

faja f. Espacio limitado por dos líneas horizontales que ocupa la parte central del escudo de armas. ‖ Tira de lienzo o tejido elástico para ceñir el cuerpo por la cintura : *faja abdomi-*

nal. ‖ Porción de terreno más larga que ancha. ‖ Banda de papel o de cualquier otra materia con que se rodean los periódicos o impresos enviados por correo o las que tienen algunos libros con ciertas indicaciones sobre el tema tratado o con el premio recibido. ‖ Insignia o distintivo honorífico de algunos cargos militares o civiles. ‖ Vitola de un puro.

fajado, da adj. Dícese del escudo de armas que tiene fajas. ‖ *Amer.* Pegar a uno :

fajar v. t. Rodear o envolver con faja o venda : *fajar un brazo herido, a un niño de pecho.* ‖ *Amer.* Pegar a uno : *le fajó dos bofetadas.* — V. pr. *Fig.* y *fam.* Realizar con ahínco, emprender con ánimo. ‖ *Amer.* Pelearse.

Fajardo, c. y puerto de Puerto Rico (Humacao), en la costa este del país.

Fajardo (Francisco), conquistador español (¿ 1530 ? - 1564). Gobernador de la costa de Venezuela. ‖ ~ (JULIO), escultor, pintor y ceramista colombiano, n. en 1910.

fajín m. Insignia o faja de un militar.

fajina f. Montón de haces de mies. ‖ Hacecillo de leña menuda. ‖ *Méx.* Comida del mediodía en el trabajo del campo. ‖ *Mil.* Antiguo toque para retirarse la tropa a su alojamiento, y hoy toque de llamada para la comida. ‖ *Amer.* Trabajo extraordinario realizado fuera de las horas normales.

fajo m. Haz o atado : *fajo de leña.* ‖ Paquete : *un fajo de billetes.*

fakir m. V. FAQUIR.

falacia f. Engaño o mentira.

Falán, mun. de Colombia (Tolima).

falange f. (Ant.). Cuerpo de infantería de Macedonia. ‖ *Poét.* Ejército. ‖ *Anat.* Cada uno de los huesos de los dedos. ‖ Nombre de un partido político en Líbano. ‖ Nombre de otro partido en Bolivia, creado en 1946.

Falange Española, agrupación política fundada por José Antonio Primo de Rivera en 1933. ‖ ~ **de las J. O. N. S.,** organismo en el que se agruparon los efectivos de Falange Española y los de las Juntas de Ofensiva Nacional-Sindicalista (1934). ‖ ~ **Tradicionalista y de las J. O. N. S.,** n. adoptado en 1937 por el movimiento político que agrupó a Falange, la Comunión Tradicionalista y demás fuerzas alzadas contra la República Española. En 1975, al morir el general Franco, se dividió en varias tendencias.

falangeta f. *Anat.* Tercera y última falange de los dedos.

falangina f. *Anat.* Segunda falange de las tres que componen los dedos.

falangista adj. De Falange Española. ‖ — Com. Miembro de este partido.

falansterio m. Asociación de personas dentro de la cual los trabajadores viven en comunidad.

falaz adj. Engañoso, falso.

Falco (Ángel), escritor y político uruguayo (1882-1933), autor de poemas (*Cantos rojos*) y obras de teatro (*Héroes humildes*). ‖ ~ (LÍBER), poeta uruguayo (1906-1955).

Falcón, cabo de Argelia, cerca de Orán. — Est. del NO. de Venezuela ; cap. *Coro.* Carbón, petróleo. — Presa al E. de México en el río Bravo del Norte (Tamaulipas).

Falcón (César), escritor peruano, n. en 1892, autor de *El pueblo sin Dios, El buen vecino.* ‖ ~ (JUAN CRISÓSTOMO), general venezolano (1820-1869), pres. de la Rep. en 1863, derrocado en 1868.

falcones, esa adj. y s. De Falcón (Venezuela).

falcónidos m. pl. Familia de aves de rapiña que comprende los halcones, buitres, etc. (ú. t. c. adj.).

falda f. Parte del vestido de las mujeres que cubre de la cintura hasta las rodillas : *una falda con vuelo* (ú. m. en pl.). ‖ Vertiente, ladera de una montaña. ‖ Carne de la res que cuelga de las agujas. ‖ Regazo : *con su hijo en la falda.* ‖ Tela que va del tablero al suelo en una mesa camilla. ‖ — Pl. *Fam.* Mujeres : *cuestión de faldas.*

Falda (La), pobl. en el centro de la Argentina (Córdoba).

faldeo m. *Arg.* Falda de monte.

faldero, ra adj. Mujeriego, amante de las mujeres (ú. t. c. s. m.).

faldón m. Parte trasera de algunos

trajes que empieza en la cintura y acaba en las corvas : *los faldones de un frac.* ‖ Parte inferior de una prenda de vestir, especialmente de la camisa, o de una cortina. ‖ *Arq.* Vertiente triangular de un tejado.

faldriquera f. Faltriquera.

Falémé, río del África occidental, afl. del Senegal ; 650 km. Separa Senegal de Malí.

falena f. Mariposa nocturna.

falencia f. *Arg.* Quiebra comercial.

falibilidad f. Posibilidad de equivocarse.

falible adj. Que puede equivocarse.

fálico, ca adj. Del falo.

falismo m. Culto profesado al falo.

Falkland, nombre inglés de las islas *Malvinas.*

Falmouth, c. y puerto del SO. de Gran Bretaña (Inglaterra).

falo m. Miembro viril.

falocracia f. Opresión abusiva de la mujer por el hombre, machismo.

falócrata m. Defensor de la falocracia, machista.

Falsa, bahía al E. de la Argentina (Bahía Blanca). — Bahía al NO. de México (Baja California).

falsario, ria adj. y s. Que falsea.

falseador, ra adj. y s. Falsificador.

falseamiento m. Desfiguramiento o alteración de una cosa.

falsear v. t. Adulterar o contrahacer una cosa : *falsear la moneda, la escritura, la doctrina, el pensamiento.* ‖ Romper una cerradura abriéndola con falsa llave o ganzúa.

falsedad f. Falta de verdad o autenticidad : *la falsedad de un sentimiento, de una acusación.* ‖ Duplicidad, hipocresía. ‖ Cosa falsa.

Falset, c. del NE. de España (Tarragona), cap. de la comarca catalana de El Priorato.

falsete m. *Mús.* Voz más aguda que la natural.

falsificación f. Imitación fraudulenta de un cuadro, de un acta o documentos, de una firma, etc.

falsificador, ra adj. y s. Que falsifica o falsea : *falsificador de billetes.*

falsificar v. t. Imitar fraudulentamente, contrahacer.

falsilla f. Hoja de papel rayado.

falso, sa adj. Que no es verdadero, contrario a la verdad : *rumor falso ; falsa amistad.* ‖ Contrario a la realidad : *creencia falsa.* ‖ Falto de ponderación, de rectitud : *carácter falso.* ‖ Hipócrita, ficticio. ‖ Que engaña, disimulado : *persona falsa.* ‖ Inexacto, que no es exacto : *cálculo falso.* ‖ Equivoco : *situación falsa.* ‖ Torpe, inadecuado : *falsa maniobra.* ‖ Falsificado : *billete falso.* ‖ Que es parecido pero no real : *falsa pulmonía.* ‖ — M. Lo que está en contra de la verdad.

Falso, cabo en el este de México (Baja California).

Falstaff (John FASTOLF, llamado), militar y diplomático inglés (¿1370 ?-1459). En las obras de Shakespeare *Enrique V* y *Las alegres comadres de Windsor* aparece como el tipo de libertino fanfarrón.

Falster, isla de Dinamarca, en el Báltico ; cap. *Nyköbing.*

falta f. Ausencia, carencia, penuria : *falta de soldados.* ‖ Ausencia : *falta de asistencia.* ‖ Anotación de esta ausencia : *no ha marcado las faltas.* ‖ Carencia : *falta de formalidad.* ‖ Ausencia : *falta de compañía.* ‖ Defecto : *tu traje tiene muchas faltas.* ‖ Cosa censurable : *falta de respeto.* ‖ Error : *falta de ortografía.* ‖ Incumplimiento del deber, inobservancia de la moral : *caer en falta.* ‖ Infracción de la ley : *juicio de faltas.* ‖ Acción contra las reglas en el juego : *falta castigada por un golpe franco.* ‖ Carencia del menstruo en una mujer. ‖ En el juego de la ruleta, números que van del 1 al 18 inclusive. ‖ — *A falta de,* sólo queda por hacer : *estar a falta de la traída de aguas ; en sustitución de.* ‖ *A falta de pan buenas son tortas,* la carencia de algo siempre puede sustituirse con otra cosa. ‖ *Echar en falta,* echar de menos. ‖ *Hacer falta una cosa,* ser muy necesaria. ‖ *Sin falta,* sin duda alguna, seguro.

faltar v. i. No haber, carecer : *faltaban los víveres.* ‖ Morir, desaparecer : *el día que faltó su padre cayeron en la*

FA

253

ruina. ‖ Estar ausente : *faltan muchos alumnos.* ‖ No tener, carecer : *le faltan las fuerzas.* ‖ Incumplir, no cumplir : *faltó a su obligación, a su palabra.* ‖ No acudir, no ir, no estar presente, no asistir : *faltó a la sesión inaugural.* ‖ No respetar : *faltó a sus superiores.* ‖ No tener la cantidad necesaria : *le faltan medios económicos.* ‖ Quedar : *faltan tres días para la fiesta.* ‖ Haber sido sustraído o robado : *me falta dinero en mi cartera.* ‖ Dejar de haber : *jamás faltan las distracciones.* ‖ Estar por ejecutar : *faltan todavía unos cuantos detalles en la decoración.* ‖ Defraudar : *faltó a la confianza que teníamos en él.* ‖ Ser infiel : *nunca falté a mi mujer.*

falto, ta adj. Carente, privado.

faltoso, sa adj. Méx. Irrespetuoso. ‖ *Col.* Pendenciero.

faltriquera f. Bolsillo de las prendas de vestir.

falúa f. Embarcación menor.

falucho m. Embarcación pequeña. ‖ *Arg.* Sombrero de dos picos.

Falucho (Antonio Ruiz, llamado **el Negro**), soldado argentino fusilado en 1824 en El Callao (Perú) por haberse opuesto al motín de los españoles.

Fall River [*fol river*], c. y puerto del NE. de Estados Unidos (Massachusetts). Obispado.

falla f. Quiebra del terreno provocada por movimientos geológicos y acompañada de un corrimiento de los bordes de la grieta. ‖ Falta, defecto, fallo. ‖ *Amer.* Error, equivocación. ‖ Monumento de cartón con figuras grotescas que se queman en las calles de Valencia (España) la noche de San José. ‖ — Pl. Fiestas de Valencia.

Falla (Manuel de), músico español, n. en Cádiz en 1876, m. en la Argentina en 1946. Se inspiró en el folklore español y está considerado como uno de los grandes maestros de la música contemporánea. Autor de óperas (*La vida breve*), ballets (*El amor brujo, El sombrero de tres picos*), *El retablo de Maese Pedro*, obras para piano y orquesta (*Noche en los jardines de España*), piezas para piano (*Fantasía Bética*), concierto para clave y orquesta y el poema sinfónico *La Atlàntida*, terminado por su discípulo Ernesto Halffter en 1961.

Fallada (Rudolf DITZEN, llamado **Hans**), novelista alemán (1893-1947), autor de *Corazón viejo a la aventura.*

fallar v. t. Sentenciar, pronunciar una sentencia. ‖ Otorgar, atribuir : *fallar un premio literario.* ‖ — V. i. Flaquear, dar signos de debilidad : *le ha fallado el corazón ; le falló la memoria.* ‖ Faltar : *le fallaron las fuerzas.* ‖ No rendir lo esperado : *falló en el examen oral.* ‖ Fracasar : *fallaron sus intentos de pacificación.* ‖ No dar en el blanco : *falló el tiro.* ‖ Tener fallos un motor. ‖ Ceder, no cumplir su cometido : *fallaron los frenos del automóvil.* ‖ Resultar completamente distinto de lo que se esperaba : *fallaron nuestros pronósticos, cálculos.* ‖ Perder una cosa su resistencia : *falló la cuerda y se cayó.* ‖ Jugar triunfo en los naipes por carecer de cartas del palo que echa el contrario.

Fallas (Carlos Luis), escritor costarricense (1911-1966), autor de *Mamita Yunai, Gentes y gentecillas, Marcos Ramírez, Mi madrina* (novelas).

falleba f. Barra de metal en el borde de una de las hojas de puertas y ventanas que sirve para cerrarlas.

fallecer v. i. Morir : *falleció joven.*

fallecimiento m. Muerte.

fallero, ra adj. De las fallas de Valencia. ‖ — M. y f. Persona que construye fallas o va a las fiestas de las fallas en Valencia (España) : *fallero mayor.*

fallido, da adj. Que no dio el resultado esperado.

fallo m. Sentencia de un juez o árbitro. ‖ Falta de carta del palo que se juega en los naipes y jugar triunfo. ‖ Falta : *fallo de la naturaleza.* ‖ Error, equivocación : *cometiste un fallo.* ‖ Detonación débil del escape de un motor de explosión que funciona mal. ‖ *Fallos de memoria,* olvidos.

Fallón (Diego), poeta y musicólogo colombiano (1834-1905).

falluca f. *Méx. Fam.* Comercio ambulante. ‖ Contrabando.

falluquear v. i. *Méx. Fam.* Hacer contrabando.

falluto, ta adj. *Arg. Fam.* Dícese de la persona poco cumplidora de sus promesas o que finge lo que no siente.

fama f. Renombre, reputación.

Famagusta, c. y puerto del E. de Chipre, ant. cap. de la isla. Catedral.

Famatina, sierra en el NO. de la Argentina (La Rioja). Minerales.

famélico, ca adj. Hambriento.

familia f. Conjunto compuesto por un matrimonio y sus hijos, y, en un sentido amplio, todas las personas unidas por un parentesco, ya vivan bajo el mismo techo ya en lugares diferentes. ‖ *Los hijos solamente : tengo mucha familia.* ‖ Grupo de seres o de cosas que tienen caracteres comunes : *familia espiritual.* ‖ Cada una de las divisiones de un orden de seres vivientes : *familia de plantas, de animales.* ‖ *Fig.* Linaje : *de familia aristocrática.*

familiar adj. De la familia : *reunión familiar.* ‖ Que ve a menudo a alguien y es íntimo de él. ‖ Que tiene maneras libres, que se permite demasiada confianza : *familiar con sus superiores.* ‖ Que se sabe, que se conoce, que se hace por costumbre : *este problema le es muy familiar.* ‖ Natural, sencillo : *estilo familiar.* ‖ De la conversación o trato sin protocolo : *vocablo familiar.* ‖ — M. Pariente. ‖ Íntimo. ‖ Coche diseñado para tener el máximo de asientos.

familiaridad f. Gran intimidad, confianza. ‖ — Pl. Confianza excesiva.

familiarizar v. t. Hacer familiar, acostumbrar, habituar. ‖ — V. pr. Hacerse familiar o conocida una cosa por el uso o práctica.

familión m. Gran familia.

famoso, sa adj. Que tiene fama, reputado. ‖ Que llama la atención, notable : *famoso holgazán.*

fámula f. *Fam.* Criada.

fámulo m. Sirviente.

fan com. (pal. ingl.). Admirador.

fanal m. Farol grande ‖ Campana de cristal que preserva del polvo. ‖ — Pl. *Fam.* Ojos muy grandes.

fanático, ca adj. y s. Que defiende con apasionamiento creencias u opiniones religiosas : *creyente fanático.* ‖ Entusiasmado ciegamente por algo : *un fanático de la música.*

fanatismo m. Apasionamiento exaltado de los fanáticos.

fanatizar v. t. Provocar el fanatismo.

fandango m. Baile alegre, muy común en España, y música que le acompaña. ‖ *Fam.* Lío, jaleo.

fandanguero, ra adj. Dícese de la persona dada a diversiones. (ú. t. c. s.).

fandanguillo m. Baile, canción y música del cante flamenco.

fané adj. *Arg. Fam.* Decadente.

fanega f. Medida de capacidad para áridos (55 litros y medio). ‖ Medida agraria, variable en cada región, y que en Castilla equivale a 6 600 m².

fanegada f. Fanega de tierra.

fanerógamo, ma adj. Dícese de los vegetales que se reproducen por medio de semillas formadas en flores (ú. t. c. s. f.).

fanfarria f. *Fam.* Jactancia, fanfarronería. ‖ Charanga.

fanfarrón, ona adj. Que exagera o hace alarde de lo que no es, jactancioso (ú. t. c. s.). ‖ Dícese de cierta clase de trigo (ú. t. c. s. m.).

fanfarronada f. Dicho o hecho propio de fanfarrón.

fanfarronear v. i. Hablar con arrogancia.

fanfarronería f. Modo de hablar de portarse el fanfarrón.

fangal o **fangar** m. Barrizal.

Fangio (Juan Manuel), corredor de automóviles argentino, n. en 1911.

fango m. Lodo glutinoso.

fangoso, sa adj. Lleno de fango.

fantaseador, ra adj. y s. Fantasioso.

fantasear v. i. Dejar correr la fantasía o imaginación : *estás siempre fantaseando.* ‖ Presumir, jactarse.

fantaseo m. Fantasía, ficción.

fantasía f. Imaginación : *dejar correr la fantasía.* ‖ Imagen creada por la imaginación : *forjarse fantasías.* ‖ Cosa sin fundamento. ‖ Ficción, cuento : *las fantasías de los poetas.* ‖ *Mús.*

Paráfrasis de un motivo de ópera. ‖ — *De fantasía,* que se sale de lo corriente, de mero adorno : *chaleco de fantasía ;* de bisutería (joyas).

fantasioso, sa adj. Que tiene mucha imaginación. ‖ Presuntuoso. ‖ *Amer.* Valentón, bravucón.

fantasista com. Fantasioso. ‖ Artista de variedades.

fantasma m. Espectro, visión. ‖ Ilusión, apariencia : *ver fantasmas.* ‖ *Fig.* Persona vanidosa, jactanciosa. ‖ *Méx.* Poste pequeño luminoso que señala el borde de las carreteras. ‖ — Adj. *Fig.* Dócil, manejable. ‖ *Gobierno fantasma,* grupo de miembros de la oposición parlamentaria que se supone formarían un gobierno si su partido obtuviese la mayoría.

fantasmada f. *Fam.* Fanfarronada.

fantasmagoría f. Representación de fantasmas por medio de ilusión óptica. ‖ Abuso de efectos producidos por medios extraordinarios en arte o literatura.

fantasmagórico, ca adj. De fantasmagoría.

fantasmón, ona adj. y s. Fantasioso.

fantástico, ca adj. Quimérico, imaginario, creado por la imaginación : *relato fantástico.* ‖ Sensacional, magnífico, estupendo.

Fantin-Latour (Henri), pintor y litógrafo francés (1836-1904).

fantochada f. Locura.

fantoche m. Títere, muñeco. ‖ Persona informal. ‖ Cuentista. ‖ Presumido. ‖ Persona muy dócil o manejable. ‖ Mamarracho, ridículo.

F. A. O. V. ORGANIZACIÓN DE LAS NACIONES UNIDAS PARA LA AGRICULTURA Y LA ALIMENTACIÓN.

faquir m. Asceta musulmán o indio.

farad o **faradio** m. *Fís.* Unidad electromagnética de capacidad eléctrica (símb., F).

Faraday (Michael), físico y químico inglés, n. en Newington (Surrey) [1791-1867], que descubrió la inducción electromagnética.

faralá m. Volante de tela para adornar. ‖ Adorno vistoso.

faralla f. Farfolla.

faramalla f. Farfolla.

faramallear v. i. *Amer.* Farolear, fanfarronear.

faramallero, ra adj. y s. *Amer.* Fanfarrón, farolero.

farándula f. Profesión de los artistas de teatro. ‖ Compañía antigua de cómicos ambulantes.

farandulear i. *Fam.* Darse excesiva importancia, presumir.

farandulero, ra m. y f. Actor. ‖ — Adj. *Fig.* y *fam.* Charlatán, camelista, cuentista.

faraón m. Rey del antiguo Egipto. ‖ — Com. *Fig.* Rey, el primero : *la faraona del cante jondo.*

faraónico, ca adj. Relativo a los faraones : *dinastías faraónicas.*

fardada f. *Fam.* Fanfarronada.

fardar v. t. Abastecer de ropa. ‖ — V. i. *Fam.* Lucir una prenda o algo. ‖ Presumir ‖ Ser vistoso.

fardo m. Lío, paquete, bulto.

fardón, ona adj. *Fam.* Dícese de la persona bien vestida (ú. t. c. s.). ‖ Presumido (ú. t. c. s.). ‖ Bonito, vistoso.

Fareham, c. y puerto de Gran Bretaña, al S. de Inglaterra (Hampshire).

Farewell, cabo al S. de Groenlandia.

farfulla f. *Fam.* Habla confusa. ‖ — Adj. y s. Farfullador.

farfullador, ra adj. y s. *Fam.* Que habla confusamente.

farfullar v. t. *Fam.* Hablar o hacer de prisa, confusa y atropelladamente. ‖ *Fig.* y *fam.* Chapucear.

farfullero, ra adj. y s. Farfullador. ‖ Chapucero.

Farina (Giovanni Maria), químico italiano (1685-1766). Establecido en Colonia, inventó la fórmula y fabricó el agua de olor de ese nombre.

farináceo, a adj. Harinoso.

Farinelli (Arturo), hispanista italiano (1867-1948), que realizó estudios sobre Lope de Vega y de Don Juan.

faringe f. Conducto muscular y membranoso situado en el fondo de la boca y unido al esófago.

faríngeo, a adj. De la faringe.

faringitis f. *Med.* Inflamación de la faringe.

Fariña Núñez (Eloy), escritor paraguayo (1885-1929), autor de poemas

(Canto secular, Cármenes), cuentos y ensayos.

fario m. *Fam.* Suerte, fortuna. | Sombra, gracia : *tener mal fario.*

farisaico, ca adj. Propio de los fariseos. | *Fig.* Hipócrita, orgulloso.

farisaísmo y **fariseísmo** m. Secta, costumbres o espíritu de los fariseos. | *Fig.* Hipocresía, orgullo.

fariseo, sea m. y f. Entre los judíos, miembro de una secta que se distinguía por una observancia estricta de las normas de la ley de Moisés. | *Fig.* Hipócrita, orgulloso.

farmacéutico, ca adj. De la farmacia : *preparación farmacéutica.* || — M. y f. Persona que ha hecho la carrera de farmacia o la que está al frente de un establecimiento de esta clase.

farmacia f. Ciencia que tiene por objeto la preparación de medicamentos. || Carrera o estudios en que se adquieren estos conocimientos. || Establecimiento que vende y prepara medicamentos.

fármaco m. Medicamento.

farmacología f. Estudio de los medicamentos y de su empleo.

farmacólogo, ga m. y f. Especialista en farmacología.

farmacopea f. Libro en el que se encuentran las recetas o fórmulas para preparar los medicamentos.

Farnaces II (¿97 ?-47 a. de J. C.), rey del Ponto, hijo de Mitrídates el Grande, vencido por César en Zela.

Farnborough, c. de Gran Bretaña al SE. de Londres (Hampshire).

Farnesio (Alejandro), militar al servicio de España, n. en Roma (1545-1592), gobernador de los Países Bajos. — Su hijo RANUCIO (1569-1622) fue gobernador de los Países Bajos.

farniente m. (pal. ital.). Ocio agradable.

faro m. Torre en las costas con una luz que sirve para guiar a los navegantes durante la noche. || Luz potente que llevan en la parte delantera los automóviles. || *Fig.* Persona o cosa que guía, orienta o dirige.

Faro, c. y puerto del S. de Portugal, cap. del Algarve. Obispado.

farol m. Linterna, faro. || Luz que ilumina las calles. || En el juego, falso envite para desorientar a los adversarios. || *Fig.* y *fam.* Mentira, exageración : *este chico se echa o se tira muchos faroles.* || Lance del toreo echando el capote al toro y pasándoselo por la espalda al recogerlo. || *Arg.* Mirador cerrado.

farola f. Farol grande para el alumbrado público.

farolazo m. *Méx.* Trago de licor.

farolear v. i. *Fam.* Tirarse faroles.

faroleo m. *Fam.* Mentira dicha para lucirse.

farolero, ra adj. *Fam.* Que dice mentiras para lucirse (ú. t. c. s.). || — M. El que fabrica o vende faroles. || El que cuida de ellos.

farolillo m. Farol a la veneciana. || Planta campanulácea de jardín, de flores grandes en forma de campanilla. || *Fam. El farolillo rojo,* el último.

farra f. *Amer.* Juerga, jarana.

fárrago m. Aglomeración confusa.

farragoso, sa adj. Confuso.

farrear v. i. *Amer.* Ir de juerga.

Farrell (Edelmiro Julián), general argentino (1887-1980), pres. de la Rep. de 1944 a 1946.

farrero, ra y **farrista** adj. y s. *Amer.* Juerguista, aficionado a la farra.

farruco, ca adj. y s. *Fam.* Gallego o asturiano recién salido de su tierra. || *Fam.* Valiente. Rebelde. | Ufano.

farruto, ta adj. *Amer.* Enfermizo, enclenque.

farsa f. Comedia burlesca. || Compañía de teatro. | Teatro. || *Fig.* Pantomima, comedia, engaño.

Farsalia, ant. c. en el centro de Grecia (Tesalia). Victoria de César sobre Pompeyo (48 a. de J. C.).

farsante, ta adj. *Fig.* Comediante, hipócrita, simulador (ú. t. c. s.).

farsear v. i. Bromear.

Faruk I (1920-1965), rey de Egipto, sucesor de su padre Fuad I en 1936. Fue derrocado en 1952.

fas o por nefas (por) m. adv. *Fam.* Por una u otra cosa. || Con razón o sin ella.

fasces f. pl. Segur o hacha sostenido por un haz de varillas que llevaban los lictores romanos como signo de su autoridad.

fasciculado, da adj. Reunido en haces.

fascículo m. Cada una de las entregas de una obra publicada en partes sucesivas. || Cuadernillo.

fascinación f. Atracción, seducción

fascinador, ra adj. y s. Que fascina.

fascinante adj. Que fascina.

fascinar v. t. Atraer a sí con la fuerza de la mirada : *la leyenda atribuye a las serpientes la facultad de fascinar su presa.* || *Fig.* Hechizar, deslumbrar.

fascismo m. Régimen implantado por Mussolini en Italia de 1922 a 1945. || Doctrina fundada en el ejercicio del poder mediante un partido único, la exaltación nacionalista y la organización corporativa.

fascista adj. Del fascismo. || Partidario del fascismo (ú. t. c. s.).

fase f. Cada una de las diversas apariencias o figuras con que se dejan ver la Luna y algunos planetas, según los ilumina el Sol : *las fases de la Luna.* || Conjunto de labores efectuadas en un puesto de trabajo para la misma unidad de producción. || *Fís.* y *Quím.* Cualquier parte homogénea de un sistema de un cuerpo en equilibrio. || Cada uno de los estados sucesivos por el que pasan los insectos. || *Electr.* Cada una de las corrientes alternativas que componen una corriente polifásica. | Intensidad de una corriente en un momento determinado. || *Fig.* Cada uno de los cambios, de los aspectos sucesivos de un fenómeno en evolución.

fasiánidas f. pl. Familia de aves gallináceas, a la que pertenece el faisán (ú. t. c. adj.).

Fastenrath (Johannes), hispanista alemán (1838-1908). Instituyó en su testamento un premio literario que concede anualmente la Academia Española de la Lengua.

fastidiar v. t. Molestar, causar asco o hastío una cosa (ú. t. c. pr.). || *Fig.* Enfadar, disgustar, ser molesto.

fastidio m. Disgusto : *un olor que causa fastidio.* || *Fig.* Enfado, cansancio. | Aburrimiento, molestia : *este espectáculo es un fastidio.*

fastidioso, sa adj. Que causa fastidio, enojoso, molesto, cansado : *una conversación fastidiosa.* || Aburrido.

fasto, ta adj. En la Roma antigua, decíase del día en que era lícito tratar los negocios públicos y administrar justicia. | Por ext. Feliz, venturoso: *día, año fasto.* || — M. Fausto. || — Pl. Calendario romano. | Relato histórico.

fastuosidad f. Fausto, ostentación, magnificencia, esplendor.

fastuoso, sa adj. Ostentoso, amigo del lujo : *vida fastuosa.*

fatal adj. Fijado por el destino : *el fin fatal de nuestra vida.* || Funesto, aciago : *fatal resolución.* || Inevitable, que debe suceder : *consecuencia fatal.* || Muy malo, lamentable : *película fatal.* || Que trae malas consecuencias : *error fatal.* || Mortal : *accidente fatal.* || Que seduce : *mujer fatal.* || *Fam. Estar fatal,* no encontrarse en buen estado de salud. || — Adv. Muy mal : *canta fatal.*

fatalidad f. Destino ineludible : *la inexorable fatalidad.* || Acontecimiento inevitable : *la fatalidad de la muerte.* || Desgracia.

fatalismo m. Doctrina que considera todo cuanto ocurre como determinado de antemano por el destino.

fatalista adj. y s. Que admite el fatalismo. || Que se somete sin reacción a los acontecimientos.

Fatchan o **Fochan,** c. de China meridional (Kuangtung).

fatídico, ca adj. Que anuncia el porvenir, por lo general nefasto.

fatiga f. Cansancio. || Penalidad, dificultad en la respiración : *la fatiga de los asmáticos.* || Náusea. || Vergüenza.

fatigador, ra adj. Que fatiga.

fatigar v. t. Causar fatiga, cansar. Ú. t. c. pr. : *fatigarse mucho.* || Molestar.

fatigoso, sa adj. Cansado. || Que causa fatiga, pesado : *trabajo fatigoso.*

Fátima, pueblo de Portugal (Santarem), a 100 km del NE. de Lisboa. Célebre por la aparición de la Vir-

gen a tres pastorcillos en 1917. Centro de peregrinaciones. Visitado por los papas Paulo VI en 1967 y por Juan Pablo II en 1982.

Fátima o **Fatma,** hija de Mahoma (606-633). Casó con su primo Alí y tuvo tres hijos.

fatimí y **fatimita** adj. y. s. Descendiente de Fátima, hija única de Mahoma. (La dinastía *fatimí* o *fatimita* reinó en África del Norte en el s. x y en Egipto de 973 a 1171.)

fatuidad f. Necedad. || Vanidad ridícula.

fatuo, a adj. y s. Necio. || Tonto. || Engreído, presuntuoso : *ser fatuo.*

fauces f. pl. Faringe, parte posterior de la boca de los mamíferos.

Faulkner (William), novelista norteamericano (1897-1962), autor de *Mosquitos, El ruido y la furia, Mientras agonizo, ¡Absalón, Absalón !, Santuario, Palmeras salvajes, Los invictos, Gambito de caballo, Réquiem por una mujer,* etc. (Pr. Nobel, 1949.)

fault [foult] m. (pal. ingl.). En deportes, falta o castigo.

fauna f. Conjunto de los animales de una región determinada.

fauno m. *Mit.* Divinidad campestre de los antiguos romanos.

Faure (Félix), político francés (1841-1899), pres. de la Rep. (1895-1899).

Fauré (Gabriel), músico francés (1845-1924), autor de *Réquiem, Prometeo* (piano) y de la ópera *Penélope.*

Faustino I. V. SOULOUQUE.

fausto, ta adj. Feliz, venturoso, afortunado : *fausto acontecimiento.* || Suceso. || — M. Boato, gran lujo.

Fausto, n. de un personaje alemán, quizá real, que ha entrado en la leyenda. Vendió su alma al demonio Mefistófeles a cambio de los placeres terrenales. — Drama de Goethe, en dos partes (1808-1832). Existen tb. sobre este tema un drama del inglés Marlowe (1588), el poema gauchesco del argentino Estanislao del Campo y varias óperas, como *La condenación de Fausto,* de Berlioz (1846), *Fausto,* de Gounod (1859), etc.

fautor, ra adj. y s. Favorecedor, instigador : *fautor de la conjura.*

fauvismo m. Escuela pictórica francesa de la primera mitad del s. XX, opuesta al impresionismo (Matisse, Braque, Derain, Rouault, Dufy, Marquet, Vlaminck, etc.).

fauvista adj. Relativo al fauvismo. || Seguidor de este movimiento pictórico (ú. t. c. s.).

Favila, rey de Asturias (737-739), hijo de Don Pelayo.

favor m. Ayuda, asistencia : *me hizo muchos favores.* || Protección, valimiento : *implorar el favor de alguien.* || Señal excepcional de privilegio : *colmar de favores.* || Gracia, decisión indulgente : *solicitar un favor.* || Crédito, confianza que se tiene con alguien, con el público : *gozar del favor de las multitudes.* || — Pl. Señales de amor que una mujer da a un hombre. || — *A favor de,* gracias a ; en el activo o haber de ; en provecho o beneficio de. || *En favor de,* en beneficio de. || *Por favor,* expresión de cortesía utilizada para pedir algo. || *Tener a* (o en) *su favor,* gozar de su apoyo.

favorable adj. Conveniente, propicio : *circunstancia favorable.*

favorecedor, ra adj. Que favorece (ú. t. c. s.). || Que sienta bien o embellece. || — M. y f. Protector.

favorecer v. t. Ayudar, tratar con favor, socorrer : *favorecer a los desvalidos.* || Servir, secundar : *las circunstancias me han favorecido.* || Embellecer, agraciar, sentar bien : *ese traje te favorece.* || Agraciar : *favorecido con el premio gordo.*

favoritismo m. Abuso de los favores o preferencias.

favorito, ta adj. Que se estima preferido, que goza de la predilección (ú. t. c. s.). || — M. y f. Persona privada y predilecta de un príncipe o magnate. || Competidor que tiene muchas posibilidades de ser el vencedor.

Fawley, pobl. al S. de Gran Bretaña, cerca de Southampton.

faya f. Seda negra acanalada.

Fayal. V. FAIAL.

fayuca f. *Méx.* Falluca.

Fayún, prov. y c. del Alto Egipto.

fayuquear y. i. Méx. Falluquear.

faz f. Rostro o cara : *una faz alegre.* || Anverso de una cosa : *la faz de una moneda, de una medalla.* || Aspecto : *faz negra de mi vida.* || *La Santa Faz,* imagen del rostro de Jesús.

F. B. I., siglas de *Federal Bureau of Investigation* (v. este art.).

F'Derick, ant. *Fort-Gouraud,* c. al NO. de Mauritania. Minas de hierro.

fe f. Fidelidad en cumplir los compromisos, lealtad, garantía : *tengo fe en su palabra.* || Confianza en alguien o en algo : *testigo digno de fe.* || Creencia en los dogmas de una religión : *tener fe.* || Esta misma religión : *la propagación de la fe.* || Creencia fervorosa : *fe patriótica.* || Fidelidad : *fe conyugal.* || Confianza en el valor de algo : *tiene fe en ese tratamiento.* || Acta, certificado, documento : *fe de bautismo.* || — *A fe,* realmente. || *A fe mía,* lo digo con toda seguridad. || *De buena fe,* con buena intención. || *Dar fe de,* atestiguar, certificar. || *Fe de erratas,* lista que se pone al final de un libro para señalar los errores que hay en él. || *Hacer fe,* garantizar.

F. E., siglas de *Falange Española.*

fealdad f. Calidad de feo.

Febo, dios griego del Sol.

febrero m. Segundo mes del año.

Febres Cordero (León de), militar venezolano (1797-1875), que participó en las luchas por la Independencia. || ~ (LEÓN), político socialcristiano, n. en 1931. Fue elegido pres. de la Rep. en mayo de 1984. || ~ (TULIO), escritor e historiador venezolano (1860-1938), autor de *Archivo de historia y variedades.* Publicó también relatos. || ~ (LEÓN), político socialcristiano ecuatoriano, n. en 1931. Elegido pres. de la Rep. en mayo de 1984.

febrífugo, ga adj. Que hace bajar la fiebre, antipirético (ú. t. c. s. m.).

febril adj. De la fiebre : *ataque febril.* || Que tiene fiebre. || *Fig.* Intenso, vivo : *actividad febril.* || Nervioso, excitado : *temperamento febril.*

fecal adj. De los excrementos.

Fécamp, c. y puerto del NO. de Francia (Seine-Maritime).

fécula f. Sustancia blanca convertible en harina obtenida de los tubérculos de ciertas plantas.

feculencia f. Calidad de feculento.

feculento, ta adj. Que contiene fécula.

fecundación f. Acción y efecto de fecundar.

fecundador, ra adj. y s. Que fecunda.

fecundar v. t. Hacer fecundo o productivo : *la lluvia fecunda la tierra.* || Unirse los elementos reproductores masculino y femenino para originar un nuevo ser.

fecundidad f. Capacidad de ser fecundado. || Fertilidad : *la fecundidad de unas tierras.* || Virtud y facultad de producir : *la fecundidad de Lope de Vega.*

fecundizar v. t. Hacer fecundo.

fecundo, da adj. Capaz de fecundar o de ser fecundado : *hombre, mujer fecundos.* || Fértil : *campo fecundo.* || *Fig.* Que produce abundantemente, mucho : *músico fecundo.*

fecha f. Indicación del tiempo en que se hace una cosa. || Momento actual : *a estas fechas ya habrá llegado.* || Días transcurridos : *la carta tardó seis fechas.*

fechador m. Sello usado para fechar. || Matasellos de Correos.

fechar v. t. Poner fecha : *fechar una carta, un documento,* etc. || Determinar la fecha en que ocurrió algo.

fechoría f. Mala acción.

Fedala. V. MOHAMEDIA.

fedayín com. Resistente palestino contra Israel.

federación f. Alianza entre pueblos o unión de Estados formando un solo Estado soberano : *Suiza, los Estados Unidos y México son federaciones.* || Asociación de clubes deportivos : *Federación Española de Fútbol.* || Unión de sociedades que tienen un fin común.

Federación Anarquista Ibérica (F.A.I.), nombre adoptado por los grupos anarquistas de la Península Ibérica, federados en 1927.

federal adj. De una federación. || — Adj. y s. Federalista.

Federal Bureau of Investigation, (F.B.I.), organismo de Estados Unidos encargado de investigar delitos de carácter federal.

federalismo m. Doctrina o sistema que agrupa diferentes comunidades en una sociedad superior en la que gozan de cierta autonomía sus componentes (Estados, regiones, etc.).

federalista adj. Relativo al federalismo : *política netamente federalista.* || Partidario de él (ú. t. c. s.). || Dícese del soldado del Norte en la Guerra de Secesión norteamericana (ú. t. c. s.).

federalizar y **federar** v. t. Formar federación (ú. t. c. pr.).

federativo, va adj. Constituido en federación. || Que forma parte de una asociación deportiva que está federada (ú. t. c. s.).

Federico, n. de varios reyes de Dinamarca, Suecia y Sicilia.

Federico || ~ **I** *Barbarroja* (1122-1190), emperador de Occidente desde 1152. Hizo numerosas expediciones contra Italia y destruyó Milán (1162), pero fue derrotado en Legnano (1176). Se ahogó durante la Tercera Cruzada. || ~ **II** (1194-1250), rey de Sicilia en 1197, de Germania en 1216, emperador de Occidente desde 1220. Tomó parte en la Sexta Cruzada. || ~ **III** (1415-1493), emperador de Occidente desde 1440.

Federico || ~ **I** (1657-1713), primer rey de Prusia desde 1701, hijo de Federico Guillermo de Brandeburgo. || ~ **II** *el Grande,* rey de Prusia, n. en Berlín (1712-1786), hijo de Federico Guillermo I. Subió al trono en 1740. Creó la grandeza de Prusia, conquistó Silesia y preparó el primer reparto de Polonia. Protector de las letras, fue un típico representante del despotismo ilustrado. || ~ **III** (1831-1888), rey de Prusia y emperador de Alemania en 1888, murió a los 99 días de reinado.

Federico Guillermo, gran elector de Brandeburgo (1620-1688) que subió al trono en 1640. Organizó el ejército prusiano. || ~ **I** (1688-1740), rey de Prusia desde 1713. Llamado el *Rey Sargento* por su carácter autoritario y por su organización minuciosa del ejército. Preparó las conquistas de su hijo Federico II. || ~ **II** (1744-1797), rey de Prusia desde 1786, sobrino de Federico II. Luchó contra la Revolución francesa. || ~ **III** (1770-1840), rey de Prusia desde 1797. Vencido por Napoleón en Jena, vio sus Estados desmembrados hasta 1815, pero los recuperó por el Congreso de Viena. || ~ **IV** (1795-1861), rey de Prusia en 1840. Abandonó la regencia en 1857 a su hermano Guillermo I al sufrir un ataque de alienación mental.

Federman (Nicolás), conquistador alemán (1501-1542) que intervino en la colonización de Venezuela, hizo una expedición en busca del Eldorado y llegó a Nueva Granada.

Fedin (Konstantin Alexandrovich), escritor soviético (1892-1977), autor de novelas sociales y psicológicas.

Fedra, esposa de Teseo, hija de Minos y de Pasifae. Intentó seducir a su hijastro Hipólito, pero, rechazada por éste, le calumnió ante su padre y se ahorcó. (*Mit.*)

Fedro, fabulista latino (15 a. de J. C.-¿50 ? de nuestra era).

feedback [*fidbac*] m. (pal. ingl.). *Electr.* Realimentación. || En informática, reaprovechamiento.

féferes, m. pl. Amer. Trastos.

fehaciente adj. Que da fe.

Feijó (Diego Antonio), religioso y político brasileño (1784-1843), regente del Imperio en la minoría de Pedro II.

Feijoo (Fray Benito Jerónimo), erudito y monje benedictino español, n. en Casdemiro (Orense) [1676-1764]. Autor de una copiosa serie de artículos sobre las más diversas materias, verdadera enciclopedia reunida bajo el título de *Teatro Crítico Universal.* || ~ (SAMUEL), poeta cubano, n. en 1914, autor de *Camarada celeste, Ser fiel.* Ha escrito también narraciones y teatro.

Feira de Santana, c. al este del Brasil (Bahía).

Feito (Luis), pintor español, n. en 1929.

Felanitx, c. de España, en el SE. de la isla de Mallorca.

feldespato m. Silicato de alúmina y potasio, sodio, calcio o bario que forma parte de muchas rocas eruptivas.

Felguera (La), pobl. al NO. de España en el mun. de Langreo (Asturias). Centro siderúrgico y químico.

Felguerez (José Luis), pintor y escultor mexicano, n. en 1928.

felibre com. Poeta y prosista provenzal.

felicidad f. Estado del ánimo que se complace en la posesión de un bien. || Satisfacción, placer, contento : *llegar, viajar con felicidad.* || Buena suerte, circunstancia favorable : ¡ qué *felicidad la mía* ! || — Pl. interj. Fórmula de felicitación.

felicitación f. Acción y efecto de felicitar : *tarjeta de felicitación.*

felicitar v. t. Expresar a uno la satisfacción que le produce un acontecimiento feliz que le atañe, dar la enhorabuena : *le felicito por su éxito; felicitar el cumpleaños.* || Expresar el deseo de que una persona sea feliz : *felicitar el día de Año Nuevo.* || V. pr. Congratularse.

félidos m. pl. Familia de mamíferos carnívoros, como el tigre, el gato, el lince, etc. (ú. t. c. adj.).

feligrés, esa m. y f. Persona que pertenece a una parroquia.

feligresía f. Conjunto de los feligreses de una parroquia.

felino, na adj. Relativo al gato. || Que parece de gato : *gracia felina; movimientos felinos.* || — M. pl. Félidos.

Felipe (Carlos Felipe FERNÁNDEZ Y SANTANA, llamado **Carlos**), dramaturgo cubano (1914-1975), autor de *El chino, Esta noche en el bosque, Réquiem por Yarini, Ladrillos de plata,* etc. || ~ (León Felipe CAMINO, llamado **León**), poeta español (1894-1968), autor de *Versos y oraciones del caminante* y *El español del éxodo y el llanto.*

Felipe || ~ **I** *el Hermoso,* archiduque de Austria y rey de Castilla, n. en Brujas en 1478, m. en Burgos en 1506. Hijo de Maximiliano I de Austria y de María de Borgoña, contrajo matrimonio con Juana de Aragón, llamada después Juana la Loca, hija de los Reyes Católicos (1496). Al morir Isabel la Católica (1504), Juana le sucedió en el trono de Castilla, pero, a causa de su enfermedad mental, Felipe se hizo cargo de la corona (1506), y murió ese mismo año. || ~ **II** *el Prudente,* rey de España, hijo de Carlos I y de Isabel de Portugal, n. en Valladolid (1527-1598). Fue rey de Nápoles y de Sicilia en 1554, soberano de los Países Bajos en 1555 y rey de España desde 1556, tras la abdicación de su padre. Derrotó a los franceses en San Quintín (1557) y obligó a Enrique IV a levantar el sitio de París, pero la conversión de este monarca al catolicismo hizo fracasar todos sus proyectos de apoderarse del trono de San Luis. En 1571, una escuadra formada por españoles, venecianos, genoveses y pontificios, dirigida por su hermano bastardo don Juan de Austria, obtuvo la resonante victoria de Lepanto contra los turcos, aunque en 1574 se perdió la plaza de Túnez. A la muerte del rey don Sebastián de Portugal, Felipe II le sucedió en el trono (1580), con lo que se realizó la unidad ibérica. Felipe II fue un príncipe enérgico y un hábil diplomático, y durante su reinado alcanzaron singular desarrollo las artes y las letras. El propio soberano dirigió las obras del monasterio de El Escorial. Algunos sucesos empañan, sin embargo, la gloria de su reinado : en 1572 se sublevaron los Países Bajos y, pese a la represión del duque de Alba, el rey de España tuvo que cederlos a su hija Isabel Clara Eugenia ; en 1588 envió contra Inglaterra la llamada *Armada Invencible* y conocido es su desastroso fin ; dura fue más tarde la represión contra los moriscos granadinos y triste la violación de los fueros aragoneses (1591), y no muy clara la conducta real con su hijo Don Carlos, que ha dado origen a tantas leyendas. || ~ **III,** hijo de Felipe II, n. en Madrid (1578-1621). Rey desde 1598, abandonó el poder al duque de Lerma, quien no supo reorganizar la hacienda. La expulsión de los moriscos (1609) fue perjudicial para la economía. En el exterior siguió la guerra en los Países Bajos y se firmó la paz con Inglaterra y Francia. || ~ **IV** (1605-1665), hijo del anterior y su sucesor en el trono en 1621. Confió el poder a su favorito el conde duque de Olivares, cuya política causó grandes perjuicios a España. Reanudó la guerra en los Países Bajos (1622), señalada por la toma de Breda. Participó en la guerra de los Treinta Años, que se saldó con la pérdida de Arras y de Perpiñán, y las derrotas de Rocroi (1643) y de Lens (1648). Por la Paz de los Pirineos perdió España el Rosellón y Artois. La tiranía del conde duque provocó la sublevación de Cataluña y de Portugal (1640). Al cabo de doce años de guerra, aunque pudo reconquistar Cataluña, Portugal logró su independencia. || ~ **V**, primer rey de España de la Casa de Borbón, n. en Versalles y m. en Madrid (1683-1746), nieto de Luis XIV de Francia y de María Teresa de Austria, hija de Felipe IV de España. Tuvo que sostener una guerra para apoderarse del trono que le había dejado por testamento Carlos II. Al principio de su reinado, por el Tratado de Utrecht (1713), hubo de renunciar a los Países Bajos y posesiones de Italia. Intentó, con Alberoni, recuperar el antiguo poderío español, pero su política no tuvo el resultado apetecido. Abdicó y se retiró a La Granja. La muerte de su hijo Luis I (1724) le obligó a volver al trono. Intervino igualmente en las guerras de Sucesión de Polonia y de Austria.

Folipo || **I** (1052-1100), hijo de Enrique I, rey de Francia desde 1060. En su reinado se organizó la Primera Cruzada. || ~ **II**, llamado *Felipe Augusto* (1165-1223), rey de Francia desde 1180, hijo de Luis VII. Participó en la Tercera Cruzada con Ricardo Corazón de León. Derrotó en Bouvines a Juan Sin Tierra, al conde de Flandes Fernando y al emperador germánico Otón IV (1214). || ~ **III** el *Atrevido* (1245-1285), rey de Francia desde 1270, hijo de San Luis. Luchó contra Pedro III de Aragón. || ~ **IV** el *Hermoso* (1268-1314), hijo del anterior, rey de Francia desde 1285. Con ayuda del Papa disolvió la orden de los Templarios. Durante su reinado, la Santa Sede se trasladó a Aviñón. || ~ **V** el *Largo* (1294-1322), hijo del anterior, rey de Francia desde 1316. || ~ **VI** de *Valois* (1293-1350), rey de Francia desde 1328, cuyo trono codició Eduardo III de Inglaterra y éste fue el origen de la guerra de los Cien Años, que costó la pérdida de Calais (1347).
Felipe || ~ de *Jesús* (San), religioso franciscano, n. en México (1575-1597), protomártir de su país. M. crucificado en Nagasaki (Japón). Fiesta el 5 de febrero. || ~ **Neri** (San), religioso italiano (1515-1595), fundador de la Congregación del Oratorio. Fiesta el 26 de mayo.
Felipe || ~ de *Borbón*, hijo de Juan Carlos I de España y de Sofía de Grecia, n. en 1968. Proclamado Príncipe de Asturias en 1977. || ~ el **Atrevido**, duque de Borgoña, príncipe francés (1342-1404), hijo del rey Juan II. Tomó parte en la batalla de Poitiers (1356). || ~ **Igualdad**, político revolucionario francés (1747-1793) de la familia de Orleáns que tomó el apellido por su primo Luis XVI. M. ajusticiado.
Felipillo, indio peruano del s. XVI, intérprete de Pizarro, Hernando de Soto y Almagro.
Feliu y Codina (José), dramaturgo y periodista español, n. en Barcelona (1847-1897), autor de dramas (*La Dolores*, de la que se hizo una zarzuela, *El grano de almizcle*).
Félix Pérez Cardozo, ant. *Hiaty*, v. en el centro S. del Paraguay (Guairá).
feliz adj. Que goza felicidad, satisfecho, dichoso : *persona feliz.* || Oportuno, acertado : *intervención feliz.* || Que ocurre con felicidad : *campaña feliz.* || Favorecido por la suerte. || Que anuncia felicidad : *presagio feliz.*
felón, ona adj. y s. Traidor.
felonía f. Traición.
felpa f. Tejido de seda o algodón

esponjoso, de pelo largo : *oso de felpa; toalla de felpa.* || *Fig. y fam.* Paliza. | Reprensión : *echar una felpa.*
felpeada f. *Arg.* Serie de reproches.
felpear v. t. *Arg.* Reprochar.
felpudo m. Limpiabarros, esterilla a la entrada de la casa o piso.
Fellman Velarde (José), novelista, autor de cuentos, ensayista e historiador boliviano (1922-1982).
femenil adj. Relativo a la mujer.
femenino, na adj. De la mujer : *ternura femenina.* || Hembra : *flores femeninas.* || Característico de la mujer : *voz femenina.* || *Gram.* Dícese del género al que pertenecen las hembras y el relativo al género femenino (ú. t. c. s. m.).
fementido, da adj. Falto de fe y palabra. || Falso, engañoso.
fémina f. Mujer.
femineidad f. Feminidad.
femíneo, a adj. Femenino.
feminidad f. Carácter femenino. || Aspecto femenino del varón.
feminismo m. Doctrina que concede a la mujer los mismos derechos sociales y políticos que los del varón.
feminista adj. Relativo al feminismo. || Partidario del feminismo : *revista feminista* (ú. t. c. s.).
feminización f. Aparición y desarrollo en el varón de características femeninas.
feminizar v. t. Hacer que un varón adquiera características femeninas. || Dar carácter femenino.
feminoide adj. y s. m. Aplícase al hombre con rasgos femeninos.
femoral adj. Del fémur (ú. t. c. s. f.).
fémur m. *Anat.* Hueso del muslo, el más grueso y largo del cuerpo.
Fene, mun. en el NO. de España (Coruña). Astilleros. Industrias.
fenecer v. i. Fallecer. | Concluir.
Fenelon (François DE SALIGNAC DE LA MOTHE), prelado y escritor francés (1651-1715), autor de obras de carácter pedagógico (*Las aventuras de Telémaco, Fábulas*, en prosa, y *Diálogos de los muertos*).
Fen-Ho o **Fenhe,** río de China en el norte del país, afl. del Hoangho ; 800 km.
fenianismo m. Separatismo irlandés.
feniano, na adj. Relativo al fenianismo. || Partidario del fenianismo (ú. t. c. s.).
Fenicia, ant. región de Asia Anterior, entre el Mediterráneo y el Líbano. Sus ciudades principales eran Arad, Trípoli, Biblos, Beirut, Sidón y Tiro.
fenicio, cia adj. y s. De Fenicia : *Cartago fue fundada por los fenicios.* || — M. Lengua de los fenicios.
— Los *fenicios*, de origen semítico, se establecieron en el litoral mediterráneo hacia el s. XXIV a. de J. C. De sus puertos salieron flotas para traficar y colonizar todo el litoral del Mediterráneo, el mar Rojo, el Atlántico e inclusive el Báltico. Parece ser que se establecieron en la Península Ibérica desde el s. XV a. de J. C. Hacia los s. VIII y VII a. de J. C. tenían colonias importantes en Algeciras, Málaga, Adra, Sevilla y, sobre todo, en Cádiz.
fénix m. inv. Ave mitológica que los antiguos creían que, una vez quemada, renacía de sus cenizas. || *Fig.* Persona única en su clase. || *El Fénix de los Ingenios*, Lope de Vega.
Fénix (ISLAS). V. PHOENIX.
fenol m. *Quím.* Derivado oxigenado del benceno extraído por destilación de los aceites de alquitrán. (Se usa como antiséptico.) || — Pl. Nombre genérico de varios compuestos análogos al fenol.
fenomenal adj. Relativo al fenómeno. || *Fam.* Extraordinario : *un éxito fenomenal.* | Sensacional, magnífico. | Monumental, enorme.
fenómeno m. Hecho científico que puede observar : *los fenómenos de la naturaleza.* || Lo que es percibido por los sentidos. || Persona o cosa que tiene algo anormal o sorprendente : *fenómeno de barraca de feria.* || *Fam.* Persona muy original o notable por sus cualidades. | Suceso, hecho : *es un fenómeno bastante fenomenal.* || *Adj. inv. Fam.* Sensacional, magnífico, formidable : *fiesta fenómeno.* | Estupendo.
fenomenología f. Estudio filosófico

de los fenómenos que experimentan nuestros sentidos.
Fenosa (Apeles), escultor español, n. en 1899.
fenotipo m. En genética, conjunto de características externas de un individuo constituido por el genotipo (caracteres hereditarios) y las modificaciones aportadas por el medio ambiente.
feo, a adj. Desagradable a la vista, carente de belleza : *mujer fea* (ú. t. c. s.). || Contrario al deber, a lo que habría que hacer : *es feo faltar a la palabra.* || Que carece de belleza : *espectáculo feo.* || Poco delicado, mal hecho : *acción fea.* || Amenazador : *el tiempo se pone feo.* || Malo, mala : *la cosa se pone fea.* || — M. Afrenta, desaire, grosería : *me hizo un feo intolerable.* || Fealdad : *es de un feo que impresiona.* || *Fig.* Tocarle a uno bailar con la más fea, tocarle lo peor.
feracidad f. Fertilidad.
feraz adj. Fértil.
Ferdusi. V. FIRDUSI.
féretro m. Ataúd.
Fergana o **Ferghaná,** región de Asia central soviética (Uzbekistán).
Ferguson (Guillermo), prócer de la independencia de las colonias españolas en América, m. en 1828. Luchó con Bolívar y Sucre. Murió en un combate.
feria f. Mercado de más importancia que el común : *feria de ganado.* || Fiesta popular en fecha fija : *la feria de Sevilla.* || Exposición comercial anual : *feria del libro.* || Cualquier día de la semana, excepto el sábado y el domingo. || *Méx.* Dinero suelto, cambio. || — Pl. Agasajos. || *Feria de muestras*, exposición periódica de productos industriales o agrícolas.
feriado, da adj. Dícese del día de descanso.
ferial adj. Relativo a la feria. || — M. Lugar donde se celebra la feria.
feriante adj. y s. Participante en la feria para vender o comprar. || Expositor en una feria de muestras.
feriar v. t. Comprar o vender en la feria (ú. t. c. pr.). || — V. i. No trabajar. || *Méx.* Cambiar moneda.
fermentación f. Cambio químico sufrido por ciertas sustancias orgánicas a causa de enzimas microbianas, generalmente con desprendimiento de gases. (La *fermentación alcohólica* transforma el mosto en vino ; la *fermentación acética* trae con el vino se vuelva vinagre ; la *fermentación láctica* trae consigo la coagulación de la leche.) || *Fig.* Agitación, efervescencia.
fermentar v. i. Estar en fermentación. || *Fig.* Estar en un estado de agitación moral. || — V. t. Hacer que se produzca la fermentación.
fermento m. Agente que produce la fermentación de una sustancia. || *Fig.* Lo que excita, provoca o mantiene : *fermento de discordias.*
Fermi (Enrico), físico italiano (1901-1954), constructor en Chicago de la primera pila de uranio en 1942. (Pr. Nobel, 1938.)
Fermín (San), sacerdote español, n. en Pamplona, mártir en 287. Fiesta el 7 de julio.
fermio m. Elemento químico artificial, de número atómico 100 (símb. Fm). || Unidad de longitud empleada en física nuclear, equivalente a 10^{-12} milímetros.
Fernambuco. V. PERNAMBUCO.
Fernán Caballero (Cecilia BÖHL DE FABER, llamada), novelista costumbrista española (1796-1877), autora de *La gaviota, La familia de Alvareda, Clemencia, Un verano en Bornos,* etc.
Fernán González, primer conde independiente de Castilla, hacia 930, héroe de varios romances antiguos. M. en el año 970.
Fernández (Alejo), pintor español (¿1475 ?-1545 ó 1546), que trabajó en Córdoba y Sevilla (*La Virgen del Buen Aire).* || ~ (CARMELO), pintor y dibujante venezolano (1811-1877), autor de paisajes, escenas costumbristas y retratos (*Bolívar*). || ~ (DIEGO), capitán e historiador español (¿1520 ?-1581). Vivió en el Perú y publicó una *Primera y segunda parte de la historia del Perú* (1571). || ~ (EMILIO), director de cine mexicano, n. en 1904, realizador de

FA

257

Flor silvestre, Maria Candelaria, Enamorada, La perla, Río escondido. || ~ (GREGORIO). V. HERNÁNDEZ. || ~ (JORGE), novelista ecuatoriano, n. en 1912, autor de *Agua* y *Los que viven por sus manos.* || ~ (JUAN), marino portugués que exploró el Senegal y Cabo Verde en 1446. || ~ (JUAN), navegante español (¿1536-1599 ?), que recorrió las costas meridionales de América del Sur y descubrió en 1574 el archipiélago que lleva su n. || ~ (LUCAS), dramaturgo español (¿1474-1542 ?), precursor del teatro en su país, autor de *Farsas* y *églogas al modo pastoril* y *Auto de la Pasión.* || ~ (LUIS), pintor español (1900-1973), autor de bellos bodegones. || ~ (MACEDONIO), escritor humorístico argentino (1874-1952), autor de *Continuación de la nada, Papeles de recién venido, Una novela que comienza, Adriana,* etc. || ~ (MANUEL FÉLIX), V. VICTORIA (Guadalupe). || ~ (PABLO ARMANDO), escritor cubano, n. en 1930, autor de poesías *(Libro de los héroes),* novelas *(Los niños se despiden)* y obras de teatro. || ~ **Almagro** (MELCHOR), ensayista, historiador y periodista español (1893-1966). || ~ **Alonso** (SEVERO), político y abogado boliviano (1859-1925), pres. de la Rep. de 1896 a 1899. || ~ **Arbós** (ENRIQUE), compositor, violinista y director de orquesta español (1863-1939). || ~ **Ardavín** (LUIS), poeta y dramaturgo español (1892-1962), autor de las comedias *Rosa de Madrid, La florista de la Reina, La dama del armiño,* etc. || ~ **Beschted** (DOMINGO), escritor y arquitecto argentino (1889-1956), autor de poesías *(El ópalo encendido, La copa de David, El cántaro y el alfarero,* etc.). || ~ **Caballero** (MANUEL). V. CABALLERO. (Manuel FERNÁNDEZ.) || ~ **Cuesta** (NEMESIO), lexicógrafo y periodista español (1818-1893). || ~ **de Andrada** (ANDRÉS), poeta español del s. XVII, a quien se atribuyó la *Epístola moral a Fabio.* || ~ **de Avellaneda** (ALONSO). V. AVELLANEDA. || ~ **de Castro** (JOSÉ ANTONIO), escritor cubano (1897-1951), autor de ensayos históricos y literarios. || ~ (PEDRO), conde de Lemos, virrey del Perú de 1667 a 1672. || ~ **de Castro y Bocángel** (JERÓNIMO), dramaturgo peruano (1689-1737). || ~ **de Córdoba** (DIEGO), gobernante español (1578-1630), virrey de México de 1612 a 1621 y del Perú de 1621 a 1629. || ~ **de Córdoba** (FRANCISCO), conquistador español (¿1475-1526?). Fundó en Nicaragua las c. de León y Granada, y en Costa Rica la de Bruselas (1524). || ~ **de Córdoba** (FRANCISCO). V. HERNÁNDEZ. || ~ **de Córdoba** (GONZALO), llamado el *Gran Capitán,* militar español (1453-1515). Se distinguió en las guerras contra los moriscos y más tarde en Italia, donde conquistó Tarento, derrotó a los franceses en Ceriñola y Garellano, y aseguró la posesión del reino de Nápoles, del que fue nombrado condestable. || ~ **de Enciso** (MARTÍN), geógrafo y navegante español del siglo XVI, autor de *Suma de Geografía.* Con Balboa exploró el Darién y fundó Santa María la Antigua (1510). || ~ **de la Cueva** (francisco). V. ALBUQUERQUE *(Duque de).* || ~ **de Lizardi** (JOSÉ JOAQUÍN), novelista mexicano, n. en la ciudad de México (1776-1827), llamado *el Pensador Mexicano.* Autor del relato *El Periquillo Sarniento,* descripción de la sociedad de su país poco antes de la Independencia, *Don Catrín de la Fachenda, La Quijotita y su prima* y *Noches tristes.* || ~ **de Moratín** (LEANDRO y NICOLÁS). V. MORATÍN. || ~ **de Navarrete** (JUAN), llamado *el Mudo,* pintor español (¿1526 ?-1572). || ~ **de Oviedo** (GONZALO), historiador español (1478-1557), autor de una *Historia General y Natural de las Indias,* obra en 50 tomos. || ~ **de Piedrahita** (LUCAS), prelado colombiano (1624-1688), autor de una *Historia general del Nuevo Reino de Granada.* || ~ **de Quirós** (PEDRO). V. QUIRÓS. || ~ **de Ribera** (RODRIGO), poeta y novelista barroco español (1579-1631), autor de *Los anteojos de mejor vista.* || ~ **de San Pedro** (DIEGO). V. SAN PEDRO. || ~ **de Sevilla** (LUIS), comediógrafo español (1888-1974). Autor de *La del soto*

258

del Parral, Los claveles, La del manojo de rosas, etc. || ~ **de Valenzuela** (FERNANDO), autor dramático colombiano (1616-¿1685 ?). || ~ **de Velasco** (BERNARDINO). V. FRÍAS *(Duque de).* || ~ **Esperón** (IGNACIO), músico mexicano (1894-1968), llamado *Tato Nacho.* || ~ **-Flórez** (DARÍO), novelista español (1909-1977), autor de *Lola, espejo oscuro.* || ~ **-Flórez** (ISIDORO), periodista español (1840-1902), conocido por el nombre de *Fernanflor.* || ~ **-Flórez** (WENCESLAO), escritor español (1879-1964), de vena humorística, autor de *Relato inmoral, El malvado Carabel, Las siete columnas, El secreto de Barba Azul,* etc. || ~ **García** (ALEJANDRO), escritor venezolano (1879-1939), autor de *Oro de alquimia* y *Búcaros en flor.* || ~ **Grilo** (ANTONIO). poeta español (1845-1906). || ~ **Guardia** (RICARDO), escritor costarricense (1867-1950), autor de *Cuentos ñcos.* || ~ **Juncos** (MANUEL), escritor costumbrista y político puertorriqueño (1844-1928). || ~ **Ledesma** (ENRIQUE), poeta y escritor mexicano (1888-1939), autor de *Con la sed en los labios.* || ~ **Madrid** (JOSÉ), médico, político y poeta colombiano (1789-1830), pres. de la Rep. en 1816, año en que fue desterrado por Morillo. Cantor de la gesta de la Independencia. Su hijo PEDRO, n. en La Habana (1817-1875), fue escritor y estadista de Colombia. || ~ **Moreno** (BALDOMERO), poeta argentino (1886-1950), autor de *Las iniciales del misal, Romances y· seguidillas, Ciudad, Campo argentino,* etc., composiciones de carácter sentimental y evocativo. — Su hijo CÉSAR, n. en 1919, es también poeta *(Gallo ciego, Veinte años después, Argentino hasta la muerte).* || ~ **Muro** (JOSÉ ANTONIO), pintor abstracto argentino, n. en 1920. || ~ **Oreamuno** (PRÓSPERO), general costarricense (1834-1885), pres. de la Rep. de 1882 a 1885. || ~ **Ramírez** (SALVADOR), filólogo español (1896-1983), autor de una *Gramática española.* || ~ **Retamar** (ROBERTO), poeta y crítico literario cubano, n. en 1930. || ~ **Santos** (JESÚS), novelista español, n. en 1926, autor de *Los bravos, En la hoguera, El libro de las memorias de las cosas, El hombre de los santos, Extramuros, Cabrera, Jaque a la dama,* etc. || ~ **Shaw** (CARLOS), poeta español (1865-1911), autor de libros de versos *(Poesía de la sierra* y *Poemas del mar)* y de libretos de zarzuelas *(Margarita la Tornera* y *La revoltosa),* éste en colaboración con José López Silva) para acompañar la música de Chapí. — Su hijo GUILLERMO (1893-1965) fue comediógrafo y libretista de zarzuelas, autor de *Doña Francisquita, La rosa del azafrán, Luisa Fernanda, La canción del olvido, La taberna del puerto,* etc. || ~ **Spencer** (ANTONIO), escritor dominicano, n. en 1923, autor de poesías *(Diario del mundo)* y ensayos. || ~ **Villaverde** (RAIMUNDO), político español (1848-1905), jefe del Gobierno en 1903. || ~ **y González** (MANUEL), poeta dramaturgo y novelista español (1821-1888), autor del relato *El pastelero de Madrigal.*

Fernandina, isla del Ecuador (Archipiélago de los Galápagos). — N. que los españoles dieron a la isla de Cuba.

fernandino, na adj. y s. Relativo o partidario de cualquiera de los reyes llamado Fernando. | De San Fernando (Venezuela).

Fernando || ~ **de la Mora,** pobl. del Paraguay (Central). || ~ **de Noronha,** o **Noroña,** archipiélago brasileño del Atlántico que forma un Territorio Federal ; cap. *Remedios.* Penal. || ~ **Poo.** V. BIOKO.

Fernando || ~ **I** el *Grande* (1017-1065), rey de Castilla (1035), de León (1037) y de Navarra (1054). Era hijo segundo de Sancho III. || ~ **II** (¿1137 ?-1188), rey de León desde 1157, hijo de Alfonso VII de Castilla y de León. || ~ **III** el *Santo* (1201-1252), rey de Castilla (1217) y de León (1230), hijo de Alfonso IX de León. Sucedió en Castilla a su tío Enrique I y a la muerte de su padre consiguió reunir las dos coronas (1230). Arrebató a los árabes Córdoba, Sevilla, Murcia y Jaén, y redujo a vasallaje al rey de Granada. Declaró el castellano lengua oficial

del reino. Fiesta el 30 de mayo. || ~ **IV** el *Emplazado* (1285-1312), rey de Castilla y de León. Subió al trono en 1295 a la muerte de su padre Sancho IV. Cuenta la tradición que, habiendo hecho ejecutar injustamente ante Dios en un término de treinta días, lo que se cumplió. || ~ **V** el *Católico.* V. FERNANDO II DE ARAGÓN. || ~ **VI,** rey de España, n. en Madrid (1713-1759). Sucedió a su padre Felipe V en 1746. Fue su reinado un período de paz y de reformas, obra de sus ministros Carvajal y Ensenada. Afligido por la muerte de su esposa en 1758, cayó en incurable demencia. || ~ **VII** el *Deseado,* rey de España a partir de 1808, n. en San Ildefonso (1784-1833), hijo de Carlos IV. Durante el reinado de éste, conspiró contra el ministro Godoy, favorito de su madre. Napoleón le obligó a ir a Bayona y le hizo abdicar para entregar el trono a su hermano José. Al volver a España en 1814, restableció la monarquía absoluta. Las posesiones españolas de América se basaron en su renuncia para proclamar la independencia. La revolución de 1820 obligó a Fernando VII a restablecer la Constitución (Trienio constitucional), pero la ayuda del ejército francés del duque de Angulema le permitió derribar las Cortes en· 1823, volvió a proclamarse rey absoluto y organizó una dura represión. Abolió después la ley sálica y promulgó en 1830 una pragmática por la que le sucedería su hija Isabel en perjuicio de su hermano don Carlos, origen de las guerras carlistas que ensangrentaron al país durante los reinados siguientes.

Fernando || ~ **I,** hermano menor de Carlos V, n. en Alcalá de Henares (1503-1564), emperador germánico desde 1558. Fundador de la monarquía austriaca. || ~ **II** (1578-1637), nieto del anterior, emperador germánico desde 1619. Provocó la guerra de Treinta Años. || ~ **III** (1608-1657), emperador germánico desde 1637. Firmó en 1648 el Tratado de Westfalia, que puso fin a la guerra de los Treinta Años.

Fernando || ~ **I** de *Antequera* (1380-1416), rey de Aragón y de Sicilia desde 1412, elegido tras el Compromiso de Caspe. || ~ **II** el *Católico* (1452-1516), rey en Sos (Zaragoza), rey de Aragón y de Sicilia (1479-1516), rey (Fernando V) de Castilla (1474-1504) y rey (Fernando III) de Nápoles (1504-1516). Su matrimonio con Isabel I de Castilla (1469) condicionó la unidad nacional, rematada tras la toma de Granada (1492). Su política interior consistió esencialmente en reforzar la autoridad real, imponiéndose a la nobleza y a las órdenes militares. Organizó la Santa Hermandad, poniéndola al servicio del Estado, y en el campo religioso se mostró severo, con el pretexto de favorecer la unificación, hasta el punto de expulsar a los judíos no conversos (1492) y a los mudéjares (1502), lo que supuso una sangría que habría de repercutir en la economía española. En el exterior, conquistó el reino de Nápoles (1502-1504), se anexionó Navarra (1512), ocupó el Milanesado (1513) y se apoderó de varios puntos estratégicos de la costa africana (Orán, Bujía, Trípoli). A la muerte de su esposa Isabel, fue regente de Castilla (1504), y en 1506 lo fue de nuevo, al morir su yerno Felipe el Hermoso. Casó en segundas nupcias con Germana de Foix. M. en Madrigalejo (Cáceres), y dejó el reino a su nieto Carlos de Gante, ya rey de Castilla y después emperador de Alemania.

Fernando || ~ **I,** rey de Nápoles de 1458 a 1494. || ~ **II,** nieto del anterior, rey de Nápoles de 1495 a 1496. || ~ **III,** rey de Nápoles. V. FERNANDO II [de Aragón].

Fernando || ~ **de España,** llamado *el Cardenal-Infante,* cardenal español (1609-1641), hijo de Felipe III. Fue gobernador de los Países Bajos en 1634. || ~ **de Talavera,** teólogo español (1445-1507), confesor de Fernando el Católico.

Fernanflor. V. FERNÁNDEZ-FLÓREZ (Isidoro).

Fernán-Núñez, mun. en el sur de España (Córdoba).

ferocidad f. Carácter sanguinario. ‖ Barbarie, inhumanidad. ‖ Atrocidad, dicho o hecho insensato:

ferodo m. Forro de fibras de amianto e hilos metálicos que se pone a las zapatas de los frenos.

Feroe (ISLAS), archip. danés, al N. de Escocia ; cap. *Thorshavn.* Autónomo desde 1948.

feroz adj. Salvaje y sanguinario : *bestia feroz.* ‖ Fig. Cruel, bárbaro : *hombre feroz.* ‖ Que causa mucho miedo o mucho daño : *un feroz padecimiento.* ‖ Que indica ferocidad : *mirada feroz.* ‖ Enorme, tremendo : *resistencia feroz.*

Ferrán (Jaime), bacteriólogo español (1852-1929), inventor de la vacunación anticolérica e introductor de la antirrábica en España.

Ferrand (Manuel), escritor español, n. en 1925, autor de novelas *(Con la noche a cuestas).*

Ferrant (Alejandro), pintor español (1843-1917), autor de murales. ‖ ~ (ÁNGEL), escultor vanguardista español, hijo del anterior (1891-1961). Fue también escritor.

Ferrara, c. del N. de Italia (Emilia), orillas del Po, cap. de la prov. homónima. Arzobispado. Catedral.

Ferrari (Juan Manuel), escultor uruguayo (1874-1916).

Ferrater Mora (José), ensayista y filósofo español, n. en 1912, autor de un conocido *Diccionario de Filosofía* y de otras obras *(La filosofía actual, El ser y la muerte, El ser y el sentido,* etc.). Ha escrito también cuentos y novelas *(Claudia, mi Claudia).*

Ferré (Luis), abogado puertorriqueño, n. en 1904, gobernador del Estado de 1969 a 1973.

Ferreira (Antonio), poeta petrarquista portugués (1528-1569), autor de la tragedia *Inés de Castro.* ‖ ~ (BENIGNO), general paraguayo (1845-1922), pres. de la Rep. de 1906 a 1908. ‖ ~ **de Castro** (JOSÉ MARÍA), novelista portugués, n. en 1898, autor de *Carne hambrienta, Sangre negra, Selva virgen, Los emigrantes,* etc.

Ferreiro (Celso Emilio), escritor español (1914-1979), gran lírico en lengua gallega *(Larga noche de piedra).* ‖ ~ (JOSÉ), escultor español (1738-1830), autor de imágenes religiosas. ‖ ~ (ÓSCAR), poeta surrealista paraguayo, n. en 1921.

Ferreñafe, c. al NO. del Perú, cap. de la prov. homónima (Lambayeque).

férreo, a adj. De hierro. ‖ *Fig.* Duro, tenaz : *voluntad férrea.* ‖ *Vía férrea,* vía de ferrocarril.

Ferrer (Bartolomé), navegante español que exploró la costa de California en 1543. ‖ ~ (MATEO), organista español (1788-1864). ‖ ~ **Bassa,** pintor y miniaturista catalán (¿ 1290-1348 ?), autor de frescos.

Ferrera (Francisco), general hondureño (1794-1851), vicejefe del Estado en 1834 y primer pres. de la Rep. (1841-1845).

ferrería f. Forja.

ferretería f. Tienda donde se venden herramientas, clavos, alambres, vasijas, etc. ‖ *Amer.* Quincalla.

ferretero, ra m. y f. Quincallero.

Ferretis (Jorge), novelista mexicano (1902-1962), autor de *Tierra caliente, Hombres en tempestad,* sobre la Revolución en su país, etc.

Ferreyra Basso (Juan G.), escritor argentino, n. en 1910, autor de *Soledad poblada.*

Ferri (Enrico), criminalista italiano (1856-1929), fundador de la criminología moderna.

férrico, ca adj. De hierro.

ferrita m. Óxido de hierro natural hidratado, de color rojo pardo.

ferrobús m. Automotor, autovía.

ferrocarril m. Camino con dos vías o rieles paralelos sobre los cuales ruedan los vagones de un tren arrastrados por una locomotora de vapor o eléctrica. ‖ Tren que circula por esta vía. ‖ Empresa, explotación y administración de este medio de transporte. ‖ *Ferrocarril urbano* o *metropolitano,* el que circula dentro del casco de una población, generalmente bajo tierra.

ferrocarrilero, ra adj. *Amer.* Ferroviario.

Ferrol (El), c. y puerto militar del NO. de España (La Coruña). Astilleros. Obispado de Mondoñedo-El Ferrol.

ferroso, sa adj. *Quím.* Dícese de los compuestos en los cuales el hierro tiene dos átomos de valencia.

ferroviario, ria adj. De los ferrocarriles. ‖ — M. Empleado de ferrocarriles.

ferruginoso, sa adj. Que contiene hierro : *mineral ferruginoso.*

ferry boat [ferribout] m. (pal. ingl.). Barco transbordador.

Ferryville. V. MENZEL-BURGUIBA.

Ferté-Millon (La), pobl. al N. de Francia (Aisne).

fértil adj. Que es fecundo, productivo : *huerta fértil.* ‖ *Fig.* Abundante.

fertilidad f. Calidad de fértil.

fertilización f. Acción y efecto de fertilizar.

fertilizante adj. Que fertiliza. ‖ — M. Abono : *fertilizantes agrícolas.*

fertilizar v. t. Abonar para hacer más fértil.

férula f. *Cir.* Tablilla o armazón que se emplea en el tratamiento de fracturas. ‖ Palmeta para dar golpes en las manos : *la férula del maestro de escuela.* ‖ *Estar uno bajo la férula de otro,* estar bajo su dominación.

férvido, da adj. Ardiente, activo.

ferviente adj. Ardiente.

fervor m. Devoción intensa. ‖ Entusiasmo, ardor, afán. ‖ Calor intenso.

fervoroso, sa adj. Ardiente.

festejante adj. Que festeja y s. Que festeja u obsequia.

festejar v. t. Hacer festejos, agasajar, obsequiar : *festejar a un invitado.* ‖ Galantear, cortejar. ‖ *Méx.* Azotar. ‖ — V. pr. Celebrarse, conmemorarse.

festejo m. Acción y efecto de festejar. ‖ Fiesta. ‖ Galanteo. ‖ — Pl. Actos públicos de diversión.

festín m. Banquete.

festinar v. i. *Amer.* Apresurar.

festival m. Gran fiesta, especialmente musical : *el festival de Wagner.* ‖ Serie de representaciones consagradas a un arte o a un artista: *festival de cine en Venecia.*

festividad f. Fiesta o solemnidad con que se celebra una cosa : *las festividades de Navidad.* ‖ *Fig.* Agudeza, ingenio. ‖ Alegría.

festivo, va adj. Chistoso, agudo. ‖ Alegre : *niño festivo.* ‖ Que no se trabaja, de fiesta : *día festivo.*

festón m. Guirnalda. ‖ Adorno de flores, frutas u hojas. ‖ Bordado que se pone en los trajes o cortinas.

festonear o **festonar** v. t. Adornar con festones.

fetal adj. *Med.* Del feto.

fetén adj. *Fam.* Verdadero. ‖ Formidable, estupendo. ‖ — Adv. *Fam.* Muy bien.

feticida adj. y s. m. Que ocasiona la muerte de un feto.

feticidio m. Muerte dada a un feto.

fetiche m. Objeto material venerado como un ídolo. ‖ Objeto de superstición.

fetichismo m. Culto de los fetiches. ‖ *Fig.* Veneración excesiva y supersticiosa por una persona o cosa. ‖ Idolatría.

fetichista adj. Relativo al fetichismo. ‖ Que profesa este culto (ú. t. c. s.).

fetidez f. Mal olor, hedor.

fétido, da adj. Hediondo.

feto m. Producto de la concepción desde el período embrionario hasta el parto. ‖ *Fig.* Ser humano muy feo.

feudal adj. Relativo al feudo o al feudalismo : *derechos feudales.*

feudalidad f. Calidad de feudal.

feudalismo m. Régimen feudal u organización política y social, fundada en los feudos, que estuvo en vigor en la Edad Media. ‖ *Fig.* Cualquier potencia económica o social que recuerda la organización feudal.

feudatario, ria adj. y s. Sujeto a feudo. ‖ Poseedor de un feudo.

feudo m. Contrato por el cual cedía el rey o el señor a su vasallo una tierra, con la obligación de que le jurase fidelidad. ‖ Tierra en feudo. ‖ *Fig.* Zona en la que se ejerce gran influencia.

Feuillet (Octave), escritor francés (1821-1890), autor de obras teatrales *(El cabello blanco)* y de relatos *(Novela de un joven pobre, El señor de Camors).*

Feval (Paul), escritor francés (1817-1887), autor de novelas de aventuras *(Los misterios de Londres, El jorobado)* y de melodramas.

Feydeau [fedó] (Georges), comediógrafo francés (1862-1921). Cultivó el vodevil *(Sastre para señoras, La dama de chez Maxim, La pulga en la oreja, Ocúpate de Amalia).*

fez m. Gorro rojo de los moros.

Fez, c. del centro de Marruecos, ant. cap. del reino. Centro religioso y universitario. Importantes monumentos.

Fezzán, región desértica del SO. de Libia ; c. pr. *Sebha.*

fg, símbolo de *frigoria.*

fi f. Letra griega.

fiabilidad f. Probabilidad del perfecto funcionamiento de un dispositivo en determinadas circunstancias y durante un cierto período de tiempo.

fiable adj. Dícese de una máquina, de un dispositivo, que posee fiabilidad. ‖ Aplícase a aquello de lo que puede uno fiarse, que merece confianza.

fiado, da adj. A crédito.

fiador, ra m. y f. Persona que fía. ‖ Garantizador : *salir fiador.*

Fiallo (Fabio), poeta dominicano (1866-1942), autor de *La canción de una vida.* Escribió también prosa poética *(Cuentos frágiles, Las manzanas de Mefisto).*

Fiambalá, río y pobl. al NO. de la Argentina (Catamarca).

fiambre adj. Dícese de la comida que se deja enfriar para comerla más tarde sin calentar : *los embutidos son fiambres (ú. t. c. m.).* ‖ *Fig.* Sin actualidad : *noticia fiambre.* ‖ — M. *Pop.* Cadáver. ‖ *Méx.* Plato compuesto de ensalada de lechuga, cerdo, aguacate y chiles.

fiambrera f. Recipiente en que se lleva la comida fuera de casa. ‖ *Arg.* Fresquera.

fiambrería f. *Arg.* Tienda en la que se venden fiambres.

Fianarantsoa, c. de Madagascar, en el SE. de la isla.

fianza f. Obligación que uno contrae de hacer lo que otro promete, si éste no lo cumple. ‖ Garantía que se da como seguridad del cumplimiento de un compromiso : *depositar una fianza.*

fiar v. t. Garantizar que otro hará lo que promete, obligándose a hacerlo en caso contrario. ‖ Vender a crédito. ‖ — V. i. Confiar : *fiar en él.* ‖ Tener confianza. Ú. t. c. pr. : *fiarse de una persona seria.* ‖ *Ser de fiar,* merecer confianza.

fiasco m. Fracaso completo.

fibra f. Filamento o célula alargada que constituyen ciertos tejidos animales y vegetales o algunas sustancias minerales : *fibras textiles, musculares, de amianto.* ‖ *Fig.* Nervio, energía.

fibroma m. Tumor benigno.

fibroso, sa adj. Con fibras.

ficción f. Creación de la imaginación : *tu relato es una ficción.* ‖ Simulación.

ficoideas f. pl. Familia de plantas dicotiledóneas de frutos parecidos al higo (ú. t. c. adj.).

ficticio, cia adj. Imaginario, no real : *nombre ficticio.* ‖ Aparente, convencional : *valor ficticio.*

ficus m. Nombre de ciertas plantas.

ficha f. Pieza para marcar los tantos en el juego : *una ficha de madera.* ‖ Pieza del dominó o de otro juego. ‖ Tarjeta de cartulina o papel fuerte que suele clasificarse, papeleta : *ficha antropométrica, electrónica.* ‖ Pieza que hace funcionar un mecanismo automático : *ficha de teléfono.* ‖ Contrato de un jugador deportivo profesional. ‖ Chapa o tarjeta para indicar la presencia en un sitio donde se trabaja.

fichaje m. Acción de fichar a un jugador de un equipo deportivo. ‖ Dinero pagado por este contrato.

fichar v. t. Anotar en una ficha. ‖ Contar con fichas los géneros que el camarero recibe para servirlos. ‖ Controlar en un reloj especial las horas de entrada y salida de los obreros (ú. t. c. i.). ‖ Contratar los servicios de un jugador en un equipo de fútbol u otro deporte. Ú. t. c. i. : *fichar por un* club deportivo. ‖ Fig. y fam. Poner a una persona en el número de las que se miran con sospecha. Ú. t. c. i. : fichado por la policía.

Ficher (Jacobo), compositor argentino de origen ruso n. en 1896. Autor de *Poema Heroico, La Sulamita*, etc.

fichero m. Colección de fichas o papeletas. ‖ Mueble con cajones para guardarlas ordenadamente.

Fichte (Johann Gottlieb), filósofo alemán (1762-1814). Su sistema, derivado del Kant, se convirtió en un idealismo absoluto. Autor de los *Discursos a la nación alemana*.

Fichtelgebirge, macizo montañoso de Alemania (Baviera) ; 1 051 m.

fidedigno, na adj. Digno de fe.

fideicomiso m. For. Donación testamentaria hecha a una persona encargada de restituirla a otra o para que realice alguna voluntad del testador. ‖ Mandato o tutela de un territorio. ‖ Depósito de una cantidad en un banco para que éste la entregue posteriormente a otra persona o la invierta en un proyecto determinado.

fidelidad f. Exactitud en cumplir con sus compromisos. ‖ Constancia en el afecto : *la fidelidad de un amigo*. ‖ Obligación recíproca de los cónyuges de no cometer adulterio. ‖ Exactitud, veracidad : *fidelidad de una narración*. ‖ Calidad en la reproducción de sonidos : *magnetófono de alta fidelidad*.

fideo m. Pasta alimenticia. ‖ *Fam.* Persona muy delgada.

Fidias, escultor de la Grecia antigua, n. en Atenas, m. hacia 431 a. de J. C., a quien se atribuye el *Zeus olímpico*.

Fidji o **Viti**, Estado formado por un archip. en el Pacífico Sur (Melanesia), cuyas islas principales son Vanua Levu y Viti Levu ; 650 000 h. Cap. *Suva*, en Viti Levu, 63 000 h. Base aérea. Perteneció a la Gran Bretaña desde 1874 y es independiente desde 1970.

fiduciario, ria adj. Dícese de los valores ficticios que dependen del crédito y la confianza : *moneda fiduciaria*. ‖ Encargado de un fideicomiso (ú. t. c. s.).

fiebre f. Fenómeno patológico que ordinariamente se manifiesta por aumento de la temperatura normal del cuerpo y frecuencia del pulso y de la respiración : *tener mucha fiebre*. ‖ *Fig.* Actividad viva y desordenada : *fiebre electoral*. ‖ — *Fiebre amarilla*, enfermedad, antes endémica en África, las Antillas y América Central, caracterizada por vómitos. ‖ *Fiebre del heno*, alergia que surge generalmente en primavera y que se caracteriza por un catarro nasal, conjuntivitis, asma, etc. ‖ *Fiebre de Malta*, fiebre endémica de los países mediterráneos.

fiel adj. Que cumple sus compromisos : *fiel a mis promesas*. ‖ Constante, perseverante : *un amigo fiel*. ‖ Exacto, verídico : *cronista, relato fiel*. ‖ Seguro : *guía fiel*. ‖ Honrado : *empleado fiel*. ‖ Que retiene lo que se le confía : *memoria fiel*. ‖ — M. y f. Persona que pertenece a una Iglesia. ‖ Partidario, seguidor. ‖ — M. Aguja de la balanza.

fielato m. Oficina de consumos que existía a la entrada de las poblaciones.

Fielding [*filding*] (Henry), escritor y dramaturgo inglés (1707-1754), autor de *Tom Jones*, novela realista.

fieltro m. Tela hecha con lana o pelo abatanados. ‖ Sombrero hecho con esta tela.

fiera f. Animal feroz. ‖ Toro. ‖ *Fig.* Persona muy encolerizada o cruel.

fiereza f. Carácter feroz. ‖ Crueldad.

fiero, ra adj. Feroz : *animal fiero*. ‖ Duro, cruel : *corazón fiero*. ‖ Grande, enorme : *gigante fiero*. ‖ *Fig.* Horroroso, espantoso : *fiera tempestad*.

fierro m. *Amer.* Hierro.

Fierro (Humberto), poeta simbolista ecuatoriano (1890-1929), autor de *El laúd del valle*. ‖ ~ (MARTÍN). V. MARTÍN FIERRO. ‖ ~ (PANCHO), pintor y acuarelista peruano (1803-1879).

Fierro Urcu, pico de los Andes del Ecuador, en el S. del país ; 3 790 m.

Fiésole, c. de Italia (Toscana).

Fiésole (Fra Angélico Da). V. ANGÉLICO.

fiesta f. Solemnidad religiosa o civil en conmemoración de un hecho histórico : *la fiesta nacional*. ‖ Día consagrado a actos de religión : *santificar las fiestas*. ‖ Día consagrado a la memoria de un santo : *la fiesta de San Jaime*. ‖ Reunión de gente con fines de diversión. ‖ Alegría, regocijo, placer : *estar de fiesta*. ‖ Día en que no se trabaja : *hoy es fiesta*. ‖ Caricia, agasajo, carantoña : *hacerle fiestas al niño*. ‖ — *Fig. y fam.* Aguar la fiesta, estropear un regocijo. ‖ *La fiesta nacional*, corrida de toros. ‖ *No estar para fiestas*, estar de mal humor.

fiestear v. i. Estar de fiesta.

fiestero, ra adj. *Fam.* Que le gustan las fiestas.

Fife, condado de Gran Bretaña (Escocia), en el estuario del Forth ; cap. *Cupar* ; c. pr. *Dunfermline*.

fifiriche m. *Fam. Amer.* Mequetrefe.

Figari (Pedro), abogado, político y pintor impresionista uruguayo (1861-1938). Representó tipos, escenas, costumbres populares de su país y de Argentina.

figaro m. Barbero.

Fígaro. V. LARRA (Mariano J.).

figón m. Tasca, taberna.

Figueira Da Foz, c. y puerto del NO. de Portugal (Coimbra).

Figueiredo (João Baptista de), general brasileño, n. en 1918, pres. de la Rep. desde 1979.

Figueras, en cat. *Figueres*, c. al NE. de España (Gerona), cap. de la comarca catalana de Alto Ampurdán. Museo Dalí.

Figueras y Moragas (Estanislao), político español (1819-1882), pres. de la Primera República (1873).

Figueredo (Pedro), abogado y patriota cubano, conocido por el nombre de *Perucho* (1819-1870). Intervino en la toma de Bayamo (1868) y fue ejecutado en Santiago.

Figueres. V. FIGUERAS.

Figueres Ferrer (José), político costarricense, n. en 1907, pres. de la Rep. de 1953 a 1958 y de 1970 a 1974.

Figueroa (Fernando), general salvadoreño (1849-1912), pres. de la Rep. de 1907 a 1911. ‖ ~ (FRANCISCO DE), poeta petrarquista español (1536-1620). Llamado *el Divino*. ‖ ~ Alcorta (JOSÉ), político y abogado argentino (1860-1931), pres. de la Rep. de 1906 a 1910. ‖ ~ Larraín (EMILIANO), político chileno (1866-1931), vicepres. de la Rep. en 1910 y pres. de 1925 a 1927. ‖ ~ y Torres (ÁLVARO DE). V. ROMANONES.

figura f. Forma exterior de un cuerpo por la cual se distingue de otro, silueta. ‖ Cara, rostro : *el Caballero de la Triste Figura*. ‖ Tipo, facha : *tiene buena figura*. ‖ Escultura, pintura o dibujo que representa el cuerpo humano, el de un animal, etc. : *una figura de frente, de perfil*. ‖ Símbolo : *el esqueleto, figura de la muerte*. ‖ Personaje, persona notable : *las grandes figuras del pasado*. ‖ *Geom.* Conjunto de puntos, de líneas o superficies : *trazar figuras en el encerado*. ‖ Ejercicio de patinaje, esquí, saltos de trampolín, etc., que se exige en el programa de ciertas competiciones. ‖ Cualquiera de los naipes que representa un personaje, como la sota, el caballo y el rey. ‖ Pieza del ajedrez. ‖ Nota musical. ‖ Personaje principal de una obra de teatro y actor que lo representa. ‖ Movimiento en el baile. ‖ *Gram.* Modificación en el empleo de las palabras : *figura de construcción, de dicción, retórica*. ‖ *Amer.* Figura del delito, cuerpo del delito.

figuración f. Acción y efecto de figurar o figurarse una cosa. ‖ Idea, fantasía : *esas son meras figuraciones*.

figurado, da adj. Dícese del sentido en que se toman las palabras para que denoten idea diversa de la que recta y literalmente significan : *el libro alimenta el espíritu* (sentido figurado) ; *el pan alimenta el cuerpo* (sentido propio). ‖ Que usa de figuras retóricas : *lenguaje, estilo figurado*.

figurante, ta m. y f. *Teatr.* Comparsa, personaje poco importante en una comedia o baile. ‖ *Fig.* Persona cuyo papel no es más que decorativo.

figurar v. t. Delinear y formar la figura de una cosa : *figurar una casa, una montaña*. ‖ Representar alegóri-

camente : *figurar la fuerza por medio del león*. ‖ Aparentar, suponer, simular, fingir : *figuró una retirada*. ‖ — V. i. Formar parte de un número determinado de personas o cosas : *figurar entre los vocales de un consejo o junta*. ‖ Hacer, representar cierto papel. ‖ Ser tenido como persona importante : *figura mucho en la sociedad de Buenos Aires*. ‖ — V. pr. Creer, imaginarse.

figurativo, va adj. Que es representación de una cosa. ‖ *Arte figurativo*, el que representa figuras concretas por oposición al *arte abstracto*.

figurín m. Dibujo o patrón de modas. ‖ Revista de modas. ‖ *Fig.* Persona vestida con elegancia.

figurinista com. Persona que dibuja figurines.

figurita f. *Arg.* Carita.

figurón m. *Fig.* Hombre extravagante y presumido. ‖ Hombre a quien le gusta figurar. ‖ *Comedia de figurón*, comedia del s. XVII en la que el protagonista era un tipo ridículo o extravagante.

fijación f. Acción y efecto de fijar o establecer : *la fijación de un deber*. ‖ *Biol.* Coagulación, mediante un fijador, de un tejido orgánico para poder así examinarlo con el microscopio. ‖ *Quím.* Operación por la cual se convierte en fijo un cuerpo volátil. ‖ Operación por medio de la cual se fija una imagen fotográfica. ‖ En psicología, apego excesivo y exclusivo a una persona o cosa. ‖ — Pl. Ataduras para los esquíes.

fijador, ra adj. Que fija. ‖ — M. Líquido que sirve para fijar el pelo, las fotografías, los dibujos, etc. ‖ *Biol.* Líquido que coagula las proteínas de las células sin variar por ello las estructuras de éstas. ‖ Dispositivo que permite fijar en las botas los esquíes.

fijapelo m. Fijador del cabello.

fijar v. t. Poner algo en un sitio de manera segura : *fijar un sello, carteles*. ‖ Clavar, hincar : *fijar una chinche*. ‖ Asegurar, sujetar : *fijar con cuñas*. ‖ Dirigir : *fijar la mirada, la atención*. ‖ Determinar, precisar : *fijar una fecha, el significado de un vocablo*. ‖ Decidir : *aún no me han fijado mis honorarios*. ‖ Establecer : *fijó su domicilio en París*. ‖ Aplicar fijador a las fotografías, dibujos, etc. ‖ — V. pr. Localizarse en un sitio : *el dolor se me fijó en el pecho*. ‖ Asegurarse : *fijarse el tiempo*. ‖ Prestar atención : *se fijó en los detalles*. ‖ Darse cuenta : *no me fijé en sus facciones*. ‖ Mirar, observar : *me fijé en su elegancia*.

fijeza f. Seguridad, firmeza. ‖ Atención, persistencia : *miraba con fijeza*.

fijo, ja adj. Sujeto, que no se mueve : *punto fijo*. ‖ Inmóvil : *con los ojos fijos*. ‖ Que vive permanentemente en un lugar : *domicilio fijo*. ‖ Que no cambia, invariable : *Navidad es una fiesta fija*. ‖ Definitivo : *sueldo fijo*. ‖ Que no se volatiliza : *el platino es un cuerpo fijo*. ‖ *Idea fija*, idea que siempre está presente en la mente. ‖ — M. Sueldo o cantidad que uno recibe invariablemente cada cierto tiempo. ‖ — Adv. Con fijeza : *mirar fijo*. ‖ *De fijo*, seguramente.

fila f. Hilera de personas o cosas puestas unas detrás de otras : *la primera fila de una formación militar*. ‖ Línea horizontal en un cuadro. ‖ *Fig. y fam.* Antipatía, tirria : *le tenía fila*. ‖ — Pl. Agrupación, partido, bando : *me encontraba en las filas de los descontentos*. ‖ Cerrar filas, agruparse en torno a. ‖ *En fila o en fila india*, uno detrás de otro. ‖ *En filas*, en el servicio militar. ‖ *Mil.* Romper filas, deshacer una formación.

Filabres (SIERRA DE LOS), cord. de España al N. de Almería ; 2 137 m.

Filadelfia, en ingl. *Philadelphia*, c. al NE. de Estados Unidos (Pensilvania), a orillas del Delaware. Arzobispado. Universidad. Centro industrial. Refinería de petróleo. Fundada por William Penn en 1682, fue capital federal de 1790 a 1800.

Filadelfia. V. COLONIAS MENNONITAS.

filamento m. Elemento fino y alargado de un órgano animal o vegetal. ‖ Hilo muy delgado. ‖ En una bombilla o lámpara, hilo metálico conduc-

tor que se pone incandescente al pasar la corriente.

filantropía f. Amor a la humanidad.

filantrópico, ca adj. Relativo a la filantropía. || Inspirado en la filantropía : *hombre filantrópico.*

filantropismo m. Carácter filantrópico.

filántropo, pa m. y f. Persona que se distingue por su amor al prójimo.

filarmónico, ca adj. Apasionado por la música. || *Sociedad filarmónica,* aquella constituida por aficionados a la música.

filástica f. Cuerda.

filatelia f. Arte que trata del conocimiento de los sellos, principalmente los de correos.

filatélico, ca adj. Relativo a la filatelia : *exposición filatélica.*

filatelista com. Coleccionista de sellos de correos.

filete m. Moldura estrecha. || *Solomillo : filete a la parrilla.* || Lonja de carne magra o de·pescado sin espinas : *filete de lenguado.*

filetear v. t. Adornar con filetes. || Hacer las roscas de un tornillo o tuerca.

filfa f. *Fam.* Mentira, engañifa.

filiación f. Línea directa que va de los antepasados a los hijos o de éstos a los antepasados. || Enlace que tienen unas cosas con otras : *filiación de palabras.* || Señas personales de un individuo. || Ficha donde están estos datos. || *Mil.* Enrolamiento en un regimiento. || Acción de estar afiliado : *de filiación izquierdista.*

filial adj. De hijo : *respeto filial.* || — F. Sucursal : *la filial de Larousse en Madrid* (ú. t. c. adj.).

filiar v. t. Tomar los datos de alguien. || — V. pr. Alistarse como soldado. || Afiliarse a un partido.

filibusterismo m. Piratería.

filibustero m. Pirata en los mares de América en los s. XVII y XVIII. || El que trabajaba por la emancipación de las posesiones españolas de ultramar, y en particular de Cuba.

filicíneas f. pl. Familia de plantas que comprende especialmente los helechos (ú. t. c. adj.).

filiforme adj. Como un hilo.

filigrana f. Labor de orfebrería, en forma de encajes, en el oro y la plata. || Marca de fábrica del papel que se ve por transparencia. || Dibujo que tienen los billetes de banco y que se ve por transparencia. || *Fig.* Cosa finamente trabajada. || Acción o acto realizado con gran habilidad.

filipense adj. y s. De San Felipe (Venezuela). || De Filipos (Macedonia). || — M. Miembro de la congregación de San Felipe Neri.

filípica f. Discurso violento. || *Fig.* Represión severa, bronca.

Filipinas, archip. y república al SE. de Asia, entre el mar de China y el océano Pacífico ; 300 000 km²; 48 750 000 h. *(filipinos)* ; cap. *Manila,* 1 500 000 h. C. pr. *Ciudad Quezón,* 1 000 000 de h.; *Davao,* 500 000 ; *Cebú,* 450 000 ; *Caloocán,* 400 000 ; *Zamboanga,* 300 000 ; *Bacolod,* 225 000 ; *Iloilo,* 230 000 ; *Pasay,* 260 000.

— GEOGRAFÍA. Las más importantes del archipiélago, compuesto por más de 7 000, son las de Luzón, al N., y Mindanao al S., y las de Samar, Negros, Palawan, Panay, Leyte, Visayas, Joló, etc. El suelo es montañoso y volcánico, y la mayor altura la alcanza el volcán Apo (2 930 m), en Mindanao. El clima, cálido y húmedo, es bastante regular. La agricultura es el principal recurso económico (arroz, caña de azúcar, tabaco, copra). En la población, bastante heterogénea, predominan los elementos de raza malaya y grupos de negritos, chinos, españoles y norteamericanos. Existen numerosos dialectos en las islas, pero se habla sobre todo el tagalo, lengua oficial desde 1940. También se habla el inglés y el español. Hay 25 universidades, la más antigua de las cuales es la de Santo Tomás, fundada en 1611. La religión predominante es la católica.

filipino, na adj. y s. De las islas Filipinas. || *Fam.* Punto filipino, dícese de alguien de cuidado.

Filipo II (¿382 ?-336 a. de J. C.), rey de Macedonia (356) y padre de Alejandro Magno. Venció a los atenienses en Queronea (338) e iba a luchar contra los persas cuando fue asesinado:

Filipópolis. V. PLOVDIV.

Filipos, ant. c. de Macedonia, cerca del mar Egeo.

Filisola (Vicente), general mexicano, n. en Italia (1785-1850). En la guerra de independencia, luchó al principio al lado de los españoles, pero, más tarde, al redactarse el Plan de Iguala, se puso a las órdenes de Iturbide (1821) y entró al frente de sus tropas en la ciudad de México. Intervino posteriormente en el Congreso de Guatemala, que proclamó la independencia de América Central (1823).

filisteo, a adj. y s. Individuo de un ant. pueblo de Asia establecido en el S. de Fenicia. (Los filisteos, enemigos de los israelitas, desaparecieron en el s. VII.)

film m. Filme, película.

filmación f. Rodaje. || Toma de vistas cinematográficas.

filmador, ra adj. Que filma (ú. t. c. s.). || *F.* Cámara cinematográfica.

filmar v. t. Cinematografiar.

filme m. Película.

fílmico, ca adj. De la película o film.

filmografía f. Descripción o conocimiento de filmes o microfilmes. || Relación de películas realizadas por un director, productor o actor.

filmología f. Estudio científico del cine y su influencia en la vida social.

filmoteca f. Colección de cintas cinematográficas. || Local donde se proyectan.

filo m. Arista o borde agudo de un instrumento cortante : *el filo de la espada, de una navaja.* — *Al filo de,* hacia. || *Fig. De dos filos,* de resultado contrario al deseado.

filología f. Estudio de una lengua basándose en los textos y documentos que nos la hacen conocer. || Estudio de textos.

filológico, ca adj. De la filología : *un ensayo filológico de gran importancia.*

filólogo, ga m. y f. Especialista en filología.

filón m. Yacimiento, masa de metal entre dos capas de terreno diferentes. || *Fig. y fam.* Ganga, cosa de la que se saca mucho provecho.

Filón de Alejandría, filósofo griego de origen judío, n. en Alejandría (¿13 ? a. de J. C.-54).

filoso, sa adj. *Amer.* Con filo.

filosofador, ra adj. y s. Que filosofa.

filosofal adj. f. *Piedra filosofal,* aquella que los alquimistas creían que podía transformar todos los metales en oro ; (fig.) cosa que no es posible hallar.

filosofar v. i. Reflexionar acerca de una cosa apoyándose en razones filosóficas. || *Fam.* Pensar.

filosofastro, a m. y f. Filósofo de poca monta.

filosofía f. Ciencia general de los seres, de los principios y de las causas y efectos de las cosas naturales. || Sistema particular de un filósofo, de una escuela o de una época : *la filosofía de Platón.* || Sistema de principios que se establecen para explicar o agrupar ciertos hechos : *filosofía del Derecho.* || Resignación del que sabe soportar con tranquilidad todas las contrariedades de la vida : *aceptar una desgracia con filosofía.*

filosófico, ca adj. De la filosofía.

filósofo, fa m. y f. Persona que estudia filosofía o elabora una teoría filosófica || *Fig.* Persona que lleva una vida tranquila y retirada o que soporta con resignación las contrariedades de la vida.

filoxera f. Plaga de la vid producida por unos insectos hemípteros. || Estos insectos.

filtración f. Paso de un líquido a través de un filtro que retiene las partículas sólidas. || Paso del agua a través de la tierra, la arena. || *Fig.* Indiscreción.

filtrador m. Filtro.

filtrante adj. Que filtra o se filtra.

filtrar v. t. Hacer pasar un líquido por un filtro : *filtrar agua.* || — V. i. y

FI

FILIPINAS

pr. Penetrar un líquido a través de otro cuerpo sólido : *el agua se filtraba por la pared.* || *Fig.* Desaparecer el dinero. | Ser revelada una noticia por indiscreción o descuido.

filtro m. Cuerpo poroso o aparato a través de los cuales se hace pasar un líquido o un gas para eliminar las partículas sólidas en suspensión. || Extremo de un cigarrillo en el que hay una materia porosa que retiene el paso de la nicotina. || Dispositivo para eliminar los parásitos en un receptor de radio. || Pantalla que se coloca en un objetivo fotográfico para eliminar ciertos rayos del espectro. || Bebida a la cual se atribuía la propiedad de provocar el amor de una persona.

Filloy (Juan), novelista vanguardista argentino, n. en 1894, autor de *Periplo, Op Oloop, Caterva,* etc.

fimo m. Estiércol.

fimosis f. Estrechez en el prepucio.

fin m. Término, remate o consumación de una cosa : *el fin del año.* || Muerte : *acercarse uno a su fin.* || Finalidad, objeto : *perseguir un fin honesto.* || Destino : *el fin del hombre.* || — *A fin de,* con objeto de, para : *a fin de averiguar la verdad.* || *A fines de,* al final de : *a fines de la semana próxima.* || *Al fin* o *al fin y al cabo,* por último. || *Dar o poner fin a una cosa,* acabarla. || *En o por fin,* finalmente. || *Fin de fiesta,* espectáculo extraordinario hecho al final de una función de teatro para rendir un homenaje. || *Fin de semana,* el sábado y el domingo (aunque éste, en realidad, sea el primer día de la semana). || *Un sin fin,* una gran cantidad.

finado, da m. y f. Difunto.

final adj. Que termina o acaba : *punto final.* || *Fil.* Causa final, motivo principal, razón última de un ser, de una cosa. || — M. Fin, término de una cosa. || Extremidad : *al final de la calle.* || — F. Última prueba de una competición deportiva por eliminatorias.

finalidad f. Propósito con que o por que se hace una cosa. || Utilidad, razón de ser.

finalista com. Partidario de la doctrina de las causas finales. || — Adj. y s. En una competición deportiva o en un concurso, equipo o persona que llega a la prueba o votación final.

finalización f. Término, fin.

finalizar v. t. Concluir, dar fin : *finalizar una tarea.* || — V. i. Extinguirse.

financiación f. y **financiamiento** m. Aportación de capitales.

financiar v. t. Aportar, adelantar dinero : *financiar una empresa.* || — V. i. Dar dinero o capital.

financiero, ra adj. Relativo a las finanzas : *sistema financiero.* || — M. Hacendista. || Capitalista, banquero. || F. Entidad que hace préstamos, con su correspondiente interés, a las personas que compran a crédito.

financista com. *Amer.* Financiero.

finanzas f. pl. Hacienda, caudal, dinero, banca, mundo financiero.

finar v. i. Fallecer.

finca f. Propiedad rústica o urbana. (Se emplea generalmente en el primer sentido).

fincar v. i. Adquirir fincas (ú. t. c. pr.). || Establecerse, domiciliarse. || *Amer.* Estribar, consistir : *en esto finca su influencia.* || — V. t. *Méx.* Establecer.

finés, esa adj. y s. Finlandés.

fineza f. Finura.

Fingal (GRUTA DE), caverna al NE. de Escocia, en la isla de Staffa (Hébridas).

fingido, da adj. Que finge, engañoso. || Ficticio : *nombre fingido.*

fingidor, ra adj. y s. Que finge.

fingimiento m. Ficción, simulación.

fingir v. t. e i. Dar a entender lo que no es cierto : *fingir alegría* (ú. t. c. pr.). || Afectar, simular : *fingir una enfermedad* (ú. t. c. pr.).

finiquitar v. t. Liquidar una cuenta. || Acabar. || *Fig.* Matar.

finiquito m. Liquidación, saldo de una cuenta. || Documento en que consta esta liquidación.

finisecular adj. Del fin de siglo.

Finistère, dep. del NO. de Francia (Bretaña) ; cap. *Quimper.*

Finisterre, península y cabo en el extremo NO. de España (Coruña). — V. al NO. de España (Coruña). Pesca.

finito, ta adj. Que tiene fin.

FINLANDIA

finlandés, esa adj. y s. De Finlandia.

Finlandia, en finés *Suomi,* rep. del N. de Europa, entre Suecia, Noruega, la U. R. S. S. y el Báltico ; 337 000 km² ; 4 703 000 h. (fineses o finlandeses) Cap. *Helsinki,* 800 000 h. ; otras c. : *Tampere,* 165 000 h. ; *Turku,* 162 000 ; *Lahti,* 94 000 ; *Pori,* 80 000 h. ; *Oulu,* 90 000, y *Kuopio,* 70 000.

— GEOGRAFÍA. El territorio de Finlandia es una llanura con pequeñas eminencias cubiertas de bosques y millares de lagos. Las fuentes principales de la economía son la explotación de la madera, la ganadería y las industrias. Los bosques cubren las tres cuartas partes de la superficie.

Finlandia (GOLFO DE), golfo en el mar Báltico, entre Finlandia y la U. R. S. S., a cuyas orillas se encuentran Helsinki y Leningrado.

Finlay (Carlos Juan), médico e investigador cubano, n. en Camagüey (1833-1915). Efectuó importantes estudios sobre las enfermedades tropicales y descubrió el agente transmisor de la fiebre amarilla.

Finnmark, región en el norte de Noruega.

fino, na adj. Menudo, sutil : *lluvia fina.* || Puntiagudo : *extremidad fina.* || Delgado : *papel, talle fino.* || Delicado : *gusto fino.* || Agudo : *oído fino.* || De buena calidad, excelente : *turrón fino.* || Ligero : *tejido fino.* || Precioso, dícese de las perlas y de las piedras naturales empleadas en joyería. || Puro : *oro fino.* || Muy cortés o educado : *un joven muy fino.* || Astuto : *fino como un zorro.* || Muy seco : *jerez fino* (ú. t. c. s. m.).

finolis adj. y s. *Fam.* Aplícase a la persona fina y algo pedante.

Finot (Emilio), escritor boliviano (1888-1914), autor de poesías (*Alma Boliviana*) y ensayos. — (ENRIQUE), escritor y político boliviano (1891-

1952), autor de una *Historia de la literatura boliviana* y de novelas.

finta f. Ademán o amago con la espada. || Ademán hecho para engañar a uno. || Regate en fútbol.

fintar v. t. e i. Hacer fintas.

finura f. Primor, delicadeza. || Atención, detalle. || Cortesía : *hablar con mucha finura.*

Fionia, isla al SE. de Dinamarca, separada del Slesvig por el Pequeño Belt ; c. pr. *Odense.*

Fioravanti (José), escultor argentino, n. en 1896, autor de monumentos de grandes dimensiones de carácter naturalista (*Monumento a la Bandera*). — Su hermano OCTAVIO (1894-1970) fue también escultor y pintor postimpresionista.

fiord o **fiordo** m. Golfo estrecho y profundo de Noruega.

Firdusi (Abul Cassin Mansur), poeta persa (¿930 ?-1020).

firma f. Nombre de una persona, con rúbrica, que se pone al pie de un escrito para demostrar que se es el autor o que se aprueba lo contenido en él. || Conjunto de documentos que se presentan a una persona para que los firme, y acto de firmarlos : *la firma del presidente del Consejo de ministros.* || Empresa, casa de comercio, razón social : *una firma mercantil muy acreditada.*

firmamento m. Cielo.

firmante adj. y s. Que firma.

firmar v. t. Poner uno su firma.

firme adj. Estable, fuerte : *la mesa está firme.* || *Fig.* Entero, inconmovible, constante, que no se vuelve atrás : *un carácter firme.* || Dícese de las operaciones financieras o comerciales que tienen carácter definitivo. || Definitivo : *decisión firme.* || — M. Capa sólida en la que se cimenta una carretera, etc. || Pavimento de una carretera. || — Adv. Con firmeza. ||

— De firme, mucho, intensamente : llueve, estudia de firme. ‖ En firme, con carácter definitivo : venta en firme. ‖ Mil. ¡Firmes! voz de mando para que los soldados se cuadren.

firmeza f. Estabilidad, fortaleza : la firmeza de unos cimientos. ‖ Fig. Entereza : responder con firmeza. ‖ Arg. Antiguo baile popular. ‖ Su música.

Firozabad, c. al norte de la India (Uttar Pradesh).

firulete m. Amer. Dibujo de espirales. ‖ Adorno de mal gusto.

fiscal adj. Relativo al fisco o al oficio de fiscal : derechos fiscales ; ministerio fiscal. ‖ — M. y f. Agente del fisco. ‖ En los tribunales, el que representa el interés público : el fiscal del Reino, de la República. ‖ Fig. Persona que fiscaliza o juzga lo que hace otra.

fiscalía f. Cargo y oficina del fiscal. ‖ Fiscalía de tasas, servicio y control de precios.

fiscalización f. Examen, control.

fiscalizador, ra adj. y s. Que fiscaliza.

fiscalizar v. t. Hacer las funciones del fiscal. ‖ Fig. Controlar, inspeccionar. ‖ Fig. Averiguar o criticar las acciones de otro.

fisco m. Tesoro o erario del Estado. ‖ Administración encargada de calcular y recaudar los impuestos públicos.

fisgador, ra adj. y s. Curioso.

fisgar v. t. Husmear, curiosear.

fisgón, ona adj. y s. Curiosón.

fisgonear v. t. Fisgar.

fisgoneo m. Curiosidad. ‖ Indiscreción.

fisiatra com. Especialista médico en fisiatría.

fisiatría f. Parte de la medicina que se dedica a la rehabilitación de los órganos del cuerpo humano.

fisible adj. Escindible, que sufre una fisión en física nuclear.

física f. Ciencia que tiene por objeto el estudio de los cuerpos y sus leyes y propiedades, mientras no cambia su composición, así como de los agentes naturales con los fenómenos que en los cuerpos produce su influencia : física nuclear.

físico, ca adj. Perteneciente a la física : ciencias físicas. ‖ Relativo al cuerpo del hombre : educación física. ‖ Efectivo, material : imposibilidad física. ‖ — M. y f. Especialista en física. ‖ (Ant.). Médico. ‖ — M. Fisonomía, exterior de una persona : un físico poco agraciado. ‖ Constitución natural del hombre : lo físico influye en lo moral.

fisicomatemático, ca adj. Relativo a la física y a las matemáticas.

fisicoquímico, ca adj. Relativo a la física y a la química. ‖ — F. Ciencia que estudia los fenómenos físicos y químicos.

fisil adj. Escindible, fisible.

fisiocracia f. Doctrina económica que sostenía que la agricultura era la única fuente de riqueza.

fisiócrata adj. y s. Partidario de la fisiocracia.

fisiología f. Ciencia que tiene por objeto el estudio de las funciones de los seres orgánicos. ‖ Funcionamiento de un organismo.

fisiológico, ca adj. De la fisiología.

fisiólogo, ga m. y f. Especialista en fisiología.

fisión f. Fís. Escisión del núcleo de un átomo, a causa de un bombardeo de neutrones, que provoca la liberación de energía : la fisión del uranio.

fisionomía f. Fisonomía.

fisioterapeuta com. Persona que se dedica a la fisioterapia.

fisioterapia f. Med. Método curativo por medio de los agentes naturales (calor, frío, electricidad, ejercicios, etc.).

fisonomía f. Cara, rostro, semblante. ‖ Carácter o aspecto que distingue una cosa de otra.

fisonómico, ca adj. De la fisonomía : rasgos fisonómicos.

fisonomista y fisónomo, ma adj. y s. Dícese de la persona que recuerda las caras de aquellos a quienes ha visto o encontrado.

fístula f. Med. Conducto accidental y ulceroso que se abre en la piel o en las membranas mucosas.

fistular adj. De la fístula.

fisura f. Grieta, hendidura. ‖ Cir. Grieta longitudinal de un hueso o del diente. ‖ Hendedura en una masa mineral. ‖ Fig. Ruptura, fallo, falta.

Fitero, v. de España (Navarra). Monasterio de San Bernardo.

Fitzgerald (Francis SCOTT), novelista norteamericano (1896-1940), autor de A este lado del Paraíso, El gran Gatsby, Suave es la noche, Regreso a Babilonia, El último nabab, etc.

Fitzmaurice-Kelly (James), hispanista inglés (1857-1923).

Fitz Roy, monte de los Andes patagónicos entre Argentina (Santa Cruz) y Chile (Aisén) ; 3 375 m.

Fiume. V. RIJEKA.

fixing m. (pal. ingl.). Cotización del lingote de oro en el mercado.

flaccidez o **flacidez** f. Blandura.

fláccido, da o **flácido, da** adj. Falto de tersura, blando, fofo.

flaco, ca adj. Muy delgado : niño flaco. ‖ Fig. Flojo, endeble, sin fuerza : argumento, espíritu flaco. ‖ Débil : la carne es flaca. ‖ Memoria flaca, mala, poco fiel. ‖ Punto flaco, debilidad. ‖ — M. Debilidad moral : es su flaco. ‖ Méx. Fam. Acompañar a la flaca, morir.

flacuchento, ta adj. Amer. Flaco.

flacucho, cha adj. Muy flaco.

flacura f. Delgadez. ‖ Debilidad.

flagelación f. Azotamiento.

flagelado, da adj. Que tiene flagelos. ‖ — M. pl. Clase de protozoos provistos de flagelos.

flagelador, ra adj. y s. Que flagela.

flagelar v. t. Azotar. ‖ Fig. Criticar, fustigar, censurar severamente.

flagelo m. Azote. ‖ Calamidad. ‖ Filamento móvil, órgano locomotor de ciertos protozoos y de los espermatozoides. ‖ Fig. Azote.

flagrancia f. Calidad de flagrante.

flagrante adj. Evidente, indiscutible : injusticia flagrante. ‖ Que se realiza en el momento en que se habla : delito flagrante. ‖ En flagrante delito, en el mismo momento de hacer, de cometer un delito.

flai m. Pop. Porro.

flama f. Llama.

flamante adj. Brillante, resplandeciente. ‖ Nuevo, reciente.

flameado, da adj. Acción y efecto de pasar por el fuego.

flamear v. i. Llamear, echar llamas. ‖ Ondear al viento una vela, una bandera, etc. ‖ V. t. Quemar alcohol para esterilizar algo : flamear una llama : flamear plátanos.

flamenco, ca adj. De Flandes (en Francia y Bélgica) [ú. t. c. s.]. ‖ Fam. Achulado : ponerse flamenco (ú. t. c. s.). ‖ Dícese de la música, del baile y del cante folklórico andaluz (ú. t. c. m.). ‖ Que tiende a hacerse agitanado : aire, tipo flamenco (ú. t. c. s.). ‖ Amér. C. Delgado, flaco. ‖ — M. Ave palmípeda zancuda de plumaje blanco en el pecho y rojo en la espalda. ‖ Arg. Facón. ‖ — Escuela flamenca, conjunto de los artistas y de la producción artística de los países de lengua flamenca antes de la formación de la actual Bélgica. ‖ Movimiento flamenco, movimiento existente en Bélgica desde la segunda mitad del s. XIX que preconiza la autonomía política y cultural de Flandes. ‖ — M. Conjunto de dialectos hablados en Bélgica.

flamencología f. Conocimiento del cante y baile flamencos.

flamencólogo, ga adj. Conocedor, experto en flamencología (ú. t. c. s.).

flamenquería f. Afición a lo flamenco. ‖ Modo de obrar achulado.

flamígero, ra adj. Que arroja llamas. ‖ Aplícase al último período (s. XV) del estilo gótico cuando los contornos lanceolados recuerdan las llamas.

flámula f. Gallardete, grímpola.

flan m. Plato de dulce hecho con yemas de huevo, leche y azúcar.

flanco m. Cada una de las dos partes laterales de un cuerpo considerado de frente. ‖ Cada una de las dos murallas del baluarte que forman ángulo entrante con la cortina, y saliente con el frente.

Flandes, región de Europa Occidental (Francia y Bélgica), entre la ant. prov. francesa de Artois, el Escalda y

el mar del Norte. El condado de Flandes lo heredó Carlos I de España de su abuelo Maximiliano I y fue teatro de largas guerras. ‖ ~ Occidental, prov. de Bélgica ; cap. Brujas. ‖ ~ Oriental, prov. de Bélgica ; cap. Gante.

Flandes (Juan de), pintor flamenco establecido en España, m. hacia 1519.

flanquear v. t. Mil. Defender por medio de baluartes edificados en la costa. ‖ Apoyar o defender el flanco de una formación militar o de una posición con tropas o fuego de armas. ‖ Estar colocado a los lados de algo : flanqueado por dos inmensos edificios. ‖ Acompañar : flanqueado por dos guardaespaldas.

flap m. (pal. ingl.). Alerón que puede abatirse en el ala de un avión.

flaquear v. i. Fallar, mostrarse débil : me flaquea bastante la memoria. ‖ Estar a punto de ceder : la viga flaquea. ‖ Fig. Debilitarse : le flaquea la voluntad. ‖ Tener poca resistencia o solidez : me flaquean las piernas. ‖ Fallar, mostrar menos conocimientos.

flaqueada f. Amer. Flacura.

flaqueza f. Debilidad, poca resistencia : las flaquezas del género humano. ‖ Debilidad, punto flaco : esa es una de sus flaquezas. ‖ Delgadez.

flash m. (pal. ingl.). Luz relámpago empleada para hacer una fotografía en un lugar con poca iluminación. ‖ Información concisa transmitida en primer lugar. ‖ Fogonazo. ‖ Pop. Bienestar proporcionado por una droga.

flato m. Acumulación molesta de gases en el tubo digestivo. ‖ Emisión de estos gases por la boca. ‖ Amer. Tristeza, melancolía.

flatulencia f. Flato.

flatulento, ta adj. Que causa flato. ‖ Que lo padece.

Flaubert [flober] (Gustave), novelista francés, n. en Ruán (1821-1880), autor de obras realistas como una proa impecable : Madame Bovary, Salambó, La educación sentimental, Tres cuentos, etc.

flauta f. Instrumento músico de viento formado por un tubo con varios agujeros que producen el sonido según se tapan o destapan con los dedos. ‖ Copa alta y estrecha para beber champaña, vino espumoso. ‖ — M. y f. Flautista. ‖ Fig. Y sonó la flauta por casualidad, y ocurrió algo por milagro, casualmente.

flautín m. Flauta aguda y pequeña. ‖ Músico que la toca.

flautista com. Músico que toca la flauta.

Flavios, familia de Roma de la que eran miembros Vespasiano, Tito y Domiciano.

flebitis f. Med. Inflamación de una vena que puede provocar la formación de un coágulo.

fleco m. Hilos, borlas o cordoncillos que cuelgan y sirven de ornamento a vestidos, cortinas, muebles, etc. ‖ Flequillo de pelo. ‖ Borde de una tela deshilachada.

flecha f. Arma arrojadiza, consistente en un asta con punta afilada, que se dispara con el arco. ‖ Geom. Sagita. ‖ Punta de un campanario. ‖ Señal de dirección que indica el camino que hay que seguir : tomé el recorrido que señalaba la flecha.

flechar v. t. Asaetear, acribillar de flechas. ‖ Estirar la cuerda del arco para lanzar la flecha. ‖ Fig. y fam. Seducir, inspirar amor. ‖ Méx. Apostar en los juegos sin miedo. ‖ Fam. Ir flechado, muy rápido. ‖ — V. pr. Enamorarse rápidamente y mucho.

flechazo m. Disparo de flecha o herida causada por él. ‖ Fig. y fam. Amor repentino.

fleje m. Tira o banda de hierro o acero : los flejes de las camas antiguas. ‖ Ballesta, muelle.

flema f. Mucosidad que se arroja por la boca. ‖ Fig. Cachaza, pachorra.

Flemalle (Maestro de), pintor flamenco no identificado del s. XV, maestro de Van der Weyden.

flemático, ca adj. Impasible.

Fleming (Sir Alexander), médico y bacteriólogo inglés (1881-1955), descubridor, con Chain y Florey, de la penicilina. (Pr. Nobel. 1945.) ‖ ~ (IAN), novelista británico (1908-1964), creador del célebre agente secreto James

FI

263

Bond (Desde Rusia con amor, Goldfinger).

flemón m. Med. Inflamación del tejido celular o conjuntivo

Flensburgo, c. y puerto de Alemania Occidental en el Báltico (Slesvig-Holstein). Astilleros.

flequillo m. Pelo recortado que cae sobre la frente.

Flesinga, c. y puerto al SO. de Holanda (Zelanda).

fleta f. Arg. Lonja de carne, de embutido.

Fleta (Miguel B.), tenor español (1897-1938).

fletador, ra adj. Que fleta (ú. t. c. s.).

fletamento y **fletamiento** m. Contrato de transportes por mar. || Alquiler de un barco o avión.

fletar v. t. Alquilar un barco o avión o parte de él para conducir personas o mercancías. || Alquilar una caballería, un vehículo de transporte, etc. || Embarcar mercancías o personas. || Amer. Soltar, espetar. || V. pr. Cub. y Méx. Largarse, irse. || Arg. Colarse en una reunión.

flete m. Precio de alquiler de una nave o un avión. || Carga de un barco o avión. || Amer. Transporte. || Carga transportada.

fletero, ra adj. Amer. Alquilado para el transporte : camión fletero. || — M. Amer. Transportista.

flexibilidad f. Calidad de flexible

flexibilización f. Acción de dar mayor flexibilidad.

flexibilizar v. t. Dar mayor flexibilidad.

flexible adj. Que se dobla fácilmente, que cede : alambre, colchón flexible. || Fig. Que se acomoda sin dificultad : carácter flexible. || — M. Sombrero flexible. || Cordón o cable eléctrico.

flexión f. Acción y efecto de doblar o doblarse : flexión del brazo, de la pierna. || — Pl. Gram. Modificación que experimentan las voces conjugables y las declinaciones con el cambio de desinencias.

flexionar v. t. Hacer flexiones.

flexor, ra adj. y s. m. Que dobla o hace que una cosa se doble con movimientos de flexión.

Flint, condado del SO. de Gran Bretaña (Gales) ; cap. Mold. — C. del NE. de Estados Unidos (Michigan).

flipado, da adj. Pop. Drogado.

fliparse v. pr. Pop. Drogarse.

flirt [flert] m. (pal. ingl.). Flirteo.

flirtear v. i. Coquetear.

flirteo m. Coqueteo. || Persona con quien se coquetea.

flit m. Pop. Líquido insecticida.

Flix, c. al NE. de España (Tarragona), a orillas del Ebro. Embalse.

flojear v. i. Obrar, actuar con pereza. || Flaquear : los clientes flojean. || Disminuir : la calefacción flojea.

flojedad f. Debilidad. || Flaqueza en alguna cosa. || Fig. Pereza.

flojel m. Pato flojel.

flojera f. Flojedad, pereza.

flojo, ja adj. Mal atado, poco apretado o poco tirante : nudo flojo. || Sin fuerza : cerveza floja. || Fig. Sin intensidad : sonido flojo. || Regular, no muy bueno : película floja. || Que le faltan conocimientos suficientes : flojo en matemáticas. | Mediocre : razonamiento flojo. | Perezoso, holgazán (ú. t. c. s.). || Poco activo : mercado flojo. | Amer. Cobarde.

flor f. Parte de un vegetal que contiene los órganos de la reproducción : la flor del almendro. || Planta con flores. || Fig. Lo más escogido de una cosa : la flor de la sociedad, de la harina. | Nata que hace el vino. || Adorno poético : flor retórica. || Productos ligeros obtenidos por medio de la sublimación o la descomposición : flor de azufre. || Fig. Novedad, frescor : la flor de la juventud. | Piropo, requiebro : decir o echar flores a una mujer (ú. m. en pl.). || Parte exterior de las pieles adobadas. — A flor de, casi en la superficie. || En flor, en sazón. || Flor artificial o flor de mano, imitación de una flor, hecha con papel, tela, plástico, etc. || Flor de la edad o de la vida, juventud. || Méx. Flor del corazón, cualquiera de las magnoliáceas de flores aromáticas. || La flor y nata, lo mejor. || Flor de lis,

forma heráldica de la flor de lirio. || Flores de maíz, rosetas.

Flor (Roger de). V. ROGER DE FLOR.

flora f. Conjunto de las plantas de un país o región : la flora tropical. || Obra que enumera y describe. || Flora microbiana, conjunto de las bacterias que residen en los tejidos u órganos.

floración f. Aparición de las flores. || Su época.

floral adj. De la flor : verticilo floral. (V. JUEGOS FLORALES.)

floreado, da adj. Cubierto de flores. || Con dibujos de flores. || De flor de harina. || Fig. Ornado.

floreal m. Octavo mes del calendario republicano francés (20 de abril a 19 de mayo).

Floreana. V. SANTA MARÍA (isla de Ecuador).

florear v. t. Adornar con flores. || Sacar la flor de la harina. || Adornar, ornamentar : estilo muy floreado. || — V. i. Vibrar la punta de la espada. || Mús. Hacer arpegios con la guitarra. || Fam. Decir flores : florear a una joven. || Ampliar un relato añadiendo cosas ingeniosas pero falsas. || Méx. Hacer filigranas los charros en el manejo del lazo.

florecer v. t. Echar flor o cubrirse de flores : los almendros florecen temprano. || Fig. Prosperar : la industria florece en estos momentos. | Existir : los mejores escritores españoles florecieron en el Siglo de Oro.

floreciente adj. Que florece.

florecimiento m. Acción y efecto de florecer.

Florencia, en ital. Firenze, c. de Italia (Toscana), cap. de la prov. homónima, a orillas del Arno. Arzobispado. Universidad. Riquísimos museos, palacios y monumentos. En la Edad Media fue un gran centro artístico, literario y comercial. — Pobl. al NE. de la Argentina (Santa Fe). — C. en el centro de Colombia, cap. del dep. de Caquetá. — Mun. en el centro de Cuba (Ciego de Ávila).

Florencio Varela, c. de la Argentina, cap. del partido del mismo nombre (Buenos Aires).

florense adj. y s. De Flores (Uruguay). || Floreño (Guatemala).

florentino, na adj. y s. De Florencia (Italia, Colombia y Cuba).

floreño, ña adj. y s. De Flores (Guatemala).

floreo m. Fig. Conversación vana y de pasatiempo para hacer alarde de ingenio. | Dicho vano y superfluo : perder el tiempo en floreos. || Vibración de la punta de la espada.

florería f. Tienda de flores.

florero m. Vasija para las flores.

Flores, isla fluvial al SO. del Uruguay, en el Río de la Plata. — Isla del río Paraguay, que pertenece al Brasil y al Paraguay. — C. del NE. del Brasil (Pernambuco). — C. al N. de Guatemala, cab. del dep. de El Petén, llamada Tayasal durante la época maya. Centro comercial. — Dep. al SO. del Uruguay ; cap. Trinidad. Agricultura, ganado. — Isla portuguesa en el NO. del archip. de las Azores ; 143 km². — Isla de Indonesia, en el archip. de la Sonda, separada de las Célebes por el mar homónimo. — (Las), partido de la Argentina (Buenos Aires), en la llanura costera del Río de la Plata.

Flores (Cirilo), político guatemalteco (1779-1826), jefe del Estado en 1826. M. asesinado en una revuelta popular. || ~ (FRANCISCO), pirata peruano, activo entre 1644 y 1679. Trabajó para la catedral de Lima. || ~ (JUAN DE), escritor español del s. XV, autor de Historia de Grisel y Mirabella. || ~ (JUAN JOSÉ), general ecuatoriano, n. en Puerto Cabello (Venezuela) [1800-1864]. Intervino en la guerra de Independencia americana y en 1830 separó al Ecuador de la Gran Colombia. Primer pres. de la Rep. de 1830 a 1834, reelegido en 1839 y derribado en 1845. Promulgó la Constitución de 1843. || ~ (MANUEL ANTONIO), virrey de Nueva Granada de 1776 a 1782 y de Nueva España de 1787 a 1789. || ~ (MANUEL M.), poeta romántico mexicano (1840-1885), autor de Pasionarias. || ~ (RAFAEL), pintor mexicano (1832-1886). || ~ (VENANCIO), general uruguayo (1808-1868), miembro del triun-

virato de 1853 a 1854 y pres. interino de la Rep. de 1854 a 1855. En 1863 invadió el Uruguay, derribó al pres. Berro e instauró la dictadura (1865-1868). M. asesinado. || ~ **Avendaño** (GUILLERMO), militar guatemalteco, pres. de la Rep. de 1957 a 1958. M. en 1968. || ~ **de Lemus** (ANTONIO), economista español (1876-1941). || ~ **Jaramillo** (RENÁN), escritor ecuatoriano, n. en 1928, autor de ensayos (El otro rostro de América, Vientos contrarios, Los huracanes) y de novelas (El sol vencido, Militaria). || ~ **Jijón** (ANTONIO), político y escritor ecuatoriano (1833-1912), pres. de la Rep. de 1888 a 1892. Escribió obras históricas. || ~ **Magón** (RICARDO), político y escritor mexicano (1873-1922), precursor de la revolución de 1910.

floresta f. Espesura. | Lugar campestre. || Fig. Reunión de cosas agradables y de buen gusto. | Florilegio.

florete m. Espada fina sin filo cortante, acabada en un botón.

Florey (Howard), médico australiano (1898-1968), colaborador de Fleming y Chain en el descubrimiento de la penicilina. (Pr. Nobel, 1945.)

Flórez (Enrique), monje agustino español (1702-1773), autor de la monumental obra España Sagrada (29 vol.). || ~ (JULIO) poeta romántico colombiano (1867-1923).

Florianópolis, c. del SE. del Brasil, cap. del Estado de Santa Catarina, en la isla de este n. Arzobispado. Universidad.

floricultor, ra m. y f. Cultivador de flores.

floricultura f. Cultivo de las flores.

Florida, brazo de mar al SE. de América del Norte, entre las peníns. homónima y la isla de Cuba. — Peníns. baja del SE. de Estados Unidos, separada de Cuba por el canal homónimo, que forma uno de los Estados de la Unión ; cap. Tallahassee. Playas muy famosas (Miami, Palm Beach). Yacimientos de fosfato. Base de lanzamiento de cohetes (Cabo Cañaveral). Fue descubierta en 1513 por Ponce de León y vendida por España a Estados Unidos en 1821. — Prov. al E. de Bolivia (Santa Cruz) ; cap. Samaipata. — Mun. al O. de Colombia (Valle del Cauca). — Mun. de Cuba (Camagüey). — C. de Chile en la VIII Región (Biobío) y en la prov. de Concepción, cap. de la com. de su n. — Pobl. al S. del Paraguay (Misiones). — C. en el centro sur del Uruguay, cap. del dep. homónimo. Obispado. En ella se declaró la independencia del Uruguay (1825). || ~ (La), com. de Chile en el Área Metropolitana de Santiago. Central hidroeléctrica.

Floridablanca (José MOÑINO, conde de), magistrado y político español (1728-1808). Ministro de Carlos III, desarrolló la instrucción pública, la marina y la industria.

floridano, na adj. y s. De Florida (Estados Unidos).

floridense adj. y s. De Florida (Uruguay).

florido, da adj. Que tiene flores : árbol florido. || Arq. Flamígero : gótico florido. || Fig. Escogido, selecto : es de lo más florido. || Aplícase al lenguaje o estilo elegante y adornado. || Letra florida, la muy adornada. || Pascua florida, Pascua de Resurrección.

Floridsdorf, distrito que engloba el área suburbana del NE. de Viena (Austria). Industrias. Refinería de petróleo.

florilegio m. Colección de trozos selectos de obras literarias.

florin m. Unidad monetaria de Holanda, Hungría y Surinam.

Florinda la Cava, figura legendaria española (s. VIII), hija del conde Don Julián, quien, ultrajada por el rey godo Don Rodrigo, provocó la alianza de su padre con los invasores musulmanes.

floripondio m. Arbusto solanáceo del Perú, de flores blancas. | Fig. Adorno rebuscado y de mal gusto.

florista com. Persona que vende flores : le compré a la florista unas rosas para ella.

floristería f. Tienda de flores.

Florit (Eugenio), poeta cubano, n. en Madrid en 1903, autor de Trópico, Doble acento, Asonante final, Hábito de esperanza, etc.

264

floritura f. Adorno en una melodía. ‖ *Fig.* Adorno accesorio, arabesco.

florón m. Adorno en forma de flor que se utiliza en pintura y arquitectura. ‖ *Blas.* Flor que se pone como adorno en algunas coronas. ‖ *Fig.* Hecho que honra o da lustre.

flota f. Gran número de barcos que navegan juntos. ‖ Conjunto de las fuerzas navales de un país o de una compañía marítima : *la flota española.* ‖ Conjunto de aviones que operan juntos.

flotabilidad f. Calidad que poseen algunos cuerpos de no sumergirse.

flotación f. Estado de un objeto que flota. ‖ Estado de una moneda cuya paridad respecto al patrón establecido cambia constantemente. ‖ *Línea de flotación,* la que separa la parte sumergida de un barco de la que no lo está.

flotador, ra adj. Que flota en un líquido. ‖ — M. Cuerpo destinado a flotar en un líquido.

flotante adj. Que flota. ‖ *Deuda flotante,* parte de la deuda pública sujeta a cambios diarios. ‖ *Población flotante,* la de paso en una ciudad.

flotar v. i. Sostenerse un cuerpo en la superficie de un líquido : *el corcho flota en el agua.* ‖ Ondear en el aire : *la bandera flotaba.* ‖ *Fig.* Oscilar, variar. ‖ Difundirse en el ambiente. ‖ Tener una moneda un valor variable comparada con el oro u otra divisa.

flote m. Flotación. ‖ — *A flote,* sobrenadando : *poner una embarcación a flote.* ‖ *Fig.* Salir a flote, salir adelante de dificultades.

flotilla f. Flota de barcos ligeros o de aviones. ‖ *Méx.* Conjunto de vehículos de alquiler.

flotillero m. *Méx.* Dueño de varios vehículos alquilados a distintos chóferes.

fluctuación f. Cambio, variación : *las fluctuaciones de los precios.*

fluctuante adj. Que fluctúa.

fluctuar v. i. Vacilar un cuerpo sobre las aguas. ‖ Ondear, ser llevado por las olas : *la barca fluctúa.* ‖ *Fig.* Oscilar, crecer y disminuir alternativamente : *fluctuar los valores.* ‖ Vacilar, dudar.

fluidez f. Calidad de fluido.

fluidificar v. t. Hacer o volver fluido.

fluido, da adj. Aplícase al cuerpo cuyas moléculas tienen entre sí poca o ninguna coherencia, y toma siempre la forma del recipiente que lo contiene : *sustancia fluida* (ú. t. c. s. m.). ‖ *Fig.* Corriente, suelto, fácil : *prosa fluida.* ‖ Dícese del tráfico automovilístico cuando éste se efectúa a una velocidad normal, sin paradas debidas a embotellamientos. ‖ — M. Nombre de algunos agentes de naturaleza desconocida que intervienen en ciertos fenómenos : *fluido nervioso.* ‖ Corriente eléctrica.

fluir v. i. Correr un líquido. ‖ *Fig.* Surgir, salir : *idea que fluyó de su mente.*

flujo m. Movimiento de los fluidos. ‖ Movimiento regular de ascenso de la marea a ciertas horas. ‖ *Fig.* Abundancia excesiva : *flujo de risa, de palabras.* ‖ — *Flujo de sangre,* hemorragia violenta. ‖ *Flujo de vientre,* diarrea. ‖ *Flujo menstrual,* reglas.

fluminense adj. y s. De Río de Janeiro (Brasil). ‖ De Los Ríos (Ecuador).

flúor m. *Quím.* Cuerpo simple gaseoso, de color verde amarillento, de número atómico 9, que es corrosivo y sofocante. (Símb., F.).

fluorescencia f. *Fís.* Propiedad de ciertos cuerpos de emitir luz cuando reciben ciertas radiaciones.

fluorescente adj. Que tiene fluorescencia.

fluorhídrico, ca adj. Aplícase a un ácido formado por el flúor y el hidrógeno.

fluorina y **fluorita** f. Fluoruro natural de calcio.

fluoruro m. Compuesto formado por el flúor y otro elemento.

flus m. *Amer.* Flux, traje.

Flushing Meadow Park, localidad en Nueva York donde se celebran los campeonatos internacionales de tenis de los Estados Unidos.

fluvial adj. Relativo a los ríos.

flux m. *Amer.* Traje de hombre completo. ‖ — *Fig.* y *fam. Méx. Estar a flux,* no tener nada. ‖ *Amer. Tener flux,* tener suerte.

F.M.I., siglas de *Fondo Monetario Internacional.*

F.O.B., siglas de *free on board,* franco a bordo, precio de la mercancía en el puerto de origen.

fobia f. Miedo angustioso que algunos enfermos experimentan en determinadas circunstancias. (Sirve también como sufijo a algunas palabras como *claustrofobia, xenofobia, agorafobia, hidrofobia.*)

foca f. Mamífero carnicero pinnípedo que vive principalmente en los mares polares. ‖ Piel que tiene.

focal adj. Del foco : *lente focal.*

focalización f. *Fís.* Concentración del haz de electrones en el tubo catódico de un televisor.

focalizar v. t. Hacer converger en un punto un haz luminoso o un flujo de electrones.

Focea, hoy *Fotcha,* ant. c. de Asia Menor (Jonia).

focense adj. y s. De Fócida (Grecia).

Fócida, región de la ant. Grecia, al N. del golfo de Corinto.

Focio, patriarca de Constantinopla y escritor bizantino (¿820-895 ?), que provocó el cisma de Oriente.

foco m. *Fís.* Punto donde convergen los rayos luminosos reflejados por un espejo esférico o refractados por una lente de cristal. ‖ *Geom.* Punto cuya distancia a cualquier otro de ciertas curvas (elipse, parábola, hipérbola) se puede expresar en función de las coordenadas de dichos puntos. ‖ *Fig.* Centro activo de ciertas cosas : *un foco de ilustración.* ‖ Punto donde se reúnen cosas de distintas procedencias. ‖ Proyector de donde salen potentes rayos luminosos o caloríficos : *iluminado por un foco.* ‖ *Méx.* Bombilla.

Foch (Ferdinand), mariscal de Francia (1851-1929), generalísimo de los ejércitos aliados en 1918.

Fochan. V. FATCHAN.

Foe. V. DEFOE.

fogarada f. Llamarada.

fogata f. Fuego que levanta llama.

Fogazzaro (Antonio), poeta y novelista italiano (1842-1911), autor de *Daniel Cortis.*

Foggia, c. del SE. de Italia (Pulla), cap. de la prov. homónima. Obispado. Catedral. Arsenal.

fogón m. Lugar donde se hace lumbre en las cocinas. ‖ Cocina. ‖ Hogar de las máquinas de vapor. ‖ Oído de las armas de fuego. ‖ *Amer.* Fogata. ‖ *Arg.* Reunión en torno al fuego.

fogonazo m. Llama que levanta la pólvora y el magnesio cuando explota o se inflama. ‖ *Fig.* Flash : *los fogonozos de la actualidad.* ‖ *Méx.* Cualquier bebida con licores.

fogonero, ra m. y f. Persona que cuida del fogón de las máquinas de vapor.

fogosidad f. Ardor, ímpetu.

fogoso, sa adj. Ardiente, impetuoso : *tenía un carácter fogoso.*

foguear v. t. Limpiar con fuego una escopeta. ‖ Acostumbrar a los soldados al fuego. ‖ Poner al toro banderillas de fuego. ‖ *Fig.* Acostumbrar a alguien a ciertos trabajos, adquirir cierto hábito (ú. t. c. pr.).

fogueo m. Acción de foguear.

Fo-Hi, figura legendaria china, primer emperador y legislador (hacia 3 300 a. de J. C.).

foie-gras m. (pal. fr.). Pasta de hígado de ganso o pato.

Foix [*fua*], c. del S. de Francia, cap. del dep. del Ariège.

Foix (Germaine de), princesa francesa (1488-1538), segunda esposa de Fernando el Católico.

folclore m. Folklore.

folía f. Cierto baile antiguo. ‖ Canto y baile popular canario.

foliáceo, a adj. De las hojas.

foliación f. Acción y efecto de foliar y serie numerada de los folios de un libro. ‖ Momento en que echan sus hojas las plantas. ‖ Colocación de las hojas en las plantas.

foliado, da adj. Con hojas.

foliar v. t. Numerar los folios de un libro.

folículo m. *Bot.* Pericarpio membranoso, con una valva o ventalla. ‖ *Zool.* Glándula sencilla situada en el espesor de la piel o de las mucosas.

folio m. Hoja del libro o cuaderno. ‖ Titulillo o encabezamiento de las páginas de un libro.

foliolo m. Hoja.

Folkestone [*folkston*], c. y puerto del SE. de Inglaterra (Kent).

folklore m. Ciencia o conjunto de las tradiciones, costumbres, canciones y leyendas de un país : *el folklore catalán.* ‖ *Fam.* Lío, jaleo.

folklórico, ca adj. Del folklore. ‖ *Fig.* Pintoresco, pero desprovisto de seriedad.

folklorista com. Persona especialista en folklore.

follaje m. Conjunto de las hojas de los árboles : *el follaje del abeto.* ‖ *Arq.* Adorno de hojas y ramas. ‖ *Fig.* Adorno superfluo, hojarasca.

follar v. t. Soplar con un fuelle. ‖ *Pop.* Fornicar (ú. t. c. pr.).

folleto m. *Pop.* Fornicación.

folletín m. Fragmento de novela que se inserta en un periódico : *folletín policiaco.* ‖ Novela mala. ‖ *Fig.* Suceso o acontecimiento melodramático.

folletinesco, ca adj. Propio del folletín.

folletinista com. Persona que escribe folletines.

folleto m. Impreso menos voluminoso que un libro y que no suele encuadernarse. ‖ Prospecto.

folletón m. Folletín.

follón, ona adj. Vil, canalla. ‖ *Fam.* Pesado, latoso. ‖ — M. *Fam.* Lío, enredo : *¡ vaya follón !* ‖ Desorden, confusión. ‖ Jaleo : *estaba metido en un follón.* ‖ Escándalo : forma un follón por naderías. ‖ Alboroto, discusión, riña : *allí siempre hay follones.* ‖ Pesado, latoso : *ese amigo tuyo es un follón.* ‖ Pesadez. ‖ Ventosidad sin ruido. ‖ *Ecuad.* Refajo.

Fombona ‖ — **Pachano** (JACINTO), poeta venezolano (1901-1951), autor de *Virajes* y *Las torres desprevenidas.* ‖ — **Palacio** (MANUEL), poeta y político venezolano (1857-1903).

fomentación f. Fomento.

fomentador, ra adj. y s. Que fomenta.

fomentar v. t. Excitar, activar, enardecer : *fomentó la sublevación en su país.* ‖ Favorecer, estimular, alentar.

fomento m. Ayuda, protección : *sociedad de fomento.* ‖ Estímulo : *fomento de la producción.* ‖ Promoción : *fomento de las ventas.* ‖ Desarrollo : *Banco de Fomento.* ‖ Paño o compresa caliente para ablandar los furúnculos. ‖ Calor.

Fomento, térm. mun. en el centro sur de Cuba (Sancti Spíritus), creado en una parte de la ciudad de Trinidad.

fon m. Unidad de potencia sonora.

fonación f. Conjunto de fenómenos que participan en la formación de la voz.

fonda f. Pensión, hotel modesto. ‖ Cantina en las estaciones.

fondeadero m. *Mar.* Sitio donde anclan los barcos.

fondear v. t. Reconocer el fondo del agua. ‖ Registrar el fisco una embarcación. ‖ *Fig.* Examinar, sondear : *fondear a un candidato.* ‖ Profundizar, examinar profundamente. ‖ — V. i. *Mar.* Echar el ancla, anclar : *fondear en la ensenada.* ‖ Llegar a un puerto.

fondeo m. Anclaje.

fondero, ra m. y f. *Amer.* Fondista.

fondillos m. pl. Parte trasera del pantalón.

fondista com. Propietario de una fonda. ‖ Nadador o corredor de largas distancias.

fondo m. Parte inferior de una cosa hueca : *el fondo de un vaso.* ‖ Parte sólida en la que descansa el agua del mar o de un río. ‖ Profundidad : *con poco fondo.* ‖ Lo que queda en el fondo : *el fondo de la botella.* ‖ Parte que se encuentra más lejos de la entrada : *el fondo de una habitación.* ‖ En las telas, tejido en el cual se hacen las labores. ‖ Segundo plano de una pintura, fotografía, etc. ‖ Catálogo de una biblioteca o editorial. ‖ Capital, caudal : *fondo social.* ‖ *Fig.*

FL

265

Índole : *chica de buen* (o *mal*) *fondo*. | Ambiente, medio. | Tema, idea : *el fondo de su comedia.* | Resistencia física. | Lo esencial de una cosa : *el fondo de un problema.* | Lo más oculto o íntimo : *en el fondo del corazón.* | *Méx.* Prenda de vestir femenina que se pone debajo de la falda o vestido. || — Pl. Dinero : *tener fondos disponibles.* || Parte sumergida del barco. || — *A fondo*, enteramente. || *A fondo perdido*, sin posibilidad de recuperación. || *Bajos fondos*, el hampa. || Carrera de fondo, la de largo recorrido (más de 5 000 m en atletismo y más de 800 en natación). || *Mar.* Dar fondo, echar el ancla al fondo. || *En el fondo*, en último término. || *Fondos públicos*, los del Estado. || *Fig.* Tocar fondo, llegar al extremo de las posibilidades de uno, al fin de su desgracia.

Fondo Monetario Internacional, (F.M.I.), organismo de las Naciones Unidas creado en 1944 para fomentar la cooperación monetaria internacional. Sede en Washington.

fondón, ona adj. *Fam.* Gordo, culón (ú. t. c. s.).

fondongo, ga adj. y s. *Amer.* Fondón. | *Méx.* Sucio.

fonema m. Cada uno de los sonidos simples del lenguaje hablado (sonido y articulación).

fonendoscopio m. *Med.* Estetoscopio para explorar al enfermo mediante auscultación.

fonético, ca adj. Relativo al sonido. || — F. Estudio de los sonidos y las articulaciones del lenguaje hablado, independientemente de su función lingüística.

fonetismo m. Calidad de fonético.

fonetista com. Especialista en fonética.

foniatra com. Médico que trata los trastornos de la voz.

foniatría f. Parte de la otorrinolaringología que estudia la voz.

fónico, ca adj. Relativo a la voz.

fonio m. Fono.

fono m. Unidad de potencia sonora para medir la intensidad de los sonidos. | *Chil.* Auricular de teléfono.

fonocaptor m. Lector de tocadiscos.

fonográfico, ca adj. Del fonógrafo.

fonógrafo m. Gramófono.

fonograma m. Signo empleado en la escritura fonética.

fonología f. Ciencia que estudia los sonidos atendiendo a su función en una lengua determinada.

fonoteca f. Lugar donde se guardan los documentos sonoros.

Fonsagrada, v. de España (Lugo).

Fonseca, golfo de América Central, en el Pacífico, perteneciente a El Salvador, Honduras y Nicaragua. — Río al SO. de Panamá (Chiriquí) que des. en el océano Pacífico. — Mun. al N. de Colombia (Guajira). Cobre. Agricultura. Granadería.

Fonseca (Cristóbal), escritor ascético agustino español (1550-1621), autor de *Tratado del amor de Dios.* | ~ (HERMES RODRIGUES DA), general brasileño (1855-1923), prelado español de 1910 a 1914. || ~ (JUAN RODRÍGUEZ DE), arzobispo español (1451-1524), pres. del Consejo de Indias. Fue enemigo de Colón, de Cortés y del Padre Las Casas. || ~ (MANUEL DEODORO DA), militar brasileño (1827-1892), jefe de la sublevación que derribó la monarquía y primer pres. de la Rep. en 1889. || ~ (PEDRO DA), jesuita y filósofo portugués (1528-1599), llamado el *Aristóteles portugués.*

Fontainebleau [*fontenbló*], c. de Francia (Seine-et-Marne), a 60 km al S. de París. Palacio construido por Francisco I (1527).

fontana f. *Poét.* Fuente.

Fontana, lago al S. de la Argentina (Chubut). — Pobl. al N. de la Argentina (Chaco).

Fontana (Carlo), arquitecto italiano (1634-1714). Trazó los planos para la basílica de Loyola (Guipúzcoa). || ~ (DOMENICO), arquitecto italiano (1543-1607), autor de la fachada de San Juan de Letrán y de la biblioteca del Vaticano (Roma). || ~ (LUCIO), escultor y pintor argentino (1899-1968).

fontanela f. Cada uno de los espacios membranosos del cráneo de los recién nacidos antes de osificarse.

fontanería f. Oficio de fontanero. || Conjunto de tubos.

fontanero m. Obrero que pone y repara las instalaciones y cañerías o conductos domésticos de agua y gas.

Fontenay ~ -aux-Roses, pobl. de Francia (Hauts-de-Seine), cerca de París. Centro de investigaciones nucleares. || ~sous-Bois, mun. de Francia (Val-de-Marne), al E. de París.

Fontibón, páramo al NE. de Colombia (Norte de Santander), en la Cord. Oriental. — C. en el centro de Colombia (Cundinamarca).

Fontibre, lugar de nacimiento del río Ebro en el N. de España, cerca de Reinosa (Cantabria).

Fontiveros, v. en el centro de España (Ávila).

Font-Romeu, pobl. al SE. de Francia en los Pirineos orientales (Cerdaña). Centro de entrenamiento deportivo.

football m. (pal. ingl.). Fútbol.

footing [*fúting*] m. (pal. ingl.). Marcha a pie.

Footscray, suburbio de Melbourne (Australia). Industrias.

foque m. *Mar.* Nombre común a todas las velas triangulares.

forajido, da adj. y s. Malhechor.

foral adj. Relativo al fuero.

foráneo, a adj. Forastero (ú. t. c. s.). | Extraño, extranjero.

forastero, ra adj. y s. Dícese de la persona que no tiene su domicilio en la localidad donde se encuentra.

Forcarey, mun. al NE. de España (Pontevedra). Madera. Estaño.

forcejear v. i. Esforzarse.

forcejeo m. Esfuerzo.

fórceps m. inv. *Cir.* Instrumento que se usa para la extracción de las criaturas en los partos difíciles.

Ford (Gerald), político norteamericano, n. en 1913. Pres. a partir de la dimisión de R. Nixon en 1974 hasta 1977. || ~ (JOHN), dramaturgo inglés (1586-1639), autor de tragedias (*Corazón roto*).

Foreign Office, ministerio británico de Asuntos Exteriores.

forense adj. Jurídico, relativo al foro : *práctica forense.* || Dícese del médico que efectúa los reconocimientos por orden judicial. Ú. t. c. s. : *en presencia del forense.*

Forest, c. de Bélgica en el S. de Bruselas. || ~ **Hills,** barrio de Nueva York.

forestación f. Repoblación forestal.

forestal adj. Relativo a los bosques.

Forey (Élie Frédéric), general francés (1804-1872). Jefe del cuerpo expedicionario enviado a México, tomó Puebla (1863).

forfait m. (pal. fr.). En deportes, abandono. | Tarjeta que autoriza la utilización de un servicio un número ilimitado de veces durante cierto período de tiempo. || *A forfait*, a tanto alzado.

Forfar o **Angus,** condado de Gran Bretaña (Escocia oriental) ; cap. *Forfar.* — C. pr. *Dundee.*

forja f. Fragua de los metales. || Acción y efecto de forjar.

forjador, ra adj. y s. Que forja.

forjar v. t. Dar a la primera forma con el martillo o prensa a cualquier metal. | Construir los albañiles. || *Fig.* Crear. | Inventar, imaginar : *forjar planes.* || — V. pr. *Fig.* Labrarse : *se ha forjado una buena reputación.* | Imaginar.

Forlì, c. de Italia (Emilia), cap. de la prov. homónima, al S. de Ravena.

forma f. Figura exterior y disposición de los cuerpos u objetos : *la forma de una casa.* | Apariencia, aspecto : *de forma extraña.* | Modo de obrar o proceder : *obrar en la forma debida.* | Molde : *la forma de un sombrero.* | Tamaño de un libro, grabado, etc. : *forma apaisada.* | Modo, manera : *no hay forma de ir.* | Modales, comportamiento : *guardar las formas.* | Carácter de un gobierno, de un Estado, según la Constitución : *forma monárquica, republicana.* | Estilo de una obra literaria o artística : *la forma de una obra es tan importante como el fondo.* | Hostia. | Palabras de un sacramento. || *Fil.* Principio activo que constituye la esencia de los cuerpos. || *For.* Requisitos externos en los actos jurídicos : *vicio de forma.* || Buena condición física : *estar en forma.* ||

Impr. Molde con las páginas de un pliego. || *Amer.* Formulario. || Configuración femenina : *formas atractivas.* || — *En forma, en debida forma* o *en buena forma*, con todas las formalidades necesarias.

formación f. Acción y efecto de formar o formarse : *la formación de un tumor.* || Educación, instrucción : *formación de la juventud ; formación profesional.* || Desarrollo de los órganos, de un cuerpo en la pubertad. || Rocas o piedras que constituyen un suelo : *formación terciaria.* || *Mil.* Conjunto de los elementos que constituyen un cuerpo de tropas : *formación naval, aérea.* | Disposición de la tropa : *formación en columnas de a tres.* | Equipo deportivo.

formador, ra adj. y s. Que forma.

formal adj. Relativo a la forma. | Relativo a la apariencia y no al fondo. || Que tiene formalidad, serio : *un negociante muy formal.* || Con todos los requisitos : *renuncia formal.* | Preciso, categórico.

formalidad f. Exactitud, puntualidad. || Seriedad : *chica de mucha formalidad.* || Requisito, condición necesaria para la validez de un acto civil, judicial : *cumplir las formalidades exigidas.* || Ceremonia, norma.

formalismo m. Riguroso observancia en las formas o normas puramente externas.

formalista adj. Dícese de la persona muy cuidadosa de las formas (ú. t. c. s.).

formalización f. Acción y efecto de formalizar.

formalizar v. t. Hacer formal o serio : *formalizó su situación.* || Legalizar : *formalizar un expediente.* || Regularizar. | Concretar. | Dar forma legal o reglamentaria.

formar v. t. Dar el ser y la forma (ú. t. c. pr.). | Dar forma : *formar letras, números.* | Componer : *colinas que forman un anfiteatro.* | Concebir : *formar uno planes* (ú. t. c. pr.). || Constituir : *formar una sociedad* (ú. t. c. pr.). | Integrar : *ellos forman el consejo.* | Adiestrar, educar : *formar a sus discípulos.* | Instruir : *estas lecturas le formaron.* | Reunirse en : *formaron un corro.* || *Mil.* Poner en filas : *formar el batallón* (ú. t. c. i.). || — V. pr. Tomar forma. | Hacerse : *se formó una idea errónea.* | Desarrollarse una persona. | Criarse.

formativo, va adj. Que forma.

formato m. Tamaño.

Forment (Damián), escultor español (1480-1541), autor de obras de estilo renacentista (retablos del Pilar de Zaragoza, de la catedral de Huesca, etc.). Tuvo un taller muy importante.

Formentera, isla de España al S. de Ibiza (Baleares) ; 82 km².

Formentor, cabo y centro turístico al NE. de la isla de Mallorca (Baleares).

Formia, c. en el centro sur occidental de Italia (Lacio).

fórmico, ca adj. Dícese de un ácido que se encuentra en las ortigas, en el cuerpo de las hormigas, etc.

formidable adj. Muy grande, muy fuerte : *lluvia formidable.* || Extraordinario : *nota formidable.* || Asombroso.

Formigal, estación de deportes de invierno al NE. de España en el mun. de Sallent de Gállego (Huesca).

formol m. Desinfectante obtenido de la oxidación del ácido metílico.

formón m. Escoplo más ancho y menos grueso que el común.

Formosa, c. del NE. de la Argentina, cap. de la prov. homónima. Obispado. — V. TAIWAN.

formoseño, ña adj. y s. De Formosa (Argentina).

fórmula f. Modelo que contiene los términos en que debe redactarse un documento : *fórmula legal.* | Modo de expresarse, de obrar según las buenas costumbres : *fórmulas de cortesía.* | Resultado de un cálculo ; expresión de una ley física. | Nota en que se dicta cómo debe hacerse una cosa : *según la fórmula que me indicaron.* || *Quím.* Representación por medio de símbolos de la composición de un cuerpo compuesto. || *Fig.* Conjunto de indicaciones o de elementos que dan una solución entre varias posiciones distintas : *fórmula política.* || Características (peso, cilindrada, consumo, etc.) que han de tener los automóviles para participar en una competición : *hay una carrera de fórmula uno.* || *Amer.* Por fórmula, sólo por cumplir, por pura costumbre.

formulación f. Acción y efecto de formular.

formular v. t. Expresar de manera precisa, exponer : *formular una objeción.* || Recetar conforme a una fórmula : *formular una receta.* || Expresar, manifestar : *formular votos por el éxito de alguien.* || — V. i. *Quím.* Poner la fórmula de un cuerpo.

formulario, ria adj. Relativo a la fórmula. || Hecho por cumplir : *una visita formularia.* || — M. Colección de fórmulas, recetario. || Papel o libro que contiene las fórmulas que hay que cumplir para obtener algo.

formulismo m. Sujeción excesiva a las fórmulas.

formulista adj. Muy dado a las fórmulas.

Fornaris (José), poeta cubano (1827-1890), autor de *Cantos del Siboney.*

Forner (Juan Pablo), crítico literario y polemista español, n. en Mérida (1756-1797), autor de *Exequias de la lengua castellana.* || ~ (RAQUEL), pintora argentina, n. en 1902. Su estilo está dentro de una figuración expresionista.

fornicación f. Acción y efecto de fornicar.

fornicar v. i. Tener ayuntamiento o cópula carnal (ú. t. c. t.).

fornido, da adj. Robusto.

foro m. Plaza en Roma en la que se celebraban las reuniones públicas. || *Por ext.* Sitio donde los tribunales juzgan las causas. || Ejercicio de la abogacía o de la magistratura. || *Teatr.* Fondo del escenario. || *Desaparecer por el foro,* irse.

forofo, fa m. y f. *Fam.* Fanático.

forraje m. Hierba, heno o paja que sirven de pienso.

forrajero, ra adj. Aplícase a las plantas que sirven de forraje.

forrar v. t. Poner un forro : *forrar un libro con* (o *de*) *plástico.* || Poner una tela en el reverso de una prenda de vestir : *forrar una gabardina.* || Poner o recubrir con una materia protectora : *forrar un cable, un sillón.* || *Fig. y fam.* Estar forrado de oro o estar *forrado,* ser muy rico. || — V. pr. *Pop.* Enriquecerse, ganar mucho.

forro m. Tela con la que se forra un vestido. || Cubierta protectora con la que se cubre un libro, un sillón, un cable, etc. || *Fig. y fam. Ni por el forro,* en absoluto.

Fort || ~ **-de-France,** cap. y puerto de la isla de Martinica (Antillas francesas). || ~ **-Gouraud.** V. F'DERICK. || ~ **-Lamy.** V. N'DJAMENA. || ~ **Wayne** [-*uen*], c. al O. de Estados Unidos (Indiana). Industrias. || ~ **William,** c. del SE. del Canadá (Ontario), puerto en el lago Superior. V. THUNDER BAY. || ~ **Worth** [-*uorz*], c. al S. de Estados Unidos (Texas). Petróleo.

fortalecedor, ra adj. Que fortalece.

fortalecer v. t. Fortificar, dar fuerza.

fortalecimiento m. Acción y efecto de fortalecer o fortalecimiento.

fortaleza f. Fuerza. || Entereza, firmeza de ánimo. || Una de las virtudes cardinales. || Recinto fortificado para defender una ciudad, una región, etc. || *Fortaleza volante,* bombardero pesado.

Fortaleza, monte al E. del Brasil, entre Minas Gerais y Espíritu Santo ; 1 444 m. — Río del Perú (Ancash y Lima) que des. en el Pacífico. — C. y puerto del NE. del Brasil, cap. del Estado de Ceará. Arzobispado. Universidad.

Forth [*forz*], río de Gran Bretaña, en Escocia, que des. en el golfo homónimo (mar del Norte) ; 106 km.

fortificación f. Acción de fortificar. || Obra o conjunto de obras con que se fortifica un sitio.

fortificar v. t. Dar vigor y fuerza : *fortificar una idea.* || Fortalecer, vigorizar (ú. t. c. pr.). || *Mil.* Poner fortificaciones (ú. t. c. pr.).

fortín m. Fuerte pequeño.

F.O.R.T.R.A.N., contracción de *formula translation,* que, en informática,

quiere decir lenguaje de programación dedicado a problemas científicos.

fortuito, ta adj. Casual, imprevisto.

fortuna f. Hado, destino, azar, suerte : *la fortuna es ciega.* || Situación buena : *es el autor de su fortuna.* || Bienes, riqueza, caudal, hacienda : *tener una gran fortuna.* || Bienes morales : *su bondad fue su fortuna.* || Correr o probar fortuna, aventurarse. || *Por fortuna,* felizmente.

Fortuna, divinidad alegórica griega y romana, personificación de la suerte. || *Fam.* Gran fortuna.

fortunón m. *Fam.* Gran fortuna.

Fortuny [*tuñ*] (Mariano), pintor español (1838-1874).

forúnculo m. Furúnculo.

forzado, da adj. Ocupado por la fuerza. || Forzoso : *trabajos forzados.* || Que no es natural : *llanto forzado ; alegría forzada.* || — M. Galeote.

forzar v. t. Romper, violentar : *forzar una cerradura.* || Entrar por violencia : *forzar una morada.* || Gozar a una mujer contra su voluntad. || Hacer un esfuerzo excesivo : *forzar la voz.* || *Fig.* Obligar : *le forzó a venir.* || Llevar a la fuerza a uno, obligarle a que actúe a pesar suyo.

forzosamente adv. De manera obligatoria.

forzoso, sa adj. Inevitable, necesario.

forzudo, da adj. Muy fuerte (ú. t. c. s.) : *un hombre forzudo.*

Fos-sur-Mer, puerto en el SE. de Francia (Bouches-du-Rhône). Complejo siderúrgico.

fosa f. Sepultura : *fosa común.* || Depresión : *fosa submarina.* || *Anat.* Cavidad natural del cuerpo : *las fosas nasales, orbitarias.* || *Fosa séptica,* pozo que recibe aguas residuales.

Fóscolo (Ugo), poeta y novelista italiano (1778-1827), autor del poema patriótico *Los Sepulcros* y de la novela *Últimas cartas de Jacopo Ortis.*

fosfatado, da adj. Que tiene fosfato : *harina fosfatada.* || — M. Acción y efecto de fosfatar.

fosfatar v. t. Fertilizar con fosfato o agregar fosfato.

fosfato m. Sal formada por el ácido fosfórico.

fosforecer y **fosforescer** v. i. Ser fosforescente.

fosforescencia f. Propiedad que poseen algunos cuerpos de volverse luminosos en la oscuridad.

fosforescente adj. Que fosforece.

fosfórico, ca adj. Relativo al fósforo : *ácido fosfórico.*

fósforo m. Cuerpo simple (P), de número atómico 15, transparente, incoloro o ligeramente amarillento, muy inflamable y luminoso en la oscuridad. || Cerilla : *compré cigarrillos y una caja de fósforos.*

fósil adj. Aplícase a los fragmentos de animales o plantas petrificados que se encuentran en diversos terrenos geológicos antiguos : *concha, carbón fósil ; plantas fósiles* (ú. t. c. s. m.). || *Fig. y fam.* Viejo, anticuado. Ú. t. c. s. : *ese hombre es un verdadero fósil.*

fosilización f. Paso de un cuerpo al estado fósil.

fosilizarse v. pr. Convertirse en fósil un cuerpo orgánico. || *Fig.* Estancarse uno en sus ideas, no evolucionar.

foso m. Hoyo. || Excavación profunda que rodea una fortaleza. || *Teatr.* Piso inferior del escenario. || Espacio con arena o colchones de materia plástica donde llega el atleta después del salto. || En los garajes, excavación que permite reparar los coches desde abajo. || *Fig.* Distancia que separa : *entre ambos hermanos hay un foso.*

Fotcha. V. FOCEA.

foto pref. Significa *luz* y entra en la composición de voces científicas : *fotoquímico, fotoeléctrico, etc.* || — F. Apócope familiar de *fotografía.* || — M. *Fís.* Unidad de iluminación (Ph) equivalente a 10 000 lux.

fotocomponedora f. Máquina con la que se hace la fotocomposición.

fotocomponer v. t. Componer por medio de la fotocomposición.

fotocomposición f. *Impr.* Composición mecánica por medio de película fotográfica.

fotocopia f. Procedimiento rápido de reproducción de un documento mediante el revelado instantáneo de un negativo fotográfico. || Prueba obtenida.

fotocopiadora f. Máquina para hacer fotocopias.

fotocopiar v. t. Hacer fotocopias.

fotocromía f. Impresión de fotografías en colores naturales.

fotoelectricidad f. Producción de electricidad por acción de la luz.

fotoeléctrico, ca adj. Dícese de cualquier fenómeno eléctrico provocado por la intervención de radiaciones luminosas. || *Célula fotoeléctrica,* ampolla sometida al vacío y provista de dos electrodos entre los cuales puede establecerse una corriente eléctrica cuando la hiere la luz. (Se emplea en fotografía, televisión, telemecánica, etc.).

fotogenia f. Calidad de fotogénico.

fotogénico, ca adj. Que promueve o favorece la acción química de la luz sobre ciertos cuerpos. || Que impresiona la placa fotográfica. || Aplícase a las personas que salen muy bien en las fotografías.

fotograbado m. Arte de grabar planchas por acción química de la luz. || Lámina grabada o estampada por este procedimiento.

fotograbador, ra m. y f. Persona que hace fotograbados.

fotograbar v. t. Grabar valiéndose del fotograbado.

fotografía f. Procedimiento de fijar en una placa o película, impresionable a la luz, las imágenes obtenidas con ayuda de una cámara. || Reproducción de la imagen así obtenida : *fotografía en color.*

fotografiar v. t. Obtener una imagen por medio de la fotografía.

fotográfico, ca adj. De la fotografía : *máquina fotográfica.*

fotógrafo, fa m. y f. Persona que hace fotografías.

fotograma f. Imagen de una película cinematográfica.

fotolito m. *Impr.* Película que se pone en la plancha para efectuar la impresión.

fotolitografía f. Procedimiento de reproducción en litografía u offset por medio del fotograbado.

fotomecánico, ca adj. Aplícase a los procedimientos de reproducción gráfica con clichés obtenidos mediante la fotografía (ú. t. c. s. f.).

fotometría f. Parte de la física que mide la intensidad de la luz.

fotómetro m. Instrumento para medir la intensidad de la luz.

fotomontaje m. Montaje de una serie de fotos.

fotón m. *Fís.* Partícula de energía luminosa en la teoría de los quanta.

fotonovela f. Novela sentimentaloide, policíaca o de aventuras, ilustrada con una serie de fotos y un texto explicativo debajo de éstas : *no lee más que fotonovelas.*

fotoquímica f. Parte de la química que estudia los efectos químicos producidos por la luz.

foto-robot f. Retrato de una persona realizado por medio de las descripciones hechas por otras personas.

fotosfera f. Zona luminosa y más interior de la envoltura gaseosa del Sol y de las estrellas.

fotosíntesis f. Combinación química que se produce en las plantas verdes por la acción de la luz.

fototeca f. Archivo fotográfico.

fototipia f. Procedimiento de impresión de grabados sobre una placa de cristal o cobre recubierta de una capa de gelatina con bicromato. || Lámina así impresa.

fototipo m. Imagen fotográfica obtenida directamente en la cámara oscura.

fotutazo m. *Amer.* Toque que se da con el fotuto o caracol.

fotuto, ta adj. *Fam. Antill.* Arruinado. || — M. *Cub.* Caracol, molusco marino usado como bocina.

foul m. (pal. ingl.). Falta realizada por un jugador de fútbol, etc.

foulard m. (pal. fr.). Pañuelo que se pone a modo de adorno en el cuello.

Fouquet [*fuké*] (Jean), pintor y miniaturista francés (¿1415/1420-1477/1481 ?).

Fourier [*furié*] (Charles), filósofo y sociólogo francés (1772-1837), que preconizaba la asociación de los individuos en falansterios, grupos humanos que vivían realizando un trabajo placentero y libremente consentido.

Fournier [furnié] (Henri Alban FOUR-NIER, llamado **Alain**-), novelista francés (1886-1914), autor de *El gran Meaulnes* (1913).

fox terrier m. (pal. ingl.). Perro pequeño de caza con pelo duro.

fox trot m. (pal. ingl.). Baile de cuatro tiempos.

Foxá (Agustín de, *conde de*), diplomático y poeta español (1903-1959), autor de la comedia *Baile en Capitanía*. ‖ ~ (FRANCISCO JAVIER), poeta dominicano (1816-1865). Autor de obras dramáticas de tema histórico (*El Templario, Don Pedro de Castilla*). Residió en Cuba. ‖ ~ **y Lecanda** (NARCISO), poeta puertorriqueño- (1822-1883).

foyer [foaié] m. (pal. fr.). Sala de descanso.

Foz, ría y v. al NO. de España (Lugo).

Fr, símbolo químico del *francio*.

Fra ‖ ~ **Angélico.** V. ANGÉLICO. ‖ ~ **Diávolo** (MICHELE PEZZA, llamado), bandolero y guerrillero italiano (1771-1806), adversario de los franceses. M. en la horca.

frac m. (pal. fr.). Traje masculino de ceremonia que tiene en la parte trasera dos faldones estrechos y largos. (Pl. *fraques* o *fracs*.)

fracasado, da m. y f. Persona que no ha conseguido triunfar en la vida, en sus aspiraciones.

fracasar v. i. No conseguir lo intentado. ‖ Fallar, frustrarse, tener resultado adverso : *fracasar un proyecto*.

fracaso m. Falta de éxito, mal resultado : *todo fue un fracaso*.

fracción f. División de una cosa en partes : *la fracción del pan*. ‖ Parte, porción. ‖ *Mat.* Quebrado, número que expresa una o varias partes de la unidad dividida en cierto número de partes iguales : $\frac{1}{2}$, $\frac{3}{-}$. ‖ — *Fracción decimal*, la que el denominador es $\frac{54}{100}$ una potencia de 10 : — ó 0,54.

fraccionamiento m. División en partes.

fraccionar v. t. Dividir una cosa en partes o fracciones. ‖ En petroquímica, separar una mezcla en productos diferentes mediante la destilación.

fraccionario, ria adj. Que representa determinada parte o fracción de algo.

fractura f. Rotura hecha de modo violento : *robo con fractura*. ‖ Rotura de un hueso. ‖ *Geol.* Falla.

fracturación f. Procedimiento de activación de un pozo de petróleo creando artificialmente fracturas en la capa que envuelve este mineral.

fracturar v. t. Romper o quebrantar violentamente una cosa : *fracturar una caja de caudales*. ‖ — V. pr. Romperse : *fracturarse una pierna*.

Frade, cumbre del Brasil, en la sierra homónima (Río de Janeiro) ; 1 750 m.

Fraga, c. del NE. de España (Huesca).

Fraga Iribarne (Manuel), político español, n. en 1922, fundador del partido Alianza Popular.

fragancia f. Aroma, perfume.

fragante adj. Que huele bien.

fraganti (in) adv. En flagrante delito.

fragata f. Barco de tres palos.

frágil adj. Que se rompe o quiebra fácilmente : *el cristal es muy frágil*. ‖ Que se estropea con facilidad. ‖ *Fig.* Que cae fácilmente en el pecado, débil : *el hombre es frágil ante la tentación*. ‖ Débil : *memoria frágil*.

fragilidad f. Calidad de frágil.

fragmentación f. División en partes.

fragmentar v. t. Fraccionar, dividir en partes (ú. t. c. pr.).

fragmentario, ria adj. Compuesto de fragmentos. ‖ Incompleto, no acabado, parcial.

fragmento m. Trozo, pedazo o parte de algo roto, cosa rota. ‖ *Fig.* Trozo de un libro o escrito o discurso.

Fragonard [-nar] (Jean Honoré), pintor y grabador francés (1732-1806).

fragor m. Ruido, estruendo : *el fragoroso retumbar de los cañonazos*.

fragoroso, sa adj. Ruidoso.

fragosidad f. Espesura de los montes : *la fragosidad de la selva*.

fragua f. Fogón grande del herrero. ‖ Forja, herrería.

Fragua (La), cerro de Colombia, en la Cord. Oriental ; 3 000 m. — Sierra al NO. de México (Coahuila).

fraguado m. Acción y efecto de fraguar o endurecerse la cal, el yeso, el cemento y otros materiales.

fraguador, ra adj. y s. Que fragua.

fraguar v. t. Forjar el hierro. ‖ *Fig.* Idear y discurrir : *siempre fraguando enredos*. ‖ — V. i. Endurecerse la masa de cal, yeso o cemento.

Fragueiro (Rafael), poeta posromántico uruguayo (1864-1914).

fraile m. Monje de ciertas órdenes.

Frailes (CORDILLERA DE LOS), sector de la Cord. Oriental de Bolivia ; 5 456 m. — (SIERRA DE LOS), mont. de la Sierra Madre Occidental de México (Durango, Sinaloa) ; 2 782 m.

frambuesa f. Fruto comestible del frambueso, de color rojo.

frambueso m. Arbusto rosáceo, cuyo fruto es la frambuesa.

Franca, c. del Brasil (Saõ Paulo).

francachela f. *Fam.* Juerga, jarana.

France (Anatole François THIBAULT, llamado **Anatole**), escritor francés (1844-1924), autor de novelas de estilo cuidado y delicada ironía : *El crimen de Sylvestre Bonnard, El lirio rojo, Los dioses tienen sed, La isla de los pingüinos etc.* (Pr. Nobel, 1921.)

francés, esa adj. y s. De Francia. ‖ — M. Lengua francesa : *hablar francés*. ‖ — *A la francesa*, al uso de Francia. ‖ *Fam. Marcharse, despedirse a la francesa*, hacerlo bruscamente, sin despedirse.

Francés (José), novelista y crítico de arte español (1883-1964).

francesada f. Dicho o hecho propio o característico de los franceses. ‖ Acción, obra literaria o espectáculo que exagera y deforma las cosas típicas de Francia o el carácter francés.

Francesca (Piero DI BENEDETTO DA BORGO SAN SEPOLCRO, llamado **Della**), pintor toscano (1406-1492), autor de frescos.

francesismo m. Admiración o apego a las cosas francesas. ‖ Carácter francés.

Franceville, c. en el SE. del Gabón.

Francfort ‖ ~ **del Meno** o **del Main,** c. del centro de Alemania Occidental (Hesse). Ant. ciudad libre, sede de la Dieta de la Confederación Germánica (1815-1866) y de la Confederación del Rin. Universidad. Centro industrial y comercial. Importante aeropuerto. Feria Internacional del Libro. Lugar de nacimiento de Goethe. ‖ ~ **del Oder,** c. de Alemania Oriental, en la frontera polaca. Industrias químicas.

Francia, rep. de Europa Occidental, que se encuentra entre el canal de la Mancha, el mar del Norte, Bélgica, Luxemburgo, Alemania, Suiza, Italia, el mar Mediterráneo, España y el océano Atlántico ; 549 000 km² ; 54 millones (*franceses*). Cap. **París,** 2 299 830 h. (París y la región parisiense, más de nueve millones). Otras c. : *Lila,* 177 218 h. ; *El Havre,* 219 583 ; *Ruán,* 118 332 ; *Brest,* 172 179 ; *Rennes,* 205 733 ; *Le Mans,* 167 000 ; *Nantes,* 263 689 ; *Burdeos,* 226 281 ; *Toulouse,* 383 176 ; *Marsella,* 914 356 ; *Tolón,* 185 050 ; *Niza,* 346 620 ; *Grenoble,* 169 740 ; *Saint-Etienne,* 221 775 ; *Lyon,* 462 841 ; *Clermont-Ferrand,* 161 203 ; *Dijon,* 151 705 ; *Estrasburgo,* 257 303 ; *Nancy,* 111 493 ; *Reims,* 183 610, y *Montpellier,* 195 603.
— GEOGRAFÍA. Francia se halla situada en la zona templada, con fronteras que dan acceso a todos los sistemas marítimos de Europa. Bien regada en general, no tiene ninguna región absolutamente seca. Los ríos más importantes son el Sena, el Loira, el Garona, el Ródano y el Rin. La densidad de población es muy inferior a la de los países vecinos, con la excepción de España. Las zonas más pobladas son la de París y las regiones industriales del Norte y del Este. La economía francesa es equilibrada y variada : agricultura (trigo, vino, legumbres), ganadería (carnes y productos lácteos), minería (hierro, bauxita). La industria está muy desarro-

llada (metalúrgica, textiles, química, aeronáutica y fabricación de automóviles). Las comunicaciones (carreteras, ferrocarriles, puertos) son excelentes y favorecen el progreso del país.

Francia (José Gaspar RODRÍGUEZ DE), político paraguayo, n. en Asunción (1766-1840). Fue vocal de la Junta Superior Gubernativa de 1811 a 1812 y cónsul, alternativamente con F. Yegros, de 1813 a 1814. Ocupó el Poder como dictador en 1814 y lo conservó hasta su fallecimiento.

francio m. Metal alcalino radiactivo (Fr), de número atómico 87.

franciscano, na adj. y s. Religioso de la orden fundada por San Francisco de Asís en 1209.

Francisco ‖ ~ **I. Madero,** mun. al NE. de México (Coahuila). ‖ ~ **José,** archip. polar soviético, al E. del Spitzberg ; 20 000 km².

Francisco ‖ ~ **Caracciolo** (San), religioso italiano (1563-1608), fundador en 1588 de la orden de los clérigos regulares menores. Fiesta el 4 de junio. ‖ ~ **de Asís** (San), religioso italiano n. en Asís (1182-1226), fundador de la orden de los franciscanos. Predicó la fraternidad universal. Fiesta el 4 de octubre. ‖ ~ **de Borja** (San), noble español (1510-1572), duque de Gandía. Abandonó el mundo (1545) e ingresó en la Compañía de Jesús, de la que fue tercer general (1565). Fiesta el 10 de octubre. ‖ ~ **de Paula** (San), religioso italiano (¿1416 ?-1507), fundador de la orden de los Mínimos. Fiesta el 2 de abril. ‖ ~ **de Sales** (San), religioso francés (1567-1622), obispo de Ginebra y fundador de laª orden de la Visitación. Escribió *Introducción a la vida devota* y el *Tratado del amor de Dios*. Patrón de los periodistas. Fiesta el 29 de enero. ‖ ~ **Javier** (San), jesuita español (1506-1552), discípulo de San Ignacio, evangelizó la India y el Japón. Patrón de las misiones. Fiesta el 3 de diciembre. ‖ ~ **Solano** (San), franciscano español (1549-1610), que ejerció su apostolado en América del Sur. Fiesta el 14 de julio.

Francisco ‖ ~ **I** (1494-1547), rey de Francia desde 1515. Se apoderó del Milanesado y disputó la corona imperial a Carlos V. Vencido en Pavía por los españoles fue hecho prisionero y tuvo que firmar el Tratado de Madrid (1526). Favoreció el movimiento del Renacimiento en Francia, protegiendo a los artistas italianos. ‖ ~ **II** (1544-1560), rey de Francia, esposo de María Estuardo. Reinó desde 1559.

Francisco ‖ ~ **I** (1708-1765), emperador germánico desde 1745, padre de la reina de Francia María Antonieta. ‖ ~ **II** (1768-1835), emperador germánico (1792) y de Austria (1804). Combatió sin éxito la Revolución Francesa y a Napoleón I, a quien concedió la mano de su hija María Luisa.

Francisco de Asís de Borbón, rey consorte de España (1822-1902), casó con su prima Isabel II en 1846.

Francisco José I (1830-1916), emperador de Austria (1848) y rey de Hungría (1867).

Francisco Morazán, dep. central de Honduras ; cap. *Tegucigalpa*.

Franck (César), músico francés, n. en Lieja (1822-1890).

francmasón m. Masón.

francmasonería f. Masonería

francmasónico, ca adj. Masónico.

franco, ca adj. Leal, sincero : *carácter muy franco*. ‖ Abierto, comunicativo : *mirada franca*. ‖ Exento, que no paga : *franco de derechos ; puerto franco*. ‖ Libre, expedito : *paso franco*. ‖ Evidente, claro, cierto : *franco empeoramiento*. ‖ *Tener mesa franca*, acoger a todos en su casa. ‖ — Adj. y s. Nombre que se da a los pueblos antiguos de la Germania Inferior. (Los *francos* conquistaron las Galias [s. v] y dieron su nombre a Francia.) ‖ En palabras compuestas significa francés : *el comercio franco-español*. ‖ — M. Unidad monetaria de Francia, Bélgica, Luxemburgo, Suiza y otros países africanos de influencia francesa o belga.

Franco (Luis), poeta argentino, n. en 1898. ‖ ~ (MANUEL), político y pedagogo paraguayo (1875-1919), prés. de

FRANCIA

la Rep. de 1916 a 1919. ‖ ~ (RAFAEL), militar paraguayo (1900-1972). Luchó en la guerra del Chaco (1932-1935). Pres. de la Rep. en 1936, fue derrocado al año siguiente. ‖ ~ **Bahamonde** (FRANCISCO), general español, n. en El Ferrol (1892-1975). Luchó en Marruecos (1921-1926) y participó en 1936 en el movimiento insurreccional contra la República. Caudillo del alzamiento, ganó la guerra civil y fue nombrado jefe del Estado. Se mostró hábil en política extranjera (neutralidad durante la segunda guerra mundial) y dio una nueva estructura económica al país. — Su hermano RAMÓN (1896-1938) fue aviador e hizo, en el hidroavión *Plus Ultra*, la travesía del Atlántico Sur (1926).
Franco Condado, región del E. de Francia ; cap. *Besanzón.* Fue posesión española de 1496 a 1678.
francófilo, la adj. y s. Amigo de Francia.
francófobo, ba adj. y s. Enemigo de Francia.
francofonia f. Conjunto de países en los que se habla francés.
francófono, na adj. y s. Que habla francés : *países francófonos.*
francomacorisano, na adj. y s. De San Francisco de Macorís (Rep. Dominicana).
Franconia, región histórica de Alemania occidental que forma hoy el NO. de Baviera.
francotirador, ra m. y f. Combatiente que lucha aisladamente sin formar parte de un ejército regular. ‖ Persona que obra independientemente sin hacer caso de la disciplina de un grupo.
Francovich (Guillermo), ensayista y autor de teatro boliviano, n. en 1901.
franchute, ta m. y f. *Despect.* Francés.

franela f. Tejido fino de lana.
frangollar v. t. *Fam.* Chapucear.
frangollo m. Trigo cocido. ‖ *Fig.* y *fam.* Chapuza. ‖ *Cub.* Dulce seco de plátano y azúcar. ‖ *Arg.* Maíz pelado y molido grueso. ‖ Locro de maíz molido. ‖ *Chil.* Trigo o maíz machacado. ‖ *Amer.* Guiso mal hecho.
franja f. Guarnición o fleco que sirve para adornar vestidos y otras cosas. ‖ Tira, faja, lista.
Frank (Waldo), hispanista norteamericano (1889-1967).
Frankfort, c. al E. de Estados Unidos, cap. del Est. de Kentucky.
Franklin (Benjamín), político, físico y filósofo norteamericano, n. en Boston (1706-1790), promotor de la independencia de las colonias inglesas de América (1777). Inventor del pararrayos. ‖ ~ (JOHN), navegante inglés (1786-1847), que exploró las costas árticas del Canadá y Australia. Murió al intentar descubrir el paso del Atlántico al Pacífico por el NO.
Frank Pais, mun. al este de Cuba (Holguín).
franqueable adj. Que puede franquearse.
franqueadora adj. f. Dícese de la máquina que pone los sellos.
franqueamiento m. Franqueo.
franquear v. t. Libertar, exceptuar a uno de un pago o tributo. ‖ Conceder, dar : *franquear la entrada.* ‖ Desembarazar : *franquear el camino.* ‖ Pagar previamente en sellos el porte de lo que se remite por correo : *franquear una carta para Argentina.* ‖ Dar libertad : *franquear un esclavo.* ‖ Salvar : *franquear un obstáculo.* ‖ V. pr. Descubrir sus intenciones, hablar francamente : *franquearse con un amigo.*
franqueo m. Acción y efecto de fran-

quear. ‖ Pago, imposición del precio de porte : *franqueo postal.*
franqueza f. Sinceridad.
franquicia f. Exención de derechos de aduana o arancelarios, de los sellos de correo, etc.
franquismo m. Régimen instaurado por el general Francisco Franco en España (1939-1975). ‖ Adhesión a este régimen.
franquista adj. Partidario del general Francisco Franco (ú. t. c. s.). ‖ Relativo al franquismo.
fraque m. Frac.
Frascati, ant. *Túsculo,* c. de Italia, cerca de Roma. Obispado. Vinos.
frasco m. Botella alta y estrecha.
Frascuelo. V. SÁNCHEZ (Salvador).
frase f. Conjunto de palabras que tienen sentido. ‖ Locución, expresión. ‖ — *Frase hecha* o *acuñada* o *estereotipada,* la de uso corriente, tópico. ‖ *Frase musical,* serie de notas que constituye, en una composición, un rasgo melódico o temático definido.
frasear v. i. Formar frases.
fraseo m. Arte de puntuar y graduar el discurso musical.
fraseologia f. Modo de ordenar las frases peculiar a cada escritor. ‖ Palabrería, verbosidad, verborrea.
Fraser, río del Canadá que nace en las Montañas Rocosas y des. en el Pacífico ; 1 200 km.
fraternal adj. Propio de hermanos.
fraternidad f. Unión y buena correspondencia entre hermanos o entre los que se tratan como tales.
fraternización f. Fraternidad.
fraternizar v. t. Tratarse como hermanos.
fraterno, na adj. Fraternal.
fratricida adj. y s. Que mata a su hermano.
fratricidio m. Crimen del que mata a un hermano.

269

fraude m. Engaño, acto de mala fe : *cometer un fraude*. ‖ Contrabando. ‖ *Fraude fiscal*, acto realizado para eludir el pago de los impuestos.

fraudulento, ta adj. Que contiene fraude.

Frauenfeld, c. de Suiza a orillas del lago Constanza, cap. del cantón de Turgovia.

fray m. Apócope de *fraile*, que se emplea delante de los nombres.

Fray ‖ ~ **Candil**. V. BOBADILLA (Emilio). ‖ ~ **Mocho**. V. ALVAREZ (José Sixto).

fraybentino, na adj. y s. De o relativo a Fray Bentos (Uruguay).

Fray Bentos, c. y puerto fluvial al O. del Uruguay, en el curso del río Uruguay ; cap. del dep. de Río Negro. Industria frigorífica. Un puente sobre el río la une con Puerto Unzué (Argentina). Zona franca de comercio. Llamóse ant. *Independencia*.

frazada f. Manta de cama.

frecuencia f. Repetición a menudo de un acto o suceso. ‖ Número de ondulaciones por segundo de un movimiento vibratorio. ‖ — *Alta frecuencia*, la de varios millones de períodos por segundo. ‖ *Baja frecuencia*, la que corresponde a un sonido audible. ‖ *Corriente de alta frecuencia*, corriente eléctrica cuyo sentido cambia un gran número de veces por segundo. ‖ *Frecuencia modulada* o *modulación de frecuencia*, la que consiste en mantener constante la amplitud de las ondas portadoras y hacer variar su frecuencia. (Permite una recepción casi perfecta.)

frecuentación f. Acción de ir a menudo a un lugar. ‖ Compañía : *buenas* (o *malas*) *frecuentaciones*.

frecuentado, da adj. Concurrido. ‖ Muy visitado.

frecuentar v. t. Concurrir o hacer con frecuencia : *frecuentar los museos*. ‖ Tratar, tener relación con alguien.

frecuente adj. Que se repite a menudo : *nos hacía visitas frecuentes en nuestra casa de campo*. ‖ Usual.

Fredericia, c. y puerto del centro de Dinamarca (Jutlandia).

Fredericton, c. del SE. del Canadá, cap. de Nuevo Brunswick. Obispado.

free-lance adj. (pal. ingl.) Dícese del profesional (periodista, publicista, intérprete, etc.) que trabaja por cuenta propia. ‖ Aplícase al trabajo realizado así.

Freetown [frítáun], c. y puerto del NO. de África, cap. de Sierra Leona ; 215 000 h. Obispado. Universidad. Base naval. Refinería de petróleo.

fregadero m. Pila donde se friegan la vajilla y los utensilios de cocina.

fregado, da adj. *Amer*. Majadero. ‖ Perverso. — M. Lavado. ‖ *Fig. y fam*. Enredo, lío, jaleo : *se metió en un fregado*. ‖ Escándalo. ‖ Discusión. ‖ — F. *Amér*. C. y *Méx*. Suceso adverso.

fregar v. t. Estregar con fuerza : *fregar el suelo*. ‖ Lavar los platos, cubiertos y cacerolas. ‖ *Amer*. Fastidiar.

Fregenal de la Sierra, c. al O. de España (Badajoz).

fregón, ona adj. y s. *Amer*. Molesto.

fregona f. Mujer que friega los platos y los suelos. ‖ Criada. ‖ *Fam*. Mujer ordinaria. ‖ Mango largo, terminado en un elemento de material absorbente, utilizado para limpiar el suelo.

fregotear v. t. Fregar mal.

fregoteo m. Lavado a la ligera.

Frei Montalva (Eduardo), jurista y político chileno (1911-1982). Pres. de la Rep. de 1964 a 1970. Nacionalizó la producción de energía eléctrica.

Freiberg, c. de Alemania Oriental.

freidera f. Freidora.

freidor, ra m. y f. Vendedor de pescado frito. ‖ — F. Recipiente para freír patatas.

freiduría f. Establecimiento donde se venden cosas fritas.

freír v. t. Guisar en una sartén con aceite o manteca : *freír patatas*. ‖ *Fam*. Fastidiar, desesperar, molestar : *me frieron a preguntas*. ‖ Matar, liquidar a tiros. ‖ — *Fig*. *Al freír será el reír*, no se puede dar una causa por ganada hasta el último momento. ‖ *Estar frito*, estar harto. ‖ *Fam*. *Mandar a freír espárragos*, mandar con viento fresco.

‖ — V. pr. Guisarse en una sartén. ‖ *Fam*. Asarse de calor.

Freire, c. del centro de Chile en la IX Región (Araucanía) y en la prov. de Cautín, cap. de la com. de su n.

Freire (Manuel), general uruguayo (1792-1858), uno de los *Treinta y Tres Orientales*. M. fusilado. ‖ ~ (RAMÓN), general y político chileno, n. en Santiago (1787-1851). Luchó por la independencia de su país, no acató la Constitución del director O'Higgins y, caído éste, fue elegido director supremo interino en 1823. En 1826 acaudilló la expedición que acabó con la dominación española en Chiloé. En 1827, el Congreso le eligió pres. de la Rep., pero dimitió el mismo año.

Freirina, c. del N. de Chile en la III Región (Atacama) y en la prov. de Huasco, cap. de la com. de su n.

fréjol m. V. FRIJOL.

Fréjus, c. del S. de Francia (Var).

frenado y **frenaje** m. Detención con el freno. ‖ Sistema de frenos.

frenar v. t. e i. Disminuir o detener la marcha de una máquina con un freno. ‖ — V. t. *Fig*. Contener, reprimir, retener : *frenar las pasiones*. ‖ Detener, reducir el desarrollo.

frenazo m. Detención o parada brusca con el freno. ‖ *Fig*. Detención.

frenesí m. Delirio furioso. ‖ *Fig*. Violenta exaltación del ánimo.

frenético, ca adj. Poseído de frenesí. ‖ Furioso, rabioso

frenillo m. Membrana que sujeta la lengua por la parte inferior.

freno m. Bocado, pieza de la brida que llevan los caballos en la boca para gobernarlos. ‖ Órgano en las máquinas destinado a disminuir o parar el movimiento : *freno de mano, asistido*. ‖ *Fig*. Lo que retiene : *ambiciones sin freno*. ‖ — Pl. Sistema de frenos.

frentazo m. *Arg*. En fútbol, golpe dado al balón con la frente.

frente f. Región anterior de la cabeza de los vertebrados que, en el hombre, va desde el nacimiento del pelo hasta las cejas. ‖ Por ext. Cara, rostro, semblante : *bajar la frente*. ‖ — M. Parte delantera de algo. ‖ Línea exterior de una tropa en orden de batalla. ‖ Límite antes de la zona de combate. ‖ Esta misma zona. ‖ Separación entre dos zonas de la atmósfera cuyas temperaturas son distintas. ‖ Parte superior de una cosa : *al frente de su misiva*. ‖ Agrupación política compuesta de diversos partidos o concordancia de las tendencias de la opinión para resolver una serie de problemas determinados : *frente nacional*. ‖ — *Estar al frente de*, dirigir. ‖ *Frente a* (o *con*) *frente*, cara a cara. ‖ *Frente de batalla*, línea de la tropa en orden de combate. ‖ *Frente por frente*, enfrente. ‖ *Hacer frente*, afrontar.

Frente Popular, alianza de los partidos de izquierda, creada en España y Francia en 1936, y en Chile de 1938 a 1948.

frentepopulismo m. y adj. Del Frente Popular.

frentepopulista m. y s. Del Frente Popular.

frentero m. *Min*. *Amer*. Obrero que trabaja en el frente en un filón.

fresa f. Planta rosácea, de fruto rojo, sabroso y fragante. ‖ Su fruto. ‖ *Tecn*. Avellanador, herramienta que gira empleada para horadar o labrar los metales. ‖ Instrumento usado por los dentistas para limar o agujerear los dientes o muelas.

fresado m. Avellanado.

fresador, ra m. y f. Persona que fresa. ‖ — F. Máquina para fresar.

fresal m. Plantío de fresas.

fresar v. t. Trabajar con la herramienta llamada fresa.

fresca f. V. FRESCO.

frescachón, ona adj. De color sano. ‖ *Fam*. Frescales (ú. t. c. s.).

frescales com. inv. *Fam*. Desvergonzado, caradura.

fresco, ca adj. Ligeramente frío : *viento fresco* (ú. t. c. adv.). ‖ Ligero, que da la sensación de frescor : *traje fresco*. ‖ Que no está marchito, que conserva el brillo de la juventud : *tez fresca*. ‖ Que no está cansado : *tropas frescas*. ‖ Dícese de las cosas que, pudiéndose estropear por el paso del

tiempo, no han sufrido alteración : *pescado fresco ; flores frescas*. ‖ Que no experimenta el cansancio : *después de tal esfuerzo estaba tan fresco*. ‖ Húmedo, sin secar : *la pintura está fresca*. ‖ *Fig*. Acabado de suceder, reciente : *noticias frescas*. ‖ Tranquilo, sin perder la calma : *y se quedó tan fresco*. ‖ Descarado, aprovechado, caradura. Ú. t. c. s. : *es un fresco*. ‖ Que trata a los demás sin contemplaciones (ú. t. c. s.). ‖ Dícese de la mujer libre en su trato con los hombres (ú. t. c. f.). ‖ — M. Frescor, ligero frío : *el fresco del atardecer*. ‖ Viento frío. ‖ Mural, pintura hecha en una pared : *los frescos de la pintura mexicana*. ‖ *Amer*. Bebida fresca. ‖ — F. Fresco, frescor : *salir con la fresca*. ‖ *Fig*. Inconveniencia, dicho molesto : *le soltó cuatro frescas y se fue*.

Frescobaldi (Girolamo), compositor italiano (1583-1643).

frescor m. Fresco, frescura.

frescura f. Calidad de fresco : *la frescura del agua, del rostro*. ‖ Fertilidad y amenidad de un paraje. ‖ *Fam*. Desvergüenza, caradura, desenfado, descaro : *¡vaya frescura!* ‖ *Fig*. Fresca, dicho molesto.

fresera f. Fresa, planta.

Fresia, c. de Chile en la X Región (Los Lagos) y en la prov. de Llanquihue, cap. de la com. del mismo n.

fresneda f. Terreno con fresnos.

Fresnedillas, mun. en el centro de España (Ávila). Estación de seguimiento para vuelos espaciales.

Fresnillo, c. y mun. en el centro de México (Zacatecas). Minas.

fresno m. Árbol oleáceo de madera estimada. ‖ Su madera.

Fresno, c. del O. de Estados Unidos (California). — C. en el centro de Colombia (Tolima).

fresón m. Fresa grande.

fresquera f. Alambrera para conservar los comestibles. ‖ *Arg*. Fiambrera.

fresquería f. *Amer*. Quiosco de bebidas.

fresquista com. Pintor al fresco.

Freud (Sigmund), psiquiatra austriaco (1856-1939), creador de la teoría del psicoanálisis y de la doctrina del subconsciente.

freudiano, na adj. Relativo a Freud o al freudismo.

freudismo m. Doctrina psicológica que interpreta las neurosis por el pensamiento, los sueños.

Freyre (Gilberto), escritor y sociólogo brasileño, n. en 1900, autor de *Casa grande y choza*. ‖ ~ (RICARDO JAIMES). V. JAIMES FREYRE (Ricardo).

freza f. Desove de los peces y tiempo en que se verifica. ‖ Huevos y cría de los peces.

frezar v. i. Estercolar los animales. ‖ Hozar. ‖ Desovar el pez.

Fría, pobl. de Guinea, al N. de Conakry. Fábrica de alúmina.

friabilidad f. Calidad de rompible.

frialdad f. Sensación que proviene de la falta de calor : *la frialdad del tiempo*. ‖ Frigidez. ‖ *Fig*. Falta de ardor, indiferencia.

Frías, pobl. al N. de la Argentina (Santiago del Estero). — Distrito al N. del Perú (Piura).

Frías (Carlos Eduardo), novelista venezolano, n. en 1906, autor de *Fiebres*. ‖ — (BERNARDINO FERNÁNDEZ DE VELASCO, duque de), escritor épico español (1783-1851). Autor de *Llanto del proscrito* y *A las nobles artes*. ‖ — (HERIBERTO), novelista mexicano (1870-1925), autor de *Tomóchic*, *El triunfo de Sancho Panza* y *Águila o Sol*. ‖ — (TOMÁS), político boliviano (1805-1884), pres. de la Rep. de 1872 a 1873 y de 1874 a 1876. ‖ **— y Jacott** (FRANCISCO). V. POZOS DULCES.

Friburgo, c. del SO. de Suiza, cap. del cantón del mismo n. Obispado. Universidad. ‖ **~ de Brisgovia**, c. del SO. de Alemania Occidental (Baden-Wurtemberg), ant. cap. de Brisgovia. Arzobispado. Universidad.

fricativo, va adj. Aplícase a las letras consonantes, como *f, j, s, z*, cuya articulación hace salir el aire con cierta frotamiento en los órganos bucales (ú. t. c. s. f.).

fricción f. Acción y efecto de friccionar : *dar una fricción en la rodilla*. ‖ Limpieza de la cabeza con una loción aromática. ‖ Resistencia o roce de dos superficies en contacto. ‖ *Fig.* Desavenencia, roce.

friccionar v. t. Dar fricciones.

Friedland. V. PRAVDINSK.

Friedman (Milton), economista norteamericano, n. en 1912. Defiende una economía ultraliberal y el control por el Estado de la moneda en circulación. (Pr. Nobel, 1976.)

Friedrichshafen, c. de Alemania Occidental (Baden-Wurtemberg), a orillas del lago de Constanza.

friega f. Fricción.

Frigg, yacimiento de petróleo en el mar del Norte, entre las zonas de explotación noruega y británica.

Frigia, ant. región en el NO. de Asia Menor, al S. de Bitinia.

frigidez f. Frialdad. ‖ *Fig.* Ausencia de deseo sexual.

frígido, da adj. *Poét.* Frío. ‖ Dícese de la mujer carente de deseo sexual (ú. t. c. s.).

frigio, gia adj. y s. De Frigia. ‖ *Gorro frigio,* v. GORRO.

frigoría f. Unidad calorífica (símb., fg), equivalente a una kilocaloría negativa.

frigorífico, ca adj. Que produce frío. ‖ Dícese de los lugares donde se conservan los productos por medio del frío : *en la cocina había un armario frigorífico* (ú. t. c. s. m.). ‖ — M. *Arg.* y *Urug.* Establecimiento industrial para conservar la carne o prepararla para la exportación.

frigorizar v. t. Congelar.

frijol o **frijol** m. Planta de hojas compuestas en folíolos y fruto en legumbre encerrado en una vaina. ‖ Este fruto. (SIN. *Judía, habichuela, poroto*) ‖ — Pl. *Fam. Méx.* La comida : *trabajar para los frijoles.* Fanfarronadas.

frimario m. Tercer mes del calendario republicano francés (21 de noviembre a 20 de diciembre).

fringílidos m. pl. Pájaros conirrostros como el gorrión, el jilguero, el canario, el pardillo, etc. (ú. t. c. adj.).

frío, a adj. Dícese de la temperatura de los cuerpos inferior a la ordinaria del ambiente : *aire frío.* ‖ Que no da calor : *la gabardina es más fría que un abrigo.* ‖ Que ha perdido el calor : *comida fría.* ‖ *Fig.* Reservado, falto de afecto : *hombre frío.* ‖ Insensible : *mujer fría.* ‖ Desapasionado : *mediador frío.* ‖ Tranquilo, sereno : *su enemistad me deja frío.* ‖ Menos entusiasmado, indiferente : *estoy más frío con sus proposiciones.* ‖ Carente de calor, de sensibilidad : *música fría.* ‖ Que carece de interés sexual. ‖ — M. Baja temperatura. ‖ Sensación que produce la carencia, la pérdida o la disminución de calor : *frío riguroso.* ‖ *Fig.* Ausencia de cordialidad.

Frío, río al N. de Costa Rica (Alajuela) que des. en el lago de Nicaragua. — Nombre de dos ríos al S. de México (Guerrero). — Río al NO. de Venezuela (Mérida y Zulia) que des. en el lago de Maracaibo. — V. CABO FRÍO.

friolera f. Pequeñez, cosa de poca importancia. ‖ *Fig.* e *irón.* Nada menos : *cuesta la friolera de dos millones.*

friolero, ra adj. Que es muy sensible al frío (ú. t. c. s.).

frisar v. t. *Fig.* Acercarse : *frisaba la edad de cincuenta años* (ú. t. c. i.).

Frisia o **Frisa,** región costera y cadena de islas del mar del Norte, pertenecientes a Holanda y Alemania. — Prov. del N. de Holanda ; cap. *Leeuwarden.*

frisio, sia adj. y s. Frisón.

friso m. *Arq.* Parte del cornisamento que media entre el arquitrabe y la cornisa. ‖ Zócalo, cenefa de una pared.

frísol o **frísol** m. *Amer.* Frijol.

frisón, ona adj. y s. De Frisia.

fritada f. Manjar frito.

fritado o **fritaje** m. Operación metalúrgica para aglomerar los productos tratados con objeto de dar a éstos una mayor cohesión y rigidez. ‖ Vitrificación preparatoria hecha en cerámica.

fritanga f. Fritada.

fritar v. t. Freír. ‖ Someter a la operación del fritado.

frito, ta p. p. irreg. de freír : *huevos fritos con jamón.* ‖ — *Fam. Estar frito,*

estar fastidiado o dormido. | *Estar frito por hacer algo,* desearlo ardientemente. | *Tener frío a uno,* tenerlo desesperado, harto. ‖ — M. Fritada.

fritura f. Cosa frita.

Friul, región del NE. de Italia, que goza de estatuto de autonomía (con Venecia Julia) desde 1963. Comprende las provincias de Gorizia, Trieste, Udine y Pordenone ; cap. *Trieste.*

frivolidad f. Ligereza, superficialidad, falta de seriedad, futilidad.

frívolo, la adj. Ligero, veleidoso.

Frobisher (Sir Martin), marino inglés (¿ 1535 ?-1594). Exploró Groenlandia, Labrador y la Tierra de Baffin, y secundó a Drake en su expedición a las Islas Occidentales (1585).

Frobisher Bay, c. y puerto del Ártico canadiense (Territorios del Noroeste), en la isla de Baffin y en la bahía de Frobisher.

Froissart [*fruasar*] (Jean), cronista francés (¿ 1337-1410 ?).

Froment [*froman*] (Nicolas), pintor primitivo francés (¿ 1435 ?-1484).

Frómista, v. en el centro de España (Palencia). Iglesia románica (s. XI).

Fronda (*La*), guerra civil que estalló en Francia durante la minoría de Luis XIV (1648-1652).

Frondizi (Arturo), jurista y político argentino n. en 1908, pres. de la Rep. en 1958, derrocado en 1962. — (RISIERI), filósofo argentino, n. en 1910, defensor de un empirismo integral.

frondosidad f. Abundancia de hojas.

frondoso, sa adj. Abundante en hojas : *una rama frondosa.* ‖ Abundante en árboles : *paraje frondoso.*

frontal adj. De la frente : *hueso frontal.* ‖ — M. *Anat.* Hueso de la frente. ‖ Decoración de la parte delantera del altar.

frontera f. Límite que separa dos Estados. ‖ *Fig.* Límite : *estar en la frontera de lo ridículo.*

Frontera, barra de la costa de Tabasco, al S. de México, por la que des. el río Grijalva. (Llámase tb. *barra de Tabasco.*)

fronterizo, za adj. Que está en la frontera : *pueblo fronterizo.* ‖ Que vive cerca de una frontera (ú. t. c. s.). ‖ Limítrofe. ‖ Que está enfrente.

frontero, ra adj. Enfrente.

frontis m. Frontispicio.

frontispicio m. Fachada : *el frontispicio de un edificio.* ‖ Portada de un libro. ‖ *Arq.* Frontón de una fachada.

frontón m. Pared contra la cual se lanza la pelota en el juego. ‖ Edificio o cancha para jugar a la pelota. ‖ Juego de pelota. ‖ *Arq.* Remate generalmente triangular.

Frosinone, c. de Italia (Lacio).

frotación f. Frotamiento.

frotadura f. y **frotamiento** m. Acción de dos cuerpos en contacto, uno de los cuales al menos está en movimiento.

frotar v. t. Pasar repetidas veces una cosa sobre otra (ú. t. c. pr.).

frote m. Frotamiento.

frotis m. *Med.* Método de exploración microscópica de un fragmento de tejido orgánico o una secreción o mucosa.

fructidor m. Duodécimo mes del calendario republicano francés (18 de agosto a 16 de septiembre).

fructífero, ra adj. Que da frutos. ‖ *Fig.* Productivo, provechoso.

fructificar v. i. Dar fruto : *la planta fructifica.* ‖ *Fig.* Ser productivo.

fructosa f. Azúcar de frutas.

fructuoso, sa adj. Fructífero.

Fruela (722-768), hijo de Alfonso I, rey de Asturias desde 757.

frugal adj. Sobrio en el comer y beber : *hombre muy frugal.* ‖ Poco abundante : *cena frugal.*

frugalidad f. Sobriedad.

Frugoni (Emilio), poeta y político uruguayo (1880-1969).

fruición f. Placer, gozo.

frunce m. Pliegue, doblez.

fruncido m. Frunce.

fruncimiento m. Fruncido.

fruncir v. t. Arrugar la frente, la boca : *fruncir el entrecejo.* ‖ Hacer en una tela frunces o arrugas pequeñas.

Frunze, ant. *Pichpek,* c. de la U. R. S. S., cap. de Kirghizia.

fruslería f. Insignificancia.

frustración f. Malogro de un deseo.

‖ Tensión psicológica suscitada por la existencia de un obstáculo que dificulta la realización de un objetivo.

frustrante adj. Que frustra.

frustrar v. t. Privar a uno de lo que esperaba : *frustrar deseos, esperanzas.* ‖ Malograr un intento o pretensión : *frustrar un robo* (ú. t. c. pr.).

fruta f. Fruto comestible de ciertas plantas, como los duraznos, plátanos o bananas, etc. ‖ Cada especie de fruta : *fruta de sartén,* masa frita. ‖ *Fruta escarchada* o *confitada,* la cocida y recubierta en almíbar. ‖ *Frutas secas,* las que se comen secas (pasas, almendras, nueces, avellanas, etc.).

frutal adj. Dícese del árbol que da frutos (ú. t. c. s. m.).

frutería f. Establecimiento en el que se venden frutas : *perdí mi anillo en la frutería.*

frutero, ra adj. Que lleva fruta : *barco frutero.* ‖ De la fruta : *industria frutera.* ‖ Que sirve para envase de fruta : *plato frutero.* ‖ — M. Vendedor de fruta. ‖ Recipiente donde se coloca la fruta : *un frutero de plata.* ‖ Lavafrutas, enjuague.

fruticultura f. Cultivo de los árboles frutales.

frutilla f. *Chil.* y *Riopl.* Fresa.

frutillar m. *Arg.* y *Chil.* Sitio plantado de frutillas.

Frutillar, c. de Chile en la X Región (Los Lagos) y en la prov. de Llanquihue, cap. de la com. del mismo n.

fruto m. Órgano de la planta que contiene las semillas y nace del ovario de la flor. ‖ *Fig.* Producto, resultado, provecho : *fruto de sus afanes.* ‖ Utilidad : *influencia que no da ningún fruto.* ‖ Hijo : *el fruto de tu vientre.* ‖ — Pl. Productos dados por la tierra. ‖ — *Dar fruto,* producir un beneficio. ‖ *Sacar fruto,* sacar provecho.

Frydek, c. del N. de Checoslovaquia (Silesia). Industria textil.

fu, onomatopeya con que se imita el bufido del gato. ‖ *¡ Fu !,* interjección de desprecio. ‖ *Fig.* y *fam | Ni fu ni fa,* ni una cosa ni otra, regular.

Fúcar. V. FUGGER.

fuco m. Alga de color verde.

fucsia f. Arbusto de flores rojas y colgantes. ‖ Su flor. ‖ — Adj. inv. De color rojo violáceo (ú. t. c. s. m.).

¡ fucha ! o **¡ fuchi !** interj. *Chil.* y *Méx.* Expresa repugnancia.

Fucheu, c. y puerto del SE. de China, enfrente de Taiwan, cap. de la prov. de Fukien. Industrias.

¡ fuchi ! interj. V. ¡ FUCHA !

Fuchú, c. del Japón (Honshu), suburbio al oeste de Tokio.

Fuchuen o **Fushu,** c. al NE. de China (Liaoning).

Fudjayra, uno de los Emiratos Árabes Unidos. Petróleo.

fuego m. Desprendimiento simultáneo de calor, luz y llama producido por la combustión de ciertos cuerpos. ‖ Conjunto de cuerpos en combustión : *sentado junto al fuego.* ‖ Hogar, lugar donde se enciende fuego, lumbre. ‖ Lo que se necesita para alumbrar : *¿ tiene fuego ?* ‖ Incendio. ‖ Suplicio en que se quemaba al condenado, hoguera. ‖ Calor interior : *su cuerpo era puro fuego.* ‖ Tiro, disparo : *el fuego del enemigo.* ‖ Combate : *bautismo de fuego.* ‖ *Mar.* Nombre genérico de cualquier señal luminosa. ‖ *Fig.* Pasión, entusiasmo : *fuego sagrado.* ‖ Ardor, vehemencia : *en el fuego de la discusión.* ‖ *Méx.* Pequeña úlcera en la boca. ‖ — *A* (o con) *fuego lento,* poco a poco. ‖ *Arma de fuego,* la que dispara balas u obuses. ‖ *Fig. Atizar el fuego,* avivar una disputa. ‖ *Echar fuego por los ojos,* estar furioso. ‖ *Echar leña al fuego,* proporcionar motivos para que continúe una pelea o disputa. ‖ *Estar entre dos fuegos,* estar entre la espada y la pared. ‖ *¡ Fuego !,* voz de mando para disparar. ‖ *Fuego fatuo,* llamas pequeñas que se desprenden de las sustancias animales o vegetales en descomposición (lugares pantanosos, cementerios). ‖ *Fuegos artificiales* o de artificio, conjunto de cohetes luminosos lanzados con fines de diversión. ‖ *Fig. Jugar con fuego,* entretenerse con cosas que pueden resultar peligrosas. ‖ *Pegar fuego,* incendiar. ‖ *Tocar a*

271

fuego, prevenir por los toques de campanas de que hay un incendio.

Fuego, volcán de Guatemala, en los dep. de Chimaltenango y Sacatepéquez ; 3 835 m. || ~ (TIERRA DEL). V. TIERRA DEL FUEGO.

fueguino, na adj. De la Tierra del Fuego : *Andes Fueguinos.* || Dícese de un grupo de pueblos amerindios (alcalufe, ona, yahgán) cuyos integrantes tenían lenguas diferentes. Ú. t. c. s. : *los fueguinos vivían en la parte austral de América del Sur y ya se han extinguido.*

fuel y **fuel-oil** *[fiueloi]* m. (pal. ingl.). Derivado del petróleo natural, obtenido por refinación y destilación, destinado a la calefacción o a alimentar calderas de vapor, motores, etc.

fuelle m. Instrumento que recoge aire y lo lanza en una dirección determinada : *fuelle para la chimenea; fuelle de órgano.* || Pliegue en un vestido. || Capota plegable de carruaje. || Cualquier parte que se puede plegar o doblar en las máquinas de fotografía, los bolsos, la gaita, etc. || Pasillo flexible que comunica dos vagones de un tren. || *Fig.* y *fam.* Resistencia, aliento : *tiene mucho fuelle.*

Fuendetodos, v. al NE. de España (Zaragoza). Lugar de nacimiento de Goya.

Fuengirola, v. del S. de España (Málaga). Playa en la Costa del Sol.

Fuenlabrada, c. de España, al S. de Madrid.

Fuenleal (Sebastián RAMÍREZ DE). V. RAMÍREZ.

Fuenmayor (José Félix), escritor colombiano (1885-1966), autor de poesías *(Musa del trópico),* novelas *(Cosme)* y cuentos.

fuente f. Lugar donde brota agua de la tierra. || Construcción destinada a la salida y distribución de aguas. || Monumento en los sitios públicos con caños y surtidores de agua. || Pila de bautismo. || Plato grande en el que se sirve la comida. || Cantidad de comida que cabe en este plato. || *Fig.* Origen, causa : *el turismo es una fuente de divisas.* || Documento original : *fuentes de la historia.* || Fundamento, base : *fuente de discordias.*

Fuente | **~ de Cantos,** v. de España (Badajoz). Lugar de nacimiento de Zurbarán. || **~ del Maestre,** c. de España (Badajoz). Agricultura. || **~ Ovejuna,** v. de España (Córdoba). || **~ Vaqueros,** v. de España (Granada). Lugar de nacimiento de García Lorca.

Fuenteovejuna, drama histórico de Lope de Vega (hacia 1618).

Fuenterrabía, c. del N. de España (Guipúzcoa).

Fuentes | **~ de Andalucía,** v. al S. de España (Sevilla). || **~ de Ebro,** v. al NE. de España (Zaragoza). Agricultura. || **~ de Oñoro,** v. al O. de España (Salamanca).

Fuentes (Carlos), escritor mexicano, n. en 1928, autor de novelas *(Los días enmascarados, La región más transparente, La muerte de Artemio Cruz, Cambio de piel, Terra nostra, La cabeza de la hidra, Una familia lejana, Agua quemada,* etc.), de cuentos y de obras de crítica. || ~ (MANUEL ATANASIO), poeta romántico peruano (1820-1890), fundador del periódico satírico *El Murciélago.* || ~ **y Guzmán** (FRANCISCO DE), historiador guatemalteco (1643-1700), autor de *La recordación florida o Historia del Reino de Guatemala.*

fuer m. Forma apocopada de *fuero.* || *A fuer de,* en calidad de, como.

fuera adv. En la parte exterior : *estaba fuera.* || *— De fuera,* de otro sitio, población o país. || *Estar fuera de sí,* estar muy encolerizado. || *Fuera de,* excepto, salvo, además de. || *Fuera de combate,* sin que pueda continuar combatiendo. || *Fuera de concurso,* dícese de la persona que no puede tomar parte en un concurso a causa de su superioridad. || *Fuera de banda,* salida de la pelota fuera del terreno de juego por uno de los lados de éste. || *Fuera de juego,* en fútbol y en rugby, posición irregular de un jugador, situado detrás de la defensa del equipo contrario, que le impide participar en el juego sin que se le señale una falta. (Se usa tb. la expr. inglesa

off side.) || *Fuera de que,* además, aparte de que. || *Fuera de serie,* fabricado especialmente fuera de una serie ; (fig.) notable en su línea.

fuera borda m. Embarcación pequeña, tipo canoa, dotada de un motor situado fuera del casco y en la parte posterior. || Este motor.

fuerano, na o **fuereño, ña** o **fuerero, ra** adj. y s. *Amer.* Forastero.

fuero m. Privilegio o ley especial de que gozaba antiguamente o goza hoy alguna región, ciudad o persona en España : *el Fuero de Navarra.* || Compilación de leyes : *el Fuero de los Españoles, el Fuero del Trabajo.* || Competencia jurisdiccional : *sometido al fuero militar.* || *Fig.* Orgullo, presunción : *tiene muchos fueros.* || *— En mi fuero interno,* en mi intimidad, pensando interiormente. || *Fig. Volver por los fueros de algo,* defender sus derechos.

Fuero Juzgo, traducción en lengua romance de la compilación de leyes romanas y visigóticas, llamada *Liber judicum,* ordenada por Fernando III de Castilla (1241).

fuerte adj. Que tiene buena salud o mucha fuerza : *es el más fuerte de todos.* || Resistente : *tejido muy fuerte.* || Que posee mucho poder, poderoso : *empresa, nación muy fuerte.* || Grande : *un fuerte capital.* || Que tiene gran intensidad, energía o violencia : *calor fuerte; voz fuerte; fiebre fuerte.* || Que causa viva impresión en el gusto, en el olfato : *licor, perfume fuerte.* || Copioso, abundante : *parte fuerte, diarrea.* || Intenso, vivo : *rojo fuerte.* Acre, picante : *pimiento fuerte.* || Considerable, grande : *impresión fuerte.* || Con gran fuerza : *le dio un buen garrotazo.* || Duro, penoso : *es bastante fuerte mendigar.* || Irritable : *carácter fuerte.* || Verde, picante : *chiste fuerte.* || Aplícase a la moneda de un valor superior al que tenía : *franco fuerte.* || Conocer bien una materia : *está muy fuerte en matemáticas.* || Fortificado : *plaza fuerte.* || Muy sujeto : *el clavo está muy fuerte.* || Apretado : *nudo fuerte.* || *Gram.* Dícese de las vocales que son más perceptibles como a, e, o. || — M. Hombre poderoso, con medios o recursos : *proteger a los débiles contra los fuertes.* || Obra de fortificación. || *Fig.* Aquello en que una persona sobresale : *la historia es su fuerte.* || — Adv. Con intensidad : *hablar fuerte.* Con abundancia : *desayunar fuerte.* Mucho : *jugar fuerte.*

Fuerte, río al O. de México (Chihuahua y Sinaloa) que des. en el golfo de California ; 450 km. || **~ General Roca,** pobl. de la Argentina (Río Negro). || **~ Olimpo,** c. del Paraguay en el dep. de Alto Paraguay y a orillas del río Paraguay. Llámase ant. *Fuerte Bordón.*

Fuertes (Gloria), poetisa española, n. en 1918. Es autora también de cuentos.

Fuerteventura, isla de España (Las Palmas) en el SE. del archip. de las Canarias ; 1731 km². Cap. *Puerto del Rosario.*

fuerza f. Cualquier causa capaz de obrar, de producir un efecto : *las fuerzas naturales.* || *Fís.* Cualquier acción que modifica el estado de reposo o movimiento de un cuerpo : *fuerza centrífuga.* || Poder, capacidad o vigor físico : *tiene mucha fuerza.* || Intensidad, eficacia : *fuerza de un medicamento.* || Energía : *la fuerza de un ácido.* || Violencia, carácter de obligación, coacción : *ceder por fuerza.* || Capacidad de dar un impulso, presión : *fuerza de una máquina.* || Autoridad : *la fuerza de la ley.* || Influencia : *tiene gran fuerza en las altas esferas.* || Esfuerzo : *agárralo con fuerza.* || Resistencia, solidez : *no tiene fuerza para aguantar los embates del mar.* || Electricidad, energía eléctrica : *no hay fuerza para que se enciendan las luces.* || Momento en que es más intenso algo : *en la fuerza de sus años mozos.* || Condición, estado, potencia para hacer algo : *fuerza de ánimo.* || — Pl. Conjunto de las formaciones militares de un Estado : *las fuerzas de Tierra, Mar y Aire.* || Conjunto de personas unidas por un interés común : *fuerzas

políticas de la oposición.* || *— A fuerza de,* perseverantemente y con trabajo : *a fuerza de voluntad ;* con abundancia, a base : *a fuerza de dinero ;* con exageración : *a fuerza de explicaciones despertó sus sospechas en mí.* || *A la fuerza,* por obligación ; necesariamente. || *A la fuerza ahorcan,* nunca se hace lo que uno quiere. || *Fuerza de disuasión* o *disuasoria,* la que consta de las armas más modernas (atómicas generalmente) que se utilizan con la mayor rapidez y eficacia. || *Fuerza bruta,* la material empleada sin la inteligencia. || *Fuerza mayor,* la que es necesario emplear ineludiblemente. || *Fuerza pública,* agentes de la autoridad.

fuete m. *Amer.* Látigo.

fuga f. Huida, evasión : *delito de fuga.* || Escape de un fluido. || Cierta composición musical. || *Fuga. Evasión : fuga de capitales.* || Ardor : *la fuga de la juventud.* || Cierta clase de composición musical.

fugacidad f. Calidad de breve.

fugarse v. pr. Escaparse, huir.

fugaz adj. Que con velocidad huye y desaparece : *deseo fugaz.* || *Fig.* De muy corta duración. || Aplícase a la estrella que cambia de posición.

Fugger o **Fúcar,** familia de banqueros alemanes que obtuvieron de los Habsburgo el privilegio de acuñar moneda (1535).

fugitivo, va adj. Que huye : *detener a un fugitivo* (ú. t. c. s.). || Que aparece dura : *dicha fugitiva.*

fuguillas com. sin. inv. *Fam.* Persona impaciente en obrar.

führer m. (pal. alem.). El jefe. (Se dio este nombre en Alemania, en 1933, a Adolfo Hitler, jefe del Estado nacionalsocialista o Tercer Reich.)

fuina f. Garduña, animal.

Fuji, c. del Japón (Honshu). || ~ Yama. V. FUSI YAMA.

Fujisawa, c. del Japón (Honshu).

Fujita (Tsuguharu), pintor francés, de origen japonés (1886-1968).

Fukien, prov. del SE. de China, enfrente de Taiwan ; cap. *Fucheu.*

Fukui, c. del Japón (Honshu).

Fukuoka, c. y puerto del S. del Japón (Kiusiu) en el estrecho de Corea. Obispado. Universidad.

Fukushima, c. del Japón en el N. de Honshu. Industria de la seda.

Fukuyama, c. del Japón (Honshu).

ful adj. *Fam.* Falso.

fulano, na m. y f. Palabra con que se designa a una persona indeterminada : *Fulano de Tal.* || — F. *Fam.* Mujer de mala vida.

fular m. Pañuelo de seda para la cabeza o el cuello.

fulastre y **fulastrón, ona** adj. *Fam.* Malo. Real mal hecho. || Chapucero.

Fulbe. V. PEUL.

fulbito m. *Arg.* En fútbol, juego de poca calidad y efectividad.

fulcro m. Punto de apoyo de la palanca.

Fulda, c. del centro de Alemania Occidental (Hesse) a orillas del río homónimo. Obispado. Catedral.

fulero, ra adj. *Fam.* Cuentista, farsante (ú. t. c. s.). | Chapucero. || *Arg. Fam. Feo.* | Que causa aversión. || De mal aspecto. | Malo para la salud.

Fulgencio (San), obispo y escritor español, hermano de San Leandro y San Isidoro, m. en 619. Fiesta el 14 de enero.

fúlgido, da adj. Brillante.

fulgir v. i. Brillar.

fulgor m. Resplandor, brillo.

fulguración f. Acción y efecto de fulgurar. || Relámpago sin trueno.

fulgurante adj. Que fulgura : *rayo fulgurante.* || *Med.* Aplícase al dolor muy vivo y súbito. || *Fig.* Rápido.

fulgurar v. i. Brillar.

fúlica f. Ave zancuda, especie pequeña de pato de agua.

fulminación f. Acción de fulminar. || Detonación de una sustancia fulminante.

fulminante adj. Que fulmina : *ataque de gota fulminante.* || Muy grave : *enfermedad fulminante.* || *Fig.* Amenazador : *mirada fulminante.* | Rápido. | Que estalla con explosión : *pólvora fulminante.* || — M. Pistón del arma de fuego.

fulminar v. t. Arrojar rayos. || *Fig.*

Arrojar bombas y balas. | Herir o matar un rayo. | Dictar, imponer con cierta solemnidad : *fulminar excomuniones, sentencias, censuras.* | Matar : *fulminado por la enfermedad.* | Mirar irritado. || — V. i. Hacer explosión.

Fulton (Robert), ingeniero norteamericano (1765-1815), que ideó la propulsión de barcos por medio del vapor y construyó un submarino *(Nautilus)*.

full m. (pal. ingl.). En el póquer, reunión de tres cartas iguales y una pareja.

fullback m. (pal. ingl.). *Arg.* Defensa de un equipo deportivo.

fullear v. i. Hacer trampas.

fullería f. Trampa.

fullero, ra adj. y s. Tramposo.

fumadero m. Sitio que se destina para fumar : *fumadero de opio.*

fumador, ra adj. y s. Que tiene costumbre de fumar.

fumar v. i. Aspirar y despedir humo de tabaco, de opio, etc. (ú. t. c. t. y pr.). || — V. pr. *Fam.* Tirarse, gastar : *fumarse la paga.* | Faltar, dejar de acudir : *fumarse la clase, la oficina.*

fumarola f. Desprendimiento de gases de un volcán.

fumata f. Columna de humo que sale del edificio donde se ha elegido un nuevo Papa, procedente de la combustión de las papeletas de la votación. || *Fam.* Reunión en la que se fuman porros.

fumeta com. *Fam.* Fumador de porros.

fumigación f. Acción de fumigar.

fumigador m. Aparato que sirve para fumigar.

fumigar v. t. Desinfectar por medio de humo, gas, etc.

fumígeno, na adj. y s. m. Que produce humo.

Funabashi, c. del Japón (Honshu).

funámbulo, la m. y f. Acróbata.

función f. Desempeño de un cargo : *entrar en funciones.* | Cargo y obligaciones impuestas por este cargo : *cumplir uno sus funciones.* | Papel : *desempeñar una función.* || Actividad ejecutada por un elemento vivo, órgano o célula en el campo de la fisiología : *funciones de reproducción.* || *Quím.* Conjunto de propiedades de un grupo de cuerpos : *función ácida.* || *Gram.* Actividad de una palabra en una oración : *función de complemento.* || *Mat.* Magnitud que depende de una o más variables. || Fiesta, solemnidad religiosa. || Representación teatral : *fui a la función de la noche.* || Cualquier acto que constituye un espectáculo.

funcional adj. Relativo a las funciones orgánicas o matemáticas : *trastornos, ecuaciones funcionales.* || Dícese de todo aquello en que la función predomina sobre cualquier otro elemento decorativo o artístico. || Que se adapta perfectamente a una función determinada, práctico.

funcionalidad f. Carácter de lo que es funcional, práctico.

funcionalismo m. Tendencia en arquitectura y mobiliario en que la belleza de la forma está supeditada al fin utilitario. || Doctrina antropológica que tiende a explicar el funcionamiento de las actividades en un grupo como conjuntos estructurados y jerarquizados entre ellos.

funcionalista adj. Relativo al funcionalismo.

funcionamiento m. Manera de funciona una cosa.

funcionar v. i. Desempeñar su función. || Ponerse en marcha.

funcionariado m. Conjunto o clase de los funcionarios.

funcionario, ria m. y f. Empleado de la administración pública.

funcionarismo m. Tendencia al aumento de funcionarios, burocracia.

Funchal, c. y puerto de Portugal, cap. de la isla de Madera ; 43 300 h.

funche m. *Amer.* Maíz molido con manteca y sal.

funda f. Cubierta que protege algo.

fundación f. Creación, establecimiento : *fundación de un hospital.* || Creación, por donación o legado, de una institución de interés general. || Este establecimiento.

fundacional adj. De la fundación : *redactó el acta fundacional.*

fundador, ra adj. y s. Que crea o funda.

fundamentación f. Fundamento.

fundamental adj. Que sirve de fundamento o base. || *Fig.* Que tiene un carácter esencial, muy importante : *condición fundamental.* || Que se manifiesta en los principios mismos del hombre, de las cosas.

fundamentalismo m. Lo que está basado en los fundamentos.

fundamentalista adj. Del fundamentalismo.

fundamentar v. t. Tomar como base. | Sentar las bases, echar los cimientos. || — V. pr. Descansar, apoyarse.

fundamento m. Principal apoyo, base, soporte : *fundamento de un Estado.* | Causa : *noticias sin fundamento.* || Formalidad, seriedad. || — Pl. Rudimentos de una ciencia o arte.

fundar v. t. Establecer, crear : *fundar una empresa.* | Instituir : *fundar un colegio.* || Dar el capital necesario para el establecimiento de algo : *fundar un premio literario.* || *Fig.* Apoyar, basar (ú. t. c. pr.).

fundente adj. Que funde. || — M. Sustancia que se mezcla con otra para facilitar la fusión.

fundición f. Acción y efecto de fundir o fundirse. || Extracción de un metal del mineral por medio del calor. || Hierro colado ; arrabio. || Lugar donde se funde. || Surtido de caracteres de imprimir.

fundido m. Procedimiento cinematográfico que consiste en hacer aparecer o desaparecer lentamente una imagen.

fundidora f. Máquina para fundir.

fundir v. t. Convertir un sólido en líquido, derretir. Ú. t. c. pr. : *fundir plomo.* | Vaciar en un molde : *fundir una estatua.* || *Amer.* Gastar completamente : *fundió todo su capital.* || — V. pr. Fusionar, unirse : *sus intereses se fundieron.* | Estropearse el órgano en movimiento por falta de engrase : *se fundió la biela.* | Dejar de funcionar por un cortocircuito o un exceso de tensión : *fundirse las bombillas.*

fundo m. Finca rústica.

Fundy (BAHÍA DE), golfo del Atlántico, en la costa oriental del Canadá.

fúnebre adj. De los difuntos : *carroza fúnebre ; honras fúnebres.* || *Fig.* Triste : *lamento fúnebre.*

funeral m. Solemnidad de un entierro. || Misa del aniversario de una muerte. || — Pl. Exequias.

funerala (a la) m. adv. Modo de llevar las armas los militares en señal de duelo, con las bocas de los fusiles y las puntas de los sables hacia abajo. || *Fam.* Ojo a la funerala, ojo amoratado por un golpe o un puñetazo.

funerario, ria adj. Funeral. || — F. Agencia de pompas fúnebres.

Funes (Gregorio), sacerdote, político y escritor argentino (1749-1829). Se adhirió a la causa de la Independencia en Córdoba y fue miembro de la Junta de 1810. Conocido por el *Deán Funes.*

funesto, ta adj. Aciago, desgraciado : *una batalla funesta.* || Fatal, nefasto : *consejo funesto.*

fungir v. i. *Amer.* Desempeñar una función sin derecho a ella.

funicular adj. Dícese del ferrocarril en el cual la tracción se hace por medio de una cuerda, cable, cadena o cremallera y que se utiliza en recorridos de mucha pendiente (ú. t. c. s. m.). || — M. Teleférico.

Funza. V. BOGOTÁ.

Fúquene, mun. y laguna en el centro de Colombia (Cundinamarca).

furcia f. *Fam.* Ramera.

furcio m. *Arg.* Error cometido al leer o recitar un texto.

furgón m. Automóvil cerrado que se utiliza para transportes. | Vagón de equipajes en un tren.

furgoneta f. Pequeño vehículo comercial que tiene una puerta en la parte posterior para sacar los géneros transportados.

furia f. Cólera o irritación muy violenta. | Movimiento impetuoso de las cosas : *la furia de las olas.* | Coraje, valor, ímpetu : *luchar con furia.* | Momento culminante : *en la furia del calor.* || *Fig.* Boga, moda : *hay una*

furia de vestirse mal. || *Méx.* Copete de pelo. || *Arg. A toda furia,* muy deprisa. || — M. y f. *Fam.* Persona mala y violenta o muy enfadada.

Furias. V. ERINIAS.

furibundo, da adj. Furioso.

furioso, sa adj. Irritado, colérico, enfurecido. || *Fig.* Violento, impetuoso : *viento furioso.* | Grande, enorme, terrible : *tengo un deseo furioso de marcharme de esta ciudad.* | Violento : *loco furioso.*

furor m. Cólera, ira exaltada. || *Locura momentánea.* || *Fig.* Pasión : *el furor del juego.* | Violencia : *el furor de la lluvia.* | Arrebato del poeta, estro. || — *Hacer furor,* estar en boga. || *Furor uterino,* ninfomanía, impulso sexual exagerado en la mujer, de carácter patológico.

furriel o **furrier** m. *Mil.* Cabo.

Fürstenberg, antiguo principado del SO. de Alemania (Suabia).

Fürth, c. del SO. de Alemania Occidental (Baviera), junto a Nuremberg.

furtivo, va adj. Hecho a escondidas : *mirada furtiva.* || *Cazador furtivo,* el que caza sin permiso.

furúnculo m. Tumor inflamatorio en la dermis.

fusa f. *Mús.* Nota que dura media semicorchea.

Fusagasugá, río de Colombia (Tolima, Cundinamarca), afl. del Magdalena. — C. en el centro de Colombia (Cundinamarca).

Fusán o **Pusán,** c. y puerto de Corea del Sur.

fuselaje m. Cuerpo de un avión al que se le añadirán las alas.

Fusi Yama, volcán y montaña sagrada del Japón (Honshu) ; 3 778 m.

fusible adj. Que puede fundirse : *el estaño es muy fusible.* || — M. Hilo o chapa metálica que, colocada en un circuito eléctrico, se funde e interrumpe la corriente si ésta es excesiva.

fusil m. Arma de fuego portátil que consta de un tubo metálico (cañón) de pequeño calibre montado en una armazón de madera y con un mecanismo que permite el disparo. || Por ext. El tirador. || *Fusil ametrallador,* arma automática ligera que puede disparar las balas separadamente o por ráfagas.

fusilamiento m. Ejecución con una descarga de fusilería. || *Fig.* y *fam.* Plagio, copia.

fusilar v. t. Ejecutar a una persona con una descarga de fusilería. || *Fig.* Plagiar, copiar, imitar.

fusilería f. Conjunto de fusiles o de fusileros. || Fuego de fusiles.

fusilero m. Soldado con fusil.

Fusin o **Fuxin,** c. del NE. de China.

fusión f. Paso de un cuerpo sólido al estado líquido por medio del calor. || Unión de varios núcleos de átomos ligeros a elevada temperatura en un solo núcleo de masa más elevada (por ej., hidrógeno y litio en la bomba de hidrógeno). || *Fig.* Unión, combinación : *la fusión de los partidos.* | Unión de varias sociedades, por absorción en beneficio de una, o por creación de una nueva sociedad que sustituye a otras existentes.

fusionar v. t. Reunir en una sola sociedad, en una sola asociación, en un solo partido, etc. (ú. t. c. pr.). || Producir la fusión de un cuerpo.

fusionista adj. Relativo a la fusión. | Partidario de la fusión (ú. t. c. s.).

fusta f. Látigo.

fustán m. *Méx.* Enaguas blancas.

fuste m. Cada una de las dos piezas de madera que forman el armazón del caballo. || *Fig.* Fundamento, sustancia. | Importancia : *asunto de mucho fuste.* || *Arq.* Parte de la columna entre el capitel y la basa.

fustigación f. Azotamiento.

fustigador, ra adj. y s. Que fustiga.

fustigar v. t. Azotar. || *Fig.* Censurar, criticar, vituperar.

Futa Yalón, macizo montañoso del NO. de África, en Guinea ; 1 515 m.

Futalaufquen, lago de la Argentina (Chubut) ; 66 km².

Futaleufú, dep. de la Argentina (Chubut), situado en la región de Rivadavia y a orillas del lago Futaleufquen ; cab. Esquel. Central hidroeléctrica. Aeropuerto. — C. de Chile en la X Región (Los Lagos) y en la prov. de Palena, cap. de la com. del mismo nombre.

fútbol o **futbol** (Amer.) m. Deporte practicado por dos equipos de 11 jugadores cada uno en el que éstos intentan con los pies enviar un balón hacia la portería o meta contraria sin intervención de las manos y siguiendo determinadas reglas. ‖ *Fútbol norteamericano,* juego parecido al rugby.

futbolín m. Juego practicado en una mesa que representa un campo de fútbol en el cual las figurillas de los jugadores se mueven por medio de unas manijas accionadas por las dos o cuatro personas que se enfrentan.

futbolista com. Jugador de fútbol.

futbolístico, ca adj. Del fútbol.

futesa f. Pequeñez, nadería.

fútil adj. De escasa importancia.

futileza f. *Amer.* Futilidad.

futilidad f. Poca o ninguna importancia de una cosa. ‖ Cosa fútil.

futre m. *Amer.* Petimetre.

Futrono, c. de Chile en la X Región (Los Lagos) y en la prov. de Valdivia, cap. de la com. del mismo nombre.

Futuna. V. WALLIS.

futurismo m. Movimiento literario y artístico, fundado en Italia por Marinetti (1911), que se rebelaba contra la tradición, el academicismo, la moral, y preconizaba la búsqueda de sensaciones y estados dinámicos o no simultáneos. ‖ *Fig.* Actividad prematura.

futurista adj. Conforme con el futurismo. ‖ — Adj. y s. Partidario del futurismo. ‖ Que trata de evocar la sociedad, las técnicas del porvenir. ‖ *Amer.* Se aplica especialmente a los aspirantes a la sucesión presidencial.

futuro, ra adj. Que está por venir, venidero : *sucesos futuros.* ‖ — M. Porvenir : *veo el futuro pesimista.* ‖ *Gram.* Tiempo verbal que expresa una acción que ha de venir : *futuro imperfecto* (dirá, comerá) y *futuro perfecto* (habrá ido, habrá venido). ‖ — M. y f. *Fam.* Novio, prometido : *la vi paseando del brazo de su futuro.*

futurología f. Conjunto de las investigaciones sobre el futuro.

futurólogo, ga m. y f. Persona especializada en futurología.

Fuyafuya, cumbre de los Andes del Ecuador ; 4 294 m.

Gauchos en la Pampa argentina

G

g f. Octava letra del alfabeto castellano y sexta de sus consonantes. || — **g,** abreviatura de *gramo.* || Forma abreviada con que se representa la aceleración de la gravedad. || — **G,** símbolo del *gauss.*

Ga, símbolo químico del *galio.*

gabacho, cha adj. y s. *Fam.* Francés.

gabán m. Abrigo.

gabardina f. Tejido ligero empleado en trajes de verano. || Impermeable.

gabarra f. Embarcación pequeña y chata para la carga y descarga.

gabela f. Tributo, impuesto, contribución que se paga al Estado. || *Fig.* Carga, gravamen. || *Col:* Ventaja.

Gaberones. V. GABORONE.

Gabes, c. y puerto del SE. de Túnez, en el golfo homónimo.

gabinete m. Sala pequeña de recibir. || Conjunto de muebles para este aposento. || Conjunto de ministros de un Estado, Gobierno. || Conjunto de colaboradores de un dirigente que se encargan de un sector específico. || Sala que contiene colecciones u objetos y aparatos para estudiar o enseñar una ciencia o arte.

Gabirol (Salomón ben). V. AVICEBRÓN.

Gabón, río del África ecuatorial que des. en el Atlántico.

Gabón, rep. del África ecuatorial, entre el Atlántico, la Guinea Ecuatorial, el Camerún y el Congo; 267 000 km² ; 1 300 000 h. (*gaboneses*). Cap. *Libreville,* 190 000 h. Independiente desde 1960. Produce oro, uranio, hierro y petróleo. Maderas.

gabonés, esa adj. Relativo a Gabón. || Originario de este país (ú. t. c. s.).

Gaborone, cap. de Botswana, en el sur del país ; 33 000 h.

Gaboto (Sebastián). V. CABOTO.

Gabriel, arcángel que anunció a la Virgen María la encarnación del Hijo de Dios. (*Evangelio.*)

Gabriel (América), escultora mexicana, n. en 1948. || ~ (JACQUES-ANGE), arquitecto francés (1698-1782), constructor del Pequeño Trianón y la Ópera en Versalles y de la Plaza de la Concordia y la Academia Militar en París. || ~ **y Galán** (José María), poeta español (1870-1905), autor de *Castellanas, Extremeñas* y *Campesinas.*

Gabriela Mistral. V. MISTRAL.

Gabrovo, c. en el centro de Bulgaria.

gacela f. Antílope de las estepas de África y Asia, menor que el corzo.

gaceta f. Papel periódico en que se dan noticias de algún ramo especial : *gaceta de los tribunales.*

gacetero, ra m. y f. Periodista de una gaceta o vendedor de ellas.

gacetilla f. Parte de un periódico donde se insertan noticias cortas. || Esta noticia. || *Fig.* y *fam.* Persona que por hábito lleva y trae noticias de una parte a otra, correveidile.

gacha f. Masa muy blanda y medio líquida. || *Amer.* Escudilla. || — Pl. Comida hecha con harina, agua, sal, leche, etc. || *Fam.* Mimo. || *Fig.* y *fam. Hacerse unas gachas,* volverse muy meloso.

Gachalá, mun. en el centro de Colombia (Cundinamarca).

gaché m. *Pop.* Gachó.

Gachetá, c. en el centro de Colombia (Cundinamarca).

gachi f. *Pop.* Mujer.

gacho, cha adj. Doblado, encorvado hacia abajo : *cuernos gachos.* || *Antill.* y *Méx.* Bajo, en general.

gachó m. *Pop.* Hombre, tipo, individuo, tío. || *Andaluz* (para los gitanos).

gachón, ona adj. *Fam.* Gracioso.

gachonería f. *Fam.* Gracia, salero.

gachumbo m. *Amer.* Cubierta leñosa de la almendra del coco, de la calabaza.

gachupín m. *Amer.* Español establecido en la América de lengua española. (Se dio primeramente este n. a los españoles en tiempos de la guerra de la Independencia mexicana.)

Gadafi (Muammar al-), político libio, n. en 1942. Derrocó al rey Idrís I en 1969 e instauró una república de tipo socialista.

Gadea (*Santa*). V. SANTA GADEA DEL CID.

Gades, c. en el sur de la ant. Hispania, hoy *Cádiz.*

gádidos m. pl. Familia de peces de mar (merluzas, bacalaos, etc.) o de río (lota) [ú. t. c. adj.].

gaditano, na adj. y s. De Cádiz (España).

gadolinio m. Metal raro de número atómico 64 (símb., Gd).

Gador (SIERRA DE), cadena de montañas del sistema Penibético, en la prov. de Almería, al sur de España.

gael o **goidel** adj. y s. Individuo de un pueblo celta. (Los gaeles o goidels se establecieron en el NO. de las Islas Británicas al final del primer milenio a. de J. C.)

gaélico, ca adj. Relativo a los gaeles. || — M. Dialecto celta de Irlanda y del País de Gales.

Gaeta, c. y puerto de Italia en el Lacio. Arzobispado.

gafa f. Gancho para sujetar algo. || Grapa. || Gancho para armar la ballesta. || — Pl. Lentes, montura con dos cristales o lentes que se pone delante de los ojos para corregir la vista defectuosa : *ponerse las gafas.*

gafar v. t. Traer mala suerte, ser gafe.

gafe m. *Fam.* Mala suerte. | Pájaro de mal agüero. | Persona que trae mala suerte. || *Ser gafe,* traer mala suerte.

gafedad f. Lepra.

gafo, fa adj. Leproso.

Gafsa, c. y oasis del S. de Túnez.

gag m. (pal. ingl.). Situación o episodio o golpe de efecto cómico.

gaga adj. y s. (pal. fr.). Chocho.

Gagarin (Yuri Alexeyevich), aviador

GABÓN

ruso (1934-1968), primer cosmonauta que realizó un vuelo orbital alrededor de la Tierra (1961). M. en un accidente de aviación.

Gagini (Carlos), filólogo y escritor costarricense (1865-1925), autor de un *Diccionario de barbarismos.*

Gagnoa, c. al S. de la Costa de Marfil.

Gagny, c. de Francia, al NE. de París (Seine-Saint-Denis).

gaguear v. i. *Amer.* Tartamudear.

gaguera f. *Amer.* Tartamudez.

Gahona (Gabriel Vicente), pintor mexicano (1828-1899).

Gainsborough [*guéinsboro*] (Thomas), pintor retratista inglés (1727-1788). Fue también notable paisajista.

Gainza (Gabino), general español (¿ 1750 ?-1822). Defendió la causa realista en Chile y Perú, y, al independizarse Guatemala (1821), fue designado jefe del nuevo Estado.

gaita f. *Mús.* Instrumento de viento formado de una bolsa de cuero a la cual están unidos tubos, uno para soplar el aire y otros con agujeros, como una flauta, por donde sale la música. | Zanfonia. || *Fig.* Cosa engorrosa o pesada, lata. || *Templar gaitas,* usar miramientos para que nadie pueda disgustarse.

Gaitán (Jorge Eliécer), jurista y político colombiano (1903-1948), organizador de un gran movimiento liberal. Murió asesinado. || ~ **Durán** (JORGE), poeta y ensayista colombiano (1924-1962).

gaitero, ra m. y f. Músico que toca la gaita.

Gaito (Constantino), músico argentino (1878-1945), autor del poema sinfónico *El ombú,* óperas (*Perseo, Ollantay, Antígona, Flor de nieve*) y ballets (*La flor del Irupé*).

gajes m. pl. Emolumentos, salario de un empleado. || *Fam. Gajes del oficio,* las molestias o inconvenientes inherentes a un empleo.

gajo m. Rama de árbol, sobre todo cuando está desprendida del tronco. || Racimo pequeño : *gajo de uvas, de cerezas.* || División interior de varias frutas : *un gajo de naranja.*

gal m. Unidad de aceleración en el sistema C. G. S. (Símb., Gal.)

gala f. Vestido suntuoso. || Gracia, garbo o donaire. || Lo más selecto : *ser una muchacha la gala del lugar.* || Adorno, ornato. || Recital de un cantante. || — Pl. Trajes, joyas de lujo : *las galas de la novia.* || — *De gala,* de lujo : *uniforme de gala.* || *Fig. Hacer gala o tener a gala,* enorgullecerse de algo : *tengo muy a gala mis conocimientos lingüísticos.*

Gala (Antonio), dramaturgo español, n. en 1937, autor de *Los verdes campos del Edén, Anillos para una dama, Las cítaras colgadas de los árboles, ¿ Por qué corres, Ulises ?, Petra Regalada, El cementerio de los pájaros,* etc. Es también notable poeta.

Gala Placidia. V. PLACIDIA.

Galaad, región montañosa de la ant. Palestina, entre el Jordán y el desierto arábigo.

Galacia, antigua comarca de Asia Menor, conquistada por los galos en 278 a. de J. C. y prov. romana en 25 a. de J. C. ; c. pr. Ancira.

galáctico, ca adj. *Astr.* De una galaxia.

galactita f. Arcilla.

galactosa f. Azúcar obtenida mediante hidrólisis de la lactosa.

galaico, ca adj. Gallego (ú. t. c. s.).

Galaico (Macizo), conjunto montañoso en el extremo NO. de la península Ibérica.

galaicoportugués, esa adj. y s. m. Dícese de la lengua romance hablada en Galicia y Portugal, y de las obras literarias medievales de ambos territorios. (V. GALLEGO.)

galán m. Hombre apuesto, bien parecido. || Hombre que corteja a una mujer. || Actor que representa los papeles de tipo amoroso. || *Galán de noche,* mueble para colgar trajes.

Galán (Fermín), militar español (1899-1930), sublevado en Jaca contra la monarquía (1930). Fue fusilado. || ~ (JOSÉ ANTONIO), patriota colombiano (1749-1782), caudillo de la insurrec-

ción de los comuneros (1780). Fue ahorcado.

galancete m. Galán joven.

galania f. Galanura.

galano, na adj. Que viste bien. || *Fig.* Brillante, elegante, ameno : *estilo galano.* || *Fam. Cuentas galanas,* cálculos ilusorios.

galante adj. Atento, fino : *hombre galante.* || Picante : *historia galante.*

galanteador, ra adj. Que galantea (ú. t. c. s.).

galantear v. t. Cortejar a una mujer.

galanteo m. Flirteo.

galantería f. Acción o expresión obsequiosa, amabilidad. || Caballerosidad. || Liberalidad.

galantina f. Manjar compuesto de carne picada que se sirve frío y con gelatina. || Ave de México.

galanura f. Elegancia, gallardía.

galapagar, v. en el centro de España (Madrid), al pie de la sierra de Guadarrama.

galápago m. Reptil quelonio parecido a la tortuga.

Galápagos (ARCHIPIÉLAGO DE LOS), archipiélago al O. del Ecuador en el Pacífico, llamado también *Archipiélago de Colón,* cuyas principales islas son Isabela o Albemarle, Santa Cruz o Indefatigable, Fernandina, San Salvador, San Cristóbal, Santa María o Floreana, Española, Marchena y Pinta ; 7 844 km². Agricultura. Pesca. — Prov. del Ecuador en el archipiélago del mismo nombre ; cap. *Puerto Baquerizo Moreno,* en la isla San Cristóbal.

galapaguino, na adj. y s. Del Archipiélago de los Galápagos (Ecuador).

galardón m. Premio, recompensa.

galardonado, da adj. Premiado : *libro galardonado* (ú. t. c. s.).

galardonar v. t. Recompensar, premiar : *galardonar a un poeta.*

gálata adj. y s. De Galacia (Asia).

Galatea, ninfa amada por el cíclope Polifemo. (*Mit.*)

Galatzi o **Galati,** c. y puerto de Rumania en el Danubio. Siderurgia.

galaxia f. *Astr.* Gran agrupación de estrellas, incluyendo el Sol, en forma de elipsoide de revolución.

Galba (Servio Sulpicio), emperador romano (5-69 a. de J. C.). Sucedió a Nerón en 68. M. asesinado.

galbana f. *Fam.* Pereza.

Galbraith (John Kennet), economista norteamericano, n. en 1908. Defiende la disminución de la intervención directa del Estado en la economía.

Galdácano, mun. en el norte de España (Vizcaya), cerca de Bilbao.

Galdós (Benito PÉREZ). V. PÉREZ GALDÓS.

galdosiano, na adj. Propio del escritor Pérez Galdós.

Galeana (Hermenegildo), héroe de la independencia mexicana (1762-1814). Luchó con Morelos.

Galeano (Eduardo), escritor uruguayo, n. en 1920, autor de relatos (*La canción de nosotros, Días y noches de amor y de guerra*), novelas (*Los días siguientes*) y de ensayos (*Las venas abiertas de América Latina,* etc.).

galena f. Sulfuro natural de plomo, mineral de color gris azulino.

galeno m. *Fam.* Médico.

Galeno (Claudio), médico griego (¿ 131-201 ?).

galeón m. *Mar.* Gran nave de guerra.

galeote m. Forzado que remaba en la galera.

galera f. Antigua nave de guerra o de transporte movida por remos o velas. || Carro grande de cuatro ruedas. || Cárcel de mujeres. || Sala de un hospital. || *Garlopa larga.* || *Impr.* Tabla en que se ponen las líneas para formar luego la galerada. | Galerada. || *Amer.* Chistera, sombrero de copa. || — Pl. Antigua pena de remar : *condenar a galeras.*

galerada f. *Impr.* Trozo de composición que se pone en una galera. || Prueba que se saca para corregirla.

Galeras, volcán en el SO. de Colombia (Nariño), en las cercanías de Pasto ; 4 266 m.

galería f. Pieza larga y cubierta. || Pasillo o corredor con vidriera. || Local para exposiciones : *una galería de*

pinturas. || Camino subterráneo en las minas. || *Mar.* Crujía en medio de la cubierta del buque. | Cada uno de los balcones de la popa del navío. || *Teatr.* Paraíso, y público que lo ocupa. || Armazón de madera que sostiene las cortinas de una ventana. || *Fig.* Opinión pública : *trabajar para la galería.* || — Pl. Almacenes o pasaje cubierto en que hay tiendas.

galerín m. *Impr.* Tabla para poner las líneas compuestas por los cajistas, hasta formar una galerada.

Galerio (Valerio Maximiano), emperador romano que gobernó de 305 a 311. Persiguió a los cristianos. Fue yerno de Diocleciano.

galerna f. Viento del Noroeste que sopla en el mar Cantábrico.

Gales o ~ (PAÍS DE), región del O. de la Gran Bretaña ; 20 800 km² ; 2 700 000 h. (*galeses*). Cap. *Cardiff* y *Swansea.* || ~ **del Sur** (NUEVA). V. NUEVA GALES DEL SUR.

Gales (*Príncipe de*), en Gran Bretaña, título que lleva desde 1301 el heredero de la corona.

galés, esa adj. y s. De Gales. || — M. Lengua céltica de los galeses.

galga f. Muela voladora del molino de aceite. || Palo que, atravesado sobre el eje de una rueda, sirve de freno.

galgo, ga m. y f. Variedad de perro muy ligero y buen cazador. || *Fam. ¡ Échale un galgo !,* es imposible alcanzar, recobrar o comprender algo.

Galia, ant. país de los galos dividido en *Galia Cisalpina* (Italia Septentrional) y *Galia Transalpina,* entre los Alpes, los Pirineos, el Atlántico y el Rin. Esta fue conquistada por César entre 58 y 50 a. de J. C.

gálibo m. Arco de hierro en forma de U invertida que sirve en las estaciones de ferrocarriles para comprobar si los vagones cargados pueden pasar los túneles y los puentes. || *Mar.* Plantilla para dar forma a las cuadernas y otras piezas de los barcos. || Figura ideal cuyo perímetro señala las dimensiones máximas de la sección transversal autorizadas a los vehículos, con la carga incluida, para pasar por túneles, arcos, etc.

galicado, da adj. Con galicismos : *lenguaje galicado.*

galicanismo m. Doctrina religiosa aparecida en Francia en las postrimerías del siglo XVII.

galicano, na adj. Dícese de la Iglesia de Francia y de su liturgia : *la Iglesia galicana.* || Partidario de los principios y franquicias de la Iglesia galicana (ú. t. c. s.). || Galicado.

Galicia, antigua región del NO. de España, formada por las prov. de La Coruña, Lugo, Orense y Pontevedra. En 1981 se constituyó en Comunidad Autónoma, cuya capital es *Santiago de Compostela.* País montañoso y fértil, de costas muy recortadas. Agricultura, ganadería, pesca. Industrias. — V. GALITZIA.

galicismo m. Palabra francesa utilizada en castellano. || Giro, idiotismo o construcción propio de la lengua francesa.

— Desde el siglo XI, dada la vecindad de los dos países, comenzaron a entrar en castellano galicismos (hace tiempo aceptados (*homenaje, deán, mensaje, manjar,* etc.). Esta corriente aumentó al pasar el tiempo y ya Nebrija en 1493 registra numerosos palabras tachadas de galicismos (*paje, bajel, trinchar, jardín,* etc.). En el siglo XVIII y más adelante la influencia se hace más patente y el Diccionario de la Real Academia Española se ve obligado a dar entrada en su léxico a voces empleadas comúnmente (*coqueta, tupé, ficha, sofá, cuplé, hotel, mentón, bobina, etiqueta,* etc.). Hay en cambio numerosos galicismos no admitidos como *remarcable* (por *notable*), *amateur* (por *aficionado*), *élite* (por *selección*), *chic* (por *elegancia*), *debut* (por *primera presentación*), *constatar* (por *comprobar*), etc.

galicista com. Persona que emplea muchos galicismos (ú. t. c. adj.).

gálico, ca adj. Galo.

Galich (Manuel), escritor guatemalteco, n. en 1912, autor de obras de teatro (*Pascual Abaj*).

Galieno, emperador romano de 253 a 268. Era hijo de Valeriano.

Galilea, región septentrional de Palestina donde predicó principalmente Jesús. C. pr. : *Tiberíades, Nazaret, Caná, Betulia* y *Cafarnaum.*

galileo, a adj. y s. De Galilea. || Cristiano. || *El Galileo,* Cristo.

Galileo (Galileo GALILEI, llamado), físico y astrónomo n. en Pisa (1564-1642). Enunció las leyes de la gravedad de los cuerpos y el principio de inercia, inventó la balanza hidrostática, el termómetro y construyó el primer telescopio, en Venecia (1609). Defendió el sistema de Copérnico sobre la rotación de la Tierra.

galillo m. Campanilla, úvula.

galimatías m. Jerga, jerigonza, lenguaje oscuro y confuso. || Confusión.

Galindo (Beatriz), erudita española (1475-1534), preceptora y consejera de la reina Isabel la Católica. Llamada *la Latina.* || — (BLAS), músico mexicano, n. en 1910, autor de ballets, sinfonías, conciertos. || — (SERGIO), escritor mexicano, n. en 1926, autor de obras de teatro. || — **y Villa** (JESÚS), historiador mexicano (1867-1937).

galio m. *Quím.* Metal (Ga), de número atómico 31.

galiparla f. Lenguaje de los que emplean voces y giros afrancesados.

galiparlista com. Persona que emplea muchos galicismos.

galipo m. *Fam.* Escupitajo.

Galitzia o **Galicia,** ant. prov. del Imperio Austriaco en una región de Europa central, al N. de los Cárpatos. Dividida en 1945 entre Polonia y la U. R. S. S. (Ucrania).

galo, la adj. y s. De la Galia (Francia). || — M. Lengua hablada por los galos.

galocha f. Zueco de madera.

galón m. Cinta de tejido grueso, de hilo de oro, plata, seda, etc., utilizada como adorno en ribetes. || *Mil.* Distintivo de los grados inferiores : *galón de cabo, de sargento.* || Medida británica de capacidad equivalente a 4,546 litros y de Estados Unidos igual a 3,785 litros.

galonear v. t. Adornar, ribetear con galones : *galonear un chaleco.*

galopada f. Carrera a galope.

galopante adj. Que galopa. || *Fig.* Inflación galopante, la que no puede controlarse. || *Tisis galopante,* la fulminante, de evolución muy rápida.

galopar v. i. Ir a galope. || *Fig.* y *fam.* Ir muy rápido.

galope m. Marcha más veloz del caballo. || *Fig. A galope tendido,* muy de prisa.

galopín m. Pícaro. || *Mar.* Grumete. || Pinche de cocina.

galopina f. *Méx.* Pinche de cocina.

galorromano, na adj. Relativo a la vez a los galos y a los romanos : *arquitectura galorromana.* || — M. y f. Habitante de la Galia romana.

galpón m. *Amer.* Cobertizo. | Departamento destinado antiguamente a los esclavos en las haciendas.

Galsworthy (John), escritor inglés (1867-1933), autor del ciclo de novelas *La saga de los Forsyte* y de obras dramáticas. (Pr. Nobel, 1932.)

Galtieri (Leopoldo Fortunato), general argentino, n. en 1926, designado por la Junta Militar pres. de la Rep. en diciembre de 1981. Las tropas argentinas, bajo su mandato (2 de abril de 1982), ocuparon las islas Malvinas que estaban, sin ninguna causa jurídica legítima, en posesión de Gran Bretaña. Dimitió en junio de 1982.

Galván (Manuel de Jesús), escritor dominicano (1834-1910), autor de la novela *Enriquillo,* historia de la sublevación de este caudillo mestizo.

Galvani (Luigi), físico y médico italiano (1737-1798), investigador de las corrientes nerviosas eléctricas.

galvanismo m. *Fís.* Acción que ejercen las corrientes eléctricas continuas en los órganos vivos. | Electricidad dinámica producida por una acción química.

galvanización f. *Fís.* Procedimiento que consiste en cubrir una pieza metálica con una capa de cinc para protegerla contra la corrosión.

galvanizar v. t. *Fís.* Electrizar por medio de una pila. | Cubrir una pieza metálica de una capa de cinc por gal-

vanización. || *Fig.* Entusiasmar, exaltar : *orador que galvaniza a las multitudes.*

galvano m. *Impr.* Galvanotipo.

galvanómetro m. *Fís.* Aparato para medir la intensidad y el sentido de una corriente eléctrica.

galvanoplastia f. Operación de cubrir un cuerpo sólido con capas metálicas mediante electrólisis.

galvanoterapia f. Tratamiento de las enfermedades por corrientes galvánicas.

galvanotipia f. Galvanoplastia aplicada especialmente a la obtención de clichés tipográficos.

galvanotipo m. Cliché en relieve, en la impresión tipográfica, obtenido por electrólisis o galvanoplastia.

Galvarino, c. del centro de Chile en la IX Región (Araucanía) y en la prov. de Cautín, cap. de la com. de su n.

Galve (Conde de). V. CERDA SANDOVAL.

Galveston, c. y puerto en el S. de Estados Unidos (Texas), a la entrada de la bahía homónima (golfo de México). Obispado. Universidad.

Gálvez (José), político español (1729-1786), que fue visitador general de México. || — (JOSÉ), poeta modernista peruano (1885-1957), autor de *Bajo la Luna.* || — (JUAN MANUEL), político hondureño (1887-1955), pres. de la Rep. de 1949 a 1954. || — (MANUEL), escritor argentino, n. en Paraná (1882-1962), autor de novelas realistas (*La maestra normal, El mal metafísico, La sombra del convento, Nacha Regules*), relatos históricos (*Escenas de la época de Rosas*) y de biografías. || — (MARIANO), político guatemalteco (1794-1865), jefe del Estado en 1831, derrocado en 1838. || — (MATÍAS), general español, m. en 1784, capitán general de Guatemala y virrey de Nueva España (1783-1784). — Su hijo BERNARDO (1756-1786) fue también capitán general de Guatemala y le sucedió en el virreinato de Nueva España (1785-1786). || — **Alfonso** (JOSÉ MARÍA), abogado y político cubano (1834-1906). Fundador del Partido Autonomista y pres. del Gobierno formado por éste en 1897. || — **de Montalvo** (LUIS), poeta español (¿ 1546-1591 ?), autor de la novela pastoril *El pastor de Fílida.*

gallarda f. Danza y música españolas antiguas. || *Impr.* Carácter de letra.

gallardear v. i. Vanagloriarse.

gallardete m. Bandera pequeña y triangular que se pone en los barcos o en otra parte como adorno o señal.

gallardía f. Gracia, prestancia. || Ánimo, valor.

gallardo, da adj. Airoso, con prestancia, bien parecido : *jóvenes gallardos.* || Valiente, animoso, bizarro.

Gallardo (Ángel), naturalista y biólogo argentino (1867-1934), rector de la Universidad de Buenos Aires.

gallareta f. Ave zancuda de plumaje negro.

Galle, c. de Ceilán o Sri Lanka, en el SE. de la isla. Obispado católico.

gallear v. t. Cubrir el gallo a las gallinas. || v. i. *Fam.* Fanfarronear. | Alzar la voz. | Ser el que lleva la voz cantante y se impone a los demás.

gallegada f. Cosa propia de gallegos. || Cierto baile gallego y su música.

gallego, ga adj. y s. De Galicia. || *Pop. Amer.* Español. || — M. Lengua hablada en Galicia.

Gallego (Fernando), pintor hispanoflamenco de la segunda mitad del s. XV. || — (JUAN NICASIO), sacerdote español (1777-1853), autor de la célebre oda *Al dos de mayo.*

Gállego, río del NE. de España (Aragón) que nace en los Pirineos y des. en el Ebro cerca de Zaragoza ; 190 km.

Gallegos, río del S. de la Argentina (Santa Cruz) que nace en el Atlántico, cerca de Río Gallegos ; 300 km.

Gallegos (Fernando), pintor español de la escuela flamenca (¿ 1440-1507 ?). || — (GERARDO), escritor ecuatoriano, n. en 1906, autor de la novela *Eladio Segura.* || — (JOSÉ RAFAEL DE), político costarricense (1784-1850), jefe del Estado de 1833 a 1835 y de 1845 a 1846. || — (RÓMULO), político venezolano, n. en Caracas (1884-1969). Pres. de la Rep. en 1947, fue

derrocado al año siguiente. En sus novelas (*Reinaldo Solar, La rebelión, Los inmigrantes, Doña Bárbara, Cantaclaro, Canaima, La trepadora, Pobre negro,* etc.) muestra sus grandes dotes de narrador. || — **del Campo** (EMILIO), poeta modernista ecuatoriano (¿ 1875 ?-1914). || — **Lara** (JOAQUÍN), escritor ecuatoriano (1911-1947), autor de novelas (*Las cruces en el agua, Los que se van, Cacao,* etc.).

galleguismo m. Tendencia y doctrina política que propugnan una forma de autogobierno en Galicia. || Defensa de los valores históricos y culturales de Galicia. || Amor a Galicia. || Palabra, giro propio de Galicia.

galleguista adj. Relativo al galleguismo. || Partidario del galleguismo (ú. t. c. s.).

gallera f. y **galleria** f. Sitio donde se efectúan las peleas de gallos.

gallero, ra m. y f. Criador de gallos de pelea. || Aficionado a las riñas de gallos.

galleta f. Bizcocho de mar. | Pasta, bizcocho seco. || Carbón mineral de cierto tamaño. | Disco en que rematan los palos y las astas de banderas. || *Fam.* Bofetada. || *Arg.* Vasija hecha de calabaza, chata, redonda y sin asa para tomar mate. | Confusión, lío.

galletería f. Fábrica de galletas.

gallina f. Ave doméstica, con pico y cresta, hembra del gallo. || — Com. *Fig.* y *fam.* Persona cobarde : *son unos gallinas.* || — *Fig. Estar como gallina en corral ajeno,* encontrarse cohibido y molesto en un lugar. | *Estar o andar como gallina clueca,* estar muy ufano, muy orgulloso. | *Gallina ciega,* cierto juego de niños en que uno de los participantes tiene los ojos vendados. | *Fig. Matar la gallina de los huevos de oro,* hacer desaparecer una fuente productiva de ganancia. | *Tener carne de gallina,* tener la piel como la de las gallinas a causa del frío o del miedo.

Gallina, pico de Chile (Copiapó) ; 5 250 m.

gallináceo, a adj. De la gallina. || — F. pl. Orden de aves que tienen por tipo el gallo, la perdiz, el pavo, etc.

gallinaza f. Gallinazo, ave.

gallinazo m. Aura, ave rapaz. || *Méx.* Zopilote.

gallinero, ra m. y f. Vendedor de aves de corral. || — M. Sitio en el que se recogen las gallinas. || *Fig.* Paraíso, localidad más alta de un teatro.

gallineta f. Fúlica. | Chocha. || *Amer.* Pintada.

Gallipoli, c. de la Turquía europea, en la penins. homónima.

gallito m. *Fig.* Gallo, persona.

gallo m. Ave gallinácea doméstica de pico corto, cresta roja, abundante plumaje y patas provistas de espolones. || Platija, acedía, pez. || *Fig.* y *fam.* Hombre que todo lo manda o quiere mandar. | Hombre que quiere ser el más importante y admirado de un lugar : *gallo del pueblo.* | Hombre bravucón, matón. || *Mús.* Nota aguda falsa al cantar. | Categoría en la que se clasifican los boxeadores que pesan de 53,524 kg. a 57,125. || *Pop.* Gargajo, esputo. || *Amer.* Hombre fuerte y muy valiente. | *Méx.* Serenata : *gallo a la novia.* | *Fam.* Alzar el gallo, mostrarse arrogante. | *Fig. Méx. Dormírsele a uno el gallo,* descuidarse ; quedarse dormido. | *Fig. En menos que canta un gallo,* en un instante. | *Gallo de pelea,* el que se cría para reñir. (En América, las peleas de gallos constituyen un espectáculo en el que se cruzan apuestas.) | *Fam. Méx. Haber comido gallo,* estar agresivo. | *Pelar el gallo,* irse ; morir. | *Tener mucho gallo,* tener soberbia o altanería.

Gallo (ISLA DEL), isla del SO. de Colombia, en el Pacífico.

Galloway, península de Gran Bretaña, al suroeste de Escocia.

gallup [*galop*] m. (pal. ingl.). Sondeo de la opinión pública por medio de un cuestionario preciso.

Gallup (George Horace), estadístico norteamericano (1901-1984), fundador de un instituto para sondeos de la opinión pública (1935).

gama f. *Mús.* Escala musical : *hacer gamas en el piano.* | Escala de colores en pintura. || *Fig.* Serie, sucesión de cosas. | Escala, gradación. || Hembra del gamo.

Gama (Antonio de LEÓN Y). V. LEÓN Y GAMA. || ~ (JOSÉ BASILIO), poeta brasileño (1741-1795), autor del poema *Uruguay*. || ~ (VASCO DE), navegante portugués, n. en Sines (Alemtejo) [1469-1524]. Fue el primero que, doblando el cabo de Buena Esperanza, llegó a Calicut, en la costa de Malabar (1488). Fundó, al ser nombrado almirante de las Indias (1502), establecimientos en Mozambique, Sofala y Cochin.

gamada adj. f. Dícese de una cruz cuyos brazos tienen forma de la letra gamma mayúscula. (Fue la insignia del partido nacionalsocialista alemán.)

Gamarra (Agustín), militar peruano, n. en Cuzco (1785-1841), pres. de la Rep. de 1829 a 1833 y en 1839. M. en la batalla de Ingaví, en guerra con Bolivia. || ~ (GREGORIO), pintor peruano de la escuela cuzqueña de principios del s. XVII.

gamba f. Crustáceo comestible parecido al langostino, pero más pequeño.

gambadura f. Amer. Acción y efecto de encorvarse las piernas.

Gámbaro (Griselda), escritora argentina, n. en 1928, autora de relatos (*El destino*) y de obras de teatro.

gamberrada f. Fam. Acción de vandalismo o grosería de los gamberros.

gamberrismo m. Conjunto de gamberros. || Gamberrada, vandalismo.

gamberro, rra adj. Grosero, mal educado (ú. t. c. s.). || Dícese del golfo que escandaliza en los sitios públicos (ú. t. c. s.).

gambeta f. Movimiento consistente en cruzar las piernas en la danza. || Corveta del caballo. || En fútbol, finta, regate.

gambetear v. i. Hacer corvetas el caballo. || En algunos deportes, regatear, driblar.

gambeteo m. Corveta. || Acción y efecto de gambetear, regate, regateo.

Gambetta (Léon), abogado y político francés (1838-1882), organizador de la resistencia prusiana de 1870.

Gambia, río del O. de África que des. en el Atlántico ; 1 700 km.

Gambia, república del África occidental, ex protectorado británico, hoy miembro del Commonwealth ; 10 347 km² ; 540 000 h. (gambianos) ; cap. Banjul, ant. Bathurst, 39 000 h. Cacahuetes. En 1982, este país formó una confederación con el Senegal, denominada *Senegambia*.

gambiano, na adj. y s. De Gambia.

Gambier (ISLAS), archip. francés de unas veinte islas, en Polinesia ; cap. *Rikitea*.

gambito m. Apertura en ajedrez que consiste en adelantar dos casillas al peón del rey o de la reina y lo mismo con los peones respectivos del alfil.

Gamboa (Federico), escritor y diplomático mexicano (1864-1939), autor de novelas (*Suprema ley, Santa, La llaga*), de obras de teatro (*La venganza de la gleba, Entre hermanos*) y de *Mi diario*. || ~ (ISAÍAS), poeta colombiano (1872-1904). || ~ (JOSÉ JOAQUÍN), escritor mexicano (1878-1931), autor de obras de teatro (*La muerte, El hogar, El día del juicio, Los Revillagigedos, Ella*).

Gambrino, o **Gambrinus**, rey germánico, inventor de la cerveza.

gameto m. Célula reproductora, masculina o femenina, cuyo núcleo sólo contiene n cromosomas. (Las otras células del cuerpo tienen 2 n.)

Gamio (Manuel), antropólogo y arqueólogo mexicano (1883-1960). Descubrió el templo de Quetzalcóatl.

gamma f. Tercera letra del alfabeto griego (γ), correspondiente a nuestra g. || Unidad internacional de peso que vale una millonésima de gramo. || *Rayos gamma*, radiaciones análogas a los rayos X, pero más fuertes pese a su menor longitud de onda, que tienen.una acción fisiológica poderosa.

gamo m. Mamífero rumiante de la familia de los cérvidos dotado de cuernos en forma de pala.

gamón m. Planta liliácea.

gamonal m. Lugar plantado de gamones. || Amer. Cacique.

278 **gamuza** f. Rumiante bóvido, con cuernos curvados, de las montañas de Europa. || Piel delgada y curtida de este animal. || Tejido del mismo color que esta piel y que sirve para quitar el polvo.

gana f. Ansia, deseo, apetito : *gana de comer, de dormir*, etc. (ú. t. en pl.). || *De buena gana*, con gusto. || *De mala gana*, a disgusto. || *Darle la gana*, querer hacer uno algo. || *Tenerle ganas a uno*, tenerle animadversión. || *Ser malo con ganas*, ser malo de veras.

Gana (Federico), escritor chileno (1867-1926), autor de *Días de campo*, cuentos.

ganadería f. Cría o crianza de ganado. || Conjunto de ganado de un país o de parte de él.

ganadero, ra adj. De ganado : *provincia ganadera*. || — M. y f. Persona que cría ganado.

ganado m. Nombre colectivo de los animales de pasto en una finca, hacienda o granja : *ganado vacuno, bovino, caprino, ovino, de cerda o porcino, caballar, lanar*. || Rebaño, reses que se llevan juntas a pastar. || *Fig. y fam. Gentes : ¡aquí hay muy mal ganado!*

ganador, ra adj. y s. Que gana.

ganancia f. Beneficio, provecho, lo que se gana : *ha obtenido muchas ganancias*. || Amer. Gratificación. || *Fig. No le arriendo la ganancia*, no quisiera estar en su lugar.

ganancial adj. De las ganancias. || *Bienes gananciales*, bienes adquiridos a título oneroso durante el matrimonio por cualquiera de los esposos.

ganancioso, sa adj. Lucrativo. || Beneficiado en comparación con otra cosa.

ganapán m. El que hace portes. || Recadero. || *Fig.* Buscavidas. || Lo que permite ganarse la vida. || Grosero.

ganar v. t. Adquirir una ganancia, un provecho : *ganar dinero*. || Recibir como sueldo, etc. : *ganaba un salario miserable*. || Conseguir ventaja : *ganar un premio, un pleito*. || Conquistar : *ganó numerosas tierras a sus enemigos*. || Obtener el aprecio, la fama, etc. : *ganó su amistad, la gloria*. || Extenderse, propagarse : *el fuego gana la casa vecina*. || Lograr éxito en un examen : *ganó las oposiciones*. || Salir vencedor : *el equipo ganó el campeonato*. || Obtener en el juego : *ganaron jugando a las cartas todo su capital*. || Llegar a un lugar : *ganaron la cumbre del Aconcagua*. || Adelantar : *ganar tiempo*. || *Fig. No se ganó Zamora en una hora*, las cosas importantes necesitan tiempo para ejecutarse o lograrse. || — V. i. Ser vencedor : *nunca gano en los juegos de azar*. || Superar, ser superior : *me ganas en destreza pero no en perseverancia*. || Atraer : *le ganó para nuestro bando*. || Mejorar : *ganamos con el cambio*; *esta persona gana con el trato*. || Ser mayor : *la casa ha ganado en altura*. || Vencer : *las tropas enemigas ganaron*. || — V. pr. Adquirir una ganancia : *se ganó con sólo ir mucho dinero*. || Granjearse, atraerse : *con su carita de ángel se gana todos los corazones*. || Merecer : *se ganó grandes ovaciones*; *se ganó una bofetada*. || *Ganarse la vida*, conseguir los medios necesarios para vivir.

ganchillo m. Aguja para hacer gancho, crochet. || Labor que se hace con ella. || Horquilla de pelo.

gancho m. Garfio, lo que encorvado por la punta sirve para colgar, sujetar, etc. || Aguja para hacer labor y esta labor. || Horquilla de pelo. || *Fig. Atractivo : tiene mucho gancho.* || Facilidad de algunas mujeres para conseguir novio o marido o para atraer a los hombres. || Cómplice que sirve para engañar a una tercera persona. || El que atrae a los clientes. || En boxeo, puñetazo en la cara dado con el brazo doblado y de abajo arriba.

Gand. V. GANTE.

Gandesa, c. del NE. de España (Tarragona), cap. de la comarca catalana de Terra Alta.

Gandhara, ant. prov. del NO. de la India en el distrito de Peshawar.

Gandhi (Mohandas KARAMCHAND, llamado el **Mahatma**), apóstol nacional y religioso indio (1869-1948), artífice de la independencia de su país. Predicó la no violencia. M. asesinado. || ~ (INDIRA), estadista india, hija del pandit Nehru, n. en 1917, primer ministro de 1966 a 1977 y desde 1980.

Gandhinagar, c. del NO. de la India, cap. del Estado de Gujerate.

Gandía, c. del este de España (Valencia). Agricultura. Playas.

Gandía (Enrique de), historiador argentino, n. en 1906.

Gandolfi Herrero (Aristides). V. YUNQUE (Álvaro).

gandul, la adj. y s. Perezoso.

gandulear v. i. Holgazanear.

gandulería f. Holgazanería.

gang m. (pal. norteamer.). Banda de malhechores.

ganga f. Ave gallinácea semejante a la perdiz. || *Fig.* Cosa que se adquiere a poca costa : *este mueble fue una ganga*. || Ocasión, ventaja inesperada : *aprovechar una ganga*. || Min. Materia inútil que se separa de los minerales.

Ganges, río sagrado de la India que nace en la vertiente meridional del Himalaya, pasa por Benarés y Patna y des. en un gran delta en el golfo de Bengala ; 3 090 km.

ganglio m. Anat. Masa de células nerviosas. || Abultamiento en los vasos linfáticos. || Tumor pequeño que se forma en los tendones y en las aponeurosis.

ganglionar adj. De los ganglios.

gangosear v. i. Hablar gangoso.

gangosidad f. Habla gangosa.

gangoso, sa adj. Que habla con la boca casi cerrada y con sonido nasal.

gangrena f. Destrucción de un tejido por falta de riego sanguíneo, infección de una herida, etc. || *Fig.* Cáncer, perturbación moral.

gangrenado, da adj. Que padece gangrena (ú. t. c. s.). || *Fig.* Corrompido, dañado moralmente.

gangrenarse v. pr. Ser atacado por la gangrena.

grangrenoso, sa adj. Gangrenado.

gángster m. (pal. norteamer.). Atracador, bandido, malhechor.

gangsterismo m. Acción o conducta propia de los gángsters.

Gangtok, cap. de Sikkim (India).

ganguear v. i. Gangosear.

gangueo m. Gangosidad.

Ganivet (Ángel), escritor español, n. en Granada (1865-1898), precursor de la Generación del 98. Autor de la novela filosófica *La conquista del reino de Maya* por Pío Cid y de los ensayos *Cartas finlandesas* e *Idearium español*. Se suicidó en Riga.

ganoideos m. pl. Orden de peces, de esqueleto cartilaginoso, como el esturión (ú. t. c. adj.).

gansada f. Fam. Necedad.

gansear v. i. Fam. Decir o hacer tonterías o necedades.

ganso, sa adj. Dícese de la persona poco inteligente o patosa o bromista o poco seria (ú. t. c. s.). || — M. y f. Ave palmípeda doméstica, algo menor que el ánsar. || — *Fig. Hablar por boca de ganso*, repetir lo que otro dice. || Hacer el ganso, bromear.

Gante, en fr. *Gand* y en flam. *Gent*, c. y puerto de Bélgica, cap. de Flandes Oriental, en la confluencia del Escalda y el Lis. Obispado.

Gante (Fray Pedro de), franciscano español (1486-1572). Fundó en Texcoco (México) la primera escuela de música, canto y primeras letras.

gantés, esa adj. y s. De Gante (Bélgica).

ganzúa f. Alambre o garfio para abrir las cerraduras.

gañán m. Mozo de labranza. || *Fig.* Patán, hombre basto.

gañanía f. Conjunto de gañanes. || Casa en la que viven.

gañido m. Aullido.

gañir v. i. Aullar. || Graznar las aves. || *Fam.* Chillar, resollar con ruido una persona.

gañote m. Fam. Garganta, gaznate. || — M. y f. Fam. Gorrón, parásito. || *Fam. De gañote*, de balde, gratis.

Gao, c. del este de la Rep. del Malí.

Gaos (José), filósofo español (1900-1969), discípulo de Ortega y Gasset y de García Morente. || ~ (VICENTE), escritor español (1919-1980), autor de poesías (*Arcángel de mi noche, Sobre la tierra*) y de una copiosa obra crítica.

gap m. (pal. ingl.) En informática,

intervalo o espacio de tiempo que separa dos palabras.

garabatear v. i. Echar un gancho o garabato para agarrar una cosa. ‖ Garrapatear, escribir mal (ú. t. c. t.).

garabateo m. Escritura mal hecha.

garabato m. Gancho de hierro : *colgar del garabato.* ‖ Escritura mal formada : *página llena de garabatos.* ‖ *Fig.* y *fam.* Garbo, gracia de una mujer. ‖ — Pl. Gestos descompuestos con dedos y manos.

garabito m. Puesto en el mercado. ‖ *Arg.* Atorrante.

garante adj. y s. Fiador.

garantía f. Responsabilidad asumida por uno de los que han hecho un contrato : *garantía del transportista.* ‖ Obligación legal que tiene el vendedor o el arrendador de entregar al comprador o al arrendatario una cosa exenta de vicios ocultos. ‖ Comprobación legal hecha por un servicio público especializado de la ley de los metales preciosos. ‖ Compromiso hecho por un constructor de asumir total o parcialmente los gastos y reparaciones necesarios por defectos de construcción : *certificado de garantía.* ‖ Contrato por el que una persona se compromete con un acreedor a reemplazar al deudor en caso de que éste no pueda cumplir sus obligaciones. ‖ Seguridad : *la autoridad ha dado garantías de que el orden público no será alterado.* ‖ Lo que proporciona esta seguridad : *la presentación del libro constituye una garantía de éxito.* ‖ Confianza : *es una marca de garantía.* — Pl. Derechos que da un Estado a todos los ciudadanos : *garantías constitucionales.*

Garantías (*Las Tres*). V. TRIGARANTE.

garantir v. t. Garantizar.

garantizado, da adj. Con garantía.

garantizador, ra adj. y s. Que garantiza.

garantizar v. t. Responder del valor o de la calidad de una cosa. ‖ Comprometerse en mantener el funcionamiento de un aparato vendido : *garantizar un reloj por un año.* ‖ Afirmar, certificar : *le garantizo que es la pura verdad.* ‖ Asegurar : *un régimen sano garantiza una salud envidiable.* ‖ Hacerse responsable de los compromisos de otro si éste no los cumple. ‖ Dar garantías de algo : *garantizar el cumplimiento de la obligación.*

garañón m. Asno, caballo, camello, etc., reproductor.

garapiña f. Estado del líquido solidificado formando grumos. ‖ *Cub.* y *Méx.* Bebida hecha de la corteza de la piña con agua y azúcar.

garapiñar v. t. Recubrir las almendras de almíbar solidificado.

garapullo m. Rehilete, banderilla.

Garay (Blasco de), mecánico español del s. XVI. Ideó en 1540 un sistema para propulsar las naves sin remos ni vela. M. hacia 1552. ‖ — (FRANCISCO DE), conquistador español, m. en 1523. Acompañó a Colón en su segundo viaje (1493), fue procurador en La Española y exploró las costas de Florida y el Pánuco (México). ‖ — (JUAN DE), conquistador español (¿ 1527 ?-1583). Estuvo en el Perú, Santa Cruz de la Sierra y Paraguay. Fundó la c. de Santa Fe (1573) y llevó a cabo la segunda fundación de Buenos Aires (1580). M. asesinado por los indios.

garbanzal m. Campo de garbanzos.

garbanzo m. Planta leguminosa cuyas semillas son comestibles. ‖ — *Fam.* Garbanzo negro, individuo que no goza de consideración y cuyo trato es poco recomendable. ‖ *En toda tierra de garbanzos*, en todas partes.

garbear v. i. Afectar garbo. ‖ — V. pr. *Fam.* Componérselas : *se las garbea muy bien.* ‖ *Fam.* Pasearse.

garbeo m. *Fam.* Paseo.

garbo m. Prestancia, buena facha,

buen porte : *tener garbo.* ‖ Elegancia, gracia : *vestirse, andar con garbo.*

garboso, sa adj. Airoso, de buena facha : *mujer garbosa.* ‖ Generoso.

garceta f. Ave zancuda de plumaje blanco y penacho corto.

García (~ I Íñiguez, rey de Navarra de 852 a 882. ‖ — **Sánchez I,** rey de Navarra (925-970), hijo de Sancho I Garcés. ‖ — **Sánchez II el Trémulo,** rey de Navarra (994-1000), hijo de Sancho II Garcés. Combatió contra Almanzor. ‖ — **Sánchez III,** rey de Navarra (1035-1054), hijo de Sancho III. Se enfrentó a Fernando I de Castilla, que le venció en Atapuerca, donde pereció. ‖ — V Ramírez *el Restaurador*, rey de Navarra (1134-1150). Separó Navarra de Aragón.

García I, rey de León (910-914). Trasladó la corte asturiana a León. ‖ **II Sánchez,** conde de Castilla (1017-1029), hijo de Sancho García. M. asesinado.

García (Alejo), descubridor portugués, m. en 1525. Exploró el Paraguay y Bolivia y fue hasta el Perú. M. asesinado por los indios. ‖ — (CALIXTO). V. GARCÍA ÍÑIGUEZ. ‖ — (CARLOS P.), político filipino (1896-1971), pres. de la Rep. de 1957 a 1961. ‖ — (DIEGO), explorador portugués, n. en 1471. Fue con Solís al Río de la Plata y remontó con Caboto el Paraná hasta el río Paraguay (1527). ‖ — (JUAN FRANCISCO), compositor dominicano (1892-1974), autor de sinfonías y piezas para piano. ‖ — **Baena** (PABLO), poeta español, n. en 1923, autor de *Rumor oculto, Antiguo muchacho*, etc. ‖ — **Cabral** (ERNESTO), pintor y célebre caricaturista mexicano (1890-1968). ‖ — **Calderón** (FRANCISCO), jurista, diplomático, escritor y político peruano (1834-1905), pres. provisional de la Rep. en 1881. — Su hijo FRANCISCO, historiador, sociólogo y diplomático (1883-1953), autor de ensayos históricos y filosóficos. — Su otro hijo VENTURA (1887-1959) fue diplomático, escritor y poeta, y publicó una serie de cuentos (*La venganza del cóndor*). ‖ — **Caturla** (ALEJANDRO), compositor cubano de música afrocubana (1906-1940), autor de *La rumba, Tres danzas cubanas, Obertura cubana, Mulata, Yambambó*, etc. ‖ — **Cubas** (ANTONIO), geógrafo, historiador y profesor mexicano (1832-1912). ‖ — **de Diego** (VICENTE), humanista y filólogo español (1878-1978). Estudió diversas lenguas de su país. ‖ — **de la Barga** (ANDRÉS). V. CORPUS BARGA. ‖ — **de la Huerta** (VICENTE), poeta neoclásico español (1734-1787), autor de la tragedia *Raquel*. ‖ — **de Paredes** (DIEGO). V. PAREDES (DIEGO GARCÍA). ‖ — **de Polavieja.** V. POLAVIEJA. ‖ — **de Quevedo** (JOSÉ HERIBERTO), poeta, novelista y dramaturgo venezolano (1819-1871). ‖ — **del Río** (JUAN), escritor colombiano (1794-1856). Fue secretario de Estado de San Martín y colaborador de Bolívar y Santa Cruz. ‖ — **de Tejeda** (ANTONIO), grabador colombiano (1785-1858). ‖ — **del Molino** (FERNANDO), pintor y dibujante argentino (1813-1899), autor de retratos. ‖ — **Estrada** (JUAN ANTONIO), músico argentino (1895-1960), autor de *Suite de danzas sinfónicas.* ‖ — **Godoy** (FEDERICO), novelista de temas históricos dominicanos (1857-1924). ‖ — **Gómez** (EMILIO), arabista español, n. en 1905. ‖ — **González** (VICENTE), general y político cubano (1833-1886) que luchó en la guerra de los Diez Años y fue pres. de la Rep. en Armas (1877). ‖ — **Goyena** (RAFAEL), fabulista ecuatoriano (1766-1823). ‖ — **Granados** (MIGUEL), general y político liberal guatemalteco (1809-1878), pres. de la Rep. de 1871 a 1873. ‖ — **Gutiérrez** (ANTONIO), escritor romántico español, n. en Chiclana (Cádiz) [1813-1884], autor del drama *El Trovador* y de *El encubierto de Valencia, Venganza catalana*, etc. ‖ — **Hernández** (ÁNGEL), militar español (1900-1930), sublevado en Jaca contra la monarquía (1930). Fue fusilado. ‖ — **Hortelano** (MANUEL), escritor español, n. en 1928, autor de novelas (*Nuevas amistades, Tormenta de verano, El gran momento de Mary Tribune, Apólogos y milesios, Los vaqueros en el pozo, Gramática parda*, etc.). ‖ — **Icazbalceta**

(JOAQUÍN), erudito, historiador y filólogo mexicano (1825-1894). ‖ — **Íñiguez** (CALIXTO), general cubano, n. en Holguín (1839-1898). Sobresalió en la guerra de los Diez Años. Hecho prisionero, fue desterrado (1874). Participó más tarde en la *Guerra Chiquita* y en la última lucha por la independencia (1895). ‖ — **López** (ÁNGEL), poeta español, n. en 1935, autor de *Mester Andalusí, A flor de piel*, etc. ‖ — **Lorca** (FEDERICO), poeta español, n. en Fuente Vaqueros (Granada) en 1898 y m. en Granada en 1936 al comienzo de la guerra civil. La calidad lírica de su inspiración se manifiesta en las composiciones *Poema del cante hondo, Poeta en Nueva York* y en el *Romancero gitano.* Escribió también dramas de intensa pasión (*Bodas de sangre, Yerma, Mariana Pineda, La casa de Bernarda Alba*) y comedias (*La zapatera prodigiosa, Doña Rosita la Soltera* y *Amor de don Perlimplín con Belisa en su jardín*). ‖ — **Márquez** (GABRIEL), escritor colombiano, n. en 1928, autor de novelas (*La hojarasca, La mala hora, El coronel no tiene quien le escriba, Los funerales de la Mamá Grande, Cien años de soledad*, considerada mundialmente como su mejor obra, *El otoño del patriarca, Crónica de una muerte anunciada, La increíble y triste historia de la cándida Eréndira y de su abuela desalmada*). Galardonado con el Premio Nobel en 1982. ‖ — **Marruz** (FINA), poetisa cubana, n. en 1923. ‖ — **Menocal** (MARIO), general cubano (1866-1941), pres. de la Rep. de 1913 a 1921. ‖ — **Merou** (MARTÍN), escritor y diplomático argentino (1862-1905). ‖ — **Meza** (LUIS), militar boliviano, n. en 1930, pres. de la Rep. tras un golpe de Estado (julio de 1980). Dimitió en agosto de 1981. ‖ — **Monge** (JOAQUÍN), escritor costarricense (1881-1958), autor de los cuentos *La mala sombra y otros sucesos.* ‖ — **Moreno** (GABRIEL), político ecuatoriano, n. en Guayaquil (1821-1875), miembro del Gob. provisional de 1859 a 1861 y pres. de la Rep. de 1861 a 1865 y de 1869 a 1875. Su obra de gobierno, centralizadora y clerical, desató una violenta oposición. M. asesinado. ‖ — **Morente** (MANUEL), pensador español (1888-1944), influido primero por Ortega, fue luego existencialista. ‖ — **Morillo** (ROBERTO), compositor y crítico argentino, n. en 1911. ‖ — **Nieto** (JOSÉ), poeta español, n. en 1914, autor de *Víspera hacia ti, Retablo del ángel, El hombre y la pastora, Del campo y soledad, Tregua, La red*, etc. ‖ — **Oñez de Loyola.** V. OÑEZ DE LOYOLA. ‖ — **Pavón** (FRANCISCO), escritor español, n. en 1919, autor de novelas (*Las hermanas coloradas, El último sábado, Historias de Plinio, El rapto de las sabinas, Ya no es ayer*, etc.). ‖ — **Payón** (JOSÉ), arqueólogo mexicano (1896-1977). ‖ — **Pérez** (PEDRO), escultor y pintor español (1583-1660). Vivió y dejó su obra en la ciudad mexicana de Puebla. ‖ — **Ponce** (JUAN), escritor mexicano, n. en 1932, autor de novelas (*La noche, Figura de paja, La casa en la playa, La vida perdurable, La cabaña, Crónica de la intervención*, etc.) y de ensayos. ‖ — **Pumacahua** (MATEO). V. PUMACAHUA. ‖ — **Robles** (ALFONSO), diplomático mexicano, n. en 1911. Intervino en la redacción del Tratado de Tlatelolco (México). Sus esfuerzos en favor del desarme y de la proscripción de las armas nucleares le ha valido, en unión de la sueca Alva MYRDAL, la concesión del Premio Nobel de La Paz en 1982. ‖ — **Sánchez** (FEDERICO), escritor español (1886-1964), autor de libros de narraciones. Alcanzó gran popularidad por sus *charlas* o conferencias. ‖ — **Sarmiento** (FÉLIX RUBÉN). V. DARÍO (Rubén). ‖ — **Serrano** (RAFAEL), novelista y periodista español, n. en 1917. ‖ — **Tassara** (GABRIEL), poeta romántico español (1817-1875), autor de *Himno al Mesías.* ‖ — **Terrés** (JAIME), poeta mexicano, n. en 1924, autor de *Los reinos combatientes.* Ha escrito también numerosos ensayos. ‖ — **Velloso** (ENRIQUE), escritor argentino (1880-1938), autor de comedias y del drama gauchesco *Jesús Nazareno.* ‖ — **Garciasol** (Miguel ALONSO CANO, llamado **Ramón de**), poeta español, n.

GA

279

en 1913, autor de *Palabras mayores*, *Fuente serena*, etc.

Garcilaso de la Vega, poeta lírico español, n. en Toledo (1501-1536). Luchó en el ejército de Carlos V y murió, de resultas de un combate, en Niza. En sus composiciones, hechas todas siguiendo los metros italianos, sobresalen *Sonetos*, *Canciones*, *Elegías* y tres admirables *Églogas.* ‖ ~ (SEBASTIÁN) conquistador español (1495-1559). Estuvo en México con H. Cortés y, más tarde, fue al Perú con Alvarado. Contrajo matrimonio con una princesa india y fue padre del Inca Garcilaso. ‖ ~ (EL INCA), escritor peruano, hijo del anterior (1539-1616). Vivió primero en Cuzco y posteriormente en España. Es autor de *La florida del Inca*, narración de la expedición de Hernando de Soto, y de *Comentarios reales*, crónica del Imperio de los Incas.

Gard, río del S. de Francia, afl. del Ródano ; 71 km. Puente romano. — Dep. del Sur de Francia ; cap. *Nimes.*

Garda (LAGO DE), lago de los Alpes al N. de Italia, en el límite de las prov. de Brescia y de Verona ; 370 km².

Gardafuí (CABO). V. GUARDAFUÍ.

Gardel (Carlos), cantante argentino, n. en Toulouse (Francia) [1887-1935], célebre intérprete del tango. M. en un accidente de aviación.

gardenia f. Planta con flores blancas y olorosas. ‖ Su flor.

garden-party m. (pal. ingl.). Fiesta dada en un jardín o parque.

garduña f. Mamífero carnicero grisáceo que ataca a las aves de corral.

Garellano, río de Italia en el Lacio y Campania, que des. en el golfo de Gaeta ; 38 km. Derrota de los franceses por el Gran Capitán (1503).

garete m. *Mar. Ir o irse al garete*, ir sin rumbo o a la deriva un barco ; (fig.) irse al diablo.

Garfias (Pedro), poeta español (1901-1967). M. exiliado en México.

garfio m. Gancho.

gargajear v. i. Echar gargajos.

gargajo m. Gran esputo.

gargajoso, sa adj. Que escupe gargajos frecuentemente (ú. t. c. s.).

Gargallo (Pablo), escultor español (1881-1934). En sus obras dio un nuevo sentido a la representación de formas plásticas.

garganta f. Parte de delante del cuello, tanto exterior como interiormente : *me duele la garganta.* ‖ Empeine del pie. ‖ Parte más estrecha de algunas cosas. ‖ *Arq.* Especie de moldura cóncava. ‖ *Geogr.* Valle estrecho y encajonado, desfiladero. ‖ *Tecn.* Ranura o hendidura : *la garganta de una polea.* ‖ *Fig.* y *fam. Atravesarse en la garganta*, dícese de la persona a quien se le tiene tirria, antipatía.

gargantilla f. Collar.

gargantúa m. Persona muy comilona, como el personaje de Rabelais.

Gargantúa, novela de Rabelais (1534).

gárgara f. Medicamento líquido con que se enjuaga la garganta. ‖ *Fig.* y *fam. Mandar a hacer gárgaras,* mandar a paseo.

gargarismo m. Gárgara.

gargarizar v. i. Hacer gárgaras.

gárgol m. Ranura.

gárgola f. Caño, con forma de animal fantástico, por donde se vierte a distancia el agua de los tejados. ‖ Esta misma figura.

garguero m. Garganta.

Garibaldi (Giuseppe), político italiano (1807-1882). Participó en el Uruguay en la lucha contra Rosas (1836-1846) y más tarde en la unificación de Italia contra Austria, el reino de Dos Sicilias y los Estados Pontificios.

Garibay (Ángel María), poeta y erudito mexicano (1892-1967), autor de *Historia de la Literatura Náhuatl.* ‖ ~ (RICARDO), escritor mexicano, n. en 1923, autor de relatos (*El coronel*) y novelas.

garita f. Casilla pequeña de madera. ‖ Abrigo del centinela.

garito m. Casa de juego clandestina.

garlito m. Red de pesca. ‖ *Fig.* y *fam.* Trampa, celada, ratonera.

garlopa f. Cepillo grande de carpintero.

Garmendia (Julio), escritor venezolano (1898-1967), autor de narraciones

de un realismo fantástico (*La tuna de oro*). ‖ ~ (SALVADOR), escritor venezolano, n. en 1928, autor de novelas (*Los habitantes*, *Memorias de Altagracia*) y cuentos (*Los escondites*).

Garnier [-nié] (Charles), arquitecto francés (1825-1898). Edificó la Ópera de París (1875).

Garofalo. V. TISI.

Garona, en fr. *Garonne*, río del sur de Francia, que nace en el valle de Arán (España), atraviesa Toulouse y des. en el Atlántico por el estuario del Gironda ; 650 km. ‖ ~ (Alto). V. HAUTE-GARONNE.

garra f. Mano o pie de un animal cuando tiene uñas encorvadas y fuertes : *garras del tigre, del cóndor.* ‖ *Fig.* y *fam.* Mano del hombre. ‖ *Fig.* Nervio, empuje, vigor. ‖ Atractivo. ‖ *Mar.* Garfio, gancho. ‖ — Pl. Dominio, férula : *cayó en sus garras.* ‖ Pieles de menor calidad, sacadas de las patas.

Garraf, comarca del NE. de España en Cataluña (Barcelona) ; cap. *Villanueva y Geltrú.*

garrafa f. Recipiente de vidrio ancho y redondo y de cuello largo y angosto : *una garrafa de vino.* ‖ *Arg.* Bombona metálica para gases.

garrafal adj. De grandes frutos : *cerezas garrafales.* ‖ *Fig.* Enorme, monumental, mayúsculo : *equivocación garrafal.*

garrafón m. Gran garrafa.

garrapata f. Parásito que vive en otros animales y les chupa la sangre.

garrapatear v. i. Garabatear.

garrapato m. Garabato.

garrapiñar v. t. Garapiñar.

Garrastazu Médici (Emilio), militar brasileño, n. en 1905, pres. de la Rep. desde 1969 a 1974.

Garrett (João Baptista DA SILVA LEITÃO DE **Almeida**), escritor romántico y político portugués (1799-1854), autor del drama *Frei Luís de Sousa.*

garrido, da adj. Apuesto.

Garriga (La), mun. del NE. de España (Barcelona). Estación estival.

Garrigas (Las), en cat. *Les Garrigues*, comarca del NE. de España en Cataluña (Lérida) ; cap. *Borjas Blancas.*

Garrigues (Les). V. GARRIGAS (Las).

Garro (Elena), escritora mexicana, n. en 1920, autora de novelas (*Los recuerdos del porvenir*), cuentos y obras de teatro.

garrocha f. Vara con un arponcillo en la punta que sirve para picar toros. ‖ Pértiga : *salto con garrocha.*

garrochista com. Picador que tiene una garrocha.

garrotazo m. Golpe de garrote.

garrote m. Palo grueso que puede manejarse a modo de bastón. ‖ Estaca, rama de árbol que se planta para que arraigue. ‖ Ligadura fuerte que se retuerce con un palo para detener una hemorragia. ‖ Instrumento con que en España se estrangulaba a los condenados a muerte.

garrotear v. t. *Amer.* Apalear.

garrotero, ra adj. *Chil.* Apaleador. ‖ *Fig. Chil.* Mezquino (ú. t. c. s.). ‖ — M. *Méx.* Guardafrenos.

garrotillo m. Difteria.

garrotin m. Cierto baile español. ‖ Música y canción que lo acompaña.

Garrotxa, comarca del NE. de España (Gerona) ; cap. *Olot.*

garrucha f. Polea.

Garrucha, pobl. en el SE. de España (Almería). Estación estival.

garúa f. *Amer.* Llovizna.

garuar v. impers. Lloviznar.

garufa f. *Arg.* Farra.

garza f. Ave zancuda, de largo pico y moño gris.

Garza ~ (La), cumbre montañosa del O. de Venezuela, en la Sierra Nevada (Mérida) ; 4 922 m. ‖ ~ **García**, mun. en el NO. de México (Nuevo León), en las cercanías de Monterrey.

garzo, za adj. De color azulado.

Garzón, laguna en el SE. del Uruguay (Maldonado). — C. del S. de Colombia (Huila). Obispado.

gas m. Cualquier fluido aeriforme. ‖ Uno de los tres estados de la materia, caracterizado por su poder de compresión y de expansión. ‖ Gas del alumbrado. ‖ Residuos gaseosos que se forman en el tubo digestivo con los productos volátiles de fermentación. ‖ Gasolina, nafta, esencia. ‖ Mez-

cla de carburante y aire que alimenta el motor de un automóvil. ‖ — *Fig. A todo gas,* con gran rapidez. ‖ *Gas butano,* butano. ‖ *Gas de combate o asfixiante,* sustancia química gaseosa, líquida o sólida, que, a causa de sus propiedades, se emplea como arma de guerra. ‖ *Gas del alumbrado o de ciudad,* el obtenido por destilación de la hulla y empleado para el alumbrado, para la calefacción y como combustible. ‖ *Gas de los pantanos,* el metano. ‖ *Gas hilarante,* óxido nitroso utilizado en anestesias. ‖ *Gas lacrimógeno,* gas tóxico empleado para provocar la secreción de lágrimas. ‖ *Gas natural,* gas combustible que se encuentra en ciertas capas geológicas, cuya composición está constituida principalmente por metano. ‖ *Gas noble o raro,* nombre dado al helio, neón, argón, criptón y xenón.

gasa f. Tejido ligero y transparente de seda o algodón. ‖ Tejido de algodón muy claro que se emplea en la curación de las heridas.

Gasca (Pedro de La). V. LA GASCA.

gascón, ona adj. y s. De Gascuña (Francia).

Gascuña, región y ant. ducado del SO. de Francia ; cap. *Auch.* — Golfo del Atlántico entre España y Francia (mar Cantábrico). Recibe tb. el n. de golfo de Vizcaya.

gasear v. t. Hacer absorber cierta cantidad de gas por un líquido. ‖ Someter a la acción de gases tóxicos o asfixiantes.

gaseiforme adj. Que está en estado de gas.

gaseoducto m. Gasoducto.

gaseoso, sa adj. Que tiene las propiedades del gas. ‖ Aplícase al líquido de que se desprenden gases. ‖ — F. Bebida azucarada, efervescente y sin alcohol : *un vaso de gaseosa helada.*

Gasherbrum o Hidden Peak, cima del Karakórum ; 8 068 m.

gasificación f. Transformación en gas combustible de productos líquidos o sólidos que tienen carbono.

gasificar v. t. Transformar en un producto gaseoso : *bebida gasificada.* ‖ Disolver ácido carbónico en un líquido.

Gaskell (Elizabeth), escritora inglesa (1810-1865), autora de las novelas *Mary Barton* y *Cranford.*

gasoducto m. Tubería o canalización para conducir gases.

gasógeno m. Aparato destinado a obtener gases combustibles. (En algunos vehículos automóviles sirve para producir carburo de hidrógeno que se emplea como carburante.)

gas-oil, gasoil y **gasóleo** m. Líquido amarillento y viscoso extraído del petróleo y utilizado como carburante y como combustible.

gasolina f. Mezcla de hidrocarburos, líquida, muy volátil, fácilmente inflamable. (La *gasolina,* producto de la primera fracción de la destilación del petróleo, se emplea como carburante de los motores de explosión.)

gasolinera f. Lancha automóvil con motor de gasolina. ‖ Surtidor público de gasolina.

Gaspar, uno de los tres Reyes Magos que adoraron a Jesús en Belén.

Gaspar (Antonio), escritor mexicano, m. en 1583, nieto de un rey maya. Autor de un *Vocabulario de la lengua maya.*

Gaspar Hernández, com. en el N. de la Rep. Dominicana (Espaillat).

gastado, da adj. Debilitado, cansado : *hombre gastado por el vicio, por los años.* ‖ Usado, desgastado, borrado : *medalla gastada.*

gastador, ra adj. y s. Que gasta mucho dinero. ‖ — M. *Mil.* Soldado empleado en abrir trincheras. ‖ Soldado de escuadra que abre la marcha.

gastar v. t. Utilizar el dinero para comprar algo. ‖ Consumir : *gasta mucha gasolina.* ‖ Emplear : *gastar el tiempo en tonterías.* ‖ Estropear, desgastar : *esos frenazos gastan las zapatas.* ‖ Llevar : *gasta bigotes.* ‖ *Fam.* Tener : *¿ has visto el coche que gasta ?* ‖ Ponerse : *gasta vestidos muy estrafalarios.* ‖ Usar, emplear, tener : *gasta un lenguaje arrabalero.* ‖ Dar : *te gastaron una broma muy graciosa.*

Estar de : gastar mal humor. ‖ **Desgastar,** estropear las energías o la salud : *tanto trabajo gasta.* ‖ *Fam.* Gastarlas, obrar, conducirse. ‖ — V. pr. Deteriorarse, desgastarse. ‖ Emplear dinero : *se gastó una fortuna en su educación.* ‖ *Fam.* Llevarse, estilarse : *ese peinado ya no se gasta.*

gasteromicetos m. pl. Cierta clase de hongos (ú. t. c. adj.).

gasterópodos m. pl. Clase de moluscos, generalmente cubiertos de una concha, como el caracol, la babosa, la lapa (ú. t. c. adj.).

gasto m. Utilización del dinero con fines que no.sean los de inversión : *hay infinidad de gastos en la vida.* ‖ Cantidad que se gasta : *hoy he hecho muchos gastos.* ‖ Consumo : *gasto de electricidad, de agua.* ‖ Empleo, desgaste : *gasto de fuerzas.* ‖ — *Méx.* Coger a uno para el gasto, fastidiar con pertinacia. ‖ Cubrir gastos, recuperar, sin ganancia, lo que había empleado en un negocio. ‖ *Gastos de representación,* dinero empleado para asumir con decoro ciertos cargos. ‖ *Gastos e ingresos,* entradas y salidas del dinero. ‖ *Gastos generales,* los hechos en una empresa que no son imputables a la fabricación de algo, pero que intervienen en el precio de costo. ‖ *Gastos menudos,* dinero de bolsillo. ‖ *Fam. Hacer el gasto de la conversación,* ser la persona que más habla. ‖ *Méx. Hacer uno el gasto,* ir a hacer la compra de los alimentos para la casa.

gastoso, sa adj. Que gasta mucho dinero (ú. t. c. s.).

gastralgia f. Dolor de estómago.

gastrectomía f. Ablación o disminución del estómago.

gástrico, ca adj. Del estómago.

gastritis f. Inflamación de la mucosa del estómago.

gastroenteritis f. Inflamación de la mucosa gástrica e intestinal.

gastroenterología f. Especialidad médica que estudia las enfermedades del aparato digestivo.

gastroenterólogo, ga m. y f. Especialista en gastroenterología.

gastronomía f. Conjunto de conocimientos y actividades en relación con comer bien.

gastronómico, ca adj. Relativo a la gastronomía. ‖ *Especialidad gastronómica,* plato característico de una región, un restaurante, etc.

gastrónomo, ma m. y f. Persona aficionada a comer bien.

gata f. Hembra del gato. ‖ *Fig. y fam.* Madrileña. ‖ *Méx.* Criada.

Gata (SIERRA DE), sierra del S. de España que acaba en el cabo homónimo, al E. de Almería.

gatas (a) m. adv. A cuatro pies, con las manos y pies ; *(Amer.),* apenas.

gatear v. i. Trepar por los árboles. ‖ *Fam.* Andar a gatas. ‖ *Méx. Fam.* Enamorar a sirvientas.

Gateshead [*gueitchéd*], c. de Gran Bretaña en Inglaterra (Durham), cerca de Newcastle.

gatillazo m. Golpe del gatillo.

gatillo m. Disparador de las armas de fuego.

gato m. Género de mamíferos félidos y carnívoros : *gato callejero.* ‖ Aparato para levantar grandes pesos a poca altura : *gato hidráulico.* ‖ *Fig. y fam.* Ratero. ‖ Madrileño. ‖ Hombre astuto. ‖ *Arg.* Baile popular. ‖ *Méx.* Criado. — *Fig. y fam. Dar gato por liebre,* hacer pasar una cosa de poco valor por otra de calidad superior. ‖ *Méx. Gato de azotea,* persona muy flaca. ‖ *Gato montés,* especie de gato salvaje. ‖ *Gato de algalia,* mamífero carnívoro de Asia, que tiene cerca del ano una bolsa donde segrega la algalia (v. esta palabra). ‖ *Gato pampeano,* el salvaje de la Argentina y el Uruguay. ‖ *Fig. Haber cuatro gatos,* haber poca gente. ‖ *Haber gato encerrado,* haber algo oculto. ‖ *Llevarse el gato al agua,* superar una dificultad. ‖ *No haber ni un gato,* no haber nadie.

Gato, sierra de la frontera argentinochilena (Chubut y Aisén) ; 2 026 m. — Montes de México (Chihuahua) ; 2 500 m.

G. A. T. T., acuerdo general sobre aranceles y comercio firmado en 1947 por casi todos los países de Occidente.

Gattchina, de 1929 a 1944 *Krasnogvardeisk,* c. de la U. R. S. S. (Rusia), al SQ. de Leningrado.

Gatún, lago artificial, en la cuenca del río Chagres (Canal de Panamá) ; 420 km². En el paso hacia el Caribe están las esclusas de Gatún.

gatuno, na adj. Del gato.

gatuña f. Planta herbácea, muy común en los sembrados.

gatuperio m. *Fig.* y *fam.* Chanchullo, intriga, tapujo. ‖ Engaño.

gauchada f. Acción propia de un gaucho. ‖ *Arg.* Cuento, chiste. ‖ Verso improvisado. ‖ *Fig. Arg.* Servicio o favor.

gauchaje m. *Arg.* y *Chil.* Conjunto de gauchos. ‖ El populacho.

gauchear v. i. *Arg.* Conducirse como un gaucho.

gauchesco, ca adj. Relativo al gaucho. ‖ *Dícese de la literatura que describe la vida y las costumbres de los gauchos en la pampa argentina : Hilario Ascasubi, Estanislao del Campo, José Hernández y Sarmiento son escritores gauchescos.*

gauchismo m. Movimiento literario y musical rioplatense, en la segunda mitad del s. XIX, inspirado en la vida pampera del gaucho.

gauchita f. *Arg.* Mujer bonita. ‖ Canto de estilo gauchesco, acompañado de la guitarra.

gaucho, cha adj. *Amer. Dícese del natural de las pampas del Río de la Plata en la Argentina, Uruguay y Río Grande do Sul : un payador gaucho* (ú. m. c. s.). ‖ Relativo a estos gauchos : *un apero gaucho.* ‖ Buen jinete. ‖ *Arg.* Grosero, zafio. ‖ *Arg.* y *Chil.* Malevo.

Gaudí (Antonio), arquitecto español, n. en Reus (1852-1926). Autor, en Barcelona, del templo inacabado de *La Sagrada Familia* y de otras importantes obras (*Palacio Güell, Casa Milá o La pedrera*). Se inspiró en el estilo gótico para llevar a cabo una arquitectura de gran originalidad.

Gauguin (gogán) (Paul), pintor francés, n. en París (1848-1903), precursor de los expresionistas. Residía en Tahití.

Gauhati, c. en el noreste de la India (Assam), a orillas del Bramaputra.

Gaulle [-gol] (Charles DE), general y político francés, n. en Lila (1890-1970). Tras la firma del armisticio de 1940, exhortó, desde Londres, al pueblo francés a la resistencia contra Alemania. Jefe del Gobierno Provisional en Argel y en París (1944-1946). Volvió al Poder en 1958, promulgó una nueva Constitución aprobada por referéndum y fue elegido presidente de la V República en 1959 y en 1965. Dio fin a la guerra de Argelia, concediendo la independencia a este país, reforzó la autoridad del presidente con la elección de éste por medio del sufragio universal y llevó a cabo una política extranjera de prestigio y de independencia nacional. Dimitió el 28 de abril de 1969. Autor de *Memorias.*

gaullismo m. Doctrina de los que defienden el régimen instaurado en Francia por el general de Gaulle.

gaullista adj. Relativo al gaullismo. ‖ Partidario del gaullismo (ú. t. c. s.).

Gaurisankar, cumbre del Himalaya Central (Nepal) ; 7 145 m.

gauss y **gausio** m. *Fís.* Unidad de inducción magnética (símb., G.)

Gauss (Carl Friedrich), matemático y físico alemán (1777-1855).

Gautier (gotié) (Théophile), escritor francés (1811-1872), poeta en *Esmaltes y camafeos* y prosista en *Viajes por España* y *El capitán Fracasse.* ‖ — **Benítez** (JOSÉ), poeta romántico portorriqueño (1851-1880).

Gavà, mun. de España en el área metropolitana de Barcelona y en la des. del río Llobregat. Estación estival.

Gavarnie [-ní], circo de montañas en los Pirineos franceses (Hautes-Pyrénées).

gaveta f. Cajón.

gavia f. *Mar.* Vela del mastelero mayor. ‖ Cofa de las galeras.

Gavidia (Francisco), escritor salvadoreño (1863-1955), autor de *Cuentos y narraciones,* ensayos y poesías.

gavilán m. Ave rapaz diurna.

gavilla f. Conjunto de sarmientos, mies. ‖ *Fig.* Banda de malhechores.

Gaviola (Enrique), físico argentino, n. en 1900, que estudió los espejos telescópicos.

gaviota f. Ave palmípeda que vive en las costas.

Gävle, c. y puerto del este de Suecia.

gavota f. Antiguo baile de origen francés. ‖ Su música.

gay adj. (pal. ingl.). Homosexual (ú. t. c. s. m.).

gay saber m. Maestría en el arte de rimar : *maestro en gay saber.*

Gaya, c. del noreste de la India (Bihar). Peregrinación.

Gayarre (Julián), tenor de ópera español (1844-1890).

Gay-Lussac [gue-] (Joseph), físico y químico francés (1778-1850). Enunció la ley de dilatación de los gases.

gayo, ya adj. Alegre, vistoso. ‖ *Gaya ciencia,* poesía.

Gayo, jurisconsulto romano (s. II), autor de *Institutas,* base de las de Justiniano.

gayumba f. Instrumento musical de percusión en Colombia y Santo Domingo.

Gaza, c. y territorio del S. de Palestina, ocupados por Israel en 1967.

Gazankulu, Estado bantú de África del Sur.

gazapera f. Madriguera.

gazapo m. Conejo joven. ‖ *Fig.* y *fam.* Hombre astuto. ‖ Disparate : *se le escapó un gazapo monumental.* ‖ Yerro del que habla o escribe. ‖ *Impr.* Error en una composición tipográfica.

Gaziantep, ant. *Ayintab,* c. de Turquía, al norte de Alepo.

Gazli, yacimiento de gas natural en la U. R. S. S. (Uzbekistán).

gazmoñería f. Modestia o devoción fingida. ‖ Mojigatería.

gazmoño, ña adj. y s. Que finge mucha devoción. ‖ Mojigato.

gaznápiro, ra adj. y s. Necio.

gaznate m. Garganta.

gazpacho m. Sopa fría de pan, aceite, vinagre, tomate, ajo, cebolla, pimiento, pepino, etc.

gazpachuelo m. Sopa caliente hecha con huevos, aceite y vinagre.

Gaztambide (Joaquín), compositor español de zarzuelas (1822-1870).

gazuza f. *Fam.* Hambre.

Gd, símbolo químico del gadolinio.

Gdansk, en alem. *Danzig* o *Dantzig,* c. y puerto de Polonia en el mar Báltico que forma la bahía homónima, cerca de la des. del Vístula. Obispado. Su ocupación por los alemanes en 1939 dio origen a la Segunda Guerra mundial.

Gdynia, c. y puerto de Polonia, en el mar Báltico y al NO. de Gdansk.

ge f. Nombre de la letra g.

Ge, símbolo del germanio.

Gea, diosa griega de la Tierra.

Gedeón, juez de Israel, vencedor de los madianitas. (*Biblia.*)

Geelong, c. y puerto de Australia (Victoria). Refinería de petróleo.

Geiger (Hans), físico alemán (1882-1945), inventor del contador de partículas radiactivas que lleva su nombre.

Geisel (Ernesto), militar brasileño, n. en 1908, pres. de la Rep. de 1974 a 1979.

géiser m. *Geyser.*

geisha [*guei-cha*] f. Bailarina y cantora japonesa.

gel m. *Quím.* Sustancia viscosa formada por la mezcla de una materia coloidal y un líquido.

Gela, puerto de Italia (Sicilia).

gelatina f. *Quím.* Proteína incolora y transparente, que funde a los 25 °C, obtenida por efecto de la cocción de la colágena del tejido conjuntivo y de los huesos y cartílagos. [Se emplea en microbiología como medio de cultivo y en la industria [placas fotográficas, barnices], y también en cocina.]

gelatinoso, sa adj. Abundante en gelatina o parecido a ella. ‖ Viscoso.

Gelboé, monte de Palestina donde murió Saúl.

gélido, da adj. Muy frío.

Gelman (Juan), escritor argentino, n. en 1930, autor de poesías (*Los poemas de Sidney West, Fábulas,* etc.).

Gelsenkirchen, c. de Alemania Occidental, al N. de Essen (Rin Septentrional-Westfalia). Metalurgia.

Gelves, n. dado por los españoles a *Djerba.*

Gelves (Leonor DE MILÁN, *condesa de*), noble española (¿ 1528 ?-1580), musa del poeta Fernando de Herrera.
gema f. Nombre genérico de las piedras preciosas.
gemebundo, da adj. Gimiente.
gemelo, la adj. Aplícase a cada uno de dos o más hermanos nacidos de un mismo parto (ú. t. c. s.). || Aplícase a dos músculos de la pantorrilla y a dos de la región glútea. || Dícese de dos objetos o elementos iguales o que forman parejas. || — M. Pasador o sujetador en cada puño de camisa o en los cuellos postizos, etc. || — Pl. Anteojos dobles para mirar de lejos.
Gemelos. V. GÉMINIS.
gemido m. Quejido lastimero.
gemidor, ra adj. y s. Que gime.
Géminis, tercer signo del Zodíaco (21 de mayo-22 de junio). — Constelación boreal cuyas dos estrellas principales son Cástor y Pólux.
gemir v. i. Expresar con sonido y voz lastimera la pena y dolor que aflige el corazón. || *Fig.* Aullar algunos animales, o sonar algunas cosas inanimadas como el gemido del hombre.
gen m. Elemento del cromosoma de la célula que condiciona la transmisión de los caracteres hereditarios.
genciana f. Planta medicinal.
gendarme m. En Francia y en otros países, militar destinado a mantener el orden y la seguridad pública.
gendarmería f. Cuerpo de tropa y cuartel de los gendarmes.
gene m. Gen.
genealogía f. Conjunto de los antepasados de un individuo.
genealógico, ca adj. Relativo a la genealogía. || *Árbol genealógico,* representación gráfica de la genealogía de una familia por medio de un árbol cuyo tronco es un antepasado y las ramas sus descendientes.
genealogista com. Especialista en el estudio de genealogías.
generación f. Función por la que los seres se reproducen. || Serie de seres orgánicos semejantes que proceden unos de otros. || Grado de filiación de padre a hijo : *hay dos generaciones entre el abuelo y el nieto.* || Período de tiempo que separa cada uno de los grados de filiación : *hay unas tres generaciones en un siglo.* || Conjunto de seres coetáneos y de aproximadamente la misma edad : *las personas de mi generación.* || Conjunto de las personas que viven en la misma época : *las generaciones venideras.* || *Generación espontánea,* la que admite que la materia inerte puede originar animales de orden inferior.

— Denomínase *generación literaria* a un conjunto de escritores de poco más o menos la misma edad y cuya obra presenta algunos caracteres similares. Así, la *Generación del 1898,* fecha que señala el fin del imperio colonial (pérdida de Cuba, Puerto Rico y Filipinas), reunió un grupo importante de escritores españoles, entre otros : Unamuno, Azorín (que le dio este apelativo), Valle-Inclán, Baroja, Antonio Machado, Ramiro de Maeztu y Benavente. Sus precursores fueron Larra, Ganivet, Joaquín Costa y Macías Picavea.

Ha habido otro grupo de escritores en España, reunidos bajo la denominación de *generación del 27* a causa de ser ese año el de la celebración del tricentenario de la muerte de Góngora, cuyos componentes alcanzaron la gloria literaria en la tercera década del siglo XX. Los poetas más destacados de este grupo fueron Pedro Salinas, Jorge Guillén, Gerardo Diego, Federico García Lorca, Vicente Aleixandre, Dámaso Alonso, Emilio Prados, Luis Cernuda, Rafael Alberti, José Bergamín y Manuel Altolaguirre.
generacional adj. Relativo a las generaciones.
generador, ra adj. Relativo a la generación, que engendra : *fuerza generadora.* || *Fig.* Que es causa eficiente : *principio generador de luchas.* || *Geom.* Aplícase a la línea y a la figura que por su movimiento engendran respectivamente una figura o un sólido geométrico : *punto generador de una línea.* (El f. de esta acepción es *generatriz.*) || — M. Aparato que transforma cualquier energía en energía eléctrica.
general adj. Que se aplica a un conjunto de personas o de cosas : *poder general.* || Considerado en su conjunto, sin tener en cuenta los detalles : *ésa es mi impresión general.* || Que es el resultado de una generalización : *ideas generales.* || Vago, indeterminado : *en términos generales.* || Referente al conjunto de un servicio, de una jerarquía : *inspector general.* || *Mil.* Dícese del grado superior de la jerarquía de oficiales o de los organismos que conciernen la totalidad de un ejército : *cuartel general.* || Común, usual, corriente : *creencia general.* || Dícese de la medicina que estudia y trata las enfermedades generales y no las que entran dentro del campo de los especialistas. || — M. Jefe superior de los ejércitos de tierra o del aire : *general de división, de brigada.* || Superior en ciertas órdenes religiosas : *el general de los jesuitas.*
General || ~ **Acha,** pobl. de la Argentina (La Pampa). || ~ **Alvarado,** pobl. de la Argentina (Buenos Aires). || ~ **Alvear,** dep. y pobl. de la Argentina (Mendoza). || ~ **Arenales,** partido y pobl. de la Argentina (Buenos Aires). || ~ **Artigas,** pobl. del Paraguay (Itapúa). Ant. llamada *Bobi.* || ~ **Belgrano,** partido y c. de la Argentina (Buenos Aires). Base naval. || ~ **Bilbao,** prov. de Bolivia (Potosí) ; cap. *Arampampa.* || ~ **Carlos Ibáñez del Campo.** V. AISÉN. || ~ **Carrera,** lago de Chile (Aisén), cuya mitad oriental pertenece a la Argentina con el n. de lago *Buenos Aires.* — Prov. de Chile en la XI Región (Aisén del Gral. Carlos Ibáñez del Campo) ; cap. *Chile Chico.* || ~ **Conesa,** dep. y pobl. de la Argentina (Río Negro). || ~ **Delgado,** pobl. del Paraguay (Itapúa). Ant. llamada *San Luis.* || ~ **Díaz,** pobl. del Paraguay (Neembucú). || ~ **Elizardo Aquino,** distrito del Paraguay, en la cuenca del río de este nombre. || ~ **Eugenio A. Garay,** c. del Paraguay, cap. del dep. de Nueva Asunción. || ~ **Güemes,** n. de dos dep. en la Argentina (Salta y Chaco). || ~ **Heliodoro Castillo,** mun. de México (Guerrero). || ~ **José Ballivián,** prov. de Bolivia (Beni). || ~ **Lagos,** com. de Chile en la I Región (Tarapacá) y en la prov. de Parinacota ; cap. *Visviri.* || ~ **Lamadrid,** partido y pobl. de la Argentina (Buenos Aires). || ~ **Lavalle,** pobl. de la Argentina (Buenos Aires). || ~ **L. Plaza Gutiérrez,** pobl. del Ecuador, cab. del cantón de Limón-Indanza (Morona-Santiago). || ~ **López,** dep. de la Argentina (Santa Fe). Turismo. || ~ **Madariaga,** partido y pobl. de la Argentina (Buenos Aires). || ~ **Obligado,** dep. de la Argentina (Santa Fe). || ~ **Pedernera,** dep. de la Argentina (San Luis). || ~ **Pinedo,** pobl. de la Argentina (Chaco), cab. del dep. Doce de Octubre. || ~ **Pinto,** partido y pobl. de la Argentina (Buenos Aires). || — **Pueyrredón,** partido de la Argentina (Buenos Aires) ; cab. *Mar del Plata.* || ~ **Roca,** n. de dos dep. de la Argentina (Río Negro y Córdoba). || ~ **Sánchez Cerro,** prov. del Perú (Moquegua) ; cap. *Omate.* || ~ **San Martín,** n. de varios dep. de la Argentina (Buenos Aires, Córdoba, Salta). — C. de la Argentina (Chaco), cab. del dep. Libertador General San Martín. || ~ **Sarmiento,** partido y c. de la Argentina, en el Gran Buenos Aires. || ~ **Taboada,** dep. de la Argentina (Santiago del Estero). Manganeso. || ~ **Urdaneta,** mun. de Venezuela (Zulia), a orillas del lago de Maracaibo. Refinería de petróleo. Oleoducto. || ~ **Viamonte,** partido y pobl. de la Argentina (Buenos Aires). || ~ **Villegas,** partido y pobl. de la Argentina (Buenos Aires).
generala f. Mujer del general. || *Mil.* Toque para que las fuerzas de una guarnición se preparen con las armas.
generalato m. Grado de general. || Conjunto de los generales que hay en un ejército.
generalidad f. Calidad de lo que es general. || El mayor número : *la generalidad de los hombres.* || (Ant.). Las Cortes catalanas o el organismo encargado de cumplir sus acuerdos. (Adoptó el n. de *Generalidad* el Gobierno autónomo de Cataluña durante la Segunda República Española [1931-1939].) Fue restablecida en 1977. || — Pl. Ideas generales indeterminadas.
Generalife, palacio y jardines de los príncipes árabes de Granada, al lado de la Alhambra (España).
generalísimo m. Jefe que tiene mando superior sobre todos los generales del ejército de un Estado.
generalista adj. Dícese del médico que trata los casos de medicina general, por oposición a *especialista* (ú. t. c. s.).
generalitat f. (pal. cat.). Nombre en catalán de *generalidad.*
generalizable adj. Que puede generalizarse.
generalización f. Acción de hacer general o corriente una cosa. || Aplicación con carácter general de lo que solamente puede decirse de algunas personas o cosas. || *Med.* Propagación de una enfermedad o mal a todo el organismo.
generalizador, ra adj. Que generaliza.
generalizar v. t. e i. Hacer común, hacer aplicable a un conjunto : *generalizar un método.* || Sacar conclusiones generales de algo particular. || — V. pr. Extenderse, volverse corriente. || *Med.* Propagarse una enfermedad o mal a todo el organismo.
generar v. t. Engendrar, producir.
generatriz adj. f. y s. f. V. GENERADOR.
genérico, ca adj. Relativo a un género. || Del género gramatical.
género m. Grupo formado por seres u objetos que tienen entre ellos características comunes. || Manera, clase, modo : *género de vida.* || Clase de obras literarias emparentadas por ciertos caracteres semejantes : *género dramático.* || En historia natural, subdivisión de la familia que se descompone a su vez en especies. || *Gram.* Forma que reciben las palabras para indicar el sexo de los seres animados o para diferenciar el nombre de las cosas : *género masculino, femenino, neutro.* || Costumbre : *pintor de género.* || Artículo, mercancía : *en la tienda hay toda clase de géneros.* || Tejido : *género de punto.* || — *Género chico,* obras teatrales cortas y musicales. || *Género humano,* conjunto de los hombres.
generosidad f. Inclinación a dar con liberalidad. || Calidad de lo que es benevolente, indulgente o clemente.
generoso, sa adj. Que se sacrifica en bien de otros, dotado de sentimientos nobles o magnánimos. || Desinteresado, liberal, que da a los demás lo que tiene. || Que da gran rendimiento. || De muy buena calidad y reconfortante : *vino generoso.*
genes m. pl. de *gen* o *gene.*
Genesaret (LAGO DE). V. TIBERÍADES.
génesis m. Sistema cosmogónico. || — F. Conjunto de hechos que concurren en la formación de una cosa : *la génesis de las ideas, de un libro.* || Origen o principio de algo.
Génesis, primer libro del Pentateuco de Moisés y de toda la Biblia, que empieza por la historia de la creación del mundo.
Genet (Jean), escritor francés, n. en 1910, autor de novelas *(Nuestra Señora de las Flores)*, poemas y obras de teatro *(Las criadas, El balcón, Los biombos)*.
genético, ca adj. De la genética. || — F. Teoría de la herencia de los caracteres anatómicos, citológicos y funcionales formulada por Mendel en 1865.
Genève. V. GINEBRA.
Gengis Kan (TEMUDJIN, llamado), fundador del Imperio Mongol (¿ 1160 ?-1227). Se apoderó de China del Norte (1211-1216) y de gran parte del mundo conocido entonces.
genial adj. Que tiene genio : *es un escritor genial.* || *Fig.* y *fam.* Ocurrente, agudo, gracioso : *es un tipo genial.* | Sobresaliente, notable : *descubrimiento genial.* | Magnífico, excepcional : *una novela genial escrita en un estilo muy cuidado.*
genialidad f. Calidad de genio. || *Fig.* y *fam.* Originalidad, singularidad.
geniazo m. *Fam.* Mal humor.

geniecillo f. Ser fantástico de los cuentos.

Genil, río del S. de España, afl. del Guadalquivir. Nace en Sierra Nevada y riega la vega granadina ; 211 km.

genio m. Carácter : *no tiene mal genio.* ‖ Humor : *estar de mal genio.* ‖ Poder o facultad de creación : *el genio de Pasteur.* ‖ Persona que tiene este poder : *Cervantes fue un genio.* ‖ Ánimo : *una persona sin genio.* ‖ Habilidad muy grande : *es un genio en mecánica.* ‖ Carácter propio y distintivo de una persona, de una cosa : *el genio de la lengua castellana.* ‖ Ser sobrenatural a quien se atribuye un poder mágico.

genioso, sa adj. *Chil.* y *Méx.* Con el adv. *mal,* colérico, violento.

genital adj. Que sirve para la reproducción.

genitivo m. Caso, en una lengua con declinaciones, que indica la dependencia, la posesión, y que se expresa en castellano anteponiendo al nombre la preposición *de* : *el libro de Ramón.*

genitor, ra adj. Que engendra (ú. t. c. s.).

genitourinario, ria adj. Relativo a las vías y órganos genitales y urinarios.

genízaro, ra m. y f. Jenízaro.

Genk, c. en el noreste de Bélgica.

Gennevilliers, c. industrial de Francia (Hauts-de-Seine), al NO. de París.

genocidio m. Crimen cometido con el propósito de exterminar un grupo étnico o social por motivos de raza, de religión o de política.

genotipo m. En genética, conjunto de caracteres hereditarios de un individuo, ligado a los genes, que constituyen un patrimonio inmutable.

Génova, c. y puerto del NO. de Italia en el golfo homónimo, cap. de Liguria. Arzobispado. Universidad. Fue en la Edad Media cap. de una rep. y en 1797 de la Liguria.

genovés, esa adj. y s. De Génova (Italia).

Genoveva (*Santa*), virgen patrona de París (¿ 422-502 ?). Fiesta el 3 de enero.

gente f. Pluralidad de personas : *la gente de la calle.* ‖ Personas en general : *buena* (o *mala*) *gente.* ‖ Tropa de soldados : *gente de armas.* ‖ *Fam.* Conjunto de personas que trabajan en un mismo lugar : *la gente del taller, de la fábrica.* ‖ Familia : *quiero mucho a mi gente.* ‖ Nación : *derecho de gentes.* — Pl. (Ant.). Gentiles : *Pablo, apóstol de las gentes.* — *Fam. Gente menuda,* los niños. *Gente de medio pelo,* clase media. *Méx. Ser gente,* ser persona decente.

gentil adj. Airoso, galán : *gentil mozo.* ‖ Amable, simpático. ‖ *Fam.* Notable : *gentil desvergüenza* ; *gentil disparate.* ‖ Pagano. Ú. t. c. s. : *predicar el Evangelio a los gentiles.*

gentileza f. Gracia, garbo. ‖ Cortesía, buenas maneras. ‖ Amabilidad

gentilhombre m. Servidor de los reyes : *gentilhombre de cámara.* (Pl. *gentileshombres*.)

gentilicio, cia adj. Relativo a una nación. ‖ Perteneciente al linaje o familia : *nombre, adjetivo gentilicio.* ‖ — M. Nombre que indica la nación o la población : *francés, bonaerense, mexicano son gentilicios.*

Gentilly, pobl. del SE. del Canadá (Quebec). Central nuclear. — Pobl. de Francia (Val-de-Marne), al sur de París.

gentío m. Reunión de gente.

gentleman m. (pal. ingl.). Caballero. (Pl. *gentlemen.*) ‖ — *Gentleman farmer,* propietario de tierras de cultivo. ‖ *Gentleman's agreement,* acuerdo o verbal entre caballeros.

gentuza f. Gente despreciable.

genuflexión f. Arrodillamiento.

genuino, na adj. Puro, auténtico : *genuino representante de su raza.*

geodesia f. Ciencia matemática que tiene por objeto determinar la figura y magnitud del globo terrestre y construir los mapas correspondientes.

geodésico, ca adj. Relativo a la geodesia : *operación geodésica.*

geoestacionario, ria adj. Dícese de un satélite artificial geosíncrono que gravita en una trayectoria ecuatorial no fija por lo que parece inmóvil para un observador terrestre.

geofísica f. Parte de la geología que estudia la física terrestre.

geografía f. Ciencia que estudia la descripción y la explicación del aspecto actual, natural y humano de la superficie de la Tierra : *geografía física, económica.* ‖ Libro que trata de esta materia. ‖ *Fig.* Territorio : *varios puntos de la geografía española.*

geográfico, ca adj. De la geografía.

geógrafo, fa m. y f. Especialista en geografía.

geología f. Ciencia que trata de la forma exterior e interior del globo terrestre, de la naturaleza de las materias que lo componen y de su formación, así como de su situación actual y las causas que la han determinado.

geológico, ca adj. Relativo a la geología : *fenómeno geológico.*

geólogo, ga m. y f. Especialista en geología.

geómetra com. Especialista en geometría.

geometría f. Disciplina matemática que estudia el espacio y las figuras o cuerpos que se pueden formar. ‖ Obra que trata de esta materia. ‖ — *Geometría analítica,* estudio de las figuras por medio del álgebra y valiéndose de coordenadas. ‖ *Geometría del espacio,* geometría que corresponde a la representación intuitiva que podemos hacernos del espacio y que tiene tres dimensiones. ‖ *Geometría descriptiva,* estudio de las figuras del espacio considerándolas en sus proyecciones ortogonales sobre dos planos perpendiculares. ‖ *Geometría plana,* estudio de las figuras situadas en un plano.

geométrico, ca adj. De la geometría. ‖ *Fig.* Exacto, preciso.

geopolítica f. Estudio de las relaciones que existen entre los Estados y la política que llevan a las causas que determinan ésta.

George (Stefan), poeta simbolista alemán (1868-1933).

George Town, hoy *Penang.*

Georgetown, puerto y cap. de Guyana ; 200 000 h. Obispado.

Georgia, uno de los Estados Unidos de Norteamérica, en el SE. ; cap. *Atlanta.* — Rep. federada de la U. R. S. S., a orillas del mar Negro ; cinco millones de hab. ; cap. *Tbilisi* (Tiflis). — Estrecho del Pacífico entre la isla de Vancouver y la costa de Colombia Británica (Canadá).

georgiano, na adj. y s. De Georgia (Estados Unidos y U. R. S. S.).

Georgias del Sur, islas de la Argentina, en las Antillas del Sur ; 4 144 km². Base ballenera. Estaciones meteorológicas y radiotelegráficas.

geórgico, ca adj. Agrícola. ‖ — F. pl. Poema sobre la agricultura : *las « Geórgicas » de Virgilio.*

geosíncrono, na adj. Dícese de un satélite artificial de la Tierra cuyo período de revolución es igual a la rotación de ésta.

geotermia f. *Fís.* Calor interno de la Tierra.

geotropismo m. Crecimiento de un órgano vegetal orientado con relación a la Tierra y debido a la fuerza de gravedad.

geoturístico, ca adj. Que participa a la vez de lo geográfico y de lo turístico : *« Costa del Sol » es una denominación geoturística que tiene la provincia de Málaga.*

Geraldy (Paul), poeta francés (1885-1983), autor de *Tú* y *yo.*

geranio m. Planta de flores de colores vivos. ‖ Esta flor.

Gérard (François, *barón* de), pintor de motivos históricos francés, n. en Roma (1770-1837).

Gerchunoff (Alberto), escritor argentino (1884-1950), autor de cuentos (*Los gauchos judíos*) y novelas (*El hombre importante*).

gerencia f. Función del gerente. ‖ Tiempo que dura. ‖ Su oficina.

gerente m. Encargado de los otros interesados en la dirección de un establecimiento comercial o de una sociedad : *fue nombrado gerente* .

Gergovia, c. de la ant. Galia, cerca de la actual Clermont-Ferrand (Puy-de-Dôme).

geriatra com. Médico especializado en geriatría.

geriatría f. Parte de la medicina que estudia las enfermedades de la vejez y su tratamiento.

Géricault [yerikó] (Théodore), pintor francés (1791-1824), iniciador de la escuela romántica.

gerifalte m. Ave rapaz parecida al halcón. ‖ *Fig.* Persona que manda o muy importante.

Gerlache de Gomery (Adrien de), marino belga (1866-1934). Realizó una expedición a la Antártida (1897-1899).

Germán (*San*), mártir del s. IV en Osuna (España). Fiesta el 23 de octubre.

Germania, extensa región de Europa central, hoy *Alemania.* — Reino constituido, al desmembrarse el Imperio carolingio, por el tratado de Verdún (843). Su primer monarca fue Luis el Germánico y dejó de existir en 1024.

germania f. Lenguaje de gitanos y rufianes. ‖ Hermandad de los gremios de Valencia y de Mallorca. — Las *Germanías* se sublevaron y sostuvieron una guerra social [1519-1523] contra los nobles del reino de Valencia.

germánico, ca adj. Relativo a Germania o a los germanos. ‖ Alemán (ú. t. c. s.). ‖ — M. Lengua indoeuropea que hablaron los pueblos germanos y de la que se derivaron el alemán, el inglés y las lenguas escandinavas.

germanio m. Metal raro (Ge), de número atómico 32.

germanismo m. Giro propio de la lengua alemana. ‖ Voz germánica. ‖ Empleo de palabras o giros alemanes en otro idioma. ‖ Influencia germánica. ‖ Carácter germánico. ‖ Amor a Alemania.

germanista m. y f. Especialista en estudios germánicos.

germanización f. Acción y efecto de germanizar.

germanizar v. t. Dar o hacer tomar carácter germánico.

germano, na adj. y s. De Germania. (Los germanos, de origen indoeuropeo, ocuparon la actual Alemania en el s. III a. de J. C.). ‖ Alemán.

germanofilia f. Simpatía por lo germánico o alemán.

germanófilo, la adj. y s. Partidario de los germanos o de los alemanes.

germanofobia f. Aversión a los germanos o alemanes.

germanófobo, ba adj. y s. Que odia a los germanos o alemanes.

germen m. Primera fase de cualquier ser organizado, vegetal o animal. ‖ Término general que designa el huevo fecundado. ‖ Microbio (bacteria, virus) capaz de engendrar una enfermedad. ‖ *Fig.* Principio, fuente, causa original : *el germen de una revolución.*

germicida adj. Que destruye los gérmenes patógenos (ú. t. c. s. m.).

germinación f. Desarrollo del germen contenido en la semilla.

germinador, ra adj. Que germina.

germinal adj. Del germen. ‖ — M. Séptimo mes del calendario republicano francés (del 21 ó 22 de marzo al 18 ó 19 de abril).

germinar v. i. Salir el germen en la semilla. ‖ *Fig.* Empezar a desarrollarse. Brotar, aparecer

Germiston, c. en el N. de la Rep. de África del Sur (Transvaal).

Gerona, en cat. *Girona.* c. del NE. de España (Cataluña), cap. de la prov. homónima y de la comarca de El Gironés. Atravesada por el río Oñar. Obispado. Comercio e industrias.

gerontocracia f. Gobierno confiado a los ancianos.

gerontología f. Estudio de los fenómenos que producen la vejez. ‖ Estudio de la vejez en sus diversos aspectos : morfológicos, fisiopatológicos (geriatría), psicológicos, sociales, etc.

gerontólogo, ga m. y f. Especialista en gerontología.

Gers, dep. en el S. de Francia, cap. *Auch.* Agricultura, ganadería.

Gershwin (George), músico norteamericano (1898-1937), autor de *Rapsodia in blue, Un americano en París* (ballet), *Porgy and Bess* (ópera).

Gerstein (Noemí), escultora abstracta argentina, n. en 1908.

gerundense adj. y s. De Gerona (España).

gerundio m. *Gram.* Forma verbal **283**

GE

invariable que expresa la acción del verbo como ejecutándose en el tiempo en que se habla : *estaban durmiendo; vino corriendo*. || Empléase a veces como ablativo absoluto : *reinando Alfonso XIII se proclamó la República*. || — El gerundio, cuyas terminaciones regulares son -*ando*, en la primera conjugación, y -*iendo*, en la segunda y tercera, constituye, como el infinitivo y el participio, una forma verbal no personal. El gerundio puede ser simple (*escribiendo*) o compuesto (*habiendo escrito*) y en ambos casos modifica la significación verbal y le añade una función adverbial o adjetiva. (Es censurable el empleo de dos gerundios seguidos.)

Gervasio y **Protasio** (*Santos*), hermanos gemelos mártires en Milán (s. I). Fiesta el 19 de junio.

gesta f. Poema épico o heroico de la Edad Media : *cantares de gesta*. || Conjunto de hazañas o hechos memorables de alguien.

gestación f. Estado en que se encuentra una hembra embarazada. || Tiempo que dura este estado, que puede ser de 21 días en los ratones y 640 en el elefante. || *fig.* Período de elaboración de una obra de la inteligencia : *la gestación de un libro*.

Gestapo (abrev. de *GEheime STAats POlizei*), policía política y secreta del partido nacionalsocialista alemán y, luego, del Estado (1933-1945).

gestar v. t. Llevar y sustentar la madre en sus entrañas a su futuro hijo. || — V. pr. Desarrollarse, prepararse.

gestatorio, ria adj. Que ha de llevarse a brazos.

gestero, ra adj. y s. Que gesticula.

gesticulación f. Movimiento de las facciones que indica afecto o pasión. || Ademán.

gesticulador, ra adj. y s. Gestero.

gesticular v. i. Hacer gestos.

Gestido (Óscar), militar uruguayo (1901-1967), pres. de la Rep. en 1967.

gestión f. Administración : *gestión de un negocio*. || Trámite, diligencia.

gestionar v. t. Hacer gestiones o trámites para obtener alguna cosa.

gesto m. Movimiento de las facciones que expresa un estado de ánimo : *torcer el gesto de dolor*. || Semblante, aspecto : *un gesto desagradable*. || Ademán. || Rasgo : *realizó un gesto de bondad*. || Fruncir o torcer el gesto, poner mala cara.

gestor, ra adj. y s. Que gestiona. || — M. y f. Gerente de una empresa o sociedad, administrador.

gestoria f. Agencia que gestiona los asuntos de los demás.

gestual adj. Relativo a los gestos.

Geta (189-212), emperador romano junto con Caracalla, quien le hizo dar muerte.

Getafe, pobl. en el suburbio S. de Madrid (España). Aeródromo.

geto m. Ghetto.

Getsemaní, huerto de olivos, cerca de Jerusalén, donde oró y fue prendido Jesús antes de la Pasión.

Gettysburg, c. en el noreste de Estados Unidos (Pensilvania).

géyser m. Fuente intermitente de agua caliente.

Ghana, república de África occidental, miembro del Commonwealth, formada por la Costa de Oro y el Togo británico en 1957 al declararse independientes ; 237 875 km² ; 12 500 000 h. La cap. es Accra (848 000 h.).

ghanés, esa adj. y s. De Ghana.

Ghelderode (Michel), dramaturgo belga de expresión francesa (1898-1962), autor de *Barrabás*, *Escorial*, etc.

ghetto [*gueto*] m. Judería. || *Fig.* Lugar donde vive una minoría separada de la sociedad.

Ghiano (Juan Carlos), escritor argentino, n. en 1920, autor de críticas, narraciones (*Extraños huéspedes*) y obras de teatro.

Ghiraldo (Alberto), escritor argentino (1874-1946), autor de *Triunfos nuevos* (poemas), *Los salvajes* (teatro) y de narraciones.

Ghirlandaio [*guir-*] (Domenico di TOMMASO BIGORDI, llamado), pintor florentino del Renacimiento (1449-1494), autor de frescos religiosos.

Gianneo (Luis), músico argentino

(1897-1968), autor de obras sinfónicas, conciertos, ballets, música de cámara, piezas para piano, etc.

giba f. Joroba.

gibar v. t. Corcovar. || *Fam.* Molestar.

Gibara, río, bahía y térm. mun. al este de Cuba (Holguín).

gibelino, na adj. y s. V. GÜELFO.

gibón m. Género de monos asiáticos.

gibosidad f. Cualquier protuberancia en forma de giba.

giboso, sa adj. y s. Jorobado.

Gibraltar, c. y puerto al S. de la Península Ibérica, en el estrecho homónimo, brazo de mar (15 km) que separa España de Marruecos. El peñón (6 km²) es posesión británica desde 1704, a pesar de las justas reclamaciones españolas. Obispado. Base aeronaval. Es la *Calpe* antigua.

gibraltareño, ña adj. y s. De Gibraltar.

gicleur [*yicler*] m. (pal. fr.). Surtidor del carburante de un automóvil.

Gide (André), escritor francés, n. en París (1869-1951). Analista notable del alma humana y prosista de estilo cuidado, sus obras proclaman la liberación del hombre de todo prejuicio moral. (*Alimentos terrestres, Prometeo mal encadenado, La puerta estrecha, El retorno del hijo pródigo, El inmoralista, Las cuevas del Vaticano, Sinfonía pastoral, Si la semilla no muere, Corydon, Los monederos falsos, La escuela de las mujeres, Edipo, Los nuevos alimentos, Diario*.) [Pr. Nobel, 1947.]

Gierek (Edward), político polaco, n. en 1913, jefe del partido obrero unificado en 1970. Dimitió en 1980.

Giessen, c. de Alemania Occidental (Hesse). Universidad.

Giganta (SIERRA DE LA). V. CONCEPCIÓN.

gigante adj. Gigantesco, enorme, muy grande : *árboles gigantes*. || — M. Hombre muy alto. || Personaje de cartón que, junto a los cabezudos, figura en ciertos festejos populares. || *Fig.* Coloso, persona que sobresale en algo : *un gigante de la literatura*. || *Fig. Ser un gigante con los pies de barro*, aparentar poseer gran fuerza cuando en realidad se es muy débil.

Gigantes (MONTES DE LOS), en alemán *Riesengebirge* y en checo *Krknoshe*, montes entre Polonia y Checoslovaquia. || ~ (Los), peniplanicie de la Argentina en la sierra de Córdoba ; 2 350 m.

gigantesco, ca adj. *Fig.* Enorme.

gigantismo m. Desarrollo o crecimiento excesivo del cuerpo o de algunas de sus partes. || Carácter colosal.

gigoló [*yigoló*] m. (pal. fr.). Hombre

joven que saca beneficio de su trato con mujeres de mayor edad que él.

gigote m. Guisado de carne picada y rehogada en manteca.

Gijón, c. y puerto en el N. de España (Asturias). Siderurgia.

gijones, esa adj. y s. De Gijón (España).

Gil (Martín), escritor y meteorólogo argentino (1868-1955), autor de *Prosa rural*. || ~ **Albert** (JUAN), poeta español, n. en 1906. || ~ **de Biedma** (JAIME), poeta español, n. en 1929, autor de *Compañeros de viaje, En favor de Venus, Las personas del verbo*, etc. || ~ **de Castro** (JOSÉ), pintor peruano (1790-1850), excelente retratista. || ~ **de Hontañón** (JUAN), arquitecto español (¿ 1480 ?-1526), iniciador de la catedral nueva de Salamanca y de la de Segovia. — Su hijo RODRIGO (¿ 1499 ?-1577) siguió las obras de aquél y rehízo la fachada de la Universidad de Alcalá de Henares. || ~ **Fortoul** (JOSÉ), escritor y político venezolano (1861-1943), autor de *Julián y Pasiones* (novelas) y de ensayos históricos. || ~ **Gilbert** (ENRIQUE), escritor ecuatoriano (1912-1973), autor de la novela *Nuestro pan y de cuentos* (*Los que se van, Yunga, Relatos de Emmanuel*). || ~ **Polo** (GASPAR), poeta español (¿ 1529-1584 ?), autor de *Diana enamorada*, novela pastoril, escrita en prosa y en verso. || ~ **Robles** (JOSÉ MARÍA), abogado y político español (1898-1980), autor de *No fue posible la paz* (memorias). || ~ **Vicente**. V. VICENTE. || ~ **y Carrasco** (ENRIQUE), novelista romántico español (1815-1846), autor del relato *El señor de Bembibre*. || ~ **y Zárate** (ANTONIO), dramaturgo romántico español (1796-1861), autor de *Carlos II el Hechizado y Cuidado con los novios*.

Gil Blas de Santillana (*Historia de*), novela del escritor francés Lesage (1715), inspirada en la obra picaresca española *Marcos de Obregón*, de Vicente Espinel.

Gila, río del S. de Estados Unidos que atraviesa el desierto homónimo y des. en el Colorado ; 800 km.

Gilardi (Gilardo), músico argentino (1889-1963), autor de óperas (*Ilse, La leyenda de Urutaú*), obras sinfónicas (*El gaucho con botas nuevas*) y composiciones religiosas (*misas*) de cámara.

Gilbert (ISLAS), archip. de 33 islas en Micronesia ; 259 km² ; 50 000 h. Cap. *Bairiki*, en la isla de Tarawa. Ant. colonia británica, se declaró independiente en 1979 con el nombre de *Kiribati*.

gili adj. y s. *Fam.* Tonto, necio.

GHANA

alturas : 200. 500 m

Gili Gaya (Samuel), filólogo español (1892-1976), autor de un *Diccionario* y un *Curso Superior de Sintaxis Española*.

gilipollada f. *Pop.* Tontería.

gilipollas adj. y s. inv. *Pop.* Tonto.

gilipollear v. i. *Pop.* Hacer tonterías.

gilipollez f. *Pop.* Tontería.

Gilolo. V. HALMAHERA.

Giménez Caballero (Ernesto), escritor español, n. en 1899, autor de relatos (*Yo, inspector de alcantarillas, Julepe de menta*), libros de viajes, crónicas y ensayos.

Gimferrer (Pedro), poeta español en lengua catalana y castellana, n. en 1945.

gimnasia f. Arte de desarrollar y dar agilidad al cuerpo por medio de ciertos ejercicios. ‖ Estos ejercicios. ‖ *Fig.* Práctica o ejercicio que adiestra en cualquier actividad. ‖ *Fam.* Confundir *la gimnasia con la magnesia*, equivocarse del todo en una apreciación.

gimnasio m. Local destinado a ejercicios gimnásticos.

gimnasta com. Persona que hace gimnasia o ejercicios gimnásticos.

gimnástico, ca adj. De la gimnasia. ‖ *Paso gimnástico,* paso ligero.

gimnospermas f. pl. Grupo de plantas fanerógamas que no tienen encerradas las semillas en un óvulo (ú. t. c. adj.).

gimnoto m. Pez de los ríos de América del Sur, con forma de anguila.

gimoteador, ra adj. y s. Llorón.

gimotear v. i. *Fam.* Lloriquear.

gimoteo m. *Fam.* Lloriqueo.

gin m. (pal. ingl.). Ginebra.

Ginastera (Alberto), compositor argentino (1916-1983), autor de cantatas (*Cantata para América mágica, Milena*), óperas (*Don Rodrigo, Bomarzo, Beatrix Cenci*), conciertos (violonchelo, violín, piano, arpa), ballets (*Panambí, Estancia*), sinfonías, poemas sinfónicos (*Ollantay*), cuartetos y otras obras (*Impresiones de la Puna, Pampeana,* etc.).

gincana f. Gymkhana.

ginebra f. Bebida alcohólica aromatizada con bayas de enebro.

Ginebra, en fr. *Genève,* c. al SO. de Suiza, cap. del cantón homónimo a orillas del lago Leman. Sede de organismos internacionales. Universidad. ‖ — (LAGO DE). V. LEMAN.

ginebrés, esa y **ginebrino, na** adj. y s. De Ginebra (Suiza).

gineceo m. Parte femenina de la flor compuesta por los pétalos.

ginecología f. Ciencia de la morfología, la fisiología, la patología y la psicología de la mujer. ‖ Especialidad médica que trata de las enfermedades de la mujer.

ginecólogo, ga m. y f. Médico especialista en ginecología.

Giner de los Ríos (Francisco), filósofo krausista, pedagogo y escritor español (1839-1915). Fundó la Institución Libre de Enseñanza en Madrid.

gingival adj. Relativo a las encías.

gingivitis f. *Med.* Inflamación de las encías.

Gioconda (*La*), retrato de Leonardo de Vinci (Louvre).

Giordano (Luca), pintor italiano llamado *il Fa presto* por su virtuosismo (1634-1705). Trabajó en El Escorial. Conocido en España con el n. de *Lucas Jordán.*

Giorgione (Giorgio BARBARELLI DA CASTELFRANCO, llamado), pintor italiano (1477-1510).

Giotto di Bondone, pintor florentino (1266-1337), autor de frescos.

Giovanni da Fiésole. V. ANGÉLICO (*Fra*).

gira f. Excursión de recreo. ‖ Viaje de un artista, un escritor, etc., por varios sitios. ‖ *Amer.* Viaje de propaganda política.

girador, ra m. y f. *Com.* Persona que gira la letra de cambio.

giralda f. Veleta.

Giralda, torre cuadrada de la catedral de Sevilla, construida por los árabes de 1184 a 1196. El remate actual renacentista fue añadido en 1568.

Giraldo (Francisco), escritor colombiano (1884-1926), autor de *Titanes.*

girar v. i. Moverse en redondo, dar vueltas : *la rueda gira en su eje.* ‖ *Fig.* Versar, tener por tema : *la conversa-*

ción *giraba en torno a la política.* ‖ *Com.* Expedir letras u órdenes de pago. Ú. t. c. t. : *girar una letra.* ‖ Transferir una cantidad. | Remitir por correo o por telégrafo dinero (ú. t. c. t.). ‖ Torcer, desviarse de la dirección : *la calle gira a la derecha.* ‖ — V. t. Hacer dar vueltas. : *girar la peonza.* ‖ Hacer, ir : *girar una visita.*

Girardot, c. el centro de Colombia (Cundinamarca). Obispado.

Girardot (Atanasio), héroe colombiano (1791-1813).

girasol m. Planta compuesta, de grandes flores amarillas que siempre miran al sol. ‖ Su flor.

giratorio, ria adj. Que gira.

Giraudoux [yirodú] (Jean), dramaturgo francés (1882-1944), autor de *Anfitrión 38, Intermezzo, La guerra de Troya no sucederá, Electra, La loca de Chaillot, Ondina,* etc. Escribió también novelas y ensayos.

Giresun. V. KERASUNDA.

Girgeh o **Girga,** c. y prov. del Alto Egipto, en la orilla O. del Nilo.

Girgenti. V. AGRIGENTO.

girl [guerl] f. (pal. ingl.). Bailarina de conjunto, corista.

giro m. Movimiento circular. ‖ Dirección o aspecto que toma una conversación, un asunto, etc. : *tomar mal giro.* ‖ Construcción de la frase : *un giro elegante.* ‖ Transferencia o envío de fondos por medio de letras, libranzas o a través de las oficinas de Correos (*postal*) o Telégrafos (*telegráfico*). ‖ *Derechos de giro,* cantidad de divisas que el Fondo Monetario Internacional puede poner a disposición de sus miembros para que éstos salden el déficit de su balanza de pagos respecto a otras naciones.

girón m. Jirón.

Girón, c. del N. de Colombia (Santander). — Pobl. del Ecuador (Azuay). ‖ — (PLAYA), sector de la bahía Cochinos, en el SE. de Cuba, donde se produjo un desembarco de tropas que pretendían poner fin al régimen de Fidel Castro (abril de 1961).

Girona. V. GERONA.

Gironda, en fr. *Gironde,* n. del río francés Garona, después de su confluencia con el Dordoña.

Gironde, dep. del SO. de Francia ; cap. *Burdeos.* Vinos.

girondino, na adj. y s. De Gironde (Francia). ‖ Relativo al partido político de los girondinos. (Durante la Revolución francesa de 1789, los girondinos constituían el ala moderada de la Convención.)

Girondo (Oliverio), poeta ultraísta argentino (1891-1967), autor de *Veinte poemas para ser leídos en el tranvía, Calcomanías, Persuasión de los días, Espantapájaros, Campo nuestro, En la masmédula, Topatumba,* etc.

Gironella, v. al noreste de España (Barcelona).

Gironella (Alberto), pintor mexicano, n. en 1929. ‖ — (JOSÉ MARÍA), novelista español, n. en 1917, autor de *Los cipreses creen en Dios, Un millón de muertos, Ha estallado la paz,* etc.

Gironés (El), comarca del NE. de España en Cataluña (Gerona) ; cap. *Gerona.* Agricultura. Industrias.

Girri (Alberto), escritor argentino, n. en 1919, autor de poesías (*Playa sola*), narraciones y notables traducciones.

gis m. *Méx.* Tiza para escribir en la pizarra o encerado.

Giscard d'Estaing (VALÉRY), político francés, n. en 1926. Pres. de la Rep. de 1974 a 1981.

Gisors, c. de Francia (Eure), al sur de París. Castillo.

gitanada f. Acción propia de gitanos. ‖ *Fig.* Caricia interesada.

gitanear v. i. *Fig.* Halagar, adular con gitanería para conseguir lo que se desea. | Andarse con engaños.

gitanería f. Mimo interesado hecho con zalamería y gracia. ‖ Engaño. ‖ Reunión de gitanos. ‖ Dicho o hecho propio de gitanos. ‖ Carácter gitano.

gitanismo m. Costumbres y maneras de los gitanos. ‖ Vocablo o giro de la lengua de los gitanos. ‖ Gitanería.

gitano, na adj. Dícese de un pueblo nómada que parece proceder del N. de la India (ú. t. c. s.). ‖ Propio de los gitanos. ‖ *Fig.* Zalamero, adulador.

Giusti (Roberto Fernando), escritor y crítico argentino (1887-1978).

Gizeh o **Giza,** c. y prov. de Egipto, en la orilla O. del Nilo, cerca de las grandes pirámides.

glabro, bra adj. Lampiño.

glaciación f. Transformación en hielo. ‖ Período glaciar.

glacial adj. Que hiela, de frío intenso : *viento glacial.* ‖ De hielo : *océano Glacial.* ‖ *Fig.* Frío.

Glacial ~ **Antártico** (*Océano*), océano que rodea el continente Antártico, al S. de los océanos Atlántico, Pacífico e Índico. ‖ ~ **Ártico** (*Océano*), conjunto de mares de la parte boreal de la Tierra, limitado por las costas septentrionales de Asia, América y Europa, y por el Círculo Polar Ártico ; 13 millones de km².

glaciar m. Masa de hielo formada en las altas montañas que se desliza lentamente hacia los valles. ‖ — Adj. Del hielo : *período glaciar.*

Glaciares (PARQUE NACIONAL DE LOS), parque en el sur de la Argentina (Santa Cruz). En él están los lagos Viedma y Argentino.

Gladbeck, c. de Alemania occidental en el Ruhr. Construcciones eléctricas.

gladiador m. Luchador que en Roma combatía, en los juegos del circo, contra un hombre o fiera.

gladiolo y **gladíolo** m. Planta iridácea de flores ornamentales. ‖ Su flor.

Gladstone [-tón] (William Ewart), político liberal inglés (1809-1898), cuatro veces primer ministro.

Glama. V. GLOMMEN.

Glamorgan, ant. condado de Gran Bretaña (Gales), actualmente dividido en tres condados.

glande m. Bálano.

glándula f. Órgano de origen epitelial cuya función es la de segregar ciertas sustancias fuera del organismo.

glandular adj. De las glándulas.

glasé m. Tela de seda brillante.

glaseado, da adj. Que imita o se parece al glasé. ‖ Abrillantado, satinado. ‖ — M. Acción de glasear.

glasear v. t. Dar brillo a la superficie de algo : *glasear papel.* ‖ Recubrir un pastel con una ligera capa de azúcar, azucarado.

Glasgow, c. y puerto de Gran Bretaña en Escocia, a orillas del Clyde. Arzobispado. Universidad. Industrias.

glauco, ca adj. Verde claro.

glaucoma m. *Med.* Endurecimiento del globo ocular.

Glazunov (Aleksandr), músico ruso (1865-1936), autor de ocho *Sinfonías.*

gleba f. *Siervos de la gleba,* los que dependían de la tierra que cultivaban y eran enajenados con ella.

Gleiwitz. V. GLIWICE.

Glendale, c. del sur de los Estados Unidos (California), en los suburbios de Los Ángeles.

glicéridos m. pl. Nombre dado a los ésteres de la glicerina (ú. t. c. adj.).

glicerina f. Sustancia orgánica líquida, incolora y viscosa extraída de los cuerpos grasos por saponificación.

glicógeno y derivados, v. GLUCÓGENO.

Glinka (Mijaíl Ivanovich), compositor ruso (1804-1857), creador de la escuela musical moderna en su país. Autor de óperas (*La vida por el Zar*) y música de cámara. Estuvo en España y se inspiró en su música (*Jota aragonesa y Noche de verano en Madrid*).

gliptoteca f. Museo de escultura.

Gliwice, en alem. *Gleiwitz,* c. en el sur del centro de Polonia (Silesia). Minas de carbón. Siderurgia ; industrias químicas. Universidad.

global adj. Tomado en su conjunto, total : *visión global.*

globalización, f.

globalizador, ra adj. Que globaliza.

globalizar. v. t. Dar carácter global.

globe-trotter m. (pal. ingl.). Persona que viaja a través del mundo.

globo m. Esfera. ‖ La Tierra. ‖ Cubierta de cristal esférico que se pone sobre una bombilla eléctrica u otro foco de luz para protegerlos. ‖ Aeróstato, bolsa que se hincha con un gas menos pesado que el aire y que se eleva en la atmósfera. ‖ Objeto de goma, de forma parecida, lleno también de un gas ligero, que se usa como juguete o como adorno en las fiestas. ‖ En fútbol, balón bombeado. En las historietas ilustradas, espacio donde figuran las palabras pronunciadas por los personajes. || — **Globo del ojo**, órgano de la vista. || **Globo sonda**, aeróstato sin tripulación lanzado para observaciones meteorológicas ; *(fig.)* cosa que se dice o hace para sondear o saber lo que piensan los demás. || *Globo* terráqueo o terrestre, la Tierra.

globular adj. De forma de glóbulo. || Compuesto, formado de glóbulos.

globulina f. Elemento de la sangre, de dos a cuatro micras, que interviene en la coagulación.

glóbulo m. Pequeño cuerpo esférico. || Nombre de las células de la sangre y de la linfa : *glóbulos rojos* (hematíes, eritrocitos) y *glóbulos blancos* (leucocitos).

globuloso, sa adj. Globular.

glomérulo m. Grupo de vasos sanguíneos o de fibras nerviosas.

Glommen o **Glama**, río en el sur de Noruega, que des. en el Skagerrak ; 567 km.

gloria f. Fama grande : *desprecio las glorias terrestres.* || Motivo de orgullo : *los cuadros de Velázquez son las glorias del museo del Prado.* || Persona que ha alcanzado gran fama o renombre : *las glorias nacionales.* || Esplendor de la majestad divina : *gloria a Dios en las alturas.* || Cielo, paraíso, bienaventuranza celeste que gozan los elegidos después de su muerte. || Aureola luminosa que rodea el cuerpo de Cristo o de un santo. *Fig.* Lo que proporciona gran satisfacción : *es una gloria ver a los niños tan sanos.* || — *Fig. Estar en la gloria*, encontrarse muy satisfecho o muy bien. | *Oler a gloria*, oler muy bien. | *Saber a gloria*, ser exquisito. | *Trabajar por la gloria*, trabajar por nada, gratis. || — M. Rezo dicho en la misa después del *Kirie eleison* y que comienza por las palabras *Gloria in excelsis Deo.*

Gloria (SERRANÍA), sector de la Sierra Madre Oriental de México (Coahuila y Nuevo León).

gloriado m. *Amer.* Ponche de aguardiente y azúcar.

gloriar v. t. Glorificar. || — V. pr. Presumir, vanagloriarse, jactarse : *no hay que gloriarse de sus hazañas.*

glorieta f. Armazón de madera o hierro recubierto de plantas que abriga en un jardín un lugar cerrado, cenador. || Plazoleta en un jardín. || Plazoleta con jardines en una población. || Plaza en una encrucijada de calles o alamedas.

glorificación f. Ensalzamiento.

glorificador, ra adj. Dícese de la persona o cosa que glorifica (ú. t. c. s.).

glorificar v. t. Honrar, celebrar, ensalzar, alabar. || Llamar a gozar de las bienaventuranzas celestiales : *Dios glorifica los santos.* || — V. pr. Honrarse, gloriarse.

glorioso, sa adj. Que ha adquirido gloria o fama : *personaje glorioso.* || Que proporciona gloria : *muerte, combate glorioso.* || Dícese de las cosas del cielo o de los seres celestiales : *la gloriosa Virgen María.* || *La Gloriosa*, n. dado a la revolución española de 1868, que obligó a la reina Isabel II a exiliarse en Francia.

glosa f. Explicación de algunas palabras poco claras de una lengua por otras más comprensibles : *las glosas de las Escrituras.* || Comentario o nota que aclara la comprensión de un texto. || Comentario : *glosas de la actualidad.* || *Hacer una glosa de*, hacer el panegírico de.

glosador, ra adj. y s. Comentador.

glosar v. t. Comentar.

glosario m. Diccionario o léxico en el que se da la explicación de las palabras poco claras. || Léxico de un autor al final de una edición clásica.

glosopeda f. Enfermedad epizoótica del ganado.

glotis f. Orificio superior de la laringe, entre las dos cuerdas vocales inferiores.

glotón, ona adj. y s. Que come mucho y con ansia.

glotonear v. i. Comer con glotonería.

glotonería f. Vicio del glotón.

Gloucester [*glóster*], c. de Gran Bretaña en Inglaterra, al oeste de

Londres ; cap. del condado homónimo. Catedral.

glucemia f. Presencia de azúcar en la sangre.

glúcido m. Componente de la materia viva que contiene carbono, hidrógeno y oxígeno.

glucinio m. *Quim.* Berilio.

Gluck (Christoph Willibald), músico alemán (1714-1787), autor de óperas.

glucógeno m. Hidrato de carbono existente en el hígado, que, por hidrólisis, se transforma en azúcar.

glucosa f. Azúcar que se encuentra en ciertas frutas (uvas) y en la composición de casi todos los glúcidos.

gluten m. Materia albuminoidea que se encuentra juntamente con el almidón en la harina de los cereales.

glúteo, a adj. De la nalga (ú. t. c. s. m.).

G. M. T., abrev. de la expresión inglesa *Greenwich mean time*, hora media del meridiano de Greenwich.

gneis m. Roca pizarrosa e igual composición que el granito.

Gnido. V. CNIDO.

Gniezno, ant. *Gnesen*, c. de Polonia, al N. de Poznan. Arzobispado.

gnomo m. Enano.

gnosticismo m. Sistema religioso y filosófico cuyos partidarios pretendían tener un conocimiento completo y trascendente de todo.

gnóstico, ca adj. Del gnosticismo. || Su partidario (ú. t. c. s.).

gnu m. Especie de antílope de África.

Goa, c. y puerto de la India, en la costa de Malabar. El Territorio de Goa fue portugués hasta 1961. Está integrado hoy en el *territorio de Goa, Damao y Diu* (3 813 km² y 900 000 h.) ; cap. Panaji.

Goascorán, río en la frontera de Honduras y El Salvador ; des. en el golfo de Fonseca ; 129 km.

Gobelinos, famosa manufactura de tapices fundada en París por Colbert en 1662.

gobernable adj. Que se puede gobernar.

gobernación f. Gobierno, acción y efecto de gobernar o gobernarse. || Ejercicio del gobierno. || En ciertos países, territorio que depende del gobierno nacional. || *Ministerio de la Gobernación*, el del Interior, encargado de la administración local y del mantenimiento del orden en un país.

gobernador, ra adj. Que gobierna. || — M. y f. Persona que gobierna un territorio por delegación del Poder central. || Autoridad que en España gobierna una provincia o una división administrativa (*gobernador civil, militar*). || En América, jefe del Poder ejecutivo de un Estado federado. || Director de un gran establecimiento financiero público : *el gobernador del Banco de España.*

Gobernador Gordillo, dep. al oeste de la Argentina (La Rioja).

gobernalle m. *Mar.* Timón.

gobernanta f. Jefa de camareras en un hotel. || *Fam.* Mujer mandona.

gobernante adj. y s. Que gobierna.

gobernar v. t. Dirigir la política de : *gobernar un Estado.* || Dirigir la conducta de, tener autoridad sobre : *gobernar a una comunidad.* || *Fig.* Tener poder o fuerza para regir : *gobernado por sus deseos inconfesables.* || Dominar, manejar : *gobernado por deseos inconfesables.* || Dirigir un barco con el gobernalle .

Gobi, en chino *Chamo*, gran meseta desierta de Asia Central, en el S. de la Rep. de Mongolia Exterior y las prov. chinas de Sinkiang y Kansu ; dos millones de km².

gobierno m. Dirección : *el gobierno de una familia.* || Dirección de la política de un país. || Forma política que tiene un Estado : *gobierno democrático.* || Conjunto de los órganos de un Estado que determinan la orientación política de un país. || Conjunto de los ministros que llevan a cabo la política interior o exterior de un Estado. || Circunscripción administrativa en algunos países. || Dirección de una provincia o de una división administrativa : *gobierno civil, militar.* || Edificio donde está instalado este mando. || *Mar.* Timón, gobernalle. || *Fig.* Lo que debe servir de dirección, de regla de conducta en un asunto :

esto *se lo digo para su gobierno.* || Información : *para su buen gobierno.*

gobio m. Pez de las aguas litorales. || Pez acantopterigio de agua dulce comestible.

goce m. Sensación de placer.

Godavery o **Godavari,** río sagrado de la India, en el golfo de Bengala ; 1 500 km.

Godesberg. V. BAD GODESBERG.

Godjam, prov. y macizo montañoso al oeste de Etiopía ; 4 320 m.

godo, da adj. De los godos. || (Ant.). Rico y poderoso. || — M. Individuo de un pueblo germánico que se estableció en Italia y España. || *Amer.* Español en la guerra de Independencia. || *Fam.* En Canarias, español peninsular.
— Los godos eran un pueblo de Germania, dividido en *ostrogodos* (godos del Este) y *visigodos* (godos del Oeste), que invadieron el Imperio Romano en 410, al mando de Alarico. Conquistaron la Galia y se adentraron en España, donde fundaron su reino (410-711).

Godofredo de Bouillon, jefe de la Primera Cruzada y primer rey de Jerusalén (1061-1100) de 1089 a 1095.

Godoy, pobl. al N. de la Argentina (Santa Fe). || — **Cruz,** dep. y pobl. al O. de la Argentina (Mendoza).

Godoy (Juan), escritor chileno, n. en 1911, autor de la novela social *Angurrientos.* || — **Alcayaga** (LUCÍA), V. MISTRAL. || — **y Álvarez de Faria** (Manuel), político español, n. en Castuera (Badajoz) [1767-1851]. Guardia de corps, fue favorito de Carlos IV y de su esposa María Luisa de Parma. Ministro del Rey en 1792, luchó primero contra la Revolución Francesa, pero firmó después en Basilea un acuerdo con sus dirigentes que le valió el título de *Príncipe de la Paz.* Tuvo luego que someterse a las exigencias de Napoleón y, aunque en 1806 intentó aliarse con Inglaterra, el motín de Aranjuez le obligó a desterrarse. M. en París.

Godthaab, cap. de Groenlandia.

Godunov (Boris) [1551-1605], zar de Moscovia en 1598.

Godwin Austen. V. K2.

Goeritz (Mathias), escultor y arquitecto mexicano, de origen alemán, n. en 1915.

Goes (Hugo VAN DER). V. VAN DER GOES.

Goethals (George Washington), ingeniero norteamericano (1858-1928) que dirigió la construcción del canal de Panamá (1904-1914).

Goethe (Johann Wolfgang), escritor alemán, n. en Francfort del Meno (1749-1832), uno de los genios de la literatura universal. Autor de dramas (*Egmont, Clavijo, Götz de Berlichingen, Prometeo, Stella, Ifigenia*), novelas (*Werther, Los años de aprendizaje de Guillermo Meister* y *Las afinidades electivas*), poesías (*Elegías romanas, Hermann y Dorotea, El aprendiz de brujo, La novia de Corinto, Dios y la bayadera, Diván occidental y oriental, Elegía de Marienbad*) y *Fausto*, creación filosoficopoética.

gofrado, da adj. Estampado en relieve : *encuadernación gofrada.*

gofrar v. t. *Tecn.* Estampar en seco dibujos en papel, cuero, etc.

Gog y Magog, personificación de los enemigos de Dios según la doctrina judía o cristiana.

Gogh (Vicente VAN). V. VAN GOGH.

Gogol (Nikolai), novelista ruso (1809-1852), autor de *Las almas muertas, Taras Bulba, El retrato, Diario de un loco, La nariz.* Escribió también obras de teatro (*El inspector*).

Goiania, c. en el centro del Brasil, cap. de Goiás. Arzobispado.

Goiás, c. en el centro del Brasil, ant. cap. del Estado de su nombre. Obispado. — Estado del centro del Brasil ; cap. Goiania. Níquel.

Goicoechea (Alejandro), ingeniero español (1895-1984), inventor del *Talgo*, tren articulado ligero.

Goitia (Francisco), pintor mexicano (1882-1971).

gol m. En el fútbol y en otros deportes, suerte de entrar un equipo el balón en la portería contraria. || *Gol averaje*, cociente de goles en favor y en contra.

gola f. Garganta. ‖ Pieza de la armadura que cubre la garganta. ‖ Golilla.

Golán, meseta en el SO. de Siria en los límites con Israel y Jordania. Ocupada por los israelíes en 1967 y anexionada por ellos en 1981.

Golconda, ant. c. y reino de la India (Andhra Pradesh).

Golding (William), novelista inglés, n. en 1911, autor de *El dios escorpión, El señor de las moscas,* etc. (Pr. Nobel, 1983).

Goldoni (Carlo), escritor italiano (1707-1793), autor de comedias de costumbres *(La posadera, El café y El abanico)* .

Goldsmith (Óliver), escritor inglés (1728-1774), autor de la novela *El vicario de Wakefield,* de obras filosóficas *(Cartas chinas),* de poemas *(El viajero),* de obras de teatro *(El buen hombre)* y de libros históricos.

Golea (El), oasis del Sáhara argelino, al SO. de Uargla.

goleada f. Tanteo excesivo en un encuentro deportivo.

goleador, ra m. y f. En deportes, jugador que marca goles.

golear v. t. Marcar muchos goles.

goleta f. Barco de dos o tres palos.

Goleta (La), c. y puerto de Túnez, cerca de la c. de este n.

golf m. (pal. ingl.). Juego que consiste en introducir una pelota, por medio de palos *(clubs)*, en una serie de agujeros abiertos en terreno accidentado y cubierto de césped.

golfa f. Ramera.

golfante com. Golfo.

golfear v. i. Fam. Pillear.

golfería f. Conjunto de golfos. ‖ Granujada de un golfo.

golfista com. Jugador de golf.

Golfito, c. y puerto al SO. de Costa Rica en el golfo Dulce (Puntarenas).

golfo, fa adj. y s. Pilluelo. ‖ Sinvergüenza. ‖ — M. Parte del mar que penetra en la tierra entre dos cabos.

Golfo (CORRIENTE DEL). V. GULF STREAM.

Golgi (Camillo), médico italiano (1844-1926) que estudió el sistema nervioso. (Pr. Nobel en 1906, compartido con S. Ramón y Cajal.)

Gólgota. V. CALVARIO.

Goliat, gigante filisteo, muerto por David de una pedrada en la frente.

golilla f. Cuello de tela blanca y rizada de los togados. ‖ Tubo para empalmar. ‖ *Arg.* Pañuelo triangular que los campesinos se ponen en el cuello. ‖ — M. *Fam.* Togado.

golondrina f. Pájaro emigrante de cola ahorquillada y alas largas. ‖ Pez teleósteo marino. ‖ Barco de paseo en algunos puertos.

Golondrinas, pobl. en el NE. de México (Nuevo León). Hierro.

golondrino m. Cría de la golondrina. ‖ Furúnculo en la axila.

golosina f. Dulce, manjar delicado, como caramelos, bombones, etc. ‖ *Fig.* Cosa más agradable que útil.

golosinear v. i. Andar comiendo o buscando golosinas.

goloso, sa adj. Aficionado a golosinas (ú. t. c. s.). ‖ Dominado por el apetito de una cosa. ‖ Apetitoso.

golpe m. Choque que resulta del movimiento de un cuerpo que se junta con otro de manera violenta : *dio un golpe en la puerta.* ‖ Sonido que hacen ciertos cuerpos cuando se les golpea. ‖ Acción de pegarse : *llegaron a darse golpes.* ‖ Vez : *consiguió todo lo que quería de golpe.* ‖ Abundancia : *un golpe de sangre.* ‖ Latido : *siento los golpes de mi corazón.* ‖ Pieza de una cerradura que entra en la parte hembra de ésta e inmoviliza la puerta. ‖ Cartera o carterilla de un bolsillo, franja de tela que cierra la entrada de un bolsillo. ‖ *Fig.* Admiración, sorpresa : *dio el golpe con su traje.* ‖ Agudeza, chiste, gracia : *¡tiene cada golpe!* ‖ Salida, ocurrencia : *tuviste un buen golpe.* ‖ Azar en el juego : *tres golpes como éste y ganas una fortuna.* ‖ Acto o acción que afecta a alguien moralmente, desgracia, contratiempo : *sufrió un golpe con la muerte de su mujer.* ‖ Disgusto, molestia : *recibió muchos golpes en su vida.* ‖ Acceso, ataque : *le dio un golpe de tos.* ‖ Ataque brusco y osado : *proyectaron*

un golpe para asaltar al cajero. ‖ *Amer.* Solapa. ‖ Mazo. ‖ — *A golpes,* a porrazos ; con intermitencia. ‖ *Darse golpes de pecho,* darse con los puños en esta parte del cuerpo en señal de arrepentimiento. ‖ *De golpe,* súbitamente. ‖ *De golpe y porrazo,* de improviso, sin avisar ; bruscamente. ‖ *De un golpe,* en una sola vez. ‖ *Errar* o *fallar el golpe,* no conseguir el efecto deseado. ‖ *Golpe bajo,* el dado por el boxeador más abajo de la cintura ; (fig.) acción desleal, poco limpia. ‖ *Golpe de efecto,* el que gana sorpresa o impresión. ‖ *Golpe de Estado,* acción de una autoridad que viola las formas constitucionales ; acción de apoderarse del poder político valiéndose de medios ilegales. ‖ *Golpe de fortuna* o *de suerte,* acontecimiento favorable. ‖ *Golpe de gracia,* tiro con que se remata a un herido ; (fig.) lo que consuma la ruina de alguien. ‖ *Golpe de mar,* ola violenta contra una embarcación. ‖ *Golpe de vista,* rapidez en la percepción de algo. ‖ *Golpe franco,* cierto castigo en algunos juegos deportivos. ‖ *No dar* o *no pegar golpe,* no hacer nada de nada.

golpeador, ra adj. y s. Que golpea. ‖ — M. *Amer.* Aldaba.

golpear v. t. e i. Dar golpes.

golpeo m. Golpe.

golpetear v. t. e i. Golpear.

golpeteo m. Golpes frecuentes.

golpismo m. Golpe de Estado.

golpista adj. Relativo a un golpe de Estado. ‖ Que lleva a cabo un golpe de Estado o que está a favor o es partidario de él (ú. t. c. s.).

golpiza f. *Amer.* Paliza.

Golsple, c. de Gran Bretaña (Escocia), cap. de Sutherland.

gollería f. Cosa superflua. ‖ Cosa demasiado buena. ‖ *Fig. Pedir gollerías,* pedir la Luna, pedir demasiado.

gollete m. Cuello. ‖ *Arg. Fam.* No tener gollete, carecer de juicio.

goma f. Sustancia más o menos viscosa, pegajosa, que fluye de ciertos árboles o plantas de modo natural o después de haber efectuado una incisión. ‖ Sustancia elástica y resistente que se extrae de ciertos árboles de países tropicales, de la familia de los heveas, originado por la coagulación del látex. ‖ Caucho : *suela de goma.* ‖ Grupo de sustancias análogas obtenido sintéticamente por polimerización. ‖ Cámara de un neumático. ‖ Trozo de caucho que sirve para borrar lo escrito con lápiz o pluma. ‖ Cinta o elástico que se utiliza para sujetar cosas o fajos. ‖ *Med.* Tumor de origen infeccioso provocado por la sífilis terciaria, lepra, tuberculosis, micosis. ‖ *Tecn.* Residuo que queda en las válvulas de los motores de explosión. ‖ — *Goma arábiga,* la extraída de algunas acacias. ‖ *Goma de mascar,* chicle. ‖ *Goma-2,* plástico explosivo. ‖ *Goma espuma,* caucho poco denso con alveolos. ‖ *Goma laca,* la laca.

Gomara (Francisco LÓPEZ DE). V. LÓPEZ DE GOMARA.

Gombrowicz (Witold), escritor polaco, nacionalizado argentino †1904-1969), autor de narraciones *(Ferdydurke, Transatlántico, Cosmos),* de obras de teatro y de *Memorias.*

Gomera, isla española de las Canarias (prov. de Santa Cruz de Tenerife) ; 378 km². Cap. *San Sebastián de la Gomera.* ‖ **(La),** mun. en el sur de Guatemala (Escuintla).

gomería f. *Arg.* Taller que repara los neumáticos.

gomero, ra adj. Relativo a la goma. ‖ — M. *Amer.* Recolector de caucho. ‖ Frasco para la goma de pegar ‖ *Arg.* Hombre que repara los neumáticos.

Gomes (António Carlos), músico brasileño (1836-1896), autor de la ópera *El guaraní,* de cantatas y de sinfonías.

Gómez (José), llamado *Joselito,* torero español (1895-1920), rival de Juan Belmonte, m. en la plaza de Talavera de la Reina. ‖ ~ (JOSÉ MIGUEL), general cubano (1858-1921), pres. de la Rep. de 1909 a 1913. ‖ ~ (JOSÉ ANTONIO), músico mexicano (1805-1868). ‖ ~ (JUAN CARLOS), político, periodista y poeta romántico uruguayo (1820-1884). ‖ ~ (JUAN VICENTE), general venezolano, n. en San Antonio

(Táchira) [¿ 1857 ?-1935], pres. de la Rep. de 1908 a 1915, de 1922 a 1929 y de 1931 a 1935. Subió al Poder por un golpe de Estado y gobernó dictatorialmente. Fomentó la explotación del petróleo. ‖ ~ (LAUREANO), político colombiano (1889-1965), pres. de la Rep. de 1950 a 1953. ‖ ~ (MÁXIMO), general y patriota cubano, n. en Baní (Santo Domingo) [1836-1905]. Participó en la guerra de los Diez Años y, más tarde, Martí le nombró general en jefe del nuevo Ejército Libertador (1895). Obtenida la independencia, no quiso aceptar el cargo de pres. de la Rep. M. en La Habana. ‖ ~ (SEBASTIÁN), llamado el *Mulato de Murillo,* pintor español del s. XVII, criado de Murillo, de quien imitó las obras. ‖ ~ **Carrillo** (ENRIQUE), escritor y periodista guatemalteco (1873-1927), autor de la novela *El evangelio del amor* y de *Crónicas.* ‖ ~ **Carrillo** (MANUEL), músico argentino (1881-1968), autor de *Rapsodia santiagueña* y *Romanza gaucha.* ‖ ~ **de Avellaneda** (GERTRUDIS), escritora cubana, n. en Puerto Príncipe (1814-1873), autora de poesías *(Devociones en prosa y verso),* novelas *(Guatimozín, Sab y Dos mujeres),* dramas *(Leoncia, Munio Alfonso, Egilona, Saúl, Baltasar, El Príncipe de Viana).* Residió en España. ‖ ~ **de Baquero** (EDUARDO), escritor y periodista español (1866-1929), autor de *Literatura y periodismo, Letras e ideas* y *De Gallardo a Unamuno.* Utilizó el seudónimo de *Andrenio.* ‖ ~ **de Ciudad Real** (ÁLVAR), poeta español (1488-1538), llamado por Virgilio español. ‖ ~ **de Cibdarreal** (FERNÁN), médico y escritor español (¿ 1408 ?-1457), autor del *Centón epistolario,* colección de cartas a personajes del reinado de Juan II. ‖ ~ **de la Cortina.** V. CORTINA. ‖ ~ **de la Serna** (RAMÓN), escritor español, n. en Madrid (1888-1963), inventor de la greguería, frase aguda y paradójica. Cultivó la novela, el ensayo, la biografía, el teatro y publicó una serie de libros donde pone de relieve su fino humorismo y sus dotes de observador *(El circo, Senos, Pombo, Gollerías, El Rastro, Automoribundia).* ‖ ~ **de Mora** (Juan), arquitecto español (1586-1646 ó 1648). Construyó en Madrid el Convento de la Encarnación, la Plaza Mayor y el Ayuntamiento. ‖ ~ **Escobar** (FRANCISCO), escritor colombiano (1873-1938), autor de narraciones cortas. Utilizó el seudónimo de *Efe Gómez.* ‖ ~ **Farías** (VALENTÍN), político y médico mexicano (1781-1858), pres. de la Rep. de 1833 a 1834 y de 1846 a 1847. ‖ ~ **Jaime** (ALFREDO), escritor, poeta y diplomático colombiano (1878-1946). ‖ ~ **Manrique.** V. MANRIQUE. ‖ ~ **Moreno** (MANUEL), arqueólogo e historiador del arte español (1870-1970). ‖ ~ **Pedraza** (MANUEL), general mexicano (1789-1851), pres. de la Rep. de 1832 a 1833. ‖ ~ **Pereira** (ANTONIO), filósofo y médico español (1500-1558). ‖ ~ **Restrepo** (ANTONIO), escritor y político colombiano (1869-1947), autor de poesías y de una importante obra de crítica literaria e histórica. ‖ ~ **Valderrama** (PEDRO), escritor colombiano, n. en 1923, autor de cuentos, novelas, ensayos y crónicas *(Los ojos del burgués).*

Gómez Palacio, c. en el centro de México (Durango). Industrias. Comercio. Forma con las c. de Torreón y Lerdo una gran conurbación.

gomina f. Fijador del pelo.

Gomorra, c. de Palestina, destruida, al mismo tiempo que Sodoma, por el fuego celeste. (Biblia.)

gomoseria f. Calidad de gomoso.

gomoso, sa adj. Con goma o parecido a ella. ‖ — M. Pisaverde.

gónada f. Glándula sexual que da gametos y segrega hormonas.

Gonaïves (Les), c. y puerto de Haití, cap. del dep. de Artibonite.

Gonave, golfo, canal e isla de Haití, entre las dos peníns. del N. y del S.

Gonçalves (Nuno), pintor portugués del s. XV, autor del *Políptico de São Vicente.* ‖ ~ **de Magalhães** (Domingos José), poeta romántico brasileño (1811-1882). ‖ ~ **Dias** (António), poeta romántico brasileño (1823-1864).

Goncourt [-cur] (Edmond HUOT DE) **287**

[1822-1896] y su hermano JULES (1830-1870), novelistas naturalistas franceses, autores de obras realizadas en colaboración (*Renato Mauperin* y *Germinia Lacerteux*). Legaron su fortuna para constituir un premio literario otorgado en diciembre de cada año a un novelista francés.

Goncharov (Iván Alexandrovich), escritor ruso (1812-1891).

Gondar, c. y ant. cap. de Etiopía, en el centro del país.

góndola f. Embarcación de un remo como las empleadas en Venecia.

gondolero m. Batelero de una góndola.

Gondra (Manuel), político, profesor y escritor paraguayo (1872-1927), pres. de la Rep. en 1910, derribado en 1911. Reelegido en 1920, renunció en 1921.

Gondwana, región de la India (Decán), al N. del Godaverí. Ha dado su nombre a un continente hipotético que reunió a América Meridional, África, Arabia, India, Australia, Madagascar y la Antártida.

gong m. Instrumento de percusión formado por un disco metálico que vibra al ser golpeado por un mazo.

Góngora, volcán al NO. de Costa Rica en la cord. de Guanacaste ; 1 728 m.

Góngora (Diego de), primer gobernador español del Río de la Plata (1618). M. en 1623. || ~ **y Argote** (LUIS DE), poeta español, n. en Córdoba (1561-1627), representante máximo del culteranismo. Sus obras más famosas son los poemas *Fábula de Polifemo y Galatea,* el *Panegírico al Duque de Lerma* y, sobre todo, *Las Soledades,* que dejó sin acabar, e innumerables letrillas, romances y sonetos.

gongorino, na adj. Culterano (ú. t. c. s.).

gongorismo m. Culteranismo.
— El gongorismo fue un movimiento literario de principios del s. XVII, creado por Góngora y sus discípulos. Se caracteriza por el abuso de latinismos y la acumulación de metáforas.

gongorista adj. y s. Culterano.

gongorizar v. i. Hablar o escribir a la manera gongorina.

goniómetro m. Instrumento de topografía para levantar planos y medir los ángulos de un terreno.

gonococo m. Microbio patógeno productor de la blenorragia.

gonorrea f. Blenorragia.

González, mun. al este de México (Tamaulipas). || ~ V. NUEVO (río).

González (Ángel), escritor español, n. en 1925, autor de poesías (*Grado elemental*) y de críticas musical y literaria. || ~ (DIEGO TADEO), agustino y poeta español (1732-1794). || ~ (FELIPE), político español, n. en 1942, secretario general del partido socialista obrero español desde 1974 y presidente del consejo de ministros de la Rep. desde 1982. || ~ (FERNANDO), escritor colombiano (1895-1964), autor de *Mi compadre,* sátira contra el dictador Juan Vicente Gómez. || ~ (JOAQUÍN V.), escritor y político argentino (1863-1923), autor de *Mis Montañas.* Fundó la Universidad de La Plata (1905). — Su hijo JULIO V. (1900-1955) fue historiador. || ~ (JOSÉ VICTORIANO). V. GRIS (Juan). || ~ (JUAN), pintor y escultor español (1868-1908). — Su hermano JULIO (1876-1942) fue sobre todo escultor. Empezó su obra artística con trabajos de forja, repujado y orfebrería. Las esculturas, realizadas por medio de la soldadura autógena, tuvieron primero influencias cubistas y más tarde una orientación abstracta (*El sueño, Mujer inclinándose*) y fueron ejecutadas en hierro. Hizo también obras de carácter figurativo (*La Montserrat*). || ~ (JUAN G.), político paraguayo, pres. de la República de 1890 a 1894. || ~ (JUAN NATALICIO), político y escritor paraguayo (1897-1966), pres. de la Rep. en 1948. Sufrió un golpe de Estado el año siguiente. || ~ (JUAN VICENTE), historiador y político venezolano (1811-1866). || ~ (MANUEL), general mexicano (1833-1893), presidente de la Rep. de 1880 a 1884. || ~ (PEDRO ANTONIO), escritor chileno (1863-1903), autor de la colección de poesías *Ritmos.* || ~ (SANTIAGO), militar salvadoreño, que en Guatemala, que

se apoderó del Poder de 1871 a 1876. || ~ **Anaya** (SALVADOR), novelista español (1879-1955). || ~ **Arrili** (BERNARDO), escritor argentino, n. en 1892, autor de la novela *La Venus calchaquí.* || ~ **Balcarce** (ANTONIO). V. BALCARCE. || ~ **Bocanegra** (FRANCISCO), poeta mexicano (1824-1861), autor de la letra del himno nacional de su país. || ~ **Bravo** (ANTONIO), compositor boliviano (1885-1962), de inspiración folklórica. || ~ **Bravo** (LUIS), político español (1811-1871), pres. del Consejo de ministros de 1843 a 1844 y en 1868. || ~ **Camarena** (GUILLERMO), inventor mexicano, n. en 1917. Fue precursor de la televisión en color. || ~ **Camarena** (JORGE), pintor y escultor mexicano, n. en 1908, autor de murales (*México, Las razas*). || ~ **Carballo** (JOSÉ), poeta y escritor argentino (1900-1958), autor de *La ciudad del alba.* || ~ **Casanova** (PABLO), escritor mexicano, n. en 1922, autor de ensayos de sociología. || ~ **Dávila** (GIL), explorador español (¿ 1480-1526 ?). Descubrió Nicaragua (1522). — Su hermano ALONSO fue con Cortés a México y desempeñó el cargo de gobernador de Yucatán. || ~ **de Amezúa** (AGUSTÍN), erudito español (1881-1958). || ~ **de Clavijo** (RUY). V. CLAVIJO. || ~ **de Eslava** (FERNÁN), sacerdote y escritor mexicano, n. en España (1534-1601), autor de *Coloquios espirituales y sacramentales y poesías sagradas,* y también de entremeses, loas y poesías varias. || ~ **de la Pezuela** (JUAN), militar y escritor español (1809-1906), traductor de Dante, Ariosto, Tasso y Camoens. Fue conde de Cheste. || ~ **del Castillo** (JUAN IGNACIO), escritor español (1763-1800), autor de sainetes de ambiente andaluz. || ~ **de Salas** (JOSÉ ANTONIO), erudito español (1588-1654). || ~ **Durán** (JORGE), poeta mexicano, n. en 1918, autor *Ante el polvo y la muerte.* || ~ **Flores** (ALFREDO), escritor costarricense (1877-1962), pres. de la Rep. de 1914 a 1917. || ~ **Gamarra** (FRANCISCO), pintor peruano, n. en 1890, autor de cuadros históricos y costumbristas de su país. || ~ **García** (MATÍAS), escritor naturalista puertorriqueño (1866-1938), autor de las novelas *Cosas, Ernesto, Carmela,* etc. || ~ **Goyri** (ROBERTO), escultor expresionista guatemalteco, n. en 1923. || ~ **Lanuza** (EDUARDO), poeta y escritor argentino, n. en España en 1900, autor de *Prismas, Transitable cristal,* etc. || ~ **León** (ADRIANO), escritor venezolano, n. en 1931, autor de novelas (*País portátil*). || ~ **Martínez** (ENRIQUE), poeta modernista, médico, profesor y diplomático mexicano, n. en Guadalajara (1871-1952), autor de *Preludios, Lirismos, Los senderos ocultos, Silenter, El romero alucinado, El diluvio de fuego, El nuevo Narciso,* etc. || ~ **Navero** (EMILIANO), político paraguayo (1861-1938), pres. de la Rep. de 1908 a 1910, en 1912 y en 1931 a 1932. || ~ **Obregón** (LUIS), historiador y ensayista mexicano (1865-1938). || ~ **Ortega** (JÚSES), general mexicano (1822-1881). Combatió por la Reforma. || ~ **Palencia** (Ángel), escritor español (1889-1949), especialista de la civilización musulmana española y autor de una *Historia de la literatura española,* en colaboración con Juan Hurtado. || ~ **Pecotche** (CARLOS BERNARDO), educador argentino (1901-1963), creador de la logosofía. || ~ **Peña** (CARLOS), novelista y crítico literario mexicano (1885-1955), autor de *La fuga de la quimera.* || ~ **Prada** (MANUEL), escritor peruano, n. en Lima (1848-1918), hostil a cualquier forma de conservadurismo político, social o literario. Autor de obras en verso (*Minúsculas, Libertarias, Exóticas y Grafitos*) y en prosa (*Horas de lucha, Páginas libres,* etc.). || ~ **Rojo** (ENRIQUE), poeta mexicano (1899-1939), autor de *Romance de José Conde.* || ~ **Ruano** (CÉSAR), escritor y periodista español (1903-1965), autor de novelas (*Ni César ni nada*), poesías y obras de teatro. || ~ **Santín** (IGNACIO MARÍA), general dominicano (1828-1915), pres. de la Rep. de 1874 a 1878. || ~ (SIMÓN), escultor chileno (1856-1919), autor de obras de tema costumbrista. || ~ **Tuñón** (ENRIQUE), escritor argentino (1901-1943), autor de

cuentos (*Tangos*). || ~ **Tuñón** (RAÚL), poeta argentino (1905-1974), autor de *El violín del diablo, Miércoles de ceniza, Juancito Caminador, La rosa blindada,* etc. || ~ **Velázquez** (LUIS), pintor español (1715-1764). — Fueron también pintores sus hermanos ALEJANDRO (1719-1772) y ANTONIO (1723-1793). Este último fue igualmente arquitecto y trabajó en la ciudad de México. || ~ **Vera** (JOSÉ SANTOS), escritor chileno (1897-1970), autor de novelas realistas (*Alhué, estampas de una aldea, Algunos, Vidas mínimas, Cuando era muchacho,* etc.) y ensayos. || ~ **Videla** (GABRIEL), político chileno (1898-1980), pres. de la Rep. de 1946 a 1952. || ~ **Víquez** (CLETO), político e historiador costarricense (1858-1937), pres. de la Rep. de 1906 a 1910 y de 1928 a 1932. || ~ **y González** (ANTONIO), político español (1792-1876), pres. del Consejo de ministros en la regencia de Espartero (1841). || ~ **Zeledón** (MANUEL), escritor costarricense (1864-1936), autor de cuadros de costumbres naturalistas. Utilizó el seudónimo de *Magón.*

Gonzalo || ~ **de Córdoba.** V. FERNÁNDEZ DE CÓRDOBA (Gonzalo). || ~ **García** (ELOY), soldado español de la guerra de Cuba (1876-1897), que se cubrió de gloria en el campo de batalla de Cascorro (Camagüey), lo que le valió el n. de Héroe de Cascorro.

Gonzanamá, pobl. en el sur del Ecuador (Loja).

Göppingen, c. de Alemania oriental (Baden-Wurtemberg).

Gorakhpur, c. septentrional de la India (Uttar Pradesh). Universidad.

Gorbea, c. del centro de Chile en la IX Región (Araucanía) y en la prov. de Cautín, cap. de la com. de su n. || ~ (PEÑA), macizo montañoso en el norte de España, entre Álava y Vizcaya.

Gorda, sierra en el centro de México (Guanajuato). — Punta meridional de la península de Zapata (Cuba).

gordiano adj. Nudo gordiano, v. GORDIO.

Gordio, rey de Frigia (s. IV a. de J. C.). Su carro estaba sujeto por un nudo muy complicado (*nudo gordiano*) y se presumía que quien lo deshiciera dominaría Asia. Alejandro Magno zanjó la dificultad cortándolo con la espada (234 a. de J. C.).

gordo, da adj. Voluminoso, que supera el volumen corriente : *hombre gordo. || Graso : tocino gordo. ||* Dícese del agua que contiene ciertos compuestos minerales y no hace espuma con el jabón. | *Fig. y fam.* Importante, de peso : *tratar con gente gorda. | Importante, enorme : un error gordo. | Grande : piedra gorda. | Espeso, grueso : un hilo gordo.* Burdo, basto : *gracia gorda. | Fam. Caerle gordo a uno,* resultarle antipático. | — M. Parte grasa de la carne. | Premio mayor en la lotería. — F. Moneda de diez céntimos en España. | — Fam. Armar la gorda, dar un escándalo. | Estar sin gorda, no tener dinero.

Gordo, cerro en el centro de México (Aguascalientes) ; 2 495 m.

gordura f. Grasa del cuerpo. | Corpulencia.

Goretti (Santa María). V. MARÍA.

Gorgias, filósofo y retórico griego, n. en Leontini (Sicilia) [¿ 427-380 ? a. de J. C.], maestro de Tucídides y defensor de un escepticismo absoluto.

gorgojo m. Insecto coleóptero que ataca las semillas y frutos.

Gorgona, isla del Pacífico al sur de Colombia, lugar en que Pizarro y sus compañeros de expedición se quedaron siete meses antes de iniciar la conquista del Perú (1531).

Gorgonas, nombre de tres divinidades griegas hermanas (*Medusa, Euríale* y *Esteno*). Medusa convertía en piedra a cuantos la miraban. (Mit.)

gorgonzola m. Queso italiano fabricado en la ciudad del mismo nombre (Turín).

gorgoritear v. i. *Fam.* Hacer quiebros con la voz.

gorgorito m. Quiebro que se hace con la voz en la garganta, especialmente al cantar.

gorguera f. Cuello alechugado.

Gori, c. de la U. R. S. S. (Georgia).

Goribar (Nicolás Javier de), pintor barroco ecuatoriano (¿ 1665-1740 ?).

Gorica. V. GORIZIA.

gorigori m. *Fam.* Canto fúnebre en los entierros. | Ruido confuso.

gorila m. Género de monos antropomorfos de África ecuatorial. (Tiene una estatura de unos dos metros y puede pesar hasta 250 kg.) || *Fig.* Guardaespaldas.

Gorizia, en serbio *Gorica,* en alem. *Görz,* c. al N. de Italia (Venecia), limítrofe con Yugoslavia. Arzobispado.

gorjear v. i. Hacer quiebros con la voz : *los pájaros gorjean.* || *Amer.* Burlarse. || — V. pr. *Fam.* Empezar a hablar el niño.

gorjeo m. Quiebro de la voz al cantar. || Canto de los pájaros. || Articulaciones imperfectas de los niños.

Gorki, ant. *Nijni Novgorod,* c. de la U. R. S. S. (Rusia), en la confluencia del Volga y el Oka y al SE. de Moscú. Industrias. Central hidroeléctrica.

Gorki (Alexei Maximovich PECHKOV, llamado **Máximo**), escritor realista y social ruso (1868-1936), autor de los relatos *Narraciones, La madre, Mis universidades* y de dramas (*Los bajos fondos, Los pequeños burgueses*).

Gorlovka, c. del sur de la U. R. S. S. (Ucrania), en el Donbass.

Gorostiza (Carlos), escritor argentino, n. en 1920, autor de obras de teatro (*El puente, El fabricante de piolín, Marta Ferrari, El juicio, El reloj de Baltasar, Vivir aquí, Los prójimos,* etc.). || ~ (CELESTINO), escritor y comediógrafo mexicano (1904-1967), autor de *El color de nuestra piel, La escuela del amor, Ser o no ser, Escombros del sueño, La lena esta verde, Columna social,* etc. — Su hermano JOSÉ (1901-1973) fue poeta y diplomático, autor de *Canciones para cantar en las barcas* y *Muerte sin fin.* || ~ (MANUEL EDUARDO DE), escritor y militar mexicano (1789-1851), autor de obras teatrales (*Contigo pan y cebolla, El jugador, Don Dieguito, Indulgencias para todos,* etc.). Residió en España y en Londres.

gorra f. Prenda con visera para cubrir la cabeza. || — M. *Fig.* y *fam.* Gorrón, parásito. || — *Fam. De gorra,* sin pagar. | *Gorra de plato,* la compuesta de una parte cilíndrica de poca altura sobre la que hay otra más ancha y plana.

gorrear v. i. Hacer el gorrón.

gorrino, na m. y f. Cerdo pequeño que aún no llega a cuatro meses. || Cerdo. | *Fig.* y *fam.* Cerdo, marrano.

gorrión m. Pequeño pájaro paseriforme, muy abundante en Europa, de plumaje pardo con manchas negras y pico fuerte y cónico.

gorriona f. Hembra del gorrión.

Gorriti (Juana Manuela), novelista argentina (1819-1892), autora de *Sueños y realidades, Panoramas de la vida,* etc.

gorro m. Prenda usada para cubrirse y abrigarse la cabeza : *gorro de dormir.* || — *Gorro catalán,* barretina. | *Gorro frigio,* gorro encarnado que llevaban los revolucionarios franceses y adoptaron luego como emblema los republicanos españoles. || *Fig.* y *fam. Estar hasta el gorro,* estar harto. | *Poner el gorro,* poner en ridículo a una persona ; mostrar infidelidad los novios o casados.

gorrón, ona adj. y s. Parásito, aprovechado, dícese de las personas que nunca pagan y se hacen siempre invitar. || — M. Canto rodado. || *Mec.* Espiga que tiene un eje en un extremo y que le hace girar al estar introducida en el soporte que imprime el movimiento.

gorronear v. i. No pagar nunca lo que se consume y vivir a costa de los demás : *se pasó su vida entera gorroneando, viviendo de los demás.*

gorronería f. Acción del gorrón.

Görz. V. GORIZIA.

Gorzow Wielkopolski, ant. *Landsberg,* c. al oeste de Polonia.

gospel m. (pal. ingl.). Canto religioso y rítmico de los negros de Norteamérica.

Gosport, c. y puerto de Gran Bretaña, al sur de Inglaterra.

Gossaert o **Gossaert** (Jan). V. MABUSE.

gota f. Pequeña cantidad de líquido que se desprende en forma de glóbulo : *gota de agua.* || *Fig.* Pequeñez, cosa insignificante : *ni gota de sensatez.* | Un poco : *me dio una gota de vino.* || *Arq.* Adorno bajo el goterón. || *Med.* Cantidad de medicamento dado con cuentagotas. | Enfermedad del metabolismo caracterizada por trastornos viscerales y, especialmente, por la hinchazón dolorosa de algunas articulaciones. || — *Fam. No ver ni gota,* no ver nada. | *Parecerse como dos gotas de agua,* parecerse mucho. | *Sudar la gota gorda,* hacer un esfuerzo muy grande. || *Med. Transfusión gota a gota,* la efectuada muy lentamente por medio de un aparato especial.

Gotalanda. V. GOTIA.

gotear v. i. Caer gota a gota : *el agua gotea del tejado.* || *Fig.* Dar o recibir poco a poco, dar con cuentagotas. || — V. impers. Lloviznar poco.

Göteborg o **Goteburgo,** c. y puerto del S. de Suecia. Universidad.

goteo m. Acción y efecto de gotear. || *Fig.* Gasto lento y continuo.

gotera f. Filtración de gotas de agua en el techo. | Mancha que deja. || Canalón del tejado. || *Fig.* Achaque. || — Pl. *Amer.* Arrabales. ·

Gotera, c. del Salvador, actualmente llamada *San Francisco Gotera.*

gotero m. *Amer.* Cuentagotas.

Gotha, c. de Alemania Oriental (Erfurt). Metalurgia ; porcelana.

Gotha (*Almanaque de*), anuario genealógico, diplomático y estadístico publicado en Gotha, en francés y alemán, de 1763 a 1944.

Gotia o **Gotaland,** parte meridional de Suecia ; c. pr. *Göteborg.*

gótico, ca adj. De los godos. || Dícese de una forma de arte que se desarrolló en Europa desde el s. XII hasta el Renacimiento. || Aplícase a los caracteres de imprenta que se emplearon en las primeras pruebas tipográficas. || — M. Lengua germánica oriental hablada por los godos. || *Arq.* Arte gótico.

Gotinga, en alem. *Götingen,* c. de Alemania Occidental (Baja Sajonia).

Gotland, prov. e isla de Suecia, en el mar Báltico ; cap. *Visby.*

gotoso, sa adj. y s. Enfermo de gota.

Gottwaldov, ant. *Zlin,* c. de Checoslovaquia (Moravia).

Gouda, c. de Holanda (Holanda Meridional). Quesos.

Goujon [guyón] (Jean), escultor y arquitecto francés (¿ 1510-1568 ?).

Goulart (João), político brasileño (1918-1976), pres. de la Rep. en 1961, derrocado en 1964.

Gounod [gunó] (Charles), músico francés (1818-1893), autor de óperas.

Gove, península del N. de Australia.

Goya, dep. y pobl. al NE. de la Argentina (Corrientes). Obispado.

Goya y Lucientes (Francisco de), pintor español, n. en Fuendetodos (Zaragoza) en 1746, m. en Burdeos en 1828. Fue autor de retratos (*Carlos III, María Luisa, Carlos IV y su familia, Floridablanca, La familia de los duques de Osuna, Fernando VII a caballo, Moratín, Jovellanos*), de cuadros de rebosante sensualidad (*Las majas*), de grabados (*Los desastres de la guerra, Los disparates, La tauromaquia*), de aguafuertes (*Los caprichos*), de composiciones históricas (*Los fusilamientos del Tres de Mayo*), de pintura mural (*San Antonio de la Florida,* Madrid), de pintura religiosa (*Asunción, La oración en el huerto*) y cartones para tapices.

Goyanarte (Juan), novelista argentino, m. en España (1900-1967).

Goyeneche (José Manuel de), general español, n. en el Perú (1775-1846). Combatió con los realistas en el Alto Perú.

goyesco, ca adj. Propio y característico de Goya.

Goytisolo (Juan), novelista español, n. en 1931, autor de *Duelo en el paraíso, Juego de manos, La resaca, Juan sin Tierra.* — Su hermano JOSÉ AGUSTÍN, n. en 1928, es autor de libros de poemas. — Su otro hermano, LUIS, n. en 1935, ha escrito poesías y novelas

(*Las afueras, La tetralogía,* el ciclo de relatos *Antagonía,* etc.).

gozada f. *Fam.* Gran satisfacción, extremado placer.

gozar v. t. Poseer alguna cosa : *gozar de buena salud, de un clima templado.* || — V. i. Tener gusto en algo, disfrutar : *gozar con su visita.* || Disfrutar carnalmente.

gozne m. Herraje articulado con que se fijan las hojas de las puertas y ventanas al quicio. || Bisagra.

gozo m. Placer extremo proporcionado por la posesión de algo. || Placer de los sentidos. || *Fig. Mi gozo en un pozo,* expresión usada al verse frustrada una esperanza.

gozoso, sa adj. Que tiene alegría o la produce.

gozque m. Perro pequeño.

gr, símbolo del grado centesimal.

Graal. V. GRIAL.

grabación f. Registro de sonidos en un disco fonográfico, una cinta magnetofónica, etc.

grabado m. Arte o manera de grabar : *es un grabado en madera.* || Estampa obtenida en una plancha grabada o litografiada. || Grabación de discos, de cintas magnetofónicas.

grabador, ra adj. Que graba (ú. t. c. s.). || Del arte de grabar. || — M. Magnetófono. || *Amer.* Registrador de sonidos. || *Grabador de cinta,* magnetófono. || — F. *Amer.* Registrador de sonidos.

grabar v. t. Trazar una figura, caracteres, en metal, madera, mármol o piedra por medio de una herramienta o de un ácido : *grabar una inscripción.* || Trazar en una plancha de metal o madera la copia de un cuadro, etc., para reproducirlo después por impresión. || Registrar un sonido en un disco, una cinta magnetofónica, etc. : *grabar su voz.* || *Fig.* Fijar, dejar fijo en el recuerdo : *escena grabada en mi mente* (ú. t. c. pr.).

Graça Aranha (José PEREIRA DA), escritor de novelas brasileño (1868-1931), autor de *Chanaan.*

gracejada f. *Amér. C.* y *Méx.* Payasada, bufonada vulgar.

gracejo m. Gracia, desenvoltura. || *Amer.* Payaso de mal gusto.

gracia f. Favor hecho a alguien para serle agradable. || Suspensión o perdón de una condena : *pedir gracia al jefe del Estado.* || Encanto : *la gracia de sus facciones.* || Atractivo : *adornado con mucha gracia.* || Título dado antiguamente a los reyes de Inglaterra y hoy a los arzobispos. || Don o ayuda sobrenatural que Dios concede a los hombres en vista a su salvación : *en estado de gracia.* || Cosa que hace reír : *tiene más gracia que nadie.* || Broma, chiste : *siempre está diciendo gracias.* | Mala jugada, mala pasada : *me hizo una gracia que me costó cara.* || Disposición amistosa hacia alguien : *gozaba de la gracia del rey.* || Habilidad, arte : *tiene gracia para conquistarse a los clientes.* || Lo que asombra por su falta de lógica : *¿ qué gracia tiene que, después de haberme despreciado, ahora me busque con tanto afán ?* | Cosa que fastidia : *esta es una de sus gracias.* || — *A la gracia de Dios,* sin otra ayuda que la de Dios. | *Caer en gracia,* gustar. | *Dar las gracias,* agradecer. | *En estado de gracia,* limpio de pecado. | *Hacer gracia,* ser simpático, agradar ; divertir, hacer reír. | *Por obra y gracia de,* debido a. | *Tener toda la gracia,* ser muy chistoso. | *Y gracia si,* nos podemos dar por contentos si. || — Pl. Agradecimiento : *me dio miles de gracias.* || Nombre de tres divinidades mitológicas, hijas de Venus. || *Acción de gracias,* testimonio de agradecimiento. | *Gracias a,* por causa de. | *Gracias por,* agradecer por. || — Interj. Expresa el agradecimiento a cualquier amabilidad : *¡ muchas gracias !*

Gracián (Baltasar), escritor conceptista y jesuita español, n. en Calatayud (1601-1658). Autor de tratados de carácter moral (*El héroe, El discreto, El político, Agudeza y arte de ingenio*) y de la extensa novela alegórica *El criticón.*

Graciana (SIERRA DE). V. ANCASTI.

graciano, na adj. y s. De Gracias (Honduras).

Graciano (359-383), emperador romano desde 375.

Gracias, c. de Honduras, cap. del dep. de Lempira. ‖ — **a Dios,** cabo de América Central, entre Nicaragua y Honduras, en la des. del río Coco. — Dep. del E. de Honduras ; cap. *Puerto Lempira.*

Gracias (LAS TRES), en griego *Cárites,* divinidades de la Belleza *(Aglae, Talía y Eufrosina).*

grácil adj. Sutil, muy delgado, menudo, flexible y gracioso.

Graciosa, isla septentrional del archip. portugués de las Azores ; cap. *Santa Cruz* ; 61 km². — Isla de España en las Canarias (Las Palmas), al N. de Lanzarote ; 27 km².

gracioso, sa adj. Cómico, humorístico, chistoso. ‖ Divertido. ‖ Encantador. ‖ Gratuito : *concesión graciosa.* ‖ Dícese de los reyes de Inglaterra : *Su Graciosa Majestad.* ‖ — M. y f. Persona que tiene gracia o comicidad.

Gracq (Julien), escritor francés, n. en 1910, autor de novelas *(El mar de las Sirtes)* y obras de teatro.

grada f. Escalón, peldaño. ‖ Graderío.

gradación f. Paso de un estado a otro por grados sucesivos. ‖ Escala. ‖ *Mús.* Aumento progresivo de la sonoridad.

gradería f. Graderío.

graderío m. Conjunto de escalones en un anfiteatro, campo de fútbol, plaza de toros, etc. : *los graderíos estaban llenos de aficionados.*

grado m. Cada una de las divisiones de una escala de medida adaptada a un aparato. ‖ Unidad de arco que tiene un valor de 1/360º de la circunferencia. ‖ Unidad de ángulo (símb. º) que equivale al ángulo formado en el centro de arco de un grado. ‖ Unidad de medida de la temperatura, la presión o la densidad *: estos grados bajo cero.* ‖ Unidad de medida alcoholométrica. ‖ Proximidad más o menos grande que existe en el parentesco : *primo en tercer grado.* ‖ Escalón, peldaño. ‖ Índice : *grado de invalidez.* ‖ Clase : *un gran grado de amistad.* ‖ Fase, estadio : *los diferentes grados de una evolución.* ‖ Título de cierta enseñanza media o universitaria. ‖ *Mil.* Puesto jerárquico. ‖ Curso, año : *alumno del quinto grado.* ‖ Situación considerada en relación con una serie de otras superiores o inferiores : *subir un grado en la escala social.* ‖ Gusto, voluntad : *hacerlo de buen grado.* ‖ *Gram.* Manera de significar la intensidad de los adjetivos *(positivo, comparativo y superlativo).*

graduable adj. Que se puede graduar : *tirantes graduables.*

graduación f. Acción de graduar. ‖ División en grados. ‖ Proporción de alcohol o número de grados que tiene una cosa. ‖ Cada uno de los grados de una jerarquía.

graduado, da adj. Dícese de la escala dividida en grados. ‖ Que tiene un título universitario (ú. t. c. s.).

gradual adj. Que va por grados. ‖ Progresivo.

graduando, da m. y f. Persona que sufre los exámenes para obtener un título universitario.

graduar v. t. Dividir en grados. ‖ Medir los grados : *graduar la vista.* ‖ Regular : *graduar las entradas y salidas.* ‖ Escalonar, someter a una graduación : *graduar los efectos.* ‖ Ascender de un grado : *graduar de capitán.* ‖ Conceder un título universitario. ‖ Calificar : *lo gradué bastante bien.* ‖ — V. pr. *Mil.* Ser ascendido a. ‖ Recibir un título universitario : *se graduó de licenciado en Derecho.*

Graef Fernández (Carlos), físico y matemático mexicano, n. en 1911. Estudió los rayos cósmicos y la energía atómica.

grafema m. Letra.

graffito m. (pal. ital.). Dibujo en las paredes, pintada (pl. *graffiti).*

grafía f. Modo de escribir o representar los sonidos.

gráfico, ca adj. De la escritura. ‖ Representado por signos o dibujos. ‖ *Fig.* Rico en imágenes sugerentes o metáforas, expresivo : *cuenta las cosas de manera muy gráfica.* ‖ *Artes gráficas,* conjunto de los procedimientos para imprimir textos, dibujos,

grabados, etc. ‖ — M. Representación por el dibujo o cualquier otro método análogo de los grados o estados de un fenómeno que se estudia y que sirve en estadística para esquematizar los datos y señalar sus relaciones esenciales : *gráfico de producción petrolera en el mundo.* ‖ — F. Gráfico.

grafismo m. Manera de representar gráficamente una palabra. ‖ Manera de hacer un trazo considerada desde un punto de vista estético : *el grafismo de un dibujante.* ‖ Diseño gráfico. ‖ *Fig.* Riqueza de imágenes gráficas sugerentes.

grafito m. Carbono natural o artificial cristalizado.

grafología f. Estudios de las constantes normales y sobre todo patológicas de la personalidad de un individuo según el examen de su escritura.

gragea f. Píldora medicinal.

Graham o **San Martín** (TIERRA DE), penins. de la Antártida. Tb. llamada *Península de Palmer.*

grajo m. Pájaro semejante al cuervo, de pico y patas rojas. ‖ *Amer.* Mal olor de la transpiración.

gralaria f. *Amer.* Ave tropical.

grama f. Planta silvestre gramínea.

gramática f. Ciencia de las reglas de una lengua hablada o escrita. (Las dos partes principales de la *gramática* son la morfología y la sintaxis.) ‖ Estudio sistemático de los elementos constitutivos de una lengua : *gramática histórica, comparada, estructural.* ‖ Libro que trata de esta materia. ‖ *Fig. y fam. Gramática parda,* astucia o habilidad para manejarse.

gramatical adj. Relativo a la gramática. ‖ Conforme a la gramática.

Gramcko (Ida), escritora venezolana, n. en 1925, autora de poesías *(La vara mágica, Sol y soledades),* relatos *(Juan sin miedo)* y obras de teatro.

gramilla f. *Arg.* Planta gramínea que sirve de pasto. ‖ Césped. ‖ *Arg.* Campo, terreno de fútbol.

gramíneas y **gramináceas** f. pl. Familia de plantas monocotiledóneas de las que se encuentran los cereales (ú. t. c. adj.).

gramo m. Unidad de masa (simb., g) del sistema C. G. S., equivalente a la milésima parte del kilogramo.

gramófono m. Aparato que reproduce las vibraciones del sonido grabadas en un disco fonográfico.

gramola f. Cualquier aparato reproductor de discos fonográficos.

Grampians (MONTES), nombre de un sistema montañoso de Escocia. Altura mn Nevis (1 343 m).

Gramsci (Antonio), político italiano (1891-1937), fundador del Partido Comunista en su país.

gran adj. Apócope de *grande* utilizado delante de un sustantivo singular : *un gran sombrero.* ‖ Jefe, principal : *gran maestre.*

Gran Bretaña e Irlanda del Norte (REINO UNIDO DE), Estado insular de Europa Occidental formado por Inglaterra, el País de Gales, Escocia e Irlanda del Norte ; 244 016 km² ; 56 200 000 h. (británicos). Cap. *Londres,* 3 205 000 h. (con sus suburbios 7 600 000) ; otras c. : *Birmingham,* 2 360 000 h. ; *Glasgow,* 1 700 000 230 000 ; *Manchester,* 2 390 000 ; *Leeds,* 1 750 000 ; *Sheffield,* 550 000 ; *Edimburgo,* 460 000 ; *Bristol,* 430 000 ; *Coventry,* 340 000 ; *Kingston upon Hull,* 290 000 ; *Bradford,* 295 000 ; *Portsmouth,* 200 000 ; *Southampton,* 215 000 ; *Plymouth,* 250 000 ; *Sunderland,* 190 000 ; *Ilford,* 184 700 ; *Dundee,* 186 000 ; *Ealing,* 183 000 ; *Swansea,* 175 000 ; *Brighton,* 163 000 ; *Salford,* 130 000.

— GEOGRAFÍA. Inglaterra occidental y Gales son muy accidentados (Montes Peninos y Cambrianos). La Inglaterra del Este, regada por el Támesis, es llana. Escocia, cubierta de bosques, está surcada por cadenas montañosas (Cheviot, Grampians) y depresiones, en cuyo suelo arcilloso se forman profundos lagos y estuarios (ríos Clyde, Forth). El clima del Reino Unido es oceánico y muy húmedo. La agricultura británica produce sólo el 35 % de lo que el país necesita. La gran riqueza es la industria (astilleros, maquinaria, aeronáutica, automóviles, quí-

mica, textiles), servida por importantes minas de hierro y hulla, y el comercio activo que realiza aún con los países dependientes antiguamente, reunidos en la Comunidad Británica de Naciones (Commonwealth). Importantes recursos petrolíferos y de gas natural en el mar del Norte.

Gran ‖ — **Canaria,** isla del archip. de Canarias ; 1532 km² ; cap. *Las Palmas.* ‖ — **Colombia,** república formada en el Congreso de Angostura por Venezuela, Colombia y el Ecuador (1819). Dejó de existir en 1830. ‖ — **Cuenca,** región desértica del O. de Estados Unidos : 520 000 km². ‖ — **Malvina,** isla del archip. argentino de las Malvinas. ‖ — **Rapids,** c. de los Estados Unidos (Michigan). ‖ — **Sabana,** región del este de Venezuela (Bolívar), fronteriza con Guyana y Brasil. Saltos de aguas *(El Ángel).* Lugar de nacimiento del río Caroní. Turismo. ‖ — **Sasso.** V. SASSO *(Gran).*

grana adj. Encarnado (ú. t. c. s. f.).

granada f. Fruta del granado que contiene numerosos granos encarnados de sabor agridulce. ‖ Proyectil ligero (explosivo, incendiario, fumígeno o lacrimógeno), que se lanza con la mano, un fusil o un mortero. ‖ Bala de cañón.

Granada, c. del sur de España (Andalucía), al pie de la Sierra Nevada y en la confluencia de los ríos Darro y Genil ; cap. de la prov. homónima. Arzobispado. Universidad. Monumentos (La Alhambra, Catedral, Palacio de Carlos V, Generalife). Hasta la conquista por los Reyes Católicos, en 1492, fue el último centro de resistencia de los árabes en España. — C. de Nicaragua en el NO. del lago de Nicaragua y cap. del dep. homónimo. Obispado. Universidad. — Isla de las Antillas Menores, cap. *Saint George's* ; 344 km² ; 140 000 h. Estado autónomo en 1967 e independiente en 1974. ‖ — **(Nueva).** V. NUEVA GRANADA.

Granada (LUIS DE SARRIÁ, llamado Fray Luis de), escritor y dominico español, n. en Granada (1504-1588). Autor de numerosos tratados de carácter ascético *(Introducción al símbolo de la fe, Memorial de la vida cristiana y Guía de pecadores).* ‖ — (NICOLÁS), comediógrafo argentino (1840-1915), autor de ¡Al campo!, Atahualpa, La gaviota, etc.

Granadella, c. del noreste de España (Lérida). Agricultura.

granadero m. *Mil.* Soldado que llevaba granadas. ‖ Nombre que se daba a ciertas tropas formadas por soldados de elevada estatura.

granadilla f. Flor de la pasionaria. ‖ Pasionaria, pasiflora.

granadillo m. Árbol papilonáceo de América cuya madera se usa en ebanistería. ‖ Su madera.

granadina f. Refresco hecho con zumo de granada.

Granadinas, serie de islas o islotes (Granadinas, Bequia, Mustique, Canouan, Mayreau, Unión) en las Antillas Menores. Forman un Estado con la isla de San Vicente ; cap. *Kingstown.* Alcanzaron la independencia completa en 1979.

granadino, na adj. y s. De Granada. ‖ (Ant.). De Nueva Granada o Colombia. ‖ — F. Jarabe de zumo de granada. ‖ Cierta tonada andaluza.

granado, da adj. *Fig.* Notable y principal. ‖ Escogido. ‖ Maduro, experto. ‖ Alto, espigado, crecido : *jóvenes granados.* ‖ — M. Árbol de la familia de las mirtáceas, cuyo fruto es la granada.

Granados, mun. del departamento de Baja Verapaz en Guatemala, regado por el río Motagua.

Granados (Enrique), pianista y compositor español, n. en Lérida (1867-1916), autor de composiciones para piano *(Danzas españolas, Goyescas),* música para escena, tonadillas, canciones, obras de cámara, suites. M. en un naufragio al volver de Nueva York.

granar v. i. Formarse y crecer el grano de los frutos en algunas plantas : *granar las mieses.* ‖ *Fig.* Desarrollarse los jóvenes.

granate m. Piedra fina compuesta de silicato doble de alúmina y de hierro. ‖ — Adj. y s. m. Color rojo oscuro.

GRAN BRETAÑA

granazón f. Formación del grano. ‖ *Fig.* Maduración, desarrollo.

grancolombiano, na adj. De la Gran Colombia (ú. t. c. s.).

Granda (Euler), escritor y médico ecuatoriano, n. en 1935, autor de poesías *(El rostro de los días).* ‖ ~ (MARÍA ISABEL), compositora y cantautora peruana (1920-1983), llamada **Chabuca.**

grande adj. Dícese de las cosas que sobrepasan las dimensiones normales : *es una ciudad grande.* ‖ Aplícase a las personas que han pasado la primera juventud, mayor. ‖ Muy superior al promedio, hablando de objetos o cosas que no se pueden medir : *reputación, ruido grande.* ‖ Que sobresale por la potencia, la autoridad, la influencia : *los grandes constructores de automóviles.* ‖ Que se distingue por las cualidades morales, por el genio : *los grandes pintores.* ‖ Importante : *se anuncian grandes acontecimientos.* ‖ Intenso, fuerte : *dolor grande.* ‖ *Fig.* Enojoso, sorprendente : *es grande que tenga yo que cumplir sus obligaciones.* ‖ — *A lo grande,* con mucho lujo. ‖ *En grande,* en cantidad abundante. ‖ *Fam. Pasarlo en grande,* divertirse mucho. ‖ *Venir grande,* ser muy superior. ‖ — M. Persona ya en edad adulta : *los grandes y los pequeños.* ‖ Título nobiliario que llevan algunas personas en España. ‖ Nombre que se da a algunos jefes de Estados de las principales potencias : *los cuatro grandes.*

Grande, río de la Argentina (Tierra del Fuego). — Río de la Argentina (Mendoza). — Río de Bolivia (Santa Cruz), afl. del Mamoré. — Río del Brasil, que, al confluir en el Paranaíba, forma el Paraná ; 1 050 km. Central eléctrica de Maribondo. — Río del Perú (Ayacucho e Ica), que des. en el Pacífico. — V. BRAVO. ‖ ~ (CUCHILLA), sistema montañoso de Uruguay que, con sus ramificaciones, se extiende desde la frontera con Brasil, dep. de Cerro Largo, hasta el centro y sur del país. ‖ ~ **de Chiapas.** V. MEZCALAPA. ‖ ~ **de Jujuy,** río de Argentina que al pasar por el valle de Ledesma se llama *San Francisco.* ‖ ~ **del Norte** (RÍO). V. BRAVO. ‖ ~ **de Matagalpa,** río de Nicaragua (Matagalpa y Zelaya), que des. en el mar Caribe ; 321 km. ‖ ~ **de Morelia,** río de México (Michoacán), en la laguna de Cuitzeo. Presa de Cointzio. ‖ ~ **de Pirris,** río de Costa Rica (San José y Puntarenas), que des. en el Pacífico. ‖ ~ **de San Miguel,** río de El Salvador (San Miguel y Usulután) ; 72 km. ‖ ~ **de Santiago** (RÍO). V. SANTIAGO. ‖ ~ **de Sonsonate,** río de El Salvador (Sonsonate) ; 70 km. ‖ ~ **de Tárcoles,** río de Costa Rica, que des. en el golfo de Nicoya. ‖ ~ **de Tarija,** río de Argentina (Salta), que une con el Bermejo. ‖ ~ **de Térraba** o **Diquís,** río de Costa Rica (Puntarenas), que des. en el Pacífico ; 150 km.

Grandes Lagos, n. de cinco lagos

de América del Norte, en la frontera entre Estados Unidos y Canadá (*Superior, Michigan, Huron, Erie* y *Ontario*).

grandeza f. Importancia, magnitud : *la grandeza de un proyecto.* ‖ Nobleza de sentimientos, elevación moral : *su grandeza de alma.* ‖ Superioridad procedente del poder : *grandeza y servidumbre de las armas.* ‖ Dignidad de grande de España y conjunto de éstos.

grandilocuencia f. Elocuencia afectada o enfática.

grandilocuente y **grandilocuo, cua** adj. Que habla o escribe de manera enfática.

grandiosidad f. Magnificencia.

grandioso, sa adj. Que impresiona por su belleza, significado o majestad.

grandor m. Tamaño.

grandullón, ona adj. Muy grande y alto (ú. t. c. s.).

graneado, da adj. Granulado, reducido a grano : *pólvora graneada.* ‖ Salpicado de pintas. ‖ *Mil.* Fuego graneado, el hecho sin cesar.

granel (a) m. adv. Sin orden, en montón : *cargar a granel.* ‖ Sin envase : *agua de colonia a granel.* ‖ Al detalle. ‖ *Fig.* En abundancia.

granero m. Almacén en que se guardan los cereales. ‖ *Fig.* Territorio que produce muchos cereales.

Graneros, dep. y pobl. al norte de la Argentina (Tucumán). — C. del centro de Chile en la VI Región (Libertador General Bernardo O'Higgins) y en la prov. de Cachapoal, cap. de la com. del mismo nombre.

Grangemouth, c. y puerto de Escocia. Refinería de petróleo.

Gránico, río costero de Asia Menor.

granítico, ca adj. Relativo o parecido al granito : *roca granítica.*

granito m. Roca cristalina muy dura. (Llámase tb. *piedra berroqueña*).

granizada f. Precipitación de granizo. ‖ Conjunto de granizo que cae de una vez. ‖ *Fig.* Multitud de cosas que caen o se manifiestan al mismo tiempo. ‖ Bebida refrescante con hielo machacado.

granizado m. Granizada, refresco.

granizar v. impers. Caer granizo.

granizo m. Lluvia helada que cae formando granos. ‖ Estos granos. ‖ Especie de nube que se forma en los ojos. — Adj. y s. *Méx.* Caballería de pelaje oscuro y manchas blancas.

granja f. Explotación agrícola dedicada al cultivo o a la cría de ganado. ‖ Café ; cafetería.

Granja (La), com. de Chile en el Área Metropolitana de Santiago. ‖ — V. SAN ILDEFONSO.

Granja (La), palacio mandado edificar por Felipe V de España (1719-1723), a imitación del de Versalles, en la villa de San Ildefonso (Segovia).

granjearse v. pr. Adquirir, lograr, ganarse : *se granjeó su admiración.*

granjero, ra m. y f. Persona encargada de una granja.

Granma, prov. del este de Cuba creada en 1976 con parte de la antigua de Oriente ; cap. *Bayamo.*

grano m. Semilla de los cereales, de las especies, de otras plantas : *grano de trigo, de pimienta, de café.* ‖ Partícula, porción : *grano de arena.* ‖ Conjunto de pequeñas asperidades que hacen rugosa una superficie. ‖ Furúnculo en la piel. ‖ *Fot.* Partícula de sal de plata, de estructura cristalina, recubierta por una gelatina sensible. ‖ Conjunto de pequeñas partículas que, al revelarse, forma la imagen fotográfica. ‖ — *Fig. Grano de arena,* pequeña contribución a algo. ‖ *Ir al grano,* no andarse por las ramas, hablar de algo sin entretenerse en lo accesorio. ‖ *No ser grano de anís,* ser un asunto importante.

Granollers, c. del NE. de España (Barcelona), cap. de la comarca catalana del Vallès Oriental. Textiles.

Grant (Ulysses Simpson), general y político norteamericano (1822-1885), vencedor de los sudistas en la guerra de Secesión. Pres. de Estados Unidos de 1869 a 1876.

granuja f. Uva desgranada. ‖ — Com. *Fam.* Pillo. ‖ Canalla.

granujada y **granujería** f. Conjunto de pillos o de canallas. ‖ Canallada.

granujiento, ta adj. Que tiene granos. ‖ Con espinillas en la piel.

granulación f. Fragmentación en granos. ‖ Conjunto de granos de una cosa.

granulado, da adj. Convertido en granos. — M. Granulación. ‖ Píldora pequeña que se toma por vía oral como medicamento.

granular v. t. Convertir en granos. ‖ — V. pr. Cubrirse de granos.

gránulo m. Grano pequeño.

Granvela (Nicolás PERRENOT DE), político español, n. en el Franco Condado (1486-1550), ministro de Margarita de Austria y de Carlos V. — Su hijo ANTONIO (1517-1586) fue cardenal, ministro de Carlos V y de Felipe II, y gobernador de los Países Bajos.

grao m. Playa que sirve de desembarcadero.

Grao (El), n. de los puertos de Valencia y de Castellón (España).

grapa f. Pieza de metal para reunir varios papeles. ‖ Laminilla metálica para suturar las heridas. ‖ *Arg.* Aguardiente malo.

grasa f. Sustancia untuosa de origen animal o vegetal. ‖ Lubricante de origen mineral. ‖ Suciedad, mugre. ‖ *Méx.* Crema que se aplica al calzado para lustrarlo.

grasiento, ta adj. Untado de grasa. ‖ Sucio de grasa.

graso, sa adj. Que tiene grasa.

grasoso, sa adj. Grasiento.

Grass (Günter), escritor alemán, n. en 1927, autor de novelas (*El tambor de hojalata, El rodaballo, Años de perro*), de teatro y de ensayos.

Grasse, c. en el sur de Francia (Alpes-Maritimes).

gratén m. Gratinado.

gratificación f. Recompensa pecuniaria por algún servicio eventual o remuneración fija que se añade al sueldo. ‖ Propina.

gratificador, ra y **gratificante** adj. Que gratifica.

gratificar v. t. Recompensar con dinero un servicio.

grátil o **gratil** m. *Mar.* Borde de la vela por donde ésta se une al palo o verga. ‖ Parte central de la misma.

gratin [gratán] m. (pal. fr.). Gratinado.

gratinado, da adj. Cubierto con pan rallado. — M. Pan rallado que se pone sobre ciertos manjares cuando se guisan en el horno.

gratinar v. t. Poner en el horno al gratén.

gratis adv. Sin pagar : *viajar gratis.* ‖ Sin cobrar : *hacerlo gratis.*

gratitud f. Agradecimiento.

grato, ta adj. Agradable, placentero : *recuerdo grato.*

gratuidad f. Calidad de gratuito. ‖ De gracia, sin interés. ‖ Sin fundamento : *la gratuidad de su afirmación.*

gratuito, ta adj. Sin pagar o sin cobrar : *consulta gratuita.* ‖ Sin fundamento, sin motivo, arbitrario.

Gratz. V. GRAZ.

Grau, prov. del Perú (Apurímac) ; cap. *Chuquibambilla.*

Grau (Enrique), pintor expresionista colombiano, n. en 1920. ‖ — (MIGUEL), marino peruano (1834-1879). Murió gloriosamente en lucha contra Chile, al mando del monitor *Huáscar,* en la batalla naval de Angamos. ‖ — **Delgado** (JACINTO), dramaturgo español (1877-1958), autor de *El conde Alarcos, El burlador que no se burla, El señor Pigmalión,* etc. ‖ — **Sala** (EMILIO), pintor español (1911-1975). ‖ — **San Martín** (RAMÓN), político y médico cubano (1889-1969), pres. de la Rep. de 1933 a 1934 y de 1944 a 1948.

Graubünden. V. GRISONES.

grava f. Piedra machacada utilizada en la construcción de caminos.

gravamen m. Obligación que pesa sobre alguien. ‖ Impuesto o tributo, censo, etc., que tiene una propiedad.

gravar v. t. Imponer una contribución o tributo : *gravar las importaciones.* ‖ Cargar, obligar a cierto gasto.

grave adj. Que puede tener consecuencias importantes, que acarrea cierto peligro : *situación, enfermedad grave.* ‖ Austero, serio : *un semblante grave.* ‖ Dícese del sonido producido por ondas de poca frecuencia o vibraciones (ú. t. c. s.). ‖ *Fís.* Atraído por

la fuerza de la gravedad. ‖ Elevado : *estilo grave.* ‖ *Gram.* Que tiene el acento en la penúltima sílaba como *mañana, casa, crustáceo.* ‖ Dícese del acento, empleado antiguamente en castellano y hoy en francés, cuya tilde va de izquierda a derecha (à).

gravedad f. Acción que hace que los cuerpos materiales sean atraídos hacia la Tierra : *principio de gravedad.* ‖ Carácter peligroso : *la gravedad del incendio.* ‖ Importancia, carácter grave : *la gravedad de los sucesos.* ‖ Seriedad, austeridad : *la gravedad de sus palabras.* ‖ *Med.* Carácter de las afecciones de salud que ponen en peligro la vida o que son de gran importancia. ‖ *Centro de gravedad,* punto de un cuerpo que constituye la resultante de las acciones de la gravedad en todas las partes de él.

Gravelinas, n. en fr. *Gravelines,* c. de Francia, en Flandes (Nord). Central nuclear. Batalla ganada por los españoles a los franceses (1558).

Gravesend, c. y puerto de Gran Bretaña (Kent), en el SE. de Inglaterra.

grávido, da adj. Cargado. ‖ Lleno.

gravilla f. Grava.

Gravina (Federico Carlos, *duque de*), marino español, n. en Palermo (1756-1806), héroe de la batalla de Trafalgar contra los ingleses, donde fue gravemente herido (1805).

gravitación f. *Fís.* Fuerza en virtud de la cual todos los cuerpos se atraen mutuamente en razón directa de sus masas y en razón inversa de los cuadrados de las distancias a que se encuentran.

gravitar v. i. *Fís.* Moverse según las leyes de la gravedad. ‖ *Fig.* Apoyarse : *gravita sobre unas columnas.* ‖ Pesar una obligación. ‖ Girar en torno a : *gravita en el mismo círculo.* ‖ Pender : *la amenaza gravita sobre su cabeza.*

gravoso, sa adj. Costoso, oneroso, que es una carga. ‖ Pesado.

Graz o **Gratz,** c. en el SE. de Austria (Estiria). Universidad. Industrias.

Grazalema, v. en el sur de España (Cádiz). Agricultura. Ganadería.

graznar v. i. Dar graznidos.

graznido m. Voz del cuervo, el grajo, el ganso, etc. ‖ *Fig.* Canto o grito desagradable al oído.

Great Yarmouth. V. YARMOUTH.

Greater Wollongong. V. WOLLONGONG.

greba f. Pieza de la armadura que cubre la pierna.

greca f. Adorno en que se repiten los mismos elementos decorativos.

Grecia, Estado del SE. de Europa, en la penins. Balcánica, que limita con Turquía, Bulgaria, Yugoslavia, Albania y los mares Mediterráneo, Egeo y Jónico ; 132 000 km² ; 9 800 000 h. (*griegos*). Cap. *Atenas,* 867 000 h. (2 540 000 con los suburbios) ; otras c. : *Salónica,* 346 000 h. ; *Patrás,* 130 000 ; *Candía* (Creta), 85 000 ; *Volos,* 52 000 ; *Larissa,* 80 000, y *Kavalla,* 53 000.
— GEOGRAFÍA. Hay tres regiones : la continental, montañosa (cord. del *Pindo,* macizo del *Olimpo*), con algunas llanuras (Tesalia y Tracia Occidental), la *peninsular,* constituida por el Peloponeso, unido al continente por el istmo de Corinto, y la *insular,* que equivale a la cuarta parte de la nación. Grecia es un país esencialmente agrícola (cereales, vinos, aceite de oliva, tabaco, uvas, higos, etc.) y el subsuelo (hierro, plomo, cinc). La industria está poco desarrollada.

Grecia, pobl. al norte de Costa Rica (Alajuela).

grecizar v. t. Dar forma griega a voces de otra lengua.

greco, ca adj. y s. Griego.

Greco (Domenico THEOTOCÓPULOS, llamado **el**), pintor español, n. en 1541 ó 1542 en Creta y m. en Toledo en 1614. Vivió cierto tiempo en Italia antes de residir permanentemente en España. Sus composiciones, caracterizadas por la audacia de los colores y la estilización de las figuras, son de un gran misticismo (*Entierro del conde de Orgaz, El expolio, Los Apóstoles, El caballero de la mano al pecho, El martirio de San Mauricio, La dama del armiño, Adoración de los pastores, Sagrada Familia, Inmaculada,* etc.).

grecolatino, na adj. Relativo a

292

GRECIA

griegos y latinos, especialmente a lo escrito en griego y latín.

grecorromano, na adj. Común a los griegos y a los romanos : *arquitectura grecorromana.*

greda f. Arcilla.

Gredos (SIERRA DE), macizo montañoso del centro de España (prov. de Ávila), prolongación de la sierra de Guadarrama. Separa los valles del Tajo y del Duero. Punto culminante, 2 592 m, en el pico de Almanzor.

gredoso, sa adj. Relativo a la greda : *tierra gredosa.* || Con greda.

green m. (pal. ingl., pr. grin). Campo en el que se juega al golf.

Green (Julien), escritor norteamericano de expresión francesa, n. en 1900. Autor de novelas (*Adriana Mesurat, Leviathan, El visionario,* etc.) y de obras de teatro.

Greene (Graham), novelista inglés, n. en 1904, autor de *El poder y la gloria, El tercer hombre, Un americano impasible, El revés de la trama, Nuestro agente en La Habana, El factor humano, Monseñor Quijote,* etc. Ha escrito también obras de teatro (*Cuarto de estar*) y ensayos.

Greenock, c. y puerto de Gran Bretaña, al oeste de Escocia (Renfrew).

Greensboro, c. al SO. de los Estados Unidos (Carolina del Norte).

Greenwich [grinich], barrio del SO. de Londres (Inglaterra). Ant. observatorio astronómico cuya posición se toma como origen para medir las longitudes terrestres. Escuela naval.

gregario, ria adj. Que vive en rebaño. || *Fig.* Que sigue servilmente las iniciativas o ideas ajenas.

gregoriano, na adj. Dícese del canto llano y del rito reformado en el s. VII por el papa Gregorio I. || Dícese del año, calendario, cómputo y era reformados por el papa Gregorio XIII en 1582.

Gregorio || ~ **de Tours** (San), teólogo francés (538-594), obispo de Tours (Francia). Fiesta el 17 de noviembre. || ~ **el Taumaturgo** (San), teólogo de la

Iglesia griega (¿ 213-220 ?), convertido por Orígenes. Obispo de Neocesarea. Fiesta el 17 de noviembre. || ~ **Nacianceno** (San), Padre de la Iglesia griega, obispo de Constantinopla y teólogo, n. en Nacianzo (Capadocia) [¿ 335 ?-390]. Fiesta el 1.º de enero. || ~ **Niceno** (San), obispo de Nisa y Padre de la Iglesia griega (¿ 335-394 ?), hermano de San Basilio. Asistió al Concilio de Constantinopla (381) y combatió al arrianismo. Fiesta el 6 de marzo. **Gregorio** || ~ **I** Magno (San), doctor de la Iglesia (¿ 540 ?-604). Papa de 590 a 604. Reformador del canto coral. Fiesta el 12 de marzo. || ~ **II** (San), papa de 715 a 731. Fiesta el 13 de febrero. || ~ **III** (San), papa de 731 a 741. Fiesta el 28 de noviembre. || ~ **IV,** papa de 827 a 844, de origen español. || ~ **V,** papa de 996 a 999. || ~ **VI,** papa en 1045. Renunció en 1046. || ~ **VII** (San) [Hildebrando], monje italiano (¿ 1020 ?-1085), papa desde 1073. Sostuvo con el emperador de Occidente Enrique IV la *Querella de las Investiduras.* Fiesta el 25 de mayo. || ~ **VIII,** papa en 1187. || ~ **IX,** papa de 1227 a 1241, publicó importantes *decretales.* || ~ **X,** papa de 1271 a 1276. || ~ **XI,** papa de 1370 a 1378. || ~ **XII,** papa de 1406 a 1415. || ~ **XIII,** papa de 1572 a 1585. Reformó el calendario. || ~ **XIV,** papa de 1590 a 1591. || ~ **XV,** papa de 1621 a 1623. || ~ **XVI,** papa de 1831 a 1846. Combatió con energía las ideas modernas y liberales. Autor de la encíclica *Mirari vos.*

gregorito m. *Fam. Cub. y Méx.* Burla, chasco. || *Cub. y Méx. Dar un gregorito,* dar un berrinche.

greguería f. Griterío || Imagen en prosa a modo de aforismo, creada por R. Gómez de la Serna en 1912.

gregüescos m. pl. Calzones.

Greiff (León de), poeta simbolista colombiano (1895-1976), autor de *Tergiversaciones, Libro de signos, Fárrago, Velero paradójico,* etc.

Greifswald, c. y puerto de Alemania Oriental (Rostock). Universidad.

grelo m. Brote de los nabos.

gremial adj. Relativo al gremio u oficio. || *Arg.* Sindical. || — M. Individuo que pertenece a un gremio. || *Arg.* Adherente a un sindicato.

gremialismo m. *Arg.* Sindicalismo.

gremialista adj. Del gremialismo. || Partidario del gremialismo (ú. t. c. s.). || *Arg.* Sindicalista (ú. t. c. s.).

gremio m. Corporación o asociación de las personas que practican el mismo oficio. (Los *gremios* tuvieron gran importancia en la Edad Media.) || Conjunto de personas que se dedican a la misma profesión u oficio : *gremio de la hostelería, de zapateros.* || *Arg.* Sindicato. || *Fig. y fam.* Conjunto de personas que llevan el mismo género de vida : *somos del gremio de los incasables.*

Grenadines. V. GRANADINAS.

Grenoble, c. al este de Francia, cap. del dep. del Isère. Obispado. Universidad.

greña f. Cabellera despeinada. || *Fig.* Cosa enredada. || — *Fam. Andar a la greña,* reñir, pelear. || *Méx. En greña,* en rama, sin purificar : *plata en greña.*

gres m. Pasta cerámica parcialmente vitrificada.

gresca f. Riña, pelea : *armar gresca.*

Grever (María Joaquina de la PORTILLA TORRES, llamada **María**), compositora mexicana (1884-1951), autora de canciones (*Muñequita linda, Júrame, Bésame, Tú, tú y tú,* etc.).

grey f. Congregación de los fieles cristianos. || Conjunto de individuos que tienen algún carácter común.

Grey (Juana). V. JUANA GREY. || ~ (ZANE), novelista de aventuras norteamericano (1875-1939).

Grez (Vicente), novelista y crítico chileno (1847-1909).

Grial o **el Santo Grial,** vaso legendario de esmeralda empleado por Jesús en la Última Cena. En él recogió José de Arimatea la sangre de Cristo.

Grieg (Edvard), músico noruego (1843-1907), autor de *Peer Gynt,* música para el drama de Ibsen, lieder,

293

baladas, concierto para piano, obras para piano, *Danzas noruegas, Danzas sinfónicas*, música sinfónica, etc.

griego, ga adj. y s. De Grecia. ‖ — M. Idioma griego. ‖ *Fam.* Cosa ininteligible : esto es griego para mí.

grieta f. Quiebra en el suelo, en el hielo de un glaciar, en una pared, etc. ‖ Resquebrajadura pequeña en la piel.

grifa f. Marihuana. ‖ *Amer.* Garra.

grifería f. Conjunto de grifos. ‖ Fabricación de grifos.

grifo m. Llave que permite la salida o la interrupción del paso de un líquido contenido en un depósito. ‖ *Amer.* Surtidor de gasolina.

grifota com. *Fam.* Fumador de grifa.

Grijalva, río de México que se une al Usumacinta y des. en el golfo de México (Tabasco) ; 112 km.

Grijalva (Juan de), navegante español (¿ 1489 ?-1527). Combatió en la conquista de Cuba (1511) y exploró el Yucatán (1518). M. en Nicaragua.

Grilo (Antonio FERNÁNDEZ). V. FERNÁNDEZ.

grillaje m. *Arg.* y *Col.* Enrejado.

grillera f. Agujero o jaula de los grillos. ‖ *Fig.* y *fam.* Leonera.

grillete m. Anilla que sujeta una cadena. ‖ — Pl. Cadena que se pone a los presos.

grillo m. Insecto ortóptero de color negro rojizo que produce con sus élitros un sonido agudo y monótono.

Grillo (Maximiliano), político y escritor colombiano (1868-1949).

Grillparzer (Franz), autor dramático austriaco (1791-1872). Estudió el teatro español (Calderón y Lope de Vega).

grill-room [*grilrum*] m. (pal. ingl.). Parrilla.

grima f. Desazón, disgusto.

Grimaldi, localidad de Italia (Liguria).

Grimm (Jacob), filólogo y escritor alemán (1785-1863) que, en colaboración con su hermano WILHELM (1786-1859), compiló numerosos textos recogidos de la tradición germánica y publicó los populares *Cuentos para niños y para el hogar.*

Grimmelshausen (Hans Jakob Christoph von), novelista alemán (¿ 1621 ?-1676), autor del relato picaresco *Simplicissimus.*

grimpola f. Gallardete.

Grimsby, c. y puerto de Inglaterra en el mar del Norte. Pesca.

gringada f. *Amer.* Acción propia de gringos.

gringo, ga adj. y s. *Despect.* Extranjero, especialmente inglés. ‖ *Amer.* Yanqui, estadounidense.

gringuerío m. *Amer.* Grupo de gringos. (Es despectivo.)

gripal adj. Relativo a la gripe.

griparse v. pr. Contraer la gripe.

gripe f. Enfermedad contagiosa, debida a un virus, caracterizada por un estado febril y catarro.

griposo, sa adj. y s. Que tiene gripe.

gris adj. Color entre blanco y negro (ú. t. c. s. m.). ‖ *Fig.* Sombrío, triste : *tiempo gris.* ‖ Deslucido, apagado : *hombre gris.*

Gris (José Victoriano GONZÁLEZ, llamado **Juan**), pintor español, n. en Madrid (1887-1927). En 1906 se trasladó a Francia, donde viviría hasta su muerte. Está considerado como una de la figuras principales del cubismo.

grisáceo, a adj. Que tira a gris.

grisón, ona adj. y s. Del cantón suizo llamado de los Grisones. ‖ — M. Lengua que se habla en esta región.

Grisones, en alem. *Graubünden,* cantón del E. de Suiza ; cap. *Coire.*

grisú m. Metano que se desprende de las minas de carbón.

Grita (La), valle y mun. de Venezuela (Táchira). Agricultura.

gritar v. i. Dar gritos : *gritar de dolor.* ‖ Hablar con gran fuerza : *gritar a voz en cuello* (ú. t. c. t.). ‖ — V. t. Abuchear en señal de protesta : *gritar a un actor.* ‖ Reñir en tono enojado.

gritería f. y **griterío** m. Vocerío.

grito m. Sonido de la voz fuerte y violento : *dar grito.* ‖ Gemido, queja : *gritos de dolor.* ‖ Sonido inarticulado emitido por los animales. ‖ Llamada : *grito de angustia.* ‖ Ceremonia conmemorativa del aniversario del día de la Independencia de México. ‖ — *Fam.* A grito herido o limpio o pelado o a voz en grito, con toda la fuerza

de los pulmones. ‖ *Asparse a gritos,* desgañitarse. ‖ *Méx. Dar el grito,* independizarse uno, declararse libre. ‖ *Fig. Estar en un grito,* no poder más de dolor. ‖ *Pedir a gritos,* reclamar con insistencia. ‖ *Pegarle a uno cuatro gritos,* reñirle fuerte. ‖ *Poner el grito en el cielo,* manifestar violentamente la indignación. ‖ *Ser el último. grito,* ser la última moda.

Grocio (Hugo), jurisconsulto y diplomático holandés (1583-1645).

Grodno, c. al oeste de la U. R. S. S. (Bielorrusia), cerca de Polonia.

groenlandés, esa adj. y s. De Groenlandia.

Groenlandia, isla danesa del Ártico al NE. de América, casi cubierta de hielo ; 2 175 000 km² ; 60 000 hab. ; cap. *Godthaab.* Población esquimal. Pesca.

grog m. (pal. ingl.). Bebida caliente hecha con ron, agua, limón y azúcar.

groggy [*grogui*] adj. (pal. ingl.). Dícese del boxeador que pierde momentáneamente el conocimiento sin estar k. o. ‖ *Fig.* Aturdido.

grogui adj. Groggy.

Groninga, en holandés *Groningen,* c. de Holanda, al NE. de Frisia, cap. de la prov. homónima. Universidad.

groom m. (pal. ingl.). Criado, lacayo joven. ‖ Botones.

Groot (José Manuel), historiador y poeta colombiano (1800-1878).

Gropius (Walter), arquitecto alemán (1883-1969).

Gros [gro] (Antoine, *barón de*), pintor francés (1771-1835).

grosella f. Fruto del grosellero, constituido por bayas rojas o blancas.

grosellero m. Arbusto saxifragáceo cuyo fruto es la grosella.

grosería f. Carácter de lo que es grosero, basto, falto de pulimento. ‖ *Fig.* Falta de educación, de cortesía. ‖ Palabra o acción inconveniente.

grosero, ra adj. Basto, poco fino. ‖ Falto de delicadeza, común, vulgar. ‖ Carente de educación, de cortesía (ú. t. c. s.). ‖ Mal hecho, de figura mal trazada : *dibujo grosero.*

grosor m. Grueso.

Grosseto, c. de Italia, al sur de Siena (Toscana), cap. de la prov. del mismo nombre.

Grosso (Alfonso), novelista español, n. en 1928, autor de *La zanja, Florido mayo, Los invitados, Giralda,* etc.

grosso modo loc. adv. lat. Sin entrar en detalles, en términos generales.

grotesco, ca adj. Que provoca risa por su extravagancia. ‖ Ridículo.

Groussac (Pablo), crítico, historiador y escritor argentino, n. en Francia (1848-1929).

Grove (El), península y v. en el NO. de España (Pontevedra).

Groznyi, c. del sur de la U. R. S. S., en el Cáucaso (Rusia).

grúa f. Aparato con un brazo giratorio y una o más poleas para levantar cargar y transportar pesos.

Grudziadz, en alem. *Graudenz,* c. en el oeste de Polonia.

grueso, sa adj. De gran dimensión o corpulencia : *un palo grueso.* ‖ Grande : *granos de arroz gruesos.* ‖ Espeso : *tela gruesa.* ‖ Gordo : *hombre grueso.* ‖ Poco fino : *líneas gruesas.* ‖ *Fig.* No muy inteligente, obtuso. ‖ *Mar.* Con grandes olas, alborotado : *mar gruesa.* ‖ — M. Volumen, dimensión. ‖ La mayor parte : *el grueso del ejército.* ‖ Espesor : *el grueso de un papel.* ‖ Parte más grande de los trazos de la escritura. ‖ — Adv. Con caracteres grandes : *escribir grueso.* ‖ *En grueso,* al por mayor.

Grueso (José María), sacerdote, orador y poeta colombiano (1779-1835).

grulla f. Ave zancuda, de alto vuelo.

grumete m. Aprendiz de marinero.

grumo m. Parte de un líquido que se coagula : *grumo de sangre.*

grumoso, sa adj. Con grumos.

Grünewald (Matthis), pintor alemán (¿ 1460 ?-1528).

gruñido m. Voz del cerdo. ‖ Voz ronca del perro u otros animales cuando amenazan. ‖ *Fig.* Voz de mal humor o desaprobación.

gruñir v. i. Dar gruñidos. ‖ Murmurar entre dientes, refunfuñar.

gruñón, ona adj. *Fam.* Que gruñe.

grupa f. Anca de una caballería.

grupo m. Pluralidad de personas o cosas que forman un conjunto : *un grupo de niños, de árboles.* ‖ Conjunto de personas que tienen opiniones o intereses idénticos : *un grupo político, profesional.* ‖ Conjunto de figuras pintadas o esculpidas : *un grupo escultórico.* ‖ *Mil.* Unidad táctica de artillería o aviación, bajo las órdenes de un jefe superior. ‖ — *Grupo de presión,* asociación de personas que están unidas por un interés común político o económico y reúne una cantidad de dinero importante para llevar a cabo una acción simultánea en la opinión pública, en los partidos políticos, en la administración o en los gobernantes. ‖ *Grupo electrógeno,* aparato generador de electricidad. ‖ *Grupo sanguíneo,* clasificación de la sangre en la que se pueden verificar transfusiones sin que haya peligro de que se aglutinen los hematíes. ‖ — Adj. *Arg. Fam.* Falso, poco real.

grupúsculo m. Grupo pequeño.

gruta f. Cueva o cavidad natural abierta en las rocas.

gruyère [*gruier*] m. (pal. fr.). Especie de queso de leche de vaca cocida.

Gruyère [*gruier*], c. y comarca de Suiza (Friburgo). Quesos.

Gstaad, estación veraniega e invernal de Suiza (Berna).

gua, elemento que entra en muchas voces americanas y, a veces, toma la forma *hua.*

guabairo m. *Cub.* Ave nocturna de plumaje rojo y negro.

FORMA	NOMBRE	FORMA	NOMBRE
A α	a alfa	N ν	n ny
Β β, β	b beta	Ξ ξ	x xi
Γ γ	g gamma	Ο ο	o ómicron
Δ δ	d delta	Π π	p pi
Ε ε	e épsilon	Ρ ρ	r rho
Ζ ζ	ds zeta	Σ σ, ς	s sigma
Η η	e eta	Τ τ	t tau
Θ θ	th theta	Υ υ	y ípsilon
Ι ι	i iota	Φ φ	f fi
Κ κ	k kappa	Χ χ	j ji
Λ λ	l lambda	Ψ ψ	ps psi
Μ μ	m my	Ω ω	o omega

alfabeto GRIEGO

guabirá f. *Arg.* Árbol grande de tronco blanco y liso y fruto amarillo.

guabiyú m. Árbol mirtáceo de fruto comestible.

guaca f. *Amer.* Sepultura de los antiguos indios, principalmente de Bolivia y Perú. ‖ *Amer.* Tesoro escondido. ‖ *C. Rica, Cub. Méx. y Venez.,* Hoyo donde se ponen las frutas para su maduración. ‖ *Méx.* Escopeta de dos cañones.

guacal m. *Antill., Col., Méx. y Venez.* Cesta portátil para llevar a la espalda. ‖ *Amér. C.* Árbol bignoniáceo, de fruto parecido a la calabaza. ‖ Recipiente hecho con el fruto de este árbol. ‖ *Fig. Amér. C. y Méx. Salirse del guacal,* perder los estribos.

guacalote m. *Cub.* Planta trepadora con fruto en una vaina.

guacamayo, ya m. y f. Especie de papagayo. ‖ Nombre de diversas plantas de América.

guacamol y guacamole m. *Amer. C., Cub. y Méx.* Ensalada de aguacate, cebolla, chile y tomate picados.

guacamote m. *Méx.* Yuca.

Guacanagarí, cacique indígena dominicano, m. en 1499.

Guacanayabo, golfo del S. de Cuba (Camagüey y Granma).

guaco m. Planta compuesta americana de propiedades medicinales. ‖ Ave gallinácea americana de carne apreciada. ‖ *Per.* Objeto, figura de cerámica que se saca de una guaca.

guachapelín m. *C. Rica, Ecuad. y Venez.* Árbol mimosáceo, parecido a la acacia, cuya madera se emplea en construcciones navales. ‖ Esta madera.

Guácharo (*Cueva del*), cueva de Venezuela cerca de la pobl. de Caripe (Monagas).

guache m. Pintura a la aguada. ‖ *Col. y Venez.* Hombre de pueblo. ‖ *Col.* Instrumento músico popular en forma de canuto.

Guachi, río en el oeste de Venezuela (Mérida y Zulia) que vierte sus aguas en el S. del lago de Maracaibo.

guachimán m. *Amer.* Vigilante, guardián. ‖ *Nicar.* Sirviente.

guachinango, ga adj. *Méx.* Se dice en la costa oriental del habitante del Interior (ú. t. c. s.). ‖ *Zalamero.* Bromista. ‖ *Cub.* Mexicano (ú. t. c. s.). ‖ — M. *Méx.* Pez pargo comestible de color rojizo.

guacho, cha adj. *Amer.* Huérfano, sin padres. ‖ M. Pollo de gorrión.

guadal m. *Riopl.* Ciénaga.

Guadalajara, c. en el centro de España (Castilla la Nueva), cap. de la prov. homónima. Palacio del duque del Infantado. Centro comercial. Obispado de Sigüenza-Guadalajara. — C. al O. de México en medio de una fértil llanura, cap. del Estado de Jalisco. Arzobispado. Catedral (s. XVI-XVII). Universidad.

guadalajarense adj. y s. De Guadalajara (México).

guadalajareño, ña adj. y s. De Guadalajara (España).

Guadalaviar. V. TURIA.

Guadalcanal, v. del S. de España (Sevilla). — Isla del archip. de Salomón, en Melanesia; cap. *Honiara.*

Guadalcázar, mun. en el centro de México (San Luis Potosí). Minas.

Guadalete, río del S. de España que des. en la bahía de Cádiz; 171 km. En sus márgenes tuvo lugar una batalla, entre las fuerzas árabes de Tarik y las del rey Don Rodrigo (711), que acabó con la dominación visigoda en la Península.

Guadalhorce, río del sur de España (Málaga); 120 km.

guadaloso, sa adj. *Riopl.* Arenoso.

Guadalquivir, río del S. de España. Nace en la sierra de Cazorla (Jaén) y atraviesa Córdoba y Sevilla; des. en el Atlántico por Sanlúcar de Barrameda; 680 km. Ant. llamado *Betis.*

Guadalupe, isla de Francia, en las Antillas Menores, formada en realidad por dos separadas por un estrecho; 1 709 km². — V. GUADELOUPE. — Isla de México en el Pacífico, a 380 km de la costa oeste de Baja California. — Sierra de España en la cord. Oretana (Extremadura); 1 500 a 1 600 m. — C. de España (Cáceres). Monasterio mudéjar en que se venera una imagen de la Virgen. — Pobl. de México (Nuevo León), en las cercanías de Monterrey. — Pobl. de México (Zacatecas). — V. CANELONES. ‖ ~ **Victoria.** V. VICTORIA. ‖ ~ **y Calvo,** v. en el N. de México (Chihuahua). Yac. de oro y plata.

Guadalupe (*Nuestra Señora de*), imagen de la Virgen y santuario de Guadalupe en España (Cáceres). — Nombre dado a la Virgen que se apareció a Juan Diego al pie del cerro Tepeyac (1531), en la ciudad de México (Villa de Guadalupe en la Delegación Gustavo A. Madero del Distrito Federal). — Imagen que la representa y basílica construida en el s. XVII para su veneración, hoy cerrada al culto y sustituida en 1975 por otra edificada por el arquitecto Pedro Ramírez Vázquez.

guadaña f. Instrumento para segar a ras de tierra consistente en una cuchilla curva enastada en un mango. ‖ — F. *Segadora.*

guadañador, ra m. y f. Que guadaña. ‖ — F. *Segadora.*

guadañar v. t. Segar con guadaña.

Guadarrama, río de España, afl. del Tajo (Madrid); 144 km. — V. de España (Madrid), en la sierra del mismo nombre. ‖ ~ (SIERRA DE), sierra de España, en la cordillera Central y entre Madrid y Segovia. Alt. máx. en el *pico de Peñalara,* 2 405 m. Área de veraneo y de deportes de invierno.

Guadeloupe, dep. francés de ultramar, en las Antillas Menores; cap. *Basse-Terre.*

Guadiana, río de la meseta central de España que nace en las lagunas de Ruidera (Sierra de Alcaraz), pasa por Badajoz, penetra en Portugal y des. en el Atlántico (prov. de Huelva). Desaparece en un espacio de 30 km, al filtrarse sus aguas en el suelo (*Ojos del Guadiana*).

Guadiela, río al N. este del centro de España, afl. del Tajo (Cuenca).

Guadix, c. del S. de España (Granada). Sede del obispado Guadix-Baza. Aquí nació Pedro de Mendoza.

guadua f. Especie de bambú.

Guaduas, mun. al O. de Colombia (Cundinamarca).

Guafo, golfo e isla de Chile, en el archip. de Chiloé.

Guagrauma, macizo montañoso del Ecuador (Loja); 3 790 m.

guagua f. *Amer.* Cosa baladí. ‖ *Amer.* Nene, niño de teta. ‖ *Antill.* Autobús. ‖ *De guagua,* de balde, gratis.

Guagua Pichincha, pico de la Cord. Occidental de los Andes, en el Ecuador; 4 784 m.

guagüero, ra m. y f. Persona que conduce una guagua u ómnibus.

Guaicaipuro, distrito de Venezuela al norte del centro (Miranda); cap. *Los Teques.*

Guaicaipuro, cacique indígena de Venezuela que se distinguió combatiendo contra los conquistadores españoles. Murió en 1568.

guaico m. *Amer.* Hondonada.

guaicurú m. *Arg.* Planta de tallo estriado y flores moradas.

Guaillabamba, río en el N. del Ecuador (Pichincha y Esmeraldas), afl. del Esmeraldas; 270 km.

Guáimaro, v. y mun. en el S. de Cuba (Camagüey). Aquí se aprobó la primera Constitución cubana (10 de abril de 1869).

Guainía, río de Colombia, limítrofe con Venezuela y que al penetrar en el Brasil recibe el n. de *río Negro,* afl. del Amazonas; 2 200 km. — Comisaría al este de Colombia; cap. *Puerto Inírida.*

guaipiu m. *Amer.* Capote que cubre el cuello y los hombros.

guaira f. *Amér. C.* Especie de flauta de varios tubos que usan los indios.

Guaira (**La**), c. de Venezuela en el Distrito Federal, puerto y aeropuerto de Caracas. Obispado.

Guairá, dep. del centro del Paraguay; cap. *Villarrica.* — Salto de agua del Brasil, de 40 m, en la frontera con Paraguay. Llamado tb. *Sete Quedas.*

guaireño, ña adj. y s. De La Guaira (Paraguay). ‖ De La Guaira (Venezuela).

guairo m. *Amer.* Barco pequeño.

Guaitecas, grupo de islas de Chile entre el archip. de Chiloé y las islas de Chonos. — Com. de Chile en la XI Región (Aisén del General Carlos Ibáñez del Campo) y en la prov. de Aisén; cap. *Melinka.*

guaja f. *Amer.* Garza.

guajada f. *Méx.* Sandez.

guajal m. *Méx.* Terreno plantado de guajes.

Guajataca, río y lago al NO. de Puerto Rico (Aguadilla). Planta hidroeléctrica de Isabela.

guaje m. *Méx.* Árbol leguminoso de fruto en forma de calabaza. ‖ — Adj. y s. *Méx.* Bobo.

Guajira, penín. de Colombia, en el mar Caribe. ‖ ~ (**La**), dep. del NE. de Colombia; cap. *Riohacha.*

guajiro, ra adj. y s. De La Guajira (Colombia). ‖ *Cub.* Rústico, campesino. ‖ — F. Canción popular de Cuba.

guajolote m. *Méx.* Pavo común. ‖ — Adj. y s. *Fam. Méx.* Tonto.

Gual (**Manuel**), patriota venezolano (1749-1800), jefe, con José María España, de un levantamiento contra los españoles (1797).

Gualán, mun. en el centro este de Guatemala (Zacapa).

gualdo, da adj. De color de gualda o amarillo.

gualdrapa f. Cobertura larga que cubre las ancas de la caballería.

Gualeguay, dep., pobl. y río al E. de la Argentina (Entre Ríos).

Gualeguaychú, dep. y c. al E. de la Argentina (Entre Ríos). Obispado.

gualichó o gualichú m. Entre los gauchos, genio del mal. ‖ *Arg.* Talismán.

Guallatiri, volcán al N. de Chile (Arica), cerca de la frontera con Bolivia.

Guam, isla del S. del archip. de las Marianas (Micronesia), perteneciente a Estados Unidos; 541 km²; cap. *Agaña.* Obispado. Fue española hasta el año 1898.

guama f. *Col. y Venez.* Fruto del guamo, en forma de legumbre.

Guamá, c. de Cuba (Santiago).

Guamá, cacique indígena de Cuba (s. XVI). Hizo frente a los españoles y fue cruelmente castigado.

guamo m. Árbol de la familia de las mimosáceas cuyo fruto es la guama.

Guamo, mun. y pobl. de Colombia (Tolima). Ref. de petróleo. Oleoducto.

guamúchil m. Árbol espinoso de México, de flores amarillentas o verdosas y legumbres comestibles.

guanabá m. Ave zancuda de Cuba.

Guanabacoa, mun. y puerto de Cuba, cerca de La Habana.

guanábana f. Fruta de corteza verdosa del guanábano.

guanabanada f. Refresco hecho con guanábana.

guanábano m. Árbol americano de la familia de las anonáceas, con fruto de sabor muy agradable.

Guanabara, bahía y ant. Estado de Brasil en Río de Janeiro.

guanacaste m. Árbol mimosáceo de Centroamérica.

Guanacaste, cord. volcánica y prov. del NO. de Costa Rica; cap. *Liberia.*

guanacasteco, ca adj. y s. De Guanacaste (Costa Rica).

guanaco m. Mamífero rumiante parecido a la llama. ‖ *Fam. Amer.* Necio.

Guanahacabibes, golfo y península de Cuba, al oeste de la Isla.

Guanahaní, n. indígena de la isla de San Salvador, primera tierra americana donde desembarcó Colón en 1492. Actualmente una posesión británica llamada *Watling.*

Guanajay, térm. mun. de Cuba (La Habana).

guanajo adj. y s. *Amer.* Tonto, bobo. ‖ *Antill.* Pavo.

Guanajuato, c. en el centro de México, cap. del Estado homónimo. Universidad. Minas. Turismo.

guanajuatense adj. y s. De Guanajuato (México).

guanana f. Ganso de Cuba.

Guanare, río de Venezuela (Portuguesa y Barinas), afl. del Apure. — C. de Venezuela, cap. del Estado de Portuguesa. Obispado. Peregrinación a la Virgen de Coromoto.

guanarense adj. y s. De Guanare (Venezuela).

Guanay, v. de Bolivia, sección de la prov. de Larecaja (La Paz).

Guancha (La), mun. de España en Tenerife (Santa Cruz de Tenerife).

guanche. adj. Dícese de los hombres que vivían en las islas Canarias en el s. XV, momento de la conquista de éstas (ú. t. c. s.). || Relativo a ellos.

guando m. *Amer.* Parihuela.

guandú m. *Amér. C. y Cub.* Arbusto papilionáceo cuyas hojas sirven de alimento al ganado.

Guane, mun. al oeste de Cuba (Pinar del Río).

guanear v. t. *Per.* Abonar el terreno con guano. || — V. i. *Amer.* Defecar.

guanero, ra adj. y s. Relativo al guano. || — M. Buque para transportar el guano. || — F. Yacimiento de guano.

Guanes (Alejandro), poeta modernista paraguayo (1871-1925).

guango m. *Amer.* Trenza de las indias del Ecuador.

Guánica, mun. en el SO. de Puerto Rico (Mayagüez). Puerto en el Caribe.

Guaniguanico, cordillera al O. de Cuba. — V. SANTA INÉS.

Guanipa, río de Venezuela (Anzoátegui y Monagas) ; des. en el golfo de Paria ; 282 km. — Mun. de Venezuela (Anzoátegui). Forma una conurbación con la ciudad de El Tigre.

guano m. Materia excrementicia de aves marinas que se encuentra acumulada en gran cantidad en las costas y en varias islas del Perú y del norte de Chile, así como en las costas del sudoeste de África : *el guano se utiliza como abono en la agricultura.* || Abono mineral sucedáneo del guano natural. || *Amer. Fam.* ¡ Vete al guano !, ¡ vete a paseo !

Guanoco, lago al NE. de Venezuela (Sucre). Asfalto.

Guanta, c. y puerto de Venezuela (Anzoátegui). Oleoductos.

guantada f. y **guantazo** m. *Fam.* Manotazo, bofetón.

Guantánamo, bahía, c. y puerto del SE. de Cuba, cap. de la prov. del mismo nombre. Base naval de Estados Unidos. La prov. fue creada en 1976.

guante m. Prenda que se adapta a la mano para abrigarla : *un par de guantes de cuero.* || Objeto análogo para diferentes usos : *guante de cirujano, de boxeo.* || *Fig. y Fam.* Gratificación. || — *Fig. Arrojar o tirar el guante a uno,* desafiarle. | *De guante blanco, con gran corrección.* | *Echarle el guante a una cosa,* apoderarse de ella. | *Recoger el guante,* aceptar un reto. | *Ser más suave que un guante,* ser dócil.

guantelete m. Pieza metálica en forma de guante de la armadura.

guantero, ra m. y f. Persona que fabrica o vende guantes. || — F. Caja para guardarlos. || Especie de cajón en el salpicadero de un automóvil para guardar algunos objetos.

guantón m. *Amer.* Guantazo.

guao m. Arbusto anacardiáceo de México, Cuba y Ecuador, de cuya madera se hace carbón. || Este carbón.

guaparra f. *Méx.* Machete.

guapear v. i. *Fam.* Hacer alarde de valor o buen gusto. || *Amer.* Fanfarronear.

guapeo m. Acción de guapear.

guapería f. *Fam.* Bravata.

guapetón, ona adj. *Fam.* Muy guapo y arrogante (ú. t. c. s.).

guapeza f. *Fam.* Ánimo, bizarría. | Ostentación en el vestir. | Fanfarronería. || Guapura.

Guapi, mun. del S. de Colombia (Cauca), en la des. del *río Guapi.* Puerto en el Pacífico. Prefectura apostólica.

guapo, pa adj. Bien parecido : *una mujer guapa* (ú. t. c. s.). || Animoso, valiente. || *Fam.* Apelativo cariñoso : *anda, guapo, no te enfades así.* || — M. Hombre pendenciero : *el guapo del pueblo.* || Fanfarrón. | Galán.

Guaporé, río entre Bolivia y Brasil ; 1 700 km. Recibe tb. el n. de *Iténez.*

guapote, ta adj. *Fam.* Bonachón, de buen genio. | Agraciado, de buen parecer (ú. t. c. s.).

Guápulo, pobl. del Ecuador (Pichincha), cerca de Quito. Santuario de la Virgen de Guadalupe.

guapura f. Calidad de guapo.

guaquear v. i. *Amer.* Buscar guacas.

Guaqui, c. y puerto al O. de Bolivia a orillas del Titicaca (La Paz).

guará m. *Amer.* Lobo.

guaraca f. *Amer.* Honda.

guaracaro m. *Venez.* Planta trepadora de semilla comestible.

guaracha f. Música y danza popular antillanas.

guarache m. *Méx.* Sandalia.

guarachear v. t. *Antill.* Parrandear. || *Méx.* Andar con guaraches.

guaragua f. *Per. y Chil.* Contoneo. | Rodeo para decir algo, circunloquio.

Guarambaré, pobl. del Paraguay (Central).

Guaranda, c. en el centro del Ecuador, cap. de la prov. de Bolívar. Obispado. Minas. Agricultura.

guarandeño, ña adj. y s. De Guaranda (Ecuador).

guaranga f. Fruto del guarango.

guarango, ga adj. y s. *Chil. y Riopl.* Mal educado, grosero. || — M. *Bot.* Especie de acacia del Perú y Ecuador.

guarani adj. y s. Relativo a un pueblo indio de la familia cultural tupíguaraní. || Perteneciente a un pueblo de este pueblo (ú. t. c. s.). — M. Idioma de los guaraníes. || Unidad monetaria paraguaya.

— Los *guaraníes,* hábiles navegantes, hicieron importantes migraciones desde Paraguay hasta el Amazonas. Su lengua, hablada todavía corrientemente en Paraguay y el NE. de Argentina, introdujo en el castellano no pocos vocos.

Guarani, dep. al noreste de la Argentina (Misiones), a orillas del río Uruguay ; cab. *El Soberbio.*

guaranismo m. Voz o giro propio del guaraní. || Empleo de palabras y giros guaraníes. || Influencia del guaraní. || Amor a lo guaraní.

guaranitico, ca adj. Guaraní.

guaraña f. Baile popular venezolano. || Su música.

Guarapari, c. y puerto en el E. del Brasil (Espíritu Santo).

guarapo m. Jugo de la caña dulce. || Bebida fermentada hecha con él.

guarapón m. *Chil. y Per.* Sombrero de ala ancha.

Guarco (El), cantón en el centro de Costa Rica (Cartago).

guarda com. Persona que tiene a su cargo cuidar o vigilar algo : *guarda de un museo ; guarda de caza.* || Acción de guardar, conservar o defender. || Tutela. || Observancia y cumplimiento de un mandato o ley. || Cada una de las varillas exteriores del abanico (ú. m. en pl.). || Hoja de papel blanco o de color al principio y al fin de los libros (ú. m. en pl.). || Guarnición en el puño de la espada. || — Pl. Hierros de la cerradura que corresponden a los huecos de la llave. || *Guarda jurado,* el nombrado para vigilar las propiedades de particulares. || *Guarda nocturno,* vigilante nocturno.

Guarda, distrito y c. de Portugal (Beira Alta), limítrofe con España. Obispado.

guardabarrera m. y f. Persona que vigila un paso a nivel.

guardabarros m. inv. Alero del coche, de la bicicleta o motocicleta, etc., colocado encima de cada rueda.

guardabosque com. Guarda que vigila en un bosque.

guardacantón m. Poste de piedra que se pone en las esquinas de las casas, o a los lados de los paseos o caminos, para protegerlos de los vehículos.

guardacoches com. Guarda de un aparcamiento.

guardacostas m. inv. *Mar.* Barco de guerra cuya misión es defender las costas y perseguir el contrabando.

guardador, ra adj. y s. Que guarda.

guardaespaldas com. inv. Persona destinada a proteger a otra.

guardafango m. *Amer.* Guardabarros.

Guardafui, cabo del NE. de África, a la entrada del golfo de Adén.

guardaganado m. *Riopl.* Foso cubierto de una serie de travesaños paralelos, en forma de parrilla, que se coloca a la entrada de las estancias para permitir el paso de los vehículos e impedir el del ganado.

guardagujas com. inv. Empleado que en los cambios de vía de los ferrocarriles cuida del manejo de las agujas.

guardainfante m. Especie de faldellín emballenado que llevaban antiguamente las mujeres debajo de la falda para ahuecarla.

guardamano m. Guarnición de la espada.

guardameta m. Portero, en ciertos deportes de equipo (fútbol, balonmano, water-polo, etc.).

guardamonte m. En las armas de fuego, pieza clavada en la caja que protege el disparador. || Capote de monte. || *Arg.* Guarnición de cuero para las piernas del jinete.

guardamuebles m. inv. Almacén donde se guardan muebles.

guardapelo m. Medallón para llevar un rizo de cabello.

guardapolvo m. Cubierta para proteger del polvo. || Bata de tela ligera que se pone encima del traje para preservarlo de la suciedad : *llevaba un guardapolvo blanco.*

guardar v. t. Cuidar, vigilar custodiar : *guardar un campo ; guardar bajo llave.* || Preservar una persona o cosa de cualquier daño. || Conservar, retener para sí : *guardo un buen *recuerdo de Barcelona. || Vigilar animales : *guardar un rebaño de ovejas.* || Cumplir con lo que se debe : *guardar el secreto, la palabra.* || Tener un sentimiento : *guardar rencor a alguien.* || Estar en : *guardar cama.* || Poner en su sitio : *guardar un libro en la biblioteca.* || Reservar y conservar : *guardar dinero* (ú. t. c. pr.). || *Fig.* Mantener, observar : *guardar silencio, las formas.* || — V. pr. Evitar algo, precaverse de un riesgo : *guardarse del agua mansa.* || Poner cuidado en no hacer algo : *me guardaré de trasnochar.* || Quedarse con, conservar para sí : *guardarse un libro prestado.* || *Fig.* Guardársela a uno, esperar el momento oportuno para vengarse de él.

guardarropa m. Local donde se deposita el abrigo y otros objetos que no se pueden conservar en teatros u otros establecimientos públicos. || Persona que vigila este local. || Armario ropero y su contenido. || Conjunto de la ropa de vestir que tiene una persona. || Persona encargada de la guardarropía en un teatro.

guardarropía f. *Teatr.* Conjunto de trajes y accesorios para las representaciones escénicas. | Local donde se guardan estos trajes. || *De guardarropía,* que guarda las apariencias.

guardavalla m. Guardameta.

guardavía m. Empleado que vigila una sección de línea férrea.

guardería f. Ocupación y empleo del guarda. || Establecimiento donde se atiende y cuida a los niños pequeños mientras sus padres trabajan.

guardesa f. Guardiana. || Mujer del guarda.

guardia f. Conjunto de soldados o gente armada encargada de la custodia de una persona o cosa : *la guardia del emperador.* || Defensa, amparo, custodia. || Posición de defensa en boxeo, esgrima, lucha, etc. || Cuerpo de tropa especial : *guardia de corps, republicana.* || Servicio especial que se hace en algunas profesiones : *médico de guardia.* || — En guardia, prevenido, sobre aviso : *ponerse en guardia.* || *Guardia Civil,* cuerpo armado español creado en 1833 para perseguir a los malhechores y luego empleado para el mantenimiento del orden público. || *Guardia Municipal,* cuerpo, perteneciente a un ayuntamiento y a las órdenes del alcalde, cuya misión es velar por el cumplimiento de los reglamentos de policía urbana. || — M. Individuo perteneciente a ciertos cuerpos armados : *un guardia civil, municipal.* || *Guardia marina,* guardiamarina.

Guardia (LAGO DE). V. GARDA.

Guardia (Alfredo de la), escritor argentino (1899-1974), autor de documentados críticos literarios. || ~ (ERNESTO DE LA), político panameño (1904-1983), pres. de la Rep. de 1956 a 1960. || ~ (RICARDO ADOLFO DE LA), político panameño (1899-1969), pres. de la Rep. de 1941 a 1945. || — **Gutiérrez** (TOMÁS), general costarricense (1832-1882), pres. de la Rep. de 1870 a 1876 y de 1877 a 1882. Construyó el ferrocarril interoceánico.

guardiamarina m. Alumno de la Escuela Naval.

guardián, ana m. y f. Persona que custodia a una persona o cosa.

Guardiola (Santos), general hondureño (1816-1862), pres. de la Rep. de 1856 a 1862. M. asesinado.

Guardo, v. en el centro norte de España (Palencia). Carbón. Industrias.

guarecer v. t. Guardar, acoger, dar asilo. ‖ — V. pr. Refugiarse, ampararse en alguna parte : *guarecerse bajo un pórtico.* ‖ Protegerse.

guaria m. Ave zancuda de las Antillas.

Guárico, río de Venezuela, afl. del Apure ; 480 km. — Estado en el centro de Venezuela ; cap. *San Juan de los Morros.* Agricultura. Petróleo.

guarida f. Cueva o espesura donde se guarecen los animales. ‖ *Fig.* Refugio, amparo.

guarimán m. Árbol magnoliáceo americano cuya corteza aromática se usa como condimento.

Guarionex, cacique indígena dominicano, m. en 1502.

guariqueño, ña adj. y s. De Guárico (Venezuela).

guarismo m. Cada uno de los signos o cifras arábigas que expresan una cantidad.

guarnecer v. t. Poner guarnición a alguna cosa : *guarnecer una joya, una espada,* etc. ‖ Proveer, suministrar. ‖ Poner una guarnición a un plato. ‖ Estar de guarnición un regimiento. ‖ Revestir el cilindro de una máquina con una camisa.

Guarnerius o **Guarneri,** familia italiana de fabricantes de violines de Cremona (s. XVII a XVIII).

guarnición f. Adorno que se pone para adornar algunas cosas : *la guarnición de un vestido.* ‖ Engaste de las piedras preciosas. ‖ Parte de la espada que protege la mano. ‖ *Mil.* Tropa que guarnece una plaza, castillo o buque de guerra. ‖ Arreos de las caballerías (ú. m. en pl.). ‖ Plato de verdura, pastas, etc., que se suele servir con la carne o pescado.

guaro m. Especie de loro pequeño. ‖ *Amér. C.* Tafia.

guarrada f. *Fam.* Guarrería.

Guarrazar, v. en el centro de España (Toledo), donde se descubrió un tesoro visigótico en 1853.

guarrazo m. *Fam.* Caída.

guarrería f. Porquería, suciedad. ‖ *Fig.* Acción sucia, mala jugada, cochinada : *hacer una guarrería a alguien.* ‖ Indecencia.

guarro, rra m. y f. Cochino, marrano (ú. t. c. adj.). ‖ *Fig. y fam.* Sucio. Repugnante, malo (ú. t. c. adj.). ‖ Puerco (ú. t. c. adj.).

Guarulhos, c. del Brasil, cerca de São Paulo.

Guas (Juan), arquitecto español del s. XV, n. en Lyon (Francia), que hizo el Palacio del Infantado en Guadalajara y reformó la iglesia de San Juan de los Reyes, en Toledo. M. en 1495.

guasa f. *Fam.* Pesadez, falta de gracia. ‖ Burla, broma, chanza. ‖ Gracia, chiste : *la guasa andaluza.* ‖ — En *guasa,* en broma. ‖ *Estar de guasa,* estar de broma. ‖ *Tener algo o alguien mucha guasa,* ser fastidioso.

guasada f. *Arg.* Grosería.

guasca f. *Chil.* y *Per.* Látigo.

guasearse v. pr. *Fam.* Chancearse.

guaso, sa m. y f. Campesino chileno. ‖ — Adj. *Amer.* Rústico.

guasón, ona adj. y s. Que tiene guasa. ‖ Bromista, que gasta bromas.

Guastalla, c. de Italia (Emilia). Obispado. En 1621 se creó el ducado homónimo.

guastatoyano, na adj. y s. De El Progreso (Guatemala).

Guastavino (Arturo Gerardo), pintor y escultor argentino, n. en 1897. ‖ ~ (CARLOS), compositor argentino, n. en 1914, autor de obras para piano y de música sinfónica.

guata f. Algodón en rama que se coloca dentro del forro de los vestidos o de la ropa de cama. ‖ *Amer.* Pandeo, alabeo. ‖ Vientre, panza.

guateado, da adj. Acolchado con guata. ‖ *Fig.* Temperado.

guatear v. t. Acolchar, poner guata.

Guatemala, rep. de América Central, situada entre México, Belice, el mar de las Antillas, Honduras, El Salvador y el océano Pacífico ; 108 889 km² ; 7 400 000 h. (*guatemaltecos*). Cap. *Ciudad de Guatemala,* 850 000 h. Otras ciudades : *Cobán,* 50 000 h. ; *Totonicapán,* 55 000 ; *Quezaltenango,* 75 000 ; *Escuintla,* 70 000 ; *Jalapa,* 50 000 ; *Chiquimula,* 50 000 ; *Puerto Barrios,* 44 000 ; *Retalhuleu,* 46 000 ; *Jutiapa,* 55 000 ; *Mazatenango,* 44 000 ; *Zacapa,* 41 000 ; *Santa Cruz del Quiché,* 40 000. Administrativamente, Guatemala se divide en 22 departamentos, a los que hay que añadir Belice (22 965 km²), reclamado a Gran Bretaña y hoy Estado independiente. La población presenta el mayor porcentaje de indios (54 por 100) en Centroamérica, y el resto lo componen los mestizos (43 por 100) y los blancos (3 por 100). La religión predominante es la católica y el idioma oficial es el castellano o español, existiendo en el conjunto del país una veintena de lenguas indígenas. La densidad de población es de 66,5 h./km².

— GEOGRAFÍA. Guatemala se divide en una zona alta al norte (El Petén), cubierta de bosques tropicales, la gran Cordillera Central, que se extiende del noroeste al sureste, cuyas principales alturas son Tacaná, Tajumulco, Atitlán, Fuego y Agua, y la Zona Costera del Pacífico, en el sur, en la que

GUATEMALA

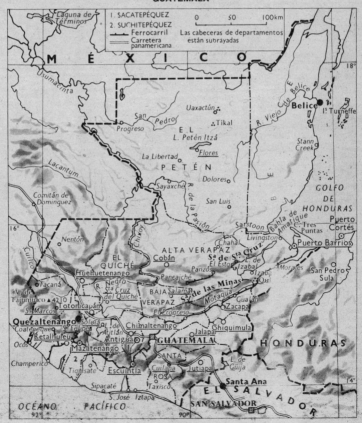

se encuentran numerosos lagos. Los ríos más importantes van a parar al océano Atlántico (Usumacinta y Motagua). Al Pacífico van el Suchiate y el Paz, que constituyen la frontera con México y El Salvador respectivamente. Los lagos son importantes (Izabal, Petén Itzá, Amatitlán y Atitlán). La costa atlántica presenta la bahía de Santo Tomás, en la que se hallan los puertos Matías de Gálvez y Puerto Barrios, y la del Pacífico tiene los puertos de San José y Champerico. Debido al relieve, el clima va desde el cálido al frío, con abundantes lluvias en el N. (región de las Verapaces). La agricultura es la base de la economía (café, banano, algodón, caña de azúcar), así como la explotación de maderas preciosas y chicle (El Petén). La ganadería está medianamente desarrollada, y las industrias principales son las alimenticias, de bebidas, textiles, fabricación de tabacos, productos del petróleo. La red ferroviaria cuenta 1 000 km y la de carreteras se aproxima a los 3 000 km. El tráfico aéreo nacional e internacional es importante, y el aeropuerto de La Aurora es la terminal aérea para Centroamérica.

Guatemala (CIUDAD DE), cap. del dep. y de la Rep. del mismo nombre ; 850 000 h. Arzobispado. Universidad. Centro comercial. Asolada por un seísmo en febrero de 1976. La c. fue fundada en 1776 en sustitución de la *Antigua Guatemala*, destruida por un terremoto en 1773.

guatemaltecanismo m. Guatemaltequismo.

guatemaltecanista adj. y s. Que estudia y es especialista del habla o de la cultura de Guatemala.

guatemalteco, ca adj. y s. De Guatemala.

guatemaltense adj. y s. Guatemalteco.

guatemaltequismo m. Palabra o giro propios del español hablado en Guatemala. ‖ Carácter guatemalteco. ‖ Amor a Guatemala.

guateque m. Fiesta que se da en una casa con baile : *todos los jóvenes asistían constantemente a guateques*. ‖ *Fam.* Comida. ‖ *Cub.* Reunión de gente de poca categoría.

Guateque, mun. y c. en el centro de Colombia (Boyacá).

Guates (Los), pobl. en el centro de Guatemala (Sacatepéquez).

guatiao adj. *Cub.* Amigo ; hermano. ‖ — M. *Cub.* Nombre que dieron los españoles al indio sometido a las leyes de los conquistadores.

guatibere m. Cierto pez del mar de las Antillas. ‖ *Cub.* Cierto pájaro.

Guatimozin. V. CUAUHTÉMOC.

guatín m. Col. Agutí.

Guatire, mun. en el norte del centro de Venezuela (Miranda).

guató m. Tribu amerindia primitiva que vive en la región pantanosa del Alto Paraguay.

guatusa o **guatuza** f. Roedor americano, parecido a la paca.

guatuso, sa adj. Relativo a un pueblo amerindio de lengua chibcha existente en Costa Rica (ú. t. c. s.). ‖ Perteneciente a él.

Guatusos, llanuras de Costa Rica, entre la cordillera de Guanacaste y el río San Juan.

guatuza f. Guatusa, roedor.

guau, onomatopeya que imita el ladrido del perro.

Guaviare, río de Colombia (Meta y Vichada), afl. del Orinoco ; 1 350 km. — Comisaría en el centro de Colombia ; cap. *San José del Guaviare*.

¡ guay ! interj. ¡ Ay ! : *¡ guay de los vencidos !*

guayaba f. Fruto del guayabo. ‖ Conserva y jalea de esta fruta. ‖ Chica joven. ‖ *Amer.* Mentira.

guayabacón m. *Bot.* P. Rico. Nombre de una planta mirtácea.

guayabal m. Plantío de guayabos.

guayabate m. Dulce hecho con guayaba.

guayabear v. i. *Amer.* Mentir.

guayabera f. Chaquetilla o camisa suelta de tela ligera.

guayabo m. Árbol mirtáceo de América que tiene por fruto la guayaba. ‖ *Fam.* Muchacha joven y atractiva.

guayaca f. *Arg.* y *Chil.* Bolsa o taleguilla para el tabaco o dinero. ‖ *Fig.* Amuleto.

guayacán o **guayaco** m. Árbol cigofiláceo de la América tropical cuya madera se emplea en ebanistería. ‖ Esta madera.

Guayajayuco, n. dado al río Artibonite en la Rep. Dominicana.

Guayama, distrito y c. meridional de Puerto Rico. Agricultura.

Guayana, región del NE. de América del Sur, en la costa atlántica. Se divide en *Guayana Brasileña* (500 000 km²), en la cuenca superior del Oyapok ; *Guayana Francesa* (91 000 km² ; 58 000 h.), cap. Cayena ; la antigua *Guayana Holandesa*, hoy Surinam (v. este n.) ; *Guayana Británica*, independiente desde 1966, que ha tomado el nombre de *Guyana* (v. este art.) ; *Guayana Venezolana*, en los confines de Venezuela y Surinam.

Guayaneco, archip. en el S. de Chile, entre el golfo de Penas y el estrecho de Magallanes (Aisén).

guayanés, esa adj. y s. De la Guayana.

Guayaquil, golfo del Pacífico, en el Ecuador. — C. y puerto al O. del Ecuador, cap. de la prov. de Guayas. Arzobispado. Universidad. Comercio.

guayaquileño, ña adj. y s. De Guayaquil (Ecuador).

Guayaramerín, ant. *Puerto Sucre*, cantón de Bolivia (Beni).

Guayas, río del Ecuador (Guayas) ; 160 km. — Prov. del Ecuador ; cap. *Guayaquil*.

Guayasamín (Oswaldo), pintor ecuatoriano, n. en 1919. Hace en su obra una exaltación de los temas indigenistas con una técnica expresionista y a veces abstracta.

guayasense adj. y s. De Guayas (Ecuador).

Guayavero, río al O. de Colombia, que al confluir con el río Ariari forma el Guaviare.

guaycurú adj. Dícese del individuo de una de las tribus indígenas establecidas en el Chaco y a orillas del río Paraguay. U. t. c. s. : *los guaycurúes*.

Guaymallén, dep. al O. de la Argentina, en la prov. de Mendoza ; cab. *Villa Nueva*.

Guaymas, c. y puerto al NO. de México en el golfo de California y al fondo de la bahía homónima (Sonora).

Guayquiraró, río al NE. de la Argentina (Corrientes), afl. del Paraná.

Guayubín, com. al NO. de la Rep. Dominicana (Monte Cristi) ; cap. *San Lorenzo de Guayubín*.

guayule m. Árbol de México que produce el hule.

guayusa f. *Ecuad.* Especie de mate.

Guazapa, volcán de El Salvador (Cuscatlán) ; 1 410 m. — Río y c. en el centro de El Salvador (Cuscatlán).

guazubirá m. *Riopl.* Venado.

Gubbio, c. en el centro de Italia, en Umbría (Perusa). Obispado.

gubernamental adj. Relativo al gobierno del Estado : *política gubernamental.* ‖ Respetuoso o benigno para con el Gobierno o favorecedor del principio de autoridad : *radio gubernamental* (ú. t. c. s.).

gubernativo, va adj. Relativo al gobierno : *política gubernativa.*

gubernista adj. *Amer.* Relativo a la política del Gobierno. ‖ Partidario de ella (ú. t. c. s.).

gubia f. Formón de media caña.

gudari m. (pal. vasca). Combatiente, soldado del gobierno de Euskadi.

güe, elemento que entra en varias voces americanas y, a veces, toma la forma *hue*.

Guecho, mun. de España (Vizcaya), en la región urbana de Bilbao.

guedeja f. Cabellera larga. ‖ Mechón de cabello. ‖ Melena del león.

güegüenche m. *Méx.* Cada uno de los viejos que dirigen las danzas de los indios en las romerías.

Güeldres, prov. oriental de Holanda ; cap. *Arnhem.*

güeldrés, esa adj. y s. De Güeldres (Holanda).

güelfo, fa adj. Del s. XII al XV, partidario de los papas en Italia contra los gibelinos, defensores de los emperadores germánicos (ú. t. c. s.).

Guelph, c. del Canadá (Ontario).

Güell y Bacigalupi (Eusebio, *conde de*), industrial español, n. en Barcelona (1845-1918), protector de las letras y las artes.

Güemes (Martín Miguel de), general argentino (1785-1821). Luchó en el Alto Perú contra los realistas. M. en combate en Salta. ‖ — **y Horcasitas** (JUAN FRANCISCO DE), militar español (1682-1768), capitán general de Cuba de 1734 a 1745 y virrey de la Nueva España de 1746 a 1755. ‖ — **Pacheco de Padilla** (JUAN VICENTE DE), político y militar español, n. en La Habana (1740-1799), virrey de México de 1789 a 1794. Fue conde de *Revillagigedo.*

Guéret, c. en el centro de Francia, cap. del dep. de la Creuse.

Guernesey, isla británica del archipiélago anglonormando ; cap. *Saint-Peter.*

Guernica, v. en el N. de España, ant. cap. política de Vizcaya. Su bombardeo aéreo en 1937 inspiró a Picasso un cuadro célebre, que estuvo en el Museo de Arte Moderno de Nueva York de 1939 a 1981, año en que fue trasladado a España y colocado en el Casón del Buen Retiro, dependencia del Museo del Prado (Madrid).

güero, ra adj. *Méx.* Rubio (ú. t. c. s.).

guerra f. Lucha armada entre dos o más países o entre ciudadanos de un mismo territorio : *declarar la guerra.* ‖ Pugna, disidencia, discordia entre dos o más personas : *guerra entre parientes.* ‖ *Fig.* Oposición de una cosa con otra : *guerra de ideas, de intereses.* ‖ Acción que pretende acabar con algo : *emprender una guerra contra el analfabetismo.* ‖ Cierto juego de billar. ‖ — *Consejo de guerra,* tribunal militar. ‖ *Fam. Dar guerra,* molestar, fastidiar. ‖ *Fig.* y *fam. Estar pidiendo guerra algo,* ser muy apetitoso : *esta paella está pidiendo guerra.* ‖ *Guerra civil,* la que tiene lugar entre ciudadanos de una misma nación. ‖ *Guerra florida,* la convenida por los aztecas con otros pueblos con el fin de hacer prisioneros para sacrificarlos a sus dioses. ‖ *Guerra fría o de nervios,* dícese de las relaciones internacionales caracterizadas por una política constante de hostilidad sin que se llegue al conflicto armado. ‖ *Fig. Guerra sucia,* política que se vale de medios ilegítimos para conseguir un fin. ‖ *Tenerle declarada la guerra a alguien,* actuar con hostilidad hacia una persona.

Guerra ‖ — **Chiquita.** V. CHIQUITA (Guerra). ‖ — **de la Reforma.** V. REFORMA. ‖ — **de la Triple Alianza.** V. TRIPLE ALIANZA. ‖ — **de las Dos Rosas.** V. ROSAS (Guerra de las Dos). ‖ — **de los Diez Años.** V. DIEZ AÑOS. ‖ — **de los Pasteles.** V. PASTELES. ‖ — **de Religión.** V. RELIGIÓN. ‖ — **de Tres Años.** V. REFORMA. ‖ — **del Chaco.** V. CHACO. ‖ — **del Pacífico.** V. PACÍFICO (Guerra del). ‖ — **Grande,** guerra que declaró el pres. uruguayo Rivera al tirano argentino Rosas (1839-1852). ‖ — **Mundial** (Primera), llamada tb. *Gran Guerra,* la que de 1914 a 1918 opuso Alemania, Austria-Hungría, Turquía y Bulgaria a los Aliados (Francia, Imperio Británico, Rusia, Bélgica, Serbia, Japón, Italia, Rumania, Estados Unidos, Grecia, Portugal y otros países). El asesinato en Sarajevo del archiduque Francisco Fernando de Austria (28 de junio de 1914) fue la causa inmediata de las hostilidades. En 1918, los Aliados, mandados por Foch, emprendieron una contraofensiva victoriosa que obligó a los alemanes a firmar el armisticio en Rethondes (Compiègne) el 11 de noviembre de 1918 y al año siguiente el Tratado de Versalles. Las pérdidas humanas fueron de unos nueve millones. ‖ — **Mundial** (Segunda), la que, de 1939 a 1945, enfrentó a las naciones democráticas aliadas (Polonia, Gran Bretaña, Francia, U. R. S. S., Estados Unidos y China) a los países totalitarios del Eje (Alemania, Italia, Japón y sus satélites). El conflicto se puede dividir en dos etapas : de 1 de septiembre de 1939 a finales del año 1942, señalado por los triunfos del Eje, y de 1943 a 1945, en el que los Aliados ocuparon los territorios perdidos, atacaron al adversario en su propio país y le

298

hicieron capitular sin condiciones el 8 de mayo de 1945. Los japoneses, tras los bombardeos atómicos de Hiroshima y Nagasaki, cesaron de combatir el 15 de agosto del mismo año. Las pérdidas humanas se elevaron a 36 millones.

Guerra (Enrique), escultor mexicano (1871-1943). ‖ ~ (JOSÉ EDUARDO), escritor boliviano (1893-1943), autor de poesías (*Estancias*), novelas (*El alto de las ánimas*) y ensayos (*Itinerario espiritual de Bolivia*). ‖ ~ (RAFAEL), llamado *Guerrita*, célebre matador de toros español (1862-1941). ‖ ~ **Junqueiro** (ABÍLIO), poeta portugués (1850-1923), introductor en su país de la estética naturalista y de la línea social. ‖ ~ **Triguieros** (ALBERTO), poeta salvadoreño, n. en Nicaragua (1898-1950), autor de *Silencio*, *Poema póstumo*, *El surtidor de estrellas*, etc. ‖ ~ **Sánchez** (Ramiro), historiador cubano (1880-1970).

guerreador, ra adj. y s. Que guerrea.

guerrear v. i. Hacer guerra.

guerrerense adj. y s. De Guerrero (México).

guerrero, ra adj. Relativo a la guerra : *valor guerrero*. ‖ Marcial, belicoso, que tiene afición a la guerra : *pueblo guerrero*. ‖ — M. Soldado : *un guerrero troyano*. ‖ — F. Chaqueta ajustada y generalmente abrochada hasta el cuello, que forma parte del uniforme militar.

Guerrero, páramo de Colombia (Cundinamarca), en la Cord. Oriental ; 3 100 m. — Estado meridional de México, atravesado por la Sierra Madre meridional ; cap. *Chilpancingo de los Bravos*. Agricultura. Minas. — Mun. de México (Chihuahua). Minas.

Guerrero (Francisco), compositor español (1528-1599), autor de música religiosa. ‖ ~ (JACINTO), compositor de zarzuelas español (1895-1951), autor de *El huésped del sevillano*, *Los gavilanes*, *La rosa del azafrán*, *Don Quintín el amargao*, *La montería*, etc. ‖ ~ (MANUEL AMADOR). V. AMADOR GUERRERO. ‖ ~ (MARÍA), actriz española (1867-1928). ‖ ~ (VICENTE), general mexicano (1782-1831). Luchó en la guerra de la Independencia y fue pres. de la Rep. en 1829. Derrocado por un golpe de Estado, m. fusilado en Oaxaca. ‖ ~ (XAVIER), pintor mexicano (1896-1973). ‖ ~ **Galván** (JESÚS), pintor mexicano (1912-1973). ‖ ~ y **Torres** (FRANCISCO), arquitecto mexicano (1727-1792), autor en la capital de la *Casa del Conde San Mateo de Valparaíso*, hoy Banco de México, del *Palacio de Iturbide* y de la *Capilla del Pocito*.

Guerreros (Templo de los), templo de la ant. c. maya de Chichén Itzá (Yucatán, México).

guerrilla f. Mil. Orden de batalla que se hace dividiendo la tropa en pequeñas partidas de tiradores para hostilizar al enemigo. ‖ Partida de paisanos o civiles que, independientemente del ejército regular, acosa al enemigo. ‖ Cierto juego de naipes.

guerrillear v. i. Practicar la guerra de guerrillas.

guerrillero, ra m. y f. Persona que pelea en las guerrillas.

Guesclin (Beltrán DU). V. DUGUESCLIN.

Guetaria, v. y puerto del N. de España (Guipúzcoa), al O. de San Sebastián. Pesca. Lugar de nacimiento de J. S. Elcano.

gueto m. Ghetto.

Guevara (Fray Antonio de), religioso franciscano e historiador español (1480-1545), confesor e historiógrafo de Carlos V, predicador de la Corte y obispo de Guadix y Mondoñedo. Autor de *Relox de príncipes o Libro áureo del emperador Marco Aurelio*. ‖ ~ (ERNESTO GUEVARA, llamado **Che**), político y médico argentino (1928-1967), colaborador de Fidel Castro en la revolución cubana. M. en Bolivia en la lucha de guerrillas. ‖ ~ (LUIS VÉLEZ DE). V. VÉLEZ DE GUEVARA.

Guevara y Lira, mun. de Venezuela (Anzoátegui).

Guggenheim, museo de Nueva York dedicado al arte del siglo XX.

Guggiari (José Patricio), político

paraguayo (1884-1957), pres. de la Rep. de 1928 a 1931 y en 1932.

güi, elemento que entra en varias voces americanas y, a veces, adopta la forma *hui*.

guía com. Persona que acompaña a otra para enseñarle el camino o para explicarle una visita : *un guía de montaña, de museo*. ‖ — M. Mil. Soldado que se coloca en la posición conveniente para el correcto alineamiento de la tropa. ‖ Manillar de una bicicleta. ‖ Fig. Persona que da instrucciones y consejos y seguidos por las gentes : *los héroes son los guías de la juventud*. ‖ — F. Libro de indicaciones : *guía de ferrocarril, de teléfonos*. ‖ Norma, indicación : *tus consejos me han servido de guía*. ‖ Documento que lleva consigo el que transporta ciertas mercancías para tener libre paso : *guía de circulación*. ‖ Caballería que va delante fuera del tronco. ‖ Pieza mecánica que sirve para dirigir el movimiento en una máquina : *las guías de una rotativa*. ‖ — Pl. Puntas del bigote retorcidas.

Guía ~ **de Gran Canaria**, c. de España en la isla de Gran Canaria (Las Palmas). Llamada también *Santa María de Guía*. ‖ ~ **de Isora**, mun. de España en la isla de Tenerife (Santa Cruz de Tenerife).

guiar v. t. Ir delante mostrando el camino : *guiar a los excursionistas*. ‖ Conducir : *guiar un vehículo*. ‖ Hacer que una pieza de una máquina siga un movimiento determinado. ‖ Fig. Aconsejar a uno en algún negocio : *guiar en un estudio científico*. ‖ Hacer obrar : *le guía sólo el interés*. ‖ — V. pr. Dejarse uno dirigir o llevar.

Güicán. V. SIERRA NEVADA DE CHITA.

gülchichí m. Mex. Colibrí.

Guido (Alfredo), pintor y grabador costumbrista argentino (1892-1967). ‖ ~ (BEATRIZ), escritora argentina, n. en 1925, autora de las novelas *La casa del ángel*, *Fin de fiesta*, etc. ‖ ~ (Guido RENI, llamado **el**), pintor italiano (1575-1642). ‖ ~ **de Arezzo**, benedictino y musicógrafo italiano (¿ 990-1050 ?), autor del actual sistema de notación musical. ‖ ~ y **Spano** (CARLOS), poeta y escritor argentino (1827-1918), autor de *Hojas al viento* y *Ecos lejanos* (poesías) y de *Ráfagas* (colección de artículos).

guija f. Piedra pequeña.

Güija, lago fronterizo entre Guatemala (Jutiapa) y El Salvador (Santa Ana) ; 300 km².

guijarral m. Terreno donde abundan los guijarros.

guijarro m. Canto rodado.

Guijuelo, v. de España (Salamanca).

guilda f. Asociación medieval de obreros, comerciantes y artesanos para proteger sus mutuos intereses : *la guilda es de origen germánico*. (Se da hoy este n. a algunas asociaciones de carácter cultural o comercial.)

Guildford, c. de Gran Bretaña, al SO. de Londres (Surrey).

guilladura f. Chifladura.

guillame m. Cepillo estrecho de carpintero para hacer acanaladuras.

guillarse v. t. Fam. Irse, marcharse. ‖ Chiflarse.

Guillén (Alberto), escritor y diplomático peruano (1897-1936), autor de poesías y de las crónicas *La linterna de Diógenes*. ‖ ~ (JORGE), poeta español, n. en Valladolid (1893-1984). Sus composiciones han sido reunidas en los libros titulados *Cántico, Ardor, Clamor, Homenaje* y *Aire nuestro*. En ellas pone de relieve la pureza de sus versos y su imaginación creadora. Perteneció a la Generación del 27. ‖ ~ (NICOLÁS), poeta cubano, n. en Camagüey en 1902, cantor de temas negros en *Motivos del son, Sóngoro-Cosongo, West Indies Ltd., España, Cantos para soldados y sones para turistas, El son entero, La paloma de vuelo popular, Tengo, Balada, El gran zoo, La rueda dentada,* etc. ‖ ~ **de Castro**. V. CASTRO. ‖ ~ **de Segovia** (PERO), poeta español (1413-1474), autor de *Decir sobre el amor* y *Del día del Juicio*. ‖ ~ **Zelaya** (ALFONSO), poeta nativista hondureño (1888-1947).

Guillermina (1880-1962), reina de Holanda de 1890 a 1948. Abdicó en su hija Juliana.

Guillermo ‖ ~ **I** el *Conquistador*, duque de Normandía (1027-1087). Ocupó Inglaterra tras la derrota del rey Haroldo en Hastings (1066). ‖ ~ **II** (¿ 1056 ?-1100), hijo del anterior, rey de Inglaterra a partir de 1087. ‖ ~ **III** *de Nassau* (1650-1702), príncipe de Orange, rey de Inglaterra y Escocia desde 1689 y estatúder de Holanda desde 1672. ‖ ~ **IV** (1765-1837), rey de Gran Bretaña desde 1830.

Guillermo ‖ ~ **I** de *Hohenzollern* (1797-1888), rey de Prusia en 1861 y emperador de Alemania desde 1871. Gobernó con ayuda de Bismarck y consiguió la unidad de Alemania. Organizó el ejército prusiano, venció a Dinamarca (1864), a Austria en Sadowa (1866) y a Francia (1871), ocupó Alsacia y parte de Lorena. ‖ ~ **II** (1859-1941), último rey de Prusia y emperador de Alemania desde 1888 hasta su abdicación en 1918. M. en Holanda.

Guillermo ‖ ~ **de Lorris**, poeta francés (¿ 1205-1240 ?), autor del principio del poema *Roman de la rose*, acabado por Juan de Meung. ‖ ~ **de Machault**, poeta y músico francés de la escuela polifónica (¿ 1300 ?-1377). ‖ ~ **Tell**, héroe legendario de la independencia suiza (principios del s. XIV).

Guillot (Víctor Juan), escritor argentino (1866-1940), autor de relatos.

guillotina f. Máquina que servía en Francia para decapitar a los condenados a muerte. ‖ Pena de muerte. ‖ *Impr.* Máquina para cortar papel, constituida esencialmente por una cuchilla que corre por un bastidor de hierro. ‖ *Ventana de guillotina*, la que se abre y cierra de arriba abajo.

guillotinar v. t. Cortar muerte con la guillotina. ‖ *Impr.* Cortar papel con la guillotina.

Güimar, c. de Tenerife (Canarias).

Guimarães, c. en el NO. de Portugal (Braga).

Guimarães (Alphonsus DA COSTA), poeta simbolista brasileño (1870-1921). ‖ ~ (BERNARDO SILVA), escritor brasileño (1827-1884), autor de novelas regionalistas (*Historias y tradiciones, Mauricio,* etc.)

guimbarda f. Cepillo de carpinteros para labrar el fondo de las ranuras.

Guimerá (Ángel), escritor español en catalán (1845-1924), destacado representante de *La Renaixença*. Autor de obras de teatro en verso de gran popularidad (*El hijo del rey, Mar y cielo, María Rosa, Tierra baja, La fiesta del trigo, Rey y monje, La loca, La araña, El alma mía,* etc.).

güinchar v. i. *Amer.* Trabajar con la grúa.

güinche m. *Amer.* Grúa.

guinda f. Fruto del guindo.

guindalera f. Lugar plantado de guindos.

guindar v. t. Subir una cosa que ha de colocarse en alto. ‖ *Fam.* Robar : *Pedro guindó la novia a Juan.* ‖ Lograr una cosa en concurrencia de otros : *guindar a uno un empleo.*

guindaste m. *Mar.* Cabria formada por tres maderos en forma de horca.

guindilla f. Fruto del guindillo de Indias. ‖ Pimiento pequeño, encarnado y muy picante. ‖ *Fam.* En España, guardia municipal.

guindillo m. *Guindillo de Indias*, planta de fruto encarnado del tamaño de una guinda y muy picante.

guindo m. Árbol rosáceo, parecido al cerezo, de fruto más ácido.

guindola f. *Mar.* Pequeño andamio volante. ‖ Aparato salvavidas provisto de un largo cordel que va colgado en la parte exterior del barco. ‖ Barquilla de la corredera.

guinea f. Moneda británica que vale una libra y un chelín.

Guinea, parte de África, delimitada por Senegal, Malí, Costa de Marfil, Liberia, Sierra Leona y el golfo del mismo nombre. — Rep. del África Occidental, ant. territ. francés, independiente en 1958, entre Senegal, Guinea-Bissau, Sierra Leona y Liberia ; 250 000 km² ; 4 900 000 h. (*guineos* y *guineanos*) ; cap. *Conakry*, 197 000 h. Ganadería. Minas. ‖ ~ **Bissau**, ant. Guinea Portuguesa hasta 1974, rep. de África occidental, al S. de Senegal ; 36 125 km² ;

550 000 h. Cap. *Bissau.* ‖ ~ **Ecuatorial,** n. dado a los ant. territ. españoles de Bioko, de 1964 a 1979 Macías Nguema y antes Fernando Poo, y Mbini, antes Río Muni, al independizarse en 1964 ; 28 051 km² ; 340 000 h. La cap. del primero es *Malabo,* ant. *Santa Isabel,* y está constituido por la isla homónima y la de Annobón, de 1964 a. 1979 *Pagalu ;* la cap. del segundo es *Bata,* y comprende la zona continental y las islas de Corisco, Elobey Grande y Elobey Chico. Constituyen una rep. independiente desde 1968. Cap. *Malabo,* ant. *Santa Isabel ;* 70 000 h. Uranio, oro y petróleo.
guineano, a adj. y s. De Guinea.
guineo, a adj. y s. De Guinea.
Güines mun. de Cuba (La Habana).
Guinovart (José), pintor español, n. en 1927.
guiñada f. Señal que se hace guiñando un ojo.
guiñador, ra adj. Que guiña.
guiñapo m. Andrajo. ‖ *Fig.* Persona andrajosa y sucia : *ir hecho un guiñapo.* ‖ Persona degradada : *es un guiñapo.* ‖ *Fig.* Poner como un guiñapo, hablar muy mal de alguien.
guiñar v. t. e i. Cerrar uno momentáneamente, lo que suele hacerse a modo de advertencia disimulada : *guiñar a alguien* (ú. t. c. pr.).
guiño m. Guiñada.
guiñol m. Títere, muñeco que se puede mover introduciendo la mano por debajo. ‖ Teatro realizado con estos muñecos o títeres.
guión m. Cruz que va delante del prelado o de la comunidad. ‖ Estandarte real. ‖ Bandera arrollada de una cofradía en algunas procesiones. ‖ *Fig.* El que sirve de guía. ‖ Esquema director para la redacción de un texto, para pronunciar un discurso, para el desarrollo de un programa de radio o de televisión. ‖ Texto en el que figura el diálogo de una película, con todos los detalles relativos al rodaje, tales como planos, luces, decorados, efectos especiales, etc. ‖ *Gram.* Signo ortográfico (-) que se pone al fin del renglón que termina con parte de una palabra cuya otra parte, por no caber en él, se ha de escribir en el siguiente. (Sirve también para separar en varios casos los miembros de una palabra compuesta : *germano-soviético.*)
guionista com. Autor de un guión cinematográfico, de televisión o de radio.
guipar v. t. *Pop.* Ver. ‖ Descubrir.
guipil m. *Méx.* Huipil.
guipure [*guipur*] m. (pal. fr.). Encaje de malla utilizado para visillos.
Guipúzcoa, prov. vascongada del norte de España, cap. San Sebastián. Zona industrial y pesquera. Turismo.
guipuzcoano, na adj. y s. De Guipúzcoa (España).
güiquilite m. *Méx.* Añil.
güira f. Árbol americano de la familia de las bignoniáceas, de cuyo fruto, parecido a la calabaza, se hacen platos y tazas. ‖ Fruto de este árbol con cuya pulpa se hace una especie de miel. ‖ *Fam. Amer.* Cabeza, calabaza.
Güira de Melena, mun. de Cuba (La Habana).
Güiraldes (Ricardo), escritor argentino, n. en Buenos Aires (1886-1927), autor de narraciones (*Cuentos de muerte y de sangre*) y novelas (*Raucho, Rosaura, Xaimaca, Seis relatos porteños,* y *Don Segundo Sombra,* epopeya de la vida del gaucho).
Güiria, pobl. y puerto en el NE. de Venezuela (Sucre).
guirigay m. *Fam.* Lenguaje oscuro o ininteligible. ‖ Griterío y confusión producida por hablar todos al mismo tiempo. ‖ Escándalo. ‖ Jaleo.
Guiror (Manuel DE GUIRIOR, marqués de), marino y gobernante español (1708-1788), virrey de Nueva Granada (1773 a 1776) y del Perú (1776 a 1780).
guirlache m. Turrón de almendras.
guirnalda f. Corona o tira de ramas, flores o papel que se cuelgan como adorno.
güiro m. *Bol.* y *Per.* Tallo del maíz verde. ‖ *Antill., Méx.* y Venez. Instrumento músico hecho con una calabaza vacía que se frota con una varilla.
guisa f. Manera, modo : *a guisa de : te digo esto a guisa de ejemplo.*

Guisa, mun. en el este de Cuba (Granma), en la zona de Bayamo.
Guisa, familia ducal de Lorena. Los más distinguidos miembros fueron FRANCISCO DE LORENA (1519-1563), jefe de las tropas católicas durante las guerras de religión, y su hijo ENRIQUE I (1550-1588), uno de los instigadores de la matanza de la Noche de San Bartolomé (1576) ; intentó destronar a Enrique III de Francia, pero éste le hizo asesinar.
guisado m. Guiso de carne, con salsa y con patatas : *guisado de carnero.* ‖ Cualquier guiso con salsa.
Guisando, v. de España (Ávila). Esculturas ibéricas (toros de piedra)..
guisante m. Planta papilionácea trepadora. ‖ Semilla de esta planta.
guisar v. t. e i. Someter los alimentos a diversas manipulaciones utilizando el fuego con objeto de hacerlos aptos para comerlos : *guisar lentejas.* ‖ *Pepita guisa bien.* ‖ *Fig.* Arreglar, componer o disponer una cosa.
guiso m. Manjar guisado. ‖ Guisado, carne con salsa y patatas.
guisote m. Guiso mal preparado.
guisotear v. t. e i. Guisar de cualquier manera.
güisquelite m. *Méx.* Especie de alcachofa.
güisqui m. Whisky.
guita f. Cuerda delgada, bramante. ‖ *Fam.* Dinero.
guitarra f. Instrumento músico de cuerda compuesto de una caja de madera ovalada, con un estrechamiento en el centro, un mástil con varios trastes y seis clavijas para templar otras tantas cuerdas.
guitarreo m. Rasgueo de guitarra de modo repetido y monótono.
guitarrería f. Taller donde se fabrican guitarras y otros instrumentos de cuerda. ‖ Tienda en la que se venden.
guitarresco, ca adj. *Fam.* Relativo a la guitarra.
guitarrista com. Tocador de guitarra : *era un excelente guitarrista.*
Guiteras (Juan), biólogo y médico cubano (1852-1925). Investigó sobre la fiebre amarilla.
güito m. *Fam.* Sombrero.
Guitry (Sacha), actor y comediógrafo francés (1885-1957).
Gujerate, Estado del NO. de la India a orillas del mar de Omán ; cap. Gandhinagar.
Gujranwala, c. en el NE. del Paquistán (Lahore). Textiles.
gul m. *Amer.* Maíz de mazorca de granos arrugados.
gula f. Exceso en la comida o la bebida, y apetito desordenado en el comer y beber : *pecado de gula.*
gulag m. Campo de trabajo en la U. R. S. S. ‖ *Fig.* Régimen opresivo.
gulasch m. Guiso de carne de vaca condimentado con paprika.
gulden m. Florín.
gules m. pl. Color rojo vivo.
Gulf Stream -*strim*] o Corriente del Golfo, corriente cálida del Atlántico N. que va del golfo de México a Noruega. Fue descubierta en 1513 por el navegante español Alaminos.
gulusmear v. i. Andar oliendo lo que se guisa. ‖ *Fig.* Curiosear.
Gulliver, personaje principal de la novela de Swift *Los viajes de Gulliver.*
Gullón (Ricardo), ensayista y crítico literario y de arte español, n. en 1908.
Gundremmingen, central nuclear de Alemania oriental (Baviera).
Guntur, c. de la India (Andhra Pradesh). Textiles. Obispado.
Gurabo, río y mun. del E. de Puerto Rico (Humacao). — Río al NO. de la Rep. Dominicana (Monte Cristi), afl. izq. del Yaque del Norte.
gurdo m. Unitad monetaria de Haití.
Gurí, presa hidroeléctrica del este de Venezuela en el río Caroní (Bolívar).
guri, gurisa m. y f. *Arg.* Niño.
Guridi (Jesús), compositor español (1886-1961), autor de óperas (*Amaya, Mirentxu*) y de zarzuelas (*El caserío*).
Guriev, c. y puerto al SO. de la U. R. S. S. a orillas del Caspio (Kazakstán). Refinería de petróleo.
Gurion. V. BEN GURION.
guripa m. *Fam.* Soldado.
gurmet com. Gourmet.
gurriato y **gurripato** m. Pollo de gorrión. ‖ *Pop.* Chiquillo.

gurrumino, na adj. *Fam.* Desmedrado. ‖ — M. y f. Niño pequeño.
gurú m. Jefe religioso en la India. ‖ *Fig.* Maestro espiritual.
Gurugú (MONTE), macizo montañoso de África, cerca de Melilla.
Gurupi, cabo del Brasil (Pará). — Río al N. del Brasil (Pará y Maranhão), que des. en el Atlántico ; 800 km.
gurupiada f. *Méx.* Salario del gurupié.
gurupié m. *Amer.* Ayudante del banquero en el juego.
Gurvich (José), pintor uruguayo, de origen lituano, n. en 1927.
gusanillo m. *Fam. El gusanillo de la conciencia,* el remordimiento. ‖ *Matar el gusanillo,* beber aguardiente en ayunas.
gusano m. Nombre vulgar de varios animales invertebrados de cuerpo blando, alargado y segmentado, que carecen de extremidades y se mueven mediante contracciones. ‖ — *Gusano blanco,* larva del abejorro. ‖ *Gusano de luz,* la luciérnaga. ‖ *Gusano de seda,* larva de un insecto lepidóptero que produce un capullo de seda, dentro del cual pasa al estado de crisálida y luego al de mariposa.
gusarapo, pa m. y f. Cualquiera de los animales de forma de gusanos que se crían en los líquidos.
gustar v. t. Probar, sentir y percibir en el paladar el sabor de las cosas. ‖ Experimentar. ‖ — V. i. Agradar una cosa, parecer bien : *me gustan las novelas policíacas.* ‖ Desear, querer, tener gusto en algo : *gustar de correr, de jugar, de leer.* ‖ *¿ Usted gusta ?,* expresión de cortesía usada cuando alguien empieza a comer delante de otros.
gustativo, va adj. Relativo al gusto. ‖ *Nervio gustativo,* el que transmite de la lengua al encéfalo las sensaciones del gusto.
Gustavino (Enrique), comediógrafo argentino (1895-1954), autor de *El señor Pierrot y su dinero, La importancia de ser extraño* y *La novia perdida.*
Gustavo, ‖ ~ **I** Vasa (1496-1560), rey de Suecia desde 1523. Liberó a su patria de la dominación danesa. ‖ ~ **II** Adolfo (1594-1632), rey de Suecia desde 1611. Organizó el ejército de su país, participó en la guerra de los Treinta Años, en defensa de los protestantes de Alemania, en la que alcanzó las victorias de Breitenfeld (1631) y Lech (1632), pero murió en la batalla de Lützen, que acababa de ganar. ‖ ~ **III** (1746-1792), rey de Suecia desde 1771. ‖ ~ **IV** Adolfo (1778-1837), rey de Suecia en 1792, depuesto en 1809. ‖ ~ **V** (1858-1950), rey de Suecia desde 1907. ‖ ~ **VI** Adolfo (1882-1973), rey de Suecia desde 1950.
Gustavo A. Madero, delegación del Distrito Federal de México.
gustazo m. *Fam.* Gusto grande.
gustillo m. Dejo o saborcillo ‖ Satisfacción.
gusto m. Uno de los cinco sentidos corporales, con que se percibe y distingue el sabor de las cosas. (El órgano del gusto se encuentra en el hombre en la lengua y en el paladar.) ‖ Sabor : *comida de gusto dulce.* ‖ Placer, agrado : *lo haré con gusto.* ‖ Facultad de apreciar lo bello : *tener buen (o mal) gusto.* ‖ Gracia, elegancia : *vestir con gusto.* ‖ Manera de expresar una obra artística : *obra de gusto helénico.* ‖ Modo de apreciar las cosas : *el gusto peculiar de cada uno.* ‖ Inclinación, afición : *tener gustos diferentes.* ‖ Capricho, antojo : *por su gusto nunca saldríamos de paseo.* ‖ *Gustazo : me di el gusto de verle arruinado.* ‖ — A gusto, con gusto, con agrado o placer. ‖ Con mucho gusto, expresión de cortesía con la que se acepta algo. ‖ *Dar gusto a uno,* complacerle. ‖ *Fam.* Despacharse a su gusto, hacer o decir algo sin traba de ninguna clase. ‖ *Hay gustos que merecen palos,* hay gente con el gusto extraviado. ‖ *Mucho gusto o tanto gusto,* encantado de conocerle (en una presentación).
gustosamente adv. Con gusto.
gustoso, sa adj. Sabroso : *plato gustoso.* ‖ Que hace con gusto una cosa : *iré gustoso a verle.* ‖ Agradable, placentero.

gutagamba f. Árbol gutífero indio.

gutapercha f. Sustancia gomosa, más blanda que el caucho.

Gutenberg (Johannes GENSFLEISCH, llamado), impresor alemán, n. en Maguncia (entre 1394 y 1399-1468), inventor de la tipografía en 1440. Imprimió la Biblia latina a doble columna, llamada de 42 líneas.

Gutierre de Cetina. V. CETINA.

Gutiérrez, prov. al E. de Bolivia (Santa Cruz); cap. *Portachuelo*. || ~ **Zamora**, mun. al SE. de México (Veracruz). Agricultura. Ganadería. Pesca.

Gutiérrez (Eduardo), escritor argentino (1851-1889), autor de la popular novela gauchesca *Juan Moreira*. || ~ (FELIPE S.), pintor mexicano (1824-1904). || ~ (FRANCISCO), escultor neoclásico español (1725-1782), autor de las figuras de la fuente de Cibeles (Madrid). || ~ (JOAQUÍN), pintor colombiano del s. XVIII, autor de retratos y de cuadros religiosos. || ~ (JOAQUÍN), escritor costarricense, n. en 1908, autor de novelas (*Manglar, Puerto Limón, La hoja del aire*, etc.) y poesías. || ~ (JOSÉ MARÍA), político y periodista argentino (1832-1903), fundador del periódico *La Nación Argentina* (1862). || ~ (JUAN MARÍA), poeta y crítico argentino (1809-1878), autor de cuadros de costumbres (*El hombre hormiga*) y de novelas. || ~ (MIGUEL JERÓNIMO), patriota cubano (1822-1871), jefe de la sublevación de Las Villas (1869). || ~ (RAFAEL ANTONIO), general salvadoreño, pres. provisional de la Rep. en 1894 y constitucional (1895-1898). Derribado por una insurrección. || ~ (RICARDO), médico y poeta romántico argentino (1836-1896). || ~ (SANTOS), general colombiano (1820-1872), pres. de la Rep. de 1868 a 1870. || ~ **Coll** (JACINTO), poeta venezolano (1835-1903), de filiación parnasiana. || ~ **de la Concha** (JOSÉ), militar y político español (1809-1895), pres. del Consejo de ministros en 1868. || ~ **de la Concha** (JUAN), marino español que defendió Buenos Aires contra los ingleses. M. fusilado en 1810 con Liniers. || ~ **de Mendoza** (JUANA BELÉN), poetisa y feminista mexicana (1875-1943), autora de *Quiero morir así, siempre rebelde*. || ~ **González** (GREGORIO), poeta román-

tico colombiano (1826-1872), autor del poema *Memoria sobre el cultivo del maíz en Antioquia*. || ~ **Guerra** (JOSÉ), político boliviano (1869-1929), pres. de la Rep. de 1917 a 1920. Derribado por una revolución. || ~ **Hermosillo** (ALFONSO), poeta mexicano (1903-1935). || ~ **Nájera** (MANUEL), poeta modernista mexicano, n. en México (1859-1895), autor de *Odas breves, Tristissima nox, Pax animae, Non omnis moriar*, etc. Escribió en prosa (*Cuentos frágiles, Cuentos de color de humo*, etc.). Firmó, a veces, con el seudónimo *Duque Job*. || ~ **Solana** (JOSÉ), pintor español (1886-1945). Sus temas están basados en una fuerte tradición de su país (procesiones, corridas de toros, mascaradas) y tienen un tinte expresionista.

gutíferas f. pl. Familia de plantas y árboles angiospermos dicotiledóneos que segregan productos resinosos, como la gutagamba y la gutapercha (ú. t. c. adj.).

gutural adj. Relativo a la garganta : *grito gutural*. || Gram. Dícese de las consonantes cuyos sonidos se producen aplicando la lengua contra el velo del paladar (la *g*, la *j* y la *k* son consonantes guturales) [ú. t. c. f.].

Guyana, Estado del NE. del continente de América del Sur, perteneciente al Commonwealth británico. Es la antigua *Guyana Británica*; 215 000 km²; 860 000 h. Cap. *Georgetown*, 200 000 h. Bauxita. Caña de azúcar, arroz. Se declaró independiente en 1966.

Guyena, ant. prov. del sur de Francia; cap. *Burdeos*.

Guzarate. V. GUJERATE.

Guzmán, antigua laguna del norte de México (Chihuahua). Actualmente está desecada.

Guzmán (Alberto), escultor peruano, n. en 1927. || ~ (ANTONIO LEOCADIO), político y escritor venezolano (1801-1884), fundador del Partido Liberal (1840). || ~ (AUGUSTO), escritor boliviano, n. en 1903, autor de novelas (*Prisionero de guerra, Bellacos y paladines*) y de obras de crítica e historia. || ~ (FERNANDO), general nicaragüense, pres. de la Rep. de 1867 a 1871. || (LEONOR DE), dama castellana (1310-1351), amante de Alfonso XI de Cas-

tilla y madre de Enrique II de Trastamara. Al morir el soberano, su viuda, María de Portugal, la hizo degollar. || ~ (MARTÍN LUIS), escritor mexicano, n. en Chihuahua (1887-1976), cuyas novelas relatan la revolución de su país (*El águila y la serpiente, La sombra del caudillo* y *Memorias de Pancho Villa*). Es también autor de ensayos. || ~ (NICOMEDES), escritor chileno, n. en 1914, autor de novelas realistas y de carácter social (*Los hombres oscuros, La sangre y la esperanza, La luz viene del mar*). || ~ (NUÑO DE), conquistador español del s. XVI, pres. de la primera Audiencia de México. Se apoderó de la Nueva Galicia y, destituido (1538), murió preso en España en 1550. || ~ **Blanco** (ANTONIO), general venezolano, n. en Caracas (1829-1898). Fue vicepres. de la Rep. de 1864 a 1868, pres. provisional en 1870 y constitucional de 1873 a 1888, con algunas interrupciones (1877-1878, 1879, 1884-1886). Su gobierno fue dictatorial. || ~ **de Rojas** (CECILIO), pintor boliviano (1900-1950), autor de cuadros de tema social y de paisajes. || ~ **el Bueno** (Alonso PÉREZ DE GUZMÁN, llamado), capitán castellano, n. en Valladolid (1256-1309). En 1293 luchaba en Tarifa, cercada por los árabes. Éstos, habiendo apresado a su hijo, le intimaron que si no se rendía, lo matarían. Antes que faltar a su deber, arrojó su puñal al asesino para que llevase a cabo su amenaza. || ~ **Fernández** (ANTONIO), político dominicano del Partido Revolucionario (1911-1982), pres. de la Rep. de 1978 hasta suicidarse, un mes y medio antes de finalizar su mandato.

Guzmán de Alfarache (*Vida y hechos del pícaro*), novela picaresca de Mateo Alemán, narración de la vida de un aventurero sevillano (1599-1604).

Gwalior, c. de la India (Madhya Pradesh).

Gwelo, c. de Zimbabwe, al SO. de Salisbury.

gymkhana f. (pal. india). Conjunto de pruebas deportivas en automóvil, motocicletas o caballos en el cual los participantes han de vencer obstáculos variados.

Györ, en alemán *Raab*, prov. y c. de Hungría. Obispado. Metalurgia.

GU

Hórreos en Galicia.

H

h f. Novena letra del alfabeto castellano y séptima de sus consonantes. ‖ — **H,** símbolo del *hidrógeno* y del *henrio.* ‖ — **h,** símbolo de la *hora.* ‖ *La hora H,* momento fijado para una operación. ‖ *Por h o por b,* por cualquier causa.

ha, abreviatura de *hectárea.*

¡ ha ! interj. ¡ Ah !

Haarlem o **Harlem,** c. de Holanda Septentrional. Obispado.

haba f. Planta de la familia de las papilionáceas, de semilla comestible. ‖ Su semilla. ‖ Figurita escondida que hay en el roscón de Reyes. ‖ Roncha. ‖ En algunas provincias, habichuela, judía. ‖ *Min.* Nódulo de mineral redondeado y envuelto por la ganga. ‖ *Veter.* Tumor de las caballerías en el paladar. ‖ — *Fam. En todas partes cuecen habas,* lo mismo ocurre en todas partes. ‖ *Ser habas contadas,* ser poco corriente o poco numeroso.

habado adj. *Cub., Méx.* y *Venez.* Dícese del gallo blanquirrojo.

Habana (La), c. y puerto de Cuba, cap. de la Rep., de la prov. del mismo nombre, dividida en 19 municipios, y de la Ciudad de La Habana. La población de la provincia es de 2 500 000 h. y la del municipio de 2 000 000 de h. Universidad. Arzobispado. Fundada por Diego de Velázquez en 1519, ha ido extendiéndose y transformándose hasta constituir una de las más bellas urbes americanas. En la ciudad existen los municipios de *Centro Habana Norte, Centro Habana Vieja* y *Habana del Este,* creados en el año 1976.

habanero, ra adj. y s. De La Habana. ‖ — F. Danza originaria de La Habana. ‖ — M. *Méx.* Licor de sabor fuerte originario de La Habana.

habano, na adj. De La Habana y por ext. de Cuba : *cigarro habano.* ‖ Del color de tabaco claro : *un vestido de color habano.* ‖ — M. Cigarro puro.

hábeas corpus m. Institución de Derecho que garantiza la libertad individual y protege de las detenciones arbitrarias.

haber m. Hacienda, caudal (ú. t. en pl.). ‖ Parte de la cuenta de una persona donde se apuntan las cantidades que se le deben. ‖ — Pl. Retribución : *los haberes de un empleado.* ‖ *Fig.* Tener alguna cualidad o mérito en su haber, poseerla de tal modo que compense otros aspectos poco o menos favorables.

haber v. t. Poseer, tener una cosa (en este sentido se suele usar *tener*). ‖

Detener, alcanzar : *el malhechor no pudo ser habido.* ‖ — V. auxiliar Sirve para conjugar los tiempos compuestos de los verbos : *he amado ; habrás leído.* ‖ — V. impers. Suceder, ocurrir, acaecer, sobrevenir : *hubo una hecatombe.* ‖ Verificarse, efectuarse, celebrarse : *ayer hubo conferencia.* ‖ Dicho del tiempo, hacer : *habrá diez años que ocurrió ; tiempo ha.* ‖ Hallarse : *había mucha gente en el mercado.* ‖ — *Algo habrá,* debe de existir algún motivo para que haya ocurrido cierta cosa. ‖ *Haber de, tener que, ser necesario.* ‖ *Habérselas con uno,* enfrentarse con él. ‖ *Hay que,* es preciso. ‖ *No haber tal,* no ser cierto. ‖ *Fam. ¿ Qué hay ?,* fórmula de saludo.

habichuela f. Judía (planta y semilla) : *un plato de habichuelas.*

habiente adj. *For.* Que tiene : *derecho habientes o habientes.*

hábil adj. Capaz, diestro : *un cirujano hábil.* ‖ Inteligente : *una hábil maniobra.* ‖ Útil, adecuado : *lugar hábil para construir.* ‖ *For.* Apto : *hábil para contratar.* ‖ *Días hábiles,* días laborables.

habilidad f. Capacidad y disposición para una cosa. ‖ Destreza : *la habilidad de un operario.* ‖ Inteligencia, talento : *la habilidad de un político.* ‖ Acción que demuestra la destreza o inteligencia : *la niña tuvo que hacer todas sus habilidades delante de la familia.* ‖ Cualidad de hábil : *habilidad para testar, para firmar un contrato.*

habilidoso, sa adj. y s. Que tiene habilidad, mañoso.

habilitación f. Acción y efecto de habilitar. ‖ Cargo del habilitado.

habilitado, da adj. Dícese de la persona encargada de pagar los haberes de militares y funcionarios u obrar en determinadas circunstancias.

habilitador, ra adj. y s. Que habilita.

habilitar v. t. Hacer a una persona hábil o apta desde el punto de vista legal : *habilitar para suceder.* ‖ Proveer de : *habilitar un millón de pesetas.* ‖ Comanditar. ‖ Disponer, arreglar.

habitabilidad f. Calidad de habitable.

habitable adj. Aplícase al sitio donde puede habitarse.

habitación f. Acción y efecto de habitar. ‖ Cualquiera de las piezas o cuartos de una casa : *piso con cinco habitaciones.* ‖ Edificio o parte de él que se destina para habitarlo, domicilio. ‖ Cuarto de dormir.

habitáculo m. Morada.

habitante adj. Que habita. ‖ — M. Cada una de las personas que constituyen la población de un lugar.

habitar v. t. Vivir, morar.

hábitat m. Conjunto de hechos geográficos relativo a la residencia del hombre : *el hábitat rural, urbano.* ‖ Territorio donde vive normalmente

una especie animal o donde crece una especie vegetal.

hábito m. Traje o vestido. ‖ Vestido que se lleva en cumplimiento de un voto : *hábito del Carmen.* ‖ Vestidura de los religiosos : *hábito de San Francisco.* ‖ Costumbre : *tener malos hábitos.* ‖ — Pl. Vestido talar de los sacerdotes. ‖ — *Ahorcar* (o *colgar*) *los hábitos,* abandonar la vida eclesiástica o cualquier otra forma de vida. ‖ *El hábito no hace al monje,* no debemos juzgar por las apariencias.

habitual adj. De siempre, de costumbre : *ocupación, paseo habitual.*

habituar v. t. Acostumbrar o hacer que uno se acostumbre a una cosa : *habituar al ruido* (ú. m. c. pr.).

habla f. Facultad o acción de hablar : *perder el habla.* ‖ Idioma, lenguaje : *países de habla española.* ‖ Manera de hablar : *el habla de los niños.* ‖ *Al habla,* en comunicación.

hablado, da adj. Expresado por medio de la palabra. ‖ Con los adverbios *bien* o *mal,* comedido o descomedido en el hablar.

hablador, ra adj. y s. Que habla mucho, parlanchín. ‖ Aficionado a contar o relatar todo lo que ve y oye.

habladuría f. Rumor, chisme.

hablar v. i. Articular, proferir palabras para darse a entender : *el niño empieza a hablar al año o año y medio.* ‖ Articular palabras ciertas aves : *el papagayo puede hablar bien.* ‖ Expresarse de un modo cualquiera : *hablar elocuentemente, como el pueblo.* ‖ Conversar (ú. t. c. pr.). ‖ Perorar : *hablar en un mitin.* ‖ Razonar, tratar : *hablar de literatura, de ciencias.* ‖ Dirigir la palabra : *le tengo que hablar para discutir de un asunto.* ‖ Tratar : *hablar de tú a un amigo.* ‖ Murmurar : *hablar mal del vecino.* ‖ Rogar, interceder : *hablar en favor de un amigo.* ‖ *Fig.* Tener relaciones amorosas : *Fernando habló tres años con Victoria* (ú. t. c. pr.). ‖ Sonar un instrumento con expresión : *hablar el violín.* ‖ Darse a entender por medio distinto de la palabra : *el Partenón nos habla de la grandeza de Grecia.* ‖ — *Fig. Hablando en plata,* hablando claramente. ‖ *Fam. Hablar como una cotorra* o *más que un papagayo* o *por los codos,* hablar mucho y muy de prisa. ‖ *¡ Ni hablar !,* de ninguna manera. ‖ — V. t. Conocer, emplear un idioma : *hablar inglés.* ‖ Decir : *hablar disparates.* ‖ *Fig. Hablar cristiano,* hablar claro. ‖ — V. pr. *Fig. Tratarse :* desde aquella discusión no se hablan a pesar de su antigua amistad.

hablilla f. Habladuría.

habón m. Roncha grande, haba.

Habsburgo (CASA DE), dinastía que reinó en Austria de 1278 (Rodolfo I) hasta 1918 (Carlos I). Una rama de esta familia pasó a España por el matrimonio de Felipe el Hermoso, hijo de Maximiliano I, con Juana la Loca, hija de los Reyes Católicos. (V. AUSTRIA [Casa de].)

hacedero, ra adj. Factible.

hacedor, ra adj. y s. Que hace o ejecuta. ‖ Por antonomasia, Dios : el Sumo Hacedor.

hacendado, da adj. y s. Que tiene hacienda en bienes raíces. ‖ Fig. Rico.

hacendar v. t. Dar o conferir la propiedad de bienes raíces. ‖ — V. pr. Adquirir bienes para establecerse.

hacendista com. Persona experta en la administración de la hacienda pública.

hacendístico, ca adj. Relativo a la hacienda pública.

hacendoso, sa adj. Aplícase a la persona que realiza bien los trabajos domésticos u otras labores.

hacer v. t. Producir una cosa, crear, darle el primer ser. ‖ Fabricar : hacer un mueble. ‖ Componer : hacer un poema. ‖ Disponer, arreglar : hacer la comida, las maletas. ‖ Causar, ocasionar : hacer humo, sombra, daño. ‖ Rendir, volver : hacer muy feliz. ‖ Caber, contener : esta bota hace cien litros de vino. ‖ Efectuar : hacer un milagro. ‖ Ejercitar los miembros para procurar su desarrollo : hacer piernas. ‖ Representar : hacer un papel de cómico. ‖ Ocuparse en algo : tener mucho que hacer. ‖ Ser : cuatro y cuatro hacen ocho. ‖ Convertir : hacer trizas una cosa. ‖ Dar cierta impresión : este vestido me hace más gorda. ‖ Convenir : este trabajo no me hace. ‖ Creer, suponer : hacía a Ramón en Málaga (ú. t. c. pr.). ‖ Expeler del cuerpo : hacer de vientre. ‖ Obligar : hacer salir del local. ‖ Aparentar : hacer el rico, el muerto (ú. t. c. pr.). ‖ Proferir o producir cierto sonido : el reloj hace tic tac. ‖ Limpiar : hagamos la habitación. ‖ — Méx. Hacer bueno algo, cumplir, realizar. ‖ Hacer el amor, enamorar, cortejar ; fornicar. ‖ Fam. Hacerla, hacer la fechoría o una jugada. ‖ Hacer las delicias, causar placer. ‖ Hacer las veces de, reemplazar ; servir para. ‖ Hacer saber o hacer presente, poner en conocimiento. ‖ Hacer tiempo, dejar pasar el tiempo. ‖ Hacer uso, usar, utilizar. ‖ — V. i. Importar, convenir : lo que hace al caso. ‖ Corresponder, concordar : llave que hace a ambas cerraduras. ‖ Ejercer una actividad : hace de veterinario en el pueblo. ‖ — Hacer como, aparentar. ‖ Hacer de, desempeñar el

oficio de. ‖ Hacer para o por, procurar. ‖ — V. pr. Proveerse : hacerse con dinero. ‖ Volverse : hacerse viejo. ‖ Resultar : este viaje se hace muy largo. ‖ Crecer, irse formando : hacerse los árboles. ‖ Convertirse en, llegar a ser : se hizo abogado. ‖ Fingir : me hice el ignorante. ‖ Apartarse : se hizo a un lado. ‖ Acostumbrarse : me hice a esa clase de vida. ‖ Ganar : todos los días se hace con una buena cantidad de dinero. ‖ — Hacerse con (o de) una cosa, quedarse con ella, apropiársela. ‖ Hacerse a la mar, embarcarse. ‖ Méx. Hacérsele a uno algo, ocurrir lo que uno deseaba. ‖ — V. impers. Hablando del tiempo, hacerlo bueno o malo : hace calor, frío, buen día, etc. ‖ Haber transcurrido cierto tiempo : hace tres días, diez años.

hacia prep. Indica la dirección del movimiento : hacia la derecha, la izquierda. ‖ Alrededor de, cerca de : hacia las cuatro de la tarde.

hacienda f. Finca agrícola o rural. ‖ Fortuna. ‖ Labor, faena casera (ú. m. en pl.). ‖ Amer. Ganado. ‖ Bienes que son del Estado. ‖ Conjunto de organismos que administran estos bienes. ‖ — Méx. Hacienda de beneficio, lugar en que se benefician los minerales de plata. ‖ Hacienda pública, tesoro público, rentas del Estado. ‖ Ministerio de Hacienda, el que se ocupa de la recaudación fiscal. ‖ Sanear la hacienda, liquidar los créditos o deudas.

hacinamiento m. Pila.

hacinar v. t. Poner las haces unos sobre otros formando hacina. ‖ Fig. Amontonar, acumular : hacinar las pruebas contra un procesado. ‖ — V. pr. Amontonarse : hacinarse en un tranvía.

hacha f. Vela de cera grande y gruesa con cuatro pabilos. ‖ Tea de esparto y alquitrán. ‖ Herramienta cortante provista de un mango utilizada para cortar leña o labrar toscamente la madera. ‖ Cada uno de los cuernos del toro. ‖ Arma antigua de guerra en forma de hacha. ‖ Fam. Ser un hacha, sobresalir en algo, ser un as.

hachazo m. Golpe con el hacha.

hache f. Nombre de la letra h. ‖ Llamémoslo hache, llamémoslo de cualquier manera.

hachemita adj. Perteneciente o relativo a una dinastía árabe : el Reino Hachemita de Jordania (ú. t. c. s.).

hachís m. Composición narcótica extraída del cáñamo : fumar hachís.

hada f. Ser fantástico de sexo feme-

nino al cual se atribuía el don de adivinar lo futuro.

Hades, divinidad griega de los Infiernos, denominada Plutón por los romanos.

hado m. Destino, encadenamiento fatal de los sucesos. ‖ Suerte.

Hadramaut, región meridional de Arabia en el golfo de Adén.

Haedo. V. CUCHILLA.

Haendel o **Händel** [jendel] (Georg Friedrich), músico alemán, naturalizado inglés (1685-1759), autor de óperas y oratorios (Israel en Egipto, Judas Macabeo, El Mesías, etc.).

Haes (Carlos de), pintor naturalista de origen belga que trabajó en España (1829-1898).

hafnio m. Metal blanco (símb., Hf), de número atómico 72, que funde a 2 500 ºC y pertenece al grupo de las tierras raras.

Hagen [jaguen], c. de Alemania Occidental (Rin Septentrional-Westfalia), a orillas del Ruhr. Metalurgia.

hagiografía f. Historia de las vidas de los santos.

hagiógrafo, fa m. y f. Autor de cualquiera de los libros de la Biblia. ‖ Escritor de vidas de santos.

Hahn (Otto), químico alemán (1879-1968), autor de experimentos sobre la fisión del uranio. (Pr. Nobel, 1944.) ‖ ~ (REYNALDO), músico francés, n. en Caracas (1875-1947), autor de Ciboulette.

Haiderabad. V. HYDERABAD.

Haifa o **Haiffa,** c. y puerto de Israel, al S. de la bahía de Acre.

Haifong, c. y puerto del norte de Vietnam. Industrias.

haiga f. Pop. En España, automóvil de lujo.

Haiho o **Haihe,** río de China que pasa cerca de Pequín ; 450 km.

Haikeu, c. y puerto de China en el N. de la isla de Hainán.

Hailé Selasié (1892-1975), emperador de Etiopía de 1930 a 1974, salvo de 1935 a 1941, período en el cual el país estuvo ocupado por Italia. Fue derrocado.

Hainán o **Hai-nan,** isla costera de China, en el sur del golfo de Tonquín. Forma parte de la prov. del Kuangtung ; c. pr. Haikeu.

Hainaut. V. HENAO.

Haití o **Santo Domingo,** isla del Atlántico en las Antillas Mayores, dividida entre la República de Haití al O. y la República Dominicana al E. Colón la descubrió en 1492 y le dio et

HAITÍ

303

nombre de *Hispaniola* o *La Española*. Los indígenas la llamaban *Quisqueya*.

Haití, república de las Antillas Mayores, al O. de la isla de Santo Domingo. Limita al N. con el océano Atlántico, al E. con la Rep. Dominicana, al S. con el mar de las Antillas y al O. con el Paso de los Vientos (77 km), que lo separa de Cuba; 27 750 km²; 5 800 000 h. *(haitianos)* ; cap. *Port-au-Prince* o *Puerto Príncipe,* 710 000 h.
— GEOGRAFÍA. El país está atravesado por montañas (2 680 m), entre las que se encajan extensos valles. La agricultura es su principal actividad económica y el primer producto de exportación el café. Los bosques cubren el 25 por ciento del país. La población, muy densa, se caracteriza por el predominio del elemento negro y mulato, de ascendencia francesa (99 por ciento). El idioma oficial es el francés.

haitiano, na adj. y s. De Haití.

¡ **haití !** interj. Se usa para animar.

halagador, ra adj. Que halaga o adula (ú. t. c. s.).

halagar v. t. Dar a uno muestras de afecto. ‖ Dar motivo de satisfacción o envanecimiento : *me halaga lo que dices.* ‖ Adular. ‖ *Fig.* Agradar, deleitar.

halago m. Alabanza, lisonja.

halagüeño, ña adj. Que halaga. ‖ Que lisonjea o adula. ‖ Que tiene buenas perspectivas.

halar v. t. *Mar.* Tirar de un cabo, de una lona o de un remo. ‖ Remar hacia adelante. ‖ *Amer.* Jalar.

halcón m. Ave rapaz diurna, de plumaje variado, pico fuerte y corvo.

Halcón (Manuel), escritor español, n. en 1902, autor de novelas *(Fin de raza, Los Dueñas, Manuela,* etc.).

¡ **hale !** interj. Se usa para animar o meter prisa.

Halevy (Jacques Fromental), músico francés (1799-1862), autor de la ópera *La Hebrea.* — Su sobrino LUDOVIC (1834-1908) escribió libros y libretos de operetas.

Halffter (Rodolfo), músico español, n. en Madrid en 1900, residente en México. Autor de *Dos sonatas del Escorial,* ballets *(Don Lindo de Almería, Elena traicionera),* etc. — Su hermano ERNESTO, n. en 1905, fue discípulo de M. de Falla y terminó *La Atlántida,* poema sinfónico de su maestro (1961), inconcluso a la muerte de éste. Autor de un *Concierto para guitarra, Sinfonietta, Rapsodia portuguesa, Salmos, Dulcinea,* etc. — El sobrino de éstos, CRISTÓBAL, n. en 1930, ha compuesto conciertos, sinfonías, obras vocales o de cámara.

Halicarnaso, hoy *Bodrum,* ant. c. de Caria en Asia Menor. Alcanzó su máximo esplendor en los reinados de Mausolo y de Artemisa II.

Halifax, c. y puerto en el este del Canadá, cap. de Nueva Escocia. Arzobispado. Universidad. Astilleros. — C. al NE. de Inglaterra (York).

hálito m. Aliento.

Halmahera o **Gilolo,** isla principal de las Molucas (Indonesia).

halo m. Cerco o círculo luminoso que rodea a veces el Sol y la Luna. ‖ *Fot.* Aureola que rodea la imagen de un punto brillante. ‖ Cerco brillante que se pone sobre la cabeza de las imágenes de los santos. ‖ *Fig.* Atmósfera que rodea a una persona.

halógeno, na adj. y s. m. *Quím.* Aplícase a los elementos de la familia del cloro (flúor, bromo, yodo).

Hals (Frans), pintor holandés (¿ 1580 ? - 1666), autor de retratos y de cuadros de costumbres.

Hälsingborg, c. y puerto en el sur de Suecia, en la entrada del Sund.

haltera f. Instrumento de gimnasia formado por dos bolas o discos metálicos unidos por una barra.

halterofilia f. Deporte consistente en el levantamiento de pesos y halteras.

halterófilo, la adj. Relativo a la halterofilia. ‖ Que practica este deporte (ú. t. c. s.).

hall [jol] m. (pal. ingl.). Recibimiento, entrada, zaguán.

hallar v. t. Dar con una persona o cosa sin buscarla. ‖ Encontrar lo que se busca : *hallar un documento histórico.* ‖ Inventar : *hallar un procedi-*

miento químico. ‖ Observar, notar : *hallar errores de imprenta.* ‖ Averiguar : *hallar el paradero de una persona.* ‖ — V. pr. Encontrarse : se *hallaba en Barcelona.* ‖ Estar : *hallarse perdido, enfermo, alegre.* ‖ Estar presente : *hallarse fuera de su patria.*

hallazgo m. Acción y efecto de hallar. ‖ Cosa hallada.

Halle, c. y distrito de Alemania Oriental. Universidad.

Hallstatt, pueblo de Austria (Salzkammergut). Estación prehistórica de la primera época de la Edad de Hierro.

Hama, c. y prov. en el N. de Siria.

hamaca f. Red o lona que se cuelga horizontalmente y sirve de cama y columpio. ‖ Tumbona. ‖ *Arg.* Columpio. ‖ Mecedora.

Hamadán, c. de Irán, al SO. de Teherán. Comercio. Fue capital de Media con el n. de *Ecbatana.*

Hamamatsu, c. del Japón en la isla de Honshu.

hambre f. Gana y necesidad de comer. ‖ *Fig.* Apetito o deseo ardiente : *hambre de libertad, de justicia.* — *Fig. A buen hambre no hay pan duro,* cuando aprieta la necesidad no repara en ninguna delicadeza. ‖ *Hambre calagurritana,* la muy violenta. ‖ *Hambre canina,* ganas de comer excesivas. ‖ *Ser más listo que el hambre,* ser muy avispado.

hambriento, ta adj. y s. Que tiene hambre. ‖ *Fig.* Deseoso.

hambruna f. *Amer.* Hambre.

Hamburgo, Estado, c. y puerto de Alemania Occidental, en el estuario del Elba. Universidad.

hamburgués, esa adj. y s. De Hamburgo (Alemania). ‖ — F. Bistec de carne picada hecho a la parrilla que se sirve con un bollo de pan tostado.

hamburguesería f. Lugar donde hacen y venden hamburguesas.

Hamilton, río del Canadá oriental (Labrador) que desemboca en el Atlántico. — C. del Canadá, en la prov. de Ontario, al O. del lago Ontario. Obispado. Universidad. Metalurgia. — C. de Gran Bretaña al SE. de Glasgow. — C. de Nueva Zelanda, en la isla del Norte.

Hamlet, príncipe de Jutlandia (siglo V) que fingió la locura para vengar a su padre. Inmortalizado por un drama de Shakespeare.

Hamm, c. de Alemania Occidental en el Ruhr. Metalurgia.

Hammerfest, c. y puerto del N. de Noruega, en la isla Kvalöy.

Hammond, c. de los Estados Unidos (Indiana), a orillas del Ohio.

Hammurabi, sexto rey semita de Babilonia (¿ 1792-1750 ? a. de J. C.).

hampa f. Género de vida de los pícaros y maleantes y conjunto de éstos : *el hampa de una gran ciudad.*

hampesco, ca adj. Relativo al hampa : *la vida hampesca.*

Hampshire [-cher], condado meridional de Inglaterra ; cap. *Winchester.* C. pr. *Southampton.*

Hampton Roads, ensenada de los Estados Unidos, en el Atlántico (Virginia), a la entrada de la bahía Chesapeake, a la que se encuentran los puertos de Newport News, Norfolk, Portsmouth y Hampton.

hámster m. Género de roedores pequeños de Europa Oriental.

Hamsun (Knut PEDERSEN, llamado **Knut**), escritor noruego (1859-1952), autor de las novelas *Hambre, Pan,* etc. (Pr. Nobel, 1920.)

Han, dinastía imperial china, que reinó del año 206 a. de J. C. al 220.

hand ball [*janbol*] m. (pal. ingl.). Balonmano.

Händel. V. HAENDEL.

handicap m. (pal. ingl.). Prueba deportiva en la que se da ventaja a ciertos competidores para igualar las posibilidades. ‖ *Fig.* Cualquier desventaja.

hangar m. Cobertizo, en particular el destinado a guarecer los aviones.

Hanga Roa, c. de Chile en la V Región (Valparaíso) y en la isla de Pascua, cap. de la prov. y de la com. de este n.

Hangcheu, c. y puerto de China en el S., cap. de la prov. de Chekiang. Ant. cap. de la dinastía de los Song.

Hankeu o **Hangkeu** o **Hanku,** c. de China, junto a la de Wuchan (Hupé) y a orillas del Hankiang. Industrias.

Hankiang, río de China, afluente del Yang tse Kiang ; 1 100 km.

Hannover, c. y distrito de Alemania Occidental, cap. de Baja Sajonia, a orillas del Leine. Centro industrial y comercial. Universidad. Fue capital de los duques electores y después de los reyes de Hannover (1636-1714 y 1837-1866).

Hanoi, cap. de la Rep. Socialista de Vietnam, en el delta del Tonquín ; 1 075 000 h. Universidad.

hansa f. V. ANSA.

hanseático, ca adj. V. ANSEÁTICO.

happening m. (pal. ingl. que sign. *acontecimiento*). Espectáculo artístico improvisado sobre un tema en el que participa el público.

haragán, ana adj. y s. Holgazán.

haraganear v. i. Holgazanear.

haraganería f. Holgazanería.

harakiri [*jara-*] o **haraquiri** m. En el Japón, suicidio ritual que consiste en abrirse el vientre.

harapiento, ta adj. Haraposo.

harapo m. Andrajo, guiñapo.

haraposo, sa adj. Andrajoso.

Harar, prov. y c. de Etiopía en el límite con Somalia.

Harare, n. actual de Salisbury (Zimbabwe).

Harat o **Herat,** c. de Afganistán.

Harbin, ant. *Pin Kiang,* c. al NE. de China, cap. de la provincia de Heilongkiang.

harca [*jarca*] f. En Marruecos, antigua expedición de tropas indígenas.

Hardt, región montañosa de Francia y de Alemania, al O. del valle del Rin.

hardware m. (pal. ingl.). Conjunto de los elementos que forman un ordenador electrónico desde el punto de vista de su realización.

Hardy (Thomas), escritor inglés (1840-1928), autor de novelas *(Judas el Oscuro, Teresa de Uberville,* etc.) y poesías *(Los Dinastas).*

harén m. Entre los musulmanes, departamento de la casa donde viven las concubinas. ‖ Conjunto de estas mujeres.

Hargeisa, c. de Somalia, ant. cap. de Somalia Británica.

Hari Rud o **Heri Rud,** río de Afganistán e Irán.

Hariana, Estado del NO. de la India ; cap. *Chandigarh.*

harina f. Polvo resultante de la molienda de diversos granos : *harina de maíz, de trigo, de mandioca.* ‖ *Fig.* Polvo menudo. ‖ — Harina de pescado, polvo elaborado a partir de desechos de pescado. ‖ *Fig. y fam. Ser harina de otro costal,* ser muy diferente una cosa de otra. ‖ *Metido en harina,* empeñado en una empresa.

harinoso, sa adj. Que tiene mucha harina. ‖ Farináceo.

Harlem, barrio de Nueva York en el que vive una importante comunidad de raza negra. — V. HAARLEM.

Harlow, c. de Gran Bretaña (Essex), al N. de Londres.

Haro, c. de España (Rioja), a orillas del Ebro. Central hidroeléctrica.

Haroldo II (¿ 1022 ?-1066), rey de Inglaterra en 1066. Derrotado en Hastings este mismo año.

Harrisburgo, c. de los Estados Unidos, cap. de Pensilvania. Obispado. Siderurgia. Central nuclear.

Harrogate, c. de Inglaterra (Yorkshire). Aguas termales.

Harrow, pobl. de los suburbios del NO. de Londres (Middlesex).

hartada f. Hartazgo.

hartar v. t. Saciar el apetito de comer o beber (ú. t. c. i. y pr.). ‖ *Fig.* Satisfacer el deseo de una cosa. Ú. t. c. pr. : *hartarse de dormir.* ‖ Fastidiar, cansar. Ú. t. c. pr. : *hartarse de esperar.* — V. i. Dar en gran cantidad : *hartar a uno de palos.*

hartazgo m. Repleción incómoda que resulta de hartarse : *hartazgo de fruta.* ‖ *Fig.* Cansancio. ‖ *Fig.* Darse un *hartazgo de una cosa,* hacerla con exceso, hasta la saciedad.

Hartford, c. de Estados Unidos en Nueva Inglaterra y en el estuario del río homónimo ; cap de Connecticut. Arzobispado. Universidad.

Hartlepool o **East Hartlepool,**

puerto de Gran Bretaña (Inglaterra), en el mar del Norte. Astilleros.

harto, ta adj. Saciado de comer o beber. ‖ *Fig.* Cansado : *estoy harto de tus impertinencias.* ‖ — Adv. Bastante o demasiado : *estaba harto enojado.*

hartón m. Hartazgo, indigestión.

hartura f. Hartazgo. ‖ Abundancia.

Hartzenbusch (Juan Eugenio), escritor romántico español, n. en Madrid (1806-1880), autor de dramas de temas históricos (*Los amantes de Teruel, La jura de Santa Gadea*) y de comedias.

Harún al-Rachid (766-809), califa abasida de Bagdad desde 786. Inmortalizado en *Las Mil y Una Noches.*

Harvard (*Universidad de*), la universidad más antigua de Estados Unidos, fundada en 1636 en Cambridge (Massachusetts)·por John Harvard. Está al NE. del país, cerca de Boston.

Harvey (William), médico inglés (1578-1657). Se le considera descubridor de la circulación de la sangre.

Haryana. V. HARIANA.

Harz o **Hartz,** macizo montañoso de Alemania Occidental y Oriental, entre los ríos Weser y Saale ; alt. máx. en el Brocken (1 142 m).

Hasa, prov. de Arabia Saudita, en el golfo Pérsico. Cap. *Hufuf.* Petróleo.

hash y **haschich** m. *Pop.* Hachís.

Hassán ‖ ~ **I** (¿ 1830 ?-1894), sultán de Marruecos de 1873 a 1894. ‖ ~ **II,** rey de Marruecos en 1961. N. en 1929.

Hasselt, c. de Bélgica, cap. de la prov. de Limburgo.

Hassi ‖ ~ **Messaud,** centro petrolífero del Sáhara argelino, al SO. de Uargla. ‖ ~ **R'Mel,** yacimiento de gas natural y petróleo en el Sáhara argelino, al O. de Uargla.

hasta prep. Sirve para expresar el término de lugares, acciones o cantidades continuas o discretas : *desde aquí hasta allí ; llegaremos hasta Barcelona ; ahorramos hasta cien mil dólares.* ‖ — Conj. y adv. Equivalente a *incluso, aun, también* : *en la casa podrá caber hasta el coche ; le hubiese hasta pegado.* ‖ — *Hasta la vista, hasta luego, hasta pronto, hasta otra,* expresiones de despedida. ‖ *Hasta más no poder,* sumamente.

hastial m. Parte superior triangular de la fachada de un edificio.

hastiar v. t. Asquear. (ú. t. c. pr.). ‖ Fastidiar, cansar (ú. t. c. pr.).

Hastings, c. de Inglaterra, en la costa del Paso de Calais (Sussex). Batalla ganada por Guillermo I el Conquistador a Haroldo II el 14 de octubre de 1066.

hastío m. Asco a la comida. ‖ *Fig.* Fastidio, tedio : *hastío de un trabajo.*

hatajo m. Pequeño hato de ganado. ‖ *Fig. y fam.* Conjunto, abundancia.

hatillo m. Hato pequeño de ganado. ‖ Pequeño lío de ropa.

Hatillo mun. de Puerto Rico (Aguadilla).

hato m. Porción de ganado : *un hato de bueyes, de ovejas.* ‖ Sitio en despoblado donde paran los pastores con el ganado. ‖ Comida de los pastores. ‖ *Fig.* Junta de gente de mal vivir : *un hato de pícaros.* ‖ Hatajo, montón. ‖ *Fam.* Junta, corrillo : *un hato de chiquillos, de comadres.* ‖ Lío de ropa y efectos que lleva uno consigo cuando va de un sitio para otro.

Hato Mayor, mun. de la Rep. Dominicana (El Seibo) ; cap. *Hato Mayor del Rey.*

Hatteras (CABO), promontorio de la costa E. de Estados Unidos (Carolina del Norte).

Hatuey, c. y mun. de Cuba (Camagüey).

Hatuey, indígena de La Española, que en 1511 pasó a Cuba y luchó contra los españoles. M. ajusticiado en 1515.

Hauptmann (Gerhart), escritor alemán (1862-1946), autor de obras de teatro (*Los tejedores*) y de poemas épicos. (Pr. Nobel, 1912).

Haurán, región desértica de Siria, al E. del Jordán y al S. de Damasco.

Hausschein (Juan). V. ECOLAMPADIO.

Haut-Rhin, dep. al NE. de Francia ; cap. *Colmar.*

Haute ‖ ~-**Garonne,** dep. al S. de Francia ; cap. *Toulouse.* ‖ ~-**Loire,** dep. de Francia ; cap. *Le Puy.* ‖ ~-**Marne,** dep. al NE. de Francia ; cap.

Chaumont. ‖ ~-**Saône,** dep. al NE. de Francia ; cap. *Vesoul.* ‖ ~-**Savoie,** dep. al E. de Francia ; cap. *Annecy.* ‖ ~-**Vienne,** dep. en el centro de Francia ; cap. *Limoges.*

Hautes ‖ ~-**Alpes,** dep. al SE. de Francia ; cap. *Gap.* ‖ ~-**Pyrénées,** dep. al S. de Francia ; cap. *Tarbes.* Ind. textil. ; yac. de plomo.

Hauts-de-Seine, dep. de Francia, al O. de París ; cap. *Nanterre.*

Havel, río de Alemania Oriental, afl. del Elba ; 341 km.

Havre (Le), c. y puerto del NO. de Francia (Seine-Maritime), en la desembocadura del Sena.

Hawai (ISLAS), archip. de Polinesia (Oceanía), uno de los Estados Unidos de Norteamérica desde 1959 ; 16 731 km² ; 800 000 h. Cap. *Honolulú.* Descubierto por Cook en 1778. Islas pr. : Oahú, Hawai, Mauí, Kauaí, Niihaú, Molokai, Lanaí. Llamado ant. *islas Sandwich.*

hawaiano, na adj. y s. De Hawai.

Hawkins (Sir John), almirante inglés (1532-1595). Combatió contra los españoles en América (1567) y participó en la destrucción de la Armada Invencible (1588).

Hawthorne (Nathaniel), escritor norteamericano (1804-1864), autor de novelas (*La letra escarlata, La casa de los siete altillos*).

Hay-les-Roses (L'), c. de Francia (Val-de-Marne), al sur de París.

haya f. Árbol de la familia de las fagáceas, de tronco liso, corteza gris y madera blanca. ‖ Su madera.

Haya (La), en hol. 's Gravenhage, c. de Holanda, cap. de Holanda Meridional y residencia del Gobierno. Sede del Tribunal Internacional de Justicia.

Haya de la Torre (Víctor Raúl), político y escritor peruano (1895-1979), fundador del movimiento político *Alianza Popular Revolucionaria Americana* (A. P. R. A.).

hayal m. Sitio poblado de hayas.

Haydn (Joseph), músico austriaco (1732-1809). Estableció las leyes de la sinfonía y de la sonata clásicas. Autor de sinfonías, sónatas, tríos, cuartetos de cuerda, misas, óperas, oratorios (*La Creación, Las estaciones*), conciertos para piano y otros instrumentos.

hayense adj. y s. Del departamento Presidente Hayes (Paraguay).

haz m. Porción atada de mieses, lino, leña, etc. ‖ *Fís.* Conjunto de rayos luminosos emitidos por un foco. ‖ — F. Cara o rostro : *Cara de una hoja, de cualquier tela, etc., opuesta al envés.* ‖ *El a la haz de la Tierra,* la superficie de ella.

haza f. Porción de tierra de labor.

hazaña f. Hecho ilustre y heroico.

hazmerreír m. Persona objeto de burlas : *el hazmerreír de la reunión.*

he adv. Con los adverbios *aquí* y *allí* o los pronombres enclíticos *me, te, la, le, lo, las, los* sirve para señalar una persona o cosa : *heme aquí.*

He, símbolo del helio.

Heath, río fronterizo entre el Perú y Bolivia, afluente del Madre de Dios.

Heathrow, c. de Inglaterra, al O. de Londres. Aeropuerto internacional.

Hebbel (Friedrich), dramaturgo romántico alemán (1813-1863), autor de la trilogía *Los Nibelungos.*

hebdomadario, ria adj. Semanal.

hebijón m. Clavillo de hebilla.

hebilla f. Broche que sirve para ajustar correas, cintas, etc.

hebra f. Porción de hilo que se pone en una aguja. ‖ Fibra de la carne. ‖ Filamento o fibra de las materias textiles : *hebra de lino, de cáñamo.* ‖ Dirección de las vetas de la madera : *aserrar a hebra.* ‖ Hilo de cualquier materia viscosa concentrada : *hebras de sangre.* ‖ *Min.* Vena o filón : *hebra argentífera.* ‖ Filamento de tabaco picado.

hebraico, ca adj. Hebreo.

hebraísmo m. Profesión de la ley de Moisés, ley judía. ‖ Palabra o giro propios de la lengua hebrea. ‖ Carácter hebraico. ‖ Amor a lo hebraico.

hebraísta com. Persona que cultiva la lengua y la literatura hebreas.

hebraizante com. Hebraísta.

hebraizar v. i. Usar palabras o giros hebreos. ‖ Dar a algo carácter hebraico.

hebreo, a adj. y s. Aplícase al pueblo semítico que conquistó y habitó Palestina, también llamado *israelita* y *judío.* (Los *hebreos* son descendientes del patriarca Heber, antepasado de Abrahán.) ‖ — M. Lengua de los hebreos.

Hebreo (Judá ABARBANEL, llamado León) escritor judeoespañol (¿ 1470 ?-1521), autor de *Diálogos de amor.*

Hébridas, islas de Gran Bretaña, al O. de Escocia que forman dos archip. Las principales islas son *Lewis* y *Skye.* ‖ — (Nuevas). V. NUEVAS HÉBRIDAS.

Hebrón, hoy **Al-Khalil,** c. de Jordania, cerca de Jerusalén. Actualmente ocupada por Israel.

hecatombe f. Sacrificio solemne de cien bueyes y, por ext., de otras víctimas, que hacían los paganos a sus dioses. ‖ *Fig.* Matanza, mortandad : *la hecatombe de Hiroshima.* ‖ Acontecimiento en que son muchos los perjudicados : *el examen de ingreso fue una verdadera hecatombe.* ‖ Desastre, calamidad.

hectárea f. Medida de superficie de cien áreas equivalente a diez mil metros cuadrados (símb., ha).

hectogramo m. Medida de peso que tiene 100 g (símb., hg).

hectolitro m. Medida de capacidad que tiene 100 litros (símb., hl).

hectómetro m. Medida de longitud que tiene 100 m (símb., hm).

Héctor, héroe troyano, hijo mayor de Príamo. Fue matado por Aquiles.

Hécuba, esposa de Príamo y madre de París y Héctor.

Hechaz. V. HEDJAZ.

hechicería f. Profesión y acto del hechicero. ‖ Hechizo, maleficio.

hechicero, ra adj. y s. Dícese de la persona que el vulgo creía estaba en contacto con el diablo para producir maleficios. ‖ En los cuentos, brujo. ‖ *Fig.* Que, por su belleza, cautiva y atrae : *niña hechicera.*

hechizar v. t. Emplear prácticas supersticiosas para someter a uno a influencias maléficas. ‖ *Fig.* Despertar una persona o cosa admiración, cautivar : *hechizar por su hermosura.*

hechizo m. Cosa supersticiosa de que se vale el hechicero para lograr su objetivo. ‖ *Fig.* Persona o cosa que cautiva el ánimo : *el hechizo de sus ojos negros.*

hecho, cha adj. Perfecto, acabado : *hombre hecho y otro hecho.* ‖ *Fig.* Semejante a : *estaba hecho un hombre, una fiera.* ‖ *A derecho.* bien o mal, bien o mal proporcionado : *mujer muy bien hecha.* ‖ — M. Acción, obra. ‖ Acontecimiento, suceso : *un hecho histórico.* ‖ Lo que existe en realidad : *hay que juzgar los hechos y no las suposiciones.* ‖ — A lo hecho, pecho, hay que sufrir las consecuencias de lo que se hace. ‖ *De hecho,* en realidad. ‖ *¡ Hecho !, ¡ de acuerdo !, ¡ aceptado ! : ¿ vienes con nosotros ? ¡ Hecho !* ‖ *Hecho* consumado, aquel en el que ya realizado, es irreversible. ‖ *Hecho y derecho,* cabal, perfecto. ‖ *Hechos de los Apóstoles,* libro del Nuevo Testamento, escrito por San Lucas.

hechura f. Ejecución, confección : *la hechura de un traje.* ‖ Criatura, respecto de su creador : *somos hechuras de Dios.* ‖ Cualquier cosa respecto de la hecho. ‖ Forma exterior. ‖ *Fig.* Persona que debe a otra cuanto tiene : *ser la hechura de su protector.*

heder v. i. Despedir mal olor.

hediondez f. Cosa hedionda. ‖ Hedor, mal olor.

hediondo, da adj. Que despide hedor, pestilente : *un hediondo calabozo.* ‖ *Fig.* Sucio, repugnante.

Hedjaz, región de Arabia, bañada por el mar Rojo ; 400 000 km² ; tres millones de h. Cap. *La Meca.* Unida a la *Arabia Saudita.*

hedonismo m. Doctrina moral que considera el placer como único fin de la vida.

hedonista adj. Relativo al hedonismo o partidario de él (ú. t. c. s.).

hedor m. Mal olor.

Hefestos o **Hefaistos,** dios helénico del Fuego y del Metal. Es el *Vulcano* romano.

Hegel (Georg Wilhelm Friedrich), filósofo alemán, n. en Stuttgart (1770-1831), creador de la doctrina llamada

hegelianismo. Autor de *Fenomenología del espíritu, Lógica, Filosofía del Derecho,* etc.

hegelianismo m. Sistema filosófico fundado en la primera mitad del s. XIX por el alemán Hegel, según el cual lo Absoluto, que llamaba Idea, se manifiesta evolutivamente bajo las formas de naturaleza y espíritu.

hegeliano, na adj. Relativo al hegelianismo o partidario de él (ú. t. c. s.).

hegemonía f. Supremacía de un Estado sobre otros : *la hegemonía de Macedonia sobre Grecia.* ‖ *Fig.* Dominio, superioridad en cualquier grado.

hegemónico, ca adj. Relativo a la hegemonía.

hégira o **héjira** f. Punto de arranque de la cronología musulmana en 622, año de la huida de Mahoma de La Meca a Medina.

Heidegger (Martin), filósofo existencialista alemán (1889-1976), autor de *Ser y Tiempo, Introducción a la metafísica.*

Heidelberg, c. de Alemania Occidental (Baden-Wurtemberg). Universidad.

Heilbronn, c. de Alemania Occidental (Baden-Wurtemberg).

Heilongkiang, prov. del NE. de China, fronteriza con la U. R. S. S. ; cap. *Harbin.* Agricultura.

Heine (Heinrich), escritor romántico alemán, n. en Düsseldorf (1797-1856), autor de poesías (*Cancionero, Intermezzo lírico, Retorno,* etc.) y de *Cuadros de viajes,* escritos en prosa.

Heiremans (Luis Alberto), escritor y médico chileno (1928-1954), autor de obras de teatro y relatos.

héjira. V. HÉGIRA.

helada f. Congelación de los líquidos producida por la frialdad del tiempo. ‖ Fenómeno atmosférico consistente en una temperatura que hiela.

Hélade, ant. n. de *Grecia.*

heladera f. Máquina para hacer helados. ‖ *Amer.* Nevera, armario refrigerado, refrigerador.

heladería f. Tienda helados.

heladero, ra m. y f. Fabricante o vendedor de helados. ‖ — F. Nevera.

helado, da adj. De consistencia sólida a causa del frío : *lago helado.* ‖ *Fig.* Muy frío : *tener los pies helados.* ‖ Atónito, suspenso : *quedarse helado del susto.* ‖ Frío, desdeñoso : *hombre de temperamento helado.* ‖ — M. Crema azucarada, a veces con zumo de frutas o licor, que se congela en un molde y constituye un manjar refrescante : *helado de vainilla.*

helador, ra adj. Que hiela. ‖ — F. Utensilio para hacer helados. ‖ *Amer.* Nevera, refrigerador.

helar v. t. Solidificar un líquido por medio del frío : *el frío hiela el agua de los ríos.* ‖ *Fig.* Dejar a uno atónito : *helar a uno con una mala noticia.* ‖ Desanimar, amilanar : *helar el entusiasmo de uno.* ‖ — V. pr. Ponerse helada una cosa : *helarse el aceite por la baja temperatura.* ‖ Quedarse muy frío. ‖ Echarse a perder los vegetales por causa de la congelación. ‖ *Fig.* Pasar mucho frío. ‖ — *Helársele a uno la sangre en las venas,* quedarse paralizado por miedo o sorpresa. ‖ — V. impers. Formarse hielo : *ayer heló.*

Helder (El), c. y puerto de Holanda Septentrional, en el mar del Norte.

helecho. Género de plantas criptógamas de la clase de las filicíneas que crecen en los lugares húmedos y sombríos.

Helena, c. de Estados Unidos, cap. de Montana. Obispado.

Helena, hija de Zeus y de Leda y esposa de Menelao. Huyó con Paris a Troya, lo que motivó la guerra.

helénico, ca adj. Relativo a la Hélade o Grecia.

helenismo m. Palabra o giro propio de la lengua griega. ‖ Influencia de la civilización griega en las culturas posteriores. ‖ Carácter helénico. ‖ Amor a lo heleno.

helenista com. Persona versada en la lengua, literatura y cultura griegas (ú. t. c. adj.).

helenístico, ca adj. Relativo a los helenistas. ‖ Aplícase al griego alejandrino, y particularmente al de los Setenta, que es el dialecto macedónico mezclado con el de Fenicia y el de Egipto.

helenización f. Adopción de la lengua y cultura griegas.

helenizar v. t. Dar carácter griego. ‖ — V. pr. Adoptar las costumbres, lengua y civilización griegas.

heleno, na adj. y s. Griego.

Heleno, hijo de Deucalión y Pirra, padre de los helenos o griegos.

helera f. *Amer.* Heladera.

helero m. Masa de hielo debajo del límite de las nieves perpetuas en las altas montañas.

Helesponto, ant. n. del estrecho de *los Dardanelos.*

Helgoland, ant. *Heligoland,* isla de Alemania Occidental en el mar del Norte.

hélice f. Sistema de propulsión, tracción o sustentación constituido por palas helicoidales que giran sobre un eje : *la hélice de un avión.* ‖ *Anat.* Parte externa del pabellón auditivo.

helicoidal adj. De figura de hélice.

Helicón, macizo montañoso de Grecia (Beocia) 1 748 m.

helicóptero m. Aeronave cuya sustentación y propulsión se deben a hélices horizontales que le permiten ascender y descender en sentido vertical.

Heligoland. V. HELGOLAND.

helio m. *Quím.* Cuerpo simple gaseoso (He), de densidad 0,18 y número atómico 2.

Heliogábalo, emperador romano (204-222). Murió asesinado.

heliograbado m. *Impr.* Procedimiento fotomecánico para obtener grabados en hueco mediante el aguafuerte. ‖ Estampa así obtenida.

helión m. Núcleo del átomo del helio, llamado también *partícula alfa.*

Heliópolis, c. de Egipto, en los suburbios de El Cairo.

Helios, divinidad helénica, personificación del Sol y de la Luz.

helioterapia f. *Med.* Tratamiento basado en la luz solar, activa por sus rayos ultravioleta.

heliotropismo m. Fenómeno que ofrecen ciertas plantas de dirigir sus flores, sus tallos y sus hojas hacia el Sol.

heliotropo m. Planta de flores olorosas. ‖ Esta flor.

helipuerto m. Aeropuerto para uso de los helicópteros.

helix m. *Anat.* Hélice.

helminto m. Gusano parásito intestinal.

Helos, ant. c. del Peloponeso, en el golfo de Laconia, cuyos habitantes (ilotas) fueron esclavos de los espartanos.

Helsingborg, c. y puerto de Suecia, en el Sund.

Helsingœr [-guer] o **Helsingör.** V. ELSINOR.

Helsinki, en sueco *Helsingfors,* cap. y puerto de Finlandia, en una península del golfo de Finlandia ; 800 000 h. Industrias. Obispado. Universidad.

Helst (Bartholomeus VAN DER). V. VAN DER HELST.

Heluan o **Hilwan,** suburbio al SE. de El Cairo (Egipto). Siderurgia.

Helvecia, parte E. de las Galias, hoy *Suiza.*

helvecio, cia adj. y s. De Helvecia.

helvético, ca adj. y s. Helvecio.

Hellín, c. de España (Albacete). Agricultura. Azufre. Cerca se encuentran las pinturas rupestres de *Minateda.*

hematemesis f. Vómito de sangre.

hematie m. Glóbulo rojo de la sangre.

hematina f. Pigmento ferruginoso de la hemoglobina.

hematites f. *inv. Mín.* Óxido natural de hierro rojo y a veces pardo.

hematoma m. *Med.* Derrame de sangre en una cavidad natural o en un tejido debido a la ruptura de algún vaso.

hematozoario m. Protozoario parásito de la sangre, agente del paludismo.

hembra f. Animal del sexo femenino. ‖ Niño del sexo femenino : *tiene dos hijos, un varón y una hembra.* ‖ Mujer. ‖ *Fig.* Pieza con un hueco o agujero por donde otra se introduce o encaja. ‖ El mismo hueco.

hembraje m. *Amer.* Conjunto de hembras de una ganadería o una especie de ganado.

Hemel Hempstead, c. de Gran Bretaña, cerca de Londres.

Hemeroscopión. V. DENIA.

hemeroteca f. Biblioteca de diarios y periódicos al servicio del público. ‖ Edificio donde se halla.

Hemingway (Ernest), novelista norteamericano (1899-1961), autor de estilo conciso y directo (*Adiós a las armas, Muerte en la atardecer, Por quién doblan las campanas, Las nieves del Kilimanjaro, El viejo y el mar*). Se suicidó. (Pr. Nobel, 1954.)

hemiplejia f. *Med.* Parálisis de todo un lado del cuerpo.

hemipléjico, ca adj. Relativo a la hemiplejía. ‖ Que padece esta enfermedad (ú. t. c. s.).

hemíptero, ra adj. Dícese de los insectos de cuatro alas, provistos de trompa chupadora y de órgano bucal articulado (ú. t. c. s.).

hemisférico, ca adj. Relativo al hemisferio o que tiene su forma.

hemisferio m. Mitad de una esfera. ‖ *Astr.* Cada una de las dos partes iguales en que se divide el globo terrestre y la esfera celeste separadas por el ecuador o por un meridiano : *hemisferio austral, boreal.*

hemistiquio m. Parte del verso cortado por una cesura.

hemofilia f. *Med.* Hemopatía hereditaria caracterizada por la excesiva fluidez y dificultad de coagulación de la sangre.

hemofílico, ca adj. De la hemofilia. ‖ Que la padece (ú. t. c. s.).

hemopatía f. *Med.* Enfermedad de la sangre en general.

hemoptísico, ca adj. *Med.* Dícese del enfermo atacado de hemoptisis (ú. t. c. s.).

hemoptisis f. *Med.* Hemorragia de la membrana mucosa pulmonar, caracterizada por la expectoración de sangre.

hemorragia f. Flujo de sangre de cualquier parte del cuerpo.

hemorrágico, ca adj. Relativo a la hemorragia.

hemorroidal adj. *Med.* Relativo a las hemorroides o almorranas.

hemorroide f. *Med.* Dilatación varicosa de las venas del ano.

hemostasis f. *inv. Med.* Detención de una hemorragia por cualquier procedimiento.

Henan. V. HONAN.

Henao, en fr. *Hainaut,* prov. meridional de Bélgica ; cap. *Mons.*

Henares, río de España que pasa por Guadalajara y Alcalá, afl. del *Jarama* ; 150 km.

henchidura f. o **henchimiento** m. Acción y efecto de henchir.

henchir v. t. Llenar, hinchar. ‖ — V. pr. Hartarse de comida.

Hendaya, c. del SO. de Francia (Pyrénées-Atlantiques), a orillas del Bidasoa y fronteriza con Irún (España).

hendedura f. Hendidura.

hender v. t. Hacer o causar una hendidura.

hendidura f. Abertura estrecha y larga en un cuerpo sólido.

hendimiento m. Acción y efecto de hender o henderse.

hendir v. t. Hender.

Hendon, suburbio en el NO. de Londres. Aeródromo.

henequén m. *Amer. C., Col.* y *Méx.* Variedad de agave o sisal, de cuya fibra textil se fabrican cuerdas.

Henestrosa (Andrés), escritor y poeta mexicano, n. en 1906, autor de relatos (*Los hombres que dispersó la danza*) y ensayos de lingüística.

Hengyang, c. de China (Hunan).

henil m. Lugar donde se apila el heno.

heno m. Planta gramínea de los prados. ‖ Hierba segada y seca para alimento del ganado.

henrio o **henry** m. *Fís.* Unidad de inductancia eléctrica (símb., H).

Henríquez (Fray Camilo), patriota y escritor chileno (1769-1825). Fundó la *Aurora* (1812), primer periódico de su país. ‖ — **de Guzmán** (ALONSO), cronista español (1500- ¿ 1544 ?), autor de relatos sobre el Perú. ‖ — **Ureña** (PEDRO), lingüista e historiador dominicano (1884-1946), autor de *Seis ensayos en busca de nuestra expresión, Plenitud de España,* etc. — Su hermano MAX (1885-1968) fue diplomático y escritor, autor de *Episodios dominicanos.* ‖ — y **Carvajal** (FRANCISCO), médico y político dominicano (1859-1935). Fue pres. interino de la Rep. (1915-1916).

hepático, ca adj. Relativo al hígado : *arteria hepática.* ‖ *Cólico hepático,* crisis dolorosa de los canales biliares. ‖ — M. y f. Persona que padece del hígado.

hepatismo m. Afección del hígado.

hepatitis f. *Med.* Inflamación del hígado, de origen tóxico o infeccioso.

heptacordio o **heptacordo** m. *Mús.* Escala compuesta de las siete notas do, re, mi, fa, sol, la, si.

heptaedro m. *Geom.* Poliedro de siete caras.

heptagonal adj. Relativo al heptágono.

heptágono, na adj. *Geom.* Polígono de siete lados (ú. t. c. s. m.).

heptarquia f. Gobierno de siete personas. ‖ País dividido u organizado en siete reinos.

— Llamóse *Heptarquía anglosajona* al conjunto de los siete reinos (Kent, Sussex, Wessex, Essex, Northumberland, Anglia y Mercia), creado en el s. IV por los sajones y los anglos, convertido en 827 en uno solo (Inglaterra).

heptasílabo, ba adj. Que tiene siete sílabas : (ú. t. c. s. m.) : *casi todos sus escritos poéticos son versos heptasílabos.*

Hera, divinidad helénica del Matrimonio, esposa de Zeus. Es la *Juno* de los romanos.

Heraclea, c. ant. de Asia Menor, en el mar Negro (Bitinia). Hoy *Eregli.* — Ant. c. de Italia (Lucania). Pirro derrotó aquí a los romanos en 280 a. de J. C.

Heracles, semidiós griego de la Fuerza. Es el *Hércules* romano.

Heraclio I (¿ 575 ?-641), emperador de Oriente de 610 a 641.

Heraclión, n. actual de *Candía.*

Heráclito, filósofo presocrático, n. en Éfeso (¿ 540-480 ? a. de J. C.).

heráldico, ca adj. Relativo al blasón. ‖ — M. y f. Heraldista. ‖ — F. Ciencia que estudia los escudos de armas, los blasones de cada linaje, persona o ciudad.

heraldista com. Persona versada en heráldica.

heraldo m. Oficial cuya misión era anunciar las declaraciones de guerra, llevar mensajes, etc. ‖ Mensajero, portavoz, anunciador.

Heras (Las), pobl. de la Argentina (Mendoza).

Herat. V. HARAT.

Herault [eró], dep. del SE. de Francia ; cap. *Montpellier.*

herbáceo, a adj. Que tiene el aspecto de la hierba.

herbaje m. Conjunto de hierbas.

herbario, ria adj. Relativo a las hierbas y las plantas.

herbazal m. Sitio con hierbas.

herbicida adj. Aplícase al producto que destruye las malas hierbas (ú. t. c. s. m.).

herbívoro, ra adj. Aplícase al animal que se alimenta de hierbas (ú. t. c. s.).

herbolario, ria m. y f. Persona que vende hierbas medicinales. ‖ — M. Tienda donde se venden estas hierbas.

herboristería f. Herbolario, tienda.

herciniano, na adj. Dícese del último plegamiento primario que tuvo lugar en el período carbonífero, principalmente en el centro y sur de Europa (ú. t. c. s. m.).

hercio m. V. HERTZ.

Herculano, c. ant. de Italia, al E. de Nápoles, enterrada bajo las cenizas del volcán Vesubio (79) y descubierta en 1709.

Herculano (Alexandre), escritor romántico portugués (1810-1877), autor de poesías (*Arpa del creyente*), de novelas (*El Padre Enrico, El monje del Císter*) y de una *Historia de Portugal.*

hercúleo, a adj. Propio o digno de Hércules. ‖ De mucha fuerza.

hércules m. *Fig.* Hombre muy fuerte.

Hércules, constelación boreal.

Hércules, semidiós de la mitología romana, hijo de Júpiter y de Alcmena, dotado de una fuerza extraordinaria. Llevó a cabo los doce famosos trabajos y gran número de hazañas. Es el *Heracles* griego.

Herder (Johann Gottfried), escritor y filósofo alemán (1744-1803), uno de los primeros representantes del movimiento literario *Sturm und Drang.*

heredad f. Finca de campo.

heredar v. t. Suceder por disposición testamentaria o legal en los bienes y acciones que tenía una persona al tiempo de su muerte (ú. t. c. i.). ‖ Darle a unos heredades, posesiones o bienes raíces. ‖ *Biol.* Recibir los seres vivos los caracteres físicos y morales que tienen sus padres.

heredero, ra adj. Que hereda. ‖ Dícese de la persona que, en virtud de testamento o por otra disposición legal, hereda a otra. Ú. t. c. s. : *heredero universal, forzoso, legítimo.* ‖ *Fig.* Que tiene algunos caracteres de sus padres o predecesores : *heredero de sus buenas costumbres.* ‖ Que posee las características de algo que existió anteriormente.

Heredia, c. de Costa Rica, cap. de la prov. homónima. Centro industrial.

Heredia (José María de), poeta parnasiano francés, n. en Cuba (1842-1905), autor de *Trofeos,* compilación de sonetos. ‖ — (JOSÉ RAMÓN), poeta venezolano, n. en 1900, autor de *Música del silencio, Espejo del más allá,* etc. ‖ — (NARCISO DE). V. OFALIA. ‖ — (NICOLÁS), novelista y crítico cubano, n. en Baní (Rep. Dominicana) [1859-1901]. ‖ — (PEDRO DE), colonizador español (¿ 1520 ?-1554). Fundó la c. de Cartagena de Indias en 1533 (Columbia). ‖ — y **Heredia** (JOSÉ MARÍA), poeta cubano, n. en Santiago (1803-1839), que en sus composiciones *En el Teocalli de Cholula* y *Oda al Niágara* describe con apasionado lirismo la tierra de América. Publicó también cuentos y una tragedia (*Atreo*).

herediano, na adj. y s. De Heredia (Costa Rica).

hereditario, ria adj. Transmisible por herencia : *bienes hereditarios.*

hereje com. Persona que profesa o defiende una herejía.

herejía f. Doctrina que, dentro del cristianismo, es contraria a la fe católica : *la herejía arriana.* ‖ *Fig.* Sentencia errónea contra los principios de una ciencia o arte : *caer en una herejía en literatura.* ‖ Palabra muy injuriosa. ‖ Opinión no aceptada por la autoridad : *herejía política.* ‖ Fechoría. ‖ Acción desatinada : *herejía es comparar el caviar con las sardinas.*

herencia f. Derecho de heredar. ‖ Bienes que se transmiten por sucesión. ‖ *Biol.* Transmisión de los caracteres normales o patológicos de una generación a otra.

Heres, distr. de Venezuela (Bolívar).

Heres (Tomás de), general venezolano (1795-1842), hombre de confianza de Simón Bolívar.

heresiarca com. Autor de una herejía o jefe de una secta herética.

herético, ca adj. Relativo a la herejía : *una doctrina herética.*

Heri Rud. V. HARI RUD.

herida f. Lesión hecha en las carnes con un instrumento o por efecto de fuerte choque con un cuerpo duro : *hacer una herida a alguien ; curar una herida.* ‖ *Fig.* Lo que ofende el amor propio o el honor.

herido, da adj. y s. Que ha recibido una herida : *herido de un balazo.* ‖ *Fig.* Afligido, ofendido.

herir v. t. Dar un golpe que produzca llaga, fractura o contusión (ú. t. c. pr.) : *herir de una pedrada.* ‖ *Fig.* Ofender : *herir el amor propio de una persona.* ‖ Caer los rayos del Sol sobre una cosa : *la luz solar hiere la vista.* ‖ Pulsar o tañer un instrumento músico : *herir las cuerdas de la guitarra.* ‖ Producir una impresión desagradable.

hermafrodismo m. Hermafroditismo.

hermafrodita adj. Dícese de los animales o plantas que reúnen los dos sexos en un mismo individuo. ‖ — Com. Individuo de la especie humana que aparentemente reúne los órganos reproductores de ambos sexos.

hermafroditismo m. Yuxtaposición en un mismo animal o planta de los dos sexos.

hermanable adj. Que puede hermanarse.

hermanado, da adj. Aparejado : *calcetines hermanados.* ‖ *Fig.* Igual y uniforme en todo a una cosa. ‖ Dícese de los órganos gemelos en las plantas. ‖ Asociado : *ciudades hermanadas.*

hermanamiento m. Acción y efecto de hermanar o hermanarse. ‖ Convenio de hermandad entre dos ciudades.

hermanar v. t. Aparear objetos de la misma índole : *hermanar calcetines de varios colores.* ‖ Unir, juntar, armonizar : *hermanar colores, esfuerzos.* ‖ Hacer a uno hermano de otro espiritualmente : *la desgracia los hermanó* (ú. t. c. pr.). ‖ Asociar dos ciudades de distintos países para desarrollar sus intercambios.

hermanastro, tra m. y f. Hijo de uno de los dos consortes con respecto al hijo del otro.

hermandad f. Relación de parentesco que hay entre hermanos. ‖ *Fig.* Amistad íntima, fraternidad. ‖ Analogía o correspondencia entre dos cosas : Cofradía. ‖ Asociación de personas unidas por algo común : *hermandad de labradores ; Santa Hermandad.* ‖ Liga o confederación. ‖ — Convenio de hermandad, el que asocia dos ciudades de distintos países. ‖ *Santa Hermandad,* v. SANTA HERMANDAD.

hermano, na m. y f. Persona que con respecto a otra tiene los mismos padres o por lo menos uno de ellos : *en esta familia son seis hermanos.* ‖ Lego o donado : *hermano portero.* ‖ *Fig.* Aplícase a todos los hombres, considerados como hijos de un mismo padre : *hermanos en Jesucristo.* ‖ Cada una de las personas que están unidas por algún motivo afectivo : *hermanos en el dolor.* ‖ Individuo de una hermandad, cofradía, etc. : *hermano de la cofradía de la Sangre ; hermanos francmasones.* ‖ Religioso de ciertas órdenes : *hermana de la Caridad.* ‖ Cosa igual a otra : *estos dos armarios son hermanos.* ‖ — *Hermano bastardo,* el habido fuera de matrimonio respecto del legítimo : *Don Juan de Austria fue hermano bastardo de Felipe II de España.* ‖ *Hermano carnal,* el del mismo padre y madre. ‖ *Hermano consanguíneo,* el del padre solamente. ‖ *Hermano de leche,* hijo de una nodriza respecto del ajeno que éste crió, o viceversa. ‖ *Hermano político,* cuñado. ‖ *Hermano uterino,* el que sólo lo es de madre. ‖ *Hermanos siameses,* gemelos procedentes de un solo óvulo, unidos por alguna parte del cuerpo. ‖ *Medio hermano,* v. MEDIO. ‖ — Adj. Dícese de las cosas que, por su común origen, tienen caracteres análogos : *lenguas hermanas, países hermanos.*

Hermenegildo (San), príncipe hispanovisigodo, hijo del rey Leovigildo, m. en 585. Abrazó la religión católica y, enfrentado a su padre, fue derrotado en las cercanías de Tarragona y decapitado.

hermeneuta com. Especialista en hermenéutica.

hermenéutico, ca adj. Relativo a la hermenéutica. ‖ — F. Arte de interpretar los textos antiguos.

Hermes, dios griego, hijo de Zeus. Era el *Mercurio* romano. ‖ — **Trimegisto.** V. TOT.

herméticidad f. Hermetismo.

hermético, ca adj. Dícese de los libros de alquimia atribuidos a Hermes Trimegisto y de los partidarios de él. ‖ Que no deja pasar nada ni hacia fuera ni hacia dentro : *tapa hermética.* ‖ *Fig.* Difícil de entender.

hermetismo m. Calidad de hermético.

Hermíone o **Hermione,** ant. c. griega de Argólida (Peloponeso). Actualmente *Kastri.*

Hermione, hija de Menelao y Helena, esposa de Pirro y más tarde de Orestes.

Hermite, archip. de Chile, al S. de la Tierra del Fuego (prov. de Magallanes). En una de sus islas está el cabo de Hornos.

hermoseamiento m. Embellecimiento.

hermosear v. t. Hacer o poner hermosa a una persona o una cosa (ú. t. c.-pr.).

Hermosillo, c. al NO. de México, cap. del Estado de Sonora. Arzobispado. Universidad. Agricultura. Minas.

hermoso, sa adj. Dotado de hermosura o belleza : *mujer hermosa.* ‖ Grandioso, excelente y perfecto en su línea : *edificio hermoso.* ‖ Despejado, esplêndido : *hermoso día.*

hermosura f. Belleza grande. ‖ Persona o cosa hermosa.

Hernandarias, c. al E. del Paraguay, en el dep. de Alto Paraná.

Hernandarias. V. ARIAS DE SAAVEDRA.

hernandeño, ña adj. y s. De Hernandarias (Paraguay).

Hernández (Domingo Ramón), poeta venezolano (1829-1893). ‖ ~ (EFRÉN), escritor mexicano (1904-1958), autor de cuentos, poesías y ensayos. ‖ ~ (FELISBERTO), escritor uruguayo (1902-1963), autor de cuentos (*Nadie encendía las lámparas, Las hortensias*) y novelas (*Fulano de tal, El caballo perdido, Por los tiempos de Clemente Colling*). ‖ ~ (FRANCISCO), médico español (1517-1587). Estudió la historia natural de México. ‖ ~ (GREGORIO), escultor español (¿ 1576 ?-1636), autor de una numerosa producción artística en tallas policromadas y pasos de procesiones en la que pone de relieve una gran fuerza expresiva o realismo. ‖ ~ (JOSÉ), poeta argentino, n. en Perdriel (Buenos Aires) [1834-1886]. Tuvo una actuación política e incluso militar, ya que participó en las batallas de Cepeda y Pavón (1861). Se inició en el periodismo y en las letras a partir de 1863. Publicó en 1872 el poema *Martín Fierro* y en 1879 *La vuelta de Martín Fierro*, epopeya gauchesca en la que reúne en alma y estilo el carácter del hombre de la pampa. ‖ ~ (JOSÉ ALFREDO), poeta peruano, n. en 1910. ‖ ~ (JOSÉ MANUEL), militar venezolano (1844-1921). ‖ ~ (LUISA JOSEFINA), escritora mexicana, n. en 1928, autora de obras de teatro (*Los huéspedes reales*) y de novelas. ‖ ~ (MATEO), escultor español (1888-1949). ‖ ~ (MIGUEL), poeta español, n. en Orihuela (1910-1942), autor de poesías (*Perito en lunas, El rayo que no cesa, Viento del pueblo, El silbo vulnerado*) y obras dramáticas (*Quién te ha visto y quién te ve y sombra de lo que eras, El labrador de más aire, Los hijos de la piedra*). ‖ ~ **Catá** (ALFONSO), autor de cuentos, novelista y escritor dramático cubano (1885-1940). Publicó *Cuentos pasionales, Los siete pecados, Los frutos ácidos,* etc. ‖ ~ **Colón** (RAFAEL), político puertorriqueño, n. en 1936, gobernador del país de 1973 a 1977. ‖ ~ **de Córdoba** (FRANCISCO), navegante español, m. en Cuba en 1517, año en que descubrió las costas de Yucatán. ‖ ~ **de Córdoba** (FRANCISCO). V. FERNÁNDEZ. ‖ ~ **de Navarrete** (DOMINGO). V. NAVARRETE. ‖ ~ **Franco** (TOMÁS), poeta lírico dominicano (1904-1952), autor de *Yelidá.* ‖ ~ **Girón** (FRANCISCO), conquistador español (1510-1554). Se opuso a Pizarro en el Perú y acaudilló un alzamiento contra el virrey La Gasca. M. ajusticiado. ‖ ~ **Martínez** (MAXIMILIANO), general salvadoreño (1882-1966), jefe del Estado en 1931, sofocó una rebelión campesina en 1932. Pres. de la Rep. en 1934, fue reelegido en 1939 y una huelga provocó su dimisión en 1944. ‖ ~ **Moncada** (EDUARDO), compositor mexicano, n. en 1899, autor de dos sinfonías, ballets (*Procesional, Ixtepec*) y obras para piano y canto.

Hernando Siles, prov. de Bolivia (Chuquisaca) ; cap. *Monteagudo.*

Hernani, v. de España (Guipúzcoa).

Herne, c. de Alemania Occidental, en el Ruhr (Rin Septentrional-Westfalia). Hulla. Metalurgia.

hernia f. Tumor blando producido por la salida total o parcial de una víscera u otra parte blanda de la cavidad que la encerraba.

herniado, da y **hernioso, sa** adj. y s. Que padece hernia.

herniarse v. pr. Sufrir una hernia. ‖ *Fig.* y *fam.* Cansarse, hacer muchos esfuerzos.

Hero. V. LEANDRO.

Herodes ‖ ~ **el Grande,** rey de Judea (40-4 a. de J. C.). Ordenó la degollación de los Inocentes. — Su hijo HERODES ANTIPAS fue tetrarca de Galilea de 4 a. de J. C. a 39 de nuestra era, mandó degollar a San Juan Bautista en 28 y juzgó a Jesús en 33. ‖ ~ **Agripa I,** rey de Judea de 41 a 44, nieto de Herodes el Grande y padre de Berenice. ‖ ~ **Agripa II,** rey de Judea (50-93 ó 100).

Herodías (7 a. de J. C. - 39 d. de J. C.), esposa de Herodes Filipo. Pidió la cabeza de San Juan Bautista por mediación de su hija Salomé.

Heródoto, historiador griego (¿ 484-420 ? a. de J. C.). Relata en sus *Historias* todos los sucesos legendarios o verídicos de que tuvo conocimiento. Se le considera el *Padre de la Historia.*

héroe m. Entre los griegos, el que creían nacido de un dios o diosa y de una persona humana, por lo que le consideraban más que hombre y menos que dios : *los héroes Hércules, Aquiles, Eneas,* etc. ‖ Varón famoso. El que ejecuta una acción heroica : *Bernardo del Carpio, el héroe de Roncesvalles.* ‖ *Fig.* Personaje principal de una obra literaria, de una aventura, de una película : *Ulises es el héroe de "La Odisea".* ‖ Persona que realiza una acción que requiere valor.

heroicidad f. Calidad de heroico. ‖ Acción heroica.

heroico, ca adj. Propio del héroe : *una acción heroica.* ‖ Que requiere valor, audacia : *una decisión heroica.* ‖ Muy poderoso y eficiente : *remedio heroico.* ‖ — *Poesía heroica,* la noble y elevada que canta las acciones de los héroes. ‖ *Tiempos heroicos,* época lejana en la que se confunde la historia con la leyenda ; (fig.) época en que se inicia una nueva actividad cuyo desarrollo es todavía escaso : *los tiempos heroicos de la aviación.*

heroína f. Mujer ilustre y famosa por sus grandes hechos. ‖ La que lleva a cabo un hecho heroico : *la heroína María Pita.* ‖ *Fig.* La protagonista de una obra literaria, película o aventura. ‖ Alcaloide derivado de la morfina, analgésico y sedante.

heroísmo m. Virtud propia de los héroes. ‖ Acción heroica.

herpes m. *Med.* Enfermedad, ocasionada por un virus, que afecta a la piel y mucosas.

herrada f. Cubo de madera, con aros de hierro.

herradero m. Acción y efecto de marcar con el hierro los ganados, y sitio en que se realiza.

herrador, ra m. y f. Persona cuyo oficio es herrar las caballerías.

herradura f. Semicírculo de hierro que se pone para protección en el casco de las caballerías. ‖ — *Arq.* Arco de herradura, el mayor que una semicircunferencia. ‖ *Camino de herradura,* sendero de caballerías.

herraj m. Carbón vegetal hecho con huesos de aceitunas, erraj.

herraje m. Conjunto de piezas de hierro con que se guarnece o asegura un artefacto : *el herraje de una puerta.* ‖ Conjunto de herraduras y clavos con que éstas se aseguran.

herramental adj. Dícese de la caja o bolsa en que se guardan y llevan las herramientas (ú. t. c. s. m.). ‖ — M. Conjunto de herramientas.

herramienta f. Instrumento con el que se realiza un trabajo manual.

Herrán (Antonio), arzobispo de Bogotá (1798-1868). Se distinguió por su caridad. ‖ ~ (PEDRO ALCÁNTARA), general colombiano (1800-1872), pres. de la Rep. de 1841 a 1845. ‖ ~ (SATURNINO), pintor, dibujante y caricaturista mexicano (1887-1918).

herrar v. t. Ajustar y clavar las herraduras a una caballería. ‖ Marcar con hierro candente : *herrar los ganados.*

Herrera, dep. de Panamá, en el oeste del golfo de Panamá ; cap. *Chitré.*

Herrera (Alfonso Luis), biólogo mexicano (1869-1942), autor de *Una nueva ciencia : la plasmogenia.* ‖ ~ (CARLOS), político guatemalteco (1856-1930), pres. de la Rep. de 1920 a 1921. ‖ ~ (CARLOS MARÍA), pintor uruguayo (1875-1914), autor de retratos y de

---

cuadros históricos. ‖ ~ (DARÍO), poeta modernista panameño (1869-1914). Escribió también en prosa. ‖ ~ (DÉMETRIO), escritor y poeta panameño (1902-1950). ‖ ~ (DIONISIO), político hondureño (1781-1850), jefe del Estado en su país de 1824 a 1827 y de 1830 a 1833 en Nicaragua. Fue pres. de El Salvador en 1835, pero renunció. ‖ ~ (ERNESTO), dramaturgo uruguayo (1886-1917), autor de *El león ciego, La moral de Misia Paca* y *El pan nuestro.* ‖ ~ (FELIPE), economista y político chileno, n. en 1922. Preconiza la unión económica de América Latina. ‖ ~ (FERNANDO DE), poeta renacentista español de la escuela sevillana (1534-1597), autor de poemas (*A la muerte del rey Don Sebastián* y *Al Santo rey Don Fernando*), sonetos y canciones en los que celebró la belleza de la condesa de Gelves. Fue llamado *el Divino.* ‖ ~ (FLAVIO), poeta y novelista guatemalteco (1898-1968). ‖ ~ (FRANCISCO DE), llamado *el Viejo,* pintor español, n. en Sevilla (¿ 1576 ?-1656). — Su hijo FRANCISCO (1622-1685), llamado *el Mozo,* fue pintor de cámara de Felipe IV. ‖ ~ (JOSÉ JOAQUÍN), general mexicano (1792-1854), pres. de la Rep. de 1844 a 1845 y de 1848 a 1851. ‖ ~ (JUAN DE), arquitecto español (1530-1597). Ayudó, y más tarde sustituyó, a Juan Bautista de Toledo en la edificación del monasterio de El Escorial. ‖ ~ (LUIS ALBERTO DE), político e historiador uruguayo (1873-1959), que defendió el revisionismo. ‖ ~ (TOMÁS), general y político colombiano (1802-1854), iniciador del movimiento, separatista panameño de 1840. ‖ ~ **Campins** (LUIS), político venezolano, n. en 1925, presidente de la República de 1979 a 1984. ‖ ~ **Oria** (ÁNGEL), periodista y prelado español (1886-1968). Se ordenó a los 58 años y fue obispo de Málaga en 1947 ; nombrado cardenal en 1965. ‖ ~ **Toro** (ANTONIO), pintor venezolano (1857-1930). Decoró la catedral de Caracas y fue autor de famosos cuadros (*La Caridad, La muerte del Libertador*). ‖ ~ **y Obes** (JULIO), político uruguayo (1841-1912), pres. de la Rep. de 1890 a 1894. ‖ ~ **y Reissig** (JULIO), poeta modernista uruguayo (1875-1910). Su gran lirismo y sentido de la metáfora se ponen de manifiesto en *Los maitines de la noche, Poemas violetas.*

herrerano, na adj. y s. De Herrera (Panamá).

Herreras (Los), mun. al este de México (Nuevo León).

herrería f. Oficio de herrero. ‖ Taller o tienda del herrero. ‖ Fábrica en que se forja el hierro.

Herrería (Andrés CAMPOS CERVERA, llamado Julián de la), pintor paisajista y ceramista paraguayo (1888-1937).

herrerillo m. Pájaro insectívoro.

herrero m. Operario que forja el hierro a mano. ‖ *Fig. En casa del herrero cuchillo de palo,* las personas que fabrican ciertos objetos suelen carecer de ellos en su propia casa.

Herreros (Manuel BRETÓN DE LOS). V. BRETÓN.

herreruelo m. Pájaro pequeño.

herrín m. Herrumbre.

herrumbre f. Orín.

herrumbroso, sa adj. Que cría herrumbre o está atacado por ella.

Herschel (Sir William), astrónomo inglés, n. en Hannover (1738-1822), creador de la astronomía estelar. Descubrió el planeta Urano. — Su hijo JOHN (1792-1871) creó el análisis espectroscópico.

Herstal, ant. *Heristal,* c. de Bélgica (Lieja).

Hertford, c. de Gran Bretaña, al N. de Londres, cap. del condado de *Hertfordshire.* Centro comercial.

hertz o **hertzio** o **hercio** m. *Fís.* Unidad de frecuencia (símb., Hz), igual a un período por segundo.

Hertz (Heinrich), físico alemán (1857-1894). Descubridor de las ondas eléctricas denominadas hertzianas y del efecto fotoeléctrico. — Su sobrino GUSTAV (1887-1975) fue también físico y enunció la teoría de la luminiscencia. (Pr. Nobel, 1925.)

hertziano, na adj. *Fís.* Dícese de las ondas radioeléctricas.

Hertzog (Enrique), político y médico

boliviano, n. en 1897, pres. de la Rep. en 1947. Renunció a su cargo en 1949.

hérulo, la adj. y s. Individuo de un ant. pueblo germánico. (Los *hérulos*, acaudillados por Odoacro, invadieron el Imperio de Occidente y se apoderaron de Roma en 476).

Hervás (José Gerardo de), sacerdote y poeta español, m. en 1742. Firmó con el seudónimo de *Jorge Pitillas* su famosa *Sátira contra los malos escritores de este siglo*. ‖ ~ **y Panduro** (LORENZO), jesuita y filólogo español (1735-1809), autor de un *Catálogo de las lenguas de las naciones conocidas*.

Herveo, páramo en los Andes de Colombia (Tolima).

hervidero m. Movimiento y ruido que hacen los líquidos cuando hierven. ‖ *Fig.* Manantial de donde brota agua con desprendimiento de burbujas. ‖ Ruido que producen los humores en los pulmones al respirar. ‖ Muchedumbre de personas o de animales : *hervidero de gente.* ‖ Lugar en el que hay pasiones, odios, intrigas, discordias.

hervidor m. Recipiente metálico para hervir líquidos.

hervir v. i. Agitarse un líquido por la acción del calor o por la fermentación (ú. t. c. t.). ‖ *Fig.* Agitarse mucho el mar. ‖ Abundar : *hervir en deseos, de gente.* ‖ *Fig.* Hervir en cólera, estar furioso.

hervor m. Ebullición. ‖ *Fig.* Fogosidad, entusiasmo, inquietud : *el hervor clásico de la juventud.*

Herzegovina. V. BOSNIA Y HERZEGOVINA.

Herzen (Aleksandr Ivanovich), filósofo, crítico literario y escritor revolucionario ruso (1812-1870).

Herzl (Theodor), escritor húngaro (1860-1904), promotor del sionismo.

Hesíodo, poeta griego del s. VIII de J. C., autor de *La teogonía* y del poema *Los trabajos y los días.*

Hesperia, nombre que daban los antiguos griegos a Italia y los romanos a España.

hespérides f. pl. *Mit.* Ninfas, hijas de Atlas, que guardaban el jardín de las manzanas de oro.

Hespérides, islas legendarias del Atlántico, identificadas con las Canarias.

Hesse, Estado de Alemania Occidental ; 21 100 km². Cap. *Wiesbaden.*

Hesse (Hermann), novelista alemán, naturalizado suizo (1877-1962), autor de *Peter Camenzind, Demian, Goldmundo y Narciso, Siddharta, El juego de los abalorios,* etc. (Pr. Nobel, 1946.)

Hestia, divinidad griega del Hogar. Es la *Vesta* de los romanos.

hetera o **hetaira** f. Cortesana griega. ‖ Mujer pública, prostituta.

heteróclito, ta adj. *Gram.* Que se aparta de las reglas ordinarias de la analogía : *nombre heteróclito.* ‖ *Fig.* Que resulta de la mezcla de cosas inconexas. ‖ Extraño, irregular : *amalgama heteróclita.*

heterodino m. Pequeño generador de ondas dentro de los circuitos de ciertos radiorreceptores.

heterodoxia f. Disconformidad con la doctrina fundamental de cualquier secta o víctima.

heterodoxo adj. y s. No conforme con el dogma católico. ‖ *Por ext.* No conforme con la doctrina fundamental de una escuela o partido.

heterogamia f. *Biol.* Fusión de los gametos distintos.

heterogeneidad f. Calidad de heterogéneo. ‖ Mezcla de partes de diversa naturaleza en un todo.

heterogéneo, a adj. Compuesto de partes de diversa naturaleza.

heterosexual adj. Dícese de aquel o aquella que se sienten atraídos por personas del sexo opuesto (ú. t. c. s.).

heterosexualidad f. Condición de heterosexual.

hético, ca adj. y s. Tísico. ‖ *Fig.* Muy flaco.

Heungnam. V. HUNGNAM.

Heureaux (Ulises), general dominicano (1845-1899), pres. de la Rep. de 1882 a 1884 y de 1887 a 1899. M. asesinado.

hevea m. Árbol euforbiáceo de cuyo látex se deriva el caucho.

hexacordo m. *Mús.* Escala de canto

llano compuesto de seis notas. ‖ Lira de seis notas.

hexaédrico, ca adj. Relativo al hexaedro.

hexaedro m. *Geom.* Poliedro de seis caras planas.

hexagonal adj. Relativo al hexágono o de forma de hexágono.

hexágono, na adj. *Geom.* Dícese del polígono de seis lados y seis ángulos (ú. t. c. s. m.).

hexámetro adj. *Poét.* Dícese del verso de seis pies, empleado en la métrica griega y latina (ú. t. c. s. m.).

hexasílabo, ba adj. Que tiene seis sílabas(ú. t. c. s. m.).

Heyaz. V. HEDJAZ.

Heyden (Juan VAN DER). V. VAN DER HEYDEN.

Heyse (Paul VON), poeta, novelista y dramaturgo alemán (1830-1914). [Pr. Nobel, 1910.]

Heysham, mun. de Gran Bretaña, al O. de Inglaterra (Lancashire). Central nuclear. Refinería de petróleo.

hez f. Poso o sedimento de un líquido (ú. m. en pl.). ‖ *Fig.* Lo más despreciable : *la hez de la sociedad.* ‖ — Pl. Excrementos : *heces fecales.*

Hf, símbolo del *hafnio.*

Hg, símbolo del *mercurio.*

Hia Kuei, pintor paisajista chino (activo de 1190 a 1225).

Hia-Men. V. AMOY.

hiato m. *Gram.* Sonido desagradable que se produce al chocar dos vocales no diptongadas, por ejemplo un a *América* ; de este a *oeste.* ‖ *Fig.* Discontinuidad o diferencia entre dos cosas o hechos.

Hiaty. V. FÉLIX PÉREZ CARDOZO.

hibernación f. *Med.* Terapéutica que consiste en enfriar al enfermo a temperaturas vecinas a los − 30 ºC para facilitar ciertas intervenciones quirúrgicas o para tratar las quemaduras graves. ‖ Estado letárgico invernal de ciertos animales, entre ellos la marmota, el murciélago, etc. ‖ Mantenimiento de un cadáver incorrupto por medio de baja temperatura.

hibernal adj. Invernal. ‖ Que tiene lugar en invierno : *sueño hibernal.*

hibernar v. i. Pasar el invierno en estado de vida latente.

Hibernia, n. latino de *Irlanda.*

hibridación f. Producción de seres híbridos.

hibridez f. o **hibridismo** f. Calidad de híbrido.

híbrido, da adj. Aplícase al animal o vegetal que procede de dos individuos de distinta especie : *el mulo es un animal híbrido.* ‖ *Fig.* Constituido por elementos de distinto origen : *voces o palabras híbridas.* ‖ Mal definido. ‖ Que no tiene esencia muy determinada.

Hibueras (Las), n. que dieron los conquistadores españoles a la región del golfo de Honduras, donde Cristóbal de Olid se sublevó contra Hernán Cortés (1524).

hicaco m. Arbusto de las Antillas, de fruto parecido a la ciruela. ‖ Su fruto.

Hicacos, peníns. de Cuba, en N. de Matanzas.

Hicken (Cristóbal M.), naturalista argentino (1875-1933), autor de importantes estudios de botánica.

hicotea f. *Amer.* Especie de tortuga de agua dulce.

Hidalga (Lorenzo de), arquitecto español (1810-1872). Trabajó en la ciudad de México.

hidalgo, ga m. y f. Persona que pertenece a la clase noble.

Hidalgo, sector de la Sierra Madre Oriental de México. — Estado de México en el centro del país ; cap. *Pachuca.* Oro, plata y antimonio. Agricultura. — N. de dos mun. de México : uno en los Estados de Michoacán y Tamaulipas. ‖ **— del Parral,** c. de México (Chihuahua).

Hidalgo (Alberto), poeta futurista peruano (1897-1967), autor de *Panoplia lírica, Joyería, Simplismo, Patria completa, Carta al Perú, Persona adentro,* etc. Escribió también en prosa (*Dimensión del hombre, Diario de mi sentimiento*). ‖ ~ (BARTOLOMÉ), poeta uruguayo (1788-1823), autor de *Himnos, Marchas* y otras composiciones a

las que puso música de cielito. Se le considera como un precursor de la literatura gauchesca. Escribió también obras de teatro (*Sentimientos de un patriota, El triunfo, Idomeneo*). ‖ ~ (JUAN DE), compositor español del s. XVII, autor de la música de una obra de Calderón de la Barca. ‖ **~ de Cisneros** (BALTASAR). V. CISNEROS (Baltasar HIDALGO DE). ‖ **~ y Costilla** (MIGUEL), sacerdote y prócer mexicano, n. en Pénjamo (Guanajuato) [1753-1811], padre de la Patria, paladín y mártir de la Independencia. Era cura párroco de Dolores (Guanajuato). El 16 de septiembre de 1810 lanzó el *Grito de Dolores,* que inició la lucha armada por la independencia mexicana. Al mando de un ejército de indios tomó Guanajuato y Valladolid (1810), derrotó a las fuerzas realistas en la batalla del Monte de las Cruces, pero fue vencido en Aculco, Guanajuato y Puente de Calderón, a la entrada de Guadalajara (1811). Prisionero en Acatita de Baján, fue condenado a muerte y ejecutado en Chihuahua.

Hidalgotitlan, mun. al este de México (Veracruz).

hidalguense adj. y s. Del Estado de Hidalgo (México).

hidalguia f. Calidad de hidalgo, nobleza. ‖ *Fig.* Generosidad y nobleza de ánimo.

Hidaspes, río continental de la India, hoy llamado *Djelam.*

Hidden Peak. V. GASHERBRUM.

Hideyoshi (Toyotomi), general y político japonés (1536-1598), pacificador y unificador del país.

hidra f. Culebra acuática venenosa.

Hidra, constelación del S. de Virgo.

hidrargiro m. *Quím.* Mercurio.

hidratación f. Transformación de un agente en hidrato.

hidratado, da adj. Combinado con el agua : *cal hidratada.*

hidratante adj. Dícese de una loción utilizada en cosmética para el cuidado de la piel.

hidratar v. t. Combinar un cuerpo con el agua : *hidratar la cal.*

hidrato m. *Quím.* Combinación de un cuerpo simple o compuesto con una o varias moléculas de agua : *hidrato de cloro.* ‖ *Hidratos de carbono,* los azúcares y almidones, la celulosa, etc.

hidráulico, ca adj. Relativo a la hidráulica. ‖ Que se mueve o funciona por medio del agua : *rueda, prensa, máquina hidráulica.* ‖ *Cal hidráulica,* silicato de cal con que se fabrica el hormigón hidráulico. ‖ — F. Parte de la mecánica de los fluidos que trata de las leyes que rigen los movimientos de los líquidos. ‖ Ingeniería que se ocupa de la conducción y aprovechamiento de los líquidos.

hidroavión m. Avión que puede posarse en el agua y despegar de ella : *hidroavión militar, civil.*

hidrocarburo m. *Quím.* Carburo de hidrógeno.

hidrocortisona f. Hormona constituida por un derivado hidrogenado de la cortisona.

hidrodeslizador m. Embarcación, desprovista de quilla, propulsada por una hélice aérea o por un motor de reacción.

hidrodinámico, ca adj. Relativo a la hidrodinámica. ‖ — F. Parte de la física que estudia las leyes que rigen el movimiento de los líquidos.

hidroelectricidad f. Energía eléctrica obtenida de la hulla blanca.

hidroeléctrico, ca adj. Relativo a la electricidad obtenida por hulla blanca : *central hidroeléctrica.*

hidrófilo, la adj. Que absorbe el agua : *algodón hidrófilo.*

hidrofobia f. Horror al agua que suelen tener los que han sido mordidos por animales rabiosos. ‖ *Med.* Rabia de los animales.

hidrófobo, ba adj. Que padece hidrofobia (ú. t. c. s.).

hidrogenación f. Combinación con hidrógeno.

hidrogenado, da adj. Combinado con hidrógeno.

hidrogenar v. t. *Quím.* Combinar con el hidrógeno.

hidrógeno m. *Quím.* Cuerpo simple (simb., H) de número atómico 1, peso

309

atómico 1,008, gaseoso, que entra en la composición del agua. (Descubierto por Cavendish en 1781, este gas es inflamable, catorce veces más ligero que el aire y tiene numerosas aplicaciones en la industria.)

hidrografía f. Parte de la geografía física que describe los mares y las corrientes de agua. ‖ Conjunto de las corrientes de agua de un país.

hidrográfico, ca adj. De la hidrografía : *mapa hidrográfico.*

hidrólisis f. *Quím.* Descomposición de ciertos compuestos orgánicos por la acción del agua.

hidrolizar v. t. Someter a hidrólisis.

hidrología f. Parte de las ciencias naturales que trata de las aguas.

hidromel o **hidromiel** m. Bebida hecha con agua y miel.

hidrometría f. Parte de la hidrodinámica que estudia los líquidos en movimiento.

hidroneumático, ca adj. Aplícase a los dispositivos que funcionan mediante un líquido y un gas comprimido.

hidropesía f. *Med.* Derrame o acumulación anómala del humor seroso en cualquier cavidad del cuerpo animal, o su infiltración en el tejido celular.

hidroplano m. Embarcación de casco plano provista de unos patines inclinados que, al aumentar la velocidad, tienden a levantarla del agua. ‖ Hidroavión.

hidrosoluble adj. Que es soluble en el agua.

hidrostático, ca adj. Relativo al equilibrio de los líquidos. ‖ *Balanza hidrostática,* balanza para determinar el peso específico de los cuerpos. ‖ — F. Parte de la mecánica que estudia las condiciones de equilibrio de los líquidos y la repartición de las presiones que éstos ejercen.

hidroterapia f. Tratamiento médico basado en las propiedades del agua.

hidroterápico, ca adj. Relativo a la hidroterapia.

hidróxido m. *Quím.* Combinación del agua con un óxido metálico.

hidrozoo adj. Relativo a una clase de celentéreos. ‖ — M. Animal de esta familia, como la *hidra.*

hiedra f. Planta trepadora siempre verde y con flores pequeñas.

hiel f. Bilis. ‖ *Fig.* Amargura, mala intención. ‖ — Pl. Adversidades.

hielo m. Agua solidificada por el frío. ‖ Acción de helar o helarse. ‖ *Fig.* Frialdad en los afectos. ‖ — *Fig. Romper el hielo,* quebrantar la reserva o recelo en una reunión. ‖ *Fam. Ser más frío que el hielo,* ser insensible.

hiena f. Género de mamíferos carniceros nocturnos de Asia y de África que se alimentan de carroña. ‖ *Fig.* Persona muy cruel y cobarde.

Hierápolis, ant. c. de Frigia, en Asia Menor, al N. de Laodicea.

hierático, ca adj. Relativo a las cosas sagradas o a los sacerdotes. ‖ Que reproduce las formas tradicionales : *pintura hierática.* ‖ *Fig.* Que afecta gran austeridad y solemnidad.

hieratismo m. Calidad de hierático.

hierba f. Planta pequeña de tallo tierno cuyas partes aéreas mueren cada año. ‖ Espacio de terreno cubierto por estas plantas : *hockey sobre hierba.* ‖ Nombre de varias plantas. ‖ Infusión medicinal hecha con hierbas. ‖ Yerba. ‖ *Fam.* Marihuana. ‖ — Pl. Pastos. ‖ Años : *este toro tiene tres hierbas.* ‖ — *En hierba,* verde : *trigo en hierba ;* (fig.) en potencia : *autor en hierba.* ‖ *Hierbas marinas,* las algas.

hierbabuena f. Planta herbácea, aromática, usada en algunos condimentos.

hierbatero, ra m. y f. *Chil.* y *Méx.* Curandero que usa hierbas.

hierro m. Metal de color gris azulado de gran utilización en la industria y en las artes. ‖ Punta de metal de un arma. ‖ *Poét.* Arma. ‖ Marca que con hierro candente se pone a los ganados y se ponía a los delincuentes. ‖ — Pl. Grillos o cadenas que se ponían a los presos. ‖ — *Fig. De hierro,* robusto, resistente : *salud de hierro ;* inflexible : *disciplina de hierro.* ‖ *Edad de hierro,* período prehistórico en que el

hombre comenzó a usar el hierro. ‖ *Hierro colado* o *fundido,* el que sale de los altos hornos. ‖ *Hierro de T, doble T* o *en U,* el forjado en la forma de estas letras. ‖ *Hierro dulce,* hierro recocido utilizado en los circuitos magnéticos. ‖ *Hierro electrolítico,* el muy puro obtenido por electrólisis de una sal de hierro. ‖ *Hierro galvanizado,* el revestido de cinc por galvanización. ‖ *Fig. Machacar en hierro frío,* hacer esfuerzos vanos para mejorar a una persona. ‖ *Quien a hierro mata a hierro muere,* uno suele experimentar el mismo daño que hizo en perjuicio de otra u otras personas. ‖ *Quitar hierro,* quitar importancia.

— El *hierro* (Fe), de número atómico 26, tiene una densidad de 7,88 y su punto de fusión es 1530 °C. Muy dúctil, maleable y resistente, es el metal más importante por el número de sus aplicaciones, y es conocido desde los más remotos tiempos. Se presenta en estado de óxido de carbonato y de sulfuro. Los diversos minerales son tratados en los altos hornos, de los que se obtiene el hierro bruto o arrabio que a su vez sirve para elaborar varios tipos de fundición y de acero. Sus principales yacimientos se encuentran en la Unión Soviética, Australia, Estados Unidos, Brasil, China, Canadá, India, Francia y Suecia.

Hierro, isla de España, al O. del archip. de Canarias y en la prov. de Santa Cruz de Tenerife ; 277 km² ; cap. Valverde. Es de origen volcánico.

Hierro (José), poeta español, n. en 1922, autor de *Tierra sin nosotros, Alegría, Quinta del 42, Estatuas yacentes.*

higadillo m. Hígado de los animales.

hígado m. *Anat.* Víscera que segrega la bilis. ‖ — Pl. *Fig.* Valor : *hay que tener hígados para emprender tal expedición.* ‖ *Fig.* y *fam. Echar los hígados,* trabajar duramente, con exceso.

— El *hígado* es una víscera voluminosa, propia de los animales vertebrados, que en los mamíferos tiene forma irregular y color rojo oscuro y está situada en la parte anterior y derecha del abdomen. El hígado, que en el hombre pesa unos 1 800 gramos, recibe por la vena porta toda la sangre procedente del tubo digestivo y algo de sangre oxigenada por la arteria hepática, para volver ambas a la vena cava inferior.

Higashiosaka, c. del Japón (Honshu), en el suburbio este de Osaka.

Highlands [*jailans*] *(Tierras Altas),* parte montañosa de Gran Bretaña, en el norte de Escocia.

higiene f. Parte de la medicina que estudia la manera de conservar la salud, mediante la adecuada adaptación del hombre al medio en que vive, y contrarrestando las influencias nocivas que puedan existir en este medio. ‖ *Fig.* Limpieza, aseo en viviendas y poblaciones. ‖ *Higiene mental,* la que atiende al estado psíquico.

higiénico, ca adj. Relativo a la higiene : *métodos higiénicos.*

higienista com. Persona dedicada al estudio de la higiene.

higienización f. Acción y efecto de higienizar.

higienizar v. t. Hacer higiénico, dotar de condiciones higiénicas.

higo m. Fruto que da la higuera después de la breva. ‖ — *Fam.* De higos a brevas, de tarde en tarde. ‖ *Higo chumbo,* de pala o de tuna, el fruto del nopal. ‖ *Fam.* No dársele a uno un higo de una cosa, no importarle nada.

higrófilo, la adj. Que atrae la humedad.

higrometría f. Parte de la física que estudia las causas de la humedad.

higrométrico, ca adj. Relativo a la higrometría.

higrómetro m. Instrumento para apreciar el grado de humedad del aire.

higroscopia f. Higrometría.

higuera f. Árbol de la familia de las moráceas, propio de las tierras cálidas, cuyos frutos son primero la breva y luego el higo. ‖ — *Higuera de Indias,* de pala o de tuna, el nopal. ‖

Fig. y *fam. Estar en la higuera,* estar siempre distraído.

Higuera (La), c. de Chile en la IV Región (Coquimbo) y en la prov. de Elqui, cap. de la com. del mismo nombre.

Higüey, com. de la Rep. Dominicana, cap. de la prov. de La Altagracia. Obispado.

hijastro, tra m. y f. Hijo o hija de uno de los cónyuges respecto del otro que no los procreó.

hijo, ja m. y f. Persona o animal respecto de su padre o de su madre. ‖ Nombre que se suele dar al yerno o a la nuera, respecto de los suegros. ‖ Expresión de cariño : *ven aquí, hijo, que te abrace.* ‖ *Fig.* Cualquier persona, respecto del país, provincia o pueblo de que es natural : *hijo de España, de Barcelona.* ‖ Religioso con relación al fundador de su orden : *hijo de San Ignacio.* ‖ Obra o producción del ingenio : *hijo de su talento.* ‖ — Pl. *Fig.* Descendientes : *hijos de Israel, de los incas, de Mahoma.* ‖ — *Hijo adulterino,* el nacido de adulterio. ‖ *Hijo bastardo* o *espurio,* el nacido de padres que no pueden contraer matrimonio. ‖ *Fig. Hijo de vecino,* cualquier persona. ‖ *Hijo natural,* el nacido de padres solteros.

hijodalgo m. Hidalgo. (Pl. *hijosdalgo.*)

hijuela f. Cosa aneja o subordinada a otra principal. ‖ Añadido que se echa a un vestido para ensancharlo. ‖ Camino o vereda derivado de otro principal. ‖ Documento donde se reseña lo que corresponde a cada uno en la participación de una herencia. ‖ Conjunto de los bienes que forman la herencia.

Hijuelas, c. de Chile en la V Región (Valparaíso) y en la prov. de Quillota, cap. de la com. del mismo nombre.

hilacha f. Trozo de hilo.

hilachento, ta adj. *Amer.* Andrajoso.

hilacho m. *Méx.* Guiñapo, harapo (ú. más en pl.).

hilachudo, da adj. *Amer.* Hilachento, andrajoso.

hilada f. Hilera, serie de cosas en fila : *una hilada de cajas.* ‖ *Arq.* Serie horizontal de ladrillos o piedras que se van poniendo en un edificio.

hilado m. Acción y efecto de hilar. ‖ Porción de lino, cáñamo, etc., transformada en hilo : *fábrica de hilados.*

Hilanderas *(Las),* cuadro de D. de Velázquez (Prado).

hilandería f. Arte de hilar. ‖ Fábrica de hilados.

hilandero, ra m. y f. Persona que hila por oficio.

hilar v. t. Convertir en hilo : *hilar lana, algodón.* ‖ Elaborar su hilo el gusano de seda y los insectos : *el gusano hila su capullo, la araña su tela.* ‖ *Fig.* Inferir unas cosas de otras. ‖ *Tramar : hilar una intriga.* ‖ — *Fig.* y *fam. Hilar delgado* o *muy fino,* proceder cautelosamente.

hilarante adj. Que provoca hilaridad. ‖ *Gas hilarante,* protóxido de nitrógeno empleado como anestésico.

hilarante adj. Que mueve a risa : *gas hilarante.*

hilaridad f. Explosión de risa.

hilatura f. Arte de hilar la lana, el algodón y otras materias análogas. ‖ Taller o fábrica de textiles.

hilaza f. Hilado. ‖ Hilo basto o desigual. ‖ Hilo de una tela.

Hildesheim, c. de Alemania Occidental (Baja Sajonia). Obispado.

hilera f. Formación en línea recta : *una hilera de espectadores.*

Hilmand o **Hilmend,** río de Afganistán ; 1 200 km.

hilo m. Hebra larga y delgada que se forma retorciendo cualquier materia textil : *hilo de lana, de seda, de lino, de algodón.* ‖ Tela de fibras de lino : *un pañuelo de hilo.* ‖ Ropa blanca de lino o cáñamo. ‖ Alambre muy delgado : *los hilos del teléfono.* ‖ Hebra que producen las arañas y el gusano de seda. ‖ Filo. ‖ *Fig.* Chorro muy delgado : *hilo de agua, de sangre.* ‖ Desarrollo de un discurso, de un relato, de un pensamiento : *el hilo de la exposición.* ‖ — *Al hilo,* según la dirección de los hilos. ‖ *Fig. Cortar el hilo,* interrumpir. ‖ *Estar colgado*

310

Ruta de la Expedición británica (1953)

HIMALAYA

pendiente de un hilo, estar en constante peligro. | Estar con el alma en un hilo, estar lleno de inquietud. | Hilo de voz, voz muy débil. | Mover los hilos, dirigir algo sin hacerse ver. | Perder el hilo, olvidar lo que se decía.

hilván m. Costura a grandes puntadas con que se une provisionalmente lo que se ha de coser. || Cada una de estas puntadas.

hilvanado m. Acción de hilvanar.

hilvanar v. t. Coser con hilvanes: hilvanar una falda antes de probarla. || Fig. y fam. Hacer algo con precipitación. | Trazar, forjar: hilvanar una historia. | Enlazar, coordinar.

Hilversum, c. de Holanda (Holanda Septentrional). Industrias.

Hilla, c. de Irak, al S. de Bagdad.

Himachal Pradesh, Estado del N. de la India, en el Himalaya occidental; cap. Simla.

Himalaya, cord. de Asia, que se extiende por Paquistán, Cachemira, India, el Tíbet, Nepal, Sikkim y Bután. En ella se encuentran las montañas más elevadas del mundo (Everest, 8 848 m., etc.).

Himeji, c. del Japón, en la isla Honshu. Industrias.

himen m. Anat. Membrana que, en la mujer virgen, reduce el orificio externo de la vagina.

himeneo m. Casamiento. || Epitalamio, composición poética con motivo de un casamiento.

himenóptero, ra adj. Dícese de los insectos que tienen cuatro alas membranosas, con pocos nervios y grandes celdillas, como las avispas, las abejas, las hormigas, etc. (ú. t. c. s. m.).

Himeto, montaña de Grecia en Ática, al S. de Atenas.

himnario m. Colección de himnos.

himno m. Cántico en honor de Dios, de la Virgen o de los santos. || Entre los antiguos, poemas en honor de los dioses o de los héroes: himnos homéricos. || Canto nacional, patriótico, deportivo, de un partido, etc.

hincapié m. Fig. Hacer hincapié, insistir con fuerza.

hincar v. t. Introducir una cosa en otra. Ú. t. c. pr.: se me ha hincado una astilla en la mano. || Apoyar una cosa en otra como para clavarla. | Pop. Hincar el pico, morir. || — V. pr. Hincarse de rodillas, arrodillarse.

hincha f. Fam. Antipatía, encono: tener hincha a uno. || — M. y f. Fam. Fanático, defensor: hincha del fútbol.

hinchado, da adj. Lleno: globo hinchado. || Fig. Vanidoso, presumido: una persona hinchada. | Hiperbólico y afectado: estilo hinchado. || Fig. Hinchado de orgullo, sumamente orgulloso. || — F. Fig. Conjunto de hinchas: la hinchada del fútbol.

hinchamiento m. Hinchazón.

hinchar v. t. Hacer que aumente el volumen de un cuerpo: hinchar un balón. || Fig. Exagerar: hinchar una noticia. | Dar de comer con exceso: lo hinché de dulces. || — V. pr. Aumentar de volumen: hincharse una mano, una pierna, un ojo. || Fig. Envanecerse: hincharse de orgullo. | Comer con exceso: me hinché de caviar. || Hartarse: hincharse de correr. | Fam. Ganar mucho dinero: hincharse en un negocio. || Fam. Hinchársele a uno las narices, enfadarse.

hinchazón f. Efecto de hincharse.

Hindemith (Paul), compositor alemán, paladín de la escuela contemporánea (1895-1963), autor de música instrumental y vocal, óperas, sonatas.

Hindenburg (Paul von), mariscal alemán (1847-1934). Fue, en la primera guerra mundial, comandante supremo del ejército imperial (1916-1918). Pres. de la Rep. de 1925 a 1934.

hindi m. Idioma de la India.

Hindostán. V. INDOSTÁN.

hindú adj. y s. V. INDIO.

hinduismo m. Religión bramánica, la más difundida en la India.

Hindu-Kuch, cadena de montañas en el N. de Afganistán y en Paquistán.

Hinkley Point, pobl. de Gran Bretaña (Somerset). Central nuclear.

hinojo m. Planta de la familia de las umbelíferas, muy aromática. || — Pl. Rodillas: está de hinojos.

Hinojosa del Duque, v. del S. de España (Córdoba).

Hinojosa y Naveros (Eduardo), jurista español (1852-1919), autor de Historia del Derecho Español.

hioides adj. Anat. Dícese del hueso flotante situado en la raíz de la lengua y encima de la laringe. (ú. t. c. s. m.).

hipar v. i. Tener hipo. | Gimotear (en esta acepción se aspira la h).

Hiparco, astrónomo griego, n. en Nicea (Bitinia) en el s. II a. de J. C.

hiper n. Fam. Hipermercado.

hipérbaton m. Gram. Figura de construcción que consiste en invertir el orden habitual de las palabras en el discurso.

hipérbola f. Geom. Curva simétrica respecto de dos ejes perpendiculares entre sí, con dos focos.

hipérbole f. Figura retórica que consiste en exagerar aquello de que se habla.

hiperbólico, ca adj. Relativo a la hipérbola o de figura de tal: curvas hiperbólicas. || Perteneciente a la hipérbole o que la encierra.

hiperbóreo, a adj. Aplícase a las regiones muy septentrionales y a cuanto vive en ellas. || Ártico.

hiperclorhidria f. Exceso de ácido clorhídrico en el jugo gástrico.

hiperclorhídrico, ca adj. Relativo a

la hiperclorhidria. || Que la padece (ú. t. c. s.).

hiperdulia f. Culto que los católicos dan a la Virgen.

hiperfrecuencia f. Frecuencia muy elevada de un movimiento periódico. || Onda electromagnética de una longitud de un centímetro.

hiperglucemia f. Exceso de glucosa en la sangre.

hipermercado m. Supermercado de grandes dimensiones situado generalmente fuera de las poblaciones.

hipermétrope adj. y s. Que padece hipermetropía.

hipermetropía f. Med. Anormalidad del ojo en que los rayos luminosos forman el foco detrás de la retina, y que se corrige por medio de lentes convexas.

hiperrealismo m. Corriente artística contemporánea caracterizada por la presentación fría y casi fotográfica de la realidad.

hipersensibilidad f. Sensibilidad excesiva.

hipersensible adj. y s. De suma sensibilidad.

hipertensión f. Tensión excesivamente alta de la sangre en el aparato circulatorio. || Fig. Gran tensión.

hipertenso, sa adj. Med. Que sufre de tensión elevada en el aparato circulatorio (ú. t. c. s.).

hipertrofia f. Med. Aumento excesivo del volumen de un órgano. || Fig. Desarrollo excesivo: la hipertrofia de la administración.

hipertrofiar v. t. Med. Aumentar con exceso el volumen de un órgano: el alcohol hipertrofia el hígado (ú. t. c. pr.). || — V. pr. Fig. Desarrollarse excesivamente.

hípico, ca adj. Relativo al caballo y a la equitación. || Concurso hípico, prueba deportiva que consiste en saltar obstáculos a caballo. || — F. Deporte hípico.

hípido [jipído] m. Acción y efecto de hipar o gimotear (la h es aspirada).

hipismo m. Deporte hípico.

Hipnos, dios griego del Sueño.

hipnosis f. inv. Med. Sueño producido por el hipnotismo.

hipnótico, ca adj. Relativo a la hipnosis: sueño hipnótico. || — M. Medicamento narcótico.

hipnotismo m. Med. Procedimiento empleado para producir el sueño llamado magnético por fascinación, mediante influjo personal o por aparatos adecuados. || Ciencia que trata de estos fenómenos.

hipnotización f. Acción y efecto de hipnotizar.

hipnotizador, ra adj. y s. Que hipnotiza.

hipnotizar v. t. Dormir a alguien por el procedimiento del hipnotismo.

Fig. Atraer de modo irresistible : *hipnotizó a todo el auditorio.*

hipo m. Movimiento convulsivo del diafragma que produce una respiración interrumpida y violenta que causa algún ruido. ‖ *Fig. Quitar el hipo,* asombrar.

hipocampo m. Pez teleósteo llamado también *caballo marino.*

hipocentro m. Punto subterráneo, debajo del epicentro, donde se ha originado el seísmo.

hipoclorhidria f. Escasez de ácido clorhídrico en el jugo gástrico.

hipoclorhídrico, ca adj. Relativo a la hipoclorhidria. ‖ Que padece este mal (ú. t. c. s.).

hipocondria f. *Med.* Depresión morbosa del ánimo.

hipocondriaco, ca adj. y s. *Med.* Que padece hipocondría.

hipocondrio m. *Anat.* Cada una de las dos partes laterales de la región epigástrica, situada debajo de las costillas falsas (ú. m. en pl.).

Hipócrates, médico griego, n. en la isla de Cos (¿ 460-377 ? a. de J. C.). Postuló la teoría de los cuatro humores (sangre, flema, bilis amarilla y bilis negra).

hipocrático, ca adj. Relativo a Hipócrates o a su doctrina.

hipocresia f. Fingimiento de cualidades o sentimientos contrarios a los que verdaderamente se tienen. ‖ Acción hipócrita.

hipócrita adj. Que finge cualidades o sentimientos que no tiene en absoluto (ú. t. c. s.). ‖ Fingido, falso.

hipodérmico, ca adj. Que está o se pone debajo de la piel.

hipodermis f. Parte profunda de la piel, debajo de la dermis.

hipódromo m. Campo de carreras de caballos.

hipofagia f. Costumbre de comer carne de caballo.

hipofisario, ria adj. De la hipófisis.

hipófisis f. inv. *Anat.* Glándula endocrina bajo el encéfalo que regula los fenómenos fisiológicos.

hipogástrico, ca adj. Relativo al hipogastrio.

hipogastrio m. *Anat.* Parte inferior del vientre.

hipogeo m. Sepulcro subterráneo en la Antigüedad.

hipoglucemia f. Disminución del índice de azúcar en la sangre.

hipoglucémico, ca adj. Relativo a la hipoglucemia. ‖ Que la padece (ú. t. c. s.).

hipomóvil adj. Dícese de los vehículos tirados por caballos.

Hipona, ant. c. del N. de África (Numidia), cerca de Annaba (Bona).

hipopótamo m. Mamífero paquidermo de labios muy desarrollados y patas cortas. ‖ *Fig.* Persona enorme.

hiposecreción f. *Med.* Secreción inferior a la normal.

hipotálamo m. *Anat.* Región del encéfalo situada en la base cerebral, unida por un tallo nervioso a la hipófisis, y en la que residen centros importantes de la vida vegetativa.

hipoteca f. Finca que garantiza el pago de un empréstito. ‖ *For.* Derecho real que grava bienes inmuebles para responder del pago de una deuda.

hipotecable adj. Que se puede hipotecar.

hipotecar v. t. Garantizar un crédito mediante hipoteca : *hipotecar una deuda.* ‖ Someter a la hipoteca : *hipotecar una casa.* ‖ *Fig.* Comprometer : *hipotecar el futuro.*

hipotecario, ria adj. Relativo a la hipoteca : *banco hipotecario.* ‖ Garantizado por una hipoteca.

hipotenar adj. Del borde saliente e interno de la palma de la mano.

hipotensión f. Tensión arterial baja.

hipotenso, sa adj. *Med.* Que tiene la tensión arterial baja (ú. t. c. s.).

hipotenusa f. *Geom.* Lado opuesto al ángulo recto en un triángulo rectángulo : *el cuadrado de la hipotenusa es igual a la suma de los cuadrados de los catetos.*

hipótesis f. inv. Suposición que se admite provisionalmente para sacar de ella una consecuencia.

hipotético, ca adj. Relativo o fundado en la hipótesis : *causa, proposición hipotética.* ‖ Dudoso, incierto.

hipotonía f. Disminución del tono muscular.

hippie o **hippy** adj. y s. (pal. ingl., pl. *hippies*). Término aparecido en la segunda mitad del s. XX que se aplica a las personas, generalmente jóvenes, que reaccionan contra los valores de la sociedad en que viven.

Hirakata, c. del Japón (Honshu), al NO. de Tokio. Metalurgia.

Hircania, región de Irán, al SE. del mar Caspio.

Hirohito, emperador del Japón, n. en 1901, heredero de Yoshihito en 1926. Aprobó en 1945 una Constitución democrática.

Hirosaki, c. del Japón, en el N. de la isla de Honshu.

Hiroshige (Utagawa ICHIRYUSAI, llamado), pintor japonés (1797-1858).

Hiroshima, c. del Japón, en el SE. de la isla de Honshu. Obispado. Los norteamericanos arrojaron allí la primera bomba atómica el 6 de agosto de 1945 (más de 150 000 víctimas).

hirsuto, ta adj. Dícese del pelo erizado y duro : *cabellera hirsuta.*

hirviente adj. Que está hirviendo.

hisopada f. o **hisopazo** m. Aspersión hecha con el hisopo.

hisopar y **hisopear** v. t. Rociar o echar agua con el hisopo.

hisopo m. Planta muy olorosa de la familia de las labiadas. ‖ Utensilio con el cual se echa el agua bendita.

hispalense adj. y s. Sevillano, de Sevilla (España).

Hispalis, n. latino de *Sevilla.*

Hispania, n. latino de la *Península Ibérica.*

Hispanic Society of America, asociación fundada en Nueva York en 1904 por el hispanista norteamericano Archer Milton Huntington para el fomento del estudio de la lengua y civilización españolas.

hispánico, ca adj. Relativo a España o a la hispanidad. ‖ Español o de la hispanidad (ú. t. c. s.).

hispanidad f. Conjunto y comunidad de los pueblos hispanos. ‖ Hispanismo, amor a lo hispano.

Hispaniola, n. dado por Colón a la isla de *Haití.*

hispanismo m. Giro o vocablo propio de la lengua castellana. ‖ Voz de esta lengua introducida en otra. ‖ Estudio de las lenguas, literaturas y cosas de España o hispanas. ‖ Amor a lo hispano.

hispanista com. Persona que se dedica a los estudios hispánicos.

hispanización f. Acción y efecto de hispanizar.

hispanizar v. t. Españolizar, dar carácter español.

hispano, no, na adj. y s. Hispánico. ‖ Español. ‖ Hispanoamericano. ‖ Dícese de los hispanoamericanos residentes en los Estados Unidos.

Hispano (Cornelio). Véase LÓPEZ (Ismael).

Hispanoamérica, n. que suele darse al conjunto de países americanos donde se habla español.

hispanoamericanismo m. Doctrina que tiende a la unión espiritual de los pueblos hispanoamericanos. ‖ Condición de hispanoamericano. ‖ Apego a su hispanoamericano.

hispanoamericanista adj. Relativo al hispanoamericanismo. ‖ Partidario de él (ú. t. c. s.). — Com. Persona versada en la lengua y cultura hispanoamericanas.

hispanoamericano, na adj. Relativo a los españoles y americanos. ‖ De Hispanoamérica (ú. t. c. s.).

hispanoárabe adj. Dícese del arte y de la civilización árabes en España (ú. t. c. s.).

hispanofilia f. Amor a España.

hispanófilo, la adj. y s. Aficionado a la cultura, historia y costumbres de España.

hispanofobia f. Odio a España.

hispanófobo, ba adj. y s. Que tiene odio a España.

hispanófono, na adj. Que habla español (ú. t. c. s.).

hispanohablante adj. Dícese de la persona que tiene el español como lengua materna (ú. t. c. s.).

hispanojudío, a adj. Dícese del judío español : *Sem Tob fue un poeta hispanojudío* (ú. t. c. s.).

hispanomusulmán, ana adj. Relativo a la época de dominación musulmana en España (ú. t. c. s.).

hispanoparlante adj. y. s. Hispanohablante.

hispanorromano, na adj. De la época de la ocupación de España por Roma (ú. t. c. s.).

histeria f. o **histerismo** m. *Med.* Neurosis caracterizada por ataques convulsivos, parálisis, sofocaciones, etc. ‖ Calidad de histérico.

histérico, ca adj. Relativo a la histeria. ‖ — Adj. y s. Que padece histeria. ‖ *Fig.* Que manifiesta sus reacciones afectivas de una manera exagerada.

histología f. Parte de la anatomía que trata del estudio de los tejidos orgánicos.

historia f. Desarrollo de la vida de la humanidad : *las enseñanzas de la historia.* ‖ Narración verdadera y ordenada de los acontecimientos pasados y de las cosas memorables de la actividad humana : *historia sagrada, de España, de la literatura.* ‖ Parte de los tiempos pasados conocida por documentos escritos. ‖ Conjunto de los acontecimientos vividos por una persona : *ésta es mi historia.* ‖ Descripción de los seres : *historia natural.* ‖ Obra histórica : *la "Historia de la América Española"*, de Pereyra. ‖ Fábula, cuento : *no me vengas con historias.* ‖ Chisme, enredo : *historias de comadres.* ‖ — *Fig. Dejarse de historias,* ir a lo esencial y dejar lo superfluo. ‖ *Pasar una cosa a la historia,* perder su actualidad e interés ; hacer época.
— La *historia* se divide en varios períodos : la *Antigüedad,* desde los orígenes hasta el año 395 (muerte de Teodosio) ; la *Edad Media,* de 395 hasta 1453 o hasta 1492 (caída de Constantinopla o descubrimiento de América) ; la *Edad Moderna,* de 1453 hasta 1789 (Revolución Francesa) ; la *Edad Contemporánea,* desde 1789 hasta la actualidad.

historiador, ra m. y f. Persona que escribe historia. ‖ Especialista en estudios históricos.

historial adj. Relativo a la historia. — M. Reseña detallada de los antecedentes de un asunto, de los servicios de un funcionario o empleado : *historial profesional.* ‖ Breve reseña sobre la actividad de un deportista, de un club, candidato, etc. ‖ *Historial médico,* reseña detallada del estado médico de una persona, de sus dolencias o enfermedades.

historiar v. t. Contar o escribir historias. ‖ Exponer las vicisitudes por las que ha pasado una persona o cosa.

historicidad f. Carácter de lo que es realmente histórico.

historicismo m. Doctrina fundada en consideraciones históricas. ‖ Filosofía según la cual todos los valores resultan de una evolución histórica : *el historicismo de Dilthey.*

historicista adj. Relativo al historicismo. ‖ Partidario de él (ú. t. c. s.).

histórico, ca adj. Perteneciente a la historia : *edificio histórico.* ‖ Digno de figurar en la historia : *acontecimiento histórico.* ‖ *Fig.* Muy importante : *entrevista histórica.* ‖ Sucedido realmente : *Presente histórico,* tiempo usado a menudo en los relatos.

historieta f. Cuento breve, generalmente de carácter jocoso. ‖ *Historietas ilustradas,* tiras cómicas, tebeos.

historiografía f. Arte de escribir la historia. ‖ Estudio crítico de la historia. ‖ Conjunto de obras históricas.

historiógrafo, a m. y f. Persona que cultiva la historiografía.

histrión m. Bufón, actor. ‖ *Fig.* Persona que se expresa con la afectación propia de un actor teatral.

histriónico, ca adj. Del histrión.

hit m. (pal. ingl.). Éxito : *esta canción es un hit.* ‖ *Hit-parade,* clasificación de las canciones o de otra cosa según la popularidad de que gozan.

Hita (Juan RUIZ, arcipreste de), escritor español del mester de clerecía, n. en Alcalá de Henares (¿ 1293-1350 ?), autor del *Libro de buen amor,* poema de contenido autobiográfico en el que intercala numerosas leyendas, alegorías y hace una severa crítica de la sociedad de su época, valiéndose del pretexto de prevenir contra los infortunios que puede acarrear el amor.

Hitachi, c. del Japón (Honshu).

hitita adj. y s. De un pueblo de la Antigüedad en Asia Menor.

Hitler (Adolf), político alemán (1889-1945), dirigente del Partido Nacionalsocialista, canciller en 1933 y *führer* (jefe) del III Reich en 1934. Sus reiteradas agresiones provocaron en 1939 la segunda guerra mundial. Autor de *Mein Kampf* (" Mi lucha "). Se suicidó.

hitleriano, na adj. Relativo a la doctrina de Hitler. || Partidario de la misma, nazi (ú. t. c. s.).

hitlerismo m. Doctrina política de Hitler, nacionalsocialismo, nazismo. (El *hitlerismo* se fundaba en el racismo, el espacio vital y la reforma corporativa bajo el signo del partido único.)

hito, ta adj. Unido, inmediato : *calle, casa hita.* || Fijo, firme. || — M. Mojón de piedra : *hito kilométrico.* || *Fig.* Blanco adonde se dirige la puntería. || Cosa importante que sirve de punto de referencia. || *Mirar de hito en hito,* mirar fijamente.

Hixem || ~ **I,** emir independiente de Córdoba (788-796), hijo de Abderramán I. Protegió las artes y las ciencias. || ~ **II,** califa de Córdoba (976-1013). Tuvo como favorito al ministro Almanzor. || ~ **III,** califa omeya de Córdoba (1027-1031). A su muerte se dividió el poder en los *reinos de taifas.*

Ho, símbolo químico del holmio.

Hoangho o **Río Amarillo,** río del N. de China ; 5 200 km.

hoazín m. *Méx.* Especie de faisán.

Hobart, c. y puerto de Australia, cap. de Tasmania. Arzobispado. Universidad. Industrias.

Hobbes (Thomas), filósofo inglés (1588-1679), autor del *Leviathan.*

hobby m. (pal. ingl.). Ocupación secundaria a modo de pasatiempo, que sirve para distraerse de las ocupaciones habituales.

Hoceima (Al-). V. ALHUCEMAS.

hocicada f. Golpe dado con el hocico.

hocicar v. t. Hozar, picar con el hocico. || — V. i. Dar con la cara contra algo : *hocicar en el suelo, contra la pared.* || Caerse. || *Fig.* y *fam.* Tropezar con un obstáculo o dificultad. | Besuquear. | Fisgonear. | Hundir la proa el barco. | Rendirse.

hocicazo m. *Fam.* Caída : dar un *hocicazo.* | Golpe con la cara.

hocico m. Parte saliente más o menos alargada de la cabeza de ciertos animales : *el hocico del jabalí.* || Boca del hombre cuando tiene los labios muy abultados. || *Fig.* y *fam.* Cara. Ú. m. en pl. : *caer de hocicos.* | Gesto que denota enojo o desagrado. || — *Fam. Meter el hocico en todo,* ser muy curioso. | *Romper los hocicos a uno,* romperle la cara.

hociquear v. i. Hocicar, hozar.

hockey m. (pal. ingl.). Juego de pelota sobre terreno de hierba en el que se utiliza un bastón (stick) y cuyas reglas recuerdan las del fútbol. || *Hockey sobre hielo,* juego análogo practicado sobre pista de hielo.

Ho Chi Minh. V. SAIGÓN.

Ho Chi Minh, político comunista vietnamita (1890-1969), pres. de la rep. del Vietnam del Norte desde 1946. A partir de 1956 fue secretario general del partido comunista. Dirigió toda la lucha contra el colonialismo francés y, después, contra el Vietnam del Sur y contra los Estados Unidos.

Hodeida, c. y puerto de la Rep. Árabe del Yemen, en el litoral del mar Rojo.

Hofei, c. de China, cap. de la prov. de Nganhuei.

Hoffmann (Ernst Theodor Amadeus), escritor y compositor alemán (1776-1822), autor de los relatos *Cuentos fantásticos, Cascanueces* y *el rey de los ratones, Opiniones del gato Murr, Los elixires del diablo, La señorita de Scudery,* etc. Compuso obras de piano, música de cámara, lieder, música religiosa, óperas *(Ondina)*. En sus libros se inspiraron los músicos Offenbach, Tchaikovski, Schumann.

hogaño adv. Este año. || Hoy, en la actualidad.

hogar m. Sitio donde se enciende lumbre : *el hogar de un horno, de una chimenea.* || *Fig.* Casa o domicilio de uno : *encontrar su hogar desierto.* | Familia : *fundar un hogar.* | Vida de familia : *gustarle a uno el hogar.* | Centro de reunión de personas unidas por algún lazo profesional o regional : *hogar de estudiantes, del soldado.*

hogareño, ña adj. Amante del hogar (ú. t. c. s.). || De la familia : *tradición hogareña.*

Hogarth (William), pintor costumbrista inglés (1697-1764).

hogaza f. Pan grande.

Hoggar, macizo montañoso de Argelia, en el Sáhara central.

hoguera f. Porción de materias combustibles que, encendidas, levantan mucha llama. || Montón de leña en el que se quemaba a los condenados al suplicio del fuego.

Hohenstaufen, familia imperial germánica, originaria de Wurtemberg, que ocupó el trono de 1138 a 1268.

Hohenzollern, ant. principado de Alemania ; cap. *Sigmaringen.*

Hohenzollern, familia imperial que, de 1201 a 1918, ocupó el trono del principado homónimo. || ~ **Sigmaringen** (LEOPOLDO VON), príncipe alemán (1835-1905), candidato de Prim al trono de España en 1868.

hoitziltotol m. *Méx.* Colibrí.

hoja f. Cada una de las partes, generalmente verdes, planas y delgadas, que nacen en la extremidad de los tallos y ramas de los vegetales. || Pétalo. || Lámina delgada de cualquier materia : *hoja de papel, de metal.* || Folio de un libro o cuaderno. || Cuchilla de ciertas armas o herramientas : *hoja de afeitar.* || Cada una de las partes de la puerta o ventana que se cierra. | Parte de un tríptico. || Loncha de tocino. || *Fig. Espada : una hoja de Toledo.* | Diario : *hoja oficial.* | Defecto de la moneda que le hace perder su sonido claro : *esta peseta tiene hoja.* || — *Hoja de lata,* hojalata. || *Hoja de ruta,* documento en el que constan la carga de un vehículo, el destino, etc. || *Hoja de servicios,* historial profesional de un funcionario o deportista. || *Fam. Sin vuelta de hoja,* sin discusión.

hojalata f. Lámina de hierro o acero estañada por las dos caras : *un bote de hojalata.* || — M. *Méx.* Chapista.

hojalateo m. *Méx.* Chaspitería.

hojalatería f. Tienda o taller de objetos de hojalata. || *Méx.* Chapistería.

hojalatero m. Operario que trabaja en hojalata. || *Méx.* Chapistería.

hojaldrar v. t. Dar a la masa forma de hojaldre.

hojaldre m. Masa que, al cocerse, forma muchas hojas delgadas superpuestas : *pastel de hojaldre.*

hojarasca f. Hojas secas que caen de los árboles. || *Fig.* Cosas inútiles.

hojear v. t. Pasar las hojas de un libro, revista, etc. || *Fig.* Leer un libro o escrito superficialmente.

Hojeda (Alonso de). V. OJEDA (Alonso de). || ~ (DIEGO DE), religioso y poeta español (¿ 1570 ?-1615), autor de *La Cristiada,* poema épico sobre la Pasión de Jesús.

Hokkaido, ant. Yeso, isla septentrional del Japón ; cap. *Sapporo* ; 78 512 km². Un túnel de 54 km unirá la isla con Honshu.

¡hola ! interj. Se emplea como saludo o para expresar sorpresa.

Holactún, ant. centro de la civilización maya (Viejo Imperio), al NO. de Yucatán (México).

Holanda (REINO DE), en holandés *Nederland,* Estado de Europa Occidental, a orillas del mar del Norte, y entre Alemania y Bélgica ; 33 491 km² ; 14 540 000 h. *(holandeses.)* Cap. *Amsterdam,* 997 000 h. ; otras c. : *La Haya* (residencia o sede del Gobierno), 700 000 h. ; *Rotterdam,* 636 000 ; *Utrecht,* 267 000 ; *Haarlem,* 172 000 ; *Eindhoven,* 193 000 ; *Breda,* 120 000 ; *Groninga,* 167 000 ; *Tilburgo,* 153 000 ; *Nimega,* 164 000 ; *Enschede,* 143 000 ; *Arnhem,* 131 000.
— GEOGRAFÍA. Holanda es llana y con algunas zonas a un nivel inferior al mar. Atravesada por grandes ríos (Rin, Mosa, Escalda), ha luchado siempre contra las invasiones del mar y le ha ganado terreno por desecación progresiva del suelo *(pólders)*. La agricultura, la ganadería y los productos derivados (leche, mantequilla, carne) son la principal riqueza. La industria (refinerías de petróleo, siderurgia, astilleros, construcciones mecáni-

HI

HOLANDA

cas, textiles artificiales, aparatos eléctricos) es floreciente. Existe un gran yacimiento de gas natural en Groninga.

Holanda ‖ ~ **Meridional,** prov. de Holanda ; cap. *La Haya.* ‖ ~ **Septentrional,** prov. de Holanda ; cap. *Haarlem.*

holandés, esa adj. y s. De Holanda. ‖ — M. Idioma hablado en este país. ‖ — F. Hoja de papel de escribir del tamaño 22 × 28 cm. ‖ *A la holandesa,* al modo de Holanda ; encuadernación en que las tapas están forradas de papel y el lomo de piel o tela.

Holbein ‖ ~ **el Viejo,** pintor alemán (¿ 1465 ?-1524). Influido por la escuela flamenca y el gótico alemán. ‖ ~ **el Joven** (HANS), pintor alemán (1497-1543), hijo del anterior. Fue retratista de gran realismo y uno de los principales representantes del Renacimiento en su país. Vivió en Inglaterra, donde fue pintor de Enrique VIII.

Hölderlin (Friedrich), poeta alemán (1770-1843), autor de poemas (*Himnos, Elegías*) y de la novela *Hyperion.* Murió loco.

holding m. (pal. ingl.). Sociedad que controla, mediante una participación en el capital, un grupo de empresas relacionadas entre sí por cierta comunidad de intereses.

holgado, da adj. Ancho : *traje holgado.* ‖ No apretado : *ir holgados en un coche.* ‖ Desocupado, ocioso. ‖ *Fig.* Que vive con bienestar.

holganza f. Descanso, reposo. ‖ Ociosidad, pereza. ‖ Placer, diversión.

holgar v. i. Descansar. ‖ No trabajar : *holgar sábados y domingos.* ‖ Divertirse. ‖ Ser inútil, sobrar : *huelgan las explicaciones.* ‖ — V. pr. Divertirse.

holgazán, ana adj. y s. Perezoso.

holgazanear v. i. Estar voluntariamente ocioso, hacer poco o nada.

holgazanería f. Pereza.

holgorio m. Jolgorio, bulla.

Holguín, c. en el este de Cuba, cap. de la prov. de su mismo nombre. Obispado. La prov. fue creada en 1976 con una parte de la ant. prov. de Oriente.

Holguín (Carlos), político colombiano (1832-1894), pres. de la Rep. de 1888 a 1892. ‖ ~ (JORGE), general colombiano (1848-1928), pres. de la Rep. en 1909 y de 1921 a 1922.

holgura f. Anchura, amplitud. ‖ Desahogo económico, comodidad : *una familia que vive con holgura.* ‖ Ajuste amplio entre piezas mecánicas. ‖ Regocijo, diversión.

Holmberg (Eduardo Ladislao), botánico argentino (1852-1937), autor de *Flora y fauna de Argentina.*

Holmes (Sherlock), detective aficionado en las novelas de Conan Doyle.

holmio m. *Quím.* Cuerpo simple metálico, de número atómico 67 (símb., Ho), que pertenece al grupo de las tierras raras.

Holmul, ant. centro de la civilización maya, a orillas del río homónimo, en Yucatán (México).

holocausto m. Entre los judíos, sacrificio en que se quemaba enteramente a la víctima. ‖ La víctima así sacrificada. ‖ *Fig.* Acto de abnegación, sacrificio, ofrenda generosa.

Holon, c. de Israel en la zona urbana de Tel Aviv. Metalurgia.

Holpechén, mún. en el SE. de México (Campeche).

Holstein [*jolstain*] (DUCADO DE), ant. Estado de la Confederación Germánica, unido en 1866 a Prusia. Actualmente forma con el sur de Slesvig el Estado de Slesvig-Holstein de la República Federal de Alemania.

Holzmann (Rodolfo), músico peruano de origen alemán; n. en 1910.

holladura V. DJAJAPURA.

Hollandia. V. DJAJAPURA.

hollar v. t. Pisar. ‖ *Fig.* Pisotear.

hollejo m. Piel delgada de algunas frutas o legumbres.

hollín m. Materia crasa y negra del humo que se pega a las chimeneas. ‖ *Fam.* Jollín, disputa.

Hollywood, c. en el SO. de los Estados Unidos (California), al NO. de Los Ángeles. Centro de la industria cinematográfica. — C. del SE. de los Estados Unidos (Florida), al N. de Miami. Industria electrónica.

hombrada f. Acción propia de un hombre, gesto viril.

hombradía f. Calidad de hombre. ‖ Entereza.

hombre m. Mamífero bimano del orden de los primates, dotado de razón y de lenguaje articulado : *existen varias razas de hombres.* ‖ Ser humano del sexo masculino : *el hombre y la mujer.* ‖ El que ha llegado a la edad viril, adulto : *Juan está ya hecho un hombre.* ‖ Especie humana en general : *el hombre fue creado por Dios a su imagen.* ‖ *Fam.* Marido. ‖ Persona : *un hombre de bien.* ‖ Soldado : *una tropa de mil hombres.* ‖ Juego de naipes. ‖ ~ **Buen hombre,** hombre sencillo y cándido. ‖ *De hombre a hombre,* de poder a poder. ‖ *El Hijo del Hombre,* Jesucristo. ‖ *Gran o grande hombre,* el ilustre y eminente en su línea. ‖ *¡ Hombre !,* interj. de sorpresa, cariño, admiración, duda. ‖ *Hombre de bien,* persona honrada. ‖ *Hombre de guerra,* militar. ‖ *Hombre de la calle o a pie,* el ciudadano medio. ‖ *Hombre de letras,* literato. ‖ *Hombre de mundo,* el que trata con toda clase de gente y tiene mucha experiencia. ‖ *Fig. Hombre de paja,* persona que presta su nombre en un negocio que en realidad pertenece a otro, testaferro. ‖ *Hombre de pelo en pecho,* el fuerte y osado. ‖ *Hombre público,* el que toma una parte activa en la política. ‖ *Hombre rana,* buceador provisto de una escafandra autónoma.

hombrera f. Pieza de la armadura que defendía los hombros. ‖ Adorno de algunos vestidos y uniformes en el hombro. ‖ Relleno de guata que se coloca en las chaquetas para armar el hombro. ‖ *Amer.* Refuerzo que se pone a la camisa por el hombro.

hombría f. Hombradía. ‖ *Hombría de bien,* honradez.

hombro m. Parte superior y lateral del tronco del hombre y de los cuadrumanos, de donde nace el brazo. ‖ Parte correspondiente del vestido. ‖ Cada una de las dos partes que forman el escenario : *hombro derecha, izquierda.* ‖ — *Fig. Arrimar el hombro,* trabajar mucho ; ayudar. ‖ *Mirar por encima del hombro,* despreciar.

hombruno, na adj. *Fam.* Que se parece al hombre o parece de hombre : *mujer, voz hombruna.*

homenaje m. Juramento de fidelidad : *rendir homenaje al soberano.* ‖ Acto que se celebra en honor de una persona : *presidir un homenaje.* ‖ *Fig.* Sumisión, respeto.

homenajeado, da m. y f. Persona que recibe un homenaje (ú. t. c. adj.).

homenajear v. t. Rendir homenaje.

homeópata adj. Dícese del médico que cura por la homeopatía (ú. t. c. s.).

homeopatía f. *Med.* Sistema curativo que aplica a las enfermedades, en dosis mínimas, las mismas sustancias que en mayores cantidades producirían síntomas iguales a los que se trata de combatir.

homeopático, ca adj. Relativo a la homeopatía.

homérico, ca adj. Relativo a Homero. ‖ *Fig.* Épico, fabuloso.

Homero, poeta épico griego que se cree vivió en el s. IX a. de J. C. Era ciego. Los dos poemas que se le atribuyen son unas de las más altas creaciones humanas. En *La Ilíada* describe la guerra de Troya y en la *Odisea* los viajes de Ulises.

Home Rule [*joumrul*], n. dado al régimen de autonomía reivindicado por Irlanda a partir de 1870 y conseguido en 1912, pero aplicado en 1914.

home-trainer m. (pal. ingl.). Aparato formado por una bicicleta montada sobre rodillos que se utiliza para entrenarse en local cerrado, bicicleta estática.

homicida adj. Que ocasiona la muerte. ‖ — M. y f. Asesino.

homicidio m. Muerte causada a una persona por otra : *homicidio por imprudencia.* ‖ Por lo común, la ejecutada ilegítimamente y con violencia : *cometer un homicidio.*

homilía f. Plática religiosa, generalmente sobre un punto del Evangelio.

homínido, da adj. Relativo a un suborden de mamíferos primates actuales y fósiles en que se encuentra el hombre actual (ú. t. c. s. m.).

homofonía f. Calidad de homófono.

homófono, na adj. *Gram.* Aplícase a las palabras homónimas que se escriben de modo diferente, como *error* (equivocarse) y *herrar* (un caballo).

homogeneidad f. Calidad de homogéneo.

homogeneización f. Acción de homogeneizar. ‖ Tratamiento que sufre la leche para impedir la separación de sus materias.

homogeneizador, ra adj. Que homogeneiza (ú. t. c. s. m.).

homogeneizar v. t. Volver homogéneo.

homogéneo, a adj. Perteneciente a un mismo género. ‖ Dícese de un compuesto cuyos elementos son de igual naturaleza : *roca homogénea.* ‖ Muy unido : *grupo homogéneo.*

homógrafo, fa adj. *Gram.* Aplícase a las palabras homónimas que se escriben igual, como *haya,* árbol, y *haya,* acción verbal (ú. t. c. s. m.).

homologable adj. Que se puede homologar.

homologación f. Acción y efecto de homologar. ‖ Inscripción oficial de un récord deportivo.

homologar v. t. Confirmar, corroborar, revalidar. ‖ Reconocer de modo oficial o privado la conformidad de una máquina, aparato o técnica de ejecución con las características fijadas de antemano. ‖ Registrar y confirmar el resultado de una prueba deportiva realizada siguiendo las normas vigentes : *homologar el récord de los 100 m libre.* ‖ Declarar que algo corresponde a las normas fijadas. ‖ Hacer homólogo.

homología f. Calidad de homólogo.

homólogo, ga adj. *Geom.* Dícese de los lados que en cada una de dos o más figuras semejantes están colocados en el mismo orden : *los lados homólogos de dos triángulos semejantes.* ‖ *Quím.* Dícese de las sustancias orgánicas que desempeñan iguales funciones y sufren idénticas metamorfosis. ‖ Que corresponde a : *funciones homólogas.*

homonimia f. Calidad o carácter de homónimo.

homónimo, ma adj. Dícese de dos o más personas o cosas que llevan el mismo nombre : *dos personas, dos ciudades homónimas* (ú. t. c. s.). ‖ *Gram.* Dícese de las palabras que siendo iguales por su forma tienen distinta significación, como *Tarifa,* ciudad, y *tarifa de precios* (ú. t. c. s. m.).

homópteros m. pl. Insectos hemípteros de cuatro alas.

homosexual adj. Dícese de la persona que tiene afinidad sexual con las de su mismo sexo (ú. t. c. s.).

homosexualidad f. *Med.* Estado de los individuos que sólo son atraídos sexualmente por personas de su propio sexo.

Homs, prov. y c. de Siria, cerca del Orontes. Refinería de petróleo.

Honan o **Henan,** prov. del N. de China, en la cuenca inferior del Hoanghó ; cap. *Chengcheu.*

honda f. Tira de cuero o trenza de esparto para lanzar piedras.

Honda, mun. y c. de Colombia (Tolima).

hondo, da adj. Que tiene profundidad. ‖ Dícese de la parte más baja de un terreno. ‖ *Fig.* Recóndito : *en lo más hondo de mi alma.* ‖ Intenso : *hondo pesar.* ‖ Aplícase al cante o flamenco. (Se dice tb. *cante jondo.*) ‖ — M. Fondo.

Hondo, río de Cuba que nace en el S. de la isla, cerca de Punta del Gato. — Río del E. de la Rep. Dominicana, que des. en el mar Caribe. — Río que nace en Guatemala, señala la frontera entre Belice y México, y des. en la bahía de Chetumal ; 173 km. Se le llama tb. *río Azul.* — N. por el que se conoce en la prov. de Santiago del Estero (Argentina) el río *Salí o Dulce.* — V. HONSHU.

hondonada f. Espacio de terreno hondo, depresión.

hondura f. Profundidad. ‖ *Fig. Meterse en honduras,* querer hablar

HONDURAS

de cosas profundas sin la preparación adecuada, sin tener conocimiento de ellas.

Honduras, rep. de América Central situada entre el océano Atlántico, Nicaragua, el océano Pacífico, El Salvador y Guatemala ; 112 088 km² ; 3 700 000 h. *(hondureños)*. Cap. Tegucigalpa, 450 000 h. Otras c. : *Trujillo,* 13 000 h. ; *La Ceiba,* 50 000 ; *Yoro,* 15 000 ; *San Pedro Sula,* 50 000 ; *Comayagua,* 13 000 ; *Santa Rosa de Copán,* 12 000 ; *Nacaome,* 6 000 ; *Choluteca,* 25 000, y *Juticalpa,* 14 000. Administrativamente, Honduras se divide en 18 departamentos. La población es mestiza en su mayoría, con pequeños porcentajes de blancos, indios y negros. La religión católica es la predominante y el idioma oficial es el castellano o español, aunque se conservan algunas lenguas indígenas. La densidad media de población es de 33 h./km².

— GEOGRAFÍA. Una gran depresión orientada de N. a S. divide al país en dos zonas, oriental y occidental, pertenecientes ambas al sistema orográfico de los Andes Centroamericanos. Los ríos que desembocan en el Atlántico son Chamelecón, Ulúa, Patuca y Coco o Segovia, fronterizo con Nicaragua. Al Pacífico van los ríos Lempa, Negro, Grande, Nacaome y Goascorán. El lago más importante es el Taulabé o Yojoa. Las costas son en general angostas, salvo en la zona atlántica correspondiente a la depresión. El clima es variado, dependiente de la altura. En el interior, las oscilaciones térmicas son mayores que en la costa. Como en los otros países centroamericanos, la agricultura es el primer recurso económico hondureño : plátanos, café, tabaco, caña de azúcar. Las explotaciones forestales son importantes y la riqueza ganadera bastante desarrollada. El subsuelo está apenas explotado y la industria solamente transforma los productos agrícolas. Existen 1 000 km de ferrocarriles y 8 500 km de carreteras, así como una bien servida red aérea interior.

Honduras (GOLFO DE), golfo en el mar Caribe, al S. de la Península del Yucatán. || ~ **Británica.** V. BELICE.

hondureñismo m. Vocablo o giro propio de los hondureños. || Carácter hondureño. || Amor, apego a todo lo que se refiere a Honduras.

hondureño, ña adj. y s. Natural de Honduras. || Perteneciente a esta nación de América. || — M. Modalidad adoptada por el idioma español en Honduras.

Honegger (Arthur), compositor suizo (1892-1955), autor de música de cámara, sinfonías, óperas *(Antígona)* y oratorios *(El rey David, Judith, Juana en la hoguera,* etc.).

Honel, c. y puerto de Corea del Sur. Comercio.

Honesdale, pobl. de Estados Unidos (Pensilvania).

honestamente adv. Con honestidad, decencia y moderación. || Con modestia o cortesía.

honestidad f. Pudor, decencia, recato en la conducta. || Urbanidad. || Decoro.

honesto, ta adj. Decente, pudoroso, recatado. || Razonable, justo.

Honey, pobl. de México (Puebla).

Honfleur, pobl. y puerto en el NO. de Francia, a orillas del canal de la Mancha (Calvados). Pesca. Comercio. Centro turístico.

Höng, pobl. de Dinamarca, en la isla de Selandia.

Hongai u **Hongay,** c. y puerto del N. de Vietnam.

Höngen, pobl. de Alemania Occidental (Rin Septentrional-Westfalia).

Hong Kong u **Hongkong,** c. e isla en la costa meridional de China. Obispado. Gran centro comercial ; 1 034 km² ; 4 800 000 h. ; cap. *Victoria.* Posesión británica desde 1841.

hongo m. Cualquier planta talofita, sin clorofila, que vive como saprofita, parásita o en simbiosis. || Sombrero de fieltro de copa redonda. || *Mar.* Terminal en cubierta de un tubo de ventilación, con una tapa o sombrerete para evitar la entrada de agua. || — *Fig.* y *fam.* Crecer como hongos, crecer en abundancia y rápidamente. | *Hongo atómico,* nube, de forma parecida a la de esta planta, que aparece después de una explosión atómica.

Hong-Tsé, lago oriental de China.

Honiara, cap. de las islas Salomón.

Honolulú, c. y puerto de la isla Oahú, cap. del Estado norteamericano de las islas Hawai ; 390 000 h. Obispado. Universidad.

honor m. Sentimiento profundo de la propia dignidad moral : *un hombre de honor.* || Honestidad, recato en la mujer. || Buena fama, consideración : *defender el honor de alguien.* || *Cosa que honra : su invitación es un honor para mí.* || Prestigio. || — Pl. Dignidades, empleos elevados : *aspirar a los honores de la república.* || Ceremonial que se tributa a una persona : *rendir honores militares.* || Concesión por la que se usa un título o privilegio sin estar en posesión de los mismos : *el jefe de una región militar tiene honores de capitán general.* || — *En honor a la verdad,* para decir verdad | *En honor de una persona,* para honrarla. || *Hacer honor a su firma,* a su palabra, cumplir sus compromisos o sus promesas. || *Hacer los honores de la casa,* tratar a los convidados conforme a las reglas de la cortesía.

honorabilidad f. Cualidad de la persona honorable.

honorable adj. Digno de ser honrado o acatado : *persona, magistrado honorable.* || Tratamiento que se da al presidente de la Generalidad de Cataluña.

honorar v. t. Honrar.

honorario, ria adj. Que sirve para honrar a uno. || Que sólo tiene los honores del cargo : *presidente honorario.* || — M. pl. Emolumentos en las profesiones liberales.

honorífico, ca adj. Que da honor y no provecho material : *título honorífico.*

Honorio (Flavio), primer emperador romano de Occidente de 395 a 423.

honoris causa loc. lat. A título honorífico : *doctor honoris causa.*

honra f. Estima y respeto de la dignidad propia. || Buena fama. || Pudor y recato en las mujeres. || *Fig.* Cosa o persona de la cual se puede uno sentir orgulloso : *este hombre es la honra de su país.* || — Pl. Exequias. || *Tener a mucha honra una cosa,* gloriarse, mostrarse orgulloso de ella.

honradez f. Cualidad de honrado. || Manera de obrar con rectitud e integridad.

honrado, da adj. Que procede con rectitud e integridad.

honrar v. t. Respetar, venerar : *honrar a los padres.* || Enaltecer o premiar el mérito : *honrar al sabio, al justo.* || Ser motivo de orgullo : *este militar ha honrado su patria.* || Conceder algo que se considera honorífico : *honrar con su amistad, con su presencia.* || — V. pr. Tener a honra ser o hacer una cosa : *honrarse defendiendo al pobre.*

honrilla f. Puntillo o pundonor, amor propio : *hacer algo por la honrilla.*

honroso, sa adj. Que da honra.

Honshu, antes *Hondo,* isla principal del Japón y la más poblada ; 230 841 km², 87 374 000 h. C. pr. : *Tokio, Osaka, Nagoya, Kyoto, Kobe* y *Yokohama.* Un túnel de 54 km unirá las islas de Honshu y Hokkaido.

hontanar m. Terreno donde nacen manantiales.

Hooghly. V. HUGLI.

Hoorn, c. septentrional de Holanda.

Hoorn (Philippe, conde de), gobernador de Güeldres (1524-1568), amigo de Egmont. M. ajusticiado. Defensor de los patriotas de Flandes. M. ajusticiado.

Hoover (Herbert Clark), político norteamericano (1874-1964), pres. de Estados Unidos de 1929 a 1933.

Hoover Dam, embalse del SO. de los Estados Unidos, en el Colorado y en la frontera de los Estados de Nevada y Arizona. Central hidroeléctrica.

hopear v. i. Menear la cola.

Hopei u **Hope,** ant. *Cheli,* prov. de la China septentrional ; cap. *Chekiachuang.*

hoplita m. Soldado griego.

hopo m. Rabo, cola. (Suele aspirarse la *h.*) || *Riopl.* Mechón de pelo.

hora f. Cada una de las veinticuatro partes en que se divide el día solar : *¿ a qué horas vienes ?* || *Astr.* Vigesimocuarta parte de la línea equinoccial. ‖ *Fig.* Cita : *pedir hora a un médico.* | Momento determinado del día o momento oportuno para hacer algo : *llegó después de la hora fijada ; ya es hora de que trabajes.* | Momento de la muerte : *a cada uno le llega su hora.* ‖ — Pl. Libro que contiene varios rezos. ‖ — *Fig. A buena hora o a buena hora mangas verdes,* demasiado tarde. ‖ *A la hora,* puntualmente. ‖ *Dar hora,* citar a una hora precisa. ‖ *Dar la hora,* sonar el reloj ; (fig.) ser una persona puntual. ‖ *Hora H,* véase H. ‖ *Hora punta,* momento de mayor afluencia (transportes) o de mayor consumo (energía). ‖ *Horas canónicas,* diversas partes del rezo divino. ‖ *Horas extraordinarias,* las que se trabajan de más. ‖ *Fig. La última hora,* la de la muerte. ‖ *Tener las horas contadas,* estar próximo a la muerte.

Horacio (Quinto Horacio Flaco), poeta latino (65-8 a. de J. C.), autor de *Odas, Sátiras* y *Epístolas.* En una de estas últimas se halla el *Arte Poética,* poema didáctico.

Horacios (*Los tres*), tres hermanos romanos (s. VII a. de J. C.) que lucharon contra los tres hermanos *Curiacios.* Dos Horacios murieron y el superviviente, aparentando que huía, mató uno a uno a los Curiacios.

horadación f. Perforación.

horadador, ra adj. y s. Que horada.

horadar v. t. Agujerear, perforar una cosa atravesándola de parte a parte.

horario, ria adj. Relativo a las horas : *media horaria.* ‖ — *Círculos horarios,* círculos máximos que pasan por los polos, señalan las horas del tiempo verdadero y dividen el globo en *husos horarios* que abarcan las regiones que tienen la misma hora oficial. ‖ — M. Aguja del reloj que señala las horas. ‖ Cuadro indicador de las horas de salida y llegada : *horario de trenes.* ‖ Repartición de las horas del trabajo : *horario escolar.*

horca f. Conjunto de dos maderos hincados en el suelo y otro que los une por encima, sobre el cual se colgaba a los ajusticiados. ‖ Suplicio de los así condenados : *morir en la horca.* ‖ *Agr.* Palo rematado en dos puntos para diversos usos.

horcajadas (a) m. adv. Echando una pierna por cada lado tal como el que va a caballo.

Horcas Caudinas, desfiladero de Italia (ant. región de Samnio, en el límite con Campania), cerca de Caudio, donde las tropas romanas tuvieron que pasar ignominiosamente bajo el yugo (321 a. de J. C.). La expresión *pasar bajo las Horcas Caudinas* significa cualquier concesión humillante impuesta a los vencidos.

horchata f. Bebida refrescante a base de almendras o chufas machacadas en agua y azúcar. ‖ *Fig. Tener sangre de horchata,* ser flemático.

horchatería f. Establecimiento en el que se venden horchata.

horchatero, ra m. y f. Persona que hace o vende horchata.

horda f. Tropa salvaje.

Horda de Oro, reino más occidental de los mongoles, en el S. de Siberia y Rusia (s. XIII-XIV).

horizontal adj. Paralelo al horizonte : *línea, plano horizontal.* ‖ — F. Línea horizontal.

horizontalidad f. Calidad o carácter de horizontal.

horizonte m. Línea aparente que separa la tierra del cielo. ‖ Espacio circular de la superficie del globo, encerrado en dicha línea. ‖ Espacio a que puede extenderse la vista : *tener un horizonte limitado.* | *Fig.* Extensión de una actividad : *el horizonte de los conocimientos humanos.* | Perspectiva : *el horizonte político.*

horma f. Molde para dar forma a algo : *horma de zapatero, de sombrerero.* ‖ Ballestilla para construir la forma del zapato. ‖ *Fig. y fam.* Hallar uno la horma de su zapato, encontrar lo que le conviene ; encontrar a alguien con quien medirse.

hormiga f. Género de insectos del orden de los himenópteros que viven bajo tierra en hormigueros formando colonias ‹ en las que hay hembras fecundas, machos y hembras estériles

u obreras, éstas carentes de alas. ‖ *Fig. Ser una hormiga,* ser muy trabajador o ahorrador.

hormigón m. Mezcla de arena, grava y mortero amasada con agua. ‖ — *Hormigón armado,* el que tiene entre su masa una armazón de alambres y barras de hierro que le dan consistencia. ‖ *Hormigón hidráulico,* el hormigón hecho a base de cal hidráulica.

hormigonado m. Acción de hormigonar. ‖ Trabajo hecho con hormigón.

hormigonar v. tr. Construir con hormigón.

hormigonera f. Máquina para la preparación del hormigón.

hormiguear v. i. Experimentar en una parte del cuerpo la sensación de picor : *me hormiguean las piernas.* ‖ *Fig.* Bullir de gente.

hormigueo m. Acción y efecto de hormiguear : *el hormigueo de la muchedumbre.* ‖ Comezón, picor.

hormiguero m. Lugar donde se crían las hormigas. ‖ *Fig.* Sitio donde hay muchas personas : *un hormiguero de chiquillos.* ‖ — Adj. V. OSO *hormiguero.*

hormiguilla f. Cosquilleo, picazón, prurito.

hormiguita f. *Fam.* Persona trabajadora o ahorradora.

hormona f. *Biol.* Producto de secreción interna de ciertos órganos del cuerpo de animales y plantas. — En el reino animal, las *hormonas* son el producto de la secreción de las glándulas endocrinas.

hormonal adj. De la hormonas.

hornacina f. *Arq.* Hueco o nicho en forma de arco que se deja en un muro para poner un objeto decorativo.

Hornachuelos, v. al S. de España (Córdoba), a orillas del Guadalquivir. Embalse. Central hidroeléctrica.

hornada f. Lo que se cuece de una vez en un horno. ‖ *Fig.* Conjunto de individuos de una misma promoción : *ser de la misma hornada.*

hornilla f. Hornillo.

hornillo m. Horno manual : *hornillo de gas, eléctrico.* ‖ Parte de la mina donde se introduce la carga.

horno m. Obra abovedada de fábrica que sirve para someter a la acción del calor diversas sustancias : *horno de panadero, de arco, eléctrico.* ‖ Compartimiento en el interior de una cocina donde se asan los alimentos. ‖ *Fig.* Lugar muy caliente : *esta habitación es un horno.* ‖ — *Alto horno,* el de cuba muy prolongada que fundir mena de hierro. ‖ *Fig. y fam. No estar el horno para bollos,* no ser el momento oportuno.

Hornos (CABO DE), cabo de América del Sur, al S. de la Tierra del Fuego. Descubierto por los holandeses Lemaire y Schouten (1616).

Horo. V. HORUS.

horóscopo m. Conjunto de presagios basados en el estado del firmamento al nacer una persona. ‖ Por ext. Predicción. | Adivino, agorero, augur.

Horqueta, cerro de Colombia, entre los dep. de Antioquia y Chocó ; 2 800 m. — Cerro de Panamá (Bocas del Toro) ; 2 480 m. — Pobl. del Paraguay (Concepción).

horquilla f. *Agr.* Horca, bieldo. ‖ Alfiler doblado para sujetar el cabello. ‖ Pieza de la bicicleta o motocicleta en que entra la rueda delantera : *horquilla telescópica.* ‖ Pieza terminada en dos ramas o dientes que actúa como elemento u órgano intermedio en la realización del movimiento en un mecanismo.

horrendo, da adj. Espantoso.

hórreo m. Granero, troj. ‖ Granero de madera sostenido en el aire por pilares, propio de Asturias y Galicia.

horrible adj. Horrendo : *espectáculo horrible.* ‖ *Fam.* Muy malo : *hace un tiempo horrible.*

horrificar v. t. Horrorizar.

horrífico, ca adj. Horrendo.

horripilación f. Acción de horripilar.

horripilante adj. Que horripila.

horripilar v. t. Hacer que se ericen los cabellos. ‖ Hacer tiritar : *el frío nos horripila.* | Causar horror y espanto.

horrísono, na adj. Que causa horror.

horro, rra adj. Libre, exento. ‖ Aplícase a la hembra de ganado que no queda preñada.

horror m. Temor causado por algo espantoso : *estremecerse de horror.* ‖ Repulsión, odio, aversión : *tener horror al tabaco, al vicio.* ‖ *Fig.* Atrocidad, monstruosidad. Ú. m. en pl. : *los horrores de la guerra.* ‖ — Pl. *Fig. y fam.* Cosas extraordinarias, maravillas : *Santana hace horrores con la raqueta.* ‖ — Adv. *Fam.* Mucho : *eso me gusta horrores.*

horrorizar v. t. Causar horror. ‖ — V. pr. Tener horror.

horroroso, sa adj. Que produce horror. ‖ *Fam.* Muy feo : *pintura horrorosa.* | Muy malo : *un tiempo horroroso.* | Muy grande : *sed horrorosa.*

Horsens, c. en el centro de Dinamarca (Jutlandia).

horse-power m. (pal. ingl.). *Mec.* Unidad práctica de potencia (Símb., HP) utilizada en los países anglosajones : *el horse-power equivale a 75,9 kgm/s.*

Horta, c. y puerto de Portugal (Azores), cap. de la isla Faial.

Horta (Manuel), periodista y escritor mexicano (1897-1983).

hortaliza f. Verduras y demás plantas comestibles que se cultivan en las huertas.

hortelano, na adj. Relativo a las huertas. ‖ — M. y f. Persona que por oficio cultiva huertas. ‖ — M. Pájaro de la familia de los fringílidos.

hortense adj. Relativo a la huerta.

hortensia f. Arbusto de la familia de las saxifragáceas, de hermosas flores en corimbos. ‖ Esta flor.

Hortensia de Beauharnais (1783-1837), reina de Holanda, por su casamiento con Luis Bonaparte, hija de la emperatriz francesa Josefina. Fue madre de Napoleón III.

hortera f. Escudilla o cazuela de madera. ‖ — M. *Fam.* En Madrid, dependiente de ciertos comercios. ‖ *Fig. y fam.* Individuo de clase social inferior que, por su vestimenta y modales falsamente elegantes, pretende situarse socialmente donde no le corresponde. ‖ — Adj. Poco refinado, chabacano.

horterada f. *Fam.* Chabacanería.

Horthy (Nicolás), marino y político húngaro (1868-1957). Regente de 1920 a 1944.

hortícola adj. Relativo al huerto, a la horticultura.

horticultor, ra m. y f. Persona que se dedica a la horticultura.

horticultura f. Cultivo de los huertos y huertas. ‖ Ciencia que trata del cultivo de los huertos.

Horus, dios solar egipcio representado por un gavilán.

hosanna m. Exclamación o cántico de júbilo en la liturgia católica. ‖ Himno que se canta el domingo de Ramos.

hosco, ca adj. Severo, áspero.

hospedaje u **hospedamiento** m. Alojamiento : *tomar hospedaje en un hotel.* ‖ Lo que se paga en él.

hospedar v. t. Recibir huéspedes en su casa, darles alojamiento : *hospedar a unos viajeros.* ‖ — V. pr. Alojarse.

hospedería f. Habitación reservada en los conventos para los huéspedes. ‖ Hospedaje, alojamiento. | Casa destinada al alojamiento de visitantes.

hospedero, ra m. y f. Persona que aloja huéspedes, hotelero.

hospiciano, na m. y f. Persona acogida en un hospicio.

hospicio m. Casa para albergar peregrinos y pobres. ‖ Asilo en el que se aloja y educa a niños pobres, expósitos o huérfanos.

hospital m. Establecimiento público o privado donde pueden ser admitidos todos los enfermos para ser tratados u operados : *hospital general, militar, de beneficencia.* ‖ Hospicio donde se recogen pobres y peregrinos por tiempo limitado. ‖ *Mil.* Hospital de sangre, centro de primera cura para los heridos en campaña.

hospitalario, ria adj. Aplícase a las órdenes religiosas que tienen por regla el hospedaje y la asistencia de los enfermos : *orden hospitalaria de San Juan de Dios* (ú. t. c. s.). ‖ Que auxilia y alberga a los extranjeros y necesitados. ‖ Acogedor : *casa muy hospitalaria*. ‖ Relativo al hospital.

Hospitalet u **Hospitalet de Llobregat,** c. de España en el distrito urbano de Barcelona.

hospitalidad f. Acción de recibir y albergar a uno gratuitamente por caridad o cortesía : *dar hospitalidad a un amigo.* ‖ Estancia o mansión de los enfermos en el hospital. ‖ Carácter acogedor.

hospitalización f. Admisión y estancia en un hospital.

hospitalizar v. t. Llevar a uno al hospital para prestarle la asistencia que necesita.

hosquedad f. Falta de amabilidad. ‖ Aspereza.

hostal m. Hotel modesto.

Hoste, isla de Chile, al S. del Canal de Beagle (Antártica Chilena, XII Región).

hostelería f. Conjunto de la profesión hotelera y servicios que ésta presta.

hostelero, ra m. y f. Persona dueña de una hostería o encargada de ella. ‖ — Adj. Relativo a la hostelería.

hostería f. Establecimiento hotelero. ‖ Restaurante, generalmente de lujo y decorado a la antigua.

hostia f. Disco de pan ázimo que el sacerdote consagra en el sacrificio de la misa. ‖ *Pop.* Guantazo, bofetón (connotación blasfema). ‖ Golpe. ‖ Caída.

hostiario m. Caja para guardar hostias. ‖ Molde para hacer hostias.

hostigador, ra adj. y s. Que hostiga.

hostigamiento m. Acción y efecto de hostigar : *tiro de hostigamiento.*

hostigar v. t. Azotar, castigar con látigo, vara o cosa semejante : *hostigar las caballerías.* ‖ *Fig.* Acosar, perseguir, molestar : *hostigar al adversario.* ‖ Excitar para hacer algo.

hostil adj. Contrario, enemigo.

hostilidad f. Enemistad. ‖ Oposición. ‖ — Pl. Estado de guerra. ‖ *Romper las hostilidades,* empezar la guerra atacando al enemigo.

hostilizar v. t. Hostigar, molestar al enemigo.

Hostos (Eugenio María), escritor, ensayista y pedagogo puertorriqueño, n. en Mayagüez (1839-1903), autor de *Moral social* y de la novela poética *La peregrinación de Bayoán.*

hot dog m. (pal. ingl.). Perro caliente, bocadillo de salchichas con mostaza.

hotel m. Establecimiento donde los viajeros pueden comer y albergarse mediante pago : *hotel de lujo, de primera.* ‖ Edificio separado de los otros, generalmente con jardín, destinado a la habitación de una sola familia.

hotelero, ra adj. Relativo al hotel : *industria, cadena hotelera.* ‖ — M. y f. Propietario de un hotel o encargado del mismo.

hotelito m. Chalet, casita.

hotentote, ta adj. Dícese de lo relativo a una raza negra del SO. de África (Namibia), al N. del río Orange. ‖ Perteneciente a ella (ú. t. c. s.).

Hotin o **Jotin** en polaco **Chocim** o **Choczin,** c. de la U. R. S. S. (Ucrania).

hot money m. (pal. ingl.). Capitales especulativos que pasan rápidamente de un lugar a otro para aprovechar la variación de los tipos de interés.

Houilles, mun. de Francia (Yvelines), al NO. de París.

Houssay (Bernardo Alberto), fisiólogo argentino (1887-1971). Premio Nobel en 1947 por sus estudios relativos a las glándulas de secreción interna.

Houston [*jiuston*], c. del S. de Estados Unidos (Texas). Centro espacial. Puerto importante. Refinería de petróleo. Industrias metalúrgicas y químicas. Hospital de cancerología.

hovercraft m. (pal. ingl.). Aerodeslizador.

Howard (Catalina). V. CATALINA.

Howrah, c. de la India, suburbio de Calcuta.

hoy adv. En este día, en el día presente : *hoy he visto a Juan.* ‖ En el tiempo presente, actualmente : *hoy no se estilan las levitas.* ‖ — *De hoy en adelante,* desde hoy. ‖ *Hoy día, hoy en día* u *hoy por hoy,* actualmente.

hoya f. Hoyo grande en la tierra. ‖ Sepultura : *tener un pie en la hoya.* ‖ Llano extenso entre montañas.

hoyo m. Agujero en la tierra o en cualquier superficie. ‖ Sepultura.

hoyuelo m. Hoyo en el centro de la barba o en las mejillas.

hoz f. Instrumento de hoja corva y mango corto para segar mieses y hierbas. ‖ Angostura, estrechura de un valle profundo, o la que forma un río entre dos sierras.

hozadura f. Hoyo o señal que deja el animal que hoza.

hozar v. t. Escarbar la tierra con el hocico el puerco y el jabalí.

Hradec-Kralove, c. de Checoslovaquia, al NE. de Bohemia.

hua, elemento que entra en muchas voces americanas, y a veces toma la forma *gua.*

Hua ‖ ~ **Kuo-feng** o **Hua Guofeng,** político chino, n. en 1921. Elemento moderado del partido comunista, fue dueño viceprimer ministro (1975), primer ministro y, después de la muerte de Mao Tse-Tung, presidente del partido (1976). Abandonó la jefatura del Gobierno en 1980 y la del partido en 1981. ‖ ~ **Yaobang,** político chino, n. en 1915, secretario general del Partido Comunista en su país desde 1980.

huaca f. *Amer.* Guaca.

Huaca ‖ ~ **(MACIZO DE),** nudo montañoso de los Andes en el Ecuador y Colombia. ‖ ~ **Prieta,** lugar al N. del Perú (La Libertad). Restos mochicas.

huacal m. *Amer.* Guacal.

huacamole m. *Amer.* Guacamole.

huaco m. *Per.* y *Chil.* Guaco.

Huacrachuco, c. del Perú, cap. de la prov. de Marañón (Huánuco).

Huacachalla, pobl. al O. de Bolivia, cap. de la prov. de Sabaya (Oruro).

huachano, na adj. y s. De Huacho (Perú).

Huachinango m. Guachinango.

Huachipato, localidad en el centro de Chile (Concepción). Metalurgia.

huacho m. Guacho.

Huacho, c. del Perú, cap. de la prov. de Chancay (Lima). Universidad. Obispado. Centro industrial. Agricultura. Puerto de exportación.

huaico m. *Per.* Guaico.

Huainan o **Hwainan,** c. y río de China (Nganhuei). Minas de carbón.

Huainaputina u **Omate,** volcán de los Andes en el sur del Perú (Moquegua) ; 6 175 m.

Huajuapan de León, c. en el sur de México (Oaxaca).

Hualaihué, com. de Chile en la X Región (Los Lagos) y en la prov. de Palena ; cap. *Río Negro.*

Hualañé, c. de Chile en la VII Región (Maule) y en la prov. de Curicó, cap. de la com. del mismo nombre.

Hualgayoc, c. al N. del Perú, cap. de la prov. homónima (Cajamarca).

Hualqui, c. de Chile en la VIII Región (Biobío) y en la prov. de Concepción, cap. de la com. del mismo nombre.

Huallaga, río del Perú (Huánuco, San Martín, Loreto), afl. del Marañón ; 1 126 km. — Prov. al N. del Perú (San Martín) ; cap. *Saposoa.*

Huamachuco, c. del Perú, cap. de la prov. homónima (La Libertad).

Huamalíes, prov. en el centro del Perú (Huánuco) ; cap. *Llata.*

Huamán Poma de Ayala (Felipe). V. POMA DE AYALA.

Huamanga, ant. al sur del Perú (Ayacucho) ; cap. *Ayacucho.*

Huamantla, mun. al E. de México (Tlaxcala) ; cap. *Heroica Huamantla,* hoy *Huamantla Juárez.*

Huambo, ant. *Nova Lisboa,* c. central de Angola.

Huancabamba o **Chamaya,** río al N. del Perú (Cajamarca), afl. del Marañón. — C. en el norte del Perú, cap. de la prov. homónima (Piura), en la sierra homónima.

huancaino, na adj. y s. De Huancayo (Perú).

Huancané, c. al SE. del Perú, cap. de la prov. homónima (Puno). — Río del Perú, que se une al Azángaro y al Pucará para formar el Ramis.

Huancapeti, pico de los Andes al O. del Perú (Ancash) ; 4 853 m.

Huancapi, c. al S. del Perú, cap. de la prov. de Víctor Fajardo (Ayacucho).

Huancavelica, c. en el centro del Perú, cap. de la prov. y del dep. homónimos. Obispado. Minas. Fundada por el virrey Francisco de Toledo, que le dio el nombre de *Villarrica de Oropeza,* en 1570.

huancavelicano, na adj. y s. De Huancavelica (Perú).

Huancayo, c. en el centro del Perú, en los Andes, cap. de la prov. homónima y del dep. de Junín. Universidad. Arquidiócesis.

Huancune, volcán de los Andes en el sur del Perú (Tacna).

Huanchaca, c. en el sur de Bolivia (Potosí). Minas de plata.

Huandoy, nevado en el oeste del Perú (Ancash) ; 6 256 m.

Huangshe o **Huangshi,** c. de China (Hopei). Industrias.

Huanta, c. al S. del Perú, cap. de la prov. homónima (Ayacucho).

Huánuco, c. del Perú en la Cord. Central, cap. de la prov. y del dep. homónimos. Universidad. Obispado.

Huanuni, pobl. al O. de Bolivia, cap. de la prov. de Dalence (Oruro).

huanuqueño, ña adj. y s. De Huánuco (Perú).

huapango m. *Méx.* Fiesta popular, típica de Veracruz. ‖ Música, baile y cantos de esa fiesta.

Huaquechula, mun. en el sur de México (Puebla).

Huara, c. al norte de Chile en la I Región (Tarapacá) y en la prov. de Iquique, cap. de la com. de su n.

huarache m. *Méx.* Sandalia.

Huarás, c. al O. del Perú, en los Andes, cap. de la prov. de su n. y del dep. de Ancash. Centro minero (cobre, plomo). Aguas termales. Estación arqueológica. Obispado.

huarasino, na adj. y s. De Huarás (Perú).

Huari, c. al O. del Perú, cap. de la prov. homónima (Ancash).

Huarmaca, distrito al N. del Perú (Piura), al pie de la sierra homónima.

Huarochiri, prov. del Perú (Lima) ; cap. *Matucana.*

Huarón, centro minero en el centro del Perú (cobre, plata, oro, cinc, plomo), en el dep. de Pasco.

Huáscar, emperador inca del Perú, m. en 1532, hijo de Huayna Cápac y hermano de Atahualpa.

Huáscar, monitor peruano que se cubrió de gloria en la batalla naval de la bahía de Angamos contra los chilenos (1879). Su comandante, Miguel Grau, murió a bordo de la nave.

Huascarán, nevado al oeste del Perú, en la Cord. Blanca (Ancash), punto culminante del país ; 6 780 m.

Huasco, río de Chile (Atacama) ; 230 km. — Prov. de Chile en la III Región (Atacama) ; cap. *Vallenar.* — C. de Chile (Atacama), en la com. de su nombre.

huasipungo m. *Ecuad.* Tierra que reciben los jornaleros del campo además de su jornal.

huaso, sa adj. y s. *Amer.* Guaso.

Huasteca, huaxteca o **huazteca** adj. Relativo a un pueblo indígena del ant. México, de lengua maya. ‖ Perteneciente a él. Ú. t. c. s. : *los huaztecas vivían en las costas del Atlántico.*

Huasteca, región de México entre la Sierra Madre Oriental y el golfo de México (Estados de Puebla, Veracruz, Hidalgo, Tamaulipas y San Luis Potosí). Petróleo.

Huata, c. y puerto al oeste de Bolivia, en el lago Titicaca.

Huatabampo, mun. en el noroeste de México (Sonora).

Huatusco, c. y mun. en el este de México (Veracruz).

Huauchinanco, mun. al E. de México (Puebla), en la sierra del mismo nombre. Centrales hidroeléctricas. Turismo.

Huautla, sierra de México (Morelos y Guerrero). — Mun. de México (Hidalgo). ‖ ~ **de Jiménez,** c. al S. de México (Oaxaca). Prelatura nullius.

Huaxteca. V. HUASTECA.

Huaxtecapán, ant. señorío huasteca de México, tributario del Imperio Azteca.

huayco m. *Per.* Alud de piedras y lodo.

Huayhuash, cordillera de los Andes del Perú con numerosos nevados y lagunas glaciares, donde nacen los ríos Huallaga, Marañón y Mantaro.

Huaylas, pico de los nevados de Santa Cruz en los Andes del Perú (Ancash). — Prov. al O. del Perú (Ancash) ; cap. *Caráz.*

Huayna Cápac, emperador inca del Perú desde 1493, m. en 1525. Agrandó el Imperio e impulsó las obras públicas. A su muerte dividió sus Estados entre sus dos hijos Huáscar y Atahualpa.

Huayna Potosí, pico andino de Bolivia (La Paz) ; 5 225 m.

Hubei. V. HUPÉ.

hucha f. Alcancía. || *Fig.* Ahorros.

Hudayda. V. HODEIDA.

Huddersfield, c. de Gran Bretaña, al NE. de Inglaterra (Yorkshire). Textiles.

Hudson, río del NE. de Estados Unidos, que des. en Nueva York ; 500 km. || — (BAHÍA O MAR DE), mar interior en el N. del Canadá. Comunica con el Atlántico por medio del estrecho homónimo.

Hudson (Guillermo Enrique), escritor y naturalista argentino (1840-1922), autor de *El ombú.* || ~ (HENRY), navegante inglés del s. XVI. Descubrió el estrecho y la bahía que llevan su nombre (1610). M. en 1611.

hue, elemento que entra en varias voces americanas, que a veces toman la forma *güe.*

Hué, c. del Vietnam. Arzobispado.

hueco, ca adj. Vacío, que tiene una cavidad interior : *pared hueca.* || *Fig.* Orgulloso, presumido : *hombre hueco.* || De sonido retumbante y profundo : *sonido hueco; voz hueca.* || Vacío, sin ideas : *cabeza hueca; discurso hueco.* || Afectado : *estilo hueco.* || Mullido, esponjoso : *tierra, lana hueca.* || — M. Cavidad : *aquí hay un hueco.* || Intervalo de tiempo o lugar : *encontrar un hueco en sus ocupaciones.* || *Fig.* y *fam.* Empleo o puesto vacante. || *Arq.* Abertura en una pared. || *Grabado en hueco o hueco,* hueco grabado.

huecograbado m. *Impr.* Heliograbado en hueco sobre cilindros de cobre para reproducirlo en máquina rotativa. || Este grabado.

Huechuraba, com. de Chile en el Área Metropolitana de Santiago.

Huehuecóyotl, dios de la Danza entre los aztecas.

huehuenche m. Güegüenche.

huehueteco, ca adj. y s. De Huehuetenango (Guatemala).

Huehuetenango, c. en el noroeste de Guatemala, cap. del dep. homónimo, al pie de la sierra de los Cuchumatanes. Minas (plata, plomo). Industrias. Obispado.

huehuetl m. *Méx.* Instrumento músico de percusión de los indígenas.

Huejotzingo, mun. al sur de México (Puebla), en las faldas del volcán de Iztaccíhuatl.

Huejutla de Reyes, c. en el este de México (Hidalgo). Obispado.

huélfago m. Enfermedad de los animales que dificulta la respiración.

huelga f. Interrupción concertada del trabajo que hacen los obreros para obligar a los patronos a ceder ante sus reivindicaciones : *declararse en huelga.* || Recreación, juerga. || — *Huelga de brazos caídos o de brazos cruzados,* la realizada sin abandonar el lugar de trabajo. || *Huelga de o del hambre,* que consiste en privarse de alimento para así llamar la atención de las autoridades sobre lo que se reivindica. || *Huelga escalonada o alternativa,* la que afecta sucesivamente a cada uno de los departamentos de una empresa, pero nunca a todos juntos. || *Huelga general,* la que se extiende a todos los ramos de la producción. || *Huelga revolucionaria,* la violenta con fines políticos. || *Huelga salvaje,* la efectuada bruscamente en el lugar de trabajo.

Huelgas (Monasterio de Las), monasterio cisterciense, cerca de Burgos, fundado por Alfonso VIII de Castilla (1180).

huelguista adj. Huelguístico. || —

Com. Persona que toma parte en una huelga.

Huelma, v. al S. de España (Jaén).

Huelva, c. y puerto del SO. de España, en Andalucía, cap. de la prov. homónima. Está en la desembocadura de los ríos Tinto y Odiel. Industrias (vinos, química, metalurgia, celulosa). Yacimientos mineros. Obispado. Llamada *Onuba* por los romanos.

huelveño, ña adj. y s. De Huelva. (Relativo a la c. se dice también *onubense.*)

huella f. Señal que deja el pie o cualquier otra cosa : *se ven huellas en la nieve.* || *Fig.* Marca, vestigio : *huella de una herida.* — *Huella digital o dactilar,* marca dejada por la yema de los dedos, utilizada para identificar a las personas. || *Fig. Seguir las huellas de uno,* imitarle.

huemul m. *Arg.* y *Chil.* Ciervo que vive en los Andes.

Huépil, c. de Chile en la prov. y en la VIII Región de Biobío, cap. de la com. de Tucapel.

huérfano, na adj. Dícese del niño que se ha quedado sin padre o sin madre o que ha perdido a los dos : *quedó huérfano a los nueve años.* U. t. c. s. : *un huérfano de guerra.* || *Fig.* Falto de alguna cosa : *quedar huérfano de amparo.*

huero, ra adj. Que no produce cría : *huevo huero.* || *Fig.* Vacío : *mentalidad huera.* || *Méx.* Güero.

huerta f. Huerto grande. || Llanura bien irrigada donde se practica el cultivo intensivo : *la huerta de Murcia.*

Huerta, cord. en los Andes al oeste de la Argentina (San Juan).

Huerta (Efraín), poeta mexicano (1914-1982), autor de versos de contenido social (*La raíz amarga, Estrella en lo alto,* etc.). || ~ (VICENTE GARCÍA DE LA.) V. GARCÍA. || ~ (VICTORIANO), general mexicano (1845-1916). Derrocó a Madero y fue pres. de la Rep. (1913).

huertano, na adj. Dícese del habitante de las comarcas de regadío, como Murcia, Valencia, etc., llamadas *huertas* (ú. t. c. s.).

huerto m. Terreno de poca extensión donde se cultivan verduras, legumbres y frutales.

huesa f. Sepultura.

Huesca, c. en NE. de España (Aragón), en las faldas de los Pirineos ; cap. de la prov. homónima. Obispado. Llamada *Osca* por los romanos.

Huéscar, c. y sierra en el sur de España (Granada).

hueso m. Cada una de las piezas duras que forman el esqueleto de los vertebrados. || Materia que las constituye. || Parte dura interior que contiene la semilla de ciertos frutos : *hueso de cereza, de melocotón.* || *Fig.* y *fam.* Cosa trabajosa : *este trabajo es un hueso.* || Persona de carácter desagradable y trato difícil : *este capitán es un hueso.* || Asignatura muy difícil. || — Pl. *Fam.* Manos : *toca esos huesos.* || Restos mortales : *Persona : dio con sus huesos en París.* || — *Fig. Estar en los huesos,* estar sumamente flaco. || *Fam. Estar por los huesos de alguien,* estar muy enamorado. || *Hueso de santo,* rollito de pasta de almendra relleno de yema. || *Fam. La sin hueso,* la lengua.

huesoso, sa adj. Relativo a los huesos.

huésped, da m. y f. Persona que se hospeda en casa ajena o en un establecimiento hotelero. || Animal o planta en cuyo cuerpo se aloja un parásito : *el hombre es el huésped de la lombriz solitaria.* || *Casa de huéspedes,* establecimiento hotelero de categoría modesta.

hueste f. Ejército en campaña : *las huestes del Cid.* || *Fig.* Grupo de seguidores, de partidarios.

Huetamo, c. en el oeste de México (Michoacán) ; cap. *Huetamo de Núñez.* Minas.

Huétor-Tájar, v. en el sur de España (Granada). Agricultura.

hueva f. Masa de huevecillos de ciertos peces.

huevería f. Tienda del huevero.

huevero, ra m. y f. Comerciante en huevos. || — M. Recipiente pequeño donde se coloca el huevo pasado por agua para comerlo.

huevo m. *Biol.* Célula resultante de la unión del gameto masculino con el femenino y que por división producirá un nuevo ser, animal o vegetal. | Cuerpo orgánico que contiene el germen o embrión del nuevo individuo, producido por las hembras de muchos animales : *huevos de reptiles, insectos y peces.* | El de las aves domésticas : *huevos de gallina, de paloma.* || Trozo de madera de forma ovoide que se utiliza para zurcir medias y calcetines. || *Pop.* Testículo. || — *Fam. A huevo,* muy fácil.

huevón m. *Méx. Fam.* Hombre lento y flojo para el trabajo.

Huexotla, pobl. de México, en el Est. de este n. Restos aztecas.

Hueyapan de Ocampo, mun. en el E. de México (Veracruz). Petróleo.

Hufuf, c. de Arabia Saudita, cap. de la prov. de Hasa.

Hugli o **Hooghly,** brazo occidental del delta del Ganges, que pasa por Calcuta (India) ; 250 km.

Hugo (Victor), escritor francés, n. en Besanzón (1802-1885). Poeta clásico en sus principios, adoptó posteriormente los metros románticos (*Odas, Baladas, Las Orientales, Las hojas de otoño, Los cantos del crepúsculo, Los castigos, Contemplaciones, La leyenda de los siglos, Las voces interiores,* etc.), cultivó el teatro (*Cromwell, Hernani, Ruy Blas, Los Burgraves, Marion Delorme, María Tudor,* etc.) y escribió novelas (*Los miserables, Nuestra Señora de París, Los trabajadores del mar,* etc.). || ~ *Wast.* V. WAST.

Hugo Capeto (¿ 941 ?-996), rey de Francia desde 987, jefe de la dinastía de los Capetos.

hugonote adj. y s. Calvinista.

Huguet (Jaime), pintor español (1415-1493), uno de los principales primitivos catalanes, autor de retablos de gran efecto decorativo (*Santos Abdón y Senén, el Condestable de Portugal, San Jorge, Transfiguración,* etc.).

Huhehot, c. del N. de China, cap. de Mongolia Interior.

hui, elemento que entra en varias voces americanas y a veces adopta la forma *güi.*

Huichapan, mun. en el este de México (Hidalgo).

huichol adj. Dícese del indígena mexicano que vive en Jalisco y Nayarit (ú. t. c. s.). || Relativo a él.

huida f. Acción de huir, de escaparse : *la huida de Egipto.* || *Fig.* Pretexto, escapatoria.

huidizo, za adj. Que tiende a huir : *animal huidizo.* || *Fig.* Fugaz, breve.

Huidobro (Vicente), poeta chileno, n. en Santiago (1893-1948), fundador de la escuela creacionista. Autor de *El espejo de agua, Poemas árticos, Ecuatorial, Altazor, Ver y palpar, El ciudadano del olvido,* etc. Escribió también novelas (*Mío Cid Campeador, Sátiro o El poder de las palabras, La próxima*) etc.

huila f. *Méx.* Prostituta.

Huila, nevado de Colombia, en la Cord. Central, entre los dep. de Cauca, Huila y Tolima ; 5 750 m. — Dep. al SE. de Colombia en el valle del Alto Magdalena ; cap. *Neiva.*

huilense adj. y s. De Huila (Colombia).

huincha f. *Amer.* Cinta.

huinche m. *Amer.* Güinche.

huipil m. Camisa de algodón, sin mangas, con bordados, que usaba la mujer azteca y que se lleva actualmente en Yucatán.

huir v. i. Alejarse rápidamente : *los vecinos huyeron del fuego.* || Escaparse de un sitio donde está encerrado. || Evitar : *huir de alguien.* || Transcurrir el tiempo rápidamente.

huira f. *Amer.* Güira.

Huiracocha. V. VIRACOCHA.

huistaclache m. Puerco espín americano.

huitlacoche m. *Méx.* Hongo negro, parásito del maíz.

Huitzilíhuitl, segundo rey de los aztecas de 1396 a 1417.

Huitzilopóchtli, dios azteca de la Guerra.

huitznahua adj. Decíase de los miembros de uno de los seis clanes superiores de los aztecas (ú. t. c. s.).

Huixquilucan, mun. de México, cerca del Distrito Federal.

Huixtla, mun. en el sur de México (Chiapas).

Huízar (Candelario), compositor y musicólogo mexicano (1888-1970), autor de obras sinfónicas *(Imágenes, Pueblerinas, Surco)*, cuatro sinfonías, piezas para piano.

hule m. Caucho o goma elástica. ‖ Tela impermeable, pintada y barnizada : *los tricornios de los guardias civiles son de hule.* ‖ *Fam.* Mesa de operaciones. | Pelea : *ha habido hule.*

hulero, ra m. y f. *Amer.* Trabajador que recoge el caucho o hule.

Hull, c. y condado del Canadá (Quebec). Industrias. Obispado.

hulla f. *Min.* Carbón fósil procedente de vegetales que han sufrido una transformación a través de las eras geológicas. ‖ *Hulla blanca,* energía obtenida de los saltos de agua.

hullero, ra adj. Relativo a la hulla.

Humacao, río y distrito del E. de Puerto Rico ; cap. la c. del mismo nombre. En él se encuentran las islas Culebra y Vieques. Industrias.

Humahuaca, sierra y c. al N. de Argentina (Jujuy). Prelatura nullius.

Humaitá, pobl. al sur del Paraguay (Neembucú).

humaiteño, ña adj. y s. De Humaitá (Paraguay).

humanidad f. Naturaleza humana. ‖ Género humano : *benefactor de la humanidad.* ‖ Bondad, compasión, benevolencia : *tratar a todos con humanidad.* ‖ Muchedumbre : *este cuarto huele a humanidad.* ‖ — Pl. Letras humanas : *estudiar humanidades.*

humanismo m. Conjunto de tendencias intelectuales y filosóficas cuyo objetivo es el desarrollo de las cualidades esenciales del hombre. ‖ Movimiento intelectual que se desarrolló en Europa durante el s. XVI para renovar el estudio de la lengua, literatura y civilización clásicas.

humanista com. Filósofo que funda su doctrina en el desarrollo de las cualidades esenciales del hombre. ‖ Persona versada en las letras humanas. ‖ Escritor perteneciente al movimiento llamado humanismo : *Erasmo fue un humanista.* ‖ — Adj. Relativo al humanismo : *doctrina humanista.*

humanístico, ca adj. Del humanismo o de las humanidades.

humanitario, ria adj. Que mira o se refiere al bien del género humano : *tomar medidas humanitarias.* ‖ Humano, compasivo.

humanitarismo m. Humanidad, sensibilidad para los males ajenos.

humanización f. Acción y efecto de humanizar.

humanizar v. t. Volver más humano (ú. t. c. pr.).

humano, na adj. Del hombre : *cuerpo humano.* ‖ Propio de los hombres : *es una reacción humana.* ‖ Compasivo, caritativo : *mostrarse humano.* ‖ — M. Ser humano.

humareda f. Humo.

humazo m. Humo denso.

Humber, estuario formado en la costa E. de Inglaterra por la confluencia de los ríos Derwent, Ouse, Don y Trent.

Humberto — **I** (1844-1900), rey de Italia en 1878, hijo de Víctor Manuel II. M. asesinado. ‖ ~ **II** (1904-1983), rey de Italia en mayo de 1946. Abdicó después del referéndum favorable a la República. Era hijo de Víctor Manuel III.

Humboldt, región del O. de Estados Unidos (Nevada). — Monte de Estados Unidos (Colorado) ; 4 283 m. — Cima de Venezuela ; 4 942 m, en la Sierra Nevada de Mérida. ‖ ~ (CORRIENTE DE), corriente fría del Pacífico que bordea, de Sur a Norte, las costas de Chile y Perú.

Humboldt (Wilhelm, *barón* von), filólogo, escritor y político alemán (1767-1835). — Su hermano ALEXANDER (1769-1859) fue geógrafo y naturalista y emprendió un viaje de exploración científica, en unión de Aimé Bonpland, por América de 1799 a 1804.

Hume (David), filósofo e historiador escocés (1711-1776).

humeante adj. Que humea.

humear v. i. Despedir, echar de sí humo : *carbón que humea.* ‖ Arrojar una cosa vaho parecido al humo : *humear la sangre.* ‖ *Fig.* Quedar restos de algo pasado.

humectación f. Humedecimiento.

humectador m. Aparato que satura de humedad la atmósfera. ‖ Cualquier aparato que sirve para humedecer.

humectar v. t. Humedecer.

humedad f. Estado de lo que es húmedo. ‖ Agua de que está impregnado un cuerpo : *la humedad del ambiente.*

humedecer v. t. Volver húmedo (ú. t. c. pr.).

humedecimiento m. Acción y efecto de humedecer.

húmedo, da adj. Impregnado de un líquido o de vapor : *aire húmedo.*

humera f. *Fam.* Borrachera. (Se suele aspirar la h.)

humeral adj. Relativo al húmero.

húmero m. Hueso del brazo que se articula en la escápula y el codo.

Humeya (Aben). V. ABEN.

humildad f. Virtud opuesta al orgullo. ‖ Modestia. ‖ Sumisión : *solicitar algo con humildad.*

humilde adj. Que da muestra de humildad : *un humilde siervo de Dios.* ‖ De muy modesta condición : *ser de humilde cuna.* Ú. t. c. s. : *favorecer a los humildes.*

humillación f. Acción y efecto de humillar o de humillarse. ‖ Afrenta : *sufrir una humillación.*

humilladero m. Cruz o imagen religiosa que hay a la entrada de algunos pueblos.

humillador, ra adj. y s. Que humilla.

humillante adj. Degradante.

humillar v. t. Bajar, abatir : *humillar el orgullo.* ‖ Bajar, doblar una parte del cuerpo en señal de reverencia o sumisión : *humillar la frente, la cabeza.* ‖ Avergonzar, rebajar a alguien en su dignidad : *humillar al insolente.* ‖ — V. pr. Rebajarse voluntariamente : *humillarse ante los poderosos.*

humillo m. Vanidad, orgullo.

humita f. *Per., Chil.* y *Arg.* Pasta a base de maíz tierno rallado, pimientos, tomates, grasa y azúcar, que se cuece en agua hirviendo envuelta en la hoja verde de la mazorca, recalentándola después de frío en el rescoldo.

humitero, ra m. y f. *Per., Chil.* y *Arg.* Persona que fabrica o vende humitas.

humo m. Mezcla de gases, de vapor de agua y de partículas tenues de carbón que se desprende de los cuerpos en combustión. ‖ Vapor que se desprende de un líquido caliente o cualquier cosa que fermenta. ‖ — Pl. *Fig.* Hogares : *aldea de cien humos.* | Vanidad, presunción : *¡cuántos humos tiene!* — *Fig. A humo de pajas,* sin reflexión, con ligereza. | *Bajarle a uno los humos,* humillarle. | *Subírsele a uno los humos a la cabeza,* volverse muy presumido.

humor m. Cualquiera de los líquidos del cuerpo del animal, como la sangre, la bilis. ‖ *Fam.* Pus, materia, etc. ‖ *Fig.* Estado de ánimo : *tener buen* (o *mal*) *humor.* | Gracia, agudeza : *hombres de humor.* — *Humor ácueo,* líquido incoloro y transparente entre la córnea y el cristalino del ojo. ‖ *Humor negro,* gracia que se basa en presentar como jocosos asuntos que por su naturaleza son muy serios.

humorado, da adj. *Bien, mal humorado,* de buen, de mal humor. ‖ — F. Chiste : *decir humoradas.* ‖ Capricho : *le ha dado la humorada al coronel de tocar diana a las 5.*

humorismo m. Estilo literario que se hermana la gracia con la ironía y lo alegre con lo triste. ‖ Agudeza, gracia, humor.

humorista adj. Dícese del autor, dibujante, etc. en cuyas obras predomina el humorismo (ú. t. c. s.). ‖ Dícese del actor cómico, gracioso (ú. t. c. s.). ‖ Dícese de la persona que tiene humorismo, angelica (ú. t. c. s.).

humorístico, ca adj. Relativo al humorismo. ‖ Satírico y gracioso : *caricatura humorística.*

humour [*jiumur*] f. (pal. ingl.). Ironía.

humus m. *Agr.* Sustancia coloidal de aspecto negruzco que resulta de la descomposición parcial de los desechos vegetales y animales : *el humus se llama también mantillo.*

Hunab Ku, en el panteón maya, creador del universo.

Hunac Ceel, gobernador de Mayapán, que en 1194 luchó contra Chichén Itzá ayudado por mercenarios aztecas.

Hunan, prov. montañosa del S. de China ; cap. Changsha.

hundimiento m. Acción y efecto de hundir o hundirse. ‖ Depresión : *hundimiento del terreno.*

hundir v. t. Meter en lo hondo : *hundir un puñal en el pecho.* ‖ Hacer bajar el nivel de algo : *las lluvias han hundido el terreno.* ‖ Echar a pique, sumergir : *hundir un barco* (ú. t. c. pr.). ‖ *Fig.* Abrumar, abatir : *la muerte de su padre le hundió.* | Arruinar : *hundir un negocio* (ú. t. c. pr.). | Perjudicar mucho : *su mala actuación le hundió.* | Enflaquecer : *hundir las mejillas* (ú. t. c. pr.). ‖ — V. pr. Sucumbir : *hundirse un imperio.* | Derrumbarse, desplomarse : *la techumbre se ha hundido.*

Hunedoara, c. de Rumania, en Transilvania. Siderurgia.

húngaro, ra adj. y s. De Hungría. ‖ — M. Lengua hablada por los húngaros. ‖ Magiar.

Hungnam o **Heungnam,** c. de Corea del Norte.

Hungría, república popular de Europa Central, situada entre Checoslovaquia, Austria, Yugoslavia, Rumania y la U. R. S. S. ; 93 300 km² ; 10 900 000 h. *(húngaros).* Cap. Budapest, 2 150 000 h. (con los suburbios) ; otras c. : Miskolc, 230 000 h. ; *Debrecen,* 200 000 ; *Pecs,* 180 000 ; *Szeged,* 190 000 ; *Kecskemet,* 87 000 ; *Gyor,* 130 000, y *Nyiregyhaz,* 85 500.

— GEOGRAFÍA. Se distinguen cuatro regiones : al O., el *Kis Alföld,* zona agrícola ; una cadena de cerros estrechos hacia el SO.-NO. ; la *Transdanubia,* al SE. del lago Balatón, y el *Alföld,* al E. del Danubio, gran llanura o *puszta*. Agricultura, ganadería. Las riquezas del subsuelo (bauxita) alimentan una industria en plena expansión.

huno, na adj. Dícese de un pueblo

HUNGRÍA

bárbaro de raza mongólica establecido en Asia Central. ‖ Relativo a él. Perteneciente a él. Ú. t. c. s.: *los hunos invadieron Europa al mando de Atila en el s. v.*

Hunt (William Holman), pintor prerrafaelista inglés (1827-1910).

Huntington (Archer Milton), hispanista norteamericano (1870-1955), fundador de la *Hispanic Society of America* (1904).

Huntington Beach, c. de los Estados Unidos (California), al SE. de Los Ángeles. Industria aeronáutica.

Huntsville, c. de los Estados Unidos, en el norte de Alabama.

Hunyadi o **Hunyada** o **Huniades,** ant. familia húngara. Uno de sus miembros, JUAN CORVINO (¿ 1387 ?-1456), defendió Belgrado contra los turcos. Su hijo MATEO, llamado *Matías Corvino,* fue rey de Hungría. V. COR-VINO.

Hupé o **Hupei** o **Hubei,** prov. en el centro de China; cap. *Wuhan.*

huracán m. Viento violento e impetuoso que, a modo de torbellino, gira en grandes círculos. ‖ *Fig.* Vendaval.

huracanado, da adj. Violento como el huracán.

huraño, ña adj. Que huye de las gentes, poco sociable.

Hurdes (Las), región montañosa de España (Extremadura), al N. de la prov. de Cáceres.

hurgador, ra adj. Que hurga. ‖ — M. Hurgón.

hurgar v. t. Menear o remover : *hurgar la lumbre.* ‖ Tocar : *hurgar un mecanismo.* ‖ Fisgar : *hurgar en los papeles de uno.*

hurgón m. Instrumento de hierro para atizar la lumbre.

hurgonear v. t. Hurgar.

hurí f. Mujer bellísima del paraíso de Mahoma. (Pl. *huríes.*)

Huron, gran lago de América, entre el Canadá y los Estados Unidos; 61 600 km².

hurón m. Mamífero carnívoro del género de la comadreja, que se emplea para cazar conejos. ‖ — M. y f. *Fig.* y *fam.* Persona curiosa que todo lo averigua. ‖ Persona muy huraña.

hurón, ona adj. y s. Indio de América del Norte (Ontario).

huŕona f. Hembra del hurón.

huronear v. i. Cazar con hurón. ‖ *Fig.* y *fam.* Meterse a escudriñar vidas ajenas. ‖ Fisgar, fisgonear.

huronera f. Lugar en que se mete el hurón. ‖ *Fig.* y *fam.* Guarida.

huroniano, na adj. *Geol.* Aplícase a la parte superior del terreno primitivo en el Canadá y en Escandinavia (ú. t. c. s. m.).

¡ hurra ! interj. Expresa admiración, entusiasmo o alegría (ú. t. c. s. m.).

hurtadillas (a) adv. Furtivamente.

Hurtado (Juan), escritor español (1875-1944), autor, en colaboración con Ángel González Palencia, de *Historia de la literatura española.* ‖ ~ **de Mendoza** (ANDRÉS), gobernante español, m. en 1561. Virrey del Perú de 1555 hasta su muerte. Fue marqués de Cañete. — Su hijo GARCÍA (1535-1609) fue gobernador de Chile, donde derrotó a Caupolicán (1558), y virrey del Perú de 1589 a 1597. ‖ ~ **de Mendoza** (ANTONIO), dramaturgo español (1586-1644), autor de *Cada loco con su tema, El marido hace mujer,* etc. Fue también poeta. ‖ ~ **de Mendoza** (DIEGO), escritor español (1503-1575). Fue embajador de Carlos V en Venecia y asistió al Concilio de Trento. Escribió poesías al gusto italiano y la *guerra de Granada,* obra en prosa en la que relata la sublevación de los moriscos en Las Alpujarras. ‖ ~ **de Toledo** (LUIS), poeta bucólico español (¿ 1510 ó 1532-1590?), autor de *Las trescientas.* ‖ ~ **Larrea** (OSVALDO), político ecuatoriano, n. en 1939, vicepres. de la Rep. en 1979 y pres. al morir Jaime Roldós Aguilera (1981-1984).

hurtar v. t. Robar sin intimidación ni violencia : *hurtar fruta.* ‖ *Fig.* Apartar, esquivar, alejar : *hurtar el cuerpo.* ‖ — V. pr. *Fig.* Desviarse, ocultarse : *hurtarse a los ojos de la policía.*

hurto m. Robo sin violencia. ‖ Cosa hurtada.

Hus (Jan). V. HUSS.

húsar m. Soldado de un antiguo cuerpo de caballería ligera vestido a la húngara : *húsar de Pavía.*

husillo m. Tornillo de una prensa.

husita adj. Relativo a la doctrina de Huss. ‖ Adepto a ella (ú. t. c. s.).

husma f. Husmeo.

husmeador, ra adj. y s. Que husmea.

husmear v. t. Oler, olfatear. ‖ *Fig.* y *fam.* Indagar, curiosear : *esta mujer siempre está husmeando.* ‖ Presentir.

husmeo m. Acción de husmear.

huso m. Palo para hilar. ‖ Instrumento para devanar la seda. ‖ *Blas.* Losange largo y estrecho. ‖ Cilindro de un torno de mano. ‖ — *Geom. Huso esférico,* parte de la superficie de una esfera comprendida entre las dos mitades de círculo máximo del diámetro común. ‖ *Huso horario,* cada uno de los veinticuatro husos geométricos de una amplitud de 15° en que se divide convencionalmente la esfera terrestre y en los cuales la hora legal es la misma.

Huss o **Hus** (Jan), reformador checo (1369-1415). Adoptó la doctrina de Wiclef y fue excomulgado por el papa Alejandro V. Se le condenó a morir en la hoguera.

Hussein II, n. en 1935, rey de Jordania desde 1952. Participó en las guerras contra Israel de 1967, en la que perdió Cisjordania, y de 1973.

Husserl (Edmund), filósofo alemán (1859-1938).

Hutten (Felipe de), último gobernador alemán de Venezuela designado por los Welser. M. asesinado en 1546 por Juan de Carvajal, lugarteniente del nuevo gobernador de Venezuela.

Huxley (Thomas Henry), fisiólogo inglés (1825-1895), defensor del transformismo. — Su nieto ALDOUS (1894-1963) fue novelista, ensayista y poeta, autor de los relatos *Contrapunto, Un mundo feliz, Ciego en Gaza, Eminencia gris,* etc.

¡ huy ! interj. Expresa dolor agudo, asombro o admiración.

Huygens (Christiaan), físico, matemático y astrónomo holandés (1629-1695).

Hyderabad, c. de la India en el Decán, cap. del Estado de Andhra Pradesh. — C. y prov. del Paquistán (Sind).

Hyères, c. del SE. de Francia (Var), en el litoral Mediterráneo, frente a las islas homónimas.

Hz, símbolo internacional del *hertz,* unidad que mide la frecuencia.

Examen de una tirada, en una imprenta.

I

i f. Décima letra del alfabeto castellano y tercera de sus vocales. ‖ — **I,** cifra romana que vale uno. ‖ Símbolo químico del yodo. ‖ Fam. Poner los puntos sobre las íes, hablar de manera muy clara, sin lugar a dudas.
Ibadán, c. del SO. de Nigeria. Obispado. Universidad.
Ibagué, c. de Colombia al este de la Cord. Central ; cap. del dep. de Tolima. Obispado. Universidad.
ibaguereño, ña adj. y s. De Ibagué (Colombia).
Ibáñez (Roberto), político y poeta uruguayo, n. en 1907, autor de La danza de los horizontes, Mitología de la sangre, etc. ‖ ~ (SARA DE), poetisa uruguaya (1910-1971), autora de Canto, Hora ciega, Pastoral, Canto a Montevideo, Artigas, Apocalipsis XX, Canto póstumo, etc. ‖ ~ **del Campo** (CARLOS), general y político chileno (1877-1960), pres. de la Rep. de 1927 a 1931 y de 1952 a 1958. ‖ ~ **del Campo** (General Carlos). V. AISÉN.
Ibarbourou (Juana FERNÁNDEZ MORALES, llamada **Juana de**), escritora uruguaya, n. en Melo (1895-1979), a la que se ha dado el título de **Juana de América.** Cantó el amor y la pasión en versos llenos de fragancia, pureza y colorido (Las lenguas de diamante, El cántaro fresco, poema en prosa, Raíz salvaje, La rosa de los vientos, Perdida, Azor, Elegía, Oro y tormenta, La pasajera). Escribió en prosa Loores de Nuestra Señora, Estampas de la Biblia, Chico Carlo, cuentos de la infancia.
Ibargüengoitia (Jorge), escritor mexicano (1928-1983), autor de novelas (Los relámpagos de agosto, Estas ruinas que ves, Dos crímenes, Las muertas), obras de teatro (La lucha con el ángel, El atentado) y ensayos. M. en un accidente de aviación.
Ibarra, c. al norte del Ecuador, cap. de la prov. de Imbabura. Obispado.
Ibarra (José de), pintor mexicano (1688-1756), autor de numerosos cuadros religiosos.
ibarreño, ña adj. y s. De Ibarra (Ecuador).
Ibárruri (Dolores), llamada la Pasionaria, dirigente comunista española, n. en 1895.
Ibarzábal (Federico de), escritor cubano (1894-1953), autor de poesías (El balcón de Julieta, Nombre del tiempo) y cuentos.
Iberá, laguna y esteros al E. de la Argentina, entre los ríos Paraná y Uruguay.
Iberia, ant. n. de Caucasia. — Ant. país de Asia, al S. del Cáucaso.
Ibérica (PENÍNSULA), conjunto geográfico formado por España y Portugal.
ibérico, ca adj. Ibero.
Ibérico (SISTEMA), conjunto de macizos montañosos de España, que

va del NO. al SE. y separa la cuenca del Ebro de la meseta de Castilla. Formado por la sierra de la Demanda, sierras Cebollera y de Urbión, Moncayo, montes Universales y sierra de Albarracín.
iberio, ria adj. y s. Ibérico. ‖ Ibero.
ibero, ra adj. y s. De Iberia. (El ibero era un pueblo que habitó en España, la Galia meridional y las costas de Italia del Norte.)
Iberoamérica, conjunto de países de América que fueron dominios de España y Portugal.
iberoamericano, na adj. y s. De Iberoamérica.
Ibi, v. de España (Alicante) al SO. de Alcoz. Fábricas de juguetes.
íbice m. Cabra montés.
ibicenco, ca adj. y s. De Ibiza (Baleares, España).
Ibicuy, pobl. y puerto de la Argentina (Entre Ríos).
ibis f. Ave zancuda, parecida a la cigüeña, que tiene un pico largo.
Ibiza, isla de España en el archip. balear, al SO. de Mallorca ; 541 km². Centro turístico en las c. de Ibiza, San Antonio, Santa Eulalia y Portinaitx. — C. de España (Baleares), cap. de la isla homónima. Obispado. Casino de juego.
Ibn Saud o **Ibn Seud,** rey de Arabia Saudita (¿ 1887 ?-1953), elevado al trono en 1932.
Ibsen (Henrik), dramaturgo noruego (1828-1906), autor de dramas filosóficos y sociales (Peer Gynt, Casa de muñecas, El pato salvaje, Hedda Gabler, etc.).
Ica, río del Perú, que des. en el Pacífico ; 193 km. — C. al O. del Perú, cap. de la prov. y del dep. homónimos. Universidad. Obispado. Museo arqueológico. Fundada en 1563. El departamento tiene viñedos, importante producción de algodón y yacimientos de hierro y oro.
Icaria, isla griega del mar Egeo.
Ícaro, hijo de Dédalo, que escapó del laberinto de Creta con unas alas pegadas a los hombros con cera. El Sol derritió la cera e Ícaro cayó al mar. (Mit.)
Icaza (Carmen de), novelista de carácter sentimental española (1899-1979). ‖ ~ (FRANCISCO DE ASÍS DE), poeta y escritor mexicano (1863-1925), autor de estudios cervantinos y de versos (Efímeras, Lejanías, etc.). ‖ ~ **Coronel** (JORGE), escritor ecuatoriano (1906-1978), autor de narraciones de acusación social (Huasipungo, Seis relatos o Seis veces la muerte, El Chulla Romero y Flores, En las calles, Atrapados) y de relatos autobiográficos (Cholos).
Icazbalceta. V. GARCÍA ICAZBALCETA.
iceberg m. (pal. ingl.). Masa de hielo, flotante en los mares polares,

desprendida de un glaciar. ‖ Fig. Persona extremadamente fría.
Icod de los Vinos, c. de España en la isla de Tenerife (Santa Cruz de Tenerife). Vinos. Agricultura. Turismo.
I.C.O.N.A., siglas del Instituto para la conservación de la naturaleza, organismo español encargado de la conservación del patrimonio forestal y de los parques y reservas del país.
Iconio, ant. n. de Konia.
icono m. En la Iglesia ortodoxa, imagen sagrada pintada en tabla.
iconoclasta adj. y s. Dícese de los miembros de una secta que proscribía el culto a las imágenes. ‖ Fig. Que no respeta los valores tradicionales.
iconografía f. Estudio de las obras de arte, de sus orígenes y significado. ‖ Álbum o conjunto de imágenes o reproducciones artísticas.
iconográfico, ca adj. Relativo a la iconografía.
icosaedro m. Geom. Sólido limitado por veinte caras.
ictericia f. Med. Enfermedad producida por la presencia en la sangre de pigmentos biliarios y caracterizada por el color amarillo de la piel.
ictérico, ca adj. y s. Med. Relativo a la ictericia o que la padece.
ictíneo adj. Semejante al pez. ‖ — M. Buque submarino inventado por el español Narciso Monturiol (1859).
Ictinos, arquitecto griego de mediados del s. v. a. de J. C. Ayudó a Fidias en la construcción del Partenón.
ictiología f. Parte de la zoología que estudia los peces.
Ichal Amoyac, soberano indio que en la primera mitad del s. XV habitaba en lo que hoy es Guatemala.
iches adj. y s. m. pl. Gemelos, mellizos, en Yucatán.
Ichihara, c. del Japón (Honshu).
Ichikawa, c. del Japón (Honshu).
Ichilo, prov. de Bolivia (Santa Cruz) ; cap. Buena Vista.
Ichinomiya, c. del Japón (Honshu).
icho o **ichu** m. Planta gramínea de América, común en los Andes.
ida f. Acción de ir de un lugar a otro : billete de ida y vuelta.
Ida, n. de dos cadenas de montañas, en Misia (Asia Menor) y en Creta.
Idacio, obispo e historiador español (¿392-470 ?).
Idaho [áidajou], uno de los Estados Unidos de Norteamérica, en el NO. (Montañas Rocosas) ; cap. Boise.
idea f. Representación mental de una

321

cosa real o imaginaria : *tener una idea clara de algo*. ‖ Modo de ver : *ideas políticas, filosóficas.* ‖ Intención : *tener idea de casarse.* ‖ Impresión, creencia : *tengo la idea de que no va a venir.* ‖ Opinión : *te haces una idea falsa de este chico.* ‖ Ocurrencia : *tuviste una buena idea.* ‖ Conocimiento : *no tengo la menor idea de lo que quiere.* ‖ Inspiración literaria o artística : *un autor de mucha idea.* ‖ Primera concepción : *a este técnico se le debe la idea de una máquina.* ‖ Imagen, recuerdo : *tengo su idea grabada en la mente.* ‖ Esquema, exposición superficial : *dame una idea de tus intenciones.* ‖ Aptitud : *tienes mucha idea para la decoración.* ‖ Fam. Manía, imaginación extravagante : *perseguirle a uno una idea.* ‖ — Idea fija, la que obsesiona a uno. ‖ No tener idea de nada, ser completamente ignorante.

ideal adj. Relativo a la idea. ‖ Que existe sólo en la imaginación, irreal : *tipo ideal.* ‖ Perfecto : *mujer ideal ; es el sitio ideal para descansar.* ‖ Maravilloso. ‖ — M. Perfección suprema : *ideal de belleza.* ‖ Prototipo, modelo o ejemplar perfecto. ‖ Objetivo al que uno aspira : *tener un ideal.*

idealidad f. Calidad de ideal.

idealismo m. Sistema filosófico que considera la idea como principio del ser y del conocer. ‖ Persecución de un ideal. ‖ Tendencia a idealizar.

idealista adj. y s. Que profesa el idealismo. ‖ Que persigue un ideal que puede ser quimérico.

idealización f. Creación de una forma imaginaria de algo.

idealizar v. t. Dar sobre la realidad un carácter ideal a las personas o cosas, adornándolas con todas las perfecciones : *idealizar a la mujer amada.*

idear v. t. Imaginar, pensar, formar en la mente la idea de algo. ‖ Proyectar, planear : *idear una reforma.* ‖ Trazar, inventar : *aparato ideado por un ingeniero.*

ideario m. Repertorio de ideas : *el ideario político de un partido.*

idem o **idem** adv. lat. El mismo, lo mismo. ‖ Fam. Idem de idem, exactamente igual.

idéntico, ca adj. Exactamente igual : *copia idéntica al original.* ‖ Muy parecido : *es idéntico a su abuelo.*

identidad f. Calidad de idéntico, similitud : *identidad de pareceres.* ‖ Conjunto de caracteres que diferencian a las personas entre sí : *averiguar la identidad de una persona.*

identificable adj. Que puede ser identificado.

identificación f. Acción y efecto de identificar : *la identificación de un culpable.* ‖ Compenetración : *la identificación de un actor con su papel.*

identificar v. t. Hacer que dos o varias cosas distintas aparezcan como idénticas (ú. m. c. pr.). ‖ For. Reconocer si una persona es la que se busca : *identificar a un delincuente.* — V. pr. Llegar a tener las mismas ideas, voluntad, deseo, etc. : *actor que se identifica con su papel.*

ideográfico, ca adj. Dícese de la escritura en que las ideas se representan por medio de figuras o símbolos.

ideología f. Ciencia del origen y clasificación de las ideas. ‖ Conjunto de las ideas propias de un grupo, época : *la ideología marxista.*

ideológico, ca adj. Relativo a la ideología.

ideólogo, ga m. y f. Persona que profesa la ciencia de la ideología. ‖ Persona que conoce a fondo los principios de una doctrina política.

ideoso, sa adj. *Amer.* Que tiene ideas raras, imaginativo.

Idiarte Borda (Juan Bautista), político uruguayo (1844-1897), pres. de la Rep. de 1894 a 1897. M. asesinado.

idílico, ca adj. Maravilloso.

idilio m. Pequeño poema de asunto bucólico y amoroso : *los idilios de Teócrito.* ‖ Fig. Coloquio amoroso, amor tierno : *el idilio de Dafnis y Cloe, de Pablo y Virginia.*

idiocia f. Estado de retraso mental.

idioma m. Lengua de un país. ‖ Modo particular de hablar un grupo de personas : *en idioma de la Corte.*

idiomático, ca adj. Característico de una lengua determinada.

idiosincrasia f. Manera de ser propia de una persona o colectividad.

idiosincrásico, ca adj. Relativo a la idiosincrasia.

idiota adj. y s. Que padece de idiotez. ‖ Fig. Falto de inteligencia.

idiotez f. Insuficiencia de desarrollo mental debida a lesiones o malformaciones cerebrales. ‖ Fig. Imbecilidad.

idiotismo m. Gram. Expresión o construcción particular de una lengua. ‖ Ignorancia, idiotez.

idiotizar v. t. Volver idiota.

Idlewild, suburbio de Nueva York en el que se encuentra el aeropuerto J. F. Kennedy.

ido, da p. p. de *ir.* ‖ — Adj. Fam. Ebrio. ‖ Fig. Mal de la cabeza : *está un poco ido desde aquel accidente.*

idólatra adj. y s. Que adora ídolos.

idolatrar v. t. Adorar ídolos. ‖ Fig. Amar o admirar vehementemente a una persona o cosa.

idolatría f. Adoración de los ídolos. ‖ Fig. Amor o admiración grande.

idolátrico, ca adj. Relativo a la idolatría : *culto idolátrico.*

ídolo m. Figura de una divinidad a la que se da adoración. ‖ Fig. Persona amada o admirada.

idoneidad f. Aptitud o buena disposición para algo.

idóneo, a adj. Adecuado.

Idris I, n. en 1890, rey de Libia entre 1951 y 1969. Fue derrocado.

Idumea o **Edom,** región meridional de Palestina.

idumeo, a adj. y s. De Idumea.

idus m. pl. En el calendario romano, los días 15 de marzo, mayo, julio y octubre y el 13 de los otros meses.

Iekaterinenburgo. V. SVERDLOVSK.

Iekaterinodar. V. KRASNODAR.

Iekaterinoslav. Véase DNIEPROPE-TROVSK.

Ielisavetgrado. V. KIROVOGRADO.

Ielisavetpol. V. KIROVABAD.

Iena. V. JENA.

Ienikale. V. KERTCH.

Ienisei. V. YENISEI.

Ievpatoria. V. EUPATORIA.

If, isla francesa en el Mediterráneo, a 2 km de Marsella.

Ifach (PEÑÓN DE), promontorio del E. de España, en la costa de Alicante. Llamado ant. Calpe.

Ifé, c. del SO. de Nigeria.

Ifigenia, hija de Agamenón y de Clitemnestra.

Ifni, prov. de Marruecos meridional ; 2 000 km² ; 59 500 h. ; cap. *Sidi Ifni.* Fue española de 1934 a 1969.

iglesia f. Templo cristiano. ‖ Sociedad religiosa fundada por Jesucristo. ‖ Cualquier comunión cristiana : *la Iglesia luterana.* ‖ Conjunto de las creencias, ministros y fieles de la religión católica : *la Iglesia católica.* ‖ Clero. ‖ Inmunidad de que gozaba quien se refugiaba en un templo.

Iglesia, cerro de los Andes en la Argentina, en el límite de las prov. de San Juan y Mendoza ; 5 567 m. — Dep. y pobl. al oeste de la Argentina (San Juan).

Iglesia (ESTADOS DE LA) o **Estados Pontificios,** territorios del centro de Italia que estuvieron bajo la soberanía del Papa desde 753 hasta 1870 ; cap. *Roma.*

Iglesias (Ignacio), escritor español en lengua catalana (1871-1928), autor de obras de teatro (*La madre eterna, El corazón del pueblo, Los vicios, Las urracas,* etc.). ‖ — (MIGUEL), militar peruano (1822-1901), pres. de la Rep. de 1883 a 1886. ‖ — (PABLO), político español (1850-1925), fundador del Partido Socialista Obrero Español (1879) y de la Unión General de Trabajadores. ‖ — Alvariño (AQUILINO), poeta español en lengua gallega (1909-1961). ‖ — Castro (RAFAEL), político costarricense (1861-1924), pres. de la Rep. de 1894 a 1902. ‖ — Villoud (HÉCTOR), compositor argentino, n. en 1913, autor de ballets (*Amancay*), óperas (*El oro del inca*), sonatas, cuartetos, etc.

iglú o **igloo** m. Vivienda esquimal hecha con bloques de nieve.

Ignacio ‖ — de la Llave, mun. en el este de México (Veracruz). ‖ — Zaragoza, mun. en el norte de México (Chihuahua).

Ignacio ‖ — (San), Padre de la Igle-

sia, patriarca de Constantinopla (797-877). Fiesta el 23 de octubre. ‖ ~ de Loyola (San), religioso español, fundador en París (1534) de la Compañía de Jesús, n. en Azpeitia (Guipúzcoa) en 1491 y m. en Roma en 1556. Fue primero militar y, después de haber sido herido en Pamplona (1521), se hizo sacerdote. Fiesta el 31 de julio.

ignaro, ra adj. Ignorante (ú. t. c. s.).

igneo, a adj. De fuego o que tiene alguna de sus cualidades : *sustancia ígnea.* ‖ De color de fuego. ‖ Producido por acción del fuego : *rocas ígneas.*

ignición f. Estado de los cuerpos en combustión : *carbón en ignición.*

ignífugo, ga adj. Que protege contra el incendio (ú. t. c. s. m.) : *utilizar una pintura ignífuga.*

ignitrón m. Tubo electrónico rectificador, que tiene un cátodo de mercurio líquido, y en el cual la excitación de la descarga se produce regularmente gracias a un electrodo especial.

ignominia f. Infamia. ‖ Mala acción.

ignominioso, sa adj. Que es causa o motivo de ignominia.

ignorancia f. Carencia de instrucción : *ignorancia crasa.* ‖ Falta de conocimiento de algo : *ignorancia de lenguas extranjeras.* ‖ Ignorancia supina, la muy grande.

ignorante adj. y s. Que no tiene instrucción. ‖ Que no tiene noticia de las cosas : *ignorante de un hecho.*

ignorantismo m. Rechazo de la instrucción.

ignorar v. t. No saber.

ignoto, ta adj. No conocido.

igual adj. De la misma naturaleza, calidad o cantidad : *dos distancias iguales.* ‖ Semejante : *no he visto cosa igual.* ‖ Muy parecido : *su hija es igual que ella.* ‖ De la misma clase o condición. Ú. t. c. s. : *es mi igual.* ‖ Constante. ‖ Que no varía, no mudable : *clima siempre igual.* ‖ Liso : *terreno, superficie igual.* ‖ Indiferente : *me es igual.* ‖ Geom. Dícese de las figuras que se pueden superponer de modo que se confundan en su totalidad : *triángulos iguales.* ‖ — M. Signo de la igualdad (=). ‖ — Al igual o por igual, igualmente, lo mismo. ‖ Sin igual, sin par. ‖ — Adv. De la misma manera : *baila igual que canta.* ‖ Fam. Con toda probabilidad : *igual te matabas por el camino.* ‖ Dar (o ser) igual, no importar.

iguala f. Ajuste o pacto en los tratos. ‖ Estipulación o cosa que se ha virtud de este ajuste. ‖ Contrato de servicios médicos mediante pago mensual fijo.

Iguala, c. en el sur de México (Guerrero). En ella proclamó Iturbide el *Plan de Iguala,* que garantizaba la independencia política de México en el seno de una monarquía constitucional (24 de febrero de 1821).

igualación f. Acción y efecto de igualar o igualarse. ‖ Fig. Arreglo.

Igualada, c. en el noreste de España (Barcelona), cap. de la comarca catalana de Anoya. Industrias.

igualado, da adj. Que iguala. ‖ Guat. y Méx. Irrespetuoso. ‖ — F. Empate, resultado igual.

igualador, ra adj. y s. Que iguala.

igualamiento m. Igualación.

igualar v. t. Hacer igual o poner al igual. ‖ Allanar, alisar : *igualar los caminos, los terrenos.* ‖ Ajustar, convenir un contrato : *igualar una venta* (ú. t. c. pr.). ‖ Fig. Juzgar con imparcialidad. ‖ — V. i. Ser una cosa igual a otra. Ú. t. c. pr. : *igualarse dos cantidades.* ‖ En deportes, tener un tanteo igual al de la parte adversa. ‖ — V. pr. Tratar a otras personas como si fuesen de la misma categoría.

Igualata, pico montañoso situado en el centro del Ecuador (Chimborazo y Tungurahua) ; 4 432 m.

igualatorio, ria adj. Establecimiento de asistencia médica que presta servicio a sus asociados mediante determinada cuota periódica.

igualdad f. Conformidad de una cosa con otra en naturaleza, forma, calidad o cantidad. ‖ Identidad : *igualdad de opiniones.* ‖ Mat. Expresión que indica la equivalencia de dos cantidades. ‖ Llanura, nivelación : *la igualdad de un terreno.*

igualitario, ria adj. Que entraña o tiende a la igualdad.

igualitarismo m. Doctrina que sostiene la igualdad de todas las clases sociales.

igualitarista adj. Relativo al igualitarismo. || Partidario de él (ú. t. c. s.).

igualmente adv. Lo mismo, también. || Del mismo modo.

iguana f. Reptil saurio de América Central y Meridional.

Iguana, isla de Venezuela en el Caribe, dentro del archip. de Testigos (Dependencia Federal).

iguánidos m. pl. Familia de reptiles saurios como la iguana (ú. t. c. adj.).

iguanodonte m. Reptil dinosaurio de la época cretácea.

Iguazú o **Iguasú,** río del sur del Brasil (Paraná), que desemboca en el Paraná en el punto de unión entre Argentina, Brasil y Paraguay ; 1 320 km. En el curso bajo hay unas 200 cataratas, entre ellas el *Salto Grande de Santa María* que tiene 70 m de altura. Parques nacionales en la parte argentina y brasileña. — Dep. de la Argentina (Misiones), a orillas del Paraná ; cab. *Puerto Esperanza.* — Territorio del Brasil, fronterizo con Argentina ; cap. *Iguazú.*

I. H. S., abrev. de las palabras latinas *Iesus, hominum salvator* (JESÚS, salvador de los hombres).

Ij (GOLFO DEL), golfo del Ysselmeer, cerca de Amsterdam (Holanda).

ijada f. o **ijar** m. Cada una de las cavidades situadas entre las costillas falsas y las caderas.

Ijevsk, c. de la U. R. S. S. (Rusia), cap. de la República de Udmurtia.

Ijsel o **Ijselmeer.** V. YSSEL e YSSELMEER.

ikastola f. Escuela primaria donde las clases se dan en vascuence.

ikurriña f. Bandera de Euskadi.

Ila, c. de Nigeria, cerca de Oshogbo.

ilación f. Acción y efecto de deducir una cosa de otra. || Conexión lógica entre antecedente y consecuente. || Enlace normal de las partes del discurso.

Ilagan, c. de Filipinas, al N. de Luzón ; cap. de la prov. de Isabela.

Ilahabad. V. ALLAHABAD.

Ilamatepec. V. SANTA ANA (El Salvador).

ilativo, va adj. Que se infiere o puede inferirse de algo. || Conjunción *ilativa,* la que expresa ilación o consecuencia, como *conque.*

Ilave, distrito al sureste de Perú (Puno).

Ildefonso (San). V. GRANJA (La).

Ildefonso de Toledo (San), arzobispo de Toledo y escritor español (¿607?-667). Fiesta el 23 de enero.

ilegal adj. Que va contra la ley.

ilegalidad f. Falta de legalidad : *la ilegalidad de un tratado.* || Acción ilegal.

ilegible adj. Que no puede leerse : *firma ilegible.*

ilegitimar v. t. Privar de la legitimidad.

ilegitimidad f. Falta de legitimidad.

ilegítimo, ma adj. No legítimo : *unión ilegítima.* || Nacido de padres que no están casados : *hijo ilegítimo.*

íleo m. Enfermedad que origina oclusión intestinal y cólico miserere.

ileocecal adj. Anat. Perteneciente a los intestinos íleon y ciego.

íleon m. Anat. Tercera porción del intestino delgado que empieza en el yeyuno y termina en el ciego. || Porción lateral del hueso innominado que forma la cadera.

Ilerda, ant. n. de Lérida (España).

ilerdense adj. y s. De Lérida (España).

ilergete adj. y s. De una región de la ant. España Tarraconense (Huesca, Zaragoza, Lérida).

Ilesha, c. del SO. de Nigeria.

ileso, sa adj. Que no ha sufrido lesión : *salir ileso de un accidente.*

iletrado, da adj. y s. Falto de instrucción. || Analfabeto.

Ilhéus, c. y puerto del NE. del Brasil (Bahía). Obispado.

Ili, río de China y de la U. R. S. S., que des. en el lago Balkach ; 1 384 km.

iliaco, ca o **ilíaco, ca** adj. Anat. Relativo al íleon : *hueso ilíaco.*

Ilíada (La), poema épico griego, atri-

buido a Homero, que relata los episodios de la guerra de Troya.

Iliberis, n. ant. de Granada.

iliberitano, na adj. y s. De Iliberis, granadino.

ilicitano, na adj. y s. De Elche (Alicante).

ilícito, ta adj. No permitido legal ni moralmente : *negocio ilícito.*

ilicitud f. Calidad de ilícito.

ilimitado, da adj. Sin límites.

Iliniza, pico de la Cord. Occidental del Ecuador, en el límite de las prov. de Pichincha y Cotopaxi ; 5265 m.

ilion m. Anat. Hueso de la cadera que unido al isquion y al pubis forma el hueso innominado.

Ilión, uno de los n. de Troya.

Iliria, región balcánica y montañosa, cerca del Adriático, que comprende Istria, Carintia y Carniola. Actualmente está dividida entre Italia, Yugoslavia y Austria.

ilíricos (ALPES). V. ALPES DINÁRICOS.

ilirio, ria adj. y s. De Iliria.

Ilmen, lago de la U. R. S. S. (Rusia), al S. de Novgorod ; 1 100 km².

Ilo, distrito en el sur del Perú (Moquegua).

Ilobasco, distr. en el centro norte de El Salvador (Cabañas).

Ilocos : ~ Norte, prov. de Filipinas, al NO. de la isla de Luzón ; cap. *Laoag.* || **~ Sur,** prov. de Filipinas, al N. de la isla de Luzón ; cap. *Vigán.*

ilógico, ca adj. Sin lógica.

ilogismo m. Calidad de ilógico.

Iloilo, prov. y c. de Filipinas, en el S. de la isla de Panay.

Ilopango, lago de El Salvador a 12 km al E. de San Salvador ; 72 km². Hay un volcán en su centro. — Pobl. de El Salvador (San Salvador).

Ilorin, c. al O. de Nigeria.

ilota com. En Esparta, esclavo originario de la ciudad de Helos. || Fig. Persona que se halla desposeída de los derechos de ciudadano.

iluminación f. Acción y efecto de iluminar. || Alumbrado especial para realzar ciertos edificios, monumentos, etc. || Luminotecnia.

iluminado, da adj. Alumbrado : *jardín iluminado.* || Dícese del hereje alumbrado (ú. t. c. s.). || Dícese del miembro de diferentes sectas religiosas, como la del bávaro Weishaupt en 1776 (ú. t. c. s.). || Fig. Visionario (ú. t. c. s.).

iluminador, ra adj. y s. Que ilumina. — M. y f. Persona que da color a libros, estampas, etc.

iluminancia f. Fís. Cantidad de luz que recibe por segundo una unidad de superficie.

iluminar v. t. Alumbrar, dar luz : *el Sol ilumina los planetas.* || Adornar con muchas luces : *iluminar un templo, un teatro,* etc. || Dar color a las letras o dibujos de un libro, estampa, etc. : *iluminar un manuscrito.* || Fig. Ilustrar el entendimiento, hacer comprender algo que quedaba oscuro.

iluminismo m. Doctrina de los iluminados.

ilusión f. Error de los sentidos o del entendimiento, que nos hace tomar las apariencias por realidades : *una ilusión óptica.* || Esperanza agradable : *forjarse ilusiones.* || Fig. Alegría muy grande : *¡ qué ilusión ir esta noche al teatro !* || Hacer ilusión algo, tener gran deseo de una cosa.

ilusionar v. t. Hacer concebir ilusiones. || Causar gran alegría : *me ilusiona este viaje.* — V. pr. Forjarse ilusiones. || Fig. Estar muy contento.

ilusionismo m. Tendencia a forjarse ilusiones. || Arte de producir fenómenos que parecen estar en contradicción con las leyes naturales, prestidigitación.

ilusionista adj. Dícese del prestidigitador, del artista que ejecuta números de ilusionismo (ú. t. c. s.).

iluso, sa adj. y s. Engañado. || Propenso a ilusionarse, soñador.

ilusorio, ria adj. Capaz de engañar. || Que no se ha de realizar.

ilustración f. Instrucción : *persona de mucha ilustración.* || Grabado, estampa o fotografía que adorna un texto. || Movimiento filosófico del siglo XVIII en pro de la amplia difusión del saber. (Alcanzó su apogeo en Francia con los enciclopedistas.)

ilustrado, da adj. Instruido : *hombre ilustrado.* || Que tiene dibujos : *libro ilustrado.* || Despotismo ilustrado, v. DESPOTISMO.

ilustrador, ra adj. y s. Que ilustra.

ilustrar v. t. Aclarar : *ilustrar un punto dudoso con un comentario.* || Explicar una materia : *ilustrar una definición con ejemplos.* || Fig. Instruir, civilizar : *ilustrar a un pueblo.* || Adornar con grabados, fotografías, dibujos, etc. : *ilustrar un texto.* || — V. pr. Llegar a ser ilustre.

ilustrativo, va adj. Que ilustra.

ilustre adj. De fama o mérito notables. || Dícese de un título de dignidad : *al ilustre señor...*

ilustrísimo, ma adj. Muy ilustre. — F. Título que se da a los obispos y a otras personas importantes.

Ill, río en el este de Francia (Alsacia), afl. del Rin. Atraviesa Mulhouse y Estrasburgo ; 208 km.

Illampu. V. SORATA.

Illapel, c. de Chile en la IV Región (Coquimbo), cap. de la prov. de Choapa y de la com. del mismo nombre. Prelatura nullius.

Ille-et-Vilaine [*ilelvilén*], dep. del O. de Francia, en Bretaña ; cap. *Rennes.*

Illescas, v. de España (Toledo). Hospital del s. XVI. Cuadros de El Greco.

Illia (Arturo), médico y político argentino (1900-1983), pres. de la Rep. de 1963 a 1966. Fue derrocado.

Illimani, nevado de los Andes de Bolivia (La Paz) ; 6 710 m.

Illinois, uno de los Estados Unidos de Norteamérica, en el centro del país ; cap. *Springfield ;* c. pr. *Chicago.*

Illora, v. al S. de España (Granada).

Illueca, v. de España (Zaragoza). Agricultura. Industrias.

Imabari, c. y puerto del Japón (Shikoku). Industrias textiles.

imagen f. Representación en pintura o escultura de una persona o cosa. || Representación de la divinidad, de los santos, etc. : *imagen de la Virgen, imágenes votivas.* || Semejanza : *a imagen de Dios.* || Símbolo, figura : *imagen del arte, de la industria.* || Representación de las personas y objetos en la mente : *conservar la imagen del desaparecido.* || Reproducción de la figura de un objeto formado por la reflexión o refracción de los rayos de luz. || Representación viva y sugestiva de una cosa por medio del lenguaje : *acompañar el discurso con imágenes.* || Opinión o concepto que se tiene de un personaje, una empresa o una institución.

imaginable adj. Que puede imaginarse : *escena imaginable.*

imaginación f. Facultad de poder imaginar : *imaginación creadora.* || Cosa imaginada. || Fig. Idea sin fundamento : *son imaginaciones tuyas.*

imaginar v. t. Representar idealmente una cosa, crearla en la mente. || Crear, inventar : *imaginar un sistema de propulsión.* || Pensar, suponer : *imaginar lo que uno habrá dicho.* || — V. pr. Figurarse : *se imaginó que era un sabio.*

imaginaria f. Mil. Guardia que no presta servicio sino en caso necesario. || — M. Soldado de guardia en un dormitorio.

imaginario, ria adj. Que no tiene realidad : *un mundo imaginario.*

imaginativo, va adj. Que imagina fácilmente : *un escritor imaginativo.* — F. Facultad de imaginar : *la imaginativa de un novelista.* || Sentido común.

imaginería f. Talla o pintura de imágenes sagradas.

imaginero, ra m. y f. Escultor o pintor de imágenes.

imán m. Óxido de hierro que atrae el hierro, el acero y otros metales : *imán natural.* || Barra o aguja imantada. || Fig. Atractivo.

imán m. Entre los musulmanes, el encargado de dirigir la oración. || Título de ciertos soberanos musulmanes : *el imán de Mascate.*

imanación f. Magnetización.

imanar v. t. Magnetizar un cuerpo, comunicar las propiedades del imán : *imanar el hierro* (ú. t. c. pr.).

imantación f. Imanación.

imantar v. t. Imanar.

Imataca, brazo del delta del Orinoco al NE. de Venezuela (Delta Amacuro). — Sierra al NE. de Venezuela (Guayana). Hierro.

Imbaba. V. EMBABEH.

Imbabura, cumbre de los Andes del Ecuador ; 4 630 m. — Prov. al norte del Ecuador ; cap. *Ibarra.*

imbabureño, ña adj. y s. De Imbabura (Ecuador).

imbatible adj. Invencible.

imbatido, da adj. No derrotado.

imbebible adj. Que no es agradable beber : *dieron un café imbebible.*

imbécil adj. y s. Alelado, escaso de inteligencia. ‖ *Fam.* Tonto.

imbecilidad f. Alelamiento, escasez de inteligencia, perturbación del sentido. ‖ *Fam.* Tontería.

Imbelloni (José), antropólogo argentino (1885-1967).

imberbe adj. Que no tiene aún barba : *joven imberbe.*

Imbert, com. al norte de la Rep. Dominicana (Puerto Plata).

imborrable adj. Indeleble, que no se puede borrar.

imbricación f. Estado de las cosas imbricadas.

imbricado, da adj. Dícese de las cosas que están sobrepuestas, como las tejas en los tejados y las escamas de los peces. ‖ *Fig.* Entremezclado.

imbricar v. t. Sobreponer. ‖ *Fig.* Entremezclar.

imbuir v. t. Infundir, inculcar.

Imías, mun. al este de Cuba (Guantánamo), en el área metropolitana de Baracoa.

imitable adj. Que se puede o debe imitar : *ejemplo imitable.*

imitación f. Acción y efecto de imitar : *la imitación de un estilo.* ‖ Cosa imitada. ‖ Materia elaborada que imita a otra de superior calidad : *imitación de cocodrilo.*

Imitación de Cristo, libro religioso, de autor desconocido, escrito en latín y traducido a casi todas las lenguas, atribuido generalmente al monje Tomás de Kempis (s. XV).

imitador, ra adj. y s. Que imita.

imitar v. t. Hacer una cosa a ejemplo o semejanza de otra : *imitar la naturaleza.* ‖ Actuar de la misma manera : *imita a su hermano incluso en la manera de andar.* ‖ Tomar por modelo : *imitar el arte español.* ‖ Procurar copiar el estilo de un autor, de un artista, etc. : *imitar a los clásicos.* ‖ Producir un efecto parecido : *pedazo de vidrio que imita el diamante.*

Immingham, puerto petrolero, de carbón y de minerales en el mar del Norte (Inglaterra).

Imola, c. al norte de Italia (Emilia).

impaciencia f. Falta de paciencia.

impacientar v. t. Hacer que uno pierda la paciencia. ‖ — V. pr. Perder la paciencia : *impacientarse por el retraso de alguien.*

impaciente adj. y s. Que no tiene paciencia. ‖ Ansioso, deseoso : *impaciente por salir.* ‖ Intranquilo.

impactar v. t. Producir un impacto. ‖ *Fig.* Tener gran efecto.

impacto m. Choque de un proyectil en el blanco. ‖ Huella que deja en él. ‖ *Fig.* Repercusión, efecto : *el impacto de una campaña publicitaria.*

impagable adj. Que no se puede pagar.

impagado da adj. Que no ha sido pagado, pendiente de un cobro : *un efecto impagado* (ú. t. c. s. m.).

impago m. Acción de no pagar.

impalpabilidad f. Calidad de impalpable.

impalpable adj. Sutil, ligero, tenue.

impar adj. *Mat.* Que no es divisible por dos : *número impar* (ú. t. c. s. m.). ‖ Que no tiene igual, único.

imparable adj. Que no se puede parar : *un gol imparable.*

imparcial adj. Que no sacrifica la justicia a consideraciones personales : *juez, escritor imparcial.* ‖ Justo, objetivo, que incluye imparcialidad.

imparcialidad f. Carácter del o de lo que es justo y no tiene prevención en favor o en contra de una persona o cosa. ‖ Manera de obrar imparcial.

impartir v. t. Conceder, repartir. ‖ Dar : *impartir clases de solfeo.* ‖ *For.* Pedir, solicitar : *impartir asistencia.* ‖ *Impartir su bendición,* bendecir.

impasibilidad f. Falta de reacción ante el dolor o las emociones.

impasible adj. Insensible ante el dolor o las emociones.

impasse m. (pal. fr.). Callejón sin salida, estancamiento, punto muerto.

impavidez f. Valor, denuedo, entereza ante el peligro. ‖ Impasibilidad.

impávido, da adj. Imperturbable, valeroso. ‖ Impasible.

impecable adj. Incapaz de pecar. ‖ *Fig.* Perfecto, exento de tacha.

impedancia f. *Electr.* Resistencia aparente de un circuito al flujo de una corriente alterna.

impedido, da adj. y s. Baldado, inválido, tullido.

impedidor, ra adj. y s. Que impide.

impedimenta f. Bagaje de la tropa.

impedimento m. Obstáculo, estorbo. ‖ *For.* Circunstancia que anula o hace ilícito el matrimonio : *impedimento dirimente.*

impedir v. t. Dificultar : *impedir los movimientos.* ‖ Hacer imposible.

impelente adj. Que impele.

impeler v. t. Dar empuje. ‖ *Fig.* Estimular, incitar : *impeler a una buena* (o *mala*) *acción.*

impenetrabilidad f. Propiedad de los cuerpos que impide que uno esté en el lugar que ocupa otro : *la impenetrabilidad de la materia.* ‖ Carácter de impenetrable.

impenetrable adj. Que no se puede penetrar : *recinto impenetrable.* ‖ *Fig.* Oscuro, que no puede descubrirse : *secreto impenetrable.* ‖ Dícese del hombre que no deja traslucir sus sentimientos : *un político impenetrable.*

impenitente adj. y s. Que se obstina en el pecado. ‖ *Fam.* Incorregible, que persiste en su error o manía : *un bebedor impenitente.*

impensable adj. Inimaginable.

impensado, da adj. Inesperado.

impeorable adj. Que no puede ser peor.

impepinable adj. *Fam.* Seguro, inevitable.

imperante adj. Que impera.

imperar v. i. Gobernar. ‖ *Fig.* Dominar : *aquí impera una atmósfera de pesimismo.*

imperativo, va adj. Que impera o manda : *un deber imperativo ; persona imperativa.* ‖ *Gram.* Dícese del modo y tiempo del verbo que expresa la orden, la exhortación o la súplica. (ú. t. c. s. m.). ‖ — M. Principio que tiene carácter de orden : *los imperativos de la política.* ‖ *Imperativo categórico,* precepto u obligatoria en materia de moral.

Imperatriz, c. y mun. al N. del Brasil (Maranhao), a orilla del río Tocantins.

imperceptibilidad f. Calidad de imperceptible.

imperceptible adj. Que escapa a nuestros sentidos.

imperdible adj. Que no puede perderse. ‖ — M. Alfiler de seguridad que se abrocha.

imperdonable adj. Que no se debe o puede perdonar.

imperecedero, ra adj. Que no perece. ‖ *Fig.* Inmortal, eterno.

imperfección f. Carencia de perfección. ‖ Defecto ligero.

imperfecto, ta adj. No perfecto. ‖ Incompleto, inacabado. ‖ *Gram.* V. FUTURO Y PRETÉRITO.

imperforación f. *Med.* Oclusión de un órgano o conducto.

Imperia, c. y prov. en el NO. de Italia (Liguria), en el golfo de Génova.

imperial adj. Relativo al emperador o al imperio : *dignidad imperial ; dominios imperiales.* ‖ — F. Parte superior con asientos de algunos vehículos.

Imperial, c. del Chile, 220 km. — Dep. de la prov. central chilena de Cautín ; cap. *Nueva Imperial.*

Imperial (Micer Francisco), poeta español (¿ 1372-1409 ?), autor de *Decir de las siete virtudes.*

imperialismo m. Política de un Estado tendente a someter a otros Estados bajo su dependencia política o económica.

imperialista adj. y s. Favorable al imperialismo o partidario del mismo.

impericia f. Falta de pericia o de experiencia.

imperio m. Acción y efecto de mandar con autoridad. ‖ Tiempo durante el cual hubo emperadores en determinado país : *el Imperio de Bizancio.* ‖

Estado gobernado por un emperador o incluso por un jefe que no lleve este título : *el imperio del Japón, de los Estados Unidos.* ‖ Países o Estados sujetos a la misma autoridad : *el antiguo Imperio Británico.* ‖ Dignidad, cargo o funciones de un emperador. ‖ *Fig.* Orgullo, altanería. ‖ Dominación, poder. ‖ — *Estilo imperio,* el decorativo que se desarrolló en tiempos de Napoleón I. ‖ *Fig. Valer un imperio,* valer mucho.

imperioso, sa adj. Autoritario : *carácter imperioso.* ‖ Apremiante : *necesidad imperiosa.*

imperito, ta adj. Que carece de pericia (ú. t. c. s.).

impermeabilidad f. Calidad de impermeable.

impermeabilización f. Operación de impermeabilizar.

impermeabilizar v. t. Hacer impermeable alguna cosa.

impermeable adj. Impenetrable al agua o a otro fluido : *el hule es impermeable.* ‖ *Fig.* Que no se deja influenciar. ‖ — M. Abrigo impermeable.

impersonal adj. Carente de personalidad : *una escritura impersonal.* ‖ Que no se aplica a nadie personalmente : *crítica, alusión impersonal.* ‖ *Gram.* Dícese del verbo que sólo se usa en infinitivo y en la tercera persona del sing., como *llover, nevar, alborear* (ú. t. c. s. m.).

impersonalizar v. t. *Gram.* Usar como impersonales algunos verbos que no lo son, como *hace calor ; se cuenta de un explorador.* ‖ Dar carácter impersonal.

impertérrito, ta adj. Dícese de la persona que no es fácil de asustar o intimidar o alterar.

impertinencia f. Palabra o acción fuera de propósito, inconveniencia. ‖ Calidad de impertinente.

impertinente adj. Que no es oportuno y resulta molesto : *una respuesta impertinente.* ‖ Enfadoso, insolente : *un niño impertinente.* Ú. t. c. s. : *no soporto a los impertinentes.* ‖ — M. pl. Anteojos plegables con mango.

imperturbabilidad f. Carácter imperturbable.

imperturbable adj. Impasible.

impétigo m. *Med.* Erupción cutánea, caracterizada por la aparición de pústulas que acaban secándose.

impetración f. Acción de impetrar.

impetrante adj. y s. Que impetra.

impetrar v. t. Pedir algo con encarecimiento.

ímpetu m. Violencia, vivacidad : *atacar con ímpetu.* ‖ Energía : *iniciar una empresa con ímpetu.* ‖ Fogosidad.

impetuosidad f. Ímpetu.

impetuoso, sa adj. Muy violento, vivo : *viento impetuoso.* ‖ *Fig.* Apasionado, fogoso (ú. t. c. s.).

Imphal, c. al NE. de la India, cap. del Estado de Manipur.

impiedad f. Falta de piedad.

impío, ía adj. Falto de religión o piedad (ú. t. c. s.). ‖ Irreverente.

implacable adj. Que no se puede aplacar : *odio, enemigo implacable.*

implantación f. Establecimiento, acción de implantar. ‖ *Med.* Fijación o injerto de un tejido u órgano en otro. ‖ Introducción de un medicamento bajo la piel. ‖ *Biol.* Fijación del óvulo fecundado en la mucosa uterina.

implantador, ra adj. y s. Que implanta : *implantador de un estilo.*

implantar v. t. Establecer, instaurar : *implantar modas nuevas.* ‖ *Med.* Hacer una implantación. ‖ — V. pr. Establecerse.

implante m. *Med.* Medicamento que se introduce bajo la piel para que se disuelva lentamente. ‖ Placa o trozo de elemento que se coloca en el hueso maxilar para mantener una prótesis dental.

implementación f. Acción y efecto de implementar.

implementar v. t. Llevar a cabo, realizar. ‖ Aplicar, poner en práctica.

implemento m. Utensilio, útil.

implicación f. Participación en un delito. ‖ Cosa implicada. ‖ En lógica, relación entre dos proposiciones de las cuales una es necesariamente consecuencia de la otra. ‖ Consecuencia.

implicancia f. Contradicción de los términos entre sí. ‖ *Amer.* Incompatibilidad legal o moral.

implicante adj. Que implica.

implicar v. t. Envolver, enredar : *estar implicado en un asunto*. ‖ *Fig.* Llevar en sí, significar : *esto implica la guerra*. ‖ — V. i. Obstar, suponer contradicción.

implícito, ta adj. Dícese de lo que va incluido en algo sin necesidad de expresarlo : *una cláusula implícita*.

imploración f. Ruego, súplica.

implorar v. t. Suplicar, rogar.

implosivo, va adj. *Gram.* Dícese de la consonante oclusiva que está al final de sílaba, como la *p* de *apto*, la *c* de *néctar*.

impoluto, ta adj. Inmaculado.

imponderabilidad f. Cualidad de imponderable.

imponderable adj. Que no puede pesarse : *un fluido imponderable*. ‖ *Fig.* Que excede a toda ponderación, inapreciable. ‖ Imprevisible. ‖ — M. Circunstancia difícil de prever.

imponencia f. *Amer.* Majestuosidad.

imponente adj. Que impone : *ceremonia imponente*. ‖ *Fam.* Magnífico, impresionante. ‖ — M. y f. Persona que impone dinero a interés.

imponer v. t. Poner una carga u obligación : *imponer un gravamen*. ‖ Hacer prevalecer : *imponer una moda*; *imponer su voluntad*. ‖ Atribuir falsamente, calumniar. ‖ Infundir respeto o miedo. Ú. t. c. i. : *un espectáculo que impone*. ‖ Ingresar dinero en un establecimiento bancario. ‖ *Impr.* Disponer las planas de composición con sus márgenes correspondientes. ‖ Poner al corriente (ú. t. c. pr.). ‖ — V. pr. Mostrar superioridad : *imponerse a todos los adversarios*. ‖ Hacerse obedecer o respetar. ‖ Ser necesario : *estas gestiones se imponen*.

imponible adj. Que se puede someter a impuesto : *base imponible*.

impopular adj. Que no es grato al pueblo o a la mayoría de la gente.

impopularidad f. Desafecto, mal concepto público.

importable adj. Que se puede importar.

importación f. *Com.* Acción y efecto de importar o introducir géneros extranjeros : *comercio de importación*. ‖ Mercancías importadas.

importador, ra adj. y s. Que se dedica al comercio de importación : *importador de carbón*.

importancia f. Calidad de lo que es de mucho valor : *la importancia de la técnica*. ‖ Carácter de lo que es considerable o puede tener consecuencias : *la importancia de las exportaciones, de una decisión*. ‖ Autoridad, influencia : *una persona de importancia social*. ‖ — *Darse importancia*, tener alta opinión de sí mismo. ‖ *De importancia*, importante : *un negocio de importancia*; gravemente : *estar herido de importancia*.

importante adj. Que importa, considerable : *ocasión importante*. ‖ Que tiene autoridad o importancia : *un cargo importante*. ‖ Esencial, principal : *subrayar los párrafos importantes*. ‖ *Dárselas de importante*, presumir.

importar v. t. e i. Convenir, interesar : *importa mucho hacerlo bien*. ‖ Valer, costar : *la póliza importa treinta dólares*. ‖ — ¿ *Le importa...?*, seguido de verbo en infinitivo, fórmula de cortesía para pedir un favor : *¿ le importa llevar esta maleta?* ‖ *Fam.* Me importa un bledo o un comino o un pito o tres pepinos, me da absolutamente igual. ‖ — V. t. Introducir en un país mercancías procedentes del extranjero : *importar materias primas*.

importe m. Valor.

importunar v. t. Incomodar, molestar : *importunar con una solicitud*.

importunidad f. Falta de oportunidad. ‖ Incomodidad, molestia.

importuno, na adj. Inoportuno.

imposibilidad f. Carácter de lo que es imposible. ‖ Cosa imposible : *imposibilidad material*. ‖ Enfermedad o causa que impide realizar algo : *no pude ir por imposibilidad física*.

imposibilitado, da adj. y s. Tullido, inválido.

imposibilitar v. t. Hacer imposible.

imposible adj. No posible. ‖ Intratable, inaguantable : *persona imposible*. ‖ *Fig.* Raro, extraño : *tiene gustos imposibles*. ‖ Penoso, muy desagradable : *es una situación imposible*. ‖ Insoportable : *es un niño imposible*. ‖ — M. Lo que no se puede realizar : *pedir eso es pedir un imposible*. ‖ *Hacer lo imposible*, hacer el máximo para lograr algo.

imposición f. Acción y efecto de imponer o imponerse : *la imposición de una carga u obligación*; *imposición de manos*. ‖ Cantidad que se impone en cuenta, en depósito : *una imposición de cien mil pesetas*. ‖ Contribución, tributo. ‖ *Impr.* Arreglo de las planas que componen un pliego de impresión.

imposicionismo m. *Méx.* Acción consistente en imponer a un candidato.

impositivo, va adj. De los impuestos.

impositor, ra adj. *Impr.* Dícese del tipógrafo encargado de la imposición (ú. t. c. s.). ‖ Dícese de los que han depositado dinero en una cuenta bancaria o caja de ahorros (ú. t. c. s.).

impostor, ra adj. y s. Que atribuye falsamente a uno alguna cosa. ‖ Que engaña fingiendo ser lo que no es.

impostura f. Engaño con apariencia de verdad.

impotencia f. Falta de poder o de fuerza para hacer una cosa. ‖ Incapacidad de un individuo para realizar el coito.

impotente adj. y s. Que no tiene poder o fuerza : *impotente por la edad*. ‖ Incapaz de realizar el coito.

impracticable adj. Irrealizable : *operación impracticable*. ‖ Intransitable : *veredas impracticables*.

imprecación f. Acción y efecto de imprecar.

imprecar v. t. Proferir palabras con las que se pide o desea un daño a alguien.

imprecatorio, ria adj. Que implica o denota imprecación.

imprecisión f. Poca precisión.

impreciso, sa adj. Falto de precisión, indefinido : *retrato impreciso*.

impregnación f. Acción y efecto de impregnar o impregnarse.

impregnar v. t. Hacer penetrar una sustancia en otro cuerpo.

impremeditación f. Falta de premeditación.

impremeditado, da adj. No premeditado. ‖ Irreflexivo.

imprenta f. Arte de imprimir. ‖ Establecimiento donde se imprime.

imprescindible adj. Indispensable.

imprescriptible adj. Que no puede prescribir.

impresentable adj. No presentable : *un trabajo impresentable*.

impresión f. Acción de imprimir : *la impresión de un diccionario*. ‖ Obra impresa. ‖ Calidad o forma de letra con que está impresa una obra. ‖ Huella que deja una cosa que se aprieta contra otra : *la impresión del pie en el barro*. ‖ Grabación en un disco o de una cinta magnetofónica. ‖ Efecto producido sobre los sentidos o el ánimo : *impresión de frío, de calor*; *el orador hizo mucha impresión en el público*. ‖ Punto de vista, opinión : *cambio de impresiones*. ‖ *Impresión digital* o *dactilar*, la que deja la yema del dedo en un objeto al tocarlo. ‖ *Tener la impresión de*, *o que*, creer, imaginar.

impresionabilidad f. Condición de impresionable.

impresionable adj. Que se puede impresionar : *película impresionable*. ‖ *Fig.* Fácil de emocionar.

impresionante adj. Que impresiona, que produce emoción.

impresionar v. t. Producir alguna impresión en. ‖ Grabar.

impresionismo m. Sistema estético que consiste en tomar las impresiones como principio de creación artística. ‖ — El movimiento pictórico del impresionismo se desarrolló primeramente en Francia (últimos años del s. XIX) y se extendió después a otros países. Las primeras manifestaciones de esta forma de arte se dieron en pintura y su nombre procede del cuadro *Impres-*

sion, soleil levant, de Claude Monet (1874).

impresionista adj. Partidario del impresionismo o que lo practica : *la escuela impresionista* (ú. t. c. s.). ‖ Relativo al impresionismo.

impreso m. Papel impreso : *un impreso publicitario*.

impresor, ra adj. Que imprime. ‖ — M. y f. Propietario o director de una imprenta. ‖ Obrero que trabaja en una imprenta. ‖ — F. Imprenta. Elemento de un ordenador que permite obtener resultados impresos.

imprevisible adj. Que no puede preverse.

imprevisión f. Falta de previsión.

imprevisor, ra adj. Que no prevé.

imprevisto, ta adj. No previsto : *acontecimiento imprevisto*. ‖ — M. Cosa no prevista : *hacer frente al imprevisto*. ‖ — M. pl. Gastos no previstos.

imprimátur m. Licencia eclesiástica para imprimir un escrito.

imprimible adj. Que puede ser impreso.

imprimir v. t. Reproducir en el papel, tela, etc., las letras u otros caracteres por medio de la prensa o de otra máquina adecuada : *imprimir un periódico*; *imprimir tejidos*. ‖ Publicar, editar. ‖ Dejar una huella sobre una cosa : *imprimir los pasos en el barro*. ‖ *Fig.* Fijar en el ánimo algún afecto : *imprimir nobleza*. ‖ Marcar : *la virtud estaba impresa en su rostro*. ‖ Dar, comunicar : *imprimir movimiento a un volante*.

improbabilidad f. Condición de improbable.

improbable adj. Poco probable.

improbo, ba adj. Falto de probidad. ‖ Muy duro, penoso : *realizar un trabajo improbo*.

improcedencia f. Falta de fundamento, de oportunidad o de derecho.

improcedente adj. *For.* Que no es conforme a derecho : *fallo improcedente*. ‖ Inadecuado, inoportuno.

improductividad f. Calidad de lo que no produce.

improductivo, va adj. Que no produce : *terreno improductivo*.

impromptu m. *Mús.* Composición de forma libre : *los impromptus de Schubert*. ‖ — Adv. Improvisadamente. ‖ — Adj. Improvisado.

impronta f. Reproducción de un sello o medalla en yeso, lacre, cera, etc. ‖ *Fig.* Huella, marca.

improperio m. Injuria, insulto.

impropiedad f. Falta de propiedad.

impropio, pia adj. Ajeno, extraño : *lenguaje impropio de una persona culta*. ‖ Inadecuado, inoportuno.

improrrogable adj. Que no se puede prorrogar.

improvisación f. Acción y efecto de improvisar. ‖ *Lit.* y *Mús.* Composición improvisada.

improvisador, ra adj. y s. Que improvisa : *improvisador de versos*.

improvisar v. t. Hacer una cosa de pronto, sin preparación alguna.

improviso, sa adj. Que no se prevé. ‖ *Al* (o *de*) *improviso*, improvisadamente.

imprudencia f. Falta de prudencia : *obrar con imprudencia*. ‖ Acción imprudente. ‖ *For. Imprudencia temeraria*, o falta de precaución elemental que puede constituir un delito.

imprudente adj. y s. Que no tiene prudencia : *joven imprudente*.

impúber o **impúbero, ra** adj. Que no ha llegado a la pubertad (ú. t. c. s.).

impudencia f. Descaro, desvergüenza. ‖ Palabra o acción impudente.

impudente adj. Desvergonzado, descarado.

impudicia f. Deshonestidad.

impúdico, ca adj. y s. Deshonesto.

impudor m. Falta de pudor.

impuesto m. Tributo, gravamen : *impuesto sobre la renta*. ‖ *Impuesto sobre el valor añadido* o *agregado* (I.V.A.), impuesto pagado por las empresas sobre el aumento de valor que aquéllas dan, en las diferentes fases de producción, a un bien o servicio.

impugnable adj. Que se puede impugnar.

impugnación f. Ataque, refutación.
impugnador, ra adj. y s. Que impugna.
impugnar v. t. Combatir, atacar.
impulsar v. t. Impeler, empujar, dar impulso : *impulsar una pelota.* ‖ *Fig.* Estimular, incitar.
impulsión f. Impulso, fuerza.
impulsividad f. Condición de impulsivo.
impulsivo, va adj. Que impele o puede impeler : *fuerza impulsiva.* ‖ *Fig.* Que actúa sin reflexionar (ú. t. c. s.) : *persona impulsiva.*
impulso m. Fuerza que pone algo en movimiento : *el impulso del émbolo.* ‖ Movimiento así producido. ‖ *Fig.* Fuerza : *dar impulso a la industria.* ‖ Fuerza interior que lleva a las personas a actuar de cierta manera : *los impulsos del corazón.*
impulsor, ra adj. y s. Que impele.
impune adj. Que queda sin castigo.
impunidad f. Falta de castigo.
impuntualidad f. Falta de puntualidad, tardanza, retraso.
impureza f. Calidad de impuro. ‖ Mezcla de partículas extrañas a un cuerpo o materia : *la impureza de ciertas aguas.* ‖ Falta de pureza o castidad, obscenidad.
impurificar v. t. Hacer impura.
impuro, ra adj. No puro : *agua impura.* ‖ *Fig.* Impúdico, deshonesto.
imputabilidad f. Condición de imputable.
imputable adj. Que se puede imputar.
imputación f. Acción de imputar. ‖ Cosa imputada.
imputador, ra adj. Que imputa (ú. t. c. s.).
imputar v. t. Atribuir a otro una culpa, delito o acción censurable. ‖ *Com.* Abonar una partida en cuenta.
imputrescible adj. Dícese de lo que no puede pudrirse.
in prep. lat. que significa *en.* ‖ — *Fam. In albis,* sin entender nada : *quedarse in albis.* ‖ *In articulo mortis,* en el artículo de la muerte : *matrimonio,* confesión *"in articulo mortis".* ‖ *In extremis,* en el último momento : confesión *"in extremis".* ‖ *In fraganti,* en flagrante delito : *sorprender al ladrón "in fraganti".* ‖ *In tempore,* en aquel tiempo. ‖ *In promptu,* de repente.
In, símbolo químico del *indio.*
inabarcable adj. Que no se puede abarcar.
inabordable adj. Inaccesible : *persona inabordable.*
inacabable adj. Que no se puede acabar. ‖ Que tarda mucho : *guerra inacabable.*
inacabado, da adj. Sin acabar.
inaccesibilidad f. Calidad de inaccesible.
inaccesible adj. No accesible.
inacción f. Falta de acción.
inaceptable adj. No aceptable.
inactividad f. Falta de actividad.
inactivo, va adj. Sin actividad.
inactual adj. No actual.
inadaptable adj. No adaptable.
inadaptación f. Falta de adaptación.
inadaptado, da adj. y s. Dícese del que no se adapta o aviene a ciertas condiciones o a la sociedad en la que vive : *inadaptado social.*
inadecuación f. Falta de adecuación.
inadecuado, da adj. No adecuado.
inadmisible adj. No admisible.
inadoptable adj. No adoptable.
inadvertencia f. Descuido : *hacer algo por inadvertencia.* ‖ Hecho de no notar alguna cosa.
inadvertido, da adj. Distraído, descuidado. ‖ No advertido.
inagotable adj. Que no se puede agotar : *mina, paciencia inagotable.*
inaguantable adj. Que no se puede aguantar o sufrir, insoportable.
inalámbrico, ca adj. Aplícase a la telegrafía y telefonía sin hilos.
inalcanzable adj. Que no se puede alcanzar.
inalienable adj. Que no se puede enajenar.
inalienado, da adj. No enajenado.
inalterabilidad f. Calidad de inalterable : *la inalterabilidad de un orden.*
inalterable adj. Que no se puede alterar : *salud inalterable.*

inalterado, da adj. Que no tiene alteración.
inamistoso, sa adj. Poco amistoso.
inamovible adj. Que no puede moverse. ‖ Fijo, a quien no se puede quitar el puesto : *funcionario inamovible.*
inamovilidad f. Calidad de inamovible.
inane adj. Vano, fútil, inútil. ‖ Afecto de inanición.
inanición f. *Med.* Debilidad causada generalmente por la falta de alimento.
inanidad f. Futilidad, vacuidad.
inanimado, da adj. Que no tiene vida o parece no tenerla.
inapelable adj. Que no se puede apelar : *sentencia inapelable.* ‖ Inevitable, irremediable.
inapetencia f. Falta de ganas de comer.
inapetente adj. y s. Que no tiene apetito.
inaplazable adj. Que no se puede aplazar : *Urgente : necesidad inaplazable.*
inaplicable adj. Que no se puede aplicar : *reglamento inaplicable.*
inapreciable adj. Muy pequeño : *diferencia inapreciable.* ‖ De mucho valor : *ayuda inapreciable.*
inapropiado, da adj. Poco adecuado.
inaptitud f. Falta de aptitud.
inarmónico, ca adj. Falto de armonía.
inarrugable adj. Que no se puede arrugar : *tela inarrugable.*
inarticulado, da adj. No articulado : *sonidos inarticulados.*
inasequible adj. No asequible.
inasimilable adj. Que no se puede asimilar.
inasistencia f. Falta de asistencia.
inatacable adj. Que no puede ser atacado.
inaudible adj. Que no puede oírse.
inaudito, ta adj. Nunca oído. ‖ *Fig.* Extraordinario, increíble : *un cambio inaudito.*
inauguración f. Acto de inaugurar.
inaugurador, ra adj. y s. Que inaugura.
inaugural adj. De la inauguración : *acto inaugural..*
inaugurar v. t. Dar principio a una cosa con solemnidad : *inaugurar el curso académico.* ‖ Abrir un establecimiento, un templo, etc. ‖ Poner en servicio : *inaugurar una carretera, una central eléctrica.* ‖ Celebrar el estreno de una obra, edificio, etc.
inautenticidad f. Falta de autenticidad.
inca adj. De los incas. ‖ — M. y f. Rey, príncipe o varón de estirpe regia entre los antiguos peruanos. ‖ *Por ext.* Habitante del Imperio de los Incas. ‖ — M. Moneda de oro del Perú.
— El *Imperio de los Incas* fue fundado en el s. XII por una tribu quechua de la región del Titicaca. Su territorio se extendió del S. de Colombia al N. de la Argentina y Chile. En Cuzco, su capital, residía el Inca, monarca absoluto y hereditario. Este Imperio desapareció después de la llegada de los españoles (1532). Su elevada cultura se reflejó en la cerámica, la poesía, de tradición oral, la música y la danza, y también en los palacios, templos (Pachacámac, Cuzco) y fortalezas (Sacsahuamán, Pisac, Ollantaitambo, Machu Picchu).
Inca, v. de España en el N. de la isla de Mallorca (Baleares). Industrias (piel, calzados, alimentos).
Inca ‖ ~ **Roca.** V. ROCA (Inca). ‖ ~ **Yupanqui** (DIONISIO), militar y político peruano, descendiente de los ant. incas. Diputado a las Cortes de Cádiz (1812), defendió los derechos de los indígenas de su país.
Incahuasi, pico de los Andes en la frontera entre Argentina y Chile ; 6 610 m. — Pobl. en el NO. de la Argentina (Catamarca).
incaico, ca adj. Relativo a los incas.
incalculable adj. Que no puede calcularse : *pérdidas incalculables.*
incalificable adj. Que no se puede calificar. ‖ Muy censurable : *crimen incalificable.*
incandescencia f. Estado de un cuerpo que, a causa de una temperatura elevada, se ha vuelto luminoso.

incandescente adj. Candente : *carbón incandescente.*
incansable adj. Incapaz o muy difícil de cansar.
incapacidad f. Falta de capacidad, de aptitud. ‖ *For.* Carencia de aptitud legal : *incapacidad jurídica.* ‖ *Fig.* Falta de inteligencia o talento.
incapacitado, da adj. *For.* Dícese de los locos, pródigos, iletrados, sordomudos y reos que sufren la pena de interdicción (ú. t. c. s.).
incapacitar v. t. Inhabilitar.
incapaz adj. Que no es capaz : *incapaz de hacer una mala jugada a nadie.* ‖ Que no tiene capacidad para una cosa : *ser incapaz para desempeñar un cargo.* ‖ *Fam.* Falto de talento (ú. t. c. s.). ‖ *For.* Que no tiene cumplida personalidad para actos civiles.
incasable adj. Dícese de la persona que no puede casarse : *esa muchacha es incasable.* ‖ Que tiene gran aversión al matrimonio.
incásico, ca adj. Incaico.
incautación f. Embargo, confiscación.
incautarse v. pr. Tomar posesión de algo un tribunal u otra autoridad competente, confiscar : *la aduana se incautó de la mercancía.* ‖ *Fig.* Apoderarse.
incauto, ta adj. y s. Que no tiene cautela. ‖ Imprudente. ‖ Inocente.
incendiar v. t. Poner fuego a una cosa que no está destinada a arder : *incendiar un edificio* (ú. t. c. pr.).
incendiario, ria adj. Que causa maliciosamente un incendio (ú. t. c. s.). ‖ Que provoca incendio : *bomba incendiaria.* ‖ *Fig.* Subversivo, exaltante : *artículo, libro incendiario.*
incendio m. Fuego grande que abrasa total o parcialmente lo que no está destinado a arder : *incendio de un buque.* ‖ *Fig.* Ardor vehemente.
incensar v. t. Agitar el incensario ardiendo. ‖ *Fig.* Lisonjear, adular.
incensario m. Braserillo suspendido por unas cadenitas donde arde el incienso en las ceremonias litúrgicas.
incentivar v. t. Estimular, dar un incentivo, fomentar.
incentivo m. Lo que incita o mueve a una cosa, estímulo.
incertidumbre f. Falta de certidumbre, duda.
incesante adj. Que no cesa : *trabajo incesante.* ‖ Repetido, frecuente.
incesto m. Unión sexual entre parientes dentro de los grados que está prohibido el matrimonio.
incestuoso, sa adj. Que comete incesto. (ú. t. c. s.). ‖ Relativo al incesto : *amor incestuoso.*
incidencia f. Lo que sobreviene en el curso de un asunto o negocio y tiene con éste algún enlace. ‖ Dirección según la cual un cuerpo choca con otro. ‖ *Geom.* Ángulo de incidencia, el formado por la dirección de un rayo de luz o un cuerpo en movimiento hacia un plano y la normal a dicho plano en el punto de contacto.
incidental adj. Fortuito.
incidente adj. Que cae sobre una superficie : *luz incidente.* ‖ Que sobreviene en el curso de un asunto. ‖ — M. Acontecimiento imprevisto.
incidir v. i. Incurrir en una falta, error, etc. ‖ *Fís.* Caer un rayo luminoso o un cuerpo sobre una superficie reflectora.
incienso m. Gomorresina aromática que se quema en ciertas ceremonias del culto. ‖ *Fig.* Adulación.
incierto, ta adj. No es cierto, dudoso. ‖ Que no es fijo : *rumbo incierto.* ‖ Impreciso : *la fecha de nacimiento de Colón es incierta.*
incineración f. Reducción a cenizas : *incineración de cadáveres.*
incinerar v. t. Reducir a cenizas.
incipiente adj. Que empieza.
incisión f. Hendidura hecha con instrumento cortante. ‖ Cesura.
incisivo, va adj. Cortante. ‖ Dícese de cada uno de los dientes delanteros que sirven para cortar : *dientes incisivos* (ú. t. c. s. m.). ‖ *Fig.* Punzante, mordaz : *escritor incisivo.*
inciso, sa adj. Cortado : *estilo inciso.* ‖ — M. *Gram.* Cada uno de los miembros que, en los períodos, encierra un sentido parcial. ‖ Frase intercalada en un discurso o exposición que tiene poco

que ver con el tema que se está tratando.

incisura f. *Med.*. Incisión.

incitación f. Impulsión, instigación.

incitador, ra adj. y s. Que incita.

incitante adj. Que incita.

incitar v. t. Estimular, instigar.

incitativo, va adj y s. Que incita o tiene virtud de incitar.

incívico, ca adj. Que carece de civismo (ú. t. c. s.).

Inclán (Federico), escritor mexicano, n. en 1910, autor de obras de teatro (*Una mujer para los sábados*). ∥ ~ (José), militar mexicano que luchó contra los franceses y se trasladó luego a Cuba para defender la independencia de la isla contra los españoles. Fue fusilado en 1872. ∥ ~ (Luis Gonzaga), escritor mexicano (1816-1875), autor de relatos históricos (*Astucia, el jefe de los hermanos de la Hoja o los charros contrabandistas de la Rama*).

inclasificable adj. Que no puede clasificarse.

inclemencia f. Falta de clemencia : *la inclemencia de ciertos jueces*. ∥ *Fig.* Rigor del tiempo.

inclemente adj. Falto de clemencia.

inclinación f. Acción de inclinar o inclinarse. ∥ Reverencia en señal de respeto : *inclinación de cabeza*. ∥ *Fig.* Afición, propensión : *tener inclinación a la música*. ∥ Afecto, cariño : *tener inclinación por los niños*. ∥ Tendencia. ∥ Estado de lo que está inclinado : *la inclinación de la torre de Pisa*. ∥ *Astr.* Ángulo formado por el plano de la órbita de un planeta con el de la eclíptica. ∥ *Geom.* Oblicuidad de dos líneas, o de dos superficies. ∥ *Inclinación de la aguja magnética*, ángulo que forma una aguja imantada con el horizonte.

inclinar v. t. Apartar una cosa de su posición vertical : *inclinar la cabeza en señal de respeto* (ú. t. c. pr.). ∥ *Fig.* Dar propensión a decir o hacer algo : *inclinar a la benevolencia*. — V. i. Parecerse (ú. t. c. pr.). — V. pr. Tener tendencia a algo.

ínclito, ta adj. Ilustre, preclaro.

incluir v. i. Poner una cosa dentro de otra : *incluir un cheque en una carta*. ∥ Contener una cosa a otra, o llevarla implícita. ∥ Comprender un número menor en otro mayor.

inclusa f. Asilo de niños expósitos.

inclusero, ra adj. Dícese de la persona que se ha criado, o que se cría, en la inclusa (ú. t. c. s.).

inclusión f. Acción de incluir.

inclusivamente o **inclusive** adv. Con inclusión de.

inclusivo, va adj. Que incluye.

incluso, sa adj. Encerrado, contenido : *factura inclusa*. ∥ — Adv. Con inclusión de. ∥ Hasta : *en nuestro viaje llegamos incluso a Suiza*.

incoación f. Acción de incoar.

incoar v. t. Comenzar, empezar.

incoativo, va adj. Que denota el principio de una cosa o acción.

incobrable adj. Que no se puede cobrar : *crédito incobrable*.

incoercibilidad f. Calidad de incoercible.

incoercible adj. Que no puede ser coercido, irrefrenable.

incógnito, ta adj. No conocido : *territorio incógnito*. ∥ De incógnito, sin ser conocido. ∥ — M. Situación de una persona que oculta su identidad. ∥ — F. *Mat.* Cantidad desconocida de una ecuación o de un problema : *aislar una incógnita*. ∥ *Fig.* Misterio, cosa desconocida que se quiere averiguar : *su actuación en este asunto es una incógnita*.

incognoscible adj. Que no se puede conocer.

incoherencia f. Falta de coherencia : ∥ Dicho o hecho incoherente.

incoherente adj. No coherente.

incoloro, ra adj. Que no tiene color : *un gas incoloro*.

incólume adj. Sin daño, ileso.

incombustibilidad f. Calidad de incombustible.

incombustible adj. Aplícase a lo que no puede quemarse.

incomestible adj. Incomible.

income tax [inkom tax] m. (pal. ingl.). Impuesto sobre la renta en Gran Bretaña y Estados Unidos.

incomible adj. Que no puede comerse.

incomodar v. t. Causar incomodidad. ∥ Molestar, fastidiar : *su visita me incomoda*. ∥ — V. pr. Enfadarse.

incomodidad f. Falta de comodidad. ∥ Achaque, malestar. ∥ Disgusto.

incómodo, da adj. Que carece de comodidad : *butaca incómoda*. ∥ Que incomoda : *una persona incómoda ; un calor incómodo*. ∥ Molesto.

incomparable adj. Que no tiene o no admite comparación.

incomparecencia f. Falta de asistencia.

incompasivo, va adj. Despiadado.

incompatibilidad f. Imposibilidad de coexistir o de armonizar dos personas o cosas : *incompatibilidad de carácter*. ∥ Imposibilidad legal de ejercer dos o más cargos a la vez. ∥ Imposibilidad de examinarse de una asignatura sin haber aprobado anteriormente otra.

incompatible adj. No compatible.

incompetencia f. Falta de competencia o jurisdicción. ∥ Falta de conocimientos suficientes.

incompetente adj. No competente : *tribunal incompetente*. ∥ Que carece de los conocimientos requeridos para algo : *un funcionario incompetente*.

incompleto, ta adj. No completo.

incomprendido, da adj. No comprendido. ∥ Que no es apreciado en su justo valor (ú. t. c. s.).

incomprensible adj. Que no se puede comprender.

incomprensión f. Falta de comprensión.

incompresible adj. Que no se puede reducir a menor volumen.

incomunicabilidad f. Condición de incomunicable.

incomunicable adj. No comunicable.

incomunicación f. Acción y efecto de incomunicar o incomunicarse. ∥ *For.* Aislamiento temporal de los procesados.

incomunicado, da adj. Que no tiene comunicación.

incomunicar v. t. Privar de comunicación : *incomunicar a un detenido*. ∥ — V. pr. Aislarse, apartarse una persona del trato de la gente.

inconcebible adj. Que no puede concebirse. ∥ *Fig.* Extraordinario, inimaginable : *decir algo inconcebible*.

inconciliable adj. Que no puede conciliarse.

inconcluso, sa adj. Inacabado.

inconcreción f. Falta de concreción.

inconcreto, ta adj. Que es muy concreto.

inconcuso, sa adj. Cierto.

incondicionado, da adj. Que no está sometido a condición alguna.

incondicional adj. Absoluto, sin restricción. ∥ Que sigue ciegamente a una persona o idea (ú. t. c. s.).

incondicionalismo m. *Amer.* Servilismo.

inconexión f. Falta de conexión o de unión.

inconexo, xa adj. Que no tiene ninguna relación : *asuntos inconexos*.

inconfesable adj. Que no puede confesarse por vergonzoso.

inconfeso, sa adj. *For.* Que no confiesa el delito de que le acusan.

inconforme adj. No conforme.

inconformismo m. Actitud de inconformista.

inconformista adj. y s. No está de acuerdo con el orden establecido (ú. t. c. s.).

inconfortable adj. No confortable.

inconfundible adj. No confundible.

incongruencia f. Falta de congruencia. ∥ Cosa o dicho incongruente.

incongruente adj. No congruente, falto de correspondencia entre sus partes, inoportuno o inconveniente.

inconmensurabilidad f. Calidad de inconmensurable.

inconmensurable adj. No conmensurable. ∥ Considerable, inmenso : *espacios inconmensurables*.

inconmovible adj. Que no se puede conmover o alterar, perenne, firme.

inconmutabilidad f. Calidad de inconmutable.

inconmutable adj. Inmutable. ∥ No conmutable.

inconquistable adj. Que no se puede conquistar : *fortaleza inconquistable*. ∥ *Fig.* Inflexible o incorruptible : *hombre inconquistable*.

inconsciencia f. Estado en que el individuo no se da cuenta exacta del alcance de sus palabras o acciones. ∥ *Por ext.* Falta de juicio.

inconsciente adj. y s. No consciente. ∥ *Por ext.* Irreflexivo, irresponsable. ∥ Sin sentido, desmayado. ∥ — M. Conjunto de procesos dinámicos que actúan sobre la conducta pero escapan a la conciencia.

inconsecuencia f. Falta de consecuencia : *proceder con inconsecuencia*. ∥ Cualidad de inconsecuente. ∥ Cosa inconsecuente.

inconsecuente adj. y s. Que no actúa de conformidad con su conducta previa o sus ideas. ∥ Que cambia fácilmente de ideas y comportamiento : *inconsecuente en sus ideas*.

inconsideración f. Falta de consideración y reflexión.

inconsiderado, da adj. Que actúa sin reflexionar (ú. t. c. s.).

inconsistencia f. Falta de consistencia. ∥ *Fig.* Falta de lógica.

inconsistente adj. Falto de consistencia : *pared inconsistente*. ∥ Falto de lógica o cohesión.

inconsolable adj. Que no puede ser consolado.

inconstancia f. Falta de constancia, facilidad para cambiar de opinión o de conducta : *la inconstancia de un alumno*. ∥ *Fig.* Inestabilidad : *la inconstancia del tiempo*.

inconstante adj. No constante, cambiadizo : *carácter inconstante* (ú. t. c. s.). ∥ *Fig.* Variable, inestable.

inconstitucional adj. Contrario a la Constitución.

inconstitucionalidad f. No constitucionalidad.

inconsútil adj. Sin costura.

incontable adj. Que no puede contarse o narrarse. ∥ *Fig.* Muy abundante, innumerable.

incontaminado, da adj. No contaminado.

incontenible adj. Que no se puede contener.

incontestable adj. Que no se puede impugnar o negar.

incontinencia f. Vicio opuesto a la continencia. ∥ *Med.* Emisión involuntaria de la orina, de las heces, etc.

incontinente adj. y s. No es casto. ∥ *Fig.* Que no se contiene. ∥ Que padece incontinencia. ∥ — Adv. Incontinenti.

incontinenti adv. (pal. lat.). Prontamente, al instante.

incontrastable adj. Que no puede impugnarse : *derechos incontrastables*. ∥ *Fig.* Que no se puede convencer.

incontrolable adj. Que no se puede controlar.

incontrovertible adj. Indiscutible.

inconveniencia f. Inoportunidad. ∥ Inconveniente. ∥ Inverosimilitud de una cosa. ∥ Despropósito : *decir inconveniencias*.

inconveniente adj. No conveniente, inoportuno. ∥ Desatento, descortés. ∥ — M. Aspecto desfavorable de una cosa : *este proyecto presenta muchos inconvenientes*. ∥ Obstáculo.

inconvertible adj. No convertible.

incordiar v. t. *Fam.* Fastidiar.

incordio m. *Fam.* Persona enojosa y molesta. ∥ Molestia.

incorporación f. Acción y efecto de incorporar o incorporarse.

incorporar v. t. Unir dos o más cosas para formar un todo : *incorporar una sustancia a otra*. ∥ Anexar : *Fernando el Católico incorporó Navarra a España* (ú. t. c. pr.). ∥ Sentar el cuerpo el que estaba echado : *incorporar al enfermo en la cama* (ú. t. c. pr.). ∥ — V. pr. Entrar una persona a formar parte de un cuerpo : *incorporarse a filas los reclutas*.

incorporeidad f. Calidad de incorpóreo.

incorpóreo, a adj. No corpóreo.

incorrección f. Calidad de incorrecto. ∥ Descortesía, descomedimiento : *cometer una incorrección*. ∥ Acción incorrecta. ∥ Palabra o expresión lingüística poco correctas.

incorrecto, ta adj. No correcto.

incorregible adj. No corregible.

incorrupción f. Estado de lo que no se corrompe. || *Fig.* Pureza de vida.

incorruptibilidad f. Calidad de incorruptible.

incorruptible adj. No corruptible : *incorruptible como el cedro.* || *Fig.* Que no se puede corromper : *funcionario incorruptible.*

incorrupto, ta adj. Que está sin corromperse : *cadáver incorrupto.* || *Fig.* No dañado ni viciado.

incredibilidad f. Imposibilidad o dificultad que hay para que sea creída una cosa.

incredulidad f. Dificultad para creer una cosa. || Falta de fe y de creencia religiosa.

incrédulo, la adj. y s. Dícese del que no cree en los dogmas religiosos. || Que se deja difícilmente convencer.

increíble adj. Que no puede creerse. || *Fig.* Extraordinario : *un éxito increíble.* | Muy sorprendente : *es increíble que me hayas hecho esta mala jugada.*

incrementar v. t. Aumentar.

incremento m. Aumento, acrecentamiento : *incremento de riqueza.* || *Mat.* Aumento del valor de una variable.

increpación f. Represión severa. Insulto.

increpador, ra adj. Que increpa (ú. t. c. s.).

increpar v. t. Reprender con dureza y severidad. || Insultar.

incriminación f. Acusación.

incriminar v. t. Acusar con fuerza o insistencia. || Inculpar de un delito, culpa o defecto.

incruento, ta adj. No sangriento.

incrustación f. Acción de incrustar. || Madera, marfil, etc., que se incrusta en una superficie dura y lisa, formando dibujos. || Capa calcárea que se forma sobre ciertos cuerpos que permanecen en el agua.

incrustar v. t. Embutir en una superficie lisa y dura piedras, metales, maderas, etc., formando dibujos : *incrustar figuras de nácar en un mueble.* || Cubrir una superficie con una costra calcárea. || — V. pr. Adherirse fuertemente. || *Fig.* Grabarse en la memoria : *incrustarse un recuerdo.*

incubación f. Acción y efecto de empollar las aves los huevos. || *Med.* Desarrollo de una enfermedad desde que empieza a obrar la causa morbosa hasta que se manifiestan sus efectos : *período de incubación.* || Incubación artificial o empollar los huevos por medio del calor artificial.

incubadora f. Aparato o local para la incubación artificial. || Urna de cristal para mantener a los nacidos prematuramente en condiciones adecuadas de temperatura y oxigenación.

incubar v. t. Empollar el ave los huevos. || Tener una enfermedad en estado de incubación. || *Fig.* Estar latente algo.

incuestionable adj. Indiscutible.

inculcación f. Acción de inculcar.

inculcador adj. y s. Que inculca.

inculcar v. t. *Fig.* Repetir una cosa a uno para que la aprenda : *inculcar las primeras letras.* | Imprimir algo en el espíritu : *inculcar la verdad.*

inculpabilidad f. Exención de una culpa : *veredicto de inculpabilidad.*

inculpación f. Acusación.

inculpado, da adj. y s. Culpado, acusado de algo.

inculpar v. t. Acusar.

incultivable adj. Que no puede cultivarse.

inculto, ta adj. No cultivado : *terreno inculto.* || *Fig.* Descuidado : *estilo inculto.* || Que no tiene instrucción : *hombre inculto* (ú. t. c. s.).

incultura f. Falta de cultivo o de cultura.

incumbencia f. Función que debe ser desempeñada por determinada persona : *esto es de mi incumbencia.*

incumbir v. i. Estar a cargo de uno una cosa : *esto me incumbe.*

incumplimiento m. Falta de cumplimiento : *el grave incumplimiento de una orden.*

incumplir v. t. No llevar a efecto, dejar de cumplir : *incumplir un contrato.*

328 **incunable** adj. Aplícase a las edicio-

nes de libros hechas desde la invención de la imprenta hasta principios del s. XVI (ú. t. c. s. m.).

incurable adj. Que no se puede curar (ú. t. c. s.) : *un enfermo incurable.* || *Fig.* Sin enmienda : *miedo incurable.*

incuria f. Descuido, negligencia.

incurrir v. i. Cometer error, delito, etc. : *incurrir en falta.* || Ocasionar, atraerse : *incurrir en la desgracia.*

incursar v. i. *Arg.* Hacer una incursión en.

incursión f. Acción de incurrir. || *Mil.* Correría : *hacer una incursión por territorio enemigo.*

incursionar v. i. Penetrar en.

Incháustegui Cabral (Héctor), escritor dominicano (1912-1979), autor de poesía social (*Canto triste a la Patria bienamada, Invitación a los de arriba, Muerte en el Edén*) y de obras de teatro (*Prometeo, Filoctetes, Hipólito*).

Inchón o **Chemulpo,** c. y puerto de Corea del Sur, al O. de Seúl.

Indaburo (José Manuel), prelado boliviano (1787-1844). Fundó la Universidad de San Andrés en La Paz (1843).

indagación f. Averiguación, investigación.

indagador, ra adj. y s. Que indaga.

indagar v. t. Averiguar, investigar, inquirir una cosa. || Preguntar.

indagatorio, ria adj. *For.* Que tiende a conducir a indagar.

indamericano, na adj. y s. *Amer.* Aborigen de América.

indebido, da adj. Que no es obligatorio ni exigible. || Ilícito, falto de equidad.

indecencia f. Falta de decencia o de modestia. || Acto vergonzoso, obscenidad. || Cosa indecente.

indecente adj. Contrario a la decencia : *acto indecente.* || *Fig.* Muy malo : *comida indecente.* | Asqueroso.

indecible adj. Indescriptible.

indecisión f. Irresolución. || Falta de decisión.

indeciso, sa adj. Pendiente de resolución : *encuentro, combate indeciso.* || Irresoluto, dudoso : *está indeciso sobre lo que ha de hacer.* || Vago, impreciso : *contornos indecisos ; formas indecisas.* || Dícese de la persona que no se decide (ú. t. c. s.).

indeclinable adj. Que tiene que hacerse o cumplirse : *sentencia indeclinable.* || *Gram.* Que no se declina.

indecoroso, sa adj. Que carece de decoro.

indefatigable. V. SANTA CRUZ, isla del Ecuador.

indefectibilidad f. Calidad de indefectible.

indefectible adj. Que no puede faltar o dejar de ser o ocurrir.

indefendible adj. Que no puede ser defendido : *tesis indefendible.*

indefensión f. Falta de defensa.

indefenso, sa adj. Que carece de defensa : *animal indefenso* (ú. t. c. s.).

indefinible adj. Que no se puede definir : *emoción indefinible.*

indefinición f. Carácter de lo que no está definido claramente.

indefinido, da adj. No definido : *tristeza indefinida.* || Que no tiene límites, ilimitado : *espacio indefinido.* || Indeterminado : *proposición indefinida.* || *Gram.* Dícese de las palabras que determinan o representan los nombres de una manera vaga, general : *artículo, adjetivo, pronombre indefinido.* || Pretérito indefinido, tiempo verbal que indica la acción pasada con independencia de otra, como *escribí, llegué,* etc.

indeleble adj. Que no se puede borrar o quitar : *tinta indeleble.*

indeliberado, da adj. Hecho sin deliberación, involuntario.

indelicadeza f. Falta de delicadeza.

indelicado, da adj. Falto de delicadeza.

indemne adj. Ileso.

indemnización f. Reparación legal de un daño o perjuicio causado. || Cosa con que se indemniza.

indemnizar v. t. Resarcir de un daño o perjuicio.

indemostrable adj. Que no se puede demostrar.

independencia f. Estado de una

persona o cosa independiente : *para mayor independencia se levantó una valla entre los dos jardines.* || Libertad, autonomía, especialmente la de un Estado que no es tributario ni depende de otro : *la independencia de los países americanos.* || Entereza, firmeza de carácter. || — **Independencia de la América española,** conjunto de guerras en las posesiones españolas en América que culminaron con la emancipación de las colonias (1810-1824). || *Independencia española,* llámase así a la guerra que sostuvo el pueblo español contra la dominación francesa de Napoleón (1808-1814).

Independencia, pobl. en el centro de Bolivia, cap. de la prov. de Ayopaya (Cochabamba). — Com. de Chile en el Área Metropolitana de Santiago. — Prov. al SO. de la Rep. Dominicana ; cap. *Jimaní.* — Pobl. en el centro del sur del Paraguay (Guairá). Turismo. — V. FRAY BENTOS.

independentismo m. Movimiento que reclama la independencia.

independentista adj. Partidario del independentismo (ú. t. c. s.). || Relativo a él.

independiente adj. Que no depende de otro : *era un país independiente.* || Aislado, separado : *una entrada independiente.* || *Fig.* Dícese de la persona que no quiere depender de nadie : *hombre independiente.* | Sin relación con otra cosa.

independista adj. y s. Independentista.

independizar v. t. Hacer independiente, emancipar (ú. t. c. v. pr.).

indescifrable adj. Que no se puede descifrar.

indescriptible adj. Que no se puede describir.

indeseable adj. Dícese de la persona que, debido a sus pésimos antecedentes, no es aceptada normalmente en sociedad (ú. t. c. s.).

indesmallable adj. Dícese de los tejidos de punto que no pueden tener carrerillas.

indestructible adj. Que no se puede destruir.

indeterminación f. Falta de determinación o de resolución.

indeterminado, da adj. No determinado : *por tiempo indeterminado ; artículo indeterminado.* || Indeciso : *persona indeterminada.* || Impreciso.

indeterminismo m. Sistema filosófico según el cual el curso natural de las cosas no está sometido a ninguna ley, ni a ninguna causalidad.

indexación f. Acción de indexar.

indexar v. t. Ajustar la variación de una cantidad a la evolución de otra.

India, penins. del S. de Asia bañada por el océano Índico, que limita al N. con la cadena del Himalaya, que la separa del Tíbet, y se une por el E. a la penins. indochina. Está dividida entre los Estados *República de la India, Paquistán, Bangladesh, Bután y Nepal.*

India (República de la), Estado del S. de Asia, miembro del Commonwealth, limitado al O. por el mar de Omán y Paquistán, al E. por el golfo de Bengala, Bangladesh y Birmania, al N. por China, Nepal y Bután, y al S. por el océano Índico ; 3 268 000 km2 ; 690 millones de hab. (*indios*). Cap. *Nueva Delhi,* 315 000 h. ; c. pr. : *Delhi,* 3 500 000 h. ; *Bombay,* 6 000 000 ; *Calcuta,* 7 050 000 ; *Madrás,* 3 000 000 ; *Ahmedabad,* 1 700 000 ; *Kanpur,* 1 300 000 ; *Bangalore,* 1 700 000 ; *Hyderabad,* 1 650 000 ; *Nagpur,* 880 000 ; *Lucknow,* 780 000. La República tiene veintidós Estados y nueve territorios. El idioma oficial es el *hindi,* pero se hablan otras muchas lenguas (telugu, marathi, tamul, bengalí, gujarati, canara, malayalam, oriya, etc.) y, sobre todo, entre las personas de cierta cultura, el inglés.

— GEOGRAFÍA. La estructura general es simple : al S., la penins. del Decán, al N., los macizos del Himalaya ; entre ambas regiones, una vasta planicie aluvial. El país presenta grandes diferencias de clima y de vegetación. La India, país en el que el nivel de vida es uno de los más bajos del mundo, tiene que luchar con una serie de problemas de difícil solución (multiplicidad de lenguas, razas, castas y

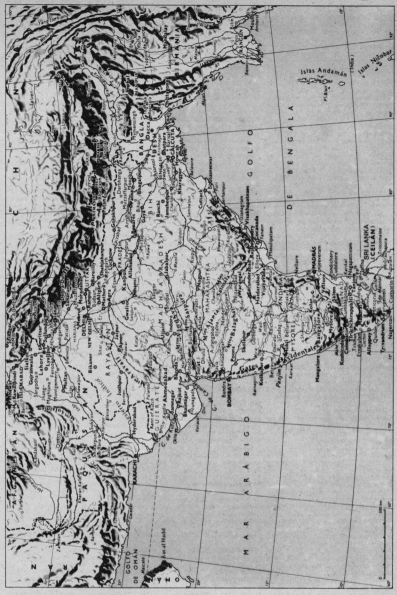

INDIA

religiones). La estructura agraria, a pesar de los intentos efectuados para reformarla, se caracteriza por la dependencia personal y económica de los campesinos de los grandes terratenientes. La población aumenta con mayor rapidez que los recursos alimentarios. Sólo un tercio de los habitantes de esta nación ha sido alfabetizado. La realización de planes quinquenales que pretenden desarrollar la producción agrícola y la industria pesada tienen que hacer frente a una fuerza de inercia imposible de vencer con un régimen liberal carente de capitales y de técnicos del país.
India Portuguesa, ant. colonias de Portugal (Goa, Damao y Diu), incorporadas a la Rep. de la India en 1961.
indiada f. *Amer.* Muchedumbre de indios. | Dicho o acción de los indios. | Salvajada.

Indian Point, pobl. al NE. de Estados Unidos (Nueva York). Central nuclear.
indiana f. Tela estampada por un solo lado.
Indiana, uno de los Estados Unidos de Norteamérica, en el centro del país ; cap. *Indianápolis.*
Indianápolis, c. en el centro de Estados Unidos, cap. de Indiana. Arzobispado. Universidad.
indianismo m. Modismo de las lenguas de la India. || Estudio de la lengua y civilización indias. || Amor a la India. || Carácter indio.
indianista com. Especialista en indianismo.
indiano, na adj. De las Indias Occidentales o América (ú. t. c. s.). || *Fam.* Dícese de los emigrantes españoles en América que regresan a su país después de haber hecho fortuna (ú. t. c. s.).
Indias (MAR DE LAS). V. ÍNDICO

(Océano). || ~ **Occidentales,** n. dado al Nuevo Mundo por Colón, quien, después del primer viaje, creyó haber llegado a las costas orientales de Asia. (Éste es el origen de que se llamasen *indios* a los indígenas americanos.) || ~ **Occidentales** (FEDERACIÓN DE LAS), asociación política que agrupó de 1958 a 1962 las Antillas Británicas. || ~ **Occidentales Neerlandesas,** n. por el que se conoció tb. la *Guayana Holandesa,* hoy *Surinam.* || ~ **Orientales Holandesas,** n. dado a las ex colonias de Holanda en Indonesia.
Indias *(Compañía de las),* compañía inglesa, fundada en 1600, que conquistó casi toda la India y fue disuelta en 1897.
Indíbil, caudillo íbero (s. II a. de J. C.) que encabezó una sublevación de los ilergetes contra los romanos.
indicación f. Acción y efecto de indicar. || Dato, informe ; *las indica-*

ciones de un agente de tráfico. ‖ Observación, nota que se pone al margen de un escrito. ‖ Observación. ‖ Med. Oportunidad en un tratamiento.

indicador, ra adj. Que indica : *poste indicador.* ‖ — M. Aparato que sirve para indicar la presión de un gas, el nivel de un líquido, la velocidad de un coche, etc. ‖ *Indicador económico*, índice económico para conocer la situación en un momento dado.

indicar v. t. Dar a entender o significar una cosa con indicios o señales. ‖ Enseñar a uno lo que busca : *indicar el camino.* ‖ Ordenar, mandar : *el médico ha indicado reposo.*

indicativo, va adj. Que indica o sirve para indicar : *flecha indicativa.* ‖ — M. Gram. Uno de los modos del verbo con el que se expresa una afirmación sencilla y absoluta.

índice m. Lista de los capítulos de una obra. ‖ Catálogo de una biblioteca : *índice general.* ‖ Indicio, señal. ‖ Dedo segundo de la mano. (ú. t. c. adj.). ‖ Manecilla del reloj. ‖ *Mat.* Número que indica el grado de una raíz. ‖ Relación entre dos cantidades que muestra la evolución de un fenómeno : *índice de natalidad ; índice de alcohol.* ‖ *Quím.* Número que indica la proporción de una sustancia : *índice de alcohol.* ‖ — *Fís.* Índice de refracción, relación entre el seno del ángulo de incidencia y el de refracción. ‖ *Índice expurgatorio*, catálogo de libros proscritos por la Iglesia católica (el *Índice* fue suprimido en 1966). ‖ *Fig.* Meter o poner a una persona o cosa en el *Índice*, excluirla.

indicio m. Signo o señal.

índico, ca adj. Relativo a las Indias Orientales : *océano Índico.*

Índico (OCÉANO), mar entre el S. de la India, las costas de África y el litoral occidental de Australia ; 75 millones de km². Se llamó anteriormente *mar de las Indias.*

indiferencia f. Estado del ánimo en que no se siente inclinación ni repugnancia por una cosa. ‖ Estado de un cuerpo que no está afectado por nada : *la indiferencia de la materia.* ‖ *Indiferencia religiosa*, no creencia en ninguna religión.

indiferente adj. Que no tiene preferencia por una cosa : *me deja indiferente que vengas o no.* ‖ Que no atrae ni repugna : *esta persona me resulta indiferente.* ‖ Que causa poca impresión : *la noticia le dejó indiferente.* ‖ Sin interés : *su estima me es indiferente.* ‖ Que no se conmueve : *indiferente al dolor ajeno.* No creyente, sin fe. ‖ Que no se inclina más a un lado que a otro : *equilibrio indiferente.* ‖ Que no tiene interés. Ú. t. c. s. : *los indiferentes en política.*

indiferentismo m. Indiferencia en materia religiosa o política.

indígena adj. y s. Originario del país, nativo.

indigencia f. Falta de recursos para alimentarse, vestirse, etc. : *vivir en la indigencia.* ‖ *Fig.* Carencia de valor.

indigenismo m. Tendencia cultural o escuela literaria que estudia especialmente los tipos y asuntos indígenas. ‖ Movimiento politicosocial americano que revaloriza todo lo referente al mundo indígena. ‖ Vocablo de origen indígena adaptado al castellano. ‖ Condición de indígena.

indigenista adj. Relativo al indigenismo : *política indigenista.* ‖ Dícese de la literatura que revaloriza la cultura y la vida del indio de América Latina : *Alcides Arguedas, Jorge Icaza, Ciro Alegría, Roa Bastos y José María Arguedas son escritores indigenistas.* ‖ — M. y f. Partidario, defensor del indigenismo.

indigenizante adj. Que tiene carácter indigenista.

indigente adj. y s. Falto de recursos, pobre : *socorrer a los indigentes.*

indigestarse v. pr. No sentar bien una comida. ‖ *Fig. y fam.* No poder soportar a alguien o algo.

indigestión f. Trastorno del organismo causado por una mala digestión. ‖ *Fig.* Saciedad, hartura.

indigesto, ta adj. Que no se digiere bien : *comida indigesta.* ‖ *Fig.* Con-

fuso : *libro indigesto.* ‖ Que sienta mal, pesado.

indigete adj. y s. De una región de ant. España Tarraconense (Gerona).

Indighirca, río de la U. R. S. S. (Rusia), en Siberia oriental, que des. en el océano Glacial Ártico ; 1793 km.

indignación f. Enojo, enfado, ira.

indignar v. t. Irritar, enfadar vehementemente a uno. ‖ — V. pr. Sentir indignación.

indignidad f. Falta de mérito o disposición para una cosa. ‖ Acción reprobable : *esto es una indignidad.* ‖ Humillación, vergüenza.

indigno, na adj. Que no tiene méritos suficientes para una cosa : *indigno de tener el cargo que ocupa.* ‖ Que no se merece algo : *es indigno de mi aprecio.* ‖ Vil, ruin : *persona indigna.* ‖ Que deshonra : *conducta indigna.* ‖ Que no corresponde a la condición o categoría de uno : *esta acción es indigna de una persona mayor.* ‖ Humillante, vergonzoso.

indigo m. Añil.

indino, na adj. *Fam.* Travieso. | Descarado. | Malo.

indio, dia adj. De la India o Indias Orientales (ú. t. c. s.). ‖ Dícese de los indígenas encontrados por C. Colón en América o Indias Occidentales y de sus descendientes (ú. t. c. s.). ‖ Relativo a los indios : *costumbres indias.* *Fig. Hacer el indio*, hacer el tonto. ‖ — M. *Min.* Metal blanco parecido al estaño (In), de número atómico 49, que funde a 156 °C y se obtiene de ciertas blendas.

Indio, río de Nicaragua (Zelaya y Río San Juan), que des. en el mar Caribe.

indiófilo, la adj. y s. Amigo de los indios.

indirecto, ta adj. Que no es directo. ‖ *Gram.* Dícese del complemento o frase que expresa fin, daño o provecho de la acción verbal. ‖ — F. Frase indirecta para dar a entender algo sin expresarlo claramente : *usar de indirectas.* ‖ Ofensa hecha de esta manera : *tirarle indirectas a una persona.*

indisciplina f. Falta de disciplina, desobediencia.

indisciplinable adj. Incapaz de disciplinarse, indócil.

indisciplinado, da adj. Falto de disciplina, desobediente (ú. t. c. s.).

indisciplinarse v. pr. Negarse a obedecer o a seguir la disciplina.

indiscreción f. Falta de discreción. ‖ Acción o palabra indiscreta.

indiscreto, ta adj. Que obra sin discreción : *un hombre indiscreto* (ú. t. c. s.). ‖ Hecho sin discreción.

indiscriminado, da adj. No sujeto a discriminación.

indisculpable adj. Que no tiene disculpa.

indiscutible adj. Evidente.

indisociable adj. Que no se puede disociar.

indisolubilidad f. Calidad de indisoluble.

indisoluble adj. Que no se puede deshacer : *lazo indisoluble.* ‖ Que no se puede disolver.

indispensable adj. Que no se puede dispensar o excusar : *asistencia indispensable.* ‖ Necesario o inevitable : *labor indispensable.*

indisponer v. t. Causar indisposición o alteración de la salud. ‖ *Fig.* Malquistar, enemistar. ‖ — V. pr. Ponerse enfermo. ‖ *Fig.* Malquistarse, enemistarse : *indisponerse con uno.*

indisponible adj. Que no se puede disponer.

indisposición f. Alteración leve de la salud. ‖ Falta de disposición.

indispuesto, ta adj. Ligeramente enfermo. ‖ *Estar indispuesto con alguien*, estar enfadado.

indistinto, ta adj. Que no se distingue de otra cosa. ‖ Que no se percibe claramente : *masa indistinta y confusa.* ‖ Dícese de la cuenta corriente a nombre de dos o más personas, de la cual puede disponer cualquiera de ellas.

individual adj. Relativo al individuo. ‖ Particular, propio, característico de una cosa o persona.

individualidad f. Lo que caracteriza a una persona diferenciándola de otra. ‖ Individuo o persona.

individualismo m. Aislamiento y egoísmo de cada cual en los afectos, en los intereses, en los estudios, etc. ‖ Existencia individual. ‖ *Fil.* Sistema que considera al individuo como fundamento y fin de todas las leyes y relaciones morales y políticas.

individualista adj. Relativo al individualismo : *teorías individualistas.* ‖ Partidario del individualismo (ú. t. c. s.). ‖ *Por ext.* Que sólo obra pensando en sí mismo y sin tener en cuenta a los demás (ú. t. c. s.).

individualización o **individuación** f. Conjunto de características o elementos que diferencia a una persona o cosa de las demás.

individualizar o **individuar** v. t. Especificar una cosa. ‖ Clasificar individuos comprendidos en una misma especie. ‖ Particularizar.

individuo, a adj. Individual. ‖ Indivisible. ‖ — M. Ser organizado, respecto de su especie : *individuo animal, vegetal.* ‖ Persona indeterminada : *se acercó un individuo* (la forma femenina es vulgar). ‖ Miembro de una clase o corporación : *individuo de la Academia Española, del Consejo de Estado.* ‖ *Fam.* La propia persona con abstracción de los demás : *cuidar bien de su individuo.* ‖ *Fam.* Persona considerada despectivamente.

indivisibilidad f. Calidad de indivisible.

indivisible adj. Que no puede dividirse.

indivisión f. Carencia de división. ‖ *For.* Estado de condominio.

indiviso, sa adj. No dividido en partes : *propiedad indivisa* (ú. t. c. s. m.). ‖ *Pro indiviso*, sin dividir entre los diferentes propietarios.

Indo o **Sind,** río de la India y el Paquistán, que des. en el mar de Omán ; 3 180 km.

indoamericano, na adj. y s. Amerindio.

indócil adj. Que no tiene docilidad (ú. t. c. s.).

indocilidad f. Falta de docilidad.

indocto, ta adj. Ignorante (ú. t. c. s.).

indocumentado, da adj. Dícese de la persona que no lleva consigo documento de identidad (ú. t. c. s.). ‖ *Fig.* Ignorante.

Indochina, peníns. en el SE. de Asia, entre la India y China, en la que se encuentran los Estados de Birmania, Tailandia, Vietnam, Camboya, Laos, Singapur y Malaysia. ‖ — **Francesa,** ant. n. dado hasta 1956 al conjunto de colonias o protectorados franceses de Cochinchina, Camboya, Anam, Tonquín y Laos.

indochino, na adj. y s. De Indochina.

indoeuropeo, a adj. Dícese de una familia de lenguas habladas actualmente en Europa y en grandes zonas de otros continentes, que tienen, según los lingüistas, un tronco común. ‖ — M. Este tronco, conocido a través de reconstitución.

Indogangética, llanura en el norte de la India y Paquistán.

índole f. Inclinación natural propia de cada uno : *ser de buena índole.* ‖ Naturaleza, condición.

indolencia f. Calidad de indolente.

indolente adj. Perezoso, apático.

indoloro, ra adj. Que no causa dolor : *tumor indoloro.*

indomable adj. Que no se puede domar.

indomado, da adj. Que está sin domar : *fiera indomada.*

indomeñable adj. Que no se puede domeñar o vencer.

indomesticable adj. No domesticable.

indómito, ta adj. No domado : *animal indómito.* ‖ *Fig.* Difícil de someter : *pueblo indómito.*

Indonesia (República de), república del SE. de Asia, constituida por la mayor parte de las islas de Insulindia, entre el océano Pacífico y el mar de China meridional, al N. y al E., y el océano Índico al S. ; 1 900 000 km² ; 155 millones de h. (*indonesios*). Las principales islas indonesias son Sumatra, Java, Madura, Bali, Sumbava, Lombok, Flores, Timor, Borneo, Célebes y Molucas. Cap. *Yakarta*, 5 500 000 h. ;

INDONESIA

ciudades pr. de la isla de Java: *Surabaya*, 1 600 000 h.; *Bandung*, 1 215 000; *Semarang*, 650 000; *Surakarta*, 420 000; *Yokyakarta*, 345 000; *Malang*, 425 000. — Sumatra: *Medan*, 635 000 h.; *Palembang*, 725 000; *Padang*, 200 000. — Célebes: *Macasar*, 500 000. — Borneo: *Banjermasin*, 285 000. — Molucas: *Amboina*, 68 000. — La República de Indonesia, formada por las antiguas Indias Orientales Holandesas, fue creada por Sukarno en 1945 y reconocida por Holanda en 1946. Indonesia es un país montañoso y volcánico con un clima cálido y húmedo. Como recursos posee arroz, mandioca, caucho, café, caña de azúcar, productos oleaginosos, tabaco. La industria existe gracias a la extracción de bauxita y estaño y a los yacimientos de petróleo bastante importantes.

indonésico, ca adj. Indonesio.
indonesio, sia adj. y s. De Indonesia.
Indore, c. en el centro de la India (Madhya Pradesh). Arzobispado.
Indostán, región en la gran llanura indogangética y al norte de la India, entre el Himalaya y el Decán.
indostanés, esa o **indostano, na** adj. y s. Del Indostán.
indostaní m. Una de las lenguas de la India.
indostánico, ca adj. Del Indostán.
Indra, el principal dios védico, soberano del Cielo.
Indre, río de Francia, afl. del Loira; 265 km. — Dep. en el centro de Francia; cap. *Châteauroux.* || *~-et-Loire,* dep. en el centro de Francia; cap. *Tours.*
indubitable adj. Indudable.
inducción f. Acción y efecto de inducir. || Razonamiento que va de lo particular a lo general. || *Fís.* Producción de corrientes en un circuito cuando éste se encuentra en un campo magnético variable.
inducido m. *Fís.* Circuito que gira en el campo magnético de una dinamo, y en el cual se desarrolla una corriente por efecto de su rotación.
inducir v. t. Incitar, instigar, mover a uno: *inducir al mal.* || Inferir, deducir. || *Fís.* Producir fenómenos eléctricos de inducción.
inductancia f. *Electr.* Relación entre la inducción total de un circuito y la corriente que la produce.
inductivo, va adj. Que se hace por inducción: *un método inductivo.* || *Electr.* Que posee inductancia.
inductor, ra adj. Que induce: *corriente inductora.* || *—* M. Órgano de las máquinas eléctricas destinado a producir la inducción magnética.
indudable adj. Cierto, seguro.
indulgencia f. Facilidad de perdonar. || Remisión hecha por la Iglesia de las penas debidas por los pecados: *indulgencia de cien días, parcial, plenaria.*
indulgente adj. Fácil en perdonar o tolerar las faltas o errores.
indultar v. t. Perdonar a uno el todo o parte de la pena que tiene impuesta, o conmutarla por otra. || Eximirle de una ley u obligación.
indulto m. Gracia o privilegio conce-

dido a uno para que pueda hacer algo que sin él no podría. || Remisión de la totalidad o parte de una pena.
indumentario, ria adj. Relativo al vestido. || *—* F. Estudio histórico del traje. || Vestido, conjunto de prendas de vestir.
indumento m. Vestidura.
induración f. *Med.* Endurecimiento anormal.
industria f. Destreza o artificio para hacer una cosa. || Conjunto de operaciones para la obtención y transformación de productos: *la industria algodonera, química.* || Conjunto de industrias: *la industria catalana.* || *Industria pesada,* la gran industria metalúrgica.
Industria (*Instituto Nacional de*). V. INSTITUTO.
industrial adj. Relativo a la industria: *el progreso industrial de España.* || *—* M. El que ejerce una industria: *un industrial metalúrgico, algodonero.* — Se ha dado el n. de *revolución industrial* a la transformación del mundo moderno, producida a partir del s. XVIII, basada en el desarrollo de la técnica, de la producción industrial y de las comunicaciones.
industrialismo m. Predominio de la industria sobre todas las otras actividades. || Espíritu industrial.
industrialista adj. Partidario del industrialismo (ú. t. c. s.).
industrialización f. Desarrollo de la industria: *la industrialización de un país.* || Aplicación de procedimientos industriales a una actividad: *la industrialización de la agricultura.*
industrializar v. t. Dar carácter industrial: *industrializar un país.* — V. pr. Tomar carácter industrial.
industriarse v. pr. Arreglarse, amañarse, ingeniarse.
industrioso, sa adj. Que tiene industria o maña. || Trabajador.
Indy (Vincent d'), compositor francés (1851-1931).
inecuación f. Desigualdad entre dos expresiones algebraicas de una o varias incógnitas, que sólo se verifica para ciertos valores de esas incógnitas.
inédito, ta adj. No publicado: *obra inédita.* || Que no ha tenido precedentes: *acontecimiento inédito.*
ineducación f. Falta de educación.
ineducado, da adj. Falto de educación.
inefable adj. Indecible, que no puede expresarse con palabras.
ineficacia f. Falta de eficacia.
ineficaz adj. No eficaz.
ineficiencia f. Carácter ineficiente.
ineficiente adj. Carente de eficiencia.
inelegancia f. Falta de elegancia.
ineluctable adj. Inevitable.
ineludible adj. Que no se puede eludir o evitar.
inembargable adj. Que no se puede embargar.
inenarrable adj. Indecible.
inepcia f. Necedad.
ineptitud f. Inhabilidad, falta de aptitud, de capacidad.
inepto, ta adj. Dícese de aquello que no es apto o a propósito para una

cosa. || Aplícase a la persona que es necia o incapaz (ú. t. c. s.).
inequívoco, ca adj. Que no admite duda: *señal inequívoca.*
inercia f. Flojedad, desidia, falta de energía. || *Fuerza de inercia,* incapacidad de los cuerpos para modificar su estado de reposo o de movimiento.
inerme adj. Que está sin armas. || Desprovisto de defensas.
inerte adj. Sin movimiento: *masa inerte.* || Falto de vida: *cuerpo inerte.*
inervar v. t. Actuar un nervio sobre un órgano.
Inés || *~ de Castro,* dama española (¿1320?-1355), esposa del infante, y más tarde rey (1357), Pedro de Portugal. M. asesinada. || *~ de la Cruz.* V. CRUZ (Sor Juana Inés de la).
inescrutable adj. Que no se puede saber ni averiguar.
inesperado, da adj. Imprevisto.
inestabilidad f. Falta de estabilidad.
inestable adj. No estable: *equilibrio inestable.* || *Fig.* Inconstante.
inestético, ca adj. Poco estético.
inestimable adj. Imposible de ser estimado como corresponde: *diamante de valor inestimable.*
inestimado, da adj. No estimado en su justo valor. || Que está sin tasar.
inevitable adj. Que no se puede evitar: *un choque inevitable.*
inexactitud f. Falta de exactitud.
inexacto, ta adj. Que carece de exactitud: *datos inexactos.* || Falto de puntualidad: *hombre inexacto.*
inexcusable adj. Que no puede excusarse: *proceder inexcusable.*
inexhausto, ta adj. Que no se agota ni se acaba.
inexigible adj. Que no se puede exigir.
inexistencia f. Falta de existencia.
inexistente adj. Que carece de existencia: *planeta inexistente.* || *Fig.* Nulo, sin valor: *disciplina inexistente.*
inexorable adj. Duro, inflexible: *juez inexorable.* || Que no puede evitarse.
inexperiencia f. Falta de experiencia.
inexperto, ta o **inexperimentado, da** adj. y s. Falto de experiencia: *trabajador inexperto.*
inexpiable adj. Que no se puede expiar: *crímenes inexpiables.*
inexplicable adj. Incomprensible.
inexplorado, da adj. No explorado.
inexplotable adj. Que no se puede explotar: *una mina inexplotable.*
inexpresable adj. Que no se puede expresar, indecible.
inexpresivo, va adj. Que carece de expresión: *rostro muy inexpresivo.*
inexpugnable adj. Inconquistable: *fortaleza inexpugnable.* || *Fig.* Que no se deja convencer.
inextensible adj. Que no se puede extender.
inextenso, sa adj. Que carece de extensión.
inextinguible adj. No extinguible: *fuego inextinguible.* || *Fig.* De perpetua o larga duración: *odio inextinguible.*
inextirpable adj. Que no puede ser extirpado: *tumor inextirpable.*
inextricable adj. Difícil de desenre-

dar, enmarañado, confuso : *dificultad inextricable.*

infalibilidad f. Calidad de infalible. || *Infalibilidad pontificia,* dogma proclamado por el Concilio Vaticano de 1870, según el cual el Papa, cuando habla ex *cathedra* sobre materia de fe, no puede equivocarse.

infalible adj. Que no puede engañar ni equivocarse. || Seguro : *remedio infalible.* || Inevitable.

infalsificable adj. Que no se puede falsificar.

infamación f. Infamia.

infamador, ra adj. y s. Que infama.

infamante adj. Que infama.

infamar v. t. Causar infamia, deshonrar : *infamar al adversario.*

infamatorio, ria adj. Dícese de lo que infama : *libelo infamatorio.*

infame adj. Que carece de honra : *hombre infame* (ú. t. c. s.). || Envilecedor : *acción, hecho infame.* || Fig. Muy malo : *una comida infame.*

infamia f. Descrédito, deshonra, vergüenza pública : *caer en infamia.* || Maldad, vileza : *cometer infamias.*

infancia f. Primer período de la vida del hombre, desde su nacimiento hasta la pubertad. || Fig. Conjunto de niños : *proteger a la infancia.* | El principio de una cosa : *la infancia del mundo.*

infantado m. Territorio de un infante o infanta de casa real.

infante, ta m. y f. Niño hasta la edad de siete años. || Hijo o hija del rey, nacido después del príncipe o de la princesa heredero del trono. || — M. *Mil.* Soldado de infantería.

Infante (Blas), abogado español (1885-1936), defensor de la autonomía de Andalucía. M. fusilado. Sus pensamientos han sido recogidos en el libro titulado *Fundamentos de Andalucía.*

infantería f. *Mil.* Conjunto de la tropa que lucha a pie y está encargada de la ocupación y defensa del terreno. || — *Mil. Infantería ligera,* la que sirve en guerrillas, avanzadas y descubiertas. | *Infantería de marina,* la destinada a guarnición en los buques y a operaciones de desembarco. | *Infantería motorizada,* la que dispone de medios mecánicos de transporte.

infanticida adj. y s. Dícese de la persona que mata a un niño.

infanticidio m. Muerte dada violentamente a un niño, sobre todo si es recién nacido o está próximo a nacer.

infantil adj. Relativo a la infancia.

infantilidad f. Carácter infantil.

infantilismo m. Calidad de infantil. || *Med.* Anomalía consistente en la persistencia de caracteres de la infancia en la edad adulta y en la no aparición de ciertos caracteres propios de esta edad.

infantilización f. Acción y efecto de infantilizar.

infantilizar v. t. Volver infantil.

infartar v. t. Causar un infarto (ú. t. c. pr.).

infarto m. *Med.* Aumento de tamaño de un órgano enfermo : *infarto de un ganglio, del hígado,* etc. || Lesión necrótica de un tejido por obstrucción de la circulación sanguínea : *infarto del miocardio.*

infatigable adj. Incansable.

infatuación f. Engreimiento.

infatuar v. t. Volver a uno fatuo, envanecerle (ú. t. c. pr.).

infausto, ta adj. Desgraciado.

infección f. Penetración y desarrollo en el organismo de gérmenes patógenos.

infeccionar v. t. Infestar.

infeccioso, sa adj. Causa de infección, que provoca infección : *foco infeccioso.* || Aplícase a lo que resulta de la infección : *enfermedad infecciosa.*

infectar v. t. Infestar, inficionar, contagiar (ú. t. c. pr.).

infecto, ta adj. Infestado, contagiado, corrompido : *carroña infecta.* || Que huele muy mal, pestilente : *aire infecto.*

infecundidad f. Falta de fecundidad.

infecundo, da adj. Estéril.

infelicidad f. Falta de felicidad.

infeliz adj. y s. Desgraciado : *ha sido siempre muy infeliz.* || *Fam.* Bondadoso, ingenuo, simple.

inferior adj. Que está debajo de otra cosa o más bajo que ella : *la mandíbula inferior.* || *Fig.* Menor, menos importante : *de categoría inferior.* || Subordinado, subalterno (ú. t. c. s.).

inferioridad f. Calidad de inferior : *inferioridad de nivel, de posición.* || Situación de una cosa que está más baja que otra. || *Complejo de inferioridad,* sentimiento de ser inferior a los demás, que se traduce por una actitud de hostilidad, provocación, desconfianza o apatía.

inferir v. t. Sacar una consecuencia de una cosa. || Llevar consigo, ocasionar : *inferir ofensas, heridas.*

infernáculo m. Juego de muchachos, parecido al del tejo.

infernal adj. Del infierno : *las potencias infernales.* || *Fig.* Malo, perverso. || *Fig. y fam.* Que causa mucho disgusto o enfado : *un ruido infernal.*

infernillo m. Cocina portátil.

infértil adj. Que no es fértil.

infertilidad f. Condición de infértil.

infestar v. t. Causar infección. || Causar estragos con correrías : *los piratas infestaban el Mediterráneo.* || Abundar ciertos animales dañinos : *las ratas infestan los graneros.* || *Fig.* Llenar de un gran número de cosas.

inficionar v. t. Infestar.

infidelidad f. Falta de fidelidad : *infidelidad conyugal.* || Deslealtad : *infidelidad a la patria.* || Carencia de fe católica.

infiel adj. y s. Falto de fidelidad : *marido, esposa infiel.* || Que no profesa la fe católica : *convertir a los infieles.* || Falto de exactitud : *historiador infiel.*

infiernillo m. Infernillo.

Infiernillo o **Infernillo,** presa de México en el río Balsas. Central hidroeléctrica de la capital.

infierno m. Lugar del eterno castigo y este mismo castigo. || Una de las cuatro postrimerías del hombre. || Limbo o seno de Abrahán. || *Fig. Demonio : las tentaciones del infierno.* | Lugar donde se sufre mucho. | Lugar donde hay mucho desorden y discordia : *ser la casa un infierno.* | Suplicio moral : *ser su vida un infierno.* || *Fig. El quinto infierno* o *en los quintos infiernos,* muy lejos.

Infiesto, v. del NO. de España (Asturias). Carbón.

infiltración f. Paso de un líquido a través de los poros de un sólido. || *Med.* Derrame de humores a través de una parte sólida del cuerpo. || *Fig.* Acción y efecto de infiltrarse.

infiltrado, da s. Dícese de los que han penetrado o se han introducido en un ambiente o colectivo para conocer los propósitos de éste y comunicarlo a otras personas (ú. t. c. s.). || — M. *Med.* Penetración en el pulmón de leucocitos como consecuencia de una inflamación.

infiltrar v. t. Introducir lentamente un líquido entre los poros de un sólido (ú. t. c. pr.). || *Fig.* Infundir en el ánimo ideas o doctrinas (ú. t. c. pr.). || — V. pr. *Fig.* Introducirse, penetrar en un ambiente o colectivo para conocer los propósitos de éste y comunicarlo a otras personas.

ínfimo, ma adj. Muy bajo : *vino de ínfima calidad* ; *a precios ínfimos.*

infinidad f. Calidad de infinito : *la infinidad del universo.* || *Fig.* Gran número de personas o cosas.

infinitesimal adj. Infinitamente pequeño : *dosis en cantidad infinitesimal.* || *Cálculo infinitesimal,* parte de las matemáticas que estudia el cálculo diferencial y el integral, así como los infinitésimos.

infinitésimo, ma adj. Infinitamente pequeño. || — M. *Mat.* Cantidad variable que puede ser inferior a todo número positivo, por pequeño que sea.

infinitivo, va adj. *Gram.* De la naturaleza del infinitivo : *proposición infinitiva.* || — M. *Gram.* Modo del verbo que no expresa por sí mismo número ni persona ni tiempo determinado, como *amar, querer,* etc.

infinito, ma adj. Que no tiene ni puede tener fin ni término : *espacio infinito.* || Muy extenso, muy largo : *un desierto infinito.* || Numeroso. || — M. Lo que no tiene límites : *mirar al*

infinito. || *Mat.* Signo (∞) para significar un valor mayor que cualquier otra cantidad. || *Fot.* Zona que comprende todos los objetos que dan una imagen clara en el plano focal. || — Adv. Excesivamente, muchísimo : *me alegro infinito.* || *A lo infinito,* sin límites.

infirmar v. t. *For.* Invalidar, anular.

inflación f. Acción y efecto de inflar. || *Fig.* Engreimiento. || Desequilibrio económico, caracterizado por una subida general de los precios, provocado por una excesiva emisión de billetes de banco, un déficit presupuestario o una falta de adecuación entre la oferta y la demanda : *la inflación trae consigo el desempleo y afecta a la balanza de pagos.*

inflacionario, ria adj. Relativo a la inflación monetaria.

inflacionismo m. Inflación.

inflacionista adj. Partidario de la inflación (ú. t. c. s.). || Que tiende a la inflación o es causa de ella : *medida inflacionista.*

inflado m. Acción y efecto de inflar.

inflamabilidad f. Capacidad de inflamarse fácilmente.

inflamable adj. Que se inflama.

inflamación f. Acción y efecto de inflamar o inflamarse. || *Med.* Alteración patológica en una parte cualquiera del cuerpo, caracterizada por trastornos de la circulación de la sangre, y enrojecimiento, calor, hinchazón y dolor.

inflamador, ra adj. Que inflama.

inflamar v. t. Encender algo levantando llama (ú. t. c. pr.) : *inflamar la pólvora.* || Producir inflamación (ú. t. c. pr.). || *Fig.* Enardecer las pasiones y afectos del ánimo (ú. t. c. pr.).

inflamatorio, ria adj. *Med.* Que causa inflamación, o procede de ella.

inflamiento m. Hinchamiento.

inflar v. t. Hinchar un objeto con aire o gas : *inflar un globo.* || *Fig.* Envanecer, engreír. Ú. t. c. pr. : *inflarse con un éxito.* | Exagerar : *inflar un suceso, una noticia, un relato.* | Hartar. Ú. t. c. pr. : *me inflé de jamón.* | Dar en abundancia, hartar : *lo inflé de bofetadas.*

inflexibilidad f. Calidad de inflexible o rígido. || *Fig.* Firmeza.

inflexible adj. Rígido, que no se puede torcer o doblar. || *Fig.* Que no se conmueve ni se doblega ni desiste de su propósito : *carácter inflexible.*

inflexión f. Acción de doblar una cosa que estaba recta o plana. || *Fig.* Cambio, modificación. | Cambio de tono o de acento en la voz. || *Fís.* Desviación : *la inflexión de un rayo de luz.* || *Geom.* Punto en que una curva cambia de sentido. || *Gram.* Cada una de las terminaciones que toman las palabras variables en su flexión.

infligir v. t. Hablando de castigos, derrotas, ofensas, trabajos y penas, imponerlos, condenar a ellos.

inflorescencia f. Orden o forma con que aparecen colocadas las flores al brotar en las plantas.

influencia f. Efecto que produce una cosa sobre otra : *la marea se debe a la influencia de la luna.* || Fuerza moral ejercida por una persona sobre otra : *la influencia de Aristóteles sobre Santo Tomás de Aquino.* || *Fig.* Poder, importancia : *persona de mucha influencia.* | Autoridad : *tener influencia sobre una persona.* || — Pl. *Fig.* Amistades con poder o importancia : *valerse de sus influencias para conseguir algo.*

influenciar v. t. Influir.

influenza f. Med. Gripe.

influir v. i. Producir una cosa cierto efecto sobre otra o ejercer fuerza moral sobre las personas.

influjo m. Influencia.

influyente adj. Que influye.

influyentismo m. Méx. Acción de recurrir a personas influyentes.

infolio m. Libro en folio.

información f. Conocimiento que se tiene de algo : *estar falto de información.* || Noticia dada por cualquier medio de comunicación. Ú. m. en pl. : *informaciones meteorológicas.* || Oficina donde se informa. || Contenido de los mensajes transmitidos por la informática. || *For.* Averiguación de un hecho : *abrir una información.* || — Pl. En una central telefónica, departamento en el que se informa uno del número de un abonado que se desconoce. ‖ Espacio reservado en un periódico o en la radio o la televisión para dar noticias. ‖ Tratamiento de la información, informática.

informado, da adj. p. p. de informar. ‖ Con referencias : se necesita criada bien informada.

informador, ra adj. y s. Que informa : un informador imparcial.

informal adj. No formal, poco serio o poco exacto (ú. t. c. s.) : un hombre muy informal. ‖ Que no se ajusta a las circunstancias que le son formales : reunión informal.

informalidad f. Calidad de informal. ‖ Cosa informal.

informante adj. y s. Informador.

informar v. t. Dar noticia de una cosa. ‖ Avisar, decir : le informo que su petición no ha sido satisfecha. ‖ — V. i. For. Hacer una información. ‖ — V. pr. Enterarse, pedir informaciones.

informático, ca adj. Relativo a la informática : especialista, técnico, método informático. ‖ — F. Ciencia del tratamiento automático y racional de la información considerada como soporte de los conocimientos y las comunicaciones.

— El tratamiento de la información se realiza mediante el ordenador, complejo instrumento que, a partir de determinados datos, realiza una serie de operaciones aritméticas y lógicas, todo ello según unos esquemas previamente trazados en los programas. La informática, que apareció y se desarrolló a partir de la segunda mitad del siglo XX, ha producido una profunda transformación en la vida del hombre. En el momento actual se aplica prácticamente a todas las actividades humanas, científicas, administrativas, industriales, comerciales, médicas, militares, deportivas, artísticas y profesionales de toda índole.

informativo, va adj. Que informa. ‖ — M. Diario de información en la radio o televisión.

informatización f. Acción y efecto de informatizar.

informatizar v. t. Dotar de todos los medios proporcionados por la informática.

informe adj. Que no tiene forma : una masa informe. ‖ De forma vaga e indeterminada. ‖ — M. Noticia sobre un asunto o persona. ‖ Exposición oral o escrita del estado de una cuestión. ‖ For. Exposición oral que hace el letrado o el fiscal ante el tribunal. ‖ Exposición de las conclusiones sacadas de una investigación. ‖ — Pl. Noticias que se dan acerca de una persona en cuanto a su trabajo o a su comportamiento. ‖ Méx. Informe presidencial, el presentado por el Presidente en el que éste da cuenta de la labor realizada en el transcurso del año y de los proyectos elaborados para el futuro de la nación.

infructuoso, sa adj. Inútil, ineficaz.

ínfulas f. pl. Cintas que cuelgan de la mitra episcopal. ‖ Fig. Presunción.

infundado, da adj. Que carece de fundamento : temor infundado.

infundio m. Mentira, noticia falsa y tendenciosa.

infundioso, sa adj. Mentiroso.

infundir v. t. Comunicar un sentimiento, un impulso moral.

infusión f. Extracción de los principios medicinales o aromáticos de una planta por medio del agua caliente. ‖ Brebaje así obtenido.

infuso, sa adj. Dícese de los dones y gracias que infunde Dios y que poseen de manera natural.

infusorios m. pl. Microorganismos que viven en los líquidos.

Inga, presa hidroeléctrica en el río Zaire, al norte de Matadi (Zaire).

Ingaguas, cerro de los Andes en Chile (Coquimbo) ; 4 790 m.

Ingavi, llano en el O. de Bolivia (La Paz), donde J. Ballivián venció a los peruanos (1841). — Prov. en el O. de Bolivia (La Paz) ; cap. Viacha.

ingeniar v. t. Imaginar, inventar. ‖ — V. pr. Buscar la manera de conseguir lo que uno quiere : ingeniarse para vivir decentemente. ‖ Ingeniárselas, arreglárselas.

ingeniería f. Aplicación de los conocimientos científicos a la invención,

---

perfeccionamiento y utilización de la técnica industrial en todas sus ramas. ‖ Estudios que permiten fijar las mejores orientaciones para la realización óptima de una obra o de un programa de inversiones.

ingeniero, ra m. y f. Persona que profesa la ingeniería : ingeniero industrial, de minas. ‖ — Ingeniero agrónomo, el especializado en la práctica de la agricultura. ‖ Ingeniero de sonido, técnico responsable de la grabación sonora de una película. ‖ — Pl. Mil. Cuerpo encargado de la ejecución de construcciones militares, caminos, puentes y fortificaciones.

Ingenieros (José), escritor, filósofo y médico argentino (1877-1925), introductor del positivismo en su país, autor de La simulación en la lucha por la vida, Principios de psicología biológica, etc.

ingenio m. Habilidad para inventar o resolver dificultades : un hombre de ingenio. ‖ Talento, facultades poéticas y creadoras. ‖ Persona dotada de dicha facultad : Lope, el fénix de los ingenios. ‖ Agudeza, gracia. ‖ Máquina o artificio : ingenio espacial. ‖ Instrumento de encuadernador para cortar los cantos de los libros. ‖ Fig. Aguzar el ingenio, aplicar la inteligencia para algo difícil. ‖ Ingenio de azúcar, fábrica de azúcar.

Ingenio, mun. de España en la isla de Gran Canaria (Las Palmas).

ingeniosidad f. Calidad de ingenioso : la ingeniosidad de un autor. ‖ Cosa o idea ingeniosa.

ingenioso, sa adj. Lleno de ingenio : un hombre ingenioso.

ingénito, ta adj. No engendrado. ‖ Connatural y como nacido con uno : inclinación ingénita del hombre.

ingente adj. Muy grande, enorme.

ingenuidad f. Inocencia, candor. ‖ Palabra o acción ingenua.

ingenuo, nua adj. y s. Inocente, candoroso : político ingenuo. ‖ — F. Dama joven en las obras de teatro.

ingerencia f. Injerencia.

ingerir v. t. Introducir algo en el estómago pasando por la boca.

ingestión f. Acción de ingerir.

Inglaterra, parte oriental y meridional de Gran Bretaña, que limita al norte con Escocia y al oeste con el País de Gales : 131 760 km² (ingleses). Cap. Londres ; pr. Birmingham, Leeds, Liverpool, Manchester, Sheffield, Bristol, Newcastle, Nottingham, Gloucester, Plymouth, Oxford, Southampton, Brighton, Cambridge.

ingle f. Parte del cuerpo en que se juntan los muslos con el vientre.

inglés, esa adj. y s. De Inglaterra. ‖ — M. Lengua indoeuropea, hablada principalmente en Gran Bretaña, Estados Unidos, Canadá, Nueva Zelanda, Australia y África del Sur. ‖ — F. Letra cursiva inclinada a derecha. ‖ A la inglesa, al estilo de Inglaterra.

Inglés (Jorge), pintor activo en Castilla a mediados del s. XV, autor de cuadros religiosos.

inglesismo m. Anglicismo.

inglete m. Ángulo de cuarenta y cinco grados que forma el corte de dos piezas que se han de ensamblar. ‖ Caja de ingletes, instrumento para cortar molduras.

Inglez de Souza (Herculano Marcos), novelista brasileño (1853-1918), autor de El misionero, Cuentos amazónicos, etc.

ingobernable adj. Que no se puede gobernar : país ingobernable.

Ingolstadt, c. en el S. de Alemania Occidental (Baviera), a orillas del Danubio. Refinería de petróleo.

ingratitud f. Desagradecimiento, olvido de los beneficios recibidos. ‖ Acción ingrata.

ingrato, ta adj. Desagradecido (ú. t. c. s.). ‖ Desabrido, desagradable : tiempo, día ingrato. ‖ Que no corresponde al trabajo que cuesta.

ingravidez f. Estado del cuerpo que no se halla sometido a ninguna fuerza de gravedad o en el que ésta es contrarrestada por otra antagónica.

ingrávido, da adj. Sin peso, ligero. ‖ Que no se halla sometido a la fuerza de la gravedad.

ingrediente m. Cualquier cosa que entra en la composición de una mez-

---

cla, como en una bebida, guisado, remedio medicinal, etc.

Ingres [angr] (Dominique), pintor francés (1780-1867).

ingresar v. i. Dicho del dinero, entrar : hoy han ingresado en caja varios millones de pesos. ‖ Entrar : ingresar en una escuela o academia. ‖ Aprobar el examen de ingreso. ‖ — V. t. Depositar, colocar : ingresar dinero en el banco. ‖ Hospitalizar.

ingreso m. Acción y efecto de ingresar. ‖ Entrada : examen de ingreso. ‖ Cargo en una cuenta. ‖ — M. pl. Emolumentos, rentas : los ingresos de un abogado.

ingrimo, ma adj. Amer. Solitario, aislado.

inguinal o **inguinario, ria** adj. Relativo a las ingles.

ingurgitación f. Acción y efecto de ingurgitar.

ingurgitar v. t. Tragar.

inhábil adj. Falto de habilidad, de instrucción : una costurera inhábil. ‖ Que no puede desempeñar un cargo o un empleo. ‖ Festivo, feriado : día inhábil.

inhabilidad f. Falta de habilidad, torpeza. ‖ Defecto o impedimento para ejercer u obtener un empleo o cargo.

inhabilitación f. Acción y efecto de inhabilitar. ‖ Declaración de inhabilidad.

inhabilitar v. t. Declarar a una persona inhábil para ejercer cargos públicos, o para ejercitar derechos civiles o políticos. ‖ Imposibilitar (ú. t. c. pr.).

inhabitable adj. No habitable.

inhabitado, da adj. No habitado.

inhalación f. Acción de inhalar.

inhalador m. Aparato para hacer inhalaciones.

inhalar v. t. Med. Aspirar ciertos gases o líquidos pulverizados.

inherencia f. Calidad de inherente.

inherente adj. Que por su naturaleza está íntimamente unido a otra cosa : responsabilidad inherente a un cargo.

inhibición f. Acción y efecto de inhibir o inhibirse. ‖ Disminución de la actividad de una neurona, de una fibra muscular o de una célula secretora por la acción de una corriente nerviosa o de una hormona. ‖ En psicoanálisis, oposición inconsciente a la realización de tendencias consideradas como condenables, las cuales permanecen luego latentes en el espíritu.

inhibir v. t. For. Impedir que un juez prosiga el conocimiento de una causa. ‖ Suspender transitoriamente un proceso fisiológico y psicológico (ú. t. c. pr.). ‖ — V. pr. Abstenerse : inhibirse de un asunto, de una cuestión.

inhibitorio, ria adj. Que inhibe. ‖ For. Aplícase al despacho, decreto o letras que inhiben al juez.

inhospitalario, ria adj. Falto de hospitalidad, poco acogedor.

inhóspito, ta adj. Poco agradable para ser habitado. ‖ Poco acogedor. ‖ Peligroso, que no ofrece seguridad.

inhumación f. Enterramiento de un cadáver.

inhumanidad f. Falta de humanidad.

inhumano, na adj. Falto de humanidad, cruel : tratamiento inhumano.

inhumar v. t. Enterrar un cadáver.

I. N. I. Véase INSTITUTO.

iniciación f. Enseñanza de los primeros conocimientos : iniciación a la filosofía. ‖ Principio.

iniciado, da adj. Empezado. ‖ Que conoce algún secreto o está instruido en algún arte (ú. t. c. s.).

iniciador, ra adj. Que inicia.

inicial adj. Que se verifica al principio : velocidad inicial de un proyectil. ‖ Dícese de la primera letra de una palabra o de un escrito (ú. t. c. s. f.).

iniciar v. t. Arg. Rubricar.

inicialización f. En informática, proceso por el cual se asigna un valor determinado a las variables de un programa antes de que empiece su ejecución.

iniciar v. t. Empezar, comenzar : iniciar una obra. ‖ Admitir a uno a la participación de ciertos misterios de las religiones o de las sociedades secretas : iniciar a uno en la francmasonería. ‖ Instruir a uno en los conocimientos de una ciencia, arte o deporte : *iniciar a uno en matemáticas* (ú. t. c. pr.). || Ser el primero en hacer algo.

iniciativa f. Idea inicial para emprender algo : *tener la iniciativa de una medida.* || Cualidad del que suele tener estas ideas : *hombre de iniciativa.* || Derecho de hacer una propuesta. || Acto de ejercerlo.

inicio m. Principio, comienzo.

inicuo, cua adj. Injusto : *una sentencia más que inicua.* || Malvado, perverso : *acción inicua ; hecho inicuo.*

inigualable adj. Sin igual.

inigualado, da adj. No igualado.

inimaginable adj. No imaginable.

inimitable adj. No imitable.

ininflamable adj. Que no puede inflamarse.

ininteligible adj. Que no es inteligible : *escrito ininteligible.*

ininterrumpido, da adj. No interrumpido, continuo.

iniquidad f. Injusticia muy grande. || Maldad.

Inírida, río al este de Colombia que nace en la comisaría del Vaupés y desemboca en el Guaviare, cerca de Puerto Inírida ; 724 km.

injerencia f. Acción de injerirse.

injerir v. t. Incluir una cosa en otra. || — V. pr. Entremeterse : *injerirse en los asuntos ajenos.*

injertador, ra m. y f. Persona que injerta.

injertar v. t. Aplicar un injerto a un árbol. || *Med.* Implantar sobre una zona del cuerpo humano partes tomadas de otra región del mismo individuo o de otro distinto.

injerto m. Acción y efecto de injertar. || Rama con una o más yemas que se separa de un vegetal para adherirla a otro : *injerto de canutillo, de corona, de escudete.* || Planta injertada. || Operación quirúrgica consistente en implantar en el cuerpo de una persona fragmentos sacados de otro individuo o de otra parte de su cuerpo.

injuria f. Ofensa, agravio. || Daño que produce una cosa.

injuriador, ra adj. y s. Que injuria o insulta, insultante.

injuriante adj. Ofensivo.

injuriar v. t. Ofender, proferir injurias. || Hacer daño.

injurioso, sa adj. Que injuria.

injusticia f. Acción injusta : *cometer una injusticia.* || Falta de justicia.

injustificable adj. Que no se puede justificar.

injustificado, da adj. No justificado.

injusto, ta adj. y s. No justo.

Inkerman, c. en el O. de la U. R. S. S., en Crimea, suburbio al este de Sebastopol.

inmaculado, da adj. Sin mancha. || — F. La Purísima, la Virgen María.

inmadurez f. Falta de madurez.

inmaduro, ra adj. No maduro.

inmanejable adj. No manejable.

inmanencia f. Calidad de inmanente.

inmanente adj. Dícese de lo que es inherente a algún ser o va unido de un modo inseparable a su esencia.

inmarcesible o **inmarchitable** adj. Que no se puede marchitar.

inmaterial adj. No material.

inmaterialidad f. Calidad de inmaterial.

inmaterializar v. t. Tornar inmaterial.

inmediación f. Calidad de inmediato. || — Pl. Territorio que rodea una población o un lugar.

inmediatez f. Condición de inmediato.

inmediato, ta adj. Contiguo, cercano, próximo : *terreno inmediato.* || Que no tiene intermediario : *heredero inmediato.* || Instantáneo : *reacción inmediata ; efecto inmediato.*

inmejorable adj. Que no se puede mejorar.

inmemorable adj. Inmemorial.

inmemorial adj. Tan antiguo que no se recuerda cuando empezó.

inmensidad f. Gran extensión : *la inmensidad del universo.* || Muchedumbre : *había en la plaza una inmensidad de personas.*

inmenso, sa adj. Que no tiene medida, infinito, ilimitado : *los inmensos atributos de Dios.* || *Fig.* Muy

---

grande : *inmenso placer.* || *Fam.* Formidable, extraordinario.

inmerecido, da adj. No merecido : *fue un castigo inmerecido.*

inmergir v. t. Sumergir.

inmersión f. Acción de introducir o introducirse una cosa en un líquido.

inmerso, sa adj. Sumergido.

inmigración f. Llegada de personas a un país para establecerse.

inmigrado, da adj. y s. Inmigrante.

inmigrante adj. Dícese de la persona que ha llegado a un país para establecerse (ú. t. c. s.).

inmigrar v. i. Llegar a un país para establecerse.

inmigratorio, ria adj. Relativo a la inmigración : *corriente inmigratoria.*

inminencia f. Calidad de inminente : *la inminencia de la ruina.*

inminente adj. Que está próximo a suceder : *peligro inminente.*

inmiscuir v. t. Mezclar. || — V. pr. Injerirse, entremeterse.

inmobiliario, ria adj. Relativo a los inmuebles : *riqueza inmobiliaria ; crédito inmobiliario.* || — F. Sociedad inmobiliaria, empresa constructora de edificios.

inmoderado, da adj. Que no tiene moderación.

inmodestia f. Falta de modestia. || Falta de recato.

inmodesto, ta adj. No modesto. || Falto de recato.

inmolación f. Sacrificio.

inmolador, ra adj. y s. Que inmola.

inmolar v. t. Sacrificar una víctima. || — V. pr. Sacrificarse por el bien ajeno : *inmolarse por la patria.*

inmoral adj. Que se opone a la moral (ú. t. c. s.).

inmoralidad f. Falta de moralidad, desarreglo en las costumbres. || Acción inmoral, cosa inmoral.

inmortal adj. No mortal. || *Fig.* Imperecedero : *recuerdo inmortal.*

inmortalidad f. Calidad de inmortal : *la inmortalidad del alma.* || *Fig.* Duración indefinida en la memoria de los hombres : *la inmortalidad de un gran escritor.*

inmortalizar v. t. Hacer perpetua una cosa en la memoria de los hombres : *inmortalizar a los héroes de la última guerra* (ú. t. c. pr.).

inmotivado, da adj. No motivado.

inmovible adj. Que no puede moverse.

inmóvil adj. Que carece de movimiento : *permanecer inmóvil.*

inmovilidad f. Calidad de inmóvil.

inmovilismo m. Conservadurismo, hostilidad a las innovaciones políticas o sociales.

inmovilista adj. Del inmovilismo. || Partidario del inmovilismo (ú. t. c. s.).

inmovilización f. Acción y efecto de inmovilizar o inmovilizarse.

inmovilizar v. t. Privar de movimiento a algo o alguien : *inmovilizar un vehículo* (ú. t. c. pr.). || Invertir un capital en bienes de lenta realización.

inmudable adj. Inmutable.

inmueble adj. Dícese de los bienes raíces por oposición a los muebles. || — M. Edificio.

inmundicia f. Suciedad, basura.

inmundo, da adj. Repugnante.

inmune adj. Libre, exento : *inmune de gravámenes.* || No atacable por ciertas enfermedades : *estar inmune contra la viruela.*

inmunidad f. Calidad de inmune. || Resistencia natural o adquirida de un organismo vivo a la agresión de agentes infecciosos o tóxicos : *inmunidad contra la viruela.* || Privilegio que exime a determinadas personas de obligaciones y penalidades a las cuales están sujetos todos los demás : *inmunidad parlamentaria, diplomática.*

inmunitario, ria adj. Relativo a la inmunidad.

inmunización f. Protección contra ciertas enfermedades : *las vacunas son un medio de inmunización.*

inmunizador, ra adj. *Med.* Dícese de lo que inmuniza.

inmunizar v. t. Hacer inmune : *inmunizar contra una enfermedad.*

inmunología f. Parte de la medicina que estudia los problemas relativos a la inmunidad.

inmutabilidad f. Calidad de inmutable.

---

inmutable adj. No mudable : *principio inmutable.*

inmutar v. t. Alterar. || — V. pr. Alterarse : *al oírlo se inmutó.*

Inn, río de Europa central que nace en Suiza y pasa por Austria y Alemania (Baviera). Desemboca en el Danubio en Passau.

innato, ta adj. Connatural y como nacido con el mismo individuo : *bondad innata.*

innecesario, ria adj. No necesario.

innegable adj. Que no se puede negar : *hecho innegable.*

Innes González (Eduardo), escritor y comediógrafo venezolano (1882-1944), autor de *Saldo de cuentas.*

innoble adj. Que no es noble.

innocuidad f. Inocuidad.

innocuo, cua adj. Inocuo.

innominado, da adj. Que no tiene nombre. || *Anat.* Hueso innominado, el ilíaco.

innovación f. Introducción de alguna novedad en algo.

innovador, ra adj. y s. Que innova.

innovar v. t. e i. Introducir novedades : *innovar la moda.*

Innsbruck, c. en el O. de Austria, cap. del Tirol, a orillas del Inn. Universidad. Centro turístico y de deportes de invierno. Industrias.

innumerable adj. Que no se puede numerar, muy considerable.

inobediente adj. No obediente.

inobservado, da adj. Que no ha sido observado.

inobservancia f. Falta de observancia : *la inobservancia de la ley.*

inocencia f. Estado del alma que está limpia de culpa. || Exención de toda culpabilidad : *la inocencia del acusado.* || Candor, sencillez : *la inocencia de un niño.*

Inocencio — **I** *(San),* papa de 401 a 417. || ~ **II,** papa de 1130 a 1143. || ~ **III,** papa de 1198 a 1216. Organizó la Cuarta Cruzada y la expedición contra los albigenses. || ~ **IV,** papa de 1243 a 1254. || ~ **V,** papa en 1276. || ~ **VI,** papa de 1352 a 1362. Residió en Aviñón. || ~ **VII,** papa de 1404 a 1406. || ~ **VIII,** papa de 1484 a 1492. || ~ **IX,** papa en 1591. || ~ **X,** papa de 1644 a 1655. Condenó las cinco proposiciones de Jansenio. || ~ **XI,** papa de 1676 a 1689. Beatificado en 1956. || ~ **XII,** papa de 1691 a 1700. || ~ **XIII,** papa de 1721 a 1724.

inocentada f. *Fam.* Dicho o hecho candoroso o simple. | Engaño ridículo en que uno cae por falta de malicia. | Broma del día de los Inocentes.

inocente adj. y s. Libre de pecado, de culpa, que ignora el mal : *alma inocente.* || Sencillo, sin malicia. || Inocuo, que no hace daño : *un ataque inocente.* || *Fam.* Tonto, fácil de engañar : *es tan inocente que se lo cree todo.* || *Día de los Santos Inocentes,* el 28 de diciembre, día en el que se suelen dar algunas bromas diciendo cosas completamente falsas.

inocentón, ona adj. y s. *Fam.* Inocente.

inocuidad f. Calidad de inocuo.

inoculación f. Introducción en el organismo de un virus, vacuna, suero o veneno. || *Fig.* Transmisión de una doctrina.

inoculador, ra m. y f. Persona que inocula.

inocular v. t. *Med.* Comunicar un virus, vacuna, etc., por medio de la inoculación : *inocular la rabia a un perro* (ú. t. c. pr.). || *Fig.* Transmitir una doctrina (ú. t. c. pr.). | Pervertir o contaminar con el mal ejemplo (ú. t. c. pr.).

inocuo, cua adj. Que no hace daño : *bebida inocua.* || *Fig.* Anodino.

inodoro, ra adj. No que tiene olor, que no huele : *gas inodoro.* || — M. Tubo en forma de S que se coloca en los retretes y al retener el agua impide el paso de los malos olores, sifón. || *Amer.* Retrete.

inofensivo, va adj. No peligroso : *es un enemigo inofensivo.*

inolvidable adj. Que no puede olvidarse, memorable.

Inönü (Ismet), general y político turco (1884-1973), primer ministro (1923-1924 y 1925-1937) y pres. de la Rep. de 1938 a 1950 y de nuevo jefe del Gob. de 1961 a 1965.

inoperable adj. Que no puede operarse : *tumor inoperable.*
inoperancia f. Ineficacia.
inoperante adj. Ineficaz.
inopia f. Gran pobreza. ‖ *Estar en la inopia,* estar distraído.
inoportunidad f. Falta de oportunidad. ‖ Acción inoportuna.
inoportuno, na adj. No oportuno.
inorgánico, ca adj. Dícese de cualquier cuerpo sin órganos para la vida, como son todos los minerales. ‖ *Fig.* Desordenado, mal concertado.
Inowroclaw, en alem. *Hohensalza,* c. en el N. de Polonia (Bydgoszcz).
inoxidable adj. Que no se puede oxidar : *un metal inoxidable.*
input m. (pal. ingl.). En economía, factor de producción, insumo. ‖ En informática, entrada en un ordenador.
inquebrantable adj. Que persiste sin quebranto o no puede quebrantarse : *voluntad inquebrantable.*
inquietante adj. Que inquieta.
inquietar v. t. Quitar el sosiego, preocupar. ‖ Acosar : *inquietar al adversario.* ‖ — V. pr. Preocuparse.
inquieto, ta adj. Agitado, que se mueve mucho : *mar inquieto ; hombre inquieto.* ‖ *Fig.* Desasosegado, preocupado.
inquietud f. Falta de quietud, desasosiego, desazón. ‖ Alboroto, conmoción. ‖ — Pl. Preocupaciones morales, espirituales, etc.
inquilinaje m. Inquilinato. ‖ *Chil.* Relación existente entre un campesino que cultiva en beneficio propio una parcela de tierra que no es suya y el propietario de ésta para quien ha de trabajar determinados días.
inquilinato m. Arriendo, alquiler. ‖ Derecho del inquilino.
inquilino, na m y f. Persona que alquila una casa o parte de ella para habitarla. ‖ *For.* Arrendatario, sobre todo el de finca urbana.
inquina f. Aversión, tirria.
inquiridor, ra adj. y s. Que inquiere.
inquirir v. t. Indagar, investigar.
inquisición f. Averiguación, indagación. ‖ Tribunal eclesiástico establecido para inquirir y castigar lo considerado delito contra la fe católica. ‖ Local donde se reunía este tribunal. ‖ Cárcel destinada para los reos de dicho tribunal.
— Las bases de la *Inquisición* fueron establecidas por el Concilio de Verona (1183). Además de España, los tribunales de la Inquisición existieron en varios países, pero el llamado Santo Oficio nunca logró afianzarse en ellos. Abolida por Napoleón en 1808, la Inquisición fue restablecida en 1814 y desapareció en 1820.
inquisidor, ra adj. Inquiridor : *mirada inquisidora.* ‖ — M. Juez de la Inquisición. ‖ — M. y f. Indagador.
inquisitivo, va adj. Que inquiere y averigua.
inquisitorial adj. Relativo al inquisidor o a la Inquisición : *juicio inquisitorial.* ‖ *Fig.* Arbitrario : *medidas inquisitoriales.* ‖ Severo.
inquisitorio, ria adj. Inquisitivo : *diligencias inquisitorias.*
Inquisivi, pobl. en el O. de Bolivia, en la prov. homónima (La Paz). Centro minero.
inri m. Inscripción que puso Pilato en la Santa Cruz y que resulta de las iniciales de *Iesus Nazarenus Rex Iudaeorum.* ‖ *Fig.* Baldón, ignominia : *le pusieron el inri.*
insaciabilidad f. Calidad de insaciable.
insaciable adj. Que no se puede saciar o hartar : *tenía un hambre y una sed insaciables.*
In-Salah, oasis en el Sáhara argelino.
insalivación f. Impregnación de los alimentos con la saliva.
insalivar v. t. Mezclar e impregnar los alimentos con la saliva.
insalubre adj. Malsano, dañoso para la salud : *casa insalubre.*
insalubridad f. Falta de salubridad.
insania f. Locura, demencia.
insano, na adj. Insalubre : *comida insana.* ‖ Loco, demente.
insatisfacción f. Falta de satisfacción.
insatisfactorio, ria adj. Poco satisfactorio.

insatisfecho, cha adj. No satisfecho. ‖ Descontento (ú. t. c. s.).
inscribir v. t. Grabar letras en metal, piedra u otra materia. ‖ Anotar en una lista, registro, etc. ‖ *Geom.* Trazar una figura dentro de otra. ‖ Apuntar el nombre de una persona entre las de otras. Ú. t. c. pr. : *inscribirse en las listas electorales.*
inscripción f. Acción de inscribir o inscribirse. ‖ Letras grabadas en el mármol, la piedra, las monedas, etc. : *una inscripción latina.*
inscrito, ta adj. *Geom.* Dícese del ángulo que tiene su vértice en la circunferencia y cuyos lados pueden ser dos cuerdas o una cuerda y una tangente. ‖ Dícese del polígono que resulta de la unión de varios puntos de la circunferencia por medio de cuerdas.
insecticida adj. Aplícase al producto que sirve para matar insectos (ú. t. c. s. m.).
insectívoro, ra adj. Dícese de los animales que se alimentan de insectos : *pájaro insectívoro.* ‖ — M. pl. *Zool.* Orden de mamíferos de poco tamaño provistos de molares con los que mastican los insectos de que se alimentan, como el topo.
insecto m. Animal artrópodo de respiración traqueal, cabeza provista de antenas y tres pares de patas.
inseguridad f. Falta de seguridad.
inseguro, ra adj. Falto de seguridad : *un refugio inseguro.*
inseminación f. Introducción de esperma en las vías genitales de la mujer o de las hembras de los animales por un procedimiento artificial.
inseminar v. t. Proceder a la inseminación artificial.
insensatez f. Calidad de insensato. ‖ *Fig.* Dicho o hecho insensato.
insensato, ta adj. y s. Necio, falto de sentido : *plan insensato.*
insensibilidad f. Falta de sensibilidad. ‖ Dureza de corazón.
insensibilización f. Acción y efecto de insensibilizar.
insensibilizar v. t. Quitar la sensibilidad o privar a uno de ella (ú. t. c. pr.).
insensible adj. Falto de sensibilidad : *ser insensible al frío.* ‖ Que no se deja afectar por nada : *corazón duro e insensible.* ‖ Imperceptible : *vibración casi insensible.*
inseparable adj. Que no se puede separar. ‖ *Fig.* Íntimamente unido : *amigos inseparables* (ú. t. c. s.). ‖ *Gram.* Dícese de ciertos prefijos que entran en la formación de voces compuestas, como in, hiper.
insepulto, ta adj. No sepultado.
inserción f. Acción de insertar.
insertar v. t. Incluir una cosa en otra : *insertar una cláusula en un tratado.* ‖ Publicar un texto en un periódico o revista.
inserto, ta adj. Insertado, incluido.
inservible adj. Que no sirve.
insidia f. Asechanza. ‖ Mala intención o idea, malicia.
insidiador, ra adj. y s. Que insidia.
insidiar v. t. Poner mala intención.
insidioso, sa adj. Que utiliza la insidia : *juez insidioso* (ú. t. c. s.). ‖ Que se hace con insidias : *procedimiento insidioso.* ‖ Malicioso con apariencias inofensivas. ‖ *Med.* Dícese de ciertas enfermedades graves a pesar de su benignidad aparente.
insigne adj. Célebre, famoso.
insignia f. Señal honorífica. ‖ Pendón, estandarte. ‖ Bandera de una legión romana. ‖ Signo distintivo de los miembros de una asociación. ‖ *Mar.* Bandera que indica la graduación del jefe que manda el barco.
insignificancia f. Pequeñez, nadería, cosa de muy poca importancia. ‖ Sin importancia.
insignificante adj. Baladí, pequeño.
insinceridad f. Falta de sinceridad.
insincero, ra adj. No sincero.
insinuación f. Manera sutil de decir algo sin expresarlo claramente. ‖ Cosa que se insinúa.
insinuador, ra adj. Dícese del que insinúa (ú.t.c.s.).
insinuante o **insinuativa, va** adj. Que insinúa : *voz insinuante.*
insinuar v. t. Dar a entender algo sin expresarlo claramente : *me insinuó*

que le pagara. ‖ — V. pr. Introducirse insensiblemente en el ánimo de uno. ‖ Ganar el afecto de uno. ‖ Comenzar algo de modo casi imperceptible.
insipidez f. Falta de sabor. ‖ *Fig.* Falta de gracia, carácter anodino.
insípido, da adj. Falto de sabor : *fruta, bebida insípida.* ‖ *Fig.* Falto de gracia o de interés : *escritor insípido.*
insistencia f. Permanencia, reiteración y porfía acerca de una cosa.
insistente adj. Que insiste o porfía.
insistir v. t. Pedir o decir algo reiteradas veces : *insistir sobre un punto.* ‖ Repetir varias veces un acto para conseguir un fin preciso.
insobornable adj. Que no puede ser sobornado.
insociable o **insocial** adj. Intratable, que rehúye a la gente.
insolación f. Acción y efecto de insolar : *insolación de un cliché fotográfico.* ‖ *Med.* Enfermedad causada por la exposición excesiva al sol.
insolar v. t. Poner algo al sol. ‖ *Impr.* Someter una emulsión sensible a la luz artificial, a través de un negativo o diapositiva, para reproducir en una plancha un texto o una imagen.
insolencia f. Dicho o hecho ofensivo e insultante. ‖ Atrevimiento, falta de respeto.
insolentar v. t. Hacer insolente y osado. ‖ — V. pr. Mostrarse insolente : *se insolentó con su padre.*
insolente adj. y s. Descarado, que falta al respeto debido. ‖ Orgulloso, soberbio, arrogante.
insolidaridad f. Falta de solidaridad.
insolidarizarse v. pr. Faltar a la solidaridad.
insólito, ta adj. No común ni ordinario, desacostumbrado.
insoluble adj. Que no se puede disolverse : *una sustancia insoluble en el agua.* ‖ Sin solución : *problema insoluble.*
insolvencia f. Incapacidad de pagar una deuda.
insolvente adj. Incapaz de pagar sus deudas (ú. t. c. s.).
insomne adj. Que no duerme, desvelado (ú. t. c. s.).
insomnio m. Falta de sueño.
insondable adj. Que no se puede sondear : *abismo insondable.* ‖ *Fig.* Que no se puede averiguar, impenetrable : *secreto insondable.*
insonorización f. Protección de un edificio o vehículo contra los ruidos del exterior.
insonorizar v. t. Volver insonoro : *insonorizar una habitación.*
insonoro, ra adj. Protegido del ruido por cualquier procedimiento.
insoportable adj. Insufrible, intolerable : *carácter insoportable.* ‖ *Fig.* Muy incómodo, molesto.
insoslayable adj. Imposible de evitar.
insospechable adj. Que no se puede sospechar.
insospechado, da adj. No sospechado.
insostenible adj. Que no se puede sostener : *situación insostenible.* ‖ *Fig.* Que no se puede defender con razones : *argumento insostenible.*
inspección f. Acción y efecto de inspeccionar. ‖ Cargo o despacho del inspector. ‖ For. Examen que hace un juez de un lugar o cosa.
inspeccionar v. t. Examinar, reconocer atentamente una cosa.
inspector, ra adj. Encargado de la inspección : *comisión inspectora.* ‖ — M. y f. Funcionario que tiene por oficio vigilar y examinar una actividad : *inspector de policía, de correos.*
inspectoria f. *Chil.* Inspección. ‖ Cargo y oficina de inspector.
inspiración f. Acción de inspirar o atraer el aire exterior a los pulmones. ‖ *Fig.* Capacidad creadora : *músico, poeta, escritor de gran inspiración.* ‖ Cosa inspirada.
inspirado, da adj. Que está bajo la influencia de la inspiración.
inspirador, ra adj. Que inspira. Ú. t. c. s. : *el inspirador de una reforma.* ‖ Aplícase a los músculos que sirven para la inspiración (ú. t. c. s. m.).
inspirar v. t. Aspirar, atraer el aire exterior hacia los pulmones : *inspirar profundamente.* ‖ Soplar el viento. ‖ Hacer surgir ideas creadoras : *el amor*

inspiró al poeta. ‖ Suscitar un sentimiento : *su comportamiento inspira admiración.* ‖ Iluminar Dios el entendimiento. ‖ — V. pr. Servirse de las ideas, de las obras de otro : *inspirarse en los clásicos.*

instalación f. Acción y efecto de instalar o instalarse. ‖ Operación que consiste en colocar en orden de funcionamiento : *la instalación de una fábrica.* ‖ Conjunto de cosas instaladas : *instalación frigorífica.*

instalador, ra adj. Que instala o coloca (ú. t. c. s.).

instalar v. t. Dar posesión de un empleo o dignidad : *instalar una autoridad en su puesto de gobierno.* ‖ Establecer : *instalar colonos en una región en vías de desarrollo.* ‖ Situar, poner en un sitio. ‖ Colocar en condiciones de funcionamiento : *instalar una fábrica, una máquina.* ‖ — V. pr. Establecerse, tomar posesión : *instalarse en una nueva casa, en su cargo.* ‖ Ponerse en un sitio : *se instaló en un sillón.* ‖ Fijar su domicilio en un sitio.

instancia f. Acción y efecto de instar. ‖ Solicitud : *elevar una instancia al gobernador.* ‖ For. Serie de actos de un juicio, desde la iniciación del litigio hasta la sentencia. ‖ Cada uno de los grados que establece la importancia de los organismos judiciales : *juzgado de primera instancia.*

instantáneo, a adj. Que sólo dura un instante : *un fulgor instantáneo.* ‖ Que se produce rápidamente : *muerte instantánea.* ‖ — F. Imagen fotográfica obtenida rápidamente.

instante m. Tiempo brevísimo : *pararse un instante.* ‖ — A cada instante, con frecuencia. ‖ Al instante, en seguida. ‖ En un instante, pronto.

instar v. t. Rogar encarecidamente, insistir con ahínco : *instar a uno para que pague.* ‖ — V. i. Apremiar, ser urgente : *insta que vengas.*

instauración f. Establecimiento, fundación.

instaurador, ra adj. y s. Que instaura.

instaurar v. t. Establecer, fundar.

instigación f. Inducción o incitación a hacer algo.

instigador, ra adj. y s. Que instiga.

instigar v. t. Inducir o incitar.

instintivo, va adj. Hecho por instinto : *movimiento instintivo.*

instinto m. Impulso interior que determina los impulsos de los animales, como el de conservación y el de reproducción. ‖ En el hombre, impulso interior independiente de la reflexión. ‖ Por instinto, por intuición.

institución f. Establecimiento o fundación de una cosa : *la institución de una orden religiosa.* ‖ Cosa instituida o fundada. ‖ Establecimiento de educación o instrucción. ‖ For. Nombramiento que se hace de la persona que ha de heredar : *institución de heredero.* ‖ —. Pl. Colección metódica de los principios o elementos de una ciencia, arte, etc. : *instituciones de derecho civil.* ‖ Órganos esenciales de un Estado, nación o sociedad : *no respetar las instituciones.*

Institución Libre de Enseñanza, institución pedagógica española (1876-1939) fundada en Madrid por F. Giner de los Ríos.

institucional adj. Relativo a la institución.

institucionalización f. Acción y efecto de institucionalizar.

institucionalizar v. t. Dar a una cosa carácter institucional.

instituidor, ra adj. y s. Que instituye.

instituir v. t. Fundar, establecer : *instituir un gobierno, un premio.* ‖ Nombrar, designar : *instituir heredero.*

Institutas, compendio del Derecho civil romano, compuesto por orden del emperador Justiniano en 533.

instituto m. Corporación científica, literaria o artística : *Instituto de Cultura Hispánica.* ‖ En España, establecimiento oficial de segunda enseñanza. ‖ Organismo administrativo : *Instituto de la Vivienda.* ‖ Establecimiento especializado : *instituto de investigaciones científicas.* ‖ Orden religiosa. ‖ — *Instituto armado,* cuerpo militar. ‖ *Instituto de belleza,* salón donde

se dan tratamientos de belleza. ‖ *Instituto laboral,* en España, establecimiento docente especialmente dedicado a la clase trabajadora. ‖ *Instituto politécnico,* centro de enseñanza superior.

Instituto Nacional de Industria (I. N. I.), organismo estatal español, creado en 1941, que ayuda y financia la creación y el mantenimiento de ciertas industrias de interés nacional.

institutriz f. Mujer encargada de la educación e instrucción de los niños en el domicilio de éstos.

instrucción f. Acción de instruir o instruirse. ‖ Caudal de conocimientos adquiridos : *hombre de mediana instrucción.* ‖ Precepto, orden : *dar instrucciones.* ‖ For. Curso de un proceso. ‖ — Pl. Órdenes dadas a los agentes diplomáticos. ‖ Informaciones dadas para el manejo de una cosa. ‖ — *Instrucción militar,* la que se da a los reclutas. ‖ *Instrucción pública,* la dada por el Estado en sus establecimientos.

instructivo, va adj. Que instruye.

instructor, ra adj. y s. Que instruye.

instruido, da adj. Que tiene instrucción : *un hombre instruido.*

instruir v. t. Enseñar, comunicar sistemáticamente conocimientos : *instruir a los niños.* ‖ Informar de una cosa (ú. t. c. pr.). ‖ For. Formalizar un proceso.

instrumentación f. Mús. Adaptación de una composición musical para varios instrumentos.

instrumental adj. Relativo a los instrumentos músicos : *música instrumental.* ‖ For. Concerniente a los instrumentos públicos : *prueba instrumental.* ‖ — M. Conjunto de instrumentos músicos o de los que utiliza el médico o cirujano o cualquier otro trabajador.

instrumentalización f. Acción y efecto de instrumentalizar.

instrumentalizar v. t. Utilizar como útil o instrumento.

instrumentar v. t. Mús. Arreglar una composición para varios instrumentos : *instrumentar una sonata.* ‖ Fig. Dar, propinar : *el torero instrumentó varios naturales.*

instrumentista m. y f. Persona que fabrica o toca un instrumento músico. ‖ Persona que instrumenta una composición musical.

instrumento m. Aparato, utensilio o herramienta para realizar un trabajo : *instrumento de agricultura, de física, de cirugía.* ‖ Aparato para producir sonidos musicales : *instrumento de viento, de cuerda.* ‖ Escritura con que se justifica una cosa : *instrumento auténtico.* ‖ Fig. Lo que se emplea para alcanzar un resultado : *servirse de una persona como instrumento.* ‖ Objeto empleado para la comisión de un delito.

Insúa (Alberto), escritor español, n. en La Habana (1885-1963), autor de novelas.

insubordinación f. Falta de subordinación, desobediencia.

insubordinado, da adj. y s. Que falta a la subordinación, indisciplinado, desobediente.

insubordinar v. t. Introducir la insubordinación : *insubordinar una clase, una tropa.* ‖ — V. pr. Rebelarse.

insubstancial adj. Insustancial.

insubstancialidad f. Insustancialidad.

insubstituible adj. Insustituible.

insuficiencia f. Calidad de insuficiente. ‖ Incapacidad : *reconocer su insuficiencia.* ‖ Cortedad, escasez de una cosa : *insuficiencia de provisiones.* ‖ Med. Disminución cualitativa o cuantitativa del funcionamiento de un órgano : *insuficiencia renal.*

insuficiente adj. No suficiente.

insuflación f. Introducción de un gas o vapor en una cavidad orgánica.

insuflar v. t. Med. Introducir soplando en una cavidad del cuerpo un gas, un vapor o una sustancia pulverulenta : *insuflar aire en los pulmones.*

insufrible adj. Que no se puede sufrir. ‖ Fig. Insoportable, inaguantable : *un carácter insufrible.*

insula f. Isla : *el gobierno de Sancho Panza en la ínsula de Barataria.*

insular adj. y s. Isleño, de una isla.

insularidad f. Carácter específico de un país constituido por una isla. ‖ Fenómenos geográficos característicos de las islas.

insulina f. Med. Hormona segregada por el páncreas que regula la cantidad de glucosa contenida en la sangre. (Sus preparados farmacológicos sirven contra la diabetes.)

Insulindia, n. dado al conjunto de islas del sur de Asia (Sumatra, Java, Bali, Timor, Molucas, Célebes, Borneo, etc.). A veces se incluyen las Filipinas.

insulso, sa adj. Insípido, soso. ‖ Fig. Falto de gracia : *un baile insulso.*

insultante adj. Que insulta.

insultar v. t. Ofender, ultrajar de palabra u obra.

insulto m. Ultraje cometido de palabra u obra. ‖ Méx. Indisposición digestiva.

insumergible adj. No sumergible.

insumir v. t. Invertir dinero.

insumisión f. Falta de sumisión.

insumiso, sa adj. y s. Rebelde. ‖ No sometido.

insumo m. Factor de producción.

insuperable adj. No superable : *dificultad insuperable.*

insurgente adj. y s. Insurrecto.

insurrección f. Sublevación o rebelión de un pueblo, nación, etc..

insurreccional adj. Relativo a la insurrección.

insurreccionar v. t. Sublevar. ‖ — V. pr. Rebelarse, sublevarse.

insurrecto, ta adj. y s. Rebelde.

insustancial adj. Fig. Simple, vacío : *espíritu insustancial.* ‖ Sin gracia o sin interés alguno.

insustancialidad f. Calidad de insustancial.

insustituible adj. Que no se puede sustituir : *un jugador insustituible.*

intacto, ta adj. No tocado : *flor intacta.* ‖ Fig. Íntegro, indemne. ‖ Puro : *reputación intacta.* ‖ Que no ha sufrido alteración o deterioro.

intachable adj. Sin tacha, irreprochable : *conducta intachable.*

intangibilidad f. Calidad de intangible.

intangible adj. Que debe permanecer intacto : *libertad, convenio intangible.* ‖ Que no debe tocarse.

integérrimo, ma adj. Muy íntegro.

integrable adj. Que puede integrarse : *una función integrable.*

integración f. Acción y efecto de integrar. ‖ Fusión : *integraciones bancarias.* ‖ Mat. Cálculo integral.

integracionista com. Partidario de la integración política o social.

integrador, ra adj. Que integra (ú. t. c. s.).

integral adj. Completo : *pan integral.* ‖ Fil. Dícese de las partes que componen un todo. ‖ Mat. Dícese del cálculo que tiene por objeto determinar las cantidades variables, conociendo sus diferencias infinitamente pequeñas. ‖ Dícese del signo con que se indica la integración (∫). ‖ — F. Dicha cantidad variable.

integrante adj. Que integra. ‖ — M. y f. Miembro : *los integrantes de una sociedad.*

integrar v. t. Componer un todo con sus partes integrantes : *asamblea integrada por 200 personas.* ‖ Hacer entrar en un conjunto. ‖ Reintegrar. ‖ Mat. Determinar la integral de una diferencial. ‖ Amer. Pagar.

integridad f. Calidad de íntegro : *era un hombre de gran integridad.*

íntegro, gra adj. Completo : *suma, paga íntegra.* ‖ Fig. Probo, honrado : *persona íntegra ; jueces íntegros.*

intelección f. Entendimiento.

intelectivo, va adj. Que tiene virtud de entender : *potencia intelectiva.* ‖ — F. Facultad de entender.

intelecto m. Entendimiento o inteligencia.

intelectual adj. Relativo al entendimiento : *las facultades intelectuales.* ‖ Espiritual, incorpóreo. ‖ — M. y f. Persona dedicada al cultivo de las ciencias y letras.

intelectualidad f. Entendimiento. ‖ Conjunto de los intelectuales o personas dedicadas al cultivo de las ciencias y letras.

intelectualismo m. Doctrina filosófica que afirma la preeminencia de la inteligencia sobre los sentimientos y la voluntad.

inteligencia f. Facultad de concebir, conocer y comprender las cosas : *inteligencia despierta, privilegiada.* || Comprensión. || Habilidad, destreza : *hacer las cosas con inteligencia.* || Acuerdo. || Trato y correspondencia secreta : *tener inteligencia con el enemigo.* || *Mil.* Servicio de información. || Anglicismo por *servicio de policía secreta.*

inteligente adj. Dotado de inteligencia : *hombre inteligente* (ú. t. c. s.). || Que comprende fácilmente : *un alumno inteligente.* || Que denota inteligencia : *contestación inteligente y muy apropiada.*

inteligibilidad f. Calidad de inteligible.

inteligible adj. Que se puede comprender. || Que se oye clara y distintamente : *sonido inteligible.*

Intelligence Service, conjunto de los servicios especiales británicos encargados de conseguir informaciones para darlas a conocer al gobierno.

intelligentsia f. (pal. rusa). Intelectualidad, conjunto de los intelectuales de un país.

intemerata f. *Fam.* Atrevimiento. || *Saber la intemerata,* saber mucho.

intemperancia f. Falta de templanza.

intemperante adj. Falto de templanza.

intemperie f. Destemplanza del tiempo. || *A la intemperie,* a cielo descubierto, al raso.

intempestivo, va adj. Inoportuno.

intemporal adj. No temporal.

intención f. Determinación de hacer algo : *tenían intención de salir.* || Deseo : *las últimas intenciones de un moribundo.* || Fin por el que se celebra un acto religioso : *misa a la intención de los difuntos.* || — *Curar de primera intención,* hacer la cura provisional a un herido. || *Fam. Segunda intención,* doblez.

intencionado, da adj. Que tiene ciertas intenciones buenas o malas.

intencional adj. Deliberado.

intencionalidad f. Carácter de intencional.

intendencia f. Dirección y gobierno de una cosa. || Cargo, jurisdicción y oficina del intendente. || Cierta división administrativa en algunos países : *la intendencia de Arauca en Colombia.* || *Intendencia militar,* la encargada de proveer a las necesidades de la tropa y a la administración del ejército.

intendenta f. Mujer del intendente o que lleva a cabo sus funciones.

intendente m. Jefe superior económico. || Jefe de los servicios de administración militar.

intensidad f. Grado de energía de un agente natural o mecánico. || *Electr.* Cantidad de electricidad de una corriente continua en la unidad de tiempo. || *Fig.* Fuerza : *la intensidad de una pasión.*

intensificación f. Aumento de la intensidad.

intensificador, ra adj. Que intensifica.

intensificar v. t. Hacer que una cosa tenga mayor intensidad : *intensificar el comercio* (ú. t. c. pr.).

intensivo, va adj. Que tiene el carácter de intenso : *producción intensiva.* || — *Cultivo intensivo,* aprovechamiento máximo del terreno para darle un cultivo de gran rendimiento. || *Jornada intensiva,* horario continuo de ciertos establecimientos.

intenso, sa adj. Que tiene intensidad, muy fuerte : *frío intenso.* || *Fig.* Muy grande y vivo : *amor intenso.*

intentar v. t. Esforzarse por hacer algo : *intentar ascender en la jerarquía.* || Preparar, iniciar la ejecución de una cosa : *intentar un proceso.*

intento m. Propósito, intención. || Cosa intentada, tentativa : *un intento de sublevación.* || *De intento,* a propósito, adrede.

intentona f. *Fam.* Tentativa temeraria, especialmente si ha fracasado.

inter adv. Ínterin.

interacción f. Influencia recíproca.

interaliado, da adj. Común a varios aliados : *comité interaliado.*

interamericano, na adj. Relativo a las naciones de América.

interandino, na adj. Relativo a los Estados o naciones que están a uno y otro lado de los Andes.

intercadencia f. Irregularidad en el pulso, en el estilo, en los afectos.

intercalación f. Agregación de una cosa entre otras.

intercalar v. t. Interponer o poner una cosa entre otras.

intercambiable adj. Dícese de las cosas que pueden sustituirse unas por otras : *piezas intercambiables.*

intercambiador, ra adj. Que intercambia (ú. t. c. s.).

intercambiar v. t. Cambiar : *intercambiar informes, publicaciones.*

intercambio m. Reciprocidad de servicios entre una persona o una entidad y otra : *intercambio cultural.*

interceder v. i. Pedir algo por otro.

intercelular adj. Situado entre las células : *sustancia intercelular.*

intercepción f. Interrupción, detención. || Ataque por cazas o cohetes para destruir los aviones enemigos.

interceptar v. t. Apoderarse de algo antes de llegar a su destino : *interceptar la correspondencia.* || Detener una cosa en su camino : *interceptar un tren.* || Interrumpir, obstruir.

intercesión f. Petición en nombre de otro.

intercesor, ra adj. y s. Que intercede.

interclasista adj. Dominado desde siempre por la misma clase social.

intercomunicación f. Comunicación recíproca. || Comunicación telefónica entre varias personas.

interconexión f. Conexión entre dos o más personas o cosas.

interconexo, xa adj. Que tiene conexión con algo.

interconfederal adj. Relativo a las confederaciones.

interconfesional adj. Que profesa la misma confesión.

intercontinental adj. Común a dos o más continentes.

intercostal adj. Que está entre las costillas : *espacio intercostal.*

interdependencia f. Dependencia recíproca.

interdicción f. *For.* Privación de los derechos de una persona a causa de un delito *(interdicción penal)* o por ser menor de edad, loco o con algún defecto previsto por la ley *(interdicción civil).*

interdicto m. Entredicho. || *For.* Juicio posesorio de carácter sumario. || Persona que está en estado de interdicción.

interdigital adj. Que se halla entre los dedos : *membrana interdigital.*

interdisciplinar adj. Que implica una relación entre varias disciplinas.

interés m. Provecho, utilidad, ganancia, lucro : *dejarse guiar por el interés.* || Rédito, beneficio producido por el dinero prestado : *dinero invertido en alguna empresa y que proporciona una renta.* Ú. m. en pl. : *tener intereses en una compañía.* || Valor intrínseco que tiene algo : *descubrimiento de gran interés.* || *Fig.* Inclinación hacia alguna persona o cosa : *tomarse interés por uno ; mostrar interés por las ciencias.* || Curiosidad y atención : *escuchar una conferencia con mucho interés.* || Deseo : *tengo interés en adquirir ese libro.* || — Pl. Bienes materiales de alguien : *es el encargado de mis intereses.* || Conveniencias : *sólo mira mis intereses.* || — *Com. Interés simple,* el devengado por un capital sin tener en cuenta los intereses anteriores. || *Interés compuesto,* el devengado por el capital aumentado con los intereses anteriores.

interesado, da adj. y s. Que tiene interés en una cosa : *empleado interesado.* || Llevado por el interés.

interesante adj. Que tiene interés : *película interesante.* || Atractivo : *mujer interesante.* || Ventajoso : *oferta interesante.* || *Estado interesante,* estado de una mujer embarazada.

interesar v. t. Dar parte a uno en un negocio : *interesar a los obreros en los beneficios de una empresa.* || Importar : *me interesa saberlo.* || Captar la atención : *esta lectura me interesa.* ||

Inspirar interés a una persona. || Afectar : *la herida le interesa un pulmón.* || — V. i. pr. Tener interés.

interestelar adj. Entre los astros.

interfecto, ta adj. y s. Dícese de la persona muerta violentamente. || *Fam.* Dícese de la persona de quien se habla.

interferencia f. *Fís.* Fenómeno que resulta de la superposición de dos o más movimientos vibratorios de la misma frecuencia. || Perturbación en las emisiones de radio o televisión causadas por este fenómeno. || *Fig.* Coincidencia en la actuación de personas u organismos que perturba el normal funcionamiento de algo. || Acción de interponerse, intromisión.

interferir v. i. *Fís.* Producir interferencias. || *Fig.* Interponerse, injerirse.

interfono m. Instalación telefónica que permite la comunicación entre diversas partes de un mismo edificio. || Portero automático.

ínterin m. Intervalo entre dos acontecimientos. || Interinidad. || — Adv. Entretanto, mientras.

interinar v. t. Ocupar interinamente.

interinato m. *Amer.* Cargo, empleo interino.

interinidad f. Calidad de interino. || Situación interina. || Tiempo que dura.

interino, na adj. y s. Que ocupa provisionalmente un puesto o cargo en sustitución de otro : *juez interino.* || — F. *Fam.* Asistenta, criada pagada por horas.

interior adj. Que está en la parte de dentro : *patio, jardín interior.* || Que no da a la calle : *habitación interior.* || Propio de la nación y no del extranjero : *comercio, política interior.* || Del espíritu : *vida interior.* || Que se lleva directamente encima del cuerpo : *ropa interior.* || *Fig.* Que se siente en el alma : *una voz interior.* || — M. La parte de dentro : *el interior de una casa.* || Intimidad, sentimientos propios : *en mi interior siento un malestar.* || Parte de un país distante de las fronteras o de la costa. (En algunos países de América, todo el país, salvo la capital). || Habitación sin vistas a la calle. || En el fútbol, delantero situado entre el extremo y el delantero centro. || — Pl. Entrañas. || Ropa interior de una persona.

interioridad f. Calidad de interior. || Interior, intimidad. || — Pl. Cosas privadas de una persona o grupo. || Aspectos secretos : *las interioridades de un asunto.*

interiorización f. Acción y efecto de interiorizar.

interiorizar v. t. Retener para sí mismo. || Hacer más interior. || *Amer.* Dar a conocer los detalles de algo.

interjección f. *Gram.* Parte de la oración que comprende las exclamaciones con que se expresan de manera enérgica las emociones, los sentimientos o las órdenes, por ejemplo *¡ah!, ¡ay!, ¡arre!*

Interlaken, c. en el centro de Suiza (Berna). Turismo.

interlínea f. Espacio o escritura entre dos líneas.

interlineado m. Conjunto de los espacios blancos entre las líneas de un texto manuscrito o impreso.

interlinear v. t. Escribir entre dos líneas o renglones.

interlocutor, ra m. y s. Dícese de la persona que participan en una conversación.

interludio m. Breve composición musical que se ejecuta como intermedio. || *Fig.* Intermedio.

intermediación f. Mediación.

intermediar v. i. Mediar.

intermediario, ria adj. Que media entre dos o más personas : *agente intermediario* (ú. t. c. s.). || — M. y f. *Com.* Mediador entre el productor y el consumidor.

intermedio, dia adj. Que está en medio de los extremos de lugar o tiempo : *cuerpo intermedio.* || — M. Espacio, intervalo. || *Teatr.* Descanso entre las distintas partes de un espectáculo. || Divertimiento musical ejecutado en el entreacto. || *Por intermedio,* por conducto.

interminable adj. Que no tiene fin.

interministerial adj. Relativo a varios ministerios o que los relaciona entre sí : *comisión interministerial que resolvía los problemas comunes.*

intermitencia f. Calidad de intermitente. || *Med.* Intervalo entre dos accesos de fiebre.

intermitente adj. Dícese de lo que se interrumpe y vuelve a empezar de modo alternativo : *corriente, luz, fiebre intermitente.* || — M. Luz intermitente situada en los lados de los automóviles que sirve para avisar a los demás vehículos que el conductor va a cambiar de dirección o que va a detenerse a la izquierda o a la derecha.

intermuscular adj. Situado entre los músculos.

internacional adj. Que se verifica entre varias naciones : *partido, concurso, feria, exposición internacional.* || Relativo a varias naciones : *conferencia a nivel internacional.* || Dícese del deportista que ha intervenido en pruebas internacionales (ú. t. c. s.). || *Derecho internacional,* el que rige las relaciones entre las diferentes países. || — F. *La Internacional,* asociación de trabajadores de diversos países para la defensa de sus intereses ; himno revolucionario internacional de los partidos socialista y comunista.

internacionalidad f. Calidad de internacional.

internacionalismo m. Doctrina que defiende los intereses supranacionales sobre los nacionales. || Identidad de objetivos comunes propia de ciertas clases sociales o de ciertos grupos políticos de las diversas naciones. || Carácter internacional.

internacionalista adj. y s. Partidario del internacionalismo. || *For.* Especialista en Derecho internacional.

internacionalización f. Intervención de varios Estados o de un organismo internacional en el gobierno de una región. || Extensión a distintos países de un conflicto, de una crisis o de un problema.

internacionalizar v. t. Someter al régimen de internacionalización : *internacionalizar una ciudad.* || Convertir en internacional lo que era nacional : *internacionalizar un conflicto.*

internado, da adj. y s. Encerrado en un manicomio, asilo, campo de concentración, etc. || — M. Estado del alumno interno. || Conjunto de alumnos internos y lugar donde habitan. || — F. En fútbol, penetración de un jugador por entre las líneas adversarias.

internamiento m. Reclusión de un enfermo en un hospital o asilo. || Reclusión de adversarios políticos o de soldados enemigos en un lugar seguro.

internar v. t. Conducir tierra adentro a una persona o cosa. || Recluir, encerrar : *internar en un campo de concentración.* || Poner a un niño en un internado o a un enfermo en un centro sanitario. || — V. pr. Penetrar : *internarse en un bosque.* || *Fig.* Introducirse en la intimidad de alguno. | Profundizar en una materia. || En fútbol y en otros deportes, penetrar un jugador por entre las líneas adversarias.

internista adj. Dícese del médico que trata las enfermedades de los órganos internos y que no interviene quirúrgicamente (ú. t. c. s.).

interno, na adj. Que está dentro, interior : *hemorragia interna.* || Dícese del alumno que reside en el colegio donde efectúa los estudios (ú. t. c. s.). || Dícese de la medicina que trata de las enfermedades de los órganos internos que no requieren intervención quirúrgica. || Dícese del médico que se inicia en la práctica de la medicina en un hospital a las órdenes de un jefe de servicio (ú. t. c. s.).

interoceánico, ca adj. Que pone en comunicación dos océanos.

interparlamentario, ria adj. Dícese de las comunicaciones y organizaciones que enlazan la actividad internacional entre las representaciones legislativas de diferentes países.

interpelación f. Acción y efecto de interpelar.

interpelante adj. Dícese del que interpela (ú. t. c. s.).

interpelar v. t. Recurrir a alguien para solicitar algo. || Exigir a uno explicaciones sobre un hecho. || En el Parlamento, suscitar una discusión ajena a los proyectos de ley : *interpelar a un ministro.*

interpenetración f. Penetración mutua.

interplanetario, ria adj. Situado entre los planetas : *espacio interplanetario.* || Que puede alcanzar esta zona del cosmos : *cohete interplanetario.*

Interpol, abreviatura de la *Organización Internacional de Policía Criminal,* organismo con sede en París, creado en 1923 y reorganizado en 1946. Tiene como función la colaboración de las policías de los países componentes en la persecución de los delitos.

interpolación f. Acción y efecto de interpolar.

interpolar v. t. Interponer, intercalar una cosa entre otras. || Introducir en una obra capítulos o pasajes que no le pertenecen.

interponer v. t. Poner una cosa o persona entre otras. || *For.* Entablar algún recurso legal, como el de nulidad, de apelación, etc. || *Fig.* Hacer intervenir : *interponer su autoridad.* || — V. pr. *Fig.* Interferir como mediador o constituyendo un obstáculo o barrera.

interposición f. Acción y efecto de interponer o interponerse.

interpósito, ta adj. *Méx.* Que interviene o media : *a través de interpósitas personas.*

interpretación f. Acción y efecto de interpretar.

interpretador, ra adj. y s. Que interpreta.

interpretar v. t. Explicar el sentido de algo que no está expresado claramente : *interpretar un texto.* || Dar a algo una determinada significación : *interpreto esta actitud como ofensiva.* || Traducir oralmente de una lengua a otra. || Representar un papel en una obra de teatro. || Ejecutar un trozo de música, una canción, etc. : *interpretó un concierto de Chopin.*

interpretariado m. Profesión de intérprete.

intérprete com. Persona que traduce de viva voz de una lengua a otra. || Persona que interpreta un texto o que da forma o explica lo que piensan los demás : *me hago intérprete de la mayoría de mis compañeros.* || Artista que representa un papel o ejecuta una obra musical.

interprofesional adj. Común a varias o a todas las profesiones.

interpuesto, ta adj. Puesto entre otras cosas.

interregno m. Período durante el cual un país está sin soberano. || *Fig.* Espacio de tiempo entre una cosa y otra.

interrelacionar v. t. Relacionar varias cosas entre sí.

interrogación f. Pregunta : *responder a una interrogación.* || *Gram.* Signo ortográfico (¿ ?) que se pone al principio y al fin de una palabra o frase interrogativa.

interrogador, ra adj. y s. Que interroga.

interrogante adj. Que interroga. || — M. Pregunta, incógnita.

interrogar v. t. Preguntar, hacer una o más preguntas.

interrogativo, va adj. Que denota interrogación : *frase interrogativa.* || Que sirve para expresar la interrogación : *pronombre interrogativo.*

interrogatorio m. Serie de preguntas que se dirigen a una persona. || Acto de dirigir estas preguntas. || Papel en el que están consignadas estas preguntas.

interrumpir v. t. Suspender la continuación de una cosa. || Cortar la palabra a uno : *le interrumpió en una pregunta.* || Interceptar : *interrumpir el paso.* || *Fig.* Cesar de hacer.

interrupción f. Detención o suspensión de algo. || *Interrupción voluntaria del embarazo,* aborto voluntario.

interruptor m. *Electr.* Dispositivo para interrumpir o establecer una corriente en un circuito.

intersección f. *Geom.* Encuentro de dos líneas, dos superficies o dos sólidos que se cortan. || Punto donde se cortan : *intersección de dos calles.*

intersecretarial adj. *Amer.* Entre varias secretarías de Estado.

intersideral adj. *Astr.* Que se encuentra situado entre los astros.

intersindical adj. Entre sindicatos. || — F. Asociación que agrupa distintos sindicatos deseosos de luchar por objetivos comunes.

intersticio m. Espacio pequeño entre dos cuerpos o entre las partes de un mismo cuerpo. || Intervalo.

intertropical adj. Relativo a la zona situada entre dos trópicos.

interurbano, na adj. Dícese de las relaciones y servicios de comunicación entre distintos barrios de una misma ciudad, o entre dos poblaciones : *teléfono interurbano.*

intervalo m. Distancia que hay de un tiempo a otro o de un lugar a otro : *entre sus dos visitas hubo un intervalo de un mes.* || Espacio de tiempo : *le he visto tres veces en un intervalo de cuatro días.* || *Mús.* Diferencia de tono entre los sonidos de dos notas. || *Arg.* Descanso en un partido deportivo. || *A intervalos,* de tiempo en tiempo.

intervención f. Acción y efecto de intervenir. || Oficina del interventor. || Operación quirúrgica. || Acción de intervenir una nación en los asuntos internos de otra.

intervencionismo m. Doctrina política que preconiza la intervención del Estado en los asuntos privados o de una nación en los conflictos exteriores o en los asuntos internos de otra.

intervencionista adj. Relativo al intervencionismo. || Partidario de él (ú. t. c. s.).

intervenir v. i. Participar en un asunto : *intervenir en una negociación.* || Interponer uno su autoridad. || Mediar : *intervenir en una disputa.* || Entremeterse : *intervenir en los asuntos de los demás.* || Actuar, entrar en juego. || Ocurrir, suceder. || — V. t. Examinar cuentas. || Realizar una operación quirúrgica. || Vigilar, controlar : *intervinieron mis comunicaciones telefónicas.*

interventor, ra adj. y s. Que interviene. || — M. y f. Empleado que examina y fiscaliza ciertas operaciones a fin de que se hagan con legalidad.

interviú f. Entrevista.

interviuvar v. t. Entrevistar.

intervocálico, ca adj. Dícese de la consonante entre dos vocales.

intestado, da adj. *For.* Que muere sin hacer testamento.

intestinal adj. *Anat.* Relativo a los intestinos : *conducto intestinal.*

intestino, na adj. Interno, interior : *discordias intestinas.* || — M. Tubo membranoso plegado en numerosas vueltas y que va desde el estómago hasta el ano : *el intestino se divide, según su diámetro, en dos partes, el intestino delgado que comprende el duodeno, yeyuno e íleon, y el intestino grueso, con el ciego, el colon y el recto.*

Inti, dios del Sol de los incas y progenitor de la dinastía real.

Intibucá, sierra en el S. de Honduras. — Dep. en el S. de Honduras occidental ; cap. *La Esperanza.*

intibucano, na adj. y s. De Intibucá (Honduras).

Intihuatana, ruinas de un templo inca del Perú, cerca de Pisac (Cuzco).

Intihvasi, yacimiento prehistórico de la Argentina en la prov. de San Luis.

intimación f. Notificación, exhortación, advertencia severa.

intimar v. t. e i. Notificar con autoridad : *intimar una orden, a un pago.* || — V. i. Trabar profunda amistad con alguien.

intimidación f. Acción y efecto de intimidar.

intimidad f. Amistad íntima. || Carácter de lo que es íntimo. || Sentimientos y pensamientos más profundos de una persona. || — Pl. Partes pudendas.

intimidar v. t. Infundir miedo.

intimismo m. Manera de ser intimista. || Carácter íntimo.

intimista adj. Dícese de la poesía que expresa los sentimientos más íntimos o de la pintura que representa escenas de familia o del hogar. ‖ De gran intimidad o profundidad, que expresa sentimientos o emociones muy íntimos y delicados.

íntimo, ma adj. Interior : *convicción íntima*. ‖ Privado : *la vida íntima*. ‖ Muy estrecho : *amistad íntima*. ‖ Hecho en la intimidad : *reunión íntima*. ‖ — M. Amigo muy querido y de confianza.

intitular v. t. Dar título.

intocable adj. Que no puede tocarse. ‖ — Pl. Miembros de ciertas castas inferiores en la India.

intolerable adj. Que no se puede tolerar.

intolerancia f. Actitud agresiva contra las personas que profesan diferentes ideas religiosas o políticas. ‖ Med. Repugnancia del organismo para ciertos alimentos o medicinas.

intolerante adj. y s. Que tiene el defecto de la intolerancia.

intonso, sa adj. Que tiene el cabello sin cortar.

intoxicación f. Introducción de un veneno en el organismo. ‖ Fig. Influencia insidiosa.

intoxicar v. t. Envenenar, emponzoñar (ú. t. c. pr.). ‖ Fig. Ejercer una influencia insidiosa en una persona para sensibilizarla.

intracelular adj. Intercelular.

intradós m. Arq. Superficie cóncava de un arco o bóveda.

intraducible adj. Que no se puede traducir : *texto intraducible*.

Intramontana, valle de O. de Cuba (Pinar del Río).

intramuros adv. En el recinto interior de una ciudad.

intramuscular adj. En el interior de los músculos : *inyección intramuscular*.

intranquilidad f. Falta de tranquilidad, desasosiego.

intranquilizar v. t. Quitar la tranquilidad, desasosegar.

intranquilo, la adj. Falto de tranquilidad, inquieto.

intrascendencia f. Calidad, condición de intranscendente.

intrascendental adj. No transcendental.

intrascendente adj. No transcendente.

intransferible adj. No transferible.

intransigencia f. Carácter, condición de intransigente.

intransigente adj. y s. Que no transige : *política intransigente*.

intransitable adj. Dícese del lugar por el cual se transita muy difícilmente : *carretera intransitable*.

intransitivo, va adj. En gramática, que no pasa del sujeto a un objeto : *acción intransitiva*. ‖ *Verbo intransitivo*, el que no admite complemento directo, como *nacer, morir, ir*.

intransmisible adj. Que no puede ser transmitido.

intratable adj. Con el cual es difícil tratar por insociable o grosero.

intravenoso, sa adj. En el interior de las venas : *inyección intravenosa*.

intrepidez f. Valor, valentía.

intrépido, da adj. Valiente.

intriga f. Maquinación, trama para conseguir un fin : *intrigas políticas*. ‖ Enredo : *la intriga de una novela*.

intrigado, da adj. Curioso por saber algo.

intrigante adj. y s. Que intriga.

intrigar v. i. Tramar maquinaciones. ‖ — V. t. e i. Excitar la curiosidad.

intrincado, da adj. Enmarañado, espeso : *bosque intrincado*. ‖ Confuso, complicado, enredado : *problema intrincado*.

intrincamiento m. Embrollo.

intrincar v. t. Embrollar, enredar.

intríngulis m. Fam. Razón oculta. ‖ Dificultad, nudo, quid : *el intríngulis de la cuestión*.

intrínseco, ca adj. Íntimo, esencial : *mérito, valor intrínseco*.

introducción f. Acción y efecto de introducir o introducirse : *la introducción del aire en los pulmones*. ‖ Preámbulo de un libro. ‖ Preparación del conocimiento a una cosa : *introducción al estudio de la física*. ‖ Mús. Parte inicial de una composición instrumental.

introducir v. t. Hacer entrar : *la don-*

cella le introdujo en la sala; introducir la llave en el ojo de la cerradura; introducir contrabando en un país. ‖ Fig. Hacer adoptar : *introducir una costumbre o moda*. ‖ Hacer que uno sea recibido en un lugar o sociedad : *introducir a uno en la Corte*. ‖ Hacer aparecer : *introducir el desorden, el pánico*. ‖ — V. pr. Meterse.

introductor, ra adj. y s. Que introduce. ‖ *Introductor de embajadores*, funcionario encargado de presentar los embajadores al Jefe del Estado.

introito m. Oración que el sacerdote al principio de la misa. ‖ Preámbulo de un escrito o de una oración.

intromisión f. Acción y efecto de entrometer o entrometerse.

introspección f. Examen que la conciencia hace de sí misma.

introspectivo, va adj. Relativo a la introspección : *examen introspectivo*.

introversión f. Repliegue del alma sobre sí misma.

introvertido, da adj. Que presenta introversión (ú. t. c. s.).

intrusión f. Acción de introducirse sin derecho en un sitio.

intrusismo m. Ejercicio fraudulento de una profesión o de un comercio.

intrusista adj. Dícese de lo que tiene carácter de intrusión : *comercio intrusista*.

intruso, sa adj. y s. Que se introduce sin derecho en alguna parte. ‖ Que ocupa sin derecho algún puesto o que ejerce fraudulentamente una profesión.

intubación f. Med. Introducción de un tubo en la laringe para impedir la asfixia.

intubar v. t. Hacer la intubación.

intuición f. Acción y efecto de intuir.

intuir v. t. Percibir clara o instantáneamente una idea o verdad sin ayuda de la razón.

intuitivo, va adj. Relativo a la intuición : *potencia intuitiva*. ‖ Que obra guiado por la intuición (ú. t. c. s.).

intumescencia f. Hinchazón.

inundación f. Acción y efecto de inundar o inundarse : *las lluvias excesivas provocaron inundaciones*. ‖ Fig. Abundancia excesiva.

inundar v. t. Cubrir de agua un lugar. Ú. t. c. pr. : *se inundó el cuarto de baño*. ‖ Fig. Llenar por completo : *la multitud inundó la plaza*.

Inurria (Mateo), escultor español (1869-1924), restaurador de la mezquita de Córdoba.

inusitado, da adj. No usado, no frecuente.

inusual adj. Poco usual, raro.

inútil adj. Que no es útil. ‖ Incapaz de lograr un objetivo. ‖ Dícese del que es incapaz de hacer algo de provecho o de trabajar a causa de una incapacidad física (ú. t. c. s.). ‖ Dícese de la persona que no es apta para hacer el servicio militar (ú. t. c. s.).

inutilidad f. Calidad de inútil.

inutilizar v. t. Hacer inútil una cosa (ú. t. c. pr.). ‖ Destruir, poner fuera de funcionamiento. ‖ Impedir la buena utilización de una cosa : *el piano de cola inutiliza el salón*.

invadir v. t. Acometer, entrar por fuerza en una parte : *los árabes invadieron la Península Ibérica en 711*. ‖ Fig. Llenar un sitio alguna cosa muy numerosa : *los turistas invaden el país*. ‖ Apoderarse del ánimo un sentimiento.

invaginación f. Repliegue en sí misma de una porción de un órgano hueco, como el intestino.

invalidación f. Acción y efecto de invalidar.

invalidar v. t. Hacer inválida o de ningún valor y efecto una cosa.

invalidez f. Falta de validez : *la invalidez de un documento*. ‖ Calidad de inválido : *la invalidez de un anciano*.

inválido, da adj. Que no puede desplazarse o ejercer alguna actividad por tener algún miembro tullido o cortado : *trabajador, soldado inválido* (ú. t. c. s.). ‖ Fig. Que no tiene las condiciones fijadas por la ley : *donación inválida; matrimonio inválido*.

invar m. Aleación de acero y níquel.

invariabilidad f. Calidad de invariable.

invariable adj. Que no padece ni puede padecer variación. ‖ Inmuta-

ble : *clima invariable*. ‖ Gram. Dícese de las palabras que no sufren modificación : *los adverbios, las conjunciones son invariables*.

invasión f. Irrupción en un país de fuerzas militares extranjeras. ‖ Fig. Presencia masiva de personas, animales o cosas en algún sitio : *una invasión de turistas*. ‖ Difusión rápida : *la invasión de ideas nuevas*.

invasor, ra adj. y s. Que invade.

invectiva f. Discurso violento, ofensivo. ‖ Palabra ofensiva, injuria.

invencible adj. Que no puede ser vencido. ‖ Fig. Imposible de superar.

invención f. Acción y efecto de inventar : *la invención del telégrafo*. ‖ Invento. ‖ Ficción, engaño : *todo lo que cuenta es pura invención*. ‖ Hallazgo, descubrimiento : *la Invención de la Santa Cruz*.

invendible adj. Que no se puede vender.

inventar v. t. Hallar una cosa nueva. ‖ Crear por medio de la imaginación : *inventar cuentos de hadas*. ‖ Contar como cierto lo que no lo es. Ú. t. c. pr. : *me inventé una mentira*.

inventariar v. t. Hacer el inventario.

inventario m. Relación ordenada de los bienes, derechos y obligaciones de una persona o comunidad. ‖ Documento en que se hace esta relación. ‖ Com. Estimación de las mercancías en almacén y de los diversos valores que componen la fortuna del comerciante. ‖ Fig. A beneficio de inventario, con prudencia y reservas.

inventivo, va adj. Capaz de inventar. ‖ — F. Facultad de inventar.

invento m. Cosa inventada.

inventor, ra adj. y s. Que inventa.

Invercargill, c. de Nueva Zelanda en la isla del Sur.

invernáculo m. Invernadero.

invernada f. Invierno. ‖ Amer. Tiempo del engorde del ganado y campo destinado para dicho engorde. ‖ Invernadero.

invernadero m. Sitio para pasar el invierno. ‖ Paraje donde pastan los ganados en invierno. ‖ Cobertizo acondicionado donde se ponen ciertas plantas durante el invierno. ‖ Fam. Amer. Lugar acogedor.

invernal adj. Relativo al invierno.

invernar v. i. Pasar el invierno en una parte : *invernar en Canarias*. ‖ Ser tiempo de invierno. ‖ Amer. Pastar el ganado en un invernadero.

Inverness, c. y puerto en el norte de Escocia, cap. de la región de Highlands. Turismo.

inverosímil adj. Que no tiene apariencia de verdad.

inverosimilitud f. Calidad de inverosímil.

inversión f. Acción y efecto de invertir : *la inversión de los términos de una proposición*. ‖ Colocación de dinero en una empresa : *una inversión rentable*. ‖ Med. Desviación de un órgano. ‖ Homosexualidad.

inversionista adj. Dícese de la persona o entidad que invierte capital (ú. t. c. s.).

inverso, sa adj. Opuesto a la dirección natural de las cosas : *en sentido inverso*. ‖ — A la inversa de, contrariamente a. ‖ Mat. Razón inversa, relación en la cual un término crece cuando el otro disminuye.

inversor, ra adj. y s. Inversionista. ‖ — M. Electr. Dispositivo para invertir el sentido de una corriente.

invertebrado, da adj. Dícese de los animales que carecen de columna vertebral, como los insectos y los crustáceos (ú. t. c. s.).

invertido, da adj. Que es resultado de invertir. ‖ Homosexual (ú. t. c. s.).

invertir v. t. Cambiar completamente el sentido u orden de las cosas. ‖ Cambiar simétricamente : *el espejo invierte los objetos*. ‖ Colocar un capital en una empresa. ‖ Emplear el tiempo : *invertir dos horas en un recorrido*. ‖ Mat. Cambiar de lugar los dos términos de cada razón o proporción.

investidura f. Acción y efecto de investir : *la investidura de un obispo*. ‖ Carácter que confiere la toma de posesión de ciertos cargos o dignidades.

investigación f. Acción y efecto de

investigar : *investigación geográfica.* ‖ Búsqueda, indagación : *una investigación de la policía.* ‖ **Investigación científica,** conjunto de trabajos destinados al descubrimiento de nuevas técnicas en el campo de las ciencias.

investigador, ra adj. y s. Que investiga.

investigar v. t. Indagar, hacer diligencias para descubrir una cosa : *investigar la causa de un fenómeno.* ‖ — V. i. Hacer investigaciones.

investir v. t. Conferir una dignidad.

inveterado, da adj. Arraigado : *costumbre inveterada.*

inviabilidad f. Calidad de inviable.

inviable adj. No viable.

invicto, ta adj. No vencido.

invidente adj. Dícese de la persona que carece del sentido de la vista (ú. t. c. s.).

invierno m. Estación fría del año, entre el otoño y la primavera, que en el hemisferio norte va desde el 22 de diciembre al 22 de marzo y en el hemisferio sur desde el 22 de junio al 22 de septiembre.

inviolabilidad f. Calidad de inviolable : *inviolabilidad de domicilio.*

inviolable adj. Que no se debe o no se puede violar : *secreto inviolable.* ‖ Que goza de inviolabilidad : *asilo inviolable.*

invisibilidad f. Carácter de invisible.

invisible adj. Que no se ve.

invitación f. Acción y efecto de invitar. ‖ Tarjeta con que se invita.

invitado, da m. y f. Persona que ha sido invitada.

invitar v. t. Convidar : *invitar a una cena, a una copa.* ‖ *Fig.* Incitar : *el tiempo invita a quedarse en casa.* ‖ Indicar : *invitó a que fuésemos.*

invocación f. Oración o ruego a una persona.

invocador, ra adj. y s. Que invoca.

invocar v. t. Pedir la ayuda de Dios o de los santos : *invocar a la Virgen.* ‖ Llamar, pedir ayuda a uno en su favor. ‖ *Fig.* Alegar en defensa propia : *invocar una ley.*

invocatorio, ria adj. Que sirve para invocar o llamar.

involución f. Conjunto de modificaciones regresivas que ocurren en un organismo o en una cosa. ‖ *Fig.* Regresión.

involucionista adj. Regresivo.

involucrar v. t. Mezclar en un discurso o escrito asuntos ajenos al objeto de aquellos. ‖ *Fig.* Mezclar (ú. t. c. pr.). ‖ Enredar, confundir (ú. t. c. pr.). ‖ Meter (ú. t. c. pr.).

involuntario, ria adj. No voluntario : *falta involuntaria.*

involutivo, va adj. Referente a la involución.

invulnerabilidad f. Carácter de invulnerable.

invulnerable adj. Que no puede ser herido o afectado por algo.

inyección f. Introducción a presión de una sustancia líquida o semilíquida dentro de un cuerpo. ‖ *Med.* Administración de un medicamento en las cavidades orgánicas por este sistema. ‖ Sustancia contenida en una ampolla que se introduce con jeringuilla : *una inyección de penicilina.* ‖ *Fig.* Aportación masiva de fondos o capitales. ‖ *Motor de inyección,* motor de explosión que carece de carburador y en el que el carburante se introduce directamente en los cilindros.

inyectable adj. *Med.* Dícese de las sustancias preparadas para inyectar (ú. t. c. s. m.).

inyectado, da adj. Rojo, encendido : *tenía la cara roja y los ojos inyectados de sangre.*

inyectar v. t. Introducir a presión una sustancia dentro de otra : *inyectar creosota en la madera.* ‖ *Med.* Introducir un medicamento en el organismo mediante una aguja o jeringa : *inyectar morfina.* ‖ *Fig.* Dar, proporcionar : *inyectar energía.* ‖ Aportar fondos o capitales. ‖ — V. pr. Enrojecer por el aflujo de sangre : *se le inyectaron los ojos.*

inyector m. Aparato para introducir a presión un fluido en un mecanismo. ‖ Aparato para alimentar en agua las calderas de vapor.

340   iodo m. Yodo.

ion m. *Quím.* Partícula dotada de una carga eléctrica y que está formada por un átomo o grupo de átomos que ha ganado o perdido uno o varios electrones.

Ionesco (Eugène), dramaturgo francés, de origen rumano, n. en 1912, autor de *La cantante calva, La lección, Las sillas, El rinoceronte, Amadeo o ¿cómo salir del paso?, El cuadro, Asesino sin gajes, El rey se muere.*

ionización f. *Quím.* Formación de iones en un gas o en un electrólito.

ionizar v. t. Producir la ionización.

ionosfera f. Capa ionizada de la atmósfera situada entre los 60 y los 600 km de altura, en la cual se reflejan las ondas hertzianas.

Íos o **Nío,** isla griega de las Cícladas, entre Naxos y Santorín.

iota f. Novena letra del alfabeto griego (ι), que corresponde a la *i* vocal castellana.

Iowa [*áioua*], uno de los Estados Unidos de Norteamérica, en el centro del país ; cap. *Des Moines.*

Ipala, laguna y cima volcánica al E. de Guatemala (Chiquimula) ; 1 670 m.

ipecacuana f. Planta rubiácea de América del Sur. ‖ Su raíz.

Ipiales, mun. y c. en el SO. de Colombia, en la frontera con Ecuador (Nariño). Obispado. Fundada en 1585.

Ipiranga (*Grito de*). V. YPIRANGA.

Ipoh, c. de Malaysia, cap. del Estado de Perak. En sus cercanías, estaño.

ipsilon f. Vigésima letra del alfabeto griego (υ), que corresponde a nuestra *i griega* o *ye.*

Ipso, pobl. de la ant. Frigia (Asia Menor), donde, en 301 a. de J. C., Antígono, general de Alejandro Magno, fue derrotado y muerto por Seleuco y Lisímaco.

ipso facto loc. lat. Inmediatamente, en el acto.

Ipswich [*ipsuich*], c. en el E. de Inglaterra, cap. del condado de Suffolk.

iqueño, ña adj. y s. De Ica (Perú).

Iquique, c. y puerto del N. de Chile, cap. de la I Región (Tarapacá) y de la prov. y com. que llevan su n. (Hab. *iquiqueños*). Obispado. Salitre. Ocupada en 1879 por las tropas chilenas.

iquiqueño, ña adj. y s. De Iquique (Chile).

iquiteño, ña adj. y s. De Iquitos (Perú).

Iquitos, c. y puerto fluvial en el N. del Perú, cap. de la prov. de Mainas y del dep. de Loreto. Principal centro urbano de la región amazónica peruana. Universidad. Vicariato apostólico. Algodón, caucho.

ir v. i. Moverse hacia cierto sitio : *fueron al campo en coche.* ‖ Presenciar algún espectáculo : *no le gusta ir a los toros.* ‖ Dar clases : *todavía va al colegio.* ‖ Convenir : *te irá bien una temporada en el campo.* ‖ Venir, acomodarse una cosa con otra, sentar : *esto va a maravilla.* ‖ Extenderse : *la calle va del bulevar a la avenida.* ‖ Haber diferencia : *¡lo que va del padre al hijo!* ‖ Obrar, proceder : *ir con cautela.* ‖ Marchar, dar ciertos resultados : *su nueva empresa va muy en serio.* ‖ Ser : *lo que te he dicho va en serio.* ‖ Apostar. ‖ Con un gerundio, empezar a efectuarse la acción del verbo : *va clareando, anocheciendo.* ‖ Con el participio pasivo de algunos verbos, estar : *ir rendido.* ‖ Con la prep. *con,* llevar, tener : *ir con cuidado.* ‖ Con la prep. *a* y un infinitivo, estar a punto de empezar la acción del verbo : *iba a gritar cuando sonó un disparo.* ‖ Con la prep. *en,* importar, interesar : *en eso le va la vida o la honra.* ‖ Con la prep. *para,* acercarse a cierta edad : *va para dos años.* ‖ Con la prep. *por,* seguir una carrera : *ir por la Iglesia, por la milicia* ; también puede significar ir a buscar : *ir por carbón* ; y llegar a cierto número : *ya voy por el tercer bocadillo.* ‖ — *Fam. ¿Cómo le va?,* expresión familiar de saludo. ‖ *¿Cuánto va?,* fórmula de apuesta. ‖ *Fig. Ir adelante,* desenvolverse bien en la vida. ‖ *Fam. No me va ni me viene, no me importa.* ‖ *¡Qué va!,* interj. que se emplea para expresar incredulidad. ‖ *¡Vaya!,* interj. que se usa para expresar impaciencia, desagrado, incredulidad o indignación. ‖ — V. pr. Marcharse. ‖ Morirse : *irse de este mundo.* ‖ Salirse un líquido o rezumarse un recipiente : *este botijo se va.* ‖ Deslizarse : *se le fueron los pies.* ‖ Gastarse o perderse una cosa : *el dinero se va muy rápidamente.* ‖ Desaparecer : *esta mancha no se va ; su nombre se me ha ido de la cabeza.* ‖ Escaparse : *írsele a uno la mano.* ‖ — *Irse abajo,* derrumbarse, (fig.) fracasar. ‖ *Irse de la lengua,* hablar demasiado.

Ir, símbolo químico del *iridio.*

ira f. Cólera.

I. R. A., siglas de *Irish Republican Army,* ejército republicano irlandés que defiende la reunificación y la independencia total de la isla.

iracaba f. Árbol americano de la familia de las moráceas.

iracundia f. Propensión a la ira. ‖ Cólera o enojo.

iracundo, da adj. y s. Colérico.

Iradier (Manuel), explorador español (1854-1911). Hizo expediciones a Río Muni (África).

Iraí, mun. en el S. del Brasil (Rio Grande do Sul).

Irak o **Iraq,** Estado de Asia occidental que limita con Irán, Turquía, Siria, Jordania, Arabia Saudita, Kuwait y el golfo Pérsico ; 434 000 km² ; 13 800 000 h. (*iraquíes* o *iraqueses*). Cap. *Bagdad,* 2 970 000 h. ; c. pr. : *Mosul,* 990 000 h. ; *Basora,* 856 000 ; *Kirkuk,* 478 000 ; *Nejaf,* 220 000 ; *Arbil,* 98 000. Importantes yac. de petróleo.

IRAK

alturas : 500, 1000, 2000 m

IRAN

Irala (Domingo MARTÍNEZ DE). V. MARTÍNEZ.

Irán, ant. *Persia,* estado de Asia occidental, que se encuentra entre la U. R. S. S., el mar Caspio, Afganistán, Paquistán, el golfo Pérsico, Irak y Turquía ; 1 648 000 km² ; 37 200 000 h. *(iraníes).* Cap. *Teherán,* 5 000 000 h. ; c. pr.: *Tabriz,* 610 000 h. ; *Ispahán,* 690 000 ; *Meshed,* 690 000 ; *Abadán,* 315 000 ; *Chiraz,* 420 000 ; *Kermanshah,* 300 000. — Irán comprende esencialmente la vasta planicie del mismo nombre, limitada al N. por las montañas del Elburz y al S. por las de Zagros, Loristán y Fars. El interior del país es en gran parte desértico ; las grandes ciudades se hallan en la periferia. La principal riqueza es el petróleo de las regiones que limitan con el Irak y el Paquistán.

iraní adj. y s. Del Irán moderno.

iranio, nia adj. y s. De Irán.

Irapa, mun. al N. de Venezuela (Sucre), a orillas del golfo de Paria.

Irapuato, c. en el centro de México (Guanajuato), a orillas del río homónimo. Minería. Industrias.

Iraq. V. IRAK.

iraqués, esa adj. y s. Iraquí.

iraquí adj. y s. De Irak.

irascibilidad f. Propensión a irritarse.

irascible adj. Colérico.

Irauadi, río de Birmania que des. en el océano Índico por un extenso delta ; 2 250 km.

Irazú, volcán de la sierra Turrialba en el centro de Costa Rica y cerca de la c. de Cartago ; 3 452 m.

Irbid, c. en el norte de Jordania.

Iria Flavia, ant. c. fenicia y romana en España (Coruña).

Irian, n. de la parte indonesia de Nueva Guinea.

Iriarte (Tomás de), escritor español, n. en Orotava (Tenerife) [1750-1791], autor de célebres *Fábulas literarias,* en las que condena a los escritores que no observan los cánones del clasicismo.

iribú m. *Amer.* Zopilote.

iridáceas f. pl. Familia de plantas monocotiledóneas de flores decorativas y raíces tuberculosas, como el lirio cárdeno (ú. t. c. adj.).

iridiado, da adj. Combinado con iridio : *platino iridiado.*

iridio m. Metal blanco (símb., Ir), de número atómico 77, muy resistente a los agentes químicos.

Irigoyen (Bernardo de), político y abogado argentino (1822-1906). || ~ (HIPÓLITO). V. YRIGOYEN.

Iriondo, dep. al norte de la Argentina (Santa Fe) ; cap. Cañada de Gómez.

irire m. *Amer.* Calabaza con la que se toma chicha.

iris m. Arco que aparece en el cielo cuando la luz del Sol atraviesa unas partículas de agua en suspensión y que presenta los siete colores del espectro (rojo, anaranjado, amarillo, verde, azul, añil y violado). Se le llama también *arco iris.* || *Anat.* Membrana del ojo, situada detrás de la córnea y delante del cristalino, que está atravesada por la pupila.

irisación f. Reflejos que presenta un cuerpo como el arco iris.

irisar v. i. Presentar los colores del arco iris (ú. t. c. t.).

Irisarri (Antonio José de), escritor y político guatemalteco (1786-1868), autor de *El cristiano errante,* novela

autobiográfica. Luchó por la independencia de Chile y fue unos días Director Supremo (1814).

Irkutsk, c. de la U. R. S. S. en Siberia oriental, a orillas del río Angara y del lago Baikal. Industrias metalúrgica y química. Central hidroeléctrica.

Irlanda, en gaélico *Eire,* la más occidental y la más pequeña de las dos islas principales del archip. británico ; 83 900 km² ; 4 968 000 h. *(irlandeses).* — De clima muy húmedo y suave. La cría de bovinos y cerdos y el tejido del lino son sus principales recursos. La isla se divide en dos Estados desde 1921. El Ulster o *Irlanda del Norte* (13 564 km² ; 1 558 000 h., cap. *Belfast,* 444 000 h.), que forma parte del Reino Unido de Gran Bretaña, y la *República de Irlanda* o *Eire* (70 282 km² ; 3 600 000 h. *(irlandeses),* cap. *Dublín,* 700 000 h. ; c. pr.: *Cork,* 150 000 h. ; *Limerick,* 68 000 ; *Waterford,* 35 000 ; *Dun Laoghaire,* 60 000 ; *Galway,* 40 000). || ~ (MAR DE), mar formado por el Atlántico entre la Gran Bretaña e Irlanda. || ~ (Nueva). V. NUEVA IRLANDA.

irlandés, esa adj. y s. De Irlanda. || — M. Lengua irlandesa.

Iroise (MAR DE), parte del Atlántico entre la Bretaña francesa y el Cornualles británico. Gran riqueza petrolífera submarina.

ironia f. Burla consistente en decir lo contrario de lo que se quiere dar a entender.

irónico, ca adj. Lleno de ironía : *me contestó con unas palabras muy irónicas.*

ironizar v. t. Hablar o escribir con ironía.

iroqués, esa adj. y s. Dícese de una raza indígena de la América septentrional. (Los *iroqueses* vivían en los valles del río San Lorenzo y al SE. de los lagos Erie y Ontario.)

irracional adj. Que carece de razón : *animal irracional.* || Insensato, irrazonable : *conducta irracional.* || *Mat.* Aplícase a las raíces de los números que no son potencias perfectas, como la raíz cuadrada de 5. || — M. Animal.

irracionalidad f. Calidad de irracional.

irracionalismo m. *Fil.* Sistema que da preferencia a lo irracional.

irracionalista adj. Relativo al irracionalismo. || Que es partidario de él (ú. t. c. s.).

IRLANDA

alturas : 100. 500 m

irradiación f. Acción y efecto de irradiar. || *Fig.* Influencia, difusión.

irradiador, ra adj. Que irradia.

irradiar v. t. e i. Despedir un cuerpo rayos de luz, calor u otra energía en todas direcciones. || Someter un cuerpo a varias radiaciones. || *Fig.* Difundirse, tener influencia. | Despedir : *su cara irradiaba simpatía.*

Irrawaddy. V. IRAUADI.

irrazonable adj. No razonable.

irreal adj. No real.

irrealidad f. Condición de irreal.

irrealizable adj. Que no se puede realizar : *todos los proyectos expuestos son irrealizables.*

irrebatible adj. Indiscutible, que no se puede rebatir.

irreconciliable adj. Que no quiere reconciliarse.

irrecuperable adj. Que no se puede recuperar.

irrecusable adj. Que no se puede recusar.

irredentismo m. Acción política de los que aspiran a liberar de la dominación extranjera.

irredentista adj. Relativo al irredentismo. || Partidario de él (ú. t. c. s.).

irredento, ta adj. Dícese del territorio reivindicado por una nación por razones históricas o étnicas.

irreducible o **irreductible** adj. Que no se puede reducir.

irreemplazable adj. No reemplazable.

irreflexión f. Falta de reflexión.

irreflexivo, va adj. Que no reflexiona : *hombre irreflexivo.* || Hecho o dicho sin reflexionar.

irrefrenable adj. Que no se puede refrenar.

irrefutable adj. Incontrovertible, que no se puede refutar.

irregular adj. Que no es simétrico : *polígono irregular.* || Que no obra o funciona de un modo regular. || No conforme con los reglas de la moral : *vida, conducta irregular.* || Que no es exacto : *empleado irregular.* || Raro. || *Gram.* Relativo a las palabras cuya declinación o conjugación se apartan del modelo normal : *verbo irregular.*

irregularidad f. Calidad de irregular. || Cosa irregular. || Hecho que constituye una falta o un delito.

irrelevante adj. Poco importante.

irremediable adj. No remediable.

irremisible adj. Que no se puede perdonar : *crimen irremisible.*

irremplazable adj. Irreemplazable.

irrenunciable adj. Que no se puede renunciar.

irreparable adj. Que no se puede reparar o enmendar : *falta, olvido irreparable.* || Que no se puede compensar : *pérdida irreparable.*

irreprensible adj. Que no merece represión.

irrepresentable adj. Que no se puede representar.

irreprimible adj. Que no se puede reprimirse : *odio irreprimible.*

irreprochable adj. Perfecto, que no tiene ninguna falta.

irresistible adj. Que no se puede resistir o vencer. || Que no se puede reprimir : *risa irresistible.* || Inaguantable.

irresoluble adj. Que no se puede resolver.

irresolución f. Indecisión, falta de resolución.

irresoluto, ta adj. Indeciso, que carece de resolución (ú. t. c. s.).

irrespetuoso, sa adj. No respetuoso, que falta al respeto o carece completamente de él : *irrespetuoso para con sus mayores.*

irrespirable adj. Que no se puede respirar : *aire irrespirable.*

irresponsabilidad f. Calidad de irresponsable.

irresponsable adj. No responsable. || Inconsciente, que actúa sin sentirse responsable de lo que hace o dice (ú. t. c. s.).

irretroactividad f. Carencia de retroactividad.

irreverencia f. Falta de respeto.

irreverente adj. y s. Irrespetuoso.

irreversible adj. Que no puede ser repetido en sentido inverso : *la marcha irreversible de la historia.* || Que no puede volver a su estado anterior : *coma irreversible.*

irrevocabilidad f. Calidad de irrevocable.

irrevocable adj. Que no se puede revocar : *sentencia irrevocable.*

irrigación f. Técnica de llevar el agua a las tierras secas para mejorar el cultivo. || *Med.* Riego por inyección de una cavidad orgánica.

irrigador m. *Med.* Instrumento para dar irrigaciones.

irrigar v. t. *Med.* Llevar la sangre a los tejidos : *las arterias que irrigan el cerebro.* || Regar : *irrigar un terreno.*

irrisión f. Mofa : *hacer irrisión de todo.* || Persona o cosa que la motiva, objeto de risa : *ser la irrisión del pueblo.*

irrisorio, ria adj. Ridículo, risible, que provoca la risa, la burla. || Insignificante : *oferta irrisoria.*

irritabilidad f. Propensión a irritarse.

irritable adj. Que se irrita fácilmente, susceptible.

irritación f. Acción y efecto de irritar o irritarse. || Inflamación, dolor : *irritación cutánea.*

irritante adj. Que irrita.

irritar v. t. Hacer sentir ira : *irritar a uno.* || Excitar vivamente otros afectos : *irritar los celos.* || *Med.* Causar dolor o inflamación : *el viento irrita la piel.* || — V. pr. Enfadarse.

irrogar v. t. Causar : *irrogar daños.*

irrompible adj. Que no se rompe.

irrumpir v. i. Entrar violentamente en un lugar : *irrumpieron en el local.*

irrupción f. Entrada violenta. || Invasión.

Irtich, río de la U. R. S. S. en Siberia occidental, afl. izquierdo del Obi ; 2 970 km.

Irún, v. del N. de España (Guipúzcoa), en la frontera con Francia.

irunés, esa adj. y s. De Irún (España).

Irving (Washington), escritor norteamericano, n. en Nueva York (1783-1859). Residió largo tiempo en España y allí se inspiró para los *Cuentos de la Alhambra.* Es también autor de obras históricas (*Vida y viajes de Cristóbal Colón, Vida de Washington*) y de cuentos (*Rip van Winkle*).

Isaac, hijo de Abrahán y de Sara, esposo de Rebeca y padre de Jacob y de Esaú. (*Biblia.*)

Isaacs (Jorge), escritor colombiano, n. en Cali (1837-1895), autor de la célebre novela romántica *María* (1867), relato autobiográfico en el que estudia las pasiones humanas y el sentimiento de la naturaleza.

Isabel, isla al sur de Chile, en el estrecho de Magallanes. || ~ **II** (ISLA). V. CHAFARINAS.

Isabel (*Santa*), madre de San Juan Bautista, esposa de Zacarías. Fiesta el 5 de noviembre. — Hermana de San Luis, rey de Francia (1225-1270). Fiesta el 31 de agosto. — Princesa de Hungría (1207-1231). Fiesta el 19 de noviembre.

Isabel || ~ **I** la Católica (1451-1504), nacida en Madrigal de las Altas Torres (Ávila), reina de Castilla desde 1474, hija de Juan II e Isabel de Portugal, hermana de Enrique IV de Castilla. Accedió al trono a pesar de que su hermano había destinado al mismo a su propia hija Juana, llamada *la Beltraneja,* quien encontró la oposición de la nobleza debido a su supuesta bastardía. Casó en 1469 con Fernando, heredero del trono de Aragón, y así, cuando éste fue proclamado rey (1479), se reunieron los dos grandes reinos peninsulares, formando una especie de monarquía dualista. Apoyada por su marido, luchó contra Alfonso V de Portugal, a quien venció en Toro y Albuera, sometió a la nobleza, organizó la Inquisición, remató la Reconquista con la toma de Granada (1492) y ayudó a Cristóbal Colón, quien ese mismo año descubrió para Castilla las tierras de América. Su colaboración con Fernando II de Aragón fue fundamental para la unificación de España, aunque hay que advertir que supo mostrarse celosa defensora de la autonomía de Castilla. Murió en 1504 en el Castillo de la Mota (Medina del Campo). || ~ **II** (1830-1904), reina de España, hija de Fernando VII, a quien sucedió en

1833, bajo la regencia de su madre María Cristina. Su subida al trono provocó la primera guerra carlista. Casó con el príncipe Francisco de Asís de Borbón. El país estuvo gobernado por los generales Espartero, O'Donnell y Narváez. La reina, al estallar la Revolución de 1868, se expatrió a Francia, donde vivió hasta su muerte. Abdicó en favor de su hijo Alfonso XII en 1870.

Isabel || ~ **I** (1533-1603), reina de Inglaterra desde 1558, hija de Enrique VIII y de Ana Bolena. Sostuvo el protestantismo y protegió las letras, las artes, el comercio y la colonización. Hizo decapitar a su prima María Estuardo (1587). Esta ejecución provocó un conflicto bélico entre Inglaterra y España, cuya Armada Invencible fue dispersada por la tempestad (1588). Esta lucha tuvo por efecto la supremacía marítima de Inglaterra y favorecer su expansión (Compañía de las Indias Orientales). || ~ **II**, n. en 1926, reina de Gran Bretaña en 1952, a la muerte de su padre Jorge VI. Se casó con Felipe, duque de Edimburgo (1947).

Isabel || ~ **Clara Eugenia,** infanta de España (1566-1633), hija de Felipe II. Esposa del archiduque Alberto, su padre renunció en ella los derechos sobre los Países Bajos. || ~ **de Aragón** (1247-1271), hija de Jaime I el Conquistador y esposa del rey de Francia Felipe III el Atrevido. || ~ **de Baviera** (1371-1435), reina de Francia, esposa de Carlos VI. Siendo regente entregó Francia a los ingleses (Tratado de Troyes, 1420). || ~ **de Borbón** (1603-1644), hija de Enrique IV de Francia y María de Médicis, reina de España por su matrimonio con Felipe IV. || ~ **de Portugal** (1503-1539), esposa del emperador Carlos V y madre de Felipe II de España. || ~ **de Valois** (1546-1568), hija de Enrique II de Francia y tercera esposa de Felipe II, rey de España. || ~ **de Farnesio** (1692-1766), reina de España por ser la segunda esposa de Felipe V. Influyó en la política del rey. || ~ **Petrovna** (1709-1762), emperatriz de Rusia (1741-1762), hija de Pedro el Grande y de Catalina I.

Isabela, cabo y bahía en el N. de la Rep. Dominicana (Puerto Plata). — Isla del Ecuador llamada también *Albemarle,* en el Archipiélago de los Galápagos ; 4 545 km². Turismo. — Prov. de Filipinas, en el NE. de la isla de Luzón ; cap. *Ilagán.* || ~ **(La),** ant. c. de la isla La Española, primera fundada en América por Colón (1493). Sus ruinas están cerca de San Felipe de Puerto Plata (Rep. Dominicana). — Mun. de Puerto Rico (Aguadilla).

Isabelia, cordillera en el oeste de Nicaragua.

isabelino, na adj. Relativo a cualquiera de las reinas Isabel : *época isabelina ; reinado isabelino.* || Dícese de la moneda con la efigie de Isabel II de España. || Aplícase también a los partidarios de su causa (ú. t. c. s.). || Dícese del estilo decorativo de moda en España durante el reinado de Isabel II.

Isaías, el primero de los cuatro profetas mayores hebreos (740-687 a. de J. C.), autor del *Libro de Isaías.*

Isamitt (Carlos), compositor y musicógrafo chileno (1886-1974), autor de obras para piano, sonatas, ballets.

Isar, afluente derecho del Danubio que pasa por Munich ; 352 km.

isba f. Casa de madera en el norte de Europa y Asia.

ISBN siglas que sirven para indicar el país, el editor y el título de un libro.

Iscanhuava, centro arqueológico preincaico de Bolivia, cerca de Aucapata (La Paz).

Íscar, v. de España (Valladolid).

Iscariote, n. dado a Judas.

Ischia o **Isquia,** isla volcánica de Italia en el mar Tirreno, al N. de Nápoles. — C. y puerto de esta isla. Obispado. — Turismo.

Ischilín, parte N. de la Sierra Chica de Córdoba (Argentina). — Dep. de la Argentina (Córdoba) ; cab. *Deán Funes.*

Iseo. V. TRISTÁN.

Isère, río de Francia en los Alpes del Norte, afl. del Ródano ; 290 km. Pasa por Grenoble. — Dep. del SE. de Francia; cap. *Grenoble.*

Isfahán. V. ISPAHÁN.

Ishim, río de la U. R. S. S. en Siberia, afl. del Irtish, que atraviesa la c. homónima.

Ishinomaki, c. y puerto de Japón en el norte de la isla de Honshu.

Isidoro *(San),* arzobispo y doctor de la Iglesia español, n. en Cartagena (¿560 ?-636), hermano de San Leandro. Presidió el IV Concilio de Toledo (633). Autor de las *Etimologías,* enciclopedia en veinte volúmenes. Fiesta el 4 de abril.

isidro, dra m. y f. *Fam.* En Madrid, campesino, paleto o forastero.

Isidro Labrador *(San),* labrador español (¿1070 ?-1130), patrono de Madrid y de los agricultores. Fiesta el 15 de mayo.

Isis, diosa egipcia, hermana y mujer de Osiris y madre de Horus.

Iskar, río de Bulgaria, afluente derecho del Danubio; 300 km.

Iskenderun, ant. *Alejandreta,* c. y puerto en el SE. de Turquía a orillas del golfo del mismo nombre. Se llama también *Iskandar.*

isla f. Porción de tierra rodeada de agua por todas partes : *la isla de Cuba.* ‖ Manzana de casas.

Isla ‖ ~ **Cabellos,** pobl. en el NO. del Uruguay (Artigas). ‖ ~ **Cristina,** c. en el SO. de España (Huelva). ‖ ~ **de Francia,** provincia histórica de Francia. Forma actualmente una región administrativa, compuesta de ocho departamentos (Essonne, Hauts-de-Seine, París, Seine-et-Marne, Seine-Saint Denis, Val-de-Oise e Ivelines); cap. *París.* ‖ ~ **de Maipo,** c. de Chile en la Región Metropolitana de Santiago y en la provincia de Talagante, cap. de la comuna del mismo nombre. ‖ ~ **de Pinos,** isla y mun. especial al O. de Cuba que depende directamente del Gobierno Central; 2 199 km²; cap. *Nueva Gerona.* Fue llamada *Evangelista* por Colón (1494) y actualmente recibe el nombre de *Isla de la Juventud.* ‖ ~ **(La),** n. por el que también se conoce la población española de *San Fernando* (Cádiz).

Isla (José Francisco de), jesuita español (1703-1781), autor de *Historia del famoso predicador Fray Gerundio de Campazas, alias Zotes,* narración satírica contra los malos predicadores.

islam m. Islamismo. ‖ ~, Religión y civilización de los musulmanes. ‖ El mundo musulmán.

Islamabad, c. del norte de Paquistán, cerca de Rawalpindi, cap. del país desde 1967; 80 000 h.

islámico, ca adj. Relativo al islam.

islamismo m. Religión de Mahoma o de los creyentes musulmanes.

islamita adj. Relativo al islamismo. ‖ Dícese de la persona que lo profesa (ú. t. c. s.).

islamizar v. t. Adoptar la religión y las costumbres islámicas (ú. t. c. pr.).

islandés, esa adj. y s. De Islandia. ‖ — M. Lengua hablada en Islandia.

Islandia, isla de Europa en el Atlántico Norte y al SE. de Groenlandia; 103 000 km²; 220 000 h. (*islandeses*). Cap. *Reikiavik* (99 000 h.). Isla, colonizada en el s. x por los noruegos, quedó unida a Dinamarca en 1380 y se declaró independiente en 1944 para formar una república.

ISLANDIA

Islas de la Bahía, dep. de Honduras, formado por islas en el mar Caribe (Guanaja, Roatán y Utila); cap. *Roatán.* Están en la costa septentrional del país.

Islay, prov. en el S. del Perú (Arequipa); cap. *Mollendo.*

isleño, ña adj. Relativo a una isla. ‖ Natural de ella (ú. t. c. s.). ‖ Natural de las Islas Canarias, o de las de la Bahía (Honduras) y San Andrés y Providencia (Colombia) [ú. t. c. s.].

isleta f. Pequeña acera en medio de una calzada o plaza que sirve de refugio a los peatones o para señalar el tránsito rodado.

islote m. Isla pequeña.

Isluga, volcán de los Andes en la frontera chilenoboliviana; 5 400 m.

Ismael, hijo de Abrahán y de Agar. Sus descendientes fueron los ismaelitas o árabes. (*Biblia.*)

ismaelita adj. y s. Descendiente de Ismael. ‖ Dícese de los árabes miembros de una secta de musulmanes chiitas. (Los *ismaelitas* tienen adeptos en Siria, Irán y, sobre todo, en la India, donde su jefe es Karim Aga Kan.)

Ismailia, c. en el N. de Egipto, en las riberas del lago Timsah y del canal de Suez.

isobara f. Línea isobárica.

isobárico, ca adj. De igual presión atmosférica : *líneas isobáricas.*

isobata adj. De igual profundidad. ‖ — F. Línea que en un mapa batimé-

trico une los puntos de igual profundidad marina.

Isócrates, orador ateniense (436-338 a. de J. C.), discípulo de Gorgias y de Sócrates.

Isola, mun. en el sureste de Francia (Alpes-Maritimes).

Isolda. V. TRISTÁN.

isomería f. Calidad de isómero.

isómero, ra adj. Aplícase a los cuerpos de igual composición química y distintas propiedades físicas (ú. t. c. s. m.).

isomorfismo m. Calidad de isomorfo.

isomorfo, fa adj. *Min.* Dícese de los cuerpos de diferente composición química e igual forma cristalina.

Isonzo, río de Yugoslavia y del norte de Italia, que. des. en el golfo de Trieste; 138 km.

Isos, ant. c. de Cilicia (Asia Menor). Alejandro Magno derrotó aquí a Darío III (333 a. de J. C.)

isósceles adj. Dícese del triángulo que tiene dos lados iguales (ú. t. c. s. m.).

isotérmico, ca adj. Que se mantiene a temperatura constante.

isotermo, ma adj. *Fís.* De igual temperatura. ‖ Aplícase a la línea que une los puntos de la Tierra de igual temperatura media en un período dado (ú. t. c. s. f.).

isotopia f. Calidad de isótopo.

isotópico adj. Relativo a los isótopos : *separador isotópico.*

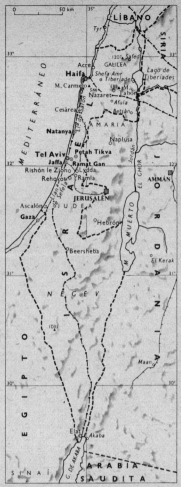

ISRAEL

IR

ITALIA

isótopo, pa adj. Dícese de los elementos químicos idénticos con masas atómicas diferentes (ú. t. c. s. m.).

isotropia f. Calidad de isótropo.

isótropo, pa adj. Dícese de los cuerpos cuyas propiedades físicas son idénticas en todas las direcciones (ú. t. c. s. m.).

Ispahán o **Isfahán,** c. de Irán al S. de Teherán. Obispado.

Isquia. V. ISCHIA.

isquion m. *Anat.* Hueso que, junto al ilion y al pubis, constituye el hueso innominado.

Israel, nombre dado también a Jacob en la Biblia.

Israel, Estado del Cercano Oriente, limitado por el Mediterráneo, Líbano, Siria, Jordania y Egipto; 21 000 km²; 3 800 000 h. *(israelíes);* cap. *Jerusalén,* 395 000 h.; c. pr.: *Tel Áviv,* 368 000 h., *Haifa,* 235 000 h; *Holon,* 130 000 ; *Ramat*

Gan, 125 000. Comprende la parte de Palestina en la que predomina la población judía. Agricultura e industria florecientes. — El Estado de Israel, creado en 1948, encontró la tenaz oposición de los países árabes vecinos. *(V. mapa pág. anterior.)*

israeli adj. y s. De Israel.

israelita adj. y s. De la religión judía. ‖ — M. y f. Descendiente de Israel o Jacob, llamado tb. *judío* o *hebreo.*

israelítico, ca adj. Israelita.

Issy-les-Moulineaux, mun. de Francia (Hauts-de-Seine), al SO. de París. Helipuerto.

ístmico, ca adj. Relativo al istmo.

istmo m. Lengua de tierra que une dos continentes o una península con un continente : *el istmo de Panamá.* ‖ *Zool.* Parte o paso estrecho entre dos órganos o cavidades : *istmo del encéfalo, de las fauces.*

Istres, pobl. en el sureste de Francia (Bouches-du-Rhône). Base aérea.

Istria, peníns. en el NO. de Yugoslavia, en el mar Adriático ; 4 000 km². La ciudad de Trieste, en esta región, tiene un estatuto particular.

Itá, c. del Paraguay (Central). Agricultura. Ganadería.

Itabira, ant. *Presidente Vargas,* c. en el sureste del Brasil (Minas Gerais).

Itabuna, c. al O. del Brasil (Bahia).

Itaca, isla del O. de Grecia en el mar Jónico ; 95 km². Ulises vivía en ella, según Homero. Se llama hoy *Theaki.*

Itacurubí ‖ — **de la Cordillera,** pobl. del Paraguay (Cordillera). ‖ — **del Rosario,** pobl. del Paraguay (San Pedro).

Itaguá. V. ITAUGUÁ.

Itaguaçu, mun. en el E. del Brasil (Espíritu Santo).

Itaguaré, monte del este del Brasil,

344

en la sierra de Mantiqueira (Minas Gerais); 2 308 m.

Itagüí, c. de Colombia (Antioquia).

Itaí, mun. en el sur del Brasil (Rio Grande do Sul).

Itajaí, río y c. en el sureste del Brasil (Santa Catarina).

Itaipu, la mayor presa del mundo, situada a lo largo de 15 km de la frontera de Argentina, Brasil y Paraguay. Construida desviando el curso del río Paraná, el lago tiene 1 400 km² de extensión y retiene 29 millones de m³ de agua. Gran central hidroeléctrica de 190 m de altura, inaugurada en noviembre de 1982.

Italia, Estado del sur de Europa situado en una extensa peníns. que limita por el N. con Francia, Suiza, Austria y Yugoslavia, por el E. con el mar Adriático, por el S. con el mar Jónico y el estrecho de Sicilia y por el O. con los mares Tirreno y de Liguria ; 301 300 km² ; 57 100 000 h. *(italianos).* Cap. *Roma,* 2'950 000 h. ; otras c. : *Milán,* 1 750 000 h. ; *Nápoles,* 1 225 000 ; *Turín,* 1 200 000 ; *Génova,* 815 000 ; *Palermo* (Sicilia), 690 000 ; *Venecia,* 369 000 ; *Bolonia,* 485 000 ; *Florencia,* 470 000 ; *Catania* (Sicilia), 410 000 ; *Bari,* 390 000 ; *Verona,* 280 000 ; *Mesina* (Sicilia), 280 000 ; *Padua,* 215 000 ; *Tarento,* 236 000 ; *Cagliari* (Cerdeña), 234 000 ; *Brescia,* 215 000, y *Liorna,* 178 000.

— GEOGRAFÍA. El país se divide en dos partes : la *Italia del Norte,* que comprende la vertiente meridional de los Alpes y la planicie del Po (Piamonte, Lombardía y Venecia constituyen las regiones más importantes), que agrupa las poblaciones más densas junto a considerables recursos agrícolas (trigo, maíz, arroz) e industriales, y la *Italia peninsular e insular* (Sicilia y Cerdeña), montañosa y volcánica (Vesubio), de escasos recursos.

italianismo m. Vocablo o giro del italiano. ‖ Amor por lo italiano. ‖ Carácter italiano.

italianización f. Acción y efecto de italianizar.

italianizante adj. Que italianiza.

italianizar v. t. Dar carácter italiano : *italianizar un vocablo francés.* Ú. t. c. pr. : *se italianizó con su prolongada estancia en Roma.*

italiano, na adj. y s. De Italia. ‖ — M. Lengua neolatina hablada en Italia.

Itálica, ant. c. romana en España cerca de Sevilla y en el emplazamiento actual de Santiponce. Patria de Trajano y Adriano. Anfiteatro.

itálico, ca adj. y s. De la Italia antigua : *pueblos itálicos.* ‖ *Letra itálica,* la cursiva.

italiota adj. y s. Individuo de órigen griego que habitaba en la Magna Grecia (sur de Italia y Sicilia, antes del Imperio Romano).

Itami, c. del Japón (Honshu). Aeropuerto de Osaka.

Itapé, pobl. en el centro del Paraguay (Guairá).

Itapecuru, sierra y río del NO. del Brasil (Maranhão) ; 1 650 km.

Itapúa, dep. del S. del Paraguay, limítrofe con la Argentina ; cap. *Encarnación.*

itapuense e **itapueño, ña** adj. Del dep. de Itapúa (Paraguay).

Itata, río de Chile entre las prov. de Concepción y Nuble ; 230 km. — Dep. en el centro de Chile (Nuble) ; cap. *Quirihue.*

Itatiaia, macizo montañoso al E. del Brasil, en la sierra de Mantiqueira (Río de Janeiro) ; 2 787 m. Parque nacional.

Itatiba, mun. y c. en el E. del Brasil (São Paulo). Textiles.

Itauguá, pobl. del Paraguay (Central), fundada en 1778. Encajes de ñandutí. Llamada también *Itaguá.*

item adv. lat. que significa además. ‖ — M. Párrafo, artículo. ‖ En informática, cada uno de los elementos de que consta un conjunto de informaciones procesables por ordenador.

Iténez, prov. al N. de Bolivia (Beni) ; cap. *Magdalena.* — V. GUAPORÉ.

iteración f. Repetición.

iterar v. t. Repetir.

iterativo, va adj. Que se repite.

iterbio m. Elemento simple (símb., Yb), de número atómico 70, del grupo de las tierras raras. .

itinerante adj. Que recorre varios sitios para desempeñar sus funciones : *embajador itinerante.*

itinerario, ria adj. Concerniente a los caminos : *medida itineraria.* ‖ — M. Recorrido, trayecto : *el itinerario de una procesión.* ‖ Dibujo del recorrido.

itrio m. Elemento simple (símb., Y), de número atómico 39, perteneciente al grupo de las tierras raras.

Itu, mun. y c. en el E. del Brasil (São Paulo). Textiles.

Ituango, mun. de Colombia (Antioquia).

Iturbe (Julio), compositor mexicano (1845-1905).

Iturbe, pobl. en el sur del Paraguay (Guairá). Ant. llamada *Santa Clara.*

Iturbide (Agustín de), general y político mexicano, n. en Valladolid, hoy Morelia (1783-1824). Tras servir en el ejército del Virrey, se alió con el jefe revolucionario V. Guerrero y proclamó el *Plan de Iguala* (1821). Siendo virrey O'Donojú, firmó con él los Tratados de Córdoba, que reconocían la Independencia. En 1822 fue coronado emperador de México con el nombre de *Agustín I,* pero el general Santa Anna le obligó a abdicar al año siguiente. Se refugió en Italia y, a su vuelta (1824), fue fusilado en Padilla (Tamaulipas).

Iturralde, prov. en el O. de Bolivia (La Paz) ; cap. *San Buenaventura.*

Iturrigaray (José Joaquín de), general español (1742-1815), virrey de Nueva España de 1803 a 1808.

Iturrino (Francisco), pintor impresionista español (1864-1924).

Ituzaingó, pobl. en el N. de la Argentina (Corrientes). Victoria de los argentinos y uruguayos, mandados por Alvear, sobre los brasileños (1827).

itzá adj. y s. Indio centroamericano de la familia maya. (Los itzás o itzáes son los fundadores de Chichén Itzá.)

Itzalco. V. IZALCO.

itzamate m. Méx. Ceiba.

Itzamná, dios principal de los mayas, señor de los cielos, de la noche y del día. Fue esposo de Ixchel.

Itzcóatl (1381-1440), emperador azteca de México (1427 a 1440).

Itzcuintlan. V. ESCUINTLA.

I. V. A., siglas de *Impuesto sobre el valor añadido o agregado.*

Iván : ~ **I,** príncipe de Moscovia de 1328 a 1340. ‖ ~ **II** *el Bueno* (1326-1359), príncipe de Moscovia desde 1353. ‖ ~ **III** *el Grande* (1440-1505), príncipe de Moscovia desde 1462. Finalizó con la dominación tártara. ‖ ~ **IV** *el Terrible* (1530-1584), primer zar de Rusia desde 1547. ‖ ~ **V** (1666-1696), zar de 1682 a 1689. ‖ ~ **VI** (1740-1764), zar de 1740 a 1741. Fue destronado por Isabel Petrovna y asesinado en tiempos de Catalina II.

Ivanhoe, novela histórica de Walter Scott (1820).

Ivano-Frankovsk, ant. *Stanislav,* c. de la U. R. S. S., en el O. de Ucrania.

Ivanovo, c. de la U. R. S. S. (Rusia), al NE. de Moscú. Algodón.

Ivry-sur-Seine, pobl. de Francia al SE. de París (Val-de-Marne).

Iwo, c. del SO. de Nigeria. ‖ — **Jima,** isla del Japón en el Pacífico, al norte sitias Marianas. Perteneció a los Estados Unidos de 1945 a 1968.

Ixcatepec, mun. al SE. de México (Veracruz). Yacimientos de petróleo.

Ixchel, en el panteón maya, la diosa Luna, esposa de Itzamná y divinidad de la Medicina.

Ixelles, pobl. de Bélgica (Brabante).

Ixhuatlan : ~ **de Madero,** mun. al SE. de México (Veracruz). ‖ — **del Sureste,** mun. de México (Veracruz). Yacimientos de azufre y petróleo.

Iximché, ant. cap. de los cakchiqueles, en Guatemala (Chimaltenango).

Ixtacalco, delegación de México en el Distrito Federal, junto al antiguo lago Texcoco.

Ixtacamaxtitlan, mun. de México, al SE. del Estado de este nombre (Puebla).

Ixtaczoquitlan, mun. al sureste de México (Veracruz).

Ixtahuacan, mun. al oeste de Guatemala (Huehuetenango).

Ixtapa, bahía y c. en el oeste de México (Guerrero). Centro turístico.

Ixtapalapa, delegación de México en el Distrito Federal, al S. del antiguo lago Texcoco.

Ixtapaluca, mun. de México, al S. del antiguo lago Texcoco (Estado de México).

Ixtapan de la Sal, pobl. de México (Est. de México). Balneario.

Ixtlahuaca, mun. de México en el Estado de este mismo nombre.

Ixtlan, sector de la Sierra Madre de Oaxaca (México). — Pobl. al oeste de México (Jalisco). ‖ — **del Río,** c. al oeste de México (Nayarit).

ixtle m. Méx. Cualquier amarilidácea textil del género agave. ‖ Su fibra.

Ixtlilxóchitl, sexto soberano chichimeca de Texcoco (México) de 1409 a 1418. — V. ALVA IXTLILXÓCHITL. — (MOCTEZUMA). V. TOVAR CANO (Antonio).

Izabal, lago al este de Guatemala ; 690 km². Recibe tb. el n. *de Golfo Dulce.* — Dep. de Guatemala en el golfo de Honduras ; cap. *Puerto Barrios.* Prelatura nullius.

izabalense, izabaleño, ña e **izabalino, na** adj. y s. del dep. de Izabal (Guatemala).

Izaguirre (Carlos), poeta, ensayista y novelista hondureño (1895-1956), autor de *Bajo el chubasco, Alturas y abismos,* etc. ‖ ~ (LEANDRO), pintor mexicano (1876-1941).

Izalco, volcán activo en el O. de El Salvador (Sonsonate), en la sierra de Apaneca ; 1 885 m. Se le da el n. de *Faro del Pacífico.* — Pobl. de El Salvador (Sonsonate). Agricultura.

Izamal, mun. al sur de México (Yucatán). Ruinas mayas.

izar v. t. Levantar (las velas, la bandera, la mano, etc.).

Izmir. V. ESMIRNA.

Izmit, c. y puerto militar en el O. de Turquía, a orillas del mar de Mármara. Es la ant. Nicomedia.

izote m. Méx. y *Amér.* C. Árbol liliáceo, especie de palma.

izquierda f. Mano izquierda. ‖ Lado izquierdo : *torcer a la izquierda.* ‖ Colectividad política partidaria del cambio y que se opone al partido conservador de la derecha : *grupo de izquierda en el Parlamento.*

izquierdismo m. Conjunto de personas o de corrientes políticas de extrema izquierda que preconizan la realización de acciones revolucionarias inmediatas y radicales.

izquierdista adj. Relativo a la izquierda política. ‖ Partidario de la misma (ú. t. c. s.). ‖ Revolucionario, extremista (ú. t. c. s.).

izquierdo, da adj. Dícese de lo que en el hombre está del lado en que late el corazón : *mano izquierda.* ‖ En un edificio, monumento, etc., dícese de lo que corresponde a este lado con relación a una persona que da la espalda a su frente : *el ala izquierda del palacio.* ‖ *Fig.* Torcido. ‖ — M. y f. Zurdo. ‖ — F. V. IZQUIERDA.

Izquierdo (María), pintora mexicana (1902-1955).

Iztacalco, delegación del Distrito Federal, en la capital del país.

Iztaccíhuatl, volcán extinguido y nevado de México, entre la Sierra Nevada (Puebla, México) ; 5 386 m. Su nombre significa *Mujer blanca,* a causa de su cresta nevada que tiene la forma de una mujer tendida.

Iztapa, mun. en el sur de Guatemala (Escuintla).

Izúcar de Matamoros, mun. o pobl. de México (Puebla).

IS

Lanzamiento de la **jabalina**

J

j f. Undécima letra del alfabeto castellano y octava de sus consonantes. ‖ — **J,** abrev. de *julio* o *joule.*

ja, onomatopeya que expresa la risa.

jabalí m. Mamífero paquidermo, especie de cerdo salvaje, común en Europa. (Pl. *jabalíes.*)

Jabalí, río de México (Coahuila y Nuevo León), afl. del Salado. — Parte de la Sierra Madre Oriental de México (Tamaulipas).

jabalina f. Hembra del jabalí. ‖ Arma arrojadiza a manera de venablo. ‖ Instrumento para lanzar en forma de pica, empleado en atletismo.

Jabalpur, ant. *Jubbulpor,* c. en el centro de la India (Madhya Pradesh).

Jabarovsk, c. en el E. de la U. R. S. S. (Rusia), a orillas del Amur. Ref. de petróleo.

jabato m. Cría del jabalí. ‖ *Fig.* y *fam.* Joven valiente y atrevido.

jábega f. Red de más de cien brazas que se tira desde tierra. ‖ Embarcación de pesca.

jabí m. Árbol americano de la familia de las leguminosas, de madera muy dura e incorruptible. ‖ Su madera.

jabillo m. Árbol euforbiáceo americano.

jabirú o **yabirú** m. Ave zancuda de Sudamérica parecida a la cigüeña.

Jablonec, c. en el norte de Checoslovaquia (Bohemia). Industrias (vidrio, porcelanas, textil, plásticos).

jabón m. Producto, obtenido por la acción de un álcali en un cuerpo graso, que sirve para lavar : *jabón de tocador, en escamas.* ‖ Pastilla de esta materia. ‖ *Por ext.* Lavado con jabón. ‖ *Fig.* y *fam.* Represión severa : *le dio un buen jabón.* ‖ *Amer.* Miedo. ‖ *Fig. y fam. Dar jabón,* adular.

jabonada f. *Amer.* Reprimenda.

jabonado m. Lavado con jabón. ‖ Ropa que se lava. ‖ *Fam.* Represión.

jabonar v. t. Dar jabón : *jabonar la ropa.* ‖ Humedecer la barba con agua jabonosa para afeitarse. ‖ *Fig. y fam.* Reprender, dar un jabón.

jaboncillo m. Pastilla de jabón de tocador. ‖ Árbol americano de la familia de las sapindáceas, de cuyo fruto se extrae saponina. ‖ Jabón que los sastres emplean para marcar la tela en las pruebas que hacen en un traje.

jabonería f. Fábrica de jabón.

jabonero, ra adj. Relativo al jabón : *industria jabonera.* ‖ Dícese del toro de color blanco sucio. ‖ — M. y f. Fabricante o vendedor de jabón. ‖ — F. Caja para el jabón.

jabonoso, sa adj. Que contiene jabón o tiene su naturaleza.

jaborandi m. Árbol de la familia de las rutáceas, originario del Brasil y del Paraguay, de flores en racimos delgados y con cuyas hojas se hace una infusión. ‖ Su flor.

Jabugo, c. en el SO. de España (Huelva). Reputados jamones.

Jabur, río de Siria, afl. del Éufrates ; 320 km.

jaca f. Caballo pequeño. ‖ Yegua.

Jaca, c. al N. de España, en Aragón (Huesca). Obispado. Universidad de verano.

jacal m. *Méx.* Choza de adobes.

jacalón m. *Méx.* Cobertizo.

jacamar m. o **jacamara** f. Ave trepadora de América tropical.

jacana f. Ave zancuda de América.

jacapucayo m. Planta mirtácea de América tropical.

jácara f. Romance festivo.

jacarandá f. Árbol bignoniáceo de América tropical, de flores azules, cuya madera es muy apreciada.

jacarandoso, sa adj. Garboso, alegre y desenvuelto.

jacaré m. *Amer.* Yacaré.

jacarero, ra adj. Alegre. ‖ — M. y f. Persona que da una serenata por las calles. ‖ *Fig. y fam.* Persona alegre.

jácena f. Viga maestra.

jacinto m. Planta de la familia de las liliáceas, de hermosas flores. ‖ Su flor. ‖ Circón, piedra preciosa.

Jackson, c. en el centro sudeste de Estados Unidos, cap. del Est. de Misisipí. — C. en el N. de Estados Unidos (Michigan). — C. en el E. de Estados Unidos (Tennessee). Universidad.

Jackson (Andrew), político norteamericano (1767-1845). Pres. de Estados Unidos (1829-1837).

Jacksonville, c. al S. de los Estados Unidos (Florida). Turismo.

jaco m. Caballo pequeño o malo.

Jacob, patriarca hebreo, hijo de Isaac y de Rebeca, y padre de doce hijos que fundaron las doce tribus de Israel. Recibió tb. el n. de *Israel.*

Jacob (Max), escritor francés (1876-1944), precursor del surrealismo.

jacobeo, a adj. Relativo al apóstol Santiago.

Jacobina, mun. en el norte del Brasil (Bahía). Manganeso ; uranio.

jacobinismo m. Doctrina democrática y centralista profesada en la Revolución Francesa por los jacobinos.

jacobino, na adj. y s. Durante la Revolución Francesa, miembros del partido radical de Danton y Robespierre : *el Club de los jacobinos.* ‖ Partidario de la democracia. ‖ *Fig.* Revolucionario exaltado.

Jacobo, n. de siete reyes de Escocia de la dinastía de los Estuardos.

Jacobsen (Jens Peter), novelista danés (1847-1885), autor de *La seño-*

Grubbe, narración histórica, y *Niels Lyhne.* Tradujo las obras de Darwin y escribió también poemas.

Jacomart, pintor español de la escuela valenciana (1411-1461).

Jácome (Gustavo Alfredo), poeta, novelista y ensayista ecuatoriano, n. en 1912.

Jacona, mun. al oeste de México (Michoacán) ; cap. *Jacona de Plancarte.*

Jacopone da Todi, religioso franciscano y poeta italiano (1230-1306). Se cree que es autor del himno *Stábat Máter.*

jactancia f. Alabanza de sí mismo.

jactancioso, sa adj. y s. Que se jacta, vanidoso.

jactarse v. pr. Alabarse presuntuosamente, vanagloriarse, presumir.

Jacui, río meridional del Brasil (Rio Grande do Sul), que des. en la laguna de los Patos ; 483 km.

jaculatoria f. Oración breve.

jachalí m. Árbol americano, de la familia de las anonáceas, de flores blancas y de madera apreciada en ebanistería. ‖ Su flor y madera.

jade m. Piedra fina muy dura y de color verdoso o blanquecino.

Jade, golfo en el NO. de Alemania Occidental, en Oldemburgo (Baja Sajonia), donde está el puerto de Wilhelmshaven.

jadeante adj. Que jadea.

jadear v. i. Respirar entrecortadamente, con dificultad, a causa del cansancio, ejercicios físicos, calor, etc.

jadeo m. Respiración jadeante.

Jadida (El), ant. *Mazagán,* c. y puerto del O. de Marruecos, a orillas del Atlántico.

Jadotville. V. LIKASI.

Jadraque, v. del centro de España (Guadalajara). Castillo del s. XV.

Jaén, c. del S. de España, cap. de la prov. homónima. Obispado. Agricultura (olivos, vid, cereales). — C. en el norte del Perú, cap. de la prov. homónima (Cajamarca).

jaenes, esa adj. y s. De Jaén (España).

jaez m. Adorno de las caballerías (ú. t. en pl.). ‖ *Fig.* Calidad, carácter : *hombre de buen (o mal) jaez.* ‖ Clase, género, propiedad o calidad de algo.

Jafet, tercer hijo de Noé, progenitor de la raza blanca. *(Biblia.)*

Jaffa, c. y puerto de Israel, suburbio meridional de Tel Aviv (v. este n.).

Jaffna, c. y puerto de Sri Lanka.

Jaggernat o **Puri,** c. santa en el E. de la India (Orisa), en el golfo de Bengala.

jagua f. Árbol rubiáceo de la América intertropical. ‖ Su fruto.

Jagua. V. CIENFUEGOS.

jagual m. *Amer.* Terreno plantado de jaguas.

jaguar m. Mamífero félido de gran

tamaño, especie de pantera de América del Sur.

jaguareté m. Yaguareté.

Jaguaribe, río en el NE. del Brasil (Ceará) ; 570 km.

jagüel m. *Amer.* Fuente para que beba el ganado.

jagüey m. Bejuco moráceo de Cuba. ‖ *Amer.* Zanja llena de agua.

Jagüey Grande, mun. de Cuba (Matanzas).

Jahvé. V. YAHVÉ.

jai alai m. Juego de pelota.

jaiba f. *Amer.* Cangrejo.

jaileife adj. *Arg. Fam.* Elegante.

Jaime ‖ ~ **I** el *Conquistador* (1208-1276), rey de Aragón y de Cataluña desde 1213. Se apoderó de las Baleares, de los reinos moros de Valencia y de Murcia, de Ceuta. A su muerte dividió el reino entre sus dos hijos Pedro III y Jaime II. ‖ ~ **II** (1267-1327), rey de Sicilia (1286-1296) y de Aragón de 1291 a 1327. Arrebató a Castilla la actual provincia de Alicante.

Jaimes Freyre (Ricardo), poeta modernista boliviano, n. en Tacna (1868-1933), autor de *Castalia Bárbara, Poesías completas* y de *Leyes de la versificación castellana,* obra de preceptiva literaria. Fue también historiador.

Jaina, isla al SE. de México (Yucatán), frente a Campeche. Ruinas mayas.

Jaipur, c. del NO. de la India, cap. del Estado de Rayastán. Universidad. Monumentos.

Jajapura. V. DJAJAPURA.

Jakarta. V. YAKARTA.

jalado, da adj. *Amer.* Ebrio, borracho. ‖ Demacrado. ‖ Obsequioso.

jalapa f. Planta convolvulácea americana. ‖ Su raíz. ‖ — Adj. y s. Jalapeño.

Jalapa, c. en el este de Guatemala, cab. del dep. homónimo. Obispado. — C. del oeste de México en la vertiente de la Sierra Madre Oriental, cap. del Estado de Veracruz. Universidad. Arquidiócesis. Su n. oficial es el de *Xalapa Enríquez.*

jalapaneco, ca adj. y s. De la c. y del dep. de Jalapa (Guatemala).

jalapeño, ña adj. y s. De la ciudad de Jalapa (México).

jalar v. t. *Fam.* Tirar.‖ *Pop.* Comer. ‖ Tragar. ‖ *Per. Pop.* Suspender en un examen. ‖ *Amer. C. Pop.* Hacer el amor. ‖ *Col. y Venez. Pop.* Hacer o decir alguna cosa. ‖ — V. i. *Amer. Pop.* Largarse, irse. ‖ — V. pr. *Amer. Pop.* Emborracharse.

jalea f. Zumo gelatinoso y transparente de frutas. ‖ Salsa de carne clarificada y solidificada. ‖ Cualquier medicamento de tipo gelatinoso y azucarado : *jalea real.*

Jaleaca, parte de la Sierra Madre del Sur de México (Guerrero).

jaleador, ra adj. y s. Que hace ruido. ‖ Animador.

jalear v. t. Llamar a voces a los perros. ‖ Aclamar con palmas y exclamaciones a los que bailan o cantan. ‖ Alentar, animar.

jaleo m. Gritos, aplausos. ‖ Cierto baile popular andaluz. ‖ *Fam.* Ruido, alboroto : *armar jaleo.* ‖ Juerga : *estar de jaleo.* ‖ Confusión, agitación. ‖ Lío : *se ha formado un jaleo tremendo.*

jaleoso, sa adj. y s. Ruidoso.

Jalgaon, c. en el oeste del centro de la India (Maharashtra).

jalifa m. Autoridad suprema, representante del sultán, en la ant. zona del protectorado español de Marruecos.

jalifato m. Dignidad de jalifa y territorio gobernado por él.

jalisciense adj. y s. De Jalisco (México).

Jalisco, Estado de México occidental, en la costa del Pacífico ; cap. *Guadalajara.* Minas. Agricultura. Industrias.

jalón m. Palo que se clava en tierra para determinar puntos fijos en topografía. ‖ *Fig.* Hito, punto de referencia. ‖ *Amer.* Tirón.

Jalón, río en el N. de España (prov. de Soria y Zaragoza), afl. del Ebro ; 234 km.

jalonamiento m. Colocación de jalones.

jalonar v. t. Alinear por medio de jalones. ‖ Poner jalones. ‖ *Fig.* Determinar, fijar, servir de referencia.

jalonear o **jalotear** v. i. *Méx.* Dar jalones o tirones. ‖ Regatear.

jaloneo o **jaloteo** m. *Méx.* Jalones, tirones. ‖ Regateo.

Jalpa, mun. al S. de México (Tabasco) ; cap. *Jalpa de Méndez.* — Mun. en el centro de México (Zacatecas).

Jaltepec, río en el este de México (Est. de Oaxaca y Veracruz), afl. del Coatzacoalcos ; 255 km.

Jáltipan de Morelos, v. y mun. en el este de México (Veracruz).

jamacuco m. *Fam.* Patatús.

Jamaica, isla y Estado de las Antillas Mayores, al S. de Cuba ; 11 425 km² ; 2 200 000 h. (jamaicanos) ; cap. *Kingston,* 650 000 h.

Jamaica (Carta de), documento escrito por Bolívar en el que analiza la independencia de las colonias españolas en América (1815).

jamaicano, na adj. y s. De Jamaica.

jamaiquino, na adj. y s. Jamaicano.

jamancia f. *Pop.* Comida.

jamar v. t. *Pop.* Comer.

jamás adv. Nunca, en ninguna ocasión. ‖ — *Jamás de los jamases,* nunca. ‖ *Por siempre jamás,* para siempre.

jamba f. *Arq.* Cada una de las dos piezas verticales que sostienen el dintel de las puertas o ventanas.

jambaje m. *Arq.* Conjunto de las dos jambas y el dintel de una puerta, ventana o chimenea.

Jambeli, archip. e isla al SO. del Ecuador, en el golfo de Guayaquil (El Oro).

Jambol, c. en el centro de Bulgaria.

jamelgo m. *Fam.* Caballo flaco.

James (William), filósofo norteamericano (1842-1910), uno de los fundadores de la escuela pragmática. — Su hermano HENRY (1843-1916) fue autor de novelas psicológicas (*Roderick Hudson, El secreto de Maisie, Otra vuelta de tuerca, Retrato de una dama, Los embajadores,* etc.). Se naturalizó británico.

Jamestown, cap. de la isla de Santa Elena (África).

Jammes (Francis), poeta francés (1868-1938), autor de *Geórgicas cristianas.* Escribió también en prosa.

Jammu, c. del NO. de la India, en Cachemira, cap., con Srinagar, del Estado de Jammu y Cachemira. ‖ — **y Cachemira,** Estado en el noroeste de la India, cap. *Srinagar* y *Jammu.*

Jamna o **Jumna,** río en el norte de la India, afluente del Ganges en Allahabad. Pasa por Delhi y Agra.

Jamnagar, c. en el noroeste de la India (Gujerate).

jamón m. Carne curada de la pierna del cerdo : *jamón serrano.* ‖ *Fam.* ; Y un jamón !, o ¡ y un jamón con chorreras !, ¡ ni hablar ! o, dícese a quien pide algo que excede de lo normal.

jamona adj. Regordeta (ú. t. c. s. f.).

jamoncillo m. *Méx.* Dulce de leche.

Jamshedpur, c. en el NE. de la India (Bihar), al O. de Calcuta.

Jamundí, mun. al oeste de Colombia (Valle del Cauca).

Janco Uma, pico de los Andes de Bolivia en la Cordillera Real ; 6 440 m.

Janda (La), laguna al S. de España (Cádiz). En sus orillas se libró la batalla de Guadalete. (V. este n.)

jangada f. *Arg.* Armadía de maderos. ‖ Balsa ligera de los pescadores del noreste del Brasil.

Jánico, com. al NO. de la Rep. Dominicana (Santiago) ; cap. *Santo Tomás de Jánico.*

Janículo (MONTE), una de las siete colinas de Roma.

Janina. V. YANINA.

Janitzio, isla al O. de México en el lago de Pátzcuaro (Michoacán).

Jannu, pico del Himalaya en Nepal ; 7 710 m.

Jano, dios romano, primer rey legendario del Lacio.

Jansenio (Cornelio JANSEN, llamado), prelado y teólogo holandés (1585-1638). Su obra principal, *Augustinus,* dio origen al jansenismo.

jansenismo m. Doctrina, profesada por Jansenio, que tendía a limitar la libertad humana, partiendo de que la gracia se concede a ciertos seres desde su nacimiento y se niega a otros. ‖ *Por ext.* Piedad y virtud austera.

jansenista adj. Partidario del jansenismo (ú. t. c. s.). ‖ Relativo al jansenismo : *clérigo jansenista.*

japón, ona adj. Japonés.

Japón, Estado insular de Extremo Oriente, separado del continente asiático por el mar del Japón y bañado al E. por el océano Pacífico ; 369 000 km² ; 117 millones de h. (*japoneses*). Las islas principales son Honshu, Hondo o Nipón, en el centro ; Hokkaido o Yeso, al N. ; Sikoku y Kiusiu, al S., y más de 1 000 islas menores. Cap. *Tokio,* 11 500 000 h. (con los suburbios) ; c. pr. *Osaka,* 2 980 000 h. ; *Yokohama,* 2 800 000 ; *Nagoya,* 2 137 000 ; *Kyoto,* 1 520 000 ; *Kobe,* 1 489 000 ; *Fukuoka,* 1 100 000 ; *Kawasaki,* 1 120 000 ; *Sapporo,* 1 440 000 ; *Kitakyushu,* 1 100 000 ; *Hiroshima,* 962 000 ; *Amagasaki,* 554 000 ; *Sendai,* 546 000 ; *Kumamoto,* 440 000 ; *Nagasaki,* 422 000 ; *Chiba,* 613 000. (V. mapa en la pág. siguiente.)

— GEOGRAFÍA. Formado por montañas muy recientes, el territorio japonés está muy expuesto a fenómenos sísmicos y maremotos. Los volcanes son numerosos. La temperatura, gracias a la influencia de los monzones, es más suave que en las regiones correspondientes del continente. El Japón es el primer país pesquero del mundo. La densidad de población ha favorecido una gran industrialización.

Japón (MAR DEL), mar interior del océano Pacífico, entre el archip. japonés, Corea y el Extremo Oriente soviético.

japonés, esa adj. y s. Del Japón. ‖ — M. Lengua japonesa.

Japurá, río en el O. del Brasil (Amazonas), afl. del Amazonas ; 2 200 km. Aguas arriba es llamado *Caquetá.*

japuta f. Pez teleósteo comestible.

jaque m. Jugada en el ajedrez en que el rey o la reina están amenazados por una pieza adversaria. ‖ Palabra con que se avisa este lance : *jaque al rey.* ‖ — *Jaque mate,* jaque que, al no poder evitarse, pone fin a la partida. ‖ *Fig. Tener en jaque a uno,* tenerle en gran desasosiego.

jaquear v. t. Dar jaque.

jaqueca f. Dolor de cabeza intermitente. ‖ *Fam. Dar jaqueca,* fastidiar insistiendo demasiado en alguna cosa.

jáquima f. Cabezal, cabestro. ‖ *Amer.* Embriaguez.

jara f. Arbusto siempre verde de la familia de las cistáceas, de flores grandes y blancas.

Jara (Heriberto), general y político mexicano (1880-1968). [Pr. Lenin de la Paz en 1951.]

Jarabacoa, com. y pobl. en el centro de la Rep. Dominicana (La Vega). Ganadería.

jarabe m. Bebida hecha con azúcar en solución concentrada y sustancias aromáticas o medicinales. ‖ *Fig.* Bebida dulce. ‖ Baile popular típico de diferentes países de la América de lengua española : *el jarabe se baila con taconeo ; en México el más peculiar se llama jarabe tapatío.* ‖ Música o copla que lo acompaña. ‖ — *Fam. Dar jarabe a uno,* adularle. ‖ *Dar jarabe de palo a uno,* darle una paliza. ‖ *Jarabe de pico,* palabrería, labia.

Jaraiz de la Vera, v. en el centro oeste de España (Cáceres).

jaral m. Lugar poblado de jaras.

Jarama, río en el centro de España (prov. de Guadalajara y Madrid), afl. del Tajo : 199 km.

jaramago m. Planta crucífera de flores amarillas en espigas.

Jaramillo (Marco Antonio), general, novelista y poeta colombiano (1849-1904). ‖ ~ **Arango** (RAFAEL), escritor colombiano, n. en 1896, autor de novelas ·(*Barrancabermeja*). ‖ — **Escobar** (JAIME), escritor colombiano, n. en 1933, autor de poemas (*Aviso a los moribundos*) y cuentos.

jarana f. *Fam.* Diversión, juerga : *andar de jarana.* ‖ Ruido, alboroto, tumulto : *armar jarana.* ‖ Trampa, engaño. ‖ Pelea. ‖ *Amér. C.* Deuda. ‖ *Méx.* Guitarra pequeña. ‖ Cierto baile popular.

jaranear v. i. *Fam.* Andar de jarana.

jaranero, ra y **jaranista** adj. y s. Aficionado a las jaranas.

jarca f. Harca, tropa mora.

347

JAPÓN

jarcia f. *Mar.* Aparejos y cuerdas de un buque (ú. m. en pl.). | Conjunto de instrumentos y aparejos de pesca.

jarcha f. Estrofa en lengua vulgar mozárabe al final de algunos poemas arabigoespañoles.

Jardiel Poncela (Enrique), escritor humorista español, n. en Madrid (1901-1952), autor de novelas (*Amor se escribe sin hache, ¡ Espérame en Siberia, vida¯mía !*, etc.) y de comedias (*Eloísa está debajo de un almendro, Los ladrones somos gente honrada, Angelina o el honor de un brigadier, Usted tiene ojos de mujer fatal, Los habitantes de la casa deshabitada,* etc.).

jardín m. Terreno en una casa en el que se cultivan flores, árboles de sombra o adorno, etc. ‖ Mancha en las esmeraldas o en otras piedras preciosas. ‖ *Jardín de infancia* (en América *jardín de niños o de infantes*), escuela de párvulos.

jardinera f. La que cuida de un jardín. ‖ Mujer del jardinero. ‖ Mueble para colocar las macetas. ‖ Coche abierto de verano en los tranvías.

jardinería f. Arte de cultivar los jardines.

jardinero, ra m. y f. Persona que cuida los jardines.

Jardines ‖ — **de la Reina,** archip. del S. de Cuba, en el golfo de Guacanayabo. ‖ — **del Rey,** n. por el que. tb. se conoce el archip. cubano de *Sabana-Camagüey.*

jardinista com. Persona entendida en jardinería artística.

jarearse v. pr. *Méx.* Evadirse, huir. ‖ Morirse de hambre. ‖ Bambolearse.

jareta f. Dobladillo por donde se puede pasar una cinta o cordón. ‖ *Mar.* Cordaje. ‖ *Fig.* y *fam. Dar jareta,* hablar mucho, charlar.

jarilla f. *Fam. Dar jarilla,* dar largas a un asunto. | *Tener jarilla,* tener mucha conversación.

jaripeada f. *Méx.* Acción y efecto de jaripear.

jaripear v. i. *Méx.* Participar en un jaripeo.

jaripeo m. *Méx.* Lidia taurina a la mexicana, con suertes a caballo. ‖ Fiesta charra en la que se montan potros cerriles, con suertes de lazo y canciones rancheras.

Jarkov o Kharkov, c. en el O. de la U. R. S. S., ant. cap. de Ucrania. Ind. metalúrgica ; textiles.

Jarnés (Benjamín), escritor español (1888-1949), autor de biografías, ensayos, críticas y novelas.

jarocho, cha adj. *Méx.* Relativo al Estado o a la ciudad de Veracruz. ‖ Habitante o natural de estos lugares (ú. t. c. s.).

jarra f. Vasija de barro, loza o cristal, con cuello y boca anchos y una o más asas. ‖ Su contenido. ‖ *Méx.* Medida de capacidad cuyo contenido es de 8,21 litros. ‖ *De* (o *en*) *jarras,* con los brazos arqueados y las manos en las caderas.

jarrete m. Corva, corvejón.

jarretera f. Liga para sujetar a la altura de la rodilla la media o el calzón.

Jarretera *(Orden de la),* orden de caballería inglesa, creada en 1348 por Eduardo III.

jarro m. Vasija de bóca más estrecha que la jarra y con un asa. ‖ Cantidad de líquido que cabe en ella : *un jarro de vino, de agua.* ‖ — *Fig.* y *fam. A jarros,* a cántaros. | *Echarle a uno un jarro de agua o de agua fría,* causarle una desilusión.

jarrón m. Jarro grande artístico.

Jartum o Kartum, cap. del Sudán, en el punto de unión del Nilo Blanco y el Azul ; 600 000 h. La c. forma una sola unidad con las poblaciones vecinas de Jartum Norte y Omdurmán. Centro comercial e industrial.

Jaruco, río de Cuba, en la prov. de La Habana. — Térm. mun. en el O. de Cuba (La Habana).

Jasón, rey de Yolcos, que rescató el vellocino de oro. *(Mit.)*

jaspe m. *Min.* Piedra silícea, dura y opaca, de la naturaleza del ágata y diversamente coloreada, empleada en joyería. ‖ Mármol veteado.

jaspear v. t. Pintar con diversos colores para imitar las vetas del jaspe : *jaspear de verde.*

Jaspers (Karl), filósofo existencialista alemán (1883-1969), autor de *Razón y existencia, Filosofía de la existencia, Filosofía y mundo,* etc.

Jassy, región y c. en el NE. de Rumania, en Moldavia. Universidad.

Jatibonico, térm. mun. en el centro de Cuba (Sancti Spíritus). Petróleo. ‖ ~ **del Norte,** río de Cuba (Sancti Spíritus) ; 95 km. ‖ ~ **del Sur,** río de Cuba (Sancti Spíritus) ; 115 km.

Játiva, c. en el E. de España (Valencia). Agricultura. Industrias.

Jauja, prov. y c. en el O. del Perú (Junín). La riqueza y prosperidad de esta región hace que se sustantive este nombre para indicar un lugar próspero y abundante.

jaula f. Armazón hecha¯de madera, mimbres o alambres para encerrar aves. ‖ Armazón de madera o barras de hierro para encerrar animales pequeños, fieras, locos o presos. ‖ Cuadrilátero, generalmente de madera, donde se pone a los niños de corta edad. ‖ *Min.* Aparato para bajar o subir en las minas. ‖ Compartimiento de un garaje. | Cabina del ascensor.

Jáuregui (Juan de), pintor y poeta español, n. en Sevilla (1583-1641), adversario de Góngora y supuesto autor de un retrato de Ce·vantes. ‖ — **y Aldecoa** (Agustín de), militar español (1712-1784), gobernador de Chile (1773-1780) y virrey del Perú (1780-1784). Venció la insurrección de Túpac Amaru II (1780).

Jauretche (Arturo), ensayista argentino (1901-1974).

jauría f. Conjunto de perros que cazan juntos. ‖ *Fig.* Conjunto de personas que van en contra de otra.

Jaurú, río al oeste del Brasil (Mato Grosso), afl. del Paraguay ; 450 km.

Java, isla del archip. de la Sonda (Indonesia) ; 132 174 km² ; 80 millones de hab. ; cap. Yakarta. ‖ ~ (MAR DE), parte del océano Índico, entre Java al S., Sumatra al O. y Borneo al N. Tiene poca profundidad.

javanés, esa adj. y s. De la isla de Java.

Jávea, pobl. del E. de España (Alicante). Estación estival.

Jaworzno, c. al S. de Polonia en la Alta Silesia. Carbón. Industrias.

jaz m. Jazz.

jazmín m. Arbusto oleáceo, de flores blancas olorosas. ‖ Su flor.

jazmíneas f. pl. Familia de plantas dicotiledóneas que tiene por tipo el jazmín (ú. t. c. adj.).

jazz m. Música de danza de origen negro-americano. (El *jazz* se caracteriza por una melodía sincopada que contrasta con la permanencia rítmica de la batería.)

Jdanov, ant. *Mariupol,* c. y puerto en el O. de la U. R. S. S., al N. del mar de Azov (Ucrania). Siderurgia.

je, onomatopeya que expresa la risa.

Jean Paul (Johann Paul Friedrich RICHTER, llamado), escritor alemán (1763-1825), novelista (*Hesperus, Titán*) y filósofo.

jeans m.pl. (pal. ingl.) Vaqueros, pantalón tejano.

348

jebe m. Alumbre. ‖ *Amer.* Caucho, goma elástica.

Jeddah, c. y puerto al O. de Arabia Saudita y a orillas del Mar Rojo (Hedjaz). Residencia de los agentes diplomáticos extranjeros.

jedive m. Título que utilizaba el virrey de Egipto.

jeep [*yip*] m. (pal. ingl.). Vehículo automóvil descubierto para terrenos desiguales, llamado tb. *vehículo todo terreno o campero.*

jefa f. Superiora. ‖ Mujer del jefe.

jefatura f. Dignidad, oficina y funciones de jefe.

jefazo m. *Fam.* Jefe máximo.

jefe m. Superior o principal de un cuerpo o asociación. ‖ En el escalafón militar, categoría superior a capitán e inferior a general. ‖ *Blas.* Parte superior del escudo. ‖ *Méx.* Señor, caballero. ‖ *En jefe,* como jefe, como cabeza principal de un cuerpo : *general en jefe.*

Jefferson (Thomas), político norteamericano (1743-1826), presidente de Estados Unidos de 1801 a 1809.

Jefferson City, c. en el centro de los Estados Unidos, cap. de Misuri y a orillas del río de este nombre. Universidad.

Jehol o **Joho,** ant. prov. del N. de China, dividida entre las de Hopei y Liaoning.

Jehová o **Jehovah,** n. dado a Dios por los hebreos. (V. YAHVÉ.)

Jelenia Gora, c. de Polonia, al SO. de Wroclaw.

Jelgava, ant. *Mitau,* c. en el NO. de la U. R. S. S. (Letonia).

Jena, c. de Alemania Oriental, a orillas del Saale. Universidad. Victoria de Napoleón sobre los prusianos (1806).

jengibre m. Planta cingiberácea de flores purpúreas y rizoma nudoso aromático que se usa como especia. ‖ Su raíz.

jeniquén m. Henequén.

jenízaro, ra adj. Mezclado, híbrido. ‖ — Adj. y s. *Méx.* Mestizo de cambujo y china; o viceversa. ‖ — M. Soldado de la antigua guardia turca.

Jenner (Edward), médico inglés (1749-1823), descubridor de la vacuna antivariólica.

Jenócrates, filósofo griego (406-314 a. de J. C.), discípulo de Platón.

Jenófanes, filósofo griego (s. VI a. de J. C.), fundador de la escuela de Elea, autor de *Naturaleza de las cosas.*

Jenofonte, historiador y escritor griego (¿ 427-355 ? a. de J. C.), discípulo de Sócrates. Autor de *La Anábasis,* relato de la retirada de los Diez Mil, dirigida por él, de *La Ciropedia, Apología de Sócrates,* etc.

jeque m. Jefe árabe que gobierna un territorio o provincia.

Jequitinhonha, río al E. del Brasil (Minas Gerais y Bahía) ; 800 km.

jerarca m. Superior en la jerarquía eclesiástica. ‖ Alto dignatario.

jerarquía f. Orden, gradación : *jerarquía social.* ‖ Dignidad, autoridad.

jerárquico, ca adj. Relativo a la jerarquía : *orden jerárquico.*

jerarquización f. Orden conforme a la jerarquía.

jerarquizar v. t. Establecer un orden de acuerdo con la jerarquía.

Jerécuaro, mun. en el sur de México (Campeche).

jeremiada f. Lamentación muy exagerada.

jeremías com. inv. *Fam.* Persona que se lamenta constantemente.

Jeremías, uno de los cuatro profetas mayores hebreos (¿ 650-580 ? a. de J. C.), autor de *Lamentaciones.*

jeremiquear o **jerimiquear** v. i. *Amer.* Llorar, gimotear.

jerez m. Vino de fina calidad que se cría en Jerez de la Frontera.

Jerez ‖ **~ de la Frontera,** c. del SO. de España (Cádiz). Obispado. Universidad. Vinos. ‖ **~ de los Caballeros,** c. en el O. de España (Badajoz).

Jerez (Francisco LÓPEZ DE). V. LÓPEZ DE JEREZ.

jerezano, na, adj. y s. De Jerez (España).

jerga f. Tela gruesa basta. ‖ Jergón, colchón. ‖ Lenguaje especial de ciertas profesiones y círculos : *la jerga estudiantil.* ‖ Algarabía, galimatías.

jergal adj. Relativo a la jerga.

jergón m. Colchón de paja.

jeribeque m. Mueca, gesto. ‖ Guiño.

Jericó, c. de Jordania, a 23 km de Jerusalén. Actualmente ocupada por Israel. — C. de Colombia (Antioquia). Obispado.

jerifalte m. Gerifalte.

jerife m. Descendiente de Mahoma por su hija Fátima. ‖ Individuo de la dinastía reinante en Marruecos.

jerifiano, na adj. Relativo al jerife y al rey de Marruecos.

jerigonza f. Galimatías, algarabía. ‖ Jerga de algunas personas.

jeringa f. Instrumento que sirve para aspirar o inyectar ciertos líquidos.

jeringar v. t. Inyectar un líquido con la jeringa. ‖ *Fig.* y *fam.* Molestar, fastidiar (ú. t. c. pr.).

jeringón, ona adj. *Amer.* Fastidioso.

jeringuear v. t. *Amer.* Jeringar.

jeringuilla f. Jeringa pequeña.

Jerjes I (¿ 519 ?-465), rey de Persia desde 485 a. de J. C., hijo de Darío I. Se apoderó de Atenas, pero fue vencido en Salamina y huyó a Asia. Fue asesinado por uno de los nobles.

jeroglífico, ca adj. Aplícase a la escritura usada por los egipcios y algunos pueblos aborígenes americanos en la que las palabras se representan con símbolos o figuras : *escritura jeroglífica.* ‖ — M. Cada uno de los caracteres de esta escritura. ‖ Pasatiempo consistente en sustituir una palabra o frase con signos o figuras. ‖ *Fig.* Cosa difícil de entender.

Jerome (Jerome KLAPKA, llamado **Jerome K.),** escritor humorista inglés (1859-1927), autor de la novela *Tres hombres en una barca.*

jerónimo, ma adj. y s. Religioso de la orden de San Jerónimo.

Jerónimo (*San*), escritor latino. Padre y doctor de la Iglesia (¿ 347 ?-420). Tradujo al latín la Biblia (*Vulgata*). Fiesta el 30 de septiembre.

jerosolimitano, na adj. y s. De Jerusalén.

jerrycan [*chérrican*] m. (pal. ingl.). Bidón para transportar gasolina.

jersei o **jersey** m. (pal. ingl.). Prenda de abrigo de tejido de punto elástico que se introduce por la cabeza. (Pl. *jerseis* o *jerséis*.)

Jersey, isla al SE. de Gran Bretaña, la mayor de las islas anglonormandas ; cap. *Saint-Hélier.* ‖ **~ City,** c. en el E. de Estados Unidos (Nueva Jersey), frente a Nueva York y a orillas del río Hudson.

Jerusalén, c. santa de las religiones cristiana, israelita y musulmana, dividida en dos sectores según la Comisión mixta de armisticio de la O. N. U., después de los combates entre árabes e israelíes (1948). La parte antigua de la ciudad, donde tuvieron lugar hechos de la vida, Pasión y muerte de Jesucristo, fue administrada por Jordania y la nueva por el Estado de Israel, que hizo de ella su capital. En 1967 los israelíes se apoderaron de toda la ciudad ; 395 000 h. ‖ (REINO LATINO DE), Estado creado en la Primera Cruzada (1099). Dejó de existir al ser ocupado por las tropas del sultán de Egipto en 1291.

Jesselton, V. KOTA KINABALU.

jesuita adj. Dícese del religioso de la Compañía de Jesús (ú. t. c. s. m.). ‖ *Fig.* Dícese de la persona precavida (ú. t. c. s.).

jesuítico, ca adj. Relativo a los jesuitas. ‖ *Fig.* Precavido.

jesuitismo m. Sistema moral y religioso de los jesuitas. ‖ *Fig.* Conducta precavida y astuta.

Jesús m. Representación de Cristo niño. ‖ *Fig.* y *fam. En un decir Jesús* o *en un Jesús,* en un instante.

Jesús o **Jesucristo** o **Cristo,** es decir, el *Salvador,* hijo de Dios y el Mesías anunciado por los profetas, n. en Belén en el año 749 de Roma (la cronología de la era cristiana fija esa fecha equivocadamente en el año 754) y m. a los 33 años de edad. Su vida es contada en los *Evangelios.* Tenía 31 años cuando comenzó la predicación de su doctrina (*cristianismo*). Traicionado por sus apóstoles, los tres años resucitó y cuarenta más tarde subió al cielo. ‖ **Jesús** (*Compañía* o *Sociedad de*),

orden religiosa fundada en Roma en 1540 por San Ignacio de Loyola. ‖ **~ y María,** congregación fundada en Caen (Francia) por Juan Eudes (1643) y cuyos miembros reciben el de *eudistas.*

Jesús ‖ **~ Carranza,** mun. al E. de México (Veracruz). ‖ **~ María,** volcán al N. de México (Chihuahua). — Boca que hace comunicar la Laguna Madre con el golfo de México (Tamaulipas). — C. en el centro de México (Aguascalientes). Prelatura nullius. — Pobl. de la Argentina (Córdoba), cab. del dep. de Colón. ‖ **~ Menéndez,** mun. al este de Cuba (Las Tunas). ‖ **~ y Trinidad,** distrito en el SE. del Paraguay (Itapúa).

jet [*yet*] m. (pal. ingl.). Avión de reacción.

jeta f. Boca saliente o de labios muy abultados. ‖ Hocico del cerdo. ‖ *Pop.* Rostro. ‖ Caradura, descaro. ‖ *Arg. Pop. Estirar la jeta,* morir. ‖ *Pop. Poner jeta,* enfadarse.

jetón, ona adj. y s. *Amer.* Carilargo.

jetudo, da adj. y s. *Amer.* Jetón.

jet-set f. (pal. ingl.). Alta sociedad, gran mundo.

Jezabel, esposa de Acab, rey de Israel. Fue devorada por los perros (s. IX a. de J. C.) [*Biblia.*]

ji f. Vigésima segunda letra del alfabeto griego (χ). ‖ Voz onomatopéyica que indica la risa.

jíbaro, ra adj. *Amer.* Dícese del indio americano de origen caribe (ú. t. c. s.). [Los *jíbaros* viven en la región oriental del Ecuador y en el Perú. Sus antepasados reducían las cabezas humanas.] ‖ *Amer.* Campesino, rústico.

jibarada f. *Amer.* Dicho del jíbaro.

jibia f. Molusco cefalópodo semejante al calamar. ‖ Hueso de jibia.

jibión m. Hueso de la jibia.

Jibuti (República de), Estado del NE. de África ; 21 700 km²; 125 000 h. ; cap. *Jibuti.* Ant. Costa Francesa de los Somalíes desde 1884, territorio autónomo en 1957.

jicalcoate m. *Méx.* Culebra acuática. ‖ Cincuate.

jícama f. *Amér. C.* y *Méx.* Planta tuberosa y alimenticia. ‖ Su raíz.

jícara f. Taza pequeña de loza o porcelana. ‖ *Amer.* Vasija hecha de la corteza del fruto de la güira.

jicarada f. *Amer.* Capacidad de una jícara.

jicarazo m. Golpe que se da con una güira. ‖ Acción de dar veneno a una persona : *dar jicarazo.*

jicarear v. t. *Méx.* Despachar pulque midiéndolo con jícaras.

jicote m. *Amér. C.* Avispa negra.

Jiguaní, mun. al este de Cuba (Granma). En esta población se encuentra el barrio de Baire.

jiennense adj. y s. De Jaén (España).

jijona m. Variedad de turrón fabricado en Jijona (España).

Jijona, v. del este de España (Alicante). Turrón.

Jil (Salomé). V. MILLA (José).

jilguero m. Pájaro de plumaje pardo con una mancha roja en la cara y un collar blanco.

jili, jilipollada, jilipollas, jilipollear y **jilipollez.** V. GILI, GILIPOLLADA, etc.

Jilong. V. KILONG.

jilote m. *Méx.* y *Amér. C.* Mazorca de maíz con los granos sin cuajar.

jilotear v. i. *Méx.* y *Amér. C.* Empezar a cuajar el maíz.

Jilotepec, mun. de México en el Estado de este nombre ; cap. *Jilotepec de Abasolo.* Presa de Ximahoy.

Jimaguayú, mun. de Cuba (Camagüey).

Jimani, c. en el O. de la Rep. Dominicana, cap. de la prov. de Independencia.

Jimena (Doña), dama castellana que casó con el Cid hacia 1074.

Jimena de la Frontera, v. al SE. de España (Cádiz).

Jiménez, cantón en el centro de Costa Rica (Cartago). — Mun. al N. de México (Chihuahua). Minas.

Jiménez (Enrique Adolfo), político panameño, n. en 1888, pres. de la Rep. de 1945 a 1948. ‖ **~** (JUAN ISIDRO), político dominicano (1846-1919), pres. de la Rep. de 1899 a 1902. Reelegido

JA

349

en 1914, dimitió ante la intervención norteamericana (1916). ‖ ~ (JUAN RAMÓN), poeta español, n. en Moguer (Huelva) en 1881 y m. en San Juan de Puerto Rico en 1958. Maestro de la escuela modernista en un principio, escribió posteriormente con un estilo poético de perfiles propios que hace de él uno de los más altos representantes de la lírica de su país (*Almas de violeta*, *Ninfeas*, *La soledad sonora*, *Arias tristes*, *Jardines lejanos*, *Sonetos espirituales*, *Diario de un poeta recién casado*, *Piedra y cielo*, *Estío*, *Canción*, etc.). Escribió en prosa poética el relato *Platero y yo*. (Pr. Nobel, 1956.) ‖ ~ (MAX), escritor, pintor y escultor costarricense (1900-1947), autor de poesías (*Gleba*, *Sonaja*, *Quijongo*) y novelas (*El domador de pulgas*, *El jaúl*). Se suicidó. ‖ ~ **de Asúa** (LUIS), político socialista y penalista español (1889-1970). ‖ ~ **de Cisneros.** V. CISNEROS (F.) ‖ ~ **de Enciso** (Diego), escritor español (1585-1634), autor de comedias de tema histórico (*El encubierto*, *El príncipe Don Carlos*, etc.). ‖ ~ **de Quesada** (Gonzalo), conquistador y cronista de Indias español (¿ 1509 ?-1579). Exploró el río Magdalena en busca de Eldorado (1536) y fundó la c. de Santa Fe de Bogotá (1538). Dio al territorio el nombre de *Reino de Nueva Granada.* ‖ ~ **de Rada** (RODRIGO), obispo e historiador español (¿ 1170 ?-1247), autor de *Historia Gótica*. Fue conocido con el n. de el *Toledano.* ‖ ~ **de Urrea** (JERÓNIMO), escritor español (¿ 1505 ?-1565), autor de *Don Clarisel de las Flores*, libro de caballerías. ‖ ~ **Farías** (ARMANDO), escritor mexicano, n. en 1917, autor de la obra humorística titulada *Picardía mexicana.* ‖ ~ **Oreamuno** (RICARDO), político y jurista costarricense (1859-1945), pres. de la Rep. de 1910 a 1914, de 1924 a 1928 y de 1932 a 1936. ‖ ~ **Rueda** (JULIO), escritor mexicano (1896-1960), autor de novelas (*Bajo la Cruz del Sur*), obras de teatro y de crítica. ‖ ~ **Sandoval** (JOSÉ ALFREDO), músico mexicano (1926-1973). ‖ ~ **Sotelo** (MARCOS), compositor mexicano (1881-1944). ‖ ~ **Zamora** (JESÚS), político costarricense (1823-1897), pres. de la Rep. de 1863 a 1866 y de 1868 a 1870.

Jimeno y Planes (Rafael), pintor mexicano, n. en España y m. en México (1739-1825), autor de murales, lienzos y retratos.

Jimki, pobl. del área metropolitana de Moscú (U. R. S. S.). Puerto fluvial.

jindama f. *Pop.* Gran miedo.

jineta f. Cierto modo de montar a caballo, que consiste en llevar los estribos cortos y las piernas dobladas : *montar a la jineta.* ‖ Mujer que monta a caballo. ‖ Lanza corta de los capitanes de la antigua infantería. ‖ Charretera y hombrera de seda de los sargentos. ‖ Mamífero carnicero de patas cortas y de color gris leonado.

jinete m. *V.* Soldado de a caballo. ‖ Caballista.

jinetear v. t. *Amer.* Domar caballos cerriles. ‖ *Fig. Méx.* Lucrar.

Jinja, c. de Uganda. Industrias.

Jinotega, c. del N. de Nicaragua, cap. del dep. homónimo. Café.

jinotegano, na adj. y s. De Jinotega (Nicaragua).

Jinotepe, c. en el O. de Nicaragua, cerca de Managua, cap. del dep. de Carazo. Centro comercial y agrícola.

jinotepino, na adj. y s. De Jinotepe (Nicaragua).

jipar v. i. Hipar. ‖ Jadear.

jipi m. *Fam.* Jipijapa.

jípido m. Jipío.

jipijapa adj. De Jipijapa (Ecuador). ‖ ~ M. Sombrero de palma.

Jipijapa, c. en el oeste del Ecuador (Manabí).

jipío m. Hipido. ‖ Lamento en el cante andaluz.

jiquilete m. Planta leguminosa mexicana de la que se obtiene añil.

Jiquilisco, bahía y c. en el sur de El Salvador (Usulután).

Jiquilpan, mun. en el oeste de México (Michoacán). Industrias.

Jiquipilas, mun. en el sur de México (Chiapas).

Jiquipilco, mun. de México en el Estado de este nombre.

jira f. Merienda campestre. ‖ Gira. ‖ Tira de tela o cinto.

jirafa f. Mamífero rumiante de África, de cuello largo y esbelto y extremidades abdominales bastante más cortas que las torácicas. ‖ *Cin.* Brazo articulado que sostiene un micrófono en el rodaje de una película.

jirón m. Desgarrón : *vestido hecho jirones.* ‖ *Fig.* Porción pequeña de un todo.

jitomate m. *Méx.* Tomate.

Jitomir, c. de la O. de la U. R. S. S. (Ucrania), al O. de Kiev.

jiu-jitsu o **jiujitsu** m. Lucha japonesa que sirve de entrenamiento físico y arte de defensa sin armas.

Jiutepec, mun. de México al S. del Estado de este nombre (Morelos).

jívaro, ra adj. y s. Jíbaro.

jo, onomatopeya que indica asombro, enfado, molestia o cólera.

João Pessoa, c. y puerto del NO. del Brasil, cap. del Estado de Paraíba. Arzobispado.

Joaquín (San), esposo de Santa Ana y padre de la Virgen María. Fiesta el 16 de agosto.

job m. Hombre de mucha paciencia.

Job, personaje bíblico, célebre por su resignación y paciencia.

Jobabo, mun. en el este de Cuba (Las Tunas).

jobo m. Árbol americano anacardiáceo. ‖ Su fruto.

jockey [*yoki*] m. (pal. ingl.). Jinete que monta los caballos de carrera.

joco, ca adj. *Amér. C.* Agriado.

Jocoaitique, distrito y c. en el E. de El Salvador (Morazán).

jocoatle m. *Méx.* Bebida ácida de atole.

jocoque m. *Méx.* Alimento hecho con leche cortada o nata agria.

Jocoro, mun. en el este de El Salvador (Morazán).

jocosidad f. Calidad de jocoso. ‖ Chiste, cosa graciosa.

jocoso, sa adj. Gracioso, festivo.

Jocotán, mun. en el este de Guatemala (Chiquimula), irrigado por el río del mismo nombre.

jocote m. *Amer.* Jobo.

Jocotepec, mun. en el oeste de México (Jalisco).

Jocotitlán, mun. en el centro de México en el Estado de este nombre.

jocundidad f. Alegría, jovialidad.

jocundo, da adj. Jovial, alegre.

joda f. *Amer. Pop.* Molestia. ‖ Calamidad. ‖ Broma, burla. ‖ Diversión.

joder v. t. *Pop.* Copular. ‖ Fastidiar, molestar. ‖ Estropear. ‖ Romper. ‖ Suspender en un examen. ‖ — V. pr. *Pop.* Echarse a perder. ‖ Aguantarse. ‖ Fastidiarse.

Jodhpur, c. en el noroeste de la India (Rayastán).

jodido, da adj. *Pop.* Maldito, execrable. ‖ Malintencionado. ‖ Molesto, fastidioso. ‖ Difícil, complicado. ‖ Mal de salud. ‖ Enfermo.

jodienda f. *Pop.* Acto sexual. ‖ Fastidio, molestia. ‖ Engorro.

Joel, uno de los doce profetas menores de Israel (s. IV a. de J. C.). Fiesta el 13 de julio.

jofaina f. Palangana para lavarse la cara y las manos.

jogging m. (pal. ingl.). Carrera pedestre hecha con fines higiénicos.

Jogjakarta. V. YOKYAKARTA.

Johannesburgo, c. al N. de la Rep. de África del Sur (Transvaal), centro de la cuenca aurífera de Witwatersrand. Obispado.

John Bull. V. BULL.

John F. Kennedy, n. dado en 1964 a 1972 al *Cabo Cañaveral.*

Johnson (Andrew), político norteamericano (1808-1875), pres. de Estados Unidos (1865-1869), después del asesinato de Lincoln. ‖ ~ (LYNDON BAINES), político demócrata norteamericano (1908-1973), vicepres. de Estados Unidos en 1961 y pres. en 1963, al m. de J. F. Kennedy, y de 1965 a 1969.

Joho. V. JEHOL.

Johore, Estado federado de Malaysia, al S. de la penins. de Malaca ; cap. *Johore Bharu.*

Joinvill o **Joinville**, c. al SE. del Brasil (Santa Catarina). Obispado.

Joinville (Jean, *señor de*), historiador francés (1224-1317), cronista de la Cruzada de San Luis.

joker [*yoke*] m. (pal. ingl.). En los juegos de cartas, comodín.

jolgorio m. Regocijo, diversión con ruido y bullicio.

¡jolin ! y **¡jolines !** interj. ¡ Caray !

Joliot-Curie [*yolió-curí*] (Frédéric), físico francés (1900-1958), que, junto con su esposa Irène JOLIOT-CURIE (1897-1956), descubrió en 1934 la radiactividad artificial. (Pr. Nobel, 1935.)

Jolivet (André), compositor francés (1905-1974), autor de obras para piano, conciertos y sinfonías.

Joló o **Sulú**, archip. y prov. de Filipinas, entre Mindanao y Borneo ; cap. *Joló.*

jollín m. *Fam.* Gresca, disputa.

joma f. *Méx.* Joroba.

Jomeini (*ayatollah*), jefe religioso iraní, n. en 1900, que dirigió la oposición al régimen del Sha e instauró una República Islámica (1979).

Jonás, uno de los doce profetas menores de Israel (s. VIII a. de J. C.). Fue devuelto milagrosamente a la vida, tras pasar tres días en el vientre de una ballena.

jondo adj. Dícese del cante hondo flamenco.

Jones (Íñigo), arquitecto renacentista inglés, de origen español (1573-1652). Recibió el n. de el *Paladio inglés.*

Jongkind (Johan Barthold), pintor holandés (1819-1891), precursor del impresionismo.

Jonia, litoral asiático del mar Egeo y región comprendida entre Mileto y Focea ; c. pr. : *Mileto, Samos, Éfeso, Colofón, Quío.*

Jónicas (ISLAS), archip. de Grecia, en la costa occidental ; 2 037 km². Principales islas : *Corfú, Paxos, Léucade, Itaca, Cefalonia, Zante y Citera.*

jónico, ca adj. y s. De Jonia. ‖ — Dialecto jónico, uno de los cuatro dialectos de la Grecia antigua. ‖ *Orden jónico*, uno de los cinco órdenes de arquitectura.

Jónico (MAR), parte del Mediterráneo, entre Italia, Albania y Grecia.

jonio, nia adj. y s. Jónico.

Jönköping, c. en el centro de Suecia, a orillas del lago Vetter.

jonote m. Género de árboles tiliáceos mexicanos.

Jonquera (La). V. JUNQUERA (*La*).

Jonquière, c. en el este del Canadá (Quebec).

Jonquières (Eduardo), poeta argentino, n. en 1918, autor de *La sonrisa, Los vestigios, Pruebas al canto*, etc.

J. O. N. S., siglas de las *Juntas de Ofensiva Nacional-Sindicalista.*

Jonson (Benjamin JONSON o Ben), dramaturgo inglés (1572 ó 1573-1637), autor de *Volpone* o *El zorro.*

jonuco m. *Méx.* Cuarto oscuro debajo de la escalera. ‖ Covacha.

jopo m. Hopo, rabo. ‖ — Interj. ¡Largo !, ¡largo !

Jorasán o **Khorasán**, región oriental del Irán, que antiguamente se encontraba Partia. Cap. *Meshed.*

Jordaens [-*dans*] (Jacob), pintor flamenco (1593-1678).

Jordán, río del Cercano Oriente, que nace en el Antilíbano, entra en Israel, atraviesa el lago Tiberíades, pasa por Siria y Jordania y des. en el mar Muerto ; 360 km.

Jordán (Lucas). V. GIORDANO.

Jordania (*Reino Hachemita de*), Estado de Asia occidental, al E. de Palestina, entre Siria, Israel, Arabia Saudita e Irak ; 97 700 km² ; 3 200 000 h. (*jordanos*). Cap. *Ammán*, 634 400 h. ; c. pr. : *Zarqa*, 220 000 ; *Irbid*, 115 000. — Ant. prov. del Imperio Otomano, estuvo bajo protectorado británico hasta 1946. Llamado luego *Transjordania*, en 1949 tomó el n. de *Reino Hachemita de Jordania.*

jordano, na adj. y s. De Jordania.

Jordi de Sant Jordi, poeta catalán de principios del s. XV.

Jorge ‖ ~ **I** (1660-1727), rey de Gran Bretaña desde 1714, primero de la dinastía de Hannover. ‖ ~ **II** (1683-1760), rey de Gran Bretaña desde 1727. ‖ ~ **III** (1738-1820), rey de Gran Bretaña desde 1760. ‖ ~ **IV** (1762-1830), regente de Gran Bretaña en 1811, rey desde 1820. ‖ ~ **V** (1865-1936), rey de Gran Bretaña y empera-

JORDANIA

dor de la India desde 1910. Adoptó como nombre dinástico el de Windsor en lugar del de Sajonia-Coburgo. ‖ ~ **VI** (1895-1952), rey de Gran Bretaña en 1936, después de la abdicación de su hermano Eduardo VIII. Fue también emperador de la India.

Jorge ‖ ~ **I** (1845-1913), rey de Grecia desde 1863. M. asesinado. ‖ ~ **II** (1890-1947), rey de Grecia en 1922, destronado en 1924, restaurado en 1935, desterrado en 1941 y restablecido en el trono en 1946.

Jorge (San), mártir (s. IV). Patrón de Inglaterra. Fiesta el 23 de abril.

Jorge Pitillas. V. HERVÁS.

jornada f. Camino que se anda en un día : *viajar por pequeñas jornadas.* ‖ Todo el camino o todo el viaje. ‖ Expedición militar. ‖ Fig. Tiempo que dura la vida de una persona. ‖ Acto, en los dramas antiguos. ‖ Episodio de una película o novela. ‖ Impr. Tirada que se hacía en un día. ‖ Día de trabajo : *trabajar media jornada.*

jornal m. Lo que gana el trabajador en un día : *trabajar a jornal.*

jornalero, ra m. y f. Persona que trabaja a jornal.

joroba f. Deformidad en la espalda a causa de una torcedura en la columna vertebral. ‖ Fig. y fam. Molestia.

jorobado, da adj. Dícese del que tiene joroba (ú. t. c. s.). ‖ Fig. y fam. Molesto, fastidiado. ‖ Estropeado.

jorobar v. t. Fig. y fam. Molestar, fastidiar (ú. t. c. pr.). ‖ Estropear, romper. ‖ Echar a perder. ‖ — V. pr. Aguantarse.

joronche m. Méx. Jorobado.

jorongo m. Poncho o capote que usan los campesinos mexicanos de las tierras frías.

joropo m. Col. y Venez. Baile de los llaneros. ‖ Su música.

Jorullo, volcán del SO. de México, en el límite de los Estados de Colima y Michoacán ; 1 820 m.

Josafat (VALLE DE), n. dado a un valle de Judea, entre Jerusalén y el monte de los Olivos. Allí se reunirán los muertos, según la tradición cristiana, el día del Juicio Final.

José, patriarca hebreo, hijo de Jacob y de Raquel, vendido por sus hermanos a unos mercaderes. Fue ministro del faraón y llevó a los israelitas a Egipto. ‖ ~ (San), esposo de la Virgen María y padre putativo de Jesucristo. Fiesta el 19 de marzo. ‖ ~ **de Arimatea** (San), miembro del Sanedrín de Jerusalén y discípulo de Jesús, a quien sepultó. Fiesta el 17 de marzo. ‖ ~ **de Calasanz.** V. CALASANZ.

José ‖ ~ **Azueta,** mun. de México (Guerrero) ; cap. Zihuatanejo. Puerto y centro turístico. ‖ ~ **Ignacio,** laguna de Uruguay (Maldonado).

José ‖ ~ **I** (1678-1711), emperador romano germánico desde 1705. ‖ ~ **II** (1741-1790), emperador romano germánico desde 1765.

José I (1714-1777), rey de Portugal

desde 1750. Reinó sometido a la voluntad del marqués de Pombal.

José I Bonaparte (1768-1844), rey de Nápoles en 1806 y de España (1808-1813). Era el hermano mayor de Napoleón I (En España se le llamaba despectivamente *Pepe Botella.*)

José Agustín (José Agustín RAMÍREZ, llamado), escritor mexicano, n. en 1944, autor de novelas (*La tumba, De perfil,* etc.).

Josefina (Marie-Josèphe TASCHER DE LA PAGERIE), dama francesa (1763-1814), viuda del vizconde de Beauharnais. Contrajo matrimonio con Napoleón I (1796), que se divorció de ella en 1809.

josefino, na adj. y s. De San José (Costa Rica y Uruguay). ‖ Aplícase al individuo de la congregación devota de San José. ‖ En España, partidario del rey José Bonaparte.

Josefo (Flavio), historiador judío (37-95).

Joselito. V. GÓMEZ (José).

Joshkar-Olá, c. de la U. R. S. S. al N. del Volga (Rusia), cap. de la República autónoma de Marí.

Josué, jefe de los israelitas y sucesor de Moisés. Conquistó la tierra de Canaán.

jota f. Nombre de la letra *j.* ‖ Baile popular de Aragón, Navarra y Valencia. ‖ Su música y copla. ‖ Sota en la baraja francesa. ‖ Fig. Cosa muy pequeña. ‖ — Fig. y fam. No entender o *saber ni una jota,* no saber nada. ‖ *No ver una jota,* no ver nada.

Jotabeche. V. VALLEJO (José J.).

jotero, ra adj. De la jota (baile). ‖ Que baila o canta la jota (ú. t. c. s.).

Jotin. V. HOTIN.

joto adj. y s. m. Méx. Dícese del hombre afeminado.

jotraba m. Arg. Fam. Trabajo.

joule m. Fís. Julio. ‖ *Efecto Joule,* desprendimiento de calor en un conductor homogéneo recorrido por una corriente eléctrica.

Joule (James), físico inglés (1818-1889). Determinó el equivalente mecánico de la caloría.

Jovellanos, térm. mun. de Cuba (Matanzas).

Jovellanos (Gaspar Melchor de), escritor, político y sociólogo español, n. en Gijón (1744-1811). Fomentó en sus escritos las actividades culturales y defendió el liberalismo económico (*Memoria justificativa, Informe sobre la ley agraria,* etc.). Publicó también poemas y obras de teatro. ‖ ~ (SALVADOR), político paraguayo (1833-1876 ?), pres. de la Rep. de 1871 a 1874.

joven adj. De poca edad (ú. t. c. s.). ‖ Que tiene los caracteres de la juventud : *naciones jóvenes.*

jovenzuelo, la adj. y s. Joven.

jovial adj. Mit. Relativo a Jove o Júpiter. ‖ Alegre, festivo.

jovialidad f. Alegría, carácter festivo.

joya f. Objeto de metal precioso,

guarnecido de piedras finas o perlas, que sirve para adorno. ‖ Fig. Cosa o persona de mucho valor : *esta hija es una joya.* ‖ — Pl. Ropa y alhajas que lleva una mujer al casarse.

Joyce (James), escritor irlandés (1882-1941), autor de *Ulises,* novela que ha ejercido gran influencia, *Finnegan's Wake, Gentes de Dublín, Retrato del artista adolescente,* etc.

joyel m. Joya pequeña.

joyería f. Comercio de joyas. ‖ Tienda donde se hacen o venden joyas.

joyero, ra m. y f. Persona que vende o hace joyas. ‖ — M. Estuche para joyas.

Jruschef. V. KRUSCHEV.

Juan m. Hombre del pueblo. ‖ — Fam. *Juan Lanas,* buen hombre ; hombre incapaz. ‖ *Juan Palomo,* hombre que todo lo quiere para sí, egoísta.

Juan ‖ ~ **Fernández,** archip. de Chile, formado por las islas *Alejandro Selkirk* y *Robinson Crusoe.* Descubierto en 1574 por Juan Fernández. La cap. es *Robinson Crusoe.* Depende de la prov. de Valparaíso (V Región). ‖ ~ **Ignacio Montilla,** mun. al O. de Venezuela (Trujillo). ‖ ~ **José Flores,** mun. al N. de Venezuela (Carabobo). ‖ ~ **José Pérez** (*Villa General*), pobl. en el O. de Bolivia, cap. de la prov. de Bautista Saavedra (La Paz). ‖ ~ **Lacaze,** c. y puerto en el suroeste del Uruguay (Colonia), a orillas del río de la Plata. Astilleros.

Juan ‖ ~ (San), llamado el *Precursor.* Bautizó a Jesús. Fue decapitado el año 28 a petición de Salomé. Fiesta el 24 de junio. ‖ ~ **Bautista de la Salle** (San). V. LA SALLE. ‖ ~ **Bautista María Vianney** (San), cura de Ars (Francia) [1786-1859]. Fiesta el 9 de agosto. ‖ ~ **Bosco** (San), sacerdote italiano (1815-1888), fundador de la congregación de los Salesianos. Fiesta el 31 de enero. ‖ ~ **Clímaco** (San), asceta griego (¿ 579-649 ?), autor de *Escala del cielo.* Fiesta el 30 de marzo. ‖ ~ **Crisóstomo** (San), orador y Padre de la Iglesia de Oriente (¿ 344 ?-407), patriarca de Constantinopla. Fiesta el 27 de enero. ‖ ~ **Damasceno** (San), doctor de la Iglesia griega, n. en Damasco (¿ 650-750 ?). Fiesta el 27 de marzo. ‖ ~ **de Ávila** (San). V. ÁVILA. ‖ ~ **de Capistrano** (San). V. CAPISTRANO. ‖ ~ **de Dios** (San), confesor portugués (1495-1550), fundador de la orden de los Hermanos de San Juan de Dios o Hermanos Hospitalarios. Fiesta el 8 de marzo. ‖ ~ **de la Cruz** (San). V. CRUZ. ‖ ~ **de Mata** (San), confesor francés (1160-1213), fundador de la orden de los Trinitarios para el rescate de cautivos. Fiesta el 17 de diciembre. ‖ ~ **Evangelista** (San), apóstol y uno de los cuatro evangelistas. Autor del IV Evangelio y del *Apocalipsis.* M. hacia el año 100. Fiesta el 27 de diciembre. ‖ ~ **Nepomuceno** (San), prelado checo (¿ 1330-1393 ?), confesor de la reina Juana, esposa de Wenceslao IV, mártir del secreto de confesión. Fiesta el 16 de mayo.

Juan, n. de 24 papas. Entre los más distinguidos citaremos a JUAN XXII, papa de 1316 a 1334. Residió en Aviñón. — JUAN XXIII (¿ 1370 ?-1419), papa en 1410, destituido en 1415. Considerado ilegítimo. — JUAN XXIII (*Roncalli*) [1881-1963], papa en 1958. Convocó en 1962 el Segundo Concilio Vaticano. Autor de importantes encíclicas sociales (*Mater et Magistra*) y en favor de la paz (*Pacem in Terris*).

Juan ‖ ~ **I** (1350-1396), rey de Aragón desde 1387. ‖ ~ **II** (1398-1479), rey de Navarra en 1425 y de Aragón desde 1458. Sofocó la Revolución Catalana. Padre de Fernando el Católico.

Juan ‖ ~ **I** (1358-1390), rey de Castilla desde 1379, hijo de Enrique II. Quiso apoderarse del trono de Portugal, pero fue derrotado en Aljubarrota (1385). ‖ ~ **II** (1405-1454), rey de Castilla desde 1406, hijo de Enrique III. Dejó el reino en manos de su favorito Álvaro de Luna, a quien mandó decapitar en 1453.

Juan ‖ ~ **I** (1357-1433), hijo natural de Pedro el Cruel de Castilla, rey de Portugal desde 1385. ‖ ~ **II** (1455-1495), rey de Portugal desde 1481. ‖ ~ **III** (1502-1557), rey de Portugal desde

JI

351

1521. ‖ ~ **IV** (1604-1656), rey de Portugal desde 1640. ‖ ~ **V** (1689-1750), rey de Portugal desde 1706. ‖ ~ **VI** (1767-1826), regente de Portugal durante la demencia de su madre María I (1792-1816), rey desde 1816. Se trasladó a Brasil al ser invadido su reino por los franceses (1807). Regresó a Lisboa en 1821 y reconoció la independencia brasileña.

Juan ‖ ~ **de Austria.** V. AUSTRIA. ‖ ~ **de Ávila.** V. ÁVILA (Beato Juan de). ‖ ~ **de Juanes** (Vicente Massip o Macip, llamado), pintor renacentista español (1523-1579), de gusto italianizante. ‖ ~ **de Leyden,** jefe de los anabaptistas de Münster (1509-1536). N. en el suplicio. ‖ ~ **de Meung,** escritor francés (¿ 1240-1305 ?), autor de la segunda parte del *Roman de la rose*. ‖ ~ **de Salisbury,** filósofo escolástico (¿ 1115 ?-1180), amigo de Santo Tomás Becket. ‖ ~ **Manuel** (*Infante Don*), escritor español, n. en Escalona (Toledo) [1282-1348]. Era sobrino de Alfonso el Sabio y príncipe de la corona de Castilla. Considerado el creador del arte narrativo español con su *Libro de Patronio o Conde Lucanor*, colección de cincuenta y un cuentos. Escribió también el *Libro de los Estados* y el *Libro del caballero y del escudero*. ‖ ~ **Pablo** (Johann Paul Friedrich RICHTER, llamado), V. JEAN PAUL. ‖ ~ **Sin Miedo** (1371-1419), duque de Borgoña desde 1404, hijo de Felipe el Atrevido. Se apoderó de París, pero fue asesinado. ‖ ~ **Sin Tierra** (1167-1216), rey de Inglaterra desde 1199, sucesor de su hermano Ricardo Corazón de León. Concedió a los barones, a la burguesía y al clero la *Carta Magna*, base de las libertades inglesas (1215). ‖ ~ **y Santacilia** (Jorge), marinó y científico español (1713-1773). Participó en la expedición del francés La Condamine a América.

Juan Carlos I, rey de España, n. en Roma en 1938, nieto de Alfonso XIII e hijo de don Juan de Borbón y Battenberg. Fue designado en 1969 como futuro monarca del país por Franco y subió al trono a la muerte de éste en 1975. Lleva a cabo una política liberal y ha hecho posible la instauración en el país de una verdadera democracia parlamentaria.

Juan Moreira, novela gauchesca de Eduardo Gutiérrez (1879).

Juan Pablo ‖ ~ **I** (*Albino Luciani*), papa en septiembre de 1978 (1912-1978). Ocupó la silla pontificia sólo 33 días. ‖ ~ **II** (*Karol Wojtyla*), obispo de Cracovia nombrado papa en 1978, n. en 1920. De nacionalidad polaca, ha sido el primer Sumo Pontífice no italiano desde 1522. Ha realizado innumerables viajes.

Juana, nombre que dio Colón a la isla de Cuba cuando la descubrió (1492). ‖ ~ **Díaz,** mun. en el S. del centro de Puerto Rico (Ponce).

Juana (*Papisa*), personaje del s. XIII, ocupó el trono pontificio en 855. ‖ ~ **III de Albret** (1528-1572), reina de Navarra desde 1555, madre de Enrique IV de Francia. ‖ ~ **de Arco** (*Santa*), heroína francesa, n. en Domrémy (1412-1431), llamada la *Doncella de Orléans*. Creyéndose inspirada por el cielo, ofreció sus servicios al rey Carlos VII para luchar contra los ingleses, que habían invadido el país. Liberó Orleáns y, tras varios combates victoriosos, hizo que su soberano fuese coronado en Reims. Apresada por las tropas enemigas fue acusada de herejía y condenada a perecer en la hoguera. Fiesta el día siguiente al 8 de mayo. ‖ ~ **de Portugal,** esposa de Enrique IV de Castilla (1439-1475), madre de Juana la Beltraneja. ‖ ~ **Grey** (¿ 1537 ?-1554), reina de Inglaterra en 1553, decapitada por orden de María I Tudor. ‖ ~ **Henríquez,** reina de Navarra y Aragón desde 1458 (1425-1468), esposa de Juan II de Aragón y madre de Fernando el Católico. ‖ ~ **Inés de la Cruz** (*Sor*). V. CRUZ. ‖ ~ **la Beltraneja,** infanta de Castilla (1462-1530), hija de Enrique IV y de Juana de Portugal. Recibió su sobrenombre por suponerla los nobles nacida de los amores de la reina y de su favorito Beltrán de la Cueva. ‖ ~

la Loca (1479-1555), reina de Castilla desde 1504, hija de Fernando V y de Isabel I, casada con Felipe el Hermoso, y madre de Carlos I de España y V de Alemania. La muerte de su esposo le hizo perder la razón. ‖ ~ **Seymour** (1509-1537), tercera esposa de Enrique VIII (1536), rey de Inglaterra, y madre de Eduardo VI.

Juanacatlán, cascada en el O. de México (Jalisco), en el río Santiago. — C. al oeste de México (Jalisco).

juanes, esa adj. y s. De San Juan de los Morros (Venezuela).

juanete m. Pómulo muy abultado. ‖ Hueso del dedo grueso del pie cuando sobresale demasiado. ‖ *Mar.* Verga que cruza sobre las gavias.

Juanjui, c. en el NE. del Perú, cap. de la prov. de Mariscal Cáceres (San Martín).

Juárez, pobl. en el E. de la Argentina (Buenos Aires). — Sierra en el O. de México (Baja California). Oro. — Sector de la Sierra Madre de Oaxaca (México). ‖ ~ **Celman,** dep. en el norte del centro de la Argentina (Córdoba); cab. *La Carlota*.

Juárez (Benito), político mexicano, n. en San Pablo Guelatao (Oaxaca) [1806-1872]. Pres. de la Rep. en 1858, defendió la legalidad republicana en la guerra de los Tres Años (1858-1861) y promulgó las leyes de Reforma (1859). Después de derrotar a Miramón en Calpulalpan (1860), se estableció en la capital, que tuvo que abandonar (1863) para acaudillar a los que luchaban contra la intervención francesa y el imperio de Maximiliano. Caído el emperador (1867), Juárez fue reelegido en 1867 y en 1871. ‖ ~ (LUIS), pintor mexicano del s. XVII, autor de imágenes y escenas religiosas de profundo misticismo. — Su hijo JOSÉ siguió la inspiración de Rubens y Murillo. ‖ ~ **Celman** (MIGUEL), político argentino (1844-1909), pres. de la Rep. de 1886 a 1890. Fue derrocado.

Jubayl. V. BIBLOS.

Jubbulpor. V. JABALPUR.

jubilación f. Retiro, acción y efecto de jubilar o jubilarse. ‖ Pensión de la persona jubilada.

jubilado, da adj. Que se ha retirado del ejercicio de sus funciones por antigüedad o enfermedad y forma parte de la clase pasiva (ú. t. c. s.).

jubilar v. t. Eximir del servicio a un empleado o funcionario por motivo de antigüedad o enfermedad. ‖ *Fig.* y *fam.* Desechar por inútil una cosa. ‖ — V. i. Alegrarse : *jubilar por el triunfo* (ú. t. c. pr.). ‖ — V. pr. Dejar el trabajo activo a causa de la jubilación.

jubileo m. Entre los católicos, indulgencia plenaria dada por el Papa.

júbilo m. Viva alegría : *recibió la noticia con gran júbilo.*

jubiloso, sa adj. Alegre.

jubón m. Especie de chaleco ajustado al cuerpo.

Juby (CABO), promontorio de la costa occidental del Sáhara, en Marruecos (Tarfaya).

Júcar, río al E. de España, que pasa por Cuenca y des. en el Mediterráneo cerca de Cullera (Valencia) ; 560 km. Se ha construido un canal entre este río y el Turia, alimentado en agua por la presa de Tous. Tiene también otros embalses (Toba, Alarcón, Molinar, Almansa). Se desbordó en 1982 causando grandes daños.

Jucuapa, volcán y c. en el sudeste de El Salvador (Usulután).

Jucuarán, mun. al SE. de El Salvador (Usulután), en la cordillera Jucuarán-Intibucá.

Juchitán de Zaragoza, c. y mun. al sur de México (Oaxaca). Puerto.

Judá, uno de los hijos de Jacob.

Judá (REINO DE), reino constituido por las tribus de Judá y de Benjamín, a la muerte de Salomón. (931 a. de J.C.) Destruido por Nabucodonosor en 587 a. de J.C. (V. PALESTINA.)

judaico, ca adj. Relativo a los judíos : *ley judaica.*

judaísmo m. Hebraísmo o profesión de la ley de los judíos. ‖ Carácter judío. ‖ Amor al judío.

judaizante adj. y s. Que judaíza.

judaizar v. i. Abrazar la religión judía. ‖ Practicar los ritos de la ley judaica.

judas m. *Fig.* Traidor. ‖ *Beso de Judas,* beso traidor.

Judas ‖ ~ **Abarbanel.** V. HEBREO (León). ‖ ~ **Iscariote,** apóstol que vendió a Jesús por treinta dineros. ‖ ~ **Macabeo.** V. MACABEO. ‖ ~ **Tadeo** (*San*), uno de los doce apóstoles, hermano de Santiago el Menor. Fiesta el 28 de octubre.

Judea, región de Palestina entre el mar Muerto y el Mediterráneo.

judeocristianismo m. Doctrina de los primeros tiempos del cristianismo.

judeocristiano, na adj. Relativo al judeocristianismo. ‖ Adepto al judeocristianismo (ú. t. c. s.).

judeoespañol adj. Dícese de los judíos expulsados de España en 1492, que conservan en Oriente la lengua y costumbres españolas (ú. t. c. s.). ‖ — M. Lengua que hablan. V. SEFARDÍ.

judería f. Barrio de judíos.

judía f. Planta papilionácea de fruto comestible. ‖ Su fruto.

judicatura f. Cargo de juez y tiempo que dura. ‖ Cuerpo de jueces de una nación.

judicial adj. Relativo al juicio, a la administración de justicia o a la judicatura : *ley de procedimiento judicial.*

judío, na adj. y s. Hebreo. ‖ De Judea. ‖ *Fig.* y *fam.* Avaro, usurero.

Judit, heroína hebrea que cortó la cabeza a Holofernes para salvar la ciudad de Betulia.

judo m. Método japonés de lucha derivado del jiu-jitsu.

judogui m. Traje para practicar el judo.

judoka com. Luchador de judo.

juego m. Acción y efecto de jugar : *juegos infantiles.* ‖ Lo que sirve para jugar : *juego de bolos.* ‖ Ejercicio recreativo sometido a reglas, y en el cual se gana o se pierde : *juego de ajedrez, de billar, de pelota.* ‖ En sentido absoluto, juego de naipes. ‖ Conjunto de cartas de un jugador : *tener buen juego.* ‖ Por ext. Juego de azar, de la lotería : *una sala de juego en el casino.* ‖ Ejercicio público deportivo : *juegos olímpicos.* ‖ División de un set en tenis. ‖ Lugar donde se practican ciertos juegos : *reunirse en el juego de pelota.* ‖ Disposición de dos cosas articuladas : *juego de goznes.* ‖ Holgura de una pieza mecánica. ‖ Serie completa de objetos de una misma especie : *un juego de llaves.* ‖ Servicio : *juego de té, de café.* ‖ Visos o cambiantes : *juego de aguas, de luces.* ‖ *Fig.* Habilidad y arte para conseguir una cosa o para estorbarla : *descubrir el juego de uno.* ‖ Funcionamiento adecuado : *el juego de las instituciones.* ‖ — A juego, adaptada una cosa a otra : *corbata y pañuelo a juego.* ‖ *Conocer el juego,* saber la intención de alguien. ‖ *Entrar en juego,* intervenir. ‖ *Dep. Fuera de juego.* V. FUERA. ‖ *Hacer el juego,* secundar. ‖ *Hacer juego,* armonizarse, casarse, corresponder una cosa con otra. ‖ *Juego de bolas,* cojinetes. *Juego de manos,* prestidigitación. *Juego de niño,* cosa muy fácil. ‖ *Juego de palabras,* equívoco. ‖ *Juegos de ingenio,* adivinanzas, acertijos. ‖ *Juegos florales,* certamen poético en el que se recompensan las mejores composiciones con una flor de oro, de plata o natural. ‖ *Juegos malabares,* ejercicio de equilibrio hecho con cosas ; (fig.) cosa hecha con gran habilidad y destreza. ‖ *Juegos Olímpicos,* v. OLÍMPICO. ‖ *Fig. Poner en juego,* jugarse : *poner en juego su situación ; valerse de : poner en juego sus influencias.*

juerga f. *Fam.* Fiesta, holgorio. ‖ *Tomar a juerga,* tomar en broma.

juerguearse v. pr. *Fam.* Irse de juerga. ‖ Divertirse. ‖ Burlarse, reírse.

juergueo y **juergueteo** m. *Fam.* Juerga.

juerguista adj. *Fam.* Aficionado a juerguearse. Ú. t. c. s. : *fue durante toda su vida un redomado juerguista.*

jueves m. Quinto día de la semana. ‖ — *Jueves Santo,* el de la Semana Santa. ‖ *Fam. No ser cosa del otro jueves,* no ser nada extraordinario.

juez com. Magistrado encargado de juzgar y sentenciar : *juez de tribunal correccional.* ‖ Magistrado supremo de Israel. ‖ Persona que se toma como

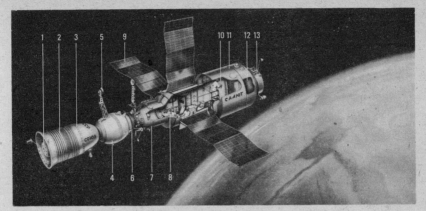

Acoplamiento de una nave «Soyuz» con una estación orbital «Salyut».
1. Bloque propulsor del «Soyuz»;
2. Compartimiento de máquinas;
3. Cabina recuperable;
4. Compartimiento orbital;
5. Antenas del sistema radioeléctrico de contacto;
6. Pieza de ensamblaje;
7. Pasillo;
8. Puesto de mando;
9. Paneles de células solares;
10. Compartimiento de aparatos científicos (telescopio abierto);
11. Compartimiento principal;
12. Combustible;
13. Motor de orientación.

Esquema de una misión orbital.
1. Lanzamiento;
2. Separación de los cohetes impulsores;
3. Desprendimiento del depósito exterior;
4. Colocación en órbita;
5. Misión orbital;
6. Entrada en la atmósfera;
7. Aterrizaje.

Transbordador espacial y «Spacelab».

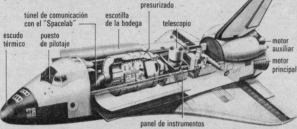

- túnel de comunicación con el "Spacelab"
- escudo térmico
- puesto de pilotaje
- escotilla de la bodega
- laboratorio presurizado
- telescopio
- motor auxiliar
- motor principal
- panel de instrumentos

Esquema de las dos misiones realizadas por las sondas americanas «Voyager», lanzadas en 1977.

Estas misiones consistían en explorar Júpiter, Saturno, Urano y algunos de sus satélites, sobrevolando estos planetas a corta distancia.

⊖ Tierra   ① Saturno
⊕ Júpiter   ⊗ Urano
☐ «Voyager 2»
☐ «Voyager 1»

Se indican las fechas de salida de la Tierra y las correspondientes al paso de las sondas por puntos que se hallan a una distancia mínima de los planetas Júpiter, Saturno y Urano.

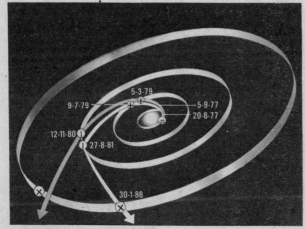

5-3-79
9-7-79
5-9-77
20-8-77
12-11-80
27-8-81
30-1-86
espacio interestelar   hacia Neptuno 8-89

La estación orbital
« Skylab »
tras el acercamiento
del vehículo
« Apollo »
(a la izquierda).

Alrededor de la Tierra
encuentro
previo al acoplamiento
de un « Apollo » norteamericano
(a la izquierda)
y de un « Soyuz » soviético.

En Kourou (Guayana
Francesa) encendido
del cohete impulsor
« Diamant » que pondrá en
órbita el satélite « Éole »
(grabado inferior).

Preparativo
para el lanzamiento
de la nave espacial
« Soyuz 9 »
en la base
de Baikonur
(Kazakstán).

Pruebas con un módulo lunar alrededor de la Tierra antes de las misiones Apollo.

La nave « Apollo »,
en órbita lunar,
fotografiada desde el módulo
que llevó al hombre
hasta la superficie de la Luna.

Vista de la cara oculta de la Luna
tomada durante el viaje de regreso
de la nave « Apollo XVII ».

James B. Irwin con el primer vehículo lunar
(misión Apollo XV).

Jack Schmitt recoge algunas muestras
de rocas lunares
durante la misión Apollo XVII.

DIFERENTES FASES EN LA PRODUCCIÓN DE UNA PELÍCULA CINEMATOGRÁFICA

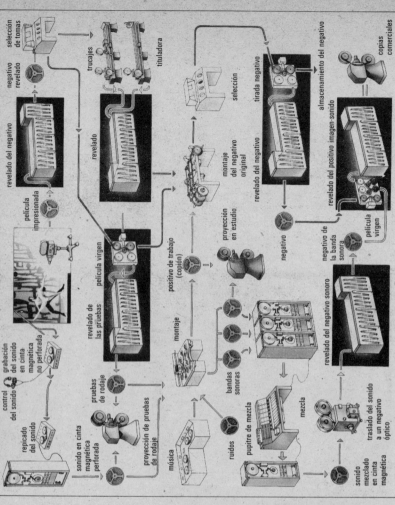

- selección de tomas
- negativo revelado
- trucajes
- tituladora
- revelado del negativo
- película impresionada
- revelado
- selección
- tirada negativo
- almacenamiento del negativo
- copias comerciales
- película virgen
- montaje del negativo original
- revelado del negativo
- revelado del positivo imagen-sonido
- proyección en estudio
- positivo de trabajo (copión)
- negativo
- negativo de la banda sonora
- película virgen
- revelado de las pruebas
- montaje
- bandas sonoras
- revelado del negativo sonoro
- grabación del sonido en cinta magnética no perforada
- control del sonido
- pruebas de rodaje
- pupitre de mezcla
- mezcla
- replicado del sonido
- sonido en cinta magnética perforada
- proyección de pruebas de rodaje
- música
- ruidos
- traslado del sonido a un negativo óptico
- sonido mezclado en cinta magnética

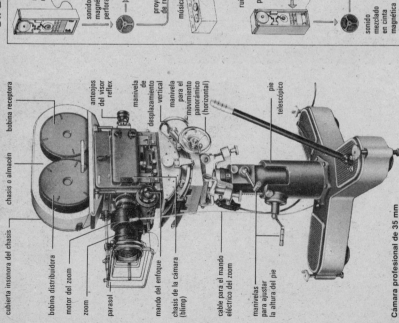

Cámara profesional de 35 mm

- cubierta insonora del chasis
- chasis o almacén
- bobina receptora
- bobina distribuidora
- motor del zoom
- zoom
- parasol
- mando del enfoque
- chasis de la cámara (blimp)
- cable para el mando eléctrico del zoom
- manivelas para ajustar la altura del pie
- anteojos del visor reflex
- manivela de desplazamiento vertical
- manivela para el movimiento panorámico (horizontal)
- pie telescópico

CÁMARAS DE TELEVISIÓN EN COLOR

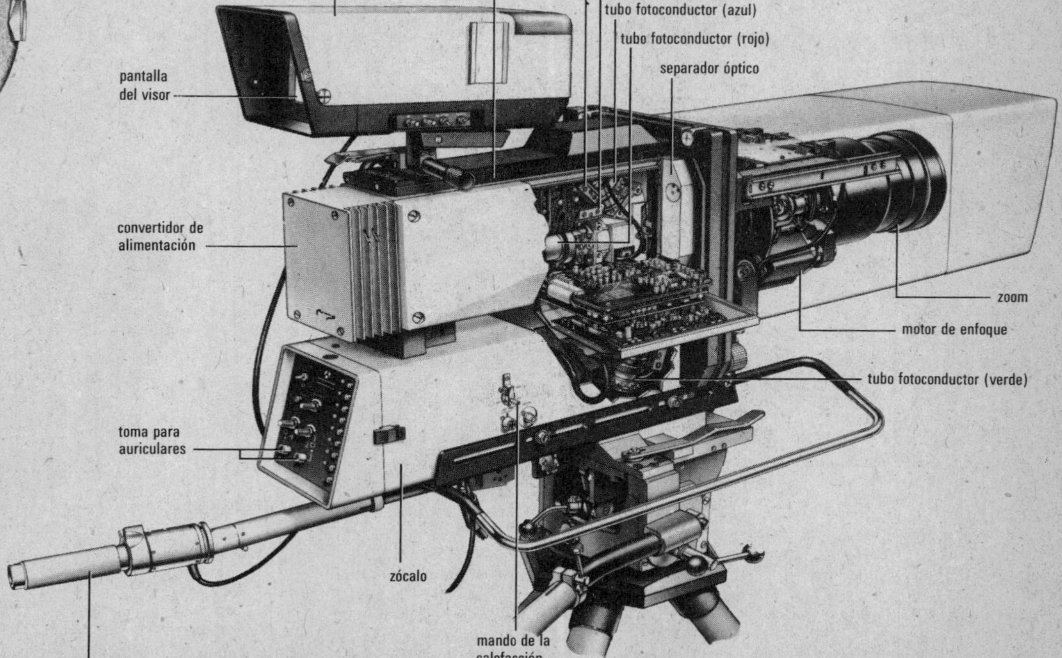

preamplificador azul

preamplificador rojo

tubo fotoconductor (azul)

tubo fotoconductor (rojo)

separador óptico

cabeza

visor

zoom

motor de enfoque

tubo fotoconductor (verde)

mando de la
calefacción
de la cubierta

zócalo

pantalla
del visor

convertidor de
alimentación

toma para
auriculares

empuñadura del zoom

Cámara profesional de 16 mm

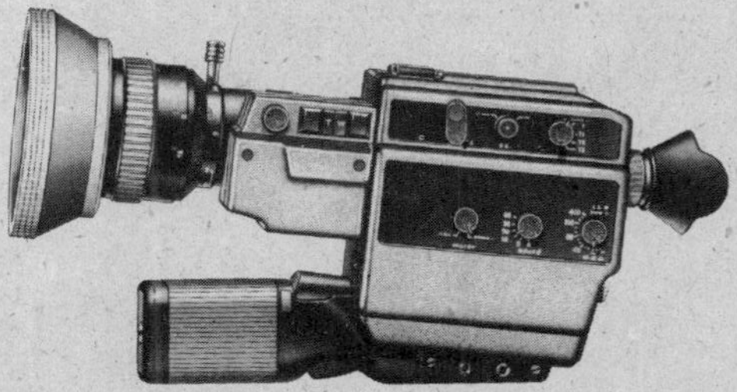

Cámara de 8 mm

ENERGÍA NUCLEAR

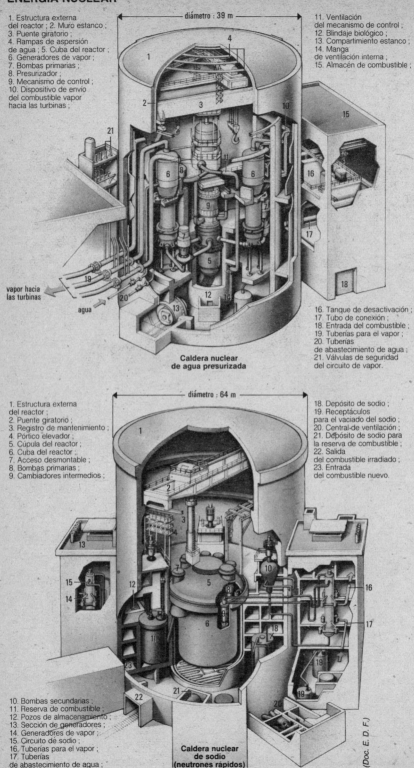

1. Estructura externa del reactor ; 2. Muro estanco ;
3. Puente giratorio ;
4. Rampas de aspersión de agua ; 5. Cuba del reactor ;
6. Generadores de vapor ;
7. Bombas primarias ;
8. Presurizador ;
9. Mecanismo de control ;
10. Dispositivo de envío del combustible vapor hacia las turbinas ;

11. Ventilación del mecanismo de control ;
12. Blindaje biológico ;
13. Compartimiento estanco ;
14. Manga de ventilación interna ;
15. Almacén de combustible ;

diámetro : 39 m

vapor hacia las turbinas

agua

Caldera nuclear de agua presurizada

16. Tanque de desactivación ;
17. Tubo de conexión ;
18. Entrada del combustible ;
19. Tuberías para el vapor ;
20. Tuberías de abastecimiento de agua ;
21. Válvulas de seguridad del circuito de vapor.

1. Estructura externa del reactor ;
2. Puente giratorio ;
3. Registro de mantenimiento ;
4. Pórtico elevador ;
5. Cúpula del reactor ;
6. Cuba del reactor ;
7. Acceso desmontable ;
8. Bombas primarias ;
9. Cambiadores intermedios ;

diámetro : 64 m

18. Depósito de sodio ;
19. Receptáculos para el vaciado del sodio ;
20. Central de ventilación ;
21. Depósito de sodio para la reserva de combustible ;
22. Salida del combustible irradiado ;
23. Entrada del combustible nuevo.

10. Bombas secundarias ;
11. Reserva de combustible ;
12. Pozos de almacenamiento ;
13. Sección de generadores ;
14. Generadores de vapor ;
15. Circuito de sodio ;
16. Tuberías para el vapor ;
17. Tuberías de abastecimiento de agua ;

Caldera nuclear de sodio (neutrones rápidos)

(Doc. E. D. F.)

EXTRACCIÓN DEL PETRÓLEO

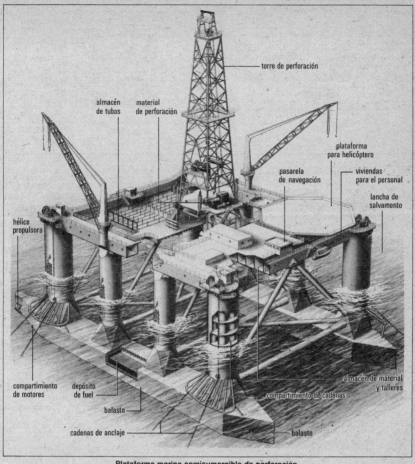

- torre de perforación
- almacén de tubos
- material de perforación
- plataforma para helicóptero
- pasarela de navegación
- viviendas para el personal
- lancha de salvamento
- hélice propulsora
- compartimiento de motores
- depósito de fuel
- balasto
- cadenas de anclaje
- balasto
- compartimiento de cadenas
- almacén de material y talleres

Plataforma marina semisumergible de perforación

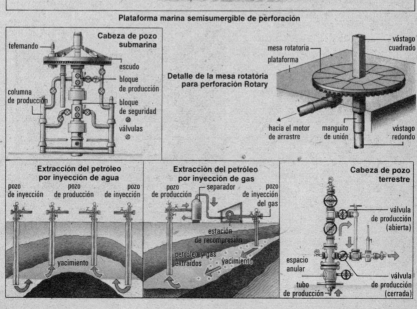

Cabeza de pozo submarina

- telemando
- escudo
- bloque de producción
- columna de producción
- bloque de seguridad
- válvulas

Detalle de la mesa rotatoria para perforación Rotary

- mesa rotatoria
- plataforma
- vástago cuadrado
- hacia el motor de arrastre
- manguito de unión
- vástago redondo

Extracción del petróleo por inyección de agua

- pozo de inyección
- pozo de producción
- pozo de inyección
- yacimiento

Extracción del petróleo por inyección de gas

- pozo de producción
- separador
- pozo de inyección del gas
- estación de recompresión
- petróleo y gas extraídos
- yacimiento

Cabeza de pozo terrestre

- válvula de producción (abierta)
- espacio anular
- tubo de producción
- válvula de producción (cerrada)

CENTRALES HIDRÁULICAS FLUVIALES

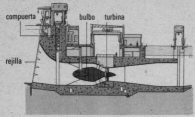

compuerta · bulbo · turbina

rejilla

En el interior del bulbo se halla el alternador,
movido por una turbina Kaplan horizontal.

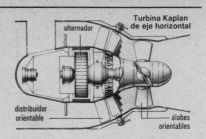

alternador

**Turbina Kaplan
de eje horizontal**

distribuidor
orientable

álabes
orientables

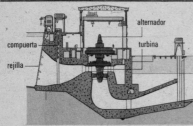

alternador

compuerta · turbina

rejilla

Sección de un grupo que asocia alternador
y turbina Kaplan verticales.

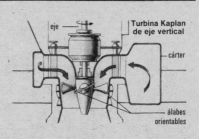

eje

**Turbina Kaplan
de eje vertical**

cárter

álabes
orientables

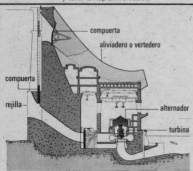

compuerta

aliviadero o vertedero

compuerta

rejilla

alternador

turbina

Sección de un grupo que asocia alternador
y turbina Francis verticales.

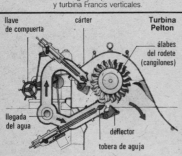

llave
de compuerta · cárter

**Turbina
Pelton**

álabes
del rodete
(cangilones)

llegada
del agua

deflector

tobera de aguja

**Turbina
Francis**

servomotor

cárter

deflectores
orientables

álabes del rodete

salida del agua

Presa y central hidráulica.

ESQUEMA DE UNA CENTRAL TÉRMICA

Principio de funcionamiento
de una central térmica de fuel.

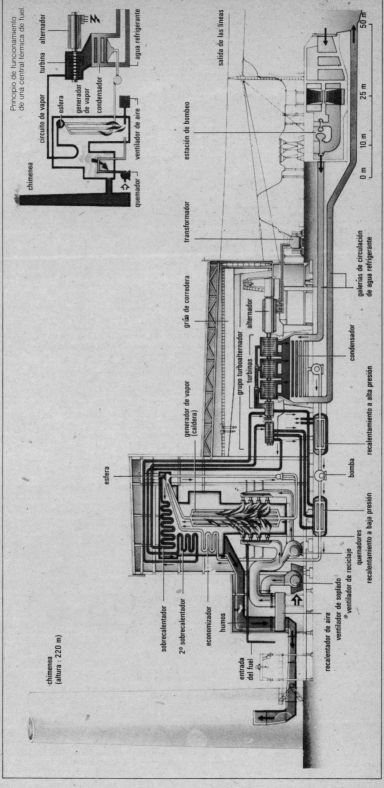

chimenea

circuito de vapor   turbina   alternador

esfera

generador
de vapor

condensador

agua refrigerante

quemador

ventilador de aire

chimenea
(altura : 220 m)

estación de bombeo

transformador

salida de las líneas

0 m   10 m   25 m   50 m

grúa de corredera

galerías de circulación
de agua refrigerante

generador de vapor
(caldera)

grupo turboalternador

turbinas   alternador

condensador

esfera

recalentamiento a alta presión

bomba

sobrecalentador

2º sobrecalentador

economizador

humos

recalentamiento a baja presión

ventilador de reciclaje

quemadores

recalentador de aire
ventilador de soplado

entrada
del fuel

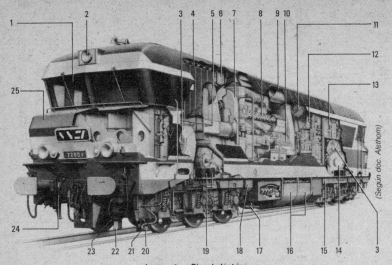

(Según doc. Alsthom)

Locomotora Diesel eléctrica

1. Cabina de conducción ; 2. Proyector ;
3. Motores de tracción ; 4. Radiadores ; 5. Acoplador electromagnético ; 6. Depósito de agua ;
7. Ventilador del motor de tracción ; 8. Motor Diesel ; 9. Silenciador del escape ;
10. Alternador ; 11. Ventilador de la caja ; 12. Bloque del equipo neumático ;
13. Bloque rectificador ; 14. Reductor ; 15. Bogie ; 16. Depósitos de combustible ;
17. Depósito principal de aire comprimido ; 18. Arenero ; 19. Suspensión secundaria de la caja en el bogie ;
20. Eyector del arenero ; 21. Muelle de suspensión ;
22. Escobilla de contacto (para repetición de señales) ;
23. Cable de acoplamiento de la calefacción eléctrica ;
24. Acoplador flexible (aire comprimido) ;
25. Capó de materia plástica.

(Según doc. Alsthom)

Locomotora eléctrica

1. Cabina de conducción ; 2. Silbato ; 3. Motores de tracción ;
4. Pantógrafo de corriente monofásica ; 5. Arco ; 6. Disyuntor monofásico ;
7. Reductores de engranajes entre motor de tracción y ejes ;
8. Rectificadores ; 9. Bloque central del equipo y reóstato de arranque ;
10. Disyuntor continuo ; 11. Pantógrafo de corriente continua (plegado) ;
12. Ventilador del bloque rectificador ; 13. Acumuladores ; 14. Transformadores ;
15. Depósito principal de aire comprimido ; 16. Cables de retorno de la corriente a los rieles ;
17. Chasis del bogie ; 18. Caja de ejes ; 19. Bloque silenciador de suspensión secundaria ;
20. Muelle de suspensión primaria ; 21. Escobilla de contacto de la calefacción eléctrica ;
23. Acoplador flexible (aire comprimido) ; 24. Dispositivo de enganche ; 25. Proyector.

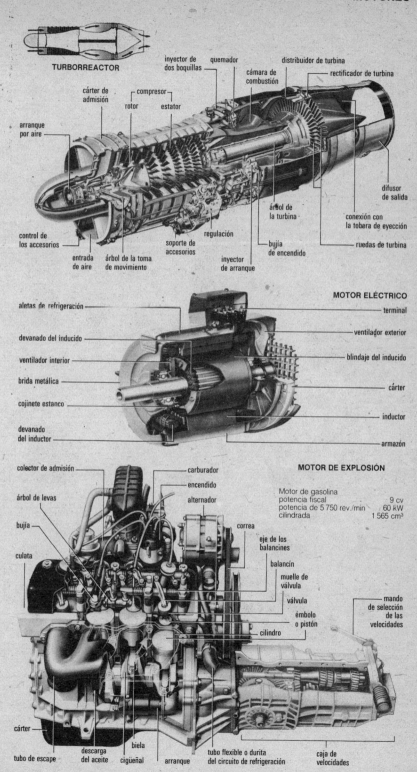

TURBORREACTOR

inyector de dos boquillas

quemador

distribuidor de turbina

cámara de combustión

rectificador de turbina

cárter de admisión

compresor

rotor

estator

arranque por aire

difusor de salida

árbol de la turbina

conexión con la tobera de eyección

control de los accesorios

entrada de aire

árbol de la toma de movimiento

soporte de accesorios

regulación

inyector de arranque

bujía de encendido

ruedas de turbina

MOTOR ELÉCTRICO

aletas de refrigeración

terminal

devanado del inducido

ventilador exterior

ventilador interior

blindaje del inducido

brida metálica

cárter

cojinete estanco

inductor

devanado del inductor

armazón

MOTOR DE EXPLOSIÓN

colector de admisión

carburador

encendido

Motor de gasolina
potencia fiscal .... 9 cv
potencia de 5 750 rev./min .... 60 kW
cilindrada .... 1 565 cm³

árbol de levas

alternador

bujía

correa

eje de los balancines

culata

balancín

muelle de válvula

válvula

mando de selección de las velocidades

émbolo o pistón

cilindro

cárter

tubo de escape

descarga del aceite

biela

cigüeñal

arranque

tubo flexible o durita del circuito de refrigeración

caja de velocidades

SIDERURGIA

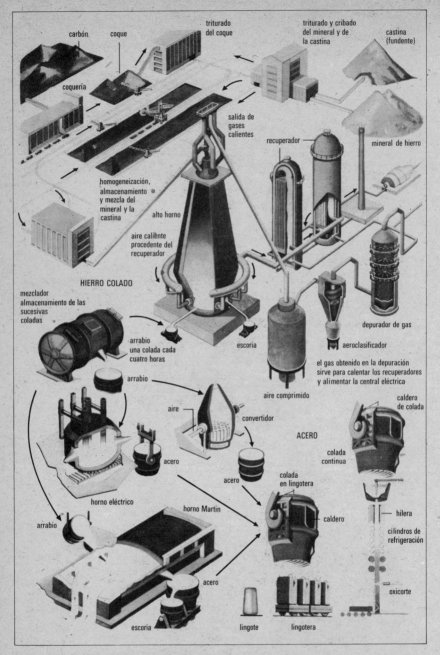

carbón   coque

triturado del coque

triturado y cribado del mineral y de la castina

castina (fundente)

coquería

salida de gases calientes

recuperador

mineral de hierro

homogeneización, almacenamiento y mezcla del mineral y la castina

alto horno

aire caliente procedente del recuperador

HIERRO COLADO

mezclador almacenamiento de las sucesivas coladas

arrabio una colada cada cuatro horas

escoria

depurador de gas

aeroclasificador

el gas obtenido en la depuración sirve para calentar los recuperadores y alimentar la central eléctrica

arrabio

aire comprimido

aire

convertidor

caldero de colada

acero

ACERO

colada continua

acero

colada en lingotera

horno eléctrico

horno Martin

caldero

hilera

arrabio

cilindros de refrigeración

acero

oxicorte

escoria

lingote

lingotera

El alto horno es la parte fundamental de la factoría siderúrgica. En él el óxido de hierro es reducido por el óxido de carbono que se desprende de la combustión del coque. Por este procedimiento se obtiene el hierro colado, llamado también arrabio o fundición. Este producto, que no puede forjarse ni tampoco convertirse en láminas, porque resulta quebradizo a causa de la presencia de una cantidad excesiva de carbono, azufre, fósforo y otras impurezas, se suele transformar en acero mediante la eliminación de estos elementos perjudiciales.

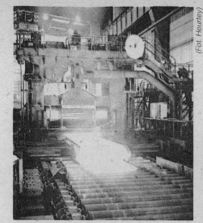

(Fot. Heurtey)

Laminador

(Fot. Lacheroy)

Horno de arco :
colada del acero

(Fot. Lacheroy)

Convertidor Thomas

(Fot. Perceval)

Complejo
siderúrgico

ANATOMÍA

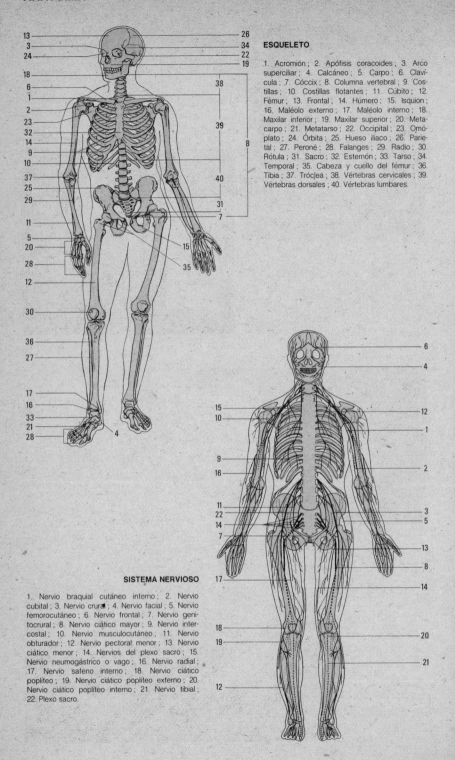

ESQUELETO

1. Acromión ; 2. Apófisis coracoides ; 3. Arco superciliar ; 4. Calcáneo ; 5. Carpo ; 6. Clavícula ; 7. Cóccix ; 8. Columna vertebral ; 9. Costillas ; 10. Costillas flotantes ; 11. Cúbito ; 12. Fémur ; 13. Frontal ; 14. Húmero ; 15. Isquion ; 16. Maléolo externo ; 17. Maléolo interno ; 18. Maxilar inferior ; 19. Maxilar superior ; 20. Metacarpo ; 21. Metatarso ; 22. Occipital ; 23. Omóplato ; 24. Órbita ; 25. Hueso ilíaco ; 26. Parietal ; 27. Peroné ; 28. Falanges ; 29. Radio ; 30. Rótula ; 31. Sacro ; 32. Esternón ; 33. Tarso ; 34. Temporal ; 35. Cabeza y cuello del fémur ; 36. Tibia ; 37. Tróclea ; 38. Vértebras cervicales ; 39. Vértebras dorsales ; 40. Vértebras lumbares.

SISTEMA NERVIOSO

1. Nervio braquial cutáneo interno ; 2. Nervio cubital ; 3. Nervio crural ; 4. Nervio facial ; 5. Nervio femorocutáneo ; 6. Nervio frontal ; 7. Nervio genitocrural ; 8. Nervio ciático mayor ; 9. Nervio intercostal ; 10. Nervio musculocutáneo ; 11. Nervio obturador ; 12. Nervio pectoral menor ; 13. Nervio ciático menor ; 14. Nervios del plexo sacro ; 15. Nervio neumogástrico o vago ; 16. Nervio radial ; 17. Nervio safeno interno ; 18. Nervio ciático poplíteo ; 19. Nervio ciático poplíteo externo ; 20. Nervio ciático poplíteo interno ; 21. Nervio tibial ; 22. Plexo sacro.

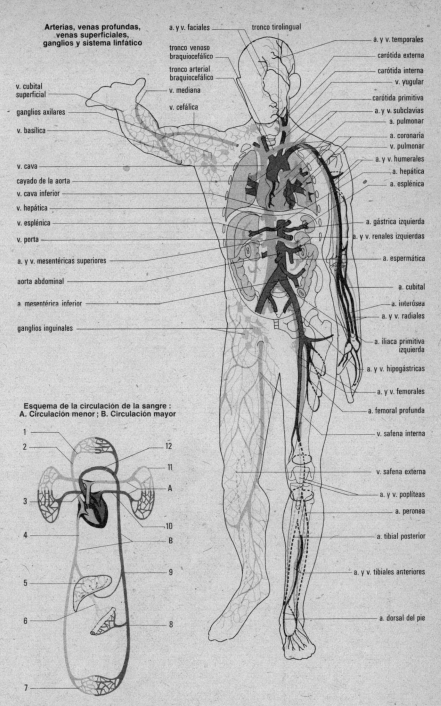

Arterias, venas profundas, venas superficiales, ganglios y sistema linfático

- a. y v. faciales
- tronco tirolingual
- a. y v. temporales
- carótida externa
- tronco venoso braquiocefálico
- carótida interna
- tronco arterial braquiocefálico
- v. yugular
- v. cubital superficial
- v. mediana
- carótida primitiva
- ganglios axilares
- v. cefálica
- a. y v. subclavias
- v. basílica
- a. pulmonar
- a. coronaria
- v. pulmonar
- a. y v. humerales
- v. cava
- a. hepática
- cayado de la aorta
- a. esplénica
- v. cava inferior
- v. hepática
- v. esplénica
- a. gástrica izquierda
- v. porta
- a. y v. renales izquierdas
- a. y v. mesentéricas superiores
- a. espermática
- aorta abdominal
- a. cubital
- a. interósea
- a mesentérica inferior
- a. y v. radiales
- ganglios inguinales
- a. iliaca primitiva izquierda
- a. y v. hipogástricas
- a. y v. femorales
- a. femoral profunda
- v. safena interna
- v. safena externa
- a. y v. poplíteas
- a. peronea
- a. tibial posterior
- a. y v. tibiales anteriores
- a. dorsal del pie

Esquema de la circulación de la sangre : A. Circulación menor ; B. Circulación mayor

1. Circulación de la sangre en cabeza y brazo ; 2. Vena cava superior ; 3. Arteria pulmonar ; 4. Vena cava inferior ; 5. Capilares del hígado ; 6. Vena porta ; 7. Circulación en las piernas ; 8. Capilares intestinales ; 9. Aorta abdominal ; 10. Vena cava pulmonar ; 11. Capilares del pulmón ; 12. Aorta.

HELICÓPTERO

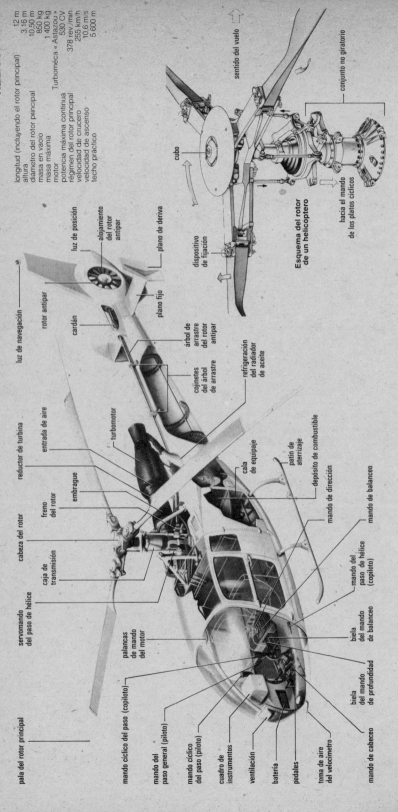

longitud (incluyendo el rotor principal)	12 m
altura	3.16 m
diámetro del rotor principal	10.50 m
masa en vacío	850 kg
masa máxima	1 400 kg
motor	Turboméca « Astazou »
potencia máxima continua	530 CV
régimen del rotor principal	378 rev./min
velocidad de crucero	255 km/h
velocidad de ascenso	10.6 m/s
techo práctico	5 600 m

Esquema del rotor de un helicóptero

sentido del vuelo — conjunto no giratorio — cubo — dispositivo de fijación — hacia el mando de los platos cíclicos

pala del rotor principal — servomando del paso de hélice — cabeza del rotor — caja de transmisión — reductor de turbina — entrada de aire — freno del rotor — embrague — turbomotor — luz de navegación — rotor antipar — cardán — árbol de arrastre del rotor antipar — cojinetes del árbol de arrastre — refrigeración del radiador de aceite — plano fijo — plano de deriva — luz de posición — alojamiento del rotor antipar

mando cíclico del paso (copiloto) — mando del paso general (piloto) — mando cíclico del paso (piloto) — cuadro de instrumentos — ventilación — batería — pedales — toma de aire del velocímetro — mando de cabeceo — biela del mando de profundidad — biela del mando de balanceo — mando del paso de hélice (copiloto) — palancas de mando del motor — caja de equipaje — patín de aterrizaje — depósito de combustible — mando de dirección — mando de balanceo árbitro en una discusión. ‖ Árbitro de un encuentro deportivo: *los jueces de línea, de raya en Argentina, son los auxiliares del árbitro en el campo.* ‖ Persona que aprecia el mérito de una cosa. ‖ — *El juez soberano,* Dios. ‖ *Juez de instrucción,* el ordinario que conoce en primera instancia los asuntos civiles y en lo criminal dirige la instrucción de los sumarios por delitos cometidos en su jurisdicción. ‖ *Juez de paz,* en algunos países, el que resuelve los pleitos menores.

jugada f. Acción y efecto de jugar: *una buena jugada.* ‖ Lance de juego. ‖ Intervención en el juego. ‖ *Fig.* Treta, jugarreta : *hacer una mala jugada.*

jugador, ra adj. Dícese de la persona que juega (ú. t. c. s.). ‖ Dícese de la persona que tiene el vicio de jugar (ú. t. c. s.). ‖ Hábil en un juego. ‖ — *Jugador de manos,* prestidigitador. ‖ *Jugador de ventaja,* fullero.

jugar v. t. e i. Entretenerse, divertirse : *jugar al ajedrez, a las damas ; jugar una partida de dominó.* ‖ Tomar parte en juegos de azar : *jugar a la lotería, a las carreras de caballos.* ‖ Tomar parte en los juegos de equipo : *jugar en el Real Madrid ; jugar un partido de fútbol.* ‖ *Fig.* No dar la importancia debida : *no hay que jugar con la salud.* ‖ Moverse ciertas cosas, tener cierta holgura : *una puerta que juega.* ‖ Hacer juego, casar : *un mueble que juega con otro.* ‖ Intervenir : *jugar en un asunto.* ‖ Galicismo por desempeñar (un papel). ‖ — *Jugar a la Bolsa,* efectuar operaciones bursátiles. ‖ *Jugar del vocablo,* manejar las palabras para conseguir un efecto verbal. ‖ *Jugar limpio,* jugar sin engaños ni trampas. ‖ — V. tr. Manejar un arma : *jugar el sable.* ‖ Arriesgar : *jugar diez dólares a la lotería.* ‖ Echar una carta : *mejor no jugar el as de bastos ahora.* ‖ — V. pr. Sortearse. ‖ Arriesgar : *jugarse la vida.* ‖ Estar en juego : *lo que se juega es el porvenir del país.* ‖ Perder en el juego : *me jugué la fortuna a las cartas.* ‖ Arriesgar, exponerse a perder algo : *se jugó su situación social al casarse con ella.* ‖ *Fam.* Jugársela a uno, hacerle una mala pasada.

jugarreta f. *Fig.* y *fam.* Vileza, mala jugada : *hacer una jugarreta a uno.*

juglar m. En la Edad Media, trovador, el que se ganaba la vida recitando versos y tocando música.

juglaresa f. Trovadora.

juglaresco, ca adj. Relativo al juglar : *poesía juglaresca.*

juglaría y **juglería** f. Arte o cosa propia de los juglares.

jugo m. Zumo de una sustancia animal o vegetal : *jugo de naranja, de carne.* ‖ Líquido orgánico : *jugo gástrico, pancreático.* ‖ *Fig.* Lo más sustancial de una cosa.

jugosidad f. Calidad de jugoso.

jugoso, sa adj. Que tiene jugo. ‖ *Fig.* Sustancioso : *Sabroso : prosa jugosa.*

juguete m. Objeto con que se entretienen los niños : *un juguete mecánico.* ‖ *Fig.* Lo que se abandona a la acción de una fuerza : *la barca era juguete de las olas.* ‖ Persona o cosa dominada por otra. ‖ Obra musical o teatral ligera : *juguete lírico.*

juguetear v. i. Divertirse jugando.

jugueteo m. Acción y efecto de juguetear.

juguetería f. Comercio de juguetes. ‖ Tienda donde se venden.

juguetón, ona adj. Aficionado a juguetear.

juicio m. Acción de juzgar. ‖ Facultad de distinguir el bien del mal y lo verdadero de lo falso : *tener el juicio recto.* ‖ Operación mental que compara dos ideas. ‖ Opinión, criterio : *a mi, a su juicio.* ‖ Sana razón, cordura : *estar (o no) en su juicio.* ‖ *Fig.* Sentido común, cordura : *buen juicio.* ‖ Decisión o sentencia de un tribunal : *juicio sin apelación.* ‖ — *Juicio de Dios,* cada una de las pruebas a que se sometía a los acusados cuando faltaban pruebas materiales. ‖ *Juicio Final,* el de pronunciar Dios al fin del mundo. ‖ *Perder el juicio,* volverse loco. ‖ *Poner en tela de juicio,* juzgar.

juicioso, sa adj. Que tiene juicio (ú. t. c. s.). ‖ Hecho con juicio.

Juigalpa, c. al S. de Nicaragua, cap. del dep. de Chontales. Obispado.

juilón, ona adj. *Méx.* Cobardón.

Juiz de Fora, c. al E. del Brasil (Minas Gerais). Obispado. Metalurgia.

jujeño, ña adj. y s. De Jujuy (Argentina).

Jujuy (San Salvador de), c. septentrional de la Argentina, cap. de la prov. de Jujuy. Universidad. Obispado. Catedral. Agricultura. Yacimientos (plomo, cobre, cinc, petróleo).

julepe m. Cierto juego de naipes. ‖ *Fig.* y *fam.* Reprimenda. ‖ Ajetreo, trabajo. ‖ *Amer.* Miedo.

julepear v. t. *Amer.* Asustar. ‖ Fatigar. ‖ Atormentar.

Juli, río que desemboca en el lago Titicaca y c. al SE. del Perú, cap. de la prov. de Chucuito. Prelatura nullius.

julia f. *Méx. Fam.* Coche celular.

Julia (GENS), ilustre familia de Roma, de la cual fue miembro Julio César.

Julia (82-54 a. de J. C.), hija de Julio César y esposa de Pompeyo. — Hija de Augusto, célebre por su belleza y sus costumbres disolutas (39 a. de J. C.-14 de nuestra era).

Juliaca, c. en el SE. del Perú, cap. prov. de San Román (Puno).

Julián (~ (San), escritor apologista, arzobispo de Toledo (¿ 680-690 ?). Fiesta el 8 de marzo. ‖ ~ (San), obispo y teólogo español, n. en 1208. Fiesta el 28 de enero. ‖ ~ (Conde Don), personaje semilegendario que parece ser fue gobernador visigodo de Andalucía. Llamó a los moros a España y luchó junto a ellos en la batalla del Guadalete (711) para vengar el ultraje hecho por el rey Don Rodrigo a su hija Florinda (V. este nombre). ‖ ~ el Hospitalario (San), santo venerado en España y en Sicilia. Fiesta el 12 de febrero.

juliana f. Sopa hecha con diferentes verduras y hierbas picadas.

Juliana, n. en 1909, reina de Holanda (1948-1980). Abdicó en su hija Beatriz I.

juliano, na adj. Relativo a Julio César. ‖ — *Año juliano,* el de 365 días y seis horas. ‖ *Era juliana,* la que empieza con la reforma del calendario por Julio César (46 a. de J. C.).

Juliano el Apóstata (331-363), emperador romano de 361 a 363. Cristiano en un principio, intentó más tarde restablecer el paganismo.

julias adj. y s. f. pl. *Arg.* Dícese de las fiestas conmemorativas de la Independencia argentina (9 de julio de 1816).

julio m. Séptimo mes del año. ‖ *Fís.* Unidad de trabajo, de energía o de cantidad de calor equivalente al trabajo producido por una fuerza de 1 newton cuyo punto de aplicación se traslada de un metro en la dirección de la fuerza. (V. JOULE.)

Julio (~ I (San), papa de 337 a 352. Fiesta el 12 de abril. ‖ ~ II, papa de 1503 a 1513, protector de los artistas (Miguel Ángel, Rafael, Bramante, Perugino, Pinturicchio, Sodoma, etc.). ‖ ~ III, papa de 1550 a 1555.

Julio Antonio (Julio Antonio RODRÍGUEZ HERNÁNDEZ, llamado), escultor español (1889-1919), autor de bustos y monumentos.

Jullundur, c. al N. de la India, al pie del Himalaya (Pendjab).

Jumay, volcán al E. de Guatemala (Jalapa) ; 2 200 m.

Jumbilla, c. al N. del Perú, cap. de la prov. de Bongará (Amazonas).

jumento, ta m. y f. Asno.

jumera f. *Fam.* Borrachera.

Jumilla, c. al SE. de España (Murcia).

Jumna. V. JAMNA.

jumping [*yámping*] m. (pal. ingl.). Concurso hípico.

Jumrukchal. V. BOTEV.

juncáceas f. pl. Familia de plantas monocotiledóneas, cuyo tipo es el junco (ú. t. c. adj.).

juncal m. Sitio poblado de juncos. ‖ — Adj. Esbelto : *talle, mozo juncal.*

Juncal, isla al E. de la Argentina en la desembocadura del Paraná Guazú. — Pico de los Andes, entre la Argentina (Mendoza) y Chile (Santiago) ; 6 180 m. — Cerro de los Andes en el N. de Chile (Antofagasta) ; 5 342 m.

junco m. Planta de la familia de las juncáceas, de tallos rectos, lisos y fle-

xibles que se cría en parajes húmedos. ‖ Varilla que sirve para enmarcar un cuadro. ‖ Bastón delgado.

Junco (Alfonso), escritor mexicano (1896-1974), autor de poesías y ensayos (*La traición de Querétaro, Un siglo de México, Sangre de Hispania*).

Juncos, mun. al E. de Puerto Rico (Humacao).

Jundiai, c. meridional del Brasil (São Paulo).

Juneau, cap. y puerto de Alaska, en la costa SE. Obispado.

Jung (Carl -Gustav), médico suizo (1875-1961), uno de los creadores del psicoanálisis.

Jünger (Ernst), escritor alemán, n. en 1895, autor de narraciones (*Tempestades de acero, El trabajador, Sobre los acantilados de mármol, Heliópolis, Eumeswil*) y ensayos.

Jungfrau (La), pico de Suiza, en los Alpes Berneses ; 4 166 m.

jungla f. Sabana muy espesa y exuberante en la India.

Juni (Juan de), escultor, pintor y arquitecto español, n. en Francia (1507-1577), autor de bellos retablos, del Santo Entierro, medallones, etc.

juninense adj. y s. De Junín (Perú).

Junín, c. de la Argentina (Buenos Aires). — C. en el centro del Perú, cap. de la prov. homónima (Junín). Victoria de Bolívar ante los españoles (1824). — Dep. en el.O. del Perú ; cap. Huancayo. Minas. — Lago en el centro del Perú, cerca del cerro de Pasco ; 1 248 km². También llamado *Chinchaycocha.*

junino, na adj. y s. De Junín (Argentina).

junio m. Sexto mes del año.

júnior m. Religioso novicio. ‖ — Adj. Dícese del deportista comprendido entre las edades de 18 a 21 años (ú. t. c. s.). ‖ Dícese de la persona más joven entre dos del mismo apellido : *Ramírez, júnior.*

Juno, divinidad romana del Matrimonio, esposa de Júpiter e hija de Saturno. Corresponde a la *Hera* griega. (*Mit.*)

junquera f. Junco. ‖ Juncal.

Junquera (La), en cat. *La Jonquera,* c. del NE. de España (Gerona), fronteriza con Francia.

junquillo m. Narciso. ‖ Bastón delgado. ‖ Varilla. ‖ *Arq.* Moldura.

junta f. Reunión de varias personas para tratar un asunto : *junta directiva.* ‖ Cada una de las reuniones que celebran : *junta semanal.* ‖ Unión de dos o más cosas. ‖ *Juntura : junta de culata.* ‖ *Mar.* Empalme, costura. ‖ Nombre que se da a ciertos gobiernos de origen insurreccional : *Organo administrativo : Junta de Asistencia Técnica.*

juntar v. t. Unir unas cosas con otras. ‖ Reunir, amontonar : *juntar dinero.* ‖ Entornar : *juntar las puertas o las ventanas.* ‖ — V. pr. Reunirse. ‖ Arrimarse. ‖ Tener acto carnal.

Juntas de Ofensiva Nacional-Sindicalista, liga política fundada en España (1931) por R. Ledesma Ramos. Se fusionó con Falange Española en 1934.

junto, ta adj. Unido, cercano : *vivían juntos.* ‖ — Adv. Cerca : *junto al pueblo.* ‖ Al lado : *puesto junto a él.* ‖ A la vez, al mismo tiempo.

juntura f. Parte en que se juntan dos o más cosas.

Júpiter, el planeta mayor del sistema solar. Tiene trece satélites.

Júpiter, dios romano, hijo de Saturno y de Rea. Es el *Zeus* griego.

jupiterino, na adj. Propio de Júpiter.

jura f. Solemnidad en que se jura fidelidad.

Jura, cadena montañosa de unos 800 km. entre Francia, Suiza y Alemania. Se divide en *Jura Francosuizo, Jura Alemán* y *Jura de Franconia.* — Dep. del E. de Francia ; cap. *Lons-le-Saunier.* — Cantón al O. de Suiza, creado en 1978 ; cap. *Delémont.*

jurado, da adj. Que ha prestado juramento : *guarda jurado.* ‖ Que ha hecho promesa de hacer algo. ‖ Dícese del traductor o intérprete que tiene capacidad legal de actuar ante los tribunales de justicia. ‖ — M. Tribunal cuyo cargo es juzgar el hecho, quedando al cuidado de los magistrados la designación de la pena : *jurado popular.* || Individuo de dicho tribunal. || Conjunto de examinadores de un certamen o competición deportiva : *jurado calificador.* || Jurado de empresa, organismo encargado de las cuestiones sociales en una empresa.

Jurado (Alicia), escritora contemporánea argentina, autora de novelas *(La cárcel y los hierros, En soledad vivía)* y ensayos.

juramentado, da adj. Que ha prestado juramento.

juramentar v. t. Tomar juramento. || — V. pr. Comprometerse con juramento.

juramento m. Afirmación o negación de una cosa poniendo por testigo a Dios o la conciencia de quien lo presta. || Voto, reniego, blasfemia : *soltar juramentos.*

Juramento. V. SALADO *(Río).*

jurar v. t. Afirmar con juramento : *jurar por Dios o los santos.* || Reconocer solemnemente la soberanía de un príncipe o jefe : *jurar acatamiento.* || Obligarse con juramento a los preceptos constitucionales de un país, estatutos de órdenes religiosas, deberes de determinados cargos, etc. || — V. i. Echar votos, renegar. || — V. pr. *Fam.* *Jurársela a uno,* asegurar que se vengará de él.

jurásico, ca adj. *Geol.* Aplícase al terreno sedimentario que sigue cronológicamente al triásico y precede al cretáceo (ú. t. c. s. m.).

jure (de) loc. lat. De derecho.

jurel m. Pez marino comestible.

juria f. *Méx.* Acción de arrojar monedas, dulces, etc., a los muchachos en bautizos y ceremonias.

juridicidad f. Tendencia al predominio de las soluciones jurídicas en los asuntos políticos y sociales.

jurídico, ca adj. Que atañe al Derecho, o se ajusta a él.

jurisconsulto, ta m. y f. Jurista.

jurisdicción f. Autoridad para gobernar. || Término, extensión de un lugar : *jurisdicción municipal.* || Territorio en que un juez ejerce su autoridad. || Autoridad o dominio sobre otro : *caer bajo la jurisdicción de uno.*

jurisdiccional adj. Relativo a la jurisdicción : *mar jurisdiccional.*

jurispericia f. Jurisprudencia.

jurisperito, ta m. y f. Versado en jurisprudencia.

jurisprudencia f. Ciencia del Derecho. || Conjunto de las decisiones de los tribunales sobre una materia. || Hecho que sirve de punto de referencia en el caso en que hay que fallar en una materia que no está cubierta o determinada por ninguna ley escrita.

jurista com. Persona que estudia o profesa la ciencia del Derecho.

Juruá, río que nace en el NE. del Perú, entra en Brasil y des. en el Amazonas ; 3 000 km.

Jussieu (Joseph de), botánico francés (1704-1779), que estuvo en América del Sur.

justa f. Combate singular a caballo y con lanza. || Torneo. || *Fig* Certamen.

Justa y **Rufina** *(Santas),* hermanas mártires españolas, n. en Sevilla (s. III). Fiesta el 19 de julio.

justicia f. Virtud que nos hace dar a cada cual lo que le pertenece. || Derecho, equidad : *obrar con justicia.* || Calidad de justo : *la justicia de una decisión.* || *For.* Derecho de pronunciar sentencias y de castigar los delitos : *administrar justicia.* | Conjunto de los tribunales y magistrados. || *Fam.* Pena de muerte. || *Teol.* Una de las cuatro virtudes cardinales. || — *Justicia mayor,* en Aragón, magistrado supremo que dependía directamente del Rey. (Fue suprimido por Felipe V en 1707.) || *Tomarse uno la justicia por su mano,* vengarse.

justiciable adj. Sujeto a ley o castigo.

justicialismo m. En la Argentina, política social durante el régimen del general Perón y del movimiento o partido que sigue esta doctrina actualmente.

justicialista adj. Relativo al justicialismo. || — M. y f. Su partidario.

justiciero, ra adj. y s. Que observa estrictamente la justicia. || Severo en el castigo de los delitos.

justificable adj. Que puede justificarse.

justificación f. Motivo que justifica una acción. || Conformidad con lo justo. || Prueba de una cosa. || *Impr.* Anchura de una línea o columna.

justificado, da adj. Conforme a justicia y razón.

justificante adj. Dícese de lo que justifica o prueba. || — M. Documento con que se prueba algo.

justificar v. t. Demostrar la inocencia : *justificar sus actos* (ú. t. c. pr.). || Hacer que una cosa sea conforme con la justicia. || Probar el fundamento de algo : *justificó las esperanzas que habían puesto en él.*

justificativo, va adj. Que justifica.

justillo m. Prenda de vestir interior, sin mangas, que ciñe el cuerpo y no baja de la cintura.

justinianeo, a adj. Relativo a Justiniano : *cuerpos legales justinianeos.*

Justiniano I (482-565), emperador bizantino desde 527. Llevó a cabo la compilación del *Digesto o Pandectas,* las *Institutas,* las *Novelas* y los *Códigos.* Mandó edificar la iglesia de Santa Sofía en Constantinopla.

justipreciación f. Evaluación.

justipreciar v. t. Estimar, valorar.

justiprecio m. Valoración.

justo, ta adj. Que juzga y obra con justicia y equidad (ú. t. c. s.) : *persona justa.* || Conforme con la justicia y la equidad : *recompensa justa.* || Legítimo, fundado : *reclamaciones justas.* || Exacto : *medida justa ; hora justa.* || Conforme a la razón y a la verdad : *razonamiento justo.* || Apretado, estrecho : *ahora este traje me está justo.* || Que es fiel a la ley de Dios y de la moral (ú. t. c. s. m.). || — Adv. Exactamente, precisamente : *justo lo que te dije.* || Con estrechez : *vivir justo.*

Justo (Agustín Pedro), general e historiador argentino (1876-1943), pres. de la Rep. de 1932 a 1938.

jutía f. Mamífero roedor.

Jutiapa, c. del SE. de Guatemala, cap. del dep. homónimo. Agricultura. Ganadería.

jutiapaneco, ca adj. y s. De Jutiapa (Guatemala).

Juticalpa, río y c. oriental de Honduras, cap. del dep. de Olancho.

juticalpense adj. y s. De Juticalpa (Honduras).

Jutlandia, en danés *Jylland,* peníns. que forma la parte continental de Dinamarca.

Juvara (Filippo), arquitecto y escultor italiano (1676-1736), autor de los planos del Palacio Real de Madrid.

Juvenal (Décimo Junio), poeta latino (¿ 60-140 ?), autor de *Sátiras.*

Juvencio (Cayo Vetio Aquilio), poeta hispanolatino del s. IV. Transcribió poéticamente el Evangelio de San Mateo.

juvenil adj. Relativo a la juventud : *entusiasmo juvenil.* || Dícese del deportista comprendido entre las edades de 15 a 18 años (ú. t. c. s.).

juventud f. Edad que media entre la niñez y la edad madura. || Conjunto de jóvenes. || Condición de joven.

Juventud (ISLA DE LA). V. PINOS.

juzgado m. Conjunto de los jueces que concurren a dar sentencia. || Tribunal de un solo juez. || Sitio donde se juzga. || Sitio o territorio de su jurisdicción. || Judicatura. || *Juzgado municipal,* el que tiene jurisdicción en materia civil o criminal en asuntos menores.

juzgador, ra adj. Que juzga (ú. t. c. s.).

juzgar v. t. *For.* Deliberar y sentenciar acerca de la culpabilidad de uno : *juzgar a un reo.* || Resolver una cuestión como juez o árbitro. || Estimar, creer : *juzgar oportuno hacer algo.* || Emitir un juicio sobre una persona o cosa : *no hay que juzgar al prójimo.*

juzgón, ona adj. y s. *Amér.* C. Criticón.

Jylland. V. JUTLANDIA.

La **Kaaba** en la ciudad de La Meca.

k f. Duodécima letra del alfabeto castellano y novena de sus -consonantes. ‖ — **k,** símbolo de *kilo:* ‖ **K,** símbolo químico del *potasio.*

K2 o **Godwin Austen** o **Dapsang,** pico en el N. de Cachemira en el macizo de Karakorum (Himalaya), el segundo más alto del mundo después del Everest ; 8 611 m.

ka f. Nombre de la letra *k.*

Kaaba, edificio cúbico, en el centro de la mezquita de La Meca.

Kabah, ant. c. maya en el SE. de México (Yucatán) y cerca de Uxmal.

kabila adj. y s. Cabila.

Kabilia, región de Argelia, al E. de Argel ; cáp. *Tizi-Uzu.*

Kabul, cap. del Afganistán, a orillas del *río Kabul,* afl. del Indo, y al este del país ; 590 000 h. Universidad.

Kabwe, ant. *Broken Hill,* c. de Zambia, en el norte de Lusaka.

Kachán, c. de Irán, al sur de Teherán.

Kachgar, c. en el NO. de China (Sinkiang).

Kadievka, c. en el sudoeste de la U. R. S. S. (Ucrania).

Kaduna, c. del N. de Nigeria.

Kaesong, c. de Corea del Norte.

Kafiristán. V. NURISTÁN.

Kafka (Franz), novelista checo de lengua alemana (1883-1924), autor de *La metamorfosis, El proceso, El castillo* y *América.*

kafkiano, na adj. Relativo a la obra de Kafka. ‖ Dícese de una situación absurda, ilógica, extraña.

Kagel (Mauricio), compositor argentino, n. en 1931, autor de *Anagrama, Mare Nostrum,* etc.

Kagera, río de África, entre Ruanda y Tanzania, que desemboca en el lago Victoria. Se considera que es una de las ramas madres del Nilo ; 400 km.

Kagoshima, c. y puerto del Japón, en el S. de la isla de Kiusiu. Obispado.

Kahlo (Frida), pintora mexicana n. y m. en Coyoacán (1910-1954), esposa de Diego Rivera.

K'aifong o **Kaifeng,** c. de China (Honan).

Kairuán, c. de Túnez al O. de Susa.

káiser m. (pal. alem.). Emperador.

Kaisarieh. V. KAYSERI.

Kaiserslautern, c. en el SO. de Alemania Occidental (Renania-Palatinado). Metalurgia.

kaki adj. y s. m. Caqui.

Kakinada o **Cocanada,** c. y puerto al este de la India en el golfo de Bengala.

Kalahari, desierto de África austral entre las cuencas del Zambeze y del Orange ; 1 200 000 km².

Kalamata, c. y puerto al sur de Grecia (Peloponeso).

Kalat o **Kelat,** c. y prov. del centro oeste de Paquistán (Beluchistán).

kaleidoscopio m. Calidoscopio.

Kalgán, c. de China, al NO. de Pekín (Hopei).

Kalgoorlie, c. del SE. de Australia.

Kalidasa, poeta indio del s. I d. de J. C., autor del drama *Sakuntala.*

Kalimantan, nombre indonesio de Borneo.

Kalinin, ant. *Tver,* c. en el O. de la U. R. S. S. (Rusia), puerto a orillas del Volga. Cap. de la región del mismo nombre. Industria. Central nuclear.

Kalinin (Mikhail), político soviético (1875-1946), presidente del Consejo Supremo de la U. R. S. S. (1937-1946).

Kaliningrado, ant. *Königsberg,* c. y puerto en el NO. de la U. R. S. S. (Rusia). — C. de la U. R. S. S., suburbio de Moscú.

Kalisz, c. en el suroeste de Polonia (Poznan).

Kalmar. V. CALMAR.

Kaluga, c. de la U. R. S. S. (Rusia), al SO. de Moscú.

Kama, río navegable al O. de la U. R. S. S. (Rusia), afl. del Volga ; 2 000 km. Centrales hidroeléctricas.

Kamarhati, c. al este de la India (Bengala Occidental).

Kamchatka, peníns. del E. de la U. R. S. S., en Siberia, entre el mar de Bering y el de Ojotsk.

Kamenskoïe. V. DNIEPRODZERJINSK.

Kamensk-Uralski, c. de la U. R. S. S., en Siberia occidental y en las faldas de los montes Urales.

kamichi m. Género de aves zancudas que viven en América del Sur.

kamikaze m. Avión y piloto suicida japonés.

Kaminaljuyú, lugar arqueológico maya en Guatemala, cerca de la capital.

Kamloops, c. en el este del Canadá (Colombia Británica).

Kampala, c. en el sur de Uganda, cap. del país ; 335 000 h. Obispado. Universidad. Centro agrícola y comercial. Industrias.

Kampuchea. V. CAMBOYA.

Kamue. V. BLANCO *(Pico).*

Kamuk. V. BLANCO *(Pico).*

kan m. Título de príncipe turcomongol.

Kan Xib Chac, entre los mayas, dios de la lluvia.

Kaná, c. de Egipto, a orillas del Nilo.

Kananga, ant. *Luluaburgo,* c. en el sur de Zaire, a orillas de río Lulua.

Kanaris (Konstantin), marino y patriota griego (¿ 1790 ? - 1877), héroe de la guerra de independencia de su país.

kanato m. Cargo o funciones del kan. ‖ Territorio bajo su jurisdicción.

Kanazawa, c. del Japón, al O. de la isla de Honshu.

Kanchenjunga, pico del Himalaya entre Sikkim y Nepal ; 8 585 m.

Kancheu, c. al sudeste de China (Kiangsi).

Kanchipuram, c. de la India (Tamil Nadu).

Kandahar, c. y prov. del SE. del Afganistán.

Kandinsky (Vasili), pintor ruso (1866-1944).

Kandy, c. de Ceilán o Sri Lanka, cap. de la Provincia Central.

kanguro m. Canguro.

Kano, c. del N. de Nigeria.

Kano, nombre de una familia de pintores japoneses. Los miembros más importantes fueron KANO MASANOBU (1434-1530), KANO MOTONOBU (1476-1559) y KANO EITOKU (1543-1590).

Kanpur, ant. *Cawnpore,* c. al norte de la India (Uttar Pradesh).

Kansai o **Kinki,** región del Japón (Honshu) en la que se encuentran Osaka, Kobe y Kyoto.

Kansas, río de Estados Unidos, afl. del Misuri ; 247 km. — Uno de los Estados Unidos de América del Norte (centro noroeste). Cap. *Topeka.* Petróleo. ‖ ~ **City,** n. de dos c. de Estados Unidos (Misuri y Kansas), a orillas del Misuri.

Kansu, prov. del N. de China, en la frontera de Sinkiang y Mongolia ; cap. *Lancheu.*

Kant (Emmanuel), filósofo alemán, n. y m. en Königsberg (1724-1804), autor de *Crítica de la razón pura, Crítica de la razón práctica y Crítica del juicio.* Formuló un idealismo trascendental.

kantiano, na adj. Relativo a Kant. ‖ Seguidor de la doctrina de éste (ú. t. c. s.).

kantismo m. Doctrina de Kant.

Kanto, región del Japón (Honshu) en la que se encuentra Tokio.

Kaohiong, c. y puerto en el SO. de la isla de Taiwán (Formosa).

Kaolack, c. y puerto del Senegal, al sureste de Dakar.

Kapilavatsu, c. en el NE. de la India, fronteriza con Nepal, donde nació Buda.

Kaposvar, c. en el SO. de Hungría.

kappa f. Décima letra del alfabeto griego (χ), que corresponde a la k o c dura castellana.

Kapurthala, ant. principado en el norte de la India (Pendjab).

Kara (MAR DE), mar formado por el océano Glacial Ártico, entre Nueva Zembla y el continente euroasiático. ‖ ~ **-Bogaz,** golfo de la U. R. S. S. en la costa este del mar Caspio.

Karachi, ant. capital del Paquistán (Sind) hasta 1960, puerto en el mar de Omán. Arzobispado. Ref. de petróleo.

355

Karagandá, c. en el sur de la U. R. S. S. (Kazakstán). Metalurgia.

Karagjorgje (Gjorgje Petrovich), militar serbio (¿ 1752 ?-1817), fundador de la dinastía de los *Karagjorgjevich* (1808), destronada en 1945 por la Asamblea yugoslava.

Karakorum, cord. de Asia Central, en Cachemira y al O. del Tíbet (Himalaya); 8 611 m en el K2 y 8 068 en el Gasherbrum o Hidden Peak.

karakul m. Caracul.

kárate m. Modalidad de lucha japonesa basada en golpes secos dados con el borde de la mano, los codos o los pies.

karateka com. Luchador de kárate.

Karbala. V. KERBELA.

Kariba, lugar en un valle del río Zambeze, entre Zambia y Zimbabwe. Central hidroeléctrica.

Karikal, c. y puerto en el SE. de la India (Madrás).

Karl-Marx-Stadt, ant. *Chemnitz,* c. de Alemania Oriental (Sajonia).

Karlovci. V. CARLOVCI.

Karlovy-Vary, en alem. *Carlsbad* o *Karlsbad,* c. al oeste de Checoslovaquia (Bohemia). Aguas termales. Catedral. Cristalería.

Karlowitz. V. CARLOVCI.

Karlsburg. V. ALBA JULIA.

Karlskrona o **Carlscrona,** puerto militar al sudeste de Suecia.

Karlsruhe o **Carlsruhe,** v. de Alemania Occidental (Baden-Wurtemberg), antigua cap. del gran ducado de Baden. Residencia del Tribunal Supremo de la República Federal. Refinería de petróleo. Centro de investigaciones nucleares.

Karlstad o **Carlstad,** c. al oeste de Suecia a orillas del lago Vener.

Karnak. V. CARNAC.

Karnataka, ant. *Mysore,* Estado del S. de la India. Cap. *Bangalore.*

Karst. V. CARSO.

kart m. Pequeño vehículo automóvil de competición que carece de carrocería, embrague, caja de cambios, suspensión, y que tiene una cilindrada máxima de 100 cm³.

karting m. Carrera de karts.

Kartum. V. JARTUM.

Kasai, río de África ecuatorial nacido en Angola, afl. del Zaire; 1 940 km.

Kashima, c., puerto e importante centro industrial del Japón (Honshu).

Kassa. V. KOSHICE.

Kassel, c. de Alemania Occidental (Hesse), a orillas del río Fulda.

Kastos (Emiro). V. RESTREPO (Juan de Dios).

Kastri. V. HERMIONA.

Kasugai, c. del Japón (Honshu).

Katanga. V. SHABA.

katangueño, ña adj. y s. De Katanga (Zaire).

Katar o **Qatar,** Estado de Arabia en una península de la costa meridional del golfo Pérsico ; 11 000 km² ; 200 000 h. Cap. *Doha,* Petróleo.

Kathiawar, península al suroeste de la India en el golfo de Omán.

Katipunán, organización clandestina de Filipinas, creada en 1896 para combatir por la Independencia.

Katmandú, cap. del reino de Nepal, al sur del centro del país ; 344 000 h.

Katovice, de 1953 a 1956 *Stalinogrod,* c. y prov. en el S. de Polonia (Silesia). Obispado. Minas.

Kattegat. V. CATTEGAT.

Katyn, aldea al oeste de la U. R. S. S. (Rusia), al O. de Smolensko.

Kaufmann. V. LENIN (Pico).

Kaunas, en ruso *Kovno,* c. en el NO. de la U. R. S. S. (Lituania).

Kavaloy, isla de Noruega, la más septentrional de Europa ; c. pr. *Hammerfest.*

Kavalla, ant. *Neápolis,* dep., c. y puerto en el N. de Grecia, frente a la isla de Taso.

Kaviri o **Kaveri** o **Cauvery,** río de la India que desemboca en el golfo de Bengala ; 760 km.

Kawabata (Yajunari), escritor japonés (1899-1972), autor de novelas (*Los animales, País de nieve, Mil grullas,* etc.). [Pr. Nobel, 1968.] Se suicidó.

Kawasaki, c. del Japón (Honshu), suburbio de Tokio.

kayac m. Canoa.

Kayes, c. y puerto en el O. de la

República del Malí, a orillas del río Senegal.

Kayseri, ant. *Kaisarieh,* c. en el centro de Turquía, cap. de prov. en Capadocia. Fortaleza. Textiles.

Kazakstán, rep. autónoma al sur de la U. R. S. S., entre la parte europea y asiática de la Unión ; cap. *Alma Ata.*

Kazán, c. de la U. R. S. S. (Rusia), cap. de la Rep. autónoma de los Tártaros, a orillas del Volga. Universidad.

Kazantzakis (Nikos), escritor griego (1883-1957), autor de la novela *Cristo de nuevo crucificado.*

Kazbek, uno de los puntos culminantes del Cáucaso central ; 5 047 m.

Kazimayn (Al-), c. de Irak, cerca de Bagdad.

Kazvin, prov. y c. de Irán, al S. del Elburz.

kc, símbolo del *kilociclo.*

kcal, símbolo de *kilocaloría.*

Keats [kîts] (John), poeta romántico inglés (1795-1821), autor de *Endimión, Oda a una urna griega* y *Oda a un ruiseñor.*

Kecskemet, c. de Hungría al SE. de Budapest.

Kedah, Estado federado de Malaysia, en el estrecho de Malaca ; cap. *Alor Star.*

Keeling. V. COCOS (*Islas de*).

Kefar Sava, c. al oeste de Israel.

Kefrén, rey de Egipto de la IV dinastía, sucesor de Keops hacia 2620 a. de J.C. Construyó la pirámide de Gizeh.

Keihin, conurbación del Japón que comprende Tokio y Yokohama.

Kelantan, Estado de la Federación de Malaysia, al E. de la penins. de Malaca ; cap. *Kota Bharu.*

Kelat. V. KALAK.

kelvin m. Unidad de temperatura (simb., K) que tiene un valor equivalente a la fracción 1/273,16 de la temperatura termodinámica del punto triple del agua.

Kelvin (lord). V. THOMSON (Sir William).

Kemal Bajá Ataturk (Mustafá), general y político turco (1881-1938), pres. de la Rep. de 1923 hasta su muerte. Transformó Turquía en un país moderno.

Kemerovo, c. de la U. R. S. S. (Rusia), en Siberia occidental. Hulla.

Kempis (Tomás HEMERKEN, llamado **Tomás de**), escritor místico alemán (1379-1471), a quien se atribuye la *Imitación de Cristo.*

Kenia, república de África oriental, miembro del Commonwealth ; 582 644 km² ; 17 900 000 h. (*keniatas*). Cap. *Nairobi,* 750 000 h. ; c. pr. *Mombasa,* 390 000 ; *Najuru,* 50 000 ; *Kisumu,* 37 000.

keniata adj. y s. De Kenia.

Kenitra, ant. *Port Lyautey,* c. y puerto de Marruecos, al N. de Rabat.

Kennedy (CABO). V. CANAVERAL.

Kennedy, n. del aeropuerto de Nueva York, en Idlewild (Queens).

Kennedy (John Fitzgerald), político demócrata norteamericano (1917-1963), pres. de Estados Unidos en 1961. M. víctima de un atentado. — Su hermano ROBERT FRANCIS (1925-1968) fue también político y candidato a la pres. de Estados Unidos. M. asesinado durante la campaña electoral. ‖ — (MARGARET), novelista inglesa (1896-1967), autora de *La ninfa constante.*

Kensington, barrio residencial del O. de Londres.

Kent (REINO DE), el reino más antiguo de la Heptarquía anglosajona ; cap. *Cantorbery.* — Condado al SE. de Inglaterra ; cap. *Maidstone.*

Kentucky, uno de los Estados Unidos de América del Norte, al este del centro ; cap. *Frankfort.*

Kenya. V. KENIA.

Keops, rey de Egipto de la IV dinastía, hacia 260 a. de J. C. Construyó la pirámide más alta.

kepis m. Quepis, gorro militar.

Kepler o **Keplero** (Johannes), astrónomo alemán (1571-1630). Enunció las leyes astronómicas de su nombre.

Kerala, Estado de la India, en el SO. de la penins. del Decán ; cap. *Trivandrum.*

Kerasunda, en turco *Giresün,* c. y puerto del N. de Turquía.

Kerbela, prov. y c. de Irak, al SO. de Bagdad. Santuario chiíta.

Kerch, c. al sur de la U. R. S. S. (Ucrania), a orillas del estrecho de *Kerch,*

KENIA

alturas: 500. 1000. 1500. 2500 m

que comunica el mar de Azov con el mar Negro.

Kerenski (Aleksandr), político ruso (1881-1970), jefe del Gobierno revolucionario de marzo de 1917. Fue derribado, el 7 de noviembre de este año, por la insurrección bolchevique.

Kermán, c. del SE. de Irán.

Kermanshad, c. de Irán (Curdistán).

kermes m. Quermes.

kermesse f. Nombre dado en Holanda a las fiestas parroquiales celebradas con motivo de las ferias. ‖ Fiesta de caridad, feria, verbena.

kerosén y **keroseno** m. Queroseno.

Kertch, ant *Ienikaleh,* c. y puerto al sur de la U. R. S. S. en Crimea (Ucrania), en el estrecho homónimo.

ketchup m. (pal. ingl.). Salsa de tomate sazonada con especias.

Keynes (John Maynard, *lord*), economista inglés (1883-1946). Sus doctrinas han tenido una profunda influencia.

keynesianismo m. Doctrina económica que afirma que el sistema capitalista podrá evitar las crisis y alcanzar el pleno empleo con una mayor intervención del Estado.

keynesiano, na adj. Perteneciente o relativo a la doctrina defendida por el economista J. M. Keynes. ‖ — M. y f. Su partidario.

Key West o **Cayo Hueso,** c. y puerto en el sudeste de los Estados Unidos (Florida).

kg, símbolo del *kilogramo* masa.

K. G. B., siglas del servicio secreto soviético.

kgf, símbolo del *kilogramo fuerza.*

kgm, símbolo del *kilográmetro.*

Khabarovsk. V. JABAROVSK.

khan m. Kan.

Khan Tengri, monte al suroeste de la U. R. S. S. (Tianchan), cerca de la frontera con China ; 6 995 metros.

Kharkov. V. JARKOV.

Khartum. V. JARTUM.

Khmer. V. KMER.

Khorasán. V. JORASÁN.

Kiangsi, prov. meridional de China ; cap. *Nanchang.*

Kiangsú, prov. de China central ; cap. *Nankín* ; c. pr. *Changhai.*

Kiaocheu, hoy *Kiaosien,* bahía y c. de China, en el S. de la penins. de Chantung.

Kiayi, c. del centro de la isla de Taiwan (Formosa).

kibutz m. Granja colectiva en Israel. (Pl. *kibutzim.*)

Kichinev, c. en el O. de la U. R. S. S., cap. de Moldavia. Universidad.

Kiel, c. y puerto de Alemania Occidental, cap. de Schlesvig-Holstein, en las riberas del Báltico. Universidad. El canal homónimo atraviesa Jutlandia y une el Báltico con el mar del Norte.

Kielce, c. de Polonia, al S. de Varsovia. Obispado. Industrias.

Kierkegaard (Sören), filósofo danés (1813-1855), precursor del existencialismo.

Kiev, c. en el SO. de la U. R. S. S., cap. de Ucrania, a orillas del Dniéper. Universidad. Industrias.

kif o **kifi** m. Cáñamo indio mezclado al tabaco.

Kigali, c. del centro de Ruanda, cap. de la Rep. ; 120 000 h. Universidad.

Kikwit, c. de Zaire, al E. de Kinshasa.

Kilambé. V. QUILAMBÉ.

Kilimanjaro, hoy *Pico Uhuru,* pico más alto de Tanzania y de África, en el N. de Tanganica ; 5 965 m.

Kilin. V. KIRIN.

kilo, prefijo que significa *mil* : *kilómetro, kilogramo.* ‖ — M. Kilogramo. ‖ *Pop.* Millón de pesetas. ‖ *Pop. Un kilo,* mucho, cantidad.

kilocaloría f. Gran caloría (símb., *kcal.*), igual a mil calorías.

kilociclo m. Unidad eléctrica de frecuencia (1 000 ciclos por segundo) [simb., *kc*].

kilográmetro m. Antigua unidad de trabajo (simb., *kgm*) que equivalía al esfuerzo hecho para levantar un peso de un kilogramo a la altura de un metro.

kilogramo m. Peso de mil gramos y unidad principal de masa (símb., *kg*).

kilojulio m. Unidad legal de trabajo en el sistema M. T. S. (símb., *kJ*).

kilometraje m. Medida en kilóme-

---

tros. ‖ Número de kilómetros recorridos por un automóvil o vehículo.

kilometrar v. t. Medir en kilómetros.

kilométrico, ca adj. Relativo al kilómetro. ‖ *Fig.* y *fam.* Muy largo, interminable : *distancia kilométrica.* ‖ *Billete kilométrico,* el de ferrocarril, dividido en cupones, que permite recorrer un determinado número de kilómetros en un plazo dado.

kilómetro m. Medida de mil metros (símb., *km*). ‖ *Kilómetro cuadrado,* unidad de superficie equivalente al área de un cuadrado cuyos lados miden un kilómetro (símb., *km²*).

Kilong, c. y puerto en el N. de Taiwan (Formosa). Base militar.

kilotón m. Unidad empleada para medir la potencia de una bomba o de una carga nuclear.

kilovatio m. Unidad de potencia equivalente a 1 000 vatios (símb., *kW*). ‖ *Kilovatio hora,* unidad de trabajo o de energía equivalente a la energía ejecutado durante una hora por una máquina cuya potencia es de un kilovatio (símb., *kWh*).

kilovoltio m. Unidad para medir la tensión eléctrica equivalente a 1 000 voltios (símb., *kV*).

kilt m. Faldilla de los escoceses.

Kimberley, c. de la Rep. de África del Sur (El Cabo). Obispado.

Kimchak, ant. *Songjin,* c. de la Rep. Democrática Popular de Corea.

kimono m. Especie de bata larga y amplia usada por los japoneses.

Kinabalu, monte más alto de Borneo (Sabah) de Insulindia ; 4 175 m.

Kincardine, condado de la Gran Bretaña, al NE. de Escocia ; cap. *Stonehaven.*

Kincheu, c. de China (Liaoning).

kindergarten m. (pal. alem.). Jardín de infancia.

kinesiólogo, ga m. y f. Masajista.

kinesiterapeuta com. Masajista.

kinesiterapia f. Curación por medio de masajes.

Kingman (Eduardo), pintor, muralista y grabador de inspiración social ecuatoriano, n. en 1911.

Kingston, c. del Canadá (Ontario), puerto fluvial en el San Lorenzo. Arzobispado. — Cap. y puerto del S. de Jamaica, 650 000 h. Fundada en 1692. ‖ ~ **-upon-Hull,** c. de Gran Bretaña, en el N. de Inglaterra (Yorkshire) ; puerto en el estuario del Humber. Centro industrial. ‖ ~ **-upon-Thames,** suburbio en el SO. de Londres, a la orilla derecha del Támesis.

Kingstown. V. DUN LAOGHAIRE.

Kinich Ahau, dios del Sol, entre los mayas de México (Yucatán).

Kinshasa, ant. *Leopoldville,* cap. del Zaire, al suroeste del país ; 3 500 000 h. Obispado. Situada en la orilla sur del río Zaire.

kiosco m. Quiosco.

Kioto. V. KYOTO.

Kipling (Rudyard), escritor inglés, n. en Bombay (1865-1936), autor de novelas (*El libro de la selva, Capitanes intrépidos, Kim,* etc.). [Pr. Nobel, 1907.]

Kirchhoff (Gustav Robert), físico alemán (1824-1887). Descubrió con Bunsen el análisis espectral.

Kirghizia o **Kirghizistán,** república federada de la U. R. S. S. en Asia central ; cap. *Frunze.*

Kiribati. V. GILBERT *(Islas).*

kirie eleison m. Invocación que se hace al principio de la misa. ‖ Música compuesta sobre dicha invocación. ‖ *Fig.* Canto de los difuntos.

Kirin o **Kilin,** prov. y c. del NE. de China ; cap. *Changchuen.*

Kirkby, c. de Gran Bretaña, cerca de Liverpool. Industrias.

Kirkcaldy, c. y puerto de Gran Bretaña (Escocia), a orillas del río Forth.

Kirkuk, c. y prov. de Irak, al N. de Bagdad. Petróleo.

Kirov, ant. *Viatka,* c. de la U. R. S. S., en el centro de Rusia y a orillas del río Viatka. Metalurgia.

Kirovabad, ant. *Ielisavetpol,* c. del SO. de la U. R. S. S. (Azerbaidján).

Kirovakan, c. al suroeste de la U. R. S. S. (Armenia).

Kirovogrado, ant. *Ielisavetgrado,* c. al oeste de la U. R. S. S. (Ucrania).

kirsch m. (pal. alem.). Aguardiente hecho con cerezas.

Kiruna, c. del N. de Suecia.

Kisangani, ant. *Stanleyville,* c. del centro de Zaire, a orillas del río de este nombre. Centro comercial.

Kiselievsk, c. de la U. R. S. S. (Rusia), en Siberia. Hulla.

Kishiniov. V. KICHINEV.

Kishiwada, c. del Japón (Honshu).

Kisselevsk, c. de la U. R. S. S. (Kuzbass).

Kistna, río de la India peninsular que desemboca en el golfo de Bengala ; 1 280 km.

Kita Kiusiu, c. y puerto del Japón, al N. de la isla de Kiusiu, formada por la reunión de las c. de Kokura, Moji, Tobata, Wakamatsu y Yahata.

Kitchener, c. en el sur del Canadá (Ontario).

Kitwe, c. al noroeste de Zambia.

Kiusiu, isla del S. del Japón. c. pr. : *Kita Kiusiu, Fukuoka, Kumamoto, Nagasaki* y *Kagoshima.*

Kivu, prov. del Zaire oriental, en el extremo del lago del mismo nombre (2 650 km²) ; cap. *Bukavu.*

Kizil, c. de la U. R. S. S. en Siberia central (Rusia), cap. de la República autónoma de Tuva.

Kizilirmak, río de Turquía, que des. en el mar Negro ; 1 182 km.

kJ, símbolo del *kilojulio.*

Kladno, c. al oeste de Checoslovaquia (Bohemia).

Klagenfurt [-guen-], c. al sur de Austria, cap. de Carintia. Industrias.

Klaipeda, en alem. *Memel,* c. y puerto al noroeste de la U. R. S. S. (Lituania), a orillas del Báltico.

Klang, c. de Malaysia, al O. de Kuala Lumpur. Industria electrónica.

klaxon m. Claxon.

Kleist (Heinrich VON), escritor romántico alemán (1777-1811), autor del drama *El príncipe de Homburgo* y de poesías. Se suicidó.

Kleve. V. CLEVES.

Klinger (Friedrich Maximilian VON), poeta alemán (1754-1831), cuyo drama *Sturm und Drang* dio nombre a un movimiento literario.

Klopstock (Friedrich Gottlieb), poeta alemán (1724-1803), autor de la epopeya *La Mesiada* y de dramas.

km, símbolo del *kilómetro.* ‖ *Km²,* símbolo del *kilómetro cuadrado.*

kmer adj. y s. Individuo de un pueblo indochino, cuyo imperio, en el centro de la actual Camboya, alcanzó una cultura floreciente en los siglos IX y X (templo de Angkor).

Kmer (REPÚBLICA). V. CAMBOYA.

Knesset, parlamento del Estado de Israel. Sólo tiene una Cámara.

knock-down [*nocdaon*] adv. y s. m. inv. (pal. ingl.). Estado de un boxeador derribado a la lona pero sin estar fuera de combate.

knock-out [*nokaut*] adv. y s. m. inv. (pal. ingl.). En boxeo, fuera de combate (Se suele abreviar K. O.).

know how [*noujao*] m. (pal. ingl.). Conocimientos, tecnología.

Knox (John), reformador escocés (¿ 1505 ? - 1572), fundador del presbiterianismo.

Knoxville, c. del este de Estados Unidos (Tennessee). Universidad.

Knuto. V. CANUTO.

Ko. V. CQS.

K. O. V. KNOCK-OUT.

koala m. Mamífero marsupial trepador de Australia.

Kobarid. V. CAPORETTO.

Kobe, c. del Japón en el S. de la isla de Honshu. Universidad. Industrias.

Koch [*koj*] (Robert), médico alemán (1843-1910), descubridor del bacilo de la tuberculosis que lleva su nombre. (Pr. Nobel, 1905.)

Kochi, c. del Japón (Sikoku).

kodak m. (marca comercial). Cámara fotográfica manual.

Kodaly (Zoltan), compositor húngaro (1882-1967).

Kodok. V. FACHODA.

Koestler (Arthur), novelista húngaro (1905-1983), naturalizado británico, autor de *Testamento español, El cero y el infinito, Ladrones en la noche, Espartaco, Janus.* Se suicidó.

Kofu, c. del Japón (Honshu).

Kohima, c. del E. de la India, cap. del Estado de Nagaland.

Kohl (Helmut), político cristianodemócrata alemán, n. en 1930. Canciller a finales de 1982.

KA

357

Kokand, c. en el suroeste de la U. R. S. S. (Uzbekistán).

Ko-Kieu o **Geziu,** c. al sur de China (Yunnan).

Kokoschka (Oskar), pintor expresionista austriaco (1886-1980).

Kokura, ant. c. del Japón (Kiusiu), hoy parte de Kita Kiusiu.

Kola (PENÍNSULA DE), peníns. en el NO. de la U. R. S. S. (Rusia).

Kolar Gold Fields, c. de la India (Karnataka), al O. del Decán. Oro.

Kolarovgrado. V. SUMEN.

Kolhapur, c. en el centro de la India (Maharashtra).

koljoz m. En la U. R. S. S., cooperativa agrícola de producción que usufructúa puramente la tierra que cultiva y tiene la propiedad colectiva de los bienes de explotación.

koljoziano, na adj. Relativo al koljoz. ‖ — M. y f. Miembro de él.

Kolomna, c. al oeste de la U. R. S. S. a orillas del río Moscova.

Kolwezi, c. del Zaire en la región de Shaba. Minas (cobre, cobalto).

Kolyma, río de la U. R. S. S., en Siberia ; des. en el océano Glacial Ártico ; 2 600 km.

Kollasuyo. V. COLLASUYO.

komi adj. y s. V. ZIRIAN.

Kominform. V. KOMINTERN.

Kominform. V. KOMINTERN.

Komintern. V. NOVOCHAITINSK.

Komintern, nombre dado por los comunistas rusos a la III Internacional. Disuelto en 1943, este organismo fue sustituido en 1947 por el *Kominform,* que desapareció en 1956.

Kommunarsk, ant. *Vorochilovsk,* c. al oeste de la U. R. S. S. (Ucrania).

Komsomolsk, c. en el E. de la U. R. S. S. (Rusia), a orillas del Amur.

Konakry. V. CONAKRY.

Konia, c. y prov. de Turquía, al N. del Tauro y al S. de Ankara.

Königsberg. V. KALININGRADO.

Königshütte. V. CHORZOW.

Konstantinovka, c. al oeste de la U. R. S. S. (Ucrania). Metalurgia.

kopeck m. Copec.

koraisquita adj. y s. V. CORAISQUITA.

Korasán. V. JORASÁN.

Korçe o **Korça,** c. del sur de Albania.

Kordofan, prov. del Sudán central, al O. del Nilo Blanco ; c. pr. *El Obeid.*

Koriyama, c. del Japón (Honshu).

Korn (Alejandro), filósofo y médico argentino (1860-1936), autor de *La libertad creadora, El concepto de la ciencia, Axiología,* etc.

Korolenko (Vladimir Galaktionovich), escritor y novelista ruso (1853-1921), autor de *El músico ciego,* poema en prosa.

Korsi (Demetrio), poeta panameño de ascendencia griega (1899-1957).

Kosciusko (MONTE), cumbre máxima de Australia ; 2 228 m.

Kosciuszko (Tadeusz), patriota polaco (1746-1817), jefe de varias insurrecciones contra Rusia.

Koshice o **Kosice,** c. del este de Checoslovaquia (Eslovaquia). Obispado.

Kosice (Gyula), escultor vanguardista checo, naturalizado argentino, n. en 1924.

Kosovo-Metohija o **Kosmet,** territorio autónomo al este de Yugoslavia (Serbia) ; cap. *Pristina.* Minas.

Kossuth (Lajos), patriota y político húngaro (1802-1894), jefe de la revolución de 1848.

Kostroma, c. en el O. de la U. R. S. S. (Rusia), a orillas del Volga.

Kosyguin (Alexei), político soviético (1904-1980), presidente del Consejo de ministros de 1964 a 1980.

Koszalin, c. de Polonia (Pomerania).

Kota ‖ ~ **Bharu** o **Bahru,** c. de Malasia (Malasia), cap. del Estado de Kelantán. ‖ ~ **Kinabalu,** ant. *Jesselton,* c. de Malaysia, cap. de Sabah.

Kotah, c. al noroeste de la India (Rayastán).

Kotka, c. y puerto al sur de Finlandia y en el golfo de este nombre.

Kotor. V. CATTARO.

Kotosh, yacimiento arqueológico de la cultura Chavín en el centro del Perú, cerca de la ciudad de Huánuco.

Kovno. V. KAUNAS.

Kovrov, c. de la U. R. S. S. (Rusia), al NE. de Moscú.

Koweit. V. KUWAIT.

Kowloon, c. y territorio de Hong Kong. Gran población asociada con New Kowloon.

Kozhicoda. V. CALICUT.

Kr, símbolo químico del *criptón.*

Kra, istmo de Tailandia, entre Indochina y Malaca.

krach [*krak*] m. (pal. alem.). Bancarrota financiera.

Kragujevac, c. de Yugoslavia (Serbia), al sureste de Belgrado.

Krakatoa, isla volcánica de Indonesia, entre Sumatra y Java.

Kramatorsk, c. al oeste de la U. R. S. S. (Ucrania).

Krasnodar, ant. *lekaterinodar,* c. de la U. R. S. S. (Rusia), a orillas del Kubán. Petróleo, gas natural.

Krasnogvardeisk. V. GATCHINA.

Krasnoyarsk, c. de la U. R. S. S. (Rusia), en Siberia Oriental.

Krause (Karl Christian Friedrich), filósofo alemán (1781-1832). Sus doctrinas, introducidas por Julián Sanz del Río (1857) y difundidas, entre otros, por Nicolás Salmerón y Francisco Giner de los Ríos, ejercieron gran influencia en España.

krausismo m. Doctrina filosófica de Krause que trata de conciliar el teísmo y el panteísmo.

krausista adj. Relativo al krausismo. ‖ — Com. Partidario o seguidor de esta doctrina.

Krefeld, c. de Alemania Occidental (Rin Septentrional-Westfalia), a orillas del Rin. Textiles. Metalurgia.

Kreisky (Bruno), político socialista austriaco, n. en 1911, canciller desde 1970 hasta 1983.

Krementchug, c. al oeste de la U. R. S. S. (Ucrania), a orillas del Dniéper. Puerto fluvial.

Kremikovci, centro siderúrgico de Bulgaria, cerca de Sofía.

Kremlin, fortaleza de Moscú, antigua residencia de los zares y sede actual del Gobierno de la Unión Soviética.

kriptón m. Criptón.

Krisna o **Krina,** dios indio, octava encarnación de Visnú.

Kristiansand, c. y puerto al sureste de Noruega.

Kristianstad, c. al sureste de Suecia, cap. de prov. Industrias.

Krivoi Rog, c. al oeste de la U. R. S. S. (Ucrania).

Krknoshe. V. GIGANTES *(Montes).*

Kronoberg, prov. del sur de Suecia ; cap. *Vaxjo.*

kronprinz m. (pal. alem.). Título que llevaba el heredero del trono en Alemania o Austria.

Kronstadt. V. CRONSTADT.

Krugersdorp, c. al noreste de África del Sur (Transvaal).

Kruschef (Nikita), político soviético (1894-1971), primer secretario del Partido Comunista (1953-1964) y presidente del Consejo de ministros de 1958 a 1964. Combatió la política de Stalin. Fue derrocado.

Krusne Hory. V. ERZGEBIRGE.

Ksar El-Kébir. V. ALCAZARQUIVIR.

Kuala ‖ ~ **Lumpur,** cap. de Malasia y del Estado de Selangor ; 480 000 h. Refinería de petróleo. ‖ ~ **Trengganu,** c. y puerto de Malaysia, cap. del Estado de Trengganu.

Kuangsi, región autónoma del S. de China ; cap. *Nanning.*

Kuangtung prov. de China meridional ; cap. *Cantón.*

Kuantan, c. de Malaysia, cap. del Estado de Pahang.

Kuban, río al oeste de la U. R. S. S. que des. en el mar de Azov ; 900 km.

Kubitschek (Juscelino de OLIVEIRA), político brasileño (1902-1976), pres. de la Rep. de 1956 a 1961. Hizo construir Brasilia.

Kuching, c. y puerto de la Federación de Malaysia, cap. de Sarawak, territ. al NO. de Borneo.

Kueicheu, prov. de China meridional ; cap. *Kueiyang.*

Kueilin, c. al S. de China (Kuangsi).

Kueiyang, c. del S. de China, cap. de la prov. de Kueicheu.

Kuenming o **Kunming,** ant. *Yunnanfu,* c. del sur de China, cap. de Yunnan.

Kuibichev, ant. *Samara,* c. al O. de la U. R. S. S. (Rusia), puerto fluvial en el Volga. Central hidroeléctrica. Metalurgia. Refinería de petróleo.

Ku Klux Klan, asociación secreta del S. de Estados Unidos, creada en 1865, para luchar contra los negros.

Kukulcán. V. CUCULCÁN.

Kumagaya, c. del Japón, en el centro de la isla de Honshu.

Kumamoto, c. del Japón, en el O. de la isla de Kiusiu.

Kumasi, c. en el centro de Ghana.

Kun (Bela), revolucionario húngaro (1886-1939). Se apoderó del Poder en 1919, pero fue derrocado. Acusado de desviación política, fue ejecutado en la U. R. S. S. Rehabilitado en 1958.

Kunsan, c. y puerto de Corea del Sur.

Kuo Min Tang o **Kuomintang,** partido democrático nacional chino, fundado en 1900 por Sun Yat-sen, disuelto en 1913 y formado de nuevo en 1923 a imitación del modelo soviético.

Kuopio, c. al este de Finlandia.

Kupang, c. al S. de Timor (Indonesia).

Kura, río de la U. R. S. S., al S. del Cáucaso ; 1 515 km. Desemboca en el Caspio.

Kurashiki, c. del Japón, al S. de la isla de Honshu.

Kurdistán. V. CURDISTÁN.

kurdo, da adj. y s. Curdo.

Kure, c. y puerto del Japón, en el S. de la isla de Honshu. Astilleros.

Kurgan, c. de la U. R. S. S. en Siberia.

Kurichi, c. del sur de la India (Tamil Nadu).

Kuriles (ISLAS), cadena de islas soviéticas en Asia que se extiende desde Kamchata a la isla de Hokkaido.

Kurnool o **Kurnul,** c. de la India al O. de Andhra Pradesh.

Kursk, c. de la U. R. S. S. (Rusia).

Kurume, c. del Japón (Kiusiu).

Kushiro, c. en el O. del Japón, en el E. de la isla de Hokkaido.

Kutaisi, c. al O. de la U. R. S. S. (Georgia). Automóviles.

Kuwait o **Koweit,** principado de la peníns. de Arabia, en la costa NO. del golfo Pérsico, entre Irak y Arabia Saudita : 17 818 km² ; 1 450 000 h. *(kuwaities).* Cap. *Kuwait,* 300 000 h. Independiente desde 1961. Petróleo.

kuwaití adj. y s. De Kuwait.

Kuzbass, cuenca hullera de la U. R. S. S. en Siberia occidental. Metalurgia.

kV, abreviatura de *kilovoltio.*

kW, abreviatura de *kilovatio.*

Kwangju, c. meridional de Corea del Sur. Industrias (automóviles).

Kwazulu, territorio de África del Sur, al norte de Transvaal.

Kyŏngsong. V. SEÚL.

Kyoto, c. del Japón, al S. de la isla de Honshu. Industrias.

Nasa

Misión Apollo en la **Luna.**

L f. Decimotercera letra del alfabeto castellano y décima de sus consonantes. ‖ — **l,** símbolo de *litro.* ‖ — **L,** letra que tiene el valor de cincuenta en la numeración romana.
la art. determinado femenino singular: *la silla blanca.* ‖ Acusativo del pronombre personal femenino singular de tercera pers.: *se la dio.* ‖ Sexta nota en la escala musical. ‖ **La,** símbolo del *lantano.*
La ‖ ~ **Cangrejera,** complejo petroquímico en México, cerca de Coatzacoalcos (Veracruz). ‖ — **Guardia,** uno de los aeropuertos al SE. de Nueva York. ‖ ~ **Haya.** V. HAYA (LA). ‖ ~ **Paz.** V. PAZ (LA). ‖ ~ **Tène.** V. TÈNE (LA). ‖ ~ **Laguna.** V. LAGUNA (LA).
La ‖ ~ **Boëtie** [*-sí*] (ÉTIENNE DE), escritor humanista francés (1530-1563). ‖ ~ **Bruyère** (JEAN DE), moralista francés, n. en París (1645-1696), autor de *Los caracteres,* galería de retratos y serie de máximas que describen la sociedad de su tiempo. ‖ ~ **Cierva y Peñafiel** (JUAN DE), político conservador y jurisconsulto español (1864-1938). — Su hijo JUAN DE LA CIERVA Y CODORNÍU (1895-1936) fue ingeniero e inventó el autogiro. ‖ ~ **Condamine** [*-damin*] (CHARLES MARIE DE), matemático francés (1701-1774). Realizó una expedición científica a América del Sur, en unión de los españoles Jorge Juan y Antonio de Ulloa, para medir en el Ecuador un grado del meridiano terrestre (1735). ‖ ~ **Fayette** [*fayet*] (MARIE-MADELEINE DE), novelista francesa (1634-1693), autora de *La princesa de Clèves,* relato psicológico. ‖ ~ **Fayette** (MARIE-JOSEPH, marqués de), general y político francés (1757-1834). Participó en la guerra de la Independencia de Norteamérica y en las revoluciones francesas de 1789 y 1830. ‖ ~ **Fontaine** [*-fontén*] (JEAN DE), poeta francés, n. en Château-Thierry (1621-1695), autor de *Cuentos,* en verso, y de *Fábulas* de gran celebridad. ‖ ~ **Gasca** (PEDRO de), obispo y político español (1485-1567), pres. de la Audiencia del Perú. Derrotó a Gonzalo Pizarro y ordenó su ejecución (1548). ‖ ~ **Madrid** (GREGORIO ARAOZ DE), general argentino (1795-1857). Luchó en la guerra de la Independencia y contra Rosas en la batalla de Caseros (1852). ‖ ~ **Madrid** (MIGUEL DE LA). V. MADRID. ‖ ~ **Mar** (JOSÉ DE), general ecuatoriano, n. en Cuenca (1776-1830), pres. de la Rep. del Perú de 1827 a 1829. Combatió en Junín y Ayacucho (1824), y posteriormente en la guerra contra Colombia. Fue derrocado por Gamarra. ‖ ~ **Mennais** [*-né*] (FÉLICITÉ ROBERT DE). V. LAMENNAIS. ‖ ~ **Rochefoucault** [*-rochfucó*] (FRANCOIS, duque de), moralista francés (1613-1680), autor de *Máximas.* ‖ ~ **Salle** [*-sal*] (SAN JUAN BAUTISTA DE), sacerdote francés (1651-1719), fundador de la congregación de los Hermanos de la Doctrina Cristiana (1680). Fiesta el 15 de mayo. ‖ ~ **Salle** (ROBERT CAVELIER, señor de), explorador francés (1643-1687), organizador de expediciones al río Misisipí. ‖ ~ **Serna e Hinojosa** (JOSÉ DE). V. SERNA E HINOJOSA (José de la). ‖ ~ **Tour** [*latur*] (GEORGES DE), pintor francés (1593-1652), inspirado en temas religiosos y costumbristas. ‖ ~ **Tour** (MAURICE QUENTIN DE), pintor francés (1704-1788), notable retratista y autor de pasteles. ‖
label m. (pal. ingl.). Etiqueta.
laberíntico, ca adj. Relativo al laberinto. ‖ *Fig.* Enmarañado, confuso.
laberinto m. Lugar artificialmente formado de intrincados caminos y rodeos en el que es muy difícil encontrar la salida. ‖ *Fig.* Cosa confusa. ‖ *Anat.* Oído interno.
Laberinto, residencia del Minotauro en Creta, construida, según la leyenda, por Dédalo.
labia f. *Fam.* Gran facilidad de palabra: *hombre de labia.*
labiadas f. pl. Familia de plantas dicotiledóneas gamopétalas con corola de dos lóbulos (ú. t. c. adj.).
labial adj. Relativo a los labios: *músculos labiales.* ‖ Dícese de la consonante que se pronuncia con los labios, como *b, p* (ú. t. c. s. f.).
Labiche [*-bich*] (Eugène), comediógrafo francés (1815-1888).
labio m. Cada una de las partes exteriores de la boca que cubren la dentadura: *labios abultados.* ‖ Borde de una cosa: *los labios de una herida, de un vaso.* ‖ Órgano del habla: *su labio enmudeció; nunca te ofendieron mis labios.* ‖ Lóbulo de ciertas flores. ‖ — *Fig.* Cerrar los labios, callar. ‖ *Estar pendiente de los labios de uno,* estar muy atento a lo que dice. ‖ *No despegar o descoser los labios,* no hablar. ‖ *No morderse los labios,* decir claramente lo que se está pensando.
labiodental adj. *Gram.* Aplícase a las consonantes que se pronuncian con los dientes y los labios, como *f* y *v* (ú. t. c. s. f.).
Labná, ant. c. maya en el Yucatán septentrional (México).
labor f. Trabajo: *las labores de la casa.* ‖ Adorno tejido o ejecutado en una tela: *una blusa con labores.* ‖ Obra de costura o bordado: *labores de aguja.* ‖ Escuela donde se enseñan labores a las niñas: *escuela de labor.* ‖ Vuelta de arado que se da a la tierra; *labranza: dar dos labores al trigal.* ‖ Tabaco manufacturado. ‖ *Min.* Excavación. ‖ — *Día de labor,* día laborable. ‖ *Sus labores,* sin profesión.
laboral adj. Relativo al trabajo: *accidente laboral; agregado laboral.* ‖

Dedicado a la enseñanza de ciertos oficios especializados: *universidad laboral.* ‖ *Derecho laboral,* el que regula las relaciones entre empresarios y asalariados.
laboralista adj. Relativo al derecho laboral. ‖ Dícese del abogado especialista en derecho laboral (ú. t. c. s.).
laborar v. t. Labrar. ‖ — V. i. Trabajar, obrar con algún designio.
laboratorio m. Local dispuesto para hacer investigaciones científicas: *laboratorio químico.* ‖ Sitio donde se efectúan trabajos fotográficos, como el revelado, etc. ‖ En una farmacia, cuarto donde se preparan los medicamentos y se hacen los análisis.
laboreo m. Labranza del campo. ‖ Explotación de una mina.
laboriosidad f. Aplicación al trabajo.
laborioso, sa adj. Trabajador: *un joven muy laborioso.* ‖ Trabajoso, penoso: *parto laborioso.*
laborismo m. Partido político socialista británico.
laborista adj. y s. Perteneciente o relativo al Labour Party o Partido Laborista inglés.
Laboulaye, c. de la Argentina (Córdoba).
Labour Party o **Partido Laborista,** partido socialista de Gran Bretaña. Fundado en 1906.
labrado m. Acción y efecto de labrar.
labrador, ra adj. y s. Que labra la tierra. ‖ — M. y f. Cultivador, agricultor, persona que tiene hacienda de campo y la cultiva por su cuenta.
Labrador, nombre dado antes a la península del Canadá entre el Atlántico, la bahía de Hudson y el San Lorenzo. Actualmente se designa así solamente a la parte oriental de esta península, que forma parte de la provincia de Terranova.
Labrador Ruiz (Enrique), escritor cubano, n. en 1902, autor de novelas (*El laberinto de sí mismo, Cresival, Anteo, La sangre hambrienta*) y de cuentos (*Carne de quimera*).
labrantío, a adj. Relativo al campo de labor (ú. t. c. s. m.): *era propietario de numerosas tierras labrantías.*
labranza f. Cultivo de la tierra.
labrar v. t. Trabajar una materia: *labrar piedra, madera, metales* (ú. t. c. i.). ‖ Dar una forma: *labrar un bloque de mármol.* ‖ Cultivar la tierra; *Arar.* ‖ Llevar una tierra en arrendamiento. ‖ Coser, bordar. ‖ *Fig.* Causar, hacer: *labrar la felicidad, la desgracia, la ruina.*
labriego, ga m. y f. Agricultor.

KO

359

Labuán, isla de Sabah o Borneo septentrional ; cap. *Victoria.*

laca f. Resina de color encarnado oscuro extraída de ciertas plantas de Oriente. ‖ Sustancia aluminosa de color que se emplea en pintura : *laca amarilla.* ‖ Barniz de China muy hermoso, de color rojo o negro. ‖ Objeto pintado de laca. ‖ Sustancia incolora que se aplica al pelo para fijarlo. ‖ Barniz para colorear las uñas.

Lacamera (Fortunato), pintor argentino (1887-1951).

lacandón adj. y s. Dícese del individuo de una tribu maya casi extinguida de la cuenca del río Usumacinta (México y Guatemala).

Lacandón, región al N. de Guatemala (Petén) y al S. de México (Chiapas y Tabasco). — Volcán de Guatemala (Quezaltenango) ; 2 748 m. — Río de México (Chiapas), afl. del Usumacinta. Recibe tb. el n. de *Lacantún.*

Lácar, dep. y lago del O. de la Argentina (Neuquen).

lacayo m. Criado de librea. ‖ *Fig.* Persona servil.

laceador, ra m. y f. *Amer.* Persona que lacea las reses.

Lacedemonia. V. ESPARTA.

lacedemonio, nia adj. y s. De Lacedemonia.

laceración f. Acción y efecto de lacerar o lastimar.

lacerante adj. Hiriente. ‖ Agudo : *dolor lacerante.* ‖ Desgarrador : *grito lacerante.*

lacerar v. t. Lastimar, magullar, herir (ú. t. c. pr.). ‖ *Fig.* Dañar, perjudicar : *lacerar la honra, la reputación.* | Herir. | Desgarrar : *lacerar el corazón.*

lacértidos m. pl. Orden de reptiles como los lagartos, etc. (ú. t. c. adj.).

Lacetania, ant. región de España Tarraconense, en las actuales prov. de Barcelona y Lérida.

lacetano, na adj. y s. De Lacetania (España).

lacio, cia adj. Marchito, mustio. ‖ Dícese del cabello liso, sin ondular. ‖ *Fig.* Abatido, flojo, con pocas fuerzas.

Lacio, región de la Italia central, a orillas del mar Tirreno. Comprende las provincias de Frosinone, Latina, Rieti, Roma y Viterbo.

Laclos (Pierre CHODERLOS DE), general y escritor francés (1741-1803), autor de la novela *Las amistades peligrosas.*

lacón m. Brazuelo del cerdo curado : *comí lacón con grelos.*

Laconia, ant. región de Grecia, en el SE. del Peloponeso ; cap. *Esparta.*

lacónico, ca adj. Breve, conciso, compendioso : *lenguaje, escrito lacónico.* ‖ Que habla o escribe de esta manera : *escritor lacónico.*

laconismo m. Concisión.

Lacordaire [-der] (Henri), dominico y predicador francés (1802-1861).

Lacq, pobl. del SO. de Francia (Pyrénées-Atlantiques). Gas natural.

lacra f. Señal dejada por una enfermedad o achaque. ‖ *Fig.* Defecto, tara, vicio : *las lacras de la sociedad.*

lacrado m. Sellado de una carta con lacre.

lacrar v. t. Cerrar con lacre : *lacrar un sobre.* ‖ *Fig.* Dañar, perjudicar.

lacre m. Barra de goma laca que sirve para cerrar y sellar cartas.

lácrima christi m. Cierto vino dulce.

lacrimal adj. De las lágrimas.

lacrimógeno, na adj. Que hace llorar : *gas lacrimógeno.*

lacrimoso, sa adj. Que tiene lágrimas. ‖ Que mueve a llanto, lloroso, triste : *voz lacrimosa.*

lactación f. Amamantamiento.

lactancia f. Lactación. ‖ Período de la vida en que la criatura mama. ‖ Secreción de la leche.

Lactancio (Firmiano), orador y apologista cristiano (¿ 250-325 ?).

lactante adj. Dícese del niño que mama (ú. t. c. s.).

lactar v. t. Amamantar : *lactar a una criatura.* ‖ Criar con leche. ‖ — V. i. Mamar la leche.

lactasa m. Diastasa que convierte la lactosa en glucosa y galactosa.

Láctea (VÍA), faja blanquecina de forma irregular y algo confusa que, constituida por un gran número de estrellas, puede verse en el cielo las noches serenas.

lacteado, da adj. Que contiene leche : *harina lacteada.*

lácteo, a adj. Relativo o parecido a la leche : *producto lácteo.* ‖ Que consiste en leche° : *dieta láctea.* ‖ *Fig.* Blanco : *su lácteo y sedoso cutis.*

lactosa f. Azúcar de la leche compuesta de glucosa y galactosa.

Lacunza (Manuel), jesuita y escritor chileno (1731-1801).

lacustre adj. Relativo a los lagos.

lacha f. Boquerón, pez. ‖ *Fam.* Vergüenza, pundonor. | Gracia : *¡qué mala lacha tienes !*

ladear v. t. Inclinar y torcer una cosa hacia un lado (ú. t. c. pr.) : *ladear un clavo.* ‖ *Fig.* Soslayar, esquivar.

ladera f. Vertiente de un monte.

ladi f. V. LADY.

ladilla f. Piojo del pubis.

ladillo m. *Impr.* Título breve colocado al margen de la plana.

ladino, na adj. Aplícase al romance o castellano antiguo, retorromano. ‖ Que habla una o varias lenguas extranjeras. ‖ *Fig.* Astuto. ‖ *Amer.* Dícese del indio o negro que habla bien el español (ú. t. c. s.). ‖ *Guat.* Mestizo (ú. t. c. s.). ‖ — M. Retorromano. | Judeoespañol.

Ladislao, n. de varios reyes de Hungría, Bohemia y Polonia.

Ladislao Cabrera, prov. en el O. de Bolivia (Oruro) ; cap. *Salinas de Garci Mendoza.*

lado m. Costado, parte del cuerpo de la persona o del animal, comprendida entre el brazo y el hueso de la cadera. ‖ Lo que está a la derecha e izquierda de un objeto. ‖ Cualquiera de los parajes que están alrededor de un cuerpo : *por el lado del río.* ‖ Sitio, lugar : *déjame un lado.* ‖ *Geom.* Cada una de las líneas que forman el contorno de una figura. ‖ Anverso o reverso de una medalla o moneda. ‖ Cada una de las dos caras de una cosa. ‖ Línea genealógica : *lado paterno, materno.* ‖ Opinión, punto de vista : *estoy a su lado.* ‖ *Fig.* Aspecto : *tiene un lado bueno.* | Camino : se fueron cada uno por su lado. ‖ — *Fig. Al lado,* muy cerca. ‖ *Al lado de,* en comparación con. ‖ *Dar de lado a uno,* evitar su compañía. ‖ *Dejar a un lado o de lado,* hacer caso omiso de. ‖ *De un lado para otro,* de un sitio a otro ; por todas partes. ‖ *Echarse o hacerse a un lado,* apartarse. ‖ *Fig. Lado flaco,* punto débil. ‖ *Mirar de lado,* mirar con desprecio o con disimulo.

Ladoga, lago de la U. R. S. S., al NO. de Rusia. Comunica con el lago Onega y con el golfo de Finlandia por el río Neva ; 18 000 km².

ladrador, ra adj. Que ladra.

ladrar v. i. Dar ladridos : *el perro ladra.* ‖ *Fig. y fam.* Amenazar, enseñar los dientes. | No armonizar dos o varios colores.

ladrido m. Voz del perro. ‖ *Fig. y fam.* Grito o respuesta áspera.

ladrillado m. Solería.

ladrillal y **ladrillar** m. Fábrica de ladrillos, tejas, etc.

ladrillar v. t. Enladrillar.

ladrillazo m. Golpe con un ladrillo. ‖ *Fig. y fam.* Cosa pesada.

ladrillera f. Molde para hacer ladrillos. ‖ Fábrica de ladrillos.

ladrillo m. Arcilla cocida, en forma de paralelepípedo rectangular, utilizada para construir paredes. ‖ Baldosín para solar habitaciones, etc. ‖ *Fig.* Lo que tiene forma parecida a la de estos paralelepípedos : *ladrillo de chocolate.* ‖ *Fam.* Cosa muy pesada : *este libro es un ladrillo.*

ladrón, ona adj. Dícese de la persona que hurta o roba (ú. t. c. s.). ‖ — M. Portillo hecho en una presa para robar agua. ‖ Dispositivo que permite captar cierta cantidad de corriente eléctrica sin que pase por el contador. ‖ *El buen y el mal ladrón,* los malhechores, cuyos nombres eran Dimas y Gestas, crucificados al mismo tiempo que Jesucristo. (El primero se convirtió antes de morir.)

ladronera f. Guarida de ladrones.

ladronería f. Latrocinio.

Ladrones (*Islas de los*). V. MARIANAS.

lady [leidi] f. (pal. ingl.). Mujer de la nobleza en Inglaterra. (Pl. *ladies.*)

Laeken, localidad de Bruselas, donde se halla el Palacio Real.

Laertes, rey de Itaca, padre de Ulises.

Laferrère (Alfonso de), escritor y periodista argentino (1893-1978). ‖ ~ (GREGORIO DE), escritor argentino (1867-1913), autor de comedias (¡ *Jettatore... !, Locos de verano, Bajo la garra, Las de Barranco, Los invisibles, El cuarto de hora,* etc.).

Laffón (Rafael), poeta español (1900-1978), autor de *Romances* y *madrigales.*

Lafinur (Juan Crisóstomo), poeta argentino (1797-1824), autor de un *Curso de filosofía.*

Lafone Quevedo (Samuel), etnólogo y filólogo argentino, n. en Montevideo (1835-1920).

Laforet (Carmen), escritora española, n. en 1921, autora de novelas (*Nada, La muerta, La mujer nueva,* etc.).

Laforgue (Jules), poeta simbolista francés, n. en Montevideo (1860-1887), autor de *Las lamentaciones* y *La imitación de Nuestra Señora la Luna.*

Lafourcade (Enrique), escritor chileno, n. en 1927, autor de novelas (*La fiesta del rey Acab*) y relatos breves.

Lafuente (Modesto), historiador español (1806-1866), autor de una *Historia de España* (30 vols.).

Lagant, circunscripción central de Mauritania ; cap. *Tidjikja.*

lagar m. Sitio donde se pisa la uva o se prensa la aceituna.

lagarta f. Lagarto hembra. ‖ *Fig. y fam.* Mujer astuta o muy perversa.

lagartear v. i. *Amer.* Andar con rodeos.

Lagartera, v. en el centro de España (Toledo). Bordados.

lagarterano, na adj. y s. De Lagartera : *manteles lagarteranos.*

lagartija f. Lagarto pequeño.

lagartijero, ra adj. Que caza y come lagartijas : *cernícalo lagartijero.* ‖ *Taurom. Media lagartijera,* estocada poco profunda pero de efecto fulminante.

Lagartijo. V. MOLINA (Rafael).

lagarto m. Reptil saurio insectívoro. ‖ Bíceps, músculo del brazo. ‖ *Fig. y fam.* Hombre astuto. ‖ *Amer.* Caimán. ‖ — Interj. ¡ Toquemos madera ! (se dice contra la mala suerte).

Lagash, hoy Tello, ant. c. de Mesopotamia. Ruinas sumerias.

Lagerkvist (Pär), escritor sueco (1891-1974), autor de poesía, novelas y obras de teatro. (Pr. Nobel, 1951.)

Lagerlöf (Selma), escritora sueca (1858-1940), autora de *La leyenda de Gösta Berling.* (Pr. Nobel, 1909.)

Lágidas, dinastía egipcia fundada por Ptolomeo Sotero, hijo de Lago, general de Alejandro Magno. Reinó de 305 a 30 a. de J. C.

lago m. Gran masa de agua depositada en hondonadas del terreno.

Lago de los cisnes (*El*), ballet de Tchaikovski (1895).

Lago [" ~ *Ranco,* c. del centro de Chile en la X Región (Los Lagos) y en la prov. de Valdivia, cap. de la com. del mismo nombre. ‖ — **Verde,** com. de Chile en la XI Región (Aisén del Gral. Carlos Ibáñez del Campo) y en la prov. de Coihaique ; cap. *La Tapera.*

Lagos, cap. y puerto de Nigeria, en una pequeña isla de la laguna homónima ; 1 500 000 h. Arzobispado. — C. de Portugal meridional (Faro). ‖ — C. de **Moreno,** c. y mun. al O. de México (Jalisco). ‖ — (**Los**), X Región en el centro de Chile, formada por las prov. de Valdivia, Osorno, Llanquihue, Chiloé y Palena ; cap. *Puerto Montt.* Agricultura. Industrias. — C. de Chile en la X Región del mismo n. y en la prov. de Valdivia, cap. de la com. homónima.

Lagos (Alberto), escultor y ceramista argentino (1885-1960). ‖ — (CONCHA), poetisa española, n. en 1913.

lágrima f. Líquido salado, segregado por dos glándulas situadas debajo de los párpados y encima de los globos oculares, que humedece la córnea y penetra en las fosas nasales por los carúnculas lacrimales : *con los ojos arrasados de lágrimas.* ‖ *Fig.* Pequeña cantidad de vino o de licor. | Humor destilado por ciertas plantas. ‖ Pl. *Fig.* Adversidades, penas, dolores : *¡ cuántas lágrimas me costó mi vida aventurera !* ‖ — *Con la voz empapada de lágrimas,* con voz triste, pla-

ñidera. || Deshacerse en lágrimas o llorar a lágrima viva, llorar mucho. || Hacer saltar las lágrimas, provocar el llanto. || Fig. Lágrimas de cocodrilo, aquellas que son fingidas. | Lo que no va en lágrimas va en suspiros, se pasa la vida quejándose. | Llorar lágrimas de sangre, arrepentirse. | Ser el paño de lágrimas de alguien, ser su consuelo y su confidente.
lagrimal adj. Dícese de los órganos de secreción y excreción de las lágrimas : conductos lagrimales. || — M. Extremidad del ojo proxima a la nariz.
lagrimear v. i. Llorar. || Segregar lágrimas : mis dos ojos lagrimeaban a causa del humo.
lagrimeo m. Acción de lagrimear.
lagrimoso, sa adj. Dícese de los ojos húmedos de lágrimas.
Laguerre (Enrique Arturo), escritor puertorriqueño, n. en 1906, autor de novelas (La llamarada, Solar Montoya, La resaca, La ceiba en el tiesto, Los dedos de la mano, El laberinto, etc.).
laguna f. Lago pequeño. || Fig. Interrupción en el texto de un escrito. | Lo que falta para que una cosa sea completa : las lagunas de una educación. | Olvido : lagunas de memoria.
Laguna, paso de los Andes entre la Argentina y Chile ; 3 224 m. — Prov. de Filipinas, en la isla de Luzón ; cap. Santa Cruz. — Región en el centro norte de México en los Estados de Coahuila y Durango. Algodón, trigo. || ~ (La), v. de España en la isla de Tenerife, ant. cap. de las Canarias. Obispado. Universidad. || ~ Blanca, cerro de la Argentina (Catamarca) ; 5 579 m. — Com. al sur de Chile en la XII Región (Magallanes) ; cap. Villa Tehuelches. || ~ Madre, albufera en el centro norte de México en la costa del Estado de Tamaulipas.
lagunar m. Arq. Cada uno de los huecos de un techo artesonado.
Lagunillas, pobl. de Bolivia, cap. de la prov. de Cordillera (Santa Cruz). — Mun. al oeste de Venezuela (Zulia), al E. del lago de Maracaibo ; cap. Ciudad Ojeda.
Lahore, c. al NE. del Paquistán, cap. del Pendjab.
Lahti, c. del S. de Finlandia. Turismo.
lai m. Lay.
laicado m. Condición y conjunto de los fieles de la Iglesia no clérigos.
laicidad f. y **laicismo** m. Doctrina que defiende la independencia del Estado de toda influencia eclesiástica.
laicista adj. Relativo al laicismo. || Partidario de él (ú. t. c. s.).
laicización f. Acción y efecto de laicizar.
laicizar v. t. Eliminar el carácter religioso de una cosa.
laico, ca adj. Que no pertenece a la Iglesia o al clero.
Laiglesia (Álvaro de), escritor humorista español (1918-1981), autor de novelas (El baúl de los cadáveres, Un náufrago en la sopa) y de obras de teatro.
Lain Entralgo (Pedro), médico y escritor español, n. en 1908, autor de Medicina e historia, Las generaciones en la Historia, España como problema, Una y diversa España, A qué llamamos España.
laísmo m. Empleo defectuoso de la, las en lugar de le, les en el dativo del pronombre personal femenino ella, como la la dijeron en vez de le dijeron o las sucedió por les sucedió.
laísta adj. y s. Que emplea la o las en lugar de le o les. (V. LAÍSMO.)
laja f. Piedra lisa.
Laja, c. del centro de Chile en la prov. y en la VIII Región de Biobío, cap. de la com. del mismo nombre. — Cantón boliviano en la prov. de Los Andes (La Paz). || ~ (La), río en el centro de México (Guanajuato), afl. del Lerma ; 181 km. — Pobl. al NO. de la Argentina (San Juan).
Lajas, mun. de Cuba (Cienfuegos).
Lakas (Demetrio Basilio), político panameño, n. en 1925, pres. de la Rep. de 1969 a 1978.
lakismo m. Escuela poética de los lakistas.
lakista adj. Aplícase a los poetas ingleses Wordsworth, Coleridge, Southey y otros que utilizaron como tema de sus composiciones la des-

cripción de los lagos del NO. de su país (ú. t. c. s.).
Lalín, v. en el NO. de España (Pontevedra).
Lalo (Édouard), músico francés (1823-1892), autor de Sinfonía española.
Lam (Wifredo), pintor cubano (1902-1982). Influido por el surrealismo, elaboró una obra en la que reproduce-elementos oníricos, imaginativos y poéticos de cierta abstracción (La jungla). Ha realizado también notables murales.
lama f. Cieno, lodo. || — M. Sacerdote budista del Tíbet y Mongolia. || Dalai lama, jefe supremo de la religión budista.
lamaísmo m. Forma particular del budismo en el Tíbet y Mongolia.
Lamarck (Jean-Baptiste de MONET, caballero de), naturalista francés (1744-1829), creador de la teoría del transformismo y de otra sobre la evolución de las especies.
Lamartine [-martin] (Alphonse de), poeta romántico francés, n. en Mâcon (1790-1869), autor de composiciones líricas (Meditaciones, Armonías, Jocelyn, etc.) y de obras en prosa (Rafael, Graziella). Fue también político.
Lamas, c. al N. del Perú, cap. de la prov. homónima (San Martín).
Lamas (José Andrés), historiador y político uruguayo (1817-1891). || ~ (JOSÉ ÁNGEL), compositor de música religiosa venezolano (1775-1814).
Lambaré, distrito de la c. de Asunción (Paraguay).
Lambarené, c. del Gabón. Hospital fundado por Albert Schweitzer.
lambareño, ña adj. y s. De Lambaré (Paraguay).
lambayecano, na adj. y s. Del dep. de Lambayeque (Perú).
Lambayeque, c. al NO. del Perú, cap. de la prov. homónima. Universidad. Ruinas incaicas. — Dep. del Perú ; cap. Chiclayo. Agricultura.
lambda f. Undécima letra del alfabeto griego (λ) equivalente a la l castellana.
lambeplatos m. Amer. Mendigo.
lamber v. t. Amer. Lamer. | Adular.
lambido, da adj. y s. Amer. Presumido.
lambiscón, ona adj. y s. Méx. Adulador.
lambisconear v. t. Méx. Adular.
lambisconería f. Méx. Adulación.
lambisquear v. t. Méx. Adular.
lambriche adj. y s. Méx. Lambiscón.
lamé m. Tela de oro o plata.
lameculos adj. inv. Pop. Adulón, cobista (ú. t. c. s.).
lamedor, ra adj. y s. Que lame.
lamedura f. Lamido.
Lamego, v. en el centro norte de Portugal (Viseo). Obispado.
lamelibranquios m. pl. Clase de moluscos con una concha de dos valvas (ostras, almejas, etc.) (ú. t. c. adj.).
lamelicornios m. pl. Suborden de coleópteros del tipo de los abejorros y escarabajos, etc. (ú. t. c. adj.).
Lamennais o **La Mennais** (Félicité Robert de), escritor, pensador y sacerdote francés (1782-1854).
lamentable adj. Digno de compasión : situación lamentable. || Lastimoso : estar en un estado lamentable. || Que infunde tristeza y horror : voz, rostro lamentable. || Malo : fue un espectáculo lamentable.
lamentación f. Queja con llanto, suspiro u otra muestra de dolor.
lamentador, ra adj. y s. Que lamenta o se lamenta.
lamentar v. t. Sentir, deplorar. || V. pr. Quejarse.
lamento m. Lamentación, queja.
lamer v. t. Pasar repetidas veces la lengua por algo (ú. t. c. pr.). || Fig. Pasar suavemente por un sitio : las olas lamen las rocas.
lamero m. Méx. Parte del tren de lavado de minerales.
lameteo m. Amer. Adulación.
lametón m. Lengüetada.
lamido, da adj. Fig. Flaco, macilento. | Muy aseado. | Relamido, muy pulcro. || — M. Acción y efecto de lamer.
lámina f. Plancha delgada de un metal : lámina de plata, de oro. || Plancha grabada : láminas al agua fuerte. || Grabado : las láminas de un libro. ||

Chapa, plancha delgada de una materia. || Fig. Aspecto, figura : toro de buena lámina.
laminación f. Laminado.
laminado, da adj. Reducido a láminas. || Cubierto de láminas de metal. || — M. Reducción a chapa, a plancha : tren de laminado. || Producto reducido a láminas.
laminador m. Máquina provista de dos cilindros que giran en sentido contrario para reducir el metal a láminas. || Operario que lamina el metal.
laminar adj. De forma de lámina. || Hojoso, foliáceo.
laminar v. t. Deformar un producto por compresión entre dos cilindros para modificar su constitución interna y su forma al alargarlo y disminuir su espesor : laminar el hierro. || Cubrir con láminas.
lampa f. Amer. Azada.
Lampa, c. de Chile en la Región Metropolitana de Santiago y en la de Chacabuco, cap. de la com. de su n. — C. en el SE. del Perú, cap. de la prov. del mismo nombre (Puno).
lampar v. i. Fam. Tener muchas ganas de : lampa por ir (ú. t. c. pr.).
lámpara f. Aparato, provisto de una o varias bombillas, que da luz artificial : lámpara de mesa, de pie. || Bombilla eléctrica. || Tubo en el que se ha hecho el vacío, con varios electrodos, utilizado en radio y en televisión para emitir, captar, amplificar o rectificar corrientes oscilantes. || Mancha de aceite o grasa.
lamparilla f. Lámpara pequeña. || Mariposa en un vaso para alumbrar.
lamparón m. Mancha de aceite.
Lampedusa (Giuseppe TOMASI, príncipe de), escritor italiano (1896-1957), autor de la novela El gatopardo.
lampiño, ña adj. Sin barba.
lamprea f. Pez ciclóstomo de mar y de río, de cuerpo cilíndrico y liso.
lana f. Pelo de las ovejas, de los carneros o de otros rumiantes. || Tejido e hilo hecho con este pelo. || Amer. Fam. Dinero. || — Fig. Cardarle a uno la lana, reñirle severamente. | Ir por lana y volver trasquilado, sufrir pérdida en una cosa en que se creía uno que iba a ganar o sacar provecho.
Lanao, región de Filipinas, en el NE. de isla de Mindanao.
lanar adj. Que tiene lana : ganado lanar.
Lanark, c. y ant. condado de Gran Bretaña, en el centro de Escocia.
Lancashire, c. de Gran Bretaña, al N. de Inglaterra y cap. Preston. Textiles. Minas.
Lancaster, c. de Gran Bretaña al N. de Inglaterra y en el condado de Lancashire (Inglaterra). Castillo del s. XVI.
Lancaster, dinastía real inglesa, descendiente de Eduardo III. Combatió la la Casa de York en la guerra de las Dos Rosas (1455-1485). Gobernó de 1399 a 1471 (Enrique IV, Enrique V y Enrique VI).
lance m. Lanzamiento. || Acción de arrojar la red para pescar. || Acontecimiento, circunstancia, ocasión. || Trance, situación crítica : un lance apretado. || Aventura : lance de amor. | un lance de honor. || Peripecia en una obra de teatro. || Arma que arroja la ballesta. || Suerte de capa en el toreo. || — De lance, de ocasión, de segunda mano. | un lance de fortuna, golpe de suerte.
lancear v. t. Herir con lanza. || Taurom. Dar lances a un toro.
Lancelote o **Lanzarote,** uno de los caballeros de la Tabla Redonda.
lanceolado, da adj. Bot. Que tiene forma de lanza : hojas lanceoladas.
lancero m. Soldado que peleaba con lanza.
lancinante adj. Aplícase al dolor muy agudo, muy intenso, punzante.
lancinar v. i. Punzar un dolor. || Fig. Obsesionar, atormentar.
Lanco, c. del centro de Chile en la X Región (Los Lagos) y en la prov. de Valdivia, cap. de la com. de su n.
lancha f. Barca, bote.
Lancheu, c. de China, cap. de la prov. de Kansu, a orillas del Hoanghoo Rer. Textiles. Obispado.
landa f. Terreno extenso con poca vegetación.

Landa (Diego de), obispo del Yucatán e historiador español (1524-1579).

Landa de Matamoros, mun. en el centro de México (Querétaro); cap. *Landa. Minas.*

Landaeta (Juan José), músico y patriota venezolano (1780-1814), autor de la canción *Gloria al bravo pueblo.* M. fusilado.

Landas (Las), en fr. *Les Landes*, región del SO. de Francia entre los Pirineos y la Gironda.

Landes (Les), dep. en el SO. de Francia; cap. *Mont-de-Marsan.*

Landesio (Eugenio), pintor italiano que residió en México (1810-1879).

landgrave m. Título que tenían algunos príncipes alemanes.

Landívar (Rafael), poeta y predicador jesuita guatemalteco (1731-1793), autor de *Rusticatio mexicana,* poema en latín en el que canta la vida del campo.

landó m. Coche de caballos de cuatro ruedas y doble capota.

Land's End, cabo de Gran Bretaña, en el SO. de Inglaterra (Cornualles).

Landshut, c. de Alemania Occidental (Baviera), atravesada por el río Isar.

landtag m. (pal. alem.). Asamblea deliberante elegida en ciertos Estados alemanes y austriacos.

lanero, ra adj. De la lana: *industria lanera.* || — M. Comerciante en lanas.

lángara com. *Méx.* Persona que procede con doblez.

Lange (Norah), escritora argentina, n. en 1906, autora de poesías (*La calle de la tarde, Los días y las noches*) y de novelas (*Los dos retratos*).

langosta f. Insecto ortóptero con patas posteriores saltadoras. || Crustáceo marino de gran tamaño, con cinco pares de patas, pero sin boca, cuya carne es muy estimada. || *Fig. y fam.* Lo que destruye una cosa, plaga.

langostino m. Crustáceo marino de unos 15 cm de largo, de carne muy apreciada.

Langreo (Sama de), v. al NO. de España (Asturias). Hulla. Industrias.

Langsner (Jacobo), escritor uruguayo, n. en 1927, autor de obras de teatro (*Esperando la carroza, La potera, El tobogán,* etc.).

Languedoc, prov. de la ant. Francia al S. de la Guyena y al N. del Rosellón ; cap. *Toulouse.*

languedociano, na adj. y s. De Languedoc.

languidecer v. i. Estar en un estado de abatimiento físico o moral. || Carecer de animación : *la conversación languidece.* || Consumirse.

languidez f. Flaqueza, debilidad enfermiza y muy prolongada de las fuerzas. || Falta de ánimo o vigor.

lánguido, da adj. Falto de fuerzas, débil : *enfermo lánguido.* || Abatido, sin energía, falto de alegría.

Lanín, parque nacional en el oeste de la Argentina (Neuquen), donde hay varios lagos (Lolog, Lacar, Huechulafquen). — Volcán de los Andes, en la frontera de la Argentina (Neuquen) y Chile (Cautín) ; 3 800 m.

Lanjarón, v. del S. de España (Granada). Aguas minerales.

lanoso, sa adj. Que tiene lana. || Parecido a la lana.

Lanquín, mun. en el centro de Guatemala (Alta Verapaz). Célebres *grutas de Lanquín.* Turismo.

Lansing, c. en el centro nordeste de Estados Unidos, cap. de Michigan.

lansquenete m. Soldado mercenario alemán (s. XV y XVI).

lantánidos m. pl. *Quím.* Nombre genérico de 15 elementos de tierras raras (ú. t. c. adj.).

lantano m. Metal (La) del grupo de las tierras raras que tiene como número atómico 57.

Lanús, c. de la Argentina al S. de Buenos Aires, cap. del partido del mismo n. Industrias.

Lanusse (Alejandro Agustín), militar argentino (1918-1973). Pres. de la Rep. de 1971 a 1973.

Lanuza (Agustín), historiador y poeta mexicano (1870-1936). || ~ (JOSÉ LUIS), poeta y ensayista argentino (1903-1976). || ~ (JUAN DE), justicia mayor de Aragón (¿ 1564 ? - 1591). Defendió a Antonio Pérez contra Felipe II y la Inquisición. Murió ajusticiado.

lanza f. Arma ofensiva de asta larga y hierro en punta. || Lancero. || Extremidad de una manga de riego. || Palo largo unido al tiro delantero de un carruaje. || — *Fig. Lanza en ristre,* dispuesto. | *Romper lanzas por,* defender a. || — Adj. y s. m. *Méx.* Lángara.

Lanza (Juan Bautista AMORÓS, llamado **Silverio**), ensayista y novelista español (1856-1912), uno de los precursores de la Generación del 98.

lanzabombas m. inv. *Mil.* Aparato para lanzar bombas.

lanzacohetes m. inv. *Mil.* Aparato para lanzar cohetes.

lanzada f. Golpe dado o herida hecha con una lanza.

lanzadera f. Instrumento que usan los tejedores para tramar. || En las máquinas de coser antiguas, instrumento que encerraba la canilla. || Sortija cuya piedra tiene la forma de este instrumento.

lanzador, ra adj. y s. Que lanza.

lanzagranadas m. inv. *Mil.* Aparato para lanzar granadas.

lanzallamas m. inv. *Mil.* Aparato para lanzar líquidos inflamados.

lanzamiento m. Acción de lanzar : *lanzamiento del disco, de un paracaidista.* || Acción de dar a conocer : *el lanzamiento de un producto comercial, de un artista.* || Conjunto de operaciones que acompañan la salida de un vehículo espacial.

lanzamisiles m. inv. Aparato para lanzar misiles.

lanzaplatos m. inv. Máquina utilizada para lanzar el blanco en el tiro al plato.

lanzar v. t. Arrojar con fuerza : *lanzar una pelota, el disco, la jabalina.* || Decir en voz alta : *lanzar gritos.* || Dar a conocer al público : *lanzar un diario, una actriz.* || Hacer correr un rumor, una acusación. || Dejar caer, saltar : *lanzar paracaidistas.* || Echar, dirigir : *me lanzaba miradas afectuosas.* || *Amer.* Echar, despedir, expulsar : *lo lanzaron de la fábrica.* || — V. pr. Ir precipitadamente en pos de, precipitarse : *lanzarse en persecución de alguien.* | Abalanzarse. || Echarse : *lanzarse al agua.* || *Fig.* Meterse : *lanzarse en el gran mundo,*

en *los negocios.* | Emprender bruscamente o con decisión una acción.

Lanzarote, isla en el noreste del archip. español de Canarias ; cap. *Arrecife* ; 795 km².

Lanzarote. V. LANCELOTE.

lanzatorpedos m. inv. *Mil.* Aparato para lanzar torpedos.

laña f. Grapa para unir dos objetos de porcelana o de barro.

lañar v. t. Sujetar con lañas.

Lao || ~ **Che o She**, novelista y dramaturgo chino (1898-1966). Se suicidó. || ~**-Tse** filósofo chino (hacia 600 a. de J. C.).

Laoag, c. de Filipinas en el NO. de la isla de Luzón, cap. de la prov. de Ilocos Norte. Arrozales.

laociano, na adj. y s. De Laos.

Laocoonte, héroe troyano, sacerdote de Apolo. (Mit.)

Laodicea, ant. c. de Frigia (Asia Menor), cerca de la actual Denizli. — V. LATTAQUIÉ.

Laomedonte, rey de Troya, padre de Príamo.

Laon [*lan*], c. en el centro norte de Francia, cap. del dep. del Aisne.

Laos, Estado del SE. de Asia, en la penins. de Indochina ; 236 800 km² ; 3 800 000 h. (*laosianos*). Cap. *Vientiane,* 200 000 h. ; c. pr. *Luang Prabang,* 50 000 h.

laosiano, na adj. y s. De Laos. || — M. Lengua hablada en Laos.

lapa f. Molusco gasterópodo de concha cónica aplastada. || *Fig.* Persona pegajosa y pesada.

lapacho m. Árbol de América del Sur de madera fuerte e incorruptible.

Lapesa (Rafael), escritor español, n. en 1908, autor de *Historia de la lengua española* y de diferentes estudios literarios (Garcilaso, Santillana, etc.).

lapicera f. *Arg.* Portaplumas. | Pluma estilográfica. || *Arg. Lapicera a bolilla,* bolígrafo.

lapicero m. Instrumento para poner el lápiz. | Lápiz. | *Amer.* Bolígrafo.

lápida f. Piedra que lleva una inscripción : *lápida mortuoria.*

lapidación f. Acción y efecto de apedrear o matar a pedradas.

lapidar v. t. Apedrear.

lapidario, ria adj. Relativo a las pie-

LAOS

alturas : 200 1000 2000 m

dras preciosas o a las lápidas. ‖ *Fig.*
Muy conciso : *estilo lapidario.* ‖ — M.
y f. Persona que labra piedras preciosas o comercia en ellas.

lapilli m. pl. (pal. ital.). Pequeños trozos de proyección volcánica.

lapislázuli m. Piedra fina azul.

lapita adj. y s. Habitante de un pueblo mitológico de Tesalia que luchó contra los centauros en la boda de Piritoo. (Los *lapitas* fueron exterminados por Heracles más tarde.)

lápiz m. Barrita de grafito dentro de una funda de madera con que se escribe o dibuja : *escribir a (o con) lápiz.* ‖ Barrita cilíndrica empleada para maquillarse o como medicamento : *lápiz de labios.*

Laplace (Pierre Simon, *marqués de),* matemático, físico y astrónomo francés (1749-1827).

lapo m. *Fam.* Escupitajo.

lapón, ona adj. y s. De Laponia. — M. Lengua que hablan los lapones.

Laponia, la región más nórdica de Europa, dividida entre Noruega, Suecia, Finlandia y la U. R. S. S.

Laporte (Domingo), pintor uruguayo (1855-1928).

Laprida (Francisco Narciso de), patriota argentino (1786-1829), pres. del Congreso de Tucumán. Declaró la independencia de las Provincias Unidas del Río de la Plata (1816).

lapso m. Cierto espacio de tiempo. ‖ Lapsus.

lapsus m. (pal. lat.). Error, equivocación. ‖ — *Lapsus cálami,* error cometido al escribir. ‖ *Lapsus linguae,* error cometido al hablar.

laque m. *Amer.* Boleadoras.

laqueado m. Barniz con laca.

laquear v. t. Barnizar con laca.

Laquedivas, archip. al NO. de la India en el mar de Omán (14 islas).

lar m. Hogar (fuego). [V. tb. LARES.]

Lara, Estado del NO. de Venezuela ; cap. *Barquisimeto.* Agricultura.

Lara (Agustín), compositor mexicano (1897-1970), autor de populares canciones (*María Bonita, Madrid, Granada, Solamente una vez, Veracruz, Farolito, Rosa de Francia,* etc.). ‖ ~ (JACINTO), militar y prócer de la Independencia venezolano (1778-1859). ‖ ~ (JESÚS), poeta indigenista y novelista boliviano (1898-1980). Ha publicado un *Diccionario Quechua-Castellano.* ‖ ~ **Gavilán** (ANTONIO DE), humorista y comediógrafo español (1896-1978). Fue conocido por el nombre de **Tono.**

Lara (*Los siete infantes de),* nobles castellanos, hijos de Gonzalo Bustos o Gustios (s. X), quienes, al intentar liberar a su padre, preso del rey moro de Córdoba, fueron muertos a traición por su tío Ruy Velázquez.

Larache, c. y puerto al norte de Marruecos (Tetuán).

Larbaud [-bo] (Valery), escritor francés (1881-1957), autor de la novela *Fermina Márquez.*

Larco (Jorge), pintor impresionista argentino (1897-1967). ‖ ~ **Hoyle** (RAFAEL), arqueólogo y escritor peruano (1896-1966).

lardar y **lardear** v. t. Poner tocino.

lardo m. Tocino. ‖ Grasa.

lardón m. *Impr.* Adición al margen del original o las pruebas.

Larecaja, prov. en el oeste de Bolivia (La Paz) ; cap. *Sorata.*

Laredo, v. y puerto al N. de España (Cantabria). Centro turístico. — C. al S. de Estados Unidos (Texas), que por el puente internacional sobre el río Bravo comunica con *Nuevo Laredo* en México (Tamaulipas).

Laredo Bru (Federico), jurisconsulto cubano (1875-1946), pres. de la Rep. de 1936 a 1940.

larense adj. y s. De Lara (Venezuela).

lares m. pl. Entre los romanos, dioses protectores del hogar. ‖ *Fig.* Hogar, casa propia.

Lares, c. en el oeste de Puerto Rico (Aguadilla).

larga f. *Taurom.* Pase hecho con la capa extendida. ‖ — Pl. Dilación, retraso : *dar largas a un asunto.* ‖ *A la larga,* después de mucho tiempo.

largar v. t. Aflojar, ir soltando poco a poco. ‖ *Mar.* Hacerse a la mar. ‖ *Fam.* Decir : *largar una palabrota, un discurso.* ‖ Dar : *largar un bofetón, una*

multa, una buena propina. ‖ Tirar, deshacerse de algo : *largar un coche viejo.* ‖ Arrojar. ‖ — V. pr. *Fam.* Marcharse, irse.

larghetto [larguéto] adv. (pal. ital.). *Mús.* Movimiento menos lento que el largo. ‖ — M. Esta música.

largo, ga adj. Que tiene longitud considerable : *un camino muy largo.* ‖ Que dura mucho tiempo : *una conferencia muy larga.* ‖ Dícese de la persona muy alta (ú. t. c. s.). ‖ Mucho : *largos años.* ‖ Más de la cuenta : *dos millones largos.* ‖ *Fig.* Astuto. ‖ Generoso, dadivoso, liberal. ‖ Dilatado : *Sílaba o vocal larga,* la que lleva acento. ‖ — M. Largor, longitud : *tener dos metros de largo.* ‖ En deportes, ventaja en la llegada equivalente a la longitud de un caballo, de una bicicleta, etc. ‖ *Mús.* Movimiento pausado o lento. ‖ Composición escrita en este ritmo. ‖ — *A la larga,* al final, después de cierto tiempo. ‖ *A lo largo, de longitud.* ‖ *A lo largo de,* en todo el espacio ; durante. ‖ *A lo largo y a lo ancho,* en toda su extensión. ‖ *¡Largo de aquí !,* expresión con que se echa a uno. ‖ *Largo y tendido,* extensamente. ‖ *Pasar de largo,* pasar sin prestar atención. ‖ *Vestir de largo,* ponerse los niños pantalones largos o las jóvenes ropas de mujer.

Largo Caballero (Francisco), político socialista español (1869-1946), pres. del Consejo en 1936-1937. M. en el destierro.

largometraje m. Película larga.

largor m. Longitud.

larguero m. Travesaño. ‖ Almohada larga. ‖ Tabla que permite alargar una mesa. ‖ Pieza de la estructura de una máquina. ‖ Parte superior que une los dos postes de una portería de fútbol.

largueza f. Longitud. ‖ Generosidad.

Larguía (Jonás), arquitecto, ingeniero y escultor argentino (1832-1891). Realizó el Congreso Nacional de Buenos Aires.

larguirucho, cha adj. *Fam.* Muy alto y flaco (ú. t. c. s.).

largura f. Longitud.

laringe f. Parte superior de la tráquea cuyos cartílagos sostienen las cuerdas vocales.

laringectomía f. Ablación quirúrgica de la laringe.

laríngeo, a adj. Relativo a la laringe.

laringitis f. Inflamación de la laringe.

laringología f. *Med.* Estudio de la laringe y de las afecciones de ésta.

laringólogo, ga m. y f. Especialista en laringología.

laringoscopio m. Aparato para examinar el interior de la laringe.

Larios (Felipe), compositor mexicano (1817-1875).

Larissa, nomo y c. de Grecia (Tesalia). Arzobispado ortodoxo.

Laristán, región montañosa del Irán, al N. del golfo Pérsico.

Larnacas, c. y puerto del SE. de Chipre, en el golfo homónimo.

Larousse [-rús] (Pierre), lexicógrafo francés (1817-1875), autor de un *Diccionario Universal del siglo XIX.*

Larra (Mariano José de), escritor español, n. en Madrid (1809-1837), autor de *Artículos de costumbres,* de un drama romántico (*Macías*) y de una novela histórica (*El doncel de Don Enrique el Doliente*). Utilizó los seudónimos de *El Pobrecito Hablador* y *Fígaro.* Se suicidó. — Su hijo LUIS MARIANO (1830-1901) fue autor de dramas, comedias, novelas y libretos de zarzuelas (*El barberillo de Lavapiés*).

Larrañaga (Dámaso Antonio), político, eclesiástico y naturalista uruguayo (1771-1848). Fue el primer vicario apostólico del país. ‖ ~ (ENRIQUE), pintor argentino (1900-1956), autor de notables escenas circenses.

Larravide (Manuel), pintor uruguayo (1871-1910), autor de excelentes cuadros de ambiente marítimo.

Larrea (Juan), político argentino (1782-1847), miembro de la primera Junta Gubernativa. ‖ ~ (JUAN), poeta ultraísta español (1895-1980).

Larreinaga (Miguel), político y jurista nicaragüense (1771-1847), firmante del Acta de la Independencia de Centroamérica.

Larreta (Antonio), escritor uru-

guayo, n. en 1922, autor de novelas (*Volaverunt*) y obras de teatro (*Juan Palmieri*). ‖ ~ (ENRIQUE RODRÍGUEZ), novelista argentino, n. en Buenos Aires (1875-1961), autor de *La gloria de Don Ramiro,* relato de la época de Felipe II, *Zogoibi, Gerardo o La torre de las Damas, En la Pampa,* etc. Escribió también ensayos y obras de teatro (*El linyera, Santa María de Buen Aire*).

Larriva (José Joaquín de), sacerdote y poeta peruano (1780-1832). Prócer en la lucha por la Independencia.

Larroyo (Francisco), filósofo mexicano, n. en 1908. Autor de *La lógica de la ciencia, La filosofía americana, su razón y su sinrazón de ser,* etc.

Lars (Claudia), poetisa salvadoreña (1899-1974), autora de *Estrellas en el pozo, La casa de vidrio, Escuela de pájaros,* etc.

larva f. Primera forma de ciertos animales (batracios, insectos, crustáceos, etc.) que, en virtud de metamorfosis, difiere de la que tendrá en estado adulto.

las art. determinado de género femenino y número plural : *las manos.* ‖ Acusativo del pronombre personal femenino plural de tercera persona : *las encontró en la calle.*

Las ~ **Tunas.** V. TUNAS. ‖ ~ **Vegas,** c. al SO. de Estados Unidos (Nevada). Casinos. — C. en el S. de Estados Unidos (Nuevo México). Laboratorios de investigaciones nucleares. ‖ ~ **Villas,** ant. prov. del centro de Cuba, que se dividió en 1976 entre las de Cienfuegos, Sancti Spíritus y Villa Clara. ‖ ~ **Casas** (Bartolomé de). V. CASAS. ‖ ~ **Casas Aragorri** (LUIS DE). V. CASAS ARAGORRI. ‖ ~ **Cases** (EMMANUEL, *conde de),* escritor francés (1766-1842). Estuvo con Napoleón I en el destierro y publicó el *Memorial de Santa Elena.* ‖ ~ **Heras** (JUAN GREGORIO), general y político argentino (1780-1866). Luchó en Chile y el Perú en el ejército de los Andes y fue uno de los colaboradores más eficaces de San Martín.

Lasala (Ángel Eugenio), compositor argentino, n. en 1914, autor de *Impresiones de mi tierra,* para orquesta, *Canciones norteñas,* para arpa y orquesta, *Chasca nahuí,* leyenda coreográfica, *Mis montañas* y de numerosas obras de cámara.

lasaña f. Plato de cocina italiano, hecho con carne picada y pasta, gratinado al horno.

lasca f. Lonja o salta de una piedra. ‖ Lonja de jamón. ‖ *Amer. Fig.* Ventaja : *sacar lasca a un asunto.*

Lascar, monte en el norte de Chile (Antofagasta) ; 5 990 m.

Lascaux, cueva prehistórica francesa en Montignac (Dordogne). Pinturas rupestres.

lascivia f. Propensión a los deleites carnales. ‖ Conducta lasciva.

lascivo, va adj. Propenso a la lujuria (ú. t. c. s.). ‖ Que excita la lujuria.

láser m. (pal. ingl.). Fuente luminosa que produce una luz coherente muy intensa y que se utiliza en biología, telecomunicaciones, etc.

lasitud f. Cansancio.

laso, sa adj. Cansado.

Laso (Francisco), pintor peruano (1823-1869).

Lastarria (José Victorino), jurista y escritor chileno (1817-1888).

latex m. Hilado de látex cubierto de fibras textiles (algodón, nylon, etc.), empleado en la confección de fajas, trajes de baño, etc.

lástima f. Compasión que excitan los males de otro : *tener lástima de alguien.* ‖ Objeto que excita la compasión. ‖ Queja, lamentación. ‖ *Fig.* Cosa que causa pena : *es lástima que no vengas.* ‖ — *Dar lástima,* provocarla. ‖ *De lástima,* lamentable. ‖ *¡Qué lástima !, ¡* qué pena !

lastimar v. t. Herir, dañar : *estos zapatos me lastiman.* ‖ Compadecer. ‖ *Fig.* Herir, ofender : *lastimado por su conducta.* ‖ *Lastimar los oídos,* ser desagradable de oír. ‖ — V. pr. Hacerse daño : *me lastimé el brazo.* ‖ Compadecerse ‖ Quejarse mucho.

lastimero, ra adj. Que provoca lástima o compasión : *un tono lastimero.*

lastimoso, sa adj. Que da lástima : *llevaba una vida lastimosa.*

LA

363

lastrar v. t. Poner lastre. || *Fig.* Poner un peso a una cosa para asegurarla.

lastre m. Peso que se pone en el fondo de una embarcación o vehículo para facilitar su conducción. || Arena que llevan los globos libres para arrojarla y aliviar su peso cuando convenga : *largar lastre.* || *Fig.* Juicio : *cabeza con lastre.* | Cosa que impide el buen funcionamiento o causa dificultades : *soltar lastre para sacar el negocio adelante.*

lata f. Hojalata. || Envase hecho de hoja de lata : *una lata de sardinas.* || Bidón : *lata de aceite.* || *Fig.* y *fam.* Cosa pesada o fastidiosa. | Persona pesada, pelmazo (ú. t. c. m.). || — *Fig.* y *fam.* Dar la lata, fastidiar. | *¡Qué lata!*, ¡qué molestia! ; ¡qué aburrimiento! | *Sin una lata*, sin dinero.

Latacunga, c. en el centro del Ecuador, cap. de la prov. de Cotopaxi, en una cuenca de los Andes. Obispado.

latacungueño, ña adj. y s. De Latacunga (Ecuador).

latazo m. *Fig.* y *fam.* Persona o cosa pesada y molesta.

Latcham (Ricardo), político y escritor chileno (1903-1965).

latear v. t. *Amer.* Molestar, fastidiar.

latente adj. Que no se manifiesta exteriormente, sin síntomas aparentes : *enfermedad latente.*

lateral adj. Que está en un lado : *paredes laterales del cráneo, de un edificio.* || *Fig.* Que no viene por línea recta : *línea lateral.* || — M. Costado. || Cada uno de los lados de algo.

latería f. *Riopl.* Hojalatería.

latero m. Hojalatero.

látex m. Líquido de aspecto lechoso que producen ciertos vegetales.

latida f. *Méx. Fam.* Latido.

latido m. Movimiento alternativo de contracción y dilatación del corazón y de las arterias.

latiente adj. Que late.

latifundio m. Finca rústica de gran extensión.

latifundismo m. Sistema de latifundios.

latifundista adj. Relativo al latifundismo. || — M. y f. Persona que posee uno o varios latifundios.

latigazo m. Golpe con el látigo. || Chasquido del látigo. || *Fam.* Trago de bebida alcohólica. | Dolor intenso.

látigo m. Azote para pegar y avivar a los animales o personas.

latiguillo m. *Fig.* y *fam.* En el teatro, efecto forzado del actor. | Estribillo, frase o palabra que se repite constantemente. | Triquiñuela, artificio.

latín m. Lengua del antiguo Lacio. || — Pl. *Fam.* Latinajos : *echar latines.* || — *Bajo latín*, el escrito después de la caída del Imperio Romano y durante la Edad Media. | *Latín clásico* o *sermo urbanus*, el empleado por los escritores del Siglo de Oro de la literatura latina (Caro, Catulo, Virgilio, Horacio, Ovidio, César, Salustio, Tito Livio, Cicerón, etc.). | *Fam. Latín de cocina* o *macarrónico*, lenguaje formado por palabras castellanas con desinencias latinas. || *Latín vulgar* o *rústico* o *sermo rusticus*, lengua popular usada por las gentes de clase media y baja, que la enseñaron a los habitantes de los territorios invadidos dando nacimiento a las lenguas llamadas neolatinas (castellano, portugués, gallego, catalán, francés, italiano, provenzal, valaco, rumano). || *Fig.* y *fam. Saber mucho latín*, estar muy enterado de todo, ser muy astuto. || — Primitivamente, la lengua *latina* no era nada más que un dialecto itálico hablado en el valle del Tíber o Lacio. Posteriormente, en impulso arrollador, se extendió por la Península Apenina, por el norte y el sur de la actual Italia y se impuso en las colonias del mundo occidental (Hispania, las Galias, África del Norte, etc.). Pertenece a las lenguas indoeuropeas.

Latina, ant. *Littoria*, prov. y c. de Italia al S. de Roma, en las marismas desecadas del Ponto. Central nuclear.

Latina (La). V. GALINDO (Beatriz).

latinajo m. *Fam.* y *despect.* Latín macarrónico. | Citá latina.

latinear v. i. Hablar o escribir latín. || *Fam.* Emplear con bastante frecuencia latines.

latinidad f. Latín. || Conjunto de pueblos latinos. || Cultura latina hablando o escribiendo en castellano.

latiniparla f. Abuso de latinismos.

latinismo m. Giro propio de una lengua latina. || Su utilización en otras lenguas.

latinista com. Especialista en lengua y literatura latinas.

latinización f. Acción y efecto de latinizar un vocablo, un pueblo.

latinizar v. t. Dar forma o terminación latina a palabras de otra lengua. || Dar carácter, aspecto latino. || — V. i. *Fam.* Latinear.

latino, na adj. Perteneciente al Lacio o a sus habitantes (ú. t. c. s.). || Relativo al latín : *gramática latina.* || Aplícase a la Iglesia de Occidente, en contraposición a la griega. || — *Naciones latinas*, aquellas cuya lengua deriva del latín (España, Portugal, Francia, Italia y los países latinoamericanos). || *Vela latina*, la de forma triangular.

Latinoamérica, n. dado a *América Latina*.

latinoamericano, na adj. y s. Dícese de los países, personas o cosas de América Latina.

latir v. i. Dar latidos el corazón, el pulso o las arterias. || Punzar una herida. || *Fig.* Estar latente.

latitud f. Anchura. || Extensión de un territorio. || *Geogr.* Distancia de un lugar al ecuador de la Tierra. | Clima en relación a la temperatura.

lato, ta adj. Ancho. || Grande, extenso. || *Fig.* Dícese del sentido que se da a una palabra fuera del literal.

latón m. Aleación de cobre y cinc.

Latona, madre de Apolo y Artemisa. Es la *Leto* griega. (*Mit.*)

Latorre (Lorenzo), militar uruguayo (1840-1916), pres. provisional de 1876 a 1879 y constitucional en 1879. Mantuvo el orden, fomentó el progreso y protegió la enseñanza. Dimitió en 1880. || ~ (MARIANO), escritor chileno (1886-1955), autor de novelas (*Zurzulita*) y cuentos.

latoso, sa adj. *Fam.* Pesado, fastidioso (ú. t. c. s.).

latria f. Adoración. || Culto de *latría*, el que sólo se profesa a Dios.

latrocinio m. Hurto, robo.

Lattaquié, c. y puerto de Siria a orillas del Mediterráneo. Es la ant. *Laodicea*.

Latvia. V. LETONIA.

laucha f. *Arg.* y *Chil.* Ratón. | *Fig.* Persona lista. | Persona delgada (ú. t. c. s.). || *Chil.* Alambre de acero.

laúd m. Instrumento musical de cuerdas pulsadas con una caja en forma de media pera.

laudable adj. Elogiable.

láudano m. Medicamento líquido a base de opio.

laudatorio, ria adj. Elogioso : *frase laudatoria.* || — F. Escrito de alabanza.

laudes f. pl. Parte del servicio religioso después de maitines.

laudo m. Arbitraje, sentencia de los árbitros o amigables componedores.

Lauenburgo, ant. ducado de Alemania, incorporado al Estado de Schleswig-Holstein.

Laugerud García (Kjell Eugenio), político y militar guatemalteco, n. en 1930, pres. de la Rep. (1974-1978).

Launceston, c. y puerto al sureste de Australia (Tasmania).

Laura de Noves, dama provenzal (1308-1348), cantada en los versos de Petrarca.

lauráceo, a adj. Semejante al laurel. || — F. pl. Familia de plantas dicotiledóneas, como el laurel (ú. t. c. adj.).

laureado, da adj. Coronado de laureles : *efigie laureada.* || Premiado, galardonado : *escritor laureado* (ú. t. c. s.). || Recompensado con la cruz de San Fernando : *general laureado* (ú. t. c. s.). || — F. Cruz laureada de San Fernando : *poseer la laureada.* (Es la condecoración militar más importante en España.)

laurear v. t. Coronar con laureles. || Premiar, galardonar. || Condecorar con la cruz laureada de San Fernando.

laurel m. Árbol de la familia de las lauráceas, de hojas aromáticas utilizadas como condimento. || Su hoja. || Nombre de varios árboles americanos. || — Pl. *Fig.* Recompensa, galardón, premio, triunfo : *cosechar laureles.*

Laurel, sierra en el centro de México (Aguascalientes) ; 2 768 m.

laurencio o **lawrencio** m. Elemento químico transuránico (Lw), de número atómico 103.

láureo, a adj. Del laurel.

Lauria (Roger de). V. ROGER.

Laurie, isla del archip. de las Orcadas del Sur (Argentina).

Lausana, c. de Suiza, cap. del cantón de Vaud, al N. del lago Leman.

Lautaro, c. del centro de Chile en la IX Región (Araucanía) y en la prov. de Cautín, cap. de la com. del mismo nombre.

Lautaro, caudillo araucano (¿ 1535 ?- 1557). Derrotó y dio muerte a Valdivia en Tucapel (1554) y fue vencido y muerto por Francisco de Villagra.

Lautaro (*Logia*), sociedad secreta creada en Buenos Aires (1812) para combatir por la independencia.

Lautréamont (Isidore DUCASSE, llamado el **Conde de**), poeta francés, n. en Montevideo (1846-1870), precursor del surrealismo en los *Cantos de Maldoror.*

lava f. Materia en fusión y viscosa que expulsan los volcanes.

lavable adj. Que puede lavarse.

lavabo m. Lavamanos. || Cuarto de aseo. || *Rel.* Lavatorio.

lavacoches com. inv. Persona que lava los coches.

lavacristales com. inv. Persona que lava los cristales de una casa.

lavadero m. Lugar donde se lava la ropa. || Sitio donde se lava la arena de un río aurífero o de otro mineral.

lavado m. Acción y efecto de lavar o lavarse. || Aseo de una persona. || *Fam.* Riña, reprimenda. || *Med.* Irrigación de una cavidad del cuerpo. || Pintura a la aguada con un solo color. || — *Lavado de cerebro*, procedimiento de interrogación que tiene por objeto hacer confesar al acusado su culpabilidad o hacerle perder la voluntad. || *Lavado de estómago*, introducción de líquido en el estómago que se saca con una sonda y sirve para hacer salir de él lo que es perjudicial, como un veneno, materias tóxicas, etc.

lavador, ra adj. y s. Que lava. || — M. Aparato para lavar ciertos productos industriales. || *Amer.* Oso hormiguero. || — F. Máquina de lavar ropa.

lavadura f. Lavado. || — Pl. Lavazas.

lavafrutas m. inv. Recipiente con agua que se pone en la mesa para lavar algunas frutas.

Laval, c. al oeste de Francia, cap. del dep. de Mayenne. Obispado. — C. al sureste del Canadá en los suburbios de Montreal.

Lavalle, n. de dos dep. de la Argentina (Corrientes y Mendoza).

Lavalle (Juan), general argentino, n. en Buenos Aires (1797-1841). Después de participar con San Martín en las campañas de Chile y el Perú, combatió en el Brasil en la batalla de Ituzaingó (1827). Ordenó la ejecución de Dorrego y fue gobernador de la provincia de Buenos Aires (1828). Se opuso a la tiranía de Rosas, pero fue derrotado.

Lavalleja, ant. *Minas*, dep. del SE. del Uruguay ; cap. *Minas.*

Lavalleja (Juan Antonio), general uruguayo, n. en Santa Lucía (Minas) [1784-1853]. Combatió por la Independencia y mandó la expedición de los Treinta y Tres Orientales (1825).

lavamanos m. inv. Pila para lavarse las manos.

lavanda f. Espliego. || Agua de colonia hecha con esta planta.

lavandería f. Establecimiento industrial para lavar la ropa.

lavandero, ra m. y f. Persona que lava la ropa por oficio.

lavandina f. *Arg.* Lejía de la ropa.

lavaparabrisas m. inv. *Autom.* Dispositivo que envía un chorro de agua al parabrisas con una escobilla automáticas puedan limpiarlo.

lavaplatos com. inv. Persona que lava los platos. || — M. inv. *Amer.* Fregadero. || — Adj. inv. Que sirve para fregar los platos (ú. t. c. s.).

lavar v. t. Quitar con un líquido lo sucio, limpiar con agua u otro líquido : *lavar a fondo.* U. t. é. pr. : *lavarse la cara.* || Colorear o dar sombras a un dibujo con aguada. ‖ *Fig.* Hacer desaparecer una mancha, purificar : *lavar del pecado original.* ‖ — *Lavar la cabeza a alguien*, proceder de tal modo que un acusado confiese su culpabilidad. ‖ *Lavar la ropa sucia en familia*, arreglar los asuntos poco limpios entre familiares o amigos.

Lavardén (Manuel José de), escritor argentino (1754-1809), autor de la *Oda al majestuoso río Paraná* y del drama *Siripo.*

lavativa f. Inyección de un líquido en el intestino grueso por medio de una cánula, ayuda, enema. ‖ Jeringa con que se pone. ‖ *Fig.* Molestia.

lavatorio m. Lavado. ‖ Ceremonia de lavar los pies a los pobres el Jueves Santo, en recuerdo de Jesús que hizo lo mismo con los apóstoles la víspera de la crucifixión. ‖ Ceremonia de rezo que el sacerdote recita en la misa mientras se lava los dedos. ‖ *Amer.* Lavamanos. ‖ Cuarto de baño.

lavavajillas m. inv. Lavaplatos.

Laviana, v. de España (Asturias).

Lavin (Carlos), compositor y musicólogo chileno (1883-1962).

Lavinia, esposa de Eneas.

Lavoisier (Antoine Laurent de), químico francés (1743-1794), uno de los creadores de la química moderna. M. en la guillotina.

lavotear v. t. *Fam.* Lavar aprisa y mal (ú. t. c. pr.).

lavoteo m. Acción y efecto de lavotear. o lavotearse.

Lavras, mun. y c. al este del Brasil (Minas Gerais).

Law [loo] (John), economista escocés (1671-1729). Fue inspector general de Hacienda en Francia y creó la Compañía de las Indias (1717).

Lawrence (David Herbert), novelista inglés (1885-1930), autor de *El amante de Lady Chatterley, La serpiente emplumada*, etc. ‖ — (ERNEST ORLANDO), físico norteamericano (1901-1958), inventor del ciclotrón. (Pr. Nobel, 1939.) ‖ — (THOMAS), pintor retratista inglés (1769-1830). ‖ — (THOMAS EDWARD), militar y escritor inglés (1888-1935). Desempeñó un papel importante en los países árabes. Autor de *Los siete pilares de la Sabiduría.*

lawrencio m. Laurencio.

laxación f. y **laxamiento** m. Acción y efecto de laxar.

laxante adj. Que laxa o ablanda. — M. Medicamento purgante contra el estreñimiento.

laxar v. t. Aflojar, soltar. ‖ Tomar un laxante, purgar.

laxativo, va adj. Que laxa. — M. Laxante.

laxismo m. Estado moral o actitud práctica que suaviza demasiado lo que ordenan las leyes o normas.

laxista adj. Tachado de laxismo (ú. t. c. s.).

laxitud f. Aflojamiento, distensión.

laxo, xa adj. Flojo, que no está tenso. ‖ *Fig.* Relajado, libre, amplio.

lay m. Pequeño poema narrativo o lírico, de versos cortos, en la literatura provenzal.

laya f. Calidad, naturaleza, especie. ‖ Pala fuerte para remover la tierra.

Layetania, región de la España Tarraconense, en Cataluña.

layetano, na adj. y s. De Layetania.

lazada f. Nudo, lazo.

lazar v. t. Apresar, coger o sujetar con lazo.

lazareto m. Establecimiento sanitario donde guardan cuarentena las personas procedentes de países en los que hay enfermedades contagiosas. ‖ Leprosería.

lazarillo m. Guía de un ciego.

Lazarillo ‖ ~ **de ciegos caminantes** (El), relato picaresco de un viaje desde Montevideo a Lima, escrito por Concolorcorvo (1773). ‖ ~ **de Tormes**, novela picaresca española, de autor desconocido (1554).

lazarista m. Miembro de la orden de San Lázaro. (V. PAÚL.)

Lázaro (San), hermano de Marta y María Magdalena, resucitado por Jesús a los cuatro días de su muerte. Fiesta el 17 de diciembre.

Lázaro Cárdenas, ant. *Melchor Ocampo del Balsas*, mun. al oeste de México (Michoacán) ; cap. *Ciu-*

dad Lázaro Cárdenas. Hierro. Centrales hidroeléctricas. Siderurgia. Puerto.

Lázaro ‖ ~ **Carreter** (Fernando), profesor, filólogo y crítico literario español, n. en 1923, autor de un *Diccionario de términos filológicos.* ‖ ~ **Galdiano** (José), editor español (1862-1947). Con su colección de objetos de arte se ha fundado en Madrid un rico museo.

lazo m. Nudo apretado hecho con un hilo, cinta, cuerda, etc. : *hacer un lazo.* ‖ Cuerda con un nudo corredizo utilizada para cazar animales o apresar cualquier otra cosa : *derribó a la res con un lazo.* ‖ Gran curva que se describe en patinaje. ‖ Condecoración consistente en una cinta doblada. ‖ *Fig.* Vínculo : *unidos por los lazos del matrimonio.* ‖ Enlace, unión : *España sirve de lazo entre Europa y América del Sur.* ‖ Trampa : *caer en el lazo.*

Lazo (Agustín), pintor mexicano (1900-1971), autor de acuarelas y dibujos a pluma. ‖ — (CARLOS), arquitecto mexicano, n. en 1917, autor de numerosas obras en su país. ‖ ~ **Martí** (FRANCISCO), médico y poeta venezolano (1864-1909), autor de *Silva criolla.*

lazulita f. Lapislázuli.

Lazzari (Alfredo), pintor italiano, residente en Argentina (1871-1949).

le dativo del pron. de tercera persona en singular en los dos géneros : *le dije la verdad.* ‖ Acusativo del pron. masculino de tercera persona en singular : *ya le veo.* ‖ Acusativo del pron. masculino de la segunda persona en singular cuando se habla de usted : *le vi ayer en la calle, en el café.*

Le ‖ ~ **Havre.** V. HAVRE (Le). ‖ ~ **Mans**, c. de Francia, cap. del dep. de Sarthe, al SO. de París. Circuito automovilístico.

Le ‖ ~ **Brun** o **Lebrun** (Charles), pintor francés (1619-1690). Dirigió las obras de decoración del Palacio de Versalles. ‖ ~ **Corbusier** (ÉDOUARD JEANNERET-GRIS, llamado), arquitecto francés, de origen suizo (1887-1965), creador de un nuevo estilo de edificación. ‖ ~ **Nain**, n. de tres hermanos que fueron pintores franceses : ANTOINE (1588-1648), LOUIS (1593-1648) y MATHIEU (1607-1677). ‖ ~ **Nôtre** (ANDRÉ), arquitecto francés (1613-1700), creador del estilo francés de jardinería. ‖ ~ **Vau** (LOUIS), arquitecto francés (1612-1670). Trabajó en las construcciones del Louvre y del palacio de Versalles.

leader [*líder*] m. (pal. ingl.). Líder.

leal adj. Que sigue las reglas del honor, de la probidad, de la rectitud y de la fidelidad : *hombre leal.* ‖ Inspirado por la honradez, la probidad o la rectitud : *servicios leales.* ‖ Fiel a un régimen político, a una dinastía (ú. t. c. s.).

Leal (Fernando), pintor muralista y grabador mexicano (1896-1964).

Leales, dep. al norte de la Argentina, en la provincia de Tucumán ; cab. *Santa Rosa de Leales.*

Leandro (San), prelado español (h. s. VI, hermano de San Isidoro y arzobispo de Sevilla. Convirtió al rey visigodo Recaredo y a su pueblo, acto ratificado en el III Concilio de Toledo. Fiesta el 27 de febrero.

Leandro N. Alem, dep. al noreste de la Argentina (Misiones).

Leaoning. V. LIAONING.

leasing m. (pal. ingl.). Arrendamiento con opción para, al cabo de cierto tiempo, comprar lo arrendado.

Lebowa, territorio de África del Sur, al N. de Transvaal.

lebrato m. Cría de liebre.

lebrel adj. Dícese de un perro utilizado para cazar liebres (ú. t. c. s. m.).

Lebreles (Los), constelación del norte o boreal, entre la Osa Mayor y el Boyero.

lebrero, ra adj. y s. Aplícase al perro que caza liebres.

Lebrija, río al N. de Colombia (Santander y Magdalena), afl. del Magdalena. — C. del S. de España (Sevilla). Lugar de nacimiento de A. de Nebrija.

Lebrija (Antonio de). V. NEBRIJA.

lebrijano, na adj. y s. De Lebrija (Sevilla).

lebrillo m. Barreño ancho.

Lebu, c. y puerto del centro de Chile en la VIII Región (Biobío), cap. de la

prov. de Arauco y de la com. del mismo nombre. Centro turístico.

lebulense adj. y s. De la ciudad de Lebu (Chile).

Lecce, prov. y c. del SE. de Italia (Pulla). Obispado.

lección f. Enseñanza dada en una clase a una o varias personas : *una lección de matemáticas.* ‖ Conferencia sobre un tema determinado. ‖ Lo que un profesor da a sus discípulos para que lo sepan en la clase siguiente : *aprender la lección de memoria.* ‖ Capítulo en que se halla dividido un texto de enseñanza. ‖ *Fig.* Advertencia, consejo dado a alguien para orientar su conducta : *recibir lecciones de moderación.* ‖ Advertencia que, recibida de una persona o sacada de la experiencia, sirve en el futuro de enseñanza : *he recibido muchas lecciones de la vida.* ‖ (P. us.) Lectura. ‖ Cualquier lectura litúrgica y más corrientemente las lecturas del oficio.

Lecco, c. del norte de Italia en Lombardía (Como), al S. del lago homónimo. Industrias.

Leclanché (Georges), ingeniero francés (1839-1882), inventor de una pila eléctrica.

Leclerc (Charles), general francés (1772-1802), jefe de la expedición a Santo Domingo contra Tousaint-Louverture. ‖ — (PHILIPPE MARIE DE HAUTECLOCQUE, llamado), mariscal francés (1902-1947). Luchó en la segunda guerra mundial.

Leconte de Lisle [-*líl*] (Charles), poeta parnasiano francés (1818-1894).

lectivo, va adj. Escolar : *año lectivo.* ‖ De clase : *día lectivo.*

lector, ra m. y f. Persona que lee : *los lectores de un periódico.* ‖ Persona que lee en alta voz. ‖ Profesor extranjero, auxiliar en la enseñanza de idiomas : *lector en un instituto.* ‖ Colaborador que lee los manuscritos enviados a un editor. ‖ — M. Una de las cuatro órdenes menores. ‖ Dispositivo reproductor del sonido grabado en banda magnética : *lector de casete.* ‖ Dispositivo que permite almacenar la información en la memoria de un ordenador.

lectorado m. Lectoría.

lectoría f. Empleo, cargo de lector en la enseñanza.

lectura f. Acción de leer : *una hora de lectura.* ‖ Cosa leída : *lectura instructiva.* ‖ Arte de leer : *enseñar la lectura a los niños.* ‖ Cultura, erudición. ‖ *Impr.* Cícero. ‖ Introducción de la información en la memoria de un ordenador : *cabeza de lectura.* ‖ *Fig.* Manera de ver, de interpretar.

Lecuna (Juan Vicente), compositor venezolano (1899-1954). ‖ — (VICENTE), historiador venezolano (1870-1954).

Lecuona (Ernesto), músico cubano (1896-1963), autor de canciones de gran popularidad (*Siboney, Malagueña*, etc.) y de zarzuelas.

Leczinski. V. LESCZINSKI.

Lech, río de Alemania Occidental (Baviera) y de Austria, afl. del Danubio ; 265 km.

lecha f. Lecho de los peces.

lechada f. Cal para blanquear.

lechal adj. Aplícase al animal de cría que todavía mama (ú. t. c. s.).

lechar v. t. Méx. Blanquear con cal. ‖ Ordeñar las vacas.

leche f. Líquido blanco, opaco, de sabor dulce, segregado por las glándulas mamarias de la mujer y por las de las hembras de los mamíferos : *la leche es un alimento completo y equilibrado.* ‖ Cualquier líquido que tiene alguna semejanza con la leche : *leche de coco.* ‖ *Bot.* Líquido de apariencia lechosa que se encuentra en numerosas plantas. ‖ Cosmético líquido o semifluido que suaviza y refresca la epidermis y sirve también para quitar el maquillaje. ‖ *Fig.* Primer alimento de la mente: *bebió la leche de las antiguas doctrinas.* ‖ Bebida obtenida con semillas machacadas y maceradas en agua : *leche de almendras.* ‖ *Pop.* Semen. ‖ Golpe. ‖ Puñetazo. ‖ Malhumor. ‖ Suerte. ‖ Índole, carácter. ‖ Fastidio, molestia. ‖ — Pl. Tonterías, sandeces. ‖ — *De leche,* que se amamanta todavía ; que da leche ; dícese de los niños que han sido amamantados por la misma

madre. ‖ *Fig. Estar con la leche en los labios,* estar aún en la primera infancia. ‖ *Pop. Estar de mala leche,* estar de muy mal humor. ‖ *Pop. ¡ Leche !,* interjección que expresa enojo, disgusto o sorpresa. ‖ *Leche condensada,* leche obtenida al quitarle un 65 por ciento del agua y a la que se añade azúcar. ‖ *Leche descremada,* la esterilizada con muy poca materia grasa. ‖ *Leche en polvo,* aquella en que se ha quitado todo el agua que contenía. ‖ *Leche esterilizada,* aquella en que se ha destruido toda la flora microbiana y patógena por medio del calor. ‖ *Leche homogeneizada,* aquella en que se han reducido los glóbulos grasos pasándola por un homogeneizador. ‖ *Amer. Leche malteada,* batido de leche. ‖ *Leche merengada,* la que se hace con claras de huevo, azúcar y canela. ‖ *Leche pasterizada* o *pasteurizada,* aquella en la que se han eliminado todos los gérmenes patógenos al hervirla. ‖ *Fig. Mamar una cosa con la leche,* aprenderla desde que se es niño, desde la más tierna infancia. ‖ *Pop. Ser la leche,* ser raro ; ser fastidioso. ‖ *Ser un mala leche,* tener mala intención. ‖ *Fig. Tener la leche en los labios,* ser aún muy joven. ‖ *Pop. ¡ Una leche !,* expresión de rechazo o negación.
lechecillas f. pl. Mollejas de ternera o de cordero. ‖ Asadura.
lecheria f. Establecimiento en que se despacha leche.
lechero, ra adj. Que tiene leche : *vaca lechera.* ‖ Relativo a la leche y a sus derivados : *central, cooperativa lechera.* ‖ — M. y f. Comerciante en leche. ‖ — F. Recipiente grande para trasladar la leche y el pequeño en que se conserva. ‖ *Fig. El cuento de la lechera,* proyecto que se hace uno muchas ilusiones sin fundamento y que la realidad deshace.
Lechín Oquendo (Juan), político boliviano (1912-1983). Fue secretario general de la Central Obrera Boliviana.
lecho m. Cama : *el lecho de la muerte.* ‖ *Fig.* Cauce, madre : *el lecho de un río.* ‖ Fondo del mar, de un lago. ‖ Capa : *lecho de arena.* ‖ *Arq.* Superficie de un sillar. ‖ *Geol.* Estrato. ‖ *Fig. Un lecho de rosas,* designa de una cosa o situación agradable.
lechón m. Cochinillo de leche.
lechoso, sa adj. Semejante a la leche : *líquido, color lechoso.*
lechucear v. i. *Arg. Fam.* Espiar.
lechuga f. Planta compuesta cuyas hojas son comestibles : *ensalada de lechuga.* ‖ Lechuguilla del cuello. ‖ *Fam. Como una lechuga,* fresco y lozano. ‖ *Más fresco que una lechuga,* con mucha caradura.
lechuguilla f. Cuello o puño de camisa almidonado con adornos en forma de hojas de lechuga.
lechuguina f. Presumida, coqueta.
lechuguino m. Lechuga pequeña. ‖ *Fig. y fam.* Muchacho que se las da de hombre. ‖ Gomoso, dandy.
lechuza f. Ave rapaz nocturna.
Leda, esposa de Tíndaro, rey de Esparta. Zeus, enamorado de ella, se metamorfoseó en cisne para seducirla. Fue madre de Cástor y Pólux, de Helena y de Clitemnestra. *(Mit.)*
Ledesma, dep. en el norte de la Argentina (Jujuy) ; cap. *Libertador General San Martín.*
Ledesma (Bartolomé de), religioso español, obispo de Oaxaca en 1580. M. en 1606. ‖ ~ **Ramos** (RAMIRO), político y escritor español (1905-1936), fundador de las J. O. N. S. (Juntas de Ofensiva Nacional-Sindicalista).
Lee [*li*] (Robert Edward), general norteamericano (1807-1870), jefe del ejército sudista en la guerra de Secesión.
leedor, ra adj. y. s. Lector.
Leeds [*lids*], c. de Gran Bretaña en el N. de Inglaterra (Yorkshire). Obispado. Universidad. Textiles.
leer v. t. Conocer y saber juntar las letras : *leer ruso ; aprender a leer.* ‖ Comprender lo que está escrito o impreso en una lengua extranjera : *leer alemán.* ‖ Decir en voz alta o pasar la vista por lo que está escrito o impreso : *leer el periódico.* ‖ Enterarse de lo que contiene este texto escrito. ‖ Verificar la lectura : *leer las*

obras de Cervantes. ‖ Darse cuenta del significado de algo, de un sentimiento oculto, interpretando ciertos signos : *leyó en la mirada su profunda desgracia.* ‖ *Impr.* Corregir : *leer pruebas.* ‖ *Mús.* Comprender el valor de las notas o signos. ‖ — *Leer de corrido,* hacerlo sin dificultad. ‖ *Fig. Leer entre renglones* o *entre líneas,* ·adivinar el pensamiento del que escribe sin haberlo éste manifestado claramente.
Leeuwarden [*leuarden*], c. al norte de Holanda, cap. de Frisia.
Leeward Islands. V. SOTAVENTO.
legación f. Legación, cargo.
legación f. Cargo y oficio del legado. ‖ Ejercicio de las funciones de un legado. ‖ Misión diplomática de un gobierno en un país en donde no tiene embajada. ‖ Edificio en el que se encuentra esta misión.
legado m. *For.* Disposición testamentaria hecha en beneficio de una persona física o moral. ‖ *Fig.* Lo que una generación transmite a las generaciones que le siguen, herencia. ‖ Cargo diplomático equivalente al de ministro plenipotenciario. ‖ Persona que lo ejerce. ‖ Representante del Papa : *legado pontificio.* ‖ Representante del Senado romano encargado de vigilar la administración de las provincias. ‖ Funcionario romano que administraba las provincias imperiales en nombre del emperador.
legajar v. t. *Amer.* Juntar legajos.
legajo m. Carpeta o conjunto de documentos sobre un asunto.
legal adj. Conforme a la ley.
legalidad f. Calidad de legal : *legalidad de una disposición.* ‖ Conjunto de las cosas prescritas por la ley : *la legalidad de un acto.*
legalismo m. Interés en respetar minuciosamente la ley.
legalista adj. y s. Que da primacía al cumplimiento de las leyes.
legalización f. Acción de legalizar. ‖ Certificado o nota con firma y sello que prueba la autenticidad de un documento o firma.
legalizar v. t. Dar estado legal. ‖ Certificar la autenticidad de un documento o firma.
légamo m. Cieno, lodo.
legamoso, sa adj. Cenagoso.
Leganés, v. del centro de España, al SO. de Madrid. Industrias.
legaña f. Humor viscoso de la mucosa y glándulas de los párpados.
legañoso, sa adj. y s. Que tiene muchas legañas.
legar v. t. Dejar una persona a otra algo en su testamento : *legar sus cuadros a un museo.* ‖ Enviar en legación. ‖ *Fig.* Dejar en herencia, transmitir a sus sucesores : *legar su cultura.*
Legarda (Bernardo de), escultor y pintor de Quito, m. en 1773, autor de *Inmaculadas.*
legatario, ria m. y f. Persona beneficiaria de un legado.
Legazpi, c. y puerto de Filipinas, en el SE. de la isla de Luzón. Obispado.
Legazpi (Miguel LÓPEZ DE), navegante español (¿1510 ?-1572). Conquistó Filipinas y fundó Manila en 1571.
Legazpia, v. en el norte de España (Guipúzcoa). Industrias.
legendario, ria adj. Que pertenece a la leyenda o que tiene sus características : *narración legendaria.* ‖ Popularizado por la tradición, famoso.
Léger (Fernand), pintor cubista francés (1881-1955).
leghorn f. (pal. ingl.). Raza de gallinas muy ponedoras.
legible adj. Que se puede leer.
legión f. Cuerpo de tropa romana de 6 000 hombres, dividido en diez cohortes. ‖ Cuerpo de tropa en Francia y España, que está compuesto de soldados voluntarios, generalmente extranjeros. ‖ *Fig.* Gran número de personas. ‖ *Legión de Honor,* orden nacional francesa, creada en 1802 por Bonaparte para recompensar servicios militares y civiles.
legionario, ria adj. De la legión. ‖ — M. Soldado de la legión.
legislación f. Conjunto de leyes por las que se gobierna un Estado. ‖ Cuerpo de leyes. ‖ Cuerpo de leyes que regulan una materia.
legislador, ra adj. y s. Que legisla.

legislar v. i. Dar, dictar leyes.
legislativo, va adj. Aplícase al derecho de hacer leyes : *asamblea legislativa.* ‖ Relativo a las leyes. ‖ Dícese del código o cuerpo de las leyes. ‖ Autorizado por una ley : *medidas legislativas.* ‖ — M. Asamblea legislativa.
legislatura f. Tiempo durante el cual funcionan los cuerpos legislativos. ‖ Cuerpo de leyes. ‖ Período de sesiones de las Cortes o Asambleas deliberantes.
legista com. Jurisconsulto.
legítima f. *For.* Parte de la herencia que la ley asigna obligatoriamente a determinados herederos.
legitimación f. Acción y efecto de legitimar. ‖ Acto por el que se legitima un hijo natural.
legitimador, ra adj. Que legitima.
legitimar v. t. Probar la legitimidad de algo. ‖ Hacer legítimo al hijo natural. ‖ Habilitar a una persona que es de por sí inhábil. ‖ Dar legitimidad. ‖ Justificar.
legitimidad f. Calidad de legítimo .
legitimista adj. y s. Dícese del partidario de una dinastía que considera legítima.
legítimo, ma adj. Que reúne los requisitos ordenados por las leyes. ‖ Dícese de la unión matrimonial consagrada por la ley. ‖ Genuino, cierto o verdadero en cualquier línea : *cuero, oro legítimo.* ‖ Justo, equitable : *deseos legítimos.* ‖ *Legítima defensa,* estado de aquel que por defenderse comete un acto prohibido por la ley.
Legnano [*leñano*], c. al N. de Italia, en Lombardía (Milán). Industrias.
Legnica, c. en el suroeste de Polonia (Baja Silesia).
lego, ga adj. y s. Seglar, laico, que no tiene órdenes clericales. ‖ Sin instrucción, ignorante. ‖ Profano, no iniciado. ‖ Religioso que no recibe las órdenes sagradas.
legra f. *Cir.* Raedera.
legración f. y **legrado** m. Raspado : *legrado de la matriz.*
legrar v. t. Raspar la superficie de un hueso. ‖ Raspar la mucosa del útero.
legua f. *Ant.* Medida itineraria de 5 572 metros. ‖ — *Fig. A la legua,* desde muy lejos. ‖ *Legua de posta,* distancia de cuatro kilómetros. ‖ *Legua marina,* la de 5 555 metros o tres millas.
legui m. Polaina de cuero.
Leguia (Augusto Bernardino), político peruano (1864-1932), pres. de la Rep. de 1908 a 1912 y dictador en 1919. Derrocado en 1930. Consiguió de Chile la devolución de Tacna (1929). ‖ ~ **Martínez** (GERMÁN), jurista, historiador y político peruano (1861-1928).
Lequizamón (Martiniano), escritor argentino (1858-1935), autor de novelas regionalistas (*Montaraz*), y de dramas (*Calandria*) y ensayos.
leguleyo m. Mal abogado.
legumbre f. Fruto o semilla que se cría en vaina. ‖ *Por ext.* Hortaliza. ‖ *Legumbres verdes, secas,* las que no se pueden conservar y hay que consumir inmediatamente (guisantes, rábanos, etc.) y las que pueden hacerlo (frijoles, lentejas, etc.).
legúmina f. Sustancia extraída de las semillas de las leguminosas.
leguminosas f. pl. Familia de plantas angiospermas dicotiledóneas cuyo fruto está en una vaina, como la lenteja, el guisante (ú. t. c. adj.).
Lehar (Franz), compositor de operetas austrohúngaro (1870-1948), autor de *La viuda alegre, El conde de Luxemburgo, El Zarevitz,* etc.
lei m. Pl. de leu, moneda rumana.
Leibniz (Gottfried Wilhelm), filósofo y matemático alemán, n. en Leipzig (1646-1716). Descubrió, al mismo tiempo que Newton, el cálculo infinitesimal. Autor de *Nuevo tratado sobre el entendimiento humano, Teodicea* y *Monadología.*
Leicester, c. de Gran Bretaña, en el centro de Inglaterra, cap. del condado homónimo. Industrias (géneros de punto, calzados, mecánicas). Obispado.
Leiden. V. LEYDEN.
leído, da adj. Aplícase a la persona que ha leído mucho y tiene erudición de la cual suele hacer ostentación.
Leigh, c. de Inglaterra (Lancaster), al O. de Manchester.

Leinster, prov. del SE. de Irlanda, cap. *Dublín.*

Leipzig, c. de Alemania Oriental (Sajonia). Universidad. Feria de muestras. Industrias.

Leiria, distrito y c. en el centro oeste de Portugal (Extremadura). Castillo del s. XIV. Obispado.

leísmo m. *Gram.* Empleo de la forma *le* del pronombre como única en el acusativo masculino singular : por ej. : *aquel juguete no te* LE *doy, por no te* LO *doy.*

leísta adj. Dícese del empleo del pronombre *le* como único acusativo masculino. || Que comete leísmo (ú. t. c. s.).

Leitha, río que dividía Austria-Hungría en *Cisleitania* (Austria) y *Transleitania* (Hungría), afl. del Danubio ; 178 km.

leitmotiv m. (pal. alem.). *Mús.* Tema conductor. || *Fig.* Frase, fórmula o motivo central que se repite en la obra de un escritor o den un discurso.

Leiva, v. en el centro este de Colombia (Boyacá). Fundada en 1527. Plata.

Leiva (Antonio de), militar español (1480-1536). Combatió en Italia: || ~ (JUAN DE). V. LEYVA. || ~ (PONCIANO), político hondureño, pres. de la Rep. de 1875 a 1876 y de 1891 a 1894. || ~ (RAÚL), escritor guatemalteco (1916-1974), autor de poesías (*Mundo indígena, Oda a Guatemala*) y ensayos.

lejanía f. Distancia grande. || Paraje lejano : *se ve en la lejanía.*

lejano, na adj. Que está lejos : *un país lejano.* || Que está unido por lazos poco estrechos : *un pariente lejano.*

Lejano Oriente. Véase EXTREMO ORIENTE.

lejía f. Disolución de álcalis o carbonatos alcalinos en agua. || Producto detergente. || *Fig.* y fam. Represión.

Lejona, mun. al norte de España (Vizcaya), situado en la zona urbana de Bilbao.

lejos adv. A gran distancia. || En tiempo o lugar remoto. || *Lejos de,* ausente de ; muy al contrario de.

lelo, la adj. y s. Tonto.

Leloir (Luis Federico), bioquímico argentino, n. en París en 1906, gran especialista en endocrinología. (Pr. Nobel de Química en 1970.)

lema m. Divisa que se pone en los emblemas, armas, empresas, etc. || Palabra o frase de contraseña con que se firma el trabajo presentado en algunos concursos.

Lemaire (Jacques), navegante holandés (1585-1616), que descubrió el estrecho que lleva su nombre, en el extremo meridional de la llamada Tierra del Fuego.

Leman (LAGO), lago de Francia y Suiza, al N. de los Alpes de Saboya, atravesado por el Ródano ; 582 km². Recibe tb. el n. de lago de Ginebra en la parte cercana a esta ciudad.

Lemberg. V. LVOV.

lemnáceas f. pl. Familia de plantas acuáticas (ú. t. c. adj.).

Lemnos, isla de Grecia en el mar Egeo, entre Lesbos y Calcídica.

Lemóniz, mun. al norte de España (Vizcaya). Central nuclear.

Lemos (Conde de). V. FERNÁNDEZ DE CASTRO.

lemosín, ina adj. y s. De Limoges o del Lemosín (Francia). || — M. Lengua de oc hablada por los lemosines.

Lemosin, ant. prov. en el centro de Francia ; cap. *Limoges.*

Lempa, río que nace en Guatemala, es fronterizo entre Honduras y El Salvador y des. en el Pacífico ; 323 km.

lempira m. Unidad monetaria de Honduras.

Lempira, dep. occidental de Honduras ; cap. *Gracias.* Agricultura.

Lempira, cacique hondureño (1497-1537), que murió en lucha contra los españoles.

lempirense adj. y s. De Lempira (Honduras).

lémur m. Mamífero cuadrumano.

lemúridos m. pl. Suborden de mamíferos primates (ú.t.c. adj.).

Lemus (José María), militar salvadoreño, n. en 1911, pres. de la Rep. de 1956 a 1960.

Lena, v. en el norte de España (Asturias). Minas (carbón). — Río de la

U. R. S. S. (Siberia), que des. en el océano Glacial Ártico ; 4 270 km.

lenca adj. y s. Individuo de un pueblo indio centroamericano (El Salvador y Honduras).

lencería f. Conjunto de ropa blanca y comercio que se hace con ella. || Tienda de ropa blanca, manteles, etc. || Lugar donde se guarda la ropa blanca.

lencero, ra m. y f. Persona que vende ropa blanca.

lendakari m. (pal. vasca). Presidente del Gobierno autónomo de Euskadi.

lengua f. Órgano, cubierto por numerosos músculos cubiertos de una mucosa, movible, situado en la cavidad bucal, que interviene en la percepción del gusto, en la masticación, deglución de los alimentos y en la articulación de los sonidos. || Lenguaje propio de un pueblo o comunidad de pueblos : *lengua castellana.* || Conjunto del vocabulario y de la sintaxis propias a determinadas épocas, a ciertos escritores, a algunas profesiones, etc. || Badajo de la campana. || Lengüeta de la balanza. || Cosa con forma de lengua : *lengua de fuego.* || — *Fig. Andar en lenguas,* estar en boca de todos. | *Buscar la lengua,* provocar. | *Hacerse lenguas de una cosa,* hablar muy bien de ella. | *Írsele a uno la lengua,* hablar más de la cuenta, decir lo que se debería callar. | *Largo de lengua,* que habla más de lo conveniente. | *Lengua de estropajo* o *de trapo,* manera confusa de hablar. || *Lengua de gato,* bizcocho alargado y muy ligero. | *Lengua de oc,* la que antiguamente se hablaba en el Mediodía de Francia y cultivaron los trovadores. | *Lengua de oíl,* lengua, origen del francés moderno, hablada antiguamente en Francia al norte del Loira y empleada por los troveros. || *Lengua de tierra,* pedazo de tierra que entra en el mar. || *Fig. Lengua de víbora* o *viperina* o *serpentina* o *mala lengua* o *lengua de escorpión,* persona maldiciente. || *Lengua madre,* aquella de donde se derivan otras. || *Lengua materna,* la del país donde se ha nacido. || *Lengua muerta,* aquella que ya no se habla. || *Lenguas arias* o *indoeuropeas,* V. INDOEUROPEA. || *Lengua viva,* la que se habla actualmente. || *Media lengua,* manera de hablar de los niños pequeños. || *Fig. Morderse la lengua,* aguantarse para decir una cosa. | *Tirarle a uno de la lengua,* hacerle hablar.

lenguado m. Pez marino de forma aplanada y de carne estimada.

lenguaje m. Conjunto de sonidos articulados con que el hombre manifiesta lo que piensa o siente. || Facultad de expresarse por medio de estos sonidos. || Idioma hablado por un pueblo o nación. || Manera de expresarse : *lenguaje culto, incorrecto.* || *Fig.* Conjunto de señales que dan a entender una cosa : *el lenguaje de su sonrisa, del campo.* | Estilo de cada uno : *escrito en un lenguaje preciso.* || *Lenguaje cifrado,* el formado por una clave para guardar el secreto.

lenguaraz adj. y s. Deslenguado, mal hablado. || Hablador, charlatán.

lengüeta f. Lengua pequeña. || Epiglotis. || Tirilla del zapato. || Fiel de la balanza. || Laminilla vibrátil en algunos instrumentos músicos de viento.

lengüetada f. y **lengüetazo** m. Acción de lamer con la lengua.

lengüetear v. i. Lamer.

lengüilargo, ga adj. y s. *Fam.* Deslenguado, charlatán, hablador.

lenidad f. Indulgencia.

lenificación f. Dulcificación.

lenificar v. t. Suavizar, dulcificar.

lenificativo, va adj. Lenitivo.

Lenin (PICO), ant. *Kaufmann,* cumbre de la U. R. S. S. en la cadena de Transalai (Pamir) ; 7 134 m.

Lenin o **Lénin** (Vladimir Ilich ULIANOV, llamado), político ruso, n. en Simbirsk, hoy Ulianovsk (1870-1924), fundador del Estado soviético después de la Revolución de octubre de 1917. Está considerado como uno de los principales teóricos del marxismo.

Lenin (ORDEN DE), orden y condecoración soviética más elevada concedida a civiles o militares que se hayan distinguido en la defensa del socialismo. Fue creada en 1930. || ~ (PREMIOS), recompensa soviética, creada en 1956 para sustituir a los premios Stalin, otorgada a relevantes personalidades de la política, de la ciencia, del arte.

Leninabad, c. de la U. R. S. S. (Tadjikistán).

Leninakan, c. de la U. R. S. S. (Armenia).

Leningrado, c. y puerto al noroeste de la U. R. S. S., ant. cap. de Rusia, al fondo del golfo de Finlandia y en la desembocadura del Neva. Fundada por Pedro el Grande en 1703. Industrias. Museos. Fue llamada *San Petersburgo* hasta 1914 y *Petrogrado* de 1914 a 1924.

leninismo m. Doctrina de Lenin, en su aportación original al marxismo.

leninista adj. y s. Relativo o partidario de la doctrina de Lenin.

Leninsk-Kuznetski, c. de la U. R. S. S. (Rusia), en Kuzbass (Siberia).

lenitivo, va adj. Que calma y suaviza. || — M. Medicamento para calmar. || *Fig.* Lo que alivia.

Lennox, isla en el sur de América del Sur, en el canal de Beagle.

lenocinio m. Alcahuetería. || Casa de lenocinio, casa de prostitución.

Lens, c. en el noroeste de Francia (Pas-de-Calais). Hulla. Metalurgia.

lente f. Cristal refringente de superficie esférica con caras cóncavas o convexas que se emplea en varios instrumentos ópticos. || Dispositivo electromagnético que reemplaza los cristales ópticos en el microscopio electrónico. || Cristal de gafas. || Lupa. || Monóculo. || — M. Pl. Gafas. || Quevedos. || *Lente de contacto,* disco pequeño, cóncavo de un lado, convexo del otro, que se aplica directamente sobre la córnea para corregir los vicios de refracción del ojo.

lenteja f. Planta de la familia de las papilionáceas, de semillas alimenticias. || Semilla de esta planta.

lentejar m. Campo de lentejas.

lentejuela f. Laminilla redonda de metal o de cristal que se pone en el tejido de un vestido para hacerlo brillar.

lenticular adj. De forma de lenteja. || — M. Hueso pequeño del oído medio. Ú. t. c. adj. : *hueso lenticular.*

lentilla f. Lente de contacto.

Lentini, c. de Italia, en Sicilia (Siracusa), cerca del lago homónimo.

lentisco m. Arbusto de flor amarillenta o rojiza y fruto en drupa.

lentitud f. Falta de rapidez, de actividad, de viveza en los movimientos.

lento, ta adj. Tardo o pausado en el movimiento o en la operación : *trabajador lento.* || Aplícase al movimiento poco veloz : *caminar lento.* || Poco enérgico : *a fuego lento.* || Poco vigoroso y eficaz : *respiración lenta.* || Que tiene efecto progresivo : *veneno lento.* || — Adv. *Mús.* Lentamente y con gravedad.

Lenz (Rudolf), filólogo alemán (1863-1938). Estudió las lenguas indígenas de Chile.

leña f. Madera utilizada para quemar. || *Fig.* y fam. Castigo. | Paliza. || — *Dar leña,* pegar ; jugar duro en deportes. || *Fig. Echar leña al fuego,* contribuir, aportar medios para que un mal se acreciente.

leñador, ra m. y f. Persona que corta o vende leña.

leñar v. t. *Méx.* Cortar leña.

leñazo m. *Fam.* Garrotazo. | Golpe. | Choque.

leñera f. Lugar para guardar leña.

Leñero (Vicente), escritor mexicano, n. en 1933, autor de novelas (*A fuerza de palabras, El Evangelio de Lucas Gavilán, Una gota de agua*) y de obras de teatro (*Pueblo rechazado, Los albañiles, El juicio*).

leño m. Trozo de árbol cortado y sin ramas. || Madera. || *Fig.* y fam. Persona inhábil o de poco talento. || *Fam. Dormir como un leño,* dormir profundamente.

leñoso, sa adj. De leña.

Leo o **León,** constelación boreal y quinto signo del Zodíaco que va del 23 de julio al 25 de agosto.

león, ona m. y f. Gran mamífero carnívoro de la familia de los félidos, de color entre amarillo y rojo, cuyo macho tiene una abundante melena, que vive ahora en la sabanas de África después de haber existido en el Cercano Oriente e incluso en Europa. (Ataca por la noche a las cebras, a los antílopes y a las jirafas. Mide unos 2 m de longitud y vive poco más o menos 40 años.) ‖ *Fig.* Persona valiente, osada o de carácter enérgico o furioso. — M. Hormiga leóñ. ‖ *Amer.* Puma. ‖ — Pl. *Arg. Fam.* Pantalones.

León, ant. reino de España de los reyes de Asturias, unido a Castilla en 1230. Comprendía las actuales provincias de *León, Zamora* y *Salamanca,* y parte de las de *Palencia* y *Valladolid.* — Región de España formada por las prov. de León, Zamora y Salamanca, hoy en la Comunidad Autónoma Castilla-León (véase este n.). Explotación agropecuaria y minera. — C. de España, cap. de la prov. homónima. Obispado. Universidad. Catedral gótica. — C. de Nicaragua al NO. del lago de Managua, cap. del dep. homónimo. Universidad. Obispado. Agricultura. Minas. Industrias. — C. en el centro de México (Guanajuato). Centro agropecuario, industrial y comercial. Obispado. Llámase también *León de los Aldamas.* ‖ ~ (ISLA DE), isla en la prov. de Cádiz (España).

León, región de Francia al NO. de Bretaña (Finistère).

León ‖ ~ **I** el *Grande (San),* papa de 440 a 461. Atila, que había llegado casi hasta Roma, desistió de la invasión de la ciudad gracias a la intervención del Papa. Fiesta el 11 de abril. ‖ ~ **II** *(San),* papa de 682 a 683. Fiesta el 28 de junio. ‖ ~ **III** *(San),* papa de 795 a 816. Coronó a Carlomagno en 800. Fiesta el 11 de junio. ‖ ~ **IV** *(San),* papa de 847 a 855. Fiesta el 19 de julio. ‖ ~ **V,** papa en 903. ‖ ~ **VI,** papa en 928. ‖ ~ **VII,** papa de 936 a 939. ‖ ~ **VIII,** papa de 963 a 965. ‖ ~ **IX** *(San),* papa de 1049 a 1054. En su pontificado tuvo lugar el último cisma de la Iglesia bizantina. Fiesta el 19 de abril. ‖ ~ **X** *(Juan de Médicis),* papa de 1513 a 1521. Protegió las artes, las letras y las ciencias. Durante su pontificado se produjo el cisma de Lutero. ‖ ~ **XI,** papa en 1605. ‖ ~ **XII,** papa de 1823 a 1829. ‖ ~ **XIII,** papa de 1878 a 1903. Autor de encíclicas de carácter social *(Rerum novarum).*

León ‖ ~ **I** el *Grande,* emperador de Oriente de 457 a 474. ‖ ~ **II,** emperador de Oriente en 474. ‖ ~ **III** el *Isáurico,* emperador de Oriente de 717 a 741. ‖ ~ **IV,** emperador de Oriente de 775 a 780. ‖ ~ **V** el *Armenio,* emperador de Oriente de 813 a 820. ‖ ~ **VI** el *Filósofo* o el *Sabio,* emperador de Oriente de 886 a 912.

León (Diego de), general español (1807-1841). Conspiró contra la reina Isabel II. M. fusilado. ‖ ~ (Fray LUIS DE), religioso agustino y poeta ascético español, n. en Belmonte (Cuenca) [1527-1591], catedrático de teología y exégesis bíblica en la Universidad de Salamanca. Autor de poesías *(A la vida retirada, A Salinas, A Felipe Ruiz, Noche serena, La Morada del cielo,* etc.) y de obras en prosa *(De los nombres de Cristo, La perfecta casada).* Tradujo a Horacio y Virgilio. Sus comentarios y versión de *El Cantar de los Cantares* hicieron que le procesase la Inquisición. ‖ ~ (RAFAEL DE), poeta español (1910-1982), autor de la letra de numerosas y populares canciones. ‖ ~ (RICARDO), novelista español (1877-1943), autor de *El amor de los amores, Alcalá de los Zegríes, Casta de hidalgos,* etc. ‖ ~ (THOMAS), músico mexicano (1928-1983). ‖ ~ **Felipe.** V. FELIPE (León). ‖ ~ **Mera** (Juan). V. MERA (Juan León). ‖ ~ **Pinelo** (ANTONIO DE), escritor peruano (¿ 1590 ?-1660), autor de *Historia de la Villa Imperio de Potosí.* ‖ ~ **y Gama** (ANTONIO DE), arqueólogo, geógrafo y astrónomo mexicano (1735-1802).

leonado, da adj. De color semejante al del pelaje del león.

Leonardo ‖ ~ **de Argensola** (Bartolomé y Lupercio). V. ARGENSOLA. ‖ ~ **de Vinci.** V. VINCI.

Leoncavallo (Ruggero), músico italiano (1858-1919), autor de la célebre ópera *I pagliacci.*

leonera f. Jaula o foso de leones. ‖ *Fig.* fam. Cuarto desarreglado.

Leones, isla en el S. de la Argentina (Patagonia). — Pobl. de la Argentina (Córdoba). ‖ ~ (ALTO DE LOS), puerto de la sierra de Guadarrama (España).

leonés, esa adj. y s. De León (España, México, Nicaragua).

Leoni (Leone), escultor, arquitecto y medallista italiano al servicio de Carlos V (¿ 1509 ?-1590). — Su hijo POMPEYO (¿ 1533 ?-1608) hizo el retablo mayor de El Escorial (España). ‖ ~ (RAÚL), político venezolano (1905-1972), pres. de la República (1964-1969).

Leónidas ‖ ~ **I,** rey de Esparta de 490 a 480 a. de J. C. Luchó en las Termópilas contra los persas, donde murió. ‖ ~ **II,** rey de Esparta, al mismo tiempo que Agis IV, de 247 a 236 a. de J. C.

leonino, na adj. Relativo o semejante al león: *facies leonina.* ‖ *For.* Aplícase al contrato poco equitativo.

Leonor de Guzmán. V. GUZMÁN (Leonor de).

leontina f. Cadena del reloj que se lleva en el chaleco.

Leontium. V. LENTINI.

Leopardi (Giacomo), poeta romántico italiano (1798-1837), autor de poemas heroicos y líricos *(A Italia, Cantos, El infinito, Canto nocturno).*

leopardo m. Mamífero carnicero, de piel rojiza con manchas negras redondas. ‖ Su piel.

Leopoldo ‖ ~ **I** (1640-1705), emperador germánico desde 1658. Participó en la guerra de Sucesión de España. ‖ ~ **II** (1747-1792), emperador germánico desde 1790.

Leopoldo ‖ ~ **I** (1790-1865), rey de los belgas desde 1831. ‖ ~ **II** (1835-1909), rey de los belgas desde 1865. Creó el Estado Libre del Congo en 1885, que cedió, con sus riquezas, a su país en 1908. ‖ ~ **III** (1901-1983), rey de los belgas de 1934 a 1951, hijo de Alberto I. Abdicó en favor de su hijo Balduino I.

Leopoldville. V. KINSHASA.

leotardo m. Traje sin mangas, muy ajustado al cuerpo, usado por gimnastas y trapecistas. — Pl. Prenda muy ajustada, generalmente de punto, que cubre desde el pie hasta la cintura.

Leovigildo, rey hispanovisigodo (573-586), padre de San Hermenegildo.

Lepanto, c. de Grecia, en el N. del estrecho homónimo, que comunica el golfo de su mismo nombre o de Corinto con el mar Jónico. Don Juan de Austria derrotó a los turcos en una batalla naval (1571).

Lepe, v. al S. de España (Huelva).

leperada f. *Méx.* Expresión obscena ; picardía.

lépero, ra adj. *Amer.* Ordinario, grosero, vulgar. ‖ *Cub.* Astuto.

leperuza f. *Méx.* Pelandusca.

Lépido (Marco Emilio), triunviro romano, con Marco Antonio y Octavio (43-36). M. el año 13 a. de J. C.

lepidóptero, ra adj. Aplícase a los insectos que tienen dos pares de alas finas cubiertas de escamas, como las mariposas (ú. t. c. s. m.).

lepórido m. Animal híbrido hipotético de conejo y liebre. ‖ — Pl. Familia de roedores que comprende las liebres y los conejos (ú. t. c. adj.).

leporino, na adj. Relativo a la liebre. ‖ *Labio leporino,* deformidad congénita caracterizada por la división del labio superior.

lepra f. *Med.* Infección crónica de la piel, debida a la presencia del bacilo Hansen, que cubre aquélla de pústulas y escamas. ‖ *Fig.* Vicio que se extiende como la lepra.

leprosería f. Hospital de leprosos.

leproso, sa adj. y s. Con lepra.

Lequeitio, v. y puerto en el N. de España (Vizcaya). Pesca.

Lera (Ángel María de), novelista español (1912-1984), autor de *Los clarines del miedo, La boda, Las últimas banderas, Los que perdimos,* etc.

lerdo, da adj. y s. Torpe.

Lerdo, mun. al oeste de México (Durango), cap. *Ciudad Lerdo.* Agricultura. Centro comercial e industrial. Forma con las c. de Torreón y Gómez Palacio una gran conurbación.

Lerdo de Tejada (Miguel), político

mexicano (1812-1861), propulsor de la Reforma. ‖ ~ (MIGUEL), músico mexicano (1869-1941), autor de populares canciones *(Perjura, Paloma blanca, Las golondrinas).* ‖ ~ (SEBASTIÁN), político mexicano, hermano del primer citado (1827-1889). Luchó, en unión de Juárez, contra la intervención francesa y fue pres. de la Rep. de 1872 a 1876. Derrocado por Porfirio Díaz.

Lérida, en cat. *Lleida,* c. del NE. de España en Cataluña, cap. de la prov. homónima y de la comarca de Segriá. Está atravesada por el río Segre. Centro comercial. Obispado. — Mun. y pobl. de Colombia (Tolima).

leridano, na adj. y s. De Lérida (España, Colombia).

Lerma, v. de España (Burgos). Colegiata gótica (s. XVI). — Mun. de México (México). Industria automovilística. ‖ ~-Santiago, sistema fluvial de México de unos 900 km. Empieza con el *río Lerma* y sigue con el tramo llamado *Grande de Santiago.* Grandes centrales hidroeléctricas (Tepuxtepec, Solís y Yurécuaro).

Lerma (Francisco de SANDOVAL y ROJAS, *duque* de), político español (1553-1623), favorito del rey Felipe III.

Lermontov (Mijail Yurievich), escritor romántico ruso (1814-1841), autor de poemas.

Lerna, laguna griega del Peloponeso (Argólida). — V. HIDRA.

Lerroux (Alejandro), político republicano español (1864-1949), jefe del Partido Radical. Presidente del Consejo de Ministros (1933-1935).

les es dativo del pronombre personal de tercera persona en ambos géneros *(les propuse venir conmigo)* y de segunda cuando se habla de usted *(les digo que no).*

Lesage (Alain René), escritor francés (1668-1747), autor de la novela *Gil Blas de Santillana,* del cuento *El Diablo Cojuelo* y de comedias *(Turcaret).*

lesbianismo m. Homosexualidad en la mujer.

lesbiano, na adj. Dícese de la mujer homosexual (ú. t. c. s. f.).

Lesbos o **Mitilene,** isla griega del mar Egeo, cerca de Turquía.

Lesczinski, familia polaca a la que perteneción Estanislao, rey de Polonia, y la reina María, esposa de Luis XV de Francia.

lesión f. Daño corporal : *lesión interna.* ‖ Herida : *lesión en la pierna.* ‖ *Fig.* Perjuicio. ‖ *For.* Daño causado en un contrato.

lesionar v. t. Causar lesión (ú. t. c. pr.). ‖ Causar perjuicio.

lesivo, va adj. Perjudicial.

leso, sa adj. Palabra que se pone delante de ciertos sustantivos para indicar que la idea expresada por el nombre ha sido atacada, violada : *crimen de lesa majestad.*

Lesotho, antes *Basutolandia,* Estado de África meridional, miembro del Commonwealth ; 30 343 km² ; 1 350 000 h. ; cap. *Maseru,* 29 000 h. El país es un enclave en la Rep. de África del Sur.

Lesseps (Ferdinand Marie, *vizconde* de), ingeniero y diplomático francés (1805-1894). Proyectó y dirigió la construcción del canal de Suez (1869) y trató de abrir el de Panamá.

Lessing (Gotthold Ephraim), escritor alemán (1729-1781), autor de dramas *(Emilia Galotti, Nathan el sabio),* de ensayos de crítica y de poesías.

let m. (pal. ingl.) Net.

letal adj. Mortífero : *sueño letal.*

letanía f. Oración formada por una larga serie de breves invocaciones (ú. m. en pl.). ‖ Procesión de rogativa en que se cantan letanías (ú. m. en pl.). ‖ *Fig.* y *fam.* Enumeración larga, lista interminable, sarta.

letargo m. *Med.* Estado de somnolencia enfermiza, profunda y prolongada, sin fiebre ni infección. ‖ Estado de sopor de algunos animales en ciertas épocas. ‖ *Fig.* Modorra.

Lete o **Leteo,** uno de los ríos del Infierno. *(Mit.)*

Letelier (Alfonso), compositor chileno, n. en 1912, autor de *Misa solemne, Suite grotesca,* canciones, un concierto de guitarra, etc.

Leticia, c. del S. de Colombia, cap. de la comisaría de Amazonas.

leticiano, na adj. y s. De Leticia (Colombia).

letífero, ra adj. Mortal.

Leto, n. griego de *Latona*.

letón, ona adj. y s. De Letonia. || — M. Lengua hablada por los letones.

Letonia o **Latvia,** rep. federada de la U. R. S. S., en el litoral del mar Báltico ; 63 700 km² ; 2 442 000 h. (*letones*) ; cap. *Riga*.

letra f. Cada uno de los signos del alfabeto con los que se indican los sonidos de una lengua : *el alfabeto castellano consta de 28 letras.* || Carácter tipográfico que representa uno de los signos del alfabeto. || Cada uno de los estilos de escritura : *letra itálica.* || Manera de escribir : *tiene una letra muy bonita.* || Texto de una canción : *la letra del himno nacional.* || Lema, divisa. || Letra de cambio. || Sentido riguroso de un texto : *atenerse a la letra de un escrito.* || *Fig.* Astucia. || — Pl. Carta : *me envió dos letras para anunciarme su venida.* || Literatura (por oposición a ciencias) : *licenciado en letras ; Facultad de Letras.* || Conocimientos : *es un hombre de letras.* || — *A la letra* o *al pie de la letra,* literalmente. || *Bellas Letras,* literatura. || *Con todas sus letras,* sin omitir nada. || *De su puño y letra,* con su propia mano. || *Letra bastardilla,* la itálica. || *Letra de cambio,* documento de giro mediante el cual el firmante ordena a una persona que pague, en una época determinada, cierta cantidad a otra. || *Letra de imprenta* o *de molde,* caracteres impresos. || *Letra florida,* mayúscula decorativa. || *Fig. Letra muerta,* dícese de lo que no tiene ningún valor real. || *Primeras letras,* iniciación de la enseñanza. || *Protestar una letra,* requerir ante notario a la persona que no paga una letra de cambio. || *Fig. Tener mucha letra menuda,* ser muy astuto.

letrado, da adj. Instruido. || *Fam.* Presumido. — M. y f. Abogado.

Letrán || ~ (*Palacio de*), palacio de la Roma antigua ; residencia de los papas durante diez siglos. Cerca de este edificio se halla una *basílica,* que es la catedral de Roma. || ~ (*Tratado de*), tratado firmado en 1929 por la Santa Sede e Italia, por la que ésta reconocía la soberanía del Papa en la Ciudad del Vaticano.

letrero m. Escrito o enseña para indicar una cosa : *letrero luminoso.*

letrilla f. Composición poética de versos cortos en estrofas que tienen el mismo estribillo.

letrina f. Retrete.

leu m. Unidad monetaria rumana. (Pl. *lei.*)

leucemia f. *Med.* Enfermedad que se caracteriza por un aumento del número de glóbulos blancos (leucocitos) en la sangre.

leucémico, ca adj. Relativo a la leucemia. || Que la padece (ú. t. c. s.).

leucocito m. Glóbulo blanco de la sangre y de la linfa, que asegura la defensa contra los microbios (cada mm³ de sangre contiene 7 000).

leucorrea f. *Med.* Flujo blanquecino en las vías genitales de la mujer.

Leumann (Carlos Alberto), escritor argentino (1882-1952), autor de novelas, cuentos, ensayos y poesías.

lev m. Unidad monetaria búlgara. (Pl. *leva.*)

leva f. Salida de un barco del puerto. || Reclutamiento de gente para el servicio militar. || *Mec.* Rueda con muescas que transmite o dirige el movimiento de una máquina : *árbol de levas.* | Álabe. || Plural de lev.

levadizo, za adj. Que se puede levantar : *puente levadizo.*

levadura f. Hongo unicelular empleado para obtener una fermentación industrial. || Masa, con la que se hace el pan, que se aparta y se deja agriar para añadirla después a la masa fresca y provocar el esponjamiento.

levantamiento m. Acción y efecto de levantar. || Erección : *levantamiento de una estatua.* || Construcción : *levantamiento de un edificio.* || Subida : *levantamiento de las cejas.* || Alzamiento, rebelión, sublevación : *levantamiento militar.* || Levantamiento de la veda, suspensión de la prohibición de cazar o pescar.

levantar v. tr. Mover de abajo hacia arriba : *levantó la cabeza.* || Colocar derecho lo que estaba inclinado : *levantar la barrera de un paso a nivel.* || Alzar, dirigir hacia arriba : *levantó la vista.* || Destapar, retirar : *levantar la cubierta.* || Hacer, provocar : *levantar una polvareda.* || Construir, edificar, erigir : *levantar una torre.* || Quitar : *levantar el mantel.* || Salir, hacer : le *levantó ampollas.* || Trazar : *levantó un plano topográfico.* || Poner : *siempre levanta obstáculos.* || Hacer constar, tomar por escrito : *levantaron un acta, un atestado.* || Retirar : *levantar el ancla del fondo.* || Subir : *levantar el telón.* || Abandonar, cesar : *levantar el asedio.* || Hacer salir de donde está oculto : *el perro levanta la caza.* || *Fig.* Trastornar, remover : *eso levanta el estómago.* | Sublevar : *levantar al hijo contra el padre.* | Restablecer la prosperidad de : *levantaron la economía nacional.* | Señalar : *levantar errores.* | Suscitar, provocar : *problemas levantados por su política.* | Hacer : *levantar falso testimonio.* | Suprimir, hacer cesar : *levantar un castigo.* | Suspender : *levantar la excomunión.* | Dar por terminado : *levantar una sesión, la veda.* | Irse de : *levantó el campo.* | Alistar, reclutar : *levantar un ejército de mercenarios.* | Alzar : *no levantes la voz.* | Animar, hacer más animoso : *¡levanta tu moral!* | Causar, ocasionar : *su discurso levantó gritos de aprobación.* | Hacer : *levantar un censo.* | Recoger y ordenar lo que se ha usado : *levantar la cama.* — V. pr. Comenzar a aparecer : *el Sol se levanta temprano.* || Empezar a formarse, a extenderse, a soplar : *se levantó un gran viento.* | Ponerse borrascoso : *el mar se levanta.* || Ponerse mejor : *el tiempo se levanta.* | Ponerse de pie : *se levantó al llegar las señoras.* | Abandonar o dejar la cama : *levantarse tarde.* | Rebelarse, sublevarse : *el pueblo se levantó en armas.* | Subir en el aire : *el avión se levantó majestuosamente.* | Alzarse, erguirse : *a lo lejos se levanta un campanario.* | Estallar, desencadenarse : *se levantó un escándalo.* | — *Al levantarse la sesión, al terminarse.* | *Fig. Levantarse la tapa de los sesos,* suicidarse. | *Levantársele a uno el estómago,* tener náuseas.

levante m. Punto por donde sale el Sol. || Viento que sopla del Este. || Región situada al Este.

Levante, n. dado al conjunto de países de la parte oriental del Mediterráneo. — Región de Valencia y Murcia, al este de España.

levantino, na adj. y s. De Levante.

levantisco ca adj. y s. De Levante.

levar v. t. Levantar las anclas.

leve adj. Ligero. || *Fig.* Poco grave, de no mucha importancia : *herida leve.*

leví adj. f. Ligereza.

Levene (Ricardo), historiador argentino (1885-1959).

Leverkusen, c. de Alemania Occidental (Renania-Westfalia).

Leví, tercer hijo de Jacob, antepasado de la tribu de Israel.

Leviatán, monstruo marino del que habla el *Libro de Job* (Biblia).

Levillier (Roberto), historiador y diplomático argentino (1886-1969)

Levingston (Roberto Marcelo), general argentino, n. en 1920, pres. de la Rep. en 1970. Derrocado en 1971.

Levinson (Luisa Mercedes), escritora argentina, n. en 1914, autora de cuentos de tema fantástico y de obras de teatro.

levita m. Sacerdote de la tribu de Leví. | Diácono. — F. Traje de hombre con faldones largos.

levitación f. Acto de levantar un cuerpo por la sola fuerza de la voluntad.

levítico, ca adj. De los levitas de Israel. || *Fig.* Clerical.

Levítico, tercer libro del *Pentateuco* de Moisés.

Lewis (Juan Treharne), endocrinólogo argentino, n. en 1898. | — (SINCLAIR), novelista norteamericano (1885-1951), autor de *Babbitt, Calle Mayor, Elmer Gantry, El doctor Arrowsmith, Dodsworth, Sangre de rey,* etc. (Pr. Nobel en 1930.) | — **Carroll.** V. CARROLL.

léxico, ca adj. Relativo al léxico. || — M. Diccionario abreviado. || Conjunto de las palabras de una lengua o las utilizadas por un escritor.

lexicografía f. Arte de componer léxicos o diccionarios. || Estudio de la voces o palabras de una lengua.

lexicográfico, ca adj. Relativo a las lexicografía.

lexicógrafo, fa m. y f. Especialista en lexicografía.

lexicología f. Estudio científico de las palabras desde el punto de vista histórico, semántico, etimológico, etc.

lexicológico, ca adj. Relativo a la lexicología.

lexicólogo, ga m. y f. Especialista en lexicología.

lexicón m. Léxico.

Lexington, c. en el centro este de los Estados Unidos (Kentucky).

ley f. Expresión de la relación necesaria que une entre sí dos fenómenos naturales. || Regla constante que expresa esta relación : *leyes de la atracción de la Tierra.* || Destino ineludible : *eso es ley de vida.* || Cariño, afecto : *le he cobrado mucha ley.* || Proporción que un metal precioso debe tener en una aleación : *oro de ley.* || Calidad, peso o medida reglamentaria que ha de tener algunos géneros. || Conjunto de reglas dictadas por el legislador : *ley de enjuiciamiento civil.* || Cualquier regla general y obligatoria a la que ha de someterse una sociedad : *leyes fundamentales.* || Poder, autoridad, dominio : *la ley del más fuerte.* || Religión : *la ley de los mahometanos.* || — Pl. Derecho : *estudié leyes en Madrid.* || — *Al margen de la ley* o *fuera de la ley,* fuera de las reglas por las que se rige una sociedad. || *Fig. Con todas las de la ley,* siguiendo el camino marcado por la ley. | *Hecha la ley, hecha la trampa,* cuando se promulga una ley siempre hay alguien que intenta soslayarla usando artificios. | *Ley de bases,* la que determina los fundamentos de una nueva ley. || *Fam. Ley del embudo,* dícese cuando uno aplica la ley estrictamente para los demás y es transigente consigo mismo. || *Ley divina,* conjunto de reglas reveladas por Dios a los hombres. || *Ley natural,* conjunto de reglas de conducta basadas en la naturaleza misma del hombre y de la sociedad. || *Ley nueva,* religión de Jesucristo. || *Ley orgánica,* ley, sin carácter constitucional, concerniente a la organización de los poderes públicos. || *Ley sálica,* la que no permitía que reinasen las mujeres. || *Ley seca,* la que prohíbe el consumo de bebidas alcohólicas, vigente en los Estados Unidos de 1919 a 1933.

Leyden, c. al oeste de Holanda (Holanda Meridional), atravesada por un brazo del Rin. Universidad.

Leyte, isla del archip. de las Visayas (Filipinas) ; cap. *Tacloban.*

leyenda f. Relato de la vida de un santo : *la leyenda de San Millán.* || Relato de carácter imaginario en el que los hechos históricos están deformados por la mente popular o la invención poética : *leyendas de la Edad Media ; leyenda de Rolando.* || Invención fabulosa. || *Leyenda negra,* relato de la conquista de América hostil a los españoles.

Leyes de Indias, código que recopilaba las disposiciones legales españolas para el gobierno del Nuevo Mundo (1681).

Leyton, sector NE. del Gran Londres.

Leyva (Gabriel S.), político mexicano (1871-1910), precursor de la Revolución. Se rebeló contra Porfirio Díaz. M. fusilado.

Lezama, parque al SE. de la ciudad de Buenos Aires.

Lezama Lima (José), escritor cubano (1912-1976), autor de poesías (*Muerte de Narciso, Enemigo rumor, Aventuras sigilosas, La fijeza*) y de novelas (*Paradiso*).

lezna f. Instrumento de zapatero para agujerear el cuero.

Lezo, mun. de España (Guipúzcoa).

Lezo (Blas de), marino español (1689-1741), que defendió el puerto de Cartagena de Indias contra los ataques ingleses (1741).

Lhassa, cap. del Tíbet (China), a más de 3 600 m de altura ; 70 000 h. Ciudad sagrada de los budistas y ant. residencia del Dalai Lama.

Lhotse, monte de la cordillera del Himalaya ; 8 545 m.

Li, símbolo del litio.

Li ‖ ~ **Kong-Lin.** V. LILONG-MIEN. ‖ ~ **Po** o **Li Taipo,** poeta lírico chino (¿ 701 ?-762).

Liakov o **Liakhov** (ISLAS), archip. soviético en el océano Glacial Ártico (costa de Siberia).

liana f. Bejuco.

Liaoning, prov. del NE. de China ; cap. Chenyang. Industrias.

liar v. t. Envolver : *liar un pitillo ; liar en una manta.* ‖ *Fig.* y *fam.* Engatusar. | Meter en un compromiso : *no me líes en este asunto* (ú. t. c. pr.). ‖ Enredar, complicar : *que siempre lo lías todo.* ‖ — V. pr. *Pop.* Amancebarse. ‖ *Fig.* Trabucarse, embarullarse. | Empezar, entablar : *se liaron en una discusión inútil.* ‖ Complicarse. | Enredarse, meterse.

lías y **liásico** m. Conjunto de las capas inferiores del terreno jurásico.

libación f. Acción de libar. ‖ Efusión de vino o de otro licor que hacían los antiguos en honor de los dioses.

libanés, esa adj. y s. Del Líbano.

Líbano, macizo montañoso de Asia, paralelo al Mediterráneo. — Mun. y c. de Colombia (Tolima). Minas.

Líbano, rep. de Asia occidental, ribereña del Mediterráneo. Limita con Siria e Israel ; 10 400 km² ; 3 200 000 h. *(libaneses).* Cap. *Beirut,* 940 000 h. (con los suburbios) ; otras c. : *Trípoli,* 145 000 h. ; *Zahle,* 35 000 ; *Saida* (Sidón), 60 000 ; *Sur* (Tiro), 12 000.

libar v. t. Chupar el jugo de una cosa : *la abeja liba las flores.* ‖ Probar un líquido, una bebida.

Libau. V. LIEPAJA.

libelista com. Autor de libelos.

libelo m. Escrito satírico o difamatorio. ‖ *For.* Petición o memorial.

libélula f. Insecto con cuatro alas membranosas : *la libélula se llama también caballito del diablo.*

liber m. Tejido vegetal provisto de conductos por los que pasa la savia.

liberación f. Acción de poner en libertad : *la liberación de un preso.* ‖ Cancelación de una hipoteca. ‖ Término puesto a la ocupación del enemigo.

liberador, ra adj. y s. Libertador.

liberal adj. Que es partidario de la mayor libertad individual posible en el terreno económico y político y contrario a la menor intervención del Estado (ú. t. c. s.). ‖ Indulgente, tolerante con cualquier tendencia, ideas o manifestaciones de éstas (ú. t. c. s.). ‖ Generoso. ‖ — *Artes liberales,* las que eran antiguamente realizadas por personas de condición libre, como la pintura y la escultura. ‖ *Partido liberal,* nombre que llevan en diversos países (Gran Bretaña, Alemania Occidental, Bélgica, Italia) algunos partidos políticos cuyas doctrinas están basadas en el liberalismo. ‖ *Profesión liberal,* profesión intelectual en la que no existe ninguna subordinación entre el que la efectúa y el que acude a sus servicios (notarios, procuradores, abogados, médicos, consejeros, etc.).

liberalidad f. Disposición de dar, generosidad. ‖ Carácter liberal.

liberalismo m. Doctrina *(liberalismo económico)* de los partidarios de la libre empresa que se oponen al socialismo o al dirigismo y, más especialmente, teoría según la cual el Estado no ha de intervenir en las relaciones económicas que existen entre los individuos, clases o naciones. ‖ Doctrina *(liberalismo político)* que sostiene, sin negar por ello la autoridad del Estado, que esta última no es en modo alguno absoluta y que los ciudadanos disponen de cierta autonomía que el Estado ha de garantizar. ‖ Indulgencia, tolerancia respecto a las opiniones, pareceres y conducta del prójimo.

liberalización f. Acción de liberalizar. ‖ Tendencia a promover una mayor libertad en los intercambios comerciales entre naciones.

liberalizar v. t. Hacer más liberal.

liberar v. t. Libertar. ‖ Eximir a uno de una obligación : *liberar de una*

promesa. ‖ Librar un país de la ocupación extranjera. ‖ — V. pr. Eximirse de una deuda, de una obligación.

liberatorio, ria adj. Que libera de una obligación.

Liberec, c. del NO. de Checoslovaquia (Bohemia).

Liberia, rep. de África occidental, en el golfo de Guinea. Creada en 1822 por negros libertados de Estados Unidos y dependiente de este país hasta 1847 ; 111 370 km² ; 1 900 000 h. *(liberianos).* Cap. *Monrovia,* 215 000 h.

Liberia, c. al noroeste de Costa Rica, cap. de la prov. de Guanacaste.

liberiano, na adj. y s. De Liberia.

líbero m. En fútbol, jugador que no marca a otro y que se dedica especialmente a defender la portería de los ataques del equipo contrario.

libérrimo, ma adj. Muy libre.

libertad f. Ausencia de obligación. ‖ Estado de un pueblo que no está dominado por un poder tiránico o por una potencia extranjera. ‖ Estado de una persona que no está prisionera o que no depende de nadie. ‖ Poder de hacer lo que no está prohibido, de obrar a su antojo. ‖ Libre arbitrio, facultad de actuar como queremos sin obligación alguna. ‖ Modo de hablar, de obrar, demasiado atrevido, sin tener en cuenta nuestros deberes. Ú. t. en pl. : *este chico se toma libertades con todo el mundo.* ‖ Facilidad, falta de impedimento : *libertad de movimientos.* ‖ Familiaridad : *tratarle con mucha libertad.* ‖ Derecho que uno se otorga : *me tomo la libertad de contradecirte.* ‖ — *Libertad condicional,* medida por la que el condenado a una pena privativa de libertad es liberado antes de la expiración de su castigo. ‖ *Libertad de conciencia,* derecho de tener o no una creencia religiosa. ‖ *Libertad de cultos,* derecho de practicar la religión que se escoja. ‖ *Libertad de*

LÍBANO

LIBERIA

imprenta o de prensa, derecho para manifestar su opinión en los periódicos y los libros sin previa censura. || *Libertad individual,* la que tienen todos los ciudadanos de no verse privados de ella sino en ciertos casos determinados por la ley. || *Libertad provisional,* la que goza un procesado no sometido a prisión preventiva.

Libertad (La), dep. al sur de El Salvador en la costa del Pacífico ; cap. *Nueva San Salvador.* Café. — C. y puerto al sur de El Salvador, en el dep. homónimo. — Dep. del N. del Perú ; cap. *Trujillo.* Agricultura. Minas. Terremoto en 1970.

libertador, ra adj. y s. Que liberta : *Bolívar y San Martín, libertadores de América.*

Libertador, n. que tuvo de 1936 a 1961 la prov. de Dajabón (Rep. Dominicana). || **(El).** V. CACHI. || ~ **General Bernardo O'Higgins,** VI Región de Chile, formada por las prov. de Cachapoal, Colchagua y Cardenal Caro ; cap. *Rancagua.* Situada en el centro del país, esta región exporta recursos mineros, en especial cobre y sus derivados, y productos agropecuarios. || ~ **General San Martín,** dep. al N. de la Argentina (Chaco) ; cab. *General José San Martín.* — Dep. al NE. de la Argentina (Misiones) ; cab. *Puerto Rico.*

libertar v. t. Poner en libertad. || Librar de un mal. || Eximir de una deuda u obligación (ú. t. c. pr.).

libertario, ria adj. y s. Defensor de la libertad absoluta, anarquista.

libertense adj. y s. De La Libertad (El Salvador).

liberteño, ña adj. y s. Del dep. de La Libertad (Perú).

libertinaje m. Manera de vivir disoluta : *un libertinaje desenfrenado.*

libertino, na adj. y s. Que lleva una vida disoluta, licenciosa.

liberto, ta m. y f. Esclavo que recobraba la libertad.

Libia, Estado de África del norte, formado por la unión de Tripolitania, Cirenaica y Fezzán ; 1 759 500 km² ; 3 960 000 h. (*libios*). Cap. *Trípoli,* 581 000 h. C. pr. *Bengasi,* 170 000 h. Petróleo. || ~ (DESIERTO DE), desierto al NE. de África, prolongación del Sáhara.

libidine f. Lujuria, lascivia.

libidinosidad f. Lujuria.

libidinoso, sa adj. y s. Lujurioso.

libido f. Forma de energía vital, origen de las manifestaciones del instinto sexual.

libio, bia adj. y s. De Libia.

libor m. (pal. ingl.) Tasa interbancaria en el mercado de Londres.

Liborio, nombre del guajiro que personifica al pueblo de Cuba.

libra f. Antigua medida de peso, de valor variable en diferentes lugares, que oscilaba entre 400 y 460 gramos. || Moneda imaginaria cuyo valor varía en los diversos países. || *Unidad monetaria inglesa* (*libra esterlina*), dividida hasta 1971 en 20 chelines o 240 peniques y ahora en 100 nuevos peniques. || *Unidad de moneda de Egipto, Israel, Chipre, Turquía, Malta, Sudán, Libia, Eire, Líbano, Nigeria, Gambia, Sierra Leona y Siria.* || Unidad monetaria del Perú, que contiene 10 soles. || *Fam. Entrar pocos en libra,* encontrarse muy pocos.

Libra, séptimo signo del Zodiaco. — Constelación del hemisferio austral que se encuentra en el hemisferio austral delante del signo del mismo nombre.

librador, ra adj. y s. Que libra. — M. y f. Persona que gira una letra de cambio.

libramiento m. Acción y efecto de librar. || Orden de pago.

libranza f. Orden de pago.

librar v. t. Sacar a uno de un peligro o aprieto : *librar de la tiranía.* || Confiar en una persona o cosa : *librar su esperanza en Dios.* || Empeñar, entablar, trabar : *librar batalla para obtener la emancipación de la mujer.* || Com. Girar. || Dicho de una sentencia, pronunciarla, y de un decreto, promulgarlo. || Parir la mujer. || — V. i. Parir la mujer. || Disfrutar los empleados y obreros del

LIBIA

día de descanso semanal. || — V. pr. Evitar : *librarse de un golpe.* || Eximirse de una obligación. || Deshacerse de un prejuicio.

libre adj. Que posee la facultad de obrar como quiere : *el hombre se siente libre.* || Que no está sujeto a la dominación extranjera, independiente : *nación libre.* || Que no depende de nadie : *persona que es completamente libre.* || Que no experimenta ninguna molestia, que hace lo que quiere : *me encuentro muy libre en tu casa.* || Que ha pasado el peor momento : *libre de cuidados.* || Sin ninguna sujeción o traba : *comercio libre.* || Que no tiene obstáculos : *la vía está libre.* || Desocupado : *queda todavía un piso libre.* || Que no está ocupado : *le dejaron pronto libre.* || Que no tiene ocupación : *en mis ratos libres.* || Atrevido, osado : *muy libre en sus actos.* || Exento : *libre de franqueo.* || Dispensado : *libre de toda obligación.* || Fig. Sin novio o novia. || — *Estudiar por libre,* estudiar sin asistir a las clases para presentarse luego a los exámenes. || *Fig. Ir por libre,* hacer una cosa a su antojo y sin la colaboración de nadie. || *Libre albedrío* o *libre arbitrio,* libertad absoluta que tienen los seres racionales para obrar según les parezca. || *Libre cambio,* librecambio. || *Traducción libre,* aquella en que no se traduce el texto palabra por palabra. || *Verso libre,* el que no se ajusta a rima. || — M. *Méx.* Coche de alquiler distinto del taxi al no tener taxímetro y fijarse el precio según lo acordado entre el propietario y el usuario, turismo.

librea f. Uniforme que llevan ciertos criados y pajes *con libreas.*

librecambio m. Comercio entre naciones sin prohibiciones o derechos de aduana.

librecambismo m. Doctrina que defiende el librecambio.

librecambista adj. Relativo al librecambio. || Partidario de él (ú. t. c. s.).

librepensador, ra adj. Dícese de la persona que se considera libre de cualquier dogma religioso (ú. t. c. s.).

librepensamiento m. Doctrina que defiende la independencia absoluta de la razón individual de cualquier dogma religioso.

librería f. Tienda de libros. || Comercio del libro : *librería de lance.* || Armario para colocar libros.

librero, ra adj. De los libros, de la librería, de la edición. || — M. y f. Persona que vende libros.

libresco, ca adj. Relativo al libro.

libreta f. Cuaderno. || Cartilla de ahorros.

libretista com. Autor de un libreto de ópera, opereta, zarzuela, etc.

libreto m. Obra de teatro a la que se pone música : *libreto de ópera.*

Libreville, c. al noroeste de Gabón, en la desembocadura del río de este nombre y cap. del país ; 190 000 h. Arzobispado. Universidad.

librillo m. Cuadernillo de papel de fumar. || Libro de los rumiantes.

libro m. Conjunto de hojas de papel escritas o impresas reunidas en un volumen cosido o encuadernado : *libro de texto.* || Conjunto de hojas de papel cosidas para anotar algo : *libro de señas, de reclamaciones.* || Obra en prosa o verso de cierta extensión. || División de una obra. || Libreto. || Tercera de las cuatro cavidades del estómago de los rumiantes. || — *Fig. Ahorcar los libros,* abandonar los estudios. || *Hablar como un libro,* hablar muy bien. || *Libro amarillo, azul, blanco, rojo, verde,* el que contiene documentos diplomáticos o políticos y que publican en determinados casos los gobiernos. || *Libro de caballerías,* relato en prosa o en verso de las aventuras heroicas y amorosas de los caballeros andantes (*El Caballero Cifar, Amadís de Gaula,* etc.). || *Libro de caja,* aquel en que se consignan las entradas y salidas de dinero. || *Libro de comercio,* cada uno de los que debe tener todo comerciante para asentar cotidianamente sus operaciones. || *Libro de oro,* aquel donde se inscribían en ciertas ciudades de Italia los nombres de las familias más ilustres ; (fig.) el utilizado para poner los nombres y firmas de las personas célebres que visitan un lugar. || *Libro de texto,* aquel en que se estudia una asignatura. || *Libro escolar,* libro en el que están señaladas las notas de un alumno. || *Libro de la Sagrada Escritura,* cada uno de los de la Sagrada Escritura. || *Libro sapiencial,* cada uno del Antiguo Testamento (*Los Proverbios, El Eclesiastés, El Cantar de los Cantares, El Libro de la Sabiduría y El Eclesiástico*).

Libro de buen amor, poema del Arcipreste de Hita, sátira contra la sociedad de su época (1330).

Licancábur, volcán andino al norte de Chile (Antofagasta) y Bolivia (Oruro) ; 5 930 m.

Licantén, c. en el centro de Chile en la VII Región (Maule) y en la prov. de Curicó, cap. de la com. de su n.

licencia f. Permiso : *con licencia de sus jefes.* || Grado universitario : *licencia en Derecho.* || Libertad dada por los poderes públicos para el ejercicio de ciertas profesiones y también para la importación o exportación de ciertos productos. || Certificado de inscripción de una persona o de una entidad que les autoriza a participar en una competición deportiva. || Documento que autoriza a quien se posee a practicar la caza o la pesca o a conducir un coche. || Terminación del servicio militar : *licencia de la quinta.* || Libertad demasiado grande y contraria al respeto y a la buena educación. || *Gram.* Infracción de las reglas gramaticales permitida en ciertos casos.

licenciado, da adj. Que ha hecho los estudios universitarios de una licencia (ú. t. c. s.). || Despedido, expulsado (ú. t. c. s.). || Que ha acabado el servicio militar (ú. t. c. s.). || — M. y f. *Amer.* Abogado.

licenciamiento m. Despido : *licenciamiento de todos los empleados.* || *Mil.* Licencia.

licenciar v. t. Despedir, echar. || Dar el título universitario de licenciado. || Autorizar, dar permiso. || Dar por terminado el servicio militar. || — V. pr. Obtener el grado, el título de licenciado universitario.

licenciatura f. Grado universitario.

licencioso, sa adj. Contrario a la decencia, al pudor.

liceo m. Uno de los tres gimnasios de Atenas, donde enseñaba Aristóteles. || Sociedad literaria o recreativa. || En algunos países, establecimiento de segunda enseñanza : *el liceo francés de Madrid.*

Liceo (*Teatro del*), teatro de Barcelona (España), dedicado a la ópera e inaugurado en 1847.

licitación f. Venta en subasta.

licitador, ra m. y f. Persona que licita.

licitante adj. y s. Que licita.

licitar v. t. *For.* Ofrecer precio por una cosa en subasta. || *Amer.* Vender en pública subasta.

lícito, ta adj. Que es justo. || Permitido por la ley.

licitud f. Calidad de lícito.

licor m. Cualquier cuerpo líquido. || Bebida alcohólica.

lictor m. Oficial que precedía con las fasces a los cónsules romanos.

licuable adj. Que se puede licuar.

licuación f. Acción y efecto de licuar.

licuado m. *Amer.* Batido, refresco.

licuadora f. *Amer.* Batidora.

licuar v. t. Convertir en líquido.

licuefacción f. Paso de un gas al estado líquido.

licuefacer v. t. Licuar.

Licurgo, legislador legendario de Esparta (s. IX a. de J. C.).

Lichfield, c. de Gran Bretaña, en Inglaterra (Stafford), al N. de Birmingham. Obispado anglicano.

lid f. Combate, pelea, lucha. || *Fig.* Contienda, disputa, riña. || Actividad, asunto : *gran experto en semejantes lides.* || *En buena lid,* valiéndose de medios legítimos.

líder com. Jefe, dirigente : *el líder de un partido.* || El primero en una clasificación. Ú. t. c. adj. : *editorial líder en el mundo de los diccionarios.*

lideraje m. Liderato.

liderar v. t. Dirigir. || Ir a la cabeza.

liderato y **liderazgo** m. Jefatura, el *liderato estudiantil.*

lidia f. Acción y efecto de lidiar : *toros de lidia.* || *Amer.* Tarea fatigosa, trabajo pesado.

Lidia, ant. región de Asia Menor, bañada por el mar Egeo ; cap. *Sardes.*

lidiador, ra m. y f. Combatiente, luchador. || Torero.

lidiar v. i. Combatir, luchar, pelear. || *Fig.* Tratar con una persona a la que hay que saber llevar. | Hacer frente a uno. || *Fig.* Harto de lidiar, cansado de luchar. || — V. t. Torear.

lidio, dia adj. y s. De Lidia.

Lido, isla que cierra la laguna de Venecia. Palacio del festival cinematográfico de Venecia.

Liébana, comarca en el norte de España (Cantabria).

liebre f. Mamífero parecido al conejo, muy corredor y de orejas largas. || *Fig. Coger una liebre,* caerse. | *Correr como una liebre,* correr mucho. | *Donde menos se piensa, salta la liebre,* muy a menudo las cosas ocurren cuando menos se esperan.

Liebre pequeña constelación austral.

Liechtenstein, principado de Europa central, entre Austria y Suiza ; 159 km² ; 25 000 h. (*liechtensienses*). Cap. *Vaduz,* 4 500 h. Industrias. La lengua oficial del país es el alemán.

liechtensteinse adj. y s. De Liechtenstein.

lied m. (pal. alem.). Canción popular o melodía romántica. (Pl. *lieder.*)

Lieja, c. al este de Bélgica, cap. de la prov. homónima, a orillas del Mosa. Obispado. Universidad. Observatorio.

liejes, esa adj. y s. De Lieja (Bélgica).

Liendo (Pedro de), pintor y escultor

español, residente en Guatemala, m. en 1657.

liendre f. Huevo del piojo.

liendrudo, da adj. *Amer.* Lendroso.

Lientur, caudillo araucano, m. en 1629.

lienzo m. Tela en general. || Tela en un bastidor en la que se pinta. || Cuadro pintado. || Pared de un edificio, panel. || Trozo de muralla de una fortificación. || *Fam. Ídem de lienzo,* lo mismo, exactamente igual.

Liepaja, ant. *Libau,* c. y puerto al NO. de la U. R. S. S. (Letonia).

lift m. (pal. ingl.). Volea con efecto dado a una pelota de tenis, etc.

liftar v. t. Dar a la pelota cierto efecto con un movimiento de rotación.

lifting m. (pal. ingl.). Operación quirúrgica consistente en estirar la piel de la cara para hacer desaparecer las arrugas.

liga f. Cinta elástica con que se sujetan las medias o calcetines. || *Muérdago.* | Materia pegajosa que se saca del muérdago. || Mezcla, aleación. || Confederación, alianza. || Agrupación de personas o colectividades. || En deportes, campeonato. || *Fig. Lazo, nexo, vínculo.* | *Hacer buena liga,* llevarse bien.

ligadura f. Acción y efecto de ligar o unir. || Vuelta que se da a una cosa con cinta o liga. || Lo que sirve para atar o unir. || *Cir.* Venda con que se agarrota. | Atadura de una vena o arteria. || *Fig.* Sujeción : *las ligaduras del matrimonio.*

ligamen m. Impedimento dirimente para contraer nuevo matrimonio. || *Fig.* Atadura, lazo, vínculo.

ligamento m. *Anat.* Conjunto de haces fibrosos que une los huesos entre sí en las articulaciones o mantiene los órganos en la debida posición. || Entrelazamiento de un tejido. || Acción y efecto de ligar o ligarse. || *Ligamento de trompas,* obstrucción de las trompas de Falopio en una mujer para impedir el paso del óvulo desde el ovario al útero e impedir así la procreación.

ligar v. t. Atar. || Alear metales. | Unir, enlazar. || Obligar : *estar ligado por una promesa.* | Trabar : *ligar amistad.* || — V. i. Trabar amistad, entenderse. | Relacionarse. | Reunir dos o varios naipes del mismo color. | *Fam.* Hacer la conquista de una mujer. || — V. pr. Confederarse. | Comprometerse.

ligazón f. Unión, trabazón.

ligereza f. Calidad de ligero. || Prontitud, agilidad. || *Fig.* Inconstancia. | Hecho o dicho irreflexivo. | Acto informal, poco serio.

ligero, ra adj. Que pesa poco : *metal ligero.* || Ágil. || Rápido : *ligero de pies.* || Fácil de digerir. || Que tiene poca fuerza : *café ligero.* || Muy fino : *traje ligero.* || Frugal : *comida ligera.* || *Desconsiderado : pecar de ligero.* | Atolondrado. || Superficial : *sueño ligero.* | Inconstante, voluble : *una mujer ligera.* | Poco grave : *falta ligera.* || — Adv. De prisa. || *A la ligera,* de prisa ; irreflexivamente. | *De ligero,* sin reflexión. || *Fig. y fam. Ligero de cascos,* un poco loco. | *Peso ligero,* una de las categorías de boxeo, de 61,235 a 66,678 kg de peso.

lignificarse v. pr. Transformarse en madera.

lignito m. Carbón fósil que tiene un gran porcentaje de carbono.

ligón, ona adj. y s. *Fam.* Conquistador amoroso. | Que tiene suerte con las cartas de juego.

Ligua (La), c. del centro de Chile en la V Región (Valparaíso), cap. de la prov. de Petorca y de la com. del mismo nombre. Centro ferroviario. Agricultura. Ganadería.

ligue m. *Fam.* Relación amorosa y persona con la que se tiene.

liguero, ra adj. Relativo a la liga. || — M. Prenda de mujer que sirve para sujetar las ligas.

liguilla f. Torneo deportivo jugado entre pocos equipos.

ligur adj. Dícese del individuo de un pueblo ant. establecido entre el SE. de la Galia y Lombardía (ú. t. c. s.).

Liguria, región continental del N. de Italia, que comprende las prov. de Génova, Imperia, La Spezia y Savona. — Estado de la penins. de Italia,

creado en 1797. (La *República de Liguria* sustituyó a la de Génova.)

lija f. Pez marino del orden de los selacios. || Piel de este pez o de otros parecidos. || Papel esmerilado.

lijadora f. Máquina para lijar.

lijar v. t. Pulir con lija. || *Fig.* Hacer disminuir : *lijar asperezas.*

Likasi, ant. *Jadotville,* c. del Zaire en la región de Shaba y al sur del país.

lila f. Arbusto de la familia de las oleáceas, muy común en los jardines. || Su flor. || — M. Color morado claro (ú. t. c. adj.). || *Fam.* Tonto.

Lila, en fr. *Lille,* c. al N. de Francia, en Flandes, cap. del dep. del Nord. Obispado. Universidad. Textiles.

liliáceas f. pl. Familia de plantas monocotiledóneas, como el tulipán, el ajo, la cebolla, etc. (ú. t. c. adj.).

Liliput, país imaginario, cuyos moradores eran enanos, donde finalizó la primera etapa del viaje de Gulliver, héroe de J. Swift.

liliputiense adj. y s. *Fig.* Muy pequeño, diminuto, enano.

Lilongwe, c. al SE. de Malawi, cap. del país desde 1975 ; 110 000 h.

Lille. V. LILA.

Lillo (Baldomero), escritor chileno (1867-1923), autor de cuentos. (*Sub-Terra, Sub-Sole*). || ~ (EUSEBIO), poeta y político chileno (1827-1910), autor del himno nacional. || ~ (GEORGE), autor dramático inglés (1693-1739). || ~ (MIGUEL), naturalista argentino (1862-1931). || ~ (SAMUEL A.), poeta chileno (1870-1958), hermano de Baldomero.

lima f. Instrumento de acero templado, con la superficie estriada, que sirve para desgastar y alisar metales. || *Arq.* Madero del ángulo de las dos vertientes de un tejado en el cual estriban los pares cortos de la armadura. || *Bot.* Limero. | Su fruto, comestible y jugoso. || *Fig.* Corrección y enmienda de las obras del entendimiento. | Lo que consume imperceptiblemente una cosa.

Lima, c. en el centro oeste del Perú, cap. del dep. homónimo del país, cerca de la costa y a orillas del río Rímac ; 3 000 000 h. Arzobispado. Universidades (la de San Marcos, fundada en 1551, y otras más). Museos. Centro Comercial. Aeropuerto (*Limatambo*). Fundada por Francisco Pizarro en 1535 con el n. de *Ciudad de los Reyes.* Cap. del Virreinato del Perú hasta 1821.

Lima (Emiro), compositor y musicógrafo colombiano, n. en 1893. || ~ (JORGE), poeta, médico, pintor y escultor brasileño (1893-1953), creador de la poesía negra en su país (*Poemas, Nuevos Poemas, Una túnica inconsútil,* etc.). Ha publicado también novelas y ensayos. || ~ (SANTA ROSA DE). V. ROSA DE LIMA. || ~ **Barreto** (ALFONSO HENRIQUE DE), novelista brasileño (1881-1922).

Limache, com. de Chile en la V Región (Valparaíso) y en la prov. de Quillota ; cap. *San Francisco de Limache.*

limado, ra adj. y s. Que lima.

Limadura

limador, ra adj. y s. Que lima.

limadura f. Acción y efecto de limar. || — Pl. Partículas que caen al limar.

limalla f. Limaduras.

Limantour (José Yves), político y economista mexicano (1854-1935).

limar v. t. Alisar con la lima. || *Fig.* Pulir, perfeccionar una obra : *limar el estilo.* | Debilitar : *limar las asperezas.*

Limari, prov. de Chile en la IV Región (Coquimbo) ; cap. *Ovalle.* — Río de Chile (Coquimbo) ; 200 km.

Limasol, c. y puerto de Chipre.

Limay, río en el centro de la Argentina que al unirse al Neuquen une el río Negro ; 400 km. Represa.

limaza f. Babosa.

limbo m. Lugar donde se detenían esperando la redención del género humano, las almas de los santos y patriarcas. || Lugar a donde van las almas de los niños que mueren sin ser bautizar. || Borde de una cosa. || *Astr.* Contorno aparente de un astro. || *Bot.* Parte plana de una hoja o pétalo. || *Fig.* Distracción. || *Fig. Estar en el limbo,* estar en las nubes, distraído.

Limburgo, c. de Alemania Occidental (Hesse). Obispado. — Prov. del NE. de Bélgica ; cap. *Hasselt.* — Prov.

meridional de Holanda ; cap. *Maestricht*.

limeño, ña adj. y s. De Lima (Perú).

Limerick, c. y puerto al oeste de la república de Irlanda (Munster).

limero, ra m. y f. Persona que vende limas. ‖ — M. Árbol rutáceo, parecido al limonero, cuyo fruto es la lima.

liminar adj. Que está al principio.

limitable adj. Que puede limitarse.

limitación f. Fijación, restricción : *limitación de velocidad.* ‖ Término.

limitado, da adj. Con límites. ‖ *Fig.* De poca inteligencia. ‖ Escaso.

limitar v. t. Poner límites : *limitar un terreno.* ‖ Reducir a ciertos límites (ú. t. c. pr.). ‖ — V. i. Lindar, ser fronterizo.

limitativo, va adj. Que limita.

límite m. Línea común que divide dos Estados, dos posesiones, etc. ‖ Línea, punto o momento que señala el final de una cosa material o no : *una fuerza sin límites.* ‖ *Fig.* Tope : el *límite presupuestario.* ‖ *Mat.* Término del cual no puede pasar el valor de una cantidad. ‖ — Adj. Que no se puede sobrepasar : *precio límite.*

limítrofe adj. Que está en los límites, colindante : *países limítrofes.*

limnología f. Ciencia que estudia los lagos.

limo m. Cieno, légamo.

Limoges, c. en el centro de Francia, cap. del dep. de Haute-Vienne. Obispado. Porcelanas. Industrias.

limón m. Fruto del limonero, de color amarillo y pulpa ácida. ‖ Limonero, árbol. ‖ — Adj. inv. De color de limón : *amarillo limón.*

Limón ‖ ~ o **Puerto Limón,** c. y puerto al este de Costa Rica en el mar Caribe ; cap. de la prov. homónima. ‖ — **Indanza,** cantón al este del Ecuador (Morona-Santiago) ; cab. *General L. Plaza Gutiérrez.*

limonada f. Bebida compuesta de agua, azúcar y zumo de limón. ‖ *Guat.* Barrio de chabolas.

limonar m. Sitio plantado de limoneros.

Limonar, mun. al oeste de Cuba (Matanzas).

limoncillo m. Madera amarilla dura.

limonense adj. y s. De Limón (Costa Rica y Ecuador).

limonero, ra adj. Relativo al limón. ‖ — F. Nombre que de a los dos varales de un carruaje. ‖ — M. y f. Persona que vende limones. ‖ — M. Árbol de la familia de las rutáceas cuyo fruto es el limón. ‖ Su madera.

limosna f. Lo que se da por caridad para socorrer una necesidad.

limosnear v. i. Mendigar.

limosneo m. Mendicidad.

limosnero, ra adj. Caritativo. ‖ — M. y f. Persona que recoge y reparte las limosnas. ‖ *Amer.* Pordiosero.

limoso, sa adj. Cenagoso.

limousine [*limusín*] f. (pal. fr.). Coche automóvil cerrado, parecido al cupé, pero con cristales laterales.

limpeño, ña adj. y s. De Limpio (Paraguay).

limpia f. Limpieza : *la limpia de un pozo.* ‖ *Méx.* Hacerse una limpia, ahuyentar a los malos espíritus, a la mala suerte. ‖ — M. Fam. Limpiabotas.

limpiabarros m. inv. Objeto en las puertas de las casas para quitar el barro de las suelas de los zapatos.

limpiabotas com. inv. Persona que limpia y lustra el calzado.

limpiado m. Limpieza, lavado.

limpiador, ra adj. y s. Que limpia.

limpiamente adv. Claramente. ‖ Con honradez, con integridad.

limpiaparabrisas m. inv. *Autom.* Dispositivo automático provisto de escobillas móviles para mantener limpio el parabrisas.

limpiar v. t. Quitar la suciedad de una cosa : *limpiar un vestido.* ‖ Quitar las partes malas en un conjunto : *limpiar las lentejas.* ‖ *Fig.* Purificar. ‖ Desembarazar : *limpiar un sitio de mosquitos.* ‖ Podar. ‖ *Fam.* Hurtar : *me limpiaron el reloj.*

Limpias (Pedro de), conquistador español del s. XVI. Llegó a Venezuela en 1525.

limpidez f. Calidad de límpido.

límpido, da adj. Claro, puro.

limpieza f. Calidad, condición de limpio. ‖ Acción y efecto de limpiar

o limpiarse. ‖ *Fig.* Castidad, pureza. ‖ Honradez, integridad. ‖ Claridad. ‖ Destreza, habilidad. ‖ En los juegos, observación estricta de la regla.

limpio, pia adj. Que no tiene mancha o suciedad: *platos limpios.* ‖ Puro. ‖ Aseado, pulcro: *un niño muy limpio.* ‖ *Fig.* Exento: *limpio de toda sospecha.* ‖ Que lo ha perdido todo en el juego. ‖ Sin dinero. ‖ Sin mezcla: *aire limpio.* ‖ Neto: *precio limpio de comisiones.* ‖ Dícese de la fotografía clara. ‖ Decente. ‖ Claro: *motivos poco limpios.* ‖ — Adv. Limpiamente. ‖ *En limpio,* en resumen ; neto: *ganar un millón en limpio ;* sin enmiendas: *poner un escrito en limpio.*

Limpio, barrio de Asunción (Paraguay).

Limpopo, río del E. de África austral que desemboca en el océano Índico ; 1 600 km.

limusina f. Limousine.

lináceas f. pl. Familia de plantas que tiene por tipo el lino (ú. t. c. adj.).

linaje m. Ascendencia o descendencia de cualquier familia. ‖ Raza, familia. ‖ *Fig.* Clase, índole, especie.

linajudo, da adj. y s. Que es o presume de ser noble.

linaloe m. Áloe. ‖ Planta de madera olorosa de México.

linarense adj. y s. De Linares (Chile y España).

Linares, c. del sur de España (Jaén). Minas (plomo). Agricultura. Industrias. — C. del centro de Chile en la VII Región (Maule), cap. de la prov. y com. del mismo n. (Hab. *linarenses*). Centro comercial. Obispado. — C. al NE. de México (Nuevo León). Agricultura. Obispado. — Prov. al SE. de Bolivia (Potosí) ; cap. *Villa Talavera o Puna.*

Linares (José María), político boliviano (1810-1861), pres. de la Rep. de 1857 a 1861. Fue derrocado. ‖ ~ **Rivas** (Manuel), dramaturgo español (1867-1938), autor de obras de tesis (*La garra, La mala ley, Primero vivir, Cobardías, Cristobalón,* etc.).

Linati (Claudio), pintor italiano que residió en México (1790-1832).

linaza f. Simiente del lino.

lince m. Mamífero carnicero parecido al gato cerval, de los antiguos atribuían una vista muy penetrante. ‖ *Fig.* Persona muy perspicaz. ‖ *Ojos de lince,* los muy agudos.

Lincoln, partido de la Argentina (Buenos Aires). — C. en el centro de los Estados Unidos, cap. del Estado de Nebraska. Obispado. Universidad. — C. de Gran Bretaña e Inglaterra, cap. del condado homónimo.

Lincoln (Abraham), político norteamericano (1809-1865), pres. de la Rep. de 1860 hasta su asesinato por un fanático esclavista.

linchamiento m. Acción de linchar.

linchar v. t. Ejecutar un grupo de personas a un supuesto delincuente sin proceso criminal alguno.

linches m. pl. *Méx.* Alforjas fabricadas con filamento de maguey.

lindante adj. Que linda, limítrofe.

lindar v. i. Estar contiguos. ‖ *Fig.* Estar muy cerca.

Lindau, c. de Alemania Occidental (Baviera), en una isla del lago de Constanza.

Lindbergh (Charles), aviador norteamericano (1902-1974). Fue el primero que hizo en solitario la travesía sin escala Nueva York-París (1927).

linde f. Lindero.

lindero, ra adj. Que linda, limítrofe. ‖ — M. Límite o línea que divide unas heredades de otras. ‖ Lindazo.

lindeza f. Calidad de lindo o bonito. ‖ Hecho o dicho agudo. ‖ — Pl. *Fam.* Insultos, injurias: *le soltó unas cuantas lindezas.* ‖ Palabras agradables.

lindo, da adj. Hermoso, bonito, agradable a la vista. ‖ *Fig.* Perfecto, exquisito. ‖ — M. *Fig.* Hombre presumido: *el lindo don Diego.* ‖ *De lo lindo,* con gran primor y mucho: *nos aburrimos de lo lindo ;* ¡ *Lindo amigo !,* ¡ vaya amigo ! ‖ *Fig. Por su linda cara,* porque sí.

Lindo (Hugo), escritor salvadoreño, n. en 1917, autor de poesías (*Clavelia, Poemas eucarísticos, Trece instantes*) y de narraciones (*El anzuelo de Dios, ¡ Justicia, señor gobernador... !*). Ha sido profesor, ministro y embajador. ‖ ~ (JUAN), político hondureño (1790-1857), pres. provisional de la Rep. de

El Salvador de 1841-1842 y pres. de Honduras de 1847 a 1852.

lindura f. Lindeza.

línea f. Trazo continuo, visible o imaginario, que separa dos cosas contiguas: *línea de frontera,* del horizonte. ‖ Trazo que limita un objeto, perímetro: *las líneas que marcan su finca.* ‖ Raya: *trazar líneas en un papel.* ‖ Renglón: *le escribí unas líneas para anunciar mi llegada.* ‖ Corte de los trajes, silueta señalada por la moda: *la línea del año en que cumpli la mayoría de edad.* ‖ Silueta, contorno: avión *que tiene una línea muy moderna.* ‖ Silueta de una persona: *guardar la línea adelgazando.* ‖ Serie de puntos unidos entre sí de manera que formen un conjunto: *línea de casas, de personas, de fortificaciones.* ‖ Conjunto de puntos comunicados por el mismo medio de transporte. ‖ Este servicio de comunicación: *línea de autobús, de metro, aérea.* ‖ *Fig.* Dirección que se da al comportamiento ; regla de conducta: *línea de conducta opuesta a la mía.* ‖ Manera de pensar o de obrar conforme a la ortodoxia: *tradición en la línea del cristianismo.* ‖ Orden de valores, puesto: *escritores que no pueden situarse en la misma línea.* ‖ Conjunto de conductores destinado a llevar la energía eléctrica o los medios de telecomunicación. ‖ Filiación, sucesión de generaciones de la misma familia: *por la línea paterna.* ‖ *Mar.* Formación de los buques: *la escuadra se dispuso en línea.* ‖ *Mat.* Conjunto de puntos que dependen continuamente del mismo parámetro: *la intersección de dos superficies es una línea.* ‖ *Mil.* Dispositivo formado por hombres o por medios de combate situados al lado de otros: *línea de batalla.* ‖ Frente de combate. ‖ En televisión, superficie de análisis de la imagen que hay que transmitir o de la que se recibe, constituida por la yuxtaposición de los puntos elementales. ‖ Raya que señala los límites en un terreno de deportes: *la línea de banda se encuentra en la parte lateral del campo ; la línea de fondo delimita el terreno de juego al lado de la portería ; la línea de gol o de meta está debajo de la portería y hay que sobrepasarla con el balón para marcar un gol.* ‖ *En líneas generales,* generalmente. ‖ *En toda la línea,* en todos los aspectos. ‖ *Línea de agua o de flotación,* la que señala el nivel del agua en el casco de un barco.

Línea de la Concepción (La), c. del S. de España (Cádiz), fronteriza con Gibraltar.

lineal adj. Relativo a las líneas. ‖ Dícese del dibujo de líneas hecho sólo con regla y compás. ‖ *Aumento lineal,* cantidad fija añadida a los sueldos de todos los miembros de una empresa, sin guardar la jerarquía.

lineamiento m. Delineación de un cuerpo. ‖ *Fig.* Orientación, directriz.

linfa f. Líquido amarillento e incoloro, con glóbulos blancos en suspensión, que circula por los vasos linfáticos.

linfático, ca adj. Referente a la linfa: *ganglios, vasos linfáticos.* ‖ *Fig.* Apático, indolente (ú. t. c. s.).

linfocito m. Leucocito.

linfocitosis f. Aumento del número de linfocitos en la sangre.

Lingayen, c. de Filipinas, en el oeste de la isla de Luzón, cap. de la prov. de Pangasinán. Obispado.

lingotazo m. *Fam.* Trago de bebida alcohólica.

lingote m. Barra de metal en bruto.

lingotera f. Molde para vaciar lingotes.

lingüista com. Especialista en lingüística.

lingüístico, ca adj. Relativo al estudio científico de la lingüística. ‖ — F. Ciencia del lenguaje humano. ‖ Estudio científico de las lenguas, especialmente de los fenómenos de la lengua, sus evoluciones y desarrollo, localización geográfica, relaciones entre ellas, etc.

linier m. (pal. ingl.). Juez de línea en ciertos deportes.

Liniers (Santiago de), marino español, de origen francés (1753-1810). Luchó en la reconquista de Buenos Aires contra los ingleses. Virrey de Río de la Plata en 1807, siguió fiel a la causa realista y, hecho prisionero, fue fusilado en Córdoba por los partidarios de la Independencia.

linimento m. Medicamento balsámico con el que se dan masajes.

Linköping, c. del S. de Suecia. Metalurgia. Construcciones aeronáuticas.

Linneo (Carl VON), naturalista y médico sueco (1707-1778), autor de una clasificación de las plantas.

lino m. Planta herbácea linácea cuya corteza está formada de fibras textiles. || Tejido hecho de esta planta.

linóleo m. Revestimiento del suelo de hule grueso e impermeable.

linotipia f. *Impr.* Máquina de componer provista de matrices, de la que sale la línea en una sola pieza. || Composición hecha con esta máquina.

linotipista com. Persona que trabaja en la linotipia.

Lins do Rego (José), escritor brasileño (1901-1957), autor de innumerables novelas (*Os cangaceiros,* etc.).

lintel m. Dintel de las puertas o ventanas.

linterna f. Farol de mano en el que la luz está protegida del viento por paredes transparentes. || Aparato manual, provisto de una pila eléctrica, que sirve para alumbrar. || Construcción circular con ventanales que se pone en la parte superior de un edificio o cúpula para que deje pasar la luz al interior. || *Mec.* Piñón de forma cilíndrica cuyos dientes son barrotes. || *Linterna mágica,* instrumento de óptica que sirve para proyectar en una pantalla la imagen amplificada de figuras pintadas en un cristal.

Linwood, c. de Gran Bretaña (Escocia). Construcción de automóviles.

linyera f. *Arg.* Saco empleado para guardar algo. || — Com. *Arg.* Persona que busca trabajo. | Vagabundo que vive de limosna y raterías.

Linz, c. al norte de Austria, en las márgenes del Danubio, cap. de la prov. de Alta Austria. Obispado.

Liñán y Cisneros (Melchor), obispo y gobernante español (1629-1708). Fue capitán general de Nueva Granada (1671-1673) y virrey del Perú (1678-1681).

lío m. Cualquier cosa atada, paquete. || *Fig.* y *fam.* Embrollo, enredo, cosa complicada : *tiene líos con todo el mundo.* | Situación o problema difícil de resolver. | Chisme. | Jaleo, desorden : *formar un lío.* | Amancebamiento. || — *Fig.* y *fam. Armar un lío,* embrollar; formar un escándalo. | *Hacerse un lío,* embrollarse.

liofilizar v. t. Deshidratar algo en el vacío.

Lión. V. LYON.

lionés, esa adj. y s. De Lyon (Francia).

Liorna, en ital. *Livorno,* prov., c. y puerto al O. de Italia (Toscana).

lioso, sa adj. *Fam.* Complicado, enmarañado: *explicación muy liosa.* | Aficionado a armar líos (ú. t. c. s.).

Lipá, c. de Filipinas, al sur de la isla de Luzón (Batangas).

Lipari, una de las islas italianas de las Eolias, al N. de Sicilia ; cap. *Lipari.* Comúnmente se da este nombre a todo el archipiélago de las Eolias.

lipemia f. Presencia de lípidos en la sangre.

Lípez, cordillera al suroeste de Bolivia (Potosí). Cobre.

lípido m. Sustancia orgánica, llamada comúnmente grasa, insoluble en agua, soluble en benceno y en éter, y formada de ácidos grasos unidos a otros cuerpos.

lipotimia f. Breve pérdida del conocimiento sin que se detengan la respiración ni el funcionamiento del corazón.

Lippi (Fra Filippo), pintor mural italiano, n. en Florencia (¿ 1406 ?-1469). — Su hijo FILIPPINO (¿1457 ?-1504) pintó cuadros y frescos en Roma y Florencia. Fue discípulo de Botticelli.

liquefacción f. Licuefacción.

liquen m. Planta criptógama, constituida por la reunión de un alga y un hongo, que crece sobre rocas y paredes.

liquidable adj. Que puede liquidarse o licuarse. || Que se puede vender.

liquidación f. Acción y efecto de liquidar o licuefacer. || *Com.* Pago de una cuenta. | Venta a bajo precio de géneros por cesación, quiebra, reforma o traslado de una casa de comercio. || Solución, terminación. || *Liquidación judicial,* determinación judicial del estado de cuentas de un comerciante en suspensión de pagos.

liquidador, ra adj. y s. Que liquida un negocio. || Que salda. || Que hace el ajuste de una cuenta. || Que paga. || Que pone fin a algo: *liquidador del Imperio.*

liquidar v. t. Licuar, convertir en líquido. || *Com.* Saldar, vender en liquidación. || Hacer el ajuste final de cuentas en un negocio. || *Fig.* Pagar: *le liquidé mi deuda.* | Gastar rápidamente algo, en particular dinero: *liquidó su fortuna en el juego.* | Poner fin, acabar: *liquidar un asunto.* | *Fig.* y *fam.* Quitarse de encima: *liquidar una visita.* | Matar: *lo liquidaron sus enemigos.*

liquidez f. Estado de líquido. || En economía, carácter de lo que es inmediatamente disponible: *liquidez monetaria.*

líquido, da adj. Que fluye o puede fluir: *el mercurio es el único metal líquido.* || Que tiene poca densidad: *tinta poco líquida.* || Aplícase al dinero del que se puede disponer inmediatamente. || Limpio, neto : *ganancia líquida.* || — M. Sustancia líquida. | Bebida o alimento líquido. | Cantidad sujeta a gravamen : *líquido imponible.* | Cantidad de dinero disponible. || *Med.* Humor: *líquido pleural.*

liqui-liqui m. Traje de hombre, típico de los países caribeños, compuesto de una chaqueta sin solapas y un pantalón blancos.

lira f. Instrumento de música, cuyo origen se sitúa en la más remota antigüedad, que posee varias cuerdas, dispuestas en una armazón, con una resonancia hueca en un extremo, que son tañidas con ambas manos como el arpa. || Unidad monetaria de Italia, San Marino y Ciudad del Vaticano. || Composición poética cuyas estrofas tienen cinco o seis versos. || *Ave lira* o *lira,* ave paseriforme de Australia.

Lira, pequeña constelación del hemisferio boreal.

Lira (Carmen). V. LYRA. || — (MIGUEL N.), escritor mexicano (1905-1961), autor de poesías, obras de teatro y novelas (*Donde crecen los tepozanes*). || — (PEDRO), pintor chileno (1845-1912).

Lircay, distrito y c. en el centro del Perú, cap. de la prov. de Angaraes (Huancavelica).

Liria, c. al E. de España (Valencia).

lírico, ca adj. Dícese de la poesía en la que se expresan con ardor y emoción sentimientos colectivos o la vida interior del alma: *las composiciones líricas de Bécquer.* || — Artista lírico, dícese del que canta por oposición a artista dramático. | *Drama lírico,* drama acompañado de música y cantos. | *Teatro lírico,* teatro en el que se representan obras musicales. || — M. y f. Poeta lírico. || — F. Género de la poesía lírica.

lirio m. Planta iridácea de hermosas flores de seis pétalos. || Su flor. || *Lirio de los valles,* muguete.

lirismo m. Conjunto de la poesía lírica. || Inspiración lírica. || Entusiasmo, exaltación en la expresión de los sentimientos personales.

lirón m. Mamífero roedor, semejante al ratón, que invierna enrollado y se alimenta de las provisiones almacenadas en otoño. || *Fig.* Dormilón.

Lirquén, distrito en el centro de Chile (Concepción).

lis f. Lirio. || *Flor de lis,* v. FLOR.

lisa f. Pez de río parecido a la locha.

Lisa-Punta Brava (La), mun. de Cuba (Ciudad de La Habana), en el área metropolitana de Marianao.

Lisboa, cap. y puerto al O. de Portugal (Extremadura), en el estuario del Tajo (Mar de Paja) ; 1 600 000 h. Arzobispado. Universidad. Industrias.

Lisboa (António Francisco), escultor

y arquitecto brasileño (1730-1814). Fue llamado el *Aleijadinho.*

lisboense, lisboeta, lisbonense y **lisbonés, esa** adj. y s. De Lisboa (Portugal).

Liscano (Juan), escritor venezolano, n. en 1914, autor de notables poemarios (*Contienda, Humano destino, Nuevo mundo Orinoco, Cármenes, Fundaciones*) y de ensayos.

lisiado, da adj. Dícese de la persona que tiene una lesión permanente en las extremidades (ú. t. c. s.). || *Fam.* Cansado, agotado.

lisiar v. t. Producir lesión en una parte del cuerpo. || *Fam.* Cansar.

Lisias, orador ateniense (¿440-380 ? a. de J. C.), adversario de los Treinta Tiranos.

Lisieux, c. en el noroeste de Francia (Calvados). Peregrinación (Santa Teresita del Niño Jesús).

Lisímaco, general de Alejandro Magno (¿360 ?-281 a. de J. C.), rey de Tracia y Macedonia. Participó en la batalla de Ipso (301).

Lisipo, escultor griego, n. en Sicione (s. IV a. de J. C.), autor del *Apoxiomenos.*

Lisitchansk, c. al S. de la U.R.S.S. (Ucrania). Refinería de petróleo.

liso, sa adj. Igual, llano, sin aspereza: *superficie lisa.* || Exento de obstáculos: *cien metros lisos.* || Sin adornos, sin realces: *tejido liso.* || Sin rizar: *pelo liso.* || De un solo color: *dame una tela lisa y no estampada.* || Sin arrugas: *cutis liso y blanco.*

lisonja f. Alabanza, adulación.

lisonjeador, ra adj. y s. Adulador.

lisonjear v. t. Adular, alabar.

lisonjero, ra adj. y s. Adulador, que agrada, grato: *resultado lisonjero.*

lista f. Raya de color en una tela o tejido: *una camisa con listas verdes.* || Serie de nombres: *la lista de los afiliados.* || Papel en que se encuentran: *no he hecho aún la lista.* || Recuento en alta voz: *pasar lista.* || Enumeración: *la lista de platos en un restaurante.* || — *Lista de correos,* mención que indica que una carta debe quedar en la oficina de correos durante cierto plazo para que el destinatario pase a recogerla. | *Lista de precios,* tarifa. | *Lista negra,* relación secreta de personas o entidades comerciales con las que se recomienda interrumpir las relaciones.

Lista (Alberto), sacerdote y poeta español (1775-1848), autor de notables composiciones (*La cabaña, A la muerte de Jesús* y *Himno del desgraciado*). Fue también matemático.

listado, da adj. Con listas, rayado: *tejido listado.* || — M. En informática, resultado de un proceso impreso en un papel continuo. || Lista.

listar v. t. Alistar. || Hacer rayas en un tejido. || Poner en una lista.

listear v. t. Rayar con listas.

listel m. Filete, moldura.

listero, ra m. y f. Persona que pasa lista.

listeza f. Inteligencia. || Prontitud.

listín m. Lista pequeña. || Cuaderno con notas: *listín telefónico.*

listing m. (pal. ingl.). Listado.

listo, ta adj. Vivo: *listo como una ardilla.* || Inteligente: *es un chico muy listo.* | Sagaz, astuto: *es más listo que Cardona.* | Preparado: *estar listo para salir.* || — *Andar listo,* tener cuidado. | *Echárselas* o *dárselas de listo,* creerse muy astuto. || ¡*Estamos listos!,* ¡estamos arreglados!

listón m. Tabla estrecha y larga usada en carpintería. || *Arq.* Listel.

lisura f. Igualdad de un terreno.

Liszt (Franz), músico y pianista húngaro, n. en Doborján (1811-1886), autor de poemas sinfónicos, sinfonías (*Fausto*), composiciones religiosas y, principalmente, obras para piano (*Rapsodias húngaras, Estudios, Sonatas, Conciertos,* etc.).

lite f. *For.* Pleito, proceso.

litera f. Vehículo sin ruedas y con varales llevado por hombres o por caballerías. || Cama superpuesta en otra: *dormir en literas.* || Cada una de las camas superpuestas en los camarotes de un barco o en los vagones de ferrocarril.

Litera (La), en cat. *Llitera,* comarca al NE. de España en Aragón (Huesca).

literal adj. Conforme al sentido estricto del texto: *copia literal.* ‖ Dícese de la traducción en que se respeta a la letra el original. ‖ Aplícase a la reproducción escrita de lo dicho: *actas literales de una conferencia.*
literalidad f. Condición de literal.
literario, ria adj. Relativo a la literatura: *concurso literario.*
literato, ta m. y f. Escritor.
literatura f. Arte cuyo modo de expresión es generalmente la palabra escrita y en algunos casos la hablada: *la literatura oral transmite las leyendas y tradiciones folklóricas.* ‖ Conjunto de las obras literarias de un país, de una época, de un escritor: *la literatura española de la Edad de Oro.* ‖ Su estudio. ‖ Conjunto de las obras escritas sobre un tema determinado: *literatura médica.* ‖ Fig. y fam. Charloteo, palabras huecas: *todo lo que me dices es sólo literatura.*
litiasis f. Med. Formación de cálculos en los canales excretores de las glándulas (vías urinarias, biliares, salivares, etc.).
litigación f. Pleito. ‖ Alegato.
litigante adj. Que litiga, pleiteante (ú. t. c. s.).
litigar v. t. Pleitear, discutir en juicio una cosa. ‖ — V. i. Estar en litigio.
litigio m. Pleito, proceso judicial. ‖ Fig. Discusión, disputa.
litigioso, sa adj. Que está en pleito o en discusión.
litio m. Quím. Metal alcalino (Li), de número atómico 3, muy ligero, de densidad 0,55 y que funde a 180 ºC.
litis f. For. Lite, pleito.
litografía f. Arte de reproducir mediante impresión los dibujos trazados con una tinta grasa sobre una piedra caliza. ‖ Grabado hecho de este modo. ‖ Taller de litógrafo.
litografiar v. t. Imprimir por medio de la litografía.
litográfico, ca adj. Relativo a la litografía: *piedra litográfica.*
litógrafo, fa m. y f. Impresor que utiliza la litografía.
litoral adj. Relativo a la costa del mar. ‖ — M. Costa.
Litoral (Universidad del), universidad de la Argentina en Santa Fe, Rosario y Corrientes.
litosfera f. Geol. Parte sólida de la corteza terrestre.
litote f. Expresión que no significa todo lo que se quiere dar a entender negando generalmente lo que se desea afirmar, como en *no es fea su novia ; no puedo menos de.*
litri adj. inv. Fam. Cursi, presumido (ú. t. c. s.): *jovencitas litri.*
litro m. Medida de capacidad del sistema métrico decimal, que equivale a un decímetro cúbico (símb., l). ‖ Cantidad de líquido o de áridos que cabe en tal medida. ‖ Su contenido.
Little Rock, c. en el centro de Estados Unidos, cap. de Arkansas.
Littoria. V. LATINA.
Littré (Émile), lexicógrafo y filósofo francés (1801-1881), autor de un célebre *Diccionario de la lengua francesa.*
Lituania, república federada en el NO. de la U. R. S. S., en la costa del mar Báltico ; 65 200 km² ; 3 300 000 h. *(lituanos.)* Cap. *Vilna.*
lituano, na adj. y s. De Lituania. ‖ — M. Lengua hablada por los lituanos.
Litueche, c. del centro de Chile en la VI Región (Libertador General Bernardo O'Higgins) y en la prov. de Cardenal Caro, cap. de la com. de su mismo nombre.
liturgia f. Orden y forma determinados por la Iglesia para la celebración de los oficios divinos.
litúrgico, ca adj. Relativo a la liturgia.
Liubertsy, c. de la U. R. S. S. en los suburbios de Moscú.
Liubliana, c. del NO. de Yugoslavia, cap. de la rep. de Eslovenia. Arzobispado. Universidad. Metalurgia.
Liuva — I, rey de los visigodos de 567 a 572. ‖ — **II** (581-603), rey hispanonovisgodo de 601 a 603.
Liverpool [-pul], c. y puerto del O. de Gran Bretaña en Inglaterra (Lancashire), en el estuario del Mersey. Arzobispado. Universidad. Gran centro industrial.
liviandad f. Ligereza.

liviano, na adj. Ligero, que pesa poco. ‖ Fig. Leve, de escasa importancia. ‖ Inconstante, ligero, superficial.
lividecer v. i. Ponerse lívido.
lividez f. Palidez. ‖ Amoratamiento.
lívido, da adj. Pálido. ‖ Amoratado.
living y **living-room** [-rum] m. (pal. ingl.). Cuarto de estar.
Livingston, mun., c. y puerto al noroeste de Guatemala, en el golfo de Honduras (Izabal).
Livingstone (David), misionero y explorador escocés (1813-1873). Realizó expediciones a África central y meridional.
Livonia, región histórica al NO. de Rusia ; cap. *Riga.*
Livorno. V. LIORNA.
Livramento, c. del Brasil, fronteriza con Uruguay (Rio Grande do Sul).
liza f. Campo dispuesto para la lucha o lid. ‖ Lid, combate, lucha: *entrar en liza.* ‖ Mújol, pez.
Lizardi (José Joaquín FERNÁNDEZ DE). V. FERNÁNDEZ DE LIZARDI.
Lizaso y González (Félix), ensayista cubano (1891-1967).
lizo m. Hilo grueso que forma la urdimbre de ciertos tejidos. ‖ Pieza del telar que divide los hilos de la urdimbre para que pase la lanzadera.
lm, símbolo del *lumen.*
lo art. determinado del género neutro: *lo triste del caso.* ‖ Acusativo del pronombre personal de tercera persona en género masculino o neutro singular: *lo veo.* ‖ — *Fam.* Lo que, cuánto: *¡ lo que nos vamos a divertir !* ‖ *Lo que es, en cuanto a.*
Lo — Barnechea, com. de Chile en el Área Metropolitana de Santiago. ‖ — **Espejo,** com. de Chile en el Área Metropolitana de Santiago. ‖ — **Prado,** com. de Chile en el Área Metropolitana de Santiago.
loa f. Prólogo de algunas obras dramáticas antiguas. ‖ Poema en honor de alguien. ‖ Obra de teatro corta representada al principio de una función. ‖ Alabanza, elogio : *he oído muchas loas sobre su conducta.*
Loa, río al N. de Chile, que nace al pie del volcán Miño y corre por las prov. de El Loa y Tocopilla (II Región). Desemboca en la Caleta del Loa. ‖ — **(El),** prov. al N. de Chile en la II Región (Antofagasta) ; cap. *Calama.*
loable adj. Elogiable.
Loaiza, prov. al oeste de Bolivia (La Paz) ; cap. *Luribay.*
Loanda. V. LUANDA.
loar v. t. Alabar, hacer elogios.
Loarre, v. al NE. de España (Huesca).
lob m. (pal. ingl.). En tenis, pelota bombeada que pasa por encima del adversario, lona.
lobanillo m. Tumor producido por la hipertrofia de una glándula sebácea.
lobato m. Cría del lobo.
lobby m. (pal. ingl.). GRUPO de presión.
lobectomía f. Ablación quirúrgica de un lóbulo pulmonar o cerebral.
Lobería, pobl. y partido de la prov. de Buenos Aires (Argentina).
lobezno m. Lobato.
Lobito, c. y puerto en la costa central de Angola. Exportación del cobre de Katanga o Shaba (Zaire).
Lobitos, pobl. y puerto del NO. del Perú, cerca de Talara (Piura). Petróleo.
Lob-nor, lago pantanoso al oeste de China (Sinkiang) ; 2 000 km².
lobo m. Mamífero carnicero de la familia de los cánidos, de pelaje gris amarillento, que vive en los bosques de Europa, Asia y América. ‖ Fig. Persona mala, cruel. ‖ Amer. Zorro, coyote. ‖ — Fig. Coger al lobo de las orejas, estar en una situación muy crítica. | *Del lobo un pelo,* más vale lo que le ofrecen a uno que nada. | *Estar como boca de lobo,* estar muy oscuro. | *Estar en boca del lobo,* estar en gran peligro. | *Lobo de mar,* (fig.) marino con mucha experiencia. | *Fig. Meterse en la boca del lobo,* arrostrar un gran peligro. | *Ser un lobo con piel de oveja,* esconder la maldad bajo una apariencia de bondad. | *Son lobos de una misma camada,* son de la misma índole.
Lobos, cerro al SO. de México, en la Sierra Madre del Sur (Guerrero) ; 2 000 m. ‖ — Isla al este de México (Veracruz). ‖ — Isla al sureste del Uruguay (Maldo-

nado). — Partido y c. de Argentina (Buenos Aires).
lóbrego, ga adj. Oscuro, tenebroso: *habitaciones lóbregas.* ‖ Fig. Triste, lúgubre, desgraciado: *vida lóbrega.*
lobulado, da y **lobular** adj. Bot. y Zool. Con forma de lóbulo o que tiene lóbulos: *hoja lobulada.*
lóbulo m. Parte redonda y saliente de una cosa. ‖ Parte redondeada y recortada de ciertos órganos vegetales: *los lóbulos de una hoja.* ‖ Perilla de la oreja. ‖ Porción redondeada y saliente del corazón, del cerebro, del hígado.
locación f. Amer. Arrendamiento.
locador, ra m. y f. Amer. Arrendador.
local adj. Relativo al lugar: *costumbre local.* ‖ De cierta parte determinada: *una enfermedad local.* ‖ Municipal o provincial, por oposición a nacional: *administración local.* ‖ — M. Sitio cerrado y cubierto. ‖ Domicilio de una administración, de un comercio, de un organismo.
localidad f. Lugar o población. ‖ Local. ‖ Cada uno de los asientos de un sitio destinado a espectáculos. ‖ Billete de entrada a un espectáculo : *venta de localidades.*
localismo m. Regionalismo. ‖ Carácter local. ‖ Vocablo o locución de uso en determinada población o localidad.
localista adj. De interés local.
localización f. Acción y efecto de localizar.
localizar v. t. Fijar, encerrar en límites determinados: *localizar una epidemia, un incendio.* ‖ Determinar el lugar en que se halla una persona o cosa, encontrar: *no pude localizarte.* ‖ — V. pr. Fijarse: *los tumores se han localizado en el vientre.*
Locarno, c. al sur del centro de Suiza (Tesino) y al N. del lago Mayor.
locatario, ria m. y f. Amer. Arrendatario.
locatis m. y f. Fam. Chiflado.
loción f. Fricción o lavado de una parte del cuerpo. ‖ Agua perfumada de tocador para el aseo y la higiene del cuero cabelludo.
Locke (John), filósofo inglés (1632-1704), autor de *Ensayo sobre el entendimiento humano.*
lock-out [lokáut] m. (pal. ingl.). Cierre de fábricas por los empresarios para replicar a las reivindicaciones de los obreros, cierre patronal.
loco, ca adj. Que ha perdido la razón (ú. t. c. s.). ‖ Fig. De poco juicio (ú. t. c. s.) : *Trastornado: la discusión que tuvo con su novio le volvió loca.* | *Fuera de sí: loco de dolor.* | Imprudente, desatinado: *decisión loca.* | Muy grande, extraordinario: *precio loco ; suerte loca.* ‖ — *A lo loco,* sin reflexionar. ‖ *Brújula loca,* la que por cualquier motivo deja de señalar el Norte. ‖ *Fig. Estar loco de, por o con,* estar entusiasmado : *estar muy enamorado.* | *Hacerse el loco,* disimular, fingir uno que está distraído. | *Loco de atar o de remate,* muy loco.
locomoción f. Traslado de un punto a otro.
locomotor, ra adj. Propio para la locomoción. ‖ — F. Máquina de vapor, eléctrica, etc., montada sobre ruedas, de los vagones de ferrocarril.
locomotriz adj. f. Locomotora.
locomóvil adj. Que se mueve.
Lócrida, ant. región de Grecia continental, en la costa del mar Egeo.
locro m. Amer. Guisado de carne con choclos o zapallos, patatas, ají, etc.
locuacidad f. Propensión a hablar mucho.
locuaz adj. Que habla mucho.
locución f. Expresión, forma particular de hablar. ‖ Conjunto de dos o más palabras que no forman en sí una oración completa: *"en vano" es una locución adverbial.*
locura f. Demencia, alienación de la razón: *ataque de locura.* ‖ Cualquier enfermedad mental considerada con independencia de su causa (conocida o desconocida) o de sus efectos (delirio, demencia, excitación o abatimiento, perversión, etc.). ‖ Extravagancia, imprudencia: *hacer una locura.* ‖ Conducta poco sensata: *locuras de juventud.* ‖ Fig. Gastar una locura, gastar mucho y sin tino.

locutor, ra m. y f. Presentador de una emisión de radio o de televisión.

locutorio m. Departamento dividido generalmente por una reja donde reciben visitas las monjas o los presos. || Cabina telefónica pública.

loch m. Lago en Escocia.

locha f. Pez teleósteo que vive en lagos y ríos.

lodazal m. Cenagal.

loden m. (pal. alem.). Tejido de lana tupida con el que se hacen abrigos, impermeables, etc.

Lodi, c. al noroeste de Italia en Lombardía (Milán), a orillas del Adda.

lodo m. Barro, fango.

Lodz, c. de Polonia, al SO. de Varsovia. Obispado. Textiles.

Loeches, v. en el centro de España (Madrid). Aguas medicinales.

loess m. (pal. alem.). Limo muy fino sin estratificación y rico en cal.

Lofoten o **Lofoden**, grupo de islas al oeste de Noruega. Pesca.

Logan, pico más alto del Canadá, al NO. del país (Yukon) ; 6 050 m.

logarítmico, ca adj. Referente a los logaritmos.

logaritmo m. Mat. Exponente a que es necesario elevar una cantidad positiva para que resulte un número determinado (simb., *log*.).

logia f. Local donde se reúnen los masones. || Reunión de masones.

lógica f. Ciencia que expone las leyes, modos y formas del conocimiento científico. || Obra que enseña esta ciencia: *un tratado de lógica.* || *Por ext.* Método en las ideas, razonamiento: *exponer con lógica.* || Serie coherente de razonamientos.

logicial m. Conjunto de los programas de un ordenador; software.

logicismo m. Filosofía fundada en el predominio de la lógica.

lógico, ca adj. Conforme a la lógica : *consecuencia, argumentación lógica.* || Normal, aplicase a toda consecuencia natural y legítima : *es lógico que se haya ido.*

logístico, ca adj. Relativo a la logística. || — F. Técnica del movimiento de las tropas y de su transporte y avituallamiento.

logosofía f. Doctrina ético-filosófica, defendida por el educador argentino C. B. Pecotche.

logotipo m. Grupo de letras, abreviaturas, terminaciones o figuras que utilizan como símbolo o distintivo un partido político, asociación, marca comercial, etc.

lograr v. t. Llegar a conseguir lo que se desea, obtener (ú. t. c. pr.) : *lograron lo que deseaban tras innumerables y arduos esfuerzos.*

logro m. Obtención. || Éxito: *los logros técnicos conseguidos.* || Lucro, ganancia. || Usura: *prestar a logro.*

logroñés, esa adj. y s. De Logroño (España).

Logroño, c. al NE. de España, cap. de la Comunidad Autónoma de La Rioja, a orillas del Ebro. Centro comercial de los vinos de La Rioja y de la prod. agrícola de la región. Obispado de Calahorra-Santo Domingo de la Calzada-Logroño.

Lohengrin, héroe de una leyenda germánica vinculada a la búsqueda del Santo Grial y a los caballeros del rey Artús. Wagner compuso una ópera del mismo título (1845-1848).

Loir [luar], río de Francia, afl. del Sarthe ; 311 km. || **~-et-Cher**, dep. de Francia, al S. de París ; cap. *Blois.*

Loira, en fr. *Loire,* río de Francia que pasa por Orleáns, Tours y Nantes y des. en el Atlántico ; 1 012 km. Es el río más largo del país.

Loire, dep. al E. de Francia ; cap. *Saint-Étienne.* || **~-Atlantique**, dep. al O. de Francia ; cap. *Nantes.* Vinos blancos. || **(Haute-).** V. HAUTE-LOIRE.

Loiret [luaré], dep. de Francia, al sur de París ; cap. *Orleáns.* Agricultura.

loísmo m. Defecto gramatical que consiste en el empleo de *lo* en lugar de *le* en el dativo del pronombre personal *él* (*lo doy* en vez de *le doy*). || Tendencia a emplear *lo* en lugar de *le* en el acusativo (*lo miro* en vez de *le miro*).

loísta adj. *Gram.* Que emplea *lo* para el acusativo y dativo masculinos del pronombre *él* (ú. t. c. s.).

Loiza, río y mun. al este de Puerto Rico (Humacao).

Loja, c. del S. del Ecuador, cap. de la prov. del mismo n. Universidad. Obispado. Agricultura ; minas. — C. del S. de España (Granada). Agricultura.

lojano, na adj. y s. De Loja (Ecuador).

lojeño, ña adj. y s. De Loja (España).

Lolol, c. del centro de Chile en la VI Región (Libertador General Bernardo O'Higgins) y en la prov. de Colchagua, cap. de la com. homónima.

Lolotique, mun. y pobl. en el este de El Salvador (San Miguel).

Lolland o **Laaland**, isla en el Báltico, al sureste de Dinamarca ; 1 235 km² ; 86 500 h. ; cap. *Maribo.*

loma f. Altura o cerro pequeño.

Loma, macizo montañoso de África, al N. de Sierra Leona. || — **Bonita**, mun. al sur de México (Oaxaca). Agricultura (piñas). || **~ de Cabrera**, al noroeste de la Rep. Dominicana (Dajabón). || **~ Redonda**, en la Rep. Dominicana, en la Cord. Central (La Vega) ; 2 293 m. || **~ Tina**, pico de la Rep. Dominicana, en la Cord. Central (La Vega) ; 2 816 m. || **~ Vieja**, pico de la Rep. Dominicana, en la Cord. Central ; 2 082 m.

Lomas || **~ de Santa María**, lugar de México, cerca de Valladolid (hoy Morelia), donde se libró una batalla de la Independencia (1813) en la que fue derrotado Morelos. || **~ de Zamora**, pobl. de la Argentina (Buenos Aires). Universidad. Obispado.

lombarda f. Col de color morado.

Lombardía, región del N. de Italia continental, en las faldas de los Alpes ; cap. *Milán.* Forman parte de ella las provincias de Bérgamo, Brescia, Como, Cremona, Mantua, Milán, Pavía, Sondrio y Varese.

lombardo, da adj. Dícese del individuo de un ant. pueblo germánico que habitó entre el Elba y el Oder (ú. t. c. s.). [Los *lombardos* o *longobardos* invadieron Italia en el s. VI y se establecieron en el N. de este país.] || De Lombardía (ú. t. c. s.).

Lombok, isla de Indonesia y estrecho entre el océano Índico y el mar de Java.

Lomboy (Reinaldo), escritor chileno, n. en 1910, autor de novelas (*Cuando maduren las espigas, Ránquil*).

lombriz f. Gusano anélido que vive enterrado en los sitios húmedos. || — *Lombriz intestinal,* animal parásito en forma de lombriz que vive en los intestinos del hombre y de los animales. || *Lombriz solitaria,* tenia.

Lombroso (Cesare), médico y criminalista italiano (1835-1909). Ha descrito el tipo del criminal nato, persona destinada a ser un delincuente a causa del factor hereditario.

Lomé, cap. y puerto al sur de la Rep. de Togo, en el golfo de Guinea ; 200 500 h. Arzobispado. Universidad.

lomerío m. Conjunto de lomas.

lomo m. Espalda de un animal. || Carne sacada de este sitio. || Parte posterior de un libro en que suele ir escrito el título. || *Agr.* Caballón.

Lomonosov (Mijaíl Vasílievich), escritor y erudito ruso (1711-1765).

Iona f. Tela fuerte que se emplea para hacer velas, toldos, zapatos de verano, etc. || En boxeo y lucha, suelo del cuadrilátero.

Lonardi (Eduardo A.), general argentino (1896-1956), jefe del movimiento que derrocó a Perón (1955) y pres. de la República.

Loncoche, c. del centro de Chile en la IX Región (Araucanía) y en la prov. de Cautín, cap. de la com. de su n.

Loncomilla, dep. del centro de Chile (Linares).

loncha f. Tajada, lonja.

lonchar v. i. *Amer.* Comer ligeramente al mediodía.

lonchería f. *Amer.* Restaurante en que se dan comidas ligeras.

londinense adj. y s. De Londres (Inglaterra).

London, n. inglés de *Londres.* — C. al sureste del Canadá (Ontario). Obispado. Universidad. Centro financiero.

London (Jack), novelista norteamericano (1876-1916), autor de numerosas novelas de aventuras. Se suicidó.

Londonderry, c. y puerto de Irlanda

del Norte, cap. del condado homónimo (Ulster). Obispado.

Londoño (Víctor Manuel), poeta parnasiano colombiano (1876-1936).

Londres, cap. de Gran Bretaña, en el SE. de Inglaterra y atravesada por el río Támesis ; 3 205 000 h. (con sus suburbios, casi ocho millones). Palacios (Saint James, Buckingham), museos (British Museum, National Gallery, Tate Gallery, Victoria and Albert Museum). El puerto es uno de los mayores del mundo. Arzobispado. Universidad. Centro económico, financiero e intelectual.

Londrina, c. al sureste del Brasil (Paraná).

loneta f. *Amer.* Lona.

Long || **~ Beach**, c. y puerto al SO. de Estados Unidos, junto a Los Ángeles (California). Refinería de petróleo. || **~ Island**, isla de la costa atlántica al NE. de Estados Unidos, en la que se encuentra Brooklyn (Nueva York).

longanimidad f. Magnanimidad.

longánimo, ma adj. Magnánimo.

longaniza f. Cierto embutido de carne de cerdo.

Longavi, volcán de Chile (Linares) ; 3 230 m. — C. al centro de Chile en la VII Región (Maule) y en la prov. de Linares, cap. de la com. del mismo n.

longevidad f. Larga duración de la vida.

longevo, va adj. Muy viejo.

Longfellow (Henry Wadsworth), poeta norteamericano (1807-1882), autor de *Evangelina, Voces de la noche, La canción de Hiawatha.*

longilíneo, a adj. Dícese de la persona delgada con miembros muy alargados.

longitud f. Dimensión de una cosa de un extremo a otro. || La mayor de las dos dimensiones de una superficie. || *Astr.* Arco de la eclíptica. || *Geogr.* Distancia de un lugar al primer meridiano. || *Fís.* Longitud de onda, distancia entre dos puntos correspondientes a una misma fase en dos ondas consecutivas.

longitudinal adj. Relativo a la longitud: *sección longitudinal.* || En el sentido de la longitud.

Longo, escritor griego del s. III o IV de J. C., autor de la novela pastoril *Dafnis y Cloe.*

long play m. (pal. ingl.). Disco fonográfico de larga duración (abrev. L. P.).

longui y **longuis** m. *Fam. Hacerse el longui,* hacerse el tonto.

Longwy, c. al noreste de Francia (Meurthe-et-Moselle). Siderurgia.

lonja f. Tira larga y poco gruesa: *una lonja de jamón.* || Centro de contratación o bolsa de comercio: *la Lonja de Barcelona.* || Atrio a la entrada de un edificio: *la lonja de una iglesia.*

Lönnrot (Elias), poeta finlandés (1802-1884), autor de *Kalevala.*

Lonquimay, c. al centro de Chile en la IX Región (Araucanía) y en la prov. de Malleco, cap. de la com. del mismo nombre. — Volcán de Chile en la prov. de Malleco (IX Región) ; 2 822 m.

Lons-le-Saunier, c. del E. de Francia, cap. del dep. de Jura.

lontananza f. En un cuadro, los términos más lejanos del principal. || *En lontananza,* a lo lejos.

Lontué, departamento situado en el centro de Chile (Talca) ; cap. *Molina.*

looping [lupin] m. (pal. ingl.). Ejercicio de acrobacia aérea consistente en dar una vuelta de campana.

loor m. Alabanza.

Lopburi, c. de Tailandia al norte de Bangkok, cap. de prov.

Lope || **~ de Rueda.** V. RUEDA. || **~ de Stúñiga.** V. STÚÑIGA. || **~ de Vega.** V. VEGA Y CARPIO.

Lopera, c. al S. de España (Jaén).

López (Cándido), pintor histórico y militar argentino (1840-1902). || ~ (CARLOS ANTONIO), político paraguayo (1792-1862), cónsul de 1841 a 1844 y tres veces pres. de la Rep. de 1844 a 1862. Promulgó la Constitución de 1844. — Su hijo FRANCISCO SOLANO (1827-1870) fue pres. de 1862 a 1869. Durante su gobierno lanzó al país a la guerra contra la Triple Alianza (Brasil, Argentina y Uruguay, 1864-1870) y murió en la batalla de Cerro Corá. || ~ (ESTANISLAO), general federal argentino (1786-1838), gobernador vitalicio de Santa Fe. ‖ ~ (ISMAEL), poeta parnasiano colombiano (1880-1962), autor de *El jardín de la Hespérides* y *Elegías caucanas*. Publicó también ensayos sobre Bolívar. Firmó con el n. de *Cornelio Hispano*. ‖ ~ (JOSÉ HILARIO), general colombiano (1798-1869). Combatió por la Independencia y fue pres. de la Rep. de 1849 a 1853. Abolió la esclavitud. ‖ ~ (LUCIO VICENTE), escritor argentino, n. en Montevideo (1848-1894), hijo de Vicente Fidel. Autor de *La gran aldea*, cuadro de Buenos Aires. Escribió importantes trabajos de investigación histórica y jurídica. ‖ ~ (LUIS CARLOS), poeta colombiano (1883-1950), autor de *De mi villorrio*, *Otros días*, *Por el atajo*, etc. ‖ ~ (NARCISO), general español, n. en Venezuela (1798-1851). Luchó a favor de la independencia de Cuba. Fue fusilado por los españoles. ‖ ~ (RAFAEL), poeta mexicano (1873-1943), autor de *Vitrales patricios*, *Con los ojos abiertos*, etc. ‖ ~ (VICENTE), pintor español (1772-1850), autor de un retrato de Goya. ‖ ~ (VICENTE FIDEL), historiador y político argentino, n. en Buenos Aires (1815-1903). Se opuso a Rosas. Autor de *Historia de la República Argentina* y de novelas históricas (*La novia del hereje*, *La loca de la guardia*). Era hijo de Vicente López y Planes. ‖ ~ **Albújar** (ENRIQUE), escritor peruano (1872-1966), autor de *Matalaché* y *Cuentos andinos*. ‖ ~ **Arellano** (OSVALDO), aviador hondureño, n. en 1921, jefe de la Junta Militar en 1963, pres. de la Rep. de 1965 a 1971 y nuevamente de 1972 a 1975. ‖ ~ **Arteaga** (SEBASTIÁN), pintor español, n. en Sevilla y m. en México (1610-1656), iniciador del estilo barroco en Nueva España. ‖ ~ **Buchardo** (CARLOS), músico argentino (1881-1948), autor de óperas, comedias musicales y piezas para piano y orquesta. ‖ ~ **Contreras** (ELEAZAR), general venezolano (1883-1973), pres. de la Rep. de 1935 a 1941. ‖ ~ **de Ayala** (ADELARDO), escritor y político español (1828-1879), autor de obras de teatro en verso *(El tejado de vidrio*, *El tanto por ciento)*. ‖ ~ **de Ayala** (Canciller PERO), escritor español, n. en Vitoria (1332-1407), autor de las crónicas de los reinados de Pedro I, Enrique II, Juan I y Enrique III. Se le debe también el poema *Rimado de Palacio*. ‖ ~ **de Gómara** (FRANCISCO), cronista y religioso español (¿1511-1566?), capellán y servidor de Hernán Cortés. A pesar de no haber estado nunca en América, escribió *Historia de las Indias* y *conquista de México* y *Crónica de la Nueva España*. ‖ ~ **de Herrera** (fray ALONSO), pintor de estilo renacentista de México (1579-¿1654?). ‖ ~ **de Jerez** (FRANCISCO), historiador y militar español (1497-1539), cronista de Indias y compañero de Pizarro. Autor de *Verdadera relación de la conquista del Perú*. ‖ ~ **de la Romaña** (EDUARDO), político peruano (1847-1912), pres. de la Rep. de 1899 a 1903. ‖ ~ **de Legazpi** (MIGUEL). V. LEGAZPI. ‖ ~ **de Mendoza** (ÍÑIGO). V. SANTILLANA (*Marqués de)*. ‖ ~ **de Mesa** (Luis), escritor y médico colombiano (1884-1967), autor de *Libros de los Apólogos* y *De cómo se ha formado la nación colombiana*. ‖ ~ **de Santa Anna** (ANTONIO). V. SANTA ANNA (Antonio LÓPEZ DE). ‖ ~ **de Úbeda** (FRANCISCO), médico y escritor toledano de principios del s. XVII, a quien se atribuye *La pícara Justina* (1605). ‖ ~ **de Villalobos** (RUY), navegante español, m. en 1546, que dio a la isla de Leyte el n. de *Filipina* en recuerdo de Felipe II. ‖ ~ **de Zárate** (FRANCISCO), escritor español (1580-1658), autor del poema épico *La invención de la Cruz*. ‖ ~ **García** (BERNARDO), poeta español (1838-1870), autor de la composición *Al Dos de Mayo*. ‖ ~ **Gutiérrez** (RAFAEL), general hondureño (1854-1924), pres. de la Rep. de 1919 a 1924. ‖ ~ **Hernández** (JULIO), escultor realista español, n. en 1930. ‖ ~ **Jordán** (RICARDO), militar argentino (1822-1889). Encabezó la sublevación de Entre Ríos que trajo como consecuencia el asesinato de Urquiza. ‖ ~ **Mateos** (ADOLFO), político mexicano (1910-1969), pres. de la Rep. de 1958 a 1964. Intentó durante su gobierno fomentar la educación

pública, la industria, las comunicaciones y la agricultura. Llevó a cabo una activa política internacional. ‖ ~ **Merino** (FRANCISCO), poeta argentino (1904-1928). Se suicidó. ‖ ~ **Mezquita** (JOSÉ MARÍA), pintor retratista español (1883-1954). ‖ ~ **Michelsen** (ALFONSO), político colombiano, hijo de López Pumarejo, n. en 1908, pres. de la Rep. (1974-1978). Llevó a cabo una política liberal. ‖ ~ **Naguil** (GREGORIO), pintor argentino (1894-1953). ‖ ~ **Pinciano** (ALONSO), médico y humanista español (¿1547-1627?), autor de una *Filosofía antigua poética*. ‖ ~ **Portillo y Rojas** (JOSÉ), novelista mexicano (1850-1923), autor de *La parcela*, *Los precursores*, *Fuertes y débiles*. — Su nieto, llamado José LÓPEZ PORTILLO Y PACHECO, n. en 1920, desempeñó el cargo de presidente de la República de 1976 a 1982. Realizó durante su mandato reformas para hacer que el país alcanzase una mayor democracia social y llevó a cabo una política exterior firme e independiente. Nacionalizó la banca y, al final de su mandato, el país sufrió una grave crisis económica. ‖ ~ **Pumarejo** (ALFONSO), político colombiano (1886-1959), pres. de la Rep. (1934 a 1938 y 1942 a 1945). Mandó construir la Ciudad Universitaria de Bogotá. ‖ ~ **Rayón** (IGNACIO), militar mexicano (1773-1832), uno de los caudillos del centro del país en la lucha por la Independencia. Se cubrió de gloria en la defensa de Zitácuaro. ‖ ~ **Rodezno** (ARTURO), pintor y ceramista hondureño, n. en 1906. ‖ ~ **Rubio** (JOSÉ), comediógrafo español, n. en 1903. ‖ ~ **Silva** (JOSÉ), comediógrafo español (1860-1925), autor de sainetes (*La Revoltosa*, etc.). ‖ ~ **Soler** (RAMÓN), novelista romántico español (1806-1836). ‖ ~ **Suria** (VIOLETA), poetisa puertorriqueña, n. en 1926, autora de *Resurrección de Eurídice*. ‖ ~ **Valdisón** (AUGUSTO), escritor guatemalteco (1929-1975), autor de relatos. ‖ ~ **Velarde** (RAMÓN), poeta mexicano (1888-1921), eminente figura del modernismo. Autor de *La sangre devota*, *Zozobra*, *El son del corazón*. Escribió también prosa (*Tierra*), novelas (*El indio*, *Arrieros*, *Huasteca*, *Mi general*) y poemas (*La siringa de cristal*, *Claros de selva*). ‖ ~ **y Planes** (VICENTE), político y poeta argentino (1785-1856), autor de la letra del himno de su país. Fue gobernador de Buenos Aires (1852) y padre del historiador Vicente Fidel.

López de Filipis. V. MARISCAL ESTIGARRIBIA.

lopista com. Especialista en la vida y obras de Lope de Vega.

loquería f. *Amer.* Manicomio.

loquero, ra m. y f. Persona que cuida a los locos en un manicomio.

Lora ~ **(La),** comarca del N. de España (Burgos). Explotación petrolífera. ‖ ~ **del Río,** v. del S. de España (Sevilla). Minas.

Ioran m. Procedimiento de radionavegación que permite que un aviador o un navegante fije su posición en que se halla por medio de tres estaciones radioeléctricas.

Lorca, v. al SE. de España (Murcia).

lord m. (pal. ingl.). Título de los pares británicos (duques, marqueses, condes, vizcondes y barones) que se pone delante de sus nombres patronímicos. (Pl. *lores*.) ‖ Miembro de la Cámara Alta o Cámara de los Lores.

Lorena, región del NE. de Francia, ant. prov. ; cap. *Nancy*. Forma parte de Francia desde 1766. De 1871 a 1918 la casi totalidad perteneció a Alemania, hecho que volvió a repetirse de 1940 a 1944.

lorenés, esa adj. y s. De Lorena (Francia).

Lorenés (Claudio GELLÉE, llamado el), pintor francés (1600-1682).

Lorenzetti (Pietro), pintor italiano (¿1280 ?-1348), autor de frescos. — Su hermano AMBROGIO, que vivió entre 1319 y 1347, fue también pintor.

Lorenzini (Carlo), escritor italiano (1826-1890), autor del personaje *Pinocho*. Firmó con el seudónimo de *Carlo Collodi*.

Lorenzo (San), diácono quemado

vivo sobre una parrilla en el año 258 por orden del emperador romano Valeriano. Fiesta el 10 de agosto.

Lorenzo (Anselmo), anarquista español (1841-1914). ‖ ~ (PEDRO DE), escritor español, n. en 1917, autor de poesías, ensayos y novelas.

Lorenzo Marqués. V. MAPUTO.

loretano, na adj. y s. De Loreto (Perú).

Loreto, pobl. del N. de la Argentina (Santiago del Estero), cab. del dep. homónimo. — Pobl. del N. de Bolivia. cap. de la prov. de Marbán (Beni). — C. del E. de Italia (Ancona). Obispado. Peregrinación. — Mun. en el centro de México (Zacatecas). — Dep. del NE. del Perú ; cap. *Iquitos*. Caucho. — Prov. al E. del Perú, en el dep. homónimo ; cap. *Nauta*.

Lorica, c. del O. de Colombia (Córdoba).

Lorient, c. y puerto al NO. de Francia y al S. de Bretaña (Morbihan).

loro m. Papagayo. ‖ *Fig.* y *fam.* Mujer fea o vieja.

Lorris (Guillermo de). V. GUILLERMO DE LORRIS.

los, las art. determinado plural de ambos géneros. ‖ — Acusativo del pron. personal de tercera persona en número plural.

Los ~ **Álamos,** c. del sur de los Estados Unidos (Nuevo México). Centro de investigaciones nucleares. ‖ ~ **Ángeles.** V. ÁNGELES (*Los*). ‖ ~ **Sauces.** V. SAUCES (*Los*).

Los de abajo, novela del mexicano Mariano Azuela (1916).

losa f. Piedra plana y de poco grueso : *losa sepulcral.* ‖ Baldosa.

Losada (Diego de), conquistador español (¿1511 ?-1569), fundador de Caracas (1567).

losange m. *Blas.* Rombo más alto que ancho en posición vertical.

loseta f. Losa pequeña.

Lot, río del S. de Francia, 480 km. — Dep. del S. de Francia ; cap. *Cahors*. Presas hidroeléctricas. ‖ ~**-et-Garonne,** dep. del S. de Francia ; cap. *Agen*.

Lot, sobrino de Abrahán. Su mujer, al infringir la orden divina, fue convertida en estatua de sal por mirar hacia atrás al abandonar Sodoma. (*Biblia*.)

Iota f. Pez de ríos y lagos.

Lota, c. y puerto del centro de Chile en la VIII Región (Biobío) y en la prov. de Concepción, cap. de la com. del mismo n. Centro minero (hulla).

lote m. Parte en que se divide un todo para su distribución. ‖ Premio de lotería. ‖ Grupo de objetos que se venden juntos.

lotería f. Juego de azar en el que se venden una serie de billetes numerados que, después de verificado el sorteo, resultarán premiados o no : *tocarle a uno el premio gordo en la lotería.* ‖ Casa en donde se venden los billetes. ‖ Juego de azar en el que los participantes poseen uno o varios cartones numerados que cubren a medida que se sacan bolas con los números correspondientes. ‖ *Fig.* y *fam.* Cosa o asunto en manos del azar : *la vida es una lotería.*

lotero, ra m. y f. Persona que posee un despacho de lotería.

Loti (Julien VIAUD, llamado **Pierre**), marino y escritor francés (1850-1923), autor de novelas (*Madame Crisantemo*, *Ramuntcho*, *El pescador de Islandia*, etc.)

loto m. Planta acuática ninfeácea, de flores de color blanco azulado.

Lotti (Antonio), compositor italiano (¿1667 ?-1740), autor de misas, motetes, cantatas, oratorios, óperas.

Loudet (Osvaldo), psiquiatra y criminólogo argentino, n. en 1890.

Louisville, c. en el centro oeste de Estados Unidos (Kentucky). Arzobispado. Centro comercial e industrial.

Lourdes [lurd], c. del S. de Francia (Hautes-Pyrénées). Peregrinación.

Lourenço Marqués. V. MAPUTO.

Louvain, n. fr. de Lovaina.

Louverture (Toussaint), político y general haitiano, n. en Santo Domingo (1743-1803), jefe de los rebeldes negros en Santo Domingo. Hecho prisionero, se le condujeron a Francia, donde murió.

Louvre [luvr], palacio de los reyes de

Francia en París, hoy convertido en museo. Se inició su construcción en 1204 y se acabó realmente durante el imperio de Napoleón III.

Louys (Pierre), escritor francés, n. en Gante (1870-1925), autor del poema en prosa *Las canciones de Bilitis* y de novelas (*La mujer y el pelele*, etc.).

Lovaina, c. de Bélgica (Brabante), a orillas del Dyle. Universidad.

Loveira-Chirino (Carlos), escritor cubano (1882-1928), autor de novelas naturalistas (*Los inmorales*, *Generales y doctores*, *Los ciegos*, *La última lección*, *Juan Criollo*). Fue también un político revolucionario y social.

Lovelace (Richard), poeta inglés (1618-1658).

Lowell, c. al noreste de Estados Unidos (Massachusetts), a orillas del Merrimac. Industrias.

Lowlands (*Tierras Bajas*), región de Gran Bretaña, en el centro de Escocia.

Loyang o **Luoyang**, c. al norte de China (Honan).

Loynaz (Dulce María), poetisa cubana, n. en 1903.

Loyola, pobl. del N. de España (Guipúzcoa), cerca de Azpeitia. Lugar de nacimiento de San Ignacio. Santuario.

Loyola (Ignacio de). V. IGNACIO.

loza f. Barro fino cocido y barnizado con que se hacen platos, tazas, jarros, etc. || Conjunto de estos objetos en el ajuar doméstico.

lozanía f. Frondosidad de las plantas. || Vigor, robustez. || Frescura, juventud: *la lozanía de su cutis*.

lozano, na adj. Con lozanía.

Lozano (Abigaíl), poeta romántico venezolano (1821-1866), autor de *Tristeza del alma*, *Oda a Barquisimeto*, *Horas de martirio*, *Otras horas de martirio*, etc. || ~ (CRISTÓBAL), pintor peruano, m. en 1776. Fue excelente retratista. || ~ (JORGE TADEO), naturalista, médico y patriota colombiano (1771-1816). M. fusilado. || ~ **Díaz** (JULIO), político hondureño (1885-1957), pres. de la Rep. de 1954 a 1956.

Lozère, monte de Francia, en el dep. homónimo; 1 699 m. — Dep. de Francia en el SE. del Macizo Central; cap. *Mende*.

Lozoya, río del centro de España, afl. del Jarama.

Lozza (Raúl), pintor abstracto argentino, n. en 1911.

L.P., abreviatura de *Long play*.

L.S.D. m. (abreviatura en alemán de *LysergSäureDiäthylamid*). Derivado de un ácido alucinógeno que modifica las sensaciones visuales y auditivas.

ltd., abreviatura del inglés *limited*, empleada por las compañías de responsabilidad limitada.

Lu, símbolo químico del lutecio.

Luaces (Joaquín LORENZO). V. LORENZO.

Lualaba, nombre con el que se conoce la parte superior del río Zaire.

Luanco, v. de España (Asturias).

Luanda, ant. *Loanda* o *San Pablo de Loanda*, cap. y puerto al NO. de Angola a orillas del Atlántico; 500 000 h.

Luang Prabang, prov. y c. al O. de Laos, a orillas del Alto Mekong.

Luanshya, c. de Zambia, en la frontera con Zaire. Cobre.

Luarca, v. y puerto en el norte de España (Asturias).

Lubaantún, ant. centro de la civilización maya en Belice.

Lübbenau, c. de Alemania Oriental, al SE. de Berlín. Central térmica.

Lubbock, c. al sur de los Estados Unidos (Texas).

Lübeck, c. y puerto del Báltico en Alemania Occidental (Schleswig-Holstein). Metalurgia. Química.

lubina f. Robalo, pez marino.

Lublin, c. de Polonia, al SE. de Varsovia. Obispado. Universidad.

lubricación f. Lubrificación.

lubricador, ra adj. Lubrificador.

lubricante adj. y s. m. Lubrificante.

lubricar v. t. Lubrificar.

lubricidad f. Lujuria.

lúbrico, ca adj. Lujurioso.

lubrificación f. Acción y efecto de lubrificar.

lubrificador, ra adj. Que lubrifica.

lubrificante adj. y s. m. Dícese de toda sustancia que lubrifica.

378 **lubrificar** v. t. Engrasar, untar con

---

lubrificante una superficie para que se deslice mejor sobre otra.

Lubumbashi, ant. *Elisabethville*, c. al sureste del Zaire (Katanga). Minas.

Luca, c. al O. de Italia, cap. de la prov. homónima. Arzobispado. Universidad. Catedral románica.

Luca (Esteban de), poeta argentino (1786-1824). || ~ **de Tena** (JUAN IGNACIO), periodista y comediógrafo español (1897-1975), autor de *¿Quién soy yo?*, *Don José*, *Pepe y Pepito*, *El huésped del Sevillano*, *¿Dónde vas, Alfonso XIII?* || ~ **de Tena** (TORCUATO, marqués de), periodista español (1861-1929), fundador de la revista *Blanco y Negro* y del diario *ABC* de Madrid. || ~ **de Tena y Brunet** (TORCUATO), escritor español, n. en 1923, destacado periodista, autor de novelas (*Edad prohibida*, *La mujer de otro*, *Pepa Niebla*, *Señor ex ministro*, etc.), y obras de teatro (*Una luz sobre la cama*, etc.). Es hijo y nieto de los anteriores.

Lucanas, prov. al suroeste del Perú (Ayacucho); cap. *Puquio*.

Lucania. V. BASILICATA.

Lucano (Marco Anneo), poeta hispanolatino, n. en Córdoba (39-65), sobrino de Séneca. Autor de la epopeya *Farsalia*. Se suicidó.

Lucas (*San*), uno de los cuatro evangelistas, m. hacia 70. Autor del tercer *Evangelio* y de los *Hechos de los Apóstoles*. Fiesta el 18 de octubre.

Lucas (Eugenio), pintor español (1824-1870), destacada figura del romanticismo. || ~ **de Leyden**, pintor y grabador holandés, n. en Leyden (1494-1533). || ~ **García** (ROMEO), general guatemalteco, n. en 1924, pres. de la Rep. en 1978. Fue derrocado al finalizar su mandato (marzo de 1982).

Lucayas (ISLAS). V. BAHAMAS.

Lucca. V. LUCA.

Lucena, c. del S. de España (Córdoba). — C. de Filipinas, al S. de la isla de Luzón, cap. de la prov. de Quezón. Obispado.

lucense adj. y s. De Lugo (España).

Lucerna, c. en el centro de Suiza, cap. del cantón homónimo, al O. del lago de igual nombre, también llamado de los Cuatro Cantones.

lucero m. Astro brillante, estrella grande. || El planeta Venus.

Lucía (*Santa*), virgen y mártir de Siracusa (¿283-304?). Fiesta el 13 de diciembre. Patrona de los ciegos.

Luciano || ~ **Bonaparte**. V. BONAPARTE. || ~ **de Samosata**, escritor griego (¿125-192?), creador del diálogo satírico (*Diálogos de los dioses*, *Diálogos de los muertos*, *Timón*).

lucidez f. Clarividencia.

lúcido, da adj. Que tiene gracia. || *Fig.* Brillante: *una situación lúcida.*

lúcido, da adj. Claro, inteligible. || Clarividente, capaz de ver las cosas (ú. t. c. s.). || En estado mental normal (ú. t. c. s.). || Que brilla.

luciérnaga f. Insecto coleóptero, cuya hembra, que carece de alas, despide por la noche una luz fosforescente de color verdoso.

Lucifer m. Demonio. || *Fig.* Hombre perverso.

Lucifer, demonio o príncipe de los ángeles rebeldes.

lucimiento m. Brillantez.

lucio m. Pez de río muy voraz.

lucir v. i. Brillar, resplandecer. || *Fig.* Sobresalir en algo: *lucir en el foro, en literatura* (ú. t. c. pr.). || Ser de provecho: *el luce tu que come.* || Hacer buen efecto: *este reloj chapado de oro luce mucho.* || — V. Iluminar (ú. t. c. i.). || *Fig.* Hacer ver, mostrar: *lucir su valor.* || Exhibir: *lucir sus piernas.* || Llevar: *lucir una bonita corbata.* || *Amer.* Tener buen aspecto exterior. || — V. pr. Salir brillante de una empresa, quedar bien. || *Fig.* y *fam.* Quedar mal, hacer mal papel: *¡pues sí que nos hemos lucido!*

Lucknow, c. del N. de la India, cap. de Uttar Pradesh. Universidad.

lucrar v. t. Lograr. || — V. pr. Sacar provecho, aprovecharse.

lucrativo, va adj. Que hace ganar dinero.

Lucrecia Borgia. V. BORGIA.

Lucrecio (Tito Caro), poeta latino (¿98?-55 a. de J. C.), autor de *De la naturaleza de las cosas*.

---

lucro m. Ganancia, provecho. || *Lucro cesante*, beneficio que se ha dejado de obtener por cualquier causa imputable a otra persona o hecho.

luctuoso, sa adj. Triste.

lucubración f. Divagación.

lucubrar v. t. Trabajar con ahínco en obras de ingenio. || Divagar, imaginar.

Lúculo, general, pretor y cónsul romano (¿109-57? a. de J. C.).

lucha f. Combate cuerpo a cuerpo entre dos personas: *lucha libre, grecorromana*. || Pelea, contienda.

luchador, ra m. y f. Persona que lucha.

luchar v. i. Combatir, pelear.

Lucheu o **Luzhu**, c. de China, al oeste de Chongking.

Luchon. V. BAGNÈRES-DE-LUCHON.

Ludhiana, c. del N. de la India (Pendjab). Textiles; metalurgia.

ludibrio m. Burla, irrisión: *ser el ludibrio del pueblo*. || Desprecio.

lúdico, ca y **lúdicro, cra** adj. Relativo al juego.

Ludovico Pío, n. que se dio a Luis I de Francia.

Ludwig (Emil), escritor alemán (1881-1948), autor de biografías (*Goethe, Napoleón, Miguel Ángel, Hindenburg, Bismarck, Guillermo II*, etc.).

Ludwigsburgo, c. de Alemania Occidental (Baden-Wurtemberg).

Ludwigshafen am Rhein, c. de Alemania Occidental (Renania-Palatinado). Industrias químicas.

lúe y **lúes** f. Infección sifilítica.

luego adv. Pronto, prontamente: *vuelvo luego*. || Después: *iré luego al cine*. || — Conj. que denota deducción o consecuencia: *pienso, luego existo*. || — *Desde luego*, naturalmente. || *Hasta luego*, expresión de despedida que se emplea con las personas que uno deja por muy poco tiempo. || *Luego de*, después de. || *Amer. Luego luego*, inmediatamente después. || *Luego que*, en seguida que.

luengo, ga adj. Largo: *luengos años: tenía una luenga barba.*

Lugano, c. al SE. de Suiza (Tesino), en las márgenes del lago homónimo.

Lugansk. V. VOROCHILOVGRADO.

lugar m. Parte determinada del espacio: *dos cuerpos no pueden ocupar el mismo lugar*. || Sitio de una persona o cosa: *no está en su lugar habitual*. || Sitio no material que ocupa una cosa: *ha dejado el lugar que ocupaba en la empresa*. || Localidad, población, pueblo, aldea: *en un lugar de la Mancha de cuyo nombre no quiero acordarme*. || Sitio, tiempo conveniente para decir o hacer algo: *no hay lugar para partarse de tal modo*. || Pasaje de un libro: *lo verás en un lugar de tu texto*. || Puesto: *ocupa un buen lugar en la empresa*. || Motivo, causa, origen: *dar lugar a críticas*. || — *En lugar de*, en vez de. || *En primer lugar*, primeramente. || *Mil. En su lugar ¡ descanso !*, voz con la que se ordena no estar firme. || *En tiempo y lugar oportunos*, en el momento más conveniente. || *Fuera de lugar*, en un momento poco oportuno. || *Lugar común*, tópico. || *Lugar geométrico*, conjunto de puntos que tiene, con exclusión de cualquier otro, una propiedad determinada y característica. || *No ha lugar*, no es el momento. || *Tener lugar*, suceder, ocurrir; tener sitio o cabida; tener tiempo; hacer las veces de, servir de.

lugareño, ña adj. y s. De un pueblo.

lugarteniente m. El segundo que puede sustituir al jefe.

Lugo, c. en el noroeste de España en Galicia, cap. de la prov. homónima. Obispado.

Lugo (Alonso Luis de), adelantado español del Nuevo Reino de Granada (1542). Fundó las ciudades de Mompós y Tocaima. || ~ (AMÉRICO), escritor dominicano (1870-1952). || ~ **y Albarracín** (PEDRO DE), escultor colombiano, activo de 1630 a 1670, autor de imágenes religiosas.

Lugones (Leopoldo), escritor modernista argentino, n. en Río Seco (Córdoba) [1874-1938]. Autor de poesías (*Himno a la luna, Odas seculares, El libro fiel, Romancero, Las montañas de oro, Los crepúsculos del jardín, Lunario sentimental, Poemas solariegos*, etc.) y de libros en prosa (*La* *guerra gaucha, El payador* y *El ángel de la sombra* . Se suicidó.

lugre m. Mar. Embarcación pequeña de tres palos.

lúgubre adj. Triste, fúnebre.

luis m. Antigua moneda de oro francesa.

Luis (San) . V. Luis IX (de Francia). || ~ Gonzaga (San), jesuita italiano (1568-1591), patrono de la juventud. Fiesta el 21 de junio.

Luis I (1707-1724), rey de España en 1724, hijo de Felipe V.

Luis ~ I (778-840), llamado *Ludovico Pío,* emperador francés de Occidente desde 814. Era hijo de Carlomagno. || ~ II (846-879), rey de Francia desde 877. || ~ III (¿863 ?-882), rey de Francia desde 879. || ~ IV, rey de Francia de 936 a 954. || ~ V (¿967 ?-987), rey de Francia desde 986. Fue el último de la dinastía carolingia. || ~ VI (¿1081 ?-1137), rey de Francia desde 1108. || ~ VII (¿1120 ?-1180), rey de Francia desde 1137. || ~ VIII (1187-1226), rey de Francia desde 1223. || ~ IX o San Luis (1214-1270), rey de Francia desde 1226. Participó en las dos últimas cruzadas y. m. de la peste en Túnez. Fiesta el 25 de agosto. || ~ X (1289-1316), rey de Navarra desde 1305 y de Francia desde 1314. || ~ XI (1423-1483), rey de Francia desde 1461. || ~ XII (1462-1515), rey de Francia desde 1498. || ~ XIII (1601-1643), rey de Francia desde 1610. Confió el gobierno al cardenal Richelieu. || ~ XIV (1638-1715), llamado *el Rey Sol,* rey de Francia desde 1643. Restableció el orden interior, aseguró la potencia militar de Francia y se supo rodear de excelentes colaboradores (Colbert, Louvois, Vauban). Por su matrimonio con María Teresa, hija de Felipe IV de España, participó en la guerra de Sucesión española en ayuda de su nieto Felipe de Anjou. Su reinado marcó el apogeo de la monarquía absoluta y fue el de mayor esplendor de las letras y artes en Francia, por lo que se llama a este período *Siglo de Luis XIV.* || ~ XV (1710-1774), rey de Francia desde 1715. Su reinado se caracterizó por el desorden financiero y por las guerras exteriores con España, Austria e Inglaterra, que ocasionaron la pérdida de las colonias. Su ministro Choiseul promovió el *Pacto de Familia* (1761), que reunía las cuatro ramas borbónicas. || ~ XVI (1754-1793), rey de Francia de 1774 a 1793. Suspendido de sus funciones y juzgado por la Convención, fue condenado a muerte y guillotinado. || ~ XVII (1785-1795), hijo del anterior. Murió en la prisión del Temple sin haber reinado. || ~ XVIII (1755-1824), hermano de Luis XVI, rey de Francia desde 1814. Fue impopular por sus medidas reaccionarias. Envió a España una expedición para restablecer el absolutismo (1823). || ~ Felipe I (1773-1850), rey de los franceses de 1830 a 1848. Fue derrocado por los legitimistas, los republicanos y bonapartistas. || ~ Napoleón. V. Napoleón III.

Luis ~ *el Grande,* rey de Hungría (1342-1382) y de Polonia (1370-1382). || ~ II, rey de Hungría y de Bohemia (1516-1526).

Luis ~ I, emperador de Occidente de 814 a 840. Fue rey de Francia con el n. de Ludovico Pío. || ~ II, emperador de Occidente de 855 a 875. || ~ III, emperador de 901 a 905. || ~ IV, emperador de Occidente de 1328 a 1346.

Luis ~ Calvo, prov. en el SE. de Bolivia (Chuquisaca) ; cap. *Villa Vaca Guzmán.* || ~ Gómez, mun. de Venezuela (Nueva Esparta), al E. de la isla Margarita ; cap. *Porlamar.*

Luis (Leopoldo de), crítico y poeta español, n. en 1918.

Luisa de Marillac *(Santa),* religiosa francesa (1591-1650). Fundó las Hijas de la Caridad. Fiesta el 15 de marzo.

Luisiana, uno de los Estados Unidos en el sur de América del Norte, ribereño del golfo de México ; cap. *Baton Rouge.* Su territorio fue cedido por Francia en 1803.

Luján, río de la Argentina (Buenos Aires). afl. del Plata. — C. de la Argentina (Buenos Aires). Universidad. Santuario de la Virgen. — Pobl. de la

Argentina (San Luis). || ~ de Cuyo, pobl. del O. de la Argentina (Mendoza). Aguas termales.

lujo m. Suntuosidad, fausto, boato. || *Fig.* Abundancia, profusión : *con gran lujo de detalles.* || — *De lujo,* de mucho valor y no de primera necesidad. || *Lujo asiático,* el muy grande. || *Permitirse el lujo de,* darse el gusto de.

lujoso, sa adj. Con mucho lujo.

lujuria f. Vicio de los placeres de la carne. || *Fig.* Demasía, abundancia.

lujuriante adj. Muy frondoso : *naturaleza lujuriante.*

lujurioso, sa adj. Lascivo.

Lukacs (Gyorgy), escritor y filósofo húngaro (1885-1971).

Lule, río del N. de Suecia, que des. en el golfo de Botnia ; 450 km. — C. y puerto de Suecia, en el golfo de Botnia, cap. de la prov. homónima. Exportación de hierro.

Iuliano, na adj. Relativo al lulismo.

Lulio (Beato Raimundo) o **Ramón Llull,** religioso, teólogo y filósofo español, n. en Palma de Mallorca (¿1235 ? - 1315), autor de *Libre de contemplació en Déu,* donde expone la generalidad de su filosofía, *Ars magna* o *Ars generalis,* obra en la que intenta demostrar la existencia de Dios y los atributos de éste, *Libre d'amic* e *d'amat,* tratado místico contenido en *Blanquerna,* novela utópica de idealización contemplativa.

lulismo m. *Fil.* Sistema filosófico de Raimundo Lulio.

lulista adj. y s. Partidario del lulismo.

lulú m. Perro pequeño y lanudo.

Luluaburgo. V. KANANGA.

Lully o **Lulli** *[luli]* (Jean-Baptiste), compositor francés, n. en Florencia (1632-1687), creador de la ópera en su país (*Alcestes, Teseo, Rolando*).

Lumaco, c. del centro de Chile en la IX Región (Araucanía) y en la prov. de Malleco, cap. de la com. del mismo nombre.

lumbago m. Dolor en la espalda debido a una afección de las articulaciones de las vértebras lumbares a causa de traumatismo (directo o indirecto) o reumatismo (artritis).

lumbar adj. Anat. Relativo a la parte posterior de la cintura.

lumbre f. Cualquier combustible encendido. || Fuego : *dame lumbre para encender mi cigarrillo.* || *Fig.* Brillo, resplandor.

lumbrera f. Abertura en un techo. || Claraboya en un barco. || En las máquinas, orificio de entrada o salida del vapor. || Hueco central del cepillo, la garlopa, etc. || *Fig.* Persona muy sabia o inteligente.

lumen m. *Fis.* Unidad de flujo luminoso (símb., *lm*).

Lumière (Louis), químico francés (1864-1948) que con su hermano AUGUSTE (1862-1954), inventó el cinematógrafo (1894).

luminiscencia o **luminescencia** f. Emisión de luz a baja temperatura.

luminiscente o **luminescente** adj. Que emite rayos luminosos sin que haya incandescencia.

luminosidad f. Calidad de luminoso : *la luminosidad de sus ojos.*

luminoso, sa adj. Que despide luz. || *Fig.* Brillante : *idea luminosa.*

luminotecnia f. Técnica del alumbrado.

luminotécnico, ca adj. Relativo o perteneciente a la luminotecnia. || — M. y f. Persona que se dedica a la iluminación con propósitos artísticos.

Lumumba (Patricio), político congolés (1925-1961). Luchó por la independencia del Congo belga (Zaire). Fue primer ministro de este país. Murió asesinado.

luna f. Cuerpo celeste que gira alrededor de la Tierra y recibe la luz del Sol, que refleja en nuestro planeta. || Esta misma luz. || Cada fase que presenta este cuerpo celeste : *Luna nueva, creciente, llena, menguante.* || Espejo : *armario de luna.* || Cristal : *la luna de un escaparate.* || Cristal de la ventanilla de un coche. || *Fig.* Capricho, extravagancia, manía, humor caprichoso. || — *Fig. De buena* (o *mala*) *luna,* de buen (o mal) humor. | *Estar en la Luna,* estar en Babia. | *Luna de miel,* primeros tiempos de

casado. || *Media luna,* figura de cuarto de Luna creciente o menguante ; **el** Imperio Turco ; cuchilla redonda. || *Fig. Pedir la Luna,* solicitar algo imposible de obtener. | *Quedarse a la luna de Valencia,* no lograr lo que se esperaba.

— La Luna describe alrededor de la Tierra una órbita elíptica excéntrica en 29 días, 12 horas y 44 minutos, y tiene un movimiento de rotación sobre sí misma. Es cincuenta veces menor que nuestro planeta, del que se encuentra a 384 680 km. La U. R. S. S. fue el primer país que hizo llegar a la Luna un cohete cósmico, llamado *Lunik II* (13 de septiembre de 1959). El 21 de julio de 1969 Estados Unidos, por medio del cohete *Apolo XI,* consiguió que dos hombres, Neil Armstrong y Edwin Aldrin, desembarcasen en el suelo de la Luna.

Luna (ISLA DE LA). V. COATI.

Luna (Álvaro de), condestable de Castilla (¿1388 ?-1453), favorito de Juan II. M. ajusticiado. || ~ (JOSÉ CARLOS DE), poeta español (1890-1964). || ~ (PABLO), músico español (1879-1943), autor de zarzuelas (*Molinos de viento, El asombro de Damasco, La pícara molinera,* etc.). || ~ (PEDRO DE). V. BENEDICTO XIII.

lunación f. *Astr.* Tiempo que media entre dos nuevas lunas.

lunar adj. Relativo a la Luna. || — M. Mancha pequeña y negra o parda en la piel. || Dibujo redondo : *tejido de lunares.* || *Fig.* Defecto o mancha.

lunarejo, ja adj. *Amer.* Que tiene lunares.

Lunarejo (El) . V. ESPINOSA MEDRANO.

lunático, ca adj. y s. Loco. || Que tiene manías.

lunch *[lanch]* m. (pal. ingl.). Almuerzo ligero que se toma de pie.

Lund, c. del S. de Suecia. Arzobispado. Universidad. Catedral.

Luneburgo, c. de Alemania Occidental (Baja Sajonia).

Lünen, c. de Alemania Occidental (Renania-Westfalia), en el Ruhr.

lunes m. Segundo día de la semana.

luneta f. Gran cristal utilizado para cerrar un recinto : *luneta delantera, trasera de un automóvil.*

Luneville *[-vil],* c. del NE. de Francia (Meurthe-et-Moselle).

lunfardismo m. Palabra, vocablo o expresión propia del hablar lunfardo.

lunfardo, da adj. Relativo o perteneciente al lunfardo. || — M. Ladrón. Rufián. || Jerga de la delincuencia porteña de Buenos Aires.

Lunik, n. de los artefactos lanzados por los soviéticos en dirección de la Luna. (El *Lunik II* aterrizó en el mar de la Serenidad el 13 de septiembre de 1959.)

lúnula f. Mancha blanca en la raíz de las uñas.

Luoyang. V. LOYANG.

lupa f. Lente de aumento. Minas.

lupanar m. Casa de prostitución.

Luperón, com. al norte de la Rep. Dominicana (Puerto Plata).

Luperón (Gregorio), militar y patriota dominicano (1839-1897).

lúpulo m. Planta cuyo fruto se emplea para aromatizar la cerveza.

Luque, v. al sur de España (Córdoba). — Pobl. al suroeste del Paraguay (Central).

Luque (Hernando de), sacerdote español, m. en 1532. Estuvo en la conquista del Perú y fue su primer obispo (1529).

Luquillo, sierra y c. en el NE. de Puerto Rico (Humacao). Turismo.

Lurdes. V. LOURDES.

Luribay, pobl. al oeste de Bolivia, cap. de la prov. de Loayza (La Paz).

Lurigancho, distr. al oeste del Perú (Lima) ; cap. *Chosica.*

Luristán, región montañosa en el O. del Irán. Petróleo.

Lusacia, región en Alemania Oriental y Checoslovaquia, entre el Elba y el Oder.

Lusaka, cap. de Zambia, en el centro ; 520 000 h. Arzobispado.

Lusiadas *(Los),* poema épico de Camoens (1572), en diez cantos, en el que se relatan los descubrimientos de los portugueses en las Indias orientales.

Lusinchi (Jaime), político socialemócrata venezolano, n. en 1924, pres. de la Rep. desde febrero de 1984.

Lusitania, división de la España romana entre el Duero y el Guadiana. Corresponde a Portugal.

lusitanismo m. Palabra o giro propio de la lengua portuguesa.

lusitano, na y **luso, sa** adj. y s. De Lusitania. || Portugués.

Lussich (Antonio D.), poeta gauchesco uruguayo (1848-1928), autor de *El matrero Luciano Santos.*

lustrabotas m. inv. *Amer.* Limpiabotas.

lustración f. Pulimento.

lustrador m. *Amer.* Lustrabotas, limpiabotas.

lustrar v. t. Dar lustre o brillo. || Limpiar los zapatos.

lustre m. Brillo. || Betún para el calzado. || *Fig.* Gloria, fama.

lustro m. Período de cinco años.

lustroso, sa adj. Brillante.

Lutecia, ant. n. de *París.*

lutecio m. Metal del grupo de las tierras raras (símb., *Lu*), de número atómico 71.

luteína f. Progesterona.

luteranismo m. Doctrina de Lutero. || Religión de los luteranos. (V. PROTESTANTISMO.)

luterano, na adj. Relativo a la doctrina de Lutero. || — M. y f. Partidario de la doctrina de Lutero.

Lutero (Martín), teólogo y reformador alemán, n. y m. en Eisleben (Sajonia) [1483-1546]. Religioso agustino en 1517, se opuso a los predicadores de la Bula de las Indulgencias y en 1520 fue excomulgado por León X. Su doctrina, el *protestantismo,* está resumida en la Confesión de Augsburgo.

luto m. Situación producida por la muerte de un pariente cercano, de un gran personaje, etc. : *un luto oficial de diez días.* || Conjunto de signos exteriores de duelo, en vestidos, adornos, etc. : *vestirse o ponerse de luto.*

Luton, c. de Gran Bretaña en Inglaterra, al NO. de Londres (Bedford).

Lützen, c. de Alemania Oriental (Sajonia). Batalla ganada por Gustavo II Adolfo de Suecia, en la que encontró la muerte (1632), y derrota de rusos y prusianos por Napoleón (1813).

lux m. -*Fís.* Unidad de iluminancia (símb., *lx*).

luxación f. Dislocación de un hueso de su articulación.

luxar v. t. Provocar una luxación, dislocar un hueso (ú. t. c. pr.).

Luxemburgo (GRAN DUCADO DE), Estado de Europa occidental, entre los de Francia, Bélgica y Alemania ;

2 586 km² ; 360 000 h. (*luxemburgueses*). Cap. *Luxemburgo,* 78 000 h.

Luxemburgo, prov. del sureste de Bélgica ; cap. *Arlon.*

Luxemburgo (Rosa), socialista alemana (1871-1919). M. asesinada.

luxemburgués, esa adj. y s. De Luxemburgo.

Luxor, pobl. de Egipto en la orilla derecha del Nilo. Fue suburbio de la ant. Tebas. Templo de Amenofis III.

Luya, prov. del N. del Perú (Amazonas) ; cap. *Lamud.*

luz f. Lo que ilumina los objetos y les hace visibles. (La *luz* está constituida por ondas electromagnéticas y su velocidad de propagación en el vacío es de unos 300 000 km por segundo). || Cualquier objeto que ilumina : *tráeme una luz.* || Claridad que este objeto da : *apaga la luz.* || Electricidad : *pagar la luz.* || Claridad del día dada por el Sol : *hoy hay poca luz.* || Faro de un automóvil ; *luces muy potentes.* || Semáforo para regular el tráfico. || Destello de una piedra preciosa. || Parte de un cuadro de pintura en la que hay más claridad. || *Fig.* Aclaración, claridad : *esta información no arroja ninguna luz sobre ese lastimoso acontecimiento.* || *Arq.* Ventana o tronera : *casa de muchas luces.* || — Tramo, arco de un puente. || — Pl. Cultura, ilustración : *el siglo de las luces.* || Inteligencia : *hombre de pocas luces.* || — A todas luces, claramente, evidentemente. || *Dar a luz,* parir la mujer ; (fig.) publicar una obra. || *Fig. Dar luz verde,* autorizar a hacer algo. || *Entre dos luces,* al amanecer o al anochecer ; (fam.) medio borracho, achispado. || *Fig. Hacer la luz,* descubrir algo que estaba oculto. || *Luces de tráfico,* semáforos para regular la circulación. || *Luz cenital,* la que entra por el techo ; la que está en el interior del coche. || *Luz de Bengala,* fuego artificial que produce una llama de color. || *Luz de carretera,* de cruce, las de los automóviles cuando están en una carretera y es larga o más baja para no deslumbrar a otro coche que viene en sentido contrario. || *Luz de población,* la utilizada por los automóviles en la ciudad. || *Luz de posición o de situación,* las que se colocan en automóviles, barcos y aviones para distinguirlos en la noche. || *Luz negra,* la producida por rayos ultravioleta que proyecta la fluorescencia de ciertos cuerpos. || *Fig. Sacar a luz,* publicar ; descubrir. || *Salir a luz,* imprimirse un libro ; descubrirse, aparecer lo que estaba oculto. || *Ver la luz,* nacer.

Luz y Caballero (José de la), filósofo y educador cubano (1800-1862).

Luzán (Ignacio), escritor español (1702-1754), autor de *Poética,* preceptiva literaria. || ~ (JOSÉ), pintor español (1710-1785). Fue maestro de Goya.

Luzbel, uno de los nombres del demonio.

Luzón, estrecho e isla al N. del archip. de Filipinas, la mayor de todas ; 108 172 km² ; 18 000 500 h. Cap. *Manila.* Agricultura.

Luzuriaga (Toribio de), general peruano (1782-1842). Participó en la defensa de Buenos Aires contra los ingleses (1806-1807) y en la guerra de la Independencia del Perú con el argentino San Martín.

Lvov, en alem. *Lemberg,* c. al sur de la U. R. S. S. (Ucrania), cerca de Polonia. Universidad. Metalurgia ; textiles.

lw, símbolo químico del *laurencio* o *lawrencio.*

lx, símbolo del *lux.*

Lyallpur, c. al NE. del Paquistán.

Lyautey [*lioté*] (Louis Hubert), mariscal de Francia (1854-1934). Organizó el protectorado francés de Marruecos.

Lyly (John), escritor inglés (¿ 1553 ?-1606), autor de la novela *Euphues* o *Anatomía del ingenio* y de comedias.

Lynch (Benito), escritor argentino, n. en Buenos Aires (1885-1951), autor de novelas de carácter rural y gauchesco (*Los caranchos de La Florida, Raquela, El inglés de los güesos* y *El romance de un gaucho*). || ~ (JUSTO MÁXIMO), pintor argentino (1870-1953), autor de cuadros sobre la historia naval de su país. || ~ (MARTA), novelista argentina, n. en 1934, autora de *La alfombra roja, Los años de fuego,* etc.

Lynch (Ley de), procedimiento sumario, usado sobre todo en Estados Unidos, por el cual el supuesto delincuente era ejecutado por la multitud.

Lynn, c. y puerto al noreste de los Estados Unidos (Massachusetts).

Lyon, c. en el centro este de Francia, cap. del dep. del Ródano en la confluencia del Ródano y el Saona. Arzobispado. Universidad. Centro comercial e industrial.

Lyra (María Isabel CARVAJAL, conocida por el nombre de **Carmen**), escritora costarricense (1888-1949), autora de *Los cuentos de mi tía Panchita, Las fantasías de Juan Silvestre, En una silla de ruedas.*

Lys, río que riega el NO. de Francia y Bélgica, afl. del Escalda ; 214 km.

Lytton (Edward BULWER), escritor inglés (1803-1873), autor de *Los últimos días de Pompeya,* novela histórica, de poesías y de obras de teatro.

Llamas.

ll f. Decimocuarta letra del alfabeto castellano y undécima consonante.

llaca f. Mamífero marsupial.

llaga f. Úlcera. ‖ *Fig.* Cualquier cosa que causa pesadumbre. ‖ *Fig. Poner el dedo en la llaga,* encontrar el punto donde está el mal.

llagar v. t. Hacer llagas.

Llagosta (La), mun. al noreste de España (Barcelona).

Llagostera, v. al noreste de España (Gerona).

Llaima, volcán de los Andes, en el centro de Chile (Cautín) ; 3 124 m.

Llallagua, cantón al suroeste de Bolivia (Potosí). Minas de estaño.

llama f. Gas incandescente producido por una sustancia en combustión. ‖ Mamífero rumiante doméstico de América del Sur donde se aprovecha la carne y la lana y es utilizado como bestia de carga. ‖ *Fig.* Pasión vehemente. ‖ Suplicio de la hoguera : *condenado a las llamas.* ‖ — Pl. *Las llamas eternas,* las torturas del infierno.

llamada f. Llamamiento. ‖ Invitación urgente para que alguien venga : *se oían llamadas plañideras.* ‖ Excitación, invitación a una acción : *llamada a la sublevación.* ‖ Remisión en un libro. ‖ Comunicación : *llamada telefónica.* ‖ Acción de traer a la mente : *llamada de atención.* ‖ Oferta de emigración : *recibir una carta de llamada.* ‖ *Mil.* Toque para tomar las armas o formarse : *batir llamada.* ‖ *Fig.* Atracción : *la llamada de mi sangre negra.*

llamado m. Llamamiento, llamada.

llamador, ra m. y f. Persona que llama. ‖ — M. Aldaba de puerta. ‖ Botón del timbre.

llamamiento m. Acción de llamar. ‖ Convocatoria. ‖ *Mil.* Acción de llamar a los soldados de una quinta.

llamar v. t. Invitar a alguien para que venga o preste atención por medio de una palabra, un grito o de cualquier otro signo : *llamar a voces.* ‖ Dar un nombre a alguien, a algo : *llamar las cosas con la palabra adecuada.* ‖ Convocar, citar : *lo llamaron ladrón.* ‖ Convocar, citar : *lo llamaron ante los tribunales de justicia.* ‖ Atraer : *aquello llama la atención.* ‖ Destinar : *está llamado a desempeñar un gran papel.* ‖ *Llamar la atención,* hacer que se preste atención, que se fije en algo ; regañar, reñir, hacer una advertencia, hacer notar, sobresalir. — V. i. Tocar, pulsar : *llamar con el timbre.* ‖ Golpear : *llamó a la puerta con los puños.* ‖ Comunicar : *llamar por teléfono.* ‖ — V. pr. Tener como nombre o apellido : *¿ cómo se llama esa ciudad ?* ‖ Tener cierto título una obra.

llamarada f. Llama intensa y breve. ‖ *Fig.* Enrojecimiento del rostro, rubor. ‖ Pasión pasajera. ‖ Arrebato del ánimo : *sentir una llamarada de ira.*

llamativo, va adj. Vistoso : *colores llamativos.* ‖ Que llama la atención.

llameante adj. Que llama.

llamear v. i. Echar llamas.

Llamosas (Lorenzo de las), dramaturgo peruano (¿ 1665-1706 ?).

llampo m. Parte menuda y polvo de mineral.

llampuga f. Pez comestible.

llana f. Paleta para extender el yeso, la mezcla o argamasa. ‖ Llanura.

Llandudno c. de Gran Bretaña en el País de Gales. Estación balnearia.

Llanelly, c. y puerto de Gran Bretaña, en la costa SO. de Gales.

Llanera, mun. en el norte de España (Asturias).

llanero, ra m. y f. Habitante de las llanuras. ‖ Habitante de Los Llanos de Venezuela. ‖ *Méx.* Persona que juega al fútbol en un terreno no destinado a la práctica de este deporte.

Llanes, c. y puerto en el norte de España (Asturias). Turismo.

llaneza f. Familiaridad : *llaneza en el trato.* ‖ Sencillez : *llaneza en el estilo.*

Llanganates, cordillera de Ecuador.

llanito, ta adj. y s. Gibraltareño.

Llanitos, cerro en el centro de México (Guanajuato) ; 2 881 m.

llano, na adj. Liso, igual, plano : *superficie llana.* ‖ *Fig.* Que no tiene adornos, sencillo. ‖ Claro, que no admite duda. ‖ Simple, afable : *persona llana.* ‖ Que no goza de fuero : *el fiador ha de ser lego, llano y abonado.* ‖ Sin jerarquía o poder : *el pueblo llano.* ‖ Dícese del ángulo de 180 grados. ‖ Aplícase al canto gregoriano o tradicional de la liturgia católica. ‖ Dícese del acento que cae en la penúltima sílaba : *palabra llana.* ‖ — *A la llana,* sin ceremonia. ‖ *De llano, claramente.* ‖ *Estado llano,* la clase común. ‖ — M. Llanura.

Llano Estacado, altiplano al S. de los Estados Unidos, al O. de Texas.

Llanos (Los), región de sabanas en el centro de Venezuela, entre las cord. de los Andes y la del Caribe, y los ríos Orinoco y Meta. Petróleo. — Com. al SE. de la Rep. Dominicana (San Pedro de Macorís).

llanquihuano, na adj. y s. De la prov. de Llanquihue (Chile).

Llanquihue, lago de Chile ; 740 km². — Prov. del centro sur de Chile en la X Región (Los Lagos) ; cap. *Puerto Montt.* — C. de Chile en la X Región (Los Lagos), cap. de la com. del mismo nombre.

llanta f. Cerco de hierro o de goma que rodea las ruedas de un coche, moto, etc. ‖ Corona de la rueda sobre la que se aplica el neumático. ‖ *Amer.* Neumático.

llantén m. Planta herbácea cuyas hojas se usan como astringente.

llantera y **llantina** f. *Fam.* Ataque de llanto.

llanto m. Efusión de lágrimas. ‖

Bailes de Argentina, Chile y República Dominicana. ‖ Su música.

llanura f. Superficie de terreno llano, de poco relieve.

llapa f. Yapa.

llapango, ga adj. y s. *Ecuad.* Dícese de la persona que no usa calzado.

llapar v. i. *Min.* Yapar. ‖ *Amer.* Añadir algo gratuitamente al peso de lo que se vende.

llar m. Fogón de las cocinas. ‖ — F. pl. Cadena de hierro pendiente en el cañón de la chimenea para colgar la caldera.

Llaretas (Las), paso de los Andes (San Juan), al oeste de la Argentina, que atravesó San Martín en la guerra de Independencia.

Llata, c. en el centro del Perú, cap. de la prov. de Huamalíes (Huánuco).

llave f. Pieza metálica con la que se abre una cerradura. ‖ Nombre dado a diversas herramientas utilizadas para apretar o aflojar tuercas o tornillos, los muelles de un mecanismo, las cuerdas de un instrumento de música, etc. ‖ Grifo : *llave de paso.* ‖ Tecla móvil de los instrumentos de música de viento. ‖ Pieza con que se da a la cuerda a un reloj. ‖ Disparador de arma de fuego. ‖ Interruptor de electricidad. ‖ Corchete en que se encierra una enumeración de puntos. ‖ Presa, manera de agarrar al adversario en la lucha. ‖ *Fig.* Posición, punto estratégico : *Gibraltar era la llave del Mediterráneo.* ‖ Medio de acceder a : *cree poseer las llaves del Paraíso.* ‖ Principio esencial que facilita el conocimiento de otras cosas. ‖ — *Fig. Cerrar con siete llaves,* guardar con gran cuidado. ‖ *Llave en mano,* dícese de una vivienda, un coche o una fábrica vendidos totalmente acabados. ‖ *Llave inglesa,* herramienta cuya cabeza se abre o se cierra para acoplarse al tornillo o tuerca que se quiere mover. ‖ *Llave maestra,* la que puede abrir todas las cerraduras.

Llave (Ignacio de la), general mexicano (1818-1863), que se distinguió en la defensa de Veracruz contra los norteamericanos (1847).

llavero, ra m. y f. Persona que tiene las llaves. ‖ — M. Anillo de metal o carterita de piel en que se ponen las llaves.

llavín m. Llave pequeña y plana.

Llay-Llay, c. del centro de Chile en la V Región (Valparaíso) y en la prov. de San Felipe de Aconcagua, cap. de la com. del mismo nombre.

llegada f. Acción de llegar; momento preciso en que llega una persona o cosa: *la llegada del presidente, de la primavera.* || Final de una carrera deportiva: *la llegada de los corredores ciclistas.*

llegar v. i. Alcanzar el sitio adonde se quería ir: *llegó a la ciudad.* || Acercarse: *al llegar la noche.* || Alcanzar su destino: *llegó el correo.* || Alcanzar: *llegar a la vejez.* || Tocar: *le llegó su vez.* || Subir: *el precio no llega a tanto.* || Suceder, ocurrir: *llegó lo que se esperaba.* || Conseguir, obtener: *llegó a ser presidente.* || Venir: *ya llegó el verano.* || Alcanzar una cosa a otra: *el abrigo le llega a las rodillas.* | — Llegar a las manos, reñir, pelearse. || Llegar a ser, convertirse en. || — V. pr. Ir: *llégate a su casa.*

Lleida. V. LÉRIDA.

llenado m. Acción de llenar. || Embotellado.

llenar v. t. Ocupar con algo lo que estaba vacío: *llenar un vaso.* || Ejercer, desempeñar: *llenar un cargo.* || Ocupar: *llenar el teatro.* || Poner o haber abundancia de algo: *llenó el manuscrito de correcciones.* || Fig. Colmar: *la noticia nos llena de alegría.* | Emplear: *lo hago para llenar el tiempo.* | Satisfacer: *esta persona no me llena.* | Cubrir: *llenar de injurias.* | Poner las indicaciones necesarias, rellenar un formulario: || Fecundar el macho a la hembra. || — V. i. Llegar la luna al plenilunio. || — V. pr. No dejar sitio libre. || Cubrirse: *llenarse los dedos de tinta.* || Fam. Hartarse.

llenazo m. Gran concurrencia en un espectáculo.

lleno, na adj. Ocupado completamente por algo: *una botella llena.* || Que contiene algo en gran cantidad: *con el estómago lleno.* || Que tiene abundancia de algo: *lleno de orgullo.* || Redondo: *mejillas llenas.* || Fig. y fam. Nada flaco sin llegar a ser realmente gordo. || Dar de lleno, dar completamente. || — M. Plenilunio. || Gran concurrencia: *lleno en la plaza de toros.*

Lleó (Vicente), compositor español (1870-1922), autor de zarzuelas (*La corte de Faraón,* etc.).

llepu m. *Chil.* Cesto que se usa a veces como medida.

Llera, mun. al E. de México (Tamaulipas); cap. *Llera de Canalees.* Minas.

Lleras || ~ **Camargo** (Alberto), político liberal colombiano, n. en 1906, pres. de la Rep. de 1945 a 1946 y de 1958 a 1962. || ~ **Restrepo** (Carlos), economista y político colombiano, n. en 1908. Pres. de la Rep. (1966-1970).

Llerena, v. al oeste de España (Badajoz).

Llerena (José Alfredo), escritor ecuatoriano, n. en 1912, autor de relatos (*Segunda vida de una santa*).

Llessui, mun. al NE. de España (Lérida). Estación de deportes de invierno.

lleudar v. t. Leudar.

lleuque m. *Chil.* Árbol maderable de fruto comestible. || Su fruto.

llevable adj. Llevadero.

llevadero, ra adj. Soportable, tolerable: *una vida llevadera.* || Que se puede poner: *traje llevadero.*

llevar v. t. Estar cargado de un peso (persona o cosa): *llevar un saco en las espaldas.* || Impulsar: *llevado por su entusiasmo.* || Arrastrar: *el viento lo llevó todo.* || Transportar: *el camión lleva arena; llévame en coche.* || Conducir, dirigir, manejar: *no sabes llevar el coche.* || Traer: *lo llevé a mi opinión.* || Vestir: *llevaba una chaqueta raída.* || Tener de cierta manera: *llevar la cabeza muy alta.* || Producir: *tierra que lleva trigo.* || Coger consigo y depositar en un sitio: *lleva esta carta al buzón.* | Dirigir, mover hacia: *llevó la copa a los labios.* || Introducir, meter: *llevó la mano al bolsillo.* || Tener: *llevas mucha razón.* || Ser causa de que algo ocurra: *llevó la alegría a mi hogar.* || Poseer, estar caracterizado por: *lleva un nombre ilustre.* || Nombrar, elegir: *lo llevaron al Poder.* || Incitar, impulsar a algo: *esto me lleva a decir.* || Someter a una jurisdicción: *lo llevaron a los tribunales.* || Causar, provocar: *esto te llevará a la ruina.* || Manifestar, presentar: *lleva la crueldad en su rostro.* || Soportar: *llevar sus males con resignación.* || Ir, conducir: *este camino lleva a mi casa.* || Tener: *no llevo ningún dinero.* || Durar: *me llevó dos días hacer este artículo.* || Estar desde hace: *lleva un mes en la cama.* || Contener: *este vino lleva mucha agua.* || Pedir, cobrar: *me ha llevado muy caro el sastre.* || Encargarse: *lleva los negocios de la familia.* || Ocuparse: *llevar las relaciones exteriores.* || Anotar: *llevar las cuentas en un libro.* || Presentar, encerrar: *asunto que lleva muchas dificultades.* || Conducir: *¿ adónde nos lleva la guerra ?* || Acompañar a sus hermanitos al cine. || Retener: *veintitrés, pongo tres y llevo dos.* || Haber: *llevar licenciado dos años de licenciatura.* || Marcar: *llevar el compás, el ritmo, el paso.* || Tener de más: *le llevo trece años.* || Tener un adelanto: *su coche me lleva diez kilómetros.* || Arrancar: *la bala le llevó el brazo.* || Tener, gastar: *lleva una barba espesa.* || Acomodarse al carácter de una persona: *sabe llevar muy bien a su marido.* || Dejarse llevar, dejarse influir. || — V. pr. Tomar consigo: *se llevó todos mis libros.* || Ganar: *me llevé un premio.* || Obtener, lograr, ganar: *en ese negocio se llevó un millón de pesos.* || Estilarse: *esos sombreros ya no se llevan.* || Tener: *llevarse un susto.* || Recibir: *se llevó un bofetón.* || Entenderse: *estas dos chicas se llevan muy bien.*

Llica, pobl. al SO. de Bolivia, cap. de la prov. de Daniel Campos (Potosí).

Lliclla f. *Ecuad.* y *Per.* Mantilla de lana que llevan las mujeres indias en los hombros.

Llitera. V. LITERA (*La*).

Llívia, enclave español en territorio francés (Pyrénées-Orientales), a 4 km de la frontera (prov. de Gerona); 12 km², 1 000 h.

Llobregat, río al NE. de España en la prov. de Barcelona, que desemboca en el Mediterráneo; 190 km. || — **(Bajo),** comarca del NE. de España en Cataluña, en la parte meridional de la prov. de Barcelona; cap. *San Feliu de Llobregat.* Industrias. Turismo.

Lloclapampa, mun. en el centro del Perú (Junín). Fuentes termales.

Llodio o **Laudio,** mun. al norte de España (Álava).

Llompart (Josep María), escritor español, de lengua catalana, n. en 1925. Autor de poesías (*Bohemes de Mondragó, Mandrágora*) y ensayos.

Llona (Numa Pompilio), poeta ecuatoriano (1832-1907), de acento filosófico (*Cantos americanos, Noche de dolor en las montañas, Clamores del occidente,* etc.).

Lloque Yupanqui, emperador inca del Perú, fundador de Cuzco (S. XIII).

lloraduelos com. inv. *Fig.* y *fam.* Persona quejumbrosa.

llorar v. i. Derramar lágrimas. || Fig. Caer un líquido gota a gota. || El que no llora no mama, hay que solicitar sin cansarse lo que se quiere obtener. || — V. t. Sentir vivamente la pérdida de alguien. | Sentir mucho: *llorar sus desgracias.*

Llorens || ~ **Artigas** (José), ceramista español (1892-1981). || ~ **Torres** (Luis), poeta puertorriqueño (1878-1944), autor de *Al pie de la Alhambra, Sonetos sinfónicos* y *Alturas de América.*

Llorente (Juan Antonio), canónigo e historiador español (1756-1823), autor de *Historia crítica de la Inquisición.* || ~ (TEODORO), periodista y poeta español, figura del renacimiento valenciano (1836-1911), autor de *Librito de versos* y *Nuevo libritos de versos.*

llorera f. *Fam.* Llanto prolongado y sin motivo.

Lloret de Mar, v. del NE. de España (Gerona). Estación estival. Casino.

llorica y **lloricón, ona** adj. y s. Que lloriquea.

lloriquear v. i. Gimotear.

lloriqueo m. Gimoteo.

lloro m. Llanto, lágrimas.

llorón, ona adj. y s. Que llora mucho. || — F. Plañidera.

lloroso, sa adj. Que parece haber llorado o a punto de llorar. || Triste.

llovedizo, za adj. Que deja pasar la lluvia: *Agua llovediza,* agua de lluvia.

llover v. impers. Caer agua de las nubes: *llueve a cántaros.* || — V. i. Fig. Venir, suceder muchas cosas al mismo tiempo: *me llovieron los infortunios, las solicitudes de puestos de trabajo.* || — Fig. Como llovido. (o llovido del cielo), de modo inesperado. | Como quien oye llover, sin hacer ningún caso. | Llover sobre mojado, venir una cosa molesta tras otra. || — V. pr. Calarse con las lluvias.

llovizna f. Lluvia menuda.

lloviznar v. impers. Caer llovizna.

Lloyd m. (pal. ingl.) Nombre inglés adoptado por diversas compañías marítimas o de seguros.

Lloyd George (David), político inglés (1863-1945), jefe del Partido Liberal y Primer ministro de 1916 a 1922.

Lluchmayor, c. de España en el sur de Mallorca (Baleares). Turismo.

llueca adj. f. Clueca.

Llull (Ramón). V. LULIO.

Llullaillaco, cima volcánica de los Andes, entre el N. de Chile (Antofagasta) y Argentina (Catamarca); 6 723 m.

lluvia f. Precipitación de agua de la atmósfera en forma de gotas: *temporada de las lluvias.* || Fig. Caída de objetos como si fuesen gotas de lluvia: *lluvia de balas, de serpentinas.* | Gran abundancia o cantidad: *lluvia de injurias, de palos.* || *Amer.* Ducha. || *Lluvia radiactiva,* la que cae después de una explosión nuclear.

lluvioso, sa adj. Abundante en lluvias: *clima lluvioso.*

Mosaicos en la catedral de Monreale.

Lauros-Giraudon

m f. Decimoquinta letra del alfabeto castellano y duodécima de sus consonantes. ‖ — **M,** letra numeral que tiene valor de mil en la numeración romana. ‖ Símbolo del prefijo *mega,* empleado en el sistema de pesos y medidas, que equivale a *un millón de veces.* ‖ Símbolo del *maxwell.* ‖ — **m,** símbolo del *metro,* de *minuto* y del prefijo *mili.*

mA, símbolo del *miliamperio.*

Maastricht. V. MAESTRICHT.

mabí m. Bebida embriagante de las Antillas.

mabinga f. *Cub.* y *Méx.* Estiércol.

Mabuse (Jan GOSSAERT o GOSSART, llamado), pintor flamenco (¿ 1478 ? - entre 1532 y 1536), precursor de la pintura barroca.

maca f. Mancha de la fruta por un golpe u otro motivo. ‖ Pequeño deterioro que tienen algunas cosas. ‖ *Fig.* Defecto moral.

macabeo, a adj. y s. De Macas (Ecuador).

Macabeos, siete hermanos mártires, en unión de su madre, en tiempos de Antíoco IV Epífanes (167 a. de J. C.). Fiesta el 1 de agosto.

macabro, bra adj. Relativo a la muerte : *descubrimiento macabro.* ‖ Tétrico, lúgubre : *broma macabra.* ‖ *Danza macabra,* la de la muerte.

macaco, ca adj. Feo, mal hecho. ‖ — M. Mono de Asia de 50 a 60 cm parecido a los cercopitecos. ‖ *Fig.* y *fam.* Hombre muy feo.

macadam m. Macadán.

macadán m. Pavimento hecho con piedra machacada y arena aglomeradas con una apisonadora.

macagua f. Ave rapaz diurna de América. ‖ Árbol silvestre de Cuba. ‖ Serpiente venenosa de Venezuela.

macal m. *Méx.* Planta arácea de rizoma comestible. ‖ Name.

macana f. *Amer.* Arma contundente, parecida al machete, usada antiguamente por los indios. ‖ Garrote, porra. ‖ Disparate, tontería. ‖ Mentira, bola. ‖ *Fig.* Objeto invendible. ‖ Cosa deteriorada o anticuada. ‖ Chisme, cosa.

macanada f. *Arg.* Disparate, tontería, idiotez : *se pasa la vida haciendo o diciendo macanadas.*

macanazo m. *Amer.* Golpe dado con la macana. ‖ *Fam.* Disparate, tontería enorme.

macaneador, ra adj. *Arg.* Amigo de macanear (ú. t. c. s.).

macanear v. i. *Amer.* Meter bolas, mentir. ‖ Hacer mal algo. ‖ Decir tonterías, disparates. ‖ Pegar con la macana.

macaneo m. *Arg.* Acción y efecto de macanear.

macanero, ra adj. *Arg.* Macaneador.

macanudo, da adj. *Fam.* Magnífico, estupendo, formidable, extraordinario : *una película macanuda.*

macao m. Cangrejo de Cuba.

Macao, territorio portugués, desde 1557, en la costa S. de China, al O. de Hong Kong ; 15,5 km² ; 350 000 h.

Macapá, c. del N. del Brasil, cap. del territ. de Amapá, cerca del delta del Amazonas. Puerto.

Macapagal (Diosdado), político filipino, n. en 1910, pres. de la Rep. de 1961 a 1966.

Macará, pobl. y río al S. del Ecuador (Loja).

Macarao, pobl. al N. de Venezuela en el Distrito Federal.

macarra m. *Fam.* Chulo de prostitutas.

macarrón m. Pastel crujiente redondo de pasta de almendra y azúcar. ‖ Pl. Pasta de harina de trigo, recortada en canutos largos.

macarrónico, ca adj. *Fam.* Aplícase al lenguaje burlesco que se forma poniendo terminaciones latinas a palabras de la lengua vulgar.

macarse v. pr. Comenzar a pudrirse las frutas por los golpes recibidos.

MacArthur (Douglas), general norteamericano (1880-1964). Derrotó a los japoneses en el Pacífico (1944-1945) y más tarde dirigió las tropas de la O. N. U. en Corea (1950).

Macas, pobl. al SO. del Ecuador, cab. del cantón de Morona y cap. de la prov. del cantón de Morona-Santiago, en la vertiente oriental de los Andes.

Macasar, hoy Ujungpandang, c. y puerto de Indonesia en la costa SO. de la isla de Célebes. — Estrecho entre Borneo y las Célebes.

Macau, mun. del NE. del Brasil (Río Grande do Norte). Salinas.

macaurel f. Serpiente de Venezuela.

Macbeth [-bez], rey de Escocia desde 1040 tras haber asesinado a su primo Duncan I. Murió asesinado también en 1057.

Macbeth, tragedia de W. Shakespeare (1606), basada en la historia del rey Macbeth.

macear v. t. Golpear con mazo.

Macedo (Joaquín Manuel de), novelista, poeta y comediógrafo brasileño (1820-1882).

macedón, ona adj. y s. Macedonio.

macedonia f. Ensalada de frutas o de verduras.

Macedonia, región histórica del SE. de Europa, en la penins. de los Balcanes. Bajo los reinados de Filipo y Alejandro Magno, Macedonia dominó todo el país de los helenos, mas pasó a ser provincia romana en 146 a. de J. C. Hoy se pueden distinguir : *Macedonia yugoslava,* que forma una de las repúblicas de la Federación, cap. *Skoplje ; Macedonia griega,* cap. *Salónica ; Macedonia búlgara,* situada en las regiones montañosas del O. del país.

macedonio, nia adj. y s. De Macedonia.

Maceió, c. y puerto del E. del Brasil, cap. del Estado de Alagoas. Arzobispado. Industrias.

Maceo ‖ ~ **Grajales** (Antonio), general cubano, n. en Santiago (1845-1896). Se distinguió en las dos últimas guerras de la Independencia y murió en el combate de San Pedro, cerca de Punta Brava. ■ Su hermano JOSÉ luchó en las tres guerras de la Independencia y murió también en aras de la patria (1896). ‖ ~ **Osorio** (Francisco), patriota, abogado y escritor cubano (1828-1873). Participó en la revolución de 1868.

maceración f. Operación consistente en dejar remojar cuerpos en un líquido para sacar sus productos solubles que contienen o, si se trata de alimentos, para aromatizarlos o conservarlos. ‖ *Fig.* Mortificación.

maceramiento m. Maceración.

macerar v. t. Poner a remojar una cosa en un líquido : *macerar frutas en alcohol.* ‖ — V. pr. Mortificarse el cuerpo por penitencia.

Macerata, c. del centro de Italia (Marcas), cap. de la prov. homónima.

macero m. El que lleva la maza en algunas ceremonias.

maceta f. Tiesto donde se crían plantas. ‖ Pie o vaso donde se ponen flores artificiales.

macetero m. Mueble para poner macetas de flores.

macfarlán y **macferlán** m. Gabán sin mangas y con esclavina.

Maciá (Francisco), político español (1859-1933), primer pres. de la Generalidad de Cataluña (1931). Proclamó el 14 de abril de 1931 la República de Cataluña, que sólo duró tres días.

Macías ‖ ~ **el Enamorado,** trovador gallego del s. XV, cuyas aventuras han inspirado a varios escritores (Lope de Vega, Bances Candamo, Larra, etc.). ‖ ~ **Picavea** (RICARDO), periodista español (1847-1899), autor de *El problema español.* Precursor de la Generación del 98.

Macías Nguema, hoy *Bioko,* n. llevado por la isla de Fernando Poo (Guinea Ecuatorial) desde 1973 a 1979.

Macías Nguema (Francisco), político de Guinea Ecuatorial (1922-1979). Fue primer presidente de la República (1968-1979). Ejerció su cargo de manera tiránica. Fue derrocado y condenado a muerte.

Maciel, pobl. del sur del Paraguay (Caazapá), ant. *San Francisco.*

macilento, ta adj. Pálido.

macillo m. *Mús.* Pieza del piano que golpea la cuerda.

Macip (Vicente Juan). V. JUAN DE JUANES.

macizo, za adj. Grueso : *mueble macízo.* ‖ Ni chapado ni hueco : *de oro macízo.* ‖ *Fig.* De peso. ‖ Fuerte, robusto. ‖ — M. *Arq.* Lienzo de pared entre dos vanos. ‖ Grupo de alturas montañosas. ‖ Combinación de plantas que decoran los jardines.

Mackenna (Juan), militar 'irlandés (1771-1814). Luchó en la guerra de la Independencia chilena.

Mackenzie, río al O. del Canadá, que nace en las montañas Rocosas, con el nombre de *Athabasca,* atraviesa el lago del Esclavo y des. en el Ártico ; 4 100 km.

MacKinley (MONTE), pico culminante de Alaska ; 6 194 m.

MacKinley (William), político norteamericano (1843-1901), pres. de Estados Unidos en 1897. M. asesinado. Declaró la guerra a España, a la que arrebató Filipinas, Puerto Rico, Cuba.

macla f. Asociación de dos o más cristales homogéneos en un mismo cuerpo cristalino.

Mac-Mahon (Patrice de), mariscal de Francia (1808-1893). Fue pres. de la Rep. de 1873 a 1879. Fue duque de *Magenta.*

Macon, c. en el SE. de los Estados Unidos (Georgia).

Mâcon, c. del E. de Francia, cap. del dep. de Saône-et-Loire, a orillas del Loira. Vinos.

Macorís. V. SAN FRANCISCO Y SAN PEDRO DE MACORÍS.

Macpherson (James), poeta inglés (1736-1796), autor de los *Cantos de Osián, Fingal,* etc.

macrobiótico, ca adj. Dícese de la alimentación vegetariana que emplea cereales (80 por ciento), verduras y frutas. ‖ — F. Este sistema de alimentación.

macrocefalia f. Alargamiento excesivo y anormal del cráneo.

macrocéfalo, la adj. De cabeza voluminosa (ú. t. c. s.).

macrocosmos m. El universo considerado con relación al hombre, que representa el microcosmos.

macroeconomía f. Parte de la economía que estudia las relaciones entre cantidades globales con objeto de promover una política económica que pueda ejercer una influencia en éstas.

macroeconómico, ca adj. Relativo a la macroeconomía.

macrópodo adj. m. De pies grandes. ‖ — M. Pez muy coloreado de los ríos de Indochina. ‖ — Pl. Suborden de marsupiales al cual pertenecen los canguros.

macruro, ra adj. Aplícase al crustáceo de abdomen alargado a modo de cola, como el cangrejo de río. ‖ — M. pl. Suborden de estos animales.

macuache m. En México, indio analfabeto.

macuco, ca y **macucón, ona** adj. *Arg., Chil.* y *Per.* Macanudo. ‖ *Fam. Chil.* Astuto, taimado (ú. t. c. s.). ‖ *Arg., Bol.* y *Col.* Grandullón (ú. t. c. s.).

Macuilxochiquetzalli, entre los aztecas, diosa de las Aguas.

Macuilxóchitl, entre los aztecas, dios del Baile y de los Juegos.

Macul, com. de Chile en el Área Metropolitana de Santiago.

mácula f. Mancha. ‖ *Fig.* Mancilla, cosa que deslustra.

macular v. t. Manchar.

Macuspana, mun. al SE. de México (Tabasco). Petróleo.

macuto m. Mochila.

Macuto, pobl. al N. de Venezuela, en el Distrito Federal y a orillas del mar Caribe. Turismo.

Mach (Ernst), físico austriaco (1838-1916). Investigó sobre la velocidad del sonido en aerodinámica.

Mach (*Número de*), relación entre la velocidad de un móvil (proyectil, avión) y la del sonido en la atmósfera donde se desplaza éste.

machacante m. *Fam.* Moneda española de cinco pesetas.

machacar v. t. Triturar o reducir a polvo una cosa golpeándola. ‖ *Fig.* Repetir insistentemente. ‖ *Mil.* Bombardear un objetivo con proyectiles de artillería o de aviación hasta des-

384

truirlo. ‖ — V. i. *Fig.* Importunar, fastidiar. ‖ Insistir, repetir. ‖ Estudiar con ahínco. ‖ — *Fig.* Machacar en hierro frío, hacer esfuerzos vanos. ‖ *Machacar los oídos,* repetir insistentemente.

machacón, ona adj. y s. Pesado, repite mucho las cosas.

machaconería f. Insistencia, repetición pesada.

Machachi, pobl. al NO. del Ecuador, cab. del cantón de Mejía (Pichincha).

machada f. Hato de machos cabríos. ‖ *Fig.* y *fam.* Necedad. ‖ Acción propia de un hombre, de un machote.

Machado ‖ ~ **de Asís** (Joaquim Maria), escritor brasileño (1839-1908), autor de poemas de inspiración parnasiana (*Crisálidas, Falenas, Americanas, Occidentales*) y de novelas realistas (*Yayá García, Quincas Borbá, Dom Casmurro*). ‖ ~ **y Álvarez** (ANTONIO), escritor y folklorista español (1848-1892), padre de los poetas Antonio y Manuel. ‖ ~ **y Morales** (GERARDO), general cubano (1871-1939), pres. de la Rep. (1925-1933). Derrocado en 1933. ‖ ~ **y Ruiz** (ANTONIO), poeta español, n. en Sevilla (1875-1939), hombre de vida interior, reconcentrado y sencillo, vate luminoso y profundo que ha ejercido y ejerce una gran influencia entre los escritores contemporáneos. Autor de una sobresaliente producción lírica (*Soledades, galerías y otros poemas, Campos de Castilla, Nuevas Canciones, De un cancionero apócrifo,* etc.), de obras de teatro en colaboración con su hermano Manuel (*Juan de Mañara, La duquesa de Benamejí, La Lola se va a los puertos,* etc.) y de libros en prosa (*Juan de Mairena, Abel Martín* y *Los complementarios*). — Su hermano MANUEL (1874-1947) fue también poeta lírico (*Alma, Ars moriendi, Caprichos, Cante hondo,* etc.) y comediógrafo en colaboración con su hermano Antonio.

Machagay, c. del N. de la Argentina, cab. del dep. Veinticinco de Mayo (Chaco).

Machala, c. del S. del Ecuador, cap. de la prov. de El Oro. Universidad. Obispado.

machaleño, ña adj. y s. De Machala (Ecuador).

Machali, c. del centro de Chile, en la VI Región (Libertador General Bernardo O'Higgins) y en la prov. de Cachapoal, cap. de la com. homónima.

machamartillo (a) m. adv. Sólidamente. ‖ Firmemente : *creer a machamartillo.* ‖ Insistentemente.

machaquear v. t. Machacar.

machaqueo m. Trituración. ‖ Molido. ‖ *Fig.* Repetición, insistencia molesta. ‖ *Mil.* Bombardeo intenso.

machaquería f. Machaconería.

macharse v. pr. *Arg.* Emborracharse.

Machault (Guillermo de). V. GUILLERMO.

machear v. i. Engendrar los animales más machos que hembras. ‖ *Fig.* Dárselas de hombre.

machetazo m. Golpe de machete.

machete m. Sable bastante corto y de un solo filo. ‖ Cuchillo grande usado para varios usos.

machetear v. t. Dar machetazos. ‖ Golpear con el machete.

machetero, ra m. y f. Persona que desmonta con el machete los bosques. ‖ Persona que corta la caña con el machete. ‖ *Méx.* Persona que trabaja en la carga y descarga de mercancías.

machi m. y f. *Arg.* Curandero.

Machicaco, cabo del N. de España (Vizcaya), cerca de Bermeo.

machihembrado m. Ensamblaje a caja y espiga o a ranura y lengüeta.

machihembrar v. t. Ensamblar dos piezas de madera a caja y espiga o a ranura y lengüeta.

Machiques, c. en el O. de Venezuela (Zulia), cap. del distrito de Perijá.

machismo m. Comportamiento del hombre que se cree superior a la mujer.

machista adj. Relativo al machismo. ‖ M. Hombre que se cree superior a la mujer.

macho adj. m. Que pertenece al

sexo masculino. ‖ *Fig.* Fuerte, vigoroso. ‖ Varonil, viril. ‖ — M. Ser viviente del sexo masculino : *macho y hembra.* ‖ Mulo. ‖ Parte del corchete que engancha en otra llamada hembra. ‖ Pieza que penetra en otra. ‖ Pilar de fábrica. ‖ Martillo grande de herrero. ‖ Banco del yunque. ‖ Machote : *dárselas de macho.* ‖ Borlas en el traje de los toreros.

Macho (Victorio), escultor español (1887-1966), autor de monumentos conmemorativos bustos. Vivió en Perú y Colombia algún tiempo.

machón m. *Arq.* Pilar de fábrica.

machona adj. y s. *Riopl.* Marimacho.

machorra f. *Fam.* Marimacho.

machota f. Mazo. ‖ Mujer valiente. ‖ *Fam.* Marimacho.

machote adj. *Fam.* Muy hombre (ú. t. c. s.). ‖ *Méx.* Modelo. ‖ Borrador. ‖ Formulario. ‖ *Dárselas de machote,* echárselas de hombre.

Machu Picchu, distr. al SE. del Perú (Cuzco). Restos de una fortaleza inca y de una ciudad sagrada (s. XV).

Machuca (Pedro), pintor manierista y arquitecto español, m. en 1550. Realizó el Palacio de Carlos V en Granada.

machucadura y **machucamiento** m. Golpe, magulladura.

machucar v. t. Machacar.

Madagascar, gran isla del océano Índico, al sureste del continente africano, separada de éste por el canal de Mozambique ; 587 000 km² ; 8 700 000 h. (*malgaches*). Cap. *Antananarivo* (ant. *Tananarive*), 450 000 h. ; c. pr. : *Tamatave,* 60 000 h. ; *Majunga,* 68 000 ; *Fianarantsoa,* 58 000 ; *Diego Suárez,* 46 000. Agricultura (arroz, café, maíz, mandioca), ganadería, riquezas minerales (uranio, grafito, mica, cromo, piedras preciosas). Estuvo ocupada por los franceses (1895) y fue declarada independiente en 1960 con el nombre de *República Malgache.*

Madapolam, pobl. al SE. de la India, suburbio de la c. de Narasapur (Madrás), en la costa de Coromandel.

madapolán m. Tela fina y blanca de algodón.

Madariaga (Salvador de), escritor, político liberal y diplomático español (1886-1978), autor de *Ingleses, franceses y españoles, España,* ensayo de historia contemporánea, *Memorias de un federalista,* y de estudios biográficos (*Hernán Cortés, Bolívar*). Publicó también novelas y ensayos.

made in [*meid*], expresión inglesa, seguida del nombre del país, que significa *fabricado en.*

Madeira, río al O. del Brasil, afl. der. del Amazonas en los Estados de Guaporé y Amazonas, formado al unirse los ríos de los Andes peruanos (Madre de Dios) y bolivianos (Beni y Mamoré) ; 3 240 km. — V. MADERA.

madeja f. Hilo de seda o de lana recogido en varias vueltas iguales. ‖ *Fig.* Mata de pelo. ‖ Hombre sin vigor. ‖ *Fig. Estar hecho una madeja de nervios,* estar muy nervioso.

Madeleine (*Cueva de la*), estación prehistórica del fin' del paleolítico superior o edad del reno en Dordoña, en el SO. de Francia.

madera f. Sustancia dura de los árboles debajo de la corteza. ‖ Trozo de esta sustancia labrado : *madera blanca, en rollo.* ‖ *Fig.* y *fam.* Disposición natural, valor personal : *tener madera de pintor.* ‖ — M. Vino de la isla de Madera.

Madera, isla de Portugal en el Atlántico, al O. de Marruecos ; 797 km² ; 282 000 h. Cap. *Funchal,* 43 300 h. Vinos. Turismo. — C. al N. de México (Chihuahua). Prelatura nullius.

maderaje f. y **maderamen** m. Conjunto de las piezas de madera que sostienen una construcción.

Maderas, volcán de Nicaragua en la isla de Ometepe ; 1 394 m.

maderero, ra adj. De la madera. ‖ — M. Comerciante en maderas.

Maderno (Carlo), arquitecto italiano (1556-1629). Terminó San Pedro de Roma.

madero m. Pieza larga de madera escuadrada. ‖ *Fig.* Necio, zoquete.

Madero (Francisco Indalecio), político mexicano (1873-1913), jefe del movimiento que derrocó a Porfirio Díaz e iniciador de la Revolución

Mexicana. Pres. de la Rep. de 1911 a 1913, fue derribado por un golpe militar. M. asesinado.

Madhya Pradesh, Estado de la India central. Cap. *Bhopal.*

Madina do Boe, pobl. al sureste de Guinea-Bissau.

Madison, c. del norte de Estados Unidos, al O. del lago Michigan, cap. de Wisconsin. Universidad.

Madison (James), político norteamericano (1751-1836), pres. de Estados Unidos (1809-1817).

madona f. Nombre que se da a las representaciones de la Virgen.

Madoz (Pascual), político, escritor y economista español (1806-1870).

madrás m. Tela fina de cuadros.

Madrás, c. y puerto del SE. de la India, cap. del Estado de Tamil Nadu. Centro industrial ; 1 927 400 h. — El *Estado de Madrás* tomó el nombre de *Tamil Nadu* en 1967.

madrastra f. Mujer del padre respecto de los hijos que éste tiene de un matrimonio anterior. ‖ Fig. Madre mala.

madraza f. *Fam.* Madre que mima mucho a sus hijos.

Madrazo y Kuntz (Federico de), pintor español (1815-1894), notable retratista y autor de cuadros de carácter histórico. — Su hermano LUIS (1825-1897) fue también pintor.

madre f. Mujer que ha tenido hijos : *madre de familia.* ‖ Hembra de un animal que ha tenido crías : *perra madre.* ‖ Tratamiento que se da a ciertas religiosas : *es la madre superiora.* ‖ *Fam.* Mujer de edad avanzada.‖ *Fig.* Cuna, lugar de donde procede una cosa : *Grecia, madre de las artes.* ‖ Causa, origen : *la ociosidad es madre de todos los vicios. ‖ Matriz. ‖ Cauce de un río : *salir de madre.* ‖ Acequia principal. ‖ Cloaca maestra. ‖ Heces del mosto. ‖ Película formada en la superficie del vinagre. ‖ Zurrapa del café. ‖ Árbol del timón o del cabrestante.‖ — *Fam. El ciento y la madre,* muchos. ‖ *Lengua madre,* aquella de la que se han derivado otras lenguas. ‖ *Fig. Madre del cordero,* causa principal de algo complicado. ‖ *Madre de leche,* nodriza. ‖ *Madre patria,* país que ha fundado una colonia. ‖ *Madre política,* suegra ; madrastra. ‖ *Madre soltera,* mujer que ha tenido descendencia sin estar casada. ‖ *Fig. Sacar de madre,* exasperar, irritar.

Madre ‖ — (SIERRA). V. SIERRA MADRE. ‖ — **de Dios,** río de Bolivia que nace en el Perú, afl. del Beni ; 1 448 km. — Archip. al S. de Chile, entre el golfo de Pena y el estrecho de Magallanes (islas Madre de Dios, Guarello, Duque de York y otras menores). — Dep. del E. del Perú, cap. *Puerto Maldonado.* Explotación del caucho. ‖ — **de Oaxaca, del Sur o Meridional, Occidental, Oriental** (SIERRAS). V. SIERRA.

madrediosino, na adj. y s. del dep. de Madre de Dios (Perú).

Madrejones, pobl. al NE. de la Argentina (Salta). Petróleo.

madreperla f. Concha bivalva en la que se suelen encontrar las perlas.

madrépora f. Pólipo de los mares intertropicales que forma un pólipero calcáreo y arborescente.

madrero, ra adj. *Fam.* Que está siempre pegado a su madre.

madreselva f. Planta trepadora caprifoliácea muy olorosa. ‖ Su flor.

madriceño, ña adj. y s. Del dep. de Madriz (Nicaragua).

Madrid, cap. de España y de la prov. del mismo nombre, constituida en Comunidad Autónoma en 1983 ; 3 900 000 h. La ciudad se halla en el centro del país, al pie de la sierra de Guadarrama y a orillas del río Manzanares. Arzobispado. Universidad. Centro de comunicaciones del país. Ricos museos (Prado, Arqueológico Nacional, Lázaro Galdiano, Academia de San Fernando, de América, del Ejército, Naval, de Arte Contemporáneo), múltiples palacios (Oriente, Congreso, Biblioteca Nacional, Teatro Real), conventos (de las Descalzas Reales), iglesias (San Francisco el Grande). Ha alcanzado recientemente notable desarrollo industrial. El área metropolitana de Madrid abarca el municipio de la capital y

otros muchos de sus alrededores. La provincia es una comunidad autónoma, separada de Castilla-León y de Castilla-La Mancha. — Llamado *Magerit* por los árabes, fue tomado por Alfonso VI en 1084 y adquirió el rango de capital en 1561.

Madrid, mun. en el centro de Colombia (Cundinamarca).

Madrid Hurtado (Miguel de la), político mexicano, n. en 1934. Elegido pres. de la Rep. en 1982, empezó su mandato con un programa político de rígida austeridad que auspiciaba la modernización del Estado.

Madridejos, v. en el centro de España (Toledo).

madrigal m. Composición poética corta, delicada y galante. ‖ Composición musical para varias voces.

Madrigal (Alonso de), escritor y teólogo español (¿ 1400 ?-1455). Escribió numerosas obras en latín y en castellano, y tradujo a Séneca. Utilizó el seudónimo de *El Tostado.*

Madrigal de las Altas Torres, v. en el centro de España (Ávila).

madrigalista m. y f. Persona que compone o canta madrigales.

madriguera f. Guarida de ciertos animales. ‖ *Fig.* Refugio donde se esconden los maleantes.

madrileñismo m. Carácter madrileño. ‖ Palabra o giro propio de Madrid. ‖ Amor a Madrid.

madrileñista adj. y s. De carácter madrileño.

madrileñizar v. t. Dar carácter madrileño.

madrileño, ña adj. y s. De Madrid.

madrina f. Mujer que asiste a uno en el sacramento del bautismo, de la confirmación, del matrimonio, etc. ‖ *Fig.* Protectora, mujer que presenta a una persona en una sociedad. ‖ Mujer que amadrina a alguien o a algo : *madrina de guerra ; madrina para la inauguración de un puente.*

madrinazgo m. Condición y funciones de madrina.

Madriz, dep. del NO. de Nicaragua ; cap. *Somoto.* Agricultura (café, maíz, caucho, cacao). Minas (carbón).

Madriz (José), político nicaragüense (1865-1911). Pres. de la Rep. en 1908, fue derrocado al año siguiente.

madroñal m. y **madroñera** f. Terreno plantado de madroños.

madroño m. Arbusto ericáceo, de fruto parecido a una cereza : *Madrid es la villa del oso y del madroño.* ‖ Su fruto. ‖ Borlita redonda.

Madruga, mun. al oeste de Cuba (Habana).

madrugada f. Alba, amanecer. ‖ Acción de levantarse temprano.

madrugador, ra adj. y s. Que acostumbra madrugar.

madrugar v. i. Levantarse temprano. ‖ *Fig.* Ganar tiempo ; Anticiparse, adelantarse. ‖ *No por mucho madrugar amanece más temprano,* las cosas hay que hacerlas a su debido tiempo.

madrugón, ona adj. Madrugador. ‖ — M. *Fam.* Acción de levantarse muy temprano.

Madura, isla de Indonesia, al NE. de Java ; cap. *Sumenep.*

maduración f. Conjunto de fenómenos que se producen hasta que una fruta esté madura.

Madurai, c. del SE. de la India (Tamil Nadu). Universidad.

madurar v. t. Dar sazón a los frutos : *el sol madura las mieses.* ‖ Reflexionar detenidamente : *madurar un proyecto.* ‖ Acelerar la supuración de los tumores. ‖ *Fig.* Volver experimentado : *la vida le ha madurado.* ‖ — V. i. Ir sazonándose un fruto. ‖ *Cir.* Empezar a supurar un tumor. ‖ Adquirir experiencia y madurez.

madurez f. Sazón de los frutos. ‖ Edad adulta. ‖ Estado del desarrollo completo de una persona o cosa : *la madurez del juicio.* ‖ *Fig.* Juicio, cordura adquirida por la experiencia.

maduro, ra adj. Que está en sazón : *una fruta madura.* ‖ *Fig.* Sentado, reflexivo : *juicio maduro.* ‖ Entrado en años, no muy viejo : *edad madura.*

Maebashi, c. del Japón en el centro de la isla de Honshu. Textiles.

Mælar, V. MÄLAR.

Maelström V. MALSTRÖM.

Maella (Mariano Salvador de), pintor

español (1739-1819), autor de frescos, cuadros de tema religioso y retratos.

maese, sa m. y f. (Ant.). Maestro.

maestoso adv. Voz italiana que indica un movimiento musical majestuoso, lento y solemne.

maestra f. V. MAESTRO.

Maestra (SIERRA), cadena de montañas al E. de Cuba en las prov. de Granma y Santiago ; alt. max. 2 040 m (Pico Turquino). Las fuerzas rebeldes de Fidel Castro se refugiaron en esta sierra antes de su entrada en La Habana en 1959. — Mun. al E. de Cuba (Santiago de Cuba).

maestrante m. Miembro de una maestranza.

maestranza f. Sociedad de equitación. ‖ Cierta orden nobiliaria de caballería existente en España.

maestrazgo m. Dignidad de maestre de una orden militar, y territorio de su jurisdicción.

Maestrazgo (El), comarca montañosa del E. de España (Castellón y Teruel). Se divide en *Alto* y *Bajo Maestrazgo.*

maestre m. Superior de las órdenes militares.

maestresala m. Criado principal en la mesa de un señor y en los hoteles.

maestría f. Arte, destreza.

Maestricht o Maastricht c. del SE. de Holanda, cap. de la prov. de Limburgo, a orillas del Mosa. Metalurgia.

maestro, tra adj. Muy bien hecho, perfecto : *obra maestra.* ‖ Principal : *pared maestra.* ‖ Aplícase al animal amaestrado. ‖ — M. y f. Persona que enseña un arte o ciencia : *maestro de armas, de inglés.* ‖ Profesor de primera enseñanza : *maestro de escuela.* ‖ Artesano de cierto grado : *maestro sastre.* ‖ Persona que tiene más conocimientos en una materia que la mayoría de la gente : *inspirarse en los maestros.* ‖ Persona que dirige el personal y las operaciones de un servicio : *maestro de obras.* ‖ Compositor de música. ‖ *Fam.* En algunos sitios, tratamiento familiar dado a personas de respeto o ancianas. ‖ *Fig.* Persona muy diestra : *ser maestro consumado en un arte.* ‖ — F. Escuela de niñas. ‖ — *Maestro de capilla,* músico que dirige los coros de una iglesia. ‖ *Maestro de ceremonias,* el que dirige el ceremonial de palacio.

Maestro ‖ — **de Flemalle.** V. FLEMALLE. ‖ — **de Moulins.** V. MOULINS.

Maeterlinck (Maurice), escritor belga (1862-1949), autor de los dramas *El pájaro azul* y *Pelleas et Melisande.* (Pr. Nobel, 1911.)

Maeztu (María de), pedagoga y escritora española (1882-1947). ‖ — (RAMIRO DE), ensayista español (1874-1936), de la Generación del 98. Autor de *Defensa de la Hispanidad, La crisis del humanismo* y *Don Quijote, Don Juan y la Celestina.* Murió fusilado a comienzos de la guerra civil.

Mafalda. V. QUINO.

maffia f. Asociación u organización secreta de malhechores.

mafia f. Maffia.

Mafil, c. del centro de Chile, en la X Región (Los Lagos) y en la prov. de Valdivia, cap. de la com. de su n.

mafioso, sa adj. Relativo a la maffia. ‖ Perteneciente a ella (ú. t. c. s.).

Mafra, c. del O. de Portugal (Lisboa). Monasterio.

Magadan, c. y puerto al NE. de la U. R. S. S. (Siberia Oriental). Astilleros.

Magallanes, estrecho de América del Sur, entre el cabo Pilar, en el Pacífico, y la punta Dungeness, en el Atlántico, que separa el continente de la isla Grande de Tierra del Fuego de las islas menores. Descubierto por F. de Magallanes (1520). — Prov. al S. de Chile, en la XII Región (Magallanes y Antártica Chilena) ; cap. *Punta Arenas.* Ganado lanar. Industria frigorífica. ‖ — **y Antártica Chilena,** XII Región en el sur de Chile, formada por las prov. de Última Esperanza, Magallanes y lo que corresponde a este país en la Antártica y en la Tierra del Fuego.

Magallanes (Fernando de), marino portugués, n. en Sabrosa (¿ 1480 ?-1521). Emprendió el primer viaje alrededor del mundo al servicio de España (1519), descubrió el estrecho que lleva

MA

385

su nombre (1520) y las islas Marianas, hasta llegar a las Filipinas, donde fue muerto por los indígenas de Mactán (Cebú). Elcano tomó entonces el mando de la expedición. || ~ **Moure** (MANUEL), poeta modernista chileno (1878-1924), autor de *Facetas, Matices* y *La jornada.* Escribió también obras de teatro y fue pintor.

magallánico, ca adj. Del estrecho de Magallanes. || De Magallanes, prov. de Chile (ú. t. c. s.).

Magangué, pobl. al NO. de Colombia (Bolívar). Puerto en el Magdalena. Obispado. Feria de ganado.

Magaña (Álvaro), político salvadoreño, n. en 1926, pres. provisional de la Rep. de abril de 1982 a mayo de 1984. En diciembre de 1983 se promulgó una nueva Constitución. || ~ (SERGIO), escritor mexicano, n. en 1924, autor de obras de teatro (*Los signos del zodíaco, Los motivos del lobo, El que vino a hacer la guerra*, etc.). || ~ **Camacho** (MARDONIO), escultor mexicano (1868-1947).

Magariños Cervantes (Alejandro), escritor uruguayo (1825-1893), autor de *Celiar*, leyenda en verso, de *Caramurú*, novela gauchesca, de obras teatrales y de ensayos.

magazine m. (pal. ingl.). Revista ilustrada destinada al gran público.

magdalena f. Bollo pequeño de forma ligeramente ovalada. || *Fig.* Mujer arrepentida.

Magdalena, bahía al O. de México, al E. de Baja California. — Laguna al N. de Colombia, donde nace el río homónimo. — Península al N. de España, en Santander (Cantabria). — Río de Colombia que atraviesa el país de S. a N. Nace en la Cordillera Central y des. en el mar Caribe en forma de delta ; 1 558 km. Es navegable en gran parte y riega un fértil valle agrícola. A la altura de Barrancabermeja se extrae petróleo. Fue descubierto por Rodrigo de Bastidas (1501). — Partido de la Argentina, a orillas del Plata (Buenos Aires). — Dep. del norte de Colombia ; cap. *Santa Marta.* Agricultura. Minas. Yacimientos de petróleo y de gas natural. — Mun. al NO. de México (Sonora). Minas. || ~ **Contreras** (LA), delegación de México en el Distrito Federal. Comercio. || ~ **del Mar** o **Nueva,** c. de Perú (Lima). Estación estival.

Magdalena (*Santa María*), pecadora convertida por Jesús. Fiesta el 22 de julio.

magdalenense adj. y s. De Magdalena (Colombia).

magdaleniense adj. Aplícase al último período del paleolítico (frescos de las cuevas de Altamira y Lascaux) (ú. t. c. s. m.).

Magdaleno (Mauricio), escritor mexicano, n. en 1906, autor de novelas (*Campo Celis, El resplandor, Concha Bretón, Tierra Grande*) y de obras de teatro (*Pánuco 137, Emiliano Zapata, Trópico*).

Magdeburgo, c. de Alemania Oriental (centro), a orillas del Elba.

Magdelaine (La), gruta al suroeste de Francia (Tarn). Bajorrelieves del paleolítico.

magenta adj. Dícese del color rojo violáceo (ú. t. c. s. m.).

Magenta, c. del NO. de Italia (Milán), donde los franceses derrotaron a los austriacos (1859).

Maggiore. V. MAYOR.

Maghreb, región del N. de África (Marruecos, Argelia, Túnez).

maghrebi, ina o **maghrebino, na** adj. y s. Del Maghreb (África).

magia f. Ciencia oculta que pretende realizar prodigios. || Atractivo poderoso, encanto : *la magia de las palabras.* || — *Magia blanca,* la que por medio de causas naturales produce efectos que parecen sobrenaturales. || *Magia negra,* la que tenía por objeto la evocación del demonio. || *Por arte de magia,* por encanto, por milagro.

magiar adj. y s. Húngaro. || — M. Pueblo uraloaltaico que se estableció en Hungría en el s. IX.

mágico, ca adj. Relativo a la magia : *poder mágico.* || Que debe producir efectos sobrenaturales : *varita mágica.* || *Fig.* Maravilloso, que sorprende.

magín m. *Fam.* Imaginación : *se lo*

ha sacado de su *magín.* | Buen sentido : *duro de magín.*

magister m. *Fam.* Maestro.

magisterio m. Enseñanza dada por el maestro. || Profesión de maestro. || Título o grado de maestro. || Conjunto de maestros. || *Fig.* Gravedad afectada.

magistrado m. Dignidad de juez. || Miembro de un tribunal de justicia.

magistral adj. Relativo al maestro o al magisterio. || Hecho con maestría : *un discurso magistral.* || Imperioso : *tono magistral.*

magistratura f. Dignidad o cargo de magistrado. || Tiempo durante el cual se ejerce este cargo. || Corporación de los magistrados. || *Magistratura del Trabajo,* en España, tribunal integrado por representantes de los asalariados y los empresarios encargado de resolver los litigios de tipo profesional.

Magloire (Paul), militar haitiano, n. en 1907, pres. de la Rep. de 1950 a 1956.

magma m. *Geol.* Masa de materias en fusión que, al solidificarse, forma una roca.

Magna Grecia, ant. n. del S. de Italia. Colonizada por los griegos a partir del s. VIII a. de J. C.

magnanimidad f. Grandeza de ánimo, generosidad.

magnánimo, ma adj. Generoso, que perdona fácilmente : *mostrarse magnánimo.* || Noble, elevado.

magnate m. Persona importante : *un magnate de la industria.*

magnesia f. Óxido de magnesio, sustancia blanca empleada como antiácido, laxante y purgante.

Magnesia, actualmente *Manisa,* c. de la Turquía occidental (Lidia), donde fue vencido Antíoco III por Escipión el Asiático (190 a. de J. C.).

magnésico, ca adj. *Quím.* Relativo al magnesio.

magnesio m. Metal blanco sólido (símb., Mg), de número atómico, 12, de densidad 1,74, que arde con luz intensa.

magnesita f. Espuma de mar.

magnético, ca adj. Relativo al imán. || De propiedades análogas a las del imán. || Referente al magnetismo animal. || *Fig.* Que tiene un poder de atracción y una influencia misteriosos.

magnetismo m. Fuerza atractiva del imán. || Parte de la física que estudia las propiedades de los imanes. || *Fig.* Poder de atracción que tiene una persona sobre otra.

magnetita f. *Min.* Óxido natural de hierro magnético.

magnetizable adj. Que puede ser magnetizado.

magnetización f. Acción y efecto de magnetizar.

magnetizador, ra adj. y s. Que magnetiza.

magnetizar v. t. Comunicar a un cuerpo las propiedades del imán. || Comunicar a una persona magnetismo animal. || Hipnotizar. || *Fig.* Ejercer una atracción muy fuerte y misteriosa, deslumbrar, fascinar.

magneto f. Generador eléctrico en el cual la inducción es producida por un imán permanente.

magnetófón m. Magnetófono.

magnetofónico, ca adj. Relativo al magnetófono : *cinta magnetofónica.*

magnetófono m. Aparato que registra los sonidos por imantación de un hilo o una cinta magnéticos y que dispone también de circuitos amplificadores para restituirlos.

magnetoscopio m. Sistema de grabación en una cinta de las imágenes y del sonido de la televisión, vídeo.

magnicida adj. y s. Que comete magnicidio.

magnicidio m. Muerte dada a una persona que ocupa del Poder.

magnificación f. Acción y efecto de magnificar.

magnificar v. t. Engrandecer.

magníficat m. Cántico en honor a la Virgen que se entona al final de las vísperas.

magnificencia f. Liberalidad en los gastos. || Esplendor, lujo, suntuosidad.

magnífico, ca adj. Espléndido, muy hermoso : *piso magnífico.* || Excelente : *un discurso magnífico.* || Título de honor : *rector magnífico de la universidad.* || Muy generoso.

Magnitogorsk, c. del centro oeste de la U. R. S. S. (Rusia).

magnitud f. Tamaño de un cuerpo. || *Astr.* Cantidad que caracteriza el brillo aparente de las estrellas. || *Fig.* Importancia : *potencia nuclear de primera magnitud.* || *Mat.* Cantidad.

magno, na adj. Grande : *Alejandro Magno ; aula magna.* || Grandioso : espléndido, magnífico.

magnolia f. Árbol de la familia de las magnoliáceas, de flores aromáticas, originario de Asia y América. || Flor de este árbol.

magnoliáceas f. pl. Familia de plantas dicotiledóneas angiospermas, como la magnolia (ú. t. c. adj.).

magnum m. (pal. lat.). Botella grande cuyo contenido es igual que el de dos botellas normales (1,5 litro).

mago, ga adj. y s. Que ejerce la magia. || Aplícase a los tres reyes que adoraron a Jesús recién nacido en Belén (Melchor, Gaspar y Baltasar).

Magog. V. GOG.

Magón. V. GONZÁLEZ ZELEDÓN.

magrear v. t. *Pop.* Sobar, tocar a una persona.

Magreb. V. MAGHREB.

magrebi, ina o **magrebino, na** adj. y s. Maghrebí, maghrebino (África).

magreo m. *Pop.* Sobeo.

Magritte (René), pintor surrealista belga (1898-1967).

magro, gra adj. Delgado, flaco. || *Fig.* Pobre. || — M. Carne sin grasa. || *Fam.* Lomo de cerdo.

Magsaysay (Ramón), político filipino (1907-1957), pres. de la Rep. de 1953 hasta su muerte.

magüer o **magüer** conj. Aunque. || (Ant.) A pesar.

maguey m. Pita, agave.

magüey m. Barb. por *maguey.*

Maguey, sector de la Sierra Madre Oriental de México (San Luis Potosí).

magueyero m. *Méx.* Pájaro de la familia de los fringílidos.

magulladura f. o **magullamiento** m. Contusión o cardenal producido en la piel por un golpe. || Parte dañada de una fruta a causa de un choque.

magullar v. t. Producir contusión o cardenal en la piel por un golpe. || Dañar la fruta golpeándola.

Maguncia, en alem. *Mainz,* c. de Alemania Occidental, cap. de Renania-Palatinado, en la confluencia con el Rin. Obispado. Universidad.

magyar adj. y s. Magiar.

Mahabharata, epopeya sánscrita de Viasa (s. XV-XVI a. de J. C.).

Mahajanga, ant. *Majunga,* pobl. y puerto del NO. de Madagascar.

Mahalla al-Kubra. V. MEHALLET.

maharajá m. Título que significa gran rey y se aplica hoy a los príncipes feudatarios de la India. (Su fem. es *maharaní.*)

Maharashtra, Estado del O. de la India (Decán) ; cap. *Bombay.*

mahatma m. Personalidad espiritual de gran importancia en la India.

Mahé, c. del SO. de la India (Kerala), que fue un establecimiento francés hasta 1954. — Isla del archipiélago de Seychelles ; cap. *Victoria.* Pesca.

Mahler (Gustav), compositor y director de orquesta austriaco (1860-1911), autor de nueve sinfonías.

Mahoma, profeta del Islam, n. en La Meca (¿ 570 ?-632). Sus adversarios le obligaron a emprender la huida (*hégira*) a Medina en 622, fecha que señala el principio de la era musulmana. Declarada la guerra santa, Mahoma se apoderó de La Meca en 630 y fue proclamado soberano temporal y espiritual del mundo árabe. (V. CORÁN e ISLAMISMO.)

Mahoma ~ **I** (¿ 1379 ó 1389-1421 ?), sultán otomano desde 1413. || ~ **II** (1432-1481), sultán otomano de 1444 a 1446 y de 1451 a su muerte. Se apoderó de Constantinopla (1453) e hizo de ella su capital. || ~ **III** (1566-1603), sultán otomano desde 1595. || ~ **IV** (1642-1692), sultán otomano en 1648, destronado en 1687. || ~ **V** (1844-1918), sultán de Turquía desde 1909. || ~ **VI** (1861-1926), sobrino del anterior, sultán de Turquía de 1918 a 1922.

mahometano, na adj. y s. Seguidor de la religión de Mahoma.

Mahón, c. y puerto al sureste de Menorca, cap. de esta isla de las Baleares (España). Base aeronaval. Ganadería. Quesos. Industrias.

mahonés, esa adj. De Mahón (ú. t. c. s.). || — F. Mayonesa (ú. t. c. adj.).

Maiakovsky (Vladimir). V. MAYA-KOVSKY.

maicena f. Harina fina de maíz.

Maidstone, c. de Gran Bretaña al S. de Inglaterra, cap. del condado de Kent.

Maiduguri, c. del NE. de Nigeria.

Maikop, c. al SO. de la U. R. S. S. (Rusia), en el Cáucaso septentrional.

Mailer (Norman Kingsley), escritor norteamericano, n. en 1923, cuyas novelas analizan con humor la « neurosis social de América ». (Los desnudos y los muertos, El parque de los ciervos, Un sueño americano, El prisionero del sexo).

mailing [meiling] m. (pal. ingl.). Envío de publicidad por correo.

Maillol (Aristide), escultor francés (1861-1944). Fue también pintor.

Maimónides (Moisés Ben Maimón), médico, escritor y pensador hispanojudío (1135-1204), autor de Guía de descarriados y de La mano fuerte.

Main o **Meno**, río de Alemania Occidental, afl. del Rin, que pasa por Francfort y desemboca cerca de Maguncia; 524 km. Tráfico fluvial.

Mainas, prov. al NE. del Perú (Loreto) : cap. Iquitos.

Maine [men], ant. prov. del O. de Francia ; cap. Le Mans. — Uno de los Estados Unidos de América del Norte, al NE. (Nueva Inglaterra) ; cap. Augusta. — Río de Francia, afl. del Loira, que pasa por Angers. || — -et-Loire, dep. del O. de Francia ; cap. Angers.

Maine, acorazado norteamericano que estalló en febrero de 1898 en la bahía de La Habana. Su explosión sirvió de pretexto a Estados Unidos para declarar la guerra a España.

Mainland, isla de Gran Bretaña, al N. de Escocia, la mayor de las Shetland ; cap. Lerwick. Pesca. Llamada también Pomona.

Maintenon [mantenón] (Françoise D'AUBIGNÉ, marquesa de), dama francesa (1635-1719). Fue encargada de la educación de los hijos de Luis XIV y de Madame de Montespan. Al morir la reina María Teresa, se casó secretamente con el rey (1684).

Mainz. V. MAGUNCIA.

Maipo, llano de Chile, bañado por el río del mismo n., cerca de Santiago, donde se libró la histórica batalla en la que San Martín, con el Ejército Libertador, derrotó a las tropas realistas de Osorio y afirmó la independencia chilena (5 de abril de 1818). Conocido tb. con el n. de Maipú. — Volcán de los Andes, en la frontera de Argentina (Mendoza) y Chile (Santiago) ; 5 323 m. — Prov. de Chile en la Región Metropolitana de Santiago ; cap. San Bernardo.

Maipú, com. de Chile en el Área Metropolitana de Santiago. — Pobl. al O. de la Argentina (Mendoza) ; cab. de dep. — V. MAIPO.

Maiquetía, aeropuerto de Caracas, cerca de La Guaira (Venezuela).

Mairena || **— del Alcor,** v. al S. de España (Sevilla). || **— del Aljarafe,** v. al S. de España (Sevilla).

Maisí, cabo al E. de Cuba y mun. cerca de Baracoa (Guantánamo).

Maistre [mestr] (Joseph de), escritor y filósofo francés (1753-1821), autor de Las veladas de San Petersburgo. — Su hermano XAVIER (1763-1852) fue novelista.

Maitín (José Antonio), poeta romántico venezolano (1804-1874), autor de Canto fúnebre y de leyendas.

maitines m. pl. Hora canónica que se reza antes del amanecer.

maitre [metr] m. (pal. fr.). Jefe de comedor de un restaurante.

maíz m. Cereal de la familia de las gramíneas originario de América que produce mazorcas con grandes granos amarillos. | Su grano. (Los principales productores de maíz son Estados Unidos, Unión Soviética, Brasil, México y Argentina.)

Maíz, n. de dos islas (Maíz Grande y Maíz Chico) del mar Caribe, al E. de Nicaragua, frente al dep. de Zelaya. Llamadas también Corn.

maizal m. Campo de maíz.

maja f. Mano de almirez. || Mujer joven y apuesta.

majada f. Aprisco, lugar donde se recoge de noche el ganado. || Riopl. Rebaño de ganado.

Majadahonda, mun. de España en el área metropolitana de Madrid.

majaderear v. t. Amer. Importunar, molestar (ú. t. c. i.).

majadería f. Necedad, tontería.

majadero, ra adj. y s. Necio. || Méx. Grosero, poco respetuoso.

Majagua, mun. en el centro de Cuba (Ciego de Ávila).

Majagual, mun. en el noroeste de Colombia (Sucre).

majar v. t. Machacar, moler : majar pimienta. || Fig. y fam. Molestar, cansar. | Pegar : majar a palos.

majara o **majareta** adj. Fam. Loco, chiflado (ú. t. c. s.).

Majencio, emperador romano de 306 a 312.

majestad f. Título que se da a Dios y a los soberanos. | Suma grandeza : la majestad de su porte.

majestuosidad f. Belleza llena de grandeza.

majestuoso, sa adj. De grandeza admirable : aspecto majestuoso.

majeza f. Calidad de majo.

Majibacoa, mun. al este de Cuba (Las Tunas).

majo, ja adj. Que ostenta elegancia y guapeza propia de la gente del pueblo. Ú. t. c. s. : los majos fueron representados por Goya. || Fam. Compuesto : ir muy majo. | Bonito, mono, hermoso : ¡ qué majo es este niño ! Simpático.

Majunga. V. MAHAJANGA.

Makalu, cima de Asia, al SE. del Everest ; 8 515 m.

Makeievka o **Makeevka,** c. del SO. de la U. R. S. S. (Ucrania). Centro metalúrgico del Donbass.

Makhatchkala o **Majachkala,** ant. Petrovsk, c. en el SO. de la U. R. S. S., a orillas del Caspio (Rusia), cap. de la Rep. autónoma de Daguestán.

mal adj. Apócope de malo : mal día ; mal humor. — M. Lo opuesto al bien o a la moral : hay que procurar no hacer nunca el mal. | Daño : hacer mucho mal a uno. || Desgracia, calamidad : los males de la guerra. || Enfermedad, dolencia : curó su mal. || Inconveniente : la severidad de ciertos reglamentos es un mal necesario. || — Echar a mal, despreciar: llevar a mal, resistirse, resentirse. Mal caduco, epilepsia. | Mal de la tierra, nostalgia de la patria. | Mal de montaña, malestar producido por la altitud. | Mal de ojo, maleficio. | Mal de piedra, dolencia que resulta de la formación de cálculos en las vías urinarias. | ¡ Mal haya !, maldición, imprecación contra uno. || No hay mal que por bien no venga, a veces los acontecimientos que nos parecen mal venidos tienen consecuencias afortunadas. | Tomar a mal, tomar en mala parte.

mal adv. De manera muy imperfecta : cantar mal ; dormir mal. | Contrariamente a lo que se esperaba : el negocio ha salido mal. | Difícilmente : mal puede ayudarme. — De mal en peor, cada vez peor. Mal que bien, ni bien ni mal ; de buena o mala gana. || ¡ Menos mal !, afortunadamente. || Tomar a mal, interpretar mal y enfadarse.

Malabar v. y s. De la costa de Malabar. | Juegos malabares, ejercicios de destreza, agilidad y equilibrio.

Malabar (COSTA DE), costa del SO. de la India, a orillas del mar de Omán. Pesca.

malabarismo m. Juegos malabares. || Fig. Habilidad, práctica.

malabarista com. Persona que se dedica a hacer juegos malabares. || Fig. Persona muy hábil.

Malabo, ant. Santa Isabel, cap. de Guinea Ecuatorial, en el norte de la isla de Bioko, ant. Fernando Poo.

Malaca, c. de Malasia (Malasia), cap. del Estado homónimo, en el estrecho de igual n., al NO. de Singapur. || ~ (ESTRECHO DE), brazo de mar del SE. de Asia (780 km), entre las penínssulas homónima y la isla de Sumatra. || ~ (PENÍNSULA DE) o **Península Malaya,**

penínss. del SE. de Asia, entre el mar de China y el océano Índico.

Malacatán, mun. al oeste de Guatemala (San Marcos), próximo a la frontera con México.

Malacatépetl, pico de México en la sierra del Ajusco (Distrito Federal) ; 4 094 m.

malacitano, na adj. y s. Malagueño.

malacopterigio, gia adj. Aplícase a los peces de aletas blandas o flexibles y con el esqueleto óseo, como el salmón y el bacalao (ú. t. c. s. m.). || — Pl. Orden de estos peces.

malacostumbrado, da adj. De malas costumbres. || Mal criado. || Muy mimado.

Maladeta, pico de los Pirineos al NE. de España (Huesca) en el macizo homónimo ; 3 312 m. — Macizo de los Pirineos españoles (Huesca y Lérida) que culmina en el pico de Aneto (3 404 m). También llamado Montes Malditos.

málaga m. Vino dulce de Málaga.

Málaga, c. y puerto del S. de España, cap. de la prov. homónima. Obispado. Catedral. Universidad con diferentes facultades. Alcazaba, castillo de Gibralfaro, teatro romano. Centro de la Costa del Sol. Frutos secos, vinos. Industrias. Turismo. — Mun. y pobl. de Colombia (Santander).

malage adj. y s. Fam. Soso. | Malintencionado.

malagradecido, da adj. y s. Ingrato.

malagueño, ña adj. y s. De Málaga (España, Colombia). || — F. Aire popular y baile de la prov. española de Málaga, parecido al fandango.

malaje adj. Fam. Malage (ú. t. c. s.).

malambo m. Riopl. Baile típico del gaucho. Su música.

Malambo, mun. al N. de Colombia, a orillas del Magdalena (Atlántico).

malandanza f. Mala fortuna.

malandrín, ina adj. y s. Pillo.

Malang, c. de Indonesia al E. de Java.

malange adj. Fam. Malage (ú. t. c. s.).

Malaparte (Curzio), escritor italiano (1898-1957), autor de Técnica del golpe de Estado, La piel, Kaputt, etc.

malapata com. — F. Fam. Persona de mala suerte. || — F. Fam. Mala suerte.

Malaquías, uno de los doce profetas menores.

malar adj. Anat. De la mejilla.

Mälar, lago de Suecia central (Estocolmo) ; 1 140 km².

Malaret (Augusto), filólogo puertorriqueño (1878-1967), autor de un Diccionario de americanismos.

Malargüe, dep. al O. de la Argentina (Mendoza), atravesado por el río homónimo. Minas. Planta procesadora de uranio.

malaria f. Med. Paludismo.

malasangre adj. Que tiene malas intenciones (ú. t. c. s.).

Malasia, archip. entre Asia y Oceanía, formado por las islas de la Sonda, Sumbaya, Timor, Molucas, Célebes, Borneo y Filipinas. Llamado ~ (FEDERACIÓN DE). V. MALAYA (Federación).

malasio, sia adj. y s. De Malasia.

malasombra com. Fam. Persona de mala gracia. || — F. Fam. Mala suerte. || Falta de gracia.

Malaspina (Alejandro), navegante y explorador italiano (1754-1810) que estuvo al servicio de España y dirigió de 1789 a 1794 una exploración del Pacífico y al Atlántico Sur.

Malatya, c. del S. de Turquía.

malavenido, da adj. En desacuerdo.

malaventura f. Desventura.

malaventurado, da adj. Desgraciado, desafortunado.

malaventuranza f. Desgracia.

Malawi, ant. Nyasalandia, república del SE. de África, miembro del Commonwealth británico ; 127 368 km² ; 6 100 000 h. (malawis). Cap. Lilongwe, 103 000 h. ; c. pr. Blantyre, 230 000 h. País agrícola. Colonia británica, alcanzó la independencia en 1964. — Lago de África al O. de Mozambique y al E. de Malawi ; 26 000 km². Ant. llamado Nyassa.

malaxación f. Amasado.

malaxador, ra adj. Que malaxa (ú. t. c. s.). || — M. Aparato o máquina

MA

387

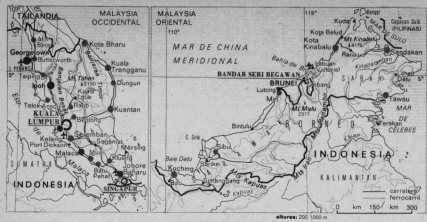

que sirve para mezclar o amasar mecánicamente dos o más productos.

malaxar v. t. Amasar.

Malaya (FEDERACIÓN), federación del SE. de Asia que agrupó de 1946 a 1963 los nueve *Estados malayos* (Perak, Selangor, Negri Sembilan, Pahang, Johore, Kedah, Kelantán, Perlis y Trengganu) y los dos antiguos *Establecimientos de los Estrechos* (Penang y Malaca). Llamada también *Federación de Malasia.*

malayo, ya adj. y s. De Malasia o Insulindia. ‖ — M. Lengua malaya.

Malaysia (FEDERACIÓN DE), federación del SE. de Asia, constituida en 1963 por la unión de la Federación Malaya y los Estados de Sabah (Borneo del Norte) y Sarawak ; 333 676 km² ; 14 500 000 h. Cap. *Kuala Lumpur,* 480 000 h. Las principales riquezas son el caucho y el estaño.

malbaratador, ra adj. y s. Malgastador, despilfarrador.

malbaratar v. t. Vender a bajo precio. ‖ *Fig.* Malgastar, despilfarrar.

malcasado, da adj. y s. Casado con una persona de condición inferior.

malcasar v. t. Casar a uno con una persona mal escogida o de condición inferior (ú. t. c. r.).

malcomer v. i. Comer poco y no muy bien.

malcomido, da adj. Poco o mal alimentado.

malcontentadizo, za adj. Descontentadizo, siempre descontento.

malcontento, ta adj. Descontento.

malcriadez o **malcriadeza** f. *Amer.* Mala educación.

malcriado, da adj. y s. Grosero, descortés, mal educado.

malcriar v. t. Educar mal. ‖ Mimar.

maldad f. Propensión a obrar mal : ¡ hay que ver la maldad de este niño ! ‖ Acción mala : *cometer maldades.*

maldecido, da adj. y s. Malo. ‖ Maldito.

maldecir v. t. Echar maldiciones : *maldijo a su hijo.* ‖ — V. i. Hablar mal, calumniar : *maldecir de uno.*

maldiciente adj. y s. Que habla mal de la gente.

maldición f. Imprecación contra una persona o cosa.

maldispuesto, ta adj. Indispuesto. ‖ Poco dispuesto o sin ánimo para hacer algo (ú. t. c. s.).

maldito, ta adj. Muy malo : ¡ *maldito clima* ! ‖ Odioso : ¡ *maldito embustero* ! ‖ Condenado por la justicia divina (ú. t. c. s.). ‖ *Fam.* Ninguno, nada : *no saber maldita la cosa.*

Malditos (MONTES). V. MALADETA.

Maldivas (ISLAS), archipiélago y república del océano Índico, al SO. de Ceilán o Sri Lanka, formado por 220 islas habitadas ; 287 km² ; 140 000 h. *(maldivos).* Cap. *Male,* 30 000 h. Produce copra.

maldivo, va adj. y s. De las Islas Maldivas.

maldonadense adj. y s. De Maldonado (Uruguay).

Maldonado, pobl. de la Argentina (Buenos Aires). — C. del Uruguay, al E. de Montevideo, cap. del dep. homónimo. Obispado. Centro turístico. — V. PUERTO MALDONADO.

Maldonado (Francisco), capitán de los comuneros españoles que se sublevó con Padilla y Bravo. Fue derrotado y decapitado en Villalar (1521).

maldoso, sa adj. *Méx.* Travieso.

Male, isla y cap. del archipiélago de las Maldivas ; 30 000 h.

maleabilidad f. Calidad, carácter de maleable.

maleable adj. Que puede batirse o aplastarse en láminas sin romperse. ‖ Que se puede modelar o labrar fácilmente : *la cera es muy maleable.* ‖ *Fig.* Dócil, flexible : *carácter maleable.*

maleado, da adj. Viciado, pervertido, corrompido (ú. t. c. s.).

maleador, ra adj. y s. Que malea a los otros (ú. t. c. s.).

maleante adj. Que malea. ‖ Perverso, malo. ‖ — M. Malhechor.

malear v. t. Echar a perder (ú. t. c. pr.). ‖ *Fig.* Pervertir (ú. t. c. pr.).

Malebo Pool, ant. *Stanley Pool,* lago formado por el río Zaire en cuyas orillas se encuentran las ciudades de Brazzaville (Rep. del Congo) y Kinshasa (Zaire).

malecón m. Muralla que protege la entrada de un puerto o dique que sirve para atracar los barcos.

maledicencia f. Acción de maldecir, murmuración, denigración.

malediciente adj. y s. Maldiciente.

maleducado, da adj. De mala educación, descortés (ú. t. c. s.).

maleficencia f. Costumbre a hacer daño, a obrar mal.

maleficiar v. t. Causar daño. ‖ Estropear una cosa. ‖ Hechizar.

maleficio m. Sortilegio por el cual se pretende perjudicar a los hombres, animales, etc.

maléfico, ca adj. Que perjudica con maleficios. ‖ Que tiene una influencia sobrenatural mala.

malemplear v. t. Emplear mal.

malentender v. t. Entender mal.

malentendido m. Equívoco, quid pro quo, mal entendimiento.

maleolar adj. De los maléolos.

maléolo m. *Anat.* Cada una de las dos protuberancias huesudas que forman el tobillo.

malestar m. Sensación de incomodidad causada por un ligero trastorno fisiológico. ‖ *Fig.* Inquietud moral, desasosiego : *desazón, molestia.*

maleta f. Especie de cofre pequeño y ligero que uno lleva de viaje para transportar ropa u otros enseres. ‖ — M. *Fam.* El que es muy torpe en la práctica de su profesión.

maletero m. Fabricante o vendedor de maletas. ‖ Mozo de equipajes. ‖ Portaequipajes de un coche.

maletilla m. *Fam.* Aprendiz de torero.

maletín m. Maleta pequeña.

maletudo, da adj. *Amer.* Jorobado.

malevaje m. *Arg.* Conjunto de malevos.

malevo, va adj. y s. *Arg.* Malévolo, malvado. ‖ Dícese del hombre pendenciero. ‖ Valiente.

malevolencia f. Mala intención.

malevolente adj. Que tiene mala intención (ú. t. c. s.).

malévolo, la adj. Inclinado a hacer mal (ú. t. c. s.). ‖ Mal intencionado.

maleza f. Abundancia de malas hierbas en los sembrados.

malformación f. *Med.* Deformación congénita.

malformar v. t. Deformar.

malgache adj. y s. De Madagascar.

malgastador, ra adj. y s. Que malgasta.

malgastar v. t. Despilfarrar, gastar mal, derrocha. ‖ Desgastar, destruir : *malgastar su salud.*

malgenioso, sa o **malgeniudo, da** adj. Iracundo, de mal genio.

Malgrat de Mar, v. al noreste de España (Barcelona).

malhablado, da adj. y s. Grosero, soez en el hablar.

malhadado, da adj. Desdichado, desafortunado (ú. t. c. s.).

Malharro (Martín A.), pintor y grabador impresionista argentino (1865-1911), autor de paisajes.

malhaya adj. *Fam.* Maldito : *malhaya el que mal piense.* U. t. con el pl. : *malhaya sean tus descendientes.* ‖ — Interj. *Riopl.* ¡ Ojalá !

malhechor, ra adj. y s. Que comete un delito.

malherir v. t. Herir muy gravemente : *malhirió a su adversario.*

malhumor m. Mal humor.

malhumorado, da adj. De mal humor, disgustado, desabrido.

malhumorar v. t. Poner de mal humor.

malí adj. y s. De Malí.

Mali, ant. imperio de África que existió de s. XI al XVII en los Estados actuales de Malí, Senegal, Gambia, Guinea y Mauritania.

Mali, Estado del África occidental, en el antiguo Sudán francés, república independiente desde 1960 ; 1 240 000 km² ; 7 500 000 h. *(malíes)* Cap. *Bamako,* 400 000 h. ; dep. *Mopti,* 37 000 h. ; *Segú,* 33 000 ; *Kayes,* 30 000.

malicia f. Maldad, inclinación a lo malo : *tener malicia.* ‖ Afición a gastar bromas más o menos pesadas. ‖ Perversidad. ‖ Agudeza, astucia, sutileza : *niño de mucha malicia.* ‖ *Fam.* Sospecha, recelo : *tener malicia de algo.*

maliciar v. t. Sospechar, recelar. U. t. c. pr. : *se maliciaron todos los amigos de algo.* ‖ Malear, pervertir, corromper (ú. t. c. pr.).

malicioso, sa adj. y s. Que tiene malicia o perversidad. ‖ Astuto, ingenioso. ‖ Que gusta de gastar bromas.

malignidad f. Calidad de maligno.

maligno, na adj. Propenso a lo malo y perverso : *gente maligna.* ‖ Perni-

cioso, que evoluciona de modo desfavorable : *tenía un tumor maligno.*
Malinal. V. MALINCHE.
Malinalco pobl. de México, en el Estado de este n. Ruinas aztecas. Convento agustino del s. XVI (frescos).
Malinaltepec, mun. al suroeste de México (Guerrero). Minas.
Malinalli. V. MALINCHE.
Malinas, en fr. *Malines,* y en flam. *Mechelen,* c. de Bélgica (Amberes), al N. de Bruselas y a orillas del Dyle.
Malinche, india mexicana, hija de un cacique feudatario. Fue intérprete y concubina de Hernán Cortés, con quien tuvo un hijo. M. hacia 1530. Conocida también por los nombres de *Malinal, Malinalli, Malintzin, Marina, Matlalcueye* y *Matlalcuéyatl.*
Malinche (La), volcán de México, entre los Estados de Tlaxcala y Puebla ; 4 461 m. También llamado *Matlalcueye* o *Matlalcuéyatl.*
malinchismo m. *Méx.* Inclinación favorable a lo extranjero, en particular a lo español.
malinchista adj. Relativo al malinchismo. ‖ Favorable a él (ú. t. c. s.).
malintencionado, da adj. y s. Que tiene mala intención, malévolo.
Malintzin. V. MALINCHE.
Malmberget, c. septentrional de Suecia. Minas de hierro.
malmirado, da adj. Mal considerado. ‖ Descortés, grosero.
Malmö, c. y puerto del S. de Suecia.
malnutrición f. Mala alimentación.
malo, la adj. Que no es bueno : *comida mala ; mala acción.* ‖ Inclinado al mal : *ser malo con su familia.* ‖ Perjudicial : *el alcohol es malo para la salud.* ‖ Sin talento o habilidad : *cómico malo ; ser malo para las matemáticas.* ‖ Desagradable : *sabor malo ; pasar un momento muy malo.* ‖ Difícil : *malo de entender.* ‖ Peligroso : *es una carretera muy mala ; las malas compañías.* ‖ Enfermo : *estar malo.* ‖ Muy travieso o desobediente : *niños malos.* ‖ Funesto : *hoy ha sido un día muy malo para él.* ‖ Insuficiente : *una mala cosecha.* ‖ — Interj. Denota disgusto. ‖ — *Amer.* A la mala, con intenciones malas, con intenciones de perjudicar. ‖ *A las malas,* enemistado. ‖ *De malas,* que no tiene suerte ; de mal humor ; de mala intención. ‖ *Lo malo,* la dificultad, el inconveniente. ‖ *Más vale malo conocido que bueno por conocer,* suele ser preferible conservar una cosa medianamente buena que cambiarla por otra desconocida, que puede ser mucho peor. ‖ *Por las malas,* forzado. ‖ — M. *El malo,* el demonio ; el malhechor de un relato, de una película, etc.
maloca f. Malón. ‖ *Amer.* Incursión de blancos efectuada en tierra de indios.
malogrado, da adj. Aplícase al escritor, artista, etc., muerto antes de haber dado de sí todo lo que podía esperarse. ‖ Frustrado.
malogramiento m. Fracaso.
malograr v. t. No aprovechar, perder : *malograr la oportunidad.* ‖ — V. pr. Frustrarse, fracasar : *se malograron sus deseos.* ‖ No llegar una persona o cosa a su completo desarrollo.
malogro m. Malogramiento.
maloja m. *Amer.* Planta de maíz que sólo sirve para pastos.
maloliente adj. Que huele mal.
Malolos, c. de Filipinas (Luzón), cap. de la prov. de Bulacán. Arroz.
malón m. *Amer.* Correría de indios. ‖ Mala jugada. ‖ Grupo de personas que provoca desórdenes.
malora adj. *Méx.* Travieso, malvado.
malorear v. i. *Méx.* Hacer travesuras.
malparado, da adj. En mala situación o estado, que ha sufrido menoscabo : *salir malparado.*
malparar v. t. Dejar en mal estado.
malparto m. Aborto.
malpensado, da adj. y s. Que tiene un espíritu avieso, malintencionado.
Malpighi [-guí] (Marcello), médico y biólogo italiano (1628-1694).
malquerencia f. Mala voluntad, malevolencia. ‖ Antipatía.
malquerer v. t. Tener mala voluntad o antipatía.
malquerido, da adj. Que no es querido o amado (ú. t. c. s.).
malquistar v. t. Enemistar o poner en desacuerdo una persona con otra u otras (ú. t. c. pr.).
malquisto, ta adj. Enemistado. ‖ Mal considerado.
Malraux [-ró] (André), escritor y político francés (1901-1976), autor de novelas (*El camino real, La condición humana, La esperanza,* etc.) y de obras de estética (*Las voces del silencio*) y autobiográficas (*Antimemorias*).
malsano, na adj. Nocivo para la salud. ‖ Enfermizo.
malsonancia f. Condición de malsonante.
malsonante adj. Que suena mal. ‖ Contrario al decoro y a la decencia.
Malström, canal y remolino del océano Glacial Ártico, cerca de las islas Lofoden, al N. de Noruega.
malta f. Cebada germinada para fabricar cerveza, y, a veces, para hacer un sucedáneo del café. ‖ *Riopl.* Cierta cerveza negra.
Malta, isla principal (246 km²) de un pequeño archipiélago, del que forman parte también las islas de Gozo y Comino, en el Mediterráneo y entre Sicilia y África ; 370 000 h. (*malteses*). Cap. *La Valetta,* 16 000 h.
Malta (Orden de), orden hospitalaria fundada en Jerusalén (siglo XI), trasladada posteriormente a Rodas (1309), a Malta de 1530 a 1798, de donde su n. actual, y a Roma en 1834. Sus estatutos fueron reformados en 1961.
maltaje m. Transformación de la cebada en malta.
maltés, esa adj. y s. De Malta.
Malthus (Thomas Robert), economista inglés, n. en Rookery (1766-1834), autor del *Ensayo sobre el principio de la población,* en el que propone la limitación de la natalidad.
maltraer v. t. Maltratar. ‖ *Llevar* (o *traer*) *a maltraer,* dar mucha guerra, importunar.
Maltrata, valle al este de México (Veracruz). ‖ — (CUMBRES DE), montañas que rodean el valle homónimo.
maltratamiento m. Acción y efecto de maltratar.
maltratar v. t. Tratar duramente, con violencia. ‖ Menoscabar, echar a perder. ‖ Estropear.
maltrato m. Maltratamiento.
maltrecho, cha adj. En mal estado, malparado : *dejar maltrecho a uno.*
maltusianismo m. Limitación voluntaria de la natalidad.
maltusiano, na adj. Partidario de las teorías del inglés Malthus (ú. t. c. s.).
malucho, cha adj. Algo enfermo.
Maluenda (Rafael), escritor chileno (1885-1963), autor de novelas (*Armiño negro*), obras de teatro (*Triángulo*) y cuentos (*Colmena urbana*).
malva f. Planta de la familia de las malváceas, de flores moradas. ‖ Esta flor. ‖ *Méx. Fam.* Marihuana. ‖ — Adj. inv. Violeta pálido. ‖ — M. Color malva.
malváceo, a adj. Dícese de las plantas angiospermas dicotiledóneas, como la malva, el algodonero y la majagua (ú. t. c. s. f.). ‖ — F. pl. Familia que forman estas plantas.
malvado, da adj. y s. Perverso.
Malvasia, pobl. en una península del S. de Grecia (Laconia). Vinos.
malvavisco m. Planta malvácea, cuya raíz es un emoliente.
malvender v. t. Vender con pérdida, vender mal.
malversación f. Utilización fraudulenta de los caudales ajenos que uno tiene a su cargo.
malversador, ra adj. y s. Que malversa.
malversar v. t. Hacer malversaciones.
Malvinas, archip. de la Argentina, al SE. del continente, cuyas dos islas principales son la Gran Malvina y la de la Soledad ; 11 718 km² ; 6 000 h. Cap. *Puerto Argentino,* en la isla de la Soledad. Forman parte de la prov. de Tierra del Fuego. Llamadas por los ingleses *Falkland.* Argentina ocupó estas islas en abril de 1982.
malvinero, ra y **malvinense** adj. y s. De las islas Malvinas.
malviviente adj. y s. *Amer.* Maleante.
malvivir v. i. Vivir mal.
malla f. Cada uno de los cuadriláteros que forman el tejido de la red. ‖ Tejido poco tupido hecho con hilos enlazados. ‖ Red. ‖ Tejido de anillos de hierro o acero con que se hacían las cotas y otras armaduras y cada uno de estos anillos. ‖ *Amer.* Bañador. ‖ Camiseta de deportista. ‖ — Pl. Vestido de los gimnastas y bailarinas. ‖ Red de una portería de fútbol.
Mallama, pico de Colombia, en la Cord. Occidental ; 4 200 m.
Mallarino (Manuel María), político y escritor colombiano (1808-1872), pres. de la Rep. de 1855 a 1857.
Mallarmé (Stéphane), poeta francés, n. en París (1842-1898), iniciador del simbolismo en sus obras (*Herodías, Siesta de un fauno, La tumba de Edgar Poe*).
Mallea (Eduardo), novelista y ensayista argentino (1903-1982), autor de *Cuentos para una inglesa desesperada, Nocturno europeo, Historia de*

MA

MALÍ

alturas : 200, 500, 1000 m   0 km 200

una pasión argentina, La ciudad junto al río inmóvil, Todo el verdor perecerá, Las águilas, La bahía del silencio, La red, La última huerta, etc.

Malleco, prov. del centro de Chile, en la IX Región (Araucanía) ; cap. Angol. Agricultura (trigo, frutas).

mallequino, na adj. y s. De la prov. de Malleco (Chile).

mallo m. Mazo. ‖ Juego que se hace en el suelo con bolas de madera.

Malloa, c. del centro de Chile, en la VI Región (Libertador General Bernardo O'Higgins) y en la prov. de Cachapoal, cap. de la com. del mismo nombre. Oleoducto.

Mallorca, isla española del Mediterráneo, la mayor de las Baleares, al E. de la Península ; 3 625 km² ; 595 000 h. Cap. Palma de Mallorca ; ˙c. pr. Inca, Manacor, Pollensa, Sóller. Obispado con sede en Palma. Turismo.

mallorquín, ina adj. y s. De Mallorca. ‖ — M. Dialecto que se habla en las islas Baleares.

mama f. Teta, pecho. ‖ Fam. Madre.

mamá f. Fam. Madre.

mamacona f. Amer. Mujer anciana al servicio de los templos incaicos.

mamada f. Acción de mamar. ‖ Cantidad de leche que mama la criatura cada vez que se pone al pecho. ‖ Fam. Ganga, ventaja conseguida con poco esfuerzo. ‖ Arg. Fam. Borrachera.

mamado, da adj. Pop. Ebrio.

Mamaia, estación balnearia en el SE. de Rumania en el mar Negro.

mamandurria f. Amer. Sueldo que gana una persona sin merecerlo.

mamantear v. t. Amér. C. Amamantar, consentir a los niños.

Mama Ocllo, hija del Sol y de la Luna, hermana y esposa del inca Manco Cápac. (Mit. incaica.)

mamar v. t. Chupar con los labios y lengua la leche de los pechos. ‖ Fam. Tragar, engullir. ‖ Fig. Aprender algo desde la infancia : mamar la piedad ; haber mamado un idioma. ‖ Fig. y fam. Conseguir : mamar un buen empleo. ‖ Beber vino. ‖ — V. i. Fam. Aprovecharse. ‖ — V. pr. Fam. Emborracharse. ‖ — Amer. Fam. Mamarse a uno, matarle ; aventajarle con engaño. ‖ Fam. Mamarse el dedo, dejarse engañar.

Mamara, distrito al sur del Perú (Apurímac).

mamario, ria adj. De las mamas.

mamarrachada f. Fam. Conjunto de mamarrachos. ‖ Tontería, despropósito. ‖ Algo sin valor.

mamarracho m. Fam. Imbécil, tonto. ‖ Fantoche. ‖ Obra artística o cualquier cosa sin valor : esta película es un mamarracho.

mambí o **mambís, isa** adj. y s. Dícese del cubano que se rebeló contra la dominación española en 1868. (Pl. mambises.)

mambiseño, ña adj. De los mambises : rebelión mambiseña.

mambo m. Baile cubano. ‖ Música que lo acompaña.

Mambrú. V. MARLBOROUGH.

mamela f. Fam. Cosa fácil de hacer. ‖ Chollo, ganga.

mameluco m. Antiguo soldado de una milicia egipcia. ‖ Fam. Hombre torpe o idiota. ‖ Amer. Prenda de vestir de una sola pieza, especialmente de niños.

mamey m. Árbol gutífero originario de América. ‖ Su fruto.

mamífero adj. Dícese de los animales vertebrados cuyas hembras alimentan a sus crías con la leche de sus mamas (ú. t. c. s. m.).

mamila f. Anat. Mama de la hembra. ‖ Tetilla del hombre. ‖ Méx. Biberón.

mamón, ona adj. y s. Que sigue mamando. ‖ Que mama demasiado. ‖ Pop. Cabrón. ‖ Diente mamón, el de leche.

Mamonal, pobl. al noroeste de Colombia (Bolívar). Puerto exportador de petróleo.

Mamoré, río de Bolivia, afl. del Madeira ; 1 930 km. — Río del N. de Bolivia (Beni) ; cap. San Joaquín.

mamotreto m. Fam. Libro muy voluminoso. ‖ Cosa que abulta mucho.

mampara f. Biombo, bastidor movible y plegable que sirve para proteger del frío u ocultar una cosa.

mamporro f. Fam. Porrazo. ‖ Golpe

dado con la mano : se lió a mamporros con su hijos.

mampostería f. Obra hecha de piedras pequeñas unidas con argamasa.

mamut m. Elefante fósil de la época cuaternaria que vivió en Europa y África. (Tenía grandes colmillos y medía unos 3,50 m. de alt.)

Man, isla británica al N. del mar de Irlanda ; 570 km² ; 60 000 h. Cap. Douglas. Turismo.

maná m. Alimento milagroso que envió Dios a los israelitas en el desierto. ‖ Fig. Alimento abundante y poco costoso.

Manaar o **Mannar,** golfo del océano Índico, entre Ceilán o Sri Lanka y la India.

Manabí, prov. del NO. del Ecuador ; cap. Portoviejo. Agricultura. Petróleo. Restos arqueológicos.

manabita adj. y s. De Manabí (Ecuador).

Manacor, v. de España (Baleares), al E. de la isla de Mallorca. Turismo.

manada f. Hato o rebaño. ‖ Bandada de animales : manada de gallinas. ‖ Fig. y fam. Grupo de personas. ‖ A manadas, en tropel ; en gran cantidad.

Manado o **Menado,** c. y puerto de Indonesia (Célebes).

management m. (pal. ingl.). Técnica de la dirección y gestión de una empresa.

manager [máneyer] m. (pal. ingl.). El que dirige una empresa. ‖ El que se ocupa de los intereses de un campeón deportivo profesional, de un cantante, de un artista : el manager de un boxeador.

managua adj. y s. Managüense.

Managua, lago del SO. de Nicaragua ; 1 042 km². Llamado también Lago Xolotlán. — C. de Nicaragua, cap. de la rep. y del dep. homónimo, a orillas del lago de Managua ; 680 000 h. Arzobispado. Universidad. Aeropuerto (Augusto César Sandino).

managüense adj. y s. De Managua (Nicaragua).

Manama, cap. del principado de la isla de Bahrein ; 89 000 h.

manantial adj. Que mana. ‖ — M. Sitio donde las aguas salen de la tierra. ‖ Fig. Causa, origen.

Manantiales, pobl. meridional de Chile, en la XII Región (Magallanes y Antártica Chilena), en la Tierra del Fuego. Petróleo.

Manaos. V. MANAUS.

Manapire, río de Venezuela en el Territorio Federal de Amazonas, afl. del Ventuari ; 160 km. — Río de Venezuela (Guárico), afl. del Orinoco ; 209 km.

manar v. i. Brotar, salir con fuerza un líquido. ‖ Fig. Abundar. ‖ Fluir fácilmente, naturalmente.

manatí o **manato** m. Mamífero sirénido herbívoro, de unos tres metros de largo.

Manatí. V. AGABAMA. — Mun. al noroeste de Colombia (Atlántico). — Mun. al este de Cuba en el área metropolitana de Las Tunas. — C. en el norte de Puerto Rico (Arecibo).

Manaus, ant. Manaos, c. del NO. del Brasil, cap. del Estado de Amazonas, a orillas del río Negro. Obispado.

Manauta (Juan José), escritor argentino, n. en 1919, autor de novelas realistas (Las tierras blancas, Los aventados).

manaza f. Mano grande.

manazas adj. inv. Fam. Dícese de la persona poco hábil con las manos (ú. t. c. s.).

mancamiento m. Lisiadura. ‖ Falta, defecto de una cosa.

manceba f. Chica joven. ‖ Concubina.

mancebía f. Prostíbulo.

mancebo m. Chico joven. ‖ Hombre soltero. ‖ Dependiente, empleado en una tienda. ‖ Auxiliar de farmacia.

mancera f. Esteva del arado.

mancilla f. Mancha, deshonra.

mancillar v. t. Manchar, deshonrar.

mancipar v. t. Esclavizar.

Mancisidor (José), escritor mexicano (1895-1956), autor de novelas (La Asonada, Frontera junto al mar, La ciudad roja, Nuestro petróleo, etc.), de libros de historia, de ensayos y de dos antologías de cuentos.

manco, ca adj. Que ha perdido un brazo o una mano o tiene lisiados estos miembros (ú. t. c. s.). ‖ Fig. Imperfecto, incompleto : texto manco. ‖ Fig. y fam. No ser manco, ser muy hábil.

Manco ~ **Cápac I,** fundador legendario del Imperio incaico, de la c. de Cuzco y de la dinastía de los Incas (s. XIII). ‖ ~ **Cápac II** (¿ 1500 ?-1544), hijo legítimo de Huayna Cápac, hermano de Huáscar y Atahualpa y último soberano inca. M. asesinado.

Manco Cápac, prov. en el O. de Bolivia (La Paz) ; cap. Copacabana.

mancomún (de) adv. De común acuerdo.

mancomunar v. t. Unir : mancomunar fuerzas, capitales, etc. ‖ For. Obligar a varias personas de mancomún a la ejecución de una cosa. ‖ — V. pr. Asociarse, aliarse.

mancomunidad f. Unión, asociación. ‖ Corporación constituida por la agrupación de municipios o provincias.

Máncora, distrito al noroeste de Perú (Piura). Petróleo.

mancha f. Marca dejada en una cosa por un cuerpo sucio : tener una mancha de vino en la falda. ‖ Parte de una cosa de distinto color que el resto de ella : un animal de pelo negro con manchas blancas. ‖ Fig. Lo que empaña la reputación, desdoro : hacer una mancha en su honra. ‖ Anat y Astr. Mácula. ‖ Med. Alteración del color de varias partes de la piel.

Mancha. V. MANCHE. — (CANAL DE LA), brazo del mar Atlántico que separa Francia e Inglaterra. ‖ ~ (LA), región del centro de España (prov. de Ciudad Real, Toledo, Cuenca y Albacete). Cereales y vino. Su paisaje ha sido inmortalizado por Cervantes en El Quijote. V. CASTILLA-LA MANCHA. ‖ ~ Real, v. al sur de España (Jaén).

manchar v. t. Ensuciar, hacer una o varias manchas en una cosa : manchar algo de tinta (ú. t. c. pr.). ‖ Fig. Desacreditar, empañar la reputación : el escándalo ha manchado a su familia.

Manche, dep. del NO. de Francia (Normandía) ; cap. Saint-Lô.

manchego, ga adj. y s. De la Mancha. ‖ — M. Queso muy apreciado fabricado en La Mancha (España).

Manchester, c. del NE. de Estados Unidos (New Hampshire). Obispado. Textiles ; metalurgia. — C. y puerto fluvial de Gran Bretaña al O. de Inglaterra (Lancashire). Universidad.

manchón m. Mancha grande.

manchú, ua adj. y s. De Manchuria.

Manchukuo, n. de Manchuria de 1932 a 1945, cuando estuvo bajo la dominación japonesa.

Manchuria, ant. n. de una región del NE. de China. C. pr. Chenyang, Harbin.

manda f. Legado que se hace por testamento o codicilo. ‖ Amer. Voto, promesa hecha a Dios o a un santo.

mandadero, ra m. y f. Recadero.

mandado m. Orden. ‖ Encargo, mandato. ‖ Compra, recado : hacer los mandados. ‖ Fam. Puñetazo.

Mandalay, c. de Birmania, al norte de Rangún. Ciudad religiosa budista.

mandamás m. inv. Fam. Jefe : ser el mandamás de una rebelión. ‖ Personaje influyente y poderoso : el mandamás del pueblo. ‖ Personaje importante, sobre todo en la esfera intelectual : mandamás de la universidad. Se emplea también el pl. mandamases.)

mandamiento m. Cada uno de los preceptos del Decálogo y de la Iglesia católica. ‖ Orden judicial.

mandanga f. Fam. Pachorra, calma. ‖ Cuento, chisme. ‖ Cocaína. ‖ — Pl. Fam. Tonterías.

mandar v. t. Ordenar : me mandó que lo limpiase todo. ‖ Enviar : mandar una carta. ‖ Legar por testamento. ‖ Encargar. ‖ Confiar. ‖ Fam. Mandar a paseo o mandar con viento fresco, despedir de mala manera. ‖ — V. t. e i. Gobernar, dirigir : gobernar un ejército. ‖ Ejercer su autoridad : aquí no manda más que él. ‖ Amer. Mandar, interjección usada para hacer repetir algo que no se ha oído o para contestar a alguien que llama a otro. ‖ — V. pr. Amer. Servirse, hacer el favor de : mándese pasar.

mandarín m. Título que daban los europeos a los altos funcionarios chinos. ‖ *Fig.* Persona muy influyente. | Autoridad intelectual arbitraria e insoportable.

mandarina adj. Dícese de la lengua sabia de China (ú. t. c. s. f.). ‖ Dícese de una variedad de naranja pequeña y muy dulce (ú. t. c. s. f.).

mandarinato m. Dignidad de mandarín.

mandarinero y **mandarino** m. Árbol que da mandarinas.

mandarinismo m. Gobierno arbitrario.

mandatario, ria m. y f. Persona que tiene mandato o poderes para actuar en nombre de otra. ‖ *Amer.* Gobernante, el que manda. ‖ *Primer mandatario*, jefe del Estado.

mandato m. Orden. ‖ *For.* Poderes que da una persona a otra para que actúe en su nombre. ‖ Funciones delegadas por el pueblo o por una clase de ciudadanos para ejercer el mando : *mandato de diputado.* ‖ Soberanía temporal ejercida por un país en un territorio en nombre de la Sociedad de Naciones y de la O. N. U. ha sustituido por la *tutela.*

mandíbula f. Cada una de las dos piezas óseas que limitan la boca de los animales vertebrados y en las cuales están los dientes. ‖ Quijada. ‖ Cada una de las dos partes del pico de las aves. ‖ Parte saliente de la boca de los insectos. ‖ *Fam. Reír a mandíbula batiente,* reír a carcajadas.

mandil m. Delantal grande que se cuelga del cuello. ‖ Trapo para limpiar el caballo. ‖ Red de mallas muy estrechas. ‖ Insignia de los masones.

mandinga adj. Aplícase al individuo de una raza negra del Sudán occidental (ú. t. c. s.). ‖ — M. *Fam.* El diablo. ‖ *Arg.* Encantamiento, hechizo, brujería. ‖ *Arg.* y *Venez.* Persona muy inquieta y turbulenta.

mandioca f. Arbusto euforbiáceo de América de cuya raíz se extrae la tapioca. ‖ Tapioca.

Mandiola (Francisco Javier), pintor religioso y retratista, escultor y crítico de arte chileno (1820-1900).

mando m. Autoridad, poder : *estar bajo mando de un superior.* ‖ Persona o conjunto de personas u organismos que tienen el poder : *los mandos de un país.* ‖ Dispositivo que sirve para poner en marcha, regular, detener un aparato, una máquina, un vehículo, etc. ‖ *Mando a distancia,* accionamiento a distancia de un mecanismo, máquina, vehículo, etc.

mandoble m. Golpe dado esgrimiendo la espada con ambas manos. ‖ Espada grande que se esgrimía con ambas manos. ‖ *Fig.* Golpe, porrazo.

mandolina f. *Mús.* Instrumento de cuerdas punteadas, de dorso abombado como el laúd.

mandón, ona adj. y s. Que manda más de lo que le toca, autoritario. ‖ — M. Mandamás.

Mandonio, caudillo íbero (s. II a. de J. C.) que, en unión de Indíbil, se rebeló contra los romanos. M. crucificado en 205 a. de J. C.

mandrágora f. Planta solanácea cuya raíz se asemeja algo al cuerpo humano, y acerca de la cual corrieron en la Antigüedad muchas fábulas.

mandria adj. y s. Tonto. ‖ Cobarde.

mandril m. Mono cinocéfalo muy peligroso de África occidental.

mandrilado m. Acción y efecto de labrar con precisión la superficie interior de un tubo o agujero.

mandriladora f. Máquina utilizada para calibrar.

mandrilar v. tr. Calibrar un tubo, un agujero, etc.

manduca f. *Fam.* Comida.

manducación f. *Fam.* Comida, alimento.

manducar v. t. e i. *Fam.* Comer.

manducatoria f. *Fam.* Comida.

maneador m. *Amer.* Cuerda o cadena para atar las patas de los animales. ‖ *Arg.* Látigo.

manecilla f. Broche para cerrar libros y otros objetos. ‖ Signo en forma de mano puesto en los escritos para llamar la atención. ‖ Aguja del reloj. ‖ Palanquilla, llave de ciertos mecanismos. ‖ *Bot.* Zarcillo.

manejabilidad f. Condición de manejable.

manejable adj. Fácil de manejar.

manejado, da adj. Con los adverbios *bien* o *mal,* hecho con soltura o sin ella.

manejar v. t. Manipular, tocar con las manos : *manejar un tejido.* ‖ Servirse de una cosa, utilizar : *manejar una herramienta.* ‖ Gobernar los caballos. ‖ *Fig.* Dirigir : *manejar una industria ; manejar a uno a su antojo.* ‖ — *Amer.* Conducir un automóvil. — V. pr. Moverse. ‖ Saberse conducir. ‖ Arreglárselas. ‖ *Amer.* Comportarse.

manejo m. Acción de manejar, de servir de algo. ‖ Arte de gobernar los caballos. ‖ Funcionamiento : *instrucciones de manejo.* ‖ *Fig.* Dirección de un negocio. ‖ Maquinación, intriga. ‖ *Amer.* Conducción de un automóvil.

manera f. Modo particular de ser o de hacer algo. ‖ Porte y modales de una persona. Ú. m. en pl. : *maneras finas, groseras.* ‖ Abertura lateral de las faldas de las mujeres. ‖ — *A la manera de,* a imitación de. ‖ *A manera de,* como. ‖ *De mala manera,* mal. ‖ *De manera que,* de modo o de suerte que. ‖ *En gran manera,* mucho. ‖ *Manera de ver,* juicio, parecer, opinión. ‖ *No hay manera,* es imposible. ‖ *Sobre manera,* excesivamente.

manes m. pl. *Mit.* Dioses infernales. ‖ Entre los romanos, almas de los muertos considerados como divinidades. ‖ *Fig.* Sombras o almas de los difuntos.

Manes V. MANIQUEO.

Manet [-né] (Édouard), pintor francés (1832-1883), uno de los maestros del naturalismo y del impresionismo.

maneta f. Galicismo por *manecilla, llave.*

maneto, ta adj. y s. *Amer.* Deforme de una o ambas manos. ‖ Patizambo.

manezuela f. Mano pequeña. ‖ Manecilla. ‖ Manija de instrumentos.

manflora y **manflorita** adj. y s. m. *Amer.* Afeminado.

Manfredonia, c. del sur de Italia (Pulla). Arzobispado.

manga f. Parte del vestido que cubre el brazo. ‖ Tubo largo de lona o de plástico que se adapta a las bombas o bocas de riego : *manga de riego.* ‖ Parte del eje del carruaje que entra en el cubo de la rueda. ‖ Pequeña red en forma de bolsa para pescar o cazar. ‖ Adorno cilíndrico de tela que cubre la vara de la cruz parroquial. ‖ Bolsa de fieltro, de forma cónica, que sirve para colar. ‖ *Bot.* Variedad del mango y su fruto. ‖ *Mar.* Tubo de ventilación de un barco. ‖ Ancho del buque. ‖ Brazo de mar o estrecho. ‖ Partida de gente armada. ‖ En los juegos, una de las pruebas que se ha convenido jugar. ‖ Tubo de tela que sirve para indicar la dirección del viento : *manga de aire o veleta.* ‖ — *Andar manga por hombro,* haber gran desorden. ‖ *Fig.* y *fam.* Corte de mangas, además vulgar hecho levantando un brazo y golpeando contra él la otra mano para manifestar desprecio, desaprobación, etc. ‖ *En mangas de camisa,* con las mangas arremangadas. ‖ *Hacer mangas y capirotes,* no hacer caso. ‖ *Manga de agua,* turbión. ‖ *Manga de viento,* torbellino. ‖ *Ser de manga ancha o tener manga ancha,* ser demasiado indulgente.

Mangalur o **Mangalore,** puerto del SO. de la India (Karnataka).

manganato m. *Quím.* Sal del ácido mangánico.

mangancia f. Conducta propia del mangante.

manganesa f. Peróxido de manganeso natural.

manganeso m. Metal de color gris (Mn), de número atómico 25, duro y quebradizo, oxidable, que se obtiene de la manganesa y se emplea en la fabricación del acero. (Los principales países productores son la India, la Unión Soviética y el Brasil.)

mangante adj. y s. *Fam.* Ladrón. ‖ Fresco, caradura. ‖ Vago, perezoso.

mangar v. t. *Fam.* Robar.

manglar m. Terreno poblado de mangles.

mangle m. Arbusto rizofóreáceo de América tropical. ‖ Su fruto.

mango m. Asidero de un instrumento o utensilio : *mango de la sartén.* ‖ Árbol anacardiáceo de Asia y América. ‖ Su fruto comestible.

mangoneador, ra adj. Que le gusta mangonear (ú. t. c. s.).

mangonear v. i. *Fam.* Entrometerse uno donde no le llaman. ‖ Mandar. ‖ Manejar a alguien.

mangoneo m. *Fam.* Acción y efecto de mangonear.

mangosta f. Mamífero carnívoro de Asia y África, parecido a la civeta.

Mangrullo, cuchilla del Uruguay, divisoria de las cuencas de los ríos Yaguarón y Tacuarí.

manguera f. Manga de riego.

manguero, ra adj. y s. *Riopl. Fam.* Que pide a menudo dinero prestado.

manguito m. Especie de guante de piel para abrigar las manos. ‖ Media manga de punto que cubre el codo al puño. ‖ *Tecn.* Tubo hueco para empalmar dos piezas cilíndricas unidas al tope : *manguito roscado, de acoplamiento.* ‖ Manopla para lavarse.

Manguychlak, península del SO. de la U. R. S. S. (Kazakstán), al E. del Caspio. Petróleo.

Manhattan, isla de Estados Unidos entre el Hudson, el East River y el río Harlem, parte central de Nueva York.

maní m. Cacahuete (pl. *maníes*).

Maní, ant. centro de civilización maya, en el SE. de México (Yucatán).

manía f. Forma de locura dominada por una idea fija : *lleno de manías.* ‖ Extravagancia, capricho, costumbre. ‖ Afecto o deseo extremo, excesivo, desordenado : *tener manía por las modas.* ‖ *Fam.* Ojeriza : *tenerle manía a uno.* ‖ *Manía persecutoria,* obsesión de ser objeto de la mala voluntad de los demás.

maniabierto, ta adj. y s. Generoso.

maniaco, ca adj. Enajenado, que padece manía (ú. t. c. s.). ‖ Propio de la manía.

maniatar v. t. Atar de manos.

maniático, ca adj. Que tiene manías (ú. t. c. s.).

Manicaragua, mun. en el centro de Cuba (Villa Clara). Presa.

manicomio m. Hospital para enfermos mentales. ‖ Casa de locos.

Manicuagan, río al E. del Canadá (Quebec) que des. en el San Lorenzo ; 500 km. Centrales hidroeléctricas.

Manicuare, mun. al noreste de Venezuela (Sucre).

manicuro, ra m. y f. Persona que se dedica a cuidar las manos, uñas, etc. ‖ — F. Cuidado de las manos, uñas, etc.; *hacerse la manicura.*

manido, da adj. Aplícase a la carne o pescado que empieza a oler : *atún manido.* ‖ *Fig.* Sobado, manoseado, repetido : *tema manido.*

manierismo m. Forma del arte, que se manifestó en Italia en el siglo XVI, caracterizada por su falta de naturalidad y su afectación.

manierista adj. Relativo al manierismo. ‖ Partidario de él (ú. t. c. s.).

manifestación f. Acción y efecto de manifestar o manifestarse : *manifestación de alegría.* ‖ Expresión pública de un sentimiento o de una opinión : *manifestación republicana.*

manifestador, ra adj. y s. Que manifiesta.

manifestante s. Persona que toma parte en una manifestación.

manifestar v. t. Declarar, dar a conocer : *manifestar su opinión, sus deseos.* ‖ Descubrir, mostrar, poner a la vista. ‖ Exponer públicamente el Santísimo Sacramento. — V. i. Hacer una demostración colectiva pública, hacer una manifestación. — V. pr. Darse a conocer. ‖ Tomar parte en una manifestación.

manifiesto, ta adj. Claro, patente. ‖ — M. Escrito dirigido a la opinión pública : *un manifiesto electoral.* ‖ *Poner de manifiesto una cosa,* hacerla evidente.

Manifiesto del Partido Comunista, obra de Karl Marx y Friedrich Engels (1848) en la que se expone la doctrina socialista. V. MARXISMO.

manigua f. *Cub.* Terreno cubierto de malezas. ‖ Selva. ‖ *Fig.* Desorden, confusión. ‖ Abundancia.

maniguero, ra adj. *Antill.* Mambí, habitante de la manigua (ú. t. c. s.).

manija f. Mango, puño. ‖ Abrazadera de metal.

Manila, c. y puerto de Filipinas, cap. de la Rep. (salvo de 1948 a 1976, en que lo fue Ciudad Quezón) y de la isla de Luzón, al O. de ésta, a orillas del río Pásig y al fondo de una hermosa bahía ; 1 500 000 h. Arzobispado. Universidad. Fundada en 1571 por López de Legazpi.

manilargo, ga adj. De manos largas. ‖ *Fig.* Largo de manos. ‖ Liberal.

manileño, ña adj. y s. De Manila (Filipinas).

manilla f. Pulsera o brazalete. ‖ Aro para aprisionar la muñeca. ‖ Manija. ‖ Manecilla de reloj.

manillar m. Barra transversal de puños en sus extremos, con que se orienta la horquilla para guiar las bicicletas o motocicletas.

maniobra f. Cualquier operación material que se ejecuta con las manos. ‖ Acción, modo de regular, de dirigir el funcionamiento de una máquina, aparato, vehículo. ‖ *Fig.* Artificio, manejo. ‖ Medios empleados para lograr un objetivo determinado. ‖ *Mar.* Arte de gobernar la embarcación. ‖ Conjunto de cabos y aparejos. ‖ *Mil.* Evolución o ejercicio de la tropa : *campo de maniobra.* — Pl. Operaciones que se hacen en las estaciones para la formación de los trenes. ‖ Operaciones hechas con otros vehículos para cambiar su rumbo.

maniobrar v. i. Ejecutar maniobras.

maniobrero, ra adj. Que maniobra.

manipulación f. Acción de realizar operaciones manuales : *la manipulación de explosivos.* ‖ Maniobra destinada a engañar : *manipulación electoral.*

manipulado m. Manipulación.

manipulador, ora adj. y s. Que manipula.

manipulante adj. y s. Que manipula.

manipular v. t. Arreglar, hacer funcionar : *manipular un aparato.* ‖ Dirigir a su antojo una persona, un grupo, hacer que hagan lo que uno desea.

manipulo m. Sección de la cohorte romana en la República. ‖ Primitiva insignia de los ejércitos romanos. ‖ Ornamento que ciñe el brazo izquierdo del sacerdote.

Manipur, Estado del NE. de la India, en la frontera con Birmania ; cap. *Imphal.*

maniqueísmo m. Doctrina de Manes o Maniqueo que admitía dos principios creadores opuestos, uno para el bien y el otro para el mal. ‖ Doctrina o visión de la realidad fundada en estos principios.

maniqueísta adj. y s. Maniqueo.

maniqueo, a adj. Relativo al maniqueísmo. ‖ Que profesa el maniqueísmo (ú. t. c. s.).

Maniqueo, fundador de una secta persa (¿ 215-275 ?), cuya doctrina o maniqueísmo fue predicada en la India. Murió crucificado.

maniquí m. Figura de madera articulada para uso de pintores y escultores. ‖ Armazón de madera o de mimbre que sirve a los sastres y costureras para probar los vestidos. ‖ — M. y f. Persona que presenta los trajes de una casa de costura, modelo. ‖ *Fig.* Persona sin carácter o voluntad.

manir v. t. Dejar ablandarse y sazonarse las carnes antes de guisarlas. ‖ Sobar. ‖ — V. pr. Oler mal la carne o el pescado.

manirroto, ta adj. y s. Derrochador.

manis m. inv. *Fam. Méx.* Mano, amigo, compañero.

manisero, ra m. y f. Vendedor de manises.

manises m. pl. de *maní.*

Manises, v. al E. de España (Valencia). Cerámica. Aeropuerto.

manitas com. inv. *Fam.* Habilidoso.

manito, ta m. y f. *Méx.* Hermano, amigo. ‖ Tratamiento de confianza. ‖ — F. Manecita.

Manitoba, prov. del O. del Canadá que limita con Estados Unidos ; cap. *Winnipeg.* Agricultura. Níquel. — Lago del Canadá, en la prov. del mismo nombre ; 4 800 km².

manitú m. Divinidad de los indios de América del Norte. ‖ *Fig.* y *fam.* Personaje poderoso y de gran influencia.

392

manivela f. *Mec.* Palanca acodada que sirve para imprimir un movimiento de rotación continua al árbol giratorio al que se halla fijado. ‖ Órgano mecánico destinado a transformar un movimiento rectilíneo alternativo en movimiento giratorio continuo.

manizaleño, ña adj. y s. De Manizales (Colombia).

Manizales, c. del centro de Colombia, a orillas del Cauca, cap. del dep. de Caldas. Arzobispado. Universidad.

manjar m. Cualquier comestible. ‖ *Fig.* Recreo, deleite.

Mann (Heinrich), escritor alemán (1871-1950), autor de la novela *El profesor Unrat.* — Su hermano THOMAS fue también novelista, naturalizado norteamericano (1875-1955), autor de *Los Buddenbrooks, Muerte en Venecia, La montaña mágica, Doctor Fausto,* etc. (Pr. Nobel, 1929.)

Mannar. V. MANAAR.

Mannerheim (Carl Gustaf, *barón*), mariscal finlandés (1867-1951), regente en 1918. Combatió a los soviéticos en 1939 y contra los alemanes en 1945. Pres. de la Rep. (1944-1946).

Mannheim, c. al suroeste de Alemania Occidental (Baden-Wurtemberg).

mano f. Parte del cuerpo humano que va de la muñeca a la extremidad de los dedos : *mano derecha, izquierda.* ‖ Extremidad de algunos animales de carnicería : *mano de cerdo.* ‖ En los cuadrúpedos, cualquiera de los dos pies delanteros. ‖ Trompa del elefante. ‖ Lado : a *mano derecha, izquierda.* ‖ Manecilla del reloj. ‖ Majadero de almirez. ‖ Capa de pintura, barniz, etc. ‖ Conjunto de cinco cuadernillos de papel o vigésima parte de la resma. ‖ En varios juegos, partida o uno de los lances en que se divide : *una mano de cartas.* ‖ *Fig.* Serie : *dar una mano de azotes.* ‖ Poder : *toda su fortuna fue a parar a sus manos.* ‖ Destreza : *tener buena mano.* ‖ Persona que ejecuta una cosa : *faltan manos en la agricultura.* ‖ Ayuda, auxilio : *echar una mano.* ‖ Prioridad, preferencia de paso en la carretera. ‖ Falta que comete un jugador en un encuentro deportivo al tocar con la mano el balón,–cuando esto no está permitido. ‖ *Mús.* Escala. ‖ — Com. En el juego, el primero de los que juegan. ‖ *Fig. Abrir la mano,* mostrarse más tolerante. ‖ *Alzar la mano,* pegar. ‖ *A mano,* cerca, próximo ; hecho sin utilizar máquinas. ‖ *A mano armada,* con armas. ‖ *A manos llenas,* con gran abundancia. ‖ *Fig. Atarse las manos,* quitarse la posibilidad de actuar. ‖ *Bajo mano,* ocultamente. ‖ *Caer en manos de uno,* caer en su poder. ‖ *Calentársele a uno las manos,* tener ganas de pegar. ‖ *Cargar la mano,* insistir demasiado ; tener rigor ; exagerar. ‖ *Con las manos cruzadas* o *mano sobre mano,* sin hacer nada. ‖ *Con las manos en la masa,* en el momento mismo de hacer una cosa mala. ‖ *Dar de mano, dejar de trabajar.* ‖ *Dar* o *apretar* o *estrechar la mano,* saludar tomando la mano. ‖ *Dar la última mano,* acabar. ‖ *Dejado de la mano de Dios,* totalmente desamparado. ‖ *Dejar de la mano,* abandonar. ‖ *Dejar en manos de alguien,* encargar. ‖ *De mano a mano,* directamente, sin intermediario. ‖ *De primera mano,* nuevo : *coche de primera mano ;* directamente, sin intermediarios, de la misma fuente : *saber de primera mano.* ‖ *De segunda mano,* usado, de lance ; por un intermediario. ‖ *Méx. Doblar las manos,* dejar de luchar para conseguir algo, darse por vencido. ‖ *Fig. Echar mano de una cosa,* recurrir a ella. ‖ *Echar una mano,* ayudar. ‖ *Estar en mano de uno,* depender enteramente de él : *está en tu mano conseguirlo.* ‖ *Estar mano sobre mano,* no hacer nada. ‖ *Ganar por la mano a uno,* anticiparse ligeramente a él. ‖ *Méx. Ir a la mano de algo* o *de alguien,* vigilar, controlar. ‖ *Fig. Írsele de las manos, pegar* o *echar más de la cuenta ;* exagerar. ‖ *Lavarse las manos,* desentenderse. ‖ *Llevarse las manos a la cabeza,* horrorizarse. ‖ *Mano a mano,* competición entre dos contendientes ; entrevista entre dos personas ; corrida en la que sólo participan dos matadores. ‖ *Méx. Mano de gato,* arreglo, compostura superficial, provisional de algo. ‖ *Mano de obra,* trabajo manual que se emplea para hacer una obra ; conjunto de obreros necesarios para efectuar un trabajo manual. ‖ *Fig. Mano de santo,* remedio muy eficaz. ‖ *Méx. Mano negra,* intervención oculta de alguien en un asunto. ‖ *Manos a la obra,* empecemos a trabajar. ‖ *Manos muertas,* estado de los bienes inalienables de las comunidades religiosas, hospitales, etc. ‖ *Fig. Meter mano a una persona* o *a una cosa,* sobarla o apropiársela indebidamente. ‖ *Pedir la mano de una mujer,* solicitarla por esposa. ‖ *Petición de mano,* ceremonia donde se solicita por esposa a una mujer. ‖ *Ponerse en manos de alguien,* someterse a ella. ‖ *Sentar la mano a uno,* pegarle. ‖ *Ser la mano derecha de uno,* ser su principal ayuda. ‖ *Si a mano viene,* si se presenta el caso. ‖ *Tender la mano, ayudar.* ‖ *Tener buena* o *mala mano,* tener o no tener suerte. ‖ *Tener las manos largas,* ser muy propenso a pegar. ‖ *Tener mano en un asunto,* intervenir en él. ‖ *Tener mano izquierda,* saber arreglárselas. ‖ *Tener mucha mano,* tener gran habilidad. ‖ *Traerse entre manos una cosa,* ocuparse de ella. ‖ *Untar la mano,* sobornar. ‖ *Venir* o *llegar a las manos,* reñir dos personas.

mano m. *Amer.* Mano, amigo, compañero.

manojo m. Conjunto de objetos que se pueden coger con la mano : *manojo de rabanitos.* ‖ *A manojos,* en abundancia. ‖ *Fig. Estar hecho un manojo de nervios,* ser muy nervioso.

manola f. Coche de paseo con dos ruedas y tirado por un tronco de caballos.

Manolete. V. RODRÍGUEZ (Manuel).

manoletina f. Taurom. Pase de muleta, creado por Manolete, de frente y con el engaño situado a la espalda del torero.

manolo, la m. y f. *Fam.* En Madrid, mozo o moza del bajo pueblo.

Manolo (Manuel MARTÍNEZ HUGUÉ, *llamado*), escultor español (1872-1945). Su obra, concebida con gran realismo, está constituida por esculturas en barro, piedra o bronce. Pintó también numerosos óleos.

manómetro m. *Fís.* Instrumento que se utiliza para indicar las presiones de los líquidos y de los gases.

manopla f. Guante con una sola separación para el pulgar. ‖ Guante que utilizan ciertos obreros, como los zapateros, para protegerse las manos. ‖ Pieza de la armadura que cubría la mano.

Manosalvas (Juan), pintor ecuatoriano (1840-1906).

manoseador, ra adj. y s. Que manosea.

manosear v. t. Tocar constantemente con la mano, por lo general sin mucho cuidado : *manosear un libro.* ‖ *Tema manoseado,* tema muy trillado, muy sabido.

manoseo m. Acción y efecto de manosear.

Manosque, c. al sureste de Francia (Alpes-de-Haute-Provence).

manotada f. y **manotazo** m. Golpe dado con la mano.

manotear v. i. Mover mucho las manos al hablar.

manoteo m. Acción y efecto de manotear.

manquedad f. y **manquera** f. Falta de mano o brazo. ‖ Imposibilidad de servirse de cualquiera de estos miembros. ‖ *Fig.* Imperfección, defecto.

Manresa, c. del NE. de España (Barcelona), cap. de la comarca catalana de Bages. Centro industrial (textiles).

manresano, na adj. y s. De Manresa (España).

Manrique (César), pintor y arquitecto español, n. en 1920. ‖ — (GÓMEZ), poeta español (1412-1490), sobrino del marqués de Santillana, autor de una serie de composiciones breves de carácter amatorio y galante. — Su sobrino, JORGE, n. en Paredes de Navas (1440-1479), escribió una serie de composiciones menores y una elegíaca, titulada *Coplas a la muerte del maestro Don Rodrigo* o *Coplas por la muerte de su padre*. ‖ ~ (JOSÉ MARÍA), escritor y político venezolano (1846-1907), autor de *Los dos avaros*, *Eugenia*, *El divorcio*, etc.

Mans. V. LE MANS.

mansalva (a) m. adv. Sin riesgo, con toda tranquilidad.

mansarda f. Galicismo por *buhardilla*.

Mansart o **Mansard** (François), arquitecto francés (1598-1666). — Su sobrino segundo JULES, llamado HARDOUIN-MANSART (1646-1708), agrandó el palacio de Versalles y construyó en la misma población el Gran Trianón.

mansedumbre f. Calma, apacibilidad, dulzura. ‖ *Fig.* Suavidad, benignidad : *la mansedumbre del tiempo*.

Mansfield, c. de Gran Bretaña, al E. de Inglaterra (Nottingham). — C. al NE. de los Estados Unidos (Ohio).

Mansfield (Kathleen BEAUCHAMP, llamada **Katherine**), escritora neocelandesa (1888-1923), autora de narraciones cortas (*Garden Party*).

Mansilla (Lucio), general argentino durante la guerra de la Independencia (1792-1871). — Su hijo LUCIO VICTORIO (1831-1913) fue militar que tomó parte en las batallas de Cepeda y de Pavón y combatió en la guerra del Paraguay. Escribió un relato sobre la vida de los indios, titulado *Una excursión a los indios ranqueles*, de gran interés por su contenido y por la amenidad de su estilo.

mansión f. Morada, sitio donde vive uno : *tenía en la ciudad antigua una gran mansión señorial*.

manso, sa adj. Apacible, muy bueno : *ser manso como un cordero*. ‖ Domesticado, que no es salvaje : *toro manso*. ‖ Tranquilo : *aguas mansas*. ‖ — M. En un rebaño, macho que sirve de guía.

Manso, río del centro de la Argentina, en la prov. de Río Negro. — Río del Brasil (Mato Grosso) ; 900 km.

Manso de Velasco (José Antonio), militar y gobernante español (1688-1765), gobernador de Chile de 1736 a 1745 y virrey del Perú de 1745 a 1761. Fundó Copiapó (Chile) en 1744.

Mansura, c. del Bajo Egipto, a orillas del Nilo. Universidad.

mansurrón, ona adj. Extremadamente manso.

manta f. Pieza, por lo común de lana o algodón, que sirve de abrigo en la cama : *manta termógena*. ‖ Especie de mantón. ‖ Capa, abrigo. ‖ Cubierta para las caballerías. ‖ *Fam.* Paliza. ‖ Torpe, inútil : *eres un manta incapaz de hacer algo útil*. ‖ *Mil.* Mantelete. ‖ *Méx.* Mantarraya, pez. ‖ — *Fig. A manta* o *a manta de Dios*, abundantemente. ‖ *Liarse uno la manta a la cabeza*, hacer lo que a uno le da la gana sin hacer caso de las conveniencias. ‖ *Tirar de la manta*, descubrir algo oculto. ‖ — M. *Pop.* Vago, gandul.

Manta, bahía del Ecuador (Manabí), en el Pacífico. — Pobl. y puerto del NO. del Ecuador (Manabí). Estación balnearia. Universidad.

Mantaro, río del centro del Perú que nace en el lago Junín y, unido al Apurímac, forma el Ene ; 450 km.

mantarraya f. Especie de pez de México.

Mante, mun. y c. en el E. de México (Tamaulipas). Industria azucarera.

manteado m. *Amér.* Toldo.

manteamiento m. Acción y efecto de mantear.

mantear v. t. Hacer saltar a uno en una manta para mofarse de él y humillarle.

manteca f. Grasa de los animales, especialmente la del cerdo. ‖ Sustancia grasa de la leche. ‖ Mantequilla : *untar manteca en el pan*. ‖ Sustancia grasa vegetal : *manteca de cacao*. ‖ *Fam.* Dinero. ‖ — Pl. *Fam.* Gordura, carnes : *tener buenas mantecas*. ‖ — *Fig. Como manteca*, suave. ‖ *El que asó la manteca*, persona muy tonta, simplona. ‖ *Manteca de vaca*, mantequilla.

mantecado m. Bollo amasado con manteca de cerdo. ‖ Helado de leche, huevos y azúcar.

mantecoso, sa adj. Que tiene manteca. ‖ Untuoso como la manteca.

Mantegna [-ña] (Andrea), pintor y grabador italiano (1431-1506).

mantel m. Paño que se pone encima de la mesa para comer.

mantelería f. Conjunto de manteles y servilletas.

manteleta f. Especie de esclavina de mujer, a modo de chal.

mantenedor, ra m. y f. Persona encargada de mantener un torneo, justa, juegos florales, etc. ‖ Persona que mantiene a una o varias personas : *mantenedor de familia*.

mantenencia f. Acción y efecto de mantener o de sostener. ‖ Cuidado. ‖ Alimento, sustento.

mantener v. t. Proveer a uno de alimento. ‖ Proveer de todo lo necesario : *mantener a su familia*. ‖ Sostener : *los puntales mantienen el muro*. ‖ Proseguir lo que se está haciendo : *mantener la conversación, el juego*. ‖ Sostener un torneo, justa, juegos florales, etc. ‖ *Fig.* Sostener, defender : *mantener una opinión o ideas, una posición*. ‖ Conservar, guardar : *mantener su rango*. ‖ Hacer durar : *mantener la paz*. ‖ Conservar en buen estado. ‖ No renunciar a algo : *mantener su candidatura*. ‖ Tener, celebrar : *mantener un cambio de impresiones, una entrevista*. ‖ *For.* Amparar en la posesión de algo. ‖ *Mantener a distancia* o a *raya*, guardar las distancias, impedir toda confianza. ‖ — V. pr. Alimentarse. ‖ Satisfacer sus necesidades : *se mantiene con su trabajo*. ‖ Perseverar en una opinión. ‖ Permanecer en el mismo estado : *mantenerse derecho*. ‖ Durar : *nuestro trato se mantendrá*. ‖ *Fig. y fam. Mantenerse en sus trece*, no renunciar a una idea u opinión.

mantenido, da adj. Dícese del que vive a costa de otro (ú. t. c. s.).

mantenimiento m. Subsistencia. ‖ Alimento, sustento. ‖ Conservación. ‖ El mantenimiento de una carretera. ‖ Conservación : *el mantenimiento del orden*.

manteo m. Capa larga de los eclesiásticos y otro tiempo de los estudiantes. ‖ Especie de falda antigua. ‖ Manteamiento.

mantequería f. Fábrica de mantequilla. ‖ Tienda donde se venden mantequilla y otros comestibles.

mantequilla f. Sustancia grasa y pastosa obtenida de la leche de vaca al batir la nata.

Mantes-la-Jolie, c. de Francia (Yvelines), al oeste de París.

mantilla f. Prenda de encaje que usan las mujeres para cubrirse la cabeza. ‖ Pieza de lana en que se envuelve al niño. ‖ — *Fig. En mantillas*, en sus principios. ‖ *Haber salido uno de mantillas*, saber arreglárselas.

mantillo m. Capa superior del terreno formada por la descomposición de materias orgánicas. ‖ Abono que resulta de la descomposición del estiércol.

Mantinea, ant. c. de Grecia, en Arcadia. Victoria de los tebanos, al mando de Epaminondas, sobre Esparta (362 a. de J. C.).

Mantiqueira, sierra del SE. del Brasil en los Estados de São Paulo y Minas Gerais ; alt. máx. 2 787 m.

mantisa f. Parte decimal, siempre positiva, de un logaritmo.

manto m. Ropa suelta a modo de capa que se lleva encima del vestido. ‖ Mantilla grande, chal. ‖ Capa que llevan algunos religiosos. ‖ Ropa talar para ciertas ceremonias. ‖ Revestimiento del frente de una chimenea. ‖ Repliegue cutáneo que envuelve el cuerpo de los moluscos y de algunos gusanos. ‖ *Fig.* Lo que encubre una cosa : *el manto de la indiferencia*. ‖ Veta mineral delgada y horizontal. ‖ Capa de la estructura terrestre entre la corteza y el núcleo.

mantón m. Prenda de mujer que abriga los hombros y la espalda. ‖ *Mantón de Manila*, el de seda y ornado con bordados.

Mantua, c. al N. de Italia (Lombardía), cap. de la prov. homónima. Obispado. Catedral. — Mun. al oeste de Cuba (Pinar del Río).

Manú, río del SE. del Perú, afl. del Madre de Dios. — C. del Perú, cap. de la prov. homónima (Madre de Dios).

manuable adj. Manejable, manual.

manual adj. Que se ejecuta con las manos : *trabajos manuales*. ‖ Manejable. ‖ — M. Libro que contiene las nociones esenciales de un arte o ciencia : *un manual de literatura*.

manubrio m. Manivela, especialmente la que se acciona con la mano : *el manubrio de un organillo*.

Manucio o **Manuzio** (Aldo), célebre impresor y humanista italiano (1449-1515). — Su hijo PABLO (1512-1574) y su nieto ALDO (1547-1597) fueron también eruditos e impresores.

manudo, da adj. *Amer.* De manos grandes, gruesas.

Manuel ‖ ~ **Martín**, prov. al suroeste de Bolivia (Potosí) ; cap. *Villa Salamanca*. ‖ **Tames**, mun. al este de Cuba (Guantánamo).

Manuel ‖ **I** *Comneno* (¿ 1122 ?-1180), emperador bizantino desde 1143. ‖ ~ **II** *Paleólogo* (1348-1425), emperador bizantino desde 1391.

Manuel ‖ **I** *el Afortunado* (1469-1521), rey de Portugal desde 1495. En su época se efectuaron el viaje de Vasco de Gama (1489) y el descubrimiento del Brasil (1500). V. MANUELINO. ‖ **II** (1889-1932), rey de Portugal, hijo y sucesor de Carlos I después de su asesinato, en 1908. Derrocado en 1910, se refugió en Inglaterra.

manuela f. Coche de alquiler, abierto y tirado por un caballo.

manuelino, na adj. *Arq.* Aplícase al estilo portugués del reinado de Manuel I (1495-1521) caracterizado por una composición ornamental, decorativa, generalmente de motivos marineros, muy recargada (ú. t. c. s. m.).

manufactura f. Establecimiento industrial. ‖ Fabricación en gran cantidad de un producto industrial. ‖ Este producto.

manufacturado, da adj. Dícese del producto realizado después de la transformación industrial de las materias primas (ú. t. c. s.).

manufacturar v. t. Fabricar.

manufacturero, ra adj. Relativo a la fabricación : *industria manufacturera*.

manumisión f. Liberación legal de un esclavo. ‖ *Fig.* Liberación.

manumiso, sa adj. Libre.

manumitir v. t. Dar libertad a un esclavo.

Manuripi, prov. del N. de Bolivia (Pando) ; cap. *Puerto Rico*.

manuscribir v. t. Escribir a mano.

manuscrito, ta adj. Escrito a mano. ‖ — M. Cualquiera obra escrita a mano. ‖ Original de un libro : *mandar el manuscrito a la imprenta*.

manutención f. Manipulación de mercancías. ‖ Mantenimiento y cuidado. ‖ Conservación. ‖ Alimento.

manzana f. Fruto del manzano. ‖ Grupo de casas delimitado por calles. ‖ *Amer.* Nuez de la garganta.

manzanar m. Terreno plantado de manzanos.

Manzanares, río del centro de España, afl. del Jarama, que pasa por Madrid ; 85 km. Embalse de Santillana y de El Pardo. Centrales hidroeléctricas. — C. en el O. de España (Ciudad Real). Castillo.

manzanilla f. Planta compuesta, cuyas flores amarillas se usan en infusión como estomacal. ‖ Esta infusión. ‖ Vino blanco andaluz. ‖ Especie de aceituna pequeña.

manzanillo m. Árbol euforbiáceo de América ecuatorial, cuyo jugo y fruto son venenosos.

Manzanillo, bahía septentrional en la Rep. Dominicana (Monte Cristi). V. PEPILLO SALCEDO. — Isla de Panamá, frente al litoral de la prov. de Colón. — C. y puerto del S. de Cuba (Granma). Ind. azucarera. — C. y puerto al oeste de México, en la bahía del mismo nombre (Colima). Turismo.

manzano m. Árbol rosáceo cuyo fruto es la manzana.

Manzo (José), arquitecto, pintor y grabador mexicano de Puebla (1789-1860).

Manzoni (Alessandro), escritor romántico italiano (1785-1873), autor de la novela *Los novios*, y poesías líricas y de obras trágicas.

maña f. Destreza, habilidad : *tener mucha maña para arreglar los objetos.*

MA

393

‖ Artificio o astucia. ‖ Costumbre. ‖ *Darse uno maña,* ingeniarse.

Mañach (Jorge), ensayista y escritor cubano (1898-1961), autor de obras de teatro *(Tiempo muerto),* cuentos y ensayos *(Glosario, Martí, el apóstol, La nación y la formación histórica).*

mañana f. Tiempo que media entre el amanecer y el mediodía : *trabajar por la mañana.* ‖ Espacio de tiempo desde la medianoche hasta el mediodía : *a las tres de la mañana.* ‖ — M. Tiempo futuro : *pensar en el mañana.* ‖ — Adv. El día después del de hoy : *mañana será domingo.* ‖ En tiempo futuro : *el mundo de mañana.* ‖ — *De mañana o muy de mañana,* muy temprano. ‖ *Pasado mañana,* el día después del de mañana. ‖ — Interj. *Fam.* Nunca.

mañanear v. i. Levantarse muy temprano.

mañanero, ra adj. Madrugador. ‖ Matutino.

mañanica y **mañanita** f. *Fam.* Primeras horas de la mañana.

mañanita f. Prenda de punto que las mujeres llevan sobre el camisón de dormir para abrigarse. ‖ — Pl. *Méx.* Canto popular para celebrar a un personaje o un hecho histórico.

Mañara (Miguel de), caballero español (1626-1679). Se cree, pero parece infundado, que fue el modelo que sirvió a Tirso de Molina para trazar el personaje de Don Juan.

mañear v. i. Actuar con maña.

maño, ña m. y f. *Fam.* Aragonés. ‖ *Amer.* Hermano. ‖ Amigo.

mañoco m. Tapioca. ‖ Harina de maíz que comían los indios de Venezuela.

mañoso, sa adj. Que tiene maña, hábil, diestro (ú. t. c. s.). ‖ Astuto.

Mao. V. VALVERDE, Rep. Dominicana.

Mao Tse-tung o **Mao Zedong,** político chino (1893-1976), uno de los fundadores del Partido Comunista en su país (1921). Miembro del Comité Central del partido (1923) y del Kuo Min Tang (1924), encabezó la insurrección de Hunan antes de refugiarse en Kiangsi (1927-1934), ciudad en la que organizó el ejército revolucionario y esbozó una reforma agraria. Presidente del gobierno provisional de la república soviética china, tuvo que batirse en retirada ante la ofensiva de las tropas nacionalistas (*Larga marcha,* 1934-35). Se alió con las fuerzas de Chang Kai-chek para hacer frente a la invasión japonesa (1937-1945) y luego sostuvo una guerra civil contra éstas (1946-1949). Dueño del país, proclamó en Pekín la República Popular China (1º de octubre de 1949). Presidente del Consejo y más tarde de la República (1954-1959) y del Partido, se opuso a la U.R.S.S.

maoísmo m. Movimiento marxista inspirado en Mao Tse-tung.

maoísta adj. y s. Partidario de la doctrina de Mao Tse-tung.

maorí adj. y s. Indígena de Nueva Zelanda.

mapa m. Representación convencional de alguna parte de la Tierra o del cielo : *el mapa de Europa, de Venus.* ‖ — *Mapa mudo,* el que no lleva escritos los nombres. ‖ *Fig.* y *fam.* No estar en el mapa, ser desconocido.

mapache y **mapachín** m. Mamífero carnicero de América del Norte y Central parecido al tejón.

mapamundi m. Mapa que representa la superficie entera de la Tierra.

mapanare f. Culebra de Venezuela.

Mapimí (BOLSÓN DE), región esteparia del N. de México (Durango, Chihuahua y Coahuila). — Mun. de México (Durango).

Mapire, pobl. de Venezuela (Anzoátegui) ; puerto en el Orinoco.

Maples Arce (Manuel), poeta y diplomático mexicano (1898-1981), autor de *Urbe, Andamios interiores, Poemas interdictos, Metrópolis, Memorial de la sangre, A la orilla de este río, Soberana juventud,* etc.

Mapocho, río del centro de Chile, afl. del Maipo, que pasa por Santiago ; 245 km.

mapuche adj. y s. Araucano.

Maputo, ant. *Lourenço Marques,* c. y puerto al S. de Mozambique, cap. del Estado ; 390 000 h. Universidad.

maque m. Laca. ‖ Charol.

maquear v. t. Dar laca o barniz. ‖ — V. pr. *Fam.* Arreglarse, componerse, vestirse bien.

maqueta f. Representación a escala reducida de una construcción, máquina, decoración de teatro, etc. ‖ Boceto de ilustración y presentación de un libro que permite hacer la compaginación.

maquetista com. Persona que se dedica a hacer maquetas.

maqueto, ta adj. Dícese del emigrante de una región española asentado en el País Vasco (ú. t. c. s.).

maquiavélico, ca adj. Relativo al maquiavelismo. ‖ Maquiavelista.

maquiavelismo m. Doctrina política de Maquiavelo. ‖ *Fig.* Política falta de lealtad. ‖ Perfidia y falta de escrúpulos : *proceder con maquiavelismo.*

maquiavelista adj. y s. Que sigue la doctrina de Maquiavelo.

Maquiavelo (Nicolás), escritor y político italiano, n. en Florencia (1469-1527), autor de *El Príncipe,* exaltación de la razón de Estado, y de obras teatrales (*La Mandrágora).*

maquila f. Porción de grano, harina o aceite que percibe el molinero por cada molienda.

maquiladora f. *Méx.* Planta que ejecuta, para una empresa más importante, una de las operaciones del proceso de fabricación de un producto.

maquillador, ra adj. y s. Que maquilla.

maquillaje m. Acción y efecto de maquillar o maquillarse. ‖ Producto utilizado para maquillar o maquillarse el rostro.

maquillar v. t. Pintar la cara con productos de belleza para hacer resaltar sus cualidades estéticas o tapar sus imperfecciones (ú. t. c. pr.). ‖ *Fig.* Alterar, falsificar para dar una apariencia engañosa.

máquina f. Conjunto de mecanismos combinados para aprovechar, dirigir, regular o transformar una energía o para producir cierto efecto. ‖ Artefacto cualquiera : *máquina fotográfica.* ‖ Cualquier vehículo provisto de un mecanismo, como bicicleta, automóvil y locomotora. ‖ *Fig.* Conjunto de órganos que concurren a un mismo fin : *la máquina del Estado.* ‖ Hombre que obedece ciegamente a otro : *el esclavo no era más que una máquina.* ‖ *Teatr.* Tramoya. ‖ — *A toda máquina,* a gran velocidad. ‖ *Máquina de calcular,* la que efectúa operaciones aritméticas. ‖ *Máquina de coser,* la que permite hacer mecánicamente la mayoría de los puntos de costura y bordado. ‖ *Máquina de escribir,* la que permite escribir muy rápidamente por medio de un teclado. ‖ *Máquina de vapor,* aquella en que se utiliza la fuerza de expansión del vapor. ‖ *Máquina eléctrica,* la que transforma un trabajo mecánico en energía eléctrica. ‖ *Máquina herramienta,* la que efectúa cualquier trabajo habitualmente manual.

maquinación f. Intrigas secretas para realizar malos designios.

maquinador, ra adj. y s. Que trama maquinaciones.

maquinal adj. Instintivo, hecho sin intervención de la voluntad. ‖ Relativo a la máquina.

maquinar v. t. Preparar en secreto alguna cosa. ‖ Urdir.

maquinaria f. Mecanismo que da movimiento a un artefacto : *la maquinaria de un coche.* ‖ Conjunto de máquinas : *maquinaria agrícola.* ‖ *Fig.* Conjunto de órganos destinados a un mismo fin : *la máquina administrativa.*

maquinilla f. Artefacto pequeño : *maquinilla de afeitar.*

maquinismo m. Predominio de las máquinas en la industria.

maquinista com. Persona que vigila o dirige o conduce una máquina. ‖ Persona que monta y desmonta los decorados de teatro y cine.

maquinización f. Acción y efecto de maquinizar.

maquinizar v. t. Emplear en la producción máquinas que sustituyen o mejoran el trabajo del hombre.

maquis m. Galicismo por *monte bajo, soto.* ‖ Guerrilla.

mar m. Gran extensión de agua salada que ocupa la mayor parte de la Tierra. ‖ Porción determinada de esta extensión : *el mar Cantábrico.* ‖ Extensión de agua tierras adentro, gran lago : *mar Caspio, mar Muerto.* ‖ *Fig.* Gran cantidad de agua o de cualquier líquido : *un mar de sangre.* ‖ Gran extensión : *un mar de arena.* ‖ Lo que sufre fluctuaciones : *el mar de las pasiones.* ‖ Gran abundancia : *estoy en un mar de dudas.* ‖ — *Alta mar,* parte del mar alejada de la tierra. ‖ *A mares,* en gran abundancia. ‖ *Fig.* Arar en el mar, esforzarse vanamente. ‖ *Brazo de mar,* parte del mar que corre entre dos tierras cercanas una de otra ; *fig.*) dícese de la persona que va muy bien vestida. ‖ *Hacerse a la mar,* alejarse el barco de la costa. ‖ *La mar de,* mucho : *la mar de gente, de trabajo ; muy : es la mar de simpático.* ‖ *Mar de fondo,* ola grande que se alza súbitamente del fondo del mar ; agitación profunda y latente. ‖ *Mar patrimonial,* faja marítima de 200 millas a lo largo del litoral de un país en la cual éste debe disfrutar de los derechos exclusivos de aprovechar los recursos naturales existentes. — OBSERV. La palabra *mar* se usa en género masculino en el habla corriente (el mar Rojo, el mar Caspio), pero es empleada en género femenino por la gente de mar y en las locuciones como *la alta mar, la mar de* cosas, etc.

Mar, ~ (La), prov. al S. del Perú (Ayacucho) ; cap. *San Miguel.* ‖ (SERRA DO), sierra costera del Brasil, desde Salvador (Bahía) hasta Porto Alegre (Río Grande do Sul). ‖ ~ **Chica,** pequeño mar interior de la costa N. de Marruecos (Melilla) ; 200 km². ‖ ~ **Chiquita,** lago salino del centro de la Argentina (Córdoba). — Laguna de la Argentina (Buenos Aires). ‖ ~ **de Ajó,** pobl. de la Argentina (Buenos Aires). Playas. ‖ ~ **de Paja.** V. PAJA. (Mar de). ‖ ~ **del Plata,** c. y puerto del E. de la Argentina en el Atlántico (Buenos Aires). Universidad. Obispado. Centro turístico. Base naval. ‖ ~ **Menor,** lago salado del SE. de España (Murcia), separado del Mediterráneo por un cordón de tierra ; 150 km². Turismo. ‖ ~ **Muerto.** V. MUERTO (Mar).

marabino, na adj. y s. Maracaibero.

Marabios. V. MARIBIOS.

marabú m. Ave zancuda de África y Asia. ‖ Plumas de esta ave.

marabunta f. Plaga de hormigas. ‖ *Fig.* Muchedumbre : *una marabunta de gente vitoreaba al jefe del Estado.*

maraca f. *Mús.* Instrumento formado por una calabaza hueca con granos o piedrecitas dentro. ‖ Instrumento semejante al anterior, utilizado en las orquestas modernas.

maracaibero, ra adj. y s. De Maracaibo (Venezuela).

Maracaibo, lago del NO. de Venezuela (Zulia), que se une al mar Caribe ; 16 360 km². Petróleo. — Golfo de Venezuela en el mar Caribe. V. VENEZUELA (golfo de). — C. y puerto del NO. de Venezuela, cap. del Estado de Zulia. Universidad. Arquidiócesis. Centro industrial y comercial. Fundada en 1571 con el nombre de *Nueva Zamora.*

Maracay, c. del NO. de Venezuela, cap. del Estado de Aragua. Obispado. Centro comercial y de industrias.

maracayero, ra adj. y s. De Maracaibo (Venezuela).

Maracó, dep. en el centro de la Argentina (La Pampa) ; cab. *General Pico.*

maracucho, cha adj. y s. De Maracay (Venezuela).

maracure m. Bejuco de Venezuela, del cual se extrae el curare.

Maragall (Juan), escritor y poeta español, n. en Barcelona (1860-1911), uno de los mejores líricos catalanes (*La vaca ciega, El mal cazador, El conde de Arnau, Las dispersas, Secuencias, Canto espiritual, Himno ibérico,* etc.).

Maragatería, comarca del NO. de España (León), cuya ciudad principal es *Astorga.*

maragato, ta adj. y s. De la Maragatería (España). ‖ De la c. de San José de Mayo y del dep. de San José (Uruguay).

Marajó, archip. e isla del NE. del Brasil, en la des. del Amazonas.

Marambas, río del NE. de la Argentina (Misiones), afl. del Paraná. Se le da también el nombre de *Uruguaí.*

Maranhão, Estado del NE. del Brasil ; cap. *São Luís.* Oro y bauxita.

maranta f. Planta marantácea de América del Sur, de cuyo tubérculo se saca el arrurruz.

maraña f. Maleza, zarzales. ‖ *Fig.* Cosa enmarañada : *una maraña de pelo.* | Asunto complicado, complejo.

Marañón, río del Perú, que nace en una laguna glaciar de la Cordillera Huayhuash y forma el Amazonas al confluir con el Ucayali ; 800 km. — Prov. del centro del Perú (Huánuco) ; cap. *Huacrachuco.*

Marañón y Posadillo (Gregorio), médico y escritor español, n. en Madrid (1887-1960), especialista en endocrinología. Autor de biografías (*Amiel, Tiberio, Antonio Pérez, Enrique IV de Castilla* y *El Conde Duque de Olivares*) y de ensayos *Don Juan, Amor, conveniencia y eugenesia).*

maraquero, ra adj. Dícese de la persona que toca las maracas (ú. t. c. s.).

Maras, distrito del sur del Perú (Cuzco). — Prov. y c. en el sur del centro de Turquía. Minas.

marasmo m. *Med.* Extremado enflaquecimiento del cuerpo humano : *marasmo senil.* ‖ *Fig.* Apatía. | Disminución de la actividad económica o comercial.

Marasso (Arturo), poeta y escritor argentino (1890-1970), autor de *Bajo los astros, Poemas* y *coloquios* y de libros de crítica literaria

Marat (Jean-Paul), político revolucionario francés, n. en Suiza (1743-1793).

maratón m. Carrera pedestre de gran fondo en los Juegos Olímpicos sobre un recorrido de 42,195 km (ú. t. c. f.).

Maratón, aldea de Ática (Grecia), cerca de Atenas. Victoria de Milcíades sobre los persas en 490 a. de J. C.

maratoniano, na adj. De mucha duración y gran esfuerzo. ‖ — M. Corredor de un maratón.

Maravatío, mun. al O. de México (Michoacán) ; cap. *Maravatío de Ocampo.* Minas. Industrias.

maravedí m. Antigua moneda española de diferentes valores.

maravilla f. Cosa que suscita la admiración : *este coche es una maravilla.* ‖ Admiración, asombro : *causar maravilla.* ‖ Planta compuesta con flores anaranjadas. | Su flor. ‖ Especie de enredadera de América. | Dondiego de noche. ‖ — *A las mil maravillas* o *de maravilla,* muy bien, maravillosamente. ‖ *Maravilla del mundo,* cada una de las siete obras de arte más famosas de la Antigüedad.

maravillar v. t. Asombrar, sorprender : *me maravilla su fracaso.* ‖ Provocar la admiración : *este cuadro me maravilla.* ‖ — V. pr. Asombrarse.

maravilloso, sa adj. Sorprendente y admirable : *un paisaje maravilloso.*

Marbella, c. del sur de España (Málaga). Playa en la Costa del Sol.

marbete m. Etiqueta, rótulo que se pega a las mercancías para indicar su contenido, precio, marca de fábrica, etc. ‖ Orilla, filete.

Marboré, macizo montañoso de los Pirineos centrales, en la frontera francoespañola ; 3 253 m.

Marburgo. V. MARIBOR. — C. del centro de Alemania Occidental (Hesse). Universidad. Castillo.

marca f. Señal que se pone a una cosa para reconocerla : *marca hecha a una res con un hierro candente.* ‖ Acción de marcar : *la marca del ganado.* ‖ Distintivo de un fabricante o comerciante. | Casa productora : *las grandes marcas de coñac.* ‖ Instrumento para medir la estatura de las personas o la alzada de los caballos. ‖ En deportes, récord y resultado : *batir una marca de natación.* ‖ *Mar.* Punto fijo de la costa que sirve de orientación para los marinos. ‖ Provincia o distrito fronterizo : *la Marca Hispánica, de Brandeburgo.* ‖ Galicismo por *cicatriz.* ‖ *De marca,* excelente, sobresaliente. ‖ *Fig.* y *fam. De marca mayor,* muy excelente ; muy grande : *una tontería de marca mayor.* ‖ *Marca de fábrica,* distintivo que el fabricante pone a sus productos. ‖ *Marca registrada,* la reconocida legalmente para su uso exclusivo.

Marca Hispánica, territ. del NE. de España (Cataluña), conquistado por los francos a principios del s. IX (época de Carlomagno), que lo gobernaron a través de condes tributarios hasta 895.

Marcabrú, trovador provenzal de la primera mitad del s. XII. Vivió algún tiempo en Castilla.

marcado m. Operación consistente en ondular el cabello, después de lavarlo. ‖ Acción y efecto de poner una marca.

marcador, ra adj. Que marca. ‖ — M. *Impr.* Obrero que coloca los pliegos en la máquina. ‖ Tablero para anotar los puntos de un jugador o un equipo. ‖ Tablero para apuntar el número de votos en una elección. ‖ Instrumento que usan los sastres para marcar la ropa. ‖ *Arg.* Resultado de un encuentro deportivo.

marcaje m. En deportes, acción y efecto de marcar a un jugador contrario.

marcapasos m. inv. *Med.* Aparato eléctrico, colocado en el interior o en el exterior del cuerpo humano, conectado al corazón para corregir los trastornos del ritmo cardiaco.

marcar v. t. Poner una marca : *marcar la ropa, el ganado.* ‖ *Dep.* Conseguir un gol, un tanto, un ensayo (ú. t. c. pr.). ‖ Contrarrestar un jugador el juego de su contrario por medio de una gran vigilancia (ú. t. c. i.). ‖ Dejar una señal. ‖ Señalar, indicar como debe hacerse algo. ‖ Llevar cierto compás : *marcar el paso.* ‖ Poner el precio. ‖ Apuntar, tomar nota : *marcar una dirección.* ‖ Señalar el reloj la hora o indicar cualquier otro aparato un número, precio, peso, etc. ‖ Formar un número de teléfono. ‖ Ondular el cabello. — V. pr. *Fam.* Hacer, tener : *marcarse un detalle.*

Marcas, región del centro de Italia (prov. de Macerata, Pesaro y Urbino, Ancona y Ascoli Piceno).

marcescible adj. Que se puede marchitar.

marcial adj. Del dios Marte. ‖ Relativo a la guerra : *ley marcial.* ‖ De aspecto bélico o muy varonil.

Marcial (Cayo Valerio), poeta hispanolatino, n. en Bílbilis (Calatayud) [¿ 43 ?-104], autor de *Epigramas.*

marcialidad f. Aspecto marcial.

marciano, na adj. Del planeta Marte. ‖ — M. y f. Supuesto habitante del planeta Marte.

marco m. Cerco de madera u otro material que rodea algunas cosas : *el marco de un cuadro, de una puerta, ventana,* etc. ‖ Unidad monetaria alemana. ‖ Peso de 230 g. que se usaba para el oro y la plata. ‖ Patrón para las pesas y medidas. ‖ *Fig.* Ámbito : *en el marco de la economía.* | Cuadro, fondo.

Marco ‖ — **Antonio,** general romano (83-30 a. de J. C.), triunviro con Octavio y Lépido (43). Casado con Cleopatra de Egipto, Octavio lo declaró la guerra y lo derrotó en Accio (31). Se suicidó en Alejandría. ‖ ~ **Aurelio** (121-180), emperador romano de 161 hasta su muerte. Escribió *Pensamientos,* obra de inspiración estoica.

Marco (Tomás), músico vanguardista español, n. en 1942. ‖ ~ **Polo.** V. POLO.

Marcona, mun. al O. de Perú (Ica).

Marconi (Guglielmo), físico italiano (1874-1937), que realizó las primeras pruebas telegráficas sin hilos. (Pr. Nobel, 1909.)

Marcos (San), uno de los cuatro evangelistas. Estuvo en Chipre y Asia Menor. Murió mártir en Egipto el año 67. Fiesta el 25 de abril.

Marcos (Fernando E.), político filipino, n. en 1917. Pres. de la Rep. en 1965, reelegido en 1969, 1973, 1977 y 1981.

Marcos de Obregón (*Vida del escudero*), novela picaresca de Vicente Martínez Espinel (1618).

Marcoule, pobl. al S. de Francia (Gard). Centro de la industria nuclear.

Marcuse (Herbert), filósofo y sociólogo alemán, naturalizado norteamericano (1898-1979), autor de *Eros y Civilización* y *El hombre unidimensional.*

March (Ausias), poeta español de lengua catalana, n. en Valencia (¿ 1397 ?-1459), autor de *Cantos de amor,* dedicados a Teresa Bou.

marcha f. Acción de andar. ‖ Manera o forma de andar. ‖ Movimiento regular de un mecanismo, de un móvil ; funcionamiento : *la marcha del reloj* ; *poner en marcha.* ‖ Grado de velocidad media : *la lenta marcha del tranvía.* ‖ Cada una de las posiciones del cambio de velocidades : *la marcha atrás de un coche.* ‖ Salida. ‖ *Fig.* Curso : *la marcha del tiempo, de un negocio.* ‖ *Mil.* Toque de clarín para que marchen los soldados. ‖ Ejercicio de caminar hecho por la tropa. ‖ Música para regularizar el desfile de una tropa o comitiva : *marcha fúnebre.* ‖ Ejercicio atlético. ‖ *Fam.* Euforia. | Juerga, jarana. ‖ — *A toda marcha* o *a marchas forzadas,* rápidamente. ‖ *Dar marcha atrás,* retroceder. ‖ *Marcha forzada,* la es más larga que las normales. ‖ *Marcha Real,* himno nacional español. ‖ *Sobre la marcha,* en el acto, improvisando.

Marcha hacia Roma, golpe de Estado que dio a Mussolini el Poder en Italia (29 de octubre de 1922).

marchamar v. t. Poner marchamo.

marchamo m. Señal, sello, precinto que los aduaneros ponen en las mercancías. ‖ *Fig.* Marca distintiva : *un marchamo de elegancia.* | Sello.

marchante, ta m. y f. Vendedor. ‖ *And.* y *Amer.* Cliente de una tienda. ‖ Persona que vende objetos de arte, las obras de un pintor, escultor, etc.

marchar v. i. Caminar, ir de un sitio a otro andando. ‖ Funcionar : *este reloj no marcha bien.* ‖ *Fig.* Progresar : *el negocio marcha regularmente.* | Desenvolverse, desarrollarse. | Aceptar. ‖ — V. pr. Irse.

Marchena, v. del sur de España (Sevilla). Aceite. Cereales. — Isla del Ecuador en el Archipiélago de los Galápagos.

Marchena (Antonio de), sacerdote español del s. XV, protector de Cristóbal Colón. ‖ — (José), escritor y erudito español, n. en Utrera (1768-1821). Conocido con el nombre de *Abate Marchena.*

Marchihue, c. del centro de Chile, en la VI Región (Libertador General Bernardo O'Higgins) y en la prov. de Cardenal Caro, cap. de la com. del mismo nombre.

marchitamiento m. Ajamiento.

marchitar v. t. Ajar, mustiar las plantas. U. t. c. pr. : *las flores se marchitan con el sol.* ‖ *Fig.* Hacer perder lozanía (ú. t. c. pr.).

marchito, ta adj. Ajado.

marchoso, sa adj. *Fam.* Alegre. | Decidido. | Animado. | Juerguista (ú. t. c. s.).

Mare Nostrum, nombre latino dado por los romanos al mar Mediterráneo.

marea f. Movimiento periódico y alternativo de ascenso y descenso de las aguas del mar debido a la combinación de las atracciones lunar y solar. ‖ Viento suave del mar. ‖ *Fig.* Cantidad considerable : *marea humana.* ‖ *Marea negra,* la llegada a la costa de capas de petróleo procedentes de un navío.

marear v. t. Gobernar o dirigir una embarcación. ‖ *Fig.* y *fam.* Molestar, fastidiar : *marear a preguntas.* | Causar mareo : *viajar en barco me marea.* ‖ — V. pr. Tener náuseas. ‖ Emborracharse ligeramente.

Marechal (Leopoldo), poeta ultraísta argentino (1900-1970), autor de *Los aguiluchos, Días como flechas, Odas para el hombre y la mujer, Laberinto de amor, Cinco poemas australes, El Centauro, Heptámerón,* etc. Escribió también novelas (*Adán Buenosayres, Megatón o la guerra*) y ensayos.

marejada f. Agitación de las olas. ‖ *Fig.* Agitación, efervescencia. | Rumor.

maremagno o **mare mágnum** m. *Fig.* y *fam.* Gran cantidad confusa de cosas. ‖ Muchedumbre, multitud.

maremare m. *Venez.* Música y baile de los indígenas del Oeste.

maremoto m. Agitación violenta del mar provocada por un terremoto o

MA

395

movimimiento sísmico y también por una erupción volcánica submarina.

marengo adj. Dícese del color gris oscuro (ú. t. c. s. m.). || — M. Pescador.

Marengo, aldea al NO. de Italia (Piamonte).

mareo m. Turbación de la cabeza y del estómago producida a consecuencia del movimiento de ciertos vehículos, como el barco, el avión, el automóvil, las bebidas alcohólicas, etc. || *Fig. y fam.* Molestia, fastidio.

mareomotor, triz adj. Accionado por la fuerza de las mareas.

Mareotis. V. MARIUT.

Maresme, comarca del NE. de España en Cataluña, en el área metropolitana de Barcelona ; cap. *Mataró.*

marfil m. Materia dura, rica en sales de calcio, de que están principalmente formados los dientes de los vertebrados, en particular los colmillos de los elefantes. || Objeto esculpido en esta materia. || Suma blancura.

marfileño, ña adj. De marfil.

marga f. Roca compuesta de carbonato de cal y arcilla.

margarina f. Sustancia grasa comestible, parecida a la mantequilla, que se fabrica con aceites vegetales.

margarita f. Planta compuesta de flores blancas y corazón amarillo. || Su flor. || Cóctel mexicano compuesto de tequila, zumo de limón verde y licor. || — *Fig. Deshojar la margarita,* dudar y esperar cierto tiempo para tomar una decisión. | *Echar margaritas a los puercos,* ofrecer o decir cosas delicadas a alguien incapaz de apreciarlas.

Margarita, isla al O. de México (Baja California). — Isla caribeña al NE. de Venezuela que, con las de Coche, Cubagua y otras más, forma el Estado de Nueva Esparta ; 1 097 km². Cap. *La Asunción.* Obispado. Turismo. — Mun. y c. al NO. de Colombia (Bolívar).

Margarita *(Santa),* virgen y mártir de Antioquía, m. hacia 275. Fiesta el 20 de julio. || — **María de Alacoque** *(Santa),* monja francesa (1647-1690). Propagó la devoción al Sagrado Corazón de Jesús. Fiesta el 17 de octubre.

Margarita || — **de Angulema o de Navarra** (1492-1549), hermana de Francisco I de Francia y reina de Navarra. Protegió las letras y escribió el *Heptamerón,* colección de cuentos. || — **de Austria** (1480-1530), hija del emperador Maximiliano I. Fue gobernadora de los Países Bajos (1507-1530) y se encargó de la educación del futuro Carlos V. Intervino en la Liga de Cambrai (1508) y en la Paz de las Damas (1529). || — **de Austria** (1584-1611), reina de España por su matrimonio con Felipe III. || — **de Parma** (1522-1586), hija natural del emperador Carlos V y gobernadora de los Países Bajos.

Margaritas *(Las),* mun. al sureste de México (Chiapas).

margariteño, ña adj. y s. De la isla Margarita (Venezuela).

Margate, c. de Gran Bretaña en el SE. de Inglaterra (Kent).

margay m. Felino semejante al jaguar, pero más pequeño.

margen amb. Línea u orilla : *la margen del río, del campo.* || Espacio blanco que se deja alrededor de un escrito : *el margen de una página.* || Apostilla, nota marginal. || Com. Cuantía del beneficio que puede sacarse en un negocio : *cierto margen de ganancias.* || *Fig.* Facilidad, libertad : *un margen de movimiento.* | Oportunidad : *dar margen.* || *Al margen,* fuera : *vivir al margen de la sociedad.* — OBSERV. El género de este sustantivo suele variar según su significado. Generalmente es masculino cuando designa el espacio en blanco de una página, los beneficios de un negocio o la libertad, y femenino cuando se trata de la orilla de un río, de un lago, etc.

marginación f. Acción y efecto de marginar, aislamiento.

marginado, da adj. Que tiene margen. || *Fig.* Apartado de la sociedad, aislado (ú. t. c. s.).

marginar, ra adj. Que sirve para marginar (ú. t. c. s. m.).

marginal adj. Colocado en el margen : *nota marginal.* || Que está al mar-

gen : *camino marginal.* || *Fig. Secundario* : *empleo marginal.* || Dícese de la persona que vive al margen de la sociedad (ú. t. c. s.).

marginalidad f. Marginación.

marginalismo m. Teoría económica según la cual el valor de cambio de un producto está determinado por la utilidad de la última unidad disponible de este producto.

marginar v. t. Dejar márgenes. || Poner notas marginales. || *Fig.* Dejar de lado, apartar de la sociedad a alguien. | Prescindir, hacer caso omiso.

margrave m. Título de los jefes de las provincias fronterizas en el antiguo Imperio germánico.

Mari *(República Soviética Autónoma de los),* rep. de la U. R. S. S. (Rusia), al N. del Volga ; cap. *Joshkar-Ola.*

Mari, ant. *Merv,* c. al suroeste de la U. R. S. S. (Turkmenistán).

Maria, macizo montañoso en el N. de la cord. de Chacó (Colombia). || — **Cleofás,** isla del Pacífico al O. de México, en el archipiélago de las Tres Marías, enfrente del Estado de Nayarit. || — **Elena,** c. del N. de Chile en la II Región (Antofagasta) y en la prov. de Tocopilla, cap. de la com. del mismo nombre. Salitre. || — **Galante,** isla de las Antillas Menores ; cap. *Grand-Bourg.* || — **Madre,** isla del Pacífico al O. de México, en el archipiélago de las Tres Marías, enfrente del Estado de Nayarit. || — **Magdalena,** isla del Pacífico al O. de México, en el archipiélago de las Tres Marías, enfrente del Estado de Nayarit. || — **Pinto,** c. de Chile en la Región Metropolitana de Santiago y en la prov. de Melipilla, cap. de la com. del mismo nombre. || — **Trinidad Sánchez,** prov. de la República Dominicana, al N. del país ; cap. *Nagua.* Agricultura. Ganado.

María || — *(Santa)* o **la Virgen María,** madre de Jesucristo, esposa de San José e hija de San Joaquín y de Santa Ana. Fiesta el 15 de agosto. || — **Goretti** *(Santa),* doncella italiana (1890-1902), mártir de la pureza. Fiesta el 6 de julio. || — **Magdalena** *(Santa).* V. MAGDALENA (Santa MARÍA).

Maria || — **Amalia de Sajonia** (1724-1760), esposa del rey de España Carlos III. || — **Antonia de Borbón** (1788-1806), primera esposa de Fernando VII de España. || — **Cristina de Borbón** (1806-1878), cuarta esposa de Fernando VII de España y reina gobernadora a la muerte del rey (1833). Espartero la obligó a abdicar (1840) y se expatrió. Era madre de Isabel II. || — **Cristina de Habsburgo** (1858-1929), esposa de Alfonso XII de España y regente de su hijo Alfonso XIII (1885-1902). || — **de Molina** (¿ 1265 ?-1321), esposa de Sancho IV de Castilla, regente durante las minorías de su hijo Fernando IV (1295-1301) y de su nieto Alfonso XI (1312-1321). || — **Luisa de Orleáns** (1662-1689), esposa de Carlos II de España. || — **Luisa de Parma** (1754-1819), esposa de Carlos IV de España. Tuvo como favorito a Manuel Godoy.

Maria || — **Antonieta** (1755-1793), hija del emperador de Austria Francisco I y esposa de Luis XVI de Francia. M. guillotinada durante la Revolución. || — **de Médicis** (1573-1642), esposa de Enrique IV de Francia y regente a la muerte de éste (1610). || — **Lesczinska** (1703-1768), esposa de Luis XV de Francia. || — **Luisa de Habsburgo** (1791-1847), segunda esposa de Napoleón I de Francia, hija del emperador Francisco II de Austria y madre del Rey de Roma. || — **Teresa de Austria** (1638-1683), esposa de Luis XIV de Francia, hija de Felipe IV de España. **María** || — **I Estuardo** (1542-1587), reina de Escocia de 1542 a 1567 y esposa de Francisco II de Francia. Luchó contra la Reforma y contra Isabel I de Inglaterra. Abdicó, huyó a Inglaterra, pero fue encarcelada y ejecutada. || — **I Tudor** (1516-1558), hija de Enrique VIII y de Catalina de Aragón, reina de Inglaterra desde 1553. Fue esposa de Felipe II de España. || — **II Estuardo** (1662-1694), reina de Inglaterra (1689). Gobernó con su esposo Guillermo III.

María Teresa de Austria (1717-

1780), hija del emperador Carlos VI y esposa de Francisco I de Lorena, emperatriz germánica (1740) y reina de Hungría (1741) y Bohemia (1743). Durante su reinado participó en la guerra de Sucesión de Austria y en la de los Siete Años.

María, novela romántica del colombiano Jorge Isaacs (1867).

mariachi y **mariache** m. Música popular procedente del Estado de Jalisco (México) y orquesta que la interpreta. || Miembro de ésta.

Mariana, c. del SE. del Brasil (Minas Gerais).

Mariana || — **de Austria** (1634-1696), esposa de Felipe IV de España, regente durante la minoría de su hijo Carlos II (1665-1677). Tuvo por consejeros al jesuita padre Nithard y a su favorito Fernando de Valenzuela. || — **de Baviera Neuburgo** (1667-1740), segunda esposa de Carlos II de España. || — **de Jesús de Paredes y Flores** *(Santa).* V. PAREDES y FLORES.

Mariana (Juan de), jesuita e historiador español (1536-1624), autor de una *Historia general de España,* y del tratado *De rege et regis institutione.*

Mariana Pineda, obra dramática en verso de García Lorca (1925). V. PINEDA.

Marianao, c. al O. de Cuba, en el área urbana de La Habana.

Marianas (ISLAS), archip. al E. de Filipinas ; 404 km² ; 16 000 h. ; cap. *Saipán.* Descubierto por Magallanes en 1521, fue español hasta 1899, alemán hasta la primera guerra mundial, japonés de 1918 a 1945. La parte norte pertenece a los Estados Unidos desde 1975. Llamadas también *islas de los Ladrones.*

Mariani (Roberto), escritor argentino (1892-1946), autor de cuentos *(Cuentos de la oficina, La cruz nuestra de cada día, El amor agresivo)* y obras de teatro *(Un niño juega con la muerte, Regreso a Dios).*

Mariánica (CORDILLERA), ant. n. de *Sierra Morena* (España).

marianismo m. Culto o devoción a la Virgen María.

marianista adj. Aplícase al religioso de la Compañía de María, fundada en 1817 en Burdeos por el padre Guillaume Joseph Chaminade (ú. t. c. s.).

mariano, na adj. De la Virgen María : *culto mariano.*

Mariano || — **Moreno,** partido de la Argentina, en las cercanías de Buenos Aires. || — **Roque Alonso,** pobl. al suroeste del Paraguay (Central).

Marianske Lazne, en alemán *Marienbad,* c. del O. de Checoslovaquia (Bohemia). Turismo.

Marias *(Islas de las Tres).* V. TRES MARÍAS.

Marias (Julián), filósofo y ensayista español, n. en 1914. Fue brillante discípulo de Ortega y Gasset y autor de numerosas obras *(Historia de la Filosofía, Introducción a la Filosofía, Los españoles,* etc.).

Mariátegui (José Carlos), escritor y político socialista peruano (1895-1930), autor de *Siete ensayos de interpretación de la realidad peruana.*

Maribios (Los), cordillera de Nicaragua (Chinandega y León), en la que se encuentra la laguna volcánica Asososca ; 1 838 m.

Maribo, c. del S. de Dinamarca, cap. de la isla de Lolland. Catedral.

Maribor, c. del NO. de Yugoslavia (Eslovenia). Central hidroeléctrica.

marica f. Urraca, ave. || — M. *Fig. y fam.* Hombre afeminado.

maricastaña f. *En tiempos de Maricastaña,* en tiempos lejanos.

maricón m. *Pop.* Marica. | *Persona mala.*

mariconada f. Acción propia del maricón. || *Fig. y fam.* Acción malintencionada, mala pasada.

mariconear v. i. *Pop.* Hacer cosas de maricón. | Hacer tonterías.

mariconeo m. *Pop.* Lo hecho por un maricón.

mariconera f. *Pop.* Bolso de mano pequeño.

mariconería f. *Pop.* Calidad de maricón o conjunto de ellos. | Mariconada.

maridaje m. Unión y conformidad de los casados. || *Fig.* Unión, armonía.

maridar v. i. Casarse. ‖ Hacer vida de matrimonio. ‖ — V. t. *Fig.* Armonizar.

marido m. Hombre unido a una mujer por los lazos del matrimonio.

Mariel, pobl. y puerto del O. de Cuba (La Habana). Escuela naval.

Marienbad. V. MARIANSKE LAZNE.

Marignane, mun. al SE. de Francia (Bouches-du-Rhône). Aeropuerto de Marsella.

mariguana, marihuana y **marijuana** f. Cáñamo cuyas hojas producen efecto narcótico al que las fuma.

Mariguitar, pobl. y puerto del N. de Venezuela (Sucre).

Marília, c. al E. de Brasil (São Paulo).

marimacho m. *Fam.* Mujer de aspecto o modales masculinos.

marimandona f. Mujer autoritaria.

marimba f. Tambor de ciertos negros de África. ‖ *Amer.* Instrumento músico parecido al xilofón. ‖ *Arg.* Paliza.

marimbero, ra adj. Dícese del músico que toca la marimba (ú. t. c. s.).

marimorena f. *Fam.* Riña, pelea. | Tumulto.

Marín, c. y puerto del NO. de España (Pontevedra). Escuela naval militar.

Marín (Juan), novelista chileno (1900-1963), autor de *Paralelo 53 Sur.* ‖ ~ **Cañas** (JOSÉ), novelista costarricense (1904-1980), autor de *Tú, la imposible. Memorias de un hombre triste, El infierno verde, Pedro Arnáez,* etc.

marina f. Arte de la navegación marítima. ‖ Conjunto de los buques de una nación. ‖ Servicio de los barcos : *entrar en la marina del Estado.* ‖ Conjunto de las personas que sirven en la armada. ‖ Cuadro que representa una vista marítima. ‖ — *Marina de guerra,* fuerzas navales de un Estado, armada. ‖ *Marina mercante,* conjunto de buques de comercio.

Marina. V. MALINCHE.

marinar v. t. Poner en escabeche el pescado. ‖ *Mar.* Tripular.

marine m. (pal. ingl.). Soldado de infantería de marina.

Marinello (Juan), escritor y político cubano (1898-1977), autor de *Liberación* (poemas), *Martí, escritor americano, Guatemala nuestra, Ensayos Martinianos, Meditación americana, Contemporáneos* (ensayos).

marinera f. Especie de blusa que llevan los marineros y que han imitado los modistas para las mujeres y niños. ‖ En el Perú, Ecuador y Chile, baile popular. ‖ Su música.

marinería f. Oficio de marinero. ‖ Tripulación de un barco, de una escuadra.

marinero, ra adj. Que navega bien : *barco marinero.* ‖ De la marina y los marineros. ‖ Dícese de una salsa hecha con cebollas y aromatizada con vino. ‖ — M. El que se ocupa del servicio de los barcos.

Marinetti (Filippo Tommaso), escritor italiano (1876-1944), creador del movimiento futurista con la publicación de un célebre *Manifiesto* (1909). Escribió obras de teatro.

Marini o **Marino** (Giambattista), poeta culterano italiano (1569-1625).

Marinilla, mun. y pobl. de Colombia (Antioquia).

marinismo m. Tendencia a la afectación en el estilo.

marino, na adj. Relativo o perteneciente al mar : *animal marino.* ‖ — M. El que sirve en la marina.

Mariñas (Las), comarca al noroeste de España (La Coruña).

Mariño, mun. al noroeste de Venezuela (Sucre) ; cap. *Casanay.*

Mariño (Santiago), general venezolano de la Independencia (1788-1854). Participó, a las órdenes de Bolívar, en las batallas de Carabobo (1814 y 1821) y organizó las tropas para la conquista del Perú. Se opuso a José María Vargas, presidente de su país (1835-1837).

Mario (Cayo), general romano (157-86 a. de J. C.). Venció a Yugurta en Numidia, a los teutones en Aix (102) y a los cimbros en Vercelli (101), y se le dio gran popularidad en Roma. Fue cónsul y se opuso a Sila.

marioneta f. Títere movido por medio de hilos. ‖ — Pl. Teatro de títeres.

Mariotte [-ot] (Abate Edme), físico francés (¿ 1620 ?-1684) que enunció la ley de los gases perfectos.

mariposa f. Insecto lepidóptero, diurno o nocturno, provisto de cuatro alas cubiertas de escamas microscópicas. ‖ *Pájaro de Cuba.* ‖ *Flor de Cuba de color blanco.* ‖ Llave de cañería. ‖ Lamparilla flotante en un vaso con aceite. ‖ Tuerca para ajustar tornillos. ‖ — *Fig. A otra cosa, mariposa,* ya puede dejar de hacer lo que estaba realizando. ‖ *Braza mariposa,* estilo de natación en el que los brazos se mueven simultáneamente hacia adelante por encima del agua. ‖ — M. y f. *Fam.* Homosexual.

mariposeador, ra adj. y s. Inconstante.

mariposear v. i. *Fig.* Pasar de una cosa o de una persona a otra, ser muy versátil. ‖ Galantear al mismo tiempo a diferentes mujeres.

mariposeo m. Acción y efecto de mariposear.

mariposón m. *Fam.* Hombre muy galanteador e inconstante. ‖ Afeminado, homosexual.

Mariquina, com. del centro de Chile, en la X Región (Los Lagos) y en la prov. de Valdivia ; cap. *San José de la Mariquina.*

mariquita f. Insecto coleóptero pequeño, con élitros de color encarnado punteado de negro. ‖ Insecto hemíptero de cuerpo aplastado, de color encarnado con tres manchitas negras. ‖ — M. Hombre afeminado.

Mariquita, mun. y pobl. en el O. del centro de Colombia (Tolima).

marisabidilla f. *Fam.* Mujer que se las da de muy sabia y entendida.

mariscada f. Plato o comida a base de mariscos.

mariscador m. Pescador de mariscos.

mariscal m. General francés a quien se le ha concedido la dignidad de este título por sus victorias militares. ‖ *Mariscal de campo,* oficial general llamado hoy general de división.

Mariscal ~ **Estigarribia,** c. al NO. del Paraguay en el dep. de Boquerón. Centro comercial. Llamóse primeramente *Camacho* y luego *López de Filipis.* ‖ ~ **Nieto,** prov. al S. del Perú (Moquegua) ; cap. *Moquegua.*

mariscalense adj. y s. De la c. de Mariscal Estigarribia (Paraguay).

mariscalía f. Cargo de mariscal.

marisco m. Animal marino invertebrado, especialmente el crustáceo y molusco comestible.

marisma f. Terreno bajo anegadizo situado a orillas del mar o de los ríos.

Marismas (Las), tierras pantanosas del SO. de España, al final del río Guadalquivir (Sevilla, Cádiz y Huelva).

marismeño, ña adj. Relativo a las marismas.

marisquero, ra m. y f. Persona que pesca o vende mariscos.

marista m. Religioso de las congregaciones de María. ‖ — Adj. Relativo a estas congregaciones. — La *congregación de los Hermanos Maristas* fue creada en Francia en 1817 por Marcellin Champagnat. La de los *Padres Maristas* fue fundada en Lyon en 1822 por Jean Claude Colin.

Maritain (Jacques), filósofo francés (1882-1973), paladín del neotomismo.

marital adj. Del marido : *autorización marital.* ‖ Relativo al matrimonio : *hacer vida marital.*

marítimo, ma adj. Relativo al mar. ‖ Que está a orillas del mar.

maritornes f. inv. *Fig.* y *Fam.* Moza o criada sucia y fea.

Maritza o **Maritsa,** río de la penins. de los Balcanes (Bulgaria, Grecia, Turquía), que des. en el Egeo ; 437 km.

Mariupol. V. JDANOV.

Mariut (LAGO), ant. *Mareotis,* laguna del litoral egipcio, separada del mar por una lengua de tierra en la que está asentada Alejandría.

Marivaux [-vó] (Pierre CARLET DE CHAMBLAIN DE), escritor francés (1688-1763), autor de obras dramáticas (*Arlequín refinado por el amor, La doble inconstancia, El juego del amor y azar, Falsas confidencias*) y de novelas.

marjal m. Terreno pantanoso.

marjoleta f. Fruto del marjoleto.

marjoleto m. Espino arbóreo.

marketing m. (pal. ingl.). Estudio o investigación de mercados, mercadeo, comercialización, mercadotecnia.

Mark Twain (Samuel Langhorne CLEMENS, llamado), escritor norteamericano (1835-1910), autor de relatos humorísticos y aventuras (*Un yanqui en la corte del rey Artús, Aventuras de Tom Sawyer, Aventuras de Huckleberry Finn,* etc.).

Marlborough [-bro] (John CHURCHILL, duque de), general inglés (1650-1722). Luchó en la guerra de Sucesión española (1702-1709). Se le conoce con el nombre de *Mambrú.*

Marlowe (Christopher), poeta dramático inglés (1564-1593).

Marly-le-Roi, c. de Francia (Yvelines), al oeste de París.

Mármara (MAR DE), ant. *Propóntide,* mar interior entre la Turquía europea y la asiática, que comunica con el mar Negro por el Bósforo y con el Egeo por los Dardanelos.

Marmato, mun. y pobl. en el O. del centro de Colombia (Caldas).

marmita f. Olla de metal con tapadera.

marmitón, ona m. y f. Pinche de cocina.

mármol m. Piedra caliza metamórfica, de textura compacta y cristalina, susceptible de buen pulimento. ‖ Obra artística de mármol o simplemente objeto de mármol. ‖ *Tecn.* Tabla de fundición rigurosamente plana que sirve para comprobar lo plano de una superficie. | En artes gráficas, mesa de fundición sobre la cual se efectúan el casado de la forma y las correcciones de la misma. | *Fig. De mármol,* frío, insensible.

Mármol (José), escritor argentino, n. en Buenos Aires (1818-1871), autor de poesías (*Cantos del peregrino*), obras de teatro (*El poeta, El conquistador*) y de la novela *Amalia,* en la que describe Buenos Aires durante el gobierno de Rosas. ‖ ~ (LUIS ENRIQUE), poeta venezolano (1897-1926), autor de *La locura del otro.*

Marmolejo, c. del sur de España (Jaén). Aguas termales.

marmolería f. Conjunto de mármoles que hay en un edificio. ‖ Taller de marmolista.

marmolillo m. Guardacantón, poste de piedra. ‖ *Fig.* Idiota, tonto.

marmolista com. Persona que labra o vende obras de mármol.

marmóreo, a adj. De mármol.

marmota f. Mamífero roedor del tamaño de un gato que pasa el invierno durmiendo. ‖ *Fig.* Persona que duerme mucho. ‖ *Fam.* Criada.

Marne, río del NE. de Francia, afl. del Sena ; 525 km. — Dep. del NE. de Francia ; cap. *Châlons-sur-Marne.* ‖ ~ **(Haute-).** V. HAUTE-MARNE.

maro m. Planta labiada, de olor muy fuerte, cuyas hojas son amargas. | Una clase de juego de canicas.

Maroff (Gustavo A. NAVARRO, llamado *Tristán*), novelista, ensayista y político boliviano (1898-1979).

marojal m. Plantío de marojos.

marojo m. Muérdago.

maroma f. Cuerda gruesa. ‖ *Amer.* Ejercicio acrobático. | Chaqueteo, cambio oportunista de opinión, etc.

maromero, ra adj. *Amer.* Versátil. ‖ — M. y f. *Amer.* Volatinero, acróbata. ‖ — M. *Amer.* Político astuto que varía de opinión según como sean las circunstancias.

mamomo m. *Amer.* Acompañante de una mujer. | Tosco, bruto.

Maroni, río fronterizo entre la Guayana francesa y Surinam ; 680 km.

maronita adj. En el Líbano, dícese del católico de rito sirio (ú. t. c. s.).

Maros o **Mures,** río de Hungría y Rumania, afl. izq. del Tisza ; 900 km.

Maroto (Rafael), general español, n. en Lorca (1783-1847). Luchó en la guerra de la Independencia española, luego en América, donde fue derrotado por San Martín en Chacabuco (1817), y se alistó posteriormente en las filas carlistas. En 1839 firmó el Convenio de Vergara con Espartero, que puso fin a la primera guerra carlista.

marplatense adj. y s. De Mar del Plata (Argentina).

MARRUECOS
0   100   200 km

OCÉANO ATLÁNTICO

MEDITERRÁNEO
Tánger   Tetuán
Ceuta (Esp.)
Melilla (Esp.)
Al Hoceima   Nador
Arcila   Xauen
Larache
Alcazarquivir
Kenitra   Uxda
Salé   Djerada
Rabat
Mohamedia
CASABLANCA   Mequinez
Fez
El Jadida   Khénitra
Settat
C. Cantin   Khouribga
Safi   B. Mellal
Marrakech
Esauira
Tamanar
Agadir
Tiznit   Lagounite
Sidi-Ifni   Tata
Goulimine
C. Juby   HAMADA DEL DRAA
Tarfaya   SÁHARA

ARGELIA

32°

---

marquense adj. y s. De San Marcos (Guatemala).

Marques (Lóurenço), navegante portugués del s. XVI que exploró Mozambique. ‖ ~ **Pereira** (NUNO), escritor popular brasileño de la época colonial (1652-1728).

marqués m. Título nobiliario, intermedio entre los de conde y duque.

Marqués (El), mun. en el centro de México (Querétaro); cap. La Cañada.

Marqués (René), escritor puertorriqueño (1919-1979), autor de obras de teatro (La carreta, La muerte no entrará en palacio, Los soles truncos, La casa sin reloj) y de narraciones (La víspera del hombre, Otro día nuestro).

marquesa f. Mujer o viuda del marqués, o la que tiene un marquesado. ‖ Galicismo por lanzadera, joya.

marquesado m. Dignidad o título de marqués.

Marquesas (ISLAS), archip. francés de Polinesia; 1 274 km²; 6 000 h.

marquesina f. Cobertizo, generalmente de cristal, que avanza sobre una puerta, escalinata, etc., para resguardar de la lluvia.

marquetería f. Obra de taracea.

Márquez (José Arnaldo), poeta peruano (1830-1903). ‖ ~ (JOSÉ IGNACIO DE), político colombiano (1793-1880), pres. de la Rep. de Nueva Granada en 1833 y de 1837 a 1841. Promulgó el código penal. ‖ ~ (LORENZO). V. MARQUÉS. ‖ ~ **Bustillos** (VICTORIANO), político venezolano (1858-1941), pres. de la Rep. de 1915 a 1922. ‖ ~ **Miranda** (FERNANDO), arqueólogo argentino (1897-1961). ‖ ~**Salas** (ANTONIO), escritor venezolano, n. en 1919, autor de cuentos.

marquilla f. Tamaño de un folio de papel (43,5 × 63).

Marquina (Eduardo), poeta y escritor español (1879-1946), autor de obras de teatro en verso (En Flandes se ha puesto el Sol, El Gran Capitán, La ermita, la fuente y el río, Doña María la Brava, Las hijas del Cid, etc.). ‖ ~ (IGNACIO), arquitecto y arqueólogo mexicano (1915-1981).

marquista com. Propietario de una marca de vino que comercia con él sin tener bodega.

Marrabios. V. MARIBIOS.

marrajería f. Malicia. ‖ Astucia.

marrajo, ja adj. Taimado, malicioso (ú. t. c. s.). ‖ Fig. Hipócrita, astuto. ‖ — M. Tiburón.

Marrakech, c. en el centro de Marruecos, ant. capital del país. Centro agrícola y comercial. Monumentos. Turismo.

marrana f. Hembra del marrano o cerdo. ‖ Fig. y fam. Mujer sucia, desaseada. ‖ Mujer ruin.

marranada y **marranería** f. Fig. y fam. Cochinada, acción indecente.

marrano m. Puerco, cerdo. ‖ Fig. y fam. Hombre sucio y desaseado. ‖ Hombre ruin, que se conduce con bajeza. ‖ Pieza de madera muy resistente que se usa en ciertos armazones. ‖ Converso que continuaba practicando en secreto la religión judaica o musulmana.

marrar v. t. e i. Fallar, errar.

marras adv. Antaño. ‖ De marras, consabido: el individuo de marras.

marrasquino m. Licor hecho con cerezas amargas y azúcar.

marrón adj. De color de castaña. En deportes, dícese de la persona que, bajo la calificación de aficionado, cobra o lleva una vida de jugador profesional. ‖ — M. Color castaño. ‖ Marrón glacé, castaña confitada.

marroquí adj. y s. De Marruecos. (Pl. marroquíes.) ‖ — M. Tafilete.

Marroquín (Francisco), obispo español, m. en 1563, primer prelado de Guatemala, donde estableció la primera escuela de América Central (1532). ‖ ~ (JOSÉ MANUEL), político y escritor colombiano (1827-1908), pres. de la Rep. de 1900 a 1904. Fundó la Academia Colombiana de la Lengua.

marroquinería f. Tafiletería.

marroquinero, ra m. y f. Tafiletero.

Marruecos, reino de África del Norte, situado entre el Mediterráneo, Argelia, el Sáhara y el Atlántico; 447 000 km²; 20 500 000 h. (marroquíes). Cap. Rabat, 600 000 h. Otras c.: Casablanca, 1 500 000 h.; Marrakech, 333 000 h.; Fez, 326 000 h.; Tánger, 200 000 h.; Mequínez, 249 000 h.; Tetuán, 140 000 h.; Uxda, 160 000 h.

— GEOGRAFÍA. El territorio marroquí está atravesado por varias cadenas montañosas, como las del Rif, Atlas Medio (3 000 m), Atlas Mayor (4 165 m) y Antiatlas, a continuación de las cuales se encuentra una parte del Sáhara. Su población está compuesta de beréberes, árabes y europeos. Parte de los aborígenes llevan todavía una vida seminómada y se dedican al pastoreo. El país es eminentemente agrícola, aunque son también abundantes los recursos del subsuelo (hierro, plomo, cinc, fosfatos, petróleo). La industria, actualmente en vías de desarrollo, hace de Marruecos el primer productor de energía eléctrica en África del Norte.

marrullería f. Astucia.

marrullero, ra adj. y s. Astuto.

Marsa el-Brega, c. y puerto al 'NE. de Libia (Cirenaica). Refinería.

Marsala, c. y puerto del O. de Sicilia (Italia). Vinos.

Marsé (Juan), novelista español, n.

en 1933, autor de Últimas tardes con Teresa, La oscura historia de la prima Montse, Un día volveré, La muchacha de las bragas de oro, etc.

Marsella c. y puerto del SE. de Francia, cap. del dep. de Bouches-du-Rhône. Arzobispado. Universidad.

marsellés, esa adj. y s. De Marsella (Francia).

Marsellesa (La), himno nacional de Francia, compuesto en 1792 por Rouget de Lisle.

Marshall, archip. de Micronesia (Oceanía), en el centro del Océano Pacífico, bajo tutela norteamericana desde 1947; 181 km²; 28 000 h.

Marshall (George), general norteamericano (1880-1959), autor de un plan de ayuda económica de Estados Unidos a Europa (1948).

marsopa y **marsopla** f. Cetáceo parecido al delfín.

marsupial adj. Aplícase a los mamíferos cuyas hembras tienen, como el canguro, una bolsa en el vientre para llevar las crías (ú. t. c. s. m.).

marta f. Mamífero carnicero, de pelaje espeso y suave. ‖ Marta cebellina, especie de marta algo menor que la común, de piel muy apreciada.

martajar v. t. Amer. Triturar maíz.

Marte, cuarto planeta en magnitud del sistema solar, el más próximo a la Tierra. Tiene dos satélites.

Marte, hijo de Júpiter y de Juno, dios romano de la Guerra. Es el Ares de los griegos.

Martel (Carlos). V. CARLOS MARTEL. ‖ ~ (JULIÁN). V. MIRÓ (José).

martes m. Tercer día de la semana.

Martí, mun. y pobl. del NO. de Cuba (Matanzas).

Martí (José), escritor y patriota cubano, n. en La Habana (1853-1895), apóstol de la Independencia. Después de numerosos viajes a España, donde estuvo desterrado, a México, Guatemala, Venezuela, Nueva York, fundó el Partido Revolucionario Cubano (1892), a Santo Domingo, Haití, Jamaica, Costa Rica y Panamá para laborar en pro de la independencia de su país, desembarcó en Playitas y cayó mortalmente herido en el combate de Dos Ríos. Fue uno de los iniciadores del modernismo en poesía (Ismaelillo, Versos libres, Amor con amor se paga, Versos sencillos) y escribió novelas (Amistad funesta), ensayos, crónicas, dramas (Adúltera, Patria y libertad) y piezas oratorias.

martiano, na adj. Relativo al patriota cubano José Martí.

Martigues, c. y puerto al SE. de Francia (Bouches-du-Rhône).

martillar v. t. Martillear.

martillazo m. Golpe de martillo.

martillear v. t. Dar martillazos, golpear con el martillo. || Fig. Atormentar. | Repetir incansablemente.

martilleo m. Acción y efecto de martillear. || Fig. Ruido parecido al de los martillazos. | Bombardeo intenso. | Repetición monótona de algo.

martillero, ra m. y f. Ríopl. Subastador, rematador.

martillo m. Herramienta de percusión compuesta de una cabeza de acero duro pesado y un mango : hincar un clavo con el martillo. || Utensilio de forma parecida a esta herramienta que usa el presidente de una sesión o el subastador. || Especie de tiburón de cabeza ensanchada lateralmente. || Anat. Primer huesecillo del oído interno. || Fig. Establecimiento donde se subastan cosas. || Esfera metálica (7,257 kg) con un cable de acero y una empuñadura que lanzan los atletas. || Macillo de piano.

Martín (Pierre), ingeniero francés (1824-1915), inventor del procedimiento de fabricación de acero llamado Martín-Siemens. || ~ du Gard (ROGER), escritor francés (1881-1958), autor de la novela cíclica Los Thibault. (Pr. Nobel, 1937.)

martín m. Martín del río, martinete, ave zancuda. || Martín pescador, ave de plumaje muy brillante que vive a orillas de los ríos.

Martín (San), prelado francés (¿ 315 ?-397), obispo de Tours en 371. Se cuenta de él que repartió su capa con un pobre. Patrón de Buenos Aires. Fiesta el 11 de noviembre. || ~ I (San) [¿ 590 ?-655], papa en 649. Fiesta el 12 de noviembre. || ~ IV (¿ 1210 ?-1285), papa en 1281. || ~ V (1379-1431), papa en 1417. Acabó con el cisma de Occidente. || ~ de Porres (San), sacerdote peruano (1563-1639), fundador en Lima del primer asilo de huérfanos. Canonizado en 1962. Fiesta el 5 de noviembre.

Martín I el Humano (1356-1410), rey de Aragón y Cataluña en 1396 y de Sicilia en 1409, hijo de Pedro IV (v. COMPROMISO DE CASPE).

Martín || ~ Descalzo (JOSÉ LUIS), escritor, periodista y sacerdote español, n. en 1930, autor de poesías, novelas (Frontera de Dios, Cruz, Un cura se confiesa) ensayos y obras de teatro. || ~ Díaz. V. EMPECINADO. || ~ Gaite (CARMEN), novelista española, n. en 1925, autora de Entre visillos, Retahílas, El cuarto de atrás, etc. Ha escrito también una serie de meditaciones en El cuento de nunca acabar. || ~ Santos (LUIS), escritor y médico español (1924-1964), autor de novelas (Tiempo de silencio y Tiempo de destrucción).

Martín Fierro, poema narrativo de José Hernández, compuesto de dos partes : El gaucho Martín Fierro (1872) y La vuelta de Martín Fierro (1879). Está escrito en versos octosílabos.

Martín García, isla argentina del río de la Plata en la confluencia del Paraná y el Uruguay. Presidio.

martineta f. Amer. Cierta perdiz grande, con copete de plumas.

martinete m. Ave parecida a la garza con un penacho blanco. Este penacho. | Cante flamenco acompañado sólo por los golpes de un martillo en un yunque.

Martínez (Anacleto Miguel), militar de la guerra de independencia argentina (1789-1827). || ~ (ALONSO), jurisconsulto español (1827-1891). || ~ (ARTURO), pintor guatemalteco (1912-1956). || ~ (CELESTINO), pintor y litógrafo venezolano (1820-1885). || ~ (EFRAÍM), pintor colombiano (1898-1956). || ~ (FRANCISCO), pintor religioso y retratista mexicano del siglo XVIII. || ~ (ISIDRO), pintor y dibujante mexicano (1861-1937). || ~ (JOSÉ DE JESÚS), poeta, dramaturgo y ensayista panameño, n. en 1929. || ~ (JOSÉ LUIS), ensayista y crítico literario mexicano, n. en 1918. || ~ (JOSÉ MARÍA), político hondureño del s. XIX. Durante su mandato presidencial su país se separó de la Federación Centroamericana (1839). || ~ (LEONCIO), escritor y dibujante venezolano (1888-1941). || ~ (LUIS A.), escritor, pintor y político ecuatoriano (1869-1909), autor de relatos (A la costa, Costumbres ecuatorianas, Disparates y caricaturas). || ~ (RAÚL), pintor cubano, n. en 1927. || ~ (TOMÁS), militar y político nicaragüense (1812-1873), pres. de la Rep. (1857-1867). || ~ Alcubilla (MARCELINO), jurisconsulto español (1820-1900), autor del Diccionario de la Administración española. || ~ Barrio (DIEGO), político republicano español (1883-1962). || ~ Campos (ARSENIO), general español, n. en Segovia (1831-1900). Luchó en las guerras carlistas, dirigió el pronunciamiento de Sagunto que restauró la Monarquía (1874) y venció la sublevación de Cuba, donde negoció la Paz del Zanjón (1878). Nombrado después capitán general de la Isla no pudo contener el movimiento insurreccional de 1895 y fue sustituido por Weyler. || ~ Cubells (SALVADOR), pintor de cuadros históricos y costumbristas español (1845-1914). || ~ Cuitiño (VICENTE), dramaturgo argentino, n. en Uruguay (1887-1964), autor de Mate dulce, El ideal, El malón blanco, La mala siembra, etc. || ~ de Cala y Jarava (ANTONIO). V. NEBRIJA. || ~ de Hoyos (RICARDO), pintor mexicano, n. en 1918. || ~ de Irala (DOMINGO), conquistador español (¿ 1500 ?-1556), compañero de Pedro de Mendoza en el Río de la Plata, donde fue gobernador de 1539 a 1542 y de 1544 a 1556. Realizó el traslado de los colonos de Buenos Aires a la Asunción (1541). || ~ de la Rosa (FRANCISCO), escritor romántico y político español, n. en Granada (1787-1862), autor de obras de teatro (Aben Humeya, La conjuración de Venecia, etc.) y de una novela histórica (Doña Isabel de Solís). || ~ de la Torre (RAFAEL), político y orador mexicano (1828-1876). || ~ de Navarrete (MANUEL), franciscano y poeta mexicano (1768-1809). || ~ de Perón (MARÍA ESTELA), dama argentina, n. en 1931, vicepresidente (1973) y luego pres. de la Rep. en 1974, a la muerte de su esposo Juan D. Perón. Fue derrocada por el ejército en marzo de 1976. || ~ de Ripalda (JERÓNIMO), jesuita español (1536-1618), autor de un Catecismo. || ~ de Rozas (JUAN), patriota chileno (1759-1813). || ~ de Toledo (ALFONSO). V. TALAVERA (Arcipreste de). || ~ del Mazo (JUAN BAUTISTA), pintor español (1612-1667), yerno y muy notable discípulo de Velázquez. || ~ Estrada (EZEQUIEL), escritor argentino (1895-1964), autor de poesías (Oro y piedra, Nefelibal, Motivos del cielo, Argentina, Humoresca, Coplas de ciego), relatos (Tres cuentos sin amor, Sábado de Gloria), ensayos (Radiografía de la Pampa, La cabeza de Goliat, Sarmiento, Muerte y transfiguración de Martín Fierro) y obras de teatro (Títeres de pies ligeros). || ~ Hugué (MANUEL). V. MANOLO. || ~ Montañés (JUAN), escultor español (1568-1649), autor de tallas policromadas (San Bruno, San Juan Bautista, Cristo de la Buena Muerte, etc.). || ~ Montoya (ANDRÉS), pianista y compositor colombiano (1869-1933). || ~ Moreno (CARLOS), escritor uruguayo, n. en 1917, autor de relatos de cuidado estilo (El paredón, Los aborígenes, Coca). || ~ Mutis (AURELIO), poeta colombiano (1884-1954), autor de La epopeya del cóndor y Mármol. || ~ Payva (CLAUDIO), comediógrafo argentino (1887-1970), autor de Joven, viuda y estanciera y La siega de La Don Quijote. || ~ Queirolo (JOSÉ), dramaturgo ecuatoriano, n. en 1931. Sus obras tienen un marcado acento social. || ~ Rivas (CARLOS), poeta nicaragüense, n. en 1924, autor de La insurrección solitaria. || ~ Ruiz (JOSÉ). V. AZORÍN. || ~ Sierra (GREGORIO), escritor español, n. en Madrid (1881-1947), autor de obras de teatro (Canción de cuna, Primavera en otoño, etc.), novelas (Tú eres la paz) y del texto del ballet de Falla El amor brujo. || ~ Siliceo (JUAN), humanista español (1486-1557), maestro de Felipe II. || ~ Sobral (ENRIQUE), escritor realista guatemalteco (1875-1950). || ~ Trueba (ANDRÉS), político uruguayo (1884-1959), pres. de la Rep. (1950-1952). Hizo una reforma constitucional (1952). || ~ Vigil (CARLOS), escritor y filólogo uruguayo (1870-1949). || ~ Villena (RUBÉN), escritor y político cubano (1899-1934), autor de poemas, cuentos y ensayos. || ~ Zuviría (GUSTAVO). V. WAST (Hugo).

Martínez de la Torre, c. al E. de México (Veracruz). Caña de azúcar.

martingala f. Lance del juego del monte. || Combinación para ganar en los juegos de azar. || Fig. Astucia, artificio para engañar. || Trabilla de una chaqueta o abrigo.

Martini (Simone), pintor italiano (¿ 1284 ?-1344), autor de frescos.

martiniano, na adj. Martiano.

Martinica, isla de las Antillas Menores que forma un dep. francés; 1 090 km²; 340 000 h. Cap. Fort-de-France. Caña de azúcar, ron, plátanos.

martiniqués, esa adj. y s. De la isla Martinica (Antillas).

mártir adj. y s. Que prefiere morir que renunciar a su fe. || Fig. Que ha padecido grandes sufrimientos e incluso la muerte por defender sus opiniones. | Que sufre mucho.

martirio m. Tormento o muerte padecidos por la fe o un ideal. || Fig. Sufrimiento muy grande o largo.

martirizador, ra adj. y s. Que martiriza.

martirizar v. t. Hacer sufrir el martirio. || Fig. Afligir, hacer padecer grandes sufrimientos.

martirologio m. Lista de mártires. | Lista de víctimas.

Martorell, v. del NE. de España (Barcelona). Industrias.

Martorell (Bernat), pintor catalán, m. en 1452, llamado también Mestre Sant Jordi. Realizó, en estilo gótico y con gran intensidad dramática, numerosos retablos (San Vicente, San Pedro, Transfiguración, Decendimiento). || ~ (JOANOT), escritor catalán (¿ 1410 ?-1468), autor del libro de caballerías Tirant lo Blanch.

Martos, v. del S. de España (Jaén).

Marx (Karl), filósofo y economista alemán, n. en Tréveris (1818-1883). Redactó, en unión de Engels, el Manifiesto del Partido Comunista (1848) y expuso su doctrina en El capital. Ésta, que reúne los caracteres de científica, considera que el capitalismo trae consigo la acumulación de las riquezas, que el fin de la historia no es otro que la lucha de clases y que el proletariado, siempre que se agrupe en el plano internacional, será dueño absoluto de los medios de producción y de intercambios para construir una sociedad.

marxismo m. Conjunto de las teorías socialistas de Karl Marx y sus seguidores fundadas en la doctrina del materialismo dialéctico e histórico. (V. MATERIALISMO.) || Marxismo-leninismo, doctrina política inspirada en Marx y Lenin, base teórica de los partidos comunistas.

marxista adj. Relativo al marxismo. | Partidario del marxismo (ú. t. c. s.).

Mary, art. Merv, c. al suroeste de la U. R. S. S. (Turkmenistán).

Maryland, uno de los Estados Unidos de América del Norte, al NE., junto a la costa del Atlántico. Cap. Annápolis ; c. pr. Baltimore. Tabaco.

marzo m. Tercer mes del año.

mas conj. Pero : mas no irás.

mas m. Masada.

más adv. Indica superioridad en la calidad, cantidad, distancia y valor : más simpático ; tengo más paciencia que tú ; está más cerca; este libro vale más que el otro. | Mejor : más vale olvidar todo eso. | Muy, tan ; ¡es más tonto ! | Durante más tiempo : no te detengas más. || ~ M. La mayor cosa y el menos. || Mat. Signo de la adición (+). || ~ A lo más, como máximo, a lo sumo. || A más, además. || A más y mejor, abundantemente e intensamente. || De más, de sobra, en exceso. || El que más y el que menos, cualquiera. || Es más a más en mayor grado. || Es más o más aún, incluso. || Lo más, la mayor cantidad, el mayor número. || Más allá, el otro mundo. || Más bien, mejor dicho. || Más de, indica una cantidad ligeramente superior a la expresada. || Más que, sino. || Poco más o menos, aproximadamente. || Más o menos, a pesar de que. ||

Más || ~ Afuera, ant. n. de la isla chilena Alejandro Selkirk. || ~ a Tierra, v. ROBINSON CRUSOE.

masa f. Totalidad de una cosa cuyas

MA

partes son de la misma naturaleza : *la masa de la sangre*. ‖ Cuerpo sólido y compacto : *una masa de hierro*. ‖ Conjunto de cosas que forman un todo : *masa de bienes*. ‖ Cantidad de un cuerpo : *una masa de agua*. ‖ Harina u otra sustancia pulverulenta amasada con un líquido. ‖ *Fig.* Gran cantidad de gente : *manifestación en masa*. ‖ Pueblo : *la rebelión de las masas*. ‖ *Mec.* Cociente de la intensidad de una fuerza constante por la aceleración del movimiento que produce cuando se aplica al cuerpo considerado : *la unidad principal de masa es el kilogramo*. ‖ *Electr.* Toma de tierra, conjunto de las piezas conductoras que se hallan en comunicación con el suelo. ‖ — *Con las manos en la masa*, en flagrante delito. ‖ *En masa*, en conjunto o todo a la vez. ‖ *Masa crítica*, cantidad mínima de una sustancia fisible para que una reacción en cadena pueda producirse espontáneamente y mantenerse por sí sola.

Masaccio [-*chio*] (Tommaso DI SER GIOVANNI, llamado) (Tommaso DI SER GIOVANNI, llamado), pintor italiano (1401-1428), autor de frescos.

masacrar v. t. Hacer una matanza, matar a gran cantidad de personas.

masacre f. Galicismo por *matanza*.

masada f. Casa de campo o labor.

Masagua, mun. al sur de Guatemala (Escuintla).

masaje m. Fricción del cuerpo con fines terapéuticos : *dar masajes*.

masajista com. Persona que da masajes.

Masamagrell, v. al E. de España, en las cercanías de Valencia. Industrias.

Masan, c. y puerto del S. de Corea.

Masanasa, mun. al E. de España, cerca de Valencia. Industrias.

Masaniello (Tomaso ANIELLO, llamado), pescador italiano (1620-1647), jefe de los napolitanos sublevados contra Felipe IV de España (1646). M. asesinado.

Masatepe, pobl. del SO. de Nicaragua (Masaya). Balneario.

Masaya, volcán del SO. de Nicaragua, en el dep. homónimo ; 635 m. — C. de Nicaragua, cap. del dep. del mismo n. al SE. de Managua.

masayense o **masaya** adj. y s. De Masaya (Nicaragua).

Masbate, isla de Filipinas en el archipiélago de las Visayas ; cap. *Masbate*.

mascadura f. Acción de mascar.

Mascagni [-*ñi*] (Pietro), músico italiano (1863-1945), autor de *Cavalleria rusticana*.

mascar v. t. Desmenuzar los alimentos con los dientes. ‖ Masticar.

Mascara, c. de Argelia, al SE. de Orán. Vinos.

máscara f. Figura de cartón pintado o de otra materia con que se tapa uno el rostro para disfrazarse. ‖ Traje extravagante para disfrazarse. ‖ Careta de protección contra los productos tóxicos : *máscara de gas*. ‖ Aparato de protección que usan los colmeneros, los esgrimidores, los pescadores submarinos, etc. ‖ Mascarilla. ‖ *Fig.* Apariencia engañosa. ‖ *Quitarse la máscara*, dejar de disimular. ‖ — Com. Persona enmascarada.

mascarada f. Fiesta de personas enmascaradas. ‖ Comparsa de máscaras. ‖ *Fig.* Cosa falsa, farsa.

Mascardi, lago en el centro de la Argentina (Río Negro).

Mascareñas (ISLAS), ant. n. del archip. del océano Índico formado por las islas de la *Reunión* (Francia), *Mauricio* y *Rodríguez*.

mascarilla f. Máscara que sólo tapa la parte superior de la cara. ‖ Vaciado de yeso sacado sobre el rostro de una persona, particularmente de un cadáver, o escultura. ‖ Producto utilizado para los cuidados estéticos del rostro. ‖ Aparato utilizado por los anestesistas que se aplica sobre la nariz y la boca del paciente. ‖ *Dep.* Máscara, careta.

mascarón m. Máscara grande. ‖ Máscara esculpida de carácter fantástico o grotesco que sirve de adorno en cerraduras, fuentes, muebles, etc. ‖ *Mascarón de proa*, figura de adorno en el tajamar de los barcos.

Mascate, ciudad y puerto de la península de Arabia en la costa del mar de Omán y a la entrada del golfo Pérsico ; cap. de Omán.

mascota f. Fetiche, objeto, persona o animal que da suerte. ‖ Figura u objeto que constituye el emblema de una manifestación como una Olimpíada, un campeonato mundial, etc.

Mascota, mun. del O. de México (Jalisco).

masculillo m. *Fam.* Porrazo. ‖ Juego de muchachos consistente en coger a uno y darle con el trasero contra el suelo o contra otro.

masculinidad f. Carácter o calidad de masculino.

masculinización f. Aparición en la mujer de algunas características secundarias del varón.

masculinizar v. t. Dar carácter masculino.

masculino, na adj. Perteneciente o relativo al macho : *sexo masculino*. ‖ *Fig.* Viril : *voz masculina*. ‖ Aplícase al género gramatical que corresponde a los varones o a las cosas consideradas como tales (ú. t. c. s. m.).

mascullar v. t. *Fam.* Hablar entre dientes, de manera poco clara.

Masdjid-i Sulayman, c. de Irán, en la frontera con Irak. Petróleo.

Masella, estación de deportes de invierno en el NE. de España (Gerona).

maser (pal. ingl.) m. *Fís.* Dispositivo que funciona según los principios del láser y que permite amplificar ondas mucho más cortas.

masera f. Cangrejo grande de mar.

masería f. Masada, cortijo.

Maseru, c. de África austral, cap. de Lesotho ; 29 000 h. Arzobispado.

masetero adj. m. *Anat.* Aplícase al músculo que sirve para accionar la mandíbula inferior (ú. t. c. s. m.).

Masferrer (Alberto), ensayista y poeta salvadoreño (1868-1932).

masía f. Masada, finca.

Masías (Francisco), pintor peruano (1828-1894).

masificación f. Fenómeno que hace aparecer, por la influencia de determinadas causas, especialmente en los medios de comunicación de masas, un número creciente de características comunes entre las personas.

masificar v. t. Convertir en algo destinado a las masas.

masilla f. Mezcla de yeso y aceite de linaza usada para sujetar los cristales en los bastidores de las ventanas o para tapar agujeros.

masita f. Cantidad que se retiene de la paga de los militares para gastos de ropa. ‖ *Amer.* Bizcocho blando.

masivo, va adj. *Med.* Aplícase a la dosis inmediatamente inferior al límite máximo de tolerancia. ‖ Que reúne gran número de personas : *manifestación masiva*. ‖ Que se refiere a gran cantidad de cosas o personas : *producción masiva*.

Masnou, v. al NE. de España, cerca de Barcelona. Industrias. Playas.

masón m. Perteneciente a la masonería : *asamblea de masones*.

masonería f. Asociación secreta cuyos miembros profesan la fraternidad y se reconocen entre ellos por medio de signos y emblemas particulares.
— La *masonería* es una organización secreta extendida por todo el mundo, cuyo origen se encuentra en una cofradía de albañiles (*maçon*, albañil) del s. XVII. Sus emblemas son el *mandil*, el *compás* y la *escuadra*. Sus miembros están reunidos en *talleres* o *logias*. Asociación de ayuda mutua en sus comienzos, desde el s. XVIII tiene unos temas marcadamente políticos.

masónico, ca adj. De la masonería : *signos masónicos*.

masoquismo m. Perversión sexual del que busca el placer en el dolor.

masoquista adj. Relativo al masoquismo. ‖ Que lo padece (ú. t. c. s.).

masora f. Examen crítico de la Biblia, hecho por los exegetas judíos.

Maspalomas, mun. de España en Las Palmas de Gran Canaria. Estación de seguimiento de vuelos espaciales.

Massa, c. del NO. de Italia (Toscana), cap. de la prov. de Massa e Carrara. Obispado.

Massa (Juan Bautista), músico argentino (1885-1938).

Massachusetts, uno de los Estados Unidos de América (Nueva Inglaterra), en el NE. del país ; cap. *Boston*.

Massenet [-*né*] (Jules), músico francés (1842-1912), autor de las óperas *Manon, Thais, Werther, Herodías, Safo, Don Quijote*, etc.

Massip (Vicente Juan). V. JUAN DE JUANES.

mass media o **mass-media** m. pl. (pal. ingl.). Conjunto de los medios de comunicación, como la prensa, radio, televisión, etc., que permiten transmitir la información a medios sociales muy diversos.

Massy, c. de Francia, en el sur de París (Essonne).

mastaba f. Tumba egipcia de forma trapezoidal.

mastelero m. *Mar.* Palo menor sobre cada uno de los palos mayores.

masticación f. Acción y efecto de triturar los alimentos sólidos.

masticador, ra adj. Que mastica.

masticar v. t. Triturar los alimentos sólidos con los dientes. ‖ *Fig.* Pensar profunda y repetidamente una cosa.

mástil m. *Mar.* Palo de una embarcación. ‖ Mastelero. ‖ Palo derecho para mantener una cosa. ‖ Astil de la pluma del ave. ‖ Mango de la guitarra y otros instrumentos de cuerda.

mastín m. Perro grande que guarda los ganados (ú. t. c. adj.).

mastitis f. Inflamación de las ubres.

mastodonte m. Mamífero paquidermo fósil de fines de la era terciaria y principios de la cuaternaria que tenía cuatro colmillos. ‖ *Fam.* Persona o cosa enorme.

mastoideo, a adj. Relativo a la apófisis mastoides.

mastoides adj. inv. Dícese de la apófisis del hueso temporal de los mamíferos, situada detrás del pabellón de la oreja (ú. t. c. s.).

mastoiditis f. *Med.* Inflamación de la apófisis mastoides.

Mastronardi (Carlos), poeta ultraísta y ensayista argentino (1901-1976), autor de *Tierra amanecida, Luz de provincia, Conocimiento de la noche*, etc.

masturbación f. Acción y efecto de masturbarse.

masturbar v. t. Producir el orgasmo excitando los órganos genitales con la mano (ú. t. c. pr.).

masurio m. *Quím.* Tecnecio.

mata f. Planta perenne de tallo bajo, leñoso y ramificado. ‖ Pie de algunas plantas : *una mata de hierba*. ‖ Campo de árboles frutales de la misma especie : *una mata de olivos*. ‖ Lentisco. ‖ Sustancia metálica sulfurosa, producto de una primera fusión. ‖ Matorral. ‖ *Fig. y fam. A salto de mata*, al día, de manera insegura : *vivir a salto de mata*. ‖ *Mata de pelo*, gran parte o conjunto del cabello de una persona.

Mata (Andrés), poeta venezolano (1870-1931), autor de *Pentélicas y Arias sentimentales*. ‖ — (FILOMENO), periodista mexicano (1847-1911). ‖ — (PEDRO), novelista español (1875-1946), que gozó de gran popularidad (*Un grito en la noche*).

Matabelé o **Matabeleland,** región al O. de Zimbabwe ; cap. *Bulawayo*.

matadero m. Sitio donde se sacrifica el ganado para el consumo. ‖ *Fig. y fam.* Trabajo muy difícil y cansado.

Matadi, c. y puerto en el SO. de la Rep. del Zaire, en el curso inferior del río de este nombre. Obispado. Industrias química y alimentaria.

matador, ra adj. Que mata (ú. t. c. s.). ‖ *Fig. y fam.* Difícil y cansado : *una labor matadora*. ‖ Agotador, muy pesado : *es un niño matador*. ‖ Feo, horroroso : *traje matador*. ‖ — M. Espada, torero que mata al toro.

matadura f. Llaga que se hacen las bestias con el aparejo.

Matagalpa, c. del centro de Nicaragua, cap. del dep. del mismo nombre. Obispado. Café.

matagalpino, na adj. y s. De Matagalpa (Nicaragua).

Mataje, río del Ecuador, fronterizo con Colombia.

mátalas callando com. *Fam.* Persona que sabe conseguir lo que se propone sin meter el menor ruido.

matalón, ona adj. Aplícase al caballo flaco y con mataduras (ú. t. c. s. m.).

matalotaje m. *Mar.* Provisión de víveres de un barco.

matamba f. Palmácea de las selvas tropicales americanas.

matambre m. *Amer.* Carne que está encima de las costillas. | Comida o plato hecho con esta carne.

matamoros m. inv. Bravucón.

Matamoros, c. del N. de México (Coahuila). — C. del NE. de México (Tamaulipas), a orillas del río Bravo y en la frontera con Estados Unidos. Obispado.

Matamoros (Mariano), sacerdote y caudillo insurgente mexicano (1770-1814), lugarteniente de Morelos. M. fusilado.

matamoscas m. inv. Instrumento para matar moscas.

matancero, ra adj. y s. De Matanzas (Cuba). | — M. *Amer.* Matarife, jifero.

Matanga, pico de los Andes del Ecuador, en la Cordillera Central (Azuay) ; 4 000 m.

matanza f. Acción de matar a una o varias personas. | Exterminio, hecatombe. | Operación que consiste en matar los cerdos y preparar su carne. | Época en que se hace.

Matanza, c. de la Argentina (Buenos Aires) y partido del mismo nombre ; cab. *San Justo.* | ~ **de Acentejo (La),** mun. de España en la isla de Tenerife (Santa Cruz de Tenerife).

Matanzas, c. y puerto del NO. de Cuba, cap. de la prov. homónima. Obispado. Centro industrial y turístico. — Centro siderúrgico de Venezuela, cerca del Orinoco.

Matapalo, cabo del S. de Costa Rica (Puntarenas), en la peníns. de Osa.

Matapán, cabo de Grecia (S. del Peloponeso).

Mataquescuintla, mun. de Guatemala (Jalapa).

Mataquito, río de Chile (Centro), que separa las prov. de Curicó y Talca ; 230 km. — Dep. de Chile (Curicó), cap. *Licantén.*

matar v. t. Quitar la vida de manera violenta (ú. t. c. pr.). | Provocar la muerte : *el alcoholismo le mató.* | Destruir : *el hielo mata las plantas.* | *Fig.* Apagar : *matar la sed, el brillo de los metales.* | Echar agua a la cal o al yeso. | Achaflanar, redondear : *matar una arista.* | Poner el matasellos : *matar un sobre.* | Arruinar la salud : *esta vida me mata.* | Echar abajo : *matar un negocio.* | Fastidiar, importunar : *matar a preguntas.* | Cansar mucho física o moralmente : *el ruido me mata.* | Hacer más llevadero, distraer : *matar el tiempo.* | Rebajar un color. | En el juego, echar una carta superior a la del contrario : *matar un as.* | — *Fig.* Estar a matar con uno, estar muy enemistado con él. | *Matarlas callando,* llevar a cabo el propósito perseguido con disimulo, sin el menor ruido. | ¡*No me mates* !, no me fastidies ! | — V. i. Hacer la matanza del cerdo. | V. pr. *Fig.* Fatigarse mucho : *matarse trabajando.* | Desvivirse : *se mata por sus amigos.*

matarife m. El que por oficio mata las reses de consumo.

Mataró, c. y puerto del NE. de España (Barcelona), cap. de la comarca catalana de Maresme. Industrias.

matarratas m. inv. Raticida. | *Fam.* Aguardiente muy fuerte o malo.

Matas de Farfán (Las), mun. al oeste de la República Dominicana (San Juan de la Maguana).

matasanos m. y f. inv. *Fig.* Médico malo.

matasellar v. tr. Poner el matasellos.

matasellos m. inv. Marca hecha en los sobres por el servicio de correos para inutilizar los sellos.

matasiete m. *Fig.* y *fam.* Espadachín, valentón, fanfarrón.

matasuegras m. inv. Broma usada en carnaval consistente en un tubo de papel arrollado en espiral que se extiende al soplar por un extremo.

matazón f. *Amer.* Gran mortandad.

match m. (pal. ingl.). Encuentro deportivo.

mate adj. Que no tiene brillo : *color mate.* | Amortiguado, apagado : *voz mate.* | — M. Lance final del ajedrez. | Smash en el tenis.

mate m. *Amer.* Calabaza que, seca y

vaciada, tiene numerosos usos domésticos. | Planta parecida al acebo con cuyas hojas se hace una infusión como la del té. | Infusión de hojas de mate tostadas. (Suele dársele el nombre de té del Paraguay, té de jesuitas y yerba.) | Vasija en que se bebe esta infusión. | *Fam.* Cabeza.

mateada f. Acción de tomar mate.

matear v. i. Tomar mate.

Matehuala, c. y mun. en el O. de México (San Luis Potosí). Minas.

matemático, ca adj. Relativo a las matemáticas : *ciencias matemáticas.* | *Fig.* Riguroso, preciso : *exactitud matemática.* | — M. y f. Persona que se especializa en matemáticas. | — F. Ciencia que estudia por razonamiento deductivo las propiedades de los seres abstractos (números, figuras geométricas, etc.) y las relaciones que tienen entre sí.

mateo m. *Arg.* Coche de caballos para el servicio público. | Cochero que lo conduce.

Mateo (San), apóstol y evangelista, martirizado hacia el año 70. Fiesta el 21 de septiembre.

Mateo (El maestro), escultor español del s. XII, autor del *Pórtico de la Gloria* de la catedral de Santiago de Compostela.

Mateos (Juan Antonio), escritor romántico mexicano (1831-1913), autor de novelas y obras teatrales.

Matera, c. del SE. de Italia (Basilicata), cap. de la prov. homónima. Arzobispado.

materia f. Substancia extensa, divisible y pesada que puede tomar cualquier forma : *las propiedades de la materia.* | Substancia con la cual está hecha una cosa : *un cuadro hecho con mucha materia.* | *Med.* Pus. | *Fig.* Tema, punto de que se trata. | Motivo, causa : *esto no debe ser materia a que se enemisten.* | Aquello que es opuesto al espíritu. | Asignatura, disciplina de estudio. | *En materia de,* tratándose de. | *Entrar en materia,* empezar a tratar un tema. | *Materia gris,* parte del sistema nervioso formado por el cuerpo de las neuronas. | *Materia prima o primera materia,* producto natural que tiene que ser transformado antes de ser vendido a los consumidores ; principal elemento de una industria : *el petróleo es una materia prima.*

material adj. Formado por materia : *sustancia material.* | Que no es espiritual : *bienes materiales.* | *Fig.* Grosero, sin ingenio ni agudeza. | Demasiado apegado a las cosas materiales : *espíritu material.* | Económico : *tener dificultades materiales.* | Real : *autor material de su infortunio.* | — M. Conjunto de instrumentos, herramientas o máquinas necesarios para la explotación de una finca, de una industria, etc. : *material agrícola, escolar* (ú. m. en pl.). | Materia con que se hace una cosa : *material de construcción.* | Cuero. | Hardware.

materialidad f. Calidad de material : *la materialidad del cuerpo.* | Apariencia de las cosas. | Realidad.

materialismo m. *Fil.* Doctrina que considera la materia como la única realidad. | Manera de comportarse de los que sólo se preocupan por las satisfacciones corporales. | — *Materialismo dialéctico,* el defendido por Marx y Engels que explica que la realidad constituye un todo estructurado y en constante movimiento para combatir contra la oposición que siempre existe en cualquier proceso. | *Materialismo histórico,* doctrina de Marx que explica la evolución de la sociedad humana, las relaciones de los hombres entre sí y la necesidad de impugnar con una lucha de clases las injusticias existentes para cambiar el curso de la historia y la acción del pensamiento humano.

materialista adj. Del materialismo. | Partidario del materialismo (ú. t. c. s.).

materialización f. Acción y efecto de materializar.

materializar v. t. Considerar como material una cosa que no lo es : *materializar el alma.* | Volver material, sensible : *el pintor materializa sus sueños.* | Concretar, llevar a cabo. | Hacer materialista (ú. t. c. pr.).

maternal adj. Materno.

maternidad f. Estado o calidad de madre. | Establecimiento hospitalario donde se efectúan los partos. | Representación artística de una madre con su hijo, especialmente de la Virgen con el Niño Jesús.

materno, na adj. Relativo a la madre o propio de ella : *amor materno ; línea materna.* | Nativo : *el castellano es mi lengua materna.*

matero, ra adj. y s. *Amer.* Aficionado a tomar mate.

Mathéu (Domingo), patriota argentino (1766-1831), vocal de la primera Junta de Gobierno (1810).

Mathura, c. del N. de la India (Uttar Pradesh). Centro religioso.

Matías Corvino. V. CORVINO.

matinal adj. De la mañana : *brisa, luz matinal.* | Dícese del espectáculo realizado por la mañana (ú. t. c. s. f.)

matinée f. (pal. fr.). Función que se da por la mañana o a primeras horas de la tarde.

Matis (Francisco Javier), pintor colombiano (1774-1851).

Matisse [-tís] (Henri), pintor fauvista francés (1869-1954), autor de una serie de Odaliscas.

matiz m. Cada una de las gradaciones que puede tomar un color. | *Fig.* Pequeña diferencia que existe entre cosas parecidas : *hay muchos matices en este partido.* | Aspecto : *este texto tiene cierto matiz poético.* | Rasgo : *un matiz de locura.*

matización f. Acción y efecto de matizar. | Matiz.

matizar v. t. Juntar o casar con armonía diferentes colores. | Dar a un color un matiz determinado. | *Fig.* Graduar con cuidado sonidos, expresiones, conceptos, afectos, etc.

Matlacxóchitl, primer soberano tolteca, entronizado en Tula (México) a fines del s. X.

Matlalcueye y Matlalcuéyatl. V. MALINCHE.

matlatzinca adj. Dícese de los miembros de un pueblo establecido en el valle de México en el s. VII (ú. t. c. s.).

Mato Grosso, región de Brasil, fronteriza con Bolivia y Paraguay. Está dividida administrativamente en los Estados de Mato Grosso do Norte, cap. Cuiabá, y Mato Grosso do Sul, cap. *Campo Grande.*

matojo m. Matorral.

matón, ona m. y f. *Fig.* y *fam.* Pendenciero, bravucón.

matonear v. i. Chulear.

matonería f. Fanfarronería.

matorral m. Campo inculto lleno de matas y maleza.

Matos | ~ **Fragoso** (JUAN DE), dramaturgo español, de origen portugués (1608-1689). | ~ **Paoli** (FRANCISCO), escritor puertorriqueño, n. en 1915, autor de poesías (*El viento y la paloma, Cancionero, Variaciones del mar, La orilla,* etc.). | ~ **Rodríguez** (GERARDO), compositor uruguayo, n. en 1898, autor de tangos (*La cumparsita*).

Matra, cord. al N. de Hungría.

matraca f. Carraca, rueda de tablas con badajos de madera entre las paletas que se usa en Semana Santa en lugar de campanas. | Cualquier otro instrumento parecido. | *Fig.* y *fam.* Burla, chasco. | Molestia : *dar la matraca.* | Machacón, persona insistente.

matraquear v. i. Hacer ruido continuado con la matraca. | *Fig.* y *fam.* Ser pesado. | Chasquear, burlarse. | Hacer el mismo ruido insistentemente.

matraqueo m. Ruido hecho con la matraca. | *Fig.* Molestia. | Insistencia. | Ruido monótono e insistente.

matraz m. Frasco de cuello largo en los laboratorios de química.

matrerear v. i. *Riopl.* Huir el gaucho de la justicia.

matrería f. Astucia, suspicacia.

matrero, ra adj. Astuto. | *Amer.* Suspicaz, receloso. | *Arg.* Dícese del individuo que anda por los montes huyendo de la justicia.

matriarcado m. Sistema social propio de algunos pueblos basado en la primacía de la autoridad y del derecho de las mujeres en la familia.

matriarcal adj. Del matriarcado.

matricida com. Asesino de su madre : *Nerón fue un matricida.*

matricidio m. Delito de matar uno a su madre.

matrícula f. Inscripción en algún registro de una persona o cosa con el número que se le atribuye para facilitar su identificación : *la matrícula de un soldado, de un coche.* || Documento o registro en que se acredita esta inscripción. || Inscripción en un centro de enseñanza. || Conjunto de los alumnos que se han inscrito. || Placa metálica colocada en la parte delantera y trasera de los vehículos automóviles para indicar el número de inscripción. || Este número. || *Matrícula de honor,* distinción más alta concedida en un examen u oposición.

matriculación f. Matrícula.

matricular v. t. Inscribir en algún registro. || — V. pr. Inscribirse en un centro de enseñanza : *matricularse en la facultad.*

matrimonial adj. De matrimonio.

matrimoniar v. i. Casarse.

matrimonio m. Unión legítima de hombre y mujer : *contraer matrimonio.* || Celebración de esta unión : *matrimonio civil, religioso.* || Sacramento indisoluble que establece esta unión. || *Fam.* Marido y mujer : *un matrimonio joven.*

matritense adj. y s. Madrileño, de Madrid (España).

matriz f. Órgano de los mamíferos en que se desarrollan el embrión y el feto en la madre. || Molde para fundir ciertos objetos : *matriz para caracteres de imprenta, botones, etc.* || Tuerca. || Parte que queda después de cortar los cheques bancarios, títulos u otros documentos de un talonario. || *Mat.* Cuadro compuesto por números reales y complejos ordenados en líneas y columnas. || — Adj. *Fig.* Madre, principal : *casa, iglesia matriz.* || Dícese del original de una escritura o documento con el cual se cotejan los traslados (ú. t. c. s. f.).

matrona f. Madre de familia, respetable y de cierta edad. || Partera. || Empleada de las aduanas que registra a las mujeres.

Matsubara, c. de Japón (Honshu), cerca de Osaka.

Matsudo, c. del Japón en el NE. de Tokio (Honshu).

Matsue, c. del Japón en el SO. de la isla de Honshu.

Matsushima, bahía y archipiélago del Japón, en la costa oriental de Honshu. Turismo.

Matsuyama, c. del Japón en el O. de la isla de Sikoku.

Matsuzaka, c. del Japón en la isla de Honshu.

Matsys (Quentin), pintor flamenco (¿ 1466 ?-1530). Tuvo dos hijos, JAN (¿ 1505 ? -1575) y CORNELIS (¿ 1508-1560 ?), también pintores.

Matta (Guillermo), político y escritor romántico chileno (1829-1899), autor de *Cuentos en versos,* *A la América,* *A la Patria,* etc. || — **Echaurren** (ROBERTO ANTONIO), pintor chileno, n. en 1912.

Matterhorn, n. alemán del monte *Cervino.*

Matto de Turner (Clorinda), escritora peruana (1854-1909), autora de las novelas *Aves sin nido,* *Índole,* *Herencia* y *Tradiciones cuzqueñas.*

Matucana, c. del O. del Perú, cap. de la prov. de Huarochirí (Lima).

Maturana (José de), escritor argentino (1884-1917), autor de poesías (*Cromos, Lucila, Naranjo en flor*) y obras de teatro (*A las doce, Canción de primavera, El campo alegre*).

maturín, ina adj. y s. De Maturín (Venezuela).

Maturín, c. del NE. de Venezuela, cap. del Estado de Monagas. Obispado. Ganadería.

maturinés, esa adj. y s. Maturín.

maturrango, ga adj. y s. *Amer.* Mal jinete. | Torpe.

matusalén m. Hombre de edad.

Matusalén, personaje que, según dice la Biblia, fue abuelo de Noé. Vivió 969 años.

matute m. Contrabando.

Matute (Ana María), escritora española n. en 1926, autora de las novelas *Los Abel, Los hijos muertos, La trampa, La torre vigía, El río,* etc.

402

MAURITANIA

matutear v. i. Contrabandear.

matutero, ra m. y f. Contrabandista.

matutino, na adj. Que aparece por la mañana : *estrella matutina.* || Que ocurre o se hace por la mañana : *la prensa matutina.* || — M. Diario de la mañana.

Maubeuge, c. septentrional de Francia (Nord). Metalurgia.

Maugham (William Somerset), novelista inglés (1874-1965), autor de *La luna y seis peniques,* *Servidumbre humana,* *El filo de la navaja,* etc. Fue también autor de teatro.

maula f. Cosa inútil. || Retal. || Engaño. || — Com. *Fam.* Mal pagador. | Persona perezosa. | Persona astuta y tramposa. | Cobarde.

Maule, río de Chile que nace en la prov. de Talca ; 225 km. — VII Región de Chile, formada por las prov. de Curicó, Talca, Linares y Cauquenes ; cap. *Talca.* Gran actividad agrícola e industrial. — C. de Chile en la VII Región que lleva su nombre y en la prov. de Talca, cap. de la com. denominada tb. Maule. (Hab. *maulinos.*)

mauleria f. Astucia. || Engaño.

maulino, na adj. y s. De Maule (Chile).

maullar v. i. Dar maullidos.

maullido m. Voz del gato.

Maullin, río de Chile (Llanquihue) ; 140 km. — C. del centro de Chile en la X Región (Los Lagos) y en la prov. de Llanquihue, cap. de la com. de su mismo nombre.

Mauna Loa, volcán en la isla de Hawai ; 4 168 m.

Maunabo, río y mun. en el este del centro de Puerto Rico (Guayama).

Maupassant (Guy de), escritor francés (1850-1893), de estilo sobrio, autor de admirables relatos cortos (*Bola de sebo, La casa Tellier o La mancebía, Mademoiselle Fifi, Le Horla,* etc.) y de. novelas (*Una vida, Bel-Ami*).

Maura (Antonio), jurisconsulto y político español (1853-1925), jefe del Partido Conservador y varias veces pres. del Consejo de ministros. Su hijo GABRIEL MAURA Y GAMAZO (1879-1963) fue historiador y político. — Su otro hijo HONORIO fue comediógrafo (1886-1936). — Otro hijo, MIGUEL (1887-1971), fue ministro en el primer régimen republicano (1931).

Maurí (Emilio), pintor venezolano (1857-1908), autor de notables retratos. — (JOSÉ), compositor español (1856-1932). Residió en Cuba.

Mauriac [mo-] (François), escritor francés (1885-1970), autor de novelas (*Genitrix, Teresa Desqueyroux, El beso al leproso, Nudo de víboras*), dramas y ensayos. (Pr. Nobel, 1952.)

Mauricio (ISLA), ant. *Isla de Francia,* isla del océano Índico, al E. de Madagascar ; 1 865 km²; 950 000 h. Cap. *Port Louis.*

Mauricio || — **de Nassau,** estatúder de los Países Bajos (1567-1625), hijo de Guillermo el Taciturno, que combatió contra los españoles. || ~ **de Sajonia** (1521-1553), elector de Sajonia en 1547. Se alió primero con Carlos V, venció a los luteranos en Mühlberg (1547) y se enfrentó finalmente al Emperador.

Maurier (Daphne DU), novelista inglesa, n. en 1906, autora de *Rebeca* y *Posada Jamaica.*

Mauritania (REPÚBLICA ISLÁMICA DE), Estado de África occidental ; 1 080 000 km²; 1 600 000 h. (*mauritanos*). Cap. *Nuakchott,* 150 000 h. ; c. pr. *Nuadibu,* ant. *Port-Étienne,* 25 000 h. ; *Kaedi,* 23 000. Yacimientos de hierro y de cobre.

mauritano, na adj. y s. De Mauritania.

Maurois [moruá] (André), escritor francés (1885-1967), autor de novelas (*Climas*), de biografías (*Disraeli, Los Tres Dumas, Lord Byron*), de ensayos y de obras históricas (*Historia de Inglaterra*) o humorísticas (*Los silencios del coronel Bramble*).

Maurras [morrá] (Charles), escritor y político francés (1868-1952), defensor de la Monarquía.

Maurya, dinastía india fundada por Chandragupta hacia 320 a. de J. C., que reinó hasta 185 a. de J. C.

máuser m. Fusil de repetición inventado por W. Mäuser en 1872.

mausoleo m. Sepulcro suntuoso.

Maxcanú, mun. en el sureste de México (Yucatán).

maxilar adj. Relativo a la mandíbula : *hueso maxilar* (ú. t. c. s. m.).

máxima f. Sentencia o proposición general que sirve de precepto. || Regla de conducta general. || Temperatura más alta en un sitio y tiempo determinado : *las máximas del año.*

maximalismo m. Posición extrema en política o en cualquier otro orden.

maximalista adj. Relativo al maximalismo. || Partidario del maximalismo (ú. t. c. s.). || Bolchevique (ú. t. c. s.).

máxime adv. Principalmente.

Maximiliano || — **I** (1459-1519), emperador germánico desde 1493. Casó a su hijo Felipe *el Hermoso* con

Doña Juana *la Loca*, hija de los Reyes Católicos. ‖ ~ **II** (1527-1576), emperador germánico desde 1564.

Maximiliano de Habsburgo (Fernando José), archiduque de Austria (1832-1867), emperador de México en 1864, hermano del emperador Francisco José I. Hecho prisionero en Querétaro por los juaristas, fue fusilado.

Máximino ‖ ~ **I** (173-238), emperador romano de 235. ‖ ~ **II**, emperador romano de 308 a 313.

maximizar v. t. Dar el mayor valor posible : *maximizaron sus ganancias.*

máximo, ma adj. Aplícase a lo más grande en su género, mayor : *el círculo máximo de una esfera.* ‖ — M. Límite superior de una cosa. ‖ Valor mayor de una cantidad variable entre ciertos límites. ‖ — *Hacer el máximo*, hacer todo lo posible. ‖ *Máximo común divisor* (m. c. d.), el mayor de los divisores comunes de varios números.

Máximo (Claudio), emperador romano (383-388), n. en España.

Máximo Gómez, mun. y pobl. al NO. de Cuba (Matanzas).

máximum m. Máximo.

Maxtla, rey de los tecpanecas, vencido por Netzahualcóyotl y ejecutado en 1428.

maxwell o **maxvelio** m. Unidad C. G. S. de flujo magnético (símb., M).

maya f. Planta compuesta que tiene flores blancas.

maya adj. Relativo a un pueblo amerindio del sureste de México, Yucatán y Guatemala. ‖ Perteneciente a él (ú. t. c. s.). ‖ — M. Lengua hablada por estos indios.

— El *maya* pertenece a una familia de pueblos indios de América Central y México que desarrolló una de las más importantes culturas aborígenes americanas. Su historia puede dividirse en tres épocas : *Premaya*, hasta el s. IV de la era cristiana, *Antiguo Imperio* (317-987) y *Nuevo Imperio* (987-1697). Entre sus manifestaciones arquitectónicas más notables se encuentran los palacios de piedra (Petén), pirámides y templos (Uaxactún, Uxmal, Chichén Itzá), esculturas (Tikal, Copán, Palenque), pinturas (Palenque, Bonampak).

Maya (La). V. SONGO-LA MAYA.

Maya (Rafael), escritor colombiano (1897-1980), autor de *La vida en la sombra, Coros del mediodía* (poesías) y *Alabanzas del hombre y de la tierra* y *Estampas de ayer y retratos de hoy* (ensayos).

Mayagüez, c. y puerto del O. de Puerto Rico. Universidad. Turismo.

mayagüezano, na adj. y s. De Mayagüez (Puerto Rico).

Mayahuel, entre los aztecas, la diosa del Maguey.

Mayakovski (Vladimir), poeta y escritor ruso (1893-1930), paladín del futurismo. Compuso obras de teatro (*La pulga, El baño,* etc.). Se suicidó.

Mayáns y Siscar (Gregorio), historiador español (1699-1781), autor de *Orígenes de la lengua española.*

Mayapán, ant. c. maya en el SE. de México (Yucatán). Formó parte, con las c. mayas de Chichén Itzá y Uxmal, de una confederación (*Liga de Mayapán*) constituida hacia 987.

maya-quiche adj. Dícese de un grupo de lenguas habladas en México y América Central (ú. t. c. s. m.).

Mayari, mun. y pobl. del NE. de Cuba (Holguín).

Mayenne, dep. del O. de Francia, regado por el río del mismo n. ; cap. *Laval.* Ganadería.

mayestático, ca adj. De la majestad.

Mayflower, n. del barco que condujo a los emigrantes ingleses que fundaron la colonia de Nueva Inglaterra en Norteamérica (1620).

mayo m. Quinto mes del año : *el 2 de mayo.* ‖ Árbol que se adorna en el mes de mayo y al pie del cual vienen a bailar los chicos y chicas. ‖ Ramos y flores que ponen los chicos a las puertas de sus novias. ‖ — Adj. f. Dícese de las fiestas conmemorativas de la Independencia de la Argentina.

Mayo, río del SO. de Colombia (Nariño y Cauca), afl. del Patía. — Río del N. de México (Chihuahua), que des. en el golfo de California ; 350 km. — Río al nordeste del Perú, afl. del Huallaga.

mayólica f. Loza cubierta por una capa vidriada metálica.

mayonesa f. Salsa fría y muy trabada hecha con aceite, yema de huevo, sal y algo de limón o vinagre.

mayor adj. Que excede a una cosa en cantidad o calidad : *esta casa es mayor que la tuya; su inteligencia es mayor que la mía.* ‖ De más edad. ‖ — M. y f. y c. s. : *el mayor de los hijos.* ‖ Que es mayor de edad : *sus hijos ya son mayores* (ú. t. c. s.). ‖ Entrado en años : *una señora mayor* (ú. t. c. s.). ‖ Calificativo de ciertos grados y dignidades : *oficial mayor del Congreso.* ‖ — *Al por mayor*, en grandes cantidades. ‖ *Mayor edad*, edad a partir de la cual, según la ley, una persona tiene la plena capacidad de ejercer sus derechos y es considerada responsable de todos sus actos. ‖ — M. Oficial superior o jefe. ‖ *Mat.* Entre dos cantidades, signo (>) que indica que la primera es superior a la segunda. ‖ — Pl. Abuelos y demás progenitores. Antepasados. ‖ — F. Primera proposición de un silogismo.

Mayor, en ital. *Maggiore*, lago del N. de Italia en la frontera con Suiza ; 212 km². En él se encuentran las islas Borromeas. ‖ ~ **Luis J. Fontana**, dep. al N. de Argentina (Chaco) ; cap. *Villa Ángela.* ‖ ~ **Pablo Lagerenza**, dep. del Paraguay, cap. del dep. de Chaco.

mayoral m. Encargado por cuida de los rebaños o de la manadas de toros. ‖ En las diligencias, el que conducía el tiro de mulas. ‖ Capataz de trabajadores del campo. ‖ *Amer.* Cobrador de tranvía.

mayorazgo m. Institución destinada a perpetuar en una familia la posesión de ciertos bienes transmitiéndolos al hijo mayor. ‖ Estos bienes. ‖ Posesor de un mayorazgo. ‖ *Fam.* Primogenitura.

mayordomía f. Empleo y oficina del mayordomo. ‖ Catering.

mayordomo m. Criado principal en una casa grande. ‖ Oficial de ciertas cofradías. ‖ El encargado de administrar los bienes de una parroquia. ‖ *Mayordomo de palacio*, en Francia, alto dignatario en la corte de los merovingios.

mayoreo m. Venta al por mayor.

mayoría f. Mayor edad. ‖ La mayor parte : *la mayoría de los asistentes.* ‖ Partido más numeroso de una asamblea : *la mayoría parlamentaria.* ‖ En unas elecciones, número de votos que permite a un candidato vencer a los demás. ‖ Condición de mayor. ‖ Oficina del mayor. ‖ — *Mayoría absoluta*, la mitad más uno de los votos. ‖ *Mayoría relativa*, la del candidato que obtiene más votos. ‖ *Mayoría silenciosa*, gran parte de una población que no manifiesta su opinión.

mayorista com. Comerciante al por mayor. ‖ — Adj. Al por mayor.

mayoritario, ria adj. Perteneciente a la mayoría o que se apoya sobre ella.

Mayotte, una de las islas Comores.

Mayrán, laguna del N. de México en la que des. el río Nazas (Coahuila).

Mayta Cápac, soberano inca del Perú (1246-1276).

mayúsculo, la adj. Dícese de la letra de mayor tamaño que se usa en principio de frase, de nombre propio, en títulos, etc. (ú. t. c. s. f.). ‖ *Fam.* Muy grande : *escándalo mayúsculo.*

maza f. Arma contundente antigua. ‖ Insignia de los maceros. ‖ Instrumento para machacar, golpear o apisonar. ‖ Pieza que en el martinete sirve para golpear. ‖ Palillo con una pelota de cuero en una extremidad que sirve para tocar el bombo. ‖ Extremo más grueso del taco, en el juego del billar.

Mazagán. V. JADIDA (EL).

Mazagón, pobl. del S. de España (Huelva). Estación veraniega.

mazahua adj. y s. Indígena mexicano perteneciente a una tribu otomí. ‖ — M. Dialecto otomí.

Mazalquivir, en fr. *Mers-el-Kebir*, c. del NO. de Argelia, en el golfo de Orán.

mazamorra f. Gachas de harina de maíz con leche y azúcar o sal.

mazapán m. Pasta de almendra y azúcar cocida al horno.

Mazapil, mun. en el centro de México (Zacatecas).

Mazar-i Charif, c. del N. de Afganistán. Textiles. Peregrinación.

Mazarino (Julio MAZARINI, llamado), cardenal y político francés de origen italiano (1602-1661), primer ministro de Luis XIII y de Luis XIV. Terminó la guerra de los Treinta Años con el Tratado de Westfalia (1648) y firmó con España el de los Pirineos (1659).

Mazarrón, v. del SE. de España (Murcia). Plomo. Turismo.

mazateca adj. y s. Indígena mexicano del NO. del Estado de Oaxaca.

mazateco, ca adj. y s. De Mazatenango (Guatemala).

Mazatenango, c. del SO. de Guatemala, cap. del dep. de Suchitepéquez.

Mazatlán, c. y puerto del O. de México (Sinaloa), en la costa del Pacífico. Obispado. Industria.

mazazo m. Golpe dado con una maza o mazo. ‖ *Fig.* Lo que causa gran impresión.

mazdeismo m. Religión del antiguo Irán basada en dos principios, el Bien y el Mal, entre los cuales el hombre tiene que escoger.

mazdeísta adj. Del mazdeísmo. ‖ Seguidor del mazdeísmo (ú. t. c. s.).

Mazepa (Ivan Stepanovich), jefe de los cosacos de Ucrania (1644-1709).

mazmorra f. Prisión o calabozo subterráneo.

mazo m. Martillo grande de madera. ‖ Maza, puñado. ‖ Maza para tocar el bombo. ‖ *Fig.* Hombre molesto.

Mazo (Juan Bautista MARTÍNEZ DEL). V. MARTÍNEZ DEL MAZO.

mazorca f. Panoja del maíz, del cacao. ‖ *Fig. Chil.* Grupo de personas que forman un gobierno dictatorial. ‖ Nombre dado en Buenos Aires a la Sociedad Popular Restaurada durante la dictadura de Rosas (1833).

mazorquero m. *Fig. Chil.* Miembro de una mazorca.

mazurca f. Baile y música de tres tiempos de origen polaco.

Mazuria, región del noreste de Polonia.

mazut m. Fuel.

Mazza (Raúl), pintor argentino (1888-1948).

Mazzini (Giuseppe), escritor y patriota italiano (1805-1872), fundador de la sociedad secreta *Joven Italia*. En 1849 hizo proclamar la República Romana y fue uno de los triunviros.

mb, símbolo de *milibar.*

Mbabane, c. de África del Sur en el sector montañoso del NE. de Suazilandia, cap. de 800 000 h. ; 27 000 h.

Mbandaka, ant. *Coquilhatville*, c. al O. de la Rep. del Zaire, a orillas del río de este nombre.

Mbaracayú, cord. del Paraguay, en la frontera con el Brasil (Alto Paraná).

Mbini, ant. *Río Muni*, prov. de Guinea Ecuatorial, en el golfo de Biafra ; cap. *Bata.* Comprende la parte continental del país y las islas de Corisco, Elobey Grande y Elobey Chico ; 20 017 km².

Mbocayaty, pobl. en el sur del Paraguay (Guairá).

Mbuji-Mayi, c. del Zaire (Kasai).

Mbuyapey, pobl. del S. de la República del Paraguay (Paraguarí).

mbuyapeyense adj. y s. De Mbuyapey (Paraguay).

me, dativo y acusativo del pronombre personal *yo* : *me lo prometió ; me llevó a mi casa.*

mea culpa, pal. lat. que significa *por culpa mía* (ú. t. c. s. m.). ‖ *Decir su mea culpa*, arrepentirse, confesar una falta.

meada f. *Vulg.* Emisión de orina. ‖ Orina evacuada de una vez.

meadero m. *Vulg.* Urinario.

meados m. pl. *Vulg.* Orina.

meandro m. Curva u ondulación de un río o camino. ‖ *Fig.* Sinuosidad.

Meandro. V. MENDERES.

meapilas com. inv. *Pop.* Beato.

mear v. i. *Vulg.* Orinar (ú. t. c. s. y pr.). ‖ — V. pr. *Pop.* Tener mucho miedo. ‖ Despreciar.

meato m. Intersticio entre ciertas células vegetales. ‖ *Anat.* Orificio o conducto : *meato urinario, auditivo.*

Meaux [mo], c. de Francia (Seine-et-Marne), en el NE. de París y a orillas del río Marne. Obispado. Catedral. Centro industrial (metalurgia, química).

meca f. V. CECA.

Meca (La), c. santa del Islam y cap. del Hedjaz al O. de Arabia Saudita ; 400 000 h. Lugar de nacimiento de Mahoma. Mezquita con la Kaaba y la piedra negra.

¡ mecachis ! interj. *Fam.* ¡ Caray !

mecánica f. Ciencia que estudia las fuerzas y sus acciones. || Obra que trata de esta ciencia. || Estudio de las máquinas, de su construcción y de su funcionamiento. || Combinación de órganos propios para producir un movimiento : *la mecánica de un aparato.* || — *Mecánica celeste,* estudio de las leyes que rigen los movimientos de los astros. || *Mecánica ondulatoria,* teoría concebida en 1924 por L. de Broglie, según la cual la materia y la luz contienen corpúsculos que van asociados a unas ondas.

mecanicismo m. Sistema que explica los fenómenos vitales por las leyes de la mecánica.

mecánico, ca adj. De la mecánica : *principios mecánicos.* || Perteneciente a los oficios manuales : *artes mecánicas.* || Efectuado con una máquina : *lavado mecánico.* || Maquinal : *un ademán mecánico.* || Que obra con arreglo a las leyes del movimiento y de las fuerzas, que no tiene efecto químico : *acción mecánica de los vientos.* || — M. y f. Persona que maneja y arregla máquinas. || — M. Conductor de vehículos automóviles. || *Mecánico dentista,* el que ayuda al dentista a preparar dientes o piezas dentarias artificiales, protesista.

mecanismo m. Combinación de piezas para producir un movimiento. || *Fig.* Conjunto de varios órganos que concurren a una misma tarea : *mecanismo administrativo.* || Funcionamiento, modo de obrar.

mecanización f. Utilización de las máquinas para sustituir al hombre : *la mecanización de la agricultura.* || Transformación en una cosa mecánica. || Aplicación de las técnicas de informática a los procesos administrativos, comerciales, industriales, etc.

mecanizar v. t. Conferir las características de una máquina : *mecanizar al obrero.* || *Mil.* Dotar una unidad de vehículos para la informática. || Aplicar las técnicas de la informática.

mecano m. Juguete compuesto de piezas sueltas que hay que armar para construir diversos objetos.

mecanografía f. Arte de escribir a máquina.

mecanografiar v. t. Escribir a máquina.

mecanográfico, ca adj. Referente a la mecanografía.

mecanógrafo, fa m. y f. Persona que escribe a máquina.

mecapal m. *Méx.* Trozo de cuero que se ponen los mozos de cordel en la frente para llevar cargas.

mecapalero m. *Méx.* Cargador, mozo de cordel.

mecatazo m. *Méx.* Latigazo dado con el mecate. || Trago : *darse un mecatazo de tequila.*

mecate m. *Méx.* y *Amér. C.* Cuerda fibrosa, generalmente de maguey. | Bramante o cordel. || *Fig.* Persona grosera, soez. | Persona inculta.

mecatero, ra m. y f. *Méx.* Persona que hace mecates.

mecatona f. *Fam. Méx.* Comida.

meccano m. Mecano.

mecedor, ra adj. Que mece. || — M. Columpio. || — F. Silla de brazos para mecerse.

mecenas com. Protector de literatos, científicos y artistas.

Mecenas (Cayo Cilnio), noble romano, consejero de Augusto (69-8 a. de J. C.) Protegió a los poetas y artistas (Virgilio, Horacio y Propercio).

mecenazgo m. Protección dispensada por una persona a un escritor, un científico o un artista.

mecer v. t. Mover, menear, balancear acompasadamente : *mecer a un niño.* || — V. pr. Balancearse.

mecida f. Balanceo.

mecimiento m. Mecida.

Mecklemburgo, región del N. de Alemania Oriental.

meclascal m. *Méx.* Tortilla hecha con la sustancia blanda del maguey.

meco, ca adj. *Méx.* De color bermejo con mezcla de negro. || — M. y f. *Méx.* Indio salvaje. | Persona inculta.

mecual m. *Méx.* Raíz del maguey.

mecha f. Conjunto de hilos torcidos de una lámpara o vela al cual se prende fuego. || Cuerda combustible para prender fuego a cohetes, minas, barrenos, etc. | Tela de algodón para encender cigarros. || Gasa retorcida que se emplea en cirugía para facilitar la salida del exudado de una herida. || Lonjilla de tocino para mechar la carne. || Manojillo de pelo. || *Mar.* Espiga, parte central de un palo de barco. || — *Fam.* Aguantar mecha, sufrir con resignación : *A toda mecha,* rápidamente.

mechar v. t. Poner mechas o lonjillas de tocino en la carne.

Meched o **Mechhed.** V. MESHED.

Mechelen. V. MALINAS.

mechero m. Encendedor : *mechero de gas.* || Dispositivo simple en el cual el combustible arde en una mecha o en un manguito : *mechero Auer.*

mechón m. Mecha grande.

mechoso, sa adj. *Amer.* Harapiento.

mechudo m. *Méx.* Escoba para fregar el suelo, fregona.

medalla f. Pieza de metal acuñada con alguna figura o emblema : *medalla milagrosa.* || Pieza de metal que se concede como recompensa, por algún mérito, en exposiciones y certámenes. || *Arq.* Motivo decorativo circular o elíptico que suele encerrar un bajorrelieve.

medallista com. Persona que graba medallas.

medallón m. Medalla grande. || Joya circular u ovalada en la cual se guardan retratos, rizos u otros recuerdos. || Preparación culinaria hecha con un pastel ovalado o redondo en el que se pone un relleno.

Medan, c. y puerto de Indonesia al NO. de la isla de Sumatra, junto al estrecho de Malaca.

médano m. Duna en las costas.

Medea, c. de Argelia, al SO. de Argel.

Medea, hija de un rey de Cólquida que ayudó a Jasón en la conquista del vellocino de oro y huyó con él. (*Mit.*)

Medellín, mun. del O. de España (Badajoz), donde nació Hernán Cortés. — C. del NO. de Colombia, cap. del dep. de Antioquia. Arzobispado. Universidad. Centro cafetalero e industrial (textiles, siderurgia, construcciones mecánicas). Museo Zea. Catedral.

medellinense adj. y s. De Medellín (Colombia).

media f. Prenda que cubre el pie y la pierna. || *Amer.* Calcetín.

media f. Cantidad que representa el promedio de varias otras : *media horaria.* || Media hora : *tocar la media.* || En los deportes de equipo, línea de jugadores que ocupa el centro de su propio terreno. || *Media horaria,* la que resulta de la división del espacio recorrido por el tiempo empleado.

media m. pl. Mass media.

Media, ant. reino de Asia situado en el NO. del Irán ; cap. *Ecbatana.*

mediacaña f. Moldura cóncava de perfil semicircular. || Listón de madera con molduras. || Formón de boca arqueada. || Lima de sección semicircular. || Tenacillas de rizar.

mediación f. Intervención destinada a producir un arbitraje o un acuerdo. || *For.* Procedimiento que consiste en proponer a las partes litigantes una solución antes de imponérsela.

mediado, da adj. Medio lleno : *vasija mediada.* || A mediados del, hacia la mitad de : *a mediados del mes de diciembre.*

mediador, ra adj. y s. Que media. || Intermediario.

Media Luna, mun. al este de Cuba (Granma).

mediana f. *Geom.* En un triángulo, línea que une el vértice con el punto medio del lado opuesto.

medianería f. Pared común a dos casas o fincas contiguas. || Aparcería.

medianero, ra adj. Dícese de la cosa que está en medio de otras dos : *pared medianera.* || Intercesor (ú. t. c. s.). || Dícese de la persona que vive en

una casa que tiene medianería con otra o que tiene un campo medianero con otro. (ú. t. c. s.). || Dícese del aparcero o labrador que trabaja a medias con otro en la explotación de una finca (ú. t. c. s.).

medianía f. Término medio entre dos extremos. || Situación económica modesta : *vivir en la medianía.* || *Fig.* Persona corriente, mediocre, que carece de prendas relevantes.

mediano, na adj. De calidad intermedia : *inteligencia mediana.* || Ni muy grande ni muy pequeño : *mediano de cuerpo.* || Ni bueno ni malo, regular. || Que divide una cosa en dos partes iguales : *línea mediana.*

medianoche f. Hora en que el Sol está en el punto opuesto al de mediodía. || Las doce de la noche. || Emparedado hecho con un pequeño bollo dulce con jamón, queso, etc.

mediante adj. Que media o intercede : *conseguiremos nuestro propósito Dios mediante.* || — Prep. Gracias a : *mediante esta ayuda.*

mediar v. i. Llegar a la mitad de una cosa concreta o no : *mediar la semana.* || Estar en medio : *entre las dos casas media un jardín.* || Interponerse entre personas que están en desacuerdo. || Interceder : *mediar en favor de uno.* || Transcurrir el tiempo : *mediaron tres años.* || Encontrarse, estar algo entre dos puntos.

mediatinta f. Tono entre lo claro y lo oscuro. || *Fig.* Cosa no muy clara.

mediatización f. Acción y efecto de mediatizar.

mediatizar v. t. Reducir un país a la dependencia de otro dejándole sólo la soberanía nominal. || *Fig.* Influir, intervenir.

mediato, ta adj. Que se relaciona con una cosa por un intermediario.

mediatriz f. *Geom.* Perpendicular levantada en el punto medio de un segmento de recta.

médica f. Mujer que ejerce la medicina. || Esposa del médico.

medicación f. *Med.* Empleo de medicamentos con fin terapéutico determinado : *la medicación de la gripe.* || Conjunto de medicamentos.

medicamentar v. t. Medicinar.

medicamento m. Sustancia que se emplea para curar una enfermedad.

medicamentoso, sa adj. Que tiene propiedades análogas a las de un medicamento.

medicar v. t. Dar un medicamento.

Médicas (Guerras), n. dado a las dos guerras que los griegos sostuvieron con los reyes persas o medos (490-479 a. de J. C.).

medicastro m. Médico ignorante. | Curandero.

medicina f. Ciencia que se ocupa de prever y curar las enfermedades. || Profesión de médico. || Sistema empleado para curar : *la medicina homeopática, alopática.* || Medicamento : *tomar muchas medicinas.* || *Medicina legal* o *forense,* la aplicada a dar informaciones de carácter médico a los tribunales de justicia.

medicinal adj. Que sirve de medicina : *aguas medicinales.* || *Balón medicinal,* el lleno y pesado utilizado para hacer ejercicios gimnásticos.

medicinar v. t. Administrar o dar medicamentos al enfermo. || — V. pr. Tomar medicamentos.

medición f. Determinación de las dimensiones de una cosa.

Médicis, familia de Florencia cuyos miembros más conocidos fueron : LORENZO I *el Magnífico* (1449-1492), protector de las artes y las letras, ALEJANDRO, primer duque de Florencia (1510-1537), y COSME I *el Grande,* primer gran duque de Toscana (1519-1574). [V. tb. LEÓN X, LEÓN XI, CLEMENTE VII, CATALINA y MARÍA DE MÉDICIS.]

médico, ca adj. Relativo a la medicina : *receta médica ; reconocimiento médico.* || *Hist.* Medo. — M. y f. Persona que ejerce la medicina. || — *Médico de apelación,* consultor o de consulta, aquel a quien llama un colega para consultarle en los casos graves. || *Médico de cabecera* o de *familia,* el que asiste generalmente a una familia. || *Médico espiritual,* director de conciencia. || *Médico forense,*

404 Alemania Oriental.

el encargado de hacer todos los exámenes que necesitan las autoridades administrativas o judiciales. ‖ *Médico legista,* el forense.

medida f. Evaluación de una magnitud según su relación con otra magnitud de la misma especie adoptada como unidad. ‖ Medición : *medida de las tierras.* ‖ Objeto que sirve para medir. ‖ Recipiente empleado para evaluar los volúmenes y cantidad representada por estos volúmenes : *dos medidas de vino.* ‖ Cantidad de sílabas que debe tener un verso. ‖ Proporción : *se paga el jornal a medida del trabajo.* ‖ Disposición, recurso tomado con algún fin : *tomar medidas enérgicas.* ‖ Moderación : *hablar con medida.* ‖ Grado, proporción : *no sé en que medida esto es bueno para mí.* ‖ — Pl. Dimensiones de una persona que se evalúan con objeto de hacerle un traje, etc. ‖ — *A medida* o *a la medida,* dícese de la ropa hecha para una persona tomando sus dimensiones. ‖ *A medida que,* al mismo tiempo que. ‖ *En gran medida,* mucho. ‖ *Sin medida,* sin límites.

medidor, ra adj. y s. Que mide. ‖ — M. *Amer.* Contador de gas, de agua o de electricidad.

mediero, ra m. y f. Persona que hace o vende medias. ‖ Persona que va a medias con otra. ‖ Aparcero.

medieval adj. De la Edad Media.

medievalismo m. Estudio de la Edad Media. ‖ Carácter medieval.

medievalista com. Persona que se dedica al estudio de lo medieval.

medievo m. Edad Media.

medina f. Ciudad árabe.

Medina, c. al O. de Arabia Saudita (Hedjaz). Ciudad santa de los musulmanes. — Pobl. y sierra de la Argentina, al N. de Tucumán. ‖ ~ **Azara** o **Azzahra,** ant. c. y palacio edificados por Abderramán III cerca de Córdoba (España). ‖ ~ **de Rioseco,** c. de España (Valladolid). ‖ ~ **del Campo,** c. de España (Valladolid). Centro ferroviario. Feria de ganados. Castillo de la Mota. ‖ ~ **Sidonia,** c. al S. de España (Cádiz).

Medina (Baltasar de), cronista mexicano (¿ 1630-1697 ?). ‖ ~ (BARTOLOMÉ), mineralogista español del s. XVI que obtuvo plata por amalgamación de las minas de Pachuca (México). ‖ ~ (FRANCISCO DE), poeta español de la escuela sevillana (1544-1615). ‖ ~ (JOSÉ MARÍA), general hondureño (1826-1878), pres. de la Rep. de 1864 a 1872. M. fusilado. ‖ ~ (JOSÉ RAMÓN), poeta y ensayista venezolano, n. en 1921. ‖ ~ (JOSÉ TORIBIO), polígrafo chileno (1852-1930). ‖ ~ (PEDRO DE), arquitecto español, activo en Cuba (1738-1796). ‖ ~ **Angarita** (ISAÍAS), general venezolano (1897-1953), pres. de la Rep. en 1941. Derrocado en 1945. ‖ ~ **Sidonia** (Alonso PÉREZ DE GUZMÁN, *duque de*), almirante español (1550-1615), jefe, después del marqués de Santa Cruz, de la Armada Invencible (1588). ‖ ~ **Sidonia** (GASPAR ALONSO, *duque de*), político español, m. en 1664. Intentó convertir Andalucía en reino independiente (1641).

Medinaceli, c. de España (Soria). Archivo histórico. Arco romano.

Medinaceli (Carlos), escritor boliviano (1899-1949), autor de novelas (*La Chaskañawi*), cuentos y notables críticas literarias.

medinés, esa adj. y s. De Medina.

Medinet ‖ ~ **Abú,** c. del Alto Egipto, cerca de Luxor y a orillas del Nilo. ‖ ~ **El-Fayún,** c. del Alto Egipto, a orillas del Nilo.

medio m. Parte que en una cosa equidista de sus extremos, centro. ‖ Mitad. ‖ Procedimiento, lo que sirve para conseguir una cosa : *el fin no justifica los medios.* ‖ Medida : *tomar los medios necesarios.* ‖ Elemento físico en que vive un ser : *el medio líquido, atmosférico.* ‖ Ambiente, esfera intelectual, social y moral en que vivimos : *la influencia del medio.* ‖ Grupo social o profesional : *en los medios bien informados.* ‖ Lo que sirve para transmitir mensajes visuales o auditivos : *la prensa es un medio de comunicación.* ‖ Tercer dedo de la mano. ‖ *Médium.* ‖ *Mat.* Quebrado que tiene por denominador el

número 2. ‖ *Biol.* Cualquiera de las sustancias nutritivas artificiales utilizadas para el cultivo de bacterias u otros organismos. ‖ *Dep.* Jugador que ocupa el centro de su propio terreno. ‖ Término de un silogismo que enlaza el término mayor con el menor (se llama tb. *término medio*). ‖ — Pl. Caudal, recursos : *estar corto de medios.* ‖ Elementos : *medios de existencia,* de producción. ‖ *Mat.* Miembros de una proposición situados entre los dos extremos. ‖ *For.* Razones alegadas en un pleito : *medios de descargo.* ‖ *Taurom.* Centro del redondel. ‖ — *De medio a medio,* completamente. ‖ *Echar por en medio,* tomar una resolución enérgica. ‖ *El justo medio,* cosa convenientemente alejada de los extremos. ‖ *En medio de,* en un lugar igualmente distante de los extremos, entre dos cosas ; entre : *vivir en medio de los hombres ; a pesar de : en medio de eso.* ‖ *Estar de por medio,* estar entre los dos. ‖ *Medio ambiente,* V. AMBIENTE. ‖ *Medios de producción,* V. PRODUCCIÓN. ‖ *Medios de transporte,* modos de locomoción que permiten desplazarse de una ciudad o en un país. ‖ *Meterse o ponerse de por medio,* interponerse en una pelea o un asunto. ‖ *Fig. Poner tierra de por medio,* alejarse, largarse. ‖ *Por medio o por en medio,* siendo a considerar. ‖ *Por medio de,* en medio de ; gracias a, mediante. ‖ *Fam. Quitar de en medio a uno,* apartarlo de delante alejándolo o matándolo. ‖ *Quitarse de en medio,* irse de un sitio o salirse de un negocio.

medio, dia adj. Exactamente igual a la mitad de una cosa : *medio pan ; media naranja.* ‖ Que es tan distante de un extremo como de otro : *un hombre de estatura media.* ‖ Que divide en dos partes iguales : *línea media.* ‖ *Fig.* Mediocre, de una posición económica, social o intelectual mediana : *el español medio.* ‖ No completo : *media sonrisa.* ‖ Calculado haciendo un promedio : *temperatura media.* ‖ — Adv. No completamente : *una botella medio llena* con el infinitivo va precedido de la preposición *a :* *A medias, no del todo ; satisfecho a medias ; por mitad : ir a medias en un negocio.*

Medio (Dolores), novelista española, n. en 1914, autora de *Nosotros los Rivero, Diario de una maestra, El pez sigue flotando,* etc.

mediocampismo m. Manera de jugar en medio del terreno de juego en un partido de fútbol, etc.

mediocampista adj. Dícese del jugador que juega en medio de su propio campo en un partido de fútbol, etc. (ú. t. c. s.).

mediocre adj. Mediano, ordinario.

mediocridad f. Medianía.

mediodía f. Mitad del día : *vendré al mediodía.* ‖ Las doce del día. ‖ Sur : *se fue al mediodía de Francia.*

medioeval adj. Medieval.

medioevo m. Medievo.

mediopensionista adj. y s. V. PENSIONISTA.

medir v. t. Determinar la longitud, extensión, volumen o capacidad de una cosa : *medir una casa.* ‖ Tomar las dimensiones de una persona o cosa : *medir un barco.* ‖ Tener cierta dimensión : *barco mide cinco metros.* ‖ Ver si tienen los versos la medida adecuada. ‖ *Fig.* Comparar una cosa con otra : *medir el ingenio, las fuerzas.* | Examinar detenidamente : *medir las consecuencias de un acto.* | Moderar : *medir las palabras.* ‖ *Fig. Medir sus pasos,* ir con tiento. ‖ *V. t.* Tener determinada medida. ‖ — V. pr. Moderarse : *Fig.* Luchar, pelearse : *medirse con uno.* ‖ *Amer.* Probarse una prenda de vestir para ver si queda bien.

meditabundo, da adj. Pensativo.

meditación f. Reflexión.

meditador, ra adj. y s. Que medita.

meditar v. t. Someter a una profunda reflexión : *meditar sobre el pasado.* ‖ Proyectar, planear.

meditativo, va adj. Que medita.

mediterráneo, a adj. Rodeado de tierras : *mar Mediterráneo.* ‖ Relativo a este mar o a las tierras que baña : *clima mediterráneo.* ‖ Relativo a los

que viven a orillas de este mar. Ú. t. c. s. : *los mediterráneos somos gente exaltada.*

Mediterráneo, gran mar interior comprendido entre Europa meridional, África del Norte y Asia occidental con el Atlántico y por el canal de Suez con el mar Rojo ; 2 966 000 km² ; profundidad máxima de 5 093 m. En él se encuentran algunas islas importantes, como las Baleares, Córcega, Cerdeña, Sicilia, Creta y Chipre. Centro vital de la Antigüedad, el Mediterráneo fue llamado por los romanos *Mare Nostrum.*

médium m. Entre los espiritistas, persona que pretende comunicar con los espíritus.

Mediz Bolio (Antonio), escritor mexicano (1884-1957), autor de obras de teatro (*Alma Bohemia, Nirza, La ola*), de poesías y de la traducción y comentario del libro maya *Chilam Balam de Chumayel.*

Medjerda, río de África que nace en Argelia y des. en Túnez ; 365 km.

medo, da adj. y s. De Media.

Médoc, región del SO. de Francia (Gironde). Vinos.

Medrano (Francisco de), poeta y sacerdote español (¿ 1570-1607 ?).

medrar v. i. Crecer los animales y plantas. ‖ *Fig.* Progresar : *empresa que ha medrado.* | Enriquecerse : *este hombre ha medrado mucho.*

medroso, sa adj. y s. Miedoso.

médula o **medula** f. Sustancia grasa, blanquecina o amarillenta, que se halla dentro de los huesos. ‖ Sustancia esponjosa de los troncos y tallos de diversas plantas : *médula de saúco.* ‖ *Fig.* Sustancia principal de una cosa no material. ‖ *Médula espinal,* parte del sistema cerebroespinal que ocupa la cavidad de la columna vertebral. ‖ *Médula oblonga,* bulbo raquídeo.

medular adj. De la médula. ‖ *Fig.* Principal, esencial, central.

medusa f. Celentéreo de cuerpo gelatinoso en forma de campana y provisto de tentáculos.

Medusa, una de las tres Gorgonas, de hermosos cabellos, que fueron metamorfoseados en serpientes por Atenea. Perseo le cortó la cabeza y Pegaso nació de su sangre.

Mefistófeles, nombre del diablo en el *Fausto* de Goethe.

mefistofélico, ca adj. De Mefistófeles. ‖ Diabólico.

megaciclo m. Unidad de frecuencia en ondas de radiodifusión, equivalente a un millón de ciclos.

megafonía f. Técnica que estudia los aparatos e instalaciones para aumentar el volumen del sonido. ‖ Conjunto de altavoces, micrófonos y otros aparatos que, debidamente coordinados, amplían el volumen del sonido en un lugar determinado.

megáfono m. Artefacto utilizado para reforzar la voz. ‖ Aparato que sirve para amplificar los sonidos.

megalítico, ca adj. Dícese de las construcciones prehistóricas hechas con bloques de piedra (ú. t. c. s. m.).

megalito m. Piedra monumental levantada por los hombres de la edad del cobre o del bronce.

megalocéfalo, la adj. De cabeza muy grande.

megalomanía f. Delirio de grandezas, manía de poder.

megalómano, na adj. Dícese de la persona que padece megalomanía (ú. t. c. s.).

Megalópolis, ant. c. griega de Arcadia (Peloponeso).

Mégara, ant. c. griega. Grecia (Ática), al O. de Atenas.

megaterio m. Mamífero desdentado fósil que vivía en América del Sur durante la era cuaternaria.

megatón m. *Fís.* Unidad de potencia de los proyectiles y bombas nucleares, equivalente a un millón de toneladas de trinitrotolueno.

megavatio m. Un millón de vatios.

Megera, una de las tres Furias, símbolo del odio y de la envidia.

Meghalaya, Estado en el NE. de la India ; cap. *Shillong.*

megohmio m. *Electr.* Unidad de resistencia, equivalente a un millón de ohmios (símb., MΩ).

Mehallet al-Kobra, o **Mahalla al-**

Kubra, c. al norte de Egipto, en el delta del Nilo.

Meiji Tenno. V. MUTSUHITO.

Meilhac (Henri), escritor francés (1831-1897), autor sólo, o en colaboración con Ludovic Halévy, de óperas bufas a las que Offenbach puso música (*La bella Helena, La Perrichola*). Escribió también el libreto de la ópera *Carmen*.

Mein Kampf (*Mi lucha*), obra de Hitler, en la que éste exponía su doctrina (1925).

meiosis f. *Biol.* División celular en la cual las células hijas tienen cada una la mitad del número de cromosomas de la célula madre.

Meissen, c. de Alemania Oriental (Dresde), a orillas del Elba.

Meissonier (Ernest), pintor francés (1815-1891).

Mejía, cantón al norte del Ecuador (Pichincha).

Mejía (Epifanio), poeta romántico colombiano (1838-1913). || ~ (IGNACIO), militar y político mexicano (1813-1906). || ~ (LIBORIO); militar y patriota colombiano (1792-1816), pres. de la Rep. en 1816. Fue fusilado. || ~ (PEDRO). V. MEXÍA. || ~ (TOMÁS), general mexicano (1820-1867), que luchó contra Juárez. M. fusilado. || ~ **Arredondo** (ENRIQUE), músico dominicano, n. en 1901. || ~ **Colindres** (VICENTE), político hondureño (1878-1966), pres. de la Rep. de 1929 a 1933. || ~ **Lequerica** (JOSÉ MARÍA), político, jurisconsulto y orador ecuatoriano (1775-1813). || ~ **Nieto** (ARTURO), novelista, autor de cuentos y ensayista hondureño, n. en 1901. || ~ **Sánchez** (ERNESTO), escritor nicaragüense, n. en 1923, poeta y notable crítico literario. || ~ **Vallejo** (MANUEL), escritor colombiano, n. en 1923, autor de novelas (*La tierra éramos nosotros, Al pie de la ciudad, El día señalado, Aire de tango, La tarde de verano*) y cuentos. || ~ **Víctores** (ÓSCAR), general guatemalteco, n. en 1930, pres. de la Rep. tras haber derrocado a Ríos Montt (agosto de 1983).

Mejicana (La), pico del O. de la Argentina (La Rioja) ; 6 200 m.

mejicanismo m. Mexicanismo.

mejicano, na adj. y s. Mexicano. — OBSERV. En España se escribe esta palabra y sus derivados con *j*. En México se ha preferido conservar la ortografía antigua, pronunciando, sin embargo, la *x* con sonido de *j*.

Mejicanos, pobl. del SO. de El Salvador, suburbio de la capital.

Méjico. V. MÉXICO.

mejilla f. Parte lateral de la cara.

mejillón m. Molusco acéfalo lamelibranquio, de color negro azulado por fuera, comestible.

Mejillones, bahía al N. de Chile (Antofagasta). — C. y puerto de Chile en la II Región y en la prov. de Antofagasta, cap. de la com. de su n.

mejor adj. Más bueno. Ú. t. c. s. : éste es el mejor de todos los hermanos. || Preferible : sería mejor irse. || — Adv. Más bien : mejor dicho. || Antes : escogería mejor este abrigo. || — A lo mejor, quizá, tal vez. || Estar mejor, haber mejorado de salud. || Mejor que mejor, mucho mejor. || Tanto mejor, mejor todavía.

Mejor alcalde, el Rey (El), drama de Lope de Vega, escrito hacia 1623.

mejora f. Cambio hacia algo mejor : ha habido mejora en mi situación. || Progreso, adelanto : las mejoras derivadas de la civilización. || Aumento : mejora del sueldo. || Puja. || For. Porción de bienes que puede dejar el testador a uno de sus herederos además de la legítima. || Agr. Bonificación de las tierras.

Mejorada del Campo, v. de España, en las cercanías de Madrid.

mejoramiento m. Mejora. || Acción de templarse la temperatura.

mejorana f. Planta aromática de la familia de las labiadas. || Su flor.

mejorar v. t. Volver mejor : mejorar la situación, un terreno. || Hacer recobrar la salud a un enfermo : la cura le ha mejorado mucho. || Aumentar : mejorar el sueldo. || Traer ventaja : la nueva ley mejora a los funcionarios. || Pujar los licitadores. || For. Dejar mejora el testador a uno de sus herederos. || — V. i. Irse reponiendo el

enfermo. || Ponerse el tiempo más benigno : mejorar el día. || Prosperar. || Volverse mejor : este niño ha mejorado mucho. || Ser mejor, superar. || *Mejorando lo presente,* expresión dicha al hablar bien de una persona ausente en presencia de otras.

mejoría f. Cambio favorable, mejora. || Alivio de una enfermedad. || Ventaja.

mejunje m. Medicina generalmente mala que resulta de la mezcla de varios productos. || Fig. Bebida mala, bebistrajo. | Mezcla.

Mekong, río de Indochina que nace en el Tíbet, pasa por Laos, que separa de Tailandia, Camboya y el sur de Vietnam. Desemboca por un amplio delta en el mar de China ; 4 180 km.

Mela (Pomponio), geógrafo y escritor hispanolatino del s. I d. de J. C.

melancolía f. Tristeza profunda.

melancólico, ca adj. Que padece melancolía (ú. t. c. s.) : *carácter melancólico.* || Que infunde melancolía o está impregnado de ella.

Melanchton (Philipp SCHWARZERD, llamado), teólogo alemán (1497-1560), amigo de Lutero. Redactó la *Confesión de Augsburgo.*

Melanesia, parte de Oceanía que comprende Nueva Guinea, archip. de Bismarck, islas Salomón, Vanuatu, ant. Nuevas Hébridas, Nueva Caledonia e islas Fidji.

melanesio, sia adj. y s. De Melanesia : *los melanesios son negros.*

melaza f. Residuo de la cristalización del azúcar.

Melbourne, c. y puerto del SE. de Australia, cap. del Estado de Victoria. Arzobispado. Universidad.

melcocha f. Miel caliente que se echa en agua fría.

Melchor, uno de los tres Reyes Magos que adoraron a Jesús en Belén.

Melchor (~ **Ocampo,** ant. *San Pedro Ocampo,* mun. del centro de México (Zacatecas). — **Ocampo del Balsas.** V. LÁZARO CÁRDENAS.

melée f. (pal. fr.). Grupo que forman, en ciertos casos, los jugadores de rugby.

melena f. Cabello largo y colgante. || Crin del león.

Melena del Sur, mun. y pobl. al O. de Cuba (La Habana).

Meléndez (Carlos), político salvadoreño, n. en San Salvador (1861-1919), pres. de la Rep. de 1913 a 1914 y de 1915 a 1918. || ~ (CONCHA), escritora puertorriqueña (1904-1983), autora de numerosos ensayos. || ~ (JORGE), político salvadoreño, n. en 1871, pres. de la Rep. de 1919 a 1923. || ~ **Valdés** (JUAN), escritor neoclásico español, n. en Rivera del Fresno (Badajoz) [1754-1817], autor de poesías (*La paloma de Filis, La flor del Zurguén, La mañana de San Juan, Los segadores*).

melense adj. y s. De Melo (Uruguay).

melenudo, da adj. Que tiene cabello muy abundante y largo.

Melero (Miguel), pintor y escultor cubano (1836-1907). || ~ (MIGUEL ÁNGEL), pintor cubano (1887-1925).

Melgar, prov. al sureste del Perú (Puno) ; cap. *Ayaviri.*

Melgar (Agustín). V. NIÑOS HÉROES. || ~ (MARIANO), poeta y patriota peruano (1790-1815). Intervino en la sublevación de Pumacahua y m. fusilado. || ~ **Castro** (JUAN ALBERTO), militar hondureño, n. en 1930, pres. de la Rep. en 1975. Fue destituido en 1978.

Melgarejo (Mariano), general boliviano (1818-1871). Se apoderó de la pres. de la Rep. en 1864 y fue derrocado en 1871. M. asesinado.

meliáceas f. pl. Plantas dicotiledóneas tropicales a cuya familia pertenecen la caoba (ú. t. c. adj.).

Melibea, personaje femenino de *La Celestina.* Se suicidó al conocer la muerte de Calisto.

Méliès (Georges), cineasta francés (1861-1938), uno de los creadores de la cinematografía.

melifluidad f. *Fig.* Calidad de melifluo.

melifluo, flua adj. Que tiene o destila miel. || *Fig.* Afectadamente amable.

Melilla, plaza de soberanía española y puerto franco en la costa N. de

Marruecos. Conquistada por España en 1497.

melillense adj. y s. De o relativo a Melilla.

melindre m. Buñuelo de miel. || Pastelito de mazapán bañado en azúcar blanco. || *Fig.* Delicadeza afectada : hacer o gastar melindres.

melindrear v. t. Hacer melindres.

melindrería f. Afectación, amaneramiento, remilgo.

melindroso, sa adj. y s. De una delicadeza afectada y ridícula.

Melinka, c. del S. de Chile, en la XI Región (Aisén del Gral. Carlos Ibáñez del Campo) y en la prov. de Aisén, cap. de la com. de Guaitecas.

Melipeuco, c. del centro de Chile en la IX Región (Araucanía) y en la prov. de Cautín, cap. de la com. del mismo nombre.

Melipilla, c. de Chile en la Región Metropolitana de Santiago, cap. de la com. y de la prov. que llevan el mismo nombre.

Melo, c. del E. del Uruguay, cap. del dep. de Cerro Largo. Obispado.

Melo (Francisco Manuel de), escritor portugués (1608-1666), que redactó en castellano, con el n. de Clemente Libertino, una *Historia de los movimientos, separación y guerra de Cataluña.* Es autor tb. de poemas en portugués de forma barroca. || ~ (JOSÉ MARÍA), general colombiano (1800-1861), dictador en 1854. || ~ **de Portugal y Villena** (PEDRO), militar español (1733-1798). Fue gobernador del Paraguay, donde fundó la pobl. de Rosario, y virrey del Río de la Plata (1795-1797).

melocotón m. Melocotonero. || Su fruto.

melocotonar m. Terreno plantado de melocotoneros.

melocotonero m. Árbol rosáceo, variedad del pérsico.

melodía f. Sucesión de sonidos que forman una frase musical. || Composición vocal o instrumental con acompañamiento o sin él. || Sucesión de sonidos que halagan el oído. || Serie de palabras o frases agradables al oído.

melódico, ca adj. Relativo a la melodía : *frase melódica.*

melodioso, sa adj. Dulce y agradable al oído : *verso melodioso.*

melodrama m. Drama de carácter popular, de acción complicada con situaciones patéticas. || Drama con acompañamiento de música. || *Fig.* Situación patética.

melodramático, ca adj. Relativo al melodrama. || Enfático y exagerado.

melomanía f. Amor excesivo a la música.

melómano, na adj. y s. Aficionado a la música de manera exagerada.

melón m. Planta cucurbitácea, de fruto esferoidal u ovalado, de carne dulce y olorosa. || Fruto de esta planta. || *Fig. y fam.* Calabaza, tonto.

melonada f. *Fam.* Sandez.

melonar m. Terreno plantado de melones.

melonero, ra m. y f. Persona que vende o cultiva melones.

melopea f. *Fam.* Borrachera.

melosidad f. Dulzura, suavidad.

meloso, sa adj. Dulce como la miel : *voz melosa.* || *Fig.* De una dulzura afectada, empalagosa.

Melpómene, musa de la Tragedia.

Melun [-lan], c. de Francia, al SE. de París y a orillas del Sena, cap. del dep. de Seine-et-Marne. Industrias.

Melville [-vil], bahía en el mar de Baffin, en la costa NO. de Groenlandia. — Peníns. de la parte septentrional de Canadá, en el océano Glacial Ártico. — Isla del archip. de Parry, al N. del Canadá. — Isla de la costa septentrional de Australia.

Melville (Herman), novelista norteamericano (1819-1891), autor de *Moby Dick* o *La ballena blanca.* Escribió también poesías (*Clarel*).

mella f. Rotura en el filo de un arma, en el borde de un objeto, etc., y hueco que resulta de ella. || Hueco que hay cuando se caen los dientes. || *Fig.* Menoscabo. || *Fam. Hacer mella,* causar efecto, impresionar : *las críticas no hacen mella en él ;* perjudicar, mermar : *hacer mella en su fortuna.*

Mella, mun. al este de Cuba (Santiago).

Mella (Julio Antonio), revolucionario cubano (1905-1929), adversario del pres. Gerardo Machado. Fundó el Partido comunista en su país (1925). Murió asesinado. ‖ ~ (RAMÓN), general y patriota dominicano que en 1844 proclamó la independencia en unión de Duarte y Francisco del Rosario Sánchez. ‖ ~ (VÁZQUEZ DE). V. VÁZQUEZ DE MELLA (Juan).

mellado, da adj. Que tiene el borde estropeado : *plato mellado*. ‖ Falto de algún diente (ú. t. c. s.).

melladura f. Mella.

mellar v. t. Hacer mellas a una cosa : *mellar la espada, el plato*. ‖ Fig. Menoscabar : *mellar la fama*. ‖ — V. pr. Perder dientes.

Mellid, comarca y v. al noroeste de España (Coruña). Agricultura.

mellizo, za adj. y s. Gemelo : *hermanos mellizos*.

memada f. Fam. Memez.

membrana f. Tejido fino y elástico que forma, cubre o tapiza algunos órganos : *membrana mucosa, serosa*. ‖ Fís. Lámina muy delgada de metal o de cualquier otra materia.

membranoso, sa adj. Compuesto de membranas. ‖ Parecido a la membrana.

membrete m. Inscripción estampada en la parte superior del papel de escribir que indica el nombre y señas de una persona, oficina, etc.

membreteado, da adj. Con membrete : *papel membreteado*.

membrillar m. Terreno plantado de membrillos.

membrillero m. Membrillo, árbol.

membrillo m. Arbusto rosáceo de fruto amarillo, de carne áspera y granujienta. ‖ Su fruto. ‖ *Carne de membrillo*, dulce de membrillo.

Memel. V. KLAIPEDA.

memela f. Méx. Tortilla de maíz.

memento m. Cada una de las dos partes del canon de la misa en que se hace conmemoración de los fieles y difuntos. ‖ Librito donde uno escribe lo que no quiere olvidar.

memez f. Necedad, idiotez.

Memling (Hans), pintor flamenco (¿ 1433 ?-1494).

memo, ma adj. y s. Tonto, bobo.

memorable adj. Digno de ser recordado : *suceso memorable*.

memorando o **memorándum** m. Librito de apuntes. ‖ Comunicación diplomática para exponer brevemente la situación de un asunto.

memoria f. Facultad de recordar algo vivido o aprendido : *tener mala memoria*. ‖ Recuerdo : *guardar memoria de un acontecimiento*. ‖ Reputación buena o mala que queda de uno después de su muerte. ‖ Lista de gastos, factura. ‖ Disertación científica o literaria. ‖ Estudio breve sobre alguna materia. ‖ Informe de una asamblea. ‖ Órgano esencial de las calculadoras electrónicas capaz de almacenar datos y de restituirlos en el momento oportuno : *memoria de discos*. ‖ — Pl. Relación escrita de ciertos acontecimientos públicos o privados. ‖ Obra autobiográfica. ‖ Recuerdos, saludos a un ausente por escrito o por tercera persona : *dele memorias a su padre*. ‖ — *De memoria*, conservando una cosa en la memoria. ‖ *Flaco de memoria*, olvidadizo. ‖ *Hacer memoria*, recordar voluntariamente. ‖ *Traer a la memoria*, recordar.

memorial m. Petición escrita en que se solicita un favor o gracia. ‖ Libro donde se apuntan hechos memorables. ‖ Boletín, publicación.

memorialista com. Persona que escribe memoriales u otros documentos por cuenta ajena.

memorión, ona adj. Dícese de la persona que lo aprende todo de memoria o no se fía más que de su memoria o que tiene mucha memoria (ú. t. c. s.). ‖ — M. Memoria grande.

memorístico, ca adj. De la memoria.

memorización f. Acción de fijar metódicamente algo en la memoria por medio de repeticiones sistemáticas.

memorizar v. i. Aprender de memoria.

Memphis, c. de Estados Unidos (Tennessee), a orillas del Misisipí.

mena f. Parte de filón que contiene minerales. ‖ Fig. Filón.

Mena (Juan de), poeta y humanista español, n. en Córdoba (1411-1456), autor de *Laberinto de fortuna* o *Las trescientas*, poema alegórico, y de *La Coronación*. ‖ ~ (PEDRO DE), escultor español, n. en Granada (1628-1688), discípulo de Alonso Cano, de gran realismo (*Dolorosas*).

Menado. V. MANADO.

menaje m. Mobiliario de una casa. ‖ Ajuar. ‖ Utensilios de cocina.

Menam, río que atraviesa Tailandia, pasa por Bangkok y des. en el golfo de Siam ; 1 200 km.

Menandro, poeta cómico griego (¿ 342 ?-292 a. de J. C.). Escribió innumerables comedias.

Mencio. V. MENG-TSE.

mención f. Acción de referir un hecho o de nombrar una persona.

mencionar v. t. Hacer mención, hablar de una cosa o persona : *ni siquiera mencionó mi nombre*.

Menchaca (Ángel), musicólogo paraguayo (1855-1924).

menchevique adj. Que pertenecía a la fracción minoritaria (por oposición a *bolchevique* o *mayoritario*) del partido socialdemócrata ruso (ú. t. c. s.).

menda pron. pers. de 1.ª persona. Pop. Persona que habla (úsase con el verbo en 3.ª persona). ‖ Pop. Mi menda, yo : *mi menda se levanta a las seis de la mañana*.

mendacidad f. Calidad de mendaz.

Mendaña (*Archipiélago de*). V. MARQUESAS (*Islas*).

Mendaña de Neira (Álvaro), navegante y explorador español (1549-1595), descubridor de las islas Salomón (1567), de Santa Cruz (1592) y de las Marquesas (1595).

mendaz adj. y s. Mentiroso.

Mende, c. del S. de Francia, cap. del dep. de Lozère. Obispado. Catedral.

Mendel (Johann Gregor), religioso y botánico austriaco (1822-1884), autor de investigaciones sobre las leyes de la herencia en los vegetales.

Mendeleiev o **Mendeleev** (Dimitri Ivanovich), químico ruso (1834-1907), autor de la clasificación periódica de los elementos químicos.

mendelevio m. Elemento químico transuránico (Mv), de número atómico 101.

mendelismo m. Concepción de J. G. Mendel sobre la transmisión de ciertos caracteres hereditarios, que condujo a la teoría cromosómica y a la noción de los genes.

Mendelssohn (Felix), músico alemán, n. en Hamburgo (1809-1847), autor de sinfonías, oratorios, oberturas (*El sueño de una noche de verano, La gruta de Fingal*), conciertos, lieder, etc.

Menderes, ant. *Meandro*, río de la Turquía asiática que desemboca en el mar Egeo ; 450 km.

Méndez, prov. en el SE. de Bolivia (Tarija) ; cap. *San Lorenzo*. — Pobl. en el E. del Ecuador, cab. de cantón de Santiago (Morona-Santiago).

Méndez (Aparicio), político uruguayo, n. en 1904, pres. de la Rep. de 1976 a 1981. ‖ ~ (GERVASIO), poeta elegiaco argentino (1848-1898). ‖ ~ (LEOPOLDO), pintor y grabador mexicano (1902-1969). ‖ ~ (MIGUEL), escritor norteamericano, n. en 1930, autor de novelas de ambiente chicano (*Peregrinos de Aztlán*). ‖ ~ Calzada (LEOPOLDO), escritor y poeta argentino (1898-1940). ‖ ~ Montenegro (JULIO CÉSAR), jurista y político guatemalteco, n. en 1915, pres. de la Rep. de 1966 a 1970. ‖ ~ Núñez (CASTO), marino español (1824-1869). Se distinguió en Filipinas y mandó después la flota que bombardeó Valparaíso y El Callao en 1866.

mendicante adj. Que mendiga (ú. t. c. s.). ‖ Aplícase a las órdenes religiosas fundadas o reorganizadas en el s. XIII que obtienen lo necesario para vivir de la limosna de los fieles.

mendicidad f. Acción de mendigar.

mendigante adj. y s. Mendicante.

mendigar v. t. Pedir limosna (ú. t. c. i.). ‖ Fig. Pedir con insistencia.

mendigo, ga m. y f. Persona que pide limosna. ‖ — M. pl. Patriotas de

los Países Bajos sublevados contra la dominación de España en 1566.

Mendigorria, v. al norte de España (Navarra).

Mendive (Rafael María), escritor cubano (1821-1886), autor de poesías (*Pasionarias*) y de obras de teatro.

Mendizábal (Juan ÁLVAREZ); político español (1790-1853), jefe del Gobierno en 1835. Decretó la desamortización de los bienes eclesiásticos.

mendocino, na adj. y s. De Mendoza (Argentina).

Mendoza, río del O. de la Argentina en la prov. homónima ; 350 km. — C. del O. de la Argentina, cap. de la prov. homónima al pie de los Andes. Obispado. Residencia de varias facultades de la Universidad de Cuyo.

Mendoza (Alonso de), militar español del s. XVI, fundador de la c. de La Paz (Bolivia) en 1548. ‖ ~ (ANTONIO DE), gobernante español (¿ 1492 ?-1552), primer virrey de Nueva España de 1535 a 1550, donde fundó la c. de Valladolid (hoy Morelia). Fue luego virrey del Perú (1551). ‖ ~ (BERNARDINO DE), historiador y diplomático español (¿ 1541 ?-1604). ‖ ~ (DANIEL), escritor costumbrista venezolano (1823-1867). ‖ ~ (DIEGO DE). V. HURTADO. ‖ ~ (EDUARDO), novelista español, n. en 1943, autor de *La verdad sobre el caso Savolta, La casa embrujada, El laberinto de las aceitunas*, etc. ‖ ~ (FRANCISCO DE), conquistador español, m. en 1548. Llegó al Río de la Plata con Pedro de Mendoza y fue gobernador de Asunción (1547). ‖ ~ (GONZALO DE), conquistador español, m. en 1558, fundador, con Juan de Salazar, de Asunción (1537). Fue gobernador del territorio del Río de la Plata (1556). ‖ ~ (ÍÑIGO DE), franciscano español (¿ 1425-1507 ?), autor del poema *Vita Christi*. ‖ ~ (ÍÑIGO LÓPEZ DE). V. SANTILLANA (*Marqués de*). ‖ ~ (JAIME), escritor boliviano (1874-1939), autor de novelas (*En las tierras del Potosí, Páginas bárbaras*) y ensayos. ‖ ~ (PEDRO DE), conquistador español, n. en Guadix (Granada) (¿ 1487 ?-1537), primer adelantado del Río de la Plata y primer fundador de Buenos Aires (1536). ‖ ~ Cortez (QUIRINO), músico mexicano (1862-1957). ‖ ~ Gutiérrez (VICENTE), compositor y musicólogo mexicano (1894-1964). ‖ ~ y la Cerda (ANA). V. ÉBOLI. ‖ ~ y Luna (JUAN DE), gobernante español (1571-1628), virrey de Nueva España de 1603 a 1607 y del Perú de 1607 a 1615. Fue *marqués de Montesclaros*.

mendrugo m. Trozo de pan duro.

menear v. t. Agitar, mover algo : *menear la mano, el café*. ‖ Fig. Manejar, dirigir : *menear un negocio*. ‖ Fig. y fam. Peor es menearlo o menearlo, es preferible no volver a tratar de algo que causó disgustos o desavenencias o que podría causarlos. ‖ — V. pr. Moverse. ‖ Fig. y fam. Hacer todas las diligencias o esfuerzos necesarios para conseguir algo. ‖ Fam. De no te menees, extraordinario.

Menelao, rey aqueo, fundador de Lacedemonia, esposo de Helena y hermano de Agamenón.

Menéndez, lago del S. de la Argentina (Chubut).

Menéndez (Andrés Ignacio), general salvadoreño, n. en 1879, pres. de la Rep. de 1934 a 1935 y pres. provisional en 1944. ‖ ~ (FRANCISCO), general salvadoreño (1830-1890), pres. de la Rep. de 1885 a 1890. ‖ ~ (MANUEL), político peruano (1793-1847), pres. de la Rep. en 1841 a 1842 y de 1844 a 1845. ‖ ~ (MIGUEL ÁNGEL), escritor mexicano, n. en 1905, autor de novelas (*Nayar*), poesías, ensayos y crónicas (*Hollywood sin pijamas*). ‖ ~ de Avilés (PEDRO), militar y marino español (1519-1574). Fue conquistador de Cuba, adelantado de la Florida y fundador de la c. de San Agustín (1565). ‖ ~ Pelayo (MARCELINO), polígrafo español, n. en Santander (1856-1912), maestro de la historiografía nacional. Autor de *Historia de las ideas estéticas en España, Historia de los heterodoxos españoles, Antología de poetas líricos castellanos, Antología de poetas hispanoamericanos*, etc. ‖ ~ Pidal (RAMÓN), maestro de la escuela filológica española, n. en La Coruña (1869-1968), autor de *Los orígenes del español, La leyenda de los infantes de Lara, En torno al poema del Cid, La España del Cid, Manual de gramática histórica, El romancero español*, etc.

meneo m. Movimiento, agitación. ‖ Contoneo al andar. ‖ *Fig.* y *fam.* Dificultad, obstáculo : *los meneos de la vida.* ‖ Paliza : *darle un meneo a uno.*

Meneses (Carlos J.), músico mexicano (1863-1929). ‖ ~ (GUILLERMO), escritor venezolano (1911-1978), autor de cuentos (*La balandra Isabel llegó esta tarde, Tres cuentos venezolanos, La mano junto al muro*) y novelas (*Canción de negros, El mestizo José Vargas*).

menester m. Necesidad de una cosa. ‖ Ocupación, empleo o ministerio : *atender a sus menesteres.* ‖ — Pl. Necesidades corporales. ‖ *Fam.* Instrumentos de trabajo, enseres. ‖ — *Haber menester una cosa,* necesitarla. ‖ *Ser menester una cosa,* ser necesaria.

menesteroso, sa adj. y s. Indigente.

menestra f. Guisado de carne acompañado de varias hortalizas o verduras. ‖ Legumbres secas.

menestral, la m. y f. Artesano, obrero que hace un trabajo manual.

Menfis, c. del antiguo Egipto, a orillas del Nilo y S. de El Cairo.

menfita adj. y s. De Menfis.

mengano, na m. y f. Nombre indeterminado que se usa después de Fulano y antes de Zutano para designar una persona sin nombrarla.

Mengíbar, c. al S. de España (Jaén).

Mengs (Anton Raphael), artista neoclásico alemán (1728-1779), pintor de cámara de Carlos III de España.

Meng-Tse o **Mencio,** filósofo chino (¿ 372 ?-289 a. de J. C.), nieto de Confucio y autor de un *Tratado de moral.*

mengua f. Reducción, disminución. ‖ Falta. ‖ Pobreza. ‖ Descrédito. ‖ *En mengua de,* en perjuicio de.

menguado, da adj. Reducido. ‖ — M. Disminución de puntos en una labor de lana, de hilo.

menguante adj. Que mengua.

menguar v. i. Disminuir, bajar : *el calor ha menguado.* ‖ Reducirse la parte visible de la Luna. ‖ Disminuir los puntos en una labor con lana o hilo. ‖ *Fig.* Decaer, venir a menos. ‖ — V. t. Reducir, disminuir. ‖ Rebajar : *esto no mengua en nada su fama.*

Mengzi. V. MONG-TSEU.

menhir m. Megalito formado por una piedra larga fijada en el suelo.

menina f. Mujer que desde niña servía a la reina o a las infantas.

Meninas (Las), cuadro de Velázquez (1656), en el Prado (Madrid).

meninge f. Cada una de las tres membranas que cubren el encéfalo y la médula espinal, llamadas *duramadre, aracnoides* y *piamadre.*

meningítico, ca adj. De las meninges.

meningitis f. Inflamación de las meninges.

meningococo m. *Med.* Microbio causante de la meningitis.

Menipo, filósofo cínico griego del s. III a. de J. C. y escritor satírico cuyas obras se han perdido.

menisco m. Lente convexa por una cara y cóncava por la otra. ‖ *Fís.* Superficie cóncava o convexa del líquido contenido en un tubo estrecho. ‖ Cartílago situado entre los huesos, en algunas articulaciones.

Meno. V. MAIN.

Menocal (Armando), pintor y poeta cubano (1863-1942). ‖ ~ (MARIO). V. GARCÍA MENOCAL.

menopausia f. Cesación natural y definitiva de la menstruación en la mujer. ‖ Época en que ésta se produce.

menopáusico, ca adj. Relativo a la menopausia. ‖ Que ya no tiene menstruación (ú. t. c. s. f.).

menor adj. Más pequeño : *el menor ruido.* ‖ Que no ha llegado a la mayor edad legal. U. t. c. s. : *tribunal de menores.* ‖ Más joven : *soy menor que tú* (ú. t. c. s.). ‖ *Mús.* Aplícase a una de las dos escalas predominantes en el sistema de tonos. ‖ Dícese de las cuatro primeras órdenes de la jerarquía eclesiástica, que son por-

tero, lector, exorcista y acólito. ‖ — *Al por. menor,* en pequeñas cantidades. ‖ *Menor que,* signo matemático (<) que, colocado entre dos cantidades, indica ser menor la primera que la segunda. ‖ *Por menor,* con todo detalle : *al por menor.* ‖ — M. Religioso franciscano. ‖ — Pl. En los colegios, clase de los pequeños. ‖ — F. Segunda proposición de un silogismo.

Menorca, isla del E. de España, la más oriental del archip. de las Baleares ; 702 km² ; 60 000 h. Cap. Mahón. Obispado Ganadería. Turismo. Obispado con sede en Ciudadela.

menorista adj. y s. *Méx.* Minorista.

menorquín, ina adj. y s. De Menorca. ‖ — M. Dialecto balear hablado en Menorca.

menorragia f. Menstruación, hemorragia menstrual excesiva.

menos adv. Indica inferioridad en la calidad, cantidad, distancia y valor : *menos inteligente ; menos dinero ; menos lejos ; menos caro.* ‖ — *Al menos, a lo menos, lo menos,* cuando menos o por lo menos (en Amer. a lo menos o de menos), como mínimo. ‖ *A menos que,* a no ser que. ‖ *De menos,* indica falta : *tener cien dólares de menos.* ‖ *Echar de menos,* notar la ausencia de una cosa o persona, generalmente con pesar. ‖ *En menos,* en menor cantidad o grado. ‖ *Méx. Hacer menos,* no dar su verdadera importancia. ‖ *Hacerse menos,* mostrarse inseguro o falto de confianza. ‖ *Menos de,* indica un número ligeramente inferior al expresado : *pueblo de menos de mil habitantes.* ‖ *No ser para menos,* ser bastante importante. ‖ *Poco más o menos,* aproximadamente. ‖ *Ser lo de menos,* no importar. ‖ *Tener en menos,* despreciar. ‖ *Venir a menos,* perder categoría, decaer. ‖ — Prep. Excepto : *fueron todos, menos yo.* ‖ — Pron. Una cantidad menor : *hoy vinieron menos.* ‖ — M. *Mat.* Signo de sustracción o resta y de las cantidades negativas (—). ‖ *La más mínima cosa : el más y el menos.*

menoscabar v. t. Disminuir.

menoscabo m. Mengua, disminución : *ha sufrido menoscabo en su fortuna.* ‖ Daño, perjuicio.

menospreciable adj. Despreciable.

menospreciador, ra adj. Que desprecia (ú. t. c. s.).

menospreciar v. t. Apreciar en menos de lo que realmente vale una cosa o a una persona. ‖ Despreciar.

menosprecio m. Poco aprecio, poca estimación. ‖ Desprecio, desdén.

Menotti (Gian Carlo), músico italiano, n. en 1911, autor de óperas (*La médium, El cónsul*).

mensaje m. Recado de palabra o escrito que envía una persona a otra. ‖ Comunicación oficial entre poderes públicos. ‖ Comunicación importante que se considera como una revelación : *el Evangelio es el mensaje de Cristo.* ‖ Significado o aportación de una obra o de un escritor o artista : *el mensaje de un poeta.* ‖ *Fig.* Anuncio. ‖ Información facilitada por un ordenador. ‖ *Mensaje de la Corona, de un jefe de Estado,* discurso pronunciado por un soberano o jefe de Estado sobre la situación de su país.

mensajería f. Servicio de transporte para viajeros y mercancías. ‖ Su oficina. ‖ Transporte rápido de mercaderías por ferrocarril, camiones o mar.

mensajero, ra adj. y s. Que transmite mensajes. ‖ *Fig.* Anunciador : *mensajero de la felicidad.* ‖ *Paloma mensajera,* la que por volver fácilmente a su nido se emplea para llevar mensajes.

menso, sa adj. y s. *Méx.* Tonto.

menstruación f. Eliminación periódica, con hemorragia, de la mucosa uterina cuando no ha habido fecundación. ‖ Menstruo.

menstrual adj. Relativo al menstruo : *flujo menstrual.*

menstruar v. i. Tener el menstruo.

menstruo m. Flujo de líquido sangriento que evacúan periódicamente las mujeres.

mensual adj. Que sucede o se repite cada mes : *publicación, sueldo mensual.* ‖ Que dura un mes : *suscripción*

mensual. ‖ — M. y f. *Arg.* Empleado que está pagado mensualmente.

mensualidad f. Sueldo o salario de un mes. ‖ Cantidad abonada cada mes : *pagar en dos mensualidades.*

mensualización f. Pago mensual de los salarios.

mensualizar v. t. Efectuar la mensualización de los salarios o de un pago.

ménsula f. *Arq.* Adorno que sobresale de un plano vertical y sirve de soporte : *ménsula de un tejado.*

mensurabilidad f. Calidad de un cuerpo que puede ser medido.

mensurable adj. Que se puede medir.

mensuración f. Medida.

mensurar v. t. Medir.

menta f. Hierbabuena.

mentado, da adj. Famoso, célebre. ‖ Mencionado, del cual se ha hablado. ‖ — F *Méx.* Insulto.

mental adj. Relativo a la mente : *facultades mentales.* ‖ Que se hace en la mente : *oración mental.* ‖ — *Enajenación mental,* locura. ‖ *Restricción mental,* reserva tácita, omisión voluntaria.

mentalidad f. Modo de pensar que caracteriza a una persona, un pueblo, una época, etc.

mentalización f. Acción y efecto de mentalizar o mentalizarse.

mentalizar v. t. Meter en la cabeza una idea (ú. t. c. pr.).

mentar v. t. Mencionar.

mente f. Pensamiento : *tener algo en la mente.* ‖ Mentalidad. ‖ Intención, propósito : *no está en mi mente hacerlo.* ‖ *Tener en mente,* recordar.

mentecatada, mentecatería y **mentecatez** f. Necedad.

mentecato, ta adj. y s. Necio.

mentidero m. *Fam.* Lugar donde se reúne la gente para conversar y criticar : *mentidero político, literario.*

mentir v. i. Afirmar lo que se sabe que es falso o negar la verdad.

mentira f. Declaración intencionadamente falsa. ‖ Cuento, historia falsa : *siempre está contando mentiras.* ‖ *Fig.* y *fam.* Manchita blanca en las uñas. ‖ *Parece mentira,* es increíble.

mentirijillas (de) y **de mentirillas** adv. En broma.

mentiroso, sa adj. y s. Que tiene costumbre de mentir (ú. t. c. s.). ‖ Engañoso : *proposiciones mentirosas.*

mentís m. Negación de una otra persona afirma.

mentol m. Alcohol sólido antineurálgico sacado de la esencia de la menta.

mentolado, da adj. Que contiene mentol. ‖ Que tiene sabor de menta.

mentolar v. t. Dar sabor de menta.

mentón m. Barbilla.

Menton, c. del S. de Francia (Alpes-Maritimes). Centro turístico.

mentor m. *Fig.* Persona que otro toma como guía o consejero.

menú m. Minuta, lista de platos.

menudear v. t. Hacer una cosa repetidas veces. ‖ Contar algo detalladamente. ‖ — V. i. Acaecer algo con frecuencia.

menudencia f. Pequeñez. ‖ Esmero, exactitud. ‖ Cosa de poca importancia. ‖ Objeto artístico pequeño que sirve de adorno en las casas. ‖ — Pl. Despojos de reses o aves.

menudillos m. pl. Sangre, higadillo, molleja y otras vísceras de las aves.

menudo, da adj. Pequeño, delgado. ‖ Despreciable, de poca importancia. ‖ Aplícase al dinero en monedas pequeñas : *la plata o moneda menuda.* ‖ Exacto, minucioso : *me hizo una menuda relación de lo sucedido.* ‖ Usado irónica y enfáticamente, significa enorme, difícil, grave, increíble : *menuda catástrofe ; en menudo estado estaba.* ‖ — M. pl. Entrañas y sangre de las reses. ‖ Pescuezo, alones, patas y menudillos de las aves. ‖ *Méx.* Plato de cocina hecho con panza y patas de res, jitomate o tomate, chile, etc. ‖ — *A menudo,* frecuentemente. ‖ *La gente menuda,* los niños.

Menzaleh, lago del Bajo Egipto, en la parte oriental del delta del Nilo. Está atravesado por el canal de Suez.

Menzel-Burguiba, ant. *Ferryville,* c. del N. de Túnez, a orillas del lago de Bizerta. Astillero. Siderurgia.

meñique adj. Aplícase al dedo

408

quinto y más pequeño de los de la mano (ú. t. c. s. m.).

meollo m. Seso. ‖ Médula. ‖ *Fig.* Sustancia, lo principal de una cosa : *el meollo de la cuestión.* | Entendimiento, juicio.

meón, ona adj. *Pop.* Que mea mucho (ú. t. c. s.). | Dícese del niño de muy poca edad (ú. t. c. s.).

mequetrefe com. *Fam.* Hombre de poca importancia, muy bullicioso y entrometido. | Niño.

Mequinenza, v. al NE. de España (Zaragoza). Embalse y central eléctrica en el Ebro.

Mequínez, en fr. *Meknès,* c. del centro de Marruecos.

Mera (Juan León), escritor ecuatoriano, n. en Ambato (1832-1894), autor de *Cumandá o un drama entre salvajes,* novela indianista, de versos *(Melodías indígenas)* y de la letra del himno nacional de su país.

Merano, c. del N. de Italia (Bolzano).

mercachifle m. Buhonero. ‖ *Despect.* Comerciante de poco fuste.

mercadear v. i. Comerciar.

mercadeo m. Investigación de mercados.

mercader com. Comerciante.

Mercader de Venecia (El), comedia de Shakespeare (1596).

Mercaderes, mun. al suroeste de Colombia (Cauca).

mercadería f. Mercancía.

mercado m. Lugar público cubierto o al aire libre donde se venden y compran mercancías : *mercado de pescado.* ‖ Comerciantes que se reúnen en cierto sitio y fecha para vender sus productos : *aquí hay mercado cada domingo.* ‖ Concurrencia de gente en estos sitios : *el mercado se alborotó.* ‖ Salida económica : *el mercado de ultramar.* ‖ Situación de la oferta y la demanda : *mercado en retroceso.* ‖ *Mercado negro,* comercio ilícito y clandestino a precio elevado de mercancías cuya venta está regulada.

Mercado, cerro al O. de México, junto a la c. de Durango. Hierro.

Mercado Común, asociación europea que tiene por objeto la supresión de las barreras arancelarias entre los diferentes países integrantes de la Comunidad Económica Europea, que firmaron el Tratado de Roma en 1957 y otros que se admitieron en 1973 y 1981. (V. COMUNIDAD ECONÓMICA EUROPEA.)

mercadotecnia f. Marketing.

mercancía f. Todo lo que se vende o compra.

mercante adj. Mercantil : *la marina mercante.*

mercantil adj. Relativo al comercio. ‖ *Fig.* Que tiene afán de lucro.

mercantilismo m. Espíritu mercantil aplicado a cualquier cosa. ‖ Doctrina económica de los siglos XVI y XVII, según la cual la riqueza de los Estados descansaba en la posesión de metales preciosos.

mercantilista adj. Del mercantilismo. ‖ — M. y f. Partidario del mercantilismo. ‖ Experto en materia de Derecho mercantil.

mercantilizar v. t. Valorar todo en función del dinero que representa. ‖ Comercializar.

mercar v. t. Comprar, adquirir.

Mercator (Gerhard KREMER, llamado **Gerhard),** matemático y geógrafo flamenco (1512-1594), inventor de un sistema de proyección cartográfica.

merced f. Favor, gracia. ‖ Voluntad, arbitrio : *estar a la merced de alguien.* ‖ Tratamiento de cortesía : *vuestra merced.* ‖ Orden real y militar instituida por Jaime el Conquistador. (La *orden de la Merced* fue fundada en Barcelona [1218] por San Pedro Nolasco y San Raimundo de Peñafort. Su objeto era el rescate de cautivos cristianos.) ‖ *Merced a,* gracias a.

mercedario, ria adj. y s. De la orden de la Merced : *fraile mercedario.* ‖ De Mercedes (Uruguay).

Mercedario, cima de los Andes al oeste de la Argentina (San Juan) ; 6 670 m.

Mercedes, c. de la Argentina (Buenos Aires). Obispado. Industria. ‖ — Pobl. del NE. de la Argentina (Corrientes). ‖ — C. de la Argentina (San Luis). ‖ — C. del SO. del Uruguay, cap. del

dep. de Soriano. Obispado. ‖ — **(Las),** mun. en el norte del centro de Venezuela (Guárico). Petróleo. ‖ — **Díaz,** mun. al oeste de Venezuela (Trujillo).

mercenario, ria adj. Que se hace sólo por dinero. ‖ Aplícase al soldado o tropa que presta sus servicios a un gobierno extranjero que le paga (ú. t. c. s. m.). ‖ Codicioso de ganancias.

merceología f. *Arg.* Asignatura o materia de enseñanza secundaria que trata de la tecnología industrial.

mercería f. Comercio de objetos menudos que se utilizan para la costura y otras labores femeninas.

mercero, ra m. y f. Persona que comercia en mercería.

mercurio m. Cuerpo metálico, de número atómico 80, conocido vulgarmente por azogue.
— El *mercurio* (Hg) existe generalmente en la naturaleza en estado de sulfuro o cinabrio. Se encuentra en España (Almadén), en Italia, Yugoslavia, U. R. S. S., Estados Unidos, Argelia, China, Canadá, México y Perú. El mercurio es blanco, brillante, su densidad es 13,6 y es el único metal líquido a la temperatura ordinaria. Se solidifica a — 39 °C. y su punto de ebullición es 357 °C.

Mercurio, el planeta más próximo al Sol.

Mercurio, dios latino del Comercio, hijo de Júpiter. Es el *Hermes* griego.

Mercurio *(El),* diario chileno de Valparaíso, fundado en 1827. ‖ — **Peruano,** revista de artes y letras peruana, fundada en Lima en 1791.

Merchán (Rafael María), escritor y político cubano (1844-1905).

merchandising m. (pal. ingl.). Comercialización, estudio y realización de todo lo referente a la presentación de un producto comercial.

merdellón, ona adj. Aplícase a la persona que adopta modos, costumbres e indumentarias propios de una clase social superior, con el vano propósito de aparentarse a ella (ú. t. c. s.).

merecedor, ra adj. Que merece : *merecedor de elogios* (ú. t. c. s.).

merecer v. t. Ser o hacerse digno de algo : *merecer un premio ; el castillo merece una visita* (ú. t. c. pr.). ‖ Presentar los requisitos necesarios para una cosa : *documento que merece aprobación.* ‖ — V. i. Ser digno de premio. ‖ *Estar en edad de merecer,* estar en edad de casarse.

merecido m. Castigo que merece uno : *llevó su merecido.*

merecimiento m. Mérito.

Merejkovski (Dimitri), escritor ruso (1865-1941), autor de poesías simbolistas, de novelas históricas y de ensayos.

merendar v. i. Tomar la merienda : *merendar a las cuatro de la tarde.* ‖ — V. t. Comer en la merienda : *merendar una manzana.* ‖ — V. pr. *Fig.* y *fam.* Lograr fácilmente una cosa : Vencer, dominar a alguien.

merendero m. Sitio, establecimiento donde se pueden tomar consumiciones y a veces bailar.

merendola f. *Fam.* Merienda.

Merendón, sierra al NE. de Honduras (Copán y Ocotepeque), fronteriza con Guatemala ; 2 500 m.

merendona f. *Fig.* Merienda muy buena, magnífica.

merengue m. Dulce hecho con claras de huevo y azúcar, y cocido al horno. ‖ *Fig.* Persona enclenque. ‖ Baile típico dominicano. ‖ Su música.

meretriz f. Prostituta.

mergo m. Cuervo marino.

Mérida, cordillera que va del SO. al NE. de Venezuela, llamada también *Andes Venezolanos.* ‖ — C. del O. de España (Badajoz), a orillas del Guadiana. Teatro, anfiteatro, circo y acueducto romanos. Llamado *Emérita Augusta* por los romanos. ‖ — C. del SE. de México, cap. del Estado de Yucatán. Arzobispado. Universidad. Centro comercial, industrial, cultural y de comunicaciones. Fundada en 1542. ‖ — C. del NO. de Venezuela, cap. del Estado homónimo. Arzobispado. Residencia de la Universidad de los Andes. Fundada en 1558. ‖ — (SIERRA DE). V. NEVADA DE MÉRIDA.

Mérida (Carlos), pintor y muralista guatemalteco, n. en 1891.

meridano, na adj. y s. De Mérida (México).

meridense adj. y s. De Mérida (c. de Venezuela).

meridano, ña adj. y s. De Mérida (España). ‖ De Mérida, estado de Venezuela.

meridiano, na adj. Relativo al mediodía : *exposición meridiana.* ‖ Dícese del plano que, en un lugar dado, contiene la vertical del mismo y el eje de rotación del globo (ú. t. c. s. m.). ‖ Aplícase a los instrumentos que sirven para observar el paso de las astros por el meridiano local. ‖ *Fig.* Luminosísimo, clarísimo : *luz meridiana.* ‖ — Con claridad meridiana, bien claro, sin rodeos : *De una claridad meridiana,* muy comprensible. ‖ — M. Círculo máximo de la esfera celeste que pasa por los polos. ‖ *Geogr.* Cualquier semicírculo de la esfera terrestre que va de polo a polo. ‖ *Astr.* Intersección del plano meridiano y del horizontal en un lugar determinado. ‖ *Meridiano magnético,* plano vertical que contiene la dirección de equilibrio de la aguja imantada. ‖ *Geogr. Primer meridiano,* aquel desde el cual se miden arbitrariamente los grados de longitud. (El *primer meridiano* internacional pasa por el observatorio de Greenwich, cerca de Londres.) ‖ — F. Especie de sofá o silla larga con respaldo inclinado. ‖ Siesta.
— El *meridiano,* que pasa por los polos del globo y lo divide en dos hemisferios (oriental y occidental), se llama así porque cuando pasa el Sol por él son las doce del día en todos los puntos que atraviesa en el hemisterio iluminado, mientras que en los del otro son las doce de la noche. (V. LATITUD.)

meridional adj. Del Sur o Mediodía : *América meridional.* ‖ Dícese de las personas nacidas en el sur de un país (ú. t. c. s.).

merienda f. Comida ligera que se toma por la tarde. ‖ Comida fría que se lleva en una excursión o viaje. ‖ — *Fig.* Juntar meriendas,* unir intereses. | *Merienda de negros,* confusión grande, reparto caprichoso y abusivo.

Mérignac, mun. al SO. de Francia (Gironde). Aeropuerto de Burdeos.

Mérimée (Ernest), hispanista francés (1846-1924). — Su hijo HENRI (1878-1926) fue también hispanista. — (PROSPER), escritor francés (1803-1870), autor de narraciones *(Carmen, Colomba,* etc.).

Merín o Mirim, laguna fronteriza entre el Uruguay y el Brasil. Comunica con la laguna de los Patos por el río San Gonzalo ; 2 966 km².

merindad f. Territorio que estaba bajo la autoridad de un merino : *las merindades de Navarra.*

Merino (Ignacio), pintor de cuadros históricos peruano (1817-1876). — (JERÓNIMO), guerrillero español (1769-1844), que luchó en la guerra contra el ejército napoleónico y más tarde en el bando carlista. Llamado *el Cura Merino.*

merino, na adj. Dícese de los carneros y ovejas de lana muy fina, corta y rizada (ú. t. c. s.). ‖ — M. Tela hecha con esta lana. ‖ Oficial público encargado de la administración económica y judicial en el territorio.

mérito m. Acción que hace al hombre digno de premio o estima : *tratar a cada uno según sus méritos.* ‖ Calidad apreciable de una persona o cosa : *el mérito de una persona ; este chico tiene mucho mérito.* ‖ — De mérito, de valor. ‖ Hacer méritos, esmerarse o dar pruebas de sus aptitudes para lograr algo.

meritorio, ria adj. Digno de elogio, premio o galardón. ‖ — M. y f. Aprendiz de un empleo.

Merlín, llamado *el Encantador,* personaje de las novelas de caballerías del ciclo bretón.

Merlo, c. de la Argentina (Buenos Aires).

Merlo (Tomás), pintor guatemalteco (1694-1739).

merluza f. Pez marino de carne blanca muy sabrosa : *comí merluza* con *salsa verde.* || *Pop.* Borrachera, cogorza, pea : *cogió una merluza.*

merma f. Disminución.

mermar v. i. Disminuir. || — V. t. Reducir : *mermar la paga, la ración.* || Empezar a gastar : *mermar un capital.* || *Fig.* Rebajar : *mermar la reputación.*

mermelada f. Dulce de fruta triturada, cocida y mezclada con azúcar.

mero, ra adj. Puro, simple, solo : *por una mera casualidad.* || — M. Pez marino, de carne muy apreciada.

merodeador, ra adj. y s. Que merodea, vagabundo.

merodear v. t. Vagar por un sitio.

merodeo m. Acción de merodear.

Meroveo, rey franco de 448 a 457. Luchó en los Campos Cataláunicos, donde venció a Atila (451).

merovingio, gia adj. Relativo a Meroveo, rey de Francia. (La dinastía *merovingia,* primera de los reyes de Francia (460), se extinguió a la muerte de Childerico III en 751.)

Merrimack, río del NE. de Estados Unidos (Massachusetts), que des. en el Atlántico ; 270 km.

Merseburgo, c. del SE. de Alemania Oriental (Halle), a orillas del Saale.

Mers el-Kebir. V. MAZALQUIVIR.

Mersey, río de Gran Bretaña al N. de Inglaterra, que des. en el estuario de Irlanda, cerca de Liverpool ; 113 km.

Mersin, c. y puerto del S. de Turquía. Refinería de petróleo.

Merthyr Tydfil, c. al O. de la Gran Bretaña (Gales). Hulla. Metalurgia.

Merv. V. MARI.

merza f. *Arg. Fam.* Grupo de personas con los mismos gustos.

mes m. Cada una de las doce divisiones del año. || Espacio de treinta días. || Mensualidad, salario mensual : *cobrar el mes.* || Menstruo de la mujer.

mesa f. Mueble compuesto por un tablero liso sostenido por uno o varios pies y que sirve para comer, escribir, etc. || *Fig.* Utensilios que se ponen en este mueble para comer : *poner la mesa.* | Comida : *mesa suculenta, abundante.* || Conjunto de personas que presiden una asamblea : *la Mesa del Congreso, del Senado.* || *Geogr.* Parte más alta y poco extendida de una llanura elevada. | Meseta. || Descansillo de una escalera. || Parte superior plana de una piedra preciosa labrada. || — *Estar a mesa y mantel,* comer corrientemente en casa de otra persona. || *Mesa de altar,* sitio donde se pone la piedra consagrada. | *Mesa de batalla,* en el correo, aquella donde se reúne y ordena la correspondencia. || *Mesa de noche,* mueble pequeño junto a la cama. | *Mesa de operaciones,* aquella articulada sobre la que se acuesta al enfermo para que se le hagan operaciones quirúrgicas. || *Mesa directiva,* conjunto de personas que dirigen una asamblea, una junta, una asociación cualquiera. | *Mesa electoral,* sitio donde votan los electores. | *Mesa redonda,* reunión de diversas personas en un plan de igualdad con objeto de ponerse de acuerdo sobre un asunto. || *Mesas de nido,* las que no son del mismo tamaño y por lo tanto pueden ponerse unas debajo de otras.

Mesa (Cristóbal de), poeta español (1561-1633), autor de *Las Navas de Tolosa,* poema épico. || ~ (ENRIQUE DE), poeta español (1878-1929). Describió el campo castellano (*Tierra y alma, Cancionero castellano, La posada y el camino*). | ~ (JUAN DE), escultor español (1583-1627).

Mesa (La), mun. y pobl. del centro de Colombia (Cundinamarca).

Mesabi Range, cadena de colinas al N. de Estados Unidos (Minnesota).

mesadura f. Acción de mesarse.

mesalina f. *Fig.* Mujer disoluta.

Mesalina, princesa romana (¿ 25 ?- 48), tercera esposa del emperador Claudio I, madre de Británico y de Octavio. Célebre por su conducta licenciosa.

mesana f. *Mar.* Mástil de popa. | Vela que se coloca en este palo.

mesar v. t. Arrancar o estrujar el cabello o la barba con las manos (ú. t. c. pr.).

Mesas (CERRO DE LAS), lugar arqueológico al E. de México (Veracruz). || ~ (SIERRAS DE LAS), sector de la Sierra

410

Madre Oriental de México (Tamaulipas).

mescal m. Mezcal.

mescolanza f. Mezcolanza.

Mesenia, región de Grecia al SO. del Peloponeso ; cap. *Kalamata* o *Calamata.*

mesenio, nia adj. y s. De Mesenia.

mesenterio m. *Anat.* Pliegue del peritoneo, formado con tejido conjuntivo, que une el intestino delgado con la pared posterior del abdomen.

mesero, ra m. y f. *Méx.* Camarero, camarera.

meseta f. Llanura extensa en la cumbre de una altura : *la meseta castellana.* || Descansillo de una escalera.

Meshed, c. del NE. de Irán (Jorasán).

mesiánico, ca adj. Del Mesías.

mesianismo m. Creencia en la existencia y venida del Mesías. || *Fig.* Esperanza inmotivada en la solución de problemas políticos o sociales por una sola persona.

mesías m. Futuro redentor y libertador de Israel. || Para los cristianos, Cristo. || *Por ext.* Aquel a quien se espera impacientemente para que resuelva todos los males.

mesidor m. Décimo mes del calendario republicano francés (20 de junio a 19 de julio).

Mesina, c. y puerto de Italia, al NE. de isla de Sicilia, en el estrecho homónimo. Arzobispado. Universidad. || — (ESTRECHO DE), brazo de mar entre la Italia peninsular y Sicilia, que une el mar Tirreno con el Jónico.

mesiote m. *Méx.* Fina capa exterior del maguey, empleada por los aztecas como papel.

mesnada f. Antigua compañía de soldados u hombres de armas. || *Fig.* Grupo, junta, congregación.

Mesoamérica, región ocupada por las civilizaciones precolombinas al norte del istmo de Panamá, que comprende el centro y el sur de México y el norte de América Central.

mesoamericano, na adj. De Mesoamérica.

mesocarpio m. Parte intermedia situada entre la epidermis y el hueso en los frutos carnosos.

mesocéfalo, la adj. Dícese de la persona cuyo cráneo tiene las proporciones intermedias entre la braquicefalia y la dolicocefalia. || — M. Protuberancia en la parte inferior y media del cerebro.

mesocracia f. Gobierno de la clase media. || *Fig.* Burguesía.

mesocrático, ca adj. Relativo a la mesocracia.

mesodermo m. *Anat.* Capa u'hoja embrionaria situada entre el endodermo y el ectodermo.

mesolítico m. Dícese del período comprendido entre el paleolítico y el neolítico (ú. t. c. s. m.).

mesón m. Posada, venta, establecimiento donde se da albergue. || Restaurante generalmente decorado a la usanza antigua. || *Fís.* Masa intermedia entre el protón y el electrón, producida por el bombardeo de los rayos cósmicos.

mesonero, ra adj. Relativo al mesón. || — M. y f. Propietario o encargado de un mesón.

Mesonero Romanos (Ramón de), escritor costumbrista español (1803-1882), autor de *Escenas matritenses, Panorama matritense, Memorias de un setentón,* etc. Utilizó el seudónimo de *el Curioso Parlante.*

Mesopotamia, región de Asia entre el Éufrates y el Tigris, donde se encuentran las ruinas de Babilonia y Nínive. || — **Argentina,** región del norte de la Argentina, entre los ríos Paraná y Uruguay (Entre Ríos, Corrientes y Misiones). || — **Uruguay,** territorio uruguayo en el dep. de Durazno, entre los ríos Negro y Yí y el arroyo Cordobés, afl. del Negro.

mesopotámico, ca adj. y s. De Mesopotamia.

mesosfera f. Capa atmosférica superior a la estratosfera.

mesotórax m. Segmento medio del coselete de los insectos.

mesotrón m. *Fís.* Mesón.

mesozoico, ca adj. *Geol.* Aplícase a los terrenos de la época secundaria (ú. t. c. s. m.).

Messia de la Cerda (Pedro), militar español (1700-1783). Fue virrey de Nueva Granada (1761-1773) y expulsó a los jesuitas del país (1767).

mesta f. Antigua asociación española de propietarios de ganado transhumante : *la Mesta* fue creada en 1273 y abolida en 1836.

mester m. (Ant.) Oficio, arte : *mester de clerecía, de juglaría.*

— En la Edad Media, el *mester de clerecía* era un género literario cultivado por clérigos o por personas doctas (obras de G. de Berceo, *Libro de Alexandre, Poema de Fernán González y Libro de Apolonio*). Sus últimos representantes fueron el Arcipreste de Hita y el canciller Pero López de Ayala. En cuanto al *mester de juglaría,* era la poesía de los cantores populares de la Edad Media, que la recitaban de memoria (*Poema del Cid*).

mestizaje m. Cruce de dos razas. || Conjunto de mestizos.

mestizar v. t. Cruzar dos razas.

mestizo, za adj. y s. Nacido de padres de raza diferente, particularmente de indio y blanco.

Mestre (José Manuel), filósofo y patriota cubano (1832-1886).

mesura f. Gravedad y compostura, en la actitud y semblante. || Moderación, comedimiento.

mesurado, da adj. Moderado.

mesurar v. t. Infundir mesura, moderar. || — V. pr. Contenerse, moderarse o comedirse.

meta f. Final de una carrera. || En fútbol y otros deportes, portería y guardameta. || *Fig.* Finalidad, objetivo : *la meta de sus aspiraciones.*

Meta, río de América del Sur (Colombia y Venezuela), afl. del Orinoco ; 1 200 km. Descubierto por Diego de Ordás en 1531. — Dep. del centro de Colombia ; cap. *Villavicencio.*

metabolismo m. *Biol.* Conjunto de transformaciones materiales que se efectúa constantemente en las células del organismo vivo y que se manifiestan en dos fases diferentes : una de carácter constructor, anabólico, y otra de carácter destructor, catabólico.

metacarpiano, na adj. Dícese de cada uno de los cinco huesos del metacarpo. || — M. Uno de estos huesos.

metacarpo m. Parte de la mano entre el carpo y los dedos.

metafase f. Segunda fase de la división celular por mitosis.

metafísica f. Ciencia de los principios primeros y de las primeras causas : *la metafísica aristotélica.* || Filosofía, teoría general y abstracta.

metafísico, ca adj. Relativo a la metafísica : *pruebas metafísicas de la existencia divina.* || *Fig.* Demasiado abstracto : *razonamiento metafísico.*

metáfora f. Traslación del sentido recto de una palabra a otro figurado : *metáfora es llamar león a un hombre valiente.*

metafórico, ca adj. Relativo a la metáfora : *significado metafórico.* | Abundante en metáforas.

metaforizar v. t. Usar metáforas.

metal m. Cuerpo simple sólido a la temperatura ordinaria, a excepción del mercurio, conductor del calor y de la electricidad, que se distingue de los demás sólidos por su brillo especial. || *Blas.* Oro o plata. || *Fig.* Calidad o condición : *eso es de otro metal.* | Dinero : *el vil metal.* | Timbre de la voz. | Calidad del sonido de una campana. || *Mús.* Término genérico con el que se designan los instrumentos de viento de una orquesta (trompeta, trombones, bugles, trompas).

— Los principales *metales* son el oro, la plata, el hierro, el cobre, el platino, el mercurio, el aluminio, el estaño, el plomo, el cinc. La plata y el platino llevan el nombre de *metales preciosos* ; el litio, sodio, potasio, rubidio y cesio, el de *metales alcalinos* ; el berilio, magnesio, calcio, estroncio, bario y radio, el de *metales alcalinotérreos.*

metalenguaje m. Metalingüística. || Lenguaje de programación utilizado en informática.

metálico, ca adj. De metal o parecido a él : *objeto metálico; ruido metálico.* || Que contiene metal : *sustancia metálica.* || — M. Dinero en monedas o billetes, por oposición a cheques : *pagar en metálico.*

Metálicos (MONTES). V. ERZGEBIRGE.

metalífero, ra adj. Que contiene metal : *yacimiento metalífero.*

metalingüístico, ca adj. Relativo a la metalingüística o al metalenguaje. || — F. Estudio de la relación existente entre la lengua y la cultura de un pueblo determinado.

metalización f. Acción y efecto de metalizar.

metalizar v. t. Dar un brillo metálico. || Cubrir con una capa de metal o de aleación. || — V. pr. *Fig.* Tener un interés desmesurado por el dinero.

metaloide m. *Quím.* Cuerpo simple, mal conductor del calor y de la electricidad, que combinado con el oxígeno produce compuestos ácidos o neutros : *los metaloides son flúor, cloro, bromo, yodo, oxígeno, azufre, selenio, telurio, nitrógeno, fósforo, arsénico, antimonio, carbono, silicio, boro, helio, neón, argón, criptón, xenón y, a veces, el hidrógeno.*

metalurgia f. Arte de extraer, elaborar y tratar los metales.

metalúrgico, ca adj. Relativo a la metalurgia : *la industria metalúrgica.*

metamorfismo m. *Geol.* Profunda transformación física y química que sufre un mineral o una roca bajo la influencia de acciones internas (calor y presión).

metamorfosear v. t. Transformar o cambiar muy profundamente (ú. t. c. pr.) : *su nueva actividad profesional le metamorfoseó totalmente.*

metamorfosis f. Transformación de un ser en otro. || Mudanza de forma y de modo de vida que experimentan los insectos y otros animales. || *Fig.* Cambio completo en la condición o carácter de una persona, en la forma o aspecto de una cosa.

Metán, pobl. del NO. de la Argentina (Salta).

metano m. Gas incoloro, de densidad 0,554, producido por la descomposición de ciertos materiales orgánicos.

Metapa. V. CIUDAD DARÍO.

Metapán, lago, distrito y c. en el O. de El Salvador (Santa Ana).

Metastasio (Pietro), poeta trágico italiano (1698-1782).

metástasis f. Reproducción de un padecimiento por la aparición de nuevos focos o lesiones análogos en otra parte del organismo.

metatarso m. Parte del pie comprendida entre el tarso y los dedos.

metate m. Piedra cuadrada usada en México para moler el maíz y en España para labrar el chocolate.

metátesis f. *Gram.* Alteración del orden de las letras o sílabas de una palabra, v. gr. : *perlado por prelado.*

metatórax m. Parte posterior del tórax de los insectos, situada entre el mesotórax y el abdomen.

Metauro, río de Italia central que des. en el Adriático ; 110 km.

metazoo m. Animal constituido por células diferentes.

meteco m. En la ant. Grecia, extranjero que se establecía en Atenas. || Advenedizo. || Extranjero.

metedor m. Pañal que se pone a los niños debajo del principal.

metedura f. *Fam.* Acción de meter algo. || *Fam. Metedura,* en América *metida, de pata,* dicho o hecho poco adecuado.

metejón m. *Riopl. Fam.* Amor muy grande.

metelón, ona adj. y s. *Méx. Fam.* Metiche.

metempsícosis f. Supuesta reencarnación de las almas de un cuerpo en otro.

metense adj. y s. De Meta (Colombia).

meteórico, ca adj. Pertenece o relativo a los meteoros.

meteorito m. Fragmento de piedra o metálico que viene de los espacios interplanetarios.

meteorización f. Conjunto de modificaciones causadas en las rocas por los agentes atmosféricos.

meteoro m. Cualquier fenómeno

atmosférico : acuoso, como la *lluvia,* la *nieve,* el *granizo* ; aéreo, como los *vientos* ; luminoso, como el *arco iris,* el *parhelio,* la *paraselene* ; eléctrico, como el *rayo,* la *aurora boreal.* || *Fig.* Persona o cosa que brilla con resplandor fugaz.

meteorología f. Estudio de los fenómenos atmosféricos, especialmente para la previsión del tiempo.

meteorológico, ca adj. Perteneciente a la meteorología.

meteorólogo, ga m. y f. Especialista en meteorología.

metepatas com. inv. *Fam.* Persona que mete siempre la pata.

Metepec, mun. de México, en el Estado de Hidalgo. Cerámica.

meter v. t. Introducir : *meter la llave en la cerradura.* || Encerrar : *meter en la cárcel.* || Hacer entrar : *meter a un niño en el colegio.* || Ingresar : *meter dinero en el banco.* || Invertir, poner : *meter dinero en un negocio.* || Introducir de contrabando : *meter tabaco.* || Hacer participar a una persona : *meter a uno en un negocio.* || Causar, producir : *meter ruido, escándalo, enredos.* || Hacer soportar : || Hacer comprender algo : *nos metió, los principios elementales de la astrofísica.* || Poner : *me metieron a trabajar muy joven.* || Estrechar o acortar una tela en una prenda de vestir. || Embeber tela en una costura. || En el juego o la lotería, poner el dinero que se ha de jugar. || *Fam.* Dar, asestar : *meter un bofetón.* || *Amer.* Hacer : *meter una solicitud, una protesta.* || Dar : *meter un navajazo.* || Echar : *meter una bronca, una reprimenda.* || — *Fig. A todo meter,* a toda velocidad. || *Tener metido en un puño, dominar.* || — V. pr. Introducirse : *meterse en la cama, por una calle.* || Enredarse en una cosa : *meterse en un mal negocio.* || Abrazar una profesión, seguir un oficio o estado : *meterse a soldado, a fraile.* || *Fig.* Frecuentar, tratar : *anda siempre metido con gente de mal vivir.* || Sumirse, abstraerse : *estar metido en un problema.* || Empezar : *meterse a escribir.* || Ocuparse : *métete en tus cosas y no en las mías* ! || — *Fam. Meterse con uno,* fastidiarle, provocarle o atacarle. || *Meterse en todo,* inmiscuirse en cualquier asunto.

meterete, ta y **metete** adj. y s. *Riopl.* Entrometido.

Metge (Bernat), escritor catalán (¿ 1350-1413 ?), autor de *Libro de Fortuna y Prudencia,* poema alegórico, *El sueño* y la traducción al catalán de un cuento del *Decamerón* de Petrarca. Fue secretario de Juan I de Aragón.

meticulosidad f. Carácter meticuloso : *meticulosidad casi enfermiza.*

meticuloso, sa adj. Minucioso, muy concienzudo, muy escrupuloso.

metiche adj. y s. *Méx. Fam.* Entrometido.

metido, da adj. Abundante en ciertas cosas : *metido en carnes.* || *Amer. Metida de pata, metedura de pata.* || *Amer.* Dícese de la persona entrometida (ú.t.c.s.). || — M. Empujón. || Puñetazo : *le dio un metido.* || Tela embebida en una costura. || *Fig. y fam.* Reprensión violenta.

metileno m. Radical químico formado por carbono e hidrógeno.

metilo m. *Quím.* Radical monovalente derivado del metano.

metlapil m. *Méx.* Rodillo para moler el maíz en el metate.

metódico, ca adj. Hecho con método. || Que obra con método : *es un hombre muy metódico.*

metodizar v. t. Poner método en una cosa, organizar.

método m. Modo de decir o hacer una cosa con orden y según ciertos principios : *obrar con método.* || Modo de obrar : *cambiar de método.* || *Fil.* Procedimiento racional para llegar al conocimiento de la verdad y enseñarla : *método analítico, sintético.* || Obra que reúne según un sistema lógico los principales elementos de un arte o ciencia : *un método de lectura.*

metodología f. Parte de una ciencia que estudia los métodos que ella emplea. || Aplicación de un método.

metodológico, ca adj. Relativo a la metodología.

metomentodo com. *Fam.* Persona entrometida.

metonimia f. Procedimiento estilístico que consiste en designar una cosa con el nombre de otra con la cual tiene cierta relación : *el laurel de la gloria, las canas por la vejez.*

metopa f. *Arq.* Espacio que hay entre los triglifos del friso dórico.

metraje m. Longitud de una cinta cinematográfica : *película de corto, largo metraje.*

metralla f. Fragmento en que se divide un proyectil al estallar.

metralleta f. Pistola ametralladora.

métrica f. Ciencia que estudia la estructura de los versos.

métrico, ca adj. Relativo al metro y a las medidas : *sistema métrico.* || Relativo a la medida de los versos : *arte métrica.* || — *Cinta métrica,* la dividida en metros y centímetros que sirve para medir. || *Quintal métrico,* peso de cien kilogramos (símb., q). || *Tonelada métrica,* peso de mil kilogramos (símb., t).

— Antes del establecimiento del *sistema métrico,* las medidas usadas en España, en sus posesiones de ultramar y en toda Europa eran diferentes. La Revolución Francesa puso término a esta diversidad al encargar a la Academia de Cien... en 1790 la creación de un sistema mas racional, basado en una unidad de medida que sirviese de patrón a todas las demás. Con este fin, Mechain y Delambre midieron, entre 1792 y 1799, la longitud de la parte del meridiano comprendida entre Dunkerque y Barcelona. Calculóse la longitud total del meridiano y se dio el nombre de metro a la diezmillonésima parte del cuadrante del mismo. Esta longitud sirvió de base para todas las demás medidas.

metrificación f. Versificación.

metrificar v. i. y t. Versificar.

metro m. Unidad de longitud adoptada en casi todos los países y que sirve de base a todo un sistema de pesas y medidas (símb., m). || Objeto de medida que tiene la longitud de un metro. || Grupo determinado de sílabas largas o breves en una composición poética. || Forma rítmica de una obra poética, verso. || — *Metro cuadrado,* unidad de superficie equivalente a la de un cuadrado de un metro de lado (símb., m²). || *Metro cúbico,* unidad de volumen que equivale al de un cubo de un metro de lado (símb., m³). || *Metro por segundo,* unidad de velocidad (símb., m/s).

— El *metro* es la longitud a la temperatura de 0 °C del prototipo internacional de platino e iridio que se conserva en Sèvres (Francia). Esta barra es aproximadamente inferior en 0,2 mm a la diezmillonésima parte del cuadrante del meridiano terrestre.

metro m. *Fam.* Metropolitano : *el metro de una ciudad.*

metrópoli f. Ciudad principal, cabeza de provincia o Estado. || Iglesia arzobispal que tiene dependientes otras sufragáneas. || La nación, respecto a sus colonias o territorios exteriores.

Metropolitan Museum of Art, museo de Nueva York, inaugurado en 1872. Posee innumerables tesoros artísticos.

Metropolitana de Santiago (Región). V. SANTIAGO.

metropolitano, na adj. Relativo a la metrópoli. || Arzobispal. || Relativo al ferrocarril urbano. || De la c. y del dep. de León (Nicaragua). || — M. Arzobispo. || Ferrocarril subterráneo o aéreo urbano. || *Área metropolitana,* conjunto formado por una ciudad y la zona urbana que la rodea sin pertenecer verdaderamente a ella.

Metsys (Quentin). V. MATSYS.

Metternich-Winneburg (Klemens, *príncipe de),* político austriaco (1773-1859). A la caída del Imperio napoleónico fue el árbitro de Europa y el alma de la Santa Alianza.

Metz, c. del NE. de Francia, cap. del dep. del Mosela, a orillas del río Mosela. Obispado. Catedral.

Metztitlán, c. de México, en el SE. del municipio de este nombre (Hidalgo) y a orillas del lago homónimo.

Meudon, c. de Francia, al SO. de París (Hauts-de-Seine).

Meurthe, río al NE. de Francia en Lorena, afl. del Mosela. Pasa por Nancy ; 170 km. ‖ **~-et-Moselle,** dep. del NE. de Francia, en la región de Lorena ; cap. *Nancy.*

Meuse, dep. del NE. de Francia ; cap. *Bar-le-Duc.* — V. MOSA, río.

Meu-Tan-Kiang, c. del NE. de China (Heilongkiang).

mexica adj. y s. Azteca.

Mexicalcingo, mun. de México en el Estado de este nombre. Se llama también *San Mateo Mexicalcingo.*

Mexicali, c. del NO. de México, cap. del Est. de Baja California Norte. Universidad. Obispado. Centro turístico.

mexicanismo m. Voz o giro propio de los mexicanos. ‖ Carácter mexicano. ‖ Amor a México.

mexicano, na adj. y s. De México. ‖ — M. Lengua azteca.

Mexicatl Teohuatzin, jefe de los sacerdotes aztecas de Tenochtitlán.

México o **Estados Unidos Mexicanos,** país de América, cuyas tres cuartas partes pertenecen geográficamente a América del Norte y el resto a América Central. Se encuentra entre Estados Unidos, el océano Atlántico, el golfo de México, Belice, Guatemala y el océano Pacífico : 1 958 201 km² (área continental, 1 953 128 ; área insular, 5 073) ; 72 000 000 de h. *(mexicanos).* Cap. *México,* 16 900 000 h. (zona metropolitana incluida). Otras c. : *Guadalajara,* 2 600 000 (área metropolitana) ; *Netzahualcóyotl,* ciudad aledaña del D. F., 2 335 000 ; *Monterrey,* 1 800 000 (área metropolitana) ; *Puebla,* 932 000 ; *Ciudad Juárez,* 820 000 ; *León,* 715 000 ; *Tijuana,* 570 000 ; *Mexicali,* 515 000 ; *Tampico,* 428 000 ; *Torreón,* 416 000 ; *Chihuahua,* 402 000 ; *Acapulco,* 384 000 ; *Mérida,* 430 000 ; *San Luis Potosí,* 340 000 ; *Veracruz,* 390 000 ; *Hermosillo,* 304 000 ; *Cuernavaca,* 295 000 ; *Culiacán,* 282 000 ; *Nuevo Laredo,* 272 000 ; *Matamoros,* 258 000 ; *Aguascalientes,* 360 000 ; *Saltillo,* 243 000 ; *Reynosa,* 240 000 ; *Durango,* 325 000 ; *More-*

MÉXICO

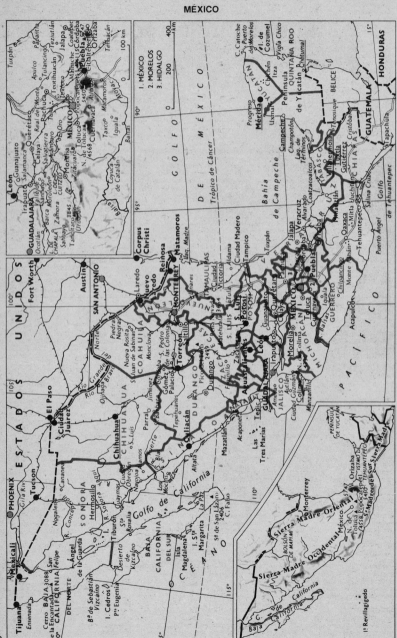

lia, 238 000 ; Toluca, 234 000 ; Jalapa, 212 000 ; Mazatlán, 206 000 ; Poza Rica, 196 000 ; Ciudad Obregón, 190 000 ; Villahermosa, 182 000 ; Querétaro, 178 000 ; Oaxaca, 170 000 ; Irapuato, 169 000 ; Ciudad Victoria, 142 000 ; Tepic, 137 000 ; Orizaba, 120 000 ; Pachuca, 106 000 ; Campeche, 105 000 ; Tuxtla Gutiérrez, 104 000 ; Gómez Palacio, 100 000 ; La Paz, 87 000 ; Colima, 85 000 ; Chilpancingo, 74 000 ; Zacatecas, 71 000 ; Gustavo A. Madero, delegación del D. F., 85 000 ; Azcapotzalco, delegación del D. F., 50 000 ; Guanajuato, 48 000 ; Coyoacán, delegación del D. F., 48 000 ; Chetumal, 45 000 ; Ciudad Madero, 44 000 ; Celaya, 35 000 ; Córdoba, 34 000 ; Tlaxcala, 13 000.
Administrativamente, México se encuentra dividido en 31 Estados y un Distrito Federal. La población está constituida por blancos (69,4 % de tipo latino ; 8,2 de tipo sajón ; 0,4 de otros varios tipos, especialmente árabe), semiindígenas (15,3 %), indígenas (3,1 %), extranjeros de distintos orígenes (3 %), de tipo oriental (0,5 %) y mulatos (0,1 %). Entre los indígenas, los grupos más destacados son : tarahumara, tepehuán, huichol, tarasco, otomí, mixteco, zapoteco, mazateco, nahua, huasteco, maya y totonaco. La religión católica es la predominante y la lengua oficial es la española, hablada por el 96 p. ciento de los hab. La densidad de población es de 36,9 h. por kilómetro cuadrado.
— GEOGRAFÍA. La orografía de México está esquemáticamente constituida por dos cordilleras paralelas a los litorales, que se aproximan en el istmo de Tehuantepec : sobre la costa del Pacífico se encuentra la Sierra Madre Occidental y la Sierra Madre del Sur ; frente al golfo de México, la Sierra Madre Oriental y la Sierra Madre de Oaxaca. A partir del istmo de Tehuantepec, y conectándose con las cadenas montañosas centroamericanas, se localizan la Meseta Central de Chiapas, el Valle Central de Chiapas y la Sierra Madre de Chiapas. Transversalmente, casi coincidente con el paralelo 19, se levanta la Cordillera Neovolcánica, en la que se hallan las mayores cimas del país (Pico de Orizaba o Citlaltepetl, 5 747 m, el más alto, Iztaccíhuatl, 5 386, y Popocatépetl, 5 452). Entre estas cordilleras se encuentra la Altiplanicie Mexicana, dividida por la Sierra de Zacatecas en Altiplanicie Septentrional y Altiplanicie Meridional. Existen también numerosos valles, como el del río de las Balsas, gran depresión. La península de Baja California está recorrida por la Serranía Bajacaliforniense ; en la península de Yucatán no hay elevaciones de importancia. Los ríos mexicanos discurren por dos vertientes : la del Golfo, con corrientes bastante caudalosas (Bravo del Norte o Grande, Pánuco, Papaloapan, Tuxpan, Coatzacoalcos, Mezcalapa, Grijalva, Usumacinta), y la del Pacífico (Colorado, Sonora, Yaqui, Mayo, Fuerte, Sinaloa, Culiacán, Acaponeta, San Lorenzo, Santiago, Balsas), ríos cortos y torrenciales. Hay varias lagunas (de Catemaco, Términos, Tamiahua, Cempoala, Cuyutlán, Tequesquitengo y Madre) y lagos (de Chapala, Pátzcuaro, Cuitzeo y Yuriria). Los 8 560 km de costas confieren a México una importancia marítima indiscutible. El litoral del Pacífico es alto y acantilado, mientras que el del Atlántico presenta costas bajas y arenosas, salvo en Yucatán. Algunas islas costeras forman parte del territorio nacional mexicano. México tiene una zona tropical y otra extratropical, lo que, unido a su complicada orografía, proporciona una variedad climática muy grande. Las precipitaciones son abundantes en la vertiente atlántica y escasas en el NO. La parte sur de la vertiente del Pacífico tiene lluvias monzónicas. En altas montañas, por encima de los 4 000 m, se encuentra el clima alpino. Los recursos económicos de México son abundantes y variados. La agricultura ocupa más de la mitad de la población activa, y los principales cultivos son caña de azúcar, sorgo, maíz, trigo, tomates, patatas, frijoles, soja, arroz, chile, cebada, algodón, tabaco, henequén y café. La cría de ganado vacuno, porcino, ovino, caprino y caballar está muy desarrollada. Hay abundante pesca (atún, cazón, mojarra, sardina, lisa, camarón). Los puertos de mayor tráfico son Ensenada, La Paz, Guaymas, Mazatlán, Tampico, Veracruz, Progreso y Cozumel. La minería constituye un importante e influyente renglón en la economía del país (plata, azufre, hierro, carbón, cinc, cobre, oro, plomo, antimonio, cadmio, yeso, fluorita, sílice) y existe una considerable extracción petrolífera y de gas natural localizada sobre todo en la costa del golfo de México. Otra fuente importante de energía es la hidroeléctrica. Las principales industrias son la petrolera, petroquímica, metalúrgica, química, alimenticia, eléctrica, de fabricación de maquinaria, de transporte, papelera, de fertilizantes. El turismo es también una excelente fuente de ingresos. Las comunicaciones están servidas por unos 25 510 km de vías férreas, 43 179 km de carreteras principales, 48 446 km de carreteras secundarias y 121 567 km de caminos vecinales. Existen asimismo numerosas líneas aéreas (34 aeropuertos internacionales y 36 nacionales).

México, cap. de los Estados Unidos Mexicanos y del Distrito Federal ; 16 900 000 h. (incluyendo la zona metropolitana). La ciudad actual está construida en la antigua población azteca de Tenochtitlán, fundada en 1325 sobre un islote del lago Texcoco y en la meseta Central o del Anáhuac (1 499 km² ; 2 234 metros sobre el nivel del mar). Los españoles conquistaron y reconstruyeron esta población a partir de 1521. (v. seguidamente MÉXICO [Distrito Federal de]). Importantes ruinas arqueológicas (Templo Mayor, Pirámide de Cuicuilco), edificios notables de la época colonial y modernos. Importantes museos. La ciudad es sede de un arzobispado y de la universidad y es el principal centro político, económico, cultural y de comunicaciones del país. En ella se celebraron los Juegos Olímpicos de 1968 y el Campeonato Mundial de Fútbol en 1970 y 1986.

México ‖ (DISTRITO FEDERAL DE), distrito de los Estados Unidos Mexicanos, en que se halla la capital de la República. Está dividido, desde el punto de vista administrativo, en 16 municipios o delegaciones políticas (Gustavo A. Madero, Azcapotzalco, Miguel Hidalgo, Cuauhtémoc, Venustiano Carranza, Cuajimalpa de Morelos, Álvaro Obregón, Benito Juárez, Iztacalco, La Magdalena Contreras, Coyoacán, Ixtapalapa, Tlalpan, Xochimilco, Tláhuac, Milpa Alta). Centro industrial. ‖ ~ (ESTADO DE), Estado en el centro de México ; cap. Toluca. ‖ ~ (GOLFO DE), golfo del Atlántico, en el sur de los Estados Unidos y al este de México. ‖ ~ (NUEVO). V. NUEVO MÉXICO.

Mexitli, n. dado tb. a Huitzilopochtli, dios azteca de la Guerra.

Mexquitic de Carmona, mun. en el centro de México (San Luis Potosí).

Meza (Guillermo), dibujante y pintor mexicano, n. en 1917. Notable muralista. ‖ **~y Suárez Inclán** (RAMÓN), escritor cubano (1861-1911), autor de numerosas novelas (Mi tío el empleado, El duelo de mi vecino) y de poesías.

mezcal m. Variedad de maguey. ‖ Aguardiente que se saca de esta planta. ‖ Fibra del maguey para hacer cuerdas.

Mezcala. V. BALSAS.

Mezcalapa, río de Guatemala y México, donde se le conoce con el n. de río Grande de Chiapas ; 700 km.

mezcalina f. Alcaloide extraído del mezcal, que produce alucinaciones visuales.

mezcalismo m. Méx. Hábito de ingerir los capullos o botones de mezcal (peyote) para crear alucinaciones.

mezcla f. Acción y efecto de mezclar o mezclarse. ‖ Agregación de varias sustancias : una mezcla de licores. ‖ Reunión de cosas diversas : la vida es una mezcla de acontecimientos felices e infelices. ‖ Reunión de personas muy diferentes. ‖ Tejido hecho con hilos de diferentes clases y colores. ‖ Argamasa. ‖ Quím. Asociación de varios cuerpos sin que exista combinación de los mismos. ‖ Grabación simultánea en la cinta sonora cinematográfica de todos los sonidos necesarios (palabras, música, etc.).

mezclable adj. Que puede ser mezclado.

mezcladamente adv. Unidamente, de manera conjunta.

mezclar v. t. Juntar, incorporar una cosa con otra : mezclar licores, colores. ‖ Reunir personas o cosas distintas. ‖ Desordenar, revolver : mezclar papeles. ‖ — V. pr. Introducirse, meterse uno entre otros : intervenir, participar en una cosa : se mezcló en mis asuntos. ‖ Tratarse con determinada clase de personas.

mezclilla f. Tejido en que hay fibras de varias materias textiles.

mezcolanza f. Fam. Mezcla confusa.

Mézières, c. del NE. de Francia, ant. cap. del dep. de las Ardenas, reunida hoy con Charleville y otras poblaciones para formar el municipio de Charleville-Mézières.

mezontete m. Méx. Tronco hueco de maguey, raspado y seco.

mezote m. Maguey seco.

mezquicopal m. Méx. Goma del mezquite.

mezquinar v. t. Amer. Escatimar.

mezquindad f. Calidad de mezquino, avaricia. ‖ Cosa mezquina.

mezquino, na adj. Avaro, tacaño (ú. t. c. s.). ‖ Falto de nobleza y de magnanimidad : procedimiento mezquino. ‖ Escaso : sueldo mezquino.

mezquita f. Edificio religioso musulmán : la mezquita de Córdoba.

Mezquital. V. SAN PEDRO MEZQUITAL.

mezquitamal m. Pan de semillas de mezquite molidas.

mezquitatol m. Méx. Bebida fermentada de semillas de mezquite.

mezquite m. Árbol americano parecido a la acacia.

Meztli, entre los aztecas, la diosa Luna.

Mezzogiorno, conjunto de regiones meridionales de la Italia peninsular e insular (Abruzos, Campania, Pulla, Basilicata, Calabria, Sicilia, Cerdeña) que se caracterizan por su subdesarrollo.

mezzo soprano f. Voz de mujer entre soprano y contralto.

mg, abrev. de miligramo.

Mg, símbolo químico del magnesio.

mí adj. pos. Apócope de mío, mía : mi casa. ‖ — M. Mús. Tercera nota de la escala musical.

mí pron. pers. de primera persona : me lo dijo a mí. — A mí qué, a mí qué me importa ‖ Para mí, según mi parecer.

Miahuatlán, parte de la Sierra Madre del Sur de México (Oaxaca).

miaja f. Migaja.

mialgia f. Med. Dolor muscular.

Miami, c. del SE. de Estados Unidos (Florida). Célebres playas. Turismo.

miasma m. Emanación perniciosa de las sustancias pútridas.

Miass, c. en el O. de la U. R. S. S. (Rusia), a orillas del río homónimo.

miau m. Onomatopeya del maullido del gato.

mica f. Mineral hojoso de brillo metálico.

micado m. Emperador del Japón.

micción f. Acción de orinar.

micelio m. Aparato de nutrición de los hongos.

Micenas, c. del S. de Grecia (Argólida). Ruinas.

micenio, nia y **micénico, ca** adj. y s. De Micenas.

micer m. Título honorífico equivalente a señor que se usaba antiguamente en los Estados de Aragón.

Micerino, faraón egipcio de la IV dinastía (hacia 2 600 a. de J. C.). Edificó una de las tres pirámides de Gizeh.

micifuz m. Fam. Gato.

Mickiewicz (Adam), poeta y patriota polaco (1798-1855).

mico m. Mono pequeño de cola larga. ‖ Fig. y fam. Persona muy fea. ‖ Persona presumida o coqueta. | Meque-trefe. | Hombre pequeño. | Hombre lujurioso. | — *Fig.* y *fam. Dar el mico, dar el chasco.* | *Quedarse hecho un mico,* quedarse confuso, avergonzado. | *Ser el último mico,* ser una persona de la cual no se hace caso alguno. | *Volverse mico para hacer algo,* no saber cómo hacerlo.

micoate m. *Méx.* Culebra que se lanza desde los árboles sobre su presa.

micología f. Parte de la botánica que trata de los hongos.

micosis f. Enfermedad causada por un hongo.

micra f. Millonésima parte de un metro (símb., μ).

micro m. *Fam.* Apócope de *micrófono* y de *microbús.*

microamperio m. Millonésima parte del amperio (símb., μA).

microbiano, na adj. Relativo a los microbios : *enfermedad microbiana.*

microbicida adj. Aplícase a lo que mata los microbios (ú. t. c. s. m.).

microbio m. Ser unicelular infinitamente pequeño, sólo visible con el microscopio.

microbiología f. Ciencia que estudia los microbios.

microbús m. Pequeño autobús.

microcefalia f. Tamaño de la cabeza inferior a lo normal.

microcéfalo, la adj. y s. De cabeza más pequeña que la normal.

microcircuito m. Circuito electrónico pequeño, compuesto de circuitos integrados, transistores, diodos y resistencias.

microcirugía f. Cirugía practicada con microscopio y con instrumentos especiales.

microcósmico, ca adj. Relativo al microcosmos.

microcosmos m. *Fil.* El hombre considerado como reflejo y resumen del universo o macrocosmos. | Mundo pequeño.

microcultivo m. Cultivo de microorganismos en un espacio muy pequeño.

microeconomía f. Estudio de economía relativo a las decisiones de las unidades de producción y de consumo y a las relaciones entre ellas.

microelectrónica f. Parte de la electrónica que trata de la concepción y fabricación de material electrónico de pequeñas dimensiones.

microestructura f. Estructura detallada de un sólido.

microfaradio m. Millonésima parte de un faradio (símb., μ F).

microficha f. Reproducción fotográfica, a escala muy reducida, de un documento que debe archivarse.

microfilm y **microfilme** m. Película constituida por fotografías muy pequeñas para la reproducción de documentos.

microfilmación f. Acción y efecto de microfilmar.

microfilmar v. t. Reproducir documentos en forma de microfilm.

microfísica f. Física del átomo y de los electrones.

microfónico, ca adj. Relativo al micrófono.

micrófono m. Aparato eléctrico que recoge y transmite los sonidos aumentando su intensidad.

microhmio m. Millonésima parte del ohmio (símb., μΩ).

microlentilla f. Lente de contacto.

micrométrico, ca adj. Relativo al micrómetro : *tornillo micrométrico.*

micrómetro m. Instrumento para medir cantidades lineales o angulares muy pequeñas.

micromódulo m. Circuito lógico o aritmético miniaturizado de una calculadora electrónica que reúne, en un soporte aislante de pequeñas dimensiones, los circuitos, las resistencias y los semiconductores necesarios para una operación dada.

micromolécula f. Molécula muy ligera.

micrón m. Micra.

Micronesia, parte de Oceanía, al N. de Melanesia (archip. de las Marianas, Carolinas, Palaos, Marshall y Kiribari, ant. Gilbert).

micronesio, sia adj. y s. De Micronesia.

microómnibus m. inv. Microbús.

microonda f. Onda electromagnética cuya longitud está situada entre un milímetro y un metro.

microordenador m. Ordenador de pequeñas dimensiones cuya unidad central de tratamiento es un microprocesador.

microorganismo m. Microbio.

microprocesador m. Órgano de tratamiento de la información realizado en forma de microcircuitos electrónicos integrados.

microprogramación f. Técnica que consiste en ejecutar un programa mediante instrucciones elementales.

Micrós (Ángel de CAMPO). V. CAMPO.

microscópico, ca adj. Hecho con el microscopio : *observaciones, vistas microscópicas.* | Que sólo puede verse con el microscopio : *ser microscópico.* | *Fig.* Muy pequeño.

microscopio m. Instrumento óptico para observar de cerca objetos extremadamente pequeños. | *Microscopio electrónico,* aquel en que los rayos luminosos son sustituidos por un flujo de electrones y que permite un aumento muy grande.

microsegundo m. La millonésima parte de un segundo (símb., Ms).

microsonda f. Aparato que permite, gracias al impacto de un haz de electrones en una muestra muy fina, determinar los elementos que ésta contiene.

microsurco m. Ranura muy fina de algunos discos fonográficos que permite una larga audición. | Disco con estas ranuras (ú. t. c. adj.).

microteléfono m. Dispositivo telefónico que reúne el micrófono y el auricular en un mismo soporte.

microtermia f. Millonésima parte de una termia.

microvatio m. Millonésima parte del vatio.

microvoltio m. Millonésima parte del voltio.

Mictlán, entre los aztecas, lugar de los muertos o Infierno.

Mictlantecuhtli, en la mitología azteca, dios de los Muertos.

Michelena (Arturo), pintor histórico venezolano (1863-1898). || ~ (BERNABÉ DE), escultor uruguayo (1888-1963), autor de *Monumento al maestro* (Montevideo). || ~ (MARGARITA), poetisa mexicana, n. en 1917, autora de *El cántaro roto, Paraíso y Nostalgia, Tres poemas y una nota autobiográfica,* etc.

Michelet [-lé] (Jules), historiador francés (1798-1874), autor de una *Historia de Francia.*

michelines m. pl. *Fam.* Rollos de grasa en la cintura.

Michigan, uno de los cinco grandes lagos al NE. de los Estados Unidos ; 58 000 km². — Uno de los Estados Unidos de América del Norte (Centro-Nordeste) ; cap. *Lansing.* C. pr. *Detroit.* Ganadería ; agricultura. Industrias importantes.

Michoacán, Estado del SO. de México, entre el océano Pacífico y la meseta central ; cap. *Morelia.* Agricultura. Ganadería. Minas. Industrias.

michoacano, na adj. y s. De Michoacán (México).

Midas, rey de Frigia (¿ 715 ?-676 a. de J. C.) que, según la leyenda, convertía en oro cuanto tocaba.

Middelburgo, c. del suroeste de Holanda, en la isla de Walcheren, cap. de Zelanda.

Middlesbrough, c. y puerto de Gran Bretaña, al NE. de Inglaterra (York).

Middlesex, ant. condado de Gran Bretaña (Inglaterra), integrado actualmente en el Gran Londres.

Middleton, c. de la Gran Bretaña (Lancashire), al N. de Manchester.

Middlewest o **Midwest,** región al oeste del centro de Estados Unidos entre los montes Apalaches y las montañas Rocosas.

Mideros | ~ **Almeida** (Luis), escultor ecuatoriano (1898-1978), realizador de monumentos. || ~ **Almeida** (VÍCTOR M.), pintor ecuatoriano (1888-1972), autor de frescos.

Midi, n. de dos picos de los Pirineos franceses : el del *Midi de Bigorre* (Hautes-Pyrénées), 2 825 m, y el del *Midi d'Ossau* (Pyrénées-Atlantiques),

2 884 m. || ~ (CANAL DEL), canal del S. de Francia que empieza en Toulouse y une el océano Atlántico al Mediterráneo por el río Garona ; 241 km. Llamado también *Canal del Languedoc.*

Midlands, región de Gran Bretaña, en el centro de Inglaterra. Hulla.

Midway (ISLAS), archip. de Estados Unidos en el Pacífico (Polinesia), al NO. de Hawai.

Midwest. V. MIDDLEWEST.

miedo m. Sentimiento de gran inquietud suscitado por un peligro real o imaginario : *tener miedo a los fantasmas.* || — *Fam. De miedo,* extraordinario, estupendo. | *De un feo que da miedo,* muy feo. || *Meter miedo,* asustar.

miedoso, sa adj. y *fam.* Que se asusta por todo (ú. t. c. s.).

miel f. Sustancia dulce, perfumada, espesa y viscosa, que preparan ciertos insectos con el néctar de las flores, principalmente las abejas. | Jugo o jarabe de la caña de azúcar. | *Fig.* Dulzura. || — *Fig. Dejar con la miel en los labios,* privar a alguien de algo agradable que ya empezaba a saborear. | *Luna de miel,* los primeros tiempos del matrimonio. | *Miel sobre hojuelas,* cosa que viene muy bien después de otra que ya era buena.

mielina f. Sustancia que envuelve las fibras nerviosas.

mielitis f. Inflamación de la médula espinal.

miembro m. Cualquiera de las extremidades del hombre y de los animales articuladas con el tronco : *miembros superiores, inferiores.* | Órgano de la generación en el hombre y algunos animales : *el miembro viril.* | Individuo que forma parte de una comunidad, sociedad o cuerpo : *miembro del Instituto, de la Academia.* || *Arq.* Cada una de las partes principales de un edificio. || *Mat.* Cada una de las dos expresiones de una igualdad o desigualdad. || Cada división de un período o de una frase. | *Estado miembro,* el que forma parte integrante de un imperio, federación, comunidad internacional, etc.

miente f. Pensamiento. || — *Parar mientes,* reflexionar. | *Traer a las mientes,* recordar.

mientras adv. y conj. Durante el tiempo que : *mientras yo trabajo, él juega.* || — *Mientras más,* cuanto más. | *Mientras tanto,* durante ese tiempo. | *Mientras que,* indica la oposición entre dos cosas.

Mier (Fray Servando Teresa de), dominico, orador y escritor político mexicano, n. en Monterrey (1765-1827). Luchó por la independencia de su país. || ~ **y Terán** (MANUEL DE), caudillo de la independencia mexicana (1789-1832). Se suicidó tras su derrota en Tampico.

miércoles m. Cuarto día de la semana. | *Miércoles de ceniza,* primer día de cuaresma.

mierda f. *Vulg.* Excremento. || *Pop.* Suciedad. | Cosa sin valor. | Borrachera. || — *Com. Pop.* Persona o cosa despreciable.

Mieres, c. del NO. de España (Oviedo). Altos hornos.

mies f. Cereal maduro. | Tiempo de la siega y cosecha. || — Pl. Los sembrados.

miga f. Migaja, trozo pequeño de una cosa. | Parte más blanda del pan. || *Fig.* Sustancia, enjundia. || Colegio de párvulos : *ir a la miga.* || — Pl. Pan desmenuzado y frito. || — *Fig.* y *fam. Hacer buenas (o malas) migas,* llevarse bien (o mal) dos o más personas. | *Hacerse migas,* destrozarse. | *Tener miga,* no ser nada fácil.

migaja f. Parte pequeña y menuda del pan que salta al romperlo. || Trozo pequeño de cualquier cosa. || — Pl. Desperdicios, sobras, cosa sin valor. || Migaja grande.

migajón m. Miga de pan.

migar v. t. Desmenuzar el pan. || Echar migajas de pan en un líquido.

migración f. Desplazamiento de individuos de un sitio a otro por razones económicas, sociales o políticas : *migraciones internacionales.* || Viaje periódico de ciertos animales, en particular de las aves de paso.

migrar v. i. Hacer una migración.

migratorio, ria adj. Relativo a las migraciones : *el movimiento migratorio de las aves.* ‖ Que efectúa migraciones : *aves migratorias.*

Miguel ‖ ~ **Alemán,** mun. al NE. de México (Tamaulipas), a orillas del río Bravo. Está en la frontera con los Estados Unidos. ‖ ~ **Hidalgo,** delegación del Distrito Federal de México, en la capital de este país.

Miguel, n. de nueve emperadores bizantinos, entre quienes se distinguió MIGUEL VIII *Paleólogo* (1224-1282), emperador desde 1258 y conquistador de Constantinopla.

Miguel Ángel Buonarroti, pintor, escultor, arquitecto y poeta italiano, n. en Caprese (Toscana) [1475-1564]. Se le deben la cúpula de San Pedro de Roma, la tumba del papa Julio II, las estatuas de Moisés, de David, de Lorenzo de Médicis, la Piedad y los frescos de la Capilla Sixtina.

Miguel Arcángel *(San),* jefe de la milicia celestial, vencedor de Satanás. Fiesta el 29 de septiembre.

migueleño, ña adj. y s. De la c. y del dep. de San Miguel (El Salvador).

miguelete m. Antiguo fusilero de montaña en Cataluña. ‖ Soldado de la milicia foral en Guipúzcoa.

mihrab m. Hornacina que en las mezquitas señala en el sitio adonde han de mirar los que oran.

Mihura (Miguel), comediógrafo español (1906-1977), autor de *Tres sombreros de copa, Maribel y la extraña familia, Ninette y un señor de Murcia,* etc.

mija f. *Fam.* Cosa menuda.

Mijares, río del E. de España, que des. en el Mediterráneo (Castellón); 105 km. Central hidroeléctrica.

Mijas, mun. en el sur de España (Málaga). Centro turístico.

mijo m. Planta gramínea originaria de la India. ‖ Su semilla.

mikado m. Micado.

mil adj. Diez veces ciento. ‖ Milésimo : *en el año mil.* ‖ *Fig.* Gran número : *pasar mil angustias.* ‖ — M. Signo o conjunto de signos con que se representa el número mil. ‖ Millar : *nos gastamos miles de dólares.* ‖ *Fig. y fam.* A las mil y quinientas, demasiado tarde, a deshora.

Mil Cumbres, sector de la cord. Neovolcánica en el Estado de Michoacán, al O. de México.

Mil y una noches *(Las),* colección de cuentos árabes, de origen persa, en los que, bajo el velo del apólogo, aparecen admirablemente pintados los caracteres y costumbres orientales (*Alí Babá y los cuarenta ladrones, Aladino y la lámpara maravillosa, Historia de Simbad el Marino,* etc.).

Milá y Fontanals (Manuel), erudito español (1818-1884), que estudió el período medieval castellano y catalán y fue también gran poeta. Figura de la *Renaixença* catalana.

milady f. (pal. ingl.). Título que lleva la mujer de un lord.

milagro m. Hecho sobrenatural : *los milagros de Jesucristo.* ‖ Cosa extraordinaria que a la razón no puede explicar : *todo es milagro en la naturaleza.* ‖ Cosa magnífica : *los milagros de la ciencia.* ‖ Drama religioso de la Edad Media. ‖ — *Fig.* La vida y milagros de uno, todo lo que ha hecho. ‖ *Vivir uno de milagro,* vivir con mucha dificultad ; haber escapado de un gran peligro.

Milagro, pobl. en el O. del Ecuador (Guayas). Agricultura.

milagroso, sa adj. Debido a un milagro : *curación milagrosa.* ‖ Que hace milagros : *imagen milagrosa.* ‖ *Fig.* Maravilloso, asombroso.

Milán, en ital. *Milano,* c. del NO. de Italia, cap. de la prov. homónima y de Lombardía, a orillas del río Olona. Arzobispado. Universidad. Catedral gótica. Gran centro industrial.

Milán (Leonor de). V. GELVES.

milanés, esa adj. y s. De Milán (Italia). ‖ *A la milanesa,* dícese del filete de ternera empanado y frito.

Milanés y Fuentes (José Jacinto), escritor cubano, n. en Matanzas (1814-1863), autor de poesías (*El beso, Bajo el mango, El conde de Alarcos*) y obras de teatro (*Un poeta en la corte*).

Milanesado, región del N. de Italia, disputada por Francia y España en el

s. XVI. De 1535 a 1713 perteneció a la corona de España.

milano m. Ave rapaz diurna.

Milcíades, general ateniense (540-¿ 489 ? a. de J. C.), vencedor de los persas en Maratón (490).

mildeo y **mildiu** m. Enfermedad de la vid producida por un hongo que se desarrolla en las hojas.

milenario, ria adj. Que contiene mil unidades. ‖ Que tiene mil años : *edificio milenario.* ‖ *Fig.* Muy antiguo. ‖ — M. Período de mil años. ‖ Milésimo aniversario.

milenio m. Período de mil años.

milenrama f. Planta compuesta con cabezuelas de flores blancas, a veces rojizas, utilizadas en medicina, y fruto seco. ‖ Su flor.

milésimo, ma adj. Que ocupa el lugar indicado por el número mil : *el milésimo año* (ú. t. c. s.). ‖ — M. Cada una de las mil partes iguales de un todo.

milesio, sia adj. y s. De Mileto. ‖ *Fábula milesia,* cuento licencioso.

Mileto, ant. c. de Asia Menor, puerto en el mar Egeo. Allí se estableció la célebre escuela filosófica jónica (Tales, Anaxímenes, Anaximandro).

Milford Haven, c. y puerto al SO. de Gran Bretaña (Gales).

Milhaud (Darius), músico francés (1892-1974), autor de óperas (*Cristóbal Colón, Bolívar*), cantatas, ballets, sinfonías, música de cámara.

milhojas m. inv. Pastel de hojaldre y merengue. ‖ Milenrama.

mili f. *Fam.* Servicio militar.

miliamperio m. Milésima parte del amperio (símb., mA).

miliárea f. Milésima parte del área o sea 10 cm².

milibar m. Milésima parte del bar (símb., mb).

milicia f. Gente armada que no forma parte del ejército activo y es una fuerza auxiliar. ‖ Cuerpo de organización militar nacional. ‖ Profesión militar. ‖ Servicio militar. ‖ Grupo de personas que defienden un ideal : *las milicias de la paz.* ‖ *Milicias universitarias,* ant. servicio militar especial hecho en España por los estudiantes.

miliciano, na adj. Relativo a la milicia. ‖ — M. y f. Persona perteneciente a una milicia.

milico m. *Amer. Fam.* Militar.

miligramo m. Milésima parte de un gramo (símb., mg).

mililitro m. Milésima parte de un litro (símb., ml).

milimetrar v. t. Medir en milímetros.

milimétrico, ca adj. Relativo al milímetro. ‖ Graduado en milímetros.

milímetro m. Milésima parte de un metro (símb., mm).

milimicra f. Milésima parte de la micra (símb., mμ).

militancia f. Carácter de militante.

militante adj. Que milita, que lucha para el triunfo de una idea o partido (ú. t. c. s.) : *político militante.* ‖ *Iglesia militante,* reunión de los fieles que viven en la fe católica.

militantismo m. Actitud y actividad del militante.

militar adj. Relativo a la milicia, al ejército o a la guerra : *servicio militar ; tribunal militar.* ‖ — M. El que forma parte del ejército.

militar v. i. Servir como soldado. ‖ *Fig.* Tener una actividad política o religiosa : *militar en el partido socialista.* ‖ Obrar a favor o en contra de uno : *esto milita contra usted y contra toda lo que afirma.*

militarada f. Golpe de Estado llevado a cabo por los militares. ‖ Acción propia de los militares.

militarismo m. Influencia de los militares en el gobierno del Estado. ‖ Doctrina que la defiende. ‖ Actitud militarista. ‖ Amor a lo militar.

militarista adj. Favorable al militarismo : *política militarista.* ‖ — M. y f. Partidario del militarismo.

militarización f. Organización militar. ‖ Sumisión a la disciplina y al espíritu militar.

militarizar v. t. Infundir la disciplina o el espíritu militar. ‖ Dar una organización militar. ‖ Someter a la disciplina militar a personas o agrupaciones civiles.

milivatio m. Milésima parte del vatio (simb., mW).

milivoltio m. Milésima parte del voltio (simb., mV).

milmillonésimo, ma adj. Aplícase a cada una de las mil millones de partes iguales en que se divide la unidad. ‖ Que corresponde en orden al número mil millones.

Milo, isla griega del mar Egeo, perteneciente a las Cícladas. Allí se encontró en 1820 la *Venus de Milo.*

milonga f. Canción y baile popular de Buenos Aires y de Montevideo. ‖ Copla andaluza derivada de aquélla.

milonguero, ra adj. Relativo a la milonga. ‖ — M. y f. *Amer.* Persona que canta o baila milongas. ‖ Persona asidua a los bailes populares.

milord m. Tratamiento que se da a los lores. (Pl. *milores.*)

Milosz (Czeslaw), poeta, novelista y ensayista polaco, n. en 1911, residente en Estados Unidos. (Pr. Nobel en 1980.)

milpa f. *Amér. C* y *Méx.* Tierra en que se cultiva maíz y otras semillas. ‖ Planta de maíz.

Milpa ‖ ~ **(La),** ant. centro de civilización maya, en El Petén (Guatemala). ‖ ~ **Alta,** delegación de México en el Distrito Federal y al SE. de la capital.

milpear v. i. *Méx.* Trabajar la tierra.

milpiés m. inv. Cochinilla.

milrayas m. inv. Tejido de rayas.

miltomate m. *Méx.* Tomatera.

Milton (John), poeta inglés, n. en Londres (1608-1674), autor de *El Paraíso perdido,* poema épico sobre la creación y la caída del hombre, y su continuación *El Paraíso reconquistado.* Era ciego.

Milwaukee [-uoki], c. del N. de Estados Unidos (Wisconsin), a orillas del lago Michigan. Industrias.

Mill (James), historiador, filósofo y economista inglés (1773-1836). — Su hijo JOHN STUART (1806-1873) fue también un filósofo liberal y un destacado economista en sus obras *Principios de economía política, La libertad, El utilitarismo.*

milla f. Medida itineraria marina (1 852 m). ‖ Medida itineraria usada en Gran Bretaña (1 609 m). ‖ Medida itineraria romana (1 375 m).

Milla, mun. al O. de Venezuela, en el área metropolitana de Mérida.

Milla (José), escritor guatemalteco (1822-1882), autor de novelas históricas y costumbristas (*La hija del adelantado, Memorias de un abogado, El nazareno, Los nazarenos*). Utilizó el seudónimo de *Salomé Jil.*

Millais (Sir John Everett), pintor inglés perteneciente a la escuela prerrafaelista (1829-1896).

Millán *(San),* ermitaño español (474-574). Fiesta el 12 de noviembre.

millar m. Conjunto de mil unidades. ‖ *Fig.* Número grande indeterminado : *asistieron a la ceremonia millares y millares de personas.*

Millares (Manuel), pintor abstracto español (1926-1972).

Miller (Arthur), autor de teatro norteamericano, n. en 1915, autor de *La muerte de un viajante, Las brujas de Salem, El precio, Panorama desde el puente, Después de la caída,* etc. ‖ — (HENRY), novelista norteamericano (1891-1980), autor de *Trópico de Cáncer, Trópico de Capricornio, Sexus, Plexus, Nexus,* etc.

Millet [milé] (Jean-François), pintor paisajista francés (1814-1875), autor de *Las espigadoras, El Ángelus,* etc.

millón m. Mil millares. ‖ *Fig.* Número muy grande, indeterminado : *se lo dije millones de veces.* ‖ Mucho dinero : *tiene millones.*

millonada f. Cantidad aproximada de un millón. ‖ *Fig.* Cantidad muy grande : *gastó una millonada.*

millonario, ria adj. y s. Muy rico, que posee varios millones.

millonésimo, ma adj. y s. Dícese de cada uno del millón de partes iguales en que se divide un todo. ‖ Que ocupa el lugar indicado por un millón.

Milluni, centro minero de mercurio y volframio al O. de Bolivia (La Paz).

mimar v. t. Tratar con mucho cariño o demasiada indulgencia : *mimar a sus nietos.* ‖ Expresar algo con gestos y ademanes.

MI

415

mimbre m. Mimbrera, arbusto. ‖ Rama de la mimbrera.

mimbrear v. i. Moverse o agitarse con flexibilidad, como el mimbre (ú. m. c. pr.).

mimbreño, ña adj. De la naturaleza del mimbre. ‖ Flexible.

mimbrera f. Arbusto cuyas ramas largas, delgadas y flexibles se utilizan en cestería.

Mimenza Castillo (Ricardo), escritor y poeta mexicano (1888-1943), autor de *La leyenda de Uxmal.*

mimeografía f. Reproducción con el mimeógrafo. ‖ Copia así obtenida.

mimeografiar v. t. Reproducir en copias con el mimeógrafo.

mimeógrafo m. Multicopista para reproducir textos o figuras.

mimesis f. Imitación que se hace de alguien para reírse de él.

mimético, ca adj. Relativo al mimetismo.

mimetismo m. Parecido que llegan a tener o que tienen ya algunas especies animales o vegetales con lo que les rodea o con otras especies con las cuales están en contacto. ‖ Reproducción maquinal de gestos o ademanes.

mímico, ca adj. Relativo al mimo o a la mímica. ‖ Que expresa una acción con gestos o ademanes : *lenguaje mímico.* ‖ — F. Arte de imitar o de darse a entender por medio de gestos.

mimo m. Entre griegos y romanos, farsante del género bufo y comedia de estilo realista en la que se imitaba la vida y las costumbres de la época. ‖ Representación en la que el actor manifiesta con gestos y ademanes la acción o los sentimientos. ‖ Este actor. ‖ Cariño, demostración excesiva de ternura. ‖ Indulgencia exagerada que se manifiesta a un niño.

mimosa f. Planta originaria del Brasil de la familia de las mimosáceas, llamada también *sensitiva.* ‖ Su flor.

mimosáceas f. pl. Familia de plantas leguminosas que comprende la acacia y la mimosa (ú. t. c. adj.).

mimoso, sa adj. Melindroso. ‖ Muy cariñoso : *las niñas suelen ser mimosas.* ‖ Delicado, regalón. ‖ Mimado.

mina f. Yacimiento de minerales : *una mina de plomo.* ‖ Excavación para extraer un mineral : *mina de carbón.* ‖ Conjunto de las excavaciones e instalaciones que sirven para la explotación de un yacimiento de minerales. ‖ Paso subterráneo artificial para conducción de aguas, alumbrado, etc. ‖ Carga explosiva que se deja a flor de tierra, se entierra o se sumerge y que estalla por presión, choque, magnetismo, etc. ‖ *Fig.* Lo que abunda en cosas útiles o curiosas : *una mina de noticias.* ‖ Empleo o negocio o persona que, sin mucho trabajo, produce grandes ganancias : *este comercio es una mina.* ‖ Moneda que pesaba cien dracmas en Atenas. ‖ *Mina de lápiz,* barrita de grafito mezclado con arcilla.

Mina al-Ahmadi, c. y puerto petrolífero al SE. de Kuwait.

Mina el Mozo (Francisco Javier), guerrillero español, n. en Idocin (Navarra) [1789-1817], sobrino de Francisco Espoz y Mina. Luchó en la guerra de Independencia española y más tarde en México con los sublevados. M. fusilado.

minado m. Acción y efecto de minar un yacimiento.

minador, ra adj. Que mina. ‖ — M. *Mar.* Barco para colocar minas. ‖ Ingeniero que abre minas. ‖ Soldado especializado en la instalación y manejo de minas, también llamado *zapador.*

minar v. t. Cavar lentamente por debajo : *el agua mina las piedras.* ‖ *Fig.* Ir consumiendo poco a poco : *la tuberculosis le minaba el organismo.* ‖ Destruir, aminorar : *lo hizo para minar así la confianza que tenía en él mismo.* ‖ *Mil.* Colocar minas : *minar un puerto.*

minarete m. Galicismo por *alminar* de una mezquita.

Minas, sierra en el NO. de la Argentina (Catamarca) ; altura máxima 5 040 m. — Pico del Ecuador, en la Cord. Occidental (4 095 m. — Dep. de la Argentina (Córdoba). — Mun. de Cuba (Camagüey). — C. del SE. del Uruguay, cap. del dep. de Lavalleja. Obispado. Minas. Turismo. ‖ ~ de

Matahambre, mun. al O. de Cuba (Pinar del Río). ‖ ~ **de Riotinto,** v. al S. de España (Huelva). Minas de cobre y de hierro. Metalurgia. ‖ — **Gerais,** Estado del interior del SE. del Brasil ; cap. *Belo Horizonte.* Agricultura ; ganadería. Minas (hierro, manganeso, etc.). Aguas minerales. Industrias.

Minateda. V. HELLÍN.

Minatitlán, pobl. del E. de México (Veracruz). Oleoducto.

Mincio, río del NO. de Italia, que nace en el lago de Garda, pasa por Mantua y des. en el Po ; 194 km.

Mincha, com. de Chile en la IV Región (Coquimbo) y en la prov. de Choapa ; cap. *Canela Baja.*

Mindanao, isla en el SE. de Filipinas ; cap. *Zamboanga.* Es la segunda en extensión del archip. ; 99 311 km².

Minden, c. en el S. de Alemania Occidental (Rin Septentrional-Westfalia). Catedral.

Mindoro, isla y prov. del archip. de Filipinas, al S. de Luzón ; cap. *Calapán ;* 9 928 km².

mineral adj. Relativo a los cuerpos inorgánicos : *reino mineral ; sustancias minerales.* ‖ — M. Cuerpo inorgánico, sólido a la temperatura normal, que constituye las rocas de la corteza terrestre. ‖ Elemento del terreno que contiene metales o metaloides aprovechables : *mineral de hierro.*

Mineral del Monte, c. y municipio de México, al sureste del Estado de Hidalgo. Minas. Llamado anteriormente *Real del Monte.*

mineralización f. Transformación de un metal en mineral al combinarse con otro cuerpo. ‖ Estado del agua que contiene sustancias minerales disueltas.

mineralizar v. t. Comunicar a una sustancia las propiedades de mineral : *en este filón el azufre mineraliza el hierro.* ‖ — V. pr. Convertirse en mineral. ‖ Cargarse el agua de sustancias minerales.

mineralogía f. Ciencia que trata de los minerales.

mineralógico, ca adj. Relativo a la mineralogía.

mineralogista com. Especialista en mineralogía.

minería f. Arte de explotar las minas. ‖ Conjunto de individuos que se dedican a este trabajo. ‖ Conjunto de las minas e industria minera existente en un país o región.

minero, ra adj. Relativo a las minas : *riqueza, explotación minera.* ‖ Referente a la explotación de las minas : *la industria minera.* ‖ — M. El que trabaja en las minas.

Minerva, diosa latina de las artesanos. Es la griega *Palas Atenea.*

minestrone m. (pal. ital.). Sopa de arroz, verduras, pasta y tocino.

Ming, dinastía china que reinó de 1368 a 1644.

minga f. *Amer.* Ayuda mutua en el trabajo. ‖ Trabajo comunal hecho en beneficio de un servicio colectivo (municipio, etc.). ‖ — Com. Persona que trabaja en la minga. ‖ — F. *Arg.* Nada.

mingitorio m. Urinario.

mingo m. Bola que, al comenzar el juego de billar, se coloca a la cabecera de la mesa. ‖ *Fam. Poner el mingo,* sobresalir, distinguirse.

Mingote (Antonio), dibujante y escritor español, n. en 1917, cuya labor gráfica ha renovado el humorismo contemporáneo en su país.

Minho [*miño*], prov. del NO. de Portugal ; cap. *Braga.* (V. MIÑO.)

miniar v. t. Pintar miniaturas.

miniatura f. Letra o dibujo de color rojo que encabezaba los manuscritos antiguos. ‖ Pintura de pequeñas dimensiones, por lo común hecha sobre vitela o marfil. ‖ Reproducción de un objeto en tamaño reducido. ‖ *Fig.* Objeto diminuto y frágil. ‖ *En miniatura,* en pequeño.

miniaturista com. Artista que pinta miniaturas.

miniaturización f. Acción y efecto de miniaturizar.

miniaturizar v. t. Reducir a las dimensiones más pequeñas posible.

minicomputadora f. Miniordenador.

Minieh, c. en el centro de Egipto, a orillas del Nilo. Algodón.

minifalda f. Falda que llega encima de la rodilla.

minifundio m. Finca rústica de poca extensión.

minifundismo m. Sistema de minifundios.

minifundista adj. Relativo al minifundio. ‖ Dícese de la persona propietaria de un minifundio (ú. t. c. s.).

minima f. Cosa muy pequeña. ‖ *Mús.* Nota equivalente a la mitad de la semibreve. ‖ Temperatura más baja en un tiempo y lugar dados.

minimizar v. t. Reducir algo al mínimo. ‖ *Fig.* Quitar importancia a algo : *en su descripción intentó claramente minimizar el accidente.*

mínimo, ma adj. Muy pequeño : *cantidad mínima.* ‖ Que ha llegado a un grado ínfimo : *temperatura mínima.* ‖ — M. Religioso de la orden fundada en Italia por San Francisco de Paula (1435). ‖ Mínimum. ‖ *Mat. Mínimo común múltiplo* (m. c. m.), el menor de los múltiplos comunes de dos o más números. ‖ *Mínimo vital,* lo imprescindible para la subsistencia de una persona o familia.

minimum m. Límite inferior de una cosa. ‖ Cantidad más pequeña necesaria para hacer algo.

minino, na m. y f. Gato, gata.

minio m. Óxido de plomo de color rojo anaranjado, utilizado para proteger el hierro contra el orín.

miniordenador m. Ordenador de tamaño pequeño.

ministerial adj. Relativo al ministerio o al ministro.

ministerio m. Misión, función : *el ministerio del sacerdocio, de la justicia.* ‖ Conjunto de los ministros de un gobierno : *ministerio liberal, conservador.* ‖ Empleo de ministro. ‖ Cada uno de los departamentos en que se divide el gobierno de un Estado : *ministerio de la Guerra.* ‖ Edificio donde se encuentra la oficina del ministro : *ir al ministerio. ‖ Ministerio público,* el fiscal.

Ministra (SIERRA), cadena montañosa del centro de España (Guadalajara, Soria). Forma parte de la cordillera Carpetovetónica.

ministril m. Poeta que se acompañaba con música en la Edad Media.

ministro, tra m. y f. Persona de Estado encargada de un ministerio : *ministro de Marina, de Defensa.* ‖ — M. Oficial inferior de justicia. ‖ Pastor en la Iglesia reformada. ‖ — *Ministro de Dios,* sacerdote. ‖ *Ministro plenipotenciario,* agente diplomático inferior al embajador. ‖ *Ministro sin cartera,* el que ayuda al Gobierno en su trabajo sin regentar ningún departamento especial. ‖ *Primer ministro,* jefe del Gobierno.

Minneápolis, c. del N. de Estados Unidos (Minnesota), a orillas del Misisipí. Universidad. Industrias.

minnesinger m. (pal. alem.). Trovador medieval alemán de la época caballeresca y cortesana.

Minnesota, uno de los Estados Unidos de América del Norte (Centro-Norte) ; cap. *Saint Paul.*

minoico, ca adj. y s. Cretense.

minoración f. Disminución.

minorar v. t. Disminuir.

minoría f. El número menor en una reunión, población o asamblea, en oposición con *mayoría.* ‖ Conjunto de votos dados en contra de lo que opina el mayor número de los votantes. ‖ Condición de una persona que, a causa de su poca edad, no está considerada por la ley como plenamente responsable de sus actos o no es plenamente capaz jurídicamente : *minoría de edad.* ‖ Tiempo durante el cual una persona es menor. ‖ Período durante el cual un soberano no puede reinar a causa de su corta edad.

minorista adj. Al por menor. ‖ — Com. Comerciante al por menor.

minoritario, ria adj. y s. Que pertenece a la minoría : *partido minoritario.* ‖ Que se apoya sobre una minoría : *grupo minoritario.*

Minos, héroe cretense, hijo de Zeus y Europa. Fue rey de Creta.

Minotauro, monstruo con cuerpo de hombre y cabeza de toro, fruto de los amores de Pasifae y de un toro blanco. Fue muerto por Teseo.

Minsk, c. en el NO. de la U. R. S. S., cap. de Bielorrusia. Universidad.

minuano, na adj. y s. De Lavalleja, dep. del Uruguay, y en particular de Minas, su capital.

minucia y **minuciosidad** f. Detalle. || Esmero, primor : *es un trabajo hecho con mucha minucia.* || Cosa fútil : *no hay que reparar en minucias.*

minucioso, sa adj. Que requiere o está hecho con mucho esmero : *trabajo minucioso.* || Que se para en los más pequeños detalles, detallista.

minué m. Baile francés del s. XVII ejecutado por dos personas. || Su música.

minuendo m. En una resta, cantidad de la que ha de sustraerse otra.

minúsculo, la adj. Diminuto, muy pequeño. || Dícese de la letra de tamaño menor que la mayúscula (ú. t. c. s. f.).

minusvalia f. Disminución de valor.

minusválido, da adj. y s. Dícese de la persona disminuida físicamente a consecuencia de una afección de los sentidos o motriz.

minusvalorar v. t. Subestimar.

minuta f. Lista de los platos de una comida. || Borrador de una escritura, acta, contrato, etc. || Honorarios de un abogado. || Lista, catálogo.

minutería f. Interruptor eléctrico automático.

minutero m. Aguja que señala los minutos en el reloj. || Aparato de relojería que establece un contacto eléctrico durante cierto tiempo.

minuto m. Cada una de las sesenta partes iguales en que se divide una hora. || Sexagésima parte de un grado de círculo (simb., m o '). || *Al minuto,* rapidamente.

Miño, río del NO. de España (Galicia) que pasa por Lugo y Orense, forma en parte la frontera entre España y Portugal, y des. en el Atlántico ; 340 km. Numerosas centrales hidroeléctricas. — Nevado andino del NO. de Chile (Antofagasta) ; 5 561 m. — Mun. al noroeste de España (Coruña).

miñón m. Guardia foral de Álava.

mío, mía adj. y pron. pos. De mí : *este libro es mío.* || — Fig. y fam. *Esta es la mía,* significa que ha llegado el momento de lograr lo que se pretende. || *Los míos,* mi familia.

Mío Cid. V. CANTAR DE MIO CID.

miocardio m. Parte musculosa del corazón de los vertebrados, situada entre el pericardio y el endocardio.

miocarditis f. Inflamación del miocardio.

mioceno adj. m. Geol. Aplícase al período de la era terciaria que sigue al oligoceno (ú. t. c. s. m.).

miope adj. y s. Corto de vista.

miopía f. Defecto de la vista que sólo permite ver los objetos próximos al ojo. || Fig. Incapacidad de la inteligencia para ver con perspicacia.

miquelete m. Miguelete.

Miquelon, isla francesa del archip. de Saint-Pierre-et-Miquelon, al S. de Terranova ; 216 km².

Mir (Joaquín), pintor impresionista español (1873-1940).

mira f. Pieza de las armas de fuego para asegurar la puntería. || Regla graduada que se coloca verticalmente en los puntos del terreno que se quiere nivelar. || Obra elevada de fortificación que servía de atalaya. || Fig. Intención, objetivo : *tener miras altas.* || Con miras a, con la idea de.

Mira, estrella variable de la constelación de la Ballena. — Río de Ecuador y Colombia que des. en el Pacífico ; 300 km.

Mira de Amescua (Antonio), escritor y canónigo español, n. en Guadix (Granada) [1574-1644], autor de dramas sacros, autos sacramentales y comedias religiosas o profanas (*El esclavo del demonio, El conde Alarcos, Galán valiente y discreto,* etc.).

mirabel m. Planta ornamental quenopodiácea. || Planta de girasol.

mirada f. Acción y manera de mirar, vista : *una mirada aguda.* || Ojos : *tener la mirada azul.* || Ojeada : *echar una mirada a un libro.*

mirado, da adj. Circunspecto, cauto, prudente : *hombre muy mirado.* ||

Cuidadoso : *ser muy mirado con sus cosas personales.* || Tenido en buena o mala estima : *persona bien (o mal) mirada.*

mirador, ra adj. y s. Que mira. || — M. Lugar desde donde se contempla un paisaje. || Balcón cubierto cerrado con cristales.

Mirador, mun. en el noreste del Brasil (Maranhão). — Pico del Ecuador, en la Cord. Central ; 4 081 m.

Mirador de Próspero (*El*), libro de ensayos de José Enrique Rodó (1913).

Miraflores, monte al SE. de Colombia, en la Cord. Oriental (Huila y Caquetá) ; 2 800 m. — Páramo Su de Colombia, en la Cord. Central ; 3 500 m. — Mun. c. al NE. de Colombia (Boyacá). — Distrito y pobl. del Perú, en el área metropolitana de Lima. — C. al S. de Perú, en el área urbana de Arequipa.

Miraflores (*Cartuja de*), monasterio gótico construido en 1442, cerca de Burgos, por Juan II de Castilla.

Miraflores (*Marqués de*). V. PANDO FERNÁNDEZ DE PINEDO.

miraguano m. Palmera de América y Oceanía cuyo fruto se usa para rellenar almohadas. || Pelo vegetal que hay en el interior de este fruto.

Miralla (José Antonio), poeta argentino (1789-1825).

Miramar, pobl. al E. de la Argentina (Buenos Aires). Balneario. — Pobl. al S. de Costa Rica, cab. del cantón de Montes de Oro (Puntarenas).

Miramar, castillo cerca de Trieste, donde Maximiliano de Austria aceptó la corona de México el 10 abril de 1864.

miramiento m. Acción y efecto de mirar. || Consideración, circunspección, reparo, prudencia : *proceder con miramiento.* — Pl. Respeto.

Miramón (Miguel), general mexicano, n. en la c. de México (1832-1867), pres. de la Rep. de 1859 a 1860. Luchó contra Juárez y fue derrotado en San Miguel de Calpulalpan (1860). M. fusilado, con el emperador Maximiliano y el general Mejía, en Querétaro.

Miranda, río al O. del Brasil (Mato Grosso), afl. del Paraguay ; 362 km. — Mun. de Colombia (Cauca). — Estado del N. de Venezuela ; cap. *Los Teques.* Agricultura y ganadería. Minas. || — **de Ebro,** c. al N. de España (Burgos).

Miranda (Francisco), general venezolano, n. en Caracas (1750-1816), precursor de la emancipación americana. Sirvió primeramente en el ejército español, participó en la guerra de la Independencia de Estados Unidos y se alistó en Francia en el ejército revolucionario (1792), donde alcanzó el grado de mariscal de campo. Recabó el auxilio de Inglaterra para la causa de la independencia de la América española y, al frente de una expedición, desembarcó en Venezuela (1806) y tomó la ciudad de Coro, pero tuvo que reembarcarse. En 1810, volvió al continente, en unión de Bolívar, y fue nombrado generalísimo. Mas la suerte le fue adversa, cayó prisionero en La Guaira y fue conducido a España, donde murió en la prisión de Cádiz.

mirandense adj. y s. De Miranda (Venezuela).

mirandés, esa adj. y s. De Miranda de Ebro (España).

mirandino, na adj. Relativo a F. Miranda. || Mirandense (ú. t. c. s.).

Mirandola (La). V. PICO DE LA MIRANDOLA.

mirar v. t. Fijar atentamente la mirada en : *mirar de cerca, de lejos* (ú. t. c. pr.). || Estar orientado hacia : *la casa mira al Sur.* || Buscar, considerar, interesarse por : *sólo mira a su provecho.* || Revisar, registrar : *he mirado en todos los bolsillos y no lo he encontrado.* || Fig. Juzgar, estimar : *mirar bien a uno.* || Examinar, reflexionar, considerar : *bien mirado todo.* || Cuidar, ocuparse de : *mirar por sus negocios ; mire a que no le falte nada.* || Averiguar, inquirir, informarse : *mire usted si ha llegado.* || Tener cierto objetivo. || Tener cierta relación. || — Fig. y fam. *De mírame y no me toques,* dícese de las personas delicadas de salud o de las cosas frágiles. || *¡Mira !,* interjección que indica la

sorpresa o sirve para llamar la atención. || *Mirar de arriba abajo,* hacerlo con aire impertinente y cierto desprecio. || *Mirar por encima,* mirar superficialmente. || *Mirar por una cosa,* tener cuidado de ella.

mirasol m. *Bot.* Girasol.

Miravalles, cumbre volcánica en el N. de Costa Rica, entre las prov. de Guanacaste y Alajuela ; 1 741 m.

miríada f. Cantidad muy grande, pero indefinida.

miriámetro m. Medida de diez mil metros (simb., Mm).

miriápodo m. Animal articulado que tiene uno o dos pares de patas en cada uno de sus numerosos artejos. || — M. pl. Clase de estos animales.

mirífico, ca adj. Que parece demasiado maravilloso para realizarse.

mirilla f. Abertura muy discreta en una puerta para ver quién llama sin ser visto. || Abertura pequeña que sirve para observar el interior de una caldera, máquina, etc.

Mirim. V. MERÍN.

miriñaque m. Armadura de alambre o ballenas que llevaban las mujeres para ahuecar las faldas. || *Arg.* Quitapiedras.

Miriñay, río en el NE. de la Argentina (Corrientes), afl. del río Uruguay.

mirlo m. Pájaro de plumaje oscuro, parecido al tordo. || *Fig.* y fam. *Ser un mirlo blanco,* ser una persona muy difícil de encontrar por sus cualidades excepcionales.

Miró (Cipriano), héroe de la guerra de independencia argentina (1797-1890). || — (GABRIEL), escritor español, n. en Alicante (1879-1930), autor de novelas, escritas en un estilo preciosista (*Las cerezas del cementerio, El libro de Sigüenza, Nuestro padre San Daniel, El obispo leproso, Figuras de la pasión del Señor,* etc.). || — (JOAN), pintor surrealista español, n. en Barcelona (1893-1983). Su obra, rica de colorido y acendrado lirismo, es una de las más importantes dentro del movimiento surrealista y de vanguardia contemporáneo. Autor de innumerables cuadros, murales, dibujos, grabados. Fue también ceramista y escritor notable. || — (JOSÉ), novelista argentino, n. en Buenos Aires (1867-1896), autor de *La Bolsa.* Usó el seudónimo *Julián Martel.* || — (RICARDO), poeta y escritor panameño (1883-1940), autor de *Caminos silenciosos, Preludios, La voz de la raza,* etc. || — (RODRIGO), crítico literario, ensayista e historiador panameño n. en 1912.

mirón, ona adj. y s. Curioso.

Mirón, escultor griego del s. V a. de J. C., autor del famoso *Discóbolo,* estatua de un joven lanzando el disco.

mirra f. Gomorresina empleada para hacer incienso y perfumes.

mirtáceas f. pl. Familia de plantas angiospermas dicotiledóneas de las regiones cálidas, como el arrayán, el eucalipto y el clavero (ú. t. c. adj.).

mirto m. Arrayán.

Mirzapur, c. al N. de la India (Uttar Pradesh), a orillas del Ganges.

misa f. Ceremonia religiosa en que el sacerdote católico, ante el altar, ofrece a Dios Padre el sacrificio del cuerpo y la sangre de Jesucristo bajo las especies de pan y vino. || — *Cantar misa,* decirla por vez primera el sacerdote recién ordenado. || *Fig. Como en misa,* con gran silencio y respeto. || *Decir misa,* celebrarla el sacerdote. || *Fig.* y fam. *De misa,* dícese del sacerdote, o de cualquier otra persona, de cortos estudios y escasa autoridad. || *Misa cantada,* la celebrada con canto. || *Misa del gallo,* la celebrada la víspera de Navidad a las doce de la noche. || *Misa de réquiem,* la celebrada por los difuntos. || *Misa mayor,* la cantada y solemne. || *Misa negra,* la dicha en honor del diablo. || *Misa rezada,* la ordinaria sin canto. || *Misas gregorianas,* las que se dicen en sufragio de un difunto durante treinta días. || *Fig.* y fam. *No saber de la misa la media,* ignorar todo de un asunto. || *Oír misa,* asistir a ella. || *Fam. Sus palabras son a misa,* sus palabras son más que ciertas.

misacantano m. Sacerdote que dice misa por vez primera.

misal m. Devocionario, libro que

leen los fieles cuando se celebra la misa. ‖ Libro que lee el sacerdote durante la misa.

Misantla, río de México (Veracruz); 678 km. — C. en el E. de México (Veracruz). Interesantes ruinas totonacas.

misantropía f. Odio a los hombres y a la sociedad.

misantrópico, ca adj. Propio de los misántropos.

misántropo, pa m. y f. Persona huraña que huye del trato humano.

miscelánea f. Mezcla de cosas diversas. ‖ Denominación dada a ciertas recopilaciones literarias.

miscible adj. Que puede formar con otro cuerpo una mezcla homogénea. ‖ Mezclable.

Miseno, cabo del SO. de Italia, en el golfo de Nápoles.

miserable adj. Malvado, infame : acción miserable. ‖ Tacaño, mezquino (ú. t. c. s.). ‖ Perverso, ruin (ú. t. c. s.). ‖ Pobre, de pocos recursos : una familia miserable. ‖ Ínfimo, escaso : sueldo miserable. ‖ Mísero : ¡miserable de mí! ‖ Lastimoso : estaba en un estado miserable.

Miserables (Los), novela de Victor Hugo (1862).

miserere m. Salmo cincuenta, que empieza por esta palabra cuyo significado es apiádate. ‖ Canto compuesto con este salmo. ‖ Med. Cólico miserere, el íleo.

miseria f. Desgracia, infortunio : sufrieron muchas miserias. ‖ Pobreza extremada : vivir en la miseria. ‖ Avaricia, mezquindad. ‖ Piojos que cría una persona. ‖ Fig. Cosa de muy poco valor : pagar con una miseria.

misericordia f. Virtud que nos inclina a ser compasivos. ‖ Perdón : pedir misericordia.

Misericordia, novela de Benito Pérez Galdós (1897).

misericordioso, sa adj. y s. Inclinado a la compasión y al perdón.

misero, ra adj. y s. Desgraciado. ‖ Tacaño.

misérrimo, ma adj. Muy mísero.

mishiadura f. Arg. Fam. Persona de pocos recursos. ‖ Escasez de recursos.

Mishima Yukio (Hiraoba KIMITAKE, llamado), escritor japonés (1925-1970), autor de relatos. Se suicidó en público.

Mishna (La), compilación jurídica hebrea con comentarios bíblicos.

misia o **misiá** f. En algunos sitios, particularmente en América, tratamiento que se da amistosa y familiarmente a las señoras casadas o viudas.

Misia, antigua región en el NO. de Asia Menor ; c. pr. Troya, Lampsaco, Pérgamo, Abidos, etc.

misil m. Proyectil autopropulsado que tiene un control interno o remoto para alterar la trayectoria : misiles tierra-aire o aire-aire.

misile m. Misil.

misión f. Facultad que se otorga a una persona para que desempeñe algún cometido : cumplir una misión. ‖ Comisión temporal otorgada por el Gobierno a un agente especial : misión diplomática, científica. ‖ Conjunto de las personas que han recibido este cometido. ‖ Obra que una persona o colectividad ha de llevar a cabo. ‖ Serie de predicaciones para la instrucción de los fieles y la conversión de los pecadores. ‖ Establecimiento de misioneros o región en que predican : un país de misión. ‖ Labor a que está obligada una persona por su cargo o condición.
— En América, las célebres fueron las Misiones del Paraguay, organización de los jesuitas destinada a catequizar a los indios. Éstos fueron agrupados en reducciones, y se establecieron a principios del s. XVII en el S. del actual Paraguay, NE. de la Argentina, S. del Brasil y el Uruguay. Se extinguieron en 1767.

misional adj. Relativo a los misioneros o a las misiones.

misionero, ra adj. Relativo a la misión evangélica. — M. y f. Persona que predica la religión cristiana en las misiones. ‖ — Adj. y s. De Misiones (Argentina y Paraguay).

Misiones, prov. del NE. de la Argentina ; cap. Posadas. — Dep. del S. del Paraguay ; cap. San Juan Bautista.

Misisipí, río de Estados Unidos, que nace en el Norte del Estado de Minnesota, pasa por Saint Paul, Minneápolis, San Luis, Memphis, Baton Rouge, Nueva Orleáns, y des. en el golfo de México ; 3 780 km. — Uno de los Estados Unidos de Norteamérica (Centro-Sudeste) ; capital Jackson.

misiva f. Carta, mensaje.

mismo, ma adj. Denota identidad, similitud o paridad : su mismo padre lo ha hecho ; del mismo color, de la misma edad. ‖ Se agrega a los pronombres personales y a algunos adverbios para darles más fuerza : yo mismo ; hoy mismo. ‖ Hasta, incluso : sus mismos hermanos le odian. ‖ — Ahora mismo, en el acto. ‖ Así mismo, también ; de la misma manera. ‖ Estar en las mismas, no haber ocurrido ningún cambio. ‖ Lo mismo, la misma cosa. ‖ Lo mismo da, no importa. ‖ Por lo mismo, por esta razón, a causa de ello. ‖ Volver a las mismas, caer uno en semejantes errores que antes.

misoginia f. Aversión u odio a las mujeres.

misógino, na adj. Que tiene aversión a las mujeres (ú. t. c. s.).

Misolonghi, c. y puerto del O. de Grecia, a orillas del mar Jónico. En ella murió Lord Byron (1824).

miss f. (pal. ingl.). Tratamiento que se da en Inglaterra a las señoritas. ‖ Institutriz inglesa. ‖ Fig. Reina de belleza. (Pl. misses.)

missile m. Misil.

Mississauga, c. al S. del Cánadá, a orillas del lago Ontario y en el área urbana de la ciudad de este nombre.

Mississippi. V. MISISIPÍ.

Missouri. V. MISURI.

mister m. (pal. ingl.). Tratamiento inglés equivalente a señor. ‖ Fam. Entrenador de un equipo de fútbol.

misterio m. Conjunto de doctrinas y prácticas religiosas que sólo deben conocer los iniciados : misterio eleusino. ‖ En la religión cristiana, cosa inaccesible a la razón y que debe ser objeto de fe : el misterio de la Santísima Trinidad. ‖ Fig. Cosa incomprensible : el corazón tiene sus misterios. ‖ Lo que sólo puede ser comprendido por unos pocos iniciados : los misterios de la poesía. ‖ Cosa secreta : andar siempre con misterios. ‖ Obra teatral de la Edad Media de asunto religioso, que trataba principalmente de la Pasión de Jesucristo.

misterioso, sa adj. Que encierra en sí misterio : crimen misterioso. ‖ Que anda siempre con misterios.

Misti, volcán del SE. del Perú, en los Andes occidentales. En sus faldas está la ciudad de Arequipa ; 5 852 m.

mística f. Parte de la teología que trata de la vida espiritual y contemplativa. ‖ Literatura mística, misticismo.

misticismo m. Estado de la persona que se dedica a la contemplación de Dios o de las cosas espirituales. ‖ Teol. Unión inefable entre el alma y Dios, por medio del amor, que puede ir acompañada de éxtasis y revelaciones. ‖ Doctrina filosófica y religiosa, según la cual se puede comunicar directamente con Dios en la visión intuitiva o el éxtasis. ‖ Corriente literaria española, cuyos principales representantes fueron San Juan de la Cruz y Santa Teresa de Jesús, caracterizada por la adoración y contemplación de Dios.

místico, ca adj. Que se refiere a los misterios cristianos y a las realidades invisibles : teología mística. ‖ Que pertenece al misticismo : autor místico (ú. t. c. s.).

mistificación f. Falseamiento, falsificación. ‖ Embaucamiento. ‖ Burla.

mistificador, ra adj. Que mistifica (ú. t. c. s.).

mistificar v. t. Falsear, falsificar. ‖ Burlarse, engañar, embaucar.

mistral m. Viento frío y seco que sopla del Norte en las costas del Mediterráneo.

Mistral (Frédéric), escritor francés (1830-1914), autor de Mireya, poema escrito en provenzal. (Pr. Nobel en 1904, compartido con el escritor José Echegaray.) — (LUCILA GODOY ALCAYAGA, llamada **Gabriela**), poetisa chilena, n. en Vicuña (Coquimbo) [1889-1957]. Fue maestra de escuela y

más tarde representante diplomático de su país. Autora de Desolación, Ternura, Tala, Lagar, obras de gran poder emocional y acendrado lirismo (Premio Nobel, 1945.)

Misuri, río de Estados Unidos que nace en las montañas Rocosas y des. en el Misisipí en la ciudad de Saint Louis ; 4 315 km. — Uno de los Estados Unidos de Norteamérica, en el centro-este del país ; cap. Jefferson. C. pr. Kansas City, Saint Louis.

mita f. Trabajo pagado al que estaba obligado durante cierto tiempo el indio americano. ‖ Tributo que pagaban los indios del Perú.

mitad f. Cada una de las dos partes iguales en que se divide un todo : un hemiferio es la mitad de una esfera. ‖ Medio : llegar a la mitad del camino. ‖ Fig. La mayor parte : la mitad del tiempo no está en su casa. ‖ Fam. Cónyuge. ‖ — Mitad y mitad, a partes iguales. ‖ Partir por la mitad, cortar por partes iguales ; (fam.) molestar. ‖ — Adv. En parte : mitad hombre, mitad animal.

Mitaka, c. del Japón (Honshu).

Mitau. V. JELGAVA.

mitayo m. En América, indio sorteado para el trabajo. ‖ Indio que llevaba lo recaudado de la mita.

Mitchell, pico culminante de los Apalaches, al este de los Estados Unidos ; 2 037 m.

Mitchell (Margaret), escritora norteamericana (1900-1949), autora de la novela Lo que el viento se llevó (1936).

mítico, ca adj. Relativo a los mitos.

Miticha o **Mitidja,** llanura fértil del N. de Argelia (Argel).

mitificación f. Acción y efecto de mitificar.

mitificador, ra adj. Que mitifica.

mitificar v. t. Dar carácter de mito.

mitigación f. Acción y efecto de mitigar o mitigarse.

mitigador, ra y **mitigante** adj. Que mitiga o modera.

mitigar v. t. Aplacar, disminuir, calmar : mitigar el hambre, el dolor. ‖ Suavizar una cosa áspera : mitigar la acidez de un líquido (ú. t. c. pr.). ‖ Hacer menos riguroso : mitigar una pena. ‖ Moderar : mitigar el paro.

Mitilene. V. LESBOS.

mitimaes m. pl. Per. Colonias de indios que mandaban los Incas a las regiones recién conquistadas. ‖ Indios que servían en las filas españolas.

mitin m. Reunión pública para tratar de asuntos políticos o sociales : mitin electoral. ‖ Fig. y fam. Dar el mitin, llamar mucho la atención, armar un escándalo.

mitinero, ra adj. Propio de un mitin.

Mitla, ant. c. sagrada de los zapotecas en el S. de México (Oaxaca).

mito m. Relato de los tiempos fabulosos y heroicos, de sentido generalmente simbólico : los mitos griegos. ‖ Relato alegórico basado en una generalidad histórica, filosófica o física : el mito solar. ‖ Fig. Cosa que no tiene realidad concreta : el mito de la Atlántida ; en ciertos casos la justicia llega a ser un mito. ‖ Fantasía, creación de la imaginación. ‖ Personaje fabuloso.

Mito, c. del Japón en el E. de la isla Honshu.

mitocondria f. Pequeña esfera que constituye el condrioma celular.

mitología f. Historia fabulosa de los dioses, semidioses y héroes de la Antigüedad. ‖ Ciencia e interpretación de los mitos.

mitológico, ca adj. Relativo a la mitología.

mitomanía f. Tendencia patológica a mentir o a relatar cosas fabulosas.

mitómano, na adj. y s. Que sufre de mitomanía.

mitón m. Guante de punto o de mallas sin dedos.

mitosis f. Biol. División de la célula en que el núcleo conserva el mismo número de cromosomas. (Las cuatro fases de la mitosis son profase, metafase, anafase y telofase.)

mitote m. Méx. Baile de los aztecas. ‖ Amer. Fiesta casera. ‖ Melindre, aspaviento. ‖ Bulla, pendencia.

mitotear v. i. Amer. Fig. Hacer melindres.

mitotero, ra adj. y s. Amer. Fig.

Melindroso, remilgado. | Alborotador. | Chismoso.

mitra f. Toca puntiaguda de los antiguos persas. ‖ Toca alta y en punta que llevan los prelados en las solemnidades. ‖ *Fig.* Dignidad de arzobispo u obispo : *la mitra de Toledo.*

mitrado, da adj. Que usa o puede usar mitra : *abad mitrado.* ‖ — M. Arzobispo u obispo.

mitral adj. En forma de mitra. ‖ *Anat.* Dícese de la válvula que existe entre la aurícula y el ventrículo izquierdo del corazón.

Mitre (Bartolomé), militar, estadista y escritor argentino, n. en Buenos Aires (1821-1906). Abandonó el país durante la tiranía de Rosas y luchó junto a Urquiza en la batalla de Caseros (1852). Opuesto después al propio Urquiza, lo venció en Pavón (1861) y fue proclamado pres. constitucional de la Rep. (1862). Durante su gobierno, Argentina, junto con Brasil y Uruguay, derrotó al Paraguay en la guerra de la Triple Alianza (1870). Fundó el periódico *La Nación* y escribió varias obras de carácter histórico. — Su hijo EMILIO MITRE Y VEDIA (1854-1909) fue ingeniero y periodista.

Mitridates, n. de siete sátrapas o reyes del Ponto, el más célebre de los cuales fue MITRÍDATES VI *el Grande* (132-63 a. de J. C.), rey de 111 a 63: luchó contra los romanos de 90 a 63. Se hizo matar por un esclavo.

Mitterrand (François), político socialista francés, n. en 1916, pres. de la Rep. desde 1981.

Mitú, pobl. del SE. de Colombia, cap. de la comisaría de Vaupés.

mituano, na o **mituense** adj. y s. De Mitú (Colombia).

Mixco, mun. de Guatemala, en el Estado de este nombre.

Mixcoac, ant. mun. de México, hoy parte de la c. de México.

mixcoacalli m. Entre los aztecas, escuela de música y baile.

Mixcóatl o **Mixcohuatl,** jefe guerrero nahua que el año 900 invadió el valle de México y más tarde fue convertido en divinidad de la mitología náhuatl. Personificaba los huracanes.

Mixe, parte de la Sierra Madre de Oaxaca, en el S. de México. — Mun. de México (Oaxaca). Prelatura nullius.

mixiote m. Membrana de la penca del maguey.

mixomatosis f. Enfermedad infecciosa del conejo.

mixomicetos m. pl. Orden de hongos.

mixteca adj. y s. Indígena mexicano, en el S. del país (Oaxaca, Guerrero y Puebla). [Hacia el s. x, los mixtecas sometieron a los zapotecas y desarrollaron una brillante cultura. Restos en Monte Albán y Mitla.]

mixtificación f. Mistificación.

mixtificador, ra adj. y s. Mistificador.

mixtificar v. t. Mistificar.

mixto, ta adj. Mezclado e incorporado a otra cosa. ‖ Compuesto de elementos de distinta naturaleza : *comisión mixta de empleados y empresarios.* ‖ Híbrido, mestizo. ‖ Que sirve de transición entre dos cosas. ‖ Que comprende personas de ambos sexos o pertenecientes a grupos distintos : *escuela mixta.* ‖ *Tren mixto,* el que transporta viajeros y mercancías. ‖ — M. Fósforo, cerilla. ‖ Sustancia inflamable empleada en la guerra, en pirotecnia, etc. ‖ Fulminante.

mixtura f. Mezcla. ‖ Medicamento compuesto de diversos ingredientes.

Miyakonojo, c. de Japón (Kiusiu).

Miyazaki, c. y puerto del Japón, en el SE. de la isla de Kiusiu.

Mizoram, territorio del noreste de la India.

Mizque, pobl. en el centro de Bolivia, cap. de la prov. del mismo nombre (Cochabamba).

ml, abreviatura del *mililitro.*

mm, abreviatura del *milímetro.*

Mm, abreviatura de *miriámetro.*

Mmbatho, c. del norte de África del Sur, cap. del territorio autónomo de Bofuthatswana.

Mn, símbolo del *manganeso.*

mnemotecnia f. Arte de cultivar la memoria mediante ejercicios apro-

piados. ‖ Empleo de procedimientos científicos para fijar en la memoria datos difíciles de recordar.

mnemotécnico, ca adj. Relativo a la mnemotecnia : *método mnemotécnico.* ‖ — F. Mnemotecnia.

Mo, símbolo químico del *molibdeno.*

Moa, bahía y mun. en el este de Cuba (Holguín). Centrales térmicas.

Moanda, pobl. al sureste del Gabón.

moaré m. Muaré.

Mobile, c. y puerto del SE. de Estados Unidos (Alabama), en la bahía homónima. Obispado.

mobiliario, ria adj. Mueble. ‖ *Com.* Transmisible : *valores mobiliarios.* ‖ — M. Conjunto de los muebles de un sitio : *el mobiliario de un piso.*

moblaje m. Mobiliario.

Mobutu (*Lago*), ant. *Alberto Nianza* o *Alberto,* lago de África ecuatorial (Uganda y Zaire), atravesado por el río Nilo ; 4 500 km².

Mobutu (Sese Seko), general y político del Zaire, n. en 1930. Se apoderó del Poder en su país en 1960, pero tuvo que cederlo en 1961. Un nuevo golpe de Estado en 1965 le permitió ser otra vez presidente de la República y jefe del Gobierno.

moca m. Café de la ciudad de Moka (Arabia). ‖ Crema con sabor a café para cubrir o rellenar pasteles.

Moca, mun. al NO. de Puerto Rico (Aguadilla). — C. del N. de la Rep. Dominicana, cap. de la prov. de Espaillat. — V. MOKA.

Mocambo, punta del este de México, al S. de Veracruz. Turismo.

mocano, na adj. y s. De la c. de Moca (Rep. Dominicana).

mocasín m. Calzado de los indios de América del Norte. ‖ Zapato muy flexible que tiene una sola pieza y pala cerrada.

mocear v. i. Obrar como un mozo.

mocedad f. Juventud, edad comprendida entre la niñez y la edad adulta. ‖ — V. t. pl. : *" Las mocedades del Cid ",* de Guillén de Castro. ‖ Travesura propia de mozos. ‖ Conjunto de los mozos de un lugar.

mocerío m. Conjunto de mozos.

mocetón, ona m. y f. Persona joven.

Mociño (José Mariano), naturalista mexicano (1757-1820).

moción f. Proposición que se hace en una asamblea.

moco m. Sustancia pegajosa y viscosa segregada por las glándulas mucosas, especialmente la que fluye de las narices. ‖ Extremo del pabilo de una vela encendida. ‖ Escoria que sale al batir el hierro. ‖ *Mar.* Palo corto situado verticalmente debajo del bauprés. ‖ — *Fig.* y *fam. Llorar a moco tendido,* llorar sin parar. ‖ *Moco de pavo,* apéndice carnoso y eréctil que lleva el pavo sobre el pico. ‖ *Fig. No es moco de pavo,* la cosa tiene importancia ; la cosa es nada fácil.

Mocoa, pobl. del SO. de Colombia, cap. de la intendencia de Putumayo.

mocoano, na adj. y s. De Mocoa (Colombia).

Mocoretá, río de la Argentina (Corrientes y Entre Ríos), afl. del Uruguay ; 150 km. — Pobl. al NE. de la Argentina (Corrientes).

Mocorito, mun. al oeste de México (Sinaloa).

mocoso, sa adj. Que tiene las narices llenas de mocos. ‖ *Fig.* Aplícase a los niños mal educados o demasiado presumidos (ú. t. c. s.).

mocosuelo, la adj. y s. Mocoso.

Moctezuma. V. TULA.

Moctezuma I (¿ 1390 ?-1469), soberano azteca desde 1440. Extendió sus dominios y embelleció la hoy c. de México. ‖ **II** (1466-1520), emperador azteca que sucedió a su tío Ahuizotl (1502). En 1519 se sometió a los españoles. M. a manos de sus propios súbditos.

mochales adj. *Fam.* Locamente enamorado. ‖ Loco, chiflado.

moche v. V. TROCHE.

Moche, mun. en el O. del Perú (La Libertad). Ruinas preincaicas.

mochica adj. Relativo a un pueblo indígena de la costa N. del ant. Perú. ‖ Perteneciente a él. Ú. t. c. s. : *los mochicas tuvieron un período de esplendor entre los años 300 y 1000.*

mochila f. Morral o bolsa que llevan

a la espalda los soldados, los caminantes, los excursionistas, etc.

Mochis (Los), pobl. en el O. de México (Sinaloa). Ind. de conservas.

mocho, cha adj. Romo, sin punta.

mochuelo m. Ave rapaz nocturna que se alimenta principalmente de roedores y reptiles. ‖ *Fig.* y *fam.* Cualquier cosa difícil o molesta : *le cargaron el mochuelo.* ‖ *Fig. Cada mochuelo a su olivo,* ha llegado el momento de irse a su casa.

moda f. Gusto que predomina en cierta época y determina el uso de vestidos, muebles, etc. : *seguir la moda.* ‖ Manera de vestirse : *la moda parisiense.* ‖ Pasión colectiva : *la moda de las novelas policíacas.* ‖ *De* (o *a la*) *moda,* según el gusto del momento.

modal adj. Que comprende o incluye modo o determinación particular. ‖ *Gram.* Relativo a los modos verbales. ‖ — M. pl. Manera de portarse en sociedad : *persona con modales finos.*

modalidad f. Modo de ser o de manifestarse una cosa. ‖ Categoría.

modelado m. Acción de modelar. ‖ Relieve de las formas en escultura y pintura.

modelador, ra adj. Que modela. ‖ — M. y f. Artista que modela.

modelar v. t. Formar con barro, cera, etc., una figura o adorno. ‖ Pintar una figura con relieve por medio del claroscuro. ‖ Hacer que alguien adquiera determinadas características : *modelar a la forma de ser de alguien.* ‖ *Fig.* Adaptar.

modelista m. y f. Operario encargado de los moldes para el vaciado de piezas de metal, cemento, etc. ‖ Persona que dibuja modelos de costura.

modelo m. Objeto que se reproduce o se imita : *esta casa me ha servido de modelo para la mía.* ‖ Tipo : *compré el último modelo de esa marca de coches.* ‖ Representación de alguna cosa en pequeña escala : *modelo reducido ; un modelo de fabricación.* ‖ Persona, animal u objeto que reproduce el pintor o escultor : *un modelo clásico.* ‖ Obra de arte de barro o cera que se reproduce luego en forma de escultura. ‖ Persona o cosa digna de ser imitada : *un modelo de virtudes.* ‖ Vestido original en una colección de alta costura. ‖ *Tecn.* Construcción de una o varias piezas para hacer el molde en el cual se vaciarán los objetos. ‖ — M. y f. Persona que posa para pintores, escultores, fotógrafos. ‖ Persona que sirve para exhibir algo : *modelo publicitario.* ‖ Persona que en las casas de modas exhibe los nuevos modelos de costura : *desfile de modelos.* ‖ — Adj. inv. Perfecto en su género, digno de ser imitado : *una escuela modelo.*

modem m. En informática, dispositivo para asegurar la modulación de las señales emitidas y la demodulación de las señales recibidas.

Módena, c. del N. de Italia (Emilia) ; cap. de la prov. homónima. Arzobispado. Universidad. Catedral (s. XI).

moderación f. Virtud que consiste en permanecer igualmente alejado de ambos extremos : *ejercer el poder con moderación.* ‖ Cordura, sensatez.

moderado, da adj. Que tiene moderación : *ser moderado en sus ambiciones.* ‖ Que no es excesivo : *precio moderado.* ‖ En política, alejado de los partidos extremistas (ú. t. c. s.).

moderador, ra adj. y s. Que modera. ‖ Aplícase a la sustancia o al mecanismo que frena, regula o atenúa las acciones demasiado enérgicas : *moderador de grafito.* ‖ Dícese de la persona que dirige un debate.

moderar v. t. Templar, reducir la intensidad : *moderar el calor, la velocidad.* ‖ Contener en unos límites razonables, fuera de todo exceso : *moderar las pasiones.* ‖ Hacer de moderador en un debate. ‖ — V. pr. Contenerse : *moderarse en los actos.*

moderato adv. (pal. ital.). *Mús.* Con movimiento moderado.

modernidad f. Modernismo.

modernismo m. Calidad de moderno. ‖ Afición a las cosas modernas, especialmente en literatura, arte y religión. ‖ Movimiento religioso de fines del s. XIX que pretendía adaptar el catolicismo a la vida moderna. ‖ Movimiento literario de renovación que surgió a fines del s. XIX en España e Hispanoamérica y orientó la poesía hacia una estética sincera y refinada. (Sus principales representantes en América fueron José Martí, Rubén Darío, Santos Chocano, Leopoldo Lugones, Amado Nervo, Gutiérrez Nájera, Julián del Casal, Díaz Mirón, J. Asunción Silva, R. Jaimes Freire, Herrera y Reissig y, en España, Salvador Rueda, Villaespesa, Juan Ramón Jiménez, Valle-Inclán, M. y A. Machado). ‖ Arq. Movimiento artístico, de finales del s. XIX y principios del XX, que se caracteriza por el predominio de la línea ondulante y asimétrica : *el modernismo es una reacción contra las corrientes neogóticas y neoclásicas y se distinguió, entre sus cultivadores, el arquitecto Antonio Gaudí.*

modernista adj. Relativo al modernismo. ‖ Partidario de él (ú. t. c. s.).

modernización f. Acción y efecto de modernizar : *fue el autor de la modernización del país.*

modernizar v. t. Dar forma o aspecto moderno (ú. t. c. pr.).

moderno, na adj. Que pertenece a la época actual o existe desde hace poco tiempo : *un descubrimiento moderno.* ‖ Que representa el gusto actual : *muebles modernos.* ‖ *Edad Moderna,* tiempo posterior a la Edad Media, que va desde la toma de Constantinopla (1453) o desde el descubrimiento de América (1492) hasta fines del siglo XVIII. ‖ — M. Lo que es moderno.

modestia f. Virtud por la cual uno no habla ni piensa con orgullo de sí mismo. ‖ Sencillez. ‖ Pudor, recato.

modesto, ta adj. Que da pruebas de modestia (ú. t. c. s.) : *es un hombre modesto.* ‖ Recatado, pudoroso (ú. t. c. s.). ‖ Sencillo, poco lujoso : *una casa modesta.* ‖ Pequeño, humilde : *mi modesto sueldo.* ‖ Humilde : *de modesta familia.*

modicidad f. Calidad de módico.

módico, ca adj. Limitado, reducido.

modificación f. Cambio.

modificador, ra adj. y s. Que modifica.

modificar v. t. Cambiar una cosa sin alterar su naturaleza misma : *modificar una propuesta.* ‖ Gram. Determinar o cambiar el sentido : *el adverbio se usa para modificar el verbo.* ‖ — V. pr. Cambiar, transformarse.

modificativo, va y **modificatorio, ria** adj. Modificador.

Modigliani (Amedeo), pintor italiano (1884-1920), autor de retratos de figura elegantemente alargada y estilizada.

modismo m. Gram. Expresión o giro propio de un idioma.

modista com. Persona que hace prendas de vestir para señoras. ‖ — F. Mujer que tiene una tienda de modas.

modistería f. Tienda de modas.

modistilla f. Fam. Oficiala o aprendiza de modista.

modisto m. Barbarismo por modista, sastre para señoras.

modo m. Manera de ser, de manifestarse o de hacer una cosa : *modo de obrar.* ‖ Cada una de las formas del silogismo. ‖ Gram. Manera de expresar el estado o la acción del verbo. (Los modos del verbo castellano son cinco : *infinitivo, indicativo, imperativo, potencial y subjuntivo*). ‖ Mús. Disposición de los intervalos de una escala musical : *modo mayor y menor.* ‖ — Pl. Modales : *buenos, malos modos.* ‖ Cortesía, urbanidad. ‖ — *Al o a modo de,* como. ‖ *A mi modo,* según mi costumbre. ‖ *De modo que,* de suerte que. ‖ *De todos modos,* sea lo que fuere. ‖ *En cierto modo,* por una parte. ‖ *Modo adverbial,* locución invariable equivalente a un adverbio como *a sabiendas, en efecto,* etc. ‖ *Modo de ver,* parecer.

modorra f. Sueño pesado, sopor.

modosidad f. Calidad de modoso. ‖ Recato.

modoso, sa adj. Que tiene buenos modales, formal. ‖ Recatado.

modulación f. Acción de modular la voz o el tono. ‖ Variación en el tiempo de una de las características de una onda (amplitud, frecuencia, fase) con arreglo a una ley determinada.

modulador, ra adj. y s. m. Que modula.

modular v. t. e i. Ejecutar algo por medio de inflexiones diversas de la voz. ‖ Electr. Modificar la amplitud, frecuencia o fase de una onda portadora.

módulo m. Medida comparativa de las partes del cuerpo humano en los tipos étnicos de cada raza. ‖ Unidad convencional que sirve para determinar las proporciones de una construcción o de otra cosa. ‖ Semidiámetro de una columna. ‖ Media anual del caudal de un río o canal. ‖ Mat. Cantidad que sirve de comparación para medir otras. ‖ Coeficiente que sirve para caracterizar una propiedad mecánica : *módulo de elasticidad.* ‖ Mús. Modulación. ‖ Diámetro de una medalla o moneda. ‖ Modelo, tipo. ‖ Elemento que sirve de tipo : *módulos con los que se forma una librería.* ‖ Cada una de las partes independientes de una astronave que ejecuta una labor independiente : *módulo de mando, de servicio, lunar.*

modus vivendi m. (expr. lat.). Transacción entre dos partes en litigio sin que haya arreglo verdadero.

Moero o **Mweru,** lago de África, entre la prov. de Shaba, ant. Katanga (Zaire), y Zambia.

mofa f. Burla, befa.

mofador, ra adj. y s. Que se mofa.

mofar v. i. Burlarse (ú. t. c. pr.).

mofeta f. Gas irrespirable que se desprende de las minas y canteras. ‖ Gas carbónico que emana en las regiones volcánicas después de las erupciones. ‖ Mamífero carnicero de América parecido a la comadreja, que, cuando se ve perseguido, lanza un líquido hediondo.

moflete m. Carrillo grueso.

mofletudo, da adj. Que tiene mofletes.

Mogadiscio, hoy **Mogadishu** o **Muqdisho,** c. y puerto de África oriental, cap. de la Rep. de Somalia ; 250 000 h.

Mogador. V. ESAUIRA.

Moghreb. V. MAGHREB.

moghrebino, na adj. y s. Maghrebino.

Mogi das Cruzes, c. al S. del Brasil (São Paulo). Siderurgia. Metalurgia.

mogol, la adj. y s. Mongol. ‖ *Gran Mogol,* soberano de una dinastía mahometana en la India (V. MONGOL).

mogólico, ca adj. y s. Mongólico.

mogollón m. Fam. De mogollón, por casualidad.

Mogote, parte de la Sierra Madre del Sur de México (Oaxaca).

Mogreb. V. MAGHREB.

Mogrovejo (Santo Toribio Alfonso de), prelado español (1538-1606). Fue arzobispo de Lima y fundó el primer seminario de América. Fiesta el 27 de abril.

Moguer, c. del suroeste de España (Huelva).

Moguilev, c. al NO. de la U. R. S. S. (Rusia Blanca), al SE. de Minsk.

Mohacs, c. del SO. de Hungría.

mohair m. Pelo de cabra de Angora. ‖ Tejido hecho con él.

Mohamed, n. de doce reyes nazaritas de Granada, entre ellos : MOHAMED I Alhamar (1203-1273), fundador de la dinastía nazarita que reinó desde 1231, inició la construcción del palacio de la Alhambra. ‖ MOHAMED XI Abu Abdalá, llamado Boabdil por los cristianos, último rey moro de Granada. Reinó de 1482 a 1492.

Mohamed ‖ — **I,** emir independiente de Córdoba de 852 a 886. ‖ — **II Almahdi** (880-1010), califa de Córdoba de 1009 a 1010. ‖ — **III** (¿ 975 ? - 1025), califa de Córdoba en 1024. M. envenenado.

Mohamed ‖ — **Alí.** V. MEHEMET ALÍ. ‖ — **V Ben Yusef** (1909-1961), sultán de Marruecos en 1927, fue derribado en 1953, restablecido en 1955 y proclamado rey en 1957.

Mohamedia, ant. Fedala, c. y puerto al O. de Marruecos, al NE. de Casablanca. Refinería de petróleo.

Mohave o **Mojave,** región desértica de los Estados Unidos, al SE. de California.

Mohawk, río en el NE. de Estados Unidos (Nueva York), afl. del Hud-

son ; 257 km. Vía de comunicación entre Nueva York y los Grandes Lagos.

mohicano adj. y s. Dícese del individuo de una tribu india algonquina de Estados Unidos (Connecticut).

mohín m. Mueca o gesto.

mohino, na adj. Enfadado, de mal humor. ‖ Triste.

moho m. Hongo muy pequeño que se cría en la superficie de ciertos cuerpos orgánicos. ‖ Capa de óxido que se forma en la superficie de algunos metales, como el cobre.

mohoso, sa adj. Cubierto de moho.

moiré [*muaré*] m. (pal. fr.). Muaré.

moisés m. Cuna de mimbre.

Moisés, gran patriarca y legislador del pueblo de Israel (s. XIII a. de J. C.), al que liberó de la servidumbre de Egipto y le guió por el desierto hasta la Tierra de Promisión (*Éxodo,* hacia 1250). De niño, fue salvado de las aguas del Nilo por una hija del faraón, tras ordenar éste la matanza de todos los hijos varones de los judíos en Egipto. Se le apareció Dios, que le ordenó que sacara a su pueblo de la esclavitud y le entregó en el Monte Sinaí los preceptos del *Decálogo* grabados en dos tablas de piedra. Habiendo puesto en duda la palabra del Señor, fue condenado a no penetrar en la Tierra de Promisión.

Moix (Ramón, llamado **Terenci**), escritor español en lengua catalana, n. en 1943, autor de la novela *Nuestra virgen de los mártires.*

Mojácar, pobl. en el SE. de España (Almería). Estación estival.

mojado, da adj. Fig. Ser papel mojado, carecer de valor y eficacia.

mojadura f. Acción y efecto de mojar o mojarse.

mojama f. Cecina de atún.

Mojanda-Cajas, nudo montañoso del Ecuador, entre las prov. de Imbabura y Pichincha.

mojar v. t. Humedecer una cosa con agua u otro líquido : *mojar la ropa* (ú. t. c. pr.). ‖ Fig. y fam. Celebrar con vino un acontecimiento feliz : *mojar una victoria.* ‖ — V. i. Fig. Introducirse o tener parte en un negocio (ú. t. c. pr.). ‖ — V. pr. Fig. y fam. Meterse, comprometerse.

mojarra f. Pez marino acantopterigio, pequeño y comestible.

Mojarro (Tomás), escritor mexicano, n. en 1932, autor de novelas (*Bramadero, Malafortuna*) y de cuentos (*Cañón de Juchipila*).

Mojave. V. MOHAVE.

Moji, ant. c. del Japón en el N. de la isla de Kiusiu, parte de Kita Kiusiu.

Mojica (José), cantante y actor cinematográfico mexicano (1895-1974), que ingresó posteriormente en un convento. Escribió *Yo pecador.*

mojicón m. Bizcocho de mazapán bañado. ‖ Bollo para tomar chocolate. ‖ Fam. Puñetazo.

mojiganga f. Fiesta pública de máscaras. ‖ Obrilla dramática muy breve parecida a la farsa. ‖ Fig. Burla, broma.

mojigatería f. Hipocresía. ‖ Beatería, santurronería. ‖ Carácter de gazmoño. ‖ Humildad mezclada con timidez.

mojigato, ta adj. y s. Hipócrita. ‖ Santurrón, beato. ‖ Gazmoño.

mojo, ja adj. Relativo a un pueblo indígena boliviano de la familia de los arawakos que vive en el valle medio del Mamoré. ‖ Perteneciente a este pueblo (ú. t. c. s.).

mojón m. Hito, poste o señal para indicar los límites. ‖ Por ext. Señal que sirve de guía en un camino. ‖ Excremento humano.

moka m. Moca.

Moka, c. y puerto de la Rep. Árabe del Yemen, a orillas del mar Rojo.

Mokpo, c. y puerto del SO. de Corea a orillas del mar Amarillo.

Molango, pobl. en el centro de México (Hidalgo).

molar adj. Relativo a la muela. ‖ Diente molar, dícese de cada uno de los dientes posteriores a los caninos. U. m. c. s. m. : *el molar ;* los molares.

molar v. t. Fam. Gustar. ‖ — V. i. Fam. Lucir, resultar bien. ‖ Presumir.

Mold, al oeste de Gran Bretaña (Gales), cap. del condado de Flint.

Moldau, Moldava o **Vltava,** río de Checoslovaquia, afl. del Elba, que pasa por Praga ; 425 km.

Moldavia, ant. principado del SE. de Europa que formó con Valaquia (1878) el reino de Rumania ; cap. *Jassy*. — República soviética en el SO. de la U. R. S. S., constituida en 1940 por una parte de Moldavia y otra de Besarabia ; cap. *Kichinev*.

moldavo, va adj. y s. De Moldavia.

molde m. Pieza en la que se hace en hueco la figura del objeto que se quiere estampar o reproducir. ‖ Instrumento que sirve para dar forma a una cosa : *molde de hacer encajes*. ‖ *Fig.* Modelo. ‖ *Letra de molde*, la impresa.

moldeable adj. Que se puede moldear.

moldeado m. Operación que consiste en moldear un objeto.

moldear v. t. Sacar el molde de un objeto. ‖ Vaciar en un molde. ‖ *Fig.* Dar cierta forma o carácter : *la vida nos moldea* (ú. t. c. pr.).

moldura f. Parte saliente, de perfil uniforme, que sirve para adornar obras de arquitectura, carpintería, etc.

moldurar v. t. Hacer molduras.

mole f. Cosa voluminosa y mal delimitada : *apenas se veía la mole de las nuevas construcciones*. ‖ — M. *Méx.* Guiso preparado con salsa de chile, ajonjolí y carne de guajolote o pavo : *mole poblano*.

molécula f. Partícula formada de átomos que representa la cantidad más pequeña de un cuerpo que puede existir en estado libre. ‖ *Molécula gramo*, masa representada por la fórmula de un cuerpo químico.

molecular adj. Relativo a las moléculas : *agrupación molecular*.

moledor, ra adj. y s. Que muele.

moledura f. Molienda.

moler v. t. Triturar, reducir un cuerpo a partes menudísimas o a polvo : *moler grano*. ‖ *Fig.* Fatigar, cansar : *moler a uno con el trabajo*. Maltratar : *moler a palos, a golpes*. ‖ *Méx. Fig.* Fastidiar, dar la lata, molestar : *¡ hijo mío, deja de moler !*

molestar v. t. Causar molestia, incomodar : *¿ le molesta el humo ?* ‖ Fastidiar, importunar : *le molesta hacer visitas*. ‖ Ofender, herir : *lo que le dije le molestó*. ‖ Hacer daño : *me molestan estos zapatos*. — V. pr. Tomarse la molestia de hacer algo : *no se ha molestado en ayudarme*. ‖ Picarse, ofenderse : *se molesta por cualquier cosa*.

molestia f. Contrariedad, disgusto : *su carácter le acarreó muchas molestias*. ‖ Fastidio : *es una molestia ir a este sitio ahora*. ‖ Trabajo : *tomarse la molestia de ir a hacer un recado*. ‖ — Pl. Achaques de salud : *tener molestías en una pierna*.

molesto, ta adj. Que causa molestia : *una pregunta molesta*. ‖ *Fig.* Que la siente, incómodo : *estar molesto en un sillón*. ‖ Enfadado, enojado.

molestoso, sa adj. *Amer.* Molesto.

Molfetta, c. y puerto del SE. de Italia (Pulla). Industrias.

molibdeno m. Metal muy duro, de color y brillo plomizos y número atómico 42 (símb., Mo).

molicie f. Blandura. ‖ *Fig.* Mucha comodidad : *vivir con molicie*.

molido, da adj. *Fig.* Muy cansado : *estoy molido de tanto trabajar*. ‖ Maltrecho : *molido a golpes*.

molienda f. Acción de moler. ‖ Cantidad molida de una vez. ‖ Tiempo que dura la acción de moler.

Molière (Jean-Baptiste POQUELIN, llamado), comediógrafo francés, n. en París (1622-1673). Dirigió una compañía de comediantes ambulantes hasta que, gozando de la protección de Luis XIV, se estableció en París. En sus obras critica la sociedad de su tiempo (*Las preciosas ridículas, La escuela de las mujeres, El misántropo, El médico a palos, La escuela de los maridos, Don Juan o El festín de piedra, El avaro, Tartufo, Las mujeres sabias, El enfermo imaginario,* etc.).

molimiento m. Molienda.

Molina, c. del centro de Chile, en la VII Región (Maule) y en la prov. de Curicó, cap. de la com. de su n. ‖ — **(La),** estación de deportes de invierno en el NE. de España (Gerona). ‖ ~ **de Aragón,** c. en el centro de España

(Guadalajara). ‖ ~ **de Segura,** v. en el SE. de España (Murcia).

Molina (Alonso de), misionero franciscano español en México (1496-1584). ‖ ~ (ANTONIO DE), escritor ascético español (¿ 1560 ?-1619). ‖ ~ (ARTURO ARMANDO), militar y político salvadoreño, n. en 1927, pres. de la Rep. de 1972 a 1977. ‖ ~ (ENRIQUE), poeta argentino, n. en 1910, autor de *Las cosas y el delirio, Pasiones terrestres, Amantes antipodas, Hotel pájaro,* etc. ‖ ~ (JUAN IGNACIO), naturalista y jesuita chileno (1740-1829). ‖ ~ (JUAN RAMÓN), poeta modernista hondureño (1875-1908). ‖ ~ (LUIS DE), jesuita y teólogo español, n. en Cuenca (1535-1601), creador de una doctrina (*molinismo*) sobre el libre albedrío. ‖ ~ (MARÍA DE). V. MARÍA DE MOLINA. ‖ ~ (PEDRO), prócer de la Independencia y médico guatemalteco (1777-1854). ‖ ~ (RAFAEL), torero cordobés (1840-1900), rival de Frascuelo. Usó el apodo de *Lagartijo*. ‖ ~ (RICARDO), escritor español, n. en 1917, autor de composiciones poéticas (*El río de los ángeles, Elegías de Sandua, Corimbo, Cancionero*). ‖ ~ (TIRSO DE). V. TIRSO DE MOLINA. ‖ ~ **Barrasa** (ARTURO ARMANDO), coronel salvadoreño, n. en 1926, pres. de la Rep. de 1972 a 1977. ‖ ~ **Campos** (FLORENCIO), pintor argentino (1891-1959). Representó escenas del campo de su país. ‖ ~ **Vigil** (MANUEL), poeta romántico hondureño (1853-1883). Se suicidó.

Molinari (Ricardo E.), poeta argentino, n. en 1898, autor de *El imaginero, El huésped y la melancolía, Unida noche, El pez y la manzana, Mundos de la madrugada,* etc.

molinero, ra adj. Relativo al molino o a la molienda : *industria molinera*. ‖ — M. y f. Persona que tiene un molino. ‖ F. Mujer del molinero.

molinete m. Ruedecilla de aspas colocada en las vidrieras para que se renueve el aire. ‖ Juguete de papel u otro material que gira a impulsos del viento. ‖ Figura de baile. ‖ Movimiento circular que se hace con el bastón o espada para defenderse. ‖ *Taurom.* Pase de capa en que el engaño pasa por detrás de la cabeza del torero.

molinillo m. Utensilio pequeño para moler : *molinillo de café*.

molinismo m. Doctrina teológica del jesuita Luis de Molina que concilia el libre albedrío con la gracia.

molinista adj. y s. Partidario del molinismo.

molino m. Máquina para moler o estrujar : *molino de aceite, de harina.* ‖ Edificio donde está instalada esta máquina : *molino de agua, de viento*. ‖ *Fig.* Persona bulliciosa o muy molesta. ‖ *Fig. Molinos de viento*, enemigos fantásticos o imaginarios.

Molinos, dep. y pobl. en el NO. de la Argentina (Salta).

Molinos (Miguel de), heterodoxo español, n. en Muniesa (Zaragoza) [1628-1696], cuya doctrina, llamada *molinosismo*, sirvió de fundamento al *quietismo*. Autor de *Guía espiritual*.

molinosismo m. Doctrina de Miguel de Molinos.

molinosista adj. y s. Partidario del molinosismo.

Molins de Rey, c. al NE. de España (Barcelona). Agricultura. Industrias.

Molnar (Ferenc), escritor húngaro (1878-1952), autor de novelas (*Los muchachos de la calle Pal*) y comedias.

Moloacan, mun. al E. de México (Veracruz). Petróleo, azufre.

Moloc, divinidad de los amonitas, a la que se sacrificaban niños.

Molokai, isla del archip. de Hawai (Polinesia). Pertenece a Estados Unidos.

molón, ona adj. *Fam.* Lucido. ‖ Bien vestido, elegante. ‖ *Méx.* Fastidioso.

molonquear v. t. *Méx.* Golpear.

molote m. *Méx.* y *Amér. C.* Motín, asonada. ‖ *Méx.* Lío, enredo.

Molotov. V. PERM.

Molotov (Viacheslav Mihailovich SKRJABIN, llamado), político soviético, n. en 1890. Ha sido ministro de Asuntos Exteriores de 1939 a 1949 y de 1953 a 1956.

molto adv. (pal. ital.). *Mús.* Mucho : *allegro molto*.

molturación f. Molienda.

molturar v. t. Moler.

Molucas, archip. de Indonesia, entre las Célebes y Nueva Guinea (*Beroe, Halmahera, Ceram* y *Amboina*). Llamado antes *Islas de las Especias*.

moluscos m. pl. Tipo de animales metazoos invertebrados, de cuerpo blando protegido a menudo por una concha, como el caracol, la ostra, el pulpo, la jibia, etc.

molla f. Parte carnosa del cuerpo. ‖ — Pl. Gordura, exceso de carne.

mollar adj. Blando y fácil de partir o quebrantar : *tierra mollar*. ‖ Aplícase a ciertos frutos blandos : *guisante mollar*. ‖ Dícese de la carne sin hueso.

mollate m. *Pop.* Vino tinto.

molleja f. Estómago de las aves. ‖ Apéndice carnoso formado las más de las veces por infarto de las glándulas.

mollendino, na adj. y s. De Mollendo (Perú).

Mollendo, c. y puerto del S. del Perú, cap. de la prov. de Islay (Arequipa).

mollera f. *Anat.* Parte más alta del casco de la cabeza. ‖ Fontanela. ‖ *Fig.* Caletre, juicio, seso. ‖ — *Fig. Cerrado de mollera,* de poco entendimiento : *Duro de mollera,* testarudo ; de escasa inteligencia.

Molles (Los), central hidroeléctrica de Chile en la IV Región (Coquimbo).

Mollet, v. al NE. de España (Barcelona). Industrias.

mollete m. Panecillo esponjoso de forma ovalada. ‖ Molla del brazo.

Mombacho, cima volcánica al sur de Nicaragua, junto al lago de este nombre ; 1 345 m.

Mombasa, c. y puerto al SE. de Kenia en una isla homónima.

momentáneo, a adj. Que sólo dura un momento. ‖ Provisional : *solución momentánea*.

momento m. Espacio de tiempo muy corto : *lo haré dentro de un momento*. ‖ Período de tiempo indeterminado : *hemos tenido momentos felices*. ‖ Ocasión, circunstancia : *escoger el momento oportuno*. ‖ Tiempo presente, actualidad : *a la moda del momento*. ‖ *Mec.* Producto de la intensidad de una fuerza por la distancia a un punto. ‖ *A cada momento,* continuamente. ‖ *Al momento,* en seguida. ‖ *De un momento a otro,* dentro de muy poco tiempo.

momia f. Cadáver conservado por medio de sustancias balsámicas. ‖ Cadáver que se deseca sin entrar en putrefacción. ‖ *Fig.* Persona muy seca y delgada.

momificación f. Acción y efecto de momificar o momificarse.

momificar v. t. Convertir en momia un cadáver (ú. m. c. pr.).

momio m. *Fig.* Ganga.

Mommsen (Theodor), historiador alemán (1817-1903), autor de una documentada *Historia de Roma*. (Pr. Nobel, 1902.)

Momostenango, mun. al oeste de Guatemala (Totonicapán).

Momotombito, volcán al SO. de Nicaragua, en una isla del lago de Managua ; 389 m.

Momotombo, volcán al SO. de Nicaragua (León), al NO. de Managua ; 1 258 m. Central geotérmica.

Mompó de Zayas. V. MOMPOX.

Mompós, mun. y al norte de Colombia (Bolívar).

Mompou (Federico), músico español, n. en 1893, autor de *Música callada, Cantar del alma, Impresiones íntimas, Hechizos,* etc.

Mompox de Zayas (Fernando de), abogado español que encabezó la revolución de los comuneros paraguayos en 1731. M. en Brasil.

mona f. Hembra del mono. ‖ Mamífero cuadrumano cercopiteco del norte de África y Gibraltar. ‖ *Fig.* y fam. Persona que imita a otras. ‖ Borrachera : *coger una mona*. ‖ Persona borracha. ‖ Cierto juego de naipes. ‖ Refuerzo metálico que se ponen los picadores en la pierna derecha. ‖ — *Fig. Aunque la mona se vista de seda, mona se queda,* las personas feas siempre lo son aunque se arreglen mucho. ‖ *Corrido como una mona,* muy avergonzado. | *Dormir la mona,* dormir después de emborracharse. | *Mandar a freír monas,* mandar a aseo.

Mona (CANAL DE LA), brazo de mar que separa Puerto Rico y Haití.

monacal adj. De los monjes.

monacato m. Estado de monje. ‖ Institución monástica.

Mónaco, principado de Europa, al SE. de Francia, enclavado en el dep. francés de Alpes-Maritimes ; 1,5 km² ; 23 500 h. *(monegascos).* Cap. Mónaco. Obispado. Turismo.

Monachil, mun. del S. de España (Granada), al pie de Sierra Nevada. Estación de invierno de *Solynieve.*

monada f. Cosa o persona pequeña, delicada y muy bonita : *¡ qué monada de pulsera !* ‖ Amabilidad. ‖ Gesto o ademán gracioso. ‖ Mimo, carantoña.

mónada f. *Fil.* En el sistema de Leibniz, sustancia simple, activa e indivisible de que se componen todos los seres.

Monagas, Estado del NE. de Venezuela ; cap. *Maturín.* Ganadería ; agricultura. Petróleo, gas natural.

Monagas (José Tadeo), general venezolano, n. en Maturín (1784-1868), pres. de la Rep. de 1847 a 1851, reelegido en 1855 y derrocado en 1858. — Su hermano JOSÉ GREGORIO (1795-1858) fue pres. de la Rep. de 1851 a 1855. Abolió la esclavitud (1854). ‖ ~ (JOSÉ RUPERTO), hijo de José Tadeo, pres. de la Rep. de 1868 a 1870.

monago m. Monaguillo.

monaguense adj. y s. De Monagas (Venezuela).

monaguillo m. Niño que ayuda al sacerdote en las ceremonias religiosas.

monarca m. Rey, jefe soberano de un Estado, elegido o hereditario.

monarquía f. Estado regido por un monarca. ‖ Forma de gobierno en que el poder supremo está entre las manos de una sola persona. ‖ Régimen político en que el jefe del Estado es un rey o un emperador hereditario. ‖ *Fig.* Tiempo durante el cual ha perdurado este régimen político en un país. ‖ ~ *Monarquía absoluta,* la que sólo está limitada por las leyes fundamentales del país. ‖ *Monarquía constitucional,* aquella en que los poderes del monarca están limitados por una Constitución.

monárquico, ca adj. Del monarca o de la monarquía. ‖ Partidario de la monarquía (ú. t. c. s.).

monarquismo m. Adhesión a la monarquía.

monasterio m. Convento.

Monastir. V. BITOLA.

Moncada, c. al E. de España en la zona urbana de Valencia. Industrias. ‖ ~ **y Reixach,** mun. al noreste de España en las cercanías de Barcelona.

Moncada (Francisco de), historiador español (1586-1653). ‖ ~ (GUILLERMO), general cubano (1838-1895), que luchó por la Independencia. Se le llamó *Guillermón.* ‖ ~ (ISIDORO FRANCISCO DE), pintor de la escuela cuzqueña del s. XVIII. ‖ ~ (JOSÉ MARÍA), general y escritor nicaragüense (1867-1945), pres. de la Rep. de 1929 a 1933. Durante su mandato, Estados Unidos ocupó el país.

Moncayo (SIERRA DEL), macizo montañoso del Sistema Ibérico al NE. de España, en el límite de las prov. de Zaragoza y Soria ; alt. máxima, 2 315 m en el Pico del Moncayo.

Moncayo García (José Pablo), músico mexicano (1912-1958).

Moncloa, ant. residencia real al N. de Madrid (España), en la que Murat estableció su cuartel general el 2 de mayo de 1808. En el palacio reside hoy el presidente del Consejo de Ministros.

Monclova, c. al N. de México (Coahuila). Centro siderúrgico. Minas. Industrias. Gasoducto.

Moncton, c. en el este del Canadá (Nuevo Brunswick).

Mönchengladbach, c. de Alemania Occidental (Rin Septentrional - Westfalia). Centro industrial.

monda f. Operación consistente en mondar árboles, frutas o legumbres. ‖ Desperdicio : *mondas de patatas.* ‖ Limpia : *la monda de un pozo.*

Exhumación de huesos que de vez en cuando se hace en los cementerios. ‖ *Pop. Ser la monda,* ser el colmo ; ser muy divertido.

mondadientes m. inv. Palillo para limpiarse los dientes.

mondadura f. Monda.

mondante adj. *Fam.* Muy divertido.

mondar v. t. Limpiar una cosa quitando lo inútil. ‖ Pelar las frutas y las legumbres : *mondar una naranja, patatas.* ‖ Podar, escamondar los árbo-

UNIDADES MONETARIAS ACTUALES

país	unidad		subdivisión
Afganistán	afganí	dividido en	100 puls
África del Sur	rand	—	100 cents
Albania	lek	—	100 qintars
Alemania del E.	Ostmark	—	100 pfennig
Alemania del O.	marco	—	100 pfennig
Arabia Saudita	rial	—	20 quruch
Argelia	dinar	—	100 céntimos
Argentina	austral	—	100 centavos
Australia	dólar australiano	—	100 cents
Austria	schilling	—	100 groschen
Bélgica	franco	—	100 céntimos
Birmania	kyat	—	100 pyas
Bolivia	peso	—	100 centavos
Brasil	cruzeiro	—	100 centavos
Bulgaria	lev (pl. leva)	—	100 stotinki
Camboya	riel	—	100 sen
Camerún	franco	—	100 céntimos
Canadá	dólar	—	100 cents
Centroafricana (Rep.)	franco	—	100 céntimos
Colombia	peso	—	100 centavos
Congo	franco	—	100 céntimos
Corea	won	—	100 chon
Costa Rica	colón	—	100 céntimos
Cuba	peso	—	100 centavos
Checoslovaquia	corona	—	100 haleri
Chile	peso	—	100 centavos
China	yuan	—	10 jiao
Chipre	libra chipriota	—	1 000 mils
Dinamarca	corona	—	100 øre
Dominicana (Rep.)	peso	—	100 centavos
Ecuador	sucre	—	100 centavos
Egipto	libra egipcia	—	100 piastras
El Salvador	colón	—	100 centavos
Emiratos Árabes	dirham	—	100 fils
España	peseta	—	100 céntimos
Estados Unidos	dólar	—	100 cents
Filipinas	peso	—	100 centavos
Finlandia	markka (pl. markkaa)	—	100 penni
Francia	franco	—	100 céntimos
Gabón	franco	—	100 céntimos
Ghana	cedi	—	100 pesewas
Gran Bretaña	libra	—	100 peniques
Grecia	dracma	—	100 lepta
Guatemala	quetzal	—	100 centavos
Haití	gourde	—	100 céntimos
Holanda	gulden (florín)	—	100 cents
Honduras	lempira	—	100 centavos
Hungría	forint	—	100 filler
India	rupia	—	100 paise
Indonesia	rupia	—	100 sen
Irak	dinar	—	5 rials
Irán	rial	—	100 dinars
Irlanda	libra	—	100 peniques
Islandia	corona	—	100 aurar
Israel	shakel	—	100 agorots
Italia	lira	—	100 céntimos
Japón	yen	—	100 sen
Jordania	dinar	—	1 000 fils
Kenia	shilling	—	100 cents
Koweit	dinar	—	10 dirhams
Laos	kip	—	100 at
Líbano	libra	—	100 piastras
Liberia	dólar	—	100 cents
Libia	dinar	—	1 000 dirhams
Luxemburgo	franco	—	100 céntimos
Malí	franco	—	100 céntimos
Marruecos	dirham	—	100 céntimos
Mauritania	uguiya	—	5 khums
México	peso	—	100 centavos
Nepal	rupia	—	100 paise
Nicaragua	córdoba	—	100 centavos
Níger	franco	—	100 céntimos
Nigeria	maira	—	100 kobos
Noruega	corona	—	100 øre
Nueva Zelanda	dólar	—	10 cents
Panamá	balboa	—	100 centavos
Paquistán	rupia	—	100 paisas
Paraguay	guaraní	—	100 centavos
Perú	sol	—	100 centavos
Polonia	zloty	—	100 groszy
Portugal	escudo	—	100 centavos
Rumania	leu (pl. lei)	—	100 bani
Senegal	franco	—	100 céntimos
Sudán	libra	—	100 piastras
Suecia	corona	—	100 øre
Suiza	franco	—	100 céntimos
Tailandia	baht	—	100 satang
Tanzania	chelín	—	100 cents
Túnez	dinar	—	1 000 milésimos
Turquía	libra	—	100 kurus
U. R. S. S.	rublo	—	100 copecks
Uruguay	peso	—	100 centésimos
Venezuela	bolívar	—	100 céntimos
Vietnam	dong	—	10 hao o
			100 xu
Yemen (Rep. Árabe)	rial	—	100 fils
Yemen (Rep. Dem.)	dinar	—	1 000 fils
Yugoslavia	dinar	—	100 paras
Zaire	zaire	—	100 makutas
Zimbabwe	dólar	—	100 cents

les. || Limpiar el cauce de un río o canal o el fondo de un pozo. || *Fig.* y *fam.* Quitarle a uno lo que tiene : *le mondaron en el juego.* || *Mondar a palos,* pegar muy fuerte. || — V. pr. *Fam. Mondarse de risa,* partirse de risa.

Mondariz, v. en el NO. de España (Pontevedra). Aguas medicinales.

Monday, río al E. del Paraguay (Alto Paraná), afl. del Paraná ; 170 km.

Mondego, río del centro de Portugal, que des. en el Atlántico ; 225 km.

mondo, da adj. Limpio y libre de otras cosas : *el sueldo mondo.* || Pelado : *con la cabeza monda.* || Sin dinero : *estoy mondo después de pagarle.* || *Fam. Mondo y lirondo,* limpio, sin añadidura alguna.

mondongo m. Tripas de las reses, especialmente la del cerdo. || *Fam.* Los intestinos del hombre.

Mondoñedo, c. del NO. de España (Lugo). Sede del obispado Mondoñedo-El Ferrol. Catedral.

Mondovi, c. del NO. de Italia (Piamonte). Obispado. Catedral. Industria siderúrgica.

Mondragón, v. del N. de España (Guipúzcoa). Centro industrial.

Mondragón (Magdalena), periodista y escritora mexicana, n. en 1913, autora de novelas y de obras de teatro. || ~ (SERGIO), poeta mexicano, n. en 1935, autor de *Yo soy el otro, El aprendiz de brujo.*

Mondrian (Piet), pintor abstracto holandés (1872-1944).

moneda f. Instrumento legal de los pagos : *moneda de papel.* || Unidad monetaria de un país. || Pieza de metal acuñada por cuenta del Estado que facilita las transacciones comerciales. || *Billete de banco.* || *Fig.* y *fam.* Dinero, caudal. || *Casa de la moneda.* — *Moneda de reserva,* moneda que tienen los bancos centrales y que éstos utilizan paralelamente al oro para saldar los *pagos internacionales.* || *Moneda divisionaria o fraccionaria,* la que equivale a una fracción exacta de la unidad monetaria. || *Moneda fiduciaria,* la que representa un valor que intrínsecamente no tiene || *Moneda imaginaria,* la que no tiene realidad material y sólo se usa en las cuentas. || *Moneda menuda o suelta,* piezas de escaso valor. || *Fig. Pagar con o en la misma moneda,* corresponder a una mala acción con otra semejante. | *Ser moneda corriente,* ser muy frecuente.

monedaje m. Derecho que se pagaba al acuñar moneda.

monedero, ra m.y f. Persona que acuña moneda. || — M. Bolsa pequeña donde se guardan las monedas.

monegasco, ca adj. y s. De Mónaco.

Monegros (Los), comarca al NE. de España (prov. de Zaragoza y Huesca).

monema m. Morfema, la más pequeña unidad significativa en lingüística.

monería f. Monada.

Monestel (Alejandro), compositor y organista costarricense (1865-1950).

Monet [-né] (Claude), pintor impresionista francés (1840-1926), notable paisajista.

monetario, ria adj. Relativo a la moneda : *sistema monetario.*

monetarismo m. Doctrina que defiende que existe una relación entre el volumen de la masa monetaria y la economía en general.

monetarista adj. Relativo al monetarismo. || Partidario del monetarismo (ú. t. c. s.).

monetarización f. Evolución de las estructuras monetarias.

monetización f. Acción y efecto de monetizar.

monetizar v. t. Dar curso legal a los billetes de banco y otros signos pecuniarios. || Convertir en moneda o en dinero.

money m. *Fam.* Dinero.

Monferrato, región del NO. de Italia (Piamonte).

Monforte de Lemos, c. del NO. de España (Lugo). Nudo ferroviario.

Mongat, mun. al NE. de España en las cercanías de Barcelona. Industrias.

Monge (Carlos), biólogo peruano, n. en 1884. || ~ (GASPARD), matemático francés (1746-1818), creador de la geo-

metría descriptiva. || ~ (LUIS ALBERTO), político costarricense, n. en 1926, pres. de la Rep. desde 1982. || ~ **Ramírez** (JESÚS), músico mexicano, llamado **Chucho Monge** (1911-1964), autor de numerosas canciones populares.

mongol, la adj. y s. De Mongolia. || M. Lengua de los mongoles.

— Los **mongoles** formaban un conjunto de pueblos nómadas, cuya unificación fue realizada por Gengis Kan, fundador de un vasto imperio (1206-1227), reconstituido más tarde por Tamerlán (1369-1405) y posteriormente por Baber con el nombre de *Imperio del Gran Mogol* (1505-1530). El imperio mongol alcanzó su apogeo con Aurangzeb (1658-1707), pero, tras rápida decadencia, dejó de existir en 1806.

Mongolia, región de Asia central en el desierto de Gobi y rodeada por altos macizos montañosos. || ~ (REPÚBLICA POPULAR DE), ant. *Mongolia Exterior,* Estado de Asia central ; 1 565 000 km²; 1 600 000 hab. Cap. Ulan Bator. Agricultura. || ~ **Interior,** región autónoma del norte de China en la parte meridional de Mongolia. Cap. Huhehot.

mongólico, ca adj. y s. Mongol. || Que padece mongolismo.

mongolismo m. Enfermedad caracterizada por la deformación congénita del rostro, que suele ser redondo con los ojos hendidos, y por retraso mental.

mongoloide adj. De tipo mongólico. || Que padece mongolismo (ú. t. c. s.).

Mong-Tseu o **Mengzy,** c. meridional de China (Yunnan).

moni m. *Fam.* Dinero. (Pl. *monises.*)

Mónica (Santa), madre de San Agustín (¿ 331 ?-387). Fiesta el 4 de mayo.

monicaco, ca m. y f. *Fam.* Pequeñajo.

monigote m. *Fig.* Muñeco ridículo. | Pintura o dibujo mal hecho. || *Fam.* Persona sin personalidad, de poca importancia. | Niño.

monin, ina y **monino, na** adj. *Fam.* Mono, gracioso.

Moniquira, mun. y pobl. al este de Colombia (Boyacá). Cobre.

monis m. *Fam.* Moni.

monismo m. *Fil.* Doctrina que considera que el ser está hecho de una sustancia única.

Monistrol, c. al noreste de España (Barcelona), al pie de la montaña de Montserrat. Monasterio.

monitor, ra m. y f. Persona que enseña algunos deportes (esgrima, esquí, etc.). || Persona encargada de enseñar la práctica de algunas disciplinas : *monitor de educación física monitor de una colonia infantil.* || Persona que amonesta o avisa. || — M. Pantalla destinada a controlar el buen desarrollo de las emisiones de televisión. || *Med.* Dispositivo electrónico destinado a vigilar a los enfermos. || En informática, programa de control para seguir la ejecución de distintos programas sin relación unos con otros. || *Mar.* Buque de guerra con un espolón de acero a proa.

Moniz de Perestrello (Felipa), dama portuguesa, esposa de Cristóbal Colón (1497).

monja f. Mujer que pertenece a una orden religiosa.

Monja Alférez (La). V. ERAUSO (Catalina).

monje m. Fraile. || Solitario o anacoreta. || Paro carbonero, ave.

Monk (George), general inglés (1608-1670), lugarteniente de Cromwell. Restableció más tarde a Carlos II en el trono (1660).

Monmouth [-muz], condado de la Gran Bretaña (Gales) ; cap. *Newport.*

Monna Lisa. V. GIOCONDA.

Monnet (Jean), economista francés (1888-1979).

mono, na adj. *Fig.* y *fam.* Bonito, delicado o gracioso : *un niño muy mono.* || — M. Mamífero del orden de los primates. || *Fig.* Persona que hace gestos parecidos a los de este mamífero. | Persona muy fea. | Dibujo tosco, monigote. | Joven presumido. | Traje de faena, de tela fuerte y por lo común azul. | Comodín o figura con la que se juega en los juegos de naipes. || *Fam.* Marica. || — Pl. *Méx.* Grabados, historietas ilus-

tradas. || — *Mono sabio,* el adiestrado que se exhibe en los circos ; (fig.) monosabio. || *Fig. Ser el último mono,* ser la persona de menor importancia.

monobase f. Cuerpo que solamente posee una función básica.

monocameralismo y **monocameralismo** m. Sistema parlamentario que tiene sólo una asamblea legislativa.

monocarril adj. Que se desplaza por un solo carril (ú. t. c. m.).

monoclamídeo, a adj. Aplícase a las plantas angiospermas dicotiledóneas cuyas flores tienen cáliz, pero carecen de corola, (ú. t. c. s. f.).

monocolor adj. De un solo color : *bandera monocolor.*

monocorde adj. *Mús.* De una sola cuerda. || Monótono.

monocotiledóneo, a adj. Dícese de las plantas angiospermas de un solo cotiledón (ú. t. c. s. f.).

monocromático, ca y **monocromo, ma** adj. De un solo color.

monóculo m. Lente para un solo ojo.

monocultivo m. *Agr.* Cultivo en un terreno de un solo producto.

monodia f. Canto para una sola voz con acompañamiento musical.

monodisco adj. Que sólo tiene un disco : embrague *monodisco.*

monofásico, ca adj. Aplícase a las tensiones o a las corrientes alternas simples, así como a los aparatos que producen o utilizan estas corrientes.

monofisismo m. Doctrina de Eutiques (s. V) que sólo reconocía en Cristo la naturaleza divina.

monofisista adj. Relativo al monofisismo. || Adepto a él. (ú. t. c. s.).

monogamia f. Calidad de monógamo. || Sistema según el cual una persona sólo puede tener un cónyuge legal a la vez.

monógamo, ma adj. y s. Que practica la monogamia. || Que sólo se ha casado una vez.

monografía f. Estudio particular sobre un tema determinado de una ciencia, historia, etc., o acerca de una persona.

monográfico, ca adj. Relativo a la monografía.

monograma m. Cifra formada con las principales letras de un nombre. || Señal o firma abreviada.

monolingüe adj. Que habla una lengua (ú. t. c. s.). || Escrito en un solo idioma.

monolítico, ca adj. Relativo al monolito. || Hecho de un solo bloque : *monumento monolítico.* || *Fig.* De un solo bloque, que no está dividido entre varias tendencias.

monolitismo m. *Fig.* Lo que está hecho de un solo bloque y es imperturbable.

monolito m. Monumento artístico hecho con un solo bloque de piedra.

monologar v. i. Hablar solo, recitar monólogos.

monólogo m. Escena dramática en que sólo habla un personaje. || Discurso que se hace uno a sí mismo. || En una reunión, discurso de una persona que no deja hablar a las demás.

monomania f. Trastorno mental en el que una sola idea parece absorber todas las facultades intelectuales. || Preocupación o afición excesiva por algo.

monomaniaco, ca y **monomaniático, ca** adj. y s. Que tiene una monomanía.

monomio m. Expresión algebraica que consta de un solo término.

monomotor adj. Aplícase al vehículo movido por un solo motor (ú. t. c. s.).

monopétalo, la adj. De un solo pétalo : *flor monopétala* (ú. t. c. s.).

monoplaza adj. Aplícase al vehículo de una sola plaza (ú. t. c. s. m.).

Monopoli, v. y puerto del SE. de Italia (Pulla). Obispado.

monopolio m. Privilegio exclusivo de la venta, la fabricación o explotación de una cosa : *monopolio de tabacos, de petróleos.* || *Fig.* Posesión exclusiva : *atribuirse el monopolio de la verdad.*

monopolista adj. Que ejerce monopolio : *capital monopolista.*

monopolístico, ca adj. Relativo al monopolio.

monopolización f. Acción y efecto de monopolizar.

monopolizador, ra adj. y s. Que monopoliza.

monopolizar v. t. Adquirir o atribuirse un monopolio. || *Fig.* Acaparar, reservarse : *monopoliza la atención.*

monoprogramación f. Trabajo de un ordenador que sólo tiene un programa en la memoria.

monorriel y **monorrail** adj. y s. m. Monocarril.

monosabio m. Mozo de la plaza de toros que ayuda al picador.

monosacáridos m. pl. Azúcares como la glucosa, etc.

monosilábico, ca adj. Que sólo consta de una sílaba : *palabra monosilábica.* || Que está constituido sólo por palabras monosilábicas.

monosílabo, ba adj. Dícese de la palabra que consta de una sola sílaba (ú. t. c. s. m.).

monoteísmo m. Doctrina teológica que reconoce a un solo Dios.

monoteísta adj. Relativo al monoteísmo. || Que profesa el monoteísmo (ú. t. c. s.).

monotipia f. Procedimiento de composición tipográfica por medio del monotipo.

monotipista com. *Impr.* Persona que compone con el monotipo.

monotipo m. Máquina de componer en imprenta que funde los tipos por separado.

monotonía f. Uniformidad de tono o de entonación. || Falta de variedad.

monótono, na adj. Que está casi siempre en el mismo tono : *canción monótona.* || Demasiado uniforme.

monotremas m. pl. Orden de mamíferos ovíparos, con cloaca y boca desprovista de dientes, como los ornitorrincos (ú. t. c. adj.).

monovalente adj. *Quím.* De una sola valencia (ú. t. c. s. m.).

Monóvar, c. en el este de España (Alicante).

monóxido m. Óxido con un solo átomo de oxígeno en su molécula.

Monpó de Zayas (Fernando de). V. MOMPOX.

Monreale, c. de Italia al NO. de Sicilia (Palermo). Arzobispado.

Monroe (James), político norteamericano (1758-1831), pres. de Estados Unidos de 1817 a 1825. Formuló la doctrina que rechaza la intervención política europea en América.

monroísmo m. Doctrina de Mònroe que se oponía a la intervención de Europa en los países americanos (*América para los americanos*) y de Estados Unidos en Europa.

Monrovia, c. y puerto del NO. de África, cap. de la Rep. de Liberia ; 215 000 h. Refinería de petróleo.

Monroy (Petronilo), pintor mexicano (1836-1882).

Mons, en flam. *Bergen,* c. del SO. de Bélgica, cap. de la prov. de Henao.

Monsefú, distrito al noroeste del Perú (Lambayeque).

monseñor m. Tratamiento que se da en Italia a los prelados y en Francia a los obispos y a otras personas de alta dignidad.

Monseñor Nouel, com. en el centro de la Rep. Dominicana (La Vega).

monserga f. *Fam.* Discurso pesado. | Tostón, pesadez : *no me vengas con monsergas.* | Cuento, mentira : *todo eso no son más que monsergas.*

Monserrate, cerro de Colombia en Bogotá. Santuario del Señor de Monserrate.

monstruo m. Ser que presenta una malformación importante. (La ciencia de los monstruos es la teratología.) || Ser fantástico de la mitología o la leyenda. || *Fig.* Persona perversa y cruel. | Persona o cosa muy fea : *casarse con un monstruo.* | Persona o cosa prodigiosa. | Animal u objeto enorme : *los monstruos marinos.* || — Adj. *Fig.* Enorme, colosal, prodigioso.

monstruosidad f. Calidad de monstruoso. || *Fig.* Acción sumamente cruel. | Fealdad muy grande.

monstruoso, sa adj. Que es contra el orden de la naturaleza : *cabeza monstruosa.* || *Fig.* Extraordinario. | *un animal monstruoso.* | Excesivo, muy grande. | Espantoso. | Muy feo.

424 **Mont** || **-Blanc.** V. BLANCO (*Monte*).

|| **-de-Marsan,** c. del SO. de Francia, cap. del dep. de Landes. Base aérea.

|| **-Saint-Michel,** pequeña isla del O. de Francia (Manche) en la bahía homónima.

monta f. Acción y efecto de montar. || Arte de montar a caballo. || Acaballadero. || Suma, total de varias partidas. || *Fig.* Importancia, valor : *negocio, persona de poca monta.*

montacargas m. inv. Ascensor destinado a elevar bultos o mercancías.

montado, da adj. Que va a caballo : *soldado montado.* || Puesto, instalado : *montado con gran lujo.* || Armado (un arma de fuego).

montador, ra m. y f. Persona que monta. || Operario, operaria que monta máquinas, aparatos, etc. || Especialista en el montaje de películas cinematográficas.

Montaigne (Michel EYQUEM, *señor de*), moralista y filósofo francés (1533-1592), autor de *Ensayos.*

montaje m. Operación que consiste en unir las distintas piezas de un objeto, particularmente de una máquina. || Organización. || Selección y unión en una banda definitiva de las secuencias cinematográficas que se han rodado. || Presentación escénica de una obra o espectáculo teatral. || *Mil.* Cureña. || Fotografía, o cualquier otra cosa, compuesta de varios elementos. || *Fam.* Farsa, tinglado.

Montalbán c. en el E. de España (Teruel). — C. en el N. de Venezuela (Carabobo).

Montalbán (Juan PÉREZ DE). V. PÉREZ DE MONTALBÁN.

Montale (Eugenio), poeta hermetista italiano (1896-1981), autor de *Huesos de sepia.* (Pr. Nobel, 1975).

Montalvo (Garci ORDÓÑEZ o RODRÍGUEZ DE), escritor español de principios del s. XVI, a quien se atribuye el *Amadís de Gaula,* y autor de una continuación de este libro (*Las sergas de Esplandián*). || ~ (JUAN), escritor ecuatoriano, n. en Ambato (1832-1889), adversario del dictador García Moreno. Autor de *Catilinarias, Capítulos que se le olvidaron a Cervantes, El espectador* (ensayos), y *Siete Tratados,* disertaciones. || ~ (LUIS GÁLVEZ). V. GÁLVEZ.

Montana, uno de los Estados Unidos de Norteamérica, al NO. del país. Cap. *Helena.* Cobre.

Montánchez, sierra del O. de España (Cáceres), perteneciente a la cordillera Oretana. — V. al O. de España (Cáceres). Chacinas.

montanera f. Pasto de bellotas del ganado de cerda. || Tiempo en que este ganado está pastando.

montante m. Madero que en los edificios y máquinas se pone verticalmente para servir de apoyo. || Ventana pequeña, fija o no, encima de una puerta o de otra ventana. || *Arq.* Listón que divide el vano de una ventana. || Espadón que se esgrime con ambas manos. || Galicismo por *importe.*

montaña f. Gran elevación natural del terreno : *cadena de montañas.* || Territorio montañoso : *prefiero ir de vacaciones a la montaña.* || *Fig.* Amontonamiento, gran cantidad : *una montaña de papeles, de libros.* || — *Fam. Hacerse una montaña de algo,* preocuparse demasiado por ello. || *Montaña rusa,* en un parque de atracciones, camino ondulado por el cual, gracias al declive, un carrito se desliza sobre raíles.

Montaña (La), región del N. de España correspondiente a la prov. de Cantabria (Santander). — Región oriental del Perú, inmenso llano forestal (Amazonia).

montañero, ra m. y f. Persona que practica el montañismo.

montañés, esa adj. y s. Natural o habitante de una montaña. || Que ha nacido o vive en la Montaña de Santander (Cantabria).

Montañés (Juan MARTÍNEZ). V. MARTÍNEZ MONTAÑÉS.

montañismo m. Práctica de las ascensiones de montaña.

montañoso, sa adj. Relativo a las montañas : *una zona montañosa.* || Cubierto de montañas.

montar v. i. Instalarse, subir en un vehículo para viajar en él : *montar en*

bicicleta, en avión. || Subir en un caballo o cabalgar en él. U. t. c. t. : *montar un alazán.* || Ser de importancia : *este negocio monta poco.* || Importar una cantidad : *la factura monta a mil libras.* || Estar una cosa encima de otra : *este hueso monta sobre su vecino.* || Poner : *montar la guardia.* || — Montar en cólera, ponerse furioso. || *Tanto monta, tanto vale.* || — V. t. Armar, efectuar un montaje : *montar una máquina.* || *Fig.* Organizar, instalar : *montar una fábrica, un piso.* || Engastar : *montar un rubí en una sortija.* || Batir la clara de huevo u otra cosa : *hay que hacer montar la nata.* || Poner un arma de fuego en condiciones de disparar. || Acaballar, cubrir. || *Cin.* Realizar el montaje : *montar una película.* || Poner en escena una obra de teatro.

montaraz adj. Que se cría o anda por los montes. || Salvaje, rústico, arisco, poco sociable.

Montargis, c. del centro de Francia (Loiret).

Montauban [-*tobán*], c. del S. de Francia, cap. del dep. de Tarn-et-Garonne. Obispado.

montazgo m. Tributo pagado por el paso del ganado por un monte.

Montbéliard, c. del E. de Francia (Doubs). Centro industrial.

Montblanch, en cat. *Montblanc,* c. del NE. de España (Tarragona), cap. de la comarca catalana de Conca de Barberá. Industrias. Comercio.

monte m. Gran elevación natural de terreno : *los Montes Cantábricos.* || Tierra inculta cubierta de árboles, arbustos o matas. || Cierto juego de naipes, de envite y azar. || Naipes que quedan por robar después del reparto. || — *Monte alto,* el de árboles grandes, como pinos, encinas, etc. || *Monte bajo,* el poblado de arbustos, matas o hierbas. || *Monte de piedad,* establecimiento público que hace préstamos sobre ropa o alhajas. || *Monte de Venus,* pubis de la mujer. || *Monte pío, montepío.* || *Fig. No todo el monte es orégano,* no hay que creer que en la vida todo es tan fácil como parece.

Monte || **(El),** c. de Chile en la Región Metropolitana de Santiago y en la prov. de Talagante, cap. de la com. del mismo nombre. || ~ **Albán,** estación arqueológica zapoteco-mixteca, en las proximidades de Oaxaca (México). Templos y pirámides. || ~ **Caseros,** pobl. en el NE. de la Argentina (Corrientes). || ~ **Cristi,** cordillera de la Rep. Dominicana en la costa N., llamada tb. *cordillera Septentrional.* — C. en el NO. de la Rep. Dominicana, cap. de la prov. del mismo n. — Pobl. en el O. del Ecuador (Manabí). || ~ **Grande,** c. de la Argentina (Buenos Aires), cab. del partido Esteban Echeverría. || ~ **León,** isla del SE. de la Argentina, en Patagonia (Santa Cruz). Guano. || ~ **Lindo,** río del Paraguay, afl. del río Paraguay (Presidente Hayes). || ~ **Patria,** c. de Chile en la IV Región (Coquimbo) y en la prov. de Limarí, cap. de la com. del mismo nombre. || ~ **Perdido,** V. PERDIDO. || ~ **Plata,** com. al este de la Rep. Dominicana (San Cristóbal). || ~ **Sociedad.** V. BENJAMÍN ACEVAL.

Monte (Domingo del), escritor cubano, n. en Venezuela (1804-1853), autor de *Centón epistolario.* || ~ (FÉLIX MARÍA DEL), autor de teatro y poeta dominicano (1819-1899). || ~ **y Tejada** (ANTONIO DEL), escritor dominicano (1783-1861).

Monteagudo, pobl. en el SE. de Bolivia, cap. de la prov. de Hernando Siles (Chuquisaca).

Monteagudo (Bernardo), prócer de la Independencia y escritor argentino (1787-1825). M. asesinado.

Montealegre (José María), estadista costarricense (1815-1887), pres. de la Rep. de 1859 a 1863.

Montecarlo, dep. al NE. de la Argentina (Misiones). — Barrio de Mónaco. Casino.

Montecassino. V. CASSINO.

Montecristi, cantón al oeste del Ecuador (Manabí).

Monteforte Toledo (Mario), escritor guatemalteco, n. en 1911, autor de poemas, novelas (*Amaité, Entre la pie-*

dra y la cruz, Una manera de morir, Donde acaban los caminos, etc.).

Montego Bay, c. y puerto de Jamaica, en el N. de la isla.

Monteiro Lobato (José Benito), escritor basileño (1882-1948).

Montejo (Francisco de), conquistador español (¿ 1479 ?-1553), adelantado del Yucatán (1527). — Su hijo FRANCISCO, llamado el *Mozo* (1508-1574), fundó Mérida (1542) en México y ocupó parte de Honduras.

Montejurra, monte al N. de España (Navarra), cerca de Estella. Teatro de violentos combates durante las guerras carlistas (1835 y 1873).

Montelíbano, mun. al noroeste de Colombia (Córdoba).

Montélimar [-*telimar*], c. en el SE. de Francia (Drôme). Turrón.

Montellano, v. del SO. de España (Sevilla). Centro agrícola.

Montemayor, v. en el S. de España (Córdoba).

Montemayor (Jorge de), escritor español de origen portugués (¿ 1520 ?-1561), autor de la novela pastoril *Los siete libros de Diana.*

Montemolín (Conde de). V. BORBÓN (Carlos de).

Montemorelos, c. y mun. en el NE. de México (Nuevo León). Naranjas.

montenegrino, na adj. y s. De Montenegro.

Montenegro, ant. Estado en los Balcanes, principado en 1878, reino en 1910, parte de Yugoslavia en 1919 y república popular federada de este país desde 1946 ; 13 812 km²; 550 000 h. (*montenegrinos*). Cap. *Titogrado,* ant. *Cetiña.*

Montenegro, mun. en el centro de Colombia (Quindío).

Montenegro y Nervo (Roberto), pintor y escritor mexicano (1886-1968), autor de notables frescos. Fundador del Museo de Artes Populares.

montepío m. Establecimiento de socorros mutuos público o privado. || *Amer.* Monte de piedad.

montera f. Tocado, gorro. || Gorro de los toreros. || Cubierta de cristales en un patio. || Parte superior del alambique. || *Fam. Ponerse el mundo por montera,* obrar a su antojo.

Monterde (Francisco), ensayista, comediógrafo y crítico mexicano, n. en 1894.

Montereau, c. de Francia, situada al S. de París (Seine-et-Marne). Central térmica.

montería f. Caza mayor.

Montería, c. de Colombia, cap. del dep. de Córdoba. Universidad. Obispado.

monteriano, na adj. y s. De Montería (Colombia).

monterilla m. Alcade de pueblo.

montero m. El que busca, ojea y persigue la caza en el monte.

Montero, pobl. en el E. de Bolivia, cap. de la prov. de Obispo Santiesteban (Santa Cruz).

Montero (Lisardo), marino peruano (1832-1905) que se distinguió en la defensa de El Callao (1866) y en la guerra contra Chile. Pres. de la Rep. de 1881 a 1883.

Monteros, pobl. en el NO. de la Argentina (Tucumán).

Monterrey, c. del NE. de México, cap. del Estado de Nuevo León, en las faldas de la Sierra Madre Oriental. Arzobispado. Universidad. Instituto tecnológico. Gran centro siderúrgico. Industrias diversas.

Monterroso (Augusto), escritor guatemalteco, n. en 1921, autor de relatos cortos (*Lo demás es silencio*) y de ensayos (*La palabra mágica*).

Montes || ~ Claros, c. al E. de Brasil (Minas Gerais). || ~ de Oca, cantón en el centro de Costa Rica, cerca de San José. || ~ de Oro, cantón del NO. de Costa Rica (Puntarenas) ; cap. *Miramar.*

Montes (Eugenio), periodista, conferenciante y escritor español (1897-1982). || ~ (FRANCISCO), torero español (1805-1851). Utilizó el seudónimo de *Paquiro.* || ~ (ISMAEL), militar boliviano, n. en La Paz (1861-1933), pres. de la Rep. de 1904 a 1909 y de 1913 a 1917. Puso fin a la guerra del Pacífico con Chile (1904). || ~ de Oca (FERNANDO), uno de los Niños Héroes de

México (1829-1847). Defendió el castillo de Chapultepec contra los norteamericanos. || ~ de Oca (MARCO ANTONIO), poeta mexicano, n. en 1932, autor de *En honor de las palabras, Comparecencias, Migraciones y vísperas, Cuenta nueva y otros poemas,* etc.

montés adj. Que anda, vive o se cría en el monte : *gato, cabra montés.*

Montesa (Orden de), orden de caballería española, fundada por Jaime II de Aragón en 1317.

Montesclaros. V. MENDOZA Y LUNA.

Montescos. V. CAPULETOS.

Montesino (Ambrosio), poeta y franciscano español (¿ 1448-1512 ?).

Montesinos (Rafael), poeta y notable ensayista español, n. en 1920.

Montespan (Françoise Athenais DE ROCHECHOUART, *marquesa* de), dama francesa (1640-1707), favorita del rey Luis XIV.

Montesquieu [-*kié*] (Charles DE SECONDAT, *barón* de), escritor y filósofo francés (1689-1755), autor de *Cartas persas* y de *El espíritu de las leyes.*

Monteverde (Manuel), botánico dominicano (1793-1871).

Monteverdi (Claudio), músico italiano (1567-1643), autor de óperas (*Orfeo, Ariadna, La coronación de Popea*) y de música vocal.

montevideano, na adj. y s. De Montevideo (Uruguay).

Montevideo, c. y puerto en el centro del sur del Uruguay, cap. de la Rep. y del dep. homónimo, situada en la margen derecha del Río de la Plata, cerca de la desembocadura de éste y en la entrada de la bahía del mismo nombre ; 1 450 000 h. Arzobispado. Universidad. Fundada en 1726 por Bruno Mauricio de Zabala.

Montezuma. V. MOCTEZUMA.

Montfort (Simon de), noble francés (¿ 1150 ?-1218), caudillo de la cruzada contra los albigenses. Murió en el sitio de Toulouse.

montgolfier m. y **montgolfiera** f. Globo aerostático inflado con aire caliente.

Montgolfier (Joseph), industrial e inventor francés (1740-1810), que, en compañía de su hermano ÉTIENNE (1745-1799), construyó los primeros globos aerostáticos.

Montgomery, c. del SE. de Estados Unidos, cap. del Estado de Alabama.

Montgomery of Alamein (Sir Bernard Law, *vizconde*), mariscal británico (1887-1976). Venció a Rommel en El Alamein (1942) y mandó las fuerzas terrestres aliadas en los frentes de Normandía (1944) en la segunda guerra mundial.

Montherlant (Henri MILLON DE), escritor francés (1895-1972), autor de novelas (*Los bestiarios, Los olímpicos, Los solteros, Las jóvenes, El caos y la noche*) y obras de teatro (*La reina muerta, El maestre de Santiago, Port-Royal, Don Juan, El cardenal de España,* etc.).

montículo m. Monte pequeño.

Montiel, pueblo en el S. del centro de España (Ciudad Real), donde Pedro I el Cruel de Castilla fue derrotado por Enrique II (1369).

Montijo, v. al O. de España (Badajoz). — Golfo de Panamá en el Pacífico (Veraguas).

Montijo (Eugenia de). V. EUGENIA DE MONTIJO.

montilla m. Vino de Montilla.

Montilla, c. en el S. de España (Córdoba). Vinos.

Montjuich, colina y fortaleza que domina la c. y puerto de Barcelona (España).

Montluçon [-*lusón*], c. del centro de Francia (Allier). Metalurgia.

Montmartre, barrio del norte de París, en una colina. Basílica del Sagrado Corazón.

Montmorency, c. de Francia al E. de París (Val d'Oise).

monto m. Montá, suma.

Montojo (Patricio), marino español (1839-1917), almirante de la flota española derrotada en 1898 por los norteamericanos en Cavite (Cuba).

montón m. Conjunto de cosas puestas sin orden unas encima de otras : *en su mesa hay un montón de papeles. | Fig. y fam.* Gran cantidad :

un montón de años; de gente ; tener montones de dinero. || *Fig. y fam.* A montones, con abundancia. | *De o en montón,* juntamente. | *Del montón,* corriente. | *Un montón,* mucho.

montonera f. *Amer.* Tropa de a caballo insurrecta.

montonero m. El que no se atreve a pelear más que cuando está rodeado por sus compañeros. || *Amer.* Guerrillero. | Individuo de una montonera.

Montoro, c. en el S. de España (Córdoba), a orillas del Guadalquivir.

Montparnasse barrio del S. de París.

Montpellier, c. del NE. de Estados Unidos, cap. de Vermont.

Montpellier [*monpelié*], c. del S. de Francia, cap. del dep. del Hérault. Obispado. Universidad.

Montreal [*monreal*], c. y puerto del SE. del Canadá (Quebec), a orillas del San Lorenzo. Arzobispado. Universidad. Centro industrial.

Montreuil-sous-Bois c. de Francia, al E. de París (Seine-Saint-Denis).

Montreux, c. del SO. de Suiza (Vaud), junto al lago Leman.

Montrouge, pobl. de Francia (Hauts-de-Seine), al S. de París.

Montsalvatge (Javier), compositor español, n. en 1912, autor de ballets, óperas, *Canciones negras, Concierto breve para piano y orquesta, Canto espiritual, Laberinto,* etc.

Montseny [-*señ*], macizo montañoso del NE. de España en las prov. de Barcelona y Gerona.

Montserrat, montaña en el NE. de España (Barcelona). Santuario y monasterio benedictino. — Isla británica de las Antillas Menores ; cap. *Plymouth.*

Montserrat (Joaquín de), militar español (1700-1771), virrey de Nueva España de 1760 a 1766. Fue *marqués* de Cruillas.

Montsiá, comarca del noreste de España en Cataluña (Tarragona) ; cap. Amposta. Agricultura. Industrias.

Montt (Jorge), marino chileno (1845-1922), pres. de la Rep. de 1891 a 1896. || ~ (MANUEL), político chileno, n. en Petorca (1809-1880), pres. de la Rep. de 1851 a 1861. Realizó obras públicas y promulgó al Código Civil (1855). — Su hijo PEDRO (1849-1910) fue pres. de la Rep. de 1906 a 1910.

montubio, bia m. y f. *Ecuad.* y *Per.* Campesino de la costa. || Mataraz.

Montúfar, cantón en el N. del Ecuador (Carchi).

Montúfar (Antonio de), pintor religioso guatemalteco (1627-1665). || ~ (JUAN PÍO DE), *marqués* de Selva Alegre, prócer ecuatoriano de la Independencia (1759-1818). — Su hijo CARLOS (1780-1816) luchó también por la Independencia y murió fusilado.

montuno, na adj. Del monte.

montuoso, sa adj. De los montes. || Cubierto de montes.

montura f. Cabalgadura. || Conjunto de arreos de una caballería. || Silla de montar. || Montaje de una máquina. || Armadura, soporte : *la montura de las gafas.*

Monturiol (Narciso), inventor español, n. en Figueras (1819-1885). Construyó el primer submarino llamado *Ictíneo* (1859).

monumental adj. Relativo al monumento. || *Fig.* Excelente, extraordinario : *una obra monumental.* — Gigantesco, descomunal : *estatua monumental.* || *Fam.* Enorme. | Estupendo : *una chica monumental.*

monumentalidad f. Carácter monumental.

monumento m. Obra arquitectónica o escultórica destinada a recordar un acontecimiento o a un personaje ilustre : *un monumento a Bolívar.* || Edificio público de valor artístico : *el Partenón es el monumento más hermoso de Atenas.* | Construcción que cubre una sepultura : *monumento funerario.* || Altar en que se guarda la Eucaristía el Jueves Santo. || *Fig.* Obra digna de perdurar por su gran valor. || *Fam.* Cosa o persona magnífica : *esta chica es un monumento.*

Monza, c. del NO. de Italia (Lombardía). Catedral. Autódromo.

monzón m. Nombre dado a unos vientos que soplan, sobre todo en la parte sureste de Asia, alternativamente hacia el mar y hacia la tierra durante varios meses.

Monzón, c. en el N. de España (Huesca). Castillo de los Templarios.

moña f. Lazo que las mujeres se ponen en el tocado. ‖ Moño. ‖ Cintas de colores que se colocan en la divisa de los toros o se atan a la guitarra. ‖ Lazo de la coleta de los toreros. ‖ Muñeca, juguete. ‖ *Fig.* y *fam.* Borrachera. ‖ — M. *Fam.* Homosexual.

Moñino (José). V. FLORIDABLANCA.

moño m. Pelo recogido de diversas formas detrás o encima de la cabeza. ‖ Lazo de cintas. ‖ Penacho de algunos pájaros. ‖ — *Fig.* y *fam. Agarrarse del moño,* pegarse, sobre todo las mujeres. ‖ *Estar hasta el moño,* estar harto.

Moock (Armando L.), escritor chileno (1894-1943), autor de novelas y de obras de teatro *(Los perros, La serpiente).*

Moore [*mur*] (Henry), escultor inglés, n. en 1898. ‖ — (THOMAS), poeta inglés, n. en Dublín (1779-1852).

Mopti, c. de la Rep. del Malí, a orillas del Níger. Centro comercial.

moquear v. i. Echar mocos.

Moquegua, c. del S. del Perú, cap. de la prov. de Mariscal Nieto y del dep. de su n.

moqueguano, na adj. y s. De Moquegua (Perú).

moqueta f. Tela fuerte aterciopelada de lana, algodón o materia sintética para alfombrar el suelo.

moquillo m. Catarro de los perros y gatos. ‖ Pepita de las aves. ‖ *Fam. Pasar el moquillo,* padecer mucho.

mor de (por) loc. adv. Por culpa de.

mora f. Fruto del moral o de la morera. ‖ Zarzamora. ‖ *For.* Demora, tardanza, retraso en el cumplimiento de una obligación, un pago.

Mora, cantón en el centro oeste de Costa Rica (San José). — C. en el centro de España (Toledo). — Mun. en el oeste de Venezuela (Mérida). ‖ **~ de Ebro,** en cat. *Móra d'Ebre,* c. del NE. de España (Tarragona), cap. de la comarca de Ribera de Ebro.

Mora (Enrique de la), arquitecto mexicano, n. en 1907. ‖ — (JOSÉ MARÍA LUIS), sacerdote, escritor y político mexicano (1794-1850). ‖ — **Fernández** (JUAN), patriota costarricense (1784-1854), primer jefe del Estado de 1824 a 1833. ‖ — **Porras** (JUAN RAFAEL), político costarricense (1814-1860), pres. de la Rep. de 1849 a 1859. M. fusilado. ‖ **~ y Aragón** (FABIOLA DE). V. FABIOLA.

moráceas f. pl. Familia de plantas dicotiledóneas de las regiones cálidas entre las cuales se encuentran el moral, la higuera, etc. (ú. t. c. adj.).

morada f. Casa, sitio donde se vive. ‖ Estancia en un lugar.

Moradabad, c. del N. de la India (Uttar Pradesh). Metalurgia.

Moradas (*Las*) o *El Castillo interior,* obra de Santa Teresa de Jesús (1577).

morado, da adj. De color violeta (ú. t. c. s. m.). ‖ — *Fig.* y *fam. Estar morado,* estar borracho. ‖ *Pasarlas moradas,* pasarlo muy mal, sufrir mucho.. ‖ *Ponerse morado,* comer o beber mucho.

morador, ra adj. y s. Que vive en un sitio : *el morador de un lugar.*

Moraes (Francisco de), escritor portugués (¿ 1500 ?-1572), a quien se le ha atribuido la novela de caballerías *Palmerín de Inglaterra.* ‖ — (VINICIUS DE), poeta y dramaturgo brasileño (1913-1980).

moraga f. Asado de sardinas en espetones hecho en la playa.

Morais Barros (Prudente), político brasileño (1841-1902), pres. de la Rep. de 1894 a 1898.

moral adj. Relativo a la moral o a la moralidad : *el progreso moral.* ‖ Conforme con la moral : *vida moral.* ‖ Que tiene buenas costumbres : *hombre moral.* ‖ Propio para favorecer las buenas costumbres : *un libro moral.* ‖ Relativo al espíritu, intelectual : *sufrimiento moral ; facultades morales.* ‖ — F. Parte de la filosofía que enseña las reglas que deben gobernar la actividad libre del hombre. ‖ Conjunto de las facultades del espíritu. ‖ Estado de ánimo : *levantar la moral de uno, de un pueblo.* ‖ — M. Árbol de la familia de las moráceas, cuyo fruto es la mora.

Moral (Enrique del), arquitecto mexicano, n. en 1906. Hizo, en unión de Mario Pani, el proyecto de conjunto de la Ciudad Universitaria de la ciudad de México.

Moraleja, v. al oeste de España (Cáceres).

Morales, mun. al este de Guatemala (Izabal).

Morales (Agustín), general boliviano (1810-1872) que derribó a Melgarejo y fue pres. de la Rep. de 1871 a 1872. M. asesinado. ‖ — (AMBROSIO DE), humanista español (1513-1591). ‖ — (CRISTÓBAL DE), compositor de música sacra español (¿ 1500 ?-1553). ‖ — (FRANCISCO TOMÁS), militar español (1781-1844). Derrotó a Bolívar en Aragua (1813) y fue vencido en Carabobo (1821). ‖ — (JORGE LUIS), poeta puertorriqueño, n. en 1930, autor de *El cántico de la soledad.* ‖ — (LUIS DE), pintor de asuntos religiosos español (¿ 1510 ?-1586). Llamado *el Divino.* ‖ — (MELESIO), compositor mexicano (1838-1908), autor de cantatas y óperas (*Ildegonda, Carlomagno*). Escribió métodos de solfeo y de piano. ‖ —

Bermúdez (REMIGIO), militar peruano (1836-1894), pres. de la Rep. de 1890 a 1894. — Su nieto FRANCISCO, n. en 1922, ocupó el cargo supremo, después del derrocamiento de Velasco Alvarado, de 1975 a 1980. ‖ —

Languasco (CARLOS), general dominicano (1864-1914), pres. de la Rep. en 1903. Tuvo el apoyo norteamericano, pero fue derribado en 1906.

moralidad f. Conformidad con los preceptos de la moral : *la moralidad de una novela.* ‖ Buenas costumbres : *persona de reconocida moralidad.* ‖ Moraleja. ‖ Representación dramática religiosa de carácter religioso.

moralismo m. Predominio de la moral en una doctrina.

moralista com. Filósofo que se dedica a la moral. ‖ Autor de obras que tienden a moralizar. ‖ Persona que hace reflexiones morales.

moralización f. Acción y efecto de moralizar.

moralizador, ra adj. y s. Que moraliza.

moralizar v. t. Volver conforme a la moral. ‖ Reformar las malas costumbres enseñando las buenas. ‖ — V. i. Hacer reflexiones morales.

Morand (Paul), escritor francés (1888-1976), autor de novelas.

Moraña, mun. al NO. de España (Pontevedra). ‖ — (*La*), comarca de España al N. de la prov. de Ávila. C. pr. Fontiveros.

morapio m. *Fam.* Vino tinto.

morar v. i. Residir, vivir.

Moratín (Nicolás FERNÁNDEZ DE), poeta español, n. en Madrid (1737-1780), autor de las quintillas *Fiesta de toros en Madrid..* — Su hijo LEANDRO (1760-1828), n. en Madrid, fue también poeta (*Carta a Jovellanos*), autor de comedias (*El sí de las niñas, La mojigata, La comedia nueva o El café*).

moratorio, ria adj. Que demora o difiere. ‖ — F. Suspensión de la exigibilidad de los créditos y del curso de las acciones judiciales.

Moratorio (Orosmán), dramaturgo uruguayo (1852-1898), autor de *Juan Soldao y Patria y amor.* Usó el seudónimo de *Julián Perugia.*

Moratuwa, c. de Ceilán o Sri Lanka.

Morava, río en el S. de Checoslovaquia, afl. del Danubio ; 378 km. — *Río* en el E. de Yugoslavia, afl. del Danubio ; 245 km.

Moravia, cantón en el centro de Costa Rica (San José). — Región central de Checoslovaquia ; cap. *Brno,* en alemán *Brünn.*

Moravia (Alberto PINCHERLE, llamado **Alberto**), novelista italiano; n. en 1907, autor de *La romana, Los indiferentes, El conformista, Yo y él,* etc.

moravo, va adj. y s. De Moravia. ‖ Perteneciente a una secta fundada en Bohemia en el s. XV.

Moravska Ostrava, ant. nombre de Ostrava.

Morazán, dep. del NE. de El Salvador ; cap. *San Francisco Gotera.*

Morazán (Francisco), militar hondureño, n. en Tegucigalpa (1792-1842), promotor de la unión de los países de América Central. Fue jefe del Estado

de Honduras (1827-1828), de la Federación Centroamericana (1830-1840), de El Salvador (1839-1840) y de Costa Rica (1842). M. fusilado.

morazanense adj. y s. De Morazán (El Salvador).

morazaneño, ña adj. y s. De Francisco Morazán (Honduras).

morbidez f. Calidad de mórbido.

morbididad f. Morbilidad.

mórbido, da adj. Relativo a la enfermedad : *estado mórbido.* ‖ Moralmente desequilibrado. ‖ Malsano.

Morbihan, dep. del NO. de Francia, en Bretaña ; cap. *Vannes.*

morbilidad f. Porcentaje de enfermos con relación a la cifra de población. ‖ Condición de mórbido.

morbo m. *Med.* Enfermedad.

morbosidad f. Calidad o condición de morboso.

morboso, sa adj. Enfermo, enfermizo. ‖ Mórbido. ‖ Que causa enfermedad.

morcilla f. Embutido de sangre y manteca de cerdo cocidas con arroz o cebollas.

morcillero, ra m. y f. Persona que hace o vende morcillas. ‖ *Fig.* y *fam.* Actor que mete morcillas en el papel que interpreta.

Morcillo (Diego), obispo español (1642-1730), virrey del Perú de 1720 a 1724.

mordacidad f. Calidad de mordaz.

mordaz adj. Corrosivo. ‖ Áspero, picante al paladar. ‖ *Fig.* Cáustico.

mordaza f. Pañuelo o cualquier objeto que se aplica a la boca de una persona para que no pueda gritar. ‖ *Mar.* Aparato para detener la cadena del ancla. ‖ *Tecn.* Nombre de diversos aparatos usados para apretar : *mordaza de torno.*

mordedor, ra adj. Que muerde.

mordedura f. Acción de morder. ‖ Herida hecha al morder.

mordelón, ona adj. *Méx.* Dícese del que acepta la mordida (ú. t. c. s.).

morder v. t. Clavar, hincar los dientes en una cosa : *morder una manzana ; el perro la ha mordido* (ú. t. c. i.). ‖ Coger con la boca : *el pez ha mordido el anzuelo.* ‖ Hacer presa en algo. ‖ Gastar poco a poco : *la lima muerde el acero.* ‖ Someter una plancha grabada a la acción del agua fuerte. ‖ *Fig.* Atacar, criticar mucho. ‖ *Fig.* y *fam. Morder el polvo,* ser vencido en un combate. ‖ — V. i. Atacar una plancha grabada el agua fuerte. ‖ *Méx.* Exigir indebidamente un funcionario u otra persona dinero para prestar un servicio. ‖ — V. pr. *Fig. Morderse los dedos o los puños,* arrepentirse.

mordido, da adj. *Fig.* Menoscabado, desfalcado. ‖ — F. Pez que ha picado al anzuelo. ‖ *Méx.* Cantidad que pide un funcionario u otra persona para dejarse sobornar.

mordiente adj. Que muerde. ‖ — M. Agua fuerte que usan los grabadores.

mordiscar y **mordisquear** v. t. Morder frecuente o ligeramente.

mordisco m. Acción de mordiscar. ‖ Mordedura ligera. ‖ Bocado que se saca de una cosa mordiéndola.

mordisqueo m. Acción y efecto de mordisquear.

Mordvanos (*República Socialista Soviética Autónoma de los*), república autónoma de la U. R. S. S. en el interior de la rep. de Rusia ; cap. *Saransk.*

More. V. MORO (Santo Tomás).

Morea. V. PELOPONESO.

Moreau [*moró*] (Gustave), pintor francés (1826-1898).

Moreira Pena (Alfonso). V. PENA.

Morel (Carlos), pintor y litógrafo argentino (1813-1894).

morelense adj. y s. Del Estado de Morelos (México).

Morelia, c. del centro sur de México, cap. del Estado de Michoacán. Arzobispado. Universidad. Catedral (s. XVI). Fundada en 1541 con el nombre de Valladolid.

moreliano, na adj. y s. De la ciudad de Morelos (México).

Morelos, mun. al centro de México, al S. del México (México) ; cap. *Cuernavaca.* Agricultura. Industrias.

Morelos y Pavón (José María), sacerdote y patriota mexicano, n. en Valladolid, hoy Morelia (1765-1815).

Emprendió varias campañas militares en pro de la Independencia y reunió en Chilpancingo el primer Congreso Nacional (1813). Iturbide le derrotó en Valladolid y Puruarán (Michoacán). Hecho prisionero, murió fusilado.

Morella, c. del E. de España (Castellón de la Plana).

morena f. Pez teleósteo parecido a la anguila, muy voraz y de carne estimada. ‖ *Geol.* Morrena.

Morena (SIERRA), cordillera en el centro sur de España, entre la meseta de la Mancha y el valle del Guadalquivir ; 1 300 m. de altura. Ant. llamada *Sierra Mariánica.*

moreno, na adj. y s. De color oscuro tirando a negro. ‖ De tez muy tostada por el sol. ‖ De pelo negro o castaño. ‖ De tez muy oscura y pelo negro o castaño. ‖ *Fig.* y *fam.* Negro, mulato.

Moreno, partido de la Argentina, en el Gran Buenos Aires. — Dep. en el centro del norte de la Argentina (Santiago del Estero) ; cab. *Quimilí.*

Moreno (Francisco P.), naturalista y geógrafo argentino (1852-1919). Fundador del Museo de La Plata. ‖ ~ (GABRIEL RENÉ), historiador boliviano (1836-1908). ‖ ~ (MARIANO), político y jurisconsulto argentino, n. en Buenos Aires (1779-1811), uno de los próceres de la Revolución de Mayo y secretario de la Junta de 1810. ‖ ~ (MARIO), llamado *Cantinflas,* actor cómico mexicano, n. en 1911. ‖ ~ (SEGUNDO LUIS), compositor ecuatoriano (1882-1972), autor de *Suite ecuatoriana.* ‖ ~ **Carbonero** (JOSÉ), pintor de cuadros históricos español (1860-1942). Ilustró el *Quijote.* ‖ ~ **Jiménez** (DOMINGO), poeta postumista dominicano, n. en 1894. ‖ ~ **Sánchez** (MANUEL), abogado y político mexicano, m. en 1908. Ex presidente de la Cámara de Diputados. ‖ ~ **Torroba** (FEDERICO), músico español (1891-1982), autor de óperas (*El poeta*), obras para guitarra (*Sonatina, Romántico de Castilla, Ibérico*), conciertos, ballets (*Don Quijote*) y, sobre todo, zarzuelas (*Luisa Fernanda, Monte Carmelo, La chulapona*). ‖ ~ **Villa** (JOSÉ), poeta y pintor español (1887-1955).

morera f. Árbol moráceo, distinto del moral por su fruto blanco.

morería f. Barrio moro. ‖ País de moros.

Moreto y Cabaña (Agustín), dramaturgo español, n. en Madrid (1618-1669), autor de *El desdén con el desdén, El lindo Don Diego,* etc.

moretón m. Cardenal en la piel.

morfa f. *Pop.* Morfina.

morfema f. La más pequeña unidad significativa en lingüística.

Morfeo, dios del Sueño.

morfina f. Medicamento narcótico y estupefaciente derivado del opio.

morfinismo m. Estado morboso producido por el abuso de la morfina o del opio.

morfinomanía f. Hábito morboso de tomar morfina u opio para conseguir un estado eufórico.

morfinómano, na adj. Que tiene el hábito de abusar de la morfina o del opio (ú. t. c. s.).

morfología f. Parte de la biología que trata de la forma y estructura de los seres orgánicos. ‖ Aspecto general del cuerpo humano. ‖ *Gram.* Estudio de las formas de las palabras consideradas aisladamente.

morfológico, ca adj. Relativo a la morfología.

Morgan (Henry), filibustero inglés (¿ 1635 ?-1688) que asoló las colonias españolas de las Antillas y saqueó la ciudad de Panamá (1671).

morganático, ca adj. Dícese del matrimonio de un príncipe con una mujer que no pertenece a la nobleza. ‖ Aplícase al que contrae este matrimonio.

morgue f. (pal. fr.). Galicismo innecesario por *depósito de cadáveres.*

Mori (Camilo), pintor surrealista y cubista chileno (1896-1973).

moribundo, da adj. Que se está muriendo (ú. t. c. s.).

morigeración f. Templanza o moderación en las costumbres.

morigerado, da adj. De buenas costumbres : *era una persona muy morigerada en su manera de vivir.*

morigerar v. t. Templar, refrenar los excesos.

Moriguchi, c. del Japón (Honshu).

moriles m. Vino de Moriles.

Moriles, v. del sur de España (Córdoba). Vinos.

morillo m. Soporte para poner la leña en el hogar.

Morillo (Pablo), general español n. en Fuentesecas (Zamora) [1778-1837]. Luchó en la guerra de Independencia española y posteriormente (1815) fue a Nueva Granada para reprimir la sublevación de los patriotas americanos. Su represión se caracterizó por la crueldad. Bolívar le derrotó en Boyacá (1819).

Moriñigo (Higinio), general paraguayo, n. en 1897, pres. de la Rep. en 1940, derrocado en 1948.

Morioka, c. del Japón en el N. de la isla de Honshu.

morir v. i. Perder la vida : *morir de muerte natural.* ‖ *Fig.* Dejar de existir : *los imperios nacen y mueren ; las flores mueren muy pronto* (ú. t. c. pr.). ‖ Desaparecer : *la envidia es algo que no muere.* ‖ Sentir violentamente alguna pasión : *morir de pena, de amor* (ú. t. c. pr.). ‖ Sufrir mucho : *morir de frío, de hambre* (ú. t. c. pr.). ‖ Hablando del fuego o de la luz, apagarse. ‖ — *Fig.* Morir con las botas puestas o vestido, morir violentamente. ‖ *¡ Muera !,* interjección para manifestar el deseo de que desaparezca alguna persona o cosa. ‖ — V. pr. Dejar de vivir : *morirse de viejo.* ‖ Querer mucho : *este chico se muere por ti.* — *Fig.* Morirse de miedo, tener mucho miedo. | *Morirse de risa,* desternillarse de risa.

morisco, ca adj. Aplícase a los moros bautizados que permanecieron en España después de la Reconquista (ú. t. c. s.). ‖ Relativo a ellos. (V. MUDÉJAR.)

morisma f. Conjunto de moros. ‖ Multitud de moros.

morisqueta f. Mueca. ‖ Ardid.

morlaco, ca adj. y s. Taimado. — M. *Fam.* Toro de lidia.

mormón, ona adj. Relativo a una secta religiosa fundada en los Estados Unidos (1830) por Joseph Smith, cuya doctrina, autonomía teocrática y poligamia, principios actualmente abandonados, hizo que los miembros pertenecientes a ella se estableciesen a orillas del Gran Lago Salado (Utah), donde fundaron Salt Lake City. ‖ Seguidor de o adepto a esta doctrina (ú. t. c. s.).

mormónico, ca adj. Relativo a los mormones o su doctrina.

mormonismo m. Doctrina y secta de los mormones.

moro, ra adj. y s. De la antigua Mauritania. ‖ *Por ext.* Musulmán. ‖ Dícese de los árabes que invadieron España. ‖ Indígena mahometano de Mindanao y de otras islas de Malasia.

Moro (Antonio), pintor holandés (¿ 1519 ?-1576). Vivió en España y realizó numerosos retratos. ‖ ~ (CÉSAR), poeta peruano (1904-1955), autor de *La tortuga ecuestre.* Escribió en francés. ‖ ~ (Santo TOMÁS), en ingl. *Thomas More,* político y escritor inglés (1478-1535), canciller en tiempos de Enrique VIII. Autor de *Utopía.* M. decapitado. Fiesta el 6 de julio.

Morococha, distrito en el centro del Perú (Junín). Minas.

morocho, cha adj. *Amer.* Aplícase a

una variedad de maíz (ú. t. c. s. m.). ‖ *Fig.* y *fam.* Tratándose de personas, robusto, fuerte. ‖ *Arg.* Moreno.

Moroleón, c. en el centro de México (Guanajuato).

Morón, pobl. al E. de la Argentina, arrabal industrial de Buenos Aires. Universidad privada. Obispado. Aeropuerto. — Térm. mun. en el centro de Cuba (Ciego de Ávila). Azúcar. — C. de Venezuela (Carabobo). Refinería de petróleo. ‖ ~ **de la Frontera,** c. en el S. de España (Sevilla). Base aérea.

Morona, río del Ecuador (Morona-Santiago) y del Perú (Loreto), afl. del Marañón ; 400 km. — Cantón en el E. del Ecuador (Morona-Santiago). ‖ ~ **Santiago,** prov. del Ecuador, en la selva oriental ; cap. *Macas.*

morona-santiaguense adj. y s. De Morona-Santiago (Ecuador).

morondo, da adj. Pelado de hojas.

morosidad f. Lentitud, dilación, demora. ‖ Falta de puntualidad. ‖ Pereza, desidia. ‖ Retraso en el pago.

moroso, sa adj. Tardo, lento. ‖ Perezoso. ‖ Que tarda en pagar sus deudas : *moroso en el pago.*

Morosoli (Juan José), novelista y poeta uruguayo (1899-1957).

Morovis, mun. y río de Puerto Rico (Arecibo).

morrada f. Golpe dado con la cabeza o recibido en ella. ‖ *Fig.* Golpe. | Bofetada, puñetazo.

morral m. Saco o talego que usan los cazadores, pastores, soldados y vagabundos. ‖ Saco para el pienso de una caballería que se cuelga del cuello. ‖ *Fig.* y *fam.* Hombre basto, grosero.

morralla f. Pescado menudo. ‖ *Fig.* Conjunto de personas o cosas de poco valor : *la morralla de la profesión trabaja en esa empresa.* ‖ *Méx.* Dinero menudo.

morrena f. Montón de piedras arrastradas y depositadas por los glaciares.

morrillo m. Porción carnosa que tienen las reses en la parte superior y anterior del cuello. ‖ *Fig.* Cogote muy grueso. ‖ Canto rodado.

morriña f. Nostalgia.

morrión m. Casco de bordes levantados usado en el s. XVI. ‖ Gorro militar con visera.

morro m. Extremidad redonda de una cosa. ‖ Montículo redondo. ‖ Extremo de un malecón. ‖ Guijarro redondo. ‖ *Fig.* Hocico de un animal. ‖ *Fam.* Labio abultado de una persona. | Parte anterior de un coche, avión o cohete. ‖ — *Fam. Estar de morros,* estar enfadados. | *Romper los morros,* romper la cara.

Morro (El), fortaleza y castillo construidos por los españoles al este de la bahía de La Habana (Cuba).

morrocotudo, da adj. *Fam.* Imponente. ‖ Muy grande : *llevarse un susto morrocotudo.*

morrocoy y **morrocoyo** m. Galápago grande de Cuba.

morrón adj. Aplícase al pimiento de punta roma. ‖ — M. *Fam.* Morrada.

morrongo, ga m. y f. *Fam.* Gato. ‖ *Méx.* Mozo o criado.

Morropón, prov. en el NO. del Perú (Piura) ; cap. *Chulucanas.*

Morrosquillo, golfo en la costa atlántica del NO. de Colombia (Bolívar y Córdoba).

morsa f. Mamífero pinnípedo anfibio de los mares árticos.

morse m. Sistema telegráfico que utiliza un alfabeto convencional de puntos y rayas. ‖ Este alfabeto.

MO

ALFABETO MORSE

a	・ —	o	— — —	1	・ — — — —
b	— ・・・	p	・ — — ・	2	・・ — — —
c	— ・ — ・	q	— — ・ —	3	・・・ — —
ch	— — — —	r	・ — ・	4	・・・・ —
d	— ・・	s	・・・	5	・・・・・
e	・	t	—	6	— ・・・・
f	・・ — ・	u	・・ —	7	— — ・・・
g	— — ・	v	・・・ —	8	— — — ・・
h	・・・・	w	・ — —	9	— — — — ・
i	・・	x	— ・・ —	0	— — — — —
j	・ — — —	y	— ・ — —		
k	— ・ —	z	— — ・・		
l	・ — ・・			principio de	
m	— —			transmisión	・ — ・ — ・
n	— ・	punto	・	final de	
ñ	— — ・ — —	error	・・・・・・・・	transmisión	・・・ — ・ —

427

Morse (Samuel), físico norteamericano (1791-1872) a quien se deben el telégrafo eléctrico y el alfabeto de su nombre. Fue también pintor.

mortadela f. Embutido hecho con carne picada de cerdo, de ternera y tocino.

mortaja f. Sábana o lienzo en que se envuelve el cadáver antes de enterrarlo.

mortal adj. Que ha de morir : *el hombre es mortal.* || Que puede provocar la muerte : *caída mortal.* || Que hace perder la gracia de Dios : *pecado mortal.* || Fig. Que llega hasta desear la muerte, encarnizado : *enemistad, odio mortal.* | Excesivo, penoso : *dolor mortal.* | Aburrido, abrumador : *un trabajo mortal.* || — M. y f. Ser humano : *un mortal feliz.*

mortalidad f. Condición de mortal. || Número proporcional o estadística de defunciones en población o tiempo determinados.

mortandad f. Gran número de muertes causadas por epidemia, guerra, cataclismo, etc.

mortar v. t. *Amér. C.* y *Méx.* Descascarar granos de arroz y café.

morteadora f. *Amér. C.* y *Méx.* Máquina de mortar granos.

mortecino, na adj. Dícese del animal muerto naturalmente. || *Fig.* Apagado y sin vigor : *luz, mirada mortecina.* | Que está apagándose.

morterete m. Mortero pequeño con el que se tiran salvas de artillería. || Ladrillo pequeño y prensado.

mortero m. Recipiente que sirve para machacar en él especias, semillas, drogas, etc. || Pieza de artillería de cañón corto, destinado a tirar proyectiles por elevación. || Muela fija de un molino. | Argamasa de yeso o cemento, arena y agua.

mortífero, ra adj. Que ocasiona o puede ocasionar la muerte.

mortificación f. Acción de mortificar o mortificarse. || *Fig.* Lo que mortifica, humillación.

mortificador, ra y **mortificante** adj. Que mortifica.

mortificar v. t. Castigar el cuerpo con ayunos, penitencias y austeridades (ú. t. c. pr.). || Dominar o reprimir por privaciones voluntarias (ú. t. c. pr.). || *Med.* Privar de vitalidad alguna parte del cuerpo (ú. t. c. pr.). || *Fig.* Atormentar, molestar mucho : *siempre me está mortificando.* | Afligir, humillar, causar pesadumbre. || — V. pr. *Méx.* Avergonzarse.

mortinatalidad f. Proporción de niños nacidos muertos.

mortinato, ta adj. Que ha nacido muerto (ú. t. c. s.).

mortuorio, ria adj. Relativo al muerto o a los funerales.

morucho, cha adj. *Fam.* Moreno.

morueco m. Carnero padre.

moruno, na adj. Moro.

Mosa, en fr. *Meuse,* río del O. de Europa (Francia, Bélgica y Holanda), que des. en el mar del Norte, junto al Rin ; 950 km. — V. MEUSE.

Mosadegh (Mohamed HYDAYAT, llamado), político iraní (1881-1967). Primer ministro de 1951 a 1953, nacionalizó el petróleo.

mosaico, ca adj. De Moisés. || Aplícase a la obra taraceada de piedras, vidrios, baldosas, etc., generalmente de diversos colores (ú. t. c. s. m.).

mosca adj. Aplícase a una india de Colombia (ú. t. c. s.). V. CHIBCHA.

mosca f. Nombre dado a varios insectos dípteros, como la *mosca doméstica,* la *mosca de la carne* o *moscarda,* la *mosca verde,* con reflejos metálicos, la *mosca tsé-tsé,* transmisora de la enfermedad del sueño. || Pelo que se deja crecer entre el labio inferior y la barba. || Cebo para pescar que imita a un insecto. || *Méx.* Persona que viaja sin pagar. | *Fig.* y *fam.* Dinero. | Persona molesta y pesada. | Desazón, disgusto. || — Pl. Chispas que saltan de la lumbre. || — *Fig.* y *fam.* Aflojar o soltar la mosca, pagar. | *Cazar o papar moscas,* entretenerse en cosas inútiles. | *Estar con (o tener) la mosca detrás de la oreja o estar mosca,* estar receloso. | *Más moscas se cazan con miel que con vinagre,* la dulzura es la mejor manera de atraer a la gente. | *Mosca muerta,* persona

hipócrita que aparenta ser lo que no es en realidad. || *Fig. No se oye ni mosca,* no hay ningún ruido. || *Fam. Por si las moscas,* por si acaso. | *¿Qué mosca le picó ?,* ¿por qué se enfada ? || — Adj. *Fam.* Amoscado, receloso.

moscada adj. f. V. NUEZ *moscada.*

moscarda f. Mosca mayor que la común.

moscardear v. i. Poner la reina de las abejas sus huevos. || *Fig.* y *fam.* Ser curioso.

Moscardó (José), militar español (1878-1956), que se distinguió en la defensa del Alcázar de Toledo (1936) durante la guerra civil.

moscardón m. Mosca parásita de los rumiantes y solípedos. || Moscón. || Avispón. || Abejón, zángano. || *Fig.* y *fam.* Hombre pesado, impertinente.

moscardoneo m. Zumbido.

moscatel adj. Aplícase a una uva muy delicada, al viñedo que la produce y al vino que se hace con ella (ú. t. c. s. m.) : *el celebérrimo vino moscatel de Málaga.*

Moscicki (Ignacy), físico y político polaco (1867-1946), pres. de la Rep. de 1926 a 1939.

moscón m. Mosca de la carne, moscarda. || *Fam.* Hombre pesado.

mosconear v. i. Zumbar como el moscón. || *Fig.* Porfiar, ser obstinado. || — V. t. Molestar con pesadez.

mosconeo m. Zumbido. || *Fig.* Insistencia, porfía.

Moscova, río de Rusia central, afl. izq. del Oka, que pasa por Moscú ; 508 km.

Moscovia, n. dado al Estado ruso (principado de Moscú) de 1263 a 1563.

moscovita adj. y s. De Moscú. || De Moscovia. || Ruso.

Moscú, cap. de la U. R. S. S. y de la Rep. Federativa de Rusia, a orillas del Moscova y al O. del país ; 8 700 000 h. Arzobispado ortodoxo. Universidad. Centro industrial y cultural. En el centro se encuentra el Kremlin, ant. residencia de los zares.

Mosela, en fr. *Moselle,* río navegable al NE. de Francia y al SO. de Alemania, afl. del Rin, que pasa por Toul, Metz y Tréveris ; 550 km.

Moselle, dep. del NE. de Francia ; cap. *Metz.* Hulla. Siderurgia.

mosén m. Título que se daba a ciertos nobles en Cataluña y Aragón, reservado hoy a los clérigos.

Moskova. V. MOSCOVA.

mosqueado, da adj. Sembrado de pintas. || *Fig.* Receloso. | Enfadado.

mosquear v. t. Espantar las moscas (ú. t. c. pr.). || — V. pr. *Fig.* Sospechar. | Resentirse, enfadarse, picarse : *se mosqueó mucho por lo que le dije.*

mosqueo m. Acción de mosquear. || *Fig.* Irritación, enfado. | Sospecha.

Mosquera (Joaquín), político colombiano, n. en Popayán (1787-1877), pres. de la Rep. en 1830. Derrocado por una sublevación militar. || ~ (TOMÁS CIPRIANO), general colombiano, n. en Popayán (1798-1878), pres. de la Rep. de 1845 a 1849, de 1861 a 1864 y de 1866 a 1867.

mosquete m. Arma de fuego portátil antigua, parecida al fusil.

mosquetero m. Soldado armado de mosquete.

mosquetón m. Arma de fuego individual parecida a la carabina, pero más corta. || Anilla que se abre y cierra con un muelle.

mosquita f. Pájaro parecido a la curruca. || *Fig. Mosquita muerta,* persona hipócrita que aparenta ser lo que no es en realidad.

mosquitero m. Cortina de gasa o tul con que se cubre la cama para impedir que entren los mosquitos. || Bastidor de tela metálica colocado en la ventana con el mismo fin.

Mosquitia, costa atlántica de Nicaragua, llamada también *Costa de los Mosquitos.* Petróleo.

mosquito m. Insecto díptero, de cuerpo cilíndrico, patas largas y finas y alas transparentes, cuya hembra pica la piel de las personas y de los animales para chupar la sangre.

Mosquitos (Costa de los). V. MOSQUITIA.

Most, c. en el NO. de Checoslovaquia (Bohemia). Ind. químicas.

mostacho m. Bigote.

mostachón m. Bollo pequeño de almendras, canela y azúcar.

Mostaganem, c. y puerto del N. de Argelia, cap. del dep. homónimo.

Mostar, c. al oeste de Yugoslavia (Herzegovina).

mostaza f. Planta crucífera cuya semilla tiene sabor picante y se emplea como condimento. || Condimento hecho con esta semilla. || *Fam. Subírsele a uno la mostaza a las narices,* enfadarse mucho.

Mostazal, com. del centro de Chile, en la VI Región (Libertador General Bernardo O'Higgins) y en la prov. de Cachapoal ; cap. *San Francisco de Mostazal.*

mosto m. Zumo de la uva antes de fermentar. || Zumo de otros frutos, empleado para la fabricación del alcohol, sidra, etc. || *Fam.* Vino.

Móstoles, población de España a 20 km al SO. de Madrid.

mostrador, ra adj. y s. Que muestra o enseña alguna cosa. || — M. Mesa larga para presentar los géneros en las tiendas o servir las consumiciones en los bares.

mostrar v. t. Exponer a la vista, enseñar : *mostrar sus joyas de oro.* Demostrar : *su contestación muestra que es inteligente.* || Manifestar, dejar ver algo inmaterial : *mostrar valor, liberalidad.* || — V. pr. Portarse de cierta manera : *mostrarse amigo, generoso.* | Exponerse a la vista : *mostrarse en público.*

mostrenco, ca adj. Dícese de los bienes sin propietario conocido. || *Fig.* y *fam.* Aplícase al que no tiene casa ni hogar. | Ignorante, torpe (ú. t. c. s.).

Mosul, c. del N. de Irak (Curdistán), a orillas del río Tigris. Petróleo.

mota f. Nudillo que se forma en el paño. || Pequeña partícula sobre algo : *las motas de una tela.* || *Fig.* Defecto ligero. | Eminencia de terreno.

Mota || ~ **del Cuervo,** v. en el E. del centro de España (Cuenca). || ~ **del Marqués,** v. en el N. del centro de España (Valladolid). Agricultura.

Mota (Félix), poeta dominicano (1822-1861). Comprometido en un movimiento por la Independencia, fue fusilado.

Motagua, río al noreste de Guatemala que des. en el golfo de Honduras ; 547 km.

Motala, c. al sur de Suecia, a orillas del lago Vetter.

mote m. Apodo.

motear v. t. Dibujar o poner motas.

Motecuzoma o **Motecuhzoma.** V. MOCTEZUMA.

motejador, ra adj. y s. Que moteja.

motejar v. t. Acusar, tachar.

motel m. Hotel en la carretera destinado a albergar a los automovilistas de paso.

motete m. Breve composición musical que se suele cantar en las iglesias con o sin acompañamiento.

motilidad f. Movilidad.

motilón, ona, adj. y s. *Fam.* Pelón. || — M. *Fig.* y *fam.* Lego de convento. | Indio de Colombia y Venezuela.

Motilones, sierra al NE. de Colombia en la frontera con Venezuela (Magdalena y N. de Santander).

Motilla del Palancar, c. en el E. del centro de España (Cuenca).

motín m. Movimiento sedicioso del pueblo o de las tropas.

motivación f. Acción y efecto de motivar. || Conjunto de motivos que nos hacen actuar.

motivador, ra adj. Que provoca la motivación.

motivar v. t. Dar motivo, ser causa. || Explicar la razón o motivo que se ha tenido para actuar de cierta manera. || Impulsar a actuar.

motivo m. Causa o razón que mueve a actuar de cierta manera. || Tema de una composición musical o pictórica o literaria. | Dibujo ornamental repetido : *motivo decorativo.* || — *Dar motivo a,* provocar, ser causa de. | *Sin motivo,* sin razón.

moto f. Motocicleta.

motobomba f. Bomba accionada por un motor.

motocarro m. Vehículo de tres ruedas con motor.

motocicleta f. Vehículo de dos ruedas dotado de un motor de explosión de una cilindrada superior a 125 cm³.

motociclismo m. Afición a la motocicleta y deporte efectuado con este vehículo.

motociclista com. Motorista. || — Adj. Relativo a la motocicleta.

motociclo m. Nombre genérico de los vehículos automóviles que tienen dos ruedas.

motocross m. Carrera de motocicletas en un terreno accidentado.

motocultivador y **motocultor** m. Arado pequeño provisto de un motor de arrastre.

motocultivo m. Cultivo con máquinas agrícolas, especialmente las movidas por motores o tractores.

Motolinía (Toribio de), religioso franciscano e historiador español (¿ 1490 ?-1569), que ejerció su apostolado en Nueva España. Defendió a los indios.

motón m. Mar. Garrucha, polea.

motonáutico, ca adj. Relativo a la motonáutica. || — F. Deporte de la navegación en pequeñas embarcaciones de motor.

motonave f. Barco de motor.

motopropulsión f. Propulsión por motor.

motopropulsor, ra adj. Que propulsa.

motor, ra adj. Que produce movimiento o lo transmite : *árbol motor, nervio motor.* || — M. Lo que comunica movimiento, como el viento, el agua, el vapor. | Sistema material que permite transformar cualquier forma de energía en energía mecánica. || *Fig.* Instigador : *ser el motor de una rebelión* | *Causa* — *Motor de explosión,* el que toma su energía de la explosión de una mezcla gaseosa. || *Motor de reacción,* aquel en el que la acción mecánica está producida por la proyección hacia fuera a gran velocidad de chorros de gases.

motora f. Lancha de motor.

motorismo m. Motociclismo. || Deporte de los aficionados al automóvil o a otro vehículo de motor.

motorista com. Persona que conduce una motocicleta.

motorización f. Generalización del empleo de vehículos automóviles de transporte en el ejército, industria, etc. | Colocación de un motor en un vehículo.

motorizar v. t. Generalizar el empleo de vehículos automóviles de transporte en el ejército, industria, etc. | Dotar de un motor : *motorizar una lancha.* || — V. pr. *Fig.* y *fam.* Tener un vehículo automóvil.

motovelero m. Embarcación de vela con motor auxiliar.

motovolquete m. Dispositivo mecánico para descargar de una sola vez un vagón, etc.

motricidad f. Conjunto de las funciones desempeñadas por el esqueleto, los músculos y el sistema nervioso que permiten los movimientos.

Motrico, c. y puerto del N. de España (Guipúzcoa).

Motril, c. y puerto del S. de España (Granada). Caña de azúcar. Límite oriental de la Costa del Sol.

motrileño, ña adj. y s. De Motril (España).

motriz adj. f. Motora : *fuerza motriz.*

Motul, mun. al sureste de México (Yucatán) ; cap. *Motul de Felipe Carrillo.* Puerto. Centro comercial.

motu proprio adv. (expr. latina). Por propia y libre voluntad.

Moulins [*mulán*], c. del centro de Francia, cap. del dep. del Allier. Obispado.

Moulins (*Maestro de*), pintor francés de fines del s. XV, de quien se desconoce la identidad. Su obra maestra es el tríptico de la catedral de Moulins.

Mount Vernon, pobl. al E. de Estados Unidos (Virginia), a orillas del río Potomac. Tumba de Washington.

Mountbatten, n. inglés que adoptó en 1917 la familia alemana Battenberg || — (FELIPE), príncipe consorte de la reina Isabel II de Inglaterra, n. en 1921. Es *duque de Edimburgo.* || ~ **of Burma** (LOUIS, *conde de*), almirante británico (1900-1979). Fue el último virrey inglés en la India (1946). Murió asesinado.

movedizo, za adj. Fácil de ser movido. || Inseguro, que no está firme : *arenas movedizas.* || *Fig.* Inconstante, cambiadizo.

mover v. t. Poner en movimiento : *el émbolo mueve la máquina.* || Cambiar de sitio o de posición : *mueve un poco el sillón.* || Menear, agitar : *mover el brazo.* || *Fig.* Incitar : *mover a la rebelión.* | Excitar, picar : *mover la curiosidad.* | Dar motivo para alguna cosa, causar : *mover a risa, a piedad.* | Provocar, ocasionar : *mover discordia.* | Hacer obrar : *mover las masas, el pueblo.* | Conmover. || — V. i. *Arq.* Arrancar un arco o bóveda. || — V. pr. Ponerse en movimiento : *no te muevas.* | Agitarse : *este niño se mueve mucho en la cama.* | Cambiar de sitio, trasladarse : *el enfermo se mueve con dificultad.* | *Fam.* Hacer todo lo posible para conseguir algo : *en la vida hay que moverse.* | Darse prisa. | Tener desenvoltura : *se mueve perfectamente en esos medios.*

movible adj. Que puede moverse. || *Fig.* Variable, poco constante.

movido, da adj. *Fig.* Activo, inquieto : *persona muy movida.* | Agitado : *torneo, debate movido.* | Aplícase a la fotografía muy borrosa o confusa. || *Fig. Pop.* Movimiento de masas o de grupos.

móvil adj. Movible. || Dícese de los sellos y timbres impresos que se pegan en el papel (ú. t. c. s. m.). || *Fiesta móvil,* aquella cuyo día de celebración cambia cada año. || — M. Impulso, causa, motivo : *el móvil de un crimen.* | Cuerpo en movimiento.

movilidad f. Capacidad de moverse. || *Fig.* Variable, inconstante.

movilización f. Conjunto de las disposiciones que ponen a las fuerzas armadas en pie de guerra y adaptan la estructura económica y administrativa del país a las necesidades de un conflicto. || *Fig.* Acción de movilizar.

movilizar v. t. Efectuar la movilización, poner en pie de guerra. || *Fig.* Pedir a uno que participe en la realización de una obra colectiva. || Utilizar.

movimiento m. Estado de un cuerpo cuya posición cambia continuamente respecto a un punto fijo : *el movimiento del péndulo.* | Acción o manera de moverse : *tener unos movimientos llenos de gracia.* || Animación, vida : *el movimiento de la calle.* || Tráfico, circulación. || Corriente de opinión o tendencia artística de una época determinada. || Vivacidad en el estilo. || Variedad de las líneas en una composición pictórica o escultórica. || Variación numérica en las estadísticas, cuentas, precios, etc. | Curso real o aparente de los astros. || *Fig.* Sublevación. | Sentimiento fuerte y pasajero : *un movimiento de cólera.* || *Mús.* Velocidad del compás. | Parte de una composición musical. || *Movimiento acelerado,* aquel en que la aceleración no es nula. || *Movimiento de rotación,* aquel en que un cuerpo se mueve alrededor de un eje. | *Movimiento de tierras,* excavación. || *Movimiento perpetuo,* el que debería continuar perpetuamente sin ayuda exterior. | *Movimiento uniforme,* aquel en que la velocidad es constante.

Movimiento Nacional, conjunto de fuerzas que se alzaron contra la República española en 1936. Se integró políticamente bajo el nombre de Falange Española Tradicionalista y de las JONS.

moviola f. Aparato, muy utilizado en las operaciones de montaje, que permite la observación de una película cinematográfica a diferentes velocidades y con marcha adelante o atrás.

moxo, xa adj. y s. V. MOJO.

Moxos, prov. en el N. de Bolivia (Beni) ; cap. *San Ignacio de Moxos.*

Moya, v. de España en la isla de Gran Canaria (Las Palmas).

Moyano (Carlos María), marino y explorador argentino (1854-1910), que exploró los lagos San Martín y Buenos Aires. || — (DANIEL), escritor argentino, n. en 1928, autor de novelas (*El oscuro, El trino del diablo,* etc.).

Moyobamba, c. del N. del Perú, cap. de la prov. homónima y del dep. de

MOZAMBIQUE

San Martín. Agricultura. Ganadería. Industrias. Petróleo. Prelatura nullius.

moyobambino, na adj. y s. De Moyobamba (Perú).

Moyuta, volcán y mun. en el sureste de Guatemala (Jutiapa).

moza f. Muchacha joven. | Soltera. | Criada, sirvienta. || Concubina. | Pala de las lavanderas. || Última mano en algunos juegos de naipes. || — *Buena moza,* mujer de buena estatura y presencia. || *Moza del partido,* prostituta. || *Ser una real moza,* ser muy hermosa.

mozalbete m. Mozuelo.

Mozambique, Estado en la costa SE. de África ; 785 000 km² ; 10 600 000 h. ; cap. *Maputo,* antes *Lourenço Marques* ; 390 000 h. Minas. Caña de azúcar, algodón. Los portugueses, que llegaron en 1490, dominaron el país hasta 1975, año en que se proclamó una República Popular. || ~ (CANAL DE), estrecho del océano Índico, entre la costa SE. de África y la isla de Madagascar. Su anchura varía entre 450 y 850 km.

mozambiqueño, ña adj. y s. De Mozambique.

mozárabe adj. Cristiano de España que vivía entre los árabes (ú. t. c. s.). || Relativo a los mozárabes, a su arte y literatura (s. X y principios del XI).

Mozart (Wolfgang Amadeus), compositor austriaco, n. en Salzburgo (1756-1791), autor de óperas (*El rapto del serrallo, Cosi fan tutte, La flauta mágica, Las bodas de Fígaro, Don Juan*), de un *Réquiem,* sinfonías, sonatas, conciertos para piano y obras de música religiosa (*Réquiem*) y de cámara.

mozo, za adj. y s. Joven. | Soltero. || — M. Criado. || Camarero : *mozo de comedor, de café.* || Joven alistado para el servicio militar. | Maletero en una estación. || Percha para colgar la ropa. || *Agr.* Rodrigón. || Tentemozo de un carro. || — *Buen mozo,* hombre de buena estatura y presencia. || *Mozo de cordel o de cuerda,* el que lleva bultos. || *Mozo de estación,* maletero. || *Mozo de estoques,* el que está al servicio de un torero y le da a los trastos de matar.

mozuelo, la m. y f. Chico o chica joven.

M.T.S. (*Sistema*), sistema de medidas cuyas tres unidades fundamentales son el *metro* (longitud), la *tonelada* (masa) y el *segundo* (tiempo).

mu m. Mugido. || *Fam. Ni mu,* absolutamente nada.

muaré m. Tejido que forma aguas.

Mubarak (Muhammad), militar y político egipcio, n. en 1928, elegido pres. del país al morir Sadat (1981).

mucamo, ma m. y f. Criado.

muceta f. Esclavina de seda abotonada por delante que usan algunos eclesiásticos, los magistrados y los doctores sobre la toga en las solemnidades.

mucílago m. Sustancia viscosa que se encuentra en ciertos vegetales y tiene la propiedad de hincharse al entrar en contacto con el agua.

mucosidad f. Humor espeso segregado por las membranas mucosas.

mucoso, sa adj. Parecido al moco. || Relativo a las mucosidades. || Aplícase a las membranas que tapizan algunas cavidades del cuerpo humano y segregan mucosidad (ú. t. c. s. f.).

múcura o **mucura** m. Bol., Col. y Venez. Ánfora de barro.

mucus m. Mucosidad, moco.

mucuyita f. Méx. Ave parecida a la tórtola.

muchachada f. Acción propia de muchachos. || Grupo de jóvenes.

muchachear v. i. Actuar como un niño o un joven.

muchachería f. Muchachada.

muchachez f. Niñez o juventud.

muchacho, cha m. y f. Joven. || Niño o niña. || — F. Sirvienta.

muchedumbre f. Multitud, gran cantidad de gente o cosas.

mucho, cha adj. Abundante, numeroso : mucho trabajo ; mucha gente. || — Pron. Gran cantidad de personas : muchos piensan que tienes razón. || Muchas cosas : tener mucho que contar. || — Adv. En abundancia : trabaja mucho. || Con gran intensidad : divertirse mucho. || Con un adverbio de comparación indica una gran diferencia : llegó mucho más tarde. || Equivale a veces a sí, ciertamente. || Largo tiempo : hace mucho que no le he visto. || — Como mucho, como más, como máximo. || Con mucho, con gran diferencia : es con mucho el más simpático. || ¡Mucho!, ¡muy bien! || Ni con mucho (o mucho menos), indica que hay una gran diferencia de una cosa a otra. || Por mucho que, por más que. || Tener en mucho, estimar.

muda f. Acción de mudar una cosa. || Conjunto de ropa blanca que se muda de una vez. || Época en que mudan las plumas las aves o la piel otros animales. || Cambio de voz de los muchachos en la pubertad. || Traslado de domicilio, mudanza.

Mudanjiang. V. MUTANKIANG.

mudanza f. Cambio. || Traslado de domicilio : estar de mudanza. || Movimiento del baile. || Variación en los afectos o en las ideas.

mudar v. t. e i. Transformar, cambiar, variar de aspecto o de naturaleza : mudar el agua en vino. || Sustituir una cosa por otra : mudar de casa, de vestido. || Cambiar los pañales a un niño. || Remover de destino o empleo. || Efectuar la muda de los animales. || Estar de muda un muchacho : mudar la voz. || Fig. Cambiar, variar : mudar de dictamen, de parecer. || — V. pr. Cambiarse : mudarse de ropa interior. || Cambiarse de domicilio : me mudé a otro barrio de la ciudad.

mudéjar adj. Dícese del mahometano que se quedó, como vasallo de los reyes cristianos, en España después de la Reconquista sin cambiar de religión (ú. t. c. s.). || Aplícase al estilo arquitectónico español que floreció desde el siglo XII al XVI, caracterizado por el empleo de elementos del arte cristiano y de la ornamentación árabe (ú. t. c. s. m.).

mudez f. Imposibilidad física de hablar. || Fig. Silencio voluntario.

mudo, da adj. Privado de la facultad de hablar (ú. t. c. s.). || Que no quiere hablar : se quedó mudo durante toda la reunión. || Que pierde momentáneamente el uso de la palabra : el miedo lo dejó mudo. || Callado, silencioso : dolor mudo. || Aplícase a los mapas que no llevan ningún nombre escrito. || Dícese de las películas cinematográficas que no van acompañadas de sonido. || Que no habla : escena muda. || Gram. Letra muda, la que no se pronuncia, como la h.

mueblaje m. Mobiliario.

mueble adj. Dícese de los bienes que se pueden trasladar de un lugar a otro : las joyas son bienes muebles. || — M. Cualquier objeto que sirve para la comodidad o el adorno de una casa : tener muebles de caoba.

mueblería f. Fábrica o tienda de muebles.

mueblista com. Persona que fabrica muebles o los vende.

mueca f. Contorsión del rostro, generalmente burlesca o de dolor.

muecín m. Almuédano.

muela f. Diente grande, que está detrás de los caninos. || Diente en sentido general : tener dolor de muelas. || Piedra superior en los molinos con la que se tritura el grano, etc. || Piedra de asperón para afilar. || Cerro con la cima plana. || Bot. Almorta. || — Fig. y fam. Estar alguien que echa las muelas, estar furioso. || Fig. Haberle salido a uno la muela del juicio, haber alcanzado ya la edad de ser sensato. || Muela del juicio o cordal, cada una de las cuatro que salen en el fondo de la boca en edad adulta.

muelle adj. Suave, blando, delicado. || Elástico : un colchón muelle. || Voluptuoso : vida muelle. || — M. Construcción hecha en la orilla del mar o de un río para permitir el atraque de los barcos y efectuar su carga y descarga. || Andén de ferrocarril. || Pieza elástica capaz de soportar deformaciones muy grandes y que, después de haber sido comprimida, distendida o doblada, tiende a recobrar su forma : los muelles del sofá.

Muelle de los Bueyes, mun. al este de Nicaragua (Zelaya).

muérdago m. Planta que vive como parásita en las ramas de los árboles.

muermo m. Enfermedad contagiosa de las caballerías que se caracteriza por la ulceración de la mucosa nasal. || Pop. Aburrimiento.

Muermos (Los), c. de Chile en la X Región (Los Lagos) y en la prov. de Llanquihue, cap. de la com. de su n.

muerte f. Cesación completa de la vida : muerte repentina. || Acción de matar. || Pena capital : condenar a muerte. || Fig. Dolor profundo : sufrir mil muertes; con la muerte en el alma. || Desaparición, aniquilamiento : la muerte de un imperio. || Causa de ruina : el monopolio es la muerte de la pequeña industria. || Esqueleto humano considerado como símbolo de la muerte. || — A muerte, hasta la muerte : duelo a muerte; guerra a muerte. || Fam. De mala muerte, de poco valor. || Fig. De muerte, muy grande : un susto de muerte. || En el artículo de la muerte, a punto de morir. || Muerte civil, interdicción civil.

muerto, ta adj. Que está sin vida (ú. t. c. s.). || Fam. Matado : muerto en la última guerra. || Fig. Poco activo : ciudad muerta. || Apagado, desvaído : color muerto. || Que ya no se habla : lengua muerta. || Dícese del yeso o de la cal apagados con agua. || — M. En el bridge, el cuarto jugador. || — Fig. Cargar con el muerto, tener que cargar con la responsabilidad de un asunto desagradable. || Echarle a uno el muerto, echarle toda la responsabilidad o culpa. || El muerto al hoyo y el vivo al bollo, a pesar de nuestra pesadumbre ante la muerte de las personas más amadas, volvemos muy pronto a los afanes de la vida. || Estar uno muerto, estar agotado. || Hacer el muerto, quedarse inmóvil en la superficie del agua flotando boca arriba. || Fig. Hacerse el muerto, no manifestarse de manera alguna para pasar inadvertido. || Más muerto que vivo, muy asustado. || Medio muerto, muy cansado. || ¡Muerto de hambre, pobre. || No tener donde caerse muerto, ser muy pobre.

Muerto (MAR), lago salado de Palestina, entre Israel y Jordania, al S. de Siria ; 85 km de longitud y 17 de anchura ; 1 015 km². Antiguamente llamado lago Asfaltites.

muesca f. Entalladura que hay o se hace en una cosa para que encaje otra. || Corte que se hace al ganado en la oreja o a cualquier otra cosa como señal.

muestra f. Letrero en la fachada de una tienda que anuncia la naturaleza del comercio o el nombre del comerciante. || Pequeña cantidad de una mercancía o de un producto para darla a conocer o estudiarla. || Exposición de los productos de un comercio. || Modelo : visitar un piso de muestra. || Fig. Señal : muestra de cansancio. || Prueba : muestra de simpatía, de inteligencia. || Ejemplo : nos dio una muestra de su saber. || Mil. Revista : pasar muestra. || Parada que hace el perro para levantar la caza. || Esfera del reloj. || En los juegos de naipes, carta que se vuelve para indicar el palo. || Exposición artística. || Fracción representativa de un grupo de personas consultadas en una encuesta. || — Feria de muestras, exposición periódica de productos industriales o agrícolas. || Hacer muestra, manifestar, aparentar. || Para muestra basta un botón, basta con un hecho o idea para demostrar lo que se quiere.

muestrario m. Colección, conjunto de muestras : me enseñó el muestrario de las telas que vendía.

muestrear v. t. Arg. Hacer un muestreo de algo.

muestreo m. Selección de muestras. || En estadística, estudio de la variación de una característica determinada en función de las muestras escogidas para una encuesta. || Selección de las personas que se van a someter a una encuesta por medio de un sondeo para obtener un resultado representativo.

mufti m. Jurisconsulto musulmán.

mugido m. Voz del toro y de la vaca. || Fig. Bramido del viento, del mar o de dolor.

mugir v. i. Dar mugidos. || Fig. Bramar : el viento muge. | Dar gritos de dolor.

mugre f. Suciedad grasienta. || Amer. Porquería, cosa sin valor.

mugriento, ta adj. Lleno de mugre o suciedad.

mugrón m. Tallo de la vid que se entierra parcialmente para que arraigue. || Vástago de otras plantas.

muguete m. Planta liliácea con florecitas blancas globosas, colgantes, de olor suave. || Su flor. || Med. Enfermedad de las mucosas, principalmente de la mucosa bucal.

Mühlberg, c. de Alemania Oriental, a orillas del Elba, donde el emperador Carlos V venció a los protestantes de la Liga de Smalcalda (1547).

muisca o **mosca** adj. y s. Chibcha.

mujer f. Persona del sexo femenino. || La que ha llegado a la edad de la pubertad. || Esposa : tomar mujer. || — Mujer de vida airada, de mal vivir, perdida, pública, prostituta. || Mujer de su casa, la que cuida con eficacia el gobierno de la casa. || Mujer fatal, la que tiene un atractivo irresistible.

Mujeres (ISLA), isla al SE. de México, en el mar Caribe y al E. de Yucatán.

mujeriego, ga adj. Mujeril. || Dícese del hombre a quien le gustan mucho las mujeres (ú. t. c. s. m.).

mujeril adj. Relativo a la mujer. || Afeminado.

mujerío m. Conjunto de mujeres.

mujerona f. Mujer corpulenta.

mujerzuela f. Mujercilla.

mujic m. Campesino ruso.

Mujica Láinez (Manuel), escritor argentino, (1910 - 1984), autor de biografías, ensayos, poesías (Canto a Buenos Aires), cuentos, novelas (Don Galaz de Buenos Aires, Aquí vivieron, Misteriosa Buenos Aires, Invitados en el Paraíso, la trilogía formada por Los ídolos, La casa y Los viajeros, De milagros y melancolías, El escarabajo, Sergio, Cecil, Los cisnes) y narraciones históricas (El laberinto, Bomarzo, El unicornio).

mujik m. Mujic.

mújol m. Pez marino acantopterigio, de carne muy apreciada.

Mukalla, c. y puerto de la Rep. Democrática del Yemen.

Mukden. V. CHENYANG.

mula f. Hembra del mulo. || Fam. Bruto, idiota. | Testarudo.

muladar m. Sitio donde se echa el estiércol o las basuras. || Fig. Sitio corrompido o sucio.

muladí adj. Dícese del cristiano español que durante la dominación árabe se hacía musulmán (ú. t. c. s.).

mulato, ta adj. y s. Nacido de negra y blanco o viceversa.

Mulatas (Las). V. SAN BLAS.

Mulchén, c. del centro de Chile en la prov. y en la VIII Región de Biobío, cap. de la com. del mismo n.

mulero, ra adj. Mular. || — M. Mozo de mulas.

muleta f. Palo con un travesaño en el extremo superior que se coloca debajo del sobaco para apoyarse al andar. || Fig. Cosa que sostiene otra. || Taurom. Palo del que cuelga un paño encarnado con el cual el matador cansa al toro antes de matarle.

muletear v. t. Torear con la muleta.

muletero m. Mozo o tratante de mulas. || Taurom. Matador que torea con la muleta.

muletilla f. Muleta de torero. || Botón de pasamanería. || Bastón que sirve de muleta. || Fig. Voz o frase que una persona repite por hábito vicioso en la conversación.

muley m. Título que se da a los sultanes en Marruecos.

Mulhacén (PICO DE), cumbre del S. de España, en la Sierra Nevada (Granada) ; alt. máxima de la Península ; 3 478 m.

Mülheim an der Ruhr, c. de Alemania Occidental (Rin Septentrional-Westfalia), en la cuenca del Ruhr.

Mulhouse, c. del este de Francia (Haut-Rhin). Industrias.

mulillas f. pl. Tiro de mulas que arrastran al toro muerto.

Mulmein, c. y puerto en el S. de Birmania, en la desembocadura del río Saluén.

mulo m. Cuadrúpedo híbrido nacido de burro y yegua o de caballo y burra. || Fam. Bruto, animal. | Idiota. | Trabajar como un mulo, trabajar mucho.

multa f. Pena pecuniaria.

Multan, c. al noreste del Paquistán (Pendjab). Textiles.

multar v. t. Imponer una multa.

multicelular adj. Formado de varias células.

multicolor adj. Que tiene muchos colores : tela multicolor.

multicopia f. Reproducción de un escrito con una multicopista.

multicopiar v. t. Reproducir un escrito con la multicopista.

multicopista f. Máquina para sacar varias copias de un escrito.

multiforme adj. Que tiene o puede tomar varias formas.

multigrado, da adj. Dícese de un aceite lubricante que puede utilizarse en cualquier época del año.

multigrafo, fa adj. Amer. Que sirve para multicopiar (ú. t. c. s. m.).

multilateral adj. Concertado entre varias partes.

multimillonario, ria adj. y s. Que posee muchos millones.

multinacional adj. Relativo a varias naciones. || Dícese de la empresa comercial cuyas actividades y capitales se encuentran repartidos en varios países (ú. t. c. s. f.).

multipartidaria f. Arg. Coalición de los partidos políticos mayoritarios.

multipartidismo m. Multiplicidad de partidos políticos.

multipartidista adj. Relativo al multipartidismo.

múltiple adj. Vario, que no es simple : eco, contacto múltiple. || — Pl. Diversos, muchos, varios.

múltiplex adj. Dícese del dispositivo telegráfico que transmite simultáneamente varios telegramas por la misma línea. || Aplícase a un sistema electrónico que permite transmitir simultáneamente varias informaciones por el mismo canal. || Dícese de un programa radiado o televisado en el cual participan distintos estudios conectados entre sí por telecomunicación.

multiplicación f. Aumento en número. || Mat. Operación que consiste en multiplicar dos cantidades. || Mec. Aumento de velocidad de una rueda dentada arrastrada por otra de mayor tamaño. | Tabla de multiplicación o de Pitágoras, la atribuida a este matemático griego que da los productos de los diez primeros números entre sí.

multiplicador, ra adj. Que multiplica. || — M. Mat. Número o cantidad que multiplica.

multiplicando m. Número o cantidad que se multiplica (ú. t. c. s. m.).

multiplicar v. t. Aumentar algo en número : multiplicar los trámites. || Mat. Repetir una cantidad llamada multiplicando tantas veces como unidades contiene otra llamada multiplicador para obtener una cantidad llamada producto. || — V. i. Engendrar. || — V. pr. Afanarse, ser muy activo : multiplicarse en su trabajo. || Reproducirse.

multiplicidad f. Variedad, diversidad. || Número considerable.

múltiplo, pla adj. y s. m. Mat. Aplícase al número que contiene a otro un número exacto de veces : quince es un múltiplo de tres y de cinco.

multiprocesador adj. Dícese de un sistema informático compuesto por varias unidades de tratamiento que funcionan con un mismo conjunto de memorias y de periféricos (ú. t. c. s. m.).

multiproceso m. Técnica de utilización de un ordenador que posee varias unidades centrales de proceso.

multiprogramación f. Modo de explotación de un ordenador que permite ejecutar distintos programas con una misma máquina.

multisala f. Cine que tiene varias salas de proyección.

multisecular adj. Muy viejo.

multitratamiento m. Ejecución simultánea de varios programas en distintos procesadores de un mismo ordenador.

multitud f. Número considerable de personas o cosas.

multitudinario, ria adj. Relativo a la multitud.

Muluya, río del NE. de Marruecos, que nace en el Atlas y des. en el Mediterráneo, cerca de Melilla ; 450 km.

mullido, da adj. Blando y cómodo.

mullir v. t. Batir una cosa para que esté blanda y suave.

München Gladbach. V. MÖNCHEN-GLADBACH.

Munda, ant. c. de la Bética, probablemente cerca de Málaga (España), cuya identificación es dudosa. Victoria de César sobre los hijos de Pompeyo (45 a. de J. C.).

mundanal adj. Mundano.

mundanería f. Calidad de mundano. || Acción mundana.

mundano, na adj. Relativo al mundo. || Relativo a la vida de sociedad : fiesta mundana. || Muy aficionado a las cosas del mundo. || Que alterna mucho con la alta sociedad. || Mujer mundana, prostituta.

mundial adj. Universal, relativo al mundo entero : política mundial. || — M. Campeonato mundial.

mundillo m. Fig. Mundo, grupo determinado : el mundillo del arte.

mundo m. Universo, todo lo que existe. || Tierra, el planeta en que vivimos : dar la vuelta al mundo. || Parte de la Tierra : el Nuevo Mundo. || Fig. Conjunto de los hombres : reírse del mundo entero. || Sociedad humana : el mundo libre. || Humanidad : la evolución del mundo. || Conjunto de individuos que se dedican a la misma clase de actividades : el mundo de las letras. || Conjunto de cosas que forman un todo : el mundo exterior. || Teol. Uno de los enemigos del alma. || Vida seglar : dejar el mundo. || Baúl : guardar la ropa en un mundo. || Fig. Diferencia muy grande : hay un mundo entre las dos versiones. || — Fig. Al fin del mundo, muy lejos ; dentro de mucho tiempo. | Andar el mundo al revés, estar las cosas de manera diferente a lo normal. | Cuarto Mundo, conjunto de los países menos ricos y, por lo tanto, más subdesarrollados. | Fig. Dar un mundo por, dar cualquier cosa por obtener algo muy deseado. | Desde que el mundo es mundo, desde siempre. | Echar al mundo, dar a luz. | Echarse al mundo, prostituirse la mujer. | El gran mundo, la alta sociedad. | El Mundo Antiguo, Asia, Europa y África. | El Nuevo Mundo, América y Oceanía. | Fig. El otro mundo, la otra vida. | Entrar en el mundo, entrar en sociedad. | Hacerse un mundo de algo, darle mucha importancia. | Hombre (o mujer) de mundo, que alterna con la alta sociedad. | Irse al otro mundo, morir. | Medio mundo, mucha gente. | No ser de este mundo, no preocuparse por las cosas terrenas. | No ser cosa o nada del otro mundo, no ser difícil o extraordinario. | Ponerse el mundo por montera, no importarle a uno la opinión ajena. | Por nada del mundo, de ninguna manera. | Tener mundo, tener experiencia y saber desenvolverse entre la gente. | Tercer Mundo, conjunto de países en vías de desarrollo. | Fig. Todo el mundo, la mayor parte de la gente. | Valer un mundo, valer mucho. | Venir al mundo, nacer. | Ver o correr mundo, viajar mucho.

Mundo es ancho y ajeno (El), novela indianista del peruano Ciro Alegría (1941).

mundología f. Experiencia y conocimiento del mundo y de los hombres. || Reglas mundanas.

mundovisión f. Desde 1962, transmisión de imágenes de televisión de un continente a otro por medio de estaciones retransmisoras colocadas en satélites que giran alrededor del globo terrestre.

Munguía, c. en el norte de España (Vizcaya).

Muni (RÍO). V. MBINI.

munición f. Mil. Todo lo necesario para el abastecimiento de un ejército o de una plaza fuerte. || Carga de las armas.

municionar v. t. Mil. Aprovisionar de municiones.

municipal adj. Relativo al municipio : administración municipal. || — M. Guardia municipal.

municipalidad f. Municipio, ayuntamiento de una población.

municipalización f. Acción y efecto de municipalizar.

municipalizar v. t. Hacer depender del municipio.

municipe com. Habitante de un municipio.

municipio m. División territorial administrada por un alcalde y un concejo. || Conjunto de habitantes de este territorio. || Ayuntamiento, alcaldía. | Concejo.

Munich, en alem. München, c. del SO. de Alemania Occidental, cap. de Baviera, a orillas del Isar. Arzobispado. Universidad. Pinacoteca. Centro cultural. Industrias (automóviles, químicas, cerveceras). La Conferencia de Munich (1938) aceptó la ocupación del territorio de los Sudetes por Alemania.

munificencia f. Generosidad.

muniqués, esa adj. y s. De Munich (Alemania).

Munster, prov. del SO. de la Rep. de Irlanda ; cap. Cork.

Münster, c. de Alemania Occidental (Rin Septentrional-Westfalia). Obispado. Universidad. Centro industrial.

Muntaner (Ramón), militar e historiador catalán (1265-1336), autor de un libro, titulado Crónica, en el que narra la expedición catalano-aragonesa a Oriente.

Muntenia. V. VALAQUIA.

Munthe (Axel), médico y escritor sueco (1857-1949), autor de Historia de San Michele.

Münzer o **Müntzer** (Thomas), reformador alemán (¿ 1489 ?-1525), fundador del anabaptismo. M. decapitado.

muñeca f. Articulación que une la mano con el antebrazo. || Figurilla que representa una niña o una mujer y sirve de juguete. | Maniquí para vestidos de mujer. | Lío o pelotilla de trapo que se embebe de un líquido para barnizar, estarcir u otros usos. || Fig. y fam. Muchacha preciosa y delicada. || Arg. Maqueta.

Muñecas, prov. en el O. de Bolivia (La Paz) ; cap. Chuma.

muñeco m. Figurilla de niño que sirve de juguete. || Figurilla humana hecha de pasta, trapo, etc. || Fig. y fam. Hombre afeminado. | Persona que se deja llevar por otra.

muñeira f. Baile popular de Galicia. || Su música.

muñequear v. t. Riopl. Fig. Utilizar las influencias para lograr algo.

muñequera f. Correa ancha para apretar la muñeca. || Correa del reloj de pulsera.

muñequilla f. Muñeca para barnizar.

muñón m. Parte que queda de un miembro amputado.

Muñoz, presa en el centro de Cuba, en el mun. de Florida (Camagüey).

MU

Muñoz (Fernando), *duque de Riánsares* (¿ 1808 ?-1873), guardia de Corps español que contrajo matrimonio secretamente con la regente María Cristina, viuda del rey Fernando VII. || ~ (RAFAEL FELIPE), escritor mexicano (1899-1972), autor de novelas (*Vámonos con Pancho Villa, Se llevaron al cañón para Bachimba*, etc.) y de cuentos. || ~ (RAFAEL JOSÉ), poeta venezolano, n. en 1928. || ~ (SEBASTIÁN), pintor español (1654-1690). || ~ Degrain (ANTONIO), pintor español (1840-1924), notable paisajista y autor de cuadros históricos. || ~ Manzano (CIPRIANO). V. VIÑAZA. || ~ Marín (LUIS), político puertorriqueño, n. en San Juan (1898-1980), gobernador de 1948 a 1964. || ~ Molleda (JOSÉ), compositor español, n. en 1905. || ~ Rivera (LUIS), poeta puertorriqueño (1859-1916), autor de *Tropicales*. || ~ Rojas (JOSÉ ANTONIO), escritor español, n. en 1909. || ~ Seca (PEDRO), autor teatral español (1881-1936), autor de *La venganza de Don Mendo, Los extremeños se tocan, Anacleto se divorcia*, etc.

Muqalla, c. y puerto de la República Democrática del Yemen.

Muqdisho. V. MOGADISCIO.

Mur, río de Austria y Yugoslavia, afl. del Drave ; 445 km.

mural adj. Que se aplica o coloca sobre el muro : *mapa mural.* || — M. Pint. Fresco : *los murales de Orozco.*

muralismo m. Pintura de murales.

muralista adj. Que pinta murales (ú. t. c. s.). || Relativo al muralismo.

muralla f. Muro muy grueso y elevado.

Muralla (*La Gran*), muro levantado en el s. III a. de J. C. entre China y Mongolia (3 000 km) para proteger el imperio chino de las tribus de la estepa.

murar v. t. Rodear con muros.

Murat [-rá] (Joachim), mariscal de Francia (1767-1815), cuñado de Napoleón I, que se distinguió en Marengo y Eylau. Fue jefe del ejército francés en España (mayo 1808). Rey de Nápoles de 1808 a 1815 M. fusilado.

Murcia, región del sureste de España y provincia en cuyo territorio se creó en 1982 una Comunidad Autónoma. La capital de ésta es la ciudad del mismo nombre, situada a orillas del río Segura. Universidad. Sede del obispado Cartagena-Murcia. Catedral. La *Huerta de Murcia* es riquísima y sus productos se exportan a toda Europa. Industria conservera y textil.

murcianismo m. Palabra o giro propios del castellano hablado en la región de Murcia. || Amor o apego a las cosas de Murcia. || Carácter murciano.

murciano, na adj. y s. De Murcia.

murciélago m. Mamífero nocturno de alas membranosas, cuyo cuerpo es parecido al del ratón.

murena f. Morena, pez.

Murena (Héctor ÁLVAREZ), escritor argentino (1923-1975), autor de poesías (*La vida nueva*), ensayos (*El pecado original de América, Homo atomicus*), cuentos (*El centro del infierno*), obras de teatro (*El juez*) y novelas (*Historia de un día, El sueño de la razón*).

Mures. V. MAROS.

Muret, c. del S. de Francia (Haute-Garonne). En 1213, Pedro II de Aragón fue derrotado en esta plaza por Simón de Monfort.

murga f. Banda de músicos callejeros. || *Fam.* Lata, cosa pesada : *dar la murga.* || Persona muy pesada (ú. t. c. s. m.).

Murger (Henri), escritor francés (1822-1861), autor de *Escenas de la vida bohemia.*

múrice m. Molusco gasterópodo marino del que se sacaba o extraía la púrpura. || *Poét.* Color de púrpura.

múridos m. pl. Familia de mamíferos que comprende ratas, hamsters, etc. (ú. t. c. adj.).

Murillo, prov. en el O. de Bolivia (La Paz) ; cap. Palca.

Murillo (Bartolomé Esteban), pintor español, n. en Sevilla (1617-1682), autor de cuadros religiosos (*La Inmaculada Concepción*), retratos, escenas populares de gran realismo, representaciones de niños. Sus cuadros están realizados con técnica perfecta y brillante colorido. || ~ (GERARDO), escritor y pintor mexicano (1875-1964). Llamado *Doctor Atl.* Sus pinturas y aguafuertes sirvieron de precedentes al muralismo moderno en su país. Escribió una serie de relatos muy apreciados (*Cuentos de todos los colores*). || ~ (PEDRO DOMINGO), patriota boliviano ejecutado en 1810. || ~ Toro (MANUEL), político colombiano (1816-1880), pres. de la Rep. de 1864 a 1866 y de 1872 a 1874.

Murmansk, c. y puerto del NO. de la U. R. S. S. (Rusia), a orillas del mar de Barents. Centro industrial.

murmullo m. Ruido sordo que se hace hablando bajo. || Rumor del agua que corre, del viento, etc. || Zumbido.

murmuración f. Conversación en que se critica a un ausente.

murmurador, ra adj. y s. Que murmura, maldiciente.

murmurante adj. Que murmura.

murmurar v. i. Hacer un ruido sordo y apacible. || *Fig.* Hablar o quejarse entre dientes (ú. t. c. tr.). || *Fig. y fam.* Criticar.

murmurio m. Acción y efecto de murmurar.

muro m. Pared o tapia gruesa, especialmente la que sirve para sostener o soportar cargas. || Muralla. || — *Muro del calor,* conjunto de los fenómenos caloríficos que se producen con las grandes velocidades y que pueden limitar la rapidez de los vehículos aéreos. || *Muro del sonido,* conjunto de fenómenos aerodinámicos que se producen cuando un cuerpo se mueve en la atmósfera a una velocidad próxima a la del sonido (340 m por segundo) y que dificultan el aumento de esta velocidad.

Muro, v. de España en la isla de Mallorca (Baleares). || ~ **de Alcoy,** v. al este de España (Alicante).

Muro de las lamentaciones, muralla de piedra situada en el emplazamiento del antiguo templo de Herodes en Jerusalén, donde los judíos lloran la ruina de esta ciudad.

Muroran, c. y puerto del Japón en la isla de Hokkaido. Siderurgia.

Muros, c. y puerto en el NO. de España (La Coruña), a orillas de la *ría de Muros y Noya.*

Murra, río mun. al NO. de Nicaragua (Nueva Segovia). Plata, oro.

Murray, río del SE. de Australia (Victoria, Australia Meridional) que des. en el océano Indico austral ; 2 574 km.

murria f. *Fam.* Tristeza, melancolía.

Mururata, cima al O. de Bolivia (La Paz), en la Cord. Real ; 6 180 m.

Mururoa, atolón de las islas Tuamotu (Polinesia Francesa). Centro de experimentación nuclear.

Murviedro. V. SAGUNTO.

mus m. Juego de naipes.

musa f. *Mit.* Cada una de las nueve deidades que habitaban el Parnaso y presidían las artes liberales y las ciencias. || *Fig.* Numen, inspiración de un poeta : *la musa de Píndaro, de Virgilio.* | Poesía : *la musa latina.* || — Pl. Ciencias y artes liberales, especialmente humanidades y bellas artes. || — Las *nueve musas* eran Clío (Historia), Euterpe (Música), Talía (Comedia), Melpómene (Tragedia), Terpsícore (Danza), Erato (Elegía), Polimnia (Poesía lírica), Urania (Astronomía), Calíope (Elocuencia).

Musala (PICO), ant. *Pico Dimitrov* o *de Stalin,* mayor altura del macizo de Ródope, al S de Bulgaria ; 2 925 m.

musaraña f. Pequeño mamífero insectívoro, parecido a un ratón, con el hocico puntiagudo. || Bicho, sabandija, animalejo. || — *Fig. y fam. Mirar uno a las musarañas,* estar distraído. | *Pensar en las musarañas,* no atender a lo que se hace o dice.

Musashino, c. del Japón en las afueras de Tokio (Honshu).

musculación f. Conjunto de ejercicios para desarrollar los músculos. || *Amer.* Musculatura.

muscular adj. De los músculos.

musculatura f. Conjunto de los músculos. || Desarrollo de los músculos : *tiene una gran musculatura.*

músculo m. Órgano fibroso que al contraerse o distenderse produce los movimientos en un ser vivo.

musculocutáneo, a adj. Dícese de algunos nervios motores y sensitivos de los músculos de la piel.

musculoso, sa adj. Que tiene músculos : *parte musculosa del cuerpo.* || Que tiene músculos abultados.

Musel (El), puerto del N. de España, en el mar Cantábrico, muy cerca de Gijón.

muselina f. Tejido muy ligero.

museo m. Colección pública de objetos de arte o científicos : *museo de escultura, de historia natural.* || Edificio en que se guardan estas colecciones : *el museo del Prado.*

muserola f. Correa de la brida que pasa por encima de la nariz del caballo y sujeta el bocado.

musgo m. Planta briofita formada por varios tallos menudos y apiñados que crece en lugares sombríos. || — Pl. Familia de estas plantas.

musgoso, sa adj. Cubierto de musgo : *piedra musgosa.*

música f. Arte de combinar los sonidos conforme a las normas de la melodía, armonía y ritmo. || Teoría de este arte : *clases de música.* || Composición musical. || Conjunto de composiciones de un país, de un músico, de una época : *música rusa, de Falla, actual.* || Concierto de instrumentos o voces o de ambas cosas a la vez. || Conjunto de músicos, banda : *la música municipal.* || Papeles en que está escrita la música. || — Pl. *Fam.* Monsergas, latas : *déjame de músicas.* || — *Fam. Irse con la música a otra parte,* marcharse. | *Mandar con la música a otra parte,* mandar a paseo. || *Música celestial,* palabras vanas. || *Música de cámara,* la escrita para un número pequeño de instrumentos. || *Música electroacústica.* V. ELECTROACÚSTICO. || *Música instrumental,* la escrita para instrumentos. || *Música ligera,* la melodiosa y sin pretensiones. || *Música serial,* dodecafonismo. || *Música vocal,* la escrita expresamente para ser cantada. || *Música ratonera,* la muy mala.

musical adj. Relativo a la música : *arte musical.* || En que se hace música : *velada musical.* || Armonioso. || — M. Comedia musical.

musicalidad f. Calidad de lo que es musical.

musicastro, tra m. y f. Músico malo.

music-hall [miúsic jol] m. (pal. ingl.). Espectáculo de variedades. || Teatro donde se da esta clase de espectáculos.

músico, ca adj. Relativo a la música : *instrumento músico ; composición música.* || — M. y f. Persona que compone o ejecuta obras de música.

musicografía f. Actividad del musicógrafo.

musicógrafo, fa m. y f. Persona que escribe sobre música.

musicología f. Estudio científico de la teoría y de la historia de la música.

musicólogo, ga m. y f. Especialista en música.

Musil (Robert von), escritor austriaco (1880-1942). Analizó la crisis social y espiritual de la civilización europea (*El hombre sin cualidades, El hombre sin atributos, Las tribulaciones del estudiante Törless, Uniones,* etc.).

musitar v. t. e i. Susurrar o hablar entre dientes.

muslo m. Parte de la pierna desde la cadera hasta la rodilla.

Musques, mun. al norte de España (Vizcaya). Industrias.

Musschenbroek (Pieter Van). V. VAN MUSSCHENBROEK.

Musset [-sé] (Alfred de), escritor romántico francés, n. en París (1810-1857), autor de poemas líricos (*Las noches*), obras dramáticas (*Lorenzaccio, Con el amor no se juega, Los caprichos de Mariana,* etc.) y de la novela autobiográfica *Confesión de un hijo del siglo.*

Mussolini (Benito), político italiano, n. en Dovia di Predappio (Romaña) [1883-1945], fundador y jefe (*Duce*) del Partido Fascista en 1919. Ocupó el Poder en 1922, entró en la segunda guerra mundial al lado de Alemania (1940) y fue derrocado en 1943. M. ejecutado.

Mussorgski (Modest Petrovich), compositor ruso (1839-1881), precursor de la música moderna. Autor de óperas. *(Boris Godunov y Kovanchina)*, de poemas sinfónicos *(Una noche en el Monte Pelado)* y de obras para piano *(Cuadros de una exposición)*.

Mustafá Kemal. V. KEMAL BAJÁ ATATURK.

mustango m. Caballo que vive en estado de semilibertad en las pampas de América del Sur.

mustélidos m. pl. Familia de mamíferos carniceros como la comadreja, el armiño, la nutria, el visón, la marta, el turón, etc. (ú. t. c. adj.).

Mustelier (Manuel María), periodista, educador y poeta cubano (1878-1941), autor de hermosos sonetos *(Ausencia, Invocación,* etc.).

musteriense adj. Aplícase al período del paleolítico medio, asociado al hombre de Neandertal y caracterizado por el uso del sílex (ú. t. c. s. m.).

Musters, lago del S. de la Argentina (Chubut), junto a la sierra de San Bernardo.

mustiar v. t. Poner mustio, ajar.

mustio, tia adj. Melancólico, triste. ‖ Ajado, marchito : *rosas mustias*.

musulmán, ana adj. y s. Mahometano.

mutabilidad f. Capacidad de sufrir mutaciones.

mutable adj. Que puede sufrir mutaciones.

mutación f. Cambio.

Mutankiang o **Mudanjiang,** c. en el noreste de China (Heilongkiang).

mutatis mutandis loc. latina. Haciendo los cambios necesarios.

mutilación f. Corte o supresión de una parte de una cosa : *este soldado sufrió varias mutilaciones.*

mutilado, da adj. Aplícase al o a lo que ha sufrido mutilación (ú. t. c. s.).

mutilador, ra adj. y s. Que mutila.

mutilar v. t. Cortar un miembro u otra parte de un cuerpo vivo. ‖ Destruir parcialmente : *mutilar una estatua.* ‖ Cortar parte de una cosa, deformar : *mutilar un texto.*

mutis m. Voz que emplea el apuntador para decir a un actor que se retire de la escena. ‖ Salida de escena. ‖ *Hacer mutis,* marcharse ; callar.

Mutis (Álvaro), escritor colombiano, n. en 1923, autor de poesías *(La balanza)* y narraciones *(La mansión de Araucaína)*. ‖ ~ (JOSÉ CELESTINO), botánico y astrónomo español, n. en Cádiz (1732-1808). Estudió la flora de Colombia.

mutismo m. Silencio voluntario u obligatorio : *un mutismo angustioso.* ‖ Incapacidad patológica de hablar.

Mutsuhito (1852-1912), emperador del Japón desde 1867. Abrió su país a la civilización occidental y sostuvo guerras contra China (1895) y Rusia (1905). Promulgó una Constitución (1889). Se le conoce también con el nombre de **Meiji Tenno.**

mutual adj. Mutuo, recíproco. ‖ — F. Mutualidad.

mutualidad f. Sistema de prestaciones mutuas que sirve de base a algunas asociaciones del mismo nombre. ‖ Reciprocidad, carácter mutuo.

mutualismo m. Conjunto de asociaciones basadas en la mutualidad. ‖ Doctrina según la cual la humanidad se considera como una asociación de servicios mutuos.

mutualista adj. Relativo a la mutualidad : *sociedad mutualista.* ‖ — Com. Miembro o socio de una mutualidad.

mutuamente adv. Con recíproca correspondencia.

Mutún o **Mutum (El),** minas de hierro de Bolivia (Santa Cruz), al sur de Puerto Suárez y cerca de la frontera brasileña.

mutuo, tua adj. Recíproco : *una ayuda mutua.* ‖ *Seguro mutuo,* sociedad cuyos miembros se aseguran mutuamente. ‖ — F. Mutualidad.

muy adj. En grado sumo.

Muza, caudillo árabe (640-718). Envió a Tarik a España y éste venció al último rey visigodo Don Rodrigo en 711. Él mismo se trasladó a la Península Ibérica al año siguiente e hizo proclamar, en Toledo, al califa de Damasco soberano de las tierras conquistadas.

Muzaffarpur, c. en el NE. de la India (Bihar). Universidad.

Muzo, mun. y pobl. del centro de Colombia (Boyacá).

Múzquiz, mun. en el N. de México (Coahuila). Carbón.

mV, abreviatura de *milivoltio.*

Mv, símbolo químico del *mendelevio.*

mW, abreviatura de *milivatio.*

Mweru. V. MOERO.

my f. Duodécima letra del alfabeto griego (µ) que corresponde a la *m* castellana.

Mysore o **Maisur,** c. del S. de la India (Karnataka), ant. cap. del Estado del mismo nombre, hoy *Karnataka.*

Mytho, c. meridional del Vietnam, junto al brazo norte del delta del Mekong.

Mytichtchi, c. de la U. R. S. S., suburbio de Moscú. Centro industrial.

ML

Nenúfares.

N

n f. Decimosexta letra del alfabeto castellano y decimotercera de sus consonantes. ‖ Signo con que se nombra a alguien indeterminado. ‖ *Mat.* Exponente de una potencia determinada. ‖ — **N,** símbolo del *nitrógeno* y del *newton.* ‖ — **N.,** abreviatura de *norte.*

Na, símbolo químico del *sodio.*

Naachtún, ant. centro de la civilización maya en el SE. de México (Yucatán).

nabab m. Gobernador de una provincia en la India. ‖ *Fig.* Hombre muy rico.

nabo m. Planta crucífera cuya raíz, carnosa y de color blanco, es comestible. ‖ Esta raíz.

Nabokov (Vladimir), escritor norteamericano, de origen ruso (1889-1977), autor de *Lolita, Pálido fuego* y *Ada o el ardor.*

Nabopolasar, fundador en Babilonia del Segundo Imperio, rey de 626 a 605 a. de J. C.

naborí com. Criado indio en la América colonial.

naboria f. Repartimiento de indios para el servicio doméstico en la América colonial.

Nabua, c. de Filipinas, en el SE. de la isla de Luzón (Camarines Sur).

Nabucodonosor ‖ ~ **I** o **Nabucodonosor,** rey de Babilonia (s. XII a. de J. C.). Rechazó a los elamitas. ‖ ~ **II** *el Grande,* rey de Babilonia de 605 a 562 a. de J. C. Luchó contra Egipto (605), destruyó el reino de Judá (587) y extendió sus conquistas en Arabia.

Nacajuca, c. y mun. en el S. de México (Tabasco).

Nacaome, c. del SO. de Honduras, cap. del dep. de Valle, a orillas del río Nacaome.

nacaomense adj. y s. De Nacaome (Honduras).

nácar m. Sustancia dura, brillante, irisada, que se forma en la concha de algunos moluscos : *botón de nácar.*

nacarado, da y **nacarino, na,** adj. Que tiene aspecto de nácar.

nacatamal m. *Méx.* y *Amér. C.* Tamal relleno de carne y salsa de chile.

nacela f. *Arq.* Moldura cóncava que se pone en la base de la columna.

nacer v. i. Venir al mundo : *Cervantes nació en Alcalá.* ‖ Brotar, salir : *el trigo nace en primavera; le han nacido pelos hasta en los dedos.* ‖ Empezar su curso : *el Ebro nace en Fontibre.* ‖ Salir (un astro). ‖ Originarse : *el vicio nace del ocio.* ‖ Descender de una familia o linaje : *Goya*

nació *de familia humilde.* ‖ Tener condiciones innatas, estar destinado a : *Lope de Vega nació (para) escritor.* ‖ *Fig.* Surgir, aparecer : *el tango nació en Buenos Aires.* ‖ — *Fam.* Haber *nacido de pie,* tener mucha suerte. ‖ *Hoy he vuelto a nacer,* de buena me he librado.

nacianceno, na adj. y s. De la ciudad de Nacianzo (Asia Menor).

Nacianzo, ant. c. de Capadocia (Asia Menor).

nacido, da adj. Connatural y propio de una cosa. ‖ Apto y a propósito para algo. ‖ Que ha visto el día, que ha venido al mundo (ú. t. c. s.). ‖ — M. y.f. Ser humano, hombre o mujer.

naciente adj. Que nace.

nacimiento m. Acción y efecto de nacer. ‖ Extracción : *de ilustre (o humilde) nacimiento.* ‖ Principio de una cosa : *el nacimiento de un río.* ‖ Manantial : *un nacimiento de agua.* ‖ Representación por medio de figuras del nacimiento de Jesús, belén. ‖ — *De nacimiento,* desde el nacimiento o antes de él : *mudo de nacimiento.* ‖ *Partida de nacimiento,* documento que indica el día, hora y lugar del nacimiento, el sexo, los nombres y apellidos de una persona, y los de sus padres.

Nacimiento, c. del centro de Chile en la prov. y en la VIII Región de Biobío, cap. de la com. del mismo n.

nación f. Comunidad humana, generalmente establecida en un mismo territorio, unida por lazos históricos, lingüísticos, religiosos, económicos en mayor o menor grado. ‖ Entidad jurídica formada por el conjunto de habitantes de un país, regidos por una misma Constitución y titular de la soberanía. ‖ Territorio de ese mismo país.

Nación *(La),* diario de Buenos Aires, fundado por Bartolomé Mitre en 1869.

nacional adj. Relativo a la nación o natural de ella : *bandera, lengua nacional.* ‖ Opuesto a extranjero : *productos nacionales.* ‖ — M. pl. Totalidad de los individuos de una nación. ‖ Conciudadanos.

Nacional del Sud *(Universidad),* universidad de la Argentina en la ciudad de Bahía Blanca.

nacionalidad f. Condición y carácter peculiar de los pueblos e individuos de una nación. ‖ Grupo de individuos que tienen idéntico origen o por lo menos historia y tradiciones comunes. ‖ Estado de la persona nacida o naturalizada en una nación : *nacionalidad española.* ‖ Nación, particularmente la que no tiene la consideración de Estado : *España y sus diferentes nacionalidades.*

nacionalismo m. Apego a la propia nación, a su unidad e independen-

cia : *el nacionalismo irlandés.* ‖ Doctrina que reivindica el carácter propio de una nación y su independencia.

nacionalista adj. Del nacionalismo : *doctrina nacionalista.* ‖ Partidario del nacionalismo (ú. t. c. s.).

nacionalización f. Acción y efecto de nacionalizar. ‖ Transferencia a la colectividad de la propiedad de ciertos medios de producción pertenecientes a particulares, ya para servir mejor el interés público, ya para asegurar mejor la independencia del Estado o para castigar la falta de civismo de sus propietarios.

nacionalizar v. t. Dar carácter nacional : *nacionalizar las minas, la banca.* ‖ Naturalizar o dar la ciudadanía : *nacionalizar a ciertos residentes extranjeros* (ú. t. c. pr.).

nacionalsindicalismo m. Doctrina política de Falange Española Tradicionalista y de las J. O. N. S.

nacionalsindicalista adj. Relativo al nacionalsindicalismo. ‖ Partidario de él (ú. t. c. s.).

nacionalsocialismo m. Doctrina política y económica creada por Hitler en 1923.

nacionalsocialista adj. Relativo al nacionalsocialismo. ‖ Partidario de él (ú. t. c. s.).

Naciones Unidas *(Organización de las).* Véase O. N. U.

nacismo m. Nazismo.

nacom m. Sacerdote maya vitalicio, encargado de sacar el corazón a los sacrificados.

Nácori, río en el NO. de México (Sonora), afl. del Yaqui.

Nacozari, mun. y sector de la Sierra Madre Occidental, al NO. de México (Sonora).

Nachán Can, cacique maya, con cuya hija se casó Gonzalo Guerrero, marinero español que, en el curso de un viaje entre Darién y la isla de Santo Domingo, naufragó en la isla de Cozumel (1511), donde se estableció hasta su muerte.

nada f. El no ser o carencia absoluta de todo ser. ‖ Cosa mínima : *por nada se asusta.* ‖ — *Sacar de la nada, crear.* ‖ *Reducir a nada,* anular. ‖ — Pron. indef. Ninguna cosa : *no decir nada.* ‖ — Adv. Poco : *no hace nada que salió.* ‖ — ¡ *Nada! ,* ¡ no ! ‖ *Nada de nada,* absolutamente ninguna cosa. ‖ *Nada más,* no más : *no quiero nada más ;* se usa precedido de un verbo en infinitivo con la idea de " tan pronto como " : *nada más venir se acostó.* ‖ *Como si nada,* como si tal cosa. ‖ ¡ *De nada! ,* ¡ no hay de qué ! (contestación a " muchas gracias ").

nadador, ra adj. y s. Que nada : *ave nadadora.* ‖ — M. y f. Persona que practica la natación.

Nadal (Eugenio), escritor español (1916-1944). En su memoria se ha instituido en Barcelona el *Premio Nadal* de novela, otorgado todos los años.

nadar v. i. Sostenerse flotando y moverse en el agua : *nadar de espalda.* | Flotar en un líquido cualquiera. || *Fig.* Estar una cosa muy holgada : *nadar en su abrigo.* | Abundar en una cosa : está nadando en dinero. || — *Fig. Nadar en la opulencia,* ser muy rico. | *Nadar entre dos aguas,* procurar agradar a dos partidos adversos. | *Nadar y guardar la ropa,* proceder con cautela.* || — V. t. Practicar un estilo de natación : *nadar la braza.* || Participar en una prueba de natación : *nadar los 400 metros.*

nadería f. Cosa sin importancia.

Nadiad, c. en el noroeste de la India (Gujerate).

nadie pron. indef. Ninguna persona : *aún no ha venido nadie.* || — M. *Fig.* Persona insignificante, de ninguna importancia. || — *Fam. No ser nadie,* no tener importancia. | *Un don nadie,* una persona insignificante.

nadir m. Punto de la esfera celeste diametralmente opuesto al cenit.

Nadir Sha (1688-1747), rey de Persia desde 1736. Conquistó parte de la India.

Nadjaf (al-), c. de Irak, al sur de Bagdad.

Nadjd. V. NEDJD.

nado m. *Amer.* Acción de nadar. || *A nado,* nadando.

Nador, c. y provincia del N. de Marruecos, cerca de Melilla. Siderurgia. Llamada ant. *Villa Nador.*

nafta f. Carburo de hidrógeno obtenido del petróleo. || *Amer.* Gasolina.

naftalina f. Preparado comercial de naftaleno : *poner naftalina para matar las polillas.*

Naga, c. de Filipinas, en el SE. de Luzón, cap. de la prov. de Camarines Sur. Obispado. Llamada por los españoles *Nueva Cáceres.*

Nagaland, Estado del NE. de la India, fronterizo con Birmania ; cap. *Kohima.*

Nagano, c. del Japón en el centro de la isla de Honshu.

Nagaoka, c. del Japón en el O. de la isla de Honshu.

Nagarote, c. al O. de Nicaragua (León), cerca del lago de Managua.

Nagasaki, c. y puerto del SO. del Japón (Kiusiu). Arzobispado. Universidad. Astilleros. Lugar de explosión de la segunda bomba atómica (9 agosto de 1945), que causó 80 000 muertos.

Nagercoil, c. en el SO. de la India (Kerala).

Nagoya, c. y puerto del Japón (Honshu). Obispado. Universidad.

Nagpur, c. del centro de la India (Maharashtra). Universidad.

Nagua, c. al N. de la Rep. Dominicana, a orillas del Atlántico, cap. de la prov. María Trinidad Sánchez.

nagual m. *Méx.* Hechicero. || — F. *Méx.* Mentira.

nagualear v. i. *Méx.* Contar, decir mentiras.

nagüero, ra adj. y s. De la ciudad de Nagua (Rep. Dominicana).

Naguib o **Neguib** (Mohamed), general egipcio (1901-1984), que derrocó al rey Faruk (1952), instauró la Rep. (1953) y fue depuesto por Nasser (1954).

Nagy (Imre), político húngaro (1896-1956). Primer ministro (1953-1955), liberalizó el país y fue expulsado del partido comunista. Volvió al Poder en la insurrección de 1956, pero, al fracasar ésta, fue ejecutado.

Nagykanizsa, c. del SO. de Hungría. Petróleo.

Naha, c. y puerto del Japón, en la isla de Okinawa ; cap. del archip. de Riukiu. Tejidos. Cerámica ; laca.

nahoa adj. y s. V. NAHUA.

nahua adj. Dícese de un pueblo indio americano que se subdividió en siete grupos : xochimilcas, chalcas, tepcanecas, acolhúas, tlahuícas, tlaxcaltecas y mexicas (ú. t. c. s.). Dícese de la lengua que hablaban. || — M. Lengua náhuatl.

Nahualá, mun. al O. de Guatemala (Sololá).

náhuatl adj. Dícese de la lengua hablada por los indígenas nahuas de México (ú. t. c. s. m.).

nahuatlano adj. Dícese de un grupo lingüístico de la familia yutoazteca (ú. t. c. s.).

náhuatle adj. y s. Nahua, náhuatl.

nahuatlismo m. Voz náhuatl introducida en el castellano.

nahuatlista com. Persona especializada en la lengua náhuatl.

Nahuatzen, mun. de México al O. del Estado de este n. (Michoacán).

Nahuel Huapi o **Huapi,** lago del O. de la Argentina (Neuquen y Río Negro) ; 715 km². Parque nacional.

Nahuizalco, mun. al SO. de El Salvador (Sonsonate).

naif adj. (pal. fr.). Dícese del arte caracterizado por la ingenuidad y la espontaneidad. || Dícese de la persona que lo practica (ú. t. c. s.).

Naiguatá, pobl. de Venezuela en el Distrito Federal.

nailon m. Nylon.

naipe m. Cada una de las cartulinas rectangulares que sirven para jugar a las cartas. || — Pl. Baraja. || *Fig. y fam. Castillo de naipes,* proyecto quimérico.

Nairobi, cap. de Kenia, en el S. del país ; 750 000 h. Arzobispado.

naja f. Género de serpientes venenosas al que pertenecen la cobra y el áspid. || *Fam. Salir de naja,* largarse, irse, marcharse.

najarse v. pr. Pop. Irse.

Najasa, mun. de Cuba (Camagüey).

Nájera, c. al NE. de España (La Rioja).

Nakhichevan o **Najichevan,** c. y república autónoma en el SO. de la U. R. S. S., dependiente de Azerbaidján.

Nakuru, c. de Kenia, al sur del lago del mismo nombre.

Nalchik, c. de la U. R. S. S. (Rusia).

Nalé Roxlo (Conrado), poeta y escritor argentino, n. en Buenos Aires (1898-1971), autor de piezas teatrales (*El pacto de Cristina, Judith y las rosas*), de poesías (*El grillo*) y de relatos (*Cuentos de Chamico*).

nalga f. Cada una de las dos partes carnosas y posteriores del muslo que constituyen el trasero.

Nalón, río del norte de España (Asturias).

Nam Dinh, c. en el norte del Vietnam y al SE. de Hanoi.

Namangan, c. en el SO. de la U. R. S. S. (Uzbekistán). Tejidos.

Namangoza o **Paute,** río del Ecuador que nace en Azuay y, al confluir con el Upano y el Zamora, toma el nombre de *Santiago.*

Namibia o **África del Sudoeste,** territorio del África austral, a orillas del Atlántico ; 825 000 km² ; 1 300 000 h. ; cap. *Windhoek.* Minas.

Namiquipa, mun. en el norte de México (Chihuahua).

Namora (Fernando), novelista y poeta portugués, n. en 1919.

Nampula, c. del NE. de Mozambique.

Namur, c. del S. de Bélgica, cap. de la prov. homónima, en la confluencia del Mosa y el Sambre. Obispado.

nana f. *Fam.* Abuela. | Canción de cuna. | Nodriza. || *Amer.* Pupa. || *Fam. En el año de la nana,* en tiempos de Maricastaña, hace mucho tiempo.

¡ nanay ! interj. *Fam.* ¡ Naranjas !

Nancagua, c. del centro de Chile en la VI Región (Libertador General Bernardo O'Higgins) y en la prov. de Colchagua, cap. de la com. de su n.

Nancy, c. del NE. de Francia, cap. del dep. de Meurthe-et-Moselle. Obispado. Universidad. Industrias.

Nanchampapetl, cerro montañoso del este de México, en el Estado de Veracruz ; 4 090 m.

Nanchang, c. del SE. de China, cap. de la prov. de Kiangsi.

Nanchong o **Nanchung,** c. en el centro de China (Sechuán).

Nanda Devi, cima del Himalaya en la India ; 7 816 m.

Nandaime, c. en el SO. de Nicaragua (Granada).

Nandino (Elías), poeta mexicano, n. en 1900, autor de *Sonetos, Nocturno amor, Nocturna palabra, Eternidad del polvo, Sonetos 1937-1939,* etc.

Nanga Parbat, cima del Himalaya (Cachemira) ; 8 120 m.

Nankin, Nanking o **Nanquin,** c. de China Central, cap. de Kiangsú.

Puerto fluvial en el Yang-tse Kiang. Arzobispado. Universidad. Comercio.

Nanning, c. del SE. de China, cap. de la prov. de Kuangsí.

Nanquin. V. NANKÍN.

Nansen (Fridtjof), explorador polar y naturalista noruego (1861-1930). [Pr. Nobel de la Paz, 1922.]

Nanterre, c. de Francia, al O. de París, cap. del dep. de Hauts-de-Seine. Obispado. Universidad.

Nantes [*nant*], c. del NO. de Francia, cap. del dep. del Loire-Atlantique. Obispado. Universidad. Puerto fluvial.

Nantong o **Nantung,** c. en el E. de China (Kiangsú).

nao f. Nave, barco.

Nao (CABO DE LA), cabo del SE. de España (Alicante).

napa f. Piel de oveja o cabra curtida.

napalm m. Gasolina gelificada con palmitato de sodio o de aluminio, utilizada para cargar las bombas incendiarias : *bomba de napalm.*

napense adj. y s. De Napo (Ecuador).

napias f. pl. *Fam.* Narices.

Napier (Juan). V. NEPER.

Naplusa, c. del NO. de Jordania.

Napo, río del Ecuador y Perú, afl. del Amazonas ; 1 020 km. — Prov. en el E. del Ecuador ; cap. *Tena.* Petróleo. || ~ Pastaza, ant. prov. del Ecuador, dividida en 1959 en las de *Napo* y *Pastaza.*

napoleón m. Antigua moneda de oro francesa.

Napoleón — **I** [BONAPARTE], emperador de los franceses, n. en Ajaccio (Córcega) [1769-1821]. Se distinguió primero en el sitio de Toulon (1793), en Italia (1796) y en Egipto (1798), hasta que derribó al Directorio (18·Brumario). Nombrado primer cónsul en 1799, en 1804 el Senado le confirió la dignidad imperial. Restableció la paz interior, reorganizó la justicia y fortaleció la administración centralista. Tras una serie de brillantes victorias en los campos de batalla de Europa (Austerlitz, Jena, Eylau, Friedland y Wagram), su estrella palideció como consecuencia de su intervención en España (1808) y en Rusia (1812). Las naciones europeas coaligadas contra el Imperio obligaron a Napoleón a abdicar en Fontainebleau y a retirarse a la isla de Elba (1814). Evadido diez meses después de aquella isla, volvió a París, gobernó durante los llamados *Cien Días,* hasta ser definitivamente vencido

napoleónico, ca adj. Relativo a Napoleón : *imperio napoleónico.*

Nápoles, c. y puerto del SO. de Italia (Campania), cap. de la prov. homónima, al pie del Vesubio y a orillas del golfo de Nápoles. Arzobispado. Universidad. Industrias.

Nápoles (REINO DE), ant. Estado del S. de Italia llamado también, junto con la isla de Sicilia, *reino de las Dos Sicilias.*

Nápoles Fajardo (Juan Cristóbal), poeta cubano (1829-1862). Popularizó las décimas guajiras. Usó el seudónimo *El Cucalambé.*

napolitano, na adj. y s. De Nápoles (Italia).

Nara, c. del Japón en el S. de la isla de Honshu.

Naranco (SIERRA DEL), macizo montañoso del N. de España (Asturias), parte central de los Picos de Europa.

naranja f. Fruto del naranjo : *la naranja de Valencia.* || — *Naranja mandarina o tangerina,* la aplastada y pequeña. | *Fig. y fam. Media naranja,* la esposa. || *Pop. ¡ Naranjas !* o *¡ naranjas de la China !,* ¡ ni hablar !, ¡ nada de eso ! || — Adj. inv. y s. m. Anaranjado (color).

naranjado, da adj. De color anaranjado. || — F. Zumo de naranja con agua y azúcar.

naranjal m. Sitio plantado de naranjos.

Naranjal, río y cantón en el centro oeste de Ecuador (Guayas).

naranjero, ra adj. y s. Del naranjo.

naranjilla f. *Amer.* Fruto del naranjillo.

naranjillo m. *Amér. C.* y *Méx.* Nombre de algunas plantas ulmáceas, solanáceas y rannáceas.

Naranjito, cantón al oeste de Ecuador (Guayas). — Mun. al O. de Honduras (Santa Bárbara). — Mun. del norte de Puerto Rico (Bayamón). Central hidroeléctrica.

naranjo m. Árbol rutáceo cuyo fruto esférico y azucarado es la naranja. ‖ Madera de este árbol.

Naranjo, ant. centro de civilización maya en El Petén, al norte de Guatemala. — Cantón al norte de Costa Rica (Alajuela). Café.

Narayanganj, c. y puerto del Bangladesh. Centro industrial.

Narbada, río de la India en la frontera del Indostán y Decán ; 1 230 km.

Narbona, c. del S. de Francia (Aude).

narbonense y **narbonés, esa** adj. y s. De Narbona (Francia).

Narbonense, parte de la Galia Meridional en tiempos de los romanos ; cap. *Narbona.*

narcisismo m. Amor excesivo y patológico de sí mismo o de lo hecho por uno : *es un caso de narcisismo literario.*

narcisista adj. Relativo al narcisismo. ‖ — Com. *Fig.* Narciso.

narciso m. Planta amarilidácea ornamental, de flores blancas o amarillas con corona dorada. ‖ Su flor. ‖ *Fig.* Hombre enamorado de sí mismo y que cuida excesivamente su persona.

Narciso, personaje legendario de gran belleza. Se enamoró de su propia imagen al mirarse en las aguas de una fuente, donde se precipitó. *(Mit.)*

Narciso (San), obispo y mártir español, m. en 307. Patrón de Gerona. Fiesta el 18 de marzo.

narcoanálisis m. Procedimiento de investigación del subconsciente de una persona mediante la inyección de un narcótico.

narcosis f. Sueño producido por un narcótico.

narcoterapia f. Terapia valiéndose de un estado de somnolencia.

narcótico, ca adj. *Med.* Dícese de la droga que produce sueño, como el opio, la belladona, los barbitúricos, etc. (ú. t. c. s. m.).

narcotina f. Alcaloide, extraído del opio, de acción sedativa.

narcotismo m. Estado de adormecimiento que procede del uso de los narcóticos. ‖ *Med.* Conjunto de efectos causados en el organismo por los narcóticos.

narcotización f. Adormecimiento mediante la administración de narcóticos.

narcotizador, ra adj. Que narcotiza.

narcotizante adj. Que narcotiza (ú. t. c. s. m.).

narcotizar v. t. Adormecer por medio de un narcótico. ‖ Producir narcotismo.

narcotraficante com. *Amer.* Traficante de drogas.

nardo m. Planta liliácea de flores blancas aromáticas, dispuestas en espiga. ‖ Su flor.

Narew, río de Polonia y la U. R. S. S., afl. del Bug ; 480 km.

Naricual, pobl. al norte de Venezuela (Anzoátegui).

narigón, ona adj. y s. Narigudo. ‖ — M. Nariz grande.

narigudo, da adj. De narices muy grandes (ú. t. c. s.). ‖ De figura de nariz.

nariñense adj. y s. Del departamento de Nariño (Colombia).

Nariño, dep. del SO. de Colombia ; cap. *Pasto.* Minas.

Nariño (Antonio), patriota colombiano, n. en Bogotá (1765-1823), precursor de la independencia de su país. Pres. de Cundinamarca en 1811, derrotó a los federales y los realistas. Bolívar le nombró vicepresidente interino de Colombia en 1822.

nariz f. Órgano saliente de la cara, entre la frente y la boca, con dos orificios que comunican con la membrana pituitaria y el aparato de la respiración (ú. t. en pl.). ‖ Cada uno de los orificios o ventanas de la nariz. ‖ *Fig.* Sentido del olfato. ‖ Perspicacia. ‖ Olor, aroma de un vino. ‖ Extremidad aguda de algunas cosas. ‖ Cuello del alambique o de la retorta. ‖ — *Fig. Dar en la nariz,* sospechar. ‖ *Dar en las narices,* deslumbrar a los demás con algo extraordinario. ‖ *Darse de narices, tropezar ; caerse.* ‖ *De narices,* formidable ; tremendo, enorme ; muy grande ; mucho. ‖ *Dejar a uno con un palmo de narices, dejar a uno burlado.* ‖ *Estar hasta las narices,* estar harto. ‖ *Hinchársele a uno las narices,* enfadarse. ‖ *Meter las narices en todo,* curiosear, entrometerse. ‖ *¡ Narices !,* ¡ nada !, ¡ no !, ¡ ni hablar ! ‖ *Nariz aguileña,* la afilada y algo corva. ‖ *Nariz respingona,* la con la punta dirigida hacia arriba. ‖ *Fig. y fam. No ver más allá de sus narices,* no ver más lejos de lo que se tiene delante, ser poco perspicaz. ‖ *¡ Qué narices !, ¡ qué diablo !* ‖ *Romper las narices,* romper la cara. ‖ *Romperse las narices,* caerse.

narizota f. *Fam.* Nariz grande. ‖ — M. *Fam.* Hombre con mucha nariz.

Narón, mun. al noroeste de España (Coruña).

narrable adj. Que puede ser narrado.

narración f. Relato.

narrador, ra adj. y s. Que narra.

narrar v. t. Relatar, referir, contar.

narrativo, va adj. Relativo a la narración : *género, estilo narrativo.* ‖ — F. Habilidad para narrar. ‖ Género literario que abarca el cuento y la novela.

Narva, c. y puerto en el NO. de la U. R. S. S. (Estonia). Catedral.

Narváez (Francisco), pintor y escultor venezolano, n. en 1908. ‖ ~ (PÁNFILO DE), conquistador español, n. en Valladolid (¿ 1480 ?-1528). Intervino en la conquista de Cuba y, enfrentado con H. Cortés, fue derrotado por éste en Cempoala (1520). Exploró la Florida y el Misisipí (1528). ‖ ~ (RAMÓN MARÍA DE), general español, n. en Loja (Granada) [1800-1868]. Promotor de la caída de Espartero, fue seis veces jefe del Gobierno entre 1844 y 1866.

narval m. Cetáceo de los mares árticos.

Narvik, c. y puerto del norte de Noruega. Combates entre fuerzas aliadas y alemanas en 1940.

nasa f. Arte de pesca consistente en una manga de red. ‖ Cesta en que echan los pescadores los peces.

N. A. S. A. (siglas de *National Aeronautics and Space Administration*), organismo de los Estados Unidos, creado en 1958, encargado de dirigir y coordinar las investigaciones y los trabajos aeronáuticos y espaciales.

nasal adj. Relativo a la nariz : *huesos nasales.* ‖ *Gram.* Dícese del sonido modificado por la vibración del aire en las narices (ú. t. c. s. f.).

nasalidad f. Calidad de nasal.

nasalización f. Pronunciación nasal de un sonido.

nasalizar v. t. Hacer nasal, pronunciar de esta manera un sonido.

Nasca, c. del S. del Perú, cap. de la prov. homónima (Ica). Restos preincaicos.

Nash (Thomas), escritor y dramaturgo inglés (¿ 1567-1601 ?).

Nashville [*nachvil*], c. en el centro sudeste de los Estados Unidos, cap. del Estado de Tennessee. Obispado.

Nasik, c. en el O. de la India (Maharashtra).

Nassau, c. y puerto de las islas Bahamas, cap. de este archipiélago ; 140 000 h. Obispado. Turismo.

Nassau, familia establecida en Renania en el s. XII, una de cuyas ramas (*Orange*) se distinguió en el gobierno de las Provincias Unidas. A ella pertenecía GUILLERMO I DE NASSAU, príncipe de Orange, llamado el *Taciturno* (1533-1584), estatúder en 1559. Luchó para independizar los Países Bajos de España. M. asesinado. — Su hijo MAURICIO le sucedió como estatúder. V. MAURICIO DE NASSAU. — Su hijo FEDERICO ENRIQUE (1584-1647) fue estatúder desde 1625 y combatió a los españoles durante la guerra de Treinta Años. — Su nieto GUILLERMO II, príncipe de Orange, hijo y sucesor del anterior (1626-1650), estatúder en 1647, hizo reconocer la independencia de las Provincias Unidas en el Tratado de Westfalia. ‖ ~ (GUILLERMO III DE). V. GUILLERMO III (rey de Inglaterra).

Nasser (Gamal Abdel), coronel egipcio (1918-1970). Intervino en la revolución de 1952 y, al ser derrocado Naguib (1954), ocupó el poder (1956). Nacionalizó el canal de Suez.

Nasser (LAGO), gran embalse de agua que se ha formado en el río Nilo después de haberse construido la presa de Asuán (Egipto y Sudán).

nata f. Materia grasa de la leche con que se hace la mantequilla. ‖ Nata de leche batida con azúcar. ‖ *Fig.* Lo principal : *la nata de la sociedad.* ‖ *Amer.* Escoria de la copelación. ‖ — Pl. Natillas.

Nata, pobl. en el centro de Panamá (Coclé).

natación f. Acción de nadar considerada como ejercicio.

Natagaima, mun. de Colombia (Tolima).

natal adj. Del nacimiento.

Natal, c. y puerto del E. del Brasil, cap. del Estado de Rio Grande do Norte. Arzobispado. Base naval. — Prov. del SE. de la Rep. de África del Sur ; cap. *Pietermaritzburgo.*

Natales, com. al sur de Chile en la XII Región (Magallanes) y en la prov. de Última Esperanza ; cap. *Puerto Natales.*

natalicio m. Nacimiento. ‖ Cumpleaños.

Natalicio Talavera, pobl. en el sur del centro del Paraguay (Guairá).

natalidad f. Relación entre el número de nacimientos y el de habitantes de una región o país en un momento determinado.

Natanya, c. y puerto al oeste de Israel, a orillas del Mediterráneo.

Natchez, antigua tribu de indios en el Misisipí (Estados Unidos).

natillas f. pl. Dulce de huevo, leche y azúcar.

National Gallery (*Galería Nacional*), museo de pinturas en Londres.

natividad f. Fiesta que conmemora el nacimiento de Jesucristo, de la Virgen María o de San Juan Bautista. ‖ Navidad.

Natividad, isla en el O. de México (Baja California).

nativismo m. *Amer.* Indigenismo.

nativista adj. *Amer.* Relativo al nativismo. ‖ *Amer.* Indigenista (ú. t. c. s.).

Nativitas, mun. de México, al oeste del Estado de este nombre (Tlaxcala).

nativo, va adj. Natural, en estado puro : *plata nativa.* ‖ Natal : *país nativo.* ‖ De origen : *profesor nativo ; lengua nativa.* ‖ Innato, natural, propio : *cualidades nativas.* — M. y f. Indígena, natural de un país. ‖ *Nativo de,* natural de, nacido en.

nato, ta adj. Que va anejo a un cargo o persona : *presidente nato de una junta.* ‖ *Fig.* De nacimiento : *español nato.*

N. A. T. O. Véase PACTO DEL ATLÁNTICO NORTE.

natura f. Naturaleza. ‖ — *A (o de) natura,* naturalmente. ‖ *Contra natura,* contra el orden natural.

natural adj. Conforme al orden de la naturaleza : *ley natural.* ‖ Que aparece en la naturaleza : *gas natural.* Fresco : *fruta natural.* ‖ Que se trae al nacer : *simpatía natural.* ‖ Inherente, propio : *el escándalo es natural en él.* ‖ Instintivo : *repulsa natural.* ‖ Conforme con la razón o el uso : *es natural pagar a quien trabaja.* ‖ No está cohibido : *estuvo muy natural.* ‖ Que carece de afectación, sencillo : *modales naturales.* ‖ Nativo : *natural de Málaga.* ‖ Nacido fuera del matrimonio, ilegítimo : *hijo natural.* ‖ — *Ciencias naturales,* las derivadas del estudio de la naturaleza (física, química, geología). ‖ *Historia natural,* ciencia que describe y clasifica los seres vivos. ‖ *Muerte natural,* la que no es debida a accidente. ‖ — M. Cosa que se toma por modelo en pintura o escultura : *tomado del natural.* ‖ Índole, carácter, condición : *su carácter agresivo.* ‖ *Taurom.* Pase de muleta dado con la mano izquierda y sin ayuda del estoque (ú. t. c. adj.). ‖ — Pl. Habitantes originarios de un país. ‖ — Adv. Naturalmente.

naturaleza f. Esencia y propiedad de cada ser : *naturaleza divina, humana.* ‖ Mundo físico : *las maravillas de la naturaleza.* ‖ Orden y conjunto de todos los elementos del Universo : *la naturaleza de las aves es volar.* ‖ Clase : *objetos de diferente naturaleza.* ‖ Índole, carácter, condición : *ser de naturaleza fría.* ‖ Complexión del cuerpo. ‖ Privilegio que concede un soberano a un extranjero para que

goce de los mismos derechos que los nacionales : *carta de naturaleza*. || *Naturaleza muerta*, bodegón.

naturalidad f. Calidad natural. || Ausencia de afectación, sencillez : *comportarse con naturalidad*. || Conformidad de las cosas con las leyes naturales. || Derecho inherente a las naturales de una nación.

naturalismo m. Sistema de los que atribuyen todo a la naturaleza como primer principio. || Escuela literaria de fines del s. XIX, opuesta al romanticismo : *Zola fue el creador del naturalismo y en España lo dio a conocer Emilia Pardo Bazán.*

naturalista adj. Relativo al naturalismo : *escritor, naturalista.* — Com. Persona que estudia la historia natural. || Escritor adepto al naturalismo.

naturalización f. Acción y efecto de naturalizar o naturalizarse.

naturalizar v. t. Dar a un extranjero los derechos de ciudadanía en una nación que no es la suya. Ú. t. c. pr. : *naturalizarse español.* || Aclimatar animales o vegetales. || Introducir en una lengua voces extranjeras. || Introducir y hacer que arraiguen en un país las costumbres o usos de otro.

naturalmente adv. Probablemente. || De un modo natural. || Por naturaleza. || Con naturalidad. || Fácilmente.

naturismo m. Doctrina higiénica y deportiva que propugna la vida al aire libre. || Desnudismo.

naturista adj. Del naturismo : *revista naturista.* — M. y f. Partidario del naturismo, que lo practica. || Desnudista.

Naucalpan, mun. de México, en el Est. de este n. || **de Juárez,** pobl. de México, en el Est. de este nombre.

Naucampatépetl. V. COFRE DE PEROTE.

naufragar v. i. Hundirse una embarcación o las personas que van en ella. || *Fig.* Fracasar.

naufragio m. Hundimiento de un barco. || *Fig.* Fracaso.

náufrago, ga adj. Dícese del barco o de las personas que han padecido naufragio (ú. t. c. s.).

Naumburgo, c. de Alemania Oriental, a orillas del Saale. Catedral.

Naupacto, ant. c. y puerto de Grecia, en el istmo de Corinto, hoy *Lepanto.*

Nauplia, c. de Grecia en el Peloponeso (Argólida). Turismo.

Nauru, atolón de Polinesia, al S. de las islas Marshall ; 21 km² ; 9 000 h. Forma un Estado independiente desde 1968. Fosfatos.

náusea f. Ansia, ganas de vomitar. || — Pl. *Fig.* Repugnancia grande. ·

nauseabundo, da adj. Que produce náuseas : *hedor nauseabundo.*

Nausicaa, hija de Alcinoo que acogió a Ulises tras su naufragio.

nauta m. Hombre de mar.

Nauta, c. en el N. del Perú, cap. de la prov. de Loreto.

náutica f. Ciencia de navegar.

náutico, ca adj. Relativo a la navegación : *arte náutico.*

Nautla, río y mun. al este de México (Veracruz).

Nava del Rey, c. de España (Valladolid).

Navacerrada, puerto de la sierra de Guadarrama, al N. de Madrid (España).

navaja f. Cuchillo cuya hoja articulada en el mango se guarda entre dos cachas. || Molusco lamelibranquio comestible. || Colmillo de los jabalíes. || *Navaja de afeitar,* la de filo agudísimo que sirve para afeitar.

navajada f. o **navajazo** m. Cuchillada con la navaja. || Herida que produce.

navajero, ra m. y f. Persona que usa como arma agresora la navaja.

navajo adj. Dícese de un indígena norteamericano de Nuevo México y Arizona (ú. t. c. s.).

naval adj. Relativo a las naves y a la navegación, especialmente a la de guerra : *agregado, arquitecto, ingeniero naval ; táctica, combate naval.* || *Escuela naval,* la de formación de los oficiales de la marina militar.

Navalcarnero, v. en el centro de España (Madrid).

Navalmoral de la Mata, v. al oeste de España (Cáceres). Agricultura.

Navarino o **Pilos,** c. y puerto de Grecia en la costa occidental del Peloponeso (Mesenia).

Navarra, antiguo reino del norte de España, que se extendía a ambos lados de los Pirineos. Perteneció desde el s. IX a los reyes de Aragón hasta 1134, año en que fue regido por príncipes franceses. Fernando el Católico incorporó, en 1512, a su corona la parte situada en la península ibérica. Formó contemporáneamente una provincia del Estado español, cap. *Pamplona.* En 1982, se constituyó en Comunidad Autónoma, con la denominación de *Comunidad Foral de Navarra,* reintegrándose así a su tradicional régimen foral. Su territorio está formado por las merindades históricas de Pamplona, Estella, Tudela, Sangüesa y Olite. La capital se establece igualmente en Pamplona, sede de un arzobispado y de una Universidad Libre.

Navarrete. V. FERNÁNDEZ DE NAVARRETE.

navarro, rra adj. y s. De Navarra (España).

Navarro (Gustavo A.). V. MAROFF (Tristán). || ~ (JUAN NEPOMUCENO), novelista y político colombiano (1834-1890). || ~ **Luna** (MANUEL), escritor cubano (1894-1972), autor de obras en prosa y de poesías. || ~ **Tomás** (TOMÁS), filólogo español (1884-1979), notable fonetista (*Manual de pronunciación española*). || ~ **Villoslada** (FRANCISCO), escritor español (1818-1895), autor de la novela *Amaya o los vascos en el siglo VIII.*

navarroaragonés, esa adj. Relativo a Navarra y Aragón (España). || Nativo de este lugar (ú. t. c. s.).

Navas, ~ **de la Concepción (Las),** v. del sur de España (Sevilla). || ~ **de San Juan,** v. del sur de España (Jaén). || ~ **de Tolosa,** pobl. del sur de España (Jaén). Derrota de los almohades por los reyes de Castilla, Aragón y Navarra (1212). || ~ **del Marqués (Las),** v. del centro de España (Ávila).

nave f. Barco, embarcación : *nave mercante, de guerra.* || *Arq.* Parte de una iglesia comprendida entre dos muros o dos filas de arcadas. || Sala muy grande y ampliamente ventilada : *la nave de una fábrica.* || — *Nave espacial,* astronave. || *Fig. Quemar las naves,* tomar una determinación extrema y decisiva.

navegabilidad f. Calidad de navegable. || Aptitud de un barco para navegar.

navegable adj. Aplícase al río, lago, etc., donde pueden circular barcos.

navegación f. Viaje en una nave : *navegación marítima, fluvial, aérea.* || Arte del navegante. || — *Navegación costera o de cabotaje,* la que se efectúa sin alejarse de la costa. || *Navegación de altura,* la de alta mar.

navegante adj. Que navega : *personal navegante.* || — Com. Persona que navega : *los navegantes genoveses.* ·

navegar v. i. Viajar en una nave por el mar, los lagos, los ríos o los aires. || Hacer seguir a una nave o a un avión una ruta determinada. || *Fig.* Andar de una parte a otra, transitar, trajinar.

navel adj. Aplícase a una naranja sin pepitas y con un ombligo grande.

naveta f. Nave pequeña. || Vaso para guardar incienso. || Gaveta, cajón. || Cada uno de los monumentos funerarios, en forma de nave, que se encuentran en la isla de Menorca.

Navia, río del NO. de España que desemboca en el Cantábrico. — C. y puerto del N. de España (Asturias).

navidad f. Nacimiento de Jesucristo y día en que se celebra (25 de diciembre). || Época de esta fiesta, que llega hasta el día de Reyes (6 de enero) [ú. más en pl.].

Navidad, c. del centro de Chile en la VI Región (Libertador General Bernardo O'Higgins) y en la prov. Cardenal Caro, cap. de la com. de su n.

Navidad (Fuerte de), fortificación construida por Colón en Haití con los restos de la carabela *Santa María.* Destruida por los indígenas (1493).

navideño, ña adj. Relativo a la Navidad : *fiestas navideñas.*

naviero, ra adj. Relativo a las naves o a la navegación : *compañía, empresa*

naviera. || — M. Propietario de uno o más barcos, armador. || — F. Compañía de navegación.

navío m. Barco o buque grande : *navío de guerra, mercante.*

Navojoa, c. de México (Sonora).

Naxos, isla griega del mar Egeo, la mayor de las Cícladas ; c. pr. *Naxos.*

náyade f. *Mit.* Divinidad femenina que presidía los ríos y fuentes.

Nayaf (al-), c. de Irak, al suroeste de Bagdad.

Nayar, mun. al oeste de México (Nayarit).

Nayarit, Estado del O. de México, entre el Pacífico y la *sierra de Nayarit* ; cap. *Tepic.* Agricultura. Minería (oro, cobre, plomo, sal). Restos de una cultura prehispánica (cerámicas).

nayarita y **nayaritense** adj. y s. De Nayarit (México).

Nazaré, pobl. del este del Brasil (Bahía). — C. y puerto en el E. del centro de Portugal (Leiria).

nazareno, na adj. y s. De Nazaret. || Dícese de aquel entre los hebreos que se consagraba al culto de Dios. || — M. Penitente en las procesiones de Semana Santa. || Árbol ramnáceo americano usado en tintorería. || *El Nazareno,* Jesucristo. || — F. Espuela de rodaja grande de los gauchos.

Nazaret, c. de Palestina, en Galilea (Estado de Israel). En esta ciudad vivió Jesús.

nazarita o **nazari** adj. Dícese de una dinastía musulmana que reinó en Granada del s. XIII al XV (t. c. s.) [El último soberano *nazarita* fue, en 1492, Mohamed XI Abul Abás, llamado por los cristianos *Boabdil.*]

Nazas, río y mun. en el centro oeste de México (Durango). Embalse Lázaro Cárdenas.

Nazca. V. NASCA.

nazi adj. y s. Nacionalsocialista.

nazismo m. Nacionalsocialismo.

Nazoa (Aquiles), poeta y autor de relatos venezolano (1920-1976).

n. b., abrev. de *Nota Bene.*

Nb, símbolo químico del *niobio.*

Nd, símbolo químico del *neodimio.*

N'Djamena, ant. *Fort Lamy,* c. al sudeste del Chad, a orillas del río Chari, cap. del país ; 180 000 h. Universidad. Industrias. Comercio.

Ne, símbolo químico del *neón.*

Heagh (LAGO), lago del NE. de Irlanda (Ulster) ; 396 km².

Neanderthal, valle del E. de Dusseldorf (Alemania Occidental), donde fueron hallados restos humanos fósiles del paleolítico medio.

Neápolis. V. KAVALLA.

Nebaj, mun. al noroeste de Guatemala (Quiché).

neblina f. Niebla espesa y baja.

Nebraska, uno de los Estados Unidos de Norteamérica, en el NO. del centro ; cap. *Lincoln.* Petróleo.

Nebrija (Antonio MARTÍNEZ DE CALA Y JARAVA, llamado **Elio Antonio de**), humanista y gramático español, n. en Lebrija (Sevilla) [1441-1522]. Fue profesor en las universidades de Salamanca y Alcalá, y publicó la primera *Gramática castellana* (1492).

nebulosidad f. Proporción de nubes en el cielo, nubosidad. || *Fig.* Falta de claridad.

nebuloso, sa adj. Oscurecido por las nubes o la niebla : *cielo, día nebuloso.* || *Fig.* Sombrío. || Difícil de comprender : *doctrina nebulosa.* || Falto de claridad. || — F. Materia cósmica que aparece en el firmamento como una nube difusa y luminosa.

necedad f. Calidad de necio. || Tontería, acción o palabra necia.

necesario, ria adj. Indispensable, que hace absolutamente falta : *el aire es necesario a la vida.* || Que sucede o ha de suceder inevitablemente : *la consecuencia necesaria de un principio.* || Que no puede dejar de ser : *verdad necesaria.*

neceser m. Estuche o maletín con varios objetos útiles para un fin determinado : *neceser de viaje.*

necesidad f. Calidad de necesario. || Lo que no puede evitarse : *necesidad ineludible.* || Fuerza, obligación : *necesidad de trabajar para vivir.* || Pobreza, carencia : *estar en la necesidad.* || Falta de alimento. || — Pl. Evacuación del vientre o de la orina.

necesitado, da adj. y s. Pobre, que carece de lo necesario.

necesitar v. t. e i. Tener necesidad de una persona o cosa.

necio, cia adj. y s. Ignorante. || Tonto.

Neckar, río de Alemania Occidental, que pasa por Tubinga, Stuttgart y Heidelberg y se une al Rin en Mannheim ; 371 km.

Necochea, c. de Argentina (Buenos Aires). Industrias. Turismo.

Necochea (Mariano), general argentino (1792-1849). Participó en las batallas de Chacabuco, Maipo y Junín.

nécora f. Cangrejo de mar.

necrófago, ga adj. Que se alimenta de cadáveres (ú. t. c. s.).

necrofilia f. Inclinación por la muerte.

necrología f. Escrito o discurso consagrado a un difunto. || Notificación de las muertes en una sección de un periódico.

necrológico, ca adj. Relativo a la necrología : *nota necrológica.*

necrópolis f. Subterráneo donde los antiguos enterraban a los muertos. || Cementerio.

necrosis f. *Med.* Muerte o gangrena de un tejido o célula.

néctar m. Bebida de los dioses mitológicos. || *Fig.* Licor delicioso, exquisito. || Líquido azucarado segregado por las flores.

nectarina f. Híbrido de melocotón.

necuazcual m. Especie de hormiga de México.

Nederland, nombre neerlandés de los Países Bajos (Holanda).

Nedjd, Nedjed o **Neyed,** emirato de Arabia Saudita, meseta montañosa de 1 800 m ; cap. *Er-Riad.*

Nee (Luis), botánico y explorador español del s. XVIII, de origen francés. Acompañó a Malaspina en su expedición científica a América (1789).

neerlandés, esa adj. y s. Holandés. || — M. Lengua germánica hablada en Holanda y el norte de Bélgica.

nefando, da adj. Indigno, execrable.

nefasto, ta adj. Triste, funesto.

Nefertiti, reina de Egipto (s. XIV de J. C.), esposa de Amenofis IV.

nefrectomía f. Ablación quirúrgica de un riñón.

nefrítico, ca adj. Relativo a los riñones : *un absceso nefrítico.* || Que padece nefritis (ú. t. c. s.).

nefritis f. *Med.* Inflamación de los riñones.

nefrología f. Parte de la medicina que estudia la fisiología y las enfermedades del riñón.

nefrólogo, ga adj. y s. Especialista en nefrología.

Neftedag, región petrolífera al SO. de la U. R. S. S. (Turkmenistán), y a orillas del Caspio.

negación f. Acción y efecto de negar. || Carencia o falta total de una cosa : *es la negación del arte.* || Partícula o voz que sirve para negar, como *no, ni.*

negado, da adj. y s. Incapaz o inepto para una cosa.

negar v. t. Decir que una cosa no es cierta, desmentir : *negar un hecho.* || Dejar de reconocer una cosa, no admitir su existencia : *negar a Dios.* || Denegar : *negar una gracia.* || Prohibir, vedar : *negar un permiso.* || No confesar una falta, un delito : *negar ante el juez.* || — V. pr. Rehusar a hacer una cosa : *negarse a comer.*

negatividad f. Condición de negativo.

negativo, va adj. Que incluye o supone negación o contradicción : *contestación negativa.* || *Mat.* Cantidad negativa, la precedida con el signo menos (—). || *Electricidad negativa,* una de las dos formas de electricidad estática. || *Prueba negativa,* cliché fotográfico en el que los blancos y negros están invertidos. || — M. Cliché fotográfico. || — F. Respuesta negativa.

negatón m. *Fís.* Electrón negativo.

negligé m. (pal. fr.) Prenda de vestir usada por las mujeres en casa.

negligencia f. Abandono, descuido.

negligente adj. y s. Descuidado.

negociable adj. Que se puede negociar : *giro negociable.*

negociación f. Acción y efecto de negociar. || Discusión de las cláusulas

de un eventual contrato o acuerdo de un tratado de paz.

negociado m. Cada una de las dependencias en que se divide una oficina : *jefe de negociado.* || *Amer.* Negocio ilícito.

negociador, ra adj. y s. Que negocia : *los negociadores de la paz.*

negociante com. Persona que negocia o que se dedica a los negocios : *negociante en vinos.* || Persona interesada, que tiene afán de lucro.

negociar v. i. Dedicarse a negocios, comerciar : *negociar en granos, en harina, en valores.* || — V. tr. Tratar dos o más personas para la resolución de un asunto. || *Tratar* de resolver asuntos internacionales : *negociar dos gobiernos la paz.* || Efectuar una operación con un valor bancario o de Bolsa. || Descontar una letra. || Gestionar, tramitar.

negocio m. Establecimiento comercial : *tiene un buen negocio.* || Cualquier cosa de la que se saca ganancia o ventaja : *has hecho un buen negocio.* || Cualquier ocupación, trabajo o empleo, asunto : *no es negocio mío.* || — *Fig.* Bonito negocio, se emplea irónicamente para indicar que se ha sacado poca utilidad de una ocasión. | *Negocio redondo,* el que es muy ventajoso. | *Negocio sucio,* no legal.

negrada f. *Amer.* Multitud, muchedumbre de negros.

negrear v. i. Ponerse negro. || Tirar a negro. || Oscurecer.

Negreira, v. al noroeste de España (Coruña).

negrero, ra adj. y s. Que se dedicaba a la trata de negros : *barco negrero.* || *Fig.* Cruel, inhumano, duro con sus subordinados. | Explotador.

Negret (Edgar), escultor abstracto colombiano, n. en 1920.

Negrete, c. del centro de Chile en la prov. y en la VIII Región de Biobío, cap. de la com. de su n.

Negri Sembilan, Estado de la Federación de Malaysia, al SE. de la pen. de Malaca ; cap. *Seremban.*

negrilla f. *Impr.* Letra más gruesa y entintada que la usual.

Negrín (Juan), médico y político español (1887-1956), último jefe del Gobierno republicano durante la guerra civil (1936-1939).

negrita f. Negrilla.

negritud f. Condición de las personas de raza negra. || Conjunto de valores culturales de los pueblos negros y defensa de éstos : *enaltecer la negritud.* || Carácter negro, oscuro.

negro, gra adj. De color totalmente oscuro : *cabellos negros.* || Oscuro, sombrío : *cielo negro.* || Bronceado, moreno : *se puso negro en la playa.* || *Fig.* Magullado, lívido : *le puso negro a palos.* | Triste, melancólico : *negro de pena.* | Furioso, indignado : *estar negro de ira.* | Apurado : *verse negro para resolver un problema.* | Desgraciado, infeliz : *tener una suerte negra.* | Borracho, ebrio : *todos en la taberna se pusieron negros.* | Trabajo negro, el que se efectúa clandestinamente al modo que no se ve gravado con impuestos. || — Adj. y s. Dícese del individuo perteneciente a la raza negra : *un negro de África ; una mujer negra.* || — M. Color negro : *un negro intenso.* | Bronceado : *el negro de la playa.* | *Negro espiritual,* canto religioso popular de los negros de Estados Unidos. || — M. y f. Persona que trabaja anónimamente en beneficio de otra : *sus novelas las escribe un negro.* || — F. *Mús.* Nota equivalente a un cuarto de la redonda y que se representa por la cifra 4. || — Fam. La negra, la mala suerte : *caerle a uno la negra.* | *Pasarlas negras,* pasarlo muy mal.

Negro, río al S. de la Argentina, en Patagonia, que des. en el Atlántico ; 1 013 km. — N. de dos volcanes al NO. de la Argentina (Catamarca y Jujuy) ; 5 424 y 5 525 m. — Río del Brasil (Río Grande do Sul) que pasa por el Uruguay, donde se ha levantado la presa y la central hidroeléctrica de Rincón del Bonete o Presidente Gabriel Terra (Tacuarembó) y también las centrales de Rincón de Baygorria y de Palmar. Desemboca en

el río Uruguay ; 600 km. — Río en el S. del Brasil (Paraná y Santa Catarina), afl. del Iguazú. — Río en el NO. del Brasil que nace en Colombia y pasa por Venezuela, afl. del Amazonas ; 2 200 km. — Río fronterizo entre Nicaragua y Honduras que des. en el golfo de Fonseca. || — (MAR), mar interior del Mediterráneo que baña a Rusia, Turquía, Bulgaria y Rumania ; 435 000 km². Es el antiguo *Ponto Euxino.*

Negro (Príncipe). V. EDUARDO.

negroide adj. Propio de la raza negra o que tiene gran semejanza con ella (ú. t. c. s.).

Negroponto. V. EUBEA.

negror m. Negrura.

Negros, isla muy poblada de Filipinas (Visayas), al NO. de Mindanao ; cap. *Bacolod.* Agricultura.

negrura f. Calidad de negro.

negruzco, ca adj. Que tira a negro.

neguamel m. *Méx.* Cierta especie de maguey.

Neguev o **Negev,** desierto al sur de Israel, que se extiende también entre Egipto (Sinaí) y Jordania ; 14 000 km².

Neguib (Mohamed). V. NAGUIB.

negus m. Título que se aplicaba al emperador de Etiopía.

Nehru (Pandit Jawaharlal), político indio (1889-1964), discípulo de Gandhi. Primer ministro de la India de 1947 a 1964.

Neiba, sierra de la Rep. Dominicana y Haití, junto al lago Enriquillo. — C. en el SO. de la Rep. Dominicana, cap. de la prov. de Baoruco.

neibero, ra adj. y s. De la ciudad de Neiba (Rep. Dominicana).

Neikiang, c. de China (Sechuán).

Neira, c. en el oeste del centro de Colombia (Caldas).

Neira (Juan José), militar y patriota colombiano (1793-1840).

neis m. Gneiss.

Neisse, en polaco *Nysa,* n. de dos ríos de Polonia (*Neisse oriental* y *Neisse occidental*), afl. del Oder. El occidental forma la frontera germano-polaca.

Neiva, c. del SO. de Colombia, cap. del dep. de Huila. Centro comercial.

neivano, na adj. y s. De Neiva (Colombia).

Nejapa, v. de El Salvador (San Salvador).

Nejd. V. NEDJD.

Nelson, río del centro del Canadá ; 650 km. Central hidroeléctrica.

Nelson (Horatio), almirante inglés (1758-1805), vencedor de la escuadra hispanofrancesa en la batalla de Trafalgar. M. en el combate.

nematelmintos m. pl. Clase de gusanos de cuerpo fusiforme sin apéndices locomotores, como la lombriz intestinal (ú. t. c. adj.).

nematodo adj. m. Dícese de los gusanos nematelmintos provistos de tubo digestivo, casi todos parásitos (ú. t. c. s. m.). || — M. pl. Orden que forman.

Nemea, valle al sur de Grecia en la Argólida.

nemeo adj. De Nemea. || — Pl. *Juegos nemeos,* los que se celebraban en Nemea cada dos años.

Nemocón, mun. en el centro de Colombia (Cundinamarca).

nemoroso, sa adj. *Poét.* Relativo al bosque. | Cubierto de bosques.

nemotecnia f. Mnemotecnia.

nemotécnico, ca adj. Mnemotécnico.

Nemours, c. de Francia, al este de París (Seine-et-Marne).

Nemrod, fundador, según la Biblia, del Imperio de Babilonia.

nene, na m. y f. *Fam.* Niño pequeño.

Nenton, mun. al oeste de Guatemala (Huehuetenango). Agricultura.

nenúfar f. Planta acuática que se cultiva en los estanques. || Su flor.

neocapitalismo m. Etapa actual de la evolución del sistema capitalista en los países más avanzados, caracterizada por el predominio de grandes empresas y de sociedades divididas y por la aparición de una clase dirigente que no es propietaria del capital.

neocapitalista adj. Relativo al neocapitalismo. || Partidario del neocapitalismo (ú. t. c. s.).

neocatolicismo m. Doctrina políticorreligiosa que pretende restablecer la tradición católica en los gobiernos.

neocatólico, ca adj. y s. Partidario del neocatolicismo.

neocelandés, esa adj. y s. De Nueva Zelanda.

Neocesarea, ant. c. del Ponto (Asia Menor), hoy *Niksar.*

neoclasicismo m. Corriente literaria y artística inspirada en la Antigüedad clásica y que se desarrolló a lo largo del s. XVIII y parte del XIX.

neoclásico, ca adj. y s. Propio del neoclasicismo o su partidario : *Jovellanos, Meléndez, Valdés, Feijoo, Cadalso, I. Luzán, N. Fernández Moratín, A. Lista, N. Álvarez Cienfuegos, M. J. Quintana, Iriarte, Samaniego, V. García de la Huerta fueron escritores neoclásicos españoles.*

neocolonialismo m. Forma de colonialismo moderno cuyo objetivo es dominar económicamente a los países que han accedido a la independencia.

neocolonialista adj. Propio del neocolonialismo. ‖ Partidario del mismo (ú. t. c. s.).

neodimio m. Elemento químico de número atómico 60 (símb., Nd), metal del grupo de las tierras raras.

neoespartano, na adj. y s. De Nueva Esparta (Venezuela).

neófito, ta m. y f. Persona recién convertida a una religión. ‖ Persona que ha adoptado recientemente una opinión o partido. ‖ *Fig.* Principiante.

neógeno m. *Geol.* Período final de la era terciaria, subdividido en mioceno y plioceno.

neogongorismo m. Movimiento literario, surgido en 1927 en España con motivo del tercer centenario de Góngora, que se inspiró en este poeta. (V. GENERACIÓN *del 27.*)

neogongorista adj. Relativo al neogongorismo. ‖ Partidario de este movimiento literario (ú. t. c. s.).

neogótico, ca adj. Aplícase a un estilo arquitectónico del s. XIX que se inspiró en el gótico (ú. t. c. s.).

neogranadino, na adj. y s. De Nueva Granada, actualmente Colombia.

neoimpresionismo m. Nombre dado al último período del impresionismo pictórico, llamado también *puntillismo.*

neoimpresionista adj. Relativo al neoimpresionismo. ‖ Seguidor de él (ú. t. c. s.).

neolatino, na adj. Procedente o derivado de los latinos. ‖ Aplícase especialmente a las lenguas derivadas del latín, como el castellano, el catalán, el gallego, el francés, el portugués, el italiano, el rumano, etc.

neoleonés, esa adj. y s. Del Estado de Nueva León (México).

neoliberal adj. Relativo al neoliberalismo o partidario de él (ú. t. c. s.).

neoliberalismo m. Doctrina económica que pretende renovar el liberalismo mediante la intervención limitada del Estado en lo jurídico y en lo económico.

neolítico, ca adj. Aplícase al período de la era cuaternaria, que va del año 5000 al 2500 a. de J. C., entre el mesolítico y la edad de los metales. Ú. t. c. s. m. : *durante el neolítico, el hombre pule la piedra.*

neológico, ca adj. Relativo al neologismo : *es una gran aficionada a emplear palabras neológicas.*

neologismo m. Vocablo, acepción o giro nuevo que se introduce en una lengua.

neologista adj. Que emplea neologismos (ú. t. c. s.).

neón m. Elemento químico de la familia de los gases raros, de número atómico 10 (símb., Ne), que se emplea en tubos luminosos para el alumbrado.

neonato, ta adj. Recién nacido.

Neopatria (*Ducado de*), señorío creado por los almogávares en Grecia y que perteneció a la Corona de Aragón de 1377 a 1390.

neopositivismo m. Sistema filosófico derivado del de Auguste Comte, que insiste en la crítica de la ciencia y en la búsqueda del análisis lógico.

neopositivista adj. Relativo al neopositivismo. ‖ Partidario de esta doctrina filosófica (ú. t. c. s.).

Neoptolemo. V. PIRRO.

neorrealismo m. Escuela cinematográfica italiana, iniciada en 1945, basada en la presentación descarnada de la realidad cotidiana.

neorrealista adj. Relativo al neorrealismo. ‖ Partidario o seguidor de él (ú. t. c. s.).

neorromanticismo m. Denominación dada a la pervivencia de rasgos románticos en obras artísticas y en los autores de éstas.

neorromántico, ca adj. Relativo al neorromanticismo. ‖ Partidario o seguidor de él (ú. t. c. s.).

neosalvarsán m. Medicamento empleado en el tratamiento de la sífilis.

neosegoviano, na adj. y s. De Nueva Segovia (Nicaragua).

Neovolcánica (CORDILLERA), cord. de México que va desde el Pacífico hasta el golfo de México.

neoyorquino, na adj. y s. De Nueva York (Estados Unidos).

neozelandés, esa adj. y s. Neocelandés.

neozoico, ca adj. *Geol.* Aplícase a la era terciaria (ú. t. c. s. m.).

N. E. P., política económica liberal llevada a cabo en la U. R. S. S. de 1921 a 1928.

Nepal, reino de Asia, en el Himalaya, al N. de la India ; 140 753 km² ; 14 900 000 h. (*nepaleses*). Cap. *Katmandú* ; 344 000 h.

nepalés, esa, adj. y s. Del Nepal.

Nepeña, río y distrito al oeste de Perú (Ancash). Restos de la cultura mochica.

Neper o **Napier** (John), matemático escocés (1550-1617), inventor de los logaritmos llamados *neperianos.*

neperiano, na adj. Aplícase a los logaritmos inventados por el matemático John Neper.

nepote m. Pariente y privado del Papa.

Nepote (Cornelio), escritor y filósofo latino del s. I a. de J. C.

nepotismo m. Favor que disfrutaban, con ciertos papas, sus sobrinos y allegados. ‖ *Fig.* Abuso de poder en favor de parientes o amigos.

neptunio m. Elemento químico transuránico (símb., Np), radiactivo, de número atómico 93, que se obtiene en los reactores nucleares.

Neptuno, dios romano del Mar, hijo de Saturno, hermano de Júpiter y de Plutón. Es el *Poseidón* griego.

Neptuno, planeta situado más allá de Urano, descubierto por el astrónomo alemán Galle en 1846, gracias a los cálculos del francés Le Verrier.

nereida f. *Mit.* Cualquiera de las ninfas del mar. (V. DORIS.)

Nereo, dios griego del Mar, padre de las Nereidas.

Neri (San Felipe). V. FELIPE NERI.

Nerja, v. del S. de España (Málaga).

Nerón (37-68), emperador romano desde el año 54. Hijo de Agripina, fue adoptado por Claudio I, a quien sucedió, y tuvo por maestro a Séneca. Gobernó con crueldad e hizo matar a su madre, a Octavia, su primera esposa, a su hermanastro Británico y a su favorita y esposa Popea. Persiguió a los cristianos y murió asesinado.

neroniano, na adj. Propio de Nerón. ‖ *Fig.* Cruel, sanguinario.

Neruda (Neftalí Ricardo REYES, llamado **Pablo**), poeta chileno, n. en Parral (Linares) [1904-1973]. Canta en sus versos a América indígena y es autor de poemas de inspiración social y revolucionaria (*Crepusculario, Veinte poemas de amor y una canción desesperada, Residencia en la tierra, España en el corazón, Canto general, Memorial de la isla Negra, Odas elementales,* etc.). (Pr. Nobel, 1971.)

Nerva, mun. y v. en el SO. de España (Huelva). Minas.

Nerva (26-98), emperador romano (96-98). Adoptó a Trajano.

nervadura f. *Arq.* Moldura saliente de una bóveda. ‖ *Bot.* Conjunto de los nervios de una hoja.

Nerval (Gérard de), poeta romántico francés (1808-1855). Escribió también algunas obras de teatro. Se suicidó.

nervio m. *Anat.* Cada uno de los cordones fibrosos blanquecinos que, partiendo del cerebro y de la médula espinal u otros centros, se distribuyen por todas las partes del cuerpo, y son los órganos de la sensibilidad y del movimiento. ‖ Aponeurosis, o cualquier tendón o tejido blanco, duro y resistente. ‖ *Arq.* Nervadura. ‖ Cuerda de un instrumento músico. ‖ Filamento en las hojas de las plantas. ‖ Cordón que une los cuadernillos en el lomo de un libro encuadernado. ‖ *Fig.* Fuerza, vigor, energía : *un hombre de mucho nervio.* ‖ Ánimo, brío. Alma : *es el nervio de la empresa.* ‖ *Tecn.* Refuerzo interior que se pone en una pieza metálica vaciada. ‖ — Pl. Nerviosismo. ‖ — *Nervio de buey,* vergajo. ‖ *Nervio óptico,* el que desde el ojo transmite al cerebro las impresiones luminosas. ‖ *Fig. Ser un manojo de nervios,* ser muy nervioso. ‖ *Tener los nervios de punta,* estar muy nervioso.

Nervión, río del N. de España que pasa por Bilbao y des. en el mar Cantábrico ; 72 km. Central hidroeléctrica.

NE

NEPAL

altures : 1000, 2000, 5000 m

nerviosidad f. **nerviosismo** m. Excitación, falta de calma o aplomo.

nervioso, sa adj. Que tiene nervios : *tejido nervioso*. || Relativo a los nervios : *dolor nervioso*. || De nervios irritables. || Irritado. || *Fig.* Que tiene vivacidad, inquieto : *niño nervioso*. || — Centros nerviosos, el encéfalo y la médula. || *Sistema nervioso*, conjunto de nervios, ganglios y centros nerviosos que recogen las excitaciones sensoriales y coordinan los actos vitales.

Nervo (Amado), poeta modernista mexicano, n. en Tepic (Nayarit) [1870-1919], renovador de la métrica y autor de composiciones de gran sensibilidad (*Serenidad, Elevación, En voz baja, Plenitud, La amada inmóvil, El arquero divino*, etc.) y de relatos (*El bachiller, Cuentos misteriosos*).

nesga f. Pieza triangular que se añade a un vestido para ensancharlo o darle mayor vuelo.

nesgar v. tr. Poner nesgas. || Cortar una tela al bies.

Neso, centauro matado por Heracles por haber querido raptar a Deyanira. (*Mit.*)

Ness (*loch*), lago de Escocia (Gran Bretaña), al SO. de Inverness.

net m. (pal. ingl.). En tenis o ping pong, dícese de la pelota que, en el saque, toca la red antes de caer en el campo adverso.

neto, ta adj. Claro, sin disfraz : *afirmación neta*. || Dícese de un ingreso del que ya se han hecho los descuentos correspondientes : *sueldo neto*. || Dícese del beneficio o ganancia de un comerciante una vez hechos los descuentos en concepto de cargas o gravámenes. || Aplícase al peso de una mercancía después de quitar el de los embalajes, envases o todo lo que no sea la misma mercancía.

Neto (Agostinho), político angoleño (1922-1979), pres. de la Rep. de 1975 a 1979.

Netzahualcóyotl, c. de México en las cercanías de la capital federal.

Netzahualcóyotl (1402-1472), rey mexicano coronado en Texcoco en 1428. Fue poeta y legislador.

Netzahualpilli (1465-1516), rey de Texcoco, hijo de Netzahualcóyotl.

Neuchâtel, c. del O. de Suiza, cap. del cantón homónimo, a orillas del *lago de Neuchâtel*. Universidad.

Neuilly || **~-sur-Marne**, mun. de Francia (Seine-Saint-Denis), al NE. de París. || **~-sur-Seine**, mun. de Francia (Hauts-de-Seine), al O. de París.

neumático, ca adj. *Fís.* Dícese de la máquina que sirve para extraer el aire de un recipiente : || Relativo al aire o a los fluidos : *colchón neumático*. || — M. Cubierta de caucho vulcanizado que se fija a las ruedas de los vehículos y en cuyo interior va una cámara de aire. || — F. Parte de la física que estudia las propiedades mecánicas de los gases.

neumococo m. *Med.* Microbio diplococo que produce la pulmonía y otras infecciones.

neumogástrico, ca adj. Dícese del nervio que se extiende por los bronquios, el corazón y el aparato digestivo (ú. t. c. s. m.).

neumonía f. *Med.* Pulmonía.

neumotórax m. *Med.* Enfermedad producida por la entrada del aire en la cavidad de la pleura. || *Neumotórax artificial*, método de tratamiento de la tuberculosis pulmonar mediante la inyección de nitrógeno o aire en la cavidad de la pleura.

Neumünster, c. en el N. de Alemania Occidental (Schleswig-Holstein).

Neunkirchen, c. en el O. de Alemania Occidental (Sarre). Siderurgia.

Neuquén o **Neuquén**, río del centro de la Argentina, afl. del Negro ; 550 km. — C. en el O. de la Argentina, cap. de la prov. del mismo n. Universidad del Comahue. Obispado. Centro comercial. La prov. tiene abundantes recursos mineros (petróleo, cobre, sal de roca, oro).

neuquino, na adj. y s. De Neuquen (Argentina).

neuralgia f. *Med.* Dolor en un nervio y sus ramificaciones.

neurálgico, ca adj. Relativo a la neuralgia : *dolor neurálgico*. || *Fig.* Sensible : *punto neurálgico*.

neurastenia f. *Med.* Enfermedad producida por debilidad del sistema nervioso.

neurasténico, ca adj. Relativo a la neurastenia. || Que padece o sufre neurastenia (ú. t. c. s.).

neurita f. Fibra nerviosa.

neurítico, ca adj. *Med.* Relativo a la neuritis.

neuritis f. *Med.* Inflamación de un nervio.

neurocirugía f. Cirugía del sistema nervioso.

neurología f. Parte de la anatomía que trata del sistema nervioso.

neurológico, ca adj. Relativo a la neurología.

neurólogo, ga m. y f. Especialista en neurología.

neuroma m. Tumor que se forma en el tejido de los nervios.

neurona f. Célula nerviosa.

neurópata adj. Que padece una enfermedad nerviosa (ú. t. c. s.).

neuropatía f. Afección nerviosa.

neuropsicología f. Ciencia que estudia las relaciones entre las funciones psicológicas y las estructuras cerebrales.

neuropsicólogo, ga adj. Especialista en neuropsicología (ú. t. c. s.).

neuropsiquiatra com. Especialista en neuropsiquiatría.

neuropsiquiatría f. Parte de la medicina que estudia los casos que son a la vez neurológicos y mentales.

neuróptero adj. Dícese del orden de insectos que tienen dos pares de alas membranosas y reticulares, como el comején (ú. t. c. s. m.).

neurosis f. *Med.* Enfermedad nerviosa que se manifiesta por trastornos psíquicos, sin que aparezca lesión orgánica.

neurótico, ca adj. Relativo a la neurosis. || Que padece esta dolencia (ú. t. c. s.).

neurovegetativo, va adj. Aplícase al sistema nervioso que regula la vida vegetativa.

Neuss, c. en el O. de Alemania Occidental (Rin Septentrional-Westfalia), frente a Dusseldorf. Puerto fluvial.

Neustria, uno de los tres grandes reinos francos situado en la parte N. y NO. de Francia (561). Llamóse también *Reino del Oeste*.

neutonio m. *Fís.* Newton.

neutral adj. Que no está a favor de uno ni de otro : *hombre neutral* (ú. t. c. s.). || Que no interviene en la guerra promovida por otros : *país neutral*.

neutralidad f. Calidad de neutral. || Situación de un Estado que permanece al margen de un conflicto armado entre dos o más potencias.

neutralismo m. Doctrina que no admite la adhesión a una alianza militar.

neutralista adj. Relativo al neutralismo. || Partidario de él (ú. t. c. s.).

neutralización f. Acción y efecto de neutralizar o neutralizarse. || Concesión de un estatuto de no beligerancia a un territorio, una ciudad, etc.

neutralizar v. t. Hacer neutral. || *Quím.* Hacer neutra una sustancia : *neutralizar un ácido con una base*. || *Fig.* Anular el efecto de una causa mediante una acción contraria : *neutralizar un ataque*. || — V. pr. Anularse, hacer equilibrio.

neutrino m. *Fís.* Partícula de una masa muy pequeña y sin carga eléctrica.

neutro, tra adj. *Gram.* Relativo al género que no es masculino ni femenino y del vocablo que puede llevar el artículo *lo* (ú. t. c. s. m.). || Dícese del verbo que no puede tener complemento directo : *verbo neutro o intransitivo*. || *Quím.* Aplícase al compuesto que no es básico ni ácido : *sal neutra*. || Relativo a los cuerpos que no presentan ninguna electrización. || Aplícase a los animales que no tienen sexo. || Indiferente en política, neutral. || Indefinido, indeterminado : *color neutro*.

neutrón m. *Fís.* Partícula eléctricamente neutra que, junto con los protones, constituye uno de los núcleos atómicos. || *Bomba de neutrones*, carga termonuclear en comparación con las otras bombas, tiene una radiación neutrónica superior pero

una onda de choque y una emisión de calor y de radiactividad más reducidas.

Neva, río en el N. de la U. R. S. S. (Rusia), muy caudaloso, que nace en el lago Ladoga, pasa por Leningrado y des. por un brazo delta en el golfo de Finlandia ; 74 km.

nevada f. Acción y efecto de nevar. || Nieve caída.

Nevada, uno de los Estados Unidos, al oeste del país (Montañas Rocosas) ; cap. *Carson City.* || — (SIERRA), cadena montañosa del S. de España en la Cord. Penibética ; cumbre máxima en el *pico de Mulhacén* ; 3 478 m. Estaciones de invierno. || — M. Amer. Alta cumbre cubierta de nieve.

Nevado, cerro del O. de la Argentina (Mendoza) ; 3 810 m. — Volcán en el NO. de la Argentina (Catamarca) ; 5 300 m. — Cerro de Colombia (Meta), en la Cord. Oriental ; 4 285 m.

nevar v. impers. Caer nieve.

nevasca f. Nevada. || Ventisca.

nevera f. Refrigerador, armario frigorífico. || Sitio donde se guarda nieve. || *Fig.* Habitación muy fría.

nevería f. *Méx.* Tienda donde se vende nieve o helados.

nevero m. *Geol.* Ventisquero.

Nevers [-ver], c. del centro de Francia, a orillas del Loira, cap. del dep. de Nièvre. Obispado.

Neves, c. en el E. del Brasil (Río de Janeiro).

Neville (Edgar), escritor español (1899-1967), autor de poesías, narraciones y comedias (*El baile*). Fue también director de cine.

Nevis, isla de las Antillas Menores. Forma parte del territorio Saint Kitts-Nevis, asociado a la Gran Bretaña.

nevisca f. Nevada ligera.

neviscar v. impers. Nevar poco.

nevoso, sa adj. Que tiene nieve. || Que va a nevar : *tiempo nevoso*.

Nevski (Orden de Alejandro). V. ALEJANDRO NEVSKI.

New || **~ Bedford**, c. en el E. de Estados Unidos (Massachusetts). || **~ Britain**, c. en el E. de Estados Unidos (Connecticut). || **~ Delhi.** V. NUEVA DELHI. || **~ Hampshire**, uno de los Estados Unidos de Norteamérica, al NE. (Nueva Inglaterra) ; cap. *Concord.* || **~ Haven**, c. y puerto en el E. de Estados Unidos (Connecticut). Universidad de Yale. || **~ Jersey.** V. NUEVA JERSEY. || **~ Kowloon.** V. KOWLOON. || **~ Sarum.** V. SALISBURY. || **~ Westminster**, c. al oeste del Canadá (Colombia Británica). || **~ York.** V. NUEVA YORK.

Newark, c. y puerto en el E. de Estados Unidos (Nueva Jersey). Centro industrial. Refinería de petróleo.

Newcastle, c. y puerto en el SE. de Australia (Nueva Gales del Sur). — C. y puerto de Gran Bretaña al NE. de Inglaterra a orillas del Tyne, cap. del condado de Northumberland. Universidad. Astilleros Industrias. — Centro siderúrgico de África del Sur (Natal). — C. al sur del Canadá (Ontario).

new deal m. (pal. ingl.). Conjunto de reformas sociales y económicas realizadas en Estados Unidos por el presidente Roosevelt para vencer la crisis por la que atravesaba el país (1933).

Newfoundland. V. TERRANOVA.

Newhaven, c. y puerto de Gran Bretaña al S. de Inglaterra a orillas del canal de la Mancha (Sussex).

Newman (John Henry), cardenal y teólogo católico inglés (1801-1890), autor de *Gramática del asentimiento*.

Newmarket, c. de Gran Bretaña, al E. de Inglaterra (Suffolk). Famosas carreras de caballos. — C. al sur del Canadá (Ontario).

Newport, c. y puerto en el NE. de Estados Unidos (Rhode Island). — C. y puerto de Gran Bretaña al S. de

Inglaterra, cap. del condado de Monmouth. — C. y puerto de Gran Bretaña en Gales. ‖ ~ **News,** c. y puerto en el E. de Estados Unidos (Virginia).

newton o **neutonio** m. *Fís.* Unidad de fuerza (símb., N), equivalente a la fuerza que comunica a una masa de un kg una aceleración de un metro por segundo cada segundo.

Newton (Sir Issac), matemático, físico, astrónomo y filósofo inglés (1642-1727). Descubrió las leyes de la gravitación universal, de la descomposición de la luz y, al mismo tiempo que Leibniz, las bases del cálculo diferencial.

nexmel, m. *Méx.* Cierta clase de maguey que tiene color de ceniza.

nexo m. Lazo, vínculo, unión. ‖ Relación : *palabras sin nexo.*

Neyagawa, c. de Japón (Honshu).

Neyba. V. NEIBA.

Neyed. V. NEDJD.

Nezahualcóyotl. V. NETZAHUALCÓYOTL.

Nganchan o **Anchan,** c. al NE. de China (Liaoning). Metalurgia.

Nganhuei o **Anhui,** prov. de China oriental ; cap. *Hofei.*

Nganking o **Anking,** c. en el E. de China (Nganhuei). Centro agrícola.

Ngantong o **Andong,** c. y puerto en el NE. de China (Liaoning).

Nha Trang, c. y puerto en el E. del Vietnam.

ni conj. Enlaza vocablos u oraciones expresando negación : *ni pobre ni rico.* ‖ Y no : *ni lo dijo a sus amigos.* ‖ *Ni que,* como si : *ni que fuera tonto.*

Ni, símbolo químico del níquel.

Niágara, río de América del Norte, en la frontera entre Canadá y Estados Unidos. Une los lagos Erie y Ontario y forma las célebres Cataratas del Niágara (47 m de alt.). Central eléctrica. Turismo.

Niagara Falls, c. en el NE. de Estados Unidos (Nueva York) a orillas del Niágara. Ind. electrometalúrgica. — C. en el SE. del Canadá (Ontario), junto a las cataratas. Turismo.

Niamey, cap. de la Rep. del Níger, al SO. del país y a orillas del río del

mismo nombre ; 250 000 h. Centro administrativo y comercial. Central térmica. Obispado. Aeropuerto.

Nianza, región del SO. de Kenia.

Niasa. V. NYASSA.

nibelungo m. En la mitología germánica, hijo de la Niebla.

Nibelungos *(La Canción de los)*, epopeya germánica escrita hacia 1200.

Nicaragua, lago al sur de Nicaragua que comunica con el mar Caribe por medio del río San Juan ; 8 264 km². Tiene varias islas, como las de Ometepe y Zapatera. Recibe también el n. de *Gran Lago, Lago Cocibolca* o *Lago de Granada.*

Nicaragua, rep. de América Central que limita al N. con Honduras y al S. con Costa Rica ; 130 000 km² ; 2 800 000 hab. *(nicaragüenses).* Cap. *Managua,* 680 000 h. Otras c.: *León,* 92 000 h. ; *Jinotega,* 17 000 ; *Matagalpa,* 29 000 ; *Granada,* 58 000 ; *Masaya,* 57 000 ; *Chinandega,* 56 000 ; *Estelí,* 30 000 ; *Bluefields,* 20 000 ; *Rivas,* 15 000 ; *Jinotepe,* 15 000 ; *Boaco,* 10 000 ; *Juigalpa,* 16 000 ; *Somoto,* 8 000 ; *Ocotal,* 7 000. Administrativamente, Nicaragua está dividida en 16 departamentos y una comarca (Cabo Gracias a Dios). La población es mestiza en un 74 p. ciento, blanca en un 17 p. ciento, negra en un 9 p. ciento e india en menos de uno por ciento. La mayoría profesa la religión católica, y el vehículo de expresión es el castellano o español, sino que existen algunas lenguas indígenas. La densidad de población es de 21,5 h./km².

— GEOGRAFÍA. Dos cadenas montañosas atraviesan el país, una en la costa del Pacífico y otra que prolonga los Andes centroamericanos y toma en el N. el nombre de Sierra de la Botija. Se desprenden algunas estribaciones hacia el E., como son las cordilleras de Dipilto, Jalapa e Isabelia (2 000 m). Son también notables los volcanes de la costa del Pacífico, como el Cosigüina (859 m) y San Cristóbal (1745 m). Los ríos de la vertiente del Pacífico son cortos y poco caudalosos ; en el Atlántico desembocan

los ríos Coco o Segovia (fronterizo con Honduras), Cucaloya, Matagalpa, Escondido y San Juan. Existen numerosas lagunas y los lagos de Managua, Nicaragua y Tisma. El litoral del Pacífico (410 km) es bajo y arenoso, y sus principales accidentes son la península de Cosigüina y el golfo de Fonseca. La costa del Atlántico es más escabrosa y presenta el cabo Gracias a Dios. En el interior, la temperatura es templada, mientras que en las costas es cálida y muy húmeda en la zona del Atlántico. La agricultura es la principal riqueza del país : maíz, café, cacao, azúcar, ajonjolí, bananos, cítricos, patatas, algodón, caucho y explotaciones forestales. La ganadería y la pesca son importantes y la minería, poco explotada, representa una fuente potencial de riqueza (oro, plata, cinc). La industria nicaragüense comienza a desarrollarse y se han hecho grandes progresos en la electrificación del país. La carretera Panamericana (384 km) y 350 km de ferrocarril aseguran las comunicaciones, a lo que hay que añadir los transportes aéreos, marítimos y fluviales. Los puertos más importantes son: Corinto, San Juan del Sur, Puerto Sandino y Puerto Morazán, en el Pacífico, y Bluefields, Puerto Cabezas, Prinzapolca, Río Grande, Laguna de Perlas y San Juan del Norte, en el Atlántico. A 12 km de Managua se halla el aeropuerto internacional de Augusto César Sandino.

nicaragüenismo m. Nicaragüismo.

nicaragüeño, ña o **nicaragüense** adj. Natural de Nicaragua. Ú. t. c. s. : *los nicaragüenses son centroamericanos.* ‖ Perteneciente a esta República.

nicaragüismo m. Palabra o giro propio de Nicaragua. ‖ Amor a Nicaragua. ‖ Carácter nicaragüense.

nicarao adj. Aplícase a una tribu indígena existente en Nicaragua antes de que el país fuese descubierto por los españoles (ú. t. c. s.).

Nicarao, cacique indio de Centroamérica (s. XVI), aliado de los espa-

NICARAGUA

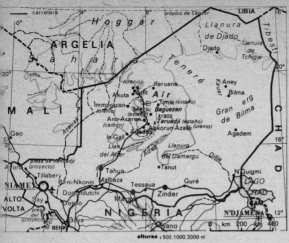

alturas : 500, 1000, 2000 m

NÍGER

ñoles, que dio su nombre a la actual Nicaragua.

Nice. V. NIZA.

Nicea, c. de Bitinia (Anatolia) en la que se celebraron dos concilios ecuménicos en 325 y 787 (V. NICENO). La ciudad fue de 1204 a 1261 capital del Imperio bizantino, en lugar de Constantinopla.

niceno, na adj. Natural de Nicea (ú. t. c. s.). ‖ Relativo o perteneciente a esta antigua ciudad de Bitinia (Anatolia): [En los años 325 y 787 se celebraron dos concilios ecuménicos nicenos. El primero, en el que se distinguió Osio, obispo de la ciudad española de Córdoba, combatió el arrianismo, y el segundo discutió sobre el culto rendido a las imágenes y sobre la doctrina que profesaban los iconoclastas.]

Niceto Pérez, mun. al este de Cuba (Guantánamo).

Nicobar (ISLAS), archip. al SE. de la India, cerca de la isla de Sumatra.

Nicolaiev. V. NIKOLAIEV.

Nicolás, n. de cuatro papas.

Nicolás ‖ ~ I (1796-1855), zar de Rusia desde 1825, hijo de Pablo I. Vencido por Francia e Inglaterra en Crimea (1854). ‖ ~ II (1868-1918), zar de Rusia desde 1894, hijo y sucesor de Alejandro III. Durante su reinado estallaron la guerra ruso-japonesa, la primera mundial y los dos revoluciones de 1917. M. asesinado, con su familia, por los bolcheviques.

Nicolás ‖ ~ Romero, mun. de México, cerca de la capital del país. ‖ ~ Suárez, prov. al SO. de Bolivia (Pando) ; cap. Porvenir.

Nicolás de Bari (San), obispo de Mira en Licia (s. IV). Patrón de Rusia. Fiesta el 6 de diciembre.

Nicomedia. V. IZMIT.

Nicópolis. V. NIKOPOL.

Nicosia, cap. de Chipre, al N. de la isla ; 118 000 h.

Nicot (Jean), diplomático francés (¿ 1530-1600 ?), que introdujo el tabaco en su país.

nicotina f. Quim. Alcaloide del tabaco : la nicotina es venenosa.

nicotinismo o **nicotismo** m. Conjunto de trastornos morbosos causados por el abuso del tabaco.

Nicoya, golfo y península del NO. de Costa Rica, en el océano Pacífico. — C. al NO. de Costa Rica (Guanacaste).

nictebac m. Ciervo o venado de México (Yucatán).

Nicuesa (Diego de), conquistador español del s. XVI, n. en Baeza (Jaén), gobernador de Castilla del Oro (1508). Exploró la costa atlántica de Panamá y parte de la Costa Rica. Murió en 1511.

nicho m. Hueco en un muro que al tapiarlo sirve de sepultura. ‖ Concavidad en el espesor de un muro para

poner una imagen, estatua, jarrón, etc. ‖ Cavidad en el interior, de un órgano (hueso, pared del estómago, etc.).

nidada f. Nido. ‖ Conjunto de los huevos o de la cría en el nido.

nidal m. Ponedero de gallinas y otras aves domésticas.

Nidaros. V. TRONDHEIM.

nidificar v. t. Hacer un nido.

nido m. Especie de lecho que forman las aves, ciertos insectos y algunos peces para depositar sus huevos. ‖ Cavidad en que viven ciertos animales : un nido de ratas. ‖ Por ext. Lugar donde procrean otros animales : nido de abejas. ‖ Fig. Lugar donde se agrupan ciertas cosas : nido de ametralladoras. ‖ Lugar originario de ciertas cosas inmateriales : nido de herejías, de disputas, de difamaciones. ‖ Casa, patria, morada de uno : nido patrio. ‖ Guarida, madriguera : un nido de malhechores, de bribones. ‖ — Fig. e fam. Caído de un nido, aplícase al demasiado crédulo. ‖ Mesa de nido, aplícase a la mesa debajo de la cual se encajan otras menores.

niebla f. Nube en contacto con la Tierra. ‖ Fig. Confusión u oscuridad en las cosas o negocios.

Niebla, c. del S. de España (Huelva).

Nielsen (Carl), músico danés (1865-1931), autor de sinfonías, óperas, etc.

Niemen, río del NO. de la U. R. S. S. (Rusia Blanca y Lituania) que des. en el mar Báltico ; 880 km.

Niemeyer (Óscar), arquitecto brasileño, n. en 1907, que participó en la construcción de Brasilia.

Niepce (Nicéphore), físico francés (1765-1833), inventor de la fotografía (1826).

Nieremberg (Juan Eusebio), jesuita y escritor español (¿ 1595 ?-1658).

nieto, ta m. y f. Hijo o hija del hijo o de la hija, con relación al abuelo o abuela. ‖ Por ext. Descendiente de una línea en las terceras, cuartas y demás generaciones.

Nieto (Luis), poeta peruano, n. en 1910. ‖ ~ Caballero (LUIS EDUARDO), escritor colombiano (1888-1957), autor de Colombia joven, Ideas liberales, Hombres del pasado, etc.

Nietzsche (Friedrich), filósofo alemán, n. en Rökken (1844-1900). Sus teorías influyeron en los defensores del racismo germánico. Autor de Así hablaba Zaratustra, Humano, demasiado humano, Auroras, Saya ciencia, Más allá del bien y del mal, La voluntad de poder, obra sin terminar, etc.

nietzscheano, na adj. Relativo a Nietzsche o a su doctrina. ‖ Partidario de esta doctrina (ú. t. c. s.).

nieve f. Agua helada que se desprende de las nubes en forma de copos blancos. ‖ Fig. Blancura extremada : blanco como la nieve. ‖ Fam. Cocaína. ‖ Amer. Helado. ‖ Pl. Nevada : las primeras nieves.

Nièvre, dep. del centro de Francia ; cap. Nevers.

nife m. Geol. Núcleo hipotético de la Tierra formado por una materia pesada a base de níquel y hierro.

Niger, río del O. de África que des. en el golfo de Guinea ; 4 200 km.

Niger, rep. de África occidental ; 1 267 000 km²; 6 480 000 h. (nigerios). Cap. Niamey ; 250 000 h. ; c. pr. Zinder, 60 000 h. ; Maradi, 50 000.

Nigeria, Estado de África oriental ; 924 000 kilómetros cuadrados ; 80 100 000 h. (nigerianos). Cap. Lagos, 1 500 000 h. ; c. pr. Ibadán, 847 000 ; Ogbomoso, 432 000 ; Kano, 400 000 ; Oshogbo, 282 000 ; Ilorin, 290 000 ; Abeokuta, 260 000 ; Port Harcourt, 250 000 ; Ife, 176 000 ; Iwo, 214 000. Yacimientos de petróleo.

nigeriano, na adj. y s. De Nigeria.

nigerio, ria adj. y s. De la República del Níger.

night-club [naitclab] m. (pal. ingl.). Cabaret, sala de fiestas.

nigromancia f. Adivinación supersticiosa del futuro por medio de la evocación de los muertos. ‖ Fam. Magia negra o diabólica.

nigromante m. y f. Persona que ejerce la nigromancia.

Nigromante (El). V. RAMÍREZ (Ignacio).

nigromántico, ca adj. Relativo a la nigromancia. ‖ — M. y f. Nigromante.

nigua f. Insecto díptero americano semejante a la pulga. ‖ Fam. Amer. Pegarse como nigua, estar uno constantemente con una persona.

niguatero o **nigüero** m. Amer. Lugar donde hay niguas.

nihilismo m. Negación de toda creencia o de todo principio político y social.

nihilista adj. Relativo al nihilismo. ‖ Partidario de él (ú. t. c. s.).

nihil obstat expr. lat. Fórmula empleada por la censura eclesiástica para dar su aprobación a una publicación por que ésta no contiene nada contra la doctrina o la moral.

Niigata, c. y puerto del Japón en la O. de la isla de Honshu.

Niihama, c. y puerto del Japón al O. de la isla Sikoku. Metalurgia.

Nijinski (Vaslav), bailarín ruso de origen polaco (1890-1950).

Nijni ‖ ~ Novgorod. V. GORKI. ‖ ~ Taguil, c. de la U. R. S. S. en la región del Ural (Rusia), al E. de Perm. Minas de hierro y cobre. Metalurgia.

Nikito Nipongo. V. PRIETO (Raúl).

Nikko, c. de Japón (Honshu).

Nikolaiev o **Nikolaiev,** c. y puerto al S. de la U. R. S. S. (Ucrania). Central nuclear.

Nikopol, c. del N. de Bulgaria, a orillas del Danubio. Llamóse ant. Nicópolis. — C. al sur de la U. R. S. S. (Ucrania), a orillas del Dniéper.

Niksar. V. NEOCESAREA.

Nilo, río de África que nace en el lago Victoria y atraviesa el Sudán, donde toma el n. de Nilo Blanco (Bahr el-Abiad). Cerca de Jartum se une con el Nilo Azul (Bahr el-Azrak), penetra en Egipto y des. en el Mediterráneo por un amplio delta formado por dos brazos ; 6 700 y 5 600 km, respectivamente. En su curso se encuentra la presa de Asuán.

nilón m. Nylon.

Nilópolis, c. de Brasil, en los suburbios de Río de Janeiro.

nimbar v. t. Rodear con un nimbo.

nimbo m. Aureola, círculo luminoso que se suele poner sobre la cabeza de las imágenes de santos. ‖ Nube baja formada por la aglomeración de cúmulos. ‖ Círculo que rodea a veces a un astro.

nimboestrato m. Capa de nubes bajas, densas y oscuras.

Nimega, c. del SE. de Holanda (Güeldres). Universidad. Tratado firmado por España en 1679 por el que cedía a Francia el Franco Condado y varias plazas de Flandes.

Nimes, c. del S. de Francia, cap. del dep. del Gard. Obispado. Monumentos romanos.

nimiedad f. Pequeñez, insignificancia, fruslería. ‖ Minuciosidad.

nimio, mia adj. Pequeño, insignificante. ‖ Minucioso.

ninfa f. Mit. Divinidad femenina que

442

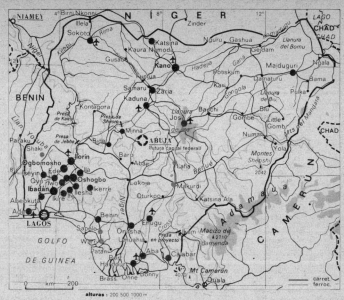

NIGERIA

alturas : 200 500 1000 m

---

vivía en las fuentes, los bosques, los montes y los ríos. ‖ *Fig.* Joven hermosa. ‖ Prostituta. ‖ Insecto que ha pasado del estado de larva. ‖ *Fig. Ninfa Egeria*, persona que discreta o sigilosamente aconseja a otra.

ninfeáceas f. pl. Familia de dicotiledóneas dialipétalas acuáticas como el nenúfar y el loto (ú. t. c. adj.).

ninfómana f. Hembra que padece ninfomanía.

ninfomanía f. Deseo sexual violento en la mujer.

Ninghia o **Yinchuan**, región autónoma del NO. de China ; cap. la c. del mismo nombre.

Ning-Po, c. y puerto del E. de China (Chekiang).

ningún adj. Apócope de *ninguno*, empleado delante de los nombres masculinos : *ningún caso igual*.

ningunear v. i. *Méx.* Menospreciar.

ninguno, na adj. Ni uno. ‖ Nulo : *no posee interés ninguno*. ‖ — Pron. indef. Ni uno : *no hay ninguno*. ‖ Nadie : *ninguno lo sabrá*.

Ninhue, c. del centro de Chile en la VIII Región (Biobío) y en la prov. de Ñuble, cap. de la com. de su n.

Ninive, ant. cap. del reino de Asiria, a orillas del Tigris.

ninivita adj. y s. De Nínive.

niña f. Mujer en la niñez. ‖ Pupila del ojo. ‖ *Fig. Niña de los ojos*, persona a la que se le tiene gran cariño.

Niña *(La)*, una de las tres carabelas del primer viaje de Colón (1492), mandada por Vicente Yáñez Pinzón.

niñada f. Acción de niños o propia de ellos. ‖ *Fig.* Cosa insignificante.

Niñapari, c. en el SE. del Perú, cap. de la prov. de Tahuamanú (Madre de Dios).

niñato, ta m. y f. Joven de poca clase, de escasa calidad.

niñear v. i. Hacer niñerías.

niñería f. Niñada.

niñero, ra adj. Que gusta de la compañía de niños. ‖ — F. Criada de niños.

niñez f. Primer período de la vida humana. ‖ *Fig.* Principio.

niño, ña adj. y s. Que se halla en la niñez : *es muy niño aún*; *una niña mimada*. ‖ Joven. ‖ *Fig.* Sin experiencia, ingenuo. ‖ — *Fig. Estar como niño con zapatos nuevos*, muy contento. ‖ *Fam. Ni qué niño muerto*, expresión empleada para desmentir o negar rotundamente : *¡qué caramelo ni qué niño muerto! Niño bonito*, persona mimada. ‖ *Méx. Niño de brazos*, el que aún no anda, bebé. ‖ *Niño de la Bola*, el Niño Jesús. ‖ *Niño Jesús*,

Jesús cuando aún era niño. ‖ *Niños héroes*, los cadetes mexicanos que defendieron el castillo de Chapultepec (Ciudad de México) contra las fuerzas norteamericanas (1847).

Niño (Andrés), navegante español de fines del s. XV y comienzos del XVI. Tras explorar parte del golfo de Panamá y Nicaragua descubrió el golfo de Fonseca (1522). ‖ — (PEDRO ALONSO), navegante español (1468-¿1505 ?), compañero de Colón en el primer y tercer viaje.

niobio m. Metal blanco (Nb), de número atómico 41. (Puro, se emplea en reactores nucleares, pero su principal empleo es en las aleaciones, a las que da mayor resistencia.)

Niort, c. del O. de Francia, cap. del dep. de Deux-Sèvres.

Nipe, sierra y bahía de Cuba, en el NE. de la isla (Holguín).

Nipigon, lago en el sur del Canadá que desagua en el lago Superior por medio del río del mismo nombre ; 4 450 km.

nipón, ona adj. y s. Japonés.

Nipón, n. empleado por los japoneses para designar a su país.

níquel m. Metal (Ni) de color blanco agrisado, brillante y consistencia fibrosa, de número atómico 28.

— El *níquel* es dúctil, maleable, muy duro. Su densidad es 8,8 y funde a 1 455 °C. Este metal se usa en la acuñación de moneda, fabricación de aceros, y en galvanoplastia.

niquelado m. Acción y efecto de niquelar.

Niquelandia, pobl. en el centro del Brasil (Goiás).

niquelar v. t. Cubrir un metal con un baño de níquel. ‖ *Fam.* Emperifollar, ataviar (ú. t. c. pr.). ‖ Presumir.

Niquero, mun. al este de la isla de Cuba (Granma).

Niquitao (TETA DE), pico de Venezuela (Trujillo) ; 4 000 m.

Nirgua, conjunto orográfico y mun. en el NO. de Venezuela (Yaracuy).

nirvana m. En el budismo, última etapa de la contemplación, caracterizada por la ausencia de dolor y la posesión de la verdad.

Nish, ant. *Nissa*, c. del SE. de Yugoslavia (Serbia). Industrias.

Nishinomiya, c. y puerto del Japón (Honshu) en la bahía de Osaka.

níspero m. Árbol de la familia de las rosáceas. ‖ Su fruto.

nistamal m. *Méx.* Nixtamal.

Niterói, c. y puerto del SE. del Brasil (Río de Janeiro), en la bahía de Guanabara. Arzobispado.

nitidez f. Limpieza, claridad.

nítido, da adj. Limpio, claro.

nitratación f. Acción de nitrificar. ‖ Transformación del ácido nitroso en ácido nítrico o de los nitritos en nitratos.

nitrato m. *Quím.* Sal que resulta de la combinación del ácido nítrico con un radical : *nitrato de plata*.

nítrico, ca adj. Relativo al nitro o al nitrógeno. ‖ *Ácido nítrico*, líquido ácido formado por nitrógeno, oxígeno e hidrógeno.

nitrificación f. Conversión del amoníaco y de sus sales en nitratos.

nitrificar v. t. Transformar en nitrato. ‖ — V. pr. Cubrirse de nitro.

nitrilo m. *Quím.* Compuesto orgánico que tiene el radical — CN.

nitrito m. Sal de ácido nitroso.

nitro m. Salitre o nitrato de potasio.

nitrobenceno m. *Quím.* Derivado nitrado del benceno.

nitrocelulosa f. *Quím.* Éster nítrico de la celulosa empleado en la fabricación de sustancias explosivas y materias plásticas.

nitrogenado, da adj. Que tiene nitrógeno : *fertilizar las tierras con abonos nitrogenados*.

nitrogenar v. t. Mezclar o combinar con nitrógeno.

nitrógeno m. *Quím.* Gas incoloro, insípido e inodoro (símb., N), de número atómico 7 y densidad 0,967. (El *nitrógeno* es uno de los principales elementos de la vida animal y vegetal, y constituye las cuatro quintas partes del aire.)

nitroglicerina f. *Quím.* Cuerpo oleaginoso formado por la acción del ácido nítrico sobre la glicerina. (Es un explosivo muy potente.)

nitroso, sa adj. Que tiene nitro o salitre. ‖ *Quím.* Dícese de los compuestos oxidados del nitrógeno con menos proporción de éste que el ácido nítrico.

nitrotolueno m. Derivado nitrado del tolueno con que se preparan colorantes sintéticos y explosivos.

nivel m. Instrumento para averiguar la horizontalidad de un plano o la diferencia de altura entre dos puntos. ‖ Horizontal : *estar a nivel*. ‖ Cada etapa o fase en las que se divide el sistema de educación de un país. ‖ *Altura* : *al nivel de mis hombros*. ‖ Altura a que llega la superficie de un líquido o gas : *el nivel de la pleamar*. ‖ *Fig.* Igualdad, equivalencia. ‖ *Grado* : *nivel económico*. ‖ — *Nivel de vida*, valoración cuantitativa y objetiva de los medios de existencia de un grupo social. ‖ **Nivel mental**, grado de evolución intelectual.

nivelación f. Acción y efecto de nivelar.

nivelador, ra adj. y s. Que nivela. ‖ — F. Máquina niveladora.

nivelar v. t. Comprobar con el nivel la horizontalidad de una cosa. ‖ Allanar, poner un plano en posición horizontal : *nivelar un camino*. ‖ Hallar la diferencia de altura entre dos puntos de un terreno. ‖ *Fig*. Igualar una cosa con otra material o inmaterial : *nivelar las exportaciones con las importaciones*. ‖ Poner a la misma altura : *nivelar los ingresos*. ‖ Corregir : *nivelar el desequilibrio de la balanza comercial*.

níveo, a adj. *Poét*. De nieve.

Nivernais, región histórica de Francia ; cap. Nevers.

nivoso, sa adj. Níveo. ‖ — M. Cuarto mes del calendario republicano francés (del 21, 22 ó 23 de diciembre al 19, 20 ó 21 de enero).

nixcómil m. *Méx*. Olla en que se prepara el maíz para tortillas.

Nixon (Richard), político norteamericano, n. en 1913, vicepresidente de la Rep. de 1953 a 1960. Pres. de 1969 a 1974. Tuvo que dimitir a causa de un escándalo político (Watergate).

nixtamal m. *Méx*. Harina de maíz ablandada con agua de cal para hacer tortillas.

Niza, en fr. *Nice*, c. y puerto del SE. de Francia, cap. del dep. de Alpes-Maritimes. Universidad. Obispado. Estación invernal y veraniega.

Niza (Marco de), misionero franciscano italiano del s. XVI que exploró Nuevo México. Autor de la leyenda de las *Siete ciudades de Cíbola*. M. en 1558.

Nizamabad, c. de la India en el Decán (Andhra Pradesh).

Nizao, distr. en el sur de la Rep. Dominicana (Peravia).

N'Kongsamba, c. del interior del Camerún. Obispado.

no adv. de negación que se emplea para contestar preguntas : *¿ no vienes al cine ? No, no voy*. ‖ — *¿ A qué no ?*, desafío que se dirige a uno. ‖ *¿ Cómo no ?*, forma amable de contestar afirmativamente. ‖ *No bien*, tan luego como, en seguida que. ‖ *No más*, solamente. ‖ *No va más*, expresión empleada para detener toda apuesta en la ruleta o en cualquier otro juego ; (fig.) el súmmum, el máximo, el colmo. ‖ *No ya*, no solamente. ‖ — M. Negación : *contestar con un no*.
— OBSERV. En varios puntos de América *no más* tiene significados diferentes que en España, tales como *pues*, *nada más*, *pero*, *sólo* y, a veces, añade un sentido enfático. (V. NOMÁS.)

nô m. Drama lírico japonés.

no man's land m. (loc. ingl.). Tierra de nadie.

Nobel (Alfred), químico e industrial sueco (1833-1896), inventor de la dinamita. En su testamento creó cinco premios que se conceden anualmente (literatura, fisiología y medicina, física, química y de la paz). En 1969, se creó otro para recompensar a los que cultivan las ciencias económicas.

nobelio m. *Quím*. Elemento transuránico (No), de número atómico 102, que se obtiene bombardeando curio con átomos de carbono.

Nobeoka, c. del Japón (Kiusiu).

nobiliario, ria adj. Relativo a la nobleza : *título nobiliario*.

noble adj. Preclaro, ilustre. ‖ Generoso, magnánimo : *corazón noble*. ‖ Que tiene algún título de nobleza (ú. t. c. s.). ‖ Honroso, estimable : *propósito noble*. ‖ De calidad muy fina : *metal noble*. ‖ Aplícase al estilo armonioso, grave y digno : *construcción noble*. ‖ Dícese de los animales, como el perro y el caballo, muy amigos del hombre.

nobleza f. Calidad de noble : *la nobleza de una acción*. ‖ Conjunto de los nobles de un país o Estado : *Richelieu abatió a la nobleza*. ‖ Elevación, grandeza : *tener nobleza de miras*.

Noboa, ~ **Arredondo** (Ernesto), escritor peruano (1839-1873). ‖ ~ **Caamaño** (Ernesto), poeta modernista ecuatoriano (1891-1927).

noción f. Conocimiento que se tiene de una cosa. ‖ Conocimiento elemental (ú. m. en pl.).

nocividad f. Calidad de dañoso.

nocivo, va adj. Dañoso, perjudicial.

noctambulismo m. Cualidad de noctámbulo.

noctámbulo, la adj. Que le gusta vivir más por la noche que durante el día (ú. t. c. s.).

nocturnidad f. *For*. Circunstancia agravante que resulta al ejecutarse un delito por la noche.

nocturno, na adj. Relativo a la noche : *horas nocturnas*. ‖ Que se hace o sucede durante la noche : *trabajo nocturno*. ‖ Aplícase a las plantas cuyas flores se abren sólo de noche y a los animales que de día están ocultos. ‖ — M. Pieza musical de carácter melancólico : *los nocturnos de Chopin*.

noche f. Tiempo en que falta sobre el horizonte la claridad del Sol. ‖ Tiempo que hace durante la noche : *noche cubierta, despejada, lluviosa*. ‖ Oscuridad que reina durante este tiempo : *es de noche*. ‖ *Fig*. Oscuridad, tristeza : *no he tenido más que noche en mi vida*. ‖ — *A la noche*, al atardecer. ‖ *Ayer noche*, anoche. ‖ *Cerrar la noche*, hacerse completamente de noche. ‖ *De la noche a la mañana*, de pronto, de golpe y porrazo. ‖ *Hacer noche*, dormir en cierto sitio. ‖ *Hacerse de noche*, anochecer. ‖ *Fig. La noche de los tiempos*, en tiempos muy remotos. ‖ *Noche Buena*, Nochebuena. ‖ *Fig. Noche toledana*, la pasada sin dormir. ‖ *Noche Triste*, la del 30 de junio de 1520 en que Hernán Cortés, derrotado por los mexicanos, vertió lágrimas de dolor, al pie de un ahuehuete en Popotla, que se conservó como reliquia hasta 1969, por la muerte de sus compañeros. ‖ *Noche Vieja*, Nochevieja. ‖ *Fig. Pasar la noche en claro*, pasarla sin dormir. ‖ *Ser la noche y el día*, ser del todo distinto.

Nochebuena f. Noche de la víspera de Navidad (24 de diciembre).

nochecita f. *Amer*. Crepúsculo vespertino.

nochero, ra m. y f. *Amer*. Vigilante nocturno. ‖ *Col*. Mesita de noche.

Nochevieja f. Noche última del año.

Nochistlán, mun. en el centro de México (Zacatecas).

nochote m. *Méx*. Bebida hecha con zumo de nopal fermentado.

nodo m. *Astr*. Cada uno de los dos puntos opuestos en que la órbita de un astro corta la eclíptica.

nodriza f. Ama de cría : *una nodriza pasiega*. ‖ Depósito suplementario para alimentar una caldera o un motor. ‖ *Avión nodriza*, el encargado de abastecer de combustible en vuelo a otros aviones.

nódulo m. Concreción de poco volumen.

Noé, patriarca hebreo. Construyó por mandato de Dios el arca que había de preservarle con su familia del diluvio universal. (*Biblia*.)

Noé (Luis Felipe), pintor figurativo argentino, n. en 1933.

Noel (*Papá*), personaje legendario, provisto de túnica roja y capuchón, que distribuye los juguetes a los niños, en algunos países, el día de Navidad.

nogal m. Árbol que crece en las regiones templadas, de madera dura y apreciada, cuyo fruto es la nuez. ‖ Su madera. ‖ Color ocre de la madera de este árbol (ú. t. c. adj.).

Nogales, c. del centro de Chile en la V Región (Valparaíso) y en la prov. de Quillota, cap. de la com. del mismo nombre. — Pobl. de México, en la frontera con los Estados Unidos (Sonora). — Mun. al este de México (Veracruz).

nogalina f. Sustancia sacada de la cáscara de la nuez que se usa para barnizar maderas o muebles.

Nogoyá, pobl. en el NE. de la Argentina (Entre Ríos).

noguera f. Nogal.

Noguera ~ **(La)**, comarca del NE. de España en Cataluña (Lérida) ; cap. *Balaguer*. ‖ ~ **Pallaresa**, río del NE. de España (Lérida), afl. del Segre ; 150 km. Importantes instalaciones hidroeléc-

tricas. ‖ ~ **Ribagorzana**, río del NE. de España (Lérida), afl. del Segre ; 138 km.

Nohuichana, entre los zapotecas, diosa creadora de los hombres y de los animales.

Noisy-Le-Sec, c. de Francia (Seine-Saint-Denis), al E. de París.

Nola, c. en el SO. de Italia (Nápoles).

Nolasco (San Pedro). V. PEDRO.

nómada adj. Que vive errante, sin domicilio fijo (ú. t. c. s.).

nomadismo m. Vida de nómada.

nomarquía f. División administrativa de la Grecia moderna.

nomás adv. *Méx*. No más. ‖ Simplemente, exclusivamente : *estoy nomás estudiando*. ‖ *Méx. Nomás que*, tan pronto como, en seguida que : *nomás que pueda ir, iré*. (V. NO.)

nombradía f. Fama, celebridad.

nombrado, da adj. Célebre, famoso. ‖ Citado.

nombramiento f. Designación. ‖ Cédula, despacho o título con que se designa a uno para algún cargo, empleo u oficio.

nombrar v. t. Decir el nombre de una persona o cosa. ‖ Designar a uno para un cargo. ‖ Poner nombre a algo o alguien, llamar.

nombre m. Palabra con la que se designa una persona o cosa : *mi nombre es Alfonso ; Nevada es el nombre de esta sierra*. ‖ Título de una cosa : *el nombre de este libro es "Camino"*. ‖ Fama, reputación : *hacerse un nombre en la literatura*. ‖ *Gram*. Parte de la oración o una de las que se designan las personas o cosas. ‖ — *De nombre*, llamado : *se levantó un individuo, de nombre Juan, que protestó enérgicamente*. ‖ Esto es incalificable. ‖ *Nombre colectivo*, el que designa una colección o conjunto de cosas de la misma especie. ‖ *Nombre común*, el que conviene a las personas o cosas de una misma clase. ‖ *Nombre de pila*, el que se recibe en el bautismo. ‖ *Nombre propio*, el de la persona o cosa para distinguirla de las demás de su especie.

Nombre de Dios, sierra en el norte de Honduras (Atlántico y Yoro).

nomenclátor m. Lista de nombres sobre un tema determinado (calles, pueblos, personas, técnica, etc.).

nomenclatura f. Conjunto de palabras sobre una materia determinada.

nomeolvides m. inv. Miosotis.

nómina f. Lista o catálogo de nombres de personas o cosas. ‖ Relación nominal de empleados que tienen sueldo en una empresa. ‖ Importe de estos pagos : *cobrar la nómina*. ‖ Lista o catálogo de nombres. ‖ *Estar en nómina*, formar parte del personal fijo de una empresa.

nominación f. Nombramiento. ‖ Propuesta de un candidato.

nominal adj. Relativo al nombre : *lista, votación nominal ; predicado nominal*. ‖ Que sólo tiene el título de algo : *es la autoridad nominal*.

nominar v. t. Nombrar, designar. ‖ Proponer un candidato.

nominativo, va adj. *Com*. Aplícase a los títulos o valores bancarios que llevan el nombre de su propietario. ‖ — M. *Gram*. Caso de la declinación que designa el sujeto de la oración.

nomo m. Poema que se cantaba en honor de Apolo. ‖ División administrativa en Grecia moderna.

non adj. (P. us.). Impar : *jugar a pares y nones*. ‖ No. ‖ *Andar de nones*, estar ocioso. ‖ *Decir nones*, negar. ‖ *Estar de non*, carecer de pareja. ‖ *Non plus ultra*, no más allá. ‖ *Fig. Ser algo o alguien el non plus ultra*, ser lo mejor, no ir a más.

nonada f. Poco o muy poco. ‖ Fruslería, pequeñez.

nonagenario, ria adj. y s. Que ha cumplido la edad de noventa años.

nonagésimo, ma adj. ‖ — M. Cada una de las noventa partes iguales en que se divide un todo.

nonato, ta adj. No nacido naturalmente, sino extraído del claustro materno por operación cesárea.

Nonell (Isidro), pintor impresionista español (1873-1911).

nones adj. pl. V. NON.

nonigentésimo, ma adj. Que ocupa el lugar novecientos. ‖ — M.

Cada una de las 900 partes iguales en que se divide un todo.

nonio m. Reglilla graduada móvil para medir calibres muy pequeños.

Nonio (Pedro NUNES, llamado **Petrus**), sabio portugués (1492-1577), inventor del nonio.

nono, na adj. Noveno : *Pío Nono.*

Nonoalco, barrio o colonia de la ciudad de México.

nopal m. Planta cactácea, cuyo fruto es el higo chumbo.

Nopaltzin, rey de los chichimecas (1304-1335). Durante su reinado, los aztecas llegaron al Valle de México.

noquear v. t. En boxeo o lucha, dejar al contrario fuera de combate o k. o. (*knock out*). || *Fig.* Poner fuera de combate.

Nor || ~ **Cinti,** prov. en el S. de Bolivia (Chuquisaca) ; cap. *Camargo.* || ~ **Chichas,** prov. en el S. de Bolivia (Potosí) ; cap. *Cotagaita.* || ~ **Yungas,** prov. en el O. de Bolivia (La Paz) ; cap. *Coroico.*

Nora (Eugenio de), poeta y ensayista español, n. en 1923, autor de *La novela española contemporánea.*

noray m. Poste para amarrar los barcos situado en los muelles.

Nord, dep. del N. de Francia ; cap. *Lila.* Agricultura. Industrias.

Nord (Alejo), político haitiano (1820-1910), pres. de la Rep. de 1902 a 1908.

nordeste m. Punto del horizonte entre el norte y el este. || Viento que sopla de esta parte.

Nordeste Brasileño, región al NE. de Brasil, situada entre el Atlántico y Amazonia.

nórdico, ca adj. y s. Del Norte. || Aplícase especialmente a los pueblos escandinavos y a sus lenguas.

Nördlingen, c. en el SO. de Alemania Occidental (Baviera). Batallas en la guerra de los Treinta Años (1634-1645).

Noreña (Miguel), escultor mexicano (1843-1894).

noreste m. Nordeste.

Norfolk, c. y puerto en el E. de Estados Unidos (Virginia). — Condado de Gran Bretaña al E. de Inglaterra ; cap. *Norwich.*

noria f. Máquina para sacar agua de un pozo, formada por una rueda vertical con cangilones y otra horizontal, movida por una caballería, que engrana con aquélla. || Pozo donde se coloca esta máquina. || Recreo de feria que consiste en varias vagonetas colocadas a manera de cangilones que giran sobre un eje horizontal.

Noriega Hope (Carlos), escritor mexicano (1896-1934), autor de relatos.

Norilsk, c. de la U. R. S. S. (Rusia), en el N. de Siberia. Minas. Metalurgia.

norma f. Regla que se debe seguir : *normas de corrección.* || Modelo a que se ajusta un trabajo. || Regla que fija las condiciones de elaboración de un producto industrial.

normal adj. Natural : *en su estado normal.* || Aplícase a las escuelas para preparar maestros : *escuela normal* (ú. t. c. s. f.). || *Geom.* Perpendicular (ú. t. c. s.).

normalidad f. Calidad de normal.

normalista adj. Relativo a la escuela normal. || Com. Alumno o alumna de una escuela normal.

normalización f. Acción y efecto de normalizar. || Conjunto de normas técnicas adoptadas por acuerdo entre productores y consumidores cuyo fin es unificar y simplificar el uso de determinados productos y facilitar la fabricación.

normalizar v. t. Hacer que algo se vuelva normal. || Regularizar, poner en buen orden lo que no lo estaba. || *Tecn.* Estandarizar, aplicar normas internacionalmente o nacionalmente adaptadas a la industria.

Normandas (ISLAS). V. ANGLONORMANDAS (Islas).

Normandía, ant. prov. del NO. de Francia. Cap. *Ruán.* En 1944 las tropas aliadas desembarcaron en las playas de esta región.

normando, da adj. y s. De Normandía. || De ciertos pueblos del norte de Europa.

— Los *normandos* eran un pueblo de navegantes escandinavos que realizaron incursiones por la costa francesa

al final del reinado de Carlomagno, ocuparon la actual Normandía (911) y, con Guillermo el Conquistador, se apoderaron de Inglaterra (1066).

normar v. t. *Amer.* Regir, servir de norma para.

normativo, va adj. Que da normas, reglas. || ~ F. Conjunto de normas.

noroeste m. ·Punto del horizonte entre el norte y el oeste. || Viento que sopla de esta parte.

Noroeste (PASO DEL), vía marítima del Atlántico al Pacífico por el N. del continente americano. || ~ (TERRITORIO DEL), parte septentrional del Canadá, situada la bahía de Hudson y el río Yukon ; 3 379 307 km².

Norrköping, c. y puerto del S. de Suecia, a orillas del Báltico.

norsantandereano, na adj. y s. De Norte de Santander (Colombia).

norte m. Polo ártico. || Uno de los puntos cardinales hacia donde está la estrella Polar. || Viento que sopla de esta parte. || Parte del globo terrestre o de un país situada en este punto. || *Fig.* Objetivo, meta, dirección : *perder el norte.*

Norte, dep. de Haití ; cap. *Cabo Haitiano.* || ~ (CABO), cabo del N. de Noruega, que es el punto más septentrional de Europa. || ~ (CANAL DEL), brazo de mar entre Irlanda y Escocia, que comunica el Atlántico con el mar de Irlanda. || ~ (MAR DEL), mar interior del NO. de Europa, formado por el Atlántico, que baña a Francia, Gran Bretaña, Noruega, Dinamarca, Alemania Occidental, Holanda y Bélgica. Su fondo tiene ricos yacimientos de hidrocarburos. || ~ **Chico,** región de Chile, al sur de Atacama, Coquimbo y norte de Valparaíso. Minas (hierro, cobre, manganeso, oro). || ~ **de Santander,** dep. del N. de Colombia, fronterizo con Venezuela ; cap. *Cúcuta.* Agricultura. Carbón. Petróleo. || ~ **Grande,** región del N. de Chile (Tarapacá, Antofagasta, Atacama y N. de Coquimbo).

norteafricano, na adj. De África del Norte (ú. t. c. s.).

Norteamérica. V. AMÉRICA *del Norte.*

norteamericano, na adj. Relativo a América del Norte (ú. t. c. s.) : *continente norteamericano.* || Estadounidense (ú. t. c. s.).

norteño, ña adj. y s. Del norte.

nortesantandereano, na y **nortesantanderino, na** adj. y s. Norsantandereano (Colombia).

North Bay, c. en el sur de Canadá (Ontario).

Northampton [norz], c. de Gran Bretaña en el centro de Inglaterra, cap. del condado homónimo. Obispado.

Northumberland, condado de Gran Bretaña en el N. de Inglaterra ; cap. *Newcastle.* Hulla.

Noruega, Estado de Europa septentrional, que ocupa la parte occidental de la península Escandinava ; 325 000 km² ; 4 100 000 h. (*noruegos*). Cap. *Oslo,* 500 000 h. Otras c. : *Bergen,* 215 000 h. ; *Trondheim,* 134 000 ; *Stavanger,* 95 000 y *Kristiansand,* 65 000. (V. mapa en la pág. siguiente.)

— GEOGRAFÍA. Noruega es un país montañoso, con costas muy recortadas que forman profundos fiordos. La riqueza económica del país está basada en las explotaciones forestales (pasta de papel), la cría de ganado, la pesca, la electrometalurgia (aluminio) y la electroquímica. La economía del país se ha visto reforzada con el descubrimiento y la explotación de importantes yacimientos de hidrocarburos en el mar del Norte. Noruega tiene uno de los niveles de vida más elevados de Europa.

noruego, ga adj. y s. De Noruega. || — M. Lengua hablada en este país.

Norwich, c. de Gran Bretaña en el E. de Inglaterra, cap. del condado de Norfolk. Catedral. Universidad.

nos, pron. pers. de primera pers. en masculino o femenino y número pl. en dativo y acusativo : *nos da, háblanos.* (Úsase también en ciertos casos en lugar de *nosotros : ruega por nos.* En el nominativo se usa el llamado *nos mayestático : Nos os bendecimos.*)

nosotros, tras, pron. pers. de primera persona en número pl.

nostalgia f. Pena de verse ausente de personas o cosas queridas : *nostalgia de la patria, de los amigos.* || Sentimiento de pena causado por el recuerdo de un bien perdido.

nostálgico, ca adj. Relativo a la nostalgia : *recuerdos nostálgicos.* || Que padece nostalgia (ú. t. c. s.).

Nostradamus (Michel DE NOSTREDAME), astrólogo y médico francés (1503-1566).

nota f. Señal, breve indicación que se hace para recordar algo : *tomo nota de lo que ha dicho.* || Comentario breve que se hace en las márgenes de un escrito : *libro lleno de notas manuscritas.* || Calificación, valoración, apreciación : *tener buena nota en matemáticas, en conducta.* || Noticia de periódico : *notas necrológicas.* || Comunicación hecha en forma de carta : *nota diplomática.* || Detalle : *hay una nota discordante en su proceder.* || Cuenta, factura. || Aspecto : *nota predominante en su manera de ser.* || Reputación, fama : *espectáculo de mala nota.* || Signo de música que representa un sonido y su duración. || — *Fig.* Dar la nota, singularizarse, dar el tono : *De mala nota, de mala fama.* || *Fig.* Forzar la nota, exagerar, ir demasiado lejos. || *Nota bene,* observación puesta al pie de un escrito (abrev. N. B.). || *Tomar nota,* apuntar, anotar ; fijarse bien en algo.

— Las *notas* musicales son en la actualidad : *do, re, mi, fa, sol, la, si.*

notabilidad f. Calidad de notable. || Persona ilustre o notable.

notable adj. Digno de ser tenido en cuenta por su importancia : *una obra notable.* || Grande, excesivo. || — M. y f. Persona principal : *reunión de notables.* || — M. Calificación de los exámenes, inferior al sobresaliente.

notación f. Acción de indicar por medio de signos convencionales : *notación musical, química,* etc. || Notas, puntuación : *la notación de los exámenes fue muy baja.*

notar v. t. Reparar, ver, observar, advertir, darse cuenta : *notar la diferencia.* || Experimentar una sensación : *notar no la fiebre.* || — V. pr. Verse : *se nota el cambio.*

notaría f. Empleo y oficina del notario.

notariado, da adj. Legalizado ante notario. || — M. Carrera, profesión o ejercicio de notario. || Conjunto formado por los notarios.

notarial adj. Relativo al notario. || Autorizado por notario.

notario m. Funcionario público que da fe de los contratos, escrituras de compra y venta, testamentos y otros actos extrajudiciales.

noticia f. Noción, conocimiento elemental. || Comunicación de un suceso reciente : *noticias de la guerra.*

noticiar v. t. Dar noticia o hacer saber una cosa.

noticiario m. Película cinematográfica con noticias de actualidad. || Diario hablado en la radio o televisión. || Sección de un periódico dedicada a una especialidad : *al final del diario está el noticiario deportivo.*

noticiero, ra adj. Que da noticias : *diario noticiero.* || — M. y f. Persona que da o escribe las noticias, que las escribe. || — M. *Amer.* Noticiario.

noticioso, sa adj. Que tiene noticia. || Conocedor. || — M. *Arg.* Noticiario.

notificación f. *For.* Acción y efecto de notificar : *notificación judicial.* || Documento con que consta.

notificar v. t. *For.* Hacer saber con resolución.

notoriedad f. Calidad de notorio. || Nombradía, fama.

notorio, ria adj. Conocido por todos. || Evidente, patente.

Nottingham, c. de Gran Bretaña en el centro de Inglaterra, a orillas del Trent, cap. del condado homónimo. Obispado. Industrias.

Nova || ~ **Iguaçu,** c. del Brasil, cerca de Río de Janeiro. Obispado. || ~ **Lisboa.** V. HUAMBO.

novación f. Sustitución de un título de crédito por otro nuevo que anula el anterior.

novador, ra adj. Que innova o crea algo nuevo, innovador (ú. t. c. s.).

OCÉANO GLACIAL ÁRTICO

NORUEGA

noveleria f. Afición a las novelas. ‖ *Fig.* Cuentos, chismes. ‖ Fantasía.
novelero, ra adj. y s. Amigo de ficciones, imaginativo. ‖ Aficionado a leer novelas y cuentos.
novelesco, ca adj. Propio de las novelas : *lance novelesco.* ‖ De pura ficción : *historia novelesca.* ‖ Que parece de novela, fantástico.
novelista com. Escritor de novelas.
novelístico, ca adj. Relativo a la novela. ‖ — F. Tratado histórico o preceptivo de la novela. ‖ Género de las novelas.
novelón m. Novela extensa.
novena f. Ejercicio devoto que se practica durante nueve días. ‖ Libro donde constan las oraciones de una novena.
novenario m. Espacio de nueve días. ‖ Novena en honor de algún santo.
Novenas. V. ENNEADAS.
noveno, na adj. Que sigue en orden a lo octavo. ‖ — M. Cada una de las nueve partes iguales de un todo.
noventa adj. Nueve veces diez (ú. t. c. s. m.). ‖ Nonagésimo.
noventavo, va adj. y s. Nonagésimo.
noventayochista adj. y s. Relativo a la generación literaria española del 98 : *los escritores noventayochistas.* (V. GENERACIÓN.)
noventón, ona adj. y s. *Fam.* Nonagenario.
Nóvgorod, c. de la U. R. S. S. (Rusia), a orillas del Voljov y al SE. de Volgogrado.
Novi ‖ ~ **Ligure,** c. del NO. de Italia (Piamonte). Siderurgia. ‖ ~ **Sad,** c. del NE. de Yugoslavia, cap. de Voivodina.
noviar v. i. *Riopl.* Ser novio.
noviazgo m. Estado de novio o novia. ‖ Tiempo que éste dura.
noviciado m. Estado de los novicios antes de profesar. ‖ Tiempo que dura este estado. ‖ Casa en que residen los novicios : *el noviciado de los jesuitas.* ‖ *Fig.* Aprendizaje.
novicio, cia adj. y s. Religioso que aún no ha tomado el hábito. ‖ Principiante en un arte u oficio.
noviembre m. Undécimo mes del año, de 30 días.
novilunio m. Luna nueva.
novillada f. Conjunto de novillos. ‖ Corrida en la que sólo se torean novillos : *la novillada de feria.*
novillero m. El que cuida de los novillos. ‖ Torero de novillos (ú. t. la forma femenina).
novillo, lla m. y f. Res vacuna de dos o tres años. ‖ — M. pl. Novillada. ‖ *Fam. Hacer novillos,* faltar sin motivo al colegio.
novio, via m. y f. Persona que tiene relaciones amorosas con propósito de contraer matrimonio. ‖ Contrayente en la ceremonia del matrimonio : *la novia llevaba un traje blanco de tul.* ‖ Recién casado : *viaje de novios.* ‖ *Fam. Compuesta y sin novio,* sin algo que se esperaba.
Novión (Alberto Aurelio), comediógrafo argentino (1881-1937).
Novios (*Los*), novela histórica y romántica de A. Manzoni (1827).
novísimo, ma adj. Último en orden : *la Novísima Recopilación.* ‖ — M. pl. *Teol.* Cada una de las cuatro postrimerías del hombre.
Novo (Salvador), escritor mexicano (1904-1974), autor de narraciones (*Nueva grandeza mexicana, El joven*), poesías (*Sonetos, Espejo, Poemas proletarios*) y obras de teatro.
novocaína f. Producto analgésico derivado de la cocaína.
Novochajtinsk, de 1929 a 1939 *Komintern,* c. de la U. R. S. S. (Rusia).
Novocherkask, c. de la U. R. S. S. (Rusia), al NE. de Rostov.
Novo Hamburgo, c. del sur de Brasil (Río Grande do Sul). Calzados.
Novokuznetsk, de 1932 a 1961 *Stalinsk,* c. de la U. R. S. S. (Rusia), en el SO. de Siberia. Metalurgia.
Novomoskovsk, de 1934 a 1961 *Stalinogorsk,* c. de la U. R. S. S. (Rusia), al S. de Moscú. Metalurgia.
Novorosisk, c. y puerto en el O. de la U. R. S. S. (Rusia), a orillas del mar Negro.
Novosibirsk, c. en el centro de la U. R. S. S. (Rusia), en Siberia occidental y a orillas del Obi. Industrias.

Novalis (Barón Friedrich Leopold von HARDENBERG, llamado), poeta romántico alemán (1772-1801).
Novara, c. del NO. de Italia (Piamonte), cap. de la prov. homónima.
Novás Calvo (Lino), escritor cubano, n. en 1905, autor de novelas (*El negrero*) y cuentos.
novatada f. Broma o vejamen hecho en colegios, academias y cuarteles a los individuos de nuevo ingreso. ‖ Acción propia de un novato. ‖ *Pagar la novatada,* tener un contratiempo a causa de la falta de experiencia.
novato, ta adj. y s. Principiante.
novecientos, tas adj. Nueve veces ciento (ú. t. c. s. m.). ‖ Nonigentésimo.
novedad f. Calidad de nuevo. ‖ Cambio inesperado : *hubo una gran novedad.* ‖ Noticia o suceso reciente : *novedades de la guerra.* ‖ — Pl. Géneros de moda : *almacén de novedades.* ‖ *Sin novedad,* normalmente.
novedoso, sa adj. Nuevo.

novel adj. y s. Nuevo, principiante.
novela f. Obra literaria extensa, en prosa, en la que se describen y narran acciones fingidas, caracteres, costumbres, etc. : *las novelas de Balzac.* ‖ Género literario constituido por estos relatos : *la novela rusa.* ‖ *Fig.* Ficción.
novelador, ra m. y f. Novelista.
novelar v. i. Componer o escribir novelas. ‖ *Fig.* Referir cuentos y patrañas. ‖ — V. t. Relatar en forma de novela : *novelar una revolución.*
Novelas ejemplares, colección de doce novelas cortos de carácter realista de Miguel de Cervantes (*La gitanilla, Rinconete y Cortadillo, El coloquio de los perros, La ilustre fregona, El amante liberal, El casamiento engañoso, El celoso extremeño, La fuerza de la sangre, La española inglesa, El licenciado Vidriera, La señora Cornelia y Las dos doncellas*).
Novelda, c. del este de España (Alicante).

Nowa Huta, c. de Polonia en los suburbios de Cracovia. Siderurgia.

Noya, pobl. del NO. de España (La Coruña), a orillas de la *ría de Muros y Noya.*

Noyon [*nuayón*], c. del N. de Francia (Oise). Catedral gótica.

Np, símb. químico del neptunio.

Nuadibu, ant. *Port-Étienne,* c. y puerto en el O. de Mauritania.

Nuakchott, cap. de la República Islámica de Mauritania, cerca de la costa atlántica ; 150 000 h.

nubarrón m. Nube grande.

nube f. Masa de vapor acuoso en suspensión en la atmósfera. || Polvareda, humo u otra cosa que enturbia la atmósfera. || Multitud : *una nube de fotógrafos.* || *Fig.* Cosa que oscurece : *no hay una nube en mi felicidad.* | Mancha en las piedras preciosas. | *Med.* Mancha en la córnea del ojo. || — *Fig. Andar por* (o *estar en*) *las nubes,* estar distraído, ser muy ignorante. | *Caído de las nubes,* de forma imprevista. | *Nube de verano,* tormenta' de corta duración ; (fig.) disgusto o enfado breve. || *Fig. Poner por las nubes,* elogiar mucho. | *Por las nubes,* muy cara.

Nubia, región del NE. de África, en el valle medio del Nilo, parte de Egipto y del Sudán. Importantes vestigios de civilización antigua.

núbil adj. Que tiene edad de contraer matrimonio : *mujer núbil.*

nubilidad f. Calidad de núbil.

nublado m. Ocultación del cielo por las nubes.

nublar v. t. Anublar. || Ocultar. || Turbar : *esto nubló mi dicha.* || — V. pr. Cubrirse el cielo de nubes. || Volverse poco claro : *nublarse la vista.*

nublazón t. *Amer.* Nublado.

nubloso, sa adj. Con nubes.

nubosidad f. Estado de nuboso.

nuboso, sa adj. Con nubes.

nuca f. Parte posterior del cuello.

nuclear adj. Relativo al núcleo de átomos y a la energía que produce : *física nuclear.* || Relativo al núcleo de una célula biológica. || *Arma nuclear,* término genérico con que se designa cualquier arma que utiliza la energía procedente del núcleo del átomo : las armas nucleares comprenden las llamadas atómicas o de fisión y las termonucleares o de fusión. — La fisión de los elementos pesados (uranio) como la fusión de los ligeros (hidrógeno), acompañados de una pérdida de masa, desarrollan la llamada *energía nuclear,* aplicable en la producción de electricidad, en los motores marinos, en armas, en terapéutica y procedimientos industriales.

nuclear v. t. Dividir en partes. || *Arg.* Agrupar, reunir.

nuclearización f. Acción y efecto de nuclearizar.

nuclearizar v. t. Poner, proveer de energía nuclear.

nucleico, ca adj. Dícese de los ácidos fosforados que forman parte de los elementos fundamentales del núcleo de la célula y que se dividen en dos grupos : ácidos ribonucleicos (A. R. N.) y ácidos desoxirribonucleicos (A. D. N.).

nucleína f. Nucleoproteína.

núcleo m. Almendra o parte mollar de frutos con cáscara. || Hueso de la fruta. || Parte central del globo terrestre. || *Astr.* Parte más luminosa y más densa de un planeta. || *Biol.* Corpúsculo esencial de la célula. || *Electr.* Pieza magnética sobre la que se devana el hilo de las bobinas. || *Fís.* Parte central del átomo formado por protones y neutrones. || *Fig.* Elemento primordial de una cosa : *el núcleo de una colonia.* | Grupo reducido de personas.

nucléolo m. Cuerpo esférico en el interior del núcleo de la célula.

nucleón m. *Fís.* Corpúsculo que constituye el núcleo de un átomo. (Hay *nucleones* positivos o protones, y *nucleones* neutros o neutrones.)

nucleónico, ca adj. Relativo a los nucleones. || — F. Parte de la física que estudia las trasmutaciones de los núcleos atómicos.

nucleoproteína f. Proteína compleja contenida en el núcleo de las células.

nudillo m. Articulación que hay en los dedos.

nudismo m. Desnudismo.

nudista adj. y s. Desnudista.

nudo m. Lazo muy apretado. || En los árboles y plantas, parte del tronco de donde salen las ramas. || Lugar donde se cruzan dos o más sistemas montañosos : *nudo de montañas.* || *Cruce* : *nudo de carreteras, ferroviario.* || *Fig.* Unión, vínculo : *el nudo matrimonial.* | Principal dificultad o duda : *el nudo de la cuestión.* || *Mar.* Unidad de velocidad equivalente a una milla (1 852 m por hora). || En los poemas o en la novela, parte en que está en su punto culminante el interés de la acción y que precede al desenlace. || — *Nudo de comunicaciones,* lugar donde se unen varias vías de comunicación o varios medios de comunicación. | *Fig. Nudo gordiano,* cosa que es imposible de resolver. (V. GORDIO.)

nudo, da adj. *Nuda propiedad,* propiedad de un bien del cual tiene el usufructo otra persona diferente del dueño.

nudosidad f. *Med.* Concreción pequeña que se forma en el cuerpo.

nudoso, sa adj. Que tiene nudos.

nuera f. Hija política, esposa del hijo propio.

nuestro, tra adj. y pron. pos. De nosotros : *Los nuestros,* los de nuestro partido, profesión, etc.

nueva f. Noticia : *una nueva satisfactoria.* || *Cogerle a uno de nuevas algo,* saberlo inopinadamente.

Nueva, isla en el S. de Chile, en el canal de Beagle. || — **Amsterdam,** isla francesa en el océano Índico. || — **Andalucía,** ant. n. de la región entre el cabo de la Vela, y el golfo de Colombia (Atlántico), y el golfo de Uraba, en E. de Venezuela. || — **Asunción,** dep. del Paraguay ; cap. *General Eugenio A. Garay.* || — **Bretaña,** pobl. del Paraguay (Caaguazú). || — **Bretaña,** isla de Melanesia (archip. Bismarck), bajo tutela australiana. Se llamó *Pomerania.* || — **Burdeos.** V. VILLA HAYES. || — **Cáceres.** V. NAGA. || — **Caledonia,** isla de Francia en Melanesia ; 19 000 km² ; cap. *Numea,* 68 000 h. Descubierta por Cook en 1774. || — **Carteya,** v. de España (Córdoba). || — **Castilla,** n. que dieron los españoles al Perú. || — **Colombia,** pobl. al E. del Paraguay (Cordillera). || — **Concepción,** mun. al N. de El Salvador (Chalatenango). || — **Córdoba.** V. CUMANÁ. || — **Delhi.** V. DELHI. || — **Écija,** prov. de Filipinas, en la isla de Luzón ; cap. *Cabanatuan.* || — **Escocia,** prov. del SE. del Canadá ; cap. *Halifax.* || — **España,** n. que dieron los españoles a México. || — **Esparta,** Estado del N. de Venezuela que comprende las islas Margarita, Cubagua y Coche ; cap. *La Asunción.* Pesca, conservas, petróleo. || — V. en el E. de El Salvador (La Unión). || — **Extremadura,** n. que dieron los españoles a Chile, y tb. a Coahuila (México). || — **Gales del Sur,** Estado del E. de Australia ; cap. *Sydney.* || — **Galicia,** n. que dieron los españoles a una parte de Nueva España (hoy Est. de Jalisco, Aguascalientes, Durango y parte de Nayarit, San Luis Potosí, Sinaloa y Zacatecas). || — **Gerona,** pobl. del SO. de Cuba (Isla de Juventud). || — **Granada,** n. que dieron los españoles a Colombia. || — **Guinea,** isla de Oceanía, al NE. de Australia, separada de ésta por el estrecho de Torres ; 771 900 km², la segunda del globo, después de Groenlandia. V. PAPUASIA. || — **Imperial,** c. del centro de Chile en la IX Región (Araucanía) y la prov. de Cautín, cap. del SE. del mismo nombre. || — **Inglaterra,** n. que se dio a los Estados norteamericanos de Maine, New Hampshire, Vermont, Massachusetts, Rhode Island y Connecticut. || — **Irlanda,** isla del archip. Bismarck (Melanesia) ; cap. *Kavieng.* Se llamó tb. *Nuevo Mecklemburgo.* || — **Jersey,** uno de los Estados Unidos de Norteamérica en el E. (Atlántico) ; cap. *Trenton.* || — **Ocotepeque,** mun. en el SO. de Honduras, cap. del dep. de Ocotepeque. || — **Orléans,** c. del S. de Estados Unidos (Luisiana), a orillas del Misisipí. || — **Palmira,** c. del SO. del Uruguay (Colonia). || — **Paz,** mun. del

NO. de Cuba (La Habana). || — **Pomerania.** V. NUEVA BRETAÑA. || — **Rosita,** c. en el N. de México (Coahuila). || — **San Salvador,** c. al sur de El Salvador, cap. del dep. de La Libertad, llamada tb. *Santa Tecla.* Fue cap. de la Rep. de 1855 a 1859. || — **Santa Rosa,** mun. al sur de Guatemala (Santa Rosa). || — **Segovia,** dep. del NO. de Nicaragua, atravesado por el río Coco o Segovia ; cap. *Ocotal.* || — **Toledo.** V. CUMANÁ. || — **Vizcaya,** prov. de Filipinas (Luzón) ; cap. *Bayombong.* || — **York,** uno de los Estados Unidos de Norteamérica, en el NE. ; cap. *Albany* ; c. pr. *Nueva York.* Industrias. — C. y puerto del NE. de Estados Unidos en la desembocadura del río Hudson, en el Estado homónimo ; 7 870 000 h. (con sus suburbios, cerca de 17 millones). Arzobispado. Universidad. Industrias, comercio. Es la mayor ciudad del mundo y su centro financiero. Sede de la O. N. U. || — **Zamora.** V. MARACAIBO. || — **Zelanda.** V. art. aparte. || — **Zembla,** archip. al N. de la U. R. S. S., entre el mar de Kara y el de Barents ; 93 240 km². Observatorio astronómico y estaciones radiotelegráfica.

Nueva Zelanda, archip. de Oceanía, al SE. de Australia : 270 000 km² ; 3 330 000 h. (neocelandeses). Cap. *Wellington,* 360 000 h. ; c. pr. *Auckland,* 850 000 h. ; *Dunedin,* 125 000 ; *Christchurch,* 340 000 ; *Hutt,* 145 000 ; *Manukau,* 143 000 ; *Hamilton,* 160 000 ; *Palmerston North,* 95 000. Está formada por dos grandes islas, descubiertas por el holandés Tasman en 1642. Miembro del Commonwealth. Es un país esencialmente ganadero. Industrias (alimentarias, textiles, de construcciones mecánicas). Minas.

Nuevas Hébridas, hoy *Vanuatu,* islas volcánicas del Pacífico, situadas entre Nueva Caledonia y las islas Fidji (Oceanía), que constituyeron un condominio francobritánico y son, desde 1980, independientes ; 14 761 km² ; 95 800 h. Cap. *Port-Vila* (isla Vaté).

nueve adj. Ocho y uno. || Noveno día del mes. || — M. Cifra que representa el número nueve. || *Naipe con nueve figuras* : *el nueve de espadas.*

Nueve de Julio, dep. al norte de la Argentina (Santa Fe) ; cap. *Tostado.* — Dep. de la Argentina (Río Negro), cap. *Sierra Colorada.* — Dep. al oeste de la Argentina (San Juan). — Partido de la Argentina (Buenos Aires). — Dep. al NE. de la Argentina (Chaco).

Nuevitas, c. y puerto en el N. del centro de Cuba (Camagüey), en la *bahía de Nuevitas.*

nuevo, va adj. Que se ve u oye por primera vez : *un nuevo sistema.* || Que sucede a otra cosa en el orden natural : *el nuevo parlamento.* || *Recién hecho* : *compré un piso nuevo.* | Otro, distinto : *Un producto nuevo.* || De una cosecha reciente : *patatas nuevas.* || Novicio, inexperto : *ser nuevo en la profesión* (ú. t. c. s.). | Recién llegado : *nuevo en esta plaza.* || *Fig. Poco usado* : *un traje nuevo.* || — *Año nuevo,* primer día del año. || *De nuevo,* nuevamente. || *El Nuevo Mundo,* América. || *El Nuevo Testamento,* los libros sagrados posteriores a Jesucristo. || *Fig. Quedar como nuevo,* quedar muy bien, perfecto.

Nuevo, golfo de la Argentina meridional en la penins. de Valdés (Chubut). — Río en el SE. de México (Tabasco), que pertenece al golfo de Campeche. Llamado tb. *González.* || — **Berlín,** prov. en el O. del Uruguay (Río Negro). || — **Brunswick,** prov. del E. del Canadá, ribereña del Atlántico ; cap. *Fredericton.* || — **Laredo,** c. del NE. de México (Tamaulipas), en la frontera con Estados Unidos. Gas natural. || — **León,** Estado del NE. de México, fronterizo con Estados Unidos ; cap. *Monterrey.* Agricultura, ganadería. Minas. Industrias. || — **Mecklemburgo.** V. NUEVA IRLANDA. || — **México,** uno de los Estados Unidos de Norteamérica en el S. ; cap. *Santa Fe.* Petróleo. Fue mexicano hasta 1848. || — **Mundo,** n. que se da a veces al continente americano. || — **Progreso,** mun. al O. de Guatemala (San Marcos). || — **Quebec** o **Ungava,** distrito al E. de Canadá (Quebec). || — **San Carlos,** mun. al SO. de Guatemala (Retalhuleu).

Nuevo Luciano o *El despertador de ingenios*, diálogos satíricos de Eugenio de Santa Cruz y Espejo (1779).

nuevoleonense y **nuevoleonés, esa** adj. y s. Neoleonés.

nuez f. Fruto del nogal. ‖ Fruto de otros árboles : *nuez de coco, nuez moscada*. ‖ Prominencia de la laringe en el varón adulto. ‖ *Mús.* Pieza movible en el extremo del arco de algunos instrumentos para tensar las cuerdas. ‖ *Fig. Mucho ruido y pocas nueces*, tener poca importancia algo que aparenta mucho.

Nukualofa, cap. de las islas de Tonga.

Nules, v. al E. de España (Castellón).

nulidad f. Calidad de nulo. ‖ Vicio que anula un acto jurídico. ‖ *Fam.* Persona inútil : *es una nulidad*.

nulo, la adj. Que carece de efecto legal : *un fallo nulo*. ‖ Incapaz, inútil, inepto : *hombre nulo*. ‖ *Combate nulo*, tablas, empate.

Numa Pompilio, segundo rey legendario de Roma (¿ 715 a 672 ? a. de J. C.), organizador de la vida religiosa.

Numancia, c. ant. de España, junto a la actual Soria, que opuso heroica resistencia a las fuerzas del general romano Escipión Emiliano (133 a. de J. C.). Sus moradores prefirieron entregarse a las llamas antes que rendirse.

numantino, na adj. y s. De Numancia (España).

Numarán, mun. en el SO. de México (Michoacán). Agricultura. Ganadería.

Numazu, c. del Japón en el E. de la isla de Honshu.

Numea, cap. de la isla y territorio francés de Nueva Caledonia (Melanesia) ; 68 000 h. Puerto.

numen m. Inspiración.

numeración f. Acción y efecto de numerar. ‖ *Mat.* Sistema empleado para expresar todos los números. ‖ — *Numeración arábiga o decimal*, la que emplea los diez signos árabes que por su valor absoluto combinado con su posición relativa puede expresar cualquier cantidad. ‖ *Numeración romana*, la que expresa los números con siete letras del alfabeto latino.

Numeración romana

I	1	XII	12	C	100
II	2	XIV	14	CXC	190
III	3	XIX	19	CC	200
IV	4	XX	20	CCC	300
V	5	XXX	30	CD	400
VI	6	XL	40	D	500
VII	7	L	50	DC	600
VIII	8	LX	60	DCC	700
IX	9	LXX	70	DCCC	800
X	10	LXXX	80	CM	900
XI	11	XC	90	M	1 000

numerador m. *Mat.* Término que indica cuántas partes de la unidad contiene un quebrado.

numeral adj. Relativo al número.

numerar v. t. Contar por el orden de los números. ‖ Poner número a una cosa : *numerar los folios, las páginas*. ‖ Expresar numéricamente la cantidad.

numerario, ria adj. Numeral, relativo al número. ‖ Dícese del valor legal de la moneda. ‖ Aplícase al miembro fijo de una corporación (u.t.c.s.) : *catedrático numerario*. ‖ — M. Dinero efectivo.

numérico, ca adj. Relativo a los números : *valor numérico*.

número m. *Mat.* Expresión de la cantidad computada con relación a una unidad. ‖ Cifra o guarismo : *el número 7*. ‖ Parte del programa de un espectáculo. ‖ Cantidad indeterminada : *cometió un gran número de errores*. ‖ Tamaño de ciertas cosas : *¿ qué número de zapatos tienes ?* ‖ *Gram.* Accidente que expresa si una palabra se refiere a una persona o cosa o a más de una. ‖ *Fig. Clase : no está en el número de sus admiradores*. ‖ *Mil.* Soldado sin graduación. ‖ *Mús.* y *Lit.* Armonía y cadencia del período. ‖ Billete de lotería. ‖ Cada una de las publicaciones periódicas : *lo leí en un número de ABC*. ‖ — *Fig. y fam. Dar el número o el numerito*, hacer algo extravagante o poco conveniente. ‖ *De número*, titular : *miembro, académico de número*. ‖ *Hacer números*, calcular. ‖ *Número abstracto*, el que no se refiere a unidad de especie determinada. ‖ *Número atómico*, el de un elemento en la clasificación periódica. ‖ *Número concreto*, el que designa cantidad de especie determinada. ‖ *Número de Mach*, relación entre la velocidad de un móvil (proyectil o avión) y la del sonido en la atmósfera en que se mueve. ‖ *Número dígito*, el que se puede expresar en una sola cifra. ‖ *Número entero*, el que consta de un número exacto de unidades. ‖ *Número fraccionario o quebrado*, fracción. ‖ *Número impar*, el no divisible por dos. ‖ *Número par*, el divisible por dos. ‖ *Número primo*, el que no admite más divisor que él mismo y la unidad, como 7, 11. ‖ *Ser el número uno*, ser el mejor. ‖ *Fig. Sin número*, en gran cantidad.

numeroso, sa adj. Que incluye gran número de cosas : *público numeroso*. ‖ — Pl. Muchos : *los candidatos son demasiado numerosos*.

numerus clausus expr. lat. Número limitado de personas que pueden ser admitidas en el ingreso : *actualmente existe el numerus clausus para efectuar determinados estudios*.

númida adj. y s. De Numidia (África).

Numidia, nombre antiguo de una región del norte de África, situada en gran parte en lo que hoy es el Estado de Argelia. Fue reino independiente, se alió con Roma y, después de la derrota de su último rey, Yugurta, se convirtió en provincia romana (46).

numismático, ca adj. Relativo a la numismática. ‖ — M. y f. Persona que se dedica a esta ciencia. ‖ — F. Ciencia que trata de las monedas y de las medallas.

Numitor, rey legendario de Alba, Longa, más tarde Roma, padre de Rea Silvia y abuelo de Rómulo y Remo.

numulita o **nummulites** f. Protozoo fósil de la era terciaria.

nunca adv. En ningún tiempo : *nunca ocurrió tal cosa*. ‖ Ninguna vez : *nunca volveré allí*. ‖ *Nunca jamás o* . *nunca más*, jamás.

nunciatura f. Cargo, dignidad y tiempo de ejercicio de nuncio. ‖ Palacio del nuncio. ‖ Tribunal de la Rota, en España.

nuncio m. Mensajero. ‖ Representante diplomático del Papa : *nuncio apostólico*. ‖ *Fam.* Personaje imaginario a quien se refiere uno por burla : *aunque le diga el nuncio no lo haré*. ‖ *Fig.* Anuncio o señal.

Nuneaton, c. de Gran Bretaña en el centro de Inglaterra (Warwick).

Nunes (Pedro). V. NONIO.

Nunó (Jaime), músico español (1824-1908), autor del himno nacional mexicano cuya letra era del poeta Francisco González Bocanegra.

Núñez (Álvar). V. CABEZA DE VACA. ‖ ~ (RAFAEL), político y escritor colombiano, n. en Cartagena (1825-1894), pres. de la Rep. de 1880 a 1882 y de 1884 a 1886. De este último año hasta 1888, gobernó conjuntamente con José María Campo Serrano, Eliseo Payán y Carlos Holguín. Promulgó la Constitución de 1886 y convirtió la República federativa en unitaria. ‖ ~ **de Arce** (GASPAR), poeta español (1834-1903), autor de los poemas *Gritos de combate* y *El vértigo*. ‖ ~ **de Balboa** (VASCO). V. BALBOA. ‖ ~ **de Cáceres** (JOSÉ), prócer de la Independencia dominicana (1772-1846). ‖ ~ **del Prado** (MARINA), escultora boliviana, n. en 1910. ‖ ~ **de Pineda y Bascuñán** (FRANCISCO), militar y escritor chileno (1607-1682). ‖ ~ **de Toledo y Guzmán** (HERNÁN), humanista español (¿ 1475 ?-1553), que colaboró en la *Biblia Políglota Complutense*. Fue llamado el *Pinciano* o *el Comendador Griego*. ‖ ~ **Rodríguez** (EMILIO), general de la Independencia cubana (1855-1922). ‖ ~ **Ureta** (FEDERICO), pintor peruano, n. en 1912, excelente acuarelista. ‖ ~ **Vela** (BLASCO), primer virrey del Perú (1544). Murió decapitado por las huestes del rebelde Gonzalo Pizarro (1546). ‖ ~ **y Domínguez** (JOSÉ DE J.), escritor y poeta mexicano (1887-1959).

Nuño Rasura, juez legendario de Castilla (s. X).

nupcial adj. Relativo a las bodas.

nupcialidad f. Casamiento.

nupcias f. pl. Boda.

Nuremberg o **Nuremberga,** c. de Alemania Occidental (Baviera). Centro industrial. Proceso contra los criminales de guerra alemanes (1945-1946).

Nuristán, antes *Kafiristán*, región montañosa del N. de Afganistán.

nurse f. (pal. ingl.). Niñera, ama. ‖ Enfermera.

nursery f. (pal. ingl.). Habitación o guardería para niños de corta edad.

nutación f. Oscilación periódica del eje de la Tierra causada principalmente por la atracción lunar.

nutria f. Mamífero carnívoro de la familia de los mustélidos de color pardo rojizo.

nutricio, cia adj. Nutritivo. ‖ Que nutre o alimenta a para otra persona.

nutrición f. Conjunto de funciones orgánicas por las que los alimentos sufren transformación y se hacen aptos para el crecimiento y la actividad de un ser viviente.

nutrido, da adj. *Fig.* Lleno, abundante : *estudio nutrido de datos*. ‖ Numeroso : *un nutrido grupo*.

nutrir v. t. Alimentar : *la sangre nutre el cuerpo* (ú. t. c. pr.). ‖ *Fig.* Fortalecer, consolidar : *nutrir el espíritu con la lectura*. ‖ Mantener, acrecentar : *eso nutría mi enfado*.

nutritivo, va adj. Que nutre.

ny f. Decimotercera letra del alfabeto griego (ν), equivalente a la *n* castellana.

Nyassa. V. MALAWI *(Lago)*.

Nyassalandia. V. MALAWI.

Nyiragongo, volcán al E. del Zaire.

Nyköbing, cap. de la isla Falster (Dinamarca).

Nyköping, c. de Suecia, al sur de Estocolmo.

nylon m. (n. registrado). Fibra textil sintética, a base de resina poliamida, que tiene muchas aplicaciones.

Nystad, actualmente *Uusikaupunki*, c. y puerto en el oeste de Finlandia.

Ñandú.

Ñ

ñ f. Decimoséptima letra del alfabeto castellano y decimocuarta de sus consonantes.

ña f. *Amer.* Tratamiento que se da a ciertas mujeres.

ñacaniná f. *Arg.* Víbora grande y venenosa.

ñacunda m. *Arg.* Ave nocturna de color pardo.

ñacurutú m. *Amer.* Búho.

ñamal m. Terreno en el que hay plantaciones de ñames.

ñame m. Planta comestible dioscorácea parecida a la batata.

ñamera f. *Bot.* Planta del ñame.

ñancu m. *Chil.* Ave falcónida.

ñandú m. Ave corredora de América, semejante al avestruz, de plumaje gris. (Pl. *ñandúes*.)

ñandubay m. Árbol mimosáceo de América, cuya madera, rojiza y dura, se emplea en obras públicas.

ñanduti m. *Riopl.* Encaje muy fino, de origen paraguayo, que dio fama a la ciudad de Itauguá.

ñango, ga adj. *Amer.* Desgarbado. | Débil, anémico.

ñangotado, da adj. *P. Rico.* Servil, adulador. | Sin ambiciones, alicaído.

ñangotarse v. pr. *P. Rico.* Humillarse. | Perder el ánimo.

ñangué m. *Cub.* Túnica de Cristo. || *Fam. Cub.* Lo mismo es ñangá que ñangué, lo mismo da una cosa que otra, todo es exactamente semejante.

ñaño, ña adj. y s. *Per.* Íntimo amigo. || — F. *Arg.* y *Chil.* Hermana mayor. || *Chil.* y *P. Rico. Fam.* Niñera.

ñapa f. *Amer.* Adehala, propina.

ñapango, ga adj. y s. *Col.* Mestizo, mulato.

ñapindá m. *Riopl.* Arbusto, parecido a la acacia, de flores amarillas. | Su flor.

ñapo m. *Chil.* Junco.

ñato, ta adj. y s. *Amer.* Chato. || — F. *Amer. Fam.* Nariz.

ñau m. Maullido del gato, miau.

ñaupa adj. *Amer.* Dícese de la persona anticuada, vieja (ú. t. c. s.).

Ñaupán, pico del Ecuador, entre la provincia de Cañar y la de Chimborazo ; 4 529 m.

Ñeembucú, dep. del SO. del Paraguay, fronterizo con la Argentina ; cap. *Pilar.*

ñeembucuense y **ñeembuqueño, ña** adj. y s. De Ñeembucú (Paraguay).

Nemby, pobl. al SO. del Paraguay (Central).

ñeque m. *Amer.* Fuerza, vigor. || *Méx.* Bofetada. || — Adj. *Amer.* Fuerte.

ñilbo m. *Chil.* Andrajo.

ñique m. *Amér.* C. Puñetazo.

Ñiquén, com. del centro de Chile en la VIII Región (Biobío) y en la prov. de Ñuble ; cap. *San Gregorio.*

ñoclo m. Especie de bizcocho.

ñoñería y **ñoñez** f. Acción o dicho propio de una persona ñoña.

ñoño, ña adj. y s. *Fam.* Apocado, tímido, de poco ingenio. | Beato. | Melindroso. | Soso, de poca gracia : *estilo ñoño.*

ñoqui m. Plato de pastas alimenticias que están dispuestas en masitas irregulares aderezadas de muy diferentes maneras.

ñorbo m. *Ecuad.* y *Per.* Planta de adorno. || Su flor.

Norquín, dep. en el O. de la Argentina (Neuquen) ; cab. *El Huecú.*

Norquincó, dep. de la Argentina (Río Negro) ; cab. *Norquincó.*

ñu m. Género de antílope del África del Sur.

Ñuble, río de Chile, afl. del Itata. — Prov. del centro de Chile en la VIII Región (Biobío) ; cap. *Chillán.* (Hab. *ñublenses.*) Agricultura.

ñublense adj. y s. De Ñuble (Chile).

ñublino, na adj. y s. Ñublense.

ñuco, ca adj. y s. *Amer.* Dícese de la persona que perdió los dedos o parte de ellos.

ñufla f. *Chil.* Cosa sin valor.

Ñuflo de Chávez, prov. al E. de Bolivia (Santa Cruz) ; cap. *Concepción.* Agricultura. Ganadería.

Numí, pobl. del SE. del Paraguay (Guairá).

Ñuñoa, com. de Chile en el Área Metropolitana de Santiago.

ñutir v. t. *Col.* Refunfuñar.

ñuto adj. *Ecuad.* Triturado, molido, pulverizado.

Obelisco.

O

o. f. Decimoctava letra del alfabeto castellano y cuarta de sus vocales.

o conj. Denota alternativa o diferencia: *ir o venir.* ‖ Denota también idea de equivalencia significando *o sea, esto es.*

— OBSERV. Se acentúa *o* cuando está entre dos guarismos para que no pueda confundirse con *cero:* vale *50 ó 60 pesos.* En lugar de *o* se pone *u* cuando la palabra siguiente empieza por *o* u *ho: setecientos u ochocientos; Nicaragua u Honduras.*

O, símbolo químico del oxígeno.

O., abreviatura de Oeste.

O', partícula que se coloca delante de los nombres propios irlandeses para indicar la filiación: *O'Higgins* (hijo de Higgins).

O. A. C. I. Ver ORGANIZACIÓN DE LA AVIACIÓN CIVIL INTERNACIONAL.

Oahu, isla más poblada de Hawai en la que se encuentra *Honolulú,* capital de este Estado norteamericano, y el puerto militar de *Pearl Harbor;* 1 555 km².

Oajaca. V. OAXACA.

Oakland, c. y puerto del SO. de Estados Unidos (California), en la bahía de San Francisco. Metalurgia. Obispado.

Oak Ridge, c. en el E. de Estados Unidos (Tennessee).

Oakville, c. al S. del Canadá (Ontario).

oasis m. Lugar con vegetación y con agua en medio del desierto. ‖ *Fig.* Sitio de reposo y bienestar en medio de otro agitado. ‖ Situación de alivio.

Oasis, departamento del Sáhara argelino; cap. *Uargla.*

Oaxaca, Estado del S. de México; cap. *Oaxaca de Juárez.* Agricultura. Ganadería. Minas. ‖ — c. al sur de México, cap. del Estado de Oaxaca. Centro agrícola y ganadero. Turismo. Arquidiócesis de Antequera-Oaxaca. Universidad. En las proximidades se encuentran Mitla y Monte Albán.

oaxaqueño, ña adj. y s. De Oaxaca (México).

Oaxtepec, v. y mun. de México, al sur de Oaxaca de este nombre (Morelos). Turismo.

Ob. V. OBI.

Obaldia (José Domingo de), político panameño (1845-1910), pres. de la Rep. de 1908 a 1910.

Obando, c. en el E. de Colombia, al N. de la Comisaría de Guainía.

Obando (José María), militar y político colombiano (1795-1861), pres. de la Rep. en 1853 y destituido en 1854. ‖ ~ (NICOLÁS DE). V. OVANDO.

obcecación f. y **obcecamiento** m. Ofuscación tenaz.

obcecar v. t. Cegar, ofuscar: *la pasión le obceca* (ú. t. c. pr.).

obedecer v. t. Hacer lo que otro manda: *obedecer a un superior.* ‖ Ejecutar lo que ordenan las leyes. ‖ Ceder con docilidad a la dirección que el hombre da: *el caballo obedece al freno, a la mano.* ‖ Tener un motivo: *mi acción obedece a razones humanitarias.* ‖ *Fig.* Estar sometido a una fuerza, a un impulso: *la embarcación obedece al timón.*

obediencia f. Acción o hábito de obedecer. ‖ Sumisión. ‖ Precepto del superior en las órdenes religiosas.

obediente adj. Que obedece.

Obeid (El), c. del Sudán (Kordofan), al SO. de Jartum. — Centro arqueológico de Irak, cerca de la ant. c. de Ur.

obelisco m. Monumento en forma de monolito piramidal alto y de sección cuadrangular: *obelisco de Luxor.*

obenque m. *Mar.* Cabo que sujeta la cabeza de los palos.

Oberá, dep. al NE. de la Argentina (Misiones). Mate, tabaco. Madera.

Oberammergau, c. en el S. de Alemania Occidental (Baviera). Famosa por sus representaciones de la Pasión celebradas cada diez años.

Oberhausen, c. en el O. de Alemania Occidental, en el Ruhr.

Oberland Bernés, macizo montañoso de los Alpes en el SO. de Suiza (Berna). Las alturas más importantes son el Finsteraarhorn, la Jungfrau y el Mönch.

obertura f. Trozo de música instrumental con que se da principio a una ópera, oratorio u otra composición.

obesidad f. Calidad de obeso.

obeso, sa adj. y s. Excesivamente grueso: *un hombre obeso.*

Obi u **Ob,** río de la U. R. S. S. (Siberia Occidental), que nace en el mar de Kara (océano Glacial Ártico) y forma el golfo de Obi ; 4 012 km.

óbice m. Obstáculo, impedimento.

Obidos, c. del N. del Brasil (Pará), a orillas del Amazonas.

Obihiro, c. del Japón en el SE. de la isla de Hokkaido.

obispado m. Dignidad y cargo del obispo. ‖ Diócesis. ‖ Edificio donde ésta se encuentra.

obispo m. Prelado que gobierna una diócesis. ‖ *Fam. Trabajar para el obispo,* trabajar en vano.

Obispo Santiesteban, prov. del este de Bolivia (Santa Cruz) ; cap. *Montero.*

óbito m. Defunción.

obituario m. Libro parroquial donde se registran las defunciones y entierros. ‖ Sección necrológica en un periódico o publicación.

objeción f. Réplica, argumento con que se impugna algo: *levantar objeciones.* ‖ Inconveniente. ‖ *Objeción de conciencia,* doctrina de los objetores de conciencia.

objetante adj. Que objeta (ú. t. c. s.).

objetar v. t. Impugnar.

objetivación f. Acción de objetivar.

objetivar v. t. Hacer que algo sea objetivo. ‖ Hacer independiente del sujeto: *objetivar una situación.*

objetividad f. Calidad de objetivo. ‖ Imparcialidad.

objetivismo m. Objetividad, imparcialidad. ‖ Creencia en la existencia de una realidad objetiva.

objetivo, va adj. Relativo al objeto en sí y no a nuestro modo de pensar o de sentir. (En este sentido, su contrario es ·subjetivo.) ‖ *Fil.* Aplícase a lo que existe realmente fuera del sujeto que lo conoce. ‖ Desapasionado, imparcial: *explicación objetiva.* ‖ — M. Lente de un aparato de óptica o máquina fotográfica dirigida hacia el objeto que se observa. ‖ *V. OVNI.* ‖ Finalidad, meta, designio: *perseguir un objetivo.* ‖ *Mil.* Punto en que se ha de concentrar el fuego. ‖ Lugar que se quiere conquistar con el ataque.

objeto m. Todo lo que puede ser materia de conocimiento intelectual o sensible: *las imágenes de los objetos.* ‖ Propósito, intención: *tener por objeto.* ‖ Asunto, motivo: *ser objeto de admiración.* ‖ — *Con objeto de,* a fin de, para. ‖ *Objeto volador no identificado. V. OVNI.*

objetor adj. y s. Que se opone a algo. ‖ *Objetor de conciencia,* el que se niega a hacer el servicio militar por razones de orden político o religioso.

oblación f. Ofrenda hecha a Dios. ‖ Sacrificio.

oblata adj. Religiosa de la congregación del Santísimo Redentor (ú. t. c. s.).

oblato adj. Dícese del religioso de las congregaciones fundadas por San Carlos Borromeo en Italia en 1578 o por Eugenio Mazenod en Marsella en 1816 (ú. t. c. s.).

oblea f. Hoja muy delgada de harina y agua, con la que se hacen las hostias. ‖ Sello para tomar medicinas.

oblicuar v. t. Dar a una cosa dirección oblicua.

oblicuidad f. Calidad de oblicuo.

oblicuo, cua adj. Sesgado, inclinado al través o desviado de la horizontal. ‖ *Geom.* Dícese del plano o línea que se encuentra con una u otra y forma un ángulo que no es recto.

obligación f. Imposición o exigencia moral que limita el libre albedrío. ‖ Vínculo que sujeta a hacer o no hacer una cosa. ‖ Gratitud: *tenerle obligación a uno.* ‖ Título negociable de interés fijo que representa una suma prestada a favor de una sociedad.

obligacionista com. Persona poseedora de algunas obligaciones negociables.

Obligado (PUNTA o VUELTA DE), paraje barrancoso del Paraná (Buenos Aires).

Obligado (Rafael), poeta argentino, n. en Buenos Aires (1851-1920), autor del poema gauchesco *Santos Vega*. || ~ (PEDRO MIGUEL), escritor argentino (1892-1967), excelente poeta.

obligar v. t. Hacer que alguien realice algo por la fuerza o autoridad. || Tener fuerza y autoridad para forzar: *la ley obliga a todos los menores de edad.* || Afectar: *norma que obliga a todos los menores de edad.* || Hacer fuerza en una cosa para colocarla de cierta manera. || *Amer.* Hacer que alguien esté agradecido: *me obliga mucho haciéndome tantos favores.* || — V. pr. Comprometerse a cumplir una cosa.

obligatoriedad f. Calidad de obligatorio.

obligatorio, ria adj. Que obliga a su cumplimiento: *servicio militar obligatorio.* || Exigido por las convenciones sociales: *traje de etiqueta obligatorio.*

obliterar v. t. *Med.* Obstruir o cerrar un conducto o cavidad.

oblongo, ga adj. Que es más largo que ancho.

obnubilación f. Ofuscamiento.

obnubilar v. t. Ofuscar.

oboe m. Instrumento músico de viento semejante a la dulzaina, provisto de doble lengüeta. || Oboísta.

oboísta com. Persona que toca el oboe.

óbolo m. Contribución pequeña a algo: *dar su óbolo.*

obra f. Cosa hecha o producida por un agente. || Producción artística o literaria: *publicar sus obras.* || Conjunto de las obras de un artista: *la obra musical de Wagner.* || Producto dado por una actividad. || Medio, poder: *por obra de la Divina Providencia.* || Acción moral. || Edificio en construcción: *la casa está en obras.* || Parte estrecha de un alto horno encima del crisol. || *Méx.* Trabajo, labor. || — *De obra*, por medio de actos. || *Obra de caridad*, la que se hace en bien del prójimo. || *Fig. Obra de romanos u obra del Escorial*, cosa extremadamente difícil y muy larga. || *Obra maestra*, la perfecta. || *Obras muertas*, parte del barco que está encima de la línea de flotación. || *Fig. Obras son amores, que no buenas razones*, hay que confirmar con hechos las palabras. || *Por obra de o por obra y gracia de*, gracias a.

obrador, ra adj. y s. Que obra. || — M. Taller de costura.

obraje m. Fabricación. || Trabajo que se exigía a los indios de América.

obrar v. t. Hacer una cosa: *obrar bien.* || Edificar, construir una obra. || — V. i. Causar efecto. || Exonerar el vientre. || Estar en poder de: *obra en mi poder su atenta carta.*

Obregón (ÁLVARO). V. ÁLVARO.

Obregón (Alejandro), pintor abstracto y muralista colombiano, n. en 1920. || ~ (ÁLVARO) general mexicano (1880-1928), pres. de la Rep. de 1920 a 1924. Llevó a cabo una política anticlerical. M. asesinado tras su reelección. || ~ (JOSÉ), pintor mexicano (1832-1909). || ~ **Santacilia** (CARLOS), arquitecto mexicano (1896-1961), autor del monumento a la Revolución en la c. de México.

obrerismo m. Conjunto de los obreros de un país. || Régimen económico fundado en el predominio de la clase obrera.

obrerista adj. Partidario del obrerismo (ú. t. c. s.).

obrero, ra adj. Que trabaja: *abeja obrera; clase obrera.* || — M. y f. Trabajador manual asalariado. || *Obrero cualificado*, el que trabaja en algo para lo que se requieren ciertos conocimientos técnicos.

obscenidad f. Calidad de obsceno. || Cosa obscena: *decir obscenidades.*

obsceno, na adj. Deshonesto, contrario al pudor: *acto obsceno.*

obscuro, ra y sus derivados. V. OSCURO y sus derivados.

obseder v. t. Provocar obsesión.

obsequiador, ra y **obsequiante** adj. y s. Que obsequia.

obsequiar v. t. Agasajar con atenciones o regalos.

obsequio m. Agasajo. || Regalo. || Deferencia, afabilidad.

obsequiosidad f. Atención, cortesía. || Amabilidad excesiva.

obsequioso, sa adj. Cortés, amable, complaciente. || Atento en exceso.

observación f. Acción y efecto de observar. || Atención dada a algo: *la observación de las costumbres.* || Advertencia: *le hice algunas observaciones.* || Objeción. || Nota explicativa en un libro.

observador, ra adj. Que observa o cumple un precepto. U. t. c. s.: *observador de la ley.* || Que sabe observar: *hombre, espíritu observador.* || — M. y f. Persona delegada que asiste, sin voz ni voto, a una reunión para conocer lo tratado.

observancia f. Cumplimiento de lo mandado o convenido.

observante adj. Que observa o cumple lo mandado (ú. t. c. s.).

observar v. t. Examinar con atención: *observar los síntomas de una enfermedad.* || Acatar, cumplir lo que se manda y ordena: *observar una regla, la ley.* || Advertir, darse cuenta, notar: *observar un error.* || Vigilar, espiar: *observar la conducta ajena.* || Contemplar los astros. || — V. pr. Notarse: *se observa una mejoría.*

observatorio m. Lugar para hacer observaciones, especialmente observaciones astronómicas.

obsesión f. Idea fija que se apodera del espíritu: *tener la obsesión de la muerte.* || Prejuicio que ofusca el entendimiento.

obsesionar v. t. Causar obsesión.

obsesivo, va adj. Obsesionante.

obseso, sa adj. y s. Dominado por una obsesión.

obsidiana f. Mineral volcánico vítreo, de color negro o verde.

obsolescencia f. Calidad de lo que se vuelve obsoleto.

obsoleto, ta adj. Anticuado.

obstaculizar v. t. Poner obstáculos. || Obstruir: *obstaculizar la calle.*

obstáculo m. Impedimento, dificultad, estorbo, inconveniente. || Lo que estorba el paso: *saltar un obstáculo.* || Cada una de las vallas en la pista de algunas carreras: *carrera de obstáculos.*

obstante adj. Que obsta. || *No obstante*, sin embargo.

obstar v. i. Impedir, estorbar. || — V. impers. Oponerse o contrariar una cosa a otra: *eso no obsta.*

obstetra com. Especialista en obstetricia.

obstetricia f. Parte de la medicina que trata del embarazo o el parto.

obstétrico, ca adj. Relativo a la obstetricia. || — M. y f. Especialista en obstetricia.

obstinación f. Porfía, empeño.

obstinado, da adj. Porfiado, testarudo, empeñado.

obstinarse v. pr. Empeñarse, mantenerse uno en su resolución.

obstrucción f. Acción de obstruir. *Med.* Atascamiento de un conducto natural. || En una asamblea; táctica que retarda o impide los acuerdos: *la oposición acordó hacer obstrucción al proyecto del Gobierno.*

obstruccionismo m. Práctica de la obstrucción en una asamblea.

obstruccionista adj. y s. Que practica el obstruccionismo.

obstruir v. t. Estorbar el paso, cerrar un camino o conducto. || *Fig.* Impedir la acción, dificultar, obstaculizar. || — V. pr. Cerrarse, taparse un agujero.

obtemperar v. t. Asentir.

obtención f. Consecución.

obtener v. t. Alcanzar, conseguir, lograr lo que se quiere: *obtener un premio, un cargo.* || Llegar a un resultado. || Extraer, sacar: *obtener alcohol.*

obturación f. Acción y efecto de obturar, obstrucción de un conducto.

obturador, ra adj. Que sirve para obturar. || — M. Aparato que cierra el objetivo de una máquina fotográfica y que puede abrirse durante un tiempo determinado para dar paso a la luz. || Junta que une entre la culata y el cañón de un arma de fuego para evitar el escape de los gases. || Dispositivo de

contracepción femenina. || Dispositivo que sirve para cerrar un recipiente o cualquier conducto.

obturar v. t. Tapar, obstruir.

obtusángulo adj. m. *Geom.* Aplícase al triángulo que tiene un ángulo obtuso (ú. t. c. s. m.).

obtuso, sa adj. Sin punta. || *Fig.* Tardo en comprender, torpe: *obtuso de entendimiento* (ú. t. c. s.). || *Ángulo obtuso*, el mayor que el recto.

obús m. Cañón corto adecuado para el tiro vertical o el tiro oblicuo. || Proyectil de artillería.

obviar v. t. Sortear, evitar: *obviar un inconveniente.* || — V. i. Obstar, oponerse: *lo cual no obvia tu propósito.*

obvio, via adj. *Fig.* Muy claro.

oc, partícula del lat. *hoc*, que significa *esto.* || Afirmación o *sí* en provenzal. (V. LENGUA DE OC.)

oca f. Ánsar. || Juego que se practica con dos dados y un cartón sobre el cual van pintadas casillas que representan objetos diversos y un ganso u oca cada nueve de ellas.

Oca (MONTES DE), sierra en el N. de España, perteneciente al Sistema Ibérico (Burgos). — Serranía de Venezuela (Zulia) y Colombia (Guajira).

Ocampo, mun. al este de México (Tamaulipas). Petróleo. Gas natural.

Ocampo (Florián de), historiador español (¿1495?-1558). || ~ (MELCHOR), político mexicano (1814-1861). Colaborador de B. Juárez y pres. del Congreso Constituyente de 1856. Fue fusilado por la reacción. || ~ (SILVINA), escritora argentina, n. en 1909, autora de cuentos fantásticos (*La Furia*) y de bellas poesías. Es hermana de Victoria y esposa de Adolfo Bioy Casares. || ~ (VICTORIA), ensayista y crítica argentina (1891-1979), hermana de la anterior, que ejerció gran influencia en la literatura de su país con la introducción de corrientes y movimientos culturales europeos. Autora de *Testimonios, Virginia Woolf, Orlando y Cía, De Francesca a Beatrice*, etc.

Ocantos (Carlos María), novelista argentino (1860-1949), autor de *León Zaldívar, Quilito, Misia Jeromita*, etc.

Ocaña, c. en el NE. de Colombia (Norte de Santander). Cuna de José Eusebio Caro. Obispado. — C. en el centro de España (Toledo). Penal.

Ocaranza (Manuel), pintor mexicano (1841-1882).

ocarina f. Instrumento músico de viento de forma ovoide.

O'Casey (Sean), escritor irlandés (1880-1964), autor de obras de teatro.

ocasión f. Oportunidad: *aprovechar la ocasión.* || Causa, motivo: *ocasión de lamentarse.* || Momento, circunstancia: *en aquella ocasión.* || Peligro, riesgo. || Mercancía de lance. || — *Coger la ocasión por los cabellos*, aprovecharla. || *Dar ocasión*, dar lugar. || *De ocasión*, de lance. || *En cierta ocasión*, una vez. || *En ocasiones*, algunas veces.

ocasionador, ra adj. y s. Que ocasiona.

ocasional adj. Accidental, eventual, fortuito. || Apropiado para determinado caso. || Improvisado.

ocasionar v. t. Ser causa o motivo para que suceda una cosa: *su decisión ocasionó grandes males.*

ocaso m. Puesta del Sol tras el horizonte. || Occidente. || *Fig.* Decadencia: *el ocaso de un régimen.*

Occam (Guillermo de), franciscano y filósofo escolástico inglés (¿1300?-1349), precursor del empirismo. Se le llamó el *Doctor Invencible.*

occidental adj. Relativo al Occidente: *la cultura occidental.* || *Astr.* Dícese del planeta que se pone después del ocaso del Sol. Dícese de los pueblos de Occidente, por oposición a los del Este de Europa (ú. t. c. s. m.).

Occidental (CORDILLERA), sector de los Andes que se extiende por Colombia, Ecuador, Perú y Bolivia, donde se encuentran el Chimborazo, el Sajama y el Licancábur.

occidentalismo m. Calidad de occidental.

occidentalización f. Acción y efecto de occidentalizar.

occidentalizar v. t. Transformar

OCEANÍA

alturas batimétricas :200. 3000. 6000 m

0   km   1000

según las ideas y la civilización de occidente (ú. t. c. pr.).

occidente m. Punto cardinal por donde se oculta el Sol, oeste. ‖ Parte del hemisferio Norte situada hacia donde se pone el Sol. ‖ Conjunto de los Estados del O. de Europa y Estados Unidos, por oposición a los del E. y a los de Asia.

Occidente (Imperio Romano de), uno de los imperios que resultaron de la división del Imperio Romano a la muerte de Teodosio I. Duró de 395 a 476. Restablecido por Carlomagno en 800, fue abolido por Napoleón I en 1806. Se le ha llamado tb. Sacro Imperio Romano Germánico.

occipital adj. Relativo al occipucio.

occipucio m. Parte de la cabeza en que ésta se une a las vértebras del cuello.

occisión f. Muerte violenta.

occiso, sa adj. y s. Muerto violentamente.

Occitania, países en los que se habla la lengua de oc (Francia).

occitano, na adj. De Occitania (ú. t. c. s.). ‖ — M. Lengua de oc.

O. C. D. E., siglas de la Organización de Cooperación y Desarrollo Económico. (Véase.)

Oceania, una de las cinco partes del mundo, constituida por Australia y diversos grupos insulares del Pacífico ; 8 970 000 km²; 27 millones de h. Se divide en Melanesia (Australia, Tasmania, Papuasia-Nueva Guinea, archip. de Bismarck, islas Salomón, Fidji, Vanuatu, ant. Nuevas Hébridas, y Nueva Caledonia), Micronesia (islas Marianas, Carolinas, Palaos, Marshall y Gilbert, hoy Kiribati) y Polinesia (Polinesia francesa, Nueva Zelanda, las Samoa, Hawai, etc.). Estados Unidos posee Hawai y la parte oriental de Samoa, Chile las islas de Pascua y de Sala y Gómez, y Francia, las islas de la Sociedad y las Marquesas. Las Nuevas Hébridas fueron un condominio francobritánico de 1887 hasta 1980. Este año se independizaron y tomaron el nombre de Vanuatu.

oceánico, ca adj. Relativo al océano o a Oceanía.

Oceánidas, ninfas del mar y de las aguas, hijas de Océano y Tetis. (Mit.)

océano m. Masa total de agua que cubre las tres cuartas partes de la Tierra. ‖ Cada una de las cinco grandes divisiones: océano Glacial del Norte o Ártico, océano Glacial del Sur o Antártico, océano Atlántico, océano Pacífico y océano Índico. ‖ Fig. Inmensidad, infinitud : tuve que luchar con un océano de dificultades.

Océano, dios griego, hijo de Urano y Gea, esposo de Tetis.

oceanografía f. Descripción y cartografía de los mares.

oceanográfico, ca adj. Relativo a la oceanografía.

ocelo m. Ojo sencillo de los insectos. ‖ Mancha, redonda y de dos colores, en las alas de las mariposas.

ocelote m. Mamífero felino.

ocio m. Condición del que no trabaja. ‖ Tiempo libre.

ociosidad f. Estado de una persona ociosa: vivir en la ociosidad.

ocioso, sa adj. Que está sin trabajar, inactivo (ú. t. c. s.). ‖ Innecesario, inútil, insustancial: palabras ociosas.

Ockham. V. OCCAM.

ocluir v. t. Cerrar un conducto.

oclusión f. Cierre accidental de un conducto natural: oclusión intestinal.

oclusivo, va adj. Relativo a la oclusión. ‖ Que la produce. ‖ Aplícase a la consonante que se pronuncia cerrando momentáneamente el canal vocal, como ocurre con las letras b y p (ú. t. c. s.).

Ocná, entre los mayas, fiesta anual en honor de los Chaces. (V. CHAC.)

O'Connell (Daniel), caudillo de la lucha por la independencia de Irlanda (1775-1847).

O'Connor, prov. en el S. de Bolivia (Tarija) ; cap. Entre Ríos.

Ocopa, monasterio franciscano dedicado a Santa Rosa de Lima, cerca de Huancayo (Perú).

Ocós, puerto en el SO. de Guatemala (San Marcos).

Ocosingo, c. al sur de México (Chiapas). En sus cercanías se encuentran los restos arqueológicos de Toniná.

Ocosito o **Tilapa,** río en el SO. de Guatemala (Retalhuleu).

ocotal m. Méx. Lugar plantado de ocotes.

Ocotal, c. del NO. de Nicaragua, cap. del dep. de Nueva Segovia.

ocotalano, na y **ocotaleño, ña** adj. y s. De la c. de Ocotal (Nicaragua).

ocote m. Méx. Especie de pino.

ocotepecano, na adj. y s. De Ocotepeque (Honduras).

Ocotepeque, dep. en el E. de Honduras ; cap. Nueva Ocotepeque.

ocotlán adj. y s. Dícese del individuo de una tribu zapoteca (México).

Ocotlán, c. al O. de México (Jalisco), cerca del lago Chapala. — Pobl. de México al S. del Estado de este nombre (Tlaxcala). Iglesia barroca (s. XVIII).

Ocoyoacac, mun. de México en el Estado de este nombre.

ocozoal m. Mex. Serpiente de cascabel.

Ocozocoautla de Espinosa, mun. situado en el SE. de México (Chiapas).

ocozol m. Méx. Árbol de tronco grueso y copa grande.

ocre adj. Dícese del color amarillo oscuro (ú. t. c. s. m.). ‖ — M. Tierra arcillosa amarilla.

octaédrico, ca adj. De forma de octaedro.

octaedro m. Geom. Sólido de ocho caras que son triángulos.

octagonal adj. Del octágono.

octágono, na adj. y s. m. Geom. Octógono.

octano m. Hidrocarburo saturado que existe en el petróleo. ‖ Índice de octano, índice para expresar el poder antidetonante de un carburante.

octava f. Los ocho días que siguen a ciertas fiestas religiosas. ‖ Último día de estos ocho: octava de Corpus.

Octavia, bahía en el O. de Colombia en el Pacífico (Chocó).

Octavia (42-62), emperatriz romana, hija de Claudio I y Mesalina. Casada con Nerón, murió asesinada.

octavilla f. Octava parte de un pliego de papel. ‖ Hoja de propaganda. ‖ Estrofa de ocho versos cortos.

Octavio, n. de Augusto antes de su adopción por César.

octavo, va adj. Que sigue en orden a lo séptimo. ‖ — M. Cada una de las ocho partes iguales un todo.

octogenario, ria adj. Que ha cumplido ochenta años (ú. t. c. s.).

octogésimo, ma adj. Que ocupa el lugar ochenta. ‖ — M. Cada una de las 80 partes iguales de un todo.

octogonal adj. Del octógono.

octógono, na adj. *Geom.* Dícese del polígono que tiene ocho lados y ángulos (ú. t. c. s. m.).

octosílabo, ba adj. De ocho sílabas. ‖ — M. Verso de ocho sílabas.

octubre m. Décimo mes del año.

Ocú, pobl. y distr. en el centro de Panamá (Herrera).

ocuilteca adj. De una tribu otomí, llamada también *manilalca* (ú. t. c. s.).

ocular adj. Relativo a los ojos o a la vista. ‖ *Testigo ocular*, el que ha presenciado lo que refiere. ‖ — M. En los aparatos ópticos, lente a la que el observador aplica el ojo.

oculista adj. Dícese del médico especialista de los ojos (ú. t. c. s.).

ocultación f. Acción y efecto de ocultar u ocultarse.

ocultador, ra adj. Que oculta. ‖ — M. y f. Encubridor.

ocultar v. t. Impedir que sea vista una persona o cosa. ‖ Esconder: *ocultar el dinero* (ú. t. c. pr.). ‖ Encubrir, disfrazar: *ocultar un delito.* ‖ Callar: *ocultar la verdad.*

ocultis (de) loc. *Fam.* A escondidas.

ocultismo m. Supuesta ciencia espiritista de lo oculto en la naturaleza.

oculto, ta adj. Escondido. ‖ Misterioso: *influencia oculta.* ‖ *Ciencias ocultas*, la alquimia, la magia, la nigromancia, la astrología, la cábala, etc.

Ocumare ~ **de la Costa**, mun. y puerto en el N. de Venezuela (Aragua). Turismo. ‖ — **del Tuy**, mun. en el N. de Venezuela (Miranda).

ocupación f. Acción y efecto de ocupar: *la ocupación de una ciudad.* ‖ Trabajo que impide emplear el tiempo en otra cosa. ‖ Empleo, oficio, dignidad: *dedicarse a sus ocupaciones.*

ocupacional adj. Relativo al empleo u ocupación.

ocupador, ra adj. y s. Que ocupa o toma una cosa.

ocupante adj. y s. Que ocupa.

ocupar v. t. Tomar posesión, apoderarse de una cosa: *ocupar un país.* ‖ Llenar un espacio: *ocupar un local.* ‖ Habitar: *ocupar un piso.* ‖ Desempeñar un cargo: *ocupar una secretaría, la presidencia.* ‖ Llevar: *su encargo me ocupó el día.* ‖ Dar en qué trabajar: *ocupar a los obreros.* ‖ Emplear, utilizar: *ocupar el tiempo.* ‖ — V. pr. Emplearse en algo. ‖ Tratar.

ocurrencia f. Idea de hacer algo que tiene una persona. ‖ Gracia, agudeza.

ocurrente adj. Que ocurre. ‖ Que tiene ocurrencias ingeniosas, chistoso, gracioso: *persona ocurrente.*

ocurrir v. i. Acontecer, acaecer, suceder, pasar: *esto ocurre todos los años.* ‖ — V. pr. Venir a la imaginación : *no se me ocurre nada.*

Och, c. de la U. R. S. S. (Kirghizistán).

ochavo m. Moneda antigua de cobre, de valor de dos maravedís. ‖ *Fam.* Dinero: *no tengo un ochavo.*

ochenta adj. Ocho veces diez (ú. t. c. s. m.). ‖ Octogésimo.

ocho adj. Siete y uno, o dos veces cuatro. ‖ Octavo: *el año ocho.* ‖ — M. Aplícase a los días del mes: *el ocho de marzo.* ‖ La cifra del número ocho.

Ochoa de Albornoz (Severo), médico español, n. en 1905. Pr. Nobel de Medicina en 1959 por sus trabajos sobre las enzimas.

ochocientos, tas adj. Ocho veces ciento (ú. t. c. s. m.). ‖ — M. Conjunto de signos que representan el número ochocientos.

Ochoterena (Isaac), biólogo y naturalista mexicano (1885-1950).

oda f. Entre los antiguos, todo poema destinado a ser cantado: *las odas de Horacio.* ‖ Composición lírica dividida en estrofas iguales.

odalisca f. Esclava dedicada al servicio del harén del sultán.

Odawara, c. del Japón en el SE. de la isla de Honshu.

O. D. E. C. A. Ver ORGANIZACIÓN DE LOS ESTADOS CENTROAMERICANOS.

Ödenburg. V. SOPRON.

Odense, c. y puerto del S. de Dinamarca, cap. de la isla de Fionia.

odeón m. (Ant.). Teatro de espectáculos musicales en Atenas. ‖ Nombre de ciertos teatros modernos.

Oder, en polaco *Odra*, río de Polonia que nace en Moravia (Checoslovaquia), pasa por Wroclaw, Francfort y Szczecin, y des. en el Báltico ; 848 km. En su curso inferior señala la frontera entre Polonia y Alemania Oriental.

Odesa, c. en el S. de Estados Unidos (Texas). Centro petrolero. — C. del SO. de la U. R. S. S. (Ucrania). Puerto en el mar Negro. Industrias.

odiar v. t. Sentir odio, aborrecer.

Odiel, río del sur de España (Huelva).

Odín u **Votán**, dios supremo en la mitología escandinava que representa la Guerra, la Sabiduría y la Poesía.

odio m. Aversión.

odiosidad f. Calidad de odioso.

odioso, sa adj. Digno de odio: *hombre odioso* ; *conducta odiosa.* ‖ Abominable, desagradable: *tiempo odioso.* ‖ Antipático: Fastidioso.

odisea f. Conjunto de penalidades, trabajos y dificultades por las que pasa alguien.

Odisea (*La*), poema épico en 24 cantos, atribuido a Homero, que relata los viajes de Ulises.

Odoacro, jefe de los hérulos (¿ 434 ?-493). Destronó a Rómulo Augústulo (476), último emperador de Occidente. M. asesinado.

O'Donnell (Leopoldo), general y político liberal español (1809-1867). Provocó la caída de Espartero en 1856 y fue presidente del Consejo de ministros varias veces. Dirigió brillantemente la campaña de Marruecos (1059), que le valió el título de *duque de Tetuán.*

O'Donojú (Juan), general español (1762-1821), último virrey de Nueva España (1821).

odontalgia f. Dolor de muelas.

odontología f. Estudio y tratamiento de los dientes.

odontólogo, ga m. y f. Especialista en odontología, dentista (ú. t. c. adj.).

odorífero, ra adj. Que huele bien.

Odra. V. ODER.

odre m. Piel cosida para contener vino, aceite, etc. ‖ *Fam.* Borracho.

Odría (Manuel A.), general peruano (1896-1974), jefe de una Junta gubernativa de 1948 a 1950 y pres. de la Rep. de 1950 a 1956. Ejecutó un plan de obras públicas.

Oduber Quirós (Daniel), abogado y político costarricense, n. en 1921, pres. de la Rep. (1974-1978).

O. E. A. Ver ORGANIZACIÓN DE LOS ESTADOS AMERICANOS.

O.E.C.E. Ver ORGANIZACIÓN DE COOPERACIÓN Y DESARROLLO ECONÓMICO.

Œolampadio. V. ECOLAMPADIO.

œrsted u **œrstedio** m. *Electr.* Unidad de intensidad del campo magnético en el sistema C. G. S.

Œsel u **Osel** [ésel]. V. SAREMA.

oeste m. Occidente, poniente. ‖ Viento que sopla de esta parte. ‖ Punto cardinal situado donde se pone el Sol. ‖ *Por ext.* País situado al Oeste. ‖ *Película del Oeste*, la que relata la colonización de América del Norte.

Ofelia, personaje de *Hamlet* de Shakespeare, que pierde la razón y muere ahogada en un río.

ofender v. t. Injuriar, agraviar a uno. ‖ Dañar, causar mala impresión: *ofender a la vista.* ‖ — V. pr. Enfadarse por un dicho o hecho.

ofendido, da adj. y s. Que ha recibido una ofensa.

ofensa f. Palabra o hecho que agravia a uno, injuria.

ofensivo, va adj. Que ofende o puede ofender. ‖ Que sirve para atacar: *arma ofensiva.* ‖ — F. Actitud de aquel que trata de ofender o atacar. ‖ *Pasar a la ofensiva*, atacar al enemigo.

ofensor, ra adj. y s. Que ofende.

oferente adj. y s. Que ofrece.

oferta f. Proposición de un contrato a otra persona: *oferta de empleo.* ‖ Ofrecimiento de un bien o de un servicio que puede ser vendido a un precio determinado. ‖ *La ley de la oferta y la demanda.* ‖ La cosa ofrecida: *me hizo una oferta interesante.*

---

ofertar v. t. Ofrecer un producto a la venta. ‖ *Amer.* Ofrecer, prometer.

ofertorio m. Parte de la misa en que el celebrante ofrece a Dios la hostia y el vino. ‖ Oraciones que acompañan esta parte.

off adj. (pal. ingl.). Apagado (una luz, etc.). ‖ — *Off the record*, confidencialmente, de manera oficiosa. ‖ *Voz en off*, dícese de la voz que procede del exterior, de fuera de la escena o del reportaje que se está haciendo.

Offaly, condado del centro de Irlanda (Leinster) ; cap. *Tullamore.*

Offenbach [-*baj*], c. de Alemania Occidental (Hesse), a orillas del Main.

Offenbach (Jacques), músico francés, de origen alemán (1819-1880), autor de operetas y de la ópera *Cuentos de Hoffmann.*

Offenburg, c. de Alemania Occidental (Baden-Wurtemberg). Industrias.

office [*ofis*] m. (pal. fr.). Antecocina.

offset m. (pal. ingl.). *Impr.* Procedimiento de impresión en el cual la plancha entintada imprime un cilindro de caucho que traslada la impresión al papel. ‖ — Adj. Dícese de la máquina que aplica este procedimiento (ú. t. c. s.).

offshore u **off shore** adj. inv. (pal. ingl.). Dícese de la parte de la industria petrolera que se relaciona con la exploración, perforación y explotación de los yacimientos situados en los fondos marinos.

offside y **off side** [*ofsaid*] m. (pal. ingl.). En fútbol, rugby, etc., falta del delantero que se sitúa entre el portero y los defensas contrarios, fuera de juego.

oficial adj. Que proviene de una autoridad: *boletín, diario oficial.* ‖ Formal, serio: *novia oficial.* ‖ Relativo a un acto o ceremonia pública: *coche oficial.* ‖ — M. Obrero. ‖ Oficinista. ‖ Aquel que en un oficio no es todavía maestro: *oficial de peluquero.* ‖ Militar desde alférez a capitán.

oficiala f. Obrera.

oficialía f. Cargo o categoría de oficial en un trabajo.

oficialidad f. Carácter de oficial. ‖ Conjunto de oficiales del ejército.

oficialismo m. *Arg.* Grupo de personas que se aprovechan de sus influencias en el Poder en beneficio propio para triunfar en las elecciones.

oficializar v. t. Hacer oficial.

oficiante adj. Dícese de la persona que oficia en el altar (ú. t. c. s.).

oficiar v. t. Celebrar los oficios religiosos. ‖ Obrar, hacer el papel de.

oficina f. Despacho, departamento donde trabajan hombres de negocios, los empleados de una administración o de una empresa, etc. ‖ Establecimiento público: *oficina de Correos.*

oficinesco, ca adj. Propio de las oficinas o de los oficinistas.

oficinista com. Persona empleada en una oficina.

oficio m. Profesión manual o mecánica. ‖ Función, papel: *hacer oficio de despacho.* ‖ Habilidad, destreza obtenida por el ejercicio habitual de algo: *hay que tener mucho oficio para hacer diccionarios.* ‖ Comunicación escrita de carácter oficial. ‖ Función propia de una cosa. ‖ Rezo diario a que están obligados los eclesiásticos. ‖ Conjunto de plegarias y ceremonias litúrgicas: *oficio de difuntos.* ‖ Antecocina, office. ‖ — *Buenos oficios*, diligencias en favor de alguien. ‖ *De oficio*, automáticamente, sin necesidad de una orden especial: *gratificación concedida de oficio a todos los empleados con más de cinco años de servicio* ; nombrado por el Estado y a cargo de éste: *abogado de oficio.* ‖ *Santo Oficio*, la Inquisición. ‖ *Fig.* Tener mucho oficio, tener mucha experiencia.

Oficios (Palacio de los), c. de Florencia (Italia). Museo.

oficiosidad f. Calidad de oficioso.

oficioso, sa adj. Hecho o dicho por una autoridad, pero sin carácter oficial: *diario oficioso.*

ofidios m. pl. Orden de reptiles que comprende las culebras y las serpientes (ú. t. c. adj.).

ofimática f. Conjunto de las técnicas que permiten automatizar las tareas administrativas y de secretaría.

ofrecer v. t. Prometer, asegurar: *ofrecer ayuda*. ‖ Presentar o dar voluntariamente una cosa: *le ofrecí un cigarrillo*. ‖ Tener, mostrar, presentar: *esto ofrece muchas ventajas*. ‖ Decir lo que uno está dispuesto a pagar por algo. ‖ Proporcionar, dar. ‖ Inmolar, sacrificar. ‖ Consagrar a Dios o a los santos. ‖ — V. pr. Proponerse. ‖ Darse a sí mismo el placer de algo.

ofrecimiento m. Acción de ofrecer.

ofrenda f. Don que se ofrece a Dios o a los santos. ‖ Lo que se ofrece para una obra de caridad. ‖ Presente o regalo de agradecimiento y amor.

ofrendar v. t. Hacer una ofrenda: *ofrendar a Dios*. ‖ Sacrificar: *ofrendó su vida por su patria*.

oftalmia f. Inflamación de los ojos.

oftálmico, ca adj. De los ojos.

oftalmología f. Parte de la medicina que estudia las enfermedades de los ojos.

oftalmológico, ca adj. Relativo a la oftalmología.

oftalmólogo, ga m. y f. Especialista en oftalmología, oculista.

ofuscación f. y **ofuscamiento** m. Turbación de la vista por deslumbramiento. ‖ Fig. Ceguera, oscuridad de la razón.

ofuscar v. t. Deslumbrar, turbar la vista: *el sol me ofusca*. ‖ Fig. Obcecar, trastornar el entendimiento.

Ogaden, meseta en la región oriental de Etiopía y en la frontera con Somalia.

Ogaki, c. del Japón en el S. de la isla de Honshu.

Ogbomoso, c. del O. de Nigeria.

Ogden, c. del SO. de Estados Unidos (Utah).

Ogé (Vicente), patriota dominicano que luchó por la abolición de la esclavitud (1750-1791).

Ogino (Kiusaku), médico japonés (1882-1975), inventor de un método de regulación de nacimientos.

Oglio, río del N. de Italia (Lombardía), afl. del Po; 280 km.

O'Gorman (Juan), pintor y arquitecto mexicano (1905-1982), introductor en su país del funcionalismo moderno en arquitectura y autor de numerosas pinturas murales de tema histórico.

Ogoué, río al oeste del Gabón que des. en el Atlántico; 970 km.

ogro m. Mit. Gigante que devoraba a las personas. ‖ Fig. Persona muy cruel o muy fea o muy poco sociable.

¡ oh ! interj. Indica asombro, admiración, dolor, pena o alegría.

O'Henry (William Sydney PORTER, llamado), escritor norteamericano (1862-1910), autor de relatos cortos (*Cuatro millones*).

O'Higgins, lago de Chile (Aisén), cuya mitad oriental pertenece a la Argentina con el n. de *San Martín*. — Com. de Chile en la XI Región (Aisén del General Carlos Ibáñez del Campo) y en la prov. Capitán Prat; cap. *Villa O'Higgins*. ‖ ~ (LIBERTADOR GENERAL BERNARDO). V. LIBERTADOR GENERAL BERNARDO O'HIGGINS.

O'Higgins (Ambrosio), militar y político español, de origen escocés (¿ 1720 ?-1801), gobernador de Chile de 1788 a 1796 y luego virrey del Perú (1796-1800). — Su hijo BERNARDO, general y político chileno, n. en Chillán (1778-1842), héroe de la Independencia. Después del revés de Rancagua (1814), emigró a la Argentina, donde colaboró con San Martín en la organización del ejército de los Andes. Tras la victoria de Chacabuco, fue nombrado Director Supremo de Chile (1817-1823), proclamó la independencia, afianzada con el triunfo de Maipú (1818), y promulgó la Constitución de 1822. Cierto descontento existente en el país le obligó a presentar la dimisión (enero de 1823) y a exiliarse a Lima, donde murió cuando se disponía a regresar a su patria.

Ohio, río de Estados Unidos (Pensilvania), afl. izq. del Misisipí; 1 580 km. Excelente vía fluvial. — Uno de los Estados Unidos de Norteamérica, al NE.; cap. *Columbus*; c. pr. *Cleveland, Cincinnati, Toledo*. Petróleo.

ohm m. Fís. Ohmio.

Ohm (Georg), físico alemán (1789-1854), descubridor de las leyes de las corrientes eléctricas de su nombre.

ohmio m. Unidad de medida de la resistencia eléctrica (símb., Ω).

Ohrid o **Okhrid**, c. del SO. de Yugoslavia (Macedonia), a orillas del lago del mismo nombre (348 km²), situado en la frontera con Albania y Yugoslavia. Turismo.

Oiapoque. V. OYAPOCK.

oidio m. Hongo microscópico y parásito que ataca la vid.

oído m. Sentido del oír: *tener el oído fino*. ‖ Aparato de la audición, especialmente su parte interna: *me duelen los oídos*. ‖ Agujero de la recámara de algunas armas de fuego. ‖ Orificio del barreno por donde pasa la mecha. ‖ — *Fig. Abrir los oídos*, escuchar con atención. ‖ *Al oído o de oído*, sin más auxilio que la memoria auditiva: *tocar el piano de oído*. ‖ *Dar oídos*, dar crédito a lo que se oye. ‖ *Fig. Hacer oídos de mercader u oídos sordos*, hacer, como quien no oye. ‖ *Ser todo oídos*, escuchar atentamente. ‖ *Tener oído o buen oído*, tener disposición para la música. — Situado en el hueso temporal, el *oído* se compone del *oído externo*, con el pabellón y el conducto auditivo cerrado por el tímpano, del *oído medio*, cavidad del tímpano que comunica con la faringe por la trompa de Eustaquio y en la que una cadena de tres huesecillos (martillo, yunque y estribo) transmite las vibraciones del tímpano a la ventana oval, que las vuelve a transmitir al oído interno, y del *oído interno* o *laberinto*, que contiene el órgano del equilibrio y el aparato auditivo.

oir v. t. Percibir los sonidos: *oír un ruido*. ‖ Acceder a los ruegos de uno: *oír sus súplicas*. ‖ Darse por enterado. ‖ Asistir a misa. ‖ — *Fig. y fam. Como quien oye llover*, sin hacer caso. ‖ *Oír, ver y callar*, no entremeterse uno en lo que no le llaman. ‖ *¡ Oye !, ¡ oiga !, ¡ oigan !*, interj. que denota enfado, represión o llamada.

Oirotia, región autónoma en el S. de la U. R. S. S. (Altai); cap. *Oirot-Tura*.

Oise [*uas*], río del N. de Francia, afl. del Sena; 302 km. — Dep. del N. de Francia; cap. *Beauvais*.

O. I. T. Ver ORGANIZACIÓN INTERNACIONAL DEL TRABAJO.

Oita, c. y puerto del Japón en el NE. de la isla de Kiusiu. Industrias.

ojal m. Abertura en una tela por donde entra un botón.

¡ ojalá ! interj. Expresa vivo deseo de que ocurra una cosa.

Ojea (Hernando de), dominico y escritor español (¿ 1560 ?-1615) que residió en México. Autor de *La historia religiosa de la provincia de México de la orden de Santo Domingo.*

ojeada f. Mirada rápida.

ojeador, ra m. y f. Persona que ojea la caza.

ojear v. t. Mirar a determinada parte. ‖ Espantar la caza con voces.

Ojeda (Alonso de), conquistador español, n. en Cuenca (¿ 1466-1515 ?). Participó en el segundo viaje de Colón (1493), exploró la costa de Venezuela con Juan de La Cosa y Américo Vespucio, y descubrió la isla de Curazao (1499).

ojén m. Aguardiente anisado.

Ojén, v. en el sur de España (Málaga).

ojeo m. Acción y efecto de ojear.

ojera f. Círculo amoratado que rodea a veces el ojo (ú. m. en pl.).

ojeriza f. Odio, inquina.

ojeroso, sa adj. Que tiene ojeras.

ojete m. Ojal redondo y reforzado por donde pasa un cordón. ‖ Fam. Ano.

ojetear v. t. Poner ojetes.

Ojinaga, mun. del N. de México (Chihuahua), en la frontera con los Estados Unidos.

ojituerto, ta adj. Bizco (ú. t. c. s.).

ojiva f. Arq. Figura formada por dos arcos de círculo iguales cruzados en ángulo. ‖ Arco de esta forma. ‖ Parte frontal de los proyectiles de perfil cónico.

ojival adj. Que tiene figura de ojiva: *arco ojival*. ‖ *Arquitectura ojival*, la gótica.

ojo m. Órgano de la vista: *tener algo ante los ojos*. ‖ Vista, mirada: *no le quité los ojos de encima*. ‖ Agujero de ciertos objetos: *ojo de la aguja, de la cerradura*, etc. ‖ Agujero de las herramientas por donde pasa el mango o a los de las tijeras por donde se meten los dedos. ‖ Agujero del pan, del queso. ‖ Mancha, círculo que forman en la superficie de un líquido las gotas de grasa que hay en él. ‖ Abertura en un arco de puente: *puente de cuatro ojos*. ‖ Mano de jabón cuando se lava: *dar un ojo a la ropa*. ‖ Fig. Atención, cuidado: *tenga mucho ojo para no ofenderle*. ‖ Perspicacia, acierto: *tiene mucho ojo en los negocios*. ‖ Impr. Grueso de un carácter tipográfico. ‖ Relieve de los tipos. ‖ Palabra que se dice o pone como señal al margen de un escrito para llamar la atención de algo. — *Fig. Abrir el ojo*, estar sobre aviso. ‖ *A (los) ojos de*, según. ‖ *A ojo, a bulto*, sin medir ni contar. ‖ *Fam. A ojo de buen cubero*, aproximadamente. ‖ *Fig. A ojos cerrados*, sin reflexionar. ‖ *A ojos vistas*, claramente. ‖ *Bailarle a uno los ojos*, ser uno muy alegre y vivo. ‖ *Bajar los ojos*, avergonzarse. ‖ *Cerrar los ojos*, dormir; morir; hacer algo sin pensar en los inconvenientes. ‖ *Cerrarle los ojos a uno*, asistirle en la muerte. ‖ *Clavar los ojos en*, mirar fijamente. ‖ *Fam. Comerse con los ojos*, mirar con amor, codicia, etc. ‖ *Fig. Con mucho ojo*, con cuidado. ‖ *Fam. Costar o valer un ojo de la cara*, costar muy caro. ‖ *Dichosos los ojos que te ven*, expresión de sorpresa y alegría cuando se ve a una persona después de mucho tiempo. ‖ *Fig. Dormir con los ojos abiertos*, estar siempre vigilante. ‖ *Echar el ojo a algo*, mirarlo con deseo de tenerlo. ‖ *En un abrir y cerrar de ojos*, con gran rapidez. ‖ *Entrar por el ojo derecho o por los ojos*, gustar a uno mucho una cosa. ‖ *Estar o andar con cien ojos*, ser muy cauteloso y precavido. ‖ *Estar ojo alerta o avizor*, estar sobre aviso. ‖ *Hablar con los ojos*, tenerlos muy expresivos. ‖ *Írsele los ojos o tras*, desear ardientemente. ‖ *Méx. Llenar el ojo*, gustar. ‖ *Fig. Meter algo por los ojos*, elogiar, celebrar mucho una cosa. ‖ *Mirar con buenos (o malos) ojos*, mirar con simpatía o enemistad. ‖ *No pegar (el) ojo*, no poder dormir. ‖ *No quitar los ojos de encima*, no apartarlo de una persona o cosa. ‖ *¡ Ojo !* o *¡ mucho ojo !*, ¡ cuidado ! ‖ *Ojo clínico*, perspicacia, sagacidad. ‖ *Méx. Ojo de agua*, manantial. ‖ *Fam. Ojo de besugo*, ojo saltón. ‖ *Ojo de buey*, planta de la familia de las compuestas; (fig.) ventana o claraboya circular. ‖ *Ojo de gato*, ágata de diversos colores. ‖ *Ojo de la tempestad o del huracán*, claro en un cielo lleno de nubes. ‖ *Ojo de perdiz*, tela con dibujos en forma de ojo de este ave. ‖ *Ojo de pollo o de gallo*, callo redondo en los dedos de los pies. ‖ *Fig. Ojos de gato*, los azules o de color incierto. ‖ *Ojos rasgados*, los que tienen muy prolongada la comisura de los párpados. ‖ *Fig. Ojos que no ven corazón no siente*, aquello que no se ve no causa pena ni disgusto. ‖ *Ojos reventones o saltones*, los que tienen los globos muy abultados. ‖ *Fig. Ojo y al parche*, cuidado y preocúpese de lo que tiene que hacer. ‖ *Poner los ojos en alguien*, escogerle para algún designio. ‖ *Poner los ojos en blanco*, volverlos dejando ver lo blanco. ‖ *Fig. Saltar a los ojos*, ser evidente. ‖ *Saltar un ojo*, herirlo, cegarlo. ‖ *Fig. Ser el ojo derecho de uno*, ser el de su mayor confianza y el preferido. ‖ *Ser todo ojos*, mirar muy atentamente. ‖ *Tener buen ojo*, ser perspicaz. ‖ *Tener entre ojos a uno*, odiarle. — El *ojo* humano consta de tres membranas: la esclerótica, que le protege y forma delante la *córnea transparente*; la coroides, que se prolonga y forma el *iris*, horadada por la *pupila*; la retina, sensible al excitante luminoso, unida al encéfalo por el *nervio óptico*, y sobre la cual se dibujan las imágenes.

Ojocaliente, mun. en el centro de México (Zacatecas). Agricultura. Ganadería. Centro minero. Aguas termales.

Ojojona, mun. en el centro de Honduras (Francisco Morazán).

ojolote m. *Méx.* Planta de cuya fibra se saca el hilo de este nombre.

Ojos ‖ ~ **del Guadiana.** V. GUADIANA. ‖ ~ **del Salado,** pico de los Andes en la frontera argentinochilena ; 6 100 m.

ojota f. *Amer.* Sandalia hecha de cuero o de filamento vegetal.

Ojotsk u **Okhotsk,** mar formado por el Pacífico, al NE. de Asia. — Pobl. en el E. de la U. R. S. S. (Siberia Oriental), a orillas del mar homónimo.

O.K. [okey], expresión norteamericana que significa *bien, de acuerdo.*

Oka, río en el O. de la U. R. S. S. (Rusia), afl. der. del Volga ; 1 480 km.

okapi m. Antílope africano.

Okayama, c. del Japón en el O. de la isla de Honshu. Ind. textil.

Okazaki, c. del Japón en el S. de la isla de Honshu.

Okinawa, isla principal del archipiélago japonés de Riukiu ; cap. *Naha.*

Oklahoma, uno de los Estados Unidos de Norteamérica en el centro ; cap. *Oklahoma City.* Agricultura. Minería (petróleo, gas natural).

ola f. Onda de gran amplitud en la superficie de las aguas. ‖ Fenómeno atmosférico que produce variación repentina de la temperatura de un lugar: *ola de frío, de calor.* ‖ *Fig.* Multitud, oleada: *ola de gente.* ‖ *Fig. La nueva ola,* la joven generación.

Olá, pobl. en el centro de Panamá (Coclé).

Olaguibel (Francisco M. de), poeta y político mexicano (1874-1924). ‖ ~ (JUAN), escultor mexicano (1899-1971).

olanchano, na adj. y s. De Olancho (Honduras).

Olanchito, pobl. del N. de Honduras (Yoro). Centro comercial.

Olancho, dep. del centro de Honduras, en los límites con Nicaragua ; cap. *Juticalpa.* Prelatura nullíus. Maderas.

Oland, isla de Suecia, en el Báltico (Calmar) ; c. pr. *Borgholm.* Está unida al continente por un puente.

Olañeta (Casimiro), político y legislador boliviano (1796-1860).

Olavarría, c. del este de la Argentina (Buenos Aires). Industrias.

Olavarría (José Valentín de), militar y patriota argentino (1801-1845). Se distinguió en Chacabuco y Maipo, y después en Junín y Ayacucho. ‖ ~ **Ferrari** (ENRIQUE), escritor mexicano, n. en Madrid (1844-1918), autor de obras de historia y novelas.

Olavide y Jáuregui (Pablo de), político y escritor español, n. en Lima (1725-1803), que organizó la colonización de Sierra Morena (1767). Sus relaciones con los enciclopedistas franceses le valieron la prisión.

Olaya Herrera (Enrique), político colombiano (1880-1937), pres. de la Rep. de 1930 a 1934.

Olca, volcán en la frontera entre Bolivia (Potosí) y Chile (Tarapacá).

Oldenburgo, c. en el NO. de Alemania Occidental (Baja Sajonia).

Oldham, c. de la Gran Bretaña en el N. de Inglaterra (Lancashire).

Oldoway u **Olduvai,** pobl. en el N. de Tanzania.

¡ ole ! y **¡ olé !** interj. Se emplea para animar. — M. Cierto baile andaluz.

oleáceo, a adj. De las plantas dicotiledóneas a que pertenecen el olivo, el jazmín, la lila (ú. t. c. s. f.). ‖ — F. pl. Familia de estas plantas.

oleada f. Ola grande. ‖ Embate, golpe que da la ola. ‖ *Fig.* Movimiento impetuoso de la gente. ‖ Abundancia repentina: *oleada de suicidios.*

oleaginosidad f. Calidad de oleaginoso.

oleaginoso, sa adj. Aceitoso. ‖ Que da aceite: *planta oleaginosa.*

oleaje m. Sucesión de olas.

O'Leary (Daniel Florencio), general irlandés (1800-1854), edecán de Bolívar. Autor de *Memorias.*

oleícola adj. Relativo a la oleicultura: *industria oleícola.*

oleicultor, ra adj. Dedicado al cultivo del olivo o a la fabricación del aceite (ú. t. c. s.).

oleicultura f. Cultivo del olivo o de otras plantas oleaginosas.

Oleiros, mun. al NO. de España (Coruña).

óleo m. Aceite de oliva. ‖ Por antonomasia, el que usa la Iglesia en los sacramentos y otras ceremonias: *los*

santos óleos. ‖ — *Pintura al óleo,* la que se hace con colores disueltos en aceite secante. ‖ *Santo óleo,* el de la extremaunción.

oleoducto m. Tubería para la conducción de petróleo.

oler v. t. Percibir los olores: *oler mal.* ‖ Aplicar la nariz a algo para saber su olor. ‖ *Fig.* Figurarse, imaginarse, sospechar una cosa. ‖ *Curiosear.* ‖ ~ *un peligro.* ‖ *Curiosear.* ‖ — V. i. Exhalar olor: *oler a tabaco.* ‖ *Fig.* Tener aspecto de una cosa: *eso huele a mentira.*

Oléron, isla en el oeste de Francia (Charente-Maritime). Ostras. Viñedos. Pesca. Turismo.

Olesa de Montserrat, v. al NE. de España (Barcelona). Industrias.

olfatear v. t. Oler mucho. ‖ *Fig.* y *fam.* Sospechar. ‖ *Curiosear.* ‖ Imaginarse, figurarse. ‖ *Ventear los perros.* ‖ *Amer.* Ser servil con los superiores.

olfateo m. Acción de olfatear.

olfativo, va adj. Relativo al olfato.

olfato m. Sentido corporal con que se perciben los olores. ‖ *Fig.* Perspicacia: *tener una mucho olfato.*

Olid (Cristóbal de), conquistador español, n. en Baeza (¿1488 ?-1524), compañero de Cortés en México (1519), contra quien se rebeló más tarde y se declaró independiente en Honduras. M. decapitado.

oligarca com. Cada uno de aquellos que son miembros de una oligarquía.

oligarquía f. Gobierno en que una cuantas personas de una misma clase asumen todos los poderes del Estado. ‖ Estado gobernado así. ‖ *Fig.* Conjunto de negociantes poderosos que imponen su monopolio.

oligárquico, ca adj. Relativo a la oligarquía: *gobierno oligárquico.*

oligarquización f. Acción y efecto de oligarquizar.

oligarquizar v. t. Gobernar, asumir todos los poderes del Estado una misma clase de personas.

oligisto m. Óxido natural de hierro.

oligoceno adj. *Geol.* Dícese del período de la era terciaria entre el eoceno y el mioceno (ú. t. c. s. m.).

oligofrenia f. Desarrollo mental defectuoso de origen congénito.

oligofrénico, ca adj. Relativo o perteneciente a la oligofrenia. ‖ Que la padece o sufre (ú. t. c. s.).

oligopolio m. Mercado en el que hay pocos vendedores y muchos compradores.

Olimpo. V. OLIMPO.

olimpeño, ña adj. y s. De Olimpo (Paraguay).

Olimpia, c. de la ant. Grecia, en el Peloponeso (Élide), donde se celebraban los *Juegos olímpicos.*

Olimpia, reina de Macedonia (¿375 ?-316 a. de J. C.), madre de Alejandro Magno y esposa de Filipo II.

olimpiada u **olimpíada** f. Entre los griegos, fiesta o juego que se celebraba cada cuatro años en la ciudad de Olimpia. ‖ Período de cuatro años entre estas fiestas. ‖ *Juegos olímpicos.* — La *olimpíada* constituía la base del cómputo internacional. La primera data del año 776 a. de J. C. y la última de 392 a 396 de nuestra era. El tercer año de la vigesimosexta olimpíada corresponde, pues, al año 103 después de la institución de los Juegos Olímpicos (ver *art. siguiente*).

olímpico, ca adj. Relativo al Olimpo o a Olimpia. ‖ Propio de los Juegos Olímpicos. ‖ *Fig.* Altanero, orgulloso: *olímpico desdén.*

— El barón Pierre de Coubertin restauró los *Juegos Olímpicos* en 1896 en la ciudad de Atenas con la celebración de unas competiciones deportivas internacionales y desde entonces se verifican cada cuatro años con la participación de atletas aficionados de todos los países. Las celebradas hasta ahora han tenido por escenario las siguientes ciudades: París (1900), San Luis (1904), Londres (1908), Estocolmo (1912), Amberes (1920), París (1924), Amsterdam (1928), Los Angeles (1932), Berlín (1936), Londres (1948), Helsinki (1952), Melbourne (1956), Roma (1960), Tokio (1964), México (1968), Munich (1972), Montreal (1976), Moscú (1980), que fue boicoteada por numerosos países, Los Angeles (1984),

boicoteada por la U. R. S. S. y por algunos países comunistas. Las próximas se celebrarán en la ciudad de Seúl (Corea del Sur).

Olimpio Braga (Domingos), novelista brasileño (1850-1906).

olimpismo m. Carácter olímpico.

olimpo m. Residencia de los dioses.

Olimpo, monte de Grecia, entre Macedonia y Tesalia, que, según la mitología, era la residencia de los dioses ; 2 911 m. Hoy *Olimbos.* — C. en el NE. del Paraguay ; cap. del dep. de Alto Paraguay.

Olinda, c. del NE. del Brasil (Pernambuco). Arzobispado.

Olinto, ant. c. del NE. de Grecia (Calcídica), tomada y destruida por Filipo II en 348 a. de J. C.

olisqueo m. Olor. ‖ Curioseo.

Olite, c. en el norte de España (Navarra). Castillo.

oliva f. Aceituna.

Oliva, c. al E. de España (Valencia). ‖ ~ **de la Frontera,** v. al O. de España (Badajoz). Ganadería ; cereales.

Oliva Navarro (Juan Carlos), escultor argentino (1888-1951).

olivar m. Terreno poblado de olivos.

Olivar, com. del centro de Chile en la VI Región (Libertador General Bernardo O'Higgins) y en la prov. de Cachapoal ; cap. *Olivar Alto.* ‖ ~ **Alto,** c. de Chile en la VI Región (Libertador General Bernardo O'Higgins) y en la prov. de Cachapoal, de la com. de Olivar.

olivarero, ra adj. Relativo al cultivo y aprovechamiento del olivo: *cultivo olivarero ; industria olivarera.* ‖ Que se dedica a cultivo del olivo (ú. t. c. s.) : *central olivarera.*

Olivares, cerro de los Andes, en la frontera entre Argentina (San Juan) y Chile (Coquimbo) ; 6 250 m. — V. de España (Sevilla).

Olivares (Gaspar DE GUZMÁN, conde duque de), estadista español, n. en Roma (1587-1645), ministro de Felipe IV. Su política provocó la sublevación de Cataluña y la separación de Portugal (1640). Fue destituido en 1643.

Olivari (Nicolás), escritor argentino (1900-1966), autor de poemas (*La amada infiel, Diez poemas sin poesía, Poemas rezagados*) y de relatos (*Mi Buenos Aires querido*).

Oliveira (Carlos de), poeta neorrealista y novelista portugués (1921-1981). ‖ ~ (ALBERTO DE), poeta parnasiano brasileño (1859-1937). ‖ ~ **Martins** (JOAQUIM), político e historiador portugués (1845-1894). ‖ ~ **Salazar** (ANTONIO DE). V. SALAZAR.

Olivenza, c. del O. de España (Badajoz). Fue portuguesa hasta 1801.

Oliver Twist o *El hijo de la parroquia,* novela de Dickens (1838).

olivera f. Olivo.

Olivete (MONTE). V. OLIVOS.

olivícola adj. Olivarero.

olivicultor, ra adj. y s. Oleicultor.

olivicultura f. Oleicultura.

olivino m. *Min.* Peridoto.

olivo m. Árbol oleáceo propio de la región mediterránea, cuyo fruto es la aceituna. ‖ *Olivo silvestre,* acebuche.

Olivos, pobl. del partido de Vicente López (Argentina), zona residencial de Buenos Aires. ‖ ~ (MONTE DE LOS), colina al este de Jerusalén, donde oró Jesús la víspera de su Pasión.

olmeca adj. Relativo a los olmecas. ‖ Dícese de un pueblo mexicano establecido en los actuales Estados de Veracruz, Puebla, Morelos, Tabasco y Oaxaca (ú. t. c. s.).

— Los *olmecas* llegaron a alcanzar un notable grado de civilización entre los años 1000 y 300 a. de J.C. Dejaron, principalmente en La Venta y Tres Zapotes, innumerables vestigios artísticos.

Olmedo, v. en el NO. de España (Valladolid).

Olmedo (José Joaquín), patriota y poeta neoclásico ecuatoriano, n. en Guayaquil (1780-1847), pres. de la Junta de Gob. de Guayaquil (1820-1822). Autor de *La victoria de Junín, Canto a Bolívar* y *Al general Flores, vencedor en Miñarica.*

olmo m. Árbol ulmáceo que crece hasta veinte o treinta metros y da excelente madera. ‖ Su madera.

Olmo (Lauro), escritor español, n. en

OF

455

1922, autor de poesías, cuentos, novelas y obras de teatro. (*La camisa*.)

Olmos, río y mun. al NO. de Perú (Lambayeque). Embalse.

Olmué, c. de Chile en la V Región (Valparaíso) y en la prov. de Quillota, cap. de la com. del mismo nombre.

Olmütz. V. OLOMOUC.

ológrafo, fa adj. Aplícase al testamento de puño y letra del testador (ú. t. c. s. m.). ‖ Autógrafo.

Olomouc, en alem. *Olmütz*, c. en el centro de Checoslovaquia (Moravia), a orillas del Morava. Universidad.

olor m. Emanación de algunas sustancia percibida por el olfato. ‖ Sensación producida por esta emanación.

Oloron-Sainte-Marie, c. del SO. de Francia (Pyrénées-Atlantiques).

oloroso, sa adj. Que despide buen olor. ‖ — M. Vino de Jerez de color oro oscuro y olor intenso.

Olot, c. del NE. de España (Gerona), cap. de la comarca de La Garrotxa.

olote m. *Méx.* Hueso de la mazorca del maíz. ‖ *Fam. Amer.* Ser el olote, ser uno el hazmerreír.

olotera f. *Amer.* Montón de olotes.

Olózaga (Salustiano), político y orador español (1805-1873), pres. del Consejo de ministros en 1843.

O.L.P. V. ORGANIZACIÓN *para la Liberación de Palestina.*

Olsztyn, en alem. *Allenstein*, c. del NE. de Polonia (Mazuria).

Olt, río de Rumania (Valaquia), afl. del Danubio ; 600 km.

Oltenia, región al sur de Rumania, en Valaquia, y al O. del Olt.

olvidadizo, za adj. Desmemoriado, que olvida con facilidad. ‖ *Fig.* Ingrato. ‖ *Hacerse el olvidadizo*, aparentar no acordarse.

olvidar v. t. Perder el recuerdo de una cosa : *olvidar su nombre* (ú. t. c. pr.). ‖ Dejar por inadvertencia : *olvidar el paraguas* (ú. t. c. pr.). ‖ Dejar el cariño que antes se tenía : *olvidar a su novia*. ‖ No agradecer : *olvidó todos mis favores*. ‖ No pensar en una cosa : *olvidemos el pasado*.

olvido m. Falta de memoria : *el olvido de un hecho*. ‖ Cesación del cariño que se tenía, desapego. ‖ Omisión de hacer algo.

Olympia, c. y puerto del NE. de Estados Unidos, cap. del Estado de Washington.

olla f. Vasija redonda de barro o metal, con dos asas, que sirve para cocer. ‖ Guisado de carne, hortalizas y legumbres secas. ‖ — *Arg.* Centro de olla u ollazo, en fútbol, centro de balón sin precisión hecho hacia la portería. ‖ *Fam. Olla de grillos*, lugar donde hay mucho desorden y confusión. ‖ *Olla de o a presión o exprés*, recipiente hermético para cocer con rapidez los alimentos a más de cien grados. ‖ *Olla podrida*, cocido.

Ollagüe, c. del N. de Chile en la II Región (Antofagasta) y en la prov. de El Loa, cap. de la com. del mismo nombre. — Volcán de los Andes entre Bolivia (Potosí) y Chile (Antofagasta) ; 5 870 m.

Ollantaitambo, mun. al E. del Perú (Cuzco). Ruinas incaicas. Minas.

Ollantay, drama inca anónimo, escrito en quechua. — Drama del peruano Ricardo Rojas (1939).

Oller (Francisco), pintor impresionista puertorriqueño (1833-1917).

Ollería, v. al E. de España (Valencia).

Omagua, territorio del norte de Perú y Brasil que ocupaban los indios omaguas en el momento de la conquista.

Omaha, c. del centro de Estados Unidos (Nebraska), a orillas del Misuri. Arzobispado. Metalurgia.

Omán, extremo NE. de Arabia, a orillas del mar y el golfo homónimos. ‖ — (MAR DE), mar formado por el océano Índico en el SO. de Asia. El *golfo de Omán* está al NO. y comunica con el golfo Pérsico. ‖ (SULTANATO DE), sultanato en el E. de Arabia, a orillas del golfo y del mar de Omán ; 212 457 km² ; 770 000 h. Se llamó *Sultanato de Mascate y Omán* hasta 1970.

Omasuyos, prov. en el O. de Bolivia (La Paz) ; cap. *Achacachi.*

Omate, volcán y c. en el S. del Perú, cap. de la prov. de General Sánchez Cerro (Moquegua).

456

ombligo m. Cicatriz redonda y arrugada que se forma en el vientre después de secarse el cordón umbilical. ‖ *Fig.* Medio o centro de una cosa.

ombú m. Árbol de la América meridional, de corteza gruesa y blanda y copa densa. ‖ Su madera.

Omdurmán, c. del Sudán, a orillas del Nilo y cerca de Jartum.

Ome Tochtli, dios azteca del Pulque identificado con Tepoztécatl.

Omecatl, entre los aztecas, dios de los Convites.

Omecíhuatl, entre los aztecas, principio creador femenino de los dioses, compañera de Ometecutli.

omega f. Última letra del abecedario griego (ω) correspondiente a la *o larga*. (La mayúscula (Ω) es símbolo del *ohmio* y la minúscula (ω), el de la *velocidad angular*.) ‖ *Alfa y omega*, el principio y el fin.

Ometecutli, entre los aztecas, principio creador masculino.

Ometepe, isla y volcán de Nicaragua, en el SO. del lago de este n. (Rivas) ; 276 km².

Ometepec, río del O. de México (Oaxaca y Guerrero) que desemboca en el Pacífico ; 40 km. — Mun. al SO. de México (Guerrero).

omeya adj. Aplícase a los descendientes de un jefe árabe de este nombre. ‖ Relativo a este linaje : *la dinastía omeya*. ‖ — M. y f. Persona de la dinastía omeya.

— Los omeyas u *ommíadas* reinaron en Damasco de 661 a 750. Destronados por los abasidas, pasaron a España (711-714) y fundaron el emirato de Córdoba (756), elevado a califato de 929 a 1031.

Omeyocán, entre los aztecas, residencia del doble principio creador Ometecutli y Omecíhuatl.

ómicron f. Letra del alfabeto griego (o), equivalente a la *o breve*.

ominoso, sa adj. Abominable.

omisión f. Abstención de hacer o decir. ‖ Lo omitido : *omisión voluntaria, involuntaria*. ‖ Olvido, descuido.

omiso, sa adj. Flojo y descuidado. ‖ *Hacer caso omiso*, no hacer caso ; prescindir.

omitir v. t. Dejar de hacer una cosa. ‖ Pasar en silencio una cosa, excluirla de lo que se habla o escribe : *omitir un párrafo, un detalle*.

Omiya, c. del Japón en el E. de la isla de Honshu.

ómnibus m. Vehículo para el transporte público de viajeros. ‖ *Tren ómnibus*, el que se detiene en todas las estaciones.

omnímodo, da adj. Total, absoluto.

omnipotencia f. Poder omnímodo.

omnipotente adj. Todopoderoso.

omnipresencia f. Presencia constante. ‖ Ubicuidad.

omnipresente adj. Que está siempre presente en cualquier lugar.

omnisapiente adj. Omnisciente.

omnisciencia f. Conocimiento de todas las cosas.

omnisciente adj. Que todo lo sabe.

omnívoro, ra adj. Aplícase a los animales que se nutren con toda clase de sustancias orgánicas (ú. t. c. s.).

Omoa, mun. y cadena montañosa en el NO. de Honduras (Cortés).

omoplato y **omóplato** m. *Anat.* Cada uno de los dos huesos anchos y casi planos y triangulares situados a uno y otro lado de la espalda, donde se articulan los huesos de las clavículas.

O. M. S. Ver ORGANIZACIÓN MUNDIAL DE LA SALUD.

Omsk, c. en el S. del centro de la U. R. S. S. (Rusia), en Siberia Occidental. Atravesada por el Transiberiano.

Omuta, c. del Japón en el O. de la isla de Kiusiu. Carbón. Siderurgia.

on adj. (pal. ingl.). Encendido.

ona, adj. Dícese de una tribu india que existía en el litoral de la Tierra del Fuego (ú. t. c. s.).

onagro m. Asno silvestre.

onanismo m. Masturbación.

onanista adj. Relativo al onanismo. ‖ Que practica el onanismo (ú. t. c. s.).

once adj. Diez y uno : *once niños*. ‖ Undécimo : *Alfonso XI* (once). ‖ — M. Equipo de once jugadores de fútbol. ‖ Cifra que representa el número once.

onceavo, va adj. Undécimo. ‖ Dícese de cada una de las once partes iguales en que se divide un todo (ú. t. c. s.).

onceno, na adj. Undécimo.

oncología f. Especialidad médica que estudia lo relativo a los tumores.

oncológico, ca adj. Relativo a la oncología.

oncólogo, ga m. y f. Especialista en oncología.

onda f. Cada una de las elevaciones producidas en la superficie del agua. ‖ Ola. ‖ Ondulación. ‖ *Fig.* Curva que forma el pelo, una tela, etc. ‖ *Fís.* Modificación de un medio físico que, como consecuencia de una perturbación inicial, se propaga por el mismo en forma de oscilaciones periódicas. ‖ *Méx.* Asiento de cuerda de pita para bajar los mineros a la mina. ‖ — *Longitud de onda*, distancia entre dos puntos consecutivos de una misma fase de un movimiento ondulatorio que se propaga en línea recta. ‖ *Onda corta*, en radio, la que tiene una longitud comprendida entre 11 y 60 m. ‖ *Onda de choque*, la que acompaña a los proyectiles más rápidos que el sonido y que, al pasar cerca de un observador, producen un chasquido. ‖ *Fís. Onda eléctrica o hertziana*, la generada por una corriente oscilatoria. ‖ *Onda larga*, en radio, la comprendida entre 1 000 y 2 000 m. ‖ *Onda luminosa*, la que se origina de un cuerpo luminoso y que transmite su luz. ‖ *Onda media*, en radio, onda radioeléctrica de una longitud comprendida entre 187,5 y 577 m. ‖ *Onda normal*, en radio, la comprendida entre 200 y 500 m. ‖ *Onda sonora*, la que se origina en un cuerpo elástico y transmite el sonido.

— Existen varias clases de *ondas*: las ondas materiales, que se propagan por vibraciones de la materia, gaseosa, líquida o sólida, y las ondas electromagnéticas, debidas a la vibración en un campo electromagnético. Entre las materiales figuran las *ondas sonoras*, que son las comprendidas entre 8 y 30 000 frecuencias por segundo (las ultrasonoras tienen frecuencias más elevadas, y las infrasonoras, más bajas). Entre las electromagnéticas se cuentan, según su longitud, los *rayos gamma* (0,005 a 0,25 angstroms), los *rayos X* (hasta 0,001 micras), los *ultravioleta* (de 0,02 a 0,4 micras), la *luz visible* (de 0,4 a 0,8 micras), los *infrarrojos* (de 0,8 a 300 micras) y las *ondas radioeléctricas* (del milímetro a varias decenas de kilómetros).

Onda, v. al E. de España (Castellón).

Ondárroa, v. y puerto pesquero del N. de España (Vizcaya). Turismo.

ondeante adj. Que ondea.

ondear v. i. Hacer ondas al agua al ser impelida por el aire. ‖ Ondular : *ondear al viento*. ‖ *Fig.* Formar ondas una cosa : *ondear el pelo*. ‖ — V. pr. Mecerse en el aire, columpiarse.

ondeo m. Acción de ondear.

ondina f. Según las mitologías germánica y escandinava, ninfa de las Aguas.

ondulación f. Movimiento oscilatorio que se produce en un líquido : *las ondulaciones de las olas*. ‖ Cualquier otro movimiento parecido al de las ondas. ‖ Forma sinuosa que se da al pelo.

ondulado, da adj. Que forma ondas.

ondulante adj. Que ondula.

ondular v. i. Moverse una cosa formando giros en figura de eses. ‖ — V. t. Hacer ondas en el pelo.

ondulatorio, ria adj. Que se extiende en forma de ondulaciones.

Onega, río del NO. de la U. R. S. S. (Rusia) que des.* en el mar Blanco ; 416 km. — Lago de la U. R. S. S., al NO. de Rusia (Carelia), que comunica con el lago Ladoga ; 9 900 km².

O'Neill (Eugene), autor dramático norteamericano, n. en Nueva York (1888-1953), cuya obra es una crítica despiadada del mundo moderno. Autor de *El emperador Jones, Anna Christie, El mono velludo, A Electra le sienta bien el luto, El deseo bajo los olmos*, etc. (Pr. Nobel, 1936.)

oneroso, sa adj. Que cuesta dinero, gravoso.

Onetti (Juan Carlos), escritor uru-

guayo, n. en 1909, autor de novelas realistas (*El pozo, Tierra de nadie, Los adioses, La vida breve, El astillero, El infierno tan temido, Juntacadáveres, Dejemos hablar al viento,* etc.). — Su hijo JORGE, n. en 1931, es también novelista.

Onganía (Juan Carlos), militar argentino, n. en 1914, que ocupó la presidencia en 1966 tras el derrocamiento de A. Illía. Depuesto en 1970.

ónice m. o f. Ágata veteada.

Onil, v. al E. de España (Alicante).

onírico, ca adj. De los sueños.

onirismo m. Delirio onírico.

Onís, cuenca del río Sella y municipio al N. de España (Asturias).

Onís (Federico de), ensayista y crítico literario español (1885-1966), autor de una *Antología de la poesía española e hispanoamericana, Ensayos sobre el sentido de la cultura española, España en América,* etc.

ónix m. o f. Ónice.

onomástico, ca adj. Relativo a los nombres propios. || *Día onomástico,* el del santo de uno (ú. t. c. s.). || — F. Estudio de los nombres propios.

onomatopeya f. Palabra que imita el sonido de la cosa: *paf, guagua, runrún,* y *rechinar* son onomatopeyas.

onomatopéyico, ca adj. Relativo a la onomatopeya.

Ontario, lago entre Canadá y Estados Unidos que recibe las aguas del lago Erie y comunica con el Atlántico por el río San Lorenzo ; 18 800 km². — Prov. del SE. del Canadá ; cap. *Toronto.* C. pr. *Hamilton, Ottawa, Windsor.*

Onteniente, c. en el este de España (Valencia).

ontología f. Parte de la metafísica que trata del ser en general.

ontológico, ca adj. Relativo a la ontología.

ontologismo m. *Fil.* Razonamiento basado en la ontología.

ontólogo, ga m. y f. Persona que profesa la ontología.

O. N. U. Ver ORGANIZACIÓN DE LAS NACIONES UNIDAS.

Onuba, n. ant. de Huelva.

onubense adj. y s. De Huelva (España).

onza f. Peso que equivale a 287 decigramos. || Cada una de las porciones en que está dividida la tableta de chocolate. || *Onza de oro,* moneda española antigua.

onza f. Mamífero carnicero semejante a la pantera, propio de Asia y África. || *Bol.* Jaguar.

onzavo, va adj. y s. Undécimo.

Oña (Pedro de), poeta épico chileno (1570-¿1643?), autor del poema *Arauco domado.*

Oñar, río del NE. de España, afl. del Ter, que pasa por Gerona.

Oñate, v. en el N. de España (Guipúzcoa). Industrias.

Oñate (Cristóbal de), conquistador español (¿1532 ?-1568). Reprimió una sublevación indígena en Nueva Galicia y fundó la ciudad de Guadalajara con el n. de Espíritu Santo. || ~ (JUAN DE), conquistador español, n. en México (¿1550-1625), hijo del anterior. Se apoderó de Nuevo México (1598).

opa com. *Amer.* Deficiente mental.

opacidad f. Calidad de opaco.

opacle m. *Méx.* Hierba que se usa en la fermentación del pulque.

opaco, ca adj. No transparente, que no deja pasar la luz. || *Fig.* Poco lucido o brillante.

opal m. Tejido fino de algodón.

opalescente adj. Parecido al ópalo.

opalino, na adj. Relativo al ópalo. || De color entre blanco y azulado.

ópalo m. Piedra preciosa tornasolada; variedad de sílice hidratada.

opata adj. Dícese del individuo de una tribu de México del grupo sonora (ú. t. c. s.). || Dícese de una lengua indígena de América Central y México (ú. t. c. s. m.).

Opava, en alem. *Troppau,* c. del N. de Checoslovaquia (Moravia).

opción f. Libertad o facultad para elegir. || Derecho que se tiene.

opcional adj. Facultativo.

op. cit., abreviatura de *opere citato,* en la obra citada.

open adj. inv. (pal. ingl.). Dícese de una competición deportiva en la que participan jugadores aficionados y profesionales. || Aplícase a un billete de transporte que no tiene marcada la fecha.

O. P. E. P. Ver ORGANIZACIÓN DE LOS PAÍSES EXPORTADORES DE PETRÓLEO.

ópera f. Obra teatral cantada. || Su letra. || Su música. || Teatro donde se representan óperas: *la ópera del Liceo de Barcelona.* || — *Ópera bufa,* la de carácter humorístico, parecida a la opereta y muy de moda en el siglo XVIII. || *Ópera cómica,* la que alterna el canto con el diálogo hablado.

operación f. Acción o labor necesarias para hacer una cosa. || *Com.* Negociación o contrato sobre valores o mercaderías: *operación de Bolsa.* || *Mat.* Ejecución de un cálculo determinado sobre una o varias entidades matemáticas con objeto de hallar otra entidad llamada *resultado.* || *Med.* Intervención quirúrgica. || *Mil.* Conjunto de maniobras, combates, etc., en una región determinada, encaminado al logro de una finalidad precisa. || *Operación cesárea,* v. CESÁREA.

operacional adj. Relativo a las operaciones militares, matemáticas o comerciales.

operado, da adj. Aplícase a la persona que ha sufrido una operación quirúrgica (ú. t. c. s.).

operador, ra m. y f. Cirujano. || Persona encargada de la parte fotográfica del rodaje de una película. || Persona que hace funcionar un aparato. || Persona que hace funcionar las máquinas de informática. || Persona encargada de una centralita telefónica.

operante adj. Que produce un efecto.

operar v. t. Someter a una intervención quirúrgica a un enfermo. || Efectuar una operación de cálculo, de química. || *Fig.* Producir. — V. i. Obrar, producir su efecto: *el medicamento empieza a operar.* || Com. Negociar. — V. pr. Realizarse. || Someterse a una operación quirúrgica.

operario, ria m. y f. Obrero, trabajador manual: *operario electricista.*

operatividad f. Carácter operativo.

operativo, va adj. Capaz de funcionar, de producir un efecto.

operatorio, ria adj. Relativo a las operaciones quirúrgicas.

opere citato, expr. lat. que significa *en la obra citada.* (Abrev. *Op. cit.*).

opereta f. Obra musical de teatro de carácter frívolo y ligero.

opiar v. t. *Arg. lunf.* Aburrir.

Ópico, c. al NO. de El Salvador, cab. del distr. de San Juan Opico (La Libertad).

opimo, ma adj. Abundante.

opinable adj. Que se pueden tener distintas opiniones: *no creo que ésta sea una materia opinable.*

opinante adj. y s. Que opina.

opinar v. i. Pensar, formar o tener opinión. || Expresarla: *opinar sobre política.* || Hacer conjeturas.

opinión f. Parecer, concepto, manera de pensar: *dar su opinión.* || Concepto que se forma de una cosa. || Fama en que se tiene a una persona o cosa: *esta chica no me merece buena opinión.* || *Opinión pública,* parecer de la mayoría de la gente.

opio m. Droga narcótica que se obtiene del jugo extraído de las cabezas de adormideras.

opiomanía f. Afición enfermiza a tomar opio.

opiómano, na m. y f. Persona que tiene el hábito de tomar opio.

opíparo, ra adj. Abundante, espléndido, copioso: *cena opípara.*

Opitz (Martin), poeta alemán (1597-1639). Reformó las leyes de la métrica.

Opochtli, entre los aztecas, dios de los pescadores.

Opole, en alem. *Oppeln,* c. en el SO. de Polonia (Silesia). Metalurgia.

Opón, río del centro de Colombia (Santander), afl. del Magdalena. — Mun. de las Filipinas en la prov. de Cebú (Visayas).

oponente adj. y s. Que se opone.

oponer v. t. Poner una cosa contra otra para estorbarla o impedirle su efecto. || Poner enfrente. || Objetar, opongar: *oponer buenos argumentos.* — V. pr. Ser una cosa contraria a otra. || Estar una cosa enfrente de otra. || Mostrarse contrario: *oponerse a ciertas medidas.*

oporto m. Vino de color oscuro y algo dulce elaborado en Oporto (Portugal).

Oporto, en port. *Porto,* c. y puerto del NO. de Portugal, en la desembocadura del Duero. Obispado. Universidad. Vinos.

oportunidad f. Ocasión: *aprovechar la oportunidad.* || Conveniencia, calidad de oportuno o apropiado.

oportunismo m. Actitud o sistema político o económico que atienden más a las circunstancias de tiempo y lugar que a los principios o doctrinas.

oportunista adj. Relativo al oportunismo. || Partidario del oportunismo (ú. t. c. s.).

oportuno, na adj. Que se hace o sucede en tiempo a propósito y cuando conviene: *tomar las medidas oportunas.* || Indicado: *sería oportuno decírselo.* || Ocurrente en la conversación, ingenioso.

oposición f. Obstáculo, impedimento. || Contraste. || Disconformidad, desacuerdo. || Concurso para la obtención de ciertos empleos: *oposición a una cátedra, a notario.* || Minoría que en los cuerpos legislativos impugna los actos del Gobierno.

opositar v. i. Hacer oposiciones.

opositor, ra m. y f. Persona que se opone a otra. || Candidato que toma parte en oposiciones.

opossum m. Mamífero de América.

Oppeln. V. OPOLE.

opresión f. Acción y efecto de oprimir. || *Fig.* Dominación por abuso de autoridad.

opresivo, va adj. Que oprime: *Estado opresivo.*

opresor, ra adj. y s. Que oprime o tiraniza: *gobierno opresor.*

oprimido, da adj. Que sufre opresión: *pueblo oprimido por el tirano dictador* (ú. t. c. s.).

oprimir v. t. Ejercer presión sobre una cosa: *oprimir un botón.* || Apretar: *me oprimen los zapatos.* || *Fig.* Sujetar demasiado. || Gobernar tiránicamente a alguno, dominarlo: *oprimir al pueblo.* || Afligir: *la emoción oprimía al espectador.*

oprobio m. Ignominia, infamia.

optación f. Deseo vehemente.

optante adj. Que opta (ú. t. c. s.).

optar v. i. Elegir entre varias cosas: *optar por lo más fácil.* || Aspirar a algo: *puede optar a ese cargo.*

optativo, va adj. Que admite opción. || — M. Modo verbal que expresa el deseo. || — F. pl. Oraciones que expresan deseo.

óptico, ca adj. Relativo a la visión. || — M. y f. Comerciante en instrumentos de óptica. || *Nervio óptico,* el que une el ojo al encéfalo. || — F. Parte de la física que estudia las leyes y los fenómenos de la luz y de la visión. || Aparato óptico. || Arte de hacer microscopios, lentes e instrumentos de óptica. || Tienda de aparatos de óptica. || *Fig.* Punto de vista.

optimación f. Acción de optimar.

optimar v. t. Buscar la mejor manera de realizar una cosa.

optimismo m. *Fil.* Sistema de Leibniz y otros filósofos que afirma que nuestro mundo es el mejor de los mundos posibles. || Propensión a ver en las cosas el aspecto más favorable.

optimista adj. y s. que es partidario del optimismo. || Que tiende a ver las cosas bajo el aspecto más favorable.

optimización f. Optimización.

optimizar v. t. Optimar.

óptimo, ma adj. Muy bueno.

opuesto, ta adj. Que está colocado enfrente. || Enemigo o contrario.

opugnación f. Oposición.

opugnador, ra m. y f. Persona que se opone u opugna.

opugnar v. t. Oponerse con fuerza y violencia. || *Fig.* Rebatir, impugnar, contradecir: *opugnar una idea.*

opulencia f. Gran riqueza: *vivir en la opulencia.* || *Fig.* Gran abundancia.

opulento, ta adj. Que vive en la opulencia. || Abundante.

opus m. *Mús.* Número de cada una de las obras de un compositor.

Opus Dei, movimiento católico seglar, fundado en 1928 en Madrid por José María Escrivá de Balaguer, que se ha extendido por todo el mundo. En 1982, siendo superior de esta institución Álvaro del Portillo, la obra fue declarada una prelatura personal de carácter internacional con sede en Roma.

opúsculo m. Obra de poca extensión, folleto.

oquedad f. Hueco.

oquedal m. Monte de árboles.

oquis (de) adv. *Méx. Fam.* Gratis.

ora conj. Aféresis de *ahora: ora sabio ora ignorante.*

oración f. Rezo, plegaria, ruego a Dios o a los santos: *rezar sus oraciones.* ‖ Discurso. ‖ *Gram.* Frase, conjunto de palabras. ‖ — Pl. Toque de campana al anochecer, al amanecer o a mediodía, para que recen los fieles el Avemaría. ‖ — *Oración dominical,* el Padrenuestro. ‖ *Oración fúnebre,* discurso pronunciado en honor de un difunto.
— Las partes de la *oración,* según las diversas funciones gramaticales que tienen, son: sustantivo o nombre, adjetivo, pronombre, artículo, verbo, adverbio, preposición, conjunción e interjección.

oráculo m. Respuesta que, según creían los paganos, hacían los dioses a las preguntas que les dirigían las pitonisas: *interpretar un oráculo.* ‖ La propia divinidad: *consultar al oráculo.* ‖ *Fig.* Persona considerada como sabia y de gran autoridad.

Oradea, c. del NO. de Rumania (Transilvania). Obispado. Metalurgia.

orador, ra m. y f. Persona que pronuncia un discurso en público.

Oradour-sur-Glane, c. en el centro oeste de Francia (Haute-Vienne).

oral adj. Expresado verbalmente: *examen, tradición oral.* ‖ — M. Examen o parte de un examen que solamente consta de preguntas de viva voz que hay que contestar.

Orán, en ár. *Ouahran,* c. y puerto del NO. de Argelia, cap. del dep. homónimo. Obispado. Universidad. Centro comercial e industrial. Pérteneció a España de 1509 a 1708. — Dep. del NO. de la Argentina (Salta), cerca de la *Sierra de Orán;* cap. *San Ramón de Orán.* Agricultura, madera, oro, plata, cobre. Oleoducto.

Oranesado, región occidental de Argelia.

Orange, río de África meridional que nace en Lesotho y pasa por la República de África del Sur para desembocar en el Atlántico ; 1 860 km. — Central hidroeléctrica en la República de África del Sur. — C. del SE. de Francia (Vaucluse). Ruinas romanas. — (PROVINCIA DEL ESTADO LIBRE DE), provincia de la rep. de África del Sur ; cap. *Bloemfontein.* Minas.

orangután m. Mono antropomorfo de dos metros de altura y brazos largos. ‖ *Fig.* y *fam.* Hombre feo y peludo.

orante adj. Que ora. ‖ Dícese de la figura en postura de orar.

orar v. i. Rezar: *orar por los difuntos.* ‖ — V. t. Rogar, pedir.

orate com. Loco.

oratoria f. Arte de hablar con elocuencia.

oratoriano m. Miembro de la congregación del Oratorio.

oratorio m. Lugar destinado a la oración. ‖ Capilla privada. ‖ Drama musical de tema religioso. ‖ Congregación de sacerdotes que San Felipe Neri fundó en Roma en 1564.

oratorio, ria adj. Relativo a la oratoria o al orador: *estilo oratorio.*

orbe m. Mundo, universo.

Orbegozo (Luis José de) militar peruano (1795-1847), pres. de la Rep. de 1833 a 1835. Formó con Santa Cruz la Confederación Perúboliviana (1837).

Orbigny (Alcide de), naturalista francés (1802-1857) que realizó exploraciones científicas en América del Sur.

órbita f. Curva elíptica que describe un astro o un cohete alrededor de un planeta: *la órbita de la Tierra, de la Luna ; cohete en órbita.* ‖ Cavidad o cuenca del ojo. ‖ *Fig.* Ámbito, esfera, espacio: *una reducida órbita de relaciones.* ‖ — *Fig.* Estar *fuera de órbita,* estar fuera del espacio normal. ‖ *Puesta en órbita,* conjunto

de operaciones hecho para colocar un satélite artificial en una órbita.

orbital adj. Relativo a la órbita.

orca f. Cetáceo de los mares del Norte, muy voraz.

Orcadas, en inglés *Orkney,* archip. de Gran Bretaña al N. de Escocia, cuya isla principal es *Pomona* o *Mainland;* cap. *Kirkwall.* ‖ — **del Sur,** archip. de la Argentina en la Antártida, en el grupo de las Antillas del Sur. Las islas más importantes son *Coronación, Powell* y *Laurie.*

Orcagna [-ña] (Andrea DI CIONE ARCANGELO, llamado), pintor de frescos y escultor florentino (¿ 1308-1368 ?).

Orce, pobl. del sur de España, en la comarca de Guadix-Baza (Granada). Cerca de ella, en el yacimiento arqueológico de *Venta Micena,* se ha encontrado, en 1982, la parte posterior de un cráneo fosilizado de un hombre del cuaternario inferior que vivió hace más de un millón de años.

Orczy (Baronesa de), novelista inglesa de origen húngaro (1865-1947), autora de *Pimpinela Escarlata.*

Orcha, c. de la U. R. S. S. (Bielorrusia).

órdago m. Envite del resto, en el mus. ‖ *De órdago,* excelente, magnífico. U. a menudo en sentido irónico: *dio a su hijo una paliza de órdago.*

ordalías f. pl. Juicio de Dios.

Ordás u **Ordaz** (Diego de), conquistador español (¿ 1480 ?-1532), compañero de Hernán Cortés en México. Luego siguió al fabuloso Eldorado y fue el primero en remontar el curso del Orinoco (1531).

orden f. Colocación de las cosas en el lugar que les corresponde: *poner documentos en orden.* ‖ Conjunto de reglas, leyes, estructuras que constituyen una sociedad: *orden público.* ‖ Paz, tranquilidad: *asegurar el orden.* ‖ Clase, categoría: *son problemas de orden financiero.* ‖ Sexto de los siete sacramentos de la Iglesia católica. ‖ *Arq.* Cierta disposición y proporción de los cuerpos principales que componen un edificio. (Hay tres órdenes griegos: orden dórico, jónico y corintio, a los cuales los romanos añadieron el orden compuesto y el toscano.) ‖ *Hist. nat.* División o grupo en la clasificación de las plantas y animales intermedio entre la clase y la familia: *el orden de los coleópteros.* ‖ *Mil.* Disposición de un ejército: *orden de combate.* ‖ *Del orden de,* más o menos, aproximadamente. ‖ *El orden del día,* lista de asuntos que tratará una asamblea. ‖ *Sin orden ni concierto,* desarregladamente. ‖ — F. Mandato: *obedecer una orden; orden de detención.* ‖ *Decisión: orden ministerial.* ‖ Sociedad religiosa cuyos miembros hacen el voto de seguir una regla: *orden benedictina.* ‖ Instituto civil o militar: *la orden de Carlos III.* ‖ Endoso en el valor comercial: *billete a la orden.* ‖ — *Orden del día,* la dada diariamente a los cuerpos de un ejército. ‖ *Orden de pago,* documento en el que se dispone que sea pagada una cantidad al portador o nominalmente.

ordenación f. Disposición, arreglo. ‖ Ceremonia en que se confieren las sagradas órdenes: *ordenación de presbíteros.* ‖ Mandato, orden: *ordenación de pagos.* ‖ Aprovechamiento de los recursos naturales: *ordenación rural.* ‖ *Plan de ordenación,* el que regula la construcción de los edificios en un conjunto urbano.

ordenado, da adj. Que tiene orden y método: *persona ordenada.* ‖ Que ha recibido las órdenes sagradas (ú. t. c. s.). ‖ Encaminado, dirigido. ‖ — F. *Geom.* Recta tirada desde un punto perpendicularmente al eje de las abscisas.

ordenador, ra adj. y s. Que ordena. ‖ — M. Calculador electrónico, constituido por un conjunto de unidades especializadas dependientes de un programa introducido en la memoria, que permite, sin intervención del hombre, efectuar complejas operaciones de carácter aritmético o lógico.

ordenamiento m. Acción y efecto de ordenar. ‖ Ley, ordenanza que da el superior para que se observe una

cosa. ‖ Conjunto de leyes dictadas al mismo tiempo o sobre la misma materia.

ordenanza f. Conjunto de disposiciones referentes a una materia: *ordenanzas municipales.* ‖ Reglamento militar. ‖ — M. *Mil.* Soldado puesto a la disposición de un oficial. ‖ Empleado subalterno en ciertas oficinas que hace los recados y acompaña a los visitantes.

ordenar v. t. Poner en orden: *ordenar unos papeles, un armario.* ‖ Mandar: *ordenar que venga.* ‖ Encaminar o dirigir a un fin. ‖ *Mat.* Disponer los términos de un polinomio de manera que sus grados vayan decreciendo o aumentando constantemente. ‖ Conferir las sagradas órdenes: *ordenar un presbítero.* ‖ — V. pr. Recibir las órdenes sagradas: *ordenarse de sacerdote.*

ordeñador, ra adj. y s. Que ordeña. ‖ — F. Máquina para ordeñar.

ordeñar v. t. Extraer la leche de la ubre de los animales. ‖ *Fig.* Explotar.

ordeño m. Acción de ordeñar.

Ordesa, valle del NE. de España (Huesca). Parque nacional.

¡ órdiga ! exclam. Denota asombro o extrañeza: *¡ anda la órdiga !*

ordinal adj. Del orden. ‖ Dícese del adjetivo numeral que expresa orden o sucesión: *duodécimo es un adjetivo ordinal.*

ordinariez f. *Fam.* Grosería, vulgaridad.

ordinario, ria adj. Común, usual, corriente. ‖ Basto, vulgar: *gente ordinaria.* ‖ Que no se distingue por ninguna calidad: *de paño ordinario.* ‖ Diario: *gasto ordinario.* ‖ — M. Recadero, cosario. ‖ Obispo que posee la jurisdicción ordinaria en su diócesis.

Ordjonikidze, ant. *Vladikavkaz,* c. en el SO. de la U. R. S. S. (Rusia), en el Cáucaso, cap. de la rep. autónoma de Osetia del Norte. Metalurgia.

Ordóñez (Bartolomé), escultor español, muerto hacia 1520, autor de la sillería de la catedral de Barcelona, de un altar en Nápoles, del sepulcro de Felipe el Hermoso y Juana la Loca en Granada, de la tumba del cardenal Cisneros en Alcalá de Henares, etc. ‖ ~ (EZEQUIEL), geólogo mexicano (1867-1950). Hizo importantes estudios sobre el volcán Paricutín. ‖ ~ (JULIÁN), pintor mexicano (1780-1856). ‖ — **de Montalvo.** V. MONTALVO.

Ordoño ~ **I,** rey de Asturias (850-866). ‖ ~ **II,** rey de Galicia y de León (914-924). Derrotó a Aderramán III en San Esteban de Gormaz (917) y fue vencido por éste en Valdejunquera (920). ‖ ~ **III,** rey de Asturias, León y Galicia (951-956), hijo de Ramiro II. ‖ ~ **IV,** rey de Asturias, León y Galicia (958-960). Se refugió en Córdoba, donde murió.

Orduña, puerto montañoso de la cordillera Cantábrica y c. al N. de España (Vizcaya).

Oreamuno (Yolanda), novelista costarricense (1916-1956), autora de *Por tierra firme* y *La ruta de su evasión.*

orear v. t. Ventilar. ‖ — V. pr. *Fig.* Salir uno a tomar el aire, airearse.

Orebro, c. de Suecia central, al O. de Estocolmo.

orégano m. Planta aromática labiada, usada como condimento.

Oregón, uno de los Estados Unidos de Norteamérica, al NO. de los E.U. y a orillas del Pacífico ; cap. *Salem.* Minas. Ganadería. — V. COLUMBIA.

oreja f. Oído en su parte externa. (V. OÍDO.) ‖ Parte lateral de ciertos objetos. ‖ Apéndice que tienen a veces en la punta las herramientas. ‖ Orejera de la gorra. ‖ Parte del zapato en la que se ponen los cordones. ‖ Saliente, al lado del respaldo, que tienen algunos sillones para apoyar la cabeza. ‖ Asa de una vasija. ‖ — *Aguzar las orejas,* levantarlas las caballerías: (fig.) prestar mucha atención. ‖ *Fig. Apearse por las orejas,* obrar con desacierto. ‖ *Asomar,* enseñar *o descubrir la oreja,* poner de manifiesto la verdadera naturaleza de uno. ‖ *Bajar las orejas,* por vencido humildemente. ‖ *Calentarle a uno las orejas,* regañar, reñir o pegar fuerte ; enfadar a uno. ‖ Con las orejas gachas, avergonzado o desilusionado. ‖ *Haberle visto las orejas al lobo,* haber escapado de un gran peligro. | *Verle a uno la oreja*, adivinar sus intenciones.

orejear v. i. Méx. Desconfiar.

orejera f. Pieza de la gorra que cubre las orejas. || Laterales del respaldo de algunos sillones, oreja. || Cada una de las dos piezas encajadas lateralmente en el dental del arado para ensanchar el surco. || Rodaja llevada por algunos indios en la oreja.

orejón m. Pulpa del melocotón u otra fruta secada al aire. || Tirón de orejas. || Nombre dado a los nobles incas por los españoles, por los grandes discos con que adornaban el lóbulo de las orejas. || Nombre que se dio a varias tribus indias de América, entre otras la del Alto Amazonas, a orillas del Napo.

orejudo, da adj. Que tiene orejas grandes. || — M. Especie de murciélago con grandes orejas.

Orekhovo-Zuievo, c. de la U. R. S. S. (Rusia), cerca de Moscú. Industrias.

Orel, c. en el O. de la U. R. S. S. (Rusia), a orillas del Oka. Industrias.

Orelio Antonio I (Antoine de TOUNENS, llamado), aventurero francés (1820-1878) que se hizo proclamar rey por los araucanos en 1861.

Orellana (Francisco de), explorador español, n. en Trujillo (1511-1546). Participó en la conquista del Perú y del Ecuador, buscó el Eldorado y descubrió el Amazonas (1542). || ~ (JOSÉ MARÍA), general guatemalteco (1872-1926), pres. de la Rep. de 1921 a 1926.

oremus m. inv. (pal. lat.). Palabra del sacerdote en la misa para invitar a los fieles a rezar con él.

Orenburgo, de 1938 a 1957 Chkalov, c. al O. de la U. R. S. S. (Rusia), a orillas del Ural. Hidrocarburos.

orensano, na adj. y s. De Orense (España).

orense adj. y s. De El Oro (Ecuador).

Orense, c. del NO. de España (Galicia), cap. de la prov. homónima. Obispado. Centrales hidroeléctricas.

oreo m. Soplo ligero de aire. || Ventilación. || Salida a airearse.

Orestes, hijo de Agamenón y Clitemnestra. Para vengar a su padre, con la complicidad de su hermana Electra, mató a su madre y a su amante Egisto.

Orestíada (La), trilogía dramática de Esquilo (Agamenón, Las Coéforas y Las Euménides) [458 a. de J. C.].

Oresund. V. SUND.

Oretana (CORDILLERA), sistema montañoso del centro de España en la meseta de Castilla la Nueva.

Orfa. V. EDESA.

orfanato m. Asilo de huérfanos.

orfandad f. Estado de huérfano. || Pensión que reciben algunos huérfanos. || Fig. Desamparo.

orfebre m. y f. Persona que hace o vende objetos de orfebrería.

orfebrería f. Obra de oro o de plata. || Oficio de orfebre.

orfelinato m. Orfanato.

Orfeo, hijo de Eagro, rey de Tracia, y de la musa Calíope. Poeta y cantor famoso, con los acordes de su cítara dormían a las fieras y detenían el vuelo de las aves (Mit.).

Orfeó Catalá, masa coral fundada en Barcelona en 1891 por Luis Millet y Amadeo Vives para divulgar las grandes obras de los músicos catalanes.

orfeón m. Agrupación coral.

Orfeón donostiarra, masa coral española fundada en San Sebastián en 1897.

orfeonista m. y f. Miembro de un orfeón.

Orgambide (Pedro), escritor argentino, n. en 1929, autor de narraciones (Memorias de un hombre de bien).

organdí m. Tejido de algodón ligero.

orgánico, ca adj. Relativo a los órganos o a los organismos animales o vegetales: la vida orgánica. || Dícese de las sustancias cuyo componente constante es el carbono. || Fig. Aplícase a la constitución de las entidades colectivas o a sus funciones: reglamentos, estatutos orgánicos. || — Enfermedad orgánica, aquella en que la alteración funcional acarrea una lesión, cerca de órganos. || Funciones orgánicas, las de la nutrición. || Ley orgánica, la destinada a desarrollar los principios expuestos en otra. ||

Química orgánica, parte de la química dedicada al estudio del carbono.

organigrama m. Gráfico de la estructura de una organización compleja (empresa, administración, servicio, etc.). || En informática, conjunto de símbolos gráficos con los que se representa el esquema de un proceso.

organillero, ra m. y f. Persona que toca el organillo.

organillo m. Órgano pequeño que se suele tocar con manubrio.

organismo m. Ser vivo. || Conjunto de órganos y funciones del cuerpo animal o vegetal: el organismo humano, de las plantas. || Fig. Conjunto de oficinas, dependencias o empleos que forman un cuerpo o institución : organismo estatal.

organista com. Persona que toca el órgano.

organito m. Riopl. Organillo.

organización f. Acción de organizar, preparación: la organización de un banquete. || Disposición de los órganos de un cuerpo animal o vegetal. || Orden, arreglo. || Apelación de ciertas instituciones: Organización Internacional del Trabajo. || Organización **~ de Cooperación y Desarrollo Económico** (O. C. D. E.), organización creada en París en 1961 por diecisiete Estados europeos, miembros de la antigua O. E. C. E. (Organización Europea de Cooperación Económica), Estados Unidos, Canadá, Japón y algunos otros países con objeto de favorecer la expansión económica de los Estados miembros y de los países subdesarrollados. || ~ **de la Aviación Civil Internacional** (O. A. C. I.), organismo internacional, con residencia en Montreal, fundado en 1944 para el estudio de los problemas planteados por el tráfico aéreo. || ~ **de la Televisión Iberoamericana** (O. T. I.), entidad, con residencia en México, creada en 1971 para asociar las televisiones de los países de lengua española o portuguesa. || ~ **de las Naciones Unidas** (O. N. U.), organismo internacional creado en 1945 para sustituir a la Sociedad de Naciones y cuya misión es salvaguardar la paz mundial y fomentar la cooperación económica, social y cultural entre todas las naciones. Tiene su residencia en Nueva York. (V. ASAMBLEA GENERAL, CONSEJO DE SEGURIDAD, CORTE INTERNACIONAL DE JUSTICIA, CONSEJO ECONÓMICO Y SOCIAL, SECRETARÍA DE LAS NACIONES UNIDAS y UNESCO.) || ~ **de las Naciones Unidas para la Agricultura y la Alimentación,** en ingl. Food and Agriculture Organization (F. A. O.), organismo de las Naciones Unidas, creado en 1945, que estudia los problemas relativos a la alimentación mundial. Reside en Roma. || ~ **de la Unidad Africana** (O. U. A.), organismo creado por los estados africanos (salvo África del Sur) en Addis-Abeba (1963) para reforzar la solidaridad y desarrollar la cooperación de los países miembros. || ~ **de los Estados Americanos** (O. E. A.), organización internacional creada en 1948 que agrupa los países del continente americano y tiene su residencia permanente en Washington. || ~ **de los Estados Centroamericanos** (O. D. E. C. A.), organismo creado en 1951 y que agrupa los Estados de América Central (excepto Panamá), y cuyos fines son la cooperación económica, cultural y social entre sus miembros. || ~ **de los Países Exportadores de Petróleo** (O. P. E. P.), organismo creado en 1960 para coordinar la política petrolera de sus miembros y defender sus intereses. Está integrado por Argelia, Emiratos Árabes Unidos, Arabia Saudita, Ecuador, Gabón, Indonesia, Irán, Irak, Kuwait, Libia, Nigeria, Katar, Venezuela. || ~ **del Tratado del Atlántico Norte** (O. T. A. N.). V. PACTO DEL ATLÁNTICO. || ~ **Internacional del Trabajo** (O. I. T.), organización internacional creada en 1919 y asociada a la O. N. U., en 1947, cuyo objeto es promover la justicia social y mejorar las condiciones del trabajo en el mundo. Reside en Ginebra. Se le concedió en 1969 el Premio Nobel de la Paz. || ~ **Mundial de la Salud** (O. M. S.), organismo especializado de las Naciones

Unidas, creado en 1948, cuyo objetivo es elevar el nivel sanitario de todos los pueblos. Reside en Ginebra. || ~ **para la Liberación de Palestina** (O. L. P.), organismo creado en Jerusalén en 1964 para defender la libertad de Palestina y promover la resistencia contra la ocupación de este país por Israel.

organizado, da adj. Orgánico, con aptitud para la vida. || Que tiene la estructura y composición de los seres vivos: ser organizado. || Fig. Que ha recibido una organización.

organizador, ra adj. y s. Que organiza o es apto para organizar.

organizar v. i. Fundar, establecer: organizar una escuela. || Disponer algo ordenadamente. || Preparar: organizar una fiesta. || — V. pr. Tomar una forma regular. || Arreglarse: yo sé organizarme. || Formarse: se organizó un desfile. || Fig. Armarse: se organizó una pelea, una lucha.

órgano m. Mús. Instrumento de viento de grandes dimensiones, con tubos donde se produce el sonido y un teclado, que se emplea sobre todo en las iglesias. || Parte del cuerpo animal o vegetal que ejerce una función: los órganos de la nutrición, de la reproducción. || Lo que es instrumento o medio para la realización de algo: los órganos directivos. || En las máquinas, aparato elemental que transmite o guía un movimiento: órgano transmisor. || Fig. Medio, conducto. || Periódico portavoz de un grupo: el órgano del partido.

Órganos (SIERRA DE LOS), macizo montañoso en el O. de Cuba, parte O. de la cordillera de Guaniguanico (Pinar del Río).

orgasmo m. Culminación del placer sexual.

orgia f. Festín en que se come y bebe sin moderación. || Fig. Desenfreno en la satisfacción de apetitos y pasiones. || Exceso.

orgiástico, ca adj. De la orgía.

orgullo m. Exceso de estimación propia, presunción, vanidad. || Fig. Sentimiento elevado de la dignidad personal. | Cosa o persona de la cual la gente está muy ufana: ser el orgullo de la familia, de la nación.

orgulloso, sa adj. y s. Que tiene orgullo.

Oria, valle y comarca al norte de España (Guipúzcoa). Industrias. Centrales hidroeléctricas.

Oria o **Áurea** (Santa), religiosa española (1042-1070). Vivió en el monasterio de San Millán de la Cogolla (Logroño). Fiesta el 11 de marzo.

Oribe (Emilio), poeta y médico uruguayo (1893-1975), autor de El nardo del ánfora, El nunca usado mar, La colina del pájaro rojo, etc. || ~ (MANUEL), general uruguayo, n. en Montevideo (1792-1857). Fue uno de los Treinta y Tres Orientales y pres. de la Rep. de 1835 a 1838. Ayudado por Rosas, luchó contra Rivera (1842) y puso sitio a Montevideo.

orientación f. Acción de orientar u orientarse. || Situación :orientación al Sur. || Dirección, tendencia: sus escritos tienen una orientación surrealista. || Orientación profesional, ayuda y consejo a los jóvenes para que escojan una profesión u oficio en función de sus aptitudes, motivaciones y posibilidades de colocación.

orientador, ra adj. y s. Que orienta.

oriental adj. De Oriente: países orientales. || — adj. y s. Natural de Oriente. || De Morona-Santiago, Zamora-Chinchipe, Napo y Pastaza (Ecuador), de Oriente (Cuba) o de la República Oriental del Uruguay. || — M. pl. Los pueblos de Oriente.

Oriental, mun. de México, al sur del Estado de este nombre (Puebla). || ~ (BANDA). V. BANDA ORIENTAL. || ~ (CORDILLERA), sector andino en Colombia, Ecuador, Perú y Bolivia. La de Bolivia se llama también Cordillera Real.

orientalismo m. Conocimiento de las civilizaciones y costumbres de los pueblos orientales. || Amor por las cosas de Oriente. || Carácter oriental.

orientalista com. Especialista en cosas de Oriente.

orientar v. t. Situar una cosa en posición determinada respecto a los puntos cardinales: *orientar un edificio.* || Dirigir: *orientar la salida de un público.* || *Mar.* Disponer las velas de modo que reciban bien el viento. || Informar: *orientar a los turistas.* || — V. pr. Reconocer los puntos cardinales, especialmente el Oriente: *orientarse en el campo, en el mar.* || *Fig.* Estudiar bien las circunstancias: *orientarse en un asunto, en un negocio.* || Dirigirse hacia un lugar.

oriente m. Punto cardinal del horizonte por donde sale el Sol. || Este. || Nombre dado a Asia y a las regiones de ésta inmediatas a África y Europa. || Brillo de las perlas. || Nombre que dan los masones a las logias de provincias. || *Gran Oriente,* logia central masónica de un país.

Oriente, antigua provincia de Cuba, cuya capital era Santiago, que se dividió en 1976 en las de Guantánamo, Holguín, Las Tunas, Granma y Santiago de Cuba. — Ant. prov. del Ecuador, hoy dividida en las de Napo, Pastaza y Morona-Santiago. — Denominación geográfica de la zona situada al E. de Europa. El término de *Cercano* o *Próximo Oriente* se aplica a los países del Mediterráneo oriental (Turquía, Siria, Líbano, Israel, Egipto), el de *Oriente Medio* designa a Irak, Arabia, Irán y tb. a la India, al Paquistán y Afganistán, el de *Extremo* o *Lejano Oriente* comprende China, Japón, Corea, Estados de Indochina, de Insulindia y Siberia oriental.

Oriente (IMPERIO ROMANO DE), uno de los dos imperios formados en 395 a la muerte del emperador Teodosio. Se le llama tb. *Imperio Bizantino* o *Constantinopla,* o *Bajo Imperio.* Fue destruido por los otomanos en 1453. V. BIZANTINO *(Imperio).*

Oriente *(Cisma de).* V. CISMA.

orificio m. Agujero.

oriflama f. Estandarte.

origen m. Principio de una cosa: *el origen del mundo.* || Causa, motivo: *el origen de un mal.* || Procedencia: *el origen de nuestras ideas.* || Ascendencia, clase social de donde procede una persona: *de origen humilde.* || Patria: *de origen español, francés.*

original adj. Relativo al origen. || Que no es copia o imitación: *escritura, cuadro original.* || Que parece haberse producido por primera vez: *una idea original.* || Que escribe o compone de un modo nuevo: *escritor, músico original.* || Singular, extraño, raro: *un hombre muy original* (ú. t. c. s.). — M. Manuscrito primitivo del que se sacan copias. || Texto primitivo, a diferencia de la traducción. || Manuscrito que se da a la imprenta.

originalidad f. Calidad de original.

originar v. t. Dar origen o traer, ser causa de una cosa. — V. pr. Traer una cosa su origen de otra.

originario, ria adj. Del comienzo: *forma originaria.* || Que da origen a una persona o cosa. || Que trae su origen de algún lugar, persona o cosa: *originario de América, de Asia.*

Orihuela, c. del SE. de España (Alicante) en la *Huerta de Orihuela,* a orillas del Segura. Obispado de Orihuela-Alicante. Agricultura.

orilla f. Borde de una superficie. || Parte de la tierra contigua a un río, mar, etc.: *vivir a orillas del mar.* || Acera de las calles. || Orillo. || *Fam. A orilla de,* al lado de. — Pl. *Arg. y Méx.* Arrabales de una población.

orillar v. t. *Fig.* Arreglar un asunto: *orillar una diferencia.* || Evitar, sortear una dificultad. || Reforzar el borde de una tela con una faja estrecha.

orillero, ra adj. y s. *Amer.* Arrabalero.

orillo m. Faja estrecha con que se refuerza el borde de una tela.

orín m. Herrumbre. || — Pl. Orina.

orina f. Secreción de los riñones que se acumula en la vejiga y se expele por la uretra.

orinal m. Recipiente para recoger la orina o los excrementos.

orinar v. i. y t. Expelerla orina.

Orinoco, río de América del Sur en la vertiente atlántica, que señala parte de la frontera entre Venezuela y Colombia. Desemboca por un amplio delta y recibe innumerables afluentes (Ventuari, Guaviare, Casiquiare, Guanía-

Negro, Vichada, Meta, Arauca, Apure, Caura, Caroní). Tiene 2 400 km, de los cuales 1 670 son navegables. Importantes yacimientos petrolíferos en sus orillas. Fue descubierto por Vicente Yáñez Pinzón (1500) y explorado por Diego de Ordaz (1531-1532).

Orio, v. y puerto del N. de España (Guipúzcoa), a orillas de la ría homónima.

Oriol, c. al O. de la U. R. S. S. (Rusia), al S. de Moscú. Acerías.

Orión, constelación de la región ecuatorial.

Orisa, Estado del NE. de la India, en el golfo de Bengala; cap. *Bhubaneswar.*

oriundo, da adj. Originario, procedente: *oriundo de España* (ú. t. c. s.).

Orizaba, volcán del SE. de México (Veracruz y Puebla); 5 747 m. Llamado también *Citlaltépec.* — C. de México (Veracruz). Industrias.

Orizatlán, mun. de México, en el sureste del Estado de este nombre (Hidalgo).

Orkney. V. ORCADAS.

orla f. Franja de adorno de ciertas telas y vestidos. || Adorno que rodea una cosa. || *Blas.* Ornamento a modo de ribete puesto dentro del escudo.

Orlando o **Rolando,** protagonista de los poemas épicos italianos *Orlando enamorado,* de Boyardo, y *Orlando furioso,* de Ariosto.

orlar v. t. Adornar con orla: *retrato orlado.* || Bordear: *orlado con árboles.*

Orleáns, c. del centro de Francia, a orillas del Loira, cap. del dep. del Loiret. Obispado.

Orleáns, nombre de cuatro familias de príncipes franceses.

Orleansville. V. ASNAM *(El-).*

Orlich (Francisco José), militar costarricense (1908-1969), pres. de la Rep. de 1962 a 1966.

orlón m. Tejido sintético.

Orly, pobl. de Francia (Val-de-Marne). Aeropuerto.

Ormuz, isla de Irán en el golfo Pérsico y en el *estrecho de Ormuz.*

Ormuz u **Ormaz,** en zendo *Ahuramazda,* principio del Bien, dios supremo en la religión mazdea.

ornamentación f. Adorno.

ornamental adj. Relativo a la ornamentación o adorno.

ornamentar v. t. Adornar.

ornamento m. Adorno. || — Pl. Vestiduras sagradas de los sacerdotes y adornos del altar.

ornar v. t. Adornar.

ornato m. Adorno.

Orne, río del NO. de Francia (Normandía) que des. en el canal de la Mancha; 152 km. — Dep. en el NO. de Francia; cap. *Alenzón.*

ornitología f. Parte de la zoología que trata de las aves.

ornitólogo, ga m. y f. Especialista en ornitología.

ornitorrinco m. Mamífero monotrema de Australia.

oro m. Metal precioso de color amarillo brillante. || Moneda de este metal. || Joyas y adornos de esta especie. || Color amarillo. || Cualquiera de los naipes del palo de oros: *echar un oro.* || Pl. Palo de la baraja española, en cuyos naipes aparecen una o varias monedas de oro. || — *Fig. Apalear oro,* ser muy rico. | *Corazón de oro,* persona buena y generosa. | *Guardar una cosa como oro en paño,* guardarla con mucho cuidado. | *Hacerse de oro,* enriquecerse mucho. | *No es oro todo lo que reluce,* no hay que fiarse de las apariencias. | *Oro negro,* petróleo. | *Pagar a peso de oro, pagar muy caro.* | *Pedir el oro y el moro, pedir cosas excesivas.* | *Ser como un oro,* ser muy pulcra una persona. | *Valer su peso en oro,* valer mucho.

— El oro (Au), de número atómico 79, es el más maleable de los metales y puede reducirse a hojas de 1/10 000 de mm. De densidad 19,5, se funde a 1 064 °C y es buen conductor del calor y de la electricidad. Las principales minas de oro se hallan en África del Sur, Unión Soviética, Canadá, Estados Unidos, Ghana, Zimbabwe, Filipinas, Australia, Japón, Zaire, Brasil, Colombia, República Dominicana, México, Perú, Chile.

Oro (El), prov. del S. del Ecuador;

cap. *Machala.* Minas (oro, cobre). Agricultura. Prelatura nullius. — Mun. de México en el Estado de este nombre; cap. *El Oro de Hidalgo.* Minas. — Mun. de México (Durango); cap. *Santa María del Oro.* Minas.

Orocovis, mun. en el centro del sur de Puerto Rico (Ponce).

orogénesis f. Proceso de formación de las montañas.

orogenia f. Parte de la geología que estudia la formación de las montañas.

orogénico, ca adj. Relativo a la orogenia.

orografía f. Parte de la geografía física que trata de la descripción de las montañas.

orográfico, ca adj. Relativo a la orografía.

orondo, da adj. *Fig. y fam.* Lleno de vanidad, engreído, ufano. | Gordo.

Orontes, en árabe *Nahr al-Asi,* río de Siria, Libia y Turquía que pasa en el Mediterráneo; 570 km.

oropel m. Lámina de latón que imita el oro. || *Fig.* Cosa de mucha apariencia y escaso valor.

Oropesa, v. en el centro de España (Toledo). Célebre castillo.

Oropeza, prov. en el SE. de Bolivia (Chuquisaca), dividida en dos secciones; cap. *Villa Oropeza.*

Orosi, volcán en el N. de Costa Rica (Guanacaste); 1 570 m.

Orotava (La), v. de Canarias (Tenerife) al pie del Teide. Turismo.

orotavense adj. y s. De La Orotava (Tenerife).

Oroya (La), c. del centro del Perú, cap. de la prov. de Yauli (Junín).

Orozco (José Clemente), pintor mexicano, n. en Zapotlán (Jalisco) [1883-1949], autor de abundantes realizaciones murales de gran realismo expresionista y renovador (Escuela Preparatoria Nacional, Palacio de Bellas Artes, Suprema Corte de Justicia, Escuela Nacional de Maestros, en la ciudad de México, y la Universidad y el Palacio del Gobierno en Guadalajara). || ~ (PASCUAL), revolucionario mexicano (1882-1916). Luchó en el Norte junto a Pancho Villa (1911) y después se sublevó contra Madero (1912). M. asesinado. || ~ **y Berra** (FERNANDO), novelista y poeta romántico mexicano (1822-1851). — Su hermano MANUEL fue arqueólogo e historiador (1816-1881).

orquesta f. Conjunto de músicos que ejecutan una obra instrumental. || En los teatros, espacio entre el escenario y los espectadores, destinado para estos músicos.

orquestación f. Acción y efecto de orquestar.

orquestador, ra m. y f. Músico que hace orquestaciones.

orquestal adj. De la orquesta.

orquestar v. t. Instrumentar para orquesta: *orquestar una partitura.* || *Fig.* Organizar con el fin de dar a algo la mayor importancia posible.

orquestina f. Pequeña orquesta.

orquidáceo, a adj. Dícese de las plantas monocotiledóneas con hermosas flores de forma y coloración muy raras (ú. t. c. s. f.). — F. pl. Familia que forman.

orquídea f. Planta de la familia de las orquidáceas. || Su flor.

orquitis f. Inflamación de los testículos.

Orrego (Antenor), poeta y ensayista peruano (1892-1960). || ~ **Luco** (AUGUSTO), médico y político chileno (1848-1933). || ~ **Luco** (LUIS), novelista chileno (1866-1948), autor de *Un idilio nuevo, Casa grande, Recuerdos del tiempo viejo,* etc.

Orrente (Pedro), pintor español (¿ 1580-1645). Influido por la escuela veneciana a través de El Greco, fue llamado el *Bassano español.*

Ors (Eugenio d'). V. D'ORS.

Orsay, c. de Francia al S. de París.

Orsk, c. al O. de la U. R. S. S., en el Ural (Rusia). Siderurgia.

ortega f. Ave gallinácea, algo mayor que la perdiz, de plumaje rojizo.

Ortega, v. en el centro de Colombia (Tolima). Minas. Petróleo.

Ortega (Aniceto), músico mexicano (1825-1875). || ~ (FRANCISCO), político y escritor mexicano (1793-1849). || ~ **Munilla** (JOSÉ), escritor y periodista

460

español, n. en Cuba (1856-1922), padre de Ortega y Gasset. ‖ ~ **Saavedra** (DANIEL), comandante nicaragüense, n. en 1945, coordinador de la Junta de Gobierno de Reconstrucción Nacional a partir de 1981. ‖ ~ **y Gasset** (JOSÉ), filósofo y ensayista español, n. en Madrid (1883-1955), creador de la filosofía de la razón vital. Autor de *Meditaciones del Quijote, El espectador, España invertebrada, La deshumanización de España, El tema de nuestro tiempo, La rebelión de las masas,* etc. En sus escritos estudió las manifestaciones históricas y actuales de la cultura, los temas políticos y sociales de España.

Ortegal, cabo del NO. de España (La Coruña).

Orteguaza, río al sur de Colombia (Caquetá), afl. del río Caquetá.

ortiga f. Planta urticácea, cuyas hojas segregan un líquido que pica.

Ortigueira, v. y puerto del NO. de España (La Coruña).

Ortiz (Adalberto), escritor ecuatoriano, n. en 1914, autor de novelas *(Juyungo, Los contrabandistas, El espejo y la ventana),* cuentos *(La mala espalda)* y poesías *(Tierra, son y tambor, El animal herido).* ‖ ~ (CARLOS), poeta argentino (1870-1910). ‖ ~ (JOSÉ JOAQUÍN), escritor y poeta neoclásico colombiano (1814-1892). ‖ ~ (JUAN BUENAVENTURA), escritor y obispo colombiano (1840-1894). ‖ ~ (JUAN LAURENTINO), poeta argentino (1895-1978). ‖ ~ (ROBERTO M.), político argentino (1886-1942), pres. de la Rep. de 1938 a 1942. ‖ ~ **de Domínguez** (MARÍA JOSEFA), heroína mexicana de la Independencia (1764-1829). Llamada *la Corregidora de Querétaro.* ‖ ~ **de Montellano** (BERNARDO), poeta y escritor mexicano (1899-1949), autor de poesías *(Sueños, Muerte de cielo azul),* obras de teatro *(La cabeza de Salomé),* ensayos y relatos. ‖ ~ **de Ocampo** (FRANCISCO ANTONIO), militar argentino (1771-1840), jefe de la expedición libertadora del Norte (1810). ‖ ~ **de Rosas.** V. ROSAS. ‖ ~ **de Rozas** (DOMINGO), militar español (¿ 1680 ?-1756), gobernador de Buenos Aires de 1741 a 1745 y de Chile de 1746 a 1755). ‖ ~ **de Zárate** (JUAN), militar español (1511-1576), adelantado del Río de la Plata de 1573 a 1575. ‖ ~ **Guerrero** (MANUEL), escritor paraguayo (1899-1933), autor de poesías y de obras de teatro. Escribió en guaraní. ‖ ~ **Monasterio** (LUIS), escultor mexicano, n. en 1906. ‖ ~ **Rubio** (PASCUAL), ingeniero y político mexicano (1877-1963), pres. de la Rep. de 1930 a 1932.

orto m. Salida del Sol.

ortodoncia f. Parte de la odontología relativa a la corrección de las irregularidades dentarias.

ortodontista adj. Especialista en ortodoncia (ú. t. c. s.).

ortodoxia f. Calidad de ortodoxo.

ortodoxo, xa adj. y s. Conforme con el dogma católico. | *Por ext.* Conforme con la doctrina de cualquier religión o escuela. ‖ — Adj. Conforme con cualquier doctrina considerada como la única verdadera: *opinión ortodoxa.* | *Iglesia ortodoxa,* nombre de las Iglesias cristianas orientales separadas de Roma desde 1054.

ortofonía f. Pronunciación normal. ‖ *Med.* Corrección de los trastornos de la fonación.

ortofonista adj. Especialista en ortofonía (ú. t. c. s.).

ortogonal adj. Dícese de lo que está en ángulo recto.

ortografía f. Manera de escribir correctamente y parte de la gramática que la enseña.

ortografiar v. t. Escribir una palabra según su ortografía.

ortográfico, ca adj. Relativo a la ortografía: *signo ortográfico.*

Ortón, río en el norte de Bolivia (Pando), afl. del Beni ; 547 km.

ortopedia f. Arte de corregir o de evitar las deformaciones del cuerpo humano por medio de ciertos aparatos o de ejercicios corporales.

ortopédico, ca adj. Relativo a la ortopedia. ‖ — M. y f. Persona que se dedica a la ortopedia.

ortopedista com. Ortopédico.

ortópteros m. pl. Orden de insectos

masticadores como la langosta, el grillo, etc. (ú. t. c. adj.).

Ortuella. V. SANTURCE.

oruga f. Larva de los insectos lepidópteros, que se alimenta de vegetales. ‖ *Banda* sin fin compuesta de placas metálicas articuladas e interpuesta entre el suelo y las ruedas de un vehículo para que por éste pueda avanzar por cualquier terreno (ú. t. c. adj.).

orujo m. Residuo de la uva o el aceite una vez exprimidos.

orureño, ña adj. y s. De Oruro (Bolivia).

Oruro, c. en el O. de Bolivia, cap. del dep. homónimo, al N. del lago Poopó. Obispado. Universidad.

orvallo m. Llovizna.

Orvieto, c. de Italia (Umbría).

Orwell (Eric BLAIR, llamado George), escritor inglés (1903-1950), autor de relatos satíricos *(Rebelión en la granja)* o de anticipación *(1984)* y de ensayos políticos o sociales.

orza f. Vasija de barro. ‖ *Mar.* Acción y efecto de orzar. | Especie de quilla retráctil para limitar la deriva de una embarcación.

orzar v. i. *Mar.* Dirigir la proa por donde viene el viento.

orzuelo m. Pequeño diviesio en el borde de los párpados.

os, dativo y acusativo del pronombre de segunda persona en ambos géneros y número plural: *os amé ; amaos.*

Os, símbolo químico del osmio.

osa f. Hembra del oso.

Osa, península y cantón en el SO. de Costa Rica (Puntarenas). ‖ ~ (MONTE). V. OSSA. ‖ ~ **Mayor** y **Menor,** constelaciones boreales. En la Osa Menor está la estrella polar.

osadía f. Atrevimiento, valor.

osado, da adj. y s. Atrevido, audaz.

Osaka, c. y puerto del Japón en el S. de la isla de Honshu, núcleo principal de una gran conurbación. Universidad. Exposición universal de 1970.

osamenta f. Esqueleto.

osar v. i. Atreverse a hacer algo : *nunca en mi vida hubiese osado hacer semejante disparate.*

osario m. En los cementerios, lugar destinado para enterrar los huesos.

Osasco, suburbio en el oeste de São Paulo (Brasil).

Osborne (John), escritor británico, n. en 1929, autor de dramas *(Mirando hacia atrás con ira, Evidencia inadmisible,* etc.).

oscar m. Recompensa cinematográfica anual dada en Hollywood.

oscense adj. y s. De Huesca (España).

oscilación f. Acción de oscilar.

oscilar v. i. Moverse alternativamente un cuerpo de un lado a otro. | *Fig.* Variar, cambiar: *los precios oscilan.* | Crecer y disminuir alternativamente la intensidad de algunas manifestaciones o fenómenos. | Vacilar.

osco, ca adj. y s. Dícese del individuo de un pueblo de Italia central. ‖ — M. Lengua que habla.

ósculo m. Beso.

oscurantismo m. Oposición a que se difunda la instrucción entre el pueblo.

oscurantista adj. Relativo al oscurantismo. | Partidario de él (ú. t. c. s.).

oscurecer v. t. Privar de luz y claridad. | Debilitar el brillo de una cosa. | *Fig.* Quitar claridad a la mente. | Dar mucha sombra a una parte de una pintura para hacer resaltar las demás. ‖ — V. i. Anochecer. ‖ — V. pr. Nublarse el cielo, la vista.

oscurecimiento m. Acción y efecto de oscurecer u oscurecerse.

oscuridad f. Falta de luz o de claridad. ‖ Sitio sin luz. | *Fig.* Humildad, bajeza en la condición social. | Falta de claridad en lo que se escribe o habla. | Situación triste, pesimista.

oscuro, ra adj. Que no tiene luz o claridad. | De color casi negro: *color oscuro.* ‖ *Que carece de brillo.* ‖ Nublado: *día oscuro.* | De noche: *llegamos ya oscuro.* ‖ *Fig.* Poco conocido, humilde. | Confuso, incomprensible: *estilo oscuro.* | Turbio: *proyectos oscuros.* | Incierto: *el porvenir es muy oscuro.* | *A oscuras,* sin luz, sin ver ; *(fig.)* sin entender.

Osel. V. SAREMA.

óseo, a adj. De hueso.

Oseras (ALTO DE LAS), pico montañoso de Colombia, en la Cord. Oriental ; 3 840 m.

Osetia del Norte y **del Sur,** repúblicas autónomas de la U. R. S. S., en el Cáucaso, la primera en Rusia (cap. Ordjonikidze), y la segunda en Georgia (cap. *Tskhinvali).*

Oshawa, c. del Canadá (Ontario).

Oshogbo, c. del SO. de Nigeria.

Osián, bardo legendario escocés del s. III, hijo de Fingal, rey de Morven.

osificación f. Acción y efecto de osificarse.

osificarse v. pr. Convertirse en hueso o adquirir la consistencia de tal una materia orgánica.

Osijek, ant. *Esseg,* c. en el N. de Yugoslavia (Croacia), a orillas del Drave. Fabricación de cerillas.

Osio, escritor, orador y teólogo español (¿257?-357), obispo de Córdoba y consejero del emperador romano Constantino I. Asistió al primer Concilio de Nicea (325).

Osiris, divinidad egipcia, esposo de Isis y padre de Horus.

Oslo, ant. *Cristianía,* puerto y cap. de Noruega, en el SE. del país ; 500 000 h. Obispado. Universidad. Centro comercial y de industrias.

Osma, c. de España (Soria). Fábrica de azúcar. Obispado.

Osmán I. V. OTMÁN.

Osmeña (Sergio), político filipino (1878-1961), pres. de la Rep. de 1944 a 1946.

osmio m. Metal raro (Os), parecido al platino, de número atómico 76.

ósmosis f. *Fís.* Paso recíproco de líquidos de distinta densidad a través de una membrana porosa que los separa. | *Fig.* Influencia recíproca, interpenetración.

osmótico, ca adj. Relativo a la ósmosis: *presión osmótica.*

Osnabrück, c. de Alemania Occidental (Baja Sajonia). Obispado.

oso m. Mamífero carnicero plantígrado, de cuerpo pesado, espeso pelaje, patas recias con grandes uñas ganchudas, que vive en los países fríos. | *Fig.* Hombre peludo y feo. | Hombre poco sociable. | *Fig.* y *fam.* Hacer el oso, hacer el idiota.

Oso, lago del Canadá en el Territorio del Noroeste y en el círculo polar.

Osona, comarca del NE. de España en Cataluña (Barcelona) ; cap. *Vich.*

Osorio (Diego de), gobernador de Venezuela de 1587 a 1597 ‖ ~ (ÓSCAR), militar salvadoreño (1910-1969), pres. de la Rep. de 1950 a 1956. ‖ ~ **Benítez** (MIGUEL ÁNGEL), poeta modernista colombiano (1883-1942), autor de versos de intenso lirismo *(Campaña florida, Canciones y elegías, Flores negras, Poemas interporales, La canción de la vida profunda, La parábola del viento).* Usó el seudónimo de *Porfirio Barba Jacob.* ‖ ~ **de Escobar** (DIEGO DE), prelado español, m. en 1673, obispo de Puebla y virrey de Nueva España en 1664. ‖ ~ **Lizarazo** (JOSÉ ANTONIO), novelista naturalista colombiano (1900-1964), autor de *El hombre bajo la tierra, Casa de vecindad, La cosecha, Garabato, El pantano, El árbol turbulento, La isla ilumínada, El día del odio,* etc..

osornino, na adj. y s. De Osorno (Chile).

Osorno, volcán de Chile cuya cumbre está situada en el límite de las prov. de Osorno y Llanquihue (X Región) ; 2 660 m. — C. del centro de Chile en la X Región (Los Lagos), cap. de la prov. y de la com. que llevan su n. Centro comercial. Obispado. Fundada en 1558. Terremotos en 1575 y en 1960. La prov. es agrícola y ganadera.

Ospina (Pedro Nel), general colombiano (1858-1927), pres. de la Rep. de 1922 a 1926. ‖ ~ **Pérez** (MARIANO), político colombiano, (1891-1976), pres. de la Rep. de 1946 a 1950. ‖ ~ **Restrepo** (MARCOS), pintor abstracto y muralista colombiano, n. en 1912. ‖ ~ **Rodríguez** (MARIANO), político colombiano (1805-1885), pres. de la Rep. de 1857 a 1861, año en que fue derrotado en una guerra civil. Promulgó la Constitución federal de 1858.

Ossa, monte de la Grecia antigua, en Tesalia (1 955 m).

OR

461

Ossaye (Roberto), pintor y muralista guatemalteco (1927-1954).

Osservatore Romano, periódico italiano fundado en 1861, diario oficioso del Vaticano.

Ossián. V. OSIÁN.

Ossorio (Ana). V. CHINCHÓN *(Conde de).* ‖ ~ **y Gallardo** (ÁNGEL), jurisconsulto y político español (1873-1946).

Ostade (Adriano VAN). V. VAN OSTADE.

oste. V. OXTE.

osteitis f. Inflamación de un hueso.

Ostende, c. y puerto al NO. de Bélgica (Flandes Occidental), en el mar del Norte. Estación balnearia.

ostensible adj. Que puede manifestarse. ‖ Manifiesto, visible.

ostensivo, va adj. Que muestra.

ostentación f. Acción de ostentar. ‖ Jactancia y vanagloria: *hacer ostentación de sus riquezas.* ‖ Magnificencia exterior y visible.

ostentador, ra adj. Que ostenta. ‖ — M. y f. Presumido.

ostentar v. t. Mostrar o hacer patente una cosa: *ostentar sus joyas.* ‖ Hacer gala de grandeza, lucimiento y boato. ‖ Manifestar: *ostentar ideas revolucionarias.* ‖ Poseer, tener.

ostentoso, sa adj. Magnífico, lujoso: *coche ostentoso.* ‖ Claro, manifiesto: *simpatía ostentosa.*

osteoblasto m. Célula embrionaria del tejido óseo.

osteología f. Parte de la anatomía que trata de los huesos.

osteólogo, ga m. y f. Especialista en enfermedades de los huesos.

Ostia, puerto de la Roma antigua, hoy cegado, cerca de la desembocadura del Tíber. Es la playa de Roma.

ostión m. Ostra muy grande.

ostra f. Molusco lamelibranquio comestible que vive adherido a las rocas. ‖ *Fig.* y *fam.* *Aburrirse como una ostra,* aburrirse mucho.

ostracismo m. Destierro político. ‖ Apartamiento de la vida pública.

Ostrava, ant. *Moravska-Ostrava,* en alem. *Ostrau,* c. en el N. de Checoslovaquia (Moravia). Metalurgia.

ostrero, ra adj. Relativo a las ostras. ‖ — M. y f. Persona que vende ostras.

ostrícola adj. De la cría y conservación de las ostras.

ostricultor, ra m. y f. Persona que se dedica a la ostricultura.

ostricultura f. Cría de ostras.

ostrogodo, da adj. y s. De un pueblo de la Gotia oriental.

— Los *ostrogodos* eran un pueblo germánico, establecido a orillas del Danubio, que invadió Italia y fundó con Teodorico (493) una monarquía disuelta por Justiniano en 555.

Ostrow Wielkopolski, c. de Polonia (Poznan), al NE. de Wroclaw.

¡osú! y **¡ozú!** exclamación ‖ Jesús!

Osuna, c. en el sur de España (Sevilla). Aceite.

Osuna *(Duque de).* V. TÉLLEZ GIRÓN (Pedro).

Osuri, río de Asia, afl. del Amur, entre China y la U. R. S. S. (Siberia) ; 907 km.

Oswiecim. V. AUSCHWITZ.

Otago, prov. de Nueva Zelanda (isla de Sur) ; cap. *Dunedin.*

O. T. A. N. *(Organización del Tratado del Atlántico Norte).* V. PACTO DEL ATLÁNTICO.

otaria f. Mamífero pinnípedo del Pacífico, parecido a la foca.

otario, ria adj. *Arg. Fam.* Tonto, infeliz. ‖ Persona incauta. ‖ — M. Otaria, león marino.

Otaru, c. en el Japón en el O. de la isla de Hokkaido. Pesca.

Otavalo, c. y cantón en el N. del Ecuador (Imbabura). Turismo.

Oteapan, mun. al E. de México (Veracruz). Yacimientos de petróleo.

otear v. t. Dominar desde un lugar alto: *otear el horizonte* (ú. t. c. i.).

Oteiza (Jorge de), escultor abstracto español, n. en 1908.

Otelo, tragedia de Shakespeare (1603). Otelo, moro al servicio de Venecia, es la personificación de los celos.

otero m. Cerro aislado.

Otero (Blas de), poeta español (1916-1979), autor de *Ángel fieramente humano, Pido la paz y la palabra, En*

---

castellano, *Que trata de España,* etc. ‖ ~ (JOSÉ PACÍFICO), historiador argentino (1874-1937), autor de *Historia del Libertador don José de San Martín.* ‖ ~ (LISANDRO), escritor cubano, n. en 1932, autor de novelas *(La situación, Pasión de Urbino).* ‖ ~ **Pedrayo** (RAMÓN), escritor español en lengua gallega (1888-1976). ‖ ~ **Reiche** (RAÚL), poeta, novelista y autor de teatro boliviano (1905-1976). ‖ ~ **Silva** (MIGUEL), escritor venezolano, n. en 1908, autor de novelas *(Fiebre, Casas muertas, Oficina Nº 1, La muerte de Honorio, Lope de Aguirre, príncipe de la libertad),* poesías *(Umbral),* obras de teatro *(Romeo y Julieta)* y ensayos.

Othón (Manuel José), poeta mexicano, n. en San Luis Potosí (1858-1906). Se inspiró en la naturaleza *(Himno de los bosques, Poemas rústicos, Noche rústica de Walpurgis, Idilio salvaje)* y escribió también dramas y cuentos.

otitis f. Inflamación del oído.

O. T. I., siglas de *Organización de la Televisión Iberoamericana.*

Otmán u **Osmán I,** fundador del Imperio de los turcos otomanos (1258-1326).

otología f. Parte de la medicina que estudia las enfermedades del oído.

otólogo, ga m. y f. Especialista en las enfermedades del oído.

otomano, na adj. y s. Turco. ‖ — F. Especie de sofá o canapé.

otomí adj. Dícese de una de las lenguas de México, la más importante después del azteca (ú. t. c. s. m.). ‖ — M. y f. Indio de México establecido en los Estados de Querétaro y Guanajuato.

Otón ‖ ~ **I el Grande** (912-973), rey de Germania desde 936, rey de Italia (951) y emperador romano de Occidente desde 962. Detuvo la invasión de los magiares (955). ‖ ~ **II** (955-983), hijo del anterior, emperador romano de Occidente desde 973. ‖ ~ **III** (980-1002), hijo de Otón II, emperador germánico desde 996. ‖ ~ **IV de Brunswick** (1175 ó 1182-1218), emperador germánico desde 1209. Vencido en Bouvines por el rey francés Felipe Augusto (1214).

otoñada f. Tiempo de otoño. ‖ Otoño.

otoñal adj. Relativo al otoño.

otoñar v. i. Pasar el otoño.

otoño m. Estación del año que dura en el hemisferio boreal del 23 de septiembre al 21 de diciembre, y en el austral del 21 de marzo al 21 de junio. ‖ *Fig.* Edad madura.

otorgamiento m. Permiso, concesión, licencia.

otorgante adj. y s. Que otorga.

otorgar v. t. Consentir, conceder una cosa que se pide: *otorgar un indulto.* ‖ Dar, impartir: *otorgar un premio, poderes.* ‖ *For.* Disponer ante notario: *otorgar testamento.*

otorrino m. Otorrinolaringólogo.

otorrinolaringología f. Parte de la medicina que trata de las enfermedades del oído, nariz y laringe.

otorrinolaringólogo, ga m. y f. Especialista en otorrinolaringología.

Otranto, c. del S. de Italia (Pulla). Obispado. ‖ ~ (CANAL DE), estrecho entre Albania e Italia que une el mar Adriático con el mar Jónico.

otro, tra adj. Distinto: *otra máquina.* ‖ Igual, semejante: *es otro Cid.* ‖ Anterior: *otro día, año.* ‖ — *Fam. Ésa es otra,* indica que se oye un nuevo disparate o se presenta una nueva dificultad. ‖ *Por otra parte,* además. ‖ — Pron. Persona distinta: *unos no sabían, otros no querían.*

otrora adv. En otro tiempo.

otrosí adv. Además.

Otsu, c. del Japón en el S. de la isla de Honshu y al E. de Kyoto.

Ottawa [-aua], cap. federal del Canadá (Ontario), a orillas del río homónimo ; 304 462 h. (cerca de 700 000 en toda la aglomeración metropolitana). Universidad. Arzobispado. Ciudad administrativa.

Otumba u **Otompa,** c. en el centro de México (México). Derrota de los aztecas por H. Cortés (1520).

Otuzco, c. en el O. del Perú, cap. de la prov. homónima (La Libertad).

Otzolotepec, mun. de México en el Estado de este nombre ; cap: *Villa*

Cuauhtémoc. Está situado en la cordillera Neovolcánica. Agricultura.

Ouahran, n. árabe de Orán.

Ouessant [uesán], isla de Francia en el Atlántico (Finistère) ; 15 km².

Ouro ~ **Fino,** c. en el SE. del Brasil (Minas Gerais). ‖ ~ **Prêto,** c. en el SE. del Brasil (Minas Gerais). Minas.

Ouse, río de la Gran Bretaña (Yorkshire) que se une con el Trent para formar el Humber ; 102 km. — Río de Gran Bretaña que nace al sur de Northampton y des. en el mar del Norte ; 269 km².

Outes (Félix Faustino), etnólogo argentino (1878-1939).

output *[autput]* m. (pal. ingl.). En economía, producción. ‖ En informática, salida de un computador.

outsider *[autsaider]* m. (pal. ingl.). Atleta o caballo de carreras o participante en una competición que, sin ser el favorito, puede ser el vencedor.

ova f. Alga verde.

ovación f. Aplauso muy ruidoso.

ovacionar v. t. Aclamar, aplaudir ruidosamente.

oval y **ovalado, da** adj. Con forma de óvalo.

ovalar v. t. Dar forma de óvalo.

óvalo m. Curva cerrada convexa y simétrica parecida a la elipse. ‖ Cualquier figura plana y curvilínea.

Ovalle, c. de Chile en la IV Región (Coquimbo), cap. de la prov. de Limarí y de la com. de su nombre.

Ovalle (Alonso de), jesuita e historiador chileno (1601-1651).

Ovalles (Caupolicán), poeta venezolano, n. en 1937.

ovario m. Glándula genital femenina en que se forman los óvulos y que segrega varias hormonas (progesterona, foliculina).

oveja f. Hembra del carnero. ‖ *Amer.* Llama, mamífero. ‖ — *Fig. Oveja descarriada,* persona que no sigue el buen ejemplo. | *Oveja negra,* persona que en una familia o colectividad desdice de las demás.

Ovejas, c. de Colombia (Sucre).

ovejería f. *Chil.* Estancia para la cría de ovinos.

ovejuno, na adj. Relativo a las ovejas: *leche ovejuna.*

overbooking *[overbuking]* m. (pal. ingl.). Práctica ilegal que consiste en vender un número de billetes superior al de los asientos de un avión o en ofrecer más plazas hoteleras que las disponibles.

overdose f. (pal. ingl.). Sobredosis.

Overijsel, prov. oriental de Holanda ; cap. *Zwolle.*

overol m. (pal. derivada de la inglesa *overall). Amer.* Mono de trabajo o deportivo.

ovetense adj. y s. De Oviedo (España) y de Coronel Oviedo (Paraguay).

Ovidio (Publio Ovidio Nasón), poeta latino (43 a. de J. C.-17 de nuestra era), autor de *Arte de amar* y *Metamorfosis.*

óvidos m. pl. Familia de mamíferos rumiantes que comprende los carneros, cabras, etc.

oviducto m. Canal por donde salen los huevos del ovario fuera del cuerpo del animal. ‖ En la especie humana, trompa de Falopio.

Oviedo, c. en el N. de España, cap. de la prov. de su nombre y de la Comunidad Autónoma del Principado de Asturias. Arzobispado. Universidad. Centro administrativo y comercial. En la región existen importantes centros mineros e industriales.

Oviedo (Gonzalo FERNÁNDEZ DE). V. FERNÁNDEZ DE OVIEDO. ‖ ~ **y Baños** (JOSÉ DE), cronista colombiano (1671-1738).

ovillo m. Bola de hilo que se forma al devanar una fibra textil. ‖ *Fig.* y *fam. Hacerse uno un ovillo,* encogerse.

ovino, na adj. Aplícase al ganado lanar (ú. t. c. s. m.).

ovíparo, ra adj. Aplícase a las especies animales cuyas hembras ponen huevos (ú. t. c. s.).

ovni m. Objeto volador de origen no identificado que algunos pretenden haber visto en la atmósfera.

ovoide y **ovoideo, a** adj. Oval.

ovulación f. Desprendimiento natural de un óvulo en el ovario para que pueda recorrer su camino y ser fecundado.

ovulatorio, ria adj. Relativo a la ovulación.

óvulo m. Célula sexual femenina destinada a ser fecundada.

Owen (Gilberto), poeta mexicano (1905-1952), autor de poemas (*Desvelo, Línea, Libro de Ruth,* etc.).

oxaliáceo, a adj. Dícese de una familia de plantas dicotiledóneas y herbáceas (ú. t. c. s. f.). || — F. pl. Familia que forman.

Oxapampa, pobl. y prov. en el centro del Perú (Pasco).

Oxford, c. de Gran Bretaña en Inglaterra, a orillas del Támesis, cap. del condado homónimo. Universidad.

oxhídrico, ca adj. Compuesto de oxígeno e hidrógeno.

Oxhintok, estación arqueológica maya en SE. de México, al NO. de Uxmal. Floreciente hacia 475.

oxidable adj. Que puede oxidarse : *es un metal oxidable.*

oxidación f. Formación de óxido. || Estado de oxidado.

oxidante adj. y s. m. Que oxida.

oxidar v. t. Transformar un cuerpo por la acción del oxígeno o de un oxidante (ú. t. c. pr.). || Poner mohoso (ú. t. c. pr.).

óxido m. Combinación del oxígeno con un radical. || Orín.

oxigenación f. Acción y efecto de oxigenar u oxigenarse.

oxigenado, da adj. Que contiene oxígeno: *agua oxigenada.* || Rubio con agua oxigenada: *pelo oxigenado.*

oxigenar v. t. Combinar el oxígeno formando óxidos. || Decolorar el pelo con oxígeno (ú. t. c. pr.). || — V. pr. *Fig.* Airearse, respirar al aire libre.

oxígeno m. Metaloide gaseoso, elemento principal del aire y esencial a la respiración:
— El *oxígeno* (O), que forma la quinta parte del volumen del aire atmosférico, es un gas incoloro, inodoro, sin sabor, de densidad 1,105, que se licúa a − 183 °C bajo la presión atmosférica. Se combina con la mayor parte de los cuerpos simples, especialmente con el hidrógeno, con el que forma el agua.

oxigenoterapia f. Tratamiento medicinal mediante inhalaciones de oxígeno.

Oxlahuntikú, entre los mayas, cada uno de los trece dioses de los trece ciclos superiores en que dividían el mundo y que eran a la vez un solo dios.

Ox Multun Tzek, dios maya de la Muerte, llamado tb. *Ox Kokol Tzek.*

Oxo, ant. n. del río *Amu Daria.*

oxoniense adj. y s. De Oxford (Inglaterra).

Oxtaxochitlán. V. JUCHITAN.

¡oxte! interj. Se emplea para echar fuera a uno. || *Sin decir oxte ni moxte,* sin decir una palabra.

Oxtotipac, mun. de México en el Estado de este nombre y cerca de Teotihuacán.

Oyapock u **Oiapoque,** río fronterizo entre la Guayana Francesa y el Brasil ; 500 km.

Oyarzun, río, valle y v. al norte de España (Guipúzcoa). Industrias.

oyente adj. Que oye (ú. t. c. s.). || Dícese del alumno asistente a una clase sin estar matriculado (ú. t. c. s.). || — Pl. Auditores.

Oyo, c. del SO. de Nigeria, al N. de Ibadán. Centro agrícola y comercial. Obispado católico.

Oyón, distrito de Perú (Lima). Importante cuenca carbonífera.

Oyón (Álvaro de), militar español del s. XVI que estuvo en el Perú con Pizarro. Se sublevó en Nueva Granada y fue ejecutado (1553).

Oyuela (Calixto), poeta y escritor argentino (1857-1935).

Ozama, río en el sur de la Rep. Dominicana, que atraviesa Santo Domingo y des. en el Pacífico. En su estuario se ha construido el puerto de Ozama.

Ozanam (Frédéric), escritor francés (1813-1853), fundador de las Conferencias de San Vicente de Paúl (1833).

Ozatlán, v. en el sur de El Salvador (Usulután).

Ozogoche, laguna en el centro del Ecuador (Chimborazo).

ozonificación f. Ozonización.

ozonización f. Transformación en ozono. || Esterilización de las aguas por el ozono.

ozonizar v. t. Convertir en ozono.

ozono m. Estado alotrópico del oxígeno.

Ozuluama, c. y mun. en el E. de México (Veracruz). Petróleo.

OS

Plataforma de **perforacion petrolera**.

P

p f. Decimonona letra del alfabeto castellano y decimoquinta de sus consonantes. ‖ — **P**, símbolo químico del fósforo. ‖ — P., en religión, abrev. de padre : el *P. Superior.*

Pa, símbolo químico del protactinio, ‖ Símbolo del *pascal.*

pabellón m. Edificio secundario generalmente aislado del principal. ‖ Edificio construido para un fin determinado : *el pabellón español en la feria de París.* ‖ Vivienda para militares, funcionarios, etc. ‖ Tienda de campaña en forma de cono. ‖ Colgadura que cobija y adorna una cama, un trono, altar, etc. ‖ Bandera nacional : *izar el pabellón argentino.* ‖ Fig. Nación a la que pertenece un barco mercante : *navegar bajo pabellón chileno.* ‖ Ensanche cónico de algunos instrumentos músicos de viento. ‖ Grupo de fusiles enlazados por las bayonetas en forma piramidal. ‖ Parte exterior y cartilaginosa de la oreja.

Pabianice, c. en el centro de Polonia, al SO. de Lodz. Textiles.

pabilo m. Torcida de una vela.

Pablo (San), llamado *Saulo* y *Apóstol de los Gentiles,* apóstol del cristianismo, n. en Tarso de Cilicia entre 5 y 15 d. de J. C. y martirizado en Roma en el año 64 ó 67. Se convirtió en el camino de Damasco. Fue uno de los primeros que difundió la doctrina cristiana por el mundo occidental. Escribió una colección de *Epístolas* que figura en el Nuevo Testamento. Fiesta el 29 de junio. ‖ — o **Paulo,** n. de varios papas. V. PAULO.

Pablo ‖ ~ **I** (1754-1801), emperador de Rusia desde 1796. M. asesinado. ‖ ~ **II,** rey de Grecia (1901-1964) ; sucedió a su hermano Jorge II en 1947.

Pablo (Luis de), compositor español, n. en 1930. Cultiva especialmente la experimentación en el campo del teatro musical y del espectáculo audiovisual. ‖ ~ **Neruda.** V. NERUDA.

pábulo m. Pasto, alimento. ‖ Fig. Lo que sustenta una cosa inmaterial : *dar pábulo a las críticas.*

paca f. Mamífero roedor americano, del tamaño de una liebre, de carne estimada. ‖ Fardo de lana o algodón en rama o de cualquier otro material : *una paca pesada de mantas.*

Pacajes, prov. en el SO. de Bolivia (La Paz) ; cap. Corocoro.

Pacaraima, sierra de América del Sur, entre Venezuela y el Brasil.

Pacaritambo, lugar del Perú en la prov. de Paruro (Cuzco), de donde salieron los fundadores del Imperio Inca.

Pacasmayo, prov. y pobl. en el NO. del Perú (La Libertad) ; cap. *San Pedro de Lloc.*

pacato, ta adj. De condición pacífica, tranquila y moderada (ú. t. c. s.).

pacay m. *Amer.* Guamo.

Pacaya, volcán al S. de Guatemala, en el límite de la prov. de Escuintla y Guatemala ; 2 544 m. ‖ — Río al NE. del Perú (Loreto), afl. del Ucayali ; 160 km.

pacense adj. y s. De Beja (Portugal). ‖ De Badajoz (España).

paceño, ña adj. y s. De La Paz (Bolivia, Honduras y El Salvador).

pacer v. t. Comer hierba el ganado en prados o campos. ‖ — V. t. Comer.

paciencia f. Virtud del que sabe sufrir con resignación : *con paciencia se gana el cielo.* ‖ Capacidad para esperar con tranquilidad las cosas : *ten paciencia que ya llegará tu turno.* ‖ Capacidad para soportar cosas pesadas : *no tiene suficiente paciencia para hacer rompecabezas.* ‖ Lentitud.

paciente adj. Que tiene paciencia. ‖ Sufrido. ‖ — M. *Fil.* Sujeto que padece la acción del agente. ‖ — Com. Enfermo.

pacienzudo, da adj. Que tiene mucha paciencia.

pacificación f. Acción de pacificar. ‖ Obtención de la paz. ‖ *Fig.* Apaciguamiento.

pacificador, ra adj. y s. Que pacifica.

pacificar v. t. Apaciguar, obtener la paz : *pacificar los ánimos, el país.* ‖ — V. pr. Sosegarse, calmarse.

pacífico, ca adj. Quieto, tranquilo, amigo de la paz : *persona pacífica.* ‖ Apacible : *temperamento pacífico.* ‖ Que transcurre en paz.

Pacífico, cordilleras de Colombia en el litoral occidental y en el O. de Nicaragua. ‖ — (OCÉANO), mar entre América, Asia, Australia, la Antártida ; 180 millones de km². Descubierto por Núñez de Balboa en 1513.

Pacífico (Guerra del), guerra marítima de España contra Perú y Chile (1864-1866). ‖ — Conflicto de Chile contra Bolivia y Perú (1879-1883) a causa de los salitrales. Acabó con el Tratado de Ancón.

pacifismo m. Doctrina y acción de los que condenan por completo la guerra cualquiera que sea el motivo.

pacifista adj. Relativo al pacifismo. ‖ Partidario de él (ú. t. c. s.).

package [pákech] m. (pal. ingl. que equivale a paquete). En informática, conjunto de programas con una finalidad específica que abarca un amplio campo de aplicaciones. ‖ Conjunto de datos transmitidos en bloque por una red de ordenadores.

paco m. Alpaca (animal). ‖ *Amer.* Mineral de plata de ganga ferruginosa. ‖ *Pop.* Policía.

Pácora, mun. y v. en el centro de Colombia (Caldas).

pacota f. *Méx.* Pacotilla.

pacotilla f. *Mar.* Porción de mercancías que la gente de mar puede embarcar por su cuenta libre de flete. ‖ *Fig.* Mercancía de poca calidad : *muebles de pacotilla, sin ningún valor.*

pactar v. t. e i. Acordar, comprometerse a cumplir algo varias partes : *pactar la paz.*

pacto m. Convenio o concierto entre dos o más personas o entidades : concluir, romper un pacto. ‖ Tratado : *un pacto de no agresión.* ‖ *Fig.* Acuerdo : *pacto con el diablo.* ‖ *Pacto social,* el suscrito por la patronal y el gobierno de un país y la clase trabajadora.

Pacto ‖ — **Andino,** tratado concluido en 1959 por Bolivia, Colombia, Chile, Ecuador, Perú y Venezuela para armonizar la política de estos países. Chile abandonó esta agrupación en 1976 y Bolivia en 1980. ‖ — **de Familia,** cada una de las alianzas establecidas entre las distintas ramas borbónicas europeas, principalmente las de España y Francia (1733, 1743 y 1761), contra Inglaterra. ‖ — **del Atlántico Norte** (O. T. A. N.), pacto militar firmado en 1949 entre Bélgica, Canadá, Dinamarca, Estados Unidos, Francia, Gran Bretaña, Holanda, Islandia, Italia, Luxemburgo, Noruega y Portugal. Extendido en 1952 a Grecia y Turquía, y en 1955 a Alemania Occidental. Francia se retiró en 1966 y España entró en 1982. ‖ — **del Zanjón.** V. ZANJÓN (Pacto del).

Pactolo, río de Lidia, afluente del Hermos. Llevaba arenas de oro y a él debía Creso sus riquezas.

pacú m. Pez comestible que vive en algunos ríos de América del Sur.

Pacuare, río de Costa Rica que nace en la cordillera de Talamanca y des. en el Caribe ; 105 km.

pachá m. *Barb.* por *bajá.* ‖ *Fig. y fam.* Persona que vive muy bien.

Pachacamac, pobl. en el O. del Perú (Lima). Templo inca. Turismo.

Pachacamac, dios supremo inca, hijo del Sol y creador del universo.

Pachacútec Yupanqui, emperador inca del Perú (1438-1471), hijo de Viracocha. Organizador del Imperio.

pachacho, cha adj. y s. *Amer.* Rechoncho.

pachamanca f. *Amer.* Carne asada entre piedras caldeadas.

pachanga f. *Méx.* Diversión muy ruidosa. ‖ Desorden. Borrachera. ‖ Dícese de todo lo que degenera : *esto ya no es política, es pachanga.* ‖ Cierto baile.

pachango, ga adj. *Amer.* Pachacho.

Pacheco (Alonso), conquistador español del s. XVI. Fundó, en 1571,

Nueva Zamora, actualmente Maracaibo (Venezuela). || ~ (CARLOS MAURICIO), escritor argentino, n. en Montevideo (1881-1924), autor de sainetes. || ~ (FRANCISCO), pintor español (1564-1644), maestro y suegro de Velázquez. Escribió un *Arte de la Pintura.* || ~ (GREGORIO), político boliviano (1823-1899), pres. de la Rep. de 1884 a 1888. || ~ (JOSÉ EMILIO), escritor mexicano, n. en 1939, autor de obras poéticas *(Irás y no volverás, Los elementos de la noche, El reposo del fuego, Los trabajos del mar)* y de novelas *(Morirás lejos).* || ~ (JUAN), favorito de Enrique IV de Castilla (1419-1474). Fue marqués de Villena. || ~ (MARÍA), dama castellana que encabezó la rebelión de los comuneros después de la derrota de Villalar (1521). M. en 1531. || ~ **Areco** (JORGE), político uruguayo, n. en 1920. Vicepres. de la Rep. en 1966 y pres. de 1967 a 1972.

pachiche adj. *Méx.* Viejo.

Pachitea, río del Perú (Huánuco), afl. del Ucayali ; 321 km. — Prov. en el centro del Perú (Huánuco) ; cap. Panao.

Pacho, mun. y pobl. de Colombia (Cundinamarca).

pachón, ona adj. Dícese de un perro de caza parecido al perdiguero (ú. t. c. s. m.). || *Amer.* Peludo (ú. t. c. s.).

pachorra f. *Fam.* Flema, cachaza.

pachorrudo, da adj. *Fam.* Flemático, cachazudo, indolente (ú. t. c. s.).

Pachuca de Soto, c. de México, a 98 km al NE. de la c. de México, cap. del Estado de Hidalgo. Minas (plata, cobre, plomo). Universidad.

pachucho, cha adj. Muy maduro : *fruta pachucha.* || *Fig.* Malucho.

pachuli m. Planta labiada aromática de Asia y Oceanía. || Su perfume. || *Fam.* Perfume que tiene mal olor.

pachuqueño, ña adj. y s. De la ciudad de Pachuca de Soto (México).

Padang, c. y puerto de Indonesia, al O. de la isla de Sumatra. Universidad.

Padcaya, pobl. en el SE. de Bolivia, cap. de la prov. de Arce (Tarija).

paddock m. (pal. ingl.). Parque donde se encierran las yeguas con sus potros. || En las carreras de caballos, recinto donde se pasean de la brida a los caballos.

padecer v. t. e i. Sentir física y moralmente un daño o dolor : *padecer una enfermedad, una pena, un castigo.* || Ser víctima de una cosa : *padecer la opresión de la tiranía ; padeció un grave error.* || Soportar : *padecer penas, injusticias.* || Sufrir : hay que ver lo que ha padecido.

padecimiento m. Acción y efecto de padecer daño, enfermedad, etc.

Paderborn, c. en el O. de Alemania Occidental (Rin Septentrinal-Westfalia). Arzobispado. Catedral románica.

Paderewski (Ignacy), compositor, pianista y político polaco (1860-1941), pres. del Consejo de la Rep. en 1919.

Padilla, pobl. en el SE. de Bolivia, cap. de la prov. de Tomina (Chuquisaca). — Pobl. en el E. de México (Tamaulipas) donde fue fusilado Iturbide (1824).

Padilla (David), general boliviano, n. en 1924, pres. de la Rep. (1978-1979). || ~ (HEBERTO), escritor cubano, n. en 1932, autor de poesías *(Las rosas audaces)* y de novelas *(En mi jardín pastan los héroes).* || ~ (JOSÉ), compositor español (1889-1960), autor de *El relicario, La violetera, Valencia,* etc. || ~ (JUAN DE), noble español (1484-1521), jefe en 1520 de la insurrección de los comuneros de Castilla contra Carlos I. Derrotado en Villalar (1521), fue decapitado, con Bravo y Maldonado. || ~ (MANUEL ASCENSIO), guerrillero boliviano de la Independencia (1775-1816). Murió en el combate. || ~ (MARÍA DE), dama española (1337-1361) amante del rey de Castilla Pedro I el Cruel, con quien casó más tarde.

Padma, brazo principal del delta del Ganges (India).

Padornelo (TÚNEL DE), túnel de 5 900 m, en los montes Galaicos (Zamora y Orense), en el NO. de España.

padrastro m. Marido de la madre respecto de los hijos llevados por ésta al matrimonio. || *Fig.* Mal padre. ||

Pedazo de pellejo que se levanta junto a las uñas.

padrazo m. Padre indulgente.

padre m. El que tiene uno o varios hijos. || Cabeza de una descendencia : *Abrahán, padre de los creyentes.* || *Teol.* Primera persona de la Santísima Trinidad. || Nombre que se da a ciertos religiosos y a los sacerdotes : *el padre Bartolomé de Las Casas.* || Animal macho destinado a la procreación. || *Fig.* Origen, principio : *el ocio es padre de todos los vicios.* | Creador : *Esquilo, el padre de la Tragedia.* || Pl. El padre y la madre : *mañana iré a ver a mis padres.* — *Fam. De padre y muy señor mío, muy grande, extraordinario.* || *Nuestros padres,* nuestros antepasados. || *Padre de la patria,* nombre que se da a los que han prestado grandes servicios a su país. | *Padre espiritual,* confesor. | *Padre eterno,* Dios. | *Padre de familia,* cabeza de una casa o familia. | *Padre nuestro,* la oración dominical. | *Padre político,* suegro. | *Padres conscriptos,* los senadores romanos. | *Padres de la Iglesia* o *Santos Padres,* los primeros doctores de la iglesia griega y latina. | *Padres de la patria,* los diputados y senadores. | *Santo Padre,* el Soberano Pontífice. | *Santos Padres,* los primeros doctores de la Iglesia. — Adj. *Fam.* Muy grande, extraordinario : *llevarse un susto padre.*

Padre, isla al NO. del Uruguay (Artigas), en el río Uruguay. || ~ **Fantino,** distr. en el este del centro de la Rep. Dominicana (Sánchez Ramírez). || ~ **Las Casas,** com. en el SO. de la Rep. Dominicana (Azua).

padrenuestro m. Padre nuestro.

padrillo m. *Amer.* Semental.

padrinazgo m. Acción de asistir como padrino a un bautizo o una función pública. || Cargo de padrino. || *Fig.* Protección.

padrino m. Hombre que asiste a otro a quien se administra un sacramento : *padrino de pila, de boda.* || El que presenta y acompaña a otro que recibe algún honor, grado, etc. || El que asiste a otro en un certamen, torneo, desafío, etc. || *Fig.* El que ayuda a otro en la vida, protector. || — Pl. El padrino y la madrina.

padrón m. Lista de vecinos de una población, censo : *padrón de habitantes.* || Patrón, modelo o dechado : *padrón de virtudes.* || *Amer.* Padrate.

Padrón, v. en el NO. de España (Coruña).

Padrón (Julián), escritor venezolano (1910-1954), autor de novelas *(Clamor campesino, Primavera nocturna),* cuentos, obras al pie de la página.

padrote m. *Méx.* Alcahuete. || Individuo que vive con una prostituta a costa de ella. | Semental.

Padua, en ital. *Padova,* c. en el NE. de Italia (Venecia), cap. de la prov. homónima. Obispado. Universidad.

paella f. Plato de arroz guisado con carne y pescado, mariscos, legumbres, etc. : *paella valenciana.*

paellera f. Recipiente de cocina en el que se guisa la paella.

Paestum. V. PESTO.

Páez, c. en el SO. de Colombia (Cauca).

Páez (José de), pintor mexicano (1720-¿ 1790 ?), autor de cuadros religiosos. || ~ (JOSÉ ANTONIO), militar venezolano (1790-1873), compañero de armas de Bolívar. Se distinguió al mando de los llaneros y luchó en Carabobo (1821). Primer pres. de la Rep. al separarse Venezuela de la Gran Colombia (1830-1835), ocupó el mismo cargo de 1839 a 1843 y de 1861 a 1863. || ~ **Vilaró** (Carlos), pintor uruguayo, n. en 1923, autor de murales *(El éxodo del pueblo oriental, Raíces de la paz,* etc.).

¡ **paf** !, onomatopeya del ruido que hace una persona o cosa al caer.

Paflagonia, ant. región de Asia Menor, al S. del Ponto Euxino.

paga f. Acción de pagar : *la paga tiene lugar al final de cada mes.* || Cantidad de dinero con que se paga en pago del sueldo. || Entre empleados o militares, sueldo de un mes. || *Fig.* Correspondencia al amor, cariño u otro sentimiento. || *Méx. De paga,* que implica el pago de cierta canti-

dad : *colegio de paga.* || Hoja de paga, pieza justificativa del pago del sueldo.

pagable adj. Pagadero.

pagadero, ra adj. Que se ha de pagar en cierta fecha. || Que puede pagarse fácilmente.

pagado, da p. p. de *pagar.* || *Fig.* Pagado de sí mismo, engreído.

pagador, ra adj. Dícese de la persona que paga (ú. t. c. s.).

pagaduría f. Oficina donde se paga : *pagaduría del Estado.*

Pagalu. V. ANNOBÓN.

Paganini (Niccolò), compositor y violinista italiano (1782-1840).

paganismo m. Estado de los que no son cristianos.

pagano, na adj. y s. Aplícase a los pueblos politeístas antiguos, especialmente a los griegos y romanos, y por ext. a todos los pueblos no cristianos. || *Fam.* Impío. | Dícese de la persona que paga. | Dícese de la persona que padece daño por culpa ajena.

Pagano (José León), crítico de arte y teatro, ensayista y dramaturgo argentino (1875-1964).

pagar v. t. e i. Dar uno a otro lo que le debe : *pagar el sueldo a los obreros.* || Dar cierta cantidad por lo que se compra o disfruta : *paga cien mil pesetas al mes por su piso.* || Satisfacer una deuda, un derecho, impuesto, etc. || Costear : *sus padres no pueden pagarle los estudios.* || *Fig.* Corresponder : *pagar los favores recibidos ; pagar una visita ; un amor mal pagado.* | Expiar : *pagar un crimen.* — *Fam. El que la hace la paga, toda causa daño sufre siempre el castigo correspondiente. | ¡ Me las pagarás !,* ya me vengaré del mal que me has hecho. | *Pagar a escote,* pagar cada uno su parte. | *Pagar al contado, a crédito o a plazos,* pagar inmediatamente, poco a poco. || *Fam. Pagar el pato,* los vidrios rotos o los platos rotos, sufrir las consecuencias de un acto ajeno. | *Pagarla o pagarlas,* sufrir el castigo merecido o las consecuencias inevitables de una acción. — V. pr. Comprar. || *Fig.* Estar satisfecho : *pagarse con razones.* | Engreírse.

pagaré m. Obligación escrita de pagar una cantidad en tiempo determinado : *un pagaré a sesenta días.*

pagaya f. Remo corto que se maneja sin fijarlo en la borda.

pagel m. Pez marino acantopterigio.

página f. Cada una de las dos caras de la hoja de un libro o cuaderno : *un libro de quinientas páginas.* || Lo escrito o impreso en cada una de las partes : *escribir al pie de la página.* || *Fig.* Obra literaria o musical : *una página muy conocida.* | Suceso, lance o episodio importante en el curso de una vida o de una empresa.

paginación f. Numeración de las páginas.

paginar v. t. Numerar las páginas.

pago m. Acción de pagar : *pago al contado.* || Cantidad que se da para pagar algo : *un pago de diez mil bolívares.* || *Fig.* Satisfacción, recompensa : *el pago de la gloria.* | Finca o heredad, especialmente de olivares o viñas. || País o pueblo. || Lugar : *¿ qué haces por estos pagos ?*

Pago-Pago, c. y puerto de Samoa Oriental, en la isla Tutuila. Base naval.

pagoda f. En algunos países de Oriente, templo.

pagro m. Pez parecido al pagel.

Pahang, uno de los Estados que forman la Federación de Malaysia ; cap. *Kuantan.*

Pahlevi (Reza Sha), militar de Irán (1878-1944), que se proclamó emperador en 1925 y tuvo que abdicar en 1941. — Su hijo MOHAMED REZA Sha, (1919-1980) fue emperador de 1941 hasta su derrocamiento y exilio en 1979. M. en Egipto.

Pahuac Mayta, guerrero inca, hermano de Viracocha.

paica f. *Arg. Fam.* Muchacha que ha llegado a la edad de la pubertad.

Paihuano, c. de Chile en la IV Región (Coquimbo) y en la prov. de Elqui, cap. de la com. de su n.

paila f. Vasija redonda y grande de metal a modo de sartén. || *Amer.* Machete para cortar la caña de azúcar.

Paila, cumbre en los Andes del Ecuador (Azuay) ; 4 480 m.

pailero, ra m. y f. *Amer.* Fabricante o vendedor de pailas. ‖ Persona que trabaja con la paila.

Paillaco, c. del centro de Chile en la X Región (Los Lagos) y en la prov. de Valdivia, cap. de la com. de su n.

Paine, c. de Chile en la Región Metropolitana de Santiago y en la prov. de Maipo, cap. de la com. del mismo nombre.

Paine o **Payne** [*pen*] (Thomas), escritor y político inglés (1737-1809). Defendió la independencia de las colonias inglesas en Norteamérica.

Paipa, mun. y pobl. en el este del norte de Colombia (Boyacá). Balneario. En sus cercanías Bolívar venció a los españoles (batalla del Pantano de Vargas, 1819).

paipai m. Abanico de palma.

Paiporta, mun. al E. de España en la zona urbana de Valencia. Industrias.

Paipote, c. del norte de Chile, en la III Región (Atacama) y cerca de Copiapó. Fundición de cobre.

pairar v. i. *Mar.* Estar quieta la nave con las velas extendidas.

pairo m. *Mar.* Acción de pairar. ‖ Al pairo, quieta la nave y con las velas extendidas.

pais m. Territorio que forma una entidad geográfica o política : *España es su país natal*; *los países fríos*. ‖ Patria : *abandonar su país*. ‖ Conjunto de habitantes de este territorio.

País | ~ **Valenciano.** V. VALENCIA. ‖ ~ **Vasco,** territorio del N. de España, que, con la denominación de *Euskadi*, se constituyó en 1979 en Comunidad Autónoma, formada por las provincias de Álava, Guipúzcoa y Vizcaya, con capital en Vitoria (en vasco *Gasteiz*).

paisaje m. Porción de terreno considerada en su aspecto artístico y que se divisa de un lugar determinado. ‖ Pintura o dibujo que representa el campo, un río, un bosque, etc.

paisajismo m. Pintura del paisaje.

paisajista adj. y s. Aplícase al pintor de paisajes (ú. t. c. s.).

paisajístico, ca adj. Del paisaje.

paisanaje m. Conjunto de paisanos o civiles. ‖ Circunstancia de ser de un mismo país.

paisano, na adj. Del mismo país, provincia o lugar que otro (ú. t. c. s.). ‖ *Méx. Español.* ‖ — M. y f. *Provinc.* y *Amer.* Campesino. ‖ M. El que no es militar. ‖ *Traje de paisano,* el que no es un uniforme.

Países Bajos, n. dado a Bélgica y Holanda, especialmente a la última. En tiempos del emperador Carlos V se llamó así a varias provincias pertenecientes hoy a Bélgica, Holanda y norte de Francia. Actualmente se llama también así a *Holanda.*

Paisiello o **Paesiello** (Giovanni), músico italiano (1740-1816), autor de óperas (*El barbero de Sevilla*).

Paisley [*pesle*], c. de Gran Bretaña en Escocia, al O. de Glasgow.

Paita o **Payta,** prov. en el NO. del Perú (Piura) ; cap. *Puerto de Paita.*

Paiva (Félix), abogado y político paraguayo (1877-1965), pres. de la Rep. de 1937 a 1939.

paja f. Caña de las gramíneas después de seca y separada del grano. ‖ Pajilla para sorber líquidos. ‖ *Fig.* Cosa de poca entidad. ‖ Lo inútil y desechable de una cosa : *en su artículo hay mucha paja.* ‖ — *Echar pajas,* sortear algo con pajas de distintos tamaños. ‖ *Fam. En un quitame allá esas pajas,* muy rápidamente.

Paja (MAR DE), n. dado al estuario del Tajo, en Lisboa (Portugal).

pajar m. Lugar para guardar paja.

pájara f. Pájaro, ave pequeña. ‖ Cometa, juguete. ‖ Pajarita de papel. ‖ *Fig.* Mujer astuta o mala.

pajarear v. i. Cazar pájaros. ‖ *Fam.* Holgazanear. ‖ *Amer.* Espantarse una caballería. ‖ Estar distraído. ‖ *Méx.* Oír con disimulo.

pajarera f. Jaula de pájaros.

pajarería f. Banda de pájaros. ‖ Tienda donde se venden pájaros.

pajarero, ra adj. Relativo a los pájaros. ‖ *Fam.* Alegre, bromista (ú. t. c. s.). ‖ Dícese de las telas o pinturas de colores mal casados o vistosos. ‖ *Amer.* Dícese de las caballerías asustadizas. ‖ — M. y f. Persona que caza o vende pájaros.

Pajares (PUERTO), paso de la Cordillera. Cantábrica, entre León y Asturias, al norte de España ; 1 379 m.

pajarilla f. *Fig. Alegrársele a uno las pajarillas,* ponerse muy alegre.

pajarita f. Figura de papel doblado que representa un pajarito. ‖ — *Corbata de pajarita,* la que tiene forma de mariposa. ‖ *Cuello de pajarita,* el de palomita.

pájaro m. Cualquiera de las aves terrestres, voladoras, de tamaño pequeño como el tordo, el gorrión y la golondrina. ‖ Esta voz entra en la formación de varios nombres de aves : *pájaro bobo,* ave palmípeda del Antártico, semejante al pingüino ; *pájaro carpintero* o *picamaderos,* ave trepadora que anida en los agujeros que labra en los troncos de los árboles con el pico ; *pájaro mosca,* colibrí, especie muy diminuta de América, de plumaje de hermosos colores. ‖ *Fig.* Persona que sobresale en algo o es muy astuta o muy mala. ‖ — *Más vale pájaro en mano que ciento volando,* más vale una cosa pequeña segura que una grande insegura. ‖ *Matar dos pájaros de un tiro,* hacer o lograr dos cosas en una sola diligencia. ‖ *Fig. Pájaro de cuenta* o *de cuidado,* persona muy astuta, capaz de hacer cualquier cosa y que ha de tratarse con cuidado. ‖ *Pájaro gordo,* persona importante. ‖ *Fam. Tener pájaros en la cabeza,* no ser nada sensato ; ser distraído.

pajarón, ona adj. y s. *Arg. Fam.* Tonto.

pajarraco m. Pájaro grande y feo. ‖ *Fam.* Pájaro de cuenta.

paje m. Joven noble que servía a un caballero, un príncipe, etc.

pajizo, za adj. De paja o de color de paja.

pajolero, ra adj. *Fam.* Maldito, molesto, desagradable : *un pajolero oficio.* ‖ Travieso. ‖ Puntilloso.

pajonal m. *Amer.* Lugar en que hay abundante maleza.

pajuela f. Paja o varilla, bañada en azufre, empleada para encender.

Pakistán. V. PAQUISTÁN.

pakistani adj. y s. Paquistaní.

pala f. Instrumento compuesto de una plancha de hierro u otro material, más o menos combada, prolongada por un mango utilizado en distintos menesteres. ‖ Contenido de este instrumento. ‖ Hoja metálica de la azada, del azadón, etc. ‖ Tabla con mango para jugar a la pelota vasca, al béisbol. ‖ Raqueta : *pala de ping-pong.* ‖ Parte plana del remo. ‖ Parte ancha del timón. ‖ Cada uno de los elementos propulsores de una hélice. ‖ Parte del calzado que abraza el pie por encima. ‖ Parte puntiaguda del cuello de una camisa. ‖ Cuchilla de los curtidores. ‖ Lo ancho y plano de los dientes. ‖ — *Fam. A punta (de) pala,* en abundancia. ‖ *Pala mecánica* o *excavadora,* máquina de gran potencia para excavar y recoger materiales y cascotes.

palabra f. Sonido o conjunto de sonidos que designan una cosa o idea : *una palabra de varias sílabas.* ‖ Representación gráfica de estos sonidos. ‖ Facultad de hablar : *perder la palabra.* ‖ Aptitud oratoria : *político de palabra fácil.* ‖ Promesa : *dar, cumplir su palabra ; palabra de matrimonio.* ‖ *Teol.* Verbo : *la palabra divina.* ‖ Derecho para hablar en las asambleas : *hacer uso de la palabra.* ‖ — Pl. Texto de un autor. ‖ Lo que se dice : *dijo unas palabras de agradecimiento.* ‖ — *Fig. Beber las palabras de alguien* o *estar pendiente de las palabras de alguien,* escucharle con gran atención. ‖ *Coger la palabra a uno,* valerse de lo que dijo para obligarle a hacer algo. ‖ *Comprender con medias palabras,* captar sin que sea necesaria una explicación larga. ‖ *Dar la palabra a uno,* concederle el uso de ella en un debate. ‖ *Decir con medias palabras,* insinuar. ‖ *Dejar a uno con la palabra en la boca,* volverle la espalda sin escucharle. ‖ *De palabra,* verbalmente. ‖ *Fig. Empeñar la palabra, dar su palabra de honor.* ‖ *En cuatro palabras,* muy brevemente. ‖ *Méx. Fig. Hacerse de palabras,* empezar a discutir o a pelear dos personas. ‖ *Fig. Medir las palabras,* hablar con pru-

dencia. ‖ *No tener más que una palabra,* mantener lo dicho. ‖ *No tener palabra,* faltar uno a sus promesas. ‖ *¡Palabra !,* se lo aseguro. ‖ *Palabra de Dios* o *divina,* el Evangelio. ‖ *Palabra de honor,* promesa verbal y formal. ‖ *Palabra por palabra,* literalmente. ‖ *Palabras cruzadas,* crucigrama. ‖ *Palabras encubiertas,* aquellas que no dicen claramente lo que se quiere anunciar. ‖ *Palabras gruesas* o *malsonantes,* palabras groseras. ‖ *Palabras mayores,* las injuriosas. ‖ *Fig. Tener unas palabras con alguien,* pelearse.

palabrear v. t. *Amer.* Ponerse de acuerdo oralmente. ‖ Insultar.

palabreo m. Acción de hablar mucho y en vano.

palabrería f. *Fam.* Exceso de palabras, verborrea : *todo lo que me dices no es más que palabrería.*

palabrita f. Palabra que lleva una segunda intención : *le dijo cuatro palabritas al oído.* ‖ *Fam. Palabrita del Niño Jesús,* palabra de honor, entre los niños.

palabrota f. Palabra grosera.

palace m. (pal. ingl.). Gran hotel de lujo.

palacete m. Casa particular lujosa. ‖ Pequeño palacio.

palaciego, ga adj. Relativo a palacio. ‖ Cortesano, que forma parte de una Corte (ú. t. c. s.).

palacio m. Casa suntuosa, especialmente la que sirve de residencia a los reyes y nobles : *Palacio Real.* ‖ Residencia de ciertas asambleas, tribunales, etc. : *palacio del Senado.*

Palacio (Gaspar), pintor argentino (1828-1892), autor de escenas del campo, retratos. ‖ ~ (PABLO), escritor ecuatoriano (1904-1947), autor de novelas (*Débora, Vida del ahorcado*). ‖ ~ **Valdés** (Armando), escritor español (1853-1938), autor de novelas (*La Hermana San Sulpicio, José, La aldea perdida, Marta y María, Los majos de Cádiz, El idilio de un enfermo, La alegría del capitán Ribot, Riverita, Maximina,* etc.). Fue un escritor de costumbres y un agudo observador.

Palacios (Los), río y mun. en el O. de Cuba (Pinar del Río). — V. en el S. de España (Sevilla).

Palacios (Eloy), escultor venezolano (1847-1919). ‖ ~ (EUSTAQUIO), escritor colombiano (1830-1898), autor de la novela *El alférez real.* ‖ ~ (FERNANDO), ingeniero y director cinematográfico mexicano (1890-1960). ‖ ~ (JULIO), físico español (1891-1970), autor de numerosos estudios científicos. ‖ ~ (LUCILA), novelista, poetisa y comediógrafa venezolana, n. en 1907. ‖ ~ (PEDRO BONIFACIO), poeta argentino (1854-1917), autor de *La inmortal, El misionero, Trémolo, La sombra de la patria, La canción del hombre* y *Cantar de los Cantares.* Utilizó el seudónimo de *Almafuerte.*

palada f. Lo que la pala coge de una vez : *una palada de mortero.*

paladar m. Parte interior y superior de la boca. ‖ *Fig.* Capacidad para apreciar el sabor de los alimentos : *tener buen paladar.* ‖ Gusto, percepción de la calidad de algo.

paladear v. t. Tomar poco a poco el gusto de una cosa, saborear.

paladeo m. Saboreo.

paladial adj. Palatal (ú. t. c. s. f.).

paladín m. Caballero que se distingue por sus hazañas. ‖ *Fig.* Defensor acérrimo.

paladino, na adj. Claro y patente.

paladio m. Metal blanco (Pd), de número atómico 46, muy dúctil y duro, de densidad entre 11 y 12.

palafito m. Primitiva vivienda lacustre, construida sobre zampas.

Palafox | ~ **y Melzi** (JOSÉ DE), general español (1776-1847), defensor de Zaragoza contra las tropas francesas de Napoleón I (1809). ‖ ~ **y Mendoza** (JUAN DE), prelado y escritor español (1600-1659), virrey de México en 1642.

palafrén m. Caballo manso en que solían montar las damas, los reyes y los príncipes. ‖ Caballo en que monta el criado o lacayo de un jinete.

palafrenero m. Mozo de caballos.

Palafrugell, v. y puerto en el NE. de España (Gerona). Turismo.

Palagua, pobl. en el NO. de Colombia (Antioquia). Petróleo.

466

Palamós, v. y puerto al NE. de España (Gerona). Estación estival.

palanca f. Barra rígida, móvil alrededor de un punto de apoyo, que sirve para transmitir un movimiento, para levantar grandes pesos. ‖ Pértiga para llevar una carga entre dos. ‖ Plataforma colocada a cierta altura al borde de una piscina para efectuar saltos. ‖ Barra o manecilla para accionar ciertos órganos de una máquina : *palanca de mando de un avión.* ‖ *Fig.* y *fam.* Apoyo, influencia.

palangana f. Recipiente ancho y poco profundo usado para lavar o lavarse : *fregar los platos en una palangana.* ‖ *Amer.* Fanfarrón.

palanganear v. i. *Arg.* y *Per.* Fanfarronear.

palangre m. Cordel con varios anzuelos para pescar.

palangrero m. Barco de pesca con palangre. ‖ Pescador que usa este aparejo.

palanquear v. t. *Amer.* Mover con una palanca. ‖ *Fam.* Enchufar, ayudar.

palanqueta f. Palanca pequeña. ‖ Barra de hierro utilizada para forzar puertas y cerraduras.

Palaos (ISLAS), archipiélago de Micronesia, al O. de las Carolinas y E. de Filipinas. Administrado por Estados Unidos desde 1947. Fue español hasta 1899. Tiene unas 200 islas, la principal de las cuales es *Palaos* ; 487 km².

Palas Atenea. V. ATENEA.

palatal adj. Del paladar : *bóveda palatal.* ‖ Dícese de las vocales o consonantes cuya articulación se forma en cualquier punto del paladar, como la *i,* la *e,* la *ll,* la *ñ* (ú. t. c. s. f.).

palatalización f. Modificación de un fonema cuya articulación se hace aplicando el dorso de la lengua al paladar duro.

palatalizar v. t. Dar a un fonema sonido palatal.

palatinado m. En Alemania, antigua dignidad de elector palatino. ‖ Territorio de los príncipes palatinos.

Palatinado, región de Alemania Occidental, en la orilla izquierda del Rin, al N. de Alsacia. Desde 1946 forma parte del Estado de Renania-Palatinado.

palatino, na adj. Del paladar : *huesos palatinos.* ‖ Perteneciente a palacio : *la etiqueta palatina.* ‖ Que tenía oficio principal entre los príncipes : *guardia palatina.* ‖ Del Palatinado : *príncipe, elector palatino.*

Palatino (MONTE), una de las siete colinas de la antigua Roma.

Palau (Manuel), compositor español (1893-1967), autor de numerosas obras para orquesta, piano, corales, guitarra.

Palavicini (Félix Fulgencio), escritor y político mexicano (1881-1952).

Palawan o **Paragua,** isla y prov. de Filipinas, al SO. de Mindoro y al NE. de Borneo ; cap. *Puerto Princesa.*

Palca, pobl. del O. de Bolivia, cap. de la prov. de Murillo (La Paz).

palco m. En los teatros y plazas de toros, especie de departamento con balcón donde hay varios asientos.

Palembang, c. y puerto de Indonesia, al S. de la isla de Sumatra.

Palena, río de Chile (Chiloé y Aisén) que des. en la Argentina, donde toma el n. de *Encuentro* ; 300 km. — Lago de Chile (Aisén), cuya parte oriental es de la Argentina (Chubut), donde toma el n. de *General Vintter.* — Prov. de Chile en la X Región (Los Lagos) ; cap. *Chaitén.* — C. de Chile en la X Región (Los Lagos), cap. de la com. del mismo n.

Palencia, c. y prov. en el NO. del centro de España (Castilla la Vieja), en la Comunidad Autónoma de Castilla-León. Obispado.

Palencia (Benjamín), pintor español (1902-1980).

palenque m. Estacada de madera. ‖ Sitio cercado donde se celebra una función pública, torneo, etc. ‖ *Riopl.* Estaca para atar los animales. ‖ *Fig.* Sitio donde se combate.

Palenque, v. en el SE. de México, al S. del Yucatán (Chiapas). Ruinas de una ant. ciudad maya (Palacio, con bellos relieves de escenas de carácter mitológico, templos de las Inscripciones, del Sol, de la Cruz y de la Cruz Foliada, sarcófago, etc.). — Pobl. en el centro de Panamá, cab. del distrito de Santa Isabel (Colón).

palentino, na adj. y s. De Palencia (España).

paleocristiano, na adj. Dícese del arte de los cristianos primitivos, principalmente de los existentes entre el final del s. II y el final del s. IV.

paleógeno m. Primera mitad de la era terciaria (eoceno y oligoceno).

paleografía f. Arte de leer la escritura y signos de libros antiguos.

paleógrafo, fa m. y f. Especialista en paleografía.

paleolítico, ca adj. Aplícase al primer período de la edad de piedra, que es el de la piedra tallada. U. t. c. s. m. : *el paleolítico comenzó hace tres millones de años y concluyó hace diez mil años.*

Paleólogo, familia de la aristocracia de Bizancio, algunos de cuyos miembros fueron emperadores de Oriente desde el año 1261 a 1453.

paleontografía f. Descripción de los seres orgánicos que vivieron en la Tierra y cuyos restos o vestigios se encuentran fósiles.

paleontográfico, ca adj. De la paleontografía.

paleontología f. Tratado de los seres orgánicos cuyos restos o vestigios se encuentran fósiles.

paleontológico, ca adj. Relativo a la paleontología.

paleontólogo, ga m. y f. Especialista en paleontología.

paleozoico adj. Aplícase al segundo período de la historia de la Tierra (ú. t. c. s. m.).

Palermo, c. y prov. de Italia, en el N. de la isla de Sicilia. Arzobispado. Universidad. Puerto.

Palermo o **Parque Tres de Febrero,** parque de la ciudad de Buenos Aires.

palero, ra m. y f. *Amer.* Persona que tiene complicidad con el banquero y sirve de gancho para los demás jugadores. ‖ Persona que hace el juego a otro de manera encubierta.

Palés Matos (Luis), poeta puertorriqueño (1899-1959), cultivador de la llamada poesía negra (*Canción festiva para ser llorada, Danza negra, Tuntún de pasa y grifería, El palacio en sombras, Canciones de la vida media,* etc.).

Palestina, región de Asia (Cercano Oriente), entre el desierto de Siria, el Líbano y el mar Mediterráneo. Llamada en la Biblia *Tierra de Canaán* o *de Promisión* y posteriormente *Judea* y *Tierra Santa.*

Después de la primera guerra mundial, Palestina quedó bajo mandato británico (1917-1948), hasta la creación del Estado de Israel. En 1949, a raíz de las luchas entre árabes y judíos, parte de Palestina pasó a poder de Jordania. En 1967, los israelíes ocuparon la parte de Palestina perteneciente a Jordania y el rey de este país renunció en 1974 a su soberanía y la cedió a la Organización por la Liberación de Palestina, que se opone a lo consignado en el tratado de paz firmado por Israel y Egipto (1979).

palestino, na adj. y s. De Palestina, país en el Cercano Oriente.

palestra f. Sitio donde se lidia o lucha. ‖ *Fig. Poét.* Lucha, competición. ‖ Sitio donde se celebran certámenes literarios o reuniones públicas. ‖ *Fig. Salir a la palestra,* entrar en liza, intervenir en una competición.

Palestrina (Giovanni Pierluigi da), compositor italiano (1525-1594), gran figura de la música polifónica y autor de misas, motetes, himnos y madrigales religiosos o profanos.

paleta f. Pala pequeña. ‖ Tabla pequeña con un agujero por donde se introduce el pulgar y en la cual el pintor tiene preparados los colores que usa. ‖ Espátula. ‖ Utensilio de cocina a modo de pala. ‖ Badila para revolver la lumbre. ‖ Llana de albañil. ‖ Raqueta de ping-pong. ‖ *Ant.* Paletilla. ‖ Álabe de la rueda hidráulica. ‖ Pala de hélice, ventilador, etc. ‖ *Chil.* Paletón de llave. ‖ *Méx.* Caramelo que está montado sobre un palo. ‖ Polo helado.

paletada f. Lo que se toma de una vez con la paleta. ‖ Acción propia de paleto, catetada. ‖ *Fam. En dos paletadas,* rápido.

paletazo m. Cornada que da de lado al toro.

paletilla f. *Anat.* Omóplato, hueso del hombro. ‖ Ternilla en que termina el esternón y que corresponde a la región de la boca del estómago.

paleto, ta adj. *Fig.* Palurdo, rústico, cateto (ú. t. c. s.).

paletón m. Parte de la llave en que están los dientes y guardas. ‖ Diente grande de la mandíbula superior.

Palghat, c. en el S. de la India (Tamil Nadu).

paliacate m. *Méx.* Pañuelo grande, de colores vivos.

paliar v. t. Encubrir, disimular. ‖ Disculpar : *paliar una falta.* ‖ *Fig.* Mitigar, atenuar.

paliativo, va adj. Dícese de lo que puede paliar (ú. t. c. s. m.).

palidecer v. i. Ponerse pálido : *palidecer de emoción.* ‖ *Fig.* Perder una cosa su importancia.

palidez f. Falta del color natural.

pálido, da adj. Amarillo, macilento, falto de su color natural. ‖ *Fig.* Falto de colorido o expresión : *estilo pálido.* ‖ De tono apagado, poco intenso.

palier m. (pal. fr.). Órgano mecánico, en los vehículos automóviles, en el que se apoya el árbol de transmisión y que le sirve también de guía.

palillero m. Portaplumas.

palillo m. Varilla en que se encaja la aguja de hacer media. ‖ Mondadientes de madera. ‖ Bolillo para hacer encaje. ‖ Cada una de las dos varitas para tocar el tambor. ‖ Vena gruesa de la hoja del tabaco. ‖ Raspa del racimo de pasas. ‖ *Fig.* Persona muy delgada. ‖ *Méx.* Planta aromática que se extrae un aceite usado contra las neuralgias y con cuyas hojas se hace una infusión que calma los dolores de estómago. ‖ — Pl. Varitas que usan los asiáticos para comer. ‖ Castañuelas.

palimpsesto m. Manuscrito de pergamino antiguo en que se ven huellas de una escritura anterior.

Palin, mun. al sur de Guatemala (Escuintla). Central hidroeléctrica.

palinodia f. Retractación pública de lo dicho : *cantar la palinodia.*

palio m. Dosel portátil.

palique m. *Fam.* Conversación sin importancia, charla : *estar de palique.*

palisandro m. Madera del guayabo, compacta y de color rojo oscuro.

palito m. Palo pequeño. ‖ *Arg.* Baile ejecutado por un hombre y dos mujeres. ‖ *Arg. Pisar el palito,* caer en la trampa.

palitroque m. Palo pequeño. ‖ Banderilla.

paliza f. Conjunto de golpes : *el padre pegó una paliza a su hijo por haberle insultado.* ‖ *Fig.* y *fam.* Trabajo o esfuerzo muy cansado. ‖ Derrota : *ha dado una paliza al equipo contrario.*

palizada f. Valla hecha de estacas. ‖ Sitio cercado de estacas.

Palizada, río del SE. de México (Campeche) que comunica el Usumacinta con la laguna de Términos.

Palk (ESTRECHO DE), brazo de mar que separa la India de Sri Lanka.

palma f. Palmera. ‖ Hoja de este árbol. ‖ Datilera. ‖ Palmito. ‖ Parte interna de la mano desde la muñeca hasta los dedos. ‖ Parte inferior del casco de las caballerías. ‖ *Fig.* Recompensa, premio. ‖ Triunfo, victoria : *llevarse la palma.* ‖ — Pl. Palmadas, aplausos : *batir las palmas.* ‖ Palmáceas. ‖ — *Fig. Como la palma de la mano,* muy llano o liso. ‖ *Conocer como la palma de la mano,* conocer muy bien. ‖ *La palma del martirio,* muerte sufrida por la fe. ‖ *Llevarse la palma,* sobresalir, ser el mejor.

Palma, bahía de España en la costa sur de la isla de Mallorca (Baleares). ‖ — **de Mallorca,** c. y puerto de España en la bahía del mismo nombre, cap. de la prov. de Baleares y de la isla de Mallorca. Sede del obispado de Mallorca. Facultades universitarias. Industrias (calzado, cuero, vidrio, tejidos, metalurgia). Castillo de la Almudaina, Catedral gótica (s. XIV-XV), Castillo de Bellver (s. XIII), la Lonja (s. XV). Importante centro turístico. ‖ — (**La**), isla del archipiélago español de Canarias ; cap. *Santa Cruz de la Palma* ;

728 km². Su suelo es de origen volcánico. — Mun. en el centro de Colombia (Cundinamarca). — Mun. al O. de Cuba (Pinar del Río). — Mun. en el NO. de El Salvador (Chalatenango). — V. en el S. de España (Huelva). — C. de Panamá, cab. de la prov. del Darién. Puerto pesquero. ‖ ~ **del Condado (La),** c. al S. de España (Huelva). Agricultura. ‖ ~ **del Río,** c. al S. de España (Córdoba). Agricultura. ‖ ~ **Soriano,** mun. al este de Cuba en las estribaciones de Sierra Maestra (Santiago).

Palma (Athos), músico argentino (1891-1952), autor de óperas, poemas sinfónicos y ballets. ‖ ~ (JOSÉ JOAQUÍN), poeta cubano (1844-1911), autor de notables elegías. ‖ ~ (RICARDO), escritor peruano, n. en Lima (1833-1919), autor de *Tradiciones peruanas*, famosos relatos sobre la época colonial. Fue también historiador *(Anales de la Inquisición de Lima)*, lexicógrafo *(Neologismos y americanismos)*, crítico literario y poeta. — Sus hijos CLEMENTE (1872-1946) y ANGÉLICA (1883-1935) fueron también escritores.

Palma el Viejo (Iacopo NIGRETTI, llamado), pintor veneciano (¿ 1480 ?- 1528), autor de cuadros religiosos. — Su sobrino IACOPO, llamado PALMA el Joven, fue pintor y grabador (1544-1628).

palmáceo, a adj. Dícese de ciertas plantas monocotiledóneas, de tallo simple, llamado estipe, con grandes hojas en forma de penacho, características de los países tropicales (ú. t. c. s. f.). ‖ — F. pl. Familia que forman.

palmada f. Golpe que se da con la palma de la mano : *le abrazó dándole palmadas en la espalda.* ‖ Ruido que se hace golpeando con las manos abiertas : *dar palmadas para aplaudir.*

palmar adj. Relativo a la palma de la mano y a la del casco de las caballerías. ‖ *Fig.* Claro, manifiesto. ‖ — M. Sitio donde se crían palmas. ‖ *Fam.* Más viejo que un palmar, muy viejo.

palmar v. i. *Fam.* Morir.

Palmar, cantón en el centro de Bolivia (Cochabamba). — Cantón de Bolivia (Tarija). ‖ ~ **(El),** mun. al O. de Guatemala (Quezaltenango). — Cantón de Bolivia (Chuquisaca). — Mun. al E. de Venezuela (Bolívar). ‖ ~ **de Bravo,** mun. de México (Puebla). ‖ ~ **de Varela,** mun. al N. de Colombia (Atlántico), a orillas del Magdalena.

Palmar, represa y central hidroeléctrica en el río Negro, al oeste de Uruguay.

Palmares, cantón de Costa Rica (Alajuela).

palmarés m., (pal. fr.). Historial, hoja de servicios : *el palmarés de un atleta.* ‖ Lista de triunfadores en una competición.

palmario, ria adj. Patente.

Palmas, isla de Colombia, en la costa del Pacífico y a la entrada de la bahía de Magdalena. ‖ ~ **(Las),** península al SO. de Panamá en la costa del Pacífico y entre los golfos de Chiriquí y de Montijo. ‖ ~ Prov. de España a la que pertenecen las tres islas mayores del este del archipiélago de las Canarias (Gran Canaria, Fuerteventura y Lanzarote) ; cap. *Las Palmas de Gran Canaria.* — Distrito en el centro de Panamá (Veraguas). ‖ ~ **de Gran Canaria (Las),** c. de España en el NE. de la isla de Gran Canaria, cap. de la prov. de Las Palmas. Puerto. Comercio. Obispado. Universidad. Gran centro turístico. Casino de juego.

palmatoria f. Especie de candelero para poner las velas.

Palm Beach, estación balnearia de Florida al SE. de Estados Unidos.

palmear v. i. Aplaudir.

palmense adj. y s. De las Palmas de Gran Canaria (España).

palmeño, ña adj. y s. De La Palma (Panamá).

Palmer (PENÍNSULA DE). V. GRAHAM *(Tierra de).*

palmer m. Instrumento de precisión con un tornillo micrométrico para medir objetos de poco espesor.

palmera f. Árbol palmáceo cuyo fruto es el dátil. ‖ Dulce de pasta de hojaldre.

palmeral m. Plantío de palmas.

Palmerín (Ricardo), compositor

mexicano (1884-1944), autor de numerosas canciones, como *Peregrina, Flor de mayo, Mi tierra y la internacional.*

Palmerín ‖ ~ **de Inglaterra,** libro de caballerías atribuido al portugués Francisco de Moraes (1547). ‖ ~ **de Oliva,** novela de caballerías de autor desconocido (1511), fuente de otras obras del mismo género.

Palmerston (Henry TEMPLE, *lord),* político liberal inglés (1784-1865), primer ministro de 1855 a 1868 y de 1859 a 1865.

palmesano, na adj. y s. De Palma de Mallorca (España).

palmeta f. Especie de regla con que los maestros de escuela castigaban a los alumnos. ‖ Palmetazo.

palmetazo m. Golpe dado con la palmeta. ‖ Palmada.

palmiche m. Palma real. ‖ Su fruto.

Palmilla, c. del centro de Chile en la VI Región (Libertador General Bernardo O'Higgins) y en la prov. de Colchagua, cap. de la com. de su n.

palmípedo, da adj. Dícese de las aves que tienen las patas palmeadas, como el ganso (ú. t. c. s. f.). ‖ — F. pl. Orden que forman.

Palmira, c. al O. de Colombia (Valle del Cauca). Universidad. Obispado. Agricultura, industrias. — Térm. mun. en el centro de Cuba (Cienfuegos). — Aldea de Siria, hoy Tadmor.

palmireño, ña adj. y s. De Palmira (Colombia).

palmito m. Planta palmácea con cuyas hojas se hacen escobas y esteras. ‖ Tallo blanco y comestible de esta planta. ‖ *Fig. y fam.* Cara bonita o figura esbelta de la mujer.

palmo m. Medida de longitud, de unos 21 cm, equivalente al largo de la mano del hombre extendida. ‖ *Fig.* Cantidad muy pequeña o muy grande : *recibí sólo un palmo de su finca ; tiene una narizota de un palmo.* ‖ — *Fig.* Conocer algo a palmos, conocerlo bien. ‖ *Crecer a palmos,* crecer muy rápidamente. ‖ *Dejar con un palmo de narices,* dejar burlado. ‖ *Fig. Palmo a palmo, poco a poco ;* minuciosamente. ‖ *Fam. Quedarse con dos palmos de narices,* no conseguir lo que se esperaba.

palmotear v. i. Aplaudir.

palmoteo m. Acción de palmotear.

palo m. Trozo de madera cilíndrico : *en vez del bastón llevaba un palo.* ‖ Golpe dado con este objeto : *matar a palos.* ‖ Madera : *cuchara de palo.* ‖ Estaca, mango : *el palo de la escoba.* ‖ *Taurom.* Banderilla. ‖ *Fig.* Crítica, represión : *mi comedia recibió un palo muy fuerte en la prensa.* ‖ Castigo, amonestación : *he recibido cada palo en mi vida de jugador de garitos.* ‖ *Mar.* Mástil del barco : *embarcación de dos palos.* ‖ Suplicio ejecutado con instrumento de madera, antes la horca : *morir en el palo.* ‖ Cada una de las cuatro series de naipes de la baraja : *palo de oros, de bastos, de copas, de espadas son la baraja española y corazones, picas, tréboles y diamantes en la francesa.* ‖ Trazo grueso de algunas letras como la b y la d. ‖ *Blas.* Pieza en forma de faja vertical. ‖ *Bot.* Voz que entra en el nombre de varios vegetales *(palo áloe, palo bañón o de bañón, palo brasil o del Brasil, palo campeche o de Campeche, palo corteza, palo de jabón).* ‖ Madera de estos árboles. ‖ Vino español parecido al jerez. ‖ Bebida alcohólica con agua, raíces de algunas plantas, azúcar, algo y aguardiente hecha en las islas Baleares (España). ‖ *Fam. Amer. A medio palo,* medio borracho. ‖ *Fig. A palo seco,* sin ningún complemento ; a secas, sin nada. ‖ *Caérsele a uno los palos del sombrajo,* desanimarse. ‖ *Dar palos de ciego,* dar golpes sin reflexionar ; tantear. ‖ *De tal palo, tal astilla,* de tal padre, tal hijo. ‖ *Palo de las Indias* o *palo santo,* el guayaco. ‖ *Palo de rosa,* madera de un árbol americano de la familia de las borragináceas, compacta y olorosa, muy estimada en ebanistería.

paloma f. Ave domesticada, de cabeza pequeña, cuerpo rechoncho y cola grande, de la que existen infinidad de variedades. ‖ *Fig.* Persona muy

bondadosa o pura. ‖ *Fam.* Aguardiente anisado con agua. ‖ *Arg.* Cierto baile. ‖ *Méx.* Canción típica del país.

Paloma (La), c. en el sureste de Uruguay (Rocha). Turismo.

palomar m. Edificio donde se crían las palomas.

Palomar (MONTE), monte en el S. de Estados Unidos (California) ; 1 871 m. Observatorio astronómico.

Palomas (ISLA DE LAS), isla del S. de España, en el Mediterráneo, cerca de Tarifa (Cádiz).

palometa f. Pez comestible, parecido al jurel. ‖ Tuerca que tiene forma de mariposa.

palomilla f. Mariposa pequeña, especialmente la que causa estragos en los graneros. ‖ Especie de soporte de madera para mantener tablas, estantes, etc. ‖ Chumacera, pieza en que entra el eje de una máquina. ‖ Palometa, tuerca. ‖ *Méx. y Per.* Grupo de personas, generalmente de mal vivir, que se reúnen para divertirse.

palomino m. Pollo de paloma ‖ *Fig.* Joven inexperto, ingenuo. ‖ *Fam.* Mancha de excremento en los calzoncillos.

palomita f. Roseta de maíz tostado. ‖ Anís con agua. ‖ En fútbol, cabezazo que se da al balón con el cuerpo en el aire en posición horizontal y con los brazos abiertos. ‖ *Cuello de palomita,* cuello de camisa con las puntas vueltas hacia afuera.

palomo m. Macho de la paloma.

Palo Negro, pobl. en el centro del norte de Venezuela (Aragua).

Palos, cabo del SE. de España (Murcia), cerca de Cartagena y del mar Menor. ‖ ~ **de la Frontera,** ant. *Palos de Moguer,* pueblo en el SO. de España (Huelva), en la desembocadura del río Tinto. Punto de partida de Colón (3 de agosto de 1492) en su primer viaje. En sus alrededores está el monasterio de La Rábida.

palotazo m. Varetazo.

palote m. Palo pequeño. ‖ Trazo recto que hacen los niños en el colegio para aprender a escribir. ‖ *Méx.* Horcajo de madera para la caballería de tiro.

palpable adj. Que puede palparse. ‖ *Fig.* Manifiesto, evidente.

Palpalá, c. en el noroeste de Argentina (Jujuy). Siderurgia.

Palpana, monte situado en el N. de los Andes chilenos (Antofagasta) ; 6 040 m.

palpar v. t. Tocar una cosa con las manos para reconocerla. ‖ *Fig.* Conocer o darse cuenta realmente : *palpar los resultados de una reforma.* ‖ Percibir, notar.

palpitación f. Latido. ‖ Pulsación rápida.

palpitante adj. Que palpita. ‖ *Fig. y fam.* Interesante, emocionante.

palpitar v. i. Contraerse y dilatarse alternativamente : *el corazón palpita.* ‖ Latir muy rápidamente. ‖ *Fig.* Manifestarse algún sentimiento en las palabras o actos.

pálpito m. Corazonada.

palpo m. Cada uno de los apéndices articulados y movibles que en forma y número diferentes tienen los artrópodos alrededor de la boca para palpar y sujetar lo que comen.

Paltas, cantón en el S. del Ecuador (Loja) ; cap. Catacocha.

palto m. *Amer.* Aguacate, árbol.

Palúa, pobl. y puerto al este de Venezuela (Bolívar) y a orillas del Orinoco.

palúdico, ca adj. Relativo a los lagos y pantanos. ‖ Dícese de la fiebre causada por el microbio procedente de los terrenos pantanosos y transmitido por el mosquito anofeles. ‖ Que padece paludismo (ú. t. c. s.).

paludismo m. Enfermedad del que padece fiebres palúdicas.

palurdo, da adj. *Fam.* Dícese del hombre de campo tosco (ú. t. c. s.).

palustre adj. Relativo a los pantanos. ‖ — M. Paleta o llana de albañil.

palla f. *Amer.* Entre los incas, mujer de sangre real.

Palladio [*pala-*] (Andrea DI PIETRO, llamado), arquitecto italiano del clasicismo renacentista (1508-1580).

Pallais (Azarías H.), sacerdote y poeta nicaragüense (1884-1954). Tradujo la *Odisea* y escribió *A la sombra del agua, Caminos, Piraterías*, etc.

pallar m. *Amer.* Especie de poroto.

pallar v. t. *Amer.* Extraer la parte más rica de una mena.

Pallars ∥ ~ **Jussá**, comarca del NE. de España en Cataluña (Lérida) ; cap. *Tremp.* Agricultura. Ganadería. Centrales hidroeléctricas. ∥ ~ **Sobirá**, comarca del NE. de España en Cataluña (Lérida) ; cap. *Sort.* Agricultura. Ganadería. Centrales hidroeléctricas.

Pallasca, prov. en el O. del Perú (Ancash) ; cap. *Cabana.*

Palleja (Miguel), pintor realista uruguayo (1861-1887).

Pallière (Jean L.), pintor y litógrafo brasileño (1823-1887), autor de escenas de la vida rioplatense.

pambazo m. *Méx.* Panecillo que se rellena con diversos manjares.

pame adj. Dícese del individuo de una tribu otomí de México, llamado tb. *chichimeca* (ú. t. c. s.). ∥ — M. Uno de los dialectos del otomí.

pamela f. Sombrero flexible femenino de ala ancha. ∥ *Arg. Fam.* Hombre presumido y algo afeminado.

pamema f. *Fam.* Cosa insignificante, tontería : *déjate ya de pamemas y condúcete como una persona seria.*

Pamir, macizo montañoso de Asia Central (U. R. S. S. y Afganistán), cuya cúspide es el pico Comunismo (7 495 m).

pampa f. Llanura extensa de América Meridional desprovista de vegetación arbórea : *la pampa argentina.* ∥ *Chil.* Pradera más o menos llana entre los cerros. ∥ — Adj. y s. *Arg.* Indio de origen araucano de la Pampa. (V. PUELCHE.)

Pampa (La), gran llanura en el centro de la Argentina, entre el río Colorado al S., la Sierra de Córdoba al O., el Paraná al E. y el Gran Chaco al N., que se extiende por casi toda la prov. de Buenos Aires, nordeste de la prov. de La Pampa y parte de las de Santa Fe y Córdoba. Agricultura (cereales). Ganadería. Industrias. — Prov. del centro de la Argentina ; cap. *Santa Rosa.* Agricultura, ganadería. Salinas. Petróleo, gas natural.

Pampachiri, mun. al S. de Perú (Apurímac).

Pampanga, prov. de Filipinas en el centro de la isla de Luzón ; cap. *San Fernando.*

pámpano m. Sarmiento tierno o pimpollo de la vid. ∥ Hoja de la vid.

Pampas, c. en el O. del Perú, cap. de la prov. de Tayacaja (Huancavelica).

Pampatar, c. al NE. de Venezuela (Nueva Esparta), en la costa este de la isla Margarita, cap. del mun. de Silva.

Pampeanas, sierras del NO. de la Pampa (Argentina). Pertenecen a ellas las de Famatina y Aconquija. Minas.

pampeano, na adj. y s. Pampero.

pampear, v. i. *Amer.* Recorrer la pampa.

pampeño, ña adj. *Col.* De la pampa.

pamperada f. *Riopl.* Viento pampero que dura mucha.

pampero, ra adj. Relativo a las pampas. ∥ Dícese del habitante de las pampas (ú. t. c. s.). ∥ Aplícase al viento impetuoso y al frío que viene de las pampas (ú. t. c. s. m.).

Pampite (José OLMOS, llamado), escultor ecuatoriano (¿ 1670 ? - 1730), autor de *Cristos.*

pamplina f. *Fig.* y *fam.* Simpleza, tontería : *eso es una pamplina.* ∣ Cosa sin importancia.

pamplinada f. *Fam.* Pamplina.

pamplinero, ra y **pamplinoso, sa** adj. y s. Tonto, necio, bobo.

Pamplona, c. de Colombia (Norte de Santander). Centro cultural. Universidad. Arquidiócesis. — C. del N. de España a orillas del río Arga, cap. de la región de Navarra y, desde 1982, de la Comunidad Foral de Navarra. Centro administrativo, comercial y cultural. Arzobispado. Sede de la Universidad Privada de Navarra. Industrias (potasa). Catedral gótica (s. XIV). Museos. Célebres fiestas de San Fermín (7 de julio).

pamplonés, esa y **pamplonica** adj. y s. De Pamplona (España).

pan m. Alimento hecho de harina amasada, fermentada y cocida en el horno : *pan blanco, moreno.* ∥ Alimento en general : *ganarse el pan de cada día.* ∥ Masa para pasteles y empanadas. ∥ Masa de otras cosas a las cuales se da una forma en un molde : *pan de higos, de jabón, de sal.* ∥ Trigo : *año de mucho pan.* ∥ Hoja de oro o plata muy batida. ∥ — *Fig.* A falta de pan buenas son tortas, hay que conformarse con lo que se tiene. ∣ A pan y agua, con muy poco alimento. ∣ Con su pan se lo coma, que se las arregle como pueda. ∣ *Llamar al pan pan y al vino vino,* decir las cosas claramente. ∣ *Pan ázimo,* el que no tiene levadura. ∣ *Pan bendito,* el que suele repartirse en la misa ; (fig. y fam.) cosa muy buena. ∥ *Pan candeal,* el hecho con harina de este trigo. ∣ *Fig. Pan comido,* cosa fácil de resolver. ∣ *Pan de azúcar,* montaña de granito a la cual la erosión ha dado una forma cónica. ∣ *Pan de molde,* el que tiene mucha miga y poca corteza. ∣ *Méx. Pan de muertos,* el de harina con una capa de azúcar que suele comerse el día de difuntos. ∣ *Pan de munición,* el que se da a los soldados, penados, presos, etc. ∣ *Pan de yuca,* cazabe. ∣ *Méx. Fam. Ser un pan* con *atole, ser bonachón.* ∣ *Fig. Ser un pedazo de pan* o *más bueno que el pan,* ser muy bondadoso.

Pan, dios griego de la vida campestre y de los pastores, representado con un busto de hombre y cuerpo de macho cabrío. *(Mit.)*

Pan ∥ ~ (TIERRA DEL), comarca al O.

de España (Valladolid y Zamora). Trigo. ∥ ~ **de Azúcar,** pico al SO. de la Argentina (Jujuy) ; 4 485 m. — Pico del Brasil a la entrada de la bahía de Guanabara en Río de Janeiro ; 385 m. — Nevado en el O. de Colombia, en el límite de los dep. de Huila y Cauca. — Cerro del Perú (Huaylas). En sus cercanías se dio la batalla de Yungay entre las tropas chilenas y las perubolivianas (1839). — Pobl. en el S. del Uruguay (Maldonado).

pana f. Tela de algodón fuerte parecida al terciopelo. ∥ Avería.

panacea f. Medicamento que se creía podía curar todas las enfermedades. ∥ *Panacea. universal,* remedio que buscaban los antiguos alquimistas contra todos los males.

Panadella, puerto de montaña al NE. de España (Barcelona), entre Cervera e Igualada ; 775 m.

panadería f. Establecimiento donde se hace o vende el pan. ∥ Oficio del panadero.

panadero, ra m. y f. Persona que hace o vende pan.

Panadés, en cat. *Penedès,* región del NE. de España en Cataluña (prov. de Tarragona y Barcelona), dividida en dos comarcas : *Alto Panadés,* cap. Villafranca del Panadés, y *Bajo Panadés,* cap. El Vendrell.

panadizo m. Inflamación aguda del tejido celular de los dedos, principalmente junto a la uña.

panafricanismo m. Doctrina encaminada a promover la unión, la defensa de la cultura propia y la solidaridad entre todos los países de África.

panafricano, na adj. Relativo a los países del continente africano.

panal m. Conjunto de celdillas prismáticas hexagonales de cera que forman las abejas para depositar en ellas la miel.

panamá m. Sombrero de paja muy flexible, jipijapa.

Panamá, rep. de América Central, situada en el extremo sur del Istmo ; 76 906 km² (contando la Zona del Canal) ; 1 900 000 h. *(panameños)* ; cap. *Panamá,* 550 000 h. Otras c. : *Santiago,* 26 000 h. ; *David,* 48 000 ; *Penonomé,* 25 000 ; y *Colón,* 80 000. Administrativamente, Panamá se divide en nueve provincias. La mayor parte de la población es de raza mestiza (70 p. ciento), el resto está repartido entre blancos, negros e indios. La religión católica es la de las tres cuartas partes de la población, y el castellano o español es el idioma oficial. La densidad media de población es de 24 h./km². La *Zona del Canal* (1 432 km²), de plena soberanía de Panamá, está constituida por una faja de terreno de 16 km de ancho, donde se sitúa el *canal de Panamá,* que comunica el océano Atlántico (Cristóbal) con el Pacífico (Balboa).

— GEOGRAFÍA. Una prolongación de

PA

PANAMÁ

1. COMARCA DEL BARÚ
2. HERRERA

Ferrocarril
Carretera panamericana
Las capitales de las provincias están subrayadas

mapa del canal de PANAMA.

los Andes colombianos recorre el país longitudinalmente, con alturas notables : volcán del Barú o Chiriquí (3475 m) y cerro Santiago (3090). Existen numerosos ríos cortos y caudalosos, entre ellos el Chagres, que alimenta el lago artificial de Gatún y contribuye al funcionamiento del Canal. La costa atlántica, algo abrupta, presenta los golfos de Mosquitos y San Blas y los archipiélagos de Bocas del Toro y San Blas ; en el litoral del Pacífico se encuentran el golfo de Chiriquí, con la isla de Coiba, y el golfo de Panamá, con el archipiélago de las Perlas. El clima es marítimo con intensas precipitaciones pluviales ; el interior y la costa del Pacífico son algo más secos. Económicamente, la Zona del Canal ha influido en el sentido de atraer a la población, de modo que la agricultura quedaba postergada. Este hecho tiende a corregirse en los últimos tiempos, y se pueden señalar producciones interesantes (plátanos, cacao y café) y explotaciones ganaderas y forestales. Las comunicaciones panameñas están servidas por un ferrocarril interoceánico, 8300 km de carreteras y varias líneas aéreas (aeropuertos de Panamá y David).

Panamá, cap. de la Rep. de Panamá, en la costa del golfo homónimo y en el sur del centro del país ; 550 000 h. Fundada en 1519 por el gobernador Pedrarias Dávila. Arzobispado. Universidad. || ~ (GOLFO DE), golfo formado por el océano Pacífico en la costa meridional del Istmo de Panamá, entre la Punta Mala al O. y la Punta Garachiné al E. Hay numerosas islas. || ~ (ISTMO DE), lengua de tierra de América Central, que une las dos masas continentales americanas, entre el mar Caribe y el Pacífico ; 700 km de longitud y 70 de anchura. Está atravesado por un canal interoceánico, comenzado por F. de Lesseps (1881) y terminado por Estados Unidos en 1914. El canal, inaugurado en 1920, une Cristóbal (Atlántico) a Balboa (Pacífico), tiene una longitud de 81 km, una anchura entre 91 y 300 m y está a 28 m sobre el nivel del mar. La c. pr. de la Zona del Canal es Balboa.
Panamá (Congreso de), reunión convocada por Bolívar en 1826 con la idea de realizar la solidaridad entre las naciones americanas.
panameñismo m. Vocablo o expresión característicos del habla de Panamá. | Carácter panameño. | Amor a Panamá.
panameñista adj. Relativo a Panamá. || Que defiende a Panamá (ú. t. c. s.).
panameño, ña adj. y s. De Panamá (ciudad y país).
Panamericana (Carretera), red de carreteras, comenzada en 1936, que une el sur de los Estados Unidos con la Argentina. Pasa por México, América Central, Colombia, Ecuador, Perú, Chile y llega hasta Buenos Aires. Hay también tramos que enlazan Bolivia y Argentina desde Perú, Paraguay, Uruguay y Brasil desde Buenos Aires y el norte de Venezuela desde Bogotá.

panamericanismo m. Doctrina que preconiza el desarrollo de las relaciones entre todos los países americanos.
— El punto de arranque del *panamericanismo* es la declaración del presidente norteamericano Monroe : « América para los americanos » (1823). Otras etapas importantes del panamericanismo han sido la presidencia de Woodrow Wilson, con la creación de la Unión Panamericana, la política de « buena vecindad », patrocinada por Franklin D. Roosevelt, y la creación de la O. E. A. (Organización de Estados Americanos) en 1948, con sede en Washington, y de otras asociaciones, de índole política o comercial, creadas posteriormente.
panamericanista adj. Relativo al panamericanismo. || Dícese de lo o del que defiende acérbamente el panamericanismo (ú. t. c. s.).
panamericano, na adj. Relativo a toda América : *Unión Panamericana.*
Panao, c. en el centro del Perú, cap. de la prov. de Pachitea (Huánuco).
Panaón, isla del archipiélago de las Filipinas (Leyte).
panarabismo m. Doctrina que preconiza la unión de todos los países de lengua y civilización árabes.
panarabista adj. Relativo al panarabismo. || — Com. Persona partidaria o defensora del panarabismo.
panateneas f. pl. Fiestas que se celebraban en Atenas en honor de la diosa Atenea, patrona de la ciudad.
Panateneas, friso esculpido en relieve sobre mármol, ejecutado bajo la dirección de Fidias, que adornaba la parte alta del Partenón (Atenas).
Panay, isla de las Visayas (Filipinas) ; cap. Iloilo ; 10 478 km².
pancarta f. Cartel, letrero.
panceta f. Tocino entreverado.
Pancevo, c. en el N. de Yugoslavia (Voivodina).
Pancorbo, desfiladero al N. de España, en el límite de las prov. de Burgos y Álava, paso natural de la meseta castellana hacia el valle del Ebro.
páncreas m. Glándula abdominal localizada detrás del estómago cuyo jugo contribuye a la digestión, y que produce también una secreción hormonal interna (*insulina*).
pancreático, ca adj. Relativo al páncreas : *jugo pancreático.*
pancreatitis f. Inflamación del páncreas.
Panchiao, c. de Taiwán, en el suburbio NO. de Taipei.
pancho, cha adj. *Fam.* Tranquilo, que no se conmueve por nada. || — M. Cría del besugo. | *Fam.* Panza. || *Arg.* Bocadillo de salchicha.
panda m. Dos especies de mamíferos diferentes existentes en las selvas del Himalaya, la India y China : *el panda gigante*, negro y blanco, se parece a un oso y, el menor, *rojizo*, con partes blancas y negras, se asemeja a un gato de cola larga y tupida.
Pandataria, isla volcánica de Italia, en el mar Tirreno.
pandear v. i. Torcerse una cosa encorvándose, especialmente por el

medio. Ú. t. c. pr. : *pandearse una pared.*
pandectas f. pl. Recopilación de leyes hecha por orden de Justiniano. || Conjunto del Digesto y del Código. | Cuaderno con abecedario que sirve de repertorio.
pandemia f. *Med.* Enfermedad epidémica en varios países.
pandemónium m. Capital imaginaria del Infierno. || *Fig.* Sitio donde hay mucho ruido y agitación.
pandeo m. Alabeo, combadura.
pandereta f. Pandero : *tocar la pandereta.* || — *Fig. La España de pandereta*, la considerada solamente desde el punto de vista folklórico. | *Zumbar la pandereta*, pegar una buena paliza.
panderete m. Tabique hecho con ladrillos puestos de canto.
panderetear v. i. Tocar el pandero.
pandero m. Instrumento de percusión formado por un redondel de piel sujeto a un aro con sonajas.
pandilla f. Conjunto de personas, generalmente jóvenes, que se reúnen para divertirse juntas : *una pandilla de chicos y chicas.* || Unión de varias personas formada generalmente con mala intención.
pandillaje m. Influjo o poder de personas que se reúnen en pandillas para llevar a cabo actos poco lícitos.
pandillista com. y **pandillero, ra** m. y f. Persona que forma pandilla.
pandino, na adj. y s. De Pando o natural de Pando (Bolivia).
pandit m. Título dado en la India a los bramanes eruditos. || Título de los bramanes de Cachemira.
Pando, dep. septentrional de Bolivia ; cap. *Cobija.* — Pobl. en el sur del Uruguay (Canalones).
Pando (José Manuel), general boliviano, n. en La Paz (1848-1917), pres. de la Rep. de 1899 a 1904. Murió asesinado.
Pandora, la primera mujer de la Tierra, creada por Hefestos y Atenea. Zeus, después de confiarle una caja que contenía todos los bienes y los males de la humanidad, colocó a Pandora sobre la Tierra junto al primer hombre, Epimeteo. Éste abrió la caja y todos los infortunios se esparcieron por el mundo. Sólo quedó en el fondo el bien de la Esperanza.
Pane (Ignacio), escritor paraguayo (1880-1920), autor de poesías modernistas y de ensayos.
panecillo m. Pan pequeño.
Panecillo (El), monte en el O. de Quito (Ecuador).
panegírico adj. Hecho en alabanza de una persona : *discurso panegírico.* || — M. Discurso de alabanza. || *Fig.* Grandes elogios.
panegirista com. Orador que pronuncia el panegírico. || *Fig.* Ensalzador, alabador.
panegirizar v. t. Hacer el panegírico.
panel m. Cada uno de los compartimientos en que se dividen los lienzos de pared, las hojas de puertas, etc. || Tabla de madera en que se pinta. || Tablero de madera o metal con indicaciones. || Superficie exterior de la carrocería de un automóvil, excluidos el techo, los montantes y los aleros. || Técnica de encuesta que consiste en repetir a intervalos de tiempos más o menos largos las mismas preguntas a las mismas personas. || Grupo de personas a quienes se hace estas preguntas. || Superficie de cristal, metal, madera utilizada como calefactor después de recibir el calor del sol.
panela f. *Méx.* Azúcar moreno no refinado.
panera f. Granero. || Cesta para llevar pan o donde se pone el pan.
Panero (Juan), poeta español (1908-1937), autor del libro *Cantos del ofrecimiento.* — Su hermano LEOPOLDO (1909-1962) fue también poeta (*La estancia vacía, Escrito a cada instante, Canto personal*).
paneslavismo m. Sistema político que tiende a la agrupación de todos los pueblos de origen eslavo.
paneslavista adj. Relativo al paneslavismo. || Partidario de él (ú. t. c. s.).
paneslavo, va adj. Relativo a todos los pueblos eslavos.

panetela f. Cigarro puro largo y delgado.

paneuropeísmo m. Europeísmo.

paneuropeísta y **paneuropeo**, **a** adj. Relativo a toda Europa.

panfilismo m. Simpleza o bondad extremada.

pánfilo, **la** adj. y s. Muy calmoso o lento. || Tonto, bobo, cándido.

panfletario, **ria** adj. Relativo al panfleto.

panfletista com. Libelista.

panfleto m. Libelo.

Pangasinán, prov. de Filipinas al O. de la isla de Luzón ; cap. *Lingayen*.

pangelín m. Árbol leguminoso del Brasil.

pangermanismo m. Doctrina que propugna la unión de todos los pueblos de origen germánico.

pangermanista adj. Relativo o perteneciente al pangermanismo. || Partidario de él (ú. t. c. s.).

pangolín m. Mamífero desdentado, con piel cubierta de escamas.

Pangua, cantón del Ecuador, al sur de Quito (Cotopaxi).

Panguipulli, c. de Chile en la X Región (Los Lagos) y en la prov. de Valdivia, cap. de la com. del mismo nombre.

panhelenismo m. Doctrina que propugna la unión de todos los griegos de los Balcanes, del mar Egeo y de Asia Menor en una sola nación.

panhelenista adj. Relativo al panhelenismo. || Partidario de él (ú. t. c. s.).

Pani (Alberto J.), ingeniero y político mexicano (1878-1955). || ~ (MARIO), arquitecto mexicano, n. en 1911, que dirigió, junto a Enrique del Moral, las obras de la Ciudad Universitaria de México.

Paniagua (Cenobio), músico mexicano (1821-1882). || ~ (RAÚL), compositor y pianista guatemalteco, n. en 1897.

paniaguado, **da** m. y f. Fam. Persona allegada a otra y favorecida por ella : *los paniaguados del ministro*.

pánico, **ca** adj. Relativo a Pan : *fiestas pánicas*. || Aplícase al terror grande, sin causa justificada. || — M. Miedo súbito y excesivo : *sembraron el pánico entre la muchedumbre*. || *De pánico*, extraordinario ; muy grande.

paniego, **ga** adj. Que produce trigo.

panificación f. Transformación de la harina en pan.

panificadora f. Instalación industrial destinada a elaborar pan.

panificar v. t. Transformar harina en pan.

panislamismo m. Doctrina que propugna la unión de todos los pueblos musulmanes.

panislamista adj. Relativo al panislamismo. || Partidario del panislamismo (ú. t. c. s.).

Panjab. V. PENDJAB.

Panjim, c. en el O. de la India, cap. de Goa, Damao y Diu.

Pankow, suburbio de Berlín, ant. sede del gobierno de la República Democrática Alemana.

panocha f. Panoja del maíz.

panoja f. Mazorca. || Forma de ciertas espigas con el pedúnculo común.

panoli adj. y s. *Pop.* Majadero.

Panonia, ant. región de Europa central, rodeada por el Danubio, conquistada por los romanos entre 35 a. de J. C. y 9 d. de J. C.

panoplia f. Armadura completa. || Colección de armas y tabla donde se colocan. || *Fig.* Serie de medios que permiten actuar en una situación determinada.

panorama m. Vista pintada en la superficie de un gran cilindro hueco en cuya parte central se coloca el espectador. || *Por ext.* Vista de un horizonte muy extenso. || *Fig.* Estudio rápido, vista de conjunto : *el panorama del estado económico*.

panorámico, **ca** adj. Relativo al panorama : *vista panorámica*. || — F. Vista. || Visión. || Procedimiento cinematográfico que consiste en hacer girar la cámara sobre un eje horizontal o vertical durante la toma de vistas.

Panormita (Antonio BECCADELLI, llamado **el**), humanista italiano, n. en Palermo (1394-1471).

panormitano, **na** adj. y s. De Palermo (Sicilia).

panqué o **panqueque** m. *Cub.* Especie de bizcocho. || *Amer.* Tortilla hecha con harina y azúcar.

Panquehue, c. del centro de Chile en la V Región (Valparaíso) y en la prov. de San Felipe de Aconcagua, cap. de la com. del mismo nombre.

Pantagruel, personaje y título de una obra de Rabelais (1532).

pantagruélico, **ca** adj. Dícese de las comidas en que hay excesiva abundancia de manjares.

pantaletas f. pl. *Amer.* Bragas.

pantalón m. Prenda de vestir dividida en dos piernas que cubre desde la cintura hasta los tobillos (ú. más en pl.). || Braga femenina. || *Fam. Llevar los pantalones*, dícese del que manda en un matrimonio.

pantalonera f. Costurera que hace pantalones. || *Méx.* Pantalón del traje charro.

pantalla f. Lámina de diferentes formas que se coloca delante o alrededor de la luz. || Mampara que se pone delante de la lumbre. || Telón blanco sobre el cual se proyectan imágenes cinematográficas o diapositivas, o parte delantera de los televisores donde aparecen las imágenes. || *Por ext.* Cinematógrafo : *actriz de la pantalla*. || *Fig.* Persona que se pone delante de otra tapándola. | Persona que encubre a otra : *servir de pantalla*. || *Amer.* Abanico, paipai. || *Arg.* Cartelera en el borde de las aceras o en las esquinas de las calles. || — *La pequeña pantalla*, la televisión. || *Pantalla acústica*, elemento de un equipo estereofónico que contiene uno o varios altavoces.

pantallear v. t. *Amer.* Abanicar.

pantano m. Hondonada natural donde se acumulan aguas. || Embalse. || *Fig.* Dificultad, situación difícil.

Pantano de Vargas. V. PAITA.

pantanoso, **sa** adj. Lleno de pantanos. || Cenagoso. || *Fig.* Lleno de dificultades.

panteísmo m. *Fil.* Sistema según el cual Dios se identifica con el mundo.

panteísta adj. Relativo al panteísmo. || Partidario de él (ú. t. c. s.).

Pantelaria o **Pantelleria**, isla de Italia, entre Túnez y Sicilia ; 83 km².

panteón m. Templo consagrado antiguamente por los griegos y romanos a todos sus dioses. || Conjunto de los dioses de una religión politeísta : *el panteón azteca*. || Monumento nacional donde se guardan los restos de hombres ilustres. || Monumento funerario donde se entierran varias personas : *el panteón de una familia*. || *Amer.* Cementerio.

Panteón, templo en Roma consagrado antiguamente al culto de todos los dioses. — Monumento de París, edificado por Soufflot de 1764 a 1790, que sirve de sepultura a los hombres ilustres de Francia.

pantera f. Leopardo de manchas anilladas de la India. (El *leopardo* africano y el *jaguar* americano son equivalentes a la pantera.)

Panticosa, v. del norte de España (Huesca). Deportes de invierno.

Pantin, c. de Francia (Seine-Saint-Denis), al NE. de París.

Pantoja de la Cruz (Juan), pintor retratista español (1553-1608).

pantomima f. Arte de expresarse por medio de gestos y movimientos, sin recurrir a la palabra. || Representación teatral sin palabras. || *Fig.* Simulación, ficción, comedia. || *Arg.* Zanco.

pantomimo, **ma** m. y f. Mimo.

Pantón, mun. de España (Lugo).

pantorrilla f. Parte carnosa y abultada de la pierna bajo de corva.

pantorrillera f. Especie de polaina. || Refuerzo del pantalón a la altura de las pantorrillas.

pantorrilludo, **da** adj. Que tiene muy gordas las pantorrillas.

pantufla f. y **pantuflo** m. Zapatilla.

Pánuco, río de México que des. en el golfo de México, junto a Tampico ; 600 km. — Pobl. en el E. de México (Veracruz). Petróleo.

panucho m. *Méx.* Pan formado por dos tortillas rellenas con frijoles y carne picada.

panza f. Barriga, vientre. || Parte más saliente y abultada de ciertas vasijas o de otras cosas. || Primera de las cavidades en que se divide el estómago de los rumiantes.

Panza (*Sancho*). V. SANCHO PANZA.

panzada f. y **panzazo** m. Golpe dado con la panza : *al tirarse de cabeza se dio un panzazo en el agua*. || *Fam. Hartazgo : una panzada de arroz*. || *Fam. Darse una panzada de reír*, partirse de risa.

Panzós, mun. y puerto fluvial en el centro de Guatemala (Alta Verapaz). Agricultura.

panzudo, **da** adj. Que tiene mucha panza.

pañal m. Trozo de tela u otra materia de varias formas en que se envuelve a los recién nacidos. || Faldón de la camisa del hombre. || — Pl. Envoltura de los niños pequeños. || *Fig.* Niñez. || Principios de una cosa : *una cultura aún en pañales*. || — *Fam. Dejar en pañales*, dejar muy atrás. | *Estar en pañales*, tener uno poco o ningún conocimiento de una cosa.

pañería f. Comercio o tienda de paños. || Conjunto de estos paños.

paño m. Tejido de lana muy tupida. || Tela. || Ancho de una tela. || Tapiz o colgadura. || Trapo para limpiar. || Cada una de las divisiones de una mesa de juego. || Mancha oscura en la piel, especialmente en el rostro. || Lienzo de pared. || Enlucido. || Impureza que empaña el brillo de una cosa. || *Mar.* Vela. || — Pl. Vestiduras y ropas que caen en pliegues en retratos y estatuas. | Trozos de tela para cubrirse. || — *Fig. y fam. Conocer el paño*, conocer perfectamente. | *Haber paño que cortar o de que cortar*, haber materia abundante. || *Fig. Paño de lágrimas*, confidente y consuelo. | *Paño de manos*, toalla. || *Fam. Paños calientes*, paliativos de poca eficacia. || *Paños menores*, prendas interiores.

pañol m. Cualquiera de los compartimientos del buque donde se guardan víveres, municiones, pertrechos, etc.

pañolería f. Fábrica o comercio de pañuelos.

pañoleta f. Pañuelo femenino doblado en triángulo que abriga o adorna el cuello.

pañolón m. Mantón.

pañosa f. *Fam.* Capa de paño. || Muleta de torero.

pañuelo m. Pedazo de tela pequeño y cuadrado para diferentes usos. || El que sirve para limpiarse las narices.

Pao (El), centro minero en el E. de Venezuela (Bolívar).

Paoki, c. en el N. de China (Chensi).

Paoteu, c. en el N. de China (Mongolia Interior), a orillas del Hoangho.

Paoting, c. en el norte de China (Hopei). Obispado.

papa m. Sumo pontífice de la Iglesia católica : *el papa Juan Pablo I*. || *Fam.* Jefe, personalidad representativa de un movimiento : *fue el papa del vanguardismo*. || Papá, padre.

papa f. Patata. || *Fam.* Noticia falsa. || — Pl. *Fig. y fam.* Cualquier clase de comida. || Sopas, gachas. || — *Fig. y fam. No saber ni papa*, no saber nada. || *Arg. Fam. Ser muy papa*, ser muy hermosa.

papá m. *Fam.* Padre.

Papá Noel. V. NOEL.

papable adj. Aplícase al cardenal que puede ser elegido papa.

papachar v. t. *Méx.* Acariciar.

papacho m. *Méx.* Caricia.

papada f. Abultamiento anormal de carne que se desarrolla debajo de la barba. || Pliegue cutáneo del cuello de ciertos animales.

papado m. Dignidad del Papa. || Pontificado.

papagaya f. Hembra del papagayo.

papagayo m. Ave prensora tropical, de plumaje amarillento verde y encarnado, fácilmente domesticable. || Pez marino acantopterigio, que vive en las rocas de la costa. || Planta ornamental amarantácea, originaria de China. || Víbora muy venenosa. || *Amer.* Cometa, juguete. || *Fig. Hablar como un papagayo*, hablar mucho.

Papagayo, río en el SO. de México (Guerrero), que desemboca en la laguna homónima, no lejos de Acapulco. — Golfo al SO. de Costa Rica en el Pacífico (Guanacaste). Tiene numerosas bahías.

papal adj. Relativo al Papa. ‖ — M. *Amer.* Terreno plantado de papas.

Papaloapan, río en el S. de México (Oaxaca), que des. en la laguna de Alvarado ; 900 km. Presas.

papalote m. *Méx.* Cometa que se lanza al aire. ‖ *Méx.* Mariposa.

papamoscas m. inv. Pájaro insectívoro muy pequeño. ‖ — *Com. Fam.* Papanatas.

papanatas com. inv. *Fam.* Hombre necio y crédulo. ‖ Mirón.

Papantla, c. en el E. de México (Veracruz). Obispado. En los alrededores están las ruinas totonacas de El Tajín. Petróleo.

papaqui m. *Méx.* Fiesta indígena que se celebra en Navidad o carnaval.

papar v. t. Comer cosas blandas sin masticarlas : *papar sopas.* ‖ *Fig. y fam. Papar moscas,* quedarse con la boca abierta, no hacer nada.

paparreta adj. y s. Atontado.

paparrucha y **paparruchada** f. *Fam.* Noticia falsa, mentira : *contar paparruchas.* ‖ Tontería. ‖ Obra sin valor : *este libro es una paparrucha.*

paparulo, la adj. *Arg.* Tonto.

papaveráceo, a adj. Dícese de las plantas dicotiledóneas y herbáceas como la adormidera (ú. t. c. s. f.). ‖ — F. pl. Familia que éstas forman.

papaverina f. Alcaloide del opio.

papaya f. Fruta del papayo.

papayo m. Arbolillo tropical cuyo fruto es la papaya.

papear v. i. *Pop.* Comer.

Papeete, c. y puerto al NO. de la isla de Tahití, cap. de la Polinesia francesa (Oceanía) ; 23 000 h. Turismo.

papel m. Hoja delgada fabricada con toda clase de sustancias vegetales molidas que sirve para escribir, imprimir, envolver, etc. ‖ Pliego, hoja, escrito o impreso. ‖ Parte de la obra que representa cada actor de cine, televisión o teatro : *desempeñar un papel.* ‖ Personaje de la obra dramática : *primero, segundo papel.* ‖ Escrito, impreso, artículo redactado. ‖ *Fig.* Función, empleo : *tu papel es obedecer.* ‖ *Com.* Dinero en billetes de banco. ‖ Conjunto de valores que se cotizan en la Bolsa. ‖ — Pl. *Fam.* Periódico. ‖ Documentación, lo que acredita la identidad de una persona : *tener los papeles en regla.* ‖ — *Papel biblia,* el muy fino. ‖ *Papel carbón,* el usado para sacar copias. ‖ *Papel cebolla,* el de seda muy fino. ‖ *Papel comercial,* el de tamaño holandés rayado. ‖ *Papel cuché,* el muy satinado y barnizado. ‖ *Papel de barba,* el grueso y no cortado por los bordes. ‖ *Papel de China, de Holanda, del Japón, Whatman,* etc., papeles de lujo que se usan para imprimir. ‖ *Papel de embalar o de embalaje,* el de calidad inferior utilizado para embalar algo. ‖ *Papel de estaño, de aluminio o de plata,* laminilla de estos metales que se emplea para envolver y conservar ciertos productos. ‖ *Papel de estraza,* el moreno muy basto para envolver. ‖ *Papel de filtro,* el poroso y sin cola. ‖ *Papel de fumar,* el empleado para liar cigarrillos. ‖ *Papel del Estado,* documento de crédito emitido por el Gobierno. ‖ *Papel de lija,* el fuerte con polvos de esmeril, de vidrio, etc., para pulir. ‖ *Papel de marca,* el de la tina de 43,5 cm × 51,5. ‖ *Papel de marca mayor,* el de la tina de 87 cm × 63. ‖ *Papel de música,* el pautado para escribir música. ‖ *Papel de tina,* el que se hace en el molde, hoja por hoja. ‖ *Papel higiénico,* el empleado para usos sanitarios. ‖ *Fig. y fam. Papel mojado,* lo que no tiene valor ni eficacia. ‖ *Papel moneda,* el creado por un gobierno para reemplazar la moneda metálica. ‖ *Papel secante,* el esponjoso para secar lo escrito. ‖ *Papel sellado o timbrado,* el sellado para los documentos oficiales.

Papel periódico de Santa Fe de Bogotá, periódico de Nueva Granada, publicado por Manuel del Socorro Rodríguez (1791-1797).

papela f. *Pop.* Documentación.

papelamen m. *Fam.* Papeles.

papelear v. i. Revolver papeles : *papelear para hallar un dato.* ‖ *Fig. y fam.* Querer aparentar, presumir.

papeleo m. Acción de papelear. ‖ Gran cantidad

de papeles, de escrituras inútiles : *el papeleo administrativo.* ‖ Trámites para resolver un asunto.

papelera f. Mueble donde se guardan papeles. ‖ Fábrica de papel. ‖ Recipiente, cesto o cubo para arrojar los papeles.

papelería f. Tienda en que se vende papel y objetos de escritorio.

papelero, ra adj. Relativo al papel. ‖ Que fabrica o vende papel (ú. t. c. s.). ‖ *Fig.* Ostentoso, farolero.

papeleta f. Cédula : *papeleta del monte, de empeño.* ‖ Papel pequeño que lleva algo escrito : *papeleta bibliográfica ; papeleta de voto.* ‖ Papel donde se da una calificación : *papeleta de examen.* ‖ Pregunta, sacada por sorteo, a la que el candidato a un examen debe responder. ‖ *Fig. y fam.* Asunto difícil : *se me plantea una papeleta difícil de arreglar.* ‖ Cosa molesta, pesada.

papelillo m. Cigarro de papel. ‖ Confeti. ‖ Papel doblado con una dosis de una medicina.

papelón m. Papel inútil. ‖ Cartón delgado. ‖ Cucurucho de papel. ‖ *Amer.* Meladura cuajada en forma cónica que contiene melaza. ‖ *Fam.* Plancha, metedura de pata. ‖ Papel desairado o ridículo.

papelonero, ra m. y f. *Arg.* Persona que hace el ridículo a menudo.

papera f. Bocio. ‖ — Pl. Parotiditis.

papi m. *Fam.* Papá.

papiamento m. Lengua criolla hablada en Curazao.

papila f. Prominencia más o menos saliente de la piel y las membranas mucosas: *las papilas gustativas.*

papilar adj. De las papilas.

papilionáceo, a adj. Amariposado. ‖ Aplícase a las plantas leguminosas caracterizadas por su corola amariposada (ú. t. c. s. f.). ‖ — F. pl. Familia que forman.

papiloma m. *Med.* Variedad de epitelioma. ‖ Tumor pediculado en forma de botón. ‖ Excrecencia de la piel.

papilla f. Comida de consistencia más o menos espesa que se da a los niños. ‖ Sustancia parecida, opaca a los rayos X, que se da a la persona que va a ser sometida a un examen radiológico. ‖ *Fig.* Astucia, cautela. ‖ — *Fig. y fam.* Echar la primera papilla, vomitar mucho. ‖ *Hecho papilla,* destrozado ; muy cansado.

papillote m. Trozo de papel en que se enrolla el pelo para rizarlo.

Papin (Denis), físico francés (1647-1714). Estudió la aplicación del vapor como fuerza motriz.

Papini (Giovanni), escritor italiano (1881-1956), autor de *Un hombre acabado,* autobiografía, *Historia de Cristo* y libros de ensayos (*Gog, Don Quijote del engaño, El diablo,* etc.).

Papiniano, jurisconsulto romano (142-212). Sus obras fueron utilizadas en las compilaciones de Justiniano.

Condenado a muerte por el emperador Caracalla.

papiro m. Planta de Oriente, cuya médula empleaban los antiguos para escribir. ‖ Hoja de papiro escrita.

pápiro m. *Pop.* Billete de banco.

papirotazo m. Capirotazo.

papirusa f. *Arg.* Muchacha hermosa.

papisa f. Voz que significa *mujer papa* y que designa al personaje fabuloso llamado la *papisa Juana.*

papismo m. Nombre dado por los protestantes y cismáticos a la Iglesia católica. ‖ Autoridad del Papa.

papista adj. y s. Entre los protestantes y cismáticos, aplícase al católico romano. ‖ *Fam. Ser uno más papista que el papa,* mostrar más celo en un asunto que el mismo interesado.

papo m. Papada.

paporretear v. t. *Per.* Aprender de memoria algo sin comprenderlo.

paprika f. Especie de pimentón picante húngaro usado como condimento.

papú o **papúa** adj. y s. De Papuasia. (Pl. *papúes* o *papúas*). [El *papú,* de raza negra, habita en Nueva Guinea e islas adyacentes y en la parte occidental de Nueva Bretaña.]

Papuasia, ant. n. de Nueva Guinea y del ant. territorio de Papúa en Oceanía, dependiente de Australia. En 1973 se formó un Estado autónomo, llamado *Papúa* o *Papuasia-Nueva Guinea,* que se declaró independiente dos años después ; 461 991 km² ; 3 100 000 h. Cap. *Port Moresby,* 125 000 h.

Papudo, c. del centro de Chile en la V Región (Valparaíso) y en la prov. de Petorca, cap. de la com. del mismo nombre.

paquebote m. Transatlántico.

paqueta adj. *Arg.* Paquete.

paquete m. Conjunto de varias cosas envueltas o atadas: *un paquete de libros.* ‖ Objeto envuelto para su transporte: *enviar un paquete por correos.* ‖ Cajetilla: *un paquete de cigarrillos.* ‖ Paquebote. ‖ Persona que va en el sidecar de una moto. ‖ *Pop.* Mentira, embuste: *dar un paquete.* ‖ Cosa pesada y fastidiosa: *¡vaya un paquete !* ‖ Trozo de composición tipográfica en que entran unas mil letras. ‖ Conjunto, serie: *un paquete de medidas económicas.* ‖ *Fam.* Castigo, represión. ‖ En informática, conjunto de programas o de datos. (V. PACKAGE.) ‖ *Guat.* y *Méx.* Paquete, darse tono. ‖ *Mil.* y *Fam.* Meter un paquete, dar un jabón, reprender. ‖ *Paquete postal,* conjunto de cartas, papeles, etc., cuyo peso no excede cinco kilos. ‖ — Adj. *Arg.* Elegante. ‖ Lujoso.

paquetear v. i. *Arg.* Presumir. ‖ Ir muy elegante para lucirse ante los otros.

paquetería f. Tipo de mercancías

PAQUISTÁN

472

que se guardan o venden en paquetes. ‖ *Arg.* Elegancia en el vestido. ‖ Lujo en las casas. ‖ Presunción.

paquidermo adj. Aplícase a los animales de piel muy gruesa y dura, como el elefante, el rinoceronte y el hipopótamo (ú. t. c. s. m.). ‖ — M. pl. Suborden de estos animales.

Paquiro. V. MONTES (Francisco).

Paquistán, Estado meridional de Asia ; 803 900 km² ; 84 500 000 h. ; cap. *Islamabad,* 80 000 h. ‑ C. pr. *Karachi,* 3 600 000 h. ; *Lahore,* 2 300 000 ; *Faisalabad* o *Lyallpur,* 900 000 ; *Hyderabad,* 700 000 ; *Rawalpindi,* 690 000 ; *Multan,* 570 000 ; *Peshawar,* 280 000 ; *Gujranwala,* 380 000 ; *Sargodha,* 210 000 ; *Sialkot,* 208 000. Agricultura (trigo, sorgo, arroz, algodón). Industrias (textil). El Paquistán Occidental estuvo unido desde 1947 a 1971 con el Paquistán Oriental, del que estaba separado por 1 700 kilómetros, pero este último, con el apoyo de la India, consiguió separarse del primero y proclamar un república independiente con el nombre de *Bangladesh (ver).*

paquistani adj. y s. Del Paquistán.

par adj. Igual, semejante en todo. ‖ *Mat.* Exactamente divisible por dos: *seis es un número par.* ‖ *Anat.* Aplícase al órgano que corresponde simétricamente a otro igual. ‖ — M. Conjunto de dos personas o cosas de la misma clase: *un par de zapatos.* ‖ Objeto compuesto de dos piezas idénticas: *un par de tijeras.* ‖ Título de alta dignidad en ciertos países: *par de Francia de 1515 a 1848 ; Cámara de los pares en Inglaterra.* ‖ *Fís.* Conjunto de dos elementos heterogéneos que producen una corriente eléctrica. ‖ *Mec.* Conjunto de dos fuerzas iguales, paralelas y de sentido contrario. ‖ — F. Igualdad del cambio de monedas entre dos países o del valor nominal de un título comercial en el mercado. ‖ — *A la par,* a la vez: *cantaba a la par que bailaba ;* a la misma altura: *ir a la par de otro.* ‖ *De par en par,* aplícase a la puerta o ventana que tiene las dos hojas abiertas. ‖ *Jugar a pares o nones,* sortear algo adivinando si lo que uno tiene en la mano cerrada es una cantidad par o impar. ‖ *Sin par, sin igual, único.*

para prep. Indica varias relaciones: Término en un movimiento: *salió para Madrid.* ‖ Término de un transcurso de tiempo: *tendrás tu nuevo traje para Navidad ; faltan tres días para mi cumpleaños.* ‖ Duración: *alquilar un coche para una semana.* ‖ Destino o fin de una acción: *este regalo es para tu madre ; trabajar para ganarse la vida.* ‖ Aptitud o competencia: *ser capaz para los negocios.* ‖ Comparación o contraposición: *es un buen piso para el alquiler que paga.* ‖ Motivo suficiente: *lo que ha hecho es para pegarle.* ‖ Estado físico o de ánimo: *hoy no estoy para bromas ; este pobre anciano ya no está para estos viajes.* ‖ Inminencia de una acción: *está para marchar al extranjero.* ‖ Intención: *está para dimitir de su puesto.* ‖ En algunos países de América, menos, cuando se habla de la hora: *veinte minutos para las diez de la noche.* ‖ — *Para con,* respecto a. ‖ *Para sí,* a mi parecer. ‖ *Para sí,* para sus adentros.

Pará, una de las ramificaciones del delta del Amazonas en el NE. del Brasil, formada por la unión de este río y el Tocantins. — Río al SE. del Brasil (Minas Gerais), afl. del San Francisco ; 277 km. — Estado del NE. del Brasil : cap. *Belém.* Minas.

parabién m. Felicitación.

parábola f. Narración de la que se deduce una enseñanza moral: *la parábola del samaritano.* ‖ Línea curva cuyos puntos son todos equidistantes de un punto fijo llamado *foco,* y de una recta igualmente fija llamada *directriz.* ‖ Curva descrita por un proyectil.

parabólico, ca adj. Relativo a la parábola: *movimiento parabólico.* ‖ Que tiene forma de parábola.

parabolizar v. t. Representar con parábolas.

parabrisas m. inv. Cristal que se pone al frente de los automóviles para proteger a los pasajeros del viento.

paraca f. *Amer.* Viento fuerte del Pacífico. ‖ — M. *Fam.* Paracaidista.

paracaídas m. inv. Saco de tela u otro material que se abre automáticamente por la acción del hombre cuando un cuerpo cae desde gran altura.

paracaidismo m. Arte de lanzarse de un avión en vuelo y de utilizar el paracaídas. ‖ *Méx.* Ocupación indebida: *paracaidismo rural.*

paracaidista com. Persona que salta o se lanza en paracaídas. ‖ — Adj. Aplícase a los soldados que descienden en terreno enemigo en paracaídas (ú. t. c. s.).

Paracas, peníns. al O. del Perú, en el Pacífico (Ica), donde se han descubierto numerosas necrópolis preincaicas de la cultura nasca.

Parácuaro, mun. al O. de México (Michoacán).

Paracuellos de Jarama, v. en el centro de España (Madrid).

Paracho, mun. al O. de México (Michoacán) ; cap. *Paracho de Verduzco.*

parachoques m. inv. Dispositivo protector contra los choques.

parada f. Acción de parar o detenerse. ‖ Sitio donde para un vehículo para dejar y recoger viajeros: *parada de autobuses.* ‖ Lugar donde se estacionan los taxis. ‖ Sitio donde se cambiaban las caballerías de las diligencias. ‖ Fin del movimiento de una cosa. ‖ *Mús.* Pausa. ‖ En los juegos de azar y las subastas, puesta: *hacer una parada.* ‖ *Esgr.* Quite. ‖ *Mil.* Revista de tropas: *parada militar.* ‖ En ciertos deportes, detención del balón por el guardameta. ‖ *Amer. Fam.* Vanidad.

Paradas, v. al S. de España (Sevilla).

paradero m. Lugar de parada. ‖ Lugar donde se está: *no conozco el paradero de mi amigo.* ‖ *Amer.* Apeadero de ferrocarril. ‖ *Fig.* Fin, término.

paradigma m. Ejemplo, modelo.

paradisiaco, ca adj. Relativo al Paraíso: *felicidad paradisiaca.*

parado, da adj. Que no se mueve, inmóvil. ‖ Poco activo. ‖ Desocupado, sin empleo (ú. t. c. s.). ‖ Confuso, sin saber qué hacer o contestar. ‖ (Ant.). *Amer.* De pie, en pie. ‖ *Provinc.* y *Chil.* Orgulloso. ‖ *Dejar mal parado,* dejar en mal estado.

paradoja f. Idea extraña u opuesta a la opinión común. ‖ Aserción inverosímil o absurda, que se presenta con apariencias de verdadera. ‖ *Fil.* Contradicción a la que llega, en ciertos casos, el razonamiento abstracto.

paradójico, ca adj. Que incluye paradoja o usa de ella.

parador, ra adj. Que para o se para. ‖ Aplícase al caballo que se para con facilidad. ‖ — M. Posada, mesón. ‖ Hoy, hotel de lujo, administrado por el Estado y generalmente instalado en un viejo castillo.

paraescolar adj. Paralelo a la escuela: *actividades paraescolares.*

paraestatal adj. Aplícase a las entidades que cooperan con el Estado sin formar realmente parte de él.

parafernales m. pl. Aplícase a los bienes de la mujer que no están comprendidos en el dote, y los obtenidos más tarde por herencia o donación.

parafernalia f. Conjunto de ritos o de cosas que rodea determinados actos o ceremonias.

parafina f. *Quím.* Sustancia sólida, blanca, inodora, insoluble en el agua, resistente a los agentes químicos, que se extrae de los aceites del petróleo.

parafinado m. Acción y efecto de cubrir con parafina.

parafinar v. t. Impregnar de parafina.

parafiscal adj. Relativo a la parafiscalidad.

parafiscalidad f. Impuesto del Estado en beneficio de la administración o de organismos autónomos.

parafrasear v. t. Hacer la paráfrasis de un texto o de un escrito.

paráfrasis f. Explicación o interpretación amplia de un texto. ‖ Traducción libre en verso.

parafrástico, ca adj. Relativo a la paráfrasis: *traducción parafrástica.*

paragoge f. *Gram.* Metaplasmo que consiste en añadir una letra al final

de un vocablo, como *huéspede* por *huésped.*

paragolpes m. inv. *Arg.* Parachoques.

Paragua. V. PALAWAN.

Paragua, río de Venezuela (Bolívar), afl. del Caroní ; 699 km. — Río del NE. de Bolivia (Beni y Santa Cruz), afl. del Guaporé ; 370 km. Llamado también *Piragua.*

Paraguaná, peníns. de Venezuela en el mar Caribe (Falcón), al NO. del país. Refinerías de petróleo. Central termoeléctrica.

Paraguarí, c. al SO. del Paraguay, cap. del dep. homónimo. Agricultura. Ganadería. Comercio.

paraguariense adj. y s. De Paraguarí (Paraguay).

paraguas m. inv. Utensilio portátil compuesto de un bastón y un varillaje flexible cubierto de tela para protegerse de la lluvia.

Paraguay, rep. de América del Sur, situada entre Bolivia, Brasil y la Argentina ; 406 752 km² ; 3 300 000 h. (*paraguayos*). Cap. *Asunción,* 464 000 h. Otras c.: *Concepción,* 46 000 h. ; *Pedro Juan Caballero,* 50 000 ; *San Pedro,* 70 000 ; *Coronel Oviedo,* 55 000 ; *Puerto Presidente Stroessner,* 27 000 ; *Caazapá,* 24 000 ; *Salto del Guairá,* 12 000 ; *Caacupé,* 22 000 ; *Villarrica,* 32 000 ; *Paraguarí,* 14 000 ; *San Juan Bautista,* 11 000 ; *Pilar,* 18 000, y *Encarnación,* 45.000. Administrativamente, el Paraguay se divide en 19 departamentos. Por la población, formada principalmente por la mezcla de indio guaraní y español, profesa en su mayoría la religión católica y expresa en las dos lenguas nacionales: español y guaraní. La densidad media es de 8,1 h./km². (V. mapa en la pág. siguiente.)

— GEOGRAFÍA. El río Paraguay divide al país en dos regiones muy diferenciadas: la Occidental o Chaqueña, enorme llanura semiárida y poco habitada, y la Oriental o del Paraná, prolongación de la meseta brasileña, surcada por algunas cadenas montañosas de poca altura (Amambay, Mbaracayú, Caaguazú). En esta zona se concentra la mayor parte de la población paraguaya. El río Paraguay atraviesa el territorio de N. a S. y su curso es navegable para buques de gran calado hasta Asunción. El Pilcomayo, afluente suyo, sirve de frontera con Argentina (Formosa), y el río Paraná, que penetra por el NE., constituye la frontera con Brasil y la Argentina (Misiones). El clima es tropical (cálido y lluvioso), con temperaturas medias anuales de 23°. Los principales recursos económicos del Paraguay son la agricultura (algodón, soja, caña de azúcar, maíz, tabaco, mandioca, frutas), las explotaciones forestales y la ganadería. El subsuelo está poco explotado y la industria transforma principalmente los productos agrícolas (esencias, aceites vegetales, tanino, yerba, cueros, maderas, azúcar). Las comunicaciones están servidas por las grandes vías fluviales (Paraguay y Paraná), por una red viaria de 11 115 km y por 441 km de ferrocarriles.

Paraguay, río de América del Sur, que nace en el Brasil (Mato Grosso), atraviesa y sirve de límite entre Paraguay y la Argentina, donde confluye con el Paraná ; 2 500 km. Navegable hasta Asunción (Paraguay).

paraguaya f. Fruto semejante al melocotón.

paraguayano, na adj. y s. Paraguayo.

paraguayo, ya adj. y s. De Paraguay. ‖ — M. Manera especial que tiene la lengua castellana en el Paraguay.

paragüero, ra m. y f. Persona que hace o vende paraguas. ‖ — M. Mueble para colocarlos.

parahepatitis f. inv. *Med.* Inflamación de los tejidos exteriores del hígado: *tuve que guardar cama seis meses a causa de una parahepatitis.*

parahúso m. Instrumento para taladrar consistente en una barrena cilíndrica movida por dos correas que se

PARAGUAY

Ferrocarril
Carretera principal
Las capitales de los departamentos
están subrayadas

1. LA CORDILLERA
2. CENTRAL
3. ÑEEMBUCÚ
4. PARAGUARÍ
5. GUAIRÁ
6. CAAZAPÁ
7. MISIONES

0   150 km

map:
PAR

---

arrollan y desenrollan al subir y bajar alternativamente un travesaño al cual están atadas.

Paraíba, Estado del NE. del Brasil; cap. João Pessoa. Algodón. Minerales. ‖ **~ do Norte,** río al NE. del Brasil (Paraíba), que des. en el Atlántico; 600 km. ‖ **~ do Sul,** río al SE. del Brasil, que nace en la Serra do Mar (São Paulo); 1 058 km.

paraiseño, ña adj. y s. De El Paraíso (Honduras).

paraíso m. En el Antiguo Testamento, jardín de las delicias donde colocó Dios a Adán y Eva. ‖ En el Nuevo Testamento, cielo. ‖ *Fig.* Lugar sumamente ameno y agradable. ‖ *Teatr.* Localidades del piso más alto. ‖ *Ave del Paraíso,* ave de Nueva Guinea, cuyo macho lleva un plumaje de colores vistosos.

Paraíso (El), dep. oriental de Honduras; cap. *Yuscarán.* Minas.

Paraíso perdido *(El),* poema épico de Milton (1667).

paraje Lugar, sitio.

paralelepípedo m. *Geom.* Sólido de seis caras iguales y paralelas de dos en dos, y cuya base es un paralelogramo.

paralelismo m. Calidad o condición de paralelo.

paralelo, la adj. *Geom.* Aplícase a las líneas o a los planos que se mantienen, cualquiera que sea su prolongación, equidistantes entre sí. ‖ Correspondiente, correlativo, semejante: *acción paralela.* ‖ Aplícase al mercado que, contrariamente a lo legislado, mantiene unos precios más elevados que los oficiales. ‖ Dícese de lo que es más o menos clandestino y cuya actividad coincide en parte con la de un organismo legal u oficial: *policía paralela.* ‖ — F. Línea paralela a otra: *trazar paralelas.* ‖ — F. pl. En gimnasia, utensilio compuesto de dos barras paralelas : *ejercitarse en las paralelas.* ‖ — M. *Geogr.* Círculo del globo terrestre paralelo al ecuador: *los paralelos de la Tierra.* ‖ Comparación, parangón: *hacer un paralelo entre dos autores.* ‖ *Geom.* Cada una de las secciones de una superficie de revolución al ser ésta cortada por planos perpendiculares a su eje: *paralelos de revolución.*
— En geografía, los *paralelos* se numeran de 0 a 90 al norte y 0 a 90 al sur del ecuador, y su longitud decrece a medida que se aproximan a los polos. Sirven para determinar la latitud.

paralelogramo m. Cuadrilátero de lados opuestos de paralelos.

Paralipómenos, nombre dado a dos libros canónicos del Antiguo Testamento, complemento de los *Libros de los Reyes.*

parálisis f. inv. Privación o disminución muy grande del movimiento de una parte del cuerpo: *ataque de parálisis.* ‖ *Fig.* Paralización: *parálisis de trabajo.*

paraliterario, ria adj. Relativo a la paraliteratura.

paraliteratura f. Literatura marginal de la literatura corriente que comprende algunos géneros como los de ciencia ficción, policiaco, de terror, de aventuras, etc.

paralítico, ca adj. y s. Enfermo de parálisis.

paralización f. *Fig.* Detención que experimenta una cosa dotada normalmente de movimiento o acción: *la paralización del tráfico.*

paralizador, ra y **paralizante** adj. Que paraliza.

paralizar v. t. Causar parálisis. ‖ *Fig.* Detener, impedir la acción y movimiento de una cosa o persona: *paralizar el comercio; el miedo lo paralizó.*

paralogismo m. Razonamiento falso.

Paramaribo, cap. y puerto al N. de Surinam, ant. Guayana Holandesa, a orillas del Surinam; 160 000 h.

paramédico, ca adj. Relacionado con el tratamiento de los enfermos sin formar parte del cuerpo facultativo: *profesión paramédica.*

paramento m. Adorno con que se cubre una cosa. ‖ Cualquiera de las dos caras de una pared o muro.

paramera f. Región donde abundan los páramos.

parámetro m. *Geom.* Cantidad distinta de la variable a la cual se puede fijar un valor numérico y que entra en la ecuación de algunas curvas, especialmente en la parábola. ‖ *Fig.* Dato que se considera fijo en el estudio de una cuestión. ‖ Cantidad que, al tener un valor determinado, sirve para mostrar más simplemente las características principales de un conjunto estadístico.

paramilitar adj. Que imita la organización y la disciplina militar.

Paramillo, macizo montañoso de los Andes de Colombia (Antioquia), en la Cord. Occidental; 3 800 km.

paramnesia f. Trastorno de la memoria que consiste en tomar por un recuerdo una percepción nueva.

páramo m. Terreno yermo, raso y desabrigado. ‖ *Fig.* Lugar solitario.

Paraná, río que nace en el Brasil, recibe las aguas del Paranaíba, sirve de límite entre el Brasil y Paraguay, llegá a la llanura argentina y se une con el Paraguay en Corrientes; des. en el Río de la Plata por un ancho delta; 4 500 km. Al final de su curso, gran presa (1 400 km²) y central hidroeléctrica de *Itaipú,* inaugurada en 1982. ◆ Río del Brasil, afl. del Tocantins; 418 km. — C. en el E. de la Argentina, cap. de la prov. de Entre Ríos, a orillas del río del mismo n. Puerto fluvial. Universidad de Entre Ríos. Arquidiócesis. Observatorio astronómico. — Estado del SE. del Brasil; cap. *Curitiba.* Agricultura, ganadería. ‖ **~ (Alto).** V. ALTO PARANÁ. ‖ **~ de Las Palmas,** río al NE. de la Argentina, brazo del Paraná, llamado tb. *Baradero.* ‖ **~ Guazú,** brazo del delta del Paraná, al NE. de la Argentina (Entre Ríos). ‖ **~ Ibicuy,** brazo del delta del Paraná, al NE. de la Argentina (Entre Ríos). ‖ **~ Miní,** brazo del

474

río Paraná, al NE. de la Argentina (Santa Fe).

Paranaguá, c. y puerto en el SE. del Brasil (Paraná), al pie de la Serra do Mar. Obispado.

Paranaíba, río al E. del Brasil, que nace en el Estado de Minas Gerais y, al unirse con el río Grande, forma el Paraná ; 957 km.

Paranapanema, río del SE. del Brasil (São Paulo), afluente del Paraná ; 900 km.

parangón m. Comparación, símil. || Modelo, dechado.

parangonar v. t. Comparar.

paraninfo m. Salón de actos académicos en algunas universidades.

paranoia f. Psicosis que se caracteriza por ciertas ideas fijas, como orgullo exagerado, egoísmo, recelo.

paranoico, ca adj. Relativo a la paranoia. || Que la padece (ú. t. c. s.).

paranomasia f. Paronomasia.

parapetarse v. pr. Resguardarse con parapetos. || *Fig.* Precaverse de un riesgo por algún medio de defensa.

parapeto m. Barandilla o antepecho: *parapeto de un puente, de una escalera.* || Terraplén para protegerse de los golpes del enemigo.

paraplejia f. Parálisis de la mitad inferior del cuerpo.

parapléjico, ca adj. Relativo a la paraplejía. || Afectado de esta enfermedad (ú. t. c. s.).

parar v. i. Cesar en el movimiento o en la acción: *parar en medio de la calle ; ha parado la lluvia.* || Detenerse un vehículo público en un sitio determinado: *el autobús para cerca de mi casa.* || Acabar, ir a dar: *el camino va a parar en un bosque.* || Recaer una cosa en propiedad de uno: *la herencia vino a parar a sus manos.* || Hospedarse: *parar en un mesón.* || Convertirse una cosa en otra diferente de la que se esperaba. || No trabajar. || — *Fam. ¡ Dónde va a parar !,* expresión empleada para subrayar la gran diferencia existente entre dos cosas. || *A parar, llegar.* || *No parar, trabajar mucho.* || *Parar de, cesar o dejar de.* || *Sin parar, sin sosiego, sin descanso.* || — V. t. Detener, impedir el movimiento o acción: *parar una máquina, un vehículo.* || Prevenir o precaver. || Mostrar el perro la caza deteniéndose ante ella. || En deportes, detener el balón. || *Esgr.* Detener el golpe del contrario: *parar la estocada.* || *Taurom.* Resistir, sin moverse, una embestida: *parar al toro.* || *Amer.* Poner algo o a alguien verticalmente: *parar una viga.* || *Fig.* y *fam. Parar los pies a uno,* detenerle antes de que se propase. || — V. pr. Detenerse. || *Fig.* Reparar: *pararse en tonterías.* || *Amer.* Ponerse de pie. || *Méx.* Levantarse después de dormir.

pararrayos m. inv. Aparato para proteger los edificios o cualquier otra cosa contra el rayo.

parasicología f. Estudio de ciertos fenómenos que van más allá de la psicología empírica.

parasicólogo, ga m. y f. Especialista en parasicología.

parasimpático adj. *Anat.* Aplícase al sistema nervioso antagónico al simpático (ú. t. c. s. m.).

parasitar v. t. Atacar un parásito un organismo. || Vivir a expensas de éste. || *Fig.* Vivir a expensas de los demás.

parasitario, ria adj. Relativo a los parásitos. || Provocado por parásitos: *enfermedad parasitaria.*

parasitismo m. Condición de parásito.

parásito, ta adj. y s. m. Aplícase al animal o planta que se alimenta o crece con sustancias producidas por otro a quien vive asido. || *Fig.* Dícese de la persona que vive a expensas de los demás. || — M. pl. *Fís.* Dícese de las interferencias que perturban una transmisión radioeléctrica.

parasol m. Quitasol.

paratífico, ca adj. Relativo a la paratifoidea. || Que padece esta enfermedad (ú. t. c. s.).

paratifoidea f. Infección intestinal que ofrece los síntomas de la fiebre tifoidea, pero de carácter menos grave.

paratiroides adj. inv. Dícese de las glándulas de secreción interna situa-

---

das alrededor del tiroides, cuya principal función es regular el metabolismo del calcio (ú. t. c. s. m.).

Parcas, diosas de los Infiernos (*Cloto, Láquesis y Átropos*), que hilaban el hilo de la vida humana. (*Mit.*)

parcela f. Superficie pequeña que resulta de la división de un terreno. || En el catastro, nombre de cada una de las tierras de distinto dueño que forman un pago o término. || Partícula, porción pequeña, átomo.

parcelable adj. Que puede parcelarse.

parcelación f. División en parcelas: *parcelación de tierras.*

parcelar v. t. Dividir un terreno en parcelas. || *Fig.* Dividir en partes.

parcelario, ria adj. Relativo a las parcelas del catastro. || V. CONCENTRACIÓN PARCELARIA.

parcial adj. Relativo a una parte de un todo. || No completo: *eclipse parcial.* || Que procede o juzga con parcialidad, sin ecuanimidad: *juez parcial.* || Partidario (ú. t. c. s.). || Dícese de un examen periódico en un centro de enseñanza (ú. t. c. s. m.).

parcialidad f. Facción, bando. || Preferencia injusta, falta de ecuanimidad.

parcimonia f. Parsimonia.

parco, ca adj. Sobrio, frugal: *parco en el comer.* || Mezquino, roñoso. || Moderado: *parco en confidencias.* || Muy pequeño: *parca remuneración.*

parche m. Sustancia medicamentosa pegada a un lienzo que se aplica a la parte enferma. || Pedazo de tela, papel, etc., que se pega sobre una cosa para arreglarla. || Pedazo de goma para componer un neumático que se ha pinchado. || *Fig.* Piel del tambor o el mismo tambor. || Cosa añadida a otra y que desentona. || Retoque mal hecho en una pintura. || Arreglo o solución a medias o transitoria con que se intenta resolver una situación enfadosa o un problema. || — *Bolsillos de parche,* los que están cosidos a los lados de la chaqueta o americana. || *Fam.* Pegar un parche a uno, dejarle burlado o engañarle aprovechándose de su buena fe.

parchear v. t. *Fig.* Poner parches para intentar resolver transitoriamente una situación enfadosa o un problema.

parcheo m. *Fig.* Acción, efecto de parchear. || *Fig.* Arreglo provisional, improvisado: *esto no es más que una solución de parcheo.*

parchís o **parchesí** m. Juego que se hace sobre un tablero dividido en cuatro casillas y varios espacios por donde han de pasar las fichas de los jugadores.

¡ pardiez ! interj. ¡ Por Dios !

pardillazo m. *Fam.* Persona pesada, pelmazo. || Cosa pesada, latazo : *la fiesta que dio fue un pardillazo.*

pardillo, lla adj. y s. Campesino, paleto. || — M. Pájaro de color pardo rojizo, con el pecho y cabeza rojos.

pardo, da adj. De color moreno más o menos oscuro: *oso pardo.*

Pardo (El), v. de España al NO. de Madrid. Palacio construido por Carlos I y Carlos III.

Pardo (Manuel), político peruano (1834-1878), pres. de la Rep. de 1872 a 1876. Fue asesinado. || ~ (MIGUEL EDUARDO), escritor venezolano (1868-1905), autor de novelas (*Villa Brava, Todo un pueblo*), poesías (*Ecos de la lucha*) y obras de teatro (*Un drama*). || ~ **Bazán** (EMILIA), escritora española, n. en La Coruña (1851-1921). Publicó novelas realistas (*El cisne de Vilamorta, Un viaje de novios, La quimera, Los pazos de Ulloa, La madre naturaleza, Insolación y Morriña*), relatos cortos (*Cuentos de Marineda*) y obras de Figueroa (MARIANO). V. THEBUSSEM (*Doctor*). || ~ **García** (GERMÁN), poeta colombiano, n. en 1902. Reside en México. || ~ **y Aliaga** (FELIPE), escritor peruano (1806-1868), autor de sátiras, comedias y cuadros de costumbres. || ~ **y Barreda** (JOSÉ) político peruano (1864-1947), pres. de la Rep. de 1904 a 1908 y de 1915 a 1919. Era hijo de Manuel Pardo.

Pardubice, c. en el NO. de Checoslovaquia (Bohemia). Metalurgia.

pardusco, ca adj. De color que tira a pardo.

---

pareado m. Estrofa consonante de dos versos que riman entre sí.

parear v. t. Juntar dos cosas iguales. || Formar pares.

parecer m. Opinión, juicio, dictamen: *a nuestro parecer.* || Aspecto, facciones: *tener buen parecer.*

parecer v. i. Suscitar cierta opinión: *¿ qué te parece esta novela ?* || Creer: *no me parece que sea cierto.* || Tener cierta apariencia: *parece cansado.* || Convenir: *allá iremos si le parece.* || Existir cierta posibilidad: *parece que va a nevar.* || — *Al parecer* o *a lo que parece,* según lo que se puede ver o juzgar. || *Tomar parecer,* pedir consejo. || — V. pr. Tener alguna semejanza: *se parece mucho a su madre ; parecerse en el carácter.*

parecido, da adj. Algo semejante: *parecido a su padre.* || Que tiene cierto aspecto: *persona bien* (o *mal*) *parecido.* || M. Semejanza : *los dos hermanos tienen un gran parecido.*

pared f. Muro o tabique para cerrar un espacio: *las paredes de una habitación.* || Superficie lateral de un cuerpo: *la pared del vaso.* || Parte que limita una cavidad anatómica o que envuelve una estructura: *pared abdominal.*

Paredes (Diego GARCÍA DE), capitán español, n. en Trujillo (1466-1530), compañero de Gonzalo de Córdoba. || ~ (JOSÉ GREGORIO), matemático y astrónomo peruano (1778-1839), autor de almanaques. || ~ (MARIANO), general guatemalteco (1800-1856), pres. de la Rep. de 1849 a 1851. || ~ **y Flores** (MARIANA DE JESÚS DE), religiosa contemplativa ecuatoriana, llamada la *Azucena de Quito* (1618-1645). Canonizada por Pío XII el 9 de julio de 1950. Fiesta el 26 de mayo.

Paredes de Nava, pobl. de España (Palencia).

paredón m. Pared muy grande o muy gruesa. || Pared que queda en pie en un edificio en ruinas. || Lugar donde se fusila a alguien. || *¡ Al paredón !,* ¡ que lo fusilen !, ¡ que lo maten !

Paredones, paso de los Andes en el N. de Chile (Atacama). — C. del centro de Chile en la VI Región (Libertador General Bernardo O'Higgins) y en la prov. Cardenal Caro, cap. de la com. del mismo nombre.

paregórico, ca adj. Elixir paregórico, tintura de opio alcanforada, usada contra dolores intestinales y la diarrea.

pareja f. Conjunto de dos personas o cosas semejantes: *una pareja de amigos.* || En particular, dos guardias. || Dos animales, macho y hembra: *una pareja de palomas.* || Dos cosas que siempre van juntas: *este guante no hace pareja con ningún otro.* || Compañero o compañera de baile. || Matrimonio o novios. || Compañero en el juego. || — Pl. En los dados y naipes, dos cartas o puntos iguales. || — *Correr parejas,* ser iguales dos cosas. || *Por parejas,* de dos en dos.

Pareja (Juan de), pintor español de temas religiosos (1606-1670). Era hijo de padres indios y estuvo al servicio de Velázquez. || ~ **Diez-Canseco** (ALFREDO), escritor ecuatoriano, n. en 1908, autor de novelas (*Río arriba, La casa de los locos, El muelle, La Beldaca, Baldomera y Las tres ratas*).

parejo, ja adj. Semejante. || Igual, regular. || Llano.

paremiología f. Tratado de proverbios o refranes.

paremiólogo, ga m. y f. Especialista en paremiología.

parénquima m. Tejido celular esponjoso que en los vegetales llena el espacio comprendido entre las partes fibrosas. || *Anat.* Tejido de los órganos glandulares.

parentela f. Conjunto de los parientes de alguien.

parentesco m. Vínculo y relación que existen entre los parientes. || Conjunto de los parientes o aliados. || *Fig.* Unión, vínculo, conexión.

paréntesis m. *Gram.* Palabra o frase incidental que se intercala dentro de otra y tiene sentido independiente. || Signo ortográfico ( ) en que suele encerrarse esta oración o frase: *abrir paréntesis.* || *Fig.* Suspensión o interrupción. || Digresión. || *Entre paréntesis,* incidentalmente.

PA

475

Parentis-en-Born, pobl. del S. de Francia (Landes). Petróleo.

pareo m. Acción y efecto de parear. ‖ Prenda de tela que se usa en Tahití y que cubre desde la cintura hasta las pantorrillas. ‖ Prenda semejante utilizada por las mujeres en la playa.

Parera (Blas), músico español, n. en 1765, que compuso, con letra de Vicente López y Planes, el Himno Nacional argentino.

Paret Alcázar (Luis), pintor costumbrista y grabador español (1746-1799).

pargo m. Pagro, pez.

paria com. En la India, individuo que no pertenece a ninguna casta y está excluido de la sociedad. ‖ Por ext. Persona considerada inferior que es despreciada y rechazada por los demás.

Paria, golfo de la costa del Atlántico, en el E. de Venezuela (Monagas). Petróleo. — Península. al NE. de Venezuela, en el mar Caribe (Sucre).

Pariaguán, mun. al N. de Venezuela (Anzoátegui).

Paricutín, volcán al O. de México, cerca de Uruapan (Michoacán), cuya primera erupción fue en 1943 y su actividad se prolongó varios años ; 2 250 m.

parida adj. Aplícase a la hembra que acaba de parir (ú. t. c. s. f.).

paridad f. Igualdad o semejanza. ‖ Relación existente entre una unidad monetaria y su equivalencia en peso de metal. ‖ *Paridad de cambio,* equivalencia del cambio de las monedas entre dos países.

pariente, ta m. y f. Persona unida con otra por lazos de consanguinidad o afinidad. ‖ — M. *Fam.* El marido. ‖ — F. *Fam.* La mujer, respecto del marido.

parietal adj. Aplícase a cada uno de los dos huesos situados en las partes medias o laterales del cráneo : *huesos parietales* (ú. t. c. s. m.).

parihuelas f. pl. Angarillas, utensilio para transportar, entre dos, pesos o cargas. ‖ Camilla para transportar enfermos.

Parima (SIERRA), cordillera de Guayana, que sirve de frontera entre Venezuela y el Brasil.

Parinacochas, prov. al S. del Perú (Ayacucho) ; cap. *Coracora.*

Parinacota, pico de los Andes y prov. al N. de Chile y en la I Región (Tarapacá) ; cap. *Putre.*

Pariñas, distr. al NO. del Perú (Piura) ; cap. *Talara.* Petróleo.

paripé (hacer el) loc. *Fam.* Presumir, darse tono. ‖ Simular, fingir algo para cubrir las formas.

parir v. i. y t. En las especies vivíparas, expulsar la cría que ha concebido la hembra. ‖ *Fig.* Salir a luz lo que estaba oculto. ‖ — V. t. *Fig.* Producir una cosa.

Paris, segundo hijo de Príamo, rey de Troya. Raptó a Helena, provocando la guerra con los griegos.

Paris, cap. de Francia, a orillas del Sena y en el centro norte del país ; 2 299 830 h. (con los suburbios, más de nueve millones). En tiempos de César se llamaba *Lutecia.* Puerto fluvial y primer centro comercial e industrial del país. Arzobispado. Universidad. Museos (Louvre, Orangerie, de Arte Moderno, Rodin, del Hombre), bibliotecas, monumentos (Cluny, Nuestra Señora, Sainte-Chapelle, Inválidos, Plaza de la Concordia, Arco de Triunfo de la Estrella, iglesia de la Magdalena, Panteón, Ópera, torre Eiffel, basílica del Sagrado Corazón, palacio de la Unesco, Centro Pompidou).

parisién o parisiense y parisino, na adj. y s. De París (Francia).

Parismina, río de Costa Rica (Limón), afl. del Reventazón.

paritario, ria adj. Aplícase a los organismos compuestos de igual número de patronos y obreros.

parking m. (pal. ingl.). Aparcamiento : *parking para automóviles.*

Parkinson (*Enfermedad de)*, enfermedad del sistema nervioso que produce temblores en las extremidades y rigidez muscular.

Parla, v. del centro de España en las cercanías de Madrid. Industrias.

parlamentar v. i. Conversar unos con otros. ‖ Discutir para ajustar algo.

Negociar el vencido la rendición de una plaza o fuerza militar.

parlamentario, ria adj. Relativo al Parlamento. ‖ *Régimen parlamentario,* régimen político en el que los ministros son responsables ante el Parlamento. ‖ — M. y f. Miembro de un Parlamento.

parlamentarismo m. Doctrina o sistema parlamentario.

parlamentarista adj. y s. Parlamentario.

parlamento m. En Francia, nombre de ciertas asambleas antiguas provistas de extensos poderes. (Hoy, reunión del Senado y de la Cámara de Diputados.) ‖ En Inglaterra, la Cámara de los Lores y la de los Comunes. ‖ *Por ext.* Nombre aplicado a las asambleas que ejercen el Poder legislativo. ‖ *Fam.* Charla.

parlanchín, ina adj. y s. *Fam.* Hablador. ‖ Hablador poco discreto.

parlante adj. Que parla o habla.

parlar v. i. Hablar.

parlotear v. i. *Fam.* Hablar mucho.

parloteo m. Charloteo.

Parma, c. del N. de Italia (Emilia), ant. cap. del ant. *ducado de Parma y Plasencia,* y actualmente de la prov. de su mismo n. Obispado. Universidad. Catedral del s. XII ; museos.

Parménides de Elea, filósofo griego (¿ 504-450 ? a. de J. C.).

parmesano, na adj. y s. De Parma (Italia). ‖ *Queso parmesano,* queso fabricado cerca de Parma con leche desnatada y salsa hecha con él.

Parmesano (Francesco MAZZOLA, llamado **el**), pintor religioso y retratista italiano, n. en Parma (1503-1540).

Parnaíba, c. del NO. del Brasil (Piauí), cerca de la desembocadura del río del mismo n. Obispado.

parnasianismo m. Movimiento literario de los parnasianos.

parnasiano, na adj. Relativo al Parnaso. ‖ Dícese en Francia de los poetas que, como Théophile Gautier, Leconte de Lisle, Baudelaire y José María de Heredia, reaccionaron desde 1850 contra el lirismo romántico y propugnaron "el arte por el arte", reflejado por la perfección de la forma (ú. t. c. s.).

parnaso m. *Fig.* Reino simbólico de los poetas. ‖ La poesía.

Parnaso, monte de Grecia, al N. del golfo de Corinto y al NE. de Delfos ; 2 457 m. Consagrado a Apolo y a las musas.

parné o parnés m. *Pop.* Dinero.

paro m. Nombre genérico de varios pájaros, como el *herrerillo* y el *pájaro moscón.* ‖ *Paro carbonero,* ave insectívora.

paro m. *Fam.* Suspensión en el trabajo. ‖ Interrupción de un ejercicio o de una explotación industrial o agrícola por parte de los patronos, en contraposición a la huelga de operarios. ‖ — *Med. Paro cardíaco,* síncope. ‖ *Paro forzoso,* carencia de trabajo por causa ajena a la voluntad del obrero y del patrono. ‖ *Paro laboral,* huelga.

parodia f. Imitación burlesca de una obra literaria o de cualquier otra cosa. ‖ Representación teatral festiva y satírica en la que se ridiculiza algo serio.

parodiar v. t. Hacer una imitación burlesca.

paródico, ca adj. Relativo a la parodia.

parodista com. Autor de parodias.

parón m. Parada en seco. ‖ Interrupción de una actividad.

paronimia f. Semejanza entre dos palabras de pronunciación o sonido muy parecido.

paronímico, ca adj. Relativo a la paronimia.

parónimo, ma adj. Aplícase a los vocablos que tienen entre sí semejanza por su etimología, su forma o su sonido, como *honda* y *onda* (ú. t. c. s. m.).

paronomasia f. Semejanza fonética entre vocablos que tienen todas las letras iguales, salvo alguna vocal, como *lago* o *lego.*

Paropamisos, macizo montañoso en el N. de Afganistán ; 3 135 m.

Paros, isla de Grecia en las Cíclades, al S. de Delos.

parótida f. Glándula salival situada

debajo del oído y detrás de la mandíbula inferior.

parotiditis f. inv. Inflamación de la parótida, paperas.

paroxismo m. *Med.* Exacerbación o acceso violento de una enfermedad. ‖ *Fig.* Exaltación de las pasiones.

paroxítono, na adj. Dícese del vocablo llano o grave, es decir, el que lleva el acento en la penúltima sílaba (ú. t. c. s. m.).

parpadear v. t. Abrir y cerrar los párpados muchas veces seguidas : *la luz muy fuerte le hace parpadear.* ‖ *Fig.* Centellear las estrellas.

parpadeo m. Acción de parpadear. ‖ *Fig.* Centelleo.

párpado m. Cada una de las membranas cutáneas movibles que sirven para resguardar el ojo.

parque m. Lugar arbolado, de cierta extensión, para caza o para recreo. ‖ Lugar en el que se estacionan los vehículos transitoriamente. ‖ Conjunto de máquinas, aparatos, vehículos, etc., utilizados para un servicio público : *parque de bomberos.* ‖ *Méx.* Conjunto de las municiones que se dispone un ejército o un grupo de soldados. ‖ *Mil.* Recinto donde se custodian cañones, municiones, automóviles, etc. ‖ Cuadrilátero formado por una barandilla donde se ponen los niños muy pequeños. ‖ — *Parque de atracciones,* lugar al aire libre en el que hay atracciones. ‖ *Parque de estacionamiento,* lugar donde estacionan o aparcan los vehículos. ‖ *Parque móvil,* conjunto de los vehículos de un organismo. ‖ *Parque nacional,* del Estado para conservar la flora, la fauna y las bellezas naturales de una nación. ‖ *Parque zoológico,* parque donde se encuentran reunidos animales salvajes.

parqué m. Entarimado.

parquedad f. Moderación.

parquet m. (pal. fr.). Parqué.

parquímetro m. Dispositivo que señala el tiempo de aparcamiento de un vehículo en la vía pública o en un garaje.

Parr (Catalina). V. CATALINA.

parra f. Vid, viña trepadora.

Parra (Aquileo), político colombiano (1825-1900), pres. de los Estados Unidos de Colombia de 1876 a 1878. ‖ ~ (FÉLIX), pintor mexicano (1845-1919). ‖ ~ (MANUEL GERMÁN), economista y escritor mexicano, n. en 1914. Autor de *La interpretación histórica de México.* ‖ ~ (NICANOR), poeta surrealista chileno, n. en 1914, autor de *Cancionero sin nombre, La cueca larga, Antipoemas,* etc. Es también matemático y físico. ‖ ~ (TERESA DE LA), novelista venezolana, n. en París (1891-1936), autora de *Ifigenia, Memorias de Mamá Blanca,* etc. ‖ ~ (VIOLETA), poetisa y cantautora chilena (1917-1966). Se suicidó. ‖ ~ **del Riego** (JUAN), poeta peruano (1894-1925), autor de *Polirritmos.*

parrafada f. *Fam.* Conversación detenida y confidencial. ‖ Perorata.

párrafo m. Cada una de las divisiones de un capítulo o de cualquier escrito. ‖ *Gram.* Signo ortográfico (§) con que se señalan estas divisiones. ‖ *Fam.* Conversación corta.

parral m. Parra.

Parral, c. en un sector de la Sierra Madre Occidental de México (Chihuahua). ‖ — c. del centro de Chile, en la VII Región (Maule) y en la prov. de Linares, cap. de la com. del mismo nombre.

parranda f. *Fam.* Jolgorio, juerga, jarana : *andar de parranda.* ‖ Grupo de personas que salen por la noche tocando instrumentos músicos o cantando para divertirse.

parrandear v. i. Andar o ir de parranda, juerguearse.

parrandeo m. Juerga.

parrandista com. Juerguista.

Parras, mun. al NE. de México (Coahuila) ; cap. *Parras de la Fuente.*

Parrasio, pintor griego de la escuela jónica (fin del s. V a. de J. C.).

Parravicini (Florencio), actor y autor dramático argentino (1876-1941).

parricida com. Persona que mata a su ascendiente, descendiente, cónyuge o pariente o a una persona considerada como

476

parricidio m. Acción criminal del parricida.

parrilla f. Sala de restaurante dónde se asan carne o pescado delante de los consumidores. ‖ Posición de salida ocupada por los corredores en una carrera automovilística. ‖ Útil de cocina, de figura de rejilla, utilizado para asar carne, tostar pan, etc.

parrillada f. Plato compuesto de diversos pescados o mariscos o carnes asados en la parrilla. ‖ *Arg.* Plato compuesto de carne de vaca, chorizo, morcilla, mollejas, riñones, etc., que se asa en la parrilla.

párroco m. Cura, sacerdote encargado de una feligresía. Ú. t. c. adj. : *cura párroco.*

parroquia f. Territorio que está bajo la jurisdicción espiritual de un cura párroco. ‖ Conjunto de feligreses y clero de dicho territorio. ‖ Su iglesia : *la parroquia madrileña de Atocha.* ‖ Conjunto de los clientes de una persona, tienda o empresa. ‖ En el Distrito Federal de Venezuela, municipio. ‖ *Ecuad.* Subdivisión del cantón.

parroquial adj. Relativo a la parroquia : *clero, iglesia parroquial.*

parroquiano, na m. y f. Cliente.

Parry (Sir William Edward), explorador inglés (1790-1855). Hizo varias expediciones a las regiones árticas.

parsec m. *Astr.* Unidad de distancia correspondiente a 3,26 años luz, o sea 30,84 billones de kilómetros.

Parsifal, drama musical de Richard Wagner (1882).

parsimonia f. Moderación. ‖ Calma.

parsimonioso, sa adj. Que tiene calma. ‖ Ahorrativo, cicatero.

parte f. Porción indeterminada de un todo : *una parte de la casa está todavía sin amueblar.* ‖ Lo que toca a uno en el reparto de algo : *parte proporcional.* ‖ Lugar : *vivir en la parte norte de México.* ‖ Cada una de las divisiones de una obra : *la segunda parte del Quijote.* ‖ Cada una de las personas que participan en un negocio o en un pleito : *las partes contratantes de un acuerdo ; constituirse parte.* ‖ Lado, partido : *ponerse de parte de los insurrectos.* ‖ Papel representado por el actor en una obra dramática, y este mismo actor. ‖ Rama de una familia : *primos por parte de madre.* ‖ — Pl. Facción o partido. ‖ *Anat.* Órganos de la generación. ‖ *De parte a parte,* de un lado al otro. ‖ *De parte de,* en nombre de. ‖ *Echar a buena, a mala parte,* interpretar con buen, con mal sentido. ‖ *En parte,* parcialmente. ‖ *Ir a la parte con alguien,* estar asociado con él. ‖ *Gram. Parte de la oración,* cada una de las palabras que tienen diferente oficio en la oración y son nueve : artículo, sustantivo, adjetivo, pronombre, verbo, adverbio, preposición, conjunción e interjección. ‖ *Parte por parte,* sistemáticamente y sin omitir nada. ‖ *Poner de su parte,* hacer lo posible. ‖ *Por mi parte,* por lo que a mí toca. ‖ *Por partes,* progresivamente, una cosa tras otra. ‖ *Salva sea la parte,* expresión con la que se evita mencionar las posaderas. ‖ *Tener (o tomar) parte en algo,* participar. ‖ *Tomar en mala parte,* tomar a mal.

parte m. Escrito breve que se envía a una persona para informarla de algo. ‖ Comunicación escrita de carácter oficial. ‖ Comunicación telefónica, telegráfica o radiofónica. ‖ Informe o comunicado breve : *parte meteorológico.* ‖ — *Dar parte,* comunicar, avisar, informar. ‖ *Parte de boda,* tarjeta en la que se comunica un matrimonio. ‖ *Parte de guerra,* boletín oficial sobre las operaciones militares en una jornada. ‖ *Parte facultativo,* informe periódico sobre el estado de salud de un enfermo.

partenogénesis f. Reproducción de la especie por medio de un óvulo no fecundado, como la de ciertos insectos y de algunos vegetales.

Partenón, templo de Atenas, en la Acrópolis, consagrado a la diosa griega Atenea (s. v a. de J. C.).

partera f. Mujer que asiste a la parturienta, comadrona.

partero m. Médico que asiste a la mujer en el parto, comadrón.

Partia o **Partiene, n.** ant. de Jora-

sán, región en el NE. de Irán, cuna del imperio parto.

partición f. División. ‖ Reparto. ‖ *Mat.* División.

participación f. Acción de participar y su resultado. ‖ Parte : *participación de boda.* ‖ Aviso, notificación. ‖ Sistema mediante el cual los empleados de una empresa son asociados a sus beneficios y eventualmente a su gestión. ‖ Posesión por una empresa, un banco, una entidad pública o privada de una parte del capital social de una compañía. ‖ Parte de un billete de lotería.

participante adj. Dícese del que participa en algo (ú.t.c.s.).

participar v. t. Dar parte, notificar, comunicar : *participar una buena noticia.* ‖ — V. i. Intervenir : *participar en un trabajo.* ‖ Compartir : *participar de la misma opinión.* ‖ Recibir parte de algo : *participar de una herencia.*

partícipe adj. y s. Que tiene parte o interés en una cosa. ‖ *Hacer partícipe,* hacer saber ; compartir.

participio m. Forma del verbo que se usa a veces como adjetivo y otras como verbo propiamente dicho.
— Hay dos clases de participios, el activo o de presente y el pasivo o de pretérito. Los participios activos regulares acaban en *-ante, -ente* o *-iente.* Los participios pasivos regulares de la primera conjugación terminan en *-ado,* y en *-ido* los de la segunda y tercera.

partícula f. Porción pequeña de algo. ‖ *Fig.* Cada uno de los elementos que constituyen el átomo (electrón, protón, neutrón). ‖ Parte invariable de la oración como los adverbios, sufijos, etc. ‖ *Partícula alfa,* la emitida por los cuerpos radiactivos y que consta de dos protones y un neutrón.

particular m. Propio y privativo de una cosa, característico : *planta particular de un país.* ‖ Individual, opuesto a general : *el interés particular.* ‖ Especial, extraordinario : *tener una habilidad particular.* ‖ Determinado : *en ciertos casos particulares.* ‖ Privado, no público : *domicilio particular ; correspondencia particular.* ‖ Separado, distinto : *habitación particular.* ‖ En particular, especialmente o separadamente. ‖ — M. y f. Persona que no tiene ningún título especial. ‖ — M. Asunto, cuestión de que se trata : *no sé nada de este particular.*

particularidad f. Carácter particular. ‖ Circunstancia particular.

particularismo m. Preferencia excesiva que se da al interés particular sobre el general. ‖ Individualismo.

particularización f. Acción y efecto de particularizar.

particularizar v. t. Expresar una cosa con todas sus circunstancias y detalles. ‖ Caracterizar, dar carácter particular. ‖ Referirse a un caso determinado. ‖ — V. pr. Distinguirse, singularizarse por una cosa.

partida f. Marcha, salida : *tuvimos que aplazar la partida.* ‖ Asiento en los libros del registro civil o de las parroquias y su copia certificada : *partida de nacimiento, de matrimonio, de defunción.* ‖ Cada uno de los artículos o cantidades parciales que contiene una cuenta o presupuesto. ‖ Cantidad de mercancías entregadas de una vez : *una partida de papel.* ‖ Expedición, excursión : *partida de caza.* ‖ Guerrilla, banda, parcialidad : *partida carlista.* ‖ Grupo de gente armada : *partida facciosa.* ‖ Pandilla : *partida de niños.* ‖ Mano de juego : *una partida de ajedrez.* ‖ — *Fig. Mala partida,* mala jugada. ‖ *Las Siete Partidas,* las leyes compiladas por Alfonso X el Sabio.

partidario, ria adj. y s. Adicto, que sigue o se muestra a favor de un partido, sistema, régimen, persona, etc.

partidismo m. Inclinación y celo exagerados a favor de un partido, tendencia u opinión que puede conducir a la parcialidad.

partidista adj. Relativo a un partido (ú. t. c. s.): *luchas partidistas.*

partido, da adj. Dividido. ‖ Dícese del escudo dividido de arriba abajo en dos partes iguales. ‖ — M. Parcialidad, grupo de personas unidas por la

misma opinión o los mismos intereses : *un partido político.* ‖ Provecho: *sacar partido.* ‖ Amparo, apoyo, influencia. ‖ Medio, proceder. ‖ Resolución, decisión: *tomar el partido de marcharse.* ‖ Equipo, conjunto de varios jugadores que juegan contra otros tantos: *el partido contrario.* ‖ Prueba deportiva entre dos competidores o dos equipos : *un partido de pelota, de fútbol.* ‖ Cada una de una administración o jurisdicción que tiene por cabeza un pueblo principal: *partido judicial.* ‖ Novio, futuro marido: *un buen partido.*

partidor, ra m. y f. Persona que divide o reparte una cosa. ‖ M. Instrumento para romper ciertas cosas:.

partir v. t. Dividir en dos o más partes: *partir una manzana por la mitad ; partir leña.* ‖ Rajar, hendir. ‖ Romper, cascar: *partir nueces.* ‖ Repartir, fraccionar: *partir un pastel entre cuatro.* ‖ *Mat.* Dividir. ‖ — *Fig. Partir el corazón,* causar gran aflicción. ‖ *Partir la diferencia,* dividir ; transigir. ‖ *Fig. Partir por el eje* (o por *en medio* o por *en dos*), fastidiar. ‖ — V. i. Empezar a caminar, marcharse: *partir para la India.* ‖ *Fig.* Asentar una cosa para deducir otra : *partiendo de este supuesto.* ‖ Contar desde : *a partir de mañana.* ‖ — V. pr. Irse, marcharse. ‖ Romperse. ‖ Dividirse. ‖ — *Fam. Partirse de risa,* reír mucho. ‖ *Partirse el pecho,* deshacerse por una persona o por conseguir algo.

partitivo, va adj. Que puede dividirse. ‖ Dícese del nombre y del adjetivo numeral que expresan división de un todo en partes, como *mitad, tercia, centena* (ú. t. c. s. m.).

partitura f. *Mús.* Texto completo de una obra.

parto m. Acción de parir, alumbramiento. ‖ *Fig.* Obra del ingenio.

parto, ta adj. De Partia. ‖ — M. Individuo de un ant. pueblo escita, en el S. de Hircania, hoy en el NE. de Irán, que creó en 250 a. de J. C. un poderoso imperio que duró hasta 224 de nuestra era, año en que se incorporó al Imperio persa de los Sasánidas.

parturienta adj. Dícese de la mujer que está de parto (ú. t. c. s. f.).

Paruro, c. del Perú, cap. de la prov. homónima (Cuzco).

parva f. Mies tendida en la era.

parvedad f. Pequeñez. ‖ Escasez.

parvenu m. (pal. fr.). Advenedizo, nuevo rico.

parvo, va adj. Pequeño.

parvulario m. Centro de enseñanza preescolar.

párvulo, la adj. y s. Niño pequeño: *colegio de párvulos.* ‖ *Fig.* Inocente, ingenuo.

Pas ‖ — (VALLE DE), comarca de la prov. de Cantabria, al N. de España. ‖ ~-de-Calais, dep. del N. de Francia, cap. *Arrás.*

pasa f. Uva secada al sol. ‖ *Mar.* Canal estrecho entre bajos. ‖ En el juego de la ruleta, números que van del 19 hasta el 36 inclusive. ‖ *Fig.* y *fam. Estar* (o *quedarse*) *hecho una pasa,* estar o volverse una persona muy seca o enjuta.

pasable adj. Mediano, aceptable.

pasacalle m. Marcha popular de compás muy vivo. ‖ Danza lenta de tres tiempos.

pasada f. Paso, acción de pasar de una parte a otra. ‖ Cada aplicación de una operación a una cosa. ‖ — *De pasada, de paso.* ‖ *Fam. Mala pasada,* jugarreta.

Pasadena, c. en el SO. de Estados Unidos (California), suburbio residencial de Los Ángeles. Observatorio del Monte Wilson.

pasadero, ra adj. Transitable. ‖ — M. Paso estrecho, pasillo. ‖ Calle estrecha y corta.

pasado, da adj. Aplícase a la fruta o a la carne estropeada por ser ya viejas, al guisado demasiado cocido, etc. ‖ Dícese del tiempo anterior : *el día, el mes, el año pasado.* ‖ Anticuado. ‖ Descolorido. ‖ — M. Tiempo anterior al presente y cosas que sucedieron.

pasador m. Barra pequeña a modo de cerrojo que se corre para cerrar

PA

477

puertas, ventanas, etc. ‖ Varilla de metal que sirve de eje para el movimiento de las bisagras. ‖ Horquilla grande con la cual las mujeres se sujetan el pelo. ‖ Sortija que se pone a ciertas corbatas para sujetarlas. ‖ Imperdible para colgar condecoraciones y medallas. ‖ Colador. ‖ — Pl. Gemelos de camisa.

pasaitarra adj. y s. De Pasajes (España).

pasaje m. Acción de pasar de una parte a otra. ‖ Derecho que se paga por pasar por un paraje. ‖ Sitio por donde se pasa. ‖ Precio de un viaje marítimo o aéreo y billete para efectuarlo. ‖ Totalidad de los viajeros que van en un mismo barco, avión o automóvil. ‖ Trozo de un escrito: un *pasaje emocionante*. ‖ Paso entre dos calles: *el barcelonés pasaje del Reloj*.

Pasaje, cantón al SO. de Ecuador (El Oro). Manganeso.

pasajero, ra adj. Que dura poco: *capricho pasajero*. ‖ Que utiliza un medio de transporte, viajero (ú. t. c. s.). ‖ Por donde pasa mucha gente:.

Pasajes, v. del N. de España (Guipúzcoa), puerto cerca de San Sebastián. (Hab. *pasaitarras*).

pasamanería f. Obra, oficio y taller del pasamanero.

pasamanero, ra m. y f. Persona que hace pasamanos o los vende.

pasamano y **pasamanos** m. Especie de galón o trencilla de oro, seda, etc., que se usa como adorno. ‖ Barandilla: *pasamano de escalera*.

pasamontañas m. inv. Prenda que abriga la cabeza y la cubre toda, salvo los ojos.

pasante adj. Que pasa. ‖ — Com. En los colegios, profesor auxiliar. ‖ Persona que asiste a un abogado, profesor, etc., para adquirir práctica en la profesión.

pasantía f. Ejercicio de pasante. ‖ Tiempo que dura este ejercicio.

pasapasa m. Juego de manos.

pasaportar v. t. Dar o expedir pasaporte. ‖ *Fam.* Matar. ‖ Despachar: *pasaportar un trabajo*.| Expedir.

pasaporte m. Documento para pasar de un país a otro en que consta la identidad del que lo tiene.

pasapuré m. Utensilio usado para hacer puré con las patatas, lentejas, alubias, verduras, etc.

pasar v. t. Llevar, conducir, trasladar de un lugar a otro. ‖ Atravesar, cruzar: *pasar un río*. ‖ Enviar, transmitir: *pasar un recado*. ‖ Introducir géneros prohibidos: *pasar contrabando*. ‖ Poner en circulación: *pasar moneda falsa*. ‖ Permanecer: *pasé la noche en su casa*. ‖ Entregar, dar, hacer llegar: *le pasé el balón*. ‖ Hacer deslizar: *pasó la mano por la cabeza*. ‖ Contagiar una enfermedad: *le he pasado mi gripe*. ‖ Cerner, tamizar. ‖ Colar un líquido. ‖ Adelantar: *pasar un coche*. ‖ Aprobar un examen (ú. t. c. i.). ‖ Volver: *pasar las hojas de una revista*. ‖ *Fig.* Rebasar, ir más allá: *pasar los límites*. ‖ Superar, aventajar. ‖ Padecer: *pasar angustias, frío*. ‖ Ocupar el tiempo: *pasé la noche trabajando*. ‖ Omitir, silenciar. ‖ Tolerar, consentir: *no es bueno pasar tantas cosas a los hijos*. ‖ *Méx.* Dejar una cosa que algo fluya o se filtre a través de ella: *el tubo pasa mucho líquido*. ‖ — *Pasar en blanco* (o *en silencio* o *por alto*) *una cosa*, omitirla. ‖ *Méx. Pasarla sin*, poder realizar algo sin el apoyo o la presencia de algo o alguien: *pasarla sin ningún protector*. ‖ *Pasarlo bien*, divertirse. ‖ *Pasarlo mal*, aburrirse; tener dificultades. ‖ — V. i. Ir: *pasaré por tu casa*. ‖ *dígale que pase*. ‖ Moverse una cosa de una parte a otra: *pasó el tren*. ‖ Poder entrar: *este sobre no pasa por debajo de la puerta*. ‖ Transcurrir: *el tiempo pasa muy rápido*. ‖ Ocurrir, suceder: *¿qué pasó?*. ‖ Divulgarse, propagarse. ‖ Cesar: *todo pasa*. ‖ Morir: *pasar a mejor vida*. ‖ Volverse: *el joven pasó de pronto a hombre*. ‖ Dejar alguna actividad para comenzar otra: *ahora vamos a pasar al estudio del último punto*. ‖ Ser considerado: *su hermano pasa por ser muy listo*. ‖ Conformarse: *puedo pasar sin coche, pero no sin casa*. ‖ Ser creído: *esta bola conmigo no pasa*. ‖ En algunos juegos, no jugar

por no tener naipe o ficha conveniente. ‖ *Fam.* Tener sin cuidado, no interesar: *paso del dinero y de los honores*. ‖ — *Ir pasando*, vivir con estrechez. ‖ *Pasar de largo*, atravesar por un sitio sin detenerse ; no reparar en lo que se trata. ‖ *Pasar de moda*, quedarse anticuado. ‖ *Pasar por algo*, sufrirlo ; tolerarlo. ‖ *Pasar sin algo*, no necesitarlo. ‖ — V. pr. Cambiar de partido : *pasarse al bando contrario*. ‖ Olvidarse, borrarse de la memoria : *se me ha pasado lo que me dijiste*. ‖ Ser visto : *a este niño no se le pasa nada*. ‖ Acabarse. ‖ Excederse uno : *pasarse de listo*. ‖ Echarse a perder las frutas, carnes, etc. ‖ Marchitarse las flores. ‖ Filtrarse un líquido por los poros de una vasija. ‖ Ir a un sitio por poco tiempo : *me pasaré por tu casa a la salida del trabajo*. ‖ Estar holgada una pieza. ‖ *Fig. Pasarse de la raya*, exagerar, propasarse.

pasarela f. Puente pequeño o provisional. ‖ En los barcos, puentecillo ligero delante de la chimenea. ‖ En los teatros, pequeña prolongación del escenario en forma más o menos circular para mostrarse las artistas, especialmente las bailarinas. ‖ Plataforma para hacer desfiles de modelos de costura.

pasatiempo m. Distracción, entretenimiento.

Pasay, c. de Filipinas, suburbio de Manila.

pascal m. *Fís.* Unidad de presión (símb., Pa).

Pascal (Blaise), matemático, físico, filósofo y escritor francés, n. en Clermont-Ferrand (1623-1662). Partidario del jansenismo, en 1654 se retiró a la abadía de Port-Royal, cerca de París, donde llevó una vida de severo ascetismo. Sus investigaciones científicas le condujeron a enunciar las leyes de la presión atmosférica y del equilibrio de los fluidos, a descubrir el cálculo de probabilidades y a inventar la prensa hidráulica. Fue autor de *Cartas provinciales* y de *Pensamientos*.

pascana f. *Amer.* Etapa de un viaje. ‖ Posada en un sitio despoblado.

Pasco, dep. y prov. del centro del Perú ; cap. Cerro de Pasco. Minas.

pascua f. Fiesta más solemne de los hebreos para conmemorar su salida de Egipto. ‖ Fiesta de la Iglesia católica en memoria de la resurrección de Cristo. ‖ Cualquiera de las fiestas de Navidad, de la Epifanía y de Pentecostés. ‖ — Pl. Tiempo que media entre Navidad y los Reyes inclusive. ‖ — *Dar las pascuas*, felicitar por Navidad y Año Nuevo. ‖ *Fig. De pascuas a Ramos*, de tarde en tarde. ‖ *Fig. y fam. Estar como unas pascuas*, estar muy alegre. ‖ *Hacer la pascua*, fastidiar. ‖ *Pascua del Espíritu Santo*, Pentecostés. ‖ *Pascua Florida*, la de la Resurrección. ‖ *Pascua Militar*, fiesta militar que se celebra a principios de año. ‖ *Y santas pascuas*, se acabó.

Pascua, isla volcánica en el centro de Chile (Valparaíso) ; 179 km². Estatuas megalíticas. Llamada también *Rapa Nui* y *Te-pito-Henúa*. — Prov. de Chile en esta isla y la V Región (Valparaíso) ; cap. *Hanga Roa*.

pascual adj. Relativo a la Pascua.

pase m. Permiso para que se use de un privilegio : *tener un pase para entrar todos los días en el museo*. ‖ Salvoconducto : *pase de favor*. ‖ *Esgr.* Finta. ‖ *Taurom.* Cada uno de los lances en que el matador cita al toro con la capa o muleta y le deja pasar. ‖ Movimiento que hacen las manos del hipnotizador. ‖ En ciertos deportes, envío del balón a un jugador. ‖ Acción y efecto de pasar : *pase en el juego*. ‖ Desfile: *pase de modelos*. ‖ Exhibición o proyección de una película en una sala de cine. ‖ *Amer.* Pasaporte.

paseandero, ra adj. y s. *Amer.* Paseante.

paseante adj. Que pasea o se pasea (ú. t. c. s.). ‖ *Fam. Paseante en Corte*, ocioso.

pasear v. i. Andar a pie, en coche, etc., por diversión o para tomar el aire. Ú. t. c. pr. : *pasearse por el campo*. ‖ — V. t. Llevar de una parte a otra, hacer caminar : *pasear a un niño*. ‖ — V. pr. *Fig.* Estar sin hacer nada.

paseíllo m. Desfile de la cuadrilla de los toreros al empezar la corrida.

paseo m. Acción de pasear o pasearse: *dar un paseo*. ‖ Sitio por donde suele pasearse la gente: *el paseo de la Castellana*. ‖ Distancia corta. ‖ Paseíllo. ‖ — *Fig. Dar el paseo a uno*, ejecutarle. ‖ *Mandar a paseo a uno*, despedirle con enfado.

pasero, ra m. y f. Persona que vende pasas.

pasicorto, ta adj. De paso corto.

Pasiega (Cueva de la), cueva prehistórica del paleolítico en Puente Viesgo, al N. de España, cerca de Santander (Cantabria).

pasiego, ga adj. y s. Del Valle de Pas (Cantabria). ‖ — F. *Fam.* Nodriza.

Pasífae, reina de Creta, mujer de Minos y madre de Androgeo, Deucalión, Ariadna, Fedra y el Minotauro.

pasiflora f. *Bot.* Pasionaria.

pasifloráceo, a adj. Dícese de ciertas plantas tropicales a las que pertenece la pasionaria (ú. t. c. s. f.). ‖ — F. Pl. Familia que forman.

Pásig, pobl. de Filipinas, cap. de la prov. de Rizal (Luzón), a orillas del río del mismo n.

pasillo m. Corredor, pieza alargada por donde se pasa para ir a las distintas habitaciones de un edificio. ‖ *Teatr.* Paso breve : *la representación de un pasillo*. ‖ *Pasillo rodante*, dispositivo que sirve para transportar las personas y las mercancías.

pasión f. Perturbación o afecto violento y desordenado del ánimo : *dominado por la pasión*. ‖ Inclinación muy viva y su objeto: *su hija es su pasión*. ‖ Afición vehemente y su objeto: *pasión por el canto ; su pasión es la lectura*. ‖ Prevención a favor o en contra de una persona o cosa: *hay que juzgar sin pasión*. ‖ *Rel.* En el Evangelio, relato de la condenación, agonía y muerte de Jesucristo.

Pasión, río en el N. de Guatemala (El Petén), afluente del Usumacinta ; 300 km.

pasional adj. Relativo a la pasión.

pasionaria f. Planta pasiflorácea, originaria del Brasil, así llamada por la semejanza que existe entre las distintas partes de la flor y los atributos de la Pasión de Jesucristo. ‖ Granadilla.

Pasionaria (La). V. IBÁRRURI.

pasito adv. Despacito.

pasividad f. Estado del que no reacciona de ninguna manera cuando es objeto de una acción.

pasivo, va adj. Aplícase al que es objeto de una acción : *sujeto pasivo*. ‖ Que permanece inactivo y deja actuar a los demás. ‖ Dícese del haber o pensión que se disfruta por jubilación, viudedad, etc. ‖ *Com.* Aplícase al importe total de las deudas y cargas de un comerciante (ú. t. c. s. m.). ‖ *Clases pasivas*, conjunto de las personas que disfrutan pensiones. ‖ *Verbo pasivo*, el que expresa una acción sufrida por el sujeto.

pasmado, da adj. Estupefacto : *pasmado de admiración*. ‖ Atontado (ú. t. c. s.). ‖ Aturdido, transido de frío.

pasmar v. t. Enfriar mucho o bruscamente. ‖ Asombrar mucho, dejar estupefacto : *tan descarada contestación le pasmó*. ‖ — V. pr. Enfriarse mucho. ‖ *Méx.* Lastimar la silla el lomo del caballo. ‖ *Fig.* Quedarse asombrado o estupefacto.

pasmarote com. *Fam.* Bobo, tonto.

pasmo m. Efecto de un enfriamiento que se manifiesta por resfriado, dolor de huesos, etc. ‖ *Med.* Tétanos. ‖ *Fig.* Asombro. ‖ Cosa que lo provoca.

pasmoso, sa adj. *Fig.* Asombroso.

paso m. Movimiento de cada uno de los pies para andar : *dar un paso adelante*. ‖ Espacio recorrido al avanzar el pie. ‖ Manera de andar: *avanzar con paso poco seguro*. ‖ Movimiento regular con que camina una caballería: *paso de ambladura*. ‖ Acción de pasar: *el paso del mar Rojo por los judíos*. ‖ Lugar por donde se pasa: *paso protegido*. ‖ Cruce de dos caminos: *paso a nivel*. ‖ Huella impresa al andar, pisada: *se veían pasos en la arena*. ‖ Permiso para poder pasar sin estorbo: *dar (el) paso a uno*. ‖ Distancia entre dos filetes contiguos de un tornillo. ‖ Grupo escultórico que representa una escena de la Pasión de Jesucristo y se saca en procesión en la Semana Santa. ‖ Puntada larga en costura. ‖ Pieza corta dramática: *un paso de Lope de Rueda.* ‖ Cada mudanza que se hace en el baile. ‖ Conducta del hombre. ‖ Gestión, trámite. ‖ Progreso, adelanto: *las negociaciones han dado un paso adelante.* ‖ Trance, apuro, momento difícil: *estoy metido en un mal paso.* ‖ Estrecho de mar: *el paso de Calais.* ‖ Sitio por donde pasa la caza. ‖ Peldaño. ‖ *Amer.* Vado de un río. — *A buen paso,* rápidamente. ‖ *A cada paso,* continuamente. ‖ *A dos pasos,* muy cerca. ‖ *A ese paso, de esta manera;* andando con esta velocidad. ‖ *Al paso,* al paso, sin detenerse, pausadamente. ‖ *Al paso que,* al tiempo que. ‖ *Abrir paso,* abrir camino. ‖ *Ceder el paso,* dejar pasar. ‖ *De paso,* para poco tiempo: *estar sólo de paso en un sitio;* al tratar de otro asunto, incidentalmente. ‖ *Mal paso,* dificultad. ‖ *Marcar el paso,* andar siguiendo el compás. ‖ *Paso a nivel,* sitio en que un ferrocarril cruza un camino o una carretera al mismo nivel que él. ‖ *De paso a paso,* poco a poco. ‖ *(De) cebra,* lugar señalado en una calle para que crucen ésta los transeúntes. ‖ *Paso del ecuador,* la mitad de una carrera universitaria, que suelen celebrar los estudiantes. ‖ *Paso doble,* pasodoble. ‖ *Paso en falso,* acción contraproducente. ‖ *Paso largo,* de 75 cm de largo (5,4 km por hora). ‖ *Paso ligero,* el rápido de 83 cm de largo (9 km por hora). ‖ *Méx. Paso por paso,* con gran cuidado y respetando las normas establecidas para llevar a cabo algo: *realizar los trámites paso por paso como ordena la ley.* ‖ *Paso redoblado,* el ordinario (4,7 km por hora). ‖ *Fig.* Por sus pasos contados, por su orden natural. ‖ *Salir al paso de,* adelantarse a: *salir al paso de las críticas.* ‖ *Salir del paso,* librarse de un compromiso.

paso, sa adj. Dícese de las frutas desecadas: *uvas pasas.*

Paso ‖ ~ **de Calais,** estrecho entre Francia e Inglaterra que une el mar del Norte con el canal de la Mancha (31 km de ancho y 185 km de longitud). V. PAS-DE-CALAIS. ‖ ~ **de Cortés,** lugar de México (Puebla), entre los volcanes Iztaccíhuatl y Popocatépetl, por el que entró Hernán Cortés en el Valle. ‖ ~ **de los Libres,** dep. y pobl. en el NE. de la Argentina (Corrientes), a orillas del río Uruguay. La ciudad está unida a Uruguayana (Brasil) por un puente sobre el río que las separa. ‖ ~ **de los Toros,** pobl. en el centro del Uruguay (Tacuarembó). Empalme ferroviario. En sus cercanías está la represa de Rincón del Bonete. ‖ **(El),** c. de España en la isla de La Palma y en la prov. de Santa Cruz de Tenerife. — C. al sur de los Estados Unidos (Texas). Obispado. Industrias. Está unida por un puente a la c. de Juárez (México), ‖ ~ **Fundo,** c. al SE. de Brasil (Río Grande do Sul).

Paso (Antonio), escritor español (1870-1958), autor de populares comedias (*El niño judío, La alegría de la huerta, El asombro de Damasco, El orgullo de Albacete,* etc.). — Su hermano MANUEL (1864-1901) escribió dramas líricos y poesías. — Su hijo ALFONSO (1926-1978) fue comediógrafo de gran fecundidad (*Vamos a contar mentiras, Enseñar a un sinvergüenza, Los pobrecitos,* etc.). ‖ ~ **(FERNANDO DEL),** escritor mexicano, n. en 1935, autor de novelas (*José Trigo, Noticias del Imperio, Palinuro de México*) y de poesías (*Sonetos de lo diario).* ‖ ~ **(JUAN JOSÉ),** político argentino, n. en Buenos Aires (1758-1828). Fue secretario de la primera Junta (1810), formó parte de los primeros triunviratos (1811 a 1812) y estuvo en la Asamblea General Constituyente de 1813. ‖ ~ **y Troncoso** (FRANCISCO DEL), lexicógrafo e historiador mexicano (1842-1916).

Pasochoa, pico al N. del Ecuador (Pichincha) ; 4 188 m.

pasodoble m. Música de marcha de compás 4/4. ‖ Baile de movimiento muy vivo : *la pareja danzaba alegremente un pasodoble.*

Pasos (Joaquín), poeta nicaragüense (1915-1947). Escribió a veces en inglés.

pasota com. *Fam.* Indolente, persona que no hace el menor esfuerzo por nada y desea vivir como quiere y no como las costumbres creadas por la sociedad establecida le imponen.

pasotismo m. *Fam.* Modo de vida de los pasotas.

pasqueño, ña adj. y s. De Cerro de Pasco (Perú).

pasquín m. Cartel o escrito anónimo de contenido satírico u ofensivo. ‖ Letrero anunciador. ‖ Octavilla, cartel o escrito de propaganda, generalmente política.

Passarowitz, hoy Pozarevac, c. en el E. de Yugoslavia (Serbia), en la unión del Danubio y el Morava.

Passau, c. de Alemania Occidental (Baviera), a orillas del río Danubio.

pasta f. Masa hecha de una o diversas cosas machacadas : *pasta de anchoas ; pasta de papel.* ‖ Masa de harina y manteca o aceite, que se emplea para hacer pasteles, hojaldres, etc. ‖ Cartón cubierto de tela o piel para encuadernar : *encuadernación en pasta.* ‖ *Pop.* Dinero. ‖ *Fig.* y *fam.* Madera, disposiciones, talento: *tiene pasta para ser un gran pintor.* — Pl. Masa de harina de trigo y agua que se presenta en forma de fideos, tallarines, etc. : *pastas alimenticias.* ‖ Galletas pequeñas, pastelillos : *tomar el té con pastas.* — *Media pasta,* encuadernación a la holandesa. ‖ *Pasta de dientes,* dentífrico. ‖ *Fam. Ser de buena pasta,* ser bondadoso.

pastaflora f. Masa muy delicada de harina, azúcar y huevo. ‖ *Pop.* Dinero.

pastaje m. *Amer.* Pasto.

pastal m. *Amer.* Pastizal.

pastar v. t. Llevar el ganado al pasto. — V. i. Pacer el ganado en el campo.

Pastaza, río que nace en el Ecuador, pasa por el Perú y des. en el Marañón ; 643 km. — Prov. al E. del Ecuador (creada en 1959) ; cap. *El Puyo.* — Distr. en el N. del Perú (Alto Amazonas).

pasteca f. *Mar.* Especie de polea.

pastel m. Masa de harina y manteca en la que se envuelve crema o dulce, fruta, carne o pescado, cociéndose después al horno : *pastel de almendras.* ‖ Lápiz compuesto de una materia colorante amasada con agua de goma. ‖ Dibujo hecho con este lápiz. ‖ *Trampa.* ‖ *Fig.* y *fam.* Convenio secreto, lío. ‖ *Impr.* Conjunto de líneas o planas desordenadas. ‖ *Fam. Descubrir el pastel,* adivinar o revelar una cosa secreta u oculta.

pastelear v. i. *Fig.* Contemporizar por miras interesadas. ‖ Adular.

pasteleo m. Adulación.

pastelería f. Establecimiento en que se hacen o venden pasteles. ‖ Conjunto de pasteles.

pastelero, ra m. y f. Persona que hace o vende pasteles. ‖ *Fig.* y *fam.* Persona acomodadiza en demasía. ‖ Adulador, cobista.

Pastelero de Madrigal (El), nombre dado a un impostor de s. XVI, llamado *Gabriel Espinosa,* que se hizo pasar por el rey Don Sebastián de Portugal. M. en 1595.

pastelista com. Pintor al pastel.

pastense adj. y s. De Pasto (Colombia).

pasterización o **pasteurización** f. Operación que consiste en calentar entre 75° y 85 °C ciertas sustancias alimenticias (leche, cerveza) para destruir los microbios sin alterar del gusto.

pasterizar o **pasteurizar** v. t. Esterilizar los alimentos por pasteurización.

Pasternak (Boris), escritor soviético (1890-1960), autor de poemas (*Mi hermana la vida*) y novelas (*El doctor Jivago,* publicada en Italia). [Pr. Nobel, 1958.]

Pasteur [-ter] (Louis), químico y biólogo francés (1822-1895), creador de la microbiología. Estudió las fermentaciones, las enfermedades contagiosas, la asepsia y antisepsia, y descubrió la vacuna contra la rabia.

pastiche m. (pal. fr.). Imitación de una obra literaria o artística.

pastilla f. Porción pequeña de pasta, generalmente cuadrada o redonda : *pastilla de jabón, de chocolate.* ‖

Trozo pequeño de pasta compuesta de azúcar y alguna sustancia medicinal o meramente agradable. ‖ Chapa metálica cilíndrica que tienen los frenos.

pastines m. pl. *Arg.* y *Urug.* Pasta alimenticia que se echa en la sopa.

pastizal m. Terreno abundante en pastos.

pasto m. Acción de pastar. ‖ Hierba que pace el ganado. ‖ Prado o campo en que pasta el ganado. ‖ *Fig.* Hecho, noticia u ocasión que sirve para fomentar algo: *ser pasto de la crítica.* ‖ Alimento: *su pasto son las novelas.* ‖ Enseñanza espiritual. ‖ *Arg.* Césped, terreno, campo para practicar un deporte. — *Fam. A todo pasto,* copiosamente. ‖ *Ser pasto de las llamas,* ser destruido por un incendio.

Pasto, macizo montañoso al SO. de Colombia (Nariño) ; alt. máx. 4 266 m (*Pico Galeras*). —. C. en el SO. de Colombia, cap. del dep. de Nariño. Fundada en 1539. Obispado. Universidad. Turismo.

pastor, ra m. y f. Persona que guarda y apacienta el ganado. ‖ — M. Prelado, sacerdote. ‖ — *El Buen Pastor,* el Salvador. ‖ *Pastor protestante,* sacerdote o ministro de esta Iglesia.

Pastor Díaz (Nicomedes), poeta romántico español (1811-1863), autor de *A la Luna, La mariposa negra,* etc.

pastoral adj. Pastoril: *costumbres pastorales.* ‖ De los prelados: *visita pastoral.* ‖ Relativo a la poesía pastoril: *poema pastoral.* ‖ *Carta pastoral,* comunicación de un obispo a su diócesis. ‖ — F. Especie de drama bucólico. ‖ Carta pastoral.

pastorela f. Música y canto sencillos y alegres. ‖ *Poét.* Especie de idilio.

pastoreo m. Acción y efecto de apacentar el ganado.

pastoril adj. Propio o característico de los pastores : *novela pastoril.*

pastosidad f. Calidad de pastoso.

pastoso, sa adj. Blando, suave y suficientemente espeso : *sustancia pastosa.* ‖ Dícese de la voz de timbre suave : *voz pastosa.* ‖ Dícese de la boca o lengua secas.

Pastrana, v. en el centro de España (Guadalajara). Palacio.

Pastrana Borrero (Misael), político colombiano, n. en 1924. Pres. de la Rep. de 1970 a 1974.

pastuso, sa adj. y s. De Pasto (Colombia).

pata f. Pie y pierna de los animales. ‖ *Fam.* Pie o pierna del hombre. ‖ Cada una de las piezas o pies que sostienen un mueble o cualquier otra cosa. ‖ Hembra del pato. ‖ En las prendas de vestir, cartera, tira de paño. ‖ — *Fam. A cuatro patas,* a gatas. ‖ *A la pata coja,* modo de andar saltando en un solo pie y llevando el otro encogido. ‖ *A la pata la llana,* con sencillez, sin afectación. ‖ *Fam. A pata,* a pie ; descalzo. ‖ *Fig.* y *fam. Enseñar la pata,* enseñar la punta de la oreja. ‖ *Estirar la pata,* morir. ‖ *Meter la pata,* intervenir inoportunamente, cometer un desacierto. ‖ *Pata de banco,* despropósito. ‖ *Pata de cabra,* instrumento de zapatero. ‖ *Pata de gallina,* enfermedad de los árboles. ‖ *Pata de gallo,* planta gramínea ; tela de textura cruzada que forma cuadros de varios colores ; arruga que se forma en el ángulo externo de cada ojo ; despropósito. ‖ *Fig.* y *fam. Patas arriba,* en desorden. ‖ *Poner a uno de patas en la calle, echarle.* ‖ *Tener mala pata,* tener mala suerte.

pataca f. Aguaturma y su fruto.

patacho m. *Méx.* Yunta de mulas.

patada f. Golpe dado con la pata o con el pie. ‖ *Fam. Paso, gestión: dar muchas patadas para lograr algo.* ‖ *Fig.* y *fam. A patadas,* con excesiva abundancia ; muy mal, sin cuidado. ‖ *Dar cien patadas,* desagradar enormemente. ‖ *Dar la patada,* despedir, expulsar. ‖ *Darse (de) patadas,* no ir bien dos cosas juntas. ‖ *En dos patadas,* muy rápidamente.

patagón, ona adj. y s. De Patagonia (Argentina y Chile). ‖ Tehuelche.

Patagones, partido al E. de la Argentina (Buenos Aires), a orillas del río Negro ; cab. *Carmen de Patagones.*

Patagonia, región del S. de la Argentina y de Chile, comprendida

PA

479

entre los Andes, el Atlántico y el estrecho de Magallanes. Ganadería; agricultura; bosques. Petróleo. **C. pr.:** *Rawson, Puerto Deseado, Río Gallegos (Argentina), Punta Arenas y Puerto Aisén (Chile).* — Ant. prov. de la Argentina creada en 1955 y desaparecida al año siguiente.

patagónico, ca adj. Relativo a la Patagonia o a los patagones.

Patagónides, cadena montañosa al O. de la Argentina, en los límites de las prov. de Chubut y Neuquen.

patagua f. Árbol de Chile, de madera ligera usada en carpintería. ‖ Esta madera.

patalear v. i. Agitar violentamente las piernas : *el niño pataleaba en la cuna.* ‖ Dar patadas en el suelo por enfado o pesar. ‖ Rabiar.

pataleo m. Acción de patalear. ‖ Ruido que se hace de esa manera. ‖ *Fig. y fam. El derecho al pataleo,* recurso inútil de quejarse.

pataleta f. Fam. Convulsión fingida, ataque de nervios exagerado : *le dio una pataleta.* ‖ Manifestación de enojo.

Patan, c. en el centro de Nepal, cerca de Katmandú. Universidad.

patán m. Fam. Campesino, rústico. ‖ Hombre zafio y grosero.

pataneria f. Fam. Zafiedad.

¡ pataplún ! interj. ¡ Cataplún !

patata f. Planta solanácea cuyos tubérculos, carnosos y feculentos, son uno de los alimentos más útiles para el hombre. (Originaria de Chile y Perú, la patata, papa en América, fue introducida en España hacia 1534.) ‖ Cada uno de esos tubérculos. ‖ — *Patata dulce,* batata. ‖ *Patatas fritas a la inglesa,* las que se cortan en rebanadas muy finas.

patatal y **patatar** m. Campo plantado de patatas.

patatero, ra adj. Relativo a la patata. ‖ — M. y f. Vendedor de patatas. ‖ — M. Pop. Oficial del ejército que antes fue soldado.

patatin, que patatán (que) fr. fam. Argucias, disculpas del que no quiere entrar en razones. ‖ Expresión que resume lo que dice o que ha dicho alguien sin gran precisión.

patatús m. Fam. Desmayo ligero.

patay m. Amer. Pan hecho con algarroba negra.

Pataz, prov. en el O. del Perú (La Libertad) ; cap. *Tayabamba.*

paté m. (pal. fr.). Pasta de carne o hígado picados.

patear v. t. Fam. Dar golpes con los pies. ‖ *Fig. y fam.* Tratar ruda y desconsideradamente. ‖ Abuchear dando patadas. ‖ Reprender. ‖ — V. i. Fam. Dar patadas en señal de dolor, enfado, cólera, impaciencia. ‖ *Fig. y fam.* Andar mucho para conseguir algo. ‖ *Amer.* Cocear el caballo. ‖ *Arg.* Chutar, disparar con el balón. ‖ — V. pr. *Fam.* Ir a un lugar.

Patecatl, entre los aztecas, esposo de la diosa Mayahuel.

patena. f. Platillo de oro o plata en el cual se pone la hostia en la misa.

patentado, da adj. Que tiene una patente.

patentar v. t. Conceder y expedir patentes. ‖ Obtener patentes.

patente adj. Manifiesto, evidente : *una injusticia patente.* ‖ — F. Documento por el cual se confiere un derecho o privilegio. ‖ Documento que acredita haberse satisfecho el impuesto para el ejercicio de algunas profesiones o industrias : *patente industrial, profesional.* ‖ Derecho que se da a una persona o empresa para que exploten en exclusiva un invento o una marca. ‖ *Fig.* Cualquier testimonio que acredita una cualidad o mérito: *obtuvo con ello la patente de hombre prudente.*

patentizar v. t. Hacer patente.

pateo m. Fam. Acción de patear.

páter m. Fam. Sacerdote. ‖ Padre.

paterfamilias m. (pal. lat.). En la antigua Roma, el jefe de la familia.

Paterna, v. al E. de España en la zona urbana de Valencia. Industrias.

paternal adj. Aplícase al afecto, cariño o solicitud propios de los

padres : *amor paternal.* ‖ Como de padre : *cuidados paternales.*

paternalismo m. Carácter paternal. ‖ Doctrina social según la cual las relaciones entre el patrono y sus empleados deben ser parecidas a las que existen entre los miembros de una misma familia.

paternalista adj. Que tiene la características del paternalismo.

paternidad f. Calidad de padre : *los deberes de la paternidad.* ‖ *Fig.* Creación: *la paternidad de un libro.* ‖ Lazo jurídico que une al padre con sus hijos.

paterno, na adj. Del padre: *le tenía un gran amor paterno.*

paternóster m. Padrenuestro.

Paterson, c. en el NE. de Estados Unidos (Nueva Jersey). Obispado.

pateta m. Fam. El diablo.

patético, ca adj. Que conmueve o impresiona mucho:.

Patía, río en el SO. de Colombia (Cauca y Nariño), formado al unirse el Quilcasé y el Timbío ; 450 km.

patiabierto, ta adj. Fam. De piernas muy abiertas y torcidas.

Patiala, c. en el N. de la India (Pendjab). Metalurgia. Universidad.

patibulario, ria adj. Que por su aspecto o condición produce horror y recelo, haciendo pensar en los criminales : *cara patibularia.*

patíbulo m. Tablado o lugar en que se ejecuta la pena de muerte.

paticojo, ja adj. y s. Cojo.

patidifuso, sa adj. Fig. y fam. Patitieso, boquiabierto, sorprendido.

patilla f. Porción de pelo que crece delante de las orejas. ‖ Mechón de pelo que las mujeres colocan en ese mismo sitio. ‖ Una de las dos varillas con que se afianzan las gafas detrás de la oreja. ‖ — Pl. Fam. El diablo.

Patillas mun. al E. de Puerto Rico (Guayama), atravesado por el *río Grande de Patillas,* que des. en el *lago de Patillas.*

patín m. Plancha de metal provista de una cuchilla que se adapta a la suela del zapato para deslizarse sobre el hielo (con ruedas permite patinar sobre pavimento duro). ‖ Aparato con flotadores paralelos para deslizarse sobre el agua. ‖ Parte del tren de aterrizaje de un avión. ‖ Ave palmípeda marina. ‖ Calzado de niños pequeños. ‖ Juguete de niño que es una plancha montada sobre dos ruedas y un manillar.

pátina f. Especie de barniz verdoso que se forma en los objetos antiguos de bronce u otros metales.

patinadero m. Lugar para patinar.

patinador, ra adj. y s. Que patina.

patinaje m. Acción de patinar : *patinaje sobre ruedas, sobre hielo.*

patinar v. i. Deslizarse por el hielo o el suelo con patines. ‖ Resbalar las ruedas de un vehículo. ‖ Deslizarse intempestivamente un órgano mecánico. ‖ *Fig. y fam.* Meter la pata, hacer o decir algo poco oportuno. ‖ — V. t. Dar pátina a un objeto.

patinazo m. Acción y efecto de patinar bruscamente la rueda de un coche. ‖ *Fig. y fam.* Planchazo, desliz.

patineta f. y **patinete** m. Patín.

Patino, estero de la Argentina (Formosa) y del Paraguay (Presidente Hayes). — Dep. al NE. de la Argentina (Formosa) ; cab. *Comandante Fontana.*

Patiño (José), político español (1666-1736), ministro de Felipe V. Protegió la marina nacional. — **Ixtolinque** (PEDRO), escultor mexicano (1774-1835). Ejecutó obras para las iglesias de México, Puebla y Querétaro.

patio m. Espacio descubierto en el interior de un edificio : *el patio de la escuela, de un cuartel.* ‖ Piso bajo de teatro : *patio de butacas.*

patitieso, sa adj. Con las piernas tiesas o paralizadas. ‖ *Fig.* Muy erguido y tieso. ‖ *Fig. y fam.* Pasmado, muy sorprendido.

patizambo, ba adj. Aplícase al que tiene las piernas torcidas hacia fuera y muy junta las rodillas (ú. t. c. s.).

Patmos, isla del E. de Grecia en el Dodecaneso (Espóradas del Sur).

Patna, c. en el N. de la India, a

orillas del Ganges, cap. del Estado de Bihar. Obispado. Universidad.

pato m. Ave acuática palmípeda, de pico ancho en la punta y tarsos muy cortos, que puede ser domesticada. ‖ — *Pop. Pagar el pato,* llevar un castigo injusto, no merecido. ‖ *Pato de flojel,* ave palmípeda de gran tamaño, llamada también *eider,* con cuyo plumón se fabrican edredones.

patochada f. Fam. Despropósito.

patógeno, na adj. Dícese de lo que causa las enfermedades.

patología f. Parte de la medicina que estudia las enfermedades.

patológico, ca adj. Relativo a la patología : *un caso patológico.*

patólogo, ga m. y f. Especialista que se dedica a la patología.

Patos, cumbre de los Andes entre el NO. de la Argentina (Catamarca) y el NE. de Chile (Atacama) ; 5 950 m. Por un desfiladero de este cerro, el general San Martín y su ejército libertador atravesó la cordillera en 1816. — Río al O. de la Argentina (San Juan) que, al confluir con el Castaño, forma el San Juan. — Laguna al S. del Brasil (Rio Grande do Sul) que, a través del río San Gonzalo, comunica con la laguna de Merín (Uruguay) y, por el río Grande, con el Atlántico ; 280 km. — Laguna al N. de México (Chihuahua).

patoso, sa adj. Fam. Que desea ser gracioso sin lograrlo. ‖ Sin gracia.

patraña f. Fam. Embuste, mentira.

Patrás, c. y puerto de Grecia en el NO. del Peloponeso, a orillas del golfo homónimo, formado por el mar Jónico.

patria f. País en que se ha nacido: *defender su patria.* ‖ — *Madre patria,* país de origen. ‖ *Patria celestial,* el cielo o gloria. ‖ *Patria chica,* pueblo o ciudad de nacimiento.

patriada f. Arg. Acción peligrosa emprendida en favor de otra persona.

patriarca m. En el Antiguo Testamento, nombre de los primeros jefes de familia. ‖ *Fig.* Anciano respetable y con mayor autoridad en una familia o colectividad. ‖ Título de dignidad de algunos prelados sin ejercicio ni jurisdicción : *el patriarca de las Indias.* ‖ Título de ciertos obispos y de los jefes de la Iglesia griega.

patriarcado m. Dignidad de patriarca y territorio de su jurisdicción. ‖ Organización social caracterizada por la supremacía del padre o del marido sobre los otros miembros de la tribu.

patriarcal adj. Relativo al patriarcado o al patriarca : *iglesia patriarcal.* ‖ *Fig.* Ejercido con sencillez y benevolencia: *gobierno, autoridad patriarcal.* ‖ — F. Iglesia del patriarca. ‖ Patriarcado.

patricio, cia adj. En Roma, descendiente de los primeros senadores instituidos por Rómulo (ú. t. c. s.). ‖ Noble (ú. t. c. s.). ‖ Relativo a los patricios: *dignidad, clase patricia.* ‖ — M. y f. Persona que descuella por sus virtudes, autoridad, talento o fortuna.

Patricio (San), apóstol y patrón de Irlanda (¿ 390-461 ?). Fiesta el 17 de marzo.

patrimonial adj. Relativo al patrimonio : *bienes patrimoniales.*

patrimonio m. Hacienda que se hereda del padre o de la madre : *patrimonio familiar.* ‖ *Fig.* Bienes propios adquiridos por cualquier motivo. ‖ Lo que es privativo de un grupo de gente : *la vitalidad es el patrimonio de la juventud.* ‖ *Patrimonio nacional,* totalidad de los bienes de una nación.

Patrimonio de San Pedro, conjunto de territorios de los antiguos Estados de la Iglesia, en la región de Viterbo, donada a la Santa Sede por la condesa Matilde de Toscana (1077).

patrio, tria adj. Relativo a la patria : *el territorio patrio; independencia patria.* ‖ Perteneciente al padre : *Patria potestad,* autoridad de los padres sobre los hijos menores no emancipados.

patriota adj. y s. Que tiene amor a la patria y procura su bien.

patriotería f. Alarde propio del patriotero.

patriotero, ra adj. Que presume de modo excesivo e inoportuno de patriotismo (ú. t. c. s.).

patriótico, ca adj. Relativo al patriota o a la patria.

patriotismo m. Amor a la patria : de *acendrado patriotismo*.

patrística f. Ciencia que tiene por objeto el conocimiento de la doctrina, obras y vidas de los Padres de la Iglesia.

patrocinador, ra adj. y s. Que patrocina.

patrocinar v. t. Defender, proteger, amparar, favorecer : *patrocinar una empresa, una candidatura.* ‖ Hacerse, una persona o empresa, cargo, por motivos publicitarios, de los gastos causados por una competición o equipo deportivos, un concurso, un programa televisivo, etc.

patrocinio m. Amparo, protección.

patrón, ona m. y f. Dueño de una casa de huéspedes. ‖ Jefe de una empresa industrial o comercial (pl. del m. *patronos*, en Amér. *patrones*). ‖ Maestro, profesor bajo cuya dirección se estudia o investiga. ‖ Santo titular de una iglesia. ‖ Protector escogido por un pueblo o cofradía. ‖ — M. Jefe de un barco mercante o de pesca. ‖ Modelo : *el patrón de un vestido.* ‖ Planta en la que se hace el injerto. ‖ Metal adoptado como tipo de moneda : *el patrón oro.* ‖ *Fig.* Cortado con el mismo patrón, muy parecido.

Patrón (Pablo), médico, escritor y arqueólogo peruano (1855-1910). Publicó *El Perú primitivo*.

patronal adj. Relativo al patrono o al patronato. ‖ — F. Confederación que reúne a los jefes de las principales empresas de un país.

patronato m. Derecho, poder o facultad que tienen el patrono o patronos. ‖ Corporación que forman los patronos. ‖ Fundación que una obra pía o cualquier otra institución que tiene como fin el cumplimiento de ciertos objetivos: *patronato de huérfanos.* ‖ Sociedad. ‖ Centro.

patronazgo m. Patrocinio.

patronímico, ca adj. Entre los griegos y romanos, aplícabase al nombre derivado del perteneciente al padre o a otro antecesor. ‖ Aplícase al apellido que se daba a los hijos, sacado del nombre de sus padres, como González de Gonzalo, López, de Lope, etc. ‖ — M. Nombre común dado a todos los descendientes de una raza, como merovingio, etc.

patrono, na m. y f. Persona que tiene empleados trabajando por su cuenta. ‖ Santo titular de una iglesia o pueblo. ‖ Patrón, protector de una iglesia o corporación.

patrulla f. Partida de soldados o policías y escuadrilla de barcos o aviones que recorren determinado sitio para vigilar y mantener el orden y la seguridad. ‖ Servicio de una patrulla. ‖ *Fig.* Grupo de personas que persigue cierto fin. ‖ — Adj. Que va en patrulla: *coche patrulla de la policía.*

patrullar v. i. Recorrer un lugar en patrulla.

patrullero, ra adj. Que patrulla. ‖ Aplícase al buque o avión destinado a patrullar (ú. t. c. s. m.). ‖ Dícese del coche de policía que patrulla (ú. t. c. s. m.).

Patuca, río en el centro de Honduras (Olancho y Colón), que des. en el mar Caribe ; 483 km. Arenas auríferas.

patulea f. *Fam.* Grupo de niños.

Pátzcuaro, lago en el centro de México (Michoacán). Tiene cinco islas. Turismo. — C. en el centro de México (Michoacán).

Patzicía, mun. en el centro de Guatemala (Chimaltenango).

Patzun, mun. en el centro de Guatemala (Chimaltenango). Comercio.

Pau [*po*], c. del S. de Francia, cap. del dep. de Pyrénées-Atlantiques.

Paucarcolla, mun. en el SE. de Perú (Puno), a orillas del lago Titicaca.

Paucarpata, mun. al S. de Perú (Arequipa).

Paucartambo, río del Perú (Cuzco) que, al unirse con el Chanchamayo, forma el Perené. — C. en el SE. del Perú, cap. de la prov. homónima (Cuzco).

pauji o **paují** m. Ave del Perú, especie de pavo silvestre.

paúl adj. y s. Aplícase a los clérigos

regulares de la congregación francesa fundada por San Vicente de Paúl en 1625 para formar misioneros y predicar el Evangelio entre las clases populares. (Llámanse también *sacerdotes de la Misión o lazaristas.*)

paular v. i. *Fam.* Hablar.

paulatino, na adj. Que procede y obra progresivamente.

Paulino Lucero o **Los gauchos en el Río de la Plata,** romance gauchesco de Hilario Ascasubi (1839-1851).

paulista adj. y s. De São Paulo. (V. BANDEIRANTE.)

Paulo ‖ ~ **III** *(Alejandro Farnesio)*, papa de 1534 a 1549. Convocó el Concilio de Trento. ‖ ~ **VI** *(Juan Bautista Montini)* [1897-1978], elegido papa en 1963. Prosiguió y clausuró el II Concilio Vaticano (1965) y hizo varios viajes al extranjero, uno de ellos a Bogotá (1968). Autor de varias encíclicas *(Populorum progressio, Humanae vitae)*.

pauperismo m. Fenómeno social caracterizado por la gran pobreza de un país o población. ‖ Existencia de gran número de pobres en un país, en particular de manera permanente.

pauperización f. Empobrecimiento de una población o de una clase social.

pauperizar v. t. Empobrecer.

paupérrimo, ma adj. Muy pobre.

pausa f. Breve interrupción. ‖ Tardanza, lentitud. ‖ *Mús.* Breve intervalo en que se deja de cantar o tocar. ‖ Signo que la indica.

pausado, da adj. Lento.

pauta f. Cada una de las rayas trazadas en el papel en que se escribe o se hace la notación musical. ‖ Conjunto de estas rayas. ‖ Regla para rayar el papel en que aprenden los niños a escribir recto. ‖ *Fig.* Lo que sirve de regla o norma para hacer una cosa. ‖ Dechado, modelo.

Paute, pobl. en el SO. del Ecuador (Azuay). — V. NAMANGOZA.

pava f. Hembra del pavo. ‖ *Fig.* y *fam.* Mujer sosa y desgarbada. ‖ *Fig.* Pelar la pava, hablar los novios con las novias.

pava f. Fuelle grande usado en ciertos hornos metalúrgicos. ‖ *Fam.* Colilla. ‖ *Arg.* Tetera que se emplea para el mate. ‖ *Chil.* Orinal. ‖ *Chil.* y *Per.* Broma grosera. ‖ *Amér. C.* y *Col.* Flequillo de las mujeres.

pavada f. Manada de pavos. ‖ *Fig.* y *fam.* Sosería.

pavana f. Danza y música de ritmo lento y grave : *pavanas de Ravel.*

pavear v. i. *Arg.* Decir o hacer pavadas o tonterías. ‖ Perder el tiempo. ‖ *Chil.* y *Per.* Dar bromas pesadas. ‖ *Ecuad.* Hacer novillos el alumno.

pavero, ra adj. *Fig.* Presumido, vanidoso (ú. t. c. s.). ‖ — M. y f. Persona que cría o vende pavos. ‖ — M. *Fam.* Sombrero andaluz de ala ancha y copa de figura de cono truncado.

pavés m. Escudo grande.

pavesa f. Partícula que se desprende de un cuerpo en combustión.

Pavese (Cesare), escritor italiano (1908-1950), autor de novelas.

Pavía, c. en el N. de Italia (Lombardía), cap. de la prov. homónima. Obispado. Universidad. Aquí las tropas españolas de Carlos I hicieron prisionero a Francisco I de Francia y derrotaron a su ejército (1525).

Pavía (Manuel), general español (1827-1895). En 1874, al disolver las Cortes republicanas, hizo posible la restauración monárquica.

pavimentación f. y **pavimentado** m. Acción de pavimentar. ‖ Pavimento, revestimiento del suelo.

pavimentar v. t. Revestir el suelo con baldosas, adoquines, cemento u otros materiales.

pavimento m. Firme o revestimiento de las carreteras.

pavito, ta m. y f. *Amér.* Adolescente, jovencito. ‖ Gamberro, granuja.

Pavlodar, c. en el suroeste de la U. R. S. S. (Kazakstán).

Pavlotzky (Raúl), pintor abstracto uruguayo, n. en 1918.

Pavlov (Iván), fisiólogo y médico ruso (1849-1936). Premio Nobel en 1904 por sus estudios de las glándulas digestivas, sobre los reflejos condicionados, etc.

pavo m. Ave gallinácea oriunda de América, de plumaje negro verdoso, cabeza desnuda cubierta de carúnculas rojas y cresta eréctil. ‖ *Fig.* y *fam.* Hombre necio, ingenuo. ‖ Duro (moneda). ‖ *Fam.* Estado de ansiedad, de angustia que sufre el drogadicto que carece de drogas. ‖ — *Fam.* Comer pavo, en un baile, quedarse sin bailar una mujer. ‖ *Pavo real,* gallinácea oriunda de Asia, cuyo macho posee una hermosa cola de plumas verdes oceladas que extiende en círculo para hacer la rueda. ‖ *Fam. Subírsele a uno el pavo,* ruborizarse.

pavón m. Pavo real. ‖ Mariposa. ‖ *Tecn.* Color azul con que se cubren objetos de hierro y acero para protegerlos contra la oxidación.

Pavón, arroyo al NE. de la Argentina (Santa Fe), en cuyas orillas Mitre, jefe de las fuerzas bonaerenses, derrotó al ejército de la Confederación mandado por Urquiza (22 de septiembre de 1861).

Pavón (José Ignacio), político mexicano (1791-1866), pres. interino de la Rep. del 13 al 15 de agosto de 1860.

pavonado, da adj. De color azulado oscuro. ‖ — M. *Tecn.* Pavón.

pavonar v. t. Dar pavón a los objetos de hierro o acero.

pavonear v. i. Hacer ostentación, presumir, vanagloriarse (ú. m. c. pr.).

pavoneo m. Ostentación.

pavor m. Temor muy grande.

pavoroso, sa adj. Que da pavor.

paya f. Composición poética dialogada que improvisan los payadores.

payacate m. *Méx.* Paliacate.

Payachata, cumbre de los Andes en el N. de Chile (Tarapacá) ; 6 320 m.

payada f. *Amér.* Canto del payador. ‖ Justa poética y musical de dos payadores.

payador m. *Riopl.* y *Chil.* Gaucho que canta acompañándose con la guitarra.

payadura f. *Arg.* y *Chil.* Payada.

payanés, esa adj. y s. Popayanense.

payar v. i. Cantar payadas.

payasada f. Bufonada, farsa.

payasear v. i. Hacer payasadas.

payaso m. Artista que hace de gracioso en las ferias o circos. ‖ *Fig.* Persona graciosa, chistosa. ‖ Persona poco seria.

payés, esa m. y f. Aldeano de Cataluña y Baleares (España).

Payne (Thomas). V. PAINE.

Payno (Juan Antonio), escritor español, n. en 1941, autor de la novela *El curso.* ‖ — (MANUEL), escritor mexicano (1810-1894), autor de la novela *El fistol del diablo* y de los cuadros costumbristas *Los bandidos de Río Frío, El hombre de la situación*, etc.

payo, ya adj. y s. Aldeano, campesino ignorante y rudo. ‖ *Pop.* Tonto. ‖ Para los gitanos, aplícase a cualquier persona que no es de su raza.

Payo Obispo V. CHETUMAL.

Payró (Roberto J.), escritor argentino (1867-1928), autor de novelas de costumbres *(El casamiento de Laucha, Pago Chico y Divertidas aventuras del nieto de Juan Moreira)* y obras teatrales *(Marco Severi, El triunfo de los otros)*.

Paysandú, c. en el NO. de Uruguay, cap. del dep. homónimo ; puerto fluvial. El dep. es ganadero. En 1975 se inauguró el *Puente General Artigas* sobre el río Uruguay de 2 360 m de longitud, que une la localidad con la argentina de Colón (Entre Ríos).

Payta. V. PAITA.

paz f. Situación de un país que no sostiene guerra con ningún otro. ‖ Unión, concordia entre los miembros de un grupo o de una familia: *vivir en paz con sus vecinos.* ‖ Convenio o tratado que pone fin a una guerra: *firmar la paz.* ‖ Sosiego, tranquilidad: *la paz de un monasterio.* ‖ Descanso: *dejar dormir en paz.* ‖ Reconciliación. U. t. en pl.: *hacer las paces.* ‖ Sosiego o tranquilidad del alma: *tener la conciencia en paz.* ‖ Reliquia que besan los fieles. ‖ — *A la paz de Dios,* forma de saludar o de despedirse. ‖ *Dar paz,* dar tranquilidad. ‖ *Dejar en paz,* no inquietar ni molestar. ‖ *Fig. Descansar o reposar en paz,* estar muerto. ‖ *Estar en paz,* no deberse nada. ‖ *Firmar o hacer las paces,* reconciliarse. ‖ *¡ Paz!* interj.

PA

481

que se usa para exigir silencio. ‖ *Que en paz descanse,* o *descanse en paz,* expresión que se dice cuando se habla de alguien que ya ha muerto.

Paz, río fronterizo entre El Salvador y Guatemala ; 56 km.

Paz I — **(La),** dep al E. de la Argentina (Entre Ríos). Puerto fluvial. — C. en el centro oeste de Bolivia situada a 4 300 m de altitud, cap. del dep. homónimo. Residencia del Gobierno de la Rep. desde 1900 ; 697 000 h. Arzobispado. Universidad. Comercio. Fundada el año 1548 con el n. de *Pueblo Nuevo de Nuestra Señora de la Paz,* se llama hoy oficialmente *La Paz de Ayacucho.* En la prov., cereales, riquezas minerales. — Dep. en el sur del centro del El Salvador ; cap. *Zacatecoluca.* — C. en el SO. de Honduras, cap. del dep. homónimo. — C. y puerto en el O. de México, cap. del Estado de Baja California Sur. Central termoeléctrica. Prefectura apostólica. — Mun. de México en el área urbana de la capital del país ; cap. *Los Reyes.* — C. al sur de Uruguay (Canelones). ‖ ~ **Central,** pobl. en el O. de Nicaragua (León). Ant. *Pueblo Nuevo.* ‖ ~ **de Río,** pobl. en el N. de Colombia (Boyacá). Hierro ; metalurgia.

Paz (Alonso de la), imaginero guatemalteco (1605-1676). ‖ ~ (IRENEO), general, jurista y escritor mexicano (1836-1924). ‖ ~ (JOSÉ CAMILO), político argentino (1842-1912), fundador en 1869 del diario *La Prensa,* de Buenos Aires. ‖ ~ (JOSÉ MARÍA), general argentino (1791-1854). Combatió por la Independencia y contra los federales. Dirigió la defensa de Montevideo contra Oribe (1843). ‖ ~ (JUAN CARLOS), compositor argentino (1897-1972), autor de música de cámara, para piano y composiciones orquestales (*Canto de Navidad, Obertura para doce instrumentos*). Fue un musicólogo notable. ‖ ~ (OCTAVIO), escritor mexicano, n. en 1914, autor de poesías (*Raíz del hombre, Libertad bajo palabra, Piedra de sol, Salamandra, El mono gramático*), ensayos (*El laberinto de la soledad, Cuadrivio, El ogro filantrópico, Las peras del olmo, El arco y la lira, Tiempo nublado, Sombras de obras*) y libros de crítica literaria (*Sor Juana Inés de la Cruz o las trampas de la fe*). ‖ ~ **Baraona** (MIGUEL), político hondureño, m. en 1937, pres. de la Rep. de 1925 a 1929. ‖ ~ **Estenssoro** (VÍCTOR), político boliviano, n. en 1907, pres. de la Rep. de 1952 a 1956. Nacionalizó las minas de estaño. Reelegido en 1960, fue destituido en 1964. ‖ ~ **García** (POLICARPO), militar hondureño, n. en 1932, pres. de la Rep. (1980-1982). ‖ ~ **Soldán y Unanue** (PEDRO), escritor romántico peruano (1839-1895), autor de poesías satíricas, obras de teatro, etc. Fue llamado *Juan de Arona.* ‖ ~ **y Salgado** (ANTONIO DE), escritor satírico guatemalteco, m. en 1757. Autor de *El mosqueador.*

pazguatería f. Simpleza, candidez.

pazguato, ta adj. y s. Simple.

pazo m. En Galicia, casa solariega edificada en el campo.

pazote m. Planta quenopodiácea americana cuyas hojas y flores se toman en infusión. ‖ Sus hojas y flores.

Pb, símbolo químico del *plomo.*

¡ pche ! o **¡ pchs !** interj. Denota indiferencia o reserva.

Pd, símbolo químico del *paladio.*

pe f. Nombre de la letra *p.* ‖ *Fig. De pe a pa,* desde el principio hasta el final.

pea f. *Pop.* Borrachera.

Peace River, río del O. de Canadá, afl. del Esclavo. Central hidroeléctrica.

peaje m. Derecho de tránsito que se paga en ciertas autopistas, carreteras o puentes.

peana f. Plataforma o basa para colocar encima una estatua u otra cosa. ‖ Tarima delante del altar. ‖ *Pop.* Pie.

Pearl Harbor, c. y puerto de las islas Hawai, al S. de la isla de Oahú. El ataque de la aviación japonesa (7 de diciembre de 1941) contra la escuadra de los Estados Unidos determinó la entrada de éstos en la segunda guerra mundial.

Peary (Robert Edwin), marino y explorador norteamericano (1856-

1920). Fue el primer navegante que llegó al polo Norte (6 de abril de 1909).

peatón m. El que camina a pie.

peatonal adj. Reservado para peatones : *calle peatonal.*

pebeta f. *Arg.* y *Urug.* Muchacha, chica joven.

pebete m. Pasta hecha con polvos aromáticos que se quema para perfumar las habitaciones. ‖ Varita de materia combustible para encender los fuegos artificiales, cohetes, etc. ‖ *Arg.* y *Urug.* Niño.

pebetero m. Perfumador, recipiente donde se queman perfumes.

peca f. Mancha de color pardo en el cutis: *tenía la cara llena de pecas.*

pecado m. Hecho, dicho, deseo, pensamiento y omisión contra la ley divina : *pecados veniales, mortales.* ‖ Falta grave: *es un pecado no comerse este dulce.* ‖ Defecto en una cosa. ‖ — *Pecado contra natura* o *nefando,* sodomía o cualquier otro acto contrario a la generación. ‖ *Pecado original,* el de Adán y Eva transmitido a todos los hombres.

pecador, ra adj. y s. Que peca.

pecaminosidad f. Condición de pecaminoso.

pecaminoso, sa adj. Relativo al pecado o al pecador.

pecar v. i. Incurrir en pecado. ‖ Cometer una falta. ‖ *Dejarse llevar de una afición o pasión : pecar de goloso, de severo.* ‖ Exponerse a un castigo por tener en grado elevado un defecto o incluso una cualidad: *pecar de benévolo.* ‖ *Pecar de confiado,* ser demasiado confiado.

pecarí o **pécari** m. *Amer.* Saíno.

pecblenda f. Óxido natural de uranio, el más importante y rico de los minerales de uranio (del 40 al 90 %), del que también se extrae radio.

peccata minuta expr. lat. fam. Error, falta poco grave.

pecé m. Partido Comunista Español.

pecera f. Recipiente de cristal lleno de agua donde se tienen peces vivos.

pecio m. Resto de una embarcación que ha naufragado.

peciolo o **peciolo** m. Rabillo de la hoja.

pécora f. Mujer astuta y muy mala. ‖ Ramera.

pecoso, sa adj. Que tiene pecas.

Pecotche (Carlos Bernardo GONZÁLEZ). V. GONZÁLEZ PECOTCHE.

Pecs, c. meridional de Hungría, cerca de la frontera con Yugoslavia. Obispado. Universidad.

pectoral adj. Relativo al pecho: *cavidad pectoral.* ‖ Dícese de los músculos que están en el tórax. Ú. t. c. s. m. : *el pectoral mayor y menor.* ‖ Bueno para el pecho. Ú. t. c. s. m.: *tomar un pectoral.* — M. Adorno suspendido o fijado en el pecho. ‖ Cruz que llevan sobre el pecho los obispos. ‖ Ornamento sagrado que llevaba en el pecho el sumo sacerdote judío.

pecuario, ria adj. Relativo al ganado : *la riqueza pecuaria.*

peculado m. Malversación de caudales públicos cometida por el que los administra.

peculiar adj. Propio o privativo de cada persona o cosa.

peculiaridad f. Condición de peculiar. ‖ Señal o detalle peculiar.

peculio m. Bienes que el padre dejaba al hijo para su uso. ‖ *Fig.* Dinero particular de cada uno.

pecuniario, ria adj. Relativo al dinero. ‖ Que consiste en dinero : *pena pecuniaria.*

pechada f. *Amer.* Hartón, hartazgo.

pechar v. t. Pagar tributo. ‖ *Amer.* Abrirse paso entre la gente codeando. ‖ Pedir prestado. ‖ — V. i. Asumir una carga : *el pechar con el trabajo.*

Pechawar. V. PESHAWAR.

pechblenda f. Pecblenda.

Pechenga. V. PÉTSAMO.

pechera f. Parte de la camisa que cubre el pecho. ‖ Chorrera de camisa. ‖ *Fam.* Pecho de la mujer.

pecho m. Parte interna y externa del cuerpo humano que se extiende desde el cuello hasta el vientre. ‖ Parte anterior del tronco de los cuadrúpedos entre el cuello y las patas anteriores. ‖ Cada una de las mamas de la mujer : *dar el pecho al hijo.* ‖ Repecho, cuesta. ‖ *Fig.* Corazón.

‖ Valor, ánimo : *hombre de mucho pecho.* ‖ Calidad o duración de la voz : *voz de pecho; dar el do de pecho.* ‖ *Ant.* Tributo. ‖ — *Fig. Abrir su pecho a alguien,* sincerarse con él, descubrirle algún secreto propio. ‖ *A lo hecho, pecho,* hay que arrostrar las consecuencias de una acción y no pensar más en ella. ‖ *A pecho descubierto,* indefenso. ‖ *Dar el pecho,* dar de mamar ; (fig.) afrontar un peligro. ‖ *Fig. De pecho,* aplícase al niño que mama. ‖ *Echarse* o *tomarse algo a pecho,* tomarlo con gran interés ; ofenderse por ello. ‖ *Fam. Entre pecho y espalda,* en el estómago.

Pechora. V. PETCHORA.

pechuga f. Pecho de las aves: *comer pechugas de pollo.* ‖ *Fig. y fam.* Pecho del hombre o de la mujer. ‖ *Amer.* Desfachatez. ‖ Traición. ‖ Abuso. ‖ Pesar que alguien causa a otro.

pechugón, ona adj. *Fam.* Que tiene mucho pecho.

pedagogía f. Ciencia de la educación. ‖ Arte de enseñar o educar a los niños. ‖ Método de enseñanza.

pedagógico, ca adj. Relativo a la pedagogía: *método pedagógico.*

pedagogo, ga m. y f. Educador.

pedal m. Palanca que se mueve con el pie: *los pedales de la bicicleta, del piano, del arpa.* ‖ Cada uno de los juegos del órgano que se mueven con el pie.

pedalada f. Impulso que se da a un pedal con el pie.

pedalear v. i. Accionar los pedales de una bicicleta o de otras máquinas.

pedaleo m. Acción de pedalear.

pedáneo adj. Aplícase al alcalde o juez de limitada jurisdicción.

pedanía f. *Amer.* Distrito.

pedante adj. y s. Aplícase a la persona que hace alarde de sus conocimientos.

pedantear v. i. Hacerse el pedante. ‖ Hacer alarde de erudición.

pedantería f. Afectación propia del pedante. ‖ Dicho o hecho pedante.

pedantesco, ca adj. Relativo a los pedantes o a su estilo.

pedantismo m. Pedantería.

pedazo m. Parte o porción de una cosa separada del todo. ‖ — *A pedazos,* por partes. ‖ *Fig. Caerse a pedazos,* andar de manera muy desgarbada ; estar muy cansado físicamente. ‖ *Comprar una cosa por un pedazo de pan,* comprarla muy barato. ‖ *Ganarse un pedazo de pan,* ganar lo imprescindible para vivir. ‖ *Hacer pedazos una cosa,* romperla. ‖ *Fig. Hecho pedazos,* destrozado, agotado, muy cansado. ‖ *Pedazo de alcornoque, de animal, de bruto,* persona torpe o tonta.

pederasta m. Homosexual.

pederastia f. Homosexualidad.

pedernal m. Variedad de cuarzo de color amarillento, que da chispas al ser golpeado con el eslabón. ‖ *Fig.* Cosa muy dura.

Pedernales, río y c. al SO. de la Rep. Dominicana y en la península de Barahona, cap. de la prov. del mismo nombre.

Pederneiras (Mario), poeta brasileño (1868-1915).

Pedernera, dep. de la Argentina (San Luis) ; cab. *Villa Mercedes.*

Pedernera (Juan Esteban), general argentino (1796-1886). Luchó a las órdenes de San Martín y más tarde contra Rosas (1843).

pedestal m. Cuerpo compuesto de base y cornisa que sostiene una columna, estatua, etc. ‖ *Fig.* Lo que permite encumbrarse, apoyo.

pedestre adj. Que anda a pie. ‖ Dícese del deporte que consiste en andar o correr: *carrera pedestre.* ‖ *Fig.* Llano, sin relieve. ‖ Vulgar, ramplón, sin valor: *sus versos pedestres.*

pedestrismo m. Deporte de las carreras a pie. ‖ *Fig.* Vulgaridad.

pediatra com. Médico especialista de las enfermedades infantiles.

pediatría f. Parte de la medicina que estudia y se ocupa de las enfermedades infantiles.

pedicuro, na m. y f. Callista.

pedida f. Petición de mano.

pedido m. *Com.* Encargo de géneros hecho a un fabricante o vendedor: *hacer un pedido.* ‖ Petición.

pedigree m. (pal. ingl.). Pedigrí.

pedigrí m. Genealogía de un animal. ‖ Documento en que consta.

pedigüeño, ña adj. Que pide con frecuencia e importunidad (ú. t. c. s.).

pedimento m. Petición. ‖ *For.* Documento que se presenta ante un juez o tribunal reclamando una cosa.

pedir v. t. Rogar a uno que dé o haga una cosa: *pedir protección a las autoridades.* ‖ Por antonomasia, pedir limosna. ‖ Exigir: *pedir reparación, justicia.* ‖ Encargar: *pedir un café.* ‖ Solicitar uno su derecho ante el juez: *pedir en justicia.* ‖ Requerir: *las plantas piden agua.* ‖ Fijar precio a una mercancía el que la vende: *este sastre pide muy caro.* ‖ Rogar a los padres de una mujer para que la concedan en matrimonio: *pedir la mano.* ‖ — *Fig.* y *fam. A pedir de boca,* a medida del deseo. ‖ *Pedir la Luna o pedir peras al olmo,* pedir cosas imposibles de conseguir. ‖ *Venir a pedir de boca,* ser una cosa la mejor o lo más oportuna que se podía esperar.

pedo m. Ventosidad que se expulsa por el ano. ‖ *Fam.* Pea, borrachera. —

pedofilia f. Atracción sexual por los niños.

pedorrera f. *Fam.* Abundancia de ventosidades expelidas por el ano.

pedrada f. Acción de arrojar una piedra. ‖ Golpe dado con ella y herida producida: *recibió una pedrada en la cabeza.* ‖ *Fig.* Cosa que se dice con intención de molestar.

Pedralbes, monasterio gótico de las clarisas (1326), al O. de Barcelona (España). Palacio Real.

Pedrarias (Pedro ARIAS DÁVILA, llamado), militar y conquistador español, n. en Segovia (¿ 1440 ?-1531). Gobernador del Darién (1514), ordenó ejecutar a Núñez de Balboa (1517). Fundó la ciudad de Panamá (1519) y dirigió importantes expediciones a Nicaragua y Costa Rica.

pedrea f. Acción de apedrear. ‖ Lucha a pedradas. ‖ Granizo. ‖ *Fig.* y *fam.* Conjunto de los premios menores de la lotería.

pedregal m. Lugar pedregoso.

Pedregal, río en el S. de México (Tabasco) que, al confluir con el de las Playas, forma el Tonalá. — Río en el NO. de Venezuela (Falcón) que des. en el golfo de este n.

pedregoso, sa adj. Lleno, cubierto de piedras.

pedregullo m. *Arg.* Grava que sirve para rellenar.

Pedrell (Carlos), músico uruguayo (1878-1941). Vivió en París y era sobrino de Felipe Pedrell. Compuso obras para guitarra, orquesta y comedias líricas. ‖ — (FELIPE), compositor y musicólogo español, n. en Tortosa (1841-1922), creador de la Escuela Española de Musicología. Autor de cinco óperas (*La Celestina, Los Pirineos,* etc.), de poemas sinfónicos, música para orquesta, etc., y de obras de erudición.

pedrera f. Cantera.

pedrisca f. Granizo.

pedrisco m. Granizo grueso.

Pedro ‖ ~ **Aguirre Cerda,** com. de Chile en el Área Metropolitana de Santiago. ‖ ~ **Betancourt,** térm. mun. al oeste de Cuba (Matanzas). ‖ ~ **de Valdivia,** pobl. en el N. de Chile (Antofagasta). Salinas. ‖ ~ **Escobedo,** mun. en el centro de México (Querétaro). ‖ ~ **González,** isla del centro sur de Panamá, en el archip. de Las Perlas. — Pobl. en el SO. del Paraguay (Ñeembucú). ‖ ~ **Juan Caballero,** c. en el NE. del Paraguay, cap. del dep. de Amambay. ‖ ~ **María Morantes,** mun. al SO. de Venezuela (Táchira), en los suburbios de la c. de San Cristóbal. ‖ ~ **Moncayo,** cantón en el N. del Ecuador (Pichincha). ‖ ~ **Muñoz,** v. de España (Ciudad Real). ‖ ~ **Santana,** com. en el O. de la Rep. Dominicana (Elías Piña).

Pedro ‖ ~ **(San),** jefe de los apóstoles y primero de los papas de la Iglesia católica, n. hacia el año 10 a. J. C. y martirizado en Roma hacia el 64 de nuestra era. Sobre su sepultura se erige la basílica del Vaticano. Fiesta el 29 de junio. ‖ ~ **Armengol** (San), religioso mercedario español (1238-1304). Fiesta el 27 de abril. ‖ ~ **Claver** (San), jesuita español (1580-1654).

Evangelizó en Cartagena (Colombia) a los esclavos africanos. Se le dio el nombre de *Apóstol de los negros.* Fiesta el 9 de septiembre. Es patrón de Colombia. ‖ ~ **de Alcántara** (San), franciscano español (1499-1562), que reformó la orden en España. Fiesta el 19 de octubre. ‖ ~ **de Arbués** (San), religioso español (1441-1485), inquisidor de Aragón. M. asesinado por los judíos. Fiesta el 17 de septiembre. ‖ ~ **de Verona** (San), sacerdote e inquisidor italiano (¿ 1205 ?-1252). M. asesinado. Fiesta el 29 de abril. ‖ ~ **Nolasco** (San), religioso francés (¿ 1182 ?-1249), quien, con San Raimundo de Peñafort, fundó la orden de la Merced. Fiesta el 28 de enero. ‖ ~ **Regalado** (San), franciscano español (1391-1456). Fiesta el 13 de mayo.

Pedro I el Cruel (1334-1369), rey de Castilla y León, hijo de Alfonso XI y su sucesor en 1350. Tuvo que hacer frente a numerosas guerras civiles. Fue vencido y muerto por su hermano bastardo Enrique de Trastamara en los campos de Montiel. ‖ ~ **I** (1074-1104), rey de Navarra y Aragón desde 1094. Derrotó a los árabes en Alcoraz (Huesca) en 1096. ‖ ~ **II** (1177-1213), rey de Aragón y Cataluña desde 1196, hijo de Alfonso II y padre de Jaime el Conquistador. Luchó en la batalla de las Navas de Tolosa y murió en Muret luchando contra Simón de Montfort. ‖ ~ **III** *el Grande* (1239-1285), rey de Aragón y Valencia desde 1276. Sucesor de su padre Jaime el Conquistador, ocupó Sicilia (1282), después de derrotar a los franceses. Excomulgado por el Papa, cedió sus derechos a Carlos de Valois, pero las victorias navales de Roger de Lauria impidieron la invasión francesa. ‖ ~ **IV** *el Ceremonioso* (1319-1387), rey de Aragón y Cataluña desde 1336. Combatió contra los árabes en la batalla del Salado (1340) e incorporó a sus dominios Mallorca, el Rosellón y parte de Cerdeña (1344).

Pedro ‖ ~ **I,** llamado *el Justiciero* (1320-1367), rey de Portugal desde 1357. Amante de Inés de Castro. ‖ ~ **II** (1648-1706), rey de Portugal desde 1683. ‖ ~ **III** (1717-1786), rey de Portugal desde 1777. ‖ ~ **IV** V. PEDRO I del Brasil. ‖ ~ **V** (1837-1861), rey de Portugal desde el año 1853.

Pedro ‖ ~ **I** (1798-1834), emperador del Brasil, hijo de Juan VI. Al morir su padre (1826), fue, durante menos de un año, rey de Portugal con el nombre de Pedro IV. Proclamada la independencia brasileña en 1822, se hizo coronar emperador y en 1831 abdicó en favor de su hijo Pedro. ‖ ~ **II,** hijo del anterior (1825-1891), emperador del Brasil de 1831 hasta la proclamación de la República en 1889.

Pedro ‖ ~ **I,** llamado *el Grande* (1672-1725), emperador de Rusia desde 1682. Reformó el ejército, la marina y la administración. Fundó San Petersburgo (1703), venció a Carlos XII de Suecia en Poltava (1799) y, por el Tratado de Nystad (1721), anexó Livonia, Estonia y Finlandia. Le sucedió su esposa Catalina I. ‖ ~ **II** (1715-1730), emperador de Rusia desde 1727. ‖ ~ **III** (1728-1762), emperador de Rusia en 1762, asesinado por orden de su esposa Sofía de Anhalt, futura Catalina II.

Pedro de Roma (San). V. SAN PEDRO DE ROMA.

Pedroches (Los), pico culminante de la Cordillera Bética en el N. de la prov. de Córdoba y en el S. de España; 1 600 m.

pedrojuancaballerense adj. y s. De Pedro Juan Caballero (Paraguay).

Pedrolo (Manuel de), escritor español en lengua catalana, n. en 1918.

Pedroni (José), poeta intimista argentino (1899-1967).

Pedroñeras (Las), v. en el centro este de España (Cuenca).

Pedroso (Regino), poeta social cubano (1897-1983).

pedrusco m. *Fam.* Piedra tosca.

pedúnculo m. Rabillo en las plantas.

peeling [*piling*] m. (pal. ingl.). Tratamiento consistente en renovar la piel de la cara haciendo desaparecer las arrugas y cicatrices superficiales.

Peene, río del N. de Alemania, que des. en el Báltico en el estuario del Oder (bahía de Greifswald); 180 km. — C. de Alemania Oriental.

peer v. i. *Pop.* Echar pedos, ventosear (ú. t. c. pr.).

pega f. Sustancia utilizada para pegar. ‖ *Fam.* Pregunta difícil en los exámenes: *poner una pega a un alumno.* ‖ Dificultad: *pedir reparación.* ‖ Urraca, ave. ‖ Rémora, pez. ‖ *Pop. De pega,* falso, fingido, para engañar.

pegada f. En deportes, manera de pegar a la pelota. ‖ En boxeo, fuerza de los puñetazos. ‖ *Arg.* Acierto casual.

pegadizo, za adj. Que se pega fácilmente. ‖ Pegajoso. ‖ *Fig.* Contagioso: *risa pegadiza.* ‖ Que se retiene fácilmente: *música pegadiza.*

pegado, da adj. *Fig.* y *fam.* Sin saber qué decir o qué hacer. ‖ Ignorante: *estar pegado en matemáticas.*

pegador m. Boxeador que tiene buena pegada.

pegadura f. Acción y efecto de pegar. ‖ Unión de las cosas que se han pegado.

pegajosidad f. Viscosidad.

pegajoso, sa adj. Que se pega con facilidad. ‖ Viscoso: *manos pegajosas.* ‖ Contagioso: *enfermedad pegajosa; vicio pegajoso.* ‖ *Fig.* y *fam.* Meloso, empalagoso. ‖ Cargante; pesado.

pegamento m. Producto utilizado para pegar.

pegar v. t. Adherir, unir dos cosas con cola, goma o producto semejante: *pegar un sello, un sobre.* ‖ Atar, coser: *pegar un botón.* ‖ Fijar, unir una cosa con otra (ú. t. c. pr.). ‖ *Fig.* Comunicar, contagiar: *pegar la escarlatina* (ú. t. c. pr.). ‖ Golpear: *pegar a un niño* (ú. t. c. pr.). ‖ Dar: *pegar un bofetón, un puntapié, un tiro, un salto, un susto.* ‖ Lanzar, dar: *pegar un grito.* ‖ Arrimar, acercar mucho: *pegar el piano a la pared* (ú. t. c. pr.). ‖ *Fam.* Hacer sufrir: *¡menudo rollo nos ha pegado!* ‖ — *Fig. No pegar ojo,* no dormir. ‖ *Pegar fuego,* prender, incendiar algo. ‖ — V. i. Sentar o ir bien: *dos colores que pegan uno con otro.* ‖ Venir a propósito, caer bien. ‖ Estar una cosa contigua a otra. ‖ Dar: *aquí el sol pega muy fuerte.* ‖ — V. pr. Unirse con alguna sustancia glutinosa. ‖ Quemarse y adherirse los guisos a las vasijas en que cuecen: *pegarse el arroz.* ‖ Arrimarse: *pegarse a una curva.* ‖ *Fig.* Aficionarse mucho a una cosa. ‖ Ser pesado. — *Fig.* y *fam.* Pegársela a uno, engañarle. ‖ *Pegársela a uno las sábanas,* dormir hasta muy entrada la mañana. ‖ *Pegarse una buena vida,* llevar una vida muy agradable, pasarlo muy bien. ‖ *Fig. Pegarse un tiro,* suicidarse.

Pegaso, constelación del hemisferio boreal.

Pegaso, caballo alado domado por Belerofonte. (*Mit.*)

pegatina f. Impreso, etiqueta, viñeta, imagen de carácter propagandístico que se fija en la pared o en cualquier otro lugar.

pego (dar el) loc. *Fam.* Engañar, aparentando una cosa o persona ser mejor de lo que es en realidad.

Pego, v. al E. de España (Alicante).

pegote m. Emplasto. ‖ *Fig.* y *fam.* Guiso apelmazado por haber sido mal preparado. ‖ Cosa que no va con otra a la cual ha sido añadida.

Pegu, c. y río de Birmania, al N. de Rangún.

pegual m. *Amer.* Cincha con argolla para sujetar los animales cogidos con lazo. ‖ *Arg.* Sobrecincha.

peguntoso, sa adj. Pegajoso.

Péguy (Charles), escritor francés, precursor del socialismo cristiano (1873-1914).

Pehuajó, partido al E. de la Argentina (Buenos Aires).

Peichaver. V. PESHAWAR.

Pei-Ho o **Hai-ho** (*Río Blanco*), río del N. de China que pasa cerca de Pekín y por Tientsin; 450 km.

peinado m. Arreglo del pelo. ‖ Acción de peinar los textiles.

peinador, ra m. y f. Persona que peina: *voy a la peinadora.* ‖ — M. Prenda que usan las mujeres para protegerse los hombros cuando se peinan. ‖ Prenda parecida empleada por los hombres al peinarse o afeitarse. || — F. Máquina para peinar la lana.

peinar v. t. Desenredar o componer el cabello (ú. t. c. pr.). || Desenredar o limpiar la lana. || Rozar ligeramente. || En. fútbol, cabecear suavemente la pelota hacia atrás. || *Fig. y Fam.* Registrar minuciosamente una zona: *la policía peinó mi barrio.* || *Fig. y fam.* Peinar canas, ser ya viejo.

peinazo m. Travesaño horizontal en las puertas y ventanas.

peine m. Utensilio de concha, plástico, hueso, etc., con púas, para desenredar, limpiar o componer el cabello. || Carda para la lana. || Pieza del telar por cuyas púas pasan los hilos de la urdimbre. || *Fig. y fam.* Persona astuta: *¡ menudo peine eres !*

peineta f. Peine de adorno, alto y encorvado, que usan las mujeres.

Pei-Ping. V. PEKÍN.

Peipus, lago en el NO. de la U. R. S. S., entre Estonia y Rusia ; 3 600 km². Comunica con el golfo de Finlandia por medio del río Narva. También, llamado *Chudsk.*

Peixoto, pobl. al E. de Brasil (Minas Gerais), a orillas del río Grande.

Peixoto (Júlio Afrânio), médico y escritor brasileño (1876-1947), autor de novelas (*Fruto salvaje, María Bonita,* etc.) y de una *Historia de la Literatura brasileña.* || ~ (FLORIANO), militar brasileño (1842-1895), pres. de la Rep. de 1891 a 1894.

pejerrey m. Pez marino del orden de los acantopterigios. || Pez de agua dulce de la Argentina.

pejesapo m. Pez marino comestible, de cabeza muy grande.

pejiguera f. *Fam.* Lata, latazo : *es una pejiguera tener que afeitarse.*

Pekalongan, c. de Indonesia, en la costa norte de la isla de Java.

Pekin o **Pequin,** ant. *Pei-Ping,* cap. de la República Popular de China, en la prov. de Hopei y E. del país ; 10 000 000 de h. El municipio depende directamente del gobierno central. Centro administrativo e industrial. Universidad.

pekinés, esa adj. y s. De Pekín (China).

peladilla f. Almendra confitada.

pelado, da adj. Que se ha quedado sin pelo: *hombre de cabeza pelada.* || Que no tiene piel: *fruta pelada.* || Que no tiene carne: *hueso pelado.* || *Fig.* Descubierto, desnudo de vegetación: *monte, campo, peñasco pelado.* | Escueto: *discurso pelado.* | Sin nada: *un salón sin muebles, pelado.* || Aplícase al número que tiene decenas, centenas o millares justos: *el veinte pelado.* || *Fam.* Estar pelado, estar sin dinero. || — M. Corte de pelo. || Operación que consiste en pelar las frutas industrialmente. | *Chil.* Borrachera. || — M. y f. *Méx.* Tipo popular de las clases bajas, mísero e inculto, pero generalmente simpático. | Persona mal educada y grosera. || ~ f. *Arg.* Calvicie, calva. | *Amér. C.* Error. | *Chil. y Ecuad.* Personificación de la muerte.

Pelado (El), cima en el N. de los Andes del Ecuador (Carchi) ; 4 157 m. || ~ (MONTE), volcán en el NO. de la isla Martinica ; 1 397 m.

peladura f. Acción de pelar frutas o descortezar árboles. || Mondadura.

Peláez (Amelia), pintora cubana (1897-1968).

pelafustán m. *Fam.* Perezoso. | Persona despreciable.

pelagatos com. inv. *Fig.* Persona sin posición social ni económica.

pelagianismo m. Herejía practicada por Pelagio.

pelágico, ca adj. Relativo al mar.

Pelagio, heresiarca, n. en Inglaterra (¿ 360-422 ?), creador de una doctrina que negaba la transmisión del pecado original y la eficacia de la gracia. Fue condenado por la Iglesia.

pelagra f. Enfermedad grave producida por carencia de vitaminas y caracterizada por lesiones cutáneas y trastornos digestivos y nerviosos.

pelaje m. Pelo de un animal. || *Fig. y fam.* Trazas, aspecto, apariencia. | Índole, categoría.

pelambre m. Porción de pieles que se apelambran. || Mezcla de agua y cal con que se apelambran las pieles. ||

Conjunto de pelo en todo o parte del cuerpo. || Alopecia.

pelambrera f. Sitio donde se apelambran las pieles. || Porción de pelo o vello espeso y crecido. || Cabellera: *pelambrera abundante.* || Alopecia.

pelamen m. *Fam.* Pelambre, pelo.

pelanas m. inv. *Fam.* Persona de muy poca importancia, pelagatos.

pelandrún, una adj. *Arg. Fam.* Sinvergüenza.

pelandusca f. *Fam.* Prostituta.

pelapatatas m. inv. Máquina para pelar las patatas y otras verduras.

pelar v. t. Cortar o quitar el pelo. || Mondar una fruta: *pelar una manzana.* || Desplumar o quitar la piel: *pelar un ave.* || Quitar la cáscara a los mariscos. || *Fig.* Quitar a uno todo el dinero en el juego: *pelarle el sueldo.* | Quitar a uno sus bienes con engaño o violencia: *dejarle pelado.* | Criticar, despellejar a uno. | Quitar parte de la piel el sol o una enfermedad. Ú. t. c. pr.: *no hay que tomar demasiado sol para no pelarse.* || — *Fig. y fam.* Duro de pelar, difícil de hacer o de convencer. | *Pelar la pava, v.* PAVA. | *Un frío que pela,* mucho frío. || — V. pr. *Fam.* Hacerse cortar el pelo. | *Amér.* Confundirse. || *Amér. C.* No lograr un deseo. || *Col.* Huir, escaparse. || *Fam. Pelárselas,* correr mucho. | *Pelárselas por una cosa,* hacer lo posible para conseguirla.

Pelarco, c. del centro de Chile en la VII Región (Maule) y en la prov. de Talca, cap. de la com. de su n.

pelásgico, ca adj. Relativo a los pelasgos.

pelasgo, ga adj. y s. Aplícase a un pueblo que quizá origen que se estableció en Asia Menor, Grecia e Italia.

Pelayo (Don), noble visigodo y primer rey de Asturias, m. en 737. Inició la reconquista española con la victoria de Covadonga contra los musulmanes (718).

pelazón f. *Amér. C.* Miseria.

peldaño m. Cada uno de los travesaños o escalones de una escalera.

pelea f. Combate, batalla, contienda. || Riña de animales: *una pelea de gallos.* || *Fig.* Empeño o fatiga por conseguir una cosa.

peleador, ra adj. Que pelea.

peleano, na adj. Relativo al monte y al volcán Pelado (Martinica).

pelear v. i. Batallar, combatir, contender. || Reñir de palabra. || *Fig.* Combatir entre sí u oponerse las cosas unas a otras. | Luchar para vencer las pasiones y apetitos. | Afanarse: *pelear por conseguir una cosa.* || — V. pr. Reñir dos o más personas: *pelearse a puñetazos.* || Enemistarse: *pelearse dos amigos.*

pelechar v. i. Echar o mudar el pelo o plumas los animales. || *Fig. y fam.* Empezar a recobrar la salud.

pelele m. Muñeco de figura humana que se mantea en carnaval. || *Fig. y fam.* Persona sin carácter que se deja manejar por otra: *ser un pelele en las manos de otro.* | Traje de punto de una pieza que llevan los niños para dormir.

Peleo, rey de Yolcos (Tesalia), esposo de Tetis y padre de Aquiles.

peleón, ona adj. Aficionado a pelear. || *Vino peleón,* el ordinario.

peletería f. Oficio y tienda del peletero. || Arte de preparar las pieles. | Conjunto de pieles finas.

peletero, ra m. y f. Persona que tiene por oficio trabajar en pieles finas o venderlas.

peliagudo, da adj. Muy difícil.

pelícano o **pelicano** m. Ave acuática palmípeda, de pico muy largo y ancho, que lleva en la mandíbula inferior una membrana a modo de bolsa donde deposita los peces de que se alimenta.

película f. Piel muy delgada y delicada. || Hollejo de la uva. || Capa delgada, telilla que se forma en la superficie de los líquidos o sobre cualquier cosa. || Cinta delgada de acetato de celulosa, revestida de una emulsión sensible de gelatinobromuro de plata, que se emplea en fotografía y cinematografía. || Cinta cinematográfica: *película sonora.* || *Fig.* Desarrollo: *película de los sucesos.* || — *Fam. ¡ Allá películas !,* ¡ qué más

me da ! | *De película,* extraordinario. || *Película del Oeste,* la que narra la vida de los pioneros de los EE. UU. en los s. XVIII y XIX.

peliculero, ra adj. Relativo a las películas cinematográficas. || — M. y f. Cineasta. | Aficionado al cine. | Cuentista, mentiroso.

peligrar v. i. Estar en peligro.

peligro m. Riesgo inminente de que suceda algún mal. || Correr peligro, estar expuesto a él.

peligrosidad f. Condición de lo que es peligroso.

peligroso, sa adj. Que ofrece peligro: *un viaje peligroso.* || *Fig.* Arriesgado: *nos embarcamos todos en una empresa sumamente peligrosa.*

Pelileo, pobl. en el centro del Ecuador (Tungurahua).

pelillo m. *Fig. y fam.* Motivo muy leve de disgusto. || — *Fam. Echar pelillos a la mar,* reconciliarse olvidando los motivos del enfado. | *No tener pelillos en la lengua,* hablar sin rodeos. | *Pararse en pelillos,* resentirse por cosas muy insignificantes.

pelín m. *Fig. y fam.* Algo, poco.

Pelión, macizo montañoso de Grecia, al SE. de Tesalia ; 1 651 m.

pelirrojo, ja adj. De pelo rojo.

pelma com. Pelmazo.

pelmazo adj. Dícese de una persona muy pesada (ú. t. c. s.).

pelo m. Filamento cilíndrico, sutil, de naturaleza córnea, que nace y crece en diversos puntos de la piel del hombre y de los animales. || Filamento parecido que crece en los vegetales: *pelos del maíz.* | Conjunto de estos filamentos. | Cabello : *cortarse el pelo.* | Plumón de las aves. | Hebra delgada de seda, lana, etc. | Color de pelo de los caballos. || Defecto en un diamante o en una pieza. | *Fig.* Cosa de muy poca importancia, insignificante: *no tenían ni un pelo de inteligencia.* || — *A contra pelo,* en dirección contraria a la del pelo. | *Fig. Agarrarse a un pelo,* aprovechar la más mínima oportunidad para conseguir lo que se quiere. || *Al pelo,* según el lado de las telas ; (fig.) muy bien ; muy oportunamente. || *A pelo,* sin gorro ni silla ; desnudo. | *Fig. Con pelos y señales,* con muchos detalles. | *Dar para el pelo,* pegar una buena paliza. | *De medio pelo,* poco fino o de poca categoría. | *Echar pelos a la mar,* olvidar. | *Estar hasta los pelos o hasta la punta de los pelos,* estar harto. | *Hombre de pelo en pecho,* estar muy valiente. | *Lucirle el pelo,* estar uno gordo y saludable. | *No tener pelo de tonto,* no ser nada tonto. | *No tener pelos en la lengua,* decir sin rodeos lo que uno piensa. | *No verle el pelo a uno, no verlo.* | *Pelo de la dehesa,* tosquedad que queda de lo que uno era anteriormente. | *Ponérsele a uno los pelos de punta,* sentir mucho miedo. | *Por los pelos, por muy poco.* | *Tomar el pelo a uno,* burlarse de él. | *Un pelo, muy poco: faltó un pelo para que se cayera.*

pelón, ona adj. y s. Calvo o con poco pelo en la cabeza. || Con el pelo cortado al rape. || *Fig. y fam.* De escaso entendimiento. || — F. Alopecia. | *Fam.* La muerte.

Peloponeso, península meridional de Grecia, unida al continente por el istmo de Corinto. Forman parte de ella Argólida, Laconia, Mesenia, Élide, Acaya y Arcadia ; 21 439 km². Fue, en el s. II, sede de una civilización micénica. Llamada también *Morea.* — Reciben el nombre de *Guerras del Peloponeso* las mantenidas entre Esparta y Atenas (431-404 a. de J. C.), que terminaron con la derrota de los atenienses.

pelota f. Bola hecha con distintos materiales, generalmente elástica y redonda, que sirve para jugar. || Juego que se hace con ella. || Balón utilizado para ciertos juegos. || Bola de cualquier materia blanda: *pelota de papel.* || *Fam.* Cabeza. | Adulación. | *Amér.* Balsa para navegar en un río. || — Pl. *Pop.* Testículos. || — *Fam. En pelota* o *en pelotas,* desnudo. || *Pelota vasca,* juego originario del país vasco, en que el jugador (*pelotari*) lanza una pelota contra una pared (*frontón*) con la mano, con una raqueta (*pala*) o con una cesta especial (*chistera*). ‖ — Adj. y s. *Fam.* Aduladar, pelotillero.

pelotari com. Jugador de pelota vasca.

Pelotas, río al SE. del Brasil que nace en la Serra do Mar (Santa Catarina). Al unirse con el Canoas forma el río Uruguay. — C. y puerto en el SE. del Brasil (Rio Grande do Sul), Obispado. Refinería de petróleo.

pelotazo m. Golpe dado con la pelota. ‖ *Fam.* Trago de vino o de otra bebida. ‖ Intercambio de argumentos, de acusaciones. ‖ *Fam. A pelotazo limpio,* en lucha encarnizada.

pelotear v. t. Repasar las partidas de una cuenta. ‖ — V. i. Jugar a la pelota por diversión o entrenamiento sin hacer partido: *los dos jugadores de tenis peloteaban.* ‖ *Fig.* Reñir, disputar. ‖ *Fam.* Practicar el peloteo en un banco.

peloteo m. En el tenis, acción de jugar a la pelota sin hacer partido. ‖ *Fig.* Intercambio: *peloteo de notas diplomáticas.* ‖ *Fam.* Giro de una letra de cambio a un conocido, sin que corresponda a factura alguna, con el fin de obtener efectivo.

pelotera f. *Fam.* Pelea.

pelotilla f. *Pop.* Adulación, coba. ‖ — M. y f. *Pop.* Pelotillero.

pelotilleo m. *Pop.* Adulación, coba.

pelotillero, ra adj. y s. *Pop.* Adulón.

pelotón m. Conjunto de pelos o hilos enmarañados. ‖ *Mil.* Grupo pequeño de soldados. ‖ *Fig.* Aglomeración de personas. ‖ Grupo de participantes en una carrera. ‖ *Pelotón de ejecución,* grupo de soldados encargados de ejecutar a un condenado.

Pelton (Lester Allen), ingeniero norteamericano (1829-1908), inventor de una turbina hidráulica.

peluca f. Cabellera postiza.

pelucón, ona adj. *Chil.* Aplícase a los miembros del Partido Conservador en el s. XIX (ú. t. c. s.).

peluche f. Felpa.

peludear v. i. *Arg.* Atascarse un vehículo. ‖ Hablar torpemente.

peludo, da adj. Que tiene mucho pelo. ‖ — M. *Rioplat.* Armadillo cubierto de pelo. ‖ *Arg.* Borrachera. ‖ *Rioplat. Caer como peludo de regalo,* llegar de improviso y poco a propósito.

peluqueada f. *Amer.* Acción y efecto de cortarse el pelo.

peluquear v. t. Cortar el pelo.

peluquería f. Tienda u oficio del peluquero.

peluquero, ra m. y f. Persona que tiene por oficio cortar o arreglar el pelo, hacer pelucas, etc. ‖ Dueño de una peluquería.

peluquín m. Peluca pequeña para hombres. ‖ *Fam. Ni hablar del peluquín,* de ninguna manera.

pelusa f. Vello muy fino de las plantas. ‖ Pelo menudo que se desprende de las telas. ‖ *Fam.* Envidia.

pelusilla f. *Fam.* Celos, envidia.

Pelusio, ant. c. del norte de Egipto, cerca de Port Said.

pelvi adj. Dícese de una lengua derivada del antiguo persa (ú. t. c. s. m.).

pelviano, na adj. Relativo a la pelvis: *cavidad pelviana.*

pelvis f. Cavidad del cuerpo humano en la parte inferior del tronco, determinada por los dos coxales, el sacro y el cóccix.

pella f. Masa que se une y aprieta, regularmente en forma redonda: *pella de mantequilla.* ‖ Conjunto de los tallitos de la coliflor y otras plantas semejantes antes de florecer. ‖ Manteca del cerdo, tal como se saca del animal.

Pellegrini (Aldo), crítico y poeta surrealista argentino (1905-1974). ‖ (CARLOS), político argentino (1846-1906), pres. de la Rep. de 1890 a 1892. Fundador del Banco de la Nación (1891). ‖ ~ (CARLOS ENRIQUE), pintor francés residente en la Argentina (1800-1875). Dirigió la construcción del teatro Colón de Buenos Aires.

pelleja f. Piel de un animal. ‖ *Fig. Salvar la pelleja,* salvar la vida.

pellejo m. Piel. ‖ Odre: *un pellejo de aceite.* ‖ Piel de algunos frutos. ‖ *Fig. y fam.* Persona borracha. ‖ *Vida: salvar el pellejo.* ‖ — *Fig. Encontrarse en el pellejo de otro,* estar en las mismas

circunstancias. ‖ *No caber en el pellejo de gozo,* estar muy contento.

Pellerano Castro (Arturo), dramaturgo y poeta dominicano (1865-1916).

Pelletier (Joseph), químico francés (1788-1842). Descubrió, en colaboración con Caventou, la quinina.

pellica f. Zamarra.

Pellicer (Carlos), poeta mexicano (1899-1977), autor de *Colores en el mar, Piedra de sacrificio, Exágonos, Camino, Recinto, Con palabras y fuego, Subordinaciones,* etc.

Pellico (Silvio), escritor italiano (1789-1854), autor de *Mis prisiones,* relato de su cautiverio en la fortaleza de Spielberg, de dramas y de poesías.

pelliza f. Prenda de abrigo hecha o forrada con pieles finas.

pellizcar v. t. Apretar la piel con dos dedos o con otra cosa. ‖ Tomar una pequeña cantidad de una cosa: *pellizcar uvas, un pastel.*

pellizco m. Acción de pellizcar y señal en la piel que resulta de ello. ‖ Porción pequeña que se coge de una cosa. ‖ *Fig.* Pena fugaz pero aguda: *pellizco en el corazón.*

Pelluhue, c. del centro de Chile en la VII Región (Maule) y en la prov. de Cauquenes; cap. *Curanipe.*

Pemán (José María), escritor y orador español, n. en Cádiz (1898-1981), autor de obras de teatro (*Cuando las Cortes de Cádiz, Cisneros, La Santa Virreina* y *El Divino Impaciente*), de novelas (*Historia del fantasma y doña Juanita*), de poesías (*Poema de la Bestia y el Ángel*) y crónicas.

Pematang Siantar, c. de Indonesia en el N. de Sumatra.

Pemba, isla del océano Índico (Tanzania), al N. de Zanzíbar. Primer productor mundial de clavo.

Pembroke. c. y puerto de Gran Bretaña, en el SE. de Gales.

Pemex. V. PETRÓLEOS MEXICANOS.

Pemuco, c. del centro de Chile en la VIII Región (Biobío) y en la prov. de Ñuble, cap. de la com. de su n.

Pen Club, asociación internacional de escritores creada en Londres en 1920. (*Pen* son las siglas de *Poetas, Ensayistas y Novelistas.*)

pena f. Castigo impuesto por un delito o falta: *pena correccional.* ‖ Pesadumbre, tristeza, aflicción: *su muerte me dio mucha pena.* ‖ Dificultad, trabajo: *lo ha hecho con mucha pena.* ‖ Lástima: *es una pena que no hayas podido venir.* ‖ Pluma mayor del ave. ‖ *Amer.* Timidez. ‖ — *A duras penas,* con mucha dificultad. ‖ *No valer (o merecer) la pena,* no merecer una cosa el trabajo que cuesta. ‖ *Fig. Pasar la pena negra,* pasar muchas dificultades. ‖ *Pena capital,* la de muerte. ‖ *Pena del talión,* la que era idéntica a la ofensa. ‖ *Sin pena ni gloria,* medianamente.

Pena (Alfonso Augusto MOREIRA), político brasileño (1847-1909), pres. de la Rep. de 1906 hasta su muerte. ‖ ~ (ANTONIO), escultor, pintor y grabador uruguayo (1894-1947).

penacho m. Grupo de plumas que tienen en la parte superior de la cabeza ciertas aves. ‖ Adorno de plumas de un casco, morrión, caballo, mujer, etc. ‖ *Fig.* Cosa en forma de plumas: *penacho de humo, de vapor.*

penado, da adj. Penoso. ‖ — M. y f. Delincuente condenado a una pena.

penal adj. Relativo a la pena o que la incluye: *derecho, código penal.* ‖ — M. Lugar en los penados cumplen condenas mayores que las del arresto. ‖ *Dep.* Penalty.

Penalba (Alicia), escultora abstracta argentina (1918-1982).

penalidad f. Trabajo, dificultad, sufrimiento. ‖ *For.* Sanción impuesta por la ley penal, las ordenanzas, etc. ‖ En deportes, penalización.

penalista m. y f. Especialista en Derecho penal. ‖ Abogado en asuntos que implican delito.

penalización f. Sanción. ‖ En deportes, desventaja que sufre un jugador por haber cometido falta.

penalizar v. t. Infligir penalización.

penalty m. (pal. ingl.). En el fútbol, sanción contra un equipo que ha cometido una falta dentro del área de gol. ‖ *Pop. Casarse de penalty,* casarse una mujer por estar embarazada.

Penang, ant. *Príncipe de Gales,* Estado de la Federación de Malaysia en el estrecho de Malaca, formado por la *isla de Penang ;* 800 000 h. Cap. *Penang,* ant. George Town. Puerto.

penar v. t. Infligir una pena a uno: *penar a un delincuente.* ‖ Señalar una pena. ‖ — V. i. Padecer, sufrir. ‖ Sufrir las almas del Purgatorio.

Penas, golfo de Chile (Aisén).

penates m. pl. Dioses domésticos de los etruscos y romanos. ‖ *Fig.* Hogar: *volver a los penates.*

penca f. Hoja carnosa de algunas plantas: *penca de nopal.* ‖ Parte carnosa de ciertas hojas. ‖ *Amer.* Racimo de plátanos. ‖ *Arg.* Chumbera.

Pencahue, c. del centro de Chile en la VII Región (Maule) y en la prov. de Talca, cap. de la com. de su n.

pence (pal. ingl.). m. pl. V. PENNY.

penco m. *Fam.* Jamelgo. ‖ Bruto.

Penco, c. del centro de Chile en la VIII Región (Biobío) y en la prov. de Concepción, cap. de la com. de su n.

pencón, na adj. y s. De la ciudad o del dep. de Concepción (Chile).

pendejada f. y **pendejismo** m. *Pop.* Tontería. ‖ Cobardía.

pendejo, ja adj. y s. *Pop.* Cobarde. ‖ Tonto, estúpido. ‖ *Arg.* Adolescente.

pendencia f. Contienda, disputa.

pendenciar v. i. Reñir.

pendenciero, ra adj. y s. Aficionado a pendencias.

pendentif m. (pal. fr.). Colgante, joya.

pender v. i. Colgar: *las peras penden de las ramas.* ‖ Depender: *esto pende de tu decisión.* ‖ *Fig.* Estar por resolverse un pleito o asunto. ‖ Cernerse: *pende sobre mi esta amenaza.*

pendiente adj. Que cuelga. ‖ *Fig.* Que está sin resolver: *problemas pendientes.* ‖ Que depende de algo: *estoy pendiente de sus decisiones.* ‖ *Fig.* Estar pendiente de los labios de alguien, prestar suma atención a lo que dice. ‖ — M. Arete para adornar las orejas, la nariz, etc. ‖ F. Cuesta o declive de un terreno. ‖ Inclinación de un tejado. ‖ *Fig.* Inclinación, tendencia, propensión.

Pendjab, región del sur de Asia, dividida desde 1947 entre la India (Estados de *Pendjab y Hariana,* cuya cap. común es *Chandigarh*) y el Paquistán (c. pr. *Lahore*).

pendolista com. Persona que escribe con buena letra, calígrafo. ‖ *Fig.* Chupatintas.

pendón m. Insignia militar que consistía en una bandera más larga que ancha. ‖ Bandera, estandarte pequeño. ‖ Estandarte de una iglesia o cofradía, usado en las procesiones. ‖ Vástago que sale del tronco principal del árbol. ‖ *Fig. y fam.* Persona mala, despreciable. ‖ Mujer de mala vida, ramera.

pendona f. Mujer que es un pendón.

pendonear v. i. *Fam.* Vagabundear, callejear.

pendular adj. Del péndulo.

péndulo, la adj. Pendiente, colgante. ‖ — M. Cuerpo pesado que oscila por la acción de la gravedad alrededor de un punto fijo del cual está suspendido por un hilo o varilla.

pene m. Miembro viril.

Penedés (*Alt* y *Baix*). V. PANADÉS.

Penélope, esposa de Ulises y madre de Telémaco, modelo de fidelidad conyugal. Durante la larga ausencia de Ulises, se negó a casarse de nuevo hasta que no hubiera acabado de tejer una tela de que deshacía por la noche todo lo que había hecho durante el día. (*Mit.*)

Penella (Manuel), compositor español (1881-1938), autor de zarzuelas (*El gato montés*).

penene com. En España, profesor no numerario de instituto o universidad.

peneque adj. *Fam.* Borracho. ‖ *Méx.* Tortilla guisada que está rellena de queso.

penetrabilidad f. Calidad de lo penetrable.

penetrable adj. Que se puede penetrar. ‖ Que puede comprenderse: *misterio penetrable.*

penetración f. Acción y efecto de penetrar. ‖ *Fig.* Perspicacia, sagacidad.

penetrante adj. Que penetra: *bala penetrante.* ‖ *Fig.* Profundo, agudo: *inteligencia penetrante.* ‖ Hablando de un sonido, agudo: *voz penetrante:* | Que ve muy bien: *ojos penetrantes.*

penetrar v. t. *Fig.* Causar un dolor profundo: *su quejido me penetra el alma* (ú. t. c. i.). | Llegar a comprender o adivinar. | Llegar más a fondo en el conocimiento de una cuestión: *penetrar una cuestión difícil* (ú. t. c. i.). || — V. i. Entrar en un sitio con cierta dificultad: *penetrar en la selva tropical.* || Llegar una cosa a entrar dentro de otra: *hacer penetrar un clavo en un madero; la humedad ha penetrado en la casa* (ú. t. c. t.). || — V. pr. *Fig.* Adivinarse mutuamente las intenciones. | Darse perfecta cuenta: *penetrarse del sentido de un texto.*

Pengpu o **Bengbu,** c. al E. de China (Nganhuei).

Penibética (CORDILLERA), cordillera meridional de España en la que se encuentran las sierras de Alhama, Nevada y Carbonera. Alturas máximas en el Mulhacén (3 478 m) y el Veleta (3 431).

penicilina f. Sustancia extraída de los cultivos del moho *Penicillium notatum,* cuyas propiedades antibióticas fueron descubiertas en 1929 por Fleming.

penicillium m. Moho verde que se desarrolla en los quesos, frutos agrios y en otros medios nutritivos, una de cuyas especies es el *Penicillium notatum* que produce la penicilina.

penillanura f. Meseta que resulta de la erosión de una región montañosa.

Peninos (MONTES), sistema montañoso de Gran Bretaña, en el N. de Inglaterra. Pico culminante el *Cross Fell* (881 m).

península f. Tierra rodeada de agua excepto por una parte que comunica con otra tierra de extensión mayor.

peninsular adj. Relativo a una península. || Natural o habitante de una península (ú. t. c. s.). || *Amer.* Español (ú. t. c. s.).

penique m. Moneda inglesa, duodécima parte del chelín. (A partir de 1971, el *penique* representa la centésima parte de una libra esterlina en vez de la doscientas cuarenta parte.)

penitencia f. Sacramento en el cual, por la absolución del sacerdote, se perdonan los pecados. | Pena impuesta por el confesor al penitente: *dar la penitencia.* || Castigo público que imponía la Inquisición. | Mortificaciones que se impone uno a sí mismo: *hacer penitencia.* | Arrepentimiento por haber ofendido a Dios. | *Fig.* Castigo.

penitenciaria f. Tribunal eclesiástico de la curia romana. || Dignidad, oficio o cargo de penitenciario. | Penal, prisión correccional.

penitenciario, ria adj. Encargado de confesar en una iglesia (ú. t. c. s. m.). || Relativo a las cárceles: *establecimiento penitenciario.*

penitente adj. Relativo a la penitencia. || Que hace penitencia (ú. t. c. s.). || — M. y f. Persona que se confiesa. || En las procesiones, persona que viste cierta túnica en señal de penitencia.

Penjab. V. PENDJAB.

Penjamillo, mun. en el centro de México (Guanajuato); cap. *Penjamillo de Degollado.*

Pénjamo, c. en el centro de México (Guanajuato).

Penki, c. del NE. de China (Liaoning). Siderurgia. Central térmica.

Penn (William), colonizador y cuáquero inglés (1644-1718), fundador (1681), gobernador y legislador de Pensilvania. Creó Filadelfia.

Pennsylvania. V. PENSILVANIA.

penny m. (pal. ingl.). Penique. Pl. *pence.*

penol m. *Mar.* Punta de las vergas.

Penonomé, c. en el N. de Panamá, cap. de la prov. de Coclé. Turismo. Fundada en 1581. Facultad universitaria.

penonomeño, ña adj. y s. De Penonomé (Panamá).

penoso, sa adj. Trabajoso, difícil: *tarea penosa.* || Que causa pena: *una impresión penosa.* | Triste, afligido.

penquisto, ta adj. y s. De Concepción (Chile).

Pensacola, c. y puerto en el SE. de Estados Unidos (Florida), a orillas de

la bahía homónima. Base naval. Pesca. Industrias alimentaria y textiles.

pensado, da adj. Con el adverbio *mal,* que tiene tendencia a interpretar en mal sentido las palabras o acciones ajenas.

pensador, ra adj. Que piensa. || Que reflexiona o medita con intensidad. || — M. y f. Persona que estudia y medita profundamente sobre problemas trascendentales. || *Libre pensador, librepensador.*

Pensador Mexicano (El). V. FERNÁNDEZ DE LIZARDI.

pensamiento m. Facultad de pensar. || Cosa que se piensa: *nunca se pueden conocer los pensamientos de los demás.* || Idea. || Sentencia, máxima: *los "Pensamientos" de Pascal.* || Mente: *una idea extraña le vino al pensamiento.* || Intención: *tenía el pensamiento de salir esta tarde.* || *Fig.* Sospecha, recelo. || *Bot.* Trinitaria.

pensante adj. Que piensa.

pensar v. t. e i. Formar conceptos en la mente: *pienso, luego existo.* Reflexionar: *piensa bien este problema.* || Imaginar: *con sólo pensarlo me entra miedo.* || Tener intención, proyectar: *pienso marcharme para América.* || Creer, juzgar: *pienso que mejor sería no hacerlo.* || Recordar: *pensar en los ausentes.* || Venir a la mente: *no pensó en avisarnos.*

pensativo, va adj. Absorto, reflexivo, meditabundo.

Pensilvania o **Pennsylvania,** uno de los Estados Unidos de Norteamérica, en el NE. del país, entre el lago Erie y el río Delaware; cap. *Harrisburg*; c. pr. *Filadelfia, Pittsburgo.*

Pensilvania, mun. en el centro oeste de Colombia (Caldas).

pensilvano, na adj. y s. De Pensilvania (Estados Unidos).

pensión f. Cantidad anual o mensual asignada a uno por servicios prestados anteriormente: *pensión civil, militar.* || Dinero percibido por una renta impuesta sobre una finca. || Cantidad que se da a una persona para que realice estudios. || Casa de huéspedes. || Cantidad que se paga por albergarse en ella. || *Fig.* Gravamen. || *Media pensión,* en un hotel, régimen del cliente que paga la habitación, el desayuno y una sola comida; en un colegio, régimen del alumno que come al mediodía.

pensionado, da adj. y s. Que goza de pensión: *pensionado del Estado.* || — M. Colegio de alumnos internos.

pensionar v. t. Conceder una pensión: *pensionar a un estudiante.* || Imponer una pensión o un gravamen.

pensionario, ria m. y f. Persona que paga una pensión.

pensionista com. Persona que goza de una pensión. || Persona que paga pensión en un colegio, casa de huéspedes, etc. || *Medio pensionista,* alumno que paga media pensión.

pensum m. (pal. lat.). Plan de estudios. || Lección que hay que aprender de memoria como castigo.

pentaedro m. *Geom.* Sólido de cinco caras.

pentagonal adj. *Geom.* Pentágono.

pentágono, na adj. *Geom.* Dícese del polígono de cinco ángulos y cinco lados (ú. t. c. s. m.).

Pentágono, nombre dado al Estado Mayor supremo de las fuerzas armadas norteamericanas, por la forma pentagonal del edificio donde se aloja en Washington desde 1942.

pentagrama o **pentágrama** m. Rayado de cinco líneas paralelas en las cuales se escribe la música.

pentámetro m. Verso de cinco pies en la poesía griega y latina. U. t. c. adj.: *verso pentámetro.*

pentápolis f. (Ant.). Reunión de cinco ciudades con su territorio.

pentarquía f. Gobierno de cinco personas.

pentasilabo, ba adj. De cinco sílabas: *versos pentasílabos.*

Pentateuco, nombre dado al conjunto de los cinco primeros libros de la Biblia. (Atribuido a Moisés, el *Pentateuco* consta de el *Génesis,* el *Éxodo,* el *Levítico* y *Libro de las prescripciones religiosas,* los *Números* y el *Deuteronomio*).

pentatlón m. Conjunto de cinco ejercicios atléticos (lucha, carrera, salto, disco y jabalina). Actualmente comprende cinco disciplinas: equitación, esgrima, campo a través, natación y tiro.

Pentecostés m. Fiesta de los judíos que conmemora el día en que entregó Dios a Moisés las Tablas de la Ley en el monte Sinai. || Fiesta celebrada por la Iglesia católica en memoria de la venida del Espíritu Santo cincuenta días después de la Pascua de Resurrección (entre el 10 de mayo y el 13 de junio).

Pentélico, monte de Ática, entre Atenas y Maratón.

Pentesilea, reina de las amazonas, hija de Ares. M. en el sitio de Troya.

pentodo m. *Fís.* Válvula electrónica de cinco electrodos.

pentotal m. Hipnótico barbitúrico que impide al paciente darse cuenta de lo que dice.

penúltimo, ma adj. y s. Inmediatamente anterior a lo último.

penumbra f. Falta de luz sin llegar a la completa oscuridad.

penumbroso, sa adj. Sombrío.

penuria f. Escasez.

Penza, c. de la U. R. S. S., al SO. de Moscú (Rusia). Industrias.

peña f. Roca. || Monte o cerro peñascoso. || Grupo, círculo, reunión: *una peña literaria de café.* || *Méx.* Sordo.

Peña, mun. de Venezuela (Yaracuy). || — Mun. de la Rep. Dominicana (Santiago). Llamado también *Tamboril.* || — Armada, pico de Colombia en la cordillera Oriental ; 3 600 m. || ~ Blanca, macizo montañoso de Nicaragua en la cordillera Isabelia. || ~ de Cerredo. V. CERREDO. || ~ Nevada, monte en el NE. de México (Nuevo León) ; 3 664 m.

Peña (David), dramaturgo argentino (1865-1930). || ~ Barrenechea (RICARDO), poeta peruano (1893-1939). || ~ y Peña (MANUEL DE LA), jurisconsulto y político mexicano (1789-1850), dos veces pres. interino de la Rep. (1847 y 1848).

Peñafiel, v. al N. de España (Valladolid). Castillo (s. XIV).

Peñaflor, c. de Chile en la Región Metropolitana de Santiago y en la prov. de Talagante, cap. de la com. del mismo nombre. — V. al S. de España (Sevilla).

Peñalabra, sistema montañoso en el N. de España (Cantabria).

Peñalara (PICO DE), pico de la sierra de Guadarrama, entre las prov. de Madrid y Segovia (España) ; 2 405 m.

Peñalolén, com. de Chile en el Área Metropolitana de Santiago.

Peñaranda (Enrique), general boliviano (1892-1969), pres. de la Rep. en 1940, derribado en 1943.

Peñaranda de Bracamonte, c. en el O. de España (Salamanca).

Peñarroya-Pueblonuevo, c. en el S. de España (Córdoba). Minas.

Peñas, cabo del S. de la Argentina y al E. de la Tierra de Fuego. — Cabo al N. de España, en la costa entre Avilés y Gijón (Cantabria). — Punta en el NE. de Venezuela, en la penins. de Paria.

peñascal m. Lugar con peñascos.

peñasco m. Peña muy grande. || Porción del hueso temporal que encierra el oído interno.

peñascoso, sa adj. Cubierto de peñascos: *monte peñascoso.*

Peñíscola, c. y peñón en el E. de España (Castellón). Castillo donde vivió de 1409 a 1424 el antipapa Benedicto XIII (Pedro de Luna).

peñón m. Peña grande.

Peñón de Vélez de la Gomera. V. VÉLEZ.

Peñuelas, mun. en el S. de Puerto Rico (Mayagüez). Industrias.

peo m. *Fam.* Pedo. | Borrachera.

peón m. Jornalero que ayuda al oficial: *peón de albañil.* || En el ajedrez y en las damas, cada una de las piezas de menos valor. || Peonza, trompo. || *Amer.* El que trabaja en una hacienda bajo las órdenes de un capataz. || — *Peón caminero,* el encargado del cuidado de las carreteras. || *Peón de brega,* torero que ayuda al matador.

Peón y Contreras (José), escritor mexicano (1843-1907), autor de poemas (*Romances históricos mexicanos*) y obras de teatro (*La hija del rey, Una* tormenta en el mar, El sacrificio de la vida). Es autor también de novelas (La veleidosa).

peonada f. Trabajo que hace un peón en un día. ‖ Jornal del peón. ‖ Amer. Conjunto de peones.

peonaje m. Conjunto de peones.

peonia f. Porción de tierra que, después de la conquista de un país, se repartía a cada soldado de a pie. ‖ En las Indias occidentales, tierra que se podía labrar en un día. ‖ Bot. Saltaojos. ‖ Su flor.

peonza f. Juguete de madera de forma cónica, con una púa de hierro, que se hace girar con una cuerda, trompo. ‖ Fig. Persona pequeña que se agita mucho : ser una peonza.

peor adj. Más malo : le tocó el peor pedazo. ‖.— Adv. Más mal : cada día escribe peor. ‖ Peor que peor o tanto peor, peor todavía.

peoresnada m. Amer. Cosa de poco interés.

Peoria, c. al NE. de Estados Unidos (Illinois). Obispado. Industrias.

peoria f. Empeoramiento, agravación. ‖ Calidad de peor.

Pepe Hillo. V. DELGADO (José).

pepena f. Méx. Acción de pepenar.

pepenado, da adj. y s. Méx. Huérfano.

pepenador, ra m. y f. Méx. Persona que recoge desperdicios.

pepenar v. t. Méx. Recoger. ‖ Amer. En las minas, separar el metal del cascajo.

Pepillo Salcedo, ant. Manzanillo, mun. y puerto al NO. de la Rep. Dominicana (Monte Cristi), en la bahía de Manzanillo.

pepinar m. Plantío de pepinos.

pepinazo m. Fam. Explosión de un proyectil. ‖ En fútbol, chut, tiro muy fuerte.

pepines m. pl. Méx. Revistas con historietas ilustradas.

pepinillo m. Pepino pequeño que se conserva en vinagre.

pepino m. Planta cucurbitácea, de fruto comestible cilíndrico y alargado. ‖ Fam. Obús. ‖ Arg. Fam. Gol, en fútbol, etc. ‖ Fig. y fam. No importar un pepino, no importar nada.

Pepirí Guazú, río en el NE. de Argentina (Misiones), afl. del Uruguay.

pepita f. Simiente de algunas frutas : pepitas de melón, de pera, de tomate. ‖ Tumorcillo que se forma en la lengua de las gallinas. ‖ Min. Trozo rodado de metal nativo, particularmente de oro.

pepito m. Pequeño bocadillo de carne. ‖ Amer. Lechuguino.

pepitoria f. Guisado de carne de pollo o gallina con salsa a base de yema de huevo. ‖ Fam. Conjunto de cosas mezcladas con poco orden.

pepla f. Fam. Cosa muy fastidiosa, molesta. ‖ Persona inútil.

peplo m. En Grecia y Roma, túnica de mujer sin mangas, abrochada en el hombro.

pepona f. Muñeca grande de cartón.

pepsina f. Una de las diastasas del jugo gástrico.

Pepys (Samuel), escritor inglés (1633-1703), autor de un Diario.

peque m. y f. Fam. Niño pequeño.

pequeñez f. Calidad de pequeño. ‖ Infancia, corta edad. ‖ Fig. Bajeza, mezquindad. ‖ Cosa insignificante.

pequeño, ña adj. De tamaño reducido : un piso pequeño. ‖ De corta edad. Ú. t. c. s. : estar en la clase de los pequeños. ‖ Fig. De poca importancia : una pequeña molestia. ‖ Bajo, mezquino. ‖ Fig. Dejar pequeño a uno, superarle.

Pequin. V. PEKÍN.

pequinés, esa adj. y s. De Pekín (China). ‖ — M. Perrito de pelo largo y hocico chato.

per prep. lat. Por. ‖ Per cápita, expresión aplicada a lo que corresponde a cada persona : renta per cápita.

Per Abbat. V. ABBAT.

pera f. Fruto del peral comestible. ‖ Fig. Pequeña barba en punta que se deja crecer en la barbilla. ‖ Empleo lucrativo y descansado. ‖ Objeto de forma parecida a este fruto, el dispositivo adaptado a los pulverizadores, etc. ‖ — Fig. y fam. Partir peras, enfadarse. ‖ Pedir peras al olmo, pedir

a uno cosas que no puede dar. ‖ Ponerle a uno las peras a cuarto, reprenderle. ‖ Ser la pera, ser el colmo. ‖ —Adj. inv. Fam. Presumido : iba siempre con chicos muy pera.

Pera (Alfredo Le), escritor argentino (1887-1935), autor de letras de tangos.

Perafán de Ribera, conquistador español, gobernador de Costa Rica de 1565 a 1573.

Perak, Estado de la Federación de Malaysia (Malasia), al E. del estrecho de Malaca ; cap. Ipoh. Estaño.

peral m. Árbol cuyo fruto es la pera.

Peral (Isaac), marino español, n. en Cartagena (1851-1895), inventor de un submarino (1889).

peraleda f. Terreno de perales.

Peralillo, c. del centro de Chile en la VI Región (Libertador General Bernardo O'Higgins) y en la prov. de Colchagua, cap. de la com. de su n.

Peralta (Angela), compositora y soprano mexicana (1845-1883). Llamada el ruiseñor mexicano. ‖ ~ (GASTÓN), gobernante español, m. en 1587, tercer virrey de Nueva España (1566-1567). ‖ ~ **Lagos** (JOSÉ MARÍA), escritor salvadoreño (1873-1944), autor de artículos costumbristas y festivos. ‖ ~ **Azurdia** (ENRIQUE), militar y político guatemalteco, n. en 1908, pres. de la Rep. de 1963 a 1967. ‖ ~ **y Barnuevo** (PEDRO DE), escritor peruano, n. en Lima (1663-1743), autor de obras de astronomía, historia, derecho y del poema épico Lima fundada.

peraltar v. t. Arq. Levantar la curva de un arco, bóveda o armadura más de lo que corresponde al semicírculo. ‖ Levantar el carril exterior en las curvas de ferrocarriles. ‖ Hacer el peralte en las carreteras : curva peraltada.

peralte m. Arq. Lo que excede del semicírculo en la altura de un arco, bóveda o armadura. ‖ En las carreteras, vías férreas, etc., elevación de la parte exterior de una curva superior a la interior.

Peravia, prov. del sur de la Rep. Dominicana ; cap. Baní. Agricultura.

perca f. Pez acantopterigio de río.

percal m. Tela corriente de algodón. ‖ Taurom. Capa. ‖ Fig. Conocer el percal, saber lo que se hace.

percalina f. Percal ligero.

percance m. Contratiempo, ligero accidente que sirve de estorbo.

percatarse v. pr. Advertir, reparar, darse cuenta. ‖ Enterarse.

percebe m. Crustáceo cirrópodo que vive adherido a las rocas y es comestible. ‖ Fam. Torpe, ignorante.

percepción f. Acción de percibir el mundo exterior por los sentidos. ‖ Idea. ‖ Recaudación, cobro de dinero.

perceptible adj. Que se puede percibir : un sonido débil, pero perceptible. ‖ Que puede ser cobrado.

perceptivo, va adj. Que tiene virtud de percibir : facultades perceptivas.

perceptor, ra adj. y s. Dícese del o de lo que percibe.

Perceval, héroe de las novelas de la Tabla Redonda, libertador del Santo Grial.

percibir v. t. Apreciar la realidad exterior por los sentidos : percibir un sonido. ‖ Recibir o cobrar.

percusión f. Golpe dado por un cuerpo que choca contra otro. ‖ En medicina, método de examen clínico que permite conocer el estado de un órgano al escuchar el sonido producido por los golpes leves dados en la superficie del cuerpo. ‖ — Arma de percusión, la de fuego que emplea percusor y fulminante. ‖ Instrumentos de percusión, los que se tocan dándoles golpes (tambor, batería, pandereta, castañuelas, maracas, xilofón, gong, timbal, campana, platillos, etc.).

percusionista com. Persona que toca un instrumento de percusión.

percusor m. En las armas de fuego, pieza que hace estallar el fulminante. ‖ Pieza que golpea en cualquier máquina.

percutiente adj. Que percute.

percutir v. i. Golpear, chocar. ‖ Med. Auscultar dando leves golpes en la espalda y el pecho de la persona enferma.

percutor m. Percusor.

percha f. Soporte de forma adecuada, provisto de un gancho, que

sirve para colgar trajes. ‖ Perchero. ‖ Utensilio con varios ganchos de los que se cuelgan cosas. ‖ Alcándara de las aves. ‖ Lazo para cazar aves.

Perche, ant. condado de Francia, en la cuenca de París. Caballos (percherones).

perchero m. Soporte o mueble, con uno o varios brazos, que sirve para colgar abrigos, sombreros, etc.

percherón, na adj. Aplícase al caballo y yegua de raza corpulenta y robusta que se emplea para el tiro (ú. t. c. s.).

perchista com. Volatinero.

perdedor, ra adj. y s. Que pierde.

perder v. t. Verse privado de una cosa que se poseía o de una cualidad física o moral : perder su empleo; perder el juicio. ‖ Estar separado por la muerte : perder a sus padres. ‖ Extraviar : perder las llaves (ú. t. c. pr.). ‖ No poder seguir : perder las huellas de uno ; perder el hilo de un razonamiento. ‖ Disminuir de peso o dimensiones : ha perdido cinco kilos en un mes. ‖ Ser vencido : perder la batalla (ú. t. c. i.). ‖ Fig. Desaprovechar : perder una oportunidad. ‖ Malgastar, desperdiciar : perder su tiempo (ú. t. c. pr.). ‖ No poder alcanzar o coger : perder el tren. ‖ No poder disfrutar de algo por llegar tarde o por otro motivo. Ú. t. c. pr. : hemos dejado pasar lo tiempo y no hemos perdido la exposición. ‖ Faltar a una obligación : perder el respeto. ‖ Deslucir, deteriorar, ocasionar un daño. ‖ Arruinar. ‖ Ser perjudicado. Ú. t. c. i. : en todos los negocios salgo perdiendo. ‖ Perjudicar : su excesiva bondad le pierde. ‖ Dejar escapar su contenido (ú. t. c. i.) : el neumático pierde aire. ‖ — Echar a perder, estropear, deteriorar. ‖ Perder de vista, dejar de ver ; (fig.) olvidar. ‖ Perder el aliento, respirar con ansia. ‖ Fig. Perder la cabeza, desatinar ; volverse loco. ‖ Perder pie, dejar de alcanzar el fondo del agua con los pies. ‖ Perder terreno, retroceder. ‖ — V. i. Sufrir una desventaja : hemos perdido mucho con la marcha de este profesor. ‖ Decaer de la estimación en que se estaba : para mí ha perdido mucho esta persona después de la grosería que me ha hecho. ‖ — V. pr. Errar el camino, extraviarse : perderse en la selva. ‖ Fig. Estropearse : este guiso se va a perder. ‖ No percibirse claramente : su voz se perdía entre la de sus compañeros. ‖ Fig. Corromperse. ‖ Aturdirse, turbarse : se perdió ante tantas sugerencias. ‖ Desaprovechar : ambos se perdieron un buen negocio. ‖ Entregarse completamente a los vicios. ‖ Amar con pasión ciega. ‖ No seguir la ilación de un discurso : perderse en consideraciones. ‖ — Hasta perderse de vista, hasta muy lejos. ‖ Perdérselo, no aceptar algo bueno dado por otra persona.

Perdicas, general macedonio, regente del Imperio a la muerte de Alejandro Magno (323 a. de J. C.). M. asesinado en 321.

perdición f. Pérdida. ‖ Fig. Ruina : ir uno a su perdición. ‖ Lo que perjudica a uno : esta mujer será su perdición. ‖ Condenación eterna. ‖ Costumbres desarregladas : esta ciudad es un lugar de perdición. ‖ Desdoro, deshonra. ‖ Pérdida de la honradez.

pérdida f. Privación de lo que se poseía. ‖ Lo que se pierde : tener grandes pérdidas. ‖ Extravío : la pérdida del pasaporte me causó muchos sinsabores. ‖ Escape : hay una gran pérdida de gas. ‖ Muerte : sentir la pérdida de un amigo. ‖ Menoscabo, daño. ‖ Diferencia desventajosa entre el costo de una operación comercial o financiera y la ganancia : vender con pérdida. ‖ Mal empleo : pérdida de tiempo. ‖ No tener perdida, ser fácil de encontrar. ‖ — Pl. Mil. Bajas, conjunto de los militares puestos fuera de combate como consecuencia de una batalla. ‖ Salida de sangre o flujo menstrual de la matriz.

perdidamente adv. Mucho.

perdido, da adj. Extraviado. ‖ Fam. Muy sucio : me pusieron perdido de barro. ‖ Consumado, rematado : tonto perdido. ‖ Licencioso (ú. t. c. s.). ‖ Fig. Estar perdido, estar en un trance

PE

487

tan difícil que se tienen pocas posibilidades de superarlo. || Estar perdido por una persona, estar muy enamorado de ella.

Perdido (MONTE), alta cumbre en el centro de los Pirineos españoles (Huesca) ; 3 355 m. Parque nacional de Ordesa.

perdigón m. Pollo de la perdiz. || Perdiz joven. || Perdiz macho que usan los cazadores como reclamo. || Cada uno de los granos de plomo que forman la munición de caza. || Fam. Partícula de saliva que se despide al hablar. | Bolita de moco.

perdigonada f. Tiro de perdigones. || Herida que provoca.

perdiguero, ra adj. Dícese del animal que caza perdices (ú. t. c. s. m.).

perdis m. Pop. Golfo, perdido.

perdiz f. Ave gallinácea, con cuerpo grueso y plumaje ceniciento rojizo.

Perdomo (Apolinar), poeta dominicano (1882-1918).

perdón m. Remisión de pena o deuda. || Indulgencia, misericordia, remisión de los pecados. || — Con perdón, con permiso. || ¡Perdón !, expr. de disculpa.

perdonable adj. Que se puede perdonar : falta perdonable.

perdonador, ra adj. y s. Que perdona.

perdonar v. t. Excusar una deuda, ofensa, falta, delito, etc. : perdonar a uno el daño que nos ha hecho. || Autorizar a uno para que no cumpla una obligación : perdonar el pago de un arancel, de una carga. || Enfermedad que no perdona, enfermedad mortal.

perdonavidas com. inv. Bravucón.

perdurabilidad f. Condición de perdurable.

perdurable adj. Perpetuo o que dura siempre : pena perdurable.

perduración f. Larga duración.

perdurar v. i. Durar mucho, subsistir : perdurar el buen tiempo. || Persistir, continuar.

perecedero, ra adj. Poco duradero, temporal : productos perecederos.

perecer v. i. Morir. || Dejar de existir, acabarse. || — V. pr. Fig. Desear con ansia : perecerse por una mujer.

perecuación f. Reparto equitativo de las cargas entre aquellos que los soportan.

Pereda (Antonio), pintor barroco español (¿ 1608 ?-1678), autor de cuadros religiosos, de motivos bélicos y de bodegones. || — (JOSÉ MARÍA DE), escritor español, n. en Polanco (Santander) [1833-1906], autor de novelas de tema regional (La puchera, Sotileza, Peñas arriba, El sabor de la tierruca, Don Gonzalo González de la Gonzalera, El buey suelto, Escenas montañesas, Nubes de estío, etc.).

Peredo (Manuel), escritor y médico mexicano (1830-1890).

peregrinación f. Viaje por tierras extranjeras o a un santuario : peregrinación a América, a Montserrat.

peregrinaje m. Peregrinación.

peregrinar v. i. Ir a un santuario por devoción o por voto. || Andar por tierras extrañas, de pueblo en pueblo. || Fig. Estar en esta vida camino de la eterna. | Ir de un sitio a otro para lograr o buscar algo.

peregrino, na adj. Aplícase a las aves de paso. || Que viaja por tierras extrañas. || Fig. Extraño, singular, raro : una idea peregrina. | Extraordinario : peregrina belleza. || — M. y f. Persona que por devoción visita algún santuario o un lugar santo o digno de respeto y afecto : peregrinos de Fátima.

Pereira, c. en el centro de Colombia, cap. del dep. de Risaralda. Universidad. Obispado.

Pereira (Gabriel Antonio), político uruguayo (1794-1861), pres. de la Rep. de 1856 a 1860. || — (MANUEL), escultor portugués (1588-1683), que trabajó en España. || — de Souza (WASHINGTON LUÍS), político brasileño (1871-1957), pres. de la Rep. de 1926 a 1930.

pereirano, na adj. y s. De Pereira (Colombia).

perejil m. Planta umbelífera, cuya hoja de color lustroso se utiliza mucho como condimento. || Su hoja.

Perelada, v. al noreste de España (Gerona). Casino de juego.

Perelló (El), pobl. en el E. de España. (Tarragona). Playas.

perendengue m. Adorno de escaso valor. || Pendiente. || — Pl. Fam. Complicaciones. | Importancia. | Valor.

Perené, río en el centro del Perú, afl. del Ene (Junín), formado al unirse el Chanchamayo y el Paucartambo.

perengano, na m. y f. Palabra con que se llama a una persona cuyo nombre se desconoce o no se quiere decir. (Se utiliza sobre todo después de Fulano, Mengano y Zutano.)

perenne adj. Continuo, perpetuo. || Eterno : su recuerdo será perenne.

perennidad f. Perpetuidad.

perennizar v. t. Hacer perenne.

perentoriedad f. Calidad de perentorio.

perentorio, ria adj. Aplícase al último plazo concedido : le dio un plazo perentorio de diez días. || Apremiante, urgente. || Terminante.

Perera (Hilda), escritora cubana, n. en 1926, autora de cuentos infantiles y de novelas.

Pereyra (Carlos), historiador mexicano (1871-1942), autor de La obra de España en América e Historia de la América Española. || — (DIÓMEDES DE), escritor boliviano (1897-1976), autor de novelas (El valle del sol, Hojas al viento, Caucho, etc.).

Pérez (Antonio), político español (1540-1611), secretario de Felipe II y amigo de la princesa de Éboli. El asesinato de Escobedo (1578), secretario de Don Juan de Austria, motivó su prisión por orden del Rey y, a fin de evitar su cumplimiento, huyó a Zaragoza (1590), para pasar más tarde a Francia (1591) y a Inglaterra. Publicó unas Relaciones y Cartas. || — (FELIPE), novelista colombiano de asuntos históricos (1836-1891). || — (JOSÉ JOAQUÍN), político chileno (1800-1889), pres. de la Rep. de 1861 a 1871. Durante su gobierno se declaró la guerra a España (1866). || — (JOSÉ JOAQUÍN), escritor dominicano (1845-1900), autor de las leyendas poéticas Fantasías indígenas, Ecos del destierro, La vuelta al hogar, El voto de Anacaona y Quisqueyana. || — (JUAN), prior del monasterio español de La Rábida a finales del s. XV. Prestó ayuda a Colón. || — (SANTIAGO), político y escritor colombiano (1830-1900), pres. de la Rep. de 1874 a 1876. || — Barradas (RAFAEL), pintor uruguayo (1890-1929), creador del vibracionismo. || — Bonalde (JUAN ANTONIO), escritor venezolano (1846-1892), poeta precursor de la tendencia modernista (Estrofas, Ritmos, Al Niágara, etc.). || — Comendador (ENRIQUE), escultor español (1900-1981). || — de Ayala (RAMÓN), novelista español, n. en Oviedo (1881-1962), autor de Belarmino y Apolonio, Tigre Juan, La pata de la raposa, Luna de miel, luna de hiel, Troteras y danzaderas, A. M. D. G. Publicó también obras de crítica (Las máscaras, Política y toros). || — de Cuéllar (JAVIER), profesor y diplomático peruano, n. en 1920, elegido en 1981 secretario general de la O. N. U. || — de Guzmán (ALONSO). V. GUZMÁN EL BUENO. || — de Guzmán (FERNÁN), escritor español (¿ 1376-1460 ?), autor de poesías (Loores de los claros varones de España) y de obras históricas (Generaciones y semblanzas, Mar de historias). || — de Hita (GINÉS), historiador español (¿ 1544-1619 ?), autor de Las guerras civiles de Granada. || — de Holguín (MELCHOR), pintor barroco boliviano (¿ 1665-1724 ?), autor de cuadros religiosos. || — de Montalbán (JUAN), poeta dramático español (1602-1638), autor del poema épico Orfeo en lengua castellana y de la comedia Los amantes de Teruel. || — del Pulgar (HERNÁN), cronista y militar español (1451-1531). Recibió por su valor el nombre de el de las Hazañas. || — de Zambrana (LUISA), escritora cubana (¿ 1835 ?-1922), autora de poesías y novelas. || — Esquivel (ADOLFO), arquitecto y escultor argentino, n. en 1931. Pr. Nobel de la Paz en 1980 por su defensa de los derechos del hombre. || — Galdós (BENITO), escritor español, n. en Las Palmas de Gran Canaria (1843-1920). Admirable observador de su tiempo, creó innu-

merables tipos y caracteres descritos con gran perfección y realismo. Considerado en su patria como el mejor novelista después de Cervantes. Autor de novelas (La fontana de oro, La desheredada, Miau, El doctor Centeno, Torquemada, Ángel Guerra, Nazarín, Doña Perfecta, La de Bringas, Fortunata y Jacinta, Misericordia, Marianela, Gloria, El amigo Manso, etc.), de los Episodios Nacionales, fresco histórico de 46 novelas del s. XIX, de obras de teatro (Electra, El abuelo, Realidad, La loca de la casa, Los condenados, Santa Juana de Castilla). || — Jiménez (MARCOS), militar venezolano, n. en 1914. Pres. de la Rep. en 1952, fue derribado en 1958. || — Lugín (ALEJANDRO), escritor español (1870-1926), autor de las populares novelas La casa de la Troya y Currito de la Cruz. || — Petit (VÍCTOR), poeta, novelista y dramaturgo uruguayo (1871-1947). || — Rodríguez (CARLOS ANDRÉS), político venezolano, n. en 1922, pres. de la Rep. de 1974 a 1979. Nacionalizó la industria del petróleo (1976). || — y González (FELIPE), escritor español (1854-1910), autor de libretos de zarzuelas (La Gran Vía). || — y Pérez (RAFAEL), escritor español (1891-1984), autor de novelas rosas de gran popularidad.

Pérez Zeledón, cantón de Costa Rica (San José) ; cab. San Isidro del General.

pereza f. Repugnancia al trabajo, al esfuerzo, a cumplir las obligaciones del cargo de cada uno. || Flojedad, falta de ánimo para hacer algo. || Lentitud. || Sacudir la pereza, vencerla.

perezoso, sa adj. y s. Que tiene pereza : perezoso para levantarse. || Que huye de cualquier trabajo o actividad : es demasiado perezoso para este cargo. || Fig. Tardo, lento. || — M. Mamífero desdentado de América tropical, de movimientos muy lentos.

perfección f. Calidad de perfecto : aspirar a la perfección. || Cosa perfecta. || A la perfección, muy bien.

perfeccionamiento m. Mejora.

perfeccionar v. t. Mejorar una cosa tratando de alcanzar la perfección : perfeccionar una máquina. || Pulir, refinar, dar los últimos toques : perfeccionar una obra de arte.

perfeccionismo m. Deseo excesivo de alcanzar la perfección.

perfeccionista adj. Dícese de la persona muy dada a pruebas de perfeccionismo (ú. t. c. s.).

perfectamente adv. De modo perfecto. || ¡Perfectamente !, expresión de asentimiento.

perfectible adj. Que puede perfeccionarse.

perfecto, ta adj. Que tiene el mayor grado posible de las cualidades requeridas : obra perfecta. || Excelente, muy bueno : ejecución perfecta. || For. De plena eficacia jurídica : acuerdo, contrato perfecto. || — Gram. Futuro perfecto, el que indica que una acción futura es anterior a otra también venidera. | Pretérito perfecto, aplícase al tiempo que denota que una acción pasada está completamente terminada.

perfidia f. Falta de lealtad. || Maldad.

pérfido, da adj. Desleal, infiel o traidor. || Que implica perfidia.

perfil m. Contorno aparente de una persona o cosa puesta de lado : retratar a una persona de perfil. || Silueta, contorno : el perfil del campanario se destacaba en el cielo. || Geol. Corte que permite conocer la disposición y la naturaleza de las capas de un terreno. || Geom. Figura que presenta un cuerpo cortado por un plano vertical. | Corte o sección. | Línea delgada al escribir o dibujar. || Fig. Retrato moral de una persona. | Característica, rasgo. | Barra de acero laminada.

perfilar v. t. Pint. Sacar y retocar el perfil o contorno de una cosa. || Fig. Perfeccionar, rematar con esmero una cosa. || — V. pr. Ponerse de perfil. || Fam. Destacarse : el campanario se perfila en el cielo. | Empezar a tomar forma : el perfil del resultado final.

perforación f. Acción y efecto de perforar : perforación de un túnel. || Taladro. || Rotura de las paredes de

algunos órganos o partes del cuerpo : *perforación intestinal.*

perforado m. Acción de perforar.

perforador, ra adj. Que perfora u horada. || — F. Herramienta de barrena rotativa, generalmente accionada por aire comprimido, que sirve para taladrar las rocas. || Instrumento para perforar el papel. || Máquina que, en las tarjetas perforadas, traduce los datos en forma de taladros. || — M. y f. En informática, operador encargado de trasladar informaciones codificadas en un soporte magnético (cinta) o mecanográfico (tarjeta o cinta perforada) con ayuda de una máquina con teclado.

perforar v. t. Horadar, taladrar. || Abrir un agujero en un terreno.

performance [-*mans*] f. (pal. ingl.). Resultado conseguido por un campeón. || *Por ext.* Hazaña. | Resultado.

perfumador m. Recipiente para quemar perfumes. || Pulverizador para perfumes.

perfumar v. t. Poner perfume (ú. t. c. pr.). || — V. i. Exhalar perfume.

perfume v. m. Composición química que exhala un olor agradable : *un frasco de perfume.* || Este mismo olor : *el perfume del jazmín.* || Cualquier olor agradable. || *Fig.* Lo que despierta un recuerdo o una idea agradable : *un perfume de dulzura.*

perfumería f. Fábrica o tienda de perfumes. || Arte de fabricar perfumes y conjunto de éstos.

perfumero, ra m. y f. o **perfumista** com. Persona que fabrica o vende perfumes.

perfusión f. *Med.* Introducción lenta y continua de una sustancia medicamentosa o de sangre en un organismo o un órgano.

pergamino m. Piel de cabra o de carnero preparada especialmente para que se pueda escribir en ella. || Documento escrito en esta piel. || — Pl. *Fig. y fam.* Títulos de nobleza. | Diplomas universitarios.

Pergamino, c. al este de la Argentina, en las márgenes del río homónimo (Buenos Aires).

Pérgamo, c. ant. de Asia Menor, cap. del reino helénico del mismo n. (s. III y II a. de J. C.).

pergeñar v. t. Esbozar.

pergeño m. Aspecto, apariencia. || Esbozo.

pérgola f. Galería formada por columnas en las que se apoyan maderas a modo de emparrado.

Pergolesi (Giambattista), compositor italiano (1710-1736), autor de música sinfónica, religiosa y dramática.

periastro m. Punto de la órbita de un astro más próximo de otro alrededor del cual gira.

pericardio m. Tejido membranoso que envuelve el corazón.

pericarditis f. Inflamación del pericardio.

pericarpio y **pericarpo** m. Parte exterior del fruto de las plantas, que cubre las semillas.

pericia f. Habilidad en una ciencia o arte adquirida por la experiencia.

pericial adj. Relativo al perito o al peritaje : *juicio, tasación pericial.*

Pericles, estadista ateniense (¿ 495 ?-429 a. de J. C.), jefe del partido democrático. Creó la potencia naval y colonial de Atenas, intervino en las guerras del Peloponeso y fomentó las artes.

periclitar v. i. Decaer, declinar.

perico m. Especie de papagayo de Cuba y la América Meridional, fácilmente domesticable. || *Mar.* Juanete del palo de mesana, y vela que se larga en él. || Tupé postizo antiguo. || *Fam.* Pelandusca. || *Pop.* Orinal alto.

Perico, mun. de Cuba (Matanzas).

Perico n. pr. dim. de Pedro. || *Fam. Perico de los palotes,* una persona o un individuo cualquiera.

pericón m. Abanico grande. || *Arg. y Urug.* Baile criollo en cuadrilla. || Música que lo acompaña.

pericona f. Cierto baile zapateado de Chile. || Su música.

Pericot (Luis), profesor español (1899-1978), autor de estudios prehistóricos en España y América.

pericráneo m. Membrana fibrosa que rodea los huesos del cráneo.

periecos m. pl. Habitantes de la

Tierra que viven en un mismo paralelo, pero en puntos diametralmente opuestos.

periferia f. Circunferencia. || Contorno de una figura curvilínea. || *Fig.* Alrededores de una población.

periférico, ca adj. Relativo a la periferia : *paseo periférico.* || Dícese del elemento de un sistema de tratamiento de la información que es distinto de la unidad central y sirve, sobre todo, para comunicar con el exterior (ú. t. c. s. m.).

perifollo m. Planta umbelífera usada como condimento. || — Pl. *Fam.* Adornos excesivos y de mal gusto.

perifrasear v. i. Usar perífrasis.

perífrasis f. Circunloquio.

perifrástico, ca adj. Relativo a la perífrasis : *expresión perifrástica.* || Que contiene muchas perífrasis.

perigeo m. Punto de la órbita de la Luna o de un satélite artificial más cerca de la Tierra.

Perigord, región en el SO. de Francia, en el actual departamento de Dordogne. Estaciones prehistóricas.

Perigueux, c. en el SO. de Francia, cap. del dep. de Dordogne. Obispado. Ruinas romanas. Catedral.

perihelio m. Punto en que un planeta se halla más cerca del Sol.

periinformática f. Término general utilizado para designar tanto a los ordenadores y sus componentes (periféricos, terminales, equipos auxiliares) como a los fabricantes y distribuidores de este material.

Perijá, cadena de montañas entre Venezuela (Zulia) y Colombia (Guajira y Magdalena). Recibe tb. el n. de *Sierra de los Motilones.* — Distr. al E. de Venezuela (Zulia) ; cap. *Machiques.*

perilla f. Adorno en figura de pera. || Porción de pelo que se deja crecer en la punta de la barba. || Parte inferior no cartilaginosa de la oreja. || Interruptor eléctrico. || Llave, tirador : *la perilla del picaporte.* || *Fam. De perilla o de perillas,* muy bien.

perillán m. Pícaro, bribón.

Perim, isla en el estrecho de Bab el-Mandeb (Yemen Democrático).

perimétrico, ca adj. Relativo al perímetro.

perímetro m. *Geom.* Línea que limita una figura plana : *la circunferencia es el perímetro del círculo.* || Su dimensión : *calcular el perímetro de un rectángulo.* || Contorno : *el perímetro de una ciudad, torácico.*

perínclito, ta adj. Heroico.

periné o **perineo** m. Parte del cuerpo situada entre el ano y las partes sexuales.

periodicidad f. Condición de lo que es periódico.

periódico, ca adj. Que se repite a intervalos determinados : *un movimiento periódico.* || Que se edita en época fija : *publicación periódica* (ú. t. c. s. m.). || *Mat.* Dícese de la función que tiene el mismo valor cada vez que su variable aumenta de una cantidad fija llamada *período* o de un múltiplo de éste. | Aplícase a la fracción decimal en la cual una misma cifra o grupo de cifras se repite siempre. || — M. Diario de prensa.

periodismo m. Profesión de periodista. || Conjunto de periodistas. || Prensa periódica.

periodista com. Persona que tiene por oficio el escribir en periódicos.

periodístico, ca adj. Relativo a periódicos y periodistas.

período o **periodo** m. Espacio de tiempo después del cual se reproduce alguna cosa. || Tiempo de revolución de un astro : *período lunar.* || Espacio de tiempo, época : *período histórico.* || *Mat.* En las divisiones inexactas, cifras repetidas indefinidamente después del cociente entero. || Conjunto de oraciones que enlazadas entre sí forman un sentido cabal : *período gramatical.* || Fase de una enfermedad. || Menstruación.

peripatético, ca adj. Que se refiere a o que sigue la filosofía de Aristóteles.

peripatetismo m. Sistema filosófico de Aristóteles.

peripecia f. En el drama o en otras composiciones literarias, mudanza repentina de situación. || *Fig.* Aconte-

cimiento imprevisto en la vida real : *las peripecias de un viaje.*

periplo m. Circunnavegación. || Obra antigua que relata un viaje de circunnavegación. || *Por ext.* Viaje turístico.

peripuesto, ta adj. *Fam.* Ataviado con gran esmero y elegancia.

periquete m. *Fam.* Corto espacio de tiempo, instante.

Periquillo Sarniento, novela picaresca del escritor mexicano José Joaquín Fernández de Lizardi (1816).

periquito m. Perico, loro.

periscópico, ca adj. Relativo al periscopio.

periscopio m. Aparato óptico instalado en la parte superior de un tubo que usan para ver lo que pasa en el exterior los barcos submarinos y los soldados en las trincheras.

perisístole f. Intervalo que media entre la sístole y la diástole.

perisodáctilos m. pl. Suborden de los mamíferos ungulados imparidígitos, como el caballo y el rinoceronte (ú. t. c. adj.).

perista com. *Fam.* Persona que compra las cosas robadas.

peristilo m. *Arq.* Galería de columnas aisladas alrededor de un edificio o de un patio. | Conjunto de las columnas de un edificio.

peritación y **peritaje** m. Trabajo o informe que hace un perito. || Estudios o carrera de perito.

perito, ta adj. Experimentado, competente en un arte o ciencia. || — M. y f. Persona autorizada legalmente por sus conocimientos para dar su opinión acerca de una materia. || Grado inferior en las carreras técnicas o mercantiles : *perito industrial, mercantil.*

peritoneo m. Membrana serosa que recubre la superficie interior del vientre.

peritonitis f. *Med.* Inflamación del peritoneo.

perjudicar v. t. Causar perjuicio.

perjudicial adj. Que perjudica.

perjuicio m. Daño material o moral : *causar perjuicio a uno.* || *Sin perjuicio de o que,* sin descartar la posibilidad de.

perjurar v. i. Jurar en falso (ú. t. c. pr.). || No cumplir un juramento (ú. t. c. pr.). || — V. i. Jurar mucho.

perjurio m. Juramento en falso.

perjuro, ra adj. y s. Dícese del que jura en falso o no cumple un juramento.

perla f. Concreción dura, esferoidal, nacarada, de reflejos brillantes, que suele formarse en el interior de las conchas de diversos moluscos, particularmente de las madreperlas. || Objeto parecido fabricado artificialmente. || Carácter de letra de imprenta de cuatro puntos. || *Fig.* Persona o cosa excelente : *esta niña es una perla.* || *De perlas,* muy bien : *venir de perlas.*

perlado, da adj. Lleno de perlas o de gotas : *cutis perlado de sudor.*

Perlas (Las), islas en el centro de Panamá, en el golfo de Panamá ; 1 165 km².

Perlotti (Luis), escultor argentino, n. en 1890.

Perm, de 1940 a 1957 *Molotov,* c. de la U. R. S. S. (Rusia), en los Urales y a orillas del río Kama. Metalurgia. Refinería de petróleo.

permanecer v. i. Estarse, quedarse cierto tiempo en un mismo sitio, estado o calidad : *permanecer inmóvil ; Juan permaneció un viaje en Málaga.* || Seguir en el mismo estado : *permaneció despierto toda la noche.*

permanencia f. Inmutabilidad, duración constante : *la permanencia de las leyes.* || Estancia en un mismo lugar : *no aprovechó su permanencia en el extranjero.* || Perseverancia.

permanente adj. Que permanece. || — F. Ondulación del cabello : *hacerse la permanente.* || — M. *Méx.* Ondulado.

permanganato m. Sal formada por la combinación del ácido derivado del manganeso con una base.

permeabilidad f. Calidad de permeable : *la permeabilidad del terreno.*

permeable adj. Que puede ser atravesado por el agua u otro fluido, radiaciones, etc. || *Fig.* Influenciable.

pérmico, ca adj. *Geol.* Aplícase al último período de la era primaria

PE

489

comprendido entre el período carbonífero y el triásico (ú. t. c. s. m.).

permisivismo m. y **permisividad** f. Carácter permisivo.

permisivo, va adj. Que incluye la facultad o licencia de hacer una cosa sin preceptuarla. ‖ Que tiene una gran tolerancia ante conductas poco conformistas: *una sociedad permisiva.*

permiso m. Autorización: *pedir permiso para salir.* ‖ Licencia, documento: *permiso de conducir, de caza.* ‖ Autorización que se concede a un militar o a otra persona para ausentarse de su cuerpo o empleo por tiempo limitado. ‖ *Con permiso,* fórmula de cortesía con que se pide autorización a alguien que está presente para realizar o decir una cosa.

permitido, da adj. Autorizado.

permitir v. t. Dar su consentimiento a una persona para que haga algo: *no permite a su hija que salga por la noche.* ‖ Tolerar: *¿cómo permite a sus hijos que se porten tan mal?* ‖ Dar cierta posibilidad, hacer posible: *esto permite vivir bien.* ‖ — V. pr. Tomarse la libertad de hacer algo.

permuta f. Cambio.

permutabilidad f. Carácter de lo permutable.

permutable adj. Que se puede permutar.

permutación f. Cambio. ‖ *Mat.* Transformación que consiste en sustituir el orden de cierto número de objetos por otro, sin que cambien su naturaleza ni su número.

permutar v. t. Cambiar una cosa por otra. ‖ V. i. Cambiar entre sí los empleos: *permutar dos funcionarios.*

Pernambuco, Estado del NE. del Brasil ; cap. *Recife.*

pernear v. i. Agitar las piernas.

pernera f. Pernil del pantalón.

perniabierto, ta adj. Que tiene las piernas abiertas.

pernicioso, sa adj. Perjudicial.

Pernik, de 1949 a 1962 *Dimitrovo,* c. de Bulgaria, al SO. de Sofía.

pernil m. Anca y muslo de un animal. ‖ Parte del pantalón en que se meten las piernas.

pernio m. Gozne puesto en las puertas y ventanas para que puedan girar las hojas.

perniquebrar v. t. Romper, quebrar una pierna (ú.t. c. pr.).

Pernis, pobl. de Holanda, cerca de Rotterdam. Centro de refinerías de petróleo y de petroquímica.

perno m. Clavo corto con cabeza redonda por un extremo y que por el otro se asegura con una tuerca.

pernoctar v. i. Pasar la noche.

pero m. Variedad de manzano. ‖ Su fruto.

pero m. Inconveniente, reparo : *poner peros a todo.* ‖ Defecto. ‖ — Conj. Sirve para indicar la oposición, la restricción, la exclusión, etc.: *el piso es bonito, pero caro ; lo haré, pero cuando tenga tiempo.*

perogrullada f. *Fam.* Verdad de Perogrullo.

perogrullesco, ca adj. Tan evidente como una perogrullada.

Perogrullo n. pr. Se emplea en la loc. *verdad de Perogrullo,* la que es tan evidente que resulta ridículo decirla.

perol m. Vasija semiesférica de metal. ‖ Cacerola.

Perón (Juan Domingo), general y político argentino, n. en Lobos (Buenos Aires) [1895-1974], elegido pres. de la Rep. en 1946. Llevó a cabo una política *justicialista,* que asociaba medidas de justicia social al dirigismo económico. La oposición de la Iglesia y de las fuerzas armadas desembocó en un descontento general que le llevó a renunciar al Poder (16 de septiembre de 1955). Su esposa, EVA DUARTE DE PERÓN (1919-1952), colaboró estrechamente con él. Tras un exilio de 18 años, volvió a su país y fue de nuevo elegido pres. de la Rep. el 23 de septiembre de 1973. Ocupó el cargo el 12 de octubre de este año hasta su muerte. Le sucedió su tercera esposa, Isabel MARTÍNEZ DE PERÓN, que ejercía las funciones de vicepresidente de la nación.

peroné m. Hueso largo y delgado de la pierna, detrás de la tibia, con la cual se articula.

peronismo m. Movimiento político populista creado en la Argentina después de la subida del general Perón a la presidencia de la República (1946).

peronista adj. Perteneciente o relativo al peronismo. ‖ Partidario de esta doctrina política (ú. t. c. s.).

peroración f. Última parte o conclusión del discurso.

perorar v. i. Pronunciar un discurso. ‖ *Fam.* Hablar en tono oratorio.

perorata f. Discurso muy largo.

Perote, mun. en el E. de México (Veracruz). Industrias.

Perotti (José), escultor y pintor chileno (1898-1956).

peróxido m. En la serie de los óxidos de un cuerpo, el que tiene la mayor cantidad de oxígeno.

perpendicular adj. *Geom.* Aplícase a la línea o al plano que forman ángulo recto con otros. ‖ Dícese de la última fase del arte gótico inglés (s. XIV y XV). ‖ — F. Línea perpendicular.

Perpenna, general romano, lugarteniente de Mario. En España asesinó a Sertorio en un banquete (72 a. de J. C.). Vencido y muerto por Pompeyo el mismo año.

perpetración f. Cumplimiento.

perpetrador, ra adj. y s. Que perpetra: *perpetrador de un crimen.*

perpetrar v. t. Cometer.

perpetua f. Planta amarantácea, cuyas flores se conservan mucho tiempo. ‖ Flor de esta planta.

perpetuación f. Acción de perpetuar o perpetuarse una cosa.

perpetuar v. t. Hacer perpetua o perdurable una cosa.

perpetuidad f. Duración sin fin. ‖ *A perpetuidad,* para siempre.

perpetuo, tua adj. Que permanece para siempre: *las nieves perpetuas del Aconcagua.* ‖ Que dura toda la vida: *cadena perpetua.* ‖ Constante: *agobio perpetuo.* ‖ Dícese de ciertos cargos vitalicios: *secretario perpetuo de la Academia Española de la Lengua.*

Perpiñán, c. en el SE. de Francia, ant. cap. del Rosellón y hoy del dep. de Pyrénées-Orientales. Obispado. Perteneció a la corona de Aragón de 1172 a 1276, fue capital del reino de Mallorca de este año hasta 1344 y volvió a formar parte de Aragón hasta que fue cedida a Francia por el Tratado de los Pirineos (1659).

perplejidad f. Irresolución, estado de una persona que no sabe qué decidir.

perplejo, ja adj. Vacilante, irresoluto: *me quedé perplejo.*

Perquenco, c. del centro de Chile en la IX Región (Araucanía) y en la prov. de Cautín, cap. de la com. del mismo nombre.

perra f. Hembra del perro. ‖ *Fig.* y *fam.* Dinero : *estar sin una perra.* ‖ Rabieta : *coger una perra.* ‖ Obstinación, deseo vehemente. ‖ Borrachera. ‖ *Pop. Perra chica, gorda,* antiguas monedas españolas de cinco o diez céntimos.

perrada f. Conjunto de perros. ‖ *Fig.* y *fam.* Acción ruin, mala jugada.

Perrault [-ró] (Charles), escritor francés, n. en París (1628-1703), autor de célebres cuentos (*Caperucita roja, El gato con botas, Barba Azul, La Cenicienta, Pulgarcito, La bella durmiente del bosque,* etc.). — Su hermano CLAUDE (1613-1688) fue arquitecto y construyó la columnata del Louvre en París.

perrera f. Lugar donde se guardan o encierran los perros. ‖ Coche que recoge los perros errantes. ‖ *Fig.* Empleo trabajoso poco remunerado.

perrería f. *Fam.* Mala jugada.

perrero, ra m. y f. Persona que cuida perros de caza o persona que coge perros errantes.

Perricholi o **Perrichola** (Micaela VILLEGAS, llamada **la**), actriz criolla peruana (1739-1895), amante del anciano virrey M. de Amat y Junyent.

Perrin (Tomás G.), médico mexicano, n. en España (1881-1965), que se distinguió como histólogo.

perrito m. *Méx.* Planta escrofulariácea leguminosa y ornamental. ‖ *Perrito caliente,* perro caliente.

perro m. Mamífero doméstico carnicero de la familia de los cánidos, de tamaño, forma y pelaje muy diver-

sos, según las razas : *perro de lanas, pachón, podenco.* ‖ *Fam.* Persona malvada. ‖ *Pop.* Moneda. ‖ — *Fig. A otro perro con ese hueso,* dícese para indicar que no se cree lo que otra persona acaba de decir. ‖ *Allí no atan los perros con longanizas,* allí la vida no es tan fácil como parece. ‖ *Andar como perros y gatos,* llevarse muy mal varias personas. ‖ *De perros,* muy malo: *hoy hace un tiempo de perros.* ‖ *Estar como los perros en misa, estar muy salada.* ‖ *Humor de perros,* muy mal humor. ‖ *Morir como un perro,* morir abandonado y miserable. ‖ *Perro caliente,* bocadillo de salchichas calientes. ‖ *Fig. Perro labrador, poco mordedor,* en general, no hay que temer a las personas que más gritan, sino a las otras. ‖ *Ser perro viejo,* haber adquirido astucia por la experiencia. ‖ *Méx.* Ser una persona *un perro,* ser muy perseverante y valerosa. ‖ *Fig. Tratar a uno como a un perro,* tratarle muy mal, despreciarle.

perro, rra adj. *Fam.* Muy malo.

perroquete m. *Mar.* Mastelerillo de juanete.

perruno, na adj. Relativo al perro.

persa adj. y s. De o relativo a Persia.

persecución f. Tormentos, especialmente los que sufrieron los primeros cristianos: *las persecuciones de Nerón.* ‖ Acosamiento, acoso : *ir en persecución de uno.*

persecutor, ra adj. Que persigue (ú. t. c. s.).

persecutorio, ria adj. Relativo a la persecución. ‖ *Manía persecutoria,* la que padecen las personas que creen que todo el mundo las quiere hacer daño.

Perséfone o **Core,** diosa griega, hija de Deméter y de Zeus, reina de los Infiernos. Es la Proserpina de los romanos.

perseguidor, ra adj. y s. Aplícase al que persigue.

perseguimiento m. Persecución.

perseguir v. t. Seguir al que huye, intentando alcanzarle : *perseguir al adversario.* ‖ Atormentar con medidas tiránicas y crueles: *perseguir a los cristianos.* ‖ *Fig.* Acosar, estar siempre detrás de una persona : *perseguirle a todas horas, en todas partes.* ‖ Atormentar, no dejar en paz : *el recuerdo de sus faltas le persigue.* ‖ Importunar : *perseguir con sus demandas.* ‖ Intentar conseguir porfiadamente : *perseguir un puesto en el ministerio ; perseguir el bienestar del pueblo.* ‖ Ocurrir varias veces seguidas : *le persiguen las desgracias.* ‖ *For.* Proceder judicialmente contra uno : *perseguir al moroso, al delincuente.*

perseidas f. pl. *Astr.* Estrellas fugaces, cuyo punto radiante se encuentra en la constelación de Perseo.

Perseo, héroe griego, hijo de Zeus y de Dánae. Cortó la cabeza de Medusa, casó con Andrómeda, fue rey de Tirinto y fundó Micenas (*Mit.*). — Último soberano de Macedonia (212-166 a. de J. C.). Hijo de Filipo V, reinó de 179 a 168 a. de J. C.

Persépolis, ant. cap. de Persia, al S. de Chiraz.

perseverancia f. Firmeza y constancia en seguir lo que se ha empezado.

perseverante adj. y s. Que persevera.

perseverar v. i. Mantenerse constante en un propósito o en la prosecución de lo comenzado.

Pershing (John Joseph), general norteamericano (1860-1948). Mandó la expedición a México contra Pancho Villa (1915), y fue jefe de las fuerzas de Estados Unidos en la primera guerra mundial (1918).

Persia, actualmente **Irán** (v. este nombre), ant. reino del SO. de Asia, situado entre la U. R. S. S., el mar Caspio, Afganistán, Paquistán, golfo Pérsico, Irak y Turquía.

persiana f. Especie de celosía formada de tablillas movibles o de otra cosa por entre las cuales pueden entrar la luz y el aire, pero no el sol.

persicaria f. Durazillo.

pérsico, ca adj. Persa, de Persia : el *golfo Pérsico.* ‖ — M. Árbol frutal rosáceo. ‖ Su fruto.

Pérsico (GOLFO), golfo del océano Índico, entre Irán, Irak y Arabia. Existen grandes yacimientos de petróleo en sus profundidades submarinas.

persignarse v. pr. Santiguarse.

persistencia f. Constancia en un propósito o acción : *persistencia en el error, en los estudios.* ‖ Larga duración de una cosa.

persistente adj. Muy duradero, incesante : *dolor, lluvia persistente.*

persistir v. i. Mantenerse firme o constante : *persistir en sus trabajos.* ‖ Perdurar : *persistir la fiebre.*

persona f. Individuo de la especie humana, hombre o mujer : *tu familia se compone de cinco personas.* ‖ Personaje de una obra literaria. ‖ For. Entidad física o moral que tiene derechos y obligaciones : *persona jurídica.* ‖ Gram. Accidente gramatical que indica quién es el agente o paciente de la oración (*primera persona,* la que habla ; *segunda persona,* aquella a quien se habla ; *tercera persona,* aquella de quien se habla). ‖ Teol. El Padre, el Hijo y el Espíritu Santo. ‖ — *En persona,* personalmente : *vino el ministro en persona* ; personificado : *este niño es el demonio en persona.* ‖ *Persona mayor,* adulto. ‖ *Tercera persona,* tercero, persona que media entre otras.

persona grata, expresión latina que significa *persona que agrada,* y designa, en el lenguaje diplomático, que un embajador será bien recibido por el país ante el cual se le acredita.

personaje m. Persona notable : *un personaje ilustre.* ‖ Ser humano o simbólico que se representa en una obra literaria o cinematográfica : *el personaje principal de una novela.*

personal adj. Propio de una persona : *calidades personales.* ‖ Presenciado o hecho por la persona misma de que se trata : *no le quiso conceder una entrevista personal.* ‖ Subjetivo : *es un juicio muy personal.* ‖ *Pronombres personales,* los que designan a las tres personas del verbo. ‖ — M. Conjunto de personas que trabajan en un sitio : *hay mucho personal en esta empresa.* ‖ Pop. Gente : *¿ qué de personal había en los almacenes ?*

personalidad f. Individualidad consciente. ‖ Carácter original que distingue a una persona de las demás : *tener una gran personalidad.* ‖ Fil. Conjunto de cualidades que constituyen el supuesto inteligente. ‖ For. Aptitud legal : *personalidad jurídica.* ‖ Persona notable por sus funciones o actividad : *había muchas personalidades.*

personalismo m. Acción de no aplicar el mismo trato a todos. ‖ Sistema filosófico según el cual la persona humana en su totalidad representa el valor supremo. ‖ Exacerbación de la importancia personal.

personalista adj. Personal.

personalización f. Adaptación a las necesidades, gustos y personalidad de un individuo determinado.

personalizar v. t. Dar carácter personal a una cosa : *personalizar la virtud, el vicio.* ‖ Referirse lo expresado particularmente a una persona determinada. ‖ Gram. Usar como personal un verbo impersonal.

personarse v. pr. Presentarse personalmente en una parte : *se personó en la oficina.* ‖ Reunirse. ‖ For. Comparecer : *se personó ante el juez.*

personería f. Amer. Representación de otra persona.

personero, ra m. y f. Amer. Representante de otra persona.

personificación f. Acción y efecto de personificar. ‖ Símbolo, representación viva : *es la personificación de la bondad, de la generosidad.*

personificar v. t. Atribuir sentimientos o acciones de personas a los irracionales o a las cosas : *personificar los animales, los elementos.* ‖ Simbolizar, representar perfectamente : *Nerón personifica la crueldad.* ‖ Aludir a personas determinadas en un escrito o discurso.

perspectiva f. Arte de representar en una superficie, por medio de un dibujo, los objetos en la forma, tamaño y disposición con que aparecen a la vista. ‖ Aspecto que presentan, en relación al lugar desde donde se miran, diversos objetos vistos de lejos y considerados como un con-

junto. ‖ Esperanza o temor de la realización de hechos considerados como posibles, aunque en un lapso de tiempo bastante lejano. ‖ Manera de ver, aspecto bajo el cual se presentan las cosas, punto de vista : *considerar la situación actual desde una perspectiva histórica.* ‖ En perspectiva, en el futuro, en la lejanía : *tengo un excelente porvenir en perspectiva.*

perspicacia f. Agudeza y penetración de la vista. ‖ Fig. Penetración del entendimiento, clarividencia.

perspicaz adj. Agudo, penetrante : *vista perspicaz.* ‖ Fig. Sagaz.

persuadir v. t. Inducir a uno a creer o a hacer algo : *le persuadí de mi sinceridad.* — V. pr. Convencerse.

persuasión f. Acción y efecto de persuadir. ‖ Convicción, certeza.

persuasivo, va adj. Que persuade. — F. Aptitud para persuadir.

persuasor, ra adj. y s. Que sabe persuadir a los demás.

pertenecer v. i. Ser una cosa de la propiedad de uno : *esta hacienda pertenece a mi padre.* ‖ Formar parte de : *estas plantas pertenecen a la familia de las solanáceas.* ‖ Ser una cosa del cargo u obligación de uno, corresponder : *la facultad de sumariar pertenece al juez.*

perteneciente adj. Que pertenece.

pertenencia f. Propiedad : *reivindicar la pertenencia de algo.* ‖ Espacio o territorio que toca a uno por jurisdicción o propiedad. ‖ Cosa accesoria de otra : *las pertenencias de un palacio.* ‖ Adhesión : *la pertenencia a un partido.*

Perth, c. al O. de Australia, cap. del Estado de Australia Occidental. Arzobispado. Industrias. Metalurgia. Refinería de petróleo. — C. de Gran Bretaña en el centro de Escocia, cap. del condado homónimo.

Perthus (Le) o **Portús,** puerto montañoso de los Pirineos Orientales, en la frontera del este entre España y Francia ; 290 m de alt.

pértiga f. Vara larga. ‖ *Salto de pértiga,* prueba atlética en la que hay que pasar el listón situado a cierta altura con la ayuda de una pértiga.

pertinacia f. Obstinación.

Pertinax (126-193), emperador romano en 193, sucesor de Cómodo.

pertinaz adj. Obstinado, tenaz : *pertinaz en su opinión.* ‖ Fig. Persistente, incesante : *enfermedad pertinaz.*

pertinencia f. Condición de pertinente.

pertinente adj. Oportuno, que viene a propósito : *razón, respuesta pertinente.* ‖ Referente, relativo.

pertrechar v. t. Abastecer de pertrechos o municiones : *pertrechar a una tropa.* ‖ Fig. Preparar lo necesario para (ú. t. c. pr.).

pertrechos m. pl. Municiones, armas y demás cosas necesarias para los soldados o las plazas fuertes : *pertrechos de guerra.* ‖ Utensilios propios para determinada cosa.

perturbación f. Desorden : *sembrar la perturbación.* ‖ Disturbio : *perturbaciones sociales.* ‖ Emoción. ‖ *Perturbación mental,* alteración o trastorno del juicio, generalmente de poca duración.

perturbado, da adj. Loco, enajenado mental (ú. t. c. s.).

perturbador, ra adj. Que perturba, trastorna, desasosiega. ‖ Conmovedor. — M. y f. Agitador.

perturbar v. t. Trastornar : *perturbar el orden público.* ‖ Quitar el sosiego : *perturbar los ánimos.* ‖ Alterar, modificar : *perturbar el tiempo.*

perú o **pirú** m. Méx. Planta peruana aclimatada en México.

Perú, rep. de América del Sur, situada entre Ecuador, Colombia, Brasil, Bolivia, Chile y el océano Pacífico ; 1 285 215 km² ; 17 900 000 h. (*peruanos*). Cap. *Lima,* 3 000 000 h. Otras c. : *Iquitos,* 116 000 ; *Piura,* 188 000 ; *Chiclayo,* 200 000 ; *Cajamarca,* 51 000 ; *Trujillo,* 350 000 ; *Chimbote,* 159 000 ; *Huacho,* 23 000 ; *El Callao,* 315 000 ; *Huancayo,* 177 000 ; *Sullana,* 104 000 ; *Pisco,* 51 000 ; *Ica,* 109 000 ; *Cuzco,* 132 000 ; *Arequipa,* 321 000 ; *Cerro de Pasco,* 76 000 ; *Chincha Alta,* 56 000 ; *Talara,* 62 000 ; *Puno,* 60 000 ; *Tumbes,* 45 000 ; *Tacna,* 68 000 ; *Huarás,* 36 000 ;

Ayacucho, 43 000 ; *Huánuco,* 46 000 ; *Huancavelica,* 30 000. (V. mapa en la página siguiente.)

Administrativamente, el Perú se divide en 24 departamentos y una provincia constitucional (El Callao). La población es india en un 50 p. ciento, blanca en un 15 p. ciento y el resto mestiza. La religión católica es la que cuenta mayor número de adeptos. El español y el quechua son las lenguas oficiales, siendo hablado este último, junto al aimará, por grandes grupos indígenas. La densidad media de población es de 14 h./km².

— GEOGRAFÍA. La cordillera de los Andes atraviesa el país en toda su longitud y determina tres zonas bien diferenciadas : la *Costa,* faja litoral de 80 a 150 km de ancho, desértica con oasis muy feraces ; la *Sierra,* altiplanicie dominada por los Andes ; la *Selva,* entre la anterior y la Amazonia, vasta región forestal y poco habitada. Los Andes penetran del S. y se unen en el llamado Nudo de Vilcanota, de donde parten tres secciones : la Oriental, la Central y la Occidental, las cuales vuelven a unirse en el Nudo de Pasco, de donde arrancan de nuevo tres cordilleras. Aquí se encuentra la mayor altura, el nevado de Huascarán (6 780 m). En los Andes meridionales se encuentran el Coropuna (6 615 m), el Ampato (6 310) y el volcán Misti (5 852), cerca de Arequipa. Los ríos peruanos pertenecen a tres cuencas hidrográficas : la del Pacífico, cuyos ríos son cortos (Tumbes, Piura, Pisco) ; la amazónica, la más importante, por donde discurren el Marañón y el Ucayali, los grandes brazos del Amazonas ; la cuenca del Titicaca (Suches, Ramis). El Titicaca, verdadero mar interior, compartido con Bolivia, es el lago más alto del mundo (3 815 m). La línea costera peruana es poco accidentada y en sus 1 800 km de longitud se pueden señalar la península de Paracas, las bahías de Sechura y Pisco, y varias islas guaneras. El clima es muy diferente, según las regiones : en la Costa es seco, en la Sierra oscila entre el templado y el glacial, y en la Selva la temperatura es elevada, con precipitaciones abundantes. La agricultura es la actividad fundamental del país, a pesar del escasez de tierras cultivables ; el algodón y la caña de azúcar se producen en la Costa, la Sierra da cereales, patatas, café, coca, maíz, cacao, vid y quina, mientras que la Selva es rica en especies maderables, caucho y tagua, si bien las condiciones de explotación no son fáciles. La ganadería está muy desarrollada en la Sierra (llamas, alpacas, bovinos, ovinos, vicuñas). El Perú es el primer país mundial por la extracción de pesca, y el primer exportador de harina de pescado. Los recursos mineros son abundantes : vanadio, bismuto, plata, plomo, cobre, cinc, hierro, oro, estaño, carbón, uranio y petróleo (Piura, Puno, en la Selva). Las industrias más desarrolladas son la siderúrgica, textil, de cementos, alimenticia, de cueros y pieles, de plásticos, maderera, de orfebrería, de productos farmacéuticos, neumáticos y automóviles. La red de comunicaciones cuenta con 2 494 km de ferrocarriles, 60 000 km de carreteras y 5 800 km de vías fluviales, además de numerosas líneas aéreas, indispensables en un país tan marcadamente montañoso (más de cuarenta aeropuertos : Lima, Cuzco, Iquitos, Talara, etc.).

Perú (ALTO), n. que durante la época colonial española se dio a Bolivia.

peruanismo m. Voz o giro propios del Perú. ‖ Amor al Perú o a las cosas propias de este país. ‖ Carácter peruano acentuado y definido.

peruanista adj. y s. Dado o afecto al peruanismo.

peruanizar v. t. Dar carácter peruano (ú. t. c. pr.).

peruano, na adj. Natural del Perú (ú. t. c. s.). ‖ Relativo o perteneciente a este país de América : *las cimas de los Andes peruanos.* — M. Modalidad en la expresión que tiene el castellano en Perú.

Peruboliviana (CONFEDERACIÓN), Es-

PERÚ

tado federal creado en 1836 por el general Santa Cruz, pres. de Bolivia. Fue disuelto después de la batalla de Yungay (1839).

Perucho (Joan), escritor español en lengua catalana, n. en 1920, autor de poesías, narraciones y obras de crítica.

Perugia. V. PERUSA.

Perugia (Giovanni de), pintor italiano (1478-1544).

Perugino (Pietro VANNUCCI, llamado **el**), pintor italiano (¿1448 ?-1523), maestro de Rafael. Autor de cuadros religiosos. Se le considera como uno de los grandes renovadores del arte italiano en el período de transición entre los siglos XV y XVI y uno de los precursores del alto renacimiento.

Perujo (Julián). V. MORATORIO (Orosmán).

perulero, ra adj. y s. Peruano. ‖ — M. y f. Persona que regresa a España del Perú tras haber hecho fortuna. ‖ — M. Vasija de barro, ancha de barriga y angosta de boca. ‖ *Antón Perulero,* cierto juego de prendas que se acompaña con una canción y con gestos correspondientes a distintos oficios que hay que adivinar.

Perusa, en ital. *Perugia,* c. en el centro de Italia (Umbría), cap. de la prov. homónima. Arzobispado. Universidad. Centro histórico y artístico : catedral, necrópolis y murallas que datan de la época de los etruscos. Centro comercial e industrial (textiles, cerámicas, pastas alimenticias).

perusino, na adj. y s. De Perusa (Italia).

Peruzzi (Baltasar), arquitecto y pintor italiano (1481-1536). Trabajó en la iglesia de San Pedro de Roma.

perversidad f. Suma maldad, depravación : *hombre de perversidad diabólica.* ‖ Acción perversa.

perversión f. Corrupción : *perversión de la juventud.* ‖ *Med.* Alteración de una función normal. ‖ Anormalidad que se manifiesta en ciertas tendencias : *una perversión sexual.*

perverso, sa adj. y s. Depravado, muy malo, que causa daño intencionadamente. ‖ De mal gusto.

pervertidor, ra adj. y s. Que pervierte.

pervertimiento m. Perversión.

pervertir v. t. Viciar con malas doctrinas o ejemplos : *pervertir las cos-* tumbres, *el gusto.* ‖ Desnaturalizar, alterar : *pervertir un texto literario.* ‖ — V. pr. Corromperse : *pervertirse en el vicio.*

Perves, puerto montañoso al NE. de España en la provincia de Lérida.

pervibrar v. t. Hacer vibrar el hormigón por medio del pervibrador.

pervinca f. Planta herbácea de la familia de las apocináceas, de flores malvas o azules. ‖ Esta flor.

pervivencia f. Supervivencia.

pervivir v. i. Sobrevivir.

Pervuralsk, c. de la U. R. S. S. (Rusia), en los Urales.

pesa f. Pieza de determinado peso, que sirve para evaluar en una balanza el que tienen las cosas que se pesan. ‖ Pieza de determinado peso que sirve para dar movimiento a ciertos relojes, o de contrapeso para subir y bajar lámparas, etc. ‖ Parte del teléfono que permite hablar mientras se escucha, llamada también *microteléfono.* ‖ — Pl. Haltera.

pesabebés m. inv. Balanza para pesar niños pequeños.

pesacartas m. inv. Balanza para pesar cartas y poder así determinar el valor del franqueo correspondiente a un envío postal.

pesada f. Cantidad que se pesa de una vez. || *Arg.* Unidad de peso para cueros en los saladeros (75 libras) y en las barracas de cueros secos (35 a 40 libras).

pesadez f. Peso : *la pesadez de un paquete.* || Gravedad : *la pesadez de los cuerpos.* || *Fig.* Obesidad. || Obstinación, terquedad. | Cachaza, lentitud. | Sensación de peso : *pesadez de estómago, de cabeza.* | Molestia : *¡qué pesadez este trabajo!* | Aburrimiento : *¡qué pesadez de novela!*

pesadilla f. Opresión del corazón y dificultad de respirar durante el sueño. || Sueño angustioso y tenaz. || Preocupación intensa y continua. || *Fam.* Persona o cosa fastidiosa.

pesado, da adj. De mucho peso : *un paquete pesado.* || *Fig.* Obeso. | Intenso, profundo : *sueño pesado.* | Difícil de digerir : *comida pesada.* | Aplícase a los órganos en que se siente pesadez : *tener la cabeza pesada.* | Caluroso y cargado : *tiempo pesado.* | Tardo, lento : *era un animal pesado.* | Molesto, cargante : *un amigo pesado* (ú. t. c. s.). | Aburrido : *una película pesada.* | Molesto por ser de mal gusto : *broma pesada.* || Dícese de las máquinas que cuesta gran trabajo mover : *carro pesado.*

Pesado (José Joaquín), poeta mexicano (1801-1861), autor de *Los aztecas* y de versiones de los *Salmos* y del *Cantar de los cantares.* Escribió también relatos (*El inquisidor de México*).

pesadumbre f. Pesadez, calidad de pesado. || *Fig.* Tristeza, pesar : *tener pesadumbre.* | Molestia, disgusto.

pesaje m. Peso de los boxeadores.

pésame m. Expresión del sentimiento que se tiene por la aflicción de otro, causada especialmente por la muerte de un ser querido.

pesar m. Sentimiento o dolor interior : *me contó todos sus pesares.* || Arrepentimiento : *tener pesar por haber actuado mal.* || — A pesar de, contra la voluntad de : *a pesar mío ;* haciendo caso omiso de : *a pesar de los obstáculos existentes.* || A pesar de que, aunque.

pesar v. t. Determinar el peso de una cosa o persona por medio de un aparato adecuado. || *Fig.* Examinar cuidadosamente : *pesar el pro y el contra.* || *Fig.* Pesar sus palabras, hablar con circunspección. || — V. i. Tener peso. Ú. t. c. t. : *esta maleta pesa diez kilos.* || Tener mucho peso : *este diccionario pesa.* || Hacer sentir su peso : *este abrigo de pieles me pesa.* | *Fig.* Ser sentido como una carga : *le pesa la educación de sus hijos.* | Recaer : *todas las responsabilidades pesan sobre él.* | Tener influencia : *en su decisión han pesado mis argumentos.* | Causar tristeza o arrepentimiento : *me pesa que no haya venido.* || — Mal que le pese, aunque no lo desee. || Pese a, a pesar de. || Pese a quien pese, a todo trance, a pesar de todos los obstáculos.

pesario m. Aparato para mantener la matriz en posición normal. || Dispositivo anticonceptivo que cierra el cuello de la matriz.

Pesaro, c. del E. de Italia (Marcas), en las riberas del mar Adriático ; cap. de la prov. de Pesaro y Urbino.

pesaroso, sa adj. Que se arrepiente de una cosa. || Que tiene pesadumbre, afligido, triste.

pesca f. Arte, acción de pescar : *ir de pesca.* || Lo que se pesca : *aquí hay mucha pesca.* || Lo pescado : *buena pesca.* || *Fig.* Y toda la pesca, y lo demás, y el resto.

pescada f. Merluza, pez.

pescadería f. Establecimiento en que se vende pescado.

pescadero, ra m. y f. Persona que vende pescado al por menor.

pescadilla f. Especie de merluza pequeña.

pescado m. Pez comestible sacado del agua.

pescador, ra adj. y s. Dícese de la persona que pesca. || — F. Cierta clase de camisa de hombre que se lleva con los pañales fuera.

Pescador (Felipe), obrero ferroviario y político mexicano (1879-1929).

Pescadores, archip. chino en el estrecho de Taiwan (Formosa). Tiene unas 48 islas.

pescante m. En algunos carruajes antiguos, asiento del cochero. || Tabla o repisa utilizada para sostener algo en la pared. || En los teatros, tramoya para hacer bajar o subir en el escenario personas o figuras.

pescar v. t. Coger con redes, cañas u otros instrumentos adecuados peces, mariscos, etc. : *pescar gambas.* || *Fig.* y fam. Encontrar por suerte : *pesqué un buen puesto.* | Sorprender a alguno o agarrarle : *pescar a un ladronzuelo.* | Coger, pillar : *pescar un resfriado.* | Lograr algo ansiado : *pescar un marido.* | Coger en falta : *estudiante difícil de pescar en geografía.* | Comprender, darse cuenta.

Pescara, c. en el E. del centro de Italia (Abruzos), puerto a orillas del Adriático ; cap. de la prov. homónima. Obispado. Central eléctrica.

Pescara. V. ÁVALOS (Fernando Francisco de).

pescozón m. Manotazo en el pescuezo o en la cabeza.

pescuezo m. Parte del cuerpo desde la nuca hasta el tronco. || *Fig.* Altanería, orgullo : *tener pescuezo.* || — *Fam.* Apretar, retorcer o torcer el pescuezo a uno, matarle estrangulándole. | Torcer uno el pescuezo, morir.

pesebre m. Especie de cajón donde se pone la comida para las bestias. || Nacimiento, belén.

pesero m. *Méx.* Taxi colectivo de recorrido y precio fijos.

peseta f. Unidad monetaria en España : *la peseta fue declarada moneda nacional en 1868.* || *Fam.* Veinticinco centavos. || — Pl. *Fam.* Dinero. || *Fig.* y fam. Cambiar la peseta, vomitar.

pesetero, ra adj. Que cuesta una peseta. || *Fam.* Muy interesado por el dinero. || — M. Coche de caballos de alquiler.

Peshawar o **Pechawar,** c. en el N. de Paquistán, cap. de la prov. homónima. Obispado. Universidad.

pesimismo m. Propensión a ver siempre el lado malo de las cosas.

pesimista adj. y s. Que tiende a ver las cosas con pesimismo.

pésimo, ma adj. Muy malo.

peso m. Efecto de la gravedad sobre las moléculas de un cuerpo. || Su medida tomando como punto de comparación unidades determinadas : *la cama tiene un peso de diez kilos.* || Balanza para pesar. || Acción de pesar : *proceder al peso de los boxeadores.* || Unidad monetaria de varios países americanos dividido en cien centavos: *el peso argentino, mexicano, cubano, chileno, colombiano, dominicano, uruguayo.* || Unidad monetaria de Filipinas, dividida en centavos, y de Guinea-Bissau. || Nombre de diversas monedas españolas antiguas: *peso sencillo.* || Esfera metálica de 7,257 kg (4 kg en las competiciones femeninas) que se lanza con una mano en los juegos atléticos. || *Fig.* Carga: *el peso de los años.* | Importancia o eficacia: *argumento de peso.* | Categoría en la que se clasifican los boxeadores: *peso mosca, medio, pesado.* || — *Fig.* A peso de oro, muy caro. | *Caerse de su peso,* ser evidente. || *En peso,* en el aire. | *Peso atómico,* el del átomo gramo de un elemento. | *Peso bruto,* el total sin descontar la tara. | *Peso específico de un cuerpo,* relación entre el peso y el volumen de un cuerpo. | *Peso molecular,* el de una molécula gramo de un cuerpo. || *Peso muerto,* carga inútil.

Pespire, mun. y pobl. en el S. de Honduras (Choluteca).

pespita f. Ave de México.

pespunte m. Cierta costura en la cual se pone la aguja o se cose en la máquina en el sitio mismo donde se han sacado dos puntadas antes.

pespuntear v. t. Coser con pespuntes.

pesquería f. Actividades relacionadas con la pesca. || Sitio donde se pesca en gran cantidad. Ú. t. en pl.: *pesquerías de bacalao.*

pesquero, ra adj. Perteneciente o relativo a la pesca: *embarcación, flo-* tilla, industria pesqueras. || — M. Embarcación o barco de pesca.

pesquis m. *Fam.* Vista, perspicacia.

pesquisa f. Averiguación o indagación : *una pesquisa judicial.*

pesquisidor, ra adj. y s. Dícese de la persona que pesquisa.

Pessôa (Fernando), poeta portugués (1888-1935). Publicó, con diferentes seudónimos, una obra que ejerció gran influencia en la lírica de su país (*Poesías de Álvaro de Campos, Odas de Ricardo Reis*). Escribió también ensayos.

Pest, parte de Budapest, en la orilla izquierda del Danubio. — Dep. del centro de Hungría ; cap. *Budapest.*

Pestalozzi (Johann Heinrich), pedagogo suizo (1746-1827).

pestaña f. Cada uno de los pelos del borde de los párpados. || Parte que sobresale al borde de ciertas cosas. || Ceja del libro encuadernado. || Reborde que tienen las ruedas de las locomotoras y de los vagones para que no puedan salirse de los carriles.

Pestaña (Ángel), sindicalista español (1886-1937).

pestañear v. i. Parpadear, mover los párpados. || *Sin pestañear,* quedándose impasible.

pestañeo m. Movimiento rápido y repetido de los párpados.

pestazo m. *Fam.* Olor fétido.

peste f. Enfermedad infecciosa y contagiosa causada por el bacilo de Yersin que transmiten las ratas y las pulgas. || *Fig.* y fam. Mal olor, fetidez. | Depravación, corrupción. | Lo que molesta o desagrada. | Cosa mala. | Plaga, cosa demasiado abundante. || — Pl. Palabras de crítica: *echar pestes contra uno.* | *Fig. Decir o hablar pestes de uno,* hablar muy mal de él.

pesticida adj. Dícese de las sustancias empleadas para combatir las plagas (ú. t. c. s. m.).

pestilencia f. Hedor, olor fétido.

pestilente adj. Pestífero.

pestillo m. Pasador con que se asegura una puerta, corriéndolo a modo de cerrojo.

pestiño m. Especie de buñuelo que, una vez frito, se emborriza en miel.

Pesto, ant. c. del Sur de Italia, en el golfo de Salerno, a 95 km de Nápoles.

pestorejo m. Cogote.

pestoso, sa adj. Que huele mal.

petaca f. Estuche para el tabaco o los cigarrillos. || *Amer.* Maleta. || *Fig. Hacer la petaca,* poner las sábanas de tal modo que no se pueda uno meter en la cama.

petacoate m. *Méx.* Nudo de culebras cuando están en celo.

Petah Tikva, c. de Israel, cerca de Tel Aviv.

Pétain [-tán] (Philippe), mariscal de Francia (1856-1951), vencedor en Verdún. (1916). Jefe del Estado, en Vichy, durante la ocupación alemana (1940-1944). Condenado a muerte, su pena fue conmutada por la de detención perpetua.

pétalo m. Cada una de las hojas que componen la corola de la flor.

petanca f. Juego que consiste en arrojar bolas según ciertas reglas.

petardista com. *Fam.* Sablista.

petardo m. Cohete cargado de pólvora u otro explosivo. || *Fig.* Pedazo que consiste en pedir dinero con la intención de no devolverlo : *pegar un petardo.* || *Fig.* y fam. Mujer muy fea. | Porro. | Cosa muy fea o de poco valor. | Aburrimiento.

Petare, c. de Venezuela (Miranda), en la zona urbana de Caracas.

petate m. Lío de la cama y ropa de un marinero, soldado o presidiario. || *Fam.* Equipaje de cualquiera de las personas que van a bordo. | Fardo. | Embustero o estafador. | Hombre insignificante, sin valor. || *Méx.* Tonto, poco listo. || *Fig.* y fam. *Liar el petate,* marcharse de un sitio ; morir.

petatearse v. pr. *Méx.* Morir.

Petatlán, mun. al suroeste de México (Guerrero).

Petchenga. V. PÉTSAMO.

Petchora, río al NO. de la U. R. S. S. (Rusia), que nace en el Ural y des. en el mar de Barents ; 1 789 m.

Petén, región de América Central, entre el N. de Guatemala y el S. de Yucatán. Centro de la civilización maya (Tikal, Uaxactún, Tayasal). — Lago al norte de Guatemala ; 864 km². Tb. llamado *Petén Itzá*. ‖ ~ **(El)**, dep. septentrional de Guatemala ; cap. *Flores*.

petenera f. Cante popular andaluz. ‖ *Fam. Salir por peteneras*, decir algo que no tiene nada que ver con la cosa de que se trata.

petenero, ra adj. y s. De El Petén (Guatemala).

Peterborough [-ro], c. en el SE. del Canadá (Ontario). — C. de Gran Bretaña al N. de Londres.

Peterborough (Charles MORDAUNT, *conde de*), almirante inglés (¿ 1658 ?-1735), jefe del ejército británico en la guerra de Sucesión de España.

Peterhof, hoy *Petrodvorets*, c. de la U. R. S. S. (Rusia), al O. de Leningrado.

Peteroa, volcán de los Andes, entre la Argentina (Mendoza) y Chile (Curicó) ; 4 135 m.

Peterwardein. V. PETROVARADIN.

petición f. Acción de pedir, demanda, ruego : *hacer una petición.* ‖ Solicitud, escrito en que se pide algo a una autoridad : *elevar una petición al Gobierno.* ‖ *For.* Pedimento : *petición al juez.*

peticionario, ria adj. Aplícase al que pide oficialmente algo (ú. t. c. s.).

petifoque m. *Mar.* Foque menor que el principal.

petigris m. Ardilla común. ‖ Su piel.

petimetre, tra m. y f. Persona joven, presumida y siempre vestida a la última moda.

Pétion (Alexandre SABÈS, *llamado*), militar haitiano (1770-1818). Creó la república de su país y fue el primer presidente de ésta (1807-1918).

Petiot (Henri). V. DANIEL-ROPS.

petirrojo m. Pájaro de color aceitunado cuyo cuello, frente, garganta y pecho son de color rojo.

petiso, sa adj. *Amer.* Pequeño, bajo de estatura (ú. t. c. s.). ‖ — M. y f. *Arg.* Muchacho. ‖ *Amer.* Caballo de poca alzada.

petisú m. Pastelillo relleno de crema.

Petit de Murat (Ulyses), escritor argentino (1907-1983), autor de poesías, ensayos, dramas y novelas.

petitero, ra adj. y s. *Arg.* Amanerado. | Afeminado.

petit-grain [*petigran*] m. (pal. fr.). Fruto pequeño y rugoso de una variedad del naranjo. ‖ *Esencia de petit-grain*, aceite volátil empleado en perfumería y fabricación de explosivos.

petitorio, ria adj. De la petición.

petizo, za adj. y s. Petiso.

peto m. Armadura del pecho. ‖ Parte superior de un delantal, mono o prenda parecida. ‖ *Taurom.* Protección almohadillada con que se cubre a los caballos de los picadores.

Peto, mun. al SE. de México (Yucatán).

Petöfi (Sandor), poeta lírico húngaro (1823-1849), héroe de la revolución de 1848.

Petorca, río de Chile (Valparaíso) ; 120 km. — Prov. del centro de Chile en la V Región (Valparaíso) ; cap. *La Ligua.* — C. de Chile en la V Región (Valparaíso), cap. de la com. del mismo nombre.

Petrarca (Francesco), poeta italiano, n. en Arezzo (1304-1374), primero de los grandes humanistas del Renacimiento. Autor de poemas y de sonetos (*Cancionero, Triunfos*), en honor de su amada la hermosa Laura de Noves.

petrarquesco, ca adj. Relativo al poeta italiano Petrarca.

petrarquismo m. Estilo poético de Petrarca.

petrarquista com. Admirador o imitador de Petrarca (ú. t. c. adj.).

petrel m. Ave palmípeda marina de los mares fríos.

Petrel, v. al E. de España (Alicante).

pétreo, a adj. De piedra. ‖ Pedregoso : *terreno pétreo.* ‖ De calidad de piedra : *materia pétrea.*

petrificación f. Transformación en piedra.

petrificante adj. Que petrifica.

petrificar v. t. Transformar en piedra. ‖ *Fig.* Dejar inmóvil de sorpresa.

petrodólares m. pl. Dólares procedentes de la comercialización del petróleo.

Petrogrado, nombre dado en 1914 a San Petersburgo, antigua capital de Rusia, cambiado en 1924 por el de Leningrado.

petrografía f. Estudio de la formación y composición de las rocas.

Petrólea, pobl. al NE. de Colombia (Norte de Santander). Petróleo.

petróleo m. Aceite mineral natural constituido por una mezcla de hidrocarburos y otros compuestos orgánicos que se encuentra nativo en el interior de la Tierra.
— El *petróleo* procede de la descomposición de las sustancias orgánicas por microbios anaerobios. Las grandes zonas de producción se encuentran en U. R. S. S., Arabia Saudita, Estados Unidos, Irak, Venezuela, México, Kuwait, Irán, Libia, Emiratos Árabes Unidos, Gran Bretaña, Indonesia, Canadá, Argelia, Egipto, Argentina, Ecuador, Perú, Brasil, Colombia.

Petróleos ‖ ~ **de Venezuela** (*Petroven*), empresa estatal responsable de la administración del petróleo producido en el país. ‖ ~ **Mexicanos** (*Pemex*), empresa estatal mexicana para la exploración y explotación del petróleo.

Petrolera ecuatoriana (CEPE), corporación para promover la exploración y explotación del petróleo.

petrolero, ra adj. Relativo al petróleo : *industria, producción petrolera.* ‖ Dícese del barco dedicado a transportar petróleo (ú. t. c. s. m.). ‖ — M. y f. Vendedor de petróleo.

petrolífero, ra adj. Que contiene petróleo : *zona petrolífera.*

petrología f. Estudio geológico de las rocas.

petromacorisano, na adj. y s. De San Pedro de Macorís (Rep. Dominicana).

Petronila (1136-1174), reina de Aragón, hija y sucesora de Ramiro II el Monje (1137-1164). Al casarse con Ramón Berenguer IV, conde de Barcelona, realizó la unión entre Aragón y Cataluña. Madre de Alfonso II, el primero de los reyes catalanes.

Petronio (Cayo), escritor latino. (¿ 20 ?-65), autor de la novela *El satiricón.* Abriéndose las venas.

Petropavlovsk, c. en el centro de la U. R. S. S. (Kazakstán). Industrias. ‖ ~**Kamchatski,** c. y puerto al E. de la U. R. S. S. (Rusia), en la costa SE. de la península de Kamchatka.

Petroperú, organismo estatal peruano encargado de la exploración y explotación del petróleo.

Petrópolis, c. al E. del Brasil (Río de Janeiro). Obispado. Estación turística.

petroquímico, ca adj. Relativo a la petroquímica. ‖ — F. Ciencia e industria de derivados del petróleo.

Petrovaradin, ant. *Peterwardein,* c. en el NE. de Yugoslavia, a orillas del Danubio, hoy dentro de Novi Sad.

Petroven. V. PETRÓLEOS DE VENEZUELA.

Petrozavodsk, c. en el NO. de la U. R. S. S., a orillas del lago Onega ; cap. de la Rep. autónoma de Carelia.

Pétsamo, en ruso *Petchenga,* c. y puerto en el NO. de la U. R. S. S. (Laponia). Fue finlandesa hasta 1944.

Pottoruti (Emilio), pintor cubista argentino (1892-1971).

petulancia f. Condición de petulante.

petulante adj. y s. Pedante.

petunia f. Planta solanácea, de hermosas flores olorosas. ‖ Estas flores.

Peumo, c. del centro de Chile en la VI Región (Libertador General Bernardo O'Higgins) y en la prov. de Cachapoal, cap. de la com. de su n.

Peynado (Francisco José), político dominicano (1867-1935). ‖ ~ (JACINTO BIENVENIDO), político dominicano (1878-1940), pres. de la Rep. (1938-1940).

peyorativo, va adj. Despectivo.

peyote m. Planta cactácea de México de la cual se saca una droga tóxica.

Peyrou (Manuel), novelista argentino, n. en 1902, autor de *La espada dormida, La noche repetida, El estruendo de las rosas, Las leyes del juego,* etc. Es autor también de cuentos.

pez m. Animal acuático vertebrado de cuerpo alargado cubierto de escamas, respiración branquial, generación oví-

para y con extremidades en forma de aletas aptas para la natación. ‖ Pescado de río. ‖ — Pl. Clase de estos vertebrados acuáticos. ‖ — *Fam. Estar como el pez en el agua,* estar muy a gusto. | *Estar pez,* no saber nada. | *Pez de cuidado,* persona que no es de fiar. ‖ *Pez espada,* acantopterigio marino, cuya mandíbula superior tiene forma de espada que puede alcanzar un metro. ‖ *Fam. Pez gordo,* persona importante.

pez f. Sustancia pegajosa y resinosa que se saca de pinos y abetos.

Peza (Juan de Dios), poeta romántico mexicano (1852-1910), autor de *El arca del amor, Hogar y patria, Recuerdos y esperanzas, De la gaveta íntima,* etc. Escribió también algunas comedias y dramas.

Pezet (Juan Antonio), general peruano (1810-1879), pres. de la Rep. en 1863. Derrocado por Mariano Ignacio Prado en 1865.

Pezoa Véliz (Carlos), poeta chileno (1879-1908) autor de *Alma chilena, Campanas de oro,* etc.

pezón m. Rabillo que sostiene la hoja, la flor o el fruto en las plantas. ‖ Extremidad de la mama o teta.

Pezuela (Joaquín de la), general español (1761-1830). Combatió el movimiento independentista en Perú y fue nombrado virrey de este país (1815-1821).

pezuña f. En los animales de pata hendida, conjunto de los pesuños de una misma pata o parte final de ésta.

Pezza (Miguel). V. FRA DIÁVOLO.

pfennig m. Moneda alemana que vale la centésima parte del marco.

Pforzheim, c. en el SO. de Alemania Occidental (Baden-Wurtemberg).

ph, símbolo de *foto,* unidad de iluminación.

pH m. *Quím.* Coeficiente que indica el grado de acidez de un medio.

Phan Thiet, c. y puerto en el SE. del Vietnam.

phi [*fi*] f. Fi, letra griega (φ) correspondiente a la *f* castellana.

Philadelphia. V. FILADELFIA.

Philippeville. V. SKIKDA.

Philippi (Rudolf Amand), naturalista alemán (1808-1904). Estudió la flora chilena y fundó el Jardín Botánico de Santiago.

Phnom Penh. V. PNOM PENH.

Phoenix, archipiélago británico de Polinesia, entre las islas Marquesas y las de Kiribati, ant. Gilbert ; 28 km². — C. en el SO. de Estados Unidos, cap. de Arizona. Industria electrónica.

pi f. Letra griega (π) que corresponde a la *p* castellana. ‖ *Mat.* Símbolo que representa la relación constante que existe entre la circunferencia y el diámetro del círculo (aproximadamente 3,1416).

Pi ‖ ~ **y Margall** (Francisco), escritor y político español (1824-1901), pres. de la Primera República (1873). Autor de *Las Nacionalidades.* ‖ ~ **y Suñer** (Augusto), fisiólogo español (1879-1965), autor de *Fisiología general.*

Piacenza. V. PLASENCIA.

piadoso, sa adj. Que tiene o muestra piedad, devoto, religioso : *alma piadosa.* ‖ Compasivo, misericordioso. ‖ Que mueve a compasión.

piafar v. i. Golpear violentamente y repetidas veces el caballo el suelo con las manos.

pial m. *Amer.* Cuerda para trabar a los animales.

pialar v. t. Trabar con una cuerda.

piamadre o **piamáter** f. Membrana serosa intermedia de las tres que envuelven el encéfalo y la médula.

Piamonte, región del NO. de Italia, entre los Alpes, el Tesino y los Apeninos. Comprende las prov. de Alejandría, Asti, Cuneo, Novara, Turín y Vercelli. C. pr. Turín.

piamontés, esa adj. y s. Del Piamonte (Italia). ‖ — M. Dialecto hablado en el Piamonte.

pianísimo adv. *Mús.* Con intensidad muy indicada por piano.

pianista com. Persona que se dedica a tocar el piano.

pianístico, ca adj. Aplícase a las composiciones musicales para piano.

piano m. Instrumento musical de teclado y cuerdas : *piano recto o vertical, de cola, de media cola, diago-*

nal, etc. ‖ *Piano de manubrio*, organillo. ‖ — Adv. Suavemente: *tocar piano*. ‖ *Fam.* Despacio, poco a poco: *ir piano piano*.

pianola f. Piano mecánico.

piar v. i. Emitir su voz los pollos y algunas aves. ‖ *Fam.* Llamar o pedir con insistencia. ‖ Hablar. ‖ Protestar: *siempre estás piando por todo.*

Piar, distr. en el este de Venezuela (Bolívar). — Distr. en el E. de Venezuela (Monagas).

Piar (Manuel Carlos), militar y patriota venezolano (1782-1817). M. fusilado.

piara f. Manada de cerdos.

piastra f. Unidad monetaria o subdivisión de ella en varios países (Egipto, Líbano, Siria, Sudán).

Piatigorsk, c. en el Cáucaso (Rusia).

Piatra Neamt, c. al E. de Rumania (Moldavia).

Piaui, Estado del NE. del Brasil ; cap. Teresina.

Piave, río en el NE. de Italia (Venecia), que nace en los Alpes y des. en el Adriático ; 220 km.

Piaxtla, río en el O. de México (Durango y Sinaloa), que des. en el Pacífico ; 210 km.

pibe, ba m. y f. *Riopl. Fam.* Chiquillo, niño.

piberío m. *Arg.* Chiquillos.

pibil adj. *Méx.* Se dice de lo asado en el horno. (Se antepone al nombre: *pibilpollo.*)

pica f. Arma antigua compuesta de una vara larga terminada por una punta de metal. ‖ Soldado que llevaba esta arma. ‖ Garrocha del picador de toros. ‖ Acción y efecto de picar a los toros. ‖ — Pl. Uno de los cuatro palos de la baraja francesa. ‖ *Fig.* y *fam. No poner una pica en Flandes*, no hacer nada extraordinario o difícil.

pica, c. al N. de Chile en la I Región (Tarapacá) y en la prov. de Iquique, cap. de la com. de su n.

Picacho, pico del nudo Tiopullo, en los Andes del Ecuador ; 4 881 m. — Volcán de Panamá ; 2 150 m.

picada f. Picotazo. ‖ Picadura.

picadero m. Sitio donde adiestran los picadores los caballos, o las personas aprenden a montar. ‖ Hoyo que hace escarbando el venado. ‖ *Fam.* Cuarto de soltero.

picadillo m. Guiso de carne cruda picada con tocino, verdura y ajos u otros aderezos. ‖ Lomo de cerdo picado para hacer embutidos. ‖ Conjunto de alimentos picados. ‖ *Fig. Hacer picadillo*, hacer trizas.

Picadilly, arteria y plaza en el centro de Londres (Inglaterra).

picado m. Picadillo, guiso. ‖ Acción y efecto de picar. ‖ *Mús.* Modo de tocar separando muy claramente el sonido de cada nota. ‖ Descenso casi vertical del avión: *descender en picado.* ‖ Martilleo anormal de los pistones de un motor de explosión. ‖ Ángulo de la cámara cinematográfica que enfoca de arriba hacia abajo.

Picado (Teodoro), político y escritor costarricense (1900-1960), pres. de la Rep. de 1944 a 1948.

picador m. Torero de a caballo que hiere al toro con la garrocha.

picadora f. Aparato utilizado para picar verduras u otros alimentos.

picadura f. Acción de picar una cosa. ‖ Pinchazo. ‖ Mordedura: *la picadura de una avispa.* ‖ Caries en la dentadura. ‖ Hoyuelo en la piel dejado por la viruela. ‖ Tabaco picado: *picadura al cuadrado.*

picaflor m. Pájaro mosca, colibrí.

picajoso, sa adj. *Fam.* Picajón.

picamaderos m. inv. Pájaro carpintero, ave trepadora.

picana f. *Amer.* Aguijón del boyero.

picante adj. Que pica : *un bicho picante ; salsa picante.* ‖ *Fig.* Mordaz : *palabras picantes.* ‖ Gracioso: *chiste picante.* ‖ Algo libre, algo obsceno. ‖ — M. Sabor de lo que pica. ‖ Sustancia o especia que pica en el paladar. ‖ *Fig.* Acrimonia o mordacidad en el decir.

picapedrero, ra m. y f. Cantero.

picapleitos com. inv. *Fam.* Pleitista. ‖ Abogado sin pleitos, leguleyo.

picaporte m. Barrita movible que sirve para cerrar de golpe las puertas. ‖ Llave o tirador con que se abre dicha barrita. ‖ Aldaba.

picar v. t. Herir levemente con un instrumento punzante : *picar con un alfiler.* ‖ Morder con el pico o la boca ciertos animales: *picar la araña, una serpiente, los pájaros,* etc. ‖ Herir el picador al toro con la garrocha. ‖ Enardecer el paladar ciertas cosas excitantes como la pimienta, guindilla, etc. (ú. t. c. i.). ‖ Escocer: *esta herida me pica* (ú. t. c. i.). ‖ Sentir o causar comezón: *este tejido pica* (ú. t. c. i.). ‖ Cortar en trozos menudos: *picar tabaco.* ‖ Comer cosas una por una : *picar aceitunas.* ‖ Comer las aves. ‖ Espolear o adiestrar al caballo. ‖ Hacer agujeros con la punta en un dibujo para estarcirlo: *picar patrones.* ‖ Controlar mediante taladro un título de transporte. ‖ Herir con la punta del taco la bola de billar para que tome determinado movimiento. ‖ Dar con el pie a la pelota para darle efecto: *picar el balón.* ‖ *Fig.* Irritar, enojar: *le ha picado lo que le dije.* ‖ Herir: *picarle a uno el amor propio.* ‖ Excitar, mover: *picar la curiosidad.* ‖ Estimular, aguijonear: *el aprobado de su amigo le picó.* ‖ *Mús.* Hacer sonar una nota muy desligada de la siguiente. ‖ — V. i. Lanzarse en vuelo de arriba abajo las aves de rapiña o los aviones. ‖ Calentar mucho el sol. ‖ Llamar a la puerta con el picaporte. ‖ Abrir un libro al azar. ‖ *Fig.* y *fam.* Dejarse engañar: *picar en la trampa.* ‖ Dejarse atraer: *está tan bien hecha la propaganda que pica mucha gente.* ‖ Rayar en algo, acercarse a: *picar en poeta, en valiente.* ‖ Registrar las horas de entrada y salida en una fábrica u oficina. ‖ *Arg.* En deportes, arrancar a correr a gran velocidad. ‖ *Fig.* Picar *muy alto,* tener muchas pretensiones. ‖ — V. pr. Agujerearse algo con la polilla: *picarse una manta.* ‖ Echarse a perder: *picarse el vino.* ‖ Cariarse un diente o muela. ‖ Agitarse la superficie del mar, formando olas pequeñas. ‖ *Fig.* Irritarse, ofenderse, resentirse: *se pica por cualquier cosa.* ‖ Sentirse estimulado por vanidad: *el automovilista se pica cuando le adelantan.* ‖ Presumir de algo: *picarse de literato, de gracioso.* ‖ *Fam.* Ponerse una inyección. ‖ *Amer.* Embriagarse. ‖ *Picarse con uno,* rivalizar con él ; picarse.

picardear v. t. Corromper, pervertir. ‖ — V. i. Decir o hacer picardías. ‖ — V. pr. Resabiarse, adquirir algún vicio o mala costumbre.

picardía f. Acción baja, ruindad, vileza. ‖ Malicia, astucia. ‖ Travesura. ‖ Acción o palabra atrevida o licenciosa. ‖ Gavilla o reunión de pícaros.

Picardía, ant. provincia del N. de Francia ; cap. Amiens.

picardo, da adj. y s. De Picardía (Francia). ‖ — M. Dialecto de la lengua de oíl.

picaresca f. Pandilla de pícaros. ‖ Vida de pícaros. ‖ Género de novela española que se desarrolló en el Siglo de Oro y que satirizaba violentamente la sociedad de aquel entonces por medio del pícaro.

picaresco, ca adj. Relativo a los pícaros: *novela picaresca.*

pícaro, ra adj. y s. Bajo, ruin. ‖ Taimado, astuto. ‖ Bribón. ‖ *Fig.* Sinvergüenza, pillo (tómase en buen sentido). ‖ — M. Individuo vagabundo, travieso, astuto y de mal vivir, pero generalmente simpático, que figura en varias obras de la literatura española: *el pícaro Lazarillo de Tormes.*

picarón, ona adj. y s. *Fam.* Pícaro.

Picasent, v. al este de España, cerca de Valencia.

Picasso (Pablo RUIZ), pintor español, n. en Málaga (1881-1973). Su obra se puede dividir en varios períodos : época azul (1901-1904), con *La vida, Celestina, El viejo guitarrista;* rosa (1905-1907), con *El saltimbanqui, Maternidad, Arlequín;* cubista (1907), con *Les demoiselles d'Avignon;* surrealista (1926-1936); expresionista (*Guernica,* 1937), etc. Fue también autor de esculturas, aguafuertes, litografías y obras de cerámica.

picatoste m. Trozo alargado de pan frito o tostado: *tomó una taza de chocolate con picatostes.*

picaza f. Urraca, ave.

picazón f. Desazón y molestia que causa algo que pica en una parte del cuerpo. ‖ *Fig.* y *fam.* Enojo, enfado producido por una vejación. ‖ Inquietud, desasosiego.

Piccard (Auguste), físico suizo (1884-1962), explorador de las profundidades submarinas con el batíscafo.

Piccolomini (Enea Silvio), erudito italiano (1405-1464), papa con el nombre de Pío II.

picea f. Árbol parecido al abeto.

Piceno, ant. región de Italia (Samnio), a orillas del Adriático. Comprende hoy las prov. de Ancona, Macerata y Ascoli.

Picio, m. Se emplea en la loc. *más feo que Picio,* muy feo.

Pickering, pobl. al S. del Canadá (Ontario). Central nuclear.

pickpocket m. (pal. ingl.). Ratero, carterista.

pick-up [*pikap*] m. (pal. ingl.). Fonocaptor. ‖ Tocadiscos. ‖ *Méx.* Camioneta, furgoneta.

picnic m. Anglicismo por partida de campo y merienda o comida campestre.

picnico, ca adj. Aplícase al tipo constitucional humano de cuerpo rechoncho y miembros cortos.

pico m. Punta, parte saliente en la superficie de algunas cosas: *la mesa tiene cuatro picos ; sombrero de tres picos.* ‖ En el borde de una falda, parte más larga que el resto. ‖ Zapapico, herramienta de cantero y cavador : *trabajar de pico y pala.* ‖ Parte saliente de la cabeza de las aves, con dos piezas córneas en punta para tomar el alimento. ‖ Parte de algunas vasijas por donde se vierte el líquido. ‖ Punta del candil. ‖ Paño de forma triangular que se pone a los niños entre las piernas. ‖ Cumbre aguda de una montaña : *el pico de la Maladeta.* ‖ Montaña de cumbre puntiaguda : *el pico de Teide.* ‖ Parte pequeña que excede de un número redondo : *dos mil pesetas y pico.* ‖ Extremo del pan. ‖ Panecillo de forma alargada, generalmente corruscante. ‖ *Fam.* Facundia, facilidad en el hablar : *tener buen pico.* ‖ — Pl. Uno de los palos de la baraja francesa llamado también picas. ‖ *Fam.* Andar o irse de picos pardos, estar de juerga. ‖ *Cerrar el pico,* no hablar ; acallar. ‖ *Costar un pico,* costar mucho. ‖ *Hincar el pico,* morir. ‖ *Irse del pico,* hablar demasiado. ‖ *Pico de oro,* persona muy elocuente.

Pico, cima del NO. de Venezuela (Lara) ; 3 585 m. — Isla de Portugal, al O. de las Azores, donde está el volcán *Pico Alto* (2 284 m). — Río en el centro sur de la Argentina (Chubut).

Pico de la Mirandola (Giovanni), erudito y sabio italiano (1463-1494). M. envenenado.

picón, ona adj. *Fam.* Que se pica u ofende fácilmente (ú. t. c. s.). ‖ — M. Carbón muy menudo.

Picón (Jacinto Octavio), novelista naturalista español (1852-1923). ‖ — Febres (GONZALO), novelista, poeta y crítico venezolano, n. en Mérida (1860-1918), autor de *El sargento Felipe, Fidelia, Flor, Nieve y todo* (novelas). ‖ — Salas (MARIANO), historiador, ensayista, novelista y crítico venezolano (1901-1965). Trató, en sus ensayos, con un humanismo liberal, la cultura de Hispanoamérica.

piconero, ra m. y f. Persona que fabrica o vende picón.

picor m. Escozor, picazón.

Picos de Europa, nudo montañoso al N. de España, entre las prov. de Asturias, Cantabria y León. Altura máxima en la *Torre de Cerredo,* 2 648 m. Coto nacional de caza.

picota f. Poste o columna donde se exponían las cabezas de los ajusticiados o los reos a la vergüenza pública. ‖ Clase de cereza.

picotada f. o **picotazo** m. Golpe dado por las aves con el pico. ‖ Señal que deja.

picotear v. t. Picar o herir con el pico las aves. ‖ *Fig.* Picar: *picotear almendras, avellanas, aceitunas.*

picoteo m. Acción de picotear.

picto, a adj. Dícese del indígena de la antigua Escocia (ú. t. c. s.).

pictografía f. Escritura ideográfica.

pictográfico, ca adj. Relativo a la pictografía.

Pictón, isla de América del Sur, en la costa de la Tierra del Fuego.

pictórico, ca adj. Relativo a la pintura : *ornamentos pictóricos.*

picú m. Pick-up.

Pichardo (Esteban), lexicógrafo y geógrafo cubano (1799-1879). || ~ (FRANCISCO JAVIER), poeta cubano (1873-1941). || ~ **Moya** (FELIPE), escritor cubano (1892-1957), autor de poesías negristas *(La comparsa, Filosofía del bronce, Canto a la patria)* y de obras de teatro *(Esteros del sur).*

Pichasca, c. de Chile en la IV Región (Coquimbo), y en la prov. de Limarí, cap. de la com. de Río Hurtado.

piche m. *Amer.* Armadillo. || *Arg.* y *Cub.* Miedo.

pichichi m. Pato de los lagos de México.

pichicho, cha adj. *Arg.* Dícese del perro cariñoso y obediente.

Pichidegua, c. del centro de Chile, en la VI Región (Libertador General Bernardo O'Higgins) y en la prov. de Cachapoal, cap. de la com. de su n.

Pichilemu, c. del centro de Chile en la VI Región (Libertador General Bernardo O'Higgins), cap. de la com. del mismo n. y de la prov. Cardenal Caro.

pichincha f. *Arg.* Ganga.

Pichincha, volcán del Ecuador, al NO. de Quito ; 4 787 m. En sus faldas, Sucre derrotó a las tropas realistas de Aymerich (24 de mayo de 1822). — Prov. del Ecuador ; cap. Quito.

pichinchense adj. y s. De Pichincha (Ecuador).

pichón m. Pollo de la paloma. || *Fam.* Apelativo de cariño.

pichona f. *Fam.* Nombre cariñoso que se da a las mujeres.

pichulear v. i. *Amer.* Regatear.

Pichupichu, volcán de la Cordillera Occidental de los Andes del Perú en el sur del país (Arequipa) ; 5 400 m.

Pidelaserra (Mariano), pintor impresionista español (1877-1946).

pidgin-english m. Inglés corrompido que emplean los chinos.

pie m. Extremidad de cada una de las piernas del hombre o de las patas del animal que sirve para sostener el cuerpo y andar : *tener los pies planos.* || Pata, cada una de las que se apoyan los muebles o cosas semejantes: *los pies de la mesa.* || Base, parte inferior : *el pie de la montaña.* || Tronco de los árboles o tallo de las plantas. || Planta : *un pie de clavel.* || Parte de las medias, zapatos, etc., que cubre el pie. || *Geom.* Punto de encuentro de una perpendicular con una recta o plano. || Cada una de las partes en que se divide un verso para su medición. || Metro de la poesía castellana. || Medida de longitud usada en varios países con distintas dimensiones: *en Gran Bretaña el pie equivalía a 30,48 centímetros.* || Parte que está al final de un escrito: *pie de página* ; *al pie de la carta.* || Explicación que se pone debajo de una foto, grabado, etc. || *Fig.* Fundamento, origen o base de una cosa. || Modo: *tratar en un pie de igualdad.* || Nombre de varias plantas. || *Chil.* Parte del precio que se paga en el momento de convenir una compra. || — Pl. Parte opuesta a la cabecera : *estar a los pies de la cama.* || *Fig.* Agilidad para andar: *tener buenos pies.* || — *A cuatro pies,* a gatas. || *Fig. Al pie de la letra,* textualmente, exactamente. || *A pie,* andando. || *A pie enjuto,* sin mojarse. || *A pie juntillas,* con los pies juntos: *saltar a pie juntillas* ; firmemente, sin la menor duda: *creer algo a pie juntillas.* || *Fig. Buscarle tres pies al gato,* buscar dificultades donde no las hay. || *Ciudadano de a pie,* persona corriente sin ninguna representatividad. || *Cojear del mismo pie,* tener los mismos defectos. || *Con buen pie, con suerte, bien.* || *Con los pies,* muy mal: *hacer algo con los pies.* || *Con pies de plomo,* con mucha prudencia. || *Dar pie,* dar ocasión para algo. || *De a pie,* que no va a caballo ni montado en un

vehículo. || *De pie,* en posición vertical, no sentado. || *De pies a cabeza,* enteramente, completamente. || *Echar pie en o a tierra,* descabalgar o bajar de un vehículo. || *Fig. En pie de guerra,* dícese del ejército preparado para entrar en campaña. || *Entrar con buen pie en un negocio,* iniciarlo con acierto. || *Estar en pie un problema,* plantearse. | *Faltarle a uno los pies,* perder el equilibrio. | *Hacer pie,* no estar cubierta por el agua una persona. | *Írsele los pies a uno,* ser muy sensible a la música de baile ; resbalar. | *Levantarse con el pie izquierdo,* levantarse de muy mal humor. | *Nacer de pie,* tener buena suerte. | *No dar pie con bola,* hacerlo todo desacertadamente. | *No tener pies ni cabeza o sin pies ni cabeza o no tenerse de pie,* no tener sentido alguno. | *Parar los pies a uno,* ponerlo en su sitio, impedirle que continúe diciendo o haciendo algo. | *Perder pie,* no tocar con los pies el fondo. || *Pie de atleta,* infección del pie causada por un hongo. || *Fam. Pie de banco,* despropósito, necedad. || *Pie de cabra,* palanqueta de extremo hendido. || *Pie de imprenta,* indicación, en una obra, del nombre del impresor, de la fecha y lugar de impresión. || *Pie de rey,* instrumento para medir el diámetro o el espesor de diversos objetos. || *Pies planos,* pies muy anchos que no tienen bóveda plantar. || *Fig. Poner pies en polvorosa,* huir. || *Saber de qué pie cojea uno,* conocer sus defectos. || *Sacar los pies del plato,* dejar de ser tímido y empezar a tomarse ciertas libertades.

piedad f. Devoción a las cosas santas: *prácticas de piedad.* || *Amor respetuoso a los padres : piedad filial.* || *Lástima, compasión: piedad para el prójimo.* || Representación artística de la Virgen de las Angustias.

Piedecuesta, mun. y c. de Colombia (Santander).

piedra f. Sustancia mineral, más o menos dura y compacta : *una estatua, un edificio de piedra.* || Pedazo de esta sustancia : *tirar una piedra.* || *Med.* Cálculo, piedrecilla que se forma en los riñones, en la vejiga o en la vesícula biliar. || Pedernal de las armas o de los instrumentos de chispa : *la piedra de un mechero.* || *Fig. Cerrar a piedra y lodo,* cerrar herméticamente. | *Corazón de piedra,* corazón insensible. | *Menos da una piedra,* expresión irónica empleada cuando el resultado obtenido es muy reducido. | *No dejar piedra por mover,* hacer todas las diligencias para conseguir algo. | *No dejar piedra sobre piedra,* destruirlo todo. || *Piedra angular,* sillar que forma esquina ; (fig.) base, fundamento. || *Piedra berroqueña,* granito. || *Fig. Piedra de escándalo,* lo que puede provocar escándalo o murmuración. || *Piedra de sillería o sillar,* la que, una vez labrada, sirve para la construcción. || *Piedra de toque,* la que usan los ensayadores de oro ; (fig.) lo que permite conocer el valor de algo o alguien. || *Piedra filosofal,* v. FILOSOFAL. || *Piedra fina,* gema. || *Piedra pómez,* piedra volcánica, muy ligera y dura, que sirve como abrasivo. || *Piedra preciosa,* dura, transparente y rara que, tallada, se usa en joyería. || *Fig. Poner la primera piedra,* sentar las bases. | *Quedarse de piedra,* quedarse paralizado por el asombro. | *Tirar la piedra y esconder la mano,* obrar disimuladamente.

Piedra del Sol, monolito azteca de basalto, que se conoce comúnmente con el nombre de *Calendario azteca,* que divide el año en 20 meses de 18 días cada uno. Mide 3,58 m de diámetro y pesa 24 toneladas.

Piedrabuena, ensenada al E. de la Argentina (Buenos Aires), donde se encuentra la base militar General Belgrano. — Mun. y v. en el centro de España (Ciudad Real).

Piedrabuena (Luis), marino argentino (1833-1883). Realizó exploraciones por las regiones australes de su país.

Piedrahita, v. en el centro de España (Ávila).

Piedras, ~ **(Las),** pobl. en el NO. de Bolivia, cap. de la prov. de Madre de

Dios (Pando). — Mun. en el E. de Puerto Rico (Humacao). — Pobl. en el S. del Uruguay (Canelones). Vinos. || ~ **Blancas,** páramo en el O. de Venezuela (Mérida), a 4 762 m. || ~ **Negras,** c. en el NE. de México (Coahuila). Puerto a orillas del río Bravo. — C. maya del valle del Usumacinta (Guatemala). Esculturas.

piel f. Membrana que cubre el cuerpo del hombre y de los animales: *hombre de piel blanca.* || Cuero curtido: *artículos de piel.* || Parte exterior que cubre la pulpa de las frutas y algunas partes de las plantas: *la piel de las ciruelas.* || — Pl. Piel de animal con su pelo para hacer prendas de abrigo. || — *Fig. Dejarse o jugarse la piel,* perder o exponer la vida. || *Piel roja,* nombre dado al indio de América del Norte. || *Fig. Ser la piel del diablo,* ser muy agitado y perverso.

Piélagos, mun. al N. de España (Cantabria).

pienso m. Alimento del ganado.

pierna f. Cada uno de los miembros inferiores del hombre. || Pata de los animales. || Muslo de los cuadrúpedos y aves. || Cada una de las partes de una cosa que giran alrededor de un eje o de un centro : *las piernas de un compás.* || Trazo fuerte, vertical o ligeramente inclinado, de algunas letras : *pierna de la p.* || *Arg.* Jugador de una partida de cartas. || — *Fig. y fam. Cortarle a uno las piernas,* ponerle obstáculos. | *Dormir a pierna suelta,* dormir profundamente y sin preocupación. | *Estirar las piernas,* desentumecerlas. | *Hacer piernas,* caminar.

piernas m. inv. *Fam.* Pelanas.

Piérola (Nicolás), político peruano (1839-1913), dictador de 1879 a 1881 y pres. de la Rep. de 1895 a 1899.

Pierri (Orlando), pintor argentino, n. en 1913.

Pierrot [-ró], personaje teatral de las pantomimas francesas, vestido de blanco y con la cara empolvada de harina.

Pietermaritzburgo, c. al E. de la Rep. de África del Sur, cap. de Natal. Universidad. Metalurgia.

pietismo m. Doctrina de riguroso ascetismo de los luteranos.

pieza f. Cada parte en que se divide una cosa, particularmente una máquina: *las piezas de un motor.* || Moneda : *pieza de cuproníquel.* || Alhaja u obra de arte trabajada con esmero: *una maravillosa pieza de joyería.* || Cada unidad de una serie: *en su colección tiene magníficas piezas.* || Tela arrollada para su venta. || Trozo de tela para hacer un remiendo: *poner una pieza a un pantalón.* || Habitación, cuarto: *piso de cuatro piezas.* || Animal de caza o pesca. || Nombre genérico de las fichas o figurillas que se utilizan en ciertos juegos: *piezas de ajedrez.* || Obra dramática: *una pieza en tres actos.* || Composición musical: *pieza para orquesta.* || *Blas.* Figura del escudo que no representa un objeto determinado. || Unidad de presión (simb., pz), equivalente a la presión que, aplicada uniformemente en una superficie plana de 1 m³, produce una fuerza total de un esternio. || — *Fig. y fam. Buena pieza,* persona maliciosa. | *De una pieza,* en grado sumo: *hombres de una pieza.* || *Pieza de artillería,* arma de fuego no portátil. || *Pieza de recambio o de repuesto,* pieza suelta que puede sustituir en un mecanismo otra semejante que ha sido estropeada. || *Fam. Quedarse de una pieza,* quedarse estupefacto. || *Un dos piezas,* traje o bañador compuesto de dos partes separadas.

pífano m. Flautín de tono muy agudo. || Persona que lo toca.

Piferrer (Pablo), poeta romántico español (1818-1848).

pifia f. Golpe dado en la bola de billar. || *Fig.* Error, metedura de pata.

pifiar v. i. *Fam.* Meter la pata.

Pigafetta (Francesco Antonio), navegante italiano (1491-1534), superviviente de la expedición de Magallanes. Autor de un *Diario* sobre ella.

pigargo m. Especie de águila de cola blanca : *el pigargo figura en el escudo de los Estados Unidos.*

Pigmalión, rey y escultor legendario de Chipre, enamorado de una estatua de marfil que había esculpido. Se casó con ella cuando Afrodita le infundió vida. Esta leyenda sirvió de inspiración a Rameau para componer una partitura musical y a Bernard Shaw para escribir una comedia.

pigmentación f. Formación y acumulación del pigmento en un tejido, especialmente en la piel.

pigmentar v. t. Dar color con un pigmento.

pigmento m. Materia colorante que se encuentra en el protoplasma de muchas células vegetales y animales. || Sustancia pulverizable con la cual se da color a las pinturas.

pigmeo, a m. y f. Individuo de una raza de pequeña estatura que habita en África central y meridional. || *Fig.* Persona muy pequeña.

pignoración f. Acción y efecto de pignorar.

pignorar v. t. Empeñar, dar una cosa en prenda: *pignorar alhajas.*

pignoraticio, cia adj. Relativo a la pignoración o al empeño.

pijada f. *Pop.* Pijotería.

pijama m. Traje ancho y ligero compuesto de chaqueta y pantalón usado para dormir.

pijería y **pijez** f. *Pop.* Pijotería.

Pijijiapan, mun. de México (Chiapas).

pijibay m. *C. Rica* y *Hond.* Variedad del corojo, de fruto amarillo y dulce.

Pijiguaos (SERRANÍA DE LOS), sierra de Venezuela (Bolívar). Bauxita.

pijije m. *Amér.* C. Ave acuática.

pijo, ja adj. *Pop.* Tonto (ú. t. c. s.). || — M. *Pop.* Miembro viril.

pijota f. Merluza pequeña.

pijotada t. *Fam.* Pijotería.

pijotear v. i. *Arg. Fam.* Regatear.

pijotería f. *Fam.* Dicho, pretensión o menudencia molesta. | Tontería.

pijotero, ra adj. y s. *Fam.* Pesado, fastidioso: *este pijotero niño.*

pila f. Recipiente donde cae o se echa el agua para varios usos: *la pila de la cocina, de una fuente.* || En las iglesias, sitio donde se administra el sacramento del bautismo. || Recipiente donde se guarda el agua bendita. || Montón, rimero : *una pila de leña.* || *Fam.* Gran cantidad : *tener una pila de niños.* || *Arq.* Machón que sostiene los arcos de un puente. || Generador de electricidad que convierte la energía química en energía eléctrica. — *Nombre de pila,* el que precede a los apellidos: *su nombre de pila es Carmen.* || *Pila atómica,* reactor nuclear, generador de energía que utiliza la fisión nuclear. | *Sacar de pila,* ser padrino de un niño en su bautizo.

pilar m. Elemento vertical macizo que sirve de soporte a una construcción. || Pilón de una fuente. || Hito o mojón. || Pila de puente. || *Fig.* Apoyo.

Pilar, pobl. en el NE. de la Argentina (Buenos Aires). — Mun. al NE. del Brasil (Paraíba). — C. en el SO. del Paraguay, cap. del dep. de Ñeembucú. || — **(El),** mun. de Venezuela (Sucre), en el golfo de Paria.

Pilar (*Nuestra Señora del*), imagen de la Virgen que se venera en la Basílica del Pilar (Zaragoza). Patrona de España. Fiesta el 12 de octubre.

pilarense adj. y s. De la c. de Pilar (Paraguay).

pilastra f. Columna cuadrada, generalmente adosada a una pared.

Pilato (Poncio), procurador romano de Judea de 26 a 36. Entregó Jesús a los fariseos a pesar de no creerlo culpable de ningún delito. M. hacia el año 39.

pilatuna f. *Amér.* Jugarreta.

pilca f. *Amér.* Tapia de piedras.

Pilcomayo, río que nace en Bolivia (Oruro), es fronterizo entre el Paraguay y la Argentina, se separa en dos brazos y des. en el Paraguay, cerca de Asunción : 2 500 km. — Dep. en el N. de la Argentina (Formosa) ; cab. *Clorinda.*

píldora f. Medicamento de forma de bolita. || Contraceptivo oral. || *Fig.* y *fam.* Dorar la píldora, presentar una mala noticia bajo un aspecto agradable. | *Tragarse la píldora,* creer un embuste.

pildorazo m. *Fig.* y *fam.* Palabra o frase dicha con mala intención.

pileta f. Pila o fuente pequeña. || *Amer.* Piscina.

pilgüije adj. *Méx.* Miserable, infeliz.

pilífero, ra adj. Que lleva pelos.

pilocarpo m. Planta rutácea de América del Sur. || Nombre que se da a las hojas del jaborandi.

pilón m. Pila grande. || Receptáculo de piedra o de fábrica que se coloca debajo del caño de una fuente: *el pilón del abrevadero.* || Pilar, columna. || Mortero de madera o metal. || Pan de azúcar cónico. || Pesa móvil de la romana. || Gran portada de cuatro caras en los monumentos del antiguo Egipto. || *Méx.* Propina.

Pilón, mun. al E. de Cuba (Granma).

piloncillo m. *Méx.* Azúcar morena que se suele vender en panes.

pilongo, ga adj. Flaco. || *Castaña pilonga,* la secada al humo.

píloro m. Abertura inferior del estómago por la cual entran los alimentos en los intestinos.

Pilos, c. de Grecia, al O. del golfo de Paria (Mesenia).

piloso, sa adj. Relativo al pelo.

pilotaje m. Acción de pilotar: *pilotaje sin visibilidad.* || Derecho pagado por los servicios del piloto en los puertos donde se necesitan. || Conjunto de pilotes hincados en tierra: *el pilotaje de los cimientos de una casa.*

pilotar v. t. Dirigir un buque. || Guiar un automóvil, un avión.

pilote m. Pieza puntiaguda de madera, metal u hormigón armado que se hinca en tierra para consolidar cimientos, servir de soporte a una const. etc.: *casa construida sobre grandes pilotes.*

pilotear v. t. Pilotar.

piloto m. El que dirige un buque o guía un automóvil, un avión, etc. || El segundo de un buque mercante. || *Fig.* Luz roja en la parte posterior de un vehículo : *dejar el piloto encendido al aparcar.* | Lámpara que sirve para indicar que funciona un aparato. || *Amer.* Piloto automático, conjunto de mecanismos (giroscopios, servomotores, etc.) que desempeñan las funciones del piloto en un avión o vehículo espacial. || *Piloto de pruebas,* el que está encargado de comprobar el resultado y la resistencia de un avión nuevo. || *Fig.* adj. Aplícase a lo que sirve de modelo: *granja, piso piloto.*

Piloto Juan Fernández, Mar *Más Afuera,* isla de Chile en el archipiélago Juan Fernández.

Pilpay o **Bidpay,** bramán legendario a quien se atribuyen los antiguos apólogos de la India, como los de *Calila y Dimna.*

pilpil m. Manera de guisar el bacalao.

Pilsen. V. PLZEN.

Pilsudski (Jozef), mariscal y político polaco (1867-1935), artífice de la independencia de su país después de la primera guerra mundial (1918-1922) y jefe del Estado (1926-1935).

piltra f. *Pop.* Cama.

piltrafa f. *Fam.* Trozo de carne que casi no tiene más que pellejo. || Persona hecha polvo moral o físicamente : *después de sus desgracias es una piltrafa humana.* || *Amer.* Ganga. || — Pl. Residuos, desperdicios.

pillada f. *Fam.* Pillería.

pillaje m. Robo. | Saqueo que hacen los soldados en país conquistado.

pillapilla m. Juego de niños.

pillar v. t. Saquear. || *Fig.* y *fam.* Alcanzar, coger: *pillar a un ladrón.* | Atropellar: *cuidado que no te pille un coche.* | Coger: *el engranaje le pilló un dedo.* || Descubrir: *pilló a su hijo fumando.* | Coger, agarrar: *pillar un resfriado.* | Estar situado, encontrarse : *su casa me pilla de camino.* || *Fig. Pillarse los dedos,* tener algo un resultado desfavorable.

Pillaro, cantón en el centro del Ecuador (Tungurahua).

pillastre com. *Fam.* Pillo.

pillear v. i. *Fam.* Hacer pillerías. | Llevar una vida de pillo.

pillería f. *Fam.* Conjunto de pillos. | Acción propia de pillo.

pillete o **pillín** m. *Fam.* Pilluelo.

pillo, lla adj. y s. *Fam.* Pícaro. | Dícese de la persona muy astuta.

pilluelo, la adj. y s. *Fam.* Pillo.

pimental m. Plantío de pimientos.

Pimentel, com. en el centro del

norte de la Rep. Dominicana (Duarte). — C. y puerto en el NO. del Perú, cerca de Chiclayo (Lambayeque).

Pimentel (Francisco), filósofo, historiador y crítico mexicano (1832-1893). Fundó la Academia Mexicana de la Lengua (1875). || ~ **Coronel** (MANUEL), escritor venezolano (1863-1907). Fue poeta modernista y prosista.

pimentero m. Arbusto trepador piperáceo, cuyo fruto es la pimienta. || Recipiente para poner la pimienta molida.

pimentón m. Polvo de pimientos secos encarnados. || En algunas partes, pimiento.

pimienta f. Fruto del pimentero, de gusto picante, usado como condimento. || *Fig.* Gracia, agudeza.

pimiento m. Planta solanácea cuyo fruto es una baya hueca, generalmente cónica, de color verde o rojo. || Fruto de esta planta, picante en algunas variedades, muy usado como alimento. || Pimentero. || Pimentón, pimiento molido. || — *Fig.* y *fam. Me importa un pimiento,* me da igual. || *Pimiento morrón,* el más grueso y dulce de todos.

pimpampum m. Juego existente en las ferias que consiste en derribar a pelotazos muñecos colocados en fila.

pimpante adj. Vestido con elegancia, peripuesto : *iba muy pimpante.* || Satisfecho, contento.

pimpinela f. Planta rosácea de sabor aromático. || Su flor.

pimplar v. t. *Fam.* Beber vino (ú. t. c. pr.).

pimpollo m. Vástago que echan las plantas. || Árbol nuevo. || Capullo de rosa. || *Fig.* y *fam.* Niño o niña, muchacho o muchacha que se distinguen por su belleza, gallardía y donosura.

pimpón m. Ping-pong.

Pina (José Salomé), pintor mexicano (1830-1909).

pinabete m. Abeto.

pinacate m. *Méx.* Escarabajo de los sitios húmedos.

pinacle m. (pal. fr.). Cierto juego de naipes, pinóculo.

pinacoteca f. Galería o museo de pintura : *la pinacoteca de Munich.*

pináculo m. Parte más elevada de un edificio monumental o templo. || *Fig.* Cumbre, cima, auge. || Juego de naipes. || *Fig. Poner a uno en el pináculo,* ensalzarlo.

pinar m. Bosque de pinos.

Pinar del Río, c. de Cuba, al pie de la Sierra de los Órganos y al O. de la isla, cap. de la prov. homónima. Esta tiene 14 municipios. Obispado. Agricultura. Minas. Turismo.

pinareño, ña adj. y s. De Pinar del Río (Cuba).

pinaza f. Barco pequeño de vela y remo usado en otro tiempo en la marina mercante. || Hoja del pino.

Pinazo (Ignacio), pintor costumbrista y de temas históricos español (1849-1916). — Su hijo JOSÉ (1879-1933) fue también pintor.

pincel m. Instrumento hecho con cerdas y fibras atadas a un mango y con que el pintor asienta los colores. || Instrumento parecido con el cual se untan otras cosas, como el alquitrán. || *Fig.* Estilo de un pintor : *el pincel de Goya.* | Pintor, el que pinta.

pincelada f. Trazo o toque que se da con el pincel. || *Fig.* Expresión concisa de una idea o de un rasgo muy característico. || *Fig. Dar la última pincelada,* perfeccionar una obra.

pincelazo m. Pincelada.

Pinciano. V. NÚÑEZ DE TOLEDO.

pincullo m. *Amer.* Flauta de caña.

Pincus (Gregory Goodwin), médico norteamericano (1903-1967). Descubrió el primer anticonceptivo oral (1956).

pinchadiscos com. inv. Persona que pone los discos en una discoteca.

pinchadura f. Pinchazo.

pinchar v. t. Picar, punzar con una cosa aguda o punzante. || Perforar el neumático de una rueda, la goma de un balón, etc. || *Fig.* Picar, meterse con una persona. | Incitar : *siempre está pinchando para que se case.* | V. i. Tener un pinchazo una rueda, un balón. || — V. pr. Tener un pinchazo. || Ponerse una inyección, inyectarse. || Administrarse droga mediante inyec-

PI

497

ción. ‖ *Fig.* **Ni pincha ni corta,** no tiene ninguna autoridad en el asunto.

pinchauvas m. *Fig.* y *fam.* Hombre despreciable, infeliz.

pinchazo m. Punzadura o herida que se hace con un objeto que pincha. ‖ Perforación que provoca la salida del aire de un neumático, balón, etc. ‖ Inyección.

pinche m. Mozo de cocina. ‖ — Adj. y s. *Méx.* De calidad inferior, despreciable : *su pinche recomendación; el baile estuvo bien pinche.*

pinchito m. Pincho, tapa pinchada.

pincho m. Aguijón, espina, púa de planta o animal. ‖ Varilla con que los aduaneros reconocían las cargas. ‖ Varilla de punta aguda. ‖ Nombre que se aplica a los manjares, ensartados en un mondadientes, que se sirven en los bares como tapa. ‖ *Pincho moruno,* brocheta de carne de cordero fuertemente sazonada.

pindárico, ca adj. Relativo al poeta griego Píndaro.

Píndaro, poeta lírico griego, n. en Cinoscéfalos (518-438 a. de J. C.). Cantó a los atletas en los *Epinicios,* divididos en *Nemeas, Olímpicas, Píticas e Ístmicas.*

Pindo, macizo montañoso de Grecia occidental.

pindonga f. *Fam.* Mujer callejera.

pindonguear v. i. *Fam.* Callejear.

pindongueo m. *Fam.* Callejeo.

pineda f. Pinar.

Pineda (Antonio), naturalista guatemalteco (1753-1792), compañero de Malaspina. ‖ ~ (MARIANA), heroína española (1804-1831), ajusticiada por haber bordado una bandera con los lemas liberales. Inmortalizada por García Lorca en una obra de teatro.

Pineda, v. en el NE. de España (Barcelona).

Pinero (Jesús Toribio), político puertorriqueño (1897-1952). Fundó el partido democrático popular (1938).

pingajo m. *Fam.* Harapo.

pingo m. *Fam.* Pingajo. ‖ Persona que lleva mala vida. ‖ Persona mal trajeada. ‖ Persona desvergonzada. ‖ Ramera, prostituta. ‖ *Fam. Méx.* Niño travieso, diablo. ‖ — Pl. Vestidos de mujer feos y viejos. ‖ — *Andar de pingos,* callejear. ‖ *Darse el pingo,* irse, largarse.

pingonear v. i. *Fam.* Obrar desvergonzadamente.

ping-pong o **pingpong** m. Juego de tenis sobre una mesa.

Pingtong o **Pingdong,** c. en el S. de la isla de Taiwán (Formosa).

pingüe adj. *· Abundante : obtuvo pingües ganancias.*

pingüino m. Ave palmípeda blanca y negra, de alas muy cortas.

pingullo m. Instrumento músico de viento del Ecuador.

Pinilla (La), estación de deportes de invierno en el centro de España, en el mun. de Cerezo de Arriba (Segovia).

Pinillo o **Palomino,** mun. al N. de Colombia (Bolívar).

pinitos m. pl. Primeros pasos del niño. ‖ *Fig.* Principios.

Pinkiang o **Pin Kiang.** V. HARBÍN.

pinnípedo, da adj. Dícese de los mamíferos marinos de patas palmeadas, como la foca, el otario, la morsa (ú. t. c. s.). ‖ — M. pl. Orden formado por estos animales.

pino m. Árbol conífero con tronco de madera resinosa, hojas siempre verdes, y cuyo fruto es la piña y el piñón su semilla. (Existen numerosas especies de pinos : el pino albar, el blanco, el negro, el negral, el rodeno o marítimo, el piñonero, etc.) ‖ — *Fig.* y *fam.* En el quinto pino, muy lejos. ‖ *Fig.* Hacer el pino, mantenerse en postura vertical, apoyándose en las manos y con la cabeza hacia abajo.

pino, na adj. Empinado.

Pino (El), mun. al NO. de España (Coruña).

Pino (Joaquín del), militar español (1727-1804), gobernador de Montevideo de 1773 a 1790 y virrey de Río de la Plata de 1801 a 1804. ‖ ~ **Suárez** (JOSÉ MARÍA), abogado, escritor y político mexicano (1869-1913), vicepres. de la Rep. M. asesinado al mismo tiempo que Francisco I. Madero.

Pinochet Ugarte (Augusto), general chileno, n. en 1915, jefe de la Junta Militar que se hizo cargo del Poder el 11 de septiembre de 1973. Pres. de la Rep. desde 1974.

Pinocho, personaje principal de un cuento infantil, escrito por el italiano Collodi (1833).

Pinagana, distr. en el E. de Panamá (Darién) ; cab. *El Real de Santa María.*

pinol y **pinole** m. *Amer.* Harina de maíz tostado.

pinolate m. *Méx.* Bebida de pinole, azúcar y cacao, con agua.

pinolero, ra adj. y s. *Fam. Amer.* Nicaragüense.

Pinos, hoy *Isla de la Juventud,* isla en el SO. de Cuba ; 3 145 km. Descubierta por Colón en 1494. (V. ISLAS DE PINOS.) — C. en el centro de México (Zacatecas). Minas. ‖ ~ **Puente,** v. en el S. de España (Granada).

pinrel m. *Pop.* Pie.

pinsapo m. Árbol conífero parecido al abeto.

Pinsk, c. en el O. de la U. R. S. S. (Rusia Blanca), a orillas del Pripet. Obispado.

pinta f. Adorno en forma de mancha redonda. ‖ Mancha. ‖ *Fig.* Aspecto : *tiene muy buena pinta.* ‖ Medida de capacidad equivalente a 0,658 litros en Inglaterra y a 0,473 en los Estados Unidos. ‖ En ciertos juegos de cartas, triunfo. ‖ Señal que tienen los naipes por un extremo. ‖ *Arg.* Color de los animales. ‖ — M. y f. *Fam.* Golfo, persona poco seria. ‖ *Méx. Fig. Hacer pinta,* faltar los niños a la escuela.

Pinta, isla del Ecuador en el Archipiélago de los Galápagos.

Pinta (La), una de las tres carabelas de Colón en el viaje del descubrimiento de América (1492), mandada por Martín Alonso Pinzón.

pintada f. Gallina de Guinea, hoy aclimatada en todo el mundo. ‖ Letrero o dibujo hechos con la mano en un muro, generalmente de contenido político o social: *las calles estaban llenas de pintadas soeces.*

Pintada, sierra en el NO. de la Argentina (Catamarca) ; 4 500 m. ‖ ~ **(La),** distr. de Panamá (Coclé).

pintado, da adj. Naturalmente matizado de diversos colores. ‖ *Fig.* Exacto: *es su padre pintado.* ‖ — *Fig. El más pintado, el más listo.* ‖ *Que ni pintado,* muy a propósito. ‖ *Venir pintado,* venir muy bien. ‖ — M. Acción de pintar.

Pintana (La), com. de Chile en el Área Metropolitana de Santiago.

pintar v. t. Representar cosas o seres vivos con líneas y pinturas: *pintar un coche de rojo.* ‖ Cubrir con pintura: *pintó su coche de rojo.* ‖ *Fam.* Dibujar : *pintar monigotes.* ‖ Escribir : *pintar al acento.* ‖ *Fig.* Describir : *pintar un carácter, una escena.* ‖ — V. i. *Fig.* y *fam.* Tener importancia o influencia : *tú aquí no pintas nada.* ‖ *Fam.* Mostrarse la calidad de algunas cosas. ‖ — V. pr. Darse colores y cosméticos: *pintarse los labios, las mejillas.* ‖ *Fig.* Manifestarse, dejarse ver: *la felicidad se pintaba en su rostro.* ‖ *Fam. Pintarse uno solo para algo,* tener mucha habilidad para una cosa.

pintarrajar o **pintarrajear** v. t. *Fam.* Pintorrear.

pintarroja f. Lija, pez selacio.

Pinter (Harold), dramaturgo británico, n. en 1930, autor de *La habitación, El amante, Tea party, La colección, Paisaje, Noche, Silencio, Viejos tiempos.*

pintiparado, da adj. Muy parecido : *es su madre pintiparada.* ‖ Muy adecuado u oportuno: *esto me viene pintiparado.* ‖ Adornado, emperejilado: *iba muy pintiparado.*

pinto, ta adj. Pintado.

Pinto, com. del centro de Chile en la VIII Región (Biobío) y en la prov. de Ñuble, cap. de la com. del mismo nombre. — V. de España (Madrid).

Pinto (Aníbal), político chileno (1825-1884), pres. de la Rep. de 1876 a 1881. En su mandato estalló la guerra del Pacífico (1879). ‖ ~ (FERNÃO MENDES), viajero y cronista portugués (1509-1583), que exploró las Indias orientales, descritas en *Peregrinación.* ‖ ~ (FRANCISCO ANTONIO), político chileno (1785-1858), pres. de la Rep. (1827-1829). Dimitió de su cargo. Era padre de Aníbal Pinto. ‖ ~ (JULIETA), escritora costarricense, n. en 1920,

autora de novelas *(La estación que sigue el verano).*

pintor, a m. y f. Persona que se dedica a la pintura. ‖ *Pintor de brocha gorda,* el de puertas, ventanas, paredes, etc. ; (fig.) mal pintor.

pintoresco, ca adj. Que atrae la vista por su belleza o particularidad: *un pueblo pintoresco.* ‖ *Fig.* Vivido, muy gráfico : *lenguaje, estilo pintoresco.* ‖ Original : *un traje pintoresco.*

pintoresquismo m. Calidad de pintoresco.

pintorrear v. t. Pintar sin arte.

pintura f. Arte de pintar: *pintura al óleo, al fresco, al temple, a la aguada.* ‖ Obra pintada: *una pintura de Fra Angélico.* ‖ Sustancia de color con que se pinta: *pintura verde.* ‖ Revestimiento de una superficie cualquiera con esta sustancia. ‖ *Fig.* Descripción: *hacer la pintura de las costumbres de un pueblo.* ‖ *Fig. No poder ver a uno ni en pintura,* tenerle antipatía.

pinturero, ra adj. y s. *Fam.* Dícese del que presume de bien parecido o elegante: *gran pinturera.*

Pinturicchio [-kio] (Bernardino DI BETTO, llamado), pintor religioso italiano (¿ 1454 ? -1513).

pin-up [pinap] f. (pal. ingl.). Mujer o muchacha muy atractiva.

pinzas f. pl. Instrumento de metal u otra materia en forma de tenacillas para coger o sujetar cosas pequeñas : *pinzas de relojero, de cirujía, de colgar la ropa.* ‖ Órgano prensil de los crustáceos, insectos y otros animales : *las pinzas del cangrejo, del alacrán.* ‖ Pliegue hecho en el interior de la ropa para estrecharla o como adorno.

pinzón m. Pájaro insectívoro y cantor, del tamaño de un gorrión.

Pinzón, bahía de Guayana, descubierta por V. Yáñez Pinzón en 1498.

Pinzón (Martín Alonso), navegante español, n. en Palos de Moguer (1440-1493). Capitán de la carabela *La Pinta* en el viaje del descubrimiento de América por Colón (1492). — Su hermano VICENTE YÁÑEZ llevaba a su cargo *La Niña* en la misma expedición. Posteriormente descubrió el cabo San Agustín (Brasil) y la desembocadura del Amazonas. Formó parte también de la expedición de Díaz de Solís al Río de la Plata (1516). M. después de 1523.

piña f. Fruto del pino y otros árboles, de forma aovada. ‖ Ananás. ‖ *Fam.* Puñetazo. ‖ *Fig.* Conjunto de personas o cosas estrechamente unidas. ‖ *Piña colada,* refresco hecho con néctar de leche de coco, concentrado de piña, agua, estabilizantes, antioxidantes y aromas.

Piñas, pobl. en el SO. del Ecuador (El Oro).

piñata f. Olla llena de dulces que en algunas fiestas suele colgarse del techo y que se tiene que romper con los ojos vendados. (En la fiesta popular de las posadas mexicanas, nueve días antes de Navidad, se suele romper una diaria.)

Piñera Llera (Virgilio), escritor cubano (1912-1979), autor de poemas, relatos y teatro *(Jesús, Aire frío, El filántropo, Dos viejos pánicos).*

Piñeyro (Enrique), escritor cubano (1839-1911).

piñón m. Simiente dulce y comestible del pino piñonero. ‖ Esta simiente bañada en azúcar. ‖ Arbusto americano euforbiáceo. ‖ La menor de las dos ruedas dentadas de un engranaje. ‖ *Fig.* y *fam. Estar uno a partir un piñón con otro,* estar los dos en muy buenos términos.

piñonata f. y **piñonate** m. Dulce a base de piñones y azúcar.

piñonero adj. m. Aplícase a una variedad de pino grande y de piñones comestibles. ‖ — M. Pinzón real.

pío m. Voz del pollo de cualquier ave. ‖ *Fig.* y *fam. No decir ni pío,* no decir nada.

pío, a adj. Devoto, inclinado a la piedad. ‖ Compasivo. ‖ Aplícase a la caballería que tiene la piel de varios colores. ‖ *Fig.* Obra de beneficencia.

Pío I *(San),* papa de 140 a 155. ‖ — **II** *(Piccolomini)* [1405-1464], papa de 1458 a 1464. ‖ — **III** *(Todeschini-Piccolomini)* [1439-1503], papa en 1503. ‖ —

IV *(Médicis)* [1499-1565], papa de 1559 a 1565. || ~ **V** *(San)* [1504-1572], papa de 1566 a 1572. || ~ **VI** (1717-1799), papa de 1775 a 1799. M. en Francia. || ~ **VII** *(Chiaramonti)* [1742-1823], papa de 1800 a 1823. Firmó el concordato con Francia y coronó a Napoleón I. Estuvo cautivo en Fontainebleau (1812-1814). || ~ **VIII** *(Castiglioni)* [1761-1830], papa desde 1829. || ~ **IX** *(Mastai Ferretti)* [1792-1878], papa de 1846 a 1878. Proclamó los dogmas de la Inmaculada Concepción y de la infalibilidad pontificia, publicó el *Syllabus* y durante su reinado la Santa Sede perdió el poder temporal. || ~ **X** *(San) (Sarto)*, [1835-1914], papa de 1903. || ~ **XI** *(Ratti)* [1857-1939], papa de 1922 a 1939. Firmó con Italia los acuerdos de Letrán que devolvían a la Santa Sede su independencia territorial. || ~ **XII** *(Pacelli)* [1876-1958], papa de 1939 a 1958. Proclamó el dogma de la Asunción. Firmó un concordato con España en 1953, vigente hasta 1979.

piocha f. Zapapico.

piojillo m. Insecto parásito de las aves.

piojo m. Género de insectos hemípteros, anopluros, parásitos en el hombre y en los animales.

piojoso, sa adj. y s. Que tiene muchos piojos. || *Fig.* Mezquino, avaro. | Sucio y harapiento.

piola adj. *Arg. Fam.* Listo, inteligente | Muy bueno, acertado. || — F. Juego en el que los jugadores saltan, alternativamente, unos por encima de otros : *jugar a la piola*. || *Amer.* Cuerda.

piolet m. (pal. fr.). Bastón de montañero.

piolín m. *Amer.* Cordel fino. || Pl. *Arg.* Red, malla de una portería de fútbol.

Piombino, c. y puerto en el NO. de Italia (Toscana), frente a la isla de Elba.

Piombo (Sebastiano **del**). V. SEBASTIANO DEL PIOMBO.

pionero, ra m. y f. Persona que abre el camino a otras, adelantado. || Colonizador norteamericano que, en los s. XVIII y XIX, protagonizó la expansión desde las colonias del Este hasta el Pacífico.

piorrea f. Flujo de pus, especialmente en las encías.

Piotrkow Trybunalski, c. en el centro de Polonia, al SO. de Lodz.

pipa f. Barrica, tonel o cuba. || Utensilio para fumar consistente en un cañón y una cazoleta. || Lengüeta de las chirimías. || Pipiritaña, flautilla. || Espoleta : *la pipa de una bomba.* || Pepita o semilla : *las pipas de la calabaza.* || Semilla del girasol que se come como golosina. || *Fam. Pasarlo pipa,* pasarlo muy bien. | *Tener mala pipa,* tener poca gracia.

pipe m. *Amer.* C. *Fam.* Amigo.

pipe-line m. (pal. ingl.). Oleoducto o gasoducto.

piperáceo, a adj. Aplícase a las plantas dicotiledóneas a que pertenece el pimentero (ú. t. c. s. f.). || — F. pl. Familia que forman.

pipermín m. Bebida alcohólica de menta con agua.

pipeta f. Tubo de cristal, ensanchado en su parte media, que sirve para transvasar pequeñas porciones de líquidos : *pipeta de laboratorio.*

pipi m. Pitpit, pájaro. || *Fam.* Orina, en el lenguaje infantil : *hacer pipí.*

pipián m. *Méx.* Guiso preparado con salsa de pepitas de calabaza o con maíz coloreado con chile o achiote que se utiliza para adobar carne de res o de ave.

pipil adj. Dícese del individuo de un ant. pueblo nahua de El Salvador y Guatemala (ú. t. c. s.).

Pipila, sobrenombre del patriota mexicano *Juan José de los Reyes Martínez*, héroe en la conquista de la Alhóndiga de Granaditas, edificio de Guanajuato en que se resistían las fuerzas coloniales (1810).

pipiol m. *Méx.* Hojuela de harina con azúcar para niños.

Pipino (~ **el Breve** (¿715 ?-768), rey de los francos en 751, hijo de Carlos Martel, padre de Carlomagno y primer monarca de la dinastía carolingia. || ~ **el Joven** o **de Heristal** (¿640 ?-714),

mayordomo de palacio de Austrasia, nieto de Pipino el Viejo y padre de Carlos Martel. || ~ **el Viejo** o **de Landen** (¿580 ?-640), mayordomo de palacio de Austrasia.

pipiolo m. Miembro del Partido Liberal chileno de 1823 a 1830. || *Fam.* Novato, principiante. | Niño.

pipiriganã f. Pizpirigaña.

pipirrana f. Ensaladilla con diferentes clases de verduras picadas.

pipudo, da adj. *Fam.* Magnífico.

pique m. Resentimiento, enfado. || Sentimiento de emulación o rivalidad. | Amor propio. || *Amer.* Nigua, insecto. || *Arg.* En deportes, acción de arrancar a correr a gran velocidad. | Arranque rápido de un caballo o de un automóvil. || *Fam.* Acción de ponerse una inyección de morfina o heroína. || *A pique,* a punto de, próximo a. | *Echar a pique,* hundir una embarcación ; (fig.) destruir una empresa. | *Irse a pique,* hundirse una embarcación ; (fig.) fracasar una empresa, arruinarse ; gastarse la fortuna.

piqué m. (pal. fr.). Tela de algodón que forma dibujos en relieve, especialmente en forma de canutillos, que se emplea en prendas o ropa de vestir.

piquera f. Agujero de los toneles y alambiques. || En los altos hornos, agujero por donde sale el metal fundido. || *Cub.* Parada de taxis. || *Méx.* Taberna de inferior calidad.

piquero m. Soldado armado de pica. || *Chil.* y *Per.* Ave palmípeda de la cual procede el guano de las islas Chinchas (Perú).

piqueta f. Zapapico. || Herramienta de albañilería con una boca plana y otra puntiaguda. || *Amer.* Bastón de montañero.

piquete m. Jalón pequeño. || Número reducido de soldados empleados para ciertos servicios : *piquete de ejecución.* || *Piquete de huelga,* grupo de huelguistas que se colocan a la entrada de un lugar de trabajo y cuidan de la buena ejecución de las consignas de huelga.

pira f. Hoguera.

Piracicaba, c. en el SE. del Brasil (São Paulo), a orillas del río homónimo. Obispado. Industrias.

piragua f. Embarcación larga y estrecha, en general de una pieza : *participó en las carreras de piraguas.*

Piragua. V. PARAGUÁ.

piragüismo m. Deporte náutico realizado con piraguas.

piragüista com. Persona que conduce una piragua o que practica el piragüismo.

piramidal adj. De figura de pirámide. || Dícese de cada uno de dos músculos pares que producen la abducción del fémur.

pirámide f. Sólido que tiene por base un polígono y cuyas caras son triángulos que se reúnen en un mismo punto llamado vértice. || Monumento que tiene la forma de este sólido : *las pirámides de Gizeh, de Cholula.* || Montón de objetos que tiene la misma forma. || Denominación dada a varias estructuras anatómicas : *la pirámide de Lalouette está en el istmo del tiroides y la de Malpighi en el riñón.* || Representación gráfica de algo : *la pirámide de edades es la distribución de la población según la edad.* || — Las pirámides construidas en el antiguo Egipto servían de sepulturas reales. Las más famosas son las de Keops, Kefrén y Micerino. En México se conservan también pirámides que rematan en una plataforma donde estaba el templo, como las famosas de Xochicalco, El Tajín, Chichén Itzá, Uxmal, Cholula, Tenayuca, Teotihuacán, etc.

Pirámides *(Batalla de las)*, victoria de Bonaparte sobre los mamelucos, cerca de las pirámides de Egipto (1798).

Pirandello (Luigi), escritor italiano, n. en Agrigento (1867-1936), autor de obras de teatro *(Seis personajes en busca de autor, Así es si así os parece, Enrique IV, El hombre, la bestia y la virtud,* etc.) y novelas *(El difunto Matías Pascal)*. [Pr. Nobel, 1934.]

Pirané, dep. en el norte de la Argentina (Formosa).

piraña f. Pez muy voraz, propio de los ríos de Amazonia.

pirarse v. pr. *Fam.* Marcharse. | Huir. (Dícese tb. *pirárselas.*)

pirata adj. Relativo a la piratería. || *Clandestino : emisora pirata.* || — M. El que se hace a la mar para asaltar y robar barcos. || — M. y. f. *Fig.* Persona que se aprovecha del trabajo de los demás o que se apropia de obras ajenas. || *Fig.* Hombre cruel y despiadado. || *Pirata del aire,* persona que, valiéndose de amenazas, desvía un avión en vuelo para hacerlo aterrizar en otro sitio que el señalado como destino.

Piratas (COSTA DE LOS), ant. n. de los *Emiratos Árabes Unidos.*

piratear v. i. Apresar y robar embarcaciones. || *Fig.* Robar. | Copiar y atribuirse textos ajenos. | Copiar grabaciones clandestinas.

piratería f. Acciones de depredación o violencia cometidas contra un buque, personas o cosas que hay en él realizadas en el mar por la tripulación o por los pasajeros del mismo o de otro navío. || *Fig.* Robo ; estafa. || Copia. || *Piratería aérea,* secuestro y desviación de un avión efectuado por una o varias personas que se encuentran a bordo.

piraya f. *Amer.* Piraña.

pirayense adj. y s. De Pirayú (Paraguay).

Pirayú, pobl. y distr. al sur del Paraguay (Paraguarí). Agricultura.

pirenaico, ca adj. Relativo a los Pirineos : *cordillera pirenaica.*

Pireo (El), puerto de Atenas (Grecia).

pirético, ca adj. *Med.* Relativo a la fiebre.

pirex m. Cristal poco fusible y muy resistente al calor.

pirexia f. *Med.* Estado febril.

pirgua f. *Arg.* Almacén de maíz.

Piriápolis, pobl. y puerto en el SE. del Uruguay (Maldonado). Turismo.

Piribebuy, pobl. y distr. del Paraguay (Cordillera). Turismo.

pirindolo m. Adorno de remate en forma de bola. || *Fig.* Cosa, chisme.

pirineo, a adj. Pirenaico.

Pirineos, cordillera entre Francia y España de unos 430 km de longitud. Existen algunos heleros en el centro de la cadena (Maladeta, Monte Perdido). Las cumbres culminantes en ella son : Pico de Aneto (3 404 m), Monte Perdido (3 352 m), Vignemale (3 298 m), Balaitús (3 146 m), Canigó (2 786 m), etc. Puertos de Perthus, Canfranc, Roncesvalles, etc. Valles de Arán, Baztán y Ansó. || — **(Altos).** V. HAUTES-PYRÉNÉES. || — **Atlánticos.** V. PYRÉNÉES. || — **Orientales.** V. PYRÉNÉES. (V. mapa en pág. siguiente.)

Pirineos *(Tratado de los)*, tratado concluido entre Francia y España (1659) para terminar las hostilidades que enfrentaban a los dos países. Negociado en la isla de los Faisanes, en el río Bidasoa, España cedió a Francia importantes territorios (Rosellón, Artois, varias plazas fuertes del norte francés) y se acordó el matrimonio de Luis XIV con la infanta María Teresa, hija de Felipe IV de España.

piripi adj. *Fam.* Un poco ebrio.

pirita f. *Min.* Sulfuro natural de hierro o de cobre (calcopirita) que se presenta en forma de cristales.

piro m. *Arg. Fam.* Darse el piro, irse.

pirólisis f. *Quím.* Descomposición producida por el calor.

piromancia o **piromancía** f. Adivinación por el color y la forma de la llama.

piromanía f. Afección patológica que incita a provocar incendios.

pirómano, na adj. y s. Que tiene la manía de provocar incendios.

pirón m. *Arg.* Pan de mandioca.

piropear v. t. *Fam.* Echar piropos.

piropo m. *Fam.* Requiebro, galantería : *decir o echar piropos.*

pirosis f. Sensación de ardor desde el estómago hasta la faringe.

pirotecnia f. Arte de preparar explosivos y fuegos artificiales.

pirotécnico, ca adj. Relativo a la pirotecnia. || — M. y f. Persona que se dedica a la pirotecnia.

Pirque, com. de Chile en la Región Metropolitana de Santiago y en la prov. de Cordillera ; cap. *Isla de Pirque.*

PIRINEOS

Pirra, hija de Epimeteo y de Pandora, esposa de Deucalión. (V. DEUCALIÓN.)
pirrarse v. t. *Fam.* Tener mucha afición o ganas : *pirrarse por la música, por ir.* | Gustar mucho.
pirriaque m. *Pop.* Vino malo.
pirrico, ca adj. y s. f. Aplícase a una danza militar de la antigua Grecia. || *Victoria pírrica,* la que se logra con muchos sacrificios ; éxito obtenido con excesivas pérdidas.
Pirris. V. GRANDE DE PIRRIS.
Pirro || ~ **I,** rey de Epiro, hijo de Aquiles y esposo de Andrómaca, conocido también con el n. de *Neoptolemo.* (*Mit.*) || ~ **II** (¿ 319 ?-272 a. de J. C.), rey de Epiro desde 295 a. de J. C. Venció a los romanos en Heraclea (280) y en Ascoli (279).
Pirrón, filósofo escéptico griego (¿ 365-275 ? a. de J. C.).
pirrónico, ca adj. y s. Escéptico.
pirronismo m. Escepticismo.
pirueta f. Voltereta. || Vuelta rápida que da el caballo girando sobre sus pies. || *Fig.* Lo que se dice o hace hábilmente para librarse de una situación comprometida. | Cambio brusco de opinión.
piruetear v. i. Hacer piruetas.
piruli m. Caramelo montado sobre un palito. (Pl. *pirulís.*)
pirulo m. Botijo.
pis m. *Fam.* Pipí, orina.
Pisa, c. en el NO. de Italia (Toscana), a orillas del Arno, cap. de la prov. homónima. Arzobispado. Universidad. Torre inclinada del s. XII.
Pisac, distrito y pobl. al sur del Perú (Cuzco). Ruinas incaicas.
pisada f. Huella que deja el pie en la tierra. || Ruido que hace una persona al andar : *se oían sus pisadas.* | Aplastamiento. || *Fig. Seguir las pisadas de uno,* imitarle.
Pisagua, com. y dep. en el N. de Chile (Tarapacá). Puerto.
Pisanello (Antonio PISANO, llamado **il**), pintor, grabador y medallista italiano (¿ 1395-1450 ?).
pisano, na adj. y s. De Pisa (Italia).
Pisano (Andrea DA PONTEDERA, llamado), escultor y arquitecto italiano (¿1295 ?-1348). Realizó una de las tres puertas del baptisterio y la decoración del campanile de Florencia. || ~ (NICOLA), escultor italiano (¿1220 ?- entre 1278 y 1287), autor del púlpito del baptisterio de Pisa. — Su hijo GIOVANNI (¿1245-1314 ?) construyó la fachada de la catedral de Siena y colaboró con él en el baptisterio de Pisa.
pisapapeles m. inv. Objeto pesado que se pone sobre los papeles para que no se muevan.
pisar v. t. Poner el pie sobre algo : *me has pisado el pie.* || Apretar o estrujar con el pie, o con un instrumento : *pisar la uva, los paños, la tierra.* || Entre las aves, cubrir el macho a la hembra : *pisar el macho a la paloma.* | Cubrir una cosa parte de otra. || *Mús.* Pulsar las teclas o cuerdas de un instrumento. || *Fig.* Entrar, estar en un lugar, ir a él : *nunca pisó su casa.* | Pisotear : *pisar la Constitución, las leyes.* | Aprovechar una cosa anticipándose a otra persona : *pisarle el puesto a uno.*
pisaverde m. *Fam.* Joven muy presumido y coqueto.

piscícola adj. Relativo a la piscicultura.
piscicultor, ra m. y f. Persona dedicada a la piscicultura.
piscicultura f. Arte de criar y fomentar la reproducción de los peces en los ríos y estanques.
piscifactoría f. Establecimiento piscícola.
piscina f. Estanque artificial para nadar o bañarse : *piscina olímpica.*
Piscis, constelación del hemisferio boreal. — Signo del Zodiaco (del 19 de febrero al 21 de marzo).
piscle m. *Méx.* Caballo malo.
pisco m. *Amer.* Aguardiente de Pisco. | Tinajuela en que se vende. || *Col.* Pavo. || *Venez.* Borracho.
Pisco, c. y puerto al O. del Perú y al S. de El Callao (Ica), cap. de la prov. homónima. Aguardientes.
piscolabis m. inv. *Fam.* Comida o merienda ligera.
Pisístrato, tirano de Atenas (¿ 600 ?- 527 a. de J. C.). Consiguió el poder por la fuerza (560), fue expulsado dos veces de Atenas y gobernó de nuevo de 538 a 528.
piso m. Suelo de un edificio, habitación o terreno : *piso de baldosines; el piso de una carretera.* | Cada una de las plantas de una casa : *primer, último piso.* || Vivienda : *un piso de cinco habitaciones.* | Cada una de las capas superpuestas que tiene algo.
pisón m. Instrumento pesado con el cual se golpea el suelo para apretar la tierra o el hormigón, para igualar los adoquines, etc.
Pisón, familia romana de la *gens* Calpurnia. — (CAYO CALPURNIO), cónsul en 67 a. de J. C. || ~ (CNEO CALPURNIO), general de Tiberio. M. asesinado en 20 de nuestra era. || ~ (LUCIO CALPURNIO), cónsul en 58 a. de J. C. Su hija CALPURNIA fue la última esposa de César. || ~ (LUCIO CALPURNIO), emperador romano (38-69). M. asesinado por los pretorianos.
pisotear v. t. Pisar repetidamente : *este periódico ha sido pisoteado en el suelo.* || *Fig.* Humillar, maltratar de palabra : *pisotear al vencido.* | Hacer caso omiso : *pisotear las leyes.*
pisoteo m. Acción de pisotear.
pisotón m. *Fam.* Pisada muy fuerte.
pisqueño, ña adj. y s. De Pisco (Perú).
Pissarro (Camille), pintor impresionista francés (1830-1903).
Pissis, volcán al NO. de la Argentina en los Andes (Catamarca y Rioja) ; 6 779 m.
pista f. Rastro o huellas de los animales en la tierra por donde han pasado : *la pista del jabalí.* || Sitio destinado a las carreras, al tenis y a otros ejercicios : *la pista de un hipódromo, de un circo.* | Sitio adecuadamente allanado para ciertas cosas : *pista de baile.* || Terreno destinado al despegue y aterrizaje de los aviones, o. para esquiar. | Camino carretero provisional : *pista militar.* || Conjunto de indicios que puede conducir a la averiguación de un hecho : *seguir la pista del ladrón.* || *Tecn.* Línea circular continua, situada en una cinta magnética, un disco o la cinta de una calculadora electrónica, en la que se graba la información.
pistache m. *Méx.* Pistacho.
pistachero m. Alfóncigo, árbol.

pistacho m. Fruto del alfóncigo.
pistero, ra adj. *Amér. C.* Dícese de la persona a quien le gusta mucho el dinero (ú. t. c. s.).
pistilo m. Órgano femenino de la flor, que consta de ovario y estigma, y a veces de estilo.
pisto m. Fritada de pimientos, tomates, cebollas y varias hortalizas más. || *Amér. C.* Dinero. || *Fig. Darse pisto,* darse importancia, presumir.
pistola f. Arma de fuego pequeña, de cañón corto, que se dispara con una sola mano. || Pulverizador para pintar. || ~ *ametralladora,* la de dimensiones mayores que la común y cuyo tiro es automático. || *Pop. Méx. Por pistolas,* a la fuerza.
pistolera f. Estuche de cuero para guardar la pistola.
pistolerismo m. Bandolerismo.
pistolero m. Bandido armado de pistola. | Asesino al servicio de otra persona.
pistón m. Émbolo. || Centro de la cápsula de las armas de fuego donde está el fulminante. || *Mús.* Llave en forma de émbolo que tienen ciertos instrumentos : *corneta de pistón.* | Corneta de llaves.
pistonudo, da adj. *Pop.* Excelente.
Pistoya, c. en el centro de Italia (Toscana), cap. de la prov. homónima.
pistui m. *Méx.* Ave de la familia de los tiránidos.
Pisuerga, río de España, afl. del Duero que pasa por Palencia y Valladolid ; 250 km. Embalses.
pita f. Planta amarilidácea, oriunda de México, de hojas grandes y carnosas, una de cuyas variedades produce un líquido azucarado con el cual se hace el pulque, agave. (V. MAGUEY.) || Hilo hecho con las flores de esta planta. | Acción de pitar, abucheo : *al entrar recibió una pita.*
Pita (María), heroína española en la defensa de La Coruña contra los ingleses capitaneados por Drake (1589). || ~ (SANTIAGO), dramaturgo cubano, m. en 1755, autor de *El Príncipe jardinero y fingido Cloridano.* || ~ **Amor,** n. adoptado por la poetisa mexicana *Guadalupe Amor.* || ~ **Rodríguez** (FÉLIX), escritor cubano, n. en 1909, autor de *El relevo,* poema dramático, poesías y cuentos (*Tobías*).
pitada f. Sonido del pito. || *Fig.* Pita, silbido, abucheo.
Pitágoras, filósofo y matemático griego, n. en la isla de Samos (¿ 580-500 ? a. de J. C.). Se le atribuyen el descubrimiento de la tabla de multiplicar, el sistema decimal y el teorema del cuadrado de la hipotenusa.
pitagórico, ca adj. Relativo a Pitágoras, a su filosofía o a su escuela. | *Tabla pitagórica,* la de multiplicar.
pitahaya f. *Amer.* Planta cactácea trepadora, de hermosas flores.
Pitalito, mun. y pobl. en el S. de Colombia (Huila).
Pitangui, mun. y pobl. en el E. del Brasil (Minas Gerais).
pitanza f. Reparto diario de alimento en las comunidades. | *Fam.* Alimento cotidiano. | Sueldo.
Pitao (~ **Cozobi,** dios del Maíz, entre los mixtecas y zapotecas. || ~ **Xoo,** dios de los Temblores de tierra, entre los mixtecas y zapotecas.
pitar v. i. Tocar el pito. || *Fig.* y *fam.*

Ir algo a medida de los deseos de uno. | Funcionar, ir bien. || *Fam. Salir pitando,* irse a todo correr. || — V. t. Manifestar desaprobación o descontento mediante silbidos : *pitar a un torero.* || Distribuir la pitanza. || *Fam.* Arbitrar un encuentro deportivo. || *Amer. Fam.* Fumar (ú. t. c. i.).

Pitarra (Federico SOLER, llamado **Serafí**). V. SOLER.

pitchpin m. Pino resinoso de América del Norte, cuya madera es muy usada en ebanistería. || Esta madera.

Pite Älv, río en el NE. de Suecia, que des. en el golfo de Botnia ; 370 km.

pitecántropo m. Primate fósil, del que se encontraron restos en Java, que tiene bastantes rasgos humanos.

pitejo m. Empleado de una agencia de pompas fúnebres.

Piteshti o **Pitesti,** c. y región al S. de Rumania en Muntenia, en las faldas de los Cárpatos. Petróleo.

pitia f. Pitonisa.

Pitias. V. DAMÓN.

pítico, ca adj. Pitio.

pítido m. Silbido. || Sonido del pito.

Pitillas (Jorge). V. HERVÁS (José Gerardo).

pitillera f. Cigarrera que confecciona pitillos. || Estuche donde se guardan los cigarrillos.

pitillo m. Cigarrillo.

pítima f. *Fam.* Borrachera.

pitimini m. Rosal de flor pequeña.

pitio, tia adj. Relativo a Apolo. || *Juegos Pitios,* los celebrados en Delfos en honor de Apolo.

pitio m. Pitido.

pitirre m. *Cub.* Pajarito insectívoro.

pitirrojo m. Petirrojo.

pito m. Pequeño instrumento parecido al silbato, de sonido agudo. || Dispositivo que silba por acción del vapor o del aire comprimido: *se oía el pito de la locomotora.* || *Fam.* Cigarrillo. | Claxon. | Taba, juego. || *Pop.* Órgano sexual masculino. || Garrapata de América del Sur. || — *Fig. No importar un pito,* no importar nada. | *No tocar pito en un asunto,* no tener nada que ver. | *No valer un pito o tres pitos,* no valer nada. | *Por pitos o por flautas,* una razón o por otra. | *Tomar por el pito del sereno,* hacer poco caso.

Pitol (Sergio), escritor mexicano, n. en 1933, autor de relatos breves (*El infierno de todos*) y de novelas (*El tañido de una flauta*).

pitón m. Cuerno de ciertos animales: *el pitón del toro, del cordero, del cabrito.* || Pitorro de las vasijas. || *Fig.* Pequeño bulto que sale en la superficie de alguna cosa. || Renuevo del árbol. || Especie de clavo utilizado en montañismo. || Reptil de Asia y África no venenoso, que alcanza hasta diez metros de longitud.

pitonazo m. Cornada.

pitonisa f. Sacerdotisa de Apolo que daba los oráculos en el templo de Delfos. || Adivinadora, hechicera.

pitorrearse v. pr. *Pop.* Guasearse.

pitorreo m. *Pop.* Guasa, burla.

pitorro m. En botijos y porrones, tubo para la salida del líquido.

pitote m. *Fam.* Jaleo, barullo.

pitpit m. Pájaro insectívoro, de plumaje pardo.

Pitrufquén, c. del centro de Chile en la IX Región (Araucanía) y en la prov. de Cautín, cap. de la com. del mismo nombre.

Pitt (William), estadista inglés (1708-1778). Dirigió la política británica durante la guerra de los Siete Años (1756). Tenía el título de lord Chatham. — Su hijo WILLIAM (1759-1806) fue un implacable adversario de la Revolución Francesa y organizó contra Francia las tres coaliciones (1783-1801).

Pittaluga (Gustavo), compositor y crítico musical español (1906-1976).

Pitti, familia florentina, rival de los Médicis.

Pittsburgh o **Pittsburgo,** c. en el NE. de Estados Unidos (Pensilvania), a orillas del Ohio. Obispado.

pituita f. Mucosidad que segregan las membranas de la nariz.

pituitario, ria adj. Que segrega mucosidad. || *Membrana pituitaria,* la mucosa de la nariz.

Piui, pobl. del Brasil (Minas Gerais).

Piuquenes, nevado de los Andes

en la frontera entre Chile (Región Metropolitana) y Argentina (Mendoza) ; 5 417 m.

Piura, c. del N. del Perú, cap. de la prov. y del dep. homónimos, a orillas del *río Piura.* Fundada en 1532 con el n. de *San Miguel.* Arquidiócesis. El dep. produce petróleo y algodón.

piurano, na adj. y s. De Piura (Perú).

pivot m. (pal. fr.) Pivote.

pivotante adj. Aplícase a la raíz central de ciertas plantas que profundiza verticalmente en la tierra : *la raíz pivotante del nabo.* || Que gira sobre un pivote.

pivotar v. i. Girar sobre un pivote.

pivote m. *Tecn.* Pieza cilíndrica que gira sobre un soporte. | Soporte en el que puede girar algo. || En baloncesto, delantero centro. || *Fig.* Base, punto de apoyo, soporte.

pivotear v. i. Pivotar.

piyama m. Pijama.

— OBSERV. En América se emplea frecuentemente en femenino.

Pizarnik (Alejandra), poetisa ultraísta argentina (1936-1972), autora de *La tierra más ajena, Árbol de Diana, El infierno musical,* etc.

pizarra f. Roca homogénea, de color negro azulado, que se divide fácilmente en hojas planas y delgadas. || Trozo de esta piedra o de otra materia parecida que sirve para escribir o dibujar, para cubrir edificios. || Encerado.

Pizarra, v. al S. de España (Málaga).

pizarral m. Sitio o lugar donde hay pizarras.

pizarreño, ña adj. Relativo a la pizarra o parecido a ella.

pizarrín m. Lápiz para escribir en la pizarra

Pizarro (Francisco), conquistador español, n. en Trujillo (Cáceres) [¿ 1478 ?-1541]. Acompañó a Núñez de Balboa en el descubrimiento del mar del Sur (1513). En 1524 realizó dos expediciones desafortunadas al Perú, hasta que en 1531 desembarcó en Tumbes, fundó San Miguel de Piura (1532) y apresó al inca Atahualpa en Cajamarca, a quien hizo ejecutar (1533). Entró luego en Cuzco (1533), fundó la Ciudad de los Reyes (Lima) en 1535 y se enemistó con Diego de Almagro, a quien venció y dio muerte (1538). Almagro "El Mozo", en venganza de la muerte de su padre, dirigió una sublevación y asesinó a Pizarro en Lima. — Su hermano GONZALO (¿ 1502 ?-1548) intervino también en la conquista del Perú, fue gobernador de Quito en 1539, exploró el Oriente ecuatoriano (1541) y, a la muerte de su hermano Francisco, se proclamó gobernador del Perú (1544), en oposición a Núñez de Vela. Vencido por el pacificador La Gasca, fue decapitado. — HERNANDO (¿ 1475-1575 ?), hermano de los anteriores, participó igualmente en la conquista del Perú y fue gobernador de Cuzco (1535), donde resistió al asedio de Manco Cápac. A las órdenes de Francisco, venció en Salinas a Diego de Almagro (1538). Regresó a España (1539), pero, denunciado por los almagristas, pasó más de veinte años en la prisión de Medina del Campo. — JUAN, hermano de los anteriores (1505-1536), fue gobernador de Cuzco (1535) y murió en el sitio de esta ciudad puesto por Manco Cápac.

pizarrón m. *Amer.* Encerado.

pizarroso, sa adj. De pizarra.

pizca f. *Fam.* Porción muy pequeña de una cosa: *comer una pizca de pan.* || *Méx.* Recolección de frutos: *la pizca del maíz.* || *Fam. Ni pizca,* nada: *no me gusta ni pizca.*

pizote m. *Amer.* C. Tejón, coatí.

pizpereta y **pizpireta** adj. f. *Fam.* Aplícase a la mujer vivaracha, alegre.

pizza f. Tarta de origen italiano rellena de tomates, pescado, etc.

pizzería f. (pal. ital.). Restaurante italiano especializado en pizzas.

pizzicato m. (pal. ital.). *Mús.* Modo de ejecución en los instrumentos de arco que consiste en pellizcar las cuerdas con los dedos. || Trozo ejecutado de esta manera.

Pl, símbolo del *poiseuille.*

Pla (Josep), escritor español (1897-1981), autor de biografías (*Cambó*),

libros de viajes (*Madrid, Viaje a Cataluña*), crónicas (*Cuaderno gris*) y novelas (*La calle estrecha*). Escribió en catalán y castellano.

placa f. Lámina, plancha u hoja delgada. || Lámina de cristal o de metal sensibilizada que sirve para obtener una prueba fotográfica negativa. || Elemento rígido, con un espesor de 100 a 200 km, que constituye, junto a otros elementos, la parte superior del globo terrestre. || Electrodo de un tubo electrónico. || *Med.* Mancha en la piel o en una mucosa provocada por una dolencia. || Insignia de ciertas órdenes y profesiones : *placa de Isabel la Católica, de los policías.* || Rótulo. || Chapa de matrícula de un automóvil. || Plancha circular que se calienta en una cocina eléctrica.

placaje m. En el rugby, detención del adversario abrazándole a la cintura o piernas.

placar v. t. En rugby, detener con un placaje.

placear v. t. Vender géneros comestibles al por menor. || — V. pr. *Fig.* Ejercitarse el torero en plazas. | Ejercitarse para tener experiencia.

placebo m. Sustancia inactiva, que tiene una acción psicológica, empleada en sustitución de un medicamento.

pláceme m. Felicitación : *le dieron plácemes por su libro* (ú. m. en pl.).

Placencia, v. en el N. de España (Guipúzcoa).

placenta f. Órgano ovalado y aplastado que une el feto con la superficie del útero.

placentario, ria adj. Relativo a la placenta. || — M. pl. Mamíferos que están provistos de placenta.

placentero, ra adj. Agradable.

placer m. Sentimiento experimentado a causa de algo que agrada : *la música te causa mucho placer.* || Gusto : *le ayudaré con sumo placer.* || Diversión, entretenimiento : *los placeres de la vida.* || Voluntad : *tal es mi placer.* || Banco de arena en el mar. || Yacimiento superficial aurífero. || Pesquería de perlas en América. || *A placer,* a medida de sus deseos.

placer v. i. Agradar.

plácet m. (pal. lat.). Asentimiento de un gobierno al nombramiento de un agente diplomático extranjero.

Placetas, pobl. y térm. mun. en el centro de Cuba (Villa Clara).

placidez f. Calma, tranquilidad.

Placidia (Gala), emperatriz de Occidente (¿ 388 ?-450), hija de Teodosio I, esposa de Ataúlfo y de Constancio III. Gobernó en la minoría de su hijo Valentiniano, III.

plácido, da adj. Tranquilo, apacible : *un hombre plácido.* || Sosegado : *llevar una vida plácida.*

Plácido. V. VALDÉS (Gabriel de la Concepción).

Placilla, c. de Chile en la VI Región (Libertador General Bernardo O'Higgins) y en la prov. de Colchagua, cap. de la com. del mismo n.

plácito m. Parecer, opinión.

plafón m. Decoración del techo o paredes. || Rosetón en el techo de una habitación donde va el soporte para suspender la lámpara.

plaga f. Calamidad grande que aflige a un pueblo : *las plagas de Egipto.* || *Fig.* Abundancia de una cosa nociva o buena : *plaga de moscas, de frutas.* | Azote que daña la agricultura : *plaga de langosta, de la filoxera.*

plagar v. t. Cubrir de algo perjudicial : *plagar de heridas, de pústulas* (ú. t. c. pr.). || Llenar : *texto plagado de errores.* || *Plagado de deudas,* abrumado, lleno de deudas.

plagiar v. t. Copiar o imitar obras ajenas dándolas como propias.

plagiario, ria adj. y s. Que plagia.

plagio m. Copia o imitación de una obra ajena.

plaguicida adj. y s. m. Pesticida.

plan m. Estructura sobre la que una obra : *el plan de una novela.* || Intención, proyecto : *no tengo ningún plan para estas tarde.* || Programa, detalle de las cosas que se van a hacer para la ejecución de un proyecto o una acción : *plan de estudios, de trabajo.* || Conjunto de medidas gubernamentales e intergubernamentales tomadas

PI

501

para organizar y desarrollar la actividad económica : *plan quinquenal, de desarrollo*. ‖ *Méx.* Compromiso político de carácter revolucionario : *el Plan de Iguala*. ‖ Altitud o nivel. ‖ *Mar.* Parte inferior y más ancha de la bodega de un barco. ‖ *Med.* Régimen y tratamiento : *estar a plan para adelgazar*. ‖ *Min.* Piso de una mina. ‖ *Fam.* Chico o chica con quien uno sale. ‖ Relación amorosa con alguien. ‖ — *A todo plan*, muy bien. ‖ *En plan de*, en concepto de, con objeto de ; del mismo modo que ; igual que. ‖ *No ser plan*, no estar bien.

plana f. Cara de una hoja de papel. ‖ Página de escritura hecha por los niños. ‖ Extensión llana, llanura : *la plana del Ampurdán*. ‖ Llana de albañil. ‖ *Impr.* Página de composición. ‖ — *Fig.* Enmendar la plana, encontrar correcciones que hacer en lo que otro ha realizado ; mejorar lo que otra persona ha hecho. ‖ *Plana mayor de un regimiento*, los oficiales y demás personas que no pertenecen a ninguna compañía ; conjunto de las personas más importantes en una colectividad.

Plana Meridional y **Septentrional (La)**, comarcas al este de España (Castellón).

Plancarte y Navarrete (Francisco), prelado y arqueólogo mexicano (1856-1920), investigador de la civilización tarasca. Autor de *Tamoanchán*.

Planck (Max), físico alemán (1858-1947), creador de la teoría de los quanta. (Pr. Nobel, 1918.)

plancton m. Conjunto de los organismos microscópicos que viven en suspensión en las aguas marinas.

plancha f. Lámina o placa de metal. ‖ Utensilio consistente en una superficie metálica calentada generalmente por una resistencia eléctrica y un asa que sirve para planchar la ropa. ‖ Conjunto de ropa planchada. ‖ Placa de hierro u otro metal utilizada para asar o tostar ciertos alimentos : *carne a la plancha*. ‖ *Impr.* Reproducción estereotípica o galvanoplástica lista para la impresión. ‖ *Mar.* Pasarela que se tiende de una embarcación al muelle. ‖ En el fútbol, calzo, acción de poner la planta del pie contra el pie de un adversario : *poner una plancha*. ‖ Modo de nadar, flotando en el agua de espaldas : *hacer la plancha*. ‖ *Fig.* Metedura de pata, equivocación molesta : *tirarse una plancha*.

planchado m. Acción de planchar. ‖ Ropa planchada.

planchador, ra m. y f. Persona cuyo oficio consiste en planchar.

planchar v. t. Desarrugar la ropa con la plancha caliente o una máquina especial. ‖ *Amer.* Adular.

Planchart (Enrique), escritor venezolano (1894-1953), autor de poesías (*Dos suites en verso blanco*, etc.).

planchazo m. Planchado rápido. ‖ En el fútbol, calzo. ‖ *Fam.* Metedura de pata : *tirarse un planchazo*.

Planchón, paso de los Andes en el O. de Argentina (Mendoza) y Chile (Maule) ; 2 850 m.

planeador m. Avión sin motor que vuela aprovechando las corrientes atmosféricas.

planeamiento m. Acción y efecto de planear.

planear v. t. Trazar el plan de una obra. ‖ Proyectar : *planear un viaje, una reforma*. ‖ Preparar, organizar : *planear una conspiración*. ‖ — V. i. Cernerse en el aire como las aves. ‖ Hacer planes o proyectos. ‖ Volar como un planeador. ‖ *Vuelo planeado*, el de un avión que vuela sin motor o con el motor parado.

planeo m. Vuelo planeado.

Planes (José), escultor español (1893-1974).

planeta m. Cuerpo celeste opaco que gira alrededor del Sol o de otra estrella o astro.

— La Tierra forma parte de un sistema que tiene por centro el Sol, alrededor del cual giran, en doble movimiento de rotación y traslación, los nueve *planetas* mayores siguientes : Mercurio, Venus, la Tierra, Marte, Júpiter, Saturno, Urano, Neptuno y Plutón. A estos planetas hay que agregar los satélites o planetas secunda-

rios que giran alrededor de uno de los principales.

Planeta Rica, mun. al noroeste de Colombia (Córdoba).

planetario, ria adj. Relativo a los planetas : *sistema planetario*. ‖ Relativo a todo el mundo : *a escala planetaria*. ‖ Muy grande : *distancia planetaria*. ‖ Relativo a la Tierra, mundial : *guerra planetaria*. ‖ — M. Aparato mecánico con el cual se imita el movimiento de los planetas. ‖ Planetarium. ‖ En un mecanismo diferencial, piñón montado directamente en los árboles mandados por los satélites de la corona.

planetarium m. Dispositivo para reproducir los movimientos de los cuerpos celestes en una bóveda en la que figura el firmamento.

planicie f. Llanura. ‖ Meseta.

planificación f. Establecimiento de programas detallados para el buen desarrollo de una actividad : *la planificación del trabajo*. ‖ Técnica encaminada a la acción de las diferentes unidades y grupos que intervienen en la actividad económica. ‖ *Planificación familiar*, conjunto de medios puestos al servicio de la población para informarla y ayudarla en el control o regulación de la natalidad.

planificador, ra m. y f. Persona que se ocupa de la planificación.

planificar v. t. Establecer un plan o programa.

planilla f. *Amer.* Lista, nómina. ‖ Liquidación, estado de cuentas. ‖ Formulario.

planisferio m. Mapa en que están representadas la esfera celeste o la terrestre.

planning m. (pal. ingl.). Plan, planificación.

plano, na adj. Llano, de superficie lisa. ‖ *Geom.* Relativo al plano : *geometría plana*. ‖ Aplícase al ángulo que es igual a dos rectos. ‖ — M. *Geom.* Superficie plana limitada. ‖ Representación gráfica de las diferentes partes de una ciudad, un edificio, una máquina, etc. : *un plano de Barcelona, del museo del Prado*. ‖ Distancia relativa de los objetos representados en un cuadro o fotografía : *plano de fondo*. ‖ Elemento de una película fotografiado en una sola toma de vistas : *primer plano, plano general, medio*. ‖ *Fig.* Esfera, terreno. ‖ — *De plano*, claramente, sin rodeos ; cuan largo es uno : *caer de plano* ; de lleno. ‖ *Levantar un plano*, representar un terreno reduciendo proporcionalmente sus dimensiones.

planta f. Nombre genérico de todo lo que vive adherido al suelo por medio de raíces : *planta herbácea, textil, de adorno*. ‖ Plantío. ‖ Parte del pie o de la pata que se apoya en el suelo. ‖ Plano : *la planta de un templo*. ‖ Proyecto, plan. ‖ Piso : *vivir en la primera planta*. ‖ Pie de una perpendicular. ‖ Plantilla de una empresa. ‖ Fábrica, instalación : *planta embotelladora ; planta eléctrica*. ‖ *Fam.* Presencia : *tener buena planta*. ‖ — *De nueva planta*, completamente nuevo. ‖ *Méx.* De planta, con carácter permanente o fijo : *es un empleado de planta*.

plantación f. Acción de plantar. ‖ Conjunto de lo plantado. ‖ Explotación agrícola generalmente de un solo cultivo : *plantación de tabaco, naranjera*.

plantador, ra adj. Aplícase al que se dedica a la plantación (ú. t. c. s.).

Plantagenet, dinastía real de Inglaterra desde Enrique II hasta Enrique VII (1154-1485). En el s. XIV, se dividió en dos ramas rivales (*York* y *Lancaster*), causa de la guerra de las Dos Rosas.

plantagináceo, a adj. Dícese de las plantas dicotiledóneas como el llantén (ú. t. c. s. f.). ‖ — F. pl. Familia que forman.

plantar v. t. Meter en tierra una planta o un vástago para que arraigue : *plantar vides, patatas*. ‖ Poblar de plantas. ‖ *Fig.* Clavar en tierra : *plantar postes*. ‖ Colocar : *plantar su tienda de campaña en la playa*. ‖ Establecer, fundar. ‖ *Fig.* y *fam.* Asestar un golpe : *plantar un bofetón*. ‖ Colocar a alguien o algo en determinado sitio por la fuerza : *plantó la escopeta en el suelo* ; *con palabras autoritarias lo plantó en*

la calle. ‖ Decir algo de manera desagradable : *me plantó una retahíla de improperios*. ‖ Dejar a uno burlado. ‖ Abandonar : *la novia lo dejó plantado*. ‖ *Fam.* Dejar plantado, abandonar. ‖ *Plantar cara a*, enfrentarse con, hacer frente a. ‖ — V. pr. *Fig.* Ponerse de pie firme en un sitio : *plantarse ante la puerta*. ‖ Llegar a un determinado sitio sin tardar mucho : *en una hora me plantaré en tu casa*. ‖ Pararse un animal sin querer seguir adelante : *plantarse el caballo*. ‖ Quedarse parado : *se plantó en medio de la calzada*. ‖ En ciertos juegos, no querer un jugador pedir más cartas. ‖ No querer confesar una persona su verdadera edad : *plantarse en los treinta y cinco*. ‖ Mantenerse firme en una actitud : *se plantó en ese precio y no quiso rebajar más*. ‖ Ponerse : *se plantó el sombrero y se fue*.

plante m. Confabulación entre varios que están en la misma situación para rechazar o exigir algo : *un plante de presos*. ‖ Suspensión voluntaria del trabajo en una empresa, huelga.

planteamiento m. Acción de plantear : *el planteamiento de un problema*.

plantear v. t. Proponer, exponer un tema o cuestión para que se examine, discuta y resuelva : *plantear la cuestión de confianza* (ú. t. c. pr.). ‖ Idear un proyecto, madurarlo. ‖ *Fig.* Establecer, instituir : *plantear un sistema, una reforma*. ‖ — V. pr. Existir : *así se plantea un problema grave*.

plantel m. Criadero, lugar para la cría de plantas. ‖ *Fig.* Establecimiento de enseñanza : *plantel de maestros*. ‖ Conjunto : *un plantel de artistas*.

planteo m. Planteamiento.

plantificación f. Establecimiento.

plantificar v. t. Establecer, implantar. ‖ *Fig.* Meter. ‖ *Amer.* Dejar plantado. ‖ Plantar, dar : *le plantificó un puntapié*. ‖ Decir : *me plantificó cuatro verdades que hicieron que me callara*. ‖ Poner : *me plantificó un cero por no saber la lección*. ‖ Echar : *lo plantificaron en la calle*. ‖ Colocar : *plantificó la sartén en el fuego*. ‖ — V. pr. *Fig.* y *fam.* Llegar pronto a un lugar : *plantificarse en dos horas en Málaga*.

plantígrado, da adj. Dícese de los cuadrúpedos que al andar apoyan en el suelo toda la planta de los pies y las manos, como el oso, el tejón, etc. (ú. t. c. s. m.).

plantilla f. Suela interior del zapato. ‖ Soleta con que se remiendan las medias o calcetines rotos. ‖ Conjunto de los empleados y trabajadores de una empresa o de un servicio público. ‖ Lista de estos empleados : *estar en plantilla*. ‖ Cartón o chapa recortada que sirve de modelo para reproducir ciertas piezas o dibujos con arreglo a la forma del recorte. ‖ Plano reducido de una obra. ‖ Impreso de un efecto bancario. ‖ *Méx.* Farsa, fingimiento. ‖ *De plantilla*, fijo, permanente.

plantío, a adj. Aplícase al terreno plantado o que puede serlo. ‖ — M. Acción de plantar. ‖ Terreno plantado de vegetales : *plantío de alcachofas*.

plantón m. Pimpollo o arbolito nuevo que ha de ser trasplantado. ‖ Estaca o rama plantada para que arraigue. ‖ Soldado que hace guardia en un punto. ‖ Persona que guarda la puerta de una casa u oficina. ‖ *Amer.* Injerto. ‖ *Dar un plantón*, no acudir a una cita.

plañidera f. Mujer contratada para llorar en los entierros.

plañido o **plañimiento** m. Llanto.

plañir v. i. Gemir y llorar sollozando.

plaqué m. (pal. fr.). Chapa delgada de oro o plata con que se cubre otro metal de menos valor.

plaqueta f. Placa pequeña. ‖ Elemento celular de la sangre.

Plasencia, c. en el centro oeste de España (Cáceres). Obispado. ‖ — C. y prov. en el norte de Italia (Emilia).

plasma m. Líquido claro donde están los glóbulos de la sangre y de la linfa. ‖ Sustancia orgánica fundamental de las células y de los tejidos.

plasmación f. Acción de plasmar. ‖ Realización.

plasmar v. t. Dar forma : *plasmar un jarrón*. ‖ *Fig.* Dar forma concreta. ‖ —

V. pr. *Fig.* Concretarse: *sus deseos acabaron por plasmarse en inquietudes.*

plasmático, ca adj. Relativo al plasma.

plasta f. Masa blanda. || Cosa aplastada. || Excremento. || *Fig.* y *fam.* Cosa desacertada o mal hecha: *una plasta de discurso.* || — Com. *Fam.* Persona aburrida. | Persona poco activa: *es un plasta, no se mueve.*

plastia f. Intervención quirúrgica que modifica las formas o las relaciones entre los órganos.

plástica f. Arte de modelar una sustancia blanda, como la arcilla, la cera, etc. || Aspecto de una persona o cosa desde el punto de vista de la estética.

plasticidad f. Calidad de plástico.

plástico, ca adj. Relativo a la plástica : *en las artes plásticas entran esencialmente el dibujo, la pintura y la escultura.* || Moldeable : *materia plástica.* || Expresivo : *un estilo muy plástico.* || Dícese de cierta especialidad de la cirugía que, mediante injertos u operaciones, varía o reconstruye las formas normales de una parte del cuerpo por motivos estéticos, a causa de una malformación o accidente. || — M.· Materia sintética consistente, por lo general, en resina artificial, que puede transformarse o moldearse en caliente o a presión. || Explosivo amasado con plastificantes que tiene la consistencia de la masilla.

plastificación f. y **plastificado** m. Acción y efecto de plastificar.

plastificadora f. Máquina utilizada para plastificar.

plastificar v. t. Recubrir un papel u otra cosa entre dos capas de plástico : *plastificar una tarjeta.* || Transformar en plástico.

plastrón m. Galicismo por *pechera.*

plata f. Metal precioso, de color blanco brillante, inalterable y muy dúctil (símb., Ag), de número atómico 47. || Vajilla u otros objetos de este metal : *limpiar la plata.* || *Fig.* Moneda o monedas de este metal : *cobrar, pagar en plata.* || *Amer.* Dinero : *tiene mucha plata.* || — *Fig. Como una plata,* reluciente. | *Hablar en plata,* muy claramente, sin rodeos. || *Plata alemana,* alpaca. | *Plata de ley,* la que tiene la cantidad de este metal indicada por la ley.

— La plata está casi siempre combinada con azufre o antimonio. Los yacimientos más ricos son los de México, U. R. S. S., Canadá, Perú, Estados Unidos, Australia y República Dominicana.

Plata, cordón montañoso al O. de la Argentina (Mendoza) ; alt. media 5 000 m. || ~ **(El),** estuario, cuenca y región del Río de la Plata. || ~ **(La),** lago al S. de la Argentina, gemelo del de Fontana (Chubut). — C. al E. de la Argentina en el estuario del Río de la Plata, cap. de la prov. de Buenos Aires y al SE. de esta ciudad. Fundada en 1882. Universidad. Arzobispado. Refinería de petróleo. — C. de Bolivia (V. SUCRE). — Mun. y c. en el S. de Colombia (Huila). — Pico en el O. de Estados Unidos (Colorado) ; 4 373 m. || ~ **(Río de la).** V. RÍO DE LA PLATA. — Río en el N. de Puerto Rico. Represa de *Carite* y plantas hidroeléctricas.

plataforma f. Tablero horizontal o sitio llano más elevado que lo que le rodea. || Parte de un tranvía o de un autobús en la que se viaja de pie. || Vagón descubierto y con bordes de poca altura. || Suelo o azotea de ciertas construcciones. || *Fort.* Obra de tierra donde se coloca una batería. || Estación de perforación petrolífera instalada en el mar. || Conjunto de ideas, programa : *plataforma electoral.* | *Fig.* Lo que sirve para conseguir algún fin : *esto le servirá de plataforma para alcanzar sus máximos honores.* || *Plataforma continental,* zona marina que bordea los continentes y alcanza una profundidad entre 2 y 200 m.

platanáceo, a adj. Dícese de las plantas angiospermas dicotiledóneas, como el plátano (ú. t. c. s. f.). || — F. pl. Familia que forman.

platanal y **platanar** m. Terreno plantado de plátanos.

platanera f. Platanar. || Vendedora de plátanos.

platanero m. Plátano, árbol.

plátano m. Planta musácea, cultivada en los países tropicales, cuyos frutos, agrupados en racimos, tienen un sabor dulce y agradable. || Fruto de esta planta. || Árbol de adorno de la familia de las platanáceas cuya corteza se cae en placas irregulares.

Plátanos (Río DE LOS). V. BAYANO.

platea f. Patio del teatro.

Platea o **Plateas,** ant. c. de Beocia. Derrota de los persas por los espartanos y atenienses mandados por Pausanias y Arístides en la segunda Guerra Médica (479 a. de J. C.).

plateado, da adj. De color de plata : *bronce plateado.* || *Méx.* Adinerado (ú. t. c. s.). || — M. Acción de platear.

platear v. t. Cubrir con plata.

plateau [plató] m. (pal. fr.). Plató.

platelminto adj. m. Dícese de un grupo de gusanos que tienen el cuerpo en forma de cinta, como la tenia. || — M. pl. Este grupo.

platense adj. y s. *Arg.* Del Plata o de La Plata.

plateño, ña adj. De La Plata (Colombia).

plateresco, ca adj. Aplícase al estilo artístico del primer Renacimiento español (s. XVI), caracterizado por una ornamentación comparable a la hecha en las piezas de orfebrería (ú. t. c. s. m.).

— El *estilo plateresco* corresponde al primer período del Renacimiento español. Combinado con la elegancia del gótico florido, el nuevo estilo se distinguió por la abundancia de los bajorrelieves. El plateresco fue sobre todo brillante en algunas iglesias o edificios civiles y sus manifestaciones más relevantes son el coro de la catedral de Ávila, con una maravillosa sillería, la fachada del convento de San Pablo en Valladolid, la capilla de los Reyes Nuevos, en la catedral de Toledo, el sepulcro de Don Juan II, en Miraflores, el hospital de la Santa Cruz en Toledo, el ayuntamiento de Sevilla, las fachadas de las universidades de Salamanca y Alcalá de Henares. También se hicieron en las colonias españolas de América obras platerescas, alteradas o reformadas por el genio de los constructores indígenas. Pueden citarse en la República Dominicana, la Catedral, la Casa del Cordón y la iglesia de la Merced en Santo Domingo, en Colombia, la catedral de Tunja, en México, las catedrales de la capital, de Mérida, de Puebla, de Guadalajara, la iglesia de los agustinos en Acolman, la iglesia franciscana de San Gabriel en Cholula, el templo agustino de Actopan (Hidalgo) y, en Perú, la catedral y el convento de Santo Domingo en Lima, la iglesia de San Blas y el convento de Santo Domingo en Ayacucho, la Catedral, la iglesia de Santa Cruz y la Casa del Almirante en Cuzco.

platería f. Oficio, taller o tienda del platero o del joyero.

platero m. El que labra plata u oro. || El que vende objetos de oro o plata.

platero, ra adj. Dícese de la caballería de pelaje blanquecino o ligeramente agrisado.

Platero y yo, poema en prosa del escritor Juan Ramón Jiménez (1914).

plática f. Conversación, charla. || Conferencia o charla sobre un tema religioso. || Sermón breve.

platicar v. i. Conversar. || — V. t. *Amer.* Decir. | Contar, relatar. | Hablar de.

platija f. Pez marino comestible parecido al lenguado pero de escamas más fuertes y de color pardo.

platillo m. Plato pequeño : *comprar una taza con el platillo correspondiente.* || Disco que tienen las balanzas sobre el cual se pone lo que se ha de pesar o las pesas. || *Mús.* Instrumento de percusión (ú. m. en pl.). || *Méx.* Plato de comida : *el menú se compone de cuatro platillos.* || *Platillo volante,* nombre que se da a ciertos artefactos que algunos dicen haber visto aparecer y desaparecer en la atmósfera terrestre sin que haya podido probarse su existencia.

platina f. *Fís.* Mesa donde se pone la campana en la máquina neumática. || En el microscopio, sitio donde se

coloca el objeto que se observa. || *Impr.* Mesa de hierro colado para ajustar las formas. || Superficie plana de la máquina de imprimir donde se coloca la forma. || En un tocadiscos o equipo estereofónico, plato en el que están fijados el motor que hace girar el disco y los diferentes mandos.

platinado m. Operación consistente en cubrir metales con platino.

platinar v. t. Cubrir con una capa de platino. || Dar el color del platino.

platino m. Metal precioso de número atómico 78. || — Pl. En los motores de gasolina de automóvil, bornes de tungsteno o volframio que establecen el contacto en el ruptor. || *Pelo rubio platino,* dícese del pelo de un rubio muy claro.

— El *platino* (símb., Pt), que se encuentra mezclado con otros metales (iridio, paladio, etc.) y en las arenas de rocas primitivas, es un metal de color blanco gris, dúctil, maleable, muy tenaz y pesado (densidad 21,4) que no se funde a menos de 1 755 ºC.

platirrinos m. pl. División de los monos que tienen la nariz muy aplastada (ú. t. c. adj.).

plato m. Recipiente generalmente redondo donde se come la comida : *plato llano, sopero u hondo.* || Manjar, guiso : *poner carne como plato fuerte.* || Objeto en forma de disco : *plato de la bicicleta.* || Platillo de la balanza. || Objeto circular móvil generalmente de arcilla con que se ejercita la puntería en el tiro al plato. || Plataforma circular en la que gira el disco en un tocadiscos. || *Arq.* Ornato que se pone en el friso dórico sobre la metopa. || *Fig.* Tema de murmuración. || — *Fig. Comer en el mismo plato,* ser muy íntimas dos personas. | *Parece que no ha roto un plato en su vida,* parece que es incapaz de hacer una cosa mala. | *Plato de segunda mesa,* aplícase a una cosa ya conocida o usada. | *Plato fuerte,* el principal en una comida ; (fig.) lo más destacado. || *Fig. Ser plato del gusto de uno,* serle grato, ser del agrado de uno.

plató m. Escenario de un estudio cinematográfico o de televisión.

Platón, filósofo griego, n. en Atenas (428 ó 427-348 ó 347 a. de J. C.), discípulo de Sócrates y maestro de Aristóteles. Fue creador de una metafísica idealista. Escribió diálogos (*Critón, Fedón, Fedro, Gorgias, El banquete, Lisis, La República,* etc.).

platónico, ca adj. Relativo a Platón : *filosofía platónica.* || Ideal, puramente espiritual : *amor platónico.* || Que carece de efecto : *protesta platónica.*

platonismo m. Escuela y doctrina filosófica de Platón y sus discípulos. || Calidad de platónico.

Platt (Orville Hitchcock), político norteamericano (1827-1905), autor de la *Enmienda Platt,* apéndice de la Constitución cubana de 1901 en el que se reseñaban las condiciones de la intervención de Estados Unidos en los asuntos de Cuba. Derogada en 1934.

platudo, da adj. *Amer.* Rico.

Plauen, c. de Alemania Oriental (Karl-Marx-Stadt). Industrias.

plausibilidad f. Condición de plausible.

plausible adj. Que se puede admitir o aprobar : *son motivos plausibles.*

Plauto (Tito Maccio), poeta cómico latino (254-184 a. de J. C.), autor de las comedias *El soldado fanfarrón, Aulularia, Menechmos, Anfitrión,* etc.

Playa Girón, lugar de la bahía Cochinos, en el norte de Cuba, donde las milicias castristas rechazaron un intento de desembarco en abril de 1961.

playa f. Extensión llana, cubierta de arena o guijarros, a orillas del mar o río. || *Arg.* Aparcamiento : *playa de estacionamiento.*

play-back m. (pal. ingl.). Grabación del sonido antes de impresionar la imagen.

play-boy m. (pal. ingl.). Hombre atractivo y mundano que se dedica a conquistar a mujeres famosas o con fortuna.

playera f. Camisa ancha de verano que se lleva sin chaqueta. || *Méx.* Camiseta de mangas cortas generalmente de algodón. ‖ — Pl. Aire popular andaluz. ‖ Sandalias para la playa.

playero, ra adj. De o en la playa.

plaza f. Lugar espacioso rodeado de casas en el interior de una población : *la plaza de Cibeles en Madrid.* ‖ Sitio parecido en un parque, etc. ‖ Mercado : *ir a la plaza a hacer las compras.* ‖ Lo comprado en él. ‖ Ciudad fortificada : *plaza fuerte.* ‖ Inscripción en un libro del que quiere ser soldado : *sentar plaza.* ‖ Población donde se hacen operaciones de comercio de cierta importancia : *la Bolsa de la plaza de París.* ‖ Oficio, puesto o empleo : *tener una buena plaza.* ‖ Sitio : *un aparcamiento de quinientas plazas.* ‖ Asiento : *coche de cuatro plazas.* ‖ Suelo del horno. ‖ — *Plaza de armas,* aquella donde se hacen ejercicios militares. ‖ *Plaza de toros,* lugar donde se celebran las corridas de toros. ‖ *Fig. Sentar plaza de,* ser considerado como.

Plaza (Nicanor), escultor chileno (1844-1918), autor de *La quimera.* ‖ ~ (JUAN BAUTISTA), organista y compositor venezolano (1898-1965). ‖ ~ (VICTORINO), jurista argentino (1840-1919), pres. de la Rep. de 1914 a 1916. ‖ ~ **Gutiérrez** (Leonidas), general ecuatoriano (1866-1932), pres. de la Rep. de 1901 a 1905 y de 1912 a 1916. ‖ ~ **Lasso** (Galo), político ecuatoriano, n. en 1906 pres. de la Rep. de 1948 a 1952.

Plaza ‖ ~ **de la Revolución,** mun. de Cuba (Ciudad de La Habana). ‖ ~ **del Moro Almanzor,** pico de la Sierra de Gredos, entre las prov. de Ávila y Toledo, en el centro de España ; 2 592 m.

plazo m. Tiempo máximo concedido para pagar una suma o hacer una cosa : *en un plazo de un año.* ‖ Vencimiento del término. ‖ Cada parte de una cantidad pagadera en varias veces. ‖ *A plazos,* pagando en dos o más veces y en fechas sucesivas.

plazoleta o **plazuela** f. Plaza pequeña.

pleamar f. *Mar.* Marea alta.

plebe f. En la antigua Roma, la multitud de los ciudadanos, por oposición a los patricios. ‖ Pueblo bajo.

plebeyez f. Calidad de plebeyo.

plebeyo, ya adj. Propio de la plebe. ‖ Que no es noble (ú. t. c. s.). ‖ *Fig.* Grosero, popular : *gustos plebeyos.*

plebiscitar v. t. Someter a plebiscito : *plebiscitar un régimen político.* ‖ Ratificar por el plebiscito.

plebiscitario, ria adj. Del plebiscito.

plebiscito m. Resolución tomada por todos los habitantes de un país a pluralidad de votos : *los plebiscitos de la Confederación Helvética.* ‖ Votación de todos los ciudadanos para legitimar algo.

plectognatos m. pl. Orden de peces teleósteos con la mandíbula superior fija, como el pez luna (ú. t. c. adj.).

plectro m. Púa para pulsar ciertos instrumentos músicos de cuerda.

plegable adj. Que puede plegarse : *cama plegable.* ‖ Flexible.

plegadera f. Cortapapeles, utensilio para plegar o cortar papel, sobres.

plegadizo, za adj. Fácil de doblar.

plegado m. Acción y efecto de plegar. ‖ Tableado de una tela.

plegador, ra adj. Aplícase al que pliega (ú. t. c. s.). ‖ — M. Utensilio para plegar. ‖ — F. *Impr.* Máquina para plegar papel.

plegadura f. Plegado.

plegamiento m. Deformación de las capas de la corteza terrestre.

plegar v. t. Hacer pliegues en una cosa : *plegar una falda.* ‖ Doblar especialmente los pliegos : *plegar un libro.* ‖ — V. pr. Cederse, someterse : *plegarse a la voluntad ajena.*

plegaria f. Súplica, petición ferviente. ‖ Oración.

pleistoceno, na adj. *Geol.* Dícese del primer período de la era cuaternaria del que quedan restos humanos y obras del hombre y al que corresponde el paleolítico (ú. t. c. s. m.).

pleita f. Trenza de esparto, pita, etc.

pleiteador, ra o **pleiteante** adj. y s. Que pleitea.

pleitear v. i. Litigar o contender judicialmente sobre una cosa.

pleitesía f. Muestra de acatamiento : *rendir pleitesía.*

pleito *For.* Contienda, diferencia, litigio judicial entre dos partes : *armar un pleito.* ‖ Proceso : *pleito civil.*

plenario, ria adj. Completo, en que participan todos los miembros : *asamblea plenaria* (ú. t. c. s. f.). ‖ *Indulgencia plenaria,* remisión total de las penas debidas a los pecados.

Plencia, pobl. en el N. de España, cerca de Bilbao (Vizcaya). Playas.

plenilunio m. Luna llena.

plenipotenciario, ria adj. Aplícase al agente diplomático con plenos poderes enviado por su gobierno a otro Estado para firmar convenios o tratados (ú. t. c. s.).

plenitud f. Totalidad. ‖ Abundancia. ‖ *Fig.* Completo desarrollo: *murió, tristemente en la plenitud de su vida.*

pleno, na adj. Lleno, completo : *respirar a pleno pulmón.* ‖ En medio, en el momento más importante: *en plena acción: en plena discurso.* ‖ En el centro: *en plena cara.* ‖ Total: *en pleno uso de sus poderes.* ‖ — *En pleno verano,* en medio del verano. ‖ *Pleno empleo,* V. EMPLEO. ‖ *Plenos poderes,* delegación temporal del poder legislativo por el Parlamento a un gobierno ; capacidad para negociar o concertar un acuerdo. ‖ — M. Reunión plenaria : *el pleno de una corporación.* ‖ Reunión de delegaciones. ‖ En la ruleta, jugada en la que un jugador ha puesto la ficha en el espacio reservado al número que ha salido y que se paga 35 veces su valor.

plenum m. (pal. lat.). Pleno, sesión plenaria de una asamblea.

pleonasmo m. Repetición de palabras de sentido equivalente, lo cual a veces da más fuerza a la expresión y otras resulta redundante : *entrar adentro, subir arriba son pleonasmos.*

pleonástico, ca adj. Que encierra pleonasmo.

pletina f. Placa de hierro muy aplastada. ‖ Platina de tocadiscos.

plétora f. *Med.* Abundancia de sangre o humores en el cuerpo. ‖ *Fig.* Superabundancia : *plétora de trigo.*

pletórico, ca adj. Lleno, rebosante.

Pleumeur-Bodou, localidad en el NO. de Francia (Côtes-du-Nord). Centro de telecomunicaciones espaciales.

pleura f. Cada una de las membranas serosas que en ambos lados del pecho cubren las paredes de la cavidad torácica y la superficie de los pulmones.

pleural adj. Pleurítico, de la pleura.

pleuresía f. Inflamación de la pleura, cuyo principal síntoma es el dolor de costado al respirar y toser.

pleuritis f. *Med.* Pleuresía.

pleuroneumonía f. *Med.* Inflamación simultánea de la pleura y del pulmón.

Pleven, ant. *Plevna,* c. de Bulgaria, en el norte del país.

plexiglás m. Resina sintética transparente, incolora y flexible que se emplea principalmente como vidrio de seguridad y en otros menesteres.

plexo m. *Anat.* Red de filamentos nerviosos o vasculares entrelazados : *el plexo solar está situado detrás del estómago.*

Pléyadas. V. PLÉYADES.

pléyade f. Grupo de personas.

Pléyade, grupo de poetas griegos del período alejandrino (s. III a. de J. C.), existente en la época de Ptolomeo Filadelfo (Licofrón, Alejandro el Etolio, Filisco de Corcia, Sosífanes de Siracusa, Homero de Bizancio, Sosíteo de Alejandría, Dionísiade de Tarso). — Grupo de poetas renacentistas franceses, bautizado así por Ronsard en 1556. (Estaba compuesto de siete miembros : P. Ronsard, J. du Bellay, J. A. de Baïf, Pontus de Tyard, E. Jodelle, R. Belleau y J. Peletier du Mans, sustituido a su muerte por Dorat.)

Pléyades, n. dado a las siete hijas de Atlas, metamorfoseadas en estrellas por Zeus. (Mit.)

Pléyades (Las), grupo de estrellas en la constelación de Tauro.

Pleyel, familia francesa, originaria de Austria, constructora de pianos (s. XIX).

plica f. Sobre cerrado y sellado que no ha de abrirse hasta fecha u oca-

sión determinada : *las plicas de un concurso.*

pliego m. Papel doblado por la mitad. ‖ *Por ext.* Hoja de papel. ‖ Carta o documento que se manda cerrado. ‖ Parte de una hoja de papel doblada 8, 16 ó 32 veces en los impresos. ‖ Memorial, resumen. ‖ — *Pliego de cargos,* escrito que contiene la exposición de las faltas e infracciones cometidas por alguien. ‖ *Pliego de condiciones,* documento en que constan las condiciones que rigen un contrato, servicio, subasta, etc.

pliegue m. Doblez en una cosa normalmente lisa o plana. ‖ Tabla : *los pliegues de una falda.* ‖ Lugar donde se pliega. ‖ *Geol.* Ondulación del terreno: *pliegue anticlinal* (convexo) ; *pliegue sinclinal* (cóncavo).

Plinio, naturalista y escritor latino (23-79), autor de *Historia natural.* Murió en la erupción del Vesubio. Se le dio el n. de *Plinio el Viejo* para distinguirle de su sobrino, PLINIO EL JOVEN, escritor latino (62-¿114 ?), autor de interesantes *Cartas.*

plinto m. *Arq.* Cuadrado sobre el que descansa la columna. ‖ Base cuadrada de poca altura. ‖ Especie de taburete alargado de superficie almohadillada para ejercicios gimnásticos.

plioceno, na adj. *Geol.* Aplícase al último período de la era terciaria, que sucede al mioceno (ú. t. c. s. m.).

plisado m. Acción y efecto de plisar.

plisadora f. Máquina de plisar.

plisar v. t. Hacer pliegues regulares.

Plock, c. de Polonia al S. de Varsovia y a orillas del Vístula.

Ploesti o **Ploiesti,** c. meridional de Rumania, al N. de Bucarest. Petróleo.

plomada f. Pesa de plomo colgada de un hilo que sirve para determinar la línea vertical.

plomería f. Cubierta o conjunto de piezas de plomo de los edificios. ‖ Taller y oficio del plomero.

plomero m. El que trabaja o fabrica cosas de plomo. ‖ *Amer.* Fontanero.

plomífero, ra adj. Que contiene plomo : *un terreno plomífero.* ‖ *Fig.* Pesado, fastidioso, aburrido.

plomizo, za adj. Que contiene plomo. ‖ Del color de plomo o que se le parece : *cielo plomizo.* ‖ *Fig.* Plomífero, pesado.

plomo m. Metal pesado de color gris azulado. ‖ Trozo de este metal empleado para dar peso a varias cosas : *los plomos de una red.* ‖ Bala. ‖ Plomada para determinar las líneas verticales. ‖ *Electr.* Fusible. ‖ *Fam.* Supercarburante. ‖ *Fig. y fam.* Persona pesada, cargante : *ser un plomo.* ‖ — *A plomo,* verticalmente. ‖ *Fig. y fam.* Sueño de plomo, el muy profundo.

— El *plomo* (Pb), de número atómico 82, es un metal blando, maleable, de densidad 11,34, punto de fusión a 327,4 °C, y que hierve hacia 1 500 °C. El plomo se encuentra en la naturaleza, sobre todo en estado de sulfuro (*galena*), o unido con la plata.

Plomo, nevado de los Andes, entre la Argentina (Mendoza) y Chile (Santiago) ; 6 120 m.

Plotino, filósofo alejandrino neoplatónico, n. en Egipto (¿ 205-270 ?), autor de las *Enneadas,* publicadas por su discípulo Porfirio.

Plovdiv, ant. *Filipópolis,* c. y dep. en el S. del centro de Bulgaria. Universidad. Centro comercial. Industrias.

pluma f. Órgano producido por la epidermis de las aves, formado de una especie de tubo o cañón cubierto de barbillas, que sirve para el vuelo, la protección y el mantenimiento de una temperatura constante. ‖ Conjunto de estas plumas : *colchón de plumas.* ‖ Pluma de ave recortada que servía para escribir. ‖ Chapita de metal con un extremo puntiagudo que se usa para escribir con tinta : *pluma de acero, de oro.* ‖ *Fig.* Estilo o manera de escribir : *escribir con pluma mordaz.* ‖ Escritor. ‖ Oficio de escritor. ‖ *Fig.* Personaje que firma un escrito. ‖ *Tecn.* Percha articulada por su extremo inferior al palo de un barco y provista de una polea que en otro extremo sirve para cargar y descargar mercancías. ‖ Parte de la grúa de donde cuelga la polea para levantar cargas. || — *Fig. Al correr de la pluma o a vuela pluma,* muy rápidamente, sin fijarse en el estilo. | *Dejar correr la pluma,* escribir sin mucho cuidado o con demasiada extensión. || *Pluma estilográfica,* la que contiene un depósito para la tinta en el interior del mango.

pluma m. Categoría de boxeadores de no más de 57,125 kg de peso. (Se llama también *peso pluma.*)

plumada f. Plumazo.

plumado, da adj. Con plumas.

plumaje m. Conjunto de las plumas del ave. || Penacho de plumas en un casco o sombrero.

plumaria adj. f. Dícese del arte de bordar representando aves y plumajes o de hacer objetos con plumas.

plumazo m. Trazo de pluma en el papel : *tachar de un plumazo.* || *De un plumazo,* de modo expeditivo.

plúmbeo, a adj. De plomo. || *Fig.* Pesado como el plomo. | Pesado, cargante. | Dicho del sueño, el profundo.

plum-cake [*plamkeik*] m. (pal. ingl.). Pastel de bizcocho con pasas.

plumeado m. Conjunto de rayas paralelas o cruzadas en un dibujo o pintura para sombrearlos.

plumear v. t. Sombrear con trazos de pluma.

plumeria f. Conjunto de plumas.

plumero m. Conjunto de plumas o de otra cosa reunidas y atadas a un mango que sirve para quitar el polvo. || Estuche para lápices y plumas. | Penacho de plumas. || *Amer.* Pluma, portaplumas. || *Fig.* y *fam. Vérsele a uno el plumero,* adivinársele las intenciones que quiere ocultar.

plumier m. (pal. fr.). Estuche para guardar los útiles de escribir.

plumífero, ra adj. *Poét.* Que tiene plumas. || — M. y f. *Fam.* Escribiente, chupatintas. | Persona que se gana la vida escribiendo.

plumilla f. Pluma, parte de ésta que sirve para escribir.

plumón m. Plumaje muy fino que tienen las aves entre las plumas mayores. || Este plumaje empleado para rellenar colchones, edredones.

plum-pudding [*plampudin*] m. (pal. ingl.). Pastel que se hace con harina, grasa, pasas, ron, etc.

plural adj. *Gram.* Dícese del número que se refiere a dos o más personas o cosas (ú. t. c. m.). || Múltiple, pluralidad.

pluralidad f. Gran número, multitud : *pluralidad de pareceres.* || Hecho de existir más de uno : *la pluralidad de los mundos.* || *A pluralidad de votos,* por mayoría.

pluralismo m. Multiplicidad. || Sistema político que se basa en la coexistencia de varias tendencias. || Doctrina filosófica que sólo reconoce la existencia de seres múltiples e individuales.

pluralista adj. Relativo al pluralismo.

pluralización f. Acción y efecto de pluralizar.

pluralizar v. t. *Gram.* Dar el número plural a palabras que ordinariamente no lo tienen. || Aplicar a varios sujetos lo que sólo es propio de uno : *no hay que pluralizar.*

pluricelular adj. Que está formado por varias o muchas células.

pluridisciplinar adj. De varias disciplinas.

pluriempleado adj. Dícese de las personas que trabajan en más de un empleo (ú. t. c. s.).

pluriempleo m. Trabajo de una persona en varios empleos.

plurilateral adj. Que interesa a varias partes.

plurilingüe adj. De varias lenguas. || Que habla varias lenguas (ú. t. c. s.).

pluripartidismo m. Sistema político en el que coexisten varios partidos.

pluripartidista adj. Del pluripartidismo. | Partidario de él (ú. t. c. s.).

plurivalencia f. Pluralidad de valencias o de valores.

plurivalente adj. Que puede tener varios valores o valencias.

plus m. Gratificación : *cobrar un plus.* || — *Plus petición,* reclamación excesiva. || *Plus ultra,* más allá.

pluscuamperfecto adj. Dícese del tiempo verbal que expresa una acción

pasada anterior a otra también pretérita (ú. t. c. s. m.).

plusmarca f. En deportes, resultado que supera a todos los alcanzados hasta ese momento, récord : *batir la plusmarca de los 100 metros libres.*

plusmarquista m. y f. Persona que tiene un récord o plusmarca.

plusvalía f. Aumento de valor. || En la ideología marxista, diferencia entre el valor de los bienes producidos y el salario percibido por el trabajador.

Plutarco, escritor griego, n. en Queronea (¿ 50-125 ?), autor de *Vidas paralelas,* biografías de hombres célebres.

plúteo m. Anaquel, estante.

Pluto, dios griego de las Riquezas, hijo de Deméter. *(Mit.)*

plutocracia f. Gobierno en que el poder está en manos de los ricos.

plutócrata com. Persona que tiene poder o influencia por su riqueza.

plutocrático, ca adj. Relativo a la plutocracia : *gobierno plutocrático.*

Plutón, planeta del sistema solar situado más allá de Neptuno, descubierto en 1930.

Plutón, rey latino de los Infiernos y dios de los muertos, hijo de Saturno y de Rea, hermano de Júpiter y de Neptuno y esposo de Proserpina. Corresponde al Hades griego. *(Mit.)*

plutónico, ca adj. Relativo al plutonismo.

plutonio m. Metal (Pu), de número atómico 94, obtenido en las pilas de uranio y empleado a veces en las bombas atómicas y en los reactores nucleares.

plutonismo m. Teoría que atribuye la formación de la corteza terrestre a la acción del fuego interno.

pluvial adj. Relativo a la lluvia.

pluviometria f. Medición de la cantidad de lluvia caída en un sitio durante cierto período de tiempo.

pluviométrico, ca adj. Relativo a la pluviometría.

pluviómetro m. Aparato para medir la cantidad de lluvia que cae en lugar y tiempo dados.

pluviosidad f. Abundancia de lluvia. || Cantidad de lluvia caída en lugar y tiempo determinados.

pluvioso, sa adj. Lluvioso. || — M. Quinto mes del calendario republicano francés (del 20, 21 ó 22 de enero al 19, 20 ó 21 de febrero).

Plymouth [*-muz*], c. y puerto de Gran Bretaña en el S. de Inglaterra (Devon). Obispado.

Plzen, en alemán. *Pilsen,* c. en el O. de Checoslovaquia, cap. de Bohemia occidental. Gran centro industrial.

p. m., abrev. de *Post-meridiem,* que significa después de mediodía : *a las 4 p. m.*

Pm, símbolo químico del prometeo.

P. N. B., siglas de *producto nacional bruto.*

Pnom Penh, cap. de Camboya y de la prov. de Kandal, a orillas del Mekong ; 650 000 h. Puerto fluvial.

P. N. V., siglas del *Partido Nacionalista Vasco* (España).

p. o., abreviatura de *por orden.*

Po, símbolo químico del polonio. | Símbolo del *poise.*

Po, río de Italia septentrional, que pasa por Turín, Plasencia y Cremona ; des. en el Adriático ; 652 km.

Poanas, mun. en el O. de México (Durango) ; cap. *Villa Unión.*

Poás, volcán en el centro de Costa Rica (Cartago), en la sierra de Turrialba : 2 670 m.

Pobieda, pico de la U. R. S. S., en Siberia Occidental ; 3 147 m.

Pobiedy, pico culminante del Tianchan, en la frontera entre la U. R. S. S. y China ; 7 439 m.

población f. Conjunto de los habitantes de un país, región o ciudad : *Madrid tiene una población de varios millones de habitantes.* || Conjunto de los individuos de una misma categoría : *población rural.* || Aglomeración, agrupación de casas que puede llegar a formar un lugar o una ciudad : *vive en la población.* || Acción de poblar.

poblacional adj. Relativo a la población.

poblacho m. Pueblo pequeño.

poblado, da adj. Habitado por : *barrio muy poblado.* || Arbolado : *monte poblado.* || Espeso : *barba poblada.*

— M. Población, aglomeración. || — F. *Amer.* Motín. | Multitud.

poblador, ra adj. y s. Que puebla, habita : *los pobladores de una isla.*

poblamiento m. Acción de poblar.

poblano, na adj. y s. De Puebla (México). || *Amer.* Campesino.

poblar v. t. Establecer hombres, animales o vegetales en un lugar donde no los había : *poblar un río de peces, un monte de árboles.* || Ocupar un sitio y asentarse en él : *los íberos poblaron España.* || Habitar, vivir. | Llenar, habitar, ser numerosos en un sitio. || — V. pr. Llenarse de hombres, animales, vegetales o cosas.

Poblet, pobl. y monasterio cisterciense al NE. de España, cerca de Tarragona (s. XII-XIII).

pobre adj. Que no tiene lo necesario para vivir : *hombre, pueblo pobre* (ú. t. c. s.). || *Fig.* Que tiene algo en muy poca cantidad : *pobre en vitaminas.* Estéril : *un terreno pobre.* | De poco valor o entidad : *libro pobre de contenido.* | Modesto, humilde : *vivía en un barrio pobre.* | Infeliz, desdichado : *el pobre de tu padre.* | *Más pobre que carracuca o que una rata,* sumamente pobre. || — M. y f. Mendigo.

pobretear v. i. Comportarse como un pobre.

pobreteria f. Pobreza.

pobreza f. Condición del que no tiene lo necesario para vivir. || Falta, escasez : *pobreza de medios, de recursos.* || Abandono voluntario de todos los bienes propios : *voto de pobreza.* || Humildad, modestia : *la pobreza de su indumentaria le impidió ir al baile.* || *Fig.* Falta de magnanimidad : *pobreza de ánimo, de sentimientos.* | Falta de entidad o de valor : *la pobreza de un tema.* | Esterilidad de un terreno.

Pocaterra (José Rafael), político y novelista venezolano (1888-1955), autor de *El doctor Bebé, Vidas oscuras, Tierra del sol amada.*

pocchile m. Méx. Chile seco, ahumado, que se come con tortillas.

pocero m. El que hace o limpia pozos. || Alcantarillero.

pocilga f. Establo para los cerdos. || *Fig.* y *fam.* Lugar muy sucio.

pócima f. Medicamento que se bebe || *Fig.* Bebida de mal sabor.

poción f. Bebida medicinal. || Cocimiento de hierbas medicinales.

Pocito, dep. al oeste de la Argentina (San Juan) ; cab. *Villa Aberastain.*

Pocitos, playa de Montevideo (Uruguay).

poco, ca adj. Limitado en cantidad : *poco pan* ; *pocos árboles.* || Ser poca cosa, tener poca importancia. || Cantidad pequeña : *un poco de vino.* || — Adv. En pequeña cantidad : *beber poco.* | Indica también corta duración : *se quedó poco aquí.* || Insuficientemente : *este guiso está poco salado.* || *De poco,* poco tiempo después. || *De poco más o menos,* de poca entidad, insignificante. || *Dentro de poco,* pronto. || *Poco a poco,* progresivamente, despacio. || *Poco más o menos,* aproximadamente. || *Por poco,* casi. || *Tener en poco,* tener en poca estima, despreciar.

Poços do Caldas, mun. en el este del Brasil (Minas Gerais) y al N. de São Paulo. Bauxita.

pochismo m. Amer. Calidad de pocho.

pocho, cha adj. Descolorido, pálido. || Pasado, marchito, demasiado maduro : *fruta pocha.* || *Fig.* Estropeado. | Pachucho, algo enfermo. || — adj. y s. Méx. Dícese de los estadounidenses de ascendencia española o latinoamericana y de la lengua que hablan. | Aplícase a los hispanoamericanos que imitan a los estadounidenses. || Dícese de una variedad de alubias pintas.

Pocho (CORDÓN DEL), nudo montañoso en el centro norte de la Argentina (Córdoba).

pocholo, la adj. *Fam.* Bonito.

poda f. Acción y efecto de podar. || Época en que se poda.

podadera f. Instrumento para podar.

podador, ra adj. y s. Que poda. || — M. y f. Méx. Gota en el pie.

podar v. t. Cortar las ramas inútiles de los árboles y arbustos. || *Fig.* Quitar

PL

505

de una cosa lo inútil : *podar el texto de lo innecesario.*

podenco, ca adj. Dícese de una variedad de perros de caza de pelo largo y orejas gachas (ú. t. c. s.).

poder m. Autoridad : *tiene el poder de nombrar a los ministros.* ‖ Dominio : *estar bajo el poder de un país extranjero.* ‖ Gobierno de un Estado : *el poder político.* ‖ Fuerzas armadas de un Estado. ‖ Facultad, capacidad : *tiene un gran poder de trabajo.* ‖ Posesión : *la carta llegó a poder del destinatario.* ‖ Documento notarial por el que se da autorización a una para que haga cierta cosa. ‖ — Pl. *Fig.* Autorización para actuar en nombre de otra persona : *revestir a uno de plenos poderes ; casarse por poderes* (ú. t. en sing.). ‖ — *Méx.* Carta poder, poder notarial. ‖ Dar poder, autorizar. ‖ *De poder a poder,* con las mismas capacidades. ‖ Hacer un poder, hacer un esfuerzo muy grande. ‖ *Poder absoluto o arbitrario,* autoridad absoluta de un monarca ; despotismo. ‖ *Poder adquisitivo,* bienes o servicios obtenidos por una determinada cantidad de dinero. ‖ *Poder disuasivo,* conjunto de las armas más modernas que permiten responder a una agresión. ‖ *Poder ejecutivo,* el que se dedica a hacer ejecutar las leyes. ‖ *Poder judicial,* el que ejerce la administración de la justicia. ‖ *Poder legislativo,* en los gobiernos constitucionales, el que se ocupa de controlar al gobierno y de la preparación y modificación de las leyes. ‖ *Poderes públicos,* las autoridades.

poder v. t. Tener facultad o autoridad para hacer algo : *puedo pagarme el viaje.* ‖ Tener permiso o autorización : *no puedo salir por la noche.* ‖ Tener facilidad o lugar : *con tanta gente en medio no puedo estudiar.* ‖ Ser capaz : *no puedo dejarle solo en tan triste circunstancia.* ‖ Tener cierta probabilidad : *puedes encontrártelo a cada paso.* ‖ Tener más fuerza que otro : *a mí no hay quien me pueda.* ‖ — V. impers. Ser contingente o posible una cosa : *puede que llueva.* ‖ — *A más no poder,* en sumo grado : *avaro a más no poder.* ‖ *Hasta más no poder,* hasta la saciedad. ‖ *No poder con uno,* no conseguir hacerle obedecer o entrar en razón : *no puedo con este niño ; no aguantar.* ‖ *No poder más,* estar harto, estar muy cansado. ‖ *No poder menos,* ser necesario, forzoso. ‖ *Fig. No poderse tener,* estar agotado, muy débil. ‖ *No poderse valer,* estar imposibilitado. ‖ *No poder tragar (o ver) a uno,* tenerle aversión, aborrecerle. ‖ *Poder con,* ser capaz de llevar algo : *ella no puede con toda la casa.* ‖ *Méx. Fam. Poderlas,* tener influencia. ‖ *¿ Se puede ?,* frase empleada para pedir permiso al entrar en un sitio.

poderdante com. Persona que faculta a otra para que lo represente, dándole poderes.

poderhabiente com. Persona que recibe los poderes de otra para representarla.

poderío m. Poder, capacidad de hacer o impedir una cosa. ‖ Dominio. ‖ Hacienda, bienes, riquezas. ‖ *Taurom.* Fuerza y vigor del toro.

poderoso, sa adj. Que tiene mucho poder : *un Estado poderoso.* ‖ Muy rico : *era un poderoso industrial.* ‖ Influyente : *este ministro es muy poderoso.* ‖ Muy eficaz o activo : *remedio poderoso.* ‖ Muy fuerte : *un argumento poderoso.* ‖ — M. pl. Gente rica o de mucha influencia.

podestá m. En la Edad Media, primer magistrado de algunas ciudades de Italia, hoy alcalde.

Podestá (Jerónimo Bartolomé), actor argentino (1851-1933), miembro de una familia de comediantes en la que se destacaron ANTONIO DOMINGO (1868-1945), JOSÉ (1858-1937), PABLO (1875-1923) y BLANCA (1889-1967). ‖ ~ (MANUEL J.), médico y novelista argentino de tendencia realista (1853-1920).

Podgorica. V. TITOGRADO.

Podgorny (Nikolai Viktorovich), político ruso (1903-1983),* pres. del Soviet Supremo de 1965 a 1977.

podio m. En el circo, sitio donde se ponían los senadores y los principales

magistrados romanos. ‖ *Arq.* Pedestal en que descansan varias columnas. ‖ Pequeña plataforma de dos niveles a donde se suben los tres primeros vencedores en una prueba deportiva o los personas que han de estar en un lugar preeminente.

podium m. Podio.

Podolia, región del oeste de la U. R. S. S., en Ucrania.

podología f. Estudio médico del pie.

podólogo, ga adj. Especialista en podología (ú. t. c. s.).

Podolsk, c. de la U. R. S. S. (Rusia), a 50 km de Moscú.

podre f. Pus, humor.

podredumbre f. Putrefacción, estado de un cuerpo podrido. ‖ Cosa podrida. ‖ Pus, humor. ‖ *Fig.* Inmoralidad, corrupción. ‖ Desasosiego.

podredura f. Putrefacción.

podrido, da adj. Echado a perder. ‖ *Fig.* Viciado, corrompido.

Poe (Edgar Allan), escritor norteamericano, n. en Boston (1809-1849), autor de relatos de misterio y terror *(Narraciones extraordinarias, Las aventuras de Arturo Gordon Pym)* y de poesías *(El cuervo, Las campanas).*

poema m. Obra en verso de alguna extensión : *poema lírico, épico.* ‖ Obra en prosa de tema poético : *los poemas en prosa de Baudelaire.* ‖ *Fig.* Lo que es raro, lo que llama la atención, lo que es extraordinario : *verlo trabajar es todo un poema.* ‖ *Mús.* Poema sinfónico, composición para orquesta de forma libre, inspirada en un tema poético.

Poema del Cid. V. CANTAR DE MIO CID.

poemario m. Serie de poemas. ‖ Conjunto o colección de poemas.

poemático, ca adj. Relativo al poema.

poesía f. Arte de componer versos : *dedicarse a la poesía.* ‖ Cada uno de los géneros de este arte : *poesía lírica, épica, dramática.* ‖ Composición en verso, generalmente corta. ‖ Carácter de lo que produce una emoción afectiva o estética : *la poesía de un paisaje.* ‖ Conjunto de las obras poéticas y de sus autores en un tiempo determinado : *la poesía de la Edad Media.*

poeta m. El que compone obras poéticas. (Fem. *poetisa.*)

poetastro m. *Fam.* Mal poeta.

Poética, obra de Aristóteles (s. IV a. de J. C.), estudio de la poesía en general, de la tragedia y de la epopeya. ‖ Obra crítica del escritor Ignacio de Luzán, de tendencia neoclásica (1737).

poético, ca adj. Relativo a la poesía : *composición poética.* ‖ Propio de la poesía : *lenguaje poético.* ‖ Que podría inspirar a un poeta : *un asunto poético.* ‖ Que produce una emoción afectiva o estética. ‖ F. Tratado sobre los principios de la poesía.

poetisa f. Mujer que compone obras poéticas.

poetizar v. t. Dar carácter poético.

Poey (~ y Aguirre (ANDRÉS), físico cubano (1826-1914). Dirigió el Observatorio de México durante el Imperio de Maximiliano. ‖ ~ **y Aloy** (FELIPE), naturalista y abogado cubano, padre del anterior (1799-1891), autor de estudios zoológicos de su país.

pogrom m. (pal. rusa). Movimiento dirigido por las autoridades zaristas para la exterminación de los judíos. (Se dice también *pogromo.*)

Poincaré [puan-] (Henri), matemático francés (1854-1912). ‖ ~ (RAYMOND), primo del anterior, político francés (1860-1934), pres. de la Rep. de 1913 a 1920.

Pointe (~ **-à-Pitre** [puantapitr], c. y puerto de Guadalupe (Antillas Francesas). ‖ ~**-Noire,** c. y puerto al SO. de la República del Congo. Obispado.

poise m. Décima parte del poiseuille (símb., Po).

poiseuille m. Unidad de viscosidad dinámica (símb., Pl) en el sistema C. G. S.

Poiseuille (Jean), médico y físico francés (1799-1869).

Poissy, c. de Francia (Yvelines), al N. de París.

Poitiers [puatié], c. en el centro O. de Francia, cap. del dep. de Vienne. Obispado. Universidad. Catedral (s. XII-XIII). Derrota de los árabes por Carlos Martel (732).

Poitou [puatú], ant. prov. del centro O. de Francia ; cap. *Poitiers.*

póker m. Juego de cartas de envite. ‖ Juego de dados. ‖ Conjunto de cuatro cartas o dados del mismo valor.

Pola, n. ital. de *Pula.* ‖~ **de Gordón,** v. al N. de España (León). ‖ ~ **de Laviana,** c. del N. de España (Asturias). ‖ ~ **de Lena,** c. del N. de España (Asturias). Minas. ‖ ~ **de Siero,** c. del N. de España (Asturias). Hulla.

Pola (Policarpa SALAVARRIETA, llamada **la**), heroína colombiana de la Independencia (1795-1817). M. ajusticiada.

polaco, ca adj. De Polonia. ‖ — M. y f. Ciudadano de Polonia. ‖ — M. Lengua eslava hablada por los polacos.

polaina f. Prenda que cubre la parte superior del pie y la pierna hasta la rodilla : *llevaba unas polainas de cuero y un largo capote.*

polar adj. Relativo a los polos : *mar polar ; círculos polares.* ‖ *Fís.* De los polos de un imán o pila eléctrica.

Polar, estrella que indica el N. en el hemisferio septentrional.

Polares (REGIONES), casquetes esféricos limitados por los círculos polares. Tienen una superficie de 43 millones de km², ocupada principalmente por el mar en el Ártico y por la tierra en la Antártida. Las principales tierras polares son : *Groenlandia,* al NE. de América ; los archipiélagos de *Svalbard* (Spitzberg), al N. de Escandinavia ; *Nueva Zembla, Tierra del Norte* y *Nueva Siberia,* al N. de la U. R. S. S. ; y *Tierra de Parry,* al N. del Canadá.

polarización f. Propiedad que presenta un rayo luminoso, después de sufrir la reflexión o la refracción, de producir vibraciones localizadas desigualmente alrededor de este rayo. ‖ *Electr.* Establecimiento de una diferencia de potencial entre dos conductores. ‖ *Fig.* Concentración.

polarizador, ra adj. Dícese de lo que polariza la luz o concentra la atención o las fuerzas (ú. t. c. s.).

polarizar v. t. *Fís.* Someter al fenómeno de la polarización. ‖ *Fig.* Atraer toda la atención : *polarizaba las miradas de todas las personas presentes* (ú. t. c. pr.). ‖ Concentrar (ú. t. c. pr.).

Polavieja (Camilo GARCÍA DE), general y político español (1838-1914). Luchó en Cuba (1868), en la tercera guerra carlista y en Filipinas, donde fue capitán general en 1896.

polca f. Danza y música de Polonia.

pólder m. En Holanda, región recuperada por el hombre en el mar a lo largo de las costas o constituida por terrenos pantanosos desecados.

polea f. Rueda de madera o metal, de canto acanalado, móvil sobre su eje, por la que corre una cuerda. ‖ Rueda de llanta plana por la que pasa una correa.

polémico, ca adj. Relativo a la polémica : *una crítica polémica.* ‖ F. Controversia, discusión.

polemista com. Persona que sostiene una polémica.

polemizar v. i. Sostener o entablar una polémica.

polen m. Polvillo fecundante de los estambres de las flores.

polenta f. Gachas de harina de maíz. ‖ *Arg. Fam.* Oro.

poleo m. Planta herbácea con cuyas hojas se hace una infusión. ‖ Esta infusión.

Poleo (Héctor), pintor muralista venezolano, n. en 1918.

Polesello (Rogelio), escultor argentino, n. en 1939.

Polesia, región en el O. de la U. R. S. S. (Rusia Blanca y Ucrania), atravesada por el río Pripet.

poli m. *Fam.* Agente de policía. ‖ — F. *Fam.* Cuerpo de policía.

poliácido, da adj. Dícese de un cuerpo que tiene varias funciones ácidas (ú. t. c. s.).

polialcohol m. Cuerpo que posee varias funciones alcohol.

poliamida f. Polímero que resulta de la condensación de aminoácidos o de un diácido con una diamina.

poliandra adj. Aplícase a la mujer que tiene varios maridos (ú. t. c. s. f.).

poliandria f. Estado de una mujer casada simultáneamente con varios hombres. ‖ Condición de la flor que tiene varios estambres.

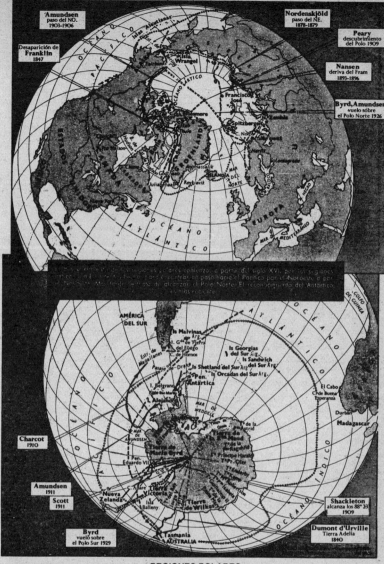

REGIONES POLARES

poliarquía f. Gobierno ejercido por muchos.

Polibio, historiador griego (¿ 200-125 ? a. de J. C.). Estuvo en Hispania y escribió un libro sobre las guerras celtíberas y lusitanas.

policéntrico, ca adj. Que tiene varios centros de dirección.

policentrismo m. Sistema que tiene diversos centros de dirección, de decisión.

policía f. Conjunto de las reglas cuya observancia garantiza el mantenimiento del orden y la seguridad de los ciudadanos : *una ordenanza de policía.* || Cuerpo encargado de mantener este orden : *cuerpo de policía.* || Conjunto de los agentes de este cuerpo : *llamó a la policía.* || *Policía secreta,* aquella cuyos individuos no llevan uniforme. || *Policía urbana,* la encargada de la vía pública dentro del municipio. || — M. y f. Agente de policía.

policíaco, ca, policiaco, ca y **policial** adj. Relativo a la policía.

Policleto, escultor griego del s. v. a. de J. C., autor del *Doríforo,* bella estatua de un joven lancero.

policlínica f. Consultorio donde están reunidas varias especialidades médicas.

policopia f. Multicopia.

policopiar v. t. Multicopiar.

policromar v. t. Pintar de diferentes colores.

policromía m. Mezcla de varios colores.

policromo, ma y **polícromo, ma** adj. De varios colores.

policultivo m. Cultivos diferentes.

polichinela m. Personaje cómico de las farsas italianas y del teatro de marionetas. || *Fig.* Hombre muy cambiadizo. | Títere.

polideportivo, va adj. De varios deportes. || — M. Lugar en el que se pueden practicar varios deportes.

Polidoro da Caravaggio. V. CARA-VAGGIO.

poliédrico, ca adj. *Geom.* Relativo al poliedro.

poliedro m. *Geom.* Sólido limitado por varias caras planas.

poliéster m. Materia que se obtiene mediante la condensación de poliácidos con polialcoholes o glicoles.

poliestireno m. Materia termoplástica obtenida con la polimerización del estireno.

polietileno m. Materia plástica derivada de la polimerización del etileno por distintos procedimientos.

polifacético, ca adj. De varios aspectos o facetas. || Aplícase a la persona que tiene aptitudes muy variadas o que se dedica a diversas cosas.

polifásico, ca adj. Dícese de la corriente eléctrica alterna constituida por la combinación de varias monofásicas del mismo período, pero cuyas fases no concuerdan.

Polifemo, Cíclope hijo de Poseidón. Ulises le reventó el único ojo que tenía en medio de la frente.

polifonía f. Conjunto simultáneo de voces o instrumentos musicales independientes, sujetos a leyes armónicas.

PO

507

polifónico, ca adj. Relativo a la polifonía.

poligamia f. Condición del hombre casado simultáneamente con varias mujeres : *la poligamia es un delito.* || Condición de las plantas polígamas.

polígamo, ma adj. Dícese del hombre casado simultáneamente con varias mujeres (ú. t. c. s. m.). || Aplícase a las plantas que tienen en la misma mata flores masculinas, femeninas y hermafroditas, como la parietaria, el fresno y el almez.

poligenismo m. Doctrina que, en contraposición al monogenismo, admite la multiplicidad de orígenes en la especie humana.

poliglotía f. Conocimiento de diferentes idiomas.

polígloto, ta adj. Escrito en varias lenguas : *Biblia Políglota.* || Dícese de la persona que conoce y habla varios idiomas (ú. t. c. s.).

poligonáceo, a adj. y s. f. Aplícase a las plantas angiospermas dicotiledóneas, como el alforfón, la sanguinaria mayor, el ruibarbo y la acedera. || — F. pl. Familia que forman estas plantas.

poligonal adj. *Geom.* Relativo al polígono. || Dícese del prisma o pirámide cuyas bases son polígonos.

polígono, na adj. *Geom.* Poligonal. || — M. Figura plana de varios ángulos limitada por líneas rectas o curvas : *un polígono regular.* || Campo de tiro y de maniobras de la artillería. || *Polígono industrial,* zona industrial.

poligrafía f. Ciencia del polígrafo. || Arte de escribir y descifrar los escritos secretos.

poligráfico, ca adj. Relativo a la poligrafía.

polígrafo, fa m. y f. Autor que ha escrito sobre muy diversas materias.

polilla f. Mariposa nocturna cuya larva destruye los tejidos. || *Fig.* Lo que destruye progresiva e insensiblemente algo : *la polilla del juego.*

polimería f. Condición o calidad de polímero.

polimerización f. Unión de varias moléculas idénticas para formar otra mayor.

polimerizar v. t. *Quím.* Efectuar la polimerización.

polímero, ra adj. Dícese de un cuerpo químico obtenido por polimerización (ú. t. c. s. m.).

polimorfismo m. Facultad que tienen algunos organismos o especies de adquirir diversas formas.

polimorfo, fa adj. Que puede tener varias formas.

Polinesia, división de Oceanía, que comprende el vasto conjunto de islas escalonadas en el Pacífico, al E. de Australia, de Melanesia y de Micronesia. Las distintas islas que la componen están separadas por grandes extensiones marítimas. Estos archipiélagos son Nueva Zelanda, con las islas Cook, Tonga, Samoa occidentales, Nauru, Tuvalu, ant. Ellice, Kiribati, ant. Gilbert, la llamada Polinesia francesa (islas de la Sociedad, Australes, Tuamotu, Gambier, Marquesas, Wallis-Futuna), Hawai y las Samoa orientales, dependientes de los Estados Unidos, y la isla de Pascua, que es un territorio chileno.

polinésico, ca y **polinesio, sia** adj. y s. De Polinesia.

Polinices, hijo de Yocasta y de Edipo, hermano de Etéocles *(Mit.).*

polinización f. *Bot.* Transporte del polen de un estambre hasta el estigma para hacer fecundar una flor.

polinomio m. Expresión algebraica que consta de varios términos.

polio f. *Fam.* Poliomielitis.

poliomielítico, ca adj. Relativo a la poliomielitis. || Que padece poliomielitis (ú. t. c. s.).

poliomielitis f. Enfermedad contagiosa del hombre producida por un virus fijado en los centros nerviosos, en particular en la médula espinal, que provoca parálisis mortal si alcanza los músculos respiratorios. || *Poliomielitis aguda,* parálisis que ataca a los niños.

polipasto m. Aparejo formado por dos o más poleas.

polípero m. Formación calcárea arborescente producida por colonias de pólipos.

pólipo m. Celentéreo. || Pulpo.

molusco. || *Med.* Tumor blando, fibroso, debido a la hipertrofia de las membranas mucosas.

políptico m. Pintura con más tableros plegables que el tríptico.

polis f. Ciudad-Estado de la antigua Grecia. || Estado.

Polisario *(Frente),* frente popular de liberación de Saguia el Hamra y Río de Oro, creado en 1973 para reclamar la independencia del antiguo Sáhara Occidental español y la creación de la República Árabe Saharauí, independiente de Marruecos.

polisílabo, ba adj. Aplícase a la palabra que tiene varias sílabas : voz *polisílaba* (ú. t. c. s. m.).

polisón m. Miriñaque.

polista com. Jugador de polo.

polistilo, la adj. *Arq.* Que tiene muchas columnas : *pórtico polistilo.*

politburó m. Órgano político del comité central del Partido Comunista soviético, creado en 1917, encargado de la dirección de éste.

politécnico, ca adj. Que comprende muchas ciencias o artes : *escuela politécnica.* || — M. y f. Alumno de una escuela politécnica.

politeísmo m. Doctrina que sostiene la existencia de varios dioses.

politeísta adj. Dícese del que adora a muchos dioses (ú. t. c. s.). || Relativo al politeísmo.

política-ficción f. Género literario que describe con fantasía el acontecer histórico.

politicastro m. Persona que se dedica a la política con miras interesadas o malas artes.

político, ca adj. Relativo a la organización y al gobierno de los asuntos públicos. || Relativo a un concepto particular del gobierno de un país : *credos políticos.* || Dícese de la persona que se ocupa de los asuntos públicos, del gobierno de un Estado (ú. t. c. s.). || *Sensato, juicioso :* su actuación ha sido poco política. || Educado, cortés, urbano. || Dícese del parentesco por afinidad : *tío, hermano político.* || — F. Arte o doctrina de gobierno de los Estados. || Conjunto de los asuntos que interesan al Estado : *política interior, exterior.* || Manera de dirigir los asuntos de un Estado : *una política liberal.* || *Fig.* Manera de obrar, de llevar un asunto : *llevar una buena política.* || Prudencia, sensatez. || Cortesía, urbanidad. || *Méx. Fig. Hacerle política a alguien,* criticarlo, hablar mal de él ; hacerle jugarretas, jugarle malas pasadas.

politiquear v. i. *Fam.* Intervenir en política y bastardear los fines de ésta o envilecer sus modos.

politiqueo m. y **politiquería** f. Intervención en política con propósitos turbios.

politiquero m. *Amer.* Politicastro.

politización f. Acción de dar carácter político o de politizarse.

politizar v. t. Dar carácter u orientación política (ú. t. c. pr.).

politólogo, ga m. y f. Especialista en materia de cuestiones políticas.

poliuretano m. Materia plástica empleada en la industria de pinturas y barnices y en la fabricación de espumas y productos elásticos.

poliuria f. Secreción y excreción excesiva de orina.

polivalente adj. Eficaz en varios casos diferentes. || *Fig.* Polifacético.

póliza f. Documento en que consta un contrato de seguros. || Sello que hay que poner en ciertos documentos, solicitudes, anuncios públicos, etc., para satisfacer un impuesto.

polizón m. El que se embarca clandestinamente en un buque o avión.

polizonte m. *Fam.* Policía.

poljé m. (pal. eslava). En las regiones de relieve calcáreo, vasta depresión de forma ovalada debida a la presencia de una fosa tectónica.

Polk (James Knox), político norteamericano (1795-1849), pres. de Estados Unidos en 1845. Durante su mandato estalló la guerra contra México, seguida de la anexión de California, Nuevo México y Texas (1848).

polo m. Cada uno de los dos extremos de un eje imaginario alrededor del cual gira la esfera celeste en 23 horas y 56 minutos. || Cada uno de

los extremos del eje de la Tierra : *polo Norte, polo Sur.* || Cada uno de los extremos de un generador o receptor eléctrico, utilizado para las conexiones con el circuito exterior. || Cada uno de los extremos de un imán en el que se encuentra la fuerza magnética. || *Fig.* Lo que atrae, centro : *polo de atracción.* || Término en completa oposición con otro : *el error y la verdad están en dos polos diferentes.* || Zona de desarrollo agrícola e industrial. || Camisa de sport de punto y con mangas largas. || Juego practicado a caballo y en el que los jinetes impulsan la pelota con una maza. (Tb. existe otro juego de polo, llamado acuático, en el que participan dos equipos de siete nadadores.) || Bloque de helado que se sostiene con un palo para chuparlo. || Variedad de cante flamenco.

Polo (Gaspar GIL). V. GIL POLO (Gaspar). || — (MARCO), viajero veneciano (1254-1324). Atravesó Asia por Mongolia y residió diecisiete años en China a las órdenes del Gran Kan Kubilai. Narró sus expediciones (1271-1295) en *El libro de Marco Polo.*

Polochic, río en el centro este de Guatemala (Alta Verapaz), que des. en el lago Izabal ; 289 km.

pololear v. i. *Chil.* Tontear. | Bromear. | Galantear.

pololo m. Pretendiente.

polonesa f. Danza de Polonia. || Composición musical que acompaña a esta danza.

Polonia, Estado de Europa Oriental, entre el Báltico al N., la Rep. Democrática Alemana al O., la U. R. S. S. al E. y Checoslovaquia al S. ; 312 677 km² ; 36 400 000 h. *(polacos).* Cap. *Varsovia,* 1 600 000 h. Otras ciudades : *Gdansk,* 477 000 h. ; *Szczecin,* 394 000 ; *Poznan,* 547 000 ; *Lodz,* 840 000 ; *Wroclaw,* 610 000 ; *Katovice,* 370 000 ; *Cracovia,* 700 000 ; *Lublin,* 300 000.

— GEOGRAFÍA. Las regiones más importantes son al sur, los Cárpatos y región subcarpática ; al centro, *Silesia* (zona industrial) ; al oeste, la *Gran Llanura,* regada por el Oder y el Vístula ; y al N., *Pomerania.* Polonia, que había sido un país principalmente agrícola, está sufriendo un proceso intenso de industrialización, para lo cual cuenta con la cuenca hullera de Silesia, minas de cobre, cinc, plomo, sal, uranio y explotaciones petrolíferas.

Polonia *(Guerra de Sucesión de).* V. SUCESIÓN.

polonio m. Metal (Po) radiactivo, de número atómico 84, que acompaña a menudo al radio. (Fue descubierto por los esposos Curie en 1898 en la pechblenda.)

Polotitlán, v. y mun. de México, en el Estado de este n.

Poltava o **Pultava,** c. al SO. de la U. R. S. S. (Ucrania). Derrota de Carlos XII de Suecia por Pedro el Grande de Rusia (1709).

poltrón, ona adj. Perezoso. || — F. Silla baja y cómoda, con brazos.

poltronear v. i. Haraganear.

poltronería f. Pereza, haraganería.

polución f. Derrame involuntario del semen. || Contaminación : *la polución atmosférica.* (Galicismo innecesario aunque muy difundido y admitido incluso por la Academia Española de la Lengua.)

poluto, ta adj. Manchado.

Pólux. V. CÁSTOR.

polvareda f. Cantidad de polvo que se levanta de la tierra, agitada por el viento o por otra causa. || *Fig.* Perturbación, efecto provocado entre las gentes por dichos o hechos que apasionan : *aquel discurso levantó gran polvareda en todo el país.*

polvearse v. pr. *Amer.* Ponerse polvos en la cara.

polvera f. Caja o estuche de las mujeres para guardar polvos de tocador. || Borla con la que aplican éstas.

polvero m. *Amer.* Polvareda. || Pañuelo de bolsillo.

polvo m. Conjunto de partículas de tierra fina que se levanta en el aire : *una nube de polvo.* || Materia dividida en partículas muy pequeñas : *polvo de carbón ; polvos dentífricos.* || Cantidad de una sustancia pulverizada

508

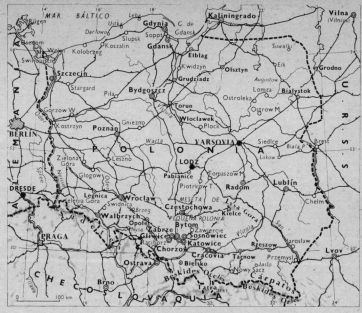

que se toma con los dedos : *polvo de rapé.* ‖ Fig. Restos del hombre después de su muerte : *eres polvo y en polvo te convertirás.* ‖ Pop. Contacto sexual. ‖ — Pl. Mezcla de productos minerales destinados a la protección y al embellecimiento del rostro de las mujeres. ‖ — (I) *Hacer polvo,* hacer trizas, destrozar. ‖ *Hacer polvo a alguien,* cansarle mucho ; fastidiarle enormemente ; derrotarle. ‖ *Limpio de polvo y paja,* dícese de una cantidad exenta de cualquier deducción. ‖ *Morder el polvo,* quedar derrotado o humillado. ‖ Méx. Fig. *No verle a alguien el polvo o ni el polvo,* dejar de ver a una persona completamente ; ser ésta tan superior que ni siquiera puede uno compararse con ella al vivir o actuar en otro mundo muy diferente. ‖ Fig. *Polvos de la madre Celestina,* remedio milagroso. ‖ *Polvos de picapica,* polvos que producen picazón. ‖ Fig. y fam. *Sacudir el polvo a uno,* darle una paliza.

pólvora f. Sustancia explosiva que se emplea para impulsar un proyectil en las armas de fuego o propulsar un cohete. ‖ Conjunto de fuegos artificiales. ‖ Fig. Polvorilla. ‖ Viveza, actividad. ‖ — Fig. *Gastar la pólvora en salvas,* valerse de medios inútiles para un fin. ‖ *No haber inventado la pólvora,* ser poco listo.

polvoriento, ta adj. Cubierto o lleno de polvo : *senda polvorienta.*

polvorilla com. Persona de genio vivo y pronta.

polvorín m. Almacén de explosivos.

polvorón m. Dulce que se deshace en polvo al comerlo.

polla f. Gallina joven. ‖ Puesta, en algunos juegos de naipes. ‖ Apuesta en carreras. ‖ Fam. Mocita. ‖ Arg. Carrera de tres o más caballos jóvenes en un hipódromo. ‖ Chil. Quinielas de fútbol. ‖ Pop. Miembro viril.

pollada f. Conjunto de pollos.

Pollaiolo o **Pollaiuolo** (Antonio BENCI, llamado **del**), pintor, escultor y orfebre italiano (¿ 1432 ?-1498).

pollarronca f. Méx. Pulque curado con zarzamora, capulín, pimienta y azúcar.

pollastre m. Fam. Pollastro, joven.

pollastro, tra m. y f. ‖ Fam. Jovenzuelo.

pollear v. intr. Empezar los muchachos y muchachas a salir unos con otros.

Pollensa, v., bahía y puerto de España en el norte de Mallorca (Baleares). Turismo.

pollera f. Sitio donde se crían pollos. ‖ Andador, cesto de mimbres o de otro material sin fondo donde se pone a los niños para que aprendan a andar. ‖ Falda interior. ‖ Amer. Falda de mujer.

pollería f. Sitio donde se venden gallinas, pollos u otras aves comestibles. ‖ Fam. Conjunto de jóvenes.

pollerío m. Mocerío.

pollero, ra m. y f. Persona que cría o vende pollos.

pollerón m. Arg. Falda de amazona para montar a caballo.

pollino, na m. y f. Asno. ‖ Fig. Persona simple, ignorante (ú. t. c. adj.).

pollito, ta m. y f. Fig. y fam. Muchacho o muchacha de corta edad. ‖ — M. Pollo chico.

pollo m. Cría de las aves : *pollo de gallina, de águila.* ‖ Gallo joven. ‖ Fam. Muchacho joven. ‖ Pop. Esputo. ‖ Fam. *Pollo pera,* muchacho presumido y atildado, lechuguino.

Poma de Ayala (Felipe HUAMÁN), escritor peruano (¿ 1526-1613 ?), autor de *Nueva Corónica y Buen Gobierno,* narraciones de la época incaica y colonial. Era nieto del inca Túpac Yupanqui.

Pomabamba, c. al O. del Perú, cap. de la prov. homónima (Ancash).

pomáceo, a adj. Dícese de una familia de plantas rosáceas, de fruto en pomo, como el peral y el manzano. ‖ — F. pl. Esta familia.

pomada f. Producto graso y pastoso que se emplea en medicina para uso externo o como cosmético.

Pomarapa, cerro en el centro de Bolivia (Oruro) ; 6 222 m.

Pomata, distr. al SE. del Perú (Puno), a orillas del lago Titicaca. Iglesia de Santiago (s. XVIII).

Pombal (Sebastião José de CARVALHO E MELLO, marqués de), político portugués (1699-1782). Fue primer ministro del rey José I (1750-1777). Llevó a cabo una política social y económica innovadora y expulsó a los jesuitas (1759). Le destituyó la reina María I.

Pombo (Lino de), matemático, político y escritor colombiano (1797-1862). ‖ — (RAFAEL), ingeniero y poeta colombiano, n. en Bogotá (1833-1912), autor de *Preludio de primavera, La hora de tinieblas, En el Niágara,* y de fábulas y cuentos en versos. ‖ — **Angulo**

(MANUEL), novelista español, n. en 1912, autor de *Hospital General, Sol sin sombra,* etc.

pomelo m. Fruto comestible de sabor ácido, un poco mayor que una naranja y de color amarillo. ‖ Árbol que lo produce.

Pomerania, en polaco Pomorze, región del N. de Polonia, a orillas del mar Báltico, dividida por el Oder en Pomerania Occidental y Oriental. Este territorio ha sido objeto de conflictos entre Suecia, Prusia y Polonia. ‖ — **(Nueva),** n. alemán de *Nueva Bretaña.*

Pomerelia, región costera del mar Báltico, polaca desde 1945.

pómez adj. f. *Piedra pómez,* roca volcánica muy porosa y bastante ligera, variedad del feldespato.

pomo m. Fruto con mesocarpio y endocarpio carnosos, como la manzana y la pera. ‖ Remate redondeado de algunas cosas. ‖ Tirador de una puerta, cajón, etc., que sirve para abrirlos. ‖ Frasco de perfume. ‖ Extremo del puño de la espada, de un bastón.

pomol m. Méx. Tortilla de maíz.

pompa f. Acompañamiento suntuoso y de gran aparato : *función, casamiento, entierro con gran pompa.* ‖ Esplendor, magnificencia : *la pompa real.* ‖ Burbuja de aire que se forma con un líquido : *pompa de jabón.* ‖ — Pl. Vanidades, vanos placeres del mundo : *renunciar a Satanás, a sus pompas y a sus obras.* ‖ *Pompas fúnebres,* ceremonias celebradas en honor de un difunto ; servicio encargado de los entierros.

Pompadour [-dur] (Antoinette POISSON, marquesa de), dama francesa (1721-1764), favorita del rey Luis XV.

Pompeia (Raul de Ávila), novelista realista y poeta brasileño (1863-1895).

Pompeya, c. al sur de Italia en Campania (Nápoles), al pie del Vesubio. Cuando la erupción de año 79 quedó sepultada bajo las cenizas y la lava. Sus ruinas fueron descubiertas en 1748. Célebres pinturas murales.

pompeyano, na adj. De la ciudad italiana de Pompeya (ú. t. c. s.). ‖ Referente al general romano Pompeyo o a sus hijos : *dinastía pompeyana.* ‖ Aplícase al estilo o gusto artístico de los objetos encontrados en las ruinas de Pompeya.

Pompeyo (Cneo), llamado *el Magno,* general romano (106-48 a. de J. C.). Procónsul en 76 en España, en 60

PO

509

formó con César y Craso el primer triunvirato. Rival más tarde de César, fue vencido en Farsalia (48) y asesinado en Egipto. — Su hijo SEXTO (75-35 a. de J. C.) fue derrotado y muerto en Munda (España) por Augusto.

pompi o **pompis** m. inv. *Fam.* Culo.

Pompidou (Georges), político francés (1911-1974), pres. de la Rep. de 1969 a 1974.

pompier adj. (pal. fr.). Aplícase a los artistas o al estilo de éstos de tendencia académica y de poca imaginación.

Pompilio Llona (Numa). V. LLONA.

pompón m. Borla.

pomponearse v. pr. Presumir.

pomposidad f. Condición, carácter de pomposo: *le encantaba la pomposidad del palacio real.*

pomposo, sa adj. Con mucha magnificencia, suntuoso, esplendoroso: *fiesta pomposa.* || De una solemnidad excesiva que presupone cierta vanidad: *el aspecto pomposo de su vestimenta.* || Que emplea términos enfáticos y exagerados. || Altisonante: *nombre muy pomposo.*

pómulo m. Hueso de cada una de las mejillas. || Saliente que forma en el rostro este hueso.

Ponce, distr., c. y puerto del S. de Puerto Rico. Arzobispado. Universidad. Centro comercial. Agricultura.

Ponce (Aníbal), escritor argentino (1898-1938), autor de ensayos políticos, literarios, de educación y de psicología. || ~ (MANUEL MARÍA), compositor mexicano, n. en Fresnillo (Zacatecas) [1882-1948], autor de sinfonías (*Ferial*), conciertos para piano, violín y guitarra, tríos (*Chapúltepec*) y canciones (*Estampas nocturnas, Estrellita*), obras inspiradas en el folklore del país. || ~ **de León** (JOSÉ MARÍA), músico colombiano (1846-1882), autor de óperas y zarzuelas. || ~ **de León** (JUAN), conquistador español (¿ 1460 ?-1521), que exploró Puerto Rico, fundó la ciudad de San Juan y descubrió la Florida en 1512. || ~ **de León** (RAFAEL), pintor mexicano (1882-1910). Sus obras revelan un gran sentido humorístico. || ~ **Enríquez** (CAMILO), político ecuatoriano (1912-1976), pres. de la Rep. de 1956 a 1960.

Poncitlán, mun. al O. de México (Jalisco), a orillas del lago Chapala.

ponchada f. Cantidad de ponche preparada en el estante. || *Amer.* Cantidad, abundancia. || Lo que cabe en un poncho.

ponchar v. t. Picar. || *Cub.* y *Méx.* Pinchar las ruedas de los automóviles.

ponchazo m. *Cub.* y *Méx.* Pinchazo.

ponche m. Bebida hecha con una mezcla de ron u otro licor con agua caliente, limón y azúcar y alguna especia.

ponchera f. Recipiente grande en que se prepara y sirve el ponche.

poncho m. *Amer.* Prenda de lana sin mangas que consiste en una pieza rectangular con abertura en el centro para pasar la cabeza. || *Arg.* Alzar el poncho, irse. || (Urug.) rebelarse contra la autoridad. || Perder el poncho, volverse loco de amor.

Pondal (Eduardo), poeta español (1835-1917), cantor de Galicia.

ponderable adj. Que puede pesarse. || Alabable, elogiable.

ponderación f. Prudencia, moderación, reflexión: *hablar con ponderación.* || Exageración, encarecimiento. || En estadística, método para elaborar un índice que sitúa a cada uno de los elementos en juego en un lugar proporcional a su importancia real.

ponderado, da adj. Mesurado, que procede con tacto y prudencia. || Aplícase en estadística a una magnitud cuyo valor ha sido modificado con arreglo a determinadas reglas.

ponderador, ra adj. y s. Que pondera.

ponderar v. t. Considerar, examinar detenidamente una cosa. || Celebrar mucho, alabar: *ponderar una obra literaria.* || Llevar a cabo, realizar una ponderación en estadística.

ponderativo, va adj. Que pondera.

Pondichery, c. de la India, en el golfo de Bengala. Obispado. Establecimiento francés de 1814 a 1956.

ponencia f. Cargo de ponente. || Informe o proyecto sobre un tema

presentado por el ponente. || Comisión ponente.

ponente adj. Aplícase al magistrado, funcionario o miembro de un cuerpo colegiado o a la comisión designada por éste para que redacte un informe o presente una propuesta o proyecto para que sea discutido (ú. t. c. s.).

poner v. t. Colocar en un lugar determinado una persona o cosa: *pon este libro en el estante.* || Adoptar: *poner cara de muy mal genio.* || Preparar, disponer: *poner la mesa.* || Pensar, suponer: *pongamos que sucedió así.* || Apostar: *pongo mil pesos a que no lo haces.* || Tardar: *puso dos horas en venir.* || Instalar: *poner un piso, el gas.* || Montar: *puse una tienda.* || Hacer que funcione: *poner la radio.* || Colocar en un empleo: *a Juan le han puesto de secretario.* || Representar: *poner una comedia clásica, una película de miedo.* || Causar un efecto: *el sol pone moreno.* || Exponer: *poner en su peligro.* || Calificar, tratar de: *poner a alguien de mentiroso.* || Asignar, establecer: *poner un precio.* || Dar: *poner un nombre.* || Contribuir: *poner en la suscripción mucho dinero.* || Invertir: *poner su capital en el negocio.* || Hacer: *no pone nada de su parte.* || Escribir o enviar: *le pondré dos letras.* || Presentar: *poner por testigo.* || Enunciar: *poner sus condiciones.* || Soltar el huevo las aves. || — *Poner bien a uno,* encomiarle. || *Poner casa,* instalarse. || *Poner ceño, fruncir el ceño.* || *Poner de su parte o de su lado,* contribuir personalmente al buen éxito de una empresa. || *Poner en claro* o *en limpio* un asunto, aclararlo. || *Poner en duda,* dudar. || *Poner mal a uno,* dejarlo en mal lugar o hablar mal de él. || — V. pr. Colocarse, situarse: *ponerse de pie.* || Volver: *ponerse enfermo.* || Vestirse: *ponerse el abrigo.* || Mancharse: *ponerse de grasa hasta los pelos.* || Ocultarse los astros tras el horizonte: *ponerse el sol.* || Posarse las aves. || Llegar a un lugar determinado: *en diez minutos me pongo en tu casa.* || — *Ponerse a,* empezar. || *Ponerse al corriente,* enterarse, informarse. || *Fig. Ponerse colorado,* avergonzarse. || *Méx. Ponerse con,* compararse con: *ponerse con otra persona de su misma cultura.* || *Amer. Ponérsela,* emborracharse.

poney [*poni*] m. (pal. ingl.). Caballo pequeño y con el pelo largo.

Ponferrada, c. en el N. de España (León). Carbón. Industrias. Centrales térmicas (*Compostilla*).

Pongal, isla al SE. del Ecuador, en el archipiélago de Jambelí.

poniente m. Occidente, oeste. || Viento procedente del Oeste.

Ponson du Terrail (Pierre Alexis), novelista francés (1829-1871), autor de *Aventuras de Rocambole.*

Ponta || ~ **Delgada**, c. y puerto del archip. portugués de las Azores, en el S. de la isla de San Miguel. || ~ **Grossa,** c. en el S. del Brasil (Paraná).

pontazgo m. Peaje que se paga por pasar algunos puentes.

Pontecorvo, c. al SO. de Italia en Campania (Frosinone).

Pontevedra, ría al NO. de España en las Rías Bajas de Galicia. — C. del NO. de España en Galicia, cap. de la prov. de su nombre. Agricultura. Pesca. Astilleros. Industrias. Turismo.

pontevedrés, esa adj. y s. De Pontevedra (España).

Pontiac, c. en el NE. de Estados Unidos (Michigan), al NO. de Detroit.

pontificado m. Dignidad y ejercicio de pontífice. || Tiempo que dura.

pontifical adj. Relativo al sumo pontífice : *ornamentos pontificales.*

pontificar v. i. Ser pontífice u obtener la dignidad pontificia. || *Fam.* Obrar, hablar con solemnidad.

pontífice m. Papa, jefe supremo de la Iglesia católica romana.

pontificio, cia adj. Relativo al pontífice : *dignidad pontificia.*

Pontificios (ESTADOS), antiguos Estados de la Iglesia. (V. esta palabra y VATICANO.)

Ponto, ant. reino de Asia Menor, muy poderoso en tiempos de Mitrídates VI (111-63 a. de J. C.). Sometido

por Roma en 62. || ~ **Euxino,** ant. n. del *mar* Negro.

Pontoise [-*uás*], c. de Francia, al NO. de París, cap. del dep. de Val-d'Oise. Principal núcleo de la nueva ciudad de *Cergy-Pontoise.* Obispado.

pontón m. Barco de fondo chato para pasar los ríos o construir puentes. || Puente flotante.

Pontoppidan (Henrik), escritor danés (1857-1943), autor de novelas naturalistas. (Pr. Nobel, 1917.)

Ponzanelli (Adolfo Octavio), escultor italiano (1879-1952). Hizo muchas de sus obras en México.

ponzoña f. Veneno. || *Fig.* Lo que es dañino, nocivo.

ponzoñoso, sa adj. Venenoso. || *Fig.* Nocivo, dañino, perjudicial.

Poo (Fernando), navegante portugués que en el golfo de Guinea descubrió en 1472 la isla que llevó su nombre hasta llamarse *Bioko* (1968).

pool [*pul*] m. (pal. ingl.). Agrupación o sindicato de productores. || Organismo internacional encargado de la organización de un mercado común entre los países asociados: *el pool del carbón, del acero.* || Servicio: *el pool mecanográfico.*

Poole, c. y puerto de Gran Bretaña en el S. de Inglaterra (Dorset).

Pool Malebo. V. MALEBO POOL.

Poona, c. en el O. de la India (Maharashtra). Universidad.

Poopó, lago al O. de Bolivia que comunica con el de Titicaca por el río Desaguadero ; 2 800 km². — C. al O. de Bolivia, cap. de la prov. homónima (Oruro).

pop adj. (pal. ingl.). Aplícase a lo referente a la cultura y a la comunicación de masa, al consumo, etc. || Dícese de una música derivada del rock and roll y de la música folk.

popa f. Parte posterior de una embarcación. || *Fig.* y *fam.* Trasero, nalgas. || *Fig. De popa a proa,* entera o totalmente.

Popayán, c. en el SO. de Colombia, cap. del dep. del Cauca. Arzobispado. Universidad. Turismo. Fundada en 1536 por Benalcázar.

popayanejo, ja y **popayanense** adj. y s. De Popayán (Colombia).

pope m. Sacerdote de rito oriental entre rusos, serbios y búlgaros.

Popea, dama romana, esposa del emperador Nerón, quien la hizo dar muerte en 65.

popelín m. Tejido de algodón, seda, etc., hecho con hilos finos, lisos y muy apretados, empleado para camisas, pijamas, vestidos.

poplín m. *Arg.* Popelín.

Popocatépetl, cumbre volcánica al sur de la ciudad de México, al S. de la Sierra Nevada, a 60 km de la cap. : 5 452 m.

Popolna, c. en el sureste de México (Yucatán).

Popol Vuh, libro sagrado de los quichés de Guatemala. Conocido por una versión del s. XVI, recibe también el n. de *Libro del Consejo.*

popote m. *Méx.* Paja utilizada para tomar refrescos. || *Fig. Hecho un popote,* muy delgado.

populachería f. Fácil popularidad alcanzada entre el vulgo.

populachero, ra adj. Relativo al populacho : *demostraciones populacheras.* || Propio para halagar al populacho: *discurso populachero.*

populacho m. Lo ínfimo de la plebe o bajo pueblo.

popular adj. Relativo al pueblo : *escuela popular.* || Propio del pueblo: *la voz popular.* || Grato al pueblo : *persona, autor muy popular.* || Muy extendido : *deporte popular.*

popularidad f. Aceptación y aplauso que uno tiene en el pueblo. || Fama, renombre : *gozar de popularidad.*

popularización f. Acción y efecto de popularizar.

popularizar v. t. Propagar entre el pueblo, hacer popular : *popularizar una canción.* || Hacer grato al pueblo : *popularizar una obra.* || — V. pr. Adquirir popularidad.

populismo m. Régimen o movimiento político que intenta buscar apoyo en las masas populares.

populista adj. Relativo al populismo. || Partidario del populismo (ú. t. c. s.).

pópulo m. *Fam.* Pueblo.

populoso, sa adj. Muy poblado.

popurrí m. Sucesión de diversas melodías. ‖ Revoltillo, miscelánea.

popusa f. *Amer.* Tortilla de maíz rellena de queso y carne.

poquedad f. Escasez, cortedad : *la poquedad de sus recursos.* ‖ Timidez, apocamiento. ‖ Cosa de ningún valor.

póquer m. Póker.

por prep. Indica la causa de una cosa : *trabajar por necesidad.* ‖ A través : *ir por las calles.* ‖ Indica el medio, el instrumento : *avejentado por los sufrimientos.* ‖ Indica el destino : *lo hice por ti, por ayudarte.* ‖ En favor de : *interceder por uno.* ‖ Como : *dar por hecho ; tener un tugurio por casa.* ‖ Denota la manera de hacer una cosa : *por señas ; por escrito.* ‖ Indica trueque o venta : *lo compré por un millón de pesos.* ‖ En lugar de : *tiene sus padres por maestros.* ‖ Indica multiplicación : *tres por dos son seis.* ‖ Lugar aproximado : *esta calle se encuentra por el centro.* ‖ Tiempo aproximado : *iré por Navidad.* ‖ Durante : *vendré por tres días.* ‖ Porque : *no viene por tener mucho trabajo.* ‖ Para : *se calló por no equivocarse.* ‖ Seguida de infinitivo, indica perspectiva futura o necesidad : *la solución está por encontrar.* ‖ Aunque : *por mucho que te esfuerces, no la conseguirás.* ‖ — *Por donde,* por lo cual. ‖ *Por qué,* por cual razón o motivo : *no sé por qué no nos escribe.* ‖ *Por tanto,* por consiguiente.

porcachón, ona adj. y s. *Fam.* Muy puerco.

Porcel (Baltasar), novelista, dramaturgo y ensayista español, n. en 1937.

porcelana f. Producto cerámico de masa vitrificada muy compacta, blanca y translúcida, por lo general revestida con un esmalte fino, incoloro y transparente. ‖ Objeto hecho con esta loza.

porcentaje m. Tanto por ciento.

porcentual adj. Calculado en tantos por ciento.

porcino, na adj. Relativo al cerdo: *el ganado porcino.* ‖ — M. Cerdo.

porción f. Cantidad separada de otra mayor. ‖ Cantidad de un alimento o de otra cosa que corresponde en un reparto : *dar o tocar a uno su porción.* ‖ Parte con la que contribuye alguien a algo. ‖ *Fam.* Una porción de, un gran número de personas o cosas.

Porcuna, c. al S. de España (Jaén).

porcuno, na adj. Porcino.

porche m. Soportal, cobertizo.

Pordenone (Giovanni Antonio DE SACCHIS, llamado **el**), pintor religioso italiano de la escuela veneciana (¿ 1484 ?-1539).

pordiosear v. i. Mendigar.

pordioseo m. o **pordiosería** f. Mendicidad.

pordiosero, ra adj. y s. Mendigo.

porfía f. Empeño, insistencia : *porfía inútil.* ‖ Disputa insistente. ‖ *A porfía,* con emulación, en competencia.

porfiado, da adj. y s. Obstinado.

porfiar v. i. Disputarse con obstinación. ‖ Insistir mucho para lograr algo. ‖ Empeñarse en hacer una cosa.

pórfido m. Roca compacta y dura, formada por una sustancia amorfa, con grandes cristales de feldespato y cuarzo.

porfiriano, na adj. Partidario de Porfirio Díaz en México (ú. t. c. s.).

porfiriato m. Período en que Porfirio Díaz fue presidente de México (1877-1911).

Porfirio, filósofo de Alejandría (234-¿ 305 ?), discípulo de Plotino, de quien publicó las *Enneadas.*

porfirismo m. Adhesión a Porfirio Díaz, pres. de México.

porfirista adj. Relativo a Porfirio Díaz. ‖ Partidario de Porfirio Díaz (ú. t. c. s.).

Pori, en sueco *Björneborg,* c. y puerto al SO. de Finlandia, en el golfo de Botnia.

Porlamar, pobl. y puerto en el NE. de Venezuela y al E. de la isla Margarita (Nueva Esparta).

pormenor m. Detalle, conjunto de circunstancias menudas : *los pormenores del caso.* ‖ Cosa secundaria en un asunto.

pormenorizar v. t. Detallar.

porno adj. *Fam.* Pornográfico.

pornografía f. Obscenidad.

pornográfico, ca adj. Obsceno.

pornógrafo, fa m. y f. Escritor de obras pornográficas.

poro m. Espacio hueco en las moléculas de los cuerpos. ‖ Intersticio entre las partículas de los sólidos. ‖ Cada uno de los orificios de la piel.

porongo m. *Amer.* Calabacino utilizado como vasija para contener líquidos.

pororó m. *Riopl.* Roseta de maíz.

porosidad f. Calidad de poroso.

poroso, sa adj. Que tiene poros.

poroto m. *Amer.* Judía, alubia, fríjol.

porque conj. Por la razón de que : *porque es rico no quiere estudiar.* ‖ Para que : *trabajamos porque no nos falte nada de lo que es necesario.*

porqué m. *Fam.* Causa, motivo : *el porqué de las cosas.*

porquería m. Suciedad, basura : *quita esta porquería de en medio.* ‖ Acción sucia o indecente. ‖ *Fam.* Indecencia : *siempre cuenta porquerías.* ‖ Mala jugada : *me hizo una porquería.* ‖ Cosa insignificante, de poco valor o mala : *este reloj es una porquería.* ‖ Grosería. ‖ Cosa poco aconsejable de comer.

porqueriza f. Pocilga.

porquerizo, za y **porquero, ra** m. y f. Persona que cuida cerdos.

porra f. Maza, cachiporra. ‖ Martillo grande de herrero. ‖ Especie de churro grande. ‖ *Fig.* y *fam.* Persona pesada. ‖ El último en un juego. ‖ *Méx.* Claque. ‖ Conjunto de partidarios de un equipo deportivo, de un político, etc. ‖ *Arg. Fam.* Melena. — *Guardia de la porra,* guardia o policía armado con ella. ‖ *Fam. Mandar a la porra,* mandar a paseo. ‖ — Interj. que expresa enfado.

porrada f. Abundancia, montón de cosas : *una porrada de dinero.*

Porras (Belisario), político y escritor panameño (1856-1942), pres. de la Rep. de 1912 a 1916, de 1918 a 1920 y de 1920 a 1924. ‖ ~ **Barrenechea** (RAÚL), historiador y político peruano (1897-1960).

porrazo m. Golpe que se da con una porra o con otra cosa. ‖ *Fig.* Golpe que se recibe al caer o tropezar.

Porres (Diego de), arquitecto guatemalteco (¿ 1678-1776 ?), autor de obras en Antigua Guatemala y en la catedral de León (Nicaragua). ‖ ~ (SAN MARTÍN DE). V. MARTÍN DE PORRES.

porrillo m. Maza de cantero. ‖ *A porrillo,* en gran cantidad.

Porriño, v. al NO. de España (Pontevedra).

porro m. *Fam.* Cigarrillo de hachís o marihuana con tabaco rubio.

porrón, ona adj. *Fam.* Necio, pesado. ‖ — M. Vasija de vidrio con pitón largo para beber vino a chorro. ‖ *Fam. Un porrón,* mucho.

Port, puerto en los montes Pirineos franceses (Ariège). ‖ ~ **Arthur,** c. y puerto del NE. de China (Liaoning). Esta c. ha sido sucesivamente rusa (1898), japonesa (1905), soviética (1945) y es china desde 1954. ‖ ~ **au-Prince,** cap. y puerto de Haití : 710 000 h. Arzobispado. Universidad. ‖ ~ **Blair,** cap. del territorio de la India formado por las islas Andamán y Nicobar. ‖ ~ **-Bou** o **Portbou,** v. y puerto del NE. de España (Gerona), fronterizos con Francia. ‖ ~ **Elizabeth,** c. y puerto al SO. de la Rep. de África del Sur (El Cabo). Obispado. ‖ ~ **Étienne.** V. NUADIBU. ‖ ~ **Gentil,** c. y puerto en el centro oeste del Gabón. ‖ ~ **Harcourt,** c. y puerto al S. de Nigeria. Refinería de petróleo. ‖ ~ **Louis,** cap. de la isla Mauricio. ‖ ~ **-Lyautey.** V. KENITRA. ‖ ~ **Moresby,** c. y puerto del SE. de Nueva Guinea ; cap. del Estado de Papuasia-Nueva Guinea ; 125 000 h. ‖ ~ **Natal.** V. DURBAN. ‖ ~ **of Spain,** cap. de la isla de Trinidad y Tobago, en la isla Trinidad (Antillas), en la costa N. ; 260 000 h. Arzobispado. ‖ ~ **Radium,** pobl. del Canadá (Territorio del NO.). Pechblenda. ‖ ~ **Said,** c. y puerto de Egipto, a la entrada del canal de Suez. ‖ ~ **Sudán,** c. y puerto al NE. del Sudán, en el mar Rojo. ‖ ~ **Talbot,** c. y puerto de Gran Bretaña (Gales). ‖ ~ **Vila,** llamada tb. *Vila,* cap. del

archipiélago de Nuevas Hébridas, hoy Vanuatu.

porta prefijo procedente del verbo *portar,* muy empleado en palabras compuestas para designar utensilios (*portafusil, portaminas,* etc.).

porta f. *Mar.* Tronera de batería. ‖ *Anat. Vena porta,* la que lleva la sangre al hígado.

portaaeronaves y **portaeronaves** m. Buque de guerra en cuya cubierta despegan y aterrizan aeronaves.

portaaviones m. inv. Portaviones.

portabandera f. Especie de tahalí con un seno o bolsa en que se encaja el asta de la bandera para llevarla con comodidad.

Portachuelo, pobl. al E. de Bolivia, cap. de la prov. de Gutiérrez (Santa Cruz).

portada f. *Arq.* Obra de ornamentación en la puerta de un edificio. ‖ *Fig.* Frontispicio de una cosa. ‖ Primera página de un libro impreso en la cual figura el título de la obra, el nombre del autor, etc.

portadilla f. Anteportada.

portadocumentos m. inv. Cartera que se lleva en la mano para transportar documentos, papeles, etc.

portador, ra adj. Dícese de la persona o cosa que lleva consigo otra cosa o está en posesión de algo (ú. t. c. s.). ‖ Dícese de la persona encargada de entregar una carta, un mensaje. Ú. t. c. s. : *portador de malas noticias.* ‖ — M. y f. Persona en favor de quien se ha suscrito o girado un efecto de comercio : *cheque al portador.* ‖ Persona o cosa que lleva con ella los agentes contagiosos de una infección : *portador de gérmenes.*

portaequipajes m. inv. Parte de un vehículo para poner los equipajes.

portaestandarte m. Persona que lleva la bandera de un regimiento, de una asociación, etc. ‖ *Fig.* Abanderado.

portafolio m. Cartera de documentos.

portafusil m. Correa para llevar colgado el fusil.

portahelicópteros m. inv. Buque de guerra equipado para el transporte de helicópteros.

portaherramientas m. inv. Pieza que sujeta la herramienta en una máquina.

portal m. Zaguán o vestíbulo de la puerta de entrada de una casa. ‖ Belén ; *portal del Niño Jesús.*

Portalegre, c. al este de Portugal, cap. de distrito.

Portales (Diego), político chileno, n. en Santiago (1793-1837). Restableció el orden público y el principio de autoridad siendo ministro del interior. Participó en un movimiento subversivo y murió fusilado.

portalibros m. inv. Cartera de libros.

portalón m. Puerta grande.

portallaves m. inv. Llavero.

portamaletas m. inv. Maletero de un coche.

portamantas m. inv. Conjunto de dos correas con asa para llevar a mano las mantas de viaje.

portamonedas m. inv. Bolsa o cartera en la que se guarda el dinero.

portante adj. Que sostiene, sujeta o sustenta. ‖ — M. Paso de las caballerías que mueven a un tiempo la mano y el pie del mismo lado. ‖ *Fig.* e *fam. Tomar el portante,* marcharse, irse.

portanuevas com. inv. Persona que trae y lleva noticias.

portañca f. Portañuela.

portañola f. *Mar.* Cañonera.

portañuela f. Tira de tela que oculta la abertura de los pantalones. ‖ *Col.* y *Méx.* Puerta de carruaje.

portaobjeto o **portaobjetos** m. Placa de cristal en los microscopios en la que se coloca el objeto que se va a observar.

portaplumas m. inv. Palillero, mango para colocar la pluma.

portar v. t. Llevar o traer. ‖ Traer el perro la pieza de caza cobrada. ‖ — V. pr. Conducirse, obrar : *portarse bien.* ‖ Distinguirse, quedar airoso : *portarse con lucimiento.*

portarretrato o **portarretratos** m. Marco en que se colocan retratos.

portátil adj. Que se puede transportar : *máquina de escribir portátil.*

portaviones m. inv. Barco de guerra

PO

511

que transporta aviones, que despegan y aterrizan en su cubierta.

portavoz m. Persona o publicación que representa o lleva la voz de una colectividad : *el portavoz de un gobierno.* || Bocina, megáfono.

portazgo m. Derechos pagados por pasar por ciertos caminos.

portazo m. Golpe fuerte dado por la puerta al cerrarse. || Acción de cerrar la puerta para desairar a uno o despreciarle : *dar un portazo a uno.*

porte m. Transporte, traslado : *el porte de mercancías.* || Cantidad pagada por el transporte de una cosa de un lugar a otro : *franco de porte.* || Facha, aspecto : *porte distinguido.* || Conducta, modo de proceder : *persona de buen* (o *mal*) *porte.* || Capacidad de transporte de un buque mercante o de otra cosa. || Dimensión, tamaño.

porteador, ra adj. y s. Transportista.

portear v. t. Transportar.

portento m. Prodigio.

portentoso, sa adj. Prodigioso.

porteño, ña adj. y s. Del Puerto de Cortés (Honduras) y de Valparaíso (Chile). || Bonaerense, de Buenos Aires. || Barrioporteño, de Puerto Barrios (Guatemala).

Porter (Cole), músico norteamericano (1893-1964), autor de populares canciones (*Begin the beguine, Night and day, Bésame*) y comedias musicales (*Cancán*).

portería f. Cuarto en el que está el portero o portera de una casa. || Empleo u oficio del portero. || En algunos deportes, como el fútbol, meta, espacio limitado por dos postes provistos de una red por donde hay que hacer pasar el balón.

portero, ra m. y f. Persona encargada del cuidado de una casa. || — M. Jugador que defiende la meta o portería. || *Portero automático,* instalación que permite abrir a distancia la puerta de entrada de un edificio público o privado.

Portes Gil (Emilio), abogado y político mexicano (1891-1978). Pres. interino de la Rep. de 1928 a 1930 después del asesinato de Álvaro Obregón.

Portete, bahía del NE. de Colombia, en el mar Caribe (Guajira). || — **de Tarqui,** montaña en los Andes del Ecuador ; 3 488 m.

portezuela f. Puerta de un coche. || Puerta pequeña.

Portezuelo, cerro al NO. de la Argentina entre Jujuy y Salta ; 4 500 m. — C. del centro de Chile en la VIII Región (Biobío) y en la prov. de Ñuble, cap. de la com. del mismo nombre.

pórtico m. Lugar cubierto y con columnas que se construye delante de la puerta de un edificio : *el pórtico de una catedral.* || Galería con arcadas o columnas a lo largo de una fachada, patio, etc.

portilla f. *Mar.* Cada una de las aberturas pequeñas que sirven de ventanas en los costados del buque.

Portilla (Anselmo de la), escritor español (1816-1879), establecido en México. Fundador del periódico *El Español* y autor de obras de historia, novelas y poesías.

portillo m. Abertura en una pared, muralla o tapia. || Derivación de un río para tomar agua. || Postigo en una puerta o ventana.

Portillo, estación de deportes de invierno de Chile (Aconcagua).

Portinaitx, c. de España en la isla de Ibiza (Baleares).

Portinari (Beatriz). V. BEATRIZ. || ~ (CÁNDIDO), pintor brasileño (1903-1962), autor de frescos, retratos, etc.

pórtland m. Cemento hidráulico obtenido por calcinación de una mezcla artificial de arcilla y caliza.

Portland, c. y puerto del NO. de Estados Unidos (Oregón). Arzobispado. — C. y puerto del NE. de Estados Unidos (Maine). Obispado. — (PENÍNSULA DE), peníns. de Gran Bretaña al sur de Inglaterra (Dorset). Cemento.

Porto. V. OPORTO. — **Alegre,** c. y puerto fluvial del sureste del Brasil, cap. del Estado de Río Grande do Sul. Arzobispado. Universidad. Industrias ; centro comercial. || ~ **Novo,** cap. de Benín, ant. Dahomey, en el golfo de

Guinea ; 115 000 h. Obispado. || ~ **Velho,** c. del O. del Brasil, cap. del territorio de Rondônia y del mun. de su nombre. Obispado.

portobaquericense adj. y s. De Puerto Baquerizo (Ecuador).

Portobelo, pobl. y puerto del N. del centro de Panamá (Colón).

Portocarrero (René), pintor abstracto cubano, n. en 1912, autor de murales.

portón m. Puerta grande.

portorriqueño, ña adj. y s. Puertorriqueño.

portovejense adj. y s. De la ciudad de Portoviejo (Ecuador).

Portoviejo, río al O. del Ecuador (Manabí), que des. en el Pacífico ; 100 km. — C. del O. del Ecuador, cap. de la prov. de Manabí. Obispado. Agricultura.

Portsmouth [-muz], c. del NE. de Estados Unidos (New Hampshire). — C. y puerto al E. de Estados Unidos (Virginia), y al SO. de Norfolk. Obispado. Astilleros. — C. al NE. de Estados Unidos (Ohio) a orillas del Ohio. Industrias. — C. y puerto de Gran Bretaña, al S. de Inglaterra (Hampshire), enfrente de la isla de Wight. Astilleros.

portuario, ria adj. Referente a los puertos : *obras portuarias.*

portuense adj. y s. De cualquiera de las ciudades llamadas *Puerto* : Puerto Cabello, Puerto Montt, Puerto Príncipe, Puerto de Santa María, etc. || De Ostia (Italia).

Portugal, república del sur de Europa, situada en la zona occidental de la Península Ibérica ; 91 632 km² ; 9 940 000 h. (*portugueses*). Cap. *Lisboa,* 1 600 000 h. Otras c. : *Braga,* 49 000 h. ; *Oporto,* 350 000 ; *Coimbra,* 57 000 ; *Santarém,* 19 000 ; *Évora,* 31 500 ; *Setúbal,* 36 000 ; *Beja,* 16 000 ; *Aveiro,* 22 000 ; *Faro,* 21 000 ; *Almada,* 39 000 ; *Amadora,* 68 000 ; *Barreiro,* 55 000 ; *Covilhã,* 29 000 ; *Vila Nova de Gaia,* 51 000. (V. mapa de España.)

— GEOGRAFÍA. La zona norte del Tajo es una meseta surcada por la sierra de la Estrella, mientras que al sur se extiende una planicie limitada por las montañas del Algarve. El Duero y el Tajo son sus principales ríos y el Miño y el Guadiana delimitan parte de la frontera con España. Los recursos de Portugal son esencialmente agrícolas (maíz, vid, frutales, cereales, maderas), mineros (wolframio, cobre; estaño, hierro), pesqueros e industriales (textiles, productos alimenticios, vinos). De su antiguo imperio colonial, Portugal, desde 1975, apenas conserva más en África (las Madera y Azores) y en Asia, el puerto de Macao.

Portugalete, v. del N. de España (Vizcaya), antepuerto de Bilbao.

portuguense adj. y s. De Portuguesa (Venezuela).

portugués, esa adj. y s. De Portugal. — M. Lengua hablada en él, en Brasil, en las antiguas posesiones portuguesas (Angola, etc.).

Portuguesa, río del O. de Venezuela, afl. del Apure ; 500 km. — Sierra de Venezuela, en el límite del Estado homónimo y el de Lara. — Estado del O. de Venezuela ; cap. *Guanare.* Agricultura.

portuguesada f. *Fig.* Exageración.

portuguesismo m. Lusitanismo. || Carácter de portugués. || Amor a Portugal.

portuguesista adj. Dado o afecto a Portugal.

Portuondo (José Antonio), ensayista cubano, n. en 1911.

Pórtus. V. PERTHUS.

porvenir m. Suceso o tiempo futuro. || Situación futura.

Porvenir, pobl. al E. de la Argentina (Buenos Aires). — Pobl. al NO. de Bolivia, cap. de la prov. de Nicolás Suárez (Pando). — C. al S. de Chile en la XII Región (Magallanes), cap. de la prov. de Tierra del Fuego y de la com. de su n. — Pobl. al O. del Uruguay (Paysandú).

pos conj. Méx. *Pop.* Pues. || *En pos,* tras, detrás, después de.

posada f. Fonda. || Hospedaje : *pedir posada.* || Méx. Fiesta popular que se celebra nueve días antes de Navidad.

Posada (José Guadalupe), grabador mexicano (1851-1913). Realizó con sus

dibujos una aguda crítica histórica y dio una visión de la vida mexicana de su tiempo. || ~ **Gutiérrez** (JOAQUÍN), militar, político y escritor colombiano (1797-1881). Intervino en la campaña del Sur de Bolívar y posteriormente en las luchas civiles.

Posadas, c. del NE. de la Argentina, cap. de la prov. de Misiones, a orillas del Paraná. Universidad. Obispado. Museo etnográfico y etnológico. Un puente internacional que atraviesa el Paraná une la ciudad con la de Encarnación (Paraguay).

Posadas (Gervasio Antonio de), político argentino (1757-1833), primer director supremo de las provincias Unidas del Río de la Plata de 1814 a 1815. Autor de *Memorias.*

posadeño, ña adj. y s. De Posadas (Argentina).

posaderas f. pl. *Fam.* Trasero.

posar v. t. Colocar, poner : *posó la mano sobre mis hombros.* || Dirigir : *posó su vista en mi automóvil.* || Dejar, poner : *posalo aquí.* || — V. i. Detenerse los pájaros para descansar (ú. t. c. pr.). || Ponerse una persona delante del pintor o escultor para servirle de modelo. || Colocarse una persona en postura para que sea fotografiada. || Darse tono, presumir (es galicismo). || — V. pr. Depositarse en el fondo las sustancias que están en suspensión en un líquido o en un objeto las partículas que están en el aire. || Aterrizar.

posbélico, ca adj. Que sigue a la guerra.

poscomunión f. Oración de la misa después de la comunión.

posdata f. Lo que se añade a una carta ya firmada.

pose f. (pal. fr.) *Fot.* Exposición. || Actitud afectada. || Sesión de un modelo. || *Fig.* Afectación.

poseedor, ra adj. y s. Que posee.

poseer v. t. Ser propietario : *posee muchos bienes.* || Tener en su poder : *él posee la llave.* || Tener : *posee un carácter endiablado.* || Contar con, disponer de : *poseer excelentes comunicaciones.* || Conocer a fondo : *posee tres idiomas.* || Gozar de los favores de una mujer : *nunca llegó a poseerla.* || Detentar : *poseer un récord.* || — V. pr. Ser dueño de sí mismo.

poseído, da adj. y s. Poseso. || *Fig.* Furioso, dominado por la ira. || Engreído, creído de sí mismo.

Poseidón, divinidad marina griega. Es el *Neptuno* romano.

Posen. V. POZNAN.

posesión f. Acto de poseer una cosa, facultad de disponer de un bien. || La cosa poseída. || Colonia de un Estado. || Disfrute de un bien no fundamentado en un título de plena propiedad. || Estado de la persona sobre cuyo espíritu ejerce perniciosa influencia un espíritu malo. || Ayuntamiento carnal con una mujer. || *Amer.* Finca rústica. || — *Dar posesión de un cargo a uno,* conferirle el cargo. || *Tomar uno posesión de un cargo,* empezar a ejercerlo ; recibir algo de modo oficial.

posesionar v. t. Dar posesión de una cosa. || — V. pr. Tomar posesión.

posesivo, va adj. Que denota posesión. || Que tiene necesidad de posesión, de dominación : *una madre posesiva.* || Posesorio. || — *Gram.* Adjetivo posesivo, el que determina al sustantivo añadiendo una idea de posesión : *Pronombres posesivos,* los que van en lugar del nombre y denotan posesión o pertenencia (ú. t. c. s. m.).

poseso, sa adj. y s. Endemoniado.

posesor, ra adj. y s. Poseedor.

posesorio, ria adj. *For.* Relativo o perteneciente a la posesión.

posfecha f. Fecha posterior a la verdadera.

posgraduado, da adj. Que adquirió un título universitario (ú. t. c. s.).

posguerra f. Tiempo posterior a la guerra.

posibilidad f. Calidad de posible. || Aptitud, potencia u ocasión para que exista las cosas. || Probabilidad : *calcular las posibilidades de éxito.* || — Pl. Aquello que se puede esperar de alguien o de algo.

posibilitar v. t. Hacer posible. || Permitir.

posible adj. Que puede ser o suceder. ‖ Que se puede ejecutar. ‖ — M. Posibilidad, facultad. ‖ *Hacer todo lo posible*, no omitir diligencia alguna. ‖ — M. pl. Bienes, rentas, fortuna : *una persona de muchos posibles.*

posiblemente adv. Con gran posibilidad. ‖ Es posible.

posición f. Lugar preciso en que está colocada una cosa : *la casa de Blanca, dada su posición, tiene una vista magnífica.* ‖ Postura, manera de estar situada una persona : *posición tendida.* ‖ *Mil.* Zona de terreno ocupada por una unidad encargada de su defensa : *posición de combate.* ‖ *Fig.* Situación relativa a un objetivo, a circunstancias particulares : *posición difícil.* ‖ Condición económica o social de una persona : *Álvaro tiene una buena posición.* ‖ Opinión, partido que se adopta en una situación determinada o ante un problema preciso.

posimpresionismo m. Postimpresionismo.

posimpresionista adj. y s. Postimpresionista.

positivado m. Acción de sacar copias positivas de un negativo fotográfico.

positivar v. t. Sacar una fotografía de un negativo.

positividad f. Carácter positivo.

positivismo m. Calidad de positivista. ‖ Gran aprecio que se tiene por el valor y utilidad prácticos de las cosas. ‖ Teoría filosófica de Auguste Comte que defiende como única fuente de conocimiento la experiencia sacada de los fenómenos.

positivista adj. y s. Realista, que da gran valor a la utilidad práctica de las cosas. ‖ Partidario del positivismo.

positivo, va adj. Que se basa en hechos ciertos, reales : *hecho positivo ; mejoría positiva.* ‖ Que se funda en la experiencia : *ciencias positivas.* ‖ Fundado en la afirmación de un hecho : *prueba positiva.* ‖ Que está escrito, prescrito : *derecho positivo.* ‖ Que existe de hecho (por oposición a *negativo*) : *la existencia positiva de obligaciones.* ‖ Aplícase a la prueba fotográfica sacada de un negativo (ú. t. c. m.). ‖ Dícese de la electricidad que se obtiene frotando el vidrio con un paño y que lleva el signo +. — M. Lo que es real, incontestable. ‖ Lo que no es imaginario : *él solamente ve lo positivo de las cosas.* ‖ *Gram.* Grado de comparación expresado por el adjetivo solo o por el adverbio.

pósito m. Almacén municipal destinado a guardar cereales. ‖ Granero, depósito de trigo. ‖ Cooperativa de auxilio mutuo.

positón y **positrón** m. Electrón positivo.

posma f. Pesadez, lentitud. ‖ — Adj. y s. Pesado, engorroso.

Posnania, provincia al O. de Polonia, alemana hasta 1945 ; cap. Poznan.

poso m. Sedimento de un líquido. ‖ *Fig.* Huella, resto.

posología f. Indicación de la dosis en la toma de medicamentos.

posponer v. t. Colocar una persona o cosa después de otra : *posponer el sujeto al verbo.* ‖ *Fig.* Estimar a una persona o cosa menos que a otra. ‖ Diferir, aplazar.

posposición f. Colocación después. ‖ Acción de posponer.

pospretérito m. GRAM. Potencial simple en la terminología de A. Bello.

posromanticismo m. Movimiento literario de transición entre el romanticismo y el realismo.

posromántico, ca adj. y s. Posterior al romanticismo.

Posse (Abel), escritor argentino, n. en 1936, autor de las novelas *Los perros del paraíso*, *Daimon*.

post prep. Pos. ‖ — *Post scriptum*, posdata, postscriptum. ‖ *Post meridiem*, posterior al mediodía, postmeridiano (abrev. *p. m.*).

posta f. Conjunto de caballerías que se apostaban en los caminos a cierta distancia, para mudar los tiros, renovar el correo, etc. ‖ Lugar donde estaban las postas. ‖ Bala pequeña de plomo. ‖ *A posta*, expresamente, adrede.

postal adj. Relativo al correo : *servicio, tren, avión postal.* ‖ — F. Tarjeta : *enviar una postal con recuerdo* (ú. t. c. adj.).

postbalance m. Estado después de hacer el balance : *venta postbalance.*

postdata f. Posdata.

postdiluviano, na adj. Sucedido después del diluvio universal.

postdorsal adj. Aplícase al sonido que se forma con la parte posterior del dorso de la lengua y a las letras que lo tienen como la *h* (ú. t. c. s. f.).

poste m. Madero, pilar de hierro o de hormigón colocado verticalmente para servir de apoyo o señal.

postema f. Absceso que supura.

posteo m. *Méx. Min.* Entibación.

poster m. (pal. ingl.). Cartel.

poste restante f. (pal. fr.). *Amer.* Lista de correos.

postergación f. Retraso. ‖ Relegación. ‖ Olvido.

postergar v. t. Hacer sufrir retraso, dejar atrasada una cosa : *postergar un asunto.* ‖ Perjudicar a un empleado dando a otro más moderno el ascenso. ‖ Dejar de lado.

posteridad f. Descendencia de aquellos que tienen un mismo origen. ‖ Conjunto de las generaciones futuras. ‖ Fama póstuma. ‖ Futuro.

posterior adj. Que viene después en orden al tiempo : *acto posterior.* ‖ Que está detrás. ‖ — M. Fam. Trasero.

posteriori (a) loc. adv. Posteriormente.

posterioridad f. Estado de una cosa posterior a otra.

postgraduado, da adj. Posgraduado (ú. t. c. s.).

postguerra f. Posguerra.

postigo m. Puerta falsa. ‖ Puerta pequeña abierta en otra mayor. ‖ Tablero de madera o de metal con que se cierran las ventanas o puertas. ‖ Puerta de una sola hoja.

postilla f. Costra que se cría en las llagas o granos cuando se secan.

postillón m. Mozo que iba a caballo guiando los que corrían la posta.

postimpresionismo m. Movimiento artístico posterior al impresionismo.

postimpresionista adj. Relativo al postimpresionismo. ‖ Adepto a él (ú. t. c. s.).

postín m. Presunción : *se da mucho postín.* ‖ Elegancia : *un traje de mucho postín.* ‖ *De lujo* : *piso de postín.*

postinero, ra adj. Presumido, que se da postín (ú. t. c. s.). ‖ Elegante.

postizo, za adj. Que no es natural, sino agregado, sobrepuesto : *diente, moño postizo.* ‖ *Fig.* Falso : *cortesía postiza.* ‖ — M. Pelos artificiales en forma de moño o mechones que se pueden añadir a la cabellera natural.

postmeridiano adj. Relativo a la tarde.

postmodernismo m. Movimiento literario surgido como una reacción conservadora dentro del modernismo y que aconsejaba la sencillez lírica.

postmodernista adj. Posterior al modernismo. ‖ Seguidor de este movimiento artístico (ú. t. c. s.).

postoperatorio, a adj. Que se verifica después de una operación.

postor, ra m. y f. Licitador. ‖ *Mejor postor*, el que hace la oferta más ventajosa.

postpalatal adj. Aplícase a la consonante para cuya pronunciación choca la base de la lengua contra el velo del paladar y a las letras que las poseen (ú. t. c. s. f.).

postración f. Abatimiento.

postrador, ra adj. Que postra.

postrar v. t. Debilitar, abatir, quitar el vigor a uno : *postrado por la calentura, por la desgracia* (ú. m. c. -pr.). ‖ — V. pr. Arrodillarse : *postrarse al pie del altar.* ‖ Humillarse.

postre m. Fruta o plato dulce que se toma al fin de la comida. ‖ — *A la postre*, en definitiva. ‖ *Para postre*, para colmo.

postremo, ma adj. Último.

postrer adj. Apócope de postrero.

postrero, ra adj. Último en orden : *el año postrero del siglo.* ‖ Que está o viene detrás (ú. t. c. s.).

postrimería f. Último período o últimos años de la vida. ‖ *Teol.* La muerte o cada una de las tres últimas cosas que esperan al alma del hombre depués de muerto (juicio, infierno y gloria). ‖ — Pl. Final, término.

postrimero, ra adj. Postrero.

postromanticismo m. Posromanticismo.

postromántico, ca adj. Posromántico (ú. t. c. s.).

postscriptum m. Postdata.

postsincronización f. Grabación del sonido de una película después de la toma de vistas.

postsincronizar v. t. Grabar el sonido de una película cinematográfica después de la toma de vistas.

postulación f. Acción y efecto de postular. ‖ Colecta.

postulado m. Proposición que hay que admitir en pruebas para establecer una demostración : *el postulado de Euclides.* ‖ Principio muy claro y evidente.

postulante, ta adj. y s. Que postula, pretendiente. ‖ Que aspira a ingresar en una comunidad religiosa. ‖ Que hace una colecta.

postular v. t. Pretender, pedir. ‖ Encomiar, aconsejar : *hay que postular medidas.* ‖ — V. i. Pedir públicamente para una obra, hacer una colecta.

póstumo, ma adj. Nacido o publicado después de la muerte del padre o del autor : *hija póstuma ; composiciones póstumas.*

postura f. Posición, actitud, disposición de una persona, animal o cosa : *una postura incómoda.* ‖ Opinión, comportamiento : *su postura no es muy clara.* ‖ Precio que se pone a una cosa. ‖ Precio ofrecido por el comprador en una subasta. ‖ Puesta, cantidad que se juega en una apuesta. ‖ Función de poner huevos las gallinas. ‖ Planta o arbolillo que se trasplanta. ‖ *Fig.* Condición, situación : *estar en mala postura.* ‖ Actitud, posición : *postura negadora.*

postventa adj. Dícese del servicio comercial que asegura el cuidado de las máquinas vendidas (ú. t. c. s. f.).

potabilizar v. t. Volver potable el agua.

potable adj. Que puede beberse. ‖ *Fam.* Admisible, más o menos bueno.

potaje m. Caldo del cocido. ‖ Guiso hecho con legumbres secas y verduras. ‖ El que lleva una especie de bastón que lanza al aire y recoge al frente de la banda en algunos desfiles militares. ‖ La función que realiza y el mismo bastón. ‖ *Fig.* Mezcolanza.

potasa f. *Quím.* Hidróxido de potasio, denominado también *potasa cáustica*, cuerpo blanco, muy soluble en el agua.

potásico, ca adj. *Quím.* Relativo al potasio : *sales potásicas.*

potasio m. Metal alcalino (K), de número atómico 19, extraído de la potasa, más blando que la cera, fusible y que arde en contacto con el agua.

pote m. Vasija redonda. ‖ Recipiente que se emplea en las farmacias para poner ciertas sustancias. ‖ Cocido de alubias, verduras y tocino que se hace en Galicia y Asturias. ‖ Maceta, tiesto. ‖ *Fig. y fam.* Postín, presunción : *darse mucho pote.*

potencia f. Fuerza capaz de producir un efecto : *la potencia del viento.* ‖ Poder, fuerza de un Estado : *potencia militar.* ‖ Estado soberano : *las grandes potencias.* ‖ Fuerza, poder, vigor : *un motor que tiene mucha potencia.* ‖ Virtud generativa, virilidad. ‖ *Fil.* Posibilidad, virtualidad : *pasar de la potencia al acto.* ‖ *Fís.* Cociente del trabajo hecho por una máquina dividido por el tiempo que ha tardado en efectuarlo. ‖ *Mat.* Cada uno de los productos que resultan de multiplicar una cantidad por sí misma tantas veces como su exponente indica : *elevar un número a la cuarta potencia.* ‖ *En potencia*, de modo potencial. ‖ *Potencias del alma*, la memoria, la inteligencia y la voluntad.

potenciación f. *Mat.* Operación que tiene por objeto el cálculo de la potencia de un número. ‖ Fomento, mayor potencia.

potencial adj. Que tiene en sí

PO

513

potencia : *gran energía potencial*. ‖ Posible, que puede suceder o existir : *enemigo potencial*. ‖ *Gram*. Dícese del tiempo del verbo simple o compuesto, que el gramático venezolano Andrés Bello llamaba respectivamente *pospretérito* o *antepospretérito*, que expresa una acción futura eventual o hipotética (ú. t. c. s. m.). — *M. Electr*. Grado de electrización de un conductor : *la diferencia de potencial engendra una corriente eléctrica*. ‖ *Fig*. Poder, fuerza disponible : *el potencial militar de una nación*.
potencialidad f. Capacidad de la potencia, independiente del acto. ‖ Potencia, poderío.
potenciar v. t. Dar potencia. ‖ Hacer posible. ‖ Dar más posibilidades, facilitar, fomentar, impulsar, reforzar.
potentado, da m. y f. Persona poderosa o de gran influencia o muy rica.
potente adj. Que tiene poder o potencia : *un estado potente* ; *una máquina potente*. ‖ Capaz de engendrar. ‖ Fuerte : *voz potente*.
Potenza, c. del SE. de Italia (Basilicata), cap. de la prov. homónima.
potestad f. Facultad de mandar, poder, autoridad. ‖ Espíritu celestial del sexto coro de los ángeles. ‖ *Patria potestad*, autoridad que los padres tienen sobre los hijos.
potestativo, va adj. Facultativo.
potingue m. *Fam*. Cualquier preparado de botica o bebida de sabor desagradable.
Potomac, río al NE. de Estados Unidos que atraviesa Washington y desemboca en la bahía de Chesapeake ; 640 km.
Potonchán, n. que los conquistadores españoles dieron a la corte del rey indígena en la pobl. mexicana actualmente llamada *Champotón* (Campeche).
Potosí, pico del centro de Estados Unidos (Colorado) ; 4 197 m. — C. del centro de Estados Unidos (Misuri).
potosí m. *Fig*. Riqueza extraordinaria : *valer un potosí*.
Potosí, c. al S. de Bolivia, en las faldas del *Cerro de Potosí*, cap. del dep. homónimo. Obispado. Universidad. Centro minero (plata, estaño). Fundada en 1545 por Diego de Villarroel, que le dio el nombre de *Villa Imperial*. — Mun. del S. de Colombia (Nariño). — Mun. del S. de Nicaragua (Rivas).
potosino, na adj. y s. De Potosí (Bolivia) o de San Luis Potosí (México).
potpurri m. Popurrí.
potra f. Yegua joven. ‖ *Fam*. Hernia. ‖ *Fig. y fam*. Suerte : *tener potra*.
potrada f. Reunión de potros de una yeguada o de un dueño.
potranca f. Yegua que no pasa de tres años de edad.
potranco m. Potro.
potrero, ra adj. Relativo a los potros. — M. El que cuida potros. ‖ Sitio para la cría de ganado caballar.
potro m. Caballo joven de menos de cuatro años y medio de edad. ‖ Aparato de gimnasia para ejecutar diferentes saltos. ‖ Aparato de madera con el que daba tormento.
Potro, pico de los Andes, entre Argentina (La Rioja) y Chile (Copiapó). — Monte de los Andes al N. de Chile (Atacama) ; 5 460 m.
potroso, sa adj. y s. Herniado. ‖ *Fam*. Afortunado, con suerte.
Potsdam, c. de Alemania Oriental, a 20 km al SO. de Berlín. Conferencia en 1945 entre Truman, Churchill (después Attlee) y Stalin para decidir las condiciones de la capitulación de Alemania y la ocupación de ésta por los aliados después de la victoria obtenida en la segunda guerra mundial (1939-1945).
Poulenc (Francis), músico francés (1899-1963), autor de canciones (*Bestiario*), composiciones religiosas, óperas (*Las mamas de Tiresis, Diálogos de carmelitas*) y ballets.
P. O. U. M., siglas del Partido Obrero de Unificación Marxista, fundado en España en 1935 y disuelto en 1937.
pound [*paund*] f. (pal. ingl.). Libra.
Pound (Ezra), poeta norteamericano (1885-1972), autor de *Cantos*.
Poussin (Nicolas), pintor clásico

francés (1594-1665), autor de cuadros históricos y mitológicos.
Poveda (Alfredo), marino ecuatoriano, n. en 1926, pres. de la Junta Militar que dirigió el país de 1976 a 1979. ‖ ~ (JOSÉ MANUEL), poeta cubano (1888-1926). ‖ ~ y **Armenteros** (FRANCISCO), poeta cubano (1796-1881), llamado el *Trovador Cubano*.
Poviña (Alfredo), escritor argentino, n. en 1904, autor de *Historia de la sociología latinoamericana*.
poyete y **poyo** m. Banco de piedra contra la pared y junto a las puertas de las casas. ‖ *Fig. y fam. Quedarse en el poyete*, no ser invitada a bailar o quedarse soltera una muchacha.
Poyo, mun. al NO. de España (Pontevedra).
poza f. Charca.
Pozarevac. V. PASSAROWITZ.
Poza Rica, pobl. y mun. al E. de México (Veracruz). Centro petrolero.
Poznan, en alem. *Posen*, c. del centro de Polonia, cap. de la prov. de Posnania, a orillas del Warta. Arzobispado. Universidad. Industrias.
pozo m. Hoyo profundo, generalmente circular y recubierto de mampostería, abierto en la tierra para llegar a la capa acuífera procedente de manantiales subterráneos. ‖ Sitio en que un río tiene más profundidad. ‖ Hoyo profundo por donde se baja a una mina. ‖ *Mar*. Sentina. ‖ *Fig. Manantial abundante* : *pozo de sabiduría, de maldades*. ‖ Compartimiento en que tiene que permanecer un jugador, en el juego de la oca, hasta que caiga otro que lo libere. ‖ — *Pozo artesiano*, aquel en el que el agua sube naturalmente hasta la superficie. ‖ *Pozo de petróleo*, el excavado para extraer este mineral. ‖ *Pozo negro*, hoyo en que se recogen las inmundicias en los lugares donde no existe alcantarillado. ‖ *Fig. Pozo sin fondo*, aplícase a la persona o cosa en las que se está siempre gastando dinero y recaban cada vez más.
Pozo (El), ~ cerro de la Argentina (Mendoza) ; 2 985 m. ‖ ~ **Alcón**, v. al S. de España (Jaén). ‖ ~ **Almonte**, c. al N. de Chile en la I Región (Tarapacá) y en la prov. de Iquique, cap. de la com. del mismo nombre. ‖ ~ **Colorado**, c. del Paraguay, cap. del dep. Presidente Hayes.
Pozoblanco, c. al sur de España (Córdoba).
pozole m. *Méx*. Bebida compuesta de masa de nixtamal batida en agua. ‖ Guisado de cabeza de puerco.
Pozos (Los), distrito en el centro sur de Panamá (Herrera).
Pozos Dulces (Francisco de FRÍAS y JACOTT, *conde de*), economista cubano (1809-1877).
Pozuelo de Alarcón, v. de España, en el área metropolitana de Madrid.
Pozuelos, mun. al N. de Venezuela (Anzoátegui), a orillas del golfo de Barcelona.
Pozzo Toscanelli (Pablo del). V. TOSCANELLI.
Pozzuoli. V. PUZOL.
Pr, símbolo del *praseodimio*.
práctica f. Aplicación, ejecución de las reglas, de los principios de una ciencia, de una técnica, de un arte, etc. : *poner en práctica un método*. ‖ Cumplimiento de un deber moral, social : *la práctica de la caridad*. ‖ Observación de los deberes del culto : *práctica religiosa*. ‖ Experiencia creada por la repetición de actos : *tiene mucha práctica en hacer diccionarios*. ‖ Realización de un ejercicio : *la práctica de un deporte*. ‖ Costumbre, uso : *prácticas funerarias*. ‖ — Pl. Clases en que los alumnos hacen aplicación de los conocimientos adquiridos teóricamente. ‖ — *En la práctica*, en la realidad. ‖ *Período de prácticas*, tiempo durante el cual una persona adquiere experiencia en el ramo en el que trabajará más tarde.
practicable adj. Que puede ser realizado. ‖ Transitable : *un camino practicable*. ‖ — M. Decorado teatral que consiste en objetos reales y no de imitación.
practicante adj. y s. Que lleva a cabo las obligaciones impuestas por su religión. ‖ Dícese de la persona que hace las curas, pone inyecciones

y realiza otras intervenciones de cirugía menor. (En este sentido se emplea a veces el femenino *practicanta*.) ‖ Auxiliar de farmacia.
practicar v. t. Aplicar, ejecutar, poner en práctica : *practica todas las virtudes*. ‖ Ejercer : *practicar la medicina*. ‖ Observar los deberes del culto : *practicar la religión* (ú. t. c. i.). ‖ Ejercitar : *practicar un idioma*. ‖ Realizar por costumbre : *practica los deportes*. ‖ Abrir, hacer : *practicó una ventana en la pared*.
práctico, ca adj. Relativo a la acción, a la aplicación (por oposición a teórico) : *medicina práctica*. ‖ Que es adecuado para conseguir un fin, de aplicación o de uso cómodo o fácil : *un horario muy práctico*. ‖ Dícese de la persona que tiene un gran sentido de la realidad. ‖ Diestro, experto en una actividad. ‖ — M. Marino o persona que conoce muy bien los peligros de la navegación en cierto sitio y dirige el rumbo de un barco para entrar en un puerto, costear, etc. ‖ *Práctico facultativo*, médico.
pradera f. Prado extenso. ‖ Sitio que sirve de paseo.
Pradera (La), región de los Estados Unidos y Canadá, entre el Misisipí y los Grandes Lagos, al este, y las Montañas Rocosas, al oeste. Cereales.
Prades, pueblo del S. de Francia (Pyrénées-Orientales).
Pradilla (Francisco), pintor español (1848-1921), autor de cuadros de temas históricos.
prado m. Terreno en que se deja crecer hierba para pasto : *le gustaba pintar los verdes prados de Asturias*.
Prado, río de Colombia (Tolima), afl. del Magdalena ; 120 km. — Pobl. de Colombia (Tolima).
Prado (*Museo del*), museo de Madrid construido durante el reinado de Carlos III por el arquitecto Juan de Villanueva. El edificio estaba destinado en principio a ser sede de una academia de Ciencias Naturales. El rey Fernando VII decidió hacer de él un museo en el que se guardarían las colecciones reales de obras artísticas. Fue inaugurado el 19 de noviembre de 1819 y en 1868 se convirtió en museo nacional. En él se conservan una extensa colección de esculturas y de piezas de orfebrería, pero el verdadero valor de este museo reside en el rico repertorio que posee en cuadros de pintura.
Prado (Blas de), pintor español (¿1545-1600?), autor de cuadros religiosos y de retratos. ‖ ~ (MARIANO), político salvadoreño, jefe de la Junta de Gob. de 1823, vicejefe del Estado en 1824, 1825, de 1826 a 1829 y jefe del Estado de 1832 a 1833. ‖ ~ (MARIANO IGNACIO), general peruano (1826-1901), dictador de 1865 a 1868 y pres. de la Rep. de 1876 a 1879. Declaró la guerra a España en 1866. ‖ ~ (PEDRO), escritor y arquitecto chileno (1886-1952), autor de ensayos, poesías (*Flores de cardo*), poemas en prosa (*La casa abandonada*) y novelas (*La reina de Rapa Nui, Alsino* y *Un juez rural*). ‖ ~ y **Ugarteche** (Manuel), ingeniero y político peruano (1889-1967), hijo de Mariano Ignacio. Pres. de la Rep. de 1939 a 1945 y de 1956 a 1962. Fue derrocado poco antes de terminar su mandato.
Prados (Emilio), poeta español (1899-1962), autor de *Memoria del olvido*. Murió desterrado en México.
Praga, cap. de Checoslovaquia y de Bohemia, a orillas del Moldava en su confluencia con el Elba ; 1 250 000 h. Arzobispado. Universidad. Industrias.
pragmático, ca adj. Que está fundado o que funda las teorías en el estudio de los hechos : *historia pragmática*. ‖ Referente a la acción (por oposición a especulativo, teórico). ‖ Que utiliza el valor práctico como criterio de veracidad : *una política pragmática*. ‖ — F. Edicto de un soberano que regula definitivamente una materia fundamental del país (sucesión, relaciones de la Iglesia y el Estado, etc.).
pragmatismo m. Doctrina que tiene el valor práctico y la utilidad como criterio principal para acercarse a la verdad.

pragmatista adj. y s. Relativo al pragmatismo o partidario de él.

Praia, cap. y puerto del archipiélago de Cabo Verde (Sotavento), en la isla de Santiago.

praseodimio m. Metal del grupo de las tierras raras (Pr), de número atómico 59.

Prat Chacón (Arturo), marino chileno (1818-1879), héroe de la guerra del Pacífico.

Prat de Llobregat, v. del NE. de España, donde se encuentra el aeropuerto de Barcelona.

Prato, c. del N. de Italia en Toscana (Florencia). Obispado. Lana.

Pravdinsk, ant. *Friedland,* c. de la U. R. S. S. (Rusia).

Pravia, v. al noroeste de España (Oviedo).

praxis f. inv. En la filosofía marxista, conjunto de actividades que pueden transformar el mundo, el conocimiento o los fenómenos de la producción sobre los que se basan las estructuras sociales. ‖ Práctica, acción.

Praxíteles, escultor griego (¿390-330 ? a. de J. C.), autor de la *Venus de Cnido,* de gran belleza.

preámbulo m. Prefacio, introducción, prólogo.

preaviso m. Aviso previo.

prebenda f. Renta aneja a ciertas dignidades eclesiásticas. ‖ *Fig.* y *fam.* Empleo muy ventajoso, canonjía.

prebendado adj. y s. Aplícase al que disfruta una prebenda.

preboste m. Jefe de una asociación.

precalentamiento m. Acción y efecto de precalentar.

precalentar v. t. Calentar previamente.

precámbrico, ca adj. Dícese del período geológico más antiguo (ú. t. c. s. m.).

precario, ria adj. De poca estabilidad o duración : *paz, salud precaria.* ‖ Cesión, que puede anular el propietario, del uso de algo.

precaución f. Prudencia, cautela.

precaucionarse v. pr. Precaverse.

precaver v. t. Prevenir un riesgo o evitar un daño o un peligro. — V. pr. Protegerse : *precaverse contra la miseria.*

precavido, da adj. Que evita o sabe precaver los peligros : *persona precavida.* ‖ Sagaz, astuto.

precedencia f. Anterioridad en el tiempo o en el espacio. ‖ Preferencia, en el lugar o asiento, en ciertos actos. ‖ Primacía, superioridad.

precedente adj. Que precede : el *día precedente a éste* (ú. t. c. s.). ‖ — M. Antecedente : *sentar un precedente.*

preceder v. t. Ir delante en tiempo, orden o lugar : *la banda municipal precedía el desfile.* ‖ *Fig.* Tener una persona o cosa más importancia que otra u otras.

preceptista adj. Que da o enseña preceptos y reglas (ú. t. c. s.). ‖ Dícese del profesor de preceptiva literaria (ú. t. c. s.).

preceptivo, va adj. Obligatorio. ‖ Que incluye o encierra en sí preceptos : *la parte preceptiva de la Biblia.* ‖ — F. Conjunto de preceptos aplicables a determinada materia.

precepto m. Disposición, orden, mandato : *los preceptos de la ley.* ‖ Regla, método. ‖ *De precepto,* dícese del día en que hay que oír misa.

preceptor, ra m. y f. Maestro o maestra, persona que se encarga de la educación de los niños.

preceptuar v. t. Ordenar, prescribir.

preces f. pl. Oraciones. ‖ Súplicas, ruegos.

precesión f. Reticencia.

preciado, da adj. Valioso, de gran estimación, apreciado.

preciar v. t. Apreciar, estimar. ‖ — V. pr. Presumir, estar orgulloso : *preciarse de orador.* ‖ Considerarse : *como todo espíritu libre.*

precintado y **precintaje** m. Colocación de un precinto.

precintar v. t. Poner precinto.

precinto m. Plomo sellado, banda o tira pegada o cualquier otra cosa parecida con que se cierran los cajones, baúles, paquetes, puertas, etc., para que no abran : *precinto de garantía.*

precio m. Valor de una cosa respecto a su venta o a su compra ; valoración en dinero o en algo similar a éste : *precio de una mercancía.* ‖ *Fig.* Lo que cuesta obtener una ventaja cualquiera ; *¡ qué precio pagó por su libertad !* ‖ Valor, importancia : *hombre de gran precio.* ‖ — *Fig. Al precio de, a costa de.* ‖ *No tener precio algo,* tener un gran valor. ‖ *Precio alambicado o estudiado,* el que se ha establecido cuidadosamente para que no sea muy elevado. ‖ *Precio alzado,* el establecido por el total de un trabajo sin entrar en el coste de los diferentes conceptos. ‖ *Precio de fábrica o de coste,* aquel en el que no hay ningún margen de beneficio.

precioso, sa adj. De mucho valor, valioso : *una piedra preciosa.* ‖ Muy bonito : *jardín precioso.* ‖ Guapo : *su hija es preciosa.* ‖ — F. Marisabidilla.

preciosura f. Preciosidad.

precipicio m. Lugar hondo y escarpado : *cayeron al precipicio.* ‖ *Fig.* Peligro muy grande, abismo : *al borde del precipicio.* ‖ Ruina, pérdida total.

precipitación f. Gran prisa, apresuramiento. ‖ Acción química en la cual el cuerpo que se encuentra en una solución se deposita en el fondo. ‖ Cantidad total del agua líquida o sólida que cae de la atmósfera : *hubo precipitaciones muy abundantes.*

precipitado, da adj. Que obra con mucha prisa o que sucede rápidamente. ‖ — M. Sedimento que se deposita en el fondo del recipiente a causa de una reacción química.

precipitar v. t. Hacer caer una cosa desde un lugar elevado. ‖ Hacer caer, tirar : *lo precipitó por tierra.* ‖ *Fig.* Apresurar, acelerar : *precipitar los acontecimientos.* ‖ Llevar : *precipitó el país a la ruina.* ‖ *Quím.* Aislar del líquido en que estaba disuelta una sustancia y hacer que ésta se sedimente en el fondo del recipiente. ‖ — V. pr. Caer impetuosamente desde un lugar elevado. ‖ Ir de prisa a un sitio. ‖ *Evolucionar con rapidez, tender a su fin : los acontecimientos se precipitan.* ‖ Lanzarse, arrojarse : *precipitarse contra el enemigo.* ‖ Decir o hacer algo con apresuramiento.

precisar v. t. Determinar, fijar, expresar de modo preciso : *precisar una fecha.* ‖ Obligar, forzar : *verse precisado a irse.* ‖ Necesitar : *preciso un diccionario.* ‖ Aclarar : *precisa bien tu idea.* ‖ — V. impers. Ser necesario.

precisión f. Carácter de lo que es claro, preciso. ‖ Exactitud : *tener precisión en el trabajo.* ‖ Limitación estricta de un tema. ‖ Exactitud grande en la expresión. ‖ Necesidad absoluta de algo : *tengo precisión de tu ayuda.*

preciso, sa adj. Necesario, indispensable : *es preciso que vengas.* ‖ Fijo, determinado : *órdenes precisas ; llegar a una hora precisa.* ‖ Puntual, exacto : *definición precisa.* ‖ Claro, conciso, que dice lo esencial : *estilo preciso.* ‖ Justo : *un lugar preciso.* ‖ Mismo : *llegaron en aquel preciso momento.*

precitado, da adj. Antedicho.

preclaro, ra adj. Insigne.

preclásico, ca adj. Que antecede a lo clásico en artes o letras.

precocidad f. Condición de precoz.

precocinado, da adj. Dícese de los platos medio cocinados vendidos en conserva.

precognición f. Conocimiento anterior.

precolombino, na adj. Anterior a Cristóbal Colón o a sus descubrimientos en el Nuevo Mundo.

precombustión f. Fase que precede a la inflamación del combustible en un motor diesel.

preconcebido, da adj. Pensado o meditado de antemano.

preconcebir v. t. Establecer previamente y con sus pormenores algún pensamiento o proyecto que ha de ejecutarse : *preconcebir un plan.*

preconización f. Acción y efecto de preconizar.

preconizador, ra adj. y s. Que preconiza.

preconizar v. t. Recomendar, aconsejar : *preconizar una gran reforma.* ‖ Encomiar, alabar públicamente.

precontrato m. Acuerdo para firmar un contrato en un tiempo futuro.

precordial adj. Aplícase a la parte del pecho que corresponde al corazón : *región precordial.*

Precordillera, sistema montañoso de la Argentina, al este de los Andes.

precortesiano, na adj. Relativo a épocas anteriores a la conquista de México por Hernán Cortés.

precoz adj. Dícese del fruto que madura temprano, inmaduro. ‖ *Fig.* Que muestra más talento o habilidad de lo que corresponde a sus años : *niño precoz.* ‖ Que sucede antes de lo acostumbrado : *invierno precoz.*

precursor, ra adj. Que precede o va delante : *signos precursores de la tormenta.* ‖ *Fig.* Que enseña doctrinas adelantándose a su época : *los precursores del socialismo.* ‖ — M. y f.

predecesor, ra m. y f. Antecesor.

predecible adj. Que se puede predecir.

predecir v. t. Anunciar algo que ha de suceder.

predestinación f. Destinación anterior de algo. ‖ *Teol.* Por antonomasia, voluntad divina que elige a aquellos que han de lograr la gloria. ‖ Determinación que tendrán los hechos futuros : *predestinación al vicio.*

predestinado, da adj. *Teol.* Destinado por Dios desde la eternidad para lograr la gloria (ú. t. c. s.). ‖ Que tiene que acabar en algo ya sabido.

predestinar v. t. Destinar anticipadamente para un fin.

predeterminación f. Acción y efecto de predeterminar.

predeterminar v. t. Determinar con anticipación una cosa.

prédica f. Sermón o plática de un sacerdote protestante. ‖ *Fig.* Sermón, palabras con recomendaciones.

predicación f. Acción y efecto de predicar o predicarse.

predicaderas f. pl. *Fam.* Dotes para predicar.

predicado m. Lo que se afirma del sujeto en una proposición filosófica. ‖ *Gram.* Aquello que se dice del sujeto en una oración.

predicador, ra adj. y s. Que predica. ‖ — M. Santateresa, insecto.

predicamento m. Autoridad, fama, influencia, prestigio.

predicar v. t. e i. Pronunciar un sermón. ‖ *Fig.* Reprender agriamente o amonestar. ‖ Patentizar, hacer evidente. ‖ — *Fig. Predicar con el ejemplo,* hacer uno mismo lo que se aconseja a los demás que hagan. ‖ *Predicar en el desierto,* decir algo de lo cual nadie hace el menor caso.

predicativo, va adj. *Gram.* Relativo al predicado.

predicción f. Presagio.

predilección f. Preferencia.

predilecto, ta adj. Preferido.

predio m. Heredad o finca : *predio rústico.* ‖ Edificio que está destinado a vivienda : *predio urbano.*

predisponer v. t. Disponer anticipadamente algunas cosas o preparar el ánimo para un fin. ‖ Inclinar a favor o en contra de algo o alguien (ú. t. c. i.). .

predisposición f. Inclinación, propensión, aptitud : *predisposiciones para la música.* ‖ Tendencia a adquirir ciertas enfermedades.

predominancia f. Acción y efecto de predominar.

predominante adj. Que predomina.

predominar v. t. e i. Prevalecer, dominar : *predominan los colores suaves.* ‖ *Fig.* Exceder en altura.

predominio m. Imperio, superioridad, poder, ascendiente, influjo : *el predominio de la ciencia.* ‖ Dominio, preponderancia.

predorsal adj. Situado en la parte anterior de la columna vertebral. ‖ En fonética, dícese del sonido que se articula aplicando contra el paladar la parte anterior del dorso de la lengua (ú. t. c. s. f.).

preelegir v. t. Elegir antes.

preeminencia f. Privilegio, prerrogativa : *las preeminencias sociales.* ‖ Superioridad, supremacía.

PREFIJOS

prefijos de origen griego

prefijos	significado	ejemplos	prefijos	significado	ejemplos
a-, an-	privación	afonía; analfabeto	epi-	sobre	epidemia; epígrafe
ana-	a la inversa	anacronismo; anagrama	eu-,	bien	euforia; eufemismo;
anti-	oposición	antibiótico; anticarro;	ev-		evangelista
		antípoda; antigás	exo-	fuera de	exósmosis
apo-	lejos de	aponeurosis; apóstrofe	hemi-	medio	hemiplejía; hemistiquio
archi-, arqui-,	preeminencia,	archiduque; arquitecto;	hiper-	exceso, su-	hipermetropía; hiperdulia
arz-	superioridad	arzobispado		perioridad	
cata-	hacia abajo,	cataclismo; cataplasma	hipo-	inferioridad	hipodermis; hipocentro
	sobre		met(a)-	más allá,	metatarso;
di-	dos	diptongo		cambio	metamorfosis
di(a)-	entre,	diafragma; diálogo;	pali(m)-	otra vez	palinodia
	separación	diacrítico	para-	contra,	paradoja
dis-	con dificultad	dispepsia		junto a	paratifoides; parafernales
ecto-	externo	ectoplasma	peri-	alrededor	periferia; periscopio
en-	dentro	encerrar	pro-	delante	procesión
end(o)-	dentro	endocrinología	si(m), (n)-	con	simetría; sinóptico

palabras griegas empleadas como prefijos o que forman parte de vocablos españoles

prefijos	significado	ejemplos	prefijos	significado	ejemplos
acant(o)-	espina	acantáceas	dem(o)-	pueblo	demagogia; demócrata
acro-	alto	acrópolis; acróbata	derm(a)-	piel	dermatosis; dérmico
actin(o)-	rayo de luz	actinio; actinógrafo	dico-	en dos partes	dicotomía
aden(o)-	glándula	adenopatía	dinam(o)-	fuerza	dinámica; dinamómetro
aero-	aire	aeronave; aerofagia	dodeca-	doce	dodecaedro
agro-	campo	agropecuario	dolico-	largo	dolicocefalia
al(o)-	otro	alergia; alopatía	enter(o)-	intestino	enterocolitis
andro-	varón	androceo	entomo-	insecto	entomólogo
anemo-	viento	anemógrafo; anemofilia	eo-	aurora	eoceno
anfi-	ambos,	anfibio; anfibología	equino-	erizo	equinodermo, equinococo
	alrededor	anfiteatro	erot-	amor	erotismo
ant(o)-	flor	antera; antología	escaf(a)-	barco	escafoides
antra(c)-	carbón	antraceno; ántrax	escato-	último	escatología
antropo-	hombre	antropófago; antropometría	esfeno-	cuña	esfenoides
aristo-	mejor	aristócrata	esfer(o)-	globo	esfera
aritm(o)-	número	aritmética	esquizo-	hendir	esquizofrenia
arqueo-	antiguo	arqueólogo	estat-	estable	estática; estatorreactor
arteri(o)-,	arteria	arteriosclerosis; arteriola	estereo-	sólido	estereoscopio
artr(o)-	articulación	artritismo; artrópodo	esteto-	pecho	estetoscopio
aster(o)-,	estrella	asteroide	estil(o)-	punzón	estilete; estilográfica
astr(o)-		astronomía	estoma-	boca	estomatitis
atmo-	vapor	atmósfera	etio-	causa	etiología
auto-	uno mismo	autobiografía; autógeno;	etn(o)-	raza	etnografía; etnia
		autómata	fago-	comer	fagocitosis
bar(o)-	peso	barógrafo; barisfera;	fanero-	manifiesto	fanerógama
		baritono	faring-	faringe	faríngeo
bati-	profundidad	batíscafo	farmac(o)-	medicamento	farmacéutico; farmacología
bibli(o)-	libro	biblioteca; Biblia	feno-	aparecer	fenómeno
bio-	vida	bioquímica; biopsia	fil(o)-	amigo	filología; filatelista
bleno-	mucosidad	blenorragia	filo-	hoja	filoxera
bradi-	lento	bradicardia	fis(io)-	naturaleza	fisiólogo; fisonomía
braqui-	corto	braquiópodo	fito-	vegetal	fitófago
brom(o)-	hedor	bromuro	fleb-	vena	flebitis
bronc(o)-,	tráquea	bronconeumonía;	fon(o)-	sonido	fonética
bronqui-		bronquio	foto-	luz	fotosíntesis
butir(o)-	manteca	butiroso	fren(o)-	inteligencia	frenopatía
caco-, caq-	malo	cacoquimia; caquexia	galact-,	leche	galactosa;
calco-	cobre, bronce	calcografía; calcopirita	galax-		galaxia
cali-	hermoso	caligrafo	gam(o)-	unión	gameto; gamopétala
cardi(o)-	corazón	cardiografía; carditis	gastero-,	vientre	gasterópodo;
cefal(o)-	cabeza	cefálico; cefalotórax	gastr(o)-		gastritis; gastrónomo
ceno-	vacío	cenotafio	gen-	género	genealogía
ceno-	común	cenestesia	geo-	tierra	geología
cian(o)-	azul	cianosis	geront(o)-	viejo	gerontólogo
cicl(o)-	círculo	cíclico; cicloide; ciclomotor	ginec(o)-	mujer	ginecólogo; gineceo
cinemat(o)-,	movimiento	cinemateca;	gir(o)-	círculo	giróstato; girasol
cinet(o)-		cinético	glos-	lengua	glosa
cito-	célula	citoplasma	gluc-,	dulce	glucósido;
clepto-	robar	cleptomanía	glicer(o)-		glicerina
clor(o)-	verde, amari-	clorosis; cloruro	gonio-	ángulo	goniómetro
	llento		graf(o)-	escribir	grafito; grafólogo
cosm(o)-	mundo	cosmogonía, cósmico	hagio-	santo	hagiógrafo
crio-	frío glacial	crioscopia	hect(o)-	ciento	hectólitro; hectárea
cript(o)-	escondido	criptógamo; criptograma	helio-	sol	heliotropó
cris(o)-	oro	crisólito; crisantemo	hemat(o)-,	sangre	hematitis; hematoma;
cristal(o)-	cristal	cristalografía; cristalizar	hemo-		hemorragia; hemostático
crom(o)-	color	cromolitografía; cromatismo	hepat(o)-	hígado	hepatitis
cron(o)-	tiempo	cronografía; crónica	hepta-	siete	heptasílabo
dactil(o)-	dedo	dactilar; dactilógrafo	hetero-	otro	heteróclito; heterogeneidad
deca-	diez	decámetro	hexa-	seis	hexámetro; hexasílabo

---

preeminente adj. Superior, destacado : *lugar preeminente.*

preescolar adj. Anterior a la enseñanza primaria. ‖ — M. Ciclo de enseñanza previa a la primaria.

preestablecido, da adj. Establecido de antemano.

preexistencia f. Existencia anterior.

preexistente adj. Que existe anteriormente.

preexistir v. i. Existir antes.

prefabricación f. Sistema de construcción que permite ejecutar ciertas obras valiéndose de elementos hechos de antemano que se unen entre sí siguiendo un plan establecido : *prefabricación de viviendas.*

prefabricado, da adj. Dícese de un elemento de construcción que no se fabrica en la obra y que se monta después en ella : *bloques de hormigón prefabricados.* ‖ Dícese de una construcción realizada exclusiva-

mente con elementos hechos anteriormente : *casa prefabricada.* ‖ — M. Prefabricación.

prefabricar v. t. Llevar a cabo la prefabricación.

prefacio m. Texto que se pone al principio de un libro para presentarlo a los lectores. ‖ Parte de la misa que precede inmediatamente al canon. ‖ *Fig.* Lo que precede, prepara : *prefacio de las fiestas.* | Lo que es causa del despotismo es el prefacio de las revoluciones.

prefecto m. Entre los romanos, título de varios jefes militares o civiles. ‖ Jefe de dignidades militares, religiosas o políticas en diversos países. ‖ Inspector, vigilante : *prefecto de estudios.*

prefectoral adj. Del prefecto o de la prefectura.

prefectura f. Dignidad de prefecto y territorio en el cual ejerce su jurisdic-

ción. ‖ Residencia o despacho del prefecto. ‖ *Prefectura apostólica,* circunscripción eclesiástica en país de misión, análoga al vicariato apostólico y regida por un prefecto apostólico.

preferencia f. Predilección, hecho de ser preferido o de preferir : *tiene preferencia por artículos extranjeros.* ‖ Circunstancia de poseer más derechos : *los inválidos tienen preferencia para ocupar estos cargos o empleos.* ‖ Localidad en un espectáculo.

preferente adj. Que establece una preferencia.

preferible adj. Más ventajoso, mejor : *es preferible que te calles.*

preferido, da adj. y s. Que goza de preferencia.

preferir v. t. Gustar más : *prefiero la playa a la montaña.* ‖ Querer, estimar más : *prefiero al mayor de mis hijos.* ‖ Dar primacía : *preferir la gente joven para trabajar.*

PREFIJOS

prefijos	significado	ejemplos	prefijos	significado	ejemplos
hidr(o)-	agua	hidrógeno; hidrato; hidromiel; hidrostático	ornito-	pájaro	ornitología; ornitorrinco
hier(o)-	sagrado	hierofanta	oro-	montaña	orografía; orogenia
higro-	húmedo	higrometría	orto-	recto	ortografía; ortodoxia
hipno-	sueño	hipnosis	oste(o)-	hueso	ostealgia; osteomielitis
hip(o)-	caballo	hipocampo; hipismo	ot(o)-	oído	otalgia; otitis
histo-	tejido	histólogo	oxi-	ácido	oxígeno
holo-	todo	holocausto	paleo-	antiguo	paleontología
homeo-,	parecido	homeopatía;	pan-,	todo	panamericano;
hom(o)-		homogeneizar	pant(o)-		panteón; pantógrafo
horo-	hora	horóscopo	paqui-	espeso	paquidermia
icono-	imagen	iconografía	pato-	enfermedad	patógeno
icter-	amarillez	ictericia	ped-	niño	pedagogo
ide(o)-	idea	ideograma; ideología	penta-	cinco	pentaedro
idio-	especial	idiotismo	pir(o)-	fuego	piromancia; pirómetro
iso-	igual	isótopo; isobara	pitec-	mono	pitecántropo
kilo-	mil	kilogramo	plast-	formar	plástica
leuc(o)-	blanco	leucemia; leucocito	pleur-	costado	pleuresía
lexico-	lenguaje	lexicografía	pluto-	rico	plutocracia
lit(o)-	piedra	litosfera; litografiar	pod(o)-	pie	podología; podio
log(o)-	palabra, ciencia	logaritmo; logomaquia	poli-	mucho	polimería
macro-	grande	macromolécula; macrocefalia	proto-	primero	protomártir
mega(lo)-	grande	megalito; megaterio	psic(o)-,	alma	psicoanálisis; psicosis;
melan(o)-	negro	melanesio; melanina	psiqui-		psiquiatra
mel(o)-	canto, música	melodrama; melómano	ptero-	ala	pterópodo
meso-	medio	mesocarpio	quiro-,	mano	quiróptero;
meteor(o)-	elevado en el aire	meteorología; meteorito	cir-		cirugía
metr(o)-	medida	metrónomo; métrica	rin(o)-	nariz	rinitis
micr(o)-	pequeño	microscopio; micra	rizo-	raíz	rizópodo
miel(o)-	médula	mielitis	sacar-	azúcar	sacarina
mio-	músculo	miocarditis	sarco-	carne	sarcoma; sarcófago
miri(a)-	diez mil	miriada; miriápodos	sema-	señal, significación	semáforo; semántica
mis(o)-	odiar	misantropía; misoginia	seudo-	falso	seudópodo
mit(o)-	leyenda	mitómano; mítico	sider(o)-	hierro	siderita; siderurgia
mnemo-	memoria	mnemotecnia	somat(o)-	cuerpo	somatología
mon(o)-	único	monarca; monogamia	taqui-	veloz	taquigrafía; taquicardia
morfo-	forma	morfología	tauro-	toro	tauromaquia
nau-	nave	náutica	tauto-	lo mismo	tautología
necro-	muerto	necrófago; necrópolis	taxi-	tasa	taxímetro
nefr(o)-	riñón	nefrítico; nefrosis	tecn(o)-	arte	tecnócrata
neo-	nuevo	neoclásico	tele-	lejos	telegrama; telescopio
neumat-	aire	neumático	teo-	dios	teogonía; teólogo
neumo-	pulmón	neumoconiosis	terapeut-	que cura	terapeuta
neur(o)-	nervio	neuritis; neurastenia	term(o)-	calor	termia; termonuclear
noso-	enfermedad	nosología	tetra-	cuatro	tetrarquía; tetrátrofo
octa-; octo-	ocho	octavilla; octogenario	toco-	parto	tocólogo
odont(o)-	diente	odontología	top(o)-	lugar	topografía
oftalm(o)-	ojo	oftalmía; oftalmología	toxico-	veneno	toxicología
olig(o)-	poco	oligarca; oligoelemento	urano-	cielo	uranografía
onir(o)-	sueño	onirismo; oniromancia	xeno-	extranjero	xenófobo
onoma-	nombre	onomástica; onomatopeya	xero-	seco	xeroftalmia
onto-	ser	ontología; ontogénesis	xilo-	madera	xilófago; xilografía
			zoo-	animal	zootecnia

prefijos de origen latino

prefijos	significado	ejemplos	prefijos	significado	ejemplos
a-, ad-	proximidad	adyacente; abordar	inter-	entre	intercalar; interceder
ab-, abs-	separación, privación	abdicación; abstener	intra-	adentro	intravenoso
ante-	delante	anteayer; antebrazo	multi-	numeroso	múltiple; multitud
bis-, bi-,	dos veces	bisiesto; bilingüe;	omni-	todo	omnipotente; omnívoro
biz-		bizcocho	pen-	casi	penillanura; penúltimo
circun-	alrededor	circunloquio	pos(t)-	después	posponer; postergar
cis-, citer-	de acá	cisalpina; citerior	pre-	delante de	preceder; predilección
co-,	unión, aso-	coacusado;	pro-	en vez de	pronombre; procónsul
con-, com-	ciación	confraternidad; compenetración	quinqu-	cinco	quinquenal; quinquagésima
cuadr(i)-,	cuatro	cuadrícula; cuadrante;	radi(o)-	rayo	radiodifusión; radiólogo
cuatri-		cuatrimotor	re-	repetición, encarecimiento, retroceso	reconquista; reconstituir; recargar;
cuadru-		cuadruplicar			
cuasi-	casi	cuasidelito	retro-	hacia atrás	retroceso; retrógado
de-, des-	negación	demérito; deshacer	satis-	bastante	satisfacer
deci-	diez	decilitro; decímetro	sobre-	superioridad	sobresaliente
di-, dis-	separación	difamación; disculpa	sub-	bajo	subsuelo; subdirector
e-, es-,	separación, cesación de	emanación; escoger;	super-, supra-	sobre	supersónico; supranacional
ex-	fuera de	exportar; ex presidente; ex combatiente	trans-, tras-	más allá	transferir; trashumar
			tri-	tres	triángulo; tríodo
extra-	fuera de	extraterritorial	ulter-	más allá	ulterior;
i-, im-, in-, ir-	privación	ilegible; improcedente; incierto; irracional	ultra-		ultratumba
			uni-	uno	unigénito
infra-	inferioridad	infrahumano	vi(z)-, vice-	en vez de	virreinato; vizconde; vicealmirante
			yuxta-	junto a	yuxtaposición

PR

prefigurar v. t. Dar a conocer anticipadamente algo. || — V. pr. Figurarse.

prefijar v. t. Determinar antes.

prefijo m. Partícula antepuesta a ciertas palabras para modificar su sentido añadiendo una idea secundaria : " in " en inconsciente es un prefijo que indica « falta de ».

prefinanciación f. y **prefinanciamiento** m. Crédito concedido a una empresa privada para financiar una producción determinada, generalmente destinada a la exportación.

prefinanciar v. t. Conceder una prefinanciación.

preglaciar adj. Dícese de la época anterior a los primeros depósitos glaciares de un lugar (ú. t. c. s. m.).

pregón m. Anuncio que se hace de una mercancía en la calle y a gritos. || Anuncio que se hace todavía en ciertos pueblos, por medio de los pregoneros, de una orden o comunicación del ayuntamiento. || Discurso literario pronunciado por alguien para inaugurar ciertas fiestas : pregón de Semana Santa.

pregonar v. t. Anunciar algo por medio de un pregón. || Fig. Decir algo para que lo sepa todo el mundo : pregonar una noticia. || Poner de manifiesto : sus actos pregonan su bondad. || Fig. y fam. Pregonar a alguien, insultarlo públicamente.

pregonero, ra adj. y s. Divulgador indiscreto de noticias. || M. Empleado del ayuntamiento que anuncia los pregones.

pregunta f. Proposición que uno formula para que otro la responda : hacer una pregunta. || Interrogatorio. || Fig. y fam. Andar, estar, quedar a la cuarta pregunta, estar sin dinero.

preguntar v. t. Hacer una preguntas. || Exponer en forma de interrogación una duda. || Examinar, interrogar : preguntar a un candidato. || — V. pr. Dudar de algo. || No saber algo con certeza. || Plantearse una cuestión.

preguntón, ona adj. y s. Que pregunta mucho; niño preguntón.

prehelénico, ca adj. Anterior a la Grecia clásica.

prehispánico, ca adj. Anterior a la conquista, en los países que estuvieron bajo dominio español.

prehistoria f. Parte de la historia de la humanidad que estudia el período anterior a la existencia de documentos escritos. || Fig. Fase inicial de algo.

prehistoriador, ra m. y f. Persona especializada en prehistoria.

prehistórico, ca adj. Anterior a los tiempos históricos : época prehistórica. || Fig. Muy viejo, anticuado.

prehomínidos m. pl. Grupo de primates de principios de la era cuaternaria, intermediarios entre el mono antropoideo y el hombre.

preincaico, ca adj. Anterior a la dominación incaica.

preindustrial adj. Anterior a la industrialización.

prejuicio m. Actitud discriminatoria hacia personas de otra clase social o de otra raza : *prejuicio racial.* || Opinión preconcebida.

prejuzgar v. t. Juzgar las cosas antes del tiempo oportuno o sin tener conocimiento de ellas (ú. t. c. i.).

prelacía f. Prelatura.

prelación f. Anterioridad, preferencia : *orden de prelación.*

prelado m. Superior eclesiástico, como abad, obispo, arzobispo, etc. || Superior de un convento.

prelatura f. Dignidad y oficio de prelado. || *Prelatura nullius,* territorio, generalmente con tres parroquias, que no depende de ninguna diócesis y tiene su propio superior bajo las órdenes directas de la Santa Sede.

preliminar adj. Que sirve de antecedente, preámbulo o proemio para tratar una materia.

preludiar v. i. Mús. Ejecutar preludios. || — V. t. Fig. Preparar algo.

preludio m. Lo que precede o sirve de entrada o preparación a alguna cosa : *preludio de la guerra.* || Mús. Composición musical que sirve de introducción a una composición vocal o instrumental. | Pieza independiente, de forma libre : *un preludio de Chopin.*

prematrimonial adj. Anterior al matrimonio o que sirve de preparación a éste.

prematuro, ra adj. Que no está maduro. || *Fig.* Hecho antes de tiempo : *decisión prematura.* | Que concurre antes de tiempo : *lluvia prematura.* || Dícese del niño que nace viable antes del término del embarazo (ú. t. c. s. m.).

premeditación f. Acción de premeditar. || *For.* Una de las circunstancias agravantes de la responsabilidad criminal de los delincuentes.

premeditado, da adj. Realizado con premeditación.

premeditar v. t. Pensar reflexivamente, planear una cosa antes de ejecutarla.

Premiá de Mar, mun. al NE. de España en las cercanías de Barcelona.

premiado, da adj. y s. Que ha ganado un premio.

premiar v. t. Galardonar, recompensar : *premiar a un artista.*

premier m. (pal. ingl.). Primer ministro inglés.

premio m. Recompensa o galardón por algún mérito : *conceder un premio al buen alumno; premio de honor.* || Nombre que se da a algunas competiciones deportivas, certámenes literarios, etc. : *premio Nobel, Nadal, Planeta.* | Persona distinguida en esta prueba : *Neruda fue premio Nobel.* || Lote sorteado en la lotería : *ganar el primer premio.* || *Com.* Bonificación. || — *Premio de consolación,* el dado a algunos participantes en un concurso por el mérito de la obra presentada y no ganadora del certamen. || *Fam. Premio gordo,* premio mayor de la lotería.

premiosidad f. Molestia, dificultad. || Falta de soltura al hablar o escribir. | Calma, lentitud.

premioso, sa adj. Que apremia; urgente : *orden premiosa.* || Calmoso, lento. || Que habla o escribe sin soltura.

premisa f. Cada una de las dos primeras proposiciones del silogismo, de donde se saca la conclusión. || *Fig.* Fundamento, base.

premolar adj. Dícese de cada uno de los dientes molares situados entre los caninos y los molares en la dentición definitiva (ú. t. c. s. m.).

premonición f. Señal premonitoria, presentimiento.

premonitorio, ria adj. Dícese del síntoma precursor de algo.

premura f. Apremio, prisa, urgencia : *pedir algo con premura.* || Escasez : *premura de espacio.*

prenatal adj. Antes del nacimiento.

prenda f. Lo que se da en garantía de una obligación. || Cualquiera de las alhajas, muebles o enseres de uso doméstico. || Cualquiera de las partes que componen el vestido y calzado : *prenda interior, de abrigo.* || *Fig.* Cosa que sirve de prueba de una cosa : *prenda de fidelidad.* | Lo que se ama intensamente, como mujer, hijos, etc. | Cualidad, virtud, perfección moral de una persona : *mujer de muchas prendas.* || Apelativo afectuoso : *mi hija Isabel es una prenda.* || — *En prenda,* en fianza, en señal. || *Juego de prendas,* juego de sociedad en el que tiene que dar una prenda todo el que se equivoca. || *Fig. No doler prendas,* no escatimar esfuerzos ; no escatimar los elogios. | *No soltar prenda,* no decir nada.

prendar v. tr. Enamorar : (ú. t. c. pr.).

prendedero m. Broche o alfiler. || Cinta con que se asegura el pelo.

prendedor m. Broche. || *Prendedero : prendedor de estilográfica.*

prender v. t. Asir, agarrar, sujetar una cosa. || Apresar a una persona, metiéndola en la cárcel : *prender a un ladrón.* || Enganchar : *prender un clavel en el pelo.* || *Prender fuego,* incendiar ; (Amer.) encender. || — V. i. Arraigar una planta. || Empezar a arder la lumbre. || Comunicarse el fuego. || Surtir efecto la vacuna. || *Fig.* Propagarse : *doctrina que prendió en la juventud.* || — V. pr. Encenderse, ser presa del fuego.

prendería f. Tienda en que se adquiere y vende ropa vieja.

prendimiento m. Prisión, captura.

prensa f. Máquina que sirve para comprimir, y cuya fuerza varía según los usos a que se aplica : *prensa para exprimir frutos, estampar, imprimir papel o telas, hidráulica.* || *Fig. Imprenta.* || Conjunto de las publicaciones periódicas, especialmente las diarias : *prensa de información ; la libertad de prensa.* | Conjunto de periodistas. || — *Agencia de prensa,* oficina que da las noticias a los periódicos. || *Dar un libro a la prensa,* imprimirlo. || *Entrar* (o *meter*) *en prensa,* comenzar la tirada de una obra impresa. || *Fig. Tener una buena* (o *mala*) *prensa,* serle la opinión favorable (o adversa).

Prensa (La), periódico argentino de la ciudad de Buenos Aires, fundado por José Camilo Paz (1869).

prensado m. Acción de prensar.

prensador, ra adj. y s. Que prensa.

prensar v. t. Apretar en la prensa. || Estrujar la uva, las aceitunas, etc.

prensil adj. Que sirve para asir : *cola, trompa prensil.*

prensor, ra adj. Aplícase a ciertas aves con pico robusto, el superior encorvado desde la base, como el loro. || — F. pl. Orden de estas aves.

prenupcial adj. Anterior al matrimonio.

preñado, da adj. Dícese de la mujer o hembra fecundada (ú. t. c. s. f.). || *Fig.* Lleno, cargado : *nube preñada de agua ; asunto preñado de dificultades.*

preñar v. t. *Fam.* Fecundar a una hembra. || Embarazar a una mujer. || *Fig.* Llenar, henchir.

preñez f. Estado de la mujer o hembra preñada.

preocupación f. Cuidado, desasosiego, desvelo.

preocupado, da adj. Inquieto.

preocupante adj. Que preocupa.

preocupar v. t. *Fig.* Ocupar el ánimo de uno algún temor, sospecha, etc. : *la salud de su hijo le preocupa.* | Dar importancia : *no le preocupa lo que digan los demás.* || — V. pr. Inquietarse : *no preocuparse por nada.* | Tener cuidado, prestar atención : *no me preocupo más del asunto.* | Encargarse : *preocúpese de que cumplan las órdenes.*

preparación f. Acción de preparar o prepararse. || Cosa preparada. || Conjunto de conocimientos : *tiene una buena preparación científica.* || Aquello que se examina en el microscopio. || Preparado farmacéutico.

preparado m. Medicamento.

preparador, ra adj. y s. Persona que prepara : *asistente preparador.* — M. y f. Entrenador deportivo.

preparar v. t. Prevenir, disponer algo para un fin : *preparar la cena, un medicamento, una acción.* || Prevenir a uno para una acción : *preparar los ánimos.* | Poner en estado : *preparar un piso.* | Estudiar una materia : *preparar el bachillerato.* || Dar clase : *me preparó para la oposición.* || Tramar, organizar : *preparar un complot.* || *Quím.* Hacer las operaciones necesarias para obtener un producto : *preparar un medicamento.* || — V. pr. Disponerse para ejecutar una cosa : *prepararse para un examen, para un viaje.* || Existir síntomas : *se prepara una tormenta.*

preparativa, va adj. Preparatorio. || — M. Cosa dispuesta y preparada para hacer algo : *preparativos de guerra.*

preparatorio, ria adj. Que prepara o dispone : *escuela preparatoria de ingenieros.* — M. y f. Curso escolar antes de ingresar en ciertas carreras.

preponderancia f. Importancia mayor de una cosa respecto de otra. || *Fig.* Superioridad.

preponderante adj. Que tiene más importancia, más autoridad.

preponderar v. i. Predominar, tener más fuerza una cosa que otra. || *Fig.* Prevalecer una opinión.

preposición f. *Gram.* Parte invariable de la oración que indica la relación entre dos palabras o términos.

prepositivo, va adj. Relativo a la preposición : *locución prepositiva.*

prepotencia f. Mayor poder.

prepotente adj. Muy poderoso.

prepucio m. *Anat.* Piel móvil que cubre el bálano.

Prerov, c. del centro de Checoslovaquia (Moravia). Siderurgia.

prerrafaelismo m. Arte y estilo pictóricos anteriores a Rafael de Urbino. || Escuela que imita este arte y que surgió en Inglaterra en la segunda mitad del siglo XIX : *el prerrafaelismo tuvo como principales representantes a Dante Gabriel Rossetti, Everett Millais, Holman Hunt, Burne-Jones.*

prerrafaelista adj. Relativo al prerrafaelismo. || Perteneciente o partidario y seguidor de este estilo artístico (ú. t. c. s.).

prerrogativa f. Privilegio anexo a una dignidad o cargo.

prerrománico, ca adj. Anterior al románico.

prerromanticismo m. Movimiento literario de transición entre el neoclasicismo y el romanticismo.

prerromántico, ca adj. Dícese del autor o estilo anteriores al romanticismo (ú. t. c. s.).

Pres (Josquin DES). V. DES PRES.

presa f. Acción de prender o tomar una cosa. || Cosa apresada, botín : *presa de guerra ; presa de caza.* || Muro o dique construido a través de un río con objeto de regular su caudal o embalsar agua para aprovecharla para el riego o la producción de fuerza hidráulica. || Conducto por donde se lleva el agua a los molinos. || Llave hecha en la lucha, judo, etc. || — *De presa,* rapaz (ave). || *Fig.* Hacer presa, agarrar. | *Ser presa de la calumnia,* ser víctima de ella. | *Ser presa de las llamas,* ser destruido por ellas.

Presa Castro (Velino), músico mexicano (1866-1944).

presagiar v. t. Predecir, prever.

presagio m. Anuncio de un suceso favorable o contrario. || Presentimiento, conjetura.

presagioso, sa adj. Que presagia.

Presas (Río). V. SAN FERNANDO.

presbicia f. Debilitación del poder de acomodación del cristalino que conduce a una visión confusa de cerca. (La *presbicia* se corrige con lentes convergentes.)

présbita o **présbite** adj. y s. Que adolece de presbicia.

presbiterianismo m. Doctrina de los presbiterianos.

presbiteriano, na adj. Dícese del protestante ortodoxo que en Inglaterra, Escocia y América sólo reconoce la autoridad eclesiástica de los presbíteros (ú. t. c. s.). || Relativo a esta doctrina.

presbiterio m. Área del altar mayor hasta el pie de las gradas. || Reunión de presbíteros y laicos en la Iglesia presbiteriana.

presbítero m. Sacerdote.

presbítico, ca adj. Relativo a la presbicia. || — M. y f. Présbita.

Presburgo. V. BRATISLAVA.

presciencia f. Conocimiento o previsión del futuro.

prescindible adj. Del cual o de lo cual se puede prescindir.

prescindir v. i. Hacer caso omiso de una persona o cosa, pasarla en silencio, omitirla. ‖ Renunciar a ella, evitarla : *ya no puedo prescindir de tu ayuda.* ‖ *Prescindiendo de*, sin tener en cuenta, independientemente de.

Prescott (William), historiador norteamericano (1796-1859), autor de obras sobre la conquista y colonización españolas de América *(Historia de la conquista de México, Historia de la conquista del Perú).*

prescribir v. t. Preceptuar, ordenar, mandar una cosa. ‖ Recetar el médico. ‖ — V. i. For. Adquirir la propiedad de una cosa por prescripción. ‖ Caducar un derecho por haber transcurrido el tiempo señalado por la ley.

prescripción f. Acción y efecto de prescribir : *las prescripciones de la ley, de la moral.* ‖ For. Modo de adquirir la propiedad de una cosa por haberla poseído durante el tiempo fijado por las leyes. ‖ *Prescripción facultativa,* receta del médico.

prescriptible adj. Que prescribe.

prescrito, ta adj. Señalado.

preselección f. Selección previa.

preseleccionar v. t. Realizar una preselección.

presencia f. Acción de estar presente. ‖ Asistencia personal : *hacer acto de presencia.* ‖ Aspecto exterior : *persona de buena (o mala) presencia.* ‖ *— En presencia de, delante de.* ‖ *Presencia de ánimo,* serenidad, entereza.

presencial adj. Relativo a la presencia : *fueron testigos presenciales.*

presenciar v. t. Estar presente en un acontecimiento, espectáculo, etc.

presentable adj. Que está en condiciones de presentarse o ser presentado : *niño presentable.*

presentación f. Acción de presentar, exhibición. ‖ Aspecto : *su presentación es siempre impecable.* ‖ Acción de trabar conocimiento, por medio de alguien, con otra persona. ‖ Conmemoración del día en que la Virgen fue presentada a Dios en el templo (21 de noviembre). ‖ Arte de representar con propiedad y perfección : *presentación de una comedia, de una ópera.* ‖ *Amer.* Demanda, memorial, súplica. ‖ *Carta de presentación,* la de introducción.

presentador, ra adj. Dícese de la persona que presenta (ú. t. c. s.) : *el presentador de un espectáculo.*

presentar v. t. Mostrar, poner algo para que sea visto : *presentar los modelos de la colección.* ‖ Exhibir ante el público : *presentar una película.* ‖ Hacer conocer una persona a otra : *le presenté a mi hermana.* ‖ Proponer para un cargo : *presentaron su candidatura.* ‖ Dar : *le presentó sus disculpas.* ‖ Ofrecer a la vista : *presentaba un aspecto poco agradable.* ‖ Explicar, hacer ver : *presentó sus doctrinas de modo hábil.* ‖ Mil. Poner las armas a rendir honores. ‖ Tener : *el problema presenta muchas dificultades.* ‖ Tener cierto aspecto : *presenta mal sus deberes escolares ; la llaga presentaba pocos síntomas de cicatrización.* ‖ Poner ante alguien : *le presenté una bandeja con diferentes licores.* ‖ Hacer : *presentó una solicitud.* ‖ Librar : *el ejército presentó batalla en el llano.* ‖ — V. pr. Llegar a un lugar : *se presentaron en mi casa.* ‖ Aparecer : *presentarse un obstáculo difícil de salvar.* ‖ Tener cierto aspecto : *el porvenir se presenta amenazador.* ‖ Comparecer : *presentarse ante sus jefes.* ‖ Acudir : *se presentó ante el tribunal de justicia.* ‖ Sufrir : *no se presentó al examen.* ‖ Visitar : *preséntate a él de mi parte.* ‖ Presentarse en sociedad, comenzar una joven a hacer vida mundana asistiendo a su primer baile de sociedad.

presente adj. Que se encuentra en persona en un lugar : *presente en una reunión* (ú. t. c. s.). ‖ Actual : *el día presente.* ‖ Que está ante la vista : *la presente carta.* ‖ Que está constantemente en la memoria : *siempre estás presente en mi pensamiento.* ‖ Gram. Dícese del tiempo en que la acción del verbo ocurre en el momento actual (ú. t. c. s. m.). ‖ — *Hacer presente,* informar, dar conocimiento.

‖ *¡ Presente !,* contestación al pasar lista. ‖ *Tener presente,* acordarse. ‖ — M. Época actual : *pensar en el presente.* ‖ Regalo : *recibir muchos presentes.* ‖ *Mejorando lo presente,* expresión empleada cuando, delante de otras, se elogia a una persona.

presentemente adv. Actualmente.

presentimiento m. Presagio.

presentir v. t. Prever lo que ha de suceder.

preservación f. Acción y efecto de preservar.

preservador, ra adj. y s. Que preserva.

preservar v. t. Poner a cubierto anticipadamente a una persona o cosa de algún daño o peligro : *preservar una planta del frío* (ú. t. c. pr.).

preservativo, va adj. Que preserva. ‖ — M. Lo que preserva. ‖ Vaina de caucho empleada como dispositivo masculino de contracepción y también para evitar el contagio venéreo.

presidiario, ria m. y f. Presidiario.

presidencia f. Dignidad o cargo de presidente : *la presidencia de la República.* ‖ Acción de presidir : *ejercer la presidencia.* ‖ Sitio que ocupa el presidente. ‖ Edificio en que reside el presidente : *la presidencia del Gobierno.* ‖ Tiempo que dura el cargo.

Presidencia ‖ — *de la Plaza,* pobl. del N. de la Argentina (Chaco). ‖ ~ *Roque Sáenz Peña,* pobl. del N. de Argentina (Chaco). Obispado.

presidenciable adj. Con posibilidades de ser presidente.

presidencial adj. Relativo a la presidencia : *palacio presidencial.* ‖ — F. pl. Elección del presidente.

presidencialismo m. Sistema de gobierno en que el presidente de la República es también jefe del Gobierno o del Poder ejecutivo.

presidencialista adj. Relativo al presidencialismo.

presidenta f. La que preside. ‖ Mujer del presidente.

presidente m. y f. Persona que preside : *el presidente de la asamblea.* ‖ Cabeza o superior de un consejo, tribunal, junta, etc. ‖ En las repúblicas, jefe electivo del Estado.

Presidente ‖ ~ *Franco,* pobl. del E. del Paraguay (Alto Paraná). ‖ ~ *Hayes,* dep. del Paraguay, fronterizo con la Argentina ; cap. *Pozo Colorado.* ‖ ~ *Prudente,* c. de Brasil (São Paulo). ‖ ~ *Roque Sáenz Peña,* c. de la Argentina (Córdoba) ; cab. *Laboulaye.* ‖ ~ *Vargas,* V. ITABIRA.

presidiario, ria m. y f. Condenado a presidio.

presidio m. Cárcel, prisión, establecimiento penitenciario. ‖ Conjunto de presidiarios. ‖ Pena de prisión.

Presidio, río del O. de México (Durango y Sinaloa), que des. en el Pacífico ; 160 km.

presidir v. t. Ocupar el primer puesto en una junta, asamblea, consejo y tribunal, empresa, colectividad, nación, etc. ‖ Predominar, tener una cosa principal influjo.

presidium m. Órgano superior del soviet supremo de la U. R. S. S. cuyo presidente tiene la categoría de jefe de Estado.

presilla f. Cordón que sirve de ojal. ‖ Entre sastres, puntada de ojal.

presión f. Acción de apretar o comprimir. ‖ Fig. Coacción o violencia que se ejerce sobre una persona o colectividad. ‖ Fís. Cociente de la fuerza ejercida por un fluido sobre determinada superficie y esta misma superficie. ‖ — *Grupo de presión,* asociación de personas que tienen intereses económicos o políticos comunes y que utilizan diferentes medios para realizar una acción simultánea en la opinión pública, partidos políticos, administraciones y gobiernos. (Se llama también *lobby).* ‖ *Presión atmosférica,* la que el aire ejerce al nivel del suelo y se mide con el barómetro. ‖ *Presión o tensión arterial,* la producida por la sangre en la pared de las arterias.

presionar v. t. Apretar, oprimir : *presione el botón.* ‖ Fig. Hacer presión, coaccionar.

preso, sa adj. Aplícase a la persona que está en la cárcel o prisión (ú. t. c. s.). ‖ Fig. Encerrado, aprisionado.

pressing m. (pal. ingl.). Ataque fuerte y continuado.

prestación f. Acción de prestar. ‖ Renta, pensión o tributo : *prestación por maternidad.* ‖ Servicio exigible por la ley. ‖ Obligación de hacer algo : *prestación de juramento.* ‖ — Pl. Conjunto de los resultados obtenidos en una prueba : *automóvil de excelentes prestaciones.*

prestamista com. Persona que presta dinero.

préstamo m. Acto de prestar o tomar prestado. ‖ Lo prestado. ‖ Empréstito.

prestancia f. Distinción.

prestanombre m. Testaferro.

prestar v. t. Entregar algo a uno con obligación de restituirlo : *le presté diez mil dólares.* ‖ Contribuir al logro de una cosa : *prestar ayuda.* ‖ Dar : *prestar declaración.* ‖ Tener, observar : *prestar atención, silencio.* ‖ — Prestar auxilio o socorro, auxiliar, socorrer. ‖ *Prestar oídos,* escuchar con atención. ‖ *Tomar prestado,* obtener en concepto de préstamo. ‖ — V. pr. Avenirse a algo : *Acceder,* consentir. ‖ Dar lugar a : *esto se presta a errores.*

prestatario, ria adj. Que recibe dinero a préstamo (ú. t. c. s.).

preste m. Sacerdote que celebra la misa cantada en el que preside el oficio con capa pluvial.

presteza f. Prontitud.

prestidigitación f. Arte de hacer juegos de manos.

prestidigitador, ra m. y f. Persona que hace juegos de manos.

prestigiar v. t. Dar prestigio.

prestigio m. Buena fama, crédito.

prestigioso, sa adj. Que tiene prestigio : *orador prestigioso.*

presto, ta adj. Pronto, diligente : *presto en el trabajo.* ‖ Dispuesto a ejecutar una cosa para un fin : *presto para la lucha.* ‖ Adv. En seguida.

presto adv. (pal. ital.). Mús. De modo rápido. ‖ — M. Movimiento de una composición musical ejecutada en este tempo.

Preston, c. de Gran Bretaña, en el NO. de Inglaterra, cap. de Lancashire. Textiles. Construcciones aeronáuticas.

presumido, da adj. y s. Que se vanagloria o presume.

presumir v. t. Suponer, figurarse algo : *presumí que vendría.* ‖ — V. i. Vanagloriarse, jactarse : *presumir de valiente.* ‖ Ser vanidoso. ‖ Vestir o arreglarse con elegancia exagerada.

presunción f. Fatuidad, engreimiento, vanagloria. ‖ Suposición.

presunto, ta adj. Supuesto : *presunto autor de un crimen.* ‖ Aplícase al heredero probable de algo.

presuntuosidad f. Presunción.

presuntuoso, sa adj. Lleno de presunción (ú. t. c. s.). ‖ Pretencioso.

presuponer v. t. Dar por supuesta una cosa antes de tratar de otra.

presuposición f. Suposición.

presupuestación f. Inclusión en el presupuesto.

presupuestal adj. Presupuestario.

presupuestar v. t. Hacer un presupuesto.

presupuestario, ria adj. Relativo al presupuesto : *déficit presupuestario.*

presupuesto m. Cálculo anticipado del gasto o del coste de una obra. ‖ Cálculo de los gastos e ingresos de una colectividad o Estado. ‖ Fig. Suposición, motivo, razón.

presurización f. Acción y efecto de presurizar.

presurizar v. t. Mantener una presión normal en el interior de una aeronave que vuela a mucha altura y en una atmósfera enrarecida.

presuroso, sa adj. Con prisa.

prêt-à-porter m. (pal. fr.). Ropa hecha o de confección que se adapta a las medidas del cliente. (Pl. *prêts-à-porter.)*

pretencioso, sa adj. Presumido, presuntuoso (ú. t. c. s.). ‖ Que pretende ser lujoso o elegante.

pretender v. t. Solicitar una cosa : *pretender un alto cargo.* ‖ Procurar, intentar : *pretende de pretendía engañarme.* ‖ Asegurar algo que no es demasiado cierto : *pretender haber sido el primero.* ‖ Cortejar a una mujer para casarse con ella.

PR

519

pretendido, da adj. Que pretende. ‖ Presunto : *el pretendido dueño*.

pretendiente adj. y s. Aspirante, persona que pretende o solicita algo : *pretendiente a un cargo*. ‖ Aplícase al hombre que corteja a una mujer con idea de casarse con ella. ‖ Dícese del príncipe que pretende tener algunos derechos para ocupar un trono ya ocupado por otro o que aspira a ocuparlo en un país en el que ya no existe la monarquía.

pretensión f. Reclamación de un derecho, reivindicación. ‖ Precio pedido por un trabajo, por un objeto en venta. ‖ Intención, designio : *no tengo la pretensión de convencerle.* ‖ Afirmación carente de verdad : *tiene la pretensión de haber sido mejor que los otros.* ‖ Aspiración desmedida por algo : *pretensión vana.* ‖ Tener muchas pretensiones, aspirar a mucho.

preterición f. Exclusión.

preterir v. t. Prescindir, excluir a una persona o cosa. ‖ Omitir a un heredero forzoso en un testamento.

pretérito, ta adj. Pasado : *acontecimiento pretérito.* ‖ — M. *Gram.* Tiempo verbal que indica que una acción se verificó en el pasado. ‖ — *Pretérito anterior,* el que enuncia una acción inmediatamente anterior a otra pasada *(se fue cuando hubo terminado).* ‖ *Pretérito imperfecto,* el que expresa que una acción pasada y no terminada se realiza al mismo tiempo que otra igualmente pasada *(el día que me marché, llovía ; te lo hubiera dado si hubieses querido).* ‖ *Pretérito indefinido,* el que indica que la acción enunciada es anterior al momento presente sin precisar si está o no acabada *(ayer recorrí toda la ciudad).* ‖ *Pretérito perfecto,* el que expresa que una acción acaba de verificarse en el momento en que se habla *(no me lo ha dicho ; no creo que lo haya visto).* ‖ *Pretérito pluscuamperfecto,* el que indica que una acción ya se había verificado cuando se efectuó otra *(había terminado mi trabajo cuando me llamaste).* El gramático venezolano Andrés Bello denomina diferentemente estos tiempos : *copretérito* (pretérito imperfecto), *pretérito* (pretérito perfecto simple), *antepresente* (pretérito perfecto compuesto), *antecopretérito* (pretérito pluscuamperfecto), *pretérito* (pretérito imperfecto del subjuntivo), *antepresente* (pretérito perfecto del subjuntivo), *antepretérito* (pretérito pluscuamperfecto del subjuntivo).

pretextar v. t. Utilizar un pretexto.

pretexto m. Motivo o causa simulada para excusarse de hacer algo.

pretil m. Antepecho a los lados de un puente y otros sitios semejantes.

pretor m. Magistrado que ejercía funciones judiciales en Roma.

Pretoria, cap. del Transvaal, en el centro de la prov. homónima, sede del Gobierno de la Rep. de África del Sur ; 690 000 h. Arzobispado.

pretoria f. Dignidad de pretor.

pretorial adj. Relativo al pretor.

pretorianismo m. Influencia de los militares en el gobierno.

pretoriano, na adj. Del pretor. ‖ Aplícase a los soldados de la guardia de los pretores y después de los emperadores romanos (ú. t. c. s.).

pretorio m. Palacio donde habitaban y juzgaban las causas los pretores.

preu m. *Fam.* Preuniversitario.

preuniversitario m. Enseñanza preparatoria para ingresar en la Universidad (ú. t. c. adj.). ‖ Examen que sanciona esta enseñanza.

prevalecer v. i. Dominar, predominar, triunfar una persona o cosa : *su opinión prevaleció.* ‖ — V. pr. Prevalerse.

prevaleciente adj. Que prevalece.

prevaler v. i. Prevalecer. ‖ — V. pr. Valerse, tratar de sacar provecho : *prevalerse de su alcurnia.*

prevaricación f. Acción del que falta a las obligaciones de su cargo.

prevaricador, ra adj. y s. Que prevarica : *funcionario prevaricador.* ‖ Que incita a uno a prevaricar.

prevaricar v. i. Faltar a sabiendas y voluntariamente a la obligación de su cargo. ‖ Cometer una infracción de los deberes.

520

prevención f. Precaución. ‖ Conjunto de medidas tomadas con vistas a evitar accidentes de la circulación o del trabajo. ‖ Desconfianza. ‖ Prejuicio, opinión desfavorable : *tener prevención contra uno.* ‖ Puesto de policía. ‖ Detención de un reo antes del juicio : *cumplir seis meses de prevención.* ‖ *Mil.* Guardia del cuartel. ‖ *Con prevención,* de antemano.

prevenido, da adj. Dispuesto para una cosa. ‖ Avisado. ‖ Advertido, prudente, receloso, cuidadoso : *hombre prevenido vale por dos.*

prevenir v. t. Preparar, disponer con anticipación. ‖ Precaver, evitar : *prevenir una enfermedad.* ‖ Prever, conocer de antemano : *prevenir una objeción, una dificultad.* ‖ Advertir, informar, avisar : *prevenir a la autoridad de un peligro público.* ‖ Predisponer, inclinar el ánimo de alguien a favor o en contra de algo. ‖ *For.* Instruir el juez las primeras diligencias. ‖ — V. pr. Prepararse con lo necesario. Precaverse, tomar precauciones : *prevenirse contra toda eventualidad.* ‖ Tomar una actitud contraria.

preventivo, va adj. Que previene.

preventorio m. Establecimiento hospitalario en el que se cuidan preventivamente ciertas enfermedades, principalmente la tuberculosis.

prever v. t. Pensar de antemano las medidas, las precauciones necesarias para hacer frente a lo que va a ocurrir.

Prevert (Jacques), poeta francés (1900-1977), autor de *Palabras, La lluvia y el buen tiempo,* etc. Escribió también guiones cinematográficos.

previo, via adj. Anticipado.

previsibilidad f. Condición de previsible.

previsible adj. Que se prevé.

previsión f. Acción de prever, precaución. ‖ Lo que se prevé. ‖ Calidad de previsor, prudencia, precaución. ‖ Cálculo anticipado : *previsión de gastos.* ‖ Determinación del estado del tiempo meteorológico futuro.

previsionar v. t. *Amer.* Registrar en la contabilidad una previsión.

previsor, ra adj. y s. Que prevé.

previsto, ta adj. Sabido antes.

Prevost (Marcel), novelista francés (1862-1941). ‖ — **d'Exiles** (abate ANTOINE FRANÇOIS), escritor y sacerdote francés (1697-1763), autor de novelas costumbristas *(Manon Lescaut).*

prez amb. Honor : *para honra y prez de la familia.*

P. R. I., siglas del *Partido Revolucionario Institucional de México.*

Priamo, último rey de Troya, hijo de Laomedonte, padre de Héctor, Paris y Casandra. Fue matado por Pirro.

Priego, c. de España (Cuenca). ‖ — **de Córdoba,** c. del S. de España (Córdoba). Agricultura.

Priene, c. de Jonia, hoy *Samsún.*

Priestley (John BOYNTON), escritor inglés (1894-1984), autor de obras de teatro *(Curva peligrosa, Ha llamado un inspector, La herida del tiempo)* y de novelas *(Los buenos compañeros).*

prieto, ta adj. Apretado. ‖ *Amer.* De color oscuro.

Prieto (Guillermo), político y poeta romántico mexicano (1818-1897), autor de *El Romancero nacional, Musa callejera y Memorias de mis tiempos.* ‖ — (INDALECIO), periodista, orador y político socialista español (1883-1962). M. en el destierro. ‖ — (JENARO), novelista chileno (1889-1946), autor de *Un muerto de mal criterio y El socio.* ‖ — (JOAQUÍN), militar chileno (1786-1854), pres. de la Rep. de 1831 a 1841. Promulgó la Constitución de 1833. ‖ — (RAÚL), escritor y periodista mexicano, n. en 1918, autor de crónicas, relatos *(Yo Bich)* y del libro *Madre Academia.* Utiliza el seudónimo *Nikito Nipongo.*

priista adj. *Méx.* Del P. R. I. (Partido Revolucionario Institucional).

Prim y Prats (Juan), general y político español, n. en Reus (1814-1870). Combatió en la guerra de Marruecos (1859), en 1862 se opuso a los designios de Napoleón III en México y se retiró de este país con la expedición que mandaba. En 1868 tomó parte en la Revolución que destronó a Isabel II. M. asesinado. Fue conde de Reus y marqués de Castillejos.

prima f. Cantidad pagada por un asegurado a la compañía aseguradora. ‖ Cantidad de dinero pagada a un obrero o empleado, además de su sueldo normal, para reembolsarlo de ciertos gastos o para que participe en los beneficios de la producción o, simplemente, para recompensarlo. ‖ Subvención dada por el Estado a una persona que construye una vivienda o realiza otra cosa de interés público : *prima a la construcción, a la exportación.* ‖ Dinero que se entrega a un jugador deportivo para recompensar un rendimiento excepcional. ‖ Cuerda más aguda de la guitarra o de otros instrumentos. ‖ Primera de las cuatro partes iguales en que dividían el día los romanos. ‖ Primera de las horas canónicas, la primera de las menores, que debe rezarse al amanecer o sea a las seis de la madrugada. ‖ V. PRIMO.

primacía f. Preeminencia, prioridad, lo que ocupa el primer lugar : *hay que dar primacía a este asunto.* ‖ Dignidad de primado.

primada f. *Fam.* Tontería, idiotez.

primado, da adj. Dícese del arzobispo u obispo más antiguo o más preeminente de una nación. Ú. t. c. s. m. : *el primado de España.* ‖ Del primado : *sede primada.*

primar v. i. Predominar, tener mayor importancia. ‖ — V. t. Dar una prima o premio.

primario, ria adj. Primordial, básico, fundamental : *necesidad primaria.* ‖ Relativo al grado elemental de instrucción : *enseñanza primaria* (ú. t. c. s. f.). ‖ *Fam.* Que tiene poca cultura o conocimientos. ‖ Dícese del sector de actividades económicas de producción de materias primas, principalmente de la agricultura y de las industrias extractoras. ‖ Dícese de la corriente del circuito inductor de una bobina de inducción. ‖ Aplícase al período, el más largo de la época prehistórica, que se acabó aproximadamente hace unos 200 millones de años y duró unos 370 millones de años (ú. t. c. s. m.).

primate m. Personaje distinguido, prócer. ‖ — Pl. Orden de mamíferos superiores que comprende animales muy diversos como los monos, y el cual los autores incluyen al hombre.

Primaticcio (Francesco PRIMATICCIO, llamado **el**), pintor, escultor y arquitecto italiano (1504-1570), que decoró el palacio de Fontainebleau (Francia).

primavera f. Estación del año que corresponde en el hemisferio boreal a los meses de marzo, abril y mayo, y en el austral a los de octubre, noviembre y diciembre. ‖ Pájaro de la familia de los túrdidos, común en México. ‖ Planta primulácea de flores amarillas. ‖ *Fig.* Juventud : *la primavera de la vida.* ‖ Año : *tiene 16 primaveras.* ‖ — M. y f. *Fig.* y *fam.* Incauto.

Primavera, com. del sur de Chile en la XII Región (Magallanes) y en la prov. de Tierra del Fuego ; cap. *Cerro Sombrero.*

primaveral adj. Relativo a la primavera : *día primaveral.*

primer adj. Apócope de *primero,* empleado delante de un nombre masculino en singular : *primer actor.*

primerizo, za adj. Novicio, principiante (ú. t. c. s.). ‖ Aplícase sobre todo a la mujer que da a luz por primera vez (ú. t. c. s. f.).

primero, ra adj. Que precede a los demás en el tiempo, en el lugar, en el orden : *primera prueba de imprenta* (ú. t. c. s.). [V. PRIMER.] ‖ Anterior a los demás en categoría, dignidad, mérito : *los primeros magistrados de la ciudad* (ú. t. c. s.). ‖ Refiriéndose a cosas, que tiene más importancia, más valor : *ganar la primera prueba.* ‖ Que es más esencial, más urgente : *las primeras disposiciones.* ‖ Que señala el comienzo : *primeras nociones de una ciencia.* ‖ — M. Piso que está debajo del entresuelo. ‖ Primer año de estudios. ‖ — F. La menor de las velocidades de un automóvil. ‖ Clase mejor en los ferrocarriles, buques y aviones : *yo viajo casi siempre en primera.* ‖ — Adv. Ante todo, en primer lugar : *le digo primero que no se marche.* ‖ Antes, más bien : *primero morir que vivir en la esclavi-*

tud. ‖ Antes : *llegué primero.* ‖ *De primera,* muy bien, excelentemente ; muy bueno, excelente.

Primero, río del centro de la Argentina (Córdoba), que vierte sus aguas en la laguna de Mar Chiquita. ‖ ~ **de Enero,** mun. en el centro de Cuba (Ciego de Ávila). Debe su nombre al día en que triunfó la Revolución Cubana (1959). ‖ ~ **de Marzo,** pobl. del Paraguay (Cordillera).

primicias f. pl. Primeros frutos de la tierra. ‖ Primeros productos : *las primicias de su ingenio.* ‖ Primera noticia : *tener las primicias de algún acontecimiento.* ‖ Tributo que se daba a la Iglesia.

primigenio, nia adj. Primitivo, originario.

primípara f. Primeriza.

primitivismo m. Calidad de primitivo. ‖ *Fig.* Rudeza.

primitivo, va adj. Primero en su línea, o que no tiene ni toma origen de otra cosa. ‖ Antiguo : *armas primitivas.* ‖ Poco civilizado : *costumbres primitivas.* ‖ Dícese del pintor o escultor anterior al Renacimiento (ú. t. c. s. m.). ‖ *Geol.* Dícese del terreno de la primera solidificación de la corteza terrestre : *terrenos primitivos.* ‖ Que aún no se ha dividido en dos o más partes : *carótida, arteria primitiva.*

primo, ma adj. Primero. ‖ — *Materias primas,* productos naturales que no han sido aún labrados o manufacturados. ‖ *Número primo,* el que es sólo divisible por sí mismo y por la unidad. ‖ — M. y f. Hijo o hija del tío o tía. ‖ Tratamiento que daba el rey de España a los grandes del reino. ‖ *Fig. y fam.* Tonto, cándido, incauto. ‖ — *Fig. y fam. Hacer el primo,* dejarse engañar fácilmente.

Primo ‖ ~ **de Rivera** (Fernando), militar y político español (1831-1921). Participó en la tercera guerra carlista, apoyó la proclamación de Alfonso XII (1874) y fue capitán general de Filipinas (1880-1883). Fue el primer *marqués de Estella.* — Su sobrino MIGUEL, *marqués de Estella,* general y político español, n. en Jerez de la Frontera (1870-1930), fue presidente del Directorio militar de 1923 a 1925 y jefe del Gobierno de 1925 a 1929. — JOSÉ ANTONIO, hijo del anterior, abogado y político español, n. en Madrid (1903-1936), fundador de la Falange Española (1933). Fue fusilado en Alicante. ‖ ~ **de Verdad** (Francisco). V. VERDAD Y RAMOS.

primogénito, ta adj. y s. Dícese del hijo que nace primero.

primogenitura f. Condición o derecho de primogénito.

primor m. Cuidado, delicadeza, esmero en hacer una cosa. ‖ Cosa hecha así. ‖ Belleza.

primordial adj. Fundamental.

primoroso, sa adj. Delicado, hecho con primor : *labor muy primorosa.* ‖ Encantador, muy lindo.

primuláceo, a adj. Dícese de las plantas herbáceas angiospermas dicotiledóneas, como el pamporcino y la primavera (ú. t. c. s. f.). ‖ — F. pl. Familia que forman.

princeps adj. (pal. lat.). Príncipe, primera edición de una obra.

princesa f. Mujer del príncipe o hija de él o que posee un principado. ‖ En España, la heredera del trono.

Princeton, c. en el E. de los Estados Unidos (Nueva Jersey). Universidad.

principado m. Dignidad de príncipe ‖ Territorio gobernado por un príncipe : *el principado de Mónaco.*

principal adj. Primero en estimación o importancia : *el personaje principal de una obra.* ‖ Ilustre, esclarecido : *varón muy principal.* ‖ Esencial o fundamental : *asunto, tema principal.* ‖ Aplícase a la planta que se halla entre la planta baja y el primer piso : *piso principal* (ú. t. c. s. m.). ‖ *Gram.* Oración principal, la que no depende de ninguna y de la cual dependen otras.

príncipe adj. Aplícase a la primera edición de un libro : *edición príncipe.* ‖ — M. El primero y el superior en una cosa : *el príncipe de los poetas, de las letras.* ‖ Por antonomasia, primogénito del rey, heredero de su corona : *el príncipe de Asturias.* ‖

Individuo de familia real o imperial : *príncipe de sangre.* ‖ Soberano de un Estado : *el príncipe de Liechtenstein.* ‖ Título nobiliario que dan los reyes. ‖ — *Príncipe Azul,* personaje de los cuentos de hadas. ‖ *Príncipe de Gales,* tejido de rayas que forman cuadros. ‖ *Fig. Vivir como un príncipe,* vivir magnífica y espléndidamente.

Príncipe, isla en el golfo de Guinea en el Estado de São Tomé y Príncipe (África) ; 128 km². ‖ ~ **Alberto,** c. al sur del Canadá (Saskatchewan). ‖ ~ **de Gales** (TIERRA DEL), isla del N. de Canadá en el océano Glacial Ártico. ‖ ~ **Eduardo,** isla y prov. marítima al E. del Canadá, en el S. del golfo de San Lorenzo ; cap. *Charlottetown.* ‖ ~ **George,** c. al O. del Canadá (Colombia Británica). ‖ ~ **Rupert,** c. y puerto al O. del Canadá (Colombia Británica).

Príncipe ‖ ~ **de Asturias,** título del heredero de la corona de España, creado por Juan I de Castilla para su hijo Enrique III (1388) y que, desde entonces, llevan los primogénitos del monarca español. ‖ ~ **de Gales,** título que lleva el heredero de la corona de Gran Bretaña. ‖ ~ **Eugenio.** V. EUGENIO DE SABOYA. ‖ ~ **Negro.** V. EDUARDO.

Príncipe *(El),* obra de Maquiavelo, tratado de política y de gobierno. Fue escrita en 1513 y publicada en 1531.

principesco, ca adj. Propio de príncipes. ‖ *Fig.* Espléndido.

principiante, ta adj. y s. Que principia. ‖ Que empieza a estudiar o ejercer un arte u oficio.

principiar v. t. e i. Comenzar.

principio m. Primera parte de una cosa o acción, comienzo : *el principio del mes ; el principio de las negociaciones.* ‖ Causa primera, origen. ‖ Base, fundamento : *los principios de la moral.* ‖ Rudimento : *principios de metafísica.* ‖ Regla de conducta, norma de acción : *un hombre sin principios.* ‖ Plato que se sirve entre el primero y los postres. ‖ *Fís.* Ley general cuyas consecuencias rigen toda una parte de la física : *el principio de Arquímedes.* ‖ *Quím.* Cuerpo que figura en la composición de una mezcla natural. ‖ — *A los principios* o *al principio,* al comenzar una cosa. ‖ *A principios de,* en los primeros días de. ‖ *De principios,* sujeto a normas morales. ‖ *En principio,* dícese de lo que se acepta provisionalmente. ‖ *En un principio,* al empezar, al principio.

pringada f. Trozo de pan empapado con pringue. ‖ En el cocido, tocino, chorizo, morcilla y carne.

pringar v. t. Empapar con pringue. ‖ Ensuciar con grasa o pringue (ú. t. c. pr.). ‖ *Fig. y fam.* Comprometer, hacer intervenir a alguien en un asunto. ‖ — V. i. *Fam.* Trabajar denodadamente. ‖ Sacar provechos ilícitos en un negocio (ú. t. c. pr.). ‖ Morir. ‖ *Amer.* Lloviznar. ‖ — V. pr. Ensuciarse, mancharse. ‖ *Fig.* Tomar parte en un asunto poco limpio.

Pringles (Juan Pascual), militar y patriota argentino (1795-1831). M. en lucha contra Juan Facundo Quiroga.

pringoso, sa adj. Con pringue.

pringue f. Grasa. ‖ *Fig.* Suciedad.

Prinzapolca o **Prinzapolka,** río en el E. de Nicaragua (Zelaya), que des. en el mar Caribe ; 193 km. — Mun. en el E. de Nicaragua (Zelaya).

Prío Socarrás (Carlos), político cubano (1903-1977), pres. de la Rep. de 1948 a 1952. Fue derrocado.

prior, ra m. y f. Superior de algunas comunidades religiosas.

Priorat (El). V. PRIORATO (*El*).

priorato m. Dignidad o cargo de prior o priora. ‖ Su jurisdicción. ‖ Comunidad religiosa gobernada por un prior. ‖ Convento de los monjes de San Benito. ‖ Vino tinto muy célebre del Priorato (Tarragona).

Priorato *(El),* en cat. *El Priorat,* comarca del NE. de España en Cataluña (Tarragona) ; cap. *Falset.* Vinos.

priorazgo m. Priorato.

priori (a) loc. lat. V. A PRIORI.

prioridad f. Preferencia, primacía : *él tiene prioridad.* ‖ Anterioridad.

prioritario, ria adj. Que tiene prioridad.

Pripet o **Pripiat,** río en el O. de la U. R. S. S. (Ucrania), afl. del Dniéper ; 775 km.

prisa f. Apresuramiento, prontitud, rapidez ; *trabajar con prisa.* ‖ Apremio, precipitación : *éstos fueron los días de más prisa.* ‖ Afluencia : *hay muchas prisas en los trenes en esa época.* ‖ — *A prisa* (o *de) prisa,* con prontitud. ‖ *A toda prisa,* con gran rapidez. ‖ *Correr prisa,* ser urgente una cosa. ‖ *Darse prisa,* apresurarse. *De prisa y corriendo,* con rapidez, atropelladamente. ‖ *Estar de (o tener) prisa,* tener que hacer algo con urgencia. ‖ *Meter prisa,* mandar hacer las cosas apresuradamente.

Prisciliano, prelado y teólogo español (¿ 300 ?-385), fundador de una doctrina herética *(priscilianismo)* de carácter panteísta y maniqueo. M. decapitado.

prisión f. Cárcel, casa de detención : *estar en prisión.* ‖ Estado del que está preso o prisionero. ‖ Pena de privación de libertad, inferior a la reclusión y superior a la de arresto. ‖ *Fig.* Lugar triste, sombrío, solitario : *esta casa es una verdadera prisión.* ‖ Lo que encierra o retiene algo : *el cuerpo humano es la prisión del alma.* ‖ — Pl. Grillos, cadenas. ‖ *Prisión mayor,* la de seis años y un día hasta doce. ‖ *Prisión menor,* la de seis meses y un día a seis años.

prisionero, ra adj. y s. Dícese de la persona detenida por cualquier enemigo : *prisionero de guerra.* ‖ *Fig.* Dícese de la persona que no tiene libertad para moverse : *prisionero en su habitación.* ‖ Cautivo de un afecto o pasión : *prisionero de un amor.*

prisma m. Cuerpo geométrico limitado por dos polígonos paralelos e iguales, llamados *bases,* y por tantos paralelogramos como lados tenga cada base. ‖ Cuerpo transparente limitado por dos caras que se cortan y que sirve para producir la reflexión, la refracción y la descomposición de la luz. ‖ *Fig.* Lo que nos deslumbra y nos hace ver las cosas diferentes a lo que son : *el prisma de sus intereses.*

prismático, ca adj. De forma de prisma : *cristal prismático.* ‖ — M. pl. Anteojos en cuyo interior los rayos luminosos sufren desviación por medio de prismas.

Pristina o **Prishtina,** c. en el SE. de Yugoslavia, cap. del territorio autónomo de Kosovo-Metohija.

pristino, na adj. Antiguo, original : *su prístina beldad.* ‖ Puro, sin par.

privación f. Hecho de ser privado o de privarse de algo : *privación del olfato, de la presencia de los seres queridos, de los derechos de ciudadanía.* ‖ Falta, ausencia, desaparición. ‖ — Pl. Carencia o falta de lo necesario : *pasaron muchas privaciones.*

privado, da adj. Que no es público, secreto : *la correspondencia privada.* ‖ Particular, personal : *mi domicilio privado.* ‖ — M. Hombre que goza de la confianza de un gobernante, favorito : *los privados españoles en la monarquía.* ‖ Lugar cuya entrada no esta permitida a toda la gente. ‖ — F. *Méx.* Calle estrecha, de una manzana, generalmente cerrada.

privanza f. Situación del privado.

privar v. t. Quitar o rehusar a uno la posesión, el goce de algo : *le privaron de sus bienes.* ‖ Quitar a una cosa todas o parte de sus propiedades características : *privar a mis frases de todo sentido.* ‖ Impedir : *no me prives de ver a sus amigos.* ‖ — V. i. Gustar mucho : *me privan las películas del Oeste.* ‖ Estar en boga, de moda : *la colección privan los trajes ajustados.* ‖ *Méx.* Hacer perder el sentido o desmayarse : *le dio un golpe en la cabeza tan fuerte que lo privó.* ‖ — V. pr. Dejar o abandonar voluntariamente algo : *se priva de todo por los hijos.*

Privas, c. en el SE. de Francia, cap. del dep. de Ardèche.

privativo, va adj. Que causa privación : *disposición privativa.* ‖ Propio, especial, peculiar de una cosa o persona, y no de otras : *voz privativa, tivas del genio.*

privatización f. Acción y efecto de privatizar.

privatizar v. t. Dar carácter privado a lo que era un servicio público o

PR

521

estatal : *privatizaron todas las empresas nacionalizadas.*
privilegiado, da adj. Que tiene un privilegio (ú. t. c. s.). ‖ Muy dotado (ú. t. c. s.).
privilegiar v. t. Conceder privilegio. ‖ Favorecer, dar ventaja.
privilegio m. Ventaja o excepción especial que se concede a uno : *privilegio de fabricación, de importación.* ‖ Documento en que consta. ‖ Derecho, prerrogativa : *gozar de un privilegio.* ‖ Fig. Don natural : *la razón es el privilegio del hombre.*
pro, m. Provecho. ‖ — Prep. En favor de, en beneficio de : *organización pro damnificados.* ‖ — *El pro y el contra,* lo favorable y lo adverso. ‖ *En pro,* en favor. ‖ *Hombre de pro,* hombre de bien. ‖ *No estar ni en pro ni en contra,* no tomar partido. ‖ *Pro domo,* aplícase a la defensa que hace una persona de su propia causa. ‖ *Pro indiviso,* aplícase a los bienes que se poseen en común. ‖ *Pro forma,* dícese de las facturas o recibos hechos para justificar una operación posterior.
proa f. Parte delantera de la embarcación con la cual se cortan las aguas. ‖ Parte delantera del avión.
probabilidad f. Calidad de probable : *hay pocas probabilidades de verlo.* ‖ Verosimilitud. ‖ Cálculo de probabilidades, conjunto de las reglas que permiten determinar si un fenómeno ha de producirse, fundando la suposición en el cálculo, las estadísticas o la teoría.
probabilismo m. Sistema filosófico según el cual toda opinión tiene un cierto grado de probabilidad.
probabilista adj. y s. Partidario del probabilismo.
probable adj. Que es fácil que ocurra, verosímil.
probado, da adj. Acreditado por la experiencia : *remedio probado.* ‖ For. Acreditado como verdad en los autos : *lo alegado y probado.*
probador, ra adj. y s. Que prueba. ‖ — M. Sala donde los clientes se prueban los trajes.
probar v. t. Demostrar indudablemente la certeza de un hecho o la verdad de una afirmación : *probar lo que se dice.* ‖ Indicar : *eso prueba su malestar.* ‖ Experimentar las cualidades de una persona, animal o cosa : *probar un método, la resistencia de un puente.* ‖ Poner para ver si tiene la medida o proporción adecuada : *probar un traje.* ‖ Gustar un manjar : *probar la salsa.* ‖ — V. i. Intentar, tratar algo : *probó a levantarse y no pudo* (ú. t. c. tr.). ‖ Ser o no conveniente para un fin : *este régimen me prueba bien.* ‖ — V. pr. Ver si una prenda sienta bien : *probarse un vestido.*
probeta f. Quím. Tubo de cristal cerrado por un extremo y destinado a contener líquidos o cosas para analizarlas : *probeta graduada.*
probidad f. Honradez, rectitud.
problema m. Cuestión o proposición dudosa que se trata de aclarar : *resolver un problema.* ‖ Cosa difícil de explicar : *un problema complicado.* ‖ Cosa que presenta una dificultad : *los problemas económicos.* ‖ Mat. Proposición dirigida a averiguar el modo de obtener un resultado, conociendo ciertos datos.
problemático, ca adj. Dudoso, incierto. ‖ — F. Conjunto o serie de problemas.
probo, ba adj. Que tiene probidad.
proboscidio adj. Dícese de los mamíferos ungulados con trompa prensil y cinco dedos, como el elefante (ú. t. c. s. m.). ‖ — M. pl. Orden que forman.
procacidad f. Insolencia, desvergüenza, atrevimiento. ‖ Dicho procaz.
procaz adj. Descarado, atrevido, insolente, grosero. ‖ Indecente.
procedencia f. Principio, origen de una cosa. ‖ Punto de salida o escala de un barco, avión, tren o persona. ‖ Conformidad con la moral, la razón y el derecho. ‖ For. Fundamento legal de una demanda o recurso.
procedente adj. Que procede, dimana o trae su origen de una persona o cosa. ‖ Que llega de un sitio : *el tren procedente de Burgos.* ‖ Arre-

glado a la prudencia, a la razón o al fin que se persigue. ‖ For. Conforme a derecho, mandato o conveniencia.
proceder m. Comportamiento.
proceder v. i. Derivarse, provenir u originarse una cosa de otra : *esta palabra procede del latín.* ‖ Tener su origen : *los que proceden de España.* ‖ Obrar con cierto orden : *proceder con método.* ‖ Conducirse, comportarse, actuar una persona : *proceder con corrección.* ‖ Empezar a ejecutar una cosa : *proceder a la elección del presidente.* ‖ Convenir : *procede tomar otro rumbo.* ‖ Ser sensato, pertinente. ‖ For. Ser conforme a derecho. ‖ For. Proceder contra uno, iniciar procedimiento judicial contra él.
procedimiento m. Manera de hacer o método práctico para hacer algo : *procedimiento muy ingenioso.* ‖ Conducta, modo de obrar o actuar. ‖ Manera de seguir una instancia en justicia : *ley de procedimiento civil.*
proceloso, sa adj. Tempestuoso.
prócer adj. Ilustre, eminente, elevado. ‖ — M. Personaje de alta distinción, hombre ilustre.
procesado, da adj. Sometido a proceso judicial : *procesado por sedición* (ú. t. c. s.).
procesador m. Elemento de un ordenador que efectúa el tratamiento completo de una serie de datos.
procesal adj. Relativo al proceso : *derecho procesal ; costas procesales.* ‖ — M. Derecho procesal.
procesamiento m. En informática, tratamiento de la información.
procesar v. t. Enjuiciar, someter a proceso judicial. ‖ Tratar la información por medio de un ordenador.
procesión f. Marcha ordenada de un grupo de personas, generalmente con carácter religioso : *la procesión del Corpus.* ‖ Fig. y fam. Una o más hileras de personas o animales que van de un sitio a otro : *una procesión de acreedores, de hormigas.* ‖ Continuación, sucesión. ‖ Fam. Andar por dentro la procesión, sentir una pena o cólera, aparentando serenidad o sin darlo a conocer.
procesionaria f. Oruga de varias mariposas que suelen ir en fila.
proceso m. Progreso, curso del tiempo : *el proceso de los años.* ‖ Conjunto de las fases de un fenómeno en evolución : *proceso de una enfermedad.* ‖ Procedimiento : *proceso de fabricación.* ‖ For. Conjunto de los autos y escritos de una causa criminal o civil. ‖ Causa criminal, juicio : *proceso por robo, homicidio, asesinato.* ‖ En informática, procesamiento. ‖ Amer. Proceso verbal, acta.
Prócida, isla y c. al S. de Italia y en el E. del mar Tirreno (Nápoles).
proclama f. Notificación pública. ‖ Alocución política o militar.
proclamación f. Publicación solemne de un decreto, bando o ley : *proclamación de la Constitución.* ‖ Conjunto de ceremonias públicas con que se inaugura un régimen.
proclamar v. t. Publicar en alta voz una cosa para que sea conocida por todos : *proclamar una ley.* ‖ Dar a conocer públicamente por un acto oficial. ‖ Declarar solemnemente el principio de un reinado, república, etc. ‖ Reconocer públicamente : *proclamar los principios democráticos.* ‖ Aclamar : *proclamar un campeón.* ‖ Fig. Dar señales de una pasión : *proclamar uno su amor.* ‖ *Proclamar la verdad.* ‖ — V. pr. Declararse uno investido de un cargo, autoridad o mérito : *proclamarse dictador.*
proclítico, ca adj. Aplícase a las palabras no acentuadas que se apoyan en la palabra que las sigue para formar una unidad fonética.
proclive adj. Propenso, inclinado.
proclividad f. Inclinación.
procomún f. Utilidad pública.
procónsul m. Gobernador de una provincia entre los romanos.
proconsulado m. Dignidad y cargo de procónsul. ‖ Tiempo de su duración.
procordado adj. Dícese de los animales cordados que carecen de encéfalo y de esqueleto, respiran por branquias y viven en el mar (ú. t. c. s. m.). ‖ — M. pl. Subtipo que forman.

procreación f. Acción de procrear.
procreador, ra adj. y s. Que procrea.
procrear v. t. Engendrar, multiplicar una especie, dar vida (ú.t.c.i.).
procura f. Procuración, delegación. ‖ Procuraduría.
procuración f. Poder dado a otro para que éste obre en nombre de aquél. ‖ Cargo y oficina del procurador.
procurador, ra adj. y s. Que procura. ‖ — M. y f. Persona que, con habilitación legal, representa en juicio a cada una de las partes : *procurador de los tribunales.* ‖ Procurador de (o a o en) Cortes, cada uno de los representantes en las Cortes de España.
procuraduría f. Cargo y oficina del procurador.
procurar v. t. Hacer diligencias y esfuerzos para conseguir lo que se desea, intentar hacer algo. ‖ Proporcionar, facilitar : *le ha procurado un piso muy bueno.* ‖ — V. pr. Conseguir : *procurarse el alimento.*
prodigalidad f. Derroche, gasto excesivo. ‖ Abundancia, profusión.
prodigar v. t. Derrochar, malgastar, disipar : *prodigar el caudal.* ‖ Dar con profusión y abundancia. ‖ Fig. Dispensar profusa y repetidamente : *prodigar favores, elogios, etc.* ‖ — V. pr. Excederse en la exhibición personal o en ser agradable a los demás.
prodigio m. Suceso extraordinario que excede lo natural. ‖ Maravilla : *un prodigio del arte.* ‖ Milagro : *su curación fue un prodigio.*
prodigiosidad f. Condición de prodigioso.
prodigioso, sa adj. Que es un prodigio. ‖ Maravilloso, extraordinario.
pródigo, ga adj. Malgastador, manirroto, despilfarrador. ‖ Generoso, muy dadivoso. ‖ Que dispensa con liberalidad : *pródigo de (o con) alabanzas.* ‖ Hijo pródigo, el que regresa a su familia, después de una larga ausencia y de haber llevado una vida irregular.
pródromo m. Med. Síntoma de una enfermedad. ‖ Fig. Preámbulo de una cosa. ‖ — Pl. Fig. Principios de algo.
producción f. Acción de producir. ‖ Cosa producida. ‖ Conjunto de los productos del suelo o de la industria : *la producción agrícola, industrial.* ‖ Organismo que facilita el capital para asegurar la realización de una película cinematográfica. ‖ Película, programa o emisión radiofónica o televisada que se presenta al público. ‖ Medios de producción, conjunto de los medios de trabajo (máquinas, etc.) y de los elementos (materias, etc.) a los cuales se aplican.
producir v. t. Dar : *árbol que produce muchos frutos.* ‖ Hacer, realizar : *producir obras artísticas.* ‖ Fabricar : *el taller produce pocos muebles por mes.* ‖ Dar interés : *capital que produce poco.* ‖ Hacer ganar, dar beneficio : *su negocio le produce mucho.* ‖ Causar : *producir gran alegría o entusiasmo, picor.* ‖ Ocasionar, originar : *la guerra produce grandes males.* ‖ Ser causante : *una mosca produce la enfermedad del sueño.* ‖ Financiar una película cinematográfica. ‖ Generar, dar lugar : *producir un cierto malestar.* ‖ Enseñar pruebas o documentos en un proceso judicial. ‖ — V. pr. Explicarse, expresarse : *producirse en la Asamblea.* ‖ Tener lugar.
productividad f. Facultad de producir. ‖ Cantidad producida teniendo en cuenta el trabajo efectuado o el capital invertido.
productivo, va adj. Que produce : *tierra productiva.* ‖ Que da beneficios : *negocio productivo.*
producto m. Lo que crea cualquier actividad de la naturaleza, del hombre : *producto de la tierra, industrial.* ‖ Resultado de una operación : *los productos de la destilación del petróleo.* ‖ Riqueza, cosa material a la que el hombre le ha dado valor por medio del trabajo. ‖ Mat. Resultado de la multiplicación. ‖ Resultado de una operación comercial : *éste ha sido el producto de las ventas.* ‖ Sustancia destinada al cuidado de algo : *producto de limpieza, de belleza, de tocador.* ‖ Fig. Creación : *producto clá-*

sico de la época moderna. ‖ — Producto interior bruto, valor del coste total de la producción al cual se suman los impuestos indirectos y se restan los subsidios. ‖ Producto nacional bruto, conjunto de la producción global de un país y de las compras hechas por éste en el mercado exterior durante el año considerado.

productor, ra adj. y s. Dícese de lo que produce o de las personas que producen. ‖ Obrero, trabajador : *las clases productoras.* ‖ — M. y f. Persona que tiene la responsabilidad económica de la realización de una película cinematográfica o de emisiones de radio y televisión.

proemio m. Prólogo, exordio.
proeza f. Hazaña.
profanación f. Acción de profanar.
profanador, ra adj. y s. Que profana.
profanar v. t. Tratar sin respeto a las cosas sagradas. ‖ *Fig.* Deshonrar, prostituir : *profanar su talento.*
profano, na adj. Que no es sagrado : *elocuencia profana.* ‖ Contrario al respeto de las cosas sagradas. ‖ Ignorante, que carece de conocimiento en una materia (ú. t. c. s.).
profase f. *Biol.* Primera fase de la división de la célula por mitosis.
profecía f. Predicción de un acontecimiento por inspiración divina. ‖ Cualquier predicción.
proferir v. i. Pronunciar, articular, decir palabras con violencia.
profesante adj. Dícese del que profesa (ú. t. c. s.).
profesar v. t. Ejercer o enseñar un arte, ciencia u oficio : *profesar la medicina.* ‖ Hacer votos en una orden religiosa. ‖ Tener un sentimiento o creencia : *profesar un principio, una doctrina.* ‖ *Fig.* Sentir algún afecto, inclinación o interés : *profesar amor.*
profesión f. Empleo o trabajo que ejerce públicamente una persona y que requiere haber hecho estudios teóricos. ‖ Acción y efecto de profesar. ‖ — *De profesión,* por oficio. ‖ *Hacer profesión de,* vanagloriarse o preciarse. ‖ *Profesión de fe,* declaración pública de su credo religioso o de sus opiniones políticas. ‖ *Profesión liberal,* v. LIBERAL.
profesional adj. Relativo a la profesión : *escuela profesional.* ‖ Aplícase al que realiza su trabajo mediante retribución. Ú. t. c. s. : *un profesional del periodismo.* ‖ Que vive de cierta actividad. Ú. t. c. s. : *un profesional de fútbol.*
profesionalidad f. Condición de profesional.
profesionalismo m. Cultivo de ciertas disciplinas, artes o deportes como medio de lucro.
profesionalización f. Acción y efecto de profesionalizar.
profesionalizar v. t. Hacer ejercer una actividad profesionalmente.
profesionista m. y f. *Méx.* Profesional con título académico.
profeso, sa adj. y s. Que ha profesado en una comunidad religiosa. ‖ *Ex profeso,* con intención.
profesor, ra m. y f. Persona que enseña una lengua, una ciencia, etc.
profesorado m. Cargo de profesor. ‖ Cuerpo de profesores.
profesoral adj. Del profesor.
profeta m. Persona que anuncia la palabra divina o el futuro por inspiración sobrenatural. (Los principales profetas fueron Isaías, Jeremías, Ezequiel y Daniel.) ‖ *Fig.* Persona que predice un acontecimiento.
profético, ca adj. Relativo a la profecía o al profeta.
profetisa f. Mujer con don de profecía : *la profetisa Débora.*
profetizador, ra adj. Que profetiza (ú. t. c. s.).
profetizar v. t. Predecir.
profiláctico, ca adj. Relativo a la profilaxis. ‖ — F. Profilaxis.
profilaxis f. *Med.* Conjunto de medidas encaminadas a evitar las enfermedades o su propagación.
prófugo, ga adj. Dícese del que huye de la justicia o de la autoridad (ú. t. c. s.). ‖ Dícese del que se ausenta o se oculta para eludir el servicio militar (ú. t. c. s. m.).
profundidad f. Distancia que media

entre el fondo y la superficie, hondura : *la profundidad de un río.* ‖ Una de las tres dimensiones de un cuerpo, las otras son *longitud* y *anchura.* ‖ Extensión longitudinal : *tantos metros de ancho y tantos de profundidad.* ‖ *Fig.* Carácter de lo que es profundo, rico de significado y difícil de comprender : *las profundidades del ser humano.*
profundización f. Acción y efecto de profundizar.
profundizar v. t. Ahondar una cosa para que esté más profunda. ‖ *Fig.* Examinar atentamente para llegar a su perfecto conocimiento : *profundizar una idea.*
profundo, da adj. Hondo, que tiene el fondo distante del borde o boca de la cavidad : *piscina profunda.* ‖ Que penetra mucho : *corte profundo ; raíz profunda.* ‖ *Fig.* Grande, muy vivo, intenso : *pesar profundo.* ‖ Difícil de comprender : *enigma profundo.* ‖ Que dice cosas de gran alcance : *un escritor profundo.* ‖ Grande, extremo : *respeto profundo.* ‖ No superficial : *influencia profunda.* ‖ Esencial : *transformación profunda.* ‖ Intenso : *profunda oscuridad.* ‖ Dícese de la voz de sonido bajo.
profusión f. Gran abundancia..
profuso, sa adj. Abundante.
progenie f. Familia de la que desciende una persona. ‖ Conjunto de hijos.
progenitor, ra m. y f. Pariente en línea recta, ascendiente de una persona. ‖ — Pl. Antepasados, padres.
progenitura f. Progenie.
progesterona f. Hormona sexual femenina.
prognatismo m. Condición o calidad de prognato.
prognato, ta adj. Dícese de la persona que tiene las mandíbulas salientes (ú. t. c. s.).
programa m. Escrito que indica los detalles de un espectáculo, de una ceremonia, etc. ‖ Exposición que fija la línea de conducta que ha de seguirse : *el programa de un partido político.* ‖ Proyecto determinado : *seguir un programa.* ‖ Plan detallado de las materias correspondientes a un curso o a un examen. ‖ Sesión de cine, radio, televisión, etc. : *intervine en un programa del primer canal.* ‖ Conjunto de instrucciones preparadas para que un ordenador, máquina herramienta u otro aparato automático puedan efectuar una sucesión de operaciones determinadas.
programable adj. Que puede programarse.
programación f. Establecimiento de un programa. ‖ Preparación del programa de un ordenador u otro equipo automático.
programador, ra adj. Que establece un programa. ‖ — M. Aparato acoplado a un ordenador en el cual se inscribe el programa de las operaciones que la máquina ha de resolver para hallar la solución del problema planteado. ‖ — M. y f. Especialista encargado de establecer el programa de un espectáculo, un ordenador, etc.
programar v. t. Fijar un programa. ‖ Proyectar : *programar una reforma.* ‖ Descomponer los datos de un problema que ha de efectuar un ordenador en una sucesión de instrucciones codificadas propias para ser interpretadas y ejecutadas por dicha máquina.
programático, ca adj. Que sigue un programa. ‖ Relativo a éste.
progre adj. y s. *Fam.* Progresista.
progresar v. i. Hacer progresos.
progresía f. *Fam.* Conjunto de progres.
progresión f. Acción de avanzar o de proseguir una cosa. ‖ Serie no interrumpida, movimiento progresivo. ‖ — *Progresión aritmética,* serie de números en que los términos consecutivos difieren en una cantidad constante : *1, 3, 5, 7, 9,* etc. ‖ *Progresión geométrica,* serie de números en que cada uno es igual al anterior multiplicado por una cantidad constante : *1, 3, 9, 27, 81, 243,* etc.
progresismo m. Ideas y doctrinas progresistas.
progresista adj. Aplícase a las personas de ideas políticas y sociales

avanzadas (ú. t. c. s.) : *realizó durante su gobierno reformas progresistas.*
progresividad f. Calidad de progresivo : *progresividad del impuesto.*
progresivo, va adj. Que progresa. ‖ Que se desarrolla o aumenta gradualmente : *movimiento progresivo.*
progreso m. Acción de ir hacia adelante. ‖ Aumento, adelanto, perfeccionamiento.
Progreso, c. y puerto en el SE. de México (Yucatán). ‖ — **(El),** c. en el centro de Guatemala, cap. del dep. homónimo. Centro comercial. Agricultura. — Pobl. en el NO. de Honduras (Yoro). Centro comercial.
prohibición f. Acción de prohibir. ‖ En los Estados Unidos, interdicción de fabricar y vender bebidas alcohólicas, entre 1919 y 1933.
prohibicionismo m. Política que defiende la prohibición.
prohibicionista adj. Que es partidario de la prohibición de bebidas alcohólicas (ú. t. c. s.).
prohibido, da adj. No permitido.
prohibir v. t. Vedar o impedir el uso o ejecución de una cosa.
prohibitivo, va y **prohibitorio, ria** adj. Que prohíbe : *ley prohibitiva.* ‖ Que no está al alcance de alguien.
prohijamiento m. Adopción.
prohijar v. t. Adoptar como hijo al que no lo es naturalmente. ‖ *Fig.* Admitir como propias ideas de otro.
prohombre m. Hombre eminente.
proindivisión f. Situación de los bienes comunes que no han sido divididos entre sus varios propietarios.
proindiviso, sa adj. Dícese de los bienes comunes que no han sido divididos entre varios propietarios.
prójima f. *Fam.* Mujer. ‖ Esposa. ‖ *Pop.* Ramera, prostituta.
prójimo m. Cualquier persona respecto de otra : *respetar, amar al prójimo.* ‖ *Fam.* Individuo, persona.
Prokofiev (Serguei), músico ruso (1891-1953), autor de obras para violín, para violonchelo, para piano, de siete sinfonías, música de cámara, ballets (*Romeo y Julieta, La Cenicienta*), óperas (*El jugador, El ángel de fuego*), sonatas y cantatas.
Prokopievsk, c. de la U. R. S. S. en Siberia Occidental (Rusia).
prole f. Descendencia, progenie.
prolegómenos m. pl. Introducción.
proletariado m. Clase social de los proletarios.
proletario, ria adj. Relativo a los obreros.‖ — M. y f. Obrero.
proletarización f. Acción y efecto de proletarizar.
proletarizar v. t. Reducir a los productores independientes (agricultores, artesanos, comerciantes, etc.) a la condición de proletarios o trabajadores asalariados.
proliferación f. Multiplicación del huevo fecundado y de sus derivados celulares. ‖ *Fig.* Multiplicación.
proliferar v. i. Reproducirse o multiplicarse rápidamente.
prolífero, ra adj. Que se multiplica.
prolífico, ca adj. Que tiene virtud de engendrar. ‖ Que se reproduce con rapidez : *los conejos son muy prolíficos.* ‖ *Fig.* Aplícase a un escritor o artista de producción abundante.
prolijidad f. Defecto de prolijo.
prolijo, ja adj. Largo, difuso : *discurso prolijo.* ‖ Que habla o escribe con exceso y superfluidad : *orador prolijo.* ‖ Exhaustivo : *Muy detallado.*
prologar v. t. Redactar un prólogo. ‖ *Fig.* Hacer preceder, servir de preliminar.
prólogo m. Escrito que antecede a una obra para presentarla al público. ‖ *Fig.* Preámbulo, preliminar.
prologuista com. Autor o autora del prólogo.
prolonga f. Cuerda que une el avantrén con la cureña del cañón.
prolongable adj. Que se puede prolongar.
prolongación f. Acción y efecto de prolongar o prolongarse. ‖ Tiempo que se añade a la duración normal de una cosa.
prolongamiento m. Prolongación.
prolongar v. t. Alargar (ú. t. c. pr.). ‖ Hacer que una cosa dure más de lo debido (ú. t. c. pr.).
promediar v. t. Calcular el promedio

PR

523

de algo. ‖ Igualar o repartir en dos partes iguales. ‖ — V. i. Llegar a su mitad un espacio de tiempo determinado : *al promediar el mes de junio.*

promedio m. Término medio.

promesa f. Expresión de la voluntad de dar algo a uno o hacer por él una cosa. ‖ Ofrecimiento piadoso hecho a Dios o a los santos. ‖ Acción y efecto de prometer, cumplir las obligaciones de un cargo público. ‖ *Fig.* Augurio, señal. ‖ Cosa o persona que promete.

promesante y **promesero, ra** adj. y s. *Arg.* Peregrino.

prometedor, ra adj. y s. Que promete : *futuro prometedor* (ú. t. c. s.).

prometeo m. *Quím.* Elemento del grupo de los lantánidos (símb., Pm).

Prometeo, dios griego del Fuego, hijo del titán Yápeto y hermano de Atlas. Robó en el cielo, para dárselo a los hombres, el fuego y Zeus, para castigarle, le encadenó a una roca del Cáucaso, donde un águila le roía el hígado. Heracles lo liberó de este suplicio matando al águila. *(Mit.)*

prometer v. t. Obligarse a hacer, decir o a dar alguna cosa : *prometió escribir.* ‖ Asegurar, afirmar, certificar : *le prometí que iría.* ‖ Asegurar una persona que va a cumplir, acatar, ser fiel a una Constitución, un contrato, etc. : *los ministros que no profesan ninguna religión prometen, en lugar de jurar, observar las leyes fundamentales de un país.* ‖ Augurar, hacer creer : *los viñedos prometen muchas uvas.* ‖ — V. i. Dar muestras de precocidad o aptitud : *este niño promete.* ‖ Tener buenas perspectivas : *negocio que promete.* ‖ — V. pr. Esperar mucho de una cosa : *prometérselas felices.* ‖ Darse formalmente palabra de casamiento.

prometido, da m. y f. Futuro esposo, novio. ‖ — M. Promesa : *cumplir con lo prometido.*

prominencia f. Elevación de una cosa sobre lo que la rodea.

prominente adj. Que sobresale sobre lo que está alrededor. ‖ *Fig.* Destacado, notable.

promiscuidad f. Mezcla, confusión. ‖ Vida conjunta y heterogénea de personas de sexo, condiciones o nacionalidades diversas.

promiscuo, cua adj. Mezclado.

promisión f. Promesa. ‖ *Tierra de Promisión,* la prometida por Dios al pueblo de Israel.

promisorio, ria adj. Que encierra en sí promesa.

promoción f. Acción de elevar a una o varias personas a una dignidad o empleo superior. ‖ Conjunto de personas que efectúan los mismos estudios en el mismo establecimiento y durante el mismo período. ‖ Conjunto de individuos que al mismo tiempo han obtenido un grado, título, empleo. ‖ Accesión a un nivel de vida superior, a la cultura : *promoción social.* ‖ *Dep.* Partido o liguilla entre los equipos de una división y los de otra inferior para determinar el ascenso de estos últimos. ‖ *Promoción de ventas,* técnica propia para acrecentar el volumen de negocios de una empresa por medio de una red de distribución. ‖ *Promoción inmobiliaria,* actividad económica consistente en financiar la construcción o renovación de edificios o en poner éstos en venta.

promocional adj. Que favorece el incremento de las ventas.

promocionar v. t. Acrecentar la venta de un producto. ‖ Elevar a un empleo superior. ‖ *Dep.* Jugar un equipo la liguilla o partido de promoción. ‖ Favorecer el desarrollo.

promontorio m. Altura considerable de tierra, especialmente la que avanza dentro del mar.

promotor, ra adj. y s. Que promueve, que impulso a una cosa : *promotor de una obra.* ‖ — M. y f. Que se compromete a construir uno o varios edificios en el marco de una operación de promoción. ‖ Que promociona : *era una empresa de publicidad promotora de nuestras ventas.*

promovedor, ra adj. y s. Promotor.

promover v. t. Iniciar, dar impulso a una cosa : *promover una fundación.* ‖ Ascender a uno a una dignidad o

empleo superior : *promover a general, a cardenal.* ‖ Ocasionar.

promulgación f. Acción y efecto de promulgar.

promulgador, ra adj. y s. Que promulga.

promulgar v. t. Publicar una cosa sôlemnemente : *promulgar una ley.*

prono, na adj. Echado sobre el vientre : *en posición decúbito prono.*

pronombre m. *Gram.* Parte de la oración que sustituye al nombre o lo determina. (Hay *pronombres personales, demostrativos, posesivos, relativos, interrogativos e indefinidos.*)

pronominado, da adj. Pronominal.

pronominal adj. *Gram.* Dícese del verbo que se conjuga con un pronombre personal reflexivo de la misma persona que el sujeto, como *atreverse, quedarse,* etc. (ú. t. c. s. m.). ‖ Relativo al pronombre.

pronosticador, ra adj. y s. Que pronostica o presagia.

pronosticar v. t. Conocer o conjeturar por medio de algunos indicios lo futuro : *pronosticar buen tiempo.*

pronóstico m. Señal por la que se conjetura o adivina una cosa futura : *pronóstico del tiempo.* ‖ Juicio que da el médico respecto de una enfermedad : *pronóstico clínico.* ‖ *Pronóstico reservado,* el que se reserva el médico a causa de las contingencias posibles de una lesión o enfermedad.

prontitud f. Celeridad, presteza en ejecutar una cosa.

pronto, ta adj. Veloz, rápido : *hombre pronto en enfadarse.* ‖ Que se produce rápidamente : *pronta curación.* ‖ Listo, dispuesto, preparado : *estar pronto para el viaje.* ‖ — M. *Fam.* Arrebato repentino de ánimo o impulso inesperado : *le dio un pronto.* ‖ *Fam.* Primer pronto, primer arranque. ‖ — Adv. Prontamente, en seguida. ‖ Temprano : *iré muy pronto mañana.* ‖ — *Al pronto,* en el primer momento. ‖ *De pronto,* apresuradamente, sin reflexión ; de repente. ‖ *Hasta pronto,* hasta ahora. ‖ *Por pronto, entre tanto ; por ahora.* ‖ *Tan pronto como,* en cuanto.

prontuario m. Resumen sucinto de datos, notas, etc. ‖ Compendio de una ciencia o arte. ‖ Agenda, libro de apuntes.

pronunciable adj. Que se pronuncia fácilmente.

pronunciación f. Acción y efecto de pronunciar o articular palabras.

pronunciado, da adj. Acusado.

pronunciamiento m. Alzamiento o levantamiento militar : *el pronunciamiento de Riego.* ‖ *For.* Cada una de las declaraciones, condenas o mandatos del juez : *absuelto con todos los pronunciamientos de la ley.*

pronunciar v. t. Emitir y articular sonidos para hablar : *pronunciar palabras.* ‖ Echar : *pronunciar un discurso.* ‖ Determinar, resolver. ‖ Acentuar, realzar. ‖ *For.* Publicar la sentencia o auto : *el tribunal pronunció su fallo.* ‖ — V. pr. Sublevarse, rebelarse. ‖ Declarar su preferencia : *se pronunciaron por la negativa.* ‖ Acentuarse.

pronuncio m. Eclesiástico que sustituye al nuncio pontificio.

propagación f. Multiplicación de los seres por vía de reproducción : *la propagación de la especie.* ‖ *Fig.* Difusión : *la propagación de las ideas.* ‖ *Fís.* Modo de transmisión de las ondas sonoras o luminosas.

propagador, ra adj. y s. Que propaga : *propagador de noticias falsas.*

propaganda f. Toda acción organizada para difundir una opinión, una religión, una doctrina, etc. ‖ Publicidad dada a un producto comercial para fomentar su venta : *Prospectos, anuncios, etc. para esta publicidad.*

propagandista adj. Dícese de la persona que hace propaganda. Ú. t. c. s. : *propagandista político.*

propagandístico, ca adj. Relativo a la propaganda.

propagar v. t. Multiplicar por generación u otra vía de reproducción (ú. t. c. pr.). ‖ *Fig.* Difundir una cosa : *propagar una noticia, la fe, una doctrina* (ú. t. c. pr.). ‖ Extender el conocimiento de una cosa o la afición a ella (ú. t. c. pr.). ‖ Divulgar algo secreto. ‖

— V. pr. Extenderse el fuego, una epidemia, una rebelión.

propalador, ra adj. Que propala o difunde (ú. t. c. s.).

propalar v. t. Divulgar, difundir.

propano m. Hidrocarburo saturado gaseoso usado como combustible.

propasar v. t. Rebasar el límite conveniente. ‖ — V. pr. Extralimitarse, excederse uno de lo razonable.

propedéutica f. Instrucción preparatoria para el estudio de un arte o ciencia.

propender v. i. Tener propensión.

propeno m. Propileno.

propensión f. Inclinación, tendencia, afición a una cosa.

propenso, sa adj. Que tiene propensión a algo : *propenso al enojo.*

propergol m. Sustancia o mezcla de sustancias cuya reacción química produce, sin la intervención del oxígeno atmosférico, gases calientes que mantienen el movimiento de un cohete espacial.

propiciación f. Sacrificio hecho a un dios.

propiciador, ra adj. y s. Que propicia.

propiciar v. t. Aplacar la ira de uno captando su voluntad. ‖ Hacer propicio. ‖ Patrocinar. ‖ Favorecer.

propiciatorio, ria adj. Que tiene la virtud de hacer propicio.

propicio, cia adj. Favorable : *momento propicio.* ‖ Adecuado : *persona propicia para hacer este trabajo.*

propiedad f. Derecho de gozar y disponer de una cosa con exclusión de otra persona. ‖ Cosa en la que recae este derecho, especialmente si son bienes raíces inmuebles : *ha comprado una gran propiedad en Salamanca.* ‖ Característica o cualidad particular : *la propiedad del imán de atraer el hierro.* ‖ Semejanza perfecta, exactitud : *imitación hecha con gran propiedad.* ‖ *Gram.* Significado exacto de las palabras : *emplear una palabra con propiedad.* ‖ — *Propiedad horizontal,* la que un copropietario goza de su piso en un edificio de varias plantas. ‖ *Propiedad industrial,* derecho exclusivo de usar un nombre comercial, una marca, una patente, un dibujo, un modelo de fabricación, etc. ‖ *Propiedad intelectual,* derecho exclusivo que tiene un artista o escritor (y sus inmediatos sucesores) de sacar una renta de la explotación de su obra.

propietario, ria adj. y s. Que tiene derecho de propiedad sobre una cosa : *propietario de bienes inmuebles.* ‖ Que tiene un empleo o cargo en propiedad. ‖ Que es dueño de una casa o finca en oposición al inquilino o arrendatario. ‖ *Nudo propietario,* propietario de un bien sobre el cual otra persona ejerce un derecho de usufructo, de uso o de habitación.

propíleo m. *Arq.* Pórtico de templo.

propina f. Gratificación pequeña dada por un servicio eventual. ‖ *Fam. De propina,* por añadidura.

propinar v. t. Dar : *propinar una paliza.* ‖ *Méx.* Dar propina.

propincuidad f. Cercanía.

propincuo, cua adj. Cercano.

propio, pia adj. Que pertenece a uno en propiedad : *su propio hogar.* ‖ Característico, particular, peculiar : *no ser propio de una persona inteligente.* ‖ Conveniente, adecuado, a propósito para un fin : *propio para curar.* ‖ Natural, no postizo : *cabello propio ; dentadura propia.* ‖ Mismo : *escrito de su propio puño y letra.* ‖ Dícese del significado original de una palabra : *en su sentido propio y no en el figurado.* ‖ *Fam.* Semejante : *es su imagen propia.* ‖ Aplícase al quebrado cuyo numerador es menor que el denominador. ‖ *Gram.* Dícese del nombre que se da a una persona, país, etc. : *nombre propio.* ‖ — M. Hombre que se envía con un mensaje, carta, etc.

proponedor, ra o **proponente** adj. y s. Que propone.

proponer v. t. Manifestar algo para actuar o saber : *proponer una solución.* ‖ Tener intención de hacer una cosa. Ú. t. c. pr. : *se propone ir a Madrid.* ‖ Indicar o presentar a uno para un empleo o cargo : *proponer un candidato.* ‖ Hacer una propuesta.

Propóntide. V. MÁRMARA (Mar de).

proporción f. Relación, correspondencia de las partes entre ellas o con el todo: *las proporciones entre las partes de un edificio.* ‖ Tamaño, dimensión: *obra de grandes proporciones.* ‖ Importancia: *no se saben aún las proporciones de las pérdidas.* ‖ Mat. Igualdad de dos razones.

proporcionado, da adj. Regular, adecuado, conveniente. ‖ Que tiene las proporciones debidas.

proporcional adj. Relativo a la proporción o que la incluye en sí: *distribución proporcional.* ‖ Mat. Dícese de las cantidades que están en proporción con otras cantidades del mismo género.

proporcionalidad f. Proporción. ‖ Relación entre dos series de cantidades proporcionales.

proporcionar v. t. Disponer y ordenar con la debida proporción: *proporcionar sus gastos a sus recursos.* ‖ Facilitar, poner a disposición de uno lo que éste necesite o le convenga: *proporcionar medios de subsistencia, un buen empleo.* ‖ Dar: *esto proporciona animación.* ‖ — V. pr. Conseguir.

proposición f. Acción de proponer o someter a un examen. ‖ Cosa que se propone para la deliberación: *proposiciones de paz.* ‖ Oferta. ‖ Gram. Oración: *proposición subordinada.* ‖ Mat. Teorema o problema que se ha de demostrar o resolver. ‖ Exposición del asunto que ha de ser objeto de demostración: *proposición universal.*

propósito m. Intención, ánimo, designio de hacer o no hacer una cosa: *propósito de estudiar.* ‖ Objetivo, mira: *su propósito es derrocarlo.* ‖ — *A propósito,* oportunamente: *adecuado; aposta.* ‖ *A propósito de,* respecto a. ‖ *De propósito,* de intento; expresamente. ‖ *Fuera de propósito,* inoportunamente, sin venir al caso.

propuesta f. Idea, proyecto, proposición que se expone y ofrece para un fin. ‖ Proyecto hecho a un superior para que dé su aprobación. ‖ Indicación de alguien para un empleo.

propugnar v. t. Defender.

propulsar v. t. Impeler, empujar hacia adelante. ‖ Impulsar: *propulsar el desarrollo industrial.*

propulsión f. Acción de impeler o empujar hacia adelante. ‖ *Propulsión a chorro o por reacción,* la de un avión, cohete o proyectil para su avance por medio de la reacción.

propulsor, ra adj. y s. Que propulsa: *propulsor del comercio.*

prorrata f. Cuota o porción que toca a uno en un reparto. ‖ *A prorrata,* mediante prorrateo, proporcionalmente.

prorratear v. t. Repartir algo a prorrata o proporcionalmente: *prorrateamos los gastos del viaje.*

prorrateo m. Reparto proporcional.

prórroga f. Prolongación, duración más larga del tiempo que se había fijado en un principio: *la prórroga de un partido de fútbol.* ‖ Plazo que se concede a un mozo para terminar sus estudios o por cualquier otro motivo antes de incorporarse a filas.

prorrogable adj. Que se puede prorrogar.

prorrogación f. Prórroga.

prorrogar v. t. Prolongar el tiempo que se había otorgado o fijado para hacer algo: *prorrogar un plazo.*

prorrumpir v. i. Salir con ímpetu una cosa. ‖ Fig. Emitir repentina y bruscamente gritos, voces, risa, suspiros, llanto: *prorrumpir en sollozos.*

prosa f. Forma natural del lenguaje no sometido a la medida y ritmo del verso: *escribir en prosa.* ‖ Lenguaje prosaico en la poesía. ‖ Fig. Aspecto vulgar de las cosas: *la prosa de la vida.* ‖ Exceso de palabras para decir algo poco importante: *gastar mucha prosa.*

prosaico, ca adj. Relativo a la prosa. ‖ Escrito en prosa. ‖ Fig. Falto de elevación, vulgar.

prosaísmo m. Falta de armonía poética en los versos. ‖ Fig. Vulgaridad.

prosapia f. Abolengo, linaje.

Prosas profanas, libro de poemas modernistas de Rubén Darío (1896).

proscenio m. Parte del escenario más inmediata al público.

proscribir v. t. Desterrar, expulsar a uno de su patria. ‖ Fig. Prohibir.

proscripción f. Destierro, expatriación. ‖ Fig. Prohibición.

proscrito, ta adj. Desterrado, que ha sido expulsado de su patria, expatriado (ú. t. c. s.). ‖ Prohibido.

prosecución f. Continuación.

proseguimiento m. Prosecución.

proseguir v. t. Seguir, continuar lo empezado: *proseguir una narración, su camino* (ú. t. c. i.).

proselitismo m. Celo de ganar prosélitos.

proselitista adj. Que practica el proselitismo o lo incluye (ú. t. c. s.).

prosélito, ta m. y f. Recién convertido a una religión. ‖ Fig. Adepto.

prosénquima m. Tejido fibroso de las plantas y de los animales.

Prosérpina, diosa romana de la Agricultura y reina de los Infiernos, mujer de Plutón, hija de Júpiter y de Ceres. Es la *Perséfone* griega.

prosificación f. Acción y efecto de prosificar.

prosificador, ra adj. Que prosifica (ú. t. c. s.).

prosificar v. t. Poner en prosa.

prosista com. Escritor o escritora de obras en prosa.

prosodia f. Gram. Tratado de la pronunciación y acentuación de las letras, sílabas y palabras.

prosódico, ca adj. Relativo a la prosodia.

prosopopeya f. Figura de retórica que consiste en personificar los objetos inanimados y los animales. ‖ Fam. Engolamiento, exceso afectado de seriedad: *le encantaba perorar con mucha prosopopeya.*

prospección f. Exploración de un terreno en busca de yacimientos minerales. ‖ Búsqueda de mercados o clientes.

prospectar v. t. Realizar prospecciones.

prospectivo, va adj. Relativo a la prospección. ‖ — F. Ciencia que tiene por objeto el estudio de las causas técnicas, científicas, económicas y sociales que aceleran la evolución del mundo, y la previsión de las situaciones que de ellas derivan.

prospecto m. Folleto en el que se recomienda una obra, espectáculo o mercancía o que indica el empleo de algo.

prospector, ra adj. Que hace prospecciones (ú. t. c. s.).

prosperar v. i. Tener o gozar prosperidad: *prospera la industria, el comercio.* ‖ Mejorar de situación económica. ‖ Ganar partidarios, abrirse camino: *prosperar en la política, en los negocios.* ‖ Imponerse la aceptación de una idea, opinión, doctrina, etc.

prosperidad f. Bienestar material. ‖ Buena marcha de los negocios.

próspero, ra adj. Que se desenvuelve favorablemente: *una industria próspera.*

próstata f. Glándula secretora entre la vejiga de la orina y la uretra.

prostático, ca adj. Relativo a la próstata. ‖ Que padece enfermedad en la próstata (ú. t. c. s.).

prostatitis f. Med. Inflamación de la próstata.

prosternarse v. i. Postrarse.

prostíbulo m. Mancebía.

prostitución f. Acción por la que una persona tiene relaciones sexuales con un número indeterminado de otras mediante remuneración. ‖ Existencia de lupanares y de mujeres públicas: *prohibir la prostitución.* ‖ Fig. Corrupción, envilecimiento.

prostituir v. t. Entregar a la prostitución: *madre que prostituye a su hija* (ú. t. c. pr.). ‖ Envilecer, hacer uso de algo de manera deshonrosa: *prostituir su talento* (ú. t. c. pr.). ‖ Degradar por uso indigno: *prostituir la justicia* (ú. t. c. pr.).

prostituta f. Mujer que se prostituye.

protactinio m. Metal radiactivo (Pa), de número atómico 91.

protagonismo m. Papel principal desempeñado en un asunto. ‖ Calidad de protagonista.

protagonista com. Personaje principal de cualquier obra literaria o dramática, de una película, etc. ‖ Fig. Persona que desempeña el papel principal en un suceso.

protagonizar v. t. Ser autor de: *los militares protagonizaron el golpe de Estado.* ‖ Tener el papel de protagonista.

Protágoras de Abdera, filósofo sofista griego (¿ 485-410 ? a. de J. C.).

Protasio (San). V. GERVASIO Y PROTASIO *(Santos).*

protección f. Acción de proteger. ‖ Lo que protege.

proteccionismo m. Sistema económico que defiende la protección de la producción nacional frente a los productos extranjeros mediante cierto número de medidas (limitación de las importaciones por el pago de derechos de entrada o sistema de licencias, fomento de las exportaciones gracias a la concesión de primas, control de cambios, etc.). ‖ Régimen aduanero basado en esta doctrina.

proteccionista adj. Relativo al proteccionismo: *política proteccionista.* ‖ — M. y f. Partidario de este sistema.

protector, ra o **triz** adj. y s. Que protege. ‖ Encargado de cuidar los intereses de una comunidad. ‖ — M. Aparato que sirve para proteger los dientes de los boxeadores. ‖ Título que tomó en Inglaterra Oliver Cromwell en 1653 y que también dieron los Estados de Corrientes, Entre Ríos, la Banda Oriental y todos los federales al general uruguayo Artigas en 1815, los peruanos a San Martín en 1821 y el que usó Santa Cruz en la Confederación Perúboliviana en 1834.

protectorado m. Dignidad, cargo y función de protector: *el protectorado de Artigas.* ‖ Nombre dado en Inglaterra al gobierno de Cromwell entre 1653 y 1659. ‖ Parte de soberanía que un Estado ejerce en territorio extranjero bajo su dependencia.

proteger v. t. Poner al amparo, resguardar, defender: *proteger del sol; proteger una ciudad.* ‖ Ayudar, socorrer: *proteger a los huérfanos.* ‖ Patrocinar, velar por: *proteger un candidato.* ‖ Favorecer, alentar: *protegió las letras.* ‖ Defender, sostener el mercado nacional contra los productos extranjeros. ‖ — V. pr. Ponerse al amparo, defenderse.

protegido, da adj. y s. Que tiene un protector: *soy protegido suyo.*

proteico, ca adj. Que cambia a menudo de forma, de ideas, etc.

proteína f. Sustancia orgánica, elemento principal de las células, necesaria en la alimentación: *la clara de huevo contiene proteínas.*

Proteo, dios griego del Mar, a quien Poseidón, su padre, le otorgó el don de profecía y el poder cambiar de forma cuando lo deseaba.

protervo, va adj. y s. Perverso.

protésico, ca adj. Relativo a la prótesis. ‖ Dícese del médico especialista en prótesis (ú. t. c. s.).

prótesis f. Med. Procedimiento mediante el cual se sustituye artificialmente un órgano o parte de él: *prótesis dental.* ‖ Pieza empleada.

protesista adj. Dícese del mecánico cuya profesión es hacer prótesis (ú. t. c. s.).

protesta f. Acción y efecto de protestar. ‖ Promesa: *protesta de amistad.* ‖ For. Declaración jurídica para mantener un derecho. ‖ Amer. Juramento.

protestante adj. Que protesta. ‖ Relativo al protestantismo. ‖ Que profesa el protestantismo (ú. t. c. s.).

protestantismo m. Conjunto de las doctrinas religiosas y de las Iglesias originadas en la Reforma. (V. REFORMA.)

‖ — Las principales ramas del *protestantismo,* iniciado por Lutero en el siglo XVI, son: el *luteranismo,* que se extendió en Alemania, los países escandinavos, etc.; el *anglicanismo,* en Inglaterra; y el *calvinismo,* en Francia, Suiza, Holanda, Escocia, Estados Unidos. De manera general, las Iglesias protestantes difieren de la católica en lo siguiente: 1.° autoridad soberana de las Escrituras en materia de fe; 2.° salvación por la fe sola; 3.° libre examen, o sea, interpretación de la Escritura por los fieles bajo la inspiración del Espíritu Santo

PR

525

y a la luz del Evangelio ; 4.º aceptación de sólo dos sacramentos (bautismo y comunión) ; 5.º culto rendido a Dios solamente (con exclusión del culto a la Virgen, a los santos, a las reliquias) ; 6.º supresión de la confesión oral, de la jerarquía eclesiástica ; 7.º no aceptación del celibato sacerdotal y de los votos monásticos.

protestar v. t. Confesar públicamente su fe. ‖ *Com.* Hacer el protesto de una letra de cambio. ‖ — V. i. Afirmar con ahínco : *protestar de su inocencia.* ‖ Manifestar oposición o desacuerdo : *protestar contra una injusticia.* ‖ Refunfuñar : *protestar por todo.* ‖ *Amer.* Prestar juramento : *he protestado ante ustedes que respetaré la Constitución.*

protesto m. *Com.* Diligencia notarial al no ser aceptada una letra de cambio. ‖ Testimonio por escrito del mismo requerimiento.

protocolar y **protocolario, ria** adj. Relativo al protocolo. ‖ Formal, de cumplido : *visita protocolaria.*

protocolización f. Acción y efecto de protocolizar.

protocolizar v. t. Incorporar al protocolo : *protocolizar una escritura.*

protocolo m. Serie ordenada de escrituras matrices o de los documentos que un notario autoriza y custodia. ‖ Libro en el que se consignan las actas de un congreso. ‖ Documento en el que constan las decisiones tomadas acerca de cuestiones internacionales o de otra índole : *protocolo financiero.* ‖ Ceremonial, etiqueta : *el protocolo real.* ‖ Departamento del Ministerio de Asuntos Exteriores encargado de hacer respetar el ceremonial. ‖ Expediente que tiene un médico de cada paciente que cuida. ‖ Serie de fórmulas con que se comienza y termina un documento.

protohistoria f. Período intermedio entre la prehistoria y la historia propiamente dicha.

protohistórico, ca adj. Relativo a la protohistoria.

protomártir m. Primer mártir.

protón m. Núcleo del átomo de hidrógeno, corpúsculo cargado de electricidad positiva. (Constituye con el *neutrón* uno de los dos elementos contenidos en los núcleos de todos los átomos.)

protoplasma m. Sustancia esencial de las células de los animales y de las plantas.

protoplasmático, ca adj. Relativo al protoplasma.

protórax m. El primero de los tres segmentos del tórax de los insectos.

prototípico, ca adj. Del prototipo.

prototipo m. Ejemplo, modelo. ‖ Primer ejemplar que se construye industrialmente de una máquina, vehículo, instalación industrial, etc. y que sirve para experimentar su potencia y rendimiento, con objeto de emprender su fabricación en serie. ‖ *Fig.* Ejemplo más representativo : *eres el prototipo del avaro.*

protóxido m. Primer grado de oxidación de algunos cuerpos.

protozoario, ria o **protozoo** adj. Dícese de los animales de cuerpo unicelular y de forma rudimentaria, como los ciliados o infusorios, los flagelados, los rizópodos, el hematozoario del paludismo, etc. (ú. t. c. s. m.). ‖ — M. pl. Subreino que forman.

protuberancia f. Saliente en forma de bulto en la superficie de algo.

protuberante adj. Saliente.

protutor, ra m. y f. *For.* Persona encargada por la ley de controlar las funciones de la tutela.

Proudhon (Pierre Joseph), filósofo francés (1809-1865), uno de los principales teóricos socialistas del s. XIX.

Proust (Marcel), escritor francés, n. en París (1871-1922), autor de una serie de novelas agrupadas bajo el título general de *En busca del tiempo perdido* (*Por el camino de Swann, A la sombra de las muchachas en flor, El mundo de Guermantes, Sodoma y Gomorra, La prisionera, Albertina ha desaparecido* y *El tiempo recobrado*).

provecto, ta adj. Avanzado, viejo.

provecho m. Beneficio, fruto, ganancia, utilidad que se saca de algo : *comercio de mucho provecho.* ‖ Aprovechamiento, fruto : *estudiar con provecho.* ‖ Ventaja : *todo lo hace en su provecho.* ‖ Efecto que produce la ingestión de una comida o bebida. ‖ — *Buen provecho,* expresión que suele decirse a alguien que va a comer o que está comiendo. ‖ *De provecho,* útil.

provechoso, sa adj. Benéfico.

proveedor, ra m. y f. Persona que abastece.

proveer v. t. Abastecer, suministrar lo necesario para un fin : *proveer a uno de ropa, de alimentos* (ú. t. c. pr.). ‖ Subvenir, atender : *ella proveía a sus necesidades.* ‖ Cubrir un cargo o empleo : *proveer una notaría* (ú. t. c. pr.). ‖ Disponer. ‖ *For.* Dictar el juez un fallo. ‖ — V. pr. Aprovisionarse.

proveniente adj. Procedente.

provenir v. i. Proceder, venir, originarse una cosa de otra.

Provenza, en francés *Provence,* ant. prov. del SE. de Francia ; cap. *Aix-en-Provence.*

provenzal adj. y s. De Provenza (Francia). ‖ — M. Lengua hablada por los provenzales. ‖ *A la provenzal,* dícese de una preparación culinaria a base de ajo.

provenzalismo m. Palabra, expresión o modo de hablar de los provenzales. ‖ Carácter provenzal. ‖ Afecto a Provenza.

provenzalista com. Especialista en lengua y literatura provenzales.

proverbial adj. Relativo al proverbio : *frase proverbial.* ‖ Muy conocido, habitual : *su bondad es proverbial.*

proverbio m. Refrán, máxima o adagio : *libro de proverbios castellanos.* ‖ Obra dramática de teatro cuyo tema principal es un proverbio.

Proverbios (Los), libro de la Sagrada Escritura que contiene las sentencias de Salomón (s. v. a. de J. C.).

Providence, c. en el NE. de Estados Unidos, cap. del Estado de Rhode Island.

providencia f. Disposición, medida para lograr un fin : *tomar las providencias necesarias.* ‖ Suprema Sabiduría de Dios, que rige el orden del mundo. (En éste y en el siguiente caso se escribe con mayúscula.) ‖ Dios : *los decretos de la Divina Providencia.* ‖ *Fig.* Persona que cuida de otra : *ser la providencia de los pobres.*

Providencia, mun. en el NO. de Colombia (San Andrés y Providencia). — Com. de Chile en el Área Metropolitana de Santiago.

providencial adj. Relativo a la Providencia. ‖ *Fig.* Oportuno.

providencialismo m. Creencia consistente en la intervención de la Divina Providencia en cualquier hecho humano.

providencialista m. Partidario del providencialismo (ú. t. c. s.).

providenciar v. t. Dictar o tomar disposiciones o medidas.

próvido, da adj. Que da lo necesario. ‖ Prudente, previsor. ‖ Propicio.

provincia f. Cada una de las grandes divisiones administrativas de un Estado : *España se divide en 50 provincias, la Argentina en 23.* ‖ En la Antigüedad romana, territorio conquistado fuera de Italia, administrado por un gobernador : *provincias Tarraconense, Lusitana,* etc. ‖ Conjunto de conventos de una misma orden religiosa en cierto territorio. ‖ — Pl. Todo el país, salvo la capital : *residir, trabajar en provincias.*

provincial adj. Relativo a la provincia : *diputación, asamblea provincial.* ‖ Dícese del religioso que es superior general de todos los conventos de una provincia. Ú. t. c. s. m. : *el provincial de los franciscanos.*

provincialismo m. Predilección por los usos y costumbres de una provincia. ‖ Voz, giro o manera de hablar característico de una provincia.

provincianismo m. Condición de provinciano. ‖ Provincialismo.

provinciano, na adj. Que vive en una provincia (ú. t. c. s.). ‖ *Fig.* Atrasado, poco acostumbrado a la vida de las grandes urbes (ú. t. c. s.). ‖ Relativo a la provincia.

Provincias Unidas, ant. n. de las siete prov. de los Países Bajos, federadas contra Felipe II de España en 1579, independizadas en 1609. Constituyeron un Estado hasta la Revolución Francesa (1795), y posteriormente formaron parte del reino de Holanda. ‖ — **de Agra y Aud,** ant. prov. de la India, actualmente Estado de Uttar Pradesh. ‖ ~ **del Río de la Plata,** n. de la República Argentina antes de su independencia (1816). ‖ ~ **de Venezuela,** n. que llevó la República de Venezuela.

Provins, c. de Francia (Seine-et-Marne), al NE. de París.

provisión f.º Suministro, abastecimiento. ‖ Acopio de cosas necesarias o útiles : *provisión de víveres, de carbón.* ‖ Disposición, medida. ‖ *Provisión de fondos,* existencia de fondos en la cuenta del pagador para hacer frente a un cheque, etc.

provisional adj. Que no es definitivo, interino : *gobernador, alcalde provisional.* ‖ Dícese del oficial militar que no ejerce su empleo más que temporalmente en tiempos de guerra : *alférez provisional.* ‖ *Libertad provisional.* V. LIBERTAD.

provisor, ra m. y f. Proveedor, abastecedor. ‖ Persona que administra un convento.

provisorio, ria adj. Provisional.

provocación f. Acción y efecto de provocar. ‖ Incitación.

provocador, ra adj. y s. Que provoca disturbios, alborotador. ‖ *Agente provocador,* el que suscita movimientos sediciosos para justificar las represalias.

provocante adj. Que provoca.

provocar v. t. e i. Incitar o inducir a uno a que haga algo : *provocar a la rebelión.* ‖ Irritar, excitar : *provocar con ademanes.* ‖ Desafiar, retar : *provocar al adversario.* ‖ Mover : *provocar la risa.* ‖ Causar, originar : *le provocó la muerte.* ‖ Ayudar, facilitar : *el opio provoca el sueño.* ‖ Excitar una mujer el deseo de los hombres. ‖ — V. i. *Amer.* Apetecer : *me provoca ir al cine.*

provocativo, va adj. Que irrita, excita o incita : *un vestido provocativo.* ‖ Provocador.

proxeneta com. Alcahuete.

proxenetismo m. Actividad del proxeneta.

próximamente adv. Pronto.

proximidad f. Cercanía.

próximo, ma adj. Que está cerca en el tiempo o en el espacio : *casa próxima a la carretera.* ‖ Que es muy poco diferente.

Próximo Oriente. V. ORIENTE.

proyección f. Acción de lanzar un cuerpo pesado, un líquido, un fluido. ‖ *Geom.* Figura que resulta en una superficie al proyectar en ella los puntos de un sólido u otra figura : *proyección de un prisma.* ‖ Imagen que se hace visible, por medio de un foco luminoso, en una superficie plana : *proyección luminosa.* ‖ Acción de proyectar una película : *proyección cinematográfica.* ‖ *Fig.* Influencia, influjo poderoso : *la proyección de la cultura.*

proyectar v. t. Arrojar, lanzar a distancia. ‖ Preparar o trazar un plan, concebir un proyecto : *proyectar una operación militar.* ‖ Hacer planos de una obra de ingeniería o arquitectura. ‖ Hacer ver una película en la pantalla. ‖ Exhibir una película en un cine. ‖ Trazar la proyección de una figura geométrica sobre un plano.

proyectil m. Todo cuerpo al cual se comunica una velocidad cualquiera y es lanzado en una dirección determinada, como bala, granada, bomba cohete, etc. ‖ *Proyectil balístico,* misil.

proyectista com. Persona que hace proyectos de ingeniería, etc.

proyecto m. Plan, designio de hacer algo, intención : *proyecto de estudiar.* ‖ Conjunto de planos y documentos explicativos, con indicación de costes, que se hace previamente a la construcción de una obra. ‖ Esbozo, bosquejo, esquema : *un proyecto de novela.* ‖ Texto de ley elaborado por el Gobierno y que se somete a la aprobación del Parlamento. ‖ Primera redacción de un texto.

proyector, ra adj. Que sirve para proyectar. ‖ — M. Reflector destinado a lanzar en una dirección determinada un haz de luz muy fuerte. ‖ Aparato para proyectar imágenes sobre una pantalla.

prudencia f. Calidad de la persona que obra con moderación y sensatez para evitar aquello que le puede causar perjuicio. ‖ Una de las cuatro virtudes cardinales.

prudencial adj. De la prudencia. ‖ Prudente : *prórroga prudencial.* ‖ *Fam.* No excesivo : *cantidad prudencial.*

Prudencio (Aurelio Clemente), poeta cristiano hispanolatino, n. en la c. española de Calahorra (348-¿ 415 ?).

prudente adj. Que obra con prudencia : *un consejero prudente.* ‖ Razonable : *una hora prudente.*

Prudhoe (BAHÍA DE), bahía en la costa norte de Alaska. Petróleo.

Prud'hon (Pierre Paul), pintor francés (1758-1823).

prueba f. Razón o argumento con que se demuestra una cosa : *dar una prueba de lo que se afirma.* ‖ Ensayo, experiencia : *pruebas nucleares.* ‖ Una de las partes en que se divide un examen : *prueba de física.* ‖ *Fig.* Señal, testimonio : *prueba de amistad.* ‖ Muestra, indicio. ‖ Tratándose de comida o bebida, degustación. ‖ Acción de ponerse un traje que se está haciendo para que el sastre o la modista compruebe si le va bien al cliente. ‖ Competición deportiva. ‖ *Mat.* Operación mediante la cual se comprueba la exactitud del resultado de un problema o cálculo cualquiera : *la prueba del nueve.* ‖ *For.* Justificación del derecho de las partes : *prueba pericial.* ‖ Primera impresión que se saca para corregir las erratas : *prueba de imprenta.* ‖ *Fot.* Copia positiva. ‖ *Méx.* Muestra de algo : *una prueba de tela.* — Pl. Ejercicios acrobáticos. ‖ — *Fig.* A prueba, que se puede probar. ‖ *Fig.* A prueba de bomba, de agua, etc. a toda prueba, muy resistente, capaz de resistir las bombas, el agua, etc. ‖ *En o como prueba de,* como señal de. ‖ *Poner a prueba,* probar, ensayar. ‖ *Salón de prueba,* probador.

pruriginoso, sa adj. Picante.

prurigo m. Nombre genérico de diversas enfermedades de la piel.

prurito m. *Med.* Comezón, picor. ‖ *Fig.* Afán de hacer algo lo mejor posible : *por prurito de elegancia al escribir.* ‖ Deseo persistente y excesivo : *tener el prurito de contradecir.*

Prusa. V. BURSA.

Prusia, ant. reino de Europa cuyo territorio se encontraba en el norte de Alemania ; 294 000 km². ‖ *Prusia* ‖ ~ *Occidental,* ant. prov. alemana, hoy de Polonia ; cap. Danzig. ‖ ~ *Oriental,* ant. prov. del E. de Alemania ; cap. *Königsberg.* Desde 1945 está dividida entre Polonia y la U. R. S. S. ‖ ~ *Renana* o *Renania,* ant. prov. de Prusia, dividida hoy entre los Estados alemanes de Renania-Palatinado y Rin Septentrional-Westfalia.

prusiano, na adj. y s. De Prusia.

Pruszkow, c. de Polonia, al SO. de Varsovia. Industrias.

Prut o **Pruth,** río de Europa Oriental, afl. del Danubio. Sirve de frontera entre la U. R. S. S. y Rumania ; 950 km.

Przemysl, c. al este de Polonia (Galitzia), cerca de la frontera con la U. R. S. S. Obispado. Metalurgia.

Psamético ‖ ~ **I,** rey de Egipto de 663 a 609 a. de J. C. ‖ ~ **II,** rey de Egipto de 594 a 588 a. de J. C. ‖ ~ **III,** rey de Egipto de 526 a 525 a. de J. C.

pseudo adj. Seudo.

psi f. Vigésima tercera letra del alfabeto griego (Ψ).

psico, prefijo griego que entra en la composición de algunas palabras. (Actualmente se autoriza prescindir de la *p* inicial, v. gr. : *sicoanálisis, sicosis, sicología,* etc.)

psicoanaléptico, ca adj. y s. m. Dícese de los psicotropos que estimulan la actividad (anfetaminas, cafeína) o el humor (antidepresor).

psicoanálisis m. Exploración psicológica del pasado moral y mental de un enfermo por el método de Sigmund Freud. ‖ Método de tratamiento de las enfermedades nerviosas de origen psíquico basado en esta exploración.

psicoanalista com. Especialista en psicoanálisis.

psicoanalítico, ca adj. Perteneciente o relativo al psicoanálisis : *toda la familia estuvo sometida a un tratamiento psicoanalítico.*

psicoanalizar v. t. Someter a un tratamiento psicoanalítico.

psicocirugía f. Conjunto de intervenciones quirúrgicas en el encéfalo destinado a hacer desaparecer ciertos síntomas de algunas enfermedades mentales.

psicodélico, ca adj. Relativo al psicodelismo.

psicodelismo m. Estado de sueño despierto provocado por ciertas alucinaciones.

psicodrama m. Técnica de tratamiento de cierto tipo de enfermos mentales en la que éstos deben exponer los problemas que les acucian al grupo de personas, afectadas de un mal parecido, que los rodea.

psicodramático, ca adj. Relativo al psicodrama.

psicofarmacología f. Estudio de los efectos de los psicótropos en el sistema nervioso y en las funciones psíquicas.

psicofisiología f. Estudio científico de las relaciones entre los fenómenos psíquicos y fisiológicos.

psicofisiológico, ca adj. Relativo a la psicofisiología.

psicogénesis f. Estudio de las causas de orden psíquico capaces de explicar una conducta, una modificación orgánica o un trastorno psiquiátrico.

psicoléptico, ca adj. Dícese de las sustancias que tienen una acción moderadora o calmante de la función psíquica (ú. t. c. s. m.).

psicología f. Ciencia que trata del alma, de sus facultades y operaciones, y particularmente de los fenómenos de la conciencia. ‖ *Fig.* Todo lo que atañe al espíritu. ‖ Carácter, modo de ser : *la psicología del protagonista de una novela.*

psicológico, ca adj. Referente a la psicología : *estado psicológico.* ‖ *Momento psicológico,* momento oportuno para actuar.

psicólogo, ga adj. y s. Especialista en psicología. ‖ Que le gusta analizar el estado del espíritu de otras personas.

psicometría f. Conjunto de los métodos utilizados para medir los fenómenos psicológicos (tests, etc.).

psicométrico, ca adj. Relativo a la psicometría.

psicomotor, ra adj. Dícese de la conducta del niño en relación con la adquisición de los reflejos (madurez). ‖ Aplícase a la motilidad y a los factores orgánicos que intervienen en ella.

psicomotricidad f. Aspecto psicológico del comportamiento motor.

psiconeurosis f. Trastorno nervioso de origen psíquico.

psicópata com. Enfermo mental.

psicopatía f. Trastorno de la personalidad que se manifiesta esencialmente por un comportamiento antisocial sin culpabilidad aparente.

psicopático, ca adj. Relativo a la psicopatía. ‖ Que la padece (ú. t. c. s.).

psicopatología f. Patología de las enfermedades mentales.

psicopedagogía f. Pedagogía basada en el estudio científico del desarrollo de los niños.

psicopedagógico, ca adj. Relativo a la psicopedagogía.

psicosis f. Nombre genérico de las enfermedades mentales. ‖ Estado anímico colectivo originado por una conmoción de carácter social : *psicosis de pavor.*

psicosocial adj. Relativo a la psicología individual y a la vida social.

psicosociología f. Estudio psicológico de la vida social.

psicosociológico, ca adj. Relativo a la psicosociología.

psicosociólogo, ga m y f. Especialista en psicosociología.

psicosomático, ca adj. Relativo al mismo tiempo al estado psíquico y orgánico de un individuo.

psicotecnia f. Estudio de las reacciones psíquicas y fisiológicas del

hombre. (Se utiliza a menudo para la orientación profesional.)

psicotécnico, ca adj. Relativo a la psicotecnia. ‖ Especialista en psicotecnia (ú. t. c. s.).

psicoterapeuta com. Especialista en psicoterapia.

psicoterapéutico, ca adj. Relativo a la psicoterapia.

psicoterapia f. Conjunto de medios psicológicos empleado por los médicos para tratar a los enfermos afectados de trastornos mentales.

psicotropo, pa adj. Dícese de los medicamentos o sustancias que ejercen una acción en las funciones psíquicas (ú. t. c. s. m.).

psique y **psiquis** f. El alma, el intelecto.

Psique o **Psiquis,** joven griega de gran belleza, amada y raptada por Eros. *(Mit.)*

psiquiatra com. Médico especialista en psiquiatría.

psiquiatría f. Tratado y estudio de las enfermedades mentales.

psiquiátrico, ca adj. Relativo a la psiquiatría.

psíquico, ca adj. Relativo al alma, a la conciencia, a la vida mental.

psiquismo m. Conjunto de los caracteres psicológicos de alguien.

psitácida adj. y s. f. Dícese de las aves prensoras, como el loro, el papagayo. ‖ — F. pl. Familia que forman.

psitacosis f. Enfermedad infecciosa de los loros y papagayos, transmisible al hombre.

Pskov, c. en el NO. de la U. R. S. S. (Rusia), al SO. de Leningrado y a orillas del lago Peipus.

P. S. O. E., siglas del *Partido Socialista Obrero Español.*

psoriasis f. Dermatosis caracterizada por la formación de escamas blanquecinas.

Pt, símbolo químico del *platino.*

pta y **ptas,** abreviaturas de pesetas.

ptialina f. Diastasa de la saliva que convierte el almidón en maltosa.

ptialismo m. Salivación muy abundante.

Ptolemais, n. de varias ciudades de la Antigüedad, entre las cuales estaba *San Juan de Acre.* (V. ACRE.)

Ptolomeo o **Tolomeo,** n. de varios soberanos de Egipto, entre ellos PTOLOMEO I *Sotero* o *Sóter* (¿ 360 ?-283 a. de J. C.), sátrapa de 323 a 305 y rey de 305 a 283. Fundó la dinastía de los Lágidas y la Biblioteca de Alejandría. — PTOLOMEO II *Filadelfo* (¿ 309 ?-246 a. de J. C.), hijo del anterior y rey desde 283. Protegió las letras y mandó edificar el faro de Alejandría. — PTOLOMEO XIV *Dionisio II* (¿ 61 ?-47 a. de J. C.), rey desde 51. Asesinó a Pompeyo tras la derrota de Farsalia. — PTOLOMEO XVI *Cesarión* (47-31 a. de J. C.), hijo de César y de Cleopatra, rey de 42 a 30. M. por orden de Octavio, después de la batalla de Accio.

Ptolomeo (Claudio), astrónomo, matemático y geógrafo griego, n. en Egipto (¿ 90-168 ?), autor de un sistema que situaba la Tierra en el centro del universo.

ptomaína f. Tomaína.

Pu, símb. químico del *plutonio.*

púa f. Objeto delgado y rígido que termina en punta aguda. ‖ Diente de un peine o de la carda. ‖ Pincho del erizo, del puerco espín, etc. ‖ Chapa triangular de concha para tocar la guitarra o la bandurria. ‖ Hierro del trompo. ‖ Vástago de un árbol que se injerta en otro. ‖ *Fig.* Causa de padecimiento o pesadumbre. ‖ *Pop.* Peseta.

Puaucho, n. del centro de Chile en la X Región (Los Lagos) y en la prov. de Osorno, cap. de la com. de San Juan de la Costa.

pub [*pab*] m. (pal. ingl.). Bar.

púber, ra adj. Adolescente, que ha entrado en la pubertad (ú. t. c. s.).

pubertad f. Edad en que comienza la función de las glándulas reproductoras y se manifiestan ciertos caracteres sexuales secundarios.

pubescencia f. Pubertad.

pubis m. Parte inferior del vientre que se cubre de vello en la pubertad. ‖ Hueso que se une al ilion y al isquion para formar el hueso innominado.

publicable adj. Que puede publicarse.

publicación f. Acción y efecto de publicar : *la publicación de un libro.* ‖ Obra publicada.

publicar v. t. Hacer pública una cosa : *publicar un aviso, una ley.* ‖ Imprimir y poner en venta un escrito : *publicar un libro.* ‖ Correr las amonestaciones o proclamas para el matrimonio y las órdenes sagradas. ‖ Divulgar lo secreto.

publicidad f. Notoriedad pública : *dar demasiada publicidad a un escándalo.* ‖ Carácter de lo que se hace en presencia del público : *publicidad de una causa criminal.* ‖ Conjunto de medios empleados para dar a conocer una persona o una empresa comercial, industrial, etc., para facilitar la venta de los productos, los artículos que éstas producen. ‖ Anuncio : *agencia, sección de publicidad.*

publicista com. Persona que escribe artículos, libros, etc. ‖ Persona que escribe de derecho público, de política o de asuntos sociales. ‖ Persona que se dedica a la publicidad.

publicitar v. t. Arg. Dar publicidad.

publicitario, ria adj. Referente a la publicidad, a la propaganda. ‖ — M. y f. Publicista, persona que hace publicidad.

público, ca adj. Relativo a una colectividad : *interés público.* ‖ Común, que es de todos : *un monumento público.* ‖ Relativo al gobierno, al Estado de un país : *funciones públicas.* ‖ Que puede ser utilizado por todos : *vía pública.* ‖ Que puede asistir cualquiera : *sesión pública.* ‖ Notorio, manifiesto, que no es secreto : *mantener relaciones públicas de amistad.* ‖ Dícese de una parte del Derecho que trata de los intereses generales del Estado. ‖ *Mujer pública,* ramera. ‖ *Sector público,* el que controla el Estado. ‖ — M. Todo el mundo en general, el pueblo : *aviso al público.* ‖ Concurrencia de personas reunidas para oír, ver, juzgar : *dirigirse al público en un teatro.* ‖ Conjunto de personas que leen, ven, oyen una obra literaria, dramática, musical, etc.: *este escritor tiene su público.* ‖ *Fig. Dar al público,* publicar. ‖ *En público,* con asistencia de un gran número de personas.

public relations f. pl. (pal. ingl.). Relaciones públicas.

Pucallpa, c. al E. del centro del Perú, cap. del dep. de Ucayali.

pucallpeño, ña adj. y s. De Pucallpa (Perú).

pucará m. *Amer.* Fortín precolombino en Bolivia y Perú.

Pucará, río en el SE. del Perú (Puno). Forma el Ramis al unirse con el Azángaro y el Huancané. — Distrito del SE. de Perú en la altiplanicie del lago Titicaca (Puno). Yacimientos arqueológicos. Feria agrícola. Ganadería. — Cantón de Bolivia (Santa Cruz). Agricultura. Ganadería.

Pucarani, cantón al O. de Bolivia en la prov. de Ayopaya (Cochabamba). ‖ ~ **(VILLA).** V. VILLA PUCARANI.

Puccini (Giacomo), músico italiano, n. en Luca (1858-1924), autor de óperas (*Manon Lescaut, La Bohème, Tosca, Madame Butterfly,* etc.).

Pucón, c. del centro de Chile, en la IX Región (Araucanía) y en la prov. de Cautín, cap. de la com. de su n.

pucha f. *Méx.* Rosquilla. ‖ *Cub.* Ramillete de flores. ‖ *Rioplat. ¡Pucha!,* interj. vulgar de sorpresa.

pucherazo m. *Fam.* Golpe dado con un puchero. ‖ *Fam.* Fraude electoral.

puchero m. Vasija de barro o hierro para guisar. ‖ Cocido. ‖ *Fig. y fam.* Alimento diario : *trabajar por el puchero.* ‖ — Pl. *Fam.* Gesto de los niños al empezar a llorar : *hacer pucheros.*

puches m. pl. Gachas.

Puchkin. V. PUSCHKIN.

pucho m. Colilla de cigarro. ‖ *Amer.* Poco, cantidad insignificante. ‖ Cigarrillo. ‖ Sobra o resto de algo.

Puchuncavi, c. de Chile en la V Región y en la prov. de Valparaíso, cap. de la com. de su n.

Pudahuel, com. de Chile en el Área Metropolitana de Santiago.

pudding m. (pal. ingl.). Pastel hecho generalmente con harina, pasas, etc.

pudelación f. y **pudelado** m. Operación de pudelar.

pudelar v. t. Convertir el hierro colado en acero o en hierro dulce, quemando parte del carbono que tiene en hornos de reverbero.

pudendo, da adj. Que causa pudor. ‖ *Partes pudendas,* los genitales.

pudibundez f. Mojigatería.

pudibundo, da adj. Pudoroso.

pudicicia f. Pudor.

púdico, ca adj. Casto, pudoroso.

pudiente adj. y s. Acomodado, rico.

pudin m. V. PUDDING.

pudor m. Vergüenza, recato, timidez. ‖ Recato en todo lo referente al sexo.

pudoroso, sa adj. Con pudor.

pudridero m. Vertedero de basuras. ‖ Cámara o sepultura provisional.

pudrimiento m. Putrefacción.

pudrir v. t. Corromper una materia orgánica (ú. t. c. pr.).
— OBSERV. El participio es *podrido.*

pudú m. Ciervo de los Andes.

puebla f. (Ant.). Población, pueblo.

Puebla, Estado en el centro de México, cap. *Puebla de Zaragoza o de los Ángeles.* Agricultura. Industrias textiles y azucareras. Yacimientos de yeso, tecali, ónix y mármol. ‖ ~ **de Alcocer,** v. en el O. de España (Badajoz). ‖ ~ **de Almoradiel (La),** v. en el centro de España (Toledo). ‖ ~ **de Cazalla,** v. en el S. de España (Sevilla). Aguardiente. ‖ ~ **de Don Fadrique,** v. en el S. de España (Granada). ‖ ~ **de Guzmán,** v. en el SO. de España (Huelva). Minas. ‖ ~ **de la Calzada,** v. en el O. de España (Badajoz). ‖ **del Caramiñal,** v. en el O. de España (Coruña). ‖ ~ **del Maestre,** v. en el O. de España (Badajoz). ‖ ~ **de los Infantes (La),** v. en el S. de España (Sevilla). ‖ ~ **del Río (La),** v. al S. de España (Sevilla). ‖ ~ **de Montalbán,** v. en el centro de España (Toledo). ‖ ~ **de Sanabria,** v. en el O. de España (Zamora). ‖ ~ **de Vallbona,** v. al E. de España (Valencia). ‖ ~ **de Zaragoza o de los Ángeles,** c. en el centro de México, cap. del Estado de Puebla. Arzobispado. Catedral (s. XVI-XVII). Universidad. Industrias. Turismo.

pueblada f. *Riopl., Col.* y *Per.* Motín.

pueblerino, na adj. De un pueblo. ‖ Habitante de un pueblo (ú. t. c. s.). ‖ *Fig.* Propio de los que viven en pueblos : *tener gustos pueblerinos.*

pueblero, ra adj. *Rioplat.* Relativo a una ciudad o pueblo. ‖ — M. y f. *Rioplat.* Habitante de una ciudad o pueblo.

pueblo m. Población, villa, aldea o lugar pequeño : *un pueblo de diez mil habitantes.* ‖ Conjunto de los habitantes de un lugar o país : *el pueblo mexicano.* ‖ Gente común de una población : *el pueblo barcelonés, bonaerense.* ‖ Nación : *el pueblo español.* ‖ — *Defensor del pueblo.* V. DEFENSOR. ‖ *Pueblo bajo,* plebe.

pueblo adj. Dícese del indio del SO. de Estados Unidos y norte de México (ú. t. c. s.).

Pueblo, c. en el centro de Estados Unidos (Colorado), a orillas del Arkansas. Obispado. Industrias. ‖ ~ **Hundido,** c. del N. de Chile, en la II Región (Atacama). Cobre. ‖ ~ **Libre,** c. del Perú en el área metropolitana de Lima. ‖ ~ **Nuevo,** mun. al O. de México (Durango); cap. *El Salto.* ‖ ~ **Viejo,** mun. al E. de México (Veracruz). Petróleo. Llamado también *Villa Cuauhtémoc.*

Pueblonuevo. V. PEÑARROYA.

Puebloviejo, pobl. en el N. de Colombia (Boyacá). — Mun. al N. de Colombia (Magdalena), en la costa del Caribe. Turismo. — Pobl. en el O. del Ecuador (Los Ríos).

puelche m. *Chil.* Viento que sopla de la cordillera andina. ‖ Indio que vivía en la parte oriental de los Andes, en el S. de la Pampa.

Puelén, dep. en el centro de Argentina (La Pampa) ; cab. *Colonia 25 de Mayo.* Gas natural.

puente m. Obra destinada a poner en comunicación dos puntos separados por un obstáculo o que permite que pasen sin cruzarse al mismo nivel dos corrientes de circulación. ‖ Dispositivo eléctrico que tiene cuatro elementos de circuitos colocados según

los cuatro lados de un cuadrilátero cuyas diagonales poseen una fuente de corriente y un aparato de medida : *puente de Wheatstone, de Maxwell.* ‖ Ejercicio de acrobacia que consiste en arquear el cuerpo hacia atrás apoyándose en los dos pies y en las dos manos. ‖ *Mar.* Plataforma elevada desde la cual el oficial de guardia da las órdenes de mando a la tripulación de un barco. ‖ Cubierta en la que están las baterías en un barco de guerra. ‖ Parte de las gafas que cabalga sobre la nariz. ‖ Tablilla que mantiene levantadas las cuerdas de un instrumento músico. ‖ Aparato de prótesis dental que consiste en la inserción de un diente o muela artificial entre dos sanos. ‖ *Fig.* Existencia de dos días de fiesta separados por uno de trabajo y que se aprovecha para declarar de asueto los tres días. ‖ — *Fig. Hacer puente,* considerar como festivo el día intermedio entre dos que lo son. ‖ *Hacer* (o *tender*) *un puente de plata a uno,* allanarle todas las dificultades. ‖ *Puente aéreo,* enlace aéreo, frecuente y periódico, entre dos ciudades. ‖ *Puente colgante,* el sostenido por cables o cadenas de hierro. ‖ *Puente de barcas,* el tendido sobre flotadores. ‖ *Fig. Puente de los asnos,* dificultad con la cual sólo tropiezan los ignorantes. ‖ *Puente giratorio,* el que se mueve alrededor de un eje vertical. ‖ *Puente levadizo,* el que hay en un foso de una fortaleza y puede levantarse y bajarse a voluntad ; el móvil, de uno o dos tableros, que se eleva por rotación sobre el eje. ‖ *Puente trasero,* en un automóvil, conjunto mecánico formado por dos semiejes de las ruedas traseras, el diferencial y el cárter que contiene dichos órganos. ‖ — Adj. *Crédito puente,* el concedido para permitir el cumplimiento de compromisos financieros hasta que se pueda disponer de nuevos fondos ya previstos.

Puente, lugar en el NO. de España (Pontevedra). ‖ ~ **Alto,** c. de Chile en la Región Metropolitana de Santiago, cap. de la prov. de Cordillera y de la com. que lleva su nombre. Industrias. Planta hidroeléctrica. ‖ ~ **-Caldelas,** mun. al NO. de España (Pontevedra). ‖ ~ **-Ceso,** mun. al NO. de España (Coruña). ‖ ~ **de Calderón,** localidad en el O. de México, cerca de Guadalajara, en la que Hidalgo fue vencido por las tropas realistas de Calleja del Rey (17 de enero de 1811). ‖ ~ **del Arzobispo (El),** v. en el centro de España (Toledo). ‖ ~ **de Ixtla,** mun. de México al sur del Estado de este nombre (Morelos). ‖ ~ **del Inca,** pobl. al O. de la Argentina (Mendoza). Estación termal. ‖ ~ **Genil,** v. en el S. de España (Córdoba). Agricultura. Carne de membrillo. ‖ ~ **Nacional,** v. y pobl. en el N. de Colombia (Santander). Aguas termales. ‖ ~ **Viesgo,** mun. al N. de España (Cantabria). Cuevas de arte rupestre.

Puente (Ramón), médico y escritor mexicano (1879-1939), autor de *Villa* y de *La dictadura, la revolución y sus hombres.*

Puenteáreas, v. en el noroeste de España (Pontevedra).

Puentedeume, v. en el NO. de España (Coruña).

Puentes de García Rodríguez, v. al NO. de España (Coruña). Central térmica. Industrias.

puercada f. *Amer.* Porquería.

puerco, ca adj. Sucio. ‖ — M. Cerdo. ‖ *Fig. y fam.* Hombre sucio y grosero. ‖ — *Puerco espín,* mamífero roedor que tiene el cuerpo cubierto de púas. ‖ *Amer. Puerco salvaje,* pecarí. ‖ — F. Hembra del puerco. ‖ *Fig. y fam.* Mujer desaliñada, sucia o grosera.

puercoespín m. Puerco espín.

puericia f. Edad entre la niñez y la adolescencia (de 7 a 14 años).

puericultor, ra adj. y s. *Méd.* Médico especialista de niños.

puericultura f. Especialidad médica dedicada al cuidado de los niños.

pueril adj. Del niño. ‖ *Fig.* Infantil.

puerilidad f. Condición de pueril. ‖ Acción o dicho pueril. ‖ *Fig.* Cosa insignificante.

puerilizar v. t. Infantilizar (ú. t. c. pr.).

puérpera f. Recién parida.

puerperal adj. Propio del puerperio. ‖ *Fiebre puerperal*, la infecciosa que padecen algunas mujeres tras el parto.

puerperio m. Estado de una mujer después del parto.

puerro m. Planta liliácea de raíz bulbosa comestible. ‖ Su bulbo.

puerta f. Abertura que permite el paso a un lugar cerrado o vallado : *la puerta de la casa, de un jardín.* ‖ Armazón de hierro o madera que, sujeto a un marco, sirve para dar o impedir el paso entre dos habitaciones, una casa, a través de una verja o vallado o para cerrar un armario o mueble. ‖ Entrada : *en las puertas de la ciudad.* ‖ *Fig.* Medio de acceso, introducción : *las puertas del saber.* ‖ Espacio comprendido entre dos piquetes que ha de salvar un esquiador en las pruebas de habilidad. ‖ Portería, meta en fútbol. ‖ — *Fig. Abrir la puerta a un abuso*, dar facilidad para que ocurra. ‖ *A las puertas de*, a punto de. ‖ *A puerta cerrada*, en secreto. ‖ *Cerrársele a uno todas las puertas*, ser rechazado por aquéllos a quienes pide ayuda. ‖ *Dar a uno con la puerta en las narices*, desairarle cerrándole la puerta cuando quiere entrar. ‖ *De puerta en puerta*, de una casa a otra ; mendigando, pidiendo. ‖ *En puertas*, muy próximo a suceder. ‖ *Poner en la puerta de la calle*, echar, despedir. ‖ *Puerta accesoria*, la que sirve en el mismo edificio que tiene otra u otras principales. ‖ *Puerta cochera*, aquella por donde pasan los coches. ‖ *Puerta falsa* (o *excusada*), la disimulada u oculta que da entrada a un lugar. ‖ *Puerta vidriera*, la que tiene cristales. ‖ *Fig. Salir por la puerta grande*, dejar un lugar con todos los honores. ‖ *Tomar (o coger) la puerta*, irse.

Puerta o **Sublime Puerta**, n. dado antiguamente a Turquía.

Puerta del Sol, plaza en el centro de Madrid. — Puerta de estilo mudéjar en Toledo (España). — Monolito preincaico en Tiahuanaco (Bolivia).

puertaventana f. Contraventana.

puerto m. Lugar en la costa defendido de los vientos y dispuesto para seguridad de las naves y para las operaciones de tráfico, carga y descarga : *puerto natural, artificial.* ‖ Paso estrecho entre montañas : *el puerto de Roncesvalles.* ‖ *Fig.* Asilo, refugio : *puerto de salvación.* ‖ *Puerto franco o libre*, el que goza de franquicia de derechos de aduana.

Puerto, distr. al N. de la com. chilena de Iquique (Tarapacá). ‖ ~ **Acosta**, pobl. en el NO. de Bolivia, cap. de la prov. de Camacho (La Paz). Puerto en el Titicaca. ‖ ~ **Aisén**, c. y puerto del sur de Chile en la XI Región (Aisén del Gral. Carlos Ibáñez del Campo), cap. de la prov. y de la com. de Aisén. ‖ ~ **Argentino**, c. y cap. de las Malvinas, en la isla Soledad. ‖ ~ **Armuelles**, pobl. en el NO. de Panamá, cap. del distr. de Barú (Chiriquí). ‖ ~ **Arrecife**, c. de la isla española de Lanzarote (Canarias). ‖ ~ **Arturo**. V. PORT ARTHUR. ‖ ~ **Asís**, mun. al S. de Colombia (Putumayo). ‖ ~ **Ayacucho**, c. en el S. de Venezuela, cap. del Territorio de Amazonas. ‖ ~ **Baquerizo Moreno**, c. y puerto del Ecuador en el SO. de la isla San Cristóbal, cap. de la prov. de Galápagos en el archipiélago de este nombre. Turismo. ‖ ~ **Barrios**, c. y puerto en el NE. de Guatemala, cap. del dep. de Izabal. Refinería de petróleo. ‖ ~ **Belgrano**, pobl. y puerto en el E. de la Argentina (Buenos Aires). ‖ ~ **Berrío**, pobl. en el centro de Colombia (Antioquia), puerto en el río Magdalena. ‖ ~ **Boyacá**, mun. de Colombia (Boyacá). Petróleo. ‖ ~ **Cabello**, c. y puerto en el NO. de Venezuela (Carabobo). Astilleros. Industrias. ‖ ~ **Cabezas**, mun. al E. de Nicaragua (Zelaya). Industrias (madera). ‖ ~ **Carreño**, c. en el E. de Colombia, cap. de la comisaría de Vichada. ‖ ~ **Casado**, pobl. al NO. del Paraguay (Boquerón). Ant. llamado *Ángeles Custodios.* ‖ ~ **Castilla**, c. y puerto en el N. de Honduras (Colón). ‖ ~ **Cisnes**, c. del sur de Chile, en la XI Región (Aisén del Gral. Carlos Ibáñez del Campo) y en la prov. de Aisén, cap. de la com. de Cisnes. ‖ ~ **Colombia**, pobl. en el N. de Colombia (Atlántico). ‖ ~ **Cortés**, base naval mexicana (Baja California). — C. y principal puerto en el NO. de Honduras (Cortés). ‖ ~ **Cumarebo**, pobl. y puerto en el NO. de Venezuela (Falcón). ‖ ~ **de España**. V. PORT OF SPAIN. ‖ ~ **de la Cruz**, v. de España, en Santa Cruz de Tenerife (Canarias). Turismo. Casino de juego. ‖ ~ **de Santa María**, c. del S. de España, en la desembocadura del Guadalete (Cádiz). Agricultura. Vinos. Casino de juego. ‖ ~ **del Conde**, estación de deportes de invierno en el NE. de España (Lérida). ‖ ~ **del Rosario**, mun. de España en Las Palmas (Canarias), cap. de la isla de Fuerteventura. ‖ ~ **del Son**, v. al NO. de España (Coruña). ‖ ~ **Deseado**, pobl. del S. de la Argentina (Santa Cruz). ‖ ~ **Escondido**, mun. al O. de Colombia (Córdoba). ‖ ~ **Guaqui**, pobl. en el O. de Bolivia, sección de la prov. de Ingaví (La Paz). ‖ ~ **Guaraní**, distrito, c. y puerto al O. del Paraguay (Boquerón). ‖ ~ **Ingeniero Ibáñez**, c. al sur de Chile, en la XI Región (Aisén del Gral. Carlos Ibáñez del Campo) y en la prov. del General Carrera, cap. de la com. de Río Ibáñez. ‖ ~ **Inírida**, c. en el E. de Colombia, cap. de la comisaría de Guainía. ‖ ~ **La Cruz**, pobl. y puerto en el NE. de Venezuela (Anzoátegui). ‖ ~ **La Esperanza**, ant. *Puerto Sastre*, distrito al O. de Paraguay (Boquerón). Puerto. ‖ ~ **Leguízamo**, mun. al S. de Colombia (Putumayo). ‖ ~ **Lempira**, mun. al E. de Honduras, cap. del dep. de Gracias a Dios. ‖ ~ **Limón**. V. LIMÓN. ‖ ~ **López**, mun. en el centro de Colombia (Meta). ‖ ~ **Lumbreras**, mun. al SE. de España (Murcia). Agricultura. ‖ ~ **Madryn**, c. y puerto de la Argentina, puerto en el Golfo Nuevo (Chubut). ‖ ~ **Maldonado**, c. y puerto fluvial en el SE. del Perú, cap. de la prov. de Tambopata y del dep. de Madre de Dios. Vicariato apostólico. ‖ ~ **Miranda**, puerto al NO. de Venezuela (Zulia), a orillas del lago de Maracaibo. Oleoducto. ‖ ~ **Montt**, c. del centro de Chile, cap. de la X Región (Los Lagos), de la prov. de Llanquihue y de la com. que lleva su nombre. Centro comercial. Arquidiócesis. Terremoto en 1960. Industrias. Centro turístico. ‖ ~ **Natales**, c. y puerto del S. de Chile en la XII Región (Magallanes), cap. de la prov. de Última Esperanza y de la com. de Natales. Turismo. ‖ ~ **Octay**, c. de Chile en la X Región (Los Lagos) y en la prov. de Osorno, cap. de la com. del mismo nombre. ‖ ~ **Ordás**, c. y puerto de Venezuela en el Orinoco (Bolívar). Forma, al unirse con la ciudad de San Félix, la gran población de *Ciudad Guayana.* ‖ ~ **Padre**, mun. de Cuba (Las Tunas). ‖ ~ **Peñasco**, mun. al NO. de México (Sonora), en el NE. del golfo de California. ‖ ~ **Pérez**, cantón en el centro oeste de Bolivia (La Paz), puerto en el lago Titicaca. ‖ ~ **Pinasco**, distrito y puerto al O. del Paraguay en el río de este nombre (Boquerón). ‖ ~ **Plata**, c. septentrional de la Rep. Dominicana, cap. de la prov. homónima. Rica región agrícola. ‖ ~ **Presidente Stroessner**, c. en el SE. del Paraguay, cap. del dep. de Alto Paraná. ‖ ~ **Príncipe**. V. CAMAGÜEY y PORT-AU-PRINCE. ‖ ~ **Real**, v. al S. de España (Cádiz). Salinas. ‖ ~ **Rico**, mun. al S. de Colombia (Caquetá). — V. artículo aparte. ‖ ~ **Saavedra**, c. de Chile en la IX Región (Aracaunía) y en la prov. de Cautín, cap. de la com. de Saavedra. ‖ ~ **Salgar**, mun. en el centro de Colombia (Cundinamarca). ‖ ~ **Sastre**. V. PUERTO LA ESPERANZA. ‖ ~ **Stanley**, V. PUERTO ARGENTINO. ‖ ~ **Suárez**, c. al E. de Bolivia, puerto en el río Paraguay (Santa Cruz). ‖ ~ **Tejada**, mun. en el SO. de Colombia (Cauca). ‖ ~ **Unzúe**, c. al E. de la Argentina, a orillas del río Uruguay. Un puente la une con la ciudad de Fray Bentos (Uruguay). ‖ ~ **Vallarta**, mun. en el O. de México, a orillas del Pacífico (Jalisco). Centro turístico. ‖ ~ **Varas**, c. de Chile en la X Región (Los Lagos) y en la prov. de Llanquihue, cap. de la com. del mismo nombre. ‖ ~ **Viejo**, mun. de la Rep. Dominicana (Azua), situado en la bahía homónima de la costa meridional del país. ‖ ~ **Wilches**, mun. y puerto fluvial en el NO. de Colombia, a orillas del río Magdalena (Santander). Petróleo.

Puerto Rico, isla del mar Caribe, al E. de Haití, la más oriental y la menos extensa de las Antillas Mayores, que constituye un *Estado Libre Asociado* de Estados Unidos de Norteamérica ; 8 897 km² ; 3 500 000 h. (*puertorriqueños*). Cap. *San Juan*, 840 000 h. (con los suburbios). Otras cs. : *Aguadilla*, 55 000 h. ; *Arecibo*, 90 000 ; *Bayamón*, 210 000 ; *Caguas*, 97 000 ; *Carolina*, 110 000 ; *Cayey*, 56 000 ; *Guayama*, 38 000 ; *Guaynabo*, 70 000 ; *Humacao*, 40 000 ; *Juan Díaz*, 39 000 ; *Manatí*, 35 000 ; *Mayagüez*, 110 000 ; *Ponce*, 195 000 ; *Toa Baja*, 50 000 ; *Trujillo Alto*, 45 000 ; *Utuado*, 38 000 ; *Vega Alta*, 25 000 ; *Vega Baja*, 37 000 ; *Yabucoa*,

PUERTO RICO

32 000 ; *Yauco,* 37 000. Administrativamente, se divide Puerto Rico en ocho distritos representativos. La población es blanca en su mayoría, existiendo también negros y una fuerte proporción de mulatos. La religión católica es la más arraigada y la lengua castellana o española la oficial, si bien el inglés está muy extendido. La densidad media de población es de 398 h./km², la más elevada de América.

— GEOGRAFÍA. La isla, llamada *Borinquén* por los indígenas, es de silueta casi rectangular y de estructura montañosa (cordillera Central). Abundan los ríos y su clima es cálido y húmedo. La agricultura es el principal recurso económico del país (caña de azúcar, café, tabaco, algodón, arroz, maíz). La ganadería está bastante desarrollada (bovinos, ovinos, caballos) y la industria ha alcanzado últimamente un notable impulso (transformación de productos agrícolas, textiles, calzado, construcciones mecánicas, equipos eléctricos y electrónicos, productos químicos y farmacéuticos). Se han descubierto depósitos petrolíferos y de gas natural en la plataforma continental de las costas del norte de la isla. Turismo. Las comunicaciones están servidas por una red de 17 000 km de carreteras, y por numerosas líneas aéreas, que hacen de Puerto Rico el centro del movimiento aéreo en las Antillas.

puertocarrense adj. y s. De Puerto Carreño (Colombia).
Puertollano, c. en el centro de España (Ciudad Real). Minas. Complejo petroquímico. Refinería.
Puertomarín, c. al NO. de España (Lugo). Presa. Central hidroeléctrica.
puertomonttino, na adj. y s. De Puerto Montt (Chile).
puertoplateño, ña adj. y s. De Puerto Plata (Rep. Dominicana).
puertorriqueñismo m. Vocablo y giro propio del habla de Puerto Rico. ‖ Carácter puertorriqueño. ‖ Amor a Puerto Rico.
puertorriqueño, ña adj. y s. De Puerto Rico. ‖ — M. Modalidad de la lengua castellana hablada en Puerto Rico.
Puertoviejo. V. PORTOVIEJO.
pues conj. Denota causa, razón o consecuencia y se usa a veces como condicional, continuativo o ilativa. ‖ Con interrogante equivale a ¿ cómo ? ‖ A principio de cláusula encarece lo que en ella se dice.
puesta f. Acción de ponerse u ocultarse un astro : *la puesta del Sol.* ‖ Cantidad que se apuesta en un juego de azar. ‖ Acción de poner : *puesta en órbita, puesta al día,* etc. ‖ Funcionamiento : *la puesta en marcha de un motor.* ‖ Cantidad de huevos que ponen las aves. ‖ — *Puesta de largo,* presentación en sociedad de una chica. ‖ *Puesta en escena,* escenificación de una obra de teatro.
puestear v. i. Méx. Poner un puesto de venta en la vía pública.
puestero, ra m. y f. *Amer.* Dueño de un puesto de venta. ‖ Persona que cría y vende animales domésticos.
puesto, ta adj. Vestido, ataviado. ‖ *Estar puesto,* estar enterado. ‖ — M. Sitio que ocupa una cosa o una persona : *cada cosa en su puesto.* ‖ Lugar ocupado en una clasificación : *tener un buen puesto en el escalafón.* ‖ Tienda ambulante para vender al por menor : *un puesto de periódicos, de flores.* ‖ Cargo, empleo : *puesto de trabajo ; un puesto del Estado.* ‖ *Mil.* Lugar donde hay soldados apostados con algún fin : *puesto de guardia.* ‖ Sitio donde se oculta el cazador para tirar. ‖ *Arg.* Cada una de las grandes divisiones de las estancias grandes. ‖ — Conj. *Puesto que,* ya que.
Pueyrredón, lago al sur de la Argentina (Santa Cruz), cuya parte occidental es de Chile (Capitán Prat), donde tiene el n. de *lago Cochrane.*
Pueyrredón (Juan Martín de), general y político argentino, n. en Buenos Aires (1776-1850). Participó en la reconquista de Buenos Aires contra la invasión inglesa de 1806 y fue jefe del ejército del Alto Perú (1811-1812), miembro del triunvirato (1812) y direc-

tor supremo de las Provincias Unidas del Río de la Plata (1816). Dimitió de su cargo en 1819. ‖ ~ (PRILIDIANO), pintor y arquitecto argentino (1823-1870). Dirigió algunas construcciones en Buenos Aires y pintó retratos y paisajes rioplatenses.
pufo m. *Fam.* Engaño. ‖ Deuda sin pagar : *pufo de un millón de dólares.*
Puget Sound, estuario al O. de Estados Unidos (Washington). Forma un dédalo de brazos de mar e islas.
púgil m. Boxeador.
pugilato m. Lucha a puñetazos. ‖ Boxeo. ‖ *Fig.* Disputa reñida.
pugilista m. Púgil.
pugilístico, ca adj. Del boxeo.
pugna f. Lucha.
pugnacidad f. Belicosidad.
pugnar v. i. Luchar, batallar, pelear. ‖ *Fig.* Solicitar con ahínco, porfiar.
Puig, v. al E. de España, en las cercanías de Valencia.
Puig (Manuel), escritor argentino, n. en 1932, autor de novelas (*Boquitas pintadas, Pubis angelical, El beso de la mujer araña, Sangre de amor correspondido,* etc.) y obras de teatro (*Bajo un manto de estrellas*). ‖ ~ **Adam** (PEDRO), matemático e ingeniero español (1900-1960).
Puigcerdá, v. del NE. de España (Gerona), cap. de la comarca catalana de Cerdaña. Turismo.
puja f. Acción y efecto de pujar los licitadores en una subasta. ‖ Cantidad que un licitador ofrece.
pujador, ra m. y f. Licitador.
pujante adj. Que tiene pujanza.
pujanza f. Fuerza, vigor.
pujar v. t. Hacer esfuerzos para pasar adelante o proseguir una acción : *pujé para abrirme paso en la vida.* ‖ Ofrecer un licitador en una subasta más dinero que el anunciado por su predecesor. ‖ — V. i. *Fam.* Hacer los gestos propios cuando no se puede contener el llanto.
pujo m. Dolor que a veces se siente al orinar o evacuar el cuerpo. ‖ *Fig.* Gana irresistible de reír o llorar. ‖ Conato, aspiración : *tenía pujos de ser pintor.* ‖ Deseo grande de algo.
Pujol (Emilio), guitarrista y musicólogo español (1886-1980). ‖ ~ (JORDI), político español, n. en 1930, pres. de la Generalidad de Cataluña desde 1980.
Pula, c. y puerto del NO. de Yugoslavia (Croacia), en la costa del NO. de Istria. Fue italiana hasta 1947.
Pulacayo, c. en el SO. de Bolivia (Potosí). Plata en Huanchaca.
Pular (El), monte andino al N. de Chile (Antofagasta) ; 6 225 m.
pularda f. Gallina.
pulcazo m. *Méx.* Trago grande de pulque.
pulcritud f. Esmero en el aseo : *vestir con pulcritud.* ‖ Cuidado : *labor hecha con pulcritud.* ‖ *Fig.* Delicadeza, decoro.
pulcro, cra adj. Aseado, limpio : *persona pulcra.* ‖ Delicado, fino : *pulcro en el hablar.* ‖ Cuidado esmerado : *trabajo pulcro.*
pulga f. Insecto díptero que vive parásito en el cuerpo del hombre y de algunos animales chupándoles la sangre. ‖ — *Fam. Buscar las pulgas a uno,* provocarle. ‖ *Sacudirse uno las pulgas,* rechazar las cosas molestas. ‖ *Tener malas pulgas,* tener mal genio.
pulgada f. Medida que es la duodécima parte del pie, algo más de 23 mm. ‖ Medida de longitud inglesa equivalente a 25,4 mm.
pulgar adj. Dícese del dedo primero y más grueso de la mano que sólo tiene sus falanges (ú. t. c. s. m.).
Pulgar (Hernando del), historiador español (¿ 1436-1493 ?), autor de *Crónicas de los Reyes Católicos* y *Claros varones de Castilla.*
pulgarada f. Papirotazo, golpe dado con el dedo pulgar. ‖ Porción.
Pulgarcito, personaje y título de uno de los cuentos de Perrault (1697).
pulgón m. Insecto hemíptero y parásito de las plantas.
pulguillas m. inv. *Fig.* y *fam.* Persona susceptible y pronta a irritarse.
pulguitas m. pl. *Méx.* Frijolitos rojinegros.
pulidez f. Calidad de pulido.
pulido, da adj. Pulcro, muy cuidado, primoroso. ‖ — M. Pulimento.

pulidor, ra adj. Que pule o da brillo a una cosa. ‖ — M. Instrumento para pulir. ‖ Máquina de pulir. ‖ — F. Pulidor.
pulimentar v. t. Pulir.
pulimento m. Acción y efecto de pulir. ‖ Lo que sirve para pulir.
pulir v. t. Alisar o dar brillo : *pulir el mármol, el vidrio, los metales.* ‖ Perfeccionar, dar la última mano : *pulir un mueble.* ‖ *Fig.* Corregir, hacer más elegante : *pulir un escrito, el estilo.* ‖ Civilizar, quitar la tosquedad a uno : *pulir a un lugareño.* ‖ *Pop.* Vender.
Pulitzer (Joseph), periodista norteamericano (1847-1911), fundador de una escuela de periodismo y creador en 1918 de los doce premios literarios que llevan su nombre, otorgados anualmente por el Consejo de Administración de la Universidad de Columbia (Nueva York).
pulmón m. Órgano de la respiración del hombre o de los vertebrados que viven o pueden vivir fuera del agua y que está en la cavidad torácica. ‖ Órgano respiratorio en forma de cámara o saco de algunos arácnidos y moluscos. ‖ — Pl. *Fig.* y *fam.* Voz potente, facultad de gritar mucho. ‖ *Pulmón de acero o artificial,* recinto metálico, herméticamente cerrado, donde se provoca la respiración de ciertos enfermos por medio de un aparato neumático.
pulmonar adj. De los pulmones.
pulmonía f. *Med.* Inflamación del pulmón producida por un microbio específico (*neumococo*).
pulpa f. Tejido parenquimatoso que constituye la casi totalidad de algunos frutos carnosos. ‖ Tejido conjuntivo embrionario contenido en el interior de los dientes. ‖ Tira delgada de remolachas o de cañas de azúcar de las que se han extraído el azúcar. ‖ Médula de las plantas leñosas. ‖ Parte tierna y carnosa de la carne, de las verduras o de las frutas.
pulpejo m. Masa carnosa : *el pulpejo de los dedos.* ‖ Sitio blando y flexible en los cascos de las caballerías.
pulpería f. *Amer.* Tienda donde se venden comestibles, bebidas y otros géneros. ‖ Despacho de bebidas. ‖ *P. Rico.* Tienda de abarrotes.
pulpero, ra m. y f. *Amer.* Persona que tiene una pulpería.
púlpito m. En las iglesias, tribuna desde la cual el predicador habla.
Púlpito, sector de la Sierra Madre Occidental de México, al NO. del país (Sonora).
pulpo m. Molusco cefalópodo con ocho tentáculos provistos de dos filas de ventosas. ‖ *Fam.* Persona molesta : *es un pulpo.* ‖ Tiras de goma que sirven para fijar los bultos en la baca de un coche.
pulque m. Bebida alcohólica americana, característica de México, hecha con la fermentación de la savia, llamada aguamiel, del maguey.
pulquería f. Establecimiento en que se vende pulque.
pulquero, ra m. y f. Vendedor de pulque.
pulquérrimo, ma adj. Muy pulcro.
pulsación f. Cada uno de los latidos de una arteria. ‖ Acción y efecto de pulsar. ‖ *Fís.* Movimiento vibratorio y periódico en los fluidos elásticos. ‖ Cada uno de los golpes que se da al teclado de una máquina de escribir, de un piano, etc.
pulsador, ra adj. Que pulsa. ‖ — M. Interruptor que mantiene cerrado un circuito mientras se oprime su botón.
pulsar v. t. Tocar, tañer : *pulsar un instrumento músico.* ‖ Dar un toque o mover las teclas de una máquina de escribir, una estenotipia, etc. ‖ Presionar : *pulsar un botón eléctrico.* ‖ Tomar el pulso a un enfermo. ‖ *Fig.* Tantear un asunto : *pulsar la opinión pública.* ‖ — V. i. Latir las arterias o el corazón.
púlsar m. (de la expr. ingl. *pulsating star,* estrella con pulsaciones). *Astr.* Fuente de radiación radioeléctrica, luminosa, X o gamma, cuyas emisiones son muy breves (50 ms) y tienen un período de aproximadamente un segundo.
pulseada f. *Amer.* Acción de echar un pulso.

pulsear v. i. Echar un pulso.

pulsera f. Joya que se pone en la muñeca : *pulsera de perlas.*

pulsión f. Impulso. ‖ Fuerza o impulso que incita a una persona a realizar o rehuir una acción para satisfacer una tensión provocada por el mismo organismo.

pulso m. Transmisión de la onda provocada por la contracción cardíaca en un vaso de la circulación, perceptible principalmente en la muñeca por un latido intermitente : *tomar el pulso.* ‖ Parte de la muñeca donde se siente este latido. ‖ *Fig.* Seguridad y destreza en la ejecución de ciertos trabajos de precisión : *hay que tener mucho pulso para dibujar.* ‖ Tacto, discreción, cuidado : *obrar con mucho pulso.* ‖ *Amer.* Pulsera. ‖ — *A pulso,* sin apoyar el brazo en ningún sitio ; (fig.) a base de esfuerzos, sin ayuda de nadie. ‖ *Echar un pulso,* agarrarse dos personas las manos, apoyadas en los codos, para intentar derribar el brazo del contrincante. ‖ *Pulso arrítmico,* el irregular. ‖ *Fig. Tomar el pulso,* pulsar, tantear un asunto ; tomar las situaciones.

pulsorreactor m. Motor de reacción, de funcionamiento intermitente, en el cual sólo están en movimiento las válvulas.

Pultava. V. POLTAVA.

pululante adj. Que pulula.

pulular v. i. Multiplicarse rápidamente y en abundancia. ‖ Abundar en un sitio : *aquí pululan los pedigüeños.*

pulverizable adj. Que puede pulverizarse.

pulverización f. División de un sólido o de un líquido en corpúsculos o gotas.

pulverizador, ra adj. Que pulveriza. ‖ — M. Aparato que se pone en el extremo de una cosa que sirve para proyectar al exterior un líquido en forma de gotas o un sólido en forma de polvo. ‖ Surtidor del carburador de un automóvil.

pulverizar v. t. Reducir a polvo una cosa. ‖ Proyectar un líquido en gotitas. ‖ *Fig.* Hacer añicos : *pulverizar un vaso.* ‖ Aniquilar, destruir : *pulverizó al enemigo.* ‖ Sobrepasar en mucho : *pulverizar un récord.* ‖ Quitar todo su valor : *pulverizar una teoría.* ‖ Despilfarrar, tirar : *pulverizó su fortuna.*

pulverulento, ta adj. Polvoriento. ‖ En forma de polvo.

pulla f. Dicho ocurrente con que se zahiere a uno : *lanzar pullas.*

Pulla, ant. *Apulia,* región del S. de Italia, formada por las prov. de Bari, Brindisi, Foggia, Lecce y Tarento. Cap. *Bari.* Agricultura.

pullman m. Coche de lujo en ciertas líneas de ferrocarril. ‖ Autocar. ‖ *Riopl.* Galería de una sala de espectáculos.

pull-over m. (pal. ingl.). Jersey.

¡pum! interj. Onomatopeya que expresa ruido o golpe.

puma m. Mamífero carnívoro félido de América, semejante al tigre, pero de pelo más suave y leonado.

Pumacahua (Mateo GARCÍA), cacique peruano (¿ 1736 ? -1815), jefe de la rebelión del Cuzco en 1814. Condenado a muerte y ejecutado.

Pumanque, c. del centro de Chile en la VI Región (Libertador General Bernardo O'Higgins) y en la prov. de Colchagua, cap. de la com. del mismo nombre.

puna f. Término empleado en los Andes de Perú, Bolivia, Argentina y Chile para designar la plataforma de tierras frías entre los 3 000 y 5 000 m, según la latitud. ‖ Soroche.

Puna, c. de la India (Maharashtra), al SE. de la ciudad de Bombay. Universidad. Obispado.

Puna. V. ATACAMA (Puna de) y VILLA TALAVERA.

Puná, c. e isla en el SO. del Ecuador, en el golfo de Guayaquil y en la costa de la prov. de Guayas ; 920 km².

Punaka, cap. invernal de Bután en el N. de la India ; 35 000 h.

Punata, pobl. en el O. de Bolivia, cap. de la prov. homónima (Cochabamba).

Punceres, mun. al NE. de Venezuela (Monagas) ; cap. *Quiriquire.* Petróleo.

punción f. Operación quirúrgica que consiste en introducir un instrumento punzante en una cavidad llena de un líquido para vaciarla o extraer cierta cantidad del mismo con fines de diagnóstico. ‖ Punzada.

punch [*ponch*] m. (pal. ingl.). Ponche. ‖ Pegada de un boxeador.

punching ball [*punchingbol*] m. (pal. ingl.). Balón, suspendido por cuerdas elásticas, con que se entrenan los boxeadores para adquirir velocidad y reflejos.

pundonor m. Amor propio.

pundonoroso, sa adj. Que tiene pundonor.

puneño, ña adj. y s. De Puno (Perú).

punga m. *Arg. Fam.* Carterista.

punguista m. *Riopl.* Ladrón.

punible adj. Castigable.

punicácea adj. Dícese de ciertas plantas angiospermas cuyo tipo es el granado (ú. t. c. f.). ‖ — F. pl. Familia que forman.

punición f. Castigo.

púnico, ca adj. Relativo a los cartagineses.

— Reciben el nombre de *Guerras Púnicas* las luchas armadas entre Roma y Cartago durante los s. III y II a. de J. C. La primera (264-241) tuvo por teatro a Sicilia y fue favorable a los romanos. En la segunda (218-201), Aníbal, quien, procedente de España, había atravesado las Galias, los Alpes y penetrado en Italia, derrotó a los romanos en Tesino, Trebia (218), Trasimeno (217) y Cannas (216). En respuesta, los romanos mandaron a Escipión a África. Aníbal fue a su encuentro, pero, debilitado por su campaña anterior, sufrió la derrota de Zama (202), tras la cual Cartago hubo de aceptar una paz humillante (201). La tercera fue de breve duración (149-146). Con el pretexto de que Cartago había violado sus tratados, las legiones romanas pusieron sitio a la ciudad y la destruyeron.

Punilla, dep. en el centro de la Argentina (Córdoba). Uranio. Central hidroeléctrica.

punir v. t. Castigar.

Punitaqui, c. de Chile en la IV Región (Coquimbo) y en la prov. de Limarí, cap. de la com. de su n.

punitivo, va adj. Relativo al castigo.

punitorio, ria adj. *Amer.* Punitivo.

Punjab. V. PENDJAB.

Puno, c. del SE. del Perú, a orillas del lago Titicaca, cap. del dep. homónimo. Universidad. Obispado.

punta f. Extremo puntiagudo de una cosa : *punta de una aguja, de una espada.* ‖ Extremo de una cosa que disminuye de anchura o espesor : *la punta de los pelos, de una torre.* ‖ Pico de una parte de una prenda de vestir : *la punta del cuello.* ‖ Lengua de tierra que penetra en el mar : *la punta de Tarifa.* ‖ Clavo pequeño : *fijar una franja con unas puntas.* ‖ Parte final del cuerno de un toro. ‖ Parte inferior del escudo de armas. ‖ Colilla : *puntas de cigarrillos.* ‖ Gusto agrio del vino que se avinagra. ‖ Porción del ganado que se separa del rebaño. ‖ Multitud, gran número de personas o cosas. ‖ Extremo más delgado de un número. ‖ Postura de la bailarina que danza sobre el extremo de los dedos de los pies. ‖ Detención del perro de caza cuando se para la pieza perseguida. ‖ *Fig.* Un poco, algo, pequeña cantidad : *tiene puntas de escritor dramático.* ‖ *Amer.* Gran cantidad de alguna cosa. ‖ — *Amer. A punta de,* a fuerza de. ‖ *Fam. A punta (de) pala,* en gran cantidad. ‖ *A punta de pistola,* apuntando con la pistola. ‖ *Bailar de puntas,* dicho de una bailarina, en equilibrio en la punta de sus zapatillas. ‖ *De punta a cabo,* del principio al fin. ‖ *Fig. De punta en blanco,* muy arreglado en el vestir. ‖ *Hasta la punta de los pelos,* harto. ‖ *Horas (de) punta,* aquellas en que hay mucho tráfico. ‖ *Poner los nervios de punta,* crispar los nervios ; *Ponerse de punta con uno,* estar hostil con él. ‖ *Velocidad punta,* la máxima que alcanza un vehículo en movimiento.

Punta, cerro de Puerto Rico, en la Cordillera Central ; 1 338 m. ‖ — **Alta,** pobl. al E. de la Argentina (Buenos Aires). ‖ — **Arenas,** c. y puerto del sur

de Chile, en la XII Región (Magallanes), cap. de la prov. de Magallanes y de la com. de su n. Centro comercial. Obispado. ‖ — **Cardón,** puerto en el NO. de Venezuela (Falcón). Refinería de petróleo. ‖ — **de Mata,** pobl. de Venezuela, cap. del mun. Ezequiel Zamora. ‖ — **del Este,** c. en el S. del Uruguay (Maldonado). Turismo. Balneario. Festival cinematográfico. Conferencias de la Organización de los Estados Americanos, en la primera de las cuales se fundó la Alianza para el progreso (1961). ‖ — **Galera,** punta al O. de Colombia (Atlántico). ‖ — **Gallinas,** punta al N. de Colombia, en el Caribe ; la más septentrional de América del Sur. ‖ — **Umbría,** pobl. del S. de España (Huelva).

puntada f. Cada uno de los agujeros que hace en la tela la aguja de coser. ‖ *Fig.* Alusión, insinuación hecha en la conversación. ‖ *Méx.* Agudeza.

puntal m. Madero que sirve de sostén o de entibado. ‖ *Fig.* Sostén, apoyo, fundamento. ‖ Elemento principal : *este chico es el puntal del equipo.* ‖ Altura de un barco. ‖ *Amer.* Tentempié, piscolabis.

puntano, na adj. y s. De San Luis (Argentina).

puntapié m. Golpe dado con la punta del pie. ‖ — *A puntapiés,* sin consideración ; de modo violento.

Puntarenas, c. y puerto en el SO. de Costa Rica, en el golfo de Nicoya ; cap. de la prov. homónima. Industrias. Minas. Turismo.

puntarenense adj. y s. De Punta Arenas (Chile) y de Puntarenas (Costa Rica).

puntazo m. Herida causada por el toro con la punta del cuerno, y la cornada que le produce.

punteado m. Acción y efecto de puntear la guitarra o de marcar puntos. ‖ Serie de puntos. ‖ Comprobación.

puntear v. t. Marcar, señalar puntos en una superficie. ‖ Dibujar con puntos. ‖ Tocar un instrumento hiriendo cada cuerda con un dedo. ‖ Compulsar una cuenta por partidas. ‖ Comprobar. ‖ *Amer.* Ir a la cabeza de un grupo. ‖ Remover la tierra con la azada.

punteo m. Modo de tocar la guitarra hiriendo las cuerdas con un dedo. ‖ Comprobación.

puntera f. Remiendo en el calzado, en los calcetines y las medias, etc., por la parte de la punta del pie. ‖ Contrafuerte de cuero en la punta de algunos zapatos.

punterazo m. En fútbol, tiro o chut ejecutado con el extremo de la bota.

puntería f. Operación que consiste en orientar convenientemente un arma de fuego para que el proyectil dé en el objetivo. ‖ Dirección que se apunta al arma. ‖ Destreza del tirador : *tener buena puntería.*

puntero, ra adj. Dícese del que descuella en lo que hace : *abogado puntero.* ‖ *Riopl.* Aplícase a la persona o animal que va al frente del grupo del que forman parte. ‖ — M. Palo con que se señala una cosa en carteles, mapas, etc. : *el puntero del maestro de escuela.* ‖ *Arg.* Extremo de una delantera de un equipo deportivo. ‖ *Amer.* Manecilla del reloj.

puntiagudo, da adj. En punta.

puntilla f. Encaje fino. ‖ Clavo pequeño. ‖ Cachetero, puñal para matar reses o para rematar al toro. ‖ Punzón utilizado por los carpinteros para marcar. ‖ — *Fig. Dar la puntilla,* rematar, acabar con una persona. ‖ *De puntillas,* sobre las puntas de los pies : *andar de puntillas.*

puntillero m. El que remata al toro con la puntilla.

puntillismo m. Procedimiento de pintura de los neoimpresionistas, llamado también *divisionismo,* consistente en descomponer los tonos por pinceladas separadas. (Los principales representantes del puntillismo fueron Georges Seurat, Paul Signac y Camille Pissarro.)

puntillista adj. Relativo al puntillismo : *pintor puntillista.* ‖ Adepto del puntillismo (ú. t. c. s.).

puntillo m. Pundonor exagerado.

puntilloso, sa adj. y s. Susceptible, quisquilloso. ‖ Reparón.

PU

punto m. Señal de pequeña dimensión : *los marcó con un punto.* || Pequeño signo ortográfico que se pone sobre la *i* y la *j.* || Signo de puntuación (.) que, empleado solo, indica el fin de una frase ; cuando son dos, situados verticalmente (:), se ponen al final de una frase para anunciar una cita, una palabra, una explicación, una consecuencia. || Signo : *punto de interrogación, de admiración.* || Lugar del espacio sin extensión : *punto geométrico.* || Intersección de dos líneas. || Sitio determinado : *punto de contacto, de reunión.* || Asunto de una materia : *estar de acuerdo en un punto.* || Parte o división de algo : *habló de todos los puntos de interés.* || Aspecto : *punto filosófico.* || Aquello que es esencial, importante, delicado. || Tema, pregunta : *el punto capital de un asunto.* || Estado, situación : *encontrarse en el mismo punto que antes.* || Momento, instante : *al llegar a este punto se fue.* || Cosa muy pequeña, parte mínima : *esto tiene su punto de acidez.* || Cada unidad de una nota que sirve para estimar la conducta y los conocimientos de un alumno o de la puntuación que permite señalar un puesto en una clasificación : *obtener muchos puntos en el examen escrito.* || Arq. Arco o bóveda de curvatura semicircular : *arco de medio punto.* || Determinación de la posición geográfica de un barco, de un avión. || Parada de coche de alquiler. || Unidad de medida utilizada en tipografía para expresar el tamaño del cuerpo de los caracteres, equivalente a 0,375 mm. || Valor que se atribuye a cada carta de la baraja, variable según los juegos. || Número de puntos que figura en las fichas de dominó o en cada cara de un dado. || As de cada palo en ciertos juegos de naipes. || Unidad de cálculo que sirve para saber los derechos adquiridos en ciertos regímenes basado en el reparto : *puntos de subsidios familiares.* || Unidad, sin especificación de medida o de valor, usada en numerosos deportes para designar al vencedor. || Superficie elemental de una de la imagen que hay que transmitir o que se recibe en televisión. || Mira de las armas de fuego. || Grado de temperatura en que se produce un fenómeno físico : *punto de fusión.* || Lo que se pone en los labios de una herida para cerrarla : *le echaron diez puntos.* || Puntada al coser o al bordar. || Clase de tejido hecho con mallas entrelazadas formadas con agujas especiales (de jersey, de medias, etc.) y manera de combinar los hilos en este tejido. || Carrera pequeña en las medias : *un punto corrido.* || Agujero o cualquier otra cosa que permite graduar algo : *los puntos que tiene un cinturón.* || Persona que juega con la banca en los juegos de azar. || *Fam.* Persona con muchos escrúpulos, de poca vergüenza : *¡está hecho un buen punto !* || — *Al punto,* inmediatamente, en el acto. || *A punto,* a tiempo, oportunamente ; preparado, dispuesto. || *A punto,* muy cerca de. || *Fig. A punto de caramelo,* en el momento más oportuno por que todo está muy preparado para alcanzar un objetivo. || *A punto fijo,* con certeza o seguridad. || *Fig. Con puntos y comas,* con todo detalle. | *Dar el punto a algo,* obtener su mayor grado de perfección. || *Dar en el punto,* acertar. || *De todo punto,* enteramente. || *En punto,* exactamente : *llegar a la hora en punto.* || *Fig. En su punto,* de la mejor manera que puede estar. || *Estar a punto de hacer algo,* estar próximo a realizarlo. || *Estar en su punto,* en el mejor momento. || *Hasta cierto punto,* en cierto modo. || *Hasta tal punto,* hasta tal grado. || *No perder punto,* escuchar todo ; prestar la mayor atención. || *Perder puntos,* disminuir en prestigio. || *Fig. y fam. Poner los puntos a una cosa,* pretenderla. | *Poner los puntos sobre las íes,* véase *i.* || *Fig. Poner punto en boca,* callarse. || *Poner punto final,* acabar. || *Punto álgido,* punto culminante, apogeo. || *Punto cardinal,* el Norte, el Sur, el Este y el Oeste. || *Punto crítico,* momento preciso en que sucede o hay que realizar algo. || *Punto culminante,* el más importante. || *Punto de apoyo,* punto fijo en el cual se apoya una palanca. || *Punto de arranque o de partida,* el que señala el principio de algo. || *Punto de caramelo,* grado de concentración que se da al almíbar. || *Punto de contacto,* afinidad que tienen varias personas sobre algo. || *Punto de ebullición, de fusión, de licuefacción,* temperatura a la cual empieza a hervir, a fundirse o a licuarse un cuerpo. || *Punto de honra o de honor,* pundonor. || *Punto de mira,* el que hay en un arma para dirigir la puntería ; (fig.) cosa o persona hacia la cual se dirige la acción o la atención. || *Punto de referencia,* el que sirve para señalar un dato en el desarrollo o en el conocimiento de algo. || *Punto de vista,* punto en que se coloca el observador para examinar algo ; (fig.) criterio, modo de ver. || *Fig. Punto en boca,* orden de que se calle alguien. || *Fam. Punto filipino,* persona con poca vergüenza. || *Fig. Punto flaco,* debilidad. || *Punto menos que, casi.* || *Punto muerto,* posición de la palanca del cambio de velocidades cuando el automóvil está parado ; (fig.) estado de un asunto o negociación en que no se realizan progresos. || *Punto por punto,* detalladamente. || *Punto triple,* temperatura a la cual se encuentran en equilibrio los estados sólido, líquido y gaseoso de un mismo cuerpo puro. || *Punto y aparte,* signo de puntuación que se pone para separar dos párrafos. || *Punto y banca,* variedad del bacarrá en la que el jugador puede apostar con las cartas del banquero o con las del contrario de éste o punto. || *Punto y coma,* signo de puntuación, formado por un punto sobre una coma, que se utiliza para separar los miembros de una frase cuando ésta tiene más de una oración independiente. || *Punto y seguido,* el que se pone al final de una oración y la que sigue a ésta se encuentra en la misma línea. || *Puntos suspensivos,* los que se ponen unos a continuación de otros para indicar que la oración no está completa.

Punto Fijo, mun. de Venezuela (Falcón), al SO. de la península de Paraguaná. Puerto. Refinería de petróleo.

puntuación f. Acción y manera de puntuar. || Conjunto de signos gráficos que señalan las separaciones entre los diversos elementos de una oración. || Conjunto de puntos obtenidos en una prueba, examen, clasificación, etc.

— Los *signos de puntuación* son coma (,), punto (.), punto y coma (;), dos puntos (:), puntos suspensivos (...), de interrogación (¿... ?), de admiración (¡... !), paréntesis ( ), corchetes [ ], diéresis o crema (¨), comillas ("..."), guión (-), raya (—), punto y raya (.—) y doble raya (=).

puntual adj. Que llega a la hora debida : *ser puntual.* || Que cumple con sus obligaciones, con sus deberes. || Exacto, preciso, detallado : *un puntual relato.* || Conforme, adecuado.

puntualidad f. Condición de puntual, de ser exacto. || Precisión.

puntualizar v. t. Concretar, precisar, determinar con exactitud.

puntuar v. t. Escribir los signos de puntuación. || Sacar puntos en una competición deportiva o en cualquier prueba. || Poner puntos o notas.

punzada f. Pinchazo. || Dolor agudo e intermitente : *sentir punzadas en las encías.* || *Fig.* Dolor profundo y agudo : *tener punzadas de nostalgia.*

punzante adj. Que pincha. || Que da punzadas. || *Fig.* Mordaz, hiriente.

punzar v. t. Pinchar. || Dar punzadas. || *Fig.* Causar un sentimiento penoso.

punzón m. Instrumento de acero puntiagudo que sirve para perforar chapas de metal, abrir ojetes, etc. || Buril. || Troquel de la punzonadora para acuñar monedas, medallas, etc.

punzonadora f. Máquina de perforar chapas mediante un punzón impulsado mecánicamente.

puñado m. Porción de cualquier cosa que cabe en el puño : *un puñado de cerezas.* || *Fig.* Cantidad más o menos

grande : *había sólo un puñado de personas.* || *Fig. A puñados,* muchos.

puñal m. Arma blanca de corto tamaño y con punta acerada.

puñalada f. Golpe dado con un puñal y herida causada : *dar una puñalada.* || *Fig.* Pesadumbre, pena muy grande : *las puñaladas del dolor.* || *Fig. y fam.* Coser a puñaladas, acribillar a puñaladas. | *No ser puñalada de pícaro,* no correr mucha prisa. | *Puñalada trapera,* jugarreta, mala pasada.

puñeta f. Bocamanga de la toga de los magistrados adornada con bordados. || *Pop.* Tontería. | Pejiguera. | Complicación. | Historia, cuento. || — *Adj. Pop.* Molesto, fastidioso. || — *Pop. Hacer la puñeta,* fastidiar. | *Hacerse la puñeta,* fastidiarse. || *Importar una puñeta,* dar igual. | *Mandar a hacer puñetas,* mandar a paseo. || *¡ Puñeta !,* exclamación de enojo, de fastidio. | *Quinta puñeta,* lugar muy distante. | *Ser la puñeta,* ser el colmo.

puñetazo m. Golpe con el puño.

puñetería f. *Pop.* Menudencia, insignificancia. | Molestia.

puñetero, ra adj. *Pop.* Fastidioso, molesto (ú. t. c. s.). | Malintencionado, malvado (ú. t. c. s.). | Chinchoso, molesto (ú. t. c. s.). | Difícil.

puño m. Mano cerrada. || Parte de las prendas de vestir que rodea la muñeca : *los puños de la camisa.* || Empuñadura de ciertas cosas : *el puño de la espada, del bastón.* || Mango para agarrar una vasija, etc. || *Mar.* Ángulo inferior de una vela. || *Fig.* Fuerza, esfuerzo. || — *Fig. y fam. Como un puño,* muy grande. | *Creer a puño cerrado,* creer firmemente. | *De su puño y letra,* con su propia mano. || *Fig. y fam. Hombre de puños,* hombre enérgico, autoritario. | *Meter a uno en un puño,* intimidarlo, dominarlo, confundirlo.

pupa f. Erupción en los labios, calentura. | Postilla, llaga pequeña. || En el lenguaje infantil, daño, dolor. || *Fig. y fam. Hacer pupa,* causar daño.

pupila f. Abertura del iris del ojo por donde entra la luz. || Huérfana menor de edad respecto a su tutor. || *Fig. y fam.* Ramera. || *Fam. Tener pupila,* tener mucha vista ; ser muy perspicaz.

pupilaje m. Condición de pupilo.

pupilar adj. Relativo al pupilo. || *Anat.* Relativo a la niña del ojo.

pupilo m. Huérfano respecto a su tutor. || Individuo que se hospeda en una pensión. || *Fig.* Protegido.

pupitre m. Mueble con tapa en forma de plano inclinado que hay en las escuelas. || Unidad periférica de un ordenador que reúne todos los dispositivos de mando manual y de control visual del funcionamiento de la máquina.

pupo m. *Amer.* Ombligo.

puque adj. *Méx.* Podrido.

Puqueldón, c. de Chile en la X Región (Los Lagos) y en la prov. de Chiloé, cap. de la com. de su n.

puquio m. *Amer.* Manantial.

Puquio, c. en el SO. del Perú, cap. de la prov. de Lucanas (Ayacucho).

Puracé, cumbre volcánica en el SO. de Colombia (Cauca), en las proximidades de Popayán ; 4 700 m.

puramente adv. Solamente.

purasangre m. Caballo que es de raza pura.

Purcell (Henry), compositor inglés (1659-1695), autor de óperas (*Don Quijote*), música religiosa, sonatas.

puré m. Alimento que se obtiene moliendo y pasando por un pasapurés legumbres u otra cosa previamente cocidas : *puré de patatas, de lentejas.* || *Fig. y fam. Hecho puré,* hecho polvo, hecho trizas.

Purén, c. del centro de Chile en la IX Región (Araucanía) y en la prov. de Malleco, cap. de la com. de su n.

purépecha adj. *Méx.* Paria, deshereado, pobre entre los indios tarascos (ú. t. c. s.).

Purépero, v. y mun. en el SO. de México (Michoacán).

pureta adj. y s. *Fam.* Viejo, carcamal.

pureza f. Condición de puro.

purga f. Medicación que sirve para exonerar el vientre. || Residuos de operaciones industriales. || *Tecn.* Acción de purgar, de vaciar el agua, el aire, el gas de un tubo, de un recipiente, etc.

Fig. Eliminación de elementos políticamente indeseables : *pereció en una de las purgas soviéticas.*.

purgación f. *Med.* Blenorragia (ú. m. en pl.).

purgador m. Dispositivo para evacuar de una canalización o de una máquina un fluido cuya presencia dificulta el funcionamiento normal.

purgante adj. Que purga. || — M. Medicamento que purga.

purgar v. t. Administrar un purgante para exonerar el vientre. || Destruir, borrar por medio de la purificación : *purgar sus pecados.* || Sufrir el alma las penas del purgatorio. || Limpiar una cosa de algo dañoso o innecesario. || Expiar, pagar una falta : *purgar una condena en un penal.* || Eliminar de una canalización o de una máquina un fluido cuya presencia puede dificultar el funcionamiento normal. || — V. pr. Tomar una purga.

purgatorio m. Lugar donde las almas de los justos, incompletamente purificadas, acaban de purgar sus culpas antes de ir a la gloria. || Esta penalidad. || *Fig.* Sitio en que se padece mucho.

purificación f. Acción y efecto de purificar o purificarse. || Ceremonia de la misa que precede la ablución. || Fiesta que celebra la Iglesia católica en honor de la Virgen María el 2 de febrero. (En este caso se escribe con mayúscula.)

Purificación, mun. de Colombia, al suroeste de Bogotá (Tolima).

purificador, ra adj. y s. Que purifica.

purificar v. t. Quitar las impurezas a una cosa : *purificar el aceite, la sangre.* || Acrisolar Dios las almas con aflicciones. || *Fig.* Limpiar de toda mancha moral : *purificar el alma.*

purin m. Mezcla formada por orina de animales y agua de lluvia y de estiércol.

Puriscal. V. SANTIAGO DE PURISCAL.

Purísima n. pr. f. La Virgen María.

purismo m. Actitud, en cierto modo exagerada, que defiende la pureza de la lengua y rechaza su contaminación por los extranjerismos. || Voluntad de conformarse con un modelo ideal que se manifiesta por un deseo excesivo de perfección.

purista adj. Relativo al purismo. || Partidario del purismo (ú. t. c. s.).

puritanismo m. Secta y doctrina de los puritanos : *el puritanismo escocés.* || Calidad de puritano. || *Fig.* Rigorismo excesivo.

puritano, na adj. Aplícase a lo relativo al puritanismo y a los miembros de una secta de presbiterianos ingleses, rigurosos observadores del Evangelio que, perseguidos por los Estuardos, emigraron en gran número a América (ú. t. c. s.). || Dícese del que real o afectadamente profesa gran austeridad de principios (ú. t. c. s.).

puritito, ta adj. *Méx.* Completo, entero, todo : *es la puritita verdad.*

puro, ra adj. Que no está mezclado con ninguna otra cosa : *agua pura.* || Que no está alterado con nada : *atmósfera pura.* || Que no está dismi-

nuido por ninguna suciedad : *sustancia pura.* || Que es exclusivamente lo que se expresa : *una pura coincidencia.* || Sin mancha moral alguna : *alma pura.* || Casto : *joven pura.* || Conforme a las reglas del lenguaje, castizo : *hablar un castellano muy puro.* || Perfecto, bello : *cara con facciones puras.* || Exclusivamente teórico : *matemáticas puras.* || Íntegro, moral, recto : *conducta pura.* || *Méx.* A puro, a base de : *me trataba a puro desprecio.* || — M. Cigarro hecho con una hoja de tabaco enrollada.

púrpura f. Molusco gasterópodo marino que segrega un líquido amarillo que, por oxidación, se transforma en rojo y fue muy usado por los antiguos en tintorería y pintura. || Tinte rojo muy costoso que sacaban los antiguos de este animal. || Tela teñida con este color : *un manto de púrpura.* || Color rojo oscuro algo morado.

purpurado m. Cardenal.

purpurar v. t. Dar color de púrpura.

purpurina f. Polvo finísimo dorado o plateado usado en pintura.

Purranque, c. de Chile en la X Región (Los Lagos) y en la prov. de Osorno, cap. de la com. de su n.

purrete, ta m. y f. *Arg.* Niño pequeño.

Puruándiro, c. y mun. en el SO. de México (Michoacán).

purulencia f. Supuración.

purulento, ta adj. Con pus.

Purús, río que nace en el Perú (Loreto), entra en el Brasil y des. en el Amazonas ; 3 600 km. — Distr. en el E. del Perú y al S. del dep. de Loreto.

pus m. Humor espeso, amarillento, que se produce en los tejidos inflamados, tumores, llagas, etc., formado por leucocitos y microbios muertos.

Pusán. V. FUSÁN.

Puschkin (Aleksandr), escritor romántico ruso, n. en Moscú (1799-1837), autor de poesías (*El prisionero del Cáucaso*), dramas (*Boris Godunov*), novelas (*La hija del capitán* y *Eugenio Onieguin*). Murió a consecuencias de un duelo.

pusilánime adj. Apocado, de poco ánimo, cobarde : *carácter pusilánime.*

pusilanimidad f. Falta de valor.

pústula f. *Med.* Vesícula inflamatoria de la piel, llena de pus.

Puszta, llanura húngara, entre los Cárpatos y el Danubio.

puta f. *Pop.* Prostituta. || — M. *Pop.* Malvado, astuto.

putada f. *Pop.* Jugarreta, faena.

Putaendo, c. de Chile en la V Región (Valparaíso) y en la prov. de San Felipe de Aconcagua, cap. de la com. del mismo nombre.

putativo, va adj. Tenido por padre, hermano, etc., no siéndolo.

puteado, da adj. *Pop.* Fastidiado. | Baqueteado, maleado.

putear v. i. *Pop.* Ir con prostitutas. | Ser prostituta. || *Amer. Fam.* Blasfemar. | — V. t. *Pop.* Fastidiar. | Explotar.

Puteaux, c. de Francia (Hauts-de-Seine), al SO. de París.

puteo m. *Pop.* Acción de ir con prostitutas. | Fastidio, molestia.

putería f. *Pop.* Putada.

puterío m. *Pop.* Conjunto de putas. | Prostitución.

putero adj. m. *Pop.* Que acostumbra ir con prostitutas.

puto, ta adj. *Pop.* Maldito, execrable. | Fastidioso, molesto. | Malo, pernicioso. | Difícil, complicado. || — M. *Pop.* Astuto. | Homosexual. | Hombre que se prostituye.

putón m. y *Pop.* Prostituta de baja estofa.

Putre, c. del norte de Chile en la I Región (Tarapacá), cap. de la prov. de Parinacota y de la com. de su n.

putrefacción f. Descomposición de las materias orgánicas faltas de vida.

putrefacto, ta adj. Podrido : *comimos una carne putrefacta.*

putrescible adj. Que puede pudrirse o se pudre fácilmente.

putridez f. Estado de pútrido.

pútrido, da adj. Podrido.

putsch m. (pal. alem.). Alzamiento de un grupo político armado.

putumaense, putumayense y **putumayo, ya** adj. y s. De Putumayo (Colombia).

Putumayo, río que nace en Colombia, corre los límites del Ecuador y el Perú, entra en el Brasil y des. en el Amazonas ; 2 000 km. — Intendencia en el S. de Colombia ; cap. *Mocoa.* Ganadería ; bosques. Petróleo.

Puvis de Chavannes (Pierre), pintor francés (1824-1898).

Puy || ~ **-de-Dôme**, macizo volcánico del centro de Francia, en Auvernia ; 1 465 m. — Dep. del centro de Francia, en Auvernia ; cap. *Clermont-Ferrand.* || ~ **(le)**, c. de Francia, cap. del dep. de Haute-Loire. Obispado.

puya f. Punta acerada de las picas de los picadores y las garrochas de los vaqueros. || Pica del picador. || *Fig.* Pulla.

Púyal (El), monte de los Andes del Ecuador, en la Cord. Occidental ; 4 373 m.

Puyango, hoya y pobl. al sur del Ecuador (Loja). Oro.

puyar v. t. *Amer.* Herir con puya.

puyazo m. Herida hecha con la puya. | *Fig.* Pulla.

Puyehue, lago, volcán y pobl. de Chile (Los Lagos).

puyense adj. y s. De la ciudad de Puyo (Ecuador).

puzcua f. *Méx.* Maíz cocido con cal para tortillas o atole.

Puzol, en ital. *Pozzuoli,* c. y puerto al sur de Italia, en el golfo de Nápoles. Obispado. Anfiteatro romano. — V. al E. de España, en las cercanías de Valencia. Casino de juego.

puzzle m. (pal. ingl.). Rompecabezas.

Pyongyang, cap. de Corea del Norte ; 1 500 000 h. Industrias.

Pyrénées || ~ **-Atlantiques**, dep. en el suroeste de Francia ; cap. *Pau.* || ~ **(Hautes-).** V. HAUTES-PYRÉNÉES. || ~ **-Orientales,** dep. al sur de Francia ; cap. *Perpiñán.*

pyrex m. Pirex.

pz, símbolo de la *pieza* (unidad).

Don **Quijote** y Sancho Panza.

Q

q f. Vigésima letra del alfabeto castellano y decimosexta de sus consonantes. ‖ — **q,** símbolo del *quintal.*

Qatar (Al-). V. KATAR.

Qom. V. QUM.

quanta m. pl. V. QUANTUM.

Quai d'Orsay [kedorsé], muelle del Sena en París y nombre que se da al ministerio francés de Asuntos Exteriores por estar situado allí.

quántico, ca adj. Cuántico.

quantum m. *Fís.* Cantidad mínima de energía que puede emitirse, propagarse o ser absorbida. (Pl. *quanta*).
— La *teoría de los quanta*, elaborada por Planck en 1900, afirma que la energía de radiación, al igual que la de la materia, tiene una estructura discontinua. Esta teoría representa la base de toda la física moderna.

Quarai, pobl. en el SE. del Brasil (Río Grande do Sul).

quasar m. (pal. ingl.), contracción de *quasi star,* casi estrella). Astro de aspecto estelar que constituye una radiofuente de gran potencia.

Quasimodo (Salvatore), poeta italiano, n. en Siracusa (1901-1968). Formó parte de la escuela hermética. (Pr. Nobel, 1959.)

Quasimodo, hombre de cuerpo deforme y alma sublime, protagonista de la novela de Victor Hugo *Nuestra Señora de París* (1831).

Quattrocento, movimiento artístico y literario existente en Italia en el siglo XV.

que pron. rel. Equivale a *el, la o lo cual ; los o las cuales : el libro que estoy leyendo ; la casa que veo.* ‖ Puede equivaler a *algo : dar que pensar.* ‖ — Conj. Sirve para enlazar oraciones : *quiero que vengas.* ‖ Equivale a *porque o pues : hable más fuerte que oigo mal.* ‖ Equivale a *: ¡cállate que te mato ! ; queramos que no, tendremos que hacerlo.* ‖ Equivale a *si : que no viene, nos arreglamos sin él.* ‖ En oraciones principales o independientes puede expresar deseo, mandato o imprecación : *¡que lo echen ! ; que me muera si...* ‖ Sirve de correlativo en *tan, más, menos, mejor,* etc. ‖ Forma parte de loc. conj. como *antes que, con tal que, hasta que, luego que,* etc. ‖ Puede usarse con sentido de encarecimiento y equivale entonces a *y : corre que corre.* ‖ Puede dar un sentido enfático : *¡que no lo volverá a ver !* ‖ — *A que,* apuesto que. ‖ *El que, el hecho que :*

me extraña el que no haya venido a pesar de sus promesas.* ‖
qué pron. interr. Se emplea como adjetivo para preguntar por personas o cosas : *¿ qué edad tienes tú ?* ‖ Puede usarse exclamativamente : *¡ qué suerte !* ‖ Como neutro equivale a *qué cosa : ¿ de qué se trata ?* ‖ — *El qué dirán,* la opinión pública. ‖ *¡ Pues qué !,* interj. que denota enfado o disgusto. ‖ *Qué de,* cuánto, cuántos : *¡ qué de gente !* ‖ *Fam. ¿ Qué hay ?* o *¿ qué de gente !* ‖ *Fam. ¿ Qué hay ?* o *¿ qué tal ?,* expresiones que se usan para saludar a alguien y preguntar por su salud. ‖ *¡ Qué tal ?,* cómo : *¿ qué tal le pareció la película ?* ‖ *Fam. ¿ Y a mí qué ?,* me da igual.

Quebec, c. al E. del Canadá; cáp. de la provincia homónima, en la confluencia de los ríos San Carlos y San Lorenzo. Arzobispado. Universidad. Industrias. Fundada por los franceses en 1608.

quebracho m. Nombre genérico dado a varios árboles sudamericanos que tienen una madera dura y corteza curtiente. ‖ Esta madera.

Quebracho, pobl. en el oeste del Uruguay (Paysandú).

quebrada f. Paso estrecho entre montañas. ‖ Depresión en el terreno. ‖ *Amer.* Arroyo o riachuelo.

quebradero m. *Fam.* Quebradero de cabeza, preocupación, problema.

quebradizo, za adj. Fácil de quebrarse, frágil : *materia quebradiza.*

quebrado, da adj. Aplícase al que ha hecho bancarrota o quiebra : *banquero quebrado* (ú. t. c. s.). ‖ Que padece una hernia (ú. t. c. s.). ‖ Debilitado : *de salud quebrada.* ‖ Desigual, accidentado : *camino quebrado.* ‖ *Mat.* Dícese del número que expresa una o varias de las partes iguales en que está dividida la unidad. — M. *Mat.* Fracción.

quebrantable adj. Que se puede quebrar.

quebrantador, ra adj. y s. Que quebranta.

quebrantahuesos m. inv. Ave rapaz diurna parecida al águila.

quebrantamiento m. Acción y efecto de quebrantar. ‖ Violación, infracción : *quebrantamiento de la ley.*

quebrantar v. t. Romper, quebrar o hender una cosa : *quebrantar una tinaja.* ‖ Machacar, moler : *quebrantar avellanas.* ‖ *Fig.* Faltar al cumplimiento de algo : *quebrantar la ley, un compromiso.* ‖ Disminuir, ablandar, reducir : *quebrantar el valor.* ‖ Debilitar : *quebrantar la salud ; quebrantar una convicción.* ‖ Templar un líquido o un color. ‖ Interrumpir el ayuno. ‖ Abrir algo con violencia : *quebrantar los sellos.* ‖ *Méx.* Torcer, girar : *al llegar a la plaza, quiebra a la izquierda.* ‖ *Quebrantar el destierro,* volver al desterrado al territorio de donde fue

expulsado. ‖ — V. pr. *Méx.* Darse por vencido : *no me quiebro ante estos difíciles momentos.* ‖ *Fig.* Quebrantarse la cabeza o los sesos, reflexionar mucho.

quebranto m. Quebrantamiento. ‖ *Fig.* Debilitamiento de la salud. ‖ Decaimiento del ánimo, desaliento, abatimiento moral. ‖ Gran pérdida. ‖ Aflicción, pena grande.

quebrar v. t. Romper con violencia : *quebrar un vaso.* ‖ Doblar el cuerpo. ‖ *Fig.* Interrumpir o cambiar la orientación de algo : *la muerte del líder quebró la racha de triunfos de su partido.* ‖ Templar o suavizar : *quebrar el color.* ‖ — V. i. Ceder, disminuir. ‖ Romperse (ú. t. c. pr.). ‖ Declararse insolvente, hacer quiebra : *quebrar un banco, un negocio.* ‖ — V. pr. Formársele a uno una hernia.

quecuesque adj. *Méx.* Que causa comezón.

quechol y **quechole** m. *Méx.* Flamenco, ave.

quechua o **quichua** adj. y s. Aplícase al pueblo indio que habitaba la región andina del actual Perú, Ecuador y Bolivia, fundador, en el s. XII, del Imperio incaico. (V. INCA.) ‖ — M. Lengua hablada por este pueblo.
— El *quechua,* lengua hablada inicialmente en territorios de las hoy repúblicas del Ecuador, Perú y Bolivia, llegó a extenderse antes del descubrimiento de América por las tierras de las actuales Colombia, norte de Chile y de la Argentina. El quechua ha introducido pocas palabras en las lenguas europeas (*alpaca, coca, cóndor, guano, inca, llama, pampa, quina*) y en el castellano peninsular (*papa y acaso chiripa, tanda*), pero bastantes de sus voces se han difundido por casi toda América del Sur, como *cancha, caracha, concho, cote, chacra, charqui, chaucha, china, choclo, guasca, guaso, macana, pisco, poroto, soroche, yuyo* y, con menos extensión, *carpa, chuño, humita, guaca, guagua, locro, ojota, puna, quirquincho, tambo, totora,* etc.

quechuismo m. Voz o giro de origen quechua.

queda f. Acción de recogerse los vecinos de una población a cierta hora señalada de la noche : *tocar a queda en tiempos de guerra.* ‖ Toque de campana que indica el momento de hacerlo.

quedado, da adj. *Méx.* Perezoso. ‖ — F. *Méx.* Vieja solterona.

quedar v. i. Permanecer en un lugar por más o menos tiempo : *quedó en casa* (ú. t. c. pr.). ‖ Subsistir, restar : *me quedan dos francos.* ‖ Cesar, acabar : *ahí quedó la conversación.* ‖ Estar : *queda muy lejos.* ‖ Llegar a ser, resultar : *su pantalón le quedó corto ; quedó decidido el viaje a América.*

Ú. t. c. pr.: *quedarse ciego.* ‖ Portarse de cierta manera: *has quedado como una señora; el actor quedó tan mal que lo pitaron.* ‖ Hacer cierto efecto: *tus zapatos quedan muy bien con tu bolso.* ‖ Darse cita: *hemos quedado para el lunes.* ‖ Acordar: *quedamos en salir mañana.* ‖ Frustrarse: *por mí que no quede.* ‖ — *¿En qué quedamos?,* expr. con que se invita a tomar una decisión o aclarar un punto dudoso. ‖ *Méx.* Quedar algo en veremos, estar algo pendiente de solución. ‖ *Quedar en ridículo,* resultarlo, hacer el ridículo. ‖ *Quedar para,* faltar: *queda una hora para la salida del tren.* ‖ *Quedar por,* subsistir, faltar: *queda mucho por hacer; pasar por: quedar por cobarde.* ‖ — V. pr. Retener una cosa en vez de devolverla: *se quedó con mi libro.* ‖ Adquirir algo: *me quedo con esta pulsera.* ‖ — *Fig.* Quedarse ahí, morir. ‖ *Quedarse a oscuras o in albis,* no comprender nada. ‖ *Quedarse con una cosa,* preferirla a otra. ‖ *Quedarse con uno,* engañarle, abusar de su credibilidad. ‖ *Quedarse corto,* no calcular bien; hablar de algo o alguien menos de lo que se merece. ‖ *Quedarse helado,* quedarse muy sorprendido, estupefacto. ‖ *Quedarse limpio,* quedarse enteramente sin dinero.

quedo, da adj. Quieto, tranquilo: *el niño está quedo.* ‖ Bajo, suave: *en voz queda.* ‖ Silencioso: *avanzaba con pasos quedos.* ‖ — Adv. En voz tan baja que apenas se oye.

Queens, distrito de Nueva York.

Queensland [kuins], Estado del NE. de Australia; cap. *Brisbane.*

Queguay, río al O. del Uruguay (Paysandú), afl. del Uruguay; 250 km.

quehacer m. Trabajo, tarea: *nuestro quehacer cotidiano.* ‖ — Pl. Ocupaciones: *los quehaceres de la casa.*

Queilén, c. de Chile en la X Región (Los Lagos) y en la prov. de Chiloé, cap. de la com. del mismo nombre.

Queipo de Llano (Gonzalo), general español (1875-1951), uno de los jefes del alzamiento de 1936. ‖ — (JOSÉ MARÍA). V. TORENO (*Conde de*).

Queiroz. V. ECA DE QUEIROZ (José María). ‖ — (PEDRO FERNÁNDEZ DE). V. QUIRÓS.

queja f. Manifestación de dolor, pena o sentimiento: *las quejas del enfermo, del desconsolado.* ‖ Motivo de disgusto, de descontento: *tener queja de alguien.* ‖ Acusación hecha ante el juez: *formular una queja.*

quejarse v. pr. Expresar su dolor con voz quejumbrosa: *quejarse de pena.* ‖ Manifestar uno el motivo de su descontento que tiene: *quejarse de su vecino.* ‖ Querellarse: *quejarse ante el juez.* ‖ *Quejarse de vicio,* lamentarse indebidamente.

quejica o **quejicoso, sa** adj. y s. Que se queja mucho y sin motivo.

quejido m. Voz lastimosa, lamento.

quejigal m. Terreno poblado de quejigos.

quejigo m. Árbol cupulífero muy estimado por sus bellotas parecidas a las del roble. ‖ Roble pequeño.

quejón, ona adj. y s. Quejica.

quejoso, sa adj. Que tiene queja de otro, descontento.

quejumbre f. Queja continua.

quejumbroso, sa adj. Que se queja con poco motivo o por hábito. ‖ Lastimero: *voz triste, quejumbrosa.*

quelenquelen m. *Chil.* Planta medicinal.

quelicero m. Apéndice en la cabeza de los arácnidos.

Quelimane, c. y puerto al este de Mozambique. Obispado.

quelite m. *Amer.* Nombre genérico de varias plantas comestibles.

Quelite, río del O. de México, en el Estado de Sinaloa.

quelonios m. pl. Nombre científico de la familia de los reptiles que tienen cuatro extremidades cortas y el cuerpo protegido por un caparazón duro como la tortuga, el carey y el galápago (ú. t. c. adj.).

Queluz, pobl. al O. de Portugal (Lisboa). Palacio Real (s. XVIII).

Quellón, c. de Chile en la X Región (Los Lagos) y en la prov. de Chiloé, cap. de la com. de su n.

quema f. Acción y efecto de quemar:

la quema de los herejes. ‖ Incendio: *la quema de una casa.* ‖ *Fig.* Liquidación de géneros a bajo precio. ‖ *Riopl.* Zona en las afueras de una población donde se quema la basura. ‖ *Fig.* Huir de la quema, apartarse de un peligro.

Quemada (La), ruinas arqueológicas en el centro de México, cerca de Zacatecas. Pirámides. Reciben también el nombre de *Chicomoztoc.*

quemado, da adj. Que ha ardido. ‖ Incendiado. ‖ *Fig.* Gastado. ‖ *Riopl.* Desconfiado. ‖ — M. Parte de monte consumido por un incendio. ‖ *Fam.* Cosa quemada o que se quema: *oler a quemado.* ‖ — F. *Méx.* Quemadura. ‖ Incendio.

Quemado de Güines, térm. mun. en el centro de Cuba (Villa Clara).

quemador m. Dispositivo en el cual se efectúa la combustión del gas de alumbrado, del alcohol, del fuel-oil, etc. ‖ *Amer.* Mechero.

quemadura f. Descomposición de un tejido orgánico producida por el fuego o una sustancia corrosiva.

quemar v. t. Abrasar o consumir con fuego: *quemar leña; el incendio ha quemado la casa.* ‖ Estropear un guiso por haberlo dejado demasiado tiempo en el fuego o haber puesto éste demasiado fuerte (ú. t. c. pr.). ‖ Destruir algo una sustancia corrosiva: *los ácidos queman la piel.* ‖ Destilar el vino. ‖ Calentar con exceso. Ú. t. c. i.: *el sol quema en el estío.* ‖ Desecar mucho las plantas: *plantío quemado por el frío.* ‖ Causar sensación picante en la boca: *el pimiento me quemó los labios.* ‖ *Fig.* Malbaratar, vender a menos de su justo precio. ‖ Malgastar, derrochar: *quemar toda su fortuna.* ‖ En deportes, entrenar de una manera excesiva y perjudicial para el estado físico del deportista. ‖ Causar perjuicio a la fama de uno: *la actuación reiterada quema a los actores.* ‖ *Amér. C.* y *Méx.* Delatar, denunciar. ‖ Estafar. ‖ *Riopl.* Ridiculizar a alguien. ‖ Descubrir las intenciones de alguien. ‖ — *A quema ropa,* refiriéndose a disparos, desde muy cerca; (fig.) de improviso. ‖ *Fig.* Quemar etapas, no pararse en ellas. ‖ *Quemar la sangre,* impacientar, irritar. ‖ *Quemar las naves,* tomar una determinación extrema y decisiva. ‖ — V. i. Estar demasiado caliente una cosa: *esta sopa quema.* ‖ — V. pr. Acercarse al fuego y sufrir sus efectos: *quemarse la mano con una cerilla.* ‖ *Fig.* Sentir mucho calor. ‖ Estar muy cerca de acertar o de hallar una cosa: *¡que te quemas!* ‖ Perjudicar su reputación: *esta actriz actúa poco para no quemarse.* ‖ Gastarse: *este político se ha quemado.* ‖ *Fig.* Quemarse la sangre, preocuparse mucho.

quemarraya f. *Méx.* Acción de prender fuego al cañaveral, después del corte, para facilitar la salida de nuevos retoños.

quemarropa (a) adv. A quema ropa.

quemazón f. Quema, acción de quemar. ‖ Calor excesivo. ‖ *Fig.* Comezón. ‖ Sensación producida por una cosa molesta o hiriente. ‖ Liquidación de géneros a bajo precio. ‖ *Arg.* Espejismo que se produce en la pampa. ‖ *Amér. C.* y *Méx.* Incendio.

Quemchi, c. de Chile en la X Región (Los Lagos) y en la prov. de Chiloé, cap. de la com. del mismo nombre.

Quemoy, isla china de Taiwán, en el estrecho de Formosa.

Quemú-Quemú, pobl. en el centro de la Argentina (La Pampa).

quena f. Flauta generalmente con cinco agujeros que usan los indios del Perú, Ecuador y Bolivia.

quenco, ca adj. *Arg.* Sinuoso.

quenopodiáceo, a adj. Aplícase a las plantas angiospermas, como la espinaca, la remolacha (ú. t. c. s.). ‖ — F. pl. Familia que forman.

Quental (Antero Tarquinio de), escritor romántico portugués (1842-1891), autor de *Sonetos* y de ensayos.

quepis m. inv. Gorra con visera que usan los militares y gendarmes.

Quepos, distrito en el S. de Costa Rica (Puntarenas).

queque m. *Amer.* Panqueque.

Quequén, río y pobl. al E. de la Argentina (Buenos Aires).

querandí adj. Dícese del individuo

de un pueblo indio de América del Sur (ú. t. c. s.). [Los *querandíes* ocupaban la orilla derecha del Río de la Plata.]

queratina f. Sustancia proteica fundamental del tejido cutáneo, piloso, córneo, etc.

Quercy, región meridional de Francia; c. pr. *Cahors.*

querella f. Acusación presentada ante el juez por el agraviado. ‖ Discordia.

querellante adj. *For.* Aplícase al que presenta una querella (ú. t. c. s.).

querellarse v. pr. *For.* Presentar querella contra uno.

Queremel (Ángel Miguel), poeta modernista venezolano (1899-1939).

querencia f. Inclinación o tendencia del hombre o de ciertos animales a volver al sitio en que se han criado. ‖ Este sitio. ‖ *Fam.* Lugar donde uno vive. ‖ Inclinación, afecto. ‖ *Taurom.* Lugar de la plaza a donde se dirige el toro con más frecuencia.

querencioso, sa adj. Que tiene querencia.

Queréndaro, mun. y río del SO. de México (Michoacán).

querendón, ona adj. *Amer.* Muy cariñoso. ‖ — M. y f. *Fam.* Amante.

querer m. Cariño, afecto, amor.

querer v. t. Desear o apetecer: *querer fumar, comer; ¿quieres salir conmigo?* ‖ Amar, tener cariño: *querer a sus abuelos.* ‖ Resolver, decidir: *querer terminar sus estudios.* ‖ Intentar, procurar, pretender: *quiere dárselas de listo.* ‖ Necesitar, requerir: *esta planta quiere agua.* ‖ Conformarse al intento, deseo u orden de otro: *¿quieren callarse?* ‖ Pedir cierto precio: *¿cuánto quieres por tu tocadiscos?* ‖ Aceptar el envite en el juego. ‖ — *Como quien no quiere la cosa,* simulando no darle importancia a lo que se hace o dice. ‖ *Como quiera que,* dado que; de cualquier modo o manera: *como quiera que sea.* ‖ *Cuando quiera,* en cualquier momento. ‖ *Donde quiera,* en cualquier sitio. ‖ *Que quiera que no quiera o quiera o no quiera,* de grado o por fuerza. ‖ *Querer decir,* significar. ‖ *Queriendo,* intencionadamente. ‖ *Quien bien te quiere te hará llorar,* refrán que enseña que el verdadero cariño puede acompañarse de una severidad razonable. ‖ *Sin querer,* sin intención, inadvertidamente. ‖ — V. impers. Estar a punto de ocurrir algo: *quiere llover.* ‖ — V. pr. Experimentar un cariño recíproco: *quererse como tórtolos.*

queretano, na adj. y s. De Querétaro (México).

Querétaro, c. del centro de México, cap. del Estado homónimo. Obispado. Universidad. Lugar donde fueron fusilados el emperador Maximiliano y los generales Miramón y Mejía (1867). Sede del Congreso Constituyente de 1917. Catedral barroca y neoclásica. Iglesia barroca de Santa Clara. Minas.

querido, da m. y f. Amante.

querindón, ona y **querindongo, ga** m. y f. *Fam.* Querido, amante.

quermes m. Insecto hemíptero parecido a la cochinilla.

quermese f. V. KERMESSE.

Queronea, c. de Grecia (Beocia), al NO. de Atenas. En ella Filipo de Macedonia derrotó a los tebanos (338 a. de J. C.), y las tropas romanas de Sila a Mitrídates VI (86 a. de J. C.).

queroseno m. Líquido amarillento obtenido a partir de la destilación del petróleo natural, empleado como carburante en motores de aviación.

querosín m. *Amer. C.* Queroseno.

Quersoneso, n. griego de cuatro penínsulas: *Quersoneso de Tracia,* hoy *Gallipoli; Quersoneso Táurico,* hoy *Crimea; Quersoneso Címbrico,* hoy *Jutlandia; Quersoneso Áureo,* probablemente península de *Malaca.*

querubín m. Ángel del primer coro. ‖ *Fig.* Niño lindo.

Quesada, c. al sur de España (Jaén). ‖ — Mun. al SE. de Guatemala (Jutiapa).

Quesada (Gonzalo JIMÉNEZ DE). V. JIMÉNEZ DE QUESADA. ‖ — (VICENTE G.), diplomático e historiador argentino (1830-1913). Utilizó el seudónimo de

Vicente Gálvez. — Su hijo ERNESTO (1858-1934) fue jurista y escritor.

quesadilla f. *Amer.* Empanadilla hecha con masa de maíz o harina, rellena con queso o picadillo de carne, patatas, etc.

quesera f. Mujer que hace o vende queso. ‖ Molde donde se fabrica. ‖ Recipiente en que se guarda. ‖ Plato para servirlo.

quesería f. Tienda de quesos.

Quesnay [kené] (François), médico y economista francés (1694-1774), fundador de la escuela de los fisiócratas.

queso m. Masa hecha con leche cuajada y privada de suero. ‖ *Pop.* Pie. ‖ — *Fig.* y *fam. Darla con queso a uno,* engañarle. ‖ *Queso de bola,* el de tipo holandés. ‖ *Méx. Queso de tuna,* dulce hecho con tunas secas prensadas en forma de queso.

quesquémetl m. Prenda típica de México, de forma triangular, que cubre los hombros.

Quetta, c. en el centro del Paquistán, cap. de Beluchistán.

quetzal m. Ave trepadora, existente en Chiapas y Guatemala, de pico corto, cresta de plumas verdes, larga cola y con la cabeza, la mitad superior del pecho, el cuello, la parte superior de la cola y la espalda de color verde esmeralda dorado, negro los remos de las alas y rojo desde la mitad inferior de pecho hasta la rabadilla. ‖ Unidad monetaria de Guatemala.

Quetzalcóatl, divinidad precolombina de México, rey de los toltecas y dios del Aire, del Agua y animador de la naturaleza para los aztecas. Enseñó a los hombres la agricultura, el trabajo de los metales, las artes, el calendario, etc. Su nombre significa *serpiente emplumada.* ‖ ~ *-Totec,* gran sacerdote, entre los aztecas, representante del dios Quetzalcóatl.

Quevedo, pobl. en el centro del Ecuador (Los Ríos). Agricultura.

Quevedo y Villegas (Francisco de), escritor español, n. en Madrid (1580-1645). Encargado de importantes misiones diplomáticas durante el reinado de Felipe III, cayó luego en desgracia. Escribió en verso (*El Parnaso español, Las tres últimas musas castellanas*) y en prosa (*Providencia de Dios, Política de Dios, gobierno de Cristo y tiranía de Satanás, La culta latiniparla, Los sueños, La hora de todos, Cartas del caballero de la tenaza, El Buscón,* novela picaresca, *Vida de fray Tomás de Villanueva,* etc.). Atacó la poesía culturana por su enrevesado estilo, pero ello no fue obstáculo para que introdujera otra manera de escribir, llamada *conceptismo,* que incurría en los mismos defectos.

quevedos m. pl. Anteojos que se sujetan en la nariz.

quezalteco, ca adj. y s. De Quezaltenango (Guatemala).

Quezaltenango, c. en el SO. de Guatemala, cab. del dep. homónimo. Obispado.

Quezaltépec. V. SAN SALVADOR.

Quezaltepeque, volcán en el SE. de Guatemala (Chiquimula) ; 1 907 m. — C. del SO. de El Salvador (La Libertad).

Quezón, prov. de Filipinas en el NE. de la isla de Luzón. ‖ — *City.* V. CIUDAD QUEZÓN.

Quezón (Manuel Luis), político filipino (1878-1944), primer pres. constitucional de su país (1935-1944).

¡ quia ! interj. *Fam.* Expresión de incredulidad o negación.

Quiaca, mun. al NO. de la Argentina (Jujuy), cab. del dep. de Yaví.

quianti m. Vino tinto que se elabora en Toscana (Italia).

Quibdó, c. en el O. de Colombia, cap. del dep. de Chocó. Obispado.

quibdoano, na adj. y s. De Quibdó (Colombia).

quibebé m. *Arg.* Plato hecho con queso y zapallos cocidos en leche.

Quiberon, c. y puerto en el O. de Francia (Morbihan).

quibey m. Planta de las Antillas, de jugo lechoso, acre y cáustico.

Quibián, cacique indígena de Panamá del s. XVI.

quibutz m. Kibutz.

quicio m. Parte de la puerta o ventana en la que entra el espigón del quicial. ‖ Marco de puerta o ventana.

‖ — *Fig. Fuera de quicio,* fuera del estado normal. ‖ *Sacar de quicio a uno,* hacer que pierda el dominio de sí mismo.

quiché adj. y s. Dícese de un pueblo indígena de Guatemala. (Los quichés, establecidos en la península del Yucatán, formaron un reino cuya capital era *Utatlán,* llamada hoy *Santa Cruz del Quiché.*) ‖ — M. Lengua hablada por estos indios.

Quiché (El), región en el O. de Guatemala, entre el río Usumacinta y el Pacífico. — Dep. en el O. de Guatemala ; cap. *Santa Cruz del Quiché.*

quichelense adj. y s. De la c. de Santa Cruz del Quiché y del dep. de El Quiché (Guatemala).

quichua adj. y s. Quechua.

quichuismo m. Quechuismo.

quid m. Razón, punto principal de una cosa : *el quid de la cuestión.* ‖ *Dar con el quid,* acertar.

quidam m. *Fam.* Individuo cualquiera. ‖ Persona insignificante.

quid pro quo loc. lat. Error que consiste en tomar una persona o cosa por otra.

quiebra f. Rotura, abertura. ‖ Hendedura de la tierra : *una quiebra profunda.* ‖ *Com.* Estado del comerciante que no puede satisfacer las deudas que sobre él pesan y cuya buena fe no es reconocida : *declararse en quiebra.* ‖ Procedimiento legal para resolver la situación de este comerciante. ‖ *Crac,* hundimiento de valores en Bolsa. ‖ *Fig.* Fallo, fracaso : *la quiebra de los valores humanos.*

quiebro m. Movimiento que se hace con el cuerpo para evitar un golpe. ‖ En fútbol, regate. ‖ *Mús.* Adorno que consiste en acompañar una nota de otras tres o cuatro ligeras.

quien pron. rel. Se refiere esencialmente a las personas y hace en plural *quienes : el hombre a quien hablo.* ‖ Con el antecedente *la persona que,* equivale a *la persona que : quien te ha dicho esto es un ignorante.* ‖ Puede usarse como pron. interr. o exclamat., en cuyo caso lleva un acento gráfico : *¿ quién llama ? ; ¡ quién pudiera !* ‖ — *Como quien dice,* para decirlo así.

quienquiera pron. indet. Cualquier persona : *quienquiera que le vea que haga el favor de decírselo.*

quietismo m. Inacción, inercia. ‖ *Teol.* Doctrina concebida por el teólogo español Miguel de Molinos según la cual se puede llegar a la contemplación perfecta de Dios por la más completa inacción y pasividad.

quietista adj. y s. Seguidor del quietismo.

quieto, ta adj. Que no tiene o no hace movimiento. ‖ *Fig.* Tranquilo.

quietud f. Carencia de movimiento. ‖ *Fig.* Sosiego, tranquilidad.

quif m. Kif.

Quiindy, pobl. en el oeste del Paraguay (Paraguarí).

quijada f. Cada uno de los dos huesos de la cabeza del animal en que están encajados los dientes.

Quijano (Alonso), nombre del protagonista de *El Quijote.*

Quijarro, prov. en el SE. de Bolivia (Potosí) ; cap. *Uyuni.*

quijongo m. *Amer.* Instrumento musical indígena formado por un arco y una cuerda fijos en una jícara.

quijotada f. Acción propia de un quijote.

quijote m. Pieza de la armadura que protegía el muslo. ‖ Parte superior de las ancas de las caballerías. ‖ *Fig.* Hombre demasiado idealista. ‖ Hombre aficionado a entrometerse, en nombre de la justicia, en cosas que no le importan.

Quijote de la Mancha (*El ingenioso hidalgo don*), novela de Miguel de Cervantes, obra maestra de la literatura española y mundial. Publicada la primera parte en 1605 y en 1615 la segunda, pronto conoció una difusión universal. El escritor hace una parodia de los libros de caballerías y presenta a Don Quijote de la Mancha, viejo hidalgo ávido de aventuras caballerescas, junto a su fiel escudero Sancho Panza, que encarna el sentido común y la razón positiva. Este rudo contraste ilustra toda la obra, y se ha dicho que uno de los dos persona-

jes interpreta admirablemente los dos principales tipos del alma española.

quijotería f. Quijotada. ‖ Quijotismo.

quijotesco, ca adj. Que obra con quijotería.

quijotismo m. Exageración en los sentimientos caballerosos.

quila f. *Amer.* Especie de bambú.

Quilaco, c. del centro de Chile en la prov. y en la VIII Región de Biobío, cap. de la com. de su nombre.

Quilambé o **Kilambé,** cordillera y monte al norte de Nicaragua.

quilango m. *Arg.* Manta de piel.

quilate m. Unidad de peso para las perlas y piedras preciosas (205 mg). ‖ Cantidad de oro fino contenido en una aleación de este metal : *se le asignan al oro puro veinticuatro quilates.* ‖ *Fig. De muchos quilates,* de mucho valor.

Quilcasé, río al O. de Colombia (Cauca). Confluye con el Timbío para formar el Patía.

Quilicura, com. de Chile en el Área Metropolitana de Santiago.

quililo m. *Arg.* Persona desgreñada. ‖ Ratero, aprendiz.

Quilimas o **Cubillin,** pico del Ecuador en la Cord. Central (Chimborazo) ; 4 711 m.

Quilindaña, cima volcánica del Ecuador, en la Cord. Central (Cotopaxi) ; 4 919 m.

Quilmes, sierra de los Andes al N. de la Argentina, en el límite de la prov. de Catamarca, Tucumán y Salta. — Pobl. de la Argentina, en el área metropolitana de Buenos Aires. Balneario. Cervecerías. Tejidos sintéticos.

quilmole m. *Méx.* Potaje de hierbas.

quilo m. Kilo. ‖ Líquido blancuzco contenido en el intestino delgado y que resulta de la transformación de los alimentos en la digestión. ‖ *Cub.* Centavo. ‖ *Fam.* Sudar el quilo, trabajar con gran fatiga.

quilocaloría f. Kilocaloría.

quilociclo m. Kilociclo.

quilográmetro m. Kilográmetro.

quilogramo m. Kilogramo.

quilojulio m. Kilojulio.

quilombo m. *Rioplat.* Lupanar, prostíbulo. ‖ Lío, follón, jaleo. ‖ *Venez.* Choza, cabaña en el campo. ‖ — Pl. *Venez.* Andurriales.

quilometraje m. Kilometraje.

quilometrar v. t. Kilometrar.

quilométrico, ca adj. Kilométrico.

quilómetro m. Kilómetro.

Quilon, c. y puerto en el SO. de la India (Kerala). Obispado. Industrias.

Quilón, uno de los siete sabios de Grecia.

quilovatio m. Kilovatio.

quilovoltio m. Kilovoltio.

Quilpué, c. del centro de Chile en la V Región y en la prov. de Valparaíso, cap. de la com. de su nombre. Se encuentra cerca de Valparaíso.

quitamal m. *Méx.* Tamal de guacamole.

quilla f. Parte inferior del casco de un barco que sostiene la armazón.

Quillabamba, c. en el S. del Perú, cap. de la prov. de La Convención (Cuzco).

quillango m. *Arg.* Manta de pieles.

quillay m. Árbol rosáceo propio de Argentina y Chile cuya corteza contiene saponina.

Quilleco, c. del centro de Chile, en la prov. y en la VIII Región de Biobío, cap. de la com. de su n.

Quillón, c. del centro de Chile, en la VIII Región (Biobío) y en la prov. de Ñuble, cap. de la com. de su n.

Quillota, c. del centro de Chile en la V Región (Valparaíso), cap. de la prov. y de la com. del mismo n.

Quillu-Urcu, cima de los Andes del Ecuador, en la Cord. Occidental ; 4 562 m.

quimba f. *Amer.* Contoneo al andar o al bailar. ‖ *Col.* Apuro. ‖ *Col., Ecuad.* y *Venez.* Calzado rústico.

quimbambas (irse a las), irse al quinto pino, muy lejos.

quimbaya adj. y s. Dícese de un pueblo indio colombiano establecido en los actuales departamentos de Caldas y Valle del Cauca. (Los quimbayas fueron notables orfebres y alfareros.)

Quimbaya, mun. en el centro oeste de Colombia (Quindío).

quimera f. *Fig.* Ficción, ilusión.

Quimera, monstruo fabuloso que tenía cabeza de león, vientre de cabra y cola de dragón. Vomitaba fuego.

quimérico, ca adj. Fabuloso, fantástico, imaginario. || Ilusorio.

química f. Ciencia que estudia la composición interna y propiedades de los cuerpos simples y sus transformaciones, combinaciones y acciones recíprocas. || — *Química biológica* (o *bioquímica*), la que estudia lo que constituye la materia viviente y sus reacciones. || *Química general,* la que trata de las leyes relativas al conjunto de los cuerpos químicos. || *Química industrial,* la que estudia las operaciones que interesan más particularmente a la industria. || *Química inorgánica,* la que estudia los cuerpos simples y compuestos sin carbono. || *Química mineral,* la que estudia los metales, los metaloides y sus combinaciones. || *Química orgánica,* la que estudia los compuestos del carbono.

químico, ca adj. Relativo a la química: *fenómenos químicos; ingeniero químico.* || — M. y f. Persona que se dedica al estudio de la química.

quimil m. *Méx.* Lío de ropas.

quimioterapia f. Tratamiento de las enfermedades valiéndose de productos químicos.

quimo m. Pasta homogénea formada en el estómago después de la digestión y antes de pasar al intestino.

quimono m. Túnica larga japonesa llevada por mujeres y hombres. || Bata de mujer hecha a su semejanza.

Quimper, c. en el O. de Francia (Bretaña), cap. del dep. de Finistère. Obispado.

quina f. Quino. || Corteza del quino. || Bebida hecha con esta corteza que se usa como febrífugo. || — *Fam. Más malo que la quina,* sumamente malo. | *Tragar quina,* aguantar cosas muy desagradables.

Quinatzin, rey de los chichimecas (México). M. en 1357.

quincalla f. Objeto de metal o conjunto de éstos de poco valor.

quincallería f. Fábrica, tienda o conjunto de quincalla.

quincallero, ra m. y f. Persona que fabrica o vende quincalla.

quince adj. Diez y cinco : *tener quince años* (ú. t. c. s. m.). || Decimoquinto : *Luis Quince.* || *Fam. Dar quince y raya a uno,* sobrepasarle.

quinceañero, ra adj. Dícese de los jóvenes que tienen alrededor de quince años (ú. t. c. s.).

quinceavo, va adj. Dícese de cada una de las partes en que se divide un todo (ú. t. c. s.).

quincena f. Espacio de quince días. || Paga por un trabajo de quince días.

quincenal adj. Que sucede, se hace o sale cada quincena : *un periódico quincenal.* || Que dura una quincena.

Quinceo, volcán en el SO. de México (Michoacán); 3 324 m.

quincuagenario, ria adj. De cincuenta unidades. || Cincuentón, de cincuenta años (ú. t. c. s.).

quincuagésimo, ma adj. Que ocupa el lugar cincuenta. || — M. Cada una de las cincuenta partes iguales en que se divide un todo. || — F. Dominica que precede a la primera de cuaresma.

Quincy, c. y puerto del NE. de los Estados Unidos, al S. de Boston (Massachusetts), en la bahía homónima. — C. en el NE. del centro de Estados Unidos (Illinois).

quincha f. *Amer.* Trama de junco para hacer cercos, armazones, etc.

Quinchao, com. de Chile en la X Región (Los Lagos) ; cap. *Achao.*

Quinchia, mun. al O. de Colombia (Risaralda).

quincho m. *Riopl.* Choza hecha con quincha.

quindiano, na adj. y s. De Quindío (Colombia).

Quindío, páramo de Colombia en la Cord. Central, a 3 485 m. — Nevado de Colombia en la Cord. Central, entre los dep. de Caldas y Tolima ; 5 100 m. — Dep. de Colombia, en la Cord. Central ; cap. *Armenia.* Café.

Quindy, v. del Paraguay, al SE. de la cap. del país.

quingentésimo, ma adj. Dícese de

lo que ocupa el lugar quinientos. || — M. Cada una de las quinientas partes iguales en que se divide un todo.

quingombó m. *Amer.* Planta malvácea.

Quinhon, c. y puerto en el sur del Vietnam.

quiniela f. Boleto para participar en las apuestas de fútbol. || *Arg.* Cierto juego de azar en que se apuesta a la última o últimas cifras del número que saldrá premiado en la lotería. || — Pl. Juego de apuestas que consiste en señalar en un boleto los resultados de una jornada de fútbol ; el que consigue acertar el máximo de partidos se ve premiado con una parte de lo recaudado con la venta de los boletos. (Se hacen también quinielas en las carreras de caballos.)

quinielero, ra m. y f. *Rioplat.* Persona que recibe las apuestas de las quinielas o que organiza éstas.

quinielista adj. y s. Aplícase a la persona que hace quinielas.

quinielístico, ca adj. Relativo a las quinielas.

quinientos, tas adj. Cinco veces ciento (ú. t. c. s.). || Quingentésimo : *el año quinientos.*

quinina f. Alcaloide vegetal, sacado de la corteza de la quina, utilizado en forma de sulfato para combatir la fiebre y el paludismo.

quino m. Árbol americano rubiáceo cuya corteza es la quina. || Zumo de varios vegetales empleado como astringente. || Quina (bebida).

Quino (Joaquín SALVADOR LAVADO, llamado), dibujante satírico argentino, n. en 1932, creador del personaje de *Mafalda.*

quinqué m. Lámpara de petróleo con tubo de cristal.

Quinquela Martín (Benito), pintor argentino (1890-1977). Se inspiró sobre todo en los temas portuarios.

quinquenal adj. Que ocurre cada quinquenio o que dura cinco años.

quinquenio m. Cinco años. || Prima cobrada en el Ejército por cada período de cinco años de servicio.

quinqui m. *Fam.* Vendedor de quincalla. || *Pop.* Malhechor.

quinquina f. Quina.

quinta f. Finca de recreo en el campo. || *Mil.* Reclutamiento. | Reemplazo anual para el ejército : *es de la misma quinta que yo.* || *Mús.* Intervalo de tres tonos y un semitono mayor. || — *Entrar en quintas,* alcanzar la edad del servicio militar. | *Librarse de quintas,* ser rebajado de servicio.

Quinta || ~ *de Tilcoco,* c. del centro de Chile en la VI Región (Libertador General Bernardo O'Higgins) y en la prov. de Cachapoal, cap. de la com. de su n. || ~ *Normal,* com. de Chile en el Área Metropolitana de Santiago.

quintacolumnista adj. y s. Dícese del que pertenece o lo relativo a la quinta columna. (V. COLUMNA.)

quintaesenciar v. t. Refinar, apurar. || Alambicar, quintaesenciar.

quintal m. Peso de cien libras (en Castilla 46 kg). || *Quintal métrico,* peso de cien kilogramos.

Quintana (La Serena,), v. al O. de España (Badajoz). || ~ *Roo,* Estado al S. de México y al E. de Yucatán ; cap. *Chetumal.* Fue, hasta 1974, un territorio federal. Turismo (Cozumel, Cancún).

Quintana (Manuel), jurista y político argentino (1834-1906), pres. de la Rep. de 1904 a 1906. || ~ (MANUEL JOSÉ), poeta lírico y político español, n. en Madrid (1772-1857), autor de *Poesías patrióticas,* de odas, de una tragedia *(Pelayo)* y de la obra histórica *Vidas de españoles célebres.* || ~ *Roo* (ANDRÉS), jurista, escritor y patriota mexicano (1787-1851), firmante del Acta de Independencia en Chilpancingo (1813).

Quintanar || ~ *de la Orden,* v. en el centro de España (Toledo). Lugar donde se desarrolla parte de *El Quijote.* || ~ *de la Sierra,* v. al norte de España (Burgos).

quintanarroense adj. y s. Del Estado de Quintana Roo (México).

Quintero, c. del centro de Chile en la V Región y en la prov. de Valparaíso, cap. de la com. de su n.

Quintero (José Agustín), poeta y

patriota cubano (1829-1885). || ~ (SEBASTIÁN), conquistador español que fundó La Plata (1549), en el Nuevo Reino de Granada. || ~ (SERAFÍN y JOAQUÍN ÁLVAREZ). V. ÁLVAREZ QUINTERO.

quinteto m. Combinación métrica de cinco versos de arte mayor. || Composición musical para cinco voces o instrumentos. || Conjunto musical de cinco músicos o cantantes.

Quintiliano (Marco Fabio), retórico hispanolatino, n. en Calahorra (¿30-100 ?).

quintilla f. Combinación métrica de cinco versos aconsonantados.

quintillizo, za adj. Aplícase a cada uno de los hermanos nacidos de un parto de cinco hijos (ú. t. c. s.).

quintillón m. Quinta potencia del millón (10^{30}).

quinto, ta adj. y s. Que sigue en orden al cuarto o cuatro : *Felipe Quinto.* || — M. Cada una de los cinco partes iguales en que se divide un todo. || Aquel a quien le toca ser soldado, recluta, novato. || Quinta parte de su fortuna que el testador puede dejar a quien desee. || *Chil.* y *Méx.* Moneda de cinco centavos.

Quinto, río del centro de la Argentina (San Luis y Córdoba) ; 402 km.

quintuplicación f. Multiplicación de algo por cinco.

quintuplicar v. t. Multiplicar por cinco (ú. t. c. pr.).

quintuplo, pla adj. Dícese de lo que contiene un número cinco veces exactamente o es cinco veces mayor. U. t. c. s. m. : *veinticinco es el quíntuplo de cinco.*

quinua f. *Amer.* Planta anual quenopodiácea cuyas hojas son parecidas a las espinacas. || Esta hoja.

quinzavo, va adj. Dícese de cada una de las quince partes iguales en que se divide un todo (ú. t. c. s.).

Quiñones (Fernando), escritor español, n. en 1931, autor de poesías y relatos *(Las mil noches de Hortensia Romero, La canción del pirata).* Es un notable flamencólogo. || ~ *de Benavente* (LUIS), escritor español (¿1589 ?-1651), autor de entremeses y pasos teatrales. || ~ *de Molina* (ALFONSO), político salvadoreño (1874-1950), pres. de la Rep. de 1914 a 1915, de 1918 a 1919 y de 1923 a 1927.

Quío, isla griega en el SE. del mar Egeo ; 953 km² ; cap. *Quío.* Vinos.

quiosco m. Pequeño edificio que suele constar de un techo sostenido por columnas y que adorna las azoteas, parques, jardines, etc. : *esta banda tocará la banda en el quiosco.* || Pabellón pequeño donde se suelen vender periódicos, flores, etc.

quiote m. *Méx.* Tallo del maguey.

quipos o **quipus** m. pl. Cuerdas de varios colores con que, haciendo diversos nudos, los indios del Perú consignaban informaciones y hacían sus cálculos.

quiquiriquí m. Canto del gallo.

Quiriguá, centro arqueológico de la cultura maya, en el E. de Guatemala, cerca de la frontera con Honduras.

Quirihue, c. del centro de Chile en la VIII Región (Biobío) y en la prov. de Ñuble, cap. de la com. de su nombre.

Quirinal (MONTE), una de las siete colinas de Roma, al NO.

Quirinal (El), palacio de Roma, comenzado en 1574 y agrandado en diversas ocasiones. Fue residencia veraniega de los papas, en 1870 residencia de la familia real, desde 1948, lo es del presidente de la República Italiana.

Quirino (Elpidio), político filipino (1891-1956), pres. de la Rep. de 1948 a 1953.

Quiriquire, pobl. en el NE. de Venezuela (Monagas). Petróleo.

quirófano m. Sala de operaciones quirúrgicas.

Quiroga, mun. al SO. de México (Michoacán), a orillas del lago de Pátzcuaro.

Quiroga (Carlos Buenaventura), escritor y poeta argentino, n. en 1890. || ~ (ELENA), escritora española, n. en 1919, autora de novelas *(La careta, La sangre, Algo pasa en la calle, La última corrida, Tristura, Viento del Norte, La soledad sonora, Escribo tu* nombre, Presente profundo, etc.). ‖ ~ (HORACIO), escritor uruguayo, n. en Salto (1878-1937), autor principalmente de cuentos cortos (El crimen del otro, Cuentos de la selva, Cuentos de amor, de locura y de muerte, El salvaje, Anaconda, El desierto, Los desterrados, etc.). Publicó también poesías, novelas y obras de teatro. Vivió largo tiempo en la Argentina. Se suicidó. ‖ ~ (JUAN FACUNDO), militar federalista argentino, n. en La Rioja (1793-1835). Sus proezas, descritas por Sarmiento en Facundo, le valieron el apodo de Tigre de los Llanos. M. asesinado. ‖ ~ (RODRIGO), conquistador español (1512-1580). Participó, con Valdivia, en la conquista de Chile y fue gobernador de este país (1575-1580). ‖ ~ (VASCO DE), obispo español (¿1470 ?-1565). Fue oidor de la Real Audiencia de Nueva España (1531) y primer prelado de Michoacán (1537). Protegió a los indios establecidos en su diócesis.

quiromancia f. Adivinación por las rayas de la mano.

quiróptero, ra adj. Dícese de los animales mamíferos adaptados al vuelo, con membranas laterales en forma de alas, como los murciélagos, vampiros, etc. (ú. t. c. s. m.). ‖ — M. pl. Orden que forman.

quirquincho m. Mamífero americano, especie de armadillo.

quirúrgico, ca adj. Relativo a la cirugía : grave operación quirúrgica.

Quiruvilca, distr. al NO. del Perú (La Libertad). Cobre.

quiscal m. Ave de América, de plumaje negro con reflejos metálicos.

Quisco (El), c. del centro de Chile en la V Región (Valparaíso) y en la prov. de San Antonio, cap. de la com. del mismo nombre.

Quispe Tito (Diego), pintor indígena peruano de la escuela cuzqueña del s. XVII.

Quispicacha, cima de los Andes del Ecuador (Cotopaxi), en la Cord. Occidental ; 4 578 m.

Quispicanchi, prov. en el SE. del Perú (Cuzco) ; cap. Urcos.

quisque (cada) adv. Fam. Cada uno, cada cual : a cada quisque lo suyo.

Quisqueya, n. indígena de la isla de Santo Domingo.

quisqueyano, na adj. y s. Dominicano.

quisquilla f. Fam. Pequeñez, menudencia, cosa insignificante. ‖ Dificultad de poca importancia ‖ Camarón, crustáceo comestible. ‖ — Adj. y s. m. Dícese del color de este animal, salmón claro.

quisquilloso, sa adj. y s. Que se para en quisquillas o pequeñeces. ‖ Demasiado susceptible.

quiste m. Vejiga membranosa, de contenido líquido, que se desarrolla en diferentes partes del cuerpo.

quisto, ta p. p. irreg. ant. de querer.

quita f. For. Remisión de una deuda o parte de ella. ‖ De quita y pon, v. QUITAR.

quitación f. Renta. ‖ For. Quita.

quitaesmalte m. Líquido, a base de alcohol amílico y acetona, empleado para disolver el esmalte para uñas.

quitaipón (de). V. QUITAR.

quitamanchas adj. inv. Aplícase a las sustancias químicas que sirven para quitar manchas, especialmente en los tejidos (ú. t. c. s. m.).

quitanda f. Riopl. Puesto ambulante en que se venden dulces, pan, etc.

quitandera f. Riopl. Persona que tiene una quitanda.

quitanieves adj. Dícese del aparato o máquina móvil para quitar la nieve de las carreteras, vías férreas, etc., mediante una especie de reja o una turbina (ú. t. c. s. m.).

quitapesares y **quitapesares** m. inv. Consuelo.

quitapiedras m. inv. Dispositivo que llevan las locomotoras en su parte delantera para quitar las piedras u otros obstáculos que pudieran haber caído en la vía.

quitapón (de). V. QUITAR.

quitar v. t. Separar una cosa de otra : comer la fruta sin quitarle la piel. ‖ Sacar una cosa del lugar en que estaba : quitar los platos de la mesa. ‖ Despojar, desposeer : me han quitado el pasaporte. ‖ Robar : quitar a uno la cartera. ‖ Hacer que desaparezca : quitar una mancha (ú. t. c. pr.). ‖ Impedir, obstar : esto no quita que sea un holgazán. ‖ Restar : quitar de tres. ‖ Privar de algo : el café quita el sueño. ‖ Apartar : quitar a uno la preocupación. ‖ Exceptuar, prescindir : quitando el salón, el resto de la

casa no vale nada. ‖ — De quita y pon, que fácilmente se quita y se pone, amovible. ‖ Fig. y fam. En un quítame allá esas pajas, V. PAJA. ‖ Quitar a uno de encima o de en medio, librarse de él ; matarle. ‖ Fig. y fam. Quitar el hipo a uno, dejarle pasmado. ‖ Quitar la vida, matar ; causar grandes disgustos. ‖ — V. pr. Despojarse de una prenda : quitarse el abrigo. ‖ Apartarse de un sitio o de una cosa : quítate de ahí ; me quité de fumar hace un año. ‖ Evitar : quítate de decir tantas sandeces. ‖ — Quitarse años, rejuvenecerse. ‖ Quitarse de en medio, irse, marcharse. ‖ Quitarse la vida, suicidarse.

quitasol m. Especie de paraguas grande que sirve para protegerse contra el sol.

quite m. Movimiento de esgrima que se hace para evitar un tajo o estocada. ‖ Lance con que el torero libra a otro o a un caballo de la acometida del toro : hacer un quite. ‖ Estar al quite, estar siempre dispuesto a salir en defensa de los que están en peligro.

quiteño, ña adj. y s. De Quito (Ecuador).

Quitilipi, dep. al N. de la Argentina (Chaco).

quitina f. Sustancia orgánica nitrogenada en la cutícula de los insectos y otros animales articulados, en muchos hongos y bacterias.

Quito, cap. de la Rep. del Ecuador y de la prov. de Pichincha, situada en la región NO. del país ; 844 000 h. Arzobispado. Universidad (1787). Fundada en 1534 por Sebastián de Benalcázar con el nombre de San Francisco de Quito. Centro industrial. Comercio.

quitrín m. Cub. Carruaje abierto de dos ruedas y una fila de asientos.

Quivicán, mun. al O. de Cuba (La Habana).

Quixadá, c. al N. de Brasil (Ceará).

quiya m. Rioplat. Mamífero roedor bastante parecido al carpincho.

quizá o **quizás** adv. Indica la posibilidad de una cosa : quizá vaya.

Qum o **Qom,** c. de Irán, al sur de Teherán. Centro de peregrinación.

quórum m. Número de miembros presentes requerido para que sea válida una votación en una asamblea.

Quyquyhó, pobl. en el S. del Paraguay (Paraguarí). Fundada en el año 1776.

Vista parcial de una **refinería.**

r f. Vigésima letra del alfabeto castellano y decimoséptima de sus consonantes. || — **R,** símbolo del *roentgen* o *röntgen.*
Ra, símbolo químico del *radio.*
Ra o **Re,** dios del Sol en la mitología egipcia.
Raab. V. GYÖR.
rabadilla f. Extremidad inferior de la columna vertebral. || En las aves, extremidad movible en donde están las plumas de la cola. || Parte de la carne de vaca en las ancas.
rábano m. Planta crucífera, de raíz carnosa comestible. || Esta raíz. || — *Fig. Importar un rábano,* importar muy poco. | *Tomar el rábano por las hojas,* interpretar torcidamente una cosa.
Rabasa (Emilio), escritor y jurista mexicano (1856-1930), autor de novelas costumbristas (*La bola, Moneda falsa,* etc.). Utilizó el seudónimo de *Sancho Polo.*
rabassa f. (pal. cat.). Parte del tronco del árbol cubierta por la tierra. || *A rabassa morta,* uso foral existente en Cataluña por el que el propietario de un terreno lo cede a un arrendatario para que lo siembre de viña y lo disfrute mientras vivan las primeras cepas.
rabassaire m. (pal. cat.). En Cataluña, el que cultiva un trozo de tierra " a rabassa morta ".
Rabat, cap. de Marruecos y de la prov. homónima, puerto a orillas del Atlántico, al O. del país ; 600 000 hab. Arzobispado. Universidad.
Rabaul, c. y puerto de Papuasia-Nueva Guinea, en el NE. de la isla de Nueva Bretaña. Obispado. Comercio.
rabel m. Instrumento músico de cuerdas.
Rabelais [-lé] (François), religioso benedictino, médico y escritor humanista del Renacimiento francés (¿ 1494 ?-1533), autor de *Gargantúa* y *Pantagruel.*
rabí m. Rabino.
rabia f. Enfermedad infecciosa que se transmite al hombre por mordedura de algunos animales, y caracterizada por fenómenos de excitación, luego por parálisis y muerte. || *Fig. Ira, cólera, furia : decir algo con rabia.* | Enojo, enfado : *le da rabia trabajar.* | *Fig. y fam. Tenerle rabia a uno,* tenerle odio o aversión.
rabiar v. i. Padecer rabia : *el perro rabió.* || *Fig.* Enojarse, encolerizarse : *está que rabia.* | Sufrir intensamente : *está rabiando de dolor.* | Desear mucho : *el niño rabiaba por ir al cine.* || — *Fig. A rabiar,* mucho : *me gusta a rabiar.* | *Estar a rabiar con uno,* estar muy enojado con él.
rabiche f. *Cub.* y *Méx.* Ave de la familia de los colúmbidos.
Rábida (*La*), monasterio franciscano en Palos de la Frontera (Huelva)

[España], donde residió Colón (1486). Está decorado con frescos de Daniel Vázquez Díaz (1927-1930).
rabieta f. *Fam.* Berrinche.
rabietas m. y f. inv. Colérico.
rabillo m. Pecíolo de las hojas de las plantas. || Pedúnculo de las frutas. || Ángulo : *mirar con el rabillo del ojo.*
Rabinal, mun. en el centro de Guatemala (Baja Verapaz).
Rabinal Achí, drama musical con danzas rituales de los quichés, compuesto por Bartolo Zig después de la conquista española. Fue publicado por primera vez en 1862.
Rabindranath Tagore. V. TAGORE.
rabinismo m. Doctrina que siguen y enseñan los rabinos.
rabino m. Doctor de la ley judía. || Jefe espiritual de una comunidad israelita. || *Fig. y fam.* Sabihondo.
rabioso, sa adj. Que padece rabia : *perro rabioso.* || *Fig.* Muy enojado, furioso (ú. t. c. s.) : *estoy rabioso contigo.* | Vehemente, excesivo, violento : *ganas rabiosas de irse.* | Chillón : *verde rabioso.* || *Fam.* Muy picante.
rabo m. Cola de un animal : *el rabo del lobo.* || Rabillo, pecíolo o pedúnculo : *el rabo de una hoja, de un fruto.* || Ángulo, rabillo : *el rabo del ojo.* || *Fig.* Cosa que cuelga. || — *Fig. Faltar aún el rabo por desollar,* quedar todavía lo más difícil por hacer. | *Irse* (o *salir*) *con el rabo entre piernas,* irse avergonzado, sin haber conseguido lo que se quería.
rabón, ona adj. *Méx.* Mezquino.
rabona f. *Amer.* Mujer que suele acompañar a los soldados en las marchas y en campaña. || *Fam. Hacer rabona,* hacer novillos.
raca f. Racamenta.
racamenta f. y **racamento** m. *Mar.* Anillo que sujeta las vergas a sus palos o mástiles.
rácana com. Rácano.
racanear v. i. *Fam.* Holgazanear.
rácano, na adj. Dícese de la persona muy desconfiada (ú. t. c. s.). || Aplícase a la persona poco clara (ú. t. c. s.). || Agarrado, tacaño (ú. t. c. s.).
racial adj. Relativo a la raza.
racimo m. Conjunto de frutos unidos a un mismo tallo como en las uvas, la grosella, los plátanos, los dátiles, etc. || Inflorescencia en que las flores están insertadas por pedúnculos sobre un eje común. || *Fig.* Conjunto de cosas o personas apelotonadas : *un racimo de lindas muchachas.*
Racine, c. y puerto en el N. de Estados Unidos (Wisconsin).
Racine (Jean), poeta dramático francés, n. en La Ferté-Milon (Aisne) [1639-1699]. Escribió, tomando como modelo a los clásicos grecolatinos, tragedias de gran patetismo en la acción (*Andrómaca, Británico, Berenice, Bayaceto, Mitrídates, Ifigenia,*

Fedra, Ester y Atalía) y la comedia *Los litigantes,* sátira de la jurisprudencia.
raciocinación f. Razonamiento.
raciocinar v. i. Razonar, reflexionar.
raciocinio m. Facultad de razonar o raciocinar. || Razonamiento, reflexión.
ración f. Porción de alimento que se reparte a cada persona : *una ración de cocido.* || Cantidad de una cosa que se vende a cierto precio : *comprar una ración de calamares.*
racional adj. Dotado de razón : *seres racionales* (ú. t. c. s.). || Conforme con la razón : *método racional.* || No empírico, que se deduce por medio de razonamiento : *mecánica racional.* || Aplícase a las expresiones algebraicas que no contienen cantidades irracionales.
racionalidad f. Condición, carácter de racional.
racionalismo m. Carácter de lo que se fundamenta sólo en la razón. || *Fil.* Doctrina fundada en la razón y no en la revelación. | Sistema no basado en el empirismo sino sólo en la razón. | Doctrina religiosa según la cual las verdades de la fe tienen que estar justificadas por la reflexión personal.
racionalista adj. y s. Relativo al racionalismo. || Partidario de él (ú. t. c. s.) : *filósofo racionalista.*
racionalización f. Acción y efecto de racionalizar. || Organización sistemática del trabajo para obtener un mejor rendimiento.
racionalizador, ra adj. Que racionaliza.
racionalizar v. t. Organizar de una manera razonable y según los cálculos apropiados. || Volver más eficaz y menos costoso un proceso de producción.
racionamiento m. Distribución de cantidades limitadas de bienes que escasean por varias razones : *racionamiento en tiempo de guerra.*
racionar v. t. Someter a racionamiento : *racionar el pan.*
racismo m. Teoría que sostiene la superioridad de ciertos grupos raciales frente a los demás.
racista adj. Del racismo. || Partidario de esta teoría (ú. t. c. s.).
racor m. Pieza metálica que sirve para empalmar dos tubos.
Rach Gia, c. y puerto del Sur del Vietnam.
racha f. *Mar.* Ráfaga : *racha de aire.* || *Fig.* Serie : *una racha de triunfos.* || *Fig. y fam.* Período breve en que sólo ocurren cosas buenas o al contrario

R

QU

539

acontecimientos malos : *tener buena o mala racha.*

racheado, da adj. Dícese del viento que sopla por ráfagas.

Rachid. V. ROSETA.

Rachmáninov (Serghei Vasílievich), pianista y compositor ruso (1873-1943), autor de óperas, tres sinfonías, poemas sinfónicos, cinco conciertos para piano, y numerosas melodías.

rachón m. Empujón violento.

rad, símbolo del *radián.*

rada f. Ensenada.

radar m. Dispositivo para detectar aviones, buques, costas, cualquier clase de obstáculos, por medio de ondas radioeléctricas.

— El *radar* es la abreviatura de la expresión inglesa *Radio Detection And Ranging,* o sea detección y telemetría por radio. En este sistema, las ondas hertzianas muy cortas emitidas se reflejan en el obstáculo y vuelven a un receptor en un tiempo que determina la distancia.

radarista adj. Especialista en radares (ú. t. c. s.).

Radcliffe (Anne WARD, Mrs.), escritora inglesa (1764-1823), autora de novelas de misterio.

radiación f. *Fís.* Emisión de ondas, rayos o partículas. | Elemento de una onda luminosa o electromagnética.

radiactivación f. Formación de un radioelemento por irradiación de un núcleo no radiactivo.

radiactividad f. Desintegración espontánea de un núcleo del átomo con emisión de partículas o de radiaciones electromagnéticas.

radiactivo, va adj. *Fís.* Que tiene radiactividad.

radiado, da adj. Compuesto de rayos divergentes. || Dispuesto en forma de rayos. || Difundido por radio : *noticia radiada.* || — M. pl. Animales invertebrados de cuerpo dispuesto en forma de radios alrededor de un centro, como la estrellamar, la medusa, el pólipo, etc. (ú. t. c. adj.).

radiador m. Aparato de calefacción que consta de varios elementos huecos por los que circula agua o aceite caliente, vapor, etc. || *Mec.* Dispositivo para refrigerar el agua en un motor de explosión.

radial adj. *Astr.* Aplícase a la dirección del rayo visual : *movimiento, velocidad radial.* || *Geom.* Relativo al radio : *línea radial.* || Perteneciente o relativo al radio : *nervio radial.*

radián m. *Geom.* Unidad angular que corresponde a un arco de longitud igual al radio.

radiante adj. *Fís.* Que calor : *calor radiante.* || *Fig.* Resplandeciente. | Que denota buena salud, satisfacción : *rostro radiante.* || *Radiante de alegría,* rebosante de gozo, de dicha.

radiar v. t. Irradiar (ú. t. c. i.). | Difundir o emitir por radio : *radiar noticias, música.* || *Med.* Tratar una lesión por medio de los rayos X. | *Amer.* Expulsar, echar de un lugar. || — V. i. *Fís.* Despedir rayos luminosos o térmicos. | Emitir radiaciones.

radicación f. Arraigamiento. || *Fig.* Establecimiento. || *Mat.* Extracción de raíces.

radical adj. Relativo a la raíz : *tubérculo, hoja, tallo radical.* || *Fig.* Fundamental, básico : *nulidad radical de un documento.* | Muy eficaz : *emplear un medio radical.* | Total, absoluto : *curación radical.* || Intransigente. || En política, partidario de reformas democráticas avanzadas (ú. t. c. s.) : *el partido radical.* || — M. *Gram.* Parte de una palabra que, contrariamente a la desinencia, queda invariable : *radical del verbo comer* es COM. || *Mat.* Signo (√) con que se indica la operación de extraer raíces. || *Quím.* Átomo o grupo de átomos que sirve de base para la formación de combinaciones.

radicalismo m. Calidad de radical. || Actitud radical. || Principios o doctrinas partidarias de los radicales.

radicalización f. Acción y efecto de radicalizar.

radicalizar v. t. Volver radical. Ú. t. c. pr. : *las posturas se radicalizaron.*

radicando m. *Mat.* Número del cual se ha de extraer la raíz.

radicar v. i. Arraigar (ú. t. c. pr.). || Estar situado de modo fijo : *¿dónde*

radica este pueblo ? || *Fig.* Estribar, residir, consistir en : *la dificultad radica en esto.* || — V. pr. Establecerse, instalarse : *decidí al fin radicarme en la ciudad de Rosario.*

Radiguet (Raymond), escritor francés (1903-1923), autor de los relatos *El diablo en el cuerpo* y *El baile del conde de Orgel.*

radio m. Recta tirada desde el centro del círculo a la circunferencia o desde el centro de la esfera a su superficie. || Cada una de las piezas que unen el cubo de la rueda con la llanta. || Hueso contiguo al cúbito, con el cual forma el antebrazo. || Metal (Ra), de número atómico 88, de gran poder radiactivo, descubierto en 1898 por Pierre y Marie Curie y G. Bémont. || Apócope de radiotelegrafista, radiotelefonista y radionavegante. || Apócope de radiograma y radiotelegrama. || *Amer.* Apócope de radiorreceptor. || — *En un radio de cien kilómetros, a* cien kilómetros a la redonda. || *Radio de acción,* distancia máxima a la cual puede alejarse un avión, barco u otro vehículo sin aprovisionarse en combustible y conservando lo necesario para volver a su punto de partida ; (fig.) esfera de actividad, zona de influencia. || — F. Aparato radiorreceptor : *tener una radio muy antigua.* || Apócope de radioemisora, radiografía, radiotelegrafía, radiotelefonía y radiodifusión.

radioaficionado, da m. y f. Persona que comunica con otra u otras por medio de una emisora de radio privada.

radiocarbono m. Denominación común del carbono 14.

radiocasete f. Aparato formado por una radio asociada a un lector de casetes.

radiocobalto m. Isótopo radiactivo del cobalto.

radiocomunicación f. Transmisión radioeléctrica de imágenes, textos, signos y sonidos. || Comunicación mediante ondas electromagnéticas.

radiodetección f. Detección por medio de las radiaciones.

radiodetector m. Detector.

radiodiagnosis f. o **radiodiagnóstico** m. Diagnóstico que se hace con la radioscopia o la radiografía.

radiodifundir v. t. Emitir por medio de la radio.

radiodifusión m. Transmisión por ondas hertzianas de música, noticias, reportajes y otros programas destinados al público. || *Estación de radiodifusión,* emisora.

radiodifusor, ra adj. Que emite por radio : *estación radiodifusora.*

radiodirigir v. t. Dirigir por medio de ondas radioeléctricas.

radiodistribución f. Distribución por medio de cables de programas de radiodifusión.

radioelectricidad f. Técnica de la transmisión a distancia de sonidos e imágenes por medio de ondas electromagnéticas.

radioeléctrico, ca adj. Relativo a la radioelectricidad.

radioemisora f. Emisora radiofónica.

radioescucha com. Radioyente.

radiofonía f. Radiotelefonía.

radiofónico, ca adj. Relativo a la radiotelefonía : *emisión radiofónica.*

radiofrecuencia f. Frecuencia utilizada para las ondas radiofónicas, y superior a 10 000 ciclos por segundo.

radiogoniometría f. Método que permite localizar la dirección y posición de un aparato emisor de radio. || Método de navegación que utiliza el radiogoniómetro.

radiogoniómetro m. Aparato que permite a un barco o avión determinar su posición por medio de las ondas radioeléctricas.

radiografía f. Fotografía interna del cuerpo por medio de los rayos X. || Cliché así obtenido : *el médico miraba con una preocupación evidente la radiografía de mis pulmones.*

radiografiar v. t. Fotografiar por medio de los rayos X : *le tuvieron que radiografiar los pulmones.*

radiograma m. Despacho transmitido por radiotelegrafía.

radioguiar v. t. Radiodirigir.

radioisótopo m. *Fig.* Isótopo radiactivo de un elemento natural.

radiolarios adj. Dícese de los protozoos marinos provistos de un esqueleto silíceo con seudópodos filiformes y radiantes (ú. t. c. s. m.). || — M. pl. Clase que forman.

radiolocalización f. Determinación de la posición de un obstáculo mediante ondas electromagnéticas reflejadas por el mismo.

radiolocalizar v. t. Localizar por medio de la radiolocalización.

radiología m. Empleo terapéutico de los rayos X.

radiológico, ca adj. Relativo a la radiología.

radiólogo, ga m. y f. Especialista en radiología.

radiomando m. Mando a distancia por medio de ondas electromagnéticas.

radiomensaje m. Mensaje radiado.

radiómetro m. Aparato usado para medir la energía de una radiación.

radionavegación f. Navegación que utiliza las propiedades de las ondas radioeléctricas para la dirección y detección de barcos y aviones.

radionavegante com. Persona que se encarga de mantener los contactos por radio en un barco o avión.

radionovela f. Novela radiada.

radiorreceptor m. Aparato receptor de las ondas del radiotransmisor.

radioscopia f. Examen de un objeto o de un órgano del ser humano por medio de la imagen que proyectan en una pantalla fluorescente al ser atravesados por los rayos X.

radioscópico, ca adj. Relativo a la radioscopia.

radioseñalización f. Señalización de la ruta de los barcos y aviones por radio.

radiosonda f. Conjunto de aparatos registradores automáticos que transmiten desde de un globo informaciones meteorológicas por medios radioeléctricos.

radiosondeo m. Exploración de la atmósfera por radiosonda.

radiotaxi m. Taxi que tiene un enlace telefónico de onda corta.

radiotelefonía f. Telefonía sin hilos.

radiotelefónico, ca adj. Relativo a la radiotelefonía.

radiotelefonista com. Persona que trabaja en radiotelefonía.

radioteléfono m. Teléfono de un vehículo que funciona con ondas radiofónicas.

radiotelegrafía f. Telegrafía sin hilos.

radiotelegrafiar v. t. Enviar un despacho por vía radiotelegráfica.

radiotelegráfico, ca adj. Relativo a la radiotelegrafía.

radiotelegrafista com. Persona que se ocupa del funcionamiento de los aparatos radiotelegráficos.

radiotelegrama m. Telegrama que se transmite por radio.

radiotelevisado, da adj. Que es transmitido por radio y televisión.

radiotelevisar v. t. Transmitir por radio y televisión.

radiotelevisión f. La radio y la televisión.

radioterapia f. Empleo, utilización de los rayos X. || Tratamiento por radiaciones.

radiotransmisión f. Transmisión o difusión por radio.

radiotransmisor m. Transmisor de radiotelegrafía o telefonía sin hilos.

radiotransmitir v. t. Transmitir por radio.

radioyente adj. Que escucha las emisiones de radio (ú. t. c. s.).

radium m. *Quím.* Radio, metal.

Radjputana, región del NO. de la India en el Estado de Rayastán.

Radom, c. de Polonia, al N. de Kielce y al S. de Varsovia. Metalurgia.

radón m. Elemento químico (Rn) radiactivo, de número atómico 86.

raedera f. Utensilio para raer.

raedor, ra adj. Que rae (ú. t. c. s.). || — M. Rasero.

raedura f. Acción de raer. || Parte raída.

raer v. t. Raspar, arrancar lo adherido a la superficie de una cosa con un instrumento áspero o cortante.

R. A. F. (abrev. de las pal. inglesas

Royal Air Force), aviación militar de Gran Bretaña.

Rafael *(San),* arcángel que acompañó a Tobías al país de los medos. Fiesta el 24 de octubre.

Rafael (Rafael SANZIO, llamado), pintor, arquitecto y arqueólogo renacentista italiano, n. en Urbino (1483-1520). Autor de innumerables obras maestras *(La Sagrada Familia, La Bella Jardinera, San Miguel derribando al demonio, La Fornarina, El Pasmo de Sicilia, La Escuela de Atenas),* de los frescos de las *Cámaras* y de las *Logias* del Vaticano, etc.

Rafaèla, c. en el nordeste de la Argentina (Santa Fe). Obispado.

Rafaela Porras *(Santa),* religiosa española (1850-1925). Fundó la Congregación de las Esclavas del Sagrado Corazón. Canonizada en 1977.

rafaelesco, ca adj. Relativo al pintor Rafael. ‖ Que recuerda lo pintado por este maestro.

Rafael Freire, mun. de Cuba (Holguín). Debe su nombre a la memoria de un héroe de la Revolución Cubana (1959).

ráfaga f. Movimiento violento y rápido del aire : *una ráfaga de aire.* ‖ Golpe de luz vivo y de poca duración. ‖ Serie de disparos sucesivos y rápidos de un arma automática.

rafia f. Palmera de África y América que produce una fibra muy resistente y flexible. ‖ Esta fibra.

Ráfols (Beata María), religiosa española (1781-1853), fundadora de las Hermanas de la Caridad de Santa Ana.

raglán m. Gabán de hombre con esclavina. ‖ *Manga raglán,* la que arranca del cuello y no tiene costura en el hombro.

ragout (pal. fr.) y **ragú** m. Especie de estofado de carne con patatas, zanahorias y otras verduras.

Ragusa, c. de Italia, en el SE. de Sicilia. Obispado. Refinería de petróleo. — V. DUBROVNIK.

raid [reed] m. (pal. ingl.). Incursión rápida en terreno enemigo. ‖ Vuelo a larga distancia.

raido, da adj. Muy gastado por el uso : *abrigo raído.*

raigambre f. Conjunto de raíces generalmente entrecruzadas. ‖ *Fig.* Conjunto de antecedentes, tradición, hábitos o afectos, etc., que vinculan una cosa a otra.

rail o **rail** m. Riel, carril.

Raimondi (Antonio), naturalista y geógrafo italiano (1826-1890), explorador del Perú (Chavín de Huántar).

Raimundo ‖ ~ *(San),* monje cisterciense español, abad de Fitero (1090-1163). Fundador de la orden de Calatrava (1158). Fiesta el 30 de abril. ‖ ~ de Peñafort *(San),* religioso dominico español (¿1180 ?-1275), uno de los fundadores de la orden de la Merced (1218). Fiesta el 23 de enero. ‖ **Lulio.** V. LULIO.

Rainiero (MONTE), volcán en el NO. de Estados Unidos, cima más elevada de la Cord. de las Cascadas (Washington) : 4 391 m. Parque nacional.

Rainiero III, príncipe reinante en Mónaco desde 1949, n. en 1923.

Raipur, c. en el norte de la India (Madhya Pradesh).

rais m. Título del presidente de la República de Egipto.

raíz f. Parte de los vegetales que está en la tierra, de donde saca las sustancias nutritivas : *las raíces de un árbol.* ‖ Parte de un órgano animal implantado en un tejido : *la raíz de un diente, de un pelo.* ‖ *Fig.* Origen, principio : *la raíz de un mal.* ‖ *Gram.* Elemento de una palabra a partir del cual se derivan todas las que son de la misma familia : CANT es la raíz de *cantar, cantante,* etc. ‖ *Mat.* Cada uno de los valores que puede tener la incógnita de una ecuación. ‖ *Med.* Prolongación profunda de ciertos tumores : *la raíz en lo lobanillo.* ‖ — *A raíz de,* inmediatamente después de. ‖ *Fig. Arrancar o cortar de raíz,* eliminar del todo. ‖ *De raíz,* completamente. ‖ *Fig. Echar raíces,* fijarse, instalarse para mucho tiempo en un lugar. ‖ *Mat. Raíz cuadrada,* cantidad que se ha de multiplicar por sí misma una vez para obtener un número determinado. ‖ *Raíz cúbica,* cantidad

que se ha de multiplicar por sí misma dos veces para obtener un número determinado. ‖ *Fig. Tener raíces,* estar arraigado.

raja f. Porción de poco espesor cortada a lo largo de un melón, sandía, salchichón, etc. ‖ Hendidura que se hace en una cosa. ‖ Grieta.

rajá m. Antiguo soberano de la India : *el rajá de Kapurtala.*

rajado, da adj. y s. *Fam.* Cobarde. ‖ Que no cumple la palabra dada.

rajadura f. Hendidura.

Rajahmundry, c. en el S. de la India (Andhra Pradesh). Importante central hidroeléctrica.

rajar v. t. Partir en rajas : *rajó la sandía.* ‖ Hender, partir, abrir : *rajar un mueble* (ú. t. c. pr.). ‖ *Amer.* Hablar mal de alguien. ‖ Expulsar, echar de algún lugar. ‖ — V. i. *Fig. y fam.* Jactarse, presumir de valiente. ‖ Hablar mucho. ‖ Refunfuñar. ‖ — V. pr. *Fig. y fam.* Retractarse, desistir de una cosa por acobardamiento. ‖ *Amer.* Huir, escapar. ‖ Despilfarrar el dinero.

Rajastán. V. RAYASTÁN.

rajatabla (a) adv. De un modo absoluto.

Rajkot, c. en el NO. de la India (Gujerate). Industrias.

ralea f. *Despect.* Especie, categoría : *gente de la misma ralea.* ‖ Raza, estirpe, casta : *persona de baja ralea.*

Raleigh [rali], c. en el NE. de Estados Unidos, cap. de Carolina del Norte. Obispado. Universidad. Industrias.

Raleigh [rali] (Sir Walter), navegante, poeta y político inglés (1552-1618), favorito de la reina Isabel I. Fundó la colonia de Virginia (1585) en América del Norte y dirigió una expedición al Orinoco (1616). M. ejecutado.

ralentí m. *Cin.* Proyección más lenta con el rodaje, cámara lenta : *escena al ralentí.* ‖ *Mec.* La menor velocidad a que puede funcionar un motor de automóvil en régimen de gases.

ralo, la adj. Poco espeso : *pelo ralo.* ‖ Muy separado : *dientes ralos.*

rallado, da adj. Desmenuzado, pulverizado. ‖ — M. Acción de rallar.

rallador m. Utensilio de cocina para desmenuzar pan, queso, etc.

ralladura f. Surco que deja el rallador en una cosa. ‖ Trozo desmenuzado que resulta de una cosa rallada.

rallar v. t. Desmenuzar una cosa restregándola con el rallador.

rally [rali] m. (pal. ingl.). Competición deportiva en la cual los participantes, a pie o motorizados, deben reunirse en un sitio determinado después de realizar varias pruebas.

rama f. Cada una de las partes nacidas del tronco o tallo principal de la planta. ‖ *Fig.* Cada una de las familias procedentes de un mismo tronco. ‖ Cada una de las subdivisiones de una cosa : *este camino se divide en dos ramas* ; *las diferentes ramas del saber.* ‖ *Geom.* Parte de una curva que se aleja hasta el infinito. ‖ *Fig. y fam. Andarse por las ramas,* desviarse del tema de que se trata. ‖ *En rama,* dícese de ciertas materias no manufacturadas : *algodón en rama* ; aplícase a los ejemplares de una obra impresa que están todavía sin encuadernar.

Rama, mun. de E. de Nicaragua (Zelaya).

Rama. V. ARIMATEA.

Rama, séptima encarnación del dios Visnú en la mitología india y héroe del Ramayana.

Ramada, sierra en el NO. de la Argentina (Jujuy) ; 5 500 m. — Pobl. en el NO. de la Argentina (Tucumán).

ramadán m. Noveno mes del año lunar musulmán, consagrado al ayuno desde el alba hasta el anochecer.

ramal m. Cada uno de los cabos de que se compone una cuerda, cable o trenza. ‖ Cada uno de los tramos de una escalera con caras que concurren en el mismo rellano. ‖ Cada una de las subdivisiones de una cosa : *los ramales de un camino* ; *los ramales de una cordillera.*

ramalazo m. Golpe dado con un ramal o ronzal y huella que deja. ‖ *Fig.* Ataque pasajero : *ramalazo de loco.*

Ramallo, pobl. en el E. de la Argentina (Buenos Aires). Puerto fluvial en el Paraná. Central eléctrica.

Ramat Gan, c. de Israel, cerca de Tel Aviv. Universidad.

Ramayana, n. genérico de las epopeyas sagradas de la India cuyo héroe es el dios Rama. Una de las más conocidas es la compuesta en sánscrito por Valmiki (s. v a. de J. C.).

rambla f. Barranco, cauce natural de aguas pluviales. ‖ En algunas poblaciones, paseo principal : *las Ramblas de Barcelona.*

Rambouillet [-bullé], c. de Francia, al SO. de París (Yvelines). Palacio.

rameado, da adj. Aplícase al tejido, papel, etc., con ramos y flores.

Rameau [-mó] (Jean-Philippe), músico francés (1683-1764), autor de óperas (*Les Indes galantes, Cástor y Pólux,* etc.) y cantatas.

ramera f. Prostituta.

ramificación f. División de una planta en ramas. ‖ Bifurcación de las arterias, venas o nervios. ‖ *Fig.* Consecuencia derivada de algún hecho. ‖ Subdivisión : *las ramificaciones de una ciencia.*

ramificarse v. pr. Dividirse en ramas. ‖ *Fig.* Subdividirse.

ramillete m. Conjunto de flores o hierbas olorosas : *un ramillete de claveles.* ‖ *Fig.* Colección de cosas selectas : *ramillete de máximas.* ‖ Grupo, reunión : *ramillete de muchachas.*

Ramírez (Alejandro), funcionario español (1777-1821). Intendente en Cuba, fundó la Escuela de Bellas Artes y el Jardín Botánico. ‖ ~ (FRANCISCO), caudillo federal argentino (1786-1821), gobernador de Entre Ríos. ‖ ~ (IGNACIO), político, escritor y poeta mexicano (1818-1879). Usó el seudónimo de *El Nigromante.* ‖ ~ (JOAQUÍN), pintor barroco mexicano (1834-1866). ‖ ~ (JOSÉ AGUSTÍN). V. JOSÉ AGUSTÍN. ‖ ~ (JOSÉ MANUEL), arquitecto guatemalteco del s. XVIII, autor del estilo barroco de la Universidad de Antigua. ‖ ~ (NORBERTO), político nicaragüense, n. en 1856. Fue pres. de El Salvador (1840-41) y de Nicaragua (1849-1851). ‖ ~ (PEDRO), pintor barroco mexicano del s. XVII. ‖ ~ (PEDRO PABLO), militar y político argentino (1884-1962), pres. de la Rep. (1943-44). ‖ ~ (RAFAEL), educador mexicano (1885-1959), promotor de la escuela rural. ‖ ~ (SERGIO), escritor y político nicaragüense, n. en 1942, autor de un ensayo sobre Sandino y de la novela *¿Te dio miedo la sangre ?* ‖ ~ **de Fuenleal** (SEBASTIÁN), obispo español, m. en 1547. Fue presidente de la Audiencia de Nueva España (1532-1535). ‖ ~ **Vázquez** (PEDRO), arquitecto y escultor mexicano, n. en 1919, autor, en la capital, de la Nueva Basílica de Nuestra Señora de Guadalupe y del Museo Nacional de Antropología.

Ramiro ‖ ~ **I** (1010-1063), primer rey de Aragón desde 1035, hijo de Sancho el Mayor, rey de Navarra. ‖ ~ **II** el Monje (¿1085 ?-1157), rey de Aragón, sucesor de su hermano Alfonso I en 1134, abdicó en favor de su yerno Ramón Berenguer IV, conde de Barcelona (1137).

Ramiro ‖ ~ **I** (¿791 ?-850), rey de Asturias y León desde 842. La leyenda le atribuye la victoria de Clavijo con la ayuda del apóstol Santiago. ‖ ~ **II** (¿900 ?-951), rey de León en 931, vencedor de Abderramán III en Simancas (939), Osma y Talavera (950), y conquistador de Madrid. ‖ ~ **III** (961-985), rey de León desde 965.

Ramis, río en el SE. de la India (Puno), formado al unirse el Azángaro, el Pucará y el Huancané. Des. en el lago de Titicaca. Recibe tb. el n. de Ayaviri.

ramnáceo, a adj. y s. f. Aplícase a las plantas dicotiledóneas, como el cambrón y la aladierna. ‖ — F. pl. Familia que forman.

ramo m. Rama pequeña. ‖ Ramillete de flores : *ramo de gladiolos.* ‖ Manojo de hierbas. ‖ Ristra. ‖ *Fig.* Cada una de las subdivisiones de una cosa principal : *ramo del saber.* ‖ Enfermedad incipiente o poco determinada : *un ramo de locura.*

Ramón Berenguer ‖ ~ **I** (¿1024 ?-1076), conde de Barcelona desde 1035. Hizo redactar el código de los *Usatges.* ‖ ~ **II** (¿1053 ?-1082), conde de Barcelona desde 1076. Llamado Cap d'Estopa. ‖ ~ **III** el Grande (¿1082 ?-

1131), conde de Barcelona desde 1096. Conquistó Mallorca en 1114. || ~ **IV** (¿1115 ?-1162), conde de Barcelona desde 1131 y príncipe de Aragón desde 1137. Reunió Aragón y Cataluña.

Ramón Borrell, conde de Barcelona de 992 a 1018. Saqueó la ciudad de Córdoba (1010).

Ramón Castilla, mun. al E. de Perú (Loreto). Puerto fluvial.

Ramón Nonato (San), monje mercedario español (1200-1240). Fiesta el 31 de agosto.

Ramón Santana, com. en el SE. de la Rep. Dominicana (San Pedro de Macorís).

Ramón y Cajal (Santiago), médico y biólogo español, n. en Petilla de Aragón (Navarra) [1852-1934]. Realizó notables estudios de histología plasmados en su obra *El sistema nervioso de los vertebrados*. Publicó también libros de máximas y reflexiones, así como unas memorias (*Recuerdos de mi vida*). [Pr. Nobel de Medicina en 1906.]

Ramos, mun. de México (San Luis Potosí); cap. *Villa de Ramos*. Minas.

Ramos (Graciliano), escritor brasileño (1892-1953), autor de novelas (*San Bernardo, Angustia, Memorias de la cárcel, Viaje*). || ~ (JOSÉ ANTONIO), escritor cubano (1885-1946), autor de obras de teatro, novelas y ensayos. || ~ (SAMUEL), filósofo y escritor mexicano (1897-1959). || ~ **Carrión** (MIGUEL), escritor español (1845-1915), autor de obras de teatro y de libretos de zarzuelas (*La tempestad, Agua, azucarillos y aguardiente*). || ~ **Jiménez** (LEOPOLDO), escritor paraguayo, n. en 1896, autor de poemas modernistas. || ~ **Martínez** (ALFREDO), pintor mexicano (1875-1946). || ~ **Mejía** (FRANCISCO), sociólogo e historiador argentino (1847-1893). — Su hermano JOSÉ MARÍA (1849-1914) fue también sociólogo. || ~ **Millán** (GABRIEL), abogado y político mexicano (1903-1949). Creador de la Comisión Nacional del Maíz. || ~ **Sucre** (JOSÉ ANTONIO), poeta venezolano (1890-1930). Se suicidó.

rampa f. Terreno en declive : *subir por la rampa*. || Superficie inclinada. | *Rampa de lanzamiento*, plano inclinado para el lanzamiento de aviones, proyectiles o cohetes de propulsión.

ramplón, ona adj. *Fig.* Vulgar, chabacano : *un tío ramplón*. || Ordinario, falto de originalidad.

ramplonería f. Condición de ramplón, vulgaridad. || Cosa ramplona.

Rampur, c. en el N. de la India (Uttar Pradesh). Industrias.

Ramsay (Sir William), químico inglés (1852-1916), descubridor del helio y del argón. (Pr. Nobel, 1904.)

Ramsés | ~ **I**, rey de Egipto (¿1314 ?-1312 a. de J. C.), fundador de la 19ª dinastía. || ~ **II** Meyamún, sucesor de su padre Seti I, reinó de 1298 a 1235 aprox. a. de J. C. Combatió contra Siria y luego se alió con los hititas. || ~ **III**, faraón de Egipto de 1198 a 1166 a. de J. C.

Ramsgate, c. del SE. de Gran Bretaña en Inglaterra (Kent), en las isdes del Támesis. Balneario.

rana f. Batracio saltador, de piel verdosa, perteneciente al orden de los anuros y que vive cerca de las aguas estancadas. || Juego que consiste en arrojar una moneda o un tejo por la boca abierta de una rana de hierro. || — *Fig.* y fam. *Cuando las ranas críen o tengan pelos*, nunca. | *Salir rana*, no salir bien, fracasar.

Rancagua, c. del centro de Chile, cap. de la VI Región (Libertador General Bernardo O'Higgins), de la prov. de Cachapoal y de la com. del mismo n. Comercio. Obispado. Heroica resistencia de O'Higgins a los realistas (1814).

rancagüino, na adj. y s. De Rancagua (Chile).

ranciar v. t. Volver rancio (ú. t. c. pr.).

ranciedad f. Calidad de rancio.

rancio, cia adj. Aplícase al vino y a ciertos comestibles grasientos que con el tiempo adquieren sabor y olor fuertes : *tocino rancio*. || *Fig.* Antiguo : *de rancia nobleza*. || Anticuado, pasado de moda : *una solterona un*

poco rancia. || — M. Olor muy fuerte, propio de un comestible rancio.

Ranco, lago de Chile en la X Región (Los Lagos). Turismo.

ranchada f. *Amér.* C. Canoa que tiene un techo formado con hojas.

ranchar v. i. *Méx.* Descansar.

rancheadero m. Lugar donde se ranchea.

ranchear v. i. Formar ranchos en un sitio, acampar (ú. t. c. pr.).

ranchera f. Canción popular originaria de México. || Danza rural de los alrededores de Buenos Aires.

ranchería f. Conjunto de ranchos o chozas. || *Arg.* Corralón de la servidumbre.

rancherio m. *Amer.* Ranchería.

ranchero, ra m. y f. Persona que guisa el rancho. || Dueño de un rancho o finca. || Campesino que trabaja en un rancho. || *Fig. Méx.* Apocado, tímido, vergonzoso (ú. t. c. adj.).

Ranchi, c. en el NE. de la India (Bihar).

ranchito m. *Amer.* Chabola.

rancho m. Comida hecha para muchos : *el rancho de la tropa, de los presos*. || Personas que toman esta comida. || *Fam.* Comida o guiso malo. || Morralla de pescado. || Puñado de pescado. || Campamento : *rancho de gitanos, de pastores*. || En los barcos, sitio donde se aloja la marinería. || Grupo de marineros que se alternan en las faenas. || *Amer.* Choza con techo de ramas o paja : *rancho pampero*. | Finca, granja, hacienda. | *Per.* Quinta, casa de campo. | *Riopl.* Sombrero de paja con copa cilíndrica. || — *Fig.* y fam. *Alborotar el rancho*, sembrar el desorden. | *Hacer rancho aparte*, vivir aislado de los demás.

Ranchuelo, mun. en el centro de Cuba (Villa Clara).

rand m. Unidad monetaria principal de la República de África del Sur.

randa f. Encaje grueso, de nudos apretados. || — M. *Fam.* Ratero.

Randers, c. y puerto en el NE. de Dinamarca (Jutlandia). Industrias.

Randfontein, c. de la Rep. de África del Sur, al O. de Johannesburgo (Transvaal). Oro.

Randstad Holland, región muy poblada del O. de Holanda donde se encuentran las ciudades de Amsterdam, La Haya, Rotterdam y Utrecht.

ranger m. (pal. ingl.). Cuerpo militar para combatir contra las guerrillas.

Rangifer m. *Zool.* Reno.

ranglán adj. Raglán.

rango m. Clase, categoría, lugar que ocupa una persona en una jerarquía : *mantener su rango*. || Situación social : *persona de alto rango*. || *Amer.* Generosidad. || *Arg.* Juego de niños en el que uno salta por encima de otros.

Rangoon, V. RANGÚN.

rangoso, sa adj. *Amer.* Generoso.

Rangún o **Rangoon** [-gún], cap. y puerto en el S. de Birmania, cerca de la desembocadura del Irauadí ; 2 300 000 h. Arzobispado. Industrias.

ránido, da adj. Dícese de los batracios anuros pertenecientes a una clase que comprende la rana común (ú. t. c. s. m.). || — M. pl. Clase que forman.

ranilla f. Parte blanca del casco de las caballerías, entre los dos pulpejos. || Enfermedad del ganado vacuno.

ranking m. (pal. ingl.). Clasificación, categoría.

ranquel, tribu araucana que habitaba en el NO. de la Pampa argentina.

Ranquil, c. de Chile en la VIII Región (Biobío) y en la prov. de Ñuble, cap. de la com. homónima.

rante adj. *Arg. Fam.* Pobre.

ránula f. Tumor bajo la lengua.

ranunculáceo, a adj. Aplícase a las plantas dicotiledóneas que tienen por tipo la anémona y la peonía (ú. t. c. s. f.). || — F. pl. Familia que forman.

ranúnculo m. Planta ranunculácea de flores amarillas.

ranura f. Hendidura estrecha hecha en un madero, una pieza metálica, etc. || Pequeña abertura alargada donde se introduce una moneda o una ficha.

rapabarbas m. inv. *Fam.* Barbero.

rapacejo m. Muchacho.

rapacería f. Rapacidad. || Muchachada.

rapacidad f. Avidez grande, codicia de ganancias. || Inclinación al robo.

Rapallo, c. y puerto del NO. de Italia en Liguria (Génova).

Rapa Nui. V. PASCUA (*Isla de*).

rapapolvo m. *Fam.* Reprensión.

rapar v. t. Afeitar la barba (ú. t. c. pr.). || Cortar el pelo al rape.

rapaz adj. Dado al robo, hurto o rapiña. || Ávido de ganancias : *comerciante rapaz*. || Aplícase al ave de rapiña. || — F. pl. Orden de aves carnívoras, de pico corvo, uñas grandes y aceradas, como el águila, el halcón, el buitre, etc. || — M. y f. Muchacho o muchacha de corta edad.

rape m. Pez teleósteo marino de grandes ojos y boca, de color gris castaño con manchas oscuras, cuya carne es muy apreciada. || *Al rape*, casi a raíz, muy corte : *el pelo al rape*.

rapé adj. Aplícase al tabaco en polvo. Ú. m. c. s. m. : *siempre estornudaba cuando tomaba rapé*.

Rapel, río en el centro de Chile, que des. en el Pacífico al N. de la c. de Navidad. Represa y central eléctrica.

rapidez f. Cualidad de la persona que lo hace todo en poco tiempo o de las cosas que ocurren o se efectúan muy pronto.

rápido, da adj. Veloz, que recorre mucho espacio en poco tiempo : *corriente rápida*. || Que se realiza o ejecuta en un momento : *victoria rápida*. || Que hace las cosas en poco tiempo : *una modista rápida*. || Que hace poco cuidado : *lectura rápida de un manuscrito*. || Dícese del tren de gran velocidad. Ú. t. c. s. m. : *el rápido de Barcelona a Madrid*. || — M. Parte de un río muy impetuosa.

rapingacho m. *Per.* Tortilla hecha con queso.

rapiña f. Robo, expoliación o saqueo hecho con violencia. || *Ave de rapiña*, la carnívora, como el águila.

rapiñar v. t. *Fam.* Hurtar.

rapónchigo m. Planta campanulácea de raíz blanca comestible. || Su raíz.

raposa f. Zorra, vulpeja.

raposo m. Zorro.

rapsoda m. En la antigua Grecia, recitador de poemas homéricos u otras poesías épicas. || *Fig.* Poeta.

rapsodia f. Trozo de un poema, especialmente de Homero, que cantaban los rapsodas. || Composición musical, de forma libre, integrada por fragmentos de aires populares o de otras obras : *una rapsodia de Liszt*.

raptar v. t. Cometer el delito de rapto : *raptar a una mujer*.

rapto m. Delito que consiste en llevarse de su domicilio o de cualquier otro sitio, por engaño, violencia o seducción, a alguien, especialmente a una mujer, a un niño : *rapto de menores*. || *Fig.* Éxtasis, arrobamiento. | Arrebato, ataque rápido y violento : *rapto de locura*. | Impulso.

raptor, ra adj. Aplícase a la persona que comete un rapto (ú. t. c. s.).

raque m. Acto de recoger los objetos dejados en las costas por algún naufragio : *andar, ir al raque*.

Raquel, esposa de Jacob y madre de José y Benjamín. (Biblia.)

raqueta f. Aro de madera o metal provisto de una red de cuerdas de tripa y terminado por un mango, que sirve para jugar al tenis, etc. || Especie de pala de madera revestida de corcho o de goma para jugar al tenis de mesa. || Especie de suela con esta forma para andar por la nieve. || Rastrillo para recoger el dinero en las mesas de juego. || En una carretera, ramal a la derecha que, tras describir una curva, atraviesa luego perpendicularmente esa carretera.

raquídeo, a adj. Relativo al raquis.

raquis m. Columna vertebral.

raquítico, ca adj. Que sufre raquitismo (ú. t. c. s.). || *Fig.* Endeble, poco robusto : *árboles raquíticos*. | Escaso, mezquino : *salario raquítico*.

raquitismo m. Enfermedad infantil caracterizada por la falta de solidez y las deformaciones del sistema óseo, sobre todo de la columna vertebral.

rara avis, la rara. Persona o cosa única en su género.

rarefacción f. Enrarecimiento.

rarefacer v. t. Disminuir la densidad o la presión de un gas (ú. t. c. pr.).

rareza f. Calidad de raro, escasez. ‖ Cosa rara. ‖ Extravagancia, manía.

rarificar v. t. Rarefacer (ú. t. c. pr.).

raro, ra adj. Poco frecuente : *un fenómeno muy raro.* ‖ Singular, poco corriente : *libro raro.* ‖ Extraño, extravagante, estrafalario : *persona muy rara* (ú. t. c. s.). ‖ Extraordinario, poco común : *de raro mérito.* — *Gases raros,* los que, en pequeña cantidad, forman parte de la atmósfera, como el helio, el neón, el argón, el criptón, el xenón. ‖ *Fig. Sentirse raro,* no encontrarse muy bien de salud.

Rarotonga, isla de Polinesia, en el archip. de Cook (Nueva Zelanda) ; 81 km².

ras m. Igualdad de nivel. ‖ *A ras de,* casi tocando. ‖ *Ras con ras, al mismo nivel* ; rasando o rozando ligeramente una cosa a otra.

Rasa, isla en el O. de México, en el golfo de California. Guano.

Ras al-Khayma o **Ras al-Jayma,** uno de los Emiratos Árabes Unidos, en la costa E. del golfo Pérsico ; cap. *Ras al-Khayma.* Petróleo.

rasante adj. Que rasa. ‖ — *Tiro rasante,* tiro de trayectoria nunca superior en altura a la del objetivo ; en fútbol, tiro a ras del suelo. ‖ *Vuelo rasante,* el que se efectúa casi rasando el suelo. ‖ — F. Línea de una calle o camino considerado en relación con el plano horizontal. ‖ *Cambio de rasante,* punto más elevado de la pendiente de una carretera.

rasar v. t. Igualar con el rasero las medidas de los áridos. ‖ Pasar muy cerca : *rasar el suelo.*

rasca adj. y s. *Riopl. Fam.* Pobre. ‖ — F. *Amér. C. Fam.* Borrachera.

rascacielos m. inv. Edificio de muchas plantas.

rascado, da adj. y s. *Fam.* Atrevido, frescales. ‖ Sinvergüenza.

rascador m. Utensilio que sirve para rascar : *rascador de metales, pieles,* etc. ‖ Tira rugosa para encender los fósforos o cerillas.

Rascafría, mun. del centro de España (Madrid). Estaciones de deportes de invierno (Valcotos y Valdesquí).

rascar v. t. Restregar o frotar la piel con las uñas (ú. t. c. pr.). ‖ Raspar una superficie para quitarle algo. ‖ Raer con el rascador. ‖ *Fam. Rascar la guitarra,* tocarla mal. ‖ — V. pr *Amer.* Emborracharse. ‖ *Fig. Rascarse los bolsillos,* gastar los últimos céntimos.

rascatripas m. inv. *Fam.* Violinista, guitarrista malo.

rascón m. Polla de agua.

rascuache adj. *Méx.* Mezquino.

rasero, ra adj. Rasante. ‖ — M. Paleta para rasar las medidas de los áridos. ‖ *Medir por el mismo rasero a dos personas,* tratarlas con igualdad.

rasgado, da adj. Muy alargado y con los ángulos algo prolongados : *ojos rasgados.* ‖ — M. Rasgón.

rasgadura f. Acción y efecto de rasgar. ‖ Rasgón.

rasgar v. t. Romper, destrozar una cosa tirando de ella en varias direcciones : *rasgar telas, pieles, papel* (ú. t. c. pr.). ‖ Rasguear.

rasgo m. Línea trazada, especialmente la de adorno. ‖ *Fig.* Expresión acertada : *rasgo de humor.* ‖ Acción notable : *un rasgo de heroísmo, de generosidad.* ‖ Característica, peculiaridad : *es un rasgo de su carácter.* ‖ — Pl. Facciones de la cara : *rasgos finos.* ‖ Carácter de la escritura : *A grandes rasgos,* rápidamente, sin pararse en minucias. ‖ *Rasgo de ingenio,* idea genial, genialidad.

rasgón m. Rotura en una tela, etc.

rasgueado m. Rasgueo.

rasguear v. t. Tocar la guitarra u otro instrumento rozando varias cuerdas a la vez. ‖ — V. i. Escribir.

rasgueo m. Manera de tocar la guitarra rasgueándola con cierta rapidez.

rasguñar v. t. Arañar con las uñas.

rasguño m. Arañazo.

rasilla f. Tela de lana muy fina. ‖ Ladrillo delgado y hueco.

raso, sa adj. Llano, liso, despejado : *terreno raso.* ‖ Sin nubes, despejado : *cielo raso.* ‖ Que casi toca el suelo : *vuelo raso.* ‖ Dícese del que en su empleo no tiene ni título ni categoría especial : *un soldado raso.* ‖ — M. Satén. ‖ *Al raso,* al aire libre.

raspa f. Espina de un pescado. ‖ Arista del grano de trigo y otros cereales. ‖ Escobajo de la uva. ‖ Eje o pedúnculo de un racimo o espiga. ‖ *Fam.* Granuja, sinvergüenza. ‖ *Amer.* Reprimenda. ‖ *Arg.* Ratero. ‖ *Méx.* Baile popular de origen jarocho.

raspado m. Acción y efecto de raspar. ‖ Operación que consiste en quitar con un instrumento quirúrgico cuerpos extraños o productos mórbidos del interior de una cavidad natural (útero) o patológica (absceso óseo).

raspado, da adj. y s. *Fam.* Rascado.

raspador m. Instrumento para raspar.

raspadura f. Acción y efecto de raspar. ‖ Lo que se raspa de una superficie y señal que queda en ésta. ‖ Rallado. ‖ *Amer.* Azúcar moreno que queda adherido a los calderos de los trapiches. ‖ *Méx.* Piloncillo.

raspajo m. Raspa de la uva.

raspar v. t. Raer ligeramente una cosa para quitar la parte superficial. ‖ Hacer la operación quirúrgica del raspado. ‖ Tener sabor áspero un vino u otro licor y picar en el paladar (ú. t. c. i.). ‖ Tener una superficie áspera. Ú. t. c. i. : *su piel raspa con el frío.* ‖ Rasar. ‖ Hurtar. ‖ *Méx.* Ofender en forma indirecta. ‖ — V. i. *Venez.* Salir apresuradamente. ‖ *Fam. Raspando,* por poco, por escaso margen.

raspilla f. Planta borraginácea de flores azules. ‖ Esta flor.

raspón m. *Méx.* Desolladura, excoriación de la piel. ‖ *Col.* Sombrero de paja de los campesinos.

rasposo, sa adj. Áspero al tacto. ‖ *Riopl.* Raído, en mal estado (traje).

Harapiento. ‖ Mezquino.

Rasputín (Grigori Ietimovich NÓVYKH, llamado), aventurero y monje ruso (1872-1916), que tuvo una gran influencia sobre Nicolás II y la zarina. M. asesinado.

Rast, c. del N. de Irán.

rastacuero com. *Amer.* Nuevo rico.

Rastadt o **Rastatt,** c. en el suroeste de Alemania Occidental (Baden-Wurtemberg). Congreso en 1713-1714 para terminar la guerra de Sucesión de España y de 1797 a 1799 para firmar la paz entre Francia y Alemania.

Ra's Tannura, ciudad y puerto petrolífero al NE. de Arabia Saudita, en el golfo Pérsico.

rastra f. Huella. ‖ *Agr.* Grada. ‖ Tosa, rastrillo. ‖ Carro fuerte para arrastrar grandes pesos. ‖ Sarta de fruta seca. ‖ Cuerda o red que se arrastra por el fondo del agua para recuperar objetos sumergidos. ‖ *Rioplat.* Adorno, generalmente de plata, que los gauchos llevan en el cinturón a manera de hebilla. ‖ — *A la rastra* o *a rastras,* arrastrando ; (fig.) de mal grado. ‖ *Fig. Ir a rastras* de uno, seguirle siempre. ‖ *Llevar un trabajo a rastras,* tenerlo sin terminar.

rastreado, da adj. Que rastrea.

rastrear v. t. Buscar una persona, animal o cosa siguiendo su rastro : *el perro rastrea la caza.* ‖ Llevar arrastrando por el fondo del agua un arte de pesca o una rastra. ‖ *Fig.* Averiguar una cosa valiéndose de varios indicios, indagar (ú. m. c. i.). ‖ — V. i. Ir volando casi a ras del suelo : *rastrear un ave.* ‖ *Agr.* Hacer alguna labor con el rastro.

rastreo m. Acción y efecto de rastrear, con el rastrillo, la grada o con el fondo del agua. ‖ Búsqueda por los policías de un delincuente.

rastrero, ra adj. Que se va arrastrando : *animal rastrero.* ‖ Dícese del tallo de una planta que, tendido por el suelo, echa raicillas. ‖ Que roza casi el suelo : *vuelo rastrero.* ‖ *Fig.* Bajo, vil, despreciable : *acción rastrera.*

rastrillada m. Acción y efecto de rastrillar.

rastrillador, ra adj. y s. Aplícase al que rastrilla. ‖ — F. Máquina agrícola consistente en un rastro grande, de dientes corvos, para recoger el heno, la paja, etc.

rastrillar v. t. Limpiar con el rastrillo : *rastrillar el lino, el cáñamo.* ‖ Recoger con el rastrillo : *rastrillar las hierbas.* ‖ Pasar la grada por el suelo labrado. ‖ *Amer.* Disparar un arma.

rastrillo m. Instrumento de jardine-

ría formado de un palo largo cruzado en su extremo inferior por un travesaño con púas que sirve para recoger la broza, paja, etc. ‖ Utensilio parecido usado en las mesas de juego para recoger el dinero apostado. ‖ Especie de carda para limpiar el cáñamo o el lino. ‖ Compuerta formada con una reja levadiza a la entrada de algunas plazas de armas. ‖ Caja del alumbrado superior del escenario. ‖ Venta de objetos de lance diversos : *un rastrillo organizado por la Cruz Roja.*

rastro m. Rastrillo, instrumento de jardinería. ‖ Especie de azada con dientes en vez de pala. ‖ Lugar donde se vende la carne al por mayor. ‖ Matadero. ‖ Huella, pista : *seguir el rastro de un animal.* ‖ *Fig.* Señal que queda de una cosa, vestigio, indicio : *no dejar rastro.*

Rastro *(El),* nombre del mercado de antigüedades y objetos de lance en la ciudad de Madrid (España).

rastrojar v. t. Quitar el rastrojo.

rastrojera f. Conjunto de tierras que están de rastrojo.

rastrojo m. Paja de la mies que queda en la tierra después de segar. ‖ El campo después de segada la mies.

Rasura (Nuño). V. NUÑO RASURA.

rasurado, da adj. Afeitado.

rasurador m. Maquinilla de afeitar.

rasurar v. t. Afeitar.

rata f. Mamífero roedor, de cola larga, muy voraz y perjudicial, originario de Asia. ‖ *Fig.* y *fam.* Más pobre que una rata, muy pobre. ‖ *No había ni una rata,* no había nadie. ‖ *Rata de agua,* roedor parecido a la rata común, pero de costumbres acuáticas y de cola más corta. ‖ *Fig.* y *fam. Rata de hotel,* ratero que roba en los hoteles. ‖ *Rata de sacristía,* persona excesivamente devota.

ratafía f. Licor de aguardiente con zumo de ciertas frutas.

ratania f. Arbusto del Perú cuya corteza se emplea como astringente.

rata parte loc. lat. V. PRORRATA.

rataplán m. Voz onomatopéyica con que se imita el sonido del tambor.

rata por cantidad m. adv. A prorrata.

ratear v. t. Disminuir a proporción, a prorrata. ‖ Repartir proporcionalmente. ‖ Hurtar con destreza.

rateo m. Prorrateo.

ratería f. Hurto.

ratero, ra adj. y s. Dícese del ladrón que hurta con maña cosas de poco valor (ú. t. c. s.). ‖ *Fig.* Bajo, despreciable. ‖ *Ratero de hotel,* rata de hotel.

raticida m. Sustancia química para matar ratas y ratones.

ratificación f. Aprobación, confirmación de lo que se ha hecho o prometido. ‖ Documento en que consta.

ratificador, ra adj. y s. Dícese del que ratifica.

ratificar v. t. Aprobar o confirmar lo que se ha hecho o prometido : *ratificar un tratado* (ú. t. c. pr.).

ratificatorio, ria adj. Que ratifica.

ratio m. Relación existente entre dos cantidades.

Ratisbona, en alem. *Regensburg,* c. en el S. de Alemania Occidental (Baviera), a orillas del Danubio. Puerto fluvial. Obispado.

rato adj. m. Dícese del matrimonio celebrado y no consumado.

rato m. Espacio de tiempo, especialmente cuando es de corta duración, momento : *salió hace un rato.* ‖ — *Al rato,* al poco tiempo, dentro de poco tiempo. ‖ *A ratos,* a veces. ‖ *A ratos perdidos,* cuando uno se ve libre de sus ocupaciones habituales. ‖ *De rato en rato,* de vez en cuando. ‖ *Fam. Haber para rato,* tardar mucho tiempo. ‖ *Pasar el rato,* entretenerse. ‖ *Un rato, mucho : sabe un rato de política* ; *muy : este libro es un rato bueno.*

ratón m. Mamífero roedor menor que la rata, dañino por lo que come, roe y destruye. ‖ — *Ratón almizclero,* el desmán. ‖ *Fig.* y *fam. Ratón de biblioteca,* aplícase al erudito que pasa su vida consultando los libros que encuentra en las bibliotecas.

ratona f. Hembra del ratón.

ratoncito m. *Fam. El ratoncito Pérez,* personaje infantil que se supone que regala a los niños cuando pierden los primeros dientes.

ratonera f. Trampa para cazar ratas. || Agujero que hace el ratón. || Madriguera de ratones. || *Fig.* Trampa : *caí en la ratonera.* || *Amer.* Cuchitril.

ratonero, ra adj. Ratonesco. || Dícese de la músiea mala, generalmente cacofónica.

ratonesco, ca y **ratonil** adj. Relativo a los ratones.

Rauco, c. del centro de Chile, en la VII Región (Maule) y en la prov. de Curicó, cap. de la com. de su n.

raudal m. Corriente violenta de agua. || *Fig.* Gran cantidad de cosas que de golpe concurren o se derraman : *raudal de desgracias, de lágrimas.* || A raudales, en gran cantidad.

raudo, da adj. Rápido.

rauli m. *Chil.* Árbol fagáceo, que suele alcanzar cincuenta metros de altura. | Su madera.

Ravel (Maurice), compositor francés (1875-1937), uno de los maestros de la armonía y de la orquestación (*Pavana para una infanta difunta, La hora española, Bolero, Dafnis y Cloe,* dos *Conciertos* para piano, etc.).

Ravello, c. en el SO. de Italia en Campania (Salerno), cerca de Nápoles. Monumentos.

Ravena, c. en el NE. de Italia (Emilia), unida por un canal al Adriático. Última cap. del Imperio de Occidente (476) y, después, de un exarcado (584). Monumentos bizantinos. Tumba de Dante. Arzobispado.

ravenés, esa adj. Perteneciente a Ravena (Italia). || Natural de esta ciudad (ú. t. c. s.).

ravioles o **raviolis** m. pl. Cuadritos de pasta con carne picada y servidos con salsa y queso rallado.

Rawalpindi, c. del Paquistán, al norte del país. Textiles. Metalurgia. Fue anteriormente cap. del Estado.

Rawson, c. en el SE. de la Argentina, cap. de la prov. de Chubut. — N. de dos dep. en la Argentina (Buenos Aires y San Juan).

raya f. Línea recta : *las cinco rayas del pentagrama.* || Lista : *camisa a rayas.* || Término o límite de una nación, provincia, etc. || Separación de los cabellos hecha con el peine. || Pliegue del pantalón. || Cada una de las estrías en espiral del cañón de un arma de fuego, cuyo objeto es dar al proyectil un movimiento de rotación para estabilizarlo en su trayectoria. || Cierto tipo de vino de Jerez. || Señal larga del alfabeto Morse, equivalente a tres puntos por su duración. || *Gram.* Guión algo más largo que el corriente que separa oraciones incidentales o indica el diálogo. || Pez marino selacio, de cuerpo aplastado y romboidal, y cola larga y delgada. || *Méx.* Sueldo, paga. || — *Fig.* A raya, dentro de los límites adecuados : *mantener a raya a alguien.* | *Dar ciento y raya a quince y raya a uno,* sobrepasarle. | *Pasarse de la raya,* exagerar, propasarse. | *Amer.* Tienda de establecimiento comercial donde los trabajadores de una hacienda pueden abastecerse comprando la mercancía a plazos con grave recargo para su sueldo. || *Tres en raya,* rayuela, juego de niños.

rayadillo m. Cierta tela de algodón rayada : *traje de rayadillo.*

rayado, da adj. Que tiene rayas o listas. || Cañón rayado, cañón de un arma de fuego que tiene rayas labradas en el ánima. || — M. Conjunto de rayas : *el rayado de una tela, papel, etc.* || Acción de rayar.

rayador m. Ave marina americana, de pico aplanado y parte superior más corta que la inferior. || *Méx.* El que paga los jornales.

rayadura f. Acción y efecto de rayar.

rayano, na adj. Que colinda o linda con una cosa. || Que está en los límites de dos territorios. || *Fig.* Cercano, próximo : *rayano en lo ridículo.*

rayar v. t. Hacer o trazar rayas : *rayar una hoja de papel.* || Subrayar : *rayar una frase.* || Tachar lo escrito o impreso : *rayar las palabras inútiles.* | Suprimir : || *lo rayaron de la lista.* || *Amer.* Espolear el caballo para irse rápidamente. | Detener bruscamente al caballo. — V. i. Ser colindante o limítrofe : *su casa raya con la mía.* || Despuntar, empezar a salir : *rayar el alba, el día.* || *Fig.* Estar a punto de

alcanzar, frisar : *rayar en los cincuenta años.* | Ser casi, aproximarse mucho a : *su conducta raya en lo ridículo.* | Distinguirse, descollar, destacarse : *raya por su inteligencia.* || *Méx.* Pagar a los trabajadores el salario.

Rayastán o **Rajastán,** Estado del NO. de la India ; cap. *Jaipur.*

ráyido, a adj. m. Dícese de los peces selacios de cuerpo plano, cola larga y delgada, como la raya (ú. t. c. s. m.).

rayo m. Haz de luz que procede de un cuerpo luminoso, especialmente del Sol : *los rayos solares.* || Línea de propagación de la energía : *rayos caloríficos.* || Chispa eléctrica de gran intensidad entre dos nubes o entre una nube y la Tierra : *cayó un rayo en el campanario de la iglesia.* || Radio de una rueda. || *Fig.* Persona muy viva : *este chico es un rayo.* | Cosa o desgracia imprevista : *la noticia cayó como un rayo.* | — *Fig.* Con la velocidad de un rayo, muy rápidamente. || *¡ Que le parta un rayo !,* maldición proferida contra alguien con quien se está muy enfadado : *¡ Rayos alfa* (α), *beta* (β) *y gamma* (γ), los emitidos por los cuerpos radiactivos. || *Rayos cósmicos,* los que proceden del espacio sideral. (V. CÓSMICO.) || *Rayos X* o de *Röntgen,* los que atraviesan fácilmente muchos cuerpos opacos y se utilizan en medicina como medio de investigación y tratamiento. (V. RADIOGRAFÍA y RADIOSCOPIA.)

Rayo (Omar), pintor y caricaturista colombiano, n. en 1928.

rayón m. y **rayona** f. Hilo textil continuo de viscosa. || Tejido hecho con este hilo.

Rayón (Ignacio LÓPEZ). V. LÓPEZ RAYÓN (Ignacio).

rayuela f. Raya pequeña. || Cierto juego que consiste en tirar una moneda o un tejo hacia una raya hecha en el suelo y en acercarse lo más posible a ella.

raza f. Grupo de individuos cuyos caracteres biológicos son constantes y se perpetúan por herencia : *raza blanca, amarilla, negra.* || Conjunto de los ascendientes y descendientes de una familia, de un pueblo : *la raza de David.* || Subdivisión de una especie : *razas humanas.* || Grieta en la parte superior del casco de las caballerías. || *Caballo de raza,* el de buena casta.

razón f. Facultad de pensar, discurrir y juzgar : *el hombre está dotado de razón.* || Facultad intelectual que permite actuar acertadamente o distinguir lo bueno y verdadero de lo malo y falso : *luz de la razón.* || Motivo, causa : *la razón de un acto.* || Lo que está de acuerdo con el deber, la justicia, el derecho : *la razón está de mi parte.* | Recado : *llevar una razón.* || Información : *razón aquí.* || *Mat.* Relación que resulta de la comparación entre dos cantidades. || — *A razón de,* al precio de ; según la proporción de. || *Asistirle a uno la razón,* tenerla de su parte. || *Atender a razones,* hacer caso de los motivos que se dan a uno. | *Dar la razón a uno,* declarar que tiene razón o que dice o hace. | *Dar razón de algo,* informar sobre ello. || *En razón a, de,* debido a. || *En razón directa, inversa,* directamente proporcional, inversamente proporcional. || *Meter, poner o hacer entrar en razón a uno,* obligarle a actuar razonablemente, convencerle de lo justo y razonable. || *Perder la razón,* enloquecer. || *Ponerse en razón,* mostrarse razonable. || *Quitarle la razón a alguien,* declarar que se equivoca. || *Razón de Estado,* consideraciones basadas en las conveniencias políticas que se invocan para justificar acciones ilegales o injustas. || *Razón social,* denominación con que se da a conocer una sociedad comercial. || *Tener razón uno,* ser verdadero lo que dice o justo lo que pretende.

razonable adj. Sensato.

razonado, da adj. Basado en la razón : *discurso, análisis razonado.*

razonador, ra adj. y s. Aficionado a razonar o discurrir.

razonamiento m. Acción o manera de razonar. || Serie de conceptos encaminados a demostrar algo.

razonar v. i. Exponer las razones

en que se funda un juicio, creencia, demostración, etc. || Discurrir : *razonar por inducción, por deducción.* || — V. t. Apoyar con pruebas o documentos una cosa : *razonar un informe.*

razzia f. Incursión o correría hecha en territorio enemigo para sacar botín. || Saqueo. || *Fig.* Redada de policía.

Rb, símb. químico del *rubidio.*

R. D. A., siglas de la República Democrática Alemana.

re m. En música, segunda nota de la escala.

Re. V. RA.

Rea, uno de los nombres de la diosa romana Cibeles. (*Mit.*) || ~ Silvia, hija de Numitor, rey legendario de Alba, y madre de Rómulo y Remo.

reabastecer v. i. Volver a abastecer.

reabsorber v. i. Volver a absorber (ú. t. c. pr.).

reabsorción f. Nueva absorción.

reacción f. Acción provocada por otra y de sentido contrario : *todo exceso suscita una reacción.* || Respuesta a una acción : *provocar una reacción negativa.* || En política, acción de un partido opuesto a todas las innovaciones políticas o sociales y empeñado en resucitar las instituciones del pasado ; partido que tiene estas opiniones : *acabar con la reacción.* || Movimiento de opinión de sentido contrario al que le precedió : *reacción contra el romanticismo.* || En psicología, comportamiento de un ser vivo en presencia de un estímulo externo o interno. || *Fís.* Expansión progresiva de un fluido (agua, vapor, gas). || *Fisiol.* Acción orgánica que tiende a producir un efecto contrario al del agente que la provoca. || *Quím.* Fenómeno por el cual del contacto de dos o más cuerpos resulta la formación de cuerpos diferentes. || — *Avión de reacción,* el propulsado por un motor de reacción. || *Motor de reacción,* el que eyecta unos chorros de gases a gran velocidad y, en virtud del principio de la acción y de la reacción, hace avanzar un vehículo en sentido opuesto al de la eyección. || *Reacción en cadena,* reacción química o nuclear en la cual unos átomos liberan una energía suficiente para desencadenar la misma reacción entre los átomos vecinos.

reaccionar v. i. Producirse una reacción, particularmente entre dos cuerpos químicos en respuesta a un estímulo. || *Fig.* Oponerse, resistir : *reaccionar contra el odio.* || Recobrar actividad.

reaccionario, ria adj. Aplícase a o a lo que es opuesto a las innovaciones y propenso a restablecer lo abolido : *política reaccionaria* (ú. t. c. s.).

reacio, cia adj. Que se resiste con tenacidad a hacer una cosa : *mostrarse reacio a* (o en) *admitir un argumento.* || Indócil : *caballo reacio.*

reactancia f. *Electr.* Cantidad que sumada a la resistencia de un circuito de corriente alterna permite determinar su impedancia.

reactivación f. Acción y efecto de reactivar : *reactivación económica.*

reactivar v. t. Dar nuevo impulso o fuerza : *reactivar la economía.*

reactividad f. Aptitud para reaccionar en un hecho o dicho.

reactivo, va adj. Que reacciona o a lo que es opuesto. || — M. *Quím.* Sustancia empleada para determinar la naturaleza de los cuerpos por las reacciones que produce en ellos.

reactor m. Propulsor aéreo que utiliza el aire ambiente como combustible y funciona por reacción directa sin ayuda de la hélice. || Instalación industrial donde se efectúa una reacción química en presencia de un catalizador. || Avión de reacción. || *Reactor nuclear,* fuente de energía que utiliza la fisión.

En el transcurso de la fisión de un núcleo de uranio o de plutonio se desprende una gran cantidad de energía ; varios neutrones son emitidos al mismo tiempo provocando fisiones. El reactor, para evitar que las reacciones en cadena se produzcan con rapidez excesiva, contiene elementos que las controlan, v. gr. barras de cadmio, que absorben los neutrones en la medida deseable.

readaptación f. Acción de readaptar o readaptarse.

readaptar v. t. Adaptar de nuevo, especialmente los músculos a su antigua función después de un accidente (ú. t. c. pr.). || — V. pr. Adaptarse de nuevo a una actividad interrumpida.

Reading [ríding], c. en el E. de Estados Unidos (Pensilvania). Industrias. — C. en el S. de Gran Bretaña (Inglaterra), a orillas del Támesis ; cap. del condado de Berk. Universidad.

readmisión f. Nueva admisión después de una expulsión.

readmitir v. t. Volver a admitir.

reafirmación f. Acción y efecto de reafirmar.

reafirmar v. t. Afirmar de nuevo (ú. t. c. pr.).

Reagan (Ronald), político republicano norteamericano, n. en 1911, pres. del país desde 1981. Fue actor cinematográfico antes de dedicarse a la política. Ha reactivado la economía y reducido el desempleo. Se presentó de nuevo a las elecciones en 1984.

reagravación f. Acción y efecto de reagravar o reagravarse.

reagravar v. t. Volver a agravar, empeorar. || — V. pr. Agravarse de nuevo, ponerse peor.

reagrupación f. Nueva agrupación.

reagrupar v. t. Agrupar de nuevo.

reajustar v. t. Volver a ajustar. || Subir, aumentar los salarios, precios, tributos, etc. con arreglo a un nivel determinado, modificar en función del índice de vida.

reajuste m. Acción y efecto de reajustar : *reajuste de sueldos.*

real adj. Que tiene existencia verdadera y efectiva : *afecto real.* || Del rey o de la realeza : *corona, casa, familia real.* || Aplícase a algunos animales y cosas superiores en su clase : *tigre real, pavo real, malva real, octava real.* || *Fig.* Regio, suntuoso. | Hermoso : *un real mozo.* || — *Camino real,* carretera de primer orden. || *Derechos reales,* impuesto que grava toda transferencia de propiedad. || — M. Campamento de un ejército : *alzar* (o *levantar) el real* (ú. t. en pl.). || Campo de una feria, ferial. || Antigua moneda española equivalente a la cuarta parte de la peseta. || Moneda de diversos países de América que equivale, en general, a 10 centavos de peso. || — *Fam. No valer un real,* no valer nada. || *Méx. Real de minas,* pueblo donde hay minas de plata. || *Fig. Sentar sus reales,* fijarse, establecerse, instalarse en un lugar.

Real (CORDILLERA). V. ORIENTAL. || ~ **del Monte.** V. MINERAL DEL MONTE.

realce m. Adorno, labor de relieve : *bordar de realce.* || *Fig.* Lustre, esplendor : *dar realce a una fiesta.* | Relieve : *poner de realce.*

Realejos (Los), v. de España en Tenerife (Santa Cruz de Tenerife).

realengo, ga adj. Dícese de los terrenos propiedad del Estado.

realeza f. Dignidad o soberanía real. || Magnificencia.

realidad f. Existencia efectiva de una cosa : *la realidad del mundo físico.* || Cosa concreta : *nuestros deseos se han convertido en realidades.* || Mundo real : *vivir fuera de la realidad.* || Verdad : *la realidad de un hecho.* || *En realidad,* verdaderamente.

realismo m. Acción de contemplar la realidad tal y como es y obrar según sus dictados : *su realismo en la vida es desgarrador.* || Doctrina filosófica que afirma la realidad de las ideas (realismo espiritualista) o que considera que el mundo, tal y como lo vemos, es la única realidad (realismo materialista). || Doctrina literaria y artística basada en la descripción de los seres y la cosas.

realista adj. y s. Partidario del realismo : *escritor, pintor, político realista.* || Que tiene muy en cuenta la realidad, tal y como es, que observa una conducta práctica. || Perteneciente al bando español en las guerras de independencia americanas : *Bolívar venció a los realistas en Boyacá.*

realizable adj. Que puede realizarse, hacedero.

realización f. Acción de realizar : *la realización de un proyecto, de una película.* || Cosa realizada.

realizador, ra adj. Que realiza (ú. t. c. s.). || — M. y f. Director de cine o de una emisión radiofónica o televisada.

realizar v. t. Hacer real : *realizar sus aspiraciones* (ú. t. c. pr.). || Efectuar, llevar a cabo : *realizar un viaje.* || Ejecutar : *realizar una hazaña.* || Dirigir la preparación y la ejecución de una película o de una emisión radiofónica o televisada. || Vender, convertir en dinero mercaderías lo más pronto posible, incluso a bajo precio. || — V. pr. Tener lugar. || Hacer realidad.

realquilar v. t. Subarrendar.

realzar v. t. Enaltecer : *realzar el mérito de una persona.* || Dar realce, poner de relieve : *este peinado realza su belleza.* || Destacar un objeto en una pintura.

reanimación f. Acción y efecto de reanimar. || *Med.* Conjunto de medios terapéuticos destinados a restablecer las funciones vitales (circulación, respiración, sistema nervioso). || Nuevo vigor, nueva fuerza.

reanimador, ra m. y f. Persona que reanima.

reanimar v. t. Dar vigor, restablecer las fuerzas : *esta medicina le ha reanimado.* || Restablecer las funciones vitales : *reanimar al desmayado.* || *Fig.* Levantar el ánimo, | Reanudar, reavivar : *reanimar la conversación.*

reanudación f. Continuación de algo interrumpido.

reanudar v. t. Continuar lo interrumpido : *reanudar el trato, una conversación.* || Proseguir un trabajo, volver a sus labores, después de las vacaciones o de una ausencia : *reanudar las clases.* || Restablecer : *reanudar un servicio.*

reaparecer v. i. Volver a aparecer : *reaparecer una revista.* || Volver a escena un actor o a ocupar un puesto público un hombre político.

reaparición f. Vuelta a aparecer.

reapertura f. Nueva apertura : *reapertura de un teatro.* || Reanudación : *reapertura del curso escolar.*

rearmar v. t. Dotar de un armamento nuevo, más moderno.

rearme m. Acción y efecto de rearmar : *el rearme de un país.*

reasegurar v. t. Hacer un reaseguro.

reaseguro m. Contrato por el cual un asegurador toma a su cargo, completamente o en parte, un riesgo ya asegurado por otro.

reasignación f. Acción y efecto de reasignar.

reasignar v. t. Asignar de nuevo.

reasumir v. t. Volver a encargarse de algo que se había dejado.

reasunción f. Acción de reasumir.

reata f. Cuerda que sujeta dos o más caballerías de manera que vayan una detrás de otra. || Hilera de caballerías atadas de este modo. || Mula que se añade al carro delante del tiro principal. || *Méx.* Soga. || *Fig. Méx. Ser muy reata,* ser valiente y arriesgado.

Reaumur [reo-] (René-Antoine FERCHAULT DE), físico francés (1683-1757), inventor del termómetro de alcohol que lleva su nombre, cuya escala es de 0 a 80 grados. Fue tb. naturalista.

reavivar v. t. Volver a avivar.

rebaba f. Resalto formado de materia sobrante en los bordes de algo.

rebaja f. Descuento, disminución del precio : *vender con rebaja.* || — Pl. Saldos en un establecimiento comercial.

rebajado, da adj. Aplícase al arco o bóveda cuya altura es inferior a la mitad de su anchura. || — M. Soldado dispensado de algún servicio.

rebajamiento m. Acción de rebajar. || *Fig.* Humillación.

rebajar v. t. Volver algo más bajo de lo que era. || Disminuir, reducir : *rebajar el precio, el sueldo.* || Dar a un arco o bóveda una forma rebajada. || Oscurecer o disminuir la intensidad de un color en pintura o fotografía. || Echar agua a las bebidas alcohólicas. || *Fig.* Abatir, hacer que disminuya : *rebajar la soberbia.* | Humillar. || Rebajar de rancho, entregar el importe del rancho a un soldado. || — V. pr. *Fig.* Humillarse. || Quedar dispensado un militar de una obligación : *rebajarse de la faena de cocina.* | Darse de baja por enfermo.

rebaje m. *Mil.* Dispensa de alguna

obligación. || *Rebaje de rancho,* dinero que se da al soldado que no come en el cuartel.

rebalse m. Presa.

rebanada f. Porción delgada, ancha y larga, que se saca de alguna cosa : *rebanada de pan.*

rebanar v. t. Hacer rebanadas. || Cortar : *la cuchilla le rebanó un dedo.*

rebañar v. t. Recoger los residuos de alguna cosa comestible hasta apurarla : *rebañar un plato de carne.* || Recoger todo lo que hay : *rebañó todo el dinero que tenía en los bancos.*

rebaño m. Hato de ganado, especialmente lanar : *rebaño de ovejas.* || *Fig.* Congregación de los fieles respecto de sus pastores espirituales.

rebasar v. t. Pasar de cierto límite : *rebasar una cantidad.* || *Fig.* Ir más allá de lo previsto, superar, exceder : *el éxito rebasó nuestros pronósticos.* || *Amer.* Adelantar a un automóvil.

rebatible adj. Refutable.

rebatimiento m. Refutación.

rebatir v. t. Refutar, impugnar.

rebato m. Toque de alarma dado por medio de campana u otra señal cuando sobreviene un peligro o un incendio : *tocar a rebato.*

rebeca f. Especie de jersey de mujer, con mangas largas, que suele abrocharse por delante.

Rebeca, esposa de Isaac, madre de Esaú y Jacob. *(Biblia.)*

rebeco m. Gamuza de los Pirineos.

rebelarse v. pr. Alzarse contra la autoridad, sublevarse : *se rebelaron contra una dictadura.* || *Fig.* Negarse a obedecer : *rebelarse contra sus padres.* | Protestar, oponer resistencia : *rebelarse contra una injusticia.*

rebelde adj. y s. Que se rebela. || Que se niega a obedecer a la autoridad legítima : *las tropas rebeldes.* || Que no comparece ante el tribunal para ser juzgado. || *Fig.* Indócil, recalcitrante : *un niño rebelde.* || *Fig. Enfermedad rebelde,* la que es muy difícil de tratar o curar.

rebeldía f. Calidad de rebelde. || Insubordinación, indisciplina. || *For.* Oposición del reo a comparecer ante el tribunal : *condenado en rebeldía.*

rebelión f. Resistencia violenta contra la autoridad : *reo de rebelión.*

Rebelión de las masas (La), obra sociológica de Ortega y Gasset (1930).

rebencazo m. Golpe dado con el rebenque.

rebenque m. Látigo de cuero embreado con que se castigaba a los galeotes. || *Amer.* Látigo corto de jinete con una tira de cuero ancha.

rebenquear v. t. *Amer.* Azotar con rebenque.

reblandecer v. t. Ablandar (ú. t. c. pr.). || — V. pr. *Riopl.* Envejecer.

reblandecimiento m. Acción de reblandecer. || Estado de cosa reblandecida. || Alteración de los tejidos orgánicos, caracterizada por la disminución de su consistencia.

rebobinado m. Acción y efecto de rebobinar.

rebobinar v. t. Enrollar hacia atrás un rollo de película fotográfica.

rebociño m. Mantilla pequeña.

Rebolledo (Efrén), poeta modernista mexicano (1877-1929), autor de *Joyeles, Estela, Rimas japonesas,* etc. Escribió también narraciones y novelas.

reborde m. Faja estrecha y saliente que se hace a lo largo del borde de alguna cosa. || Borde doblado de una chapa.

rebordear v. t. Hacer un reborde.

rebosadero m. Sitio por donde sale rebosando.

rebosadura f. y **rebosamiento** m. Salida de un líquido que rebosa.

rebosante adj. Que rebosa. || *Fig.* Lleno : *rebosante de gozo, de salud.*

rebosar v. i. Derramarse o salirse un líquido por encima de los bordes de un recipiente en que no cabe. || *Fig.* Tener algo en abundancia : *rebosar de riquezas, de alegría.* | Estar muy lleno : *el teatro rebosaba de gente distinguida.* || *Fig.* Rebosar de salud, gozar de excelente salud.

rebotar v. i. Botar repetidamente un cuerpo, ya sobre el suelo, ya chocando con otros cuerpos : *rebotar una pelota.* || — V. t. Rechazar, hacer retroceder. || *Fam.* Irritar, enfadar (ú.

RA

545

t. c. pr.). || No admitir a un alumno en un centro de enseñanza y darle plaza en otro : *le rebotaron a la Universidad de Alcalá.* || — V. pr. *Fam.* Turbarse.

rebote m. Acción de rebotar : *el rebote de la pelota, de una bala.* || *Fig.* De rebote, de rechazo, por carambola.

rebotica f. Trastienda de una farmacia.

rebozar v. t. Cubrir casi todo el rostro con la capa, el manto u otra prenda (ú. t. c. pr.). || Bañar una cosa comestible en huevo, harina, etc.

rebozo m. Modo de cubrirse casi todo el rostro con la capa o manto. || Embozo, parte de la prenda con que se reboza uno. || Rebociño. || *Fig.* Pretexto. || *Amer.* Pañolón, típico de México, que usan las mujeres. (Son famosos los de Santa María del Río [San Luis Potosí].) || *Fig. Sin rebozo,* francamente.

rebrote m. Retoño.

Rébsamen (Enrique), pedagogo mexicano, de origen suizo (1857-1904). Autor del *Método Rébsamen* para la formación de maestros.

rebueno, na adj. *Fam.* Muy bueno.

rebujina o **rebujiña** f. *Fam.* Bullicio, alboroto producido por una muchedumbre. || Mezcla desordenada.

Rebull (Juan), escultor español (1899-1981). || ~ (SANTIAGO), pintor mexicano (1829-1902), que decoró el castillo de Chapultepec en la capital.

rebullicio m. Gran bullicio.

rebullir v. i. Empezar a moverse lo que estaba quieto. || — V. pr. Moverse, agitarse. || Moverse o dar vueltas entre las sábanas en la cama.

rebuscado, da adj. Afectado.

rebuscamiento m. Afectación.

rebuscar v. t. Escudriñar o buscar con cuidado : *rebuscar documentos.*

rebuznar v. i. Dar rebuznos.

rebuzno m. Voz del asno.

recabar v. t. Conseguir con insistencia o súplicas lo que se desea : *recabar fondos.* || Pedir : *recabar ayuda.*

recacha f. Sitio resguardado del viento o de la lluvia.

recadero, ra m. y f. Persona encargada de hacer recados.

recado m. Mensaje verbal : *le di recado que no iría.* || Mensaje escrito. || Encargo, comisión, mandado : *hacer varios recados en la ciudad.* || Conjunto de utensilios necesarios para cierto fin : *recado de escribir.* || Documento que justifica las partidas de una cuenta. || *Amer.* Conjunto de las piezas que constituyen la montura.

recaer v. i. Caer nuevamente enfermo. || *Fig.* Ser atribuido : *la culpa recayó sobre él.* || Volver : *la conversación recae siempre sobre el mismo tema.* || Caer en suerte : *el premio recaerá en el más digno.* || Reincidir : *recaer en los mismos vicios.* || Volver a caer : *recayó en idénticos errores.*

recaída f. Reaparición de una enfermedad que no había sido completamente curada : *tener una recaída.* || Reincidencia, acción de volver a incurrir en los mismos vicios o defectos.

recalada f. Llegada del barco a un punto de la costa.

recalar v. t. Penetrar poco a poco un líquido por los poros de un cuerpo empapándolo. || Aparecer una persona por un lugar determinado. || — V. i. *Mar.* Llegar un barco a un punto de la costa. || Bucear, nadar bajo el agua. || *Fig.* Llegar a un sitio.

recalcar v. t. Apretar mucho una cosa con o sobre otra. || *Fig.* Destacar mucho las palabras al pronunciarlas : *recalcó mucho sus frases.* || Repetir, machacar : *siempre está recalcando lo mismo.* || Subrayar : *recalcar la importancia de una cuestión.* || — V. pr. *Riopl.* Dislocarse un hueso.

recalcificación f. Procedimiento para mejorar la fijación del calcio en el organismo.

recalcificar v. t. Aumentar la cantidad de calcio en el organismo.

recalcitrante adj. v. s. Obstinado en el error, terco. || Reacio.

recalentamiento m. Acción de recalentar. || Condición inestable de un cuerpo cuya temperatura rebasa el del equilibrio que corresponde a dicho estado. || Estado de un líquido cuya temperatura es superior a su punto de ebullición. || Calentamiento excesivo de un metal. || *Fig.* Gran excitación.

recalentar v. t. Volver a calentar. || Calentar un líquido a temperatura superior a su punto de ebullición sin que se convierta en vapor. || Calentar un metal a temperatura excesiva hasta el extremo de alterar sus características mecánicas. || *Fig.* Excitar (ú. t. c. pr.). || Poner en celo (ú. t. c. pr.).

recalificar v. t. Dar una nueva calificación.

recalmón m. Súbita disminución de la fuerza del viento en el mar.

recamado m. Bordado de realce.

recamar v. t. Bordar de realce.

recámara f. Aposento después de la cámara donde se guardan los vestidos. || Parte de la culata de las armas de fuego donde se coloca el cartucho. || Sitio donde se ponen los explosivos en el fondo de una mina. || Hornillo de mina. || *Fig. y fam.* Cautela, segunda intención : *tener mucha recámara.* || *Amer.* Dormitorio.

recamarera f. *Méx.* Doncella.

recambiable adj. Dícese de la pieza que puede ser cambiada por otra.

recambiar v. t. Cambiar de nuevo. || Girar la letra de resaca.

recambio m. Acción de recambiar. || Pieza que puede sustituir a otra semejante : *tener una rueda de recambio.*

recancanilla f. *Fam.* Modo de andar los niños como cojeando. || *Fig. y fam.* Manera de recalcar las palabras.

recapacitar v. t. e i. Reflexionar.

recapitulación f. Repetición sumaria, resumen.

recapitular v. r. Resumir. || Recordar sumariamente.

recapitulativo, va adj. Que recapitula : *cuadro recapitulativo.*

Recaredo I (516-601), rey de los visigodos de España desde 586, hijo de Leovigildo. Abjuró del arrianismo y reunió el III Concilio de Toledo en el que su reino fue declarado oficialmente católico (598).

recarga f. Pieza de recambio : *la recarga de un bolígrafo.*

recargar v. t. Volver a cargar o aumentar excesivamente la carga. || Adornar excesivamente : *estilo recargado.* || Aumentar la cantidad que hay que pagar : *recargar los impuestos.* || Agravar la pena de un reo. || *Fig.* Cargar excesivamente : *recargar su memoria.* || *Fig.* Recargar el cuadro o las tintas, exagerar.

recargo m. Nueva carga o aumento de carga. || Aumento en los impuestos o precios. || Sobretasa. || Agravación de una pena. || *Mil.* Tiempo de servicio suplementario.

recatado, da adj. Circunspecto, prudente. || Modesto. || Honesto.

recatar v. t. Encubrir lo que no se quiere que se sepa (ú. t. c. pr.). || — V. pr. Mostrar temor o recelo.

recato m. Honestidad, modestia, pudor. || Cautela, reserva.

recauchutado m. Acción y efecto de recauchutar.

recauchutar o **recauchar** v. t. Revestir un neumático gastado con una disolución de caucho.

recaudación f. Acción de cobrar contribuciones, tasas, impuestos o dinero por cualquier otro motivo. || Oficina donde se recaudan caudales públicos : *la recaudación de impuestos.* || Cantidad recaudada : *la recaudación de un teatro.*

recaudador, ra m. y f. Persona que recauda : *recaudador de contribuciones.* || Cobrador en un banco.

recaudamiento m. Recaudación.

recaudar v. t. Cobrar o percibir caudales públicos o efectos. || Recibir cantidades de dinero por varios conceptos : *recaudar donativos.*

recaudatorio, ria adj. Relativo a la recaudación.

recaudería f. *Méx.* Tienda de especias.

recaudo m. Precaución, cuidado. || *For.* Caución, fianza. || Recaudación. || *Méx.* Abastecimiento de verduras. || *Poner a buen recaudo,* poner en lugar seguro.

recazo m. Guarnición de la espada.

recelar v. t. Sospechar. || Temer : *recelo que le suceda alguna desgracia.* || — V. i. Desconfiar.

recelo m. Suspicacia. || Desconfianza.

receloso, sa adj. Suspicaz, desconfiado : *receloso con sus amigos.*

recensar v. t. Hacer de nuevo el censo.

recensión f. Reseña de una obra en un periódico o revista.

recental adj. v. s. Aplícase a ciertos animales de leche : *cordero recental.*

recepción f. Acción de recibir : *recepción de un paquete.* || Admisión en una asamblea o corporación acompañada de una ceremonia : *recepción de un nuevo miembro.* || Ceremonia oficial en que un alto personaje acoge a los diplomáticos, miembros del gobierno, etc. || Gran fiesta en una casa particular. || Sitio donde se recibe a los clientes en un hotel, congreso, empresa, etc. || Servicio que recibe en este lugar. || *For.* Examen de testigos. || *Rad.* Acción de captar una emisión de ondas hertzianas.

recepcionar v. t. Recibir.

recepcionista com. Persona encargada de la recepción en un hotel, congreso, oficina, etc.

receptáculo m. Cavidad que puede contener o que contiene cualquier cosa.

receptar v. t. *Arg.* Recibir.

receptividad f. *Med.* Predisposición a contraer una enfermedad. || Aptitud para recibir impresiones : *la receptividad del público.* || Cualidad de un radiorreceptor capaz de captar ondas de longitudes muy distintas.

receptivo, va adj. Que recibe impresiones. || Dícese de que recibe o es capaz de recibir.

receptor, ra adj. Que recibe. || — M. Aparato que recibe las señales eléctricas, telegráficas, telefónicas, radiotelefónicas o televisadas : *un receptor de televisión.* || Órgano de una máquina que bajo la acción de una energía cualquiera produce otro efecto energético. || Elemento sensorial, como las células visuales de la retina. || Punto de llegada de los mensajes en la cadena que constituyen todos los procesos de comunicación en un ordenador. || Persona que por medio de una transfusión recibe parte de la sangre de un donante o de un órgano en un trasplante.

receptoria f. Oficio y oficina del recaudador.

recesar v. i. *Amer.* Dejar de realizar sus funciones una corporación, una asamblea, etc. || — V. t. *Per.* Clausurar una asamblea.

recesión f. Disminución de una actividad, crisis : *recesión económica.*

recesivo, va adj. Que provoca la recesión. || Relativo a la recesión.

receso m. (P. us.). Separación. || *Amer.* Cesación, suspensión. || *Amer.* Estar en receso, haber suspendido sus sesiones una asamblea.

Recesvinto, rey visigodo de España (649-672). Compiló las leyes godas y romanas en el *Fuero Juzgo* (654).

receta f. Prescripción médica y nota escrita en que consta. || Nota que indica los componentes de un plato de cocina y la manera de hacerlo : *tener una buena receta para hacer la paella.* || *Fig. y fam.* Fórmula : *una receta para hacer fortuna.*

recetador, ra adj. v. s. Que receta.

recetar v. t. Prescribir el médico un medicamento, indicando su dosis y uso. || *Fig.* Aconsejar.

recetario m. Receta del médico. || Registro donde se apuntan las recetas de medicamentos o de cocina y otras cosas. || Farmacopea.

reciamente adv. Con vigor.

recibí m. Fórmula en un documento para indicar que se ha recibido lo que se consigna : *poner el recibí en una factura.*

recibidor, ra adj. v. s. Aplícase al que recibe. || — M. Antesala donde se reciben las visitas. || — F. *Amer.* Mujer que ayuda a una parturienta sin ser comadrona.

recibimiento m. Acogida : *recibimiento apoteósico.* || Recepción, fiesta. || Entrada, vestíbulo. || Antesala.

recibir v. t. Aceptar o tener entre las manos lo dado o enviado : *recibir un regalo, la pelota.* || Percibir o cobrar una cantidad : *recibir las cuotas de los* miembros de una asociación. ‖ Ser objeto de algo : *recibir una pedrada, felicitaciones, insultos.* ‖ Tomar, acoger : *recibieron con gran entusiasmo su propuesta.* ‖ Aceptar : *reciba mi sincera enhorabuena.* ‖ Admitir, acoger en una asamblea o corporación. ‖ Admitir visitas a una persona. Ú. t. c. i. : *a esta mujer no le gusta recibir.* ‖ Salir al encuentro del que llega : *recibir con gran pompa a uno.* ‖ Acoger : *me han recibido con los brazos abiertos.* ‖ Esperar al que acomete para resistirle. ‖ *Taurom.* Aguantar el matador la embestida del toro sin mover los pies al dar la estocada o un pase. ‖ — V. pr. Tomar el título necesario para ejercer una profesión : *se recibió de doctor en medicina.*

recibo m. Recepción, acción de tener en su poder algo que se ha mandado : *acusar recibo.* ‖ Cuarto de estar en una casa. ‖ Resguardo en que se declara haber recibido una cosa o haber sido pagada una suma : *el recibo de la electricidad.* ‖ *Ser de recibo,* ser admisible, procedente.

reciclado y **reciclaje** m. Nueva formación dada a los ejecutivos de una empresa, a los técnicos o a los funcionarios para permitirles que puedan adaptarse a los adelantos industriales y científicos. ‖ Nueva afectación o asignación dada a las disponibilidades monetarias. ‖ Operación consistente en volver a someter una materia a un ciclo de tratamiento total o parcial cuando la transformación de aquélla no resulta completa.

reciclar v. t. Llevar a cabo el reciclado o reciclaje (ú. t. c. pr.). ‖ Dar al personal de una empresa o a los funcionarios una formación complementaria (ú. t. c. pr.).

recidiva f. Reaparición de una enfermedad después de haber transcurrido un período más o menos largo de salud completa.

reciedumbre f. Fuerza, vigor.

recién adv. Recientemente. Úsase antepuesto a participios pasivos : *recién fallecido.*

reciente adj. Que acaba de suceder o hacerse : *de fecha reciente.*

Recife, ant. Pernambuco, c. y puerto del NO. del Brasil, cap. del Estado de Pernambuco. Arzobispado. Universidad. Centro financiero.

recinto m. Espacio entre ciertos límites : *el recinto de la ciudad.*

recio, cia adj. Fuerte, robusto, vigoroso : *hombre recio.* ‖ Grueso. ‖ Riguroso, difícil de soportar : *invierno recio ; temperatura recia.* ‖ Fuerte, riguroso : *lluvia muy recia.* ‖ Fuerte, intenso : *oí recios golpes en mi ventana.* ‖ Veloz, impetuoso : *tempestad recia.* ‖ — Adv. Fuerte, alto : *gritar recio.* ‖ Con ímpetu : *llover recio.* ‖ *De recio,* fuertemente, reciamente.

recipiendario, ria m. y f. Persona recibida solemnemente en una corporación, academia, etc., para formar parte de ella.

recipiente adj. Que recibe. ‖ — M. Receptáculo, vaso u otro utensilio propio para recibir o contener fluidos, objetos, etc.

reciprocarse v. pr. Corresponderse una cosa con otra.

reciprocidad f. Correspondencia mutua de una persona o cosa con otra. ‖ Retorsión, represalia : *medidas de reciprocidad.*

recíproco, ca adj. Mutuo : *amor recíproco.* ‖ — *Teorema recíproco de otro,* aquel en que la conclusión del otro sí sirve de hipótesis. ‖ *Verbo recíproco,* el que expresa la acción de varios sujetos unos sobre otros. ‖ — F. Acción semejante o equivalente a la que se hizo. ‖ *A la recíproca,* en correspondencia.

recitación f. Acción de recitar.

recitado m. Recitación.

recitador, ra adj. y s. Aplícase a la persona que recita. ‖ Dícese de la persona que comenta la acción escénica en un teatro o cine.

recital m. Función dada por un solo artista con un solo instrumento : *recital de piano.* ‖ Por ext. Cualquier función artística en que sólo interviene un actor o un grupo de actores o la dedicada a una clase de espectáculos de determinado género. ‖

Fig. Exhibición espectacular : *Maradona dio todo un recital de fútbol.*

recitar v. t. Decir de memoria y en voz alta : *recitar un poema.*

recitativo m. *Mús.* Recitado.

Recklinghausen, c. en el NO. de Alemania Occidental (Renania-Westfalia), en el Ruhr. Siderurgia.

reclamación f. Acción de reclamar, petición, solicitud. ‖ Impugnación, oposición o contradicción. ‖ *Libro de reclamaciones,* en los hoteles u otros sitios, aquel donde los clientes pueden formular sus quejas.

reclamador, ra o **reclamante** adj. Aplícase al que reclama (ú. t. c. s.).

reclamar v. t. Pedir o exigir con derecho o con instancia una cosa : *reclamar un pago, atención, respeto.* ‖ Reivindicar : *reclamó su parte.* ‖ — V. i. Clamar contra una cosa, protestar : *reclamar contra una injusticia.*

reclame m. (pal. fr.). *Amer.* Propaganda, publicidad.

reclamo m. Ave amaestrada que se lleva a la caza para que llame y atraiga a las de la misma especie. ‖ Voz con que un ave llama a otra. ‖ Especie de pito para imitar esta voz. ‖ Sonido de este pito. ‖ Voz con que se llama a uno, llamada. ‖ Publicidad, propaganda. ‖ *Fig.* Cosa destinada a atraer a la gente. ‖ *For.* Reclamación contra lo que es injusto. ‖ *Artículo de reclamo,* artículo vendido por debajo del precio normal con fines de publicidad.

reclinable adj. Que se puede reclinar : *asientos reclinables.*

reclinar v. t. Inclinar el cuerpo o parte de él apoyándolo sobre algo. Ú. t. c. pr. : *reclinarse en (o sobre) la mesa.* ‖ Inclinar una cosa apoyándola sobre otra.

reclinatorio m. Silla baja para arrodillarse y rezar.

recluir v. t. Encerrar (ú. t. c. pr.). ‖ Encarcelar.

reclusión f. Pena de carácter aflictivo que consiste en la privación de libertad. ‖ Prisión, cárcel. ‖ Estado de una persona que vive solitaria y sitio en que está reclusa. ‖ *Reclusión mayor, menor,* penas que van de veinte años y un día a treinta años o de doce años y un día a veinte años.

recluso, sa adj. y s. Preso. ‖ Aplícase al que vive retirado del mundo.

recluta f. Reclutamiento. ‖ — M. Mozo que hace el servicio militar.

reclutador, ra adj. y s. Aplícase al que recluta.

reclutamiento m. Acción de reclutar, alistamiento. ‖ Conjunto de los reclutas de un año.

reclutar v. t. Alistar reclutas o soldados. ‖ Reunir gente para cierta labor. ‖ *Riopl.* Reunir un ganado disperso.

recobrar v. t. Volver a tener lo que antes se tenía y se había perdido : *recobrar las alhajas, la salud, el aliento, la alegría.* ‖ Recobrar el sentido, volver al estado normal después de haber perdido el conocimiento. ‖ — V. pr. Desquitarse de un daño o de una pérdida. ‖ Recuperarse físicamente.

recochinearse v. pr. *Pop.* Regodearse. ‖ Burlarse con regodeo.

recochineo m. *Pop.* Regodeo. ‖ Burla acompañada de regodeo.

recodo m. Ángulo, vuelta.

recogedor, ra adj. Aplícase al que recoge. ‖ — M. Instrumento de labranza para recoger la parva en la era. ‖ Utensilio usado para recoger basura u otras cosas.

recogepelotas com. inv. Chiquillo que recoge las pelotas en un partido de tenis.

recoger v. t. Volver a coger o levantar una cosa caída : *recogió del suelo tres pañuelos.* ‖ Juntar cosas dispersas : *recoger documentos.* ‖ Ir juntando : *todavía no he recogido suficiente dinero para el viaje.* ‖ Cosechar : *recoger las mieses.* ‖ Arremangar : *recoger la falda.* ‖ Encoger, ceñir, estrechar. ‖ Guardar : *recoge esta plata.* ‖ Coger y retener : *esta casa recoge todo el polvo.* ‖ Dar asilo, albergar a los menesterosos. ‖ Ir a buscar : *le recogeré a las ocho.* ‖ Retirar de la circulación, confiscar : *recoger un periódico.* ‖ *Fig.* Obtener, captar, enterarse y, eventualmente, valerse de algo : *los niños recogen*

todo lo que se dice. ‖ — V. pr. Refugiarse, acogerse a una parte. ‖ Retirarse a dormir o descansar : *yo me recojo tarde.* ‖ *Fig.* Ensimismarse, abstraerse el espíritu de lo que pueda impedir la meditación o contemplación : *recogerse en sí mismo.*

recogido, da adj. Que vive retirado de la gente. ‖ Aplícase al animal de tronco corto. ‖ — F. Acción de recoger : *la recogida de la basura, de las cosechas.* ‖ Confiscación de un periódico. ‖ Acción de recoger las cartas de un buzón.

recogimiento m. Acción y efecto de recoger o recogerse. ‖ Concentración del espíritu.

Recognoverunt Proceres, conjunto de leyes de Barcelona (España), promulgadas por Pedro II de Aragón (1283).

recolección f. Recopilación, resumen : *recolección de datos.* ‖ Cosecha : *la recolección de la aceituna.* ‖ Cobranza, recaudación.

recolectar v. t. Cosechar : *recolectar la naranja.* ‖ Recaudar fondos : *recolectar impuestos.*

recolector, ra adj. Que recolecta o recauda (ú. t. c. s.).

Recoleta, com. de Chile en el Área Metropolitana de Santiago.

recoleto, ta adj. Dícese del religioso que guarda recolección (ú. t. c. s.). ‖ Aplícase al convento donde vive. ‖ *Fig.* Que vive retirado del mundo. ‖ Tranquilo, poco animado : *plaza recoleta.*

recolocar v. t. *Arg.* Volver a colocar.

recomendable adj. Digno de ser recomendado. ‖ Conveniente.

recomendación f. Acción de recomendar, especialmente con elogios, una persona a otra para que ésta la favorezca : *valerse de la recomendación de uno ; carta de recomendación.* ‖ Escrito en que constan estos elogios. ‖ Alabanza, elogio : *obra digna de recomendación.* ‖ Consejo : *recomendación paterna.*

recomendado, da m. y f. Persona que goza de una recomendación.

recomendar v. t. Aconsejar a uno, recomendándole llevarse el paraguas. ‖ Encargar, pedir, encomendar : *te recomendé que cuidara bien a mi hija.* ‖ Hablar en favor de uno.

recomenzar v. t. Comenzar de nuevo.

recomerse v. pr. Concomerse.

recompensa f. Favor o premio que se otorga a uno para agradecerle los servicios prestados, una buena acción, etc.

recompensar v. t. Otorgar una recompensa, premiar.

recomponer v. t. Volver a componer, arreglar : *recomponer un reloj.* ‖ *Impr.* Componer de nuevo.

recomposición f. Acción y efecto de recomponer.

reconcentración f. y **reconcentramiento** m. Concentración muy grande. ‖ Gran ensimismamiento.

reconcentrado, da adj. Muy concentrado. ‖ Muy abstraído.

reconcentrar v. t. Concentrar, reunir : *reconcentrar las fuerzas del país en un sitio.* ‖ Concentrar algo en una cosa o persona excluyendo las demás : *reconcentrar su interés en un tema.* ‖ *Fig.* Disimular, contener un sentimiento (ú. t. c. pr.). ‖ — V. pr. Ensimismarse, abstraerse.

reconciliable adj. Que se puede reconciliar.

reconciliación f. Acción y efecto de reconciliar o reconciliarse.

reconciliador, ra adj. y s. Dícese de la persona o cosa que reconcilia.

reconciliar v. t. Volver a ser amigos, acordar los ánimos desunidos : *reconciliar a los adversarios.* ‖ — V. pr. Volver a trabar amistad con uno.

reconcomerse v. pr. *Fig.* Concomerse mucho, reconcomerse.

reconcomio m. *Fig.* Estado del que reconcome. ‖ Recelo, sospecha. ‖ Rencor. ‖ Remordimiento.

recondenado, da adj. *Fam.* Maldito : *¡ recondenada vida !*

reconditez f. Carácter de recóndito.

recóndito, ta adj. Muy escondido, oculto : *lo más recóndito de este asunto.* ‖ Profundo, íntimo : *lo más recóndito del alma.*

reconducción f. *For.* Prórroga. ‖ Continuación.

RE

reconducir v. t. *For.* Prorrogar tácita o expresamente un contrato de arrendamiento. ‖ Continuar.

reconfortante adj. y s. m. Aplícase a lo que reconforta.

reconfortar v. t. Dar nuevas fuerzas físicas. ‖ Dar ánimo, reanimar.

reconocedor, ra adj. y s. Aplícase a la persona que reconoce.

reconocer v. t. Ver que una persona o cosa es cierta, determinada : *después de tantos años de ausencia no reconoció a su hermano ; entre tantos paraguas no pudo reconocer el suyo.* ‖ Confesar, admitir como cierto : *reconocer sus errores.* ‖ Admitir la legalidad o existencia de algo : *reconocer un gobierno.* ‖ Examinar detenidamente : *reconocer un médico a sus pacientes ; reconocer el terreno.* ‖ Declarar oficialmente la legitimidad de alguien o de algo : *reconocer un heredero, su firma.* ‖ Agradecer : *saber reconocer los favores recibidos.* ‖ — V. pr. Dejarse conocer fácilmente una cosa. ‖ Confesarse : *reconocerse culpable.*

reconocible adj. Fácil de reconocer.

reconocido, da adj. Agradecido. ‖ Admitido. ‖ Examinado.

reconocimiento m. Acción de reconocer o admitir como cierto : *reconocimiento de un error.* ‖ Confesión : *reconocimiento de una culpa.* ‖ Gratitud, agradecimiento : *en reconocimiento a un servicio prestado.* ‖ Acto de admitir como propio : *reconocimiento de un niño.* ‖ Examen detallado, registro, inspección. ‖ *Mil.* Operación encaminada a obtener informaciones sobre el enemigo en una zona determinada : *avión, patrulla de reconocimiento.* ‖ *Reconocimiento médico,* examen facultativo.

reconquista f. Acción y efecto de reconquistar.
— Llámase *Reconquista* por antonomasia a la llevada a cabo por los cristianos de España, ocupada entonces por los musulmanes, iniciada en la batalla de Covadonga (718) y cerrada con la toma de Granada (1492).

Reconquista, c. del NE. de la Argentina (Santa Fe). Obispado.

reconquistar v. t. Recuperar, volver a conquistar.

reconsiderar v. t. Volver a considerar.

reconstitución f. Acción y efecto de reconstituir.

reconstituir v. t. Volver a formar : *reconstituir un partido.* ‖ *Med.* Volver un organismo cansado a su estado normal (ú. t. c. pr.). ‖ Volver a dar su forma inicial a algo : *reconstituir un texto.* ‖ Reproducir un suceso a partir de los datos que se tienen : *reconstituir un crimen, un accidente.*

reconstituyente adj. Que reconstituye. ‖ Aplícase especialmente al remedio que reconstituye el organismo (ú. t. c. s. m.).

reconstrucción f. Reedificación de las construcciones ruinosas.

reconstructivo, va adj. Relativo a la reconstrucción.

reconstruir v. t. Volver a construir. ‖ Reconstituir.

recontar v. t. Volver a contar o calcular. ‖ Referir de nuevo.

recontento, ta adj. Muy contento.

recontra adv. *Amer. Fam.* Mucho.

reconvención f. Cargo, reproche, censura. ‖ *For.* Demanda que al contestar entabla el demandado contra el promovedor del juicio.

reconvenir v. t. Hacer cargo o reproche a uno de algo, censurar, reprender. ‖ *For.* Ejercitar el demandado acción contra el ·promovedor del juicio.

reconversión f. Adaptación de la producción de guerra a la producción de paz, y, por ext., de una producción antigua a una nueva : *reconversion de una empresa.* ‖ Nueva formación de una persona para que pueda adaptarse a otra actividad.

reconvertir v. t. Proceder a una reconversión.

recopilación f. Reunión de varios escritos, a veces resumidos.
— En España se da el nombre de *Recopilación* a la de leyes ordenada por Felipe II en 1567. Se conoce con el nombre de *Nueva Recopilación* su novena edición (1775) y con el de *Novísima Recopilación,* su suplemento de 1805.

recopilador, ra adj. Que recopila o reúne (ú. t. c. s.).

recopilar v. t. Juntar, recoger o unir diversas cosas a veces resumidas : *recopilar escritos literarios, leyes,* etc.

récord m. (pal. ingl.). En deporte, resultado que supera a todos los alcanzados hasta la fecha, plusmarca, marca : *establecer un récord.* ‖ Por ext. Resultado excepcional que supera una realización precedente : *récord de fabricación.* ‖ *Fam. En un tiempo récord,* en muy poco tiempo.

recordar v. t. Acordarse : *no consigo recordar nada de lo ocurrido.* ‖ Traer a la mente : *esto recuerda mi juventud.* ‖ Mover a uno a que tenga presente una cosa : *recordar una obligación.* ‖ Parecerse, hacer pensar : *esta muchacha recuerda a su madre.* ‖ — V. i. (Ant.). Despertar el dormido.

recordatorio m. Aviso, advertencia para hacer recordar alguna cosa. ‖ Estampa de primera comunión, en recuerdo de los difuntos, etc.

recording m. (pal. ingl.). Grabación del sonido de una película.

recordman m. (pal. ingl.). El que ha conseguido un récord deportivo, plusmarquista. (Pl. *recordmen.*) [El fem. es *recordwoman,* que hace en pl. *recordwomen.*]

recordwoman f. V. RECORDMAN.

recorrer v. t. Andar cierta distancia : *recorrer muchos kilómetros en poco tiempo.* ‖ Transitar por un espacio, atravesarlo de un extremo a otro : *recorrer una ciudad.* ‖ Leer rápidamente : *recorrer un escrito.* ‖ *Impr.* Pasar letras de una líneas a otra a causa de un añadido o una corrección. ‖ *Méx.* Revisar.

recorrido m. Espacio que recorre una persona o cosa, trayecto : *recorrido del autobús.* ‖ Carrera, distancia que recorre un órgano mecánico animado por un movimiento de vaivén : *el recorrido del émbolo.* ‖ *Fig.* Camino, senda seguida. ‖ Operación de recorrer la composición.

recortable adj. Que se puede recortar. ‖ — M. Papel o tejido que recortado de determinadas figuras.

recortar v. t. Cortar lo que sobra de una cosa : *recortar el borde de una pieza.* ‖ Cortar el papel u otro material en varias figuras. ‖ En pintura, señalar los perfiles de algo. ‖ *Fig.* Reducir, menguar. ‖ — V. pr. Destacarse, perfilarse : *la torre se recorta en el cielo.*

recorte m. Acción de recortar y fragmento cortado. ‖ Cartulina donde están dibujadas figuras para que se entretengan los niños en recortarlas. ‖ *Taurom.* Esquiva que se hace al pasar el toro. ‖ Trozo cortado de un escrito en que hay algo interesante : *recorte de prensa.* ‖ *Fig.* Reducción. ‖ — Pl. Residuos de cualquier material recortado.

recoser v. t. Volver a coser.

recosido m. Acción y efecto de recoser.

recostar v. t. Reclinar la parte superior del cuerpo el que está de pie o sentado. Ú. t. c. pr. : *recostarse en un sillón.* ‖ Inclinar una cosa apoyándola en otra.

recova f. Compra de huevos, gallinas, etc., para revenderlos. ‖ Mercado en que se venden gallinas. ‖ *Riopl.* Acera cubierta por una galería. ‖ Mercado de comestibles.

recoveco m. Vuelta y revuelta de un camino, pasillo, arroyo, etc. ‖ *Fig.* Rodeo : *andarse con recovecos.* ‖ Lo más oculto : *los recovecos del alma.*

recovero, ra adj. y s. Persona que se dedica a la recova.

recreación f. Recreo.

recrear v. t. Entretener, divertir, alegrar, deleitar. Ú. t. c. pr. : *recrearse en leer.* ‖ Provocar una sensación agradable : *recrear la vista.* ‖ Crear de nuevo.

recreativo, va adj. Que recrea.

recreo m. Diversión, distracción, entretenimiento : *viaje de recreo.* ‖ Tiempo que tienen los niños en los colegios para recrearse : *la hora del recreo.* ‖ Cosa amena : *esto es un recreo para la vista.* ‖ *Amer.* Merendero.

Recreo (El), pobl. del centro norte de Venezuela, en el área metropolitana de Caracas.

recriminación f. Reproche.

recriminador, ra adj. y s. Que recrimina.

recriminar v. t. Reprochar, reconvenir : *recriminar a uno su conducta.* ‖ — V. pr. Criticarse dos o más personas, hacerse cargos mutuamente.

recriminatorio, ria adj. Que supone recriminación.

recrudecer v. i. Incrementar algo malo o molesto (ú. t. c. pr.).

recrudecimiento m. o **recrudescencia** f. Acción de recrudecer, agravación, empeoramiento.

rectangular adj. *Geom.* Que tiene la forma de un rectángulo : *cara rectangular de un poliedro.* ‖ Que tiene uno o más ángulos rectos.

rectángulo adj. m. *Geom.* Rectangular. ‖ Aplícase principalmente al triángulo y al paralelepípedo. (V. TRIÁNGULO.) ‖ — M. Paralelogramo que tiene los cuatro ángulos rectos y los lados contiguos desiguales.

rectificable adj. Que puede rectificarse.

rectificación f. Corrección de una cosa inexacta : *la rectificación de una cuenta.* ‖ *Electr.* Transformación de una corriente alterna en corriente continua. ‖ *Mec.* Operación consistente en afinar por amoladura la superficie de piezas ya labradas. ‖ *Quím.* Destilación de un líquido para separar sus constituyentes o purificarlo.

rectificado m. Rectificación.

rectificador, ra adj. Que rectifica. ‖ — M. Aparato que transforma una corriente eléctrica alterna en continua. ‖ Alambique para rectificar. ‖ — F. Mec. Máquina herramienta que sirve para rectificar.

rectificar v. t. Corregir una cosa inexacta : *rectificar una cuenta, un error.* ‖ *Fig.* Contradecir a alguien por haber formulado un juicio erróneo. ‖ Volver recto o plano : *rectificar el trazado de un camino.* ‖ Transformar una corriente eléctrica alterna en otra continua. ‖ *Mec.* Efectuar la rectificación de una pieza. ‖ *Quím.* Purificar por una nueva destilación.

rectificativo, va adj. Que rectifica o corrige. ‖ — M. Documento en que se rectifica.

rectilíneo, a adj. Compuesto de líneas rectas. ‖ *Fig.* Justo, sin tergiversaciones : *conducta rectilínea.*

rectitud f. Distancia más breve entre dos puntos. ‖ *Fig.* Calidad de recto o justo, honradez, probidad. ‖ Conformidad con la razón.

recto, ta adj. Derecho : *camino recto.* ‖ *Fig.* Justo, íntegro : *persona recta.* ‖ Dícese del sentido propio de una palabra, por oposición a *figurado* : *verdadero : el recto significado de mi proceder.* ‖ *Geom.* Aplícase aquel cuyos lados son perpendiculares. ‖ — M. Última porción del intestino grueso que termina en el ano. ‖ *Impr.* Folio o plana de un libro que, abierto, cae a la derecha del que lee, por oposición a *vuelto.* ‖ *F.* Línea más corta de un punto a otro. ‖ — Adv. Derecho, todo seguido.

rector, ra adj. Que rige o gobierna : *principio rector ; fuerza rectora.* ‖ — M. Superior de un colegio, comunidad. ‖ Superior de una universidad. ‖ *Párroco.* ‖ *Fig.* Dirigente.

rectorado m. Cargo y oficina del rector.

rectoral adj. Relativo a rector. ‖ — F. Casa del párroco.

rectoría f. Oficio y oficina del rector. ‖ Casa del cura.

recua f. Conjunto de caballerías.

recuadrar v. t. Cuadrar o cuadricular.

recuadro m. Filete cuadrado o rectangular que enmarca un texto o dibujo. ‖ Pequeña reseña en un periódico.

Recuay, c. del N. del Perú, cap. de la prov. homónima (Ancash). Centro de una civilización (de 400 a 1000 d. de J. C.) a la que nos deben algunos objetos de cerámica.

recubrimiento m. Acción y efecto de recubrir.

recubrir v. t. Volver a cubrir. ‖ Cubrir completamente.

recuelo m. Lejía muy fuerte.

recuento m. Segunda cuenta que se hace de una cosa. ‖ Enumeración, cálculo : *recuento de votos.* ‖ Recuento globular, determinación de la cantidad total de glóbulos en la sangre.

recuerdo m. Impresión que se queda en la memoria de un suceso : *tengo un recuerdo muy vivo de aquel accidente.* ‖ Regalo hecho en memoria de una persona o suceso. ‖ Objeto que se vende a los turistas en los lugares muy concurridos : *tienda de recuerdos.* — Pl. Saludos : *da recuerdos a tu madre.* ‖ Med. Dosis de recuerdo, revacunación.

reculada f. Retroceso. ‖ Fig. Acción de ceder.

recular v. i. Retroceder : *recular un paso.* ‖ Fig. Transigir, ceder uno de su opinión o dictamen.

reculones (a) adv. Fam. Andando hacia atrás.

recuperable adj. Que puede ser recuperado.

recuperación f. Acción y efecto de recuperar o recuperarse.

recuperador, ra adj. y s. Que recupera. ‖ — M. Aparato que sirve para recuperar calor o energía.

recuperar v. t. Recobrar : *recuperar lo perdido, la vista.* ‖ Recoger materiales para aprovecharlos : *recuperar chatarra.* ‖ Recuperar una hora de trabajo, trabajar una hora en sustitución de la que se ha perdido por una causa cualquiera. ‖ — V. pr. Restablecerse, reponerse después de una enfermedad o emoción. ‖ Reactivarse los negocios.

recuperativo, va adj. Que permite recuperar.

recurrencia f. Reaparición de las manifestaciones de una enfermedad después de un período de calma.

recurrente adj. For. Dícese de la persona que entabla un recurso (ú. t. c. s.). ‖ Que vuelve atrás : *nervios recurrentes.* ‖ Dícese de la enfermedad que experimenta recurrencias.

recurrir v. i. Acudir a uno para obtener alguna cosa : *recurrir a un especialista.* ‖ Utilizar un medio : *recurrir a la adulación.* ‖ For. Acudir a un juez o autoridad con una demanda.

recurso m. Acción de recurrir a alguien o algo. ‖ Medio, expediente que se utiliza para salir de apuro : *no me queda otro recurso.* ‖ For. Acción que concede la ley al condenado en juicio para que pueda recurrir a otro tribunal : *recurso de casación.* ‖ — Pl. Medios económicos : *faltarle a uno recursos.* ‖ Elementos que representan la riqueza o la potencia de una nación : *los recursos industriales de España.* ‖ — For. Recurso de alzada, V. ALZADA. ‖ Recurso de súplica, apelación que se interpone contra las resoluciones de los tribunales superiores.

recusación f. Acción de recusar.

recusar v. t. For. Rechazar la competencia de un tribunal, juez, perito, etc. ‖ No querer aceptar una cosa.

rechazamiento m. Acción y efecto de rechazar, repulsa, negativa.

rechazar v. t. Obligar a retroceder : *rechazar al enemigo.* ‖ Resistir victoriosamente : *rechazar un asalto.* ‖ Fig. No ceder a, apartar : *rechazar los malos pensamientos.* ‖ Rehusar, no aceptar : *rechazar una propuesta, un regalo.* ‖ No atender : *rechazar una petición.* ‖ Despedir, desairar : *rechazar a un pretendiente.* ‖ Refutar, denegar. ‖ Negar : *rechazar una acusación.* ‖ Med. No aceptar un injerto el organismo.

rechazo m. Retroceso de un cuerpo al chocar con otro. ‖ Fig. Rechazamiento, negativa. ‖ Med. No aceptación de un injerto por un organismo. ‖ De rechazo, rebote, que ha chocado antes con otra cosa ; (fig.) por consiguiente, en consecuencia.

rechifla f. Acción de rechiflar. ‖ Fig. Burla. ‖ Abucheo.

rechiflar v. t. Silbar con insistencia. ‖ — V. pr. Burlarse de uno.

rechinamiento m. Acción y efecto de rechinar.

rechinar v. i. Producir un ruido desapacible al rozar una cosa con

otra : *los engranajes rechinaban.* ‖ Fig. Gruñir, hacer algo a disgusto. ‖ Rechinar los dientes, entrechocarse los dientes por dolor o rabia. ‖ — V. pr. Amer. Requemarse o tostarse.

rechistar v. i. Chistar. ‖ Sin rechistar, sin contestar ; sin protestar.

rechoncho, cha adj. Fam. Gordo y de poca altura.

Recht, c. en el N. de Irán, cerca del Caspio. Centro comercial.

rechupete (de) loc. adv. Fam. Magnífico, muy bien.

red f. Aparejo para pescar o cazar hecho con hilos entrelazados en forma de mallas. ‖ Cualquier labor de mallas, como la que se tiende en medio de un campo de tenis, detrás de los postes de la portería de fútbol, etc. ‖ Redecilla para sujetar el pelo. ‖ Fig. Engaño, trampa : *caer en la red.* ‖ Conjunto de vías de comunicación, líneas telegráficas o eléctricas, ríos, cañerías para el abastecimiento de agua, etc.: *red ferroviaria, de carreteras.* ‖ Conjunto de calles que se entrelazan en un punto : *la red de San Luis en Madrid.* ‖ Organización con diferentes ramificaciones enlazadas entre sí : *una gran red de tiendas de modas ; una red de espionaje.* ‖ Reparto o distribución de los elementos de un conjunto en diferentes puntos. ‖ Trama de los vasos sanguíneos. ‖ En informática, sistema de ordenadores alejados geográficamente unos de otros pero conectados entre sí permanentemente por medio de la telecomunicación. ‖ Conjunto de poblaciones unidas por razones de carácter económico.

Red, ~ **Deer,** c. al O. de Canadá (Alberta). ‖ ~ **River,** río del S. de los Estados Unidos, que se divide en dos brazos, uno de los cuales se une al Misisipí mientras el otro desemboca en el golfo de México.

redacción f. Acción y efecto de redactar : *la redacción de un artículo.* ‖ Oficina donde se redacta : *la redacción de la Editorial Larousse.* ‖ Conjunto de los redactores : *la redacción de un periódico.* ‖ Ejercicio escolar para aprender a redactar.

redactar v. t. Poner algo por escrito.

redactor, ra adj. Dícese de la persona que redacta. U. t. c. s. : *redactor de prensa ; redactor jefe.*

redada f. Lance de red. ‖ Conjunto de animales cogidos en la red. ‖ Fig. y fam. Conjunto de personas o cosas cogidas de una vez. ‖ Redada de policía, operación en que la policía detiene a varias personas a la vez.

redecilla f. Labor de malla en que se recoge el pelo. ‖ En los vehículos, red para colocar el equipaje. ‖ Bolsa de mallas para la compra. ‖ Segunda cavidad del estómago de los rumiantes.

rededor m. (Ant.) Contorno. ‖ Al o en rededor, alrededor.

redención f. Rescate : *la redención de los cautivos.* ‖ Por antonomasia, la del género humano por Jesucristo con su pasión y muerte : *el misterio de la Redención.* ‖ Fig. Remedio.

redentor, ra adj. Que redime (ú. t. c. s.). ‖ El Redentor, Jesucristo.

redentorista adj. Dícese de lo relativo a la orden religiosa fundada cerca de Nápoles por San Alfonso María de Ligorio en 1731. ‖ Perteneciente a ella (ú. t. c. s.).

redescuento m. Com. Nuevo descuento : *tipo de redescuento.*

redhibición f. Anulación de una venta por parte del comprador cuando la cosa vendida está tachada de vicio.

redhibir v. t. Deshacer el comprador la venta por haber ocultado el vendedor algún vicio o gravamen de la mercancía.

redhibitorio, ria adj. For. Que da derecho a la anulación de una venta.

redicho, cha adj. Fam. Dícese de la persona que pronuncia las palabras con afectación. ‖ Pedante.

¡rediez! interj. ¡Córcholis!

redil m. Aprisco cercado con estacas para el ganado. ‖ Fig. Volver al redil, volver al buen camino.

redimible adj. Que puede ser redimido.

redimir v. t. Rescatar o sacar de esclavitud : *redimir a un cautivo.*

‖ Hablando de Jesucristo, salvar al género humano. ‖ Librar de una obligación : *redimir del servicio militar.* ‖ Dejar libre una cosa hipotecada o empeñada. ‖ Fig. Sacar de una mala situación.

redingote m. Gabán a modo de levita, con las mangas ajustadas.

redistribución f. Nueva distribución. ‖ Modificación, generalmente hecha por motivos sociales, de la distribución de bienes o rentas.

redistribuir v. t. Distribuir de nuevo.

rédito m. Interés, beneficio que da un capital : *dinero a rédito.*

redoblamiento m. Acción de redoblar o redoblarse.

redoblar v. t. Intensificar, repetir aumentando : *redoblar sus esfuerzos.* ‖ Repetir : *redoblar una consonante.* ‖ Remachar un clavo doblándolo. ‖ En el bridge, confirmar una declaración hecha por un adversario. ‖ — V. i. Tocar redobles en el tambor.

redoble m. Redoblamiento. ‖ Toque de tambor vivo y sostenido.

redoma f. Vasija de vidrio ancha de asiento, y que se estrecha hacia la boca, utilizada en laboratorios.

redomado, da adj. Astuto : *bribón redomado.* ‖ Por ext. Consumado.

redomón, ona adj. Amer. Dícese de la caballería no domada por completo (ú. t. c. s. m.). ‖ Fig. Méx. Dícese del individuo que no se habitúa a la ciudad (ú. t. c. s.). ‖ Chil. y Méx. Novato, novicio (ú. t. c. s.).

redonda f. Comarca, región. ‖ Letra redondilla. ‖ Mús. Semibreve. ‖ A la redonda, alrededor : *cuatro kilómetros a la redonda.*

redondeado, da adj. De forma casi redonda.

redondear v. t. Poner redonda una cosa. ‖ Igualar la altura de la parte inferior de una prenda de vestir : *redondear una falda.* ‖ Fig. Convertir una cantidad en un número completo de unidades : *redondear una suma.* ‖ Sanear los bienes liberándose de deudas. ‖ — V. pr. Fig. Enriquecerse.

redondel m. Espacio donde se lidian los toros en las plazas. ‖ Círculo o circunferencia.

Redondela, v. en el NO. de España (Pontevedra), en la bahía de Vigo.

redondez f. Forma, estado de lo que es redondo : *la redondez de la Tierra.* ‖ Superficie de un cuerpo redondo.

redondilla f. Estrofa de cuatro versos octosílabos. ‖ Letra de mano o imprenta que es derecha y circular (ú. t. c. adj. f.).

redondo, da adj. De forma redonda o esférica : *plato redondo, pelota redonda.* ‖ Fig. Claro, sin rodeos. ‖ Total, rotundo : *éxito redondo.* ‖ — M. Cosa de forma circular o esférica. ‖ Pedazo de carne bovina, de forma redonda, que está cerca de la contratapa. ‖ Fig. Caerse redondo, caerse desplomado. ‖ En redondo, dando una vuelta completa ; rotundamente, categóricamente : *negarse en redondo.* ‖ Fam. Negocio redondo, negocio magnífico. ‖ Número redondo, el aproximado que sólo expresa unidades completas. ‖ Fig. Virar en redondo, cambiar completamente de orientación o dirección.

Redondo (Onésimo), político español (1905-1936), uno de los fundadores de las Juntas de Ofensiva Nacional-Sindicalista o J. O. N. S. (1931), unidas después con Falange Española (1934). Murió en la guerra civil.

redorar v. t. Volver a dorar.

redrojo m. Racimo pequeño que dejan los vendimiadores en la cepa.

reducción f. Disminución, aminoración : *reducción del precio, de la pensión.* ‖ Sometimiento, represión : *la reducción de una sublevación.* ‖ Durante la colonización de América, pueblos de indios convertidos al cristianismo. (Las reducciones más célebres fueron las de las Misiones Jesuíticas del Paraguay.) ‖ Copia reducida : *la reducción de una escultura.* ‖ Mat. Disminución del tamaño de una figura : *compás de reducción.* ‖ Conversión de una cantidad en otra equivalente, pero más sencilla : *reducción de fracciones a un común denominador.* ‖ Quím. Operación mediante la cual se quita el oxígeno a un cuerpo

RE

549

que lo contiene : *reducción de un óxido a metal.* ‖ Compostura de los huesos rotos.

reducible adj. Que puede ser reducido en una forma más simple.

reducido, da adj. Pequeño, limitado : *un rendimiento reducido.*

reducidor, ra m. y f. *Arg.* Comprador de cosas robadas para venderlas.

reducir v. t. Disminuir : *reducir el tren de vida; reducir el número de empleados.* ‖ Disminuir las dimensiones, la intensidad o la importancia. ‖ Cambiar una cosa en otra : *reducir a polvo.* ‖ Concentrar por medio de ebullición : *reducir una solución.* ‖ Copiar o reproducir disminuyendo : *reducir un dibujo, una foto.* ‖ Resumir, compendiar : *han reducido la película a media hora de proyección.* ‖ Cambiar unas monedas por otras : *reducir pesetas a francos.* ‖ *Mat.* Convertir una cantidad en otra equivalente : *reducir litros a hectolitros; reducir varios quebrados a un común denominador.* ‖ Colocar en su sitio los huesos rotos : *reducir una fractura.* ‖ Cambiar una marcha a otra más corta para aminorar la velocidad del vehículo. ‖ *Quím.* Separar de un cuerpo el oxígeno : *reducir un óxido.* ‖ *Fig.* Someter, vencer : *reducir una sublevación.* | Sujetar, obligar : *reducir al silencio.* ‖ — V. pr. Resumirse, equivaler : *todo esto se reduce a nada.* ‖ Limitarse : *reducirse a lo más preciso.*

reductible adj. Reducible.

reducto m. Obra de fortificación cerrada. ‖ Local pequeño. ‖ *Fig.* Lugar donde se encierra a alguien.

reductor, ra adj. Que sirve para reducir. ‖ *Quím.* Dícese de los cuerpos que tienen la propiedad de desoxidar. Ú. t. c. s. m. : *el carbón es un reductor.* ‖ *Mec.* Aplícase a un mecanismo que disminuye la velocidad de rotación de un árbol. Ú. t. c. s. m. : *reductor de velocidad.*

redundancia f. Empleo de palabras inútiles.

redundante adj. Que demuestra redundancia : *todos sus libros estaban escritos en un estilo redundante.*

redundar v. i. Resultar una cosa beneficiosa o nociva.

reduplicación f. Redoblamiento.

reduplicar v. t. Redoblar.

reedición f. Nueva edición.

reedificación f. Reconstrucción.

reedificar v. t. Construir de nuevo.

reeditar v. t. Volver a editar.

reeducación f. Acción de educar de nuevo. ‖ Método que permite a algunos convalecientes recobrar el uso de sus miembros o de sus facultades : *reeducación muscular, psíquica.* ‖ *Reeducación profesional,* readaptación de algunos incapacitados a una actividad profesional.

reeducar v. t. Aplicar la reeducación. ‖ — V. pr. Hacer la reeducación.

reelección f. Nueva elección.

reelecto, ta adj. Vuelto a elegir (ú. t. c. s.).

reelegible adj. Que puede ser reelegido.

reelegir v. t. Volver a elegir.

reembarcar v. t. Embarcar de nuevo (ú. t. c. pr.).

reembarque m. Acción y efecto de reembarcar.

reembolsable adj. Que puede o debe ser reembolsado.

reembolsar v. t. Devolver una cantidad desembolsada. ‖ — V. pr. Recuperar lo desembolsado.

reembolso m. Acción de reembolsar : *el reembolso de una deuda.* ‖ *Envío contra reembolso,* envío por correo de una mercancía cuyo importe debe pagar el destinatario para que se le entregue.

reemplazar v. t. Sustituir una cosa por otra : *reemplazar el azúcar por la sacarina.* ‖ Poner una cosa en lugar de otra : *reemplazar un automático desgastado.* ‖ Ocupar el puesto de otro, desempeñando sus funciones : *reemplazar a un profesor enfermo.*

reemplazo m. Acción de reemplazar una cosa por otra o a una persona en un empleo. ‖ *Mil.* Renovación parcial y periódica del contingente activo del ejército. | Quinta.

reemprender v. t. Volver a emprender.

reencarnación f. Nueva encarnación, metempsicosis.

reencarnar v. t. Volver a encarnar (ú. t. c. pr.).

reencauzar v. t. Volver a encauzar.

reencuentro m. Acción de volver a encontrar.

reenganchar v. t. *Mil.* Volver a alistar un soldado. ‖ — V. pr. *Mil.* Alistarse de nuevo un soldado.

reenganche m. Acción y efecto de reengancharse o reengancharse. ‖ Dinero que se da al soldado que se reengancha.

reenviar v. t. Volver a enviar.

reenvidar v. t. Envidar de nuevo.

reenvío m. Reexpedición.

reequilibrar v. t. Volver a equilibrar.

reequilibrio m. Nuevo equilibrio.

reestrenar v. t. Representar o proyectar de nuevo en otro local una obra de teatro o una película.

reestreno m. Nueva representación en otro local de una obra de teatro. ‖ Pase de una película al segundo circuito de exhibición : *cine de reestreno.*

reestructuración f. Acción y efecto de dar una nueva estructura.

reestructurar v. t. Dar una nueva estructura o reorganizar.

reevaluación f. Revalorización.

reevaluar v. t. Revalorizar.

reexamen m. Nuevo examen.

reexaminar v. t. Volver a examinar.

reexpedición f. Envío de una cosa que se ha recibido.

reexpedir v. t. Expedir al remitente o a otro algo que se ha recibido.

reexportación f. Acción y efecto de reexportar.

reexportar v. t. Exportar lo que se ha importado : *reexportar mercancías.*

refacción f. Alimento ligero para recuperar las fuerzas, colación. ‖ Refección, reparación. ‖ Lo que en una venta se da por añadidura. ‖ Gratificación. ‖ *Amer.* Pieza de un aparato mecánico que sustituye a la vieja y gastada, recambio, repuesto.

refaccionar v. t. *Amer.* Recomponer, reparar.

refaccionario, ria adj. Dícese de la tienda que hace recambios.

refajo m. Saya interior que usan las mujeres de los pueblos para abrigo. ‖ Falda corta. ‖ *Amer.* Falda.

refalar v. i. *Amer.* Resbalar (ú. t. c. pr.).

refalosa f. Resbalosa, baile.

refanfinflarse v. pr. *Fam.* Dar igual.

refección f. Compostura, reparación, restauración : *la refección de una carretera.* ‖ Colación.

refectorio m. Comedor de una comunidad o colegio.

referencia f. Relación, narración. ‖ Relación, dependencia, semejanza de una cosa respecto de otra. ‖ Remisión de un escrito a otro. ‖ Noticia, información sobre algo. ‖ Indicación en el encabezamiento de una carta a la cual hay que referirse en la contestación. ‖ Informe que acerca de la probidad u otras cualidades de un tercero da una persona a otra : *referencia comercial, profesional,* etc. (ú. m. en pl.). ‖ — Hacer referencia a, aludir a. ‖ *Punto de referencia,* señal o indicio que permite orientarse en un asunto.

referendario, ria m. Refrendario.

referendo m. Referéndum.

referéndum m. Votación directa de los ciudadanos en un país sobre cuestiones importantes de interés general. ‖ Despacho que manda un diplomático a su gobierno para que le dé nuevas instrucciones.

referente adj. Que se refiere a una cosa, relativo a ella.

réferi m. *Amer.* Árbitro.

referir v. t. Dar a conocer, relatar o narrar un hecho : *referir el resultado de una investigación.* ‖ Relacionar una cosa o persona con otra. ‖ Dirigir, guiar hacia cierto fin. ‖ *Amer.* C. Insultar, injuriar. ‖ *Méx.* Reprochar. ‖ — V. pr. Tener cierta relación : *esto se refiere a lo que dije ayer.* ‖ Aludir : *no me refiero a usted.* ‖ *Gram.* Concordar, relacionarse.

refilón (de) m. adv. De soslayo. ‖ Oblicuamente : *chocar de refilón contra un coche.* ‖ *Fig.* De pasada.

refinación f. Refinado.

refinado, da adj. *Fig.* Distinguido,

muy fino y delicado. | Perfecto, consumado : *una tortura refinada.* ‖ — M. Operación que consiste en volver más fino o puro el azúcar, el petróleo, los metales, el alcohol, etc.

refinador, ra adj. Aplícase a la persona o fábrica que refina, especialmente licores o metales (ú. t. c. s.).

refinadura f. Refinado.

refinamiento m. Esmero. | Buen gusto, distinción : *portarse con refinamiento.* ‖ Ensañamiento : *refinamiento en la crueldad.*

refinanciación f. y **refinanciamiento** m. Acción de refinanciar.

refinanciar v. t. Intentar conseguir fondos en el Banco Central o en el mercado monetario para reembolsar la deuda nacional.

refinar v. t. Hacer más fina o más pura una cosa : *refinar el oro, el azúcar, el petróleo.* ‖ *Fig.* Volver más perfecto : *refinar el gusto, el estilo.* ‖ — V. pr. Educarse.

refinería f. Instalación industrial en la que se refinan ciertos productos : *refinería de petróleo, de azúcar.*

refino, na adj. Muy fino. ‖ — M. Transformación del petróleo crudo en un producto acabado. ‖ Tratamiento que sufre un producto derivado del petróleo para transformarlo, fraccionarlo o purificarlo.

refistolero, ra adj. *Méx., Ecuad.* y *P. Rico.* Presumido (ú. t. c. s.).

reflectante adj. Que refleja.

reflectar v. t. Reflejar.

reflector, ra adj. Que refleja. ‖ — M. Aparato para reflejar los rayos luminosos, el calor u otra radiación.

reflejar v. t. Hacer retroceder o cambiar de dirección los rayos luminosos, caloríficos, acústicos, etc., oponiéndoles una superficie lisa : *el espejo refleja los rayos luminosos* (ú. t. c. pr.). ‖ *Fig.* Expresar, manifestar : *una cara que refleja la bondad.* ‖ Hacer ver la imagen de. Ú. t. c. pr. : *mi cara se reflejaba en sus ojos.* ‖ — V. pr. *Fig.* Dejarse ver una cosa en otra : *se refleja su temperamento en sus obras.* ‖ Repercutirse.

reflejo, ja adj. Que ha sido reflejado : *rayo reflejo.* ‖ Dícese de un movimiento involuntario. ‖ Reflexivo : *verbo reflejo.* ‖ — M. Luz reflejada : *reflejos en el agua.* ‖ *Fig.* Representación, imagen. ‖ Conjunto de una excitación sensorial transmitida a un centro por vía nerviosa y de la respuesta motriz o glandular, siempre involuntaria, que aquélla provoca. ‖ Reacción rápida y automática ante un hecho repentino o imprevisto : *tener buenos reflejos.* ‖ *Reflejo condicionado,* aquel en el cual se ha sustituido experimentalmente el excitante normal por otro.

reflexión f. Cambio de dirección de las ondas luminosas, caloríficas o sonoras que inciden sobre una superficie reflectante : *reflexión de la luz.* ‖ Acción de reflexionar, actividad mental en que el pensamiento se vuelve sobre sí mismo : *obrar sin reflexión.* ‖ Juicio, advertencia o consejo que resulta de ello : *reflexión moral;* expresar unas reflexiones muy acertadas. ‖ Manera de ejercerse la acción del verbo reflexivo. ‖ *Ángulo de reflexión,* el que hace el rayo incidente con la normal en el punto de incidencia.

reflexionar v. t. Meditar.

reflexivo, va adj. Que refleja. ‖ Que obra con reflexión : *un niño reflexivo.* ‖ Hecho con reflexión. ‖ *Verbo reflexivo,* el que indica que el sujeto de la proposición sufre la acción.

reflorecer v. i. Volver a florecer.

reflorecimiento m. Acción y efecto de reflorecer. ‖ *Fig.* Nuevo esplendor.

refluir v. i. Volver hacia atrás.

reflujo m. Movimiento descendente de la marea. ‖ *Fig.* Retroceso.

refocilación f. Alegría, diversión.

refocilar v. t. Recrear, alegrar, deleitar (ú. t. c. pr.).

refocilo m. Refocilación.

reforestación f. *Amer.* Repoblación forestal.

reforma f. Cambio en vista de una mejora : *reforma agraria.* ‖ En una orden religiosa, vuelta a su primitiva observancia. ‖ Enmienda, perfeccionamiento. ‖ Religión reformada, protestantismo. (V. PROTESTANTISMO.)

— Se conoce históricamente con el nombre de *Reforma* el movimiento religioso iniciado en la primera mitad del s. XVI que sustrajo a la obediencia de los papas una gran parte de Europa. Los partidarios de Martín Lutero, monje alemán condenado por el Concilio de Trento, sólo consiguieron el reconocimiento legal del *luteranismo* después de la Paz de Augsburgo (1555). La Reforma fue propagada y aceptada en Suecia por el rey Gustavo I Vasa, en Suiza por Zwinglio, en Francia y en Ginebra por Calvino (*calvinismo*), en Inglaterra por el rey Enrique VIII, su hijo Eduardo VI y su hija Isabel I. También ganó adeptos en los Países Bajos a pesar de las persecuciones de Felipe II de España. Para luchar contra las ideas reformadoras surgió, en la segunda mitad del s. XVI, un movimiento católico, llamado *Contrarreforma*, cuyos más fieles servidores fueron los miembros de la orden de los jesuitas, fundada por San Ignacio de Loyola (1540).

— En México se ha llamado *Guerra de la Reforma* a la contienda civil que, de 1858 a 1861, enfrentó a los conservadores contra los liberales, acaudillados por Benito Juárez, su victorioso. Se llaman *Leyes de Reforma* las que establecen la separación entre la Iglesia y el Estado.

reformado, da adj. Aplícase a la religión protestante y a los que la siguen (ú. t. c. s.). ‖ — M. Reforming.

reformador, ra adj. y s. Aplícase a la persona que reforma. ‖ — M. Instalación en la que la gasolina no refinada es sometida a un craqueo térmico o catalítico para aumentar el índice de octano que tiene.

reformar v. t. Dar una nueva forma, modificar, enmendar : *reformar las leyes*. ‖ Transformar : *vamos a reformar la cocina*. ‖ Restituir a su primitiva observancia : *reformar una orden religiosa*. ‖ Extinguir, deshacer un instituto o cuerpo : *reformar la gendarmería*. ‖ Dar de baja en un empleo, destituir : *reformar a un funcionario*. ‖ — V. pr. Enmendarse, corregirse.

reformativo, va adj. Reformatorio.

reformatorio, ria adj. Que reforma. ‖ — M. Establecimiento en el que se trata de corregir las inclinaciones perversas de ciertos jóvenes.

reforming m. (pal. ingl.). Operación que consiste en someter un hidrocarburo líquido o gaseoso a la acción del vapor de agua y del aire, a unos 900 °C, para obtener una mezcla de hidrógeno, monóxido de carbono e hidrocarburos más ligeros.

reformismo m. Sistema político según el cual la transformación de la sociedad, con miras a una mayor justicia social, puede efectuarse dentro de las instituciones existentes, mediante sucesivas reformas legislativas (por oposición a *revolución*).

reformista adj. Relativo a una reforma. ‖ Partidario de reformas o del reformismo (ú. t. c. s.).

reformular v. t. Formular de nuevo.

reforzar v. t. Dar mayor solidez, consolidar : *reforzar una cañería, una pared*. ‖ Aumentar : *reforzar la vigilancia*. ‖ *Fig.* Animar, estimular, dar aliento : *reforzar el ánimo a uno*.

refracción f. Cambio de dirección de la luz al pasar de un medio a otro : *la refracción de un rayo luminoso*.

refractar v. t. Hacer que cambie de dirección el rayo de luz que pasa oblicuamente de un medio a otro de diferente densidad.

refractario, ria adj. Que rehúsa cumplir una promesa o deber : *refractario al cumplimiento de la ley*. ‖ Opuesto a admitir una cosa : *refractario a toda reforma*. ‖ Aplícase al cuerpo que resiste la acción de agentes químicos o físicos y, especialmente, altas temperaturas sin descomponerse : *arcilla, materia refractaria*.

refrán m. Proverbio.

refranero m. Colección que reúne los refranes : *el refranero español*.

refranesco, ca adj. Expresado a manera de refrán.

refrangibilidad f. Calidad de refrangible.

refrangible adj. Capaz de tener refracción.

refregadura f. Señal que queda de haber o haberse refregado algo.

refregamiento m. Acción de refregar o refregarse.

refregar v. t. Frotar una cosa con otra. ‖ *Fig.* y *fam.* Echar en cara a uno una cosa.

refregón m. *Fam.* Refregadura.

refreír v. t. Volver a freír. ‖ Freír mucho una cosa.

refrenable adj. Contenible.

refrenamiento m. Contención.

refrenar v. t. Sujetar y reducir un caballo con el freno. ‖ *Fig.* Contener, reprimir : *refrenar un vicio*.

refrendación f. Refrendo.

refrendar v. t. Legalizar un documento : *refrendar un pasaporte*. ‖ Aprobar : *refrendar una ley*.

refrendario, ria m. y f. Persona que refrenda o firma un documento después del superior.

refrendo m. Firma que da autenticidad a un documento. ‖ Aprobación : *ley sometida al refrendo popular*.

refrescante adj. Que refresca.

refrescar v. t. Disminuir la temperatura de : *refrescar el vino*. ‖ *Fig.* Reavivar, renovar : *refrescar recuerdos*. ‖ *Refrescar la memoria*, recordar a uno. ‖ — V. i. Disminuir el calor : *el tiempo refresca*. ‖ — V. pr. Beber algo refrescante. ‖ Tomar el fresco.

refresco m. Bebida fría. ‖ Agasajo, refrigerio. ‖ *De refresco*, nuevo : *tropas de refresco*.

refriega f. Combate. ‖ Riña.

refrigeración f. Acción y efecto de hacer bajar artificialmente la temperatura. ‖ Refrigerio.

refrigerado, da adj. Sometido a refrigeración.

refrigerador, ra adj. Dícese de lo que refrigera. ‖ — M. Nevera, frigorífico. ‖ Dispositivo o aparato que enfría los mecanismos de algunos motores para evitar un calentamiento peligroso.

refrigerante adj. Que refrigera. ‖ — M. Aparato o instalación para refrigerar. ‖ Cambiador de calor utilizado para hacer bajar la temperatura de un líquido o de un gas por medio de un fluido más frío.

refrigerar v. t. Someter a refrigeración : *carne refrigerada*. ‖ Enfriar : *refrigerar un motor*. ‖ *Fig.* Reparar las fuerzas.

refrigerio m. Alimento ligero, colación : *servir un refrigerio*. ‖ *Fig.* Alivio, consuelo : *refrigerio eterno*.

refringencia f. Propiedad de los cuerpos que refractan la luz.

refringente adj. Que refringe.

refringir v. t. Refractar.

refrito, ta adj. Muy frito, frito de nuevo. ‖ — M. *Fig.* Cosa rehecha o aderezada de nuevo : *sus últimos libros son refritos de obras anteriores*. ‖ Condimento a plato hechos con trozos pequeños y fritos de algo.

refuerzo m. Mayor grueso que se da a una pieza para aumentar su resistencia. ‖ Pieza con que se fortalece algo : *echar un refuerzo a los zapatos*. ‖ Acción de reforzar un cliché fotográfico demasiado claro. ‖ Socorro, ayuda : *un refuerzo de policía*.

refugiado, da adj. y s. Dícese de la persona que, a causa de una guerra o convulsión política, halla asilo en país extranjero.

refugiar v. t. Acoger, dar asilo : *refugiar a un perseguido político*. ‖ — V. pr. Acogerse a asilo : *refugiarse en un monasterio*. ‖ Guarecerse, cubrirse : *refugiarse bajo un árbol*.

refugio m. Asilo, amparo, acogida : *buscar, hallar refugio*. ‖ Asilo para pobres, viajeros, etc. ‖ Edificio construido en las montañas para alojar a los alpinistas. ‖ Instalación, generalmente subterránea, para protegerse de los bombardeos : *refugio antiatómico*. ‖ Cualquier instalación que sirve para resguardar de algún peligro : *refugio contra la lluvia*. ‖ Zona en la calzada para proteger a los peatones del tráfico rodado. ‖ Alojamiento sencillo utilizado sólo ocasionalmente : *tener un refugio a orillas del mar*.

refulgencia f. Resplandor que emite un cuerpo luminoso.

refulgente adj. Resplandeciente.

refulgir v. i. Resplandecer.

refundición f. Nueva fundición de

los metales. ‖ Obra literaria que adopta nueva forma.

refundidor, ra m. y f. Persona que refunde.

refundir v. t. Volver a fundir los metales : *refundir un cañón*. ‖ *Fig.* Dar nueva forma a una obra literaria : *refundir un libro*. ‖ Comprender, incluir : *una ley que refunde las anteriores*. ‖ *Amér. C.* y *Méx.* Extraviar.

refunfuñador, ra adj. Dícese del que refunfuña (ú. t. c. s.).

refunfuñar v. i. Hablar entre dientes y gruñir en señal de enojo.

refunfuñón, ona adj. *Fam.* Refunfuñador (ú. t. c. s.).

refusilo m. *Rioplat.* Refucilo.

refutable adj. Dícese de lo que se puede refutar.

refutación f. Acción de refutar. ‖ Prueba o argumento para impugnar las razones del contrario. ‖ Parte del discurso en que se responde a las objeciones.

refutar v. t. Contradecir, impugnar con argumentos o razones lo que otro asegura : *refutar una tesis*.

Rega Molina (Horacio), poeta y ensayista argentino (1899-1957), gran cultivador del soneto en su obra (*Domingos dibujados desde una ventana, El poema de la lluvia, Azul de mapa, Sonetos de mi sangre*). Escribió también obras de teatro.

regadera f. Utensilio para regar a mano. ‖ *Méx.* Ducha. ‖ *Fig.* y *fam. Estar como una regadera*, estar loco.

regadío, a adj. Aplícase al terreno que se puede regar o irrigar. ‖ — M. Terreno que se fertiliza con el riego : *terreno de regadío*.

regador, ra adj. y s. Que riega.

regalado, da adj. Placentero, deleitoso : *una vida regalada*. ‖ *Fam.* Muy barato, casi fuera de regalo.

Regalado (Tomás), general y político salvadoreño (1860-1906), pres. de la Rep. de 1899 a 1903. M. en la batalla de Jícaro durante la guerra contra Guatemala.

regalar v. t. Dar una cosa en muestra de afecto : *regalar un reloj*. ‖ Festejar, agasajar : *le regalaron con fiestas y banquetes*. ‖ Recrear, deleitar : *regalar la vista*. ‖ *Fig.* Regalar el oído, deleitarse, gozar de música y halagar : *cumplidos que regalan el oído*. ‖ — V. pr. Tratarse bien.

regalía f. Prerrogativa regia : *las regalías de la Corona*. ‖ Privilegio, excepción. ‖ Sobresueldo que cobran algunos empleados. ‖ *Amér.* Regalo, obsequio. ‖ — Pl. Royalty.

regaliz m. Planta leguminosa de raíz dulce y aromática. ‖ Pasta elaborada con el extracto de estas raíces.

regalo m. Dádiva, obsequio. ‖ Placer : *ser un regalo para el oído*. ‖ Comida exquisita. ‖ Comodidad.

regante com. Persona que tiene derecho de regar su agua comprada o repartida : *comunidad de regantes*.

regañada f. *Amér.* Reprensión.

regañadientes (a) m. adv. *Fam.* Con desgana.

regañar v. i. Dar muestras de enfado o enojo. ‖ — V. t. *Fam.* Reñir.

regaño m., **regañina** y **regañuza** f. Reprensión, reprimenda.

regañón, ona adj. Que regaña sin motivo y a menudo (ú. t. c. s.).

regar v. t. Echar agua por el suelo para limpiarlo o refrescarlo : *regar la calle*. ‖ Dar agua a las plantas : *regar el huerto*. ‖ Atravesar un río o canal una comarca o territorio : *el Ebro riega Zaragoza*. ‖ *Fig.* Desparramar, esparcir : *regar una carta con lágrimas*. ‖ Acompañar una comida con vino, rociar : *regado todo con clarete*. ‖ *Bol.* Derribar. ‖ — V. pr. *Méx.* Dispersarse.

regata f. *Mar.* Competición entre varias embarcaciones ligeras.

regate m. Movimiento pronto y rápido que se hace burlando la cuerpo. ‖ En fútbol, acción de regatear, quiebro. ‖ *Fig.* Evasiva, pretexto.

regateador, ra adj. y s. Que regatea mucho.

regatear v. t. Debatir el comprador y el vendedor el precio de una cosa puesta en venta. ‖ *Fam.* Poner dificultades para hacer algo, escatimar : *no regatea su apoyo a una empresa*. ‖ — V. i. Hacer regates o fintas. ‖ En fútbol, burlar al adversario, llevando la pelota en rápidos pases sucesivos, driblar. ‖ *Mar.* Echar una carrera varias embarcaciones.

regateo m. Debate o discusión sobre el precio de algo. ‖ *Dep.* Regate.

regatón m. Contera.

regazo m. Parte del cuerpo de una persona sentada que va desde la cintura hasta la rodilla : *la madre tenía el niño en su regazo.* ‖ *Fig.* Amparo.

regencia f. Gobierno de un Estado durante la menor edad del soberano. ‖ Tiempo que dura. ‖ Cargo de regente. ‖ *Estilo Regencia,* dícese de un estilo artístico existente en los reinados de Luis XIV y Luis XV de Francia.

— En España ha habido las *regencias* de María de Molina, regente primero de Fernando IV y luego de Alfonso XI ; la de Mariana de Austria, regente de Carlos II entre 1665 a 1675 ; la de María Cristina de Borbón, regente de Isabel II de 1833 a 1840 ; la de Espartero, regente de 1841 a 1843 ; la de Serrano, regente de 1869 a 1871 ; la de María Cristina de Habsburgo, regente de Alfonso XIII de 1885 a 1902.

regency adj. (pal. ingl.). Dícese del estilo artístico existente en Inglaterra en el primer tercio del s. XIX.

regeneración f. Reconstitución de un órgano destruido o perdido o de un tejido lesionado. ‖ Tratamiento para que vuelvan a ser utilizables determinadas materias usadas. ‖ Recuperación moral.

regeneracionismo m. Movimiento que propone una serie de reformas políticas, económicas y sociales para regenerar un país.

regeneracionista adj. Relativo al regeneracionismo. ‖ Partidario de este movimiento (ú. t. c. s.).

regenerador, ra adj. Que regenera (ú. t. c. s.).

regenerar v. t. Restablecer, reconstituir una cosa que degeneró : *regenerar un tejido orgánico lesionado.* ‖ *Fig.* Renovar moralmente : *regenerar una nación.* ‖ Tratar materias usadas para que puedan servir de nuevo : *regenerar caucho, pieles.*

Regensburg. V. RATISBONA.

regenta f. Mujer del regente.

Regenta (*La*), novela realista de Leopoldo Alas "Clarín" (1884).

regentar v. t. Dirigir : *regentar un Estado.* ‖ Administrar, estar encargado de : *regentar un colegio.*

regente adj. Que rige o gobierna (ú. t. c. s.) : *reina regente.* ‖ — M. y f. Jefe del Estado durante la menor edad del soberano : *la regente María Cristina de Habsburgo.* ‖ — M. Director de los estudios en ciertas órdenes religiosas. ‖ Catedrático de ciertas universidades. ‖ Persona que dirige el trabajo en una imprenta, farmacia, etc. ‖ *Méx.* Persona que desempeña las funciones de alcalde de la Ciudad de México.

Reggio ‖ ~ **de Calabria,** c. en el S. de Italia (Calabria), en el estrecho de Mesina. Cap. de la prov. homónima. Arzobispado. ‖ ~ **de Emilia,** en ital. **Reggio nell'Emilia,** c. y prov. del norte de Italia (Emilia-Romaña). Obispado. Catedral (s. XIV-XV).

regicida adj. Dícese del que mata o intenta asesinar a un rey (ú. t. c. s.).

regicidio m. Asesinato de un rey.

regidor, ra adj. Que rige o gobierna (ú. t. c. s.). ‖ — M. y f. Miembro de un ayuntamiento o concejo, concejal. ‖ Administrador. ‖ En el cine, director de producción adjunto.

regidora f. Mujer del regidor.

regiduría f. Oficio de regidor.

régimen m. Conjunto de reglas observadas en la manera de vivir, especialmente en lo que se refiere a alimentos y bebidas : *estar a régimen.* ‖ Forma de gobierno de un Estado : *régimen parlamentario.* ‖ Administración de ciertos establecimientos. ‖ Conjunto de leyes o reglas, sistema : *el régimen de seguros sociales.* ‖ Conjunto de variaciones que experimenta el caudal de un río : *régimen torrencial.* ‖ Racimo : *régimen de plátanos.* ‖ Ritmo de funcionamiento de una máquina en condiciones normales. ‖ Velocidad de rotación de un motor. ‖ Relación sintáctica entre palabras : *régimen de preposición entre los verbos.* (Pl. *regímenes.*)

regimentar v. t. *Mil.* Agrupar en regimientos. ‖ *Fig.* Agrupar.

regimiento m. *Mil.* Cuerpo de varios batallones, escuadrones o baterías al mando de un coronel. ‖ *Fig.* Gran cantidad, multitud.

Regina, c. en el sur de Canadá, cap. del Saskatchewan. Arzobispado. Industrias. Metalurgia. Refinería.

regio, gia adj. Relativo al rey. ‖ *Fig.* Magnífico, fantástico : *una comida regia.* ‖ *Quím. Agua regia,* combinación de ácido nítrico y clorhídrico.

regiomontano, na adj. y s. De Monterrey (México).

Regiomontano (Johann MÜLLER, llamado), astrónomo y matemático alemán (1436-1476). Creó la trigonometría moderna.

región f. Parte de un territorio que debe su unidad a causas de orden geográfico (clima, vegetación, relieve) o humano (población, economía, administración, etc.). ‖ Circunscripción o zona territorial militar, aérea o naval. ‖ Espacio determinado de la superficie del cuerpo : *la región pectoral.*

regional adj. Relativo a la región.

regionalismo m. Doctrina política que propugna la concesión de la autonomía a las regiones de un Estado : *los regionalismos catalán y vasco del siglo XIX.* ‖ Amor a determinada región. ‖ Giro o vocablo propio de una región : *"saudade" es un regionalismo gallego.* ‖ Carácter de la obra de un escritor regionalista.

regionalista adj. Relativo al regionalismo : *literatura regionalista.* ‖ Partidario del regionalismo (ú. t. c. s.). ‖ Dícese del escritor cuyas obras se localizan en una región determinada (ú. t. c. s.).

regionalización f. División del universo en grandes regiones. ‖ Transferencia a las regiones de las competencias que poseía anteriormente el poder central.

regionalizar v. t. Adaptar a las necesidades de una región. ‖ Asentar en regiones diferentes. ‖ Aumentar los poderes de las regiones administrativas. ‖ Transferir a las regiones poderes que tenía el gobierno central.

regir v. t. Gobernar o mandar : *regir un país.* ‖ Dirigir, administrar : *regir una imprenta.* ‖ Guiar, conducir : *regir su comportamiento.* ‖ *Gram.* Tener una palabra a otra bajo su dependencia. ‖ Pedir un verbo tal o cual preposición. ‖ — V. i. Estar vigente : *aún rige esta ley.* ‖ Funcionar o moverse bien un artefacto. ‖ *Fig.* Estar en su juicio : *ya no le rige la cabeza.* ‖ *Mar.* Obedecer la nave al timón. ‖ *Méx. Fam.* Exonerar el vientre. ‖ *Fig. y fam. No regir,* desvariar. ‖ — V. pr. *Fig.* Fiarse de algo, confiar en algo : *se rige por su buen sentido.*

registrado, da adj. Dícese de una marca que tiene patente. ‖ Grabado (sonidos, etc.).

registrador, ra adj. y s. Dícese del aparato que anota automáticamente medidas, cifras, fenómenos físicos : *caja registradora ; barómetro registrador.* ‖ Que registra o inspecciona. ‖ — M. y f. Funcionario encargado de un registro : *registrador público, de la propiedad.* ‖ — M. Grabadora de sonidos.

registrar v. t. Examinar o buscar una cosa con cuidado. ‖ Cachear a una persona : *registrar a un ladrón.* ‖ Inspeccionar, reconocer minuciosamente : *la policía registró todo el barrio.* ‖ Inscribir en los libros de registro : *registrar un nacimiento, un asiento.* ‖ Matricular. ‖ Llevar la cuenta de algo : *registrar la entrada y salida de mercancías.* ‖ Grabar sonidos, imágenes. ‖ Tomar nota, anotar, apuntar. ‖ *Amer.* Certificar : *carta registrada.* ‖ — V. i. Buscar algo en un empeño, rebuscar : *registrar en el armario.* ‖ Matricularse. ‖ Ocurrir. ‖ Haber : *se registró un aumento de la criminalidad.*

registro m. Libro en que se anotan determinados datos : *registro mercantil.* ‖ Oficina donde se registra. ‖ Acción de registrar o inscribir, transcripción. ‖ Investigación policíaca. ‖ Acción de cachear a uno o de buscar para encontrar algo. ‖ Cinta para seña-

lar las páginas de un libro. ‖ En un reloj, pieza para acelerar o moderar el movimiento. ‖ Trampilla o abertura con una tapa para examinar el interior de una cañería, alcantarilla, chimenea, etc. ‖ Dispositivo para regular el movimiento de un mecanismo, la circulación de un fluido. ‖ *Mús.* Extensión de la escala vocal. ‖ Mecanismo del órgano que modifica el timbre de los sonidos. ‖ Pedal para reforzar o apagar los sonidos del piano, clave, etc. ‖ Carácter peculiar : *obra que posee un registro dramático.* ‖ En informática, dispositivo para el almacenamiento temporal de datos destinado a facilitar diversas operaciones. ‖ *Arg.* Almacén de tejido al por mayor. ‖ *Registro civil,* oficina en que se hacen constar los hechos relativos al estado civil de la persona, como nacimiento, matrimonio, etc. ‖ *Registro parroquial,* libro que sirve para registrar bautismos, confirmaciones, etc. ‖ *Fig. Tocar todos los registros,* intentarlo todo ; llamar a la sensibilidad de otro.

regla f. Instrumento largo, de sección rectangular o cuadrada, para trazar líneas rectas o efectuar medidas. ‖ *Fig.* Principio, base, precepto que se ha de seguir : *las reglas de la gramática.* ‖ Norma : *regla de conducta.* ‖ Pauta, modelo : *servir de regla.* ‖ Disciplina : *restablecer la regla en un convento.* ‖ Estatutos de una orden religiosa : *la regla de San Benito.* ‖ Operación de aritmética : *las cuatro reglas (suma, resta, multiplicación, división).* ‖ — Pl. Menstruación. ‖ *En regla,* en la forma debida, como se debe. ‖ *Por regla general,* como sucede ordinariamente en la mayoría de los casos. ‖ *Regla de cálculo,* instrumento que permite efectuar ciertos cálculos aritméticos con rapidez mediante el deslizamiento de una regla graduada movible sobre una fija. ‖ *Mat. Regla de tres.* V. TRES. ‖ *Fig. Salirse de la regla,* propasarse, excederse.

Regla, mun. de Cuba (Ciudad de La Habana). Refinería de petróleo.

reglaje m. Reajuste de las piezas de un mecanismo : *un reglaje de carburador.* ‖ Corrección de la puntería de un arma de fuego. ‖ Regulación.

reglamentación f. Acción y efecto de reglamentar. ‖ Conjunto de reglas o medidas legales.

reglamentar v. t. Sujetar a reglamento : *reglamentar una ciudad.*

reglamentario, ria adj. Relativo al reglamento o que lo sigue.

reglamentista adj. Que cumple con rigor los reglamentos (ú. t. c. s.).

reglamento m. Colección ordenada de reglas o preceptos : *reglamento de policía.* ‖ Conjunto de prescripciones dictadas para la conducta de los militares, ordenanzas. ‖ Conjunto de reglas que rigen un juego o competición : *reglamento de fútbol, de tenis.*

reglar v. t. Regular.

regleta f. *Impr.* Planchuela que sirve para regletear.

regletear v. t. Interlinear.

Regnitz, río de Alemania Occidental, afl. del Main.

Rego (José LINS DO). V. LINS

regocijado, da adj. Que muestra regocijo o alegría. ‖ Alegre.

regocijar v. t. Alegrar, dar gusto o placer. ‖ — V. pr. Recrearse, divertirse.

regocijo m. Júbilo, alegría.

regodearse v. pr. Deleitarse.

regodeo m. Deleite.

regordete, ta adj. Pequeño y grueso, rechoncho.

Regoyos (Darío de), pintor impresionista español (1857-1913).

regresar v. i. Volver al punto de partida : *regresar a casa.* ‖ — V. t. *Méx.* Devolver, restituir. ‖ — V. pr. *Amer.* Volver.

regresión f. Retroceso, disminución : *regresión de una epidemia, de las exportaciones.* ‖ *Biol.* Vuelta de un estado o individuo a un estado anterior.

regresivo, va adj. Que hace volver hacia atrás : *movimiento regresivo.*

regreso m. Vuelta, retorno.

regüeldo m. *Pop.* Eructo.

reguera f. Canal para el riego.

reguero m. Corriente líquida y señal que deja : *un reguero de sangre.* ‖ Huella, traza, señal : *dejaba tras sí un reguero de harina.* ‖ Reguera, canal de riego. ‖ *Fig.* Propagarse una noticia como un reguero de pólvora, extenderse muy rápidamente.

regulable adj. Que puede regularse.

regulación f. Acción y efecto de regular, ordenar o controlar : *regulación de nacimientos, del tráfico aéreo.* ‖ Acción de regular la marcha de un mecanismo, reglaje. ‖ *Fisiol.* Conjunto de mecanismos que permite mantener constante una función : *regulación térmica, glucémica.* ‖ *Regulación de empleo,* reducción del personal en una empresa que tiene dificultades económicas.

regulado, da adj. Regular o conforme a regla.

regulador, ra adj. Que regula : *sistema regulador.* ‖ — M. Mecanismo para regular automáticamente el funcionamiento de una máquina o mantener constante la tensión de un circuito eléctrico, etc. ‖ *Regulador cardíaco,* marcapasos.

regular adj. Conforme a las reglas, a las leyes naturales : *movimiento regular.* ‖ De frecuencia o itinerario establecidos : *línea aérea regular.* ‖ Razonable, moderado en las acciones y modo de vivir : *persona de vida regular.* ‖ Uniforme, aproximadamente lo mismo. ‖ Mediano, mediocre, ni bueno ni malo : *un alumno regular.* ‖ Así así, ni mucho ni poco : *el agua está regular de fría.* ‖ — *Clero regular,* el sometido a regla, por oposición a *secular.* ‖ *Por lo regular,* en general, comúnmente. ‖ *Verbos regulares,* los que siguen la conjugación ordinaria. ‖ — M. Soldado español o marroquí que prestaba su servicio en el antiguo protectorado español de Marruecos.

regular v. t. Hacer que se sigan unas reglas : *regular la circulación.* ‖ Someter a reglas : *regular las actividades turísticas.* ‖ Controlar : *regular los precios.* ‖ Ajustar un mecanismo, poner a punto su funcionamiento. ‖ Hacer la regulación de un curso de agua.

regularidad f. Calidad de regular.

regularización f. Acción y efecto de regularizar.

regularizador, ra adj. Que regulariza (ú. t. c. s. m.).

regularizar v. t. Regular, poner en orden : *regularizar una situación, una cuenta.* ‖ Hacer regular.

Regules (Elías), médico y escritor uruguayo (1860-1929), autor de poesías (*Versos criollos*) y de obras de teatro del género gauchesco (*Los guachitos*). ‖ — (NICOLÁS), general mexicano, de origen español (1826-1893). Luchó en las guerras de Reforma y contra la intervención francesa.

Régulo, estrella de la constelación de Leo, que por estar en el centro de ésta suele dársele el nombre de Corazón del León.

regurgitar v. i. Expeler por la boca y sin esfuerzo el alimento que está en el estómago.

regusto m. *Fam.* Dejo, sabor.

rehabilitable adj. Que se puede rehabilitar.

rehabilitación f. Acción y efecto de rehabilitar : *la rehabilitación de un condenado.* ‖ *Med.* Reeducación : *rehabilitación para paralíticos.*

rehabilitar v. t. Restablecer a una persona en sus derechos, que fue desposeída : *rehabilitar a un militar degradado.* ‖ *Fig.* Devolver la estimación pública : *rehabilitar la estima del calumniado.* ‖ *Med.* Reeducar.

rehacer v. t. Volver a hacer. ‖ Reponer, reparar : *rehacer un muro caído.* ‖ — V. pr. Recuperarse.

rehecho, cha adj. Hecho de nuevo.

rehén m. Persona que queda como prenda en poder de un adversario : *rehén de guerra.*

rehilete m. Banderilla.

rehiletero m. Banderillero.

rehogar v. t. Cocinar a fuego lento en manteca o aceite : *rehogar patatas.*

rehuir v. t. Tratar de eludir, de soslayar : *rehuir un compromiso.* ‖ Evitar una cosa por temor o repugnancia : *rehuía pasar por esos barrios.*

rehusar v. t. Rechazar, no aceptar

una cosa ofrecida : *rehusar un favor.* ‖ Negarse a hacer algo : *rehusar trabajar.* ‖ No conceder lo que se pide : *rehusar una autorización.*

Reich m. (pal. alem.). Imperio. (El *III Reich* alemán, instaurado en 1933, desencadenó la segunda guerra mundial y duró hasta 1945.)

reichsmark m. (pal. alem.). Unidad monetaria alemana de 1924 a 1948, hoy llamada *deutsche Mark* en la República Federal.

Reichstadt, en checo *Zakupy,* pobl. en el oeste de Checoslovaquia (Bohemia).

Reichstag m. (pal. alem.). En Alemania, Cámara de diputados del Imperio (1867-1945).

reidor, ra adj. Que se ríe (ú. t. c. s.).

Reidy (Affoso Eduardo), arquitecto brasileño (1909-1963).

Reikiavik o **Reykiavik,** puerto y cap. de Islandia, en la costa occidental ; 99 000 h.

reimplantación f. Nueva implantación.

reimplantar v. t. Volver a implantar, implantar de nuevo.

reimportación f. Importación de lo que ya se había exportado.

reimportar v. t. Importar en un país lo que se había exportado de él : *reimportar lo no vendido.*

reimpresión f. Nueva impresión. ‖ Obra reimpresa.

reimprimir v. t. Imprimir de nuevo : *reimprimir un libro.*

Reims [rans], c. en él N. de Francia (Marne). Arzobispado. Universidad. Catedral gótica. Industria del champaña.

reina f. Esposa del rey : *la reina Fabiola de Bélgica.* ‖ La que ejerce la potestad real por derecho propio : *la reina de Inglaterra, de Holanda.* ‖ Pieza del juego de ajedrez, la más importante después del rey. ‖ Undécima carta de cada palo en la baraja francesa, dama. ‖ Hembra fértil de cualquier sociedad de insectos (abejas, hormigas, comejenes). ‖ *Fig.* Mujer que sobresale entre las demás : *reina de belleza.* ‖ *Reina claudia,* variedad de ciruela muy apreciada. ‖ *Reina del cielo, de los ángeles,* la Santísima Virgen. ‖ *Reina de los prados,* planta rosácea de flores blancas.

Reina — **(La),** com. del centro de Chile en el Área Metropolitana de Santiago. — V. al N. de El Salvador (Chalatenango). ‖ ~ **Adelaida,** archip. de Chile, entre el golfo de Pena y el estrecho de Magallanes. ‖ ~ **Carlota,** archip. del Canadá en el Pacífico (Colombia Británica).

Reina (Manuel), poeta español (1856-1905), autor de *El jardín de los poetas.* ‖ ~ **Barrios** (JOSÉ-MARÍA), general guatemalteco (1853-1898), pres. de la Rep. (1892-1898). M. asesinado.

reinado m. Gobierno de un rey, o reina. ‖ Tiempo que dura éste y época en que existe. ‖ *Fig.* Predominio, influencia.

reinante adj. Que reina.

reinar v. i. Regir un rey o príncipe un Estado : *cuando reinaba Carlos III.* ‖ *Fig.* Predominar, prevalecer : *esta costumbre reina en el país.* ‖ Existir, imperar, persistir : *el silencio reinaba en la asamblea.*

reincidencia f. Reiteración de una misma culpa o delito. ‖ *For.* Situación de una persona que, condenada anteriormente por un delito, comete otro.

reincidente adj. For. Que reincide, que comete un delito, falta o error análogos a los que ocasionaron su condena anterior (ú. t. c. s.).

reincidir v. i. Incurrir de nuevo en un error, falta o delito.

reincorporación f. Nueva incorporación.

reincorporar v. t. Volver a incorporar : *reincorporar tropas* (ú. t. c. pr.).

reineta f. Cierta clase de manzanas.

reingresar v. i. Volver a ingresar.

reingreso m. Acción y efecto de reingresar.

reino m. Territorio sujeto a un rey : *el reino de Marruecos.* ‖ Cada uno de los tres grandes grupos en que se dividen los seres naturales : *reino animal, vegetal, mineral.* ‖ *Fig.* Esfera,

campo, territorio. ‖ *El reino de los cielos,* el paraíso.

Reino Unido de Gran Bretaña e Irlanda del Norte. Véase GRAN BRETAÑA.

Reinosa, c. en el N. de España (Cantabria). Siderurgia — V. REYNOSA (México). ‖ ~ (MONTAÑAS DE), montañas del N. de España, ramal de los montes Cantábricos, donde nace el Ebro.

reinserción f. Acción y efecto de reinsertar.

reinsertar v. t. Volver a incluir o a integrar.

reinstalación f. Nueva instalación.

reinstalar v. t. Volver a instalar (ú. t. c. pr.).

reinstaurar v. t. Instaurar de nuevo.

reintegrable adj. Que se puede o se debe reintegrar.

reintegración f. Acción y efecto de reintegrar o reintegrarse.

reintegrar v. t. Restituir o devolver íntegramente una cosa : *reintegrar una suma a uno.* ‖ Volver a ocupar : *reintegrar a uno en su cargo* (ú. t. c. pr.). ‖ — V. pr. Recobrarse enteramente lo perdido o gastado.

reintegro m. Reintegración. ‖ Pago de dinero. ‖ Premio de la lotería que consiste en la devolución del dinero jugado : *cobrar el reintegro.*

reintroducción f. Nueva introducción.

reintroducir v. t. Volver a introducir.

reinventar v. t. Volver a inventar.

reinversión f. Nueva inversión.

reinvertir v. t. Volver a invertir.

reír v. i. Mostrar alegría o regocijo mediante ciertos movimientos de la boca acompañados de expiraciones más o menos ruidosas : *reír a carcajadas* (ú. t. c. pr.). ‖ Manifestar alegría : *sus ojos ríen.* ‖ *Fig.* Hacer burla, mofarse. ‖ Ofrecer una cosa un aspecto placentero y risueño : *una fuente que ríe.* ‖ *Dar que reír,* ser motivo de risa o de burla. ‖ — V. t. Celebrar con risa una cosa : *reír una gracia.* ‖ — V. pr. Burlarse : *reírse de uno.*

reis m. pl. Moneda fraccionaria portuguesa y brasileña.

reiteración f. Acción y efecto de reiterar. ‖ *For.* Reincidencia.

reiterar v. t. Volver a decir o ejecutar, repetir (ú. t. c. pr.).

reiterativo, va adj. Que tiene la propiedad de reiterarse.

reivindicable adj. Que se puede reivindicar.

reivindicación f. Acción y efecto de reivindicar.

reivindicar v. t. Reclamar uno lo que le pertenece o aquello a que tiene derecho : *reivindicar una herencia, el honor de ser el descubridor.* ‖ Reclamar una colectividad el ejercicio de un derecho político o social, una mejora en las condiciones de vida o de trabajo. ‖ *For.* Recuperar uno lo que, de derecho, le pertenece.

reivindicativo, va adj. y **reivindicatorio, ria** adj. Relativo a la reivindicación.

reja f. Pieza del arado que abre el surco y remueve la tierra. ‖ Conjunto de barras de hierro que se ponen en las ventanas o en cualquier otra abertura para su defensa o adorno. ‖ Labor o vuelta que se da a la tierra con el arado. ‖ *Méx.* Zurcido en la ropa. ‖ *Fam. Entre rejas,* en la cárcel.

Rejano (Juan), poeta y escritor español (1903-1976). Residió en México y recopiló su obra en *La mirada del hombre.*

rejego, ga adj. *Amér. C.* y *Méx.* Arisco, huraño. ‖ — M. *Amér. C.* Semental.

rejilla f. Enrejado, red de alambre, celosía o tela metálica que se pone en una abertura. ‖ Trama hecha con tiritas de mimbre u otros tallos vegetales flexibles con que se forman los respaldos y los asientos de sillas : *silla de rejilla.* ‖ Parte de las hornillas y hornos que sostiene el combustible. ‖ Redecilla donde se coloca el equipaje en los vagones de ferrocarril, autocares, etc. ‖ En una lámpara de radio, electrodo, en forma de pantalla, para regular el flujo electrónico. ‖ *Autom.* Rejilla del radiador, parrilla

RE

553

que, como adorno, se pone delante del radiador y deja pasar el aire.

rejón m. Barra de hierro que remata en punta. || *Taurom.* Palo con una punta de hierro empleada para rejonear. || Púa del trompo.

rejoncillo m. *Taurom.* Rejón.

rejoneador, ra m. y f. En tauromaquia, persona que lidia a caballo.

rejonear v. t. Herir al toro con el rejón. || — V. i. Torear a caballo.

rejoneo m. Acción de rejonear.

rejuvenecedor, ra adj. Que rejuvenece.

rejuvenecer v. t. Remozar, dar a uno la fuerza y vigor de la juventud : *los aires del campo le han rejuvenecido* (ú. t. c. pr.). || *Fig.* Renovar, modernizar : *rejuvenecer una obra.* || — V. pr. Quitarse años.

rejuvenecimiento m. Acción de rejuvenecer o rejuvenecerse.

relación f. Conexión de una cosa con otra : *relación entre la causa y el efecto.* || Correspondencia, trato entre personas por razones de amistad o de interés : *relaciones amistosas, comerciales.* || Narración, relato. || Lista, enumeración : *relación de gastos, relación de víctimas.* || Informe. || *Gram.* Enlace entre los términos de una oración. || *Mat.* Razón, cociente de dos cantidades. || — Pl. Personas conocidas, amistades : *tener muchas relaciones.* || Noviazgo : *estar en relaciones.* || — Con relación a, respecto a, en comparación con. || *Relaciones públicas,* método empleado para la información del público y departamento de un organismo o persona encargados de aplicarlo. || *Sacar a relación,* referir.

relacionar v. t. Hacer relación de un hecho : *relacionar un suceso.* || Poner en relación o tener o mantener relaciones dos o más personas o cosas (ú. t. c. pr.). || — V. pr. Tener conexión o enlace. || Referirse.

relais m. (pal. fr.). Repetidor.

relajación f. Aflojamiento, disminución del ardor, de la severidad, etc. || Disminución de la tensión de los músculos, del ánimo. || *Med.* Estado de laxitud : *relajación del útero.* || Soltura del vientre. || Distensión de los músculos para obtener descanso : *ejercicio de relajación.* || *Fig.* Depravación : *relajación de las costumbres.*

relajador, ra adj. Que relaja.

relajamiento m. Relajación.

relajante adj. Que relaja o descansa. || Dícese de la medicina que posee la virtud de relajar (ú. t. c. s. m.).

relajar v. t. Aflojar, laxar, aliviar : *relajar los músculos* (ú. t. c. pr.). || *Fig.* Reposar, descansar, divertir el ánimo con algún descanso : *este espectáculo relaja* (ú. t. c. pr.). || Hacer menos riguroso : *relajar la severidad* (ú. t. c. pr.). || *Amer.* Repugnar, asquear algo por ser muy dulce. || — V. pr. Aflojarse. || *Fig.* Viciarse, depravarse : *relajarse en las costumbres.* || Distender uno los músculos para obtener un descanso completo.

relajo m. Relajación. || *Amer.* Desorden. || Depravación de costumbres. || Acción inmoral. || *Cub.* Burla.

relamer v. t. Lamer algo con insistencia. || — V. pr. Lamerse los labios una o muchas veces. || *Fig.* Saborear, estar muy satisfecho. | Mostrar grandemente, tener gran satisfacción : *relamerse de alegría.*

relamido, da adj. Afectado, muy pulcro. || *Amér. C.* y *Méx.* Insolente.

relámpago m. Resplandor vivísimo e instantáneo producido en las nubes por una descarga eléctrica. || *Fig.* Resplandor repentino. | Cosa fugaz. || *Amer.* Cierre relámpago, cremallera de prendas de vestir. || *Fot.* Luz relámpago, flash. || *Fig.* Pasar como un relámpago, pasar muy rápidamente. || — Adj. Muy rápido o corto : *guerra relámpago.*

relampaguear v. i. Haber relámpagos. || *Fig.* Brillar mucho y con intermisiones, especialmente los ojos iracundos.

relampagueo m. Acción y efecto de relampaguear.

relanzamiento m. Acción de dar un nuevo impulso, reactivación.

relanzar v. t. Dar un nuevo impulso, reactivar.

554

relatador, ra adj. y s. Dícese de la persona que relata. || Narrador.

relatar v. t. Referir, dar a conocer : *relatar hechos interesantes.* || Narrar, contar : *relatar una historia.*

relatividad f. Calidad de relativo. || *Fís.* Teoría de Einstein según la cual la duración del tiempo no es la misma para dos observadores que se mueven uno con respecto al otro.

relativismo m. Doctrina filosófica según la cual el conocimiento humano no puede llegar nunca a lo absoluto.

relativista adj. Partidario del relativismo (ú. t. c. s.). || Relativo a la teoría de la relatividad.

relativizar v. t. Hacer que una cosa pierda su carácter absoluto.

relativo, va adj. Que hace relación a una persona o cosa : *en lo relativo a su conducta.* || Que no es absoluto : *todo es relativo.* || Poco, en cantidad escasa. || *Pronombres relativos,* los que se refieren a personas o cosas de las que ya se hizo mención.

relato m. Narración. || Informe.

relator, ra adj. Que relata una cosa (ú. t. c. s.). || — M. *For.* Letrado que hace relación de los autos en los tribunales. || Ponente.

relatoría f. Empleo u oficina del relator.

relax m. (pal. ingl.). Relajamiento. || Desahogo (ú. t. c. adj.).

relé m. Repetidor.

releer v. t. Volver a leer.

relegación f. Destierro, confinamiento. || Acción de relegar.

relegamiento m. Relegación.

relegar v. t. Desterrar. || *Fig.* Apartar, posponer : *relegar al olvido.*

relente m. Humedad de la atmósfera en las noches serenas.

relevador m. Repetidor.

relevancia f. Importancia.

relevante adj. Sobresaliente, importante : *figura relevante de las ciencias.*

relevar v. t. Eximir, liberar de una carga o gravamen : *relevar a uno de una obligación.* || *Mil.* Mudar una guardia. || Sustituir, reemplazar a una persona en un empleo u obligación. || Destituir de un cargo. || Dar aspecto de relieve a una pintura. || — V. pr. Reemplazarse mutuamente, turnarse.

relevo m. *Mil.* Acción de relevar : *el relevo de la guardia.* | Soldado o cuerpo que releva. || En los deportes por equipos, sustituir un atleta o grupo de atletas por otro en el curso de la prueba : *carrera de relevos.*

relicario m. Estuche, generalmente de metal precioso, para custodiar reliquias o un recuerdo.

relieve m. Lo que resalta sobre el plano : *bordados en relieve.* || Conjunto de desigualdades en la superficie de un país : *el relieve de España.* || Escultura tallada en una sola parte de la superficie. || Apariencia de bulto en una pintura. || — Pl. Sobras de una comida. || *Alto relieve,* aquel en que las figuras salen del plano más de la mitad de su bulto. || *Bajo relieve,* v. BAJORRELIEVE. || *Fig.* Dar relieve a algo, darle importancia. | *De relieve,* importante : *un personaje de relieve.* || *Fig. Poner de relieve,* hacer resaltar.

religión f. Conjunto de creencias o dogmas acerca de la divinidad : *religión cristiana.* || Doctrina religiosa. || Fe, piedad, devoción. || Obligación de conciencia, cumplimiento de un deber. || Orden religiosa.

religiosidad f. Fiel observancia de las obligaciones religiosas. || *Fig.* Puntualidad, exactitud en hacer, observar o cumplir una cosa : *pagar con religiosidad las deudas contraídas.*

religioso, sa adj. Relativo a la religión. || Piadoso, que practica la religión, creyente (ú. t. c. s.) : *persona religiosa.* || *Fig.* Exacto, puntual : *religioso en sus citas.* || — M. y f. Persona que ha tomado hábito en una orden religiosa regular.

relimpio, pia adj. *Fam.* Muy limpio.

relinchar v. i. Emitir con fuerza su voz el caballo.

relincho m. Voz del caballo.

relindo, da adj. *Fam.* Muy lindo.

relinga f. *Mar.* Cabo con que se refuerzan las orillas de una vela, de una red barredera, etc.

reliquia f. Parte del cuerpo de un santo o lo que por haberlo tocado es

digno de veneración : *las reliquias de Santa Genoveva.* || *Fig.* Huella, restos, vestigio de cosas pasadas : *una reliquia de la civilización incaica.* | Dolor o achaque que queda de una enfermedad o accidente : *las reliquias de una pleuresía.*

Relizane, c. occidental de Argelia.

reloj m. Máquina, dotada de movimiento uniforme, que sirve para medir el tiempo en horas, minutos y segundos. || — *Carrera contra reloj,* aquella en que los corredores no compiten en línea, sino que vence el que emplea menos tiempo. || *Fig. Funcionar como un reloj,* marchar muy bien. || *Reloj de arena,* el compuesto de dos ampolletas unidas por el cuello y que mide la duración del tiempo por el paso de una determinada cantidad de arena de una a otra. || *Reloj de pulsera,* el que se lleva en la muñeca. || *Reloj de sol* o *solar,* artificio para saber la hora diurna basado en la proyección de la sombra de un vástago. || *Reloj parlante,* el que lleva la hora grabada en una cinta magnetofónica y la transmite telefónicamente. || *Fig. Ser como un reloj,* ser muy preciso o exacto. | *Hacer algo contra reloj,* hacerlo en un plazo de tiempo perentorio.

relojería f. Arte y comercio del relojero. || Taller o tienda del relojero. || *Mecanismo de relojería,* el que pone en funcionamiento un dispositivo a una hora determinada.

relojero, ra m. y f. Persona que hace, compone o vende relojes.

Beloncaví, golfo en el S. de Chile (Llanquihue).

reluciente adj. Que reluce, muy brillante. || Resplandeciente.

relucir v. i. Despedir luz una cosa resplandeciente : *el sol reluce.* || Lucir, resplandecer, brillar. || *Fig.* Sobresalir, destacarse. || — *Fam.* Sacar a relucir, citar, mentar : *siempre saca a relucir todos los favores que me hizo* ; poner de relieve. | *Salir a relucir,* aparecer.

relumbrante adj. Que relumbra.

relumbrar v. i. Resplandecer mucho.

relumbrón m. Golpe de luz vivo y pasajero. || Oropel. || *De relumbrón,* de mejor apariencia que calidad.

rellano m. Descansillo de la escalera. || Llano que interrumpe la pendiente de un terreno.

rellenar v. t. Volver a llenar. || Escribir un impreso : *rellenar un formulario.* || Llenar de carne picada u otro manjar : *rellenar aceitunas.* || Llenar con una materia más o menos compresible : *rellenar un sillón.* || Colmar un hueco o una brecha.

relleno, na adj. Muy lleno o lleno de algún manjar : *aceitunas rellenas.* || — M. Picadillo sazonado para rellenar aves, pescados, etc. || Acción de rellenar. || Materias que se usan para rellenar, como borra para los asientos, escombros para las brechas, etc. || *Fig.* Parte superflua que alarga una oración o un escrito, un espectáculo, etc.

remachar v. t. Machacar la punta o cabeza de un clavo para dar mayor firmeza. || *Fig.* Recalcar, subrayar.

remache m. Acción y efecto de remachar. || Roblón, especie de clavo para remachar. || *Fig.* Coronamiento, colofón, fin, colmo.

remador, ra m. y f. Remero.

remake [*rimeic*] m. (pal. ingl.). Nueva versión de una película, de una obra, de un tema.

remanencia f. Propiedad de los cuerpos ferromagnéticos de conservar cierta imantación después de la supresión del campo magnético.

remanente m. Resto : *remanente de beneficios* (ú. t. c. adj.).

remangar v. t. Subir las mangas (ú. t. c. pr.).

remansarse v. pr. Detenerse la corriente del agua u otro líquido.

remanso m. Detención, estancamiento de la corriente del agua u otro líquido. || *Fig.* Sitio tranquilo.

remar v. i. Mover los remos para que ande la embarcación.

remarcable adj. Galic. por *notable.*

remarcar v. t. Galic. por *hacer notar.*

Remarque (Erich Maria), escritor alemán (1898-1970), autor de *Sin novedad en el frente, Arco de triunfo,* etc.

rematado, da adj. Acabado, terminado. || Dícese de la persona que se halla en tan mal estado que no tiene remedio : *loca rematada.* ‖ Adjudicado en una subasta.

rematador, ra m. y f. Persona que remata en una subasta pública. ‖ *Amer.* Subastador. ‖ — M. En fútbol y otros deportes, jugador que remata bien o frecuentemente.

rematante com. Persona a quien se adjudica la cosa subastada.

rematar v. t. Finalizar una cosa : *rematar una traducción.* ‖ Poner fin a la vida de la persona o animal que está agonizando : *rematar un toro.* ‖ Afianzar la última puntada de una costura. ‖ Hacer remate, adjudicar : *rematar una venta, un arrendamiento.* ‖ *Amer.* Subastar. ‖ *Fig.* y fam. ¡ Ahora sí que lo has rematado !, has metido la pata aún más. ‖ — V. i. Terminar o fenecer. ‖ En fútbol y otros deportes, tirar a gol.

remate m. Fin. ‖ Conclusión de una cosa. ‖ Coronamiento de la parte superior de un edificio. ‖ Postura última en una subasta. ‖ *Fig.* Lo que termina una cosa, acabamiento, final, colofón : *el remate de su carrera.* ‖ En deportes, tiro a gol. ‖ *For.* Adjudicación en subasta. ‖ *Amer.* Subasta. ‖ *De remate,* absolutamente : *loco de remate.* ‖ *Para remate,* por añadidura.

rematista m. y f. *Per.* Subastador.

rembolsar v. t. Reembolsar.

rembolso m. Reembolso.

Rembrandt (Harmenszoon VAN RIJN, llamado), pintor holandés, n. en Leyden (1606-1669), uno de los más grandes artistas de todas las épocas. Obras principales : *Tobías y su familia, El samaritano, Los peregrinos de Emaús, Ronda nocturna. Lección de anatomía,* autorretratos, etc.

remedar v. t. Imitar.

remediable adj. Que puede remediarse.

remediador, ra adj. Que remedia (ú. t. c. s.).

remediar v. t. Poner remedio.

remedio m. Cualquier sustancia que sirve para prevenir o combatir una enfermedad : *remedio eficaz, empírico, casero.* ‖ *Fig.* Medio que se toma para reparar o prevenir cualquier daño. ‖ Enmienda, corrección. ‖ Recurso, auxilio o refugio. ‖ Lo que sirve para calmar un padecimiento moral : *poner remedio a la tristeza.* ‖ — *Méx.* Ni para remedio, nada en absoluto, nada de nada, absolutamente nada. ‖ *No haber remedio* (o *más remedio*), ser forzosa o inevitable una cosa. ‖ *Fam. No tener para un remedio,* no tener nada. ‖ *Remedio heroico,* el muy enérgico que se aplica en casos extremos ; (fig.) medida extraordinaria adoptada en circunstancias graves. ‖ *Sin remedio,* inevitable.

Remedios, cerro al NO. de Venezuela (Lara-Falcón), en la sierra de Agua Grande ; 1 000 m. — Pobl. de Colombia (Antioquia). — Mun. del centro de Cuba (Villa Clara). Tabaco. — Pobl. al SO. de Panamá (Chiriquí). Ganadería. — C. al NE. del Brasil, cap. del archipiélago del territorio de Fernando de Noroña.

remedo m. Imitación.

remembranza f. Recuerdo.

remembrar v. t. Rememorar.

rememoración f. Recuerdo.

rememorar v. t. Recordar.

rememorativo, va adj. Recordatorio, que hace recordar.

remendado, da adj. Que tiene remiendos : *pantalones remendados.*

remendar v. t. Reforzar con remiendo lo viejo o roto : *remendar los pantalones.* ‖ *Fig.* Corregir.

remendón, ona adj. Aplícase al que remienda por oficio (ú. t. c. s.).

Remensa (*Payeses de*), siervos catalanes de la gleba en la Edad Media que podían liberarse de su señor al pagar a éste un precio de redención (*remença*).

remero, ra m. y f. Persona que rema : *los remeros de una lancha.* ‖ — F. Cada una de las plumas largas que terminan las alas de las aves. ‖ *Arg.* Camiseta de mangas cortas.

remesa f. Envío que se hace de una cosa de una parte a otra. ‖ Lo enviado.

remesar v. t. Remitir.

remeter v. t. Volver a meter o meter más adentro : *remeter los faldones de la camisa.* ‖ *Remeter las sábanas,* meterlas debajo del colchón.

remiendo m. Pedazo de tela que se cose a lo viejo o roto : *echar un remiendo.* ‖ Compostura de una cosa deteriorada.

rémige adj. Remera (pluma).

remilgado, da adj. Que afecta suma delicadeza. ‖ *Hacerse el remilgado,* ser exigente o melindroso.

remilgarse v. pr. Hacer ademanes y gestos afectados.

remilgo m. Gesto y ademán afectado. ‖ Melindre : *andar siempre con remilgos.*

remilgoso, sa adj. *Méx.* Delicado en las comidas.

remilitarización f. Acción y efecto de remilitarizar.

remilitarizar v. t. Guarnecer nuevamente con tropas una zona desmilitarizada ; dar de nuevo carácter militar.

remineralizar v. t. Restituir al organismo las sales necesarias a la vida de los tejidos.

reminiscencia f. Recuerdo impreciso, vago. ‖ Lo que se parece o recuerda a lo escrito por otro autor : *una reminiscencia de Mozart.*

remirar v. t. Volver a mirar una cosa o examinarla con atención. ‖ — V. pr. Esmerarse mucho en algo.

remise f. (pal. fr.). *Arg.* Automóvil de alquiler.

remisible adj. Que puede perdonarse : *pena remisible.*

remisión f. Envío, expedición : *la remisión de un paquete.* ‖ Perdón : *la remisión de los pecados.* ‖ En un libro, indicación para que el lector acuda a otro párrafo o página : *este diccionario está lleno de remisiones.* ‖ *Med.* Atenuación momentánea de los síntomas de una enfermedad. ‖ *Sin remisión,* de manera implacable.

remisivo, va adj. Que remite.

remiso, sa adj. Poco entusiasta, reacio, reticente. ‖ *No ser remiso en,* estar completamente dispuesto a.

remisor, ra adj. Remitente.

remisorio, ria adj. Absolutorio.

remite m. Indicación con el nombre y dirección del que escribe que se pone en la parte posterior del sobre. ‖ Remitente.

remitente adj. Que remite o perdona (ú. t. c. s.). ‖ *Fiebre remitente,* la que tiene alternativas de aumento y disminución en su intensidad. ‖ — M. y f. Persona que envía algo por correo : *el remitente de una carta.*

remitido m. Suelto pagado en un periódico.

remitir v. t. Enviar : *remitir un giro postal.* ‖ Perdonar : *remitir los pecados.* ‖ Condonar una pena o liberar de una obligación : *remitir un castigo, un servicio, un deber.* ‖ Aplazar, diferir, suspender : *remitir una resolución.* ‖ Entregar : *remitir un pedido.* ‖ Confiar al juicio de otro una resolución : *remitir una cosa a la discreción de alguien.* ‖ Indicar en un escrito otro pasaje relacionado con el que se estudia (ú. t. c. i. y pr.). ‖ — V. i. Perder una cosa parte de su intensidad : *el temporal, la fiebre ha remitido.* ‖ — V. pr. Atenerse a lo dicho o hecho, referirse : *remitirse a la decisión de alguien.* ‖ Confiar en : *remitirse a la Providencia.*

remo m. Instrumento en forma de pala larga y estrecha que sirve para mover las embarcaciones haciendo fuerza en el agua. ‖ Deporte acuático que se practica en embarcaciones ligeras. ‖ Brazo o pierna, en el hombre y en los cuadrúpedos, o ala de las aves (ú. m. en pl.). ‖ Castigo antiguo consistente en remar en las galeras.

Remo, primer rey de Roma. Fue muerto por su hermano Rómulo.

remoción f. Acción y efecto de remover. ‖ Cambio. ‖ Excavación de tierras.

remodelación f. y **remodelado** m. Acción y efecto de remodelar. ‖ Reestructuración.

remodelar v. t. Hacer un nuevo modelo, reestructurar.

remojar v. t. Empapar, mojar algo de modo que el líquido lo penetre : *remojar pan en la sopa, garbanzos en agua para que se ablanden, la ropa*

antes de lavarla (ú. t. c. pr.). ‖ *Fig.* Convidar a beber a unos amigos para celebrar algo : *remojar un éxito.* ‖ *Amer.* Dar propina. ‖ *Méx.* Sobornar.

remojo m. Acción de remojar o empapar una cosa. ‖ *Amer.* Propina. ‖ — *Fig. Darse un remojo,* bañarse. ‖ *Echar* (o *poner*) *a* (o *en*) *remojo, remojar* ; (fig.) diferir, no tratar un asunto hasta que esté maduro o en mejor disposición.

remojón m. *Fam.* Ducha de agua de lluvia. ‖ Baño ligero.

remolacha f. Planta quenopodiácea de raíz grande y carnosa de la que existen varias variedades, como la remolacha azucarera,· rica en sacarosa, la remolacha forrajera, para alimento del ganado, y otra comestible, de color encarnado. ‖ Su raíz.

remolachero, ra adj. Concerniente a la remolacha. ‖ Que cultiva remolacha (ú. t. c. s.).

remolcador, ra adj. Que remolca. ‖ — M. Embarcación o vehículo que remolcan otras embarcaciones o vehículos.

remolcar v. t. Arrastrar detrás de sí : *remolcar un vehículo.* ‖ *Fig.* Incitar a alguien a hacer lo que no quiere. ‖ Llevar tras sí.

remoldeado m. Nuevo moldeado.

remolienda f. *Chil.* y *Per.* Juerga.

remolino m. Movimiento giratorio y rápido del aire, agua, polvo, humo, etc. ‖ Mechón de pelo en dirección contraria al resto de la cabellera. ‖ *Fig.* Apiñamiento de gente : *los remolinos de la muchedumbre.* ‖ Confusión : *un remolino de ideas.*

remolón, ona adj. y s. Flojo, perezoso, que elude maliciosamente el trabajo : *hacerse el remolón.*

remolonear v. i. *Fam.* Mostrarse remolón, holgazanear.

remolque m. Acción y efecto de remolcar. ‖ Cabo con que se remolca una embarcación. ‖ Vehículo remolcado : *remolque habitable.* ‖ A veces, vehículo que remolca. ‖ *Fig. Ir a remolque de alguien,* seguirle por la fuerza de las circunstancias.

Remón Cantera (José Antonio), militar panameño (1908-1955), pres. de la Rep. de 1952 a 1955. M. asesinado.

remonta f. Depósito caballar de sementales.

remontar v. t. Dar más vigor, más fuerza : *remontar la moral.* ‖ Montar de nuevo un mecanismo, etc. ‖ Superar un obstáculo o dificultad. ‖ Subir, ir hacia arriba : *remontar la calle.* ‖ Proveer de caballos nuevos a la tropa. ‖ Poner nuevas suelas al calzado. ‖ *Fig.* Encumbrar, enaltecer. ‖ — V. pr. Subir o volar muy alto las aves o aviones : *remontarse el águila hasta perderse de vista.* ‖ *Fig.* Elevarse hasta el origen de una cosa : *remontarse hasta los tiempos prehistóricos.*

remoquete m. Apodo.

rémora f. Pez marino acantopterigio cuya cabeza está provista de un disco cartilaginoso que le permite adherirse fuertemente a los objetos flotantes. ‖ *Fig.* y fam. Cualquier cosa que detiene o dificulta algo.

remorder v. t. Volver a morder o morderse uno a otro. ‖ *Fig.* Desasosegar una cosa, causar remordimiento : *su crimen le remuerde la conciencia.*

remordimiento m. Inquietud, dolor o pesar interno que queda después de ejecutar una mala acción.

remosquearse v. pr. *Fam.* Mostrarse receloso.

remotamente adv. Vagamente.

remotividad f. *Amér.* C. Lejanía.

remoto, ta adj. Distante, apartado, alejado : *lugar remoto.* ‖ Lejano en el tiempo : *en la más remota antigüedad.* ‖ *Fig.* Inverosímil, poco probable : *no tiene ni la más remota posibilidad de casarse con ella.*

remover v. t. Trasladar una cosa de un lugar a otro. ‖ Agitar, mover un líquido. ‖ Quitar, apartar, obviar : *remover un obstáculo.* ‖ Deponer de su empleo : *remover a un funcionario.* ‖ *Fig.* Traer a la mente : *remover recuerdos.* ‖ — V. pr. Agitarse.

remozamiento m. Acción de rejuvenecer, rejuvenecimiento, aspecto más nuevo o moderno.

RE

555

remozar v. t. Rejuvenecer (ú. t. c. pr.). ‖ *Fig.* Poner como nuevo.

remplazar v. t. Reemplazar.

remplazo m. Reemplazo.

Remscheid, c. del O. de Alemania Occidental (Rin Septentrional-Wesfalia). Metalurgia. Industrias químicas.

remuda f. *Méx.* Caballo de relevo.

remunerable adj. Pagable.

remuneración f. Precio o pago de un trabajo, de un servicio.

remunerador, ra adj. Que proporciona un beneficio (ú. t. c. s.).

remunerar v. t. Retribuir, pagar : *remunerar en especie.* ‖ Recompensar, premiar, galardonar.

remunerativo, va adj. Remunerador.

remuneratorio, ria adj. Que hace las veces de recompensa.

renacentista adj. Relativo al Renacimiento : *estilo renacentista.* ‖ Dícese de la persona de la época del Renacimiento (ú. t. c. s.).

renacer v. i. Nacer de nuevo. ‖ *Fig.* Recobrar lo perdido : *renacer la alegría, la esperanza.* ‖ Reaparecer : *el día renace.*

renacimiento m. Acción de renacer. ‖ Renovación ; vuelta ; reaparición. ‖ Recuperación, resurgimiento de un país. ‖ Movimiento literario, artístico y científico que se produjo en Europa en los siglos XV y XVI. ‖ — Adj. Relativo a la época o al estilo renacentista: *muebles renacimiento.*

— El *Renacimiento* se caracterizó por el estudio de la antigüedad clásica grecolatina en los países de Europa. En Italia se distinguieron, por ejemplo, Ariosto, Maquiavelo, Bembo, el Tasso en literatura, Brunelleschi, Donatello, Lucca della Robbia, Fra Angélico, Leonardo de Vinci, Rafael, Miguel Ángel, Bramante, etc. en las artes. En Francia se construyeron los castillos del Loira y en las artes sobresalieron Lescot, Delorme, Goujon, Jean Cousin, Germain Pilon, los Clouet, y en las letras Rabelais, Ronsard, la "Pléyade", Montaigne. En España, las primeras muestras de la arquitectura renacentista originaron el *plateresco* (v. este artículo), base después manifestarse con toda su pureza en el Palacio de Carlos V en Granada, la catedral de Jaén, la fachada de la Universidad de Salamanca y el monasterio de El Escorial. En la pintura española hay que citar a Juan de Juanes, Pedro Berruguete, Alejo Fernández y Luis de Morales, y en la escultura a Diego de Siloé, Damián Forment y Alonso Berruguete. Escritores del Renacimiento español fueron Boscán, Garcilaso de la Vega, Gutierre de Cetina, fray Luis de León y otros muchos más que haría interminable esta enumeración.

renacuajo m. Larva de los batracios, especialmente de la rana, mientras que tiene cola y respira por branquias. ‖ *Fig.* y *fam.* Hombrecillo, mequetrefe.

Renaico, c. del centro de Chile en la IX Región (Araucanía) y en la prov. de Malleco, cap. de la com. del mismo nombre.

Renaixença, movimiento cultural y político de Cataluña iniciado en 1833, que tendía al renacimiento de la lengua y tradiciones catalanas. Acabó hacia 1890.

renal adj. Relativo a los riñones.

Renan (Ernest), escritor, filólogo e historiador francés (1823-1892).

Renania, región del O. de Alemania Occidental, a orillas del Rin, desde la frontera francesa hasta Holanda. ‖ ~ **Palatinado,** en alem. *Rheinland-Pfalz,* Estado del O. de Alemania Occidental ; cap. *Maguncia.* ‖ ~ **Septentrional-Westfalia.** V. RIN SEPTENTRIONAL-WESTFALIA.

renano, na adj. Relativo a los territorios bañados por el Rin : *provincias renanas de Alemania.* ‖ Que vive en ellos (ú. t. c. s.).

Renard (Jules), escritor francés (1864-1910), autor de relatos (*El parásito, El pelirrojo*), de obras de teatro y de un *Diario.*

Renau (José), pintor y cartelista español (1907-1982).

Renaudot [-nodó] (Théophraste), médico e historiógrafo francés (1586-1653), cuyo nombre lleva un premio literario anual de novelas, creado en diciembre del año 1925.

Renca, valle en el centro oeste de la Argentina (San Luis), regado por el río Conlara. — Pobl. de la Argentina (San Luis). — Com. del centro de Chile en el Área Metropolitana de Santiago. Lugar de veraneo.

rencilla f. Rencor, resentimiento. ‖ Riña de la que queda rencor.

rencilloso, sa adj. Rencoroso.

renco, ca adj. Cojo.

rencor m. Resentimiento.

rencoroso, sa adj. Que guarda rencor (ú. t. c. s.).

rendibú m. Muestra de cortesía : *hacer mucho rendibú a alguien.*

rendición f. Acción y efecto de rendirse o hacer acto de sumisión al vencedor : *la rendición de una plaza.*

Rendición de Breda (*La*) o cuadro de *Las Lanzas,* obra maestra de Velázquez (Prado), que representa el epílogo del sitio de Breda (1635).

rendido, da, adj. Sumiso, obsequioso : *rendido servidor.* ‖ Muy cansado, agotado : *rendido de trabajar.* ‖ *Rendido de amor,* muy enamorado.

rendija f. Hendidura natural en un cuerpo sólido.

rendimiento m. Agotamiento, cansancio. ‖ Sumisión, humildad. ‖ Obsequiosidad, respeto. ‖ Producción o utilidad de una cosa : *el rendimiento de la tierra.* ‖ Utilidad que da un trabajador manual o intelectual. ‖ Relación entre el trabajo útil que se obtiene y la cantidad de energía que se suministra : *el rendimiento de una máquina.*

rendir v. t. Vencer al enemigo y obligarle a entregarse. ‖ Someter al dominio de uno : *rendir una plaza* (ú. t. c. pr.). ‖ Dar o devolver a uno lo que le corresponde : *rendir honores.* ‖ Dar fruto o utilidad una cosa : *rendir interés* (ú. t. c. i.). ‖ Cansar, fatigar, agotar : *este paseo me ha rendido* (ú. t. c. pr.). ‖ Presentar : *rendir cuentas.* ‖ Vomitar, devolver. ‖ *Mil.* Pasar una arma a la vigilancia de otro : *rendir la guardia.* ‖ — *Rendir gracias,* agradecer. ‖ *Rendir las armas,* capitular.

Rendón (Francisco de Paula), escritor colombiano (1855-1917), autor de novelas (*Inocencia, Sol, etc.*).

renegado, da adj. Que renuncia a la religión cristiana o a la fe política para abrazar otra (ú. t. c. s.).

renegador, ra adj. y s. Que reniega.

renegar v. t. Volver a negar : *todo lo niega y reniega.* ‖ — V. i. Cometer apostasía, abjurar : *renegar de su fe.* ‖ Negarse a reconocer como tal, abandonar : *renegar de su familia.* ‖ Decir injurias, blasfemar. ‖ Refunfuñar.

renegociación f. Nueva negociación de los términos de un acuerdo.

renegociar v. t. Hacer una renegociación.

renegrido, da adj. Muy negro.

R.E.N.F.E., siglas de la Red Nacional de Ferrocarriles Españoles.

Renfrewshire, antiguo condado de Gran Bretaña, en el O. de Escocia, cuya cap. era Paisley.

Rengifo (César), pintor, poeta y autor de obras de teatro venezolano (1915-1980). ‖ ~ (MANUEL), político chileno (1793-1845), reorganizador del sistema de contribuciones.

renglón m. Línea escrita o impresa. ‖ Partida de una cuenta. ‖ Parte en un gasto, capítulo : *su mantenimiento es un renglón grande en mi presupuesto.* ‖ — Pl. *Fig.* y *fam.* Cualquier escrito o impreso : *¿ qué le parecen estos renglones ?* ‖ — *A renglón seguido,* a continuación, inmediatamente después. ‖ *Fig. Dejar entre renglones,* no acordarse de ella. ‖ *Leer entre renglones,* penetrar la intención oculta de un escrito.

Rengo, c. del centro de Chile en la VI Región (Libertador General Bernardo O'Higgins) y en la prov. de Cachapoal, cap. de la com. de su n.

Reni (Guido). V. GUIDO (*El*).

reniego m. Blasfemia, juramento. ‖ Dicho injurioso.

renio m. Metal blanco (Re), de número atómico 75.

Rennes [ren], c. en el O. de Francia, cap. del dep. de Ille-et-Vilaine. Arzobispado. Universidad.

reno m. Mamífero rumiante, de la familia de los cérvidos.

Reno, c. del O. de Estados Unidos (Nevada). Centro turístico.

Renoir (Auguste), pintor impresionista francés (1841-1919), autor de *El Molino de la Galette, El palco, Mujer con espejo, Las bañistas, La niña de la cinta azul, Diana cazadora,* etc.

renombrado, da adj. Célebre.

renombre m. Fama, celebridad.

renovable adj. Que se puede prolongar.

renovación f. Acción y efecto de renovar : *renovación de un pasaporte.* ‖ Prórroga : *renovación de un arrendamiento.* ‖ Reemplazo. ‖ Transformación. ‖ Renacimiento.

renovador, ra adj. y s. Que renueva.

renovar v. t. Hacer como de nuevo una cosa o volverla a su primer estado : *renovar un local.* ‖ Sustituir lo viejo por lo nuevo : *renovar un mobiliario.* ‖ Reemplazar, cambiar : *renovar el personal de una empresa.* ‖ Reanudar, restablecer : *renovar una amistad.* ‖ Reiterar, repetir : *te renuevo mi petición.* ‖ Volver a poner de moda : *renovar una costumbre antigua.* ‖ Dar nueva fuerza, nueva validez : *renovar un contrato.*

renquear v. i. Andar cojeando, cojear. ‖ *Fig.* Ir tirando, marchar a duras penas : *negocio que renquea.*

renquera f. Cojera.

renqueo m. Cojera.

renta f. Utilidad, beneficio, ingreso anual que rinde una cosa : *las rentas del trabajo.* ‖ Lo que paga en dinero o frutos un arrendatario : *renta de una casa.* ‖ Deuda pública o títulos que la representan. ‖ *Fig.* Pensión, pago periódico : *sus estudios son una renta para nosotros.* ‖ Persona o cosa de la que se saca un beneficio. ‖ — *A renta,* en arrendamiento. ‖ *Impuesto sobre la renta,* impuesto que grava los ingresos anuales de los contribuyentes. ‖ *Renta nacional,* conjunto de las rentas públicas y privadas de un país. ‖ *Renta per cápita* o *por habitante,* la obtenida al dividir la renta nacional por el número de habitantes de un país. ‖ *Renta pública,* cantidades que cobra el Estado, sea de los impuestos, sea de sus propiedades. ‖ *Renta vitalicia,* pensión pagada mientras vive el beneficiario.

rentabilidad f. Carácter de lo que produce un beneficio.

rentabilización f. Acción y efecto de rentabilizar.

rentabilizar v. t. Hacer que produzca un beneficio.

rentable adj. Que produce ganancias o beneficios, productivo : *negocios rentables en todos los aspectos.* ‖ *Fig.* Provechoso, beneficioso, útil.

rentar v. t. Producir renta o beneficio. Ú. t. c. i. : *este negocio renta muy poco.* ‖ *Amer.* Alquilar, arrendar.

Rentería, v. del N. de España (Guipúzcoa). Industrias.

renteriano, na adj. y s. De Rentería (España).

rentero, ra adj. Tributario. ‖ — M. y f. Arrendatario de fincas.

rentista com. Persona que tiene rentas o que vive de ellas.

renuencia f. Condición de renuente.

renuente adj. Remiso, reacio.

renuevo m. Vástago de un árbol. ‖ *Fig.* Renovación.

renuncia f. Acto por el cual una persona hace abandono a una cosa, un derecho, un cargo, una función. ‖ Documento en que consta.

renunciable adj. Que puede renunciarse.

renunciación f. y **renunciamiento** m. Renuncia.

renunciador, ra y **renunciante** adj. y s. Que renuncia (ú. t. c. s.).

renunciar v. t. Hacer dejación voluntaria de una cosa : *renunciar a un proyecto, a un título, a una herencia.* ‖ Dejar de pretender : *renunciar a los honores.* ‖ Abandonar : *renunciar a la lucha.* ‖ Cesar voluntariamente de : *renunciar a fumar.* ‖ — V. i. En algunos juegos de naipes, no servir al palo que se juega teniendo cartas de él.

renuncio m. Acción de no servir en una partida de naipes al palo que se juega. ‖ *Fig.* y *fam.* Mentira, contradicción flagrante.

renvalso m. Rebajo del canto de las hojas de puertas y ventanas para que encajen en el marco o unas con otras.

reñidero m. Lugar donde se verifican las riñas de gallos.

reñido, da adj. Enemistado con otro : *estar reñido con un amigo.* ‖ Encarnizado, disputado : *una lucha muy reñida.* ‖ Opuesto, incompatible : *lo útil no está reñido con lo bello.*

reñidor, ra adj. Pendenciero.

reñir v. i. Disputarse, contender de obra o de palabra : *reñir con un amigo.* ‖ Desavenirse, enfadarse : *reñir con la novia.* ‖ — V. t. Reprender, regañar.

reo com. Acusado, persona culpable de un delito. ‖ Persona demandada en juicio. ‖ *Arg. Fam.* Perezoso. ‖ Despreocupado. ‖ *Reo de Estado,* el que ha cometido un delito contra la seguridad del Estado.

reoca f. *Fam. Ser la reoca,* ser el colmo ; ser muy gracioso.

reojo m. *Mirar de reojo,* mirar disimuladamente, por encima del hombro ; (fig. y fam.) mirar con enfado, desprecio o desdén.

reordenación f. Nueva ordenación.

reorganización f. Acción y efecto de reorganizar. ‖ Cambio : *reorganización de un gobierno.*

reorganizador, ra adj. Que organiza de nuevo (ú. t. c. s.).

reorganizar v. t. Volver a organizar (ú. t. c. pr.). ‖ Cambiar algunos miembros de un gobierno.

reorientación f. Nueva orientación.

reorientar v. t. Dar nueva orientación.

reóstato o **reostato** m. Resistencia variable que permite hacer variar la intensidad de una corriente en un circuito eléctrico.

repajolero, ra adj. *Fam.* Pajolero.

repanchigarse v. pr. Repantigarse.

repanocha f. *Fam. Ser la repanocha,* ser la reoca.

repantigarse v. pr. Arrellanarse en el asiento, y extenderse para mayor comodidad.

reparable adj. Que puede repararse. ‖ Digno de atención.

reparación f. Acción y efecto de reparar o enmendar. ‖ Desagravio : *reparación de una ofensa o agravio.*

reparador, ra adj. Que repara o mejora una cosa : *justicia reparadora* (ú. t. c. s.). ‖ Que restablece las fuerzas : *descanso reparador.* ‖ — M. y f. Persona que arregla algo roto.

reparar v. t. Componer una cosa : *reparar una máquina.* ‖ *Fig.* Advertir, ver : *reparar un error.* ‖ Remediar, corregir : *reparar un daño.* ‖ Desagraviar : *reparar el honor ofendido.* ‖ Restablecer las fuerzas : *reparar la fatiga.* ‖ — V. i. Hacer caso, atender, ver : *nadie reparó en él.* ‖ Mirar cuidadosamente : *reparar en un detalle.* ‖ Advertir, notar : *reparar en un error.*

reparo m. Advertencia, observación. ‖ Crítica, objeción : *siempre pones reparos a todo.* ‖ Reticencia, dificultad, reserva : *aprobar algo con cierto reparo.* ‖ Restauración. ‖ En esgrima, parada o quite. ‖ — *Fig. No andar* (o *andarse*) *con reparos,* no vacilar, no considerar los inconvenientes. | *Sin reparos,* sin escrúpulos.

repartición f. Reparto. ‖ *Amer.* Dependencia que se ocupa de determinados asuntos en una organización administrativa.

repartidor, ra adj. Que reparte. ‖ — M. y f. Empleado que lleva a domicilio las mercancías, los periódicos, etc.

repartija f. *Riopl.* Reparto de cosas poseídas ilegalmente.

repartimiento m. Reparto.
— Durante la colonización española de América recibieron el nombre de *repartimientos* las concesiones de indios hechas a favor de los conquistadores, quienes, en contrapartida a los derechos adquiridos, contraían la obligación de proteger e instruir a aquellos que estaban sometidos a su jurisdicción. (V. ENCOMIENDA.)

repartir v. t. Distribuir entre varios una cosa dividiéndola en partes : *repartir un patrimonio.* ‖ Distribuir, entregar a domicilio : *repartir el correo, la leche.* ‖ Dividir una contribución o gravamen por partes : *repartir un impuesto.* ‖ Extender sobre una superficie : *repartió bien la pintura*

por encima de la mesa. ‖ *Fam.* Dar, administrar : *repartir golpes.*

reparto m. Distribución : *reparto de premios.* ‖ Entrega a domicilio : *reparto del correo, de la leche.* ‖ División : *el reparto de Polonia.* ‖ Distribución de papeles entre los actores de una obra teatral, cinematográfica o de televisión. ‖ *Cub.* Terreno urbanizado (se dice especialmente de la c. de La Habana). ‖ Barrio. ‖ *Méx.* Solar que se vende por lotes.

repasar v. t. Volver a pasar : *repasar por una calle.* ‖ Examinar de nuevo. ‖ Revisar lo estudiado : *repasar la lección.* ‖ Mirar superficialmente un escrito. ‖ Recoser la ropa, zurcirla si hace falta.

repasata f. *Fam.* Reprimenda.

repaso m. Acción y efecto de repasar. ‖ Lectura rápida de lo que ya se ha aprendido de memoria : *dar un repaso a la lección.* ‖ Examen o reconocimiento de una cosa después de hecha. ‖ *Fam.* Reprimenda.

repatear v. t. *Fam.* Fastidiar.

repatriación f. Acción y efecto de repatriar o repatriarse.

repatriado, da adj. y s. Que vuelve a su patria.

repatriar v. t. Hacer que uno regrese a su patria : *repatriar emigrados.* ‖ — V. pr. Volver a su patria : *repatriarse un perseguido político.*

repe m. *Ecuad.* Plato hecho con plátano verde aplastado, mezclado con queso, y cocido en leche.

repechar v. t. Subir por un repecho, escalar.

repecho m. Cuesta bastante pendiente y no larga.

repeinar v. t. Volver a peinar. ‖ — V. pr. Peinarse cuidadosamente.

repelar v. t. *Méx.* Refunfuñar.

repelente adj. Que repele. ‖ *Fig.* Repulsivo, repugnante : *conducta repelente.* | Muy feo. ‖ *Amer.* Impertinente.

repeler v. t. Rechazar. ‖ Arrojar, echar : *repeler a intrusos de su domicilio.* ‖ Contradecir, objetar : *repeler un argumento.* ‖ *Fig.* Disgustar. | Repugnar, causar las arañas me repelen.

Repelón, mun. al NO. de Colombia, en el delta del Magdalena (Atlántico).

repeluco m. *Fam.* Escalofrío.

repellar v. t. Cubrir de yeso o cal.

repente m. Movimiento súbito. ‖ Arrebato : *un repente de ira.* ‖ Presentimiento brusco : *De repente,* de pronto, súbitamente.

repentino, na adj. Pronto, imprevisto : *muerte repentina.*

repera f. *Fam. Ser el colmo.*

repercusión f. Acción de repercutir. ‖ *Fig.* Consecuencia : *acontecimiento que puede tener graves repercusiones.* | Alcance, eco : *su discurso ha tenido mucha repercusión.*

repercutir v. t. Retroceder o rebotar un cuerpo al chocar con otro. ‖ Producir el eco al sonido : *el sonido repercutió en la pared.* ‖ *Fig.* Trascender, causar efecto en una cosa en otra : *medida que ha repercutido en los precios.* ‖ *Méx.* Exhalar mal olor.

repertorio m. Índice, registro, en que las materias están ordenadas de forma que puedan encontrarse fácilmente : *repertorio alfabético.* ‖ Colección de obras de una misma clase : *repertorio de autores clásicos.* ‖ Conjunto de las obras que representa una compañía de teatro o una orquesta o un músico. ‖ *Fig.* Conjunto de conocimientos : *todo el repertorio de mis recuerdos,* etc.

repesca f. Examen o prueba de un estudiante que no ha aprobado o de un equipo o jugador que no ha clasificado para darle mejor nota o que pueda participar en una competición.

repescar v. t. Admitir nuevamente a uno que ha sido eliminado en un examen, competición, etc.

repetición f. Acción de repetir varias veces la misma idea o la misma palabra. ‖ Reproducción de la misma acción, gesto, etc. ‖ Mecanismo de ciertos relojes que les permite dar la hora al apoyar un botón : *reloj de repetición.* ‖ *Arma de repetición,* arma de fuego que puede hacer varios disparos sin recargarla.

repetidor, ra adj. Que repite (ú. t. c. s.). ‖ Que vuelve al mismo curso de estudios por no haber aprobado (ú. t. c. s.) : *alumno repetidor.* ‖ — M. y f. Persona que repasa a otro la lección. ‖ — M. Amplificador telefónico para comunicaciones muy lejanas. ‖ Estación de radio o televisión que retransmite por ondas hertzianas las señales recibidas de una estación principal.

repetir v. t. Volver a hacer o decir lo que se había hecho o dicho : *repetir una palabra, una acusación, una operación.* ‖ Volver al mismo curso escolar por no haber aprobado : *repetir curso* (ú. t. c. i.). ‖ Tomar de nuevo un plato de comida. ‖ *For.* Reclamar contra tercero. ‖ *Teatr.* Reestrenar. ‖ — V. i. Venir a la boca el sabor de lo que se ha comido o bebido : *el ajo repite* (ú. t. c. pr.). ‖ — V. pr. Usar siempre las mismas palabras, formas, etc. ‖ Volver a suceder un acontecimiento.

repetitivo, va adj. Que se repite constantemente.

repicar v. t. Picar mucho una cosa, reducirla a partes muy menudas. ‖ Tañer rápidamente y a compás las campanas en señal de fiesta (ú. t. c. i.).

repipi adj. *Fam.* Dícese del niño que afecta modales de adulto o viste como tal. | Redicho, sabidillo.

repique m. Toque de campanas.

repiquetear v. i. Repicar con mucha viveza las campanas, el tambor u otro instrumento sonoro. ‖ *Fig.* Golpear del mismo modo : *la lluvia repiqueteaba en los cristales.*

repiqueteo m. Acción y efecto de repiquetear. ‖ Ruido producido por los disparos de una ametralladora, por la lluvia, etc.

repisa f. Estante, anaquel.

replantar v. t. Volver a plantar. ‖ Trasplantar.

replanteamiento m. Acción y efecto de replantear.

replantear v. t. Plantear de nuevo.

replay m. (pal. ingl.) Repetición de un fragmento en una emisión televisiva.

repleción f. Saciedad.

replegamiento m. *Mil.* Retirada.

replegar v. t. Plegar o doblar muchas veces. ‖ Ocultar, hacer desaparecer un órgano mecánico saliente : *replegar el tren de aterrizaje de un avión.* ‖ — V. pr. *Mil.* Retirarse.

repleto, ta adj. Muy lleno : *calle repleta de gente ; bolsa repleta.* ‖ Rechoncho. ‖ Ahíto, lleno : *estoy repleto, no puedo comer nada más.*

réplica f. Respuesta, argumento con que se replica : *dar una réplica adecuada.* ‖ Copia exacta de una obra artística : *una réplica de la Venus Capitolina.* ‖ *Derecho de réplica,* derecho que posee una persona para contestar, en un periódico o cualquier otro medio de comunicación, a lo dicho sobre ella.

replicar v. i. Responder. ‖ Poner objeciones a lo que se dice o manda (ú. t. c. t.).

repliegue m. Pliegue doble. ‖ *Fig.* Recoveco, profundidad : *amor sentido en los repliegues del alma.* ‖ *Mil.* Retirada de las tropas.

repoblación f. Acción y efecto de repoblar. ‖ *Repoblación forestal,* plantación sistemática de árboles en una zona o región.

repoblador, ra adj. Que repuebla (ú. t. c. s.).

repoblar v. t. Volver a poblar con personas en un país, con alevines un estanque o un río, con árboles una zona, etc.

repollo m. Especie de col.

reponer v. t. Volver a poner : *reponer a un funcionario en su puesto.* ‖ Volver a representar una obra dramática o a proyectar una película. ‖ Replicar, responder. ‖ Completar lo que falta de una cosa : *reponer un mueble.* ‖ Completar las existencias en un almacén. ‖ Hacer recobrar la salud. ‖ — V. pr. Recobrar la salud o la hacienda. ‖ Recuperarse, volver a estar tranquilo : *reponerse de un susto.*

report m. (pal. ingl.) Informe.

reportaje m. Artículo periodístico basado en las informaciones suministradas por uno o más periodistas :

RE

557

reportaje de modas. ‖ Serie de fotografías, emisión radiofónica o película sobre un tema de actualidad.

reportar v. t. Alcanzar, lograr : *reportar un triunfo*. ‖ Proporcionar una utilidad, beneficio : *ese negocio no reportó nada*. ‖ *Impr.* Pasar una prueba litográfica a otra piedra o a una plancha metálica para proceder a la tirada. ‖ *Amér. C. y Méx.* Acusar, denunciar (es anglicismo). ‖ *Méx.* Informar (ú. t. c. pr.). — V. pr. Reprimirse, contenerse. ‖ Serenarse, calmarse.

reporte m. *Impr.* Acción de reportar. ‖ Prueba litográfica que se pasa a otra piedra o a una plancha metálica para la tirada. ‖ *Méx.* Informe, relación.

reportear v. t. *Amer.* Entrevistar.

repórter com. Reportero.

reporteril adj. Del reportero.

reporterismo m. Periodismo.

reportero, ra adj. Que hace reportajes. ‖ — M. y f. Periodista que recoge informaciones orales o gráficas para un periódico o revista, o para difundirlas por radio o televisión.

reposacabezas m. Dispositivo en el respaldo de un asiento para apoyar la cabeza.

reposado, da adj. Sosegado, tranquilo. ‖ Descansado.

reposapiés m. inv. Soporte donde el pasajero de una moto coloca los pies.

reposar v. i. Descansar de la fatiga o trabajo, durmiendo o no : *después de la comida suele reposar un rato* (ú. t. c. t. y pr.). ‖ Estar sepultado, yacer : *aquí reposa tu cuerpo*.

reposera f. *Arg.* Silla de tijeras.

reposición f. Restablecimiento. ‖ *Com.* Renovación, acción y efecto de reemplazar lo viejo por lo nuevo : *reposición de existencias*. ‖ Representación de una obra teatral o cinematográfica ya antigua.

reposo m. Suspensión del movimiento, inmovilidad. ‖ Descanso.

repostar v. i. Reponer provisiones, combustibles, carburante, etc. : *barco, avión que reposta* (ú. t. c. pr.).

repostería f. Establecimiento donde se fabrican y venden dulces y fiambres. ‖ Oficio de repostero.

repostero, ra m. y f. Persona que fabrica pastas, dulces, fiambres, etc.

repostón, ona adj. *Amer. C. y Méx.* Que responde mal (ú. t. c. s.).

repotente adj. f. *Fam.* Enorme, muy grande : *por su repotente voluntad*.

reprender v. t. Amonestar a uno, regañarle. ‖ Censurar, criticar.

reprensible adj. Que merece reprensión : *acto reprensible*.

reprensión f. Acción de reprender, reproche que se hace a uno por una falta que ha cometido.

reprensivo, va adj. Digno de reprensión : *me pareció ver cierto tono reprensivo en sus palabras*.

reprensor, ra adj. y s. Que reprende.

represa f. Estancamiento del agua corriente. ‖ Embalse, presa.

represalia f. Derecho que se arroga un combatiente, o cualquier otra persona, de causar al enemigo igual o mayor daño que el recibido. Ú. m. en pl. : *tomar, ejercer represalias*.

represar v. t. Detener o estancar el agua corriente.

representación f. Acción de representar una obra teatral, función : *la representación de una comedia*. ‖ Idea que nos formamos del mundo exterior o de un objeto determinado. ‖ Imagen gráfica, pictórica, artística de cualquier cosa. ‖ Conjunto de personas que representan una colectividad : *había una gran representación del Ayuntamiento*. ‖ *For.* Derecho de una persona a ocupar, para la sucesión de una herencia, el lugar de otra difunta. ‖ Acción de negociar por cuenta de una casa comercial. ‖ *En representación de,* representando a.

representador, ra adj. Que representa.

representante adj. Que representa. ‖ — *Com.* Persona que representa a un ausente o a una colectividad : *enviar un representante a un entierro*. ‖ Agente comercial encargado de la venta de un producto en una plaza o zona. ‖ Actor de teatro. ‖ Agente que actúa en nombre de un artista. ‖ *Amer.* Diputado, en algunos países : *Cámara de Representantes*.

representar v. t. Hacer presente algo en la imaginación por medio de palabras o figuras, figurar : *este dibujo representa una casa*. ‖ Ejecutar en público una obra teatral : *representar un drama*. ‖ Desempeñar un papel. ‖ Sustituir a uno o hacer sus veces : *representar al presidente*. ‖ Ser imagen o símbolo de una cosa : *Pérez Galdós representa el realismo en España*. ‖ Aparentar, parecer : *representa menos edad que la que tiene*. ‖ Equivaler : *esta obra representa diez años de trabajo*. ‖ Negociar por cuenta de una casa comercial. — V. pr. Volver a presentar. ‖ Darse cuenta : *no me represento su asombro*. ‖ Imaginarse : *no me represento a Juan con sotana*.

representatividad f. Condición representativa.

representativo, va adj. Que representa bastante bien un conjunto : *hombre representativo de la clase media*. ‖ Considerado como modelo, tipo de algo : *ésta es una muestra representativa de nuestras joyas*. ‖ Dícese de un organismo al que se le reconoce el derecho de representar una nación, una comunidad. ‖ *Gobierno representativo,* aquel en que la nación delega al Parlamento el ejercicio del poder legislativo.

represión f. Acción de reprimir : *la represión de los delitos*. ‖ Relegación al subconsciente de ciertas tendencias consideradas como condenables. ‖ Acción de detener, valiéndose de la violencia, un movimiento colectivo.

represivo, va adj. Que reprime.

represor, ra adj. y s. Que reprime.

reprimenda f. Reprensión severa.

reprimir v. t. Contener, detener el efecto o progreso de algo : *reprimir una sublevación, la ira.*

reprise f. (pal. fr.). Capacidad de aceleración de un vehículo : *un coche con mucha reprise*. ‖ Reposición teatral o cinematográfica.

reprobable adj. Censurable.

reprobación f. Crítica muy severa.

reprobador, ra adj. Que censura.

reprobar v. t. No aprobar, recriminar, censurar, condenar : *reprobar una conducta, un procedimiento*. ‖ Condenar a las penas eternas. ‖ *Amer.* Ser suspendido en un examen.

reprobatorio, ria adj. Reprobador.

réprobo, ba adj. y s. Condenado a las penas del infierno.

reprochable adj. Que merece reproche.

reprochador, ra m. y f. Persona que reprocha.

reprochar v. t. Criticar, censurar : *reprochar a uno sus vicios* (ú. t. c. pr.).

reproche m. Lo que se dice a una persona para expresarle su descontento o avergonzarle.

reproducción f. Proceso biológico por el que los seres vivos perpetúan la especie. (La reproducción puede ser *sexual,* por unión de dos gametos, o *asexual* o *vegetativa,* sin intervención de gametos.) ‖ Copia o imitación de una obra literaria o artística : *reproducción de un cuadro de Goya*. ‖ Acción de reproducir sonidos. ‖ *Fot.* Negativo tirado a partir de una copia positiva. ‖ Derecho de reproducción, del autor o propietario de una obra literaria o artística para autorizar su distribución y obtener un beneficio de ella.

reproducible adj. Que puede reproducirse.

reproducir v. t. Volver a producir (ú. t. c. pr.). ‖ Imitar, copiar : *reproducir un cuadro*. ‖ Volver a hacer presente : *reproducir los mismos argumentos*. ‖ *Fot.* Sacar un negativo a partir de una copia positiva. ‖ Dar la imagen exacta de algo : *reproducir los sonidos fielmente*. — V. pr. Perpetuarse por medio de la generación.

reproductivo, va adj. Que favorece la reproducción.

reproductor, ra adj. Que sirve a la reproducción. ‖ — M. y f. Animal empleado en la reproducción y destinado a mejorar la raza.

reprografía f. Conjunto de técnicas para reproducir documentos.

reptación f. Acción de reptar.

reptante adj. Que repta.

reptar v. i. Andar arrastrándose como los reptiles.

reptil adj. Aplícase a los animales vertebrados que caminan rozando la tierra con el vientre (ú. t. c. s. m.).
— Los reptiles son animales de sangre fría, generalmente carnívoros y ovíparos, de respiración pulmonar, y viven generalmente en tierra. Los reptiles se dividen en órdenes : *saurios* (lagartos), *ofidios* (serpientes), *quelonios* (tortugas) y *cocodriloideos*.

república f. Forma de gobierno representativo en el que el poder reside en el pueblo, personificado éste por un presidente elegido por la nación o sus representantes : *la República Francesa*. ‖ Gobierno del Estado, cosa pública : *la prosperidad de la república*. ‖ *La república de las letras,* conjunto de los escritores.
— La *República* ha sido establecida en España en dos ocasiones : la *Primera República*, proclamada el 11 de febrero de 1873, duró hasta el 3 de enero de 1874, fecha en que el general Pavía disolvió el Congreso ; la *Segunda República*, proclamada el 14 de abril de 1931, se malogró por las rivalidades entre los extremistas de izquierda y de derecha, y fue el preludio de la guerra civil de 1936 a 1939. El gobierno republicano ha sido el normal en todos los países americanos desde la accesión a la independencia, con la excepción del Brasil (Imperio hasta 1889) y algunos conatos en otros países : México (1822 y 1864) y Haití (1804 y 1849).

República ‖ — **Dominicana.** V. DOMINICANA. ‖ — **Entrerriana,** n. que tomaron en 1819 las prov. argentinas de Entre Ríos y Santa Fe.

republicanismo m. Condición de republicano. ‖ Afecto a la forma de gobierno republicana.

republicanizar v. t. Dar carácter republicano (ú. t. c. pr.).

republicano, na adj. Relativo a la república : *sistema, régimen republicano*. ‖ Partidario de la república : *partido, diario republicano* (ú. t. c. s.).

repudiable adj. Que merece ser repudiado.

repudiación f. Acción y efecto de repudiar.

repudiar v. t. Rechazar legalmente a la propia esposa. ‖ Renunciar voluntariamente : *repudiar una sucesión*. ‖ *Fig.* Condenar, rechazar.

repudio m. Repudiación.

repuesto, ta adj. Puesto de nuevo. ‖ Restablecido en un cargo. ‖ Recuperado de salud. ‖ — M. Provisión de víveres o de otras cosas. ‖ Pieza de recambio. ‖ *De repuesto,* de reserva ; de recambio : *rueda de repuesto*.

repugnancia f. Oposición, contradicción. ‖ Aversión, repulsión, antipatía.

repugnante adj. Que repugna.

repugnar v. i. Causar repugnancia.

repujado m. Labrado de chapas metálicas en frío, o de cuero por martilleo, de modo que resulten figuras en relieve en una de sus caras. ‖ Obra repujada.

repujar v. t. Labrar de relieve, a martillo, un objeto metálico o de cuero : *plata repujada*.

repulsa f. Rechazamiento, negativa. ‖ Censura, ‖ *Med.* Rechazo.

repulsión f. Repulsa. ‖ Repugnancia, aversión : *sentir repulsión por él*.

repulsivo, va adj. Que causa repulsión, repelente.

repullo m. Movimiento de sorpresa, sobresalto provocado por el miedo.

repuntar v. i. *Mar.* Empezar la marea. ‖ — V. t. *Arg.* Reunir los animales que están dispersos en el campo. ‖ Recuperar una buena posición que se había perdido. ‖ Aparecer. ‖ Manifestarse, mostrarse. — V. pr. Empezar a picarse el vino. ‖ *Fig. y fam.* Enfadarse : *repuntarse con el vecino*.

repunte m. *Mar.* Comienzo de la marea. ‖ *Arg.* Acción y efecto de repuntar. ‖ Alza, subida de precios. ‖ Aumento.

reputación f. Fama. ‖ *Adj.* Célebre, famoso.

reputado, da adj. Célebre, famoso.

reputar v. t. Considerar, formar juicio. ‖ Apreciar, estimar.

requebrar v. t. *Fig.* Galantear, piropear. ‖ Adular, lisonjear.

requecho m. *Arg.* Objeto de poco valor.

requemado, da adj. Tostado, de color oscuro.

requemar v. t. Volver a quemar. | Tostar mucho : *requemar la tez.* | Privar el calor de jugo a las plantas, secarlas. | Resquemar, causar picor en la boca algunas sustancias. || — V. pr. Quemarse o tostarse mucho : *requemarse las plantas.* | *Fig.* Consumirse interiormente y sin darlo a conocer : *requemarse de pena.*

Requena, c. del E. de España (Valencia). — C. del NO. del Perú, cap. de la prov. homónima (Loreto).

Requena Lagerreta (Pedro), poeta mexicano (1893-1918).

requeridor, ra o **requiriente** adj. y s. Que requiere.

requerimiento m. Acto judicial por el que se intima que se haga o se deje de hacer algo. || Demanda.

requerir v. t. Intimar, avisar a la autoridad pública. || Necesitar, tener precisión de algo : *este enfermo requiere muchos cuidados.* || Exigir, precisar : *las circunstancias así lo requieren.* || Requerir de amores a una mujer, cortejarla. || — V. pr. Exigirse : *para poder optar al cargo se requiere la nacionalidad española.*

Requesens (Luis de ZÚÑIGA y), general español (1528-1576). Lugarteniente de Don Juan de Austria, asistió en 1571 a la batalla de Lepanto. En 1573 sucedió al duque de Alba en el gobierno de los Países Bajos.

requesón m. Queso hecho con leche cuajada sin el suero. || Cuajada, después de hecho el queso.

requete adj. Del cuerpo de requeté. || — M. En España, cuerpo de voluntarios que defiende la tradición carlista. || — M. y f. Persona que pertenece a este cuerpo.

requetebién adv. *Fam.* Muy bien.

requetelleno, na adj. Atestado.

requiebro m. Piropo.

réquiem m. Oración que reza la Iglesia católica por los difuntos : *misa de réquiem.* || Su música : *el réquiem de Mozart, de Palestrina, de Brahms.*

Réquila, rey de los suevos de España en 441. M. en 448.

Requínoa, c. del centro de Chile en la VI Región (Libertador General Bernardo O'Higgins) y en la prov. de Cachapoal, cap. de la com. de su n.

requintar v. t. *Amér. C.* y *Méx.* Apretar mucho, poner muy tirante.

requirente adj. y s. *For.* Demandante en justicia.

requisa f. Examen, inspección. || Requisición.

requisar v. t. Hacer una requisición.

requisición f. Acción de la autoridad que exige de una persona o de una entidad la prestación o el uso de un bien (vehículo, fábrica, edificio, etc.).

requisito m. Circunstancia, condición : *para votar es requisito indispensable ser mayor de edad.* || Formalidad : *cumplir con todos los requisitos.*

requisitorio, ria adj. Dícese del despacho en que un juez requiere a otro para que ejecute un mandamiento del requirente (ú. t. c. s. f. y a veces como m.).

Rerum novarum, encíclica del papa León XIII (1891) sobre los derechos sociales de los trabajadores.

res f. Cualquier animal cuadrúpedo de ciertas especies domésticas, como el ganado vacuno, lanar, porcino, etc., o de algunas salvajes, como el venado, jabalí, etc. || *Amer.* Buey o vaca : *carne de res.*

resabiado, da adj. Que tiene resabios : *un caballo resabiado.*

resabiar v. t. Hacer tomar un vicio o adquirir mala costumbre (ú. t. c. pr.). || — V. pr. Disgustarse o desazonarse.

resabido, da adj. *Fam.* Que se las da de muy sabio y enterado. | Sabido de todos.

resabio m. Vicio o mala costumbre que queda : *los resabios de un caballo.* || Sabor desagradable que deja una cosa.

resaca f. Movimiento en retroceso de las olas del mar al llegar a la orilla. || *Com.* Letra que el tenedor de otra protestada gira a cargo del librador o de uno de los endosantes. || *Fig.* y *fam.*

Malestar padecido al día siguiente de la borrachera : *tener resaca.* || *Amer.* Residuos materiales que quedan a orillas de un río. | Lo más bajo y abyecto de una sociedad. | Persona baja, abyecta. || *Amér. C.* y *Méx.* Aguardiente de gran calidad.

resalado, da adj. Encantador, muy simpático : *una niña muy resalada.*

resaltar v. i. Destacarse, hacer contraste : *el negro resalta sobre el blanco.* || Sobresalir de una superficie : *los balcones resaltan en la fachada del edificio.* || *Fig.* Distinguirse, descollar : *resaltar uno por su mérito.*

resalte y **resalto** m. Parte que sobresale de la superficie de algo.

resarcible adj. Indemnizable.

resarcimiento m. Indemnización, compensación de daños y perjuicios.

resarcir v. t. Indemnizar, compensar : *resarcir de un daño* (ú. t. c. pr.).

resbala f. *Amer.* Resbalón.

resbaladizo, za adj. Dícese de lo que resbala o escurre fácilmente. || *Fig.* Delicado, comprometido : *un asunto muy resbaladizo.*

resbalar v. i. Escurrirse, deslizarse : *resbalar en el hielo.* || Dicho de las ruedas de un coche, una bicicleta, etc., deslizarse lateralmente por falta de adherencia, patinar. || *Fig.* Incurrir en un desliz, falta o culpa. || *Fam.* Resbalarle a uno algo, tenerle sin cuidado.

resbalón m. Acción de resbalar : *dar un resbalón.* || *Fig.* Desliz, falta.

resbaloso, sa adj. Resbaladizo : *camino resbaloso.* || *Méx.* Atrevido, insinuante con las personas de otro sexo. || — F., *Arg., Chil.* y *Per.* Antiguo baile de parejas sueltas.

rescacio m. Pez marino cuya cabeza lleva espinas agudas.

rescatador, ra adj. y s. Que rescata.

rescatar v. t. Recobrar mediante pago, redimir : *rescatar a un cautivo.* | Salvar, recuperar : *rescatar a un náufrago.* || *Fig.* Librar, aliviar : *rescatar a uno de la desesperación.* | Sacar : *rescatar del olvido.*

rescate m. Acción y efecto de rescatar. || Dinero con que se rescata.

rescindible adj. Que se puede rescindir.

rescindir v. t. Dejar sin efecto un contrato, obligación, etc.

rescisión f. Anulación de un contrato.

rescisorio, ria adj. Que rescinde.

rescoldo m. Brasa envuelta en la ceniza. || *Fig.* Lo que queda de algo, resto : *un rescoldo de esperanza.*

rescripto m. Carta del Papa (*breve* o *bula*) o un soberano sobre un asunto particular.

resección f. Operación quirúrgica que consiste en extirpar o cortar parte de un órgano.

reseco, ca adj. Muy seco. || *Fig.* Muy flaco. || — M. Sensación de sequedad en la boca.

reseda f. Planta resedácea de flores amarillentas muy olorosas. || Su flor.

resedácea adj. f. Dícese de las plantas dicotiledóneas con flores en espiga y fruto en cápsula que tienen por tipo la reseda (ú. t. c. f.). || — F. pl. Familia que forman.

Resende (García de), poeta y cronista portugués (1470-1536), autor del *Cancionero General.*

resentido, da adj. Que tiene resentimiento, rencoroso (ú. t. c. s.).

resentimiento m. Animosidad contra alguien a consecuencia de una ofensa sufrida, rencor.

resentir v. t. Sentir. || — V. pr. Sentir los efectos de un mal, de una enfermedad : *resentirse de una herida.* || *Fig.* Tener los caracteres de : *se resentía de falta de unidad.*

reseña f. Relato, narración sucinta, artículo : *reseña biográfica,* una *corrida de toros.* || Descripción del aspecto exterior de una persona para conocerla fácilmente.

reseñador, ra m. y f. Persona que hace una reseña.

reseñar v. t. Hacer una reseña.

reserva f. Acción de reservar ; cosa reservada. || En los museos y bibliotecas, parte de las colecciones que no pueden ser utilizadas por el público. || Guarda, custodia de algo : *tener provisiones en reserva.* || Acción de reservar un asiento en un vehículo de

transporte público, una habitación en un hotel, localidad en un espectáculo, etc. || Documento o billete en que consta esta reserva. || *Fig.* Limitación, restricción : *hablar sin reservas.* | Salvedad que se hace o condición que se pone a algo : *prometer su ayuda, pero con muchas reservas.* | Discreción, comedimiento : *obrar con reserva.* | Cautela, circunspección : *acoger una noticia con mucha reserva.* || Terreno reservado para la repoblación : *reserva zoológica.* || Territorio reservado a los indígenas en ciertos países : *las reservas de indios en Canadá y Estados Unidos.* || Parte del ejército que no está en servicio activo y puede ser movilizada, y situación de los que pertenecen a ella. || Acción de reservar el Santísimo Sacramento. || Reservado, eucaristía. || *For.* Fondo creado por las empresas mercantiles constituido por parte de los beneficios. || Vino de cierta antigüedad. || — Pl. *Fisiol.* Sustancias almacenadas en los órganos o tejidos para su utilización ulterior. || — De reserva, guardado* para caso de necesidad. || *For.* Reserva legal, legítima. || Reserva mental, salvedad que se hace mentalmente al prometer o afirmar algo. || Reservas monetarias, conjunto de los medios de pago internacionales que posee un país. || Sin reserva, con toda franqueza, abiertamente ; sin restricción. || *Com.* En deportes, jugador que sustituye en un equipo a un titular : *alinearon a muchos reservas.*

reservación f. Reserva.

reservado, da adj. Discreto, comedido, callado, poco comunicativo. || No seguro : *pronóstico reservado.* || — M. Departamento en algún sitio como restaurante, vagón de ferrocarril, etc., destinado a personas que quieren mantenerse apartadas de los demás.

reservar v. t. Guardar una cosa para disponer de ella más adelante : *reservar dinero para la vejez.* || Retener una habitación en un hotel, un asiento en un banco, avión, una localidad en un espectáculo, etc. || Callar una cosa : *reservo mi opinión.* || Dejar : *reservar una salida.* || Encubrir el Santísimo Sacramento en el sagrario. || — V. pr. Esperar, conservarse para mejor ocasión : *me reservo para mañana.* || Cuidarse : *Guardar, conservar para sí mismo.* || *Reservarse su juicio acerca de algo,* hacer reservas o salvedades antes de asentir a algo.

reservista adj. Dícese del militar de la reserva. Ú. t. c. s. : *llamar a los reservistas en tiempo de guerra.*

resfriado, da adj. Acatarrado. || *Med.* Indisposición causada por el frío, enfriamiento.

resfriamiento m. Enfriamiento.

resfriar v. t. Causar un resfriado : *este corriente me resfría.* || — V. pr. Acatarrarse, coger un resfriado.

resfrío m. Resfriado.

resguardar v. t. Defender, proteger, abrigar : *una mampara resguarda del viento.* || *Fig.* Defender, amparar. || — V. pr. Precaverse contra un daño : *resguardarse del frío.* || Obrar con cautela.

resguardo m. Defensa, custodia, amparo. || Documento que acredita la entrega a una persona de una suma, un objeto, etc. : *resguardo del pago hecho al acreedor.* || Talón : *resguardo de un recibo.* | Vale.

residencia f. Acción y efecto de residir. || Lugar en que se reside : *tener su residencia en Buenos Aires.* || Espacio de tiempo que debe residir un eclesiástico en el lugar de su beneficio. || Edificio donde vive una autoridad o una persona de lujo : *la residencia del gobernador.* || Establecimiento donde, sometidas a ciertas reglas, viven personas unidas por afinidades : *residencia de estudiantes, de oficiales.* | Hotel.

residencial adj. Aplícase al cargo o empleo que requiere residencia personal. || Dícese del barrio reservado a viviendas, en especial cuando son de lujo : *su casa estaba en la zona residencial de la ciudad.*

residenciar v. t. Domiciliar.

residente adj. y s. Que reside. || Que vive en el sitio donde tiene su cargo :

RE

559

médico residente. ‖ — Com. Extranjero que vive fijo en un país.

residir v. i. Morar, tener el domicilio en un lugar : *residir en París.* ‖ *Fig.* Radicar en un punto lo esencial de una cuestión : *ahí reside el problema.* ‖ Residir en, corresponder a : *el poder legislativo reside en el Parlamento.*

residual adj. Que queda como residuo : *producto residual.* ‖ *Aguas residuales,* las que arrastran. detritos.

residuo m. Parte que queda de un todo. ‖ Lo que resulta de la descomposición, combustión o destrucción de una cosa : *residuos radiactivos.* ‖ Resultado de la operación de restar.

resignación f. Renuncia a un derecho, a un cargo, en favor de otro. ‖ *Fig.* Conformidad, acción de soportar algo sin protestar.

resignar v. t. Renunciar un cargo a favor de alguien. ‖ Entregar una autoridad el gobierno a otra : *resignar el mando.* ‖ — V. pr. Conformarse con lo irremediable, someterse.

resina f. Sustancia viscosa insoluble en el agua, soluble en el alcohol, inflamable, que fluye de ciertas plantas. ‖ *Resina sintética,* producto artificial de propiedades análogas.

resinoso, sa adj. Que tiene o destila resina : *árboles resinosos.*

resistencia f. Propiedad que tiene un cuerpo de reaccionar contra la acción de otro cuerpo. ‖ Fuerza que se opone al movimiento. ‖ Fuerza que permite sufrir el cansancio, el hambre, etc. : *resistencia física.* ‖ Capacidad de defensa del organismo contra la agresión microbiana. ‖ Defensa contra un ataque : *oponer resistencia al enemigo.* ‖ Oposición, repugnancia a obedecer : *encontrar resistencia entre la gente.* ‖ *Por ext.* Durante la segunda guerra mundial, conjunto de las organizaciones o movimientos que combatieron al invasor alemán : *la Resistencia francesa.* ‖ Obstrucción que hace un conductor al paso de la corriente eléctrica. ‖ Conductor que se emplea para aprovechar dicha resistencia con algún fin : *la resistencia de una plancha.* ‖ — *Resistencia del aire,* fuerza que el aire, incluso inmóvil, opone al avance de un cuerpo, especialmente de un proyectil. ‖ *Resistencia de materiales,* ciencia que tiene por objeto determinar las dimensiones de los distintos elementos de una construcción para que puedan soportar los esfuerzos a que se han de hallar sometidos. ‖ *Resistencia pasiva,* la que consiste en oponerse al adversario mediante la desobediencia o la no cooperación.

Resistencia, c. del N. de la Argentina, cap. de la prov. del Chaco y del dep. de su nombre. Obispado. Centro ferroviario, agrícola e industrial.

resistente adj. Que resiste al cansancio, al dolor, etc. ‖ Que tiene resistencia o solidez : *madera resistente.* ‖ — Com. Patriota miembro de la Resistencia en la segunda guerra mundial o que se opone a la ocupación de su país por fuerzas enemigas.

resistible adj. Que se puede resistir.

resistir v. i. Hablando de personas, oponer la fuerza a la fuerza, defenderse : *resistir al enemigo.* ‖ Soportar físicamente : *resiste bien al cansancio.* ‖ Mostrarse firme no aceptando algo que atrae : *resistir a las pasiones* (ú. t. c. pr.). ‖ — V. t. Sufrir, soportar : *resistir el calor.* ‖ Aguantar, tolerar : *no puedo resistir a esa persona.* ‖ Desafiar, rivalizar : *precio que resiste toda competencia.* ‖ — V. pr. Debatirse, forcejear. ‖ Rehusar : *se resiste a morir.* ‖ No estar dispuesto a hacer una cosa, no consentir.

Resita o **Reshita,** c. del SO. de Rumania (Banato). Metalurgia.

resma f. Paquete de veinte manos de papel, o sea quinientas hojas.

resmilla f. Paquete de veinte cuadernillos de papel.

resobado, da adj. Muy trillado.

resobar v. t. Manosear.

resoluble adj. Que se puede resolver : *problema resoluble.*

resolución f. Acción y efecto de resolver o resolverse. ‖ Decisión, determinación : *tomar una resolución.* ‖ Calidad de resuelto, arresto, valor, ánimo. ‖ Texto votado por una Asam-

blea. ‖ Cosa resuelta por una autoridad : *resolución judicial.* ‖ *For.* Extinción de un contrato por la voluntad de las partes.

resolutivo, va adj. Dícese del método en que se procede analíticamente o por resolución.

resolutorio, ria adj. Que extingue un contrato.

resolver v. t. Decidir, tomar una determinación : *resolvió marcharse.* ‖ Encontrar la solución : *resolver un problema.* ‖ Fallar en una diferencia o disputa. ‖ Descomponer un cuerpo en sus distintos constituyentes. ‖ *Med.* Hacer desaparecer poco a poco : *resolver un tumor.* ‖ Resolver una ecuación, calcular sus raíces. ‖ — V. pr. Arreglarse algo. ‖ Deshacerse, disgregarse : *el agua se resuelve en vapor.* ‖ Tomar una decisión : *resolverse a intervenir.*

resollar v. i. Respirar con ruido. ‖ *Fig. y fam.* Hablar.

resonador adj. Que resuena. ‖ — M. Aparato o dispositivo que entra en vibración por resonancia : *resonador acústico.*

resonancia f. Propiedad de aumentar la duración o la intensidad de un sonido : *la resonancia de una sala.* ‖ Modo de transmisión de las ondas sonoras por un cuerpo. ‖ *Fís.* Gran aumento de la amplitud de una oscilación bajo la influencia de impulsiones regulares de la misma frecuencia. ‖ *Fig.* Repercusión, importancia.

resonante adj. Que resuena. ‖ *Fig.* Importante : *un triunfo resonante.*

resonar v. i. Reflejar el sonido aumentando su intensidad : *resonaba la sala vacía.* ‖ Sonar mucho, ser muy sonoro : *resonar las campanas.* ‖ Tener repercusiones un hecho.

resoplar v. i. Dar resoplidos.

resoplido m. Resuello fuerte.

resorber v. t. V. REABSORBER.

resorción f. V. REABSORCIÓN.

resorte m. Muelle. ‖ *Fig.* Medio material o inmaterial de que se vale uno para lograr un fin : *todavía me quedan muchos resortes por tocar.*

respaldar m. Respaldo.

respaldar v. t. *Fig.* Proteger, amparar : *sus amigos le respaldan.* ‖ Servir de garantía. ‖ — V. pr. Apoyarse con fuerza.

respaldo m. Parte del asiento que se apoyan las espaldas. ‖ Vuelta, verso del escrito en que se anota algo. ‖ Lo que se escribe. ‖ *Fig.* Protección. ‖ Garantía : *tiene el respaldo del banco.*

respectar v. defectivo. Atañer : *por lo que respecta a mí.*

respectivamente adv. De modo respectivo.

respectivo, va adj. Que atañe a persona o cosa determinada.

respecto m. Relación. ‖ — Al respecto (o a este) respecto, en relación con la cosa de que se trata. ‖ Con respecto a (o respecto a o de), en relación con.

respetabilidad f. Condición de respetable, dignidad.

respetable adj. Que merece respeto : *persona respetable.* ‖ *Fig.* Muy grande, enorme : *hallarse a respetable distancia.* ‖ — M. *Fam.* Público de un espectáculo (toros, circo, etc.).

respetar v. t. Tener respeto por alguien : *respetar a las autoridades.* ‖ Cumplir, acatar : *respetar las leyes.* ‖ Tomar en consideración : *respeto tu punto de vista.* ‖ No ir contra : *respetar el bien ajeno, la palabra dada.* ‖ Tener cuidado con, tratar cuidadosamente, tener en cuenta : *no respetan el carácter sagrado del lugar.* ‖ No molestar, no perturbar : *respetar el sueño de otro.* ‖ Conservar, no destruir : *respetaron las flores.*

respeto m. Sentimiento que induce a tratar a alguien con deferencia, a causa de su edad, superioridad o mérito : *respeto a los mayores.* ‖ Sentimiento de veneración que se debe a lo que es sagrado : *respeto al recuerdo de un muerto.* ‖ Actitud que consiste en no ir en contra de algo : *respeto de los bienes ajenos.* ‖ Acatamiento, cumplimiento : *respeto de las leyes.* ‖ Miramiento, consideración, atención : *faltarle el respeto a uno.* ‖ Cosa que se tiene repuesto : *caja de respeto*

de un fusil. ‖ *Fam.* Miedo. ‖ — Pl. Manifestaciones de cortesía, de urbanidad : *preséntele mis respetos.* ‖ — *Fig. y fam.* Campar por sus respetos, obrar a su antojo. ‖ *De respeto,* grande, enorme.

respetuosidad f. Respeto.

respetuoso, sa adj. Que respeta : *respetuoso con sus padres, de los derechos del hombre.* ‖ Conveniente, adecuado : *a una distancia respetuosa.* ‖ Considerado, atento : *saludos respetuosos.*

Respighi [-gui] (Ottorino), músico italiano (1879-1936), autor de poemas sinfónicos y obras líricas.

respingar v. i. Elevarse indebidamente el borde de la falda o de la chaqueta (ú. t. c. pr.). ‖ *Fig. y fam.* Resistir, hacer gruñendo una cosa.

respingo m. Salto o sacudida violenta del cuerpo : *dar un respingo.*

respingona adj. *Fam.* Aplícase a la nariz de punta algo levantada.

respirable adj. Que se puede respirar.

respiración f. Función común a toda célula viviente que consiste en un intercambio gaseoso (absorción de oxígeno y expulsión de gas carbónico). ‖ Aliento : *perder la respiración.* ‖ Ventilación de un aposento o lugar cerrado. ‖ *Respiración artificial,* tratamiento de la asfixia o de las parálisis respiratorias mediante la provocación manual o mecánica de las contracciones de la caja torácica de modo que se restablezca la circulación del aire en los pulmones.

respiradero m. Abertura por donde entra y sale el aire. ‖ *Fig.* Respiro.

respirador, ra adj. Que respira. Aplícase a los músculos de la respiración (ú. t. c. m.). ‖ — M. Aparato para efectuar la respiración artificial.

respirar v. i. Aspirar y expeler el aire para renovar el oxígeno del organismo. ‖ *Fig.* Vivir : *lo sé desde que respiro.* ‖ Recuperar el aliento, tener un poco de tranquilidad : *déjame respirar.* ‖ — *Fig. y fam.* No dejar respirar a uno, no dejarlo un solo momento, no darle descanso. ‖ *No respirar,* no decir palabra. ‖ *Sin respirar,* sin descanso. ‖ — V. t. Aspirar por las vías respiratorias : *respirar aire puro.* ‖ Expresar, reflejar, ser testimonio de : *su cara respira una gran felicidad.*

respiratorio, ria adj. Relativo a la respiración : *órganos respiratorios.*

respiro m. *Fig.* Descanso, pausa, reposo. ‖ Alivio en una preocupación o angustia. ‖ Tregua.

resplandecer v. i. Brillar : *un objeto metálico resplandecía a lo lejos.* ‖ *Fig.* Mostrar, rebosar, despedir : *su rostro resplandece de felicidad.* ‖ Sobresalir.

resplandeciente adj. Que resplandece. ‖ *Fig.* Radiante, rebosante.

resplandecimiento m. Brillo.

resplandor m. Luz muy intensa o brillo. ‖ *Fig.* Brillo, esplendor.

responder v. t. Dar uno a conocer, después de una pregunta, un pensamiento por medio de la voz o de un escrito. ‖ Afirmar, asegurar : *le respondo que es así.* ‖ — V. i. La una respuesta : *no responde nadie.* ‖ Replicar con desgarro : *no respondas a tus padres.* ‖ Enviar carta en correspondencia a otra. ‖ Decir la opinión de uno, replicar : *argumento difícil de responder.* ‖ Contestar a la llamada de alguien : *toqué el timbre, llamé reforzado, y nadie respondió.* ‖ Presentarse, personarse alguien cuando ha sido requerido : *responder a un llamamiento militar.* ‖ Deberse : *¿ a qué responde tanta insistencia ?* ‖ *Fig.* Salir fiador, garantizar : *responder de su solvencia.* ‖ Corresponder, devolver : *responder a los favores recibidos.* ‖ No frustrar, no defraudar : *responder a las esperanzas depositadas en él.* ‖ Obrar de cierta forma : *responder a la fuerza con la fuerza.* ‖ Asumir la responsabilidad, ser responsable : *no respondo de lo que pueda hacer en tal caso.* ‖ Reaccionar : *responder a un tratamiento médico.*

respondón, ona adj. *Fam.* Dícese de la persona que replica a todo lo que se le dice (ú. t. c. s.).

responsabilidad f. Obligación de responder de los actos que alguien ejecuta o que otros hacen : *cargar con la responsabilidad.* || — *De responsabilidad,* digno de crédito. || *Responsabilidad civil,* obligación impuesta por la ley de reparar los daños y perjuicios causados a otro por el incumplimiento de un contrato o por un acto delictuoso.

responsabilización f. Acción y efecto de responsabilizarse.

responsabilizar v. t. Hacer responsable (ú. t. c. pr.). || — V. pr. Asumir la responsabilidad.

responsable adj. Que responde de los actos que ejecuta uno u otra persona (ú. t. c. s.). || Serio, formal en sus actos.

responso m. Rezo o canto litúrgico en honor de los difuntos.

responsorio m. Conjunto del oficio litúrgico de noche (maitines).

respuesta f. Palabra o escrito dirigidos en correspondencia a lo que se ha dicho, escrito o preguntado : *respuesta categórica.* || Carta escrita para responder a otra : *mi respuesta sólo tenía diez líneas.* | *Fig.* Contestación : *la indiferencia es la mejor respuesta a sus groserías.* | Reacción : *la respuesta de los agredidos no se hizo esperar.* || *Fig. Dar la callada por respuesta,* no contestar.

resquebrajadura f. o **resquebrajamiento** m. Grieta.

resquebrajar v. t. Hender superficialmente algunos cuerpos duros, como la loza, la madera (ú. t. c. pr.).

resquemor m. Escozor. || Desazón, inquietud, desasosiego. || Enfado, disgusto. || Remordimiento.

resquicio m. Abertura estrecha entre el quicio y la puerta. || *Por ext.* Cualquier abertura estrecha. || *Fig.* Posibilidad, oportunidad.

resta f. Sustracción, operación de restar. || Su resultado.

restablecer v. t. Volver a poner en el primer estado : *restablecer las comunicaciones* (ú. t. c. pr.). || Recuperar la salud : *restablecido de su enfermedad.* || Volver a colocar a alguien en su puesto, categoría, clase, empleo. || Hacer renacer, instaurar : *restablecer el orden, la paz, la justicia* (ú. t. c. pr.). || — V. pr. Recobrar la salud : *se restableció de la enfermedad.*

restablecimiento m. Acción y efecto de restablecer o restablecerse.

restallar v. i. Chasquear, producir un ruido seco : *restallar la lengua.*

restante adj. Que resta o queda : *el único miembro restante de la familia.* || *Lo restante,* el resto.

restañadura f. y **restañamiento** m. Acción de volver a estañar. || Detención de la salida de la sangre de una herida.

restañar v. t. Volver a estañar. || Detener la salida de la sangre de una herida (ú. t. c. pr.). || *Fig.* Hacer desaparecer : *restañar las heridas morales.*

restaño m. Restañadura.

restar v. t. Sustraer, hallar la diferencia entre dos cantidades : *restar cinco de diez.* || Quedar : *nos resta algo de vino.* || *Fig.* Quitar : *restar importancia, autoridad.* || En el tenis, devolver la pelota. || — V. i. Quedar o faltar : *en lo que resta del año.*

restauración f. Acción y efecto de restaurar : *la restauración de un cuadro.* || Restablecimiento de un régimen político en un país : *la restauración de la Monarquía.*

Restauración, com. del NO. de la Rep. Dominicana (Dajabón), en las estribaciones de la Cordillera Central. Agricultura. — Distrito del O. del Perú, en la prov. de Huarás (Ancash).

restaurador, ra adj. Dícese de la persona que restaura, especialmente obras de arte, edificios y objetos antiguos (ú. t. c. s.).

restaurant [-*toran*] m. (pal. fr.). Restaurante.

restaurante m. Establecimiento público donde se sirven comidas. || *Coche o vagón restaurante,* coche de ferrocarril donde sirven comidas.

restaurar v. t. Restablecer en el trono : *restaurar a los Estuardos.* || Reparar, arreglar, poner nuevamente en su primitivo aspecto : *restaurar un edificio, una obra de arte antigua.* || Restablecer (fuerzas, etc.).

restitución f. Devolución.

restituible adj. Que se debe restituir.

restituidor, ra adj. Que restituye o devuelve (ú. t. c. s.).

restituir v. t. Devolver lo que ha sido tomado o que se posee indebidamente. || Poner de nuevo una cosa en estado en que ya estuvo. || — V. pr. Volverse al lugar en que se estaba antes, empezar de nuevo la actividad, etc., después de una ausencia.

restitutorio, ria adj. Relativo a la restitución.

resto m. Aquello que queda, que subsiste de un conjunto del que se ha quitado una o varias partes. || Lo que hay además de algo : *sé una parte y sabré pronto el resto.* || Resultado de una sustracción. || En la división, diferencia entre el dividendo y el producto del divisor por el cociente. || Jugador que en el tenis devuelve la pelota lanzada por el que saca. || Envite en que se juega toda la cantidad de dinero que se arriesga en una partida de cartas. || *Fig.* Lo que queda en poca cantidad : *aún hay un resto de esperanza.* || — Pl. Ruinas, vestigios de un monumento. || *Cuerpo humano después de muerto : los restos mortales.* || Desperdicios, desechos, sobras : *restos de comida.* || *Fig.* Huella. || *Echar el resto,* poner un jugador todo el dinero que le queda en una jugada ; (fig. y fam.) realizar el máximo esfuerzo para obtener algo.

restón, ona adj. Dícese del jugador de tenis que devuelve bien las pelotas lanzadas por su adversario (ú. t. c. s.).

restorán m. Restaurante.

restregadura f. Restregón.

restregar v. t. Frotar con fuerza una cosa con otra : *restregar el suelo con un cepillo, la ropa.* || *Fig. y fam.* Echar en cara repetidamente los favores que se han hecho : *siempre me está restregando su ayuda económica.* || — V. pr. Frotarse los ojos, la piel.

restregón m. Acción de restregar o restregarse. || Señal que queda.

Restrepo, pobl. de Colombia (Meta), al S. de Bogotá. — Pobl. al O. de Colombia (Valle del Cauca).

Restrepo (Antonio José), escritor, orador y diplomático colombiano (1855-1933). || ~ (CARLOS EMILIO), político colombiano (1867-1937), pres. de la Rep. de 1910 a 1914. || ~ (EDGAR POE), poeta colombiano (1919-1941). || ~ (FÉLIX), sacerdote, escritor y lingüista colombiano (1887-1965). || ~ (JOSÉ FÉLIX), educador, jurisconsulto y político colombiano (1760-1832), maestro de F. J. de Caldas. || ~ (JOSÉ MANUEL), político y escritor colombiano (1781-1863) que luchó por la Independencia. || ~ (JUAN DE DIOS), escritor de cuadros costumbristas colombiano (1827-1894), que utilizó el seudónimo de *Emiro Kastos.* || ~ Jaramillo (JOSÉ), novelista colombiano (1896-1945), introductor en su país del relato psicológico.

restricción f. Limitación : *restricción de la libertad.* || *Restricción mental,* negación que se hace mentalmente para no cumplir lo que se dice. || — Pl. Medidas de racionamiento decretadas en época de escasez : *restricciones eléctricas, de víveres.*

restrictivo, va y **restringente** adj. Que restringe : *cláusula restrictiva.*

restringir v. t. Disminuir (ú. t. c. pr.).

restriñir v. t. Astringir.

resucitado, da adj. Que vuelve a la vida (ú. t. c. s.).

resucitador, ra adj. y s. Que hace resucitar.

resucitar v. t. Hacer que un muerto vuelva a la vida : *Cristo resucitó a Lázaro.* || *Med.* Reanimar a un muerto aparente. || *Fig.* Restablecer, hacer revivir, renovar : *resucitar una vieja costumbre.* | Reanimar : *este vinillo resucita a un muerto.* || — V. i. Volver a la vida, revivir : *Cristo resucitó al tercer día.*

resuelto, ta adj. Solucionado. || Audaz, decidido : *un hombre muy resuelto.* || Firme, seguro : *me lo dijo con un tono muy resuelto.*

resuello m. Respiración, especialmente la violenta. || *Fig. y fam. Meterle a uno el resuello en el cuerpo,* intimidarle.

resulta f. Efecto, consecuencia. || *De resultas de,* a causa de.

resultado m. Lo que resulta de una acción, de un hecho, de un cálculo : *el resultado de un examen, de una división.*

resultando m. *For.* Cada uno de los párrafos que enuncian los fundamentos de hecho en que se basan las decisiones o sentencias judiciales : *los resultandos de un fallo, de una sentencia.*

resultante adj. Que resulta. || — F. *Fís.* Fuerza o vector que resulta de la composición de otras.

resultar v. i. Nacer, originarse o venir una cosa de otra : *los males que resultan de la guerra.* || Salir, venir a ser : *el plan resultó un fracaso.* || Dar un resultado acorde con lo que se esperaba : *la fiesta no ha resultado.* || Salir, venir a costar : *el vino resulta a cien pesetas el litro.* || Obtenerse, dar como resultado : *ahora resulta que él fue el responsable.* || Producir efecto bueno o malo : *este collar resulta bien con este vestido.* || Convenir, agradar : *eso no me resulta.* || Ocurrir.

resumen m. Exposición breve de una cosa : *un resumen histórico.* || *En resumen,* en pocas palabras.

resumidero m. *Amer.* Sumidero.

resumir v. t. Abreviar, reducir a términos breves y precisos : *resumir un discurso, un libro.* || — V. pr. Reducirse, resultar de menos importancia que lo previsto : *el mitin se resumió en una reunión de amigos.*

resurgimiento m. Acción de resurgir. || Renacimiento, regeneración : *el resurgimiento de la economía.*

resurgir v. i. Volver a aparecer. || *Fig.* Resucitar : *una moda que resurge.*

resurrección f. Acción de resucitar. ||Por antonomasia, la de Jesucristo. || *Teol.* La de todos los muertos en el día del Juicio final. || *Fig.* Renacimiento.

retablo m. Elemento arquitectónico que se coloca encima de un altar y que sirve para su decoración. || Conjunto de figuras pintadas o de talla que representan en serie una historia. || Representación teatral de un pasaje de la historia sagrada.

retaco m. Escopeta corta muy reforzada en la recámara. || En el billar, taco más corto que los demás. || *Fam.* Hombre rechoncho y bajo.

retador, ra adj. y s. Que reta (ú. t. c. s.).

retaguardia f. Espacio que se extiende detrás de una formación militar en guerra. || Parte de la zona de los ejércitos, entre la zona de vanguardia y el interior del país, en la que están los almacenes, establecimientos y servicios de las tropas en campaña. || Parte rezagada de una formación militar que atiende a cualquier necesidad de las unidades que están en la línea del frente. || *Fig. A retaguardia,* detrás de.

retahíla f. Serie.

retal m. Pedazo que sobra de una tela, piel, etc. : *venta de retales.*

Retalhuleu, c. del SO. de Guatemala, cap. del dep. homónimo.

retalteco, ca adj. y s. De Retalhuleu (Guatemala).

retama f. Arbusto papilionáceo, de pequeñas flores amarillas.

retar v. t. Desafiar.

retardado, da adj. y s. *Arg.* Retrasado.

retardar v. t. Diferir, hacer que una cosa ocurra más tarde : *retardar la salida de un tren.* || Frenar, obstaculizar : *retardar el avance del enemigo.* || *Bomba de efecto retardado,* la que está provista de un dispositivo para que la explosión se produzca cierto tiempo después de que se encienda.

retardatario, ria adj. Que tiende a producir retraso.

retardo m. Retrasb, demora.

retazo m. Retal de una tela. || *Fig.* Fragmento de un escrito o discurso.

retemblar v. i. Temblar, vibrar.

retén m. Grupo de hombres que acuartelados con objeto de prestar un servicio en caso de necesidad : *retén de bomberos.* || *Tecn.* Pieza que sirve para inmovilizar a otra. || Repuesto, provisión : *azúcar de retén.*

retención f. Conservación de algo

RE

561

en la memoria. ‖ Acción de retener o retenerse. ‖ Parte que se retiene de un sueldo o salario. ‖ *Med.* Conservación de un líquido, que debe normalmente ser expulsado, en una cavidad del cuerpo : *retención de orina.*

retener v. t. Impedir que uno se vaya, obligar a que alguien permanezca en un lugar : *quiso emigrar, pero su familia le retuvo.* ‖ Guardar uno lo que es de otro : *retener los bienes ajenos.* ‖ No dejar pasar, conservar : *este montículo retiene el agua.* ‖ Deducir, descontar : *retener una cantidad en un sueldo.* ‖ Detener, parar, aguantar : *retén a este caballo antes de que se escape.* ‖ Impedir la manifestación de algo, contener : *No dejar obrar : le retuvo el miedo.* ‖ Conservar en la memoria : *retener un nombre, una dirección.* ‖ Contener : *retener el aliento.* ‖ — V. pr. Moderarse.

retentivo, va adj. y s. Capaz de retener. ‖ — F. Facultad de acordarse o de recordar, memoria.

Rethondes, pobl. al N. de Francia (Oise) en la que firmaron, por Francia y Alemania, los armisticios de las dos guerras mundiales (1918 y 1940).

Retia, prov. romana, entre los Alpes y el Danubio (Grisones, Tirol, Lombardía), incorporada al Imperio Romano por Augusto.

reticencia f. Omisión voluntaria, con intención malévola, de lo que se debería o pudiera decir.

reticente adj. Que usa reticencias o contiene reticencia. ‖ Reacio.

rético, ca adj. y s. De la antigua prov. romana de Retia. ‖ — M. Lengua románica hablada en Suiza oriental (ant. Retia), el Tirol y Friul.

retícula f. Retículo. ‖ En artes gráficas, trama.

reticulado, da adj. Reticular.

reticular adj. De forma de red.

retículo m. Tejido de forma de red. ‖ *Fís.* Anillo provisto de hilos finísimos que se cruzan perpendicularmente y que, montado en un instrumento óptico, permite precisar la visual. ‖ En los rumiantes, segunda de las cuatro cavidades del estómago. ‖ Cualquier estructura anatómica que tiene fibras que forman una red : *retículo endoplasmático.*

retina f. Membrana interna del ojo, formada por la expansión del nervio óptico, en la que se reciben las impresiones luminosas.

retiniano, na adj. De la retina.

retinitis f. Inflamación de la retina.

retintín m. Sonido prolongado que la vibración de un cuerpo sonoro deja en los oídos. ‖ *Fig. y fam.* Tonillo irónico con que se recalca una expresión mordaz.

retiración f. Acción de retirar. ‖ *Impr.* Forma o molde para imprimir por la segunda cara el papel ya impreso por la primera.

retirado, da adj. Apartado, alejado, poco frecuentado : *barrio retirado.* ‖ Solitario : *vida retirada.* ‖ Dícese de los militares o empleados que han dejado ya de prestar servicio activo (ú. t. c. s.). ‖ — F. Retroceso de un ejército. ‖ Retreta, toque militar : *tocar retirada.* ‖ Acción de retirar : *la retirada de una moneda.* ‖ Estado de lo que vuelve atrás : *la retirada del mar.* ‖ Acto por el cual se da fin a una actividad : *la retirada de un actor, de un torero.* ‖ Abandono en una competición : *la retirada de un equipo.* ‖ Paso de danza. ‖ *Batirse en retirada,* retroceder ante el enemigo. ‖ *Cubrir la retirada,* proteger la retirada de un ejército ; (fig.) tomar precauciones por si sale mal un asunto.

retirar v. t. Apartar, quitar : *retirar los platos de la mesa.* ‖ Sacar : *retirar dinero del banco.* ‖ Quitar de la circulación : *retirar una moneda.* ‖ Jubilar : *retirar anticipadamente a un empleado.* ‖ *Fig.* Desdecirse, retractarse : *retiro lo dicho.* ‖ Dejar de otorgar : *retirar la confianza a uno.* ‖ *Impr.* Estampar por el revés el pliego que ya lo está por la otra cara. ‖ — V. pr. Dejar el trato con la gente : *retirarse en un convento.* ‖ Cesar un funcionario o empleado sus actividades, jubilarse. ‖ Abandonar una competición o el campo de batalla : *se retiró del campeonato.* ‖ Recogerse, irse : *retirarse a dormir.*

retiro m. Acción de abandonar un empleo, los negocios, el servicio activo. ‖ Situación del militar o del funcionario retirado : *llegar a la edad del retiro.* ‖ Pensión que se cobra en este caso. ‖ Lugar apartado donde uno se retira. ‖ Alejamiento de las cosas profanas durante un cierto período de tiempo para dedicarse a ejercicios piadosos o a la meditación.

Retiro, c. del centro de Chile en la VII Región (Maule) y en la prov. de Linares, cap. de la com. de su n.

reto m. Desafío.

retobado, da adj. *Amer.* Respondón. ‖ Obstinado.

retobar v. t. *Amer.* Cubrir con cuero. ‖ — V. pr. *Amer.* Rebelarse.

retocado m. Retoque.

retocador, ra adj. y s. Que retoca fotografías.

retocar v. t. Dar la última mano a una cosa, perfeccionarla, hacer correcciones o modificaciones : *retocar un texto.* ‖ Corregir en una pintura, un grabado, una fotografía las pequeñas imperfecciones. ‖ Tocar de nuevo o insistentemente. ‖ Rectificar una prenda de vestir para adaptarla mejor al comprador.

retoñar v. i. Echar nuevos brotes. ‖ *Fig.* Surgir de nuevo.

retoño m. Vástago o tallo que echa de nuevo la planta, brote. ‖ *Fig.* Hijo de poca edad.

retoque m. Modificación hecha para mejorar : *retoque de fotografías.* ‖ Rectificación de un traje de confección hecha después de que se lo ha probado el comprador. ‖ Pincelada de corrección que hace el pintor en un cuadro propio o en otro que restaura.

retorcer v. t. Torcer mucho una cosa dándole vueltas : *retorcer un alambre.* ‖ *Fig.* Volver un argumento contra aquel que lo emplea. ‖ Tergiversar, dar un significado falso a lo afirmado por otro : — V. pr. Doblarse, enroscarse : *el cordón se retorció.* ‖ — *Fig. Retorcer el pescuezo,* matar. ‖ *Retorcerse de dolor,* manifestar visiblemente un dolor muy violento. ‖ *Retorcerse de risa,* reír mucho.

retorcido, da adj. *Fig.* Tortuoso, maligno, perverso. ‖ Rebuscado, afectado : *lenguaje retorcido.*

retorcimiento m. Acción y efecto de retorcer o retorcerse.

retoricismo m. Uso exagerado de las reglas de retórica. ‖ *Fig.* Afectación.

retórico, ca adj. De la oratoria o de la retórica. ‖ *Fig.* Afectado, amanerado, atildado. ‖ Dícese de la persona especialista en retórica (ú. t. c. s.). ‖ — F. Conjunto de reglas y principios referentes al arte de hablar o escribir de manera elegante. ‖ Tratado de este arte. ‖ *Fig.* Grandilocuencia afectada. ‖ Palabrería : *todo eso es retórica.*

retornar v. t. Devolver. ‖ — V. i. Regresar.

retorno m. Acción de retornar, vuelta. ‖ Devolución.

retorrománico, ca y **retorromano, na** adj. y s. m. Rético.

retorsión f. Acción de volver un argumento contra el que lo emplea. ‖ Represalia : *medidas de retorsión.*

retorta f. Vasija de laboratorio con cuello largo y encorvado.

retortero m. Vuelta. ‖ — *Fam. Andar al retortero,* tener demasiadas cosas a que atender al mismo tiempo ; *Traer a uno al retortero,* hacerle ir de un lado para otro.

retortijón m. *Retortijones de tripas,* dolor intestinal breve y agudo.

retozador, ra adj. Retozón.

retozar v. i. Saltar y brincar alegremente. ‖ Travesear, juguetear : *retozan los niños, los cachorros.* ‖ Coquetear : *retozar con las mujeres.*

retozo m. Acción de retozar.

retozón, ona adj. Inclinado a retozar, juguetón : *niño retozón.*

retracción f. *Med.* Reducción del volumen de ciertos tejidos u órganos.

retractable, adj. Que se puede o debe retractar.

retractación f. Acción y efecto de retractar lo dicho o hecho.

retractar v. t. Retirar lo dicho u hecho, desdecirse de ello. Ú. m. c. pr. : *retractarse de una opinión.* ‖ Ejercitar el derecho de retracto.

retráctil adj. Contráctil, que puede retirarse y quedar oculto : *uñas retráctiles.* ‖ Dícese de un órgano mecánico saliente que se puede hacer desaparecer u ocultar cuando no funciona : *tren de aterrizaje retráctil.*

retractilidad f. Condición de retraerse, de ser retráctil.

retracto m. Derecho que tienen ciertas personas de adquirir, por el mismo precio, la cosa vendida a otro.

retraer v. t. Volver a traer. ‖ Retirar contrayendo, encoger : *el caracol retrae los cuernos* (ú. t. c. pr.). ‖ Ejercitar el derecho de retracto. ‖ — V. pr. Acogerse, ampararse, refugiarse : *retraerse a sagrado.* ‖ Hacer vida retirada. ‖ Apartarse temporalmente : *retraerse de sus funciones políticas.*

retraído, da adj. *Fig.* Que gusta de la soledad, solitario. ‖ Poco comunicativo, corto, tímido.

retraimiento m. Acción y efecto de retraerse. ‖ *Fig.* Cortedad, reserva.

retranca f. Correa de las caballerías de tiro. ‖ *Amer.* Freno. ‖ — *Fig. Tener mucha retranca,* ser de mucho cuidado. ‖ *Méx.* Echar retranca a un negocio, detenerlo.

retranquear v. tr. Poner, retirar una construcción más atrás de la alineación general : *casa retranqueada.*

retranqueo m. Acción y efecto de retranquear.

retransmisión f. Acción y efecto de retransmitir.

retransmitir v. t. Volver a transmitir : *retransmitir un mensaje.* ‖ Difundir directamente un concierto, un espectáculo, por radio o televisión.

retrasado, da adj. Que llega con retraso (ú. t. c. s.). ‖ Que está más atrás de lo que en realidad se debe : *retrasado en estudios, en mi trabajo.* ‖ Dícese del reloj que señala una hora anterior a la que realmente es. ‖ Inadecuado a la época actual : *costumbres retrasadas.* ‖ Poco desarrollado o culto : *naciones retrasadas.* ‖ Que ha quedado de días anteriores : *pan retrasado.* ‖ Que ha pasado ya el momento en que se debía hacer algo : *estoy retrasado en el pago del alquiler.* ‖ *Retrasado mental,* idiota.

retrasar v. t. Diferir, aplazar, dejar para más tarde : *retrasar la marcha.* ‖ Hacer llegar más tarde de lo que se debe : *la huelga de transportes ha retrasado a los obreros.* ‖ Hacer obrar más lentamente o que se debía : *esto retrasa mi trabajo.* ‖ Poner las agujas de un reloj a una hora inferior a la que realmente es. ‖ — V. i. Funcionar un reloj a un ritmo inferior al del paso del tiempo. ‖ Ir en sentido contrario al del progreso : *este país retrasa.* ‖ Rezagarse : *retrasa en los estudios.* ‖ — V. pr. Llegar más tarde : *retrasarse a causa de la circulación.* ‖ Demorarse : *retrasarse el fin.* ‖ Atrasarse, tener retraso.

retraso m. Acción y efecto de llegar demasiado tarde, de hacer algo más tarde de lo que se debía. ‖ Demora : *el retraso del avión.* ‖ Atraso, condición de los pueblos poco desarrollados. ‖ Tiempo que retrasa un reloj. ‖ Lo que está aún sin hacer y debía haberse hecho : *pagar los retrasos.* ‖ Debilidad : *retraso mental.*

retratar v. t. Pintar, dibujar o fotografiar la figura de alguna persona o cosa. ‖ *Fig.* Describir con exactitud a una persona o cosa : *retratar las costumbres gauchas.* ‖ — V. pr. Retratarse. ‖ Sacarse una fotografía. ‖ *Pop.* Pagar, soltar dinero, la mosca.

retratería f. *Amer.* Estudio de fotógrafo.

retratista com. Persona que hace retratos.

retrato m. Representación de la figura de una persona, animal o cosa hecha en dibujo, pintura o fotografía. ‖ *Fig.* Descripción, física o moral, de una persona o una cosa. ‖ Lo que se parece mucho : *es el vivo retrato de su madre.* ‖ *Retrato robot.* V. ROBOT.

retrechería f. *Fam.* Encanto, gracia.

retrechero, ra adj. *Fam.* Encantador, simpático, atractivo.

retrepado, da adj. Inclinado o echado hacia atrás.

retreparse v. t. Echar hacia atrás la parte superior del cuerpo.

retreta f. Toque militar para anunciar la retirada y para que la tropa se recoja por la noche en el cuartel. ‖ Fiesta nocturna militar. ‖ *Amer.* Serie.

retrete m. Habitación y receptáculo destinados a la evacuación de los excrementos.

retribución f. Paga, remuneración. ‖ *Arg.* Acción de corresponder a un favor recibido.

retribuir v. t. Pagar, dar dinero u otra cosa a uno por un trabajo o servicio. ‖ *Amer.* Corresponder a un favor.

retributivo, va y **retribuyente** adj. Que retribuye.

retro adj. Aplícase a una moda inspirada en la que existía en la primera mitad del siglo XX. ‖ Dícese de la persona retrógrada (ú. t. c. s.). — M. Retroventa.

retroacción f. Retroactividad. ‖ Efecto retroactivo.

retroactividad f. Aplicación a un tiempo pasado de los efectos de una ley, de una sentencia.

retroactivo, va adj. Que obra o tiene fuerzo sobre lo pasado.

retroceder v. i. Volver hacia atrás. ‖ *Fig.* Remontarse : *retroceder al siglo pasado.* ‖ Ceder, retirarse ante el enemigo. ‖ *Autom.* Pasar a una velocidad inferior.

retrocesión f. Retroceso. ‖ Acción de ceder o efecto de ceder a uno el derecho o cosa que él había cedido.

retrocesivo, va adj. Que supone retrocesión.

retroceso m. Acción y efecto de retroceder. ‖ Movimiento hacia atrás que hace un arma de fuego al dispararla. ‖ *Fig.* Regresión.

retrocohete m. En astronáutica, cohete que frena a otro cohete.

retogradación f. Retroceso de los planetas en su órbita.

retrogradar v. i. Retroceder, volver atrás. ‖ Retroceder aparentemente los planetas en su órbita, vistos desde la Tierra. ‖ Perder lo que se había adquirido. ‖ Pasar una velocidad del automóvil a otra inferior.

retrógrado, da adj. Que va hacia atrás : *movimiento retrógrado.* ‖ *Fig.* Reaccionario, opuesto al progreso : *hombre retrógrado* (ú. t. c. s.).

retrogresión f. Retroceso.

retropropulsión f. Frenado, por medio de un cohete, de un vehículo espacial.

retrospección f. Mirada o examen retrospectivo.

retrospectivo, va adj. Que se refiere a un tiempo pasado. ‖ — F. Exposición que presenta, de manera cronológica, las obras de un artista, una escuela o una época.

retrotraer v. t. *For.* Considerar una cosa como sucedida antes del tiempo en que realmente ocurrió. ‖ Retroceder a un tiempo o hecho anterior para explicar algo.

retrovender v. t. Devolver el comprador una cosa al mismo de quien la compró, devolviéndole éste el precio.

retroventa f. Acción y efecto de retrovender.

retrovisor m. Espejo, colocado en la parte superior del interior de un parabrisas o en un guardabarros, que permite al conductor de un vehículo ver lo que hay detrás.

retrucar v. t. e i. *Riopl. Fam.* Contestar de mala manera, insolentemente.

retruécano m. Figura de retórica que consiste en poner una frase al revés, repitiendo las palabras de que se compone con orden y régimen inversos, lo que trae consigo que el sentido cambie completamente, como en el dicho : *ni son todos los que están, ni están todos los que son.* ‖ Juego de palabras que se hace con el empleo de vocablos parónimos, pero con distintos significados.

retumbante adj. Que retumba. ‖ *Fig.* Aparatoso, ostentoso.

retumbar v. i. Resonar : *la sala retumbaba con los aplausos.* ‖ Hacer un gran ruido : *retumbó el trueno.*

reubicar v. t. Volver a ubicar.

reúma o **reuma** m. Reumatismo.

reumático, ca adj. Que padece reumatismo (ú. t. c. s.). ‖ Relativo a esta enfermedad : *enfermedad reumática.*

reumatismo m. Enfermedad caracterizada por dolores en las articulaciones, los músculos, las vísceras, etc.

reumatología f. Parte de la medicina que estudia el reumatismo.

reumatólogo, ga m. y f. Médico especialista en reumatología.

reunificación f. Acción y efecto de reunificar.

reunificar v. t. Volver a unir.

reunión f. Acción de reunir o reunirse. ‖ Conjunto de personas reunidas : *reunión sindical, política.*

Reunión (ISLA DE LA), ant. *Isla Borbón,* isla del océano Indico, al E. de África. Territorio francés desde 1642 y dep. desde 1946 ; 2 511 km ; 500 000 h ; cap. *Saint-Denis.*

reunir v. t. Volver a unir : *reunir los fragmentos de una vasija rota.* ‖ Hacer de dos o más cosas una sola : *reunir dos pisos.* ‖ Juntar, congregar : *reunir a los asociados.* ‖ Tener ciertas condiciones : *los que reúnan estos requisitos pueden presentarse.* ‖ Ir juntando o guardando : *reunir dinero para ir de vacaciones.* ‖ Concentrar, coordinar : *reunir sus fuerzas.* ‖ — V. pr. Juntarse, estar juntos.

Reus, c. del NE. de España (Tarragona), cap. de la comarca catalana de Bajo Campo. Industrias textiles. Vinos.

Reuss, río de Suiza que nace en el lago de los Cuatro Cantones y des. en el Aar ; 160 km. — N!. de dos antiguos principados de Alemania del Norte. Desde 1919 forman parte de Turingia.

Reutlingen, c. del SO. de Alemania Occidental (Baden-Wurtemberg).

revacunación f. Acción y efecto de revacunar.

revacunar v. t. Vacunar al que ya está vacunado.

Reval, n. alem. de *Tallin.*

reválida f. Examen final para obtener un grado universitario : *examinarse de la reválida de bachillerato.*

revalidación f. Acción y efecto de revalidar.

revalidar v. t. Ratificar, dar nuevo valor o validez a una cosa : *revalidar un título académico.* ‖ — V. pr. Recibirse o aprobarse en una facultad.

revaloración f. Revalorización.

revalorar v. t. Revalorizar.

revalorización f. Acción de dar a una moneda devaluada todo o parte del valor que tenía. ‖ Acción de paliar los efectos de una devaluación monetaria en los ingresos fijos. ‖ Acción de dar a algo el antiguo valor que tenía o un valor mayor.

revalorizar v. t. Hacer una revalorización (ú. t. c. pr.).

revaluación f. Revalorización.

revaluar v. t. Revalorizar.

revancha f. Desquite.

revanchismo m. Actitud agresiva inspirada por un deseo de venganza.

revanchista adj. y s. Que desea tomarse la revancha.

reveillon m. (pal. fr.). Cena y fiesta en Nochebuena o Nochevieja.

revelación f. Acción de revelar aquello que era secreto u oculto. ‖ Cosa revelada. ‖ Aquello que una vez conocido hace descubrir otras cosas. ‖ Persona que pone de manifiesto en un momento determinado sus excelentes cualidades para algo : *fue la revelación de la temporada.* ‖ Por antonomasia, acción de Dios que manifiesta a los hombres verdades inasequibles a la sola razón. ‖ La religión revelada.

revelado m. Operación de revelar una película fotográfica.

revelador, ra adj. Que pone de manifiesto : *carta reveladora.* ‖ Dícese de la persona que revela algo (ú. t. c. s.). ‖ — M. Baño que permite hacer visible la imagen de una película fotográfica.

revelar v. t. Dar a conocer lo que estaba secreto, oculto o desconocido. ‖ Divulgar. ‖ Ser señal o indicio de : *su cara revelaba terror.* ‖ Dar a conocer por revelación divina. ‖ Mostrar, poner de manifiesto : *estos dibujos revelan su estilo vanguardista.* ‖ Hacer visible, con ayuda de un revelador, la imagen latente obtenida en una película fotográfica. ‖ — V. pr. Manifestarse : *se reveló un gran artista.*

revendedor, ra adj. Dícese de la persona que compra con la intención de vender (ú. t. c. s.).

revender v. t. Vender lo que se ha comprado con fines de lucro.

reventa f. Venta, con fines de lucro, de lo que se ha comprado.

reventadero m. Trabajo muy cansado o agotador.

reventado, da adj. Agotado.

Reventador, volcán del Ecuador, en la cord. Central ; 3 485 m.

reventar v. i. Estallar, romperse una cosa a causa de una fuerza interior : *reventar un globo, un neumático* (ú. t. c. pr.). ‖ Deshacerse en espuma las olas en los peñascos. ‖ *Fig. y fam.* Desear anheloso : *está que revienta por ir al teatro.* ‖ Estallar, prorrumpir : *reventar de risa.* ‖ Estar lleno de : *reventar de orgullo.* ‖ Morir. ‖ Reventado de cansancio, cansadísimo. ‖ — V. t. Romper una cosa aplastándola. ‖ *Fig. y fam.* Fatigar, cansar en exceso. ‖ Molestar, fastidiar. ‖ *Fig.* Rebajar los precios, señalar precios muy inferiores a los normales para hacer la competencia. ‖ — V. pr. *Fig. y fam.* Fatigarse mucho : *mi padre se revienta trabajando.*

reventazón f. Acción de reventar. ‖ *Arg.* Contrafuerte de una cordillera.

Reventazón, río al S. de Costa Rica (Limón), que confluye con el Parismina para desembocar en el Caribe ; 125 km.

reventón adj. *Clavel reventón,* clavel doble. ‖ — M. Acción de reventar o reventarse un neumático. ‖ *Fig.* Fatiga grande. ‖ Trabajo intenso. ‖ Muerte.

rever v. t. Volver a ver.

reverberación f. Reflexión de la luz o del calor. ‖ Persistencia de las sensaciones auditivas en un local después de la emisión de un sonido.

reverberar v. i. Reflejarse la luz en un objeto brillante. ‖ — V. t. Reflejar, proyectar la luz, el calor. ‖ — V. pr. Reflejarse.

reverbero m. Espejo reflector, generalmente de metal, que se adapta a una lámpara para hacer converger la luz en un punto. ‖ Farol de cristal para iluminar. ‖ *Amer.* Infernillo, cocinilla. ‖ *Horno de reverbero,* horno en que la carga se calienta por medio de una bóveda o techo a gran reflexión.

reverdecer v. i. Ponerse verdes otra vez las plantas. ‖ *Fig.* Renovarse, tomar nuevo vigor : *reverdecían las doctrinas totalitarias.* ‖ — V. t. Hacer que cobre nueva importancia : *allí reverdeció sus antiguas glorias.*

reverencia f. Profundo respeto. ‖ Movimiento del cuerpo que se hace para saludar ya sea inclinándose, ya sea doblando las rodillas.

reverencial adj. Que supone reverencia : *respeto reverencial.*

reverenciar v. t. Honrar, venerar.

reverencioso, sa adj. Que manifiesta gran respeto.

reverendísimo, ma adj. Tratamiento que se da a altas dignidades eclesiásticas.

reverendo, da adj. Tratamiento que se da a algunas dignidades eclesiásticas. ‖ *Fam.* Descomunal, tremendo, enorme : *una reverenda porquería.*

Reverón (Armando), pintor impresionista venezolano (1889-1954).

reversibilidad f. Condición de reversible.

reversible adj. Que puede volver al estado o condición que tuvo antes : *movimiento reversible.* ‖ Dícese de un fenómeno en el cual el efecto y la causa pueden invertirse. ‖ Dícese de los bienes que, en ciertos casos, deben volver al propietario que dispuso de ellos. ‖ Aplícase a una renta o pensión que ha de beneficiar a otra persona después de la muerte del titular. ‖ Dícese de un traje que está hecho para que pueda ser llevado tanto al derecho como al revés : *abrigo reversible.* ‖ Aplícase a cualquier transformación mecánica, física o química que puede en un momento dado cambiar de sentido a causa de una modificación de las condiciones del fenómeno.

reversión f. Derecho que el donante de recuperar los bienes de que había dispuesto.

reverso m. Lado opuesto al principal, revés : *el reverso de un tapiz, de* una moneda. ‖ Fig. El reverso de la medalla, persona o cosa de cualidades opuestas a las de otra.

revertir v. i. Volver una cosa al estado que antes tenía. ‖ Volver una cosa a la propiedad del dueño que antes tuvo. ‖ Resultar, resolverse en.

revés m. Lado opuesto al principal: el revés de un tejido, de la mano. ‖ Golpe dado con la parte contraria a la palma de la mano. ‖ En tenis, golpe dado con la raqueta de izquierda a derecha. ‖ Fig. Contratiempo, hecho desafortunado: los reveses de la vida. ‖ Derrota: un revés militar. ‖ — Al revés, en sentido contrario al normal: ponerse la camisa al revés; de forma opuesta: hazlo al revés y te saldrá mejor; en sentido inverso: todo lo entiendes al revés. ‖ Al revés de, al contrario de. ‖ Del revés, con lo de arriba abajo, con lo que debe ir al interior al exterior, etc.

revestimiento m. Capa con la que se recubre algo. ‖ Parte que se ve de una calzada, acera, etc.: el revestimiento asfaltado de la carretera.

revestir v. t. Cubrir con una capa. ‖ Ponerse un traje (ú. t. c. pr.). ‖ Dar o tomar cierto aspecto: su enfermedad reviste más gravedad que la que le dábamos; acto revestido de gran solemnidad. ‖ — V. pr. Fig. Armarse, ponerse en disposición de ánimo para conseguir un fin: revestirse de paciencia. ‖ Enmascarar, desfigurar: revistió su tristeza con una sonrisa.

revigorar y **revigorizar** v. t. Dar nuevo vigor.

Revillagigedo, archipiélago en el oeste de México (Colima), en el océano Pacífico, formado por las islas de San Benedicto, Socorro, Clarión, Roca Partida. (Está a 800 km de la costa continental.)

Revillagigedo (Conde de). V. GÜEMES PACHECO.

revisable adj. Que se puede revisar.

revisación y **revisada** f. Amer. Revisión.

revisar v. t. Volver a ver, someter una cosa a nuevo examen para corregirla: revisar un texto. ‖ Examinar con objeto de arreglar, de hacer que funcione bien: hacer revisar el coche. ‖ Controlar: revisar los pasaportes. ‖ Repasar una asignatura para someterse a un examen. ‖ Volver a un escrito hecho por otro para corregirlo si es necesario.

revisión f. Control de los billetes en un transporte público. ‖ Inspección: revisión de cuentas. ‖ Inspección: revisión de armamento. ‖ Examen para ver el estado de funcionamiento de algo: revisión del coche. ‖ Modificación de un texto jurídico para adaptarlo a una situación nueva: revisión de la Constitución. ‖ Acción de ver de nuevo lo realizado por una persona (escritos, traducciones, etc.). ‖ Revisión médica, reconocimiento médico hecho preventivamente.

revisionismo m. Actitud de los que discuten las bases de una doctrina o de otra cosa cualquiera.

revisionista adj. Relativo al revisionismo. ‖ Partidario de él (ú. t. c. s.).

revisor, ra adj. Que revisa o inspecciona. ‖ — M. y f. Empleado que comprueba que los viajeros en los transportes públicos tienen billetes. ‖ Persona que revisa un escrito, las pruebas tipográficas, etc. ‖ Persona que, en términos generales, comprueba la calidad de lo realizado por otra.

revista f. Examen detallado de algo; enumeración: pasar revista a sus errores. ‖ Publicación periódica no diaria sobre una o varias materias: revista cinematográfica. ‖ Sección en un periódico encargada de hacer una reseña de carácter crítico. ‖ Inspección de los efectivos, armas y materiales de una tropa: pasar revista a un regimiento. ‖ Formación en un cuerpo de ejército para que sea inspeccionado. ‖ Espectáculo teatral de carácter frívolo y musical compuesto de cuadros sueltos.

revistar v. t. Pasar revista.

revistero, ra m. y f. Persona que escribe revistas en un periódico: revistero taurino, teatral. ‖ — M. Mueble para poner las revistas.

revitalización f. Acción y efecto de revitalizar o revitalizarse.

revitalizar v. t. Dar nueva vida.

revival m. (pal. ingl.). Reactualización de algo existente en el pasado.

revivificación f. Reanimación.

revivificar v. t. Reavivar, reanimar, dar nueva vida.

revivir v. i. Resucitar. ‖ Volver en sí el que parecía muerto. ‖ Renovarse o reproducirse una cosa: revivió la lucha. ‖ V. tr. Evocar, recordar.

revocabilidad f. Condición de revocable.

revocable adj. Que puede ser revocado.

revocación f. Medida disciplinaria tomada contra un funcionario por la que éste se ve desposeído de su función en la administración pública. ‖ Anulación de una disposición de una autoridad por otra distinta. ‖ Acto jurídico con el que una persona anula los efectos de una medida tomada por ella anteriormente: revocación de un testamento.

revocador, ra adj. y s. Que revoca.

revocar v. t. Anular, declarar nulo: revocar un testamento, una orden. ‖ Poner fin a las funciones por medida disciplinaria: revocar a un funcionario. ‖ Enlucir y pintar de nuevo las paredes exteriores de un edificio.

revoco m. Revoque.

revolcadero m. Lugar donde suelen revolcarse los animales.

revolcar v. t. Derribar por tierra, echar al suelo. ‖ Fig. Ser infinitamente superior en una contienda. ‖ Suspender en un examen. ‖ — V. pr. Tirarse o echarse en el suelo y dar vueltas sobre sí mismo: revolcarse en el barro.

revolcón m. Revuelco. ‖ Caída: sufrir un revolcón sin consecuencias. ‖ Acción de tirar al suelo al toro al torero. ‖ Fig. y fam. Dar un revolcón a uno, darle una lección, apabullarlo en una discusión.

revolotear v. i. Volar alrededor de algo: los pájaros revoloteaban de flor en flor. ‖ Ir dando vueltas por el aire una cosa: el viento hacía revolotear las hojas secas.

revoloteo m. Vuelo alrededor de algo. ‖ Fig. Revuelo, agitación.

revoltijo y **revoltillo** m. Mezcolanza de cosas revueltas.

revoltoso, sa adj. y s. Travieso, turbulento: niño revoltoso. ‖ Promotor de sediciones, rebelde.

revoltura f. Méx. Mezcla de fundentes que se agrega a los minerales de plata para facilitar su fusión.

revolución f. Movimiento circular por el que un móvil vuelve a su posición inicial: la revolución de la Tierra alrededor del Sol. ‖ Movimiento de una figura alrededor de su eje. ‖ Vuelta: motor de muchas revoluciones. ‖ Cambio violento en las estructuras políticas, sociales o económicas de un Estado: la Revolución Francesa. ‖ Fig. Cambio completo: revolución en el arte, en la vida de alguien. ‖ — Entre las revoluciones más importantes de los tiempos modernos merecen mencionarse: 1.º La de Inglaterra de 1648 que, después de la ejecución de Carlos I, proclamó la República de 1649, bajo el protectorado de Cromwell. En 1688 hubo otra revolución que derribó a los Estuardos. — 2.º La de Francia, donde ha habido cuatro principales, a saber: a) la de 1789, iniciada con la toma de la Bastilla el 14 de julio; b) la de 1830, que derribó a la rama primogénita de los Borbones y la sustituyó por la segunda (Luis Felipe); c) la de 1848, que fundó la Segunda República; d) la de 1870, que acabó con el Segundo Imperio y restableció la República. — 3.º En España, entre otras: a) la de 1868, que obligó a dejar el trono a Isabel II y dio nacimiento a la Primera República; b) la de diciembre de 1930, que preparó la implantación de la Segunda República en 1931 y c) la de octubre de 1934, de gran significación social, especialmente en Asturias. — 4.º En Rusia, la que en febrero de 1917 puso fin al régimen zarista, seguida de la socialista en octubre. — 5.º En Alemania, la de 1918, que depuso a los Hohenzollern y demás casas reinan-

tes. — 6.º En América, las revoluciones han obedecido a la emancipación del dominio de España a principios del siglo XIX, como, por ejemplo, la llamada Revolución de Mayo en Argentina (1810), a causas de origen social y a reivindicaciones campesinas, como las de México en 1910, la de Cuba en 1959, encabezada por Fidel Castro, la del Perú en 1968, la de Nicaragua, en contra de la tiranía de Somoza, en 1979. — 7.º En China, la de 1949, que instauró un régimen comunista. — 8.º La de Irán, en 1979, en contra del Sha y dirigida por el ayatollah Jomeini. — 9.º La de Turquía en 1924. — 10.º Las de Portugal en 1910 y 1974.

revolucionar v. t. Provocar un cambio con la introducción de principios revolucionarios. ‖ Causar entre la gente agitación, turbación o una viva emoción: su llegada revolucionó a toda la chiquillería. ‖ Cambiar, transformar totalmente: los grandes almacenes han revolucionado el comercio.

revolucionario, ria adj. Relativo a las revoluciones políticas. ‖ Originado por ellas: gobierno revolucionario. ‖ Que favorece o provoca una revolución, un cambio completo: teoría revolucionaria. ‖ Dícese de la persona que es partidaria o que toma parte en una revolución. Ú. t. c. s.: los revolucionarios rusos.

revolucionarismo m. Méx. Utilización de la Revolución mexicana como tema de obras artísticas o como base ideológica.

revólver v. t. Remover, mover lo que estaba junto: revolver papeles. ‖ Crear el desorden en algo que estaba ordenado: revolver el cajón. ‖ Pensar, reflexionar: lo revolvía en la cabeza. ‖ Confundir, mezclar sin orden ni concierto: tiene una serie de conocimientos revueltos. ‖ Alterar, turbar: revolver los ánimos. ‖ Irritar, indignar: esta noticia me revolvió. ‖ Causar trastornos: esto me revuelve el estómago. ‖ Fig. Revolver Roma con Santiago, no dejar piedra por mover, hacer todo lo posible. ‖ — V. pr. Agitarse, moverse: revolverse en la cama. ‖ Encararse, hacer frente: el toro se revolvió con bravura. ‖ Revolcarse: revolverse en la hierba.

revólver m. Pistola cuya recámara está formada por un tambor que contiene varias balas.

revoque m. Acción y efecto de revocar. ‖ Mezcla de cal y arena u otro material con que se revoca.

revuelco m. Acción y efecto de revolcar o revolcarse.

revuelo m. Segundo vuelo de las aves. ‖ Fig. Turbación, agitación, emoción: la noticia produjo gran revuelo en los ánimos. ‖ Amer. Golpe que da el gallo de pelea con el espolón.

Revueltas (José), escritor mexicano (1914-1976), autor de novelas (Los muros de agua, El luto humano, Los errores, El Apando, En algún valle de lágrimas), de cuentos (Dios en la tierra), de obras de teatro (La otra) y de ensayos. ‖ — Sánchez (SILVESTRE), compositor mexicano (1899-1940), autor de obras profundamente nacionalistas (poemas sinfónicos, cuartetos de cuerdas, ballets, etc.).

revuelto, ta adj. En desorden: pelo revuelto. ‖ Revoltoso, excitado, turbulento: los niños están revueltos. ‖ Mezclado: viven revueltos unos con otros. ‖ Turbio, poco claro: líquido revuelto. ‖ Trastornado: tiempo revuelto. ‖ Agitado: mar revuelto. ‖ Levantisco, alborotado: el pueblo está revuelto con esas medidas. ‖ Dícese de los huevos que, batidos, se cuajan ligeramente en la sartén. ‖ — F. Vuelta: daba vueltas y revueltas por el mismo sitio. ‖ Cambio de dirección en un camino, carretera, calle. ‖ Motín, alteración del orden público. ‖ Altercado, disputa. ‖ — M. Arg. Huevos revueltos.

revulsión f. Irritación local provocada para hacer cesar la congestión o inflamación de una parte del cuerpo o para estimular el sistema nervioso.

revulsivo, va adj. Aplícase al medicamento que puede producir revulsión (ú. t. c. s. m.). ‖ — M. Fig. Reacción, cosa que hace reaccionar.

rey m. Monarca o príncipe soberano de un Estado : *rey constitucional.* ‖ *Fig.* El que sobresale entre los demás de su clase : *el león es el rey de los animales.* ‖ El que tiene la supremacía en un campo de actividad : *el rey del petróleo.* ‖ Pieza principal en el juego del ajedrez. ‖ Carta duodécima de un palo de la baraja española : *el rey de copas.* ‖ — *Fig.* A cuerpo de rey, muy bien : *tratado a cuerpo de rey.* ‖ *Día de Reyes,* la Epifanía. ‖ *Fig. Del tiempo del rey que rabió,* en tiempo de Maricastaña, desde época muy remota. ‖ *Libro de los Reyes,* cada uno de los cuatro libros canónicos del Antiguo Testamento que relatan la historia de los reyes judíos. ‖ *Fig. Ni quito ni pongo rey, no tomo partido por nadie.* ‖ *No temer ni rey ni roque, no tener miedo de nadie.* ‖ *Rey de armas,* especialista en heráldica. ‖ *Rey de la creación,* el hombre. ‖ *Servir al rey,* hacer el servicio militar. ‖ *Fig. Vivir a cuerpo de rey,* vivir con toda comodidad y lujo.

Rey (ISLA DEL). V. CHAFARINAS. ‖ ~ **(El)**, isla del S. de Panamá, en el archip. de las Perlas. Tb. llamada *Tererequí.* ‖ ~ **Guillermo** (TIERRA DEL), isla en las tierras árticas, al N. de América, perteneciente al Canadá.

Rey Lear *(El),* tragedia de Shakespeare.

reyerta f. Riña, pelea.

Reyes, pobl. del NO. de la Argentina (Jujuy). — Pobl. del N. de Bolivia, cap. de la prov. de General José Ballivián (Beni). Vicariato apostólico.

Reyes (Alfonso), escritor mexicano, n. en Monterrey (1889-1959). Poeta de un conceptismo refinado, alcanzó la celebridad en sus obras en prosa, en las que utilizó como fuente la inspiración nacional y la civilización azteca. Influyó poderosamente en la orientación intelectual de su país y de toda la América de lengua española. Autor de *Cuestiones estéticas, Visión de Anáhuac, Simpatías y diferencias, El deslinde, La experiencia literaria,* etc. ‖ ~ (JOSÉ TRINIDAD), presbítero y poeta hondureño (1797-1855). ‖ ~ (NEFTALÍ RICARDO). V. NERUDA (Pablo). ‖ ~ (RAFAEL), general colombiano (1849-1921), pres. de la Rep. en 1904, derrocado en 1909. Reformó la Constitución. ‖ ~ (SALVADOR), escritor y diplomático chileno (1899-1970), autor de *Barco ebrio* y *Las mareas* (poesías), cuentos y novelas (*Los amantes desunidos, Tres novelas de la costa, Piel nocturna, Mónica Sanders, Los defraudados,* etc.). ‖ ~ (SIR JOSHUA), pintor retratista inglés (1723-1792). — **Martínez** (JUAN JOSÉ DE LOS). V. PÍPILA.

Reyes ‖ ~ **Católicos,** título concedido por el papa Alejandro VI a Isabel I de Castilla y a Fernando II de Aragón (1494), artífices y primeros soberanos de la nación española. Su matrimonio en 1469 significó la reunión de los dos grandes reinos peninsulares (1479). (V. ISABEL y FERNANDO.) ‖ ~ **Magos,** sobrenombre de tres sabios astrólogos orientales, llamados Melchor, Gaspar y Baltasar, que fueron a adorar al niño Jesús en Belén y le ofrecieron oro, incienso y mirra. Fiesta el 6 de enero.

Reykiavik. V. REIKIAVIK.

Reyles (Carlos), escritor uruguayo, n. en Montevideo (1868-1938), autor de las novelas *Beba, La raza de Caín, El terruño, El embrujo de Sevilla* y *El gaucho Florido.*

Reynolds (Gregory), poeta parnasiano boliviano (1882-1948), autor de sonetos y de libros de poesías (*Quimeras, El cofre de Psiquis, Horas turbias, Prisma, Beni*). ‖ ~ (SIR JOSHUA), pintor retratista inglés (1723-1792).

Reynosa, c. en el NE. de México (Tamaulipas), en la frontera con los Estados Unidos. Petróleo, gas natural.

Reynoso (Oswaldo), escritor peruano, n. en 1932, autor de cuentos (*Los inocentes*) y novelas (*En octubre no hay milagros*).

Reza. V. PAHLEVI.

rezagado, da adj. y s. Que se queda atrás.

rezagar v. t. Dejar atrás. ‖ Aplazar, diferir por algún tiempo la ejecución de una cosa. ‖ — V. pr. Quedarse atrás, retrasarse.

rezar v. t. Dirigir a la divinidad alabanzas o súplicas : *rezar a Dios.* ‖ Recitar una oración. ‖ *Fig.* Decir la misa sin cantarla. ‖ *Fam.* Decir, anunciar : *el calendario reza buen tiempo.* ‖ — V. i. Ser aplicable : *esta ley no reza para los agricultores.* ‖ *Esto no reza conmigo, esto no me concierne.*

Rezaye. V. URMIA.

rezno m. Larva de un insecto díptero que vive parásito en el buey, el caballo u otros mamíferos.

rezo m. Acción de rezar, oración.

rezongar v. i. *Fam.* Gruñir, refunfuñar. ‖ — V. t. *Amér.* C. Regañar.

rezumadero m. Sitio por donde se rezuma algo. ‖ Lo rezumado.

rezumar v. t. Dejar pasar un cuerpo por sus poros pequeñas gotas de un líquido : *la pared rezuma humedad.* U. t. c. pr. : *el cántaro se rezuma.* ‖ *Fig.* Manifestar, desprender : *canción que rezuma tristeza.*

R. F. A., siglas de la *República Federal de Alemania.*

rH, índice análogo al pH, que representa cuantitativamente el valor del poder oxidante o reductor de un medio.

Rh, símbolo químico del *rodio* y abreviatura del *Factor Rhesus.*

Rhein. V. RIN.

Rheinhausen, c. del O. de Alemania Occidental (Rin Septentrional-Westfalia). Siderurgia.

rhesus m. V. FACTOR *Rhesus.*

Rheydt, c. de Alemania Occidental (Rin Septentrional-Westfalia), parte de Mönchengladbach.

Rhin. V. RIN.

rho f. Decimoséptima letra del alfabeto griego (ρ), equivalente a la *r* castellana.

Rhode Island, uno de los Estados Unidos de Norteamérica, al NE. del país (Nueva Inglaterra) ; cap. *Providence.* Industrias.

Rhodes *[rod]* (Cecil), colonizador inglés (1853-1902), paladín de la política imperialista de su país en África del Sur.

Rhodesia. V. RODESIA.

Rhondda, ant. *Ystradyfodwg,* c. del SO. de Gran Bretaña (Gales). Hulla.

Rhône. V. RÓDANO.

ria f. Parte inferior de un valle fluvial invadido por el mar : *las rías de Galicia.* ‖ Obstáculo artificial, consistente en un charco, en una carrera de caballos.

riacho y **riachuelo** m. Río pequeño.

Riachuelo, río del E. de la Argentina, afl. del Río de la Plata (Buenos Aires). — Pobl. del NE. de la Argentina (Corrientes).

Riad (Er-), cap. de Arabia Saudita, en el centro del país ; 700 000 h.

riada f. Avenida, crecida del río. ‖ *Fig.* Multitud, cantidad grande.

rial m. Unidad monetaria del Irán, dividida en 100 dinares.

Riancho (Agustín), pintor paisajista español (1841-1930).

Rianjo, v. del noroeste de España (Coruña).

Riánsares *(Duque de).* V. MUÑOZ (Fernando).

Rías ‖ ~ **Altas,** región del NO. de España, en Galicia, en la que están las rías de Ribadeo, Vivero, Ortigueira, Cedeira, El Ferrol, Betanzos, La Coruña, Camariñas y Corcubión. ‖ ~ **Bajas,** comarca en el NO. de España en la que se encuentran las rías de Muros y Noya, Arosa, Pontevedra y Vigo.

Riaza, río de España, afl. del Duero.

Riazán, c. de la U. R. S. S. (Rusia), al SE. de Moscú. Metalurgia.

Riba (Carles), escritor español en lengua catalana (1893-1959), autor de libros de crítica, narraciones y poesías (*Estancias*).

Ribadavia, v. del noroeste de España (Orense). Vinos.

Ribadeo, c. y puerto del NO. de España (Lugo). Hierro. — Ría del noroeste de España (Lugo).

Ribadesella, v. y puerto del N. de España (Asturias).

Ribagorza, región del N. de España, en la que parte de Huesca, que, con Sobrarbe, formó ant. un condado.

Ribalta (Francisco), pintor español (1565 ?-1628), de la escuela realista (*Santo Tomás de Villanueva, La visión de San Francisco, San Bruno, San Pedro, Evangelistas,* etc.). — Su hijo

JUAN (1597-1628) colaboró muy a menudo con él.

Ribarroja ‖ ~ **de Ebro,** v. al NE. de España (Tarragona). Central eléctrica.

Ribarroja ‖ ~ **del Turia,** v. al este de España (Valencia).

Ribas (José Félix), caudillo de la Independencia venezolana (1775-1815). M. ejecutado.

Ribatejo, ant. prov. central en el distrito de Santarem (Portugal).

ribazo m. Porción de tierra con alguna elevación y declive.

Ribeira, c. del noroeste de España (Coruña), en las Rías Bajas. Pesca.

Ribeirão Preto, c. del SE. del Brasil (São Paulo). Café. Comercio. Arzobispado. Universidad.

ribeiro m. Vino procedente de una zona de la prov. de Orense (España).

Ribeiro ‖ ~ **del Avia,** comarca al NO. de España (Orense). ‖ ~ **del Miño,** comarca al NO. de España (Orense).

Ribeiro (Aquilino), novelista portugués (1885-1963), autor de *El hombre que mató al diablo, María Benigna,* etc. ‖ ~ (BERNARDIM), poeta portugués (1482-1552), autor de *Menina e moça,* novela pastoril.

ribera f. Orilla. ‖ Tierra que se riega con el agua de un río.

Ribera (José de), pintor realista español, n. en Játiva (Valencia) (1588-1652), llamado *el Españoleto.* Fue discípulo de Francisco Ribalta, de Miguel Ángel y del Correggio. Entre sus obras sobresalen *El martirio de San Bartolomé, San Juan Bautista, San Andrés,* etc. ‖ ~ (PEDRO DE), arquitecto español (1683-1742). Fue discípulo de Alberto Churriguera. ‖ ~ **Chevremont** (EVARISTO), poeta vanguardista puertorriqueño (1896-1976), autor de *Tierra y sombra, Anclas de oro, Inefable orilla, Río volcado,* etc.

Ribera ‖ ~ **(La),** comarca de España (Burgos y Soria). ‖ ~ **(Alta** y **Baja),** comarcas del E. de España (Valencia). Agricultura. Turismo. ‖ ~ **de Ebro,** en cat. *Ribera d'Ebre.* V. EBRE. ‖ ~ **del Fresno,** v. del O. de España (Badajoz).

Ribatalta, pobl. del N. de Bolivia, cap. de la prov. de Vaca Diez (Beni), a orillas del río Beni.

ribatalteño, ña adj. y s. De la ciudad de Ribatalta (Bolivia).

ribereño, ña y **riberano, na** adj. Relativo a la ribera de un río, de un lago, de un mar : *predio ribereño.* ‖ Habitante de la ribera (ú. t. c. s.).

ribete m. Cinta que se pone a la orilla del vestido, calzado, etc., como adorno o refuerzo. ‖ *Fig.* Adorno que se pone como amenaza lo que cuenta. ‖ — Pl. Visos, asomos, atisbos, indicios : *tiene ribetes de abogado.*

ribeteado, da adj. Guarnecido con un ribete. ‖ *Ojos ribeteados de rojo,* con el borde de los párpados rojo. ‖ — M. Conjunto de ribetes.

ribetear v. t. Poner ribetes. ‖ *Fig.* Orlar, orillar.

Ribeyro (Julio Ramón), escritor peruano, n. en 1929, autor de relatos (*La Juventud en la otra ribera*), novelas (*Crónica de San Gabriel, Los geniecillos dominicales, Cambio de guardia*) y obras de teatro.

Ribinsk, c. de la U. R. S. S. (Rusia). Central hidroeléctrica en el Volga.

ribonucleico, ca adj. Dícese de un grupo de ácidos nucleicos, situado en el citoplasma o en el nucléolo, que desempeña un papel en la síntesis de las proteínas de la célula.

ribosoma m. Partícula citoplasmática que forma parte del mecanismo sintetizador de proteínas de la célula.

ricacho, cha y **ricachón, ona** adj. *Fam.* Persona muy rica (ú. t. c. s.).

ricamente adv. Muy bien.

Ricardo (David), economista inglés (1772-1823). Estableció la ley de la renta de la tierra.

Ricardo ‖ ~ **I Corazón de León** (1157-1199), rey de Inglaterra desde 1189. Luchó en la Tercera Cruzada. ‖ ~ **II** (1367-1400), rey de Inglaterra desde 1377, hijo del Príncipe Negro. ‖ ~ **III** (1452-1485), rey de Inglaterra desde 1483, tras hacer asesinar a los hijos de su hermano Eduardo IV. Derrotado y muerto en Bosworth por Enrique Tudor (fin de la guerra de las Dos Rosas).

Ricardos y **Carrillo** (Antonio),

general español (1727-1794). Al mando del Ejército de Cataluña derrotó a los franceses en 1793.

Ricaurte, mun. al O. de Venezuela (Zulia) ; cap. *Santa Cruz de Mara.*

Ricci (Juan A. y Francisco). V. **Rizi.**

ricino m. Planta euforbiácea de cuyas semillas se extrae un aceite purgante.

rico, ca adj. Que tiene mucho dinero o bienes : *rico propietario.* || Que posee en sí algo abundantemente : *persona rica de virtudes ; mineral rico en plata.* || Fértil : *tierras ricas.* || Abundante : *viaje rico en aventuras.* || De mucho precio : *adornado con ricos bordados.* || Exquisito, delicioso : *pastel muy rico.* || Mono, agradable, lindo : *¡qué niño más rico!* || Empléase como expresión de cariño : *¡come, rico!* — M. y f. Persona que posee muchos bienes. || *Nuevo rico,* persona enriquecida en breve espacio de tiempo que no ha sabido asimilar los usos propios de su nueva condición social y suele hacer particular ostentación de sus bienes y dinero.

Ricobayo, presa del río Esla en Zamora (España). Central hidroeléctrica.

rictus m. Contracción espasmódica de los músculos de la cara que da a ésta la apariencia de la risa, del dolor.

ricura f. Condición de bueno de sabor o de bonito, lindo.

Richardson (Sir Owen), físico inglés (1879-1959), descubridor de las leyes de la emisión termoelectrónica. (Pr. Nobel, 1928). || ~ (SAMUEL), novelista inglés (1689-1761), autor de *Pamela* o la *virtud recompensada, Clarissa Harlowe,* etc.

Richelieu [-lié] (Armand Jean DU PLESSIS, *cardenal de*), político francés, n. en París (1585-1642), ministro de Luis XIII desde 1624 hasta su muerte.

Richland, c. de los Estados Unidos, al sur del Est. de Washington.

Richmond, c. del NE. de Estados Unidos, cap. de Virginia. Fue cap. de los sudistas en la guerra de Secesión. — C. del NE. (Indiana) y del SO. (California) de los Estados Unidos. — Zona residencial en el O. de Londres (Inglaterra). Hermoso parque.

Richter (Benjamin), químico alemán (1762-1807). Descubrió la ley de los números proporcionales. || ~ (JOHANN PAUL FRIEDRICH.). V. JEAN-PAUL.

ridiculez f. Cosa que provoca la risa o la burla. || Cosa muy pequeña.

ridiculización f. Acción y efecto de ridiculizar o ridiculizarse.

ridiculizar v. t. Poner en ridículo, mover a risa o burla. || — V. pr. Hacer el ridículo.

ridículo, la adj. Digno de risa, de burla : *decir cosas ridículas.* || Escaso, parco : *una ganancia ridícula.* || — M. Ridiculez, acto o dicho ridículo. || *Hacer el ridículo,* conducirse de una manera que provoca la risa o la burla.

Ridruejo (Dionisio), poeta español (1912-1975), autor de *Hasta la fecha,* colección de sus versos, y *Escrito en España,* memorias de su vida.

riego m. Acción y efecto de regar : *riego por aspersión.* || *Riego sanguíneo,* cantidad de sangre que nutre los órganos y los tejidos del cuerpo.

Riego y Núñez (Rafael del), general español (1785-1823), jefe de la sublevación liberal de Cabezas de San Juan (1820). M. ejecutado.

riel m. Lingote de metal en bruto. || Carril de una vía férrea. || Varilla metálica sobre la cual corre una cortina.

rielar v. i. Brillar con luz trémula : *la Luna en el mar riela.*

rielero m. *Méx.* Ferroviario.

rienda f. Correa fijada en el bocado de una caballería que sirve para que el jinete pueda conducir su montura. || — Pl. *Fig.* Dirección : *las riendas del gobierno.* || — *Fig. A rienda suelta,* sin freno. | *Aflojar las riendas,* disminuir la severidad o el cuidado. | *Dar rienda suelta a,* dar libre curso a, no contener. | *Empuñar las riendas,* tomar la dirección. | *Llevar las riendas,* ser el que manda.

riente adj. Que ríe. || *Fig.* Alegre.

Riesco, isla del sur de Chile en la XII Región (Magallanes).

Riesco (Germán), político chileno (1854-1916), pres. de la Rep. de 1901 a 1906.

Riesengebirge. V. GIGANTES (*Montes de los*).

riesgo m. Peligro, contratiempo posible : *correr riesgo ; exponerse a un riesgo.* || Daño, siniestro eventual garantizado por las compañías de seguros mediante pago de una prima : *seguro a todo riesgo.* || *A riesgo de,* exponiéndose a.

riesgoso, sa adj. *Amer.* Arriesgado.

Rieti, c. del centro de Italia (Lacio), cap. de la prov. homónima.

Rif, cadena de montañas de Marruecos Septentrional. Los habitantes de esta región, dirigidos por Abd el-Krim, se sublevaron contra los españoles (1921) y contra los franceses (1925-1926).

rifa f. Sorteo de una cosa entre varios por medio de papeletas numeradas.

rifar v. t. Sortear en una rifa. || — V. pr. *Fig.* y *fam.* Ser objeto de disputa : *esta joven se rifa entre todos los hombres.*

rifeño, ña adj. Del Rif (Marruecos).

rifirrafe m. *Fam.* Riña, gresca.

rifle m. Fusil con estrías en el interior del cañón.

riflero m. *Amer.* Soldado con rifle.

Riga, c. y puerto del NO. de la U. R. S. S., en el golfo homónimo ; cap. de Letonia. Industrias.

Riganelli (Agustín), escultor argentino (1890-1949).

rigidez f. Condición de rígido : *la rigidez de una barra de hierro.* || *Fig.* Gran severidad, austeridad.

rígido, da adj. Inflexible, falto de elasticidad, difícil de doblar. || *Fig.* Riguroso, severo : *padre muy rígido.* | Inexpresivo : *rostro rígido.*

Rigoletto, ópera de Verdi en cuatro actos (1851).

rigodón m. Danza francesa de compás binario, ritmo moderado y carácter alegre.

rigor m. Severidad, dureza, inflexibilidad : *el rigor de un juez.* || Gran exactitud : *el rigor de una demostración ; rigor mental.* || Intensidad, inclemencia, crudeza : *el rigor del clima polar.* || — *De rigor,* indispensable, obligatorio : *consabido.* || *En rigor,* en realidad. || *Fig. Ser del rigor de las desdichas,* ser muy desgraciado.

rigorismo m. Exceso de rigor.

rigorista adj. y s. Muy severo.

rigurosidad f. Rigor.

riguroso, sa adj. Muy severo, inflexible, cruel : *gobernante riguroso.* || Estricto : *aplicación rigurosa de la ley.* || Duro, difícil de soportar : *pena rigurosa.* || Austero, rígido : *moral rigurosa.* || Rudo, extremado : *invierno riguroso.* || Exacto, preciso : *en un sentido riguroso.* || Indiscutible, sin réplica : *principios rigurosos.* || Completo : *luto riguroso.*

Rigveda, el primero de los cuatro libros sagrados de la India (*Vedas*).

Rijeka, antes. *Fiume,* c. y puerto al NO. de Yugoslavia (Croacia). Comercio. Industrias. Obispado.

Rijksmuseum, museo nacional de arte en Amsterdam, fundado en 1808.

rijo m. Lujuria.

rijosidad f. Condición de rijoso.

rijoso, sa adj. Pendenciero, camorrista. || *Susceptible.* || Alborotado ante la presencia de la hembra : *caballo rijoso.* || Lujurioso, sensual.

Rijswijk, ant. *Ryswick,* c. al SO. de Holanda (Holanda Meridional), al SE. de La Haya.

Rilke (Rainer María), escritor austriaco, n. en Praga (1875-1926), autor de poesías (*Elegías del Duino*) y de obras en prosa (*Canción de amor y muerte del alférez Cristóbal Rilke, Los cuadernos de Malte Laurids Brigge, El libro de las horas,* etc.).

rima f. Repetición de sonidos en las terminaciones de dos o más versos : *rima asonante, consonante.* || Composición en verso : *las rimas de Bécquer.*

Rímac, río del Perú, que pasa por Lima y des. cerca del El Callao. — C. del Perú, suburbio de Lima.

Rimado de Palacio (El), poema del canciller Pero López de Ayala.

rimar v. i. Componer en verso. || Ser una voz asonante o consonante de otra : ASTRO *rima* con CASTRO. || *Fam.* Pegar, ir bien junto : *una cosa no rima con la otra.* | *Venir : ¿y esto a qué rima ?* || — V. t. Hacer rimar una

palabra con otra : *rimar* HEBRAICA *con* JUDAICA.

Rimas, colección de poemas de Gustavo Adolfo Bécquer (1859-1860).

Rimbaud [*rambó*] (Arthur), poeta francés (1854-1891), autor *El barco ebrio, Las iluminaciones, Una temporada en el Infierno.*

rimbombancia f. Condición de rimbombante.

rimbombante adj. Enfático, aparatoso : *estilo rimbombante.* || Llamativo, ostentoso : *vestido rimbombante.*

rimel m. Cosmético que usan las mujeres en las pestañas.

rimero m. Conjunto de cosas puestas unas sobre otras, montón.

Rimini, c. del NE. de Italia (Emilia). Arzobispado.

Rimini (Francesca de), dama italiana del s. XII, cuyos amores con su cuñado Paolo Malatesta inmortalizó Dante en el Infierno.

Rimski-Korsakov (Nikolai), músico ruso (1844-1908), autor de óperas (*La ciudad invisible de Kitezhe, Sadko, El gallo de oro*), poemas sinfónicos (*Scheherezada, Capricho español, La gran Pascua rusa*), sinfonías, conciertos para piano, música de cámara, etc.

Rin, en alem. *Rhein,* y en fr. *Rhin,* río de Europa Occidental, que nace en los Alpes suizos (San Gotardo), pasa por el lago de Constanza, Basilea, Estrasburgo, Espira, Bonn, Maguncia, Colonia y, después de atravesar Holanda, des. en el mar del Norte por tres brazos principales ; 1 298 km. Navegable en la mayor parte de su curso. || ~ **(Alto).** V. HAUT-RHIN. || ~ **(Bajo).** V. BAS-RHIN. || ~ **Septentrional-Westfalia,** Estado al O. de Alemania Occidental ; cap. *Düsseldorf.* Región industrial del Ruhr.

rincón m. Ángulo entrante que se forma en el encuentro de dos superficies o dos paredes. || Lugar apartado : *retirarse a un rincón de Castilla.* || Espacio o sitio pequeño u oculto. || Esquina del *ring* en la que el boxeador descansa entre los asaltos.

Rincón, cerro de los Andes, en la frontera de Chile (Antofagasta) y Argentina (Salta) ; 5 594 m. — N. de una zona de la costa E. argentina en la que está el golfo de Bahía Blanca. — Bahía en el Atlántico y NE. de la Rep. Dominicana (Samaná). || ~ **de Baygorria,** lugar del Uruguay, al N. de Montevideo y en la prov. de Durazno. Represa y central hidroeléctrica en el río Negro. || ~ **de la Victoria,** mun. del S. de España (Málaga), en el E. de la Costa del Sol. || ~ **de la Vieja,** volcán al NO. de Costa Rica (Guanacaste y Alajuela) ; 1 295 m. || ~ **del Bonete,** lugar del centro del Uruguay (Tacuarembó). Central hidroeléctrica construida en el río Negro y llamada *Presidente Gabriel Terra.* || ~ **de Romos,** mun. en el centro de México (Aguascalientes).

Rinconada, c. del centro de Chile en la V Región (Valparaíso) y en la prov. de Los Andes, cap. de la com. de mismo nombre. || ~ **(La),** v. al S. del España (Sevilla).

rinconera f. Mesita, armario o estante que se pone en un rincón. || Parte de una pared entre una esquina y el hueco más próximo.

Rinconete y Cortadillo, una de las novelas ejemplares de Cervantes.

ring m. (pal. ingl.). Cuadrilátero en el que se disputan los combates de boxeo y lucha.

ringlera f. Fila o línea de cosas.

ringorrango m. *Fam.* Trazo o rasgo de pluma : *escribir con muchos ringorrangos.* || Adorno exagerado y completamente superfluo (ú. m. en pl.).

rinitis f. Inflamación de las mucosas de las fosas nasales.

rinoceronte m. Mamífero paquidermo con uno o dos cuernos cortos y encorvados en la línea media de la nariz según pertenezca a la especie asiática o africana.

rinofaringe f. Parte superior de la faringe que comunica con las fosas nasales.

rinofaringitis f. Inflamación de la rinofaringe.

rinopiteco m. Mono cercopiteco de Asia.

riña f. Pelea, disputa. ‖ *Riña de gallos.* V. GALLO.

riñón m. Cada uno de los dos órganos glandulares secretorios de la orina, situados en la región lumbar, uno a cada lado de la columna vertebral. ‖ Este mismo órgano en los animales, con el que se hace un plato culinario : *riñones al jerez.* ‖ *Fig.* Interior, centro : *el riñón de España.* ‖ Fondo, lo principal : *el riñón del asunto.* ‖ Trozo redondeado de mineral. ‖ — Pl. Región lumbar : *dolor de riñones.* ‖ — *Fig.* y *fam.* Costar un *riñón,* ser muy caro. ‖ *Cubrirse el riñón,* ganar mucho dinero en un negocio. ‖ *Riñón artificial,* aparato que permite purificar la sangre cuando hay insuficiencia renal. ‖ *Fig. Tener el riñón bien cubierto,* ser rico. ‖ *Tener riñones,* ser enérgico.

riñonada f. Tejido adiposo que envuelve los riñones. ‖ Lugar del cuerpo en que estan los riñones. ‖ Guisado de riñones. ‖ *Fig.* y *fam.* Costar una riñonada, costar mucho.

Río ‖ ~ **Branco.** V. RORAIMA. — C. del O. del Brasil, cap. del Estado de Acre. ‖ ~ **de Janeiro.** V. RÍO. ‖ ~ **Grande do Norte,** Estado del N. del Brasil ; cap. *Natal.* ‖ ~ **Grande do Sul,** Estado del S. del Brasil ; cap. *Porto Alegre.*

río m. Corriente de agua continua y más o menos caudalosa que va a desembocar en otra o en el mar : *el Nilo y el Amazonas son los ríos más largos del globo.* ‖ *Fig.* Gran abundancia de una cosa : *río de sangre, de palabras, de oro.* ‖ — *Fig.* A río revuelto, ganancia de pescadores, censura a los que saben aprovechar los desórdenes para sacar provecho. ‖ *Cuando el río suena, agua lleva,* todo rumor tiene su fundamento. ‖ *Pescar en río revuelto,* aprovechar el desorden en beneficio suyo.

Río, mun. del NO. de España (Orense). ‖ ~ **Bec,** centro arqueológico maya en el SE. de México (Campeche). ‖ ~ **Branco,** al NE. del Uruguay (Cerro Largo), fronteriza con Brasil. ‖ ~ **Bravo,** mun. al E. de México (Tamaulipas). ‖ ~ **Bueno,** río y c. en el centro de Chile, en la X Región (Los Lagos) y en la prov. de Valdivia, cap. de la com. del mismo nombre. ‖ ~ **Caribe,** c. y puerto del N. de Venezuela (Sucre). ‖ ~ **Cauto,** mun. al E. de Cuba (Granma). ‖ ~ **Claro,** com. de Chile en la VII Región (Maule) y en la prov. de Talca ; cap. *Cumpeo.* ‖ ~ **Cuarto,** c. de la Argentina (Córdoba), en las riberas del río homónimo. Universidad. Obispado. ‖ ~ **Chico,** dep. al NO. de la Argentina (Tucumán). Central hidroeléctrica. ‖ ~ **de Janeiro,** c. y puerto del SO. del Brasil, cap. del Estado del mismo nombre. Universidad. Arzobispado. Centro industrial y comercial. Fue capital de la nación hasta 1960, año en que fue sustituida por Brasilia. ‖ ~ **de la Plata,** estuario formado por los ríos Paraná y Uruguay (36 000 km²). Se da tb. este n. a los territorios situados alrededor del estuario y al virreinato de la América Española, fundado en 1776, que abarcaba lo que hoy son Argentina, Bolivia, Paraguay, Uruguay y el Estado brasileño de Río Grande do Sul. ‖ ~ **de Oro,** ant. provincia española del Sáhara, en la parte sur del actual Sáhara Occidental. ‖ ~ **Gallegos,** c. y puerto del S. de la Argentina, cap. de la prov. de Santa Cruz. Petróleo. Obispado. ‖ ~ **Grande,** brazo principal del Orinoco (Venezuela). — Mun. en el centro de México (Zacatecas). — Mun. al E. de Puerto Rico (Humacao). ‖ ~ **Hondo,** pobl. del N. de la Argentina (Santiago del Estero). Aguas termales. ‖ ~ **Hurtado,** com. de Chile en la IV Región (Coquimbo) y en la prov. de Limarí ; cap. *Pichasca.* ‖ ~ **Ibáñez,** com. de Chile en la XI Región (Aisén del Gral. Carlos Ibáñez del Campo) y en la prov. General Carrera ; cap. *Puerto Ingeniero Ibáñez.* ‖ ~ **Muni.** V. MBINI. ‖ ~ **Negro,** prov. del sur de la Argentina, bañada por el río del mismo nombre ; cap. *Viedma.* Agricultura. Ganadería. Carbón. Petróleo. — C. de Chile en la X Región (Los Lagos) y en la prov. de Palena, cap. de la com. de Hualaihué. — C. de Chile en la X Región (Los Lagos) y en la prov. de Osorno, cap. de la com. de su nombre. — Dep. del oeste de Uruguay ; cap. *Fray Bentos.* Agricultura (trigo). Ganadería. Presas. Centrales hidroeléctricas. ‖ ~ **Piedras,** c. del norte de Puerto Rico (San Juan). Universidad. ‖ ~ **Primero,** dep. de la Argentina (Córdoba) ; cab. *Santa Rosa de Río Primero.* ‖ ~ **Rojo.** V. SONG KOI. ‖ ~ **San Juan,** dep. en el SE. de Nicaragua ; cap. *San Carlos.* — Distr. del NE. de la Rep. Dominicana (María Trinidad Sánchez). ‖ ~ **Segundo,** dep. de la Argentina (Córdoba), a orillas del río del mismo nombre ; cab. *Villa del Rosario.* ‖ ~ **Tercero,** c. de la Argentina (Córdoba), a orillas del río del mismo nombre. ‖ ~ **Tinto,** pobl. del SO. de España (Huelva), a orillas del río homónimo. Minas de cobre, hoy casi agotadas. ‖ ~ **Verde,** com. al sur de Chile en la XII Región (Magallanes) ; cap. *Cruz del Sur.*

Río (Andrés Manuel del), naturalista español (1765-1849). Descubrió en México el vanadio. ‖ ~ (ÁNGEL DEL), crítico y profesor español (1901-1962). ‖ ~ **de la Loza** (LEOPOLDO), químico mexicano (1807-1873).

Riobamba, c. del centro del Ecuador, cap. de la prov. de Chimborazo. Obispado. Comercio.

riobambeño, ña adj. y s. De Riobamba (Ecuador).

Riofrío, mun. al O. de Colombia (Valle del Cauca). — Mun. en el centro de España (Ávila).

Riohacha, c. del N. de Colombia, cap. del dep. de Guajira.

riohachero, ra adj. y s. De Riohacha (Colombia).

rioja m. Vino de La Rioja (España).

Rioja, c. al N. del Perú, cap. de la prov. homónima (San Martín). ‖ ~ **(La),** c. del NO. de la Argentina, cap. de la prov. homónima. Fundada en 1591. Universidad provincial. Obispado. Minería. — Provincia del NE. de España, llamada hasta 1980 Logroño. Llevó este último n. hasta 1980. En 1982 se constituyó en Comunidad Autónoma ; cap. *Logroño.* La comarca, de gran riqueza agrícola y vinícola, se extiende además por parte de la provincia de Álava.

Rioja (Enrique), naturalista y biólogo español (1895-1963). M. en el destierro. ‖ ~ (FRANCISCO DE), poeta español de la escuela sevillana (1583-1659), autor de silvas (*Al clavel, Al jazmín, A la rosa*) y hermosos sonetos.

riojano, na adj. y s. De La Rioja (Argentina o España).

Riom, c. de Francia (Puy-de-Dôme).

rionegrense adj. y s. De Río Negro (Uruguay).

rionegrino, na adj. y s. De Río Negro (Argentina).

Rionegro, mun. del NO. de Colombia (Antioquia). Obispado. — Mun. de Colombia (Santander).

rioplatense adj. y s. Del Río de la Plata (Argentina).

Ríos (Los), prov. del O. del Ecuador ; cap. *Babahoyo.*

Ríos (Blanca de los), erudita española (1862-1956). Estudió a Tirso de Molina. ‖ ~ (FERNANDO DE LOS), político socialista y escritor español (1879-1949). ‖ ~ **Montt** (EFRAÍN), militar guatemalteco, n. en 1927, pres. de la Rep. de marzo de 1982 a agosto de 1983. Fue derrocado. ‖ ~ **Morales** (JUAN ANTONIO), político chileno (1888-1946), pres. de la Rep. de 1942 a 1946. ‖ ~ **Rosas** (ANTONIO DE LOS), político español (1812-1873).

riosanjuaneño, ña adj. y s. Del departamento de Río San Juan (Nicaragua).

Riosucio, mun. de Colombia, al O. de Bogotá (Caldas).

Riotinto. V. RÍO TINTO.

Rioverde, mun. en el centro de México (San Luis Potosí).

Ripalda. V. MARTÍNEZ DE RIPALDA.

ripio m. Cascote, cascajo, escombros de albañilería para rellenar huecos. ‖ Residuo que queda de una cosa. ‖ Palabra superflua que se emplea para completar el verso o conseguir una rima. ‖ Verso malo. Ú. m. en pl. ‖ *soltar ripios.* ‖ Hojarasca, conjunto de palabras inútiles en un discurso o escrito : *meter ripio.* ‖ *Fig. No perder ripio,* estar muy atento.

ripioso, sa adj. Que abunda en ripios : *versos ripiosos.*

Ripoll, c. del NE. de España (Gerona), cap. de la comarca catalana de El Ripollés. Monasterio románico de los benedictinos (879).

Ripollés (El), comarca del NE. de España en Cataluña (Gerona) ; cap. *Ripoll.* Minas. Industrias. Turismo.

Ripollet, v. al NE. de España, en las cercanías de Barcelona. Industrias.

Ripperdá (Juan Guillermo, *barón de*), diplomático holandés (1680-1737), privado de Isabel de Farnesio, esposa de Felipe V de España.

Riquer (Martín de), erudito español, n. en 1914, autor de estudios sobre literatura medieval.

riqueza f. Abundancia de bienes, prosperidad. ‖ Fecundidad, fertilidad : *la riqueza de la tierra.* ‖ Condición de una materia que da un rendimiento abundante : *la riqueza de un mineral.* ‖ Carácter que da valor a algo : *la riqueza de una joya.* ‖ Lujo, esplendor : *la riqueza del decorado.* ‖ Abundancia de términos y locuciones en una lengua : *la riqueza del castellano.* ‖ — Pl. Bienes de mucho precio, especialmente en dinero o en valores : *amontonar riquezas.* ‖ Objetos de gran valor : *el museo tiene inestimables riquezas.* ‖ Productos de la actividad económica de un país ; sus recursos naturales.

risa f. Manifestación de un sentimiento de alegría que se produce al contraer ciertos músculos del rostro y va acompañada por una expiración espasmódica y ruidosa : *se oyeron risas de contento.* ‖ Irrisión, objeto de burla : *ser la risa del mundo.* ‖ — *Caerse, desternillarse, morirse de risa,* reír mucho y ruidosamente. ‖ *Risa de conejo,* la fingida para disimular una contrariedad. ‖ *Risa nerviosa,* la incontenible. ‖ *Ser algo cosa de risa o ser de risa,* ser divertido.

Risaralda, dep. del O. de Colombia, en la Cord. Central ; cap. *Pereira.* Café. Oro, plata.

risaraldense o **risaraldeño, ña** adj. y s. De Risaralda (Colombia).

riscal m. Lugar peñascoso.

risco m. Peñasco, roca escarpada.

risibilidad f. Condición de risible. ‖ Facultad de reír.

risible adj. Que provoca la risa, cómico, ridículo : *postura risible.*

risión f. *Fam.* Burla, irrisión. ‖ Persona o cosa de que uno se burla.

Ris-Orangis, ciudad de Francia (Essonne), al sur de París.

Risorgimento, pal. ital. que significa *Renacimiento* y se aplica al movimiento ideológico y político del s. XIX cuya meta era la formación de la unidad italiana.

risorio, ria adj. Dícese de un músculo que contrae las comisuras labiales y ayuda a la risa (ú. t. c. s. m.).

risotada f. Carcajada.

ristra f. Trenza de ajos o cebollas. ‖ *Fig.* Conjunto de cosas encadenadas, serie : *ristra de mentiras.*

ristre m. Hierro del peto de la armadura donde se afianzaba el cabo de la lanza : *lanza en ristre.*

risueño, ña adj. Sonriente : *cara risueña.* ‖ Que es propenso a reírse : *persona risueña.* ‖ *Fig.* De aspecto alegre : *fuente risueña.* ‖ Prometedor, favorable : *porvenir risueño.*

Rita n. pr. f. *Fam.* Personaje simbólico que aparece en frases como : *¡ cuéntaselo a Rita !,* no me lo creo ; *que lo haga Rita,* yo no lo hago, etc.

Ritacuva, monte al E. de Colombia, en la Sierra Nevada del Cocuy ; 5 493 m.

ritmar v. t. Acompasar con ritmo.

rítmico, ca adj. Relativo al ritmo o sujeto a ritmo o a compás.

ritmo m. Distribución simétrica y sucesión periódica de los tiempos fuertes y débiles en un verso, una frase musical, etc. : *ritmo poético.* ‖ Frecuencia periódica de un fenómeno fisiológico : *ritmo cardíaco.* ‖ *Fig.* Cadencia, orden regular : *el ritmo de las estaciones, de la producción.*

rito m. Conjunto de reglas establecidas para el culto y ceremonias de una religión : *rito griego.* ‖ Ceremonia o costumbre : *los ritos de la vida.*

ritual adj. Relativo al rito : *sacrificios*

rituales. || — M. Libro que enseña los ritos de un culto. || *Fig.* Ceremonial, conjunto de reglas que se siguen: *hay que observar el ritual clásico.* || *Ser de ritual,* ser de costumbre.

ritualidad f. Observancia del rito acostumbrado para hacer algo.

ritualismo m. Tendencia de los que quieren aumentar la importancia de las ceremonias del culto. || Movimiento surgido en el seno de la Iglesia anglicana con el propósito de restaurar el ceremonial católico. || *Fig.* Exageración en el cumplimiento de las normas y trámites prescritos.

ritualista adj. y s. Seguidor del ritualismo.

ritualizar v. t. Instaurar un rito.

Riudoms, v. al NE. de España (Tarragona).

Riukiu, archip. japonés, entre Kiusiu y Taiwan; cap. *Naha* (en la isla de Okinawa).

Rius (Eduardo del RÍO, llamado), dibujante humorista mexicano, n. en 1937.

Riva (Romualdo de la), político boliviano (1816-1886). || ~ **Agüero** (JOSÉ MARIANO DE LA), general peruano, n. en Lima (1783-1858), prócer de la Independencia y primer pres. de la Rep. en 1823. || ~ **Palacio** (Vicente), novelista histórico mexicano (1832-1896).

Rivadavia, lago del S. de la Argentina (Chubut). — Pobl. del E. de la Argentina (Buenos Aires). — N. de otras pobl. de la Argentina que están en las prov. de Salta, San Juan, Mendoza y Santa Fe.

Rivadavia (Bernardino), político argentino, n. en Buenos Aires (1780-1845). Luchó en defensa de la capital contra los invasores ingleses y fue secretario en el primer Triunvirato (1811). Primer pres. de la Rep. en 1826, se vio obligado a dimitir (1827) y vivió expatriado. M. en Cádiz.

Rivadeneyra (Manuel), impresor español (1805-1872), editor de la *Biblioteca de Autores españoles.*

rival adj. Competidor, que aspira a las mismas ventajas que otro. Ú. t. c. s.: *como pintor es superior a sus rivales; países rivales.*

rivalidad f. Competencia entre dos o más personas que aspiran a obtener una misma cosa. || Antagonismo.

rivalizar v. i. Competir.

Rivas c. y puerto en el SO. de Nicaragua, cap. del dep. homónimo.

Rivas (Ángel de SAAVEDRA, *duque de*), poeta y dramaturgo romántico español, n. en Córdoba (1791-1865), autor del drama *Don Álvaro o La fuerza del sino* y del poema *El moro expósito.* || ~ **Groot** (JOSÉ MARÍA), político, historiador, novelista y poeta colombiano (1863-1923).

rivense adj. y s. De Rivas (Nicaragua).

rivera f. Arroyo.

Rivera, c. del N. del Uruguay en la frontera con Brasil, cap. del dep. homónimo. Ganadería.

Rivera (Diego), pintor mexicano (1886-1957), autor de numerosas pinturas murales, óleos y retratos de marcado carácter social e indigenista para lograr, según sus palabras, "ligar un gran pasado con lo que queremos que sea un gran futuro de México". || ~ (FRUCTUOSO), general uruguayo (1788-1854), que luchó por la Independencia. Primer pres. de la Rep. de 1830 a 1834; reelegido de 1839 a 1843, declaró la guerra a Rosas y combatió a Oribe. Fue triunviro de 1853 a 1854. || ~ (JOAQUÍN), político hondureño (1796-1845), pres. de la Rep. (1833-1836). || ~ (JOSÉ EUSTASIO), escritor colombiano, n. en Neiva (1889-1928), autor de *Tierra de promisión* y de la célebre novela *La vorágine.* || ~ (JULIO ADALBERTO), político salvadoreño (1921-1973), pres. de la Rep. de 1962 a 1966. || ~ (MANUEL), pintor español, n. en 1927. || ~ **Indarte** (JOSÉ), poeta y escritor argentino (1814-1844), adversario de Rosas. || ~ **Paz** (MARIANO), político guatemalteco (1804-1849), promotor de la autonomía de Guatemala y jefe del Estado de 1839 a 1844.

riverense adj. y s. De Rivera (Uruguay).

Rivero (Mariano Eduardo de), matemático y químico peruano (1798-1857). Descubrió la magnesia silicatada y la oxalita. Dio a conocer en Europa el nitrato de sodio.

Riverside, c. al SO. de los Estados Unidos, al E. de Los Ángeles (California).

Riviera (La), litoral del N. de Italia entre la c. francesa de Niza y La Spezia.

Rivoli, mun. al NO. de Italia, donde Napoleón Bonaparte derrotó a los austriacos en 1797.

riyal m. Unidad monetaria de la Arabia Saudita.

Riza o Reza. V. PAHLEVI.

rizado, da adj. Ensortijado, que forma rizos: *pelo rizado.* || Dícese del mar movido, con ondas. || — M. Acción y efecto de rizar o rizarse.

Rizal, prov. de Filipinas, en el O. de la isla de Luzón; cap. *Pásig o Rizal.*

Rizal y Alonso (José Protasio), médico, escritor y héroe nacional filipino, n. en Calamba (Laguna) [1861-1896], autor de novelas (*Noli me tángere* y *El filibusterismo*) y de poesías (*Mi último adiós*). Murió fusilado.

rizar v. t. Formar rizos o bucles en el cabello. || Mover el viento la mar, formando olas pequeñas. || Hacer dobleces menudos: *rizar telas, papel,* etc. || — V. pr. Ensortijarse el cabello.

ricicultura f. Cultivo del arroz.

rizo, za adj. Rizado. || Dícese del terciopelo que forma cordoncillo (ú. t. c. s. m.). || — M. Mechón de pelo ensortijado: *un rizo rubio.* || *Looping,* acrobacia aérea que consiste en dar una vuelta completa sobre un plano vertical: *rizar el rizo.*

rizófago, ga adj. Aplícase al animal que se nutre de raíces (ú. t. c. s. m.).

rizoma m. Tallo subterráneo, generalmente horizontal.

rizópodo adj. Dícese de los cuatro grandes grupos de los protozoos, susceptibles de emitir pseudópodos (ú. t. c. s. m.). || — M. pl. Clase que forman.

Rn, símbolo químico del radón.

ro, voz que se usa, repetida, para arrullar a los niños.

Roa, v. del N. de España (Burgos). Lugar donde murió el cardenal Cisneros (1517).

Roa (Raúl), político y sociólogo cubano (1909-1982). || ~ **Bárcena** (JOSÉ MARÍA), poeta y autor de cuentos mexicano (1827-1908). Se inspiró en las leyendas indígenas. || ~ **Bastos** (AUGUSTO), escritor paraguayo, n. en 1917, autor de poesías (*El ruiseñor de la aurora, El naranjal ardiente*) y de cuentos y novelas realistas (*El trueno entre las hojas, Hijo de hombre, El baldío, Madera quemada, Moriencia, Cuerpo presente, Los pies sobre el agua, Yo, el Supremo,* etc.).

Roanne, c. del centro de Francia (Loire), a orillas del Loira. Textiles.

roano, na adj. Aplícase al caballo de pelo mezclado de blanco, gris y bayo.

roast-beef m. (pal. ingl.). V. ROSBIF.

Roatán, isla al N. de Honduras y nombre de la cap. del dep. de Islas de la Bahía.

roatenense adj. y s. De Roatán (Honduras).

róbalo o robalo m. Pez marino acantopterigio, con dos aletas en el lomo, de carne muy apreciada.

robar v. t. Tomar para sí con violencia lo ajeno. || Hurtar de cualquier modo que sea. || Raptar a una mujer o a un niño. || Llevarse los ríos las tierras de las márgenes. || En ciertos juegos de naipes y de dominó, tomar algunas cartas o fichas de las que quedan sin repartir. || *Fig.* Causar preocupación, quitar: *robar el sueño.* || Cobrar muy caro: *en esa tienda te roban.* || Conquistar, embelesar: *robar el alma, el corazón.*

Robbia (Luca DELLA), escultor y ceramista florentino (1400-1482). Tomó parte en la decoración de la catedral de Florencia. — Su sobrino ANDREA (1435-1528) fue también escultor.

Roberto ~ **I,** rey de Escocia (v. BRUCE). || **II** *Estuardo* (1316-1390), rey de Escocia desde 1371. || ~ **III** (¿ 1340 ? - 1406), rey de Escocia desde 1390.

Roberts (Cecil), escritor inglés (1894-

1976), autor de la novela *Estación Victoria a las 4,30.*

Robertson (William), escritor escocés (1721-1793), autor de *Historia de Escocia, Historia de América,* etc.

Roberval (Gilles PERSONNE o PERSONNIER DE), matemático francés (1602-1675), inventor de un tipo de balanza.

Robespierre [-*pier*] (Maximilien DE), abogado y político francés (1758-1794), alma del Comité de Salvación Pública (1793). Dirigió el período del Terror. Derribado el 9 de termidor del año II (27 de julio de 1794). M. guillotinado.

robin m. Orín.

Robín de los Bosques o Robín Hood [*jud*], héroe inglés en tiempos de Ricardo Corazón de León.

Robinson Crusoe, isla de Chile en el archip. Juan Fernández. Ant. llamada *Más a Tierra.* — C. de Chile en la isla del mismo nombre, en la V Región y en la prov. de Valparaíso, cap. de la com. de Juan Fernández.

Robinson Crusoe, novela de Daniel Defoe (1719) que relata las aventuras del marino escocés Alejandro Selkirk que sirvió de estancia, después de un naufragio, en la isla de Más a Tierra, en el archipiélago de Juan Fernández (Chile).

robinsón m. *Fig.* Hombre que vive solo y sin ayuda ajena.

Robla (La), mun. al N. de España (León). Agricultura. Ganadería. Industrias. Central térmica.

roble m. Árbol de la familia de las fagáceas, de hojas lobuladas y madera muy dura, cuyo fruto es la bellota, y que puede alcanzar hasta 40 m de altura. || Su madera. || *Fig.* Persona o cosa muy resistente. || *Fig. Más fuerte que un roble,* muy fuerte.

Roble, monte de Costa Rica en la cordillera de Talamanca; 2 732 m.

robleda f., **robledal** m. y **robledo** m. Sitio poblado de robles.

Robledo (Jorge), conquistador español del s. XVI. Fundó, en Nueva Granada, la población de Santa Ana de los Caballeros, hoy *Anserma* de Antioquia (Colombia), en 1539. Se opuso a Benalcázar y, hecho prisionero, fue ajusticiado en 1546.

Robledo de Chavela, mun. en el centro de España (Madrid). Estación de seguimiento de vuelos espaciales.

Robles, dep. al N. de la Argentina (Santiago del Estero); cab. *Fernández.* — Mun. al NE. de Colombia (Cesar).

Robles (Francisco), marino y político ecuatoriano (1811-1892), pres. de la Rep. de 1856 a 1859. || ~ (MARCO AURELIO), político panameño, n. en 1906. Pres. de la Rep. de 1964 a 1968. || ~ **Soler** (ANTONIO), escritor español (1897-1983), conocido por el nombre de *Antoniorrobles.* Fue autor de narraciones infantiles y de novelas. Vivió largo tiempo en México.

Robleto (Hernán), escritor nicaragüense (1892-1969), autor de novelas (*Sangre en el trópico, Una mujer en la selva*) narraciones (*La mascota de Pancho Villa, Obregón*), obras de teatro (*La cruz de ceniza, Cárcel criolla*) etc.

roblón m. Clavo de hierro cuya punta se remacha.

robo m. Delito cometido por el que se apropia indebidamente de lo ajeno: *cometer un robo.* || Producto del robo. || Acción de vender muy caro. || En ciertos juegos de naipes o de dominó, cartas o fichas que se toman del monte.

roborar v. t. Fortificar. || *Fig.* Corroborar, reforzar con razones.

robot m. (pal. checa). Aparato capaz de realizar de manera automática diversas operaciones. || *Fig.* Persona que se deja gobernar o obra de manera automática, muñeco. — Pl. *robots.* || *Retrato robot,* el dibujado siguiendo las indicaciones dadas por los testigos para reconstruir la cara de un delincuente, no muy autor de un delito.

robótica f. Conjunto de estudios y técnicas destinado a fabricar funciones motrices o intelectuales en sustitución del hombre.

robotización f. Acción de robotizar.

robotizar v. t. Hacer funcionar por medio de robots. || *Fig.* Quitar a alguien cualquier iniciativa, hacer que un trabajo sea una tarea meramente automática, semejante a la de un robot.

robustecer v. t. Hacer más robusto (u. t. c. pr.).

robustecimiento m. Acción de robustecer. ‖ Fortalecimiento, consolidación.

robustez f. Fuerza, vigor.

robusto, ta adj. Fuerte, vigoroso, recio : *complexión robusta.* ‖ Que tiene fuertes miembros y firme salud : *niño robusto.* ‖ Gordo.

roca f. Cualquier masa mineral que forma parte de la corteza terrestre : *roca sedimentaria, cristalina, metamórfica.* ‖ Peñasco que se levanta en la tierra o en el mar. ‖ *Fig.* Cosa muy dura o muy firme, inquebrantable : *es un ser que tiene un corazón de roca.*

Roca, cabo de la Rep. Dominicana, llamado tb. *Tutinfierno* y al que Colón dio primeramente el n. de *cabo Redondo.* ‖ ~ **Partida,** isla del O. de México, en el archipiélago de Revillagigedo.

Roca *(Inca),* inca peruano del s. XIV, hijo de Cápac Yupanqui. ‖ ~ (JULIO ARGENTINO), general argentino, n. en Tucumán (1843-1914). Luchó en la campaña del Paraguay y conquistó más tarde Patagonia (1879). Pres. de la Rep. de 1880 a 1886 y de 1898 a 1904. ‖ ~ (VICENTE RAMÓN), político ecuatoriano (1792-1858), pres. de la Rep. de 1845 a 1849. ‖ ~ **de Togores** (MARIANO). V. MOLÍNS. ‖ ~**-Rey** (JOAQUÍN), escultor peruano, n. en 1923.

Rocafuerte, c. del O. del Ecuador (Manabí).

Rocafuerte (Vicente), político ecuatoriano (1783-1847), pres. de la Rep. de 1835 a 1839. Fue autor de ensayos y de obras históricas.

rocalla f. Conjunto de trozos desprendidos de la roca al tallarla.

Rocallosas (MONTAÑAS). V. ROCOSAS.

rocambolesco, ca adj. Inverosímil.

Rocas de Santo Domingo, c. del centro de Chile en la V Región (Valparaíso) y en la prov. de San Antonio, cap. de la com. de Santo Domingo.

roce m. Acción y efecto de tocar suavemente la superficie de una cosa. ‖ Señal que queda. ‖ *Fig.* Trato frecuente. ‖ Choque, desavenencia : *roces entre dos naciones vecinas.*

rociada f. Acción y efecto de rociar con un líquido. ‖ Rocío. ‖ *Fig.* Conjunto de cosas que se esparcen al arrojarlas : *rociada de perdigones.* ‖ Serie, sarta : *rociada de insultos.*

rociar v. i. Caer sobre la tierra el rocío o la lluvia menuda. ‖ — V. t. Esparcir un líquido en gotas menudas. ‖ Regar en forma de lluvia : *rociar las flores.* ‖ *Fig.* Acompañar una comida con alguna bebida : *una comida rociada con clarete.* ‖ Arrojar cosas de modo que se dispersen al caer.

rocín m. Penco, caballo malo.

rocinante m. *Fig.* Caballo flaco.

Rocinante, caballo de Don Quijote.

rocío m. Conjunto de gotitas menudas, formadas al condensarse el vapor de agua atmosférico, que se depositan de noche sobre la tierra y las plantas. ‖ Llovizna.

rock and roll o **rock** m. (pal. ingl.). Baile moderno ejecutado a los acordes de una música de jazz bastante rápida. ‖ Esta música.

rocker y **rockero, ra** adj. Dícese del cantante de rock and roll o del aficionado a esta música (ú. t. c. s.).

rocket m. (pal. ingl.). Proyectil o cohete autopropulsado.

Rockford, c. de Estados Unidos (Illinois), en la parte este del centro del país. Obispado. Metalurgia.

Rockhampton, c. del NE. de Australia (Queensland). Obispado.

rococó m. Estilo decorativo muy recargado derivado del barroco, que floreció en el s. XVIII en Europa y especialmente en Alemania. ‖ — Adj. inv. Que tiene ese estilo.

Rocosas o **Rocallosas** (MONTAÑAS), sistema montañoso en el O. de América del Norte, que se extiende de Alaska a México ; 6 187 m en el monte MacKinley.

rocoso, sa adj. Abundante en rocas : *paraje rocoso.*

Rocroi [-croá], c. en el N. de Francia (Ardenas). Batalla en la que el prín-

cipe de Condé derrotó a los tercios de la infantería española (1643).

Rocha, laguna del Uruguay, en el dep. homónimo, cerca del litoral atlántico. — C. del E. del Uruguay, cap. del dep. homónimo.

Rocha (Dardo), jurisconsulto, político y escritor argentino (1838-1921), fundador de la ciudad de La Plata (1882) y de la universidad radicada en ella. ‖ ~ (SÓSTENES), militar mexicano (1831-1897). Luchó contra el Imperio.

Rochambeau [-bó] (Jean-Baptiste DE VIMEUR, *conde de*), mariscal de Francia (1725-1807). Luchó en la guerra de Independencia de Norteamérica.

Rochdale, c. de Gran Bretaña, al NO. de Inglaterra (Lancashire).

Rochefort, c. y puerto del O. de Francia (Charente-Maritime), a orillas del Charente.

Rochefoucauld (La). V. LA ROCHEFOUCAULD.

Rochela (La), en fr. *La Rochelle,* c. y puerto del O. de Francia, cap. del dep. de Charente-Maritime. Centro pesquero. Industrias.

rochense adj. y s. De Rocha (Uruguay).

Rochester, c. del NE. de Estados Unidos (Nueva York), a orillas del río Genesee. Obispado. Industrias. ‖ — C. de Gran Bretaña, al SE. de Inglaterra (Kent). Catedral (s. XII-XIV).

Roche-sur-Yon (La), c. del O. de Francia, cap. del dep. de Vendée.

roda f. Pieza encima de la quilla que forma la proa de la embarcación.

Roda ‖ ~ **(La),** v. de España (Albacete). Ganadería. ‖ ~ **de Andalucía (La),** v. al S. de España (Sevilla). ‖ ~ **de Ter,** v. al NE. de España (Barcelona).

rodaballo m. Pez marino de cuerpo aplanado y carne estimada.

rodado, da adj. Aplícase a las piedras redondeadas a fuerza de rodar : *canto rodado.* ‖ Dícese del vehículo automóvil que ha efectuado el rodaje. ‖ *Fig.* Experimentado. ‖ — *Tránsito rodado,* tráfico de vehículos. ‖ *Fig. Venir rodado,* ser muy oportuno. — M. *Arg.* y *Chil.* Cualquier vehículo de rueda en el suelo. ‖ *Arg.* Señal que deja la rueda en el suelo. ‖ *Arg.* Escarcela del rodaje de un reloj. ‖ Acción de filmar una película. ‖ Período en el cual las piezas de un motor nuevo no han de soportar grandes esfuerzos hasta que por frotamiento se realice su ajuste. ‖ *Fig.* Prueba. ‖ *Riopl.* Medida de la rueda de un automóvil.

rodamiento m. Cojinete formado por dos cilindros entre los que se intercala un juego de bolas o de rodillos de acero que pueden girar libremente.

Ródano, en fr. *Rhône,* río de Suiza y Francia que nace en Suiza, atraviesa el lago Leman, pasa por Lyon, Aviñón, Arles y des. en el Mediterráneo por un delta ; 812 km (522 en Francia). — Dep. del E. de Francia ; cap. *Lyon.* ‖ ~ (BOCAS DEL). V. BOUCHES-DU-RHÔNE.

rodapié m. Cenefa.

rodar v. i. Avanzar girando sobre sí mismo : *la pelota rueda.* ‖ Moverse por medio de ruedas. ‖ Funcionar de cierto modo, avanzar a cierta velocidad : *coche que rueda bien ; rodaba a cien kilómetros por hora.* ‖ Caer dando vueltas : *rodar escaleras abajo.* ‖ *Fig.* Llevar una vida aventurera : *mujer que ha rodado mucho.* ‖ Ir de un lado para otro, vagar : *rodar por las calles.* ‖ Recorrer : *rodar mundo.* ‖ Existir : *aún ruedan por el mundo modelos tan viejos.* ‖ Tener en la mente : *mil proyectos rodaban en su cabeza.* ‖ *Arg.* Caer hacia adelante el caballo. ‖ — *Andar rodando una cosa, estar en cualquier sitio y no ordenada.* ‖ *Fig. Echarlo todo a rodar,* echar todo a perder por falta de paciencia o por una imprudencia. ‖ *¡Ruede la bola!,* que sigan las cosas como dispone el destino sin hacer nada por cambiarlas. ‖ — V. t. Impresionar una película cinematográfica : *cinta rodada en Madrid.* ‖ Hacer marchar un vehículo o funcionar una

máquina para que se ajusten sus piezas : *rodar un automóvil nuevo.*

Rodas, isla de Grecia, en el SE. del mar Egeo (Dodecaneso) ; cap. *Rodas.* Vinos. — V. APPENZELL. — Mun. en el centro de Cuba (Cienfuegos).

rodear v. t. Poner alrededor, ceñir : *rodear un huerto con (o de) tapias,* la *cabeza con una venda.* ‖ Cercar : *las fuerzas del orden rodearon la guarida de los malhechores.* ‖ Dar la vuelta : *la carretera rodea la montaña.* ‖ *Fig.* Tratar con mucho miramiento : *rodear de cuidados.* ‖ *Amer.* Reunir el ganado en un sitio por medio de caballos que lo acorralan. ‖ — V. i. Tomar el camino más largo para ir a cualquier sitio. ‖ *Fig.* Decir o hablar de modo indirecto. ‖ — V. pr. Llegar a tener en torno a sí : *se rodeó de toda clase de comodidades.* ‖ Rodearse de precauciones, obrar con prudencia.

rodeo m. Camino más largo que el directo : *dar un rodeo.* ‖ Reunión que se hace del ganado mayor para recontarlo y reconocerlo. ‖ Sitio donde se efectúa. ‖ Corral de forma circular donde charros y rancheros compiten en los ejercicios propios de los ganaderos, y fiesta que se celebra con este motivo en algunas partes de América. ‖ *Fig.* Manera indirecta de decir una cosa, circunloquio, perífrasis : *hablar sin rodeos.* ‖ En Texas, jaripeo. ‖ *Andar (o ir) con rodeos,* no obrar o no hablar clara y directamente.

Rodesia o **Rhodesia,** región de África oriental, en la cuenca del Zambeze. Constituyó dos territorios del Commonwealth, integrados en una Federación con Nyassalandia hasta 1963. Hoy *Rodesia del Norte* es independiente con el nombre de *Zambia,* y Nyassalandia forma el Estado de *Malawi. Rodesia del Sur* se llama desde 1980 *Zimbabwe* (ver).

rodesiano, na adj. De Rodesia (ú. t. c. s.).

rodete m. Rosca del peinado femenino. ‖ Rosca de tela, esparto u otra cosa que se pone en la cabeza.

Rodez, c. del SO. de Francia, cap. del dep. del Aveyron. Obispado.

rodilla f. Parte del cuerpo donde se une el muslo con la pierna. ‖ En los cuadrúpedos, articulación del antebrazo con la caña. ‖ — De rodillas, con las rodillas dobladas y apoyadas en el suelo. ‖ *Fig.* Doblar (o hincar) la *rodilla,* humillarse a otro.

rodillazo m. Golpe dado con la rodilla. ‖ *Taurom.* Pase de muleta que se efectúa de rodillas.

rodillera f. Lo que se pone por comodidad, adorno o defensa en la rodilla : *las rodilleras de un guardameta.* ‖ Remiendo en las rodillas de un pantalón. ‖ Bolsa que forma el pantalón viejo en las rodillas.

rodillo m. Cilindro macizo que sirve para diversos usos. ‖ Cilindro de caucho duro que soporta el golpe de las teclas de las máquinas de escribir, máquinas contables, calculadoras y tabuladoras. ‖ Cilindro de caucho que sirve para dar masajes. ‖ Cilindro que se utiliza para el entintado de las formas en las máquinas de imprimir : *rodillos entintadores.* ‖ Instrumento para allanar o apisonar la tierra : *pasar el rodillo por un campo de tenis.* ‖ Objeto de forma cilíndrica que se utiliza en vez de la brocha para pintar. ‖ Cilindro de madera de un telar. ‖ Cilindro utilizado para extender y laminar en la fabricación de cristales. ‖ Cilindro de madera que se emplea en repostería para alisar la masa. ‖ Cilindro de madera que se emplea para transportar algo poniéndolo encima de él. ‖ *Rodillo apisonador,* apisonadora.

Rodin (Auguste), escultor francés, n. en París (1840-1917). Su extensa producción está impregnada de gran realismo (*Los burgueses de Calais, El beso, El pensador, Victor Hugo, Balzac, Sarmiento,* etc.).

rodio m. Metal (Rh), de número atómico 45, de color plateado, semejante al cromo y al cobalto, de densidad 12,4 y punto de fusión de unos 2 000 ºC.

Rodó (José Enrique), escritor y ensayista uruguayo, n. en Montevideo (1872-1917), autor de *Ariel, Los motivos de Proteo, El mirador de Próspero,*

569

Hombres de América, Nuevos motivos de Proteo y *Los últimos motivos de Proteo*. Fue un gran prosista del modernismo y maestro de la intelectualidad hispanoamericana.

rododendro m. Arbolillo ericáceo de hermosas flores purpúreas.

Rodolfo (LAGO). V. TURKANA.

Rodolfo || ~ **I** de Habsburgo (1218-1291), emperador germánico desde 1273. Fundador de la Casa de Austria. || ~ **II** (1552-1612), emperador germánico de 1576 a 1612 y rey de Hungría (1572-1608) y de Bohemia (1575-1611).

Ródope, en turco *Despotò-Dagh*, cadena montañosa de Bulgaria y de Grecia ; 2 925 m en el *Pico Musala*.

Rodoreda (Mercè), escritora española en lengua catalana (1909-1983), autora de narraciones (*Aloma, La plaza del Diamante*).

Rodrigo (Don) último rey visigodo de España, derrotado por los musulmanes al mando de Tarik en la batalla del Guadalete (711).

Rodrigo (Joaquín), músico español, n. en 1902, autor de *Concierto de Aranjuez*, para guitarra, *Concierto de estío*, para violín, *Concierto de modo galante*, para violonchelo, *Concierto serenata*, para arpa, ballets (*Pavana real*) y obras de cámara y canciones. || ~ **Díaz de Vivar**. V. CID CAMPEADOR.

rodrigón m. Palo que se pone al pie de una planta para sujetarla.

Rodríguez m. *Fam. Un Rodríguez*, marido que se divierte en la ciudad mientras su esposa e hijos están de vacaciones.

Rodríguez (Abelardo), general mexicano (1889-1967), pres. de la Rep. de 1932 a 1934. || ~ (ANTONIO), pintor mexicano del siglo XVII, autor de cuadros religiosos. — Sus hijos Nicolás (1667-1734) y Juan (1675-1728) RODRÍGUEZ JUÁREZ fueron pintores de gran fecundidad. || ~ (Fray CAYETANO), religioso franciscano, poeta y político argentino (1761-1823). Colaboró en la redacción del Acta de Independencia en el Congreso de Tucumán (1816). || ~ (JOSÉ JOAQUÍN), político costarricense (1838-1917), pres. de la Rep. de 1890 a 1894. || ~ (LUIS FELIPE), escritor cubano (1888-1947), autor de novelas y cuentos. || ~ (LORENZO), arquitecto n. en España y m. en México (1704-1774), autor de la fachada del *Sagrario*, contiguo a la Catedral de México, obra maestra del ultrabarroquismo. || ~ (MANUEL), llamado *Manolete*, torero español, n. en Córdoba (1917-1947). M. en la plaza de Linares. || ~ (MANUEL DEL SOCORRO), polígrafo cubano (1758-1819). || ~ (SIMÓN), pedagogo venezolano (1771-1854), maestro de Bolívar. || ~ (VENTURA), arquitecto neoclásico español (1717-1785), autor de las iglesias de San Marcos y de la Encarnación en Madrid, del Palacio Real, en colaboración con Sacchetti, y según los planos de F. Juvara, de la capital de España, de la planificación del Paseo del Prado en la misma ciudad, etc. || ~ **Alcalá** (HUGO), escritor paraguayo, n. en 1917, autor de poesías y ensayos. || ~ **Alconedo** (JOSÉ LUIS), pintor y grabador mexicano (1761-1815). M. fusilado por sus ideas independentistas. || ~ **Carnero** (JOSÉ), pintor mexicano (¿1650?-1725). Sus obras se encuentran en Puebla. || ~ **Castelao** (ALFONSO). V. CASTELAO. || ~ **de Francia** (JOSÉ GASPAR). V. FRANCIA. || ~ **de la Cámara o del Padrón** (JUAN), escritor español (¿1395-1452?), autor de la novela sentimental *El siervo libre de amor*. || ~ **de Montalvo**. V. MONTALVO (Garci Ordóñez). || ~ **de Tío** (DOLORES), poetisa puertorriqueña (1843-1924). || ~ **Embil** (LUIS), escritor cubano (1879-1954), autor de relatos, novelas, biografías, ensayos y poesías. || ~ **Etchart** (SEVERO), pintor argentino (1865-1903). Sus cuadros están dotados de gran luminosidad. || ~ **Galván** (IGNACIO), escritor romántico mexicano (1816-1842), autor de poesías (*Profecía de Guatimoc*) y de dramas históricos (*La capilla, Muñoz, visitador de México, El privado del virrey*). || ~ **Lara** (GUILLERMO), general ecuatoriano, n. en 1923, pres. de la Rep. de 1972 a 1976. || ~ **Larreta** (ENRIQUE). V. LARRETA. || ~ **Lozano** (MANUEL), pintor y muralista vanguardista mexicano (1897-1971). ||

~ **Marín** (FRANCISCO), erudito español (1855-1943), comentarista de Cervantes y autor de una obra sobre los refranes castellanos. || ~ **Suárez** (JUAN), conquistador español del s. XVI, fundador de la ciudad de Santiago de los Caballeros (actualmente *Mérida*) en Venezuela (1558). M. en 1561. || ~ **Torices** (MANUEL), patriota y jurista colombiano (1788-1816). M. fusilado.

Rodríguez de Mendoza, prov. del NO. del Perú (Amazonas) ; cap. *San Nicolás de Mendoza*.

roedor, ra adj. Que roe. || *Fig.* Que conmueve o agita el ánimo : *una pasión roedora*. || Dícese de un orden de mamíferos con dos incisivos en cada mandíbula, cuyo crecimiento es continuo y sirven para roer, como la ardilla, el ratón, el castor, el conejo, la marmota, etc. (ú. t. c. s. m.). || — M. pl. Este orden de animales.

roedura f. Acción de roer. || Señal que queda en la parte roída.

roentgen. V. RÖNTGEN.

roentgenio m. V. RÖNTGEN.

roer v. t. Cortar y desmenuzar con los dientes : *roer una galleta*. || Raspar con los dientes : *el perro roe un hueso*. || *Fig.* Concomer, atormentar, desazonar : *el remordimiento le roe*. || Ir gastando poco a poco : *roer su fortuna*. || *Fig.* Duro de roer, difícil.

rogar v. t. Pedir, suplicar como favor o gracia : *le ruego que venga*. || Instar con súplicas : *se lo ruego*. || *Hacerse (de) rogar*, resistirse a las súplicas.

Rogatis (Pascual de), músico argentino, n. en Italia en 1880, autor de óperas (*La novia del hereje*), poemas sinfónicos (*Zupaz*) y canciones.

rogativa f. Oración pública que se hace para conseguir de Dios o de un santo el remedio de alguna grave necesidad (ú. m. en pl.).

rogatorio, ria adj. Que implica ruego. || *Comisión rogatoria*, comisión que un tribunal dirige a otro que haga, dentro de su jurisdicción, un acto de procedimiento o instrucción que él mismo no puede hacer. (Se dice tb. del auto que da un juez a un oficial de policía para verificar algunos actos de la instrucción.)

Roger || ~ **de Flor** (1266-1305), jefe de la expedición de los almogávares catalanoaragoneses que lucharon en favor de Andrónico II, emperador de Bizancio. M. asesinado. || ~ **de Lauria**, marino italiano (1250-1305). Sirvió a Pedro III y Jaime II de Aragón.

Rohde (Jorge Max), escritor y profesor argentino (1892-1982), autor de poesías y de críticas literarias.

Roig (Gonzalo), compositor y director de orquesta cubano (1890-1972), autor de zarzuelas (*Cecilia Valdés, La hija del Sol, Clarín*) y de la canción *Quiéreme mucho*. || ~ (MONTSERRAT), escritora española en lengua catalana, n. en 1947, autora de novelas (*Tiempo de cerezas, La hora violeta*).

Roissy-en-France, pobl. de Francia, al NO. de París. Aeropuerto.

Rojas, partido al E. de la Argentina (Buenos Aires).

Rojas (Ángel Felicísimo), escritor ecuatoriano, n. en 1909, autor de novelas (*El éxodo de Yangana, Banca, novela escolar, Un idilio bobo*, etc.). || ~ (ARISTIDES), historiador y escritor venezolano (1826-1894). || ~ (CRISTÓBAL), pintor impresionista venezolano (1858-1890). || ~ (FERNANDO DE), escritor español (¿1465?-1541), a quien se debe *La Celestina*, o se le atribuye una parte. || ~ (JORGE), poeta colombiano, n. en 1911, autor de *Rosas de agua, La ciudad sumergida, Soledades 1 y 11*, etc. || ~ (MANUEL), novelista y cuentista chileno (1896-1973), autor de *Hijo de ladrón, Sombras contra el muro, Mejor que el vino, El bonete maulino, La oscura vida radiante*, etc. || ~ (RICARDO), escritor argentino (1882-1957), autor de cuentos, novelas (*El país de la selva*), poesías (*Los lises de blasón*), dramas (*Ollantay, La Salamanca*), ensayos (*La argentinidad*) y de una *Historia de la literatura argentina*, en ocho volúmenes. || ~ **González** (FRANCISCO), escritor mexicano (1904-1951), autor de novelas (*Lola Casanova, La negra angustia*, etc.) y cuentos (*El diosero*). || ~ **Guardia** (PABLO), poeta venezolano (1909-1978),

autor de *Desnuda intimidad*. || ~ **Paúl** (JUAN PABLO), político venezolano (1829-1905), pres. de la Rep. de 1888 a 1890. || ~ **Paz** (PABLO), escritor argentino (1896-1956), autor de cuentos, novelas y obras de crítica. || ~ **Pinilla** (GUSTAVO), general colombiano (1900-1974). Pres. de la Rep. de 1953 a 1957. Fue derrocado. || ~ **Zorrilla** (FRANCISCO DE), escritor español, n. en Toledo (1607-1648), autor de dramas (*Del rey abajo ninguno o El labrador más honrado García del Castañar*) y de comedias (*Entre bobos anda el juego, Casarse por vengarse*, etc.). Fue el creador de la comedia de figurón.

rojizo, za adj. Que tira a rojo.

rojo, ja adj. Encarnado muy vivo, del color de la sangre. || Aplícase al pelo de un rubio casi colorado. || En política, dícese de la persona de ideas muy izquierdistas (ú. t. c. s.). || *Ponerse rojo de ira*, encolerizarse mucho. — M. Uno de los colores fundamentales de la luz, el menos refrangible. || Temperatura a partir de la cual los cuerpos entran en incandescencia y emiten este color : *poner un metal al rojo*. || Color característico de las señales de peligro o detención : *el disco está en rojo*. || Cosmético de color rojo : *rojo de labios*. || *Al rojo vivo*, en estado de incandescencia ; (fig.) en estado de gran excitación o en período crítico.

Rojo, cabo e isla de México, en el golfo de este nombre. — Cabo en el SO. de Puerto Rico. || ~ (MAR), ant. *Golfo Arábigo o mar Eritreo*, golfo del océano Índico, entre Arabia y África unido al Mediterráneo por el canal de Suez. || ~ (RÍO.) V. SONG KOI.

Rojo (Vicente), militar español (1894-1966), defensor de Madrid contra las tropas de Franco en la guerra civil española (1936).

Rokha (Carlos DÍAZ LOYOLA, llamado **Pablo de**), escritor chileno (1894-1968), autor de poesías.

rol m. Lista de nombres. || *Mar.* Licencia que lleva el capitán y donde consta la lista de la tripulación. || Galicismo por *papel* de un actor, *intervención* en un asunto.

Rolando o Roldán, héroe legendario del ciclo llamado de Carlomagno. — V. ORLANDO.

rolar v. i. *Amer.* Abordar un tema. | Tener trato. | Conversar.

Roldán (Amadeo), compositor y director de orquesta cubano (1900-1939). || ~ (BELISARIO), escritor argentino (1873-1922), autor de comedias en verso (*El rosal de las ruinas*) y de poemas.

roldana f. Canalón por donde corre la cuerda de una polea.

Roldanillo, mun. al O. de Colombia (Valle del Cauca).

Roldós Aguilera (Jaime), político ecuatoriano, (1941-1981), pres. de la Rep. de 1979 a 1981. M. en un accidente de aviación.

Rolón (José), músico mexicano (1883-1945), autor de *Sinfonía en mi menor*, poemas sinfónicos (*El festín de los enanos, Cuahtémoc*), concierto para piano, cuartetos, canciones, etc.

Rolland (Romain), escritor francés (1866-1944), autor de novelas (*Juan Cristóbal*), obras de teatro, biografías, relatos. (Pr. Nobel, 1915.)

rollazo m. *Fam.* Cosa o persona muy pesada.

rollista adj. y s. *Fam.* Pesado, latoso, aburrido. | Cuentista, exagerado.

rollizo, za adj. Redondo, cilíndrico. || Robusto y gordo : *moza rolliza*.

rollo m. Objeto cilíndrico formado por una cosa arrollada : *rollo de papel*. || Carrete de película. || Porción enrollada de cuerda, cable, etc. || Cilindro de madera, rulo, rodillo : *rollo de pastelero*. || Manuscrito enrollado antiguo. || Madero redondo sin labrar : *madero en rollo*. || Carne grasa alrededor o en un miembro del cuerpo. || *Fam.* Exposición, discurso, conversación larga y aburrida. | Labia, verbosidad. | Cuento, embuste. | Cosa o asunto pesado, aburrido. | Persona latosa, pesada. | Mundo o ambiente en que se encuentra uno. | Tema, asunto del que se habla. | Conversación. | El mundo de drogadictos y pasotas. | Droga. | Tipo de vida, activi-

ROMA
y la conquista de Italia

Roma en 500 a. de J.C.
Posesiones latinas y romanas hacia 280 a. de J.C.
Regiones sometidas a Roma en 284 a. de J.C.

ROMA REPUBLICANA

Roma y Cartago
Territorios dependientes de Cartago a principios de la primera guerra púnica (264 a. de J.C.)
Territorios dependientes de Roma después de la segunda guerra púnica (218-201 a. de J.C.)

Conquistas de los siglos II y I a. de J.C.
Conquistas del siglo II a. de J.C.
Conquistas del siglo I, antes del Consulado de César (59 a. de J.C.)
Conquistas realizadas por César y conservadas por Augusto

EL IMPERIO ROMANO
a finales de la dinastía de los Antoninos

El Imperio a la muerte de Augusto 14 d. de J.C.
Provincias anexadas entre la muerte de Augusto y el advenimiento de Trajano 98 d. de J.C.
Conquistas de Trajano 98-117 d. de J.C.
Límites de las provincias a la muerte de Augusto
Limes

EL IMPERIO ROMANO
en los siglos III y IV d. de J.C.

Organización del Imperio al advenimiento de Diocleciano (284)
Límites de las diócesis
Invasiones bárbaras
Pueblos bárbaros que penetraron en el Imperio desde el final del s. IV al final del s. V

Fundada por Constantino en 324 en el emplazamiento de Bizancio

En 395, Teodosio divide el Imperio entre sus dos hijos: Arcadio recibe el Oriente, Honorio el Occidente.
El Imperio Romano de Occidente desaparece en 476.
El Imperio Romano de Oriente o Imperio Bizantino subsiste hasta la caída de Constantinopla (1453).

---

dad que se lleva a cabo. || — *Fam. Montarse el rollo*, organizarse la vida. | *Soltar el rollo*, echar un discurso largo y aburrido. | *Traerse un mal rollo*, llevar una vida poco adecuada.
Roma, cap. de Italia, en la parte oeste del centro del país, a orillas del río Tíber; 2 950 000 h. Es residencia del Papa. Universidad. Centro administrativo, industrial y comercial. Posee innumerables riquezas artísticas de la Antigüedad (templos, palacios, basílicas, arcos de triunfo, Foro, circos, termas, acueductos, etc.), de la Edad Media, del Renacimiento y de la época moderna. — Estado de la Antigüedad que se extendió por toda la cuenca del Mediterráneo, Europa central y Gran Bretaña. Su cap. fue *Roma.*
— HISTORIA. Roma, después de haber sido gobernada por siete reyes hasta 510 a. de J. C., adoptó un gobierno

republicano en el que el poder estaba dividido entre dos cónsules y el Senado. Efectuada la conquista del resto de Italia, la República se enfrentó con Cartago a mediados del s. III a. de J. C. (victorias de las Guerras Púnicas), intervino en Oriente y convirtió a Grecia en provincia romana (146 a. de J. C.). Las rivalidades interiores disminuyeron la autoridad de los diferentes gobiernos (Mario y Sila, Pompeyo y Julio César, Octavio y Marco Antonio). César se apoderó de las Galias y de España (133 a. de J. C.) y su sobrino Octavio, con el nombre de *Augusto*, se proclamó emperador (27 a. de J. C. - 14 d. de J. C.). A la dinastía fundada por Augusto sucedieron la de los Flavios y la de los Antoninos. Después del Alto Imperio (31 a. de J. C. a 233 d. de J. C.), era de seguridad y de expansión, el Bajo

Imperio (235-476) reformó el Estado en sentido autocrático y oriental con Diocleciano (284-305) y Constantino (306-337), emperador que concedió la igualdad de derechos políticos a los cristianos. Más tarde, en 395, a la muerte de Teodosio I, el Imperio se dividió en dos: *Imperio de Occidente*, derribado por la invasión de los bárbaros en 476, e *Imperio de Oriente*, que duró hasta 1453. Roma dejó de ser en tiempos del Bajo Imperio la capital del Estado; al principio de la Edad Media fue objeto de disputas entre bárbaros y bizantinos. Convertida en centro del mundo cristiano y residencia de los papas, Roma fue la capital de los Estados Pontificios hasta la entrada de las tropas italianas en 1870. Desde entonces es capital de Italia, pero en 1929, en virtud del Tratado de Letrán, se creó

571

el nuevo Estado de Ciudad del Vaticano, residencia del Papa.

Roma (San Pedro de), basílica de Roma, a orillas del Tíber y junto al palacio del Vaticano. Es el mayor templo católico del mundo. Construido por Constantino (326) y reconstruido a partir de 1506. En él trabajaron Bramante, Rafael, Miguel Ángel y Bernini.

romadizo m. Catarro nasal.

Romains (Jules), escritor francés (1885-1972), autor de la comedia *Knock o el triunfo de la medicina* y de la novela cíclica *Los hombres de buena voluntad.*

Romainville, c. de Francia al E. de París (Seine-Saint-Denis).

Roman, c. al E. de Rumania (Moldavia). Industrias. Obispado.

Roman ‖ ~ **de Renart,** colección de 27 poemas franceses, en forma de relatos, escritos por diferentes autores (s. XII y XIII). ‖ ~ **de la Rose** (Le), poema alegórico y didáctico francés dividido en dos partes : la primera escrita por Guillaume de Lorris (hacia 1236) y la segunda por Jean de Meung (entre 1275 y 1280).

román m. *Fig.* Hablar en *román paladino,* hablar en lenguaje claro.

Román y Reyes (Víctor Manuel), político nicaragüense (1877-1950), pres. de la Rep. de 1948 a 1950.

romana f. Instrumento para pesar, compuesto de una barra de brazos desiguales, con el fiel sobre el punto de apoyo, y un pilón que corre por el brazo mayor, donde está la escala de los pesos. ‖ Tipo de lechuga.

Romana (La), prov. del SE. de la Rep. Dominicana ; cap. *La Romana.* La c. tiene un puerto activo. Centro comercial. Posee una de las factorías azucareras más importantes de las Antillas.

romance adj. Dícese de cada una de las lenguas modernas, llamadas también neolatinas o románicas, derivadas del latín, como el castellano, el catalán, el gallego, el francés, el portugués, el italiano, el rumano, el provenzal, etc. (ú. t. c. s. m.). ‖ — M. Idioma castellano : *hablar o escribir en romance.* ‖ Novela de caballerías. ‖ Composición poética que consiste en repetir al fin de todos los versos pares una asonancia y en no dar a los impares rima de ninguna especie. ‖ *Fig.* Aventura amorosa. ‖ — Pl. *Fig. y fam.* Habladurías. ‖ Excusas, disculpas. ‖ *Fig. y fam.* Hablar en *romance,* explicarse con claridad.

romancero, ra m. y f. Persona que canta romances. ‖ — M. Colección de romances poéticos.

— Con el n. genérico de *Romancero* se conocen las compilaciones de romances de la literatura castellana que agrupan los poemas de una misma época, los relativos a la misma leyenda o los hechos por un mismo poeta o por un grupo determinado de ellos. Los romanceros más antiguos datan de la segunda mitad del s. XV. Anteriormente se transmitían oralmente, y eran generalmente anónimos (ciclos morisco, fronterizo, caballeresco, lírico, de gesta, etc.). En el s. XVII se pretende publicar todos los romances aparecidos hasta entonces con el título de *Romancero general* (1600 y 1604) y reunir los poemas que tratan del mismo tema (romanceros del Cid, de Fernán González, de los Infantes de Lara, etc.). Del s. XVII hasta nuestros días, el Romancero no ha sido olvidado, como lo prueban las obras de Juan de la Cueva, Guillén de Castro, Lope de Vega, Góngora, Quevedo, Meléndez Valdés, Duque de Rivas, Zorrilla, Antonio Machado, Alberti, J. Guillén, G. Diego y García Lorca.

romancista com. Persona que escribía en romance por contraposición a la que lo hacía en latín.

romanche m. Idioma rético.

romanense adj. y s. De la ciudad y de la prov. de La Romana (Rep. Dominicana).

romanesco, ca adj. Romano.

Romania, conjunto de países de lengua latina y de cultura romana después del desmembramiento del Imperio Romano.

románico, ca adj. Aplícase al arte que predominó en el oc͏ ͏nte cris-

tiano en los siglos XI y XII (ú. t. c. s. m.). ‖ *Neolatino : lenguas románicas.*

— La *arquitectura románica* está principalmente representada por edificios de carácter religioso que tienen en común la planta rectangular latina, los espesos muros, hechos de piedras aparejadas sostenidos por sólidos contrafuertes, y las bóvedas de cañón ornados con capiteles de diferentes formas. El *ábside* está rodeado de capillas semicirculares. La *escultura románica* decora las fachadas, pórticos, tímpanos, arquivoltas y capiteles de columnas. La *pintura* se distinguió en la realización de frescos y en la miniatura o ilustración de manuscritos.

romanista adj. y s. Aplícase al filólogo especialista en lenguas romances. ‖ Dícese del tratadista de Derecho romano.

romanización f. Difusión de la civilización romana.

romanizar v. t. Difundir la civilización, leyes y costumbres romanas, o la lengua latina. ‖ — V. pr. Recibir la influencia de la civilización romana.

romano, na adj. De la antigua Roma : *el Imperio romano* (ú. t. c. s.). ‖ De la Roma actual (ú. t. c. s.). ‖ Dícese de la Iglesia católica. ‖ *Números romanos,* las letras numerales I, V, X, L, C, D y M. (V. NUMERACIÓN.) ‖ *Fig. Obra de romanos,* cualquier trabajo muy difícil.

Romanov, dinastía rusa que reinó de 1613 a 1917.

romanticismo m. Escuela literaria y artística de la primera mitad del s. XIX. ‖ Calidad de romántico o sentimental : *sus ideas son de un romanticismo completamente trasnochado.*

— Se conoce por *romanticismo* el movimiento literario y artístico que a comienzos del s. XIX rompió con la disciplina y reglas del neoclasicismo y del academicismo. Extremadamente individualista, se inició en literatura en Alemania (Schlegel, Tieck, Novalis, Brentano, Chamisso, Kleist, Uhland, Schiller, Goethe, Heine) y Gran Bretaña (Wordsworth, Southey, Coleridge, Walter Scott, T. Moore, Byron, Shelley, Keats, Jane Austen, Bulwer-Lytton, E., A. y Ch. Bronte, George Eliot), y se propagó por Francia —donde Rousseau había sido un precursor— gracias a Madame de Staël, J. de Maistre, Chateaubriand, Lamartine, V. Hugo, A. de Vigny y Musset, por Italia, con Manzoni, Leopardi, Silvio Pellico, por España, con Martínez de la Rosa, el Duque de Rivas, Espronceda, Larra, A. García Gutiérrez, Hartzenbusch, A. Gil y Zárate, E. Gil y Carrasco, N. Pastor Díaz, G. Gómez de Avellaneda, Juan Arolas, Carolina Coronado, Patricio de la Escosura, M. Fernández y González, Zorrilla y Bécquer, por Portugal, con Almeida Garret, Castelo Branco, A. Herculano, Antero de Quental, por Rusia, con Puschkin, por los Estados Unidos, con Thoreau, P. Whitman, Emerson y Melville, y por Hispanoamérica —donde se dejó sentir hacia 1830 —, con E. Echeverría, Mitre Sarmiento, J. Mármol, J. M. Gutiérrez, J. B. Alberdi (Argentina), J. Arboleda, Rafael Núñez, R. Pombo, J. Isaacs, E. Arciniegas (Colombia), José María Heredia, G. de la Concepción Valdés, J. J. Milanés, C. Villaverde, R. M. Mendive, J. J. Luaces, C. Zenea, L. Pérez de Zambrana, José Martí (Cuba), J. V. Lastarria, A. Blest Gana, G. Matta, G. Blest Gana (Chile), G. F. Deligne, J. F. Pérez, Salomé Ureña (Rep. Dominicana), Juan Montalvo, J. L. Mera (Ecuador), F. Calderón, L. Rodríguez Galván, M. Acuña, J. J. Pesado, J. de D. Peza, G. Prieto, I. Ramírez, M. Payno, I. M. Altamirano (México), C. Althaus, A. Salaverry, P. Paz Soldán, N. Aréstegui, R. Palma (Perú), A. Berro, J. C. Gómez, A. Magariños Cervantes, Zorrilla de San Martín (Uruguay), A. Lozano, J. A. Maitín, R. Arvelo, T. Febres Cordero (Venezuela). En pintura, el romanticismo está representado en Francia por Gros, Géricault y Delacroix. En música, los principales románticos son Mendelssohn, Schubert, Chopin,

Liszt, Schumann, Weber, Wagner, R. Strauss, Verdi, Berlioz.

romántico, ca adj. Relativo al romanticismo : *literatura romántica.* ‖ Dícese de los escritores y artistas que, a principios del s. XIX, dieron a sus obras el carácter del romanticismo (ú. t. c. s.). ‖ Sentimental, apasionado.

romantizar v. t. Dar carácter romántico.

romanza f. *Mús.* Composición, generalmente cantada y acompañada con el piano, de carácter muy tierno.

Romaña, ant. prov. de Italia, a orillas del Adriático, que forma, junto a Emilia, la región de *Emilia-Romaña.*

Romaña (Eduardo LÓPEZ DE LA). V. LÓPEZ DE LA ROMAÑA.

rombo m. Paralelogramo que tiene los lados iguales y dos de sus ángulos mayores que los otros dos.

romboedro m. Prisma cuyas bases y caras son rombos.

romboidal adj. De forma de romboide.

romboide m. Paralelogramo cuyos lados son paralelos e iguales cada uno con el opuesto.

romboides m. Músculo ancho y delgado de la región dorsal : *existen el romboides mayor y el menor.*

Romeo y Julieta, tragedia de Shakespeare (1594) que trata del amor de dos jóvenes cuyas familias se hallaban enfrentadas por la rivalidad política.

romeral m. Terreno poblado de romeros.

Romeral, c. del centro de Chile en la VII Región (Maule) y en la prov. de Curicó, cap. de la com. de su nombre. ‖ ~ **(El),** centro minero de hierro en Chile en la IV Región (Coquimbo), al norte de La Serena. — Cueva arqueológica del megalito en el sur de España, cerca de Antequera (Málaga).

romería f. Viaje o peregrinación que se hace por devoción a un santuario : *romería a Montserrat.* ‖ Fiesta popular con motivo de una peregrinación : *la romería de San Isidro en Madrid.* ‖ *Fig.* Serie continuada y abundante de personas a un sitio.

romero, ra adj. y s. Peregrino. ‖ — M. Planta labiada, aromática y de flores con propiedades estimulantes.

Romero (Carlos Humberto), militar y político salvadoreño, n. en 1925, pres. de la Rep. en 1977 y derrocado en 1979. ‖ ~ **(DENZIL),** escritor venezolano, n. en 1938, autor de la novela *La tragedia del generalísimo.* ‖ ~ **(ELVIO),** poeta de carácter social paraguayo, n. en 1927. ‖ ~ **(EMILIO),** escritor y periodista español, n. en 1917, autor de *La paz empieza nunca, Cartas a un príncipe, Cartas al pueblo soberano,* etc. Ha escrito también obras de teatro. ‖ ~ **(FERNANDO),** cuentista regionalista peruano, n. en 1908. ‖ ~ **(FRANCISCO),** filósofo argentino (1891-1962), autor de *Filosofía de la persona, El hombre y la cultura, Teoría del hombre,* etc. ‖ ~ **(JOSÉ RUBÉN),** novelista mexicano (1890-1952), autor de *Desbandada, El pueblo inocente, La vida inútil de Pito Pérez, Mi caballo, mi perro y mi rifle, Anticipación a la muerte, Una vez fui rico,* etc. ‖ ~ **(LUIS),** escritor español, n. en 1916, autor de las novelas *La noria, El cacique, Tres días de julio,* etc. ‖ ~ **(OSCAR ARNULFO),** sacerdote salvadoreño (1917-1980), arzobispo de la capital del país y defensor de los derechos humanos. Asesinado mientras oficiaba misa en la catedral de su diócesis. ‖ ~ **(PEDRO),** torero español, n. en Ronda (1754-1839). ‖ ~ **(SILVIO),** cuentista, crítico literario y ensayista brasileño (1851-1914). ‖ ~ **Barceló** **(CARLOS),** abogado y político puertorriqueño, gobernador de la isla desde 1977. ‖ ~ **Bosque** (PÍO), político salvadoreño, n. en 1892, pres. de la Rep. de 1927 a 1931. ‖ ~ **de Terreros** (MANUEL), historiador mexicano (1880-1968). ‖ ~ **de Torres** (JULIO), pintor español (1880-1930), autor de tipos y escenas andaluzas (*Musa gitana*). ‖ ~ **Flores** (JESÚS), pedagogo mexicano (1885-1980). ‖ ~ **García** (MANUEL VICENTE), novelista venezolano (1865-1917), autor de *Peonía,* obra de carácter indigenista.

Romford, suburbio de Londres.

Romita, mun. en el centro de México (Guanajuato).

romo, ma adj. Sin filo : *punta roma.* ‖ De nariz pequeña y poco puntiaguda.

rompecabezas m. inv. Juego de paciencia que consiste en reconstituir un dibujo recortado caprichosamente. ‖ *Fam.* Problema, cosa de difícil resolución o comprensión.

rompedor, ra adj. y s. Que rompe.

rompehielos m. inv. Barco con proa reforzada, acondicionado para romper el hielo y abrirse paso.

rompehuelgas com. inv. Esquirol.

rompeolas m. inv. Dique en la parte exterior de un puerto o rada para protegerlos contra el oleaje.

romper v. t. Separar con violencia las partes de un todo : *romper una silla.* ‖ Hacer pedazos, quebrar una cosa : *romper la vajilla* (ú. t. c. pr.). ‖ Rasgar : *romper un papel.* ‖ Gastar, destrozar : *romper el calzado.* ‖ Roturar : *romper un terreno.* ‖ *Fig.* Interrumpir : *romper la monotonía, el hilo del discurso.* ‖ Abrir, iniciar : *romper las hostilidades.* ‖ Desligar, hacer cesar, terminar : *romper las relaciones de amistad.* ‖ Surcar : *el velero rompe las aguas.* ‖ Quebrantar : *romper el ayuno, un contrato.* ‖ — *Mil.* ¡Rompan, filas!, voz de mando empleada para que se disuelvan las tropas. ‖ *Romper el fuego,* empezar a disparar. ‖ *Romper el saque,* en el tenis, ganarle el juego al jugador que tiene el servicio del saque. ‖ *Fig.* y *fam. Romper la cara o las narices o la crisma a uno,* pegarle muy fuerte. ‖ — V. i. Estrellarse, deshacerse en espuma las olas. ‖ *Dejar de ser amigos, novios, etc. : Juan y Pilar han roto.* ‖ Quitar toda relación : *romper con el pasado.* ‖ Empezar bruscamente : *rompió a hablar.* ‖ Prorrumpir : *romper en llanto.* ‖ Brotar, abrirse las flores. ‖ — *Al romper el alba o el día,* al amanecer. ‖ *Fig. De rompe y rasga,* dícese de la persona muy decidida, resuelta. ‖ *Romper con uno,* disgustarse con él. ‖ — V. pr. Hacerse pedazos. ‖ No funcionar, tener una avería : *se me rompió el coche.* ‖ *Fig. Hacer un gran esfuerzo.* ‖ — *Fig.* y *fam. Romperse las narices,* encontrar mucha dificultad o fracasar. ‖ *Romperse los cascos o la cabeza,* reflexionar mucho.

rompope y **rompopo** m. *Méx.* y *Amér. C.* Bebida tonificante a base de leche, aguardiente, huevos, azúcar y algunas especias.

Romualdo (Alejandro), escritor peruano, n. en 1926, autor de poesías (*España elemental*).

Rómulo, hermano de Remo y, con él, legendario fundador de Roma, donde reinó, según la tradición, de 753 a 715 a. de J. C. ‖ ~ **Augústulo,** último emperador romano de Occidente, en 475, destronado en 476 por Odoacro.

ron m. Bebida alcohólica que se saca por destilación de una mezcla fermentada de melazas y zumo de caña de azúcar.

roncador, ra adj. y s. Que ronca. ‖ — F. *Amer.* Espuela de rodaja grande.

Roncal, valle del N. de España, en los Pirineos navarros.

Roncal (Simeón), compositor boliviano (1870-1953), autor de canciones.

roncar v. i. Respirar haciendo con la garganta y las narices un ruido sordo mientras se duerme.

Roncesvalles, desfiladero del N. de España, en los Pirineos navarros, donde en 778 los vascones derrotaron a la retaguardia de Carlomagno, rey de los francos.

ronco, ca adj. Que tiene o padece ronquera, afónico : *estaban todos roncos de tanto gritar.*

roncha f. Bultillo enrojecido que se levanta sobre la piel después de una picadura.

ronda f. Vuelta dada para vigilar. ‖ Patrulla que ronda. ‖ Grupo de jóvenes que andan rondando por la noche. ‖ Estudiantina, tuna, conjunto musical de estudiantes. ‖ Trayecto que efectúa el cartero repartiendo el correo. ‖ Mano en el juego de cartas. ‖ Giro, vuelta. ‖ Espacio entre la parte interior de la muralla y las casas de una ciudad fortificada. ‖ Camino de circunvalación en una población. ‖ *Fam.* Invitación de bebida o tabaco a varias personas : *pagar una ronda.* ‖ Juego del corro. ‖ Vuelta : *la primera ronda electoral.*

Ronda, c. del S. de España (Málaga). Agricultura. Turismo. ‖ ~ (SERRANÍA DE), cadena montañosa del Sistema Penibético en el S. de España (Málaga).

rondador, ra adj. Que hace una ronda (ú. t. c. s.). ‖ — M. *Ecuad.* Especie de zampoña.

rondalla f. Grupo de músicos con instrumentos de cuerda que suelen tocar por las calles y plazas.

rondar v. i. Recorrer de noche una población para vigilar. ‖ Pasear de noche los mozos por las calles donde viven las mozas a quienes galantean. ‖ — V. t. *Fig.* Dar vueltas alrededor de una cosa. ‖ *Fig.* Amagar, empezar a manifestarse : *el sueño, la gripe le está rondando.* ‖ Rayar en : *rondar la cincuentena.* ‖ Andar en pos de uno solicitando algo : *Cortejar, galantear.* ‖ *Rondar la calle,* ir y venir.

Rondeau (José), militar argentino (1773-1844). Venció a los realistas en el Cerrito (1812), pero fue luego derrotado en Sipe Sipe (1815). Director supremo de las Provincias Unidas del Río de la Plata en 1815 y de 1819 a 1820, ocupó después el cargo de gobernador provisional de la Rep. del Uruguay (1828-1830).

rondeño, ña adj. y s. De Ronda (España).

rondó m. Cierta composición musical cuyo tema se repite varias veces.

rondón (de) m. adv. Sin avisar, sin previo aviso : *entró de rondón.*

Rondônia, territ. federal del O. del Brasil, en Amazonia, fronterizo con Bolivia ; cap. *Porto Velho.*

ronear v. i. *Fam.* Engatusar.

roneo m. *Fam.* Engatusamiento.

ronquear v. i. Estar ronco.

ronquedad f. Aspereza o bronquedad de la voz o del sonido.

ronquera f. Afección de la laringe que cambia el timbre de la voz, haciéndolo bronco.

ronquido m. Ruido que se hace roncando. ‖ *Fig.* Sonido ronco : *el ronquido del viento.*

ronronear v. i. Producir el gato cierto ronquido en demostración de satisfacción. ‖ *Fig.* Dar vueltas en la imaginación : *ese pensamiento que me ronronea hace tiempo.*

ronroneo m. Sonido que produce el gato al ronronear.

Ronsard (Pierre de), poeta francés (1524-1585), renovador de la lírica de su país. Jefe del movimiento literario de la Pléyade.

röntgen o **roentgen** o **roentgenio** m. Unidad de cantidad de radiación X o γ (símb., R.).

Röntgen (Wilhelm Conrad), físico alemán (1845-1923), descubridor de los rayos X. (Pr. Nobel de Física en 1901).

röntgenterapia f. Radioterapia.

ronzal m. Cabestro.

ronzar v. t. Hacer ruido al masticar.

roña f. Sarna del ganado lanar. ‖ Suciedad, mugre. ‖ Moho de los metales. ‖ *Fig.* y *fam.* Roñosería. ‖ — M. y f. *Fam.* Persona tacaña.

roñería f. *Fam.* Roñosería.

roñica adj. y s. *Fam.* Tacaño.

roñosería f. *Fam.* Tacañería.

roñoso, sa adj. Que tiene roña ; carnero roñoso. ‖ Sucio, mugriento. ‖ Oxidado, mohoso. ‖ *Fig.* Avaro, cicatero, miserable, tacaño (ú. t. c. s.).

Roodepoort, c. al N. de la Rep. de África del Sur (Transvaal). Oro.

Rooke [ruk] (George), almirante inglés (1650-1709), conquistador de Gibraltar en 1704.

Roosevelt (Franklin Delano), político norteamericano (1882-1945), pres. de Estados Unidos en 1933, reelegido en 1936, 1940 y 1944. Luchó contra la crisis económica con el plan llamado *New Deal* y con el control de la Banca, de las industrias y de la producción. Fue uno de los artífices de la victoria de los Aliados en la segunda guerra mundial. ‖ ~ (THEODORE), político norteamericano (1858-1919), pres. de Estados Unidos de 1901 a 1909. (Pr. Nobel de la Paz en 1906).

ropa f. Todo género de tela para uso o adorno de personas o cosas. ‖ Prenda de vestir : *quitarse la ropa.* ‖ — *A quema ropa,* refiriéndose a dis-

paros, desde muy cerca ; (fig.) de improviso. ‖ *Fig. Hay ropa tendida,* hay que ser prudente al hablar por temor a ser oído. ‖ *Nadar y guardar la ropa,* sacar beneficio de algo sin arriesgarse demasiado. ‖ *Tentarse la ropa,* pensarlo bien antes de tomar una decisión. ‖ *Ropa blanca,* la de hilo, algodón, etc. para uso doméstico o la llamada interior. ‖ *Ropa de cama,* conjunto de sábanas, mantas, etc. para la cama. ‖ *Ropa hecha,* prendas que se compran ya confeccionadas. ‖ *Ropa interior,* conjunto de prendas que se llevan debajo del vestido o traje.

ropaje m. Vestidura larga y vistosa. ‖ Conjunto de ropas. ‖ *Fig.* Apariencia, pretexto : *traicionar a uno bajo el ropaje de la amistad.*

ropavejero, ra m. y f. Persona que vende ropas viejas y baratijas usadas.

ropavieja f. Guiso compuesto de carne picada, verduras, patatas, etc.

ropero, ra m. y f. Persona que vende ropa hecha. ‖ Persona que cuida de la ropa de una comunidad. ‖ — M. Armario o cuarto para guardar ropa (ú. t. c. adj.). ‖ Asociación destinada a distribuir ropa entre los necesitados.

roque m. Torre del ajedrez. ‖ *Fig. Estar roque,* estar dormido. ‖ *Quedarse roque,* dormirse profundamente.

Roque ~ (San), confesor francés, n. en Montpellier (1295-1327). Fiesta el 16 de agosto. ‖ ~ **González de Santa Cruz** (Beato), jesuita paraguayo (1576-1628), martirizado por los indígenas.

Roque ~ **González de Santa Cruz,** ant. Tabapy, distrito de Paraguay (Paraguarí). ‖ ~ **Pérez,** partido del este de la Argentina, a orillas del Salado (Buenos Aires).

roqueda f. y **roquedal** m. Lugar donde hay muchas rocas.

roquefort m. Queso francés hecho con leche de ovejas y raso.

Roquefort-sur-Soulzon, pobl. del S. de Francia (Aveyron). Quesos.

Roqueñas o **Roquizas** (MONTAÑAS). V. ROCOSAS.

roqueño, ña adj. Rocoso. ‖ Duro como la roca.

roquero, ra adj. De las rocas o construido sobre ellas.

Roques, archipiélago de Venezuela a 150 km de Caracas. Está formado por 45 islas.

Roquetas, c. al NE. de España (Tarragona), cerca de Tortosa. Industrias. ‖ ~ **de Mar,** mun. al sur de España (Almería). Puerto pesquero.

Roraima, pico del macizo de las Guayanas ; 2 835 m. ‖ Territ. federal del N. del Brasil ; cap. *Boa Vista.*

rorro m. Niño que aún mama. ‖ *Méx.* Muñeca.

ros m. Gorro militar con visera.

rosa f. Flor del rosal : *ramo de rosas.* ‖ Mancha de color rosa en el cuerpo. ‖ Adorno que tiene forma de rosa. ‖ *Arq.* Rosetón. ‖ *Amer.* Rosal, planta. ‖ — *Fig. Estar como las propias rosas,* encontrarse muy a gusto. ‖ *La vida no es un camino o senda de rosas,* la vida tiene muchos sinsabores y amargos. ‖ *No hay rosa sin espinas,* todo placer exige un sacrificio. ‖ *Pintar las cosas de color de rosa,* describirlas de manera muy optimista. ‖ *Rosa de los vientos o náutica,* círculo en forma de estrella dividido en treinta y dos partes cuyas puntas señalan las direcciones del horizonte. ‖ *Fig. Verlo todo de color de rosa,* ver siempre las cosas de manera muy optimista. ‖ *Vivir en un lecho de rosas,* vivir placenteramente. ‖ — M. Color de la rosa : *el rosa es más claro que el rojo.* ‖ — Adj. Que tiene un color rojo claro : *traje color rosa.* ‖ *Fig. Novela rosa,* la que narra aventuras amorosas siempre felices.

Rosa (MONTE), macizo de los Alpes Peninos entre Suiza e Italia.

Rosa de Lima (Santa), religiosa dominica peruana, n. en Lima (1586-1617), canonizada en 1671. Patrona de Lima, América y Filipinas. Su nombre en el siglo fue el de *Isabel Floret.* Fiesta el 30 de agosto.

rosáceo, a adj. De color semejante al de la rosa. ‖ Aplícase a las plantas dicotiledóneas a que pertenecen el rosal, el almendro, la fresa, el escaramujo y el peral (ú. t. c. s. f.). || — F. pl. Familia que forman.

rosado, da adj. De color de rosa. || Preparado con rosas : *miel rosada*. || Escarchado. || Dícese del vino ligero y de color claro hecho con la misma uva que la empleada para realizar el tinto, pero acortando el tiempo en que están en contacto el mosto y el hollejo (ú. t. c. s. m.). || *Amer.* Rubicán, cierta clase de caballo.

rosal m. Arbusto rosáceo cultivado por sus magníficas flores olorosas (*rosas*), de las que hay muchas variedades. || Plantío de rosales.

rosaleda f. Sitio plantado de rosales.

Rosales (Eduardo), pintor romántico español (1836-1873), autor de *El testamento de Isabel la Católica*. || ~ (LUIS), escritor español, n. en 1910, autor de poesías (*Abril, Segundo abril, Rimas, La almadraba, La casa encendida, La carta entera, Un rostro en cada ola, Nueva York después de muerto*) e investigador de los clásicos (*Cervantes y la libertad*).

Rosamorada, mun. al O. de México (Nayarit).

rosarino, na adj. y s. De Rosario (Argentina, Paraguay, Uruguay).

rosario m. Rezo en que se conmemoran los quince misterios de la Virgen. || Rezo abreviado de éste en que sólo se celebran cinco misterios de la Virgen. || Sarta de cuentas separadas de diez en diez por otras más gruesas que se usa para este rezo. || *Fig.* Sarta, serie : *un rosario de desdichas*. || *Fam.* Columna vertebral. || *Fig. Acabar como el rosario de la aurora*, dicho de una reunión, deshacerse bruscamente.

Rosario, dep. y c. del NE. de la Argentina (Santa Fe). Puerto. Obispado. Residencia de varias facultades de la Universidad del Litoral. Fundada en 1752. — Com. del centro de Chile (Colchagua). — Pobl. del N. de Colombia (Norte de Santander), donde se reunió el primer Congreso de la Gran Colombia, llamado *Congreso de Cúcuta* (1821). — Sierra del O. de Cuba, que forma parte de la cord. de Guaniguanico. — Sierra del O. de Venezuela, ramal de los Andes. — V. del E. de El Salvador (Morazán). — Pobl. del centro del Paraguay (San Pedro). — Cerro del O. del Perú (Huancavelica); 5 148 m. — C. y puerto del NO. de México, en el golfo de California. Industrias. — Mun. de Venezuela (Zulia). — Pobl. del SE. del Uruguay (Colonia). || ~ **de la Frontera,** pobl. del NO. de la Argentina (Salta). Termas famosas. || ~ **Tala,** pobl. del E. de la Argentina (Entre Ríos).

Rosas (BAHÍA DE), bahía del nordeste de España, cerca del cabo Creus (Gerona). En su litoral hay un pueblo pesquero del mismo nombre.

Rosas (Juan Manuel de), general argentino, n. en Buenos Aires (1793-1877), jefe del Partido Federal a la muerte de Dorrego (1828). Gobernador de la Provincia de Buenos Aires de 1829 a 1832 y de 1835 a 1852, se mantuvo en el poder hasta su derrota por Urquiza en Caseros. || ~ **Cárdenas** (JUVENTINO), compositor mexicano (1868-1894). || ~ **Moreno** (JOSÉ), escritor mexicano (1838-1883). Cultivó la fábula literaria y el teatro infantil.

Rosas (*Guerra de las* **Dos**), guerra dinástica en Inglaterra (1455-1485) entre la familia de York y la de Lancaster, en la que triunfó · ésta en la persona de Enrique VII Tudor al vencer a Ricardo III en Bosworth.

rosbif m. Trozo asado de carne.

rosca f. Resalto helicoidal de un tornillo, o estría helicoidal de una tuerca. || Pan, bollo o torta de forma circular con un espacio vacío en medio. || Carnosidad de las personas gruesas alrededor de cualquier parte del cuerpo. || Rodete. || *Riopl. Fam.* Pelea entre varias personas. || — *Fig. Hacer la rosca a uno*, adularle, darle la coba. || *Hacerse una rosca*, hacerse un ovillo. || *Pasarse de rosca*, no agarrar un tornillo en la tuerca ; (fig.) pasarse de los límites, excederse, exagerar. || *Fig. Sin comerse una rosca*, sin tener éxito alguno.

roscado, da adj. En forma de rosca. || — M. Aterrajado.

roscar v. i. Hacer la rosca en un tornillo.

Roscio (Juan Germán), político y escritor venezolano (1769-1821).

rosco m. Roscón. || Rosca de pan. || Rosca de carne. || Flotador que se ponen alrededor del cuerpo los que no saben nadar. || *Fam.* Cero, nota de un estudiante. || *No comerse un rosco*, no tener éxito.

roscón m. Bollo en forma de rosca. || *Roscón de Reyes*, el que se come el día de Reyes y en cuya masa se halla una haba como sorpresa.

Rosellón, en fr. *Roussillon,* ant. prov. del S. de Francia ; cap. *Perpiñán.* Perteneció a la corona de Aragón hasta el Tratado de los Pirineos (1659).

rosellonés, esa adj. Del Rosellón, región de Francia (ú. t. c. s.). || — M. Dialecto catalán hablado en la Cataluña francesa.

Rosenblat (Ángel), erudito venezolano, de origen polaco (1902-1984). Notable filólogo e investigador del castellano en América.

Rosenblueth (Arturo), fisiólogo mexicano, n. en 1900.

roséola f. Erupción cutánea de manchas rosáceas.

roseta f. Rosa pequeña. || Mancha roja en las mejillas. || *Arg.* Rodaja de espuela. || — Pl. Granos de maíz tostados y abiertos en forma de flor.

Roseta, en árabe *Rachid,* c. al N. de Egipto, a orillas del Nilo. La piedra descubierta allí en 1799 permitió a Champollion descifrar la escritura jeroglífica.

rosetón m. Roseta grande. || *Arq.* Ventana con vidrieras redondas y caladas con adornos, frecuente en las iglesias góticas.

rosicler m. Color rosado del cielo en la aurora. || Plata roja.

Roskilde, puerto de Dinamarca, en el NE. de la isla de Seeland, ant. cap. del país (del s. x hasta 1445).

Rosny-sous-Bois, c. de Francia, al norte de París (Seine-Saint-Denis).

rosquilla f. Bollo en forma de rosca. || *Fig.* y *fam. Venderse como rosquillas*, venderse mucho.

Ross (BARRERA DE), acantilados de hielo en la Antártida, en el litoral del *mar de Ross,* donde se encuentra la *isla de Ross* y el volcán Erebus, próxima a la costa de Tierra Victoria.

Ross (Sir John), navegante inglés (1777-1856), explorador de las regiones árticas. Fijó la posición del polo magnético N. — Su sobrino sir JAMES CLARKE (1800-1862) descubrió la Tierra Victoria y la isla y el mar que llevan su nombre (1842).

Rossetti (Dante Gabriel), pintor y poeta inglés (1828-1882), uno de los promotores del movimiento prerrafaelista.

Rossini (Gioacchino), músico italiano (1792-1868), autor de las óperas *El Barbero de Sevilla, Otelo, La italiana de Argel, Guillermo Tell,* una *Stabat Máter* y una *Misa.*

Rossler (Osvaldo), escritor argentino, n. en 1927, autor de poesías (*El mar, Buenos Aires*), relatos y ensayos (*Protagonistas del tango*).

Rostand (Edmond), escritor francés (1868-1918), autor de las comedias en verso *Cyrano de Bergerac, El águilucho, Chantecler,* etc. — Su hijo JEAN fue biólogo (1894-1977) y autor de importantes estudios sobre la partenogénesis experimental.

Rostock, c. y distrito del N. de Alemania Oriental, puerto en el Báltico (Warnemünde). Centro pesquero, comercial e industrial. Universidad.

Rostov del Don, c. del O. de la U. R. S. S. (Rusia), a orillas del Don, cerca del mar de Azov. Puerto fluvial.

rostrado, da o **rostral** adj. Que acaba en punta semejante al pico del pájaro o al espolón de la nave.

rostro m. Cara, semblante : *un rostro alegre, risueño.* || Pico del ave. || *Por ext.* Cosa en punta parecida a él. || *Mar.* Espolón antiguo de la nave. || — *Fig. Tener rostro*, ser muy atrevido. || *Torcer el rostro*, poner mala cara.

rota f. Derrota. || Palma de la India cuyos tallos sirven para hacer bastones, bastones de cestería, etc.

rota f. Tribunal del Vaticano formado por diez auditores en el que se deciden en apelación las causas eclesiásticas de todo el orbe católico.

Rota, v. del S. de España (Cádiz). Base aeronaval. Punto de partida de un oleoducto.

rotación f. Movimiento de un cuerpo alrededor de un eje real o imaginario : *la rotación de la Tierra.* || Empleo metódico y sucesivo de material, de mercancías, del procedimientos, etc. || Frecuencia de los viajes de un barco, avión, etc., en una línea regular. || Alternancia de personas en un cargo, actividad, etc. || *Rotación de cultivos,* sistema de cultivo en que se alternan las especies vegetales que se siembran.

rotario, ria adj. Dícese del miembro del Rotary Club, asociación fundada en Chicago en 1905 y difundida en todo el mundo, cuya meta es defender la moral profesional y fomentar los ideales de paz y fraternidad universales (ú. t. c. s.).

rotativista com. Obrero que trabaja en la rotativa.

rotativo, va adj. Que da vueltas. || Dícese de la máquina tipográfica formada por dos cilindros cubiertos por una plancha estereotipada y entintada entre los que se desliza el papel que se va imprimir (ú. t. c. s. f.). || — M. *Por ext.* Periódico hecho en esta máquina de impresión.

Rotherham, c. de Gran Bretaña, en el NO. de Inglaterra (Yorkshire).

rotisería f. *Riopl.* Establecimiento donde se venden comidas ya preparadas.

roto, ta adj. Que ha sufrido rotura. || *Fig.* Destrozado, deshecho : *una vida rota por el destino.* || *Chil.* Dícese de la persona de muy baja condición social (ú. t. c. s.). || *Pop. Arg.* Chileno (ú. t. c. s.). || *Méx.* Dícese del petimetre del pueblo (ú. t. c. s.). || — M. Rotura, desgarrón.

Rotoava, c. de la Polinesia francesa, cap. del archipiélago Tuamotu.

rotograbado m. Huecograbado.

rotonda f. Edificio circular con una cúpula. || Plaza circular.

rotor m. Parte móvil en un motor, generador eléctrico, turbina, etc. || Sistema de palas giratorias de un helicóptero que sirve para sustentarlo.

rotoso, sa adj. y s. *Méx.* Roto, desharrapado. || *Amer.* Muy pobre.

Rotterdam, c. y puerto al O. de Holanda (Holanda Meridional), a orillas de una rama del delta del Rin. Obispado. Industrias. Primer puerto comercial del mundo.

rótula f. Hueso plano situado en la parte anterior de la rodilla.

rotulación o **rotulado** m. Composición de un letrero : *un rotulado azul.*

rotulador, ra adj. y s. Que dibuja rótulos. || — M. Especie de pluma hecha con un fieltro impregnado de tinta.

rotular adj. Perteneciente o relativo a la rótula.

rotular v. t. Poner un rótulo. || Poner títulos en un mapa, calles, etc.

rotuliano, na adj. De la rótula.

rótulo m. Inscripción que se pone a una cosa indicando lo que es. || Cartel, letrero, anuncio público : *rótulo luminoso.* || Título de un periódico, revista, etc.

rotundidad f. *Fig.* Sonoridad del lenguaje. | Carácter categórico.

rotundo, da adj. *Fig.* Expresivo, lleno y sonoro : *lenguaje rotundo.* | Terminante, categórico : *afirmación rotunda* ; *negativa rotunda.* || Completo, patente : *éxito rotundo.*

rotura f. Ruptura. || Quiebra. || Desgarradura en un tejido orgánico. || Fractura de un hueso.

roturación f. Primer arado.

roturador, ra adj. y s. Que rotura. || — F. Máquina para roturar.

roturar v. t. Arar por primera vez una tierra inculta.

Rouault [rúo] (Georges), pintor expresionista francés, n. en París (1871-1958), autor de *Miserere.*

Roubaix [rubé], c. del N. de Francia (Nord). Textiles.

Rouen. V. RUÁN.

Rouget de Lisle [-*lil*] (Claude), oficial de ingenieros francés (1760-1836), autor de *La Marsellesa,* himno nacional francés.

roulotte [rulot] f. (pal. fr.). Caravana, remolque en el que se viaja y se vive.

round m. (pal. ingl.). Asalto en un combate de boxeo o de lucha libre

Rousseau [rusó] (Henri, llamado **el Aduanero**), pintor francés (1844-1910), representante del arte ingenuo o *naif*. ‖ ~ (JEAN-JACQUES), escritor de lengua francesa, n. en Ginebra (1712-1778), autor de *Julia o la Nueva Eloísa*, *El contrato social*, *Emilio*, las *Confesiones* y *Reflexiones de un paseante solitario* (póstumas). Sus teorías ejercieron una poderosa influencia entre los revolucionarios franceses. ‖ ~ (THÉODORE), pintor paisajista francés (1812-1867), representante de la escuela de Barbizon.

Roussillon. V. ROSELLÓN.

Roux (Guillermo), pintor surrealista argentino, n. en 1929.

Rovigo, c. del N. de Italia (Venecia), cap. de la prov. homónima.

Rovira, mun. de Colombia (Tolima).

Rovno, c. al SO. de la U. R. S. S. (Ucrania).

Roxana, esposa del rey Alejandro Magno, ejecutada por orden de Casandro, rey de Macedonia, en el año 310 a. de J. C.

Roxlo (Carlos), escritor uruguayo, (1861-1926), autor de poesías (*Cantos de la tierra*, *Luces y sombras*) y de obras de crítica.

roya f. Honguillo parásito de varios cereales y otras plantas.

royalty f. (pal. ingl.). Derecho que se paga al propietario de una patente, a un escritor, a un editor o al propietario de un terreno donde hay minas o pozos de petróleo o por el que pasa un oleoducto.

Royan, c. al O. de Francia (Charente-Maritime), en el estuario del Gironda.

Royo (Aristides), abogado panameño, n. en 1940, pres. de la Rep. de Panamá desde 1978 hasta finales de julio de 1982, año en que presentó su dimisión alegando motivos de salud.

rozadura f. Rasguño superficial, raspadura : *la bala le hizo una rozadura en el casco.* ‖ Erosión superficial de la piel : *rozadura en el talón.*

rozagante adj. Vistoso, de mucha apariencia. ‖ *Fig.* Despabilado, despierto : *estaba rozagante hasta muy altas horas de la noche.* ‖ Espléndido, magnífico : *salud rozagante.*

rozamiento m. Roce. ‖ Fricción, resistencia al movimiento de un cuerpo o una pieza mecánica debida al frotamiento. ‖ *Fig.* Enfado, disgusto leve. ‖ Roce, trato.

rozar v. t. Pasar una cosa tocando ligeramente la superficie de otra. Ú. t. c. i. : *la rueda rozó con el bordillo de la acera* (ú. t. c. pr.). ‖ Pasar muy cerca : *rozaba las paredes.* ‖ Raspar, tocar o arañar levemente. ‖ Limpiar una tierra de matas y hierbas para cultivarla. ‖ Cortar los animales con los dientes la hierba para comerla. ‖ *Fig.* Rayar en : *rozaba la cuarentena.* ‖ Escapar por poco, estar muy cerca : *rozó el accidente.* ‖ Tener cierta relación con : *su actitud roza con el descaro* (ú. t. c. i.). ‖ — V. pr. Sufrir una rozadura : *se rozó con un alambre.* ‖ Desgastarse por el roce : *los bajos del pantalón se rozan.* ‖ Herirse un pie con otro las caballerías. ‖ *Fam.* Tener trato, tratarse : *no me rozo más que con gente de importancia.*

Rozas. V. MARTÍNEZ DE ROZAS.

Rozas de Madrid (Las), mun. de España en el área metropolitana de Madrid.

Ru, símbolo químico del rutenio.

rúa f. Calle.

Ruán, en fr. *Rouen*, c. y puerto del NO. de Francia, ant. cap. de Normandía, cap. del dep. de Seine-Maritime, a orillas del Sena. Arzobispado. Catedral gótica (s. XII y XIII).

Ruanda o **Rwanda,** república de África Central ; 26 338 km2. 5 500 000 h. Cap. *Kigali,* 120 000 h. Agricultura. Ganadería.

Rubalcaba (Manuel Justo de), poeta cubano (1769-1805), autor de inspiradas silvas y sonetos. Fue también escultor y pintor.

rubefacción f. Mancha roja en la piel producida por un medicamento irritante o por alteraciones de la circulación de la sangre.

Rubén, hijo mayor de Jacob. Dio su nombre a una de las tribus de Israel. ‖ ~ **Darío.** V. DARÍO.

Rubens (Petrus Paulus), pintor flamenco, n. en Siegen (1577-1640), que se caracteriza por la maestría de su técnica y del colorido. Autor de *El descendimiento de la Cruz, El juicio de París, Las Tres Gracias, La adoración de los Reyes, Felipe III a caballo, La Coronación de María de Médicis, Kermesse,* etc.

rubéola y **rubeola** f. Enfermedad eruptiva, contagiosa y epidémica, parecida al sarampión.

rubí m. Piedra preciosa transparente, variedad del corindón (alúmina cristalizada), de color rojo y brillo intenso. (Pl. *rubíes.*)

Rubí, v. al NE. de España (Barcelona).

rubia f. Planta rubiácea cuya raíz contiene una sustancia colorante roja usada en tintorería. ‖ Pez teleósteo de agua dulce. ‖ *Fam.* Furgoneta automóvil con una carrocería de madera.

rubiáceo, a adj. Dícese de las plantas dicotiledóneas a que pertenecen la rubia, el café, etc. (ú. t. c. s. f.). ‖ — F. pl. Familia que forman.

rubiales com. inv. *Fam.* Persona rubia : *joven rubiales.*

Rubicón, riachuelo que separaba Italia de la Galia Cisalpina. César lo atravesó con sus tropas (49 a. de J. C.) infringiendo la orden del Senado romano. Al cruzarlo pronunció la frase *Alea jacta est* (la suerte está echada), exclamación que se recuerda cuando uno toma una determinación arriesgada y decisiva.

rubicundez f. Condición de rubicundo.

rubicundo, da adj. Rubio que tira a rojo. ‖ Aplícase a la persona de cara de color rojo encendido.

rubidio m. Metal alcalino (Rb), parecido al potasio, de número atómico 37, densidad 1,52 y punto de fusión a 39 ºC.

Rubín (Ramón), escritor mexicano, n. en 1912, autor de cuentos (*Diez burbujas en el mar*) y novelas (*La loca, Donde la sombra se espanta*).

rubio, bia adj. De color rojo claro parecido al del oro : *cabello rubio.* ‖ — M. y f. Persona que tiene el pelo rubio. ‖ — M. Este color.

Rubio, mun. al SO. de Venezuela (Táchira). Minas. ‖ — **(El),** v. al sur de España (Sevilla).

Rubió y Ors (Joaquín), crítico literario español (1818-1899), iniciador del movimiento literario y político de la *Renaixença* catalana. — Su hijo ANTONIO RUBIÓ Y LLUCH (1856-1937) fue historiador y crítico, lo mismo que su nieto JORGE RUBIÓ Y BALAGUER (1887-1982).

rublo m. Unidad monetaria de la U. R. S. S., dividida en 100 copecs.

rubor m. Color rojo muy encendido. ‖ Color que la vergüenza saca al rostro, que la pone encendido. ‖ *Fig.* Bochorno, vergüenza.

ruborizar v. t. Causar rubor o vergüenza a alguien. ‖ — V. pr. Sentir vergüenza, avergonzarse.

ruboroso, sa adj. Vergonzoso. ‖ Que tiene rubor.

rúbrica f. Rasgo o rasgos que suele poner cada cual después de su nombre al firmar. ‖ *Fig.* Firma, nombre : *escrito bajo su rúbrica.* ‖ Título, epígrafe de un capítulo o sección en un periódico, revista, etc. ‖ Abreviatura que se pone delante de algo que se escribe para anunciar de lo que se trata. ‖ *Fig.* Final, conclusión.

rubricado, da adj. Firmado.

rubricar v. t. Poner su rúbrica después de la firma. ‖ Firmar y sellar un documento. ‖ *Fig.* Dar testimonio de algo. ‖ Concluir, coronar.

rubro, bra adj. Encarnado, rojo. ‖ — M. *Amer.* Rúbrica, título, epígrafe. ‖ Asiento, partida de comercio. ‖ Sección de un comercio.

Rubtsovsk, en el sur del centro de la U. R. S. S. (Rusia).

rucio, cia adj. De color gris o pardo claro : *caballo rucio.* ‖ — M. Asno. (Se dice del de Sancho Panza.)

ruco, ca adj. *Amér. C.* Viejo. ‖ Inútil.

Rucu Pichincha, cumbre del Ecuador, en la cord. Occidental ; 4 698 m.

rucho m. Pollino, borrico.

Ruda Slaska, c. del S. de Polonia, en Alta Silesia (Katovice). Industrias.

Rude (François), escultor francés (1784-1855).

rudeza f. Aspereza, brusquedad. ‖ Grosería, falta de educación.

rudimentario, ria adj. Elemental. ‖ Poco desarrollado.

rudimento m. Estado primero de un órgano. ‖ — Pl. Nociones elementales de una ciencia o profesión. ‖ Libro en que están.

rudo, da adj. Tosco, sin pulimento, basto. ‖ Duro, difícil, penoso : *trabajo rudo.* ‖ Brusco, sin artificio : *tiene una franqueza algo ruda.* ‖ Fuerte, severo : *los rudos golpes de la vida.*

rueca f. Instrumento utilizado antiguamente para hilar que consistía en una varilla en cuya parte superior se coloca el copo.

rueda f. Órgano plano de forma circular destinado a girar alrededor de su centro y que permite que un vehículo se mueva o que, en una máquina, se transmita el movimiento mediante los dientes que rodean su contorno. ‖ Corro : *rueda de personas.* ‖ *Abanico* que forma el pavo real cuando extiende la cola. ‖ Tajada : *rueda de merluza.* ‖ Rodaja : *rueda de salchichón.* ‖ Suplicio antiguo. ‖ Tambor que contiene los números en un sorteo de lotería : *rueda de la fortuna.* ‖ Pez marino plectognato, de forma casi circular, no comestible. — *Fig.* y *fam.* Comulgar con ruedas de molino, creer una las cosas más inverosímiles. ‖ *Fig.* Ir como sobre ruedas, no encontrar ningún obstáculo : *La rueda de la fortuna o del destino, las vicisitudes humanas.* ‖ *Rueda de molino,* muela. ‖ *Rueda de prensa,* conferencia de prensa en la que la persona entrevistada, rodeada de los periodistas, responde a las diversas preguntas que se le formulan.

Rueda (Lope de), dramaturgo y actor español, n. en Sevilla (¿ 1510 ?-1565), autor de célebres pasos y entremeses (*El convidado, La tierra de Jauja, Pagar y no pagar, Las aceitunas, El rufián cobarde* y *Cornudo y contento*) y comedias (*Armelina, Los engañados, Medora* y *Eufemia*). ‖ — (SALVADOR), poeta español (1857-1933), precursor del modernismo.

ruedo m. Parte inferior y contorno de una cosa redonda : *el ruedo de un vestido.* ‖ Esterilla redonda que se pone delante de las puertas para limpiarse los pies, felpudo. ‖ Redondel, espacio de las plazas de toros para lidiar. ‖ *Fig.* Esfera, ambiente, campo.

ruego m. Súplica, petición : *a ruego mío.* ‖ *Ruegos y preguntas,* en una reunión, final de ella en que los asistentes interpelan a su presidente.

Rueil-Malmaison, c. de Francia, al O. de París (Hauts-de-Seine).

Ruelas (Julio), pintor y dibujante mexicano (1870-1907). Sus cuadros, dibujos y grabados al aguafuerte son generalmente de tamaño pequeño. Murió en París.

rufián m. El que comercia con la prostitución. ‖ *Fig.* Hombre sin honor y despreciable, sinvergüenza.

rufianesco, ca adj. Característico de los rufianes. ‖ — F. Hampa.

Rufina (Santa). V. JUSTA Y RUFINA.

Rufisque, c. y puerto del Senegal, en el área metropolitana de Dakar. Centro comercial e industrial.

Rufo (Juan), poeta español (¿ 1547-1620 ?), autor de *La Austriada,* poema épico en honor de Don Juan de Austria.

rugby m. Especie de fútbol practicado con las manos y pies, en el cual dos equipos de 15 ó 13 jugadores se disputan un balón de forma oval.

Rugby, c. de Gran Bretaña, en el centro de Inglaterra (Warwick).

Rugeles (Manuel Felipe), poeta nativista venezolano (1904-1959), autor de *Aldea en la niebla, Puerta del cielo, Canto a Iberoamérica,* etc.

Rügen, isla de Alemania Oriental en el mar Báltico (Rostock) ; 926 km2.

Rugendas (Juan Mauricio), pintor alemán (1802-1858). Residió en México y fue autor de retratos, paisajes y cuadros de costumbres.

rugido m. Grito del león. ‖ *Fig.* Grito fuerte y desagradable de reprobación.

| **Bramido**, ruido del viento, de la tempestad.

rugiente adj. Que ruge.

rugir v. i. Dar rugidos el león, el tigre y otras fieras. ‖ *Fig.* Bramar, producir un ruido fuerte y ronco el viento, la tempestad. ‖ Dar gritos muy fuertes una persona : *rugir de cólera, de dolor.*

rugosidad f. Condición de rugoso.

rugoso, sa adj. Que tiene arrugas.

Ruhmkorff (Heinrich Daniel), físico alemán (1803-1877), inventor del carrete de inducción que lleva su nombre. Vivió en Francia.

Ruhr, río del O. de Alemania, afl. del Rin ; 232 km. Atraviesa una rica cuenca hullera y próspera región industrial (Essen, Düsseldorf, Dortmund, Duisburgo, Wuppertal, etc.).

Ruidera, lagunas del centro de España en La Mancha, donde nace el río Guadiana.

ruido m. Conjunto de sonidos inarticulados y confusos : *el ruido de la calle.* ‖ *Fig.* Escándalo, ruido : *esta noticia va a armar mucho ruido.* ‖ — *Fig. Hacer o meter ruido una cosa,* dar lugar a que se hable mucho de ella. ‖ *Mucho ruido y pocas nueces,* dícese de una cosa que aparenta más de lo que es.

ruidoso, sa adj. Aplícase a lo que hace o donde hay mucho ruido. ‖ *Fig.* Que da mucho que hablar.

ruin adj. Vil, abyecto, despreciable, bajo : *una traición ruin.* ‖ De mala presentación : *persona de ruin aspecto.* ‖ Malo, malvado : *hombre ruin.*

ruina f. Destrucción, natural o no, de una construcción. Ú. m. c. pl. : *caer en ruinas.* ‖ *Fig.* Pérdida de la fortuna, de la prosperidad, del honor : *vamos a la ruina.* ‖ Pérdida : *labrar su ruina.* ‖ Decadencia moral. ‖ Caída, derrumbamiento : *la ruina del régimen político establecido.* ‖ Persona en estado de gran decadencia física o moral : *lo encontré hecho una ruina.* ‖ — Pl. Restos de una o más construcciones hundidas : *ruinas de Sagunto.*

ruindad f. Vileza, abyección, bajeza. ‖ Maldad. ‖ Tacañería.

ruinoso, sa adj. Que provoca la ruina : *gastos ruinosos.* ‖ Que amenaza ruina : *castillo ruinoso.*

ruiseñor m. Pájaro insectívoro, de la familia de los túrdidos, de plumaje pardo rojizo y canto melodioso.

Ruiz, nevado central de Colombia (Caldas y Tolima) ; 5 400 m. Parque Nacional. Nieves perpetuas. — Mun. al O. de México (Nayarit). Minas.

Ruiz (Antonio). V. FALUCHO. ‖ ~ (ANTONIO M.), pintor y escenógrafo mexicano (1897-1964). ‖ ~ (BARTOLOMÉ), navegante español, m. en Cajamarca en 1534. Fue con Pizarro a Perú y descubrió la costa del Ecuador (1526). ‖ ~ (JUAN). V. HITA (*Arcipreste de*). ‖ ~ **Aguilera** (VENTURA), poeta y dramaturgo español (1820-1881). ‖ ~ **Albéniz** (VÍCTOR), escritor y periodista español (1885-1954), autor de novelas y crónicas. ‖ ~ **Cortines** (ADOLFO), político mexicano (1890-1973), pres. de la Rep. de 1952 a 1958. ‖ ~ **de Alarcón y Mendoza** (JUAN), dramaturgo mexicano, n. en el Real de Minas de Taxco (Est. de Guerrero) [¿ 1581 ?-1639], autor de las comedias *La verdad sospechosa, Ganar amigos, Las paredes oyen, Mudarse por mejorarse, El tejedor de Segovia, No hay mal que por bien no venga, El examen de maridos,* etc. Vivió casi siempre en España. ‖ ~ **de Apodaca** (JUAN), marino y gobernante español (1754-1835), capitán general de Cuba de 1812 a 1816 y virrey de Nueva España de 1816 a 1821. ‖ ~ **Funes** (MARIANO), jurisconsulto, político y escritor español (1889-1953). M. en el destierro. ‖ ~ **Huidobro** (PASCUAL), marino español (1752-1812). Siendo gobernador de Montevideo, organizó su defensa contra los ingleses (1807). ‖ ~ **Iriarte** (VÍCTOR), comediógrafo español (1912-1982), autor de *El landó de seis caballos.* ‖ ~ **y Mendoza** (JACINTO), oficial de artillería español (1779-1809). Se ilustró en Madrid, con Daoiz y Velarde, el 2 de mayo de 1808. ‖ ~ **Zorrilla** (MANUEL), político republicano español (1833-1895).

rulero m. *Amer.* Rulo para el pelo.

576 **ruleta** f. Juego de azar que consiste

en hacer rodar una bola de marfil por encima de un platillo giratorio hasta que se detenga en uno de los 37 compartimentos del mismo, de color rojo o negro, para señalar la suerte ganadora : en la ruleta hay suertes simples (falta o pasa, rojo o negro, par o impar) y suertes múltiples, que son número pleno, caballo o apuesta a dos números contiguos, *transversal* plena o tres números consecutivos, *cuadrado o cuatro números consecutivos, transversal doble o sexta o jugada sobre seis números y columna o docena o jugada a los doce números que están en la misma columna o en una de las tres docenas en que está dividida la mesa.* ‖ Fresa del dentista. ‖ — *Ruleta americana,* la que tiene un doble cero. ‖ *Ruleta francesa,* la que sólo tiene un cero. ‖ *Ruleta rusa,* juego de azar que consiste en poner una bala en el tambor del revólver y girar aquél para disparar luego en la sien de una persona, herida de muerte si coinciden el percutor y la bala.

ruleteo m. *Méx.* Acción que consiste en recorrer las calles con un taxi en busca de clientes.

ruletero m. *Méx.* Taxista.

Rulfo (Juan), escritor mexicano, n. en 1918, autor de *Pedro Páramo,* novela que describe un mundo de miseria, y cuentos (*El llano en llamas*). Ha realizado numerosos guiones de películas (*El gallo de oro, Talpa, El rincón de las vírgenes*) y ha publicado *El gallo de oro* y *otros textos para cine.*

rulo m. Rodillo para allanar la tierra o para triturar. ‖ Pequeño cilindro de plástico o de otra materia que emplean las mujeres para rizar el pelo. ‖ Rizo de pelo.

Rumania, república socialista de Europa Oriental ; 237 500 km² ; 22 460 000 h. (*rumanos*). Cap. Bucarest, 2 000 000 de h. Otras c. : *Cluj,* 284 000 h. ; *Timişoara,* 290 000 ; *Braşov,* 275 000 ; *Ploeşti,* 205 000 ; *Jassi,* 284 000 ; *Arad,* 154 000 ; *Braila,* 195 000 ; *Constantza,* 270 000 ; *Craiova,* 230 000 ; *Galatzi o Galati,* 260 000 ; *Tirgu Mures,* 135 000 , y *Satu Mare,* 110 000.

— GEOGRAFÍA. La cordillera de los Cárpatos, en el centro, forma una vasta medialuna alrededor de las colinas de Transilvania, separadas de la planicie húngara por el macizo de Bihar. Al E. y S. de los Cárpatos se extienden las planicies de Moldavia y Valaquia. Rumania es un país agrícola (cereales, viñas) y gran productor de petróleo, gas natural, lignito, y hierro. Industrias. La explotación del petróleo, el hierro y la bauxita incrementan actualmente la industrialización.

rumano, na adj. y s. De Rumania. ‖ — M. Lengua neolatina que hablan los rumanos.

rumba f. Cierto baile popular cubano y música que lo acompaña. ‖ *Antill.* Diversión, jolgorio.

rumbear v. i. *Amer.* Orientarse, tomar el rumbo. ‖ *Cub.* Andar de juerga. ‖ — V. pr. Bailar la rumba.

rumbo m. Cada de las 32 partes iguales en que se divide la rosa de los vientos o náutica. ‖ Dirección del barco o del avión : *navegar rumbo a Montevideo.* ‖ *Fig.* Camino que uno se propone seguir : *tomar otro rumbo.* ‖ Pompa, boato, ostentación : *celebrar una boda con mucho rumbo.* ‖ Generosidad, liberalidad, esplendidez.

rumboso, sa adj. Dadivoso, generoso. ‖ Espléndido, magnífico.

Rumelia Oriental, ant. prov. turca, perteneciente desde 1885 a Bulgaria ; cap. Plovdiv.

rumiante adj. Que rumia. ‖ Dícese de los mamíferos ungulados que carecen de dientes incisivos en la mandíbula superior, y tienen cuatro cavidades en el estómago, como el buey, el ciervo, el carnero, etc. (ú. t. c. s.). ‖ — M. pl. Suborden que forman.

rumiar v. t. Hablando de los rumiantes, masticar por segunda vez los alimentos que ya estuvieron en el estómago volviéndolos a la boca (ú. t. c. i.). ‖ *Fig.* y *fam.* Reflexionar con mucha detención una cosa : *rumiar una venganza.* ‖ Refunfuñar.

Rumiñahui, cima del Ecuador ; 4 722 m. — Cantón en el N. del Ecuador (Pichincha).

Rumiñahui, cacique indio, n. en Quito y m. en 1534. Fue consejero y general de Atahualpa a la muerte de éste (1533) se hizo proclamar soberano. Luchó porfiadamente contra los conquistadores y murió ejecutado por éstos.

rumor m. Ruido confuso de voces : *el rumor del público.* ‖ Noticia vaga que corre entre la gente : *rumores contradictorios.* ‖ Ruido sordo y confuso : *el rumor de las aguas.*

rumorear v. t. e i. Hablar de, hacer crítica de. ‖ — V. pr. Correr un rumor entre la gente.

rumoroso, sa adj. Que produce rumor o ruido.

runas f. pl. Caracteres de los antiguos alfabetos germánico y escandinavo.

rúnico, ca adj. Relativo a las runas.

runrún m. *Fam.* Rumor, ruido, zumbido. ‖ Ruido confuso de voces. ‖ Hablilla, rumor, noticia vaga : *corre el runrún.* ‖ *Arg.* y *Chil.* Bramadera.

runrunear v. t. e i. Correr el runrún, rumorear (ú. t. c. pr.).

runruneo m. Runrún, rumor.

rupáchico m. *Amer.* Ortiga.

Rupanco, lago y c. de Chile (Los Lagos), al SE. de Osorno.

Rupa-Rupa, distrito en el centro de Perú (Huánuco) ; cap. *Tingo María.*

Rupert, río del Canadá que desemboca en la bahía James ; 600 km.

rupestre adj. Relativo a las rocas : *planta rupestre.* ‖ Dícese de los dibujos y pinturas de la época prehistórica existentes en algunas rocas y cavernas : *el arte rupestre.*

rupia f. Unidad monetaria de la India dividida en 100 paises, de Nepal, Paquistán, Indonesia, Sri Lanka, islas Mauricio y Seychelles.

RUMANIA

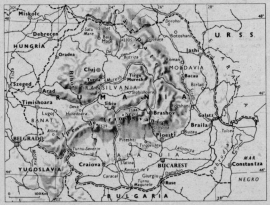

ruptura f. Rompimiento, desavenencia : *ruptura conyugal*. ‖ Suspensión, anulación : *ruptura de un contrato, de la paz*. ‖ Separación, discontinuidad, oposición de las cosas : *la mentalidad de hoy está en ruptura con la del pasado*. ‖ *Mil.* Operación que da como resultado la apertura de una brecha en el dispositivo defensivo del adversario : *ruptura del frente enemigo*. ‖ *Med.* Rotura, fractura. ‖ Carencia de mercancías o existencias para satisfacer los pedidos de los clientes.

rural adj. Relativo al campo : *problemas rurales*. ‖ Que vive en poblaciones del campo : *médico, cura rural*. ‖ De tierra cultivable : *propietario rural*. ‖ *Amer.* Rústico, campesino (ú. t. c. s.). ‖ *Méx.* Que es miembro de la guardia militar o policía que vigila el campo (ú. t. c. s.).

ruralismo m. Condición de rural.

Rurik, jefe de los varegos y fundador del principado de Novgorod (Rusia). M. en 879.

Rurkela, c. al E. de la India (Orisa).

Rurrenabaque, c. y puerto fluvial al N. de Bolivia (Beni).

Ruse, ant. *Rustchuk,* c. en el NE. de Bulgaria, a orillas del Danubio ; cap. del distrito homónimo. Puerto fluvial. Ref. de petróleo. Astilleros.

Rusia n. que se daba ant. al imperio euroasiático que se extendía del Báltico al Pacífico y que designa hoy exclusivamente a la República Socialista Federativa Soviética (R. S. F. S. R.), núcleo principal de la U. R. S. S. (v. este nombre) ; sup. : 17 075 400 km² ; 140 000 000 de hab. (*rusos*). Cap. *Moscú* ; otras c. : *Leningrado, Gorki, Novosibirsk, Kuibichev, Sverdlovsk, Cheliabinsk, Perm, Omsk, Rostov, Volgogrado.* ‖ ~ **Blanca o Bielorrusia,** rep. federada de la U. R. S. S., fronteriza con Polonia ; 208 000 km² ; cap. *Minsk*. Agricultura importante.

rusificación f. Acción de rusificar.

rusificar v. t. Hacer o dar carácter ruso.

Rusilla (La), pico de la Rep. Dominicana, al S. de la prov. de Santiago ; 3 029 m.

Rusiñol (Santiago), pintor modernista y escritor español, n. en Barcelona (1861-1931), autor de los paisajes *Jardines de España* y de innumerables dramas, crónicas, y escritos autobiográficos.

Ruskin (John), crítico de arte, sociólogo y escritor inglés (1819-1900).

ruso, sa adj. Natural de Rusia o relativo a ella (ú. t. c. s.). ‖ Dícese de la ensalada de diferentes verduras y patatas cortadas en trocitos cuadrados y con mayonesa. ‖ — M. Lengua eslava que se habla en Rusia. ‖ Albornoz de paño grueso.

rusófilo, la adj. y s. Que ama lo ruso.

Rüsselsheim, c. en el O. de Alemania Occidental (Hesse). Automóviles.

Russell (Lord Bertrand), filósofo, sociólogo y matemático inglés (1872-1970), uno de los fundadores de la logística y autor de numerosos ensayos. (Pr. Nobel, 1950.)

Rustavi, c. al O. de la U. R. S. S. (Georgia).

Rustchuk. V. RUSE.

Rustenburgo, c. de la Rep. de África del Sur, al NO. de Johannesburgo.

rusticidad f. Condición de rústico.

rústico, ca adj. Relativo al campo : *fincas rústicas*. ‖ Campesino (ú. t. c. s.). ‖ *Fig.* Tosco, grosero, basto, poco refinado : *costumbres rústicas*. ‖ *En* (o *a la*) *rústica*, encuadernado con tapas de papel o cartulina.

ruta f. Camino e itinerario de un viaje : *la ruta del canal de Panamá*. ‖ Rumbo : *ruta marítima, aérea*. ‖ *Fig.* Camino seguido para alcanzar un fin u objetivo, derrotero.

rutabaga f. Variedad de col con la que se alimenta el ganado.

rutáceo, a adj. Dícese de las plantas dicotiledóneas como el naranjo, el limonero (ú. t. c. s.). ‖ — F. pl. Familia que forman.

Rute, v. del S. de España (Córdoba). Agricultura. Aguardientes.

Rutenia, ant. región oriental de Checoslovaquia. (V. UCRANIA SUBCARPÁTICA.)

rutenio m. Metal (Ru) perteneciente al grupo del platino, de número atómico 44, densidad 12,3 y punto de fusión hacia 2 500 °C.

Ruth o Rut, esposa de Booz según la Biblia.

rutilante adj. Brillante.

rutilar v. i. Brillar mucho.

rutina f. Costumbre de hacer las cosas por mera práctica y sin razonarlas. ‖ Parte de un programa de informática que puede ser utilizada en otros programas.

rutinario, ria adj. Que se hace por rutina : *procedimiento rutinario*. ‖ Que obra siguiendo la rutina (ú. t. c. s.).

rutinero, ra adj. y s. Rutinario.

Ruwanda. V. RUANDA.

Ruwenzori, macizo volcánico de África, entre el Zaire y Uganda ; 5 119 m.

Ruysdael (Jacob VAN), pintor paisajista holandés (1629-1682). — Su tío SALOMÓN (1600-1670) fue tb. paisajista.

ruzafa f. Jardín de recreo.

Rwanda. V. RUANDA.

Rybinsk, de 1946 a 1957 Chtcherbakov, c. de la U. R. S. S. (Rusia), a orillas del Alto Volga. Central hidroeléctrica.

Rybnik, c. al S. de Polonia, en Alta Silesia. Centro hullero.

Ryswick. V. RIJSWIJK.

Ryukyu. V. RIUKIU.

Rzeszow, c. de Polonia, en el SE. del país (Galitzia). Refinería. Metalurgia.

Salto de altura.

S

s f. Vigesimosegunda letra del alfabeto castellano y decimoctava de sus consonantes. ‖ — **s**, símbolo del *segundo*, unidad de tiempo. ‖ — **S**, símbolo químico del *azufre*. ‖ — **S.**, abreviatura de *Sur*.

Sá (Estácio de), militar portugués del s. XVI, que fundó, en unión de su tío MEN DE SÁ (1500-1572), la c. de Río de Janeiro (1567). ‖ — **de Miranda** (FRANCISCO), poeta renacentista portugués (¿ 1481 ?-1558).

Saadi o **Sadi** (Mucharrif al-Din), poeta persa (1213-¿ 1292 ?).

Saale, río de Alemania, afl. del Elba ; 427 km.

Saalfeld, c. de Alemania Oriental, a orillas del Saale. Industrias.

Saarbrücken. V. SARREBRUCK.

Saarinen (Eero), arquitecto finlandés (1910-1961).

Saavedra, partido al E. de la Argentina (Buenos Aires) ; cap. *Pigüe.* — Com. del centro de Chile, en la IX Región (Araucanía) y en la prov. de Cautín ; cap. *Puerto Saavedra.*

Saavedra (Ángel). V. RIVAS (Duque de). ‖ — (CORNELIO), general y político argentino (1759-1829), pres. de la Junta Gubernativa (1810). ‖ — (JUAN BAUTISTA), político y jurista boliviano (1870-1939), pres. de la Rep. de 1920 a 1925. Su gobierno fue dictatorial y tuvo que afrontar una grave crisis económica. Sofocó una sublevación popular en la provincia de Santa Cruz en el año 1924. ‖ — **Fajardo** (DIEGO DE), diplomático y escritor español (1584-1648), autor de *Corona gótica, castellana y austriaca, Empresas políticas o Idea de un príncipe cristiano, República literaria,* etc. ‖ — **Guzmán** (ANTONIO DE), escritor mexicano de fines del s. XVI, autor del poema histórico *El peregrino indiano,* compuesto en octavas reales (1599). ‖ — **Lamas** (CARLOS), jurista y político argentino, n. en Buenos Aires (1878-1959), pacificador del conflicto del Chaco (1935). Premio Nobel de la Paz en 1936.

Saba, ant. reino islámico en el SE. de Arabia (Yemen), cuya reina, llamada Balkis o Makeda, fue a Jerusalén a visitar a Salomón. Tuvo su período de esplendor entre los s. VIII y I a. de J. C. y desapareció en el s. VI de la era cristiana. — Isla de las Antillas Menores, en el grupo de Barlovento. Pertenece a Holanda.

Sabadell, c. del NE. de España (Barcelona), cap. de la comarca catalana del Vallés Occidental. Textiles. Metalurgia. Centros universitarios.

sabadellense adj. y s. De Sabadell (España).

sábado m. Séptimo y último día de la semana. ‖ Día de descanso según la ley judía. ‖ — *Sábado de Gloria o Santo,* último día de la Semana Santa. ‖ *Sábado inglés,* sábado en que únicamente se trabaja por la mañana.

Sabah, ant. *Borneo del Norte o Septentrional,* estado de la Federación de Malaysia, colonia británica de 1877 a 1963 ; 73 700 km² ; 850 000 h. Cap. *Jesselton,* hoy *Kota Kinavalu.*

sábalo m. Pez marino que desova en la desembocadura de los ríos.

sabana f. *Amer.* Llanura de gran extensión, sin vegetación arbórea, aunque cubierta de hierba.

Sabana, archipiélago de Cuba, en la costa norte de las prov. de Cienfuegos, Sanctis Spíritus y Villa Clara. ‖ — **-Camagüey,** archipiélago septentrional de Cuba compuesto de unos 400 cayos e islas. Llamado también *Jardines del Rey.* ‖ — **de la Mar,** mun. y puerto al E. de la Rep. Dominicana (El Seibo), en la bahía de Samaná. ‖ — **Grande,** mun. al SO. de Puerto Rico (Mayagüez). ‖ — **Grande de Boya,** distrito municipal al S. de la Rep. Dominicana (San Cristóbal).

sábana f. Cada una de las dos piezas de lienzo que se ponen en la cama : *sábana bajera, encimera.*

Sabanalarga, c. del N. de Colombia (Atlántico). — Mun. del O. de Colombia (Antioquía). Cobre.

sabandija f. Bicho generalmente asqueroso. ‖ *Fig.* Persona despreciable.

sabanear v. i. *Amer.* Recorrer la sabana para reunir el ganado o vigilarlo. ‖ *Amér. C.* Perseguir a una persona.

sabanero, ra adj. Aplícase a la persona que vive en la sabana (ú. t. c. s.). ‖ Relativo a la sabana.

Sabaneta, ant. n. de la c. dominicana de *Santiago Rodríguez.*

Sabanilla, distr. al N. de Costa Rica (Alajuela). — Pobl. y mun. al SE. de México (Chiapas).

sabañón m. Lesión inflamatoria de los pies, manos u orejas, provocada por el frío y caracterizada por ardor y picazón. ‖ *Fam.* Comer como un sabañón, comer mucho.

Sabat Ercasty (Carlos), poeta uruguayo (1887-1983).

sabático, ca adj. Relativo al sábado : *descanso sabático.* ‖ Aplícase al séptimo año, en que los hebreos dejaban descansar las tierras, las viñas y los olivares. ‖ Dícese del año que, en trabajar concedido en algunos países a ciertos empleados o profesores de universidad.

Sabatini (Francisco), arquitecto y

general español (1722-1797), autor de diferentes obras en Madrid (*Puerta de Alcalá,* etc.). ‖ — (RAFAEL), novelista inglés (1875-1950), autor de numerosos relatos de aventuras (*El capitán Blood, Scaramouche,* etc.).

sabatino, na adj. Del sábado.

Sábato (Ernesto), escritor argentino, n. en 1911, autor de novelas (*El túnel, Sobre héroes y tumbas, Abaddón el exterminador, Alejandra*) y de varios libros de ensayos (*Uno y el universo, Heterodoxia, Hombres y engranajes, El escritor y sus fantasmas, La cultura en la encrucijada nacional*).

Sabaya, prov. del SO. de Bolivia (Oruro) ; cap. *Huachacalla.*

sabe m. *Méx.* Habilidad.

sabedor, ra adj. Enterado.

sabelotodo com. *Fam.* Sabihondo.

saber m. Sabiduría.

saber v. t. Conocer una cosa o tener noticia de ella : *supe que había venido.* ‖ Ser docto en una materia : *saber griego.* ‖ Haber aprendido de memoria : *saber su lección* (ú. t. c. pr.). ‖ Tener habilidad : *saber dibujar.* ‖ Ser capaz : *saber contentarse con poco.* ‖ — *Hacer saber,* comunicar. ‖ *Fig. No saber uno dónde meterse,* estar avergonzado. | *No saber uno por dónde se anda,* no tener ni idea de lo que se lleva a cabo. | *Saber cuántas son cinco,* estar muy enterado. | *Saber latín,* ser muy astuto. | *Se las sabe todas,* está muy al tanto ; tiene experiencia. | *Un no sé qué,* algo inexplicable. ‖ — V. i. Ser muy sagaz y advertido : *sabe más que la zorra.* ‖ Tener sabor una cosa : *esto sabe a miel.* ‖ Parecer : *los consuelos le saben a injurias.* ‖ — *A saber,* es decir. ‖ *Que yo sepa,* según mis conocimientos. ‖ *¡ Quién sabe !,* quizá, tal vez. ‖ *Saber uno tener noticias de :* hace un mes que no sé de él ; entender de mecánica. ‖ *Saber mal,* tener mal sabor, (fig.) disgustar. ‖ *Fam. ¡ Vete a saber !,* cualquiera sabe.

sabido, da adj. Conocido : *como es sabido.* ‖ *Fam.* Que sabe mucho o presume de saber : *hombre sabido.*

sabiduría f. Conocimientos profundos en ciencias, letras o artes. ‖ Prudencia.

sabiendas (a) adv. Con conocimiento de lo que se hace y de lo que esto puede acarrear.

sabihondez f. *Fam.* Pedantería.

sabihondo, da adj. *Fam.* Que presume de sabio sin serlo (ú. t. c. s.).

Sabina, antigua región de Italia central habitada por los sabinos.

Sabinas, mun. al N. de México (Coahuila).

Sabines (Jaime), poeta mexicano, n. en 1926, autor de *La señal, Yuria, Maltiempo,* etc.

sabino, na adj. y s. De un ant.

pueblo latino que habitaba cerca de Roma. (Las esposas e hijas de los *sabinos* fueron raptadas en una fiesta por orden de Rómulo, lo que provocó la guerra, terminada por la mediación de las propias *sabinas*.)

Sabiñánigo, v. del NE. de España (Huesca). Industrias.

sabio, bia adj. Aplícase a la persona que tiene conocimientos científicos profundos y que suele dedicarse a la investigación : *un sabio ruso* (ú. t. c. s.). ‖ Sensato, prudente : *una sabia medida*. ‖ Que instruye : *sabia lectura*. ‖ Amaestrado : *un perro sabio*.
— Se ha dado el nombre de los *Siete Sabios de Grecia* a un grupo constituido en el s. VI a. de J. C. por otros tantos filósofos y políticos de la antigua Grecia (Tales de Mileto, Pítaco, Bías, Cleóbulo, Misón, Quilón y Solón). Algunos autores sustituyen a dos de éstos por Periandro y Anacarsis.

sabiondo, da adj. y s. Sabihondo.

sablazo m. Golpe dado con el sable. ‖ Herida que produce. ‖ *Fig.* y *fam.* Acción de sacar dinero prestado con habilidad : *dar un sablazo a un amigo.*

sable m. Arma blanca parecida a la espada, pero de un solo corte.

sableador, ra m. y f. *Fam.* Sablista.

sablear v. i. *Fam.* Dar sablazos.

Sables-d'Olonne (Les), c. del O. de Francia, a orillas del Atlántico (Vendea). Pesca. Turismo.

sablista adj. *Fam.* Que acostumbra sablear a los demás (ú. t. c. s.).

saboga f. Sábalo, pez.

Sabogal (José), pintor indigenista peruano (1888-1956).

sabor m. Sensación que ciertos cuerpos producen en el órgano del gusto : *sabor a limón.* ‖ *Fig.* Impresión que una cosa produce en el ánimo : *dejar mal sabor.* ‖ Carácter, estilo : *poema de sabor clásico.*

saborear v. t. Disfrutar detenidamente y con deleite el sabor de una cosa : *saborear café* (ú. t. c. pr.). ‖ *Fig.* Deleitarse con algo : *saborear el triunfo* (ú. t. c. pr.). ‖ Dar sabor a algo.

saboreo m. Acción de saborear.

sabotaje m. Daño o deterioro que para perjudicar a los patronos hacen los obreros en la maquinaria, productos, etc. ‖ Daño que se hace como procedimiento de lucha contra las autoridades, las fuerzas de ocupación o en conflictos sociales o políticos. ‖ *Fig.* Entorpecimiento de la buena marcha de una actividad.

saboteador, ra adj. Aplícase a la persona que sabotea (ú. t. c. s.).

sabotear v. t. Cometer actos de sabotaje.

saboteo m. Sabotaje.

Saboya, en fr. *Savoie*, región del SE. de Francia, fronteriza con Italia y Suiza ; cap. *Chambery*. Forma hoy los dos dep. franceses de *Savoie* y *Haute-Savoie.*

Saboya (CASA DE), familia cuyos miembros fueron condes o duques de Saboya y reyes de Cerdeña (de 1720 a 1861) y de Italia (de 1861 a 1946).

Sabrosa, pobl. del N. de Portugal (Vila Real).

sabroso, sa adj. De sabor agradable : *un plato muy sabroso.* ‖ *Fig.* Delicioso, deleitable. ‖ Lleno de enjundia : *diálogo sabroso.* ‖ Gracioso : *un chiste muy sabroso.* ‖ Sustancioso.

sabrosón, ona adj. Que tiene buen sabor, agradable.

sabuco o **sabugo** m. Saúco.

sabueso adj. Dícese de una variedad de perro podenco de olfato muy desarrollado (ú. t. c. s. m.). ‖ — M. *Fig.* Investigador, policía.

Sabunde (Raimundo). V. SIBIUDA.

Sac Xib Chac, uno de los cuatro componentes del dios maya de la Lluvia (significa *hombre blanco*).

saca f. Acción y efecto de sacar. ‖ *Com.* Exportación de géneros de un país a otro. ‖ Copia autorizada de un documento notarial. ‖ Acción de sacar los estanqueros los efectos que después venden al público. ‖ Costal grande para transportar la correspondencia. ‖ *Fig.* Conjunto de rehenes que se ejecutan en concepto de represalias.

Sacaba, pobl. en el O. del centro de

Bolivia, cap. de la prov. de Chapare (Cochabamba).

Sacaca, c. del S. de Bolivia, cap. de la prov. de Alonso Ibáñez (Potosí). Agricultura. Ganadería.

sacacorchos m. inv. Utensilio formado por una hélice metálica en punta para quitar los tapones.

sacacuartos y **sacadineros** m. inv. *Fam.* Cosa de poco valor, pero muy atractiva. ‖ — M. y f. *Fam.* Persona que tiene arte para sacar dinero.

sacáis m. pl. *Pop.* Ojos.

sacaliña f. *Fig.* Socaliña.

sacamuelas m. y f. inv. *Fam.* Dentista. ‖ *Fig.* Charlatán, hablador.

sacaperras com. inv. Sacadineros.

sacapuntas m. inv. Utensilio para afilar los lápices. ‖ *Amér.* Muchacho ayudante de carpintero.

sacar v. t. Poner una cosa fuera del sitio donde estaba : *sacar dinero de la cartera* ; *sacar una muela.* ‖ Llevar fuera : *sacar al perro.* ‖ Salir con una persona para que se entretenga : *este chico saca mucho a su hermana.* ‖ Quitar o apartar a una persona o cosa de un sitio : *sacar al niño de la escuela.* ‖ Quitar : *sacar una mancha.* ‖ Soltar una costura o dobladillo. ‖ Extraer : *sacar azúcar de la caña* ; *un refrán sacado de una obra.* ‖ Derivar : *palabra sacada del latín* ; *sacar una película de una novela.* ‖ Comprar : *sacar un billete de tren.* ‖ Hacer las gestiones necesarias para la obtención de algo : *sacar el pasaporte en la oficina correspondiente.* ‖ Librar : *sacar de la pobreza.* ‖ Solucionar, resolver : *sacar un problema.* ‖ Descubrir por indicios : *saqué su nombre por un amigo.* ‖ Deducir : *de nuestra conversación saqué que no llegaríamos nunca a un acuerdo.* ‖ Encontrar : *sacarle muchas faltas a un alumno.* ‖ Conseguir, obtener, lograr : *sacar la mayoría en las elecciones* ; *ha sacado mucho dinero de su finca.* ‖ Tener : *sacar buenas notas en los exámenes.* ‖ Hacer : *sacar una fotografía.* ‖ Hacer confesar a uno lo que quería ocultar : *por fin le saqué la verdad.* ‖ Poner hacia fuera : *sacar el pecho al andar.* ‖ Enseñar, mostrar : *sacar los dientes, el documento de identidad.* ‖ Inventar, crear : *sacar un nuevo modelo, una moda.* ‖ Citar, traer a la conversación : *siempre nos saca la historia de su viaje.* ‖ Hacer aparecer : *sacaron a su hija en los periódicos.* ‖ Hacer perder el juicio : *lo sacaron de sí.* ‖ Apuntar, copiar : *sacar datos.* ‖ Obtener cierto número en un sorteo : *sacar un buen número en una rifa.* ‖ Ganar en la lotería : *sacar el gordo.* ‖ Aventajar : *le sacó un largo de piscina.* ‖ *Dep.* Lanzar la pelota para iniciar el juego o volverla a poner en juego cuando ha salido. ‖ *Mat.* Hacer : *sacar las cuentas.* ‖ Extraer : *sacar una raíz cuadrada.* ‖ — *Sacar a bailar,* pedir el hombre a la mujer que baile con él. ‖ *Fig. Sacar adelante,* dicho de personas, cuidar de su educación ; aplicado a negocios, llevarlos a buen término. ‖ *Sacar a luz,* publicar, descubrir. ‖ *Sacar a relucir,* v. RELUCIR. ‖ *Sacar de pila,* ser padrino o madrina en un bautismo. ‖ *Sacar de quicio o de sus casillas a uno,* hacer que pierda el dominio de sí mismo. ‖ *Sacar en claro o en limpio un asunto,* dilucidarlo. ‖ *Fig.* y *fam. Sacar los pies del plato,* perder el recato o la timidez. ‖ *Sacar partido o provecho,* aprovechar.

sacárido m. *Quim.* Glúcido.

sacarificación f. Conversión en azúcar.

sacarificar v. t. Convertir en azúcar : *sacarificar almidón.*

sacarino, na adj. Que tiene azúcar o se le asemeja. ‖ — F. Sustancia blanca derivada del tolueno, de sabor azucarado, utilizada por los diabéticos en lugar de azúcar.

sacaromicetos m. pl. Levadura que produce la fermentación alcohólica de los zumos azucarados y que interviene en la elaboración del vino, cerveza, sidra, etc.

Sacasa (Juan Bautista), político nicaragüense (1874-1946), pres. de la Rep. de 1933 a 1936. Depuesto por Anastasio Somoza.

sacatapón m. Sacacorchos.

sacatepequense y **sacatepe-**

sano, na adj. y s. De Sacatepéquez (Guatemala).

Sacatepéquez, dep. del S. de Guatemala ; cap. *Antigua Guatemala.* Región muy poblada y rica (agricultura, ganadería).

Sacchetti [-ke-] (Giovanni Battista), arquitecto italiano, m. en 1764, discípulo de Juvara. Acabó la construcción del Palacio Real de Madrid (1738-1764), y construyó parte del de La Granja.

Sacedón, v. del centro de España (Guadalajara), junto al embalse de Entrepeñas.

sacerdocio m. Dignidad, estado y funciones del sacerdote. ‖ Conjunto de sacerdotes. ‖ *Fig.* Función o profesión noble que requiere una dedicación entera, como la enseñanza, la medicina, etc.

sacerdotal adj. Relativo al sacerdote o al sacerdocio.

sacerdote m. Ministro de un culto religioso : *un sacerdote católico.*

sacerdotisa f. Mujer dedicada al culto de una deidad.

saciar v. t. Satisfacer completamente : *saciar el hambre* (ú. t. c. pr.).

saciedad f. Hartura o satisfacción completa. ‖ *Repetir algo hasta la saciedad,* repetirlo muchas veces.

Sackville (Thomas), político y poeta inglés (¿ 1530 ?-1608), autor de *Gorboduc,* primera tragedia clásica publicada en su país. Fue *conde de Dorset.*

Saclay, pobl. de Francia (Essonne), cerca de Versalles. Centro de investigaciones nucleares.

saco m. Receptáculo a modo de bolsa que se abre por arriba : *un saco de yute.* ‖ Su contenido : *un saco de cemento.* ‖ Vestidura tosca. ‖ *Fig.* Cosa que incluye en sí otras varias : *un saco de embustes.* ‖ Persona que posee abundantemente las cualidades o defectos que se expresan : *un saco de perfecciones, de maldad.* ‖ Persona gorda : *este mujer es un saco.* ‖ *Saqueo : el saco de Roma.* ‖ *Anat.* Cavidad orgánica cerrada por un extremo : *saco sinovial.* ‖ *Mar.* Ensenada de boca estrecha. ‖ *Amer.* Chaqueta. ‖ Bolso de mujer. ‖ — *Entrar a saco, saquear.* ‖ *Fig.* No echar algo *en saco roto,* tenerlo muy en cuenta. ‖ *Saco de viaje,* bolsa alargada y con asa que se utiliza como maleta. ‖ *Saco de dormir,* especie de edredón cerrado con cremallera en el cual se introduce uno para dormir. ‖ *Fig. Saco roto,* manirroto, persona que gasta el dinero con facilidad. ‖ *Saco sin fondo,* dícese de quien con lo que se traga o absorbe gastos sin fin. ‖ *Saco terrero,* saco que se rellena de tierra o arena y sirve para protección contra las balas. ‖ *Traje saco,* vestido de mujer que cae ampliamente y no va ceñido.

Saco (José Antonio), escritor y político cubano (1797-1879), precursor del movimiento separatista.

sacón m. *Riopl.* Abrigo de mujer ancho y corto.

sacralizar v. t. Dar carácter religioso a algo profano.

sacramental adj. Relativo a los sacramentos : *el sigilo sacramental.* ‖ Dícese de los remedios con los cuales la Iglesia perdona los pecados veniales, como el agua bendita, las indulgencias y jubileos (ú. t. c. s. m.). ‖ *Fig.* Consagrado por la ley o el uso : *palabras sacramentales.* ‖ — F. Cementerio en Madrid para los miembros de una cofradía.

sacramentar v. t. Convertir el pan en el cuerpo de Nuestro Señor Jesucristo. ‖ Administrar a un enfermo el viático o la extremaunción.

sacramento m. Acto de la Iglesia católica por el cual se santifica o recibe la gracia divina una persona. (Los siete sacramentos son bautismo, confirmación, eucaristía, penitencia, extremaunción, orden y matrimonio. Los protestantes sólo reconocen dos : bautismo y eucaristía.) ‖ — *El Santísimo Sacramento,* Jesucristo Sacramentado. ‖ *Recibir los (o los últimos) sacramentos,* recibir el enfermo los de penitencia, eucaristía y extremaunción. ‖ *Sacramento del altar,* la Eucaristía.

Sacramento, colonia fundada en el Uruguay por los portugueses en 1680 y disputada con los españoles hasta 1726. — Río al SO. de Estados Unidos (Alta California), que des. en la bahía de San Francisco ; 620 km. — C. del SO. de Estados Unidos, cap. del Estado de California. Obispado. Agricultura. Industrias. Metalurgia. Base de proyectiles teledirigidos.

sacrificar v. t. Ofrecer en sacrificio : *sacrificar una víctima a los dioses.* ‖ Degollar, matar reses para el consumo. ‖ *Fig.* Abandonar algo en beneficio de otra cosa o persona : *sacrificar sus amigos a su ambición.* ‖ — V. pr. Ofrecerse a Dios. ‖ *Fig.* Dedicarse enteramente : *sacrificarse por un ideal.* ‖ Privarse de algo, sujetarse con resignación a una cosa violenta o repugnante para agradar a otra persona.

sacrificio m. Muerte de una víctima en ofrenda de una deidad : *en las religiones primitivas solían existir sacrificios.* ‖ Esfuerzo hecho o pena sufrida voluntariamente en expiación de una falta o para conseguir la intercesión divina : *sacrificio expiatorio, propiciatorio.* ‖ *Fig.* Privación que sufre o se impone una persona : *tuvo que hacer muchos sacrificios.* ‖ *El sacrificio del altar*, la santa misa.

Sacrificios, islote del golfo de México, frente a Veracruz. Templos indígenas.

sacrilegio m. Lesión o profanación de cosa, persona o lugar sagrado : *cometer un sacrilegio.* ‖ *Fig.* Falta de respeto hacia algo o alguien digno de la mayor consideración.

sacrílego, ga adj. Que comete un sacrilegio (ú. t. c. s.). ‖ Que implica sacrilegio : *palabra sacrílega.*

sacristán m. Persona encargada del cuidado de la sacristía, de la iglesia misma y de ayudar al sacerdote en el servicio del altar.

sacristía f. Lugar donde se visten los sacerdotes y donde se guardan los ornamentos del culto.

sacro, cra adj. Sagrado : *historia sacra.* ‖ Aplícase al hueso situado en la extremidad inferior de la columna vertebral y que lo refererente a esta región : *vértebras sacras* (ú. t. c. s. m.).

Sacro (MONTE), colina cerca de Roma, donde se retiraron los plebeyos en 494 a. de J. C. para librarse de la tiranía patricia.

Sacro Imperio. V. IMPERIO.

Sacro Monte, santuario de México, en las cercanías de Amecameca de Juárez (Estado de México).

sacrosanto, ta adj. Sagrado y santo : *el sacrosanto cuerpo de Jesús.*

Sacsahuamán, fortaleza y arsenal inca en un cerro al N. del Cuzco (Perú). Se conservan algunos restos.

sacudida f. Movimiento brusco de algo. ‖ Oscilación del suelo en un terremoto. ‖ *Fig.* Conmoción provocada por alguna sorpresa. ‖ *Sacudida eléctrica,* descarga.

sacudidor, ra adj. Que sacude. ‖ — M. Instrumento con que se sacude y limpia, zorros.

sacudidura f. y **sacudimiento** m. Acción de sacudir una cosa.

sacudir v. t. Mover violentamente una cosa a una u otra parte : *sacudir un árbol.* ‖ Golpear con violencia una cosa para quitarle el polvo : *sacudir una alfombra.* ‖ *Fig.* Emocionar, conmover : *la noticia sacudió al país.* ‖ *Fig. y fam.* Dar, asestar : *sacudir una bofetada.* ‖ Pegar a uno. ‖ — *Fig. Sacudir el polvo,* pegar una paliza. ‖ *Sacudir el yugo,* librarse de la opresión. ‖ — V. pr. Librarse de una persona o cosa molesta.

Sac Xib Chac. Véase SAC.

sachar v. t. Escardar la tierra.

Sacher-Masoch (Leopold, *caballero von),* escritor austriaco (¿ 1836 ?-1895), autor de relatos en los que describe un erotismo dominado por la voluptuosidad del sufrimiento *(masoquismo).*

Sachs (Hans), poeta alemán (1494-1576), autor de obras líricas *(El ruiseñor de Wittenberg),* farsas y dramas. ‖ ~ (NELLY), escritora sueca de origen alemán (1891-1970), autora de poemas y de dramas inspirados en la tradición bíblica y judía. (Pr. Nobel, 1966.)

Sada, c. al NO. de España (Coruña).

580 Sadat (Anwar **al-**), militar y político

egipcio, n. en 1918. Sucedió a Nasser en la pres. (1970). Obtuvo el Pr. Nobel de la Paz en 1978 por llegar a un acuerdo con Israel. Murió víctima de un atentado en octubre de 1981.

Sadd al-Ali. V. ASUÁN.

Sade (Donatien Alphonse François, *marqués de),* novelista francés, n. en París (1740-1814), cuyos personajes viven obsesionados por el placer morboso de hacer sufrir a criaturas inocentes *(sadismo).*

Sadi-Carnot. V. CARNOT.

sádico, ca adj. Relativo al sadismo. ‖ Que se complace en hacer sufrir (ú. t. c. s.).

sadismo m. Placer perverso que se experimenta ante el sufrimiento de otra persona. ‖ *Fig.* Crueldad refinada.

sadomasoquismo m. Unión del sadismo y del masoquismo en una misma persona.

sadomasoquista adj. Propio del sadomasoquismo. ‖ Dícese de la persona sádica y masoquista (ú. t. c. s.).

Sadowa o **Sadova,** pobl. de Checoslovaquia (Bohemia oriental). Victoria de los prusianos sobre los austriacos (1866).

saduceísmo m. Doctrina de los saduceos que negaba la inmortalidad del alma y la resurrección.

saduceo, a adj. Perteneciente o relativo al saduceísmo. ‖ Partidario de esta doctrina (ú. t. c. s.).

Sáenz (Aarón), abogado, político e industrial mexicano, n. en 1891. ‖ ~ (ANTONIO), sacerdote y patriota argentino (1780-1825), primer rector de la Universidad de Buenos Aires en 1821. ‖ ~ (JAIME), poeta, novelista y dibujante boliviano, n. en 1921. ‖ ~ (MANUELA), patriota quiteña (1793-1859), que salvó la vida a Bolívar en 1828. ‖ ~ *Burgos* (JUAN), poeta puertorriqueño, n. en 1943, autor de *Nunca en el mismo sitio.* ‖ ~ *Hayes* (RICARDO), escritor argentino (1888-1976), autor de ensayos. ‖ ~ *Morales* (RAMÓN), poeta nicaragüense (1875-1937). ‖ ~ *Peña* (LUIS), político y abogado argentino (1822-1907), pres. de la Rep. de 1892 a 1895. — Su hijo ROQUE (1851-1914) fue pres. de la Rep. de 1910 a 1914.

Saer (Juan José), escritor argentino, n. en 1937, autor de cuentos y novelas.

saeta f. Flecha, arma arrojadiza. ‖ Manecilla del reloj o brújula. ‖ Copla breve y desgarrada que se canta principalmente en Andalucía ante los pasos de Semana Santa.

saetín m. En los molinos, canal por donde se precipita el agua desde la presa hasta la rueda hidráulica para hacerla andar.

Sáez (Carlos Federico), pintor uruguayo (1878-1901).

safari m. En África, expedición de caza mayor.

safárida adj. De la dinastía persa que reinó de 863 a 903 (ú. t. c. s.).

safena f. *Anat.* Cada una de las dos venas principales que van a lo largo de la pierna.

Safi c. y puerto en el oeste de Marruecos (Marrakech). Fosfatos.

safismo m. Lesbianismo.

Safo, poetisa griega n. en Lesbos (¿ 625 ?-580 a. de J. C.).

Safor (La), región del E. de España, en el litoral de Valencia.

saga f. Cada una de las leyendas mitológicas de la antigua Escandinavia contenidas en los *Eddas.* ‖ Cualquier relato legendario de una familia o de un grupo humano. ‖ Hechicera.

Saga, c. del Japón (Kiusiu).

sagacidad f. Perspicacia.

Sagamihara, c. del Japón (Honshu).

Sagan (Françoise), escritora francesa, n. en 1935, autora de novelas *(Buenos días, tristeza)* y de comedias.

Sagar o **Saugor,** c. en el N. del centro de la India (Madhya Pradesh).

S'Agaró, pobl. en el NE. de España (Gerona). Lugar de veraneo.

Sagarra (José María de), escritor español en lengua catalana (1894-1961), autor de poesías *(Poemas y canciones, Canciones de remo y vela, El conde Arnau),* obras teatrales *(El hostal de Gloria, El heredero y la forastera)* y novela *(Vida privada).* Tradujo a Dante, Shakespeare y Molière.

Sagasta (Práxedes Mateo), polí-

tico liberal español (1825-1903), varias veces pres. del Consejo de ministros de 1881 a 1902, en tiempos de Alfonso XII y María Cristina de Habsburgo.

Sagatoa, monte de los Andes del Ecuador, en el nudo de Tiopullo (Cotopaxi y Pichincha) ; 4 153 m.

sagaz adj. Perspicaz.

Saginaw, c. del N. de los Estados Unidos (Michigan). Obispado.

Sagitario, constelación del hemisferio austral y noveno signo del Zodiaco (del 22 de noviembre al 22 de diciembre).

Sagrada Familia, c. del centro de Chile, en la VII Región (Maule) y en la prov. de Curicó, cap. de la com. del mismo nombre.

Sagrada Familia, nombre de diversas congregaciones religiosas. — Nombre que se le da a la familia de Dios. — Nombre de una iglesia de Barcelona (España), empezada a construir por el arquitecto A. Gaudí (1883). Está inacabada.

sagrado, da adj. Consagrado a Dios y al culto divino : *libros sagrados.* ‖ *Fig.* Digno de veneración. ‖ Inviolable : *un secreto es una cosa sagrada.* ‖ *Fuego sagrado,* dícese de ciertos sentimientos nobles y apasionados o del ardor en el trabajo. ‖ — M. Asilo donde se refugiaban los delincuentes : *estar acogido a sagrado.*

Sagrado Corazón, nombre de diferentes congregaciones religiosas femeninas y de varones.

Sagrado Corazón de Jesús, corazón de Jesús al que la Iglesia tributa un culto como símbolo de su amor misericordioso para con los hombres.

Sagrajas, nombre por el que se conoce también la batalla de Zalaca.

sagrario m. Parte interior de una iglesia donde se guardan las cosas sagradas. ‖ Tabernáculo donde se guardan las hostias consagradas. ‖ En algunas iglesias catedrales, capilla que sirve de parroquia.

Sagredo (Ramón), pintor mexicano (1834-1872).

sagú m. *Bot.* Palmera de la India y Malasia. ‖ Fécula muy nutritiva que se obtiene del tronco de esta palmera.

Sagua ‖ ~ *de Tánamo,* mun. del E. de Cuba (Holguín), a orillas del río homónimo. ‖ — **la Chica,** río de Cuba (Holguín) ; 105 km. ‖ ~ **la Grande,** río de Cuba (Villa Clara). 148 km. — C. del centro de Cuba (Villa Clara).

saguaipé m. *Arg.* Gusano parásito hermafrodita del hígado de los carneros. ‖ Enfermedad que produce.

Saguenay, río al E. del Canadá (Quebec), afl. del San Lorenzo ; 200 km. Centrales hidroeléctricas.

Saguia el-Hamra, parte norte del Sáhara Occidental.

saguntino, na adj. y s. De Sagunto (España).

Sagunto, c. del E. de España (Valencia). Teatro, acueducto y templo romanos. Célebre por la heroica resistencia que opusieron a Aníbal sus habitantes (219 a. de J. C.).

Sahagún, mun. al NO. de Colombia (Córdoba). — Mun. al NO. de España (León). Abadía benedictina en ruinas ; iglesias mudéjares. ‖ ~ (Ciudad), c. de México (Hidalgo). Industrias.

Sahagún (Fray Bernardino de), religioso franciscano e historiador español (¿ 1499 ?-1590). Vivió en México y escribió en lengua náhuatl *Historia general de las cosas de Nueva España.*

Sáhara, mejor que **Sahara,** gran desierto de África, el mayor del mundo, de 5 000 km de longitud desde el Atlántico al mar Rojo y 2 000 de las vertientes meridionales de las cadenas montañosas del Atlas y del litoral del Mediterráneo oriental a una línea que une Saint-Louis a Jartum. Dividido entre Marruecos, Argelia, Túnez, Libia, Egipto, Sudán, Chad, Níger, Malí, Mauritania y Sáhara Occidental. Riquezas naturales (hierro en Mauritania, gas natural y especialmente petróleo en Libia y Argelia). ‖ ~ **Occidental,** territorio correspondiente al antiguo Sáhara español ; 266 000 km² ; 80 000 h. Fosfatos. Fue provincia española de 1958 a 1976. Ocupado por Marruecos y Mauritania, a pesar de la oposición del Frente Polisario que desea fundar un estado saharahuí independiente. Mauritania se retiró en 1979.

Saharanpur, c. del N. de la India (Uttar Pradesh). Metalurgia.

saharaui adj. y s. Del Sáhara Occidental.

sahariana f. Chaqueta holgada y fresca.

sahariano, na o **sahárico, ca** adj. y s. Del Sáhara.

Sahel, región natural de África en parte de los estados de Senegal, Malí, Níger, Chad y Sudán.

Sahuaripa, c. y río del NO. de México (Sonora), afl. del Yaqui.

Sahuayo, v. y mun. en el SO. de México (Michoacán). Turismo.

sahumar v. t. Dar humo aromático a una cosa (ú. t. c. pr.).

Saián o **Sayansk,** cadena montañosa en el E. de Asia, entre Siberia y Mongolia ; 3 491 m.

Saida, ant. *Sidón,* c. y puerto en el O. del Líbano. — C. del E. de Argelia, cap. del dep. homónimo.

Saigón, hoy *Ciudad Ho Chi Minh,* c. del Vietnam, en el S. del país ; 1 850 000 h. Puerto. Centro administrativo, comercial e industrial.

Sailler (Jerónimo), comerciante alemán del s. XVI, que estuvo en Venezuela al servicio de los Welser.

saimiri m. Mono pequeño de América Central y del Sur, de cola larga.

sain m. Grasa de un animal.

Sain Alto, mun. en el centro de México (Zacatecas).

sainete m. Obra teatral corta, de asunto jocoso y carácter popular.

sainetero, ra o **sainetista** m. y f. Autor de sainetes.

sainetesco, ca adj. Relativo al sainete, cómico, jocoso.

saíno m. Mamífero paquidermo de América del Sur, parecido al jabato, sin cola, con cerdas largas y una glándula en lo alto del lomo por donde segrega un humor fétido.

Saint ~ **Albans,** c. de la Gran Bretaña en el N. de Londres (Hertford). Catedral. ‖ ~ **-André,** c. de la isla de la Reunión. ‖ ~ **Andrews,** c. del N. de Gran Bretaña en Escocia. Universidad. Turismo. ‖ ~ **-Benoît,** c. de la isla de la Reunión. ‖ ~ **-Brieuc,** c. del O. de Francia, a orillas de la Mancha, cap. del dep. de Côtes-du-Nord. Obispado. ‖ ~ **-Catharines,** c. al S. del Canadá (Ontario), al S. de Toronto. ‖ ~ **-Cloud,** pobl. de Francia (Hauts-de-Seine), cerca de París. Hipódromo. ‖ ~ **-Cyr-l'École,** pobl. de Francia (Yvelines), cerca de Versalles. Academia militar de 1808 a 1940. ‖ ~ **Chamond,** mun. al E. de Francja (Loire). ‖ ~ **-Denis,** c. de Francia (Seine-Saint-Denis), al N. de París. Obispado. Catedral con los sepulcros de los reyes de Francia. Centro industrial. ‖ ~ **-Denis-de-la-Reunión,** cap. de la isla francesa de la Reunión, en la parte septentrional del país ; 130 000 h. Puerto. ‖ ~ **-Dié,** c. del E. de Francia (Vosges), a orillas del Meurthe. Obispado. ‖ ~ **-Émilion,** pobl. del SO. de Francia (Gironde). Vinos. ‖ ~ **-Étienne,** c. del SE. del centro de Francia, cap. del dep. del Loire. Cuenca hullera. Centro metalúrgico y textil. Universidad. ‖ ~ **-Flour,** c. en el centro de Francia (Cantal). Obispado. ‖ ~ **-François,** río al SE. del Canadá (Quebec), emisario del lago del mismo nombre y afluente del río San Lorenzo ; 260 km. ‖ ~ **-Gall,** c. en el SE. de Suiza, cap. del cantón homónimo. Obispado. Abadía benedictina. ‖ ~ **-Germain-en-Laye,** c. de Francia (Yvelines), en el NO. de París. Palacio. ‖ ~ **-Gervais-les-Bains,** c. del E. de Francia (Haute-Savoie). Estación termal y de esquí. ‖ ~ **Helens,** c. de Gran Bretaña, al E. de Inglaterra y cerca de Liverpool (Lancashire). ‖ ~ **-Hélier,** c. de la isla de Jersey (islas Anglonormandas). ‖ ~ **-Jean,** lago al SE. del Canadá (Quebec). — Río de los Estados Unidos (Maine) y Canadá (Nuevo Brunswick) ; 720 km. ‖ ~ **John,** c. y puerto al E. del Canadá (Nuevo Brunswick). Obispado. Universidad. ‖ ~ **John's,** c. y puerto al E. del Canadá, cap. de la isla de Terranova. — C. de la isla Antigua (Antillas). ‖ ~ **-Laurent,** c. al SE. del Canadá (Quebec), suburbio de Montreal. ‖ ~ **-Léonard,** c. al SE. del Canadá (Quebec), surburbio

de Montreal. ‖ ~ **-Lô,** c. del NO. de Francia, cap. del dep. de la Manche. ‖ ~ **Louis,** c. en el centro de los Estados Unidos (Misuri), a orillas del Misisipí y del Misuri. Metalurgia. Sede de los Juegos Olímpicos en 1904. ‖ ~ **-Louis,** c. de la isla de la Reunión. — C. y puerto en una isla del Senegal. ‖ ~ **-Malo,** c. y puerto del NO. de Francia (Ille-et-Vilaine). ‖ ~ **-Maurice,** río del Canadá, afl. del San Lorenzo ; 520 km. ‖ ~ **-Moritz,** estación de deportes de invierno al E. de Suiza (Grisones), a orillas del lago homónimo. ‖ ~ **-Nazaire,** c. al O. de Francia (Loire-Atlantique), en la desembocadura del Loira. Industrias. Astilleros. Construcciones aeronáuticas. ‖ ~ **-Nicolas,** c. de Bélgica (Flandes Oriental). ‖ ~ **-Ouen,** c. de Francia (Seine-Saint-Denis), al NO. de París y a orillas del Sena. Central térmica. ‖ ~ **Paul,** c. en el NO. del centro de Estados Unidos, cap. de Minnesota, a orillas del Misisipi. Puerto fluvial. Arzobispado. ‖ ~ **-Paul,** c. de la isla de la Reunión. ‖ ~ **Petersburg,** c. y puerto al SE. de los Estados Unidos (Florida). Turismo. ‖ ~ **-Pierre,** c. y puerto de pesca del archipiélago de Saint-Pierre-et-Miquelon. ‖ ~ **-Pierre-des-Corps,** c. de Francia (Indre-et-Loire), suburbio de Tours. ‖ ~ **-Pierre-et-Miquelon,** archipiélago de Terranova ; cap. *Saint-Pierre* ; 242 km². Pertenece a Francia desde 1536. ‖ ~ **-Quentin.** V. SAN QUINTÍN. ‖ ~ **-Quentin-en-Yvelines,** c. de Francia, de reciente creación, entre Versalles y Rambouillet. ‖ ~ **-Raphaël,** pobl. del SE. de Francia, a orillas del Mediterráneo (Var). ‖ ~ **-Tropez,** estación balnearia en el SE. de Francia (Var). ‖ ~ **-Vincent,** V. SAN VICENTE. ‖ ~ **-Exupéry** (ANTOINE DE), aviador y escritor francés (1900-1944), autor de *Vuelo nocturno, Piloto de guerra, Tierra de hombres* y el relato poético *El principito.* ‖ ~ **-John Perse** (Alexis LÉGER, llamado), diplomático y poeta francés (1887-1975), autor de *Elogios, Anábasis, Exilio.* (Pr. Nobel, 1960). ‖ ~ **Just** (LOUIS ANTOINE LÉON), filósofo y político francés (1767-1794), miembro del Comité de Salud Pública. M. guillotinado. ‖ ~ **-Pierre** (BERNARDIN DE). V. BERNARDIN DE SAINT-PIERRE. ‖ ~ **-Saëns** (CAMILLE), músico francés (1835-1921), autor de óperas (*Sansón y Dalila, Enrique VIII*), de poemas sinfónicos, conciertos, etc. ‖ ~ **-Simon** (LOUIS DE ROUVROY, duque de), escritor francés (1675-1755), autor de *Memorias,* relato de la vida en el reinado de Luis XIV. ‖ ~ **-Simon** (CLAUDE HENRI, conde de), filósofo y economista francés (1760-1825), jefe de una escuela precursora del socialismo moderno.

Sainte-Beuve (Charles-Augustin), escritor francés (1804-1869), autor de poesías románticas y de obras de crítica e historia literaria (*Charlas del lunes, Port-Royal,* etc.).

Saintes, c. en el O. del centro de Francia (Charente-Maritime). ‖ **(Les),** islas francesas de las Antillas ; cap. *Terre-de-Haut.*

Sainz (Gustavo), escritor mexicano, n. en 1940, autor de *Gazapo,* especie de autobiografía de su juventud. ‖ ~ **de Baranda** (PEDRO DE), marino mexicano (1787-1845). Intervino en la batalla de Trafalgar y fue diputado en las Cortes españolas de 1820. ‖ ~ **de Robles** (Federico Carlos), crítico literario, ensayista, historiador y cronista español (1899-1982).

Saipan, isla del Pacífico en las Marianas ; 185 km². Fideicomiso de los Estados Unidos. Fue española hasta el año 1899.

saja y **sajadura** f. Corte, incisión en la carne.

Sajalin o **Sakhalin,** isla montañosa entre el mar de Ojotsk y el del Japón ; 87 100 km². Hulla, petróleo. Pertenece a la U. R. S. S. desde 1945. — V. AMUR.

Sajama, pico al SO. de Bolivia, en la cord. Occidental cerca de la frontera chilena ; 6 520 m. — Prov. del O. de Bolivia (Oruro). Cap. *Curahuara de Carangas.*

sajar v. t. Hacer cortes en la carne.

Sájara. V. SÁHARA.

Sajarov (Andrei Dmitrievich), físico soviético, n. en 1921, defensor de

derechos del hombre en su país. (Pr. Nobel de la Paz, 1975.)

sajón, ona adj. y s. De Sajonia. ‖ Aplícase a los individuos de un pueblo germánico que vivía en la desembocadura del Elba y parte del cual se trasladó a Inglaterra en el siglo V. ‖ — Adj. y s. m. Dícese del antiguo y bajo idioma alemán.

Sajonia, región situada en Alemania Oriental, en la cuenca media del Elba. C. pr.: *Dresde, Leipzig, Karl-Marx-Stadt, Zwickau.* Ducado desde el siglo IX, Sajonia se unió a Polonia en el XVIII, formó un reino de 1806 a 1918 y luego una república. ‖ ~ **-Anhalt,** ant. Est. de Alemania Oriental, suprimido en 1952. Cap. *Halle.* ‖ ~ **(Baja),** Est. de Alemania Occidental, formado en 1946 con la ant. prov. de Hannover, Brunswick, Oldenburgo, etc. Cap. *Hannover.* ‖ ~ **Coburgo Gotha,** ant. principado de Alemania repartido entre Baviera y Turingia. ‖ ~ **Weimar Eisenach** (GRAN DUCADO DE), ant. Est. de Alemania, incorporado hoy a Turingia.

sajú m. Mono capuchino.

Sakai, c. y puerto del Japón en el SE. de la isla de Honshu.

Sakarya, río al E. de Turquía que desemboca en el mar Negro ; 650 km.

Sakhalin. V. SAJALÍN.

Sakuntala o *El anillo del destino,* drama sánscrito de Kalidasa (s. IV-V a. de J. C.).

sal f. Sustancia cristalina de gusto acre, soluble en el agua, que se emplea como condimento y para conservar la carne o el pescado. ‖ *Quím.* Compuesto que resulta de la acción de un ácido que resulta de la acción de un ácido o de un óxido ácido sobre una base, o de la acción de un ácido sobre un metal. ‖ *Fig.* Agudeza, gracia : *sátira escrita con mucha sal.* ‖ Garbo, salero : *una mujer con mucha sal.* ‖ *Méx. Fam.* Desgracia, infortunio. ‖ — Pl. Sales volátiles, generalmente amoniacales, que se dan a respirar con objeto de reanimar. ‖ Sustancias cristaloides, perfumadas, que se mezclan con el agua del baño. ‖ *Méx. Fig. Echarle a uno la sal,* provocar que uno tenga mala fortuna o suerte. ‖ *Sal amoníaco,* clorhidrato de amoníaco. ‖ *Fig. Sal gorda,* gracia chabacana.

sala f. Pieza principal de una casa : *sala de recibir, de estar.* ‖ Local para reuniones, fiestas, espectáculos, etc. : *sala de espera, de cine.* ‖ Público reunido en este local. ‖ Dormitorio en un hospital : *sala de infecciosos.* ‖ Sitio donde se constituye un tribunal de justicia : *sala de lo criminal.* ‖ Conjunto de magistrados o jueces que entienden sobre determinadas materias. ‖ *Sala de armas,* la destinada al aprendizaje de la esgrima. ‖ *Sala de batalla,* en las oficinas de Correos, local donde se hace el apartado. ‖ *Sala de fiestas,* establecimiento público donde se puede bailar y donde suelen presentarse espectáculos de variedades.

Sala (Emilio), pintor histórico y costumbrista español (1850-1910).

salacidad f. Inclinación a la lujuria.

salacot m. Sombrero en forma de casco, usado en los países tropicales, fabricado con tejido de tiras de cañas.

saladería f. *Arg.* Industria de salar carnes.

saladero m. Lugar destinado para salar las carnes o pescados. ‖ *Riopl.* Matadero grande.

saladillo adj. m. Aplícase al tocino fresco poco salado.

Saladillo, partido al E. de la Argentina (Buenos Aires). — Pobl. de la Argentina (Córdoba).

Saladino I (1138-1193), sultán de Egipto desde 1171 y de Siria desde 1174. Derrotó a los cristianos de la Tercera Cruzada y conquistó Jerusalén (1187).

salado, da adj. Que tiene sal : *mantequilla salada.* ‖ Aplícase a los alimentos que tienen sal en exceso : *la sopa está salada.* ‖ *Fig.* Gracioso : *un niño muy salado.* ‖ *Amer.* Desgraciado. ‖ *Riopl.* Muy caro o costoso. ‖ *Fig. ¡Qué salado !* ¡qué gracioso !

Salado, río en el NO. de la Argentina y su nacimiento (Puna de Atacama) recibe el n. de *Calchaquí* y después el de *Guachipas* y *Pasajes.*

Des. en el Paraná ; 2 000 km. Llamado tb. *Salado del Norte* y *Juramento*. — Río al E. de la Argentina en la prov. de Buenos Aires, que des. en la bahía de Samborombón ; 700 km. — Río de la Argentina, afl. del Colorado, que limita las provincias de Mendoza y San Luis ; 2 000 km. — Río del O. de México (Taumalipas y Coahuila), afl. del Bravo ; 590 km. — Riachuelo del S. de España (Cádiz), en cuyas orillas Alfonso XI venció a los benimerines (1340). || ~ **(Gran Lago)**, marismas en el O. del centro de Estados Unidos, cerca de Salt Lake City (Utah) ; 4 690 km².

Salado Álvarez (Victoriano), escritor y diplomático mexicano (1867-1931), autor de trabajos históricos y filológicos.

salador, ra adj. Aplícase a la persona que sala (ú. t. c. s.).

Salamá, c. en el centro de Guatemala, cáp. del dep. de Baja Verapaz.

salamanca f. *Arg.* Salamandra de cabeza chata. | Hechicería.

Salamanca, c. de España al NO. de Madrid, cap. de la prov. homónima (León), a orillas del Tormes. Obispado. Universidad (fundada hacia 1220). Puente romano ; catedrales (románica y gótica) ; plaza Mayor. La prov. es rica zona ganadera y agrícola. — Isla al NO. de Colombia en la des. del río Magdalena. Parque nacional. — C. de Chile en la IV Región (Coquimbo) y en la prov. de Choapa, cap. de la com. de su n. — C. en el centro de México (Guanajuato). Refinería de petróleo.

Salamanca (Daniel), político boliviano (1863-1935), pres. de la Rep. de 1931 a 1934. En su mandato estalló la guerra del Chaco (1932). || ~ (JOSÉ DE), banquero y político español, n. en Málaga (1811-1883). Construyó las principales líneas de ferrocarriles en su país. Fue *marqués de Salamanca.*

salamandra f. Batracio urodelo que vive en los sitios oscuros y húmedos y se alimenta de insectos. || Estufa de combustión lenta para calefacción.

salamanquesa f. Saurio terrestre parecido a la lagartija.

salamateco, ca adj. y s. De Salamá (Guatemala).

salame y **salami** m. Embutido de carne de vaca y de cerdo.

Salamina, isla y c. de Grecia al O. del Pireo y frente a Atenas (Ática). Victoria naval de los griegos contra los persas en 480 a. de J. C. — Mun. en el centro oeste de Colombia (Caldas).

salar m. *Arg.* Salina.

salar v. t. Echar en sal : *salar tocino.* | Poner sal. || *Amer.* Estropear. | Deshonrar. | Traer mala suerte.

salariado m. Modo de remuneración del trabajador por medio del salario exclusivamente.

salarial adj. Del salario : *Masa salarial,* conjunto de las remuneraciones de los trabajadores asalariados.

salariar v. t. Asalariar.

salario m. Remuneración de la persona que trabaja por cuenta ajena en virtud de un contrato laboral : *un salario insuficiente.* — *Salario base* o *básico,* cantidad mensual utilizada para calcular las prestaciones familiares y sociales. || *Salario bruto,* salario antes de hacer la deducción de las cargas sociales, por oposición a *salario neto.* || *Salario mínimo,* el menor que se puede pagar a un trabajador según la ley.

Salarrué. V. SALAZAR ARRUÉ.

Salas, v. al N. de España (Asturias). — Mun. al NO. del Perú (Lambayeque).

Salas (Antonio), pintor ecuatoriano (1795-1860), autor de cuadros religiosos y de retratos. || ~ (CARLOS), escultor barroco español (1728-1788). || ~ (HORACIO), poeta y ensayista argentino, n. en 1938. || ~ (JOSÉ PERFECTO DE), jurisconsulto y erudito chileno, n. en Buenos Aires (1714-1778). Su hijo MANUEL (1753-1841) participó en la independencia de Chile y contribuyó al desarrollo cultural de este país. || ~ (JUAN DE), escultor español del s. XVI. || ~ (TITO), pintor venezolano (1889-1974), notable colorista. || ~ **Barbadillo** (ALONSO JERÓNIMO DE), escritor español (1581-1635), autor de novelas picarescas y de algunos entremeses. || ~

Barraza (JESÚS), revolucionario y militar mexicano (1888-1951). Luchó contra Pancho Villa en Chihuahua. || ~ y **Castro** (ESTEBAN DE), músico cubano (1725-1803), autor de misas, salmos y motetes.

Salavarrieta (Policarpa), heroína colombiana. V. POLA (*La*).

Salaverria (José María), novelista y periodista español (1873-1940).

Salaverry (Carlos Augusto), poeta y dramaturgo romántico peruano (1830-1891). || ~ (FELIPE SANTIAGO DE), general peruano (1806-1836), padre del anterior. Fue pres. de la Rep. en 1835. M. fusilado.

salaz adj. Lujurioso.

Salazar, c. en el NE. de Colombia (Santander).

Salazar (Adolfo), musicógrafo y compositor español (1890-1958), autor de numerosas composiciones y de tratados musicales. Residió en México. || ~ (ANTONIO DE OLIVEIRA), político portugués (1889-1970). Presidente del Consejo en 1932, estableció un régimen de carácter corporativo. En 1968, una grave enfermedad le obligó a abandonar el Poder. || ~ **Arrué** (SALVADOR), cuentista y novelista salvadoreño (1899-1975), autor de *El Cristo negro, El señor de la burbuja, O'Yar Kandal, Cuentos de barro,* etc. Utilizó el seudónimo de *Salarrué.* || ~ **Bondy** (SEBASTIÁN), escritor peruano (1924-1965), autor de poesías (*Voz de la vigilia, Tres confesiones, Cuadernillo de oriente,* etc.), novelas (*Alférez Arce, Teniente Arce, Capitán Arce*) y ensayos (*Lima la horrible*) Ha escrito numerosas obras de teatro de carácter social, histórico, psicológico y comedias (*Amor, gran laberinto, Los novios, Rodil, Flora Tristán, El fabricante de deudas,* etc.). || ~ **de Espinoza** (JUAN DE), conquistador español (1508-1560), que fundó, con Gonzalo de Mendoza, Asunción del Paraguay (1537). || ~ y **Torres** (AGUSTÍN DE), poeta gongorista mexicano, n. en España (1642-1675). || ~ y **Viniegra** (LEOPOLDO), médico psiquiatra mexicano (1898-1957).

salazarismo m. Doctrina y régimen de O. Salazar en Portugal.

salazarista adj. Relativo al salazarismo. | Partidario de él (ú. t. c. s.).

salazón f. Acción y efecto de salar o curar con sal carnes, pescados, etc. | Carnes o pescados salados. || Industria y comercio que se hace con ellos. || *Amér.* C. Desgracia, mala suerte.

Salcantay, cerro nevado al SE. del Perú (Cuzco) ; 6 264 m.

salcedense adj. y s. de la ciudad y prov. de Salcedo (Rep. Dominicana).

Salcedo, c. del N. de la Rep. Dominicana, cap. de la prov. homónima. — Cantón en el centro del Ecuador (Cotopaxi).

salcochar v. t. Cocer un alimento sólo con agua y sal.

salcocho m. *Amer.* Preparación de un alimento, que se condimentará después, cociéndolo sólo con agua y sal. || *Cub.* Desperdicios de comida.

salchicha f. Embutido, en tripa delgada, de carne de cerdo bien picada y sazonada.

salchichería f. Tienda en que se venden salchichas y otros productos sacados del cerdo.

salchichón m. Embutido de jamón, tocino y pimiento en grano, prensado y curado, que se come crudo.

Saldanha, puerto meridional de minerales en la Rep. de África del Sur (El Cabo). Siderurgia.

Saldaña, v. de España (Palencia).

saldar v. t. Liquidar enteramente una cuenta, unas deudas : *saldar una factura.* || Vender a bajo precio una mercancía : *saldar los géneros de fin de temporada.* || *Fig.* Liquidar, acabar con.

saldo m. Liquidación de una deuda. | Diferencia entre el debe y el haber de una cuenta : *saldo deudor.* || Mercancías que saldan los comerciantes para deshacerse de ellas. | *Fig.* Resultado. | Cosa de poco valor.

Sálduba, ant. n. de Zaragoza.

saldubense adj. y s. De la antigua Sálduba (Zaragoza).

Salé, c. en el O. de Marruecos (Rabat), en la costa del Atlántico. Industrias. Aeropuerto.

saledizo adj. Saliente, que sobresale. || M. *Arq.* Salidizo.

Salem, c. en el NO. de Estados Unidos, cap. del Estado de Oregón. — C. del NE. de Estados Unidos (Massachusetts). — C. en el S. de la India (Tamil Nadu).

Salerno, c. al SO. de Italia (Campania), cap. de la prov. del mismo n., a orillas del golfo homónimo. Escuela de Medicina célebre en la Edad Media. Catedral (s. XI). Arzobispado.

salero m. Recipiente en que se pone la sal en la mesa. || Almacén donde se guarda sal. || *Fig.* y *fam.* Gracia, donaire : *muchacha de mucho salero.* || *Méx. Fam.* Desgracia, infortunio.

saleroso, sa adj. *Fig.* y *fam.* Que tiene salero o gracia. | Divertido.

salesa f. Religiosa de la Visitación.

salesiano, na adj. y s. Aplícase a los religiosos de la sociedad de San Francisco de Sales. (La *congregación de los Salesianos* fue fundada por San Juan Bosco, en Turín, en el año 1859.)

Salford, c. de Gran Bretaña en Inglaterra (Lancashire), al NE. de Manchester. Obispado. Universidad.

Salgado (Luis H.), compositor ecuatoriano, n. en 1903, autor de óperas, ballets, sinfonías, obras para piano, conciertos, cuartetos, etc.

Salgar, mun. de Colombia (Antioquia). Cobre.

Salgar (Eustorgio), general colombiano (1831-1885), pres. de la Rep. de 1870 a 1872.

Salgari (Emilio), escritor italiano (1863-1911), popular autor de numerosas novelas de aventuras.

Salí o **Dulce,** río de la Argentina, que nace en la sierra de Aconquija y con el n. de *Hondo* penetra en Santiago del Estero ; des. en Mar Chiquita (Córdoba).

salicáceo, a adj. Dícese de árboles y arbustos angiospermos y dicotiledóneos, como el sauce, el álamo y el chopo (ú. t. c. s. f.). || — F. pl. Familia que forman.

sálico, ca adj. Relativo a los salios o francos. || *Ley sálica,* la que excluía a las hembras de la sucesión a la tierra y a la corona. (La *ley sálica* fue introducida en España por Felipe V en 1713. Su abolición por Fernando VII, en 1830, fue una de las causas de las guerras carlistas.)

salida f. Acción de salir : *presenciar un accidente a la salida del trabajo ; la salida del Sol.* | Parte por donde se sale de un sitio : *salida de emergencia.* || *Com.* Despacho o venta de los géneros : *dar salida a una mercancía.* | Posibilidad de venta : *buscar salida a los ** productos.* | Publicación, aparición : *la salida de un periódico.* | *Fig.* Posibilidad abierta a la actividad de alguien : *las carreras técnicas tienen muchas salidas.* | Escapatoria, evasiva. | Solución : *no veo salida a este asunto.* | Ocurrencia : *tener una buena salida.* | Dinero sacado de una cuenta para pagar las deudas contraídas. || Campo contiguo a las puertas de una población. | Parte que sobresale algo. || *Mil.* Acometida violenta de los sitiados contra los sitiadores. | Misión de combate efectuada por un avión. || En informática, transferencia de datos procesados y de resultados desde la unidad de tratamiento del ordenador a soportes de información externos. || ~ *de baño,* especie de albornoz. | ~ *de emergencia,* salida para abandonar un sitio en caso de siniestro. || *Fig.* y *fam. Salida de pie de banco,* despropósito, tontería. | *Salida de tono,* inconveniencia.

salidizo m. *Arq.* Parte de una construcción que sobresale de la pared maestra, como balcón, tejadillo, etc.

saliente adj. Que sale : *ángulo saliente.* | Que sale o abandona algo : *el gobierno saliente.* || — M. Parte que sobresale en la superficie de algo.

Salieri (Antonio), músico italiano (1750-1825), autor de óperas (*Semíramis*) y de misas.

salificar v. t. *Quim.* Convertir en sal una substancia.

salina f. Yacimiento de sal gema. | Sitio donde se evapora el agua del mar para obtener sal.

Salina Cruz, c. y puerto en el S. de México (Oaxaca). Término de un oleoducto. Refinería de petróleo. Pesca. Centro industrial.

Salinar, cultura precolombina mochica (400 a. de J. C.-300 d. de J. C.) en la zona costera del Perú septentrional (cerámica, tejidos).

Salinas, río del N. de Guatemala, afl. del Usumacinta, tb. llamado *Chixoy.* — Pobl. y puerto al O. del Ecuador (Guayas). Centro petrolero. Turismo. — Pobl. al N. de España, cerca de Avilés (Asturias). — C. en el centro de México (San Luis Potosí). — Mun. de Puerto Rico (Guayama). Aeropuerto. ‖ **~ de Garci-Mendoza,** pobl. del O. de Bolivia, cap. de la prov. de Ladislao Cabrera (Oruro). ‖ **~ Grandes,** salar de la Argentina, entre las prov. de Santiago del Estero, Córdoba, Catamarca y La Rioja. 20 000 km².

Salinas (Francisco de), compositor y organista español (1513-1590), autor de un tratado de música. ‖ **~** (PEDRO), escritor español (1891-1951), autor de poesías líricas (*La voz a ti debida, Presagios, Seguro azar, El contemplado, Razón de amor, Todo más claro*), novelas (*El desnudo impecable*), obras de teatro (*Los santos de palo, La estratosfera, Judith y el tirano, El director*), estudios de historia literaria y ensayos. Vivió exiliado en los Estados Unidos. Perteneció a la Generación del 27. ‖ **~ Lozano** (RAÚL), economista mexicano, n. en 1917.

Salinger (Jerome David), escritor norteamericano, n. en 1919, autor de cuentos y relatos.

salinidad f. Calidad de salino. ‖ Proporción de sales en el agua del mar.

salino, na adj. Que contiene sal.

salio, lia adj. Dícese de los individuos de un ant. pueblo franco de Germania. Ú. t. c. s.: *los salios se establecieron en Holanda a orillas del Yssel.* ‖ Relativo a los sacerdotes de Marte. ‖ — M. Sacerdote de Marte en la Roma antigua.

salir v. i. Pasar de la parte de adentro a la de afuera: *salir al jardín.* ‖ Abandonar un sitio donde se había estado cierto tiempo: *saldremos para Barcelona.* ‖ Marcharse: *saldremos para Barcelona.* ‖ Dejar cierto estado: *salir de la niñez.* ‖ Escapar, librarse: *salir de apuros.* ‖ Haberse ido fuera de su casa: *la señora ha salido.* ‖ Ir de paseo: *salir con los amigos.* ‖ Dentro de un mismo recinto, ir a otro sitio para efectuar cierta actividad: *salir a batirse, a escena.* ‖ Verse con frecuencia un chico y una chica, generalmente como etapa previa al noviazgo: *Conchita sale ahora mucho con Ricardo.* ‖ Franquear cierto límite: *salir del tema.* ‖ Aparecer: *ha salido el Sol.* ‖ Brotar, nacer: *ya ha salido el maíz.* ‖ Quitarse, desaparecer una mancha: *Sobresalir, resaltar: *esta cornisa sale mucho.* ‖ Resultar: *el arroz ha salido muy bueno:* este niño ha salido muy estudioso. ‖ Proceder: *salir de la nobleza.* ‖ Presentarse: *me salió una buena oportunidad.* ‖ Deshacerse de una cosa: *ya se salió de esta mercancía.* ‖ Mostrarse en público: *mañana saldré en la televisión.* ‖ Costar: *cada ejemplar me sale a veinte dólares.* ‖ Iniciar un juego. ‖ Encontrar la solución: *este problema no me sale.* ‖ Presentarse al público, aparecer: *ha salido un nuevo periódico.* ‖ Hablar u obrar de una manera inesperada: *¿ahora sales con eso ?* ‖ Deducirse: *de esta verdad salen tres consecuencias.* ‖ Tener buen o mal éxito algo: *salir bien en un concurso.* ‖ Dar cierto resultado un cálculo: *esta operación me ha salido exacta.* ‖ Parecerse una persona a otra: *este niño ha salido a su padre.* ‖ Ser elegido por suerte o votación: *Rodríguez salió diputado.* ‖ Ser sacado en un sorteo: *mi billete de lotería no salió.* ‖ Dar, desembocar: *este callejón sale cerca de su casa.* ‖ Manifestar: *el descontento le sale a la cara.* ‖ — A lo que salga o salga lo que salga, sin preocuparse de lo que pueda resultar. ‖ Salir adelante, vencer las dificultades. ‖ Salir a relucir, surgir en la conversación. ‖ Salir con, conseguir: *lo salido con lo que quería.* ‖ Salir del paso, cumplir una obligación se como se puede. ‖ Salir ganando en algo, ser beneficiado. ‖ Salir mal con uno, enfadarse con él.

‖ *Fam. Salir pitando,* irse muy rápidamente. ‖ *Salir por,* defender a alguien ; reunir dinero de varias procedencias : *entre las clases y las traducciones salgo por muchos miles de pesos.* ‖ — V. pr. Irse un fluido del sitio donde está contenido, por filtración o rotura : *el gas se sale.* ‖ Dejar escaparse el fluido que contenía un recipiente : *esta botella se sale.* ‖ Rebosar un líquido al hervir : *la leche se salió.* ‖ Dejar de pertenecer : *Ricardo se salió del Partido Socialista.* ‖ — *Salirse con la suya,* conseguir lo que uno deseaba. ‖ *Salirse de la vía,* descarrilar. ‖ *Salirse de lo normal,* ser extraordinario. ‖ *Salirse por la tangente,* soslayar una pregunta difícil.

Salisachs (Mercedes), novelista española, n. en 1916, autora de *Adagio sentimental, La gangrena, La sinfonía de las moscas,* etc.

Salisbury, Harare desde 1982, cap. de Zimbabwe, antes Rodesia del Sur, al NE. del país ; 650 000 h. Arzobispado. Metalurgia. — C. de Gran Bretaña, al S. de Inglaterra. Llamada también *New Sarum.*

Salisbury (Juan de). V. JUAN DE SALISBURY. ‖ **~** (ROBERT CECIL, marqués de), político inglés (1830-1903), jefe del Partido Conservador y primer ministro (1885-1892, 1895-1902). Combatió el nacionalismo irlandés.

salitre m. Nitro.

saliva f. Líquido claro, alcalino y algo viscoso, que segregan ciertas glándulas y va a verterse en la boca. ‖ — *Fig. y fam. Gastar saliva en balde,* hablar para nada. ‖ *Tragar saliva,* tener que guardar silencio uno ante algo que le molesta u ofende.

salivación f. Acción de salivar. ‖ Secreción abundante de saliva.

salivadera f. *Amer.* Escupidera.

salivajo m. *Fam.* Escupitajo.

salival y **salivar** adj. Relativo a la saliva. ‖ Que la segrega.

salivar v. i. Segregar saliva.

salivazo m. *Fam.* Escupitajo.

salivera f. *Amer.* Escupidera.

Salk (Jonas Edward), bacteriólogo norteamericano, n. en 1914, uno de los descubridores de la vacuna contra la poliomielitis (1955).

Salmanasar, n. de cinco reyes de Asiria en ss. IX a. de J. C.

salmanticense y **salmantino, na** adj. y s. De Salamanca (España).

Salmerón y Alonso (Nicolás), político y filósofo español (1837-1908), presidente de la Primera República española en 1873.

salmo m. Cántico sagrado de los hebreos y de los cristianos que contiene alabanzas a Dios. (Los *salmos* atribuidos a David comprenden 150 cantos y forman un libro de la Biblia.)

salmodia f. Manera particular de cantar los salmos. ‖ *Fig. y fam.* Canto monótono, canturreo.

salmodiar v. t. e i. Rezar o cantar salmos. ‖ — V. t. Cantar de manera monótona y mogocorde.

salmón m. Pez fluvial y marino teleósteo, parecido a la trucha, de carne rosa pálido muy estimada. ‖ — Adj. Del color del salmón, asalmonado : *el torero llevaba un vistoso traje salmón y oro.*

salmonete f. Pez marino teleósteo rojizo de carne muy sabrosa.

salmuera f. Agua que contiene mucha sal. ‖ Líquido salado en el cual se conservan carnes y pescados.

Saló, mun. al NO. de Italia en Lombardía (Brescia), a orillas del lago de Garda.

salobral adj. Dícese del terreno que contiene sal.

salobre adj. Que contiene sal o tiene sabor de sal : *agua salobre.*

Salobreña, v. y puerto del S. de España (Granada). Castillo.

salobridad f. Calidad de salobre.

Salom (Jaime), dramaturgo y médico español, n. en 1925, autor de *Cita los sábados, La casa de las chivas, El baúl de los disfraces, Los delfines,* etc.

saloma f. Canto armonioso entonado por los que trabajan juntos.

Salomé, princesa judía (m. hacia el año 72 después de J. C.), hija de Herodes Filipo. Hizo cortar la cabeza a San Juan Bautista.

Salomé Jil. V. MILLA (José).

salomón m. *Fig.* Hombre de gran sabiduría.

Salomón, archipiélago de Melanesia, dividido, en 1899, entre Gran Bretaña y Alemania. La parte alemana estuvo bajo tutela de Australia desde 1921 y depende actualmente de Papuasia-Nueva Guinea. La parte británica alcanzó la independencia en 1978 (28 000 km² ; 210 000 h. ; cap. Honiara).

Salomón, rey de Israel de 970 a 931 a. de J. C., hijo y sucesor de David. Construyó el templo de Jerusalén y se le atribuye el *Libro de los Proverbios, El Cantar de los Cantares* y *El Eclesiastés.*

salomónico, ca adj. Relativo a Salomón. ‖ *Fig.* Que contenta a las dos partes : *juicio salomónico.* ‖ *Arq.* Columna salomónica, la de fuste en espiral.

salón m. Sala grande : *salón de actos.* ‖ En una casa, cuarto donde se reciben las visitas. ‖ Muebles de él. ‖ Nombre dado a ciertos establecimientos : *salón de té, de peluquería.* ‖ Exposición : *salón del automóvil.*

Salona. V. ANFISA.

Salónica. V. TESALÓNICA.

Salop, condado de Gran Bretaña al E. de Inglaterra, fronterizo con el País de Gales ; cap. *Shrewsbury.*

Salou, cabo y barrio de la pobl. de Vilaseca, en el NE. de España (Tarragona). Estación balnearia.

salpicadero m. Tablero en el automóvil, delante del conductor, donde se encuentran situados algunos mandos y testigos de control.

salpicadura f. Acción y efecto de salpicar. ‖ Mancha producida. ‖ *Fig.* Consecuencia de algo.

salpicar v. t. Rociar, esparcir gotas menudas. ‖ Manchar con gotas de una materia líquida : *salpicar el vestido con el café.* ‖ *Fig.* Esparcir, diseminar : *valle salpicado de caseríos.* ‖ Amenizar una conversación o texto con datos diversos : *el orador salpicó su conferencia con anécdotas.*

salpicón m. Guiso de carne picada o pescado aderezado con pimiento, sal, vinagre y cebolla. ‖ Salpicadura.

salpimentar v. t. Aderezar con sal y pimienta : *salpimentar carne.* ‖ *Fig.* Amenizar, volver más sabroso : *salpimentar su conversación con anécdotas.*

Salpo, distrito al NO. de Perú (La Libertad). Minas (oro, plata).

salsa f. Mezcla de varias sustancias desleídas que se hacen para aderezar los guisos : *salsa verde.* ‖ *Fig.* Cosa que ameniza otra. ‖ *Fam.* Salero. ‖ Música y baile afrocubanos. ‖ *Fig. En su propia salsa,* en su ambiente.

salsera f. Recipiente para servir la salsa en la mesa. ‖ Salserilla.

salsifí m. Planta compuesta de raíz fusiforme, blanca y comestible.

Salsipuedes, canal al O. de México, en la costa oriental de Baja California.

Salt Lake City, c. en el centro oeste de Estados Unidos, cap. del Estado de Utah y a orillas del Gran Lago Salado. Obispado. Industrias. Fue fundada en 1847 por los mormones.

Salta, c. septentrional y al oeste de Argentina, cap. de la prov. homónima. Universidad. Arzobispado. Catedral colonial. La prov. es rica en petróleo, uranio, hierro, azufre y agricultura.

saltador, ra adj. Que salta. ‖ — M. y f. Persona que salta : *saltador de altura.* ‖ — M. Comba para saltar.

saltamontes m. inv. Insecto ortóptero de color verde y con las patas posteriores muy desarrolladas.

saltar v. i. Levantarse del suelo con impulso y ligereza o lanzarse de un lugar a otro : *saltar de alegría ; saltar desde el trampolín.* ‖ Botar una pelota. ‖ Levantarse rápidamente : *al oír eso saltó de la cama.* ‖ Moverse ciertas cosas con gran rapidez : *una chispa saltó de la chimenea.* ‖ Brotar un líquido con violencia : *saltó el champán.* ‖ Estallar, explotar : *el polvorín saltó.* ‖ Desprenderse algo de donde estaba sujeto : *saltó un botón de la americana.* ‖ Romperse, resquebrajarse : *el vaso saltó al echarle agua caliente.* ‖ Salir con ímpetu : *el equipo de fútbol saltó al terreno.* ‖ *Fig. Pasar bruscamente de una cosa a otra : *el* conferenciante *saltaba de un tema a otro.* | Pasar de un sitio a otro sin seguir el orden establecido : *el alumno saltó de cuarto a sexto.* | Decir algo inesperado o inadecuado : *saltó con una impertinencia.* || Reaccionar vigorosamente ante alguna acción o palabras : *saltó al oír semejantes insultos.* | Salir despedido o expulsado : *el ministro ha saltado.* || *Fam. Estar a la que salta,* estar preparado para aprovechar la ocasión. | *Hacer saltar,* lograr expulsar a alguien de un puesto ; enfadar a uno. || *Fig. Saltar a la vista,* ser muy evidente. || — V. t. Franquear de un salto : *saltar una valla.* | Hacer explotar : *saltar un puente.* || Hacer desprender algo del sitio donde estaba alojado : *le saltó un ojo.* || Cubrir el macho a la hembra. || *Fig.* Omitir algo al leer o escribir : *saltar un renglón* (ú. t. c. pr.). || — *Fig. Saltar la tapa de los sesos a uno,* pegarle un tiro en la cabeza. | *Saltarse algo a la torera,* hacer caso omiso de alguna prohibición. || *Saltársele a uno las lágrimas,* empezar a llorar.

salteado m. Alimento sofrito a fuego vivo : *un salteado de ternera.*

salteador m. Persona que saltea y roba en los caminos o despoblados.

saltear v. t. Robar en despoblado a los viajeros. | Hacer algo de una forma discontinua. | Sofreír un manjar a fuego vivo : *saltear patatas.*

salteño, ña adj. y s. De Salta (Argentina). | De Salto (Uruguay).

salterio m. Colección de los salmos de la Biblia. || *Mús.* Instrumento antiguo de forma triangular y cuerdas metálicas, parecido a la cítara.

saltillense adj. y s. De la ciudad de Saltillo (México).

Saltillo, c. en el NE. de México, cap. del Estado de Coahuila. Obispado. Universidad. Agricultura, ganadería. Minas. Industrias.

saltimbanqui com. Titiritero.

salto m. Movimiento brusco producido por la flexión o súbita extensión de los músculos de las piernas por el cual se eleva el cuerpo : *los canguros avanzan a saltos.* || Espacio que se salta : *un salto de dos metros.* || Desnivel grande en el terreno. || Despeñadero profundo. || Cascada de agua. || Lanzamiento al agua del nadador : *el salto de la carpa.* || En atletismo, prueba que consiste en salvar una altura o un espacio : *salto de altura, de longitud, de pértiga.* || *Fig.* Palpitación : *un salto del corazón.* | Cambio brusco, paso de una posición a otra sin pasar por un estado intermedio. | Diferencia grande : *entre aquel hecho y este hay un salto de dos siglos.* | Omisión : *aquí hay un salto en el escrito.* || — *Fig. A salto de mata,* huyendo y escondiéndose ; a lo loco. | *A saltos,* sin continuidad. | *En un salto,* muy rápidamente. | *Salto de agua,* instalación hidroeléctrica movida por el agua que cae de un desnivel. || *Salto de cama,* bata ligera y amplia que se pone la mujer al levantarse. | *Salto de carnero,* el que da el caballo encorvándose para desmontar al jinete. || *Salto mortal,* aquel en que el cuerpo da una vuelta completa en el aire. | *Triple salto,* prueba de atletismo en que hay que franquear la mayor distancia posible en tres saltos.

Salto, c. al este de la Argentina (Buenos Aires). — C. y puerto fluvial en el NO. del Uruguay, cap. del dep. homónimo. Obispado. Central hidroeléctrica. || ~ **(El),** mun. al O. de México (Jalisco). Agricultura y ganadería. Prelatura nullius. || ~ **de Agua,** mun. al SE. de México (Chiapas). || ~ **del Guairá,** c. del Paraguay, cap. del dep. de Canendiyú. || ~ **Grande,** cascada en el río Uruguay en la prov. argentina de Entre Ríos y la uruguaya de Salto. Central hidroeléctrica. Llamada también *Ayuí.*

salubre adj. Saludable.

salubridad f. Calidad de salubre.

Saluces, en ital. *Saluzzo,* c. del NO. de Italia (Piamonte). Obispado.

salud f. Buen estado físico : *gozar de buena salud.* || Estado físico del organismo : *tener buena salud.* || Estado de una colectividad. || Estado de gracia espiritual : *la salud del alma.* || Salva-

ción : *la salud eterna.* || — *Beber a la salud de uno,* brindar por él. || *Fig. Curarse en salud,* precaverse. | *Gastar salud,* gozarla. || *¡ Salud !,* expresión de saludo ; (Amer.) expresión empleada cuando alguien estornuda.

saluda m. Esquela que se redacta en tercera persona y sin firma en la que figura impresa la palabra *saluda.*

saludable adj. Bueno para la salud corporal. || De aspecto sano. || Provechoso para un fin.

saludar v. t. Dar una muestra exterior de cortesía o respeto a una persona que se encuentra o de quien se despide uno : *saludar a un superior.* || Enviar saludos. || Curar por arte de magia. || *Fig.* Aclamar : *saludar el advenimiento de la República.* | Mirar : *el alumno no había saludado la lección.* | Recibir, acoger. || Arriar los barcos por breve tiempo sus banderas en señal de bienvenida o de desear buen viaje. || *Mil.* Dar señales de saludo con descargas, toques de instrumentos, etc.

saludo m. Acción de saludar.

Saluén, río de Asia central y del SE., que nace en el Tíbet y separa Birmania de Tailandia, antes de desembocar en el océano Índico ; 2 500 km.

Salum, río del Senegal que des. en el Atlántico ; 250 km.

Salustio (Cayo Crispo), historiador latino (86-35 a. de J. C.), autor de *Conjuración de Catilina* y *Guerra de Yugurta.*

salutación f. Saludo.

Saluzzo. V. SALUCES.

salva f. Saludo hecho con armas de fuego : *una salva de artillería.* || — *Fig. Gastar la pólvora en salvas,* emplear los medios en cosas inútiles. | *Una salva de aplausos,* aplausos repetidos.

salvación f. Acción y efecto de salvar o salvarse. || Gloria eterna : *la salvación del alma.* || — *Ejército de Salvación,* asociación religiosa fundada en Londres por William Booth (1864). || *Fig. No tener salvación,* no tener remedio.

salvada f. *Amer.* Salvación.

salvado m. Cascarilla que envuelve el grano de los cereales.

salvador, ra adj. Que salva. Ú. t. c. s. : *el salvador de un país.* || — M. Por antonomasia, Jesucristo.

Salvador, ant. *Bahía,* c. y puerto en el E. del Brasil, cap. del Estado de Bahía. Arzobispado. Universidad. Centro turístico. || ~ **(El).** V. EL SALVADOR. — Mun. al E. de Cuba (Guantánamo). — Pobl. al N. de Chile (Atacama). Minas de cobre. || ~ **Alvarado,** mun. al O. de México (Sinaloa).

Salvador (Humberto), escritor ecuatoriano, n. en 1909, autor de novelas naturalistas (*Trabajadores, Camarada, La novela interrumpida, La fuente clara,* etc.) y cuentos. || ~ **Lavado** (JOAQUÍN). V. QUINO.

salvadoreñismo m. Palabra o giro propio de El Salvador. | Carácter salvadoreño. || Amor a El Salvador.

salvadoreño, ña adj. y s. De El Salvador. || — M. Lengua española, hablada, con ciertas particularidades en El Salvador.

salvaguarda f. Salvaguardia.

salvaguardar v. t. Defender, servir de salvaguardia.

salvaguardia f. Salvoconducto que se da a uno para que no sea molestado o detenido. || *Fig.* Protección, defensa : *salvaguardia de la paz.*

salvajada f. Hecho o dicho propio de salvaje. | Crueldad, atrocidad.

salvaje adj. Aplícase a las plantas no cultivadas, silvestres. || Dícese del animal no domesticado : *un potro salvaje.* || Áspero, inculto : *tierra salvaje.* || Que se desarrolla fuera de las reglas o procedimientos corrientes : *huelgas salvajes.* || — Adj. y s. Natural de un país todavía en estado primitivo : *tribu salvaje.* | *Fig.* Sumamente bruto.

salvajismo m. Modo de ser o de obrar propio de los salvajes.

salvamento m. Acción y efecto de salvar o salvarse. || Liberación de un peligro : *organizar el salvamento de los náufragos.* || Lugar en que uno se asegura de un peligro.

salvar v. t. Librar de un peligro : *salvar a un náufrago.* || Sacar de una desgracia : *salvar de la miseria.* || Poner en

seguro : *salvar una obra de arte.* || Dar la salvación eterna : *salvar el alma.* || Evitar, soslayar : *salvar una dificultad.* || Recorrer la distancia que separa dos puntos. || Franquear : *salvar un charco.* || *Fig.* Conservar intacto : *salvar su honra.* || Exceptuar, excluir. || Poner una nota al pie de un documento para que valga lo enmendado o añadido. || — V. pr. Librarse de un peligro. || Alcanzar la gloria eterna.

Salvatierra, mun. en el centro de México (Guanajuato). || ~ **de Miño,** mun. al NO. de España (Pontevedra).

Salvat-Papasseit (Juan), poeta vanguardista español en lengua catalana (1894-1924).

salvavidas adj. inv. *Mar.* Dícese de la boya, chaleco o bote utilizados en caso de naufragio (ú. t. c. s. m.). || — M. Dispositivo de seguridad colocado en las ruedas delanteras de los tranvías para evitar las consecuencias de un atropello.

salve interj. Se emplea en poesía como saludo. || — F. Oración de salutación a la Virgen.

salvedad f. Advertencia que excusa o limita el alcance de lo que se va a decir. | Excepción.

salvia f. Planta labiada aromática.

salvo, va adj. Salvado de un peligro : *sano y salvo.* || Omitido, silenciado : *le dio una patada en salva sea la parte.* || — Adv. Excepto : *haré todo, salvo irme.* || — *A salvo,* en seguridad : *poner a salvo* ; sin daño o menoscabo. | *Salvo que,* a no ser que : *iré a la playa, salvo que llueva.*

salvoconducto m. Documento expedido para que uno pueda transitar por cierto sitio.

Salzach, río de Austria y de Alemania Occidental, afl. del Inn ; 220 km. Pasa por Salzburgo.

Salzburgo, c. en el O. de Austria, cap. de la prov. homónima. Arzobispado. Universidad. Industrias.

Salzgitter, c. de Alemania Occidental (Baja Sajonia). Metalurgia.

Salzillo y Alcaraz (Francisco), escultor español, n. en Murcia (1707-1783), autor de tallas de las escenas de la Pasión y de nacimientos.

Sallent, c. del NE. de España (Barcelona). || ~ **de Gállego,** mun. del N. de España (Huesca). Estación de deportes de invierno de *Formigal.*

Sam (Tío), en ingl. *Uncle Sam,* personaje imaginario que simboliza al Gobierno y a la Nación de los Estados Unidos.

Sama de Langreo. V. LANGREO.

Samacá, mun. y pobl. en el centro oeste de Colombia (Boyacá).

Samaipata, pobl. en el E. de Bolivia, cap. de la prov. de Florida (Santa Cruz). Petróleo.

Samalá, río de Guatemala que des. en el Pacífico ; 150 km.

Samaná, bahía, península, cabo, sierra y prov. en el NE. de la Rep. Dominicana ; cap. *Santa Bárbara de Samaná.* Ganado. — Mun. en el centro oeste de Colombia (Caldas). Oro.

samanense y **samanés, esa** adj. y s. De la prov. de Samaná (Rep. Dominicana).

Samaniego, mun. al SO. de Colombia (Nariño).

Samaniego (Félix María), escritor y fabulista español (1745-1801), autor de *Fábulas morales* entre las que se encuentran *La cigarra y la hormiga, La lechera, Las moscas, La zorra y el busto,* etc. || ~ **y Jaramillo** (MANUEL), pintor ecuatoriano (1767-1824), autor de cuadros religiosos, paisajes, etc.

Sámano (Juan), gobernante español (1754-1820), último virrey de Nueva Granada (1818-1819).

Sámar, isla de Filipinas en el archip. de las Visayas, entre las islas de Luzón y Leyte. 13 130 km².

Samara, c. en el S. de la U. R. S. S. (Uzbekistán). Industrias. Comercio.

Samaranch. V. KUIBICHEV.

Samarang. V. SEMARANG.

Samarcanda, c. en el S. de la U. R. S. S. (Uzbekistán). Industrias. Comercio.

Samaria, ant. región de Palestina, entre Galilea y Judea, y c. que fue cap. del reino de Israel.

samario m. Metal (símb., Sm) del grupo de las tierras raras, de número atómico 62.

samario, ria adj. y s. De Santa Marta (Colombia).

samaritano, na adj. y s. De Samaria : *la parábola del Buen Samaritano.*

Samaritano (*El Buen*), protagonista principal de una parábola del Evangelio, modelo de la fraternidad humana.

Samarra, c. de Irak, al N. de Bagdad.

Samayoa Chinchilla (Carlos), escritor guatemalteco, n. en 1898, autor de narraciones (*Madre milpa, La casa de la muerta, El dictador y yo,* etc.).

samba f. Baile popular brasileño de dos tiempos. ‖ Su música.

sambenito m. *Fig.* Nota infamante, descrédito : *colgar a uno el sambenito de embustero.*

samblasino, na adj. y s. De la región de San Blas (Panamá).

Samborombón, golfo en la prov. de Buenos Aires (Argentina).

Samborondón, cantón al O. de Ecuador (Guayas).

Sambre, río de Francia y Bélgica, que des. en el Mosa en Namur ; 190 km.

Samnio, región central y montañosa de la ant. Italia, al E. del Lacio y de la Campania, y al O. del Adriático.

samnita adj. y s. De Samnio (Italia).

Samoa, archipiélago de Oceanía dividido entre el Estado de *Samoa Occidental* (2 842 km² ; 180 000 h. ; cap. *Apia*) y de *Samoa Oriental,* pertenecientes a los Estados Unidos (197 km² ; 30 000 h. ; cap. *Fagatogo*). Las islas Occidentales, después de estar bajo tutela de Alemania (1900-1920) y de Nueva Zelanda, alcanzaron la independencia en 1962.

Samos, isla griega de las Espóradas, en el mar Egeo (Grecia) ; cap. *Samos* ; 778 km².

Samosata, c. septentrional de la antigua Siria.

Samotracia, isla griega en la parte septentrional del mar Egeo y cerca de las costas de Tracia ; 168 km². Aquí se descubrió en 1863 la célebre *Victoria,* estatua de mujer alada (Louvre).

samovar m. Especie de tetera de cobre con hornillo interior usada en Rusia para calentar el agua.

sampa f. *Arg.* Arbusto ramoso que crece en terrenos salitrosos.

Sampayo (Aníbal), compositor de música folklórica uruguayo, n. en 1927.

sampedrano, na adj. y s. De Villa de San Pedro (Paraguay). ‖ De San Pedro Sula (Honduras).

Sampedro (José Luis), economista y escritor español, n. en 1917, autor de libros de teoría económica, novelas (*El río que nos lleva, El caballo desnudo, Octubre, octubre*) y obras de teatro (*La paloma de cartón*).

Samper (José María), político y escritor colombiano (1831-1888), autor de obras de teatro, novelas (*Martín Flores*), estudios de historia y poesías.

Samsún, ant. *Priene,* c. y puerto al N. de Turquía y a orillas del mar Negro, cap. de la prov. homónima.

Samuel, profeta y último juez de Israel (s. xı a. de J. C.). Salvó a su pueblo del dominio de los filisteos.

samurai m. En la sociedad feudal japonesa, guerrero, militar.

san adj. Apócope de *santo.*
— *Santo* pierde la última sílaba delante de un nombre propio, excepto en los casos de Tomás o Tomé, Toribio y Domingo. En plural no hay apócope.

San ‖ ~ **Adrián,** cabo al NO. de España, en la prov. de La Coruña. — V. al N. de España (Navarra). ‖ ~ **Adrián de Besós,** mun. al NE. de España, cerca de Barcelona. Centrales térmicas. Industrias. ‖ ~ **Agustín,** mun. y c. del S. de Colombia (Huila). Se llama *Cultura de San Agustín* a la que existió en el SO. de lo que hoy es Colombia (dep. de Huila y Cauca), en la zona ocupada por esta población, situada cerca del nacimiento del río Magdalena. Se conservan algunos restos de construcciones, cerámicas, tumbas, esculturas, etc. ‖ ~ **Agustín Acasaguastlán,** mun. al centro sur de Guatemala (El Progreso). ‖ ~ **Agustín Loxicha,** mun. al S. de México (Oaxaca). ‖ ~ **Agustín Tlaxiaca,** mun. de México (Hidalgo). ‖ ~ **Alberto,** dep. de la Argentina (Córdoba). ‖ ~ **Alejo,** mun. al E. de El Salvador (La Unión). ‖ ~ **Andrés,** isla en el mar Caribe y c. al N. de Colombia, cap. de la intendencia de San Andrés y Providencia. — Mun. al N. de Colombia (Santander). ‖ ~ **Andrés de Colombia** (Antioquia). ‖ ~ **Andrés Cholula,** mun. de México (Puebla). ‖ ~ **Andrés de Giles,** partido al E. de la Argentina (Buenos Aires). ‖ ~ **Andrés de la Barca,** mun. al NE. de España (Barcelona). Industrias. ‖ ~ **Andrés del Rabanedo,** mun. al N. de España, cerca de León. ‖ ~ **Andrés de Sotavento,** mun. al NO. de Colombia (Córdoba). ‖ ~ **Andrés Tuxtla,** c. del E. de México (Veracruz). Obispado. Centro comercial. ‖ ~ **Andrés Villa Seca,** mun. al SO. de Guatemala (Retalhuleu). ‖ ~ **Andrés y Providencia,** intendencia en el N. de Colombia, formada por tres islas (*San Andrés, Providencia y Santa Catalina*) y varios islotes ; cap. *San Andrés,* en la isla de este nombre. Cultivo del coco. Centro comercial. Turismo. ‖ ~ **Angelo,** c. al S. de Estados Unidos (Texas). Obispado. ‖ ~ **Antero,** al NO. de Colombia (Córdoba). ‖ ~ **Antonio,** cabo al E. de la Argentina en el Atlántico (Buenos Aires), extremo sur del Río de la Plata. — Cabo al O. de Cuba en Pinar del Río. — Cabo al E. de España en la prov. de Alicante. — Río fronterizo entre la Argentina y el Brasil, afl. del Iguazú. — Cima en el S. de Bolivia (Potosí) ; 5 280 m. — Dep. de la Argentina (Río Negro). Hierro, petróleo. Gasoducto. — Mun. de Colombia (Tolima). — C. del centro Chile en la V Región (Valparaíso), cap. de la prov. y de la com. del mismo nombre. — Mun. al E. do El Salvador (San Miguel). — C. en el S. de Estados Unidos (Texas). Arzobispado. Refinería de petróleo. Industrias (químicas, metalúrgicas, textiles, tabaco). — C. de Honduras en los dep. de Copán e Intibucá. — C. de México en los Estados de Baja California y San Luis Potosí. — Distrito y puerto fluvial del Paraguay (Central). Ganadería. — Mun. al NO. de Venezuela (Falcón), en la zona metropolitana de Coro. — Mun. al NO. de Venezuela (Táchira), en la frontera con Colombia. ‖ ~ **Antonio Abad,** c. en el O. de la isla de Ibiza (Baleares). Centro turístico. ‖ ~ **Antonio de Areco,** partido al E. de la Argentina (Buenos Aires). ‖ ~ **Antonio de Cabezas,** mun. al O. de Cuba (Matanzas). ‖ ~ **Antonio de Caparo,** mun. al NO. de Venezuela (Táchira). ‖ ~ **Antonio de las Vueltas,** mun. de Cuba en la costa N. de la isla. — Mun. en la prov. de La Habana. ‖ ~ **Antonio de los Baños,** mun. de Cuba (La Habana). ‖ ~ **Antonio del Sur,** mun. de Cuba (Guantánamo). ‖ ~ **Antonio Sacatepéquez,** mun. al SO. de Guatemala (San Marcos). ‖ ~ **Antonio Suchitepéquez,** mun. al SO. de Guatemala. ‖ ~ **Bartolo,** mun. al SO. de Guatemala (Totonicapán). ‖ ~ **Bartolo de Tutotepec,** mun. de México (Hidalgo). ‖ ~ **Bartolomé,** v. de España en la isla de Gran Canaria (Las Palmas). ‖ ~ **Baudilio de Llobregat,** v. al NE. de España, en las cercanías de Barcelona. Industrias. ‖ ~ **Benito Abad,** mun. al NO. de Colombia (Sucre). ‖ ~ **Bernardino,** cerro de los Alpes suizos ; 2 063 m. Túnel de 1 600 m para el tráfico rodado en carretera. — Estrecho que, en Filipinas, separa las islas de Sámar y de Luzón. — Distrito al SO. del Paraguay (La Cordillera). — C. al SO. de Estados Unidos (California), al E. de Los Ángeles. Industrias. ‖ ~ **Bernardo,** pico al S. de Argentina (Chubut) ; 1 119 m. — Mun. en el centro de Colombia (Cundinamarca). — C. del centro de Chile en la Región Metropolitana de Santiago, en la prov. de Maipo y de la com. que lleva su nombre. — Mun al O. de México (Durango). ‖ ~ **Bernardo del Viento,** mun. al NO. de Colombia (Córdoba). ‖ ~ **Bernardo (Gran),** paso de los Alpes entre Suiza (Valais) e Italia (Valle de Aosta) ; 2 473 m. ‖ ~ **Bernardo (Pequeño),** paso de los Alpes entre Francia (Saboya) e Italia (Valle de Aosta) ; 2 188 m. ‖ ~ **Blas,** cordillera al NE. de Panamá. — Archipiélago al E. de Panamá, llamado también de las *Mulatas,* en el mar Caribe. — Golfo de Panamá en la costa septentrional del país. — Bahía al E. de la Argentina (Buenos Aires). — Comarca del centro de Panamá en la prov. de Colón. — Mun. al O. de México (Nayarit). — Mun. al N. de Venezuela (Carabobo). ‖ ~ **Buenaventura,** mun. al NE. de México (Coahuila). ‖ ~ **Carlos,** río al N. de Costa Rica, afl. del San Juan (Alajuela). — Estrecho de Argentina que separa las islas Soledad y Gran Malvina en las Malvinas. — N. de dos pobl. y dep. de la Argentina (Mendoza y Salta). — N. de dos mun. de Colombia (Antioquia y Córdoba). — Cantón al N. de Costa Rica (Alajuela). — C. del centro de Chile, en la VIII Región (Biobío) y en la prov. de Nuble, cap. de la com. de su nombre. — C. de Filipinas en las islas de Negros y Luzón. — Mun. al E. de México (Tamaulipas). — C. del S. de Nicaragua, cap. del dep. de Río San Juan, en la orilla SE. del lago Nicaragua. — C. de Venezuela, al SO. de Caracas, cap. del Estado de Cojedes. ‖ ~ **Carlos de Bariloche,** pobl. de la Argentina en las márgenes del Lago Nahuel Huapi y al E. de la prov. de Río Negro. Turismo. ‖ ~ **Carlos de la Rápita,** c. al E. Sant Carles de la Rápita, c. del NE. de España (Tarragona). Puerto pesquero, comercial y deportivo. Industrias. ‖ ~ **Carlos de la Unión,** c. y puerto al SE. de El Salvador, cerca de la frontera con Honduras (Morazán). ‖ ~ **Carlos del Zulia,** mun. al NO. de Venezuela (Zulia). ‖ ~ **Carlos Sija,** mun. al O. de Guatemala (Quezaltenango). ‖ ~ **Celoni,** v. al NE. de España (Barcelona). Industrias. ‖ ~ **Clemente,** cerro al NE. de Chile (Aisén) ; 4 058 m. — C. del centro de Chile en la VII Región (Maule) y en la prov. de Talca, cap. de la com. del mismo nombre. — V. de España (Cuenca). ‖ ~ **Cosme,** dep. al NE. de la Argentina (Corrientes). — Pobl. en el SE. del Paraguay (Itapúa). ‖ ~ **Cristóbal,** isla del Ecuador (430 km²), al E. del Archipiélago de los Galápagos, en la que se encuentra *Puerto Baquerizo Moreno,* cap. de la prov. de los Galápagos. — Isla, en inglés *Saint Kitts,* de las Antillas Menores, unida a la de Nevis y Anguila en un Estado independiente, asociado a la Gran Bretaña. — Volcán en el O. de Nicaragua (Chinandega) ; 1 745 m. Llamado también *Viejo.* — Dep. al N. de la Argentina (Santa Fe). — Mun. al O. de Cuba (Pinar del Río). — C. en el S. de la Rep. Dominicana, cap. de la prov. homónima. Sede del primer Congreso Constituyente (1844). Obispado. — C. al O. de Venezuela y en la frontera con Colombia, cap. del Estado de Táchira. Universidad. Obispado. ‖ ~ **Cristóbal de Cea,** v. al NO. de España (Orense). ‖ ~ **Cristóbal de Las Casas,** c. al SE. de México (Chiapas). Centro comercial. Turismo. Convento de Santo Domingo y de la Encarnación. Catedral. ‖ ~ **Cristóbal de Verapaz,** mun. de Guatemala (Alta Verapaz). ‖ ~ **Cristóbal Totonicapán,** mun. al O. de Guatemala (Totonicapán). ‖ ~ **Cugat del Vallés,** v. en el NE. de España (Barcelona). Monasterio benedictino (s. vIII-IX). ‖ ~ **Diego,** cabo al sur de la Argentina, en el extremo de la Tierra del Fuego. — Bahía, c. y puerto en el SO. de los Estados Unidos (California). Base aeronaval. Obispado. Centro comercial e industrial. ‖ ~ **Diego de la Unión,** mun. en el centro de México (Guanajuato). ‖ ~ **Diego del Valle,** mun. en el centro de Cuba. ‖ ~ **Dimas,** mun. al O. de México (Durango). Minas. ‖ ~ **Estanislao,** pobl. en el centro del Paraguay (San Pedro). ‖ ~ **Esteban,** golfo del sur de Chile en el Pacífico (Aisén). — Isla al O. de México en el golfo de California. — Volcán al O. de México (Durango). — C. del centro de Chile, en la V Región (Valparaíso) y en la prov. de Los Andes, cap. de la com. de su nombre. ‖ ~ **Esteban Catarina,** mun. de El Salvador (San Vicente). ‖ ~ **Esteban de Gormaz,** v. de España (Soria). Iglesias románicas. ‖ ~ **Fabián,** pobl. al N. de la Argentina (Santa Fe). — Com. del

SA

585

centro de Chile en la VIII Región (Biobío) y en la prov. de Ñuble ; cap. *San Fabián de Alico*. ‖ ~ **Fabián de Alico,** c. del centro de Chile, en la VIII Región (Biobío) y en la prov. de Ñuble, cap. de la com. de San Fabián. ‖ **Felipe,** cerro al S. de Bolivia (Potosí) ; 5 000 m. — Río y c. de Chile en la V Región (Valparaíso), cap. de la prov. de San Felipe de Aconcagua. Centro agrícola. Obispado. Fundada en 1740. Terremoto en 1965. — Mun. al SO. de Guatemala (Retalhuleu). — Mun. en el centro de México (Guanajuato). — C. al N. de Venezuela, cap. del Estado de Yaracuy. Centro comercial. Obispado. Terremoto en 1812. ‖ ~ **Felipe de Aconcagua,** prov. de Chile en la V Región (Valparaíso) ; cap. *San Felipe*. ‖ ~ **Felipe del Progreso,** mun. de México en el Estado de este nombre. ‖ ~ **Feliu de Guixols,** c. y puerto en el NE. de España (Gerona), en la Costa Brava. Importante centro turístico y comercial. ‖ ~ **Feliu de Llobregat,** c. de España, en el NE. de España (Barcelona), cap. de la comarca catalana de Bajo Llobregat. Industria textil. ‖ **Félix,** isla de Chile en el Pacífico, a 800 km de la costa continental. — Río de Panamá, que des. en el Pacífico. — Páramo de Colombia, en la Cordillera Central (Caldas). — Distrito al NO. de Panamá (Chiriquí). — C. de Venezuela (Bolívar) que, al unirse a Puerto Ordás, forma la gran población de *Ciudad Guayana.* ‖ ~ **Fernando,** río de Colombia en la Cordillera Occidental ; 3 810 m. — Río de México, llamado también *Presas,* que des. en el golfo de México ; 352 km. — Dep. al NE. de la Argentina (Chaco) ; cap. *Resistencia.* — Partido de la Argentina, suburbio del NO. de Buenos Aires. — Pobl. de Colombia (Bolívar). — C. del centro de Chile, en la VI Región (Libertador General Bernardo O'Higgins), cap. de la prov. de Colchagua y de la com. de su nombre. Centro comercial. — V. del N. de El Salvador (Chalatenango). — Mun. en el SE. de España, unida con Cádiz. Astilleros. Salinas. Aquí murió Francisco Miranda (1816), prócer de Venezuela. — C. de Filipinas en la isla de Luzón, cap. de la prov. de Pampanga. — C. y puerto de Filipinas en la costa de la isla de Luzón. — C. de Venezuela, cap. del Estado de Apure. Centro ganadero y comercial. Obispado. Se llamó también *San Fernando de Apure.* ‖ ~ **Fernando de Apure.** V. SAN FERNANDO (Venezuela). — Mun. al SE. de México (Chiapas). ‖ ~ **Fernando de Camarones,** mun. en el centro de la isla de Cuba. ‖ ~ **Fernando de Henares,** v. de España, en las cercanías de Madrid. Industrias. ‖ ~ **Francisco,** bahía al SO. de los Estados Unidos, en la costa de California y en la c. del mismo nombre. — Cabo al NO. del Ecuador (Esmeraldas). — Nevado en la frontera entre Argentina (Catamarca) y Chile (Atacama) ; 4 725 m. — Río del E. del Brasil, que nace en el Estado de Minas Gerais y des. en el Atlántico ; 3 161 km. — C. de la Argentina (Córdoba), cabo del dep. San Justo. Obispado. — Mun. del centro de Colombia (Cundinamarca). — C. de El Salvador. V. SAN FRANCISCO GOTERA. — C. y puerto en el SO. de los Estados Unidos (California), en la bahía del Pacífico del mismo nombre. Gran centro comercial e industrial. Refinería de petróleo. Lugar donde se firmó la Carta de las Naciones Unidas (1945) y el tratado de paz entre los Aliados y el Japón. Arzobispado. — Mun. de Honduras en los dep. de Lempira, Atlántida y Ocotepeque. — Distrito de Panamá (Veraguas). — Mun. al NO. de Venezuela (Zulia). Puerto. Industrias (petróleo, cemento). ‖ ~ **Francisco de Limache,** c. del centro de Chile en la V Región (Valparaíso) y en la prov. de Quillota, cap. de la com. de Limache. ‖ ~ **Francisco de Macorís,** c. en el norte del centro de la Rep. Dominicana, cap. de la prov. de Duarte. ‖ ~ **Francisco de Mostazal,** c. del centro de Chile, en la VI Región (Libertador General Bernardo O'Higgins) y en la prov. de Cachapoal, cap. de la com. de Mostazal. ‖ ~ **Francisco de Yojoa,** mun. al NO. de Honduras

(Cortés), al NE. del lago del mismo nombre. ‖ ~ **Francisco del Oro,** c. al N. de México (Chihuahua). Minas. Industrias. ‖ ~ **Francisco del Rincón,** c. en el centro de México (Guanajuato). ‖ ~ **Francisco el Alto,** mun. al O. de Guatemala (Totonicapán). ‖ ~ **Francisco Gotera,** c. en el E. de El Salvador, cap. del dep. de Morazán. ‖ ~ **Francisco Javier,** mun. al SE. de El Salvador (Usulután). — Pobl. al E. del Perú (Loreto). Vicariato apostólico. ‖ ~ **Francisco Menéndez,** mun. al O. de El Salvador (Ahuachapán). ‖ ~ **Francisco Morazán,** mun. al NO. de El Salvador (Chalatenango). ‖ ~ **Francisco Zapotitlán,** mun. al SO. de Guatemala (Suchitepéquez). ‖ ~ **Gabriel,** pobl. en el norte del Ecuador (Carchi). ‖ ~ **Germán,** mun. al SO. de Puerto Rico (Mayagüez). Obispado. ‖ ~ **Gil,** mun. en el E. de Colombia (Santander). Obispado. ‖ ~ **Gimignano,** mun. de Italia (Siena). Construcciones medievales. ‖ ~ **Gotardo,** macizo de los Alpes Suizos atravesado por un túnel ferroviario de 14 997 m, que une Basilea a Milán, y por otro que permite el tráfico rodado por carretera de 16 285 m. El puerto de San Gotardo tiene 2 112 m de altura. ‖ ~ **Gregorio,** isla al SO. del Ecuador, en el archipiélago Jambelí (El Oro). — Barrancas al S. del Uruguay en el Río de la Plata (San José). Se elevan a 45 m de altura. — C. del centro de Chile, en la VIII Región (Biobío) y en la prov. de Ñuble, cap. de la com. del mismo nombre. — Mun. al NO. de El Salvador (Chalatenango). — Mun. de Honduras (Francisco Morazán). — Mun. al O. de México (Sinaloa). — Distrito al S. del Paraguay (Misiones). Fue fundado por los jesuitas. Museo. ‖ ~ **Ildefonso** o **La Granja,** v. en el centro de España (Segovia). Palacio de La Granja. ‖ ~ **Isidro,** c. y partido de la Argentina en el NO. del Gran Buenos Aires. Obispado. — Cantón en el centro de Costa Rica (Heredia). — Estación de deportes de invierno del N. de España en el mun. de Lillo (León). — Mun. de El Salvador (Cabañas). — Mun. de Nicaragua (Matagalpa). — Mun. del Perú, en las cercanías de Lima. ‖ ~ **Isidro del General,** c. en el centro de Costa Rica, cab. del cantón Pérez Zeledón (San José). Obispado. ‖ ~ **Jacinto,** mun. de Colombia (Bolívar). — Mun. al E. de Guatemala (Chiquimula). ‖ ~ **Javier,** dep. de la Argentina (Córdoba), cap. *Villa Dolores.* — Dep. al NE. de la Argentina (Misiones). — Dep. al NE. de la Argentina (Santa Fe). — Pobl. de Bolivia (Bolívar). — C. del centro de Chile, en la VII Región (Maule) y en la prov. de Linares, cap. de la com. de su nombre. — V. en el SE. de España (Murcia). Aeropuerto de Murcia y Academia General del Aire. ‖ ~ **Jerónimo,** macizo montañoso en el NO. de Colombia (Córdoba). — Dep. al NE. de la Argentina (Santa Fe) ; cab. *Coronda.* — Mun. al S. del Perú (Cuzco). ‖ ~ **Joaquín,** pobl. al N. de Bolivia, cap. de la prov. de Mamoré (Beni). — Pobl. al N. de Costa Rica (Heredia). — Com. de Chile en el Área Metropolitana de Santiago. — Pobl. del Paraguay (Caaguazú). — Mun. al N. de Venezuela (Carabobo). ‖ ~ **Jorge,** golfo en el SE. de la Argentina, entre las prov. de Chubut y Santa Cruz. Petróleo, gas natural. — Canal que separa Gran Bretaña de Irlanda. — Río al N. de Colombia, afl. del Magdalena ; 400 km. ‖ ~ **José,** isla volcánica al O. de México, en el golfo de California. — Laguna de Puerto Rico, al SE. de San Juan. — Golfo de la Argentina en la costa atlántica (Chubut). — Volcán de los Andes, entre Argentina (Mendoza) y Chile (Santiago) ; 6 070 m. — Río al S. de Uruguay, afl. del Río de la Plata. — Pobl. en el O. de la Argentina (Mendoza). — C. en el centro de Costa Rica, cap. de la prov. homónima y de

la República ; 260 000 h. Arzobispado. Universidad. Gran centro comercial. Industrias. — C. de España en el sur de la isla de Ibiza (Baleares). Salinas. Turismo. — C. al SO. de Estados Unidos (California). — Mun. al S. de Guatemala (Escuintla). Puerto importante. — Dep. del S. del Uruguay ; cap. *San José de Mayo.* — Pobl. al N. de Venezuela (Distrito Federal), en la zona urbana de Caracas. — Mun. al N. de Venezuela (Carabobo). ‖ ~ **José Acatempa,** mun. al SE. de Guatemala (Jutiapa). ‖ ~ **José de Buenavista,** c. y puerto de las Filipinas en la isla de Panay. ‖ ~ **José de Cúcuta.** V. CÚCUTA. ‖ ~ **José de la Mariquina,** c. de Chile en la X Región (Los Lagos) y en la prov. de Valdivia, cap. de la com. de Mariquina. ‖ ~ **José de las Lajas,** mun. de Cuba (La Habana). ‖ ~ **José de las Matas,** com. en el O. de la Rep. Dominicana (Santiago). ‖ ~ **José del Guaviare,** c. al E. de Colombia, cap. de la comisaría de Guaviare. ‖ ~ **José de Maipo,** c. de Chile en la Región Metropolitana de Santiago y en la prov. de Cordillera, cap. de la com. de su mismo nombre. ‖ ~ **José de Mayo,** c. del Uruguay, al NO. de Montevideo, cap. del dep. de San José. Obispado. ‖ ~ **José de Ocoa,** mun. al S. de la Rep. Dominicana (Peravia). ‖ ~ **José del Amazonas,** mun. al NE. del Perú, en el Bajo Amazonas. Vicariato apostólico. ‖ ~ **José del Cabo,** pobl. y puerto al O. de México (Baja California Sur). ‖ ~ **José Iturbide,** mun. en el centro de México (Guanajuato). ‖ ~ **Juan,** río en el E. de la Argentina, unión del Castaño y del de los Patos ; 257 km. Río al O. del centro de Colombia (Caldas y Chocó) ; des. en el Pacífico ; 380 km. — Río en el S. de Colombia, fronterizo con el Ecuador ; afl. del Mira. — Río en el S. de Estados Unidos, afl. del Colorado ; 579 km. — Río fronterizo entre Nicaragua y Costa Rica ; 198 km. — Río en el E. de México (Nuevo León y Tamaulipas), que des. en el Bravo ; 377 km. — Río en el E. de México (Veracruz), afl. del Papaloapan ; 270 km. — Cerro en el S. de Bolivia (Potosí), 4 500 m. — Bahía de Puerto Rico en la costa norte. — Comarca de España en la prov. de Ciudad Real. — C. en el E. de la Argentina, en las faldas de los Andes, cap. de la prov. homónima. Fundada en 1562. Arzobispado. Universidad. Vinos. — Prov. en el O. de la Rep. Dominicana, cap. *San Juan de la Maguana.* Agricultura. — V. de España en la isla de Mallorca (Baleares). — C. y puerto en el N. de Puerto Rico, cap. de la Isla ; 840 000 h. (con los suburbios). Arzobispado. Universidad de Río Piedras. Fundada por Ponce de León en 1508. Centro comercial. Industrias. — N. de dos mun. al N. de Venezuela en el Estado de Sucre. ‖ ~ **Juan Bautista,** distrito al SE. del Paraguay, cap. del dep. de Misiones. Obispado. — C. al SO. de Venezuela (Táchira). ‖ ~ **Juan Bautista Tuxtepec,** mun. al S. de México (Oaxaca). Minas. Industrias. Central hidroeléctrica. ‖ ~ **Juan Costa,** com. de Chile en la X Región (Los Lagos) y en la prov. de Osorno ; cap. *Puaucho.* ‖ ~ **Juan de Acre.** V. ACRE. ‖ ~ **Juan de Alicante,** v. al E. de España (Alicante). Centro turístico. ‖ ~ **Juan de Aznalfarache,** mun. al S. de España (Sevilla). Minas. ‖ ~ **Juan de Colón,** mun. al SO. de Venezuela (Táchira). ‖ ~ **Juan de Guadalupe,** mun. del centro de México (Durango). ‖ ~ **Juan de la Maguana,** c. en el O. de la Rep. Dominicana, cap. de la prov. de San Juan. Obispado. Fundada en 1504. Se llamó, de 1930 a 1961, *Benefactor.* ‖ ~ **Juan de las Abadesas,** v. al NE. de España (Gerona). Industrias. Monasterio benedictino (s. IX). ‖ ~ **Juan de los Lagos,** c. en el O. de México (Jalisco). Obispado. ‖ ~ **Juan de los Morros,** c. en el N. del centro de Venezuela, cap. del Estado de Guárico. Gas natural. Turismo. ‖ ~ **Juan de los Remedios,** mun. en la costa norte de la isla de Cuba. Ingenios de azúcar. ‖ ~ **Juan de los Yeras,** mun. en el norte de Cuba, a orillas del río Sagua la Grande. ‖ ~ **Juan de Luz,** c. en el SO. de Francia, cerca de

Bayona y de la frontera española. Turismo. ‖ ~ **Juan de Sabinas,** c. al NE. de México (Coahuila). Carbón. ‖ ~ **Juan de Ulúa,** fortaleza a la entrada del puerto de la ciudad de Veracruz (México). ‖ ~ **Juan del Cesar,** mun. al N. de Colombia (Guajira). ‖ ~ **Juan del Norte,** ant. *Greytown,* pobl. en el SE. de Nicaragua (Río San Juan), a orillas del mar Caribe. ‖ ~ **Juan del Río,** mun. en el centro de México (Querétaro). Agricultura. Centro comercial. ‖ ~ **Juan Despí,** en cat. *Sant Joan Despí,* mun. al NE. de España, en las cercanías de Barcelona. Industrias. ‖ ~ **Juan Nepomuceno,** pobl. de Colombia (Bolívar). — Distrito al S. del Paraguay (Caazapá). ‖ ~ **Juan Nonualco,** c. en el S. de México (La Paz). ‖ ~ **Juan Opico,** mun. al sur de El Salvador (La Libertad). ‖ ~ **Juan-Río Piedras,** distrito al NE. de Puerto Rico; cap. *San Juan.* ‖ ~ **Juan Sacatepéquez,** mun. de Guatemala, en el dep. de este último nombre. Agricultura. ‖ ~ **Juan Teotihuacán,** v. de México en el Estado de este último nombre. Turismo. ‖ ~ **Juan y Martínez,** mun. en el O. de Cuba (Pinar del Río). ‖ ~ **Julián,** pobl. y puerto en el SE. de la Argentina (Santa Cruz). — Mun. en el SO. de El Salvador (Sonsonate). — Mun. al O. de México (Jalisco). ‖ ~ **Justo,** dep. de la Argentina (Córdoba); cab. *San Francisco.* Industrias. — C. al E. de la Argentina en el área metropolitana del Gran Buenos Aires. Industrias. - Obispado. — C. al N. de la Argentina (Santa Fe), cab. del dep. del mismo nombre. ‖ ~ **Justo Desvern,** mun. al NE. de España, en el área metropolitana de Barcelona. ‖ ~ **Lorenzo,** río al E. del Canadá que nace en el lago Superior, pasa por Montreal y Quebec y en el Atlántico ; 3 800 km. Vía de comunicación del país. — Dep. al N. de la Argentina (Santa Fe). Centro agrícola. Oleoducto. — Partido al S. de la Argentina (Chaco). — Pobl. al S. de Bolivia, cap. de la prov. de Méndez (Tarija). — Mun. al SO. de Colombia (Nariño). — Mun. al SO. de El Salvador (Ahuachapán). — Mun. al S. de Honduras, en el golfo de Fonseca (Valle). — Distrito del Paraguay (Central). Industrias. Centros de estudios superiores. — Mun. al E. de Puerto Rico (Humacao). Industrias. ‖ ~ **Lorenzo de El Escorial,** v. en el centro de España (Madrid), al pie de la sierra de Guadarrama. Centro turístico y de veraneo. Monasterio. (V. ESCORIAL.) ‖ ~ **Lucas,** cabo del oeste de México, al S. de Baja California. — Isla del sur de Costa Rica, en el golfo de Nicoya (Puntarenas). — Sierra de Colombia, entre los valles de los ríos Magdalena y Cauca. — Mun. al O. de México (Michoacán). ‖ ~ **Luis,** sierra de la Argentina (San Luis). Minas. — C. en el O. del centro de la Argentina, cap. de la prov. y del dep. homónimos. Fundada en 1594. Universidad. Obispado. Centro comercial. — N. de dos mun. de Colombia en los· dep. de Tolima y Antioquia. — N. de dos mun. al oeste de Cuba, en los de Pinar del Río y de Santiago. ‖ ~ **Luis Acatlán,** mun. al SO. de México (Guerrero). ‖ ~ **Luis de la Paz,** mun. en el centro de México (Guanajuato). Minas. ‖ ~ **Luis del Palmar,** dep. al NE. de la Argentina (Corrientes). ‖ ~ **Luis Jiloteque,** mun. al E. de Guatemala (Jalapa). ‖ ~ **Luis Potosí,** c. en el centro de México, cap. del Estado homónimo. Fundada en 1576. Universidad. Obispado. Centro comercial y agrícola. Industrias. El Estado es una región agrícola y minera. ‖ ~ **Luis Río Colorado,** c. al NO. de México (Sonora), cerca de la frontera con los Estados Unidos. Comercio. ‖ ~ **Marcos,** isla en el O. de México, en el golfo de California. — Mun. al NO. de Colombia (Sucre). — Mun. en el centro de El Salvador (San Salvador). — C. en el O. de Guatemala, cap. del dep. del mismo nombre. Obispado. — Mun. al SO. de México (Guerrero). Minas. ‖ ~ **Marcos de Colón,** mun. en el sur de Honduras (Choluteca). Minas. ‖ ~ **Marino,** pequeña república independiente enclavada en Italia, al este de Floren-cia ; 60,5 km² ; 20 000 h. Cap. *San Marino.* ‖ ~ **Martín,** isla de las Antillas Menores, perteneciente a Francia y Holanda. — Isla de México (Baja California). — Lago al sur de la Argentina (Santa Cruz), cuya mitad occidental pertenece a Chile, donde toma el nombre de *lago O'Higgins.* — Río de México (Puebla), afl. del Balsas. Se le conoce también con el nombre de *río Frío.* — N. de varios departamentos de la Argentina en las prov. de Mendoza, Santa Fe, Corrientes, San Luis, Santiago del Estero y San Juan. — Mun. de Colombia (Meta). — Mun. en el centro de El Salvador (San Salvador): — Dep. al N. del Perú; cap. *Moyobamba.* Agricultura. Ganadería. — Prov. al N. del Perú en el dep. del mismo nombre; cap. *Tarapoto.* ‖ ~ **Martín de la Vega,** v. en el centro de España (Madrid). ‖ ~ **Martín del Rey Aurelio,** mun. al N. de España (Asturias). Industrias. ‖ ~ **Martín de Porres,** mun. del Perú, en las cercanías de Lima. ‖ ~ **Martín de Valdeiglesias,** v. del centro de España (Madrid). Castillo. Central eléctrica. ‖ ~ **Martín Hidalgo,** mun. al O. de México (Jalisco). ‖ ~ **Martín Jilotepeque,** mun. de Guatemala (Chimaltenango). Minas. ‖ ~ **Martín Texmelucan,** c. en el SE. de México (Puebla). ‖ ~ **Mateo,** cabo al O. del Ecuador (Manabí). — Mun. al N. de Venezuela (Aragua), a orillas del lago de Valencia. ‖ ~ **Mateo Atenco,** mun. de México, en el Estado de este nombre. ‖ ~ **Matías,** golfo en el E. de la Argentina, entre las prov. de Río Negro y Chubut. — Pobl. en el E. de Bolivia, cap. de la prov. de Ángel Sandoval (Santa Cruz). Está en la frontera con Brasil. ‖ ~ **Miguel,** río de Bolivia (Santa Cruz y Beni), afl. del Guaporé ; 764·km. — Isla de Portugal en las Azores ; cap. *Ponta Delgada.* — Volcán al E. de El Salvador (San Miguel) ; 2 132 m. — Río de El Salvador (Morazán). — Golfo de Panamá, en el E. del golfo de este último nombre. — Pobl. al E. de la Argentina (Buenos Aires). — Com. de Chile en el Área Metropolitana de Santiago. — Cantón en el centro del Ecuador (Bolívar). — C. del E. de El Salvador, cap. del dep. homónimo. Está en las faldas del volcán del mismo nombre. El dep. es esencialmente agrícola y ganadero. — Pobl. en el S. de Paraguay (Misiones). — Mun. de Perú (Lima). ‖ ~ **Miguel Canoa,** mun. al S. de México (Puebla). ‖ ~ **Miguel de Allende,** c. en el centro de México (Guanajuato). Yacimientos de estaño. Centro comercial. Turismo. Bellos edificios (oratorio de San Felipe, convento de San Francisco). ‖ ~ **Miguel de Calpulalpan.** V. CALPULALPAN. ‖ ~ **Miguel del Padrón,** mun. de Cuba (Ciudad de La Habana). ‖ ~ **Miguel de Piura.** V. PIURA. ‖ ~ **Miguel de Tucumán,** c. del NO. de Argentina, al pie de los Andes, cap. de la prov. de Tucumán. Arzobispado. Universidad. Centro comercial y financiero. Industria azucarera. En ella se celebró el Congreso General Constituyente que, el 9 de julio de 1816, proclamó la independencia de las Provincias Unidas de América del Sur. ‖ ~ **Miguel El Alto,** mun. al O. de México (Jalisco). ‖ ~ **Miguel Totolapan,** mun. al SO. de México (Guerrero). ‖ ~ **Millán de la Cogolla,** v. al N. de España (Rioja). Iglesia románica. ‖ ~ **Nicolás,** península del NO. de Haití. — Río al O. de México (Jalisco), que desemboca en el Pacífico ; 103 km. — Dep. al E. de la Argentina (Buenos aires) ; cap. *San Nicolás de los Arroyos.* Centro agrícola y ganadero. Industrias. — Mun. de Cuba (La Habana). Ingenio azucarero. — C. del centro de Chile en la VIII Región (Biobío) y en la prov. de Ñuble, cap. del mun. de su nombre. — Pobl. al O. de Honduras (Santa Bárbara). — V. CHONCO, volcán. ‖ ~ **Nicolás de Buenos Aires,** pobl. al S. de México (Puebla). ‖ ~ **Nicolás de los Arroyos,** c. al E. de la Argentina, cap. de San Nicolás (Buenos Aires). Obispado. Puerto en el Paraná. Industrias. Siderurgia. Central térmica. ‖ ~ **Nicolás de los Garza,** c. al E. de México (Nuevo León), cerca de la capital del Estado. ‖ ~ **Nicolás de**

Tolentino, mun. de España en la isla de Gran Canaria y en la prov. de Las Palmas. ‖ ~ **Onofre,** mun. al NO. de Colombia (Sucre). ‖ ~ **Pablo,** lago del Ecuador, cerca de Otavalo (Imbabura). Se llama también *Imbacocha.* — Volcán al norte de Chile en los Andes (Antofagasta) ; 6 118 m. — C. de Chile en la X Región (Los Lagos) y en la prov. de Osorno, cap. de la com. del mismo nombre. — V. SÃO PAULO, Brasil. ‖ ~ **Pablo de Luanda.** V. LUANDA. ‖ ~ **Pedro,** río de México en la vertiente del Pacífico ; 700 km. En algunos trozos recibe el nombre de *Mezquital.* — Río en el NO. de México, que nace en Sonora y penetra en los Estados Unidos ; 160 km. — Río al N. de México (Chihuahua). — Río que nace en Guatemala, penetra en México y des. en el Usumacinta ; 200 km. En algunas partes recibe el nombre de *Naranjo.* — Volcán en el norte de Chile (Antofagasta) ; 5 970 m. — Volcán al SO. de Guatemala (Sololá) ; 3 020 m. — Nombre de varias poblaciones de la Argentina (Buenos Aires, Córdoba, Jujuy, Misiones, Salta, Santiago del Estero). — Mun. al NO. de Colombia (Sucre). — C. de Chile en la Región Metropolitana de Santiago y en la prov. de Melipilla, cap. de la com. del mismo nombre. — C. en el centro del Paraguay, cap. del dep. del mismo nombre. Agricultura. Ganadería. Explotación maderera. Llamóse antes *Ycuamandy-Yú.* ‖ ~ **Pedro Alcántara,** pobl. al sur de España (Málaga), cerca de Marbella. ‖ ~ **Pedro Carchá,** mun. en el centro de Guatemala (Alta Verapaz). ‖ ~ **Pedro de Atacama,** c. al N. de Chile, en la II Región (Antofagasta) y en la prov. de El Loa, cap. de la com. del mismo nombre. ‖ ~ **Pedro de las Colonias,** c. en el N. del centro de México (Coahuila). Agricultura. Ganadería. Industrias. ‖ ~ **Pedro de Lloc,** mun. al NO. de Perú (La Libertad). ‖ ~ **Pedro de Macorís,** c. y puerto en el S. de la Rep. Dominicana, cap. de la prov. del mismo nombre. Centro comercial. Caña de azúcar. Universidad. ‖ ~ **Pedro de Ribas,** mun. al NE. de España (Barcelona). Casino de juego. ‖ ~ **Pedro Perulapán,** mun· en el centro de El Salvador, al N. del lago de Ilopango (Cuscatlán). ‖ ~ **Pedro Sacatepéquez,** mun. al O. de Guatemala (San Marcos). ‖ ~ **Pedro Sula,** c. del NO. de Honduras, cap. del dep. de Cortés. Agricultura. ganadería. Industrias. Centro comercial. Obispado. ‖ ~ **Petersburgo,** n. de Leningrado entre 1703 y 1914. ‖ ~ **Quintin,** c. en el N. de Francia (Aisne). Ocupada por el ejército de Felipe II de España en 1557. ‖ ~ **Rafael,** pico más elevado del Paraguay, en el SE. del país (Itapúa) ; 850 m. — Pobl. en el O. del centro de la Argentina, cab. del dep. homónimo (Mendoza). Centro de una región vinícola y minera. Obispado. — V. SAINT-RAPHAËL y NAUTLA. ‖ ~ **Ramón,** cantón al N. de Costa Rica (Alajuela). Agricultura, ganadería. — Com. de Chile en el Área Metropolitana de Santiago. — Pobl. del Perú (Junín). Vicariato apostólico. — Pobl. al S. del Uruguay (Canelones). ‖ ~ **Ramón de Orán,** c. al N. de la Argentina (Salta), cab. del dep. de Orán. Obispado. ‖ ~ **Remo,** c. y puerto en el NO. de Italia (Liguria). Estación invernal. ‖ ~ **Román,** prov. en el SE. del Perú (Puno) ; cap. *Juliaca.* ‖ ~ **Roque,** mun. al NE. de la Argentina (Corrientes). — C. al sur de España en la bahía de Algeciras (Cádiz). ‖ ~ **Rosento,** C. en el centro de Chile, en la VII Región (Biobío), cap. de la com. de su nombre. ‖ ~ **Sadurní de Noya,** en cat. *Sant Sadurní d'Anoia,* v. al NE. de España (Barcelona). Fabricación de vinos espumosos. ‖ ~ **Salvador,** isla del archipiélago de las Bahamas, donde se cree que llegó Colón en su viaje de descubrimiento de América ; 155 km². Conocida también con el nombre de *Guanahaní.* Actualmente se llama *Watling* y es una posesión británica. — Isla del Ecuador en el Archipiélago de los Galápagos. — V. BAHÍA o BAÍA, en el Brasil. — C. en el E. del Salvador, situada en las faldas del volcán de igual nombre, llamado también

Quezaltépec (1 950 m.), cap. del dep. homónimo y de la República ; 800 000 h. Centro comercial e industrial del país. Arzobispado. Universidad. Fue fundada por Diego de Alvarado en 1525. || ~ **Salvador** (Nueva). V. NUEVA SAN SALVADOR. || ~ **Salvador de Jujuy.** V. JUJUY. || ~ **Salvador del Valle,** mun. al N. de España (Vizcaya). Industrias. || ~ **Salvador El Seco,** mun. al S. de México (Puebla). || ~ **Sebastián,** bahía al sur de la Argentina en la costa atlántica de la Tierra del Fuego. — C. y puerto del N. de España, cap. de la prov. de Guipúzcoa. Está atravesada por el río Urumea. Industrias. Comercio. Turismo. Universidad. Obispado. — Mun. de Puerto Rico (Aguadilla). — Mun. al N. de Venezuela (Aragua). || ~ **Sebastián de los Reyes,** mun. de España, en las cercanías de Madrid. || ~ **Severo,** c. al S. de Italia (Pulla). || ~ **Simón,** mun. al NE. de Venezuela (Monagas). || ~ **Stefano.** V. YESILKÖY. || ~ **Vicente,** isla en el O. de Costa Rica y en el golfo de Nicoya. — Isla de las Antillas de Barlovento ; 388 km². Cap. *Kingstown.* Independiente en 1979, forma parte del Commonwealth británico. — Volcán de El Salvador, entre los dep. de La Paz y San Vicente ; 2 174 m. Tiene también el nombre de *Chichontepec.* — Cabo del S. de Portugal (Algarve). — Cabo en el O. de México, en la costa meridional de la península de California. — Partido al E. de la Argentina, en la prov. de Buenos Aires. — Pobl. al O. de Cuba (Pinar del Río). — Com. del centro de Chile, en la VI Región (Libertador General Bernardo O'Higgins), y en la prov. de Cachapoal ; cap. *San Vicente de Tagua-Tagua.* — C. en el O. del centro de El Salvador, cap. del dep. homónimo. Centro comercial de una rica región agrícola. Obispado. || ~ **Vicente de Alcántara,** v. al O. de España (Badajoz). || ~ **Vicente de Cañete,** mun. del Perú (Lima). || ~ **Vicente de Castellet,** mun. al NE. de España (Barcelona). Industrias. || ~ **Vicente de Chucurí,** mun. de Colombia (Santander). || ~ **Vicente de la Barquera,** v. en el N. de España (Cantabria). || ~ **Vicente de Tagua-Tagua,** c. del centro de Chile, en la VI Región (Libertador General Bernardo O'Higgins) y en la prov. de Cachapoal, cap. de la com. de San Vicente. Centro agrícola y ganadero. || ~ **Vicente del Raspeig,** v. al E. de España (Alicante). || ~ **Vicente dels Horts,** en cat. *Sant Vicenç dels Horts,* mun. al NE. de España (Barcelona). Industrias. **San Bartolomé** (*Noche de*), noche del 24 de agosto de 1572 en la que Carlos IX de Francia, aconsejado por Catalina de Médicis y los Guisa, ordenó la matanza de los protestantes que se encontraban en París. **San Martín** (José de), general y estadista argentino, n. en Yapeyú (Corrientes) [1778-1850], libertador de Chile y Perú. Sirvió primeramente en el ejército español e intervino en la guerra contra Napoleón I. De regreso a Buenos Aires en 1812, organizó el regimiento de Granaderos a caballo. Nombrado jefe del ejército del Norte, concibió el plan de liberar Chile y Perú, para lo cual creó el ejército de los Andes. Tras derrotar a los españoles en Chacabuco (1817) y en Maipú (1818), con lo que coronó la independencia de Chile, organizó la expedición al Perú (1820) y, junto con O'Higgins y el almirante Cochrane, desembarcó en Pisco y entró en Lima, donde proclamó la independencia peruana (1821). Nombrado Protector, mandó refuerzos a Bolívar y a Sucre, y contribuyó a la victoria de Pichincha (1822). Poco después, a raíz de la entrevista de Guayaquil con Bolívar, renunció a su cargo de Protector y se retiró a Francia, para morir en Boulogne-sur-Mer el 17 de agosto de 1850. **San** || ~ **Miguel** (Evaristo), general y político español (1785-1862). Participó en el levantamiento de Riego (1820). || ~ **Pedro** (DIEGO FERNÁNDEZ DE), escritor español del s. XV, autor de *Cárcel de amor.* || ~ **Román** (MIGUEL DE), militar peruano (1802-1863), pres. de la Rep. de 1862 a 1863. Creó el *sol,*

unidad monetaria del país. Participó antes en la guerra de independencia (batalla de Ayacucho). **San** || ~ **Marcos** (*Universidad de*), universidad de Lima, fundada en 1551. || ~ **Pedro de Roma,** iglesia cerca del palacio del Vaticano, llamada tb. *Basílica Vaticana.* Fue construida por Constantino en 326 y edificada de nuevo a partir de 1506 con la participación de Bramante, Rafael, Miguel Ángel y Bernini. **Sana,** cap. de la República Árabe del Yemen, en el centro del país ; 120 000 h. **Sanabria,** lago y comarca al O. de España (Zamora). **Sanabria Fernández** (Hernando), escritor boliviano, n. en 1913, autor de novelas, poesías, biografías (*Apiguaiqui-Tumpa*) y estudios históricos y lingüísticos. **sanador, ra** adj. y s. Que sana. **Sanaga,** río del Camerún ; 520 km. Centrales hidroeléctricas. **sanalotodo** m. *Fig.* Panacea, remedio. **sanandresano, na** adj. y s. De San Andrés (Colombia). **sanar** v. t. Restituir a uno la salud perdida : *sanar a un enfermo.* || ~ V. i. Recobrar la salud, curarse. **Sanare,** pobl. y río en el NO. de Venezuela, afl. del Cojedes (Lara). **sanatorial** adj. Del sanatorio. **sanatorio** m. Establecimiento destinado al tratamiento de enfermedades nerviosas, cardiacas, etc., o que residen en los enfermos : *estuve enfermo en un sanatorio durante un año.* **sancarlense** adj. y s. De la ciudad de San Carlos (Venezuela). **sancarleño, ña** adj. y s. De la ciudad de San Carlos (Nicaragua). **sanción** f. Acto solemne por el que un jefe de Estado confirma una ley o estatuto. || Autorización, aprobación : *la sanción de un acto.* || Pena o castigo que la ley establece para el que la infringe. || *Fig.* Medida o aprobación aplicada por una autoridad : *sanciones tomadas contra los huelguistas.* **sancionable** adj. Que merece sanción o castigo. **sancionado, da** adj. Aplícase a la persona que ha sufrido sanción (ú. t. c. s.) : *fue sancionado por sus injustificadas faltas de asistencia.* **sancionador, ra** adj. Dícese del que sanciona (ú. t. c. s.). **sancionar** v. t. Dar fuerza de ley a algo : *el Rey sancionó la Constitución.* || Autorizar, aprobar : *palabra sancionada por el uso.* || Aplicar una sanción, castigar : *sancionar un delito.* **Sanclemente** (Manuel Antonio), político colombiano (1814-1902), pres. de la Rep. de 1898 a 1900. **sancochar** v. t. Cocer algo ligeramente y sin sazonarlo. || *Arg.* Cocer sancochos sólo con agua y sal. **sancocho** m. Plato americano de yuca, carne, plátano, etc. a base de cocido. || *Fig. Méx. y P. Rico.* Embrollo. **sancristobalense** adj. y s. De las c. de San Cristóbal (Rep. Dominicana y Venezuela) y de la prov. del mismo nombre (Rep. Dominicana). **sancta** m. Parte anterior del tabernáculo de los judíos en el desierto, y del templo de Jerusalén, separado por un velo de la interior o sanctasanctórum. **sanctasanctórum** m. Parte interior más sagrada del tabernáculo de los judíos, y del templo de Jerusalén, separada del sancta por un velo. || *Fig.* Lo que una persona tiene en mayor aprecio. || Lo que está muy reservado en un sitio. **Sancti Spíritus,** c. en el centro de Cuba, cap. de la prov. homónima, fundada en 1476 con parte de la ant. prov. de Las Villas. Agricultura, ganadería. Cobre. **Sánchez,** mun. y puerto del NE. de la Rep. Dominicana (Samaná). || ~ **Ramírez,** prov. en el centro de la Rep. Dominicana ; cap. *Cotuí.* Minas. **Sánchez** (Alberto), escultor español (1895-1968). || ~ (FLORENCIO), drama-

turgo uruguayo, n. en Montevideo (1875-1910). En sus obras describe el mundo magistral el mundo rural rioplatense (*M' hijo el dotor, La Gringa, Barranca abajo, Nuestros hijos, La pobre gente, Los muertos,* etc.). || ~ (FRANCISCO DEL ROSARIO), general dominicano, m. en 1861. Acaudilló, en unión de Mella y Duarte, la sublevación de 1844. Posteriormente se rebeló contra Santana y fue ejecutado. || ~ (IDEAL), pintor surrealista, grabador y dibujante argentino, n. en 1916. || ~ (LUIS ALBERTO), escritor y político peruano, n. en 1900, autor de libros de historia, de literatura, novelas, relatos, biografías. || ~ (LUIS RAFAEL), escritor puertorriqueño, n. en 1936, autor de relatos (*La guaracha del macho Camacho*) y de obras de teatro (*La espera, La pasión según Antígona Pérez,* etc.). || ~ (SALVADOR), torero español (1844-1898), conocido con el n. de *Frascuelo.* || ~ (SERAFÍN), militar y patriota cubano, m. en 1896. || ~ **Albornoz** (CLAUDIO), historiador y político español (1893-1984), autor de *Orígenes de la nación española, Historia del reino de Asturias, España y el Islam, España, un enigma histórico* y de otras notables obras. Residió en Argentina (1940-1983) y fue pres. del Gobierno de la República en el exilio (1959-1970). || ~ **Cerro** (LUIS MIGUEL), general peruano (1894-1933), pres. de la Rep. de 1930 a 1933. M. asesinado. || ~ **Coello** (ALONSO). V. COELLO. || ~ **Cotán** (JUAN), pintor español (1560-1627), autor de bodegones y de cuadros religiosos. Fue cartujo. || ~ **de Badajoz** (GARCI), poeta español (¿1460-1526 ?). || ~ **de Bustamante** (ANTONIO), jurista y orador cubano (1865-1951). || ~ **de Fuentes** (EDUARDO), músico cubano (1874-1944). || ~ **de las Brozas** (FRANCISCO), humanista español (1523-1601). Recibió el nombre de *El Brocense.* || ~ **de Tagle** (FRANCISCO MANUEL), humanista español (1782-1847). Redactó el Acta de Independencia. || ~ **de Toca** (JOAQUÍN), político español (1852-1942). || ~ **Ferlosio** (RAFAEL), novelista español, hijo de Rafael Sánchez Mazas, n. en 1927, autor de *Industrias y andanzas de Alfanhuí, El Jarama, Las semanas del jardín* y *El huésped de las nieves.* || ~ **Gardel** (JULIO), dramaturgo argentino (1879-1937). || ~ **Guerra** (JOSÉ), político español (1859-1935). || ~ **Hernández** (FIDEL), militar y político salvadoreño, n. en 1927, pres. de la Rep. de 1967 a 1972. || ~ **Mármol** (MANUEL), novelista mexicano (1839-1912). || ~ **Mazas** (RAFAEL), novelista español (1894-1966), autor de *La vida nueva de Pedrito Andía.* || ~ **Pastor** (EMILIO), autor de libretos de zarzuelas (1853-1935). || ~ **Ramírez** (JUAN), militar dominicano, m. en 1811. Restableció la soberanía española en la isla al derrotar a los franceses (1809). || ~ **Vilella** (ROBERTO), ingeniero y político puertorriqueño, n. en 1913, gobernador de Puerto Rico de 1965 a 1969. **Sanchi,** pobl. en el centro de la India (Madhya Pradesh). Lugar arqueológico del budismo. **Sancho** || ~ **I** el *Craso,* rey de León de 956 a 958 y de 960 a 966. || ~ **II** el *Fuerte* (¿1037 ?-1072), rey de Castilla y León, después de destronar a sus hermanos Alfonso y García, desde 1065. || ~ **III** (¿1133 ?-1158), rey de Castilla desde 1157. || ~ **IV** el *Bravo* (1258-1295), rey de Castilla desde 1284. Se apoderó de Tarifa (1292). **Sancho** || ~ **I** *Garcés,* rey de Navarra de 905 a 925. || ~ **II** *Abarca,* rey de Navarra de 970 a 994. || ~ **III** el *Mayor* (¿965 ?-1035), rey de Navarra desde 1000. Se apoderó de los reinos de Castilla y León. || ~ **IV** el *de Peñalén* (¿1038 ?-1076), rey de Navarra desde 1054. M. asesinado por su hermano Ramiro. || ~ **V** *Ramírez,* rey de Aragón desde 1063 y de Navarra desde 1076. M. en 1094. || ~ **VI** el *Sabio,* rey de Navarra de 1150 a 1194. || ~ **VII** el *Fuerte* (1154-1234), rey de Navarra desde 1194. Participó en la batalla de las Navas de Tolosa (1212). **Sancho** || ~ **Dávila** (Sancho de). V. ÁVILA (Sancho de). || ~ **de la Hoz** (PERO), conquistador español que rivalizó con Valdivia en la exploración de Chile. M. ejecutado en 1547. ‖ ~ **Polo.** V. RABASA (Emilio).

sanchopancesco, ca adj. Propio de Sancho Panza. ‖ Prosaico.

Sancho Panza, escudero de Don Quijote, imagen del servidor fiel y de persona de sentido común.

Sand (Aurore DUPIN, llamada **George**), escritora francesa, n. en París (1804-1876), autora de novelas (*Indiana, Consuelo, La charca del diablo, La pequeña Fadette,* etc.).

sandalia f. Calzado consistente en una suela de cuero sostenida por correas.

sándalo m. Planta labiada que se cultiva en los jardines. ‖ Planta arbórea de madera aromática. ‖ Esta misma madera.

sandez f. Necedad, tontería.

Sandhurst, c. de Gran Bretaña en el centro de Inglaterra (Berkshire).

Sandi (Luis), músico mexicano, director de coros, n. en 1905.

sandía f. Planta cucurbitácea de fruto comestible. ‖ Fruto de esta planta, de forma casi esférica y pulpa encarnada dulce y refrescante.

sandiego m. *Méx.* Planta enredadera de flores purpúreas.

sandinismo m. Movimiento político de Nicaragua de carácter popular y seguidor de la doctrina o ideas de A. C. Sandino: *el sandinismo nació en 1927 y actualmente se encuentra representado por el Frente Sandinista de Liberación Nacional, creado en 1962 para combatir el poder de los Somoza.*

sandinista adj. Relativo al sandinismo. ‖ Partidario de este movimiento (ú. t. c. s.).

Sandine, mun. al O. de Cuba (Pinar del Río).

Sandino (Augusto César), general nicaragüense (1895-1934). Combatió contra las tropas gubernamentales y contra la ocupación del país por los Estados Unidos (1927-1933). Consiguió, utilizando un hábil táctica de guerrillas, vencer a las tropas invasoras y asentar los principios de la soberanía nacional. Se retiró a orillas del río Coco, donde fundó una serie de cooperativas agrícolas, y pactó con el gobierno, presidido por Juan Bautista Sacasa, césar todo movimiento armado en el territorio patrio. Poco después fue asesinado por la Guardia Nacional cuando salía del palacio presidencial.

sandio, dia adj. y s. Necio, tonto.

Sandoná, mun. en el suroeste de Colombia (Nariño).

Sandoval y Rojas (Cristóbal de), político español, m. en 1624, favorito de Felipe III. Fue hijo del duque de Lerma y obtuvo el título de *duque de Uceda.* (V. LERMA.)

sanducero, ra adj. y s. De la c. y dep. de Paysandú (Uruguay).

sandunga f. *Fam.* Gracia, donaire, salero. ‖ *Chil., Méx.* y *Per.* Parranda, jolgorio. ‖ *Méx.* Cierto baile y canción de Tehuantepec y Oaxaca.

sandunguero, ra adj. *Fam.* Que tiene sandunga, saleroso.

sándwich [-duich] m. (pal. ingl.). Bocadillo. (Pl. *sándwiches.*)

Sandwich [-duich] (ISLAS). V. HAWAI. ‖ ~ **del Sur,** islas de Argentina en las Antillas del Sur.

saneado, da adj. Aplícase a los bienes libres de cargas. ‖ *Fig.* Dícese del beneficio obtenido en limpio: *ingresos muy saneados.*

saneamiento m. Dotación de condiciones de salubridad a los terrenos o edificios desprovistos de ellas. ‖ *Fig.* Equilibrio, estabilización.

sanear v. t. Hacer desaparecer las condiciones de insalubridad en un sitio: *sanear una región pantanosa.* ‖ Desecar un terreno. ‖ Equilibrar, estabilizar: *sanear la moneda.* ‖ Hacer que las rentas o bienes estén libres de gravámenes.

sanedrín m. Consejo supremo de los judíos.

sanfasón m. (fr. *sans-façon*). *Amer.* Desfachatez, descaro. ‖ *Amer. A la sanfasón,* con descaro.

sanfelipeño, ña adj. y s. De San Felipe (Chile y Venezuela).

sanfernandino, na adj. y s. De San Fernando (Chile).

Sanfuentes (Salvador), político, poeta y dramaturgo chileno (1817-1860), autor de la leyenda en verso *El campanario.* — Su hijo JUAN LUIS fue político (1858-1930) y pres. de la Rep. de su país de 1915 a 1920.

Sanga, río de África ecuatorial, afluente del Zaire; 1 700 km.

Sangay, cima volcánica en el centro del Ecuador (Chimborazo); 5 230 m.

Sangha. V. SANGA.

Sangoiqui, c. al N. del Ecuador, cab. del cantón de Rumiñahui (Pichincha).

sangradura f. Sangría, parte del brazo opuesto al codo. ‖ Cisura de la vena para sangrar.

sangrante adj. Que sangra.

sangrar v. t. Abrir una vena y dejar salir determinada cantidad de sangre: *sangrar a un enfermo.* ‖ *Fig.* Dar salida a un líquido abriendo un conducto por donde corra: *sangrar un caz.* ‖ *Fig.* y *fam.* Robar parte de algo sin que se note: *sangrar un saco de trigo.* ‖ *Impr.* Empezar un renglón más adentro que los otros de la plana. ‖ Sacar resina: *sangrar un pino.* ‖ — V. i. Arrojar sangre: *sangrar por la nariz.* ‖ — V. pr. Hacerse una sangría.

sangre f. Líquido rojo que circula por las venas y las arterias de los vertebrados, irriga el corazón, transporta los elementos nutritivos y arrastra los productos de desecho: *sangre arterial, venosa.* ‖ *Fig.* Linaje, parentesco, raza. ‖ Vida: *dar su sangre por la patria.* ‖ — *A sangre fría,* con tranquilidad. ‖ *Fig.* y *fam.* Bullirle a uno la sangre, tener mucha energía, exaltarse. ‖ *Caballo pura sangre,* el que es de raza pura. ‖ *Fig. Chupar le a uno la sangre,* llegar a arruinarle ‖ De sangre, tirado o movido por animales. ‖ *Encenderle o freírle o quemarle) a uno la sangre,* exasperarle. ‖ *Hacer sangre,* herir. ‖ *Lavar una afrenta con sangre,* matar o herir al ofensor para vengarse. ‖ *Llevar una cosa en la sangre,* ser esta cosa innata o hereditaria. ‖ *No llegar la sangre al río,* no tener una cosa consecuencias graves. ‖ *Sangre azul,* linaje noble. ‖ *Sangre fría,* serenidad, tranquilidad de ánimo. ‖ *Fig. Amer. Sangre ligera,* persona simpática. ‖ *Sangre pesada,* persona antipática, pesada. ‖ *Fam. Sudar sangre,* hacer muchos esfuerzos. ‖ *Tener la sangre gorda,* ser muy lento o parsimonioso. ‖ *Fig. Tener mala sangre,* ser malo y vengativo. ‖ *Tener sangre de horchata* (en *Méx. sangre de atole*), ser muy flemático o calmoso; no tener energía.

sangregorda adj. *Fam.* Tranquilo. Pachorrudo, cachazudo (ú. t. c. s.). ‖ — F. *Fig.* Tranquilidad.

sangría f. Acción y efecto de sangrar a un enfermo. ‖ Parte de la articulación del brazo opuesta al codo. ‖ Incisión que se hace en un árbol para que fluya la resina. ‖ *Fig.* Sangradura, salida que se da a las aguas: *la sangría de un río, canal.* ‖ Salida continua de dinero. ‖ Hurto que se hace poco a poco: *sangría en el caudal.* ‖ Bebida refrescante compuesta de agua, vino, azúcar, algunas frutas cortadas, limón y, a veces, de un licor.

sangriento, ta adj. Que echa sangre o que está bañado en sangre: *rostro sangriento.* ‖ Que causa efusión de sangre: *una batalla sangrienta.* ‖ *Fig.* Que ofende gravemente: *ultraje sangriento.* ‖ Sanguinario: *animal, hombre sangriento.*

sangriligero, ra y **sangriliviano, na** adj. y s. *Amér. C.* Muy simpático.

sangripesado, da y **sangrón, ona** adj. y s. *Amér. C.* y *Méx.* Antipático.

sanguaraña f. *Arg., Ecuad.* y *Per.* Circunloquio, rodeo.

Sangüesa, c. en el norte de España (Navarra).

sanguijuela f. Gusano anélido de boca chupadora, que vive en las lagunas y arroyos, que se utilizaba en medicina para hacer sangrías. ‖ *Fig.* y *fam.* Persona que saca hábilmente dinero a otra.

Sanguily (Julio), militar y patriota cubano (1846-1906), que combatió en la guerra de los Diez Años. — Su hermano MANUEL (1848-1925) participó tb. en la guerra de la Independencia, y fue un insigne orador.

sanguina f. Lápiz rojo fabricado con

hematites. ‖ Dibujo hecho con este lápiz. ‖ Fruto de carne más o menos roja. ‖ U. t. c. adj. f. : *naranja sanguina.*

sanguinario, ria adj. Feroz, cruel.

sanguíneo, a adj. Relativo a la sangre: *grupo sanguíneo.* ‖ De color de sangre: *rojo sanguíneo.* ‖ Dícese de la complexión caracterizada por la riqueza de sangre y la dilatación de los vasos capilares que da un color rojo a la piel. ‖ *Vasos sanguíneos,* las arterias y las venas.

sanguino, na adj. Sanguíneo.

sanguinolencia f. Estado o cualidad de sanguinolento.

sanguinolento, ta adj. Sangriento, mezclado o teñido de sangre.

sanidad f. Calidad de sano. ‖ Salubridad: *medidas de sanidad.* ‖ Conjunto de servicios administrativos encargados de velar por la salud pública.

Sanín Cano (Baldomero), escritor y humanista colombiano, n. en Rionegro (Antioquia) [1861-1957], autor de *La civilización manual y otros ensayos, Indagaciones e imágenes, Crítica y arte,* etc.

sanitario, ria adj. Relativo a la sanidad : *medidas sanitarias.* ‖ — M. Miembro del cuerpo de Sanidad. ‖ Retrete (ú. t. en pl.). ‖ — Pl. Conjunto de los aparatos instalados en un cuarto de baño o retrete.

sanjosense o **sanjosino, na** adj. y s. De San José (Uruguay).

sanjosiano adj. y s. De San José (Paraguay).

Sanjuán (José María), escritor español (1937-1968), autor de *Réquiem por todos nosotros.*

sanjuaneño, ña adj. y s. De Río San Juan (Nicaragua).

sanjuanero, ra adj. Dícese de ciertas frutas que maduran por san Juan. ‖ — Adj. y s. De San Juan (Cuba y Rep. Dominicana).

sanjuanino, na adj. y s. De San Juan (Argentina, Puerto Rico). ‖ De San Juan Bautista (Paraguay).

sanjuanista adj. Aplícase a los miembros pertenecientes a la orden de San Juan de Jerusalén (ú. t. c. s.).

Sanjurjo (José), general español, n. en Pamplona (1872-1936). Se sublevó contra la República en 1932. M. en un accidente de aviación en Portugal.

Sank Pölten, c. del S. de Austria. Metalurgia. Textiles.

Sanlúcar ‖ ~ **de Barrameda,** c. y puerto del sur de España (Cádiz). Punto de partida del tercer viaje de Colón (1498) y de la expedición de Magallanes (1519). Vinos. ‖ ~ **la Mayor,** c. en el S. de España (Sevilla).

sanluiseño, ña y **sanluisero, ra** adj. y s. De San Luis (Argentina).

sanluqueño, ña adj. y s. De Sanlúcar (España).

sanmartinada f. Época de la matanza del cerdo, hacia el día de San Martín (11 de noviembre).

sanmartinense adj. y s. De San Martín (Perú).

sanmartiniano, na adj. Relativo a José de San Martín.

Sannar. V. SENAR.

Sannazzaro (Iacopo), poeta italiano (1455-1530), autor de la novela pastoril *La Arcadia,* escrita en prosa y en verso.

sano, na adj. Que goza de salud: *persona sana.* ‖ Saludable: *alimentación sana ; aire sano.* ‖ *Fig.* En buen estado, sin daño: *fruto sano ; madera sana.* ‖ Libre de error o de vicio: *principios sanos.* ‖ Sensato, justo : *estar en su sano juicio.* ‖ Entero, no roto ni estropeado: *toda la vajilla está sana.* ‖ Saneado: *un negocio sano.* ‖ — *Fig. Cortar por lo sano,* emplear el medio más expeditivo para conseguir algo o zanjar una cuestión. ‖ *Sano y salvo,* sin lesión ni menoscabo, ileso.

sansalvadoreño, ña adj. y s. De la c. y del dep. de San Salvador (El Salvador).

sánscrito, ta adj. Aplícase a la antigua lengua de los bramanes y a los libros escritos en ella. ‖ — M. Lengua literaria de la India, perteneciente al grupo de las indoeuropeas.

sanseacabó loc. *Fam.* Ya está.

sansimonismo m. Doctrina socialista de Saint-Simon y de sus discípulos: *el sansimonismo preconiza el colectivismo.*

SA

589

Sansón, juez de los hebreos (s. XII a. de J. C.), famoso por su fuerza, que perdió cuando Dalila le cortó los largos cabellos, que luego volvieron a crecer.

Sansovino (Andrea CONTUCCI, llamado **el**), escultor florentino (1460-1529). — Su hijo adoptivo Iacopo TATTI *el Sansovino* (1486-1570) fue escultor y arquitecto.

Sant. V. SAN. || ~ **Jordi** (JORDI DE). V. JORDI.

Santa, río del Perú que desemboca en el Pacífico, cerca de Chimbote ; 328 km. — Prov. del N. del Perú (Ancash), atravesada por el río homónimo ; cap. *Chimbote.* Terremoto en 1970. || ~ **Amalia,** v. al O. de España (Badajoz). || ~ **Ana,** mun. al NO. de Colombia (Magdalena). — C. en el O. de El Salvador, cap. del dep. del mismo nombre. Obispado. El dep. produce café y en él se encuentra el volcán homónimo, llamado también *Ilamatepec,* 2 385 m. — C. de los Estados Unidos, al SE. de Los Ángeles (California). — Mun. al O. de México (Sonora). || ~ **Barbara,** c. de los Estados Unidos, al NO. de Los Ángeles (California). || ~ **Bárbara,** c. del Ecuador (Azuay). — Mun. de Colombia (Antioquia). — Pobl. de Costa Rica (Heredia). — C. del centro de Chile, en la prov. y en la VIII Región de Biobío, cap. de la com. del mismo nombre. — C. al O. de Honduras, cap. del dep. del mismo nombre. Centr. cómercial y agrícola. — C. al N. de México (Chihuahua). Centro minero. — Pobl. de Venezuela en Anzoátegui, Barinas, Zulia y Maturín. || ~ **Bárbara de Samaná,** c. y puerto al NE. de la Rep. Dominicana, cap. de la prov. de Samaná. || ~ **Brígida,** v. de España en la isla Gran Canaria (Las Palmas). || ~ **Catalina,** isla en el N. de Colombia (San Andrés y Providencia). — Isla al O. de México en la Baja California Sur. || ~ **Catarina,** ciudad del S. del Brasil ; cap. *Florianópolis.* || ~ **Clara,** bahía en el centro de Cuba, en la ciudad de este nombre. — C. del centro de Cuba, cap. de la prov. de Villa Clara. Centro comercial. Universidad. Obispado. La prov. es una rica región agrícola y ganadera. — V. ITURBE. || ~ **Coloma de Farnés,** en cat. S. C. de *Farners,* c. al NE. de España (Gerona), cap. de la comarca catalana de La Selva. || ~ **Coloma de Gramanet,** c. del NE. de España, en el área urbana de Barcelona. Industrias. || ~ **Comba,** mun. al NO. de España (Coruña). || ~ **Cruz,** estero en el S. de la Argentina, en la desembocadura del río homónimo y del Chico de Santa Cruz. — Isla del Ecuador, llamada también *Indefatigable,* en el Archipiélago de los Galápagos. — Isla de los Estados Unidos en el archipiélago de las Vírgenes, al SE. de Puerto Rico (Antillas Menores) ; cap. *Christiansted.* — Isla de Gran Bretaña, al N. de Vanuatu, en las Nuevas Hébridas (Melanesia). — Prov. del S. de la Argentina (Patagonia) ; cap. *Río Gallegos.* Hay una región de grandes lagos. Ganadería. Lana. Carbón, petróleo, gas natural. Industria frigorífica de carnes. — Pobl. y puerto al SE. de la Argentina, en la prov. homónima. — Dep. del E. de Bolivia, cap. *Santa Cruz de la Sierra.* Ganadería. — C. al O. de Costa Rica (Guanacaste). — C. del centro de Chile, en la VI Región (Libertador General Bernardo O'Higgins) en la prov. de Colchagua, cap. de la com. del mismo nombre. Centro agrícola. Vid. — C. de Filipinas, cap. de la prov. de Laguna (Luzón). — C. en el NO. del Perú, cap. de la prov. homónima (Cajamarca). || ~ **Cruz de Inventino Rosas,** c. en el centro de México (Guanajuato). || ~ **Cruz de la Palma,** c. y puerto de España, cap. de la isla de La Palma, al E. de la misma (Santa Cruz de Tenerife). || ~ **Cruz de la Sierra,** c. al E. de Bolivia, cap. del dep. de Santa Cruz. Universidad. Arzobispado. Industrias del petróleo. **Cruz de Mar Pequeña,** ant. nombre de *Ifni.* || ~ **Cruz de Mudela,** v. de España (Ciudad Real). || ~ **Cruz del Norte,** mun. en el NO. de Cuba (La Habana). || ~ **Cruz del Quiché,** c. en el O. del centro de Guatemala, cap.

del dep. de El Quiché. Obispado. || ~ **Cruz del Seibo,** c. en el E. de la Rep. Dominicana, cap. de la prov. de El Seibo. || ~ **Cruz del Sur,** mun. de Cuba (Camagüey). || ~ **Cruz de Tenerife,** c. y puerto de España, cap. de la prov. de Tenerife y sede del Parlamento de la Comunidad Autónoma de Canarias, al NE. de la isla de Tenerife. La prov. comprende el grupo de islas más occidental del archipiélago (Tenerife, Gomera, La Palma y Hierro). Obispado. Universidad con sede en La Laguna. Agricultura. Turismo. || ~ **Elena,** bahía y cabo al O. de Costa Rica (Guanacaste). — Bahía y cabo al O. del Ecuador (Guayas). — Isla de Gran Bretaña, al O. de África : 122 km² ; cap. *Jamestown.* Napoleón I estuvo deportado en esta isla desde 1815 hasta su muerte en 1821. — Paso de los Andes argentinos ; 3 839 m. — C. al O. del Ecuador, en la península del mismo nombre (Guayas). Petróleo. — Mun. al SE. de El Salvador (Usulután). — V. al sur de España (Jaén). || ~ **Eulalia,** c. de España, en la isla de Ibiza (Baleares); Turismo. — Mun. de Guatemala (Huehuetenango). || ~ **Fe,** c. en el NE. del centro de la Argentina, cap. de la prov. y del dep. homónimos. Centro comercial e industrial. Universidad del Litoral. Arzobispado. Fue fundada en 1573. — C. de España, a la entrada de Granada. En ella se firmaron las capitulaciones entre Colón y los Reyes Católicos para el primer viaje que condujo al descubrimiento de América (1492). — C. al SO. de los Estados Unidos, cap. del Estado de Nuevo México. Arzobispado. || ~ **Fe de Bogotá.** V. BOGOTÁ. || ~ **Gadea del Cid,** v. al N. de España (Burgos). El Cid Campeador hizo en ella prestar juramento al rey Alfonso VI de Castilla de que no había participado en el asesinato de su hermano Sancho II. || ~ **Inés,** grupo de cayos al O. de Cuba y al N. de Pinar del Río. Se le conoce también con el nombre de *Guaniguanico.* — Isla al sur de Chile en el Pacífico (Magallanes). || ~ **Isabel,** una de las islas Salomón (Melanesia). — Volcán de Colombia, entre los dep. de Caldas, Quindío y Tolima ; 5 100 m. — N. ant. de *Malabo,* en la Guinea Ecuatorial. — Mun. en el centro sur de Puerto Rico (Ponce). || ~ **Isabel de Las Lajas,** mun. del centro de Cuba (Villa Clara). Centrales azucareras. || ~ **Juana,** c. del centro de Chile, en la VIII Región (Biobío), en la prov. de Concepción, cap. de la com. del mismo nombre. || ~ **Lucía,** isla de las Antillas Menores, al S. de Martinica ; 616 km² ; cap. *Castries.* Independiente en 1979, forma parte del Commonwealth. — Río del SO. de Uruguay que des. en el Río de la Plata. — Pobl. en el O. de la Argentina (San Juan). — Mun. de España en la isla de Gran Canaria (Las Palmas). — C. al sur del Uruguay (Canelones). — Mun. al NO. de Venezuela (Maracaibo). || ~ **Margarita,** isla de México, en la costa de la Baja California Sur ; 220 km². || ~ **María,** isla del archipiélago portugués de las Azores. — Isla de Chile en el Pacífico, frente al golfo de Arauco. — Isla del Ecuador, llamada también *Floreana,* en el Archipiélago de los Galápagos. — Cabo en el Atlántico al E. del Uruguay (Rocha). — Río de Panamá en la vertiente del Pacífico. — Volcán en el SO. de Guatemala (Quezaltenango) ; 3 768 m. — Dep. central de la Argentina (Córdoba) ; cap. *Alta Gracia.* Minas. — Dep. al NO. de la Argentina (Catamarca). — Pobl. del SE. del Brasil (Río Grande do Sul). Aguas minerales. — C. del centro de Chile, en la V Región (Valparaíso) y en la prov. de San Felipe de Aconcagua, cap. de la com. del mismo nombre. — Pobl. de Panamá (Herrera). — Pobl. al S. de Paraguay (Misiones). || ~ **María Asunción Tlaxiaco,** mun. al S. de México (Oaxaca). Minas. || ~ **María Chiquimula,** mun. al O. de Guatemala (Totonicapán). || ~ **María de Barbará,** mun. al NE. de España (Barcelona). Industrias. || ~ **María de Cayón,** mun. al N. de España (Cantabria). || ~ **María de Garoña,** pobl. al N. de España (Burgos). Cen-

tral nuclear. || ~ **María de Guía de Gran Canaria.** V. GUÍA DE GRAN CANARIA. || ~ **María del Buen Aire,** nombre que dio Pedro de Mendoza a la ciudad de Buenos Aires cuando se fundó (1536). || ~ **María del Río,** mun. en el Centro de México (San Luis Potosí). Minas. || ~ **María del Rosario,** mun. de Cuba (La Habana). || ~ **María Jalapa del Marqués,** mun. al S. de México (Oaxaca). || ~ **María la Antigua del Darién,** pobl. al O. de Colombia (Chocó). || ~ **Marta,** c. y puerto del N. de Colombia, en las faldas de la *Sierra Nevada de Santa Marta* y en la costa de la *bahía de Santa Marta,* cap. del dep. de Magdalena. Centro comercial. Turismo. Universidad. Obispado. Fue fundada por Rodrigo de Bastidas en 1525. — V. de España (Badajoz). || ~ **Monica,** c. del SO. de los Estados Unidos de California. Construcción de aviones. || ~ **Perpetua de Moguda,** en cat. Santa *Perpètua de Mogoda,* mun. al NE. de España (Barcelona). Industrias. || ~ **Pola,** bahía, cabo y v. al E. de España (Alicante). Turismo. || ~ **Rosa,** c. del centro de la Argentina, cap. de la prov. de La Pampa. Universidad de La Pampa. Obispado. — Pobl. del N. de Bolivia, cap. de la prov. de Abuná (Pando). — Nombres de dos mun. de Colombia en los dep. de Bolívar y Cauca. — Pobl. en el NO. de Ecuador (Esmeraldas). — Pobl. en el SO. del Ecuador (El Oro). — C. del E. de El Salvador (La Unión). — Dep. del SE. de Guatemala ; cap. *Cuilapa.* Agricultura. — Pobl. en el S. de Paraguay (Misiones). — Pobl. en el S. de Uruguay (Canelones). || ~ **Rosa de Cabal,** c. de Colombia (Risaralda). || ~ **Rosa de Copán,** c. del O. de Honduras, cap. del dep. de Copán. Centro comercial. Minas. Obispado. || ~ **Rosa de Osos,** c. de Colombia (Antioquia). Centrales hidroeléctricas. Obispado. || ~ **Rosa de Sucumbíos,** c. al E. del Ecuador (Napo). Prefectura apostólica. || ~ **Rosa de Viterbo,** c. en el centro de Colombia (Boyacá). || ~ **Rosalía,** pobl. en el O. de México (Baja California). || ~ **Sede.** V. VATICANO. || ~ **Tecla.** V. NUEVA SAN SALVADOR. || ~ **Teresa,** pobl. en el O. de Nicaragua (Carazo). || ~ **Ursula,** mun. de España en la isla de Tenerife (Santa Cruz de Tenerife).

Santa || ~ **Anna** (Antonio LÓPEZ DE), general mexicano, n. en Jalapa (1794-1876), pres. de la Rep. en 1833, de 1834 a 1835, en 1839, de 1841 a 1842, en 1844 y en 1847. Jefe del ejército mexicano en la guerra con Estados Unidos, al firmarse el Tratado de Guadalupe Hidalgo (1848) se trasladó a Jamaica. A su regreso gobernó dictatorialmente (1853-1855). Desterrado por Juárez en 1867. || ~ **Cruz** (ANDRÉS DE), militar boliviano, n. en La Paz (1792-1865), pres. de Bolivia de 1829 a 1836. Creador de la Confederación Peruboliviana, se declaró Protector de 1836 a 1839. Fue vencido en la batalla de Yungay (1839). — V. BAZÁN. || ~ **Cruz** (MARQUÉS DE). V. BAZÁN. || ~ **Cruz y Espejo** (FRANCISCO EUGENIO DE), enciclopedista, médico y patriota ecuatoriano, n. en Quito (1747-1795), autor de *El Nuevo Luciano o Despertador de ingenios.* Era indio. M. en la cárcel. || ~ **María** (DOMINGO), político liberal chileno (1825-1889), pres. de la Rep. de 1881 a 1886. || ~ **Rita Durão** (Fray JOSÉ DE). V. DURÃO (Fray de SANTA RITA).

Santa || ~ **Hermandad,** tribunal y milicia creada por los Reyes Católicos para proteger a la población rural (1476). || ~ **María,** carabela que condujo a Colón a América en el viaje del descubrimiento (1492). Era propiedad de Juan de la Cosa. Encalló, el 25 de diciembre, en la isla La Española y con sus restos se construyó el fuerte de Navidad. || ~ **Sofía** (Iglesia de). V. SOFÍA.

santabárbara f. *Mar.* Pañol en las embarcaciones destinado a almacenar la pólvora.

santabarbarense adj. y s. De Santa Bárbara (Honduras).

santacruceño, ña adj. y s. De Santa Cruz (Argentina).

santacruzano, na adj. y s. De Santa Cruz del Quiché (Guatemala).

santafecino, na o **santafesino, na** adj. y s. De Santa Fe (Argentina).

santafereño, ña adj. y s. De Santa Fe (Colombia).

santalucense adj. y s. De Santa Lucía (Uruguay).

Santamaria (Francisco), lexicógrafo mexicano (1889-1963).

Santana (Pedro), general dominicano, n. en Hincha (1801-1864). Dirigió la lucha contra la dominación haitiana (1844) y fue pres. de la Rep. de 1844 a 1848, de 1853 a 1856 y de 1859 a 1862. En 1861 decretó la nueva anexión del país a España, que duró hasta 1865.

Santander, c. en el O. de Colombia (Cauca). — Dep. de Colombia, fronterizo con Venezuela ; cap. *Bucaramanga.* Café. — C. y puerto en el N. de España, capital de la Comunidad Autónoma de Cantabria. Obispado. Universidad. Casino de juego. || ~ **(Norte de).** V. NORTE DE SANTANDER.

Santander (Francisco de Paula), general y político colombiano, n. en Rosario de Cúcuta (1792-1840). Partidario del federalismo, se opuso a Nariño. Se incorporó al ejército de Bolívar y obtuvo las victorias de Paya, Pantano de Vargas y Boyacá. Vicepresidente de Cundinamarca de 1819 a 1826, participó en una rebelión contra Bolívar, por lo que fue condenado a muerte, pena que se conmutó por la de destierro. Ocupó la presidencia de Nueva Granada de 1832 a 1837.

santandereano, na adj. y s. De Santander (Colombia).

santanderiense o **santanderino, na** adj. y s. De Santander (España).

santanderismo m. Palabra o giro propios del castellano hablado en la región de Santander. || Amor a Santander. || Carácter de Santander.

santaneco, ca adj. y s. De Santa Ana (El Salvador).

Santany, v. de España en la isla de Mallorca (Baleares). Turismo.

Santarem, c. en el N. del Brasil (Pará). — C. de Portugal, al NE. de Lisboa, cap. del distrito homónimo (Ribatejo). Vinos.

santarroseño, ña adj. y s. De Santa Rosa (Guatemala y El Salvador).

Santas Creus, pobl. en el E. de España (Tarragona).

santateresa f. Insecto ortóptero con patas delanteras prensoras.

Santayana (Jorge RUIZ DE), filósofo norteamericano, de origen español, n. en Madrid (1863-1952), de tendencia aristotélica, materialista y escéptica. Autor de *El sentido de la belleza, El último puritano* (novela), etc.

santeño, ña adj. y s. De Los Santos (Panamá).

¡ santiago ! interj. Grito con que los caballeros de Castilla y León invocaban a su santo patrón al romper el alba. (Decíase también *¡ Santiago y cierra España !*)

Santiago, río en el NO. del Ecuador (Imbabura y Esmeraldas) ; 138 km. — Río en el S. del Ecuador y en el N. del Perú, formado por la unión del Namangoza y el Zamora, que des. en el Marañón ; 209 km. — Río en el O. de México que tiene su origen en el lago de Chapala y en el Pacífico ; 412 km. Llamado tb. *Grande de Santiago.* — Isla de África en el archipiélago de Cabo Verde (Sotavento) ; cap. *Praia.* — C. y puerto en el SE. de Cuba, cap. de la prov. del mismo nombre. Fundada por Diego de Velázquez en 1514. Arzobispado. Universidad. Industrias. Derrota de la escuadra española por la de los Estados Unidos (3 de julio de 1898). Llamada tb. *Santiago de Cuba.* — C. en el centro de Chile, cap. de la Región Metropolitana de Santiago y de la Rep., a orillas del río Mapocho ; 3 615 000 h. Arzobispado. Universidad. Fundada por Pedro de Valdivia en 1541, fue residencia de la Capitanía General de Chile. — (*Región Metropolitana de*), región administrativa en el centro de Chile, formada por las prov. de Chacabuco, Cordillera, Maipo, Talagante, Melipilla y Área Metropolitana de Santiago ; cap. *Santiago.* El *Área Metropolitana de Santiago* está formada por las poblaciones cercanas a la capital chilena. — Prov. en el NO. de la Rep. Dominicana ; cap. *Santiago de los Caballeros.* —

Agricultura. — Cantón en el E. del Ecuador (Morona-Santiago) y en el E. de México (Nuevo León). — C. en el centro de Panamá, cap. de la prov. de Veraguas. Facultad universitaria. Obispado. — Pobl. en el S. del Paraguay (Misiones). || ~ **de Compostela,** c. en el NO. de España (La Coruña), capital de la Comunidad Autónoma de Galicia. Arzobispado. Universidad. Catedral románica. Lugar de peregrinación. || ~ **de Chuco,** c. en el O. del Perú, cap. de la prov. homónima (La Libertad). Terremoto en 1970. || ~ **la Vega.** V. SPANISH TOWN. || ~ **de las Vegas,** térm. mun. de Cuba (La Habana). || ~ **de los Caballeros,** c. en el NO. de la Rep. Dominicana, cap. de la prov. de Santiago. Fundada en 1524. Obispado. || ~ **de María,** c. en el S. de El Salvador (Usulután). Obispado. || ~ **de Puriscal,** pobl. en el centro de Costa Rica (San José). || ~ **del Estero,** c. de la Argentina, cap. de la prov. homónima en el N. del país. Universidad. Obispado. Industrias. Turismo. Fundada en 1553. La prov. es muy agrícola. || ~ **Ixcuintla,** pobl. en el O. de México (Nayarit). || ~ **Rodríguez,** c. occidental de la Rep. Dominicana, cap. de la prov. homónima. || ~ **Papasquiaro,** mun. en el centro oeste de México (Durango). || ~ **Pontones,** v. al S. de España (Jaén). || ~ **Vázquez,** pobl. al S. del Uruguay (Montevideo). || ~ **el Mayor,** apóstol de Jesucristo, hermano de San Juan Evangelista. Mártir en el año 44. Predicó en España. Patrón de España y Chile. Fiesta del 25 de julio. || ~ **el Menor,** apóstol de Jesús martirizado en el año 62. Fiesta el 3 de mayo.

Santiago (Miguel de), pintor barroco quiteño (1626-1706), autor de cuadros religiosos. Su hija ISABEL también fue pintora.

Santiago (*Orden de*), orden religiosa y militar española creada por el rey Fernando II de León en 1158.

santiagueño, ña adj. y s. De Santiago (Panamá y Paraguay). || De la c. de Santiago del Estero (Argentina).

santiaguero, ra adj. y s. De Santiago de Cuba.

santiagués, esa adj. y s. De Santiago de Compostela (España).

santiaguino, na adj. y s. De Santiago de Chile.

santiamén m. *Fam. En un santiamén,* en un instante, rápidamente.

santidad f. Estado de santo. || *Su Santidad,* tratamiento honorífico que se da al Papa.

santificación f. Acción y efecto de santificar.

santificador, ra adj. y s. Aplícase al que o a lo que santifica.

santificante adj. Que santifica.

santificar v. t. Hacer a uno santo : *la gracia santifica al hombre.* || Consagrar a Dios una cosa. || Venerar como santo : *santificar el nombre de Dios.*

santiguar v. t. Hacer con la mano derecha la señal de la cruz desde la frente al pecho y desde el hombro izquierdo al derecho. || Hacer cruces sobre uno supersticiosamente. || V. pr. Persignarse. || *Fig. y fam.* Persignarse en señal de asombro.

Santillana (Íñigo LÓPEZ DE MENDOZA, *marqués de*), poeta español (1398-1458), autor de composiciones pastoriles o serranillas muy célebres, de poemas alegóricos (*La comedieta de Ponza, El infierno de los enamorados*) y del *Diálogo de Bías contra Fortuna.*

Santillana del Mar, v. en el N. de España (Cantabria). Colegiata románica. En sus proximidades se hallan las cuevas de Altamira.

Santiponce, v. en el sur de España (Sevilla).

santísimo, ma adj. Muy santo : *la Santísima Virgen.* || Tratamiento honorífico que se da al Papa. || M. *El Santísimo,* Cristo en la Eucaristía.

santo, ta adj. Divino, dícese de todo lo que se refiere a Dios : *el Espíritu Santo.* || Aplícase a las personas canonizadas por la Iglesia católica (úsase la forma apocopada *san* antes de los nombres, salvo en los casos de *Domingo, Tomás, Tomé* y *Toribio*) : *San Juan Bosco* (ú. t. c. s.). || Conforme a la moral religiosa : *llevar*

una vida santa. || Aplícase a la semana, y a los días de ésta, que empieza el domingo de Ramos y termina el domingo de Resurrección : *Semana Santa ; Viernes Santo.* || Inviolable, sagrado : *lugar santo.* || *Fig.* Dícese de la persona muy buena o virtuosa (ú. t. c. s.) : *este hombre es un santo.* || Que tiene un efecto muy bueno : *remedio santo ; hierba santa.* || *Fig. y fam.* Antepuesto a ciertos sustantivos, refuerza el significado de éstos, con el sentido de real, mismísimo, gran : *hizo su santa voluntad ;* el maestro *tiene una santa paciencia.* || M. Imagen de un santo : un santo de madera. || *Día del santo* cuyo nombre se lleva y fiesta con que se celebra : *mi santo cae el 30 de mayo.* || Ilustración, grabado con motivo religioso. || *Fig. Adorar el santo por la peana,* halagar indirectamente a una persona a través de sus familiares próximos. | *Alzarse con el santo y la limosna,* llevárselo todo. | *¿ A santo de qué ?,* ¿ por qué razón o motivo ? | *Desnudar a un santo* para vestir a otro, quitarle algo a uno para dárselo a otro. | *Írsele a uno el santo al cielo,* olvidar lo que se iba a hacer o decir. | *Llegar y besar el santo,* obtener algo rápidamente y sin dificultad. | *No ser santo de su devoción,* no caer en gracia una persona a otra. | *Quedarse para vestir santos,* quedarse soltera. || *Santo Oficio,* tribunal de la Iglesia católica derivado de la Inquisición. En 1965, el *Santo Oficio* cambió su n. por el de *Congregación para la Doctrina de la fe.*) || *Santo Sepulcro,* v. SEPULCRO. || *Mil. Santo y seña,* contraseña que hay que dar a requerimiento del centinela. || *Fig. Tener el santo de espaldas,* tener mala suerte y no salirle a uno bien las cosas. || *Tierra Santa,* Palestina.

Santo || ~ **André,** c. en el E. del Brasil, suburbio de São Paulo. Obispado. Metalurgia. || ~ **Domingo,** c. y puerto en el S. del centro de la Rep. Dominicana, cap. del país ; 1 300 000 h. Fundada por Bartolomé Colón en 1496. Arzobispado. Universidad. Innumerables monumentos. Tuvo el nombre de *Ciudad Trujillo* de 1930 a 1961. — Com. del centro de Chile, en la V Región (Valparaíso) y en la prov. de San Antonio ; cap. *Rocas de Santo Domingo.* — Pobl. al NE. de Costa Rica (Heredia). Café. — Mun. en el centro de Cuba (Villa Clara). — V. en el centro sur de El Salvador (San Vicente). || ~ **Domingo de la Calzada,** c. en el N. de España (La Rioja). Obispado de Calahorra-Santo Domingo de la Calzada-Logroño. Catedral (s. XII). || ~ **Domingo de Silos,** v. al N. de España (Burgos). Monasterio benedictino románico (s. X). El museo arqueológico que encerraba se incendió en 1970. || ~ **Domingo de Soriano,** c. en el SO. del Uruguay (Soriano). || ~ **Domingo Tehuantepec,** c. al S. de México (Oaxaca). || ~ **Tomás,** isla de las Antillas, en el archip. de las Vírgenes ; 86 km². Pertenece a Estados Unidos. — Volcán en el O. de Guatemala (Quezaltenango) ; 3 505 m. — C. en el centro de El Salvador (San Salvador). — C. y puerto en el E. de Guatemala, a orillas del mar Caribe. — C. en el E. del Perú, cap. de la prov. de Chumbivilcas (Cuzco). — C. en el NE. de Venezuela, en la confluencia del Orinoco y el Caroní. Industrias. || ~ **Tomé,** pobl. en el norte de la Argentina (Corrientes y Santa Fe). — V. SÃO TOMÉ.

santodominguense adj. y s. De la c. de Santo Domingo (Rep. Dominicana).

santón m. Asceta mahometano. || *Fig.* Santurrón. | Persona influyente y exageradamente respetada en una colectividad : *un santón de la política.*

Santoña, bahía, ría, c. y puerto del N. de España (Cantabria). Pesquerías.

santoral m. Libro que contiene vidas de santos. || Libro de coro que contiene los introitos y antífonas de los oficios de los santos. || Lista de los santos que se celebran cada día.

Santorin, isla y archip. griego, en el S. de las Cícladas.

Santórsola (Guido), músico uruguayo de origen italiano, n. en 1904, autor de *Rapsodia criolla, Sin-*

fonía número 1, conciertos, música vocal, etc.

Santos, c. y puerto en el E. del Brasil y en la conurbación de São Paulo. Obispado. Café. Siderurgia. ‖ ~ **(Los),** pobl. y distr. en el S. de Panamá, en la prov. homónima. — Prov. en el S. de Panamá ; cap. *Las Tablas.*

Santos (Eduardo), político colombiano (1888-1974), pres. de la Rep. de 1938 a 1942. Firmó un concordato con la Santa Sede. ‖ ~ (MÁXIMO), general uruguayo (1847-1889), pres. de la Rep. de 1882 a 1886. ‖ ~ **Álvarez** (MIGUEL DE LOS). V. ÁLVAREZ. ‖ ~ **Chocano.** V. CHOCANO. ‖ ~ **Dumont** (ALBERTO), aeronauta brasileño (1873-1932), precursor de la aviación. ‖ ~ **Zelaya** (JOSÉ). V. ZELAYA.

Santos Vega, payador legendario argentino que ha servido de tema a Mitre, Hilario Ascasubi, Rafael Obligado y E. Gutiérrez.

santuario m. Templo donde se venera la imagen o reliquia de un santo. ‖ *Fig.* Asilo, refugio.

Santuario, mun. y pobl. en el O. del centro de Colombia (Caldas). — Mun. de Colombia (Risaralda). — Mun. de Colombia (Antioquia).

Santurbán, nudo de los Andes de Colombia en la Cord. Oriental.

Santurce o **Santurce-Antiguo** v. y puerto de pesca del N. de España (Vizcaya), en los alrededores de Bilbao. Industrias. Centrales térmicas. ‖ ~ **Ortuella,** mun. al N. de España, cerca de Bilbao (Vizcaya). Industrias.

santurrón, ona adj. y s. Beato.

santurronería f. Beatería.

Sanz del Río (Julián), filósofo español (1814-1869). Introdujo en su país la doctrina de Krause.

Sanzio (Rafael). V. RAFAEL.

saña f. Furor ciego, rabia.

Saña, mun. al NO. de Perú (Lambayeque).

Sañogasta, sierra de la Argentina, continuación de la de Famatina.

São ‖ ~ **Bernado do Campo,** suburbio de São Paulo (Brasil). ‖ ~ **Caetano do Sul,** c. en el SE. del Brasil (São Paulo). Siderurgia. ‖ ~ **Carlos,** c. del SE. del Brasil (São Paulo). Obispado. ‖ ~ **Félix,** pobl. en el E. del Brasil (Bahía). Tabaco. ‖ ~ **Francisco,** río en el E. del Brasil en Minas Gerais ; 3 161 km. Central hidroeléctrica. ‖ ~ **Gonçalo,** c. del Brasil, suburbio de Río de Janeiro. ‖ ~ **João da Boa Vista,** c. al SE. del Brasil (São Paulo). Obispado. ‖ ~ **João dei Rei,** c. en el E. del Brasil (Minas Gerais). Obispado. Ganadería. Agricultura. Industrias. ‖ ~ **João de Meriti,** c. en el E. del Brasil en el área metropolitana de Río de Janeiro. ‖ ~ **José do Norte,** c. en el SE. del Brasil (Río Grande do Sul). ‖ ~ **José do Río Pardo,** c. en el SE. del Brasil (São Paulo). ‖ ~ **José do Río Preto,** c. en el SE. del Brasil (São Paulo). ‖ ~ **José dos Campos,** c. del Brasil (São Paulo). ‖ ~ **Leopoldo,** c. en el SE. del Brasil (Río Grande do Sul). ‖ ~ **Luís** o **São Luís de Maranhão,** c. y puerto del NO. del Brasil, cap. del Estado de Maranhão. Arzobispado. ‖ ~ **Miguel.** V. SAN MIGUEL (de las Azores). ‖ ~ **Paulo,** c. y puerto del SE. del Brasil, cap. del Estado del mismo nombre. Universidad. Museos. Bienal de arte moderno. Gran centro económico del país. Metalurgia. Productos textiles, alimenticios y químicos. El Estado, a orillas del Atlántico, es el más poblado del Brasil. Café. ‖ ~ **Paulo de Loanda.** V. LUANDA. ‖ ~ **Sebastião,** isla en el SE. del Brasil (São Paulo). ‖ ~ **Sebastião do Paraíso,** pobl. en el E. del Brasil (Minas Gerais). ‖ ~ **Tomé e Príncipe,** Estado insular, formado por las islas de São Tomé (836 km²) y Príncipe (128 km²) ; 85 000 h ; cap. São Tomé. Cacao, café, copra. Antigua colonia portuguesa, se declaró independiente en 1975. ‖ ~ **Vicente,** isla volcánica del archipiélago de Cabo Verde.

Saona, en fr. *Saône,* río del E. de Francia que nace en los Vosgos ; afl. del Ródano ; 480 km.

Saône (Haute-). V. HAUTE-SAÔNE. ‖ ~ **-et-Loire,** dep. el E. del centro de Francia ; cap. *Mâcon.* Vinos.

sapajú m. *Amer.* Saimirí, mono.

sapidez f. Condición de sápido.

sápido, da adj. Que tiene sabor.

sapiencia f. Sabiduría.

sapiencial adj. Relativo a la sabiduría : *libro sapiencial.*

sapiente adj. y s. Sabio.

sapillo m. *Méx.* Afta.

sapindáceo, a adj. Aplícase a las plantas dicotiledóneas con flores en espiga, pedunculadas, y fruto capsular, como el farolillo y el jaboncillo (ú. t. c. s. f.). ‖ — F, pl. Familia que forman.

sapo m. Batracio anuro insectívoro, parecido a la rana, de piel gruesa y verrugosa. ‖ *Amer.* Juego de la rana. ‖ *Fig.* Persona con torpeza física. ‖ *Fig. Echar sapos y culebras,* blasfemar.

saponáceo, a adj. Jabonoso.

saponaria f. Planta con flores rosas cuyas raíces contienen saponina.

saponificación f. Conversión de materias grasas en jabón.

saponificar v. t. Transformar en jabón materias grasas.

Saposoa, c. en el NE. del Perú, cap. de la prov. de Huallaga (San Martín).

sapote m. Zapote.

Sapporo, c. del Japón, en el O. de la isla de Hokkaido. Universidad.

saprofito, ta adj. Dícese de los vegetales que se alimentan de materias orgánicas en descomposición (ú. t. c. s. m.).

saque m. *Dep.* En los juegos de pelota, lanzamiento de la pelota al iniciarse el partido. | Acción de volver a poner la pelota en juego cuando ésta ha salido. ‖ — *Línea de saque,* raya desde donde se saca la pelota. | *Saque de esquina,* acción de volver a poner la pelota en juego desde uno de los ángulos dirigiendo el tiro hacia la portería, córner. | *Saque de meta,* en fútbol, saque realizado por el portero y los defensas una vez que el balón ha salido por la línea de fondo de su campo. | *Fig. y fam. Tener buen saque,* ser comilón.

saqueador, ra adj. Que saquea (ú. t. c. s.).

saquear v. t. Apoderarse los soldados de lo que encuentran en país enemigo. ‖ *Fig. y fam.* Llevarse todo lo que hay en un sitio.

saqueo m. Acción de saquear.

Sara, madre de Isaac, esposa de Abrahán.

Sarabia Tinoco (Francisco), célebre aviador mexicano (1900-1939). M. en un accidente.

saragüey y **saraguato** m. *Amér. C.* y *Méx.* Mono velludo.

Saraguro, cantón al sur del Ecuador (Loja).

Sarajevo, c. en el centro de Yugoslavia, cap. de Bosnia y Herzegovina. Arzobispado. Universidad.

sarampión m. Fiebre eruptiva, contagiosa, que se manifiesta por manchas rojas y afecta sobre todo a los niños.

sarandí m. *Arg.* Arbusto euforbiáceo, de ramas largas y flexibles.

Sarandí ~ **del Yí,** c. en el centro de Uruguay (Durazno). ‖ ~ **Grande,** c. en el sur del Uruguay (Florida).

Saransk, c. en el centro de la U. R. S. S., al O. del Volga.

sarao m. Reunión o fiesta nocturna con baile y música. ‖ *Fam.* Jaleo.

sarape m. *Méx.* Capote de monte, de lana o colcha de algodón de vivos colores con una abertura en el centro para pasar la cabeza.

sarapero m. *Méx.* Vendedor de sarapes.

sarapia f. Árbol leguminoso de América del Sur. ‖ Su fruto.

sarapico m. Zarapito.

Sarapiquí, río del NE. de Costa Rica (Heredia). Des. en el de San Juan.

Sarapis, dios griego. V. SERAPIS.

Sarare, río de Colombia que penetra en Venezuela, donde se une al Uribante para formar el Apure.

sarasa m. *Fam.* Marica.

Sarasara, cumbre volcánica en la Cord. Occidental de los Andes del Perú (Ayacucho) ; 5 947 m.

Sarasate (Pablo), compositor y violinista español (1844-1908), autor de *Jota aragonesa, Zapateado, Habanera,* etc.

Saratoga Springs, c. en el NE. de Estados Unidos (Nueva York). Derrota de los ingleses en 1777 que aseguró la independencia de Estados Unidos.

Saratov, c. al oeste de la U. R. S. S. (Rusia), puerto en el Volga.

Sara-Urcu, pico de los Andes del Ecuador en la Cordillera Central ; 4 676 m.

Saravia (Aparicio), general y político uruguayo (1855-1904). Jefe de las revoluciones nacionalistas de 1897 y 1904.

Sarawak, Estado del NO. de Borneo (Malaysia), cap. *Kuching.*

sarazo adj. *Col., Cub.* y *Méx.* Dícese del fruto que empieza a madurar.

sarcasmo m. Mofa acerba, escarnio. ‖ Ironía amarga.

sarcástico, ca adj. Que denota sarcasmo : *reflexión sarcástica.*

Sarcelles, c. de Francia, al N. de París (Val-d'Oise).

sarcocele m. Tumor duro y crónico del testículo.

sarcófago m. Sepulcro.

sarcoma m. Tumor maligno del tejido conjuntivo.

sardana f. Danza popular catalana que se baila en corro. ‖ Su música.

Sardanápalo, rey legendario de Asiria, célebre por su vida disoluta.

sardanés, esa adj. y s. De Cerdaña (Cataluña).

Sardañola, v. al NE. de España, en las cercanías de Barcelona. Industrias.

Sardes, ant. c. de Asia Menor (Lidia).

sardina f. Pez teleósteo marino parecido al arenque, pero de menor tamaño, de consumo muy extendido. ‖ *Fig. y fam. Como sardinas en banasta* o *en lata,* muy apretados.

sardinal m. Red para la pesca de la sardina.

sardinero, ra adj. Relativo a las sardinas : *barca sardinera.* ‖ — M. y f. Persona que vende sardinas.

sardo, da adj. y s. De Cerdeña (Italia). ‖ — M. Lengua hablada en esta isla.

sardónico, ca adj. Aplícase a la risa provocada por la contracción convulsiva de ciertos músculos de la cara. ‖ *Fig.* Irónico, sarcástico.

Sarduy (Severo), escritor cubano n. en 1937, autor de ensayos (*Gestos, De donde son los cantantes*), de poesías y de novelas (*Gestos, Cobra*).

Sarema, isla de la U. R. S. S. (Estonia) que cierra, en el mar Báltico, el golfo de Riga. Llamada también *Œsel.*

sarga f. Tela de seda.

sargazo m. Alga marina flotante de color oscuro.

Sargazos (MAR DE LOS), parte del Atlántico Norte, entre las Azores y las Antillas, cubierta de algas y fucos.

sargenta f. Mujer de sargento. ‖ *Fig.* Mujer hombruna y autoritaria.

sargento m. *Mil.* Suboficial que manda un pelotón y que depende directamente de un teniente o alférez. (*Los sargentos suelen tener por misión la disciplina de la clase de tropa.*) ‖ *Fig.* Persona autoritaria.

sargo m. Pez teleósteo marino de color plateado y rayas negras.

Sargodha, c. en el N. del Paquistán.

Sargón, rey y fundador de la dinastía semítica de Akkad, hacia 2 325 a. de J. C. — N. de dos reyes de Asiria.

sari m. Traje nacional femenino de la India consistente en una tela de algodón o seda drapeada y sin costura que cubre hasta los pies.

sarmentoso, sa adj. Parecido al sarmiento : *planta sarmentosa.*

sarmiento m. Vástago nudoso de la vid.

Sarmiento (Domingo Faustino), político y escritor argentino, n. en San Juan (1811-1888). Vivió en Chile durante la dictadura de Rosas (1840-1852) y, a su regreso, se incorporó a las filas de Urquiza para expatriarse de nuevo de 1852 a 1855. Fue gobernador de la provincia de San Juan (1862-1863) y en 1868 sucedió a Mitre en la pres. de la Rep. Durante su mandato terminó la guerra con el Paraguay (1869), robusteció la autoridad central, favoreció la evolución social y la enseñanza, impulsó las obras públicas y fundó el Observatorio Astronómico de Córdoba y las escuelas Militar y Naval. Abandonó el poder en 1874. Escribió innumerables obras, entre las cuales se destacan *Campaña del Ejército Grande, Las ciento y una* y *Facundo o Civilización y bar-*

barie, libro famoso donde narra la vida del caudillo riojano Juan Facundo Quiroga y describe de manera magistral la pampa, el gaucho, los tipos característicos del territorio donde discurre la acción. ‖ ~ **de Gamboa** (PEDRO), navegante y escritor español (¿ 1530-1592 ?), autor de *Historia de los Incas*.

sarna f. Enfermedad contagiosa de la piel, que se manifiesta por la aparición de vesículas y pústulas que causan picazón intensa y cuyo agente es el ácaro o arador.

Sarnia, c. en el SE. del Canadá (Ontario). Refinería de petróleo.

sarnoso, sa adj. y s. Que tiene sarna : *gato sarnoso*.

Saroyan (William), escritor norteamericano (1908-1981), autor de novelas (*La comedia humana*), cuentos (*Mi nombre es Aram, El hombre sobre el trapecio*), numerosas obras de teatro (*El momento de tu vida, La dulce melodía del amor*) y ensayos.

sarpullido m. Erupción cutánea, consistente en granitos y manchas.

sarraceno, na adj. y s. Musulmán, especialmente los que invadieron España en 711. ‖ *Trigo sarraceno*, alforfón.

Sarratea (Manuel de), político y diplomático argentino (1774-1849), miembro del primer Triunvirato (1811), jefe del ejército en la Banda Oriental (1812) y gobernador de Buenos Aires en 1820.

Sarre, en alem. *Saar*, río al NE. de Francia y de Alemania Occidental, afl. del Mosela ; 240 km. Su valle medio, en el que existe una rica cuenca hullera y una potente industria metalúrgica, forma, desde 1957, un Estado en el SO. de Alemania Occidental : 2 567 km² ; 1 131 500 h. ; cap. *Sarrebruck* (203 400 h.).

Sarrebruck, en alem. *Saarbrücken*, c. del SO. de Alemania Occidental, cap. del Sarre. Universidad.

Sarreluis, en alem. *Saarlouis*, c. de Alemania Occidental (Sarre).

Sarria, río, valle y n. al NO. de España (Lugo).

Sarriá, barrio del noroeste de Barcelona (España).

Sarriá (Luis). V. GRANADA (Luis de).

sarro m. Sedimento que se adhiere a las paredes de un conducto de líquido o al fondo de una vasija. ‖ Sustancia calcárea que se pega al esmalte de los dientes. ‖ Capa amarillenta que cubre la parte superior de la lengua provocada por trastornos gástricos. ‖ Roya de los cereales.

sarroso, sa adj. Con sarro.

Sarstum o **Sarstoon**, río del NE. de Guatemala (Alta Verapaz e Izabal), que des. en la bahía de Amatique ; 112 km.

sarta f. Serie de cosas metidas por orden en un hilo, cuerda, etc. ‖ *Fig.* Porción de gentes o de cosas que van unas tras otras. ‖ Serie de sucesos o cosas no materiales semejantes, retahíla : *sarta de desdichas, de disparates*.

sartén f. Utensilio de cocina para freír, de forma circular, más ancho que hondo, y provisto de un mango largo. ‖ *Fig.*

sartenada f. Lo que se fríe de una vez en la sartén o lo que cabe en ella.

sartenazo m. Golpe dado con la sartén.

Sarthe, dep. occidental de Francia regado por el río del mismo nombre (285 km) ; cap. *Le Mans*.

Sarto (Andrea ANGELI O AGNOLO, llamado **Andrea del**), pintor florentino (1486-1530).

sartorio adj. Dícese del músculo del muslo que se extiende oblicuamente a lo largo de sus caras anterior e interna (ú. t. c. s.).

Sartorio (José Manuel), sacerdote, poeta y fabulista mexicano (1746-1829).

Sartre (Jean-Paul), escritor francés (1905-1980), teórico de la filosofía existencialista (*El ser y la nada*). Autor de novelas (*La náusea, Los caminos de la libertad*), dramas (*Las manos sucias, A puerta cerrada, La p... respetuosa*), cuentos (*El muro*) y ensayos. (Pr. Nobel, en 1964, que rehusó.)

Sartrouville, c. de Francia (Yvelines), al oeste de París.

Sas (Andrés), compositor peruano (1900-1967). Escribió tratados sobre la música folklórica peruana.

sasafrás m. Árbol lauráceo americano con cuya corteza se hace una infusión empleada como sudorífico.

sasánida adj. Dícese de una dinastía que gobernó en Persia de 224 a 651 (ú. t. c. s.).

sascab m. (voz de origen maya). *Méx.* Tierra blanca y caliza empleada en la construcción. (El *sascab* forma el subsuelo de la peníns. de Yucatán.)

sascabera f. Cantera de sascab.

Sasebo, c. y puerto del Japón en el NO. de la isla de Kiusiu. Base naval.

Saskatchewan, río del Canadá formado por la unión del *Saskatchewan del Norte* y del *Saskatchewan del Sur*, que des. en el lago Winnipeg ; 560 km. — Prov. del centro del Canadá ; cap. *Regina*. Petróleo. Potasa. Trigo.

Saskatoon, c. en el centro del Canadá (Saskatchewan). Universidad.

Sasolburg, c. de la Rep. de África del Sur (Orange).

Sassari, c. de Italia en Cerdeña, cap. de la prov. homónima. Universidad.

Sasso (GRAN), macizo montañoso de los Apeninos, en el centro de Italia (2 914 m).

Sassone (Felipe), escritor peruano (1884-1959). Residió en España.

sastra f. Mujer que confecciona o arregla trajes de hombre.

sastre m. El que tiene por oficio cortar y coser trajes. ‖ *Traje femenino* compuesto de chaqueta y falda (dícese tb. *traje sastre*).

Sastre (Alfonso), escritor español, n. en 1926, autor de obras de teatro (*Escuadra hacia la muerte, La mordaza, Oficio de tinieblas, Medea, La sangre y la ceniza, El escenario diabólico, El cuervo*), de novelas (*El lugar del crimen*) y ensayos. — (MARCOS), escritor uruguayo (1809-1887), autor de *Temple argentino*.

sastrería f. Oficio y taller de sastre.

Satanás o **Satán**, jefe de los demonios, espíritu del mal.

satánico, ca adj. Propio de Satanás o del demonio. ‖ *Fig.* Muy malo.

satanismo m. Perversidad.

satélite m. *Astr.* Planeta secundario que gira alrededor de otro principal y le acompaña en su revolución alrededor del Sol: *los cuatro satélites de Júpiter*. ‖ *Fig.* Persona dependiente de otra a quien acompaña constantemente. ‖ *Mec.* Piñón dentado de un engranaje que gira libremente sobre un eje para transmitir el movimiento de otra rueda también dentada. ‖ — Adj. y s. m. Que depende de otro política, administrativa o económicamente : *ciudad, país satélite*. ‖ *Satélite artificial*, astronave lanzada por un cohete que la coloca en una órbita elíptica alrededor del planeta. ‖ — Los satélites artificiales se lanzan por medio de un cohete de varios cuerpos. La fuerza propulsora debe cesar en el momento de traspasar el límite de la atmósfera densa, pues de lo contrario el artefacto se desintegraría a causa del calentamiento cinético. Al entrar en órbita, la propulsión ha de efectuarse horizontalmente, es decir, perpendicularmente al eje formado por la Tierra y el satélite. El primer satélite artificial, cuyo peso era de 80 kg, fue lanzado en octubre de 1957 por la Unión Soviética, y llevaba el nombre de *Sputnik*.

satelización f. Acción o efecto de satelizar.

satelizar v. t. Poner un móvil sobre una órbita. ‖ *Fig.* Poner a depender de otro.

satén m. Tejido de algodón o seda parecido al raso.

satin m. Materia americana parecida al nogal. ‖ Satén.

satinado, da adj. De aspecto análogo al satén : *papel satinado*. ‖ Brillante, brillante. ‖ — M. Acción y efecto de satinar.

satinar v. t. Dar a un papel o tela el aspecto del satén.

sátira f. Composición poética. ‖ Escrito o dicho en que se censura o ridiculiza a personas o cosas.

satírico, ca adj. Perteneciente a la sátira : *discurso satírico*. ‖ Dícese del escritor que cultiva la sátira. Ú. t. c. s.

m. : *los satíricos griegos*. ‖ Burlón, mordaz. ‖ Propio del sátiro.

Satiricón, obra satírica de Petronio (s. I), que presenta un cuadro realista de la vida licenciosa en Roma.

satirizar v. i. Escribir sátiras, utilizar la sátira. ‖ — V. t. Ridiculizar, hacer a alguien u algo objeto de sátira.

sátiro m. Semidiós mitológico que tiene orejas puntiagudas, cuernos y la parte inferior del cuerpo de macho cabrío. ‖ *Fig.* Individuo dado a las manifestaciones eróticas sin respeto al pudor.

satisfacción f. Estado que resulta de la realización de lo que se pedía o deseaba : *la satisfacción del deber cumplido, de un gusto*. ‖ Reparación de un agravio o daño. ‖ Presunción, vanagloria : *tener satisfacción de sí mismo*. ‖ Gusto, placer : *es una satisfacción para mí poder ayudarte*. ‖ Cumplimiento de la penitencia impuesta por el confesor.

satisfacer v. t. Conseguir lo que se deseaba : *satisfacer un capricho*. ‖ Dar a alguien lo que esperaba : *satisfacer a sus profesores*. ‖ Pagar lo que se debe : *satisfacer una deuda*. ‖ Saciar : *satisfacer el hambre*. ‖ Colmar : *satisfacer la curiosidad, una pasión*. ‖ Cumplir la pena impuesta por un delito : *satisfacer una pena*. ‖ Llenar, cumplir : *satisfacer ciertas condiciones*. ‖ — Bastar : *esta explicación no me satisface*. ‖ Gustar : *ese trabajo no me satisfizo*. ‖ Reparar un agravio u ofensa : *satisfacer la honra*. ‖ *Mat.* Cumplir las condiciones de un problema o una ecuación. ‖ — V. pr. Vengarse de un agravio. ‖ Contentarse : *me satisfago con poco*.

satisfactor m. *Méx.* Lo que permite satisfacer una necesidad.

satisfactorio, ria adj. Que satisface, conveniente.

satisfecho, cha adj. Contento, complacido : *darse por satisfecho*.

Satledj. V. SUTLEJ.

Satory, meseta de Francia al SO. de Versalles. Polígono militar de tiro.

sátrapa m. En la antigua Persia, gobernador de una provincia. ‖ *Fig.* Persona que vive de modo fastuoso o que gobierna despóticamente.

satrapía f. Dignidad de sátrapa y territorio gobernado por él.

Satu Mare, en húngaro *Szatmarnemeti*, c. septentrional de Rumania. Obispado. Industrias. Agricultura.

saturación f. Acción y efecto de saturar o saturarse.

saturado, da adj. Aplícase a una solución que no puede disolver más cantidad del elemento disuelto. ‖ *Fig.* Harto, saciado : *estoy saturado de novelas policíacas*. ‖ Colmado, lleno.

saturar v. t. *Quím.* Combinar dos o más cuerpos en las proporciones atómicas máximas en que pueden unirse : *saturar un ácido con un álcali*. ‖ *Fig.* Colmar, saciar, hartar (ú. t. c. pr.). ‖ Llenar, ser superior a la oferta a la demanda : *saturar el mercado de bienes de consumo*.

saturno m. Plomo.

Saturno, planeta del sistema solar, rodeado por un anillo y diez satélites.

Saturno, divinidad itálica y romana, identificada con el *Cronos* de los griegos, se estableció en el Lacio donde hizo florecer la paz y la abundancia y enseñó a los hombres la agricultura.

sauce m. Árbol que suele crecer en las márgenes de los ríos. ‖ *Sauce llorón*, el de ramas que cuelgan hasta el suelo.

Sauce, dep. y pobl. en el NE. de la Argentina (Corrientes).

Sauces (Los), c. de la Argentina (Córdoba). C. del centro de Chile, en la IX Región (Araucanía) y en la prov. de Malleco, de la com. de Angol.

saudade f. Añoranza, nostalgia.

saudí y **saudita** adj. y s. De Arabia Saudita.

Sauerland, región de Alemania Occidental, al sur del Ruhr.

Saugor. V. SAGAR.

Saúl, primer rey de los israelitas, de la tribu de Benjamín (¿ 1030-1010 ? a. de J. C.).

Saulo, n. de *San Pablo* antes de convertirse al cristianismo.

SA

593

Saumur [so-], c. en el O. de Francia (Maine-et-Loire), a orillas del Loira.

sauna f. Baño de calor seco y vapor. ‖ Establecimiento donde se toman estos baños.

Saura (Antonio), pintor surrealista español, n. en 1930. — Su hermano CARLOS, n. en 1932, es director de cine.

saurio adj. m. y s. m. Dícese de los reptiles con cuatro extremidades cortas y piel escamosa que comprende los lagartos, cocodrilos, etc. ‖ — M. pl. Orden que forman.

Saussure [sosur] (Ferdinand de), filólogo suizo (1857-1913), de gran influencia en la lingüística moderna.

Sauternes [sotern], pobl. en el SO. de Francia (Gironde). Vinos blancos.

Sauzal, mun. de España en la isla de Tenerife (Santa Cruz de Tenerife).

Savaii, la mayor de las islas de Samoa Occidental.

Savannah, c. y puerto del E. de Estados Unidos (Georgia), a orillas del río homónimo (700 km). Obispado.

Savater (Fernando), escritor español, n. en 1947, autor de ensayos filosóficos (*Invitación a la ética, La tarea del héroe*), novelas (*Caronte aguarda, Diario de Job*) y obras de teatro (*Vente a Sinapia*).

Save, río de Yugoslavia, que nace en los Alpes Orientales, pasa por Belgrado y afluye al Danubio ; 940 km.

savia f. Líquido nutritivo de los vegetales que corre por los vasos y fibras de las plantas. ‖ *Fig.* Lo que da fuerza, energía o impulso : *la savia de la juventud.*

Saviñón (Altagracia), poetisa dominicana (1886-1942).

Savoie, dep. del E. de Francia ; cap. *Chambéry.* ‖ *~* (Haute-). V. HAUTE-SAVOIE y SABOYA.

savoir-faire [savoar fer], expr. fr. que significa *tacto, tino, habilidad.*

savoir-vivre [savoar vivre], expr. fr. que significa *saber vivir o tener mundología, conocer los usos sociales, tener mundo.*

Savona, c. y puerto del NO. de Italia (Liguria), cap. de la prov. homónima. Siderurgia.

Savonarola (Girolamo), predicador dominico italiano (1452-1498). Quiso promulgar en Florencia una Constitución entre teocrática y democrática, y fue condenado a la hoguera como hereje.

saxifraga f. Planta saxifragácea, de flores grandes.

saxifragáceo, a adj. Dícese de las plantas angiospermas dicotiledóneas, como la saxifraga y la hortensia (ú. t. c. s. f.). ‖ — F. pl. Familia que forman.

saxo m. Saxófono.

saxófono o **saxofón** m. Instrumento músico de viento y metal, con boquilla de madera y caña, y varias llaves.

saya f. Falda que usan las mujeres.

Sayansk. V. SAIÁN.

Sayda. V. SAIDA.

Sayler (Jerónimo). V. SAILLER.

sayo m. Casaca hueca, larga y sin botones. ‖ *Fam.* Cualquier vestido. ‖ — *Fig.* Cortar a uno un sayo, criticarlo. ‖ *Decir para su sayo,* decir para sus adentros, para sí.

sayula adj. y s. Individuo de un pueblo indígena mexicano.

Sayula, laguna de México (Jalisco) ; 1 156 km². — C. en el O. de México (Jalisco).

sazón f. Punto o madurez de las cosas : *fruta en sazón.* ‖ *Fig.* Ocasión, oportunidad, coyuntura. ‖ Gusto y sabor de los alimentos. ‖ — *A la sazón,* entonces. ‖ *En sazón,* a tiempo. ‖ *Fuera de sazón,* inoportunamente. ‖ — Adj. *Amer.* Maduro. ‖ — M. *Amer.* Buen gusto. ‖ Buen modo de cocinar.

sazonado, da adj. Bien condimentado. ‖ *Fig.* Aplícase al dicho o estilo sustancioso y expresivo.

sazonar v. t. Condimentar, aderezar, dar sazón a un guiso. ‖ *Fig.* Poner las cosas en el punto y madurez que deben tener. ‖ Adornar, amenizar, ornar : *su carta estaba sazonada con unos versos.* ‖ — V. pr. Madurarse.

Sb, símbolo del antimonio.

Sc, símbolo del escandio.

594 **Scalabrini Ortiz** (Raúl), escritor argentino (1898-1959), autor de cuentos (*La manga*), poemas (*Tierra sin nada, tierra de profetas*) y ensayos (*El hombre que está solo y espera*).

scalextric m. (pal. ing.). Paso elevado de varios niveles en una población destinado a la circulación de los vehículos.

Scaliger (Giulio Cesare). V. ESCALÍGERO.

Scanderbeg (Jorge CASTRIOTA, llamado), patriota albanés (¿ 1403 ?-1468), que luchó contra los turcos por la independencia de su país en 1443.

scanner m. (pal. ingl.) Aparato compuesto de un dispositivo de tomografía y de un ordenador, destinado a establecer los datos obtenidos, que sirve para establecer un diagnóstico muy preciso a partir de la observación radiográfica de secciones muy finas del organismo. ‖ Aparato de teledetección capaz de captar, gracias a un dispositivo que opera por exploración, las radiaciones electromagnéticas emitidas por superficies extensas. ‖ En artes gráficas, aparato que sirve para realizar, por exploración electrónica de un documento original en colores, las selecciones necesarias para su reproducción.

Scarborough [-borŏ], c. de Gran Bretaña en Inglaterra (Yorkshire), puerto en el mar del Norte. — Cap. de la isla de Tobago, en la costa del S. (Antillas Menores).

Scarlatti (Alessandro), músico italiano, n. en Palermo (1660-1725), autor de óperas, cantatas, oratorios, etc. — Su hijo DOMENICO (1685-1757), clavecinista y compositor, residió en la corte de Madrid y fue autor de música sacra, para clave, de serenatas y sonatas.

Scarpa (Roque Esteban), escritor chileno, n. en 1914, autor de poesías (*No tengo tiempo*) y ensayos.

Scarron (Paul), escritor francés (1610-1660), autor de poesías satíricas, de la *Novela cómica* y de comedias.

Sceaux, c. de Francia en el SO. de París (Hauts-de-Seine), Palacio.

Scilly. V. SORLINGAS (Islas).

scoop [scup] m. (pal. ingl.). Noticia sensacional que tiene en exclusiva un periodista o una agencia de prensa. ‖ Ganancia fácil y elevada.

scooter [scúter] m. (pal. ingl.). Escúter.

Scopas. V. ESCOPAS.

score m. (pal. ingl.). *Dep.* Tanteo.

Scorza (Manuel), escritor peruano (1928-1983), autor de novelas (*Redoble por Rancas, La guerra silenciosa,* compuesta de cinco títulos, *La danza inmóvil*) y de libros de poemas. Murió en un accidente de aviación.

Scot Erigena. V. ESCOTO ERÍGENA.

scotch m. (pal. ingl.). Whisky escocés.

Scotland, n. inglés de Escocia.

Scotland Yard, edificio de Londres donde se encuentra la dirección central de la policía británica y nombre con que ésta es conocida.

Scott (Robert Falcon), explorador inglés (1868-1912), que realizó dos expediciones a la Antártida (1901-1904 y 1910-1912) y alcanzó el polo Sur, donde murió. ‖ — (WALTER), escritor escocés n. en Edimburgo (1771-1832), autor de novelas históricas (*Waverley, Guy Mannering, El anticuario, Rob Roy, Lucía de Lammermoor, Ivanhoe, Quintín Durward,* etc.). Publicó también poesías (*El canto del último trovador, La dama del lago*).

scout m. (pal. ingl.). Explorador.

Scranton, c. septentrional de los Estados Unidos (Pensilvania). Obispado. Universidad. Metalurgia.

Scriabin. V. SKRIABIN.

script o **script girl** [- guerl] f. (pal. ingl.). Secretaria de rodaje, ayudante del director cinematográfico o de televisión encargada de anotar los detalles de cada escena, encuadre, etc.

Scyros. V. SKIROS.

Schaerbeek, pobl. de Bélgica, en los arrabales de Bruselas.

Schaerer (Eduardo), político paraguayo (1873-1941), pres. de la Rep. de 1912 a 1916.

Schaffhouse, en alem. **Schaffhausen,** c. al N. de Suiza, cap. del cantón del mismo nombre. Central hidroeléctrica.

Scheel (Walter), político alemán, n. en 1919, pres. de la República Federal (1974-1979).

Scheele (Carl Wilhelm), químico y farmacéutico sueco (1742-1786). Aisló el hidrógeno y descubrió el oxígeno, el cloro, el ácido fluorhídrico, el manganeso y la glicerina.

Scheler (Max), filósofo alemán (1874-1928).

Schelling (Friedrich Wilhelm Joseph VON), filósofo idealista alemán (1775-1854), autor de *Del yo como principio de la filosofía* y de *Ideas para una filosofía de la naturaleza.*

Schenectady, c. de Estados Unidos (Nueva York). Metalurgia. Centro de investigación nuclear.

scherzo [skerso] m. (pal. ital.). *Mús.* Trozo vivo y alegre.

Scheveningen, barrio de La Haya (Holanda). Playas.

Schiaffino (Eduardo), pintor impresionista y crítico de arte argentino (1858-1935).

Schick (René), político nicaragüense (1910-1966), pres. de la Rep. desde 1963 hasta su muerte.

Schidlowski (León), compositor chileno, n. en 1931, autor de *Cinco piezas para piano, Soliloquios, Amatorias, Llaqui,* etc.

Schiedam, c. y puerto de Holanda (Holanda Meridional), al O. de Rotterdam.

Schiller (Friedrich VON), escritor alemán (1759-1805), autor de dramas históricos (*Los bandidos, La conjuración de Fiesco, Don Carlos, Wallenstein, María Estuardo, Guillermo Tell*), de una *Historia de la guerra de los Treinta Años,* de poesías líricas (*Baladas, La canción de la campana*) y de ensayos de estética.

schilling m. Unidad monetaria de Austria.

Schlegel (August Wilhelm VON), escritor alemán (1767-1845), autor de *Curso de literatura dramática* en el que critica la tragedia clásica. — Su hermano FRIEDRICH (1772-1829) fue escritor romántico, filólogo y filósofo.

Schleswig. V. SLESVIG.

Schmidt (Helmut), político socialdemócrata alemán, n. en 1918, canciller de la Rep. Federal Alemana (1974-1982).

Schönberg (Arnold), compositor austriaco (1874-1951), creador de la música atonal.

Schönbrunn, palacio imperial de los Habsburgo en Viena del s. XVIII.

Schönebeck, c. de Alemania Oriental, a orillas del Elba. Salinas. Industria química. Metalurgia.

Schopenhauer (Arthur), filósofo alemán, n. en Dantzig (1788-1860), representante del pesimismo en su obra *El mundo como voluntad y como representación.*

Schubert (Franz), músico austriaco, n. en Lichtenthal (1797-1828). Maestro del lieder y autor de ocho sinfonías (*Incompleta*), óperas (*Rosamunda*) y composiciones de cámara (tríos, cuartetos, quintetos), música para piano y misas.

Schuman (Robert), político francés (1886-1963), autor del plan de la Comunidad Europea del Carbón y del Acero (1951).

Schumann (Robert), músico alemán, n. en Zwickau (Sajonia). [1810-1856], autor de melodías, obras para piano (*Carnaval, Estudios sinfónicos*), cuatro sinfonías, música de cámara, un concierto para piano, etc.

Schumpeter (Joseph-Alois), economista y sociólogo austriaco (1883-1950).

Schwäbisch Gmünd, c. en el sur oeste de Alemania Occidental (Baden-Wurtemberg).

Schwechat, c. de Austria (Baja Austria), en la zona suburbana de Viena.

Schwedt, c. de Alemania Oriental, a orillas del Oder y al NE. de Berlín.

Schweinfurt, c. de Alemania Occidental (Baviera). Industrias.

Schweitzer (Albert), teólogo, pastor protestante, médico y musicólogo francés (1875-1965), fundador del hospital de Lambarené (Gabón), donde falleció. [Pr. Nobel de la Paz en 1952.]

Schwenningen, c. de Alemania Occidental (Baden-Wurtemberg).

Schwerin, lago, c. y distrito en el N. de Alemania Oriental.

Schwyz, c. de Suiza, cap. del cantón homónimo.

S. D. N., siglas de la *Sociedad de Naciones.*

se pron. pers. reflexivo de la tercera persona en ambos géneros y números : *se enamoró de ella.*
— Este pronombre se usa en acusativo *(se lavan todos juntos),* en dativo cuando va combinado con el acusativo *(se lo dije)* y en ningún caso admite preposición. Sirve además para formar oraciones impersonales *(se habla de una reforma)* y en voz pasiva *(el tabaco se cultiva en Cuba).* Es enclítico cuando es complemento de un verbo en infinitivo *(mostrarse),* en gerundio *(diciéndose),* en imperativo *(cállense)* y, a veces, al principio de una oración *(úsase también en sentido figurado).*

Se, símbolo químico del *selenio.*

S. E., abrev. de *Su Excelencia.*

Seattle, [*siatel*], c. y puerto en el NO. de Estados Unidos (Washington), en la bahía Elliott. Arzobispado. Universidad. Centro financiero, industrial y comercial.

sebáceo, a adj. Que tiene la naturaleza del sebo : *glándulas sebáceas.*

Sebastián (Don) [1554-1578], rey de Portugal desde 1557. M. en combate contra los moros en Alcazarquivir.

Sebastián *(San),* mártir cristiano, asaeteado en Roma en 288. Fiesta el 20 de enero.

Sebastián Vizcaíno, bahía en el O. de México (Baja California).

Sebastiano del Piombo (Sebastiani LUCIANI, llamado), pintor italiano, n. en Venecia (¿ 1485 ?-1547).

Sebastopol, c. y puerto en el O. de la U. R. S. S. (Ucrania), a orillas del mar Negro y en Crimea. Astilleros.

Sebeyde. V. SIBIUDA.

Sebha, c. y oasis del SO. de Libia, cap. del Fezzán.

sebo m. Grasa sólida y dura que se saca de los animales herbívoros : *jabón, vela de sebo.* ‖ Grasa, gordura. ‖ *Pop.* Borrachera. ‖ *Amer.* Dinero.

sebón, ona adj. *Arg.* Holgazán.

Sebond y **Sebonde.** V. SIBIUDA.

seborrea f. Aumento patológico de la secreción de las glándulas sebáceas de la piel.

seboso, sa adj. Grasiento.

Sebu, río de Marruecos que des. en el Atlántico ; 458 km.

seca f. Infarto, hinchazón de una glándula. ‖ *Amer.* Temporada en la que no llueve.

secadero, ra adj. Apto para conservarse seco. ‖ — M. Lugar o utensilio en que se secan las cosas.

secado m. Operación cuyo fin es eliminar de un cuerpo, en su totalidad o en parte, el agua o la humedad que se encuentra en él.

secador m. Aparato para secar.

secadora f. Máquina para secar.

secano m. Tierra de labor no irrigada : *cultivo de secano.*

secante adj. y s. m. Que seca : *aceite, papel, pintura secante.* ‖ — M. *Dep.* Jugador encargado de vigilar estrechamente a un adversario. ‖ — Adj. y s. f. *Mat.* Dícese de las líneas o superficies que cortan a otras líneas o superficies.

secar v. t. Extraer la humedad de un cuerpo : *secar la ropa de la colada.* ‖ Ir consumiendo el jugo en los cuerpos : *el sol seca las plantas.* ‖ Enjugar : *secar las lágrimas* (ú. t. c. pr.). ‖ — V. pr. Evaporarse la humedad de algo : *la toalla se ha secado.* ‖ Quedar sin agua : *secarse una fuente, un río, un pozo.* ‖ Perder una planta su verdor o lozanía. ‖ Curarse y cerrarse una llaga o pústula. ‖ Enflaquecer y extenuarse : *secarse una persona, un animal.* ‖ *Fig.* Tener mucha sed. ‖ Hacerse insensible : *secarse el corazón.*

sección f. Corte, cortadura : *la sección de un tendón.* ‖ Cada una de las partes en que se divide un todo continuo o un conjunto de cosas. ‖ Cada una de las partes en que se divide un conjunto de personas : *sección de fabricación, de ventas.* ‖ Dibujo de perfil : *sección de un terreno, de un edificio, de una máquina,* etc. ‖ División hecha en

una obra escrita : *libro dividido en tres secciones principales.* ‖ Categoría introducida en cualquier clasificación. ‖ *Geom.* Figura que resulta de la intersección de una superficie o de un sólido con otra superficie : *sección cónica.* ‖ *Mil.* Parte de una compañía o escuadrón, mandada por un oficial. ‖ División o subdivisión de una ciudad, de un trayecto de autobús, etc. ‖ División administrativa. ‖ Agrupación local para constituir una subdivisión de un partido, de un sindicato, etc.

seccionamiento m. Acción y efecto de seccionar.

seccionar v. t. Fraccionar, dividir en partes o secciones.

secesión f. Acto de separarse de un Estado parte de su pueblo y territorio, y tb. el de un Estado o un grupo de Estados que se separa de una federación o de una confederación. (Se dice en cambio *escisión* cuando una parte de los miembros de una asociación la abandona colectivamente para constituir otra.)
— Se conoce históricamente con el n. de *Guerra de Secesión* la lucha civil que estalló en Estados Unidos con el pretexto de abolir la esclavitud (1861-1865) y en la que los Estados del Norte, defensores del abolicionismo, derrotaron a los del Sur.

secesionismo m. Tendencia que defiende la secesión política.

secesionista adj. Relativo a la secesión. ‖ Partidario de ella (ú. t. c. s.).

seco, ca adj. Que no tiene humedad : *aire seco, clima seco.* ‖ Carente de agua : *pozo, río seco.* ‖ Sin caldo : *guiso seco.* ‖ Sin lluvia : *tiempo seco.* ‖ Que ya no está verde : *ramas, hojas secas.* ‖ Muerto : *árbol seco.* ‖ Que se ha quitado la humedad para conservar : *higos secos.* ‖ Que no está mojado o húmedo : *el campo está seco.* ‖ Flaco, descarnado : *persona seca.* ‖ Desprovisto de secreciones humorales : *piel seca.* ‖ *Fig.* Desabrido, adusto, poco sensible : *carácter seco.* ‖ Estricto, que no tiene sentimientos : *respuesta, verdad, justicia seca.* ‖ Tajante, categórico : *un no seco.* ‖ Sin nada más : *a pan seco.* ‖ Escueto : *una explicación seca de lo ocurrido.* ‖ Aplícase a los vinos y aguardientes sin azúcar : *jerez, anís seco.* ‖ Ronco, áspero : *tos, voz seca.* ‖ Aplícase al golpe o ruido brusco y corto : *porrazo seco.* ‖ Que está solo. ‖ Árido, falto de amenidad : *prosa seca.* ‖ — A palo seco, sin acompañamiento. ‖ A secas, solamente. ‖ *Fig.* Dejar a uno seco, dejarle muerto en el acto. ‖ *En seco,* bruscamente.

Seco (Rafael), gramático español (1895-1933). — Su hijo MANUEL, n. en 1928, es también un notable gramático y lexicógrafo.

secoya f. Género de árboles cupresáceos que pueden alcanzar 150 m de alto y 10 m de diámetro.

secreción f. Acción de segregar. ‖ Sustancia segregada : *la secreción de la saliva, de la orina,* etc. ‖ *Secreción interna,* conjunto de hormonas elaboradas en las glándulas endocrinas.

secreta f. Examen que se sufría antiguamente en las universidades para obtener el título de licenciado. ‖ Cada una de las oraciones que se dicen en la misa después del ofertorio y antes del prefacio. ‖ *Pop.* Cuerpo de policía cuyos agentes visten de paisano : *inspector de la secreta.* ‖ — M. *Pop.* Miembro de este cuerpo.

secretar v. t. Elaborar y expulsar las glándulas, membranas y células una sustancia.

secretaría f. Cargo y oficina del secretario. ‖ Oficina donde se encuentran los servicios administrativos de una entidad. ‖ *Amer.* Ministerio.

secretariado m. Conjunto de personas que desempeñan el cargo de secretario. ‖ Función del secretario. ‖ Secretaría, oficina administrativa. ‖ Carrera o profesión de secretario. ‖ Departamento en algunas organizaciones : *secretariado de la energía atómica.*

secretario, ria m. y f. Persona encargada de redactar la correspondencia por cuenta de otro, extender las actas de una oficina o asamblea,

dar fe de los acuerdos de una corporación, etc. ‖ Amanuense. ‖ En México y en algunos países de América, ministro. ‖ — *Secretario de Estado,* en los Estados Unidos y en el Vaticano, ministro de Asuntos Exteriores. ‖ *Secretario general,* persona encargada de la administración de un organismo o que ocupa la jefatura en determinados partidos políticos : *secretario general de la O. N. U.*

secretear v. i. Hablar en secreto.

secreteo m. *Fam.* Cuchicheo : *no te andes con secreteos.*

secreter m. Escritorio.

secreto, ta adj. Puesto de tal modo que no puede verse : *puerta secreta.* ‖ Que se mantiene oculto : *matrimonio secreto.* ‖ Dícese de lo que no es manifiesto o aparente : *encanto secreto.* ‖ Que esconde o disimula sus sentimientos : *enemistad secreta.* ‖ Reservado, confidencial : *me habló en un tono secreto.* ‖ — M. Lo que hay más escondido, lo que no es visible, lo más íntimo : *los secretos de la naturaleza ; revelar un secreto ; secreto de alcoba.* ‖ Lo que es más difícil y que exige una iniciación especial : *los secretos del arte de escribir.* ‖ Sentido, significado oculto : *descubrir el secreto de sus palabras.* ‖ Medio que no se revela para alcanzar un fin : *secreto de fabricación.* ‖ Lo que no se debe decir a nadie : *secreto de confesión, profesional.* ‖ Mecanismo oculto que poseen algunas cerraduras. ‖ — *Secreto a voces,* el conocido por muchos. ‖ *Secreto de Estado,* aquel cuya divulgación perjudicaría los intereses del país.

secretor, ra adj. Que segrega.

secta f. Reunión de personas que profesan una misma doctrina, especialmente aquella que se aparta de la tradicional.

sectario, ria adj. Que sigue una secta (ú. t. c. s.). ‖ Intolerante, fanático : *espíritu sectario* (ú. t. c. s.).

sectarismo m. Carácter de una persona de tendencias sectarias.

sector m. *Geom.* Porción de círculo comprendida entre un arco y los dos radios que pasan por sus extremidades. ‖ Parte de la esfera comprendida entre un casquete y la superficie cónica formada por los radios que terminan en su borde. ‖ *Mil.* Zona de acción de una unidad : *sector de operaciones.* ‖ *Fig.* Parte, grupo : *un sector de la opinión pública.* ‖ Zona, área : *la luz fue cortada en varios sectores de la capital.* ‖ División de las actividades económicas : *los sectores primario, secundario y terciario* (véanse estos artículos). ‖ Ramo, campo : *el sector de la economía.*

sectorial adj. Relativo a un sector, a una categoría profesional.

sectorización f. División en varios sectores.

sectorizar v. t. Dividir en varios sectores.

secuaz adj. y s. Partidario, que sigue el partido, doctrina u opinión de otro.

secuela f. Consecuencia.

secuencia f. Serie de cosas que van unas tras otras. ‖ Serie de imágenes o de escenas de una película cinematográfica que constituyen un conjunto. ‖ Himno que se canta en ciertas misas después del gradual. ‖ En informática, sucesión de las distintas partes de una operación realizada de modo secuencial.

secuencial adj. Relativo a una secuencia. ‖ *Procesamiento o tratamiento secuencial,* en informática, procesamiento en el cual cada operación precede a otra y sigue a otra, sin que nunca dos de ellas sean simultáneas.

secuenciar v. t. Establecer una sucesión o serie ordenada de cosas secuencia.

secuestrador, ra adj. y s. Que secuestra.

secuestrar v. t. Depositar judicial o gubernativamente una cosa en poder de un tercero hasta que se decida a quién pertenece. ‖ Embargar una cosa por medio de un mandato judicial. ‖ Prender indebidamente, raptar a una persona para exigir dinero por su rescate. ‖ Recoger la tirada de un periódico o publicación por orden superior. ‖ Apoderarse por la violencia del mando de una nave o avión.

secuestro m. Acción y efecto de secuestrar : *secuestro de personas, de un avión.* ‖ *Bienes secuestrados.* ‖ Recogida de un periódico.

secular adj. Seglar, que no es eclesiástico : *justicia secular.* ‖ Que dura uno o más siglos : *encina secular.* ‖ Muy viejo : *costumbres seculares.* ‖ Dícese del clero o sacerdote que vive en el siglo y no reside en un convento, por oposición a *regular* (ú. t. c. s.). ‖ Laico, no eclesiástico.

secularización f. Conversión en secular de lo que era eclesiástico.

secularizar v. t. Convertir en secular lo que era eclesiástico. (ú. t. c. pr.).

secundar v. t. Ayudar, apoyar.

secundario, ria adj. Que viene en segundo lugar en una serie : *enseñanza secundaria.* ‖ *Fig.* Derivado, accesorio : *efecto secundario.* ‖ De menor importancia. ‖ Dícese de la corriente eléctrica inducida y del circuito por donde pasa (ú. t. c. s. m.). ‖ *Geol.* Aplícase a los terrenos triásicos, jurásicos o cretácicos (ú. t. c. s. m.). ‖ Dícese de los fenómenos patológicos subordinados a otros : *fiebre secundaria.* ‖ — *Era secundaria,* tercer período geológico, en el que aparecen los mamíferos. ‖ *Sector secundario,* actividades económicas tendentes a la transformación de materias primas en bienes productivos o de consumo.

secuoya f. Secoya.

Sechuán, c. y prov. central de China, bañada por el río Yang tse Kiang. Cap. *Chengtu.*

sed f. Gana y necesidad de beber : *tener sed.* ‖ *Fig.* Apetito, anhelo, deseo inmoderado de una cosa : *sed de riquezas, de honores, etc.*

seda f. Secreción que tienen unas glándulas especiales con la que forman los capullos ciertos gusanos o arañas. ‖ Hilo formado con varias de estas hebras. ‖ Tejido formado por estos hilos. ‖ Cerda de algunos animales : *la seda del jabalí.* ‖ — *Fig.* y *fam. Como una seda,* muy suave al tacto ; fácilmente ; dócil y sumiso. ‖ *Seda artificial,* tejido hecho con celulosa, rayona.

sedal m. Hilo de la caña de pescar.

sedán m. Automóvil de carrocería cerrada.

Sedán, c. en el norte de Francia (Ardennes), a orillas del Mosa.

sedante adj. y s. m. Sedativo.

sedar v. t. Calmar.

sedativo, va adj. Aplícase a aquello que tiene virtud de calmar o sosegar la excitación nerviosa (ú. t. c. s. m.).

sede f. Asiento o trono de un prelado que ejerce jurisdicción : *sede, arzobispal.* ‖ Capital de una diócesis. ‖ Diócesis. ‖ Jurisdicción y potestad del Sumo Pontífice : *Santa Sede.* ‖ Residencia, domicilio : *sede social.*

sedentario, ria adj. Que se hace sentado o, con poco movimiento : *labor sedentaria.* ‖ Aplícase al oficio o vida de poco movimiento. ‖ A quien le gusta poco salir : *persona sedentaria.* ‖ Dícese de los animales que carecen de órganos de locomoción.

sedentarismo m. Asentamiento en un lugar fijo de residencia.

sedentarización f. Paso del estado nómada al estado sedentario.

sedentarizar v. t. Volver sedentario.

sedería f. Comercio de la seda.

sedicente adj. Que pretende ser, supuesto : *el sedicente marqués.*

sedición f. Sublevación, rebelión.

sedicioso, sa adj. Que promueve una sedición o toma parte en ella : *grupo sedicioso* (ú. t. c. s.). ‖ Dícese de los actos o dichos de la persona sediciosa : *discurso sedicioso.*

sediento, ta adj. Que tiene sed (ú. t. c. s.). ‖ *Fig.* Aplícase al campo que necesita riego. ‖ Ávido : *persona sedienta de poder* (ú. t. c. s.).

sedimentación f. Formación de sedimentos. ‖ *Velocidad de sedimentación,* tiempo que tardan en sedimentarse los glóbulos rojos de la sangre cuando a ésta, en el interior de un tubo capilar graduado, se ha añadido un anticoagulante.

sedimentar v. t. Depositar sedimento un líquido (ú. t. c. pr.). ‖ — V. pr. *Fig.* Aquietarse, estabilizarse.

sedimentario, ria adj. De la naturaleza del sedimento.

sedimento m. Materia que, habiendo estado en suspensión en un líquido, se posa en el fondo. ‖ Depósito natural dejado por el agua o viento : *sedimento marino, fluvial.* ‖ *Fig.* Lo que queda de algo : *un sedimento de nostalgia.*

sedoso, sa adj. Que tiene el aspecto o el tacto de la seda.

seducción f. Acción y efecto de seducir. ‖ Atractivo, encanto.

seducir v. t. Engañar con maña ; persuadir a hacer mal. ‖ Ganar a un hombre los favores de una mujer.

seductivo, va adj. Que seduce.

seductor, ra adj. y s. Que seduce.

Seeland, Seelandia o **Selandia,** en danés *Sjaelland,* la mayor de las islas danesas en el mar Báltico ; 7 438 km² ; cap. *Copenhague.*

sefardí o **sefardita** adj. Dícese de los judíos de origen español o relativo a ellos (ú. t. c. s.).
— Los *sefardíes* o *sefarditas,* expulsados de España en 1492, se asentaron en los Balcanes, África del Norte y otros puntos. Actualmente han fijado su residencia en el Estado de Israel. Conservan el habla castellana, llamada judeoespañol, del siglo XV, pero han ido incorporando algunas palabras del turco, del griego, del francés y del hebreo. Hay actualmente unos 600 000 judíos originarios de España, descendientes de los 250 000 que abandonaron este país.

Seferis (Giorgios SEFERIADES, llamado *Giorgios*), poeta y diplomático griego (1900-1971). [Pr. Nobel, 1963.]

segador, ra m. y f. Persona que siega o corta las mieses. ‖ — F. Máquina que siega. Ú. t. c. adj. : *máquina segadora.*

Segall (Lasar), pintor cubista y expresionista brasileño (1885-1957), nacido en Vilna (Lituania).

segar v. t. Cortar mieses o hierba con la hoz, la guadaña o una máquina : *segar un campo de trigo.* ‖ Cortar la parte superior de una cosa : *segar la cabeza, el cuello.* ‖ *Fig.* Impedir bruscamente el desarrollo de algo.

Segarra, comarca del NE. de España en Cataluña (Lérida) ; cap. *Cervera.*

seglar adj. Relativo a la vida, estado o costumbre del siglo o mundo : *clero seglar.* ‖ Laico (ú. t. c. s. m.).

segmentación f. División en varios segmentos. ‖ Conjunto de las divisiones de la célula huevo que constituyen la primera fase del embrión.

segmentar v. t. Dividir en segmentos.

segmento m. Parte cortada de una cosa. ‖ *Geom.* Parte del círculo comprendida entre un arco y su cuerda. ‖ Parte de la esfera cortada por un plano que no pasa por el centro : *segmento esférico.* ‖ Aro metálico que asegura el cierre hermético de un émbolo del motor. ‖ Cada una de las partes que forman el cuerpo de los gusanos y artrópodos.

Segorbe, c. del E. de España (Castellón). Obispado de Segorbe-Castellón.

Segovia, mun. de Colombia (Antioquia). — C. del centro de España, cap. de la prov. homónima, en las faldas de la sierra de Guadarrama. Obispado. Monumentos (acueducto romano ; alcázar ; catedral del s. XVI ; iglesias románicas). Facultad de Derecho — V. COCO (Río).

Segovia (Andrés), guitarrista español, n. en 1893, uno de los más grandes concertistas en su especialidad. Le fue conferido en 1981 el título de marqués de Salobreña.

Segoviana o **Dariense,** sierra al NO. de Nicaragua.

segoviano, na adj. y s. De Segovia (España y Colombia).

Segre, río del NE. de España que nace en Francia y pasa por Lérida, afl. del Ebro. Centrales hidroeléctricas ; 260 km.

segregación f. Acción de separar de un todo, de poner aparte. ‖ Separación de las personas de procedencia, raza o religión diferentes de las predominantes en un país : *segregación racial.* ‖ Secreción.

segregacionismo m. Política o doctrina de segregación racial.

segregacionista adj. Relativo a la segregación racial o partidario de la misma (ú. t. c. s.).

segregar v. t. Separar o apartar una cosa o persona de otra u otras : *segregar un municipio.* ‖ Secretar, expulsar : *segregar saliva.*

Segrià, comarca del NE. de España en Cataluña (Lérida) ; cap. *Lérida.*

Segú, c. del centro de Malí, a orillas del Níger. Obispado.

seguida f. Acción y efecto de seguir. ‖ Serie, orden. ‖ *De seguida* o *en seguida,* inmediatamente.

seguidilla f. Composición poética de cuatro o siete versos usada en cantos populares o festivos. ‖ Danza popular española y música que la acompaña (ú. m. en pl.).

seguido adv. En línea recta.

seguido, da adj. Continuo, sucesivo, consecutivo : *dos números seguidos.* ‖ Muy cerca unos de otros : *tiene tres niños seguidos.* ‖ Sin interrupción : *ataques muy seguidos.* ‖ En línea recta : *una carretera seguida.* ‖ *Acto seguido,* inmediatamente después.

seguidor, ra adj. y s. Que sigue. ‖ Partidario : *un seguidor del Real Madrid.* ‖ Discípulo : *los seguidores de Kant.*

seguimiento m. Prosecución. ‖ Acción de seguir u observar atentamente la evolución de un sector o la realización de un proyecto.

seguir v. t. Ir después o detrás de uno (ú. t. c. i.). ‖ Ir en busca de una persona o cosa : *seguir su rastro.* ‖ Ir en compañía de uno : *seguirle siempre.* ‖ Continuar : *sigue haciendo frío.* ‖ Perseguir, acosar : *seguir un animal.* ‖ Espiar : *seguir su conducta.* ‖ Caminar, ir : *seguir el mismo camino.* ‖ Observar : *seguir el curso de una enfermedad.* ‖ Ser partidario o adepto : *seguir un partido.* ‖ Prestar atención : *seguir a un orador.* ‖ Obrar, conducirse de acuerdo a : *sigue lo que dicte tu propia conciencia.* ‖ Tener como modelo : *sigue el ejemplo de tus mayores.* ‖ Suceder : *la primavera sigue al invierno.* ‖ Cursar : *seguir la carrera de medicina.* ‖ Reanudar, proseguir : *cuando escampe seguiremos la marcha.* ‖ Dirigir la vista : *le siguió con la mirada.* ‖ *Fam. El que la sigue la mata,* perseverando se obtiene todo. ‖ — V. i. Ir derecho, sin apartarse : *siga por este camino y llegará.* ‖ Estar aún : *sigue en París.* ‖ — V. pr. Deducirse una cosa de otra. ‖ Suceder una cosa a otra. ‖ Derivarse : *de este conflicto se siguieron consecuencias extrañas.*

seguiriya f. Seguidilla flamenca.

según prep. Conforme a, de acuerdo a, con arreglo a : *según el Evangelio.* ‖ — Adv. Como, con arreglo a : *según te portes irás o no al cine.* ‖ A medida que, conforme : *según venían los trenes, iban llenándose de viajeros.* ‖ Quizá, depende : *¿ Lo vas a hacer ? — Según.* ‖ — Según como o según y como, depende de : *¿ Aceptas este cargo ? — Según y como ; tal como : dejé el piso según y como me lo encontré.*

segunda f. En las cerraduras y llaves, vuelta doble. ‖ Segunda intención : *hablar con segundas.* ‖ Segunda velocidad en un automóvil : *bajé la pendiente en segunda.* ‖ Segunda clase en ferrocarril. ‖ *Con segundas,* con doble intención.

segundero m. Aguja que señala los segundos en un reloj.

segundo, da adj. Que sigue inmediatamente en orden al o a lo primero : *Felipe Segundo ; capítulo segundo.* ‖ Otro : *para mí ha sido un segundo padre.* ‖ *De segundo grado : tío segundo.* ‖ Dícese de la persona que sigue en importancia a la principal : *segundo jefe* (ú. t. c. s.). ‖ — M. Sexagésima parte del minuto (símb., s). ‖ *Fig.* Instante : *préstame un segundo tu pluma.* ‖ Unidad de medida angular (símb., "). ‖ Piso más arriba del primero en una casa : *habitamos en el segundo.* ‖ Asistente de un boxeador en un combate.

Segundo Frente, mun. al este de Cuba (Santiago).

segundogénito, ta adj. Dícese del hijo nacido después del primogénito (ú. t. c. s.).

segundón m. Hijo segundo de una familia.

Segundo Sombra (Don), novela de Ricardo Güiraldes, descripción de la vida en la Pampa (1926).

Ségur (Sophie ROSTOPCHIN, condesa de), escritora francesa (1799-1874), autora de famosos cuentos infantiles.

Segura, sierra al SE. de España, en el sistema Penibético (Jaén) y río que pasa por Murcia y Orihuela y des. en el Mediterráneo ; 340 km. — V. TAJO (Trasvase).

Segura (Manuel ASCENCIO). V. ASCENCIO. ‖ ~ **de Astorga** (JUAN LORENZO), poeta español del mester de clerecía, siglo XIII, a quien se atribuye el Libro de Alexandre.

seguramente adv. Probablemente.

seguridad f. Calidad de seguro : la seguridad de un avión. ‖ Certidumbre en la realización de algo : tiene seguridad en la victoria. ‖ Confianza, situación de lo que está a cubierto de un riesgo : el dinero está guardado con toda seguridad. ‖ Aplomo : hablar con mucha seguridad. ‖ Confianza : seguridad en sí mismo. ‖ Fianza que se da como garantía de algo. ‖ — Con seguridad, seguramente. ‖ De seguridad, aplícase a los dispositivos destinados a evitar accidentes : lámpara de seguridad ; relativo al orden público : guardia de Seguridad ; Dirección General de Seguridad. ‖ Seguridad Social, conjunto de leyes y de los organismos que las aplican que tienen por objeto proteger a la sociedad contra determinados riesgos (accidentes, enfermedad, paro, vejez, etc.).

seguro, ra adj. Libre y exento de todo daño o riesgo : un procedimiento muy seguro ; un escondite seguro. ‖ Cierto : un negocio seguro ; la fecha es segura. ‖ Firme, sólido : el clavo está seguro. ‖ Confiado : persona muy segura de sí misma. ‖ Fiel : su seguro servidor. ‖ Que ha de realizarse, infalible : así tendrás un enemigo seguro. ‖ — M. Contrato por el cual una persona o sociedad (asegurador) se compromete a indemnizar a otra (asegurado) de un daño o perjuicio que pueda sufrir ésta mediante el pago de una cantidad de dinero (prima) : seguro contra incendios, a todo riesgo, contra accidentes, contra tercera persona, de vida, de desempleo o paro. ‖ Dispositivo destinado a evitar accidentes en las máquinas o armas de fuegos. ‖ Méx. Imperdible (alfiler). ‖ — Adv. Con certeza : seguro que mañana llueve.

Seibal, centro arqueológico maya en el norte de Guatemala (Petén).

seibano, na adj. y s. De la prov. de El Seibo (Rep. Dominicana).

seibo m. Árbol de flores rojas.

Seibo (El), prov. oriental de la Rep. Dominicana ; cap. Santa Cruz del Seibo. Agricultura. Ganadería.

seibón m. Ceibón.

Seikan, túnel ferroviario que une las islas japonesas de Honshu y Hokkaido. Tiene 53,9 km de longitud, de los cuales 23,3 son submarinos.

Seilun. V. SILO.

Seine, ant. dep. de Francia que, hasta 1964, incluía París y sus alrededores. Hoy se divide en cuatro nuevos departamentos (Hauts-de-Seine, París, Seine-Saint-Denis y Val-de-Marne). — V. SENA (río). ‖ ~ **-et-Marne,** dep. de Francia, en la cuenca de París ; cap. Melun. ‖ ~ **-et-Oise,** ant. dep. de Francia, dividido en 1964 en tres partes (Essonne, Val-d'Oise e Yvelines). ‖ ~**-Maritime,** dep. al NO. de Francia, en Normandía ; cap. Ruán. ‖ ~ **-Saint-Denis,** dep. de Francia, al NE. de París ; cap. Bobigny. Industrias.

seis adj. Cinco y uno : un niño de seis años. ‖ Sexto : año seis. ‖ — M. Signo que representa el número seis. ‖ El sexto día de un mes : el seis de agosto. ‖ Naipe de seis puntos : el seis de oros. ‖ — F. pl. La hora seis de la mañana o de la tarde.

seisavo, va adj. y s. Sexta parte de un todo.

seiscientos, tas adj. Seis veces ciento : seiscientas cabezas de vacunos. ‖ Sexcentésimo : el número seis-

cientos. ‖ — M: Número que lo representa.

seise m. Cada uno de los monaguillos que en ciertas solemnidades bailan y cantan en la catedral de Sevilla.

seismo m. Terremoto.

Seissenhoffer (Hans), llamado Juan el Alemán, explorador alemán del s. XVI. Fue gobernador de Venezuela.

Seistán o Sistán, región de Irán y Afganistán, muy poco poblada.

Sekondi-Takoradi, conurbación de Ghana, al O. de Accra.

S. E. L. A., siglas de Sistema Económico Latino Americano, organización de cooperación económica y social integrada por 26 países latinoamericanos. Creada en Panamá en 1975, tiene su sede en Caracas.

selacio adj. Dícese de los peces cartilaginosos con el cuerpo fusiforme y deprimido, como el tiburón, la tintorera y la raya (ú. t. c. s. m.). ‖ — M. pl. Orden que forman.

Selandia. V. SEELAND.

Selangor, Estado de la Federación de Malasia, en la costa O. ; cap. Kuala Lumpur.

selección f. Elección de una persona o cosa entre otras : selección de personal. ‖ Conjunto de cosas o personas elegidas : la selección nacional de fútbol. ‖ Colección de obras escogidas de un autor, antología.

seleccionado, da adj. y s. Dícese del jugador deportivo o de la persona escogida para representar a una colectividad. ‖ — M. Amer. Selección.

seleccionador, ra adj. Que selecciona. ‖ — M. y f. Persona que selecciona a los miembros de un equipo deportivo para participar en un partido o competición. ‖ — F. En informática, máquina que selecciona las tarjetas perforadas.

selectividad f. Calidad de un aparato selectivo de radiodifusión. ‖ Selección. ‖ Condiciones y pruebas a las que se someten los estudiantes para ingresar en la Universidad.

selectivo, va adj. Que supone una selección. ‖ Aplícase al aparato de radio capaz de captar una emisión evitando las interferencias de ondas vecinas. ‖ Dícese del curso escolar que precede a determinadas carreras (ú. t. c. s. m.).

selecto, ta adj. Que es o se considera mejor entre otras cosas de la misma especie : un círculo de gente selecta. ‖ Exquisito, excelente : música selecta. ‖ Distinguido : público selecto.

selector m. Dispositivo de selección : el selector de un cambio de velocidades.

Selene, divinidad griega identificada con la Luna.

selenio m. Metaloide (Se) de número atómico 34, sólido, de densidad 4,8, que funde a 217 ºC.

selenosis f. Mancha blanca en las uñas, mentira.

Seleucia, c. ant. de Asia, a orillas del Tigris y cerca de Bagdad, cap. de los selúcidas y luego de los partos.

selúcida adj. y s. Dícese de una dinastía helenística que reinó en Asia Menor de 312 a 64 a. de J. C.

Seleuco I Nicátor, general de Macedonia (¿355 ?-280 a. de J. C.), lugarteniente de Alejandro Magno. Fundó en 312 la dinastía selúcida en Asia.

self adj. y s. f. Palabra inglesa cuyo significado es auto y que entra como primer elemento de numerosas voces compuestas, algunas de las cuales son empleadas con frecuencia dentro del área hispánica : self-control, dominio de sí mismo ; self-government, autogobierno ; self-inducción, autoinducción ; self-service, autoservicio ; self-made man, que con sus propios medios llega a una alta posición social o económica, autodidacto.

Selim, n. de varios sultanes, turcos.

Selkirk, c. de Gran Bretaña al SE. de Escocia ; cap. del Selkirkshire. ‖ **Selkirk** (MONTES), cadena montañosa en el O. de Canadá (Colombia Británica).

Selkirkshire, condado de Gran Bretaña en el SE. de Escocia ; cap. Selkirk.

selva f. Terreno arbóleo, inculto y muy poblado de árboles ; las selvas

del Brasil. ‖ Fig. Abundancia desordenada de algo. ‖ Cuestión intrincada. ‖ Selva virgen, la no explorada.

Selva (Salomón de la), poeta nicaragüense (1893-1959). Compuso su obra en inglés y en castellano (buena parte de la realizó en México) como Tropical town and other poems, Evocación de Horacio, El soldado desconocido, La ilustre familia, etc. ‖ ~ **Alegre** (Marqués de). V. MONTÚFAR (Juan Pío de).

Selva ‖ ~ **(La),** comarca del NE. de España en Cataluña (Gerona) ; cap. Santa Coloma de Farnés. Agricultura. Industrias. Turismo. ‖ ~ **Negra,** en alem. Schwarzwald, macizo montañoso en el S. de Alemania Occidental ; 1 493 m.

selvático, ca adj. Relativo a la selva.

selyúcida o selyúkida, adj. Dícese de una dinastía turcomana que dominó en Asia Occidental del s. XI al XIII (ú. t. c. s.).

Sella, río del norte de España (Asturias). Central hidroeléctrica.

sellado, da adj. Revestido de un sello. ‖ — M. Acción de sellar.

sellar v. i. Imprimir el sello : sellar un documento. ‖ Precintar. ‖ Fig. Estampar una cosa en otra. ‖ Concluir una cosa : sellar una amistad.

sello m. Plancha de metal o de caucho usada para estampar armas, divisas, letras, etc., grabadas en él. ‖ Señal que deja esta plancha. ‖ Fig. Carácter distintivo de algo : un sello de nobleza. ‖ Disco de plomo o cera, con un símbolo estampado, que se unía por medio de hilos a ciertos documentos. ‖ Tira que a modo de precinto cierra un sobre o caja. ‖ Viñeta de papel que se usa como señal del pago de algún derecho : sello postal, fiscal, móvil. ‖ Disco con escudo o iniciales. ‖ Med. Conjunto de dos obleas entre las que se pone un polvo medicamentoso para evitar el sabor desagradable.

Sem, hijo de Noé, padre de los pueblos semitas. Vivió seiscientos años. ‖ — **Tob.** V. TOB (Sem).

semáforo m. Poste indicador con luces verde, naranja o ámbar y roja que regula la circulación en calles y carreteras.

semana f. Serie de siete días naturales consecutivos : el año tiene 52 semanas. ‖ Fig. Remuneración pagada por una semana de trabajo : semana de un obrero. ‖ — Estar de semana, estar de servicio durante la semana. ‖ Fin de semana, de sábado a lunes ; maletín. ‖ Semana inglesa, descanso laboral desde el final de la mañana del sábado hasta el lunes. ‖ Semana Santa, la que va desde el domingo de Ramos al de Resurrección.

semanal adj. Que ocurre, sucede cada semana o dura una semana.

semanario, ria adj. Semanal. ‖ — M. Publicación que aparece semanalmente : editar un semanario. ‖ Pulsera compuesta de siete aros.

semántico, ca adj. Relativo a la significación de las palabras : valor semántico de una voz. ‖ — F. Estudio del significado de los signos lingüísticos y de sus combinaciones desde un punto de vista sincrónico o diacrónico. ‖ — M. y f. Especialista en semántica.

Semarang, c. y puerto de Indonesia, en la costa N. de Java. Arzobispado.

semblante m. Rostro, cara : semblante acantoso. ‖ Fig. Aspecto.

semblantear v. t. Amer. Observar la cara de alguien para saber lo que piensa.

semblanza f. Reseña biográfica.

sembrado m. Tierra sembrada.

sembrador, ra adj. Aplícase a la persona que siembra (ú. t. c. s.). ‖ — F. Máquina para sembrar.

sembrar v. t. Echar las semillas en la tierra para que germinen : sembrar canos : trigo, maíz, patatas. ‖ Fig. Derramar, distribuir : sembrar dinero. ‖ Diseminar : sembrar el odio, la discordia. ‖ Difundir : sembrar a los cuatro vientos. ‖ Publicar una noticia : sembrar noticias. ‖ Hacer algo que posteriormente pueda producir un fruto : el que siembra, recoge. ‖ Echar por el suelo : sembrar el camino de flores. ‖ Poner,

SE

estar lleno : *senda sembrada de dificultades.* || *Fig.* y *fam. Estar sembrado,* ser muy ocurrente, ingenioso, tener mucha gracia.

sembrío m. *Amer.* Sembrado.

semejante adj. Análogo, igual, que se asemeja a una persona o cosa : *me occurió un caso semejante al tuyo.* || Úsase en sentido de comparación o ponderación : *no es lícito valerse de semejantes medios.* || Tal : *no he visto a semejante persona.* || *Mat.* Dícese de dos figuras en las que sus ángulos correspondientes son iguales y las líneas correspondientes proporcionales. || — M. Hombre o animal en relación con los demás : *amar a sus semejantes.*

semejanza f. Parecido, analogía.

semejar v. i. Parecer. Ú. t. c. pr : *semejarse una persona a otra.*

semen m. Sustancia segregada por las glándulas genitales masculinas que contiene los espermatozoos, esperma.

semental adj. Dícese del animal macho destinado a la reproducción (ú. t. c. s. m.).

sementera f. Siembra. || Tierra sembrada. || Grano sembrado. || Tiempo en que se hace la siembra. || *Fig.* Origen, fuente, semillero.

semestral adj. Que ocurre o se repite cada semestre. || Que dura seis meses.

semestre m. Período de seis meses.

semiacabado, da adj. *Producto semiacabado,* el que se sitúa entre la materia prima y el producto acabado.

semiautomático, ca adj. Parcialmente automático : *fusil semiautomático ; lavadora semiautomática.*

semiautomatizado, da adj. Parcialmente automatizado.

semibreve f. *Mús.* Nota que vale un compasillo entero, redonda.

semicilindro m. Cada una de las dos mitades de un cilindro separadas por un plano que pasa por el eje.

semicircular adj. Relativo al semicírculo. || De figura de semicírculo.

semicírculo m. *Geom.* Cada una de las dos mitades del círculo separadas por un diámetro. || *Semicírculo graduado,* transportador de dibujante.

semicircunferencia f. Cada una de las dos mitades de la circunferencia.

semiconductor m. Cuerpo no metálico que conduce imperfectamente la electricidad y cuya resistividad disminuye al aumentar la temperatura.

semiconserva f. Conserva alimenticia de duración limitada.

semiconsonante adj. *Gram.* Aplícase a las vocales *i, u* en principio de diptongo o triptongo, como en *hielo, piedra, diablo, hiedra, huidizo, huerto,* etc. (ú. t. c. s. f.).

semicorchea f. Nota musical equivalente a media corchea.

semidiós, osa m. y f. Héroe mitológico a quien los antiguos griegos y romanos colocaban entre sus deidades : *los semidioses Cástor y Pólux.* || *Fig.* Persona muy admirada por el pueblo.

semidormido, da adj. Casi dormido, medio dormido.

semiesfera f. Hemisferio.

semiesférico adj. En forma de semiesfera.

semifallo m. En el juego del bridge, carta de un color en poder de un jugador al comienzo de la partida.

semifinal f. *Dep.* Prueba que precede a la final.

semifinalista adj. *Dep.* Que toma parte en una semifinal (ú. t. c. s.).

semifondo m. Carrera deportiva de media distancia.

semilla f. Cada uno de los cuerpos que forman parte del fruto que da origen a una nueva planta. || *Fig.* Germen, origen : *semilla de discordia.* || — Pl. Granos que se siembran, salvo el trigo y la cebada.

semillero m. Sitio donde se siembran los vegetales que después han de trasplantarse. || Lugar donde se guardan las semillas. || *Fig.* Origen, fuente, germen, causa de algunas cosas : *semillero de pleitos.* | Cantera : *semillero de hombres ilustres.*

semimanufacturado, da adj. Dícese de los productos no terminados, de la materia prima parcialmente transformada.

598

seminal adj. De la semilla o del semen.

seminario m. Casa destinada a la educación de los jóvenes que se dedican al estado eclesiástico. || Curso práctico de investigación en las universidades, anejo a la cátedra : *Seminario de Derecho comparado, de Filosofía.* || Serie de conferencias sobre un tema determinado. || Reunión de los empleados de una o varias empresas para tratar de estudiar los asuntos referentes al sector del que se ocupan.

seminarista m. Alumno de un seminario.

seminífero, ra adj. Que contiene o lleva semen : *glándula seminífera.*

seminómada adj. Dícese de los pueblos que alternan la ganadería nómada con una agricultura ocasional (ú. t. c. s.).

semioculto, ta adj. Oculto en parte o parcialmente.

semioficial adj. Que no es completamente oficial.

semiología y **semiótica** f. Parte de la medicina que trata de los síntomas de las enfermedades. || Teoría o ciencia general de los signos en lingüística.

semiólogo, ga m. y f. Especialista en semiología.

semiótico, ca adj. Relativo a la semiótica. || — F. *Med.* Semiología. || Teoría general de los signos.

Semipalatinsk, c. de la ant. U. R. S. S. (Kazakstán), a orillas del Irtich. Industrias.

semipermeable adj. Que no es completamente permeable.

semipesado adj. Dícese de una de las categorías de boxeadores cuyo peso está entre 72,574 y 79,378 kg. Ú. t. c. s. m. : *combate de semipesados.*

semiproducto m. Producto semimanufacturado.

semipúblico, ca adj. Dícese de una entidad en parte pública y en parte privada.

Semiramis, legendaria fundadora del Imperio de Asiria. Construyó Babilonia y los jardines colgantes de esta ciudad.

semirrecta f. *Geom.* Segmento de recta entre un punto y el infinito.

semirrecto adj. *Geom.* Dícese del ángulo de 45 grados.

semita adj. Descendiente de Sem. || Dícese de los árabes, hebreos, sirios y otros pueblos (ú. t. c. s.). || Semítico.

semítico, ca adj. Relativo a los semitas : *pueblos semíticos.* || Dícese de un grupo de lenguas habladas en el SE. de Asia y en el N. de África.

semitismo m. Conjunto de las doctrinas, instituciones y costumbres de los pueblos semíticos. || Giro o vocablo propio de las lenguas semíticas. || Sionismo.

semitono m. *Mús.* Cada una de las dos partes desiguales en que se divide el intervalo de un tono.

semitransparente adj. Translúcido, medio transparente.

semivocal adj. y s. f. *Gram.* Dícese de las vocales *i* o *u* al final de un diptongo, como en *aire, aceite, feudo.* | Aplícase a la consonante que puede pronunciarse sin que se perciba el sonido de una vocal, como la *efe.*

Semivuelta, región en el oeste de Cuba. Plantaciones de tabaco.

semnopiteco m. Género de monos de la India que viven en grupos.

sémola f. Pasta de harina de flor reducida a granos muy menudos y que se usa para hacer sopa.

semoviente adj. *For. Bienes semovientes,* el ganado.

Sempere (Eusebio), pintor español, n. en 1923.

sempiterno, na adj. Eterno.

Semprún (Jorge), escritor español, n. en 1923, autor de novelas (*El largo viaje, El desvanecimiento, La segunda muerte de Ramón Mercader, Autobiografía de Federico Sánchez, Aquel domingo, La algarabía*). Escribe generalmente en francés.

Sena, en fr. *Seine,* río de Francia que atraviesa París y des. en el Canal de la Mancha por un gran estuario en Le Havre ; 776 km. — V. SEINE.

Sena (Jorge de), poeta, novelista, autor de teatro y ensayista portugués (1919-1978).

senado m. Asamblea de patricios que formaba el Consejo Supremo de la antigua Roma. || En los Estados modernos de régimen parlamentario bicameral, cámara alta con la función de frenar las decisiones de la cámara baja y cuyos miembros suelen elegirse por sufragio universal, aunque a veces son designados por su notabilidad. || Edificio en el que se reúne la asamblea de los senadores.

senadoconsulto m. Decreto o determinación del antiguo Senado romano.

senador, ra m. y f. Miembro del Senado.

senaduría f. Función de senador.

Senaquerib, rey de Asiria de 705 a 681 a. de J. C., creador de los jardines de Nínive. M. asesinado.

Senar, Sennar o **Sannar,** c. en el E. del Sudán, a orillas del Nilo Azul.

senatorial o **senatorio, ria** adj. Del Senado o del senador.

sencillez f. Calidad de sencillo. || Poca dificultad : *mecanismo de gran sencillez.* || *Fig.* Ingenuidad.

sencillo, lla adj. De un solo elemento : *una hoja sencilla.* || Simple, fácil : *operación sencilla.* || Poco complicado : *mecanismo sencillo.* || Que carece de adornos : *traje sencillo.* || De menos cuerpo que otra cosa de su especie : *tafetán sencillo.* || *Fig.* Franco en el trato, llano : *hombre sencillo.* | Carente de refinamiento o artificio : *una comida sencilla.* || *Amer.* Dinero suelto, moneda fraccionaria.

sencillote adj. *Fam.* Campechano, de trato sencillo : *carácter sencillote.*

senda f. Camino más estrecho que la vereda. || *Fig.* Camino, vía o medio para hacer algo : *la senda del bien.*

Sendai, c. del Japón al N. de la isla de Honshu. Obispado. Universidad.

Sender (Ramón José), novelista español (1902-1982), autor de *Imán, Siete domingos rojos, Mister Witt en el cantón, Los cinco libros de Ariadna, Réquiem por un campesino español, Novelas ejemplares de Cibola, En la vida de Ignacio Morel, Tánit,* etc.

sendero m. Senda.

Sendero Luminoso, organización marxista y revolucionaria del Perú que, a partir de 1980, ha emprendido la lucha armada, principalmente en el departamento de Ayacucho, contra los poderes constituidos.

sendos, as adj. pl. Uno o una para cada cual de dos o más personas o cosas : *los soldados llevaban sendos fusiles.*

séneca m. *Fig.* Hombre sabio.

Séneca (Marco Anneo), escritor hispanolatino, n. en Córdoba (¿ 55 a. de J. C.-39 ? d. de J. C.), autor de obras de retórica (*Suasorias, Controversias,* etc.). — Su hijo LUCIO ANNEO, n. en Córdoba (¿ 4 ?-65), fue filósofo estoico, preceptor de Nerón y cónsul. Autor de tratados de filosofía moral (*De vita beata, Consolatio ad Martiam, De Clementia*), de *Epístolas a Lucilio* y de tragedias (*Medea, Las troyanas, Agamenón*). Se suicidó.

senectud f. Vejez.

Senegal, río del África Occidental, nacido en el Futa Yalón, que des. en el Atlántico ; 1 700 km.

Senegal (REPÚBLICA DEL), Estado del oeste de África, a orillas del Atlántico, entre Mauritania, Malí, Guinea y Guinea-Bissau ; 197 161 km² ; 5 320 000 (*senegaleses*). Cap. *Dakar,* 700 000 h. Otras c. : *Saint-Louis,* 62 000 h. País de lengua francesa. Agricultura. Independiente en 1958.

senegalés, esa adj. y s. Del Senegal.

senequismo m. Doctrina moral y filosófica de Séneca.

senequista adj. Relativo al senequismo. || Partidario de él (ú. t. c. s.).

Senghor (Léopold Sédar), escritor y político senegalés, n. en 1906. Pres. de la Rep. desde 1960 hasta que dimitió a finales de 1980. Excelente poeta (*Nocturnos*).

Senguerr, río de la Argentina en Patagonia (Chubut).

senil adj. Propio de los viejos o de la vejez : *debilidad senil.*

senilidad f. Vejez.

senior adj. Mayor, de más edad. (Se aplica para distinguir al padre del hijo con el mismo nombre : *Mr John Mill, senior.*) || — M. En deportes, participante que ha pasado la edad de los juniors (unos 20 años), o que sin haberla pasado ha obtenido ciertos títulos.

Senlis, c. de Francia (Oise), al N. de París. Iglesia gótica (1155).

Sennar. V. SENAR.

seno m. Concavidad, cavidad. || *Anat.* Cavidad existente en el espesor de un hueso : *el seno frontal, maxilar.* | Matriz, útero, claustro materno. | Pecho de mujer, mama. || Hueco que queda entre el pecho y el vestido. || Cualquier cavidad interior del cuerpo del animal. || *Fig.* Parte interna de una cosa : *el seno de una sociedad.* | *Geogr.* Golfo : *un seno de la costa.* | *Geom.* Perpendicular tirada de uno de los extremos del arco al radio que pasa por el otro extremo : *el seno del arco AM es MP.* || — *Fig. En el seno de la Iglesia,* dentro de la Iglesia. | *Seno de Abrahán,* el limbo.

Sens [sans], c. de Francia (Yonne), al SE. de París. Arzobispado. Catedral.

sensación f. Impresión que recibimos por medio de los sentidos : *sensación visual, auditiva, olfativa, táctil.* || Emoción causada en el ánimo : *su libro produjo sensación.*

sensacional adj. Impresionante, que causa sensación o emoción : *noticia sensacional.* || *Fig.* Extraordinario, muy bueno.

sensacionalismo m. Carácter sensacional o sensacionalista.

sensacionalista adj. De carácter sensacional : *libro sensacionalista.*

sensatez : f. Buen sentido, cordura.

sensato, ta adj. Acertado, juicioso.

sensibilidad f. Facultad de sentir privativa de los seres animados. || Propensión del hombre a dejarse llevar por los afectos de compasión y ternura : *la sensibilidad humana.* | Carácter de una cosa que recibe fácilmente las impresiones exteriores : *la sensibilidad de un termómetro.* || Receptividad para determinados efectos : *la sensibilidad de la placa fotográfica.* || Capacidad para sentir emociones : *sensibilidad artística.*

sensibilización f. Acción de sensibilizar. || Acción de volver impresionable una película fotográfica.

sensibilizador, ra adj. Que hace sensible a la acción de la luz o de cualquier otro agente. U. t. c. s. m. : *sensibilizador fotográfico.*

sensibilizar v. t. Hacer sensible una persona o película fotográfica. || Hacer sensible a una reacción.

sensible adj. Capaz de sentir física y moralmente : *corazón sensible.* || Fácil de conmover, sentimental : *persona sensible.* || Que puede ser conocido por medio de los sentidos : *el mundo sensible.* || Perceptible, manifiesto, patente al entendimiento : *adelanto sensible.* || Que causa pena o dolor : *una pérdida sensible.* | Lamentable : *es muy sensible perder esta*

oportunidad. || *Fís.* Capaz de señalar o registrar muy leves diferencias : *termómetro sensible.* || Dícese de las placas o películas fotográficas que se ennegrecen por la acción de la luz.

sensibleria f. Sentimentalismo exagerado, trivial o fingido.

sensiblero, ra adj. Exageradamente sentimental.

sensitivo, va adj. Relativo a los sentidos corporales : *tacto, dolor sensitivo.* || Capaz de sensibilidad. || — F. Género de plantas mimosáceas de América Central cuyas hojuelas se marchitan o se caen al tocarlas.

sensor m. Dispositivo que responde a cualquier tipo de estímulo (calor, luz, presión) y lo transmite mediante un impulso.

sensorial adj. Relativo a la sensibilidad : *aparato sensorial.*

sensual adj. Sensitivo, relativo a los sentidos. || Aplícase a los gustos y deleites de los sentidos o a las cosas que los incitan o satisfacen y a las personas sensibles a ellos : *mujeres sensuales ; placeres sensuales.* || Carnal : *apetito sensual.*

sensualidad f. Propensión, apego a los placeres de los sentidos.

sensualismo m. Sistema filosófico que defiende que la única fuente de los conocimientos son las sensaciones exteriores : *el sensualismo de Condillac.* || Sensualidad.

sensualista adj. Relativo al sensualismo. || Partidario de éste (ú. t. c. s.).

sensualizarse v. r. Llegar a ser, volverse sensual.

Sensuntepeque, c. del centro de El Salvador, cap. del departamento de Cabañas. Cobre. Industrias.

sensuntepequense adj. y s. De Sensuntepeque (El Salvador).

Senta. V. ZENTA.

sentada f. Tiempo en el que se permanece sentado. || Tipo de manifestación no violenta en que los participantes se sientan en público para manifestar su protesta. || *De una sentada,* sin interrupción.

sentado, da adj. Juicioso, sensato. || *Dar algo por sentado,* considerar algo como cierto o definitivo.

sentar v. t. Poner en un asiento : *sentar al niño en su silla.* || Establecer : *sentar una verdad.* || *Fam.* Sentar la mano a alguien, golpearlo. || — V. i. *Fig.* Caer bien, ir una prenda de vestir : *el gabán le sentaba perfectamente.* || Cuadrar, convenir : *su modestia le sienta bien.* || Caer bien o mal un alimento o bebida en el estómago : *sentar bien la comida.* | Hacer provecho : *le sentó la ducha.* | Gustar, agradar una cosa : *le sentó bien tu consejo.* | *Fig.* Sentar como un tiro, caer muy mal. || — V. pr. Ponerse en un asiento : *sentarse en el sofá.* || Depositarse, sedimentarse : *la zurrapa del café se ha sentado.* || Estabilizarse : *el tiempo se ha sentado.*

sentencia f. Dicho grave y sucinto

que encierra doctrina o moralidad : *una sentencia de Marco Aurelio.* || Resolución del tribunal, juez o árbitro : *sentencia benigna.* || Decisión cualquiera : *la sentencia del pueblo.*

sentenciador, ra adj. Que sentencia (ú. t. c. s.).

sentenciar v. t. Dar o pronunciar sentencia. || Condenar : *sentenciar a muerte.* || *Fig.* Destinar a un fin.

sentencioso, sa adj. Aplícase al dicho o escrito que contiene una sentencia o máxima. || Dícese de la persona que habla con afectada gravedad : *un viejo sentencioso.*

sentido, da adj. Sincero : *dolor muy sentido..* | Que es muy sensible o se ofende fácilmente : *un niño muy sentido.* | Dolido, resentido : *estoy muy sentido por su falta de consideración.* || Emotivo : *un sentido recuerdo.* || — M. Cada una de las facultades que tiene el hombre y cualquier animal de recibir por medio de determinados órganos corporales la impresión de los objetos externos : *el sentido de la vista, del oído, del olfato, del gusto y del-tacto.* || Entendimiento, razón : *un hombre sin sentido.* | Conocimiento, discernimiento : *tiene un sentido muy agudo.* | Modo de entender algo : *tiene un sentido peculiar del deber.* || Conocimiento : *perdió el sentido al recibir el golpe.* | Significado : *el sentido de un giro de la lengua.* | Interpretación : *no has comprendido el sentido de la moraleja.* | Finalidad, objeto : *tu gestión no tiene sentido.* | Capacidad o aptitud para algo : *tener sentido del equilibrio, de la orientación ; sentido del humor.* | Dirección : *van los dos en sentido opuesto.* | Lado de un cuerpo, de una cosa : *cortar en sentido transversal.* | *Amer. Sien.* — Abundar en su sentido, ser muy partidario de él. | *Fig.* y *fam.* Con todos (o con) sus *cinco sentidos,* con la máxima atención y cuidado. | *Costar un sentido,* ser muy cara una cosa. | *Doble sentido,* palabras o frases en buena parte. | *No estar alguien en sus cinco sentidos,* tener en mal estado sus facultades mentales. | *Perder el sentido,* desmayarse. | *Fig.* y *fam.* Quitar el sentido, ser algo extraordinario en su género : *esta paella valenciana quita el sentido.* | *Sentido común,* sensatez, cordura, juicio apropiado. | *Sentido del humor,* comprensión de lo humorístico. | *Sentido único,* vía de circulación en que el tráfico sólo puede hacerse en una dirección. | *Sexto sentido,* la intuición.

sentimental adj. Que pone de manifiesto sentimientos tiernos : *música sentimental.* || Dícese de la persona inclinada a experimentar mucho sentimientos afectivos : *persona muy sentimental* (ú. t. c. s.).

sentimentalismo m. Estado de una persona sentimental.

sentimentaloide adj. Demasiado sentimental.

sentimiento m. Conocimiento : *el sentimiento de la realidad.* || Estado afectivo : *sentimiento de tristeza, de satisfacción.* || Inclinación buena o mala : *tener sentimientos nobles, perversos.* || Pena, aflicción : *le acompaño en el sentimiento.*

sentina m. Parte inferior de un buque en la que se almacena agua y suciedad. || *Fig.* Sitio lleno de inmundicias. | Ambiente corrompido.

sentir m. Sentimiento : *el sentir unánime de la nación.* || Parecer.

sentir v. t. Experimentar una impresión física : *sentir un dolor violento, una sacudida.* || Tener una impresión moral : *siento una inmensa alegría.* | Experimentar cierto sentimiento : *siento un gran amor por ella.* || Darse cuenta : *sentir el descontento del pueblo.* || Ser sensible a : *no siente la dulzura de esos momentos.* || Pensar : *se lo dije como lo sentía.* || Creer : *no siento que aya afirma.* || Lamentar : *todos sentimos su muerte.* || Oír : *sentir ruidos extraños.* || Apreciar : *sentir la poesía.* || Prever, presentir : *sintió el mal tiempo.* || — *Lo siento o lo siento mucho,* fórmula de disculpa : *lo siento, pero usted no puede estar aquí.* || *Sin sentir,* sin darse cuenta. || — V. pr. Encontrarse, ha-

SENEGAL

alturas : 200 500 m

llarse : *me siento muy feliz.* ‖ Considerarse : *me siento forzado a hacerlo.* ‖ *Méx.* Debilitarse, perder fuerza o fortaleza : *sentirse un muro, una pared.*

sentón m. *Amer.* Sofrenada al caballo, sentándolo sobre los cuartos traseros. ‖ *Méx.* Lance de charros.

seny m. (pal. cat.). Sentido común.

senyera f. (pal. cat.). Bandera.

seña f. Nota o indicio para dar a entender una cosa : *hacer señas.* ‖ Cosa que conciertan dos personas para entenderse : *convenir una seña.* ‖ Signo usado para acordarse de algo. ‖ *Mil.* Palabra que suele acompañar al santo para los reconocimientos o rondas. ‖ — Pl. Detalles del aspecto de una persona o cosa que se dan para reconocerla. ‖ Domicilio, dirección : *dar sus señas.* ‖ Signos, manifestaciones : *daban señas de contento.* ‖ *Dar señas,* manifestar algo : *dar señas de cansancio.* ‖ *Hablar por señas,* hablar por medio de gestos. ‖ *Por más señas,* para mayor precisión. ‖ *Señas personales,* datos referentes a una persona.

señal f. Marca o nota que se pone en algo para distinguirlo : *poner una señal en un naipe.* ‖ Indicio, signo : *lo que me dices es buena señal.* ‖ Gesto : *hacer una señal con la mano.* ‖ Prueba : *señal de prosperidad.* ‖ Imagen, representación : *llevaba un brazalete negro en señal de luto.* ‖ Hito, signo para marcar un lindero. ‖ Signo para recordar una cosa : *una señal en la página de un libro.* ‖ Placa rotulada con símbolos que pone en las vías de comunicación para regular o dirigir la circulación : *respetar las señales.* ‖ Zumbido de diferente naturaleza que se oye en el teléfono al obtener la línea, al entrar en comunicación o al encontrar ocupada la línea de un abonado. ‖ Vestigio, huella, impresión que queda de una cosa. ‖ Cicatriz : *la señal de una herida.* ‖ Dinero que se da como anticipo y garantía de un pago : *dejar una señal.* ‖ — *En señal,* en prueba o prenda de una cosa. ‖ *No dejar ni señal,* no dejar ni rastro. ‖ *Señal de alarma,* dispositivo de seguridad en los vehículos públicos para ordenar la detención de los mismos en caso de emergencia o cualquier otro para advertir el peligro. ‖ *Señal de la Cruz,* la que se hace con los dedos, en figura de cruz, sobre diferentes partes del cuerpo. ‖ *Señal de salida,* indicación del comienzo de algo. ‖ *Señal de televisión,* señal de alta frecuencia resultante de la modulación de una onda por una señal de imagen.

señalado, da adj. Famoso, célebre. ‖ Muy conocido : *un señalado ladrón.* ‖ Extraordinario, notable.

señalamiento m. Señalización. ‖ *For.* Designación de un día para celebrar un juicio oral o una vista.

señalar v. t. Poner una marca o señal en alguna cosa : *señalar un texto.* ‖ Ser indicio de : *los achaques que tiene señalan el principio de la vejez.* ‖ Mostrar : *señaló su casa con el bastón.* ‖ Hacer observar : *ya lo señalé anteriormente.* ‖ Determinar, fijar : *señalaron la fecha de la asamblea.* ‖ Indicar : *el reloj señalaba las cinco.* ‖ Fijar : *señalar el precio.* ‖ Hacer una herida que deje cicatriz : *le señaló la cara de un latigazo.* ‖ Hacer una señal para indicar algo : *el vigía señaló un barco enemigo.* ‖ Designar : *el soldado fue señalado para esta misión.* ‖ Ser la señal de algo, marcar : *el Tratado de Utrecht señaló un hito de la decadencia española.* ‖ — V. pr. Distinguirse, sobresalir, darse a conocer : *Perfilarse : se señala como el único jefe.*

señalización f. Conjunto de señales indicadoras en calles, carreteras, vías férreas, aeródromos, puertos, etc. ‖ Colocación de señales indicadoras.

señalizar v. t. Poner señales indicadoras : *señalizar las carreteras.*

señero, ra adj. Único, distinguido : *figura señera de la pintura actual.*

señor, ra adj. Noble, distinguido, señorial : *un gesto muy señor.* ‖ *Fam.* Gran. U. antepuesto al sustantivo : *tiene una señora fortuna.* ‖ M. y f. Dueño, amo, propietario : *el señor de la casa ; un señor feudal.* ‖ Título nobiliario correspondiente al que posee un señorío : *el señor de Bembibre.* ‖ Amo respecto a los sirvientes. ‖ *Fig.* Persona distinguida, noble : *con este sombrero está hecho un gran señor.* ‖ Hombre, mujer, cuando se habla de persona desconocida : *una señora nos recibió amablemente.* ‖ Tratamiento que se antepone al apellido de toda persona o al cargo que desempeña : *el señor Martínez ; la señora de Martínez ; el señor ministro.* (Generalmente se utilizan las abreviaturas *Sr.* y *Sra.* Es popular, y se aconseja evitarlo, el uso de señor antepuesto al nombre de pila : *el señor Antonio ; la señora Rita*). ‖ Tratamiento que, seguido de *don,* o *doña,* se antepone al nombre y apellido de una persona : *el señor D. Ricardo García López.* ‖ — F. Esposa, mujer : *dé recuerdos a su señora.* ‖ Mujer casada. ‖ — *A lo gran señor,* por todo lo grande. ‖ *A tal señor, tal honor,* según es la persona, así debemos honrarla. ‖ *Fam. De padre y muy señor mío,* enorme : *se está comiendo un bocadillo de padre y muy señor mío.* ‖ *Muy Sr. mío,* encabezamiento habitual de las cartas comerciales. ‖ *¡ No, señor !, ¡ sí, señor !,* fórmulas para negar o afirmar enérgicamente. ‖ *Nuestra Señora,* la Virgen María. ‖ *Nuestro Señor,* Jesucristo. ‖ *Señora de compañía,* la que acompañaba a las señoritas en sus paseos o la que acompaña en sus paseos a otra mayor para ayudarle. ‖ *Ser señor de sus actos,* dominarse.

Señor Presidente (El), novela del escritor guatemalteco Miguel Ángel Asturias (1946).

señorear v. t. Dominar, mandar en una cosa como dueño de ella : *el barón que señoreaba en aquel feudo.* ‖ Apoderarse de una cosa, sujetarla a su dominio y mando : *señorear por derecho de conquista.* ‖ *Fig.* Sujetar a la razón : *señorear la virtud sobre el vicio.* ‖ Dominar, estar una cosa a mayor altura que otra.

señoría f. Tratamiento de cortesía que se da a las personas de cierta dignidad : *Vuestra Señoría.* ‖ Persona que tiene esta distinción. ‖ Señorío, dominio : *la señoría de un conde.* ‖ Soberanía de ciertos Estados que se gobernaban como repúblicas : *la Señoría de Venecia.* ‖ *Su señoría,* tratamiento que se da a los diputados o senadores.

señorial adj. Relativo al señorío : *dominio señorial.* ‖ Noble, distinguido : *porte señorial.*

señorío m. Dominio o mando sobre algo. ‖ Antiguo territorio del dominio de un señor : *el señorío de Vizcaya.* ‖ Dignidad de señor. ‖ *Fig.* Caballerosidad, dignidad : *conducirse con señorío.* ‖ Dominio de las pasiones. ‖ Conjunto de señores, personas de distinción : *el señorío del pueblo.*

señorita f. Tratamiento que dan los criados a las jóvenes a quienes sirven, y a veces a la señora. ‖ Término de cortesía aplicado a la mujer soltera : *la señorita Carmen.* ‖ Mujer soltera y joven : *colegio de señoritas.* ‖ Cigarro puro corto y delgado.

señoritingo, ga m. y f. Despect. Señorito.

señoritismo m. *Fam.* Condición de señorito y conducta propia de éste.

señorito m. Tratamiento que dan los criados a los jóvenes a quienes sirven, y a veces al señor : *el señorito Federico.* ‖ Despect. Joven acomodado y ocioso : *los señoritos del lugar.*

señorón, ona adj. y s. Muy señor. ‖ Que afecta grandeza.

señuelo m. Cualquier cosa que sirve para atraer las aves. ‖ Cimbel, pájaro de ave para atraer a otras. ‖ *Fig.* Trampa, engaño : *caer en el señuelo.* ‖ Cebo, espejuelo : *señuelo del poder.*

seo f. Iglesia catedral.

Seo de Urgel, en cat. *Seu d'Urgell,* c. del NE. de España (Lérida), cap. de la comarca catalana de Alto Urgel. Su obispo es, con el presidente de Francia, copríncipe de Andorra.

Seoane (Luis), pintor abstracto y escritor argentino (1910-1979).

sépalo m. Cada una de las hojas del cáliz de la flor.

separación f. Acción y efecto de separar o separarse. ‖ Espacio que media entre dos cosas distantes. ‖ Lo que sirve a dividir, a separar. ‖ *For.* Interrupción de la vida conyugal sin llegar a romper el lazo matrimonial. ‖ — *Separación de bienes,* régimen matrimonial en el que cada cónyuge sigue teniendo la administración y la propiedad de sus bienes. ‖ *Separación de la Iglesia y el Estado,* carácter privado que tiene la Iglesia con relación al Estado.

separador, ra adj. y s. Que separa.

separar v. t. Poner a una persona o cosa fuera del contacto o proximidad de otra : *separar lo bueno de lo malo.* ‖ Desunir lo que estaba junto : *separar un sello de un sobre.* ‖ Apartar a dos o más personas que luchan entre sí. ‖ Considerar aparte : *separar varios significados de un vocablo.* ‖ Dividir : *el canal de Panamá separa América en dos.* ‖ Destituir de un empleo : *separar a un funcionario.* ‖ Tomar parte de una cosa y ponerla aparte. ‖ Estar entre dos personas o cosas : *una hora de avión me separa de mi patria chica.* ‖ — V. pr. Dividirse en varios elementos. ‖ Retirarse, apartarse : *separarse de la política.* ‖ Alejarse : *se separaba más del fin buscado.* ‖ Dejar de cohabitar los esposos por decisión judicial, sin romper el vínculo matrimonial. ‖ Romper, dejar de estar unido : *se separó de aquella alianza.*

separata f. Tirada aparte hecha de un artículo o reseña que ha sido publicada en una revista o libro.

separatismo m. Opinión de los separatistas. ‖ Partido separatista.

separatista adj. Dícese de la tendencia o de la persona que labora por separar un territorio o colonia de un Estado. Ú. t. c. s. : *un separatista vasco.*

sepelio m. Ceremonias religiosas propias de un entierro. ‖ Entierro.

sepia f. *Zool.* Jibia. ‖ Materia colorante rojiza, empleada para pintar aguadas, que se sacaba de la jibia. ‖ Dibujo hecho con este color. ‖ — Adj. Dícese del color parecido al de esta materia (ú. t. c. s.).

septembrino, na adj. De septiembre : *una tarde septembrina.*

septembrista adj. Aplícase a los conjurados que intentaron asesinar a Bolívar en la noche del 25 de septiembre de 1828 (ú. t. c. s.).

septenado m. Septenio.

septenal adj. Que dura siete años o que se repite en este tiempo.

septenario, ria adj. Aplícase al número compuesto de siete unidades o que se escribe con siete guarismos. ‖ — M. Tiempo de siete días dedicados a un culto : *el septenario de la Virgen de la Merced.*

septenio m. Período de tiempo de siete años.

septentrión m. Norte, punto cardinal. ‖ *Astr.* Osa Mayor.

septentrional adj. Al o del norte : *regiones septentrionales.* ‖ — Com. Persona del norte.

Septentrional — (ALTIPLANICIE), región de México en Chihuahua, Durango y parte de Coahuila, Zacatecas y San Luis Potosí. ‖ ~ (CORDILLERA), cordillera de la Rep. Dominicana, en la costa norte de la isla. Llamada tb. *Sierra de Monte Cristi.*

septeto m. *Mús.* Composición para siete instrumentos o voces. ‖ Orquesta de siete instrumentos o coro de siete voces.

septicemia f. *Med.* Infección de la sangre, causada por la presencia de gérmenes patógenos.

septicémico, ca adj. De la septicemia. ‖ — M. y f. Persona que la padece.

séptico, ca adj. Portador de gérmenes patógenos. ‖ *Fosa séptica.* V. FOSA.

septiembre m. Noveno mes del año, que tiene treinta días. (Es frecuente en América y también en España la grafía *setiembre.*)

Septimania, parte SO. de las Galias románicas en el litoral mediterráneo y entre el Ródano y los Pirineos.

séptimo, ma adj. Que sigue inmediatamente en orden a lo sexto. ‖ *Séptimo arte,* la cinematografía. ‖ *Fig. Séptimo cielo,* paraíso. ‖ — M. Cada una de las siete partes en que se divide un todo.

septingentésimo, ma adj. Que ocupa el lugar setecientos. || — M. Cada una de las setecientas partes iguales en que se divide un todo.

septuagenario, ria adj. Que ha cumplido setenta años sin llegar a los ochenta (ú. t. c. s.).

septuagésimo, ma adj. Que ocupa el lugar setenta. || — M. Cada una de las setenta partes iguales en que se divide un todo. || — F. Dominica que celebra la Iglesia católica tres semanas antes del primer domingo de cuaresma.

septuplicación f. Multiplicación por siete.

septuplicar v. t. Multiplicar por siete una cantidad (ú. t. c. pr.).

séptuplo, pla adj. Dícese de la cantidad que incluye en sí siete veces a otra (ú. t. c. s. m.).

sepulcral adj. Relativo al sepulcro. || Fig. Lúgubre : voz sepulcral.

sepulcro m. Obra que se construye para la sepultura de uno o varios cuerpos. || — Santo Sepulcro, el de Jesús. (Se da el n. de Santo Sepulcro a una basílica de Jerusalén, construida en el s. IV.) || Fig. Sepulcro blanqueado, el que es bello exteriormente, pero lleno de podredumbre en el interior.

sepultar v. t. Poner en la sepultura : sepultaron allí a los muertos. || Fig. Enterrar : los cascotes sepultaron a los obreros. | Hacer desaparecer. || — V. pr. Fig. Sumergirse, abismarse : sepultarse en tu triste melancolía.

sepultura f. Entierro, inhumación de un cadáver : dar sepultura a los muertos. || Fosa donde se entierra el cadáver. || — Dar sepultura, sepultar, enterrar. || Fig. Estar con un pie aquí y otro en la sepultura, estar medio muerto. | Genio y figura hasta la sepultura, el carácter y modo de ser no se cambian en toda la vida.

sepulturero, ra m. y f. Enterrador, persona que entierra a los muertos.

Sepúlveda, v. del centro de España (Segovia), al pie de Somosierra.

Sepúlveda (Juan Ginés de), historiador y teólogo español (¿ 1490 ?-1573), comentador de los problemas jurídicos del descubrimiento y la colonización de América. || ~ **Leyton** (CARLOS), novelista chileno (1900-1941).

sequedad f. Calidad de seco : la sequedad del clima. || Fig. Carácter de la persona poco amable. | Aridez : la sequedad del estilo.

sequía f. Falta de lluvia, tiempo seco de larga duración. || Amer. Sed.

séquito m. Grupo de personas que acompaña a otra principal : el séquito del rey. || Fig. Secuela : la guerra y su séquito de horrores.

sequoia f. Secoya.

ser m. Esencia o naturaleza : ser orgánico. || Ente, lo que es o existe : el ser humano. || Modo de existir o de vivir. || Naturaleza íntima de una persona : todo su ser sintió una gran repugnancia. || El Ser Supremo, Dios.

ser v. sustantivo que afirma del sujeto lo que significa el atributo : la nieve es blanca. || — V. auxiliar que sirve para la conjugación de todos los verbos en la voz pasiva : yo seré juzgado. || — V. i. Haber o existir : ser o no ser, éste es el dilema. | Pertenecer : este diccionario es de mi hijo. | Servir, tener utilidad : este traje es para el invierno. | Suceder : la cosa fue bien. | Valer, costar : ¿ a cómo son los calamares ? | Corresponder, tocar : este asunto no es de mi incumbencia. || Formar parte de un cuerpo o asociación : este funcionario es del ayuntamiento. | Constituir : robar es un delito. | Consistir en : lo difícil es tomar una decisión. | Tener principio, origen o naturaleza : yo soy de Jerez ; esta copa es de plata. || — A no ser que, salvo : mañana vendré, a no ser que llueva. || ¡ Cómo es eso !, expresión de disgusto. || Como sea, de cualquier modo. || Es más, incluso : no me gusta el bacalao ; es más, lo detesto. || No es nada, no tiene importancia. || No ser quién (o nadie) para algo, carecer de conocimiento o autoridad para algo : Felipe no es quién para informar a la prensa. || Por si fuera poco, para colmo : por si fuera poco, nos quedamos sin gasolina. ||

Puede ser, quizá, tal vez. || Sea.... sea, expresión disyuntiva equivalente a ya... ya, ora... ora. || Ser alguien, ser persona importante. || Ser alguien, ser alguien de lo que no hay, ser muy especial o extraordinario. || Ser muy de, ser muy propio o característico de : esa gracia es muy de Juan ; ser muy adepto de : es muy de la Acción Católica.

sera f. Espuerta grande sin asas.

Serafí Pitarra. V. SOLER (Federico).

seráfico, ca adj. Relativo o parecido al serafín : ardor seráfico. || Angelical. || Epíteto que suele darse a San Francisco de Asís y a su Orden : el santo seráfico ; la orden seráfica. || Fig. y fam. Pobre, humilde. | Bondadoso : sonrisa seráfica. || El Doctor Seráfico, San Buenaventura.

serafín m. Cada uno de los espíritus bienaventurados que forman el segundo coro de los ángeles. || Fig. Niño, joven muy bello.

Serapis o **Sarapis,** n. de un dios griego introducido en Egipto en la época de los Ptolomeos. Los romanos lo identificaron con Zeus.

Serbia, ant. reino de Europa a orillas del Danubio, hoy República Socialista Federativa de Yugoslavia ; 55 968 km² ; 5 800 000 h. Cap. Belgrado.

serbio, bia adj. y s. De Serbia. || — M. Idioma serbio.

serbiocroata adj. y s. Serbocroata.

serbocroata adj. Relativo a serbios y croatas. || — M. Lengua eslava hablada en Serbia y Croacia.

Serdán (Aquiles), revolucionario mexicano (1876-1910), partidario de Madero. Se le considera como el primer mártir de la Revolución.

Seremban, c. de Malasia, cap. de Negri Sembilan. Comercio.

Serena (La), c. de Chile, cerca de la des. del río Elqui, cap. de la IV Región (Coquimbo) y de la com. que lleva su n. Centro comercial. Arzobispado. Turismo. Fundada en 1544. Destruida por un terremoto en 1730. — Comarca del O. de España, en la prov. de Badajoz.

serenar v. t. Apaciguar, sosegar, tranquilizar · una cosa : serenar el viento (ú. t. c. i. y pr.). || Fig. Aquietar, apaciguar : serenar los ánimos.

serenata f. Música o canciones que se ejecutan por la noche al aire libre o debajo de la ventana de alguien para rendirle homenaje. || Composición poética que se canta de noche. || Fig. y fam. Lata, fastidio, molestia.

serenense adj. y s. De la Serena (Chile).

serenidad f. Quietud, calidad de sereno : la serenidad de la noche. || Sangre fría, calma, tranquilidad : mostrar serenidad. || Título de honor de algunos príncipes : Su Serenidad.

serenísimo, ma adj. Muy sereno. || Título de honor que se da a ciertos príncipes y a algunos Estados.

sereno, na adj. Aplícase al cielo despejado, sin nubes : cielo sereno. || Fig. Sosegado, tranquilo, apacible. || — M. Humedad de la atmósfera por la noche. || Vigilante en ciertas poblaciones ronda las calles durante la noche : los serenos de Madrid. || Al sereno, al aire libre por la noche.

Seret. V. SIRET.

sergas f. pl. Hechos, proezas, hazañas (únicamente empleado en el título de un célebre libro de caballerías, Las sergas de Esplandián, escrito por Garci Rodríguez de Montalvo en 1510).

Sergipe, Estado oriental del Brasil, en el litoral Atlántico ; cap. Aracajú. Agricultura. Ganadería. Textiles.

serial m. Novela radiofónica o televisada que se da por episodios. || Película de aventuras que tiene varios episodios. || Artículos periodísticos que forman una serie. || Música serial. V. DODECAFONISMO.

seriar v. t. Clasificar por series, formar series.

sericícola adj. De la sericultura.

sericicultor, ra o **sericultor, ra** m. y f. Persona que se dedica a la cría de gusanos de seda.

sericicultura o **sericultura** f. Industria de la cría de gusanos de seda, para la fabricación de seda.

serie f. Conjunto de cosas relacionadas entre sí y que se suceden unas

a otras : una serie de hechos. || Mat. Sucesión de cantidades que se derivan de otras : la serie de los números enteros. || Bot. y Zool. Disposición de los seres en el orden natural de sus afinidades : serie zoológica, vegetal. || Quím. Grupos de cuerpos enlazados entre sí. || Sucesión ininterrumpida de carambolas en el juego de billar. || Prueba preliminar deportiva para poder participar en una gran competición. || Gran número de algo : una serie de desgracias. || Serial en la televisión. || — Electr. En serie, dícese del montaje en el que el polo positivo de un elemento va unido al polo negativo del segundo elemento, y así sucesivamente. || Fabricación en serie, ejecución de un trabajo por un procedimiento que permite obtener un gran número de unidades por un precio mínimo. || Fuera de serie, dícese del artículo comercial que queda sin vender de una serie y suele venderse a precio rebajado ; dícese también de las personas o cosas extraordinarias.

seriedad f. Gravedad, formalidad.

seringa f. Amer. Siringa.

serio, ria adj. Que tiene carácter grave, sentado : una persona seria. || Severo en el semblante, en el modo de mirar o hablar : Real, sincero : promesas serias. || Grave, importante : un serio accidente ; enfermedad seria. || No alegre : persona seria ; color serio. || En serio, seriamente.

sermón m. Discurso religioso pronunciado en el púlpito por un sacerdote. || Fig. Discurso moral, reprensión : echar un sermón.

sermoneador, ra adj. Que sermonea (ú. t. c. s.).

sermonear v. t. Fam. Reprender.

sermoneo m. Fam. Reprensión.

Serna e Hinojosa (José de La), militar y gobernante español (1770-1832), último virrey del Perú de 1821 a 1824. Sucre venció a sus tropas en Ayacucho (1824).

serón m. Sera grande.

serosidad f. Líquido análogo al suero sanguíneo que segregan ciertas membranas del cuerpo.

seroso, sa adj. Relativo al suero o a la serosidad : líquido seroso. || — Anat. Membrana fina que cubre ciertos órganos o cavidades del cuerpo y segrega un líquido.

Serov, c. de la U. R. S. S. (Rusia).

serpenteado, da adj. Ondulado.

serpentear v. i. Moverse o extenderse dando vueltas. || Tener curso muy sinuoso : río que serpentea.

serpenteo m. Movimiento sinuoso.

serpentín m. Tubo espiral del alambique en el que se condensan los productos de la destilación.

serpentina f. Tira de papel arrollada que se arroja en ciertas fiestas.

serpiente f. Cualquier reptil ofidio, generalmente de gran tamaño. || Culebra. || El demonio. || Fig. Persona pérfida y mala. || — Serpiente de cascabel, crótalo. || Serpiente pitón, la de gran tamaño con cabeza cubierta de escamas, propia de Asia y África. || Fig. Serpiente de verano, noticia sensacional y falsa que suele aparecer en los periódicos en verano, cuando la actualidad es casi nula. || Serpiente monetaria, figura que señala los niveles superior e inferior que no deben superar los valores de las monedas relacionadas entre sí por un acuerdo destinado a limitar sus fluctuaciones ; le sustituye, desde 1979, el sistema monetario europeo.

Serpiente (BOCA DE), estrecho que separa la isla de Trinidad del territorio del nordeste de Venezuela.

Serpiente emplumada (La) V. QUETZALCÓATL.

Serpujov, c. de la U. R. S. S. (Rusia), al S. de Moscú. Industrias. Centro de investigaciones atómicas.

Serra (Eudaldo), escultor y ceramista español, n. en 1911. || ~ (Fray JUNÍPERO), religioso franciscano español (1713-1784), apóstol de California, donde fundó la ciudad de San Francisco. || ~ (JAIME, PEDRO, FRANCISCO y JUAN), miembros de una familia de pintores catalanes del siglo XIV.

Serradel (Narciso), músico mexicano (1843-1910).

serraduras f. pl. Serrín.

serrallo m. Parte de la casa donde los mahometanos tienen sus mujeres.

serrana f. Composición poética parecida a la serranilla. || Cierta forma de cante flamenco.

serranía f. Espacio de terreno cruzado por montañas y sierras.

serranilla f. Composición poética de asunto rústico, escrita en metros cortos : *las serranillas del Arcipreste.*

serrano, na adj. De la sierra (ú. t. c. s.). || *Fig.* Gracioso : *admiro su cuerpo serrano.* || *Jamón serrano,* el curado al aire de la montaña.

Serrano (José), compositor español (1873-1941), autor de zarzuelas (*La reina mora, La canción del olvido, Los de Aragón, Los claveles, Moros y cristianos, Alma de Dios, La Dolorosa*). || ~ (PABLO), escultor español, n. en 1910, autor de obras expresionistas y abstractas. || ~ **y Domínguez** (FRANCISCO), general y político español (1810-1885), jefe del Partido Liberal (1865). En 1868 cortó el paso a las tropas de Isabel II en el puente de Alcolea y en 1869 ocupó la regencia de España hasta la llegada de Amadeo I en 1871, quien le mandó formar Gobierno. Fue *duque de la Torre.*

serrar v. t. Cortar con la sierra.

serrato adj. m. Aplícase al músculo que tiene forma de dientes de sierra (ú. t. c. s. m.).

Serrato (José), político y economista uruguayo (1868-1962), pres. de la Rep. de 1923 a 1927.

serrería f. Aserradero.

serrín m. Partículas finas o polvo de madera que se suele desprender al serrar ésta.

serruchar v. t. *Amer.* Serrar.

serrucho m. Sierra de hoja ancha y con un mango.

Sert (José María), pintor español (1876-1945), autor de murales (catedral de Vich, ayuntamiento de Barcelona, Sociedad de Naciones en Ginebra, etc.).

sertão m. (pal. portuguesa). Zona semiárida del Nordeste brasileño, poco poblada y dedicada a la cría extensiva del ganado.

Sertorio (Quinto), general romano (¿ 123 ?-72 a. de J. C.). Sublevado contra Roma, se hizo independiente en España, donde venció a Metelo y Pompeyo. M. asesinado.

Servet (Miguel), médico y teólogo español (1511-1553), que descubrió, antes que Harvey, la circulación pulmonar de la sangre. Intervino en las luchas religiosas de la Reforma y fue condenado a la hoguera en Ginebra.

Servia. V. SERBIA.

servicial adj. Que sirve con cuidado y diligencia : *muchacho servicial.* || Pronto a complacer y servir a otros.

servicio m. Acción y efecto de servir. || Manera de servir o atender : *en este hotel el servicio es muy malo.* || Estado de sirviente : *muchacha de servicio.* || Servidumbre : *es difícil encontrar, servicio.* || Mérito que se hace sirviendo al Estado : *hoja de servicio.* || Culto : *servicio que se debe a Dios.* || Utilidad que se saca de una cosa : *este coche me presta gran servicio.* || Turno : *el jueves estoy de servicio.* || Disposición : *estar al servicio de alguien.* || Trabajo determinado realizado en beneficio de alguien : *servicio de vigilancia.* || Organismo de ciertas instituciones públicas o privadas encargado de una función particular : *servicio de hospitales.* || Celebración del oficio divino. || Misa solemne celebrada por un difunto. || Conjunto de la vajilla o de la mantelería : *servicio de mesa.* || Lavativa, ayuda. || Organismo que forma parte de un conjunto o en una actividad económica : *servicio de publicidad, de correos.* || En un hotel, restaurante o bar, porcentaje que se añade a la cuenta en concepto de la prestación hecha por los mozos o camareros : *allí el servicio es de un 15 %.* || En el tenis, saque de la pelota. || — Pl. Parte de un alojamiento dedicada a la servidumbre. || Lavabo, aseos. || Producto de la actividad del hombre que se presenta en forma material (transportes, espectáculos, etc.). || — *Escalera de servicio,*

la que utiliza la servidumbre en una casa. || *Hacer un flaco servicio,* perjudicar. || *Servicio de prensa,* servicio que envía las obras de una editorial a los críticos de los periódicos ; departamento que en un organismo tiene a su cargo las relaciones con los medios de comunicación. || *Servicio militar,* el que tienen que prestar los ciudadanos durante un cierto tiempo para contribuir a la defensa del país. || *Servicio público,* actividad desarrollada por la administración pública o por una empresa, pública o privada, que tiende a satisfacer ciertas necesidades colectivas (correos, transportes, distribución del gas o de la electricidad, etc.) ; organismo público que realiza esta actividad. || *Servicio secreto,* el de la seguridad del Estado, contraespionaje.

servidor, ra m. y f. Persona que sirve a otra. || Término de cortesía : *su seguro servidor.* || *Mil.* Soldado que sirve una pieza de artillería. || Persona que pone en juego la pelota en ciertos deportes (tenis, juego de la pelota, etc.). || — *¡ Servidor !,* ¡ presente !, contestación que se hace cuando pasan lista. || *Un servidor,* en lenguaje respetuoso equivale a yo y concuerda con el verbo en tercera persona : *un servidor no sabe nada.*

servidumbre f. Conjunto de los criados : *la servidumbre de palacio.* || Estado o condición de siervo : *vivir en la servidumbre.* || *Fig.* Obligación o dependencia molesta. || Dominación del hombre por las pasiones. || *For.* Derecho que tiene una casa o heredad sobre otra : *servidumbre de vistas.*

servil adj. Relativo a los siervos y criados. || Demasiado sumiso : *conducta servil.* || Vil, rastrero : *hombre servil.* || Que sigue demasiado de cerca un modelo : *traducción servil.* || En España, apodo que daban los liberales del primer tercio del siglo XIX a los absolutistas (ú. m. c. s.).

servilismo m. Sumisión ciega.

servilleta f. Pieza de tela o papel usada por los comensales para limpiarse la boca.

servilletero m. Aro para enrollar la servilleta.

servio, via adj. y s. Serbio.

Servio Tulio, sexto rey de Roma (¿ 578 ?-535 a. de J. C.).

serviocroata adj. y s. Serbocroata.

servir v. i. y t. Desempeñar ciertas funciones o cumplir con unos deberes para con una persona o colectividad : *servir como doméstico, a la República.* || Vender, suministrar mercancías : *servir un pedido.* || Atender a los clientes en una tienda. || Ser útil : *este aparato no sirve para nada.* || Ser uno apto para algo : *yo no sirvo para periodista.* || Ser soldado en activo : *servir en filas.* || Asistir con naipe del mismo palo : *servir una carta.* || Poder utilizarse : *servir de instrumento.* || En tenis, hacer el saque. || Poner en la mesa : *servir el almuerzo.* || Dar. U. t. c. pr. *sírvase el menú del día ; sírvase de bebidas lo que quiera.* || Ser favorable : *esta reforma sirve sus intereses.* || *Mil.* Estar encargado del manejo de una pieza de artillería. || Dar culto : *servir a Dios.* || Obrar en favor de otra persona : *servir de introductor.* || *Fig. No se puede servir a Dios y al diablo,* no se puede complacer al mismo tiempo a dos personas antagónicas. || — V. pr. Valerse de una cosa : *servirse de las manos.* || Tener a bien : *sírvase venir conmigo.* || Beneficiarse de : *servirse de sus amistades.*

servita adj. Relativo a una orden tercera fundada en Italia en 1233. || Dícese de sus miembros (ú. t. c. s.).

servocontrol m. Control automático de los mandos de un aparato.

servocroata adj. y s. Serbocroata.

servodirección f. Mecanismo que facilita el esfuerzo para hacer girar las ruedas motrices de un automóvil.

servofreno m. Servomando que facilita el funcionamiento del freno de un automóvil.

servomando m. *Tecn.* Mecanismo auxiliar que amplifica una fuerza débil para hacer funcionar una máquina o un dispositivo cualquiera.

servomecanismo m. *Tecn.* Mecanismo que, provisto de un programa,

funciona automáticamente y corrige por sí mismo los errores.

servomotor m. *Tecn.* Servomando a distancia, como el de los timones de los buques.

servosistema m. Sistema de mando a distancia y control automático de aparatos o máquinas.

sesada f. Sesos de un animal. || Fritada de sesos.

sésamo m. Planta herbácea de flores blancas de cuyas semillas se saca aceite. || *Ábrete sésamo,* fórmula mágica usada para vencer todos los obstáculos.

sesear v. i. Pronunciar la ce o la *zeda* como ese.

sesenta adj. Seis veces diez. || Sexagésimo : *año sesenta.* || — M. Número equivalente a seis veces diez.

sesentavo, va adj. Dícese de cada una de las sesenta partes iguales en que se divide un todo (ú. t. c. s. m.).

sesentena f. Sesenta unidades.

sesentón, ona adj. y s. *Fam.* Sexagenario : *un hombre sesentón.*

seseo m. Pronunciación de la ce o la *zeda* como ese.

sesgadura f. Corte al sesgo.

sesgar v. t. Cortar al sesgo. || *Méx.* Desviar.

sesgo, ga adj. Oblicuo. — M. Oblicuidad. || *Fig.* Rumbo, camino : *este asunto ha tomado mal sesgo.* || *Al sesgo,* oblicuamente.

sesión f. Cada una de las reuniones de un cuerpo deliberante : *las sesiones del Parlamento.* || Función de teatro o cine : *sesión de tarde, de noche.* || Período de tiempo en que se celebran los exámenes, en que posa un modelo en un pintor o escultor, en que se celebra una reunión, en que se hace un trabajo determinado. || *Abrir, levantar la sesión,* iniciar, terminar la reunión.

sesionar v. i. Celebrar una sesión. || Asistir a ella.

seso m. Cerebro. || *Fig.* Sensatez, juicio : *hombre de mucho seso.* || — *Fig. Beberse los sesos,* amar hasta la locura. || *Calentarse o devanarse los sesos,* pensar mucho para resolver un asunto. || *Perder el seso,* volverse loco. || *Sorber los sesos a uno,* ocuparle enteramente la mente.

sesquicentenario, ria adj. Relativo a ciento cincuenta años. || — M. Período de ciento cincuenta años. || Día o año en que se celebra.

Sestao, pobl. del norte de España (Vizcaya), cerca de Bilbao.

sesteadero m. Lugar donde sestea el ganado.

sestear v. i. Recogerse el ganado a la sombra. || *Fig.* No hacer nada.

sesteo m. Acción de sestear.

Sesto San Giovanni, c. en el NE. de Italia, en el área suburbana de Milán. Industrias.

set m. (pal. ingl.). En el tenis, conjunto de seis juegos o más, hasta obtener un jugador una diferencia de dos. || Plató de cine. (Pl. *sets*).

Set, patriarca bíblico, tercer hijo de Adán y Eva.

seta f. Hongo de sombrerillo.

Sete. — **Lagoas** mun. y pobl. al E. del Brasil (Minas Gerais). || **Quedas.** V. GUAÍRA.

Sète, c. y puerto del SE. de Francia (Hérault). Industrias.

setecientos, tas adj. Siete veces ciento. || Septingentésimo : *número, año setecientos.* || — M. Número equivalente a siete veces ciento.

Seteganti. V. TUIRA.

setenta adj. Siete veces diez. || Septuagésimo : *número, año setenta.* || — M. Número equivalente a siete veces diez.

setentavo, va adj. y s. m. Septuagésima parte de un todo.

setentón, ona adj. y s. *Fam.* Septuagenario : *una mujer setentona.*

setiembre m. Septiembre.

Setif, c. oriental de Argelia, cap. del dep. homónimo.

sétimo, ma adj. y s. Séptimo.

seto m. Cercado, valla. || *Seto vivo,* el hecho con plantas vivas.

Settat, c. al O. de Marruecos, al S. de Casablanca, cap. de provincia.

setter adj. Dícese de un perro de caza de raza inglesa, de pelo largo (ú. t. c. s. m.).

Setúbal, c. y puerto de Portugal, al S. de Lisboa, cap. de distrito.

seudónimo m. Nombre adoptado por un autor o artista en vez del suyo : "*Fígaro*" *fue el seudónimo de Larra*.

seudópodo m. Prolongación protoplasmática, emitida por algunos seres unicelulares, que sirve para la ejecución de movimientos y para la prensión de partículas orgánicas : *los seudópodos de las amebas*.

Seu d'Urgell. V. SEO DE URGEL.

Seúl o Kyöngsong, cap. de Corea del Sur en el NO. del país ; 7 000 000 de h. Universidad. Industrias.

s. e. u o., abreviatura de *salvo error u omisión*.

Seurat (Georges), pintor puntillista francés (1859-1891).

Sevan (LAGO DE), lago al SO. de la U. R. S. S. en Armenia ; 1 400 km².

severidad f. Rigor en el trato o en el castigo : *la severidad de una pena*. || Exactitud en la observancia de una ley. || Seriedad, austeridad.

Severn, río de Gran Bretaña (Inglaterra) que pasa por Gloucester y des. en el canal de Bristol (Atlántico) ; 338 km.

Severnaia Zemlia, archipiélago ártico de la U. R. S. S., entre el mar de Kara y el mar de Laptev.

severo, ra adj. Riguroso : *castigo severo*. || Que no tiene indulgencia : *maestro severo*. || Que muestra rigor : *mirada severa*. || Grave, serio, austero : *vida severa*. || Sin adornos excesivos : *estilo severo*. || Destemplado, duro, riguroso : *fue un invierno muy severo*. || Grave, fuerte : *infligir una severa derrota*.

Severodvinsk, c. en el noroeste de la U. R. S. S. (Rusia).

Severos, dinastía romana (193-235) a la que pertenecen los emperadores Septimio Severo, Caracalla, Geta, Heliogábalo y Alejandro Severo.

sevicia f. Crueldad muy grande.

seviche m. Ceviche.

Sevilla, mun. y pobl. del O. de Colombia (Valle del Cauca). — C. del S. de España, cap. de la prov. homónima y de la Comunidad Autónoma de Andalucía, a orillas del Guadalquivir ; puerto fluvial. Arzobispado. Capitanía general. Universidad. Escuela de Ingenieros industriales. Es la *Hispalis* romana. En sus alrededores se encuentran las ruinas de Itálica. Monumentos (Catedral, la Giralda, el Alcázar, la Torre del Oro, el Archivo de Indias). Biblioteca Colombina. Son célebres su Semana Santa y sus ferias de abril. La prov. es agrícola y ganadera.

sevillano, na adj. y s. De Sevilla (España). — F. pl. Danza y música que la acompaña propias de la provincia de Sevilla.

Sèvres [sevr], c. de Francia (Hauts-de-Seine), al O. de París y a orillas del Sena. Fábrica nacional de porcelana. || **~ (Deux-).** V. DEUX-SÈVRES.

sexagenario, ria adj. Dícese de la persona que ha cumplido sesenta años y tiene menos de setenta (ú. t. c. s.).

sexagesimal adj. Aplícase al sistema de contar o de subdividir de sesenta en sesenta.

sexagésimo, ma adj. Que ocupa el lugar sesenta. || — M. Cada una de las sesenta partes iguales en que se divide un todo.

sex-appeal [-apil] m. (pal. ingl.). Atractivo físico y sexual.

sexcentésimo, ma adj. Que ocupa el lugar seiscientos. || — M. Cada una de las seiscientas partes iguales en que se divide un todo.

sexenio m. Espacio de tiempo de seis años.

Sexi, ant. pobl. fenicia al S. de España, hoy Almuñécar (Granada).

sexismo m. Actitud discriminatoria de los hombres en su trato con las mujeres.

sexista adj. Relativo al sexismo. || Partidario del sexismo (ú. t. c. s.).

sexo m. En los animales y las plantas, condición orgánica que distingue el macho de la hembra. || Órgano de la generación. || Circunstancia de ser macho o hembra : *ser del sexo femenino*. || Sexualidad : *tiene la obsesión*

del sexo. || — *Bello sexo o sexo débil*, las mujeres. || *Sexo fuerte*, los hombres.

sexologia f. Estudio científico de la sexualidad y de los problemas psicológicos que implica.

sexólogo, ga m. y f. Especialista en sexología.

sex-shop m. (pal. ingl.). Tienda donde se venden revistas, libros y objetos eróticos o pornográficos.

sexteto m. *Mús*. Composición para seis instrumentos o seis voces. | Orquesta de seis instrumentos o coro de seis voces.

sexto, ta adj. y s. Que sigue inmediatamente al o a lo quinto. || — M. Cada una de las seis partes iguales en que se divide un todo. || *Fam. Sexto mandamiento*.

sextuplicación f. Multiplicación por seis.

sextuplicar v. t. Multiplicar por seis una cantidad. || Hacer seis veces mayor una cosa.

séxtuplo, pla adj. Que incluye en sí seis veces una cantidad. || — M. Número seis veces mayor que otro : *el séxtuplo de 5 es 30*.

sexual adj. Dícese de lo que caracteriza el sexo de los animales o plantas. || Relativo a la sexualidad : *educación sexual*. || *Acto sexual, coito*.

sexualidad f. Conjunto de los caracteres especiales, externos o internos, que presentan las personas y que están determinados por el sexo. || Conjunto de fenómenos relativos al instinto sexual y a su satisfacción.

sexualización f. Acción y efecto de sexualizar.

sexualizar v. t. Dar carácter sexual.

sexy adj. inv. (pal. ingl.). Aplícase a la persona que posee un gran atractivo físico y sexual y de una publicación o película de carácter erótico.

Seychelles, Estado insular en el océano Índico, al NE. de Madagascar, formado por un archipiélago volcánico ; 376 km² ; 70 000 h. Cap. *Victoria*, en la isla Mahé. Independiente desde 1976.

Seymour (Juana). V. JUANA SEYMOUR.

Seyne-sur-Mer (La), mun. del S. de Francia, cerca de Tolón (Var).

Sfax, c. y puerto de Túnez, en el N. del golfo de Gabes.

Sforza, familia italiana que reinó en el ducado de Milán del s. XIV al XVI.

s'Gravenhage. V. HAYA (La).

sha m. Título llevado por los soberanos de Irán.

Shaba, ant. *Katanga*, región del sur del Zaire, ciudad pr. *Lubumbashi* ; 496 965 km² ; 4 500 000 h. Minas.

Shahjahanpur, c. del N. de la India (Uttar Pradesh). Industrias.

shaker [*cheika*] m. (pal. ingl.). Coctelera.

Shakespeare (William), poeta dramático inglés, n. en Stratford-upon-Avon (1564-1616), uno de los escritores más geniales de la humanidad. Describió en sus dramas el amor (*Romeo y Julieta*), la piedad filial (*El rey Lear*), la ambición (*Macbeth*), los celos (*Otelo*), la duda (*Hamlet*), mostró en sus comedias su poder de creación (*La tempestad, El sueño de una noche de verano, Las alegres comadres de Windsor, El mercader de Venecia, La fierecilla domada*, etc.), se distinguió en obras de teatro de carácter histórico (*Antonio y Cleopatra, Julio César, Tito Andrónico, Timón de Atenas, Coriolano*) o inspiradas en crónicas inglesas (*Ricardo II, Enrique V, Ricardo III*) y compuso admirables *Sonetos*.

shakespeariano, na adj. Relativo a Shakespeare.

Shanghai. V. CHANGHAI.

Shannon, río de Irlanda, que des. en el océano Atlántico ; 368 km.

Shansi. V. CHANSI.

shantung m. (pal. ingl.). Cierto tejido de seda.

Shaw (George Bernard), escritor irlandés n. en Dublín (1856-1950), autor de relatos, ensayos y obras de teatro ingeniosas y satíricas (*Cándida, Pigmalión, César y Cleopatra, Santa Juana, Hombre y superhombre, La profesión de la señora Warren, El héroe y el soldado*, etc.). [Pr. Nobel, 1925.] || **~ (IRWIN),** escritor norteamericano (1913-1984), autor de obras de

teatro, de novelas (*El baile de los malditos, Hombre rico, hombre pobre, Atardecer en Bizancio*) y de cuentos.

Shawinigan, c. al este del Canadá (Quebec).

Sheffield [*chefild*], c. de Gran Bretaña en el centro de Inglaterra (Yorkshire). Metalurgia. Universidad.

Shehuen. V. CHALIA.

Shekiachuang. V. CHEKIACHANG.

Shelley (Percy Bysshe), poeta romántico inglés (1792-1822), autor de poemas armoniosos y melancólicos (*Alastor, Oda al viento del Oeste, La reina Mab, Adonais, Prometeo liberado, La alondra*, etc.), dramas (*Los Cenci*) y ensayos. Se ahogó en Italia. — Su mujer MARY WOLLSTONECRAFT (1797-1851) escribió la novela de terror *Frankenstein*.

Shensi. V. CHENSI.

Shenyang. V. CHENYANG.

Sherbrooke, c. en el E. del Canadá (Quebec). Arzobispado. Universidad.

Sheridan (Philip Henry), militar norteamericano (1831-1888), general nordista en la guerra de Secesión. ~ (RICHARD BRINSLEY BUTLER), escritor y político inglés, n. en Dublín (1751-1816), autor de la comedia *La escuela de la maledicencia*.

sheriff [*cherif*] m. (pal. ingl.). En los Estados Unidos, oficial de administración elegido por un distrito, con cierto poder judicial. || En Gran Bretaña, oficial administrativo que representa en cada condado a la corona.

Sherlock Holmes, detective aficionado inglés, protagonista de las novelas de Conan Doyle.

sherpa m. Dícese de un pueblo del Himalaya (Nepal) y de los que forman parte de él, excelentes montañeros (ú. t. c. s.).

sherry m. (pal. ingl.). Nombre dado por los ingleses al vino hecho en Jerez de la Frontera (España).

Shetland, archipiélago y condado de Gran Bretaña, al N. de Escocia ; cap. *Lerwick*. Extracción de petróleo del mar del Norte. || **~ del Sur,** archip. de la Argentina, situado en las Antillas del Sur.

Shikoku. V. SIKOKU.

shilling m. (pal. ingl.). Chelín.

Shillong, c. en el NE. de la India, cap. del Estado de Meghalaya.

Shimizu, c. del Japón, en el SE. de la isla de Honshu.

Shimonoseki, c. y puerto del Japón (Honshu), en el estrecho del mismo nombre, que separa las islas de Honshu y Kiusiu.

Shiraz. V. CHIRAZ.

Shizuoka o Sizuoka, c. del Japón en el SE. de la isla de Honshu.

Shkodër o Shkodra. V. ESCUTARI.

shock [*chok*] m. (pal. ingl.). *Med*. Depresión física y psíquica producida por una intensa conmoción.

shogun [*chogún*] m. Taicún.

Sholapur, c. de la India, en el S. del Est. de Maharashtra.

Shólojov (Mijail). V. CHOLOJOV.

shorts [*chorts*] m. (pal. ingl.). Pantalones cortos.

Shostakovich. V. CHOSTAKOVITCH.

show [*chou*] m. (pal. ingl.). Exhibición, espectáculo. || Espectáculo de cabaret o de cualquier otro local de diversión en el que hay muchas variedades. || *Show business*, actividades relativas a la producción de espectáculos públicos.

showman m. y **showoman** f. Persona que presenta un espectáculo.

Shreveport, c. del S. de Estados Unidos (Luisiana). Petróleo.

Shrewsbury, c. de Gran Bretaña en el O. de Inglaterra, cap. del condado de Salop.

Shropshire o Salop, condado de Gran Bretaña (Inglaterra), fronterizo con el País de Gales ; cap. *Shrewsbury*.

shullo m. Per. Gorro con orejeras usado por los indios.

shunt [*chunt*] m. (pal. ingl.). Derivación que se hace en un circuito eléctrico para que sólo pase parte de la corriente. || *Med*. Derivación de la circulación de la sangre de origen patológico o provocada por una operación quirúrgica.

si conj. Implica o denota condición o hipótesis : *si lloviera iría en coche*. || A principio de cláusula da énfasis a las expresiones de duda, deseo o aseveración : *si ayer lo negaste, ¿ cómo te atreves a afirmarlo hoy ?* ‖ Precedida de como o de que se emplea en conceptos comparativos. ‖ En lenguaje indirecto sirve para expresar la afirmación : *dime si quieres ir al cine.* ‖ En expresiones ponderativas equivale a cuanto : *¡ mira si sabe este niño !* ‖ Se emplea en exclamaciones de sorpresa : *¡ si será posible !*

si m. *Mús.* Séptima nota de la escala.

Si, símbolo químico del *silicio.*

sí pron. Forma reflexiva del pron. pers. de tercera persona empleada siempre con preposición : *de sí ; por sí ; para sí.* ‖ — *Dar de sí,* alargarse, estirarse. ‖ *De por sí* o *de sí,* por la naturaleza misma de la cosa o persona de que se trata. ‖ *Para sí,* mentalmente. ‖ *Volver en sí,* recobrar el sentido.

sí adv. Se emplea para responder afirmativamente : *¿ tienes dinero suficiente ?* — *Sí.* ‖ — *Claro que sí,* manera de afirmar rotundamente. ‖ *Fam. Eso sí que no,* manera de negar rotundamente. ‖ *Porque sí,* respuesta afirmativa a algo sin querer dar la razón : *¿ por qué insistes tanto ?* — *Porque sí.* ‖ *¡ Pues sí...!, ¡ vaya !,* estamos listos : *ya no hay más dinero.* — *¡ Pues sí... !.*

sí m. Consentimiento : *dar el sí.* (Pl. *síes.*)

sial m. Parte superficial y sólida de la corteza terrestre, de 10 a 15 km de espesor, y de densidad de 2,7 a 3, formada por rocas cristalinas, principalmente silicatos alumínicos.

Sialkot, c. en el N. del Paquistán, cerca de Cachemira. Industrias.

Siam. V. TAILANDIA. ‖ — (GOLFO DE), golfo de China formado por el mar de China Meridional, al S. de Indochina.

siamés, esa adj. y s. De Siam. ‖ *Hermanos siameses,* nombre dado a los mellizos que nacen unidos por cualquier parte del cuerpo. ‖ — M. Lengua nacional en Tailandia.

Sian V. SINGAN.

Siangtan, c. meridional de China (Hunan). Metalurgia.

Siapa, río en el S. de Venezuela, afl. del Casiquiare (Amazonas) ; 320 km.

Sibanicú, mun. en el centro de Cuba (Camagüey).

sibarita adj. y s. Aficionado a los placeres y regalos exquisitos, al lujo.

sibarítico, ca adj. *Fig.* Sensual.

sibaritismo m. Vida muy regalada y sensual.

Sibasa, c. de la Rep. de África del Sur, cap. del territorio de Venda.

Sibelius (Jan), músico finlandés (1865-1957), autor de *Finlandia, Vals triste,* sinfonías, un concierto para violín y orquesta, piezas para piano, óperas, etc.

Siberia, gran región en el N. de Asia, perteneciente a la Rep. Federativa de Rusia (U. R. S. S.), que se extiende desde el mar Caspio hasta el estrecho de Bering ; más de 12 millones de km². Minas. Metalurgia. ‖ — (NUEVA), archipiélago de la U. R. S. S., en la costa norte de Siberia ; 35 800 km².

siberiano, na adj. y s. De Siberia (República Federativa de Rusia).

sibila f. Entre los antiguos, mujer con espíritu profético. ‖ *Fig.* Adivina.

sibilante adj. Que se pronuncia a modo de silbo. ‖ Dícese de la letra que se pronuncia de esta manera, como la s (ú. t. c. s. f).

sibilino, na adj. De las sibilas : *oráculo sibilino.* ‖ *Fig.* Profético : *frase sibilina.* ‖ De sentido misterioso u oculto : *expresión sibilina.*

Sibiu, c. en el centro de Rumania (Transilvania). Industrias.

Sibiuda (Ramón), médico y filósofo español, n. en Barcelona y m. en 1436.

Siboney. V. CIBONEY.

Sibundoy-Las Casas, mun. en el valle de Sibundoy, al SO. de Colombia (Putumayo). Vicariato apostólico.

sic adv. lat. Así. (Se usa entre paréntesis para indicar que se afirma lo que se cita textualmente.)

sicalipsis f. Pornografía.

sicalíptico, ca adj. Pornográfico, erótico.

sicamor m. *Bot.* Ciclamor.

Sicardi (Francisco), médico y escritor

argentino (1856-1927), autor de novelas (*Genaro*), obras de teatro (*Hora heroica, Misericordia*) y poemas.

sicario m. Asesino asalariado.

Sicasica, c. al O. de Bolivia, cap. de la prov. de Aroma (La Paz).

sicastenia f. Psicastenia.

Siccardi (Honorio), compositor y musicólogo argentino (1897-1963), autor de cantatas (*Prometeo*), poemas orquestales (*Martín Fierro*), óperas y de la suite sinfónica *Buenos Aires.*

Sicilia, gran isla italiana en el Mediterráneo, dividida en las prov. de Agrigento, Caltanissetta, Catania, Enna, Mesina, Palermo, Ragusa, Siracusa y Trápani ; 25 708 km² ; 5 000 000 de h. Cap. Palermo. El norte es montañoso y volcánico (*Etna*) y el centro y el sur están formados por colinas.

siciliano, na adj. y s. De Sicilia.

Sicilias (REINO DE LAS DOS), ant. reino de Italia formado por Alfonso V de Aragón en Nápoles y Sicilia de 1442 a 1458. Reconstituido en 1816, fue incorporado a Italia en 1861.

sico prefijo de algunas palabras que generalmente se escribe con una *p* inicial. Véanse, pues, en la letra *p* los artículos psicoanaléptico, psicoanálisis, psicoanalista, psicoanalítico, psicoanalizar, psicocirugía, psicodélico, psicodelismo, psicodrama, psicodramático, psicofarmacología, psicofisiología, psicofisiológico, psicogénesis, psicoléptico, psicología, psicológico, psicólogo, psicometría, psicométrico, psicomotor, psicomotricidad, psiconeurosis, psicópata, psicopatía, psicopático, psicopatología, psicopedagogía, psicopedagógico, psicosis, psicosocial, psicosociología, psicosociológico, psicosociológico, psicosomático, psicotecnia, psicotécnico, psicoterapeuta, psicoterapéutico, psicoterapia y psicotropo.

sicómoro o **sicomoro** m. Especie de higuera de Egipto, de madera incorruptible, con la que los antiguos usaban para las cajas de sus momias. ‖ Su madera. ‖ Plátano falso.

sicu m. *Arg., Bol.* y *Per.* Instrumento musical de viento hecho con cañas.

Sicuani, c. al SE. del Perú, cap. de la prov. de Canchis (Cuzco). Industrias.

sicuri m. Músico que toca el sicu. ‖ Sicu.

sidecar m. Vehículo de una sola rueda unido a una motocicleta. (Pl. *sidecares.*)

Sider (El), puerto petrolero de Libia.

sideral y **sidéreo, a** adj. Relativo a los astros : *espacio sideral.*

siderurgia f. Arte o manera de extraer el hierro, de fundirlo y de elaborar acero.

siderúrgico, ca adj. Relativo a la siderurgia : *industria siderúrgica.*

Sidi ‖ — **Bel Abbés,** c. al este de Argelia (Orán). ‖ — **Ifni,** c. en la costa SO. de Marruecos, cap. de Ifni. Perteneció a España hasta 1969. ‖ — **-Kacem,** ant. *Petitjean,* c. del Marruecos septentrional. Refinería de petróleo.

Sidón. V. SAIDA.

sidra f. Bebida alcohólica obtenida por la fermentación del zumo de las manzanas.

sidrería f. Tienda donde se vende sidra. ‖ Fábrica de sidra.

siega f. Corte de las mieses. ‖ Tiempo en que se cortan las mieses. ‖ Mieses cortadas.

siembra f. Acción de sembrar y tiempo en que se hace.

Siemianowice Slaskie, c. al sur de Polonia, al N. de Katovice.

siempre adv. En todo o en cualquier tiempo : *yo siempre me acuesto a las 11 ; siempre han ocurrido desgracias.* ‖ En todo caso : *este título siempre te servirá.* ‖ Naturalmente : *siempre es más agradable ir en coche que andando.* ‖ *Amér., Col.* y *Méx.* Con seguridad, de todos modos. ‖ *Siempre que* o *siempre y cuando,* con tal que ; cada vez que.

sien f. Cada una de las dos partes laterales de la cabeza, comprendidas entre la frente, la oreja y la mejilla.

Siena, c. y prov. en el centro de Italia (Toscana), al S. de Florencia. Arzobispado. Catedral ; palacio. Turismo.

Sienkiewicz (Henryk), escritor polaco (1846-1916), autor de la novela *Quo Vadis ?* (1895). [Pr. Nobel, 1905.]

Siero, c. en el NO. de España (Asturias). Ganadería. Minas. Industrias.

sierpe f. Serpiente.

Sierpe (La), mun. en el centro de Cuba (Sancti Spíritus).

sierra f. Herramienta consistente en una banda de acero con dientes que sirve para cortar madera, piedra, etc. : *sierra de mano, mecánica.* ‖ Cordillera de montes : *la Sierra Nevada.*

Sierra, cabo al E. de la Argentina, en el golfo de San Matías (río Negro y Chubut). ‖ — **Colorada,** c. de la Argentina (Río Negro), cap. del dep. de Nueve de Julio. ‖ — **Chica,** sierra de la Argentina (Córdoba), parte central del Cordón Oriental. ‖ — **de Cubitas,** mun. en el centro de Cuba (Camagüey). ‖ — **de Monte Cristi.** V. SEPTENTRIONAL (*Cordillera*). ‖ — **Gorda,** n. dado a un sector de la Sierra Madre Oriental de México (Tamaulipas). — Cóm. del N. de Chile, en la II Región y en la prov. de Antofagasta ; cap. *Baquedano.* Nitrato. ‖ — **Grande,** sierra de la Argentina (Córdoba). Hierro. ‖ — **Leona.** N. artículo siguiente. ‖ — **Madre,** macizo montañoso de Guatemala, en la altiplanicie central ; 380 km. ‖ — **Madre de Chiapas,** sistema montañoso del SE. de México que se extiende por el Estado de Chiapas. ‖ — **Madre del Sur,** cord. de México, desde el cabo Corrientes al istmo de Tehuantepec. ‖ — **Madre de Oaxaca,** sierra del S. de México (Oaxaca) ; 300 km. ‖ — **Madre Occidental,** cord. al O. de México ; 1 250 km. ‖ — **Madre Oriental,** sierra al E. de México ; 1 350 km. ‖ — **Mariánica.** V. MORENA. ‖ — **Morena.** V. MORENA. ‖ — **Nevada,** parte de la cord. Neovolcánica, entre el Est. de México y el de Puebla. — V. NEVADA. ‖ — **Nevada de Chita,** sistema montañoso de Colombia, en la Cordillera Oriental ; 5 943 m. Recibe tb. el n. de Cocuy o *Güicán.*

Sierra Leona, república en el O. de África, entre Guinea y Liberia ; 72 323 km² ; 3 500 000 h. (*sierraleoneses*). Cap. Freetown, 215 000 h. Agricultura. Minas.

Sierra (Terencio), general hondureño (1849-1907), pres. de la República de 1899 a 1903. ‖ — **Méndez** (JUSTO), escritor, poeta romántico y pedagogo mexicano, n. en Campeche (1848-1912). — Su padre JUSTO SIERRA O'REILLY (1814-1861) fue historiador y jurisconsulto.

siervo, va m. y f. Esclavo. ‖ Persona que profesa en algunas órdenes religiosas : *siervo de Dios.* ‖ *Siervo de la gleba,* en el régimen feudal, el ligado a la tierra y se traspasaba con la heredad.

sieso m. Parte inferior y terminal del intestino recta acabada por el ano. ‖ *Fam.* Persona antipática o atravesada.

siesta f. Tiempo de la tarde en que aprieta mucho el calor. ‖ Sueño durante este tiempo.

siete adj. Seis más uno. ‖ Séptimo : *el día siete.* ‖ — M. Número opuesto a la unidad y superior al seis. ‖ Carta o naipe de siete puntos : *siete de copas.* ‖ *Fam.* Desgarradura en forma de ángulo : *un siete en el pantalón.* ‖ — *Fig.* Más que siete, mucho : *habla más que siete.* ‖ *Siete y media,* cierto juego de cartas.

Siete Años (*Guerra de los*), conflicto bélico que enfrentó a Gran Bretaña y Prusia con Francia, Austria y sus aliados (1756-1763). En este último campo se alistó España en 1761. Acabó con el tratado de París.

Siete (*Las*) **Partidas,** recopilación jurídica redactada por orden de Alfonso X el Sabio (1252-1284). ‖ — **Tratados,** ensayos de Juan Montalvo (1873).

sietemesino, na adj. y s. Dícese del niño nacido a siete meses de engendrado. ‖ *Fig.* y *fam.* Aplícase a la persona enclenque.

Sieveking (Alejandro), dramaturgo chileno, n. en 1934, autor de *Tres tristes tigres.*

Sieverodvinsk, c. de la U. R. S. S. (Rusia). Astilleros.

sífilis f. Enfermedad venérea contagiosa provocada por un treponema que se transmite generalmente por vía sexual y que se manifiesta por un chancro cutáneo.

sifilítico, ca adj. Relativo a la sífilis. ‖ Enfermo de sífilis (ú. t. c. s.).

sifón m. Tubo en el que se hace el vacío y sirve para trasegar líquidos de un recipiente a otro. ‖ Dispositivo consistente en un tubo acodado, que siempre contiene agua, y sirve para aislar de los malos olores en las cañerías de fregaderos, retretes, etc. ‖ Botella de agua gaseosa provista de un tubo acodado y de una espita para vaciarla. ‖ *Fam.* Agua de ácido carbónico : *échame un poco de sifón.*

Sigerico, rey visigodo de España en el año 415.

Sigfrido, drama musical de R. Wagner (1876), tercera parte de la tetralogía *El anillo de los Nibelungos.*

sigilar v. t. Callar. ‖ Ocultar.

sigilo m. Secreto. ‖ Silencio.

sigiloso, sa adj. Que guarda sigilo.

sigla f. Letra inicial o grupo de letras iniciales que se emplean para abreviar : *O. N. U. son las siglas de la Organización de las Naciones Unidas.*

siglo m. Período de cien años : *empresa que tiene un siglo de existencia.* ‖ Período de cien años contado a partir del nacimiento de Jesucristo : *siglo XX.* ‖ Época en que vive uno : *nuestro siglo.* ‖ *Fig.* Mucho tiempo : *hace un siglo que no te veo.* ‖ El mundo, en oposición al claustro : *abandonar el siglo.* ‖ — *Por los siglos de los siglos,* eternamente. ‖ *Siglo de Oro,* época de mayor esplendor en las artes, las letras, etc.

sigma f. Decimoctava letra del alfabeto griego (σ, ς) equivalente a la *s* castellana.

Sigmaringen, c. del S. de Alemania Occidental (Baden-Wurtemberg).

Signac (Paul), pintor puntillista francés (1863-1935).

signar v. t. Hacer la señal de la cruz (ú. t. c. m.). ‖ Firmar.

signatario, ria adj. y s. Firmante.

signatura f. Señal. ‖ *Impr.* Número que se pone al pie de la primera página de cada pliego para facilitar la encuadernación. ‖ Señal que se pone a un libro para clasificarlo en una biblioteca. ‖ Firma.

significación f. Significado, sentido. ‖ Importancia : *persona de mucha significación.* ‖ Tendencia política : *persona de significación socialista.*

significado, da adj. Conocido, importante, reputado : *es un hombre significado.* ‖ — M. Sentido : *el significado de un término.* En lingüística, concepto que como tal, o asociado con determinadas connotaciones, se une al significante para constituir un signo lingüístico. ‖ Complejo significativo que se asocia con las diversas combinaciones de significantes lingüísticos. ‖ Lo que se significa de algún modo.

significante m. En lingüística, imagen acústica o manifestación fónica del signo lingüístico.

significar v. t. Ser una cosa representación o indicio de otra : *la bandera blanca significa la rendición.* ‖ Representar una palabra, una idea o una cosa material : *rezar significa rogar a Dios.* ‖ Equivaler : *esto significaría la derrota.* ‖ Hacer saber, indicar : *significar a uno sus intenciones.* — V. i. Representar, tener importancia : *esto no significa nada para mí.* — V. pr. Hacerse notar, distinguirse : *significarse por su probidad.*

significativo, va adj. Que tiene significado claro : *un hecho muy significativo.* ‖ Que tiene importancia.

signo m. Representación material de una cosa, objeto, figura o sonido que tiene un carácter convencional : *signos de puntuación, algebraicos.* ‖ Carácter empleado en la escritura y en la imprenta. ‖ *Mat.* Señal que se usa en los cálculos para indicar las diversas operaciones : *el signo +.* ‖ Indicio, señal : *hay signos de tormenta.* ‖ Figura o rúbrica de los notarios añaden a su firma. ‖ Señal de bendición. ‖ *Fig.* Tendencia : *un movimiento de signo derechista.* ‖ Cada una de las doce divisiones del Zodiaco. ‖ Hado, destino : *tener buen signo.* ‖ — *Signo lingüístico,* unidad mínima de la oración, formada por un significante y un significado. ‖ *Signos exteriores de riqueza,* elementos del

tren de vida de un individuo por los cuales la hacienda puede controlar la veracidad de una declaración de la renta.

Sigsig, cantón al sur de Ecuador (Azuay).

Siguanea, rada en la costa oeste de la isla de Pinos, hoy de la Juventud (Cuba). Turismo.

Siguatepeque, distrito y pobl. en el sur de Honduras (Comayagua).

siguemepollo m. ‖ Cinta usada en el cuello por las mujeres de cierta edad para ocultar las arrugas.

Sigüenza, c. del centro de España (Guadalajara). Sede del obispado de Sigüenza-Guadalajara. Catedral.

Sigüenza y Góngora (Carlos de), sacerdote, polígrafo y escritor gongorista mexicano (1645-1700), autor de libros de investigación, históricos, narraciones y poesías.

siguiente adj. Que sigue, posterior : *se fueron al día siguiente.* Ú. t. c. s. : *que pase el siguiente.*

siguiriya f. Seguiriya.

Sikiang, río del S. de China, que en el golfo de Cantón ; 2 100 km.

Sikkim, protectorado hasta 1975 y Estado de la India, en el Himalaya, al E. de Nepal ; 7 107 km². ; 210 000 h. Cap. Gangtok ; 15 000 h. Minas.

Sikoku, isla más pequeña de las cuatro grandes que forman el Japón, al S. de la de Honshu ; 18 778 km². C. pr. *Matsuyama, Kochi, Tokushima.*

Siktivkar. V. SYKTYVKAR.

siku m. Sicu.

Sil, afl. izq. del Miño (España), en las prov. de León, Orense y Lugo ; 229 km.

Sila (Lucio Cornelio), estadista romano (138-78 a. de J. C.), rival de Mario y cónsul en 88 a. de J. C.). Derrotó a Mitrídates VI y se proclamó dictador perpetuo. Abdicó en 79.

sílaba f. Sonido articulado que se emite de una sola vez : *la voz "casa" tiene dos sílabas.*

silabear v. i. Ir pronunciando por separado cada sílaba. Ú. t. c. t. : *silabear un vocablo.*

silabeo m. Pronunciación de las sílabas por separado.

silábico, ca adj. Relativo a la sílaba : *acento silábico.*

silampa f. *Amér. C.* Llovizna.

silba f. Pita, acción de silbar en señal de desaprobación.

silbador, ra adj. y s. Que silba.

silbante adj. Que silba.

silbar v. i. Producir el aire un sonido agudo al pasar por un espacio estrecho : *las ventanas silbaban con el viento.* ‖ Producir sonido una persona con la boca o un silbato. ‖ Agitar el aire produciendo un ruido parecido al silbido : *las balas silbaban.* ‖ Pitar : *la locomotora silba antes de arrancar.* ‖ Tararear una canción por medio de silbidos : *yo silbo al afeitarme* (ú. t. c. t.). ‖ *Fig.* Manifestar su desaprobación. Ú. t. c. t. : *silbar a un actor.*

silbatina f. *Arg., Chil. y Per.* Silba.

silbato m. Instrumento pequeño y hueco que produce un silbido cuando se sopla en él. ‖ Aparato de señalización sonora que suena por medio de vapor o aire comprimido.

silbido o **silbo** m. Sonido agudo que hace el aire al pasar por un sitio estrecho. ‖ Acción de silbar. ‖ Ruido hecho al silbar.

silenciador m. Dispositivo para amortiguar el ruido de un motor de explosión o de un arma de fuego.

silenciar v. t. Callar, omitir, no mencionar voluntariamente un hecho. ‖ *Amer.* Imponer silencio.

silencio m. Abstención de hablar : *permanecer en silencio.* ‖ Ausencia de ruido : *el silencio de la noche.* ‖ Acción de mencionar algo : *el silencio de los historiadores sobre ciertos acontecimientos.* ‖ *Mús.* Pausa.

silencioso, sa adj. Que calla o habla muy poco : *hombre silencioso.* ‖ Que no hace ruido : *mecanismo silencioso.* ‖ Donde no se oye ruido : *bosque silencioso.*

Siles ~ **Reyes** (HERNANDO), político boliviano (1882-1942), pres. del país de 1926 a 1930. Fue derrocado y murió en

un accidente de aviación. Fue padre de los que siguen. ‖ ~ **Salinas** (JORGE), ensayista e historiador boliviano, n. en 1926. ‖ ~ **Salinas** (LUIS ADOLFO), político boliviano, n. en 1925, pres. de la Rep. en 1969. Fue derrocado. ‖ ~ **Zuazo** (HERNÁN), político boliviano, n. en 1913. Fundó el partido Movimiento Nacional Revolucionario. Elegido pres. de la Rep. en 1956, llevó a cabo una política reformista. Fue derrocado en 1960. Se le nombró de nuevo para el mismo cargo en 1980, pero diferentes golpes de Estado le impidieron llegar a asumir su mandato hasta su proclamación por el Congreso Nacional en octubre de 1982.

Silesia, región del SO. de Polonia, bañada por el río Oder, alemana hasta 1945. Dividida en los departamentos polacos de Katovice (Alta Silesia) y Wroclaw (Baja Silesia), y perteneciente en una pequeña parte a Checoslovaquia *(Ostrava)*. Industrias.

silesio, sia adj. y s. De Silesia (Polonia).

sílex m. Pedernal, sílice.

sílfide f. Ninfa del aire. ‖ *Fig.* Mujer guapa y esbelta.

silicato m. Sal compuesta de ácido silícico y una base.

sílice f. *Quím.* Óxido de silicio. (Si es anhidra forma el *cuarzo,* y si es hidratada, el *ópalo.*)

silicio m. Metaloide (Si), análogo al carbono, que se extrae de la sílice, de número atómico 14, densidad 2,4, de color pardo en estado amorfo, y gris plomizo en el cristalizado.

silicona f. Nombre genérico de sustancias análogas a los cuerpos orgánicos, en las que el silicio reemplaza al carbono : *la silicona tiene propiedades plásticas.*

silicosis f. Enfermedad pulmonar producida por el polvo de sílice.

silo m. Lugar subterráneo y seco donde se guarda el trigo u otros granos o forrajes. ‖ Edificio que sirve para almacenar granos. ‖ *Mil.* Depósito o emplazamiento subterráneo de misiles.

Silo, hoy *Seilun,* ant. c. de Palestina, al N. de Jerusalén.

Silo, sexto rey de Asturias y León (774-783).

Siloé (Gil de), escultor gótico, posiblemente de origen flamenco, que estuvo en activo en Castilla en el último período del s. XV. Autor de obras en la Cartuja de Miraflores (Burgos) y arquitecto de la catedral de Granada. — Su hijo DIEGO (¿ 1495 ?-1563) fue escultor y arquitecto renacentista español, autor del Ecce Homo de la catedral de Granada, obra en cuya dirección sucedió a su padre.

silogismo m. Argumento de lógica que consta de tres proposiciones, la última de las cuales *(conclusión)* se deduce de las otras dos *(premisas)*.

silogístico, ca adj. Relativo al silogismo : *razonamiento silogístico.*

Silone (Secundo TRANQUILLI, llamado Ignazio), escritor italiano (1900-1978), autor de novelas realistas.

Silos (Los), v. de España en la isla de Tenerife (Santa Cruz de Tenerife).

silueta f. Dibujo sacado siguiendo los contornos de la sombra de un objeto. ‖ Figura, líneas generales del cuerpo : *silueta esbelta.* ‖ Imagen de un objeto de color uniforme cuyo contorno se dibuja claramente sobre el fondo : *la silueta de la iglesia.*

siluetear v. t. Dibujar una silueta.

silúrico, ca o **siluriano, na** adj. Aplícase a un terreno sedimentario antiguo comprendido entre el cambriano y el devoniano (ú. t. c. s. m.).

siluro m. Pez malacopterigio de agua dulce, parecido a la anguila.

silva f. Combinación métrica muy libre, en la que se alternan los versos endecasílabos y heptasílabos.

Silva, mun. de Venezuela (Nueva Esparta), en la costa este de la isla Margarita ; cap. *Pampatar.* Central termoeléctrica.

Silva (FERNANDO), escritor nicaragüense, n. en 1929, autor de relatos (*Tierra y agua, El comandante, El vecindario*). ‖ ~ (JOSÉ ASUNCIÓN), escritor colombiano, n. en Bogotá (1865-1896), iniciador en su país del movimiento poético modernista. Autor de *Noc-*

turnos, dedicados a la muerte de su hermana, de una novela, de cuentos y de ensayos. Se suicidó. ‖ — (JOSÉ BONIFACIO DE ANDRADA E). V. ANDRADA E SILVA. ‖ — (MEDARDO ÁNGEL), poeta ecuatoriano (1898-1919), autor de *El árbol del bien y del mal.* Escribió también novelas (*María Jesús*). Puso fin a su vida. ‖ — **Herzog** (JESÚS), profesor y economista mexicano, n. en 1892, autor de numerosas obras de economía y sociología.

Silvela (Francisco), político español (1843-1905), jefe del Partido Conservador y del Gobierno de 1899 a 1900 y de 1902 a 1903.

Silves, c. al S. de Portugal (Faro).

silvestre adj. Que se cría o crece sin cultivo en selvas o campos: *fruta silvestre.* ‖ *Fig.* Rústico.

Silvestre ‖ — **I** (*San*), papa de 314 a 335. Fiesta el 31 de diciembre. ‖ — **II** (*Gerbert*), papa de 999 a 1003. Célebre por su erudición. ‖ — **III,** papa en 1045.

silvícola adj. De la selva o bosque.

silvicultor, ra m. y f. Especialista en silvicultura.

silvicultura f. Ciencia que se ocupa de la conservación de los bosques.

silla f. Asiento individual con respaldo y por lo general cuatro patas : *silla de rejilla.* ‖ Aparejo para montar a caballo : *silla inglesa.* ‖ Sede de un prelado : *la silla de Toledo.* ‖ Dignidad del Papa y de otras autoridades eclesiásticas : *la silla pontificia.* ‖ — *Silla curul,* la que ocupan los parlamentarios en la asamblea. ‖ *Silla de la reina,* asiento que forman dos personas cogiéndose cada una las muñecas con las manos. ‖ *Silla de manos,* antiguo vehículo de lujo montado en angarillas llevadas por los hombres. ‖ *Silla de tijera,* la que es plegable y tiene patas cruzadas en forma de aspa. ‖ *Silla eléctrica,* asiento donde se ejecuta a los condenados a muerte por medio de la electrocución. ‖ *Silla gestatoria,* la portátil que usa el Papa.

Sillanpää (Frans Eemil), escritor finlandés (1888-1964), autor de novelas que describen la vida campesina (*El Sol y la vida, Silja o Un breve destino, El camino del hombre, Santa miseria,* etc.). [Pr. Nobel, 1939.]

sillar m. Piedra grande labrada usada en construcción. ‖ Parte del lomo de la caballería donde se pone la silla.

Silleda, mun. al NO. de España (Pontevedra). Agricultura. Minas.

Silleiro, cabo del NO. de España (Pontevedra).

sillería f. Conjunto de sillas o demás asientos de una misma clase : *la sillería de una habitación.* ‖ Conjunto de asientos, generalmente unidos, del coro de una iglesia.

sillero, ra m. y f. Persona que hace, vende o arregla sillas.

silletazo m. Golpe dado con una silla.

sillín m. Asiento estrecho y alargado de bicicletas, motos.

sillón m. Silla de brazos, mayor y más cómoda que la ordinaria.

sima f. Abismo, cavidad muy profunda en la tierra. ‖ Zona intermedia de la corteza terrestre, entre el *nife* y el *sial,* en que se supone predominan los silicatos ferromagnésicos.

Simancas, v. del centro de España (Valladolid). Castillo.

simbiosis f. Asociación de dos seres de diferentes especies que se favorecen mutuamente en su desarrollo. ‖ *Fig.* Asociación entre personas u organismos de la que se deriva mutuo beneficio.

simbiótico, ca adj. Relativo a la simbiosis : *asociación simbiótica.*

Simbirsk. V. ULIANOVSK.

simbólico, ca adj. Relativo al símbolo o expresado por medio de él : *lenguaje simbólico.* ‖ Que sólo tiene apariencia y no realidad : *entrega simbólica.*

simbolismo m. Sistema de símbolos con que se representa alguna cosa : *el simbolismo de las religiones.* ‖ Calidad de simbólico. ‖ Movimiento poético, literario y artístico francés de fines del s. XIX, que fue una reacción contra el naturalismo.

— *El simbolismo* trata de sugerir los matices más sutiles de las impre-

siones y de los estados anímicos por medio del valor musical y simbólico de las palabras. Emparentándose con Verlaine y Rimbaud, los simbolistas se agruparon en torno a Mallarmé. El poeta simbolista de lengua castellana más representativo fue Rubén Darío.

simbolista adj. Partidario del simbolismo (ú. t. c. s.). ‖ Relativo al simbolismo : *poeta simbolista.*

simbolización f. Representación de una idea por un símbolo.

simbolizar v. t. Representar una idea por medio de un símbolo.

símbolo m. Cosa que se toma convencionalmente como representación de un concepto : *el laurel es el símbolo de la victoria.* ‖ *Quím.* Letra o letras adoptadas para designar los cuerpos simples : « *Pt* » es el *símbolo del platino.* ‖ *Teol.* Fórmula que contiene los principales artículos de la fe : *el Símbolo de los Apóstoles.*

Simeón (Georges), novelista belga, n. en 1903, autor de numerosos relatos policíacos, protagonizados por el comisario Maigret.

Simeón, hijo de Jacob. (*Biblia.*)

Simeón ‖ — **I,** zar de Bulgaria de 893 a 927, fundador del imperio búlgaro (925). ‖ — **II,** rey de Bulgaria, n. en 1937, que reinó de 1943 a 1946, asistido por un Consejo de Regencia. Fue derrocado.

simetría f. Correspondencia, entre los elementos de un conjunto, de posición, forma y medida con relación a un eje : *la simetría de un edificio.*

simétrico, ca adj. Que tiene simetría : *figuras simétricas.*

Simferopol, ant. *Akmetchet,* c. en el SO. de la U. R. S. S. (Ucrania), en Crimea. Metalurgia.

simiente f. *Bot.* Semilla.

simiesco, ca adj. Que se parece al simio : *rostro simiesco.* ‖ Propio del simio : *gesto simiesco.*

símil m. Comparación.

similar adj. Semejante, análogo.

similicuero m. Tela que imita el cuero.

similigrabado m. Procedimiento de obtención de clichés tramados a partir de originales en tintas planas.

similitud f. Semejanza, analogía.

simio, mia m. y f. Mono.

Simla, c. en el norte de la India, cap. del Estado de Himachal Pradesh.

Simoca, dep. al NO. de Argentina (Tucumán).

simón m. En Madrid, antiguo coche de punto tirado por caballos.

Simón ‖ — (*San*), uno de los doce apóstoles. Predicó en Egipto y Persia. Fue llamado *el Cananeo.* Fiesta el 28 de octubre. ‖ — **Cireneo,** judío de Cirene que ayudó a Jesús a llevar la Cruz hasta el Calvario. ‖ — **Mago,** uno de los fundadores de la filosofía gnóstica. Intentó comprar a San Pedro el don de conferir el Espíritu Santo.

Simón ‖ — **Bolívar,** cumbre al NO. de Colombia (Magdalena), en la Sierra Nevada de Santa Marta ; 5 775 m. ‖ — **Planas,** mun. al NO. de Venezuela (Lara). ‖ — **Rodríguez,** dep. al NE. de Venezuela (Anzoátegui) ; cap. *El Tigre.*

simonía f. Comercio con las cosas espirituales.

Simonoseki. V. SHIMONOSEKI.

Simonstown, c. de la Rep. de África del Sur. Base naval.

simpa f. *Arg. y Per.* Trenza.

simpatía f. Inclinación natural por la cual dos personas se sienten mutuamente atraídas : *tener simpatía por alguien.* ‖ Amabilidad, manera de ser de una persona grata y atractiva para las demás : *joven de mucha simpatía.* ‖ *Med.* Relación de comportamiento fisiológico y patológico que existe entre algunos órganos. ‖ *Explosión por simpatía,* en el caso de ciertos explosivos, la provocada por otra que se produce a escasa distancia.

simpático, ca adj. Que inspira simpatía (ú. t. c. s.) : *una persona simpática.* ‖ Relativo a la simpatía, agradable : *una reunión simpática.* ‖ *Mús.* Dícese de la cuerda que resuena por sí sola cuando se hace sonar otra. ‖ *Tinta simpática,* la que resulta invisible al escribir y aparece bajo la influencia de un reactivo. ‖ — M. *Anat.*

Gran simpático, parte del sistema nervioso que regula la vida vegetativa.

simpaticón, ona adj. Aplícase a la persona simpática (ú. t. c. s.).

simpatizante adj. y s. Dícese de la persona que tiene simpatías por una doctrina, un partido, etc., sin llegar por eso hacia la adhesión completa.

simpatizar v. i. Sentir simpatía hacia alguien o algo.

simple adj. Que no está compuesto de varias partes : *un cuerpo simple.* ‖ Sencillo, único, sin duplicar : *una simple capa de yeso.* ‖ Fácil, qué no presenta dificultad : *un trabajo simple.* ‖ Que basta por sí solo : *le calló con una simple palabra.* ‖ Sin adornos superfluos : *estilo simple.* ‖ Que rehúye la afectación : *carácter simple.* ‖ *Gram.* Dícese de la palabra que no se compone de otras varias : *voz, tiempo simple.* ‖ Sin malicia : *simple como un niño.* ‖ Cándido, ingenuo, crédulo (ú. t. c. s.). ‖ Tonto, necio (ú. t. c. s.). ‖ Que se basta a sí mismo, único, solo : *basta con su simple palabra.* ‖ — M. Partido simple de tenis, pingpong o bádminton disputado entre dos.

simpleza f. Tontería, necedad. ‖ Ingenuidad, candidez. ‖ Cosa de escaso valor o importancia.

simplicidad f. Sencillez. ‖ Candor, falta de inteligencia o de astucia.

simplificación f. Acción y efecto de simplificar.

simplificador, ra adj. Aplícase al que o a lo que simplifica.

simplificar v. t. Hacer más sencilla o menos complicada una cosa.

simplismo m. Condición de simplista.

simplista adj. Aplícase al razonamiento, acto o teoría carente de base lógica y que pretende resolver fácilmente lo que de suyo es complicado : *la venta de los cuadros famosos, con objeto de aliviar el hambre en el mundo, es una solución simplista.* ‖ Dícese de la persona que tiende a ver soluciones fáciles en todo (ú. t. c. s.).

simplón, ona y **simplote** adj. y s. *Fam.* Muy simple, ingenuo, incauto.

Simplón, paso de los Alpes entre las fronteras de Suiza e Italia ; 2 009 m. Atravesado por una carretera y dos túneles ferroviarios.

simposio o **simposium** m. Conjunto de trabajos o estudios sobre determinada materia realizados por distintas personas. ‖ Reunión de especialistas diversos para estudiar a fondo algún asunto.

simulación f. Acción y efecto de simular.

simulacro m. Acción por la que se asemeja algo : *simulacro de amor.*

simulado, da adj. Fingido.

simulador, ra adj. y s. Aplícase al que o a lo que simula algo. ‖ — M. Aparato parecido a otro cuyo funcionamiento se quiere estudiar.

simular v. t. Dar la apariencia de algo que no es : *simular hambre.*

simultanear v. t. Realizar en el mismo espacio de tiempo dos o más cosas : *simultanear varios trabajos.* ‖ Cursar al mismo tiempo dos o más asignaturas de distintos años o diferentes facultades. ‖ — V. pr. Realizarse al mismo tiempo varias cosas.

simultaneidad f. Existencia simultánea de varias cosas.

simultáneo, a adj. Dícese de lo que se hace u ocurre al mismo tiempo que otra cosa : *acciones simultáneas.* ‖ Dícese de la traducción hecha por un intérprete en una cabina mientras un orador habla en otro idioma (ú. t. c. s. f.). ‖ — F. pl. Partida que efectúa un jugador de ajedrez contra varios adversarios al mismo tiempo.

simún m. Viento abrasador que suele soplar en los desiertos del Sáhara y de Arabia.

sin prep. Denota carencia o falta : *estaba sin un céntimo.* ‖ Fuera de, dejando aparte : *llevaba dos millones, sin las alhajas.* ‖ Sin embargo, no obstante.

sinagoga f. Lugar donde se reúnen los judíos para practicar su culto.

Sinaí, península montañosa y desértica de Egipto, entre los golfos de Suez y de Akaba. En ella se encuentra el *monte Sinaí,* donde Moisés recibió las Tablas de la Ley, según la Biblia.

Ocupada por los israelíes en 1967 y devuelta en 1982. Petróleo.

sinaloa adj. y s. Indígena mexicano de los Est. de Sonora y Sinaloa.

Sinaloa, río de México, que des. en el golfo de California. — Estado del O. de México ; cap. Culiacán. Minas. — Mun. de México (Sinaloa).

sinaloense adj. y s. Del Estado de Sinaloa (México).

Sinán (Bernardo DOMÍNGUEZ ALBA, llamado **Rogelio**), escritor panameño, n. en 1904, autor de cuentos *(Los pájaros del sueño, Saloma sin salomar)*, novelas *(Plenilunio, La isla mágica)*, poesías *(Onda, Incendio)* y obras de teatro *(Chiquilinga)*.

sinántropo m. Tipo de homínido encontrado cerca de Pequín (China).

sinapismo m. Cataplasma hecha con polvo de mostaza. ‖ *Fig.* y *fam.* Persona o cosa pesada.

sinartrosis f. Articulación, como la de los huesos del cráneo, que no es móvil.

Sincé, mun. al NO. de Colombia (Sucre).

sincelejano, na adj. y s. De Sincelejo (Colombia).

Sincelejo, c. en el NO. de Colombia, cap. del dep. de Sucre. Obispado.

sinceridad f. Cualidad de sincero.

sincero, ra adj. Dícese de quien habla o actúa sin doblez o disimulo.

Sinclair (Upton), escritor norteamericano (1878-1968), autor de novelas sociales *(La jungla, Petróleo, La metrópoli, El rey Carbón, Boston, El fin del mundo, No pasarán, etc.).*

sinclinal m. *Geol.* Parte hundida de un pliegue simple del terreno.

sincolote m. Méx. Cesto grande.

sincopa f. Supresión de un sonido o de una sílaba en el interior de una palabra : *hidalgo es la síncopa de hijodalgo.* ‖ *Mús.* Nota emitida en el tiempo débil del compás, y continuada en el fuerte.

sincopado, da adj. *Mús.* Aplícase a la nota que se halla entre otras que juntas tienen el mismo valor que ella. ‖ Dícese del ritmo o canto que tiene esta clase de notas.

sincopar v. t. Hacer síncopa. ‖ *Fig.* Abreviar.

sincope m. Síncopa de una palabra. ‖ *Med.* Suspensión momentánea o disminución de los latidos del corazón por falta de presión sanguínea que causa la pérdida del conocimiento.

sincrociclotrón m. Aparato acelerador de partículas electrizadas análogo al ciclotrón, pero que permite alcanzar energías mayores.

sincronía f. Coincidencia de época de varios acontecimientos. ‖ Carácter de los fenómenos lingüísticos en un determinado momento de la historia de una lengua.

sincrónico, ca adj. Dícese de las cosas que suceden al mismo tiempo : *dos sucesos sincrónicos.* ‖ Dícese de dos o más mecanismos que funcionan al mismo tiempo. ‖ Relativo a la sincronía.

sincronismo m. Circunstancia de ocurrir varias cosas al mismo tiempo.

sincronización f. Acción y efecto de sincronizar. ‖ Concordancia entre las imágenes y el sonido de una película cinematográfica.

sincronizador, ra adj. Que sincroniza. ‖ — M. Aparato o dispositivo que permiten sincronizar.

sincronizar v. t. Hacer que coincidan en el tiempo varios movimientos o fenómenos. ‖ *Cin.* Hacer coincidir la imagen con el sonido.

sincrotrón m. Acelerador de partículas electrizadas parecido a la vez al ciclotrón y al betatrón.

Sinchi Roca, inca del Perú, hijo y sucesor de Manco Cápac. Dividió el reino en cuatro partes (s. XII).

Sincholagua, pico en los Andes del Ecuador (Pichincha), en la Cord. Central ; 4 900 m.

Sind, región al SE. del Paquistán ; c. pr. Hyderabad, Karachi. — V. INDO.

sindicación f. Adhesión a un sindicato.

sindicado, da adj. Que pertenece a un sindicato : *trabajador sindicado.* ‖ Hecho por varias entidades o personas : *pudo obtener un préstamo sindicado para comprarse un piso.*

sindical adj. Relativo al síndico o al sindicato : *centro sindical.*

sindicalismo m. Sistema de organización laboral por medio de sindicatos : *el sindicalismo francés.* ‖ Doctrina que considera los sindicatos como el centro de la vida orgánica de una nación. ‖ Actividad ejercida por un sindicato.

sindicalista adj. Propio del sindicalismo : *acción sindicalista.* ‖ Partidario del sindicalismo o miembro de un sindicato : *militante sindicalista* (ú.t.c.s.).

sindicalización f. Acción y efecto de sindicarse o sindicalizarse.

sindicalizar v. t. Sindicar. ‖ Hacer entrar en una organización sindical.

sindicar v. t. Organizar un sindicato a las personas de una misma profesión. ‖ — V. pr. Afiliarse a un sindicato.

sindicato m. Agrupación formada por personas de la misma profesión para la defensa de intereses económicos comunes : *Sindicato del Metal.* ‖ — *Sindicato amarillo,* el que tiene como misión destruir o aminorar las reivindicaciones de los sindicatos obreros. ‖ *Sindicato de iniciativa,* organismo estatal que favorece el turismo. ‖ *Sindicato vertical.* V. VERTICAL.

sindico m. Persona que representa y defiende los intereses de una comunidad o colectividad. ‖ Liquidador de una quiebra.

sindrome m. Conjunto de síntomas característicos de una enfermedad : *síndrome biológico, clínico.* ‖ *Fig.* Síntoma, indicio, señal.

sinécdoque f. Procedimiento que consiste en tomar una parte por el todo *(pagar tanto por cabeza)* o el todo por una parte *(comprar un visón),* o la materia de una cosa por la cosa misma, como *el pan,* por *toda clase de alimentos.*

sinecura f. Empleo bien retribuido y de poco trabajo.

sine die loc. lat. Sin fijar fecha.

sine qua non loc. lat. Indispensable : *una condición sine qua non.*

sinfín m. Infinidad, gran cantidad.

sinfonía f. *Mús.* Conjunto de voces, instrumentos, o ambas cosas, que suenan a la vez. ‖ Sonata para orquesta caracterizada por la multiplicidad de músicos y la variedad de timbres de los instrumentos : *la Séptima sinfonía de Beethoven.* ‖ *Fig.* Acorde de varias cosas que producen una sensación agradable : *una sinfonía de luces y colores.*

sinfónico, ca adj. Relativo a la sinfonía : *poema sinfónico.* ‖ — F. Sociedad musical o de conciertos.

Singan, c. de China, cap. de la prov. de Chensí.

Singanallur, c. en el sur de la India (Tamil Nadu).

Singapur, isla, Estado, c. y puerto del SE. de Asia y al S. de la península de Malaca. Centro estratégico y comercial. Formó parte de los Straits Settlements hasta 1946 y de la Federación de Malasia de 1963 a 1965. Es hoy Estado independiente y pertenece al Commonwealth (581 km² ; 2 400 000 h.) ; cap. *Singapur.* Centro industrial, comercial y financiero.

Singer (Isaac Bashevis), escritor norteamericano, de origen polaco, n. en 1904, autor de novelas escritas en yiddish *(La familia Moskat, Los herederos).* [Pr. Nobel, 1978.]

singladura f. Distancia recorrida por una nave en veinticuatro horas. ‖ *Fig.* Rumbo, dirección.

single m. (pal. ingl.). Partida simple de tenis entre dos adversarios, individual. ‖ Compartimento individual en un coche cama. ‖ Disco fonográfico pequeño que reproduce en cada lado una sola pieza musical o canción.

singracia adj. inv. Muy soso.

singular adj. Único, solo, sin par : *el singular monumento gótico.* ‖ *Fig.* Fuera de lo común, excepcional, raro : *un hecho singular.* ‖ *Gram.* Aplícase al número de una palabra que se atribuye a una persona o cosa o a un conjunto de personas o cosas (ú.t.c.s.m.). ‖ *En singular,* particularmente.

singularidad f. Condición de singular. ‖ Particularidad.

singularizar v. t. Distinguir o parti-

cularizar una cosa entre otras. ‖ Poner en singular una palabra que normalmente se emplea en plural, como el *rehén.* ‖ — V. pr. Distinguirse : *singularizarse en una reunión.*

Sinhailien, c. en el este de China (Kiangsú).

Sinhiang, c. en el este de China (Honan).

sinhueso f. *Fam.* Lengua.

siniestrado, da adj. Dícese de la persona o cosa víctima de un siniestro. Ú. t. c. s. : *siniestrados de guerra.*

siniestro, tra adj. Izquierdo : *lado siniestro.* ‖ *Fig.* Avieso, mal intencionado : *hombre siniestro.* ‖ Infeliz, funesto : *año siniestro.* ‖ Triste, aburrido. ‖ — M. Catástrofe que acarrea grandes pérdidas materiales y hace entrar en acción la garantía del asegurador : *siniestro de incendio.* ‖ — F. La mano izquierda.

Sining, c. al O. de China, cap. de la prov. de Tsinghai. Centro comercial.

Sinkiang, ant. *Turquestán Chino,* región autónoma de China Occidental ; 1 646 800 km². Cap. *Tihwa* o *Urumtsí.* Petróleo. Industrias.

Sinn Fein (significa en irlandés *nosotros mismos),* nombre del movimiento nacionalista y republicano, creado hacia 1902, que consiguió la independencia de Irlanda (1921).

sinnúmero m. Número incalculable, sinfín : *un sinnúmero de cosas.*

sino m. Destino, hado, suerte.

sino conj. Sirve para contraponer a un concepto afirmativo otro negativo : *no lo hizo Fernando, sino Ramón.* ‖ Implica a veces una idea de excepción : *nadie le conoce, sino Pedro.* ‖ Salvo, excepto : *¿ qué debemos hacer sino esperar ?*

sinodal adj. Del sínodo.

sinódico, ca adj. Relativo al sínodo.

sinodo m. Reunión de eclesiásticos celebrada para estudiar los asuntos de una diócesis o de la Iglesia Universal. ‖ Asamblea de pastores protestantes. ‖ *El Santo Sínodo,* asamblea suprema de la Iglesia rusa creada por Pedro I el Grande (1721-1917).

sinojaponés, esa adj. Relativo a China y Japón.

sinología f. Estudio de la lengua, historia y cultura chinas.

sinólogo, ga adj. y s. Especialista en sinología.

sinonimia f. Circunstancia de ser sinónimos dos o más vocablos. ‖ *Ret.* Figura consistente en emplear voces sinónimas para dar amplitud o energía a la expresión.

sinonímico, ca adj. De la sinonimia o de los sinónimos.

sinónimo, ma adj. Aplícase a los vocablos que tienen una significación completamente idéntica o muy parecida : *" gusto " y " placer " son palabras sinónimas* (ú. t. c. s. m.).

sinopsis f. Compendio de una ciencia expuesto en forma sinóptica. ‖ Bosquejo, resumen.

sinóptico, ca adj. Dícese de lo que permite apreciar a primera vista las diversas partes de un conjunto : *consultar la tabla sinóptica.*

sinovia f. Humor viscoso y transparente que lubrica las articulaciones óseas.

sinovial adj. Relativo a la sinovia : *cápsula, derrame sinovial.*

sinovitis f. Inflamación de la membrana sinovial.

sinrazón f. Acción hecha contra justicia, abuso de poder. ‖ Falta, carencia de razón.

sinsabor m. Pesar, disgusto, desazón (ú. m. en pl.).

sinsonte m. Pájaro americano, parecido al mirlo, de plumaje pardo.

sintáctico, ca adj. Relativo a la sintaxis : *análisis sintáctico.*

sintagma m. En lingüística, grupo de elementos que, en una oración o frase, funciona como una unidad : *sintagma nominal, adjetival, verbal.*

sintagmático, ca adj. Relativo al sintagma. ‖ Aplícase a las relaciones que hay entre dos o más unidades existentes en una oración.

sintaxis f. Parte de la gramática que estudia la coordinación de las palabras en las oraciones.

sinterización f. Acción y efecto de sinterizar.

sinterizar v. t. Soldar o conglomerar metales o materias plásticas pulverulentos sin alcanzar la temperatura de fusión.

síntesis f. Razonamiento que va de lo simple a lo compuesto. ‖ Exposición que reúne los distintos elementos de un conjunto : *hacer la síntesis de unas discusiones.* ‖ Composición de un cuerpo o de un conjunto a partir de sus elementos separados. ‖ *Quím.* Formación artificial de un cuerpo compuesto mediante la combinación de sus elementos.

sintético, ca adj. Relativo a la síntesis : *un método sintético.* ‖ Que resume, que sintetiza. ‖ Obtenido por medio de la síntesis : *caucho sintético ; gasolina sintética.*

sintetizador, ra adj. Que sintetiza.

sintetizar v. t. Preparar por síntesis : *sintetizar una materia.* ‖ Resumir, compendiar : *sintetizar un relato.*

sinto. V. SINTOÍSMO.

sintoísmo m. Religión del Japón, anterior al budismo, que honra la memoria de los antepasados y rinde culto a las fuerzas de la naturaleza.

sintoísta adj. Relativo al sintoísmo. ‖ Partidario de él (ú. t. c. s.).

síntoma m. Fenómeno revelador de una enfermedad : *los síntomas del paludismo.* ‖ *Fig.* Indicio, señal.

sintomático, ca adj. Que es síntoma de una enfermedad. ‖ *Fig.* Que revela algo.

sintomatología f. Parte de la medicina que estudia los síntomas de las enfermedades para el diagnóstico.

sintonía f. Vibración de dos circuitos eléctricos al tener la misma frecuencia. ‖ Adaptación de un aparato receptor de radio o televisión a la longitud de onda de la emisora. ‖ Música característica que anuncia el comienzo de una emisión radiofónica o televisada.

sintonización f. Pulsación de los mandos adecuados para poner un receptor de radiodifusión en sintonía.

sintonizador, ra adj. Que sintoniza. ‖ — M. Dispositivo de mando de un receptor que permite que se sintonice con diferentes emisoras radiofónicas o de televisión. ‖ Radiorreceptor.

sintonizar v. t. Hacer vibrar dos circuitos eléctricos por tener la misma frecuencia. ‖ Poner el receptor de radio o televisión en sintonía con la estación emisora. ‖ *Fig.* Adaptarse a las características de algo.

Sintra. V. CINTRA.

Sinú, río en el NO. de Colombia (Antioquia y Bolívar), que des. en el mar Caribe ; 336 km.

Sinuiju, c. de Corea del Norte, en la frontera con China.

sinuosidad f. Calidad de sinuoso. ‖ Seno, concavidad. ‖ *Fig.* Rodeo : *las sinuosidades de la diplomacia.*

sinuoso, sa adj. Que tiene vueltas, ondulaciones o recodos : *camino sinuoso.* ‖ *Fig.* Tortuoso, poco claro.

sinusitis f. *Med.* Inflamación de la mucosa de los senos del cráneo.

sinusoide f. Curva plana que representa las variaciones del seno cuando varía el arco.

sinvergonzada f. Sinvergüencería.

sinvergonzón, ona adj. y s. *Fam.* Sinvergüenza, pícaro.

sinvergüencería f. *Fam.* Desvergüenza. ‖ Acción propia de un sinvergüenza.

sinvergüenza adj. y s. *Fam.* Bribón, pícaro. ‖ Pillo, granuja, tunante. ‖ Desvergonzado, descarado.

Sion, en alem. *Sitten,* c. en el NO. de Suiza, cap. del cantón de Valais.

Sión, colina de Jerusalén.

sionismo m. Movimiento que propugnaba el establecimiento de un Estado judío autónomo en Palestina.

sionista adj. Relativo al sionismo. ‖ Adepto a este movimiento (ú.t.c.s.).

Sipe Sipe, lugar en el centro de Bolivia, en las proximidades de Cochabamba. Derrota de las fuerzas argentinas de Rondeau por los realistas de Pezuela (1815).

sique f. Psique.

Siqueiros (David ALFARO), pintor mexicano (1896-1974). Abogó en su célebre *Manifiesto* (1921) por una renovación de la pintura mural que debía ser un arte monumental, vivo,

humano (*Historia de la humanidad, Madre campesina, Zapata, Muerte al invasor, Cuauhtémoc contra el Mito*).

Siquesique, c. al NO. de Venezuela (Lara).

siquiatra o **siquiatra** m. Psiquiatra.

siquiatría f. Psiquiatría.

siquiátrico, ca adj. Psiquiátrico.

síquico, ca adj. Psíquico.

siquiera conj. Equivale a bien que, aunque. ‖ — Adv. Por lo menos : *déjame siquiera un poco.* ‖ *Ni siquiera, ni : ni siquiera me hablaron.*

siquis f. Psique.

sir [ser] m. (pal. ingl.). Título honorífico que se antepone al nombre y apellido de personas pertenecientes a ciertos grados de la nobleza británica : *Sir Winston Churchill.*

Siracusa, prov., c. y puerto en el E. de Sicilia. Arzobispado.

Sirahuén, laguna en el O. de México (Michoacán).

Sirarigua, cerro culminante de la Sierra de Baragua en el NO. de Venezuela (Lara) ; 1 450 m.

Sir Daria, ant. *Yaxartes,* río de la U. R. S. S. en Asia (Kirghizia), que des. en el mar de Aral ; 2 860 km.

sire [sir] m. (pal. fr.). Tratamiento que se aplicaba en Francia a los reyes.

sirena f. *Mit.* Ser fabuloso con busto de mujer y cuerpo de pez que atraía a los navegantes con su canto melodioso. ‖ *Fig.* Mujer seductora. ‖ Señal acústica que emite un sonido intenso y se utiliza para avisar la entrada y salida en las fábricas, para anunciar una alarma aérea, en los coches de bomberos y ambulancias, etc.

sirénido o **sirenio** adj. Aplícase a los mamíferos pisciformes sin extremidades abdominales y con las torácicas en forma de aletas, como el manatí o vaca marina (ú. t. c. s. m.). ‖ — M. pl. Orden que forman.

Siret, río de Rumania, nacido en Bucovina ; atraviesa Moldavia y des. en el Danubio ; 726 km.

sirga f. *Mar.* Cable o maroma para halar barcos, redes, etc.

sirgar v. t. Halar con la sirga.

Siria, ant. región de Asia occidental, bañada al O. por el Mediterráneo, y limitada al Norte por las cadenas del Tauro, al E. por el Éufrates y al SE. y al S. por Arabia. Correspondía al *Aram* de la Biblia y a los actuales Estados de Siria, Líbano, Israel y Jordania.

Siria (REPÚBLICA DE). Estado de Asia occidental en el litoral mediterráneo, entre Turquía al N., Irak al E., Jordania al S. e Israel y Líbano al SO. ; 184 480 km² ; 8 600 000 h. (*sirios*). Cap. *Damasco,* 837 000 h. ; otras c. : *Alepo,* 640 000 h. ; *Homs,* 216 000 ; *Hama,*

138 000 ; *Lattaquié,* 126 000, y *Deir-ez-Zor,* 59 800. Agricultura ; ganadería (ovinos). Paso de varios oleoductos.

siríaco, ca adj. y s. De Siria.

sirimiri m. Llovizna, calabobos.

siringa f. Árbol del caucho. ‖ *Mús.* Zampoña.

siringuero m. Peón que practica incisiones en las siringas.

sirio, ria adj. y s. De Siria. ‖ — M. Dialecto árabe hablado en Siria.

Sirio, estrella perteneciente a la constelación del Can Mayor.

sirle m. Excremento del ganado.

siroco m. Viento caluroso y muy seco que sopla del desierto hacia el litoral del Mediterráneo.

sirope m. (pal. fr.). *Amer.* Jarabe.

Siros, isla de Grecia en las Cícladas. C. pr. *Hermópolis.* Obispado.

sirtaki m. Baile griego. ‖ Música que lo acompaña.

Sirte, n. de dos golfos del Mediterráneo en la costa septentrional de África. Al E., la *Gran Sirte* se extendía en el litoral de Cirenaica y de Tripolitania, y, al O., la *Pequeña Sirte* es el *golfo de Gabes* (Túnez).

sirvienta f. Criada.

sirviente adj. Que sirve a otra persona. ‖ — M. Servidor, criado.

sisa f. Parte que se hurta en la compra diaria o en otras cosas menudas. ‖ Sesgadura hecha en algunas prendas de vestir para que ajusten bien al cuerpo : *la sisa de la manga.*

sisador, ra adj. y s. Que sisa.

Sisak, c. al O. de Yugoslavia (Croacia), puerto fluvial en el Save. Refinería.

sisal m. Variedad de agave de México, con cuyas fibras se hacen cuerdas, sacos, etc. ‖ Su fibra.

Sisal, puerto en el SE. de México (Yucatán).

sisar v. t. Hurtar, principalmente al comprar por cuenta ajena. ‖ Hacer sisas en las prendas de vestir.

sisear v. t. e i. Pronunciar repetidamente el sonido inarticulado de s y ch para mostrar desagrado o para llamar la atención.

Sisebuto, rey visigodo de España de 612 a 621.

Sisenando, rey visigodo de España de 631 a 636.

siseo m. Acción y efecto de sisear.

Sísifo, hijo de Eolo y rey de Corinto, condenado a subir eternamente una enorme piedra a la cima de una montaña, de donde volvía a caer. (*Mit.*)

sisique m. *Méx.* Alcohol preparado con aguamiel del maguey silvestre.

Sisley (Alfred), pintor impresionista inglés de la escuela francesa (1839-1899).

SIRIA

sismicidad f. Frecuencia de los terremotos.

sísmico, ca adj. Relativo al terremoto : *movimientos sísmicos.*

sismo m. Seísmo.

sismógrafo f. Aparato para registrar los movimientos sísmicos.

sismograma m. Gráfico obtenido con el sismógrafo.

sismología f. Ciencia y tratado de los terremotos.

sismológico, ca adj. Relativo a la sismología.

sisón m. Ave zancuda de Europa.

Sistán. V. SEISTÁN.

sistema m. Conjunto de principios coordinados para formar un todo científico o un cuerpo de doctrina : *sistema astronómico, filosófico.* ‖ Combinación de varias partes reunidas para conseguir cierto resultado o formar un conjunto : *sistema nervioso, solar o planetario.* ‖ Combinación de procedimientos destinados a producir cierto resultado : *sistema de educación, de defensa.* ‖ Conjunto de cosas ordenadas de algún modo : *un sistema de montañas, de regadío.* ‖ Manera de estar dispuesto un mecanismo : *un sistema de alumbrado.* ‖ Modo de gobierno, de administración o de organización social : *sistema monárquico.* ‖ Manera ordenada de hacer las cosas : *hacer un trabajo con sistema.* ‖ Conjunto de unidades ligadas para poder expresar las medidas principales de un modo racional : *sistema decimal.* ‖ Método empleado para conseguir algo : *tengo un sistema para llegar a ser millonario.* ‖ *Por sistema,* de un modo sistemático, por rutina : *criticar al gobierno por sistema.* ‖ *Sistema C. G. S.,* véase C. G. S. ‖ *Sistema Económico Latinoamericano,* véase S. E. L. A. ‖ *Sistema métrico,* v. MÉTRICO. ‖ *Sistema monetario,* conjunto de las unidades monetarias, con sus múltiplos y divisores, que se halla en circulación un país. ‖ *Sistema monetario europeo,* sistema creado en 1979, en sustitución de la serpiente monetaria, para armonizar el valor de las distintas monedas europeas. ‖ *Quím.* Sistema periódico de los elementos, tabla de clasificación de los elementos químicos según el número atómico.

sistemático, ca adj. Relativo a un sistema o hecho según un sistema : *conocimiento sistemático.* ‖ Establecido como sistema : *duda sistemática.* ‖ Que actúa con método : *persona sistemática.* ‖ Que obra o actúa sin tener en cuenta las circunstancias. ‖ — F. Ciencia de la clasificación.

sistematización f. Acción y efecto de sistematizar.

sistematizar v. t. Organizar con sistema : *sistematizar un trabajo, los estudios.* ‖ Juzgar algo partiendo de ciertos prejuicios.

sístole f. Período de contracción del músculo cardíaco que provoca la circulación de la sangre.

Sitges, v. en el NE. de España (Barcelona). Playas.

sitiado, da adj. y s. Aplícase al que o a lo que está cercado.

sitiador, ra adj. y s. Aplícase al que sitia una plaza o fortaleza.

sitial m. Asiento para una gran dignidad en ciertas ceremonias.

sitiar v. t. Cercar una plaza o fortaleza. ‖ *Fig.* Acorralar : *sitiar a un bandido.*

sit-in m. (pal. ingl.). Sentada (manifestación).

sitio m. Lugar, espacio que ocupa una persona o cosa : *dejar algo en un sitio visible ; vivir en un sitio bonito.* ‖ Casa campestre : *el real sitio de La Granja.* ‖ *Méx.* Lugar de estacionamiento de taxis. ‖ Cerco : *el sitio de Buenos Aires por los ingleses.* ‖ *Cub.* Estancia pequeña para la cría de animales domésticos. ‖ *Arg.* y *Chil.* Solar. ‖ *Col.* Poblado. ‖ *Fig. Dejar en el sitio,* dejar muerto en el acto. ‖ *Hacer sitio a alguien,* apretarse para dejarle un hueco. ‖ *Fig. Poner a alguien en su sitio,* hacerle ver lo impropio de su familiaridad o lo infundado de su superioridad. ‖ *Quedar en el sitio,* morir en el acto.

sito, ta adj. Situado.

Sitten. V. SION.

situación f. Posición, lugar donde está algo : *la situación de una casa.* ‖ Postura : *situación embarazosa.* ‖ Condición : *una situación próspera.* ‖ Estado de los asuntos políticos, diplomáticos, económicos, etc. : *la situación política internacional.* ‖ Estado característico de los personajes de una obra de ficción : *situación dramática.* ‖ — *Fig.* No estar en situación de, no tener la posibilidad de. ‖ *Amer.* Precios de situación, precios muy reducidos. ‖ *Situación activa,* la del funcionario que presta servicio. ‖ *Situación pasiva,* la del funcionario que ha cesado por retiro u otra causa.

situar v. t. Poner, colocar una persona o cosa en determinado sitio o situación : *situar una ciudad antigua en un lugar equivocado.* ‖ Poner a una persona en cierta posición : *este concierto le sitúa entre los mejores compositores.* ‖ Colocar dinero en algún sitio : *situar algún dinero en Suiza.* ‖ — V. pr. Ponerse : *situarse a la cabeza de la clasificación.* ‖ Abrirse camino en la vida : *luchar duramente hasta situarse.*

Siuan o **Siwa,** oasis de Egipto.

Siuanhua, c. en el N. de China (Hopei).

Siucheu, c. en el este de China (Kiangsú). Industrias.

Siuna, c. al E. de Nicaragua (Zelaya).

Siut. V. ASIUT.

siútico, ca adj. y s. *Chil. Fam.* Cursi.

siutiquería y **siutiquez** f. *Fam. Chil.* Cursilería.

siux adj. Dícese de los individuos de una tribu india de los Estados Unidos establecida en el Estado de Iowa (ú. t. c. s.).

Siux City, c. en el centro de Estados Unidos (Iowa).

Siva, tercera persona de la trinidad hindú, dios destructor y fecundador.

Sivas, ant. *Sebasto,* c. en el centro de Turquía, cap. de la prov. homónima. Arzobispado. Metalurgia.

Sivori (Eduardo), pintor argentino (1847-1918), autor de una copiosa obra de carácter naturalista.

Siwa. V. SIUAN.

Siwalik, montañas de la India y Nepal en la cadena del Himalaya.

Sixaola, río fronterizo entre Costa Rica y Panamá, que des. en el mar Caribe ; 125 km.

Sixtina (Capilla), capilla del Vaticano edificada por Sixto IV (1473).

Sixto [~ **I** (San), papa de 115 a 125. Fiesta el 6 de abril. ‖ ~ **II** (San), papa de 257 a 258. Fiesta el 6 de agosto. ‖ ~ **III** (San), papa de 432 a 440. Fiesta el 28 de marzo. ‖ ~ **IV** (Francesco della Rovere), papa en 1471 a 1484. Edificó la Capilla Sixtina. ‖ ~ **V** (Felice Peretti), papa de 1585 a 1590.

Sizewell, pobl. de Gran Bretaña, en el SE. de Inglaterra (Suffolk).

Sizuoka. V. SHIZUOKA.

Sjaelland. V. SEELAND.

Skagerrak o **Skager-rak,** estrecho de Europa septentrional en el mar del Norte, entre la costa sur de Noruega y el norte de la Jutlandia danesa.

skai m. Material sintético que imita el cuero.

Skanderbeg. V. SCANDERBEG.

Skarmeta (Antonio), escritor chileno, n. en 1940, autor de la novela *No pasó nada.*

Skellefteå, c. y puerto del N. de Suecia, en el golfo de Botnia.

sketch m. (pal. ingl.). Historieta o escena corta, generalmente dialogada y de carácter cómico, de teatro, cine, radio o televisión.

Skhirra o **Skhira,** c. y puerto petrolero de Túnez, en el golfo de Gabes.

ski m. (pal. ingl.). Esquí.

Skien, c. del S. de Noruega, cap. de la prov. de Telemark. Metalurgia.

Skikda, ant. *Philippeville,* c. y puerto del NE. de Argelia (Constantina).

Skiros o **Scyros,** isla griega de las Espóradas ; cap. *Skiros.*

Skoplje, ant. *Üsküb,* c. en el SE. de Yugoslavia, cap. de Macedonia. Obispado. Universidad. Siderurgia.

S. L. o **Ltd.,** abreviatura de *sociedad de responsabilidad limitada.*

slalom m. (pal. noruega). Descenso en esquíes por un camino sinuoso. ‖ Prueba de habilidad que hacen los esquiadores sobre un recorrido en

pendiente jalonado de banderas que hay que franquear en zigzag.

slang m. (pal. ingl.). Germanía.

Slaviansk, c. en el SO. de la U. R. S. S. (Ucrania). Ind. químicas.

Slavkov. V. AUSTERLITZ.

sleeping-car [*slipin-*] m. (pal. ingl.). Coche cama.

Slesvig o **Schleswig,** c. y puerto en el N. de Alemania Occidental (Slesvig-Holstein). ‖ ~ **-Holstein,** Est. en el N. de Alemania Occidental, en la parte meridional de la penins. de Jutlandia, formado por los antiguos ducados de *Slesvig* y de *Holstein* ; cap. *Kiel.*

Sligo, c. y puerto en el O. de la Rep. de Irlanda (Connacht), cap. del condado homónimo. Obispado.

slip m. (pal. ingl.). Prenda interior masculina usada en lugar de calzoncillos, de los que se diferencia por su brevedad.

Sliven, c. del E. de Bulgaria.

Slochteren, pobl. al NE. de Holanda (Groninga). Gas natural.

slogan m. (pal. ingl.). Fórmula breve y elocuente usada en publicidad o en propaganda política.

Slough, c. de Gran Bretaña en Inglaterra, al O. de Londres.

slow m. (pal. ingl.). Fox trot lento.

Sm, símbolo químico del *samario.*

S. M., abrev. de *Su Majestad.*

Smalandia, ant. prov. del S. de Suecia (Gotia).

Smalcalda o **Smalkalda,** c. de Alemania Oriental. Los protestantes formaron aquí, con el apoyo de Francia, una Liga contra Carlos V (1531).

Smara, c. del sur del Sáhara Occidental, cerca de Saguia el-Hamra.

smash m. (pal. ingl.). Mate, en tenis.

Smetana (Bedrich), pianista y compositor checo (1824-1884), autor de óperas y de poemas sinfónicos.

Smith, isla de la Argentina, en el archip. de las Shetland del Sur.

Smith (Adam), economista escocés, n. en Kirkcaldy (1723-1790), partidario de la doctrina del libre cambio. ‖ ~ (IAN DOUGLAS), político rodesiano, n. en 1919. Primer ministro de su país (1964-1979), proclamó la independencia de Rodesia (1965) sin el acuerdo de Gran Bretaña. ‖ ~ (JOSEPH), jefe religioso norteamericano (1805-1844), fundador de la secta de los mormones.

smog m. (pal. ingl.). Mezcla de humo y niebla existente en algunos centros urbanos a causa del gas de los escapes de los vehículos, de las fábricas industriales, las instalaciones de calefacción, etc.

smoking m. (pal. ingl.). Prenda de vestir de ceremonia, a modo de frac sin faldones y con solapas de raso, utilizada por los hombres.

Smolensko, c. en el NO. de la U. R. S. S. (Rusia). Reñidas batallas en 1812, 1941 y 1943.

Smuts (Jan Christiaan), mariscal y político sudafricano (1870-1950), primer ministro de África de Sur (1919-1924 y 1939-1948).

Sn, símbolo químico del *estaño.*

snack o **snack-bar** m. (pal. ingl.). Cafetería.

Snake River, río en el O. de Estados Unidos, afl. del Columbia ; 1 450 km.

snipe [*snaip*] m. (pal. ingl.). Barco de vela para dos tripulantes utilizado en regatas.

snob adj. y s. (pal. ingl.). Aplícase a la persona con pruebas de snobismo.

snobismo m. (del ingl. *snobism*). Admiración infundada por todas las cosas que están de moda, especialmente por las que vienen del extranjero.

Snowdon, cadena montañosa de Gran Bretaña, en el NO. de Gales ; alt. máx. 1 085 m.

so m. Se usa solamente seguido de adjetivos despectivos para reforzar su sentido : *so tonto, so bruto.*

so prep. Bajo. Ú. en las frases : *so capa de, so color de, so pena de.*

¡ so ! interj. Empleada por los carreteros para que se detengan las caballerías.

Soacha, mun. en el centro de Colombia (Cundinamarca).

Soares (Mario), político socialista portugués, n. en 1924, primer mi-

SI

609

nistro de 1976 a 1978 y de nuevo desde 1983.

soasar v. t. Asar ligeramente.

Soatá, mun. y c. en el centro de Colombia (Boyacá).

soba f. Manoseo repetido o prolongado. ‖ Acción de sobar algo para amasarlo o ablandarlo. ‖ *Fig.* Zurra.

sobaco m. Concavidad que forma el arranque del brazo con el cuerpo.

sobado, da adj. Rozado, gastado : *cuello de camisa más que sobado.* ‖ *Fig.* Manido, trillado : *argumento muy sobado.* — M. Soba.

sobadura f. Soba.

sobajar v. t. *Amer.* Humillar, abatir.

sobajear v. t. *Amer.* Manosear.

sobaqueo m. Soba.

sobaquera f. Pieza de refuerzo que se pone al vestido en el sobaco. ‖ Pieza con que se protegen los vestidos del sudor en la parte del sobaco.

sobaquina f. Sudor de los sobacos.

sobar v. t. Manejar, manosear una cosa repetidamente. ‖ Manejar algo para amasarlo o ablandarlo : *sobar las pieles.* ‖ *Fig.* Dar una paliza. ‖ Manosear, tocar a alguien. ‖ *Amer.* Componer un hueso dislocado.

sobeo m. Acción de sobar.

soberanía f. Calidad de soberano, autoridad suprema : *la soberanía de la nación.* ‖ Territorio de un príncipe soberano o un país : *plazas de soberanía.* ‖ Poder supremo del Estado. ‖ Poder político de una nación o de un organismo que no está sometido al control de otro Estado u organismo.

soberano, na adj. Que ejerce o posee la autoridad suprema : *príncipe soberano* (ú. t. c. s.). ‖ Que se ejerce sin control, que ejerce un poder supremo : *potencia soberana.* ‖ *Fig.* Enorme, muy grande : *una soberana lección.* ‖ Excelente, no superado : *una superioridad soberana.* — M. Moneda de oro inglesa que valía una libra esterlina. ‖ — M. y f. Jefe de un Estado monárquico.

soberbia f. Orgullo y amor propio desmedidos : *la soberbia de un príncipe.* ‖ Magnificencia extrema. ‖ Demostración de ira o enojo.

soberbio, bia adj. Que muestra o tiene soberbia, orgulloso, altivo, arrogante : *persona soberbia.* ‖ *Fig.* Grandioso, magnífico : *soberbia catedral.* ‖ Colérico, iracundo : *un niño muy soberbio.* ‖ Grande, enorme.

Sobieski (Juan III), héroe nacional de Polonia (1629-1696), rey en 1674.

sobo m. Soba.

sobón, ona adj. *Fam.* Que se hace fastidioso por sus excesivas caricias o manoseos (ú. t. c. s.).

sobordo m. *Mar.* Confrontación de la carga de un buque con la documentación. ‖ Relación del cargamento de un barco.

sobornable adj. Que se puede sobornar.

sobornación f. Soborno.

sobornador, ra adj. y s. Que soborna.

sobornar v. t. Inducir a uno a obrar mal valiéndose de dádivas.

soborno m. Corrupción de alguien por medio de dádivas o regalos para inducirlo a obrar mal. ‖ Dádiva con que se soborna. ‖ *Amer.* De soborno, de suplemento.

sobra f. Resto, demasía, exceso en cualquier cosa. ‖ — Pl. Lo que queda de la comida al levantar la mesa. ‖ Desperdicios, desechos. ‖ Dinero que queda al soldado una vez pagado el rancho. ‖ *De sobra,* más que lo necesario, con exceso : *con este dinero tengo de sobra para comer* ; perfectamente : *todos sabemos de sobra lo inteligente que es.*

sobrado, da adj. Demasiado, suficiente, bastante, que sobra : *tener sobrados motivos de queja* ; con *sobrada razón.* — M. Desván. ‖ *Arg.* Vasar. ‖ — Adv. De sobra.

Sobral, c. al N. de Brasil (Ceará).

sobrante adj. Que sobra. ‖ — M. Resto, restante, exceso.

sobrar v. t. Estar una cosa de más : *lo que dices sobra.* ‖ Haber más de lo que se necesita : *sobraron gentes.* ‖ Restar, quedar algo de una cosa después de haber utilizado lo necesario : *nos sobró mucho dinero.*

Sobrarbe, región y ant. condado del NE. de España (Huesca), núcleo del ant. reino de Aragón.

sobrasada f. Sobreasada.

sobre m. Cubierta de papel que encierra una carta. ‖ Bolsa de papel, de materia plástica o de papel de estaño, que contiene una materia en polvo : *un sobre de sopa.*

sobre prep. Encima : *sobre la mesa.* ‖ Acerca de : *discutir sobre política.* ‖ Aproximadamente : *tendrá sobre 25 hectáreas.* ‖ Además de, por encima de : *pagó un 20 % sobre lo estipulado.* ‖ Expresar reiteración : *decir tonterías sobre tonterías.* ‖ Por encima de : *cinco grados sobre cero.* ‖ *Méx.* Además: *pagó más sobre lo convenido.* ‖ — *Ir sobre seguro,* no arriesgar. ‖ *Sobre todo,* principalmente.

sobreabundancia f. Superabundancia.

sobreabundante adj. Superabundante.

sobreabundar v. i. Superabundar.

sobrealimentación f. Método terapéutico consistente en aumentar anormalmente la cantidad de alimentos que se da a un enfermo.

sobrealimentar v. t. Dar a alguien una ración alimenticia superior a la normal (ú. t. c. pr.).

sobreañadir v. t. Añadir más.

sobreasada f. Embutido grueso de carne de cerdo picada y sazonada con sal y pimiento molido.

sobrebota f. *Amer.* Polaina.

sobrecarga f. Carga excesiva.

sobrecargar v. t. Cargar demasiado.

sobrecargo m. Oficial de a bordo que defiende los intereses de la compañía naviera o de aviación en lo que concierne al cargamento.

sobreceja f. Parte de la frente inmediata a las cejas.

sobreceño m. Ceño.

sobrecogedor adj. Que sobrecoge : *espectáculo sobrecogedor.*

sobrecoger v. t. Coger de repente y desprevenido. ‖ Asustar, aterrar, causar miedo (ú. t. c. pr.).

sobrecompresión f. Aumento de la compresión de un cuerpo.

sobrecomprimir v. tr. Mantener una presión normal en la cabina de un avión que vuela a gran altura.

sobrecongelar v. t. Congelar en poco tiempo y a temperatura muy baja.

sobrecubierta f. Segunda cubierta de una cosa. ‖ Cubierta de papel que protege un libro.

sobredimensionar v. t. *Arg.* Dar dimensiones excesivas.

sobredorar v. tr. Recubrir con una capa de oro.

sobredosis f. Dosis excesiva, especialmente de una droga.

sobreedificar v. t. Construir sobre otra construcción.

sobreentender v. t. Sobrentender (ú.t.c.pr.).

sobreentendido, da adj. Que se sobreentiende, implícito.

sobreentrenamiento m. Entrenamiento excesivo.

sobreentrenar v. t. Entrenar con exceso a un deportista (ú. t. c. pr.).

sobreesdrújulo, la adj. y s. Sobresdrújulo.

sobreexceder v. t. Sobrexceder.

sobreexcitación f. Sobrexcitación, excitación excesiva.

sobreexcitar v. t. Sobrexcitar.

sobreexponer v. tr. Exponer más tiempo de lo debido una placa fotográfica.

sobreexposición f. Exposición excesiva de una placa fotográfica.

sobrehilado, da adj. Puntadas al borde de una tela para que no se deshilache.

sobrehilar v. t. Dar puntadas en la orilla de una tela cortada para que no se deshilache.

sobrehilo m. Sobrehilado.

sobrehumano, na adj. Que es superior a lo humano.

sobreindexación f. Alta indexación.

sobreindexar v. t. Indexar con exceso.

sobrejuanete m. *Mar.* Verga que se pone cruzada sobre el juanete. ‖ Vela que lleva.

sobrellevar v. t. Llevar uno una carga para aliviar a otro. ‖ *Fig.* Sopor-

tar resignadamente : *sobrellevar las molestias de la vida.*

sobremanera adv. Muy o mucho : *la película es sobremanera aburrida.*

sobremesa f. Tapete que se pone sobre la mesa. ‖ Tiempo que los comensales siguen reunidos después de haber comido. ‖ *De sobremesa,* en el tiempo que sigue a la comida : *programa televisivo de sobremesa.*

Sobremonte (Rafael de), militar y gobernante español (1745-1827), virrey del Río de la Plata (1804-1807). Durante su mando se registró la primera invasión inglesa (1806) de Buenos Aires.

sobrenadar v. i. Flotar.

sobrenatural adj. Dícese de lo que no sucede según las leyes de la naturaleza. ‖ Que existe tras la muerte : *vida sobrenatural.*

sobrenombre m. Nombre añadido al apellido. ‖ Apodo.

sobrentender v. t. Entender una cosa que no está expresa, pero que se deduce (ú. t. c. pr.).

sobreparto m. Tiempo que sigue inmediatamente al parto. ‖ Estado delicado de salud que suele ser consiguiente al parto.

sobrepasar v. t. e i. Exceder, superar, aventajar : *los gastos sobrepasan los ingresos.* ‖ Adelantar. ‖ Rebasar un límite.

sobrepelo m. *Arg.* Sudadero del caballo.

sobrepelliz f. Vestidura blanca de lienzo que se pone el sacerdote sobre la sotana.

sobrepeso m. Sobrecarga.

sobrepique m. *Arg.* Tiro de sobrepique, en fútbol, tiro dado empalmando el balón después de botar éste en el suelo.

sobrepoblación f. *Amer.* Superpoblación.

sobreponer v. t. Poner una cosa encima de otra. ‖ *Fig.* Anteponer : *sobreponer la educación a cualquier otra actividad.* — V. pr. Dominar, ser superior a los obstáculos y adversidades : *sobreponerse al dolor.*

sobreprecio m. Aumento del precio ordinario por algún motivo.

sobrepuerta f. Pieza de madera que se pone en la parte superior de una puerta para tapar el arranque de las cortinas.

sobrepuesto, ta adj. Colocado encima. ‖ *Méx.* Parche, remiendo.

sobrero, ra adj. Sobrante. ‖ Dícese del toro que se tiene de reserva en las corridas por si se inutiliza uno de los que han de ser lidiados (ú.t.c.s.m.).

sobresalienta f. *Teatr.* Sobresalienta, que supla a otra.

sobresaliente adj. Que sobresale. ‖ — M. Calificación máxima en los exámenes : *obtener un sobresaliente.* ‖ — M. y f. *Fig.* Persona destinada a suplir la falta de otra, como un comediante, un torero.

sobresalir v. t. Exceder una persona o cosa a otras en figura, tamaño, etc. : *el niño sobresalía por su estatura.* ‖ Ser más saliente, resaltar : *la cornisa sobresalía medio metro.* ‖ *Fig.* Destacarse o distinguirse por algo : *Castelar sobresalió por su elocuencia.*

sobresaltar v. t. Asustar, dar miedo, acongojar, sobrecoger a uno repentinamente (ú. t. c. pr.). ‖ — V. i. Resaltar, destacarse, venirse una cosa a los ojos.

sobresalto m. Sensación que proviene de un acontecimiento súbito : *tener un sobresalto.* ‖ Temor, susto repentino.

sobresaturación f. Obtención de una disolución más concentrada que la que corresponde al punto de saturación.

sobresaturar v. tr. Producir la sobresaturación (ú. t. c. pr.).

sobresdrújulo, la adj. y s. *Gram.* Aplícase a las voces que llevan un acento en la sílaba anterior a la antepenúltima : *habiéndoseme.*

sobreseer v. i. Desistir de la pretensión que se tenía. ‖ Cesar en el cumplimiento de una obligación. — V. tr. *For.* Suspender un procedimiento : *sobreseer una causa.*

sobreseimiento m. Interrupción, suspensión, cesación.

sobrestimación f. Estimación por encima del valor real.

sobrestimar v. t. Estimar mucho más que su valor.

sobresueldo m. Cantidad de dinero que se paga además del sueldo fijo.

sobretasa f. Suplemento de precio por un servicio más rápido o de mejor calidad : *sobretasa postal aérea.*

sobretasar v. t. Gravar con una sobretasa.

sobretensión f. Aumento anormal de la tensión en un circuito eléctrico.

sobretodo m. Prenda de vestir ancha y larga a modo de gabán.

sobrevaluar v. t. Dar un valor excesivo.

sobrevenir v. i. Ocurrir una cosa además o después de otra. ‖ Suceder de improviso : *sobrevenir una desgracia.*

sobrevivencia f. *Amer.* Supervivencia.

sobreviviente adj. y s. Superviviente.

sobrevivir v. i. Vivir uno más que otro o después de un determinado suceso o plazo.

sobrevolar v. t. Volar por encima de : *sobrevolar el territorio.*

sobrexcedente adj. Que excede mucho.

sobrexceder v. t. Exceder mucho.

sobrexcitación f. Excitación muy fuerte, excesiva.

sobrexcitar v. t. Excitar más de lo normal (ú. t. c. pr.).

sobriedad f. Moderación.

sobrino, na m. y f. Hijo o hija del hermano o hermana (sobrinos carnales) o del primo o la prima (sobrinos segundos).

sobrio, bria adj. Templado, moderado en comer y beber : *un hombre sobrio.* ‖ *Fig.* Moderado : *sobrio de palabras.* ‖ Sin adornos superfluos : *estilo sobrio.*

soca f. *Amer.* Último retoño de la caña de azúcar.

socaire m. *Mar.* Abrigo o defensa que ofrece una cosa en su lado opuesto a aquel de donde sopla el viento. ‖ *Al socaire de,* al abrigo de : *estaba al socaire del peligro.*

socaliña f. Ardid o maña para sacar a uno lo que no está obligado a dar.

socaliñar v. t. Sacar a uno con socaliña una cosa.

socapa f. *Fam.* Pretexto, cautela. ‖ *A socapa* o *so capa,* con el pretexto, con cautela.

socarrar v. t. Chamuscar, tostar superficialmente algo (ú. t. c. pr.).

socarrón, ona adj. Burlón, malicioso : *una sonrisa socarrona.* ‖ Taimado, astuto.

socarronería f. Malicia, burla. ‖ Astucia.

socava y **socavación** f. Excavación.

socavar v. t. Excavar, cavar. ‖ Hacer un hueco por debajo de un terreno o dejándole en falso : *el agua socavó los cimientos.* ‖ *Fig.* Minar, debilitar : *socavar los principios democráticos.*

socavón m. Excavación, hoyo en la ladera de un cerro o monte. ‖ Hundimiento del suelo.

sociabilidad f. Condición o carácter de sociable.

sociable adj. Que gusta y busca la compañía de sus semejantes : *el hombre es un ser sociable.* ‖ De trato amable : *persona muy sociable.* ‖ Fácil de tratar : *hombre muy sociable.*

social adj. Relativo a la sociedad : *la vida social.* ‖ Relativo a una compañía mercantil o sociedad : *capital social; sede social.* ‖ Relativo al mejoramiento de la condición de los que trabajan : *llevar una política social.* ‖ Referente a las relaciones de las personas o colectivos entre sí : *hay un clima social lamentable.* ‖ *Ciencias sociales,* conjunto de ciencias (sociología, economía, etc.) que tratan del comportamiento, evolución, etc. del hombre. ‖ *Legislación social,* conjunto de las disposiciones legislativas y reglamentarias relativas al mundo laboral.

socialdemocracia f. En algunos países, movimiento, organización o partido político de tendencia moderada o reformista.

socialdemócrata adj. Relativo a la socialdemocracia. ‖ Partidario de ella (ú. t. c. s.).

socialdemocratización f. Acción y efecto de socialdemocratizar.

socialdemocratizar v. t. Dar carácter socialdemócrata (ú. t. c. pr.).

socialismo m. Nombre genérico de las diversas tendencias socioeconómicas y políticas que preconizan una distribución más equitativa de la riqueza, basada en el principio de la colectivización de los medios de producción y de intercambio, que llevaría a la desaparición de las clases sociales. ‖ Movimiento político que quiere implantar este sistema.

— De Platón a Babeuf, el fundamento moral del *socialismo* reside en la denuncia de las desigualdades sociales. A esta denuncia han seguido las explicaciones técnicas de estas desigualdades y después las proposiciones de Sismondi y Saint-Simon. En esta línea apareció a finales del siglo XIX el *socialismo* de Estado y ya en el XX el intervencionismo y la planificación. Los *sansimonianos* (Enfantin, Bazard) y los *asociacionistas* (Fourier y Louis Blanc en Francia, Owen en Inglaterra) proponían la sustitución del régimen de propiedad privada por la socialización estatal o bien la federación de las asociaciones de productores. Este movimiento se manifestó en las cooperativas de consumo y con menos éxito en las cooperativas de producción. Marx y Engels sentaron las bases del *socialismo científico* (V. MARXISMO), que declara que la transformación de las estructuras sociales es ineluctable y que es la consecuencia fatal de las contradicciones internas del régimen capitalista.

socialista adj. y s. Partidario del socialismo y relativo a él.

socialización f. Colectivización de los medios de producción y de intercambio, de las fuentes de riqueza, etc.

socializador, ra adj. Que socializa.

socializante adj. De carácter socialista.

socializar v. t. Poner al servicio del conjunto de la sociedad determinados medios de producción o de intercambio, desposeyendo a los propietarios mediante adquisición o expropiación por parte del Estado. ‖ Adaptar un individuo a las exigencias de la vida social.

sociedad f. Reunión de hombres o de animales que conviven y se relacionan siguiendo unas leyes comunes: *las sociedades primitivas.* ‖ Medio humano en el que está integrada una persona : *deberes para con la sociedad.* ‖ Asociación de personas sometidas a un reglamento común o dirigidas por convenciones tendentes a una actividad común o en defensa de sus intereses : *sociedad literaria, deportiva.* ‖ Reunión de personas formada por el conjunto de los seres humanos con quienes se convive : *huir de la sociedad por misantropía.* ‖ Conjunto de personas más distinguidas, afortunadas o de alta categoría social : *pertenecer a la alta sociedad.* ‖ Contrato por el que dos o más personas ponen en común ya sea capitales ya sea capacidades industriales con objeto de alcanzar unos beneficios que se repartirán más tarde entre ellas. ‖ Persona moral o entidad creada por este contrato. ‖ *Entrar o presentarse en sociedad,* iniciar una muchacha su vida social asistiendo a un baile de gala. ‖ *Sociedad anónima,* la constituida por acciones transferibles y en la que la responsabilidad económica se limita al valor de dichas acciones (abrev. S. A.). ‖ *Sociedad colectiva,* la mercantil en la que los socios responden con el valor de las acciones y con su fortuna personal. ‖ *Sociedad comanditaria* o *en comandita,* forma intermedia entre la anónima y la colectiva en que hay dos clases de socios, unos que poseen los mismos derechos y obligaciones que los de una sociedad colectiva y otros, denominados comanditarios, que tienen limitados los beneficios y la responsabilidad. ‖ *Sociedad comercial o mercantil,* la formada con el fin de explotar un negocio. ‖ *Sociedad conyugal,* la constituida por el marido y la esposa. ‖ *Sociedad de responsabilidad limitada,* sociedad comanditaria.

Sociedad (ISLAS DE LA), principal archipiélago de la Polinesia francesa (Oceanía) ; 1 647 km². Cap. Papeete en Tahití. Comprende las islas de Tahití, Moorea, Raiatea, Huahine, Bora Bora.

Sociedad de Naciones, organismo creado en 1920, después del Tratado de Versalles de 1919, para el desarrollo y cooperación de las naciones y para garantizar la paz. Su sede estaba en Ginebra. (Sustituida en 1946 por la O. N. U.)

Sociedades económicas de amigos del país, organismos no estatales, creados en España hacia mediados del s. XVIII, que tenían como propósito promover el desarrollo en general de la nación.

socio, cia m. y f. Miembro de una sociedad, de un club : *socio capitalista, industrial.* ‖ *Fam.* Individuo, persona : *¡vaya un socio!*

sociocultural adj. Que depende a la vez de un grupo social específico y de la cultura que le es propia.

socioeconómico, ca adj. Que se refiere a la sociedad considerada en términos económicos.

sociología f. Ciencia que trata de la constitución y desarrollo de las sociedades humanas.

sociológico, ca adj. Relativo a la sociología.

sociólogo, ga m. y f. Especialista en sociología.

sociopolítico, ca adj. Que se refiere a la sociedad y a la política.

socioprofesional adj. Que caracteriza a un grupo humano según la categoría social que tiene en su profesión.

socioterapia f. Conjunto de medios que intentan eliminar los trastornos psíquicos por medio de la interacción entre el individuo y su entorno social.

Socke. V. YARKAND.

socolor m. Pretexto, aspecto.

Socompa, cumbre volcánica de los Andes en el NE. de Chile (Antofagasta), fronteriza con la Argentina (Salta) ; 6 051 m.

soconusco, m. Chocolate muy fino aromatizado con vainilla.

Soconusco, región limítrofe de México con Guatemala (Chiapas). — V. TACANÁ.

socorrer v. t. Ayudar a uno en un momento de peligro o necesidad.

socorrido, da adj. Dispuesto a socorrer al prójimo. ‖ *Fam.* Común y trillado : *argumento socorrido.* ‖ Práctico : *un traje muy socorrido.*

socorrismo m. Método para prestar los primeros auxilios en caso de accidente : *curso de socorrismo.*

socorrista m. y f. Miembro de una sociedad de socorrismo o diplomado en socorrismo. ‖ Vigilante de playa o piscina a cuyo cargo está la seguridad de los bañistas.

socorro m. Ayuda, auxilio, asistencia prestada en un peligro o en caso de necesidad. ‖ Lo que se da para ayudar o asistir. ‖ Medio o métodos empleados para ayudar o asistir a una víctima o persona en peligro. ‖ *Mil.* Refuerzo. — *Agua de socorro,* V. AGUA. ‖ *Casa de socorro,* clínica de urgencia donde se prestan los primeros cuidados. ‖ *¡Socorro!, ¡auxilio!,* exclamación para pedir ayuda.

SO

Socorro, isla del archipiélago de Revillagigedo (Colima), al O. de México. — C. de Colombia (Santander). Obispado. Agricultura, minas, industrias. Nudo de comunicaciones. ‖ ~ **(El),** mun. en el centro norte de Venezuela (Guárico), a orillas del Unare. Petróleo. — Mun. al NO. de Venezuela (Carabobo), en la zona urbana de Valencia.

Socotá, mun. de Colombia, al NE. de Bogotá (Boyacá).

Socotora, isla del océano Índico perteneciente a la República Popular Democrática del Yemen ; 3 626 km².

socoyote, ta m. y f. *Méx.* Benjamín, hijo menor.

Sócrates, filósofo griego, n. en Atenas (¿ 470?-399 a. de J. C.). Acusado de ofender a los dioses y de corromper a la juventud, fue condenado a beber la cicuta. Sus doctrinas, que no escribió ningún libro, las conocemos a través de los *Diálogos* de Platón.

socrático, ca adj. Relativo a Sócrates : *filosofía socrática.* ‖ Que **611**

sigue las doctrinas de Sócrates : filósofo-socrático (ú. t. c. s.).

Socuéllamos, v. de España (Ciudad Real), situada al sur de Madrid. Embalse. Industrias.

Sochaux, c. al E. de Francia (Doubs).

Sochi, c. al O. de la U. R. S. S. (Rusia), a orillas del mar Negro. Turismo.

sochimecate m. Cuerda de flores que sostienen los indígenas por los extremos en un baile tradicional mexicano.

soda f. Bebida de agua gaseosa que contiene ácido carbónico en disolución. || *Amer.* Fuente de soda, establecimiento donde se sirven bebidas no alcohólicas, cafetería.

Soddy (Sir Frederick), físico inglés (1877-1956), descubridor de la isotopía. (Pr. Nobel, 1921.)

sódico, ca adj. De sodio.

sodio m. Metal alcalino (Na) abundante en la naturaleza, de número atómico 11, densidad 0,97, punto de fusión 98 °C, de brillo plateado y blando como la cera.

Sodoma, ant. c. de Palestina, cerca del mar Muerto, destruida por la cólera divina a causa de la depravación de sus habitantes.

Sodoma (El). V. BAZZI.

sodomía f. Relación sexual entre personas del mismo sexo.

sodomita adj. y s. De Sodoma. || Homosexual.

sodomítico, ca adj. Relativo a la sodomía.

sodomizar v. t. Practicar la sodomía.

Soekarno (Ahmed). V. SUKARNO.

soez adj. Indecente, bajo, grosero.

sofá m. Asiento con respaldo y brazos para dos o más personas. || *Sofá cama,* el que, llegado el momento, puede convertirse en cama.

Sofala, prov. de Mozambique, a orillas del océano Índico ; cap. *Beira.*

Soffia (José Antonio), poeta lírico chileno (1843-1886), autor de *Las cartas de mi madre.*

sofí m. Título de dignidad de los antiguos soberanos persas.

Sofía, cap. de Bulgaria y del distrito homónimo en el O. del país, 1 100 000 h. Centro administrativo.

Sofía de Grecia, hija de Pablo I de Grecia y de Federica de Hannover, n. en Atenas en 1938. Casó con el actual rey de España Juan Carlos I en 1962.

sofión m. Bufido, demostración de enojo. || Trabuco de boca ancha.

sofisma m. Razonamiento falso con la intención de inducir a error.

sofista adj. y s. Que utiliza sofismas. || — M. Filósofo retórico en la Grecia antigua, como Protágoras y Gorgias.

sofisticación f. Afectación excesiva, falta de naturalidad. || Extremada perfección, complicación, complejidad de un aparato, un instrumento, etc.

sofisticado, da adj. Desprovisto de naturalidad, artificioso, afectado : *una muchacha muy sofisticada.* || Dícese de un aparato o instrumento de una técnica de gran complejidad.

sofisticar v. t. Adulterar, falsificar con sofismas. || Quitar naturalidad a una persona a base de artificio. || Perfeccionar, dar una extremada complejidad a un aparato, instrumento, etc.

sofístico, ca adj. Aparente, engañoso. || — F. Escuela de los sofistas.

soflama f. Llama tenue o reverberación del fuego. || Bochorno, rubor en el rostro. || *Fig.* Engaño. | Discurso, perorata, alocución.

soflamar v. t. Engañar. || *Fig.* Avergonzar, ruborizar, causar bochorno. || Socarrar (ú. t. c. pr.).

sofocación f. Sentimiento ansioso de opresión que molesta la respiración. || *Fig.* Enojo grande.

sofocante adj. Que sofoca.

sofocar v. t. Ahogar, impedir la respiración : *un calor que sofoca* (ú. t. c. pr.). || Apagar, dominar, extinguir : *sofocar un incendio.* || *Fig.* Avergonzar, abochornar : *les sofocó con sus groserías* (ú. t. c. pr.). | Acosar, importunar demasiado a uno. | Dominar, reducir : *sofocar una rebelión.* || — V. pr. Acalorarse, irritarse.

Sófocles, poeta griego, n. en Colona (entre 496 y 494-406 a. de J. C.). De su obra sólo han llegado hasta nosotros siete tragedias (*Anti-*

gona, Electra, Las traquinias, Edipo Rey, Ayax, Filoctetes y Edipo en Colona).

sofoco m. Sofocación. || Sensación de ahogo. || *Fig.* Vergüenza, rubor. | Grave disgusto : *dar, recibir un sofoco.*

sofocón m. o **sofoquina** f. *Fam.* Disgusto grande.

sofreír v. t. Freír ligeramente.

sofrenar v. t. Tirar de las riendas.

sofrito m. Acción de sofreír.

software m. (pal. ingl.). Logicial.

soga f. Cuerda gruesa y trenzada de esparto. || *Fig.* Estar con la soga al cuello, estar en situación apurada o amenazado de peligro.

Sogamoso, río de Colombia, afl. del Magdalena ; 224 km. Conocido tb. por el n. de *Chicamocha.* — Mun. y c. de Colombia (Boyacá), al NE. de Bogotá. Acerías de Paz de Río.

Sogdiana, región de Asia central que formaba parte del antiguo imperio persa. Está situada en la actual Uzbekistán soviético. C. pr. *Samarcanda.*

Sognefjord, fiordo de Noruega al N. de Bergen.

Sohag, c. en el centro de Egipto, cap. de prov. y a orillas del Nilo.

Soho, barrio del centro de Londres.

soirée [suaré] f. (pal. fr.). Velada, fiesta nocturna.

Soissons [suasón], c. de Francia, al NE. de París (Aisne). Obispado.

soja f. Planta papilionácea de Asia, de fruto semejante al de la judía, del que se extrae un aceite comestible.

Sojo (Felipe), escultor mexicano (1815-1869). || ~ (VICENTE EMILIO) (1887-1974), compositor venezolano, autor de música religiosa.

sojuzgador, ra adj. Que sojuzga (ú. t. c. s.).

sojuzgar v. t. Avasallar, dominar.

Soka, c. del Japón (Honshu), en la parte norte de Tokio.

Sokoto, c. del NO. de Nigeria.

sol m. Astro central, luminoso, del planeta en que vivimos y alrededor del cual giran los otros planetas. (En sentido debe escribirse con mayúscula.) || Astro considerado como el centro de un sistema planetario. || Imagen simbólica del Sol. || Luz, calor del Sol. || Día. || Unidad monetaria del Perú. || *Fig.* Encanto : *¡qué sol de niño !* | Persona a quien se quiere mucho : *ella es el sol de mi vida.* | Parte de las plazas de toros en que da el Sol y donde están las localidades más baratas. || — *Fig. Arrimarse al sol que más calienta,* V. ARRIMAR. | *De sol a sol,* de la mañana a la noche. || *El Imperio del Sol Naciente,* Japón. || *El Rey Sol,* Luis XIV de Francia. || *Fig. Nada nuevo bajo el Sol,* todo lo que hay existía ya siempre. | *No dejar a uno ni a sol ni a sombra,* seguir sus pasos para conseguir lo que se pretende. | *Más hermoso que un sol,* muy bello. || *Piedra del Sol,* V. PIEDRA. | *Fig. Salga el sol por Antequera o por donde quiera,* sea lo que Dios quiera. || *Sol de justicia,* el muy fuerte. || *Sol de las Indias,* girasol. || *Sol naciente, poniente,* el astro cuando sale en el horizonte o cuando desaparece en él. || *Sol y sombra,* localidades expuestas a los rayos del sol solamente durante una parte de la corrida de toros ; mezcla de anís y coñac. — El *Sol* es una estrella cuya energía proviene de los fenómenos termonucleares de transformación del hidrógeno en helio. Su temperatura superficial es de unos 5 750 °C. El radio del globo solar mide 695 000 km aproximadamente y su masa es 33 000 veces mayor que la de nuestro planeta (6 por 10^{21} toneladas). La distancia media de la Tierra al Sol es del orden de 149,5 millones de kilómetros y los rayos solares tardan ocho minutos y 18 segundos para alcanzar la superficie terrestre.

sol m. Quinta nota de la escala musical. || Signo que la representa.

Sol (ISLA DEL). V. TITICACA.

solado m. Solería.

solador, ra m. y f. Persona que tiene por oficio enlosar o entarimar pisos.

soladura f. Solería.

solamente adv. m. Únicamente.

solana f. Lugar en el que da el sol. || Galería para tomar el sol. || Sol fuerte.

Solana (José GUTIÉRREZ). V. GUTIÉRREZ SOLANA. || ~ (RAFAEL), escritor mexicano, n. en 1915, autor de poesías, narraciones y de obras de teatro. Tenía el seudónimo de *José Cándido.*

solanáceo, a adj. y s. f. Dícese de las plantas con flores acampanadas y fruto en baya, como la tomatera, la patata, la berenjena, el pimiento y el tabaco. || — F. pl. Familia que forman.

solanera f. Quemadura de sol. || Solana.

solano m. Viento que sopla de donde nace el Sol.

Solano (San Francisco). V. FRANCISCO SOLANO. || ~ López (FRANCISCO). V. LÓPEZ.

solapa f. Parte de la chaqueta o abrigo, junto al cuello, que se dobla hacia fuera. || Parte del sobre de carta que sirve para cerrarla. || Prolongación lateral de la sobrecubierta de un libro que se dobla hacia dentro. || Carterilla de un bolsillo. || *Fig.* Disimulo.

solapado, da adj. Hipócrita.

solapar v. t. Poner solapas a un traje. || *Fig.* Cubrir una cosa a otra. | Disimular. — V. i. Caer una parte del vestido o de cualquier cosa de manera que cubra a otra.

solar adj. Relativo al Sol : *día, sistema solar.* || Dícese del centro neurovegetativo situado en el abdomen, entre el estómago y la columna vertebral : *plexo solar.* || — *Central solar,* central de producción de energía eléctrica a partir del calor del Sol. || *Colector de energía solar,* dispositivo que recoge la energía calorífica del Sol. || — M. Terreno donde se edifica. || *Suelo : el solar patrio.* | Casa de una familia. || *Cub.* Casa de vecinos.

solar v. t. Revestir el suelo con entarimado, ladrillos, losas u otro material. || Echar suelas al calzado.

Solar (Alberto del), escritor chileno (1860-1921), autor de novelas (*Huincahual*), obras de teatro (*Chacabuco*), poesías (*Juvenilia*) y ensayos. || ~ (ENRIQUE DEL), poeta y novelista chileno (1844-1893).

Solari Swayne (Enrique), dramaturgo peruano, n. en 1915, autor de *Collacocha, La mazorca,* etc.

solariego, ga adj. Del patrimonio familiar : *casa solariega.*

solarium o **solario** m. Lugar habilitado para tomar el sol.

solaz m. Recreo, esparcimiento, distracción : *para solaz del público.*

solazar v. t. Dar solaz, distraer, recrear (ú. t. c. pr.).

soldada f. Salario del soldado.

soldadesco, ca adj. De los soldados. || — F. *Mil.* Ejercicio y profesión de soldado. | Conjunto de soldados poco disciplinados.

soldadito m. Juguete de plomo que representa un soldado.

soldado m. Persona que sirve en el ejército, militar. || Militar sin graduación : *soldado voluntario, bisoño.*

soldador, ra m. y f. Obrero que suelda. || — M. Instrumento para soldar : *soldador eléctrico.*

soldadura f. Modo de unión permanente de dos piezas metálicas o de determinados productos sintéticos ejecutado por medios térmicos : *soldadura autógena.* || Aleación fusible de baja temperatura, a base de estaño, utilizado para realizar la unión de dos metales. || Juntura de dos piezas.

soldar v. t. Unir por medio de una soldadura. || — V. pr. Pegarse, unirse : *soldarse dos huesos rotos.*

Soldi (Raúl), pintor y decorador argentino, n. en 1905, autor de una notable obra de delicado dibujo. Ha realizado también frescos.

soleá f. Copla y danza populares andaluzas de carácter melancólico. (Pl. *soleares.*)

solear v. t. Poner al sol.

solecismo m. Vicio de dicción consistente en una falta de sintaxis o en el empleo incorrecto de una palabra o expresión.

soledad f. Vida solitaria, estado de una persona retirada del mundo o momentáneamente sola. || Lugar en que se vive alejado del trato de los hombres. || Sitio solitario, desierto. || Ú. en pl. : *en las soledades de la Pampa.* || *Fig.* Estado de aislamiento :

soledad moral. ‖ Pesadumbre y nostalgia por la ausencia, pérdida o muerte de alguien o algo queridos.

Soledad, isla de la Argentina en el archip. de las Malvinas, donde se encuentra *Puerto Argentino.* — Mun. y c. del NO. de Colombia (Atlántico). — Monte en el N. de México (Chihuahua ; 2 560 m. — Mun. en el centro de México (San Luis Potosí) ; cap. *Soledad Díez Gutiérrez.* — C. y puerto fluvial al NE. de Venezuela (Anzoátegui). Está unida a Ciudad Bolívar por medio de un puente.

Soledades, poema culterano de Góngora (1613). — Libro de poemas de Antonio Machado (1903).

solemne adj. Celebrado públicamente con pompa o ceremonia : *sesión solemne.* ‖ Acompañado de actos públicos o por formalidades importantes : *compromiso solemne.* ‖ Enfático, grave, majestuoso : *tono solemne.* ‖ Fig. Enorme, descomunal.

solemnidad f. Carácter solemne. ‖ Acto solemne : *celebrar una fiesta con solemnidad.* ‖ Cada una de las formalidades de un acto solemne : *solemnidad de un pacto.* ‖ Gravedad : *la solemnidad del momento.* ‖ Énfasis, majestuosidad. ‖ *Pobre de solemnidad,* muy pobre.

solemnizar v. t. Celebrar de una manera solemne un suceso.

solenoide m. *Fís.* Circuito eléctrico consistente en un alambre arrollado en forma de hélice sobre un cilindro, uno de cuyos extremos vuelve hacia atrás en línea recta paralela al eje de la hélice.

Solentiname, archipiélago al S. de Nicaragua (Río San Juan), en el lago Nicaragua. Tiene cuatro islas y más de treinta islotes.

sóleo m. Músculo de la pantorrilla unido a los gemelos por su parte inferior para formar el tendón de Aquiles.

soler v. i. Acostumbrar (seres vivos). ‖ Ser frecuente (hechos o cosas) : *suele llover en primavera.*

Soler (Antonio), religioso y músico español (1729-1783), autor de obras religiosas, de conciertos para órgano, de composiciones para clavicémbalo y de sonatas. ‖ ~ (BARTOLOMÉ), escritor español (1894-1975). Autor de novelas y obras de teatro. ‖ ~ (DOMINGO), actor mexicano (1902-1961). ‖ ~ (FEDERICO), escritor español (1839-1894), autor de comedias, sainetes y parodias en lengua catalana. Utilizó el seudónimo de *Serafí Pitarra.* ‖ ~ (JOSÉ), compositor argentino, n. en 1935. ‖ ~ (JUAN), arquitecto e ingeniero español (1721-1794). Trabajó en la ciudad de Barcelona. ‖ ~ (MIGUEL ESTANISLAO), general argentino (1783-1849). Combatió en la guerra de Independencia y fue gobernador de la Banda Oriental (1814) y de la Provincia de Buenos Aires (1820). ‖ ~ (RICAURTE), ensayista panameño, n. en 1923.

solera f. Viga. ‖ Piedra plana que sirve de asiento. ‖ Reserva, madre del vino. ‖ Fig. Tradición familiar : *un torero de solera.* ‖ *Una marca de solera,* una marca prestigiosa.

solería f. Material para solar. ‖ Conjunto de baldosas que cubren el suelo de una casa : *solería de terrazo.*

Solesmes [-lem], pobl. de Francia (Sarthe), al SO. de París. Abadía benedictina. Metalurgia.

soleta f. Pieza que se pone en la planta del pie de la media. ‖ *Méx.* Bizcocho alargado y suave. ‖ *Amer.* Sandalia de cuero.

Soleure. V. SOLOTHURN.

solfa f. Solfeo. ‖ *Fam.* Paliza : *le dio una solfa monumental.* ‖ *Fam.* Echar una solfa, echar una bronca. ‖ *Poner en solfa,* burlarse. ‖ *Tomar a solfa,* tomar poco en serio.

solfatara f. En los terrenos volcánicos, abertura por la que se escapan vapores sulfurosos.

solfear v. t. *Mús.* Cantar marcando el compás y pronunciando el nombre de las notas. ‖ *Fam.* Dar una paliza.

solfeo m. Disciplina que constituye la base principal de la enseñanza de la música. ‖ *Fig.* y fam. Paliza.

Solferino, pobl. del N. de Italia en Lombardía (Mantua).

solicitación f. Ruego insistente. ‖

Tentación. ‖ *Solicitación de fondos,* petición de capitales.

solicitador, ra y **solicitante** adj. y s. Que solicita.

solicitar v. t. Pedir una cosa : *solicitar un favor, una plaza.* ‖ Hacer una solicitud para algo. ‖ Requerir : *está muy solicitado.* ‖ Cortejar a una mujer. ‖ Llamar la atención, atraer.

solícito, ta adj. Cuidadoso, diligente : *una madre muy solícita.* ‖ Atento : *mostrarse solícito con él.*

solicitud f. Cuidado, atención. ‖ Petición. ‖ Escrito en que se solicita alguna cosa, instancia.

solidaridad f. Circunstancia de ser solidario en un compromiso. ‖ Adhesión circunstancial a la causa o empresa de otros. ‖ Responsabilidad mutua.

solidario, ria adj. Aplícase a las obligaciones contraídas por varias personas de modo que deben cumplirse enteramente por cada una de ellas : *compromiso solidario.* ‖ Aplícase a la persona que ha adquirido este compromiso con relación a otra u otras : *el marido y la mujer son solidarios.* ‖ Adherido a la causa, empresa u opinión de otro : *solidario de una acción política.* ‖ Dícese de una pieza de un mecanismo unida a otra de manera rígida.

Solidaritat Catalana, movimiento catalanista (1906-1909).

solidarizar v. t. Hacer solidario. ‖ — V. pr. Unirse solidariamente con otros o con una actitud.

solideo m. Casquete con que los eclesiásticos se cubren la coronilla.

solidez f. Calidad de sólido.

solidificación f. Paso del estado líquido o gaseoso al sólido.

solidificar v. t. Hacer pasar al estado sólido : *solidificar un gas* (ú. t. c. pr.).

sólido, da adj. Firme, macizo, denso : *cuerpos sólidos.* ‖ Aplícase al cuerpo cuyas moléculas tienen entre sí mayor cohesión que la de los líquidos (el fósforo es un cuerpo sólido (ú. t. c. s. m.). ‖ *Fig.* Asentado, establecido con razones fundamentales : *un argumento sólido.* ‖ Fuerte, resistente : *muro sólido.* ‖ Firme, estable : *terreno sólido.* ‖ Inalterable, que no destiñe : *colores sólidos.* ‖ — M. *Geom.* Espacio limitado por superficies.

Solikamsk, c. de la U. R. S. S. (Rusia).

soliloquio m. Monólogo.

Solimán — **I,** sultán turco de 1403 a 1411. ‖ **II** *el Magnífico* (1494-1566), sultán turco desde 1520. Fue acérrimo enemigo del emperador Carlos V. ‖ **III** (1642-1691), sultán turco desde 1687.

Solimana, pico de los Andes en el S. del Perú (Arequipa) ; 6 318 m.

Solingen, c. en el O. de Alemania Occidental (Rin Septentrional-Westfalia). Cuchillería. Metalurgia.

solio m. Trono con dosel propio de un soberano, príncipe o papa.

solípedo, da adj. Dícese de los mamíferos ungulados que tienen el pie con un solo dedo o pezuña, como el caballo (ú. t. c. s. m.). ‖ — M. pl. Orden de estos animales.

Solís (Juan DÍAZ DE), navegante español, m. en 1516. Descubrió con Vicente Yáñez Pinzón Yucatán y el Amazonas (1508) y exploró el río de la Plata (1516). ‖ — (RAMÓN), escritor español (1923-1977), autor de novelas (*Apenas cesa la hierba, Un siglo llama a la puerta,* etc.) y de estudios históricos (*El Cádiz de las Cortes*). ‖ — **Folch de Cardona** (José), militar y administrador español (1716-1762), virrey de Nueva Granada (1753-1761). Ingresó luego en la orden franciscana. ‖ — y **Ribadeneyra** (ANTONIO DE), escritor y sacerdote español, n. en Alcalá de Henares (1610-1686), autor de *Historia de la conquista de México,* de comedias (*La gitanilla de Madrid, El amor al uso*) y de poesías.

solista adj. *Mús.* Dícese de la persona que ejecuta un solo. Ú. t. c. s. : *solista de un concierto.*

solitaria f. *Zool.* Tenia.

solitario, ria adj. Desierto : *paraje solitario.* ‖ Que vive solo o sin compañía : *vida solitaria.* ‖ — M. Anacoreta : *el solitario San Antón.* ‖ Diamante montado aisladamente : *un solitario*

engastado en una sortija. ‖ Juego de naipes que sólo necesita un jugador : *solía divertirme haciendo solitarios.*

soliviantar v. t. Excitar el ánimo de una persona para inducirle a rebeldía. ‖ Exasperar, indignar.

Soljenitsyn (Aleksandr), novelista soviético, n. en 1918. Su obra denuncia el régimen de Stalin. Autor de *Un día en la vida de Iván Denisovich, La casa de Matriona, Pabellón de cancerosos, El primer círculo, El archipiélago Gulag,* etc. (Pr. Nobel, 1970).

solo, la adj. Que no tiene compañía, aislado : *estoy solo en mi casa.* ‖ Que no tiene quien le ampare o consuele : *solo en el mundo.* ‖ Único en su especie : *un solo ejemplar.* ‖ Que toca únicamente : *violín solo.* ‖ — M. Paso de danza ejecutado sin pareja. ‖ *Mús.* Composición para una sola voz o un solo instrumento : *un solo para violín.* ‖ *Fam.* Café solo.

Solo. V. SURAKARTA.

sólo adv. Solamente.

Sologne, región de Francia, al S. de la cuenca de París.

Sololá, c. de Guatemala, en un promontorio del lago de Atitlán ; cab. del dep. homónimo. Obispado.

sololateco, ca adj. y s. De Sololá (Guatemala).

solomillo m. En los animales de consumo, carne que se extiende por entre las costillas y el lomo.

Solón, legislador de Atenas (¿ 640-558 ? a. de J. C.), uno de los Siete Sabios de Grecia.

Solórzano (Carlos), escritor guatemalteco, n. en 1922, autor de novelas (*Los falsos demonios*), obras de teatro (*El hechicero, El sueño del ángel*) y ensayos literarios. Reside en México.

Solothurn, en francés *Soleure,* c. en el NO. de Suiza, cap. del cantón homónimo.

Solsona, c. al noroeste de España (Lérida), cap. de la comarca catalana del Solsonès. Obispado.

Solsonès, comarca del NE. de España en Cataluña (Lérida) ; cap. *Solsona.* Agricultura.

solsticio m. Época en que el Sol se halla en uno de los trópicos.

soltar v. t. Desatar, desceñir : *soltar el cinturón* (ú. t. c. pr.). ‖ Dejar en libertad : *soltar a un prisionero.* ‖ Desasir lo que estaba sujeto o detenido : *soltar la barca.* ‖ Ablandar, laxar : *soltar el vientre.* ‖ Iniciar, romper : *soltó el llanto, la risa.* ‖ Descifrar, resolver : *soltar una dificultad.* ‖ *Fam.* Decir : *soltar un juramento, un disparate.* ‖ Asestar, propinar : *le solté una bofetada.* ‖ — No *soltar prenda,* no decir nada. ‖ *Pop. Soltar la mosca,* pagar. ‖ *¡ Suelta !, ¡ habla !, ¡ confiesa !* ‖ — V. pr. Adquirir soltura en hacer algo : *el niño se está soltando en andar.* ‖ Empezar a hablar : *me he soltado en inglés.* ‖ Despacharse, hacer algo sin ninguna retención : *se soltó a su gusto.* ‖ — *Fam. Soltarse el pelo,* desmelenarse, mostrar todo lo que uno es capaz de hacer ; independizarse, hacer su santa voluntad : *esta niña se ha soltado el pelo* ; animarse, quitarse los complejos : *el tímido Juanito se soltó el pelo aquel día.*

soltería f. Estado de soltero.

soltero, ra adj. Dícese de la persona que no se ha casado (ú. t. c. s.).

solterón, ona adj. Soltero ya entrado en años. Ú. t. c. s. : *Juanito era un simpático solterón.*

soltura f. Acción de soltar. ‖ Agilidad, desenvoltura, facilidad, prontitud : *moverse con soltura.* ‖ *Fig.* Descaro, desvergüenza. ‖ Facilidad y claridad de dicción : *soltura en el hablar.*

solubilidad f. Condición de soluble.

solubilizar v. t. Hacer soluble.

soluble adj. Que se puede disolver o desleír : *sustancia soluble.* ‖ *Fig.* Que se puede resolver : *problema soluble.*

solución f. Operación por la que un cuerpo se disuelve en un líquido, disolución : *solución de ácido sulfúrico.* ‖ Líquido que contiene un cuerpo disuelto. ‖ Modo de resolver una dificultad : *no sé qué solución*

SO

SOMALIA

darle a este lío. ‖ Desenlace, conclusión : *la solución de un drama, de un proceso, de un asunto.* ‖ Mat. Valor de las incógnitas en una ecuación. ‖ Indicación de las operaciones que hay que efectuar sirviéndose de los datos de un problema para resolverlo. ‖ Conjunto de estas operaciones. ‖ *Solución de continuidad,* interrupción.

solucionar v. t. Hallar la solución, resolver : *solucionar un conflicto.*

solutrense adj. Dícese de una época o período del paleolítico superior (ú. t. c. s. m.).

Solutré-Pouilly, pobl. de Francia en el O. del centro del país (Saône-et-Loire). Estación prehistórica.

solvencia f. Pago de una deuda. ‖ Capacidad para pagar las deudas contraídas. ‖ Capacidad para cumplir un compromiso moral.

solventar v. t. Resolver, dar solución. ‖ Pagar una cuenta o deuda.

solvente adj. Sin deudas. ‖ Que puede pagar las deudas contraídas. ‖ Capaz de cumplir cualquier compromiso. — M. *Quím.* Disolvente.

Solynieve. V. MONACHIL.

sollado m. Uno de los pisos o cubiertas inferiores del buque.

sollastre m. Pinche de cocina.

Sóller, c. de España (Baleares), en el O. de la isla de Mallorca. Turismo.

sollozar v. i. Emitir sollozos.

sollozo m. Contracción del diafragma con emisión ruidosa de aire, que se produce al llorar : *romper en sollozos.*

soma m. Cuerpo, por oposición a *espíritu* o *psique.*

somalí adj. y s. De Somalia.

Somalia (*República Democrática de*), Estado del NE. de África, formado en 1960 con la unión de las antiguas Somalias británica e italiana ; 637 660 km2 ; 3 800 000 h. Cap. *Mogadiscio o Mogadishu,* 350 000 h. C. pr. *Hargeisa,* 65 000 ; *Kismaayo,* 63 000 ; *Marca,* 60 000. Ganadería. Cultivos tropicales. ‖ *~ Francesa o Costa Francesa de los Somalíes.* V. JIBUTI.

somanta f. Fam. Paliza, zurra.

somatar v. t. *Amer.* C. Dar una paliza. — V. pr. *Amer.* C. Caerse.

somatén m. En Cataluña, milicia o cuerpo rural de gente armada que se reunía al toque de rebato : *llamar, tocar a somatén.* ‖ *¡ Somatén !,* grito de guerra de las antiguas milicias catalanas.

somatenista m. Individuo que forma parte de un somatén.

sombra f. Oscuridad, falta de luz : *las sombras de la noche.* ‖ Proyección oscura que produce un cuerpo al interceptar la luz : *la sombra de un ciprés.* ‖ Lugar donde hay esta oscuridad. ‖ Apariencia, espectro : *la sombra de los difuntos.* ‖ *Fig.* Oscuridad, falta de claridad intelectual : *las sombras de la ignorancia.* ‖ Protección, asilo : *cobijarse a la sombra de la Iglesia.* ‖ Imagen, apariencia, semejanza : *no es ya ni sombra de lo que fue.* ‖ Motivo de inquietud, de tris-

teza : *no hay más que sombras en torno mío.* ‖ Mancha, imperfección : *hay una sombra en su historial.* ‖ Indicio, señal : *no hay ni sombra de duda.* ‖ Persona que sigue a otra por todas partes. ‖ *Taurom.* Localidad preferente en las plazas de toros protegida de los rayos solares (*Falsa regla, falsilla.* ‖ Denominación de ciertos colores oscuros en pintura. ‖ Zona a la que no llegan las señales transmitidas por una emisora de radio o televisión. ‖ — *Fig. Buena o mala sombra, gracia o poca gracia : este chiste tiene muy mala sombra ;* suerte o mala suerte. ‖ *Burlarse hasta de su sombra,* reírse de todo. ‖ *Hacer sombra a alguien,* hacer que una persona pierda en estima por la comparación con otra. ‖ *Pop. Meter a la sombra,* meter en prisión. ‖ *Fig. Ni por sombra,* ni por asomo.

sombra m. Café corto con leche.

sombrajo m. Techo para hacer sombra. ‖ *Fam. Caérsele a uno los palos del sombrajo,* desanimarse.

sombreado m. Gradación difuminada del color en pintura.

sombreador, ra adj. Que sombrea o da sombra.

sombrear v. t. Dar o producir sombra : *sombrear el patio de la casa.* ‖ Poner sombras : *sombrear un dibujo.*

sombrerazo m. Saludo consistente en quitarse el sombrero.

sombrerería f. Fábrica de sombreros. ‖ Tienda en la que se venden. ‖ Oficio de hacer sombreros.

sombrerero, ra m. y f. Persona que hace sombreros o los vende. — F. Caja para guardar sombreros.

sombrerete m. Sombrero pequeño. ‖ Caperuza de algunos hongos.

Sombrerete, mun. en el centro de México (Zacatecas). Minas.

sombrero m. Prenda para cubrir la cabeza, compuesta de copa y ala. ‖ *Bot.* Sombrerillo de los hongos. ‖ Privilegio que tenían los grandes de España de guardar puesto el sombrero ante el Rey. ‖ Parte superior de ciertas piezas mecánicas. — *Fig. y fam. Quitarse el sombrero,* demostrar admiración. ‖ *Sombrero calañés,* el de ala estrecha y vuelta hacia arriba. ‖ *Sombrero cordobés,* el ancho de ala y bajo de copa. ‖ *Sombrero chambergo,* el de ala ancha y levantado por un lado. ‖ *Sombrero de catite,* el calañés con copa alta. ‖ *Sombrero de copa,* el de ala estrecha y copa alta casi cilíndrica usado en ceremonias solemnes. ‖ *Sombrero de jipijapa,* el hecho con paja. ‖ *Sombrero de teja,* el de los sacerdotes. ‖ *Sombrero de tres picos,* tricornio. ‖ *Sombrero flexible,* el de fieltro usado corrientemente. ‖ *Sombrero hongo,* el de copa redonda de fieltro duro. ‖ *Méx. Sombrero jarano,* el de fieltro blanco, ala ancha y copa baja. ‖ *Sombrero jíbaro,* en las Antillas, el usado por la gente del campo.

Sombrero de tres picos (*El*), novela de Pedro Antonio Alarcón (1874), argumento de un ballet de Falla.

sombrilla f. Objeto análogo al paraguas para protegerse del Sol.

sombrío, a adj. Aplícase al sitio poco iluminado : *un lugar sombrío.* ‖ *Fig.* Melancólico, triste.

somero, ra adj. A poca profundidad. ‖ *Fig.* Poco detallado o profundo, superficial : *estudio somero.*

Somerset, condado de Gran Bretaña, al SO. de Inglaterra ; cap. *Taunton.* Agricultura ; ganadería.

Somerset Maugham (William). V. MAUGHAM.

Somerville, c. al NE. de Estados Unidos (Massachusetts), suburbio al N. de Boston. Industrias.

Somes o **Szamos,** río de Rumania y Hungría, afl. del Tisza ; 411 km.

someter v. t. Reducir a la obediencia, sojuzgar : *Roma sometió a medio mundo.* ‖ Proponer la elección, hacer enjuiciar : *someter un proyecto a alguien.* ‖ Hacer que alguien o algo reciba cierta acción : *someter a alguien a tratamiento médico, un metal a la acción de un ácido.* — Ceder, conformarse : *someterse a una decisión.* ‖ Recibir alguien determi-

nada acción : *someterse a una intervención quirúrgica.*

sometimiento m. Sumisión.

Somiedo, v. en el NO. de España (Asturias), y puerto en la Cord. Cantábrica (1 486 m). Coto de caza.

somier m. Bastidor metálico elástico para sostener el colchón de la cama.

Somme [som], río de Francia, que des. en el canal de la Mancha ; 245 km. — Dep. al norte de Francia ; cap. *Amiens.*

sommelier m. (pal. fr.). Encargado de servicio del vino en un restaurante. ‖ Sumiller, bodeguero.

somnambulismo m. Sonambulismo.

somnámbulo, la adj. Sonámbulo (ú. t. c. s.).

somnífero, ra adj. Que causa sueño. Ú. t. c. s. m. : *abusar de los somníferos.* ‖ *Fig.* Muy aburrido.

somnolencia f. Pesadez, torpeza de los sentidos producida por el sueño. ‖ *Fig.* Amodorramiento, sopor.

Somodevilla (Zenón de). V. ENSENADA (Marqués de la).

Somondoco, mun. de Colombia (Boyacá). Esmeraldas.

somorgujo m. Ave palmípeda que mantiene la cabeza largo tiempo bajo el agua.

Somosierra, puerto montañoso en la Cordillera Central de España y al NO. de Madrid. Une las dos Castillas ; 1 430 m.

somoteño, ña adj. y s. De Somoto (Nicaragua).

Somoto, c. al NO. de Nicaragua, cap. del dep. de Madriz.

Somoza (Anastasio), general nicaragüense (1896-1956), pres. de la Rep. de 1937 a 1947 y de 1951 a 1956. M. asesinado. — Su hijo ANASTASIO SOMOZA DEBAYLE (1925-1980), militar y político, pres. de la Rep. de 1967 a 1972 y de 1974 a 1979. Fue derrocado y asesinado en Asunción (Paraguay). — Su otro hijo, LUIS SOMOZA DEBAYLE (1922-1967), fue pres. de la Rep. de 1956 a 1963.

Somport, puerto montañoso de los Pirineos (Huesca), atravesado por un túnel (7 824 m) que une las líneas ferroviarias de España y Francia ; 1 640 m.

son m. Sonido agradable : *el son del violín.* ‖ *Fig.* Rumor de una cosa : *el son de la voz pública.* ‖ Tenor o manera : *a este (o a aquel) son.* ‖ Motivo, pretexto : *con este son.* ‖ Tono, atmósfera : *en este mismo son transcurrió la fiesta.* ‖ *Amer.* Cierto baile acompañado de un estribillo. ‖ — *Fig. y fam. Bailar uno al son que le tocan,* adaptarse a cualquier circunstancia. ‖ *En son de,* en actitud de : *en son de guerra.* ‖ *Sin ton ni son,* sin ningún motivo.

Soná, distrito y c. en el sur del centro de Panamá (Veraguas).

sonado, da adj. Famoso, célebre, renombrado : *una victoria sonada.* ‖ Divulgado, de que se habla mucho : *noticia sonada.* ‖ Con las facultades mentales alteradas. ‖ Chiflado. Aplícase al boxeador muy castigado por los golpes de sus adversarios y que ha perdido sus facultades. ‖ *Fig. Hacer una sonada,* armar un escándalo.

sonador, ra adj. Que suena o hace ruido. — M. Pañuelo.

sonaja f. Par de chapas metálicas que, atravesadas por un alambre, se ponen en algunos juguetes o instrumentos músicos. ‖ Sonajero.

sonajero m. o **sonajera** f. Aro con mango y sonajas o cascabeles utilizado para distraer a los niños.

sonambulismo m. Estado histérico en el cual la persona anda a pesar de estar dormida.

sonámbulo, la adj. Dícese de la persona que, estando dormida, anda y ejecuta actos propios de una persona despierta (ú. t. c. s.).

sonante adj. Sonoro, que suena. ‖ *Dinero sonante,* metálico, dinero en monedas de metal.

sonar m. Aparato de detección submarino por ondas ultrasonoras.

sonar v. i. Causar un sonido : *instrumento músico que suena bien (o mal).* ‖ Pronunciarse, tener una letra valor fónico : *la H no suena.* ‖ Mencionarse, citarse : *su nombre suena* en los medios literarios. || Tener cierto aspecto, causar determinado efecto : *todo eso suena a una vulgar estafa.* || Llegar, suceder : *cuando sonará el momento de la libertad.* | Fam. Recordarse vagamente, decir algo, ser familiar : *no me suèna ese apellido, esa cara.* || Dar : *sonar a muerto.* | Decirse, oírse : *suena que va a ser destituido.* || Arg. Perder en el juego. | Perder un cargo o empleo. | Sufrir las consecuencias de un cambio, de un hecho. | Fracasar. | Morir, fallecer. | Sufrir una enfermedad mental. || Como suena, literalmente, así : *este hombre es un ladrón, como suena.* || — V. t. Tocar un instrumento o hacer que suene una cosa : *sonar las campanas.* || Limpiar de mocos las narices (ú. t. c. pr.).

sonata f. Composición de música de tres o cuatro movimientos para uno o dos instrumentos.

Sonatas, cuatro novelas de Valle-Inclán escritas entre 1902 y 1905 (*Primavera, Estío, Otoño, Invierno*).

sonatina f. Sonata corta.

sonda f. Instrumento utilizado para medir la profundidad del agua en un lugar determinado y que da al mismo tiempo indicaciones de la naturaleza del fondo : *sonda ultrasónica.* || Instrumento médico que se introduce en cualquier vía orgánica para evacuar el líquido que contiene, inyectar una sustancia medicamentosa o simplemente para explorar la región que se estudia. || Aparato de meteorología utilizado para la exploración vertical de la atmósfera. || Aparato con una gran barra metálica que se emplea para perforar a mucha profundidad en el suelo. || *Sonda espacial,* instrumento de observación científica lanzado desde la Tierra para estudiar los espacios interplanetarios o ciertos astros del sistema solar.

Sonda (ARCHIPIÉLAGO DE LA), islas de Indonesia, prolongación de la península de Malaca hasta las Molucas. Las principales islas son Sumatra y Java, separadas de otras (Bali, Timor) por el *estrecho de la Sonda.*

sondable adj. Que se puede sondar.

sondador, ra adj. Que sonda (ú. t. c. s.). || — M. Máquina, dispositivo o aparato utilizado para sondar.

sondar v. t. Echar el escandallo o la sonda al agua para averiguar la profundidad y explorar el fondo. || Averiguar la naturaleza del subsuelo. || Med. Introducir en el cuerpo sondas o instrumentos para diversos fines.

sondear v. t. Sondar, explorar la profundidad del agua o del terreno. || Fig. Tratar de conocer el pensamiento ajeno. | Tantear, estudiar las posibilidades de venta de un producto : *sondear el mercado.* || Hacer un sondeo.

sondeo m. Acción de sondear el agua, el aire o el terreno. || Fig. Procedimiento utilizado para conocer la opinión pública, las posibilidades de un mercado, etc.

Sondrio c. del norte de Italia, en Lombardía, cap de la prov. homónima, a orillas del Adda.

sonetista com. Autor de sonetos.

soneto m. Composición poética de catorce heptadecasílabos distribuidos en dos cuartetos y dos tercetos.

Song XIX dinastía china, que reinó de 960 a 1279 y contó con dieciocho emperadores.

Songjin. V. KIMCHAK.

Song Koi o **Río Rojo,** río en el norte del Vietnam, nacido en China, que des. en el delta de Tonkín a la altura de Hanoi ; 1 200 km.

songo, ga adj. Col. y Méx. Tonto, taimado. || — F. Amer. Ironía, burla. | Méx. Chocarrería.

Songo-La-Maya, -mun. al este de Cuba (Santiago).

songuero, ra m. y f. Méx. Amigo de songas.

songuita f. Amer. Dim. de songa.

sónico, ca adj. De la velocidad del sonido. || Que tiene igual velocidad que éste.

sonido m. Sensación auditiva originada por una onda acústica. || Vibración acústica capaz de engendrar una sensación auditiva. || Cualquier emisión de voz, simple o articulada.

soniquete m. Sonsonete.

sonora adj. Dícese del individuo perteneciente a un pueblo que vivía en el NO. de México y en el SO. de los Estados Unidos (ú. t. c. s.). || Relativo a este pueblo.

Sonora, río del NO. de México (Sonora), que des. en el golfo de California ; 420 km. Embalse en Hermosillo. — Est. del NO. de México ; cap. Hermosillo. Minas. Agricultura. Ganadería. Pesca. Industrias.

sonoridad f. Calidad de lo que es sonoro. || Propiedad que tienen ciertos cuerpos u objetos de producir sonidos intensos o de amplificarlos.

sonorización f. Aumento de la potencia de los sonidos para mejorar su difusión. || Acción de poner sonido a una película cinematográfica. || Fenómeno fonético consistente en el paso de una consonante sorda a una sonora.

sonorizar v. t. Instalar un equipo amplificador de sonidos. || Poner el sonido : *sonorizar una película.* || Convertir una consonante sorda en sonora.

sonoro, ra adj. Que produce un sonido : *instrumento sonoro.* || Que causa un sonido : *golpes sonoros.* || Que tiene un sonido intenso : *voz sonora.* || Que resuena : *iglesia sonora.* || Dícese de cualquier fonema que hace vibrar las cuerdas vocales para articularlo (ú. t. c. s. f.). || — *Banda sonora,* zona de la cinta cinematográfica en la que va grabado el sonido. || *Cine sonoro,* el hablado, posible gracias al montaje de una cinta sonora.

sonoteca f. Archivos que contienen las grabaciones de diversos sonidos.

sonreír v. i. Reírse levemente y sin ruido (ú. t. c. pr.) : *sonreír irónicamente.* || Fig. Tener aspecto agradable y atractivo. | Favorecer : *si la fortuna me sonríe.*

sonriente adj. Que sonríe.

sonrisa f. Esbozo de risa, acción de sonreírse : *una sonrisa de gozo.*

sonrojar v. t. Ruborizar, hacer salir los colores al rostro (ú. t. c. pr.).

sonrojo m. Vergüenza, rubor. || Afrenta, palabra ofensiva.

sonrosado, da adj. Que tiene color rosado : *rostro sonrosado.*

sonrosar v. t. Dar color rosado. || — V. pr. Adquirir un color rosado.

sonsacador, ra adj. Dícese de la persona que sonsaca (ú. t. c. s.).

sonsacar v. t. Lograr de alguien algo con cierta insistencia : *le sonsacó todo lo que quería.* || Hacer que alguien diga o haga lo que uno quiere : *me sonsacó la verdad completa.* || Atraer a un empleado o servidor de otra persona para hacer lo que uno quiere.

sonsear v. i. Arg. Zoncear.

Sonseca, v. en el centro de España (Toledo). Mazapanes.

sonsera f. Arg. Zoncera.

sonso, sa adj. y s. Arg. Zonzo.

Sonsón, c. de Colombia (Antioquia). Obispado. Centro minero. Industrias.

Sonsonate, c. del O. de El Salvador, cap. del dep. homónimo.

sonsonateco, ca adj. y s. De Sonsonate (El Salvador).

sonsonete m. Sonido de golpecitos repetidos con ritmo. || Fig. Sonido desapacible y continuado. | Tonillo de desprecio o burla : *su voz tiene un cierto sonsonete desagradable.* | Tonillo monótono al leer o hablar. | Estribillo, cantinela.

sonsorrión, ona adj. Arg. Zonzorrión.

soñador, ra adj. y s. Que sueña mucho. || Fig. y fam. Que cuenta mentiras o las cree fácilmente. | Fig. Que imagina cosas fantásticas reñidas con la realidad.

soñar v. t. Ver en sueño : *soñé que habías venido.* || Imaginar, figurarse : *nunca dije tal cosa, usted la soñó.* || — V. i. Pensar cosas que se duerme : *soñé que me casaba.* || Fig. Estar distraído, dejar vagar la imaginación : *siempre está soñando durante las clases.* | Pensar, reflexionar con tranquilidad : *es necesario dejarle durante un cierto tiempo para soñar.* | Decir cosas poco juiciosas, extravagantes : *usted sueña cuando habla de paz universal.* | Desear con ardor : *soñar con un futuro mejor.* || — ¡ Ni lo sueñe !, ¡ ni pensarlo ! Fig. Soñar con los ange-

litos, dormir plácidamente. | *Soñar despierto,* imaginar como existente lo que en realidad es irreal.

soñarrera f. Fam. Ganas de dormir. | Sueño pesado.

soñolencia f. Somnolencia.

soñoliento, ta adj. Presa del sueño o que dormita. || Que causa sueño o adormece. || Fig. Lento o perezoso.

sopa f. Pedazo de pan empapado en cualquier líquido. || Guiso consistente en un caldo alimenticio en el que figuran trozos de pan o arroz, fideos, féculas, pastas, etc. | Comida que se da a los mendigos en los conventos, cuarteles y colegios. || — Pl. Trozos o rebanadas de pan que se echan en la sopa. || — Fig. Comer la sopa boba, comer gratis, de gorra ; vivir sin trabajar y a costa de otro. | Fig. Méx. Darle a uno una sopa de su propio chocolate, pagar a una persona con la misma moneda, utilizar los mismos malos medios que él. || Fig. Encontrarse a uno hasta en la sopa, verlo en todas partes. | Estar como una sopa, estar muy mojado. || Sopa de ajo, la hecha con pan mojado y frito y sazonada con ajo, sal y pimienta. | Sopa juliana o de hierbas, la que se hace cociendo varias clases de verduras en un caldo. || Fam. Te dio sopas con honda, te superó ampliamente a ti.

sopapear v. t. Dar sopapos.

sopapo m. Golpe dado con el dorso de la mano debajo de la papada. || Fam. Bofetón, cachete : *le di dos sopapos y lo mandé a la cama.*

sope m. Méx. Tortilla sofrita de maíz rellena de picadillo.

sopera f. Recipiente para servir la sopa.

sopero, ra adj. y s. m. Hondo : *plato sopero.*

sopesar v. t. Fig. Valorar, calcular las dificultades : *hay que sopesar el pro y el contra.*

sopetón m. Pan tostado y mojado en aceite. || Golpe fuerte dado con la mano. || *De sopetón,* repentinamente.

Sopetrán, mun. y v. de Colombia (Antioquia).

sopicaldo m. Caldo claro.

sopitipando m. Fam. Soponcio, desmayo. | Jaleo. | Sopa caliente.

soplado, da adj. Fig. y fam. Borracho. || — M. Operación de soplar el vidrio.

soplador, ra adj. Que sopla. || — M. Soplillo. | Operario que sopla el vidrio.

soplamocos m. inv. Fig. y fam. Golpe dado en las narices, bofetada.

soplar v. i. Echar el aire por la boca o por un fuelle con cierta fuerza. || Correr : *el viento sopla.* | Fam. ¡ Cómo sopla !, ¡ cómo come o bebe ! || — V. t. Dirigir el soplo hacia una cosa para activar, apagar, llenar de aire : *soplar el fuego, una vela, una cámara de balón.* || Apartar con el soplo : *soplar el polvo.* || Dar forma al vidrio mediante el aire expelido por la boca. || Fig. Inspirar : *soplado por las musas.* | Apuntar : *soplar a los compañeros lo que tienen que decir.* | Dar : *le soplió un par de bofetadas.* | Comerse una pieza del contrario en las damas cuando ésta no hizo lo propio con una que tenía a su alcance. || Fig. y fam. Hurtar, birlar, quitar : *le soplió la cartera.* | Denunciar, acusar : *soplar del criminal a la policía.* || — V. pr. Comer o beber en abundancia : *me soplé un pollo.*

soplete m. Aparato que produce una llama al hacer pasar una mezcla de aire o de oxígeno y un gas inflamable por un tubo : *soplete oxhídrico.*

soplido m. Soplo : *de un soplido derribó el castillo de cartas.*

soplillo m. Instrumento que sirve para remover o echar aire. || Fig. y fam. Orejas de soplillo, muy grandes.

soplo m. Viento que se produce al echar aire por la boca. || Movimiento del aire. || Sonido mecánico u orgánico parecido al producido por la respiración o por un fuelle : *soplo del corazón.* || Fig. Inspiración : *los soplos de la Providencia.* | Momento, instante : *llegó en un soplo.* | Denuncia, delación. || Fig. y fam. delator.

soplón, ona adj. Fam. Que acusa en secreto : *un niño soplón.* || — M. y f. **615**

Delator. ‖ — M. Méx. Gendarme. ‖ *Amér. C.* Apuntador de teatro.

soponcio f. *Fam.* Desmayo.

sopor m. Adormecimiento.

soporífero, ra y **soporífico, ca** adj. Que incita al sueño o lo causa. ‖ *Fig. y fam.* Pesado, aburrido.

soportable adj. Tolerable.

soportal m. Pórtico en la entrada de algunas casas. ‖ — Pl. Arcadas, espacio cubierto en una calle o plaza a lo largo de las fachadas de los edificios.

soportar v. t. Sostener por debajo, llevar la carga de : *pilares que soportan un edificio.* ‖ *Fig.* Tener a su cargo : *soportar una responsabilidad.* ‖ Sobrellevar, resistir, sufrir : *soportó valientemente su desgracia.* ‖ Resistir, aguantar : *soportar el frío, el ataque del enemigo.* ‖ Tolerar, admitir : *no soporto este olor.* ‖ — V. pr. Tolerarse : *se soportan mutuamente.*

soporte m. Apoyo que sostiene por debajo. ‖ Pieza, en un aparato mecánico, destinada a sostener un órgano en la posición de trabajo. ‖ *Fig.* Lo que sirve para dar una realidad concreta : *estos son los soportes de su doctrina.* ‖ En informática, cualquier material que sirve para recibir, transportar, conservar y restituir la información (tarjeta perforada, cinta magnética, disco, etc.). ‖ *Soporte publicitario*, medio utilizado para hacer publicidad, como son la prensa, la televisión, los carteles, etc.

Sopot, c. del N. de Polonia, cerca de Gdansk. Estación balnearia.

soprano m. Voz más aguda entre los humanos que corresponde a la más alta de las mujeres o niños. ‖ — Com. Cantante que tiene esta voz.

Sopron, en alemán *Ödenburg,* c. al O. de Hungría, en la frontera con Austria. Iglesias góticas.

soquete m. *Amer.* Calcetín corto.

sor f. Hermana religiosa (úsase sólo como tratamiento).

Sor (Fernando), compositor español (1778-1839), autor de óperas (*Telémaco*), ballets (*Hércules y Onfalia*) y numerosas obras para guitarra. Escribió un método para este instrumento y un tratado de armonía. Residió en Londres y en París.

Sorata, cima andina al O. de Bolivia (La Paz) ; 6 650 m Llamada tb. *Illampu.* — Pobl. al O. de Bolivia, cap. de la prov. de Larecaja (La Paz). Plata.

sorber v. t. Beber aspirando : *sorber huevos.* ‖ Aspirar con la nariz. ‖ Absorber con los mocos. ‖ *Fig.* Escuchar con gran atención : *sorber las palabras de alguien.* ‖ *Fig. y fam. Sorber el seso a uno*, tenerlo muy enamorado.

sorbete m. Helado hecho con zumo de frutas. ‖ *Amer.* Paja para sorber líquidos. ‖ *Méx.* Chistera. ‖ *Fig. Como un sorbete*, muerto de frío.

sorbo m. Líquido que se bebe de una vez : *un sorbo de café.* ‖ Cantidad pequeña de líquido. ‖ *A sorbos*, bebiendo poco a poco. ‖ *Entre sorbo y sorbo*, poco a poco.

Sorbona (La), en fr. *La Sorbonne,* n. con el que se conoce parte de la Universidad de París, derivado de *Robert de Sorbon* (1201-1274), fundador de un colegio para estudiantes pobres (1257). Actualmente está dividida en varias universidades.

sorche o **sorchi** m. *Fam.* Soldado.

Sordelli (Alfredo), bacteriólogo argentino, n. en 1891.

sordera f. Privación o disminución del sentido del oído : *sordera parcial.*

sordidez f. Miseria, suciedad. ‖ Tacañería, avaricia.

sórdido, da adj. Miserable y sucio, repugnante : *vivienda sórdida.* ‖ *Fig.* Vil, bajo : *egoísmo sórdido.* ‖ Avaro.

sordina f. Nombre dado a determinados recursos mecánicos de diferentes tipos que sirven para amortiguar el sonido de un instrumento. ‖ *Fig. Poner sordina a*, hacer algo que no haga demasiado ruido o que no tenga demasiada resonancia.

sordo, da adj. Que tiene el sentido del oído más o menos atrofiado (ú. t. c. s.). ‖ Que no quiere comprender : *¿ está usted sordo ?* ‖ Dícese de aquello cuyo sonido está apagado : *ruido, voz, golpe sordo.* ‖ *Fig.* Que no quiere hacer caso, insensible a : *sor-*

dos a nuestras súplicas. ‖ Que se verifica secretamente, sin manifestaciones exteriores : *guerra sorda entre los dos clanes.* ‖ Dícese de un fonema cuya emisión no hace vibrar las cuerdas vocales : *las consonantes sordas son p, z, s, ch, k, o, q y j* (ú. t. c. s. f.). ‖ — *Fig. A la sorda o a sordas,* calladamente. ‖ *Hacerse el sordo,* no querer escuchar ni comprender. ‖ *Más sordo que una tapia,* muy sordo. ‖ *No hay peor sordo que el que no quiere oír,* es mucho más difícil hacerse comprender por una persona que no quiere mantener ninguna clase de diálogo que por uno que sea verderamente sordo.

sordomudez f. Calidad o carácter de sordomudo.

sordomudo, da adj. Dícese del individuo mudo por ser sordo de nacimiento (ú. t. c. s.).

Sorel, c. al E. del Canadá (Quebec).

Sörensen (Sören Peter), químico danés (1868-1939). Definió el pH o índice de acidez.

sorgo m. Planta parecida al maíz.

Soria, c. de España, cap. de la prov. homónima (Castilla). Obispado de Burgo de Osma-Soria.

sorianense adj. y s. De Soriano (Uruguay).

soriano, na adj. y s. De la ciudad o provincia de Soria (España).

Soriano, dep. en el suroeste del Uruguay ; cap. *Mercedes.*

Soriano (Osvaldo), escritor argentino, n. en 1943, autor de novelas (*Triste, solitario y final, No habrá más penas ni olvido, Cuarteles de invierno*).

Sorlingas (ISLAS), en ingl. *Scilly Islands,* pequeño archipiélago británico, entre el comienzo del canal de la Mancha y el de Bristol ; cap. *Hugh Town.*

sorna f. Tono burlón al hablar.

Soro (Enrique), pianista y compositor chileno (1884-1954), autor de *Dos sinfonías sinfónicas, Concierto para piano y orquesta, Sinfonía romántica, Aires chilenos* y de retratos.

Sorocaba, pobl. en el E. del Brasil (São Paulo). Obispado. Industrias.

sorocharse v. pr. *Amer.* Tener soroche. ‖ *Chil.* Ruborizarse.

soroche m. *Amer.* Dificultad de respirar producida por la rarefacción del aire en ciertos lugares elevados : *el soroche de los Andes.* ‖ *Chil.* Rubor. ‖ *Bol. y Chil.* Galena, piedra.

Sorolla (Joaquín), pintor español, n. en Valencia (1863-1923), autor de escenas marítimas (*¡ Y aún dicen que el pescado es caro !*) y de retratos.

Sorozábal (Pablo), músico español, n. en 1897, autor de zarzuelas (*Katiuska, La tabernera del puerto, La del manojo de rosas,* etc.) y de otras composiciones (*Suite vasca, Capricho español*).

sorprendente adj. Asombroso.

sorprender v. t. Coger en el momento de verificar un hecho : *sorprender a un atracador.* ‖ Ocurrir inesperadamente : *le sorprendió la noche mientras viajaba.* ‖ Asombrar : *todo me sorprende en este mundo* (ú. t. c. pr.). ‖ Descubrir inopinadamente o por artificio : *sorprender un secreto.*

sorprendido, da adj. Cogido de improviso.

sorpresa f. Impresión producida por algo que no se esperaba. ‖ Asombro, sentimiento experimentado ante lo sorprendido : *pasados los momentos de sorpresa.* ‖ Gusto inesperado que se le da a alguien : *le voy a dar una gran sorpresa.* ‖ Operación de guerra que coge al enemigo desprevenido : *Haba que se pone en el rincón de Reyes.* ‖ *De sorpresa,* inesperadamente.

sorpresivo, va adj. *Amer.* Que sorprende, sorprendente, imprevisto.

sorrascar v. t. *Méx.* Asar carne a medias sobre brasas.

Sorrento, c. del S. de Italia (Campania), en el golfo de Nápoles. Arzobispado. Catedral. Turismo.

Sors (Fernando). V. SOR.

Sorsogón, c. de Filipinas (Luzón), cap. de prov. Agricultura.

Sort, c. del NE. de España (Lérida), cap. de la comarca catalana de Pallars Sobirá.

sortear v. t. Hacer un sorteo : *sortea-*

ron los premios. ‖ *Fig.* Evitar, esquivar : *sortear las dificultades.* ‖ Driblar, regatear en deportes. ‖ *Taurom.* Torear, esquivar las acometidas del toro.

sorteo m. Acción de sacar los números en una lotería. ‖ Procedimiento utilizado antiguamente para designar los quintos que habían de hacer el servicio militar y, actualmente, para determinar sus destinos.

sortija f. Aro de metal, generalmente precioso, que se pone como adorno en cualquier dedo.

sortilegio m. Adivinación de los hechiceros. ‖ *Fig.* Magia, hechicería. ‖ Atractivo, seducción, embrujo : *el sortilegio de sus ojos.*

sorumpio m. *Arg.* Irritación de los ojos debida al resplandor de la nieve.

S. O. S. Señal de auxilio transmitida telegráficamente por los buques o aviones en peligro. (Corresponde a las siglas de la expresión inglesa *save our souls,* salvad nuestras almas.)

Sos del Rey Católico, v. al NE. de España (Zaragoza). Lugar de nacimiento de Fernando el Católico.

sosa f. Barrilla, planta quenopodiácea de la que se obtiene sosa. ‖ *Quím.* Óxido de sodio. ‖ *Sosa cáustica,* hidróxido sódico, sustancia blanca transparente que tiene aplicaciones industriales (jabones, papel, vidrio, etc.).

Sosa (Francisco), historiador mexicano (1848-1925).

sosaina com. *Fam.* Soso.

sosegado, da adj. Tranquilo.

sosegar v. t. Aplacar, pacificar : *sosegar los ánimos.* ‖ *Fig.* Aquietar el espíritu (ú. t. c. pr.). ‖ — V. i. Descansar, reposar.

sosegate m. *Amer.* Riña o bofetada dada a alguien para que no repita lo que estaba haciendo o diciendo.

soseras com. inv. Persona sin gracia.

sosería f. Cosa sin gracia.

sosia o **sosias** m. Persona muy parecida a otra.

sosiego m. Calma, tranquilidad.

soslayar v. t. Esquivar, pasar por alto : *soslayar una pregunta indiscreta.*

soslayo (al o de) adv. Oblicuamente, de lado : *mirar de soslayo.*

Sosneado, pobl. y cerro de los Andes en el O. de la Argentina (Mendoza) ; 5 189 m.

Sosnowiec, c. al S. de Polonia y al NE. de Katovice. Metalurgia.

soso, sa adj. Falto de sal : *la sopa está sosa.* ‖ *Fig.* Carente de gracia.

sospecha f. Opinión poco favorable respecto a una persona : *conducta exenta de sospechas.* ‖ Simple conjetura, idea vaga, indicio.

sospechar v. t. Tener la creencia de que alguien sea el autor de un delito. Ú. t. c. i. : *todo el vecindario sospechaba de él.* ‖ Creer, tener indicios : *sospecho que Pedro miente.* ‖ Imaginar : *no sospechaba su gran iniquidad.*

sospechoso, sa adj. Que da lugar a sospechas (ú. t. c. s.). ‖ Que no es de fiar.

sostén m. Lo que sostiene o sirve de apoyo : *sostén del emparrado.* ‖ Persona que asegura la subsistencia de la familia. ‖ *Fig.* Apoyo : *el sostén de una organización.* ‖ Prenda interior femenina que sirve para sostener los pechos.

sostenedor, ra adj. y s. Que sostiene. ‖ Defensor, sostenedor de la fe, de un ideal.

sostener v. t. Servir de base, de apoyo, de fundamento. ‖ Impedir que se caiga : *sostener un herido.* ‖ Apoyar, ayudar : *sostener un partido.* ‖ Dar fuerzas : *sostener al enfermo a base de medicamentos.* ‖ Mantener : *sostener una gran familia.* ‖ Alimentar : *sostener una conversación.* ‖ Soportar, tolerar : *sostener una situacion desagradable.* ‖ Defender : *sostener sus convicciones.* ‖ Sufrir : *sostener los embates de la vida.* ‖ Resistir a : *doctrina que no puede sostener un análisis profundo.* ‖ Exponer y responder a las preguntas u objeciones hechas : *sostener una tesis.* ‖ Tener : *sostuvo una correspondencia conmigo ; sostener buenas relaciones.* ‖ Afirmar, asegurar : *sostenía la esfericidad de la Tierra.* ‖ Costear : *sostener un colegio de huérfanos.* ‖ Continuar, seguir : *sostuvieron el combate largo tiempo.*

Poder resistir : *sostuvo su ·mirada.* ‖ Alimentar, nutrir : *la carne sostiene más que las verduras.* ‖ Mantener a flote : *el agua del mar sostiene más que el agua dulce.* ‖ — V. pr. Mantenerse sin caerse. ‖ Seguir en vida, en funciones : *sostenerse en el poder.* ‖ Mantenerse. ‖ Ayudarse : *se sostuvieron mutuamente.*

sostenido, da adj. Que no decae : *esfuerzo sostenido.* ‖ Aplícase a las notas musicales que tienen un semitono más que las corrientes : *fa sostenido.* ‖ — M. Signo que aumenta las notas musicales en un semitono.

sostenimiento m. Sostén. ‖ Mantenimiento : *sostenimiento de precios, de las relaciones, de una opinión, de una tesis.* ‖ Alimentación, manutención.

sota f. Décima carta de la baraja española que tiene la figura de un paje.

sotabanco m. Alojamiento que se encuentra encima de la cornisa general de la casa. ‖ Desván.

sotabarba f. Papada.

sotana f. Vestidura de los eclesiásticos. ‖ *Fam.* Zurra, paliza.

sótano m. Parte subterránea de un edificio entre los cimientos.

Sotará, cima volcánica de los Andes, en el oeste de Colombia (Cauca) ; 4 800 m.

sotavento m. *Mar.* Costado de la nave opuesto al barlovento, es decir, en la parte opuesta al lado de donde viene el viento.

Sotavento (ISLAS DE), islas de las Antillas Menores, cerca de las costas de Venezuela, pertenecientes a Holanda (Curazao, Aruba y Bonaire) y a Venezuela (Nueva España). Los ingleses llaman *Leeward Islands* (Islas de Sotavento) a unas islas en el N. de las Antillas Menores (Barbuda, Islas Vírgenes, Montserrat).

Sotchi, c. del SO. de la U. R. S. S. (Rusia), a orillas del mar Negro.

sotechado m. Cobertizo.

soterraño, ña y **soterrado, da** adj. Oculto, enterrado.

soterrar v. t. Enterrar, poner debajo de tierra. ‖ *Fig.* Esconder. ·

soto m. Arboleda en las orillas de un río. ‖ Terreno lleno de matas y árboles, monte bajo.

Soto (Domingo de), dominico y teólogo español (1494-1570). Estuvo en el Concilio de Trento. ‖ ~ (HERNANDO DE), navegante español (¿1500 ?-1542). Nombrado gobernador de Cuba (1538), exploró el SE. de los actuales Estados Unidos y descubrió el Misisipí. ‖ ~ (JESÚS RAFAEL), escultor vanguardista venezolano, n. en 1923. ‖ ~ (MARCO AURELIO), político hondureño (1846-1908), pres. de la Rep. de 1874 a 1875 y de 1877 a 1883. ‖ ~ (PEDRO JUAN), escritor puertorriqueño, n. en 1928, autor de novelas (*El francotirador*). ‖ ~ **Alfaro** (BERNARDO), político costarricense (1854-1931), pres. de la Rep. de 1885 a 1889. ‖ ~ **Avendaño** (ERNESTO), escultor argentino (1886-1969). ‖ ~ **Hall** (MÁXIMO), escritor y diplomático guatemalteco (1871-1944), autor de novelas, poesías y dramas.

Soto la Marina, río en el E. de México, en Nueva León y Tamaulipas ; 257 km. — C. y puerto en el E. de México (Tamaulipas).

sotole m. Méx. Palma gruesa que se emplea para fabricar chozas.

sotreta m. Riopl. Rocín, matalón. ‖ Individuo inútil.

sotto voce [*soto voche*] expr. ital. En voz baja.

Sotuta, ant. centro de la civilización maya, al SE. de Mayapán y de México (Yucatán).

Soublette (Carlos), general venezolano (1789-1870). Luchó en la guerra de la Independencia y fue pres. de la Rep. de 1843 a 1847.

soufflé [*suflé*] adj. (pal. fr.). Dícese de un plato de consistencia esponjosa preparado en el horno (ú. t. c. s. m.).

Soufflot (Germain), arquitecto neoclásico francés (1713-1780), autor del *Panteón de París.*

Soulcuque (Faustino), político haitiano (1782-1867), antiguo esclavo negro. Se proclamó emperador con el nombre de *Faustino I* (1849-1859). Gobernó despóticamente.

Soult [*sult*] (Jean de Dieu, llamado **Nicolas**), mariscal de Francia (1769-1851). Intervino en España durante la invasión napoleónica (1808-1813).

Sousa (Martim Afonso de), navegante portugués, m. en 1564. Jefe de la primera expedición al Brasil (1530), fundó la población de San Vicente (1532). ‖ ~ (TOMÉ DE), político portugués del s. XVI, primer gobernador del Brasil (1549-1553) y fundador de la c. de Salvador (Bahía). M. en 1573. ‖ ~ **Caldas** (ANTONIO PEREIRA DE), religioso y poeta lírico brasileño (1762-1814).

South ~ **Bend,** c. al N. de Estados Unidos (Indiana), en el área metropolitana de Chicago. Industrias. ‖ ~ **Dum Dum,** c. en el NE. de la India (Bengala Occidental), en el área metropolitana de Calcuta. ‖ ~ **Shields,** c. y puerto de Gran Bretaña, en el N. de Inglaterra (Durham). Astilleros. ‖ ~ **Suburban,** c. al NE. de la India (Bengala Occidental), en el área metropolitana de Calcuta.

Southampton, c. y puerto de Gran Bretaña, en el sur de Inglaterra (Hampshire). Industrias naval.

Southend-on-Sea, c. de Gran Bretaña, al E. de Inglaterra (Essex).

Southport, c. de Gran Bretaña en el O. de Inglaterra (Lancashire).

Soutine (Chaim), pintor francés, n. en Lituania (1894-1943).

Souza (Washington Luis PEREIRA DE). V. PEREIRA.

soviet m. Consejo de los delegados de obreros, campesinos y soldados en la U. R. S. S.
— Desde 1917, el *soviet* constituye en la U. R. S. S. la célula de la sociedad marxista. La Constitución revolucionaria de 1918 organizó la administración política basándose en la jerarquía de los consejos de obreros, campesinos y soldados, y los diversos Estados que integran la Unión adoptaron el nombre de "repúblicas socialistas soviéticas".

soviético, ca adj. Del soviet. ‖ Relativo a la U. R. S. S. ‖ — M. y f. Ciudadano de la U. R. S. S.

sovietización f. Acción y efecto de sovietizar.

sovietizar v. t. Dar un carácter soviético.

Sovietsk, antes *Tilsit,* c. de la U. R. S. S. (Rusia), a orillas del Niemen.

sovjoz m. (pal. rusa). En la U. R. S. S., extensa granja modelo del Estado.

Soweto, suburbio de la ciudad de Johannesburgo (África del Sur).

Soyapango, c. de El Salvador, en el área metropolitana de San Salvador.

spaghetti [*espagueti*] m. (pal. ital.). Pasta alimenticia deshidratada en forma de finos largos.

Spalato. V. SPLIT.

Spandau, ant. c. de Alemania, actualmente barrio de Berlín. En su prisión cumplieron su pena los criminales de guerra alemanes (1946-1968).

Spanish Town o **Santiago de la Vega,** c. al O. de Kingston, cap. de Jamaica hasta 1870.

sparring o **sparring-partner** m. (pal. ingl.). Púgil que boxea contra otro para entrenarle.

Sparrows Point, suburbio de Baltimore (Estados Unidos). Acero.

speaker [*spíker*] m. (pal. ingl.). En la Gran Bretaña, presidente de la Cámara de los Comunes, y de la Cámara de Representantes en los Estados Unidos. ‖ (P. us.). Locutor de radio.

Spelucín (Alcides), poeta modernista peruano, n. en 1897, autor de *El libro de la nave dorada, Paralelas sedientas,* etc.

Spencer (Herbert), filósofo inglés (1820-1903), padre de la filosofía evolucionista.

Spengler (Oswald), filósofo alemán (1880-1936), autor de *La decadencia de Occidente.*

Spenser (Edmund), poeta inglés (1552-1599), autor de *Epitalamios.*

Speyer. V. ESPIRA.

Spezia (La), c. y puerto al NO. de Italia en Liguria, cap. de la prov. homónima. Obispado. Refinería.

Spilimbergo (Lino Eneas), pintor y grabador argentino (1896-1964), autor de una amplia obra llena de serenidad y equilibrio.

spin m. (pal. ingl.). Momento ciné-

tico de un electrón o· de cualquier partícula.

spinnaker m. (pal. ingl.). Vela triangular utilizada por los yates en las regatas para adquirir mayor velocidad.

Spinola (Antonio Sebastião RIBEIRO DE), general portugués, n. en 1910, pres. de la Rep. en 1974. Dimitió en 1975. ‖ V. ESPÍNOLA.

Spinoza (Baruch de), filósofo holandés (1632-1677), cuyo racionalismo le condujo a una visión pnteísta del universo.

Spira. V. ESPIRA.

Spira (Jorge de), conquistador alemán, m. en 1540, gobernador de Venezuela de 1533 a 1538.

spiritual m. (pal. ingl.). Canto religioso que entonan los negros norteamericanos.

Spitteler (Carl), poeta y escritor suizo de expresión alemana (1845-1924), autor de poemas épicos y alegóricos. (Pr. Nóbel, 1919.)

Spitzberg. V. SVALBARD.

spleen [*splin*] m. (pal. ingl.). Esplín.

Split, en ital. *Spalato,* c. y puerto en el oeste de Yugoslavia (Croacia).

Spokane, c. en el NO. de Estados Unidos (Washington). Obispado.

Spoleto. V. ESPOLETO.

sport m. (pal. ingl.). Deporte. ‖ *De sport,* de hechura cómoda : *chaqueta de sport.*

sportsman m. y **sportswoman** f. (pal. ingl.). Deportista. (Pl. *sportsmen* y *sportswomen.*)

spot m. (pal. ingl.). Proyector. ‖ Anuncio breve en la televisión : *me molestan enormemente los múltiples spots publicitarios.*

Spota (Luis), novelista mexicano, n. en 1925, autor de *Casi el paraíso, La sangre enemiga, Palabras mayores, La plaza, Los sueños del insomnio, Paraíso 25,* etc.

spray m. (pal. ingl.). Pulverizador.

Spree, río de Alemania Oriental, afl. del Havel. Pasa por Berlín ; 403 km.

Springfield, c. del NE. de Estados Unidos (Massachusetts). Obispado. Importante museo de pintura. ‖ C. en el NE. del centro de Estados Unidos (Ohio). C. en el NE. de Estados Unidos, cap. del Estado de Illinois. Obispado. — C. de Estados Unidos (Misuri).

Springs, c. en el N. de la Rep. de África del Sur, cerca de Johannesburgo. Oro. Metalurgia.

sprint m. (pal. ingl.). Aceleración del atleta al llegar a la meta. ‖ Carrera de velocidad en una distancia corta.

sprinter m. (pal. ingl.). En deportes, corredor de velocidad.

Sputnik, nombre dado al primer satélite artificial lanzado por la U. R. S. S. en 1957.

squash m. (pal. ingl.). Juego, semejante al frontón, practicado con raquetas.

squatter m. (pal. ingl.). Persona que se instala ilegalmente en una casa o piso deshabitado.

Sr, símbolo del *estroncio.*

Sr., Sra., abrev. de *señor, señora.*

Sremski Karlovci. V. CARLOVICI.

Sri Lanka, nombre que toma desde 1972, la isla de Ceilán (*Ver*).

Srinagar, c. en el N. de la India, al mismo tiempo que Jammu, del Estado de Jammu y Cachemira.

Srta., abrev. de *señorita.*

SS, policía militar del partido nazi alemán, creada en 1925.

st, símbolo de estéreo.

st, símbolo de *stokes.*

stábat m. Himno y canto musical dedicados a los dolores de la Virgen María al pie de la Cruz.

stádium m. Estadio.

Staël [*stal*] (Madame de), escritora francesa, n. en París (1766-1817), hija de Necker. Autora de novelas (*Delfina, Corinna*) y ensayos.

staff m. (pal. ingl.). Personal, conjunto de empleados. ‖ *Mil.* Estado Mayor.

Stafford, c. de Gran Bretaña en Inglaterra, al NO. de Birmingham, cap. homónima. Industrias.

Stajanov (Alexei), minero soviético (1905-1977), cuyo esfuerzo sirvió de modelo para aumentar la producción.

stajanovismo m. En la U. R. S. S. y otros países, aplicación colectiva del

SO

617

sistema de Stajanov para aumentar la producción.

stajanovista adj. Relativo al stajanovismo. ‖ — Com. Partidario del stajanovismo o que aplica este sistema o método de trabajo.

Stalin (PICO). V. COMUNISMO.

Stalin (José Visarionovich CHUGACHVILI, llamado), político soviético, n. en Gori (Georgia) [1879-1953]. Sucesor de Lenin en 1924, dirigió desde entonces la política de la Unión Soviética hasta su muerte. Fue comandante general en la guerra contra Alemania. Su régimen autoritario provocó una viva reacción después de su muerte.

Stalinabad. V. DUCHAMBE.

Stalingrado. V. VOLGOGRADO.

Staliniri. V. TSKHINVALI.

stalinismo m. Conjunto de teorías y métodos de Stalin.

stalinista adj. Relativo al stalinismo. ‖ Partidario de él (ú. t. c. s.).

Stalino. V. DONETSK.

Stalinogrod. V. KATOVICE.

Stalinsk. V. NOVOKUZNETSK.

Stalinstadt. V. EISENHÜTTENSTADT.

Stamford, c. y puerto al NE. de Estados Unidos (Connecticut), en los suburbios de Nueva York. Obispado.

stand m. (pal. ingl.). En una exposición, feria, etc., sitio reservado a los expositores, caseta.

standard m. (pal. ingl.). Tipo, modelo. ‖ Standard de vida, nivel de vida. ‖ — Adj. De serie: producción standard.

standardización y standarización f. Normalización de modelos de fabricación.

standardizar y standarizar v. tr. Normalizar, fabricar con arreglo a unas normas definidas.

standing (pal. ingl.). Equilibrio hecho con una bicicleta parada o rodando muy lentamente. ‖ Nivel de vida. ‖ Categoría.

Stanislav. V. IVANO-FRANKOVSK.

Stanley (John ROWLANDS, Sir Henry Morton), explorador británico (1841-1904). Fue a África en busca de Livingstone (1871) y recorrió este continente de este a oeste descubriendo el río Congo (1874-1877). Se puso al servicio del rey Leopoldo II de Bélgica y creó para él el Estado independiente del Congo.

Stanley Pool [-pul]. V. MALEBO POOL.

Stanleyville. V. KISANGANI.

Stanovoi (Montes), cordillera de la U. R. S. S. en Siberia oriental : 2 998 m.

star f. (pal. ingl.). Estrella de cine : las stars de Hollywood. ‖ Embarcación monotipo de regatas a vela para dos tripulantes.

Stara ‖ ~ Planina, nombre búlgaro de los Balcanes. ‖ ~ Zagora, c. y distrito en el centro de Bulgaria.

star-system m. (pal. ingl.). Sistema de distribución y producción de ciertos espectáculos (cine, etc.) basado en el prestigio de los intérpretes.

starter m. (pal. ingl.). El que en las carreras da la señal de partida. ‖ Arranque, dispositivo situado en el carburador de los automóviles cuyo funcionamiento permite un arranque rápido a causa de enviar al motor una mezcla de carburante más rica que la normal.

statu quo m. (pal. lat.). Estado actual de una situación.

Stavanger, c. y puerto del SE. de Noruega. Metalurgia. Astilleros.

Stavropol, de 1935 a 1943 Vorochilovsk, c. de la U. R. S. S. (Rusia). Gas natural y petróleo. Metalurgia.

Stavros. V. ESTAGIRA.

steeple-chase m. (pal. ingl.). Carrera de obstáculos a caballo o a pie.

Stein (Gertrude), escritora norteamericana (1874-1946), autora de ensayos.

Steinbeck (John), escritor norteamericano, n. en Salinas (California) [1902-1968], autor de novelas (La fuerza bruta, Las uvas de la ira, Tortilla Flat, Al Este del Edén, Un combate dudoso, etc.) [Pr. Nobel, 1962.]

Stelvio, puerto montañoso de los Alpes italianos : 2 757 m.

stencil m. (pal. ingl.). Cliché de multicopista.

Stendhal (Henri BEYLE, llamado), escritor francés, n. en Grenoble (1783-

1842), autor de novelas (Armancia, Rojo y Negro, La cartuja de Parma, Un oficial enamorado o Lucien Leuwen, Lamiel, etc.) y ensayos (Sobre el amor).

Stephenson (George), ingeniero inglés (1781-1848), inventor de la locomotora de vapor (1814).

sterling adj. (pal. ingl.). Esterlina.

Sterlitamak, c. de la U. R. S. S. (Rusia), en la República autónoma de Bachkiria. Petróleo.

Sterne (Laurence), novelista inglés (1713-1768), autor de Tristán Shandy y Viaje sentimental.

Stevenage, c. de Inglaterra, al N. de Londres. Industria electrónica.

Stettin. V. SZCZECIN.

Stevenson (Robert Louis BALFOUR), escritor británico, n. en Edimburgo (1850-1894), autor de novelas de aventuras (La isla del tesoro) y El extraño caso del Dr. Jekyll y de Mr. Hyde).

steward m. (pal. ingl.). Auxiliar de vuelo en los aviones de línea.

Steyr, c. al N. de Austria, a orillas del río del mismo nombre. Metalurgia.

stick m. (pal. ingl.). Palo con que los jugadores de hockey golpean la pelota.

Stiernhielm (Georg), escritor sueco (1598-1672), llamado Padre de la poesía en su país.

Stirling, c. de Gran Bretaña en el centro de Escocia y a orillas del río Forth. Universidad.

stock m. (pal. ingl.). Existencias, cantidad de mercancías en depósito. ‖ Stock exchange, la Bolsa inglesa.

stock-car m. (pal. ingl.). Automóvil de carreras de obstáculos.

Stockhausen (Karlheinz), compositor alemán, n. en 1928.

Stockport, c. de Gran Bretaña en Inglaterra, al SE. de Manchester (Cheshire). Textiles.

Stockton, c. y puerto del S. de Estados Unidos (California). Obispado. ‖ ~ on-Tees, c. de Gran Bretaña, en el N. de Inglaterra (Durham), a orillas del Tees. Metalurgia.

Stoke-on-Trent, c. de Gran Bretaña, en Inglaterra (Stafford) y al sur de Manchester. Industrias.

stokes m. Unidad de medida de viscosidad cinemática en el sistema C. G. S. (símb., St.).

Stonehenge, localidad en el sur de Gran Bretaña (Wiltshire). Monumento megalítico de la era neolítica.

stop m. (pal. ingl.). En las carreteras, señal que obliga a los vehículos a marcar un tiempo de parada. ‖ En los telegramas, término para separar las frases, punto. ‖ — Interj. Se usa para detener o pararse.

Storm (Theodor), poeta y narrador alemán (1817-1888).

Storni (Alfonsina), poetisa lírica argentina, n. en Suiza (1892-1938), autora de La inquietud del rosal, El dulce daño, Languidez, Ocre, Mascarilla y trébol, etc. Cantó en sus poemas el amor con fervor apasionado. Escribió algunas obras de teatro para niños. Se suicidó arrojándose al mar.

Stowe (Harriet BEECHER). V. BEECHER STOWE.

stradivarius m. Violín construido por Stradivarius.

Stradivarius (Antonio), fabricante de violines italiano, n. en Cremona (¿1644 ?-1737).

Straits Settlements o Establecimientos de los Estrechos, ant. colonias británicas en la penins. de Malaca (Penang, Singapur, Malaca).

Stralsund, c. y puerto en el mar Báltico de Alemania Oriental.

Stratford-upon-Avon, o Stratford-on-Avon, c. de Gran Bretaña, en el centro de Inglaterra (Warwick). Lugar de nacimiento de William Shakespeare.

Strathclyde, región administrativa de la Gran Bretaña (Escocia) ; cap. Glasgow.

Strauss (Johann), músico austríaco (1825-1899), autor de valses (El Danubio azul, Voces de Primavera, Cuentos de los bosques de Viena, etc.) y de operetas (El murciélago). ‖ ~ (RICHARD), músico alemán (1864-1949), autor de óperas (Salomé, Electra, El Caballero de la rosa) y de poemas sinfónicos (Don Juan, Muerte y transfi-

guración, Till Eulenspiegel, Don Quijote).

Stravinski (Igor), compositor ruso, naturalizado norteamericano (1882-1971), autor de poemas sinfónicos (La consagración de la Primavera), ballets (El pájaro de fuego, Petruchka), sonatas y conciertos.

Stresa, c. al NO. de Italia en Piamonte (Novara), a orillas del lago Mayor.

stress m. (pal. ingl.). Agotamiento físico general producido por un estado nervioso, conjunto de alteraciones que aparece en el organismo al estar éste sometido a una agresión simplemente física (traumatismo), patológica (enfermedad) o psíquica.

Stretford, c. de Gran Bretaña en el E. de Inglaterra (Lancashire). Forma parte del gran Manchester.

Strindberg (August), escritor sueco (1849-1912), autor de novelas (La sala roja, El alegato de un loco, En las islas), dramas (La señorita Julia) y obras de teatro históricas y realistas (El viaje de Pedro el feliz, Camaradas, El sueño).

strip-tease [striptis] m. (pal. ingl.). Espectáculo que consiste en desnudarse en público con acompañamiento de música o de danza.

Stroessner (Alfredo), general paraguayo, n. en 1912, pres. de la Rep. en 1954, reelegido en 1958, 1963, 1968, 1973, 1978 y 1983. Ha estabilizado la economía.

Stromboli. V. ESTRÓMBOLI.

Stuart. V. ESTUARDO. ‖ ~ Mill (John). V. MILL.

Stúñiga (Lope de), poeta español (¿ 1415 ?-1465), autor de numerosas composiciones y de una compilación de obras de los poetas de la corte de Alfonso V de Aragón, llamada Cancionero de Stúñiga.

stupa m. Monumento funerario de origen indio.

Sturm und Drang (Tempestad e Impulso), movimiento literario alemán que ejerció gran influencia entre 1770 y 1790. Fue una reacción contra el racionalismo y el primer indicio romántico.

Stuttgart, c. en el SO. de Alemania Occidental, cap. de Baden-Wurtemberg. Puerto fluvial.

su, sus, adj. pos. de 3.ª pers. en gén. m. y f. y ambos núms. : su padre, sus amigos. (Esta forma es apócope de suyo, suyos y se emplea sólo cuando precede al nombre.)

— OBSERV. A veces este adjetivo entraña ambigüedad, puesto que se puede referir tanto a la segunda persona de cortesía como a la tercera persona del singular o del plural. Por eso, muchas veces hay que precisar quién es el poseedor o cambiar el orden de la frase.

Su Che o Su Shi o Su Dongpo o Su Tong-Po, escritor chino (1036-1101).

Suabia, ant. ducado de Alemania, hoy división administrativa del SE. de Baviera y Baden-Wurtemberg ; cap. Augsburgo. ‖ ~ y Franconia (Cuenca de), cuenca sedimentaria de Alemania Occidental, al norte del Danubio, entre la Selva Negra y el macizo de Bohemia. Está en los Estados de Baviera, Baden-Wurtemberg y Hesse.

suampo m. Amér. C. Ciénaga.

Suances, pobl. al norte de España (Cantabria). Playas.

Suárez (Francisco), teólogo, filósofo y jesuita español, n. en Granada (1548-1617), autor de Disputaciones metafísicas, Jus gentium y Defensio fidei. Se le dio el nombre de Doctor Eximius. ‖ ~ (ISIDORO), militar argentino (1799-1846). Participó en las batallas de Maipo, Junín y Ayacucho. ‖ ~ (JOAQUÍN), político y patriota uruguayo (1781-1868), pres. interino de la Rep. de 1843 a 1852 y defensor de Montevideo, sitiado por Oribe. ‖ ~ (MARCO FIDEL), escritor y político colombiano (1855-1927), pres. de la Rep. de 1918 a 1921. Autor de Sueños de Luciano Pulgar, compilación de su obra. ‖ ~ de Figueroa (CRISTÓBAL), escritor español (1571-1645), autor del cuadro de costumbres El pasajero y de la novela pastoril La constante

Amarilis. ‖ ~ **de Mendoza** (LORENZO), administrador español, m. en 1583. Fue virrey de la Nueva España de 1580 a 1583. Tenía el título de *conde de La Coruña.* ‖ ~ **Figueroa** (SERGIO), escritor boliviano (1923-1968), autor de poesías surrealistas y obras de teatro (*El arpa en el abismo, La peste negra).* ‖ ~ **González** (ADOLFO), político español, n. en 1932, pres. del Gobierno (1976-1981), artífice de la transición política tras el fuerte período de gobierno del general Franco. Se le ha concedido el título de *duque de Suárez.* ‖ ~ **Peralta** (JUAN), cronista mexicano (1537-¿1590 ?), autor de *Tratado del descubrimiento de las Indias y su conquista.* ‖ ~ **Rendón** (GONZALO), conquistador español del s. XVI, fundador de Tunja (1539). ‖ ~ **y Romero** (ANSELMO), novelista cubano (1818-1878), autor del relato antiesclavista *Francisco.*

suasorio, ria adj. Que persuade.

suave adj. Dulce : *luz, voz suave.* ‖ Liso y blando al tacto : *piel suave.* ‖ *Fig.* Tranquilo : *carácter suave.* ‖ Que no implica gran esfuerzo : *pendiente suave.* ‖ Leve : *brisa suave.* ‖ Que no es violento : *colores suaves.* ‖ Dócil, apacible. ‖ *Fig.* Ser más suave *que un guante,* ser muy dócil.

suavidad f. Condición de suave.

suavización f. Acción y efecto de suavizar.

suavizador, ra adj. Que suaviza.

suavizante adj. Que suaviza.

suavizar v. t. Hacer suave (ú. t. c. pr.). ‖ Templar el carácter áspero.

Suazilandia, Estado enclavado en el NE. de la Rep. de África del Sur; 17 363 km² ; 600 000 h. Cap. *Mbabane,* 27 000 h. Hierro. Amianto. Reino independiente en 1815, fue protectorado de Transvaal a partir de 1903 y en 1907 de Gran Bretaña. Es independiente desde 1968.

Suazo Córdova (Roberto), médico y político hondureño, n. en 1927, elegido pres. de la Rep. a finales de 1981. Inició su mandato en enero de 1982.

subacuático, ca adj. Submarino.

subafluente m. Corriente de agua que desemboca en un afluente.

subalimentación f. Alimentación insuficiente.

subalimentar v. t. Alimentar insuficientemente.

subalpino, na adj. En las faldas de los Alpes.

subalternizar v. t. *Arg.* Subordinar. ‖ Hacer pasar a segundo plano.

subalterno, na adj. Inferior, subordinado, que depende de otro : *personal subalterno* (ú. t. c. s.). ‖ Secundario : *cuestión subalterna.* ‖ *Mil.* De servicios auxiliares.

Subandinas (*Sierras*), conjunto de montañas que se extienden desde el SE. del Perú hasta el NO. de la Argentina.

subarrendador, ra m. y f. Persona que subarrienda algo.

subarrendamiento m. Acción y efecto de subarrendar, subarriendo.

subarrendar v. t. Dar o tomar en arriendo una cosa de manos de otro arrendatario de ella, realquilar.

subarrendatario, ria m. y f. Persona que toma algo en subarriendo.

subarriendo m. Contrato por el que se subarrienda algo. ‖ Precio en que se hace.

subasta f. Procedimiento de venta pública en la que el adjudicatario es el mejor postor : *sacar a pública subasta.* ‖ Contrata pública ofrecida al candidato que haga la oferta más ventajosa.

subastar v. t. Vender u ofrecer una contrata en pública subasta : *subastó los objetos de arte que tenía.*

subcomisión f. Grupo de individuos de una comisión con cometido especial : *una subcomisión parlamentaria.*

subconsciencia f. Actividad mental que escapa a la introspección del sujeto.

subconsciente adj. Que no llega a ser consciente ‖ Relativo al subconsciente. ‖ — M. Subconsciencia.

subcontratar v. t. Ceder en subcontrato. ‖ Tomar en subcontrato.

subcontratista com. Persona que ejecuta un trabajo en subcontrato.

subcontrato m. Contrato por el cual una empresa se compromete a ejecu-

tar un trabajo por cuenta de otra generalmente más importante.

subcutáneo, a adj. Que está, vive o se introduce debajo de la piel: *parásito subcutáneo.* ‖ Hipodérmico: *inyección subcutánea.*

subdelegación f. Distrito, oficina y empleo del subdelegado.

subdelegado, da adj. y s. Que sirve inmediatamente a las órdenes del delegado o lo sustituye.

subdelegar v. t. Dar el delegado su jurisdicción a otro.

subdesarrollado, da adj. Dícese del país o de la región caracterizado por el bajo nivel de vida originado por la escasa explotación de los recursos naturales y la insuficiencia de las industrias y del transporte.

subdesarrollo m. Estado de un país en el que el capital es insuficiente en relación con la población y con los recursos naturales existentes y explotados.

subdirección f. Empleo y oficina del subdirector.

subdirector, ra m. y f. Persona que sigue en jerarquía al director.

súbdito, ta adj. y s. Sujeto a una autoridad soberana con obligación de obedecerla : *los súbditos de un rey.* ‖ — M. y f. Natural o ciudadano de un país : *súbdito argentino.*

subdividir v. t. Dividir lo que ya ha sido dividido.

subdivisión f. Acción y efecto de subdividir o subdividirse. ‖ Cada parte que resulta.

subemplear v. t. Emplear de manera insuficiente.

subempleo m. Empleo de un trabajador por un tiempo inferior al normal. ‖ Empleo que no corresponde a la cualificación profesional del trabajador.

Subercaseaux (Benjamín), escritor chileno (1902-1973), autor de *Chile o una loca geografía, Jemmy Button y Daniel, niño de lluvia.* ‖ — **Errázuriz** (PEDRO), pintor chileno (1881-1958), autor de cuadros históricos. ‖ — **Vicuña** (PEDRO), pintor y político chileno (1854-1936), notable paisajista. ‖ — **Vicuña** (RAMÓN), escritor chileno (1854-1937), autor de ensayos.

subestimación f. Acción y efecto de subestimar.

subestimar v. t. Estimar menos de lo debido.

subexponer v. t. Exponer poco una emulsión fotográfica.

Subiaco, c. de Italia (Roma).

subibaja m. Columpio consistente en una tabla móvil apoyada por el centro en un punto fijo.

subida f. Ascensión : *la subida de una montaña.* ‖ Camino que va subiendo, cuesta. ‖ *Fig.* Alza : *subida de precios, de valores.*

subido, da adj. *Fig.* Muy vivo : *rojo subido.* ‖ Muy fuerte : *olor subido.* ‖ Muy elevado : *precio subido.* ‖ — *Fig. Subido de color,* verde, licencioso. ‖ *Subido de tono,* impertinente, atrevido.

subíndice m. *Mat.* Letra o número que, colocado bajo un símbolo, la completa.

subinspección f. Función, cargo y oficina del subinspector.

subinspector, ra m. y f. Jefe inmediato después del inspector.

subir v. t. Recorrer, ir de abajo arriba : *subir una escalera, una cuesta* (ú. t. c. pr.). ‖ Llevar a un lugar más alto : *subir una maleta al desván* (ú. t. c. pr.). ‖ Poner un poco más arriba : *subir en la pared un cuadro.* Ú. t. c. pr. : *súbete los calcetines.* ‖ Dar más fuerza o vigor : *subir los colores* ; ‖ Aumentar : *la empresa subió los salarios.* ‖ Levantar : *subir los hombros.* ‖ Aumentar la altura de un líquido : *subir el termómetro agitándolo.* ‖ — V. i. Ascender, ir de un lugar a otro más alto : *subir al quinto piso, a un árbol, en tren* (ú. t. c. pr.). ‖ Montar en un vehículo, en una embarcación, etc. : *subir en un caballo* (ú. t. c. pr.). ‖ *Fig.* Ascender, alcanzar una categoría más alta : *subir en el escalafón.* ‖ Elevarse : *avión que sube.* ‖ Ser superior de nivel : *el río sube* ; *la fiebre sube.* ‖ Incrementarse, acrecentarse : *la curiosidad*

de *todo el mundo subía.* ‖ Aumentar : *han subido los precios, el sueldo.* ‖ Alcanzar, importar, elevarse : *la cuenta subió más de lo que creía.*

súbito, ta adj. Inesperado, imprevisto, repentino : *un ataque súbito.* ‖ Impulsivo : *carácter súbito.*

subjefe, fa m. y f. Segundo jefe.

subjetividad f. Individualidad, carácter específico de una persona.

subjetivismo m. Doctrina o actitud filosófica que defiende que la realidad se crea en la mente del individuo.

subjetivo, va adj. Que se refiere al sujeto que piensa, por oposición a *objetivo.* ‖ Propio de una persona determinada, individual, personal : *todo lo que te digo no es más que una impresión subjetiva.*

subjuntivo, va adj. Dícese del modo verbal empleado para expresar que una acción está concebida como subordinada a otra, como un simple deseo del sujeto o como una hipótesis. ‖ — M. Este modo verbal.

sublevación f. y **sublevamiento** m. Desacato violento de la ley o contra la autoridad constituida.

sublevar v. t. Alzar en sedición o motín : *sublevar a las tropas, al pueblo.* ‖ *Fig.* Excitar indignación o protesta : *esta injusticia me subleva.* ‖ — V. pr. Alzarse en rebelión : *las tropas se sublevaron.*

sublimación f. Acción y efecto de sublimar : *sublimación química.* ‖ *Fig.* Engrandecimiento, exaltación.

sublimado m. Producto químico obtenido por sublimación.

sublimar v. t. Engrandecer, exaltar, ensalzar o poner en alto : *sublimar el amor a la patria.* ‖ En química, volatilizar un cuerpo sólido, sin pasar por el estado líquido, o viceversa.

sublime adj. Excelso, eminente.

sublimidad f. Carácter de sublime.

submarinismo m. Exploración bajo las aguas.

submarinista adj. Relativo al submarinismo. ‖ — M. Tripulante de un submarino. ‖ — M. y f. Persona que practica el submarinismo.

submarino, na adj. Que está o se desarrolla debajo de la superficie del mar : *fauna, flora submarina.* ‖ — M. Embarcación capaz de navegar bajo el agua : *el submarino de Monturiol se llamaba « el Ictíneo ».*

submúltiplo, pla adj. Aplícase al número contenido exactamente en otro dos o más veces : *4 es submúltiplo de 28* (ú. t. c. s. m.).

subnormal adj. Que es inferior a lo normal. ‖ Dícese de la persona cuyo desarrollo intelectual es deficiente (ú. t. c. s.).

subnormalidad f. Condición de subnormal.

subocupación f. *Amer.* Subempleo.

suboficial m. Categoría militar entre la de oficial y cabo.

suborden m. Cada uno de los grupos taxonómicos en que se dividen los órdenes de plantas y animales.

subordinación f. Sujeción, dependencia, sumisión. ‖ *Gram.* Relación entre la oración subordinada y la principal.

subordinado, da adj. Sujeto a otro o dependiente de otra cosa. Ú. t. c. s. : *tratar con deferencia a los subordinados.* ‖ Oración subordinada, oración gramatical que completa el sentido de otra, llamada *principal.*

subordinar v. t. Hacer que personas o cosas dependan de otras : *subordinar las diversiones a los deberes* (ú. t. c. pr.). ‖ Considerar como inferior : *subordinar el deporte al arte.*

Subótica, c. al NE. de Yugoslavia (Voivodina), fronteriza con Rumania.

subproducción f. Producción inferior al promedio normal.

subproducto m. Cuerpo obtenido de modo accesorio en la preparación química industrial o como residuo de una extracción : *los subproductos del petróleo.*

subprograma m. En informática, conjunto de instrucciones que realizan una función particular dependiente del programa principal.

Subra al-Jayma, c. de Egipto en el área metropolitana de El Cairo.

subrayado, da adj. Dícese de la letra, palabra o frase con una línea

debajo para llamar la atención. || — M. Acción y efecto de subrayar.

subrayar v. t. Poner una raya bajo una letra, palabra o frase para llamar la atención. || Fig. Insistir, recalcar, hacer hincapié. (Debe pronunciarse sub-Rayar.)

subreino m. Cada uno de los dos grupos (metazoos y protozoos) en que se divide el reino animal.

subrepticio, cia adj. Dícese de lo que se hace a escondidas.

subrogación f. Sustitución.

subrogar v. t. Sustituir (ú. t. c. pr.). [Debe pronunciarse sub-Rogar.]

subsanable adj. Disculpable. || Remediable, corregible.

subsanar v. t. Remediar un defecto o falta. || Corregir. || Resolver : subsanó las innumerables dificultades que se le presentaron.

subscribir y sus derivados. V. SUS-CRIBIR y sus derivados.

subsecretaria f. Cargo y oficina del subsecretario.

subsecretario, ria m. y f. Ayudante de un secretario. || Persona que desempeña las funciones de secretario general de un ministro. || Subsecretario de Estado, cargo inferior al de secretario de Estado en algunos países.

subsecuente adj. Que viene o sigue después.

subseguir v. i. Seguir una cosa a otra (ú. t. c. pr.). || — V. pr. Deducirse.

subsidiado, da adj. Que recibe subsidios (ú. t. c. s.).

subsidiar v. t. Conceder subsidios.

subsidiariedad f. Condición de subsidiario.

subsidiario, ria adj. Que se da en socorro o subsidio de uno : indemnización subsidiaria. || For. Aplícase a la acción que suple a otra principal.

subsidio m. Socorro, ayuda, auxilio extraordinario : subsidio de paro forzoso. || Prestación efectuada por un organismo para completar los ingresos de un individuo o familia.

subsiguiente adj. Que sigue.

subsistencia f. El hecho de subsistir : la subsistencia de la nación. || Estabilidad y conservación de las cosas : la subsistencia de ciertas leyes. || Conjunto de medios necesarios para vivir : las subsistencias de un pueblo.

subsistente adj. Que subsiste.

subsistir v. i. Permanecer, durar, conservarse : subsistir una constitución política. || Vivir : subsistir un pueblo. || Estar en vigor : subsistir un reglamento.

subsónico, ca adj. De velocidad inferior a la del sonido.

substancia y sus derivados. V. SUS-TANCIA y sus derivados.

substantivo y sus derivados. V. SUS-TANTIVO y sus derivados.

substituir y sus derivados. V. SUSTI-TUIR y sus derivados.

substraer y sus derivados. V. SUS-TRAER y sus derivados.

substrato m. Sustrato.

subsuelo m. Terreno que está debajo de una capa de tierra laborable : subsuelo calcáreo. || Parte profunda del terreno ajena a la propiedad del dueño de la superficie.

subsumir v. t. Pensar un caso particular como comprendido en un concepto general.

subte m. Arg. Fam. Metro, ferrocarril metropolitano.

subterfugio m. Pretexto, evasiva.

subterráneo, a adj. Que está debajo de tierra : aguas subterráneas. || — M. Cualquier lugar o espacio que está debajo de tierra : el subterráneo de una casa. || Arg. Ferrocarril metropolitano.

subtipo m. Cada uno de los grupos taxonómicos en que se dividen los tipos de plantas y animales.

subtitular v. t. Poner subtítulo.

subtítulo m. Título secundario que se pone después del principal : los subtítulos de un trabajo literario. || Traducción resumida de una película cinematográfica en versión original, situada debajo de la imagen.

suburbano, na adj. Que está muy cerca de la ciudad : barrio suburbano. || Relativo al suburbio : comunicaciones suburbanas. || — M. y f. Habitante de un suburbio. || — M. En algunas

---

ciudades, tren que une el suburbio con la ciudad : tomar el suburbano.

suburbio m. Barrio, arrabal o población muy próxima a una ciudad.

subvalorar v. t. Valorar en menos.

subvención f. Cantidad dada por el Estado o por una colectividad, etc. a una sociedad, empresa o individuo : subvención teatral. || Cantidad de dinero dada por el Estado a los productores o vendedores de determinados bienes o servicios de que los obtengan del precio de venta o de coste. ner artificialmente una disminución sectores público y privado para obte-

subvencionar v. t. Favorecer con una subvención.

subvenir v. i. Venir en auxilio, ayuda o socorro. || Sufragar.

subversión f. Acto de destruir o echar por tierra lo constituido : la subversión del orden público.

subversivo, va adj. Capaz de subvertir o que tiende a ello : se oyeron gritos subversivos.

subvertir v. t. Trastornar.

subyacente adj. Que está debajo, oculto : músculos subyacentes.

subyugación f. Avasallamiento.

subyugador, ra adj. y s. Que subyuga.

subyugar v. t. Avasallar, dominar : subyugar a un pueblo. || Fig. Dominar : subyugar las pasiones. || Atraer mucho, seducir.

succión f. Acción de chupar.

succionar v. t. Chupar.

Suceava, c. del NE. de Rumania.

sucedáneo, a adj. Aplícase a cualquier sustancia con la que se sustituye otra. || — M. Producto con el que se sustituye otro : los sucedáneos del café son innumerables.

suceder v. i. Venir después de, a continuación en lugar de : un gran desencanto sucedió a todas las ilusiones. || Ser heredero : sucedió a su abuelo en el cargo. || Estar una cosa a continuación de otra : a las pequeñas lomas sucedía una inmensa cordillera. || — V. impers. Ocurrir, pasar, verificarse, resultar, realizarse, producirse : sucedió lo que tenía que suceder. || — V. pr. Ocurrir una cosa después de otra, formar una serie continua.

sucedido m. Suceso.

sucesión f. Serie de personas o de cosas que se siguen sin interrupción o con poco intervalo : una sucesión de desgracias. || Transmisión del patrimonio de una persona fallecida a una o varias personas. || Descendencia, conjunto de hijos o herederos : falleció sin sucesión.

— Se ha dado históricamente el nombre de Guerra de Sucesión a tres grandes conflictos de sucesión dinástica : 1.º La Guerra de Sucesión de España (1700-1714), iniciada después del fallecimiento de Carlos II, último monarca español de la dinastía austriaca. Luis XIV de Francia apoyaba la candidatura de su nieto Felipe de Anjou (Felipe V) y se enfrentó a Austria, Inglaterra, Holanda y Portugal, que sostenían al archiduque Carlos ; Felipe V salió victorioso en Villaviciosa, Brihuega, Almansa y Barcelona. Pusieron fin al conflicto los tratados de Utrecht, Rastadt y Baden. — 2.º La Guerra de Sucesión de Polonia (1733-1738), que estalló al morir el rey Augusto II y terminó por la paz de Viena que reconoció a Augusto III el Elector de Estanislao Leczinski. — 3.º La Guerra de Sucesión de Austria (1740-1748), declarada al morir el emperador Carlos VI y terminada por la Paz de Aquisgrán.

sucesivo, va adj. Que sucede o se sigue : en días sucesivos. || En lo sucesivo, desde ahora.

suceso m. Cosa que sucede, acontecimiento : suceso feliz, infausto. || Transcurso del tiempo. || Resultado, conclusión. || Galicismo por éxito, triunfo. || Sección de sucesos, apartado en un periódico en el que se relatan los hechos delictivos, accidentes y otros acontecimientos de una ciudad.

sucesor, ra adj. y s. Que sucede a uno o sobreviene en su lugar.

sucesorio, ria adj. Relativo a la sucesión : conflicto sucesorio.

---

suciedad f. Calidad de sucio : la suciedad de la playa. || Porquería : hay un poco de suciedad en el carburador. || Fig. Dicho o hecho sucio.

sucinto adj. Breve, lacónico, conciso : relato sucinto. || Fig. Pequeño, breve : traje de baño sucinto.

sucio, cia adj. Que tiene manchas o impurezas : un vestido sucio. || Que ensucia fácilmente : un producto sucio. || Fig. Dícese del color turbio : un blanco sucio. || Vil, innoble : conducta sucia. || Que tiene alguna impureza. || — Adv. Fig. Sin observar las debidas reglas o leyes : jugar sucio.

sucre m. Unidad monetaria del Ecuador dividida en 100 centavos.

Sucre, c. de Bolivia, en el S. del centro, cap. del dep. de Chuquisaca y residencia del poder judicial de la Rep. Arzobispado. Industrias. Universidad. Fundada en 1538, ha tenido tb. sucesivamente los nombres de Charcas, La Plata y Chuquisaca. En ella se proclamó la independencia del Alto Perú (1825). — Dep. de Colombia en las llanuras del Norte ; cap. Sincelejo. Agricultura, ganadería. — Pobl. en el O. del Ecuador, cab. del cantón de 24 de Mayo (Manabí). — Estado del N. de Venezuela (Distrito Federal), en el Gran Caracas.

Sucre (Antonio José de), prócer de la Independencia americana, n. en Cumaná (Venezuela) [1795-1830], lugarteniente de Bolívar. Proclamó la libertad del Ecuador con la victoria de Pichincha (1822) y la del Perú con la de Ayacucho (1824). Pres. de la Rep. de Bolivia de 1826 a 1828. M. asesinado en los montes de Berruecos, cerca de la ciudad de Pasto (Colombia), cuando viajaba de Bogotá a Quito.

sucrense adj. y s. De Sucre (Bolivia, Colombia y Venezuela).

sucreño, ña adj. y s. De Sucre (Bolivia).

suculencia f. Condición de suculento.

suculento adj. Muy nutritivo y sabroso : comida suculenta.

sucumbir v. i. Ceder, rendirse, someterse : sucumbir ante la fuerza. || Morir, perecer. || Fig. No resistir : sucumbió a sus pasiones.

sucursal adj. Dícese del establecimiento comercial o industrial dependiente de uno central (ú. t. c. s. f.).

Su Che, escritor chino (1036-1101).

Suches, río que nace en el S. del Perú, se adentra en Bolivia y des. en el lago Titicaca.

Suchet (Louis), mariscal de Francia (1770-1826). Luchó en Austerlitz (Bohemia) y Sagunto (España). Recibió el título de duque de Albufera.

Sucheu, v. en el centro de China (Kiangsú).

Suchiate, río de Guatemala y de México que desemboca en el Pacífico. — Mun. al SE. de México, fronterizo con Guatemala ; cap. Ciudad Hidalgo.

suchil m. Nombre que se aplica a algunas flores de México. || Culebra venenosa de México.

Suchitán, cima volcánica en el S. de Guatemala (Jutiapa) ; 2 047 m. Recibe tb. el n. de Mita.

suchitepequense y **suchitepe-sano, na** adj. y s. Del dep. de Suchitepéquez (Guatemala).

Suchitepéquez, dep. al S. de Guatemala, en la llanura costera del Pacífico ; cap. Mazatenango.

Suchitoto, distrito, mun. y c. del centro de El Salvador (Cuscatlán).

sucho, cha adj. y s. Amer. Tullido.

sud, forma prefija de sur : sudoeste, sudamericano. || — M. Amer. Sur.

sudaca adj. Fam. Emigrante o exiliado político sudamericano que vive en España (ú. t. c. s.).

sudadera f. Producción de sudor.

sudadero m. Manta que se pone a los caballos debajo de la silla.

Sudafricana (UNIÓN). V. ÁFRICA DEL SUR.

sudafricano, na adj. y s. De África del Sur.

Sudamérica. V. AMÉRICA del Sur.

sudamericano, na adj. y s. De América del Sur.

Sudán (REPÚBLICA DEL), Estado de África oriental, en la región del Alto

Nilo ; 2 506 000 km² ; 19 800 000 h. (sudaneses). Cap. *Jartum*, 600 000 h. Otras c. : *Omdurmán*, 305 000 h. ; *El Obeid*, 100 000 ; *Puerto Sudán*, 140 000 ; *Wadi Medani*, 110 000 ; y *Jartum Norte*, 155 000. Los habitantes son árabes, en el Norte, y negros, en el Sur. Agricultura. Ganadería.

Sudán Francés, antigua colonia francesa, hoy República de Malí.

sudanés, esa adj. y s. Del Sudán.

sudar v. i. Transpirar, eliminar el sudor. ‖ *Fig.* Destilar jugo ciertas plantas. ‖ Rezumar humedad : *sudar un cántaro, una pared.* ‖ *Fig. y fam.* Trabajar con gran esfuerzo y desvelo : *sudamos a todo sudar para acabar este diccionario.* ‖ — V. t. Empapar en sudor : *sudar una camisa.* ‖ *Fig.* Lograr con un gran esfuerzo : *he sudado el aprobado en los exámenes.* ‖ *Fig. Sudar la gota gorda* o *el quilo* o *tinta, sudar mucho ; costar algo gran trabajo.*

sudario m. Lienzo en que se envuelven los cadáveres. ‖ *El Santo Sudario,* aquel en el que se envolvió el cuerpo de Cristo.

Sudbury, c. del Canadá (Ontario).

sudestada f. *Arg.* Viento con lluvia del Sudeste.

sudeste m. Punto del horizonte entre el Sur y el Este, y viento que sopla de esta parte.

Sudetes (MONTES DE LOS), reborde noreste de Bohemia (Checoslovaquia) ; altura máxima en los Montes de los Gigantes. La región fue anexada por Alemania de 1938 a 1945.

sudista adj. Relativo a los Estados del Sur durante la Guerra de Secesión de los Estados Unidos (1861-1865). ‖ — Com. Partidario de estos Estados.

sudoeste m. Punto del horizonte entre el Sur y el Oeste, y viento que sopla de esta parte.

Sudoeste Africano. V. NAMIBIA.

sudor m. Humor acuoso que segregan las glándulas sudoríparas de la piel de los mamíferos. ‖ *Fig.* Jugo o goma que destilan las plantas: *el sudor de los árboles.* ‖ Gotas que salen de lo que contiene humedad: *el sudor de un botijo.* ‖ Trabajo y fatiga: *ganar el pan con sudor.* ‖ — *Con el sudor de su frente,* con gran trabajo. ‖ *Fam. Esto me ha costado sudores,* me ha costado mucho trabajo o dificultad.

sudorífero, ra y **sudorífico, ca** adj. Aplícase al medicamento que hace sudar (ú. t. c. s. m.).

sudoríparo, ra adj. Que produce sudor : *glándulas sudoríparas.*

sudoroso, sa adj. Que suda mucho. ‖ Muy propenso a sudar.

sudras m. pl. Casta religiosa de la India formada por los obreros y campesinos.

Sue (Eugène), novelista francés, n. en París (1804-1857), autor de *Los misterios de París, El judío errante,* etc.

Sueca, c. del E. de España (Valencia). Agricultura (arroz). Metalurgia.

Suecia, Estado monárquico de Europa del Norte, en la parte oriental de la Península Escandinava ; 450 000 km² ; 8 400 000 h. (*suecos*). Cap. *Estocolmo,* 1 400 000 h. Otras c. : *Upsala,* 148 000 h. ; *Västeras,* 119 000 ; *Örebro,* 118 000 ; *Norrköping,* 120 000 ; *Göteborg,* 450 000 ; *Hälsingborg,* 102 500, y *Malmö,* 250 000.

— GEOGRAFÍA. Suecia puede dividirse en tres regiones : el Norte, zona montañosa que deciende en terrazas hacia el golfo de Botnia, el Centro, vasto conjunto de lagos, donde se encuentra Estocolmo, que comprende sectores agrícolas e industriales, y el Sur, región agrícola. Las explotaciones forestales, los minerales y la pesca son los recursos naturales del país, a los que hay que añadir una industria importante, facilitada por la abundancia de hulla blanca.

sueco, ca adj. y s. De Suecia. ‖ *Fam. Hacerse el sueco,* hacerse el sordo. ‖ — M. Idioma sueco.

suegro, ga m. y f. Padre o madre de uno de los esposos respecto del otro.

suela f. Parte del zapato que toca el suelo : *suelas de cuero.* ‖ Cuero que se pone en la punta de los tacos de billar. ‖ — *Fig. y fam. De siete suelas,* redomado, de la peor espe-

cie : *un granuja de siete suelas.* ‖ *Estar como una suela,* dícese de la carne muy. dura. ‖ *No llegarle a uno a la suela del zapato,* serle muy inferior.

suelazo m. *Amer.* Batacazo, caída.

sueldo m. Retribución de un empleado, un militar, un funcionario, etc., que se da a cambio de un trabajo regular : *el sueldo del mes.* ‖ — *A sueldo,* pagado : *asesino a sueldo.* ‖

Sueldo base, cantidad mensual, semejante en teoría a los sueldos mínimos reales y utilizada para determinar los subsidios familiares, que se calcula según el valor de los puntos fijados principalmente por los convenios colectivos.

suelo m. Superficie en la que se ponen los pies para andar : *el suelo está resbaladizo.* ‖ Tierra, campo,

SUDÁN

SUECIA

SU

sufijos para formar sustantivos

sufijos	significado	ejemplos	sufijos	significado	ejemplos
-ada	contenido	cucharada; tonelada	-ez, -eza	cualidad, defecto	madurez; fetidez; torpeza; entereza
-ada, -aje,	colectivo	bandada; cortinaje;	-ia, -ía, -ie	cualidad, defecto	pericia; cortesía; avaricia; altanería; barbarie
-al, -ar		naranjal; palomar	-ía	función	abogacía; secretaría
-ada, -ata	acción verbal	fanfarronada; perorata	-ía, -ica,	voces técnicas	psicología; física;
-ado, -ato	profesión	letrado; prelado; decanato	-ina		penicilina
-azgo, -ante,	dignidad	almirantazgo; comerciante;	-ido, -ida,	acción verbal	estallido; herida;
-ario		comisario; funcionario	-io		servicio
-aje,	acción.	hospedaje; viaje	-ismo	sistema	platonismo; protestantismo
-azo	golpe	balazo; manotazo	-ista	profesión partidario	periodista; dentista; socialista; anarquista
-ancia, -anza	cualidad, efecto	fragancia; labranza;	-iza	lugar	caballeriza; porqueriza
-encia		preeminencia; paciencia	-men, -mento,	acción, efecto	examen; impedimento; acompañamiento
-ario	lugar	armario; seminario	-miento		
-ción, -sión,	acción verbal	repetición; remisión;	-monia	cualidad, defecto	parsimonia; acrimonia
-tión		indigestión	-or	cualidad, lugar	amargor; frescor; comedor; mirador
-dad, -tad	cualidad, defecto	seriedad; deslealtad	-orio	lugar	consultorio
-dor, -tor,	agente	gobernador; consultor;	-ría	lugar, establecimiento	relojería; panadería; factoría; confitería
-sor	profesión	agresor; impresor	-ud, -tud,	cualidad, defecto	salud; quietud; curvatura; frescura
-dura, -tura,	acción, efecto	hendidura; lectura;	-umbre, -ura	cualidad, estado	pesadumbre; cordura
-sura		tiesura			
-eda, -edo,	colectivo	arboleda; viñedo;			
-ena		docena; veintena			
-ente, -iente	cargo, oficio	presidente; lugarteniente; regente			
-ero, -era	recipiente, profesión, lugar	puchero; cafetera; portero; enfermera; desaguadero; carbonera			

sufijos para formar adjetivos

sufijos	significado	ejemplos	sufijos	significado	ejemplos
-áceo, -ado	semejanza	violáceo; azulado	-ésimo		trigésimo; sexagésimo
-aco, -án,	gentilicio	austriaco; catalán;	-érrimo	superlativo	paupérrimo
-ano		colombiano; valenciano	-estre	relación	campestre; ecuestre
-ado, -al,	cualidad	afeminado; artificial;	-í	gentilicio	iraquí; paquistaní; ceutí
-ario, -ante		ordinario; extravagante	-icio, -iego,	pertenencia,	patricio; palaciego;
-al, -ar	propensión	trivial; familiar	-il, -ino,	relación	estudiantil; marino;
-áneo, -ano	referencia	instantáneo; ciudadano	-io, -izo	cualidad	partidario; pajizo
-ando, -endo	digno de	examinando; horrendo	-icio, -iento,	cualidad, defecto	alimenticio; calenturiento; dolorido
-avo	numerales fraccionarios	dozavo	-ido	gentilicio	argentino; alicantino
			-ino		
-bil, -ble	posibilidad, capacidad	núbil; combustible; responsable	-ísimo	superlativo	contentísimo
-dor, -tor,	agente	cobrador; desertor; escritor;	-ivo	capacidad	nutritivo; reflexivo
-sor		asesor	-izo	disposición	enfermizo
-ego, -eno,	gentilicio	manchego; chileno;	-olento, -oso	plenitud	violento; gracioso
-ense, -eño,		bonaerense; malagueño	-orio	posibilidad, aptitud	contradictorio; meritorio; absolutorio
-eo, -ero, -és		galileo; habanero; barcelonés	-undo	intensidad	fecundo; meditabundo
-el, -eño,	cualidad, defecto	novel; agileño;	-uno	referencia	ovejuno; caballuno
-ero		sincero	-uo	cualidad	continuo; superfluo
-eno, -ero,	ordinales	noveno; tercero			

terreno : *suelo árido, fértil.* || País : *el suelo patrio.* || Piso de una casa : *tiene el suelo embaldosado.* || Fondo de un recipiente. || Parte inferior de algo. || — Fig. *Arrastrar a uno por los suelos*, hablar muy mal de él. | *Arrastrarse por el suelo*, humillarse. | *Besar el suelo*, caer de bruces. || *Echar por el suelo un plan*, desbaratarlo, malograrlo. | *Estar una cosa por los suelos*, ser muy poco estimada; ser muy barata. || *Ley del suelo*, ley que regula la disposición de solares para la edificación. || Fig. *Medir el suelo o dar consigo en el suelo*, caer por tierra. | *Poner o tirar por los suelos*, hablar mal.

suelto, ta adj. No sujeto, libre: *los perros estaban sueltos en el jardín.* || Desabrochado: *el botón de la manga está suelto.* || Desatado: *con los cordones del calzado sueltos.* || Sin recoger: *con el pelo suelto.* || Separado del conjunto de que forma parte: *trozos sueltos de una obra literaria.* || Que no hace juego: *calcetines sueltos.* || Poco ajustado, holgado: *llevaba un traje suelto.* || Libre, atrevido: *empleaba un lenguaje muy suelto.* || Desenvuelto: *estuvo muy suelto hablando con sus superiores.* || Fácil, natural, ágil: *un estilo suelto.* || Poco compacto, que no está pegado: *arroz suelto.* || Esponjoso, sin apelmazar: *una pasta muy suelta.* || Que no está empaquetado: *comprar legumbres secas sueltas.* || Por unidades: *vender cigarrillos sueltos.* || Dícese del dinero en moneda fraccionaria. || Aislado: *estos no son más que hechos sueltos.* || Que hace deposiciones blandas: *tener el vientre suelto.* || *Estar suelto en algo*, dominarlo: *ya está muy suelto en inglés.* || Fig. *Tener la lengua muy suelta*, hablar sin ninguna retención. || — M. Moneda fraccionaria: *no tengo suelto.* || Reseña periodística de poca extensión: *ha publicado un suelto en el diario.* || — F. Acción de lanzar o soltar: *suelta de palomas.*

sueñera f. Amer. Somnolencia.

sueño m. Tiempo en el que la sensibilidad y la actividad se encuentran en un estado de aletargamiento caracterizado en el hombre por la pérdida de la conciencia del mundo exterior, la desaparición más o menos completa de las funciones de los centros nerviosos y la disminución relativa de las funciones de la vida orgánica. || Representación en la mente de una serie de imágenes mientras se duerme: *tener sueños fantásticos.* || Fig. Idea quimérica, imaginación sin fundamento, ilusión. | Deseo, esperanza: *sueños de gloria.* || Estado de insensibilidad o de inercia, letargo. || Deseos de dormir: *caerse de sueño.* || Fig. y fam. Cosa preciosa, muy bonita: *su coche deportivo es un sueño.* || *Coger el sueño*, dormirse. || *Cura de sueño*, terapia basada en un sueño más o menos profundo provocado artificialmente. || Fig. *Descabezar un sueño*, dormirse un momento. || *En sueños*, soñando. || *Enfermedad del sueño*, enfermedad contagiosa, endémica en África ecuatorial y occidental, provocada por un tripanosoma inoculado por la mosca tse-tsé. || Fig. y fam. *Ni por (o en) sueños*, jamás en la vida.

Sueño de una noche de verano (El), comedia de Shakespeare (1595).

Sueños (Los), colección de cuentos satíricos de Quevedo (*El alguacil alguacilado, El sueño de las calaveras, Las zahurdas de Plutón, El mundo por de dentro, La visita de los chistes, El entrometido, la dueña y el soplón* y *La hora de todos*).

suero m. Parte líquida que se separa de la sangre o de la leche después de coagularse. || Líquido extraído de la sangre de un animal, generalmente al cabo, que se emplea para vacunar contra una enfermedad microbiana o contra una sustancia tóxica. || Solución formada por agua destilada y sal que se inyecta en el organismo para deshidratar los tejidos o para nutrir a éstos. || *Suero artificial o fisio-* lógico, solución salina que se inyecta para alimentar los tejidos orgánicos.

sueroterapia f. Método terapéutico consistente en la inyección de sueros para combatir las infecciones y las intoxicaciones o para prevenirlas.

suerte f. Causa hipotética o predeterminación de los sucesos: *los caprichos de la suerte.* || Estado que resulta de los acontecimientos afortunados o no que le ocurren a una persona: *nadie está satisfecho con su suerte.* || Azar, fortuna: *buena, mala suerte.* || Resultado afortunado, fortuna: *tener suerte en el juego.* || Condición, estado: *mejorar la suerte del pueblo.* || Sorteo, elección: *me tocó por suerte.* || Clase, género: *tuvo toda suerte de calamidades.* || Manera, modo: *no hay que hacerlo de esta suerte.* || Juego de manos del prestidigitador. || Ejercicio del equilibrista. || Tercio, cada una de las tres partes en que se divide la lidia de un toro: *suerte de banderillas.* || Amer. Billete de lotería. || — *De suerte que*, de tal modo que. || *Echar (a) suertes*, sortear. || *Entrar en suerte*, participar en un sorteo. || *La suerte está echada*, todo está decidido. || *Poner en suerte*, colocar el toro para lidiarlo. || *Probar suerte*, afortunadamente. || *Tocar o caer en suerte*, tocarle algo a uno en un sorteo; ocurrir algo a alguien por casualidad.

suertero, ra y **suertudo, da** adj. Amer. Afortunado, dichoso.

suéter m. Jersey de punto de lana. (Pl. suéteres).

Suetonio (Cayo), historiador latino (¿69-125 ?), autor de *Vida de los doce Césares.*

Suevia. V. SUABIA.

suevo, va adj. y s. Individuo de un pueblo germánico establecido en el s. III entre el Rin, Suabia y el Danubio. (Los suevos pasaron a España en 409 y la abandonaron en la época del rey visigodo Leovigildo [585].)

Suez, c. y puerto de Egipto, a orillas del mar Rojo, al fondo del golfo de Suez y en la entrada sur del canal de

sufijos	significado	ejemplos	sufijos	significado	ejemplos
-algia	dolor	neuralgia	-latría	adoración	idolatría; egolatría
-arca, -arquía	el que manda, mando	monarca; monarquía	-lito	piedra	megalito
			-logía	ciencia	zoología; geología
-atra, -atría	el que cura, curación	pediatra; pediatría	-logo	que estudia	zoólogo; geólogo
-bara	presión	isobara	-mancia	adivinación	cartomancia
-bolo	el que lanza	discóbolo	-manía	pasión	megalomanía
-carpio	fruto	endocarpio; pericarpio	-mano	aficionado	megalómano
-céfalo	cabeza	megalocéfalo	-metro	medida	decímetro; hectómetro
-ciclo	círculo	biciclo; triciclo	-nauta	navegante	cosmonauta
-cosmos	mundo	macrocosmos	-onimia	nombre	sinonimia; homonimia
-cracia	poder, que tiene	plutocracia; plutócrata;	-osis	dolencia crónica	neurosis; dermatosis
-crata	el poder	autócrata	-patía	dolor, afección	homeopatía; antipatía
-dáctilo	dedo	pterodáctilo	-pedia	educación	ortopedia
-doja	opinión	paradoja	-podo	pie	miriápodo
-dromo	carrera	autódromo; velódromo	-poli, -polis	ciudad	metrópoli; necrópolis
-edro	base, cara	pentaedro; diedro	-ptero	ala	neuróptero; áptero
-fago	comer	esófago	-ragia	brotar	hemorragia
-fano	manifiesto	diáfano; quirófano	-scopio	visión	telescopio; higroscopio
-filia	amistad por	francofilia	-sofía	sabiduría	filosofía
-filo	amigo de	francófilo; hispanófilo	-stico	verso	anapéstico; dístico
-fobia	aversión	claustrofobia	-tafio	tumba	cenotafio; epitafio
-fobo	enemigo de	claustrófobo; hidrófobo	-teca	caja, archivo	hemeroteca; discoteca
-fonía, -fono	sonido	telefonía; magnetófono	-tecnia	arte, ciencia	electrotecnia
-foro	que lleva	semáforo	-teo	dios	ateo
-frasis	expresión	antífrasis; paráfrasis	-terapia	curación, que cura	hidroterapia; radioterapia
-gamia	unión	poligamia; endogamia	-terma	calor	isoterma
-geno	que engendra	gasógeno; endógeno	-tesis	colocación	hipótesis; síntesis
-geo	tierra	apogeo; perigeo	-tipia	impresión;	linotipia
-gono	ángulo	octógono; hexágono	-tipo	impresión; carácter	arquetipo; teletipo; prototipo
-grafía	arte de escribir	ortografía; fotografía	-tomía	división	anatomía
-grama	letra	cardiograma	-trofia	alimentación	hipertrofia; atrofia
-hidro	agua	anhidrosis	-tropo	que se vuelve	heliotropo
-itis	inflamación	laringitis; artritis			

sufijos	significado	ejemplos	sufijos	significado	ejemplos
-cida	que mata	regicida; suicida	-fuga, -fugo	que huye o hace huir	tránsfuga; hidrófugo
-cola	relativo al cultivo	agrícola; vinícola terrícola	-paro	qué engendra	febrífugo vivíparo; ovíparo
-cultura	arte de cultivar	agricultura	-pedo	con pies	cuadrúpedo; bípedo
-ducción	que conduce	deducción; aducción	-peto	que se dirige hacia	centrípeto
-fero	que lleva	petrolífero	-sono	sonido	unísono
-forme	que tiene la forma de	cruciforme; filiforme cuadriforme	-voro	que se alimenta de	carnívoro; herbívoro; piscívoro; insectívoro

Suez. ‖ ~ (ISTMO DE), istmo entre el mar Rojo y el Mediterráneo, atravesado por un canal construido por Ferdinand de Lesseps e inaugurado en 1869. Gran Bretaña, que controlaba militarmente este paso, se vio obligada a evacuar Egipto de 1954 a 1956. La nacionalización del canal por el coronel Nasser provocó un conflicto bélico con Israel, Francia y Gran Bretaña (1956) y éste terminó gracias a la intervención de los Estados Unidos y de la O. N. U. — El canal tiene 161 km de Port Said a la ciudad de Suez. Reduce en casi la mitad el recorrido entre el golfo Pérsico y el mar del Norte. La navegación fue interrumpida de 1967 a 1975 a causa de las guerras entre Israel y. las naciones árabes.

Sufanuvong, príncipe laosiano, n. en 1909, pres. de la República Popular de su país tras el derrocamiento de la monarquía (1975).

Suffern (Carlos), musicólogo y compositor argentino, n. en 1905, autor de *Estampas japonesas, Estilizaciones, Sonata,* etc.

Suffolk, condado del SE. de Gran Bretaña en Inglaterra; cap. *Ipswich.*

suficiencia f. Capacidad, aptitud para alguna cosa: *dar pruebas de suficiencia.* ‖ Presunción insolente: *su aire de suficiencia me molesta.*

sufi adj. Relativo al sufismo. ‖ Adepto del sufismo (ú. t. c. s.).

sufismo m. Doctrina mística de algunos musulmanes.

suficiente adj. Bastante: *tener suficiente dinero para vivir.* ‖ Apto o idóneo, que sirve para una cosa. ‖ *Fig.* Pedante, presuntuoso: *un alumno muy suficiente.* ‖ — M. Nota que un alumno equivale a aprobado.

sufijo m. Elemento que, añadido después de la raíz de una palabra, modifica la forma de ésta y su sentido.

sufragáneo, a adj. Que depende de la jurisdicción de otro: *obispo sufragáneo.*

sufragar v. t. Costear, satisfacer:

sufragar los gastos de un proceso. ‖ Ayudar o favorecer: *sufragar un proyecto.* ‖ — V. i. *Amer.* Dar su voto a un candidato.

sufragio m. Voto: *emitir un sufragio.* ‖ Sistema electoral para la provisión de cargos: *sufragio directo.* ‖ Ayuda, auxilio. ‖ *Obra pía: misa en sufragio de las almas del purgatorio.* ‖ — *Sufragio directo, indirecto,* aquel en que se vota directamente por la persona que hay que elegir o aquel en que el candidato que hay que elegir es votado por los miembros de ciertos cuerpos existentes o ciertos delegados designados por el cuerpo electoral. ‖ *Sufragio universal,* aquel en que el cuerpo electoral está formado por todos los ciudadanos que poseen derechos políticos.

sufragismo m. Movimiento político que preconizaba el derecho de voto a la mujer.

sufragista com. Persona partidaria del voto femenino (ú. t. c. adj.).

sufrido, da adj. Que sufre con resignación. ‖ *Fig.* Dícese del marido consentido. ‖ Aplícase al color que disimula lo sucio: *sólido, resistente: pantalones muy sufridos.*

sufridor, ra adj. Que sufre o padece (ú. t. c. s.).

sufrimiento m. Paciencia, tolerancia. ‖ Padecimiento, dolor, pena: *los sufrimientos de la guerra.*

sufrir v. t. Padecer, sentir: *sufrir una enfermedad.* ‖ Recibir con resignación un daño físico o moral: *sufrir injusticias; sufrir un desengaño.* ‖ Sostener, soportar: *sufrir gran cansancio.* ‖ Aguantar, tolerar: *sufrir a una persona.* ‖ *Sufrir un examen,* examinarse. ‖ — V. i. Padecer: *sufrir de reúma.* ‖ *Hacer sufrir,* hacer rabiar: *siempre me hace sufrir con sus bromas pesadas.*

sugerencia f. Sugestión, proposición, idea que se sugiere: *sugerencias en la asamblea general.*

sugerente y **sugeridor, ra** adj. Que sugiere.

sugerir v. t. Hacer entrar en el ánimo de uno una idea o especie: *sugerir a alguien una resolución.* ‖ Evocar, recordar.

sugestión f. Insinuación, instigación. ‖ Especie sugerida: *las sugestiones del diablo.* ‖ Acción y efecto de sugestionar: *la sugestión hipnótica.*

sugestionable adj. Fácil de sugestionar. ‖ Que se deja influir por otro: *eran todas personas extremadamente sugestionables.*

sugestionar v. t. Influir en la manera de razonar o de entender las cosas. ‖ — V. pr. Dejarse llevar de modo obsesivo por una idea.

sugestivo, va adj. Que sugiere o sugestiona. ‖ *Fig.* Atractivo.

Suharto, político indonesio, n. en 1921, jefe de Gobierno en 1966 y pres. de la Rep. desde 1968.

Sui, pobl. de Paquistán, al SO. de Multan. Gas natural. Gasoducto.

suicida com. Persona que se mata a sí misma. ‖ — Adj. Dícese de lo que daña o destruye al propio agente: *empresa suicida.*

suicidarse v. pr. Quitarse la vida.

suicidio m. Muerte voluntaria.

sui generis loc. lat. Denota que una cosa es de un género o especie peculiar: *un carácter " sui generis ".*

suinda m. *Arg.* Cierta lechuza.

Suintila, rey visigodo de España, de 621 a 631, destronado por Sisenando.

Suipacha, pobl. al E. de la Argentina (Buenos Aires). — Cantón en el O. de Bolivia (Potosí). El general argentino González Balcarce derrotó aquí a las tropas del virrey del Perú (1810).

suite f. (pal. fr.). Serie de piezas de música instrumental escritas en el mismo tono. ‖ Apartamento en un hotel: *alquilar una suite.*

Suiza o Confederación Suiza, Estado de Europa central que forma una república federal limitada por Francia, Italia, Austria y Alemania; 41 288 km²; 6 500 000 h. *(suizos).* Cap. *Berna,* 285 000 h. Otras c.: *Saint-Gall,* 82 000 h.; *Winterthur,* 99 400; *Zurich,*

SUIZA

720 000 ; *Basilea*, 381 000 ; *Lucerna*, 159 000 ; *Lausana*, 231 000, y *Ginebra*, 342 000.

— GEOGRAFÍA. Los Alpes suizos, situados al sur, cubren más de la mitad del territorio, mientras que la *Planicie suiza*, entre los lagos Leman y de Constanza, es una zona agrícola e industrial (textiles, productos alimenticios, maquinaria de precisión). El turismo constituye una saneada fuente de ingresos y se apoya en una excelente organización hotelera. En el país se hablan cuatro idiomas : alemán (73 p. ciento), francés (21 p. ciento), italiano (5 p. ciento) y retorrománico (1 p. ciento). Se practican las religiones católica y protestante.

suizo, za adj. y s. De Suiza. || — M. Bollo esponjoso de forma ligeramente ovalada (ú. t. c. adj.). || — F. *Amér.* C. Fam. Paliza.

sujeción f. Ligadura, unión firme : *la sujeción de algo en un fardo o paquete.* || *Fig.* Dependencia, acatamiento : *con sujeción a las leyes.*

sujetador, ra adj. y s. Que sujeta. || — M. Sostén, prenda interior femenina. || Parte del bikini o traje de baño de dos piezas que sujeta el pecho.

sujetalibros m. inv. Accesorio para sostener los libros.

sujetapapeles m. inv. Pinzas u otro objeto para sujetar papeles.

sujetar v. t. Afirmar o contener por la fuerza : *sujetar con cuerdas un objeto.* || Fijar : *el cuadro está sujeto por un clavo.* || Agarrar : *lo sujeta por el brazo.* || Inmovilizar, retener : *sujetar a dos contendientes.* || *Fig.* Someter al dominio o mando de alguien : *sujetar a un pueblo.* || — V. pr. Acatar, someterse, obedecer : *sujetarse a la Constitución.* || Agarrarse : *sujetarse a una rama.*

sujetivo, va adj. Subjetivo.

sujeto, ta adj. Expuesto o propenso a una cosa : *país sujeto a epidemias.* || — M. Persona innominada : *un buen sujeto.* || Asunto, materia, tema : *sujeto de discusión.* || *Fil.* El espíritu humano considerado en oposición al mundo externo. || En lógica, ser del cual se enuncia alguna cosa. || Sustantivo o pronombre que indican aquello de lo cual el verbo afirma algo.

Sujumi, c. en el O. de la U. R. S. S. (Georgia), cap. de la Rep. autónoma de Abjasia.

Sukarno (Achmed), político indonesio (1901-1970), pres. de la Rep. de 1945 a 1967.

Sukarnopura. V. DJAJAPURA.

Sukkur, c. en el sur del Paquistán (Sind), a orillas del Indo. Embalses.

Sulaco, c. y sierra del NO. de Honduras (Yoro). — Río de Honduras, afl. del Comayagua.

Sulawesi. V. CÉLEBES.

sulfamida f. Conjunto de compuestos de acción antibacteriana empleado en el tratamiento de las enfermedades infecciosas.

sulfatación f. Sulfatado. || Formación de una capa de sulfato de plomo en las placas de los acumuladores.

sulfatado m. Operación consistente en pulverizar con sulfato de cobre o de hierro las plantas para combatir ciertas enfermedades.

sulfatador, ra adj. Que sulfata (ú. t. c. s.). || — M. o f. Máquina que sirve para pulverizar el sulfato.

sulfatar v. t. Llevar a cabo el sulfatado de : — V. pr. Producirse la sulfatación en los acumuladores.

sulfato m. Sal o éster del ácido sulfúrico : *sulfatos metálicos, neutros.*

sulfhídrico, ca adj. *Quím.* Aplícase a un ácido, compuesto de azufre e hidrógeno, incoloro, de olor a huevos podridos y soluble en el agua.

sulfito m. *Quím.* Sal formada por el ácido sulfuroso.

sulfurado, da adj. *Quím.* En estado de sulfuro. || *Fig.* Enojado, irritado : *estar uno sulfurado.*

sulfurar v. t. *Quím.* Combinar un cuerpo con el azufre. || *Fig.* Encolerizar. || — V. pr. Irritarse, enojarse : *sulfurarse por poco.*

sulfúrico, ca adj. *Quím.* Dícese de un ácido oxigenado derivado del azufre que constituye un corrosivo muy fuerte.

sulfuro m. *Quím.* Combinación del azufre con un cuerpo. | Sal del ácido sulfhídrico.

sulfuroso, sa adj. Relativo al sulfuro. || Que contiene azufre : *agua sulfurosa.* || *Quím.* Anhídrido sulfuroso, compuesto oxigenado derivado del azufre que se emplea como decolorante y desinfectante.

sultán m. Emperador turco. || Príncipe o gobernador mahometano. || (Ant.). Título del soberano de Marruecos.

sultana f. Mujer del sultán.

Sultanabad. V. ARAK.

sultanado m. Sultanato.

sultanato m. o **sultanía** f. Dignidad de sultán y territorio donde éste ejerce su soberanía.

Sultepec, mun. mexicano en el Estado de México.

Sulu (ISLAS). V. JOLÓ.

Sullana, c. que se encuentra en el norte del Perú (Piura), cap. del distrito y de la provincia homónima.

sullanense adj. y s. De la ciudad de Sullana (Perú).

Sullom Voe, terminal del oleoducto petrolífero del archipiélago de Shetland (Escocia).

suma f. *Mat.* Adición. || Resultado de una adición. || Determinada cantidad

de dinero o de cualquier cosa. || Conjunto, reunión de ciertas cosas : *una suma de conocimientos.* || Título de algunas obras que estudian abreviadamente el conjunto de una ciencia, de una doctrina : *la "Suma Teológica" de Santo Tomás de Aquino.* || *En suma,* en resumen.

sumaca f. *Amér.* Pequeña embarcación de cabotaje.

Sumaco, volcán en los Andes del Ecuador ; 3 900 m.

sumador, ra adj. Que suma (ú. t. c. s.). || — F. Máquina de calcular que verifica operaciones de adición.

sumando m. Cada una de las cantidades parciales que se suman.

Sumapaz, páramo en el centro de Colombia, entre el dep. de Cundinamarca y el de Meta ; 4 300 m. — Río de Colombia (Cundinamarca y Tolima) que des. en el río Magdalena.

sumar v. t. Reunir en un solo número las unidades o fracciones contenidas en varias otras. || Hacer un total de : *los participantes sumaban más de un centenar.* || Elevarse, ascender a : *suma millones de dólares.* || *Suma y sigue,* frase que se pone al final de una página para indicar que la suma de la cuenta continúa en la siguiente ; (fig.) repetición sucesiva de algo. || — V. pr. *Fig.* Agregarse : *sumarse a una conversación.* | Adherirse, agregarse a un grupo : *nos sumamos a los descontentos.*

sumarial adj. Del sumario.

sumariar v. t. Instruir un sumario judicial.

sumario, ria adj. Abreviado, resumido : *un discurso sumario.* || Aplícase a los procesos civiles de justicia en los que se prescinde de algunas formalidades para que sean más rápidos. || — M. Resumen, compendio, análisis abreviado. || Epígrafe que se pone al principio de una revista o de un capítulo con la relación de los puntos que se tratan o estudian. || Conjunto de actuaciones judiciales que estudian todos los datos que van a ser dirimidos en un proceso.

sumarísimo, ma adj. *For.* Dícese de ciertos juicios que por su gravedad se tramitan con un procedimiento muy breve.

Sumatra, isla del archipiélago de la Sonda (Indonesia), al S. de la peníns. de Malaca ; 473 606 km² ; 22 000 000 h. C. pr. : *Medan, Palembang.* Petróleo. Caucho. Plantaciones de café y tabaco.

Sumbawa o **Sumbawa,** isla de la Sonda (Indonesia), situada al sur de las Célebes y al E. de Java.

Sumen, ant. *Kolarovgrado,* c. del NE. de Bulgaria.

Sumenep, c. de Indonesia, cap. de la isla de Madura.

624

Sumer. V. SUMERIA.

sumergible adj. Que puede sumergirse. || — M. Submarino.

sumergir v. t. Meter una cosa debajo del agua o de otro líquido (ú. t. c. pr.). || *Fig.* Abismar, hundir, sumir (ú. t. c. pr.).

Sumeria, región de la Baja Mesopotamia, que estuvo poblada por los sumerios, creadores de una floreciente civilización (hacia el s. IV a. de J. C.).

sumerio, ria adj. De Sumeria, región de Mesopotamia (ú. t. c. s.). || — M. Lengua allí hablada.

sumersión f. Inmersión.

Sumgait, c. de la U. R. S. S. (Azerbaidján).

Sumi, c. y región al SO. de la U. R. S. S. (Ucrania).

Sumida Gava, río del Japón en la isla de Honshu.

sumidero m. Alcantarilla. || Pozo negro.

sumiller m. Jefe en ciertas oficinas de palacio. || Sommelier, persona encargada de los vinos y licores en un establecimiento público.

suministrador, ra adj. y s. Que suministra.

suministrar v. t. Abastecer, surtir, proveer a uno de algo necesario : *suministrar alimentos.* || Proporcionar, dar : *suministrar informes.*

suministro m. Abastecimiento : *suministro de víveres.* || — Pl. *Mil.* Víveres y utensilios para la tropa.

sumir v. t. Hundir o meter debajo de la tierra o del agua. || Consumir el sacerdote en la misa. || *Fig.* Sumergir, abismar : *sumir a alguien en la duda, en la pobreza.* || — V. pr. Desaparecer las aguas de lluvia o residuales por algún hueco o conducto. || Hundirse los carrillos por cualquier motivo, adelgazar mucho. || *Fig.* Abismarse : *se sumió en el desconsuelo.* | Abstraerse : *sumirse en el estudio.* | *Méx.* Quedarse callado, acobardarse.

sumisión f. Sometimiento. || Rendimiento : *la sumisión del enemigo fue total.* || Actitud sumisa.

sumiso, sa adj. Obediente, subordinado : *ser sumiso a los superiores.*

summa f. (pal. lat.). Suma.

súmmum m. (pal. lat.). El grado sumo, el colmo : *el súmmum de la elegancia.*

sumo, ma adj. Supremo, altísimo, que no tiene superior : *el Sumo Pontífice.* || *Fig.* Muy grande : *ignorancia suma.* || — *A lo sumo,* a lo más, cuando más, si acaso. | *En sumo grado,* en el más alto grado.

Sumy, c. al SO. de la U. R. S. S. (Ucrania).

Sund u **Oresund,** estrecho entre Suecia y la isla danesa de Seeland. Une el mar del Norte con el Báltico.

Sunderland, c. y puerto de Gran Bretaña, en el N. de Inglaterra (Durham). Hulla. Siderurgia. Astilleros.

Sungari, afl. del río Amur, al NE. de China ; 1 800 km.

sunna f. Colección de preceptos obligatorios entre los mahometanos. || Ortodoxia musulmana.

sunnita adj. De musulmán ortodoxo (ú. t. c. s.).

sunsuniar v. t. *Méx.* Pegar.

suntuario, ria adj. Relativo al lujo.

suntuosidad f. Grandiosidad, lujo.

suntuoso, sa adj. De gran magnificencia, lujoso, espléndido.

Sun Yat-sen, político chino (1866-1925). Fundó el Kuo Min Tang (1900), fue nombrado presidente de la República (1911-1912), dirigió en Cantón un efímero gobierno militar (1917-1918) y, de nuevo, se le eligió presidente de la Rep. en 1921. Se alió con los comunistas para organizar un estado socialista.

Sunyer (Joaquín), pintor español (1875-1956).

Suomi. V. FINLANDIA.

supeditación f. Subordinación.

supeditar v. t. Someter, subordinar, hacer depender una cosa de otra : *mi viaje está supeditado al resultado de los exámenes.* || — V. pr. Someterse.

súper adj. *Fam.* Superior. || *Gasolina súper o súper,* supercarburante. || — Adv. Formidable, estupendo.

superable adj. Dícese de lo que puede superarse.

superabundancia f. Gran abundancia, copiosidad excesiva.

superabundante adj. Que abunda mucho, de gran abundancia.

superabundar v. i. Ser muy abundante.

superación f. Exceso. || Resolución : *superación de las dificultades.* || Circunstancia de hacer mejor las cosas.

superactividad f. Gran actividad.

superalimentación f. Sobrealimentación.

superalimentar v. t. Sobrealimentar.

superar v. t. Ser superior, aventajar, ser mayor, exceder : *superar una marca deportiva.* || Pasar,ejar atrás, salvar : *la época del colonialismo está superada.* || Vencer, resolver : *superar una dificultad.* || — *Estar superado* algo, estar fuera de uso por haberse encontrado algo mejor : *esta técnica está superada.* || — V. pr. Hacer algo mejor que lo acostumbrado : *el artista se superó en su trabajo.*

superávit m. Exceso del haber sobre el debe de una cuenta. || Diferencia existente entre los ingresos y los gastos en un negocio. (Pl. *superávit* o *superávits.)*

superbeneficio m. Gran beneficio o ganancia.

superbombardero, ra, adj. Aplícase al avión de bombardero de amplia autonomía (ú. t. c. s. m.).

supercampeón, ona m. y f. Campeón en muchas ocasiones.

supercapitalización f. Valor dado a una empresa que supera el que corresponde realmente al capital que tiene. || Diferencia existente entre estos dos valores.

supercapitalizar v. t. Capitalizar en exceso.

supercarburante m. Gasolina superior de un índice de octano próximo a 100.

superciliar adj. Que está por encima de las cejas : *arco superciliar.*

supercompresión f. Aumento de la compresión.

supercomprimir v. t. Comprimir mucho.

superconductividad f. Gran conductividad.

superconductor, ora adj. Que tiene una gran conductividad (ú. t. c. s. m.).

superchería f. Engaño, fraude.

superdesarrollado, da adj. Muy desarrollado.

superdesarrollo m. Desarrollo muy importante.

superdirecta f. En ciertas cajas de cambio de automóviles, combinación que proporciona al árbol de transmisión una velocidad de rotación superior a la del árbol motor.

superdotado, da, adj. Dícese de la persona cuyo coeficiente intelectual es superior a lo normal (ú. t. c. s.).

super ego m. Entidad superior al yo.

supereminencia f. Superioridad, máxima elevación.

supereminente adj. Muy superior, muy eminente.

superestructura f. Conjunto de instituciones, ideas o cultura de una sociedad (por oposición a *infraestructura* o base material y económica de esta misma sociedad). || Conjunto de construcciones hechas encima de otras. || Todo aquello que se superpone a algo que le sirve de base.

superfetación f. Fecundación de una hembra que está en estado de preñez.

superficial adj. Relativo a la superficie : *medidas superficiales.* || Poco profundo : *herida superficial.* || Falto de fondo : *noción superficial.* || *Fig.* Frívolo, fútil : *hombre superficial.*

superficialidad f. Carencia de profundidad. || Futilidad, frivolidad.

superficie f. Extensión, medida de un espacio limitado por una línea : *la superficie de un triángulo.* (Véase cuadro de la pág. siguiente.) || Parte superior de una masa líquida : *la superficie de un estanque.* || Cualquier parte del globo terrestre, en un alojamiento. || *Fig.* Apariencia, aspecto externo.

superfino, na adj. Muy fino.

superfluidad f. Condición de superfluo. || Cosa superflua.

superfluo, a adj. No necesario, que está de más, inútil : *adorno superfluo.*

superfortaleza f. Avión bombardero pesado.

superfosfato m. *Quím.* Fosfato ácido de cal, usado como abono.

supergrande m. Superpotencia. || — Adj. Muy grande.

superheterodino adj. Dícese de un radiorreceptor en el que las oscilaciones eléctricas engendradas en la antena se amplifican y filtran mediante un oscilador local (ú. t. c. s. m.).

superhombre m. Hipótesis formulada por Nietzsche de un nuevo tipo de hombre dotado de cualidades superiores, de una nueva manera de sentir, de pensar. || *Fig.* Hombre excepcional.

superintendencia f. Suprema administración en un ramo. || Empleo y oficina del superintendente.

superior adj. Que está colocado en un espacio más alto que otra cosa : *mandíbula superior.* || Que tiene una graduación más alta : *temperatura superior a la corriente.* || Dícese de los miembros del cuerpo situados más arriba del tórax. || Aplícase a los estudios hechos después de la enseñanza secundaria o media en una universidad o escuela especial. || Que se encuentra más próximo del nacimiento de un río : *Renania Superior.* || *Fig.* Que supera los otros, que pertenece a una clase o categoría más elevada : *grados superiores.* | Mayor o mejor que otra cosa : *producto de calidad superior.* | Dícese de la persona dotada de cualidades morales e intelectuales en grado extraordinario : *hombre superior.* | Dícese de la persona que tiene autoridad sobre las otras en el orden jerárquico : *padre superior* (ú. t. c. s. m.). || Que hace ver un sentimiento de superioridad.

Superior (LAGO), el mayor lago de agua dulce del mundo, en la frontera de Estados Unidos y Canadá. Se une con el lago Huron a través del río Santa María ; 82 380 km². — (LAGUNA), albufera al sur de México (Oaxaca), que comunica con el golfo de Tehuantepec.

superiora f. Dícese de la persona de sexo femenino que dirige una comunidad religiosa (ú. t. c. s. f.).

superioridad f. Condición de lo que es superior. || Autoridad oficial : *por orden de la superioridad.*

superlativo, va adj. Muy grande y excelente en su línea. || — M. *Gram.* Grado superior de significación del adjetivo y el adverbio.

superman m. (pal. ingl.). Personaje de historietas ilustradas que está dotado de poderes sobrehumanos. || *Fam.* Superhombre.

supermercado m. Establecimiento comercial de grandes dimensiones en régimen de autoservicio.

supernova f. Estrella que tiene una gran luminosidad en un momento dado.

supernumerario, ria adj. Que excede la cuenta fija o está fuera del número señalado : *funcionario supernumerario.* || Dícese de los militares o funcionarios en situación análoga a la de la excedencia. || — M. y f. Persona que trabaja en una oficina sin figurar en la plantilla.

superpetrolero m. Gran petrolero.

superpoblación f. Población muy numerosa, excesiva.

superpoblado, da adj. Demasiado poblado.

superpoblar v. t. Poblar mucho, demasiado.

superponer v. t. Sobreponer.

superponible adj. Que se puede superponer.

superposición f. Acción y efecto de superponer o superponerse.

superpotencia f. Gran potencia. || Una de las grandes potencias mundiales, en general los Estados Unidos y la U. R. S. S.

superproducción f. Exceso de producción. || Película cinematográfica en la que se han hecho elevadas inversiones.

superpuesto, ta adj. Puesto encima : *varias capas superpuestas.*

superrealismo m. Surrealismo.

superrealista adj. y s. Surrealista.

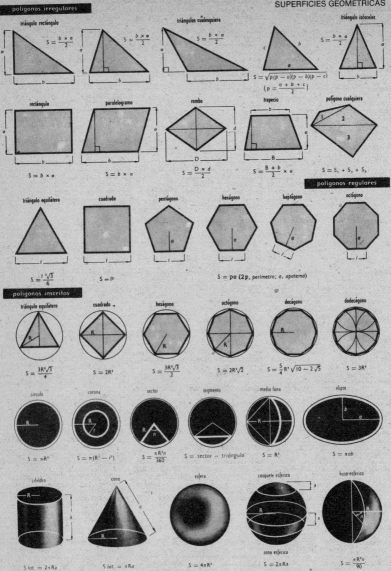

polígonos irregulares

triángulo rectángulo $S = \dfrac{b \times a}{2}$

triángulos cualesquiera $S = \dfrac{b \times a}{2}$ $S = \dfrac{b \times a}{2}$

$S = \sqrt{p(p-a)(p-b)(p-c)}$ $\left(p = \dfrac{a+b+c}{2} \right)$

triángulo isósceles $S = \dfrac{b \times a}{2}$

rectángulo $S = b \times a$

paralelogramo $S = b \times a$

rombo $S = \dfrac{D \times d}{2}$

trapecio $S = \dfrac{B + b}{2} \times a$

polígono cualquiera $S = S_1 + S_2 + S_3$

polígonos regulares

triángulo equilátero $S = \dfrac{l^2 \sqrt{3}}{4}$

cuadrado $S = l^2$

pentágono **hexágono** **heptágono** **octógono**

$S = pa \ (2p, perímetro; a, apotema)$

polígonos inscritos

triángulo equilátero $S = \dfrac{3R^2\sqrt{3}}{4}$

cuadrado $S = 2R^2$

hexágono $S = \dfrac{3R^2\sqrt{3}}{2}$

octógono $S = 2R^2\sqrt{2}$

decágono $S = \dfrac{5}{4} R^2 \sqrt{10 - 2\sqrt{5}}$

dodecágono $S = 3R^2$

círculo $S = \pi R^2$

corona $S = \pi (R^2 - r^2)$

sector $S = \dfrac{\pi R^2 n}{360}$

segmento $S = sector - triángulo$

media luna $S = R^2$

elipse $S = \pi ab$

cilindro $S_{lat.} = 2\pi R a$

cono $S_{lat.} = \pi R a$

esfera $S = 4\pi R^2$

casquete esférico $S = 2\pi R a$

huso esférico $S = \dfrac{\pi R^2 n}{90}$

zona esférica

---

supersaturación f. Sobresaturación.

supersaturar v. t. Sobresaturar.

supersecreto, ta adj. Muy secreto.

supersónico, ca adj. De velocidad superior a la del sonido : *un avión supersónico.*

superstar f. (pal. ingl.) Artista muy célebre.

superstición f. Desviación de la creencia religiosa fundada en el temor o la ignorancia y que confiere a ciertas circunstancias carácter sagrado. ‖ Presagio infundado originado sólo por sucesos fortuitos.

supersticioso, sa adj. Relativo a la superstición : *prácticas supersticiosas.* ‖ Que cree en ella : *un pueblo supersticioso* (ú. t. c. s.).

supervaloración f. Valoración excesiva.

supervalorar v. t. Valorar algo más de lo que realmente vale (ú. t. c. pr.).

Supervielle (Jules), escritor francés, n. en Montevideo (1884-1960), autor de poesías (*Gravitaciones*), relatos (*El*

hombre de la Pampa, El superviviente) y obras de teatro (*Bolívar*).

supervisar v. t. Revisar un trabajo. ‖ Hacer la inspección general o superior de algo.

supervisión f. Revisión. ‖ Inspección general.

supervisor, ra adj. y s. Que supervisa.

supervivencia f. Acción y efecto de sobrevivir.

superviviente adj. y s. Que sobrevive : *quedaron sólo tres supervivientes del accidente.*

supervivir v. i. Sobrevivir.

supinador adj. Dícese de un músculo del antebrazo (ú. t. c. s. m.).

supino, na adj. Tendido sobre el dorso : *posición decúbito supino.* ‖ Aplícase a la falta absoluta de conocimientos que se deberían tener : *ignorancia supina.* ‖ — M. Una de las formas nominales del verbo en latín.

suplantación f. Sustitución.

suplantador, ra m. y f. Persona que suplanta a otra.

suplantar v. t. Ocupar el lugar de otro, generalmente de modo ilegal : *suplantar a su rival.*

suplementario, ria adj. Que sirve de suplemento, que se añade : *tren suplementario.* ‖ *Ángulos suplementarios,* los que suman dos rectos.

suplemento m. Lo que sirve para completar algo, para hacer desaparecer la insuficiencia o carencia de algo : *suplemento de información.* ‖ Cantidad que se da de más en un teatro, tren, avión, hotel, etc., para tener más comodidad o velocidad : *suplemento de lujo.* ‖ Lo que se añade a un libro para completarlo. ‖ Páginas independientes añadidas a una publicación periódica para tratar de un asunto especial : *suplemento deportivo, económico.* ‖ Publicación que completa otra : *suplemento del " Gran Larousse Enciclopédico ".* ‖ *Geom.* Ángulo que falta a otro para llegar a constituir dos rectos. ‖ Arco de este ángulo.

suplencia f. Sustitución temporal o permanente. ‖ Tiempo que ésta dura.

suplente adj. y s. Que suple, sustituto : *suplente de un equipo.*

supletorio, ria adj. Que sirve de suplemento : *poner camas supletorias.* ‖ Aplícase al aparato de teléfono que está conectado con otro principal (ú. t. c. s. m.).

súplica f. Petición, ruego. ‖ Oración religiosa. ‖ Escrito o instancia en que se suplica : *súplica al Gobierno.*

suplicación f. Petición.

suplicado, da adj. Dícese de la carta que se envía a una persona para que ésta a su vez la remita a otra.

suplicante adj. Que suplica o pide (ú. t. c. s.).

suplicar v. t. Rogar, pedir.

suplicatoria f. y **suplicatorio** m. Comunicación que pasa un tribunal a otro superior.

suplicio m. Pena corporal acordada por decisión de la justicia : *suplicio de la pena de muerte.* ‖ Fig. Dolor físico violento. ‖ Sufrimiento moral muy penoso : *oir esa música moderna es para él un suplicio.* ‖ Último suplicio, la pena capital o de muerte.

suplir v. t. Completar. lo que falta, añadir. ‖ Sustituir : *suplir a un profesor.* ‖ Compensar : *suplir el desconocimiento con la experiencia.* ‖ Poner en el mismo lugar : *súplanse los puntos suspensivos con las letras que faltan.*

suponer m. Suposición.

suponer v. t. Admitir por hipótesis : *supongamos que es verdad lo que se dice* (ú. t. c. pr.). ‖ Creer, presumir, imaginar : *cuando suponer lo que quieras* (ú.t.c.pr.). ‖ Confiar : *suponía su buena fe.* ‖ Implicar, llevar consigo : *esta obra supone mucho trabajo.* ‖ Costar : *el alquiler me supone un porcentaje grande de mi sueldo.* ‖ Significar, representar : *esta molestia no me supone nada.* ‖ Tener importancia, significar : *su colaboración supone mucho en nuestra labor.* ‖ Demostrar, indicar : *su actitud supone poco interés en el proyecto.* ‖ *Esto es de suponer,* esto es probable.

suposición f. Conjetura, hipótesis : *hacer suposiciones.* ‖ Suposición gratuita, la que carece de base.

supositorio m. Preparado farmacéutico sólido, de forma cónica u ovoide, que se administra por vía rectal.

supranacional adj. Que está por encima de los gobiernos de cada país.

supranacionalidad f. Condición de supranacional.

suprarrealismo m. Surrealismo.

suprarrealista adj. y s. Surrealista.

suprarrenal adj. Que está por encima de los dos riñones.

suprasensible adj. Muy sensible.

supremacía f. Superioridad, preeminencia : *supremacía militar.*

supremo, ma adj. Que está por encima de todos y de todo : *jefe supremo del Estado.* ‖ Último : *la hora suprema.* ‖ Decisivo : *instante supremo.* ‖ Imposible de sobrepasar : *momento supremo de felicidad.* ‖ *— El Ser Supremo,* Dios. ‖ *Suerte suprema,* suerte de matar en las corridas de toros. ‖ *— M.* El Tribunal Supremo.

supresión f. Eliminación.

supresor, ra adj. Que suprime.

suprimir v. t. Poner fin a una cosa, anular, abolir : *suprimir la libertad de prensa.* ‖ Omitir : *suprimir los detalles.* ‖ Quitar : *suprimir el racionamiento.* ‖ *Fam.* Quitar de en medio a alguien matándole : *suprimir a un traidor.*

supuesto, ta adj. Fingido, falso : *un supuesto periodista.* ‖ *— M.* Suposición, hipótesis : *en el supuesto de que venga.* ‖ Dato : *carecemos de los más elementales supuestos.* ‖ *— Dar algo por supuesto,* considerarlo cierto y admitido. ‖ *Por supuesto,* sin ninguna duda, claro que sí.

supuración f. Proceso inflamatorio que conduce a la formación de pus.

supurar v. i. Formar o echar pus.

sur m. Punto cardinal del horizonte opuesto al Polo Norte. ‖ Parte de un país que está más cerca del Polo Sur que las otras : *el sur de Argentina.* ‖ *— Adj.* Situado al sur : *parte sur de México.* ‖ *Que viene del sur.*

Sur. V. TIRO. ‖ *~ Cinti,* prov. al S. de Bolivia (Chuquisaca) ; cap. *Villa Abecia.* ‖ *~ Chichas,* prov. al S. de Bolivia (Chuquisaca) ; cap. *Tupiza.* ‖ *~ el*

Ghozlane, ant. *Aumale,* c. de Argelia, al SE. de Argel. ‖ *~ Lípez,* prov. al S. de Bolivia (Potosí) ; cap. *San Pablo de Lípez.* ‖ *~ Yungas,* prov. al O. de Bolivia (La Paz) ; cap. *Chulumani.*

sura m. Cada uno de los capítulos en que se divide el Corán.

surá m. Tela de seda fina.

Surabaya, c. y puerto de Indonesia, en el NE. de la isla de Java y en el estrecho del mismo nombre.

Surakarta, ant. *Solo,* c. central en la isla de Java (Indonesia).

Suramérica, América del Sur.

suramericano, na adj. y s. Sudamericano.

Surat, c. y puerto del NO. de la India (Gujerate).

Surcaliforniana (Cordillera), conjunto de sierras de México en la península de Baja California.

surcar v. t. Hacer surcos en la tierra. ‖ Hacer rayas en una cosa. ‖ *Fig.* Navegar un barco. ‖ Cruzar el aire un avión.

surco m. Hendedura que hace el arado en la tierra. ‖ Señal que deja una cosa sobre otra : *las ruedas del carro han formado un surco en la tierra.* ‖ Arruga en el rostro. ‖ Ranura grabada en un disco fonográfico con el estilete para reproducir los sonidos.

surero, ra Bol. y Arg. y **sureño, ña** adj. y s. *Chil.* Natural del sur. ‖ *— M.* Viento del sur.

Suresnes [surén], c. de Francia (Hauts-de-Seine), a orillas del Sena y al O. de París.

sureste m. Punto situado entre el sur y el este y viento que sopla de esta parte.

Sureste (Planicie costera del), región de México a lo largo del Golfo de este nombre (Veracruz, Tabasco, Oaxaca, Chiapas, Campeche). Petróleo. Ganadería.

surf y **surfing** m. (pal. ingl.). Deporte que consiste en mantenerse en equilibrio encima de una tabla arrastrada por una ola.

Surgidero de Batabanó, pobl. de Cuba (La Habana).

surgir v. i. Surtir, brotar el agua. ‖ Aparecer, presentarse, llevarse : *la mole de la catedral surgía entre las casas pequeñas.* ‖ *Fig.* Nacer, manifestarse : *surgir un conflicto.*

Suri y Águila (José), poeta y médico cubano (1696-1762).

Suria, c. al NE. de España (Barcelona). Minas (potasa). Industrias.

Surinam, ant. *Guayana Holandesa,* Estado del Norte de América del Sur ; 142 822 km² ; 400 000 h. Cap. *Paramaribo,* 160 000 h. Proclamó la independencia en 1975.

surmenaje m. (fr. *surmenage*). Agotamiento físico producido por un exceso de trabajo intelectual.

suroeste m. Sudoeste.

surrealismo m. Movimiento poético, literario y artístico, definido por André Breton en un manifiesto de 1924, que, por medio del automatismo o dictado del inconsciente, defendía la renovación de todos los valores, inclusive los concernientes a la moral, las ciencias y la filosofía.

Los precursores del surrealismo fueron Rimbaud, Apollinaire y Kafka, y han cultivado esta tendencia, de modo continuo o pasajero, poetas y escritores (Breton, Eluard, Aragon, García Lorca, Alberti, Aleixandre), pintores (Max Ernst, Picasso, Dalí, Hans Arp, Joan Miró, Yves Tanguy, René Magritte, Óscar Domínguez), escultores (Giacometti) y cineastas (Luis Buñuel). Hubo asimismo pintores de esta tendencia artística en Cuba (Wifredo Lam), Chile (Roberto A. Matta), Argentina (Leonor Fini, Miguel Caride), México (Alberto Gironella).

surrealista adj. Relativo al surrealismo. ‖ Partidario de este movimiento (ú. t. c. s.).

Surrey, condado de Gran Bretaña, en Inglaterra, al S. de Londres ; cap. *Kingston-upon-Thames.*

súrsum corda o **sursuncorda** m. *Fam.* Autoridad imaginaria, personaje supuesto.

surtidero m. Desagüe de un estanque. ‖ Surtidor, chorro.

surtido, da adj. Que tiene abundan-

cia y variedad, aprovisionado ; *tienda bien surtida.* ‖ Que tiene diferentes clases o variedades de un mismo artículo : *caramelos surtidos.* ‖ *— M.* Conjunto de cosas variadas del artículo de que se habla : *surtido de trajes de baño.*

surtidor, ra adj. Abastecedor, que surte (ú. t. c. s.). ‖ *— M.* Chorro de agua que sale despedido hacia arriba : *los surtidores de una fuente.* ‖ Aparato que sirve para distribuir un líquido : *surtidor de gasolina.* ‖ Orificio calibrado en las canalizaciones del carburador de un vehículo automóvil por el que sale la gasolina pulverizada.

surtir v. t. Abastecer, aprovisionar, proveer : *para surtir un mercado* (ú. t. c. pr.). ‖ *Surtir efecto,* dar resultado : *el medicamento surtió efecto ;* entrar en vigor : *la ley surtirá efecto mañana.* ‖ *— V. i.* Salir chorros de agua hacia arriba.

surto, ta adj. *Mar.* Fondeado.

surucuá m. Ave, de cola blanca y larga, de América del Sur.

surucucú m. Ofidio de cabeza grande de América.

Susa, c. de Elam, que fue, en tiempos del Imperio persa, residencia de Darío y de sus sucesores. — C. del NO. de Italia (Piamonte). — C. y puerto del E. de Túnez.

Susana, mujer judía, célebre por su belleza y castidad. (*Biblia*).

susceptibilidad f. Propensión a sentirse ofendido por la menor ofensa al amor propio.

susceptible adj. Que puede ser modificado, que es capaz de producir un efecto, de realizar una acción. ‖ Que se ofende fácilmente, sensible, quisquilloso.

suscitar v. t. Ser causa de, promover, provocar : *suscitar una protesta.*

suscribir v. t. Firmar al fin de un escrito : *suscribir un contrato.* ‖ Convenir con el dictamen de uno : *suscribir una opinión.* ‖ *— V. pr.* Abonarse a un periódico o publicación : *suscribirse a una enciclopedia.* ‖ Obligarse uno a contribuir con otros al pago de una cantidad : *suscribirse por cien mil pesetas anuales.*

suscripción f. Abono : *suscripción a una revista.* ‖ Acción y efecto de suscribir : *suscripción de acciones.*

suscriptor, ra m. y f. Persona que suscribe o se suscribe o abona.

Susiana, otro n. del *Elam.*

susodicho, cha adj. Dicho, citado.

suspender v. t. Colgar o sostener en alto : *suspender una tabla en un andamio.* ‖ Detener por algún tiempo : *suspender una sesión.* ‖ Dejar sin aplicación : *suspender una prohibición, las garantías constitucionales.* ‖ Privar a uno temporalmente de su empleo o cargo : *suspender a un funcionario.* ‖ Declarar a alguien no apto en un examen : *suspender a un alumno.* ‖ *Fig.* Producir gran admiración.

suspense m, (pal. ingl.). Calidad de una novela o película en la que se produce una fuerte tensión emocional antes del desenlace.

suspensión f. Acción y efecto de suspender : *suspensión de empleo, de garantías políticas, de un diario, de las sesiones.* ‖ Dispositivo para reunir la caja del automóvil al chasis y para amortiguar las sacudidas en marcha : *suspensión helicoidal.* ‖ *Quím.* Estado de un cuerpo dividido en partículas muy finas y mezclado con un fluido sin disolverse en él. ‖ *Fig.* Estado de emoción provocado por algo que suspende el ánimo. ‖ *— En suspensión,* dícese de las partículas de un cuerpo que no llegan a disolverse dentro de un fluido : *polvo y humo en suspensión.* ‖ *Suspensión de pagos,* situación jurídica del comerciante o empresario que no puede atender temporalmente al pago de sus obligaciones.

suspensiva, va adj. Que suspende. ‖ *Puntos suspensivos,* signo gráfico (...) que se pone al final de una frase incompleta.

suspenso, sa adj. Suspendido, colgado : *suspenso de un cable.* ‖ No aprobado, no apto : *estar suspenso en latín.* ‖ *Fig.* Desconcertado, sorprendido : *quedarse suspenso ante un accidente.* ‖ Absorto, enajenado : *quedarse suspenso ante un espectá-* **627**

culo. || En suspenso, pendiente de resolución : *dejar un asunto en suspenso*. || — M. Nota de un escolar en la que se declara su insuficiencia.

suspensores m. pl. *Amer.* Tirantes.

suspensorio, ria adj. Que suspende.

suspicacia f. Recelo, desconfianza.

suspicaz adj. Propenso a sospechar, receloso : *es un hombre extremadamente suspicaz.*

suspirar v. i. Dar suspiros : *suspirar de dolor.* || *Fig.* Desear mucho : *suspira por un coche de lujo.*

suspiro m. Respiración fuerte y prolongada causada por un dolor, una emoción intensa, etc. : *dar un suspiro.* || *Fig.* Cosa o tiempo imperceptible. || Cierta golosina hecha con harina, huevo y azúcar. || *Mús.* Pausa breve. ||. *Arg.* y *Chil.* Planta convolvulácea cuya flor tiene forma de campanilla. || *Dar o exhalar el último suspiro*, morir.

Susquehanna, río del noreste de Estados Unidos (Nueva York y Pensilvania), que des. en el Atlántico en la bahía de Chesapeake ; 750 km.

Sussex, condado del SO. de Gran Bretaña en Inglaterra, a orillas del canal de la Mancha.

sustancia f. Lo que hay permanente en un ser. || Cada una de las diversas clases de la materia de que están formados los cuerpos, que se distinguen por un conjunto de propiedades : *sustancia mineral, vegetal, etc.* || Parte esencial de una cosa : *la sustancia de la carne.* || *Fig.* Juicio, madurez : *un libro de mucha sustancia.* || — *En sustancia,* en compendio. || *Sustancia gris,* materia gris.

sustanciación f. Acción y efecto de sustanciar.

sustancial adj. Relativo a la sustancia. || Sustancioso, nutritivo : *un alimento sustancial.* || Lo más esencial e importante de una cosa : *lo sustancial de un discurso.*

sustanciar v. t. Compendiar, extractar. || *For.* Conducir un juicio por la vía procesal hasta ponerlo en estado de sentencia.

sustancioso, sa adj. Que tiene sustancia : *alimento sustancioso.*

sustantivación f. Acción y efecto de sustantivar.

sustantivar v. t. *Gram.* Dar a una palabra valor de sustantivo.

sustantividad f. Condición de sustantivo.

sustantivo, va adj. Que tiene existencia real, independiente, individual. || *Gram.* Verbo sustantivo, el verbo ser. || — M. *Gram.* Cualquier palabra que designa un ser o un objeto.

sustentable adj. Que se puede sustentar o defender.

sustentación f. y **sustentamiento** m. Acción y efecto de sustentar o sustentarse. || Sustentáculo, apoyo. || *Plano de sustentación,* ala del avión.

sustentáculo m. Apoyo, sostén.

sustentador, ra adj. Que sustenta (ú. t. c. s. m.).

sustentar v. t. Mantener o sostener algo : *la columna sustenta el techo.* || Alimentar : *sustentar a la familia.* || *Fig.* Mantener, sostener : *sustentar la esperanza de los sitiados.* || — V. pr. Alimentarse.

sustento m. Lo que sirve para sustentar, alimento : *el sustento del hombre.* || Lo que sirve para sostener.

sustitución f. Reemplazo, cambio.

sustituible adj. Que puede sustituirse.

sustituidor, ra adj. y s. Que sustituye.

sustituir v. t. Poner a una persona o cosa en lugar de otra.

sustitutivo, va adj. Dícese de aquello que puede reemplazar a otra cosa en el uso (ú. t. c. s. m.).

sustituto, ta m. y f. Suplente, persona que hace las veces de otra en un empleo o servicio.

susto m. Impresión repentina de miedo causado por algo inesperado. || *Fig.* y *fam. Dar un susto al miedo,* ser muy feo.

sustracción f. Robo, hurto : *la sustracción de una cartera.* || *Mat.* Resta.

sustraendo m. *Mat.* Cantidad que se resta.

sustraer v. t. Separar, apartar, extraer. || Quitar, hurtar, robar : *sustraer una joya.* || *Mat.* Restar. || — V. pr. Eludir, evitar, evadir : *sustraerse a (o de) una obligación.*

sustrato m. Lo que sirve de base o fundamento a algo. || Aquello sobre lo cual se ejerce una acción. || Lengua hablada en otro tiempo en un país, considerada por su influencia en otra lengua diferente empleada posteriormente en este mismo país. || *Fil.* Esencia, sustancia de una cosa. || En geología, terreno que queda debajo de una capa superpuesta. || Material en el que se realizan los elementos de un circuito integrado.

susurrador, ra adj. y **susurrante** adj. Que susurra.

susurrar v. i. Hablar bajo, musitar, murmurar. || Empezar a divulgar una cosa secreta : *se susurra que fue asesinado.* || *Fig.* Producir un ruido suave.

susurro m. Murmullo, ruido suave que resulta de hablar bajo. || *Fig.* Ruido suave : *el susurro del viento.*

Sutatenza, mun. al E. de Colombia (Boyacá). Minas.

Sutherland, condado de Gran Bretaña, en el NO. de Escocia ; cap. Golspie.

sutil adj. Delgado, delicado, tenue : *tejido sutil.* || *Fig.* Suave y penetrante : *viento, aroma sutil.* || Agudo, ingenioso, perspicaz : *espíritu sutil.*

sutileza y **sutilidad** f. Condición de sutil. || *Fig.* Agudeza, perspicacia. || Dicho o acción sutil.

sutilizador, ra adj. y s. Que sutiliza.

sutilizar v. t. Adelgazar. || *Fig.* Pulir y perfeccionar. || Discurrir, hablar o escribir con agudeza.

Sutlej o **Satlej,** río del NO. de la India y del Paquistán, en el Pendjab, que des. en el Indo ; 1 600 km.

sutra m. Cada uno de los textos que enuncian las reglas morales y de los ritos en el bramanismo y el budismo.

sutura f. Costura de los bordes de una herida : *dar unos puntos de sutura.* || Articulación dentada de dos huesos : *las suturas del cráneo.*

suturar v. t. Hacer una sutura : *tuvo dificultad en suturar la herida.*

Suva, cap. y puerto de las islas Fidji, en el SE. de la de Viti Levu ; 63 000 h. Arzobispado.

Suvana Fuma (Príncipe Tiao), político laosiano (1901-1984), primer ministro del gobierno de su país en diferentes ocasiones entre 1951 y 1975.

Suwon, c. meridional de Corea, al S. de Seúl. Industrias.

suyo, ya, suyos, yas adj. y pron. pos. de 3.ª pers. m. y f. en ambos números : *tu coche es más reciente que el suyo ; una hermana suya.* || — De suyo, de por sí : *de suyo no es mala persona.* || *Hacer de las suyas,* hacer algo bueno (o malo), pero de acuerdo con el carácter de la persona de quien se trata. || *Hacer suyo,* adoptar : *hizo suya la idea de levantar un monumento.* || *Los suyos,* su familia ; sus partidarios. || *Fig. Salirse con la suya,* conseguir lo que uno quiere.

suyuntu m. *Amer.* Zopilote.

Suzuka, c. del Japón (Honshu).

Svalbard, posesión noruega en el océano Ártico, al NE. de Groenlandia, en la que se encuentra el archip. de Spitzberg ; 62 420 km² ; cap. Longyearbyen.

Svealand, parte central de Suecia.

Svendborg, c. y puerto de Dinamarca, en el S. de la isla de Fionia.

Sverdlovsk, ant. *Iekaterinburgo,* c. de la U. R. S. S. (Rusia). Industrias. Minas. En ella fueron ejecutados el zar Nicolás II y su familia en 1918.

Swan, n. de dos islas pequeñas del mar Caribe, al N. de Honduras. Pertenecen a Estados Unidos.

Swansea, c. y puerto de Gran Bretaña, al S. de Gales (Glamorganshire).

swap m. (pal. ingl.). Intercambio de divisas entre dos bancos centrales.

Swatow. V. CHANTEU.

Swazilandia. V. SUAZILANDIA.

sweater [*suéter*] m. (pal. ingl.). Suéter.

Swietochlowice, c. en el SO. de Polonia, en la Alta Silesia (Katovice).

Swift (Jonathan), escritor irlandés, n. en Dublín (1667-1745), autor de *Viajes de Gulliver.*

Swindon, c. del S. de Gran Bretaña, al O. de Londres (Wiltshire).

swing [*suin*] m. (pal. ingl.). Golpe dado balanceando lateralmente el brazo. || Movimiento del jugador de golf al ir a golpear la pelota. || Cierta música y baile de jazz.

Sydney, c. y puerto del SE. de Australia, cap. de Nueva Gales del Sur. Arzobispado. Universidad. Parques nacionales. Industrias. — C. y puerto del E. del Canadá (Nueva Escocia).

Syktyvkar, c. de la U. R. S. S., cap. de la Rep. autónoma de los zirianes, al S. de la República federativa de Rusia.

Sylt, isla de Alemania Oriental, al O. del litoral de Slesvig-Holstein.

syllabus m. Lista de errores en materia de fe condenados por el Papa. (Se dice de los *Syllabus* de Pío IX [1864] y de Pío X [1907].)

Syracuse, c. al NE. de los Estados Unidos (Nueva York). Universidad.

Syzran, c. de la U. R. S. S. (Rusia), a orillas del Volga.

Szczecin, en alem. *Stettin,* c. y puerto en el O. de Polonia, a orillas del Oder. Siderurgia.

Szeged, c. en el S. de Hungría, en la confluencia del Tisza y el Maros. Universidad. Industrias.

Szekesfehervar, ant. *Alba Real,* c. de Hungría, al SO. de Budapest y al NE. del lago Balatón. Aluminio. Electrónica. Arzobispado.

Szolnok, c. en el centro de Hungría, a orillas del río Tisza. Universidad.

Szombathely, c. del O. de Hungría. Comercio.

Szopienice, c. del S. de Polonia, al E. de Katovice. Siderurgia.

Partido de **tenis** en Wimbledon

T

SU

t f. Vigésima tercera letra del alfabeto castellano y decimonona de sus consonantes. ‖ — **T,** símbolo de *tera* y de *tesla.* ‖ — **t,** símbolo de *tonelada.*
Ta, símbolo del *tantalio.*
Taal, volcán de las Filipinas, en la isla de Luzón ; 2 240 m.
taba f Astrágalo, hueso del pie. ‖ Juego de muchachos que se hace con tabas de carnero o con piezas de metal o de cualquier otra cosa. ‖ *Méx.* Charla : *dar taba.* (En la Argentina se dice *menear taba.*)
tabacal m. Plantío de tabaco.
tabacalero, ra adj. Del tabaco : *industria tabacalera.* ‖ Dícese de la persona que cultiva o vende tabaco (ú. t. c. s.). ‖ — F. En España, nombre del organismo estatal que tiene el monopolio de la venta del tabaco.
tabaco m. Planta originaria de la isla de Tobago, en las Antillas, cuyas hojas, preparadas de varias maneras, se fuman, se mascan o se aspiran en polvo : *tabaco negro, rubio, rapé.* ‖ Cigarro puro. ‖ Cigarrillo. ‖ Enfermedad de los árboles. ‖ — Adj. Del color de las hojas de tabaco.
— El tabaco se cultiva en China, Estados Unidos, India, Brasil, U. R. S. S., Turquía, Japón, Bulgaria, Corea, Canadá, Grecia, Italia, México, Colombia, Argentina, Rep. Dominicana, Filipinas, Cuba, Paraguay, islas Canarias, etc.
tabacón m. *Méx.* Marihuana.
Tabacundo, c. del centro del Ecuador, cab. del cantón de Pedro Moncayo (Pichincha).
Tabago. V. TOBAGO.
tabanco m. Puesto para la venta de comestibles. ‖ *Amér. C.* Desván.
tábano m. Insecto díptero, parecido a la mosca.
Tabapy. V. ROQUE GONZÁLEZ DE SANTA CRUZ.
tabaqueada adj. *Méx.* Riña.
tabaquera f. Petaca.
tabaquería f. Estanco, tienda donde se despacha tabaco. ‖ *Amer.* Fábrica de tabaco.
tabaquismo m. Intoxicación provocada por el abuso de tabaco.
Tábara (Enrique), pintor abstracto ecuatoriano, n. en 1930.
tabardillo m. Fiebre tifoidea. ‖ *Fam.* Insolación. ‖ *Fig. y fam.* Engorro, pesadez. ‖ Persona pesada : *es inaguantable, un verdadero tabardillo.*
tabardo m. Abrigo parecido al capote y tejido basto.
Tabaré, poema épico de Zorrilla de San Martín (1886).
tabarra f. *Fam.* Pesadez, molestia. ‖ — Com. Persona o cosa pesada.
tabarro m. *Tábano.* ‖ Avispa.
Tabasará, sierra de Panamá en la cordillera Central.
Tabasca, mun. al noroeste de Venezuela (Monagas). Petróleo.

tabasco m. Salsa muy picante hecha con pimienta de Tabasco.
Tabasco, Estado al SE. de México, entre Guatemala y el golfo de México ; cap. *Villahermosa.* Obispado. Agricultura ; ganadería ; pesca. Explotación de petróleo y de gas natural. Centrales hidroeléctricas.
tabasqueño, ña adj. y s. De Tabasco (México).
Tabatinga, mun. del E. del Brasil (São Paulo).
taberna f. Sitio donde se venden y consumen vinos y licores. ‖ Restaurante típico.
tabernáculo m. Entre los hebreos, tienda en que se colocaba el arca del Testamento. ‖ Sagrario.
tabernario, ria adj. Propio de la taberna o del que la frecuenta. ‖ *Fig.* Bajo, grosero : *lenguaje tabernario.*
Tabernas, v. en el sureste de España (Almería). Centrales eólicas.
tabernero, ra m. y Propietario o encargado de una taberna.
Tabernes : ~ Blanques, mun. al E. de España, en la zona urbana de Valencia. ‖ **— de Valldigna,** c. al E. de España, en las cercanías de Valencia.
tabes f. *Med.* Enfermedad caracterizada por una supresión progresiva de la coordinación de los movimientos.
tabicado, da adj. Acción y efecto de tabicar. ‖ Conjunto de tabiques.
tabicar v. t. Cerrar con tabique. ‖ Tapiar : *tabicar una puerta.*
tabique m. Pared delgada hecha de cascote, ladrillo, adobes o madera. ‖ Separación delgada : *el tabique de las fosas nasales.*
tabla f. Pieza de madera, plana, larga y poco ancha. ‖ Pieza plana, rígida y de poco espesor de cualquier materia : *tabla de hierro colado.* ‖ Cara más ancha de un madero. ‖ Anaquel, estante. ‖ Pliegue ancho de la ropa : *falda con tablas.* ‖ Índice de un libro : *tabla de materias.* ‖ Lista, catálogo : *tablas astronómicas, cronológicas.* ‖ Cuadro en que se inscriben los números en un orden metódico para facilitar los cálculos : *tabla de logaritmos, de multiplicar.* ‖ Cuadro de tierra en que se cultivan verduras : *tabla de lechugas.* ‖ Bancal de un huerto. ‖ Mostrador de carnicería. ‖ Superficie plana de madera que utilizan los dibujantes para trabajar. ‖ Pintura hecha en ella. ‖ Tramo de un río donde el agua se remansa. ‖ Terreno elevado y llano existente entre algunos picos de los Andes. ‖ Dícese entre marinos de la serie ordenada de datos almacenados en la memoria uno detrás de otro. ‖ — Pl. En el juego de ajedrez y en el de damas, estado en que nadie puede ganar la partida. ‖ *Fig.* Empate : *quedar en tablas.* ‖ Escenario de teatro : *salir a las tablas.* ‖ *Fig. y fam.* A raja *tabla,* cueste lo que cueste. ‖ Hacer

tabla rasa, dar al olvido algo pasado ; prescindir de ello. ‖ *Fig. Pisar bien las tablas,* actuar un artista con mucha naturalidad. ‖ *Salvarse por tablas,* salvarse por muy poco. ‖ *Tablas Alfonsinas,* tablas astronómicas compuestas por orden de Alfonso X el Sabio (1252). ‖ *Tabla a vela,* tabla provista de una deriva y de un palo con una vela que se puede orientar en todas las direcciones según su rumbo deseado. ‖ *Tabla de armonía,* tapa superior, de madera ligera, en la caja de resonancia de los instrumentos de cuerda. ‖ *Tabla de lavar,* la de madera donde se frota la ropa al enjabonarla. ‖ *Tabla de queso,* fuente plana de madera en la que se sirven diferentes variedades de queso. ‖ *Fig. Tabla de salvación,* último recurso para salir de un apuro. ‖ *Tabla finlandesa,* sistema de puntuación en atletismo que valora y equipara los resultados obtenidos. ‖ *Tabla hawaiana,* la perfilada que se utiliza para mantenerse en equilibrio encima de las olas en el deporte llamado « surf ». ‖ *Tabla Redonda,* en los libros de caballerías, la de los caballeros que tenían asiento en la mesa del rey Arturo. (Se llama *Ciclo de la Tabla Redonda* al conjunto de poemas y relatos [s. XII-XIV] sobre Bretaña. Son sus héroes el rey Arturo o Artús, Lanzarote, Parsifal, el mago Merlín, etc.) ‖ *Tablas de la Ley,* piedras en que Dios escribió en el Sinaí el Decálogo que dio a Moisés.
Tablacacha. V. CHUQUICARA.
tablada f. *Arg.* Lugar donde se reúne y reconoce el ganado que se destina al matadero.
Tablada, llanura de España, al sur de Sevilla, entre dos ramas del Guadalquivir. Base aérea.
Tablada (José Juan), poeta modernista mexicano (1871-1945), autor de *El florilegio, Un día, Li-Po, El jarro de flores, La feria.* Publicó también memorias (*La feria de la vida*) y una novela (*La resurrección de los ídolos*).
tablado m. Suelo de tablas. ‖ Escenario de un teatro : *sacar al tablado.* ‖ Tarima sobre la que se baila : *tablado flamenco* (también se dice *tablao*). ‖ Tribuna.
tablao m. Tablado.
Tablarumi, monte de los Andes del Ecuador, en la Cord. Central ; 4 622 m.
Tablas, isla en el centro de Filipinas, separada de la de Mindoro por el estrecho de *Tablas.* ‖ **~ (Las),** c. del S. de Panamá, cap. de la prov. de **629**

Los Santos. ‖ ~ **de Daimiel,** parque nacional de España (Ciudad Real).

Tablazo (El), bahía al NO. de Venezuela, entre el golfo de este nombre y el lago de Maracaibo (Zulia). En sus orillas se encuentra un gran complejo petroquímico que lleva su nombre.

tablazón f. Conjunto de tablas.

tableado, da adj. Con pliegues o tablas : *vestido tableado*. ‖ — M. Conjunto de tablas o pliegues que se hacen en una tela.

tablear v. t. Dividir en tablas. ‖ Hacer tablas en la ropa.

tableño, ña adj. y s. De Las Tablas (Panamá).

tablero m. Superficie plana de madera o de otro material que sirve para dibujar. ‖ Mostrador de tienda. ‖ Superficie plana formada por tablas reunidas para evitar que se comben. ‖ Tabla, pieza plana. ‖ Cartelera para fijar anuncios. ‖ En un coche o avión, conjunto de los órganos que permiten al conductor vigilar la marcha de su vehículo. ‖ Tabla escaqueada para jugar a las damas, al ajedrez y a otros juegos similares. ‖ Plataforma de un puente. ‖ Encerado en las escuelas. ‖ *Fig.* Campo : *en el tablero político.*

tableta f. Tabla pequeña. ‖ Pastilla : *tabletas de aspirina, de chocolate.*

tabletear v. i. Producir ruido haciendo chocar tabletas. ‖ *Fig.* Hacer ruido continuo los disparos de un arma de fuego.

tableteo m. Ruido del choque de tabletas. ‖ *Fig.* Ruido de un arma automática.

tablilla f. Tabla pequeña. ‖ Plancha de madera para fijar anuncios, etc. ‖ Pieza de madera para sujetar los huesos fracturados.

tablón m. Tabla grande o gruesa. ‖ Tablilla de anuncios. ‖ Trampolín. ‖ *Fam.* Borrachera. ‖ *Amer.* Huerto de verduras.

Tabo (El), c. septentrional de Chile en la V Región (Valparaíso) y en la prov. de San Antonio, cap. de Cad. de su nombre.

Taboada Terán (Néstor), escritor boliviano, n. en 1929, autor de *Manchay Puytu, el amor que quiso ocultar Dios,* leyenda indígena.

Taboga, isla de Panamá, en la bahía de Panamá. Faro. Turismo.

tabor m. Cuerpo militar indígena compuesto de tres compañías que existía en el antiguo Protectorado español de Marruecos.

Tabor c. al oeste de Checoslovaquia (Bohemia). Fue refugio de los *husitas.* ‖ ~ (MONTE), hoy *Gebel-el-Tuz,* elevación de Israel, al SE. de Nazaret (588 m), donde tuvo lugar la Transfiguración de Cristo.

Tabriz, ant. *Tauris,* c. del NO. de Irán (Azerbaidján). Sedas, tapices.

tabú m. Carácter de los objetos, seres o actos que hay que evitar por ser considerados como sagrados. ‖ Estos mismos objetos, seres y actos. ‖ *Por ext.* Cosa prohibida. ‖ — Adj. Considerado como sagrado o intocable : *tema tabú.* (Pl. *tabúes.*)

tabuco m. Cuartucho, cuchitril.

tabulación f. Acción de tabular.

tabulador m. En las máquinas de escribir, dispositivo que facilita la disposición de cuadros, columnas, cantidades o palabras.

tabuladora f. Máquina que transcribe las informaciones de las tarjetas perforadas.

tabular adj. De forma de tabla.

tabular v. t. Expresar algo (valores, magnitudes, etc.) valiéndose de tablas. ‖ — V. i. Introducir tarjetas perforadas o fichas en la tabuladora. ‖ Hacer funcionar el tabulador de una máquina de escribir.

taburete m. Asiento sin brazos ni respaldo. ‖ Silla de respaldo muy estrecho. ‖ Banquillo.

tac, onomatopeya de un ruido seco : *el tac tac del corazón.*

tacada f. Golpe dado con el taco a la bola de billar. ‖ Serie de carambolas seguidas.

tacalate m. *Méx.* Planta y fruto del tacalote.

tacalote m. Leguminosa medicinal de México.

tacamaca f. Árbol de la familia de las burseráceas de cuya corteza los

630

---

indios americanos hacen canoas. ‖ Flor blanca que tiene y su fruto.

tacamadún m. Pez del golfo de México.

Tacámbaro, río de México, en el O. del centro, afl. del río de las Balsas. — Mun. al O. de México (Michoacán) ; cap. *Tacámbaro de Codallos.* Obispado. Minas.

tacana f. *Arg.* Bancal de tierra.

Tacaná, volcán de América Central, en la frontera de México con Guatemala ; 4 000 m. Llamado también *Soconusco.* — Mun. en el N. de Guatemala (San Marcos).

tacañear v. i. *Fam.* Obrar como un tacaño, cicatear.

tacañería f. Ruindad, mezquindad.

tacaño, ña adj. y s. Mezquino.

Tacarigua (LAGUNA DE). V. VALENCIA.

tacataca y **tacatá** m. Sillita con el asiento de tela, montada en un armazón con ruedas, con dos agujeros para que pasen las piernas de los niños que aprenden a andar.

tácito, ta adj. Sobreentendido, no expresado formalmente : *acuerdo tácito.* ‖ *Tácita reconducción,* renovación automática de un contrato cuando no ha sido rescindido en tiempo oportuno.

Tácito (Cornelio), historiador latino (¿ 55-120 ?), autor de *Los Anales.*

taciturnidad f. Condición de taciturno. ‖ Actitud taciturna.

taciturno, na adj. Callado, no aficionado a hablar : *persona taciturna.* ‖ Triste, apesadumbrado, melancólico.

tacla f. Apero de labranza utilizado por los antiguos incas.

Tacna, c. del S. del Perú, cap. de la prov. y del dep. homónimos. Obispado. Centro minero. La c., lo mismo que Arica, pertenecía al Perú, pero la Guerra del Pacífico y el Tratado de Ancón (1883) decidieron su incorporación a Chile. El Tratado de Lima (1929) dispuso la vuelta de Tacna al Perú y atribuyó Arica a Chile.

tacneño, ña adj. y s. De Tacna (Perú).

taco m. Tarugo de madera u otra materia con que se tapa un hueco : *encajar un taco.* ‖ Cuña. ‖ Pelotilla de trapo, papel o estopa que se ponía en las armas de fuego entre el proyectil y la pólvora. ‖ Palo con que se impulsan las bolas en el billar. ‖ Cilindro de cuero u otro material que se fija en la suela de las botas de fútbol para no resbalar. ‖ Conjunto de las hojas del calendario de pared. ‖ Conjunto de billetes de transporte que se venden juntos : *un taco de billetes de metro.* ‖ Conjunto de billetes : *tiene un taco de billetes en el bolsillo.* ‖ Cheque. ‖ *Fig.* y *fam.* Bocado ligero : *tomar tacos de queso con el aperitivo.* ‖ Trago de vino : *tomar un taco.* ‖ Tableta de hachís. ‖ Palabrota : *soltó un taco.* ‖ Lío, confusión : *se hizo un taco.* ‖ Año : *tengo cuarenta tacos.* ‖ *Amer.* Tacón. ‖ *Amer.* Preocupación, temor. ‖ *Chil.* Atasco, impedimento. ‖ *Méx.* Tortilla de maíz rellena de carne, frijoles, etc. ‖ — *Fam.* Armar un taco, organizar un escándalo. ‖ *Armarse un taco,* embarullarse, hacerse un lío.

Tacoa, pobl. de Venezuela, a 40 km de Caracas. Central eléctrica.

tacógrafo m. Caja negra de aviones y otros vehículos de transportes.

Tacoma, c. y puerto del NO. de Estados Unidos (Washington).

tacón m. Pieza fijada debajo de la suela del zapato, en la parte correspondiente al talón : *tacón alto.*

Tacón (Miguel de), militar y gobernante español (1775-1854). Fue capitán general de Cuba de 1834 a 1838 y vizconde de Bayamo.

taconazo m. Golpe con el tacón.

taconear v. i. Hacer ruido con los tacones al andar o al bailar.

taconeo m. Ruido producido al taconear.

Tacopaya, c. al oeste de Bolivia (Cochabamba). Minas.

Tacora, volcán de los Andes en los confines del Perú (Tacna) y Chile (Tarapacá) ; 5 980 m.

Tacoronte. c. de España en la isla de Tenerife (Santa Cruz de Tenerife).

---

tacotal m. *Méx.* Plantío de tacotes.

Tacotalpa, mun. al SE. de México (Tabasco).

tacote m. *Méx.* Marihuana.

Tactic, mun. en el centro de Guatemala (Alta Verapaz). Minas.

táctica f. Arte de dirigir una batalla combinando la acción de los medios de combate para alcanzar algún objetivo. ‖ *Fig.* Medios empleados para lograr un fin : *seguir una táctica.*

táctico, ca adj. Relativo a la táctica : *unidad táctica de infantería.* ‖ — M. y f. Experto en esta : *táctico naval.*

táctil adj. Relativo al tacto.

tacto m. Uno de los cinco sentidos que permite, por contacto directo, conocer la forma y el estado exterior de las cosas. ‖ Acción de tocar. ‖ *Fig.* Tiento, delicadeza : *contestar con mucho tacto.* ‖ *Med.* Método de exploración, efectuado con los dedos, en la vagina o en el recto.

tacuacín m. *Amer.* Zarigüeya.

tacuache m. *Cub.* y *Méx.* Mamífero insectívoro nocturno. ‖ Mentira.

Tacuarembó, río en el norte del Uruguay (Rivera), afl. del Río Negro ; 200 km. — C. en el N. del Uruguay, cap. del dep. homónimo. Obispado. Batalla entre Brasil y Uruguay (1820).

tacuarembocense o **tacuaremboense** adj. y s. De la c. y del dep. de Tacuarembó (Uruguay).

Tacuarí, río del SE. del Paraguay (Itapúa), afl. del Paraná. — Río del E. del Uruguay (Cerro Largo y Treinta y Tres), que des. en la laguna Merín ; 114 km.

Tacuba, pobl. y volcán del O. de El Salvador en la sierra de Apaneca (Ahuachapán) ; 1 425 m. — Delegación urbana de la c. de México. (Distrito Federal). Ant. *Tlacopan.*

Tacubaya, barrio residencial en el oeste de la ciudad de México.

tacuche m. *Méx.* Envoltorio.

tacurú m. *Riopl.* Especie de hormiga pequeña. ‖ Montículo de los hormigueros en los terrenos anegadizos.

tacha f. Falta, defecto, imperfección : *una vida sin tacha.* ‖ Clavo algo mayor que la tachuela. ‖ *Amer.* Tacho, vasija de metal. ‖ *El Caballero sin Miedo y sin Tacha,* Bayardo.

tachadura f. Raya o borradura que se hace sobre una palabra escrita para suprimirla. ‖ *Fig.* Censura.

tachar v. t. Borrar o rayar lo escrito : *tachar algunos párrafos.* ‖ *Fig.* Censurar : *tachar el proceder de uno.* ‖ Atribuir a uno algún defecto : *tachar de avaricia.* ‖ *For.* Alegar una incapacidad legal : *tachados de enajenación.*

tachero m. *Amer.* Operario de los tachos en los ingenios de azúcar. ‖ Hojalatero.

Tachikawa, c. de Japón (Honshu).

Táchira, río en el O. de Venezuela, afl. del Zulia. — Estado del SO. de Venezuela, fronterizo con Colombia ; cap. *San Cristóbal.* Minas. Petróleo.

tachirense adj. y s. De Táchira (Venezuela).

Tachkent. V. TASHKENT.

tacho m. *Amer.* Vasija grande de metal, de fondo redondo. ‖ Paila grande para cocer el melado en las fábricas de azúcar. ‖ Hoja de lata. ‖ *Chil.* Cacerola de metal o barro. ‖ *Amer.* Cubo de la basura. ‖ *Arg.* Taxímetro. ‖ *Fig. Irse al tacho,* fracasar, venirse a pique abajo.

tachón m. Tachadura muy grande.

tachonar v. t. *Fig.* Salpicar : *cielo tachonado de estrellas.*

tachuela f. Clavo pequeño de cabeza grande que usan los tapiceros.

Tadjikistán, la más pequeña de las rep. federadas de la U. R. S. S., en la frontera de China y Afganistán ; cap. *Duchanbe.* Agricultura (algodón). Carbón. Centrales hidroeléctricas.

Tadj Mahall o **Taj Mahal,** mausoleo de mármol blanco, incrustado de piedras de color, levantado en la India, cerca de Agra (s. XVII), en memoria de la favorita del emperador Yahan.

Tadjrich o **Tayrich,** c. de Irán, en el área metropolitana de Teherán.

Taegu, c. del E. de la Rep. de Corea.

Taejon, c. del centro de la Rep. de Corea, al SE. de Seúl.

Taf m. Tren rápido articulado formado por tres unidades, dos de las cuales son motoras.

TAILANDIA

Tafalla, c. al N. de España (Navarra).
tafetán m. Tela de seda muy tupida y tejida como el lienzo.
tafia f. Aguardiente de caña.
tafilete m. Piel de cabra fina.
Tafilete o **Tafilalet**, región del Sáhara en Marruecos meridional.
tafiletear v. t. Adornar o cubrir con tafilete.
tafileteria f. Arte de curtir el tafilete. || Tienda donde se vende éste.
Tafi Viejo, dep. y pobl. del N. de la Argentina (Tucumán).
Taft (William Howard), político republicano norteamericano (1857-1930). Fue sucesivamente gobernador de Filipinas (1901-1904), y de Cuba (1906) y pres. de Estados Unidos (1909 a 1913).
Tafur (Juan), conquistador español del s. XVI. Tras recorrer Panamá, fue a la isla del Gallo para recoger a los soldados que habían dejado a Francisco Pizarro.
tagalo, la adj. y s. Dícese de los miembros de la población indígena de Filipinas. || — M. Lengua oficial de los filipinos.
Taganrog, c. y puerto al O. de la U. R. S. S. (Rusia), en la costa norte del mar de Azov. Industrias.
Tagant, circunscripción en el sur del centro de Mauritania ; cap. *Tidjikja*.
tagarnina f. Cardillo. || *Fam.* Puro, cigarrillo o tabaco de mala calidad. || *Amer.* Borrachera.
Tagbilaran, c. y puerto de las Filipinas, en la isla de Bohol. Obispado.
Tagle (Protasio), abogado y político mexicano (1839-1903). || — y **Portocarrero** (JOSÉ BERNARDO DE), militar y político peruano (1779-1825), primer pres. de la Rep. de su país, cuya independencia había proclamado en Trujillo (1820).
Tagliamento, río del NE. de Italia en Venecia Julia que des., entre Venecia y Trieste, en el Adriático ; 170 km.
Tagore (Rabindranath THAKUR, llamado), poeta indio, n. en Calcuta (1861-1941), autor de poesías de inspiración mística y patriótica (*Luna nueva*, *El jardinero*), de novelas, ensayos y dramas. (Pr. Nobel, 1913.)
Taguasco, mun. de Cuba, en el área metropolitana de Sancti Spíritus.
tahalí m. Tira de cuero u otra materia que va del hombro derecho al costado izquierdo y de la cual pende la espada.
Tahití, isla principal del archipiélago de la Sociedad (Polinesia francesa) ; cap. *Papeete* ; 1 042 km² ; 115 000 h.
tahitiano, na adj. y s. De Tahití. || — M. Lengua de Polinesia de la familia malaya.

tahona f. Horno donde se cuece el pan.
tahonero, ra m. y f. Persona que tiene una tahona a su cargo.
Tahuamanú, prov. y distrito del E. del Perú (Madre de Dios) ; cap. *Niñapari*.
Tahuantinsuyo, n. del ant. Imperio incaico, dividido en cuatro provincias o regiones (Antisuyo, Collasuyo, Contisuyo y Chinchasuyo) ; cap. *Cuzco*.
tahúr m. Jugador empedernido, especialmente el fullero.
tahureria f. Garito. || Afición exagerada al juego. || Fullería.
Taiba, centro minero del O. Senegal (fosfatos).
Taicheu, c. en el centro de China (Kiangsú).
taifa f. Banderia, facción : *reino de taifa*. || *Fig.* y *fam.* Reunión de gente de mala vida : *una taifa de ladrones*.
Taifas (*reinos de*), pequeños Estados árabes formados en la España medieval después de la desaparición del califato de Córdoba (1031).
taiga f. Selva del norte de Eurasia y América, de subsuelo helado, formada principalmente por coníferas, abedules y arces.
Taigeto, monte de Grecia, al S. del Peloponeso ; 2 404 m.
tailandés, esa adj. y s. De Tailandia.
Tailandia, Estado monárquico de Asia del SE., limitado al E. por Camboya, al E. y al N. por Laos, al N. y al O. por Birmania y al S. por Malaysia ; 514 000 km² ; 47 200 000 h. (*tailandeses*). Cap. *Bangkok*, 2 230 000 h. Tuvo el n. de *Siam* hasta 1939 y de 1945 a 1949. Agricultura (arroz) ; ganadería. Caucho. Estaño. Turismo.
taimado, da adj. Astuto y disimulado (ú. t. c. s.). || *Chil.* Obstinado.
taimería f. Astucia.
Tainán, c. y puerto al SE. de la isla de Taiwán (Formosa). Universidad.
taino o **taino, na** adj. y s. Dícese del indígena de una población arawaka que vivía en Puerto Rico, Haití y al E. de Cuba. (Fueron también por los conquistadores españoles.) || — M. Dialecto que hablaban.
Taipei o **Taipeh** o **Taibei**, c. en el N. de la isla de Taiwán (Formosa), cap. de la isla y de la China nacionalista ; 2 300 000 h. Obispado. Universidad.
Taira, c. del Japón en el E. de la isla de Honshu.
Tais, cortesana griega del s. IV a. de J. C., concubina de Alejandro Magno y de Ptolomeo I.
taita m. Nombre cariñoso con que el niño designa a sus padres o a quien le cuida. || *Arg.* y *Chil.* Nombre dado a las personas de respeto : *taita cura*. || *Arg.* Entre los gauchos, matón.
Taitao, penins. en el S. de Chile (Aisén).
Taitchong, c. de Taiwán (Formosa).
Taitong, c. del SE. de la isla de Taiwán (Formosa).
Taiwan, ant. **Formosa**, isla del océano Pacífico a lo largo de China meridional, de la cual está separada por el estrecho de Taiwan ; 36 000 km² ; 18 000 000 h. ; cap. *Taipei*, 2 300 000 h. La isla perteneció al Japón de 1895 a 1945 y hoy es la residencia del Gobierno nacionalista chino. Agricultura (caña de azúcar, arroz). Industrias.
Taiyuán, ant. *Yangku*, c. del E. de China ; cap. de Chansi. Arzobispado.
Taiz, c. de la Rep. Árabe del Yemen.
Taj Mahal. V. TADJ MAHALL.
tajada f. Porción que se corta de una cosa : *una tajada de melón*. || *Pop.* Curda, borrachera. || *Fig.* y *fam.* Sacar tajada, sacar provecho.
tajado, da adj. *Fam.* Borracho.
tajadura f. Corte.
tajamar m. Tablón curvo ensamblado a la parte exterior de la roda de una nave. || Espolón de puente. || *Amér.* C. y *Chil.* Malecón, dique. || *Arg.* Presa, depósito para las aguas llovedizas.
tajante adj. Cortante. || *Fig.* Completo, sin término medio : *diferencia tajante*. || Categórico, definitivo : *contestación tajante*. || Perentorio, terminante : *tono tajante*.
tajar v. t. Cortar : *tajar carne*. || — V. pr. *Fam.* Embriagarse.
tajear v. t. *Amér.* Hacer tajos.

Tajes (Máximo), general uruguayo (1852-1912), pres. de la Rep. de 1886 a 1890.
Tajín (El), ant. cap. de los totonacas, al N. de Veracruz y cerca de Papantla (México). Estación arqueológica (pirámides).
tajo m. Corte profundo. || Filo de un instrumento cortante. || Tarea, faena y lugar donde trabaja una cuadrilla de trabajadores : *los peones van al tajo*. || Corte profundo en el terreno : *el tajo de Roncesvalles*. || Trozo de madera donde se pica o corta la carne. || Trozo de madera sobre el cual se decapitaba a los condenados. || Corte que se da con la espada o el sable.
Tajo, río de la Península Ibérica, que nace en la sierra de Albarracín (Teruel), pasa por Aranjuez, Toledo y Talavera de la Reina, penetra en Portugal y forma, en su desembocadura, el estuario del *mar de Paja* ; 1 008 km (910 en España). Presas. Centrales hidroeléctricas. En 1979 se inauguró, en España, el llamado *trasvase Tajo-Segura*, obra que permite que las aguas del primer río lleguen a la cuenca del segundo para irrigar las provincias de Alicante y Murcia.
tajón m. *Fam.* Borrachera, tajada.
Tajumulco, c. y volcán en el SO. de Guatemala (San Marcos), punto culminante de América Central ; 4 210 m.
Tajuña, río del centro de España, afl. del Jarama ; 116 km.
Takamatsu, c. y puerto del Japón en el N. de la isla de Sikoku.
Takao, c. y puerto de la isla de Taiwan (Formosa).
Takaoka, c. del Japón en el O. del centro de la isla de Honshu.
Takasaki, c. del Japón, al NO. de Tokio (Honshu). Metalurgia.
Takatsuki, c. del Japón (Honshu).
Takawa, c. del Japón, al N. de la isla de Kiusiu. Centro minero.
Taking, centro petrolero al NE. de China (Heilongkiang).
Takla-Makan, desierto al O. de China (Sinkiang).
Takoradi, c. y puerto en el S. de Ghana.
tal adj. Semejante : *nunca se ha visto tal cinismo*. || *Así* : *tal es su opinión*. || Tan grande : *tal es su fuerza que todos le temen*. || Este, esta : *no me gusta hacer tal cosa*. || Calificativo que se aplica a una persona o cosa de nombre desconocido u olvidado : *Fulana de Tal en la calle tal*. || — Pron. Tal cosa : *no dije tal*. || Alguno : *tal habrá que lo sienta así*. || — Adv. Así : *tal estaba de emocionado que no me vio*. || De este modo : *cual el Sol ilumina la Tierra, tal ilumina sus estrellas*. || — Con tal de o que, con la condición que ; siempre que. || *¿ Qué tal ?*, ¿ cómo está usted ? ; ¿cómo va la cosa ? ; ¿ qué le parece ? || *Tal cual*, sin cambio ; regular, ni bien ni mal ; algún que otro. || *Tal vez*, quizá. || Y tal y cual, etcétera.
tala f. Corte de un árbol por el pie. || Poda. || Destrucción, estrago.
Tala, dep. de Argentina (Entre Ríos) ; cab. *Rosario de Tala*. — Mun. de México (Jalisco).
Tala, libro de poemas de Gabriela Mistral (1938).
talabartería f. Taller o tienda de talabartero.
talabartero m. Guarnicionero.
talabricense adj. y s. De Talavera de la Reina (España).
talacha f. y **talacho** m. *Méx.* Zapapico, azada, útil de labranza.
talador, ra adj. y s. Que tala.
taladrado m. Acción y efecto de taladrar.
taladrador, ra adj. y s. Que taladra. || — F. Máquina de taladrar o perforar metales.
taladrar v. t. Agujerear con el taladro. || *Fig.* Herir los oídos con un sonido agudo.
taladro m. Barrena u otro instrumento con que se perfora u horada una cosa. || Agujero hecho con estos instrumentos.
Talagante, c. de Chile en la Región Metropolitana de Santiago, cap. de la prov. y de la com. de su nombre.
Talamanca, cadena montañosa del SE. de Costa Rica ; alt. máx. en el Chirripó Grande (3 832 m).

Talamantes y Baeza (Melchor), mercenario mexicano, n. en Lima (1765-1909). Defendió la causa de la independencia de México.

tálamo m. Cama conyugal : *tálamo nupcial.* || Receptáculo de una flor. || *Anat.* Parte del encéfalo situada en la base del cerebro.

talante m. Humor, disposición de ánimo : *estar de buen (o mal) talante.* || Voluntad, grado : *hacer algo de buen talante.* || Carácter.

talar adj. Dícese de la vestidura que llega a los talones : *traje talar.*

talar v. t. Cortar por el pie : *talar árboles.* || Podar, cortar las ramas.

Talara, prov., c. y puerto en el NO. del Perú (Piura). Centro petrolero.

talareño, ña adj. y s. De Talara (Perú).

talasoterapia f. Uso terapéutico de los baños o del aire de mar.

talavera m. Porcelana de Talavera.

Talavera, mun. al S. del Perú (Apurímac). || ~ **de la Reina,** c. en el centro de España (Toledo), a orillas del río Tajo. Centro comercial. Cerámica. || ~ **la Real,** v. al O. de España (Badajoz).

Talavera || ~ (ALFONSO MARTÍNEZ DE TOLEDO, **arcipreste de**), escritor español, n. en Toledo (1398-1470), autor del célebre *Corbacho* o *Reprobación del amor mundano,* tratado moral en forma satírica dirigido contra los vicios de las mujeres, y de la obra histórica *Atalaya de las crónicas.* || ~ (HERNANDO DE), escritor ascético español (1428-1507), consejero espiritual de Isabel la Católica y primer arzobispo de Granada. || ~ (MARIO), compositor mexicano (1885-1960), autor de populares canciones (*Muchachita mía, Arruyo,* etc.).

talaverano, na adj. y s. De Talavera (España y Perú).

talayot y **talayote** m. Monumento megalítico de las Baleares parecido a una torre de poca altura.

Talca, c. en el centro de Chile, cap. de la VIII Región (Maule) y de la prov. y com. del mismo nombre. Centro industrial. Obispado. Central hidroeléctrica. La prov. es rica en ganadería. Terremoto en 1928.

Talcahuano, c. del centro de Chile en la VIII Región (Biobío) y en la prov. de Concepción, cap. de la com. del mismo nombre. Puerto militar. Industrias. Refinería de petróleo.

talco m. Silicato natural de magnesio, de textura hojosa, que se usa en farmacia reducido a polvo.

talcoso, sa adj. De talco.

taled m. Pieza de lana con que se cubren los judíos la cabeza y el cuello en las ceremonias religiosas.

talega f. Saco de tela fuerte para envasar o transportar cosas : *talega de pan.* || Su contenido.

talegazo m. Golpe dado con una talega. || *Fam.* Caída.

talego m. Talega.

taleguilla f. Talega que es bastante pequeña. || Calzón de torero.

talento m. Moneda imaginaria de los griegos y romanos. || Aptitud natural para hacer una cosa determinada : *pintor de gran talento.* || Entendimiento, inteligencia : *hace falta mucho talento para hacerlo.*

talentoso, sa o **talentudo, da** adj. Que tiene talento : *pianista talentoso.*

talero m. *Arg.* y *Chil.* Fusta.

Tales de Mileto, matemático y filósofo griego de la escuela jónica (¿ 640-547 ?), autor de un *teorema* de geometría.

Talgo m. Tren articulado ligero de invención española.

Talía, musa de la Comedia y del Idilio. Una de las Tres Gracias.

talidomida f. Medicamento de gran poder teratógeno.

Talién o **Dairlan,** ant. *Dairen,* en ruso *Dainy,* c. y puerto del noreste de China (Liaoning). Siderurgia. Fue rusa hasta 1905 y japonesa hasta 1945.

talio m. Metal blanco (Tl) parecido al plomo, existente en las piritas, de número atómico 81.

talión m. Castigo idéntico a la ofensa causada ; *no es muy moral ni aconsejable aplicar la ley del talión.*

talismán m. Objeto que tiene la virtud de proteger que lo lleva o de darle algún poder mágico. || *Fig.* Lo

que tiene un poder irresistible y efectos maravillosos.

talkie-walkie [*tokiuoki*] m. (pal. ingl.). Radioteléfono, aparato receptor y emisor de poco alcance.

Talmud, colección de tradiciones judaicas de la ley de Moisés.

talmúdico, ca adj. Del Talmud.

talo m. Órgano vegetativo de las plantas en las que no se diferencian la raíz, el tallo y las hojas.

talofitas f. pl. Tipo de plantas que comprende algas, hongos y líquenes.

talón m. Parte posterior del pie. || Parte del zapato o calcetín que la cubre. || Parte del arco de un instrumento músico de cuerda inmediata al mango : *el talón de un arco de violín.* || Parte que se arranca de cada hoja de un talonario. || Cheque. || Patrón monetario : *el talón oro.* || Extremo posterior de la quilla del barco. || — *Fig.* Pisarle a uno los talones, seguirle de muy cerca ; estar a punto de igualarle. | *Talón de Aquiles,* punto vulnerable.

talonario m. Cuaderno que consta de varias hojas que se dividen en dos partes, una llamada *talón,* que se entrega, y otra denominada *matriz,* que se conserva como justificante : *un talonario de cheques* (ú. t. c. adj.).

taloneador m. Jugador que talonea el balón en el juego del rugby.

talonear v. t. Despejar el balón con el talón en el juego del rugby. || *Amer.* Espolear con los talones.

talonera f. Refuerzo que se pone en el talón de las medias o calcetines o en la parte interior de los pantalones.

Talpa de Allende, mun. al O. de México (Jalisco). Minas. Turismo.

talpetate m. *Amer.* Mezcla de barro y de arena fina utilizada para pavimentar las carreteras.

talquera f. Recipiente donde se guardan los polvos de talco.

talquino, na adj. y s. De Talca (Chile).

talquita f. Roca pizarrosa formada sobre todo de talco.

Taltal, c. y puerto al N. de Chile, en la II Región y en la prov. de Antofagasta, cap. de la com. de su nombre.

taltuza f. *Amér.* C. Cierto roedor.

talud m. Inclinación del paramento de un muro o de un terreno.

talla f. Obra esculpida, especialmente en madera : *una talla del s. XIV.* || Estatura : *hombre de buena talla.* || Instrumento para medir a las personas. || *Fig.* Capacidad : *tiene talla para ocupar este cargo.* || Operación consistente en labrar las piedras preciosas : *la talla del diamante.* || Tamaño normalizado de las prendas de vestir confeccionadas. || Tributo antiguo. || Mano, en el juego de la banca y otros. || *Fig.* De talla, de importancia.

tallado, da adj. Con los adv. *bien* o *mal,* de buen o mal aspecto. || — M. Acción y efecto de tallar el diamante, la madera, el metal, etc.

Tallahassee, c. del SE. de Estados Unidos, cap. de la Florida. Universidad.

tallar v. t. Esculpir : *tallar una imagen.* || Labrar piedras preciosas : *tallar diamantes.* || Grabar metales. || Medir con la talla : *tallar quintos.* || Llevar la banca en los juegos de azar || — V. i. *Arg.* Charlar.

tallarín m. Cinta estrecha de pasta de macarrones.

talle m. Figura, disposición del cuerpo : *talle esbelto.* || Cintura : la cogió por el talle. || Parte del vestido que corresponde a esta parte del cuerpo : *falda alta de talle.* || Medida que se toma del cuello a la cintura.

taller m. Lugar en el que se hace un trabajo manual : *taller de sastre, de pintura y carrocería.* || Conjunto de alumnos o colaboradores que trabajan a las órdenes de un pintor, escultor, arquitecto.

Tallet (José Zacarías), escritor cubano, n. en 1893, precursor de la poesía afrocubana.

Talleyrand-Périgord (Charles Maurice de), político francés (1754-1838). Primer obispo de Autun, fue después ministro durante el Directorio, el Consulado, el Imperio y la Restauración. Ambicioso e inteligente, traicionó todos los regímenes.

Tallin, ant. *Reval,* c. y puerto en el N. de la U. R. S. S., en el golfo de Finlandia, cap. de la rep. de Estonia. Universidad. Metalurgia.

tallista com. Persona que talla en madera o graba metales.

tallo m. Parte de la planta que lleva las hojas, las flores y los frutos.

talludo, da adj. De tallo grande. || *Fig.* Muy crecido, alto para su edad.

tamagás m. inv. *Amér.* C. Víbora venenosa.

tamal m. *Amer.* Empanada de masa de harina de maíz, envuelta en hojas de plátano o de maíz y rellena de diferentes condimentos. || *Chil.* Bulto bastante grande. || *Fam. Amer.* Lío, intriga : *amasar un tamal.*

tamalada f. *Amer.* Comida a base de tamales.

Tamale, c. del norte de Ghana.

tamalería f. Tienda de tamales.

tamalero, ra adj. *Amer.* Que hace o vende tamales (ú. t. c. s.).

Tamalín, mun. al este de México (Veracruz). Petróleo.

tamanduá m. Mamífero desdentado parecido al oso hormiguero.

tamango m. *Arg.* Calzado rústico de cuero.

Tamanrasset, oasis en el desierto del Sáhara argelino.

tamaño, ña adj. Tal, tan grande o tan pequeño : *no me vengas con tamaña historia.* || — M. Dimensiones o volumen : *el tamaño de un libro.*

támara f. Palmera de Canarias. || Terreno poblado de estas palmeras. || — Pl. Dátiles en racimo. | Leña menuda.

Támara o **Tamarón,** lugar de España al SO. de Burgos (Palencia).

tamaricáceo, a adj. Dícese de unas plantas dicotiledóneas abundantes en los países mediterráneos y en Asia Central (ú. t. c. s. f.). || — F. pl. Familia que forman.

tamarindo m. Árbol papilionáceo de tronco grueso y flores amarillas cuyo fruto, de sabor agradable, se usa como laxante. || Su fruto.

Tamarindo, distrito al N. del Perú (Piura).

tamarugal m. *Chil.* Terreno plantado de tamarugos.

Tamarugal, pampa al N. de Chile en la I (Tarapacá) y la II (Antofagasta) regiones. Minas.

tamarugo m. *Chil.* Especie de algarrobo que hay en la pampa.

Tamasopo, mun. en el centro de México (San Luis Potosí).

Tamatave, hoy *Toamasina,* ciudad y puerto del E. de Madagascar, cap. de la prov. homónima.

Tamaulipas, Estado al NE. de México, en el golfo de México y en la frontera con Estados Unidos ; cap. *Ciudad Victoria.* Ganadería. Pesca. Minas. Petróleo en Tampico y gas natural en Reynosa. Industrias.

tamaulipeco, ca adj. y s. De Tamaulipas (México).

Tamayo, mun. al SO. de la Rep. Dominicana (Baoruco).

Tamayo (Franz), político y escritor boliviano, n. en La Paz (1879-1956), autor de poesías modernistas (*Odas, Proverbios, Los nuevos rubayat*), tragedias y ensayos. || ~ (JOSÉ LUIS), político ecuatoriano (1849-1947), pres. de la Rep. de 1920 a 1924. || ~ (RUFINO), pintor mexicano, n. en Oaxaca en 1899, autor de grandiosos murales en México D. F. y en los Estados Unidos y de pinturas de caballete (*Animales, El cantante, Autorretrato, El barquillo de fresa*). || ~ **Vargas** (AUGUSTO), escritor peruano, n. en 1914, autor de poesías (*Cantata a Bolívar*), novelas (*Una sola sombra al frente*) y de estudios literarios. || ~ **y Baus** (MANUEL), dramaturgo español (1829-1898), autor de *Locura de amor, La bola de nieve, Un drama nuevo,* etc.

Tamazula de Gordiano, mun. al O. de México (Jalisco).

Tamazunchale, mun. en el centro de México (San Luis Potosí).

tambache m. *Méx.* Envoltorio de ropa, hato.

tambaleante adj. Vacilante, titubeante. || Inestable.

tambalear v. i. Moverse a uno y otro lado como si se fuese a caer. Ú. m. c. pr. : *tambalearse al andar.* || Ser inestable. Ú. m. c. pr. : *mueble que se tambalea.* || *Fig.* Perder su firmeza. Ú. m. c. pr. : *las estructuras de esta organización se tambalean.*

tambaleo m. Falta de estabilidad.

tambarria f. *Amer.* Parranda.

tambero, ra m. y f. *Amer.* Persona dueña de un tambo. || — Adj. *Amer.* Del tambo. || *Arg.* Manso : *ganado tambero.* || *Arg.* y *Chil.* Que posee vacas lecheras.

también adv. Igualmente.

tambo m. *Amer.* Posada, venta, parador. || *Arg.* Vaquería, lechería.

Tambo, río del sur del Perú (Moquegua y Arequipa), que al confluir con el Urubamba da nacimiento al Ucayali ; 150 km. || ~ **(El),** mun. al O. de Colombia (Cauca). Industrias. — Mun. al SO. de Colombia (Nariño), al pie del volcán Galeras. — Distrito de Perú (Junín), en el área metropolitana de Huancayo. || ~ **Colorado,** centro arqueológico de Perú, en el valle de Pisco (Ica). || ~ **Grande,** distrito al NO. de Perú (Piura).

Tambobamba, distrito al SO. de Perú (Apurímac). Minas.

Tambomachay, centro arqueológico precolombino de Perú, en las cercanías de Cuzco.

Tambopata, río en el SE. del Perú, que nace en el dep. de Puno y afluye al Madre de Dios. — Prov. del E. del Perú (Madre de Dios) ; cap. *Puerto Maldonado.*

tambor m. Instrumento músico de percusión, de forma cilíndrica, hueco, cerrado por dos pieles tensas y que se toca con dos palillos. || El que lo toca : *los tambores de una banda de música.* || Cilindro hueco, de metal, para diversos usos : *tambor para tostar café, de una máquina de lavar.* || Depósito cilíndrico con una manivela que lo hace girar y que sirve para meter las bolas de una rifa o lotería. || Aro de madera con que se borda. || Cilindro giratorio donde se ponen las balas de un revólver. || *Arq.* Muro cilíndrico que sirve de base a una cúpula. || Pieza circular de acero, solidaria de la rueda, en cuyo interior actúan las zapatas del freno. || *Amer.* Bote que sirve de envase. || *Méx.* Colchón de muelles.

tambora f. *Amer.* Grupo de músicos con instrumentos de percusión.

tamborear v. i. Tamborilear.

tamboreo m. Tamborileo.

tamboril m. Tambor, más largo y estrecho que el corriente, tocado con un solo palillo.

Tamboril. V. PEÑA (República Dominicana).

tamborilear v. i. Tocar el tambor o el tamboril. || Imitar el ruido del tambor, repiquetear : *tamborilear en la mesa con los dedos.* || — V. t. Celebrar, alabar, ponderar.

tamborileo m. Acción de tocar el tambor o tamboril y ruido hecho.

tamborilero, ra m. y f. Persona que toca el tambor o el tamboril.

tamborito m. Baile típico de Panamá. || Música que lo acompaña.

Tambov, c. de la U. R. S. S. (Rusia), al SE. de Moscú.

tameme m. *Chil., Méx.* y *Per.* Mozo de cuerda indio.

Tamerlán o **Timur Lenk,** conquistador tártaro (1336-1405), fundador del Segundo Imperio mongol. Conquistó Turquestán, Persia, Asia Menor y parte de la India.

Tamesí, río del noreste de México (Tamaulipas), que desemboca en el Pánuco, cerca de Tampico ; 400 km.

Támesis, río de Gran Bretaña en Inglaterra, que pasa por Oxford, atraviesa Londres y des. en el mar del Norte ; 336 km. — C. en el O. de Colombia (Antioquia).

Tamiahua, mun. y laguna del E. México (Veracruz). Petróleo.

tamil o **tamul** adj. inv. y s. Dícese de un grupo étnico del S. de la India (Madrás y Ceilán).

Tamilnad. V. TAMIL NADU.

Tamil Nadu, ant. *Estado de Madrás,* Estado al sur de la India ; cap. *Madrás.*

tamiz m. Cedazo muy tupido.

tamizado m. Acción de tamizar.

tamizado, ra adj. Que tamiza (ú. t. c. s.).

tamizar v. t. Pasar por el tamiz

cerner : *tamizar harina, arena.* || Dejar pasar parcialmente : *luz tamizada.*

Tammerfors. V. TAMPERE.

tampa f. *Arg.* Cabellera enmarañada.

Tampa, c. y puerto del S. de Estados Unidos (Florida), en el golfo de México. Tabaco. Siderurgia.

Tampacán, mun. en el centro de México (San Luis Potosí).

Tampere, en sueco *Tammerfors,* c. en el sur de Finlandia, al O. de la región de los lagos. Industrias.

Tampico, c. y puerto al E. de México (Tamaulipas). Obispado. Refinería. Metalurgia. Comercio. || ~ **Alto,** mun. al E. de México (Veracruz). Petróleo.

tampiqueño, ña adj. y s. De Tampico (México).

tampoco adv. Sirve para expresar una segunda negación : *tampoco te lo daré.* || Además no : *no me avisaron y tampoco pude ir.*

tampón m. Almohadilla para entintar sellos. || Pequeño cilindro de celulosa que las mujeres introducen en la vagina durante la menstruación.

tam-tam m. *Mús.* Tantán.

tamuga f. *Amér. C.* Fardo.

Tamuin, mun. en el centro de México (San Luis Potosí). Petróleo.

tamujal m. Terreno de tamujos.

tamujo m. Planta euforbiácea existente en las orillas de los ríos.

tamul adj. y s. Tamil. || — M. Lengua hablada por los tamiles.

tan adv. Apócope de *tanto.* || Expresa también la comparación : *es tan alto como su hermano* ; *¡ no seas tan presumido !* || Muy : *¡ es tan tonto !*

Tana o **Teno,** río de Laponia que separa Finlandia de Noruega ; 304 km.

Tana o **Tsana,** lago al O. de Etiopía donde nace el Nilo Azul.

tanagra f. Pequeño pájaro cantor de América. || Estatuita de terracota que se fabricaba en Tanagra (Beocia).

Tanagra, c. de la ant. Grecia (Beocia).

Tananarive, en malgache *Antananarivo,* c., prov. y cap. de Madagascar, en la meseta central ; 450 000 h. Arzobispado. Universidad.

Tanaro, río del N. de Italia en Piamonte, afl. del Po ; 276 km.

tanate m. *Hond.* y *Méx.* Mochila, zurrón. || *Fig. Amer. C.* Cargar con los tanates, marcharse.

Tancítaro, volcán de México, al O. de la capital (Michoacán) ; 3 845 m.

Tancoco, mun. al E. de México (Veracruz). Petróleo.

Tancochapa, río en el E. de México (Veracruz y Tabasco).

tancolote m. *Méx.* Cesto.

tanda f. Turno : *ésta es su tanda.* || Tarea. || Capa de varias cosas superpuestas. || Grupo de personas o de bestias que se turnan en un trabajo : *la primera, la última tanda.* || Serie : *tanda de carambolas.* || Gran cantidad : *tanda de azotes.* || Período de trabajo o descanso en las minas. || *Amer.* Sesión de una representación teatral : *teatro por tandas.*

tándem m. Bicicleta para dos personas sentadas una tras otra. || Tiro de dos caballos que están enganchados uno delante del otro. || *Fig.* Asociación de dos personas o grupos. (Pl. *tándemes.*)

tandeo m. Distribución del agua de riego por tandas.

Tandil, sierra de la Argentina (Buenos Aires) ; punto culminante a 502 m en el cerro Tandileofú. — C. en el E. de la Argentina (Buenos Aires). Universidad. Turismo.

tandilense adj. y s. De Tandil (Argentina).

Tang, decimotercera dinastía china, que reinó de 618 a 907.

tanga m. Bikini muy reducido.

Tanga, c. y puerto de Tanzania, cap. de la prov. del mismo nombre.

Tangancícuaro, v. y mun. en el O. de México (Michoacán).

Tanganica o **Tangañica,** gran lago de África oriental entre Zaire, Zambia, Tanzania y Burundi. Desagua en el río Zaire por medio del Lukuga ; 31 900 km². — Ant. territorio bajo tutela británica (1920) o de la O. N. U. (1946), después Estado del África oriental (1961) y hoy de Tanzania.

tanganillas (en) adv. Muy poco seguro ; en equilibrio inestable.

tángano, na adj. *Méx.* Persona de baja estatura.

tangay m. *Fam.* Follón, jaleo.

Tangchán, c. de China (Hopeï), al E. de Pekín. Destruida por un terremoto en 1976.

tangedor m. *Amer.* Serpiente de cascabel.

tangencia f. Estado de lo que es tangente : *la tangencia de dos círculos.* || Punto de tangencia, punto único en que dos líneas se tocan.

tangencial adj. Relativo a la tangente.

tangente adj. Aplícase a las líneas y superficies que se tocan en un solo punto sin cortarse : *dos circunferencias tangentes.* || *F.* Recta que toca en un solo punto a una curva o a una superficie. || Relación entre el seno y el coseno de un ángulo (símb., *tg.*). || *Fig. y fam. Irse o salirse por la tangente,* salir hábilmente de un apuro ; contestar con evasivas.

Tánger, c. y puerto franco del N. de Marruecos, enfrente del estrecho de Gibraltar, cap. de la prov. homónima.

tangerino, na adj. y s. De Tánger (Marruecos). || — F. Variedad de mandarina.

tangible adj. Que se puede tocar. || *Fig.* Sensible, real : *progresos tangibles.*

tango m. Baile de origen argentino. || Música y letra que lo acompaña.

tanguillo m. Baile, música y canción andaluza.

tanguista com. Persona que canta o baila en un cabaret. || *Fig.* Persona de vida alegre y libertina.

tanino m. Sustancia astringente que hay en la nuez de las agallas, en la corteza de la encina y otros árboles, empleada para curtir las pieles.

Tanis, c. del ant. Egipto, en el Delta del Nilo.

Tanjore o **Tanjur,** c. del SE. de la India (Tamil Nadu).

Tanjungkarang-Telukbetung, c. y puerto de Indonesia, al sur de la isla de Sumatra.

tanker m. (pal. ingl.). Buque aljibe.

Tannhäuser, ópera de Wagner (1845).

tano, na adj. *Fam.* Emigrante italiano en América del Sur (ú. t. c. s.).

tanque m. *Mil.* Carro de combate. || Vehículo cisterna ; barco cisterna : *tanque petrolero.* || Depósito para ciertos líquidos.

tanqueta f. Carro de combate ligero.

Tanta o **Tantah,** c. de Egipto, en el centro del delta del Nilo. Algodón.

tantalio y **tántalo** m. Metal blanco plateado (Ta) de número atómico 73.

tántalo m. Ave zancuda tropical, de plumaje blanco.

Tántalo, rey mítico de Lidia o de Frigia que, descuartizó a su hijo Pélope para dárselo a comer a los dioses en un banquete que les ofreció. Zeus, en castigo, le precipitó en el Tártaro y le condenó a ser presa del hambre y sed insaciables, poniendo a su alcance agua y alimentos, que se alejaban cuando él quería asirlos (*suplicio de Tántalo*).

tantán m. En África, especie de tambor que se toca con las manos. || Ruido hecho por el tambor.

tanteador, ra m. y f. Persona que tantea en el juego. || — M. Marcador en que se apuntan los tantos de los contendientes en un encuentro deportivo o juego de naipes. || *Arg.* Resultado de un encuentro deportivo, tanteo.

tantear v. t. Apuntar los tantos en el juego (ú. t. c. i.). || Ver si una cosa cabe en cierto sitio. || *For.* Dar por una cosa, en virtud de cierto derecho, el precio en que se adjudicó a otro en pública subasta. || *Fig.* Examinar una cosa detenidamente antes de decidirse : *tantear un asunto.* || Probar : *tantear el terreno.* || Explorar la intención de uno : *tantear a una persona.* || Calcular aproximadamente. — V. i. Andar a tientas. || — V. pr. Someterse a prueba.

tanteo m. Ensayo, prueba. || Número de tantos que se apuntan los jugadores o competidores. || Cálculo aproximado de algo. || Derecho que tiene alguien para comprar una cosa por el mismo precio en que fue vendida al que la acaba de adquirir.

Tantima, mun. al este de México (Veracruz). Petróleo.

tanto, ta adj. Dícese de una cantidad imprecisa y se emplea como correlativa de *cuanto : cuanto más trabajo, tanto más ingresos.* ‖ Tal cantidad : *no quiero tanto café.* ‖ Tal número : *¡tengo tantas amigas! ; ¡había tanto pájaro en aquel jardín !* ‖ — Adv. De tal modo : *no grites tanto.* ‖ Muy largo tiempo : *para venir aquí no tardará tanto.* ‖ — A tanto, hasta tal punto. ‖ *Al tanto,* al corriente : *estar al tanto de todo lo que pasa.* ‖ *Algún tanto, un poco.* ‖ *Con tanto que,* con tal que. ‖ *En tanto o entre tanto,* mientras. ‖ *No ser para tanto,* no ser tan grave ni tan importante. ‖ *Otro tanto,* lo mismo. ‖ *Por lo tanto,* por consiguiente. ‖ *Por tanto,* por eso, por lo que. ‖ *Tanto como,* lo mismo que. ‖ *Tanto mejor,* expresión que denota satisfacción. ‖ *Tanto peor,* expresión que denota la resignación ante un hecho desafortunado. ‖ *¡Y tanto !,* expresión usada para reforzar un asentimiento : *creo que te gustó mucho la película.* — *¡Y tanto !* — M. Número que se apunta en cada jugada : *jugar una partida a cien tantos.* ‖ En algunos deportes, gol : *el Atlético se apuntó cuatro tantos.* ‖ Ficha que representa los puntos en ciertos juegos. ‖ Porcentaje : *me darás un tanto de la ganancia.* ‖ — Pl. Número indeterminado : *en la clase hay veinte y tantos niños ; el año mil novecientos ochenta y tantos.* — A *tanto alzado,* a destajo. ‖ *Uno de tantos,* uno cualquiera. ‖ *Un tanto, algo, un poco : es un tanto parlanchina ; muy : un acontecimiento un tanto extraordinario.* ‖ *Un tanto por ciento,* porcentaje. ‖ — F. pl. Fam. *Las tantas,* hora muy tardía : *llega al trabajo a las tantas.*

Tantoyuca, c. y mun. en el E. de México (Veracruz). Agricultura. Ganadería. Centro comercial. Petróleo.

Tanzania, república federal de África oriental, miembro del Commonwealth, formada en 1964 por Tanganica, Zanzíbar e isla de Pemba ; 939 702 km² ; 18 700 000 h. Cap. *Dar es-Salam,* 517 000. C. pr. *Dodoma,* 30 000 ; *Tanga,* 65 000 ; *Mwanza,* 40 000.

tanzano, na adj. y s. De Tanzania.

tañedor, ra m. y f. Persona que tañe un instrumento músico.

tañer v. t. Tocar un instrumento músico, como la guitarra. — V. i. Repicar las campanas : *tañer a muerto.*

tañido m. Sonido de cualquier instrumento que se tañe.

tao m. Figura heráldico en forma de T.

taoísmo m. Antigua religión china, mezcla del culto de los espíritus de la naturaleza y de los antepasados, de la doctrina de Lao-Tse y de otras creencias.

taoísta adj. Relativo al taoísmo. ‖ Que profesa el taoísmo (ú. t. c. s.).

Taormina, c. de Italia en la isla de Sicilia (Mesina), al pie del Etna.

tapa f. Pieza que cubre o cierra una caja, olla, cazuela, etc. : *la tapa de un cofre.* ‖ Cada una de las dos cubiertas de un libro encuadernado. ‖ Capa de suela en el tacón del calzado. ‖ Bocado ligero que se suele tomar con las bebidas : *una tapa de mariscos.* ‖ Carne del medio de la pata trasera. ‖ *Amer.* Tapón. ‖ — Fam. *La tapa de los sesos,* el cráneo. ‖ *Levantarse (o saltarse) la tapa de los sesos,* suicidarse de un tiro en la cabeza. ‖ *Amer. Tapa corona,* cápsula para cerrar una botella.

Tapacarí, pobl. del centro de Bolivia, cap. de la prov. homónima (Cochabamba). Minas.

tapacubos m. inv. Tapa metálica para cubrir el buje de la rueda.

tapaculteca adj. Dícese del indígena mexicano que vivió en la región de Tapachula (ú. t. c. s.).

Tapachula, c. meridional de México (Chiapas), cerca de la frontera con Guatemala. Obispado. Industrias.

tapachulteco, ca adj. y s. De Tapachula (México).

tapada f. Mujer que se tapa parte de la cara con el manto. ‖ *Amer.* Mentís.

tapadera f. Tapa de una vasija. ‖ *tapadera de un cazo.* ‖ Pieza con que

se tapa un agujero. ‖ *Fig.* Persona o cosa que encubre a alguien o disimula algo.

tapadillo m. Acción de taparse el rostro las mujeres con el manto : *De tapadillo,* a escondidas.

tapadismo m. *Méx.* Sistema consistente en mantener secreto el nombre del presunto candidato en elecciones presidenciales.

tapado m. *Col.* Comida de carne preparada en barbacoa. ‖ *Amer.* Entierro, tesoro oculto. ‖ Abrigo de mujer o niño. ‖ *Méx.* Presunto candidato, especialmente en elecciones presidenciales, cuyo nombre se guarda en secreto hasta última hora.

Tapajós o **Tapajoz,** río del N. del Brasil (Pará), afluente del Amazonas ; 1 980 km.

tápalo m. *Méx.* Chal o mantón.

Tapalpa, sierra en el O. de México (Jalisco).

tapanco m. *Méx.* Desván.

tapar v. t. Cubrir o cerrar : *tapar una cacerola, un agujero.* ‖ Abrigar : *tapar al niño en la cuna.* ‖ Ocultar : *tapado por las nubes.* ‖ *Fig.* Encubrir a alguien, ocultar alguna falta suya. ‖ *Chil.* Empastar las muelas. ‖ *Fig. Méx. Tapar el sol con un dedo,* intentar ocultar algo que es demasiado patente. ‖ — V. pr. Cubrirse : *taparse la cabeza con un pañuelo de seda.*

tapara f. Fruto del taparo.

Taparelli (Massimo). V. AZEGLIO.

taparo m. *Amer.* Árbol parecido a la güira.

taparrabo m. Pedazo de tela u otro material con que se tapan ciertos salvajes la parte inferior del vientre y los muslos. ‖ Calzón corto, usado generalmente como bañador, que cubre sólo las partes pudendas.

taparrabos m. inv. Taparrabo.

tapatío, tía adj. y s. *Méx.* De Guadalajara (México).

tapayaxin m. *Méx.* Reptil de la familia de los iguánidos.

tapera f. En América, ruinas de un pueblo. ‖ Vivienda ruinosa.

Tapera (La), c. del S. de Chile, en la XI Región (Aisén del Gral. Carlos Ibáñez del Campo) y en la prov. de Coihaique, cap. de la com. de Lago Verde.

tapete m. Alfombra pequeña. ‖ Paño que se pone por adorno o protección encima de un mueble. ‖ — *Fig. Estar una cosa sobre el tapete,* estar en discusión o en estudio. ‖ *Tapete verde,* mesa de juego.

tapia f. Pared de tierra amasada y

apisonada en un molde. ‖ Cerca : *saltar la tapia.* ‖ *Fig. y fam. Más sordo que una tapia,* muy sordo.

tapial m. Trozo de pared hecho con tierra amasada.

tapiar v. t. Cercar o tapar con tapias.

tapicería f. Conjunto de tapices. ‖ Lugar donde se guardan tapices : *la Tapicería Nacional.* ‖ Arte de hacer tapices o del tapicero. ‖ Tienda de éste. ‖ Tela para cortinas o decoración o para cubrir los sillones, los asientos de un coche, etc.

tapicero, ra m. y f. Persona que teje tapices. ‖ Persona cuyo oficio consiste en tapizar muebles y paredes, poner cortinajes, etc.

Tàpies (Antoni), pintor español, n. en 1923. Es uno de los pintores vanguardistas más destacados en la actualidad.

tapioca f. Fécula blanca comestible que se saca de la raíz de la mandioca. ‖ Sopa hecha con ella.

tapir m. Mamífero de Asia y América del Sur, parecido al jabalí.

tapisca f. *Méx.* Cosecha del maíz.

tapiscar v. t. *Amér. C.* y *Méx.* Cosechar el maíz.

tapiz m. Paño tejido de lana o seda, con dibujos de varios colores, con que se adornan las paredes : *tapiz de los Gobelinos.* ‖ Alfombra.

tapizado m. Acción y efecto de tapizar.

tapizar v. t. Cubrir las paredes con tapices. ‖ Forrar cualquier superficie, las paredes, el suelo o los sillones con tela. ‖ Cubrir, alfombrar : *tapizaron en su hermoso el jardín con flores.*

tapón m. Objeto de corcho, plástico o de cristal usado para tapar las botellas, frascos y otros recipientes de abertura. ‖ Masa de hilas o algodón que se usa para limpiar una herida u obstruir un conducto. ‖ Acumulación de cerumen en el oído que causa algunos trastornos y dificulta la audición. ‖ *Fig.* Cualquier persona o cosa que produce entorpecimiento u obstrucción. ‖ Aglomeración de vehículos que impide la circulación fluida. ‖ *Fig. y fam.* Persona baja y rechoncha. (Se dice también *tapón de alberca).* ‖ *Arg.* Taco de las botas de fútbol.

taponamiento m. Obstrucción de una herida con tapones. ‖ Tapón de circulación.

taponar v. t. Cerrar con tapón un orificio : *taponar una botella.* ‖ Obstruir con tapones una herida o los orificios del oído. ‖ *Fig.* Obstruir.

taponazo m. Golpe o estampido que da el tapón de una botella al desta-

TANZANIA

alturas : 100, 500, 1000, 2500 m

parse bruscamente. ‖ *Fig.* y *fam.* En fútbol, chut o tiro muy fuerte.

Tapso, ant. c. de África. En sus proximidades, César aniquiló al partido de Pompeyo (46 a. de J. C.).

tapujo m. Embozo, disfraz que disimula una parte de la cara. ‖ *Fig.* y *fam.* Rodeo, disimulo. ‖ Secreto : *andar siempre con tapujos.*

tapuya adj. y s. Aplícase a los indios que ocupaban casi todo Brasil.

taqué m. Vástago que transmite la acción del árbol de levas a las válvulas de un motor.

taquear v. i. *Méx.* Comer tacos. ‖ *Amer.* Jugar al billar. ‖ — V. t. *Amer.* Atacar con un arma de fuego.

taquería f. *Méx.* Lugar donde se venden tacos para comer.

taquero, ra m. y f. *Méx.* Vendedor de tacos.

Taques (Los), mun. al NO. de Venezuela (Falcón). Refinería.

taquicardia f. Ritmo muy rápido de las contracciones cardíacas.

taquigrafía f. Escritura formada por signos convencionales que permite escribir a la velocidad de la palabra.

taquigrafiar v. t. Escribir taquigráficamente.

taquigráfico, ca adj. Relativo a la taquigrafía : *texto taquigráfico.*

taquígrafo, fa m. y f. Persona capaz de utilizar la taquigrafía.

taquilla f. Armario o casillero donde se guardan papeles, fichas, ropa, etc. ‖ Casillero para billetes de ferrocarril, de teatro, etc. ‖ Sitio donde se despachan los billetes y entradas. ‖ *Fig.* Dinero recaudado por la venta de las entradas. ‖ *Amér. C.* Taberna.

taquillero, ra m. y f. Persona encargada de vender los billetes en la taquilla del ferrocarril o de un espectáculo. ‖ *Amér. C.* Tabernera. ‖ — Adj. Fig. Aplícase al artista o espectáculo que atrae mucho público.

taquimeca f. Taquimecanógrafa.

taquimecanografía f. Arte de escribir a máquina y en taquigrafía.

taquimecanógrafo, fa m. y f. Persona que escribe utilizando la taquigrafía y la mecanografía.

taquimetría f. Arte de levantar planos con el taquímetro.

taquímetro m. Instrumento parecido al teodolito que sirve para medir a un tiempo ángulos y distancias. ‖ Contador de velocidad, velocímetro.

taquito m. *Arg.* Tiro de taquito, en fútbol, tiro con el balón dado con la parte posterior de la bota.

tara f. Peso del embalaje, del vehículo transportador, etc., que se tiene que rebajar del de la mercancía. ‖ Peso del vehículo de transporte sin la carga. ‖ Defecto : *tara hereditaria.*

tarabilla f. Listón que mantiene tenso el cordel de la sierra. ‖ *Fig.* Persona que habla mucho, sin reflexión ni orden. ‖ Retahíla de palabras desordenadas. ‖ *Amer.* Bramadera.

taracea f. Obra de incrustaciones en madera hechas con marfil y nácar.

taracear v. t. Adornar con taraceas.

Taracena (Alfonso), escritor y periodista mexicano, n. en 1899, autor de cuentos, novelas *(Los abrasados)* y libros de historia.

tarado, da adj. Que tiene tara o defectos (ú. t. c. s.).

tarahumara adj. Dícese del indígena mexicano de una tribu que vive en la sierra de Sonora (ú. t. c. s.).

Tarahumara (SIERRA DE), nombre que toma la Sierra Madre Occidental de México entre los Estados de Chihuahua, Sonora y Sinaloa.

tarajallo adj. m. s. m. Grandullón.

tarambana adj. Aplícase a la persona alocada, que tiene muy poco juicio (ú. t. c. s.).

Taranak, prov. de Nueva Zelanda en el E. de la isla del Norte ; cap. *New Plymouth.*

Tarancón, c. de España (Cuenca), al sudeste de Madrid.

tarantela f. Baile del sur de Italia, de movimiento muy vivo. ‖ Su música.

tarántula f. Araña muy grande, de picadura venenosa.

Tarapacá, I Región de Chile en el norte del país, integrada por las prov. de Arica, Parinacota e Iquique ; cap. *Iquique.* (Hab. *tarapaqueños.*) Grandes recursos minerales (azufre, sales

potásicas, salitre, oro, plata, plomo, cobre, estaño). Industria pesquera.

tarapaqueño, ña adj. y s. De Tarapacá (Chile).

Tarapoto, c. del NO. del Perú, cap. de la prov. de San Martín, en el dep. homónimo.

Tarapur, c. de la India, al N. de Bombay. Central nuclear.

tarar v. t. Determinar el peso de la tara : *tarar un género, una mercancía.* ‖ Hacer que alguien o algo esté tarado.

tararear v. t. Canturrear, cantar en voz baja y sin pronunciar las palabras.

tarareo m. Acción y efecto de tararear.

tarasca f. Figura de monstruo en forma de dragón que se sacaba en algunos sitios en la procesión del Corpus. ‖ *Fig.* Mujer fea y perversa. ‖ *Arg.* Cometa cuadrangular, juguete.

tarascada f. Mordisco. ‖ Rasguño hecho con las uñas.

tarasco, ca adj. Dícese de un ant. pueblo indio en el O. y centro de México (Michoacán, Guanajuato y Querétaro), cuya civilización estuvo en su apogeo en el s. XV cerca del lago de Pátzcuaro (ú. t. c. s.).

tarascón m. Tarascada.

Tarata, pobl. del centro de Bolivia, cap. de la prov. de Esteban Arze (Cochabamba). — C. meridional del Perú, cap. de la prov. homónima (Tacna).

Tarawa, atolón y cap. de las islas Gilbert, hoy Kiribati.

Tarazona, c. del N. de España (Zaragoza). Obispado. Catedral. ‖ ~ **de la Mancha,** v. de España (Albacete).

Tarbela, embalse y central hidroeléctrica en el río Indo (Paquistán).

Tarbes, c. del S. de Francia, cap. del dep. de Hautes-Pyrénées. — Cap. del Bigorre.

Tárcoles. V. GRANDE DE TÁRCOLES.

tardador, ra adj. y s. Que tarda.

tardanza f. Dilación, demora, retraso. ‖ Lentitud.

tardar v. i. Emplear cierto tiempo en efectuar algo : *tardaré una hora en acabar este libro.* ‖ Emplear mucho tiempo : *el tren tarda en llegar.* ‖ Dejar transcurrir cierto tiempo antes de hacer algo : *¡ cuánto has tardado antes de venir a verme !* ‖ A más tardar, todo lo más.

tarde f. Tiempo entre el mediodía y el anochecer : *las cuatro de la tarde.* ‖ — Adv. A una hora avanzada del día o de la noche : *terminar tarde.* ‖ Después de la hora o del momento normal o conveniente : *ha llegado tarde ; ya es tarde para marcharse.* ‖ — *Buenas tardes,* saludo que se emplea por la tarde. ‖ *De tarde,* aplícase a las prendas de vestir para las tardes. ‖ *De tarde en tarde,* de vez en cuando.

tardecer v. t. Atardecer.

tardío, a adj. Que madura tarde : *trigo tardío.* ‖ Que llega u ocurre tarde : *gloria tardía ; hija tardía.* ‖ Que se da más tarde de lo conveniente : *consejo tardío.* ‖ Que tarda mucho en hacer las cosas : *tardo en comprender.*

tardo, da adj. Lento : *¡ qué tardo es vistiéndose !* ‖ Tardío. ‖ Torpe, lento : *tardo en comprender.*

tarea f. Labor, obra, trabajo : *una tarea difícil.* ‖ Trabajo en un tiempo limitado. ‖ Deberes del colegial.

Tarento, c. y puerto del S. de Italia (Pulla), en el golfo de Tarento, cap. de la prov. homónima. Arzobispado.

Tarfaya, c. del S. de Marruecos, en el Sáhara y cerca del cabo Juby, cap. de la prov. homónima.

targui adj. y s. V. TUAREG.

Targu Muresh. V. TIRGU MURES.

Tariácuri, jefe y sacerdote tarasco, fundador del reino de Michoacán (México), que luchó victoriosamente contra los aztecas.

tarifa f. Escala de precios, derechos o impuestos : *tarifas arancelarias.*

Tarifa, c. del S. de España (Cádiz). Heroica defensa de Guzmán el Bueno contra los benimerines (1294). Industria conservera. Turismo.

tarifar v. t. Aplicar una tarifa. ‖ — V. i. *Fam.* Enfadarse dos personas. ‖ *Fam.* Salir tarifando, largarse, irse.

tarifeño, ña adj. y s. De la ciudad de Tarifa (España).

tarificación f. Acción y efecto de tarificar

Tarija, río de Bolivia y Argentina, que, tras señalar una parte de la frontera entre los dos países, se une con el Bermejo ; 241 km. — C. del S. de Bolivia, cap. de la prov. de Cercado y del dep. homónimo, en el extremo meridional del país. Universidad. Obispado. Petróleo, gas natural. Refinería. Oleoducto.

tarijeño, ña adj. y s. De Tarija (Bolivia).

Tarik, caudillo árabe que invadió España en 711. Venció al rey visigodo Don Rodrigo y dio su nombre a Gibraltar (Gebel-Tarik, montaña de Tarik).

Tarim, río del NO. de China (Sinkiang) ; 2 000 km.

tarima f. Plataforma movible de poca altura : *la mesa del orador estaba sobre una tarima.*

Tarímbaro, mun. al oeste de México (Michoacán).

Tarimoro, mun. en el centro de México (Guanajuato).

tarjeta f. Cartulina rectangular con el nombre de una persona y generalmente con su actividad y profesión : *tarjeta de visita.* ‖ Cartulina que lleva impreso o escrito un aviso, permiso, invitación, etc. : *tarjeta comercial, de invitación.* ‖ — *Tarjeta amarilla, roja,* tarjeta que el árbitro enseña a un jugador en un partido de fútbol o en otro encuentro deportivo, cuando éste ha cometido una incorrección o falta grave o cuando por este mismo motivo se le señala que ha sido expulsado del campo. ‖ *Tarjeta de crédito,* documento o banco que permite a la persona a cuyo nombre está puede pagar sin extender un cheque o sin abonar en metálico. ‖ *Tarjeta perforada,* ficha de cartulina rectangular en que se registran informaciones numéricas o alfabéticas. ‖ *Tarjeta postal,* cartulina generalmente ilustrada por una cara que se suele mandar por correos sin sobre.

tarjeteo m. Intercambio frecuente de tarjetas.

tarjetero m. Cartera en que se llevan tarjetas, billetero.

Tarlac, c. de Filipinas (Luzón), al NO. de Manila.

Tarma, c. del centro del Perú, cap. de la prov. homónima (Junín). Agricultura. Ganadería

tarmeño, ña adj. y s. De Tarma (Perú).

Tarn, río del S. de Francia, afl. del Garona ; 375 km. — Dep. del SO. de Francia ; cap. *Albi.* ‖ ~ **-et-Garonne,** dep. del S. de Francia ; cap. *Montauban.*

Tarnovo. V. VELIKO TARNOVO.

Tarnow, c. del S. de Polonia (Cracovia). Industrias. Obispado.

Tarnowskie Gory, en alem. *Tarnowitz,* c. de Polonia (Katovice).

Tarpeya (Roca). V. CAPITOLIO.

tarot m. (pal. fr.). Juego de naipes dedicado a la adivinación

tarquín m. Légamo.

Tarquinia, c. de Italia (Lacio).

Tarquino, ~ **el Antiguo** o **Prisco,** quinto rey de Roma, de 616 a 579 a. de J. C. Murió a manos de los hijos de Anco Marcio. ‖ ~ **el Soberbio,** séptimo y último rey de Roma, de 534 a 509 a. de J. C.

Tarraco, c. de la España romana, cap. de la zona de la Tarraconense.

tarraconense adj. y s. De Tarragona (España). ‖ De la provincia romana del mismo nombre (España).

Tarraconense, prov. de la España romana, al NE. de la Península ; cap. *Tarraco* (Tarragona).

Tarradellas (Joseph), político español, n. en 1899, pres. de la Generalidad de Cataluña en el exilio (1954-1977) y tras el restablecimiento de esta institución (1977-1980).

Tarragona, c. y puerto del NE. de España, cap. de la prov. homónima y de la comarca el Tarragonés. Arzobispado. Escuelas técnicas. Universidad. Monumentos (murallas ciclópeas ; acueducto, circo y anfiteatro romanos ; necrópolis ; catedral gótica). Industrias. Comercio. Vinos.

Tarragonés (El), comarca del NE. de España en Cataluña (Tarragona) ; cap. *Tarragona.*

Tarrasa, en cat. *Terrassa,* c. en el NE. de España (Barcelona). Textiles.

Tárrega, c. en el NE. de España (Lérida), cap. de la comarca catalana de Urgel.

Tárrega (Francisco Agustín), autor dramático español (1554-1602). ǁ ~ (FRANCISCO), guitarrista y compositor español (1854-1909), autor de música para guitarra (*Preludios, Capricho árabe, Recuerdos de la Alhambra*).

tarreña f. Castañuela hecha con barro cocido.

tarrina f. Recipiente en el que se presentan algunos productos alimenticios como paté, etc.

tarro m. Vasija cilíndrica de barro o vidrio : *un tarro de mermelada.* ǁ *Arg.* Vasija de lata. ǁ *Antill., Méx.* y *Urug.* Cuerno. ǁ *Riopl. Fam.* Buena suerte.

Társida. V. TARTESOS.

Tarsis. V. THARSIS.

tarso m. Parte posterior del pie que contiene siete huesos y se articula con la pierna.

Tarso, ant. c. de Asia Menor, hoy en Turquía.

Tarsus, río de la ant. Cilicia, en Turquía asiática, al SE. de Anatolia.

tarta f. Pastel compuesto de una masa plana y fina cubierta de nata, frutas cocidas, mermelada, etc. ǁ — Adj. y s. *Fam.* Tartamudo.

Tartagal, pobl. en NO. de la Argentina (Salta). Petróleo.

tartaja adj. y s. Tartamudo.

tartajear v. i. Tartamudear.

tartajeo m. Tartamudeo.

tartajoso, sa adj. Dícese de la persona que tartajea (ú. t. c. s.).

tartamudear v. i. Hablar con pronunciación muy entrecortada, repitiendo las sílabas.

tartamudeo m. Pronunciación entrecortada de las palabras con repetición de las sílabas.

tartamudez f. Defecto del tartamudo.

tartamudo, da adj. Dícese de la persona que tartamudea (ú. t. c. s.).

tartán m. (n. registrado) Conglomerado de amianto, caucho y materias plásticas, inalterable a la acción del agua, con el que se revisten las pistas de atletismo.

tartana f. Carro de dos ruedas cubierto por un toldo y con asientos laterales.

Tartaria, ant. n. de una gran parte de Asia que correspondía a Mongolia, Manchuria, Turquestán, Afganistán y Siberia.

tártaro, ra adj. y s. De Tartaria o Tataria. ǁ — M. Tartrato ácido de potasio que se forma en las paredes de los toneles donde fermenta el mosto. ǁ Sarro de los dientes. ǁ *Bistec tártaro,* carne picada que se come cruda y aderezada con yema de huevo, alcaparras y otros varios condimentos. ǁ *Salsa tártara,* mayonesa a la cual se agregan mostaza, especias y distintas clases de hierbas.

Tártaro (El), el Infierno.

tartera f. Fiambrera. ǁ Cazuela de barro.

tartesio, sia adj. y s. De Tartesos.

Tartesos o **Tartessos** o **Társida,** ant. región ibérica, junto a la des. del Guadalquivir.

Tartini (Giuseppe), músico y violinista italiano (1692-1770), autor de numerosas composiciones.

tártrico, ca adj. Dícese del ácido que se saca del tártaro.

Tartu, ant. *Dorpat,* c. en el NO. de la U. R. S. S. (Estonia). Universidad.

Tartufo, comedia de Molière (1669). El personaje principal, Tartufo, es el tipo de la hipocresía.

taruga f. Especie de ciervo de América del Sur.

tarugo m. Pedazo de madera grueso y corto. ǁ Clavija gruesa de madera. ǁ Adoquín de madera con que pavimentaban la calle. ǁ Pedazo de pan. ǁ *Fig.* y *fam.* Zoquete, necio.

tarumá m. *Riopl.* Árbol verbenáceo de fruto oleaginoso.

tarumba adj. *Fam.* Aturdido. | Loco : *esta chica le ha vuelto tarumba.*

Tarzán, personaje imaginario, creado por Edgar Rice Burroughs, protagonista de aventuras en la selva africana.

tas m. Yunque pequeño.

636 tasa f. Tasación. ǁ Documento en

que se indica esta tasación. ǁ Precio fijado oficialmente para ciertas mercancías : *tasa de importación.* ǁ Medida, norma, proporción : *obrar sin tasa.* ǁ Índice : *tasa de natalidad.* ǁ Contribución. ǁ Interés, porcentaje.

tasacion f. Justiprecio, estimación del precio de algo.

tasador, ra adj. Dícese de la persona que tasa (ú. t. c. s.).

tasajo m. Cecina.

tasar v. t. Poner precio a una cosa : *tasar el pan.* ǁ Valorar, estimar el valor de una cosa. ǁ *Fig.* Restringir algo por prudencia o avaricia : *tasar la comida.* ǁ Imponer, someter a un impuesto.

tasca f. Taberna.

Tashkent, c. en el SO. de la U. R. S. S., cap. del Uzbekistán, en Asia central. Universidad.

Tasman (Abel Janszoon), marino holandés (1603-1659), descubridor de Tasmania y Nueva Zelanda (1642).

Tasmania, de 1642 a 1855 *Tierra de Van Diemen,* isla al SE. de Australia, de la que está separada por el estrecho de Bass ; 68 332 km² ; 450 000 h. Cap. *Hobart,* 182 000 h.

tasmanio, ia adj. y s. De Tasmania (Australia).

Tasos, isla de Grecia, al N. del mar Egeo, separada del continente por el estrecho homónimo. C. pr. *Tasos.*

tasquear v. i. Ir de tascas.

tasqueo m. Acción de ir de tascas.

Tassara (Gabriel GARCÍA). V. GARCÍA TASSARA (Gabriel).

Tasso (Torcuato), poeta renacentista italiano (1544-1595), autor del poema épico *La Jerusalén libertada* y del drama pastoril *Aminta.*

Tassoni (Alessandro), poeta italiano (1565-1635), autor del poema heroico burlesco *El cubo robado.*

tata f. Nombre que dan los niños a la niñera. ǁ — M. *Amer. Fam.* Papá. | Tratamiento de respeto.

Tatabanya, c. de Hungría, al E. de Budapest. Lignito. Metalurgia.

tatarabuelo, la m. y f. Padre o madre del bisabuelo o de la bisabuela.

tataranieto, ta m. y f. Hijo o hija del bisnieto o de la bisnieta.

tataré m. Árbol del Paraguay, de madera amarilla. ǁ Esta madera.

Tataria. V. TARTARIA.

tátaro, ra adj. y s. De Tartaria o rep. de Tártaros.

Tátaros (REPÚBLICA AUTÓNOMA DE LOS) o **Tataria,** rep. de la U. R. S. S., en el centro de Rusia ; cap. *Kazán.*

¡ tate ! interj. ¡ Cuidado ! ǁ ¡ Poco a poco !, ¡ despacio ! ǁ ¡ Ya caigo !, ¡ ya he caído en la cuenta !

Tate Gallery, museo de pinturas modernas fundado en Londres, en 1897, por el industrial Sir Henry *Tate* (1819-1899).

tatito m. *Fam. Amer.* Tata, papá.

tato m. *Fam.* Hermano mayor. ǁ *Fam. El Tato,* término de comparación ponderativo : *eso lo sabe hasta el Tato.*

tatole m. *Fam. Méx.* Acuerdo, convenio. ǁ Conspiración.

Tatong o **Datong,** c. en el N. de China (Chansi). Hulla. Metalurgia.

Tatra, cord. de los Cárpatos en la frontera de Polonia y Checoslovaquia ; 2 663 m.

tatú m. Mamífero desdentado de América tropical que tiene el cuerpo cubierto de placas córneas y que se enrolla en bola. ǁ *Arg.* Nombre dado a varias especies de armadillo.

tatuaje m. Impresión de dibujos en la piel humana.

tatuar v. t. Imprimir en la piel humana, bajo la epidermis, dibujos indelebles hechos con una aguja y una materia colorante. Ú. t. c. pr. : se *tatuó la cara, el pecho y la espalda.*

tatusa f. *Arg.* Mujerzuela.

tau f. Decimonovena letra del alfabeto griego (τ), que corresponde a la t castellana. ǁ Tao, insignia.

Taubaté, c. en el SE. del Brasil (São Paulo). Obispado. Industrias.

Tauern, cadena montañosa de los Alpes austriacos ; altura máxima en el Grossglockner ; 3 796 m.

taula f. Monumento megalítico de Baleares consistente en una gran losa vertical.

Taulabé. V. YOJOA.

taumaturgia f. Facultad de hacer prodigios.

taumaturgo, ga m. y f. Persona capaz de hacer milagros.

Taunay (Alfredo DE ESCRAGNOLLE, vizconde de), historiador y novelista realista brasileño (1843-1899), autor de *Inocencia.*

Taunus, región del SE. del macizo renano (Alemania Occidental), al N. de Francfort ; 880 m.

Táuride, ant. nombre de Rusia que comprendía Crimea y el litoral del mar Negro y de Azov.

taurino, na adj. Relativo a las corridas de toros : *fiestas taurinas.*

Tauris, ant. nombre de Tabriz.

Tauro, constelación del hemisferio boreal. — Signo del Zodiaco (del 20 de abril al 20 de mayo).

Tauro, cordillera del sur de Turquía, que domina el Mediterráneo entre Cilicia y Capadocia ; 3 734 m en el *Ala Dag.*

taurófilo, la adj. Aficionado a las corridas de toros (ú. t. c. s.).

tauromaquia f. Arte de lidiar los toros, toreo.

tauromáquico, ca adj. De la tauromaquia.

Taurus. V. TAURO.

tautología f. Pleonasmo.

tautológico, ca adj. Pleonástico.

Tavera (Juan PARDO DE), prelado y cardenal español (1472-1545), fundador en Toledo del Hospital de San Juan de Afuera (1541). Fue inquisidor general (1539-1540).

Távora (Franklin), escritor brasileño (1842-1888), autor de novelas, dramas y obras históricas.

taxáceo, a adj. Aplícase a las plantas coníferas que son de la familia del tejo (ú. t. c. s. f.). ǁ — F. pl. Esta familia.

taxativo, va adj. Limitado al sentido preciso de un término.

Taxcal o **Taxcatl,** uno de los jefes mercenarios que lucharon contra Chichén Itzá.

Taxco o **Taxco de Alarcón,** c. en el suroeste de México (Guerrero). Minas (plata, cobre, cinc y plomo). Centro turístico. Lugar de nacimiento de Juan Ruiz de Alarcón. Iglesias (Santa Prisca), capillas, edificios civiles.

taxi. m. Automóvil de alquiler provisto de un taxímetro.

taxidermia f. Disecación de animales.

taxidermista com. Disecador.

taxifono m. Aparato telefónico que funciona con la introducción de una ficha o moneda.

taxímetro m. Contador que en los automóviles de alquiler marca la distancia recorrida y el importe del servicio. ǁ Taxi.

taxista com. Conductor de taxi.

taxonomía f. Parte de la historia natural que trata de la clasificación de los seres.

taxonomista com. Especialista en taxonomía.

Tay, río de Gran Bretaña, en Escocia ; des. en el mar del Norte por un amplio estuario ; 193 km.

Tayabamba, c. en el NO. del Perú, cap. de la prov. de Pataz (La Libertad).

Tayabas, mun. de las Filipinas en la prov. de Quezón (Luzón).

Tayacaja, prov. en el centro del Perú (Huancavelica) ; cap. *Pampas.*

Tayasal. V. FLORES.

Taylor (Frederick Winslow), ingeniero y economista norteamericano (1856-1915), autor de un método de organización racional del trabajo (taylorismo).

taylorismo m. o **taylorización** f. Organización racional del trabajo siguiendo los principios establecidos por Taylor con vistas a incrementar el rendimiento.

Tayrich. V. TADJRICH.

tayuyá m. *Arg.* Planta cucurbitácea medicinal.

taza f. Vasija pequeña con asa que sirve para beber : *una taza de porcelana.* ǁ Su contenido. ǁ Pila, recipiente de las fuentes. ǁ Recipiente de un retrete. ǁ Pieza cóncava del puño de la espada. ǁ *Chil.* Palangana, jofaina.

Taza, c. de Marruecos, al E. de Fez, cap. de la prov. homónima.

Tazacorte, mun. de España en la isla de La Palma, prov. de Santa Cruz de Tenerife.

tazón m. Taza grande, generalmente sin asa. ‖ Su contenido.

Tb, símbolo químico del *terbio.*

Tbilisi, ant. *Tillis,* c. en el SO. de la U. R. S. S., cap. de Georgia. Universidad. Industrias.

Tc, símbolo del *tecnecio.*

Tch, búsquense en la letra *ch* aquellos nombres geográficos, especialmente rusos y chinos, cuya transcripción se ha hecho a veces mediante el grupo *ch.*

Tchaikovski (Piotr Ilich), músico ruso (1840-1893), autor de óperas *(Eugenio Onieguin),* sinfonías *(Patética),* ballets *(Cascanueces, El lago de los cisnes),* y conciertos para violín y piano.

Tcheboksary, c. en el oeste de la U. R. S. S. (Rusia), cap. de Chuvaquia.

tcherkeso, sa o cherqueso, sa adj. Dícese de un pueblo del S. del Cáucaso (ú. t. c. s.).

Tchernigov, c. en el oeste de la U. R. S. S. (Ucrania).

Tchernovtsy, en rumano *Cernauti,* en alem. *Czernowitz,* c. en el O. de la U. R. S. S. (Ucrania), a orillas del Prut.

Tchimkent, c. en el centro sur de la U. R. S. S. (Kazakstán). Industrias.

Tchita. V. CHITA.

te f. Nombre de la letra *t.*

te, dativo o acusativo del pron. pers. de 2ª pers. en ambos gén. y núm. sing. : *te digo que vengas; te llevaré allí; apártate de mí.*

Te, símbolo químico del *telurio.*

té m. Arbusto teáceo de Asia, originario de China, con cuyas hojas se hace una infusión en agua hirviente. ‖ Hoja sacada de este arbusto. ‖ Infusión hecha con estas hojas. ‖ Reunión por la tarde en la que se suele servir té, galletas, etc. : *convidar a alguien para el té.* ‖ *Té de los jesuitas del Paraguay,* mate.

tea f. Pedazo de madera resinosa que sirve para encender el fuego o como antorcha.

Teacapa o Teocapán, laguna en el O. de México (Nayarit).

teáceo, a adj. y s. f. Aplícase a las plantas angiospermas dicotiledóneas, siempre verdes, como el té y la camelia. ‖ — F. pl. Familia que forman.

team [tim] m. (pal. ingl.). Equipo.

Teapa, río meridional de México, en los Estados de Chiapas y Tabasco.

teatino, na adj. y s. Dícese de lo referente a una congregación religiosa y a sus miembros. ‖ La orden de los teatinos fue fundada en Roma por Pedro Carafa, futuro papa con el n. de Paulo IV, y San Cayetano en 1524.

teatral adj. Relativo al teatro : *revista teatral.* ‖ Exagerado.

teatralidad f. Calidad de teatral.

teatralización f. Acción y efecto de teatralizar.

teatralizar v. t. Dar carácter teatral.

teatro m. Edificio destinado a la representación de obras dramáticas y a otros espectáculos. ‖ Público que asiste a éstos. ‖ Profesión de actor : *persona dedicada al teatro:* ‖ Literatura dramática : *el arte del teatro.* ‖ Conjunto de obras dramáticas : *el teatro de Lope.* ‖ *El teatro griego.* ‖ Conjunto de actividades relativas al mundo teatral. ‖ Lugar de un suceso, escenario : *el teatro de la batalla.* ‖ — *Teatro de cámara,* teatro de carácter experimental. ‖ *Teatro de operaciones,* zona donde se desarrollan las operaciones militares. ‖ *Fig. y fam. Tener* (o *hacer* o *echar) mucho teatro,* tener cuento, simular o exagerar las cosas.

Teayo, mun. al E. de México (Veracruz) ; cap. Castillo de Teayo.

Tebaida, desierto del Alto Egipto donde se retiraron los primeros ermitaños cristianos. ‖ — **(La),** mun. de Colombia (Quindío). Plátanos.

Tebas, c. del ant. Egipto. Importantes ruinas (Carnac, Luxor). — C. de Grecia, hoy *Thiva,* ant. cap. de Beocia.

tebeo m. Publicación infantil con historietas ilustradas.

Tebessa, c. en el NE. de Argelia (Annaba), al N. de los montes del mismo nombre. Fosfatos.

Tebicuary, río en el SO. del Para-

guay (Ñeembucú), afluente del río Paraguay ; 402 km.

teca f. Árbol verbenáceo cuya madera se usa para construir naves. ‖ Su madera.

tecali m. *Méx.* Alabastro de colores vivos procedente de la población de Tecali (Puebla).

Tecámac, mun. de México, en el Estado de este nombre.

Tecamachalco, c. de México (Puebla).

Tecapa, cima volcánica en el SE. de El Salvador (Usulután), en la sierra de Chinameca ; 1 636 m.

Tecate, pobl. al NO. de México, fronteriza con Estados Unidos (Baja California Norte).

Teccistecatl, dios de la Luna entre los aztecas.

tecla f. Cada una de las piezas que se pulsan con los dedos para accionar las palancas que hacen sonar un instrumento músico o hacen funcionar otros aparatos : *tecla de órgano, de piano, de máquina de escribir, de linotipia.* ‖ *Fig.* Cuestión que hay que tratar con mucho tacto : *negocio de muchas teclas.* ‖ Recurso : *sólo le queda una tecla por tocar.*

teclado m. Conjunto de las teclas de un instrumento o aparato.

tecleado m. Acción de teclear.

teclear v. i. Pulsar las teclas : *teclear en el piano.* ‖ *Fig. y fam.* Golpear ligeramente algo con los dedos como si se estuvieran tocando teclas, tamborilear. ‖ *Amer. Fam.* Andar mal un negocio. ‖ *Arg.* Estar malucho.

tecleo m. Acción de teclear. ‖ Manera de teclear. ‖ Ruido producido al teclear : *se oía el tecleo de la máquina de escribir.*

tecnecio m. Elemento químico (Tc), de número atómico 43.

técnica f. Conjunto de procedimientos propios de un arte, ciencia u oficio : *la técnica del aguafuerte.* ‖ Habilidad con que se utilizan esos procedimientos : *pintor con mucha técnica.* ‖ *Fig.* Método, táctica.

tecnicidad f. Carácter técnico.

tecnicismo m. Carácter técnico. ‖ Palabra técnica propia de un arte, ciencia u oficio.

tecnicista adj. Técnico (ú. t. c. s.).

técnico, ca adj. Relativo a las aplicaciones prácticas de las ciencias y artes : *instituto técnico.* ‖ Propio del lenguaje de un arte, ciencia u oficio : *vocabulario técnico.* ‖ — M. y f. Especialista que conoce perfectamente la técnica de una ciencia, arte u oficio : *los técnicos de la industria textil.*

tecnicolor m. Nombre de un procedimiento de cinematografía en color.

tecnicocomercial adj. Relativo al campo técnico y comercial.

tecnificación f. Acción y efecto de tecnificar.

tecnificar v. t. Dar carácter técnico.

tecnocracia f. Sistema político en que predomina la influencia de los técnicos en la administración y en la economía.

tecnócrata m. y f. Partidario de la tecnocracia. ‖ Especialista en una materia.

tecnocrático, ca adj. Relativo a la tecnocracia o a los tecnócratas.

tecnocratización f. Acción y efecto de tecnocratizar.

tecnocratizar v. t. Dar carácter tecnocrático.

tecnología f. Conjunto de los instrumentos, procedimientos y métodos empleados en las distintas ramas industriales. ‖ Conjunto de los términos técnicos propios de un arte, ciencia u oficio.

tecnológico, ca adj. Relativo a la tecnología.

tecnólogo, ga m. y f. Técnico.

Tecoanapa, mun. al SO. de México (Guerrero).

Tecoh, v. y mun. en el SE. de México (Yucatán), antigua ciudad maya.

tecol m. *Méx.* Gusano que se cría en el maguey.

tecolines m. pl. *Fam. Méx.* Pasta, cuartos, dinero.

tecolota f. *Méx.* Colilla de cigarro.

tecolote m. *Méx.* Búho. ‖ Gendarme, guardia. ‖ Borrachera, embriaguez.

Tecoluca, mun. y c. en el S. del centro de El Salvador (San Vicente).

Tecolutla, río (95 km), mun. y pobl. en el E. de México.

Tecomán, mun. al O. de México (Colima).

tecomate m. *Amér. C.* Vasija hecha en una calabaza o en otro fruto parecido.

teconete m. Reptil de México.

Tecpan, c. y río en el SO. de México (Guerrero), que des. en el Pacífico ; 75 km.

Tecpan Guatemala, mun. y c. de Guatemala (Chimaltenango).

tecpaneca adj. Decíase de un pueblo indio del valle de México, anterior a los aztecas, y fundador de Azcapotzalco (ú. t. c. s.).

tecpantlalli m. Tierras de la comunidad azteca.

técpatl m. El día doce entre los veinte que tenía el mes azteca.

tectónico, ca adj. Relativo a la estructura de la corteza terrestre : *mapa tectónico.* ‖ — F. Parte de la geología que trata de dicha estructura.

Tecuala, mun. al oeste de México (Nayarit).

techado m. Tejado. ‖ *Bajo techado,* a cubierto de la intemperie.

techar v. t. Poner techo o tejado.

techcatl m. Entre los aztecas, piedra de los sacrificios humanos.

techo m. Parte interior y superior de un edificio ; de un aposento o de un vehículo : *techo corredizo de un coche.* ‖ Tejado : *techo de pizarras.* ‖ *Fig.* Casa, domicilio, hogar : *el techo familiar.* ‖ Altura máxima, tope : *avión con un techo de 10 000 metros.* ‖ *Tocar techo,* llegar a la altura máxima ; (fig.) llegar al límite de unas posibilidades.

techumbre f. Techo.

tedéum m. Cántico católico de acción de gracias.

tedio m. Aburrimiento, fastidio.

tedioso, sa adj. Fastidioso, enojoso, aburrido : *un trabajo tedioso, falto de interés.*

teen-ager m. y f. (pal. ingl.). Persona joven entre 13 y 20 años.

Teeside, c. de Gran Bretaña, en el NE. de Inglaterra. Existe desde 1968, tras la unión de las c. de Stockton-on-Tees, Thornaby-on-Tees y otras. Siderurgia. Refinería de petróleo.

Tees, río de Gran Bretaña en Inglaterra.

teflón m. (n. registrado). Materia plástica empleada, por su resistencia a la temperatura y a la corrosión, en revestimientos.

Tegal, c. y puerto de Indonesia, al norte de Java.

Teglatfalasar, n. de tres reyes de Asiria (s. XII y VIII a. de J. C.).

Tegucigalpa, cap. del dep. de Francisco Morazán, de la Rep. y del Distrito Central de Honduras, en el S. del centro del país y a orillas del río Choluteca ; 480 000 h. Arzobispado. Universidad. Centro administrativo, comercial y cultural. Fundada la c. antes de la llegada de los conquistadores, los españoles empezaron a poblarla en 1578.

tegucigalpense y **tegucigalpeño, ña** adj. y s. De Tegucigalpa (Honduras).

TA

tegumentario, ria adj. Del tegumento : *lesión tegumentaria.*

tegumento m. Membrana que envuelve algunas partes de los vegetales. ‖ Tejido que cubre el cuerpo del animal (piel, plumas, escamas, etc.) o alguna de sus partes internas.

Teherán, cap. de Irán, en el N. del país ; 5 000 000 h. Mezquita.

Tehuacán, valle y río del sur de México (Puebla y Oaxaca). — C. de México (Puebla), en la Sierra Madre de Oaxaca. Agricultura. Ganadería. Minas. Aguas termales. Vinos. Metalurgia. Turismo. Obispado.

tehuano, na adj. y s. Natural de Tehuantepec (México).

Tehuantepec, golfo en el O. de México, en el océano Pacífico. — Istmo al SE. de México en América Central, entre los océanos Atlántico (golfo de Campeche) y Pacífico (golfo de Tehuantepec), el más estrecho de México. — Río de México en los Estados de Veracruz y Oaxaca. Zona 637

petrolífera. — Río en el SO. de México (Oaxaca), que des. en el Pacífico ; 240 km. — C. en el S. de México (Oaxaca). Obispado.

tehuelche adj. Dícese de un indio nómada y cazador de Patagonia, llamado tb. *patagón* (ú. t. c. s.).

tehuistle m. Planta de México utilizada en medicina e industria.

Teide (PICO DEL), volcán de España en Tenerife (Canarias) ; 3 716 m.

Teilhard de Chardin (Padre Pierre), jesuita, paleontólogo y filósofo francés (1881-1955).

teína f. Alcaloide del té.

Teixeira Pinto (Bento), poeta brasileño (¿1540 ?-1618).

teja f. Pieza de barro cocido o de cualquier otro material en forma de canal con que se cubren los tejados. || — Fig. y fam. A toca teja, al contado. | De tejas abajo, en este mundo. | De tejas arriba, en el mundo sobrenatural.

Teja Zabre (Alfonso), jurista e historiador mexicano (1888-1962).

Tejada Sorzano (José Luis), político boliviano (1884-1938), pres. de la Rep. en 1934, derribado en 1936.

tejado m. Parte superior y exterior de un edificio cubierta comúnmente por tejas. || — Fig. Empezar la casa por el tejado, emprender las cosas por donde deben acabarse. | Estar aún la pelota en el tejado, estar la decisión todavía sin tomar.

tejamaní y **tejamanil** m. Cub. y Méx. Tabla delgada que se usa como tejo para fabricar techos.

tejano, na adj. y s. De Tejas. (Estados Unidos). || — M. Méx. Sombrero de fieltro de copa alta terminada en punta. || Pantalón tejano o tejano, el vaquero.

tejar m. Fábrica de tejas y ladrillos.

tejar v. t. Poner tejas.

Tejas. V. TEXAS.

tejate m. Bebida refrescante, que se hace con maíz molido y cacao, típica de Oaxaca (México).

Tejeda (Luis de), poeta gongorista argentino (1604-1680), autor del poema El peregrino en Babilonia.

tejedor, ra adj. Que teje o sirve para tejer. || — M. y f. Persona que teje por oficio : los tejedores de Sabadell. || Fam. Amer. Intrigante. || — M. Insecto hemíptero acuático, de cuerpo alargado y de patas traseras muy largas. || Pájaro de América Central. || — F. Amer. Máquina de hacer punto.

Tejedor (Carlos), jurista y político argentino (1817-1903), autor del primer Código Penal del país.

tejemaneje m. Fam. Afán con que se hace una cosa. | Chanchullo, enredo, lío, intriga.

tejer v. t. Entrelazar regularmente hilos para formar un tejido, trencillas, esteras, etc. || Formar su tela la araña, el gusano de seda, etcétera. || Fig. Preparar cuidadosamente, tramar : tejer una trampa. | Construir poco a poco, labrar : él mismo tejió su ruina. || Amer. Intrigar. | Hacer punto.

Tejera (Enrique), médico venezolano (1890-1981). Descubrió la cloromicetina. || ~ (FELIPE), historiador y poeta venezolano (1846-1924), autor de los poemas épicos La Colombiada y La Boliviada.

tejería f. Tejar.

Tejerías (Las), c. al N. de Venezuela (Aragua), centro de comunicaciones.

tejeringo m. Churro.

tejero m. Fabricante de tejas.

tejido m. Acción de tejer. || Textura de una tela : un tejido muy apretado. || Cosa tejida, tela : tejido de punto. || Cualquiera de los diversos agregados de elementos anatómicos de la misma estructura y función : tejido conjuntivo. || Fig. Serie, retahíla : un tejido de embustes.

tejo m. Trozo redondo de diferentes materias que sirve para jugar. || Plancha metálica gruesa de forma circular. || Disco de teja, barro, metal, etc., que se lanza en ciertos juegos. || Juego de niños que se hace dibujando unas rayas en el suelo. || Mec. Tejuelo donde encaja el gorrón de un árbol. || Fig. Tirar los tejos, dirigir la mirada o la intención a algo o a alguien.

tejocote m. Méx. Planta rosácea de fruta semejante a la ciruela || Su fruto.

tejolote m. Méx. Mano de piedra del almirez.

tejón m. Mamífero carnicero plantígrado, de la familia de los mustélidos, común en Europa. || Amer. Mapache.

tejotlale m. Tierra azul empleada en México para decorar platos y jícaras.

tejú m. Nombre de diferentes saurios de América.

tejuelo m. Trozo rectangular de papel que se pega en el lomo de un libro y donde se inscribe el rótulo. || Mec. Pieza en que se apoya el gorrón de un árbol.

Tejupilco, mun. de México, en el Estado de este nombre ; cap. Tejupilco de Hidalgo. Minas. Centro arqueológico precolombino.

Tejutla, mun. al N. de El Salvador (Chalatenango). — Mun. al oeste de Guatemala (San Marcos).

Tekax, mun. en el SE. de México (Yucatán).

Tekeli, centro minero en el S. de la U. R. S. S. (Kazakstán). Metalurgia.

tela f. Tejido de muchos hilos entrecruzados : tela de lino. || Membrana : las telas del cerebro. || Película que se forma en la superficie de un líquido como la leche. || Piel interior del fruto : las telas de la cebolla. || Especie de red que forman algunos animales con los filamentos que elaboran : tela de araña. || Nube del ojo. || Fig. Materia : hay tela para rato. || Fam. Dinero, cuartos. || Galicismo por lienzo, cuadro. || — Tela de juicio, discusión o examen de una cosa sobre la cual existe una duda : poner en tela de juicio la seriedad de alguien. || Fam. Tela marinera, mucho. || Tela metálica, malla de alambre. || — Adv. Pop. Mucho.

Tela, c., bahía y puerto en el NO. de Honduras (Atlántida). Minas.

telamón m. Arq. Atlante, estatua.

telar m. Máquina para tejer : telar automático. || Fábrica de tejidos (ú.m.en pl.). || Parte superior del escenario de un teatro.

telaraña f. Tela que teje la araña. || Fig. Cosa de poca importancia. || Fig. Tener telarañas en los ojos, ser incapaz de ver las cosas más evidentes.

Tel Aviv-Jaffa, c. de Israel, a orillas del Mediterráneo. Fundada en 1909, ha sido el centro del movimiento de inmigración judía a Palestina y es hoy la población principal del país desde el punto de vista económico.

Telde, c. de España en la costa oriental de la isla de Gran Canaria.

tele f. Fam. Televisión. | Televisor.

telecabina f. Teleférico monocable.

telecinematógrafo m. Dispositivo para transmitir películas cinematográficas por televisión.

teleclub m. Sala pública para ver la televisión y en la que se discuten los valores de la programación.

telecomposición f. Sistema automático de composición tipográfica en el que una cinta perforada gobierna el funcionamiento de una máquina de composición mecánica.

telecomunicación f. Emisión, transmisión o recepción de todas clases de signos, señales, imágenes, sonidos o informaciones por hilo, radioelectricidad, medios ópticos, etcétera (ú. m. en pl.).

telecontrol m. Telemando.

teledetección f. Acción y efecto de descubrir a distancia.

telediario m. Diario televisado.

teledifundir v. t. Transmitir por televisión.

teledifusión f. Difusión por televisión. || Emisión televisada.

teledinámico, ca adj. Que transmite a distancia una fuerza o potencia. || — F. Transmisión de una fuerza mecánica a distancia.

teledirección f. Telemando.

teledirigido, da adj. Dirigido a distancia : proyectil teledirigido.

teledirigir v. t. Dirigir un vehículo a distancia, generalmente por medio de servomotores instalados a bordo que, impulsados por ondas hertzianas, actúan sobre los órganos de dirección.

teledistribución f. Televisión por cable.

teleenseñanza f. Enseñanza por medio de la radio y la televisión.

teleférico m. Medio de transporte

de personas o mercancías constituido por una cabina y uno o varios cables aéreos por donde se desliza la misma.

telefilm o **telefilme** m. Película cinematográfica realizada para ser proyectada por la televisión.

telefonazo m. Fam. Llamada telefónica.

telefonear v. i. Llamar por teléfono : telefonéame por la mañana. || — V. t. Decir algo por teléfono : te telefonearé los resultados.

telefonema m. Despacho telefónico.

telefonía f. Sistema de telecomunicaciones para la transmisión de la palabra. || Telefonía inalámbrica o sin hilos, transmisión de la palabra utilizando las propiedades de las ondas electromagnéticas.

telefónico, ca adj. Relativo al teléfono o a la telefonía : comunicación telefónica. || — F. Compañía Telefónica en España y edificio donde está.

telefonista com. Persona encargada de las conexiones telefónicas. || Persona encargada de una centralita de teléfonos.

teléfono m. Instrumento que permite a dos personas, separadas por cierta distancia, mantener una conversación. || Teléfono rojo, el que comunica directamente dos jefes de Estado sin necesidad de llamar previamente a un centro telefónico.

— La transmisión de la voz fue realizada por primera vez en 1876 por Graham Bell, cuyo aparato fue perfeccionado principalmente por Hughes, Bert y d'Arsonval. El teléfono consta esencialmente de un micrófono de carbón y un auricular, que constituyen el microteléfono, un disco selector, un conmutador y un timbre.

telefoto f. Telefotografía.

telefotografía f. Transmisión a distancia de imágenes por corrientes eléctricas. || Fotografía a distancia por medio de teleobjetivos.

telegénico, ca adj. Que sale favorecido en la pantalla de televisión : es una artista muy telegénica.

telegestión f. Gestión a distancia mediante teleproceso.

telegrafía f. Sistema de telecomunicación para la transmisión de mensajes escritos o documentos por medio de un código de señales o por otros medios análogos. || Telegrafía sin hilos (T. S. H.), transmisión de mensajes por ondas electromagnéticas.

telegrafiar v. t. Transmitir por medio del telégrafo : telegrafiar una noticia. || — V. i. Mandar un telegrama : te telegrafiaré a mi llegada a Buenos Aires.

telegráfico, ca adj. Relativo al telégrafo o a la telegrafía : giro telegráfico. || Fig. Dícese del estilo sumamente conciso que se limita a emplear palabras esenciales.

telegrafista com. Persona encargada de la transmisión manual y de la recepción de telegramas.

telégrafo m. Dispositivo para la transmisión rápida a distancia de las noticias, telegramas, cables, etc. || — Pl. Administración en la que están estos medios de comunicación y edificio donde se halla.

telegrama m. Despacho transmitido por telégrafo.

teleguiar v. t. Teledirigir : teleguiar un cohete.

teleimpresor m. Teletipo.

teleinformática f. Informática que utiliza las telecomunicaciones para transmitir las informaciones.

telekino m. Dispositivo de mando a distancia por ondas hertzianas, inventado por el ingeniero español Leonardo Torres Quevedo.

telele m. Soponcio : en plena ceremonia me dio un telele.

telemando m. Dirección a distancia de una maniobra mecánica. || Sistema que permite efectuarla. || Aparato o mecanismo utilizado para el mando automático a distancia.

Telemann (Georg Philipp), compositor alemán (1681-1767), autor de óperas, sonatas, conciertos, etc.

Telémaco, hijo de Ulises y de Penélope.

Telemark, región montañosa del sur de Noruega ; cap. Skien.

telemática f. Utilización de la informática en telecomunicación.

telematizar v. t. Someter a un proceso de telemática.

telemecánico, ca adj. Relativo a la telemecánica. || — F. Dirección o accionamiento a distancia de órganos mecánicos.

telemetría f. Medida de las distancias con el telémetro.

telémetro m. Instrumento óptico que permite medir la distancia que separa un punto de otro alejado del primero.

telenovela f. Novela filmada para retransmitir por televisión.

teleobjetivo m. Objetivo para fotografiar objetos lejanos.

teleología f. Fil. Estudio de los fines y de la finalidad. || Doctrina filosófica basada en la idea de finalidad.

teleológico, ca adj. Relativo a la teleología.

teleósteo adj. Aplícase a los peces que tienen esqueleto óseo, opérculos que protegen las branquias y escamas delgadas, como la carpa, la trucha, la sardina, el atún, el lenguado, etc. (ú. t. c. s. m.). || — M. pl. Orden que forman.

telépata adj. Que practica la telepatía (ú. t. c. s.).

telepatía f. Transmisión directa del pensamiento entre dos personas cuyo alejamiento recíproco no permite ninguna comunicación normal.

telepático, ca adj. Relativo a la telepatía : *fenómeno telepático*.

teleprinter n. Teclado de máquina de escribir electrónica, en el control de televisión, que sirve para hacer figurar rótulos en la pantalla.

teleproceso m. Técnica de tratamiento de la información que consiste en transmitir los datos a un ordenador, situado a gran distancia, por medio de líneas telefónicas o telegráficas o por haces hertzianos.

telerradar m. Empleo combinado del radar y la televisión.

telerradiografía f. Radiografía obtenida cuando se sitúa la pantalla de rayos X lejos del sujeto (2 a 3 m) evitando así la deformación cónica de la imagen.

telescópico, ca adj. Que sólo se ve con la ayuda del telescopio : *estrella telescópica*. || Hecho con el telescopio : *observaciones telescópicas*. Aplícase al conjunto de elementos encajan o empalman unos en otros : *antena telescópica*.

telescopio m. Anteojo para observar los astros.

teleseñalización f. Señales transmitidas desde lejos.

telesilla m. Teleférico que consta de sillas suspendidas a un cable aéreo.

telespectador, ra m. y f. Persona que mira un espectáculo televisado.

telesquí m. Dispositivo teleférico que permite a los esquiadores subir a un sitio elevado sobre sus propios esquís.

telestesia f. Telepatía.

teleteatro m. Amer. Serial difundido por medio de la televisión.

teletex o **teletexto** m. Sistema que permite visualizar o reproducir un texto en una pantalla de televisión a partir de una señal de televisión o de una línea telefónica.

teletipia f. Sistema de telecomunicación telegráfica o radiotelegráfica que transmite un texto mecanografiado.

teletipiadora f. Teleimpresor.

teletipo m. Aparato telegráfico en el que los textos pulsados en un teclado aparecen automática y simultáneamente escritos en el otro extremo de la línea. || Texto así transmitido.

teletratamiento m. Teleproceso.

televidente m. y f. Telespectador, espectador de la televisión.

televisado, da adj. Transmitido por televisión.

televisar v. t. Transmitir por televisión : *me gusta que televisen los partidos de fútbol*.

televisión f. Transmisión por vía eléctrica y a distancia de imágenes en movimiento. || Conjunto de los servicios encargados de la transmisión de emisiones, de reportajes de televisión. || Televisor. || *Televisión por cable*, la que, por medio de un cable, transmite sin antena, cablevisión.

televisivo, va adj. Propio a la televisión.

televisor m. Aparato receptor de televisión.

televisual adj. Televisivo.

télex m. Sistema de comunicación por teletipo. || Despacho así transmitido.

Telica, volcán al O. de Nicaragua, en el macizo de los Maribios ; 1 070 m. — Pobl. de Nicaragua (León).

telilla f. Tela ligera o de poco cuerpo. || Tejido de lana muy poco espeso. || Capa delgada en la superficie de los líquidos.

telofase f. Última fase de la mitosis.

Teloloapan, río en el SO. de México, afl. del de las Balsas. — Mun. y c. en el SO. de México (Guerrero). Minas. Agricultura.

telón m. Lienzo grande pintado que se pone en el escenario de teatro de modo que pueda subirse o bajarse para ocultar el escenario al público (*telón de boca*) o para constituir un decorado (*telón de fondo*). || Méx. Acertijo. || — Fig. *Telón de acero*, frontera que separa las democracias populares orientales de los países de Europa Occidental. || *Telón metálico*, el que se pone delante del escenario para proteger al público en caso de incendio ; el que protege algunas tiendas contra el robo.

telonero, ra adj. Dícese del artista que empieza la función (ú. t. c. s.). || Aplícase al partido deportivo o combate de boxeo que precede a otro más importante.

Telpaneca, mun. al NO. de Nicaragua (Madriz). Café.

Telpochcalli, nombre de ciertas escuelas populares de la ant. Tenochtitlán donde se educaba a los jóvenes para la guerra.

Telstar, satélite artificial norteamericano (1962), el primero que permitió el enlace directo de televisión entre Estados Unidos y los países europeos.

Telukbetung. V. TANJUNGKARANG-TELUKBETUNG.

telúrico, ca adj. Relativo a la Tierra : *sacudida telúrica*. || Del telurismo : *enfermedad telúrica*. || *Quím.* Del telurio : *ácido telúrico*.

telurio m. Cuerpo simple sólido y quebradizo (Te), de número atómico 52, de color blanco azulado, densidad 6,2 y que funde a 452 °C.

telurismo m. Influencia del suelo de una región sobre sus habitantes.

teluro m. Telurio.

Tell, región montañosa en el N. de Túnez. Hierro. Fosfatos.

Tell (Guillermo). V. GUILLERMO TELL.

Tellería (Juan), compositor español (1895-1949), autor de himnos patrióticos y religiosos.

Téllez (Fray Gabriel). V. TIRSO DE MOLINA. || ~ **Girón** (Pedro), general y político español, n. en Valladolid (1579-1624), virrey de Sicilia y de Nápoles. Fue duque de Osuna.

Tello. V. LAGASH.

Tello (Julio C.), arqueólogo peruano (1880-1947). Estudió las civilizaciones precolombinas y su diplomático mexicano, en 1899. || ~ (MANUEL), político y diplomático mexicano, n. en 1899. || ~ (RAFAEL), compositor mexicano (1872-1962).

tema m. Asunto o materia sobre el cual se habla, se escribe o se realiza una obra artística : *el tema de una conversación, de una tesis, de un cuadro*. || *Gram.* Forma fundamental que sirve de base a una declinación o conjugación. || *Mús.* Motivo melódico que sirve de base para una composición. || Traducción inversa. || Idea fija, manía : *cada loco con su tema*.

Tema, c. y puerto en el sureste de Ghana. Centro industrial. Refinería.

Temapache, mun. en el este de México (Veracruz) ; cap. *Álamo*.

temario m. Programa, lista con los temas : *el temario de una reunión*.

Temascal. V. TEMAZCAL.

Temascalcingo, mun. de México en el Estado de este nombre ; cap. *Santiago Coachochitlán*.

temático, ca adj. Relativo a un tema. || Por temas : *Enciclopedia Temática Larousse*. || — F. Conjunto de temas. Doctrina, ideología, filosofía.

temazcal m. Baños de vapor que los antiguos mexicanos se daban arrojando vasijas de agua sobre las paredes de un recinto caldeado.

Temazcal o **Temascal**, presa del sur de México (Oaxaca), en el río Tonto, afl. del Papaloapan. Central hidroeléctrica.

tembetá m. Arg. Palillo que algunos indios se ensartan en el labio inferior.

tembladal m. Tremedal.

tembladera f. Tembleque, temblor : *le dio una tembladera*. || Torpedo, pez. || Planta graminea. || Amer. Tremedal. || Arg. Enfermedad que ataca a los animales en los Andes.

tembladeral m. Arg. Tremedal.

temblar v. i. Estremecerse, agitarse involuntariamente con pequeños movimientos convulsivos frecuentes : *temblar de frío*. || Estar agitado de pequeñas oscilaciones : *el suelo tiembla*. || Vacilar : *temblar la voz*. || *Fig.* Tener mucho miedo de algo o de alguien : *temblar como un azogado*.

tembleque m. Temblor intenso : *me dio un tembleque*. || Persona o cosa que tiembla mucho.

Tembleque, isla del Ecuador en el archip. de Jambelí. Conocida tb. por el nombre de *Costa Rica*. — V. en el centro de España (Toledo).

temblequear v. i. Temblar.

temblequeteo m. Fam. Temblor muy frecuente.

tembletear v. i. Temblar.

temblón, ona adj. y s. Que tiembla. || *Álamo temblón*, especie de chopo, cuyas hojas se agitan al menor soplo de aire.

temblor m. Movimiento del o de lo que tiembla : *temblor de manos*. || *Temblor de tierra*, terremoto.

tembloroso, sa adj. Que tiembla mucho. || Entrecortado : *voz temblorosa*.

temedor, ra adj. y s. Que teme.

temer v. t. Tener miedo : *temer a sus padres*. || Respetar : *temer a Dios*. || Sospechar con cierta inquietud. Ú. t. c. pr. : *me temo que venga*. || Recelar un daño : *temer el frío*. — V. i. Sentir temor.

temerario, ria adj. Que actúa con temeridad : *joven temerario*. || Inspirado por la temeridad : *acto temerario*. || *Juicio temerario*, el que se hace sin pruebas suficientes.

temeridad f. Atrevimiento que raya en la imprudencia. || Acción temeraria. || *Juicio temerario*.

temeroso, sa adj. Que inspira temor. || Medroso, cobarde : *niño temeroso*. || Que recela un daño.

Temesvar. V. TIMIShOARA.

temible adj. Digno de ser temido.

Temir Tau, c. en el S. de la U. R. S. S. (Kazakstán). Metalurgia. Ganadería.

Temis, diosa griega de la Justicia, hija de Urano y de Gea. (*Mit.*)

Temístocles, general y político ateniense (¿525-460? a. de J. C.). Venció a los persas en la batalla naval de Salamina (480).

Temoaya, mun. de México, en el Estado de este nombre.

temolote m. Méx. Piedra para moler los ingredientes empleados en el guiso del chilmole.

temor m. Aprensión ante lo que se considera peligroso : *el temor a la guerra*. || Recelo de un daño futuro.

témpano m. Pedazo plano de cualquier cosa dura : *témpano de hielo*. || *Fig. Ser un témpano*, ser muy fría una persona.

Tempelhof, suburbio en el SO. de Berlín. Aeropuerto.

temperado, da adj. Templado.

temperamental adj. Del temperamento. || Dícese de la persona de reacciones intensas y que cambia a menudo de estado de ánimo.

temperamento m. Estado fisiológico de un individuo que condiciona sus reacciones psicológicas y fisiológicas : *temperamento linfático*. || *Fig.* Manera de ser, carácter : *temperamento tranquilo ; hombre de mucho temperamento*. || Vitalidad. || Expresionismo, vigor de un artista, escritor, etc.

temperancia f. Templanza.

temperante adj. y s. Que tempera. || *Amer.* Abstemio.

temperar v. t. Volver más templado : **639**

temperar el agua del baño. ‖ Moderar : temperar el rigor de la justicia. ‖ Calmar, disminuir : temperar la excitación. ‖ Amer. Cambiar de aires.

temperatura f. Grado de calor en los cuerpos : aumentar la temperatura. ‖ Grado de calor del cuerpo humano : tomar la temperatura. ‖ Fiebre, calentura. ‖ Grado de calor de la atmósfera. ‖ — Temperatura absoluta, la prácticamente igual a la temperatura centesimal aumentada de 273,15 grados. ‖ Temperatura máxima, mínima, el mayor o menor grado de calor durante cierto período de observación.

temperie f. Estado de la atmósfera o del tiempo.

tempestad f. Gran perturbación de la atmósfera caracterizada por lluvia, granizo, truenos, descargas eléctricas, etc. : el tiempo amenaza tempestad. ‖ Perturbación de las aguas del mar, causada por la violencia de los vientos : la tempestad nos cogió en el golfo de Valencia. ‖ Fig. Turbación del alma. ‖ Explosión repentina, profusión : tempestad de injurias. ‖ Agitación : tempestad revolucionaria.

tempestivo, va adj. Oportuno.

tempestuoso, sa adj. Que causa tempestades o está expuesto a ellas.

tempilole m. Piedrecilla que los aztecas se colgaban del labio inferior.

tempisque m. Planta de México, de fruto comestible. ‖ Este fruto.

Tempisque, río en el O. de Costa Rica (Puntarenas), que des. en el golfo de Nicoya ; 125 km.

templado, da adj. Moderado en sus apetitos : persona templada. ‖ Ni frío ni caliente : clima templado. ‖ Hablando de un instrumento, afinado.

templanza f. Virtud cardinal que consiste en moderar los apetitos, pasiones, etc. ‖ Sobriedad, moderación en el comer y el beber. ‖ Benignidad del clima.

templar v. t. Moderar : templar las pasiones. ‖ Moderar la temperatura de una cosa, en particular la de un líquido : templar el agua de una bañera. ‖ Suavizar la luz, el color. ‖ Endurecer los metales o el cristal sumergiéndolos en un baño frío : acero templado. ‖ Dar la debida tensión a una cosa : templar una cuerda. ‖ Fig. Mezclar una cosa con otra para disminuir su fuerza. ‖ Aplacar : templar la ira, la violencia. ‖ Afinar un instrumento músico : templar un violín. ‖ En pintura, disponer armoniosamente los colores. ‖ — V. i. Suavizarse : ha templado el tiempo. ‖ Taurom. Adecuar el movimiento de la capa o muleta a la velocidad de la embestida que tiene el toro. ‖ — V. pr. Moderarse. ‖ Amer. Enamorarse.

templario m. Miembro de una orden militar y religiosa fundada en Jerusalén en 1119 y suprimida en 1312 por Felipe IV el Hermoso de Francia.

temple m. Temperatura. ‖ Endurecimiento de los metales y del vidrio por enfriamiento rápido. ‖ Fig. Humor : estar de buen temple. ‖ Firmeza, energía. ‖ Término medio entre dos cosas. ‖ Armonía entre varios instrumentos músicos. ‖ Pintura al temple, la hecha con colores desleídos en clara o yema de huevo, miel o cola.

templete m. Pabellón o quiosco. ‖ Templo pequeño.

templo m. Edificio público destinado a un culto : un templo católico, protestante, judío. ‖ Fig. Sitio real o imaginario en que se rinde culto al saber, la bondad, la justicia, etc. : templo a la ciencia. ‖ Fam. Como un templo, muy grande ; fantástico.

temporada f. Espacio de tiempo de cierta duración : hace una temporada que no trabaja. ‖ Estancia en un sitio : pasar una temporada en el extranjero. ‖ Época : temporada teatral, de toros. ‖ Momento del año en que hay más turistas : tarifa de fuera de temporada.

temporal adj. Que no es eterno : la vida temporal del hombre. ‖ Relativo a las cosas materiales : los bienes temporales. ‖ Que no es duradero : empleo temporal. ‖ Anat. De las sienes : músculos, arterias temporales. ‖ Dícese de cada uno de los dos huesos del cráneo correspondientes a las sienes (ú. t. c. m.). ‖ — M. Tempes-

tad. ‖ Tiempo de lluvia persistente. ‖ Obrero temporero. ‖ Fig. Capear el temporal, salir bien de una situación difícil.

Temporal, río y mun. en el E. de México (Veracruz). Petróleo.

temporalidad f. Calidad de temporal.

temporalizar v. t. Hacer que lo eterno sea temporal.

temporáneo, a y **temporario, ria** adj. Temporal.

temporero, ra adj. Que desempeña temporalmente un oficio o cargo o que sólo trabaja en ciertas temporadas (ú. t. c. s.).

temporización f. Acción y efecto de temporizar.

temporizar v. i. Contemporizar.

tempranear v. i. Arg. Sembrar antes del tiempo normal.

tempranero, ra adj. Temprano, adelantado. ‖ Que se levanta temprano.

temprano, na adj. Adelantado, anticipado de tiempo ordinario : frutas, verduras tempranas. ‖ — Adv. Antes de lo previsto : venir muy temprano. ‖ En las primeras horas del día o de la noche : acostarse temprano. ‖ En tiempo anterior al acostumbrado : hoy he madrugado temprano.

temucano, na adj. y s. Temuquense.

Temuco, c. del centro de Chile, cap. de la IX Región (Araucanía) y de la prov. de Cautín y de la com. que lleva su n. Centro agrícola y comercial. Obispado.

temuquense adj. y s. De Temuco (Chile).

Tena, c. del Ecuador, al SE. de Quito, cap. de la prov. de Napo. — Valle en el N. de España (Huesca). Central hidroeléctrica. Turismo.

tenacidad f. Calidad de tenaz. ‖ Fig. Firmeza. ‖ Perseverancia, obstinación.

tenacillas f. pl. Tenazas pequeñas : tenacillas de rizar. ‖ Pinzas.

Tenali, c. al S. de la India (Andhra Pradesh).

tenamaste m. Méx. Fogón rudimentario de tres piedras.

Tenampúa, centro arqueológico maya en Honduras (Comayagua).

Tenancingo, mun. y c. en el centro de El Salvador (Cuscatlán). ‖ — de Degollado, c. del centro de México, en el Estado de México, cab. del mun. de Tenancingo. Minas.

Tenango ‖ ~ **de Río Blanco**, mun. al E. de México (Veracruz). ‖ ~ **del Valle**, mun. de México en el Estado de este nombre ; cap. Tenango de Arista.

Tenares, com. en el N. de la Rep. Dominicana (Salcedo).

Tenayo, monte en el centro de México, cerca de la sierra de Guadalupe (Distr. Federal) ; 2 481 m.

Tenayuca, pobl. del centro de México, en el Estado de México, ant. cap. de los chichimecas. Centro arqueológico chichimeca (pirámides).

tenaz adj. Que resiste a la ruptura o a la deformación : metal tenaz. ‖ Difícil de extirpar o suprimir : prejuicios tenaces. ‖ Fig. Firme. ‖ Perseverante, obstinado : persona tenaz.

tenaza f. Instrumento de metal compuesto de dos brazos articulados en un eje para asir o apretar. ‖ Utensilio de metal utilizado para coger la leña o el carbón en las chimeneas (ú. m. en pl.). ‖ Cada una de las dos patas mayores de los cangrejos, langostas, etc. ‖ Obra exterior situada delante de la cortina de una fortificación. ‖ Extremidad de las dos patas mayores de los cangrejos, langostas, etc.

tencolote m. Méx. Jaula en la que se encierran aves.

ten con ten m. Fam. Tiento, moderación, prudencia, tacto, equilibrio : tener mucho ten con ten.

tendal m. Toldo. ‖ Lienzo en que se recogen las aceitunas. ‖ Tendedero. ‖ Arg. Lugar cubierto donde se esquila el ganado. ‖ Amer. Gran cantidad de cosas dispersas por el suelo. ‖ Abundancia, copia.

tendedero o **tendedor** m. Lugar donde se tienden algunas cosas : tendedero de ropa.

tendencia f. Fuerza que dirige un cuerpo hacia un punto. ‖ Fuerza que orienta la actividad del hombre hacia un fin determinado : tendencia al

bien. ‖ Fig. Dirección, orientación de un movimiento : tendencias impresionistas. ‖ Parte organizada de un grupo sindical o político.

tendencioso, sa adj. Que tiende hacia un fin determinado, poco imparcial u objetivo : noticia tendenciosa poco digna de crédito.

tendente adj. Tendente a, destinado a, que persigue el objeto de.

tender v. t. Desdoblar, desplegar : tender el mantel. ‖ Colocar tendido, acostar : lo tendieron en una cama. ‖ Alargar, extender : tender la mano. ‖ Echar y extender algo por el suelo. ‖ Colgar o extender la ropa mojada para que se seque. ‖ Echar : tender las redes. ‖ Disponer algo para coger una presa : tender un lazo, una emboscada. ‖ Instalar : tender una vía, un puente. ‖ Revestir de una capa de cal, yeso o de mortero. ‖ Amer. Poner las sábanas o mantas en una cama. ‖ Poner la mesa. ‖ — V. i. Encaminarse a un fin determinado : tender a la acción. ‖ Aproximarse a tener una cualidad : pelo que tiende a rubio. ‖ — V. pr. Tumbarse, acostarse. ‖ Encamarse las mieses.

ténder m. Vagón que sigue la locomotora y lleva el combustible y el agua necesarios.

tenderete m. Fam. Tenducha. ‖ Puesto de venta al aire libre.

tendero, ra m. y f. Comerciante que vende al por menor.

tendido, da adj. Extendido. ‖ Aplícase al galope del caballo cuando éste se tiende. ‖ — M. Instalación : el tendido de un puente, de un cable. ‖ En las plazas de toros, gradería próxima a la barrera : tendido de sombra.

tendiente adj. Tendente.

tendinitis f. Inflamación de un tendón.

tendinoso, sa adj. Que tiene tendones : carne tendinosa. ‖ Relativo a los tendones : membrana tendinosa.

tendón m. Haz de fibras conjuntivas que une los músculos a los huesos. ‖ Tendón de Aquiles, el grueso y fuerte que, en la parte posterior e inferior de la pierna, une el talón con la pantorrilla ; (fig) punto flaco o débil.

tenducha f. y **tenducho** m. Tienda de mal aspecto y pobre.

Tène (La), pobl. prehistórica al O. del lago Neuchâtel (Suiza), que ha dado su nombre a un período de la edad del hierro que abarca desde el s. v a. de J. C. hasta la conquista romana.

tenebrismo m. Tendencia de la pintura barroca que acentuaba los contrastes de luz y sombra.

tenebrista adj. Relativo al tenebrismo : pintura tenebrista. ‖ Seguidor del tenebrismo (ú. t. c. s.).

tenebrosidad f. Calidad de tenebroso.

tenebroso, sa adj. Cubierto de tinieblas : calabozo tenebroso. ‖ Sombrío, negro. ‖ Fig. Secreto y pérfido.

tenedor, ra m. y f. Persona que tiene o posee una cosa : tenedor de una letra de cambio. ‖ — M. Utensilio de mesa con varios dientes para coger los alimentos. ‖ Tenedor de libros, el encargado de llevar los libros de contabilidad en una casa de comercio.

teneduría f. Cargo y oficina del tenedor de libros. ‖ Teneduría de libros, arte de llevar los libros de contabilidad.

tenencia f. Posesión de una cosa : tenencia ilícita de armas. ‖ Cargo u oficio de teniente. ‖ Oficina en que lo ejerce : tenencia de alcaldía.

tenense y **teneño, ña** adj. y s. De la ciudad de Tena (Ecuador).

tener v. t. Poseer : tener dinero ; tener buenas cualidades. ‖ Sentir : tener miedo, hambre. ‖ Mantener asido : tener el sombrero en la mano. ‖ Contener o comprender en sí : México tiene varios millones de habitantes. ‖ Ser de cierto tamaño : tener dos metros de largo. ‖ Mantener : el ruido me ha tenido despierto toda la noche. ‖ Pasar : tener muy buena día. ‖ Celebrar : tener junta, una asamblea. ‖ Ocuparse de algo : tener los libros, la caja. ‖ Considerar : tener a uno por inteligente ; tener en mucho. ‖ Como auxiliar y seguido de la preposición de o la conjunción que, más el infinitivo de otro verbo, indica estar obligado a : *tengo que salir.* || — *Fig. No tenerlas todas consigo,* tener miedo o recelo. | *No tener donde caerse muerto,* ser sumamente pobre. | *Quien más tiene más quiere,* los hombres nunca se quedan satisfechos. || *Tener a bien,* juzgar conveniente; tener la amabilidad de. || *Tener a menos,* desdeñar, despreciar. || *Tener en cuenta,* tomar en consideración. || *Tener lugar,* ocurrir. || *Tener para si,* tener cierta opinión sobre una materia. || *Tener parte en,* participar en. || *Tener presente una cosa,* recordarla. || *Tener que ver,* existir alguna relación o semejanza entre las personas o cosas. || — V. i. Ser rico, adinerado. || — V. pr. Mantenerse : *tenerse en pie ; tenerse tranquilo.* || Considerarse : *tenerse por muy simpático.* || Detenerse : *¡ tente !* || *Fam.* Tenérselas tiesas con uno, mantenerse firme, no ceder.

teneria f. Curtiduría.

Tenerife, isla mayor del archip. de las Canarias ; 2 352 km² ; cap. *Santa Cruz de Tenerife.* Tiene una formación volcánica. Viñas, plátanos, naranjas, tabaco. Turismo.

Tengri Khan. V. KHAN TENGRI.

tenguerengue (en) adv. En equilibrio inestable.

Teng Xiaoping. V. DENG XIAOPING.

tenia f. Gusano platelminto, parásito del intestino delgado de los mamíferos.

tenida f. Sesión, reunión, en especial la de los masones.

tenienta f. Mujer del teniente. || Mujer que tiene el cargo de teniente. || Cargo de teniente.

tenientazgo m. Cargo de teniente.

teniente adj. Que tiene o posee. || — M. El que actúa como sustituto. || *Mil.* Oficial de grado inmediatamente inferior al de capitán. || — *Fam.* Estar teniente, estar sordo. || *Segundo teniente,* alférez. || *Teniente coronel,* jefe inmediatamente inferior al coronel. || *Teniente (de) alcalde,* concejal que sustituye al alcalde cuando es preciso y ejerce ciertas funciones de alcaldía. || *Teniente general,* oficial general de grado inmediatamente superior al de general de división.

Teniente (El), distr. en el centro de Chile en la prov. de Cachapoal (Libertador General O'Higgins). Importante yacimiento de cobre.

Teniers (David), pintor flamenco, llamado *el Viejo* (1582-1649), para distinguirlo de su hijo DAVID, denominado *el Joven* (1610-1690), autores de cuadros de costumbres de su país.

tenis m. Deporte en que los adversarios, provistos de una raqueta y separados por una red, se lanzan la pelota de un campo a otro. || *Campo para practicar este deporte.* || *Tenis de mesa* (o *ping-pong*), juego parecido al tenis practicado en una mesa con pelotas de celuloide y paletas de madera forrada.

tenista com. Persona que juega al tenis.

tenístico, ca adj. Relativo al tenis.

Tennessee, río del E. de Estados Unidos, afl. del Ohio ; 1 600 km: Presas. Central hidroeléctrica. Es navegable. — Estado de Norteamérica en el centro-este del país ; cap. *Nashville* ; c. pr. *Memphis.*

Tennyson (Lord Alfred), poeta victoriano inglés (1809-1892).

Teno, c. del centro de Chile, en la VII Región (Maule) y en la prov. de Curicó, cap. de la com. de su nombre. — V. TANA.

Tenoch, sacerdote y caudillo mexicano del s. XIV, fundador de Tenochtitlán (1325).

tenochca adj. y s. Indígena azteca. (Los tenochca fueron los fundadores de Tenochtitlán.)

Tenochtitlán, cap. de los aztecas, hoy ciudad de México. Fundada en 1325 y destruida por los españoles en 1521. Numerosos tesoros arqueológicos (templos, edificios, palacios, esculturas, etc.).

tenor m. Constitución de una cosa. || Texto literal de un escrito. || *Mús.* Voz media entre contralto y barítono, y hombre que tiene esta voz. || *A tenor de esta manera,* por el mismo estilo.

tenorino m. Tenor que canta en falsete con voz de poco volumen.

tenorio m. Galanteador, seductor.

Tenorio, volcán en el N. de Costa Rica, entre las prov. de Alajuela y de Guanacaste ; 1 413 m.

Tenorio. V. DON JUAN.

Tenosique, c. y mun. en el SE. de México (Tabasco).

tensado m. Acción de tensar.

tensar c. t. Poner tenso.

Tensift, río de Marruecos que des. en el Atlántico ; 270 km.

tensión f. Estado de un cuerpo estirado : *la tensión de un muelle.* || Presión de un gas. || *Electr.* Diferencia de potencial. || *Fig.* Tirantez, situación que puede llevar a una ruptura o a un conflicto : *tensión entre dos Estados.* | Actitud y estado del que espera algo con ansiedad, temor, emoción. || — *Tensión arterial,* presión de la sangre en las arterias. || *Tensión de espíritu,* esfuerzo continuo de la mente.

tenso, sa adj. En estado de tensión.

tensor, ra adj. Que produce la tensión. || Dícese de los músculos que tienen esta capacidad (ú. t. c. s. m.). || — M. Dispositivo para tensar cables.

tentación f. Sentimiento de atracción hacia una cosa prohibida : *hay que evitar las tentaciones.* || *Deseo* : *tentación de hacer una cosa.* || *Fig.* Sujeto que induce o persuade : *eres mi tentación.*

tentaculado, da adj. Que tiene tentáculos.

tentacular adj. Relativo a los tentáculos : *apéndices tentaculares.*

tentáculo m. Cada uno de los apéndices móviles y blandos que tienen muchos moluscos, crustáceos, zoófitos, etc., y que les sirven como órganos táctiles o de presión.

tentadero m. Sitio, cercado o corral donde se hace la tienta de toros. || Tienta de toros o becerros.

tentador, ra adj. Que tienta. || Que puede hacer caer en la tentación : *proposición tentadora.* || — M. El Diablo.

tentar v. t. Palpar o tocar, examinar una cosa por medio del tacto. || Instigar, atraer : *tentar a una persona.* || Intentar, tratar de realizar. || Examinar, probar a uno.

tentativa f. Intento : *una tentativa infructuosa.* || *For.* Principio de ejecución de un delito que no se lleva a cabo : *tentativa de robo.* || Tanteo.

tentemozo m. Puntal. || Palo que impide que un carro caiga hacia adelante. || Dominguillo, juguete.

tentempié m. Refrigerio, comida ligera. || Tentemozo, dominguillo.

tentenelaire com. Hijo de cuarterón y mulata o de mulato y cuarterona. || *Amer.* Hijo de jíbaro y albarazada o de albarazado y jíbara. — M. *Arg.* Colibrí.

tenue adj. Fino, muy delgado. || *De hilos tenues del gusano de seda.* || De poca importancia. || Débil : *luz tenue.* || Sencillo : *estilo tenue.*

tenuidad f. Calidad de tenue. || Cosa de poca entidad.

tenuirrostro, tra adj. Dícese del pájaro de pico alargado, recto y siempre sin dientes (ú. t. c. s. m.). || — M. pl. Suborden de estos animales, como la abubilla y los pájaros moscas.

teñido m. Operación consistente en impregnar algo de materia tintórea.

teñir v. t. Cambiar el color de una cosa o dar color a lo que no lo tiene : *teñir el pelo* (ú. t. c. pr.). || Rebajar un color con otro. || *Fig. Estar teñido de,* estar impregnado : *un discurso teñido de demagogia.* || — V. pr. Cambiar el color del pelo : *teñirse de rubio.*

Teo, mun. al noroeste de España (Coruña).

teocali o **teocalli** m. Templo antiguo mexicano : *el teocali de Tenochtitlán.*

Teocaltiche, mun. y c. en el oeste de México (Jalisco).

teocote m. Planta de México cuya raíz empleaban los aztecas como incienso en las ceremonias religiosas.

teocracia f. Gobierno en que el poder supremo se encuentra entre las manos del clero.

teocrático, ca adj. Relativo a la teocracia : *gobierno teocrático.*

Teócrito, poeta bucólico griego, n. en Siracusa (¿ 315-250 ? a. de J. C.),

autor de *Idilios,* composiciones en las que describe de modo realista escenas rústicas, de la naturaleza.

teodicea f. Conocimiento de Dios por la teología natural.

teodolito m. Instrumento de geodesia para medir ángulos en sus planos respectivos.

Teodomiro, rey de los suevos (559-570).

Teodora, emperatriz de Bizancio de 527 a 548, esposa de Justiniano I.

Teodoredo. V. TEODORICO.

Teodorico I, rey de los visigodos de España de 418 a 451. Murió en la batalla de los Campos Cataláunicos contra Atila. || ~ **II,** rey de los visigodos de España (453-466). || ~ **el Grande** (¿ 454 ?-526), rey de los ostrogodos desde 493. Fundador de una monarquía en Italia.

Teodoro ~ **I,** papa de 642 a 649. || ~ **II,** papa en 897.

Teodoro Schmidt, c. del centro de Chile, en la IX Región (Araucanía) y en la prov. de Cautín, cap. de la com. de su nombre.

Teodosiano (*Código*), código compilado, entre 435 y 438, por orden de Teodosio II.

Teodosio ~ **I** el *Grande,* emperador romano, n. en Cauca, hoy Coca (Segovia) [¿ 347 ?-395]. Ocupó el trono desde el año 379. Defendió el cristianismo, venció en diferentes ocasiones a los bárbaros y dividió el Imperio entre sus hijos Arcadio y Honorio. || ~ **II** (401-450), emperador de Oriente desde 408. Mandó compilar el *Código Teodosiano.* || ~ **III,** emperador romano de Oriente de 716 a 717. M. en 722 retirado en un monasterio.

Teófilo (*San*), obispo de Antioquía y Padre de la Iglesia. M. hacia 180. Fiesta el 13 de octubre.

Teófilo Otoni, c. al este de Brasil (Minas Gerais). Industrias.

Teofrasto, filósofo griego discípulo de Aristóteles (¿372-287 ? a. de J. C.).

Teognis de Megara, poeta griego (finales del s. VI a. de J. C.).

teogonia f. Genealogía de los dioses del paganismo. || Conjunto de las divinidades de un pueblo politeísta.

Teolocholco, mun. de México, al E. del Estado de este nombre ; cap. *San Luis de Teolocholco.*

teologal adj. Relativo a la teología : *Virtudes teologales,* fe, esperanza y caridad.

teologia f. Ciencia que estudia la religión y las cosas divinas : *la teología católica.* || Doctrina teológica : *teología dogmática.* || Obra teológica.

teológico, ca adj. Relativo a la teología : *discusión teológica.*

teologo, ga adj. Teologal. || — M. y f. Persona que se dedica a la teología.

Teoloyucan, mun. de México, en el Estado de este nombre.

teomel m. *Méx.* Especie de maguey que produce pulque fino.

teopacle m. *Méx.* Ungüento sagrado de los sacerdotes aztecas.

Teopanzolco, centro arqueológico de México, cerca de la c. de Cuernavaca (Morelos). Pirámide azteca.

teorema m. Proposición científica que puede ser demostrada.

teoria f. Conocimiento especulativo puramente racional, opuesto a *práctica.* || Conjunto de las reglas y leyes organizadas sistemáticamente que sirven de base a una ciencia y explican cierto orden de hechos : *teoría de la combustión.* || Conjunto sistematizado de ideas sobre una materia : *teoría económica.* || *Fig.* Serie : *una larga teoría de conceptos.*

teórico, ca adj. Relativo a la teoría : *conocimientos teóricos.* || — M. y f. Persona que conoce los principios o la teoría de un arte o ciencia : *un teórico del socialismo.* || — F. Teoría.

teorizante adj. Que teoriza (ú. t. c. s.).

teorizar v. t. Tratar una materia teóricamente. || — V. i. Formular una teoría.

Teos, c. y puerto en el E. de Grecia (Jonia).

teosofia f. Doctrina religiosa cuyas fuentes de conocimiento son la intuición directa y la iluminación.

teosófico, ca adj. Relativo o perteneciente a la teosofía.

teósofo, fa m. y f. Persona que profesa la teosofía.

Teotepeque, c. de El Salvador (La Libertad).

Teotihuacán, mun. de México, en el Estado de este nombre y al NE. de la capital. En su término se encuentra una gran metrópoli religiosa que dio su nombre a una civilización anterior a la de los toltecas. Monumentos (templo de Quetzalcóatl o Ciudadela, pirámide del Sol, pirámide de la Luna), restos arqueológicos (esculturas, cerámicas, máscaras funerarias, pinturas murales). La cap. del mun. es *Teotihuacán de Arista.* ‖ ~ **de Arista,** antes *San Juan Teotihuacán,* v. de México, en el Est. de México, cap. del mun. de Teotihuacán. Agricultura.

tepache m. Méx. Bebida fermentada hecha con jugo de caña o piña, a veces pulque, y azúcar morena.

tepalcate m. Méx. Vasija de barro.

Tepalcatepec, río en el O. de México (Jalisco y Michoacán), afl. del de las Balsas. — Mun. y pobl. al O. de México (Michoacán).

tepaneca adj. y s. Tecpaneca.

Tepatitlán de Morelos, mun. al O. de México (Jalisco). Centro comercial.

Tepeaca, c. de México (Puebla).

Tepeapulco o **Tepepulco,** mun. de México (Hidalgo).

Tepecoacuilco, mun. al SO. de México (Guerrero) ; cap. *Tepecoacuilco de Trujano.*

Tepehuanes, n. de la Sierra Madre Occidental de México, entre Durango y Sinaloa.

tepeizcuinte m. C. Rica y Méx. Paca, mamífero.

Tepeji del Río, mun. de México (Hidalgo).

Tepesomoto, serie de montañas en el centro de Nicaragua.

tepetate m. *Méx.* Roca que se emplea en la construcción. | Tierra que no tiene mineral en una mina.

Tepetzintla, mun. al E. de México (Veracruz). Petroleo.

Tepexpan, lugar de México, en el Estado de este n., donde, en 1947, fueron hallados restos humanos cuya antigüedad se calcula entre 10 000 y 12 000 años.

Tepeyac, cerro de México en el Distrito Federal (Gustavo A. Madero), donde, según la tradición, se apareció la Virgen al indio Juan Diego (1531). En una de sus laderas se construyó la Basílica de Guadalupe.

Tepic, c. en el O. de México, cap. del Estado de Nayarit (hab. *tepiqueños*). Universidad. Obispado.

tepiqueño, ña adj. y s. De la ciudad de Tepic (México).

Te-pito-Henúa (ISLA). V. PASCUA *(Isla de).*

Teplice, c. en el NO. de Checoslovaquia (Bohemia Septentrional).

tepocate m. *Méx.* Guijarro. | Niño.

teponascle o **teponaxtle** o **teponaztli** m. *Méx.* Árbol burseráceo empleado para la construcción. | Instrumento de percusión de madera fabricado con un tronco de este árbol.

Tepotzotlán, mun. y v. central de México (Estado de México). Iglesia barroca de San Martín en un antiguo colegio de jesuitas (s. XVII).

Tepoztécatl, entre los aztecas, divinidad del Pulque.

Tepoztlán, v. y mun. de México (Morelos). Ruinas de ant. templos.

Tequendama, catarata de Colombia (Cundinamarca), cerca de Bogotá. Central hidroeléctrica. Turismo.

tequense adj. y s. De Los Teques (Venezuela).

Teques (Los), c. en el N. de Venezuela, cap. del Estado de Miranda. Parque Nacional. Obispado.

Tequesquitengo, bella laguna de México (Morelos). Turismo.

tequila m. *Méx.* Aguardiente semejante a la ginebra, que se destila con una especie de maguey.

Tequila, volcán de México (Jalisco) ; 3 000 m. — Pobl. en el O. de México (Jalisco). Elaboración del licor del mismo nombre.

Tequisquiapan, mun. en el centro de México (Querétaro). Turismo.

Ter, río del NE. de España (Gerona), que nace en los Pirineos ; 174 km. Centrales hidroeléctricas.

tera, prefijo de voces compuestas de medidas que indica la multiplicación por un billón o por un millón de millones de unidades de medida (10^{12}).

Tera, río del NO. de España, afl. del Esla. Centrales hidroeléctricas.

Teramo, c. del centro de Italia en los Abruzos, cap. de la prov. homónima. Obispado.

terapeuta com. Médico que estudia particularmente la terapéutica, que experimenta los medicamentos y los tratamientos.

terapéutica f. Parte de la medicina que estudia el tratamiento de las enfermedades.

terapéutico, ca adj. Relativo al tratamiento de las enfermedades.

terapia f. Terapéutica.

teratógeno, na adj. *Med.* Que produce malformaciones congénitas.

terbio m. Metal del grupo de las tierras raras (Tb) cuyo número atómico es 65.

Terborch o **Terburg** (Gerard), pintor de género holandés (1617-1681). Trabajó en la corte de Felipe IV de España.

Terceira, isla volcánica en la parte central del archip. portugués de las Azores ; cap. *Angra do Heroísmo.*

tercer adj. Apócope de *tercero,* sólo empleado antes del sustantivo : *tercer mes ; el tercer piso.* ‖ *Tercer Mundo.* V. MUNDO.

Tercer Frente, mun. al E. de Cuba (Santiago), cap. *Cruces de los Baños.*

tercería f. Oficio de tercero, mediador o alcahuete.

tercermundista adj. Relativo o perteneciente al Tercer Mundo : *país tercermundista* (ú. t. c. s.).

tercero, ra adj. y s. Que sigue en orden al segundo : *Paco es el tercero de la clase.* ‖ Que sirve de mediador : *servir de tercero en un pleito.* — M. Alcahuete. ‖ El que profesa la regla de la tercera orden de San Francisco, Santo Domingo o del Carmelo. ‖ Persona ajena a un asunto : *causar daño a un tercero.* ‖ El tercer piso : *vivo en el tercero.* ‖ El tercer curso de un colegio, liceo o academia. ‖ *Geom.* Sesenta parte del segundo, para medir arcos, ángulos o tiempo. ‖ — F. Marcha en un vehículo con motor que tiene más velocidad después de la directa o de la superdirecta.

Tercero. V. CARCARAÑÁ.

tercerón m. Hijo de blanco y mulata o viceversa.

terceto m. Combinación métrica de tres versos endecasílabos. ‖ *Mús.* Composición para tres voces o instrumentos. | Conjunto de tres cantantes o tres músicos, trío. | Conjunto de tres personas.

terciado, da adj. Aplícase al azúcar moreno. ‖ Aplícase al toro de mediana estatura. ‖ Atravesado, cruzado : *el mosquetón terciado a la espalda.*

terciador, ra adj. y s. Mediador.

tercianas f. pl. Fiebre intermitente que repite al tercer día.

terciar v. t. Poner una cosa atravesada diagonalmente : *terciar la capa, el fusil.* ‖ Dividir en tres partes. ‖ Equilibrar la carga sobre la acémila. ‖ Dar la tercera labor a las tierras. ‖ *Amer.* Aguar : *terciar un líquido.* ‖ — V. i. Mediar en una discusión, ajuste, etc. : *terciar en una contienda.* ‖ Participar en una cosa. ‖ Completar el número de personas necesario para una cosa. ‖ Llegar la Luna a su tercer día. ‖ — V. pr. Presentarse la ocasión : *terciarse la oportunidad.*

terciario, ria adj. Tercero. ‖ *Arq.* Aplícase a un arco de las bóvedas formadas con cruceros. ‖ Aplícase a la era inmediatamente anterior a la cuaternaria, caracterizada por grandes movimientos tectónicos (ú. t. c. s. m.). ‖ Aplícase al sector de la actividad económica que comprende el transporte, comunicaciones, comercio, bancos, seguros, hostelería, espectáculos, etc. (ú. t. c. s.).

terciero, ra adj. y s. *Méx.* Aparcero al tercio.

tercio, cia adj. Tercero. ‖ — M. Tercera parte. ‖ *Mil.* Nombre de los regimientos españoles de infantería de los s. XVI y XVII : *los tercios de Flandes.* | *Legión : Tercio de extranjeros.* | Cada una de las divisiones de la Guardia civil española. ‖ *Taurom.* Cada una de las tres partes concéntricas en que se divide el ruedo. | Cada una de las tres partes de la lidia : *tercio de varas, de banderillas, de muerte.* ‖ *Riopl.* Bolsa de yerba de unos 60 kilos.

terciopelo m. Tela velluda por una de sus dos caras.

terco, ca adj. Obtinado (ú. t. c. s.).

terebenteno m. Hidrocarburo de la esencia de trementina.

terebintáceas f. pl. *Bot.* Anacardiáceas (ú. t. c. adj.).

terebinto m. Arbusto anacardiáceo que produce una trementina blanca muy olorosa.

Terek, río en el SO. de la U. R. S. S. (Georgia) ; atraviesa el Cáucaso y se. en el mar Caspio por un amplio delta ; 600 km.

Terencio, escritor latino, n. en Cartago (¿190 ?-159 a. de J. C.), autor de comedias en verso (*El heautontimorúmenos, Andria, Hecyra, El eunuco, Los adelfos, Formión*).

tereré m. *Riopl.* Mate cebado con agua fría.

Tererequi (ISLA). V. REY *(Isla del).*

Teresa ‖ ~ **de Jesús** (Teresa de CEPEDA Y AHUMADA, *santa*), escritora mística española, n. en Ávila (1515-1582). Profesó en la Orden del Carmelo y sus fundaciones o reformas le valieron ser procesada por la Inquisición. Autora en prosa del *Libro de mi vida, Las Moradas* o *Castillo interior, El libro de las fundaciones, Camino de perfección, Conceptos del amor de Dios* y un copiosísimo *Epistolario,* y de poesías. Fiesta el 15 de octubre. Canonizada en 1622 y proclamada Doctora de la Iglesia en 1970. ‖ ~ **del Niño Jesús** [TERESITA] (*Santa*), carmelita francesa de Lisieux (1873-1897), canonizada en 1925. Su n. en el siglo fue *Thérèse Martin.* Fiesta el 3 de octubre. ‖ ~ (GONXHA BOJAXHIU, llamada *Madre*), religiosa india, de origen yugoslavo, n. en 1910. Sus obras de caridad en favor de los desheredados le han valido la concesión del Premio Nobel de la Paz en 1979.

teresiano, na adj. Relativo a Santa Teresa de Jesús. ‖ Afiliado a la devoción de esta santa (ú. t. c. s.).

Teresina, c. en el NE. del Brasil a orillas del Parnaíba, cap. de Estado de Piauí. Arzobispado. Universidad.

tergal m. Nombre comercial de un hilo, fibra o tejido de poliéster.

tergiversación f. Falsa interpretación.

tergiversador, ra adj. y s. Que interpreta las cosas de una manera errónea.

tergiversar v. t. Deformar la realidad o el sentido de algo.

termal adj. Relativo a las termas o caldas : *estación termal.*

termas f. pl. Caldas, baños calientes de aguas medicinales. ‖ Baños públicos de los antiguos romanos.

termes m. Comején.

termia f. Cantidad de calor necesaria para elevar de 1 °C la temperatura de una tonelada de agua tomada a 14,5 °C bajo la presión atmosférica normal (símb.), th : *una termia equivale a un millón de calorías.*

térmico, ca adj. Relativo al calor y a la temperatura : *central, energía térmica.* Dícese de los neutrones que tienen una energía cinética igual a la de una agitación térmica y capaces de provocar la fisión del uranio 235.

termidor m. Undécimo mes del calendario republicano francés (del 19 ó 20 de julio al 17 ó 18 de agosto).

terminación f. Final, completa ejecución. ‖ Parte final : *la terminación de una obra literaria.* ‖ *Gram.* Parte variable de una palabra : *"ar" es una terminación de infinitivo.*

terminal adj. Final, último, que pone término. ‖ Que está en el extremo de cualquier parte de la planta : *yema terminal.* | *Lengua terminal,* lengua en la que, por medio de la traducción, se vierte el concepto expresado en otra. ‖ — M. y f. En el casco o recinto urbano, sitio a donde llegan y de donde salen los autocares que hacen el empalme entre la ciudad y el aeropuerto. ‖ — M. Extremo de un conductor eléctrico que facilita las conexiones. ‖ Unidad periférica de un ordenador, generalmente situada a cierta distancia de éste, capaz de recibir resultados y respuestas y de transmitir datos o instrucciones. ‖ Extremo de un oleoducto, provisto de tanques de almacenamiento, bombas, etc.

terminante adj. Que termina. ‖ Claro, tajante. ‖ Concluyente.

terminar v. t. Poner fin : *terminar una conferencia.* ‖ Poner al final : *terminó su carta con una frase muy amable.* ‖ Llevar a su término : *terminar la obra empezada.* ‖ — V. i. Llegar a su fin : *la función termina a media noche.* ‖ Reñir : *estos novios han terminado.* ‖ *Med.* Entrar una enfermedad en su última fase. ‖ — V. pr. Encaminarse a su fin.

Termini Imerese, c. y puerto de Italia (Sicilia). Estación termal.

término. m. Punto en que acaba algo : *término de un viaje.* ‖ Objetivo, fin. ‖ Expresión, palabra : *términos groseros.* ‖ Territorio contiguo a una población : *término municipal.* ‖ Línea que separa los Estados, provincias, distritos, etc. ‖ Lugar señalado para algo. ‖ Plazo determinado : *en el término de un mes.* ‖ Cada una de las partes. de una proposición o silogismo. ‖ *Mat.* Cada una de las cantidades que componen una relación, una suma o una expresión algebraica : *los términos de la fracción son el numerador y el denominador.* ‖ Términus, fin de línea de transporte. ‖ — Pl. Relaciones : *está en malos términos con sus padres.* ‖ — *En sus propios términos,* con las palabras adecuadas. ‖ *En último termino,* si no hay otra cosa que hacer. ‖ *Medios términos,* rodeos, tergiversaciones. ‖ *Poner término a,* acabar con. ‖ *Por término medio,* en promedio. ‖ *Término medio,* término igualmente alejado de varios términos extremos.

terminología f. Conjunto de palabras o términos propios de una profesión, ciencia o materia.

terminológico, ca adj. Relativo a la terminología.

Términos (LAGUNA DE), albufera en el SE. de México, en el golfo de Campeche ; 3 850 km².

términus m. (pal. lat.). Punto final de una línea de transportes : *términus de una línea de autobús.*

termita f. y **termite** m. Comején.

termitero m. Nido de termes.

termo y termos m. Vasija aislante donde se conservan los líquidos a la temperatura en que son introducidos.

termocauterio m. Cauterio que se mantiene candente por medio de una corriente de aire carburado.

termodinámica f. Parte de la física que trata de las relaciones entre los fenómenos mecánicos y caloríficos.

Termodonte, río del Ponto (Asia Menor) en cuyas orillas vivían las legendarias amazonas.

termoelectricidad f. Energía eléctrica producida por la acción del calor. ‖ Parte de la física que estudia esta energía.

termoeléctrico, ca adj. Relativo a la termoelectricidad : *par termoeléctrico.* ‖ Aplícase al aparato en que se produce electricidad por la acción del calor.

termoelectrónico, ca adj. Aplícase a la emisión de electrones a través de un conductor eléctrico a gran temperatura.

termoestable adj. Que no sufre alteración a causa del calor. ‖ Aplícase al plástico que no pierde su forma por la acción del calor o de la presión.

termógeno, na adj. Que produce calor.

termógrafo m. Instrumento que registra las variaciones de las temperaturas.

termolábil adj. Que sufre alteración por la acción del calor.

termometria f. Medida de la temperatura.

termométrico, ca adj. Del termómetro : *escala termométrica.*

termómetro m. Instrumento para medir la temperatura. ‖ — *Termómetro centígrado,* el que comprende 100 divisiones entre el 0, correspondiente a la temperatura del hielo

fundente, y el 100, que corresponde a la temperatura de ebullición del agua. ‖ *Termómetro clínico,* el dividido en décimas de grados entre 32 ºC y 44 ºC para tomar la temperatura a los enfermos. ‖ *Termómetro de máxima y mínima,* el que registra las temperaturas extremas en un determinado período de tiempo.

termonuclear adj. Aplícase a las reacciones nucleares entre elementos ligeros, y a la energía producida, realizadas gracias al empleo de temperaturas de millones de grados. ‖ *Bomba termonuclear, bomba de hidrógeno o bomba H,* la atómica, fabricada entre 1950 y 1954, realizada por la fusión del núcleo de los átomos ligeros, tales como el hidrógeno, cuyo efecto es mil millones de veces mayor que el de la bomba A de 1945. (Su potencia se mide en megatones.)

Termópilas, desfiladero de Tesalia (Grecia), donde Leónidas, con trescientos espartanos, intentó detener al ejército de Jerjes (480 a. de J. C.).

termoplástico, ca adj. Aplícase a las sustancias que se ablandan por efecto del calor.

termopropulsión f. Propulsión de un móvil por la sola energía calorífica sin previa transformación mecánica.

termoquímica f. Parte de la química que trata de los fenómenos térmicos que se producen en las reacciones.

termorregulación f. Regulación automática de la temperatura. ‖ Mecánica fisiológica que mantiene constante la temperatura interna del hombre, de los mamíferos, de las aves.

termorregulador m. Aparato para regular y mantener una temperatura constante en el interior de un recinto.

termosfera f. Capa atmosférica superior a la mesosfera.

termostato m. Aparato que mantiene constante una temperatura. ‖ Sistema automático en que cada maniobra es función de la temperatura.

terna f. Conjunto de tres personas propuestas para un cargo.

ternario, ria adj. Compuesto de tres elementos : *compuesto ternario.* ‖ Dícese del sistema de numeración que tiene el número tres como base.

ternasco m. Cordero lechal.

ternera f. Cría hembra de la vaca. ‖ Carne de ternera o ternero.

ternero m. Cría macho de la vaca. ‖ *Ternero recental,* el de leche.

Terneuzen, c. y puerto al suroeste de Holanda (Zelanda), en el estuario del Escalda occidental.

terneza f. Ternura.

Terni, c. en el centro de Italia (Umbría), cap. de la prov. homónima. Siderurgia. Obispado.

ternilla f. Tejido cartilaginoso de los animales vertebrados : *la ternilla de la nariz.*

terno m. Conjunto de tres cosas de una misma especie. ‖ Pantalón, chaleco y chaqueta hechos de la misma tela : *llevaba en la boda un terno de color azul marino.*

Ternopol, c. al SO. de la U. R. S. S. (Ucrania). Industrias.

ternura f. Sentimiento de amor, cariño o profunda amistad. ‖ Muestra de cariño : *Blandura.*

tero m. *Arg.* Terutero.

Teror, v. de España en la isla de Gran Canaria (Las Palmas).

terpeno m. Nombre genérico de los hidrocarburos cuyo tipo es el terebenteno.

Terpsícore, musa griega de la Danza y de la Poesía lírica. (Mit.)

terquedad f. Obstinación.

Terra (Gabriel), político y jurisconsulto uruguayo (1873-1942), pres. de la Rep. de 1931 a 1938. Ejerció la dictadura en 1933 y reformó la Constitución en 1934.

Terra Alta, comarca catalana del noreste de España (Tarragona) ; cap. Gandesa.

Térraba, río de Costa Rica, en la vertiente del Pacífico. Desemboca en la bahía de Coronado. Se llama también *Terti, Tiquis o Grande de Térraba.* — Punta del NO. de Panamá, en la ensenada de Bocas del Toro.

Terracina, ant. *Anxur,* c. y puerto de Italia, en el Lacio (Latina), en el golfo de Gaeta. Obispado. Ruinas romanas.

terracota f. Escultura modelada en barro cocido.

Terradas e Illa (Esteban), matemático español (1883-1950), autor de estudios de mecánica, física matemática y aeronáutica.

terrado m. Azotea.

terraja f. Instrumento para labrar las roscas de los tornillos.

terral adj. Aplícase al viento que procede del interior de la tierra (ú. t. c. s. m.) : *el terral de Málaga.*

terramicina f. Antibiótico poderoso del grupo de las tetraciclinas.

terranova m. Perro de pelo oscuro y patas palmeadas.

Terranova, en ingl. *Newfoundland,* prov. del E. del Canadá, formada por la isla homónima (112 299 km² ; 576 000 h.) y, en el continente, el NE. de la península de Labrador, separada (404 517 km² ; 600 000 h.; cap. Saint-Jean o Saint John's; 100 000 h. Pesca. Minas.

terraplén m. Macizo de tierra con que se rellena un hueco o que se levanta para hacer una plataforma que servirá de asiento a una carretera, vía de ferrocarril, construcción, etc.

terraplenar v. t. Llenar de tierra un vacío o hueco. ‖ Amontonar tierra para levantar un terraplén.

terráqueo, a adj. Compuesto de tierra y agua : *el globo terráqueo.*

Terrassa. V. TARRASA.

terrateniente com. Propietario de tierras o fincas rurales grandes.

terraza f. Azotea. ‖ Espacio descubierto en una casa o piso. ‖ Parte de la acera a lo largo de un café donde se colocan mesas y sillas. ‖ Bancal, terreno cultivado en forma de grada retenida por un pequeño muro.

Terrazas (Francisco de), escritor mexicano (¿ 1525-1600 ?), autor de sonetos y del poema épico *Nuevo Mundo y conquista,* del que sólo se conservan fragmentos.

terrazo m. Mortero de cemento, con trozos de mármol u otras piedras incrustadas, que, debidamente pulimentado, se emplea en pavimentación. ‖ Suelo revestido con terrazo.

terremoto m. Movimiento brusco o sacudida de la corteza terrestre.

terrenal adj. Relativo a la Tierra, en contraposición a *celestial* : *bienes terrenales.* ‖ *Paraíso terrenal,* lugar placentero en donde Dios puso a Adán después que lo crió.

terreno, na adj. Terrestre : *la vida terrena.* ‖ — M. Porción más o menos grande de la corteza terrestre de cierta época, cierta naturaleza o cierto origen : *terreno aurífero, jurásico, de acarreo.* ‖ Espacio de tierra : *terreno para edificar.* ‖ Lugar donde se disputa un partido : *terreno de fútbol.* ‖ *Fig.* Campo, sector : *en el terreno político.* ‖ — *Ganar terreno,* ir avanzando poco a poco. ‖ *Fig. Minarle a uno el terreno,* actuar solapadamente para desbaratar a uno sus planes. ‖ *Reconocer (o tantear) el terreno,* procurar descubrir el estado de las cosas o de los ánimos. ‖ *Sobre el terreno,* en el lugar mismo donde está ocurriendo algo. ‖ *Fig. Terreno abonado,* aquel en que se dan las mejores posibilidades para que suceda algo determinado. ‖ *Vehículo todo terreno,* el capaz de circular por carretera y por diferentes terrenos, jeep, campero.

terrero, ra adj. Relativo a la tierra: *neblina terrera.* ‖ Aplícase al vuelo rastrero de algunas aves. ‖ Que sirve para llevar tierra : *saco terrero.*

terrestre adj. Relativo a la Tierra. ‖ Que vive en la parte sólida del globo terráqueo : *animales terrestres.* ‖ Com. Habitante de la Tierra.

terrible adj. Que causa terror, espantoso : *visión terrible.* ‖ *Fig.* Violento, fuerte : *tempestad terrible.* ‖ En sentido peyorativo, grande, extraordinario : *un terrible comilón.*

terrícola com. Habitante de la Tierra. ‖ — Adj. Que vive en la tierra.

terrier m. Raza de perros de caza cuyo tipo es el fox terrier.

terrina f. Tarrina.

territorial adj. Relativo al territorio. ‖ *Aguas territoriales,* zona marítima que bordea las costas de un Estado y que está sometida a la autoridad de éste.

territorialidad f. Condición de lo que está dentro del territorio de un Estado : *la territorialidad de España.* || Ficción jurídica en virtud de la cual los buques y las residencias de los representantes diplomáticos se consideran como parte del territorio de la nación a que pertenecen.

territorio m. Extensión de tierra que depende de un Estado, una ciudad, una jurisdicción, etc. : *el territorio de un municipio ; territorio militar, judicial.* || Demarcación administrativa en algunos países sujeta al mando de un gobernador designado por el jefe del Estado : *territorio de Tierra del Fuego.*

Territorio Vázquez, mun. en el norte de Colombia (Boyacá). Petróleo.

terrizo, za adj. Hecho de tierra.

terrón m. Masa pequeña de tierra compacta. || Masa pequeña y suelta de otras sustancias : *terrón de azúcar.*

terror m. Miedo grande, pavor de algo que se teme. || Persona o cosa que infunde este sentimiento : *el terror de un país.* || Violencias y crímenes ejercidos contra un grupo para infundirle miedo : *gobernar por el terror.*

— Se llamó Terror al período de la Revolución Francesa que se extiende desde el 5 de septiembre de 1793 hasta el 9 de Termidor (28 de julio de 1794) en el que imperó una gran represión en contra de aquellos que amenazaban las nuevas instituciones. También ha recibido en Colombia este mismo nombre el espacio de tiempo que media entre 1816 y 1819 durante el cual los gobiernos de Morillo y Sámano, dependientes de la metrópoli, intentaron sofocar con rigor los deseos independistas.

terrorífico, ca adj. Que infunde terror.

terrorismo m. Intento de dominación por el terror : *el terrorismo hitleriano.* || Conjunto de actos de violencia cometidos por grupos revolucionarios. || Régimen de violencia instituido por un gobierno.

terrorista v. i. Relativo al terrorismo. || — Com. Partidario o participante en actos de terrorismo.

terrosidad f. Calidad de terroso.

terroso, sa adj. Parecido a la tierra: *cara terrosa.* || Que contiene tierra.

terruño m. País o comarca natal.

terso, sa adj. Limpio, claro. || Resplandeciente, bruñido. || Liso, sin arrugas : *piel tersa.* || Fig. Aplícase al lenguaje o estilo, etc., muy puro, fluido.

tersura f. Resplandor, bruñido. || Lisura : *la tersura del cutis.* || Fig. Pureza del lenguaje o estilo.

Terti. V. TÉRRABA.

tertulia f. Reunión de personas para hablar, discutir de un tema o jugar : *tertulia de café, política, literaria.*

Tertuliano, apologista y teólogo cristiano, n. en Cartago (¿ 155-222 ?). Compartió la herejía de Montano.

tertuliar v. i. *Amer.* Estar de tertulia.

tertulio, lia adj. Que asiste a una tertulia (ú. t. c. s.).

Teruel, c. del E. de España, cap. de la prov. homónima. Sede del obispado de Teruel-Albarracín. Catedral. Textiles. Importante batalla en la guerra civil española (1937 y 1938).

terutero o **teruteru** m. *Arg.* Ave zancuda de color blanco.

Tesalia, región en el N. de Grecia, a orillas del Egeo. C. pr. *Volos, Larissa.*

Tesalónica o **Salónica,** c. y puerto en el N. de Grecia (Macedonia), en el golfo homónimo del mar Egeo.

tesar v. t. *Mar.* Atirantar.

Tescoac. Ayopechtli, divinidad azteca del Alumbramiento.

Teschen. V. CIESZYN.

Teseo, héroe griego, hijo de Egeo y rey de Atenas. Combatió y mató al Minotauro. *(Mit.)*

Teshin. V. CIESZYN.

Tesifonte. V. CTESIFONTE.

tesina f. Tesis de menos importancia que la doctoral que se presenta para obtener la licenciatura.

Tesino, río de Suiza e Italia, afl. del Po ; 248 km. Aníbal derrotó en sus orillas a Publio Escipión (218 a. de J. C.). — Cantón suizo, en el S. del país ; cap. *Bellinzona.* En él se habla italiano.

tesis f. Proposición que se apoya con razonamientos : *no consiguió defender su tesis.* || Trabajo de investigación necesario para doctorarse : *presentar una tesis en la Universidad de Madrid.* || *Fil.* Primer término de un sistema dialéctico (los otros son la antítesis y la síntesis). || *Teatro o novela de tesis,* obras destinadas a demostrar la tesis en fundado de una teoría.

tesitura f. *Mús.* Altura propia de cada voz o de cada instrumento : *tesitura grave, aguda.* || *Fig.* Estado de ánimo. | Circunstancia : *en esta tesitura de extremada gravedad.*

tesla m. *Fís.* Unidad de inducción magnética (símb., T).

tesón m. Firmeza, inflexibilidad : *sostener con tesón.* || Tenacidad.

tesonería f. Perseverancia.

tesonero, ra adj. Tenaz, perseverante. || Obstinado, terco.

tesorería f. Empleo y oficina del tesorero. || Parte del dinero líquido en el activo de una empresa comercial del que se puede disponer en metálico para efectuar los pagos. || Administración del erario público. || Ministerio de Hacienda en Gran Bretaña.

tesorero, ra m. y f. Persona encargada de recaudar y distribuir los capitales de una persona o entidad.

tesoro m. Conjunto de dinero, alhajas u otras cosas de valor que se guarda en un sitio seguro : *el tesoro de un banco.* || Sitio donde se guarda. || Cosas de valor que han sido escondidas y que uno encuentra por casualidad. || En una iglesia, sitio donde se guardan las reliquias y otros objetos preciosos : *el tesoro de la catedral de Toledo.* || Erario público. || *Fig.* Persona o cosa que se quiere mucho o que es de gran utilidad.

Tesoro de la lengua castellana o española, diccionario de la lengua española, compuesto en 1611 por Sebastián de Covarrubias.

Tespis, poeta griego (s. VI a. de J. C.), creador de la tragedia.

test m., (pal. ingl.). Prueba, especialmente la destinada a conocer las aptitudes o la personalidad de alguien. || Prueba para poder juzgar algo.

testa f. *Fam.* Cabeza. || Frente o parte anterior de algunas cosas.

testado, da adj. Aplícase a la persona que ha muerto habiendo hecho testamento.

testador, ra m. y f. Persona que hace un testamento.

testaferro m. *Fam.* El que presta su nombre al negocio de alguien que no quiere hacer constar el suyo.

testal m. *Méx.* Porción de masa de maíz con que se hace cada tortilla.

testamentaria f. Ejecución de lo dispuesto en un testamento. || Bienes de una herencia. || Junta de los testamentarios. || Conjunto de los documentos necesarios para el cumplimiento de lo dispuesto en un testamento.

testamentario, ria adj. Relativo al testamento : *ejecutor testamentario.* || — M. y f. Albacea, persona encargada del cumplimiento de lo dispuesto en un testamento por el testador.

testamentería f. Testamentaría.

testamento m. Declaración escrita en la que uno expresa su última voluntad y dispone de sus bienes para después de la muerte : *morir habiendo hecho testamento.* || *Fig.* Resumen de las ideas o de la doctrina que un escritor, artista, científico o político quiere transmitir a su fallecimiento : *testamento literario, político.* || — *Antiguo o Viejo Testamento,* conjunto de los libros sagrados anteriores a la venida de Jesucristo. || *Nuevo Testamento,* conjunto de los libros sagrados que, como los Evangelios, son posteriores al nacimiento de Cristo. || *Testamento abierto o auténtico o público,* el dictado ante notario en presencia de testigos. || *Testamento cerrado,* el hecho por escrito, entregado en un sobre sellado al notario en presencia de testigos, del que se debe abrir hasta la muerte del testador. || *Testamento ológrafo,* el escrito, fechado y firmado por el propio testador.

testar v. i. Hacer testamento.

testarada f. Cabezazo.

testarazo m. Cabezazo. || Golpe, porrazo.

testarudez f. Obstinación.

testarudo, da adj. y s. Obstinado.

testera f. Frente o parte delantera de una cosa.

testero m. Testera, frente : *el testero de la cama.* || Lienzo de pared.

testicular adj. Relativo a los testículos.

testículo m. *Anat.* Cada una de las dos glándulas genitales masculinas donde los espermatozoides.

testificación f. Testimonio. || Atestación.

testifical adj. *For.* De los testigos.

testificar v. t. Afirmar o probar de oficio, presentando testigos o testimonios. || Atestiguar algo. || *Fig.* Demostrar, probar.

testigo com. Persona que, por haber presenciado un hecho, puede dar testimonio de ello : *ser testigo de un accidente.* || Persona que da testimonio de algo ante la justicia : *testigo de cargo, de descargo.* || Persona que asiste a otra en ciertos actos : *testigo matrimonial.* || — M. Prueba material : *estos restos son testigos de nuestra civilización.* || Hito que se deja en una excavación para evaluar la cantidad de tierra extraída. || Individuo, animal, planta u objeto utilizado como término de comparación con otros de la misma clase sometidos a ciertas experiencias. || En una carrera de relevos, objeto en forma de palo que se transmiten los corredores. || — *Poner* (o *tomar*) *por testigo a uno,* citarle para que pueda dar testimonio de lo que uno dice. || *Testigo abonado,* el que es, de antemano, parcial. || — Adj. Que indica el buen funcionamiento de una cosa : *lámpara testigo.* || *Testigos de Jehová,* v. JEHOVÁ.

Testigos (Los), archipiélago en el mar Caribe, al norte de Venezuela *(Testigo Grande, Iguana).* Constituye una dependencia federal.

testimonial adj. Que sirve de testimonio : *prueba testimonial.*

testimoniar v. t. Testificar.

testimonio m. Declaración hecha por una persona de lo que ha visto u oído : *dar testimonio de un suceso.* || Instrumento legalizado en que se da fe de un hecho. || Prueba : *testimonio de la infinita gratitud de que le soy deudor.*

testosterona f. Hormona sexual masculina.

testuz m. y f. En algunos animales, la frente, y en otros, la nuca.

teta f. Cada uno de los órganos glandulosos que segregan la leche en las hembras de los mamíferos. || Mama. | Pezón. || — Pl. Par de colinas de aspecto mamiforme.

Teta de Niquitao. V. NIQUITAO.

tetania f. Enfermedad producida por insuficiencia de la secreción de las glándulas paratiroides, caracterizada por contracciones musculares espasmódicas.

tetánico, ca adj. *Med.* Relativo al tétanos.

tetanismo m. Tetania.

tetanos m. Tétanos.

tétanos m. inv. *Med.* Rigidez y tensión convulsiva de los músculos. | Enfermedad infecciosa muy grave producida por un bacilo anaerobio que se introduce en una herida y ataca los centros nerviosos.

Tete, c. en el centro oeste de Mozambique, a orillas del Zambeze.

Tetecala, c. y mun. de México (Morelos).

Tetela || — **de Ocampo,** mun. de México (Puebla). || — **del Volcán,** mun. de México (Morelos).

tetelque adj. *Amér. C.* y *Méx.* Desabrido, de sabor desagradable.

tetera f. Recipiente para hacer y servir el té. || *Amér. C.* y *Méx.* Tetilla de biberón.

tetero m. *Amer.* Biberón.

tetilla f. Órgano de los mamíferos machos situado en el lugar correspondiente al de las mamas de las hembras. || Especie de pezón de goma que se pone en el biberón para que el niño pueda chupar.

tetina f. Tetilla de biberón.

Tetis, diosa griega del Mar, madre de Aquiles e hija de Nereo. *(Mit.)*

tetraciclina f. Medicamento antibiótico de amplio espectro.

tetracloruro m. Combinación que tiene cuatro átomos de cloro.

tetracromía f. Reproducción gráfica de imágenes coloreadas por superposición de tres imágenes en tres colores primarios y otra en negro.

tetraédrico, ca adj. Geom. Relativo al tetraedro o que tiene su figura.

tetraedro m. Geom. Sólido limitado por cuatro planos triangulares.

tetragonal adj. Perteneciente o relativo al tetrágono. || Cuadrangular.

tetrágono m. Geom. Cuadrilátero. || — Adj. y s. m. Aplícase al polígono de cuatro ángulos.

tetralogía f. Conjunto de cuatro obras dramáticas que presentaban los antiguos poetas griegos en los concursos públicos. || Mús. Conjunto de cuatro óperas.

tetramotor adj. y s. m. Cuatrimotor.

tetrarca m. Gobernador de una tetrarquía.

tetrarquía f. Dignidad de tetrarca. || En el Imperio Romano, territorio que resultaba de la división de otro mayor o de un reino, y especialmente el dividido por Diocleciano entre cuatro emperadores. || Mús. Tetracordio.

tetrasílabo, ba adj. De cuatro sílabas : palabra tetrasílaba. || Aplícase al verso cuatrisílabo (ú. t. c. s. m.).

tetrástrofo, fa adj. y s. m. Aplícase a la composición poética que tiene cuatro estrofas. || Dícese erróneamente de una combinación métrica de cuatro versos. || Tetrástrofo monorrimo, cuaderna vía.

tetravalente adj. Dícese del elemento químico que tiene cuatro valencias (ú. t. c. s. m.).

tétrico, oa adj. Triste, lúgubre : fueron tétricos momentos de mi vida.

tetrodo m. Válvula electrónica de cuatro electrodos.

Tetuán, c. del N. de Marruecos, ant. cap. del Protectorado español y hoy de la prov. homónima.

Tetuán (Duque de). V. O'DONNELL (Leopoldo).

tetuaní adj. y s. De Tetuán (Marruecos).

tetuda adj. De tetas muy grandes.

Tetzcatsóncatl, uno de los dioses mexicanos del Pulque, hermano de Mayahuel.

Tetzel (Johannes), dominico alemán (¿ 1465 ?-1519). Sus predicaciones sobre las indulgencias motivaron la protesta de Lutero y la Reforma.

teucali m. Teocalli.

Teurbe y Tolón (Miguel), escritor cubano (1820-1858), autor de cuadros de costumbres y poemas.

Teutberg (SELVA DE) o **Teutoburger Wald**, cadena de colinas arboladas de Alemania (Hannover y Westfalia).

teutón, ona adj. Relativo a la antigua Germania. || Habitante de este país (ú. t. c. s.). || Fam. Alemán (ú. t. c. s.). || — M. Nombre dado a la lengua germánica en la Alta Edad Media.

teutónico, ca adj. De los teutones : lenguas teutónicas.

texano, na adj. y s. Tejano.

Texas, uno de los Estados Unidos de Norteamérica, al S., fronterizo con México ; cap. Austin. C. pr. Houston, Dallas, San Antonio, Fort Worth, El Paso, Corpus Christi, Port Arthur. Petróleo, gas natural. Agricultura, ganadería. Industrias. Independiente de México en 1836, fue anexionado por Estados Unidos en 1848.

Texcoco de Mora, c. del centro de México (Estado de México). Obispado.

Texistepeque, c. del NO. del El Salvador (Santa Ana).

textil adj. Que puede ser tejido : fibras textiles. || Relativo a la fabricación de tejidos : producción textil. || — M. Materia textil.

texto m. Lo dicho o escrito inicialmente por un autor : texto claro ; añadir comentarios a un texto. || Contenido exacto de una ley u ordenanza : atenerse al texto legal. || Escrito : corregir un texto. || Trozo sacado de una obra literaria : un texto. || Sentencia de la Sagrada Escritura : texto bíblico. || Libro de texto, el que escoge un maestro para su clase.

textual adj. Conforme con el texto. || Exacto : contestación textual.

textura f. Manera de entrelazarse los hilos en una tela. || Operación de tejer. || Fig. Disposición de las distintas partes que forman un todo, estructura : la textura de un cuerpo.

teyolote m. Méx. Ripio para rellenar.

teyú m. Riopl. Iguana.

tez f. Piel del rostro humano.

Tezcatlipoca, deidad del panteón azteca, venerada en Texcoco, que representaba el cielo nocturno y al guerrero del norte.

Teziutlán, pobl. en el centro de México (Puebla). Cobre, plata.

tezontle m. Méx. Piedra volcánica usada en la construcción.

Tezozómoc, señor o rey de Azcapotzalco (1363-1427), prototipo del tirano que sometió a servidumbre al pueblo mexicano. || ~ (HERNANDO DE ALVARADO), historiador mexicano (¿1519-1598 ?), autor de Crónica Mexicana.

th, símbolo de la termia.

Th, símbolo químico del torio.

Thackeray (William MAKEPEACE), novelista inglés, n. en Calcuta (1811-1863), autor de La feria de las vanidades, La historia de Pendennis.

Thailandia. V. TAILANDIA.

Thana, c. de la India (Maharashtra).

Tharsis, c. en el SO. de España (Huelva). Minas de cobre explotadas por fenicios y romanos.

Thatcher (Margaret), estadista británica del Partido Conservador, n. en 1925. Ocupa el cargo de primer ministro desde 1979.

Thebussem (Mariano PARDO DE FIGUEROA, llamado **el Doctor**), escritor español (1828-1918), autor de historias humorísticas.

Theiss. V. TISZA.

Theodorakis (Mikis), músico griego, n. en 1925.

Theotocópuli (Domenico), nombre del Greco. V. GRECO.

Therezina. V. TERESINA.

theta f. Octava letra del alfabeto griego.

Thiers, c. en el centro de Francia (Puy-de-Dôme). Cuchillos.

Thiès, c. de Senegal, al este de Dakar. Industrias.

Thimbu, c. de Bután, cap. del país en verano.

Thionville, c. del NE. de Francia, en Lorena (Moselle).

Thiva. V. TEBAS.

Thomar. V. TOMAR.

Thomson (Augusto GOEMINE), novelista chileno (1882-1950), autor de Juana Lucero, Pasión y muerte del cura Deusto, etc. Utilizó el nombre de Augusto D'Halmar. || ~ (SIR JOSEPH JOHN), físico inglés (1856-1940). Investigó las propiedades eléctricas de la materia e inventó el espectrógrafo de masa. (Pr. Nobel, 1906). — Su hijo, GEORGE PAGET THOMSON (1892-1975), ha descubierto la difracción de los electrones rápidos en los cristales. (Pr. Nobel, 1937). || ~ (Sir WILLIAM), lord Kelvin, físico inglés (1824-1907). Estableció una base teórica de las temperaturas (escala Kelvin) e inventó un galvanómetro y un electrómetro.

Thonburi, ant. capital de Tailandia, actualmente suburbio de Bangkok.

Thonon-les-Bains, c. al E. de Francia (Haute-Savoie), a orillas del lago Leman.

Thor. V. TOR.

Thora. V. TORAH.

Thoreau (Henry David), escritor norteamericano (1817-1862), autor de Walden o la vida en los bosques.

Thorn. V. TORUN.

Thorne (Carlos), escritor peruano, n. en 1928, autor de Los días fáciles, Mañana Mao), novelas (¡ Viva la Republica !) y ensayos.

Thorshavn, cap. de las islas Feroe.

Thot o **Thoth**. V. TOT.

Thoune, en alem. Thun, c. al O. de Suiza (Berna), a orillas del lago del mismo nombre.

thriller [θriler] m. (pal. ingl.). Novela o película escalofriante, que produce una gran sensación emotiva.

Thule. V. TULE.

Thun. V. THOUNE.

Thunder Bay, c. y puerto al S. de Canadá (Ontario), unión de las de Port Arthur y Fort William.

thurgovia. V. TURGOVIA.

ti pron. pers. de 2.ª pers. sing. (ú. siempre con prep.) : a ti, para ti, de ti. || Con la prep. con forma una sola palabra (contigo).

Ti, símbolo químico del titanio.

tía f. Respecto de una persona, hermana o prima del padre o de la madre. || En los pueblos, tratamiento que se da a las mujeres casadas o de edad : la tía Gertrudis. || Fam. Tratamiento despectivo dado a una mujer cualquiera. || Pop. Prostituta. | Mujer. | Compañera, amiga.

Tiahuanaco, pobl. en el O. de Bolivia, sección de la prov. de Ingaví (La Paz), al S. del lago Titicaca. Ruinas de una civilización preincaica (1000-1300), extendida después por Bolivia, Perú, Argentina y Chile.

Tianchan o **Tienchan** o **Montes Celestes**, macizo montañoso de China (Sinkiang), y de la U. R. S. S. (Kirghizia). Alt. máx. en el pico Pobiedy (7 439 m).

tiangue m. Tianguis.

tianguero, ra m. y f. Méx. Vendedor en un tianguis.

tianguis m. Méx. Plaza del mercado.

Tianguistenco, mun. de México, en el Estado de este nombre ; cap. Tianguistenco de Galeana.

tiara f. Mitra de tres coronas superpuestas que lleva el Papa en las solemnidades. || Dignidad pontificia.

Tiaret, c. de Argelia.

Tibana, c. en el centro este de Colombia (Boyacá).

Tibás, cantón de Costa Rica (San José), al norte de la cap. del país.

Tiber, río en el centro de Italia que atraviesa Roma y desemboca en el mar Tirreno, cerca de Ostia ; 405 km.

Tiberíades o **Genesaret** (LAGO DE), lago de Palestina, hoy de Israel, atravesado por el Jordán. — C. al NE. del Estado de Israel, en árabe Tabarich, en la orilla O. del lago homónimo.

tiberio m. Fam. Jaleo, ruido.

Tiberio (¿ 42- a. de J. C.•37 d. de J. C.), emperador romano desde el año 14, adoptado por Augusto.

Tibesti o **Tao**, cordillera del Sáhara, al N. del Chad (3 415 m).

Tibet, región autónoma de Asia central, al O. de China ; 1 221 600 km² ; 1 270 000 hab. ; cap. Lhassa, 70 000 h. Estaba gobernado por un dalai lama.

tibetano, ba adj. y s. Del Tíbet. || — M. Lengua del Tíbet.

tibia f. Hueso principal y anterior de la pierna.

tibial adj. De la tibia.

tibiarse v. pr. Amér. C. Enfadarse.

Tibidabo, monte de España al NO. de Barcelona ; 532 m. Parque.

tibieza f. Calor templado. || Fig. Falta de entusiasmo.

tibio, bia adj. Templado, ni caliente ni frío : baño tibio. || Fig. Poco fervoroso, falto de entusiasmo : tibio recibimiento. | Poco afectuoso : relaciones tibias. || — Méx. Huevo tibio, huevo pasado por agua. || Fam. Poner tibio a alguien, insultarle, criticarle, || Ponerse tibio, darse un atracón.

Tibú, pobl. en el NE. de Colombia (Norte de Santander). Refinería.

Tibur, c. de Italia, hoy Tívoli.

tiburón m. Nombre dado a los peces selacios de cuerpo fusiforme y aletas pectorales grandes cuya boca, en la parte inferior de la cabeza, tiene forma de media luna y está provista de varias filas de dientes cortantes.

Tiburón, cabo del O. de Colombia, en cuyo extremo comienza la frontera con Panamá. — Penins. de Haití, en el dep. del Sur ; 221 km de longitud. — Isla del O. de México (Sonora), en el golfo de California ; 1 208 km².

tic m. Contracción convulsiva habitual e involuntaria de ciertos músculos, principalmente del rostro. || Fig. Manía, acción que uno hace frecuentemente sin darse ni siquiera cuenta.

ticazo m. Méx. Bebida fermentada hecha de maíz.

Ticiano. V. TIZIANO.

ticket m. (pal. ingl.). Úsase como sinónimo de billete, entrada, boleto, cupón, bono, etc. (En España se ha intentado castellanizar esta palabra por tíquet y tiquete.)

TE

645

tico, ca adj. y s. *Fam. Amér. C.* Costarricense.

Ticomán, centro arqueológico en el Valle de México (Distrito Federal).

tictac m. Ruido acompasado producido por ciertos mecanismos.

Ticul, pobl. al SE. de México (Yucatán).

Tidjikja, c. en el sur del centro de Mauritania ; cap. de la circunscripción de Tagant.

tiempo m. Duración determinada por la sucesión de los acontecimientos, y particularmente de los días, las noches y las estaciones : *el tiempo transcurre muy rápido.* ‖ Parte de esta duración : *este trabajo me ha tomado mucho tiempo.* ‖ Época. Ú. t. en pl. : *en los tiempos de Bolívar.* ‖ Período muy largo : *hace tiempo que no le veo.* ‖ Momento libre : *si tengo tiempo lo haré ; no me ha dado tiempo verlo.* ‖ Momento oportuno, ocasión propicia : *es preciso hacer las cosas en su tiempo.* ‖ Estación del año : *fruta del tiempo.* ‖ Edad : *¿ qué tiempo tiene su hijo ?* ‖ Estado de la atmósfera : *tiempo espléndido.* ‖ Cada una de las divisiones de una acción compleja : *motor de cuatro tiempos.* ‖ En deporte, división de un partido : *un partido de fútbol consta de dos tiempos.* ‖ Mús. División del compás. ‖ Gram. Cada una de las formas verbales que indican el momento en que se verificó la acción : *tiempos simples, compuestos.* ‖ — *Méx.* Al tiempo, según la temperatura ambiente. ‖ *A mal tiempo buena cara,* hay que saber aguantar con valor las desgracias o dificultades que nos depara la fortuna. ‖ *A tiempo,* antes de que sea demasiado tarde : *llegó a tiempo para salvarle ;* en el momento oportuno. ‖ *Andando el tiempo,* más tarde. ‖ *A un tiempo,* de manera simultánea. ‖ *Con tiempo,* sin tener que darse prisa ; con antelación : *hay que sacar las entradas con tiempo.* ‖ *Fig. Dar tiempo al tiempo,* no ser demasiado impaciente. ‖ *De tiempo en tiempo,* a intervalos. ‖ *En tiempos del rey que rabió* o *de Maricastaña,* en una época muy lejana. ‖ *Engañar* (o *matar*) *el tiempo,* entretenerse en cosas poco interesantes para no quedar desocupado. ‖ *Estar a tiempo de,* tener todavía la posibilidad de. ‖ *Fuera de tiempo,* inoportunamente. ‖ *Ganar tiempo,* adelantar en lo que uno está haciendo ; aplazar alguna acción complicada esperando que con el tiempo se le va a encontrar solución. ‖ *Hacer tiempo,* entretenerse esperando la hora de hacer algo. ‖ *Perder el tiempo,* no aprovecharlo ; permanecer ocioso.

Tiempo (Israel ZEITLIN, llamado **César**), periodista y escritor argentino, n. en Ucrania (1906-1980), autor de poesías y de obras de teatro (*Clara Beter vive, Pan criollo*).

Tienchan. V. TIANCHAN.

tienda f. Establecimiento comercial donde se vende cualquier mercancía : *tienda de artículos fotográficos.* ‖ Establecimiento donde se venden comestibles. ‖ Pabellón pórtatil que se arma en el campo para alojarse : *tienda de campaña.* ‖ *Amer.* Establecimiento de tejidos al por menor, prendas de vestir, etc. ‖ *Med. Tienda de oxígeno,* dispositivo destinado a aislar al enfermo del medio ambiente y suministrarle oxígeno puro.

tienta f. Operación para probar la bravura del ganado destinado a la lidia : *tienta de becerros.* ‖ *A tientas,* guiándose por el tacto ; (fig.) con incertidumbre.

tiento m. Ejercicio del sentido del tacto. ‖ Bastón de ciego. ‖ Balancín o contrapeso de volatinero. ‖ *Fig.* Prudencia, tacto ; *andar con tiento.* ‖ *Fig. y fam.* Golpe, porrazo. ‖ Trago, bocado : *dar un tiento a la botella, al jamón.* ‖ Floreo que se hace antes de empezar a tocar un instrumento músico para ver si está afinado.

Tientsin, c. y puerto en el NE. de China, cap. de la prov. de Hopei, a orillas del Pei-ho.

Tiépolo (Giambattista), pintor y grabador italiano, n. en Venecia (1696-1770), autor de frescos. Trabajó y murió en Madrid.

646 **tierno, na** adj. Blando, fácil de cor-

tar : *carne tierna.* ‖ Reciente : *pan tierno.* ‖ Claro, delicado : *color tierno.* ‖ *Fig.* Sensible, propenso al cariño o al amor : *corazón tierno.* | Cariñoso : *miradas tiernas.* ‖ *Amer.* Que no está maduro : *fruta tierna.* ‖ *Tierna edad,* los primeros años de la juventud.

tierra f. Planeta que habitamos. (En este sentido esta palabra debe escribirse con mayúscula.) ‖ Parte sólida de la superficie de este planeta : *la tierra no ocupa tanta extensión como el mar en el globo.* ‖ Capa superficial del globo que constituye el suelo natural. | Suelo : *echar por tierra.* | Terreno cultivable : *tierra de labor, de secano.* ‖ Patria : *mi tierra.* ‖ País, región, comarca : *la tierra andaluza.* ‖ Contacto entre un circuito eléctrico y la tierra : *toma de tierra.* ‖ — *Fig. y fam.* Besar la tierra, caerse. ‖ *Dar en tierra,* dejar caer ; caerse. ‖ *Fig. Echar por tierra,* derrumbar ; aniquilar, frustrar : *esto echa por tierra todos mis proyectos ;* destruir, reducir a nada : *objeción que echa por tierra un razonamiento.* | *Echarse por tierra,* humillarse. | *Echar tierra a un asunto,* silenciarlo, echarlo en olvido. ‖ *En tierra de ciegos, el tuerto es rey,* por poco que se valga, uno puede siempre destacarse entre los que valgan menos. ‖ *En toda tierra de garbanzos,* por todas partes. ‖ *Fig. y fam. Estar comiendo* (o *mascando*) *tierra,* estar muerto y enterrado. | *La tierra de María Santísima,* Andalucía. ‖ *Fig. Poner tierra por medio,* marcharse, alejarse. | *Tierra adentro,* lejos de la costa. | *Tierra de batán,* greda. | *Tierra de labor,* la que se cultiva. | *Tierra de nadie,* territorio no ocupado entre las primeras líneas de los beligerantes. | *Tierra de Promisión,* la que Dios prometió al pueblo de Israel ; (fig.) la muy fértil. | *Tierra firme,* continente. | *Tierra rara,* óxido de ciertos metales que existe en muy pocas cantidades y tiene propiedades semejantes a las del aluminio. | *Tierra Santa,* lugares de Palestina donde Jesucristo pasó su vida. | *Tomar tierra,* arribar una nave, aterrizar un avión.

— La Tierra ocupa el tercer lugar entre los planetas del sistema solar en orden creciente de las distancias al Sol. Se encuentra entre Venus y Marte. Gira sobre sí misma, con un movimiento casi uniforme, alrededor de un eje que pasa por su centro de gravedad al mismo tiempo que gira alrededor del Sol en una órbita elíptica. El movimiento de traslación alrededor del Sol determina la duración del año y el de rotación sobre su eje la del día. La Tierra tiene la forma de una esfera achatada por los polos y ensancha miento ecuatorial y por ello miden poco más o menos 12 756 y 12 713 km, respectivamente. Posee una superficie de 510 101 000 km², un volumen de 1 083 320 000 000 km³. El estudio de algunos fenómenos de radiactividad natural ha permitido calcular en 4 600 millones de años aproximadamente la existencia de nuestro planeta.

Tierra ~ Amarilla, c. al N. de Chile en la III Región (Atacama) y en la prov. de Copiapó, cap. de la com. del mismo nombre. ‖ **~ Baja,** comarca de España, en el valle medio del Ebro (Zaragoza y Teruel). ‖ **~ Blanca,** mun. al E. de México (Veracruz). Petróleo. ‖ **~ de Campos.** V. CAMPOS (Tierra de). ‖ **~ de Graham,** O'Higgins, San Martín. V. GRAHAM, O'HIGGINS, SAN MARTÍN. ‖ **~ del Fuego,** archipiélago de América del Sur, en el extremo meridional del continente, del que está separado por el estrecho de Magallanes. Se compone de la isla Grande de Tierra del Fuego, la mayor del grupo, y las de la Desolación, Santa Inés, etc. La parte occidental está en la XII Región de Chile y forma una prov. cuya cap. es Porvenir. La parte oriental, perteneciente a la Argentina, forma parte del territorio de *Tierra del Fuego, Antártida e Islas del Atlántico Sur.* ‖ **~ del Fuego, Antártida e Islas del Atlántico Sur,** territorio de la Argentina que comprende, además de la parte oriental de la Tierra del Fuego, las islas de los

Estados, Malvinas, Georgia del Sur, Sandwich del Sur, la Antártida Argentina y otras islas menores ; 1 268 195 km² ; cap. *Ushuaia.* ‖ **~ del Pan.** V. PAN (Tierra del). ‖ **~ Firme,** n. dado por los descubridores españoles a las costas de Colombia y Venezuela. ‖ **~ Santa.** V. PALESTINA.

Tierra (La). V. GEA.

Tierradentro, cultura precolombina de Colombia (Cauca). Hipogeos excavados en piedra, pinturas, cerámicas.

Tierralta, mun. al O. de Colombia (Córdoba).

tieso, sa adj. Erguido, firme. ‖ Rígido : *pierna tiesa.* ‖ Tenso. ‖ *Fig.* Estirado, afectadamente grave. | Terco. | *Pop.* Sin dinero : *dejarle a uno tieso.* ‖ — *Fig. y fam.* Dejar tieso a uno, matar. | *Quedarse tieso,* morirse ; tener mucho frío. | *Tenérselas tiesas,* no ceder nada. ‖ — Adv. Fuertemente.

tiesto m. Maceta.

tiesura f. Rigidez.

Tiétar, río de España, en las prov. de Ávila y Cáceres, afl. del Tajo ; 165 km.

Tietê, río del E. del Brasil, en el Paraná ; 120 km. Pasa por São Paulo. Centrales hidroeléctricas.

tífico, ca adj. Del tifus. ‖ Que padece tifus (ú. t. c. s.).

Tiflis. V. TBILISI.

tifo m. Tifus.

tifoideo, a adj. Relativo al tifus o a la fiebre tifoidea. ‖ Dícese de una fiebre infecciosa provocada por la ingestión de alimentos que tienen bacilos de Eberth (ú. t. c. s. f.).

tifón m. Ciclón tropical del Pacífico occidental y del mar de China.

tifus m. Fiebre tifoidea. ‖ Enfermedad febril epidémica y contagiosa debida a un microbio transmitido por un piojo y que se caracteriza por manchas rojas en la piel llamadas *exantemas.* (Se llama también *tifus exantemático.*)

tigra f. *Amer.* Jaguar hembra.

Tigranes el Grande (¿ 121-55 ? a. de J. C.), rey de Armenia (95-55), conquistador de Siria, Mesopotamia y parte de Asia Menor.

tigre, sa m. y f. Mamífero carnicero del género félido y de piel de color amarillo anaranjado rayado de negro que vive en el continente asiático, Sumatra y Java. (Tiene una longitud de dos m, un peso de 200 kg y vive unos 25 años.) ‖ *Fig.* Persona cruel y sanguinaria. ‖ *Amer.* Jaguar.

Tigre, río de América del Sur, afluente del Marañón, que nace en el Ecuador y penetra en el Perú ; 563 km. — Isla en el centro de la Argentina, en el lago Nahuel Huapi. — Pico del O. de la Argentina, en la sierra homónima (San Juan) ; 4 700 m. — Isla del S. de Honduras, en el golfo de Fonseca. — Río en el centro de México (Guanajuato), afl. del Lerma. Llamado también *Coroneo.* — Isla del S. del Uruguay, en la boca del río Santa Lucía. — Meseta en el N. de Venezuela (Anzoátegui). — Pico del N. de Venezuela, en la sierra de Aroa ; 1 780 m. — Río de Venezuela, afl. del Orinoco. — Partido al NE. de la Argentina, en el Gran Buenos Aires, cab. la c. de su mismo n., antes *Las Conchas.* Lugar de recreo. Regatas. ‖ — Pico en el NE. de Venezuela (Anzoátegui), cab. del distrito de Simón Rodríguez. Forma una conurbación con San Tomé y Guanipa. Petróleo.

Tigré, prov. de Etiopía ; cap. *Adua.*

tigresa f. Tigre hembra.

tigrillo m. *Ecuad. y Venez.* Mamífero carnicero americano del género félido más pequeño que el tigre.

Tigris, río de Turquía, Siria e Irak, que pasa por Mosul y Bagdad y forma, con el Éufrates, el Chatt el-Arab ; 1 950 km. Presas.

tigüilote m. *Amer. C.* Árbol cuya madera se emplea en tintorería.

Tihuatlán, mun. al E. de México (Veracruz). Yacimientos de petróleo.

tijera f. Instrumento para cortar, compuesto de dos piezas de acero articuladas en un eje. Ú. más en pl. : *tijeras para las uñas.* ‖ *Fig.* Nombre que califica diferentes objetos formados por dos piezas articuladas : *catre, asiento, escalera de tijera.* ‖ En deportes, llave en la lucha y también manera de saltar.

tijereta f. Tijera pequeña. ‖ Zarcillo de las vides. ‖ Cortapicos, insecto. ‖ Ave palmípeda de América del Sur. ‖ Manera de saltar haciendo un movimiento con las dos piernas parecido al que se hace cuando se manejan unas tijeras.

tijeretada f. y **tijeretazo** m. Corte hecho de una vez con las tijeras.

tijeretear v. t. Dar tijeretazos.

Tijonov (Nikolai Aleksándrovich), político soviético. n. en 1905, pres. del Consejo de Ministros desde 1980.

Tijuana, c. en el O. de México (Baja California Norte), fronteriza con Estados Unidos. Universidad. Obispado.

Tikal, ant. c. maya en el N. de Guatemala (El Petén). Pirámides y templos.

tila f. Flor del tilo. ‖ Infusión hecha con ésta flor. ‖ Tilo. ‖ *Fam.* Marihuana.

Tila, mun. en el sureste de México (Chiapas).

Tilapa. V. OCOSITO.

Tilarán, pobl. en el NO. de Costa Rica (Guanacaste). Obispado. Minas.

Tilburgo, c. en S. de Holanda (Brabante Septentrional). Industrias.

tílburi m. Carruaje ligero y descubierto de dos plazas.

Tilcara, pobl. en el NO. de la Argentina (Jujuy).

tilcoate m. Culebra de México.

tildar v. t. Poner tilde a una letra. ‖ Tachar algo escrito. ‖ *Fig.* Acusar a uno de algún defecto : *tildar de avaro.*

tilde f. Signo que se pone sobre la letra *ñ* y algunas abreviaturas. ‖ Acento gráfico. ‖ *Fig.* Nota denigrativa.

tiliáceo, a adj. Dícese de las plantas dicotiledóneas cuyo tipo es el tilo (ú. t. c. s. f.). — Fl. pl. Familia que forman.

tiliche m. *Amer.* Cachivache (ú. m. en pl.).

tilichero, ra m. y f. *Amér.* C. Buhonero.

tilín m. Sonido de la campanilla. ‖ — *Fig. y fam. En un tilín,* en un tris. ‖ *Hacer tilín.* gustar.

tilingo, ga adj. y s. *Amer.* Irresponsable. ‖ Aturdido. ‖ Que pretende pertenecer a una clase social alta.

tilma f. *Méx.* Manta de algodón o lana que llevan los campesinos, como una capa, anudada al hombro y que tiene una abertura para poder meterse por la cabeza.

tilo m. Árbol tiliáceo de flores blanquecinas y medicinales.

Tilsit. V. SOVIETSK.

Tiltil, c. de Chile en la Región Metropolitana de Santiago y en la prov. de Chacabuco, cap. de la com. de su n.

tilmador, ra m. y f. Estafador.

timalo m. Pez parecido al salmón.

Timaná, c. en el SO. de Colombia (Huila).

timanejo, ja adj. De la ciudad de Timaná (Colombia).

timar v. t. *Fam.* Estafar : *le timaron una fortuna.* | Engañar, hacer concebir esperanzas que no serán colmadas. ‖ — V. pr. *Fam.* Hacerse señas o cambiar miradas galanteadoras un hombre con una mujer.

Timaukel, c. del sur de Chile en la XII Región (Magallanes), cap. de la com. del mismo n.

timba f. *Fam.* Casa de juego de azar.

timbal m. Tambor con caja de cobre semiesférica. ‖ Atabal, tambor pequeño.

timbalero, ra m. y f. Músico que toca el timbal.

Timbío, río en el SO. de Colombia (Cauca) que al unirse con el Quilcasé forma el Patía. — Mun. en el SO. de Colombia (Cauca) ; cap. la pobl. homónima.

Timbiqui, río y mun. al SO. de Colombia (Cauca). Minas.

timbiriche m. *Méx.* Árbol rubiáceo mexicano de fruto comestible.

timbó m. *Arg. y Parag.* Árbol leguminoso de madera muy sólida. ‖ *Hond.* Animal fantástico que figura en leyendas autóctonas.

timbón, ona adj. *Amer.* Barrigudo.

timbrado, da adj. Aplícase al papel con un sello que se utiliza para extender documentos oficiales. ‖ Dícese del papel con membrete que a persona o entidad. ‖ Aplícase a la voz que posee buen timbre.

timbrar v. t. Estampar un timbre, sello o membrete en un documento. ‖ Poner timbre o emblema en el escudo de armas. ‖ — V. i. *Amer.* Sonar el timbre.

timbrazo m. Toque del timbre.

timbre m. Sello para estampar, especialmente en seco : *timbre en relieve.* ‖ Sello que indica el pago de derechos fiscales en algunos documentos oficiales : *timbre fiscal, móvil.* ‖ Aparato de llamada : *timbre eléctrico.* ‖ Sonido característico de una voz o instrumento : *timbre metálico.* ‖ *Blas.* Emblema en la parte superior del escudo de armas : *timbre de nobleza, heráldico.* ‖ *Fig.* Acción que ennoblece a la persona que hace algo grande, elevado : *timbre de gloria, de lealtad.*

timbú adj. y s. m. Dícese del individuo de una tribu india que vivía en la orilla oeste del Paraná. (Pl. *timbúes.*)

Timgad, c. romana de África del Norte, fundada en el año 100 de nuestra era al E. de la c. argelina de Batna. Ruinas.

timidez f. Falta de seguridad en sí mismo, vergüenza de hablar o actuar en presencia de personas.

tímido, da adj. Que se encuentra cohibido en presencia de personas con quienes no tiene confianza : *esta niña es muy tímida* (ú. t. c. s.).

timing [*taiming*] m. (pal. ingl.). Calendario de trabajo.

Timisoara o **Timisoara,** en húngaro *Temesvar,* c. en el SO. de Rumania (Banato). Universidad.

timo m. Glándula endocrina de los vertebrados situada delante de la tráquea. ‖ Estafa. ‖ *Fam.* Engaño que se da a los incautos : *el timo del sobre.*

Timoleón, general y político griego (¿410-336 ? a. de J. C.), liberador de Siracusa.

timón m. Pieza móvil colocada verticalmente en el codaste de la embarcación para gobernarla. ‖ Dispositivo para la dirección de un avión, cohete, etc. : *timón de dirección, de profundidad.* ‖ Palo derecho del arado, que va de la cama al yugo y en el que se fija el tiro. ‖ *Fig.* Dirección, gobierno.

timonear v. i. Manejar el timón.

Timoneda (Juan de), escritor español (¿1490-1583 ?), autor de comedias (*Turiana, Filomena, Amphitrión, Menechnos, Cornelia*), de un libro de cuentos escritos a imitación de los de Italia (*El patrañuelo*) y de poesías.

timonel m. *Mar.* Hombre, marinero que maneja el timón.

timonero m. Timonel.

Timor, isla de Indonesia, en el archipiélago de la Sonda y al N. del *mar de Timor* ; 34 000 km² ; 3 000 000 h. Café. Una parte perteneció a Holanda hasta 1946 y la otra a Portugal hasta 1976.

timorato, ta adj. Que tiene temor de Dios. ‖ Tímido. ‖ Que no se atreve a actuar por ser escrupuloso.

tímpano m. *Mús.* Atabal, tamboril. ‖ Instrumento de cuerdas percutidas, de forma trapezoidal, que se golpea con macillos. ‖ Membrana del oído que separa el conducto auditivo del oído medio. ‖ *Arq.* Espacio triangular comprendido entre las dos cornisas inclinadas de un frontón y la horizontal de su base.

Timur Lenk. V. TAMERLÁN.

timúridas adj. y s. pl. Dícese de los descendientes de Tamerlán o Timur Lenk que reinaron en Persia y en Transoxiana (Turquestán) de 1405 a 1507.

tina f. Tinaja.

tinaco m. *Méx.* Tinaja grande. ‖ *Méx.* Depósito, aljibe de agua.

Tinaco, distrito al O. de Venezuela (Cojedes) ; cap. la pobl. homónima.

tinaja f. Vasija grande de barro donde se guarda el agua, el aceite u otros líquidos. ‖ Su contenido.

tinamú m. Ave gallinácea de América del Sur.

Tinaquillo, mun. al O. de Venezuela (Cojedes), al pie del cerro *Teta de Tinaquillo* ; 1 044 m.

tincazo m. *Amer.* Papirotazo.

Tíndaro, rey legendario de Esparta, esposo de Leda, padre de cuatro hijos (Cástor, Pólux, Helena y Clitemnestra).

Tineh. V. PELUSIO.

Tineo, v. al N. de España (Asturias).

tinerfeño, ña adj. y s. De Tenerife (Canarias).

Tingitana, parte de la Mauritania romana cuya cap. era *Tingis,* hoy *Tánger.*

tingitano, na adj. y s. Tangerino.

tinglado m. Cobertizo. ‖ Tablado, puesto hecho de madera o lona. ‖ *Fig.* Artificio, intriga. | Lío, embrollo : *¡menudo tinglado se formó !* ‖ *Méx.* Laúd, tortuga marina.

Tingo María, c. en el centro de Perú (Huánuco), cap. del distrito de Rupa-Rupa.

Tinguirica, cumbre volcánica en el centro de Chile (Colchagua) ; 4 300 m.

tinieblas f. pl. Oscuridad : *las tinieblas de la noche.* ‖ *Fig.* Ignorancia, incertidumbre, confusión. ‖ *Ángel o espíritu de las tinieblas,* el demonio.

tino m. Puntería con un arma : *tener mucho tino.* ‖ *Fig.* Acierto, habilidad. | Juicio y cordura : *razonar con tino.* | Moderación : *comer con tino.* ‖ — *A tino,* a tientas. ‖ *Fig. Perder el tino,* perder el juicio. | *Sacar de tino,* sacar de quicio ; exasperar. | *Sin tino,* sin moderación ; de manera insensata.

Tinoco (Federico), general y político costarricense (1870-1931), pres. de la Rep. de 1917 a 1919. ‖ — (JUAN), pintor mexicano de la escuela poblana, activo en la segunda mitad del s. XVII.

Tinogasta, pobl. y dep. en el NO. de la Argentina (Catamarca). Minas.

Tinquipaya, pobl. en el SO. de Bolivia, cap. de la prov. de Cercado o Frías (Potosí).

tinta f. Líquido empleado para escribir con pluma. ‖ Líquido que los cefalópodos vierten para ocultarse de sus perseguidores : *tinta de calamar.* ‖ — Pl. Colores para pintar. ‖ Matices : *pintar el porvenir con tintas negras.* ‖ — *Media tinta,* color que une los claros con los oscuros. ‖ *Fig. y fam. Medias tintas,* dícese de lo impreciso, vago. | *Recargar o cargar las tintas,* exagerar. | *Saber de buena tinta,* estar informado por fuentes fidedignas. | *Sudar tinta,* hacer algo con mucho esfuerzo. | *Tinta china,* la hecha con negro de humo y que sirve para los dibujos a la aguada.

tinte m. Operación de teñir. ‖ Colorante con que se tiñe : *tinte muy oscuro.* ‖ Color dado a una tela o a otra cosa al teñirla. ‖ Establecimiento donde se tiñen y limpian en seco las telas y la ropa : *llevar un vestido al tinte.* ‖ *Fig.* Tendencia, matiz : *tener un tinte político.* | Barniz : *un ligero tinte de cultura.*

tinterillo m. *Fig. y fam.* Chupatintas. ‖ *Amer.* Picapleitos, abogado malo.

tintero m. Recipiente en que se pone la tinta de escribir. ‖ *Fig. y fam. Dejarse o quedársele a uno en el tintero una cosa,* olvidarla u omitirla al escribir.

tintillo adj. Aplícase al vino tinto claro (ú. t. c. s. m.).

tintín m. Sonido del timbre, del cristal, de una campanilla, etc.

tintinar o **tintinear** v. i. Sonar la campanilla u otro objeto que produce un ruido semejante.

tintineo m. Tintín.

tinto, ta adj. Teñido : *tinto en sangre.* ‖ Aplícase a la uva de color negro y al vino que se obtiene de ella. Ú. t. c. s. m. : *una botella de tinto.* ‖ — M. *Col.* Café solo.

Tinto (RÍO), río del SO. de España (Huelva), que des. en el Atlántico ; 100 km.

tintóreo, a adj. Aplícase a las plantas y a las sustancias usadas para teñir.

tintorería f. Oficio, taller y tienda del tintorero.

tintorero, ra m. y f. Persona que tiene por oficio teñir o limpiar en seco las telas y la ropa. ‖ — F. Tiburón parecido al cazón. ‖ *Amer.* Hembra del tiburón.

Tintoretto (Iacopo ROBUSTI, llamado el), pintor italiano, n. en Venecia (1518-1594), autor de obras de tema religioso o histórico, notables por su vivacidad y colorido.

tintorro m. *Fam.* Vino tinto de escasa calidad, corriente.

tintura f. Tinte, sustancia colorante que sirve para teñir. ‖ *Fig.* Conocimientos superficiales : *tener una tintura de historia literaria.* ‖ Producto

TI

647

farmacéutico que resulta de la disolución de una sustancia en alcohol o éter : *tintura de yodo*.

tiña f. Enfermedad producida por diversos parásitos en la piel y el cuero cabelludo que provoca la caída del pelo. ‖ *Fam.* Suciedad.

tiñoso, sa adj. y s. Que padece tiña. ‖ *Fig. y fam.* Sucio, puerco.

tío m. Respecto de una persona, hermano o primo del padre o de la madre. ‖ *Fam.* Hombre casado o de cierta edad : *el tío Juan.* ‖ Persona digna de admiración : *¡ qué tío !* ‖ Individuo despreciable : *tío ladrón.* ‖ Individuo, persona. ‖ Compañero, amigo. ‖ — *El tío del saco,* el coco. ‖ *Tío Sam,* v. SAM. ‖ *Tío vivo,* tiovivo.

Tiocajas, nudo y cima en el centro de los Andes del Ecuador (Chimborazo) ; 4 211 m.

Tiopullo, nudo de los Andes del Ecuador (Cotopaxi y Pichincha) ; 4 722 m.

tiovivo m. Diversión infantil en la que una plataforma giratoria arrastra caballitos de madera u otras figuras para que monten los niños.

tiparraco, ca y **tipejo, ja** m. y f. Persona ridícula o despreciable : *es un tiparraco de muy poca clase.*

tipazo m. Buen tipo, buena facha.

tipear v. t. *Amer.* Mecanografiar.

tipiador, ra m. y f. *Amer.* Mecanógrafo. ‖ — F. Máquina de escribir.

tipicidad f. Condición de típico.

típico, ca adj. Propio de un sitio, persona o cosa : *lo típico del país.* ‖ Que corresponde a un tipo determinado : *un español típico.* ‖ *Arg.* Dícese de la orquesta que toca tangos y milongas.

tipificación f. Clasificación. ‖ Standardización, normalización.

tipificar v. t. Normalizar, fabricar, clasificar con arreglo a un tipo uniforme. ‖ Representar el tipo al que pertenece una persona o cosa.

Tipillas ‖ — **de Cerrillos,** nevado en el NO. de la Argentina (Catamarca) ; 5 400 m. ‖ — **del Arenal,** nevado en el NO. de la Argentina (Catamarca) ; 5 200 m.

tipismo m. Calidad de típico. ‖ Conjunto de características particulares de una persona, país, época, etc.

Tipitapa, río de Nicaragua que une el lago de Nicaragua con el de Managua ; 30 km. — Pobl. en el SO. de Nicaragua (Managua).

tiple m. La más aguda de las voces humanas. ‖ Guitarra muy pequeña de sonidos muy agudos. ‖ — Com. Cantante con voz de tiple.

tipo m. Modelo, cosa o persona representativa : *Otelo es el tipo del celoso.* ‖ Conjunto de los rasgos característicos de las personas o cosas de la misma naturaleza : *tipo deportivo.* ‖ Figura, facha : *tener buen tipo.* ‖ *Fam.* Persona, individuo : *un tipo vigilaba la puerta ; es un tipo curioso.* ‖ Clase, género : *una comedia musical de tipo americano.* ‖ Ejemplar individual en el que se basa la descripción de una nueva especie o género biológico : *tipo ario, de los plantígrados.* ‖ Conjunto de las características que éste tiene. ‖ Pieza rectangular de metal en cuya parte superior está grabado cualquiera de los caracteres usados para la impresión tipográfica. ‖ Porcentaje : *tipo de interés, de descuento.* ‖ Índice : *tipo de cambio.* ‖ — *Fam. Jugarse uno el tipo,* arriesgar la vida. ‖ *Tipo de descuento,* tanto por ciento que un establecimiento bancario retiene en los casos de efectos comerciales o letras de cambio. ‖ *Tipo de interés,* rédito.

tipografía f. Procedimiento de impresión con formas en relieve (caracteres móviles, grabados, clichés). ‖ Parte de una imprenta en la que se hace la composición y la compaginación.

tipográfico, ca adj. Relativo a la tipografía : *carácter tipográfico.*

tipógrafo, fa m. y f. Persona que compone con tipos móviles lo que se ha de imprimir.

tipoy m. Túnica suelta y sin mangas de las indias y campesinas del Río de la Plata.

Tipperary, c. meridional de Irlanda, en el condado del mismo nombre.

Tipuani, pobl. al O. de Bolivia (La Paz). Oro.

tique m. Árbol euforbiáceo de Chile.

tique, tiquet y **tiquete** m. Ticket.

Tiquina, estrecho que separa los lagos Titicaca y Uniamarca (Perú y Bolivia). — Cantón en el O. de Bolivia (La Paz).

Tiquis. V. TÉRRABA.

Tiquisate, mun. al S. de Guatemala (Escuintla). Restos arqueológicos.

tiquismiquis m, pl. *Fam.* Reparos nimios. ‖ Cortesías ridículas o afectadas, remilgos. ‖ Discusiones por motivos ridículos.

tiquismo m. *Amer. C.* Costarriqueñismo.

tira f. Trozo largo y estrecho de tela, papel, cuero u otro material delgado : *las tiras de cuero de un flagelo.* ‖ En un periódico, serie de dibujos en los cuales se cuenta una historia o parte de ella. ‖ *Pop. La tira,* mucho.

tirabuzón m. Rizo de cabello retorcido. ‖ Salto de trampolín en el que el cuerpo del atleta se retuerce como un tirabuzón. ‖ Acrobacia aérea consistente en bajar rápidamente el avión describiendo una curva como si fuera una hélice. ‖ *Fig. y fam.* Sacar con tirabuzón, sacar con mucha dificultad.

tirachinas o **tirachinos** m. inv. Juguete en forma de horquilla y con gomas utilizado para arrojar piedras.

tirada f. Distancia bastante grande en el espacio o el tiempo : *de mi casa al trabajo hay una tirada.* ‖ Serie de cosas que se escriben o dicen de una sola vez : *tirada de versos.* ‖ Impresión de una obra y número de ejemplares que se tiran a la vez : *segunda tirada ; una tirada de veinte mil ejemplares.* ‖ Lo que se imprime en una jornada de trabajo : *la tirada diaria.* ‖ Galicismo por trozo, pasaje. ‖ De (o en) una tirada, de una sola vez, de una vez ; seguido.

Tiradentes (Joaquim José da SILVA XAVIER, llamado), prócer de la independencia brasileña (1746-1792), jefe de la conspiración de 1789 en el Estado de Minas Gerais. Murió ajusticiado.

tirado, da adj. Aplícase a las cosas muy baratas o que abundan : *este reloj está tirado.* ‖ Muy fácil : *la lección está tirada.* ‖ Aplícase a la letra escrita con soltura. ‖ Dícese del buque de mucha eslora y poca altura de casco. ‖ *Fam.* De mala vida (ú. t. c. s.).

tirador, ra m. y f. Persona que tira con un arma : *un tirador de arco excelente.* ‖ Persona que estira los metales. ‖ — M. Asidero para abrir los cajones o las puertas. ‖ Cordón o cadenilla para tirar de una campanilla o timbre. ‖ Tirachinos. ‖ *Arq.* Cinturón de cuero del gaucho en el cual lleva dinero, tabaco, el facón, etc. ‖ — Pl. *Arg.* Tirantes de pantalones.

tiraje m. *Impr.* Tirada.

tiralíneas m. inv. Instrumento de metal, a modo de pinzas, cuya separación se gradúa con un tornillo, que sirve par trazar líneas más o menos gruesas según está separación.

Tirana, cap. de Albania, en el centro del país ; 200 000 h. Universidad.

tiranía f. Gobierno ejercido por un tirano : *la tiranía de Pisístrato.* ‖ *Fig.* Abuso de autoridad. ‖ Dominio excesivo que tienen ciertas cosas sobre los hombres : *la tiranía del amor.*

tiranicidio m. Muerte dada a un tirano.

tiránico, ca adj. Que tiene el carácter de una tiranía : *poder, gobierno tiránico.* ‖ *Fig.* Que ejerce una influencia irresistible, fuerte : *el poder tiránico de la belleza.*

tiranización f. Acción y efecto de tiranizar.

tiranizar v. t. Gobernar como un tirano : *tiranizar al pueblo.* ‖ Por ext. Oprimir, ejercer una autoridad tiránica : *tiranizar a su esposa.*

tirano, na adj. Aplícase al que tiene el poder absoluto y gobierna de modo despótico, injusto y cruel (ú. t. c. s.). ‖ *Fig.* Dícese del que abusa de su autoridad. Ú. t. c. s. : *ser un tirano para su familia.*

tirante adj. Tenso. ‖ *Fig.* Que puede conducir a una ruptura : *situación tirante.* ‖ *Fig.* Estar tirante con uno, tener relaciones tensas con él. ‖ — M. Correa que sirve para tirar de un

carruaje. ‖ Cada una de las dos tiras elásticas con las cuales se sujetan los pantalones. ‖ Cada una de las dos tiras que sujetan las prendas interiores femeninas. ‖ Cada una de las bielas o barras de empuje en un automóvil que unen el puente trasero con el marco del bastidor : *el tirante sirve para absorber el empuje y la reacción de la transmisión.*

tirantez f. Tensión : *la tirantez de una cuerda.* ‖ *Fig.* Desacuerdo, situación que puede conducir a un conflicto : *tirantez entre dos países.*

Tirant lo Blanch, novela de caballerías en catalán, escrita su primera parte por Joanot Martorell y continuada por Martí Joan de Galba (1490).

tirar v. t. Soltar algo de la mano : *tirar un libro al suelo.* ‖ Echar : *tirar agua en la mesa.* ‖ Volcar : *tiró el vaso de vino.* ‖ Echar, deshacerse : *tirar viejos objetos ; tirar un periódico a la basura.* ‖ Arrojar, lanzar en dirección determinada : *tirar el disco.* ‖ Derribar, echar abajo : *tirar un árbol.* ‖ Traer hacia sí : *tirar la puerta.* ‖ Estirar o extender : *tirar una cuerda.* ‖ Trazar : *tirar curvas, una perpendicular.* ‖ Dar : *tirar un pellizco.* ‖ Disipar, malgastar : *tirar dinero.* ‖ Imprimir : *tirar cinco mil ejemplares de un libro.* ‖ Reproducir en positivo un cliché fotográfico. ‖ Sacar una foto. ‖ Grabar discos fonográficos. ‖ *Fam.* Hablar mal : *este chico siempre me está tirando.* ‖ Vender barato. ‖ *Dep.* Chutar el balón : *tirar un saque de esquina.* ‖ — V. i. Atraer : *el imán tira del hierro.* ‖ Arrastrar : *el caballo tira del coche.* ‖ Disparar un arma : *tirar con la ametralladora.* ‖ Producir aspiración de aire caliente : *esta chimenea tira mal.* ‖ *Fam.* Andar, funcionar : *este motor tira muy bien.* ‖ *Fig.* Atraer : *la sangre siempre tira.* ‖ Torcer : *tirar a la izquierda.* ‖ Coger : *si tiráramos por este camino, llegaríamos antes.* ‖ Durar o conservarse una cosa : *el abrigo tirará aún este invierno.* ‖ Mantenerse : *tira con cien mil pesetas al mes.* ‖ Tender, tener propensión : *tirar para una persona.* ‖ Parecerse : *este color tira a rojo.* ‖ En fútbol, chutar, disparar el balón de un puntapié. ‖ — *Fig.* A todo tirar o tirando por alto, a lo sumo. ‖ Dejar tirado a alguien, dejarle plantado ; superarle ; dejarle pasmado. ‖ Ir tirando, vivir modestamente ; estar regular, no ir ni bien ni mal. ‖ Tirando a, acercándose a. ‖ Tirando por bajo, por lo menos. ‖ Tirar a matar, criticar violentamente. ‖ Tira y afloja, sucesión del rigor con la suavidad. ‖ — V. pr. Abalanzarse : *se tiró sobre él.* ‖ Arrojarse, precipitarse : *se tiró al río.* ‖ Tumbarse : *tirarse en la cama.* ‖ Pasar : *se tiró todo el día corrigiendo.* ‖ Tener que aguantar : *tirarse un año de cárcel.* ‖ Hacer : *tirarse un planchazo.* ‖ *Dep.* Abalanzarse el portero sobre el balón. ‖ *Pop.* Fornicar.

Tiraspol, c. en el NO. de la U. R. S. S. (Moldavia), a orillas del Dniéster.

Tirgoviste, c. de Rumanía, al NO. de Bucarest. Refinería de petróleo.

Tirgu Mures, c. en el centro de Rumanía (Transilvania).

tiricia f. *Pop.* Ictericia.

Tirinto, ant. c. de Grecia (Argólida).

tirio, ria adj. y s. De Tiro (Fenicia). *Fig.* Tirios y troyanos, partidarios de opiniones contrarias.

tiritar v. i. Temblar por efecto del frío o de la fiebre.

tiritera f. Tiritona.

tirito m. Pez de los lagos de Michoacán (México).

tiritón m. Escalofrío producido por el frío o la fiebre.

tiritona f. Temblor causado por la fiebre.

Tirnovo. V. VELIKO TARNOVO.

tiro m. Acción o acto consistente en disparar un arma : *tiro al blanco, al pichón.* ‖ Disparo : *tiro de pistola.* ‖ Estampido producido al disparar : *se oían tiros.* ‖ Huella o herida dejada por una bala : *se veían en la pared muchos tiros.* ‖ Carga de un arma de fuego : *fusil de cinco tiros.* ‖ Manera de disparar : *tiro oblicuo.* ‖ Alcance de un arma arrojadiza : *a tiro de ballesta.* ‖ Medida de distancia : *un tiro de piedra.* ‖ Sitio donde se tira al blanco : *línea de tiro.* ‖ Longitud de una pieza de tejido. ‖ Anchura del traje por delante y de hombro a hombro. ‖ Holgura entre las perneras del pantalón. ‖ Tramo : *tiro de escalera.* ‖ Aspiración de aire caliente que se produce en un conducto, especialmente en una chimenea. ‖ Tronco : *tiro de caballos.* ‖ Tirante de un carruaje. ‖ *Fam.* En fútbol, chut : *hizo gol de un soberbio tiro.* ‖ *Min.* Pozo abierto en el suelo de una galería. ‖ Profundidad de un pozo. ‖ — Pl. Correas de que cuelga la espada. ‖ — *A tiro hecho,* con seguridad ; apuntando bien ; adrede, con propósito deliberado. ‖ *A tiro limpio,* por la fuerza de las armas. ‖ *Fig.* y *fam.* De *tiros largos,* muy bien vestido. ‖ *Ni a tiros,* de ninguna manera. ‖ *Ponerse a tiro,* ponerse al alcance. ‖ *Salirle a uno el tiro por la culata,* obtener un resultado completamente opuesto al que se esperaba. ‖ *Sentar como un tiro,* sentar o caer muy mal. ‖ *Tiro de gracia,* el que se da al gravemente herido para rematarle.

Tiro, hoy *Sur,* c. del Líbano, al S. de Beirut. Antiguo fuerte fenicio.

tiroides adj. *Anat.* Dícese de la glándula endocrina en la región faríngea que produce una hormona, la tiroxina, que interviene en el crecimiento y el metabolismo (ú. t. c. s. m.).

Tirol, región de los Alpes, ant. prov. del Imperio Austríaco, dividida en 1919 entre Austria (12 647 km² ; 570 000 h.) e Italia (13 602 km² ; 800 000 h.). Región turística.

tirolés, esa adj. y s. Del Tirol (Austria). ‖ — F. Aire popular del Tirol.

tirón m. Sacudida. ‖ Estirón. ‖ Agarrotamiento de un músculo. ‖ *Fig.* y *fam.* Atracción vaga por algo o alguien de que uno está separado : *el tirón de la patria chica, de la familia.* ‖ Distancia grande : *hay un tirón de aquí a tu casa.* ‖ Robo de un bolso o de cualquier otra cosa arrancándoselo al propietario con violencia. ‖ — *A tirones,* por intermitencia. ‖ *De un tirón,* sin interrupción.

tironazo m. Tirón.

tirotear v. t. Disparar tiros : *fue tiroteado en plena calle* (ú. t. c. pr.).

tiroteo m. Acción de tirotear, descarga de armas de fuego.

Tirreno (MAR), parte del Mediterráneo occidental entre Italia, Córcega, Cerdeña y Sicilia.

tirria f. *Fam.* Antipatía injustificada.

Tirso de Molina (Fray Gabriel Téllez, llamado), monje mercedario y dramaturgo español, n. en Madrid (¿ 1584 ?-1648), creador del personaje de Don Juan en su drama *El burlador de Sevilla o El convidado de piedra.* Compuso numerosas comedias (*El condenado por desconfiado, La prudencia en la mujer, Don Gil de las calzas verdes, Marta la piadosa, El vergonzoso en palacio, El celoso prudente, La gallega Mari Hernández, Los amantes de Teruel,* etc.) y libros en prosa (*La historia de la Orden de la Merced, Los cigarrales de Toledo* y *Deleitar aprovechando*).

Tirúa, c. de Chile en la VIII Región (Biobío) y en la prov. de Arauco, cap. de la com. del mismo nombre.

Tiruchirapalli, c. del S. de la India (Tamil Nadu), llamada antes *Trichinópoli.*

Tirunelveli, c. de la India, al sur del Estado de Tamil Nadu.

Tiruppur, c. de la India, al oeste de Tamil Nadu.

Tisa. V. TISZA.

tisana f. Bebida que se obtiene por infusión de hierbas medicinales.

Tisi (Benvenuto), pintor italiano n. en Ferrara (1481-1559). Es conocido con el nombre de *el Garofalo.*

tísico, ca adj. Aplícase a la persona que padece tisis (ú. t. c. s.).

Tisífone, una de las tres Furias o Erinias. (Mit.)

tisiología f. Estudio de la tisis.

tisiólogo, ga m. y f. Especialista en tisiología.

tisis f. Tuberculosis pulmonar.

tisú m. Tela de seda con hilos de oro o de plata. (Pl. *tisúes* o *tisús.*)

Tisza, en checo *Tisa,* en alem. *Theiss,* río de Europa central que nace en Ucrania Subcarpática, sirve de frontera entre Rumania y la U. R. S. S.,

pasa por Hungría y se une al Danubio en Yugoslavia ; 1 300 km.

tita f. *Fam.* Tía : *tita Mercedes.*

titán m. *Mit.* Gigante. ‖ *Fig.* Persona que tiene mucha fuerza.

titánico, ca adj. Relativo a los titanes. ‖ *Fig.* Desmesurado.

titanio m. Metal (Ti), de color blanco, muy duro, densidad 4,5, temperatura de fusión 1 800 °C y de características parecidas a las del silicio y el estaño.

titear v. t. e i. *Riopl.* Burlarse.

titeo m. *Riopl.* Burla, mofa.

títere m. Figurilla de madera, trapo o cartón a la que se mueve con hilos o con la mano : *teatro de títeres.* ‖ *Fig.* y *fam.* Persona sin carácter que se deja dominar por otra.

tití m. Mono de América del Sur, muy pequeño y con una cola larga.

Titicaca, isla interior de Bolivia, en el lago homónimo ; 77 km². Llamada tb. *Isla del Sol.* — Lago en el altiplanicie de los Andes, dividido entre Perú y Bolivia ; 3 815 m de altura ; 8 300 km². Es navegable y cuenta con numerosas islas.

titilación f. Centelleo.

titilar v. i. Centellear.

titipuchal m. *Méx. Fam.* Multitud, cantidad, montón de cosas revueltas.

Titiribí, pobl. en el NO. de Colombia (Antioquia).

titiritar v. i. Tiritar.

titiritero, ra m. y f. Persona que maneja los títeres. ‖ Volatinero.

titilt m. Decimoséptimo mes del calendario azteca.

Tito. *Amer. Fam.* Tío : *tito Fernando.*

Tito (Josip BROZ, llamado), mariscal y político yugoslavo (1892-1980). Luchó contra la ocupación alemana (1941-1944) y fue pres. de la Rep. de 1953 hasta su muerte. Siguió una política independiente de la U. R. S. S. e intentó implantar en el país un socialismo autogestionario. ‖ — (TITO FLAVIO VESPASIANO, llamado) [39-81], emperador romano desde el año 79, hijo de Vespasiano. Durante el reinado de su padre conquistó y destruyó Jerusalén (70) y al principio de su reinado tuvo lugar la erupción del Vesubio (79). ‖ — **Livio,** historiador latino (64 ó 59 a. de J. C.-17 a. de J. C.).

Titogrado, ant. *Podgorica,* c. en el SO. de Yugoslavia, cap. de Montenegro. Universidad.

titubeante adj. Que titubea.

titubear v. i. *Fig.* Dudar.

titubeo m. Duda, indecisión.

titulación f. Acción y efecto de titular.

titulado, da adj. Aplícase a la persona que tiene un título académico : *titulado en Medicina* (ú. t. c. s.). ‖ Supuesto : *el titulado doctor.*

titular adj. y s. Aplícase al que posee cualquier título. ‖ Dícese del que ejerce un cargo para el que se tiene el correspondiente título : *profesor, obispo titular.* ‖ Aplícase al jugador de un equipo deportivo que no es suplente. ‖ — M. pl. Letras mayúsculas usadas en títulos y encabezamiento que se hace con ellas : *los titulares de un periódico.* ‖ — V. t. Poner un título : *titular una obra, un artículo.* ‖ — V. pr. Llamarse, darse el nombre, tener por título. ‖ Obtener un título académico.

titularización f. Acción y efecto de titularizar.

titularizar v. t. Hacer titular de un cargo.

titulillo m. *Impr.* Renglón en lo alto de las páginas de un libro, diccionario, etc. que indica la materia de que se trata en ellas.

título m. Palabra o frase que se pone al frente de un libro, un capítulo, etc., para indicar el asunto de que trata o para calificarlo. ‖ Dignidad nobiliaria : *título de marqués.* ‖ Persona que la posee : *un rancio título de la nobleza.* ‖ Escritura auténtica que establece un derecho : *título de propiedad.* ‖ Fundamento jurídico de un derecho. ‖ Atestado representativo de un valor mobiliario, que puede ser nominativo o al portador : *título de renta.* ‖ División principal de un texto legal : *título primero, segundo.* ‖ Nombre que expresa un grado, una profesión : *título de doctor en Letras.* ‖ Diploma, documento con que viene

acreditado : *título de bachiller.* ‖ Calificación de una relación social : *el título de amigo.* ‖ Calidad, capacidad, mérito. ‖ — A título de, en calidad de. ‖ ¿ Con qué título ?, ¿ con qué motivo o por qué razón ?

Tiumen, c. de la U. R. S. S. en Siberia (Rusia). Petróleo. Gas natural.

Tívoli, ant. *Tíbur,* c. del centro de Italia (Roma). Industrias. Turismo.

Tixtla de Guerrero, c. y mun. en el S. de México (Guerrero).

tiza f. Arcilla blanca que se usa para escribir en los encerados. ‖ Compuesto de yeso y greda con que se unta la suela a los tacos de billar.

tizate m. *Amer.* C. y *Méx.* Tiza.

tizaxóchitl o **tizasúchil** m. Planta ornamental de México.

Tizi Uzu, c. de Argelia al E. de Argel, cap. del dep. de Gran Kabilia.

Tiziano (Tiziano VECELLIO, llamado), pintor italiano (1488 ó 1489-1576), principal representante del Renacimiento veneciano. Estuvo al servicio de Francisco I de Francia, y de Carlos I y Felipe II de España.

Tizimín, pobl. y mun. en el SE. de México (Yucatán).

tiznado, da adj. y s. *Amer.* Ebrio.

tiznar v. t. Manchar con tizne, hollín o cualquier cosa : *tiznar una pared.* ‖ *Fig.* Deslumbrar, manchar : *tiznar la fama.* ‖ — V. pr. *Amer.* Emborracharse.

tizne amb. Hollín.

tiznón m. Mancha de tizne.

Tizoc, rey de los aztecas de 1481 a 1486. Murió envenenado. Existe una *Piedra de Tizoc,* llamada también *Piedra de los sacrificios,* que es un monumento azteca dedicado al Sol erigido en 1487.

tizona f. *Fig.* y *fam.* Espada o sable. (Era el nombre de la espada del Cid.)

Tjirebon, c. y puerto de Indonesia, en la isla de Java.

Tl, símbolo químico del talio.

Tlacatecuhtli, jefe supremo de las milicias aztecas y aliadas de México, y también juez supremo.

Tlacolula de Matamoros, c. al S. de México (Oaxaca), en el valle de Tlacolula. Restos arqueológicos en Mitla.

tlacoyo m. *Méx.* Tortilla grande de fríjoles.

tlacuache m. *Méx.* Zarigüeya.

Tlacopan, ant. señorío del reino tepaneca que formó parte de la triple alianza (México-Texcoco-Tlacopan), concertada por Netzahualcóyotl. Hoy Tacuba.

tlachique m. *Méx.* Pulque sin fermentar.

Tláhuac, delegación de México en el Distrito Federal.

Tlahualilo de Zaragoza, mun. al O. de México (Durango).

Tlahuelilpa, c. de México (Hidalgo). Convento de San Francisco (1539).

Tlalmanalco, mun. de México, en el Estado de este nombre ; cap. *Tlalmanalco de Velázquez.*

Tlalnepantla de Galeana, c. de México, en el Estado de este nombre. Obispado.

Tláloc, volcán de México en la cordillera Neovolcánica ; 3 687 m.

Tláloc, divinidad de la Lluvia entre los antiguos mexicanos.

Tlalpan, c. de México (Distrito Federal), una de las delegaciones de la c. de México.

Tlalpujahua, mun. al O. de México (Michoacán). Centro minero.

Tlaltizapán, mun. en el centro sur de México (Morelos). Turismo.

Tlapa, mun. al E. de México (Veracruz).

Tlapacoyan, mun. al E. de México (Veracruz).

Tlaquepaque, mun. al O. de México (Jalisco).

Tlascala. V. TLAXCALA.

Tlatelolco, ant. n. de una islita próxima de la de Tenochtitlán, que ocuparon los aztecas disidentes. Hoy forma parte de la c. de México. ‖ **Tlatelolco** (*Plaza de*). V. TRES CULTURAS (*Plaza de las*). ‖ **Tlatelolco** (*Tratado de*), tratado propuesto para México y firmado por 21 Estados de América Latina el 14 de febrero de 1967. Prohíbe la fabricación y posesión de armas nucleares.

Tlatilco, región con restos arqueológicos del Valle de México.

Tlatlauquitepec, mun. de México (Puebla).

Tlatlaya, mun. de México, en el Estado de este nombre.

Tlaxcala, c. de México, cap. del Estado homónimo, al este de la cap. federal. Obispado. Agricultura. Textiles. Monumentos coloniales.

tlaxcalteca adj. y s. De Tlaxcala (México). || Dícese de un pueblo náhuatl de la meseta de México.

Tlayacapan, mun. de México (Morelos). Convento agustino (s. XVI).

tlazol m. *Méx.* Extremo de la caña de maíz y de azúcar.

Tlemcen, en esp. *Tremecén,* c. del NO. de Argelia, cap. del dep. homónimo. Centro religioso.

Tm, símbolo químico del tulio.

T. N. T., abreviatura de *trinitrotolueno.*

toa f. *Amer.* Maroma para atoar.

Toa, río de Cuba que des. en la bahía de Baracoa ; 106 km. || **~ Alta,** mun. al N. de Puerto Rico (Bayamón). || **~ Baja,** mun. de Puerto Rico (Bayamón).

toabajeño, ña adj. y s. Del mun. de Toa (Puerto Rico).

Toachi, río en el NO. del Ecuador (Pichincha), afl. del Blanco.

toalla f. Paño para secarse después de lavarse : *toalla de felpa.* || Tejido de rizo parecido al utilizado para hacer toallas. || *Fig.* Arrojar o tirar la toalla, abandonar.

Toamasina, nombre actual de la c. de *Tamatave.*

toar v. t. *Mar.* Atoar.

toast m. [toust] (pal. ingl.). Brindis. || Tostada.

Tob (Sem), rabino español del s. XIV, autor de *Proverbios morales al rey Don Pedro,* en verso.

toba f. Piedra caliza o de origen volcánico muy porosa y ligera.

Toba, lago de Indonesia (Sumatra).

Tobago, isla de las Antillas Menores. Cap. *Scarborough.* V. TRINIDAD Y TOBAGO.

Tobar (Carlos R.), escritor, gramático y político ecuatoriano (1854-1920). || **~ García** (FRANCISCO), escritor ecuatoriano, n. en 1928, autor de poemas, numerosas obras de teatro y novelas (*Pares o nones*).

Tobata, ant. c. del Japón (Kiusiu), actualmente parte de Kita Kiusiu.

tobera f. *Tecn.* Abertura por donde se inyecta el aire en un horno metalúrgico. || Parte posterior de un motor de reacción donde se efectúa la expansión del gas de combustión.

tobillera adj. Aplícase a la jovencita que todavía no se había puesto de largo (ú. t. c. s. f.). || — F. Venda para proteger o sujetar el tobillo.

tobillo m. Protuberancia formada por las apófisis inferiores o maléolo de la tibia y el peroné a cada lado de la garganta del pie. || *Fig. No llegarle a uno el tobillo,* serle muy inferior.

tobogán. m. Deslizadero en declive por el que los niños se lanzan por diversión : *Isabel, Mariví y Alejandro van a tirarse por el tobogán que hay en el jardín.* || Dispositivo semejante al borde de las piscinas para lanzarse al agua. || Especie de trineo bajo para deslizarse por pendientes de nieve. || Pista utilizada para los descensos en la nieve. || Rampa de madera, rectilínea o helicoidal, utilizada para el descenso de las mercancías.

Tobolsk, c. del centro de la U. R. S. S. (Rusia), en Siberia occidental.

toboseño, ña adj. y s. De El Toboso (Castilla la Nueva).

Toboso (El), pobl. en el centro de España (Toledo), cerca de Quintanar de la Orden, donde habita Dulcinea, la dama de los pensamientos de Don Quijote.

Tobruk, c. y puerto petrolero en el NE. de Libia (Cirenaica), teatro de duros combates entre británicos y alemanes e italianos (1941-1942).

toca f. Prenda femenina para cubrirse la cabeza.

tocadiscos m. inv. Aparato empleado para reproducir los sonidos grabados en un disco.

tocado, da adj. *Fam.* Chiflado. || Afectado. || — M. Peinado. || Prenda con que se cubre la cabeza.

tocador, ra adj. y s. Dícese del que toca un instrumento músico : *tocador*

---

de arpa. || — M. Mueble con un espejo para el aseo o peinado de la mujer. || Cuarto destinado a este fin. || Neceser. || *Artículo de tocador,* artículo de aseo.

Tocaima, c. en el centro de Colombia (Cundinamarca).

tocante adj. Que toca, contiguo. || *Tocante a,* referente a.

Tocantins, río del Brasil que nace en el Estado de Goiás y des. en el delta del Amazonas con el nombre de Pará ; 2 700 km. Central hidroeléctrica de Tucuruí. — C. en el E. del Brasil (Minas Gerais).

tocar v. t. Estar o entrar en contacto con una cosa : *tocar un objeto caliente con la mano ; la quilla del barco tocó el fondo* (ú. t. c. pr.). || Remover : *yo no he tocado tus cosas.* || Estar próximo a, contiguo a : *su jardín toca el mío.* || Hacer sonar un instrumento músico : *tocar el piano.* || Anunciar por un toque de trompeta : *tocar retreta.* || Hacer sonar un timbre, una campana, etc. || Poner un disco para escucharlo. || En esgrima, alcanzar al adversario. || Ensayar con la piedra de toque. || Arribar de paso a un lugar : *el barco tocará los siguientes puertos* (ú. t. c. i.). || *Fig.* Abordar un asunto superficialmente : *tocar un asunto arduo.* || Impresionar : *supo tocarle el corazón.* || — *A toca teja,* al contado. || *Tocar a rebato,* dar la señal de alarma. || — V. i. Llamar : *tocar a la puerta.* || Sonar una campana. || Pertenecer, por algún derecho o título : *no le toca a usted hacer esto.* || Corresponder parte de una cosa que se distribuye entre varios : *tocar algo en un reparto.* || Caer en suerte : *me tocó el gordo en la lotería.* || Llegar el turno : *a ti te toca jugar.* || Llegar el momento oportuno : *ahora toca pagar.* || Ser pariente de uno : *¿ qué te toca Vicente ?* || *Por lo que a mí me toca, por lo que se refiere a mí.* || *Tocar a su fin,* estar a punto de acabar o de morir. || — V. pr. Cubrirse la cabeza con un sombrero, pañuelo, etc. || Peinarse.

tocata f. *Mús.* Pieza breve dedicada generalmente a instrumentos de teclado : *una tocata de Bach.*

tocateja (a). V. TOCAR.

tocayo, ya m. y f. Persona que tiene el mismo nombre que otra.

toccata f. (pal. ital.). Tocata.

Tocina, v. al sur de España (Sevilla).

tocinería f. Tienda donde se despacha tocino y productos del cerdo.

tocino m. Carne gorda del cerdo. || En el juego de la comba, saltos muy rápidos. || — *Tocino de cielo,* dulce de huevo y almíbar. || *Tocino entreverado,* el que tiene algo de magro.

toco m. Per. Hornacina ; Nicho.

Toco, com. en el N. de Chile (Antofagasta).

tocología f. Obstetricia.

tocólogo, ga m. y f. Especialista en obstetricia.

tocomate m. Tecomate.

tocomocho m. Timo consistente en dar un billete de lotería supuestamente premiado por una suma de dinero inferior a la que se ganaría.

tocón m. Parte del tronco de un árbol cortado que queda unida a la raíz.

Tocopilla, c. y puerto del N. de Chile, en la II Región (Antofagasta), cap. de la prov. y de la com. de su n. Central termoeléctrica.

Tocorpuri, pico de los Andes en la frontera de Chile (Antofagasta) y Bolivia (Potosí) ; 6 754 m.

Tocumen, aeropuerto de Panamá, cerca de la capital del país.

tocuyo m. *Amer.* Tela de algodón.

Tocuyo, río en el O. de Venezuela (Lara y Falcón), que des. en el mar Caribe ; 321 km. — V. BARBACOAS. || **(El),** c. en el NO. de Venezuela (Lara), en el valle homónimo.

Tochimilco, mun. de México (Puebla), al E. del Popocatépetl.

tocho, cha adj. Tosco. || Necio. || — M. Lingote de hierro.

todavía adv. Aún, desde un tiempo anterior hasta el momento actual : *duerme todavía.* || *Todavía más,* en mayor grado.

Todi, c. del centro de Italia en Umbría (Perusa). Obispado.

TOGO

---

todito, ta adj. *Fam.* Encarece el sentido de todo : *lloró todita la noche y todito el día.*

todo, da adj. Expresa lo que se toma entero sin excluir nada : *todas las casas estaban cerradas ; se comió todo el pan.* || Cada : *el alquiler es de mil francos todos los meses.* || Empleado hiperbólicamente, indica la abundancia de lo expresado por el complemento : *la calle era toda baches.* || Real, cabal : *es todo un mozo.* || — *A toda velocidad* (o *marcha*), muy de prisa. || A todo esto, mientras tanto ; hablando de esto. || *Ante todo,* principalmente. || *Así y todo,* a pesar de eso. || *Con todo* (o *con todo y con eso*), sin embargo, a pesar de todo. || *Del todo,* enteramente. || *De todas todas,* sin ningún género de dudas. || *En todo y por todo,* completamente, absolutamente. || *Ser todo ojos, todo oídos,* mirar, escuchar con suma atención. || *Sobre todo,* especialmente. || *Todo lo más,* como máximo. || *Fam. Todo quisque,* todo el mundo. || *Y todo,* aunque : *cansado y todo, iré* ; incluso : *perdió su perro fiel y todo.* || — Pron. Todas las personas mencionadas : *todos vinieron.* || — Adv. Completamente : *llegué todo aterrorizado.* || — M. Cosa entera : *esto forma un todo.* || En las charadas, voz que reúne todas las sílabas anteriormente enunciadas. || *Jugarse el todo por el todo,* arriesgarse a perderlo todo intentando ganarlo todo.

todopoderoso, sa adj. Omnipotente, que todo lo puede : *El Todopoderoso,* Dios, el Creador.

Todos || **~ los Santos,** bahía al E. del Brasil donde se encuentra la c. de Salvador (Bahía). Petróleo. — Lago en el centro de Chile (Llanquihue) ; 130 km². Turismo. || **~ Santos,** isla en el O. de México (Baja California).

toffee [tofi] m. (pal. ingl.). Pastilla de café con leche.

Tofo (El), distr. en el centro de Chile, cerca de la c. de La Serena (Coquimbo). Centro metalúrgico.

toga f. Prenda que los antiguos romanos llevaban sobre la túnica. || Vestidura talar de ceremonia que usan los magistrados, abogados y catedráticos.

togado, da adj. y s. Aplícase a la persona que viste toga, especialmente a los magistrados superiores.

Togo, región de África occidental, entre Benin y Ghana. Colonia alemana desde 1885, fue ocupada por los Aliados en 1914 y, dividida en dos partes en 1922, fue sometida a un régimen de tutela de Francia y Gran Bretaña. El ant. *Togo bajo tutela británica* forma desde 1956 parte de Ghana; el *Togo bajo tutela francesa* es Rep. independiente desde el año 1960 (56 600 km², 2 600 000 h.; cap. *Lomé,* 200 500 h.).

togolés, esa adj. y s. De Togo.

toilette f. [tualet] (pal. fr.). Galicismo por tocado y, más generalmente, por *vestido, traje.* ‖ Tocador, lavabo. ‖ Aseo. ‖ — Pl. Servicios, aseos, retrete.

toisón de oro m. Insignia de una orden de caballería. (Llámase también *vellocino de oro*).

— La Orden del Toisón de Oro, destinada a la propagación de la fe católica, fue fundada en Brujas por Felipe el Bueno, duque de Borgoña, en 1429. Pasó a la Casa de Austria después de la muerte de Carlos el Temerario y a España con Carlos I. El rey de España es el jefe y Soberano de la Orden.

Toja (La), isla al NO. de España en la ría de Arosa y en la península de El Grove (Pontevedra). Casino de juego.

Tokai, c. en el NE. de Hungría, a orillas del Tisza. Vinos. ‖ ~ **Mura,** pobl. de Japón (Honshu). Central nuclear.

Tokio, ant. *Yedo,* cap. y puerto del Japón, en el E. del centro de la isla de Honshu ; 11 500 000 h. con los suburbios. Centro administrativo, comercial e industrial. Universidades.

Tokuchima o **Tokushima,** c. del Japón en el N. de la isla de Sikoku.

tolanos m. pl. Pelos cortos que crecen en la nuca.

Tolbuhin, c. al NE. de Bulgaria.

toldería f. *Arg., Bol., Chil.* y *Per.* Campamento indio.

toldo m. Cubierta de tela que se tiende en un patio o una calle, sobre un escaparate, etc., para darle sombra. ‖ Cubierta de lona o hule sostenida sobre un carro o camión mediante unos arcos, que sirve para resguardar del sol y de la lluvia el contenido del vehículo. ‖ *Arg.* Choza que hacen los indios con pieles y ramas.

tole m. *Fig.* Griterío, vocerío : *se oía mucho tole.* ‖ *Fam. Tomar el tole,* irse.

Tolé, distrito al SO. de Panamá (Chiriquí).

toledano, na adj. y s. De Toledo (España). ‖ *Fig.* y *fam. Noche toledana,* la que pasa uno sin dormir.

Toledo, c. al este de Brasil (Minas Gerais). — C. del centro de España, cap. de la prov. homónima, rodeada por el río Tajo. Arzobispado primado de España. Academia de Infantería. Cap. de la España visigoda y residencia real española hasta 1560. Monumentos (puente romano de Alcántara ; puerta de Bisagra ; catedral gótica ; iglesias de Santo Tomé, de San Juan de los Reyes y de Santa María la Blanca ; sinagoga del Tránsito ; hospital de Santa Cruz y Tavera ; casa del Greco). Fábricas de armas ; joyería, mazapanes. (Se da el n. de *Concilio de Toledo* a cada una de las 18 reuniones eclesiásticas y civiles celebradas entre 400 y 702 en esta c. española para la creación del derecho y legislación nacionales.) — C. al NE. de Estados Unidos (Ohio), puerto fluvial en el SE. de lago Erie. Universidad. Obispado. Industrias. Refinería de petróleo. Famoso museo. — Pobl. en el centro del Uruguay (Canelones). ‖ ~ (MONTES DE), sistema montañoso del centro de España, en la divisoria de aguas entre el Tajo y el Guadiana.

Toledo (ÁLVAREZ DE). V. ALBA *(Duque de).* ‖ ~ (ANTONIO SEBASTIÁN DE), virrey de Nueva España de 1664 a 1673. ‖ ~ (FRANCISCO DE), administrador español (1516-1582), virrey del Perú de 1569 a 1581. Mandó ejecutar a Túpac Amaru (1572). ‖ ~ (JUAN BAUTISTA DE), arquitecto español. Después de trabajar en Roma con Miguel Ángel, ejecutó los planos y empezó la construcción del monasterio de El Escorial. ‖ ~ **y Leiva** (PEDRO), administrador español, m. en 1654. Fue virrey de Perú (1639-1648). Tenía el título de marqués de Mancera.

tolemaico, ca adj. Del astrónomo Ptolomeo : *sistema tolemaico.*

tolerable adj. Que puede tolerarse.

tolerancia f. Respeto hacia las opiniones o prácticas de los demás aunque sean contrarias a las nuestras : *la tolerancia es el signo del hombre civilizado.* ‖ Indulgencia : *tolerancia hacia sus hijos.* ‖ Capacidad del organismo de soportar sin perjuicio ciertos remedios. ‖ Margen de imprecisión consentido en el peso o las dimensiones de una cosa fabricada.

tolerante adj. Propenso a la tolerancia (ú. t. c. s.).

tolerar v. t. Consentir, no prohibir terminantemente : *tolerar los abusos.* ‖ Soportar, aguantar : *tolerar el estómago bebidas fuertes.* ‖ Admitir, aceptar.

Toliary, c. y puerto de Madagascar en el SO. de la isla. Cap. de provincia.

Tolima, nevado de Colombia (Tolima), en la Cordillera Central ; 5 620 m. Parque nacional. — Dep. en el O. del centro de Colombia ; cap. *Ibagué.* Agricultura ; ganadería ; yacimientos de oro, cobre, hierro, petróleo.

tolimense adj. y s. De Tolima (Colombia).

tolita f. Explosivo obtenido por nitración del tolueno.

Tolomeo. V. PTOLOMEO.

Tolón, en fr. *Toulon,* c. y puerto en el S. de Francia, cap. del dep. de Var desde 1974, a orillas del Mediterráneo. Obispado. Arsenal.

tolondro m. Chichón.

tolondrón m. Tolondro, chichón.

Tolosa, c. en el N. de España (Guipúzcoa). Fabricación de papel. — C. de Francia. (V. TOULOUSE.)

tolosano, na adj. y s. De Tolosa (España).

Tolox, v. al S. de España (Málaga).

Tolsá (Manuel), escultor y arquitecto español (1757-1816). Fue director de escultura en la Academia de San Carlos de México y introdujo en este país el arte neoclásico. Acabó la catedral y construyó el Palacio de Minería en la capital. Realizó la estatua ecuestre de Carlos IV, llamada *el Caballito.*

Tolstoi (Alexei Nikolaievich), escritor soviético (1883-1945), autor de los relatos *El oro, negro, Pedro el Grande, Iván el Terrible,* etc. Escribió también poesías, obras de teatro. ‖ ~ (LEV, en esp. LEÓN, conde), escritor ruso, n. en lasnaia Poliana (Tula) [1828-1910], autor de los relatos *Guerra y Paz, Ana Karenina, Resurrección, Sonata a Kreutzer, Infancia, adolescencia y juventud, Los cosacos, Confesión, La muerte de Iván Ilich,* etc.

tolteca adj. Relativo a un pueblo mexicano de antes de la Conquista. ‖ Perteneciente a él (ú. t. c. s.).

— Los *toltecas* fueron un pueblo semilegendario a quien los aztecas atribuían la introducción de la civilización en México. Topiltzin estableció la capital en Tula, hoy en el Estado de Hidalgo, y cuando esta ciudad fue conquistada por los chichimecas (1168), sus habitantes emigraron hacia Yucatán y se asentaron en Chichén Itzá, población maya. La civilización tolteca ha dejado grandes monumentos (pirámides, templos), figuras esculpidas, cerámica, etc.

Toltecatl, dios del Pulque, entre los aztecas, uno de los hermanos de Mayahuel, diosa del Maguey.

Toltén, río en el centro de Chile (Cautín) ; 250 km. — Com. del centro de Chile en la IX Región (Araucanía) y en la prov. de Cautín ; cap. *Nuevo Toltén.*

Tolú, c. en el NO. de Colombia (Bolívar), en el mar Caribe.

Toluca, valle de México, al sur de la cap. de este país. Agricultura. ‖ ~ **de Lerdo,** c. de México, al pie del monte de Toluca, llamada también *Xinantécatl* (4 558 m.), cap. del Estado de México. Obispado. Universidad.

tolueno m. Hidrocarburo líquido análogo al benceno, empleado como disolvente y en la preparación de colorantes, de medicamentos y del trinitrotolueno.

toluqueño, ña adj. y s. De Toluca (México).

tolva f. En los molinos, recipiente en forma de cono invertido por donde se echa el grano. ‖ Depósito en forma de tronco de pirámide invertido para almacenar minerales, mortero, etc.

tollina f. Zurra, paliza.

Tom, río en el centro de la U. R. S. S. (Rusia), en Siberia, afl. del Obi ; 843 km.

toma f. Conquista : *la toma de una ciudad.* ‖ Cantidad de una cosa que se toma de una vez : *una toma de rapé, de quinina.* ‖ Desviación, lugar por donde se deriva una parte de la masa de un fluido : *toma de aire, de agua, de corriente.* ‖ Porción de una cosa que se toma para examinarla o analizarla : *toma de sangre.* ‖ Bebedizo. ‖ Poción o filtro mágico. ‖ *Toma de conciencia,* hecho de llegar uno a ser consciente de su papel, de su personalidad, etc. ‖ *Toma de datos,* en informática, conjunto de procedimientos utilizados para grabar en una tarjeta o cinta perforada, cinta magnética o disco magnético, los datos para efectuar su tratamiento. ‖ *Toma de hábito,* ceremonia durante la cual toma el hábito religioso una persona. ‖ *Toma de posesión,* acto por el cual una persona empieza a ejercer un cargo importante. ‖ *Toma de sangre,* pequeña sangría destinada a un análisis o una transfusión. ‖ *Toma de sonido, de vistas,* grabación fonográfica, cinematográfica. ‖ *Toma de tierra,* conexión conductora entre un aparato eléctrico y el suelo ; aterrizaje de un avión o llegada al suelo de un paracaidista. ‖ *Toma de vistas,* grabación de la imagen en una película fotográfica.

tomacorriente m. *Riopl.* Toma de corriente.

tomado, da adj. Aplícase a la voz un poco ronca. ‖ *Pop.* Borracho. ‖ *Amer. Tomado de pelo,* tomadura de pelo.

tomadura f. Toma, acción de tomar. ‖ *Fam. Tomadura de pelo,* burla.

Tomakomia, c. y puerto de Japón (Hokkaido), al sur de Sapporo.

tomar v. t. Coger o asir con la mano : *tomar un libro de la estantería.* ‖ Coger aunque no sea con la mano : *tomar un pastel en la fuente.* ‖ Recibir o aceptar : *toma este regalo que te he traído.* ‖ Conquistar, apoderarse : *tomar una fortaleza.* ‖ Comer, beber, ingerir : *tomar el desayuno, una medicina* (ú. t. c. pr.). ‖ Adoptar : *tomar decisiones.* ‖ Adquirir, contraer : *tomar un vicio, una costumbre.* ‖ Contratar a tener : *tomar un obrero.* ‖ Alquilar : *tomar un coche para una semana.* ‖ Adquirir un negocio : *tomar una panadería.* ‖ Comprar : *tomar las entradas.* ‖ Recibir : *tomar lecciones de francés.* ‖ Sacar : *tomar una cita de un autor.* ‖ Interpretar : *tomar a bien, a mal, en serio.* ‖ Escoger : *tomar el mejor camino.* ‖ Imitar : *tomar los modales de uno.* ‖ Recobrar : *tomar aliento, fuerzas.* ‖ Hacer uso de : *tomar la pluma, la palabra.* ‖ Emplear un vehículo : *tomar el autobús.* ‖ Montarse en él : *tomó el tren a las ocho.* ‖ Requerir : *tomar mucho tiempo.* ‖ Calcular : *toma las medidas para hacerle el traje.* ‖ Cobrar, tener : *le tomé cariño.* ‖ Fotografiar. ‖ Hacer algo : *tomé un baño.* ‖ *Amer.* Beber vino, licores. ‖ *Más vale un toma que dos te daré,* más vale una cosa mediana segura que una mucho mejor, pero sólo probable. ‖ *¡ Toma !,* exclamación de sorpresa, de incredulidad o que expresa que uno lleva su merecido. ‖ *Tomar afecto a uno,* encariñarse con él. ‖ *Tomar conciencia de algo,* darse cuenta de su existencia. ‖ *Tomar el pecho,* mamar una criatura. ‖ *Tomar el pelo a uno,* burlarse de él. ‖ *Tomar en serio una cosa,* darle la importancia debida. ‖ *Tomar estado,* casarse ; ingresar en una orden religiosa. ‖ *Tomar frío,* resfriarse. ‖ *Tomarla* (o *tomarlas*) *con uno,* meterse con él ; criticarle. ‖ *Tomar las lecciones,* decir a un niño las que recite. ‖ *Tomar parte,* participar. ‖ *Tomar por,* confundir, equivocarse : *tomar a una persona*

TL

651

por otra ; juzgar equivocadamente : ¿ por quién me tomas ? || Tomar sobre sí una cosa, cargar con las responsabilidades que implica. || Tomar tierra, aterrizar. || Tomar una fotografía, sacarla. || Fam. ¡Tómate esa ! expr. que suele usarse cuando a uno se le da un golpe o se le dice algo considerado como bien merecido. || Toma y daca, expr. que se emplea cuando hay reciprocidad de servicios o favores ; trueque. || — V. i. Encaminarse, dirigirse : tome a la derecha. || — V. pr. Cubrirse de moho los metales. || Cargarse de nubes la atmósfera. || Tomarse la libertad, permitirse.

Tomar o **Thomar**, c. de Portugal, al NE. de Lisboa (Santarem). Ruinas del castillo de los templarios o convento de Cristo, de estilo manuelino (s. XIII).

Tomás || ~ (Santo), uno de los doce apóstoles, célebre por su duda sobre la resurrección de Jesucristo. Fiesta el 21 de diciembre. || ~ Becket (Santo), arzobispo de Cantorbery (1118-1170), asesinado al pie del altar por los cortesanos de Enrique II. Fiesta el 29 de diciembre. || ~ de Aquino (Santo), teólogo italiano (1225-1274), doctor de la Iglesia, autor de Summa contra gentiles y Summa Theológica, obras fundamentales de la filosofía escolástica. Fiesta el 7 de marzo. || ~ de Villanueva (Santo), escritor ascético y anacoreta agustino español (1488-1555), arzobispo de Valencia. Fiesta el 22 de septiembre. || ~ Moro (Santo). V. MORO.

Tomasello (Luis), pintor modernista argentino, n. en 1915.

tomatal m. Plantío de tomates.

tomate m. Fruto comestible, encarnado y jugoso, de la tomatera. || Tomatera. || Fam. Agujero que se forma en el talón de los calcetines ; || Jaleo, follón ; Lucha, contienda. || Lío, enredo. || Complicación, dificultad : tener tomate una cosa. || Ponerse uno colorado de vergüenza.

tomatera f. Planta solanácea, originaria de América, cuyo fruto es el tomate. || Fam. Engreimiento, orgullo : tiene una tomatera inaguantable.

tomatero, ra m. y f. Persona que vende tomates. || — Adj. m. Aplícase a un pollito pequeño.

tomavistas m. inv. Cámara fotográfica con que se impresionan las películas cinematográficas.

tómbola f. Rifa pública.

Tombuctú, c. al NE. de la Rep. del Malí, cerca del río Níger.

Tomé, c. y puerto del centro de Chile en la VIII Región (Biobío) y en la prov. de Concepción, cap. de la com. del mismo nombre.

Tomé (Narciso), escultor y arquitecto español, m. en 1742, autor del Transparente de la catedral de Toledo.

Tomelloso, c. en el S. del centro de España (Ciudad Real). Vinos.

tomillo m. Planta labiada aromática empleada como condimento.

Tomina, prov. en el S. de Bolivia (Chuquisaca) ; cap. Padilla. Minas.

Tomiño, mun. al noroeste de España (Pontevedra). Región agrícola.

tomismo m. Conjunto de las doctrinas teológicas y filosóficas de Santo Tomás de Aquino.

tomista adj. Relativo al tomismo. || Seguidor del tomismo (ú. t. c. s.).

tomístico, ca adj. Propio de Santo Tomás de Aquino.

tomiza f. Soga de esparto.

tomo m. División de una obra que forma un volumen completo : una Larousse en dos tomos ; el tomo es una división hecha por el autor de la obra y el volumen es una división material que depende de la encuadernación. || Barb. por volumen. || Fig. y fam. De tomo y lomo, muy grande, notable.

Tomo, río de Colombia (Meta y Vichada), que des. en el Orinoco ; 418 km.

tomografía f. Procedimiento que permite hacer radiografías de secciones muy finas del cuerpo o de la cabeza.

tomógrafo m. Scanner.

tompeate m. Méx. Canasta tejida con palma por los indígenas. || Pl. Méx. Pop. Testículos.

tompiate m. Méx. Pop. Tompeate.

Tomsk, c. de la U. R. S. S. (Rusia) en Siberia. Universidad. Industrias.

Tonacacihuatl, entre los aztecas, principio creador femenino, alimentador de la humanidad.

Tonacatecuhtli, entre los aztecas, principio creador masculino, compañero de Tonacacíhuatl.

tonada f. Composición métrica hecha para ser cantada, y música que la acompaña. || Amer. Tonillo, acento.

tonadilla f. Canción corta, cuplé. || Especie de entremés con música muy hecho en España en el siglo XVIII. || Fig. Lo que se repite constantemente.

tonadillero, ra m. y f. Persona que compone o canta tonadillas.

Tonalá, río en el E. de México, entre los Estados de Tabasco y Veracruz, que des. en el golfo de Campeche por la barra de su n. ; 145 km. — C. y mun. en el O. de México (Jalisco).

tonalidad f. Tono determinado en el cual está basada una composición musical. || Tinte, matiz. || Calidad de un receptor radioeléctrico que reproduce perfectamente los tonos graves y agudos.

tonalpohualli m. Calendario ritual o sagrado de los aztecas que tenía 260 días divididos en trece meses.

Tonantzintla, pobl. de México (Puebla). Observatorio astronómico : Santuario de Santa María de Tonantzintla.

Tonatiuh, divinidad azteca del Fuego y del Sol.

tonel m. Recipiente de madera, compuesto de duelas aseguradas con aros y dos bases circulares llanas. || Su contenido : un tonel de vino. || Medida antigua para el arqueo de las naves, equivalente a cinco sextos de tonelada. || Fig. Persona muy gorda. || Acrobacia aérea en la que el avión hace una barrena horizontal y vuela durante cierto tiempo de espaldas.

tonelada f. Unidad de peso equivalente a 1 000 kg (símb., t).

tonelaje m. Cabida total de carga de un buque mercante o vehículo de transporte. || Peso en toneladas.

tonelería f. Arte y taller del tonelero. || Conjunto de toneles.

Tonga, ant. Islas de los Amigos, archipiélago de Polinesia ; 700 km² ; 100 000 h. ; cap. Nukualofa. Reino independiente protegido por Gran Bretaña desde 1970.

Tong Hua, c. del noreste de China (Kirin). Minas.

tongo m. En las carreras de caballos, partidos de pelota, etc., hecho de aceptar dinero un participante por dejarse vencer. || Trampa, engaño. || Chil. y Per. Sombrero hongo.

tonicidad f. Tono.

tónico, ca adj. Que se pronuncia acentuado : vocal tónica. || Dícese de un medicamento que fortalece o estimula la actividad de los órganos. Ú. t. c. s. m. : un tónico cardíaco. || Mús. Aplícase a la primera nota de una escala (ú. t. c. s. f.). || Acento tónico, la mayor intensidad de voz que se pronuncia en las sílabas de una palabra. || — F. Fig. Tendencia general, tono : marcar la tónica. || Firmeza de los valores en la Bolsa.

tonificación f. Acción y efecto de tonificar.

tonificador, ra y **tonificante** adj. Que tonifica (ú. t. c. s. m.).

tonificar v. t. Fortificar, dar vigor.

tonillo m. Tono monótono. || Dejo, acento. || Entonación enfática que se tiene al hablar.

Toniná, pobl. al SE. de México, cerca de Ocosingo (Chiapas). Restos arqueológicos.

Tonkin o **Tonquin**, región en el norte de Vietnam y golfo formado en el mar de China meridional.

Tonlé Sap, lago y río en el centro de Camboya ; 3 000 km². Pesca.

tono m. Grado de elevación de la voz o del sonido de un instrumento músico : tono grave, agudo. || Inflexión de la voz : tono muy arrogante. || Estilo, modo de expresarse por colores. || Grado de intensidad de los colores. || Contracción parcial y permanente de un músculo. || Fam. Vigor, energía. || Mús. Intervalo entre las notas de la escala que se siguen.

Escala de un trozo : tono mayor, menor. || Fig. Carácter, tendencia : reunión de tono netamente anarquista. || — A este tono, de este modo. || Fig. Bajar el tono, comedirse, moderarse. || Darse tono, engreírse. || De buen (o mal) tono, propio (o no) de personas distinguidas. || Estar a tono, corresponder una cosa o persona con otra, no desentonar. || Mudar el tono, moderarse al hablar. || Ponerse a tono con alguien, adoptar la misma manera de pensar o de obrar. || Salida de tono, despropósito, inconveniencia.

Tonquín. V. TONKÍN.

tonquinés, esa adj. y s. De Tonkín o Tonquín (Vietnam).

tonsura f. Ceremonia de la Iglesia católica en la que se corta al aspirante a sacerdote un poco de cabello en la coronilla al conferirle el primer grado del sacerdocio. || Parte del pelo que se corta.

tonsurar v. t. Hacer la tonsura eclesiástica. || Conferir el primer grado del sacerdocio. || Cortar el pelo o la lana.

tontada f. Tontería.

tontaina, tontainas y **tontarrón, ona** adj. y s. Dícese de la persona muy tonta.

tontear v. i. Hacer o decir tonterías. || Fam. Flirtear.

tontería f. Falta de inteligencia, de juicio. || Acción o palabra tonta, necedad. || Este chico no dice más que tonterías. || Fig. Cosa sin importancia.

tontina f. Asociación mutua en la que cada miembro pone cierta cantidad para constituir un fondo que ha de repartirse en una fecha dada entre todos los supervivientes.

tonto, ta adj. Falto de juicio o de entendimiento : una acción, una persona tonta (ú. t. c. s.). || Estúpido : un accidente tonto (ú. t. c. s.). || Aplícase a los débiles mentales (ú. t. c. s.). || — M. Payaso de los circos. || — A lo tonto, como quien no quiere la cosa. || A tontas y a locas, sin orden ni concierto. || Hacer el tonto, tontear. || Hacerse el tonto, mostrar el distraído. || Ponerse tonto, mostrar vanidad, presumir ; exagerar. || Tonto de capirote o de remate, sumamente tonto.

Tonto, río en el S. de México (Oaxaca), afluente del Papaloapan.

toña f. Fam. Golpe. || Bofetada. || Borrachera. || Tala, juego de niños.

Toowoomba, c. del O. de Australia (Queensland), cerca de Brisbane.

topacio m. Piedra preciosa de color amarillo, dura y transparente.

topar v. t. e. i. Chocar una cosa con otra : topar dos vehículos. || Encontrar casualmente algo o a alguien : topar con un amigo (ú. t. c. pr.). || Amer. Echar a pelear dos gallos para probarlos. || Fig. Radicar, consistir : la dificultad topa en eso. || Tropezar : topar con una dificultad (ú. t. c. pr.). || Acertar, salir bien : lo pediré por si topa.

tope m. Parte por donde pueden topar las cosas. || Pieza que impide la acción o el movimiento de un mecanismo. || Pieza metálica circular colocada en los extremos de los vagones de tren o al final de una línea férrea para amortiguar los choques. || Fig. Obstáculo, límite : poner tope a sus ambiciones ; Límite, máximo : precio tope ; fecha tope. || Mar. Extremo superior de un palo : el tope del mastelero. || — A tope, muy cargado o lleno ; enteramente. || Al tope, aplícase a las cosas unidas por los extremos. || Estar hasta los topes, ir un vehículo muy cargado ; (fig.) estar harta de la bebida.

Topeka, c. en el centro de Estados Unidos, cap. del Estado de Kansas.

topera f. Madriguera del topo.

topetada f. Golpe dado con la cabeza.

topetar v. i. Topetear.

topetazo m. Golpe dado con la cabeza o con la cabeza.

topetear v. i. Dar topetadas los animales cornudos. || Fam. Toparse.

topetón m. Choque de dos cosas.

Topia, mun. al O. de México, en la Sierra Madre Occidental (Durango).

tópico, ca adj. De los medicamentos que se aplican sobre la piel y, a veces, sobre las mucosas (ú. t. c.

s. m.). ‖ Relativo a los tópicos. ‖ — M. Lugar común : *discurso lleno de tópicos.* ‖ *Amer.* Tema de conversación.

Topiltzin, último rey de los toltecas (1042-¿ 1116 ?) con quien terminó la grandeza de Tula.

topinambur o **topinambo** m. *Arg.* y *Bol.* Aguaturma.

topo m. Pequeño mamífero insectívoro de pelo negro, de ojos casi invisibles, de patas anteriores muy fuertes, que abre galerías subterráneas donde se alimenta de gusanos y larvas. ‖ *Fig.* y *fam.* Persona que ve poco o es muy torpe.

topografía f. Arte de representar en un plano las formas del terreno y los principales detalles naturales o artificiales del mismo. ‖ Conjunto de particularidades que presenta la superficie de un terreno.

topográfico, ca adj. Relativo a la topografía : *plano topográfico.*

topógrafo, ga m. y f. Persona que se dedica a la topografía.

Topolobampo, c. y bahía del oeste de México, en el golfo de California (Sinaloa).

topometría f. Conjunto de las operaciones efectuadas en un terreno para la determinación métrica de los elementos de un mapa.

toponimia f. Estudio lingüístico o histórico de los nombres de lugar de un país. ‖ Conjunto de los nombres de lugar de un país.

toponímico, ca adj. Relativo a la toponimia o a los topónimos.

topónimo m. Nombre propio de un lugar.

toque m. Acción de tocar leve y momentáneamente. ‖ Golpecito. ‖ Sonido de las campanas o de ciertos instrumentos músicos con que se anuncia algo : *toque de corneta.* ‖ Pincelada ligera. ‖ Ensayo que se hace para apreciar la ley de un objeto de oro o plata. ‖ Aplicación ligera de una sustancia medicamentosa en un punto determinado : *dar unos toques en la garganta.* ‖ En fútbol y en otro deporte, manera de dar a la pelota con los pies, con la raqueta, etc. ‖ *Fig.* Cierto matiz o detalle : *un toque de elegancia.* ‖ — *Fig. A toque de campana,* con gran disciplina y puntualidad. ‖ *Dar el último toque a una cosa,* hacer las últimas operaciones para que quede terminada una cosa. ‖ *Darse un toque una mujer,* maquillarse someramente. ‖ *Dar un toque a uno,* avisarle ; llamarle la atención ; sondear lo que piensa. ‖ *Toque de atención,* advertencia que se hace a uno. ‖ *Toque de balón,* manera de golpearlo.

Toquepala, localidad al SO. de Perú (Moquegua). Yacimientos de cobre.

toquetear v. t. e. i. Tocar repetidamente, manosear, sobar.

toqueteo m. Toques repetidos.

toquilla f. Pañuelo triangular, generalmente de punto, que llevan las mujeres en la cabeza o al cuello. ‖ *Amer.* Palmera con cuyas hojas se hacen los sombreros de jipijapa.

Toquilla, páramo de Colombia en la Cord. Oriental ; a 4 000 m.

Toquio. V. TOKIO.

Tor o **Thor,** dios del Trueno y del Rayo en la mitología escandinava, hijo de Odín.

tora f. Cierto tributo que pagaban los judíos por familias. ‖ Nombre dado por los judíos a la ley mosaica y al Pentateuco que la contiene.

torácico, ca adj. Relativo al tórax. ‖ *Caja torácica,* cavidad formada por las vértebras, las costillas y el esternón, limitada en su parte inferior por el diafragma, que encierra los órganos del tórax.

Torah. V. TORA.

tórax m. inv. Cavidad de los vertebrados, limitada por las costillas y el diafragma, que contiene los pulmones y el corazón. ‖ Región intermedia del cuerpo de los arácnidos y crustáceos entre la cabeza y el abdomen.

Torbado (Jesús), novelista español n. en 1943, autor de *La construcción del odio* o *Moira estuvo aquí, La ballena,* etc.

Torbay, c. y puerto de Gran Bretaña, al sur de Inglaterra (Devon).

torbellino m. Remolino de viento. ‖

Movimiento circular rápido del agua. ‖ Cualquier cosa arrastrada en movimiento giratorio : *torbellino de nieve.* ‖ *Fig.* Lo que arrastra irresistiblemente a los hombres : *el torbellino de las pasiones.* ‖ Abundancia de acontecimientos que ocurren a un mismo tiempo : *un torbellino de desgracias.* ‖ *Fig.* Persona muy viva e inquieta : *este muchacho es un torbellino.*

Torcal de Antequera, sierra del sur de España (Málaga), en la cordillera Penibética.

torcaz adj. Dícese de una variedad de paloma silvestre que lleva una especie de collar blanco (ú. t. c. s. f.).

torcecuello m. Ave trepadora de cuello muy movible.

torcedura f. Acción de torcer. ‖ Desviación, encorvamiento : *la torcedura de una línea.* ‖ Distensión de las partes blandas que rodean las articulaciones de los huesos. ‖ Desviación de un miembro u órgano de su colocación normal.

torcer v. t. Dar vueltas a un cuerpo por sus dos extremidades en sentido inverso : *torcer cuerdas, hilos.* ‖ Doblar, encorvar : *torcer el cuerpo.* ‖ Intentar desviar violentamente un miembro de su posición natural : *torcer el brazo.* ‖ Desviar : *torcer la mirada ; torcer el curso de un razonamiento.* ‖ Doblar : *le vi al torcer la esquina.* ‖ *Fig.* Interpretar mal : *torcer las intenciones de uno.* ‖ Sobornar, hacer que una autoridad no obre con rectitud. ‖ *Antill.* Enrollar el tabaco. ‖ Torcer el gesto, el semblante, dar muestras de desagrado. ‖ — V. i. Cambiar de dirección : *torcer a la izquierda.* ‖ — V. pr. Sufrir la torcedura de un miembro : *me torcí un pie.* ‖ Ladearse o combarse una superficie. ‖ *Fig.* Desviarse del buen camino, pervertirse : *este muchacho se ha torcido.* ‖ Frustrarse, malograrse : *se han torcido mis esperanzas.* ‖ Cambiar en mal : *se me ha torcido la suerte.*

torcida f. Mecha de lámparas, velones, candiles, etc. ‖ Hinchada.

torcido, da adj. Que no es recto : *piernas torcidas.* ‖ Oblicuo, inclinado. ‖ *Fig.* Que no obra con rectitud. ‖ *Amér. C.* Desgraciado, desafortunado.

torcimiento m. Acción de torcer.

Tordesillas, v. de España, al NO. de Madrid (Valladolid), tratado firmado por los Reyes Católicos (Castilla) y Juan II (Portugal) que trazó la línea de polo a polo a 370 leguas al oeste de Cabo Verde que servía de demarcación de las tierras descubiertas por ambos países. Monasterio.

tordo, da adj. Dícese de la caballería que tiene el pelo mezclado de color negro y blanco (ú. t. c. s.). ‖ — M. Pájaro de Europa, de lomo gris aceitunado y vientre blanco con manchas pardas, que se alimenta de insectos y frutos. ‖ *Amér. C.* y *Arg.* Estornino.

toreador m. Torero.

torear v. i. y t. Lidiar los toros en la plaza : *toreaba con gran valor.* ‖ — V. t. *Fig.* Entretener a uno engañándole en sus esperanzas. ‖ Burlarse de uno con disimulo. ‖ Llevar como se quiere a una persona o un asunto particularmente difícil. ‖ Evitar, eludir.

Torelló, v. al NE. de España (Barcelona). Industrias.

Toreno, v. al N. de España (León).

toreo m. Acción y arte de torear. ‖ *Fig.* Burla.

torero, ra adj. Relativo al toreo o a los toreros : *llevar sangre torera.* ‖ — M. y f. Persona que lidia los toros. ‖ — F. Chaquetilla corta y ceñida. ‖ *Fig.* y *fam. Saltarse algo a la torera,* no hacer ningún caso de ello.

Torgau, c. de Alemania Oriental, a orillas del Elba.

Toribio (~ *(Santo),* religioso español del s. v. Fiesta el 16 de abril. ‖ ~ *Alfonso Mogrovejo (Santo),* religioso español (1538-1606), arzobispo de Lima. Canonizado en 1726. Fiesta el 23 de marzo. ‖ ~ **de Benavente de Paredes** *(Fray),* religioso franciscano español, m. en 1569. Su generosidad con los indios mexicanos le valió el sobrenombre de Motolinia (" *pobre* ").

toril m. En la plaza de toros, sitio en que se encierran los toros que han de lidiarse.

Toriñana (CABO), cabo de la costa de Galicia, en el NO. de España, cerca del de Finisterre.

torio m. Metal radiactivo (Th), de color blanco, número atómico 90, densidad 12,1 y punto de fusión a unos 1 700 °C.

torito m. *Amer.* Plato de criadillas de toro. ‖ *Amér. C.* Baile nacional. ‖ *Antill. Méx.* cofre. ‖ *Chil.* Sombrajo, toldo. ‖ *Méx.* Toro de fuego. ‖ *Riopl.* Escarabajo que lleva una especie de cuerno en la cabeza.

tormenta f. Tempestad en el mar. ‖ Agitación violenta del aire acompañada de lluvia, truenos, relámpagos. ‖ *Fig.* Adversidad, las tormentas de la vida. ‖ Agitación o alteración del ánimo.

Tormentas (CABO DE LAS). V. BUENA ESPERANZA (Cabo).

tormento m. Dolor físico muy intenso. ‖ Tortura a que se sometía al reo para obligarle a confesar o como castigo : *dar tormento.* ‖ Antigua máquina de guerra para disparar proyectiles. ‖ *Fig.* Congoja, desazón, preocupación constante. ‖ Persona o cosa que la ocasiona : *este niño enfermo es mi tormento.*

tormentoso, sa adj. Que amenaza tormenta : *tiempo tormentoso.*

Tormes, río de España, en las prov. de Ávila, Salamanca y Zamora, afl. del Duero ; 390 km. Centrales hidroeléctricas.

torna f. Regreso. ‖ — *Volverle a uno las tornas,* corresponder uno al proceder de otro. ‖ *Volverse las tornas,* cambiar la suerte o la situación.

tornadizo, za adj. Que cambia fácilmente de opinión.

tornado m. Huracán.

tornar v. t. Devolver, restituir. ‖ Volver, transformar : *tornar a uno alegre.* ‖ — V. i. Regresar : *tornar a su patria.* ‖ Hacer otra vez, repetir : *tornar a hablar.* ‖ — V. pr. Volverse, convertirse, hacerse : *su duda se había tornado en admiración.*

tornasol m. Girasol, planta compuesta. ‖ Reflejo o viso que los tornasoles de una tela. ‖ Materia colorante vegetal azul violácea que se torna roja con los ácidos y sirve de reactivo químico.

tornasolado, da adj. Que tiene o hace visos o tornasoles.

tornasolar v. i. Hacer tornasoles una cosa (ú. t. c. pr.).

tornavoz m. Dispositivo, como el techo de encima del púlpito, destinado a recoger y reflejar los sonidos para que se oigan mejor.

Torne, río de Laponia que sirve de frontera entre Suecia y Finlandia ; 400 km.

torneado, da adj. Labrado con el torno. ‖ *Fig.* De curvas suaves : *brazos torneados.* ‖ — M. *Tecn.* Acción de labrar al torno.

tornear v. t. Labrar algo con el torno : *tornear una pata de silla.*

torneo m. Fiesta en que combatían caballeros armados. ‖ Competición deportiva.

tornera f. Monja encargada del torno de los conventos.

tornería f. Oficio del tornero. ‖ Taller y tienda del tornero.

tornero m. El que labra objetos al torno. ‖ Recadero de las monjas.

tornillo m. Objeto cilíndrico de metal o madera con resalto helicoidal, que se introduce en la tuerca. ‖ Clavo con resalte helicoidal. ‖ *Fig. Apretarle a uno los tornillos,* tratarle con severidad y obligarle a obrar en determinado sentido. ‖ *Fig.* y *fam. Faltarle a uno un tornillo o tener flojos los tornillos,* estar medio loco. ‖ *Tornillo de Arquímedes,* artificio para elevar un líquido, consistente en un cilindro inclinado de forma helicoidal movido por un eje. ‖ *Tornillo de banco,* torno de eje fija al banco del carpintero o del herrador. ‖ *Tornillo micrométrico,* palmer. ‖ *Tornillo sin fin,* engranaje compuesto de una rueda dentada y de un tornillo de resalte helicoidal.

torniquete m. Cruz que gira sobre un eje vertical y se coloca en las entradas por donde sólo han de pasar una a una las personas. ‖ Instrumento para comprimir las arterias y contener las hemorragias.

torniscón m. *Fam.* Golpe dado en el rostro o en la cabeza con el revés de la mano.

torno m. Cilindro horizontal móvil alrededor del cual se arrolla una cuerda y sirve para levantar pesos. || Armario giratorio empotrado en una pared en los conventos, las casas de expósitos, los comedores, etc. y que sirve para pasar objetos de una habitación a otra sin verse las personas. || Máquina herramienta que sirve para labrar piezas animadas de un movimiento rotativo, arrancando de ellas virutas. || Instrumento compuesto de dos mordazas que se acercan mediante un tornillo para sujetar las piezas que hay que labrar. || Máquina provista de una rueda que se usaba para hilar. || Recodo de un río. || Movimiento circular. || *En torno a,* alrededor de.

toro m. Animal mamífero rumiante, armado de cuernos, que es el macho de la vaca : *el toro castrado es el buey.* || *Fig.* Hombre fuerte y robusto. | Hombre corpulento. || *Arg.* Bocel. || *Geom.* Sólido engendrado por una circunferencia que gira alrededor de un eje situado en su mismo plano pero que no pasa por el centro. || — Pl. Corrida de toros. || — *Fig. Agarrar o coger el toro por los cuernos,* arrostrar resueltamente una dificultad. | *Echarle* (o *soltarle*) *a uno el toro,* reprenderle severamente. | *Estar hecho un toro,* estar furioso. | *Haber toros y cañas,* haber jaleo. | *Ir al toro,* ir al grano. | *¡Otro toro !,* pasemos a otro asunto. | *Toro de lidia,* el destinado a las corridas de toros. || *Fig. Ver los toros desde la barrera,* presenciar un acontecimiento sin tomar parte en él.

Toro, pico de los Andes, en la frontera de Argentina (San Juan) y Chile (Coquimbo) ; 6 380 m. — Cerro al O. de Bolivia (Oruro) ; 5 200 m. — C. en el O. de España (Zamora). Colegiata románica ; iglesias mudéjares. — Punta en el centro norte de Panamá, frente a la c. de Colón. — Pico en el O. de Venezuela, en la Sierra Nevada de Mérida ; 4 758 m. — V. TAURO.

Toro (Alfonso), escritor e historiador mexicano (1873-1952). || ~ (FERMÍN), político y escritor venezolano (1807-1865). || ~ **y Gómez** (MIGUEL DE), lexicógrafo español (1851-1922). Su hijo MIGUEL DE TORO Y GISBERT fue lexicógrafo e hispanista francés (1880-1966). || ~ **y Zambrano** (MATEO DE), político chileno, n. en Santiago (1724-1811), último gobernador de Chile y presidente de la primera Junta de Gobierno (1810). Fue *conde de la Conquista.*

toronja f. Especie de cidra de forma parecida a la naranja pero de sabor semejante más bien al del limón. || *Amér.* Pomelo.

toronjo m. Árbol cuyo fruto es la toronja.

Toronto, c. en el SE. de Canadá, cap. de la prov. de Ontario, a orillas del lago de este n. Arzobispado. Universidad. Industrias. Centro comercial. || ~ **(Lago),** embalse al N. de México (Chihuahua), en el río Conchos.

torote m. Nombre de varias plantas de México ricas en resina.

torpe adj. Que se mueve con dificultad. || Falto de habilidad y destreza : *ser torpe para dibujar.* || Necio, tardo en comprender o aprender.

torpedeamiento m. Torpedeo.

torpedear v. t. Lanzar torpedos : *torpedear un barco.* || *Fig.* Poner obstáculos : *torpedear un proyecto.*

torpedeo m. Acción y efecto de torpedear.

torpedero, ra adj. Aplícase al barco o avión cuya principal arma es el torpedo : *lancha torpedera.* || — M. Barco de guerra, pequeño y rápido, que está armado de torpedos.

torpedo m. Pez marino selacio carnívoro, de cuerpo aplanado y provisto, cerca de la cabeza, de un órgano eléctrico con el cual puede producir una conmoción a la persona o animal que lo toca. || Proyectil autopropulsor submarino, cargado de explosivos, utilizado contra objetivos marítimos por barcos o aeronaves.

torpeza f. Falta de destreza. || Nece-

dad, falta de inteligencia. || Palabra o acción desacertada.

torpón, ona adj. y s. Algo torpe.

torpor m. *Med.* Entorpecimiento profundo.

Torquay, c. de Gran Bretaña, al SO. de Inglaterra (Devon).

Torquemada (Juan de), religioso e historiador español (1557-1624). Residió en México y fue autor de *Monarquía Indiana.* || ~ (TOMÁS DE), dominico e inquisidor español, n. en Valladolid (1420-1498).

torrado m. Garbanzo tostado.

torrar v. t. Tostar.

Torrance, c. al sureste de los Estados Unidos (California), en la zona metropolitana de Los Ángeles.

torre f. Edificio alto y estrecho que sirve de defensa en los castillos, que adorno en algunas casas y donde están las campanas de las iglesias. | Casa muy alta, rascacielos. || En algunas partes, casa de campo, quinta. || En los buques de guerra, reducto acorazado que se levanta sobre la cubierta y en donde están las piezas de artillería. || Pieza del juego del ajedrez. || *Cub.* Chimenea de un ingenio azucarero. || — *Torre de control,* edificio que domina las pistas de un aeropuerto y de donde proceden las órdenes de despegue, de vuelo y de aterrizaje. | *Torre del homenaje,* la más importante de un castillo. | *Torre de perforación,* armazón metálica que sostiene la sonda de perforación de un pozo de petróleo. || *Fig. Vivir en una torre de marfil,* aislarse una persona, ocupada en perfeccionar su obra y mostrarse indiferente a los problemas actuales y a los demás.

Torre ~ **Annunziata,** c. al sur de Italia (Campania), en el golfo de Nápoles. || ~ **de Cerredo.** V. CERREDO. || ~ **del Campo,** v. del S. de España (Jaén). || ~ **del Greco,** c. y puerto al S. de Nápoles y al pie del Vesubio. || ~ **del Mar,** pobl. del S. de España (Málaga). Playas. || ~ **Pacheco,** v. al SE. de España (Murcia). Industrias.

Torre (Carlos de la), escritor ecuatoriano, n. en 1928, autor de poesías (*Primavera*), cuentos (*La máscara*), novelas (*Y los dioses se volvieron hombres*) y ensayos. || ~ (GUILLERMO DE), escritor y poeta español (1900-1971). Fue el teórico del movimiento poético ultraísta. Ha publicado innumerables ensayos.

Torreblanca, v. al este de España (Castellón).

Torredonjimeno, c. en el sur de España (Jaén). Olivos.

torrefacción f. Tostadura.

torrefactar v. t. Tostar el café.

torrefacto, ta adj. Tostado, aplicado particularmente al café.

torreja f. *Amer.* Torrija.

Torrejón (Andrés). V. MÓSTOLES (*Alcalde de).*

Torrejón de Ardoz, c. en el centro de España (Madrid). Base aérea.

Torrelaguna, v. en el centro de España (Madrid).

Torrelavega, c. del N. de España (Cantabria). Industrias químicas.

Torrelodones, v. del centro de España (Madrid), al pie de la sierra de Guadarrama. Casino de juego.

Torremolinos, pobl. del sur de España, barriada de Málaga, en la *Costa del Sol.* Centro turístico.

torrencial adj. Perteneciente a los torrentes : *las aguas torrenciales.* || Tumultuoso como un torrente : *río torrencial.* || Que cae a torrentes.

torrente m. Curso de agua rápido, de régimen irregular y dotado de una gran fuerza de erosión, propio de los terrenos montañosos. || Curso de la sangre en el aparato circulatorio. || *Fig.* Abundancia, copia : *torrente de lágrimas, de injurias.* || *Fig. A torrentes,* en abundancia.

Torrente, v. en el este de España (Valencia).

Torrente Ballester (Gonzalo), escritor español, n. en 1910, autor de novelas (*Javier Mariño,* la trilogía *Los gozos y las sombras, La saga/fuga de J. B., Don Juan, Fragmentos de apocalipsis, Las sombras recobradas, La isla de los jacintos cortados*), obras de teatro y ensayos literarios.

torrentera f. Cauce de un torrente.

torrentoso, sa adj. Que tiene la fuerza de un torrente.

torreón m. Torre.

Torreón, c. en el norte de México (Coahuila). Obispado. Centro industrial, minero y comercial. Constituye con las ciudades de Gómez Palacio y Lerdo una gran conurbación.

torrero, ra m. y f. Persona encargada de un faro o atalaya.

Torres ~ (ESTRECHO DE), paso marítimo entre Australia y Nueva Guinea ; 170 km de ancho. || ~ **de Cotillas (Las),** v. al SE. de España (Murcia). || ~ **del Paine,** cap. sur de Chile en la XII Región (Magallanes) y en la prov. de Última Esperanza, cap. de la com. del mismo nombre. || ~ **Vedras,** c. al O. de Portugal (Extremadura), al norte de Lisboa. Aguas minerales sulfurosas.

Torres (Camilo), patriota y político colombiano, n. en Popayán (1766-1816), primer pres. de las Provincias Unidas (1812-1814). Reelegido en 1815, fue hecho prisionero por Morillo y fusilado. || ~ **(Camilo),** sacerdote y guerrillero colombiano (1929-1966). || ~ (CARLOS ARTURO), poeta y ensayista colombiano (1867-1911). || ~ (JOSÉ ANTONIO), escritor chileno (1828-1884), autor de la novela *Los misterios de Santiago.* || ~ (JUAN JOSÉ), militar boliviano (1922-1976). Pres. de la Rep. en 1970, derrocado en 1971. Fue asesinado en Argentina. || ~ (LUIS VÁEZ DE), marino español del s. XVII. Descubrió en 1606 el estrecho que lleva su nombre. || ~ (XOHANA), poetisa contemporánea española en lengua gallega. || ~ **Bodet** (JAIME), escritor y político mexicano (1902-1974). Fue director general de la Unesco (1948-1952). Ha escrito poesías (*Fervor, Destierro*), novelas (*Primero de enero*) y ensayos. Se suicidó. || ~ **Caicedo** (JOSÉ MARÍA), escritor y diplomático colombiano (1827-1889). || ~ **de Vera y Aragón** (JUAN DE), político español (1535-1610), gobernador militar de Chile (1569-1571) y último adelantado del Río de la Plata (1587-1592). Fundó la ciudad de Corrientes (1588). || ~ **García** (JOAQUÍN), pintor uruguayo (1874-1949), autor de murales y de una obra pictórica de carácter modernista. Creó una escuela en la que fue maestro de toda una generación de artistas y publicó diversos libros. || ~ **Méndez** (RAMÓN), pintor costumbrista y de retratos colombiano (1809-1885). || ~**Naharro** (BARTOLOMÉ DE), escritor y dramaturgo español (¿ 1476-1531 ?), uno de los padres del teatro castellano en verso. Reunió su obra en la *Propalladia,* colección de comedias. || ~ **Nilsson** (LEOPOLDO), director de cine argentino (1899-1960). Su hijo (1924-1978), del mismo nombre, fue también realizador cinematográfico. || ~ **Quevedo** (LEONARDO), ingeniero y matemático español n. en Santander (1852-1936), inventor de un dirigible, de una máquina de calcular y del *telekino* para dirigir a distancia el mando de una máquina. || ~ **Rioseco** (ARTURO), crítico y profesor chileno (1897-1971), autor de una documentada *Nueva Historia de la Gran Literatura Iberoamericana.* || ~ **Villarroel** (DIEGO DE), escritor español, n. en Salamanca (1693-1770), autor de las más extrañas aventuras descritas en su curiosa autobiografía (*Vida*). Se le deben tb. pronósticos, calendarios y escritos satíricos (*Sueños morales*).

torreta f. Torre pequeña. || Reducto blindado, generalmente orientable, en el que se colocan las piezas de artillería de una fortaleza, barco, submarino, avión de guerra o tanque.

Torrevieja, pobl. en el E. de España (Alicante). Salinas. Estación estival.

torrezno m. Pedazo de tocino frito.

Torri (Julio), escritor mexicano (1889-1970), autor de poesías (*Romances viejos*) y ensayos (*Ensayos y poemas*).

Torricelli [-*cheli*] (Evangelista), físico y geómetra italiano (1608-1647), discípulo de Galileo. Inventor del barómetro, demostró los efectos de la presión atmosférica.

Torrico (Andrés María), jurisconsulto boliviano (1795-1875).

tórrido, da adj. Muy caluroso : *clima tórrido.* || *Zona tórrida,* parte de la

654

Tierra que se encuentra situada entre los dos trópicos.

Torriente (Cosme de la), escritor y patriota cubano (1872-1956).

torrija f. Rebanada de pan mojada en vino o leche, rebozada en huevo, frita y bañada después en azúcar, en miel o en almíbar.

Torrijos, v. en el centro de España (Toledo).

Torrijos (José María), general español (1791-1831). M. fusilado después de desembarcar cerca de Málaga para derrocar el régimen absolutista del rey Fernando VII. ‖ ~ (OMAR), militar panameño (1930-1981), jefe del Gobierno, con poderes excepcionales, desde 1968 hasta 1978. Concluyó un acuerdo con los Estados Unidos por el que la soberanía del Canal corresponde a Panamá (1977). M. en accidente de aviación.

Torroella de Montgrí, v. al NE. de España (Gerona). Playas.

Torroja (Eduardo), arquitecto español (1899-1961).

Torrox, pobl. en el sur de España (Málaga).

torsión f. Acción y efecto de torcer o torcerse en sentido helicoidal : *la torsión de un cable.* ‖ Deformación que sufre un cuerpo sometido a dos pares de fuerzas que actúan en direcciones opuestas y en planos paralelos.

torso m. Tronco del cuerpo humano. ‖ Obra de arte que representa el tronco sin la cabeza ni los miembros.

torta f. Pastel de forma circular y aplastada, hecho generalmente con harina, huevos, mantequilla y cocido al horno. ‖ *Fig.* Cualquier cosa de forma de torta. ‖ *Impr.* Paquete de caracteres tipográficos. ‖ Plana de composición que carece de cuadrados. ‖ *Fig.* y *fam.* Bofetada : *pegar una torta.* ‖ Borrachera. ‖ Trastazo. ‖ *Méx.* Bocadillo de jamón, etc., con lechuga, crema, tomate, etc.

tortazo m. *Fam.* Bofetada. ‖ *Fig.* y *fam. Pegarse un tortazo,* caerse ; darse un trastazo ; chocar.

Tortel, c. del S. de Chile, en la XI Región (Aisén del Gral. Carlos Ibáñez del Campo) y en la prov. Capitán Prat, cap. de la com. del mismo n.

torticolis f. Dolor reumático en los músculos del cuello que impide mover la cabeza (p. us. en género masculino).

tortilla f. Huevos batidos, generalmente con cualquier otro manjar, y cocidos en una sartén : *tortilla de patatas.* ‖ *Amér. C.* y *Méx.* Torta de harina de maíz o trigo mezclada con cal. ‖ — *Fig.* y *fam. Hacer tortilla a una persona o cosa,* aplastarla, reventarla. ‖ *Tortilla a la francesa,* la que se hace con huevos solamente. ‖ *Fig. Volverse la tortilla,* cambiar la suerte.

tortillera f. *Pop.* Lesbiana. ‖ *Mex.* Persona que hace tortillas.

tórtola f. Ave del género de la paloma, pero más pequeña.

Tórtola, isla al NE. de Venezuela, en el delta del Orinoco (Delta Amacuro).

Tórtolas (CERRO DE LAS), monte situado en el centro de los Andes de Chile (Coquimbo) ; 6 323 m.

tórtolo m. Macho de la tórtola. ‖ — Pl. *Fig.* Pareja muy enamorada.

Tortona, c. en el N. de Italia, en Piamonte (Alejandría). Obispado.

Tortosa, c. del NE. de España (Tarragona), a orillas del río Ebro y cap. de la comarca catalana de Bajo Ebro. Obispado. Catedral gótica. Industrias.

tortosino, na adj. Perteneciente a Tortosa (España). ‖ Natural de esta ciudad (ú. t. c. s.).

tortuga f. Nombre común de todos los reptiles quelonios de cuerpo corto encerrado en un caparazón óseo. (La tortuga no tiene dientes sino un pico córneo. Su carne es comestible. Existen tortugas terrestres, fluviales y marinas.) ‖ *Fig. A paso de tortuga,* muy despacio.

Tortuga, isla del Ecuador, en el archip. de Colón. — Isla al NE de Venezuela, en el mar Caribe y al O. de la isla Margarita ; 171 km². Dependencia federal. — Isla del NO. de Haití, refugio de piratas en el s. XVII.

Tortugas. V. BUENAVENTURA.

Tortuguero, río en el NE. de Costa Rica (Limón). — Laguna salada en la costa septentrional de Puerto Rico, al NE. de Manatí. Base naval.

tortuosidad f. Estado de tortuoso.

tortuoso, sa adj. Que da vueltas y rodeos : *senda tortuosa.* ‖ *Fig.* Solapado, que carece de franqueza.

tortura f. Tormento : *someter un reo a tortura.* ‖ *Fig.* Dolor, angustia.

torturador, ra adj. y s. Que tortura.

torturar v. t. Dar tortura (ú. t. c. pr.).

Torun, en alem. *Thorn,* c. en el centro de Polonia, a orillas del Vístula. Universidad. Industrias químicas.

toruno m. *Amér. C.* Toro semental. ‖ *Riopl.* Toro viejo. ‖ Toro castrado a medias.

Toruño (Juan Felipe), escritor nicaragüense, n. en 1898, autor de poesías *(Hacia el sol),* novelas *(El silencio)* y ensayos.

torvisca o **torvisco** m. Planta de aproximadamente un metro de altura, con flores blancas, olorosas.

torvo, va adj. Inquietante, amenazador : *mirada torva.*

tory adj. y s. Aplícase a los miembros del Partido Conservador inglés. (Pl. *tories.*)

tos f. Expulsión violenta y ruidosa del aire contenido en los pulmones, que se produce por la irritación de las vías respiratorias. ‖ *Tos ferina,* enfermedad infantil contagiosa, caracterizada por accesos sofocantes de tos.

Tosar (Héctor), compositor uruguayo, n. en 1923, autor de obras sinfónicas, para coro y orquesta, música para piano y de cámara.

Tosca, ópera de Puccini (1900).

Toscana, región en el centro de la Italia peninsular situada entre los Apeninos y el lago Trasimeno y el lago Bolsena y el mar Tirreno ; 23 000 km². Comprende las prov. de Arezzo, Florencia, Grosseto, Liorna, Luca, Massa y Carrara, Pisa, Pistoya y Siena ; 23 000 km². Cap. *Florencia.* El gran ducado de Toscana existió de 1569 a 1860.

Toscanelli (Paolo DAL POZZO), astrónomo y físico italiano (1397-1482).

toscano, na adj. De Toscana (ú. t. c. s.). ‖ Dícese de un orden arquitectónico romano derivado del dórico griego. — M. Lengua hablada en Toscana, italiano.

tosco, ca adj. Grosero, sin pulimento, hecho con poco cuidado o con cosas de poco valor : *una silla tosca.* ‖ *Fig.* Inculto, falto de educación o de instrucción.

tosedera f. *Amer.* Tos continua.

toser v. i. Tener o padecer tos. ‖ *Fig.* y *fam. No toserle nadie a uno,* no poder competir con él ; no dejarse reprender por nadie.

tosferina f. Tos ferina.

tósigo m. Ponzoña, veneno.

tosquedad f. Calidad de basto. ‖ *Fig.* Ignorancia. ‖ Incultura.

Tossa de Mar, v. en el NE. de España (Gerona). Estación veraniega.

tostada f. Rebanada de pan tostada con mantequilla, mermelada, etc. ‖ *Olerse la tostada,* presentir algo.

tostadero m. Sitio donde se tuesta.

tostado, da adj. Aplícase al color ocre oscuro. ‖ Bronceado : *tez tostada.* ‖ — M. Acción y efecto de tostar. ‖ *Amer.* Alazán oscuro.

Tostado, c. al NE. de la Argentina (Santa Fe), cab. del dep. de Nueve de Julio.

Tostado (El). V. MADRIGAL (Alonso de).

tostador, ra adj. Aplícase a la persona que tuesta (ú. t. c. s.). ‖ — M. Instrumento para tostar café, almendras, etc. ‖ Pequeño utensilio de cocina, provisto de una resistencia eléctrica, para tostar pan.

tostar v. t. Someter una cosa a la acción del fuego hasta que tome color dorado y se deseque sin quemarse : *tostar almendras.* ‖ *Fig.* Calentar demasiado. ‖ Curtir, broncear la piel (ú. m. c. pr.).

tostón m. Garbanzo tostado. ‖ Tostada mojada en aceite. ‖ Trozo pequeño de pan cocido o frito, que se añade a sopas y purés. ‖ Cochinillo asado. ‖ *Fam.* Cosa fastidiosa, pesada, rollo : *esta película es un tostón.* ‖ Persona pesada. ‖ Moneda mexicana de plata de 50 centavos. ‖ *Fam. Dar el tostón,* fastidiar, ser pesado.

Tot, divinidad egipcia representada como un hombre con cabeza de ibis o con forma de cinocéfalo.

Tota, c. y laguna al NE. de Colombia (Boyacá) ; 84 km².

total adj. Completo : *triunfo total.* ‖ — M. Conjunto de varias partes que forman un todo. ‖ Suma, resultado de la operación de sumar. ‖ — Adv. En conclusión, en resumen : *total, que me marché.* ‖ *En total,* en conjunto.

totalidad f. Todo, conjunto.

totalitario, ria adj. Aplícase a los regímenes políticos en los cuales todos los poderes del Estado están concentrados en el gobierno de un partido único o en un pequeño grupo de dirigentes y donde no se respetan los derechos individuales.

totalitarismo m. Régimen, sistema totalitario : *el totalitarismo nazi.*

totalizador, ra adj. Que totaliza. ‖ — M. Aparato que da mecánicamente el total de una serie de operaciones.

totalizar v. t. Sumar.

Totana, c. en el SE. de España (Murcia). Agricultura, industria conservera.

totay m. Una especie de palmera americana.

tótem m. En ciertas tribus primitivas, animal considerado como antepasado de la raza o protector de la tribu. ‖ Representación de este animal. (Pl. *tótemes* o *tótems.*)

totémico, ca adj. Relativo al tótem.

totemismo m. Creencia en los tótemes.

Totochtin, una de las divinidades de Pulque, entre los aztecas.

totonaca, totoneca y **totonaco, ca** adj. Dícese de un indio mexicano (ú. t. c. s.). ‖ Relativo a él o a su cultura. ‖ — M. Lengua hablada por los totonacas.

— Los totonacas eran un ant. pueblo de la región del golfo de México que existieron desde el s. V hasta el XIII. Tuvieron una civilización adelantada : monumentos (pirámide de El Tajín), esculturas, cerámicas, etc.

totonicapa, totonicapanés, esa o **totonicapense** adj. y s. De Totonicapán (Guatemala).

Totonicapán, c. al SO. de Guatemala al NO. del lago Atitlán, cab. del dep. homónimo. Ganadería. Minas.

totopo o **totoposte** m. *Méx.* Torta de maíz muy tostada.

totora f. *Amer.* Especie de anea que se cría en terrenos húmedos. (Los indígenas de las riberas del lago Titicaca la utilizan para hacer sus embarcaciones o cubrir las cabañas.)

Totora, pobl. en el centro de Bolivia, cap. de la prov. de Carrasco (Cochabamba).

totoral m. Sitio cubierto de totoras.

Tottenham, barrio industrial en el noroeste de Londres.

Tottori, c. del Japón en el SO. de la isla de Honshu.

Totul Xiu, cacique maya convertido al catolicismo en 1542, que ayudó a Francisco de Montejo el Mozo a dominar el O. de Yucatán.

totuma o **totumo** m. *Amer.* Calabaza, güira. ‖ Vasija hecha con ella.

Toul [*tul*] o **Tul,** c. en el NE. de Francia (Meurthe-et-Moselle).

Toulon [*tulón*]. V. TOLÓN.

Toulouse [*tulús*], en esp. *Tolosa,* c. en el S. de Francia, ant. cap. del Languedoc, cap. del dep. de Haute-Garonne, a orillas del río Garona. Arzobispado. Universidad. Industrias.

Toulouse-Lautrec (Henri de), pintor francés (1864-1901). Se inspiró en la vida de los cabarets de Montmartre (París), en las escenas de café y de teatro para realizar carteles de anuncios, grabados, dibujos, pasteles y pinturas de gran vigor y realismo.

Tounens (Antonio de). V. ORELIO ANTONIO I.

tour m. (pal. fr.). Vuelta. ‖ Excursión. ‖ *El Tour,* vuelta ciclista a Francia.

Tour (Georges de La). V. LA TOUR.

tour de force [*turdefors*] expr. fr. Proeza, hazaña, realización que representa un gran esfuerzo.

Touraine. V. TURENA.

Tourcoing [*turkuán*], c. septentrional de Francia (Nord). Textiles.

Tourmalet [*turmalé*], puerto de los Pirineos franceses, cerca de la pobl. de Lourdes ; 2 115 m.

TO

Tournai [turné], c. en el sur de Bélgica, a orillas del Escalda.

tournedos m. (pal. fr.). Solomillo de res.

tournée [turné] f. (pal. fr.). Gira teatral ‖ Viaje de recreo.

Tours [tur], c. en el centro de Francia, ant. cap. de Turena y cap. del dep. de Indre-et-Loire. Arzobispado. Universidad. Base aérea. Catedral gótica.

Tous, mun. al E. de España (Valencia). Gran presa que suministra agua al canal Júcar-Turia. Graves inundaciones provocadas por la ruptura de ésta en 1982.

Toussaint Louverture. V. LOUVERTURE.

Tovar, sierra en el O. de Venezuela (Mérida). — Mun. al N. de Venezuela (Aragua) ; cap. *Colonia Tovar.* Galena.

Tovar (Antonio), humanista español, n. en 1911, autor de ensayos (*Ancha es Castilla*) y de obras de lingüística (*Estudios sobre las primitivas lenguas hispánicas, Relatos y diálogos de los matacos, Catálogo de las lenguas de América del Sur*). ‖ ~ (JUAN), escritor mexicano, n. en 1941, autor de numerosos relatos. ‖ ~ (JUAN DE), jesuita e historiador mexicano (¿ 1540 ?-1626), autor de *Historia de los chichimecas*. ‖ ~ (MANUEL FELIPE DE), político venezolano (1803-1866), pres. de la Rep. de 1859 a 1861. ‖ ~ **Cano** (ANTONIO), escritor indígena mexicano del s. XVII, que, antes de bautizarse, llevaba el nombre de *Moctezuma Ixtlixóchitl*. ‖ ~ **Tovar** (MARTÍN), pintor venezolano (1828-1902), autor de cuadros históricos y de retratos.

Townsville, c. y puerto en el NE. de Australia (Queensland).

toxicidad f. Calidad de tóxico.

tóxico, ca adj. Venenoso : *sustancia tóxica.* ‖ — M. Veneno.

toxicología f. Rama de la medicina que trata de los venenos y de sus modos de acción.

toxicológico, ca adj. Relativo a la toxicología.

toxicólogo, ga m. y f. Especialista en toxicología.

toxicomanía f. Hábito morboso de tomar sustancias tóxicas o estupefacientes como el éter, la morfina, la cocaína, el opio, etc.

toxicómano, na adj. Que padece toxicomanía (ú. t. c. s.).

toxina f. Sustancia proteínica elaborada por bacterias, hongos, parásitos, capaz de producir en el organismo efectos tóxicos.

Toxiuhmolpilli, fiesta del Fuego nuevo, celebrada por los antiguos mexicanos cada 52 años en honor de Tonatiuh.

Toyama, c. y puerto del Japón en el O. de la isla de Honshu.

Toynbee (Arnold Joseph), historiador británico (1889-1975).

Toyohashi, c. del Japón en el S. de la isla de Honshu. Industrias.

Toyonaka, c. del Japón (Honshu), suburbio norte de Osaka.

Toyota, c. del Japón (Honshu).

tozudez f. Obstinación, testarudez.

tozudo, da adj. y s. Obstinado.

traba f. Unión, lazo. ‖ Ligadura con que se atan las manos y los pies de las caballerías para dificultar su marcha. ‖ *Fig.* Estorbo, impedimento.

trabacuenta f. Equivocación en una cuenta. ‖ *Fig.* Discusión.

trabado, da adj. Dícese de la caballería que tiene blancas las dos manos o una mano y un pie situados de distinto lado. ‖ Dícese de la sílaba que termina en consonante, como el del vocablo *verdad*. ‖ *Méx.* Tartamudo.

trabajado, da adj. Cansado, molido del trabajo. ‖ Hecho con mucho trabajo y esmero.

trabajador, ra adj. Que trabaja. ‖ Inclinado a trabajar. ‖ — M. y f. Obrero, operario.

trabajar v. i. Desarrollar una actividad : *ser demasiado joven para trabajar*. ‖ Realizar o participar en la realización de algo : *trabajar en una obra.* ‖ Ejercer un oficio : *trabajar de sastre.* ‖ Esforzarse : *trabajar en imitar a su maestro.* ‖ *Fam.* Actuar en el teatro, cine o televisión. ‖ *Fig.* Funcionar activamente : *imaginación que trabaja.* ‖ Producir un efecto : *el tiempo trabaja a nuestro favor.* ‖ Torcerse, alabearse :

tabla de madera que trabaja. ‖ *Fam.* Trabajar para el obispo, trabajar sin recompensa. ‖ — V. t. Labrar : *trabajar el hierro, la piedra, la tierra.* ‖ Hacer algo con mucho esmero : *trabajar el. estilo de una obra.* ‖ *Fig.* Molestar, inquietar. ‖ Amaestrar un caballo. ‖ — V. pr. Ocuparse y estudiar algo con cuidado : *me estoy trabajando este asunto.* ‖ *Fig.* Atraerse la simpatía o el favor de alguien.

trabajera f. Trabajo, labor dura.

trabajo m. Esfuerzo, actividad : *trabajo manual, intelectual.* ‖ Ocupación retribuida : *abandonar su trabajo.* ‖ Obra hecha o por hacer : *distribuir el trabajo entre varias personas.* ‖ Manera de interpretar su papel un actor. ‖ En economía política, uno de los factores de la producción. ‖ Estudio, obra escrita sobre un tema : *un trabajo bien documentado.* ‖ Fenómenos que se producen en una sustancia y cambian su naturaleza o su forma : *trabajo de descomposición.* ‖ Producto de la intensidad de una fuerza por la distancia que recorre su punto de aplicación. ‖ Efecto aprovechable de una máquina. ‖ *Fig.* Dificultad, esfuerzo : *hacer algo con mucho trabajo ; costar mucho trabajo conseguir un buen puesto.* ‖ — Pl. Penas, miserias : *pasar trabajos.* ‖ — *Accidente del trabajo*, el ocurrido durante las horas de labor o durante el trayecto desde el domicilio al lugar de trabajo. ‖ *Darle duro al trabajo*, trabajar mucho. ‖ *Darse o tomarse el trabajo de*, hacer un esfuerzo para ; tomarse la molestia de. ‖ *Trabajos forzados o forzosos*, pena a la que se sometía a los presidiarios.

trabajosamente adv. Con dificultad.

trabajoso, sa adj. Que cuesta trabajo, difícil : *trabajoso de hacer.* ‖ Molesto, penoso.

trabalenguas m. inv. Palabra o frase difícil de pronunciar.

trabamiento m. Trabazón.

trabar v. t. Juntar o ensamblar una cosa con otra : *trabar dos maderos.* ‖ Atar, ligar. ‖ Poner trabas a un animal. ‖ Espesar, dar consistencia u homogeneidad : *trabar una salsa.* ‖ *Fig.* Empezar, emprender : *trabar una discusión.* ‖ Entablar : *trabar amistad con uno.* ‖ — V. pr. Enredarse los pies, las piernas. ‖ Tomar consistencia u homogeneidad una salsa, etc. ‖ *Se le ha trabado la lengua*, ha empleado una palabra por otra, tiene dificultad para hablar.

trabazón f. Unión existente entre varias cosas. ‖ Ensambladura. ‖ Homogeneidad o consistencia dada a una salsa, masa, etc. ‖ *Fig.* Enlace entre las cosas.

trabilla f. Tira de tela o cuero que sujeta los bordes del pantalón por debajo del pie. ‖ Tira que se pone detrás en la cintura de los abrigos, chaquetas, etc.

trabucar v. t. Trastornar, desordenar : *ha trabucado todos mis planes.* ‖ Trastornar el entendimiento (ú. t. c. pr.). ‖ Confundir, trastocar : *siempre trabuca nuestros nombres* (ú. t. c. pr.).

trabucazo m. Disparo de trabuco.

trabuco m. Antigua máquina de guerra usada para lanzar piedras contra las murallas. ‖ Arma de fuego más corta y de mayor calibre que la escopeta ordinaria. ‖ *Trabuco naranjero*, el de boca anaranjada.

traca f. Petardos colocados en una cuerda que estallan sucesivamente.

trácala f. *Amer.* Trampa, ardid.

tracalada f. *Amer.* Muchedumbre. ‖ Trácala.

tracalero, ra adj. *Amer.* Tramposo, engañador (ú. t. c. s.).

tracción f. Acción de tirar, de mover un cuerpo arrastrándolo hacia adelante : *tracción animal, de vapor.* ‖ Fuerza que obra axialmente en un cuerpo y tiende a alargarlo. ‖ *Tracción delantera*, automóvil con las ruedas delanteras motrices.

Tracia, región de Europa oriental, dividida en 1919 y 1923 entre Grecia (*Tracia Occidental*), Turquía (*Tracia Oriental*) y Bulgaria (*Tracia del Norte* o Rumelia Oriental) ; 41 833 km².

tracio, cia adj. y s. De Tracia.

tracoma f. *Med.* Conjuntivitis granulosa, endémica en ciertos países.

tracto m. Formación anatómica que separa dos lugares del organismo y realiza una función de conducción : *tracto digestivo.*

tractor m. Vehículo automotor utilizado, sobre todo, en la agricultura, para arrastrar otros. ‖ *Tractor oruga*, el provisto de cadenas sin fin.

tractorista m. y f. Persona que conduce un tractor.

trade mark [treidmark] f. (pal. ingl.). Marca registrada.

trade union m. (pal. ingl.). En Gran Bretaña y algunos países del Commonwealth, sindicato obrero.

tradición f. Transmisión de doctrinas, leyendas, costumbres, etc., durante largo tiempo, por la palabra o el ejemplo. ‖ Costumbre transmitida de generación en generación : *las tradiciones de una provincia.* ‖ Transmisión oral o escrita de los hechos o doctrinas que se relacionan con la religión.

tradicional adj. Basado en la tradición : *fiesta tradicional.* ‖ Que ha pasado a ser una costumbre.

tradicionalismo m. Apego a la tradición. ‖ Sistema político fundado en la tradición. ‖ En España, carlismo. ‖ Opinión filosófica o teológica que, en el conocimiento de la verdad, da más importancia a la revelación que a la razón.

tradicionalista adj. Relativo a la tradicionalismo. ‖ Partidario del tradicionalismo (ú. t. c. s.). ‖ En España, carlista : *partido tradicionalista* (ú. t. c. s.).

Tradiciones peruanas, relatos en once volúmenes o series del peruano Ricardo Palma sobre la vida colonial. Aparecieron entre 1872 y 1918.

traducción f. Acción de traducir, de verter a otro idioma : *la traducción de un discurso.* ‖ Obra traducida : *leer una traducción de Sófocles.* ‖ Interpretación : *la traducción del pensamiento de una persona.* ‖ *Fig.* Expresión. ‖ — *Traducción automática*, traducción de un texto mediante máquinas electrónicas. ‖ *Traducción directa*, la realizada del idioma extraño al propio. ‖ *Traducción inversa*, la realizada del idioma propio al extraño.

traducible adj. Que se puede traducir.

traducir v. t. Expresar en una lengua lo escrito o expresado en otra : *traducir del castellano, del francés.* ‖ *Fig.* Expresar : *no saber traducir un estado de ánimo.* ‖ Interpretar : *tradujo mal lo que le dije.* ‖ — V. pr. Dar lugar a : *su mala gestión se tradujo en un déficit elevado.*

traductor, ra adj. Aplícase a la persona que se dedica a traducir : *traductor jurado* (ú. t. c. s.). ‖ — M. y f. Autor de una traducción.

traer v. t. Trasladar una cosa al sitio en que se encuentra una persona : *traer una carta* (ú. t. c. pr.). ‖ Llevar : *hoy trae un abrigo nuevo.* ‖ Transportar consigo de vuelta en un viaje : *ha traído cigarros puros de La Habana.* ‖ Acarrear : *eso le trajo muchos disgustos ; traer mala suerte.* ‖ Tener : *el mes de junio trae treinta días.* ‖ Contener : *el periódico trae hoy una gran noticia.* ‖ — *Fam. Me trae sin cuidado*, me da igual, no me importa. ‖ *Traer a la mente*, recordar. ‖ *Traer a una persona*, maltratarla ; molestarla. ‖ *Traer aparejado* (o consigo), ocasionar forzosamente. ‖ *Fig. y fam. Traer cola*, tener consecuencias. ‖ *Traer de cabeza a uno*, causarle muchas preocupaciones. ‖ *Traer frito a uno*, molestarle mucho. ‖ *Traer y llevar*, chismear. ‖ — V. pr. *Traerse entre manos*, ocuparse de ello, estar planeándolo, intrigar. ‖ *Fig. y fam. Traérselas*, ser muy difícil o fuera de lo corriente : *traer que se las trae.*

tráfago m. Tráfico. ‖ Negocios, trajín, ocupaciones, faenas.

Trafalgar, cabo del S. de España, entre Cádiz y Tarifa. Una escuadra francoespañola fue derrotada por la flota inglesa mandada por Nelson (21 de octubre de 1805).

traficante adj. Aplícase a la persona que trafica, muchas veces en negocios poco recomendables (ú. t. c. s.).

656

traficar v. i. Negociar, realizar operaciones comerciales, generalmente ilícitas y clandestinas : *traficar en drogas.* | *Fig.* Hacer indebidamente uso de algo : *traficar con su crédito.* | Viajar, errar por países, correr mundo.

tráfico m. Comercio ilegal y clandestino : *tráfico de divisas, de negros.* ‖ Tránsito, circulación de vehículos : *calle, aeropuerto de mucho tráfico.* ‖ *Tráfico rodado,* circulación de vehículos por calles o carreteras.

tragacanto m. Arbusto papilionáceo, cuyo tronco da una goma usada en farmacia, confitería, etc. ‖ Esta goma.

tragaderas f. pl. *Fam.* Esófago, faringe. ‖ *Fig.* y *fam.* *Tener buenas tragaderas,* ser crédulo ; tener pocos escrúpulos ; comer o beber mucho ; tolerar o admitir cualquier cosa.

tragadero m. *Fam.* Tragaderas. ‖ Agujero. | Sumidero.

tragador, ra adj. y s. Tragón.

trágala m. Canción con que los liberales españoles se burlaban de los absolutistas hacia 1820. ‖ *Fig.* y *fam.* *Cantarle a uno el trágala,* burlarse del que no tiene más remedio que aceptar lo que antes rechazaba.

tragaldabas com. inv. *Fam.* Persona muy tragona o muy crédula.

tragaleguas com. inv. *Fig.* y *fam.* Persona que anda mucho y de prisa.

tragalumbre m. *Méx.* Saltimbanqui que echa fuego por la boca.

tragaluz m. Ventana pequeña abierta en un tejado o en una pared.

tragante adj. Que traga. ‖ — M. Abertura en la parte superior de los hornos de cuba y altos hornos.

tragantona f. *Fam.* Comilona.

tragaperras adj. inv. Dícese de una máquina distribuidora automática de premios en metálico o de otras cosas, que funciona al introducir una o varias monedas en una ranura (ú. t. c. s. m. y f.).

tragar v. t. Hacer que una cosa pase de la boca al esófago. Ú. t. c. i. : *no poder tragar.* ‖ Comer mucho o con voracidad. Ú. t. c. pr. : *¡ hay que ver lo que se traga este chico !* ‖ Absorber : *suelo que traga rápidamente el agua.* ‖ *Fig.* Hacer desaparecer en su interior : *barco tragado por el mar* (ú. t. c. pr.). | Creer fácil y neciamente. Ú. t. c. pr. : *se traga cuanto le dicen.* | Soportar algo vejatorio. Ú. t. c. pr. : *tragarse un insulto.* Ú. t. c. pr. | Consumir mucho (ú. t. c. pr.) : *los coches modernos tragan menos gasolina.* ‖ — *Fig.* y *fam.* *No poder tragar a uno,* sentir por él profunda aversión. | *Tenerse tragado una cosa,* presentir que ha de suceder algo desagradable. | *Tragar el anzuelo,* dejarse engañar. | *Tragar la píldora o tragársela,* creer un embuste ; soportar alguna cosa desagradable.

tragedia f. Obra dramática en la que intervienen personajes ilustres, capaz de infundir lástima o terror por su desenlace generalmente funesto. ‖ *Fig.* Suceso fatal, catástrofe. ‖ Género formado por esta clase de obras. ‖ *Fig.* Suceso fatal.

trágico, ca adj. Relativo a la tragedia : *poesía trágica.* ‖ *Fig.* Terrible, desastroso : *desenlace trágico.* | *Ponerse trágico,* dicho de una situación, tomar un aspecto grave ; aplicado a una persona, adoptar una actitud exageradamente patética. ‖ — M. y f. Autor o actor de tragedias. | *Tomar por lo trágico una cosa,* considerarla más grave de lo que es.

tragicomedia f. Obra dramática en que se mezclan los géneros trágico y cómico. ‖ Obra jocosa escrita en forma de diálogo pero no destinada a ser representada : *la tragicomedia de Calisto y Melibea.* ‖ *Fig.* Suceso que provoca a la vez risa y compasión.

tragicómico, ca adj. Relativo a la tragicomedia. ‖ A la vez serio y cómico.

trago m. Cantidad de líquido que se bebe de una vez : *echar un trago de vino.* | *Fam.* Bebida : *aficionado al trago.* ‖ *Fig.* y *fam.* Disgusto, contratiempo : *un mal trago.* ‖ *Anat.* Prominencia triangular de la oreja, delante del conducto auditivo. ‖ — *A tragos,* poco a poco, con intermitencias. | *Trago largo,* bebida alcohólica a la que se añade agua o hielo. ‖ *Fig.* *Trago amargo,* trance o lance penoso.

tragón, ona adj. y s. *Fam.* Comilón. | Dícese de la mujer de conquista fácil.

traición f. Violación de la fidelidad debida, deslealtad : *hacer traición a la fe jurada.* ‖ Delito que se comete sirviendo al enemigo. ‖ — *Alta traición,* delito contra la seguridad del Estado. ‖ *A traición,* alevosamente, faltando a la lealtad o confianza.

traicionar v. t. Hacer traición : *traicionar al país, al amigo.* ‖ *Fig.* Descubrir, revelar : *su gesto traiciona sus intenciones.* | Deformar, desvirtuar : *traicionar el texto de un autor.* | Fallar : *le traicionó el corazón.*

traicionero, ra adj. Que traiciona o ataca alevosamente (ú. t. c. s.). ‖ Hecho a traición : *golpe traicionero.*

traída f. Acción y efecto de traer. ‖ *Traída de aguas,* derivación de las aguas de un sitio hacia otro.

traído, da adj. Aplícase principalmente a la ropa gastada : *abrigo muy traído.* ‖ *Bien traído,* oportuno : *chiste bien traído.* ‖ *Traído por los pelos,* poco natural, muy rebuscado. | *Traído y llevado,* manoseado.

traidor, ra adj. Que comete traición (ú. t. c. s.). ‖ Pérfido, que hace daño pareciendo inofensivo.

Traiguén, isla al sur de Chile (Aisén), en el archipiélago de los Chonos. — C. del centro de Chile, en la IX Región (Araucanía) y en la prov. de Malleco, cap. de la com. de su n.

tráiler m. (pal. ingl.). Avance de una película cinematográfica.

trailla f. Cuerda o correa con que se lleva atado el perro a la caza. ‖ Par o conjunto de pares de perros que se llevan de esta manera. | Tralla. ‖ Apero de labranza para allanar terrenos.

traína f. Nombre de varias redes de fondo.

trainera f. Barca que pesca con traíña. ‖ Embarcación de remo que participa en regatas en el golfo de Vizcaya (España).

training [training] m. (pal. ingl.). Formación profesional. ‖ Período de tiempo pasado para hacer prácticas en un trabajo. ‖ Entrenamiento.

traíña f. Red de grandes dimensiones que se cala rodeando un banco de sardinas para llevarlas a la costa.

Trajano (Marco Ulpio), emperador romano, n. en Itálica (España) [53-117]. Reinó desde el año 98 y conquistó Dacia, Arabia, Armenia, Mesopotamia, Asiria y venció a los partos.

traje m. Vestido, manera de vestirse propia de cierta clase de personas, de cierto país, de cierta época, etc. ‖ Vestimenta completa de una persona. ‖ Conjunto de chaqueta, chaleco y pantalón. ‖ Vestido de mujer de una sola pieza : *traje camisero.* ‖ — *Baile de trajes,* aquel en que va disfrazado. ‖ *Fig.* y *fam.* *Cortar un traje a uno,* criticarle mucho. ‖ *Traje de baño,* bañador. ‖ *Traje de casa,* bata, vestido de mujer largo y cómodo para estar en casa. ‖ *Traje de ceremonia o de gala,* el empleado para actos solemnes. ‖ *Traje de chaqueta,* el de mujer, compuesto de chaqueta y falda. ‖ *Traje de etiqueta,* el de ceremonia de hombre. | *Traje de luces,* el que visten los toreros. ‖ *Traje regional,* el típico de una región o país.

trajeado, da adj. *Fam.* Bien (o mal) trajeado, bien (o mal) vestido.

trajear v. t. Proveer de trajes.

trajín m. Tráfico. ‖ Actividad, trabajo, quehaceres : *el trajín de la casa ; tener mucho trajín.* | *Fam.* Ajetreo, idas y venidas. | Lío amoroso.

trajinante adj. y s. Aplícase a la persona que trajina o lleva mercancías de un lugar a otro. ‖ Intrigante.

trajinar v. t. Llevar mercancías de un lugar a otro. ‖ — V. i. *Fam.* Andar de un sitio a otro con cualquier ocupación, ajetrearse. | Trabajar : *siempre está trajinando.* | *Chil.* Registrar. ‖ — V. pr. *Fam.* Arreglárselas. | Conseguir, lograr. | Conquistar a una mujer.

tralla f. Cuerda, soga. ‖ Trencilla de cuero colocada en la punta del látigo para que éste restalle.

trallazo m. Golpe dado con la tralla. ‖ Restallido de la tralla. | Chut fuerte en el fútbol. | *Fam.* Vaso de vino. | Latigazo. | Golpe desgraciado.

trama f. Conjunto de hilos que, cru-

zados con los de la urdimbre, forman un tejido. ‖ *Fig.* Intriga, enredo : *la trama de una comedia, de una novela.* ‖ *Filtro finamente cuadriculado o reticulado que se dispone ante la emulsión sensible en los procedimientos de fotograbado.*

tramador, ra m. y f. Persona que trama.

tramar v. t. Cruzar los hilos de la trama con los de la urdimbre. ‖ *Fig.* y *fam.* Preparar en secreto : *tramar un complot.*

tramitación f. Acción de tramitar. ‖ Serie de trámites necesarios para resolver un asunto.

tramitador, ra adj. Dícese de la persona que tramita (ú. t. c. s.).

tramitar v. t. Efectuar los trámites necesarios para resolver un asunto, obtener un documento, etc. : *tramitar su pasaporte.* | Facilitar, gestionar.

trámite m. Cada una de las diligencias necesarias para la resolución de un asunto : *trámites para obtener una autorización.* ‖ Requisito, formalidad : *cumplir con los trámites necesarios.* ‖ Paso de una cosa a otra. ‖ *De trámite,* rutinario, obligado por el reglamento.

tramo m. Terreno separado de los contiguos por una línea divisoria o una señal. ‖ Parte de una escalera entre dos rellanos. ‖ Parte de un canal, camino, etc., entre dos puntos determinados. ‖ *Fís.* Espacio.

tramojo m. *Amer.* Triángulo de madera en el cuello de los animales para que no entren en algunos sitios.

tramontana f. Norte. ‖ En el Mediterráneo, viento del Norte. ‖ *Fig.* Vanidad, orgullo. ‖ *Fig.* y *fam.* *Perder uno la tramontana,* perder la cabeza.

tramontano, na adj. Del otro lado de los montes.

tramoya f. Máquina o conjunto de máquinas con que se efectúan los cambios de decoración en los teatros. ‖ *Fig.* Enredo, intriga. | Pompa, aparato : *una fiesta con mucha tramoya.*

tramoyista com. El que construye, coloca, o hace funcionar las tramoyas del teatro. ‖ *Fig.* Tramposo.

trampa f. Artificio para cazar, consistente en una excavación disimulada por una tabla u otra cosa que puede hundirse bajo el peso de un animal. ‖ Puerta abierta en el suelo para poner en comunicación dos pisos : *trampa que comunica con la bodega ; trampa de teatro.* ‖ Tablero horizontal y levadizo en los mostradores de las tiendas para pasar de un lado a otro. ‖ Portañuela del pantalón. ‖ *Fig.* Ardid, estratagema con que se engaña a una persona : *era una trampa para saber si me diría la verdad.* | Fullería, engaño en el juego. | En prestidigitación, truco, procedimiento misterioso que permite realizar cosas prodigiosas. | Deuda : *estar lleno de trampas.* ‖ — *Fig.* *Caer en la trampa,* dejarse engañar. | *Hacer trampas,* cometer fraude ; engañar en el juego. | *Sin trampa ni cartón,* sin truco de ninguna clase.

trampeador, ra adj. *Fam.* Aplícase a la persona que trampea (ú. t. c. s.).

trampear v. i. *Fam.* Pedir prestado o fiado con la intención de no pagar. | Ir tirando : *va trampeando.* ‖ — V. t. *Fam.* Usar de artificios para engañar.

tramperia f. Trampa, ardid.

trampilla f. Abertura en el suelo de una habitación. ‖ Portezuela del fogón.

trampolín m. Plano inclinado y generalmente elástico en que toma impulso el gimnasta, el nadador o el esquiador para saltar. ‖ *Fig.* Lo que sirve para obtener un resultado.

tramposo, sa adj. y s. Embustero. ‖ Mal pagador, que contrae deudas que no puede pagar. ‖ Dícese del que suele hacer trampas, particularmente en el juego.

tranca f. Palo grueso y fuerte que se usa como bastón, como arma de ataque o defensa o que se coloca para asegurar una puerta o ventana cerradas poniéndolo cruzado detrás de ellas. | *Fam.* Borrachera. ‖ *A trancas y barrancas,* mal que bien, pasando como se puede todos los obstáculos.

trancada f. Tranco, paso largo. ‖ *En dos trancadas,* en dos trancos.

trancazo m. Golpe dado con una tranca. ‖ *Fig.* y *fam.* Gripe.

TO

657

trance m. Momento crítico : *un trance desagradable.* ‖ Situación apurada, mal paso : *sacar a uno de un trance.* ‖ Estado hipnótico del médium. ‖ — *A todo trance,* a toda costa, resueltamente. ‖ *El postrer* (o *último* o *mortal*) *trance,* los últimos momentos de la vida. ‖ *En trance de muerte,* a punto de morir.

tranco m. Paso largo, salto : *avanzar a trancos.* ‖ Umbral : *el tranco de la puerta.* ‖ *Fig. En dos trancos,* en un momento.

trangallo m. Palo que se cuelga del collar de los perros para que no puedan bajar la cabeza.

Trani, c. y puerto del S. de Italia en Pulla (Bari). Arzobispado. Catedral.

tranquear v. i. Dar trancos. ‖ *Fig.* Ir tirando, ir viviendo.

tranquera f. Estacada, empalizada. ‖ *Amer.* Puerta rústica en un cercado.

tranquil m. *Arq.* Línea vertical. ‖ *Arco por tranquil,* aquel cuyos arranques están a distinta altura.

tranquilidad f. Quietud, sosiego, estado de tranquilo : *la tranquilidad de los ánimos.* ‖ *Para mayor tranquilidad,* en descargo de conciencia.

tranquilizador, ra adj. Que tranquiliza.

tranquilizante adj. Que tranquiliza. ‖ Dícese del sedante o medicamento usado para el tratamiento del nervosismo, calmante (ú. t. c. s. m.).

tranquilizar v. t. Poner tranquilo, calmar, sosegar.

tranquilo, la adj. Quieto, no agitado : *mar tranquilo.* ‖ Apacible, sosegado : *persona, sitio, país tranquilos.* ‖ Sin remordimiento : *conciencia tranquila.* ‖ Despreocupado. Ú. t. c. s. : *es un tranquilo a quien nada importa.*

tranquillo m. *Fam.* Procedimiento que permite hacer una cosa con más facilidad : *dar con el tranquillo.*

transa m. *Méx. Fam.* Persona que acepta transar. ‖ — F. *Méx. Fam.* Transacción.

transacción f. Operación comercial o bursátil. ‖ Acuerdo basado en concesiones recíprocas.

transaccional adj. Relativo a la transacción.

transafricano, na adj. Que atraviesa África.

Transalai, parte más elevada en el N. de la cordillera del Pamir en la U.R.S.S. (Asia Central).

transalpino, na adj. Del otro lado de los Alpes : *regiones transalpinas.*

Transamazónica (Carretera), nombre dado a la carretera que atraviesa la selva del Amazonas.

transamericano, na adj. Que atraviesa América.

transandino, na adj. Del otro lado de los Andes : *zona transandina.* ‖ Que atraviesa los Andes. ‖ Dícese del ferrocarril que une la Argentina y Chile usando por los Andes, inaugurado en 1910. (ú. t. c. s. m.).

transar v. i. *Méx.* Transigir, ceder. ‖ Hacer ciertos negocios o transacciones comerciales.

transatlántico, ca adj. Situado del otro lado del Atlántico. ‖ Que cruza el Atlántico. ‖ — M. Buque de grandes dimensiones para la travesía del Atlántico o viajes muy largos.

transbordador, ra adj. Que sirve para transbordar. ‖ — M. Barco grande preparado para transportar vehículos de una orilla a otra. (V. FERRY-BOAT.) ‖ — *Puente transbordador,* plataforma colgada de un tablero elevado para el transporte de personas o mercancías de una orilla a otra con un río o una bahía. ‖ *Transbordador espacial,* astronave diseñada para efectuar los trayectos entre la Tierra y una estación orbital.

transbordar v. t. Trasladar personas o mercancías de un barco o vehículo a otro. ‖ — V. i. Cambiar de tren o de metro, autobús, avión, etc., en un sitio determinado.

transbordo m. Acción y efecto de transbordar : *transbordo en el metro.*

Transcaucasia, término con el que se designa a veces la parte de la U.R.S.S. al S. del Cáucaso. Se encuentran las repúblicas de Armenia, Azerbaidján y Georgia.

transcendencia f. Trascendencia.

transcendental adj. Trascendental.

transcendentalismo m. Escuela filosófica norteamericana, representada por Emerson, que se caracteriza por un misticismo panteísta.

transcendente adj. Trascendente.

transcender v. t. Trascender.

transcontinental adj. Que atraviesa un continente.

transcribir v. t. Copiar un escrito. ‖ *Por ext.* Poner por escrito una cosa que se oye. ‖ Escribir con las letras de determinado alfabeto lo que está escrito con las de otro. ‖ *Mús.* Arreglar para un instrumento lo escrito para otro u otros. ‖ *Fig.* Expresar por escrito un sentimiento o impresión.

transcripción f. Acción de transcribir un escrito o una obra musical. ‖ Cosa transcrita.

transcriptor, ra m. y f. Persona que transcribe. ‖ — M. Aparato para transcribir.

transcurrir v. i. Pasar el tiempo : *transcurrieron dos años.* ‖ Ocurrir.

transcurso m. Paso del tiempo : *en el transcurso de los años.* ‖ Espacio de tiempo : *en el transcurso del mes.*

transepto m. *Arq.* Crucero de un templo.

transeúnte com. Persona que pasa o transita por un lugar. ‖ Persona que está de paso, que no reside sino transitoriamente en un lugar. Ú. t. c. s. : *residente transeúnte.*

transexual adj. Dícese de la persona que ha cambiado de sexo mediante una intervención quirúrgica (ú. t. c. s.).

transexualismo m. Condición de transexual.

transferencia f. Acción de transferir un derecho de una persona a otra. ‖ Operación bancaria consistente en transferir una cantidad de una cuenta a otra. ‖ Documento en que consta. ‖ En informática, desplazamiento de una información de un lugar a otro. ‖ Cambio de un jugador profesional de un club a otro. ‖ Transferencia de tecnología, transmisión, cesión de una tecnología determinada de un país avanzado a otro menos desarrollado. ‖ — Pl. Conjunto de operaciones financieras realizadas dentro de un presupuesto para redistribuir el capital.

transferible adj. Que puede ser transferido.

transferidor, ra adj. y s. Aplícase al que transfiere.

transferir v. t. Trasladar una cosa de un lugar a otro : *transferir la dirección de Sevilla a Madrid.* ‖ Ceder o traspasar un derecho a otra persona. ‖ Remitir fondos bancarios de una cuenta a otra.

transfiguración f. Cambio de una figura por otra. ‖ Estado glorioso en que se manifestó Jesús a tres de sus discípulos en el monte Tabor. ‖ Fiesta católica que conmemora este hecho (6 de agosto).

transfigurar v. t. Hacer cambiar de figura o de aspecto (ú. t. c. pr.).

transformable adj. Que se puede transformar.

transformación f. Cambio de forma o de aspecto. ‖ En rugby acción de enviar el balón por encima de la barra transversal, después de un ensayo.

transformador, ra adj. Aplícase a lo a la que transforma. Ú. t. c. s. ‖ — M. Aparato que obra por inducción electromagnética y sirve para transformar un sistema de corrientes variables en uno o varios sistemas de corrientes variables de la misma frecuencia, pero de intensidad o de tensión generalmente diferentes.

transformar v. t. Dar a una persona o cosa una forma distinta de la que tenía antes : *Circe transformó los compañeros de Ulises en cerdos; transformar un producto.* ‖ Convertir : *transformar vino en vinagre.* ‖ Cambiar mejorando : *su viaje le ha transformado.* ‖ En rugby, convertir en tanto un ensayo. ‖ *Mat.* Transformar una ecuación, cambiarla en otra equivalente pero de forma distinta. ‖ — V. pr. Sufrir un cambio, una metamorfosis. ‖ Cambiar de costumbres, de carácter, etc., una persona.

transformativo, va adj. Que produce una transformación.

transformismo m. Doctrina biológica, de Lamark y Darwin, que sos-

tiene que las especies animales y vegetales se van transformando en otras en el transcurso de los tiempos.

transformista adj. Relativo al transformismo : *teoría transformista.* ‖ Seguidor de esta doctrina (ú. t. c. s.). ‖ — Com. Artista de circo que hace rapidísimas mutaciones en trajes y tipos : *el transformista Frégoli.*

tránsfuga com. Persona que pasa de un partido a otro o adopta una ideología opuesta a la que tenía.

tránsfugo m. Tránsfuga.

transfusión f. Operación consistente en hacer pasar cierta cantidad de sangre de las venas de un individuo a las de otro.

transgredir v. t. Infringir, quebrantar.

transgresión f. Violación, infracción, quebrantamiento.

transgresor, ra adj. Dícese de la persona que comete una transgresión (ú. t. c. s.).

transiberiano, na adj. Que atraviesa Siberia. ‖ Aplícase a la gran línea férrea, hoy electrificada, construida de 1891 a 1907 para poner en comunicación las ciudades soviéticas de Cheliabinsk y Vladivostok (ú. t. c. s. m.).

transición f. Cambio de un estado a otro : *transición lenta.* ‖ Estado o fase intermedio : *período de transición.* ‖ Paso progresivo de una idea o razonamiento a otro.

transido, da adj. Entorpecido, aterido : *transido de frío.* ‖ Afligido, conmovido : *transido de dolor.*

transigencia f. Acción y efecto de transigir.

transigente adj. y s. Que transige.

transigir v. i. Llegar a un acuerdo mediante concesiones recíprocas : *da mejor resultado transigir que discutir.* ‖ Tolerar.

Transilvania, en húngaro *Erdely* y en rumano *Ardeal,* región en el centro de Rumania situada en el interior del arco formado por los Cárpatos. C. pr. Brashov, Cluj.

transilvano, na adj. y s. De Transilvania (Rumania).

transistor m. Dispositivo basado en el uso de los semiconductores que, del mismo modo que un tubo electrónico, puede amplificar corrientes eléctricas, provocar oscilaciones y ejercer a la vez las funciones de modulación y de detección. ‖ Aparato receptor de radio provisto de estos dispositivos.

transistorización f. Acción y efecto de transistorizar.

transistorizado, da adj. Dícese de un aparato en el cual se han sustituido los tubos electrónicos por transistores.

transistorizar v. t. Dotar de transistores.

transitable adj. Dícese del sitio por donde se puede transitar.

transitar v. i. Pasar por una vía pública : *transitar por la calle.* ‖ *Com.* Pasar o hacer pasar mercancías de un país a otro atravesando un tercero.

transitario, ria adj. *Com.* Relativo al tránsito. ‖ Atravesado por mercancías en tránsito. ‖ — M. y f. Auxiliar de comercio, encargado del transporte de las mercancías en tránsito.

transitivo, va adj. Aplícase al verbo o forma verbal que pasa directamente del sujeto al complemento (ú. t. c. s. m.).

tránsito m. Acción de transitar, paso : *el tránsito de los peatones.* ‖ Circulación, de vehículos y gente : *calle de mucho tránsito.* ‖ Acción de pasar por un sitio para ir a otro : *viajeros, mercancías de tránsito.* ‖ Sitio de parada en un viaje. ‖ Muerte, con referencia a la Virgen o a los santos. ‖ Fiesta en honor de la muerte de la Virgen (15 de agosto). [En estas dos últimas acepciones debe escribirse con mayúscula.] ‖ — *De tránsito,* de paso. ‖ *Tránsito rodado,* tráfico de vehículos por calles o carreteras.

transitoriedad f. Condición, calidad de transitorio.

transitorio, ria adj. Pasajero, temporal : *las cosas de este mundo son transitorias.* ‖ Que sirve durante la transición : *régimen transitorio.*

Transjordania, ant. Estado del Cercano Oriente, perteneciente a Jordania desde 1949.

Transkei, Estado autónomo en el SE. de la República de África del Sur, habitado por los bantús ; 41 400 km² ; 3 200 000 h. Cap. *Umtata* ; 35 000 h.

translación f. Traslación.

translaticio, cia adj. Traslaticio.

Transleitania. V. CISLETANIA.

translimitar v. t. Pasar los límites de algo : *translimitar lo que la ley dispone.* ‖ Pasar inadvertidamente o con autorización al Estado vecino, en una operación militar, sin violar por esto su territorio : *translimitar la frontera.*

translucidez f. Condición, carácter de translúcido.

translúcido, da adj. Dícese del cuerpo que deja pasar la luz pero no permite ver lo que hay detrás.

translucirse v. pr. Traslucirse.

transmediterráneo, a adj. Que atraviesa el Mediterráneo.

transmigración f. Traslado de un pueblo a otro país. ‖ Según ciertos filósofos, como Pitágoras, paso del alma a otro cuerpo.

transmigrar v. i. Abandonar su país para ir a vivir en otro : *el pueblo hebreo transmigró a Egipto.* ‖ Según ciertas creencias, pasar el alma de un cuerpo a otro.

transmisibilidad f. Condición de transmisible.

transmisible adj. Que se puede transmitir : *hay que tener cuidado con las enfermedades transmisibles.*

transmisión f. Cesión, paso de una persona a otra : *transmisión de bienes.* ‖ Tratándose de herencia, comunicación de ciertos caracteres de padres a hijos. ‖ Comunicación a otra persona de una noticia, mensaje, etc. : *transmisión oral, escrita.* ‖ Paso de una enfermedad de un individuo enfermo a otro sano. ‖ Propagación : *transmisión del calor.* ‖ Comunicación, difusión por medio de la radio o la televisión. ‖ Propagación del sonido, la luz, la electricidad. ‖ Comunicación del movimiento de un órgano a otro. ‖ Órgano que transmite el movimiento. ‖ Conjunto de órganos que, en un automóvil, sirven para comunicar el movimiento del motor a las ruedas motrices. ‖ — Pl. Servicio encargado de los enlaces (teléfono, radio, etc.) en un ejército. ‖ — *Transmisión del pensamiento,* telepatía. ‖ *Transmisión de poderes,* operación por la cual los poderes de una persona que ejerce cierta autoridad pasan a su sucesor.

transmisor, ra adj. Que transmite. ‖ — M. Dispositivo para transmitir las señales eléctricas, telegráficas o telefónicas. ‖ Emisor radiofónico.

transmitir v. t. Hacer llegar a alguien, comunicarle : *transmitir una noticia.* ‖ Difundir por radio o televisión. ‖ Traspasar, dejar a otro : *transmitir un derecho, un título.* ‖ Hacer pasar o llegar algo de una persona a otra. ‖ Comunicar a otro una enfermedad, una calidad o un defecto. ‖ Comunicar : *correa que transmite el movimiento a la rueda; transmitir un mensaje por teléfono.* ‖ — V. pr. Propagarse : *el sonido se transmite por vibración de la materia.* ‖ Radiarse o televisarse.

transmutable adj. Que puede transmutarse.

transmutación f. Cambio, transformación de una cosa en otra.

transmutar v. t. Transformar una cosa en otra.

transnacional adj. Multinacional.

transoceánico, ca adj. Al otro lado del océano : *tierras transoceánicas.* ‖ Que atraviesa el océano.

Transoxiana, antiguo país de Asia (Turquestán).

transparencia f. Propiedad de lo transparente. ‖ Diapositiva.

transparentarse v. pr. Pasar la luz u otra cosa a través de un cuerpo transparente. ‖ Ser transparente : *se ve vestido se transparenta.* ‖ *Fig.* Dejarse adivinar : *transparentarse la verdad.*

transparente adj. Que deja atravesar fácilmente por la luz y permite ver distintamente los objetos a través de su masa : *el agua es un cuerpo transparente.* ‖ Translúcido. ‖ *Fig.* Cuyo sentido oculto se deja adivinar fácilmente : *una alusión muy transparente.* ‖ — M. Tela o papel que se coloca delante de una ventana para

---

mitigar la luz. ‖ Cortina que deja pasar la luz atenuándola.

transpiración f. Salida del sudor por los poros de la piel. ‖ *Bot.* Expulsión de vapor de agua, principalmente por las hojas.

transpirar v. i. Echar sudor por los poros de la piel. ‖ Expeler vapor de agua las plantas.

transpirenaico, ca adj. Del otro lado de los Pirineos. ‖ Que atraviesa los Pirineos.

transplantable adj. Trasplantable.

transplantar v. t. Trasplantar.

transplante m. Trasplante.

transponer v. t. Cambiar de sitio : *transponer una palabra dentro de una frase.* ‖ Desaparecer detrás de algo : *el Sol transpuso la montaña.* ‖ — V. pr. Ocultarse a la vista, pasando al otro lado de un obstáculo. ‖ Ponerse el Sol detrás del horizonte. ‖ Quedarse algo dormido.

transportable adj. Que puede ser transportado.

transportador, ra adj. Que transporta o sirve para transportar : *cinta transportadora.* ‖ — M. Semicírculo graduado empleado para medir o trazar ángulos. ‖ Instalación para el transporte mecánico aéreo. ‖ *Transportador de cinta,* cinta flexible sin fin para transportar materias a granel o paquetes.

transportar v. t. Llevar de un sitio a otro : *transportar viajeros, mercancías.* ‖ *Mús.* Pasar una composición de un tono a otro. ‖ — V. pr. Extasiarse, enajenarse, estar muy conmovido : *transportarse de alegría.*

transporte m. Acción de llevar de un sitio a otro : *transporte de mercancías.* ‖ Barco de guerra destinado a transportar tropas, pertrechos o víveres. ‖ *Fig.* Arrebato, entusiasmo, emoción muy viva. ‖ *Mús.* Cambio del tono de una composición. ‖ — Pl. Conjunto de los diversos medios para trasladar personas, mercancías, etc. : *transportes urbanos, colectivos.*

transportista com. Persona que se dedica a hacer transportes (ú. t. c. adj.). ‖ Propietario de una empresa de transporte.

transposición f. Acción de transponer una cosa. ‖ Puesta del astro. ‖ Alteración del orden natural de las palabras en la oración. ‖ Cambio de posición, dentro de una palabra, de uno solo de sus sonidos. ‖ *Mat.* Operación consistente en hacer pasar un término de un miembro a otro de la ecuación o de la desigualdad. ‖ *Mús.* Reproducción de una composición en un tono diferente.

transuránico, ca adj. Aplícase a los elementos químicos de número atómico superior al del uranio (92), que se obtienen artificialmente ya que no existen en la naturaleza (ú. t. c. s. m.).

Transvaal, prov. en el N. de la Rep. de África del Sur ; 283 900 km² ; 9 273 000 hab. *(boers).* Cap. Pretoria. Región minera (oro, carbón, hierro, platino, diamantes, etc.). Ganadería.

transvasar v. t. Trasegar.

transvase m. Trasvase.

transversal adj. Que está dispuesto de través : *tejido con listas transversales.* ‖ Perpendicular a una dirección principal : *cordillera transversal.* ‖ — F. Recta que corta una figura geométrica, especialmente un triángulo. ‖ Calle perpendicular a otra.

transverso, sa adj. Transversal.

tranvía m. Ferrocarril urbano de tracción eléctrica que circula por rieles especiales empotrados en el pavimento de las calles.

tranviario, ria y **tranviero, ra** adj. Relativo a los tranvías : *líneas tranviarias.* ‖ — M. y f. Persona empleada en el servicio de tranvías. ‖ Conductor de tranvía.

Trapa (La), abadía de la orden del Cister, fundada en 1140 en Soligny (Orne, Francia) y reformada por el abad Rancé en 1664. Es la casa matriz de los trapenses.

trapacear v. i. Usar trapacerías.

trapacería f. Engaño, embuste, fraude. ‖ Fraude. ‖ Astucia, pillería.

trapajoso, sa adj. Harapiento, andrajoso. ‖ *Fig.* Tener la lengua trapajosa, pronunciar difícilmente.

trápala f. Ruido, alboroto. ‖ *Fam.*

Embuste, engaño. ‖ — M. *Fam.* Flujo de palabras insustanciales. ‖ — Com. *Fig.* y *fam.* Charlatán, hablador. ‖ Embustero, trapacero.

trapalear v. i. Hacer ruido con los pies al andar. ‖ *Fam.* Mentir, decir embustes. ‖ Parlotear, hablar mucho y de cosas insustanciales.

trapalero, ra adj. *Amer.* Tramposo.

trapalón, ona adj. y s. *Fam.* Embustero.

Trápani, ant. *Drépano,* c. y puerto del NO. de Sicilia. Salinas.

trapear v. t. *Amer.* Limpiar con un trapo. ‖ *Amér. C.* Injuriar. ‖ Dar una paliza.

trapecio m. Aparato de gimnasia formado por dos cuerdas verticales que cuelgan de un pórtico y están reunidas por una barra horizontal. ‖ Músculo plano situado en la parte posterior del cuello y superior de la espalda. ‖ Hueso de la segunda fila del carpo. ‖ *Geom.* Cuadrilátero que tiene dos lados desiguales y paralelos llamados *bases.* ‖ — *Trapecio isósceles,* aquel cuyos lados no paralelos son iguales. ‖ *Trapecio rectángulo,* aquel en que uno de los lados no paralelos es perpendicular a las bases. ‖ *Fig. inv.* Que tiene la forma de esta figura geométrica : *vestido trapecio.*

trapecista com. Gimnasta o acróbata que trabaja en el trapecio.

trapense adj. y s. Aplícase a los religiosos de la orden del Cister reformada o de la Trapa.

trapero, ra m. y f. Persona que recoge trapos viejos para venderlos. ‖ Basurero. ‖ — Adj. f. Puñalada trapera, la traidora.

trapezoedro m. Sólido que tiene veinticuatro caras trapezoidales.

trapezoidal adj. *Geom.* Relativo al trapezoide. ‖ Que tiene su forma.

trapezoide m. *Geom.* Cuadrilátero cuyos lados opuestos no son paralelos. ‖ *Anat.* Hueso del carpo situado al lado del trapecio.

trapiche m. Molino de aceituna o caña de azúcar. ‖ *Amer.* Ingenio de azúcar. ‖ Molino para pulverizar los minerales.

Trapiche. V. BOLÍVAR.

trapichear v. i. *Fam.* Ingeniarse más o menos lícitamente para lograr algo. ‖ Comerciar al menudeo.

trapicheo m. *Fam.* Tejemanejes, enredos, actividades sospechosas : *andar con trapicheos.* ‖ Maniobras turbias, intrigas : *trapicheos electorales.*

trapillo m. *Fam.* De trapillo, con traje de casa ; mal vestido : *vestido de trapillo.*

trapío m. *Fig.* y *fam.* Garbo de una mujer. ‖ Buena planta del toro.

trapisonda f. *Fam.* Bulla, jaleo. ‖ Riña. ‖ Lío, enredo.

trapisondear v. i. *Fam.* Armar trapisondas o intervenir en ellas.

trapisondista com. Amigo de trapisondas, alborotador. ‖ Lioso.

trapito m. Trapo pequeño. ‖ *Fam.* Ropa femenina : *cuida mucho sus trapitos.* ‖ *Los trapitos de cristianar,* los vestidos mejores y más elegantes.

trapo m. Pedazo de tela viejo o roto. ‖ Trozo de tela que se emplea para quitar el polvo, secar los platos, etc. ‖ *Mar.* Velamen. ‖ *Taurom.* Muleta o capote. ‖ — Pl. *Fam.* Vestidos de mujer : *hablar de trapos.* ‖ — *A todo trapo,* a toda vela ; (fig.) con mucha rapidez. ‖ *Fig. Los trapos sucios se lavan en casa,* las cosas íntimas no deben exhibirse. ‖ *Poner a uno como un trapo,* insultarle o desacreditarle. ‖ *Soltar el trapo,* echarse a llorar o a reír estrepitosamente. ‖ *Riopl.* y *Chil. Trapo rejilla,* trapo para limpiar.

Trappes, c. de Francia (Yvelines), al oeste de París.

tráquea f. En el hombre y los vertebrados de respiración aérea, conducto formado por anillos cartilaginosos que empieza en la laringe y lleva el aire a los bronquios y pulmones.

traqueal adj. Relativo a la tráquea.

traquearteria f. Tráquea.

traqueitis f. *Med.* Inflamación de la tráquea.

traqueotomía f. Operación quirúrgica que consiste en practicar una incisión en la tráquea para impedir la asfixia de ciertos enfermos.

traquetear v. i. Dar tumbos acom-

TR

pañados de ruido : *coche que traquetea.* || *Riopl.* y *Méx.* No parar de trabajar. || — V. t. Mover, agitar, sacudir : *traquetear una botella.* || *Fig.* y *fam.* Manosear una cosa.

traqueteo m. Serie de sacudidas o tumbos acompañados de ruido.

traquido m. Ruido producido por un disparo. || Chasquido.

traquio m. Explosión. || Ruido que ésta produce.

tras prep. Detrás de : *tras la puerta.* || Después de : *tras una larga ausencia.* || Más allá : *tras los Pirineos.* || En pos de : *corrieron tras el ladrón.* || Además : *tras ser malo, es caro.*

trasalcoba f. Habitación detrás de la alcoba.

trasalpino, na adj. Transalpino.

trasandino, na adj. Transandino.

trasatlántico, ca adj. Transatlántico (ú. t. c. s. m.).

trasbordador, ra adj. y s. m. Transbordador.

trasbordar v. t. Transbordar.

trasbordo m. Transbordo.

trascendencia f. Calidad de trascendente. || *Fig.* Importancia.

trascendental adj. Que se extiende a otras cosas. || *Fig.* De suma importancia : *acontecimiento trascendental.* || Elevado : *principio trascendental.*

trascendente adj. Que trasciende de, superior en su género. || Fuera de la acción o del conocimiento : *filosofía trascendente.* || *Fig.* Sumamente importante.

trascender v. i. Despedir olor muy subido y penetrante : *el jardín trasciende a jazmín.* || Empezar a ser conocida una cosa, divulgarse : *trascendió la noticia.* || Extenderse, comunicarse los efectos de unas cosas a otras : *la huelga ha trascendido a todas las ramas de la industria.* || Sobrepasar cierto límite.

trascocina f. Habitación detrás de la cocina.

trasconejarse v. pr. Quedarse escondida, oculta la caza después del paso de los perros que la persiguen. || *Fig.* y *fam.* Extraviarse una cosa.

trascoro m. Espacio situado detrás del coro en las iglesias.

trascribir v. i. Transcribir.

trascripción f. Transcripción.

trascurso v. i. Transcurso.

trasdós m. *Arq.* Superficie exterior de un arco o bóveda. || Pilastra que está detrás de una columna.

trasegador, ra adj. Que trasiega (ú. t. c. s.).

trasegadura f. Trasiego.

trasegar v. t. Revolver, trastornar. || Mudar una cosa de sitio, y particularmente cambiar un líquido de recipiente : *trasegar vino, aceite.*

trasero, ra adj. Situado detrás : *parte trasera de una casa ; rueda trasera de un coche.* || — M. Parte posterior e inferior del animal o persona. || — F. Parte posterior.

trasferencia, trasfiguración, trasformar, trasfusión, trasgredir y sus derivados. V. TRANSFERENCIA, TRANSFIGURACIÓN, TRANSFORMAR, TRANSFUSIÓN, TRANSGREDIR y sus derivados.

trasfondo m. Lo que se encuentra más allá del fondo visible o de la apariencia o intención de una acción.

trásfuga m. Tránsfuga.

trasgo m. Duendecillo.

trashumancia f. Sistema de explotación ganadera que consiste en trasladar los rebaños de un sitio a otro para que aprovechen los pastos de invierno y los estivales.

trashumante adj. Que cambia de pastos : *ganado trashumante.*

trashumar v. i. Pasar el ganado en verano a las montañas o a pastos distintos de los de invierno.

trasiberiano, na adj. y s. m. Transiberiano.

Trasíbulo, general y estadista ateniense (¿ 445 ?-338 a. de J. C.). Derrocó a los Treinta Tiranos, con ayuda de Lisandro, y restableció la democracia (404 a. de J. C.).

trasiego m. Acción de trasegar. || Traslado : *trasiego de funcionarios.*

Trasimeno (LAGO), lago en el centro de Italia (Umbría) ; 129 km².

traslación f. Acción de mudar de sitio a una persona o cosa, traslado. ||

Traducción. || *Gram.* Empleo de un tiempo verbal por otro. || Metáfora. || *Mat.* Movimiento de un sólido cuyas partes conservan una dirección constante. || Movimiento de traslación, el que sigue un astro al recorrer su órbita.

trasladable adj. Que puede trasladarse.

trasladador, ra adj. y s. Dícese de la persona que traslada.

trasladar v. t. Llevar de un lugar a otro a una persona o cosa : *trasladar viajeros, muebles.* || Cambiar de oficina o cargo : *trasladar a un funcionario, a una autoridad.* || Aplazar el día de una reunión, de una función, etc. || Traducir : *trasladar del catalán al castellano.* || Copiar : *trasladar un escrito.* || — V. pr. Cambiar de sitio.

traslado m. Copia : *traslado de un escrito.* || Traslación : *traslado de un preso.* || Cambio de destino : *traslado de un funcionario.* || Mudanza : *el traslado de los muebles.*

traslaticio, cia adj. Aplícase al sentido figurado de una palabra.

traslimitar v. t. Translimitar.

traslucidez f. Translucidez.

traslúcido, da adj. Translúcido.

traslucirse v. pr. Ser traslúcido un cuerpo : *la porcelana se trasluce.* || *Fig.* Transparentarse, adivinarse.

trasluz m. Luz que pasa a través de un cuerpo translúcido. || Luz reflejada oblicuamente. || *Al trasluz,* por transparencia : *mirar los huevos al trasluz.*

trasmano (a) loc. adv. Fuera de alcance. || Fuera de camino : *su casa me coge a trasmano.*

trasmigración, trasmisión y sus derivados. V. TRANSMIGRACIÓN, TRANSMISIÓN y sus derivados.

trasmutable adj. Trasmutable.

trasmutación f. Transmutación.

trasmutar v. t. Trasmutar.

trasnacional adj. Transnacional.

trasnochado, da adj. Estropeado por ser del día anterior : *comida trasnochada.* || *Fig.* Macilento, desmedrado. || Sin novedad, falto de actualidad, viejo : *chiste trasnochado.*

trasnochador, ra adj. Dícese de la persona que trasnocha (ú. t. c. s.).

trasnochar v. i. Pasar una noche en vela. || Pernoctar. || Acostarse tarde.

trasoceánico, ca adj. Trasoceánico.

Tras-os-Montes e Alto Douro, ant. prov. del N. de Portugal, en el distrito de Braganza ; cap. *Vila Real.*

traspapelar v. t. Extraviar un papel entre otros (ú. t. c. pr.).

trasparencia f. Transparencia.

trasparentarse v. pr. Transparentarse.

trasparente adj. Transparente.

traspasable adj. Susceptible de ser traspasado.

traspasar v. t. Atravesar de parte a parte : *la bala le traspasó el brazo ; la lluvia traspasó su abrigo.* || Pasar hacia otra parte : *traspasar el río.* || Vender o ceder a otro un negocio : *traspasar un local que estaba arrendado : traspasar una tienda, un piso.* || Transgredir una ley o reglamento. || Rebasar, pasar de ciertos límites. || Transferir un jugador profesional a otro equipo deportivo. || *Fig.* Producir un dolor físico o moral sumamente violento. || *Fig.* Traspasar el corazón, causar viva aflicción.

traspaso m. Cesión, transferencia de un local o negocio. || Cantidad pagada por esta cesión. || Local traspasado. || Transferencia de un jugador profesional a otro equipo deportivo.

traspié m. Resbalón, tropezón. || Zancadilla. || *Fig.* Error.

traspiración f. Transpiración.

traspirar v. i. Transpirar.

traspirenaico, ca adj. Transpirenaico, ca.

trasplantable adj. Que puede trasplantarse.

trasplantar v. t. Mudar un vegetal de un terreno a otro : *trasplantar un árbol.* || *Med.* Hacer un trasplante. || — V. pr. Abandonar una persona su país de origen.

trasplante m. Acción y efecto de trasplantar o trasplantarse. || *Med.* Injerto de tejido humano o animal o de un órgano completo : *trasplante de córnea, del corazón.*

trasponer v. t. Transponer.

traspontín y **traspontín** m. Traspuntín.

trasportable adj. Transportable.

trasportador, ra adj. Transportador (ú. t. c. s. m.).

trasportar v. t. Transportar.

trasporte m. Transporte.

trasportista m. Transportista.

trasposición f. Transposición.

traspuesto, ta adj. Con el sentido perdido, desmayado. || Asombrado.

traspunte com. Persona que avisa a cada actor de teatro cuando ha de salir a escena y le apunta las primeras palabras.

traspuntín m. Asiento supletorio y plegable de ciertos coches grandes y de las salas de espectáculos.

trasquilado, da adj. *Fig. Salir trasquilado,* salir malparado.

trasquilar v. t. Cortar mal el pelo. || Esquilar : *trasquilar ovejas.* || *Fig.* y *fam.* Mermar.

trasquilón m. Corte desigual en el pelo. || *A trasquilones,* aplicado al pelo, muy mal cortado ; (fig.) sin orden ni concierto.

trastada f. *Fam.* Jugarreta, mala pasada : *me hizo una trastada.*

Trastamara. V. ENRIQUE II de Castilla.

trastazo m. *Fam.* Porrazo, golpe fuerte : *pegarse, darse un trastazo.*

traste m. Cada uno de los filetes de metal o hueso colocados en el mástil de la guitarra y otros instrumentos parecidos para modificar la longitud libre de las cuerdas. || Recipiente en que prueban el vino los catadores. || *Amer.* Trasero. || Trasto, utensilio. || *Fam.* Dar al traste con una cosa, romperla, estropearla ; aplicado a proyectos, planes, etc., hacerlos fracasar ; acabar con algo.

trastear v. t. Mover o revolver cosas (ú. t. c. i.). || *Taurom.* Dar el matador pases de muleta. || *Fig.* y *fam.* Manejar hábilmente a una persona. || Pisar las cuerdas de la guitarra con habilidad. || — V. i. *Amér. C.* Mudarse.

trasteo m. Acción de trastear.

trastero, ra adj. Aplícase al cuarto donde se guardan trastos viejos o inútiles (ú. t. c. m.). || — F. *Méx.* Alacena de aparador donde se guardan los trastos de uso diario.

trastienda f. Local situado detrás de la tienda. || *Fig.* y *fam.* Cautela, astucia : *no creo que lo puedas engañar, es hombre de mucha trastienda.*

trasto m. Mueble o utensilio, generalmente inútil. || Cada uno de los bastidores de las decoraciones del escenario. || *Fig.* y *fam.* Persona inútil : *es un trasto viejo.* || Persona informal. || Pl. Espada, daga y otras armas. || Útiles, instrumentos, utensilios de un oficio : *trastos de pescar.* || *Fig.* y *fam.* Tirarse los trastos a la cabeza, pelearse, reñir.

trastocar v. t. Trastornar, desordenar, revolver. || — V. pr. Perturbarse, volverse loco.

trastornador, ra adj. Que trastorna, bullicioso. || Emocionante. || — M. y f. Agitador, perturbador.

trastornar v. t. Revolver las cosas desordenadas : *ha trastornado todos los papeles.* || *Fig.* Perturbar los sentidos : *trastornar la razón.* || Impresionar, emocionar : *este espectáculo le ha trastornado.* || Inspirar una pasión viva : *esta mujer trastorna a todos los hombres.* || Alterar la salud. || Hacer fracasar un proyecto, plan, etc. || Hacer cambiar de opinión. || — V. pr. Turbarse. || Estar commovido.

trastorno m. Desorden, confusión. || Cambio profundo. || Disturbio : *trastornos políticos.* || Turbación, perturbación. || Anomalía en el funcionamiento de un órgano, sistema : *trastornos digestivos, mentales.*

trastrocamiento m. Confusión. || Transformación.

trastrocar v. t. Invertir el orden, intercambiar. || Transformar.

trastrueque m. Trastrocamiento.

trasudar v. i. t. e i. Sudar ligeramente. || Pasar un líquido a través de los poros de una cosa.

trasudor m. Sudor ligero.

trasuntar v. t. Copiar un escrito. || Compendiar, hacer un resumen. || *Fig.* Reflejar, dejar adivinar.

trasunto m. Copia o traslado. ‖ Imagen exacta de una cosa.

trasvasar v. t. Transvasar.

trasvase m. Trasiego. ‖ Acción de llevar las aguas de un río a otro para su mayor aprovechamiento. ‖ *Fig.* Desplazamiento, cambio : *hubo un trasvase de votos.*

trasvenarse v. pr. Extravenarse. ‖ *Fig.* Esparcirse, derramarse.

trasverberación f. Transverberación.

trasversal adj. Transversal.

trasverso, sa adj. Transverso.

trata f. Antiguo comercio que se hacía con los negros que se vendían como esclavos. ‖ *Trata de blancas,* tráfico de mujeres que consiste en atraerlas a los centros de prostitución para especular con ellas.

tratable adj. Que se puede o deja tratar. ‖ Amable, de trato agradable.

tratadista com. Autor de tratados sobre una materia determinada.

tratado m. Convenio escrito y concluido entre los gobiernos : *tratado de amistad, de no agresión.* ‖ Obra que trata de un tema artístico o científico : *tratado de álgebra.*

tratamiento m. Trato : *buenos tratamientos.* ‖ Título de cortesía : *tratamiento de señoría.* ‖ Conjunto de medios empleados para la curación de una enfermedad : *tratamiento hidroterapéutico.* ‖ Conjunto de operaciones a que se someten las materias primas : *tratamiento químico.* ‖ — *Fig. Apear el tratamiento,* suprimir el que corresponde a una persona al dirigirse a ella. ‖ *Tratamiento de la información,* técnica fundada en la utilización de ordenadores para realizar un conjunto complejo de operaciones matemáticas y lógicas con fines científicos, administrativos, contables, etc. ; informática.

tratante com. Persona que se dedica a la compra y venta de géneros, ganado, etc.

tratar v. t. e i. Conducirse de cierta manera con uno : *tratar a los vencidos con humanidad.* ‖ Manejar : *tratar muy mal sus cosas.* ‖ Atender y dar de comer : *nos trató opíparamente.* ‖ Tener trato social, alternar con uno : *no trato a (o con) esta gente* (ú. t. c. pr.).‖ Aplicar, dar a una persona un calificativo : *tratar de imbécil.* ‖ Aplicar un tratamiento terapéutico. ‖ Someter a la acción de un agente físico o químico : *tratar un mineral con ácido.* ‖ Estudiar y discutir, exponer : *mañana trataremos este problema.* ‖ — *Tratar de,* dar uno un título de cortesía : *tratar de excelencia, de usted ;* calificar, llamar : *tratar a uno de ladrón ;* tener como tema, ser relativo a : *¿ de qué trata este libro ?* ‖ *Tratar de o sobre una cuestión,* hablar o escribir sobre ella. ‖ *Tratar de,* intentar, procurar : *tratar de salir de un apuro.* ‖ *Tratar en,* comerciar : *tratar en vinos.* ‖ — V. pr. Cuidarse. ‖ Ser cuestión, constituir el objeto de algo : *¿ de qué se trata ?*

tratativa f. *Arg.* Negociación.

trato m. Manera de portarse con uno : *un trato inhumano.* ‖ Relación, frecuentación : *tengo trato con ellos.* ‖ Modales, comportamiento : *un trato muy agradable.* ‖ Acuerdo, contrato : *cerrar un trato.* ‖ — Pl. Negociaciones. ‖ — *Trato de gentes,* experiencia y habilidad en las relaciones con los demás. ‖ *Trato hecho,* fórmula con que se da por definitivo un acuerdo.

trauma m. Traumatismo. ‖ *Trauma psíquico,* choque emocional que deja una impresión duradera en el subconsciente.

traumático, ca adj. Relativo al traumatismo : *hemorragia traumática.*

traumatismo m. Lesión de los tejidos producida por un agente mecánico, en general externo. ‖ *Fig.* Trauma psíquico.

traumatizante adj. Que trae consigo un trauma.

traumatizar v. t. Producir un trauma psíquico.

traumatología f. Parte de la cirugía que se dedica a la cura de heridas.

traumatológico, ca adj. Relativo al trauma.

traumatólogo, ga m. y f. Especialista en traumatología.

Travancore, ant. Estado del SE. de la India, al S. de Kerala.

travelin m. Travelling.

traveller's cheque o **traveler's check** (Amer.) m. (pal. ingl.). Cheque de viaje.

travelling m. (pal. ingl.). Carro que soporta la cámara cinematográfica y permite su desplazamiento para la toma de vistas sucesivas. ‖ Esta misma operación.

través m. Inclinación o torcimiento. ‖ *Fig.* Revés, contratiempo, suceso adverso. ‖ — *Al través,* a través. ‖ *A través, de un lado a otro : un árbol tumbado a través de la carretera ;* por entre : *a través de una celosía ;* mediante : *reembolsar un empréstito a través de un banco.* ‖ *De través,* oblicua o transversalmente. ‖ *Mirar de través,* mirar sin volver la cabeza ; bizquear ; mirar con antipatía.

travesaño m. En una armazón, pieza horizontal que atraviesa de una parte a otra. ‖ Almohada cilíndrica y alargada para la cama. ‖ Palo horizontal que cubre una portería de fútbol.

travesear v. i. Cometer travesuras.

travesía f. Viaje por mar o aire : *la travesía del Pacífico.* ‖ Calleja que atraviesa entre calles principales. ‖ Camino transversal. ‖ Parte de una carretera que atraviesa una población. ‖ Distancia entre dos puntos de tierra o de mar. ‖ *Arg.* Llanura extensa y árida entre dos sierras.

travesti o **travestido, da** m. y f. Persona que se traviste.

travestir v. t. Vestir una persona con la ropa del sexo contrario (ú. t. c. pr.).

travesura f. Acción reprensible verificada con picardía para divertirse, diablura. ‖ Calidad de travieso.

Traviata (La), ópera de Giuseppe Verdi (1853).

travieso, sa adj. Atravesado o puesto de través. ‖ *Fig.* Turbulento, bullicioso (ú. t. c. s.) : *chico travieso.*

Trawsfynydd, localidad del O. del Gran Bretaña (Gales). Central nuclear.

trayecto m. Espacio que hay que recorrer para ir de un sitio a otro. ‖ Acción de recorrerlo, camino.

trayectoria f. Línea descrita en el espacio por un punto u objeto móvil : *la trayectoria de un planeta.* ‖ Recorrido que sigue un proyectil disparado : *la trayectoria de una bala.* ‖ *Fig.* Tendencia, orientación. ‖ Conducta de una persona : *una limpia trayectoria.*

traza f. Proyecto, plano o diseño de una obra : *la traza de un edificio.* ‖ *Fig.* Recurso utilizado para conseguir un fin. ‖ Aspecto, apariencia : *hombre de buena traza.* ‖ Huella, señal, rastro. ‖ *Mat.* Intersección de una recta con un plano tomado como plano de proyección. ‖ — *Fig. Darse trazas,* ingeniarse. ‖ *Llevar trazas de,* parecer.

trazado m. Acción de trazar. ‖ Representación por medio de líneas de un plano, dibujo, etc. : *el trazado de una figura.* ‖ Recorrido de una carretera, canal, etc. ‖ Diseño.

trazador, ra adj. Que traza.

trazar v. t. Tirar las líneas de un plano, dibujo, etc. ‖ Escribir : *trazar letras.* ‖ *Fig.* Describir, pintar : *trazar una semblanza.* ‖ Indicar : *ha trazado las grandes líneas del programa.* ‖ *Trazar planes,* hacer proyectos.

trazo m. Línea : *trazo rectilíneo, seguro.* ‖ Parte de la letra manuscrita. ‖ Líneo del rostro. ‖ *Méx.* Trazado : *trazo urbano.*

trazumarse v. pr. Rezumarse.

trébedes f. pl. Utensilio de hierro con tres pies para poner vasijas al fuego del hogar.

trebejo m. Trasto o utensilio : *los trebejos de la cocina.* ‖ Pieza del ajedrez. ‖ *Taurom.* Los *trebejos de matar,* el estoque y la muleta.

Trebia, río del NO. de Italia, afl. del Po ; 115 km.

Trebisonda, è y puerto del NE. de Turquía, a orillas del mar Negro.

Treblinka, pobl. de Polonia. Campo de concentración alemán (1942-1945).

trébol m. Planta herbácea papiliona-

cea, de flores blancas, rojas o moradas que se cultiva para forraje. ‖ Su hoja. ‖ Uno de los palos de la baraja francesa. ‖ *Arq.* Adorno geométrico que se compone de tres lóbulos. ‖ En una autopista, cruce a distintos niveles con forma de trébol de cuatro hojas.

Trebujena, v. en el S. de España (Cádiz).

trece adj. Diez y tres : *el día trece.* ‖ Decimotercero : *León XIII* (trece). — M. Número equivalente a diez y tres. ‖ *Fig. y fam. Mantenerse en sus trece,* aferrarse a una idea o empeño. ‖ — Se dio el n. de *Trece de la Fama* a los trece hombres que en la isla del Gallo, hoy en Colombia, pasaron la raya trazada por Pizarro en el suelo y decidieron seguirle en la conquista del Imperio Incaico, en el Perú (1531).

treceavo, va adj. Aplícase a cada una de las trece partes iguales en que se divide un todo (ú. t. c. s. m.).

trecha f. Voltereta.

trecho m. Espacio de tiempo : *esperar largo trecho.* ‖ Distancia. ‖ Trozo de un camino, carretera, etc. : *un trecho peligroso.* ‖ — *A trechos,* a intervalos, de modo discontinuo. ‖ *De trecho a trecho* o *en trecho,* con intervalos de tiempo o de distancia.

trefilado m. Acción de trefilar.

trefilar v. t. Reducir un metal a alambre pasándolo por una hilera.

trefilería f. Taller de trefilado.

tregua f. Suspensión temporal de hostilidades entre los beligerantes : *acordar una tregua para Año Nuevo.* ‖ *Fig.* Intermisión, descanso temporal : *su trabajo no le da tregua.* ‖ *Tregua de Dios,* ley eclesiástica promulgada en 1041, que prohibía toda hostilidad desde el miércoles por la noche hasta el lunes por la mañana.

Treguaco, c. de Chile en la VIII Región (Biobío) y en la prov. de Ñuble, cap. de la com. del mismo nombre.

Trehouart (François-Thomas), marino francés (1798-1873), que, en 1843, derrotó a las tropas de Rosas en Vuelta de' Obligado, paraje barrancoso del Paraná (Buenos Aires).

treinta adj. Tres veces diez : *tiene treinta años* (ú. t. c. s. m.). ‖ Trigésimo. — Se conoce históricamente con el n. de *guerra de los Treinta Años* el conjunto de guerras sostenidas en Europa por motivos religiosos y políticos (1618-1648), a la que puso fin el Tratado de Westfalia. Se divide en cuatro períodos : *palatino* (1618-1624), *danés* (1625-1629), *sueco* (1630-1635). y *francés* (1635-1648). — Reciben el nombre de *Treinta Tiranos* los treinta jefes impuestos por los espartanos a los atenienses (404 a de J. C.). Tras largo tiempo de despotismo, fueron depuestos por Trasíbulo.

treintaitresino, na adj. y s. De la c. y del departamento de Treinta y Tres (Uruguay).

treintavo, va adj. y s. Trigésimo.

Treinta y Tres, c. en el E. de Uruguay, cap. del dep. homónimo. Agricultura.

Treinta y Tres Orientales (Los), n. de los 33 patriotas uruguayos que, al mando de Lavalleja, desembarcaron en la playa de la Agraciada (1825), paraje del río Uruguay (Soriano), para liberar al país del yugo brasileño.

treintena f. Conjunto de treinta unidades. ‖ Treintava parte de un todo.

treinteno, na adj. y s. Trigésimo.

Trejo y Sanabria (Hernando de), religioso paraguayo (1554-1614), hermano de Hernandarias. Defensor de los indios, fue obispo de Tucumán (Argentina).

Trejos (José Joaquín), político costarricense, n. en 1916. Pres. de la Rep. de 1966 a 1970.

Trelew, pobl. de la Argentina en el E. de la prov. de Chubut. Industrias.

Trelles (Carlos M.), erudito y patriota cubano (1866-1951). ‖ ~ (JOSÉ ALONSO e.). V. ALONSO.

trematodo, da adj. Aplícase a los gusanos de cuerpo plano que viven parásitos en el cuerpo de los vertebrados (ú. t. c. s. m.). ‖ — M. pl. Orden que forman.

tremebundo, da adj. Terrible.

Tremecén. V. TLEMCÉN.

tremedal m. Terreno pantanoso.

tremendismo m. Cosa muy grande, muy grave. ‖ Acción de dar a las cosas una importancia exagerada. ‖ Tendencia de la narrativa española, hacia 1945, caracterizada por una visión negativa del presente y una cierta angustia existencialista : *el tremendismo nace con la novela « La familia de Pascual Duarte » de C.J. Cela.*

tremendista adj. Relativo al tremendismo. ‖ Adepto al tremendismo (ú. t. c. s.) : *escritor tremendista.*

tremendo, da adj. Terrible, espantoso, capaz de aterrorizar : *un espectáculo tremendo.* ‖ *Fig.* y *fam.* Muy grande, extraordinario : *llevarse un desengaño tremendo.* ‖ *Fam. Tomarlo por la tremenda,* tomar una cosa por el lado más violento o desagradable.

trementina f. Resina semilíquida que se extrae de los pinos, alerces y terebintos. ‖ *Esencia de trementina,* la que resulta de la destilación de estas resinas, y se emplea para fabricar barnices, desleír colores, disolver cuerpos grasos, etc.

tremolar v. t. Enarbolar y agitar en el aire : *tremolar una bandera, un pendón.* ‖ — V. i. Ondear.

tremolina f. Bulla, griterío, alboroto.

trémolo m. *Mús.* Sucesión rápida de notas cortas iguales.

trémulo, la adj. Tembloroso.

Tremp, c. del NE. de España (Lérida), cap. de la comarca catalana de Pallars Jussá. Central hidroeléctrica.

tren m. Sucesión de vehículos remolcados o en fila : *tren de camiones.* ‖ Conjunto formado por los vagones de un convoy y la o las locomotoras que los arrastran. ‖ *Tecn.* Conjunto de órganos mecánicos semejantes acoplados con algún fin : *tren de laminado.* ‖ *Méx.* Tranvía. ‖ *Mil.* Conjunto de material que un ejército lleva consigo en campaña. ‖ *Fig.* Paso, marcha : *ir a buen tren.* ‖ *Fam. Estar como un tren,* estar muy bien, estar estupendo. ‖ *Tren bótijo,* el que se habilitaba en verano por poco dinero con motivo de alguna fiesta o viaje. ‖ *Tren carreta,* el muy lento. ‖ *Tren correo,* el que lleva la correspondencia. ‖ *Tren de aterrizaje,* dispositivo de aterrizaje de un avión. ‖ *Tren de laminación,* conjunto de los diversos rodillos de un laminador. ‖ *Tren delantero, trasero,* conjunto de elementos que reemplazan el eje en los vehículos modernos. ‖ *Tren de ondas,* grupo de ondas sucesivas. ‖ *Fig. Tren de vida,* manera de vivir en cuanto a comodidades, etc. ‖ *Tren directo o expreso,* el muy rápido que no se para más que en las estaciones principales. ‖ *Tren mixto,* el que lleva viajeros y mercancías. ‖ *Tren ómnibus,* el que se para en todas las estaciones. ‖ *Tren rápido,* el que tiene mayor velocidad que el expreso. ‖ *Fig.* y *fam. Vivir a todo tren,* vivir con mucho lujo.

trenca f. Abrigo corto impermeable, con capucha.

trencilla f. Galoncillo, cinta de adorno de algodón, seda o lana.

Trenel, pobl. en el centro de la Argentina (La Pampa).

Trengganu, Estado en el oeste de Malaysia ; cap. *Kuala Trengganu.*

trenista m. *Méx.* Ferroviario.

Trenque Lauquen, partido y pobl. al E. de la Argentina (Buenos Aires).

Trent, río de Gran Bretaña en Inglaterra que, al confluir con el Ouse, forma el Humber ; 270 km.

Trentino, región del N. de la Italia continental, en la actual provincia de Trento. Forma con el Alto Adigio (prov. de Bolzano) la región histórica de *Venecia Tridentina.*

Trento, c. del N. de Italia, en el Trentino, cap. de la prov. homónima. Arzobispado. Un concilio ecuménico, reunido en la c. entre 1545 y 1549, 1551 y 1552 y 1562 a 1563, llevó a cabo la Reforma católica.

Trenton, c. del NE. de Estados Unidos, cap. de Nueva Jersey.

trenza f. Entrelazamiento de tres o más fibras, hebras, etc. : *trenza de esparto.* ‖ Entrelazamiento hecho con el pelo largo dividido en varias partes. ‖ *Amer.* Ristra, sarta.

trenzado m. Acción y efecto de trenzar. ‖ Trenza. ‖ En ciertos bailes, salto ligero que se ejecuta cruzando los pies en el aire.

trenzar v. t. Hacer una trenza. ‖ — V. i. Hacer trenzados el que baila. ‖ — V. pr. *Riopl.* Trabarse en una discusión.

trepado m. Línea de puntos taladrados a máquina en un documento para poder separar fácilmente sus distintas partes : *el trepado de un sello.*

trepador, ra adj. Que trepa. (ú. t. c. s.). ‖ Dícese de ciertas plantas de tallo largo, como la hiedra, que trepan por las paredes, las rocas, etc. (ú. t. c. s. f.). ‖ Aplícase a las aves que pueden trepar a los árboles, como el papagayo, el pico carpintero, etc. (ú. t. c. s. f.). ‖ — F. pl. Orden que forman estas aves.

trepanación f. Operación quirúrgica que consiste en la perforación de un hueso, especialmente de la cabeza, para tener acceso a una cavidad craneana con objeto de extirpar un tumor o disminuir la tensión existente en la misma.

trepanar v. t. Horadar el cráneo u otro hueso con fin terapéutico.

trépano m. Instrumento quirúrgico propio para trepanar. ‖ Aparato de sondeo que ataca el terreno en toda la superficie del agujero hecho por la perforadora.

trepar v. t. Subir a un lugar elevado valiéndose de los pies y las manos : *trepar a los árboles.* ‖ Crecer una planta agarrándose a otra, a una pared, etc. ‖ *Fig.* y *fam.* Medrar, subir en la escala social.

trepidación f. Temblor, estremecimiento : *la trepidación de un coche.*

trepidante adj. Que trepida.

trepidar v. i. Temblar, moverse con sacudidas pequeñas y rápidas, estremecerse. ‖ *Amer.* Dudar, titubear.

treponema m. Espiroqueta de la sífilis. ‖ Microbio en forma de espiral.

Tréport (Le), pobl. del NO. de Francia (Seine-Maritime).

tres adj. Dos y uno : *tiene tres hermanos.* ‖ Tercero. ‖ — M. Número equivalente a dos más uno. ‖ Naipe que tiene tres puntos : *el tres de oros.* ‖ — F. pl. Tercera hora después del mediodía o de la medianoche : *las tres de la madrugada.* ‖ — *Fig.* y *fam. Como tres y dos son cinco,* seguro, evidente, incontestable. ‖ *Dar tres y raya,* superar, aventajar en mucho. ‖ *De tres al cuarto,* de poco valor. ‖ *Ni a la de tres,* de ninguna manera, por nada del mundo. ‖ *No ver tres en un burro,* ser muy miope. ‖ *Regla de tres,* cálculo de una cantidad desconocida a partir de tres otras conocidas de las cuales dos varían en proporción directa o inversa. ‖ *Tres cuartos,* abrigo corto ; en rugby, jugador de la línea de ataque. ‖ *Tres en raya,* rayuela, juego de niños.

Tres ~ Arroyos, pobl. al E. de la Argentina (Buenos Aires). Centro agrícola y ganadero. ‖ ~ **Cruces,** monte en el O. de la Argentina, puerto de acceso a la Puna de Atacama ; 3 700 m. — Cordillera al O. de Bolivia (La Paz). Estaño, plomo, pirita, volframio. — Nevado de los Andes en el NE. de Chile (Atacama), en la frontera con la Argentina (Catamarca) ; 6 356 m. — Paso andino en el centro del Ecuador (Chimborazo) ; 3 810 m. — Pico al O. del Ecuador en el nudo de Azuay ; 4 472 m. ‖ ~ **de Febrero,** part. de la Argentina en el Gran Buenos Aires, cab. del dep. del mismo n. ‖ ~ **Marías** *(Islas de las),* n. dado al conjunto de tres islas en el Pacífico y al oeste de México *(María Madre, María Magdalena y María Cleofás),* frente al Estado de Nayarit. ‖ ~ **Montes,** cabo, golfo y península del sur de Chile (Aisén). ‖ ~ **Morros,** cerro de Colombia (Antioquia), en la Cord. Occidental (Nudo de Paramillo) ; 3 400 m. Llamado tb. *Socorro.* ‖ ~ **Obispados,** región en el NE. de la ant. Francia, constituida por las ciudades de Metz, Toul y Verdún, con sus dependencias. ‖ ~ **Puntas,** cabo en el sureste de la Argentina, en la costa patagónica (Santa Cruz). — Cerro en el O. de la Argentina (Mendoza) ; 5 130 m. ‖ ~ **Zapotes,** estación arqueológica olmeca en el E. de México (Veracruz).

Trescientas *(Las),* V. LABERINTO DE FORTUNA.

trescientos, tas adj. Tres veces ciento. ‖ Tricentésimo. ‖ — M. Guarismo que representa el número equivalente a tres veces ciento.

Tres Culturas *(Plaza de las),* llamada también *Plaza de Tlatelolco,* plaza en la ciudad de México en la que se hallan edifios de las épocas prehispánica, colonial y moderna.

Tresguerras (Francisco Eduardo de), arquitecto mexicano (1759-1833) cuyas obras se encuentran en Querétaro, Celaya, Guanajuato, San Luis Potosí, etc. Fue también pintor, grabador y escultor de gran fama.

tresillo m. Juego de cartas entre tres personas y en el cual gana el que hace mayor número de bazas. ‖ Conjunto de un sofá y dos butacas que hacen juego.

Tres Mosqueteros *(Los),* novela de Alexandre Dumas (padre).

treta f. Artificio, ardid empleado para lograr una cosa.

Tréveris, en alem. *Trier,* c. y distrito en el O. de Alemania Occidental (Renania-Palatinado), a orillas del Mosela. Obispado.

Treviño, v. en el N. de España (Burgos), en el condado homónimo. Es un territorio castellano enclavado en la prov. de Álava.

Treviso, c. en el NE. de Italia (Venecia), cap. de la prov. homónima.

trezavo, va adj. Dícese de cada una de las trece partes iguales en que se divide un todo (ú. t. c. s. m.).

triácido m. Cuerpo químico que tiene tres funciones ácidas.

triada f. Conjunto de tres unidades, de tres personas, etc.

trial m. (pal. ingl.). Motocicleta todo terreno y prueba deportiva realizada con ella.

Triana (José), dramaturgo cubano, n. en 1931, cultivador del teatro del absurdo *(La noche de los asesinos).* ‖ ~ (JOSÉ JERÓNIMO), naturalista colombiano (1826-1890). ‖ ~ (RODRIGO DE), marinero español del s. XV. Enrolado en el primer viaje de Colón, se dice que fue el primero que vio tierra americana (12 de octubre de 1492).

triangulación f. Operación que consiste en dividir una superficie terrestre en una red de triángulos para medir una línea geodésica o levantar el mapa de un territorio.

triangulado, da adj. De forma triangular.

triangular adj. De figura de triángulo : *pirámide, músculo triangular.* ‖ Cuya base es un triángulo : *prisma triangular.* ‖ Hecho entre tres personas o grupos : *elección triangular.*

triangular v. t. Efectuar la triangulación de un territorio.

triángulo m. *Geom.* Figura delimitada por tres líneas que se cortan mutuamente. ‖ *Mús.* Instrumento de percusión que tiene la forma de esta figura y se golpea con una varilla. ‖ *Fig.* y *fam.* Reunión en perfecta armonía del marido, la mujer y el amante de uno de estos dos. ‖ — *Triángulo equilátero,* el que tiene sus tres lados iguales. ‖ *Triángulo escaleno,* el que tiene los tres lados desiguales. ‖ *Triángulo rectángulo,* el que tiene un ángulo recto.

Trianón *(Gran y Pequeño),* n. de dos palacios construidos en el parque de Versalles (Francia). El primero fue obra del arquitecto J. H. Mansart (1687) y el segundo de J. A. Gabriel (1762).

triar v. t. Escoger, entresacar.

trias m. *Geol.* Triásico.

triásico, ca adj. *Geol.* Aplícase al primer período de la era secundaria (ú. t. c. s. m.).
— De una duración aproximada de 40 millones de años, el *triásico* se compone de tres órdenes de rocas : areniscas rojas, calizas y margas abigarradas.

triatómico, ca adj. *Fís.* Aplícase a los cuerpos cuya molécula contiene tres átomos.

tribal adj. Relativo a la tribu.

Triboniano, jurisconsulto bizantino, m. hacia 545. Dirigió la redacción del *Código de Justiniano,* del *Digesto* y de las *Institutas.*

tribu f. Cada una de las agrupaciones en que se dividían ciertos pueblos antiguos : *las doce tribus de Israel.* ‖

Conjunto de familias que están bajo la autoridad de un mismo jefe.

tribal adj. Tribal.

Tribugá, golfo al O. de Colombia en el Pacífico (Chocó).

tribulación f. Pena, aflicción : *estaba en un estado lamentable a causa de tribulaciones de índole sentimental.*

tribuna f. Plataforma elevada desde donde hablan los oradores. ‖ Galería o especie de balcón que hay en ciertas iglesias y grandes salas públicas. ‖ Espacio generalmente cubierto y provisto de gradas, desde donde se asiste a manifestaciones deportivas, carreras de caballos, etc. ‖ *Fig.* Oratoria.

tribunal m. Lugar donde se administra justicia : *tribunal militar.* ‖ Magistrados que administran justicia : *el tribunal ha fallado.* ‖ Conjunto de personas capacitadas para juzgar a los candidatos a unos exámenes, oposiciones, etc. : *un tribunal compuesto de cinco profesores.* ‖ *Fig.* Lo que se considera que puede juzgar algo : *el tribunal de la historia.* ‖ — *Tribunal Constitucional,* tribunal encargado de dictaminar sobre la conformidad de las leyes, reglamentos y procedimientos con la Constitución. ‖ *Tribunal de Casación,* el que sólo conoce de los recursos de casación. ‖ *Tribunal de Dios,* juicio divino después de la muerte. ‖ *Tribunal de las Aguas,* jurado de regantes, formado en Valencia, para dirimir las diferencias o pleitos entre los usuarios de las aguas de riego. ‖ *Tribunal de penitencia,* confesionario. ‖ *Tribunal de los Tumultos,* el creado en los Países Bajos por el duque de Alba para juzgar los delitos políticos (1567). ‖ *Tribunal Internacional de Justicia,* v. CORTE INTERNACIONAL DE JUSTICIA. ‖ *Tribunal Supremo,* el más alto de la justicia ordinaria. ‖ *Tribunal tutelar de menores,* el que con fines educativos resuelve acerca de la infancia delincuente o desamparada.

tribuno m. Magistrado romano encargado de defender los derechos de la plebe y con facultad de poner el veto a las resoluciones del Senado. (Los *tribunos de la plebe* fueron instituidos en 493 a. de J. C.) ‖ *Fig.* Orador político muy elocuente.

tributación f. Tributo. ‖ Sistema tributario.

tributante adj. y s. Contribuyente.

tributar v. t. Pagar tributo. ‖ *Fig.* Manifestar, profesar : *tributar respeto, homenaje.* ‖ Obsequiar con algo.

tributario, ria adj. Relativo al tributo : *sistema tributario.* ‖ Que paga tributo. ‖ *Fig.* Dícese de un curso de agua con respecto al río o al mar en el cual desemboca.

tributo m. Lo que un Estado paga a otro en señal de dependencia. ‖ Lo que se paga para contribuir a los gastos públicos, impuesto : *tributo municipal.* ‖ Censo : *tributo enfitéutico.* ‖ *Fig.* Lo que se da por merecido o debido : *tributo de respeto.*

tricéfalo, la adj. Que tiene tres cabezas : *un monstruo tricéfalo.*

tricenal adj. Que dura treinta años o se celebra cada treinta años.

tricentenario m. Espacio de tiempo de trescientos años. ‖ Fecha en que se cumplen trescientos años de un suceso famoso, como el nacimiento o muerte de algún personaje. ‖ Fiestas que se celebran con este motivo.

tricentésimo, ma adj. Que ocupa el lugar trescientos. ‖ — M. Cada una de las trescientas partes iguales en que se divide un todo.

tríceps adj. Dícese del músculo que tiene tres tendones o cabezas. Ú. t. c. s. m. : *tríceps braquial, femoral.*

triciclo m. Vehículo, velocípedo de tres ruedas.

triclinio m. Comedor de los antiguos romanos, que contenía tres divanes alrededor de una mesa. ‖ Cada uno de estos tres divanes.

tricolor adj. De tres colores.

tricorne adj. Con tres cuernos.

tricornio adj. Tricorne. ‖ Dícese del sombrero cuyos bordes replegados forman tres picos. Ú. t. c. s. m. : *el tricornio de los guardias civiles.*

tricot m. (pal. fr.). Tejido de género de punto. ‖ Labor de punto.

tricota f. *Arg.* Jersey de punto.

tricotar v. t. Hacer un tejido de género de punto con agujas o máquinas especiales.

tricotomía f. *Bot.* División en tres partes : *tricotomía de un tallo, de una rama.* ‖ En lógica, clasificación en que las divisiones y subdivisiones tienen tres partes.

tricotosa f. Máquina con la que se hacen géneros de punto.

tricromía f. Impresión tipográfica con tres colores fundamentales.

Trichinópoli. V. TIRUCHIRAPALLI.

tridente adj. De tres dientes. ‖ — M. Horca de tres puntas o dientes. ‖ Cetro en forma de arpón de tres dientes del dios Neptuno.

tridentino, na adj. De Trento (Italia) [ú. t. c. s.]. ‖ Relativo al concilio ecuménico celebrado en esta ciudad.

tridimensional adj. Que tiene tres dimensiones.

triduo m. Serie de ejercicios religiosos que dura tres días.

triedro, dra adj. *Geom.* Dícese del ángulo formado por tres planos o caras que concurren en un punto del ángulo (ú. t. c. s. m.).

trienal adj. Que dura tres años. ‖ Que sucede cada tres años.

trienio m. Espacio de tiempo de tres años. ‖ Complemento que aumenta el sueldo cada tres años.

Trieste, c. y puerto en el NO. de Italia, cap. de la región de Friul-Venecia Julia. Está a orillas del mar Adriático y en el golfo de su nombre. Refinería de petróleo. La región fue primero austríaca, luego italiana (1918) y, en 1945, yugoslava. El tratado de paz de 1947 creó el *Territorio Libre de Trieste* y volvió a ser italiana, con estatuto de puerto libre, en 1954.

trifásico, ca adj. Aplícase a un sistema de corrientes eléctricas polifásicas constituido por tres corrientes monofásicas que tienen una diferencia de fase en un tercio de período.

triforme adj. De tres formas.

trifulca f. Disputa, pelea, riña.

trifurcarse v. pr. Dividirse una cosa en tres ramales, brazos o puntas.

trigal m. Plantío de trigo.

trigarante adj. Que incluye tres garantías.

— Se dio en México el n. de *Ejército Trigarante* al formado por Iturbide cuando se proclamó el Plan de Iguala (1821). Este mismo convenio es llamado *Plan Trigarante,* por garantizar la independencia, la religión católica y la igualdad de razas.

trigémino, na adj. Dícese de cada uno de los tres nacidos en el mismo parto. ‖ — Adj. m. Dícese del nervio del quinto par craneal que se divide en tres ramas, que son el nervio oftálmico y los nervios maxilares inferior y superior (ú. t. c. s. m.).

trigésimo, ma adj. Que ocupa el lugar treinta. ‖ — M. Cada una de las treinta partes iguales en que se divide un todo.

triglifo o **triglifo** m. *Arq.* Ornamento del friso dórico en forma de rectángulo saliente, surcado por tres canales verticales, que alterna con las metopas.

trigo m. Planta gramínea anual con espigas de cuyos granos molidos se saca la harina. ‖ Este grano. ‖ — *Fig.* y *fam. No ser trigo limpio,* ser dudoso o sospechoso un asunto o una persona. ‖ *Trigo candeal,* el que da una harina muy blanca. ‖ *Trigo chamorro* o *mocho,* el que tiene la espiga pequeña y achatada y da poco salvado. ‖ *Trigo sarraceno,* alforfón.

trigonometría f. Parte de las matemáticas que trata del estudio de las relaciones numéricas entre los elementos de los triángulos.

trigonométrico, ca adj. Relativo a la trigonometría.

trigueño, ña adj. De color de trigo.

triguero, ra adj. Relativo al trigo : *producción triguera.* ‖ Que crece o anda entre el trigo : *pájaro triguero.* ‖ Aplícase al terreno en que se cultiva muy bien el trigo : *tierra triguera.* ‖ Dícese del espárrago silvestre que se refiere a las tres partes o aspectos de algo.

trilateral o **trilátero, ra** adj. De tres lados. ‖ Dícese de lo que se refiere a las tres partes o aspectos de algo.

trilero, ra m. y f. Persona que dirige un partida de trides.

triles y **trili** m. Juego de apuestas callejero consistente en adivinar una carta mostrada entre otras dos.

trilingüe adj. Que tiene tres lenguas : *país trilingüe.* ‖ Que habla tres lenguas (ú. t. c. s.). ‖ Escrito en tres lenguas : *compró una edición trilingüe de la Biblia.*

trilingüismo m. Condición de trilingüe.

trilita f. Trinitrotolueno.

trilobites m. Artrópodo marino fósil propio de la era primaria.

trilobulado, da adj. *Arq.* Que tiene tres lóbulos : *arco trilobulado.*

trilogía f. En Grecia, conjunto de tres tragedias que debían presentar cada uno de los autores que participaban en los concursos dramáticos. ‖ Conjunto de tres obras dramáticas o novelísticas que tienen entre sí cierto enlace.

trilla f. Acción de trillar y temporada en que se efectúa. ‖ Salmonete, pez. ‖ *Amer.* Paliza.

trillado, da adj. *Fig.* Que no presenta ninguna originalidad, sobado, muy conocido : *asunto trillado.*

trillador, ra adj. y s. Aplícase al que trilla. ‖ — F. Máquina para trillar. ‖ *Trilladora segadora,* máquina que al mismo tiempo siega y trilla.

trillar v. i. Quebrantar la mies con el trillo o la trilladora para separar el grano de la paja. ‖ *Fig.* Repetir constantemente algo que ya se sabe.

trillizo, za m. y f. Cada uno de los tres hermanos o hermanas nacidos en un mismo parto (ú. t. c. adj.).

trillo m. Instrumento para trillar. ‖ *Amer.* Senda, vereda.

trillón m. Un millón de billones, que se expresa por la unidad seguida de dieciocho ceros.

trimarán m. Velero que tiene tres cascos paralelos.

trimestral adj. Relativo a un trimestre. ‖ Que dura un trimestre. ‖ Que se vuelve a hacer cada trimestre.

trimestre m. Espacio de tiempo de tres meses. ‖ Cantidad que se cobra o se paga cada tres meses. ‖ Conjunto de los números de un periódico o revista publicados durante tres meses seguidos. ‖ División del año escolar.

trimotor adj. Aplícase al avión provisto de tres motores (ú. t. c. s. m.).

Trimurti, n. de la trinidad india compuesta por *Brama,* dios creador, *Visnú,* dios conservador, y *Siva,* dios destructor, que representan las tres energías eternas de la naturaleza.

trinar v. i. *Mús.* Hacer trinos. ‖ Gorjear las aves. ‖ *Fam.* Rabiar, estar muy enfadado o furioso : *está que trina.*

trinca f. Reunión de tres personas o cosas. ‖ Grupo de tres candidatos en una oposición. ‖ *Mar.* Ligadura. ‖ Cabo utilizado para trincar. ‖ *Cub., Méx.* y *P. Rico.* Borrachera.

trincar v. t. Quebrantar, romper, desmenuzar. ‖ *Mar.* Atar fuertemente con trincas o cabos. ‖ Inmovilizar a alguien con los brazos o las manos. ‖ *Fig.* y *fam.* Comer. ‖ Beber. ‖ Coger, tomar. ‖ Hurtar, robar. ‖ Apresar. ‖ *Amer.* Apretar, oprimir.

Trincomalle o **Trincomali,** c. de Ceilán o Sri Lanka, cap. de la prov. oriental.

trinchador, ra adj. Aplícase a la persona que trincha (ú. t. c. s.). ‖ — M. *Méx.* Trinchero.

trinchar v. t. Cortar en trozos la carne para servirla.

trinchera f. Zanja que permite a los soldados circular y dispararse a cubierto. ‖ Excavación, con taludes a ambos lados, hecha en el terreno para hacer pasar un camino. ‖ Abrigo impermeable.

trinchero adj. m. Aplícase al plato grande en que se trinchan los manjares. ‖ — M. Mueble de comedor sobre el cual se trincha la carne.

trineo m. Vehículo provisto de patines para desplazarse sobre la nieve o el hielo.

trinidad f. Conjunto de tres divinidades que tienen entre sí cierta unión. ‖ Por antonomasia, en la religión cristiana el del Padre, Hijo y Espíritu Santo : *la Santísima Trinidad.* ‖ Fiesta católica en honor de este misterio.

celebrada el primer domingo después de Pentecostés.

— La orden religiosa de la *Trinidad* fue fundada por San Juan de Mata y San Félix de Valois en 1198 para el rescate de cautivos cristianos entre los berberiscos. Lleva el mismo n. una orden religiosa de mujeres fundada en España en 1201.

Trinidad, c. en el este de Bolivia, cap. de la prov. de Cercado y del dep. de Beni. — Mun. y c. de Cuba (Sancti Spíritus). Centro agrícola y comercial. Turismo. — C. al SO. del Uruguay, cap. del dep. de Flores. Ganadería. ‖ ~ **y Tobago,** Estado de América que comprende las dos islas del mismo nombre, situadas en el mar de las Antillas y al NE. de Venezuela ; 5 128 km² ; 1 100 000 h. Cap. *Port of Spain,* 260 000 h. Antiguas posesiones británicas, estas islas formaron una confederación, se asociaron al Commonwealth (1962) y proclamaron la República (1976).

Trinitaria (La), ant. *Zapaluta,* mun. al sureste de México (Chiapas).

Trinitaria *(La),* sociedad secreta fundada en Santo Domingo por Juan Pablo Duarte (1838) para luchar por la independencia del país.

trinitario, ria adj. y s. Dícese de los religiosos de la orden de la Trinidad. ‖ De Trinidad (Bolivia y Uruguay). ‖ — F. Planta violácea, de hermosas flores, llamada tb. *pensamiento.*

trinitrotolueno m. Derivado del tolueno, obtenido por nitrificación, que constituye un explosivo poderoso llamado *tolita.* (Abrev. T. N. T.)

trino, na adj. Que contiene en sí tres cosas distintas. Ú. para designar la trinidad de las personas divinas : *Dios es uno en esencia y trino en persona.* ‖ — M. Mús. Adorno que consiste en la sucesión rápida y alternada de dos notas de igual duración. ‖ Gorjeo de los pájaros.

Trino, c. al NO. de Italia (Piamonte). Central nuclear.

trinomio m. Expresión algebraica compuesta de tres términos.

trinque m. Fam. Trinquis.

trinquete m. Verga mayor del palo de proa y vela que se pone en ella. ‖ Palo inmediato a la proa. ‖ Juego de pelota cerrado y cubierto. ‖ Garfio que resbala sobre los dientes oblicuos de una rueda dentada para impedir que ésta pueda retroceder. ‖ Méx. Fraude.

trinquis m. Fam. Trago de vino o licor : *echar un trinquis.*

trío m. Mús. Terceto, composición para tres instrumentos o voces. ‖ Conjunto de tres músicos o cantantes. ‖ Grupo de tres personas o tres cosas : *trío de ases.*

triodo, da adj. Aplícase al tubo electrónico de tres electrodos (ú. t. c. s. m.).

Triolet (Elsa), escritora francesa, de origen ruso (1886-1970). Fue esposa de Louis Aragon.

Triones, n. de las siete estrellas que forman la Osa Mayor.

trionix m. Tortuga carnicera de río en las regiones cálidas.

tripa f. Intestino. ‖ Fam. Vientre : *dolor de tripa.* ‖ Barriga : *ya tienes mucha tripa.* ‖ Panza, parte abultada de un objeto. ‖ Relleno del cigarro puro. ‖ Cuerda hecha con los intestinos de ciertos animales : *raquetas fabricadas con tripas de gato.* ‖ — Pl. Partes interiores de ciertos frutos. ‖ Fig. Lo interior de un mecanismo, de un aparato complicado, etc. : *le gusta verle las tripas a todo.* ‖ — Fig. y fam. *Echar tripa,* engordar. ‖ *Echar unó las tripas,* vomitar mucho. ‖ Hacer de *tripas corazón,* esforzarse por aguantar o en hacer de buen ánimo una cosa desagradable. ‖ *Revolverle la tripa a uno,* causarle repugnancia, náuseas.

tripajal m. Méx. Conjunto de tripas sacada a un animal.

tripanosoma m. Protozoo parásito de la sangre que produce, entre otras enfermedades, la del sueño.

tripartición f. División de una cosa en tres partes.

tripartidismo y tripartitismo m. Gobierno formado por la asociación de tres partidos políticos.

tripartito, ta adj. Dividido en tres partes. ‖ Formado por la asociación de tres partidos : *coalición tripartita.* ‖ Realizado entre tres : *acuerdo, pacto tripartito.* ‖ *Comisión tripartita,* la que está integrada por los representantes del Estado, los patronos y los trabajadores o bien por los productores, los consumidores y los representantes del Estado.

tripería f. Tienda donde se venden tripas. ‖ Conjunto de tripas.

tripero, ra m. y f. Persona que vende tripas o tripicallos. ‖ — M. Fam. Faja que se pone para abrigo del vientre.

tripicallero, ra m. y f. Persona que vende tripicallos.

tripicallos m. pl. Callos, trozos de tripas de res guisados.

triplano m. Avión cuyas alas están formadas de tres planos.

triplaza adj. De tres plazas.

triple adj. Que contiene tres veces una cosa. ‖ Dícese del número que contiene a otro tres veces. Ú. t. c. s. m. : *el triple de cuatro es doce.* ‖ Se emplea para señalar el mayor grado de algo : *triple idiota.* ‖ *Triple salto,* prueba de salto de longitud en la que un atleta debe salvar la mayor distancia posible en tres saltos seguidos.

— Se conoce por *Guerra de la Triple Alianza* la lucha que opuso el pueblo paraguayo a los ejércitos de la Argentina, Brasil y Uruguay (1864-1870).

tripleta f. Bicicleta de tres asientos. ‖ Conjunto de tres personas o cosas.

triplicación f. Acción y efecto de triplicar.

triplicado m. Segunda copia o tercer ejemplar de un acta, manuscrito, etc. ‖ *Por triplicado,* en tres ejemplares.

triplicar v. t. Multiplicar por tres. Ú. t. c. pr. : *la población de esta ciudad se ha triplicado.* ‖ Hacer tres veces una misma cosa.

triplice adj. Triple (ú. t. c. s.). ‖ La *Triplice,* alianza de Alemania, Austria-Hungría e Italia (de 1879 a 1915).

triplicidad f. Calidad de triple.

triplo, pla adj. y s. m. Triple.

trípode adj. De tres pies : *mesa, asiento trípode.* ‖ Dícese de un mástil metálico, asegurado por otros dos palos inclinados, en ciertos barcos modernos. ‖ — M. Banquillo o mesa de tres pies. ‖ Armazón de tres pies para sostener un cuadro, ciertos instrumentos fotográficos, geodésicos, topográficos, etc.

Trípoli, c. y puerto en el NO. de Libia, a orillas del Mediterráneo, cap. del país ; 581 000 h. Centro administrativo y comercial. — C. y puerto del Líbano. Refinería de petróleo.

Trípolis o Tripolitza, c. en el S. de Grecia (Peloponeso), cap. de Arcadia.

Tripolitania, ant. región del NO. de Libia ; cap. *Trípoli.*

tripolitano, na adj. y s. De Trípoli (Libia).

tripón, ona adj. y s. Fam. Tripudo.

tripsina f. Enzima que tiene el jugo pancreático.

tríptico m. Pintura, grabado o relieve en tres hojas de las cuales las dos laterales se doblan sobre la del centro. ‖ Obra literaria o tratado dividido en tres partes. ‖ Documento de tres hojas que permite a un automovilista pasar una frontera con su coche sin tener que pagar derechos de aduana.

triptongar v. t. Gram. Formar o pronunciar un triptongo.

triptongo m. Gram. Conjunto de tres vocales que forman una sílaba, como *uai, iei.*

tripudo, da adj. y s. Barrigón.

tripulación f. Personal dedicado a la maniobra y servicio de una embarcación o avión.

tripulante com. Miembro de la tripulación.

tripular v. t. Prestar la tripulación su servicio en un barco o avión. ‖ Conducir.

Tripura, Estado del NE. de la India ; cap. *Agartala.* Agricultura.

triquina f. Gusano parásito que vive adulto en el intestino del hombre y del cerdo, y, en estado larvario, en sus músculos.

triquinosis f. Enfermedad causada por las triquinas.

triquiñuela f. Fam. Treta, artimaña.

triquitraque m. Ruido como de golpes desordenados y repetidos. ‖ Estos golpes. ‖ Tira de papel con pólvora que se quema como cohete.

trirrectángulo adj. m. Que tiene tres ángulos rectos. Ú. t. c. s. m. : *triedro trirrectángulo.*

trirreme m. Galera antigua con tres órdenes de remos.

tris m. Fig. y fam. Poca cosa, casi nada. ‖ Fig. y fam. *Estar en un tris de o que,* estar a punto o a pique de. ‖ *Por un tris, por poco.*

trisagio m. Himno en honor de la Santísima Trinidad.

trisecar v. t. Geom. Dividir en tres partes iguales.

trisección f. División en tres partes iguales.

trisemanal adj. Que se repite tres veces por semana o cada tres semanas u ocurre cada tres semanas.

trisílabo, ba adj. y s. m. Dícese de la palabra o término que consta de tres sílabas.

trisomía f. Anomalía caracterizada por la aparición de un cromosoma de más.

Tristam o Tristão (Nunho), navegante portugués, m. en 1447. Hizo un viaje al Sáhara Occidental. •

Tristán da Cunha (ISLAS), archip. británico del océano Atlántico S. — Isla británica en el archipiélago homónimo.

Tristán e Iseo (o Isolda), leyenda de la Edad Media, una de las más hermosas páginas de amor.

triste adj. Afligido, apesadumbrado : *triste por la muerte de un ser querido.* ‖ Melancólico : *de carácter triste.* ‖ Que expresa o inspira tristeza : *ojos tristes ; tiempo triste.* ‖ Falto de alegría : *calló triste.* ‖ Que aflige : *triste recuerdo.* ‖ Lamentable, deplorable : *fin triste ; es triste no poder ayudar a uno.* ‖ Fig. Insignificante, insuficiente : *un triste sueldo.* ‖ Simple : *ni siquiera un triste vaso de agua.* ‖ — M. Canción popular de tono melancólico y amoroso de la Argentina, Perú y otros países sudamericanos, que se canta con acompañamiento de guitarra.

Triste, golfo del NO. de Venezuela, en el mar Caribe (Falcón y Carabobo).

tristeza f. Estado natural o accidental de pesadumbre, melancolía : *esta noticia le llenó de tristeza.* ‖ Impresión melancólica o poco agradable producida por una cosa : *la tristeza de un paisaje.*

tristón, ona adj. Algo triste.

tritio m. Isótopo radiactivo del hidrógeno, de número de masa 3.

tritón m. Batracio de cola aplastada que vive en los estanques.

Tritón, uno de los dioses griegos del Mar, que fue hijo de Poseidón y Anfítrite. (Mit.)

trituración f. Quebrantamiento, desmenuzamiento : *la trituración de las piedras.*

triturador, ra adj. Que tritura. ‖ — F. Máquina para triturar rocas, minerales, etc. ‖ — M. Máquina para triturar desperdicios, papeles, etc.

triturar v. t. Moler, desmenuzar, quebrar una cosa dura o fibrosa : *triturar rocas, caña de azúcar.* ‖ Desmenuzar una cosa mascándola : *triturar los alimentos.* ‖ Fig. Maltratar, dejar maltrecho : *triturar a palos.* ‖ Criticar severamente : *triturar un texto.*

triunfador, ra adj. Dícese de la persona que triunfa. Ú. t. c. s. : *el triunfador de un campeonato.*

triunfal adj. Relativo al triunfo. ‖ Que constituye un éxito.

triunfalismo m. Actitud real o supuesta de seguridad en sí mismo y de superioridad respecto a los demás que se basa en la sobrestimar la valía propia. ‖ Optimismo exagerado procedente de esta estimación. ‖ Manifestación pomposa de esta actitud.

triunfalista adj. Perteneciente o relativo al triunfalismo. ‖ Que practica el triunfalismo. Ú. t. c. s. : *el diputado es un triunfalista.*

triunfante adj. Que triunfa o supone triunfo. ‖ Muy satisfactorio.

triunfar v. i. Ser victorioso : *triunfar sobre el enemigo.* ‖ Fig. Ganar : *triunfar en un certamen.* ‖ Tener éxito : *triunfar en la vida.* ‖ En algunos juegos, jugar del palo del triunfo.

triunfo m. Victoria, éxito militar : *los triunfos de Bolívar.* ‖ Fig. Gran éxito : *triunfo teatral ; el triunfo de una política.* ‖ Trofeo, despojo. ‖ Carta del palo considerado de más valor en algunos juegos : *triunfo mayor.* ‖ Arg. y Per. Cierta danza popular y su música. ‖ *En triunfo,* entre las aclamaciones del público.

triunviral adj. Perteneciente o relativo a los triunviros.

triunvirato m. Dignidad y función de triunviro. ‖ Tiempo que duraba. ‖ Gobierno de los triunviros. ‖ Fig. Unión de tres personas en una empresa.

— Se llamó *triunvirato* la asociación política de César, Pompeyo y Craso para tomar el poder (año 60 a. de J. C.) y, a la muerte de César, el gobierno de Marco Antonio, Octavio y Lépido (45 a. de J. C.).

triunviro m. Cada uno de los tres magistrados romanos que, en ciertas ocasiones, compartieron el poder.

trivalencia f. Calidad de trivalente.

trivalente adj. Quím. Que posee la valencia 3 (ú. t. c. s. m.).

trivalvo, va adj. Aplícase a los moluscos que poseen tres valvas.

Trivandrum, c. en el SO. de la India, cap. del Estado de Kerala, a orillas del mar de Omán. Universidad. Textiles.

trivial adj. Vulgar, común, sabido de todos, que carece de novedad. ‖ Ligero, insustancial, superficial.

trivialidad f. Calidad de trivial. ‖ Cosa trivial o insustancial.

trivializar v. t. Quitar importancia.

trivio o **trivium** m. En la Edad Media, conjunto de las tres artes liberales (gramática, retórica y dialéctica).

triza f. Pedazo muy pequeño : *hacer trizas un cacharro.* ‖ Mar. Driza. ‖ *Hacer trizas a una persona,* dejarla malparada o herida o muy cansada.

Tróada o **Tróade**, ant. región del NO. de Asia Menor ; cap. Troya.

trocánter m. Nombre de dos apófisis del fémur, donde se insertan los músculos que mueven el muslo.

trocar v. t. Cambiar una cosa por otra : *trocar un caballo por un par de mulas.* ‖ Mudar, transformar, convertir : *trocar una piedra en oro.* ‖ Fig. Tomar o decir una cosa por otra, confundir : *trocar las palabras.* ‖ — V. pr. Transformarse. ‖ Cambiarse, mudarse : *trocarse la fortuna, la suerte.*

trocear v. t. Dividir en trozos.

troceo m. División en trozos.

tróclea f. Articulación, en forma de polea, que permite que un hueso adyacente pueda girar en el mismo plano.

Tro-Cortesiano *(Códice).* V. CÓDICE.

trocha f. Vereda muy estrecha, sendero. ‖ Atajo. ‖ Amer. Anchura de una vía de ferrocarril. ‖ Espacio entre las ruedas de un vehículo.

trochemoche (a) o **a troche y moche** m. adv. Fam. A tontas y a locas, de manera disparatada.

trofeo m. Despojo del enemigo vencido. ‖ Representación de armas como motivo decorativo. ‖ Monumento, insignia, etc., que conmemora una victoria : *ganó múltiples trofeos en competiciones deportivas.*

troglodita adj. y s. Aplícase a la persona que vive en cavernas. ‖ Fig. Dícese del hombre bárbaro y tosco. ‖ Aplícase a un hombre muy comilón. ‖ — M. Pajarillo que anida en agujeros de árboles y paredes.

troglodítico, ca adj. Relativo a los trogloditas. ‖ Subterráneo.

trogo m. Ave de México de vistoso plumaje.

troica o **troika** f. Trineo o carro ruso muy grande tirado por tres caballos. ‖ Fig. Grupo de tres personas que dirigen un Estado, un organismo, etc.

troj f. Granero.

troja f. Amer. Troj.

trola f. Fam. Mentira, embuste.

trole m. Pértiga articulada por donde los trenes y tranvías eléctricos y trolebuses toman la corriente del cable conductor. ‖ Fam. Trolebús.

trolebús m. Vehículo eléctrico de transporte urbano montado sobre neumáticos y que toma la corriente de un cable aéreo por medio de un trole.

trolero, ra o **troloso, sa** adj. Fam. Embustero, mentiroso (ú. t. c. s.).

tromba f. Columna de agua o vapor que se eleva desde el mar con movimiento giratorio muy rápido por efecto de un torbellino de aire. ‖ Fig. *En tromba,* de manera violenta e imprevista.

Trombetas, río del Brasil, afl. del Amazonas ; 750 km.

trombo m. Coágulo de sangre que se forma en un vaso sanguíneo o en una de las cavidades del corazón.

trombocito m. Plaqueta sanguínea.

tromboflebitis f. Inflamación de una vena y formación de un coágulo de sangre dentro de aquélla.

trombón m. Instrumento músico de viento. ‖ Músico que lo toca. ‖ *Trombón de pistones* o *de llaves,* aquel en que la variación de notas se obtiene accionando las tres llaves o pistones. ‖ *Trombón de varas,* aquel en que la variación de sonidos se consigue modificando la longitud por medio de un tubo móvil.

trombosis f. Formación de coágulos en los vasos sanguíneos. ‖ Oclusión de un vaso por un coágulo.

Tromen, lago en el E. del centro de la Argentina (Neuquen), a 964 m de alt. — Cumbre volcánica de la Argentina (Neuquen) ; 3 800 m.

trompa f. Instrumento músico de viento que consta de un tubo enroscado y de tres pistones : *trompa de caza.* ‖ Prolongación muscular tubular larga y flexible de la nariz de ciertos animales : *la trompa del elefante, del tapir.* ‖ Aparato chupador de algunos insectos : *la trompa de la mariposa.* ‖ Prolongación de la parte anterior del cuerpo de muchos gusanos. ‖ Trompo, peonza, juguete. ‖ Trompo de metal hueco que suena al girar. ‖ Arq. Porción de bóveda que sale en el ángulo de un edificio y sostiene una parte construida en desplome. ‖ Ventilador hidráulico para las forjas. ‖ Tallo de la cebolla. ‖ Fam. Borrachera : *coger una trompa.* ‖ Trompazo, puñetazo. ‖ Hocico. ‖ Nariz. ‖ — Fam. *Estar trompa,* estar borracho. ‖ *Trompa de Eustaquio,* canal que comunica la faringe con el tímpano. ‖ *Trompa de Falopio,* cada uno de los conductos, situados al lado del útero, destinados a conducir los óvulos desde el ovario a la matriz. ‖ — M. Músico que toca la trompa. ‖ Fam. Borracho.

trompada f. Trompazo.

trompazo m. Golpe fuerte, porrazo. ‖ Fam. Puñetazo. ‖ Fam. *Andar a trompazo limpio* o *darse de trompazos,* pelearse a puñetazos. ‖ *Darse un trompazo,* chocar ; caerse.

trompeta f. Instrumento músico de viento, metálico, con pistones o sin ellos, de sonido muy fuerte. ‖ Porro de forma cónica. ‖ Arg. y Bol. Bozal para los terneros. ‖ — M. El que toca la trompeta. ‖ Fam. Persona despreciable y sin valor. ‖ Borracho.

trompetazo m. Sonido muy fuerte producido con la trompeta o con cualquier instrumento análogo. ‖ Golpe dado con la trompeta. ‖ Fig. y fam. Grito violento de reprimenda.

trompetear v. i. Fam. Tocar la trompeta.

trompeteo m. Toque dado con la trompeta.

trompetería f. Conjunto de trompetas.

trompetero m. El que toca la trompeta. ‖ El que hace trompetas.

trompetilla f. Aparato en forma de trompeta que suelen emplear los sordos para mejorar la audición.

trompetista m. y f. Persona que toca la trompeta.

trompeto, ta adj. y s. Méx. Ebrio.

trompicar v. t. Hacer tropezar. ‖ V. i. Tropezar.

trompicón m. Tropezón. ‖ Fam. Mojicón. ‖ *A trompicones,* con intermitencias, sin continuidad.

trompillo m. Arbusto de la América tropical, cuya madera se usa en carpintería. ‖ Su madera.

trompito m. Fam. Garbanzo.

trompiza f. Amer. Pelea, riña.

trompo m. Peón o peonza, juguete de madera. ‖ Molusco gasterópodo marino, de concha gástea. ‖ Fig. Torpe, ignorante. ‖ Fig. y fam. *Ponerse como un trompo o hecho un trompo,* comer o beber hasta hartarse.

trompudo, da adj. Amer. De labios prominentes. ‖ Enfadado.

Tromsö o **Tromsoe,** c. y puerto de Noruega septentrional. Astilleros.

tronado, da adj. Fam. Sin dinero.

tronador, ra adj. Que truena.

Tronador, pico de los Andes patagónicos, entre Argentina (Río Negro) y Chile (Los Lagos) ; 3 554 m.

tronante adj. Que truena.

tronar v. impers. Haber o sonar truenos : *tronó toda la noche.* ‖ — V. i. Causar gran ruido parecido al del trueno : *el cañón truena.* ‖ Fig. Hablar o escribir criticando violentamente a alguien o algo : *tronó contra el Gobierno.* ‖ Fam. ¡ Está que truena !, ¡ está furioso ! ‖ *Por lo que pueda tronar,* por si acaso. ‖ — V. t. Méx. Pasar por las armas, fusilar. ‖ Reprobar, suspender (en exámenes).

troncar v. t. Truncar.

tronco m. Parte de un árbol desde el arranque de las raíces hasta el de las ramas : *el tronco del pino es muy recto.* ‖ El cuerpo humano, o el de cualquier animal, prescindiendo de la cabeza y de los miembros superiores e inferiores. ‖ Fragmento del fuste de una columna. ‖ Conjunto de caballerías que tiran de un carruaje. ‖ Fig. Origen de una familia. ‖ Fam. Persona estúpida o inútil, zoquete. ‖ Pop. Camarada, compañero, tío. ‖ Arg. En fútbol, jugador torpón, de poca clase. ‖ — Fig. y fam. *Dormir como un tronco* o *estar hecho un tronco,* dormir profundamente. ‖ *Tronco de cono, de pirámide,* porción del volumen de un cono, de una pirámide, comprendida entre la base y un plano paralelo a dicha base. ‖ *Tronco de prisma,* porción del volumen de un prisma comprendida entre dos secciones planas no paralelas entre sí que cortan todas las aristas laterales.

troncocónico, ca adj. En forma de tronco de cono.

Troncoso de la Concha (Manuel de Jesús), político dominicano (1878-1955), pres. de la Rep. de 1940 a 1942.

troncha f. Amer. Lonja, tajada. ‖ Amer. Fig. Buen destino, ganga muy interesante, sinecura.

tronchante adj. Fam. Gracioso.

tronchar v. t. Partir, romper algo doblándolo con violencia : *tronchar una planta.* ‖ Fig. Truncar, impedir que se realice algo : *tronchar las esperanzas.* ‖ — V. pr. Fig. y fam. *Troncharse de risa,* partirse de risa.

troncho m. Tallo de las hortalizas, como las lechugas, coles, etc. ‖ Amer. Pedazo, trozo.

Trondheim, ant. *Nidaros,* c. y puerto en el centro de Noruega, en el fiordo homónimo. Planta hidroeléctrica.

tronera f. Abertura en el costado de un barco o en el parapeto de una muralla para disparar. ‖ Ventana muy pequeña. ‖ Agujero de una mesa de billar por donde pueden entrar las bolas. ‖ — Com. Fam. Calavera, persona de vida desarreglada.

tronido m. Estampido.

tronío m. Fam. Rumbo, aparato : *una boda de mucho tronío.* ‖ Belleza, porte magnífico : *una mujer con tronío.*

trono m. Sitial con gradas y dosel, usado por los soberanos y altos dignatarios en los actos solemnes : *el trono real, pontificio.* ‖ Tabernáculo donde se expone el Santísimo Sacramento. ‖ Fig. Dignidad del soberano : *ocupar el trono de Inglaterra.* ‖ Pl. Espíritus bienaventurados del tercer coro de los ángeles.

tronzador m. Sierra de tronzar con un mango en cada extremo.

tronzar v. t. Dividir, partir en trozos la madera, barras de metal, etc. ‖ Quebrar. ‖ Fig. Cansar mucho.

tropa f. Grupo de militares : *las tropas enemigas.* ‖ Conjunto de todos los militares que no son oficiales ni suboficiales. ‖ Toque para que los militares tomen las armas y formen. ‖ Multitud, reunión de gente. ‖ Amer. Recua de ganado.

tropear v. t. Arg. Preparar el ganado en reunión para su traslado.

tropel m. Muchedumbre desordenada. ‖ Prisa, precipitación, atropellamiento. ‖ Montón de cosas mal ordenadas. ‖ Riopl. Manada de ganado que se lleva de un sitio a otro. ‖ *En* **665**

tropel, yendo muchos juntos y con precipitación.

tropelía f. Atropello, abuso de la fuerza o de la autoridad, violencia.

tropero m. *Arg.* Guía de ganado.

tropezadura f. Tropiezo.

tropezar v. i. Dar involuntariamente con los pies en un obstáculo : *tropezar con o contra una piedra.* || *Fig.* Encontrar un obstáculo : *tropezar con enormes dificultades.* || Encontrar por casualidad : *tropezar con un amigo.* (ú. t. c. pr.). || Cometer una falta. || — V. pr. Rozarse las bestias una pata con otra.

tropezón m. Paso en falso, traspiés. || *Fig.* Tropiezo, desliz, desacierto : *dar un tropezón.* || — Pl. Trozos pequeños de jamón o de otra carne que se pone en las sopas o legumbres. || *A tropezones*, con intermitencias, sin continuidad.

tropical adj. Relativo a los trópicos.

tropicalización f. Preparación de una materia para impedir los efectos causados por el clima tropical.

tropicalizar v. t. Llevar a cabo la tropicalización.

trópico, ca adj. *Ret.* Relativo al tropo, figurado. || Concerniente a la posición exacta del equinoccio. || — M. Cada uno de los dos círculos menores de la esfera celeste paralelos al ecuador, y entre los cuales se efectúa el movimiento anual aparente del Sol alrededor de la Tierra. || *Trópico de Cáncer*, el hemisferio norte por donde pasa el Sol al cenit el día del solsticio de verano. (El *trópico de Cáncer* es el paralelo de latitud 23° 27 N.). || *Trópico de Capricornio*, el del hemisferio sur por donde pasa el Sol al cenit el día del solsticio de invierno. (El *trópico de Capricornio* es el paralelo de latitud 23° 27 S.)

tropiezo m. Cosa en que se tropieza, estorbo. || *Fig.* Desliz, equivocación, falta : *dar un tropiezo.* | Impedimento, dificultad. | Contratiempo : *llegó sin tropiezo.*

tropilla f. *Arg.* Manada de caballos guiados por una madrina.

tropillo m. *Amer.* Aura, ave.

tropismo m. Movimiento de un organismo en una dirección determinada por el estímulo de agentes físicos o químicos (luz, calor, humedad, etc.).

tropo m. Figura retórica que consiste en emplear una palabra en sentido figurado.

troposfera f. Zona de la atmósfera inmediata a la Tierra, de un espesor de unos cinco km en los polos y dieciocho en el ecuador.

Troppau. V. OPAVA.

troquel m. Molde que sirve para acuñar monedas y medallas o estampar sellos, etc. || Cuchilla para cortar en una prensa.

troquelado m. Acción y efecto de troquelar.

troquelar v. t. Acuñar, estampar con troquel. || *Fig.* Formar.

trotaconventos f. inv. *Fam.* Alcahueta.

Trotaconventos, personaje del *Libro de buen amor* del Arcipreste de Hita, vieja alcahueta precursora de la Celestina.

trotador, ra adj. Que trota bien o mucho : *yegua trotadora.*

trotamundos com. inv. Persona aficionada a viajar o recorrer países.

trotar v. i. Andar el caballo al trote. || Cabalgar sobre un caballo que anda de esta manera. || *Fam.* Andar una persona mucho dirigiéndose con prisa a varios sitios.

trote m. Modo de andar una caballería, intermedio entre el paso y el galope, levantando a la vez la mano y el pie opuestos. || *Fam.* Actividad muy grande y cansada : *no estoy para estos trotes.* | Asunto complicado, enredo : *no quiero meterme en esos trotes.* || — *Al trote*, trotando ; (fig.) muy de prisa. || *Fig. Para todo trote*, aplicado a un vestido, que se usa a diario.

trotón, ona adj. Aplícase al caballo que acostumbra andar al trote. || *Fig.* De uso diario. || — M. Caballo.

trotskismo m. Doctrina de Trotsky sobre la revolución mundial permanente y la construcción del socialismo.

trotskista adj. Relativo al trotskismo. || Partidario o discípulo de Trotsky. (ú. t. c. s.).

Trotsky (Lev Davidovich BRONSTEIN, llamado), político soviético (1879-1940), colaborador de Lenin, comisario del pueblo y teórico de la revolución permanente. Desterrado por Stalin (1929), m. asesinado en México.

troupe [*trup*] f. (pal. fr.). Compañía de teatro o circo.

trousseau [*trusó*] m. (pal. fr.). Ajuar o equipo de novia.

Trouville-sur-Mer, c. al NO. de Francia (Calvados). Estación balnearia.

trova f. Verso. || Poesía, composición métrica escrita generalmente para ser cantada. || Canción o poesía amorosa de los trovadores.

trovador, ra adj. Que trova o hace versos. || — M. y f. Poeta, poetisa. || M. Poeta provenzal de la Edad Media, que trovaba en lengua de oc.

trovadoresco, ca adj. Relativo a los trovadores.

trovar v. i. Componer versos.

trovero m. Poeta francés de la Edad Media que componía versos en lengua de oïl.

Trowbridge, c. al S. de Inglaterra, cap. del condado de Wiltshire.

Troy, c. en el NE. de Estados Unidos (Nueva York). Industrias.

Troya o Ilión, c. de Asia Menor, que sostuvo contra los griegos un sitio de diez años, inmortalizado en *La Ilíada* de Homero.

troyano, na adj. y s. De Troya (Asia Menor).

Troyes, c. de Francia al sureste de París ; cap. del dep. del Aube. Obispado.

Troyes (Chrétien de), escritor francés (¿ 1135-1183 ?), autor de poesías y de relatos (*Lanzarote, Perceval*).

Troyo (Rafael Ángel), poeta y escritor costarricense (1875-1910).

trozo m. Pedazo de una cosa separado del resto : *un trozo de papel.* || Parte, fragmento de una obra literaria o musical : *libro de trozos escogidos.*

Trubetskoi (Nikolai Serguéievich), lingüista ruso (1890-1938), creador de la fonología.

Trubia, pobl. al N. de España (Asturias). Fábrica de armas.

trucaje m. Artificio cinematográfico en que se emplean trucos.

trucar v. t. Hacer trampas en el juego de cartas, en el billar. || Falsificar, cometer fraude.

Trucial States, ant. n. de los *Emiratos Árabes Unidos.*

trucidar v. t. Despedazar. || Matar.

truco m. Maña, habilidad. || Procedimiento ingenioso, artimaña, ardid : *andarse con trucos.* || Artificio cinematográfico para dar apariencia de realidad a secuencias que es imposible obtener directamente al rodar la película. || — Pl. Juego antiguo parecido al billar.

truculencia f. Aspecto terrible o espantoso.

truculento, ta adj. Terrible, espantoso, atroz : *nos contó con todo detalles aquellos momentos truculentos.*

trucha f. Pez salmónido de agua dulce, de carne muy estimada. || *Amér.* C. Tenderete de venta al aire libre. || *Trucha asalmonada*, la que tiene la carne roja como el salmón.

truchero, ra m. y f. Pescador o vendedor de truchas. || — Adj. Donde hay truchas : *río truchero.*

truchimán, ana m. y f. *Fam.* Trujamán.

trueno m. Estampido que acompaña al relámpago. || Ruido fuerte del tiro de un arma o cohete. || *Fam.* Muchacho atolondrado, calavera. || *Fig. Gente de trueno*, gente de vida licenciosa o de mucha importancia.

trueque m. Acción de trocar, cambio. || *A trueque de*, a cambio de.

trufa f. Hongo ascomiceto subterráneo, muy apreciado por su sabor aromático, con aspecto de tubérculo.

trufar v. t. Rellenar de trufas.

truhán, ana adj. y s. Granuja.

truhanada f. Truhanería.

truhanear v. i. Engañar.

truhanería f. Acción propia de un truhán. || Conjunto de truhanes.

truhanesco, ca adj. Propio de un truhán.

truismo m. Verdad tan evidente que no merecería siquiera ser enunciada.

trujamán, ana m. y f. Intérprete.

Trujano (Valerio), guerrillero insurgente en la guerra de Independencia de México (1760-1812).

trujillano, na adj. y s. De Trujillo (Colombia, España, Honduras, Perú y Estado de Venezuela).

trujillense adj. y s. De Trujillo (c. de Venezuela).

Trujillo, mun. de Colombia (Valle del Cauca). — C. en el O. de España (Cáceres). Lugar de nacimiento de Pizarro. — C. y puerto en el N. de Honduras, a orillas del Caribe ; cap. del dep. de Colón. — C. septentrional del Perú, cap. de la prov. homónima y del dep. de La Libertad. Arzobispado. Universidad. Terremoto en 1970. — Cordillera y c. en el O. de Venezuela, cap. del Estado homónimo. Obispado. Centro agrícola. El Estado prod. maíz, caña de azúcar, trigo ; petróleo. || ~ (CIUDAD). V. SANTO DOMINGO. || ~ Alto, mun. al N. de Puerto Rico (Bayamón).

Trujillo (Julián), general y político colombiano (1828-1883), pres. de la Rep. de 1878 a 1880. || ~ Molina (HÉCTOR BIENVENIDO), general y político dominicano, n. en 1908. Elegido pres. de la Rep. en 1952, dimitió de su cargo en 1960. — Su hermano RAFAEL LEÓNIDAS (1891-1961) fue elegido presidente (1930-1938 y 1942-1952) e instauró un período de dictadura, efectivo también a través de sus colaboradores que gobernaron el país. Llevó a cabo una política anticomunista apoyada por los Estados Unidos hasta 1960. Murió asesinado.

Truman (Harry S.), político demócrata norteamericano (1884-1972). Pres. de su país de 1945 a 1953. Aceleró el final de la segunda guerra mundial con el empleo de la bomba atómica en el Japón (1945) y favoreció la ayuda a la Europa occidental (plan Marshall). Sostuvo la guerra fría con la U. R. S. S. y la participación de los Estados Unidos en la guerra de Corea.

truncado, da adj. Aplícase a las cosas a las cuales se ha quitado alguna parte esencial : *obra truncada.* || *Geom. Cono truncado, pirámide truncada*, cono o pirámide a los que les falta el vértice.

truncamiento m. Acción y efecto de truncar.

truncar v. t. Quitar alguna parte esencial : *truncar una estatua, un libro.* || *Fig.* Romper, cortar : *truncar las ilusiones de uno.* | Interrumpir : *este gravísimo accidente truncó para siempre su vida.*

trupial m. Turpial, pájaro.

trusa f. *Per.* Bragas. || *Cub.* Traje de baño.

trust m. (pal. ingl.). Unión de grandes empresas con objeto de reducir los gastos de producción, evitar la competencia y acaparar el mercado de ciertos productos.

truste m. Trust.

Tselinograd, c. en el SO. de la U. R. S. S. (Kazakstán).

tse-tsé f. Nombre indígena de una mosca africana cuya picadura transmite la enfermedad del sueño.

Tseu-hi (1835-1908), emperatriz y regente de China (1881-1908).

Tseu ~ - **Kong o Zigong**, c. en el centro de China (Sechuán). Petróleo ; gas natural. || ~ - **Po o Zipo**, c. en el E. de China (Chatung). Hulla.

T. S. H., abreviatura de *telegrafía* o *telefonía sin hilos.*

Tshikapa, c. en el S. del Zaire a orillas del río Kasai. Diamantes.

Tsin, dinastía que reinó en China de 249 a 206 a. de J. C.

Tsinan o Jinan, c. en el E. de China, cap. de la prov. de Chantung. Arzobispado. Universidad. Industrias.

Tsing, dinastía manchú, que reinó en China de 1644 a 1911.

Tsinghai, provincia occidental de China ; cap. *Sining.*

Tsingkiang, c. en el este de China (Kiangsú).

Tsingtao, c. y puerto en el E. de China (Chantung). Industrias.

Tsinhuangtao, c. y puerto en el N. de China (Hopei).

Tsitsihar, c. del NE. de China (Heilongkiang).

Tsiuancheu, c. y puerto en el S. de China (Fukien).

Tskhinvali, de 1934 a 1961 *Staliniri*, c. en el SO. de la U. R. S. S. (Georgia), cap. de la Rep. de Osetia del Sur.

Tsu, c. del Japón (Honshu).

Tsugaru, estrecho que separa las dos islas japonesas de Honshu y Hokkaido.

Tsukuba, c. de Japón, al NE. de Tokio (Honshu).

Tsushima, archip. japonés, entre Corea y Japón. Derrota naval de los rusos por los japoneses en 1905.

tu, tus pron. poses. de 2.ª pers. en sing. o pl. usado como adjetivo antes de un sustantivo : *tu casa* ; *tus hijos*.

tú pron. pers. de 2.ª pers. en sing. ∥ — *Méx. Al tú por tú*, al mismo nivel, a la misma altura, de tú a tú. ∥ *Fig. Estar de tú a tú con uno*, tener trato de confianza con él. ∥ *Fam. Más lo eres tú*, frase con que se aplica una calificación injuriosa a la persona misma que fue la primera en emplearla. ∥ *Tratar de tú*, tutear.

Tuamotu, archipiélago de la Polinesia francesa, al E. de Tahití, compuesto de más de 80 islas ; 880 km² ; cap. *Rotoava.*

Tuara, c. al E. de Nicaragua (Zelaya), a orillas del mar Caribe y del lago que lleva su nombre.

tuareg m. pl. Pueblo nómada del Sáhara, de raza beréber. ∥ Lengua hablada por él. (Sing. *targui*).

tuatúa f. Árbol euforbiáceo americano cuyas hojas y semillas se usan como purgantes.

tuba f. Instrumento músico de viento, de tubo cónico con pistones.

tubazo m. *Amer. Fam.* Información en exclusiva obtenida por un periódico.

tuberáceo, a adj. Aplícase a los hongos ascomicetos completamente subterráneos, como la trufa y la criadilla de tierra (ú. t. c. s. f.). ∥ — F. pl. Familia que forman.

tuberculina f. Extracto de cultivos de bacilos de Koch, usado en el diagnóstico de tuberculosis.

tubérculo m. Excrecencia feculenta en cualquier parte de una planta, particularmente en la parte subterránea del tallo, como la patata, la batata, etc.

tuberculosis f. Enfermedad infecciosa y contagiosa del hombre y de los animales, causada por el bacilo de Koch : *tuberculosis pulmonar.*

tuberculoso, sa adj. Relativo al tubérculo. ∥ Que tiene tubérculos : *raíz tuberculosa.* ∥ *Med.* Relativo a la tuberculosis : *bacilo tuberculoso.* ∥ Aplícase a la persona que padece tuberculosis (ú. t. c. s.).

tubería f. Conjunto de tubos o conductos utilizados para el transporte de fluido, cañería : *tubería de agua.*

tuberosidad f. Tumor, bulto. ∥ Protuberancia de un hueso donde se sujetan músculos y ligamentos.

tuberoso, sa adj. Que tiene tuberosidades. ∥ — F. Nardo, planta.

Tubinga, en alem. *Tübingen*, c. en el S. de Alemania Occidental (Baden-Wurtemberg), a orillas del Neckar. Universidad.

Tubkal, monte del Atlas Mayor al S. de Marruecos. (Es la cumbre más alta de África del Norte ; 4 165 m.)

tubo m. Pieza cilíndrica hueca destinada a la circulación de un fluido : *el tubo del agua.* ∥ Conducto natural : *tubo digestivo, intestinal.* ∥ Parte inferior de los cálices o de las corolas gamopétalas : *tubo de polinización.* ∥ Recipiente alargado, metálico, de cristal o de cualquier otra materia, de forma más o menos cilíndrica, destinado a contener pintura, pasta dentífrica, píldoras, etc. ∥ Chimenea de cristal de las lámparas. ∥ En radioelectricidad, lámpara : *tubo catódico.* ∥ *Riopl.* Auricular del teléfono. ∥ — *Tubo de escape*, tubo de evacuación de los gases quemados en un motor. ∥ *Tubo de ensayo*, el de cristal, cerrado por uno de sus extremos, usado para los análisis químicos. ∥ *Tubo de Geissler*, aquel que contiene un gas enrarecido y sirve para estudiar los efectos luminosos producidos por una descarga eléctrica. ∥ *Tubo lanzallamas,*

arma de combate con que se lanzan gases o líquidos inflamados. ∥ *Tubo lanzatorpedos*, el metálico que sirve para lanzar un torpedo dándole la orientación deseada.

Tubruq. V. TOBRUK.

tubulado, da adj. En forma de tubo.

tubular adj. Que tiene forma de tubo o está hecho con tubos. ∥ *Caldera tubular*, aquella en que la circulación del fluido caliente se efectúa en tubos que proporcionan una amplia superficie para los intercambios de calor. ∥ — M. Neumático para bicicletas formado por una cámara de aire delgada envuelta en una cubierta de goma y tela completamente cerrada por una costura.

Tuca Valle de Arán, estación de deportes de invierno al NE. de España en el Valle de Arán (Lérida).

Tucacas, grupo de cayos al NO. de Venezuela (Falcón).

tucán m. Ave trepadora americana, de pico grueso muy largo.

tucano, na adj. y s. Dícese de los miembros de una tribu indígena que vive en la zona fronteriza situada entre Perú, Colombia y Brasil.

Tucapel, com. del centro de Chile, en la prov. y en la VIII Región de Biobío ; cap. *Huépil.*

Tucapel, fuerte español edificado en Arauco (Chile). Batalla entre los indígenas mandados por Lautaro y los españoles. En ella murió Pedro de Valdivia (1554).

Tucídides, historiador griego (¿ 460-400 ? a. de J. C.), autor de una *Historia de la guerra del Peloponeso.*

tuco m. *Arg.* Cocuyo, coleóptero luminoso. ∥ *Riopl.* Salsa espesa de tomate con pedacitos de carne, cebollas, etc., utilizada para aderezar macarrones, etc. ∥ — M. y f. *Amer.* Manco. ∥ Muñón.

Tucson, c. del S. de Estados Unidos (Arizona). Obispado. Universidad. Industria electrónica. Agricultura.

Tucumán, prov. del NO. de la Argentina ; cap. *San Miguel de Tucumán.* Agricultura. Industrias.

Tucumán (*Congreso de*), Congreso General Constituyente que proclamó, el 9 de julio de 1816, la independencia de las Provincias Unidas del Río de la Plata.

tucumano, na adj. y s. De la ciudad de San Miguel de Tucumán y del dep. de Tucumán (Argentina).

Tucupido, c. en el centro norte de Venezuela (Guárico). Petróleo.

tucupita adj. y s. De Tucupita (Venezuela).

Tucupita, c. en el NE. de Venezuela, cap. del Territorio de Delta Amacuro. Petróleo.

tucupiteño, ña adj. y s. De la ciudad de Tucupita (Venezuela).

Tucuragua, río al N. de Venezuela (Yaracuy y Cojedes), afl. del Cojedes.

Tucuruí, pobl. en el N. del Brasil (Pará). Central hidroeléctrica en el río Tocantins.

tucutuco m. *Arg.* y *Bol.* Mamífero roedor semejante al topo.

tucutuzal m. *Arg.* Terreno socavado por los tucutucos.

tucho, cha adj. y m. f. *Méx.* Mono araña. ∥ Persona fea.

Tudela, c. al norte de España en Navarra (Pamplona), a orillas del Ebro. Obispado. — **de Duero,** v. de España (Valladolid).

tudelano, na adj. y s. De Tudela (España).

tudense adj. y s. De Túy (España).

tudesco, ca adj. y s. Alemán.

Tudor, familia inglesa del país de Gales que, de 1485 a 1603, dio cinco soberanos a Inglaterra (Enrique VII, Enrique VIII, Eduardo VI, María I Estuardo e Isabel I).

Tuen Huang, c. septentrional de China (Kansu).

tuera f. *Bot.* Coloquíntida.

tuerca f. Pieza con un orificio labrado en espiral en que encaja la rosca de un tornillo.

tuerto, ta adj. Aplícase a la persona que tiene vista en un ojo : *dejar tuerto a su hermano* ; *se quedó tuerto.* U. t. c. s. : *había un tuerto y un cojo.*

tuétano m. Médula. ∥ *Fig.* Sustancia, lo más importante e interesante de una cosa. ∥ *Fig.* y *fam. Hasta los*

tuétanos, hasta lo más íntimo o profundo de una persona ; muy profundamente : *calado hasta los tuétanos.*

tufarada f. Racha de olor o calor repentina y poco duradera.

tufillo m. Olor ligero.

tufo m. Emanación gaseosa que se desprende de ciertas cosas. ∥ Mal olor : *tufo de alcantarilla.* ∥ Mechón de pelo que se peina o riza delante de las orejas. ∥ *Toba, piedra caliza.* ∥ — Pl. *Fig.* Soberbia, presunción, vanidad : *¡ este chico tiene unos tufos !*

Tuguegarao, c. de las Filipinas, al NE. de la isla Luzón ; cap. de la provincia de Cagayán.

tugurio m. Choza de pastores. ∥ *Fig.* Habitación o casa miserable.

tui m. *Arg.* Loro pequeño.

Tuineje, mun. de España en la isla de Fuerteventura y en la prov. de Las Palmas (Canarias).

Tuira, río en el este de Panamá (Darién). Llamado Setegantí en su curso inferior.

tuitivo, va adj. *For.* Que defiende.

Tuito, una de las prov. del ant. reino de Colima (México).

tul m. Tejido fino, ligero y transparente de algodón o seda que forma una red de mallas redondas.

Tul. V. TOUL.

tula f. *Amer.* Saco forrado de caucho que sirve para llevar cosas.

Tula, río de México (Hidalgo), que recibe después el n. de Moctezuma. — Ant. c. de México, cap. del reino de los toltecas, fundada en 677 y destruida en 1116. Sus ruinas están cerca de Tula de Allende (Hidalgo). — V. en el E. de México (Tamaulipas). — C. y región de la U. R. S. S. (Rusia), al S. de Moscú. Metalurgia. ∥ — **de Allende,** v. de México, al N. de la capital del país (Hidalgo). Obispado. En sus cercanías, ruinas de la ant. Tula.

Tulancingo, c. de México (Hidalgo). Obispado. Agricultura.

Tulcán, c. en el N. del Ecuador, cerca de la frontera colombiana, y cap. de la prov. de Carchi. Obispado.

tulcaneño, ña adj. y s. De la ciudad de Tulcán (Ecuador).

Tule, n. dado por los romanos a una isla del océano Atlántico, al N. de Gran Bretaña, probablemente una de las islas Shetland. — Estación del NO. de Groelandia. Base aérea de los Estados Unidos.

Tulear, c. y puerto de Madagascar en el litoral SO. de la isla.

tulenco, ca adj. *Amér. C.* Cojo.

tulio m. Elemento químico (Tm) de número atómico 69, del grupo de las tierras raras.

tulipa f. Pantalla de cristal de forma parecida a la del tulipán.

tulipán m. Planta liliácea de raíz bulbosa y hermosas flores ornamentales. ∥ Su flor.

tulipanero o **tulipero** m. Árbol ornamental de la familia de las magnoliáceas, oriundo de América.

Tulo Hostilio, tercer rey de Roma que reinó de 672 a 641 a. de J. C.

tulpa f. *Amer.* Piedra de fogón campestre.

Tulsa, c. del centro de los Estados Unidos (Oklahoma), a orillas del Arkansas. Petróleo.

Tultitlán, mun. de México, en el Estado de este n. ; cap. *Tultitlán de Mariano Escobedo.*

Tuluá, c. en el oeste de Colombia (Valle del Cauca). Agricultura.

Tulum, centro arqueológico maya, constituido por una ciudad amurallada y situado en la costa noreste de Yucatán, frente a la isla de Cozumel (México).

Tulle, c. en el S. del centro de Francia, cap. del dep. de Corrèze. Obispado.

Tullerías, antiguo palacio de los reyes de Francia en París, incendiado en 1871 y demolido en 1882. Actualmente hay jardines y de la antigua construcción sólo queda el pabellón de Flora.

tulldez f. Tullimiento.

tullido, da adj. Baldado, imposibilitado, que no puede mover algún miembro (ú. t. c. s.). ∥ *Fig.* Muy cansado.

tullimiento m. Estado de tullido.

tullir v. t. Dejar tullido, lisiar a alguien. ∥ *Fig.* Cansar mucho. — V.

TR

667

pr. Quedarse imposibilitado o tullido. || Paralizarse un miembro.

Tuma, río en el centro de Nicaragua, afl. del Río Grande de Matagalpa. Embalse. Central hidroeléctrica.

Tumaco, c. y puerto en el SO. de Colombia (Nariño) en la isla homónima, a la entrada del golfo igualmente llamado así. Oro. Refinería de petróleo. Oleoducto.

tumba f. Sepultura, sitio donde está enterrado un cadáver. || Ataúd que se coloca para la celebración de las honras fúnebres. || Fig. Persona muy callada y reservada. || Danza típica de Colombia. || Amer. Tala de un bosque. || Arg. y Chil. Trozo de carne de mala calidad hervida en agua y sal. || A tumba abierta, a gran velocidad.

Tumbador (El), mun. al O. de Guatemala (San Marcos).

tumbaga f. Aleación de cobre y cinc. || Sortija hecha de esta materia y, por extensión, de cualquier metal.

tumbar v. t. Hacer caer, derribar : tumbar a uno al suelo. || Inclinar mucho : el viento ha tumbado la mieses. || Fig. y fam. Suspender en un examen : le tumbaron en latín. | Pasmar : lo dejé tumbado de asombro. || — V. i. Caer al suelo, desplomarse. || Dar de quilla un barco. || — V. pr. Echarse : tumbarse en la cama. || Repantigarse : tumbarse en un sillón muy cómodamente.

Tumbes o **Tumbez,** pequeña península en el centro de Chile (Concepción). — Río en la vertiente del Pacífico que nace en los Andes del Ecuador, marca la frontera con Perú y penetra en este país para ir a desembocar en la bahía de Tumbes ; 250 km. — C. septentrional del Perú, cap. de la prov. y del dep. homónimos. Centro comercial y agrícola. Turismo.

tumbesino, na adj. y s. De la ciudad y dep. de Tumbes (Perú).

tumbo m. Vaivén violento, sacudida de algo que va andando o rodando : el coche daba tumbos por el camino.

tumbona f. Especie de hamaca o silla de tijera que sirve para tumbarse.

tumefacción f. Hinchazón.

tumefacto, ta adj. Hinchado.

Tumen, río fronterizo entre Corea y China y entre Corea y la U. R. S. S. Desemboca en el mar del Japón.

tumescencia f. Tumefacción.

tumescente adj. Que se hincha.

tumor m. Med. Multiplicación anormal de las células que produce un desarrollo patológico de los tejidos. — Hay que distinguir entre tumores benignos (verrugas, fibromas, etc.), que están localizados en una parte del cuerpo y no contaminan los tejidos próximos, y tumores malignos o cáncer, que se difunden en el organismo.

tumoroso, sa adj. Que tiene uno o varios tumores.

túmulo m. Sepulcro levantado encima del nivel del suelo. || Montecillo artificial con el que se cubrían las sepulturas. || Catafalco, armazón cubierta de paños negros sobre la que se coloca un ataúd.

tumulto m. Motín, disturbio, alboroto, desorden. || Fig. Agitación, confusión ruidosa.

tumultuoso, sa adj. Que promueve tumultos, alborotado, agitado : una asamblea tumultuosa. || Acompañado de tumulto : protestas tumultuosas.

tuna f. Bot. Nopal. || Su fruto, higo chumbo. || Vida vagabunda y pícara : correr la tuna. || Orquestina formada por estudiantes, estudiantina. || Estudiante de la tuna.

tunal m. Nopal. || Sitio poblado de tunas.

Tunal, cima del macizo de Azuay, en los Andes del Ecuador ; 4 329 m.

tunantada f. Granujada.

tunante, ta adj. y s. Pícaro, granuja.

tunantear v. i. Bribonear.

tunantería f. Picardía, granujada, acción propia de un tunante. || Conjunto de tunantes.

tunantesco, ca adj. Propio de los tunantes.

Tunas, río en el NE. de la Argentina (Corrientes y Entre Ríos), afl. del Mocoretá. || ~ (Las), ant. Victoria de las Tunas, c. en el E. de Cuba, cap. de la prov. del mismo nombre. Agricultura

(azúcar), ganadería. La provincia fue creada en 1976 con parte de la antigua de Oriente y consta de 8 municipios.

tunco, ca adj. y s. Méx. Manco. || — M. y t. Amér. C. Cerdo.

tunda f. Acción y efecto de tundir los paños. || Fam. Paliza, soba.

tundición f. o **tundido** m. Tunda de los paños.

tundidura f. Acción de tundir.

tundir v. t. Cortar e igualar con tijeras, cuchilla o máquina el pelo de los paños o pieles. || Fam. Pegar, golpear.

tundra f. En las regiones polares, particularmente en Siberia y Alaska, formación vegetal consistente en musgos, líquenes, árboles enanos.

tunear v. i. Llevar una vida de tuno o hacer tunanterías. — V. t. Méx. Cosechar tunas.

tuneci y **tunecino, na** adj. y s. De Túnez. || — M. Dialecto hablado en Túnez.

túnel m. Galería subterránea o submarina abierta para dar paso a una vía de comunicación. || — Hacer el túnel, en fútbol, hacer pasar el balón entre las piernas del adversario. || Fig. Salir del túnel, salir de una situación apurada, de un momento de oscuridad. || Túnel aerodinámico, instalación para determinar las características aerodinámicas de una maqueta de avión, automóvil, etc., sometiéndola a una corriente de aire a gran velocidad.

tunería f. Calidad de tunante o manera de portarse éste.

Túnez, c. y puerto del N. de África, en el golfo homónimo, cap. de la República de Túnez, 1 000 000 de h. Centro comercial e industrial.

Túnez o **Tunicia** (REPÚBLICA DE), Estado situado en el extremo NE. de África del Norte, a orillas del Mediterráneo y al E. de Argelia ; 163 610 km² ; 6 500 000 h. (tunecinos). Cap. Túnez, 1 000 000 de h. — Otras c. : Sfax, 190 000 h. ; Susa, 90 000 ; Jerba, 75 000 ; Bizerta, 70 000 ; Kairuán, 55 000 ; Menzel-Burguiba (ant. Ferryville), 39 000.

tungsteno m. Quím. Volframio.

Tungurahua, volcán de los Andes en la cordillera Central ; 5 005 m. — Prov. en el centro del Ecuador ; cap. Ambato.

tungurahuense adj. y s. De Tungurahua (Ecuador).

Tunguska, n. de tres ríos de la U. R. S. S., en Siberia occidental, afl. del Yeniséi : Tunguska Inferior (2 640 km), Tunguska Medio (1 550) y Tunguska Superior o Angara (2 848).

túnica f. Prenda interior a modo de camisa amplia sin mangas que llevaban los antiguos. || Cualquier vestidura amplia y larga. || Anat. Membrana fibrosa que envuelve algunos órganos : túnicas vasculares.

tunicado, da adj. Envuelto por una o varias túnicas : bulbo tunicado. || — M. pl. Clase de protocordados que comprende animales marinos con cuerpo cubierto por una túnica de forma de saco.

Tunicia. V. TÚNEZ.

Tunja, c. en el centro de Colombia, cap. del dep. de Boyacá. Universidad. Arquidiócesis.

tunjano, adj. y s. De Tunja (Colombia).

tuno, na adj. y s. Tunante, bribón. || — M. Estudiante de una tuna.

tuntún (al o al buen) m. adv. Fam. Sin reflexión, a la buena de Dios, sin datos seguros : decir al buen tuntún.

Tunuyán, río y dep. al oeste de la Argentina (Mendoza).

Túpac ~ Amaru, inca peruano, que se alzó contra el dominio español y fue ejecutado por orden del virrey F. de Toledo (1572). || ~ **Amaru** (JOSÉ GABRIEL CONDORCANQUI, llamado), cacique peruano (¿ 1740 ?-1781), descendiente de los incas, que se rebeló contra los españoles (1780). Derrotado por las fuerzas del virrey Jáuregui, fue ajusticiado. || ~ **Catari.** V. APASA (Julián). || ~ **Huallpa,** inca del Perú en 1533. Era hijo de Huayna Cápac y hermano de Huáscar, Atahualpa y Manco Inca. Murió en 1533.

tupamaro. m. Miembro del Movimiento Nacional de Liberación de Uruguay, fundado en 1962.

TÚNEZ

tupé m. Copete, mechón. || Fig. y fam. Desfachatez, caradura.

tupiceño, ña adj. y s. De la ciudad de Tupiza (Bolivia).

tupido, da adj. Apretado, espeso : paño tupido. || Denso : niebla tupida.

Tupiecha, sacerdote del dios del Mar, entre los tarascos (México).

tupí-guaraní adj. Dícese de una familia lingüística y cultural india de América del Sur y de sus miembros, que efectuaron grandes migraciones desde la zona comprendida entre los ríos Paraná y Paraguay hasta el Amazonas y llegaron a los Andes bolivianos y al Chaco occidental (ú. t. c. s.). || — M. Idioma hablado por estos indios. (El guaraní se extendió en el sur de Brasil y en Paraguay.)

tupinambá adj. Dícese de un pueblo indígena de la familia tupí establecido en el litoral atlántico del Bajo Amazonas (ú. t. c. s.).

tupinambo m. Bot. Aguaturma.

tupir v. t. Apretar mucho para hacer más espeso : tupir un tejido.

Tupiza, pobl. en el S. de Bolivia, cap. de la prov. de Sur Chichas (Potosí). Minas.

Tupungatito, cima volcánica de los Andes entre Chile (Santiago) y Argentina (Mendoza) ; 5 640 m.

Tupungato, cima volcánica de los Andes entre Chile (Santiago) y Argentina (Mendoza) ; 6 800 m. — Dep. y pobl. en el oeste de la Argentina (Mendoza). Petróleo.

Túquerres, c. y altiplanicie andina en el SO. de Colombia (Nariño) ; 3 100 m.

Turane. V. DA NANG.

turba f. Combustible fósil que resulta de materias vegetales más o menos carbonizadas. (La turba contiene 60 % de carbono y es un combustible de poco poder calorífico que desprende mucho humo y deja cenizas al quemarse.) || Estiércol mezclado con carbón vegetal. || Muchedumbre generalmente bulliciosa.

turbación f. Confusión, desasosiego, perplejidad. || Desorden.

Turbaco, mun. y c. en el NO. de Colombia (Bolívar).

turbador, ra adj. Que turba. || — M. y f. Que causa disturbios.

turbamiento m. Turbación.

turbamulta f. Fam. Muchedumbre ruidosa y desordenada : la turbamulta invadió el palacio real.

turbante m. Tocado de los orientales consistente en una faja larga de tela arrollada en la cabeza ‖ Tocado del mismo estilo.

turbar v. t. Enturbiar, alterar la transparencia natural : *turbar el agua.* ‖ *Fig.* Causar desorden, perturbar : *turbar la paz pública.* ‖ Desconcertar, confundir : *esta pregunta le turbó visiblemente.* ‖ Trastornar : *turbar la razón.* ‖ Interrumpir : *turbar el silencio.* ‖ — V. pr. *Fig.* Perder la serenidad, el aplomo.

Turbay Ayala (Julio César), político colombiano, n. en 1916, pres. de la Rep. de 1978 a 1982.

turbelario adj. Dícese de los gusanos de cuerpo aplanado, que viven en aguas marinas o dulces o sobre la tierra húmeda. ‖ — M. pl. Clase que forman.

turbera f. Yacimiento de turba.

túrbido, da adj. Turbio.

turbiedad f. Estado de un líquido turbio. ‖ Opacidad. ‖ Ofuscamiento.

turbina f. Motor constituido por una rueda móvil de álabes sobre la cual actúa la fuerza viva de un fluido (agua, vapor, gas, etc.) : *las turbinas de vapor reemplazan cada vez más las antiguas máquinas de émbolo.* ‖ Aparato para separar por centrifugación los cristales de azúcar de otros componentes que constituyen la melaza.

turbinto m. Árbol anacardiáceo de América Meridional.

turbio, bia adj. Que ha perdido su transparencia natural : *líquido turbio.* ‖ *Fig.* Equívoco, poco claro : *negocio turbio.* ‖ Agitado : *período turbio.* ‖ Falto de claridad : *vista turbia.*

turbión m. Aguacero con viento fuerte, chaparrón. ‖ *Fig.* Multitud.

Turbo, mun. y puerto de Colombia (Antioquia), en el golfo de Urabá

turboalternador m. Grupo generador de electricidad, constituido por una turbina y un alternador acoplados en un mismo eje.

turbocompresor m. Compresor rotativo centrífugo que tiene una presión muy alta.

turbodínamo f. Acoplamiento hecho con una turbina y una dinamo.

turbogenerador m. Turbina de vapor directamente acoplada a un generador eléctrico.

turbohélice m. Turbopropulsor.

turbomáquina f. Nombre dado a los aparatos generadores o receptores de energía que actúan de forma dinámica sobre un fluido mediante una rueda de álabes que gira alrededor de un eje fijo (turbomotores, turborreactores).

turbomotor m. Turbina accionada por el aire comprimido que funciona como motor.

turbonave f. Barco accionado por turbinas de vapor.

turboperforación f. Sistema de perforación en que el trépano es impulsado por una turbina situada en la parte superior accionada por la circulación del todo.

turbopropulsor m. Propulsor constituido por una turbina de gas acoplada a una o varias hélices por medio de un reductor de velocidad.

turborreacción f. Propulsión por tuborreactores.

turborreactor m. Motor de reacción constituido por una turbina de gas cuya expansión a través de una o varias toberas produce un efecto de propulsión por reacción.

turbotrén m. Tren propulsado por turbinas de gas aeronáuticas.

turboventilador m. Ventilador que está accionado por una turbina.

turbulencia f. Agitación ruidosa, alboroto, bullicio : *la turbulencia de los niños.* ‖ Agitación desordenada de un fluido que corre : *la turbulencia del agua del mar.*

turbulento, ta adj. Bullicioso, agitado : *alumnos turbulentos.*

Turcios (Froilán), político, diplomático y escritor hondureño (1875-1943), autor de obras en prosa (*Cuentos crueles* y *Annabel Lee*) y poesías (*Hojas de otoño, Floresta sonora*).

turco, ca adj. y s. De Turquía. — Cabeza de turco, v. CABEZA. ‖ *Cama turca,* la que no tiene cabecera ni pies. ‖ *Gran Turco,* título que daban los cristianos a los sultanes turcos. ‖ *Anat.* Silla turca, cavidad del esfe-

noides donde está la hipófisis. ‖ — M. Lengua turca. ‖ — F. *Fig.* y *fam.* Borrachera.

turcomano, na adj. y s. Aplícase a un pueblo uraloaltaico de raza turca, establecido en el Turkmenistán, Uzbekistán, Afganistán e Irán.

Turdetania, ant. región, situada en Andalucía (España), habitada por los descendientes de los tartesios.

turdetano, na adj. y s. Dícese de un ant. pueblo del bajo valle del Guadalquivir (España).

Turé (Seku), político guineano (1922-1984), pres. de la Rep. desde 1958 hasta su muerte.

Turena, región y ant. prov. al SO. de París (Francia), en el valle del Loira ; cap. *Tours.*

Turenne (Henri DE LA TOUR D'AUVERGNE, *vizconde* de), mariscal de Francia (1611-1675). Participó en la guerra de los Treinta Años.

turf m. (pal. ingl.). Pista de un hipódromo. ‖ Deporte hípico.

turgencia f. *Med.* Aumento patológico del volumen de un órgano.

turgente adj. Hinchado. ‖ Prominente, no fláccido.

turgescencia f. Turgencia.

turgescente adj. Turgente.

túrgido, da adj. Turgente.

Turgovia, en alem. *Thurgau,* cantón del NE. de Suiza, a orillas del Lago de Constanza ; cap. *Frauenfeld.*

Turguéniev (Iván Serguéievich), escritor ruso (1818-1883), autor de novelas y narraciones (*Relatos de un cazador, Aguas primaverales, Padres e hijos, Humo, Tierras vírgenes, Nido de hidalgos*) y obras de teatro (*Un mes en el campo*).

Turia, río de España que nace en la Muela de San Juan, pasa por la prov. de Teruel y Cuenca y des. en Valencia ; 243 km. En su alto curso se llama Guadalaviar. Presas.

Turiamo, bahía y pobl. en el norte del centro de Venezuela (Aragua), a orillas del Caribe. Base naval.

Turicato, mun. al este de México (Michoacán), en la depresión del río de las Balsas.

Turimíquire o **Turimaquire,** monte al NE. de Venezuela (Sucre y Monagas) ; 2 596 m.

Turín, en ital. *Torino,* c. en el NO. de Italia, cap. del Piamonte y de la prov. homónima, a orillas del Po. Arzobispado. Universidad. Centro industrial (automóviles) y comercial.

Turina (Joaquín), compositor español, n. en Sevilla (1882-1949), autor de obras para orquesta (*La oración del torero, Sinfonía sevillana, La procesión del Rocío, Danzas fantásticas,* etc.) y para piano (*Rincones sevillanos, Jardines de Andalucía, Danzas gitanas*).

turinés, esa adj. y s. De Turín (Italia).

Turingia, región en el centro de alemania Oriental. Fue un Estado de la Rep. Democrática de 1946 a 1952, cuya cap. era Erfurt.

turismo m. Acción de viajar por distracción y recreo. ‖ Organización, desde el punto de vista técnico, financiero y cultural, de los medios que facilitan estos viajes : *Oficina de turismo.* ‖ Industria que se ocupa de la satisfacción de las necesidades del turista : *el turismo es buen proveedor de divisas extranjeras.* ‖ Automóvil de uso privado.

Turismundo, rey de la España visigótica (451-453). Asesinado por su hermano Teodorico II.

turista com. Persona que viaja por distracción y recreo. ‖ *Clase turista,* en las tarifas normales, billete o plaza más barato para viajar en avión.

turístico, ca adj. Relativo al turismo : *excursión turística.* ‖ Frecuentado por los turistas : *playa turística.* ‖ Hecho con miras al turismo : *espectáculo turístico.*

Turkana, ant. *lago Rodolfo,* lago de África oriental en el norte de Kenia ; 8 600 km².

Turkestán. V. TURQUESTÁN.

Turkmenistán, república federada en el SO. de la U. R. S. S., a orillas del Caspio ; 488 100 km² ; 2 300 000 h. ; cap. *Achkhabad.* Petróleo.

Turks y Caicos, islas británicas en el Caribe, al SE. de las Bahamas.

Turku, en sueco *Aabo,* c. y puerto del SO. de Finlandia, a orillas del Báltico, cap. de la prov. de *Turku Pori.* Universidad. Obispado.

turmalina f. Mineral de color variable que se presenta en forma de prismas alargados ‖ Piedra fina roja, azul, parda, incolora o negra.

Turmero, mun. en el norte del centro de Venezuela (Aragua).

túrmix f. (n. registrado). Batidora. (Aunque el sustantivo *túrmix* es femenino, algunos lo hacen masculino.)

turnar v. i. Alternar o establecer un turno con otras personas para hacer algo. Ú. t. c. pr. : *turnarse para cuidar a un enfermo.*

Turner (William), pintor inglés, n. en Londres (1775-1851), precursor del impresionismo.

Turner Valley, región al O. de Canadá (Alberta). Petróleo.

Turnhout, c. de Bélgica (Amberes).

turno m. Orden establecido entre varias personas para la ejecución de una cosa : *turno de día, de noche ; hablar en su turno.* ‖ División de la jornada de trabajo de veinticuatro horas en varios períodos de tiempo. ‖ Conjunto de obreros o empleados que trabajan juntos en cada uno de estos períodos de tiempo. ‖ — *De turno,* dícese de la persona a quien corresponde actuar. ‖ *Farmacia de turno,* la encargada del servicio de guardia.

turnover m. (pal. ingl.). Volumen de negocios, facturación.

turolense adj. y s. De la c. o prov. de Teruel (España).

turón m. Mamífero carnicero mustélido de olor fétido.

turonense adj. y s. De Tours (Francia).

turquesa f. Piedra preciosa, de color azul verdoso o azul celeste. ‖ — Adj. De color azul verdoso (ú. t. c. s. m.).

Turquestán o **Turkestán,** antigua denominación administrativa del Imperio ruso en la actual Asia Central o Asia Media soviética, dividida en cinco repúblicas federadas de la U. R. S. S. (Kazakstán, Kirghizia, Uzbekistán, Tadjikistán y Turkmenistán). Una parte pertenece a China y constituye la prov. de Sinkiang.

turqui o **turquino, na** adj. Aplícase al azul muy oscuro (ú. t. c. s. m.).

Turquía, Estado de Asia Occidental y de Europa, limitado por el Mediterráneo y el Egeo al SO., el mar Negro al N., la U. R. S. S. al NE., Irán al E., Irak y Siria al SE. ; 780 000 km² ; 45 200 000 h. (*turcos*). Cap. *Ankara,* 2 300 000 h. C. pr. *Estambul,* 2 535 000 ; *Esmirna,* 750 000 ; *Adana,* 600 000 ; *Bursa,* 410 000 ; *Eskisehir,* 260 000 ; *Gaziantep,* 370 000, *Konia,* 340 000 ; *Kayseri,* 215 000 ; *Sivas,* 150 000 ; *Erzerum,* 165 000 ; *Malatya,* 155 000 ; *Diyarbakir,* 180 000 ; *Samsún,* 200 000 ; *Mersin,* 153 000. (V. mapa en la pág. siguiente.)

— GEOGRAFÍA. El Imperio Turco era antiguamente un vasto Estado, con posesiones en Europa, Asia y África. Desde 1918, la Turquía europea no conserva más que una parte de Tracia ; la Turquía asiática comprende el conjunto de Asia Menor o sea del macizo armenio. Entre las cordilleras del Ponto y el Tauro se extiende la gran meseta de Anatolia. Turquía es todavía un país esencialmente agrícola y ganadero. Los recursos del subsuelo son variados pero poco importantes, lo que no facilita la industrialización.

Turquino, pico del SE. de Cuba (Granma y Santiago), en la Sierra Maestra ; 2 040 m., alt. máx. de la isla.

turrar v. t. Tostar.

Turrialba, cima volcánica de Costa Rica (Cartago) ; 3 300 m. — Pobl. en el centro de Costa Rica (Cartago).

Turriano (Juanelo), arquitecto italiano (1501-1575). Construyó un artificio para abastecer de agua a Toledo (España).

turrón m. Dulce hecho de almendras, avellanas o nueces, tostadas y mezcladas con miel u otros ingredientes : *turrón de Jijona, de Alicante.* ‖ *Fig.* y *fam.* Cargo público o pensión que se obtiene del Estado.

turronería f. Tienda de turrones.

TM

TURQUÍA

turronero, ra m. y f. Persona que hace o vende turrón.

turulato, ta adj. *Fam.* Estupefacto, alelado. | Atolondrado por un golpe.

tururú interj. Denota incredulidad.

tus interj. Voz para llamar a los perros.

tusa f. *Amer.* Carozo, raspa del maíz. || *Cub.* y *Amér.* C. Espata del maíz. || *And.* y *Amer.* Pajilla, cigarro envuelto en la hoja del maíz. || *Chil.* y *Amér.* C. Barbas del maíz. || *Chil.* Crin de caballo atusado. || *Amér.* C. y *Cub.* Mujer de vida alegre.

tusar v. t. *Amer. Fam.* Atusar.

Túsculo o **Tusculum,** c. de la ant. Italia (Lacio).

Tusquets (Ramón), pintor español (1838-1904).

Tutankamón o **Tutankamen,** faraón egipcio de la XVIII dinastía (¿ 1354-1346 ? a. de J. C.), que restauró en Tebas el culto de Amón.

tute m. Juego de naipes en el cual hay que reunir los cuatro reyes o caballos. || Reunión de estos naipes. || *Pop.* Paliza. || — *Fig.* y *fam. Dar un tute,* obligar a trabajar o utilizar mucho algo. | *Darse un tute,* trabajar en algo durante poco tiempo, pero muy intensamente ; darse un hartazgo.

tutear v. t. Dirigirse a una persona hablándole de tú (ú. t. c. pr.).

tutela f. Autoridad conferida por la ley para cuidar de la persona y bienes de un menor. | Función de tutor. | *Fig.* Protección, defensa, salvaguardia : *estar bajo tutela.* || *Territorio bajo tutela,* aquel cuya administración está confiada por la O. N. U. a un Gobierno determinado.

tutelar adj. Protector : *divinidad tutelar.* || Que ejerce tutela.

tutelar v. t. Ejercer la tutela.

tuteo m. Acción y efecto de tutear.

Tuticorin, c. y puerto en el S. de la India (Tamil Nadu).

tutilimundi m. Mundonuevo.

Tutinfierno (CABO). V. ROCA.

tutiplén (a) m. adv. *Fam.* En abundancia, con exceso, sin medida.

Tutmés o **Tutmosis,** de cuatro reyes egipcios de la XVIII dinastía (s. XVI y XV a. de J. C.).

tutor, ra m. y f. Persona encargada de la tutela de un menor o de un incapacitado. || *Fig.* Defensor, protector. || Persona encargada de orientar y aconsejar a los alumnos pertenecientes a un curso o a los que estudian una asignatura. || Profesor privado que se encarga de la educación de un alumno. || — M. *Agr.* Rodrigón.

tutoría f. Cargo de tutor.

tutriz f. Tutora.

tutti frutti m. (pal. ital.). Helado que se hace con varias frutas.

tutú m. *Arg.* Ave de rapiña de plumaje verde y azul. || Traje de tul, de falda corta, utilizado por las bailarinas de danza clásica.

Tutuila, isla de Samoa Oriental ; cap. *Pago-Pago.* Base naval.

tutul-xiu adj. y s. Indio tolteca. (Los *tutul-xius* se desplazaron hacia el NE. de Yucatán en el s. X.)

Tutupaca, volcán de los Andes del Perú, en el SO. del país (Tacna y Moquegua), en la Cord. Occidental ; 5 780 m.

Tuva, ant. *Tannu-Tuva,* república autónoma de la U. R. S. S. en Siberia central (Rusia) ; cap. *Kizil.*

Tuvalu, ant. *Ellices,* archipiélago de Micronesia, al norte de las islas Fidji ; cap. *Funafuti ;* 24 km² ; 7 500 h. Alcanzó la independencia en 1978.

tuxapa m. Junco de los lagos de Michoacán (México).

tuxpacle m. *Méx.* Planta morácea.

Tuxpan, río al E. de México (Veracruz), que des. en el golfo de México ; 180 km. — Pobl. en el O. de México (Jalisco). — V. en el O. de México (Nayarit). || ~ **de Rodríguez Cano,** c. al E. de México (Veracruz), en la desembocadura del río Tuxpan. Puerto y centro petrolero. Obispado.

Tuxtepec, monte de México entre el Distrito Federal y el Estado de México ; 3 098 m. — Distrito al S. de México (Oaxaca) ; cap. *San Juan Bautista Tuxtepec.*

Tuxtla. V. SAN ANDRÉS TUXTLA. || ~ **Gutiérrez,** c. en el SE. de México, cap. del Estado de Chiapas. Obispado.

Tuxtlas (Los), región montañosa en el E. de México (Veracruz).

Tuy, río en el N. de Venezuela, que nace en el Estado de Aragua y des. en el Caribe ; 145 km.

Túy, c. del NO. de España (Pontevedra). Obispado de Túy-Vigo.

Túy (Lucas de), obispado e historiador español, m. hacia 1249. Autor de *Coronica de Spaña por don Luchas de Tui.*

tuya f. Árbol conífero de América que se cultiva en parques y jardines.

tuyo, ya pron. pos. de 2.ª pers. en ambos géneros. || — *Fig.* y *fam. Ésta es la tuya,* ahora te toca actuar y demostrar lo que vales. || *Los tuyos,* tu familia. || *Lo tuyo,* lo que te pertenece o corresponde.

Tuyru Túpac (Juan Tomás), escultor y arquitecto peruano, activo en Cuzco en el siglo XVII.

tuyuyú m. *Arg.* Especie de cigüeña.

tuza f. *Méx.* Pequeño mamífero roedor que vive en galerías subterráneas.

Tuzamapan de Galeana, mun. de México (Puebla), al sur de la capital del país. Agricultura. Ganadería.

Tuzla, c. en el centro de Yugoslavia (Bosnia).

tuzteco, ca adj. Dícese de cierto indígena de México, en el Estado de Guerrero (ú. t. c. s.).

TV, abreviatura de *televisión.*

Tver. V. KALININ.

Twain. V. MARK TWAIN.

tweed m. (pal. ingl.). Tejido de lana, generalmente de dos colores, utilizado para la confección de trajes de sport.

Tweed, río de Gran Bretaña, fronterizo entre Inglaterra y Escocia ; des. en el mar del Norte ; 165 km.

Twickenham, suburbio en el SO. de Londres.

twist m. (pal. ingl.). Danza moderna aparecida en 1961-1962.

txistu m. (pal. vasca). Chistu.

txistulari m. (pal. vasca). Chistulari.

Tychy, c. al S. de Polonia (Katovice).

Tyne, río de Gran Bretaña, en el N. de Inglaterra, que atraviesa Newcastle y desemboca en el mar del Norte ; 128 km.

Tynemouth [tainmuz], c. y puerto de Gran Bretaña en el N. de Inglaterra (Northumberland).

Tzara (Tristán), poeta francés de origen rumano (1896-1963), uno de los fundadores del dadaísmo.

tzendal o **tzeltal** adj. Dícese de un pueblo indígena de México, asentado en el Estado de Chiapas (ú. t. c. s.).

Tzimin Kax, lugar arqueológico maya, en Belice.

tzinapu m. *Méx.* Obsidiana.

Tzintzuntzan, mun. al O. de México (Michoacán), junto al lago de Pátzcuaro. Fue cap. de los tarascos. Convento del s. XVI. Capilla de indios.

Tzitzipandácuare, soberano tarasco que derrotó al emperador azteca Axayácatl.

tzompantli m. Zócalo de piedra, generalmente adornado con calaveras, que levantaban en el México prehispánico los toltecas y aztecas.

tzotzil adj. y s. Indígena mexicano, en el Estado de Chiapas.

tzutuhil m. Indígena de la familia maya establecida al sur de lago Atitlán (Guatemala).

Urbanización en la ciudad de México

U

u f. Vigesimocuarta letra del alfabeto castellano y última de las vocales : *la "u", si no lleva diéresis, es muda cuando va precedida de "g" o de "q".* || — U consonante, la v. || — Conj. Se emplea en vez de o delante de palabras que empiezan por o o por ho : *oriente u occidente ; patíbulo u horca.* || — U, símbolo químico del *uranio*.

Uadai, región del Chad, fronteriza con el Sáhara y al E. del lago Chad.

Uagadugú, cap. de la Rep. del Alto Volta, en el centro del país ; 190 000 h. Centro comercial y administrativo

uahabita adj. y s. Wahabita.

Uargla, oasis y pobl. del Sáhara argelino.

Uaxactún, ant. c. maya en el norte de Guatemala (El Petén). Pirámide.

Ubangui, río de África ecuatorial, afl. der. del Zaire ; 1 160 km. || **Chari.** V. CENTROAFRICANA (*República*).

Ubaté, valle de Colombia, en la Cord. Oriental, a 2 590 m. — C. en el centro de Colombia (Cundinamarca).

Ube, c. y puerto del Japón, en el SO. de la isla de Honshu.

Úbeda, c. del S. de España (Jaén).

Uberaba, c. al E. del Brasil (Minas Gerais). Arzobispado. — Lago en la frontera entre Brasil y Bolivia.

ubérrimo, ma adj. Muy fértil.

Uberlandia, c. al SE. de Brasil (Minas Gerais). Universidad.

ubicación f. Posición, situación.

ubicar v. i. Estar situado. Ú.m.c pr : *el teatro se ubica en la plaza principal.* || — V. t. Situar, colocar. || *Amer.* Hallar, encontrar lo que se buscaba. | Estacionar un automóvil. || — V. pr. Colocarse en un empleo.

Ubico (Jorge), general guatemalteco (1878-1946), pres. de la Rep. en 1931. Derrocado en 1944 por un movimiento popular.

ubicuidad f. Capacidad de estar en varios sitios al mismo tiempo.

ubicuo, cua adj. Que está presente al mismo tiempo en todas partes. || *Fig.* Muy activo, que quiere estar presente en todas partes.

Ubinas, cima volcánica al S. del Perú (Moquegua y Arequipa), en el S. de la Cordillera Occidental ; 5 560 m. Llamada también *Candarave.*

ubre f. Glándula mamaria.

Ubrique, v. en el sur de España (Cádiz). Objetos de cuero.

Ucanal, lugar arqueológico maya, en El Petén y al SE. de Tikal (Guatemala).

ucase m. Decreto del zar.

Ucayali, río del Perú (Loreto). Se une con el Marañón para formar el Amazonas ; 2 000 km. — Dep. en el este de Perú ; cap. *Pucallpa.* Petróleo, gas natural. Este departamento fue creado en 1980 con el sur del de Loreto.

Uccle, c. de Bélgica (Brabante), suburbio en el S. de Bruselas.

U. C. D., siglas de la *Unión de Centro Democrático.*

Uceda (Duque de). V. SANDOVAL Y ROJAS (Cristóbal de)).

u. c. i. Véase UNIDAD.

Uclés, v. en el SE. de España (Cuenca).

Ucrania, República federada de la U. R. S. S., limitada al S. por el mar Negro y el de Azov, y al SO. por el Dniéster ; 604 000 km² ; cap. *Kiev.* C. pr. *Jarkov, Dnieprapetrovsk, Donetsk, Odesa, Lvov.* Es una de las regiones más ricas de la U. R. S. S. Agricultura (cereales). Ganadería. Carbón, hierro, manganeso, petróleo, gas natural. Centrales hidroeléctricas y térmicas. Industrias (metalurgia, alimentaria, química). || ~ **Subcarpática** o *Rutenia,* ant. región oriental de Checoslovaquia, anexionada por Hungría en 1939 y perteneciente desde 1945 a la U. R. S. S. (Ucrania).

ucraniano, na o **ucranio,** adj. y s. De Ucrania (U. R. S. S.).

ucumari m. Cierto oso del Perú.

Uchire, río en el N. de Venezuela entre los Estados de Anzoátegui y Miranda ; des. en el Caribe ; 125 km.

Ud., abreviatura de *usted.*

Udaipur, c. del O. de la India (Rayastán). Monumentos. Universidad.

Uddevalla, c. en el norte de Suecia.

Udine, c. del NE. de Italia, ant. cap. de Friul.

Udine (Giovanni RICAMATORE, llamado **Juan de**), pintor italiano (1487-1564).

udmurtio, tia adj. y s. De la rep. autónoma de Udmurtia (U. R. S. S.).

Udmurtos o **Udmurtia,** república autónoma de la U. R. S. S., al oeste de los Urales (R. S. S. de Rusia) ; 42 100 km² ; cap. *Ijevsk.*

Uds., abreviatura de *ustedes.*

Uele, río en el centro de África, afl. izq. del Ubangui ; 1 300 km.

Uezzán o **Ouezzane,** c. del NO. de Marruecos (Rabat).

¡uf! interj. Indica cansancio, fastidio o repugnancia.

Ufa, c. de la U. R. S. S. (Rusia), en la parte meridional de los Urales, cap. de la Rep. autónoma de Bachkiria.

ufanarse v. pr. Vanagloriarse, jactarse, gloriarse : *ufanarse con (o de) sus riquezas.*

ufanía f. Orgullo.

ufano, na adj. Orgulloso.

Uffizi (Palacio de los). V. OFICIOS.

Uganda, Estado de África oriental, entre el Sudán y el lago Victoria ; 243 410 km² ; 14 200 000 h. (*ugandeses*) Miembro del Commonwealth británico. Cap. *Kampala,* 335 000 h. ; otras c. : *Entebbe,* 23 000 h. ; *Jinja,* 55 000 ; *Njeru,* 54 000 ; *Bugembe.*

ugandés, esa adj. y s. De Uganda.

Ugarte (Floro), compositor argentino (1884-1975), autor de óperas (*Saika*), otras

música de cámara, melodías para canto y piano (*Baladas argentinas*), poemas sinfónicos (*Entre las montañas*), ballets. || ~ (MANUEL), escritor argentino (1878-1951), autor de poesías, relatos (*Cuentos de la Pampa*) y ensayos literarios e históricos.

ugetista adj. De la Unión General de Trabajadores (ú. t. c. s.).

ugrio, a adj. y s. Dícese de un grupo de la familia uraloaltaica.

ugrofinés, esa adj. Dícese de los finlandeses o de otros pueblos de lengua parecida (ú. t. c. s.). || Aplícase a un grupo de lenguas uraloaltaicas como el estoniano, el finlandés, el húngaro (ú. t. c. s. m.).

U. G. T., siglas de la *Unión General de Trabajadores.*

U. H. F., siglas de *Ultra High Frequency,* frecuencias de las ondas radioeléctricas entre 300 y 3 000 megahertzios.

Uhland (Ludwig), poeta alemán (1787-1862), autor de composiciones patrióticas y populares.

Uhrbach (Carlos Pío), poeta cubano (1872-1897) que publicó, con su hermano FEDERICO (1873-1932), un libro de poesías titulado *Gemelas.*

Uhuru (PICO). V. KILIMANJARO.

uistití m. Méx. Tití, mono.

Ujda. V. UXDA.

ujier m. Ordenanza de algunos tribunales y administraciones.

Ujjain, c. santa en el centro de la India (Madhya Pradesh). Universidad.

Ujungpandang. V. MACASAR.

ukase m. Ucase.

ukelele m. Instrumento músico de cuerdas semejante a la guitarra.

Ulan | ~ **Bator,** ant. *Urga,* cap. de la Rep. Popular de Mongolia ; 450 000 h. Industrias. || ~ **Udé,** c. de la U. R. S. S. (Rusia), en Siberia central, cap. de la República autónoma de los buriato-mongoles ; 350 000 h.

ulano m. En los antiguos ejércitos austríaco, alemán y ruso, soldado de caballería armado de lanza.

Ulate Blanco (Otilio), político costarricense (1892-1973), pres. de la Rep. de 1949 a 1953. Promulgó una Constitución en 1949.

úlcera f. *Med.* Pérdida de sustancia de la piel o de las mucosas a consecuencia de un proceso patológico de destrucción molecular o de una gangrena : *úlcera de estómago, varicosa.*

ulceración f. Formación de una úlcera. || Úlcera superficial.

ulcerante adj. Que ulcera.

671

TU

ulcerar v. t. Causar úlcera : *ulcerar una llaga*. || *Fig.* Ofender, herir : *crítica que ulcera*. || — V. pr. Convertirse en úlcera : *ulcerarse una llaga*.

ulceroso, sa adj. Que tiene úlceras. || De la naturaleza de la úlcera.

Ulcumayo, río y distrito en el centro del Perú (Junín). Plata, cobre.

Uleaborg o **Ulu,** c. y puerto al O. de Finlandia, en el golfo de Botnia, cap. de la prov. homónima.

ulema m. Doctor de la ley musulmán.

Ulfilas, obispo arriano de los visigodos (¿ 311-383 ?), traductor de la Biblia.

Ulhasnagar, c. de la India (Maharashtra), al NE. de Bombay.

Ulianovsk, ant. *Simbirsk,* c. al O. de la U. R. S. S. (Rusia), a orillas del Volga. Lugar de nacimiento de Lenin.

Ulises, en griego *Odiseo,* rey de Itaca, hijo de Laertes, padre de Telémaco y esposo de Penélope, uno de los principales héroes del sitio de Troya. El regreso de Ulises a su patria está relatado en *La Odisea*. Es también personaje de *La Ilíada*.

Ulises, novela del escritor irlandés James Joyce (1922), de gran influencia en toda la narrativa posterior.

Ulm, c. en el S. de Alemania Occidental (Baden-Wurtemberg), a orillas del Danubio. Catedral gótica (s. XIV).

ulmáceo, a adj. Dícese de las plantas dicotiledóneas, como el olmo (ú. t. c. s. f.). || — F. pl. Familia que forman.

ulmén m. *Chil.* Entre los araucanos, hombre rico e influyente.

ulmo m. *Chil.* Árbol corpulento, de flores blancas.

Ulpiano, jurisconsulto romano (170-228). Sus obras forman la tercera parte del *Digesto* de Justiniano.

ulpo m. *Chil.* y *Per.* Especie de gachas de harina tostada y agua.

Ulsam, c. de Corea del Sur.

Ulster, prov. norte de la ant. Irlanda. Desde 1921, la parte este del Ulster (14 000 km²) constituye *Irlanda del Norte* (cap. *Belfast*), unida a Gran Bretaña. Conflictos religiosos oponen la mayoría protestante y la minoría católica. Tres condados, *Donegal, Cavan y Monaghan*, se han unido a la República de Irlanda y forman la *provincia del Ulster* (8 011 km²; 250 000 h.).

ulterior adj. Que está en la parte de allá, en oposición con *citerior*. || Que ocurre después de otra cosa, en oposición con *anterior* : *aquéllas fueron decisiones ulteriores que no tuvieron relación con lo sucedido*.

Última Esperanza, prov. del sur de Chile en la XII Región (Magallanes) ; cap. *Puerto Natales*.

ultimación f. Fin, terminación.

ultimar v. t. Acabar, finalizar, terminar. || Concertar : *ultimaron el tratado*. || *Amer.* Matar, rematar.

ultima ratio, expr. latina que significa recurso extremo.

ultimátum m. En el lenguaje diplomático, resolución terminante comunicada por escrito. || Decisión definitiva. (Pl. *ultimátums*.)

último, ma adj. Aplícase a lo que, en una serie, no tiene otra cosa después de sí : *diciembre es el último mes del año*. || Dícese de lo más reciente : *las últimas noticias*. || Relativo a lo más remoto, retirado o escondido : *vive en el último rincón de Argentina*. Peor : *el último de los hombres*. || Extremo : *recurrir a él en el último caso*. || Más bajo : *éste es mi último precio*. || — *A la última,* a la última moda. || *Fam. Estar en las últimas,* estar muriéndose, en el fin de su vida. || *Por último,* después de todo, finalmente. || *Quedarse con la última palabra,* vencer en una discusión, un conflicto.

ultra adj. Relativo a la política de extrema derecha y al carácter radical de las opiniones. || — M. y f. Persona que profesa opiniones extremas.

ultracentrifugación f. Centrifugación realizada con una ultracentrifugadora.

ultracentrifugadora f. Aparato de centrifugación que tiene un régimen de rotación muy elevado (más de 60 000 revoluciones por minuto).

ultracorto, ta adj. Dícese de la onda cuya longitud es inferior a un metro.

ultraderecha f. Tendencia más extremista de la derecha en política.

ultraderechismo m. Doctrina política de la ultraderecha.

ultraderechista adj. De la ultraderecha. || — M. y f. Miembro de la ultraderecha.

ultraísmo m. Movimiento literario, creado en 1919 por poetas españoles e hispanoamericanos, que proponía una renovación total del estilo y de la técnica poética : *cultivaron el ultraísmo Guillermo de Torre, Jorge Luis Borges, Gerardo Diego, Eugenio Montes, Juan Larrea, Oliverio Girondo*.

ultraísta adj. Relativo al ultraísmo : *poema ultraísta*. || Partidario del ultraísmo (ú. t. c. s.).

ultraizquierda f. Tendencia más extremista de la izquierda política.

ultraizquierdismo m. Doctrina política de la ultraizquierda.

ultraizquierdista adj. De la ultraizquierda. || — M. y f. Miembro de la ultraizquierda.

ultrajador, ra y **ultrajante** adj. Que ultraja (ú. t. c. s.).

ultrajar v. i. Injuriar gravemente de obra o de palabra.

ultraje m. Afrenta, ofensa, injuria grave : *vengar un ultraje*. || Ultraje a *las buenas costumbres,* delito que consiste en atentar contra la moralidad pública por medio de escritos, dibujos, fotografías o palabras.

ultramar m. País que está en el otro lado del mar. || *Azul de ultramar,* el lapislázuli ; color de este mineral.

ultramarino, na adj. Que está del otro lado del mar. || — M. pl. Comestibles traídos de otros continentes. || Tienda de ultramarinos.

ultramicroscópico, ca adj. Muy pequeño.

ultramicroscopio m. Instrumento óptico más potente que el microscopio común, gracias a un sistema de iluminación lateral que hace que los objetos aparezcan como puntos brillantes sobre un fondo negro.

ultramoderno, na adj. Extremadamente moderno.

ultramonárquico, ca adj. Monárquico acérrimo (ú. t. c. s.).

ultramontanismo m. Conjunto de doctrinas partidarias de una mayor amplitud de los poderes del Papa.

ultramontano, na adj. Que está más allá o de la otra parte de los montes. || Relativo al ultramontanismo. || Dícese del partidario del ultramontanismo (ú. t. c. s.). || *Fig.* Reaccionario, muy conservador (ú. t. c. s.).

ultranza (a) m. adv. A muerte : *lucha a ultranza*. || Resueltamente, sin detenerse ante los obstáculos, con decisión. || Sin concesiones.

ultrarrápido, da adj. Muy rápido.

ultrarrealista adj. y s. Ultramonárquico. || Muy realista.

ultrarrojo, ja adj. Infrarrojo.

ultrasensible adj. De gran sensibilidad.

ultrasonido m. *Fís.* Vibración del mismo carácter que el sonido, pero de frecuencia muy elevada, no perceptible por el oído.

ultrasonoro, ra adj. De los ultrasonidos.

ultratumba adv. Más allá de la tumba, de la muerte.

ultraviolado, na adj. Ultravioleta.

ultravioleta adj. inv. Aplícase a las radiaciones invisibles del espectro situadas más allá del color violado (ú. t. c. s.).

ultravirus m. Virus muy pequeño que atraviesa los filtros de porcelana.

Ulu. V. ULEABORG.

ulúa f. Pez de las costas occidentales de México.

Ulúa, río en el O. de Honduras que nace en el dep. de Santa Bárbara y des. en el mar Caribe ; 257 km.

ulular v. i. Aullar.

Ulldecona, v. en el noreste de España (Tarragona).

Ulloa (Antonio de), marino español, n. en Sevilla (1716-1795). Formó parte con Jorge Juan de la expedición de La Condamine para medir en el Ecuador un grado del meridiano terrestre (1735-1745).

Uman, c. al SE. de México (Yucatán).

Umango, sierra al NO. de Argentina (La Rioja). Plata, cobre, plomo.

umbelífero, ra adj. Dícese de las plantas dicotiledóneas cuyas flores nacen en un mismo punto del tallo, como el hinojo, el perejil, el apio, el comino, la zanahoria, etc. (ú. t. c. s. f.). || — F. pl. Familia que forman.

umbilical adj. Del ombligo.

umbral m. Parte inferior del vano de la puerta, contrapuesta al dintel : *estaba en el umbral de su casa*. || *Fig.* Límite. | Principio, origen : *en el umbral de la vida*. || En fisiología y psicología, valor mínimo de un estímulo para producir una reacción : *umbral de audibilidad, de excitación*. || *Fig. Pisar los umbrales de un edificio,* entrar en él.

Umbral (Francisco), escritor español, n. en 1935, autor de ensayos críticos y narraciones (*Memorias de un niño de derechas, Las ninfas, La noche que llegué al Café Gijón, Los helechos arborescentes, Las Gigantas, Trilogía de Madrid,* etc.).

Umbría, región de Italia central, atravesada por el Tíber, formada de las prov. de Perusa y Terni.

umbrío, a adj. Sombrío.

umbro, bra adj. Relativo a los umbros. || Perteneciente a este pueblo. U.t.c.s. : *los umbros formaron un pueblo asentado en el centro de la península itálica hacia el siglo X a. de J.C.* || — M. Lengua itálica de los antiguos umbros. || Dialecto actual de Umbría.

umbroso, sa adj. Sombrío. || Que da sombra.

Ume Älv, río en el N. de Suecia (460 km), que des. en el golfo de Botnia, junto a la ciudad de Umea.

Umm al-Qiiwayn, uno de los Emiratos Árabes Unidos. Petróleo.

Umtali, c. del E. de Zimbabwe.

Umtata, cap. del territ. autónomo de Transkei en el SE. de la Rep. de África del Sur ; 35 000 h.

Umuarama, c. en el sur del Brasil (Paraná).

un adj. Apócope de *uno* delante de un sustantivo masculino o de *una* delante de un nombre femenino que empieza por *a* o *ha* acentuado. (V. UNO.)

Unamuno (Miguel de), escritor español de la Generación del 98, n. en Bilbao (1864-1936). Fue catedrático de griego y rector de la Universidad de Salamanca. De carácter apasionado, mostró en sus obras su preocupación espiritual, su curiosidad intelectual y su original visión de los problemas. Escribió poesías (*El Cristo de Velázquez, Rosario de Sonetos líricos,* etc.), obras de teatro (*Sombras de sueño, Fedra, El otro*), novelas (*Amor y pedagogía, Paz en la guerra, Niebla, Tres novelas ejemplares y un prólogo, La tía Tula y Abel Sánchez*) y ensayos (*En torno al casticismo, Del sentimiento trágico de la vida, La agonía del cristianismo, Vida de Don Quijote y Sancho,* etc.).

unánime adj. Conforme, que coincide en la misma opinión o sentimiento. || General, sin excepción : *acuerdo unánime*.

unanimidad f. Conformidad entre varios pareceres. || *Por unanimidad,* de manera unánime.

Unanue Pavón (José Hipólito), político, escritor, matemático, médico y orador peruano, n. en Arica (1755-1833), que fundó la primera escuela de medicina e introdujo la vacuna en su país.

Unare, río de Venezuela (Guárico y Anzoátegui), que vierte sus aguas en el Caribe ; 193 km.

unau m. Perezoso de dos dedos.

Uncía, pobl. en el SO. de Bolivia, cap. de la prov. de Bustillo (Potosí).

unción f. Ceremonia consistente en aplicar a una persona óleo sagrado. || Extremaunción, sacramento de la Iglesia católica. || Devoción, gran fervor de una persona. || Excesiva suavidad que se afecta al corazón : *hablar con unción*.

uncir v. t. Sujetar al yugo bueyes, mulas u otros animales.

undécimo, ma adj. Que ocupa el lugar once. || — M. Cada una de las once partes iguales de un todo.

TABLA DE UNIDADES DE MEDIDA LEGALES

Las unidades principales del sistema SI van en **MAYÚSCULAS NEGRILLAS.**
Las unidades secundarias del sistema SI van en **minúsculas negrillas.**
Los múltiplos y submúltiplos de las unidades del sistema SI van en minúsculas.
Las unidades del sistema C. G. S. van en *itálica.*
Las unidades no pertenecientes a un sistema van en VERSALITAS.

MÚLTIPLOS Y SUBMÚLTIPLOS

		unidades
tera .	T	1 000 000 000 000
giga .	G	1 000 000 000
mega .	M	1 000 000
kilo .	k	1 000
hecto .	h	100
deca .	da	10
unidad	l	unidad
deci .	d	0,1 —
centi .	c	0,01 —
mili .	m	0,001 —
micro.	μ	0,000 001 —
nano .	n	0,000 000 001 —
pico .	p	0,000 000 000 001 —
femto.	f	0,000 000 000 000 001 —
atto .	a	0,000 000 000 000 000 001 —

UNIDADES GEOMÉTRICAS

longitud

METRO	m		
centímetro	cm	0,01	m
micra	μ	0,000 001	—
MILLA		1 852	—

área o superficie

metro cuadrado . .	m²		
área.	a	100	m²
centímetro cuadrado .	cm²	0,000 1	—

volumen

metro cúbico. . .	m³		
estéreo	st	1	m³
litro.	l	0,001	—
centímetro cúbico. .	cm³	0,000 001	—

ángulo plano

radián	rd	
GRADO CENTESIMAL .	gr	π/200
GRADO SEXAGESIMAL .	°	π/180
MINUTO	'	π/10 800
SEGUNDO	"	π/648 000
(π = 3,14159)		

ángulo sólido

estereorradiante . .	sr

UNIDADES DE MASA

KILOGRAMO . .	kg		
tonelada. . . .	t	1 000	kg
QUINTAL	Qm	100	—
gramo	g	0,001	—

UNIDADES DE TIEMPO

SEGUNDO. . . .	s		
MINUTO. . . .	mn	60	s
HORA	h	3 600	—
DÍA	d	86 400	—

frecuencia

hertzio. . . .	Hz

UNIDADES CALORÍFICAS

temperatura

GRADO KELVIN	°K
GRADO CELSIO	°C

UNIDADES MECÁNICAS

velocidad

metro por segundo.	m/s		
centímetro por segundo.	cm/s	0,01	m/s
NUDO.		1 852	m/h

aceleración

metro por segundo cada segundo. .	m/s²		
gal.	cm/s²	0,01	m/s²

fuerza

newton	N		
dina	dyn	0,000 01	N

energía, trabajo o cantidad de calor

julio. . . .	J		
ergio.		0,000 000 1	J
VATIO-HORA . .	Wh	3 600	—
ELECTRÓN-VOLTIO	eV	1,60. 10⁻¹⁹	—
CALORÍA	cal	4,185 5	—
TERMIA.	th	4,185 5 . 10⁶	—
FRIGORÍA . . .	fg	4,185 5 . 10³	—

potencia

vatio.	W		
ergio por segundo. .		0,000 000 1	W

tensión y presión

pascal	Pa		
bar		100 000	Pa
baria.	dyn/cm²	0,1	—

viscosidad

poiseuille . . .	Pl		
poise.	Po	0,1	Pl
unidad S I . . .	m²/s		
stokes	St	0,000 1	unidad S I

UNIDADES ELÉCTRICAS

intensidad de corriente eléctrica

AMPERIO	A

fuerza electromotriz y diferencia de potencial (o tensión)

voltio.	V

resistencia eléctrica

ohmio.	Ω

cantidad de electricidad

culombio. . . .	C		
AMPERIO-HORA . .	Ah	3 600	C

capacidad eléctrica

faradio. . . .	F

inductancia eléctrica

henrio.	H

flujo magnético

weber	Wb		
maxwell. . . .	M	0,000 000 01	Wb

inducción magnética

tesla.	T		
gauss. . . .	G	0,000 1	T

UNIDADES ÓPTICAS

intensidad luminosa

CANDELA	cd

flujo luminoso

lumen.	lm

iluminación

lux	lx		
fot.	ph	10 000	lx

luminancia

candela por metro cuadrado . .	cd/m²

vergencia de los sistemas ópticos

dioptría	δ

UNIDADES DE RADIACTIVIDAD

actividad nuclear

CURIE.	Ci

cantidad de radiación X o γ

RÖNTGEN.	R

UNIDADES ANGLOSAJONAS

(inglesas: G. B.; norteamericanas: U. S.)

longitud

pulgada	in o	"	25,4	mm
pie.	ft o	'	0,304 8	m
yarda	yd		0,914 4	m
braza	fm		1,828 8	m
milla terrestre . .			1,609 3	km
milla marina G. B.	m o mile		1,853 1	km
milla marina U. S.			1,852	km

masa (comercio)

onza	oz	28,349	g
libra	lb	453,592	g

capacidad

pinta U. S. . . .	U. S. pt	0,473	l
pinta G. B. . . .	pt	0,568	l
galón U. S. . . .	U. S. gal	3,785	l
galón G. B. . . .	imp. gal	4,546	l
U. S. bushel . . .	U. S. bn	35,238	l
bushel	bn	36,368	l
barril	U. S. bbl	158,98	l

fuerza

poundal	pdl	0,138 2 N

potencia

horse power . . HP	0,745 7 kW	equivale a 1,013 c v (caballo-vapor británico)

calor, energía, trabajo

british termal unit .	B. T. U.	1055,06 J

temperatura

grado Fahrenheit (°F)

una temperatura de t grados Fahrenheit corresponde a:

$$\frac{5}{9} \ (t - 32) \ \text{grados Celsio}$$

212 °F corresponden a 100 °C
32 °F corresponden a 0 °C

UL

Cada uno de los coches que forman un tren. ‖ Conjunto de militares al mando de un jefe. ‖ — *Unidad de control,* en informática, parte de un ordenador que dirige y coordina la realización de las operaciones que están en el programa. ‖ *Unidad de cuidados intensivos* (u. c. i.) *y unidad de vigilancia intensiva* (u. v. i.), en los hospitales, departamento en el que se atiende a los enfermos o accidentados en estado de gravedad extrema. ‖ *Unidad de entrada-salida,* en informática, parte de un ordenador en la que se verifican los intercambios de información con el exterior. ‖ *Unidad monetaria,* moneda legal que sirve de base al sistema monetario de un país. ‖ *Unidad móvil,* conjunto de cámaras de televisión unidas a un control instalado en un vehículo, desde el que se envían las señales a la emisora para su difusión.

unido, da adj. Que se entienden bien : *grupo de personas unidas.*

unificación f. Acción de unificar.

unificador, ra adj. y s. Que unifica.

unificar v. t. Reunir varias cosas en una. ‖ Uniformar : *unificar los precios.*

uniformador, ra adj. Que uniforma (ú. t. c. s.).

uniformar v. t. Hacer uniformes dos o más cosas entre sí. ‖ Dar traje igual a las personas de una colectividad : *uniformar a los alumnos de un colegio.* ‖ — V. pr. Ponerse un uniforme.

uniforme adj. Que posee la misma forma, el mismo aspecto, que no presenta variedades : *colores uniformes.* ‖ Siempre parecido, igual : *movimiento uniforme.* ‖ Que no tiene ninguna variedad : *su estilo es uniforme.* ‖ Que no cambia, regular : *vida uniforme.* ‖ — M. Traje igual y reglamentario para todas las personas de un mismo cuerpo o institución : *uniforme de colegiala.* ‖ Traje de los militares. ‖ *Uniforme de gala,* el de mayor lujo, usado en las ceremonias.

uniformidad f. Carácter de lo que es uniforme.

uniformización f. Acción y efecto de uniformizar.

uniformizar v. t. Hacer uniforme.

unigénito, ta adj. Hijo único. ‖ — M. El Verbo Eterno, el Hijo de Dios.

unilateral adj. Dícese de lo que se refiere a una parte o aspecto de una cosa : *decisión unilateral.* ‖ Situado en sólo una parte : *estacionamiento unilateral.* ‖ For. Que compromete solamente a una de las partes.

unilingüe adj. Monolingüe.

uninominal adj. Que sólo contiene o indica un nombre.

unión f. Reunión, asociación de dos o varias cosas en una sola : *la unión del alma y del cuerpo.* ‖ Asociación, conjunción, enlace entre dos o más cosas : *¡qué difícil es la unión de tantas cualidades dispares !* ‖ Asociación de personas, de sociedades o colectividades con objeto de conseguir un fin común : *unión de productores.* ‖ Conformidad de sentimientos y de ideas : *unión de corazones.* ‖ Casamiento, matrimonio : *unión conyugal.* ‖ Acto que une bajo un solo gobierno varias provincias o Estados. ‖ Provincias o Estados así reunidos : *la Unión Americana.* ‖ Asociación por la que dos o varios Estados vecinos suprimen la aduana en las fronteras que le son comunes : *unión arancelaria.* ‖ Med. Restablecimiento de la continuidad de los tejidos lesionados : *unión de los labios de una herida.* ‖ Tecn. Cierta clase de juntas, empalmes, manguitos, etc.

Unión, dep. de la Argentina (Córdoba) ; cab. *Bell-Ville.* — Mun. al O. de Venezuela (Lara), en el área urbana de Barquisimeto. — **(La),** isla de las Antillas, en el archipiélago de las Granadinas. — C. en el SO. de Colombia (Nariño). Ant. *La Venta.* — Cantón en el centro de Costa Rica (Cartago). — C. del centro de Chile en la X Región (Los Lagos) y en la prov. de Valdivia, cap. de la com. del mismo nombre. — Bahía en el SE. de El Salvador en el Pacífico (La Unión). — Dep. del SE. de El Salvador ; cap. *La Unión* o *San Carlos de la Unión.* El dep. es agrícola y ganadero. Minas. La ciudad tiene

industrias y es un centro comercial. Su puerto es el más importante del país. — C. en el sureste de España (Murcia). Minas. — Prov. de las Filipinas, en el oeste de la isla de Luzón ; cap. *San Fernando.* — Mun. al SE. de México (Guerrero). — Pobl. del Paraguay (San Pedro). Centro ganadero. — C. del Perú, cap. de la prov. de Dos de Mayo (Huánuco). — Distrito del N. del Perú (Piura). — Prov. en el sur del Perú (Arequipa) ; cap. *Cotahuasi.* ‖ — **Reyes,** mun. al O. de Cuba (Matanzas).

Unión ‖ — **de Repúblicas Socialistas Soviéticas.** V. U. R. S. S. ‖ — **Francesa,** nombre dado de 1946 a 1958 al conjunto formado por la República Francesa y algunas de sus antiguas colonias. ‖ — **Sudafricana,** V. ÁFRICA DEL SUR *(República de).*

Unión ‖ — **Europea Occidental** (U. E. O.), organización política y militar creada por los acuerdos de París de 1954 entre Francia, Gran Bretaña, los países del Benelux, Alemania Occidental e Italia. ‖ — **Jack,** bandera de Gran Bretaña. ‖ — **Panamericana,** organización interamericana, creada en la conferencia panamericana de Buenos Aires (1910). Fue sustituida, a partir de 1948, por la Organización de Estados Americanos (O. E. A.), pero siguió existiendo como secretaría permanente de esta última asociación.

Unión ‖ — **Cívica Radical,** movimiento político argentino creado en 1882. ‖ — **de Centro Democrático** (U. C. D.), coalición que gobernó en España de 1977 a 1982 y llevó a cabo la transición política del país al morir Franco. Fue disuelta en 1983. ‖ — **General de Trabajadores** (U. G. T.), organización sindical de los trabajadores, creada en España en 1888 y en Argentina en 1903. ‖ — **Patriótica,** organización política creada en España por Miguel Primo de Rivera (1924).

unionense adj. y s. De La Unión (España y El Salvador).

unionismo m. Doctrina defendida por los unionistas.

unionista adj. Relativo a la unión. ‖ Partidario de cualquier idea de unión (ú. t. c. s.).

unipersonal adj. Que consta de una sola persona : *gobierno unipersonal.* ‖ Individual, de una sola persona : *propiedad unipersonal.* ‖ Aplícase a los verbos que únicamente se emplean en la tercera persona y en el infinitivo, pero, a diferencia de los impersonales, tienen sujeto expreso : *hubo graves disturbios en la ciudad provocados por los estudiantes.*

unir v. t. Juntar dos o varias cosas : *unieron los dos pisos.* ‖ Asociar : *unir dos empresas, dos edificios.* ‖ Establecer un vínculo de afecto, de cariño, de amistad : *tantos pesares compartidos me unían mucho a ella.* ‖ Hacer que se verifique un acercamiento : *las desgracias de la guerra unieron a los dos Estados.* ‖ Casar : *los unió el arzobispo* (ú. t. c. pr.). ‖ Mezclar, trabar : *unir una salsa* (ú. t. c. i.). ‖ Med. Juntar los labios de una herida. ‖ — V. pr. Asociarse, juntarse.

unisex adj. (pal. ingl.). Unisexo.

unisexo adj. Dícese de lo que emplean indistintamente los hombres y las mujeres : *pantalón unisexo.*

unisexual adj. Que tiene un solo sexo.

unisón adj. Unísono.

unisono, na adj. Que tiene el mismo tono o sonido que otra cosa. ‖ Al mismo tiempo y unánimemente. ‖ — M. Unisonancia. ‖ *Al unísono,* en el mismo tono y ; (fig.) al mismo tiempo, de común acuerdo, armónicamente.

unitario, ria adj. Relativo a la unidad. ‖ Que desea la unidad : *política unitaria.* ‖ Que sólo tiene una unidad : *nación unitaria.* ‖ Partidario de la unidad y de la centralización política : *los unitarios argentinos defendían la Constitución centralizadora del país de 1819* (ú. t. c. s. m.). ‖ Hereje que sólo reconocía una persona en Dios, (ú. t. c. s.).

unitarismo m. Doctrina profesada por los unitarios.

United States of America o **U. S. A.,** denominación en inglés de los Estados Unidos de América.

univalente adj. Monovalente.

universal adj. Que pertenece o se extiende a todo el mundo y a todos los tiempos : *Iglesia, historia, exposición universal.* ‖ Que procede de todos : *aprobación universal.* ‖ Relativo al universo. ‖ Aplícase a la persona versada en muchas ciencias. ‖ Válido de una manera total e imperativa : *principios, leyes universales.* ‖ — M. pl. En la filosofía escolástica, los conceptos, las ideas generales.

Universales (MONTES), cordillera del Sistema Ibérico al E. del centro de España, en las prov. de Teruel y Cuenca. Importante nudo de ríos.

universalidad f. Carácter de lo que es general, mundial. ‖ Carácter de una proposición lógica universal.

universalismo m. Opinión que no admite más autoridad que la emanada del consentimiento universal.

universalista adj. Relativo al universalismo. ‖ Partidario de él (ú. t. c. s.).

universalización f. Acción y efecto de universalizar.

universalizar v. t. Hacer universal, generalizar.

universidad f. Institución de enseñanza superior constituida por varios centros docentes, llamados, según los países, facultades o colegios, en los que se confieren los grados académicos. ‖ Edificio donde reside.
— En el s. XI se creó en Salerno (Italia) la primera universidad de Europa. Posteriormente, las más antiguas fueron las de Bolonia (1119), París (1150), Oxford (1168), Palencia (1208), Salamanca (1220), Cambridge (1224), Heidelberg (1385), Alcalá de Henares (1508). Entre las americanas, la primera fundada fue la de Santo Domingo (1538), y otras importantes son las de San Marcos de Lima (1551), México (1551), Córdoba (1621), Javierana de Bogotá (1622), Charcas (1624), Harvard (1636), Cuzco (1696), Yale (1701), Caracas (1721), La Habana (1728), Santiago de Chile (1737), Buenos Aires (1821), Antioquia (en Medellín) [1822], Cartagena (1824), Popayán (1827), La Paz (1831), Cochabamba (1832), Montevideo (1849), La Plata (1890), etc.

universitario, ria adj. Relativo a la universidad : *un título universitario.* Dícese del estudiante o profesor en la Universidad o de la persona que ha obtenido en ella un título (ú. t. c. s.).

universo m. Mundo, conjunto de todo lo existente. ‖ La Tierra y sus habitantes. ‖ La totalidad de los hombres : *denigrado por todo el Universo.* ‖ Medio en el que uno vive : *el pueblo en que vive constituye todo su universo.* ‖ Fig. Mundo material, intelectual y moral : *un universo activo.*

unívoco, ca adj. Dícese de lo que tiene el mismo significado para todas las cosas a las cuales se aplica. ‖ Concorde : *opiniones unívocas.*

uno, na adj. Que no se puede dividir : *la patria es una.* ‖ Idéntico, semejante. ‖ Dícese de la persona o cosa profundamente unida con otra : *estas dos personas no son más que una.* ‖ — Adj. num. Que corresponde a la unidad (sufre apócope, *un,* delante de sustantivo masculino o ante femenino que comience por *a* o *ha* acentuada) : *solamente pudo hacerlo un día.* ‖ — M. El primero de los números : *el uno.* ‖ Unidad : *uno y tres son cuatro ; tiene dos hermanos y yo uno.* ‖ — Pron. indef. Dícese de una persona indeterminada o cuyo nombre se ignora : *uno me lo afirmó esta tarde rotundamente.* ‖ Úsase también contrapuesto a otro : *uno tocaba y el otro cantaba.* ‖ — Art. indef. Alguno, cualquier individuo : *un escritor.* ‖ — Pl. Algunos : *unos amigos.* ‖ Un par de : *unos guantes.* ‖ Aproximadamente : *unos cien kilómetros.* ‖ — A una, simultáneamente, a la vez. ‖ *Cada uno,* cada persona considerada separadamente. ‖ *De uno en uno, uno a uno, uno por uno,* uno tras otro. ‖ *En uno,* reunidos en uno solo. ‖ *La una,* la primera hora después de mediodía o medianoche. ‖ *Una de dos,* para contraponer dos ideas : *una de dos : o tú te vas o yo me voy.* ‖ *Uno a otro,* recíprocamente. ‖ *Uno de tantos,* una persona o cosa cualquiera. ‖ *Uno que otro,* algunos. ‖ *Unos cuantos,* algunos.

Unruh (Fritz von), poeta alemán, n. en Coblenza (1885-1970).

untar v. t. Cubrir con una materia grasa o pastosa : *untar con aceite una máquina.* || *Fig. y fam.* Sobornar a uno con dádivas. || *Fig. y fam. Untar la mano a uno,* sobornarle. || — V. pr. Mancharse con una materia untuosa. || *Fig. y fam.* Sacar provecho ilícito de las cosas que se manejan.

Unterwalden, cantón de la Confederación Suiza, al S. del lago de los Cuatro Cantones, dividido en dos partes : *Obwalden* (cap. *Sarnen*) y *Nidwalden* (cap. *Stans*).

unto m. Materia grasienta con que se unta. || *Ungüento.* || Grasa del animal. || *Chil.* Betún para el calzado. || *Fig. Méx. Unto de México o de rana,* dinero empleado para sobornar.

untuosidad f. Calidad de untuoso.

untuoso, sa adj. Grasiento. || *Fig.* Excesivamente suave.

untura f. Acción y efecto de untar. || Ungüento, unto.

uña f. Parte dura, de naturaleza córnea, que crece en el extremo de los dedos : *las uñas de las manos.* || Garra de ciertos animales : *las uñas del gato.* || Casco o pezuña de otros animales : *las uñas del caballo.* || Gancho de la cola del alacrán. || *Dátil,* molusco. || Hendidura en ciertos objetos como los cajones para empujarlos o cogerlos con las uñas. || Punta o garfio de ciertas herramientas. || Cada una de las puntas triangulares que terminan los brazos de un ancla. || — *Fig. A uña de caballo,* muy rápidamente. | *De uñas,* enemistados. | *Enseñar o mostrar alguien las uñas,* amenazar. | *Hacerse las uñas,* arreglárselas y pintárselas. || *Fig largo de uñas,* inclinado a robar. | *Ser uña y carne dos personas,* ser muy amigas o estar muy encariñados.

uñero m. Inflamación alrededor de la uña. || Uña que crece mal, introduciéndose en la carne, especialmente en los dedos de los pies. || Corte semicircular que se hace en las hojas de algunos libros y que permite encontrar fácilmente lo que se quiere consultar : *un diccionario con uñeros.*

¡upa! interj. ¡Arriba!

upar v. t. Aupar.

Upata, mun. y pobl. en el E. de Venezuela (Bolívar). Minas. Industrias.

Updike (John), escritor norteamericano, n. en 1932. Autor de novelas (*Corre, Conejo, El centauro, Parejas, Cásate conmigo, En torno a la granja, El regreso de conejo, Conejo es rico*).

uperización f. Acción y efecto de uperizar.

uperizar v. t. Esterilizar la leche sin envasar mediante la inyección directa de vapor recalentado.

upilarse v. pr. *Arg.* Enfermar por haber bebido demasiada agua.

uppercut m. (pal. ingl.). En boxeo, gancho al mentón.

Upsala, c. en el centro de Suecia, cap. de la prov. homónima. Arzobispado protestante. Universidad.

Ur, ant. c. de Mesopotamia. Lugar de nacimiento de Abrahán.

ura f. *Arg.* Larva de una mosca que se mete bajo la piel de los animales.

Urabá, golfo al NO. de Colombia, en el mar Caribe (Antioquia).

Uracoa, río y mun. al NE. de Venezuela (Monagas). Petróleo.

Ural, río al O. de la U. R. S. S. que nace en los montes Urales y des. en el mar Caspio : 2 534 km. Centrales hidroeléctricas.

uralaltaico, ca adj. y s. Uraloaltaico.

Urales (MONTES), cordillera de la U. R. S. S. que se extiende unos 2 500 km, desde el océano Ártico hasta el mar Caspio, separando a Europa de Asia ; alt. máxima 1 894 m. La región donde están situados los Urales es rica en minerales (hierro, cobre, bauxita, petróleo, etc.) y constituye uno de los centros industriales más importantes del país (metalurgia, siderurgia, preparaciones químicas). Las principales c. son Sverdlovsk, Cheliabinsk, Magnitogorsk, Perm.

uralita f. Silicato natural de ciertas rocas básicas. || Nombre comercial de un material análogo al fibrocemento y

utilizado en la construcción en forma de placas onduladas.

uraloaltaico, ca adj. Dícese de una familia etnográfica que comprende los búlgaros, húngaros, etc. || Aplícase a un grupo de lenguas, pertenecientes todas a una misma familia, que comprende el mogol, el turco y el ugrofinés (u. t. c. s. m.).

Uralsk, c. en el O. de la U. R. S. S. (Rusia). Metalurgia.

Urania, musa griega de la Astronomía y de la Geometría.

uranífero, ra adj. Con uranio.

uranio m. Metal (U) de número atómico 92, de densidad 18,7, que se saca del urano. (El átomo del *uranio,* poco radiactivo, es fisible y desprende grandes cantidades de energía cuando es bombardeado por neutrones.)

urano m. Óxido de uranio.

Urano, el séptimo de los planetas que gravitan alrededor del Sol. Su órbita está entre las de Saturno y Neptuno.

Urano, dios griego del Cielo.

Urawa, c. del Japón en el E. de la isla de Honshu y al N. del área metropolitana de Tokio. Universidad.

Urbaneja Achepohl (Luis Manuel), escritor venezolano (1873-1937), autor de novelas (*En este país..., El tuerto Miguel, La casa de los cuatro pencas*) y cuentos.

urbanidad f. Cortesía, buenos modales, buena educación.

urbanismo m. Conjunto de medidas de planificación, administrativas, económicas y sociales referentes al desarrollo armónico, racional y humano de las poblaciones.

urbanista adj. Urbanístico. || — Com. Arquitecto que se dedica al urbanismo.

urbanístico, ca adj. Relativo al urbanismo o a la urbanización.

urbanización f. Acción de urbanizar una porción de terreno. || Núcleo residencial urbanizado, centro de población. || Fenómeno demográfico consistente en el aumento de la población urbana.

urbanizador, ra adj. y s. Dícese de la persona o empresa que urbaniza.

urbanizar v. t. Hacer urbano y sociable a alguien : *urbanizar a un palurdo.* || Hacer que un terreno pase a ser población abriendo calles y dotándolo de luz, alcantarillado y otros servicios municipales.

urbano, na adj. De la ciudad, en contraposición a *rural* : *propiedad urbana.* || Cortés, de buena educación : *persona urbana.*

Urbano ~ **I** (*San*), papa de 222 a 230. Fiesta el 25 de mayo. || ~ **II,** papa de 1088 a 1099, promotor de la primera Cruzada. || ~ **III,** papa de 1185 a 1187. || ~ **IV,** papa de 1261 a 1264. || ~ **V,** papa de 1362 a 1370. || ~ **VI,** papa de 1378 a 1389. Su elección señaló el principio del gran cisma. || ~ **VII,** papa en 1590. || ~ **VIII,** papa de 1623 a 1644.

Urbano Noris, mun. al E. de Cuba (Holguín).

urbe f. Ciudad grande.

urbi et orbi, expr. latina que significa *por todas partes, al mundo entero* y que emplea el Papa cuando procede a una bendición dirigida a todos.

Urbina Jado, cantón al O. del Ecuador (Guayas).

Urbina (José María), general ecuatoriano (1808-1891), pres. de la Rep. de 1851 a 1856. Abolió la esclavitud. || ~ (LUIS GONZAGA), poeta romántico y modernista mexicano (1864-1934), autor de *Ingenuas, Puestas de Sol, El poema del lago. Lámparas en agonía, El disпарar de la vida vulgar, Los últimos pájaros.* Escribió también crónicas y obras de crítica literaria.

Urbino, c. en el E. de Italia (Pesaro y Urbino). Arzobispado. Lugar de nacimiento de Rafael. Palacio ducal.

Urbión (PICOS DE), sierra del Sistema Ibérico en las prov. de Soria, La Rioja y Burgos (España).

urca f. Barco grande de transporte. || Orca, cetáceo.

urco m. *Amer.* Macho de la llama.

Urcos, al S. del Perú, cap. de la prov. de Quispicanchi (Cuzco).

Urdaneta, cantón al O. del Ecuador (Los Ríos) ; cap. Catarama.

Urdaneta (Alberto), pintor colom-

biano (1845-1887). Fue excelente dibujante y autor de cuadros de temas históricos. || ~ (ANDRÉS DE), navegante y misionero agustino español (1508-1568), que participó con Legazpi en la expedición a Filipinas (1564). || ~ (RAFAEL), general venezolano (1789-1845), pres. dictatorial en Colombia de 1830 a 1831. || ~ **Arbeláez** (ROBERTO), político colombiano (1890-1972), pres. provisional de la Rep. de 1951 a 1953.

urdidor, ra adj. y s. Que urde : *es un gran urdidor de intrigas palaciegas.*

urdimbre f. Conjunto de hilos paralelos colocado en el telar entre los que pasa la trama para formar el tejido. || Estambre urdido para tejerlo. || *Fig.* Maquinación, trama.

urdir v. t. Preparar los hilos de la urdimbre para ponerlos en el telar. || *Fig.* Maquinar, preparar, tramar : *fue él quien urdió la conspiración.*

urea f. Sustancia nitrogenada derivada del ácido carbónico que existe en la sangre y orina de los carnívoros.

uremia f. Conjunto de síntomas provocados por la acumulación en la sangre de principios tóxicos que normalmente deberían ser eliminados por el riñón.

urémico, ca adj. De la uremia.

Ureña de Henríquez (Salomé), pedagoga y gran poetisa dominicana (1850-1897), autora de *La leyenda de Anacaona, Sombras, Melancolías,* etc.

Ureta (Alberto J.), poeta peruano (1887-1953), autor de *Rumor de almas, Las tiendas del desierto,* etc.

uréter m. Cada uno de los dos conductos por los que la orina va de los riñones a la vejiga.

uretera f. Uretra.

uretra f. Conducto por el que se expulsa la orina de la vejiga.

uretral adj. De la uretra.

uretritis f. Inflamación de la membrana mucosa de la uretra.

Urey (Harold Clayton), químico norteamericano (1893-1981), descubridor del deuterio y del agua pesada. (Pr. Nobel, 1934.)

Urfa, ant. *Edesa,* c. al SE. de Turquía en la frontera con Siria.

Urfé (Honoré D'), escritor francés (1567-1625), autor de la novela pastoril *La Astrea.*

Urga. V. ULAN BATOR.

Urgel, en cat. *Urgell,* región del NE. de España en Cataluña (Lérida), dividida en dos comarcas : *Urgel,* cap. Tárrega, y *Alto Urgel,* cap. Seo de Urgel. Está irrigada por el canal de Urgel (145 km).

Urgell. V. URGEL.

urgencia f. Carácter de lo que es urgente. || Necesidad apremiante. || Obligación de cumplir las leyes o preceptos. || — *Cura de urgencia,* primeros auxilios prestados a un herido o enfermo. || *Servicio de urgencia,* servicio en los hospitales para atender urgentemente a los enfermos o heridos.

urgente adj. Que urge, apremiante : *labor urgente.* || Que se cursa con rapidez.

urgir v. i. Exigir una cosa su pronta ejecución, correr prisa : *el asunto urge.* U. t. c. impers. : *urge terminar estas obras.* || Ser inmediatamente necesario : *me urge mucho.* || — V. t. Apremiar : *los diputados urgieron al Congreso para tomar estas medidas.*

Uri, cantón en el centro de Suiza, bañado por el Reuss ; cap. Altdorf.

Uriangato, mun. de México (Guanajuato). Agricultura y ganadería.

Uriarte (Higinio), político paraguayo, m. en 1900. Fue pres. de la Rep. (1877-1878).

Uribante, río en el SO. de Venezuela (Táchira), que, al unirse con el Sarare, forma el Apure. Gran complejo hidroeléctrico. — Sierra andina en el SO. de Venezuela (Táchira).

Uribe ~ **Holguín** (GUILLERMO), músico colombiano (1880-1972), autor de música de cámara, ballets, poemas sinfónicos y óperas. || ~**Piedrahita** (CÉSAR), escritor colombiano (1897-1953), autor de novelas (*Mancha de aceite, Toá,* etc.). Fue médico y pintor. || ~ **Uribe** (RAFAEL), militar y político liberal colombiano (1859-1914).

Uribia, pobl. en el N. de Colombia (La Guajira). Petróleo.

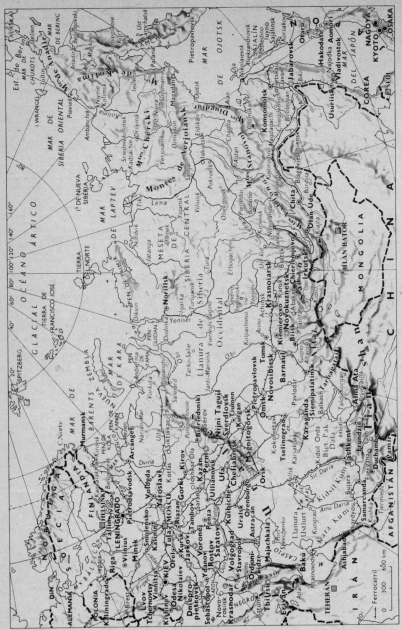

U. R. S. S.

uribiense adj. y s. De Uribía (Colombia).

Uriburu (José Evaristo), político argentino (1831-1914), pres. de la Rep. de 1895 a 1898. ‖ ~ (JOSÉ FÉLIX), general argentino (1868-1932), jefe de la revolución que derrocó a Hipólito Yrigoyen y pres. de la Rep. de 1930 a 1932.

úrico, ca adj. De la orina o del ácido úrico. ‖ *Ácido úrico*, compuesto orgánico que hay en la orina y, en menor dosis, en la sangre, cuya acumulación produce el reumatismo y la gota.

urinario, ria adj. De la orina : *conducto urinario.* ‖ — M. Lugar destinado para orinar en sitios públicos, como calles, espectáculos, cafés, etc.

urinífero, ra adj. Que conduce orina : *tenía lesiones en el conducto urinífero del riñón.*

Uritorco, monte de la Argentina en la Sierra Chica de Córdoba ; 1 900 m.

Urmia, ant. *Rezaye,* c. del NO. de Irán, a orillas del lago de su n.

urna f. Vasija de forma y tamaño variable donde los antiguos guardaban dinero, las cenizas de los muertos, etc., o con que sacaban el agua. ‖ En sorteos y votaciones, caja donde se depositan las papeletas : *urna electoral.* ‖ Caja de cristales donde se guardan cosas preciosas, como las reliquias, para que puedan ser vistas sin estropearse. ‖ *Ir a las urnas,* votar.

uro m. Especie de toro salvaje común

en Europa en la Edad Media y desaparecido desde el s. XVII.

urodelo adj. m. Aplícase a los batracios de cuerpo largo, miembros cortos y cola larga, como la salamanquesa y el tritón (ú. t. c. s. m.). ‖ — M. pl. Género que forman.

urogallo m. Ave gallinácea de plumaje pardo negruzco.

urogenital adj. Relativo a los órganos genitourinarios.

urografía f. Radiografía de las vías urinarias y de los riñones, tomada después de la inyección intravenosa de un producto yodado opaco a los rayos X.

urología f. Parte de la medicina que estudia el aparato urinario.

urólogo, ga m. y f. Médico especialista en urología : *médico urólogo.*

Urondo (Francisco), escritor argentino (1930-1976), autor de poesías (*Adolecer*) y obras de teatro. Miembro de una organización guerrillera, murió en el combate.

Urquiza (Justo José de), general y político argentino (1801-1870), vencedor de Rosas en Caseros (1852). Fue director de la Confederación (1852-1854) y luego pres. (1854-1860). Derrotado por Mitre en Pavón (1861). Siendo gobernador de Entre Ríos, fue asesinado.

Urquizo (Francisco Luis), novelista y general revolucionario mexicano (1891-1969), autor de novelas (*Tropa vieja, Mi tío Juan*), biografías (*¡Viva Madero !*) y memorias.

urraca f. Pájaro domesticable, de plumaje blanco y negro y larga cola, que remeda palabras y sonidos musicales. ‖ *Fig.* y *fam.* Persona aficionada a hablar, cotorra.

Urraca (1081-1126), reina de Castilla y de León (1109-1126), hija de Alfonso VI y esposa primero de Raimundo de Borgoña y luego de Alfonso I el Batallador, rey de Aragón. Las desavenencias con éste amargaron su reinado. Le sucedió Alfonso VII, hijo de su primer matrimonio.

Urrao, mun. y pobl. de Colombia (Antioquia).

Urriolagoitia (Mamerto), político boliviano, n. en 1895, pres. de la Rep. de 1949 a 1951.

Urruchúa (Demetrio), pintor y grabador argentino, n. en 1902.

Urrutia (Carlos Luis de), general y gobernante español (1750-1825), capitán general de Guatemala (1818-1821) ‖ **Bondel** (JORGE), músico chileno, n. en 1905. ‖ **Lleó** (MANUEL), político cubano (1901-1981), pres. de la Rep. (1959-1963).

Ursáiz Rodríguez (Eduardo), educador y médico cubano, n. en La Habana (1876-1955) ; pasó toda su vida en Mérida (Yucatán).

Ursinos (Marie Anne de la TRÉMOILLE, princesa de los), dama francesa (1642-1722). Tuvo gran influencia en la Corte del rey Felipe V de España hasta 1714.

U. R. S. S. (*Unión de Repúblicas Socialistas Soviéticas*), en lengua rusa S. S. S. R. (*Sojuz Sovietskich Socialisticheskich Respublik*), Estado de Europa y Asia, el de mayor superficie del mundo (22 403 000 km²) y tercero, después de China y la India, en población (270 millones de hab.). La Unión Soviética es un Estado federal y socialista, compuesto de quince repúblicas federadas (Rusia, Ucrania, Bielorrusia o Rusia Blanca, Armenia, Azerbaidján, Georgia, Turkmenistán, Uzbekistán, Kazakstán, Kirguizia, Tadjikistán, Estonia, Lituania, Letonia y Moldavia) y 28 repúblicas o territorios autónomos. Cap. *Moscú,* 8 700 000 h. Otras c. : *Leningrado,* 4 750 000 h. ; *Kiev,* 1 850 000 ; *Bakú,* 1 320 000 ; *Tashkent,* 1 500 000 ; *Gorki,* 1 240 000 ; *Jarkov,* 1 280 000 ; *Novosibirsk,* 1 200 000 ; *Kuibichev,* 1 060 000 ; *Sverdlovsk,* 1 030 000 ; *Tbilisi,* 1 000 000 ; *Donetsk,* 950 000 ; *Cheliabinsk,* 970 000 ; *Dniepropetrovsk,* 960 000 ; *Perm,* 940 000 ; *Kazán,* 990 000 ; *Odesa,* 1 000 000 ; *Rostov,* 890 000 ; *Omsk,* 970 000 ; *Minsk,* 909 000 ; *Volgogrado,* 900 000 ; *Saratov,* 835 000 ; *Ufa,* 895 000 ; *Riga,* 796 000 ; *Erivàn,* 900 000.
— GEOGRAFÍA. La U. R. S. S. forma, de Polonia al océano Pacífico y del océano Ártico a Pamir, un inmenso territorio que se extiende en Europa y Asia y en el que se pueden distinguir cuatro conjuntos. 1.º las *regiones europeas,* que ocupan una vasta planicie, con los montes *Urales* al este y las montañas de Crimea y la gran cordillera del *Cáucaso* al sur. Por la planicie corren grandes ríos (Don, Dniéper, Volga). 2.º *Siberia,* cuya superficie es como vez y media Europa, de clima riguroso. 3.º el *Cáucaso,* gran cadena montañosa, que culmina a 5 633 m (Elbruz) ; al norte, la *Ciscaucasia* prolonga la gran planicie rusa ; al sur se encuentra la *Transcaucasia.* 4.º *Asia central soviética,* gran depresión de terreno ocupada

en parte por el mar Caspio, el mar de Aral y el lago Baljash, con grandes regiones desérticas y extensas zonas algodoneras ; el subsuelo produce hulla, cobre, plomo, cinc.
La población de la U. R. S. S. es muy heterogénea, si bien el elemento eslavo forma el 75 por ciento del total. Existen otros pueblos (georgianos, armenios, etc.) que tratan de conservar y desarrollar su propia cultura. A partir de la Revolución, la U. R. S. S. ha socializado los medios de producción y ha organizado el desarrollo económico (planes quinquenales). Sus fuentes de energía son muy abundantes : hulla (Donbass, Kuzbass, el río Ural, Karagandá, Cheremkovo) ; petróleo y gas natural (Urales, Siberia occidental), cuyos yacimientos están unidos a los centros industriales por una gran red de oleoductos y gasoductos. Los ríos alimentan poderosas centrales eléctricas. La extracción de mineral de hierro es importante (Krivoi Rog, Kursk, Magnitogorsk), así como las de manganeso (Georgia), bauxita (Urales), cobre (Urales y Kazakstán), cinc, níquel, plomo y uranio, amianto, fosfatos, oro, plata, platino. La metalurgia pesada ha hecho grandes progresos, de igual modo que el sector industrial (química, petroquímica, armamentos, textiles, etc.). El sistema de granjas del Estado y de cooperativas de producción, junto al esfuerzo de modernización y al perfeccionamiento de los métodos de cultivo, han convertido la U. R. S. S. en uno de los mayores productores de cereales (trigo, cebada, avena, centeno), así como el arroz, remolacha azucarera, patatas, té, algodón, frutas, verduras, tabaco, etc. La ganadería es también importante.

Ursúa o **Urzúa** (Pedro de), conquistador español (1526-1561). Fue gobernador de Santa Fe de Bogotá y fundó las c. de Pamplona (1549) y Tudela (1553). Estuvo posteriormente en Panamá (1556).

ursulina f. Monja de una orden agustiniana, fundada en 1537 por santa Ángela Merici (o. t. c. adj. f.).

Úrsulo Galván, mun. en el este de México (Veracruz). Agricultura.

urticáceo, a adj. Aplícase a las plantas dicotiledóneas, como la ortiga (ú. t. c. s. f.). — F. pl. Familia que forman.

urticaria f. Erupción caracterizada por la aparición en la piel de placas o ronchas pruriginosas acompañada de un fuerte picor.

uru m. *Amer.* Ave de color plomizo.

Uruapan o **Uruapan del Progreso,** c. al O. de México (Michoacán) y sierra de la cordillera Neovolcánica. Agricultura.

Urubamba, río del Perú (Cuzco y Loreto), llamado *Vilcanota* en parte de su curso y luego, unido al Tambo, toma el n. de *Ucayali* ; 724 km. Pasa por Machu Picchu, Quillabamba y la pobl. de su nombre. Central hidroeléctrica. — C. en el sur del Perú, cap. de la prov. homónima (Cuzco).

urubú m. Ave rapaz diurna de América del Sur, parecida al buitre.

Urueta (Margarita), escritora mexicana, n. en 1918, autora de cuentos, novelas y numerosas obras teatrales.

Uruguai. V. MARAMBAS.

Uruguaiana, c. en el S. del Brasil (Río Grande del Sul), en la orilla derecha del río Uruguay.

Uruguay, río de América del Sur que nace en Brasil al confluir el Canoas y el Pelotas, señala parte de la frontera entre el Brasil y la Argentina y entre la Argentina y el Uruguay ; 1 612 km. Desemboca en el estuario del Plata. El principal afluente que recibe, en su curso bajo, es el río Negro. Alimenta importantes centrales hidroeléctricas (Salto Grande) y lo atraviesan diferentes puentes internacionales que unen las ciudades de Salto y Concordia, Fray Bentos y Puerto Unzué, Paysandú y Colón. — Dep. al E. de la Argentina (Entre Ríos) ; cap. *Concepción del Uruguay.*
Uruguay, rep. de América del Sur, situada entre el Brasil y el océano

Atlántico, el Río de la Plata y Argentina ; 177 508 km² ; 3 100 000 h. (*uruguayos*). Cap. *Montevideo,* 1 450 000 h. Otras c. : *Las Piedras,* 70 000 h. ; *Salto,* 80 000 ; *Paysandú,* 80 000 ; *Mercedes,* 53 000 ; *Florida,* 37 000 ; *Minas,* 40 000 ; *Rocha,* 35 000 ; *Melo,* 38 000 ; *Tacuarembó,* 35 000 ; *Rivera,* 50 000 ; *Rocha,* 35 000 ; *San José de Mayo,* 30 000. (*V. mapa en la pág. siguiente.*)
Administrativamente, el Uruguay se divide en 19 departamentos. La población uruguaya es blanca en casi su totalidad, de origen español e italiano principalmente, y un porcentaje ínfimo de negros. Los indios desaparecieron completamente hace más de cien años. La religión católica es la de la mayoría, y la lengua oficial es la castellana o española. La densidad media de población es de 18 h./km², si bien un tercio de la población se halla concentrado en el departamento de Montevideo.
— GEOGRAFÍA. Orográficamente, el Uruguay es una prolongación de las estribaciones del sur del Brasil, y está constituido fundamentalmente por una serie de pequeñas elevaciones, llamadas *cuchillas,* que no pasan de los 500 m (cuchillas Grande, de Haedo, Negra, Santa Ana). El río más importante es el Uruguay, fronterizo con la Argentina, navegable para buques de gran calado hasta Fray Bentos, y en ciertas épocas hasta Paysandú. Su afluente principal es el Negro, que a su vez recibe al Tacuarembó y al Yi. En el curso del Negro se encuentra la importante represa y central eléctrica de Rincón del Bonete y en el del Uruguay la de Salto Grande. Lindando con el Brasil y al SE. se encuentra el lago de Merín. La costa uruguaya, tanto en el del Plata como la atlántica, presenta alternativamente playas de arena fina y puntas pedregosas. Entre aquéllas cabe destacar las de Pocitos, Carrasco, Miramar, Atlántida, La Floresta, Solís, Piriápolis, Portezuelo, Punta del Este, San Rafael, La Paloma, Cabo Polonio, La Coronilla, etc. El clima es templado y marítimo, con una media anual de 17°. Las lluvias son abundantes en primavera y en otoño, y entre los vientos dominantes se puede señalar el pampero, frío y seco, que procede del SO. La principal riqueza del Uruguay es la ganadería (vacunos, ovinos, caballos, cerdos). Sigue la agricultura (trigo, maíz, arroz, caña de azúcar, vid, girasol, hortalizas, frutas). La industria transforma principalmente los productos agropecuarios (frigoríficos, conservas cárnicas, tejidos, cervezas, harinas, cueros, productos químicos, industrias ligeras, y dispone de abundante energía gracias a las centrales hidroeléctricas de Rincón del Bonete, Salto Grande y Baigorria. Capítulo de interés en la economía uruguaya es el turismo, que proporciona saneados ingresos. Las comunicaciones están servidas por una red de 3 000 km de ferrocarriles del Estado y por 49 954 km de carreteras. El aeropuerto de Montevideo enlaza con las principales ciudades del globo, y la red aérea interior es considerable.

uruguayismo m. Palabra o giro propio del Uruguay. ‖ Admiración o afecto al Uruguay. ‖ Carácter uruguayo.

uruguayo, ya adj. Del Uruguay (ú. t. c. s.). ‖ — M. Modalidad del español hablado en Uruguay.

Urumaco, río y mun. al NO. de Venezuela (Falcón). Petróleo.

Urumea, valle y río del N. de España (Navarra y Guipúzcoa), que des. en el Cantábrico por San Sebastián.

Urumtsi, c. del NO. de China, cap. de Sinkiang. Metalurgia. Comercio.

Urundel, pobl. al NO. de la Argentina en el dep. de Orán (Salta).

urundey o **urunday** m. *Riopl.* Árbol terebintáceo cuya madera se emplea en la construcción. ‖ Su madera.

Urundi. V. BURUNDI.

urutaú m. *Arg.* Pájaro nocturno de plumaje pardo oscuro, que lanza un grito parecido a una carcajada.

uruti m. *Arg.* Pajarito cuyo plumaje es de colores variados.

Urzúa (Pedro de). V. URSÚA.

UR

677

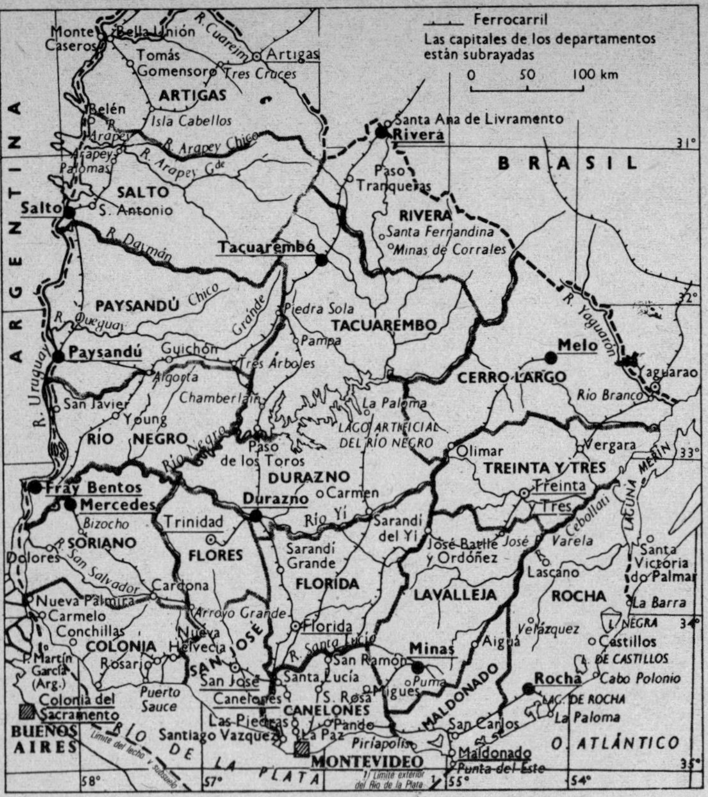
Ferrocarril
Las capitales de los departamentos están subrayadas
0 50 100 km
Monte Caseros
Bella Unión
R. Cuareim
Artigas
Tomás Gomensoro
Tres Cruces
ARTIGAS
Belén
Isla Cabellos
R. Arapey
R. Arapey Chico
R. Arapey Gde
Arapey
Palomas
SALTO
Salto
S. Antonio
R. Daymán
Santa Ana de Livramento
Rivera
31°
BRASIL
Paso Tranqueras
RIVERA
Santa Fernandina
Minas de Corrales
Tacuarembó
ARGENTINA
PAYSANDÚ
Chico
R. Queguay
Grande
Piedra Sola
TACUAREMBO
Pampa
R. Yaguarón
32°
Paysandú
Guichón
Melo
Yaguarao
Tres Árboles
Algorta
CERRO LARGO
Chamberlain
Río Branco
R. Uruguay
San Javier
La Paloma
Young
LAGO ARTIFICIAL DEL RÍO NEGRO
RÍO NEGRO
Río Negro
Paso de los Toros
Olimar
Vergara
33°
DURAZNO
TREINTA Y TRES
LAGUNA MERÍN
Fray Bentos
Mercedes
Durazno
Carmen
Treinta y Tres
Bizocho
Trinidad
Río Yí
Sarandí del Yí
Cebollatí
R. SORIANO
FLORES
Sarandí Grande
José Batlle y Ordóñez
José P. Varela
Dolores
R. San Salvador
Santa Victoria do Palmar
Lascano
Cardona
FLORIDA
LAVALLEJA
ROCHA
Nueva Palmira
La Barra
Carmelo
Arroyo Grande
NEGRA
34°
Conchillas
Florida
Velázquez
Castillos
COLONIA
Nueva Helvecia
SAN JOSÉ
Aiguá
Minas
DE CASTILLOS
P. Martín García (Arg.)
Rosario
R. Santa Lucía
San Ramón
Cabo Polonio
Puerto Sauce
San José
Santa Lucía
Puma
MALDONADO
Rocha
Colonia del Sacramento
Canelones
S. Rosa
Migues
LAG. DE ROCHA
CANELONES
BUENOS AIRES
Las Piedras
Pando
San Carlos
La Paloma
Santiago Vazquez
La Paz
Piriápolis
RÍO DE LA PLATA
O. ATLÁNTICO
Límite del lecho y subsuelo
MONTEVIDEO
Maldonado
Límite exterior del Río de la Plata
Punta del Este
35°
58°
57°
55°
54°

URUGUAY

U. S. A., siglas de *United States of America* (Estados Unidos).
usado, da adj. Gastado por el uso. ‖ Empleado, utilizado.
Usandizaga (José María), músico español, n. en San Sebastián (1887-1915), autor de la zarzuela *Las golondrinas*, así como de piezas para piano y órgano, composiciones sinfónicas y vocales.
usanza f. Uso, costumbre, moda.
usar v. t. Utilizar, emplear habitualmente : *uso tinta negra para escribir.* ‖ Tener costumbre de llevar : *usar gafas.* ‖ — V. i. Hacer uso de : *usar de su derecho.* ‖ Acostumbrar. ‖ — V. pr. Emplearse : *esta palabra ya no se usa.* ‖ Llevarse habitualmente : *ya no se usan miriñaques.*
Usatges, código consuetudinario catalán (1058), promulgado por el conde de Barcelona Ramón Berenguer I.
Usbekistán. V. UZBEKISTÁN.
usencia com. Contracción de *vuestra reverencia.*
Ushuaia, c. meridional de la Argentina, cap. del Territorio Nacional de Tierra del Fuego, Antártida e Islas del Atlántico Sur.
ushuaiense adj. y s. De Ushuaia (Argentina).
usía com. Vuestra señoría.
Usigli (Rodolfo), escritor mexicano (1905-1979), autor de poesías *(Conversación desesperada)*, ensayos, relatos y, principalmente, obras de teatro (*El niño y la niebla, Medio tono, Corona de sombra, El gesticulador, Corona de fuego, Corona de luz, ¡Buenos días, señor presidente!*, etc.).
usina f. *Amer.* Fábrica, especialmente la que produce gas o electricidad.
Usküb. V. SKOPLJE.
Uslar Pietri (Arturo), escritor y político venezolano, n. en 1906, autor de cuentos *(Barrabás y otros relatos, Red)*, de novelas (*Las lanzas coloradas*, sobre la independencia de su país, *El camino de El Dorado*, sobre la vida de Lope de Aguirre, el ciclo *El laberinto de fortuna, Oficio de difuntos)*, obras de teatro *(Chúo Gil y las tejedoras)* y ensayos históricos o literarios.
uso m. Acción de utilizar o valerse de algo : *el buen uso de las riquezas; hacer uso de la fuerza.* ‖ Aplicación : *este aparato tiene muchos usos.* ‖ Costumbre, práctica consagrada : *es el uso del país.* ‖ Moda : *el uso de la capa.* ‖ Acción de llevar : *uso indebido de condecoraciones.* ‖ Forma del derecho consuetudinario que reemplaza a veces las leyes escritas. ‖ — *Al uso*, que se estila, de moda ; a usanza de : *al uso andaluz.* ‖ *De uso externo*, dícese de los medicamentos que se aplican exteriormente, como pomadas, ungüentos, etc., y que no han de ingerirse. ‖ *En buen uso*, en buen estado. ‖ *En uso de*, valiéndose de. ‖ *Fuera de uso*, que ya no se utiliza. ‖ *Ser de uso*, emplearse ; llevarse. ‖ *Tener uso de razón*, haber pasado de la infancia.
Uspallata, paso de los Andes al pie del Aconcagua y en la frontera de Argentina y Chile, utilizado por el Ejército Libertador, al mando de Las Heras, para llegar a Chile (1817) ; 3 900 m. Llamado tb. *Paso de la Cumbre* o *Bermejo.*
Uspantán, río y mun. al O. de Guatemala (Quiché).
usted com. Contracción de *vuestra merced*, que se usa como pronombre personal de segunda persona "de respeto".
— OBSERV. *Usted* tiene que ir seguido del verbo en tercera persona, pero es una falta muy corriente en Andalucía y en Hispanoamérica el hacer concordar *ustedes* con la segunda persona del plural del verbo como si se tratara de *vosotros* : *¿vais ustedes al cine?*
Uster, pobl. en el norte de Suiza (Zurich). Construcciones eléctricas.
Usti nad Labem, en alem. *Aussig*, c. en el NO. de Checoslovaquia, cap. de Bohemia Septentrional. Industrias.
Ust-Kamenogorsk, c. en el SO. de la U. R. S. S. (Kazakstán). Metalurgia. Central hidroeléctrica.
usual adj. Que es de uso o se hace habitualmente. ‖ De uso fácil.
usuario, ria adj. Aplícase a la persona que emplea cierto servicio. Ú. t. c. s. : *los usuarios del gas.* ‖ *For.* Aplícase a la persona que disfruta del uso de algo (ú. t. c. s.).
usucapión f. *For.* Adquisición de una cosa por haberla poseído durante cierto tiempo determinado por la ley sin que la reclame su legítimo dueño.
usufructo m. Derecho de disfrutar de algo cuya propiedad directa pertenece a otro. ‖ Utilidades, beneficios.
usufructuar v. t. Tener o gozar el usufructo de una cosa.
usufructuario, ria adj. Aplícase a la persona que tiene o goza el usufructo de una cosa (ú. t. c. s.).
Usulután, c. en el SE. de El Salvador, en la falda del volcán homónimo (1 453 m), cap. del dep. del mismo n.
usuluteco, ca adj. y s. De Usulután (El Salvador).
Usumacinta, río de América Central que nace en Guatemala, sirve de frontera entre este Estado y México, circula por la planicie costera de Tabasco y des. en el golfo de Campeche ; 825 m.
Usumbura. V. BUJUMBURA.
usura f. Interés que se cobra por un préstamo. ‖ Interés superior al legalmente establecido que se pide por la cantidad prestada. ‖ Préstamo con un interés excesivo.
usurario, ria adj. Que implica usura : *préstamo usurario.*
usurero, ra adj. Dícese de la persona que presta con usura (ú. t. c.).
Usurinks, de 1935 a 1959 *Vorochilov*, c. en el SE. de la U. R. S. S. (Rusia), en Extremo Oriente.
usurpación f. Acción de usurpar :

usurpación de poderes. ‖ Cosa usurpada. ‖ *For.* Delito que se comete apoderándose con violencia de una propiedad o derecho ajeno.

usurpador, ra adj. Aplícase a la persona que usurpa bienes o derechos ajenos (ú. t. c. s.).

usurpar v. t. Apoderarse o disfrutar indebidamente de un bien o derecho ajeno : *usurpar el poder.*

usuta f. *Amer.* Ojota (sandalia).

ut m. (Ant.). Do, nota musical.

uta m. Saurio de la familia de los iguánidos que se encuentra desde Nuevo México a Baja California.

uta f. *Per.* Úlcera facial.

Utah, Estado del O. de los Estados Unidos ; cap. *Salt Lake City.* Cobre, petróleo, cinc. Metalurgia.

Utamaro (Kitagawa), pintor y grabador japonés (1753-1806).

Utatlán, ant. cap. del reino quiché (Guatemala). Fue completamente destruida en 1524.

Utebo, mun. al NE. de España (Zaragoza).

utensilio m. Objeto de uso manual destinado a realizar ciertas operaciones : *utensilios de cocina.*

uterino, na adj. Relativo al útero : *arteria uterina.* ‖ *Hermano uterino,* el que lo es sólo de madre.

útero m. *Anat.* Matriz.

Utica, ant. c. de África, al NO. de Cartago. — C. al NE. de Estados Unidos (Nueva York).

Utiel, c. en el E. de España (Valencia).

útil adj. Que es de provecho : *obras útiles.* ‖ Eficiente, que puede prestar muchos servicios : *una persona muy útil.* ‖ *For.* Hábil : *plazo útil.* ‖ — M. pl. Utensilios, herramientas.

utilería f. Conjunto de instrumentos o herramientas utilizado en un oficio o arte. ‖ Conjunto de objetos que se emplean en un escenario de teatro o plató de cine.

utilero, ra m. y f. Persona encargada de la utilería en un teatro o en un plató de cine.

utilidad f. Servicio prestado por una persona o cosa : *la utilidad de una organización.* ‖ Provecho que se saca de una cosa : *la utilidad de los estudios.* ‖ — Pl. Ingresos procedentes del trabajo personal, del capital, etc., que suelen gravarse con un impuesto.

utilitario, ria adj. Que antepone a todo la utilidad y el interés : *persona utilitaria.* ‖ Aplícase al automóvil pequeño y no de lujo (ú. t. c. s. m.).

utilitarismo m. Sistema ético que valora las acciones por la utilidad que tienen : *el utilitarismo de Stuart Mill.*

utilitarista adj. Relativo al utilitarismo. ‖ Adepto, partidario del utilitarismo (ú. t. c. s.).

utilizable adj. Que puede usarse.

utilización f. Uso.

utilizador, ra adj. Aplícase a la persona que utiliza algo (ú. t. c. s.).

utilizar v. t. Emplear, servirse de.

utillaje m. Conjunto de herramientas, instrumentos o máquinas utilizado en una industria.

uto-azteca adj. Dícese de una familia de indios americanos, llamada también *yuto-azteca,* que habitaba desde las Montañas Rocosas hasta Panamá (ú. t. c. s.).

utopia f. Concepción imaginaria de un gobierno ideal. ‖ Proyecto cuya realización es imposible.

utópico, ca adj. Relativo a la utopía : *ideas utópicas.*

utopista m. y f. Persona inclinada a imaginar utopías o a creer en ellas.

Utrecht, c. en el centro de Holanda, cap. de la prov. homónima, al S. del Zuyderzee. Arzobispado. Universidad. Catedral gótica. Industrias. Aquí se firmó un tratado en 1713 por España, Francia, Inglaterra y Holanda, que puso fin a la guerra de Sucesión de España.

Utrecht (Adriano de). V. ADRIANO VI.

Utrera, c. en el S. de España (Sevilla).

utrero, ra m. y f. Novillo o novilla que tienen entre dos y tres años.

Utrillas, v. al E. de España (Teruel). Minas (lignito). Central térmica.

Utrillo (Maurice), pintor francés (1883-1955), que se inspiró en el paisaje de Montmartre. Fue hijo de Suzanne Valadon.

Utsunomiya, c. del Japón en el centro de la isla de Honshu.

Uttar Pradesh, Estado en el norte de la India, en el valle del Ganges ; cap. *Lucknow.* Es la región más poblada del país. Agricultura (trigo, arroz, caña de azúcar, algodón). C. pr. *Kanpur, Allahabad, Benarés.*

uturunco m. *Arg.* Jaguar.

Uusikaupunki. V. NYSTAD.

uva f. Fruto de la vid consistente en bayas blancas o moradas que forman un racimo. ‖ Cada una de estas bayas. ‖ Fruto del agracejo. ‖ — *Fig.* y *fam. Estar de mala uva,* estar de mal humor. ‖ *Tener mala uva,* tener mala intención. ‖ *Uva moscatel,* la de sabor dulce y de grano redondo y liso. ‖ *Uva pasa,* la secada al sol.

uve f. Nombre de la letra v. ‖ *Uve doble,* nombre de la letra w.

Uvea, isla del archipiélago de Wallis (Oceanía) ; cap. *Mata-Utu.*

úvea f. Capa pigmentaria del iris del ojo.

u. v. i. Véase UNIDAD.

úvula f. Apéndice carnoso y móvil que cuelga de la parte posterior del velo palatino. (Llámase tb. *campanilla* o *galillo.*)

Uxda o **Ujda,** en francés *Oujda,* c. del NE. de Marruecos, cerca de la frontera argelina.

Uxmal, c. al SE. de México y al noroeste de la península de Yucatán. Ruinas arqueológicas mayas (pirámide del Adivino, cuadrilátero de las Monjas, palacio del Gobernador).

Uxul, lugar arqueológico maya, en El Petén (Guatemala).

¡uy! interj. Denota sorpresa o dolor.

Uyuni, c. y salar de Bolivia, al O. del dep. de Potosí.

Uzbekistán, república federada en el SO. de la U. R. S. S. entre Turkmenistán y Kazakstán ; 449 600 km² ; cap. *Tashkent.* Agricultura (algodón, arroz, alfalfa). Carbón. Petróleo. Gas natural.

Volcán Telica en Nicaragua

V

v f. Vigésima quinta letra del alfabeto castellano y vigésima de sus consonantes. (Se dice *uve* o *ve* y su sonido representa en el castellano actual el fonema bilabial oclusivo sonoro [*vaca*, *vino*] o el bilabial fricativo sonoro [*cavar*, *revés*], es decir equivale prácticamente a la letra *b*). ‖ — **V,** cifra romana que vale cinco. ‖ Símbolo químico del . *vanadio*. ‖ *Electr.* Símbolo del *voltio*. ‖ Símbolo de *velocidad* y *volumen*. ‖ *V doble*, la w.

V1, V2 f. Bombas autopropulsadas de gran radio de acción, empleadas por los alemanes en 1944 y 1945. (La V2 es la precursora de los cohetes teledirigidos.)

Va, símbolo del *voltamperio*.

Vaal, río de África austral, afl. del Orange ; 1 200 km.

Vaasa, c. y puerto en el O. de Finlandia, a orillas del golfo de Botnia ; cap. de la prov. homónima.

vaca f. Hembra del toro : *vaca lechera*. ‖ Carne de res vacuna que sirve de alimento : *estofado de vaca*. ‖ Cuero de vaca o buey después de curtido : *un cinturón de vaca*. ‖ *Pop.* Asociación de varias personas para jugar dinero en común, por ejemplo, en la lotería, en una apuesta, etc. (Tb. se dice *vaquita*.) ‖ — *Vaca de montaña* o *de anta*, el tapir. ‖ *Vaca de San Antón*, mariquita, insecto. ‖ *Fig. Vacas flacas, vacas gordas*, expresiones que se emplean para aludir a épocas de escasez o de abundancia, respectivamente.

Vaca ‖ ~ **de Castro** (Cristóbal). V. CASTRO (Cristóbal Vaca de). ‖ ~ **de Guzmán** (JOSÉ MARÍA), poeta español (1745-1801), autor de la epopeya *Las naves de Cortés destruidas*.

vacaciones f. pl. Período de descanso : *vacaciones retribuidas o pagadas*. ‖ Período en que se suspenden las clases : *vacaciones de verano*. ‖ Suspensión legal anual de las audiencias en un tribunal.

vacada f. Manada, rebaño de ganado vacuno.

Vaca Diez, prov. en el N. de Bolivia (Beni) ; cap. *Riberalta*.

vacaje m. *Arg.* Vacada.

vacancia f. Vacante.

vacante adj. Aplícase al cargo o empleo sin proveer : *sede vacante*. ‖ Sin ocupar : *piso vacante*. ‖ — F. Plaza o empleo no ocupado.

vacar v. i. Quedar un cargo o empleo sin persona que lo desempeñe : *en la universidad vacan dos cátedras*. ‖ Cesar uno por algún tiempo en sus habituales negocios o estudios. ‖ Carecer : *no vacó de misterio, de preocupaciones*.

vacaray m. *Arg.* Ternero nonato.

Vacaretã, sector de la cordillera Caaguazú (Paraguay).

Vacarezza (Alberto), escritor argentino (1885-1959), autor de sainetes porteños (*Los cardales, Tu cuna fue un conventillo*).

Vacas Heladas, paso de los Andes al NO. de la Argentina (San Juan) ; 4 955 m.

vacceo, a adj. Dícese de un pueblo de una región de la España Tarraconense (Zamora, Palencia, Valladolid). ‖ — M. y f. Miembro de este pueblo. (Los vacceos, pueblo celtíbero que habitaba a ambos lados del Duero, fueron sometidos por Roma en el año 178 a. de J. C.)

vaciadero m. Sitio donde se vacía una cosa. ‖ Conducto por donde se vacía. ‖ Sitio donde se vacían escombros.

vaciado m. Acción de vaciar en un molde un objeto de metal, yeso, etc. : *el vaciado de una estatua*. ‖ Figura o adorno formado en un molde : *vaciado de yeso*. ‖ Acción de vaciar algún depósito. ‖ Formación de un hueco. ‖ Afilado de un cuchillo.

vaciar v. t. Dejar vacía una cosa : *vaciar una botella, una bolsa*. ‖ Verter, arrojar : *vaciar escombros, agua en el patio*. ‖ Beber : *vaciar el contenido de un vaso*. ‖ Hacer evacuar : *vaciar una sala pública*. ‖ Formar objetos echando en un molde yeso o metal derretido : *vaciar una estatua en bronce*. ‖ Dejar hueca o vacía una cosa, ahuecar : *vaciar un tronco para que flote mejor*. ‖ Sacar filo : *vaciar una cuchilla*. ‖ *Fig. y fam. Vaciar el saco* uno, decir sin reparo lo que debía callar, desahogarse. ‖ — V. i. Desaguar, desembocar : *el Ebro vacía en el Mediterráneo*. ‖ — V. pr. *Fig. y fam.* Decir uno abiertamente lo que debía callar.

vaciedad f. Cosa vana, frivolidad. ‖ Sandez.

vacila m. *Fam.* Bromista, guasón.

vacilación f. Balance, vaivén. ‖ *Fig.* Irresolución, duda, indecisión.

vacilante adj. Que vacila.

vacilar v. i. Moverse por falta de estabilidad, tambalearse, titubear. ‖ Temblar levemente : *luz que vacila*. ‖ *Fig.* Tener poca estabilidad o firmeza : *las instituciones del régimen vacilan*. ‖ Dudar, titubear, estar uno perplejo o indeciso. ‖ *Fam.* Hablar en broma e irónicamente. ‖ Tomar el pelo a alguien. ‖ Hablar mucho a causa de haberse drogado.

vacile m. *Fam.* Broma, guasa. ‖ Tomadura de pelo. ‖ Bromista.

vacilón, ona adj. y s. *Fam.* Bromista, guasón. ‖ Que fuma porros. ‖ *Fam. Ponerse vacilón*, estar bajo los efectos de drogas estimulantes.

vacío, a adj. Falto de contenido : *saco vacío*. ‖ Que contiene sólo aire : *botella vacía*. ‖ Que no tiene aire : *neumático vacío*. ‖ Que está sin habitantes o sin gente : *ciudad vacía*. ‖ Sin muebles : *habitación vacía*. ‖ Se aplica a la hembra que no tiene cría. ‖ *Fig.* Insustancial, superficial : *espíritu vacío*. ‖ Presuntuoso, vano. ‖ — *Fig. Cabeza vacía*, sin ideas. ‖ *Volver con las manos vacías* o *de vacío*, volver sin haber conseguido lo que se pretendía. ‖ — M. *Fís.* Espacio que no contiene materia alguna : *hacer el vacío*. ‖ Espacio en el cual las partículas materiales se hallan muy enrarecidas. ‖ Abismo, precipicio. ‖ Hueco en un cuerpo cualquiera. ‖ *Fig.* Vacante, empleo sin proveer : *llenar los vacíos de la oficina*. ‖ Sentimiento penoso de ausencia, de privación : *su muerte dejó un gran vacío*. ‖ Vanidad, vacuidad, nada. ‖ — *Fig. Caer en el vacío* una cosa, no hacerle el menor caso. ‖ *De vacío*, sin carga : *el autobús volvió de vacío*. ‖ *Fig. Hacer el vacío a uno*, dejarlo aislado. ‖ *Tener un vacío en el estómago*, tener hambre. ‖ *Vacío de poder*, tiempo en el que hay carencia de autoridad.

vacuidad f. Estado de una cosa o de un órgano vacíos.

vacuna f. Preparación microbiana atenuada en su virulencia que, inoculada a una persona o a un animal, le inmuniza contra una enfermedad determinada.

vacunación f. Inmunización contra alguna enfermedad por medio de una vacuna.

vacunar v. t. Poner una vacuna a una persona para inmunizarla de una enfermedad : *vacunar contra las viruelas*. ‖ *Fig.* Inmunizar contra un mal.

vacuno, na adj. Relativo a los bueyes y vacas : *ganado vacuno*. ‖ — M. Res vacuna.

vacuo, a adj. Insustancial, sin interés. ‖ Vacío. ‖ Vacante.

vacúola f. Cavidad llena de líquido en el citoplasma de una célula.

vacúolo m. Vacúola.

Vache, isla del SO. de Haití, al S. de la penína. de Tiburón.

vadeable adj. Que se puede vadear.

vadear v. t. Atravesar un río por el vado. ‖ *Fig.* Vencer, superar, esquivar una dificultad. ‖ — V. pr. Manejarse.

vademécum m. Libro en el que se hallan los datos o las nociones de una materia empleados más frecuentemente. ‖ Cartapacio, carpeta en que llevan los estudiantes sus libros.

¡ vade retro !, expr. latina empleada para rechazar algo.

Vadillo (Basilio), educador y político mexicano (1885-1935).

vado m. Lugar de un río en donde hay poca profundidad y que se puede pasar sin perder pie. ‖ Rebajamiento del bordillo de una acera de una calle para facilitar el acceso de un vehículo a una finca urbana.

Vadodara, ant. Baroda, c. al O. de la India (Gujerate), al SE. de Ahmedabad.

Vaduz, cap. del principado de Liechtenstein ; 4 500 h.

Váez de Torres (Luis). V. TORRES.

Vaga (Pierino), pintor italiano (1501-1547).

vagabundaje m. Galicismo que se emplea a veces por vagancia.

vagabundear v. i. Llevar vida de vagabundo.

vagabundeo m. Acción de vagabundear, vagancia. ‖ Vida de vagabundo.

vagabundo, da adj. Que va sin dirección fija, que anda errante de una parte a otra : vida vagabunda. ‖ Fig. Desordenado, sin orden : imaginación vagabunda. ‖ — M. y f. Persona que no tiene domicilio determinado ni medios de subsistencia.

vagancia f. Estado del que no tiene domicilio ni medios de subsistencia lícitos. ‖ Ociosidad, pereza.

vagar v. i. Andar errante, sin rumbo : vagar por el pueblo. ‖ Andar ocioso. ‖ Estar sin oficio y no tener domicilio legal.

vagido m. Gemido o grito débil del niño recién nacido.

vagina f. Conducto que en las hembras de los mamíferos se extiende desde la vulva hasta la matriz.

vaginal adj. Relativo a la vagina.

vaginitis f. Inflamación de la mucosa de la vagina.

vagneriano, na adj. Wagneriano.

vago, ga adj. Ocioso, perezoso : un alumno muy vago. Ú. t. c. s. : la ciudad estaba llena de vagos. ‖ Indeterminado, confuso, indeciso : tener una vaga idea. ‖ Impreciso, falto de nitidez : trazos vagos. ‖ Nervio vago, décimo nervio craneal o cerebral que sale del sistema nervioso central por orificios existentes en la base del cráneo, desciende por las partes laterales del cuello, penetra en las cavidades del pecho y el vientre, y termina en el estómago y el plexo solar.

vagón m. Coche de ferrocarril para el transporte de viajeros o de mercancías : vagón de primera clase, vagón cisterna. ‖ Camión grande para hacer mudanzas : vagón capitoné.

vagoneta f. Vagón pequeño y descubierto usado para el transporte de tierras, carbón, etc. ‖ Arg. Fam. Persona sin ocupación. ‖ Sinvergüenza. ‖ Persona de mal vivir.

vaguada f. Fondo de un valle.

vaguear v. i. Vagar, holgazanear.

vaguedad f. Calidad de vago : la vaguedad de sus palabras. ‖ Expresión poco precisa : perderse en vaguedades, no decir jamás las cosas con la claridad debida.

vaguido m. Vahído.

Vah, en alem. Waas, río al O. de Checoslovaquia, afl. izq. del Danubio ; 433 km. Centrales hidroeléctricas.

vahído m. Pérdida del conocimiento, desmayo : darle un vahído.

vahiné f. Mujer de Tahití.

vaho m. Vapor tenue que despide un cuerpo. ‖ Aliento.

vaina f. Estuche o funda de ciertas armas o instrumentos : la vaina de la espada, de un bisturí, de un punzón. ‖ Bot. Envoltura alargada y tierna de las semillas de las plantas leguminosas : la vaina de las judías, de las habas. ‖ Ensanchamiento del pecíolo de ciertas hojas que envuelve el tallo. ‖ Mar. Dobladillo con que se refuerza la orilla de una vela. ‖ Fam. Amer. Molestia, contratiempo. ‖ Fam. Col. Chiripa, suerte. ‖ Com. Fam. Botarate, majadero, tontaina. ‖ Persona fatua, engreída.

vainica f. Deshilado menudo que hacen por adorno las costureras en la tela.

vainilla f. Planta trepadora orquidácea oriunda de México, cuyo fruto se emplea en pastelería para aromatizar. ‖ Fruto de esta planta.

vaivén m. Balanceo, movimiento de un objeto que oscila. ‖ Fig. Alternativa, variedad de las cosas : los vaivenes políticos, de la suerte.

vajear v. t. Amer. Adormecer ciertos reptiles a una persona por medio del aliento. ‖ Fig. Perturbar con malas artes a una persona.

vajilla f. Conjunto de vasos, tazas, platos, fuentes, etc., para el servicio de la mesa.

val. m. Apócope de valle. (Se usa en composición : Valdepeñas.)

Val (-d'Oise, dep. de Francia, al N. de París ; cap. Pontoise. Gran aglomeración industrial y administrativa de Cergy-Pontoise. ‖ ~ -de-Marne, dep. de Francia, al SE. de París ; cap. Créteil. ‖ ~ -d'Isère, pobl. en el E. de Francia (Savoie). Estación de alpinismo.

valaco, ca adj. y s. De Valaquia (Rumania). ‖ — M. Lengua hablada por los habitantes de Valaquia.

Valadés (Edmundo), escritor mexicano, n. en 1915, destacado autor de cuentos (Las dualidades funestas).

Valadon (Suzanne), pintora francesa (1865-1938). Fue madre de Utrillo.

Valais [-lé], cantón en el SO. de Suiza, en el valle superior del Ródano ; cap. Sion. Turismo.

Valaquia, ant. principado danubiano vasallo de Turquía desde 1396 e independiente en 1856. En 1859 constituyó, junto con Moldavia, el reino de Rumania. Se puede dividir en Muntenia, al E., y Oltenia, al O.

Valbuena (Bernardo de). V. BALBUENA. ‖ ~ Prat (ÁNGEL), escritor español (1900-1977), autor de una Historia de la literatura española.

Valcárcel (Teodoro), compositor peruano (1900-1942), autor de Cantos del alma vernacular y En las ruinas del templo del sol.

Valcotos, estación de deportes de invierno en el centro de España, en el mun. de Rascafría y en la sierra de Guadarrama (Madrid).

Valcheta, río y dep. de la Argentina en Patagonia (Río Negro).

Valdai, meseta de la U. R. S. S., al NO. de Rusia donde nace el Volga ; alt. 321 m.

Valdecaballeros, v. del oeste de España (Badajoz). Central nuclear.

Valdecañas, embalse en el O. de España. (Cáceres), sobre el río Tajo.

Valdejunquera, valle del N. de España, entre Pamplona y Estella, en el que Abderramán III derrotó a Sancho Garcés I de Navarra y Ordoño II de León (920).

Valdelomar (Abraham), escritor peruano (1888-1919), autor de cuentos, novelas (Los hijos del sol, La Mariscala), poesías, dramas y ensayos.

Valdemoro, v. en el centro de España (Madrid).

valdense adj. Relativo a la secta herética de los valdenses. ‖ Partidario de una sociedad religiosa que, creada por Pedro de Valdo (1179), pretendía devolver a la Iglesia su pobreza apostólica (ú. t. c. s.).

Valdeobispo, mun. en el O. de España (Cáceres). Embalse.

Valdeorras, comarca en el NO. de España (Orense). Vinos.

valdepeñas m. Vino tinto de Valdepeñas (España).

Valdepeñas, c. de España al SE. de Madrid (Ciudad Real). Vinos. Agricultura. Quesos. Industrias.

Valdés, peníns. de la Argentina en el E. de la prov. de Chubut. Llamada tb. Valdez.

Valdés (Alfonso de), escritor español del Renacimiento, n. en Cuenca (¿1490 ?-1532), autor de los diálogos De Mercurio y Carón y De Lactancio y un arcediano. — Su hermano JUAN (¿1501 ?-1541) fue también escritor de tendencia erasmista, autor de Diálogo de la lengua, modelo de prosa castellana. ‖ ~ (CARLOS), escritor mexicano, n. en 1928, autor de Los antepasados. ‖ ~ (GABRIEL DE LA CONCEPCIÓN), poeta cubano, n. en La Habana (1809-1844), autor de composiciones (Plegaria a Dios, La fatalidad, Despedida a mi madre, Adiós a mi lira), de leyendas y de romances. Fue condenado a muerte y ejecutado por conspirador. Firmaba con el seudónimo de Plácido. ‖ ~ (JERÓNIMO), militar español (1784-1855), derrotado en Ayacu-

cho por las fuerzas independentistas de la América española (1824). Fue gobernador de Cuba (1841-1843). ‖ ~ (RAMÓN MAXIMILIANO), político panameño (1867-1918), pres. de la Rep. de 1916 hasta su muerte. ‖ ~ Leal (JUAN de), pintor español, n. en Sevilla (1622-1690), autor de Finis gloriae mundi, In ictu oculii, llamados las postrimerías, Los dos cadáveres, y de numerosos cuadros de carácter religioso, en los que pone de manifiesto su estilo realista.

Valdesqui, estación de deportes de invierno del centro de España en la sierra de Guadarrama y en el mun. de Rascafría (Madrid).

Valdez, pobl. en el NO. del Ecuador, cab. del cantón de Eloy Alfaro (Esmeraldas). Centro agrícola y comercial. — Terminal del oleoducto de petróleo del sur de Alaska. — V. VALDÉS.

Valdivia, río de Chile desde. en el Pacífico ; 250 km. — C. y puerto de Chile en la X Región (Los Lagos), cap. de la prov. y de la com. que llevan su nombre. Centro comercial e industrial. Residencia de la Universidad Austral. Obispado. Fundada por Pedro de Valdivia en 1552. Terremotos en 1575, 1737, 1837 y 1960. La prov. es una de las más ricas del país por su producción agrícola, maderera e industrial. ‖ ~ de Lontué, com. en el centro de Chile (Talca).

Valdivia (Luis de), jesuita español (1561-1642), evangelizador de los indios de Chile. ‖ ~ (PEDRO DE), conquistador español, n. en Valle de La Serena (Badajoz) [¿1500 ?-1553]. Al mando de 150 españoles, conquistó Chile y fundó las c. de Santiago (1541), La Imperial (1550), Valdivia (1552), Confines (1553), etc. M. en Tucapel en lucha con los araucanos dirigidos por Lautaro.

valdiviano, na adj. y s. De Valdivia (Chile).

Valdivielso (José de), poeta español (¿1560 ?-1638), autor de Romancero espiritual del Santísimo Sacramento y de numerosos autos sacramentales. Se ordenó sacerdote.

Valdo (Pedro de), heresiarca francés (¿1140-1217 ?), fundador de la secta de los valdenses.

Valdovinos (Arnaldo), escritor paraguayo, n. en 1908. Describió en sus novelas la Guerra del Chaco (Bajo las botas de una bestia rubia, Cruces de quebracho). ‖ ~ (MUCIO), sacerdote y escritor mexicano (1808-1854).

vale m. Papel o documento que se puede cambiar por otra cosa. ‖ Documento por el que se reconoce una deuda, pagaré : un vale por mil dólares. ‖ Nota o papel que se da al repartidor de algo a domicilio para que acredite la entrega y cobre el importe. ‖ Contraseña que permite a la persona que la tiene asistir gratuitamente a un espectáculo. ‖ Amer. Valedor, amigo.

valedero, ra adj. Válido.

valedor, ra m. y f. Protector. ‖ Amer. Camarada, amigo.

Valençay, c. en el centro de Francia (Indre). Residencia de Fernando VII de España de 1808 hasta 1814, después de la firma del Tratado de Valençay (1813) entre Napoleón I y el monarca español.

Valence, c. del SE. de Francia, cap. del dep. del Drôme, a orillas del Ródano. Obispado. Catedral románica (s. XI). Industrias.

valencia f. Quím. Número máximo de átomos de hidrógeno que pueden combinarse con un átomo de cuerpo simple.

Valencia, antiguo reino de la Península Ibérica que comprendía las actuales provincias españolas de Valencia, Castellón y Alicante, constituido en 1982, con el nombre de Comunidad Valenciana, en Comunidad Autónoma, cuya capital es la ciudad de Valencia.

Valencia, c. del E. de España, cap. de la Comunidad Valenciana y de la prov. homónima, a orillas del río Turia. Arzobispado. Universidad. Monumentos (catedral y torre del Micalet, palacio barroco del marqués de Dos Aguas, desde 1954 Museo Nacional de Cerámica). Centro agrícola, industrial y comercial. Puerto de *El Grao*. Su nombre oficial es *Valencia del Cid*. — Lago en el N. de Venezuela en los Estados de Carabobo y Aragua; 441 km², ant. llamado *Laguna de Tacarigua*. Tiene varias islas en su interior y a su alrededor existe una rica región agrícola, ganadera e industrial. — C. en el N. de Venezuela, cap. del Estado de Carabobo. Universidad. Arzobispado. Centro comercial. Industrias. ‖ — (ALBUFERA DE). V. ALBUFERA. ‖ ~ (GOLFO DE), parte del Mediterráneo del este de España, entre el cabo de la Nao (Alicante) y la desembocadura del Ebro (Tortosa). ‖ ~ **de Alcántara,** v. en el O. de España (Cáceres). Centro agrícola. ‖ ~ **de Don Juan,** v. del N. de España (León). Ganadería; agricultura.

Valencia (Guillermo), poeta modernista, político, orador y diplomático colombiano, n. en Popayán. (1873-1943), autor de *Ritos, Catay, Tríptico, Alma Mater,* etc. — Su hijo, GUILLERMO LEÓN (1908-1971), fue pres. de la Rep. de 1962 a 1966. ‖ ~ (MANUEL MARÍA), político, poeta romántico y sacerdote dominicano (1810-1870). Fundó el periódico *El Dominicano* (1845).

Valenciana (COMUNIDAD), región del Estado Español constituida en Communidad Autónoma en 1982; cap. *Valencia*.

valencianismo m. Vocablo o expresión propia de Valencia (España). ‖ Amor a Valencia. ‖ Carácter valenciano. ‖ Doctrina que defiende los valores culturales, económicos y políticos de Valencia.

valenciano, na adj. y s. De Valencia (España y Venezuela). ‖ — M. Lengua hablada en la mayor parte del antiguo reino de Valencia.

Valenciennes, c. septentrional de Francia (Nord), a orillas del Escalda.

Valente (¿ 328 ?-378), emperador romano de Oriente desde 364, hermano de Valentiniano I, con quien gobernó. Desapareció después de una batalla contra los visigodos.

Valente (José Ángel), poeta español n. en 1929, autor realista y social (*Poemas a Lázaro, Tres lecciones de tinieblas, El inocente, Mandorla,* etc.).

Valentia, isla al O. de Irlanda.

valentía f. Valor, brío para arrostrar peligros: *la valentía de un soldado.* ‖ Hecho realizado con valor. ‖ Jactancia: *la valentía del perdonavidas.*

Valentín (San), sacerdote romano, mártir en 270. El día de San Valentín (14 de febrero) es el día de los enamorados.

Valentiniano I (321-375), emperador romano desde 364. Reinó con su hermano Valente. ‖ ~ **II** (¿ 371 ?-392), emperador romano desde 375. ‖ ~ **III** (419-455), emperador romano de Occidente desde 425.

valentón, ona adj. y s. Bravucón.

valentonada f. Demostración o prueba de valor. ‖ Jactancia.

valentonería f. Valentonada.

Valenzuela, pobl. al O. del Paraguay (La Cordillera). Centro ganadero.

Valenzuela (Fernando de), político español, n. en Nápoles (1636-1692), favorito de Carlos II (1676-1677). ‖ (JESÚS E.), poeta modernista mexicano (1856-1911). ‖ ~ **Llanos** (ALBERTO), pintor impresionista chileno (1869-1925).

valer m. Valor, mérito.

valer v. t. Procurar, dar: *sus estudios le valieron una gran consideración.* ‖ Ser causa de: *su pereza le valió un suspenso en el examen.* ‖ — *Valer la pena una cosa,* merecer el trabajo que en ella se emplea. ‖ *Fig. Valer uno o una cosa lo que pesa en oro o tanto oro como pesa,* valer mucho. ‖ *¡ Válgame Dios !,* exclamación de sorpresa, susto, compasión, etc. ‖ *Válgame la frase,* permítame emplearla. ‖ — V. i. e impers. Tener una cosa un precio determinado: *esta casa vale mucho dinero.* ‖ Equivaler, tener el mismo significado: *en música, una blanca vale dos negras.* ‖ Servir : *esta astucia no le valió.* ‖ Ser válido, tener efectividad : *sus argumentos no valen.* ‖ Ser conveniente o capaz: *este chico no vale para este cargo.* ‖ Tener curso legal una moneda. ‖ — Hacer *valer sus derechos,* hacerlos reconocer. ‖ *No valer para nada una persona o cosa,*

ser inútil. ‖ *Vale,* está bien, conforme ; basta. ‖ *Valer por,* tener el mismo valor: *este hombre vale por tres.* ‖ — V. pr. Servirse de una cosa : *valerse de un bastón para andar.* ‖ Recurrir, acogerse a : *valerse de sus relaciones.* ‖ *No poder valerse,* estar imposibilitado por la edad o los achaques para hacerse sus propias cosas.

Valera, distrito y c. en el O. de Venezuela (Trujillo). Está formada por los núcleos urbanos de Juan Ignacio Montilla, San Rafael de Carvajal y Mercedes Díaz. Centro comercial y de comunicaciones.

Valera (Eamon de), político irlandés (1882-1975). Se distinguió en la lucha por la independencia de su país y fue jefe del gobierno revolucionario (1918). Pres. del Consejo Ejecutivo del Estado libre (1932-1937), primer ministro (1937-1948, 1951-1954 y en 1957), y pres. de la Rep. (1959-1973). ‖ ~ y **Alcalá Galiano** (Juan), diplomático y escritor español, n. en Cabra (1824-1905), autor de novelas (*Pepita Jiménez,* su obra maestra, *Las ilusiones del doctor Faustino, Juanita la Larga, El comendador Mendoza, Doña Luz, Genio y figura,* etc.), cuentos y ensayos literarios (*Cartas americanas*).

valerano, na adj. y s. De la ciudad de Valera (Venezuela).

valeriana f. Planta de flores rosas.

Valeriano, emperador romano de 253 a 260.

Valeriano (Antonio), latinista mexicano del s. XVI (m. en 1605), autor de *Catón cristiano,* en lengua náhuatl.

valeroso, sa adj. Valiente.

Valéry (Paul), escritor francés, n. en Sète (1871-1945), autor de ensayos en prosa, de poemas (*La joven parca, El cementerio marino, Cármenes*) y de obras de teatro.

valet m. (pal. fr.). Sota o jota en la baraja francesa.

Valetta (La), cap. y puerto en el E. de la isla de Malta, 19 100 h. Base naval. Obispado.

valetudinario, ria adj. y s. Enfermizo, de salud achacosa.

Valhala o **Valhalla.** V. WALHALLA.

vali m. En un Estado musulmán, gobernador de una provincia.

Valia. V. WALIA.

valía f. Valor, estimación.

valichú m. *Riopl.* Gualichú.

validación f. Acción de validar.

validar v. t. Hacer válida una cosa.

validez f. Calidad de válido : *la validez de un argumento.* ‖ Tiempo en que un documento es válido.

valido, da adj. Que goza de valimiento. ‖ — M. Favorito, el que goza de la gracia de un poderoso, privado.

válido, da adj. Robusto, sano : *hombre válido.* ‖ *Fig.* Que satisface los requisitos legales para producir efecto : *contrato válido.*

valiente adj. Valeroso, que está dispuesto a arrostrar los peligros, esforzado : *un soldado muy valiente* (ú. t. c. s.). ‖ *Valentón, bravucón, baladrón* (ú. t. c. s.). ‖ *Fig.* Grande: *¡ valiente frío !* ‖ Úsase irónicamente con el significado de menudo: *¡ valiente amigo tienes !*

valija f. Maleta. ‖ Saco de cuero en que el cartero lleva la correspondencia. ‖ *Valija diplomática,* conjunto de paquetes transportados por correo diplomático y que están dispensados del registro en las aduanas.

valijería f. *Riopl.* Tienda de maletas.

valimiento m. Privanza, favor de que disfruta una persona por parte de otra : *tiene valimiento con el rey.*

valioso, sa adj. De mucho valor: *una joya valiosa.* ‖ Estimado, muy apreciado : *consejos valiosos.*

Valira o **Gran Valira,** río de Andorra y España, que des. en el Segre. Central hidroeléctrica.

valisoletano, ná adj. y s. Vallisoletano.

Valkiria. V. WALKIRIA.

Valmaseda, v. en el N. de España (Vizcaya). Centro agrícola y ganadero. Fundiciones. Papel.

Valmaseda (Blas de VILLATE, conde de), político español (1824-1882). Fue capitán general de Cuba (1867-1870).

Valmiki, poeta indio del s. V a. de J. C., a quien se atribuye el poema épico *Ramayana.*

Valois [-*luá*], región del N. de la ant. Francia, hoy en los dep. del Oise y del Aisne.

Valois, casa real francesa, rama de los Capetos, que ocuparon el trono de 1328, con Felipe VI, hasta la muerte de Enrique III en 1589.

valón, ona adj. y s. De Valonia (Bélgica). ‖ — M. Lengua hablada en Valonia y en el N. de Francia.

Valona, n. italiano de *Vloré.*

Valonia, parte S. y SE. de Bélgica en la que se habla francés y otros dialectos neolatinos, como el valón.

valor m. Lo que vale una persona o cosa: *un artista de valor; una obra de mucho valor.* ‖ Precio elevado: *una joya de valor.* ‖ *Fig.* Importancia : *no doy valor a sus palabras.* ‖ Interés : *su informe ya no tiene ningún valor para mí.* ‖ Calidad de valiente, decisión, coraje: *el valor de un soldado ; armarse de valor.* ‖ *Fam.* Osadía, desvergüenza, descaro: *¿ tienes el valor de solicitarme tamaña acción ?* ‖ *Mat.* Una de las determinaciones posibles de una magnitud o cantidad variable. ‖ *Mús.* Duración de una nota. ‖ Estimación aproximada : *no se ha bebido el valor de un vaso.* ‖ — Pl. Títulos de renta, acciones, obligaciones, etc., que representan cierta suma de dinero : *mercado de valores.* ‖ — *Valor adquisitivo,* el de una moneda con relación al poder de compra de mercancías. ‖ *Valor añadido o agregado.* V. IMPUESTO. ‖ *Valores declarados,* monedas o billetes que se envían por correo en sobre cerrado y previa declaración a la administración : *carta de valores declarados.* ‖ *Valores fiduciarios,* billetes de banco.

Valor (Fernando DE CÓRDOBA Y). V. ABEN HUMEYA.

valoración f. Evaluación.

valorar v. t. Determinar el valor de una cosa, ponerle precio, evaluar. ‖ Dar mayor o menor valor a algo o a alguien. ‖ — V. pr. Estimar el valor de.

valorización f. Acción y efecto de valorizar.

valorizador, ra adj. Que valoriza.

valorizar v. t. Valorar, evaluar. ‖ Acrecentar el valor de una cosa.

Valparaíso, c. y principal puerto de Chile en el centro del país, cap. de la prov., de la com. y de la V Región que llevan su nombre. (Hab. *porteños.*) Universidad. Escuela Naval. Obispado. Fundada en 1536 por Juan de Saavedra. Terremotos asoladores en 1730, 1822 y 1906. La V Región consta de las prov. de Petorca, Los Andes, San Felipe de Aconcagua, Quillota, Valparaíso, San Antonio e Isla de Pascua. Importante complejo portuario Quintero-Valparaíso-San Antonio. Centro de comunicaciones. Industrias. Grandes recursos agrícolas y mineros. — Mun. y pobl. de Colombia (Antioquia). — Mun. en el centro de México (Zacatecas).

Valquiria. V. WALKIRIA.

vals m. Baile de compás de tres por cuatro, que ejecutan las parejas con movimiento giratorio. ‖ Música de este baile : *un gran valses de Strauss.*

valsar v. i. Bailar el vals.

Valsequillo de Gran Canaria, mun. de España en la isla de Gran Canaria (Las Palmas).

Valtelina, valle de los Alpes en el N. de Italia, entre el lago de Como y el río Adda. C. pr. *Sondrio.*

valuación f. Valoración.

valuar v. t. Valorar.

valva f. Cada una de las dos piezas que constituyen la concha de los moluscos bivalvos.

Valverde, prov. en el N. de la Rep. Dominicana ; cap. *Valverde* o *Mao.* Agricultura. ‖ ~ **de Leganés,** v. al O. de España (Badajoz). ‖ ~ **del Camino,** c. en el SO. de España (Huelva). ‖ ~ **del Fresno,** v. al O. de España (Cáceres). ‖ ~ **Vega,** cantón al N. de Costa Rica (Alajuela).

Valverde (Joaquín), compositor español (1844-1910), autor de zarzuelas con Chueca (*Agua, azucarillos y aguardiente, La Gran Vía, El año pasado por agua,* etc.). ‖ (JOSÉ MARÍA), poeta, crítico literario y ensayista español, n. en 1926.

válvula f. Dispositivo empleado para regular el flujo de un líquido, un gas, una corriente, etc., de modo que sólo pueda ir en un sentido. ‖ Mecanismo que se pone en una tubería para regular, interrumpir o restablecer el paso de un líquido. ‖ Obturador colocado en un cilindro de un motor de modo que el orificio por el que se aspira la mezcla del carburador se halle abierto mientras baja el émbolo en el cilindro y cerrado cuando se verifica la combustión. ‖ Obturador para dejar pasar el aire en un neumático cuando se infla con una bomba. ‖ Lámpara de radio : **válvula de rejilla.** ‖ *Anat.* Repliegue membranoso de la capa interna del corazón o de un vaso que impide el retroceso de la sangre o de la linfa : **válvula mitral, auriculoventricular.** ‖ — *Fam.* **De válvula,** gratis, sin pagar. ‖ *Fig.* **Válvula de escape,** recurso que queda para salir de un apuro. ‖ **Válvula de seguridad,** la que tiene la caldera para permitir que escape el vapor cuando la presión es muy fuerte ; (fig.) aquella que se tiene para asegurar su propia seguridad.

valvulina f. Lubrificante hecho con residuos del petróleo. ‖ *Fam. De valvulina,* de válvula.

valla f. Cerca que se pone alrededor de algo para defensa o protección o para establecer una separación. ‖ Obstáculo artificial puesto en algunas carreras o pruebas deportivas : *100 metros vallas.* ‖ En deportes, meta, portería. ‖ *Fig.* Obstáculo, estorbo, impedimento. ‖ **Vallas publicitarias,** tablones de madera o paneles metálicos en los que se ponen anuncios.

valladar m. Valla, obstáculo.

vallado m. Valla.

Valladolid, c. al NO. de España (Castilla la Vieja), cap. de la prov. homónima, junto a la confluencia de los ríos Pisuerga y Esgueva. Arzobispado. Universidad. Monumentos (Catedral, Palacio de los Reyes, Colegio de San Gregorio, actualmente museo de esculturas, Iglesia de San Pablo, etc.). Fabricación de automóviles. Sede del Consejo Real con Carlos I y efímera capital, de 1601 a 1606, durante el reinado de Felipe III. — Ant. n. de *Morelia,* c. de México. En ésta se celebró la primera reunión secreta, llamada la *Conspiración de Valladolid* (1809), para luchar por la independencia del país. — Mun. en el SE. de México (Yucatán).

vallar v. t. Cercar con vallas.

Vallarta (Ignacio Luis), jurista y político mexicano (1830-1893).

Vallauris, v. del SE. de Francia (Alpes-Maritimes). Cerámica.

Valldemosa, v. de España en la isla de Mallorca (Baleares). Cartuja.

Vall de Uxó, c. del E. de España (Castellón). Calzado.

valle m. Llanura entre dos montañas o cordilleras : *un valle suizo, andino.* ‖ Cuenca de un río. ‖ *Fig. Valle de lágrimas,* este mundo.

Valle, dep. en el S. de Honduras, limítrofe con El Salvador, bañado por los ríos Nacaome y Goascorán ; cap. *Nacaome.* ‖ ~ **(El),** parroquia urbana de Venezuela en el Distrito Federal y en el área metropolitana de Caracas. Universidad católica. ‖ ~ **de Abdalagís,** v. al S. de España (Málaga). ‖ ~ **de Arán.** V. ARÁN. ‖ ~ **de Bravo,** mun. de México en el Estado de este nombre. Presa. ‖ ~ **de la Pascua,** c. en el centro de Venezuela (Guárico). Agricultura, ganadería. Petróleo. ‖ ~ **de la Serena,** v. al O. de España (Badajoz). Minas. ‖ ~ **del Camino,** c. al S. de España (Huelva). ‖ ~ **del Cauca,** dep. al O. de Colombia ; cap. *Cali.* Agricultura. Ganadería. Carbón, petróleo, gas natural. Centro industrial. ‖ ~ **de Mena,** v. al N. de España (Burgos). ‖ ~ **de Santiago,** c. en el centro de México (Guanajuato). ‖ ~ **Fértil,** sierra en el O. de la Argentina y al N. de la sierra de la Huerta en La Rioja (San Juan). — Dep. al NO. de la Argentina (San Juan) ; cap. *San Agustín del Valle Fértil.* ‖ ~ **Grande,** pobl. de Bolivia, al NE. de Sucre, cap. de la prov. homónima (Santa Cruz). ‖ ~ **Hermoso,** mun. al E. de México (Tamaulipas). ‖ ~ **Mi,** lugar al N. del Paraguay (Concepción). Industrias.

Valle (Adriano del), poeta español (1895-1957). ‖ ~ (ARISTÓBULO DEL),

político argentino (1847-1896), uno de los jefes de la Revolución de 1890 contra Juárez Celman. ‖ ~ (GILBERTO CONCHA, llamado **Juvencio**), escritor chileno, n. en 1907. En sus poesías canta la naturaleza del sur de su país (*La flauta del hombre Pan, Tratado del bosque, Nimbo de piedra, Nuestra tierra se mueve,* etc.). ‖ ~ (JOSÉ CECILIO DEL), escritor y político hondureño, n. en Choluteca (1780-1834), prócer de la independencia centroamericana. Publicó ensayos políticos, históricos y sociológicos. ‖ ~ (RAFAEL HELIODORO), escritor hondureño (1891-1959), autor de ensayos, estudios de historia, relatos y poesías (*El rosal del ermitaño, Ánfora sedienta, Unísono amor, La rosa intemporal,* etc.). Vivió en México. ‖ ~ (Moisés GUTIÉRREZ, llamado **Rosamel del**), escritor chileno (1901-1965), autor de poesías (*Mirador, País blanco y negro, Fuegos y ceremonias, El corazón escrito*) y ensayos (*La violencia creadora*). ‖ ~ -**Arizpe** (ARTEMIO DE), escritor mexicano (1884-1961), autor de novelas (*El canillitas*), narraciones (*Vida milagrosa*), ensayos, estudios históricos y colecciones de leyendas y tradiciones (*Leyendas mexicanas*). ‖ ~ **y Caviedes** (JUAN DEL), poeta conceptista peruano, n. en Andalucía (¿ 1654-1698 ?), autor del poema satírico *Diente del Parnaso.* ‖ ~ **Inclán** (RAMÓN MARÍA DEL), escritor español, n. en Villanueva de Arosa (Pontevedra) [¿ 1866 ?-1936]. Autor de poesías (*La pipa de kif, Aromas de leyenda*), de obras de teatro (*Voces de gesta, Divinas palabras, Luces de Bohemia, Martes de carnaval,* compuesta de *Las galas del difunto, Los cuernos de don Friolera y La hija del capitán, Águila de blasón*) y excelente novelista (*Sonatas de otoño, de estío, de primavera y de invierno, Los cruzados de la causa, Flor de santidad, Gerifaltes de antaño, Tirano Banderas,* etc.).

Vallecas, arrabal al SE. de Madrid.

vallecaucano, na adj. y s. De Valle del Cauca (Colombia).

Valle de los Caídos, basílica excavada en la roca y necrópolis, cerca de Cuelgamuros (Madrid), construida en 1959 en homenaje a las víctimas de la guerra civil española (1936-1939).

Valledupar, c. en el N. de Colombia, cap. del dep. de Cesar. Obispado. Petróleo. Agricultura.

vallegrandino, na adj. y s. De la ciudad de Valle Grande (Bolivia).

Vallehermoso, mun. de España en la isla canaria de Gomera (Santa Cruz de Tenerife).

Vallejo (César), escritor peruano, n. en Santiago de Chuco (La Libertad) [1892-1938], uno de los poetas más representativos de la literatura hispánica y universal. Viajó por toda Europa y es autor de poesías (*Poemas humanos, España, aparta de mí este cáliz, Los heraldos negros, Trilce, Poemas humanos*), narraciones (*Escalas melografiadas, Fabla salvaje, Tungsteno*) y obras de teatro (*Moscú contra Moscú o Entre las dos orillas corre el río*). ‖ ~ (FRANCISCO ANTONIO), pintor mexicano del s. XVIII, autor de grandes murales. ‖ ~ (JOSÉ JOAQUÍN), escritor costumbrista chileno, n. en Vallenar (1811-1858). Utilizó el seudónimo de *Jotabeche.*

Vallenar, c. de Chile en la III Región (Atacama), cap. de la prov. de Huasco y de la com. de su n. Centro minero y vitivinícola.

Vallés (El), región del NE. de España en Cataluña (Barcelona), dividida en dos comarcas : *Vallés Occidental,* cap. Sabadell, y *Vallés Oriental,* cap. Granollers. Industrias.

Vallés (Francisco), médico y filósofo español (1524-1592). Atendió al rey Felipe II y su gran sabiduría le valió el nombre de *el Divino.*

Valleseco, mun. de España en la isla de Gran Canaria (Las Palmas).

Valletta (La). V. VALETTA (La).

vallisoletano, na adj. y s. De Valladolid (España).

vallista com. Saltador de vallas.

Valls, c. al NE. de España (Tarragona), cap. de la comarca catalana de Alto Campo. Centro agrícola e industrial.

valluno, na adj. *Col.* Natural de los valles. ‖ Vallecaucano.

vamp f. (pal. ingl.). Vampiresa, mujer fatal.

vampiresa f. Estrella cinematográfica que desempeña papeles de mujer fatal. ‖ Mujer liviana.

vampirismo m. Creencia en los vampiros. ‖ *Fig.* Codicia de los que se enriquecen con bienes ajenos.

vampiro m. Espectro que, según creencia popular de ciertos países, salía por la noche de las tumbas para chupar la sangre a los vivos. ‖ Mamífero quiróptero de la América tropical, parecido al murciélago, que se alimenta con insectos y chupa la sangre de los mamíferos dormidos. ‖ *Fig.* Persona codiciosa que se enriquece con el trabajo ajeno.

Van, lago en Turquía oriental ; 3 700 km2.

Van ‖ ~ **Cleve** (Joos), pintor flamenco (¿ 1490-1540 ?), autor de cuadros religiosos y de retratos. ‖ ~ **de Velde,** n. de tres pintores holandeses del s. XVII. El más conocido fue WILLEM el Joven (1663-1707), autor de marinas. ‖ ~ **de Woestijne** (KAREL), escritor belga de lengua flamenca (1878-1929), autor de poemas y relatos. ‖ ~ **den Vondel** (JOOST), poeta holandés (1587-1679), autor de tragedias. ‖ ~ **der Goes** (HUGO), pintor flamenco (¿ 1440 ?-1482), autor del tríptico *La adoración de los pastores.* ‖ ~ **der Helst** (BARTHOLOMEUS), pintor holandés (1613-1670), autor de retratos. ‖ ~ **der Meer,** V. VERMEER. ‖ ~ **der Meulen** (ADAM FRANS), pintor flamenco (1632-1690). ‖ ~ **der Waals** (JOHANNES), físico holandés (1837-1923). Estudió las fuerzas de atracción moleculares. (Pr. Nobel, 1910.) ‖ ~ **der Weyden** (ROGIER DE LA PASTURE, llamado), pintor flamenco (¿ 1399 ?-1464), autor de cuadros religiosos de gran realismo. ‖ ~ **Diemen** (ANTHONY), administrador y gobernador holandés (1593-1645). ‖ ~ **Dongen** (CORNELIS KEES), pintor francés de origen holandés (1877-1968), perteneciente a la escuela del fauvismo. ‖ ~ **Dyck** (ANTOON), pintor flamenco (1599-1641), colaborador de Rubens de 1617 a 1621. Posteriormente vivió en la corte de Carlos I de Inglaterra. Autor de retratos. ‖ ~ **Eyck** (HUBERT), pintor flamenco (¿ 1370-1426 ?). Su hermano JAN (¿ 1390 ?-1441) está considerado como uno de los creadores de la pintura flamenca y autor del cuadro *El cordero místico.* ‖ ~ **Gogh** (VINCENT), pintor holandés (1853-1890). Sus cuadros, de gran cromatismo, han ejercido una influencia considerable en la pintura moderna. Autor de retratos, paisajes, composiciones. Internado en un manicomio, se suicidó. ‖ ~ **Goyen** (JAN), pintor holandés (1596-1656), autor de paisajes y marinas. ‖ ~ **Laar o Laer** (PIETER), V. BAMBOCHE. ‖ ~ **Loo,** familia de pintores franceses cuyos principales miembros fueron JEAN-BAPTISTE (1684-1745) y su hermano CHARLES ANDRÉ (1705-1765), llamado CARLE. ‖ ~ **Musschenbroek** (PETRUS), físico holandés (1692-1761), inventor de la *botella de Leyden.* ‖ ~ **Ostade** (ADRIAEN), pintor de escenas interiores holandés (1610-1685). — Su hermano ISAAC (1621-1649) fue también pintor. ‖ ~ **Scorel** (Jan), pintor holandés (1495-1562). ‖ ~ **Schendel** (ARTHUR), novelista holandés (1874-1946). ‖ ~ **'T Hoff** (JACOBUS HENRICUS), físico holandés (1852-1911), autor de una teoría de las disoluciones. (Pr. Nobel, 1901.) ‖ ~ **Veen o Vaenius** (OTTO), pintor holandés (1556-1634). Estuvo en la corte de España. Rubens fue discípulo suyo.

vanadio m. Metal de color y brillo semejantes a los de la plata (símb., V), de número atómico 23 y densidad 5,7, que funde a 1 800 ºC.

vanagloria f. Alabanza de sí mismo, presunción, envanecimiento.

vanagloriarse v. pr. Jactarse, presumir, mostrarse orgulloso.

Vanasco (Alberto), escritor argentino, n. en 1925, autor de novelas (*Sin embargo Juan vivía, Nueva York, Nueva York, Adiós al mañana*) y poesías (*Canto rodado, Ella en general*).

Vancouver, c. y puerto en el SO. del Canadá, en el estrecho de Geor-

gia (Colombia Británica), frente a la isla homónima (40 000 km²). Arzobispado. Universidad. Importante centro industrial. — C. y puerto en el NO. de Estados Unidos (Washington).

Vancouver (George), navegante inglés (¿ 1757 ?-1798), que dobló el cabo de Hornos y exploró el oeste del Canadá (1791-1795).

vandalaje m. *Amer.* Vandalismo. | Bandidaje.

vandálico, ca adj. Propio de los vándalos o del vandalismo.

vandalismo m. *Fig.* Espíritu de destrucción, barbarie.

vándalo, la adj. Dícese del individuo de un ant. pueblo germánico que invadió las Galias, España y África en los siglos V y VI (ú. t. c. s.). | — M. *Fig.* Bárbaro, persona que destruye con placer las obras de arte, etc.

Vandea, en fr. *Vendée,* region del O. de Francia. Sus habitantes se rebelaron contra la Constitución revolucionaria (1793-1795).

vandeano, na adj. y s. De Vandea o del actual dep. francés de Vendée. | — M. y f. Durante la Revolución francesa, rebelde de las provincias del oeste alzado en favor de la monarquía.

Vandellós, pobl. al NE. de España (Tarragona). Central nuclear.

Vänern. V. VENER.

vanguardia f. *Mil.* Parte de una fuerza armada que va delante del cuerpo principal. || *Fig.* Lo que tiene carácter precursor o renovador : *pintura de vanguardia.*

vanguardismo m. Doctrina artística de tendencia renovadora que reacciona contra lo tradicional : *el vanguardismo de los cubistas.*

vanguardista adj. Relativo al vanguardismo : *una película vanguardista.* || Partidario de él (ú. t. c. s.).

vanidad f. Calidad de vano, inútil : *todo es vanidad.* || Orgullo fútil, presunción : *persona cargada de vanidad.* || Palabra vana.

vanidoso, sa adj. y s. Presumido, fatuo, jactancioso, que tiene vanidad.

Vanikoro, isla británica de Melanesia, al N. de las Nuevas Hébridas, hoy Vanuatu. Es montañosa y volcánica.

Vannes [van], c. y puerto del O. de Francia, cap. del dep. de Morbihan. Obispado.

vano, na adj. Falto de realidad, infundado : *ilusiones vanas.* || Hueco, vacío, falto de solidez : *argumento vano.* || Sin efecto, sin resultado : *proyecto vano.* || Infructuoso, inútil, ineficaz : *trabajo vano.* || Vanidoso, frívolo, presuntuoso : *persona vana.* || — M. Hueco de un muro que sirve de puerta o ventana para espacio entre dos elementos arquitectónicos. || *En vano,* inútilmente.

Vanua Levu, una de las isla Fidji.

Vanuatu, nombre que tienen desde que alcanzaron la independencia total (1980) las islas Nuevas Hébridas (ver).

Vanves, pobl. de Francia (Hauts-de-Seine), al sur de París. Facultad de Derecho. Industrias diversas.

vapor m. Gas que resulta del cambio de estado físico de un líquido o de un sólido : *vapor de agua.* || Energía obtenida por la máquina de vapor. || Cuerpo gaseoso que desprenden las cosas húmedas por efecto del calor. || Buque de vapor : *el vapor atracó en el muelle.* || — Pl. Accesos histéricos. || Desmayo, vértigo. || Gases de los eructos. || *Fig. Méx.* A o al vapor, a todo vapor. || *A todo vapor,* muy rápidamente. || *Al vapor,* dícese de las legumbres cocidas mediante el vapor en una olla de presión : *patatas al vapor.* || *Máquina, barco de vapor,* máquina, barco que funcionan con ayuda de la energía suministrada por el vapor de agua.

Vapor Cué, localidad del Paraguay (La Cordillera), junto al río Yháguih o Yháguy, cerca de la cual fue derrotada la flotilla paraguaya en la guerra de la Triple Alianza (1870).

vaporización f. Conversión de un líquido en vapor o gas. || Acción de vaporizar o vaporizarse.

vaporizador m. Aparato para vaporizar. || Pulverizador de un líquido, perfume, etc.

vaporizar v. t. Hacer pasar del estado líquido al estado gaseoso. ||

Dispersar en gotas finas : *vaporizó la habitación con un insecticida.*

vaporoso, sa adj. Que contiene vapores : *cielo vaporoso.* || Dícese de aquello cuyo resplandor o brillo es menor a causa del vapor : *luz vaporosa.* || *Fig.* Muy fino, transparente, ligero : *vestido vaporoso.* || Nebuloso, poco preciso : *estilo vaporoso.*

vapulear v. t. Azotar, golpear, dar una paliza : *vapulear a un niño* (ú. t. c. pr.). || *Fig.* Criticar severamente.

vapuleo m. Paliza. || *Fig.* Crítica.

vaquear v. i. *Arg.* Buscar el ganado cimarrón.

vaquera f. Antigua composición poética gallega o provenzal.

vaquería f. Establo de vacas. || Establecimiento para la cría de vacas y la producción lechera. || Vacada, rebaño de vacas. || Baile popular de vaqueros en el sureste de México.

vaquerillo m. *Méx.* Parte trasera de la silla de montar.

vaquerizo, za adj. Relativo al ganado bovino. || — M. y f. Vaquero. | — F. Establo de bovinos.

vaquero, ra adj. Relativo a los pastores de ganado bovino. || Dícese del pantalón ceñido de tela gruesa, tejano (ú. t. c. s. m. pl.). || — M. y f. Pastor o pastora de reses vacunas.

Vaquero Turcios (Joaquín), pintor y muralista español, n. en 1933. Ha ilustrado *La divina comedia* de Dante.

vaquetón, ona adj. y s. *Méx.* Calmado, tranquilo.

vaquilla f. Toro o vaca jóvenes toreados por aficionados. || *Arg.* y *Chil.* Ternera de uno y medio a dos años de edad.

vaquillona f. *Riopl.* Vaca de dos a tres años.

vaquita f. Dinero jugado en común en las cartas, dados, etc. || *Vaquita de San Antón,* vaca de San Antón, insecto.

Var, río del Sur de Francia, que des. en el Mediterráneo ; 120 km. — Dep. del SE. de Francia, en Provenza ; cap. Tolón desde 1974.

vara f. Rama delgada y limpia de hojas. || Palo largo y delgado : *derribar nueces con una vara.* || Bastón de mando : *vara de alcalde.* || *Fig.* Jurisdicción de las que es insignia la vara. || Medida de longitud de 0,835 m en Castilla, pero que variaba de una a otra provincia. (En México, equivalía a 0,838 m.) || Listón con esta medida. || Pica con que se castiga al toro : *suerte de varas.* || Tallo que sostiene las flores de algunas plantas : *vara de azucena.* || Barra para mantener en alto un palio. || Cada uno de los dos palos en la parte delantera del carro entre los cuales se enganchan las caballerías. || *Mús.* En el trombón, parte móvil del tubo. || *Fig. Temer como una vara verde,* tener mucho miedo de él. | *Tener vara alta,* tener autoridad, influencia o ascendiente. || *Tomar varas,* acudir el toro al picador para recibir los puyazos.

varada f. *Mar.* Encalladura.

varadero m. Lugar donde varan los barcos para carenarlos.

Varadero, mun. al NO. de Cuba (Matanzas), en el área metropolitana de Cárdenas.

varado, da adj. *Amer.* Aplícase a la persona que no tiene un empleo fijo (ú. t. c. s.).

varadura f. *Mar.* Encalladura.

varal m. Vara muy larga. || Larguero de madera o metal que llevan los tronos de las procesiones para llevarlos a hombros. || Cada uno de los palos en que encajan las travesaños de los costados del carro. || Artificio en los teatros para poner las luces. || *Arg.* Armazón de palos para secar la carne.

varamiento m. Encallamiento.

Varanasi. V. BENARÉS.

varar v. i. Encallar una embarcación : *el falucho varó en un banco de arena.* | Anclar. || *Fig.* Estancarse un asunto. | — V. t. Botar el buque al agua. | Sacar a la playa y poner en seco una embarcación. ||

Vardar, río de Yugoslavia y Grecia

que des. en el mar Egeo por el golfo de Salónica ; 388 km.

Vardulia, región habitada por los várdulos.

várdulo, la adj. De Vardulia, pueblo de la España Tarraconense, establecido en lo que hoy son Provincias Vascongadas (ú. t. c. s.).

vareado m. Vareo.

vareador, ra m. y f. Persona que varea. || *Arg.* Preparador de caballos de carreras.

varear v. t. Derribar los frutos del árbol con una vara : *varear las nueces.* || Golpear, sacudir con vara o palo : *varear la lana.* || Picar a los toros. || *Arg.* Preparar el caballo para la carrera.

varec m. Alga abundante en las costas atlánticas de Europa.

Varela (Juan CRUZ), poeta neoclásico argentino, n. en Buenos Aires (1794-1839), autor de dos tragedias (*Dido* y *Argia*), poemas (*Elvira*) y composiciones patrióticas. Desempeñó cargos políticos durante la pres. de Rivadavia. Se expatrió a Montevideo. — (PEDRO JOSÉ), político uruguayo (1837-1906), pres. de la Rep. de 1875 a 1876. — **y Morales** (FÉLIX), sacerdote, filósofo y patriota cubano (1787-1853). Abogó por la autonomía de su patria. — **Zequeira** (JOSÉ), poeta, médico y ensayista cubano (1859-1940).

Varennes-en-Argonne, pobl. en el NE. de Francia, cerca de Verdún. Aquí fue detenido Luis XVI cuando huía al extranjero (22 de junio de 1791).

vareo m. Acción y efecto de varear.

Vares o **Bares** (ESTACA DE), cabo en el N. de España (Lugo).

Varese, c. y lago en el N. de Italia (Lombardía), cap. de la prov. del mismo nombre.

Vargas n. pr. *Averíguelo Vargas,* frase utilizada cuando algo es difícil de saber o poner en claro.

Vargas (Getúlio), político brasileño (1883-1954), pres. de la Rep. de 1930 a 1945 y de 1951 a 1954. Puso fin a su vida. — ~ (JOSÉ MARÍA), médico y político venezolano (1786-1854), pres. de la Rep. de 1835 a 1837. — (LUIS DE), pintor español (¿ 1505 ?-1567). Su obra, de estilo manierista, se encuentra casi toda en Sevilla. — **Llosa** (MARIO), escritor peruano, n. en 1936, autor de novelas (*La ciudad y los perros, La casa verde, Los cachorros, Conversación en la catedral, Pantaleón y las visitadoras, La tía Julia y el escribidor, La guerra del fin del mundo,* etc.) y de obras de teatro (*La señorita de Tacna, Kathie y el hipopótamo*). — ~ **Osorio** (TOMÁS), poeta colombiano (1908-1941). || — **Tejada** (LUIS), poeta y dramaturgo colombiano (1802-1829). — ~ **Vila** (JOSÉ MARÍA), escritor colombiano, n. en Bogotá (1860-1933), autor de novelas (*Ante los bárbaros, Aura o las violetas, Flor de fango, La muerte del cóndor, Las rosas de la tarde,* etc.), de ensayos y de obras de crítica.

vargueño m. Bargueño.

vari m. *Amer.* Especie de halcón.

variabilidad f. Disposición a variar.

variable adj. Que varía o puede variar, mudable : *tiempo variable ; precios variables.* || *Gram.* Dícese de la palabra cuya terminación varía. || — F. *Mat.* Magnitud indeterminada que, en una relación o función, puede ser sustituida por diversos términos o valores numéricos constantes.

variación f. Cambio, acción y efecto de variar : *las variaciones de la atmósfera.* || Imitación melódica de un tema musical. | Cambio de valor de una cantidad o magnitud. || *Mar.* Variación magnética, declinación de la aguja.

variado, da adj. Diverso, que tiene variedad : *cocina variada.*

variante adj. Variable, que varía. || — F. Forma diferente : *son las infinitas variantes del mismo tema.* | Texto de un libro que difiere del escrito por el autor o de otra edición : *las variantes de las ediciones clásicas.* || Desviación de un camino o carretera. || Signo distinto del resultado en las quinielas de fútbol.

variar v. t. Modificar, transformar, hacer que una cosa sea diferente de la que antes era : *variar el régimen de alimentación.* | Dar variedad : *variar el programa de un espectáculo.* || — V. i. Cambiar, mudar una cosa : *sus res-*

puestas varían ; variar de opinión. ‖ Ser diferente : *las costumbres varían de un país a otro.* ‖ Mudar de dirección : *el viento ha variado.* ‖ Mat. Cambiar de valor.

varice o **várice** o **variz** f. Dilatación o hinchazón permanente de una vena provocada por la acumulación de la sangre en ella a causa de un defecto de la circulación. (Se produce generalmente en las piernas.)

varicela f. Enfermedad eruptiva y contagiosa de carácter leve, frecuente en la infancia, parecida a la viruela benigna. (La *varicela* se caracteriza por una erupción de manchas rojas que se transforman en vesículas para desaparecer al cabo de aproximadamente diez días.)

varicocele m. Tumor formado por la dilatación varicosa de las venas del escroto y del cordón espermático en el hombre y de las venas de los ovarios en la mujer.

varicoso, sa adj. De las varices. ‖ Que padece varices (ú. t. c. s.).

variedad f. Serie de cambios : *la variedad de sus ocupaciones.* ‖ Diferencia entre cosas que tienen características comunes : *una gran variedad de tejidos.* ‖ Diversidad, carácter de las cosas que no se parecen : *variedad de pareceres.* ‖ Subdivisión de la especie en historia natural. ‖ — Pl. Espectáculo teatral compuesto de diferentes números sin que exista relación alguna entre ellos (canciones, bailes, prestidigitación, malabarismo, etc.).

varietés f. pl. (pal. fr.). Variedades.

varilarguero m. *Taurom.* Picador.

varilla f. Vara larga y delgada. ‖ Cada una de las piezas de metal, madera, marfil u otro material que forman la armazón del paraguas de la plaza, de un abanico, de un quitasol, etc. ‖ Barra delgada de metal : *varilla de cortina.* ‖ Barra para posarse los pájaros en las jaulas. ‖ *Varilla de la virtud, de las virtudes* o *mágica, varita mágica.*

varillaje m. Conjunto de varillas.

vario, ria adj. Diverso, diferente, variado : *hecho con varias telas.* ‖ Inconstante, cambiadizo. ‖ — Pl. Algunos, unos cuantos : *varios niños.* ‖ Apartado, grupo de una serie de cosas diversas en una clasificación : *eso entra en la serie de varios.* ‖ — Pron. indef. pl. Algunas personas : *varios piensan que todo lo que afirmó en aquella ocasión era falso.*

variopinto, ta adj. Diverso, multiforme, de diferentes aspectos.

varita f. Vara pequeña. ‖ *Varita de la virtud, de las virtudes* o *mágica,* la que tienen las hadas y los magos, y los prestidigitadores para efectuar cosas prodigiosas.

variz f. Varice.

Varna, c. y puerto en el E. de Bulgaria a orillas del mar Negro ; cap. de distrito. Astilleros. Universidad.

Varo, general romano y primo del emperador Augusto (¿ 53 a. de J. C. ?-3), vencido y muerto por Arminio, jefe de los germanos.

Varo (Remedios), pintora surrealista española (1913-1963). Vivió largo tiempo en México.

varón m. Hombre, persona del sexo masculino : *la familia se compone de una hija y tres varones.* ‖ Hombre de edad viril. ‖ Hombre de respeto, de autoridad : *ilustre varón.* ‖ *Fam. Santo varón,* hombre de gran bondad.

Varona (Enrique José), escritor, filósofo y político cubano, n. en Camagüey (1849-1933), vicepresidente de la Rep. (1913-1917). Escribió poesías, narraciones, ensayos filosóficos y de estética, crítica literaria y obras políticas.

varonía f. Descendencia por línea de varón.

varonil adj. Relativo al varón, al sexo masculino, viril. ‖ Esforzado, valeroso, digno de un varón : *carácter varonil.* ‖ Como de hombre : *mujer varonil.*

Varsovia, c. en el centro este de Polonia, a orillas del Vístula, cap. del país ; 1 600 000 h. Arzobispado. Universidad. Centro industrial y comercial.

Varsovia (Pacto de), acuerdos militares concluidos en 1955 entre la U. R. S. S., Albania, Bulgaria, Polonia, Rumania y Checoslovaquia. Alemania

Oriental lo suscribió en 1956 y Albania se retiró en 1968.

varsoviano, na adj. y s. De Varsovia (Polonia). ‖ — F. Danza polaca, variante de la mazurca. ‖ Su música.

Varvarco, río en el O. de la Argentina (Neuquen), desaguadero del lago *Varvarco Campos.*

Vasa. V. GUSTAVO I VASA.

vasallaje m. Condición de vasallo. ‖ Tributo pagado por el vasallo : *pagar vasallaje.* ‖ *Fig.* Estado de servilismo, de sujeción, sumisión.

vasallo, lla adj. Dícese de la persona que estaba sujeta a un señor por juramento de fidelidad al país que dependía de otro (ú. t. c. s.) : *Estados vasallos.* ‖ Súbdito. Ú. t. c. s. : *eran los humildes vasallos del Rey.*

vasar m. Estante en las cocinas y despensas donde se ponen fuentes, vasos, platos, etc.

vasco, ca adj. y s. Vascongado. ‖ Natural del dep. francés de Basses-Pyrénées. ‖ — M. Vascuence.

Vasco (PAÍS) o **Vasconia,** territorio del norte de España y del sudoeste de Francia, habitado por un ant. pueblo íbero. Comprende, al sur, las Provincias Vascongadas y la de Navarra, y al norte la zona oeste del dep. francés de Pyrénées-Atlantiques. La parte española, constituida por las provincias de Álava, Guipúzcoa y Vizcaya, forma, desde la aprobación de un estatuto en 1979, una comunidad autónoma denominada *País Vasco,* en vascuence *Euskadi.*

Vasco de Gama. V. GAMA.

vascófilo, la m. y f. Amigo o especialista de la lengua, cultura o costumbres vascas (ú. t. c. adj.).

vascón, ona adj. y s. De Vasconia o País Vasco (España).

Vasconcelos (Doroteo), político salvadoreño, pres. de la Rep. de 1848 a 1851. ‖ — (José), escritor y político mexicano, n. en Oaxaca (1882-1959), autor de obras filosóficas (*Tratado de metafísica, Manual de filosofía,* etc.), de sociología y estética (*La intelectualidad mexicana, El momento estético,* etc.), de étnica (*Raza cósmica*), de libros de historia (*Breve historia de México*), de relatos (*Prometeo vencedor, Ulises criollo, El fusilado,* etc.) y de *Memorias.*

Vascongadas (PROVINCIAS), nombre de las tres prov. españolas de Álava, Guipúzcoa y Vizcaya. Desde 1979 tienen un estatuto autonómico.

vascongado, da adj. y s. Natural de alguna de las Provincias Vascongadas o relativo a ellas (España). ‖ — M. Vascuence:

Vasconia. V. VASCO (País).

vascónico, ca adj. Vascón.

vascuence m. Lengua de los vascantes, navarros y de los habitantes del territorio vasco francés. (El *vascuence,* llamado también *euskera, euzkera* o *euskara,* parece proceder de la evolución de una de las primitivas lenguas de la Península Ibérica.)

vascular adj. Relativo a los vasos sanguíneos : *el sistema vascular.* ‖ Que tiene vasos : *planta vascular.*

vascularización f. Disposición de los vasos en un órgano.

vasectomía f. Resección quirúrgica de los conductos deferentes hecha para esterilizar al varón sin que éste pierda su apetito sexual.

vaselina f. Sustancia grasa translúcida que se obtiene del aceite mineral y se usa en farmacia y en perfumería. ‖ *Fig. y fam.* Bálsamo, alivio.

vasija f. Cualquier recipiente para contener líquidos o materias alimenticias.

vaso m. Recipiente, generalmente de vidrio, que sirve para beber. ‖ Cantidad de líquido que cabe en él : *un vaso de vino.* ‖ Jarrón para contener flores, etc. : *un vaso de porcelana.* ‖ Cada uno de los conductos por donde circula la sangre o la linfa del organismo (hay tres tipos de vasos : las *arterias,* las *venas* y los *capilares*). ‖ Conducto por el que circula en el vegetal la savia o el látex. ‖ *Vasos comunicantes,* vasos que se comunican entre ellos por medio de tubos o aberturas, en los que el nivel del contenido alcanza el mismo nivel al estar sometido a la presión atmosférica.

vasoconstricción f. Disminución del diámetro de los vasos sanguíneos.

vasoconstrictor, ra adj. Dícese de lo que contrae los vasos sanguíneos (ú. t. c. s. m.).

vasodilatador adj. Que dilata los vasos sanguíneos (ú. t. c. s. m.).

vasomotor, ra adj. Aplícase a los nervios que producen la contracción o la dilatación de los vasos sanguíneos.

Vasseur (Álvaro Armando), poeta uruguayo (1878-1969), autor de *Cantos augurales, Canto del otro yo, Cantos del Nuevo Mundo, El libro de las horas,* etc. Escribió también cuentos.

vástago m. Renuevo, brote, tallo nuevo que brota en un árbol o planta. ‖ *Fig.* Hijo, descendiente : *el último vástago de una ilustre familia.* ‖ *Mec.* Varilla o barra que transmite el movimiento : *vástago del émbolo.*

vastedad f. Inmensidad, amplitud.

Västeras o **Vesteras,** c. en el centro de Suecia, al N. del lago Mälar.

vasto, ta adj. De gran extensión, grande : *una vasta región.*

vate m. Poeta.

Vaté, isla de las Nuevas Hébridas, hoy Vanuatu ; cap. *Vila.* Se llamaba antes *Sandwich.*

váter m. Retrete.

vaticanista adj. Perteneciente al Vaticano. ‖ Partidario de la política seguida por el Vaticano (ú. t. c. s.).

vaticano, na adj. Relativo al Vaticano : *sede vaticana ; política vaticana.* ‖ — M. Corte pontificia. ‖ — F. Biblioteca vaticana.

Vaticano, palacio de los papas en Roma. Museos y bibliotecas muy ricos. Grandes tesoros artísticos (la capilla Sixtina, las Logias y las Cámaras de Rafael, etc.). ‖ — (Ciudad del), Estado temporal de los papas en Roma, reconocido por el Tratado de Letrán (1929). En sus 44 hectáreas se encuentran la plaza y la basílica de San Pedro, el palacio del Vaticano y sus jardines ; 1 000 h.

Vaticanos (Concilios), el primer concilio Vaticano tuvo lugar en Roma en 1870 bajo los auspicios del papa Pío IX. Proclamó el dogma de la infalibilidad pontificia. — El segundo concilio ecuménico se celebró en Roma en cuatro sesiones (1962-1965) durante los pontificados de Juan XXIII y Pablo VI. El objetivo perseguido era la renovación de la Iglesia en el mundo contemporáneo y la restauración de la unidad cristiana. Asistieron al observadores no católicos.

vaticinador adj. Que vaticina o pronostica (ú. t. c. s.).

vaticinar v. t. Pronosticar, presagiar, predecir algo que ocurrirá.

vaticinio m. Predicción.

vatímetro m. Aparato que sirve para medir la potencia en vatios de un circuito eléctrico.

vatio m. Unidad de potencia eléctrica (símb., W), equivalente a un julio o a 10⁷ ergios por segundo.

vatio-hora m. Unidad de energía eléctrica (símb., Wh), equivalente al trabajo realizado por un vatio en una hora.

vato m. Bato.

Vättern. V. VETTER.

Vauban [vobán] (Sébastien LE PRESTRE DE), mariscal de Francia (1633-1707). Perfeccionó el arte de la fortificación.

Vaucluse, dep. del sur de Francia ; cap. *Aviñón.*

Vaud, cantón en el O. de Suiza, de lengua francesa ; cap. *Lausana.*

vaudeville [vodevil] m. (pal. fr.). Comedia alegre y ligera.

Vaughan Williams (Ralph), músico inglés (1872-1958), autor de *London Symphony,* óperas, ballets, sinfonías, conciertos, etc.

vaupense adj. y s. De Vaupés (Colombia).

Vaupés, río en el E. de Colombia, compuesto de la unión del Unilla y del Itilla, que, al pasar al Brasil, confluye en el río Negro ; 1 126 km. — Comisaría en el SE. de Colombia ; cap. *Mitú.*

Vaux-le-Vicomte, palacio edificado al SE. de París, cerca de Melun, por Le Vau ; una de las más suntuosas residencias de estilo Luis XIV.

Vaxjo, c. en el sur de Suecia, cap. de la prov. de Kronoberg. Industria.

Vaz Ferreira (Carlos), pensador uruguayo, n. en Montevideo (1873-1958), autor de ensayos (*Fermentario, Moral para intelectuales, Lógica viva*). — Su hermana MARÍA EUGENIA (1875-1924) fue autora de *La isla de los cánticos*, serie de poemas, y de dos obras dramáticas (*La piedra filosofal y Los peregrinos*).

Vázquez (Alonso), pintor español (¿ 1564 ?-1608), que realizó sus obras en Sevilla y en México, donde vivió de 1603 a 1608. ‖ ~ (HORACIO), general dominicano (1860-1936), pres. de la Rep. de 1902 a 1903 y de 1924 a 1930. ‖ ~ **Cano** (José), músico mexicano (1895-1961). ‖ ~ **Cárdenas** (JOAQUÍN), mineralogista colombiano (1752-1786). ‖ ~ **de Arce y Ceballos** (GREGORIO), pintor colombiano (1638-1711), autor de cuadros religiosos sobre la Virgen María y de dibujos. ‖ ~ **de Coronado** (FRANCISCO), conquistador español (¿ 1510 ?-1554), gobernador de Nueva Galicia (México) y organizador, en ~1540, de una expedición en los actuales estados de Texas, Oklahoma y Kansas. — Su hermano JUAN (¿ 1512 ?-1565) fue alcalde mayor de Nicaragua (1561), desde donde conquistó Costa Rica. — El hijo de éste, GONZALO, fue gobernador y adelantado de Costa Rica. ‖ ~ **de Mella** (JUAN), escritor y orador político español (1861-1928), fundador del Partido Tradicionalista. ‖ ~ **Díaz** (DANIEL), pintor español (1882-1969), autor de retratos (*Alfonso XIII, Unamuno, Ortega, Azorín, García Lorca*), de cuadros de toreros, paisajes, conquistadores, de temas vascos y de murales sobre el descubrimiento de América que se encuentran en el monasterio de La Rábida (Huelva). ‖ ~ **Montalbán** (MANUEL), escritor español, n. en 1939, autor de ~poesías, novelas (*Los mares del Sur, Los pájaros de Bangkok*), cuyo personaje principal es el detective privado Pepe Carvalho, y ensayos (*Yo maté a Kennedy*). Es también destacado periodista.

V.º B.º, abreviatura de *visto bueno*.

Vd., Vds., abreviaturas de *usted, ustedes*.

ve f. Uve, nombre de la letra v.

V. E., abreviatura de *vuestra excelencia* o *vuecencia*.

vecinal adj. Relativo al vecindario, a los vecinos: *impuestos vecinales*. ‖ Municipal: *impuestos vecinales*. ‖ *Camino vecinal*, carretera secundaria que pone en comunicación pequeñas poblaciones.

vecindad f. Condición de vecino de un sitio. ‖ Proximidad de las personas que viven o están colocadas cerca unas de otras. ‖ Conjunto de relaciones entre vecinos; carácter y comportamiento de los vecinos: *política de buena vecindad*. ‖ Conjunto de personas que viven en una ciudad, barrio o casa. ‖ Cercanías, alrededores: *vive en la vecindad*.

vecindario m. Población, habitantes de una ciudad: *el vecindario de Madrid*. ‖ Conjunto de personas que viven en la misma casa o en el mismo barrio: *acudió todo el vecindario*.

vecindona f. *Fam.* Mujer chismosa.

vecino, na adj. Que está próximo o muy cerca de: *los pueblos vecinos de Lima*. ‖ Semejante, parecido: *nuestros problemas son vecinos*. ‖ Dícese de las personas que viven en una misma población, en el mismo barrio o en la misma casa. Ú. t. c. s.: *ruego a los vecinos de la ciudad ; era vecino mío en la misma planta de la casa*. ‖ *Fam. Cualquier hijo de vecino*, todo el mundo.

vector adj. m. Que es origen de algo : *radio vector*. — M. Segmento rectilíneo de longitud definida trazado desde un punto dado y que sirve para representar ciertas magnitudes geométricas o magnitudes físicas. ‖ Nombre dado a los medios móviles usados para lanzar ciertos proyectiles : *los misiles son vectores nucleares*.

vectorial adj. De los vectores : *cálculo, análisis vectorial*.

veda f. Prohibición de cazar o pescar en cierto sitio o en una época determinada. ‖ Tiempo que dura.

vedado adj. Prohibido, no permitido. ‖ Dícese del campo o sitio acotado

por ley, ordenanza o mandato : *coto vedado*. Ú. t. c. s. m. : *vedado de caza*.

vedar v. t. Prohibir : *vedar la entrada*.

Vedas, nombre de cuatro libros sagrados primitivos de la India en lengua sánscrita y revelados por Brama.

vedette [vedét] f. (pal. fr.). Artista de fama, estrella.

Vedia (Leonidas), escritor argentino, n. en 1901, autor de estudios literarios y de obras históricas. ‖ ~ **y Mitre** (MARIANO DE), escritor, historiador y político argentino (1881-1958).

vedismo m. Forma primitiva de la religión india contenida en los Vedas.

Vedra, mun. al NO. de España (Coruña).

Vedruna (Joaquina), religiosa española (1783-1854), fundadora de las Carmelitas de la Caridad (1826). Beatificada en 1940.

vega f. Huerta, parte de tierra baja, en la parte inferior de un río, llana y fértil : *la vega granadina*. ‖ *Cub.* Plantación de tabaco. ‖ *Chil.* Terreno muy húmedo.

Vega ‖ ~ (La), n. de dos mun. en Colombia en los dep. de Cauca y Cundinamarca. — Prov. del centro de la Rep. Dominicana ; cap. *Concepción de la Vega o La Vega*. Centro agrícola y ganadero. — Pobl. en el centro del norte de Venezuela, en el distrito federal del dep. del Libertador o zona urbana de Caracas. ‖ ~ **Alta**, mun. de Puerto Rico (Arecibo). ‖ ~ **Baja**, mun. de Puerto Rico (Arecibo). ‖ ~ **Real** (La), fértil valle en el centro de la Rep. Dominicana, entre Samaná y Manzanillo. Llamado también *Valle del Cibao*.

Vega (Bernardo de la), escritor español del s. XVI, autor de la novela pastoril *El pastor de Iberia*. ‖ ~ (CARLOS), musicólogo argentino (1898-1966), estudioso del folklore latinoamericano. ‖ ~ (FLORENTINO), naturalista colombiano (1833-1890). ‖ ~ (GARCILASO DE LA). V. GARCILASO. ‖ ~ (JORGE DE LA), pintor argentino (1930-1971). ‖ ~ (JULIO DE LA), poeta y novelista boliviano, n. en 1924. ‖ ~ (MANUEL), pintor cubano (1892-1954), autor de cuadros religiosos y costumbristas, retratos y paisajes. ‖ ~ (RICARDO DE LA), sainetero español (1839-1910), autor de *La verbena de la Paloma, Despacho de huevos frescos, Pepa la Frescachona, El año pasado por agua*, etc. ‖ ~ (SANTIAGO RICARDO DE LA), periodista y político mexicano (1885-1950). ‖ ~ (VENTURA DE LA), escritor español, n. en Buenos Aires (1807-1865), padre de Ricardo, autor de la comedia *El hombre de mundo*, el drama *Don Fernando de Antequera* y de la tragedia *La muerte de César*. ‖ ~ **Matus** (ALEJANDRO), músico nicaragüense (1875-1937), autor de valses, marchas, etcétera. ‖ ~ **y Carpio** (Félix Lope de), poeta y comediógrafo español, n. y m. en Madrid (1562-1635). Después de una existencia agitada entró en religión en 1614. Cultivó todos los géneros, pero sobresalió principalmente en el teatro, para el que compuso más de mil quinientas comedias (*El caballero de Olmedo, Fuenteovejuna, Peribáñez y el Comendador de Ocaña, El mejor alcalde, el Rey, El perro del hortelano, La dama boba, La discreta enamorada, El acero de Madrid, El villano en su rincón, Lo cierto por lo dudoso, Los melindres de Belisa*). En poesía escribió *Rimas divinas y humanas*, un poema dedicado al patrón de Madrid (*El Isidro*), una epopeya burlesca (*La gatomaquia*) y otras epopeyas inspiradas en Ariosto (*La hermosura de Angélica*) y en Tasso (*La Jerusalén libertada*). Expuso en *Arte nuevo de hacer comedias* sus ideas sobre el teatro y publicó también novelas (*La Arcadia, Los pastores de Belén, La Dorotea*). Se le llama el *Fénix de los Ingenios*.

vegano, na adj. y s. De la prov. de La Vega (Rep. Dominicana).

Vegas (Las). V. LAS VEGAS.

vegetación f. Conjunto de plantas: *campo de gran vegetación*. ‖ Conjunto de vegetales de una región o terreno determinado: *la vegetación de los trópicos*. ‖ En medicina, excrecencia morbosa que se desarrolla en una parte del cuerpo. ‖ *Vegetaciones*

adenoideas, hipertrofia del tejido linfático de la faringe, que obstruye las fosas nasales y constituye una enfermedad propia de la infancia.

vegetal adj. Relativo a las plantas: *el reino vegetal*. ‖ ~ *Carbón vegetal*, el de leña. ‖ *Tierra vegetal*, la impregnada de gran cantidad de elementos orgánicos. — M. Ser orgánico que crece y vive incapaz de sensibilidad y movimientos voluntarios.

vegetalina f. Manteca de coco.

vegetalismo m. Régimen de alimentación de las personas que no toman carnes ni cualquier producto de origen animal, como huevos, leche, mantequilla, etc.

vegetalista adj. Relativo al vegetalismo. ‖ Dícese de la persona que sigue las normas dictadas por el vegetalismo (ú. t. c. s.).

vegetante adj. Que vegeta.

vegetar v. i. Germinar y desarrollarse las plantas. ‖ *Fig.* Vivir una persona con vida muy precaria, oscura o disminuida : *vegetar en un cargo subalterno*.

vegetarianismo m. Régimen alimenticio en el que está prohibido el consumo de la carne o de los derivados inmediatos de ésta y que sólo acepta las sustancias vegetales, como la leche, los huevos, la miel.

vegetariano, na adj. Relativo al vegetarianismo : *cocina vegetariana*. ‖ Dícese de la persona que sigue las normas aconsejadas por el vegetariano (ú. t. c. s.).

vegetarismo m. Vegetarianismo.

vegetativo, va adj. Que concurre a las funciones vitales comunes a plantas y animales (nutrición, desarrollo, etc.), independientemente de las actividades psíquicas voluntarias. ‖ *Fig.* Disminuido, que se reduce a la satisfacción de las necesidades esenciales : *vida vegetativa*. ‖ *Reproducción vegetativa*, en las plantas, la asexuada. ‖ *Sistema nervioso vegetativo*, conjunto de los sistemas nerviosos simpático y parasimpático que gobiernan el funcionamiento de los órganos.

vegoso, sa adj. *Amer.* Dícese del terreno que se conserva húmedo.

veguer m. Magistrado antiguo de Aragón, Cataluña y Mallorca cuyas funciones eran las mismas que las del corregidor en Castilla. ‖ En Andorra, cada uno de los dos delegados de los países protectores (España y Francia).

veguería y **veguerío** m. Territorio de la jurisdicción propia del veguer.

veguero, ra adj. De la vega. — M. Cultivador de una vega. ‖ Cigarro puro hecho de una sola hoja enrollada.

vehemencia f. Movimiento impetuoso y violento.

vehemente adj. Que obra o se mueve con ímpetu y violencia : *persona vehemente*. ‖ Que se expresa con pasión y entusiasmo : *orador, escritor vehemente*. ‖ Fundado, fuerte : *sospechas vehementes*.

vehicular v. t. Ser vehículo de.

vehículo m. Cualquier medio de locomoción : *vehículo espacial*. ‖ Lo que sirve para transportar algo : *vehículo de contagio*. ‖ Lo que sirve para transmitir : *el aire es el vehículo del sonido*. ‖ *Fig.* Medio de comunicación : *la imprenta es el vehículo del pensamiento*.

veintavo, va adj. y s. m. Vigésimo.

veinte adj. Dos veces diez. ‖ Vigésimo : *la página veinte*. — M. Cantidad de dos decenas de unidades. ‖ Número veinte : *jugar el veinte*. Casa que tiene el número veinte. ‖ Día vigésimo del mes : *llegaré aproximadamente el veinte de julio*. ‖ *Pop. Méx.* Moneda de veinte centavos.

veinteañero, ra adj. Dícese de los jóvenes que tienen aproximadamente veinte años (ú. t. c. s.).

veinteavo, va adj. y s. m. Vigésimo.

Veinte de Noviembre, n. que llevan trece pobl. de distintos Estados de México.

veintena f. Conjunto de veinte unidades. ‖ Conjunto aproximado de veinte cosas o personas : *una veintena de años*.

veinteno, na adj. y s. m. Vigésimo.

veinticinco adj. Veinte y cinco. ‖

Vigésimo quinto. ‖ — M. Conjunto de signos con que se representa el número veinticinco.

Veinticinco de Mayo, dep. al N. de la Argentina (Chaco) ; cab. *Machagay.* — Dep. al NE. de la Argentina (Misiones) ; cab. *Alba Posse.* — Partido al E. de la Argentina (Buenos Aires). Agricultura. Ganadería. Industrias.

Veinticinco de Mayo, día del año 1810, en que empezó a gobernar el virreinato del Río de la Plata la Segunda Junta de Buenos Aires, presidida por Cornelio Saavedra.

veinticuatro adj. Veinte y cuatro (ú. t. c. s. m.). ‖ Vigésimo cuarto. ‖ — M. Regidor de ayuntamiento en algunas ciudades de Andalucía.

Veinticuatro ‖ ~ **de Junio,** distrito del sur del Perú (Cuzco). ‖ ~ **de Mayo,** cantón al O. del Ecuador (Manabí).

veintidós adj. Veinte y dos (ú. t. c. s. m.). ‖ Vigésimo segundo.

Veintimilla (Ignacio de), general ecuatoriano (1828-1908), pres. de la Rep. de 1876 a 1883.

veintinueve adj. Veinte y nueve (ú. t. c. s. m.). ‖ Vigésimo nono.

veintiocho adj. Veinte y ocho (ú. t. c. s. m.). ‖ Vigésimo octavo.

veintiséis adj. Veinte y seis (ú. t. c. s. m.). ‖ Vigésimo sexto.

veintisiete adj. Veinte y siete (ú. t. c. s. m.). ‖ Vigésimo séptimo.

veintitantos, tas adj. Más de veinte y menos de treinta : *veintitantos de junio ; veintitantas personas.*

veintitrés adj. Veinte y tres (ú. t. c. s. m.). ‖ Vigésimo tercio.

Veintitrés de Enero, parroquia urbana de Venezuela, en el Distrito Federal y en la zona metropolitana de Caracas.

veintiún adj. Apócope de *veintiuno* delante de los sustantivos : *veintiún casos graves.*

veintiuno, na adj. Veinte y uno (ú. t. c. s. m.). ‖ Vigésimo primero. ‖ — F. Juego de naipes o de dados.

Veiravé (Alfredo), escritor argentino, n. en 1928, autor de poesías y de una *Literatura Hispanoamericana.*

vejación f. Acción de herir la susceptibilidad de alguien.

vejador, ra adj. y s. Que veja.

vejamen m. Vejación.

vejancón, ona adj. y s. *Fam.* Muy viejo.

vejar v. t. Ofender, humillar.

vejatorio, ria adj. Dícese de lo que veja o puede vejar.

Vejer de la Frontera, c. en el S. de España (Cádiz).

vejestorio m. Persona muy vieja.

vejete m. *Fam.* Viejo.

vejez f. Último período de la vida. ‖ Condición de viejo : *la vejez mejora el vino.* ‖ Pensión que se cobra al alcanzar una edad avanzada. ‖ *Fig.* ¡ *A la vejez viruelas!,* expr. que se aplica a las personas a quienes ocurren cosas que no corresponden a su edad.

vejiga f. Bolsa membranosa abdominal que recibe y retiene la orina segregada por los riñones. ‖ Ampolla en la epidermis. ‖ Vejiga de un animal, seca y llena de aire.

vejigazo m. *Darse un vejigazo,* darse un golpe al caer, dar un porrazo.

Vejle, c. y puerto al E. de Dinamarca.

vela f. Acción de permanecer despierto para estudiar, asistir de noche a un enfermo, etc. ‖ Tiempo que se vela. ‖ Asistencia por turno delante del Santísimo Sacramento. ‖ Cilindro de cera, estearina, etc., con una mecha en el interior, utilizado para alumbrar : *leer a la luz de una vela.* ‖ Pieza de lona o de cualquier tejido que, puesta en los palos de un barco y, al recibir el soplo del viento, hace que ésta se mueva sobre las aguas : *vela cangreja, de abanico, tarquina, de estay, latina, mayor.* ‖ Barco de vela : *se veía una vela en el horizonte.* ‖ Deporte de la navegación a vela. ‖ — Pl. *Fam.* Mocos colgantes. ‖ — *Fig. y fam.* A dos velas, sin un céntimo. ‖ *Mar.* A toda vela o a velas desplegadas o tendidas, navegando con mucho viento y gran rapidez. ‖ *Alzar velas o dar la vela o hacerse a la vela,* zarpar. ‖ *Fig. y fam.* Derecho como una vela, muy erguido. ‖ *En vela, sin dormir.* ‖ *Fig.* Encender una vela a Dios y otra al diablo, procurar contentar a

todos, aunque sean personas o partidos opuestos. ‖ *Entre dos velas,* algo borracho. ‖ *No darle a uno vela en un entierro,* no permitirle que intervenga en un asunto. ‖ *Recoger o arriar velas,* contenerse, moderarse, atenuar lo dicho, desistir de un propósito.

Vela (CABO DE LA), cabo en el N. de Colombia, en la península de Guajira (Atlántico).

Vela (Arqueles), escritor mexicano (1899-1977), autor de poesías, novelas (*El picaflor, El intransferible*) y ensayos.

velación f. Vela : *la velación de un cadáver,* del *Santísimo Sacramento.* ‖ Ceremonia del casamiento católico consistente en poner en una misa un velo a los contrayentes para verificarse el enlace nupcial (ú. m. en pl.).

velado, da adj. Dícese de la voz sorda, sin timbre. ‖ Aplícase a la imagen fotográfica borrosa o confusa por la acción indebida de la luz. ‖ — F. Vela, acción de velar. ‖ Reunión nocturna de varias personas con intención de divertirse o instruirse : *velada musical, de boxeo.*

velador, ra adj. y s. Que vela. ‖ — M. Mesita ovalada o con un solo pie : *compró en un anticuario un velador de caoba.* ‖ Lámpara de mesa. ‖ *Arg. Per. y Venez.* Mesilla de noche. ‖ *Méx.* Guardián nocturno. ‖ — F. *Méx.* Vela gruesa y corta.

velamen m. Conjunto de las velas de una embarcación o de uno de sus palos.

velar adj. Dícese de los sonidos cuyo punto de articulación está situado en el velo del paladar y de las letras que los representan, como la *c* (delante de las vocales *a, o, u*), *k, q, j, g, u* (ú. t. c. s. f.). ‖ Relativo al velo del paladar. ‖ Que atenúa o disimula.

velar v. i. No dormirse : *veló toda la noche.* ‖ Trabajar, estudiar durante el tiempo destinado al sueño : *tuve que velar para acabar mi artículo.* ‖ Hacer guardia, vigilar. ‖ Prestar cuidado, vigilar : *velar por los bienes propios.* ‖ Tomar medidas de precaución, de defensa : *velaban por conservar sus situaciones privilegiadas.* ‖ Cuidar por el cumplimiento : *velar por la observancia de las leyes.* ‖ — V. t. Pasar la noche al lado de un enfermo, a un muerto. ‖ Cubrir algo con un velo. ‖ Ocultar, esconder una cosa. ‖ Disimular, cubrir : *velar un secreto.* ‖ Celebrar las velaciones matrimoniales. ‖ *Velar las armas,* hacer guardia una noche para meditar el que iba a ser armado caballero. ‖ — V. pr. Inutilizarse un cliché o placa fotográfica por la acción indebida de la luz : *se le veló todo el carrete.*

Velarde (Fernando), poeta romántico español (1821-1880), autor de *Cánticos del Nuevo Mundo, Melodías, románticas,* etc. ‖ ~ (PEDRO), capitán de artillería español (1779-1808), quien, con Daoíz y Ruiz, se sublevó contra los franceses en Madrid el 2 de mayo del año 1808.

Velas, cabo en el NO. de Costa Rica (Guanacaste). Llamado también *Morro Hermoso.*

Velasco, prov. en el E. de Bolivia (Santa Cruz) ; cap. *San Ignacio de Velasco.*

Velasco (José María), pintor mexicano (1840-1912), notable paisajista. ‖ ~ (JOSÉ MARÍA), compositor boliviano, n. en 1899, autor de ballets (*Amerindia*), leyendas sinfónicas, corales, etc. ‖ ~ (JOSÉ MIGUEL DE), general boliviano (1795-1859), pres. de la Rep. en 1828, 1839 y 1848. ‖ ~ (LUIS DE), administrador español (1511-1564), segundo virrey de Nueva España, de 1550 a 1564. Fundó la Universidad de México (1551). — Su hijo LUIS (1539-1636) fue virrey de Nueva España de 1590 a 1595 y de 1607 a 1611 y del Perú de 1596 a 1604. Fue marqués de Salinas. ‖ ~ **Alvarado** (JUAN), general español (1909-1977), jefe de la Junta Revolucionaria, tras el derrocamiento del pres. F. Belaúnde, de 1968 a 1975. ‖ ~ **Ibarra** (JOSÉ MARÍA), político ecuatoriano (1893-1979), pres. de la Rep. de 1934 a 1935, de 1944 a 1947, de 1952 a 1956 y de 1960 a 1961. Nuevamente elegido en 1968, fue derrocado en 1972.

velatorio m. Acto de velar a un difunto. ‖ *Fig.* Reunión triste, poco animada.

velay interj. *Pop.* He aquí, mire. ‖ Claro, por supuesto.

velazqueño, ña adj. Propio del pintor Velázquez.

Velázquez (Diego RODRÍGUEZ DE SILVA Y), pintor español, n. en Sevilla (1599-1660), autor de obras realizadas con tal perfección técnica que lo convierten en el máximo representante de la pintura en su país (*Los Borrachos, Las Hilanderas, Las Meninas, La Rendición de Breda, La Fragua de Vulcano, La Venus del espejo,* retratos de *Felipe IV,* del príncipe *Baltasar Carlos,* de las *Infantas, de Inocencio X,* del *Conde-duque de Olivares, El aguador de Sevilla, La dama del armiño,* etc.). Este artista tiene un modo nuevo de realizar su obra, partiendo de la realidad material, pero utilizándola para expresar, con habilidad prodigiosa y gran pureza de formas y de colorido, todos los géneros pictóricos. ‖ ~ **de Cuéllar** (DIEGO DE), militar y colonizador español (1465-1524). Empezó la conquista de Cuba (1511), fundó Santiago (1514) y La Habana (1519) y fue gobernador de la isla. Organizó cuatro expediciones a México, entre ellas la de Hernán Cortés (1519), contra quien organizó posteriormente una campaña para destituirlo de las funciones que le había confiado. ‖ ~ **y Cárdenas de León** (JOAQUÍN), astrónomo y matemático mexicano (1732-1786).

Velde (VAN DE). V. VAN DE VELDE.

veleidad f. Voluntad no realizada, deseo vano. ‖ Inconstancia, ligereza, versatilidad. ‖ Capricho.

veleidoso, sa adj. Inconstante, versátil, voluble. ‖ Caprichoso.

velero, ra adj. Aplícase a la embarcación que navega mucho : *barco velero.* ‖ — M. Barco de vela : *un velero de dos palos.* ‖ Avión de vuelo sin motor.

veleta f. Pieza metálica giratoria colocada en la cumbre de una construcción para indicar la dirección del viento. ‖ Plumilla en el corcho de las cañas de pescar que indica el tirón dado por el pez al picar. ‖ — Com. *Fig. y fam.* Persona inconstante.

Veleta (El), monte del S. de España en Sierra Nevada (prov. de Granada) ; 3 431 m. Observatorio astronómico.

Vélez, mun. y c. de Colombia (Santander). ‖ ~ **de la Gomera** (Peñón de), islote español en el Mediterráneo, frente a la costa marroquí. ‖ ~ **Málaga,** c. del S. de España (Málaga). ‖ ~ **Rubio,** c. del S. de España (Almería).

Vélez ‖ ~ **de Guevara** (LUIS), escritor español, n. en Écija (1579-1644), autor de comedias en verso (*La luna de la sierra, Reinar después de morir, La niña de Gómez Arias*) y de *El diablo cojuelo,* sátira costumbrista en prosa de la España de su tiempo. ‖ ~ **Sársfield** (DALMACIO), jurisconsulto y político argentino (1800-1875), autor del Código Civil de su país. ‖ ~ **y Herrera** (RAMÓN), poeta cubano (1809-1886).

Velhas, río del este del Brasil, afl. del San Francisco.

Veliko Tarnovo, ant. *Tarnovo* o *Tirnovo,* c. de la Bulgaria septentrional.

Vélizy-Villacoublay, c. de Francia (Yvelines), al SO. de París.

velo m. Tela fina y transparente con que se cubre una cosa. ‖ Prenda de tul, gasa o encaje con que las mujeres se cubren la cabeza, a veces el rostro, en determinadas circunstancias : *ponerse un velo para ir a la iglesia.* ‖ Especie de manto que las monjas y novicias llevan en la cabeza. ‖ Banda de tela que cubre la cabeza de la mujer y los hombros del hombre en la ceremonia de las velaciones después de contraer matrimonio. ‖ *Fig.* Todo aquello que oculta o impide la visión. ‖ Lo que encubre el conocimiento de algo : *levantar el velo que nos oculta los misterios de la naturaleza.* ‖ Apariencia, medio de que se sirve para encubrir la realidad : *los velos púdicos de la censura.* ‖ Cualquier cosa ligera que oculta algo. ‖ Aquello que impide que alguien pueda comprender con claridad algo. ‖ — *Fig. y fam.* Correr (o echar) un

VA

687

velo (o *un tupido velo*) *sobre una cosa*, callarla, omitirla. | *Descubrir el velo*, enseñar la realidad, dejar ver. | *Tomar el velo*, tomar los hábitos una monja. | *Velo del paladar*, membrana que separa las fosas nasales de la boca.

velocidad f. Rapidez con que un cuerpo se mueve de un punto a otro : *correr a gran velocidad*. | Relación de la distancia recorrida por un móvil en la unidad de tiempo. | Rapidez, celeridad en la acción : *velocidad de ejecución*. | Cada una de las combinaciones que tienen los engranajes en el motor de un automóvil : *caja de velocidades*; *meter una velocidad*. | — *Carrera de velocidad*, carrera en pista, generalmente de poca distancia. | *Gran*, *pequeña velocidad*, servicio rápido o más lento en el transporte de las mercancías en los vagones de ferrocarril. | *Velocidad media*, relación entre el espacio recorrido y el tiempo empleado. | *Velocidad punta*, la máxima que se puede alcanzar.

velocímetro m. Dispositivo que indica en un vehículo móvil la velocidad a que se mueve.

velocípedo m. Vehículo con ruedas que se hacían girar por un mecanismo movido por los pies.

velocista com. Atleta, ciclista o nadador especializado en las carreras de gran velocidad (ú. t. c. adj.).

velódromo m. Pista cubierta o al aire libre para carreras de bicicletas.

velomotor m. Motocicleta ligera o bicicleta provista de un motor de 50 a 125 cm³ de cilindrada.

velón m. Lámpara de aceite con uno o varios mecheros y un eje por el que puede girar, subir y bajar.

velonero m. Fabricante o vendedor de velones.

velorio m. Velatorio. (En América, el *velorio* consiste en una ceremonia mixta de rezos y tertulia, acompañada de una comida.) | *Amer.* Fiesta poco concurrida.

veloz adj. Rápido, ligero : *automóvil veloz*. | Ágil y pronto en discurrir o hacer algo : *veloz como el rayo*. | — Adv. Rápidamente : *corre muy veloz*.

Velsen, c. al noroeste de Holanda (Holanda Septentrional). Siderurgia.

Velletri, c. de Italia en el Lacio (Roma). Obispado.

vello m. Pelo corto y fino que hay en algunas partes del cuerpo.

vellocino m. Vellón, lana o piel de carnero.

Vellocino de oro, vellón del carnero que transportó a Hele y Frixos en la travesía del Helesponto. Custodiado por un dragón, fue robado por Jasón y los Argonautas. (V. TOISÓN DE ORO.)

vellón m. Toda la lana del carnero u oveja que sale junta al esquilarla. | Moneda de cobre.

vellosidad f. Vello. | Abundancia de vello.

velloso, sa adj. Que está cubierto de vellos. | Parecido al vello.

velludillo m. Terciopelo de algodón de pelo muy corto.

velludo, da adj. Muy velloso. || —M. Felpa, terciopelo.

Vellur o **Vellore**, c. al sureste de la India (Tamil Nadu).

vena f. Cualquiera de los vasos que conduce la sangre al corazón después de haber bañado los tejidos orgánicos : *vena cava*, *safena*, *porta*. | Filamento de fibras en el envés de las hojas de las plantas. | Filón, veta en un yacimiento mineral : *vena aurífera*, *carbonífera*. | Porción de distinto color o clase, larga y estrecha, en la superficie de la madera o piedras duras : *las venas de la caoba, del mármol*. | Corriente subterránea natural de agua. | *Fig.* Estado de ánimo, impulso, arrebato : *trabajar por venas*. | Madera, pasta, conjunto de disposiciones : *tiene vena de orador*. | Inspiración : *vena poética*. || — *Fig.* y fam. *Darle a uno la vena de hacer cierta cosa*, sentirse repentinamente dispuesto a hacerla. | *Estar en vena*, estar en un estado de ánimo propicio para hacer algo ; estar inspirado. | *Tener una vena de*, tener algo de. | *Vena de loco*, ramalazo de locura, algo de locura.

venablo m. Arma arrojadiza, especie de dardo o jabalina. | *Fig.* y fam. *Echar venablos*, prorrumpir en injurias.

venado m. Ciervo. | Nombre de algunos cérvidos de América. | *Danza del venado*, danza típica de México, especialmente entre los indígenas de Sonora.

Venado Tuerto, pobl. al NE. de la Argentina (Santa Fe). Obispado.

venal adj. De las venas, venoso. | Que se adquiere por medio de dinero : *amor venal*. | Sobornable, que se puede corromper por el interés : *autoridad venal*.

venalidad f. Carácter de aquello que se vende o se deja sobornar.

venatorio, ria adj. Cinegético.

vencedero, ra adj. Que vence o expira después de un plazo.

vencedor, ra adj. Triunfador, ganador, que vence (ú. t. c. s.).

vencejo m. Pájaro insectívoro semejante a la golondrina.

vencer v. t. Aventajar al enemigo o al contrincante, derrotar, triunfar : *vencer a un ejército*. Ú. t. c. i. : *vencer o morir*. | Tener más que otra persona : *vencer a alguien en generosidad*. | Dominar : *le vence el sueño*. | *Fig.* Acabar con, reprimir, refrenar : *vencer la cólera*. | Superar, salvar : *vencer los obstáculos*. | Imponerse : *vencí sus últimos escrúpulos*. | Doblegar : *venció la resistencia de sus padres*. | Ser superior a : *vence a todos en elegancia*. | Hacer ceder : *el mucho peso venció las vigas del techo*. | Coronar, llegar a la cumbre : *vencer una cuesta muy pendiente*. | Salvar : *vencer una distancia*. || — V. i. Llegar a su término un plazo, un contrato, una obligación, etc. | *Fig.* Dominar : *el orgullo venció en él*. || — V. pr. *Fig.* Reprimirse, dominarse : *vencerse a sí mismo*. | Ceder algo por el peso.

vencido, da adj. Que ha sido derrotado. Ú. t. c. s. : *¡ay de los vencidos !* | Aplícase a los intereses o pagos que hay que liquidar por haber pasado el plazo señalado. | Atrasado, acabado un período : *pagar por meses vencidos*. | *Darse por vencido*, desistir de un intento, rendirse. || — F. Vencimiento. | *Fig.* *A la tercera va la vencida*, con paciencia se llega a obtener todo lo que se desea.

vencimiento m. Término, expiración de un plazo, contrato, obligación. | Victoria, triunfo. | Derrota. | Torsión, acción de ceder por efecto de un peso. | *Fig.* Paso, acción de salvar un obstáculo.

venda f. Banda de gasa con la que se cubre una herida o de tela para sujetar un miembro o hueso roto. || — *Fig.* *Caérsele a uno la venda de los ojos*, desaparecer lo que impedía ver la realidad de las cosas. | *Tener una venda en los ojos*, desconocer la verdad por ofuscación.

Venda, territorio bantú al NE. de África del Sur que está situado en la frontera de Zimbabwe ; cap. *Sibasa*.

vendaje m. Conjunto de la venda y de la cura o apósito fijado o sujeto por ésta. | Acción de vendar.

vendar v. t. Poner una venda. | *Fig.* Cegar el entendimiento : *la pasión le venda los ojos*.

vendaval m. Viento fuerte. | *Fig.* Huracán : *el vendaval de las pasiones*.

vendedor, ra adj. y s. Que vende.

Vendée, río y dep. del O. de Francia ; cap. *La Roche-sur-Yon*. Agricultura. Ganadería. (V. VANDEA.)

vendeja f. Venta pública como en feria. | Venta de ciertos frutos que se hace en el tiempo de la cosecha.

vender v. t. Traspasar a otro la propiedad de una cosa por algún precio : *vender una casa*. | Exponer al público las mercancías para el que las quiera comprar : *vender naranjas*. | *Fig.* Sacrificar por dinero cosas que no tienen valor material : *vender su conciencia*. | Traicionar, delatar por interés : *vender al amigo*. || — *Fig.* *Vender cara una cosa*, hacer que cueste mucho trabajo conseguirla. | *Vender salud*, gozar de muy buena salud. || — V. pr. Ser vendido : *el terreno se vende muy caro*. | *Dejarse sobornar* : *venderse al enemigo*. | *Descubrir lo oculto*, delatarse : *Fig.* *Venderse caro uno*, escatimar su amistad, su compañía, etc., por orgullo.

vendetta f. (pal. ital.). Enemistad causada por una ofensa y que en Córcega se transmite a todos los parientes de la víctima.

vendi m. Certificado de venta en que se acredita la procedencia y el precio de lo comprado.

vendible adj. Que puede venderse.

vendimia f. Cosecha de la uva. | Tiempo en que se hace.

vendimiador, ra m. y f. Persona que vendimia.

vendimiar v. t. Recoger la uva de las viñas. | *Fig.* Sacar provecho o disfrutar de algo.

vendimiario m. Primer mes del calendario republicano francés (del 22 de septiembre al 21 de octubre).

Vendôme, c. en el centro de Francia (Loir-et-Cher).

Vendôme (Louis Joseph DE BOURBON, *duque de*), general francés (1654-1712). Combatió, a favor de Felipe V, en la guerra de Sucesión española (1710).

Vendrell (El), c. del NE. de España (Tarragona), cap. de la comarca catalana de Bajo Panadés.

venduta f. *Arg.* y *Cub.* Subasta.

Venecia, región del noreste de Italia, ant. territorio de la república de Venecia, cedido a Austria en 1797 y parte de Italia desde 1866. Se puede distinguir la *Venecia Euginia* o *Véneto* (prov. de Belluno, Padua, Rovigo, Treviso, Venecia, Verona y Vicenza ; 18 377 km²), la *Venecia Tridentina* (Trentino-Alto Adigio) y la *Venecia Julia* (prov. de Trieste y de Gorizia ; 684 km²). Ésta forma, con las prov. de Pordenone y Udine, la región autónoma de Friul-Venecia Julia. — C. del NE. de Italia, edificada en un grupo de islotes que se encuentran en la laguna de Venecia (en el interior del golfo de Venecia). Arzobispado. Monumentos (plaza y basílica de San Marcos, el campanile, palacio de los dux, innumerables iglesias, museos, puentes, etc.). Orfebrería. Metalurgia e industrias químicas. Turismo. Festival cinematográfico anual. La ciudad fue desde el s. X el centro de una próspera república aristocrática que duró hasta su supresión por Napoleón Bonaparte en 1797. | ~ (GOLFO DE), golfo formado en el extremo norte del mar Adriático, de Ravena a Pula. Baña las costas de Venecia y el litoral occidental de Istria.

Venecia (*Conspiración de*), conjuración tramada por el duque de Osuna, virrey español de Nápoles, y el virrey de Milán para apoderarse de Venecia (1619).

veneciano, na adj. y s. De Venecia (Italia).

Venegas (Francisco Javier), gobernante español (1760-1838), virrey de México de 1810 a 1813.

venencia f. Utensilio compuesto de un recipiente cilíndrico y de una varilla terminada en gancho, que se usa para probar los vinos en Jerez de la Frontera (España).

veneno m. Cualquier sustancia que, introducida en el organismo, ocasiona la muerte o graves trastornos funcionales. | En particular, líquido tóxico segregado por ciertos animales, que se comunica por picadura o mordedura : *veneno de víbora*. | *Fig.* Cualquier cosa nociva a la salud : *el tabaco es un veneno*. | Lo que puede producir un daño moral : *el veneno de la envidia*. | Maldad en lo que dice : *sus palabras destilan veneno*.

venenosidad f. Condición, carácter de venenoso.

venenoso, sa adj. Que contiene veneno y es capaz de envenenar : *hongo venenoso*; *serpiente venenosa*. | *Fig.* Malo, malintencionado : *crítica venenosa*.

Vener, en sueco *Vänern*, lago del SO. de Suecia que des. en el Skagerrak ; 5 546 km².

venera f. Concha semicircular de dos valvas de cierto molusco comestible que llevaban cosida en la capa los peregrinos que volvían de Santiago. | Insignia que llevan colgada del pecho los caballeros de ciertas órdenes : *la venera de Santiago*. | Venero, manantial.

venerable adj. Que merece veneración, respeto : *un venerable anciano.* ‖ — M. Presidente de una logia masónica. ‖ — M. y f. Primer grado en el proceso de canonización de la Iglesia católica.

veneración f. Respecto profundo que se siente por ciertas personas o por las cosas sagradas. ‖ Amor profundo : *tenía veneración, una especie de culto, por las mujeres.*

venerar v. t. Tener gran respeto y devoción por una persona : *venerar a sus padres.* ‖ Dar culto a Dios, a los santos o a las cosas sagradas.

venéreo, a adj. Relativo a la cópula carnal. ‖ Aplícase a las enfermedades contraídas por contacto sexual.

venero m. Manantial de agua. ‖ *Fig.* Origen. ‖ Fuente abundante, mina de una cosa : *venero de noticias.* ‖ Filón, yacimiento, criadero de mineral.

Venero de Leiva (Andrés DÍAZ), gobernante español, m. en 1578, primer pres. de Nueva Granada (1564-1574).

véneto, ta adj. y s. Veneciano (Italia).

Véneto, n. dado a la *Venecia Eugenia* (Italia).

venezolanismo m. Palabra o expresión propias de Venezuela. ‖ Amor por todo lo referente a Venezuela. ‖ Carácter venezolano.

venezolano, na adj. y s. De Venezuela. ‖ — M. Modalidad del castellano hablado en Venezuela.

Venezuela, república federal de América del Sur, que se encuentra entre el océano Atlántico, Guyana, Brasil y Colombia ; 912 050 km² ; 15 500 000 h. (*venezolanos*). Cap. *Caracas,* 2 700 000 h. (con el área métropolitana). Otras c. : *Maracaibo,* 820 000 h. ; *San Cristóbal,* 250 000 ; *Mérida,* 75 000 ; *Coro,* 69 000 ; *Barquisimeto,* 455 000 ; *Puerto Cabello,* 71 000 ; *Valencia,* 465 000 ; *Maracay,* 310 000 ; *Los Teques,* 63 000 ; *La Guaira,* 25 000 ; *Barcelona,* 80 000 ; *Puerto La Cruz,* 83 000 ; *Cumaná,* 120 000 ; *Maturín,* 122 000 ; *Ciudad Bolívar,* 104 000 ; *Ciudad Guayana,*

350 000 ; *Cabimas,* 155 000 ; *Ciudad Ojeda,* 89 000 ; *Maiquetía,* 111 000 ; *Valera,* 72 000 ; *Barinas,* 57 000 ; *San Felipe,* 44 000. A la superficie señalada hay que añadir 150 000 km² reclamados a la ant. Guayana británica, hoy Guyana.

Administrativamente, Venezuela se divide en un distrito federal, veinte Estados, dos territorios federales y varias dependencias federales formadas por islas. La población es mestiza en un 65 por 100, blanca en un 20 por 100, negra en un 10 por 100 e india en un 2 por ciento. La religión católica es profesada por la mayoría de la población y la lengua castellana o española es la oficial. La densidad media de población es de 17 h./km², y está concentrada sobre todo en la costa y en las regiones montañosas.

— GEOGRAFÍA. El relieve de Venezuela está constituido esencialmente por una cadena montañosa, la sierra de Mérida, prolongación de los Andes colombianos, al O. del país, donde se encuentra el pico Bolívar (5 002 m). Otra cadena, la cordillera del Norte, corre paralela a la costa. El resto del país comprende los Llanos Centrales, con vegetación de sabana, y el macizo de Guayana, inmensa zona de mesetas, que ocupa más de la mitad del territorio venezolano, y en cuyo límite meridional se levantan las sierras de Pacaraima y Parima. Esta región está apenas explorada. El río principal es el Orinoco que en sus 2 400 km de curso recibe las aguas de muchos otros ríos (Casiquiare, Meta y Apure, por la izquierda, y el Ventuari, Caura y Caroní, por la derecha) y en su desembocadura forma un amplio delta. Entre los lagos se encuentran el de Maracaibo, que comunica con el mar por el golfo del mismo nombre, y el de Valencia. La costa venezolana tiene una longitud de unos 2 816 km y es bastante accidentada : golfo de Maracaibo, península de Paraguaná, península y golfo de Paria. Frente a ella hay varias islas de soberanía nacional : las

del archipiélago de Los Roques y las de Tortuga, Margarita y Coche, que forman el Estado de Nueva Esparta. El clima es cálido a menos de 1 000 metros de altitud, templado entre 1 000 y 2 000, y frío a partir de 2 000. Las precipitaciones son abundantes, sobre todo en el invierno. Venezuela produce café, cacao, caña de azúcar, algodón, tabaco, yuca, sisal, arroz, maíz, patatas, trigo, etc., si bien solamente se cultivan la zona costera y la del NO. Desde 1960 está en pleno desarrollo una reforma agraria. La selva del interior encierra enormes riquezas forestales, pero están apenas explotadas. La ganadería se halla extendida por los Llanos y en la región de Maracaibo. Sin embargo, la riqueza fundamental del país reside en el petróleo, que se extrae en la cuenca de Maracaibo, en las zonas oriental (Anzoátegui, Monagas, Delta Amacuro), en las de Apure-Barinas y en la de Falcón. Por su producción global, Venezuela es uno de los mayores productores mundiales del preciado oro negro. El subsuelo tiene también gas natural, hierro, cobre, níquel, carbón y oro. La industria está en pleno desarrollo : siderúrgica (El Pao y Cerro Bolívar), alimenticia, textil, azucarera, cemento, caucho, petroquímica. El río Caroní proporciona abundante energía hidroeléctrica. En la confluencia del Orinoco y el Caroní se encuentra Ciudad Guayana, fundada en 1960, capital industrial del país. Los transportes cuentan con 720 km de ferrocarriles, 61 000 de carreteras, una importante red fluvial, especialmente en lo que se refiere al Orinoco, y una intensa navegación de cabotaje. Las líneas aéreas interiores y exteriores son abundantes, y existen más de 100 aeropuertos en el país.

Venezuela, mun. en el centro de Cuba (Ciego de Ávila). ‖ ~ (GOLFO DE), golfo del Caribe en el norte de Venezuela y Colombia. Está unido con el lago de Maracaibo por la bahía del Tablazo. Reservas de petróleo.

VENEZUELA

1. TRUJILLO
2. YARACUY
3. CARABOBO
4. ARAGUA
5. DISTRITO FEDERAL
6. MIRANDA
7. SUCRE

Las capitales de los estados están subrayadas

■ Principal ferrocarril

0   150   300 km

VE

vengador, ra adj. Que venga o se venga (ú. t. c. s.).

venganza f. Satisfacción que se toma del agravio o daño recibidos : *tomar venganza contra alguien.*

— Recibe el nombre de *Venganza Catalana* el conjunto de represalias que tomaron los almogávares catalanes en la expedición a Oriente al ser asesinado su jefe Roger de Flor (1305).

vengar v. t. Obtener por la fuerza reparación de un agravio o daño : *vengar una ofensa.* Ú. t. c. pr. : *vengarse de una afrenta.*

vengativo, va adj. Predispuesto a vengarse (ú. t. c. s.).

venia f. Permiso, autorización : *con la venia del profesor.* || Perdón de la ofensa o culpa. || Saludo hecho inclinando la cabeza. || *Amer.* Saludo militar.

venial adj. Sin gravedad : *culpa venial.* || Pecado venial, pecado leve (en oposición a *mortal*).

venialidad f. Calidad de venial.

venida f. Acción de venir, llegada : *la venida de la primavera.* || Regreso. || Acometida o ataque en esgrima que se hacen los combatientes, después de presentar la espada. || *Idas y venidas*, v. IDAS.

venidero, ra adj. Futuro, que ha de venir : *los años, los siglos venideros.*

venir v. i. Dirigirse una persona o moverse una cosa de allá hacia acá : *su marido va a venir* (ú. t. c. pr.). || Llegar una persona o cosa a donde está el que habla : *¡ven aquí!* Ú. t. c. pr. : *¡vente aquí!* || Presentarse una persona ante otra : *vino a verme apenas llegó de Bruselas.* || Ajustarse, sentar : *este traje le viene pequeño.* || Convenir, ir : *me viene bien retrasar el viaje.* || Proceder : *este té viene de Ceilán* ; *esta palabra viene del latín.* || Darse, crecer : *el trigo viene bien en este campo.* || Resultar : *la ignorancia viene de la falta de instrucción.* || Conformarse : *terminará por venir a lo propuesto.* || Suceder, acaecer : *la muerte viene cuando menos se espera.* || Seguir una cosa inmediatamente a otra : *después de la tempestad viene la calma.* || Pasar por la mente : *me vino la idea de marcharme.* || Acometer : *le vinieron deseos de comer.* || Estar, hallarse : *su foto viene en la primera página* ; *el texto viene en inglés.* || Ser, resultar : *el piso no viene ancho.* || — *¿ A qué viene esto ?, ¿ para qué dice o hace esto ?* || *En lo por venir, de aquí en adelante* ; *en lo futuro.* || *Venga lo que viniere,* expr. con que uno muestra la determinación de emprender una cosa sin reparar en sus consecuencias. || *Venir a las manos,* pelearse. || *Venir al caso,* tener que ver. || *Venir al mundo,* nacer. || *Fam. Venir al pelo (o a punto),* ser muy oportuno. || *Fig. Venir a menos,* decaer, empeorar. || *Venir ancha una cosa a uno,* ser superior a la capacidad o méritos de uno. || *Venir a parar,* llegar a cierta consecuencia : *la inflación vino a parar en una catástrofe.* || *Venir a ser,* equivaler. || *Venir a un acuerdo,* llegar finalmente a él. || *Venir con,* acompañar : *venga con él.* || *Fig. y fam. Venir de perillas (o de perlas, o de primera) una cosa,* resultar muy conveniente u oportuna. || *Venir en,* resolver, acordar : *venir en decretar.* || *Venir en conocimiento de uno,* llegar a ser sabido. || *Fig. Venirle a la cabeza (o a la memoria) una cosa,* acordarse. || *Fig. y fam. Venir rodado algo,* suceder, sin haberlo pensado, algo que resulta conveniente. || *Verle venir a uno,* adivinar sus intenciones. || — V. pr. Volver, regresar. || *Venirse abajo* (o al suelo o a tierra) una cosa, caerse, hundirse ; (fig.) frustrarse, malograrse : *todos sus proyectos se han venido abajo.*

Venizelos (Eleutherios), político griego (1864-1936), primer ministro en varias ocasiones. — Su hijo SÓFOCLES (1894-1964) fue varias veces jefe del Gobierno.

Venlo, c. en el SE. de Holanda (Limburgo). Mercado agrícola. Industrias.

Venosa, c. en el S. de Italia, en Basilicata (Potenza). Obispado. —

venoso, sa adj. Relativo a las venas. || Compuesto de venas : *sistema venoso.* || *Sangre venosa,* sangre que las venas de gran circulación conducen al corazón.

venta f. Convenio por el cual una parte (vendedor) se compromete a transferir la propiedad de una cosa o de un derecho a otra persona (comprador) que ha de pagar el precio ajustado : *la venta puede ser al contado, a crédito, a plazos o por cuotas, en pública subasta.* || Función en una empresa de aquellos que están encargados de dar salida a los productos fabricados o comprados para este efecto. || Servicio comercial de esta función. || Condición de aquello que se vende bien o mal : *artículo de fácil venta.* || Cantidad de cosas que se venden : *en invierno la venta de bañadores disminuye.* || Albergue, posada fuera de una población. || *Amer.* Puesto o tienda donde se venden artículos alimenticios o bebidas durante las fiestas. || *Venta postbalance,* liquidación de géneros.

Venta || — (La). V. UNIÓN (La). || ~ de Baños, v. de España (Palencia). Nudo ferroviario. || — Micena. V. ORCE.

Venta (Cultura de LA), de la cultura desarrollada por los olmecas en la costa S. del golfo de México, en los Estados de Tabasco y Veracruz (800-100 a. de J. C.).

Ventadorn. V. BERNAT DE VENTADORN.

ventaja f. Superioridad de una persona o cosa respecto a otra : *tiene la ventaja de ser más hábil.* || Hecho de ir delante de otro en una carrera, competición, etc. : *llevar 20 metros de ventaja a uno.* || Ganancia anticipada que da un jugador a otro. || En el tenis, punto marcado por uno de los jugadores cuando se encuentran empatados a 40 : *ventaja al saque.* || *Sacar 10 metros de ventaja a uno,* ganar a uno por 10 metros de diferencia.

ventajear v. t. *Amer.* Llevar ventaja, aventajar. || Sacar ventaja de manera poco honrada.

ventajero, ra adj. y s. *Amer.* Ventajista.

ventajista adj. Dícese de la persona que trata de sacar provecho de todo (ú. t. c. s.).

ventajoso, sa adj. Que ofrece muy buenas condiciones, conveniente : *un ocasión muy ventajosa.*

ventana f. Abertura que se deja en una pared para dar paso al aire y a la luz. || Armazón con que se cierra. || Ventanilla de la nariz. || *Fig. Tirar una cosa por la ventana,* desperdiciarla, derrocharla.

Ventana, cerro al O. de México (Sinaloa) ; 2 474 m. — Bahía y punta al O. de México, en la costa oriental del Estado de Baja California. — Sierra al E. de la Argentina (Buenos Aires) y cerro que la culmina ; 1 247 m.

ventanaje m. Conjunto de ventanas.

ventanal m. Ventana grande.

Ventanas, localidad del centro de Chile, en la V Región (Valparaíso). — Cantón al O. del Ecuador (Los Ríos).

ventanilla f. Ventana pequeña. || Ventana en los coches, trenes, aviones, barcos, etc. || Taquilla de las oficinas, de despachos de billetes. || Abertura tapada con papel transparente que tienen los sobres para que pueda verse la dirección escrita en la misma carta. || Cada uno de los orificios de la nariz.

ventanillo m. Postigo pequeño. || Mirilla de una puerta. || Tragaluz en el techo. || Ventanilla de los barcos, aviones.

ventarrón m. Viento fuerte : *un ventarrón tiró la chimenea.*

ventear v. impers. Soplar el viento o hacer aire fuerte. || — V. t. Olfatear los animales el viento para orientarse con el olfato. || Poner al viento, airear : *ventear la ropa de la cama.* || *Fig.* Olerse, sospechar.

ventero, ra adj. Que ventea o toma el viento : *perro ventero.* || — M. y f. Dueño o encargado de una venta, albergue o posada.

ventilación f. Aeración : *la ventilación de un túnel, de una sala.* || Abertura para ventilar un local. || Corriente de aire que se establece al ventilarlo. || Reparto entre diferentes cuentas o varias personas de los diversos ele-

mentos de una cantidad de dinero gastada. || Evaluar el valor respectivo de los objetos vendidos juntos. || *Ventilación pulmonar,* movimientos del aire en los pulmones.

ventilador m. Aparato que produce una corriente de aire y sirve para ventilar. || *Arg.* Jugador de un equipo de fútbol que juega con gran movilidad tanto en la defensa como en el ataque.

ventilar v. t. Renovar el aire de un recinto : *ventilar una habitación* (ú. t. c. pr.). || Exponer al viento, airear : *ventilar las sábanas.* || *Fig.* Examinar, tratar de resolver, dilucidar : *ventilar un problema* (ú. t. c. pr.). || Hacer que algo secreto trascienda al conocimiento de la gente. || Hacer la ventilación de una cantidad de dinero gastada. || Dar el valor respectivo de los objetos vendidos juntos. || — V. pr. *Fam.* Llegar a hacer, a conseguir una cosa. || *Pop.* Fornicar.

Ventimiglia, c. y puerto en el NO. de Italia, en Liguria (prov. de Imperia), en la frontera con Francia. Obispado.

ventisca f. Borrasca de nieve.

ventiscar v. impers. Nevar con viento fuerte.

ventiscoso, sa adj. Dícese del tiempo o sitio donde hay ventiscas.

ventisquero m. Ventisca. || Altura de un monte expuesta a las ventiscas. || Helero, lugar de un monte en el que se acumulan y conservan la nieve y el hielo. || Masa de hielo o nieve acumulada en este sitio.

ventolera f. Racha de viento fuerte. || *Fig. y fam.* Manía, capricho. | Pensamiento extravagante : *le dio la ventolera de menospreciarme.*

ventolina f. Viento ligero y fresco.

ventorrillo m. Ventorro. || Casa de comidas en las afueras de una población : *merendé en un ventorrillo.*

ventorro m. Venta o posada pequeña o de mal aspecto.

ventosa f. Campana de vidrio en cuyo interior se hace el vacío y que produce un aflujo de sangre en el lugar donde se aplica sobre la piel. || Órgano con el que algunos animales se adhieren a la superficie de los cuerpos sólidos.

ventosidad f. Gases intestinales expelidos por el ano.

ventoso, sa adj. Que hace viento : *día ventoso.* || — M. Sexto mes del calendario republicano francés (del 19 de febrero al 20 de marzo).

ventral adj. Del vientre. || Cara ventral, cara anterior.

ventregada f. Conjunto de animalillos que han nacido en un parto.

ventricular adj. Del ventrículo.

ventrículo m. Cada una de las dos cavidades inferiores del corazón de donde parten las arterias aorta y pulmonar. || Cada una de las cuatro cavidades del encéfalo en que se encuentra el líquido cefalorraquídeo.

ventrílocuo, a adj. Dícese de la persona que puede hablar de tal modo que la voz no parece venir de su boca ni de su persona (ú. t. c. s.).

ventriloquia f. Facultad de hablar como los ventrílocuos.

ventrudo, da adj. Que tiene vientre abultado.

Venturari, río al este de Venezuela (Amazonas y Bolívar), afl. del Orinoco ; 563 km.

ventura f. Felicidad, dicha, suerte : *deseos de ventura.* || Fortuna, suerte, casualidad : *la ventura quiso que me encontrara con él.* || Riesgo, peligro. || — *A la ventura o a la buena ventura,* al azar. || *Buena ventura,* buenaventura. || *Por ventura, por casualidad* ; afortunadamente.

venturoso, sa adj. Afortunado.

venus f. *Fig.* Mujer muy bella. || Género de moluscos marinos.

Venus, segundo de los planetas del sistema solar cuya órbita se encuentra entre las de Mercurio y la Tierra. Su suelo fue fotografiado por dos sondas espaciales soviéticas en 1975.

Venus, divinidad romana del Amor. Es la Afrodita griega.

Venustiano Carranza, c. y mun. en el S. de México (Chiapas). — Delegación del Distrito Federal de México, en la capital del país. — Nombre dado tb. a varias pobl. de distintos Estados de México.

ver m. Sentido de la vista. ‖ Aspecto, apariencia : *cosa de buen ver.* ‖ Parecer, opinión : *a mi, tu, su, nuestro ver carecen de razones.*

ver v. t. e i. Percibir con la vista : *he visto el nuevo edificio.* ‖ Percibir con otro sentido : *los ciegos ven con los dedos.* ‖ Examinar, mirar con atención : *ve si esto te conviene.* ‖ Visitar : *fue a ver a su amigo.* ‖ Recibir : *los lunes veo a los representantes.* ‖ Encontrarse : *ayer lo vi en el parque.* ‖ Consultar : *ver al médico.* ‖ Informarse, enterarse : *voy a ver si ha venido ya.* ‖ Saber : *no veo la decisión que he de tomar.* ‖ Prever : *no veo el fin de nuestros cuidados.* ‖ Conocer, adivinar : *vi sus intenciones perversas.* ‖ Comprender, concebir : *no veo por qué trabaja tanto.* ‖ Entender : *ahora lo veo muy claro.* ‖ Comprobar : *veo que no te has conducido muy bien.* ‖ Sospechar, figurarse : *veo lo que me vas a decir.* ‖ Ser escena de : ¡*imagínese lo que habrán visto estas paredes!* ‖ Juzgar : *cada cual tiene su manera de ver las cosas* (ú. t. c. pr.). ‖ Tener en cuenta : *sólo ve lo que le interesa.* ‖ Darse cuenta : *no ves lo difícil que es hacerlo.* ‖ Ser juez en una causa. ‖ — *A más ver* (o *hasta más ver*), fórmula de despedida. ‖ *A ver,* expr. empleada para pedir algo que se quiere examinar o para manifestar sorpresa o incredulidad. ‖ *Darse a ver,* mostrarse. ‖ *Esto es por ver* (o *habrá que verlo*), esto hay que comprobarlo. ‖ *Ni visto ni oído,* rápida y repentinamente. ‖ *Fig. y fam. No poder ver a uno* ni en pintura (ni *ni pintado*), detestarlo. ‖ *Fig. No tener nada que ver con,* no tener ninguna relación con. ‖ *Fig. y fam. No ver ni jota* (o *no ver tres en un burro*), ser muy miope. ‖ *Por lo visto* (o *por lo que se ve*), al parecer, según las apariencias. ‖ *Fam. Que no veo* (ves, etc.), mucho : *tengo un hambre que no veo.* ‖ *Ser de ver una cosa,* ser digna de atención. ‖ *Fig. Te veo venir,* adivino tus intenciones. ‖ *Ver de,* intentar, procurar : *vamos de satisfacerle.* ‖ *Fig. Veremos,* expr. que se usa para diferir la ejecución de una cosa. ‖ *Ver mundo,* viajar mucho. ‖ — V. pr. Mirarse, contemplarse : *verse en el espejo.* ‖ Ser perceptible : *el colorido no se ve.* ‖ Encontrarse en cierta situación : *verse apurado.* ‖ Tratarse : *nos vemos a menudo.* ‖ Encontrarse, entrevistarse. ‖ Ocurrir, suceder : *esto se ve en todos los países.* ‖ *Fig. y fam. Vérselas y deseárselas,* pasarlo muy mal ; dar un trabajo loco. ‖ *Verse negro,* encontrarse en gran apuro.

vera f. Orilla : *a la vera de la senda.* ‖ Lado : *estaba a mi vera.* ‖ Árbol cigofiláceo americano, de madera rojiza muy dura. ‖ Su madera.

Vera, c. y dep. al NE. de la Argentina (Santa Fe). — V. en el SE. de España (Almería). ‖ ~ **(La),** comarca en el O. de España (Extremadura). Agricultura. ‖ — **de Moncayo,** lugar al NE. de España (Zaragoza). Monasterio cisterciense de Veruela.

Vera (Pedro Jorge), escritor ecuatoriano, n. en 1914, autor de poesías, obras de teatro, novelas y cuentos. ‖ ~ **y Aragón** (Juan TORRE DE), V. TORRE DE VERA.

veracidad f. Realidad : *la veracidad de un hecho.*

Veracruz, c. y puerto al este de México, en el Estado homónimo y a orillas del golfo de México. Obispado. Universidad. Escuela Naval. Industrias. Ingenio azucarero. — Estado en el E. de México ; cap. Jalapa. Agricultura. Ganadería. Minas. Petróleo, gas natural. Industrias. Yacimientos prehistóricos y prehispánicos.

Veracruz (Alonso de la), religioso agustino español (1507-1584). Vivió en México desde 1584 hasta su muerte, y realizó una gran labor cultural.

veracruzano, na adj. y s. De la c. y del Estado de Veracruz (México).

Veragua (Duque de), título otorgado por Carlos I al nieto de Cristóbal Colón (1537), que aún conservan sus sucesores.

Veraguas, n. dado por Colón (1502) a la costa panameña, entre la penín-

sula Valiente y la punta Toro. — Río de Panamá, que des. en el mar Caribe. — Prov. central de Panamá al O. de la península de Azuero ; cap. *Santiago de Veraguas.* Agricultura. Ganadería. Minas (oro, cobre ; sal).

Veraguas (*Cultura de*), cultura precolombina (800-1525) en Veraguas (Panamá). Tumbas, cerámicas, joyas.

veragüense adj. y s. De Veraguas (Panamá).

veranda f. Galería o balcón que corre a lo largo de las casas de la India y el Extremo Oriente. ‖ Balcón cubierto con cierre de cristales.

veraneante adj. Dícese de la persona que pasa el verano en un sitio (ú. t. c. s.).

veranear v. i. Pasar las vacaciones de verano en cierto sitio.

veraneo m. Acción de veranear : *ir de veraneo.* ‖ Vacaciones de verano.

veraniego, ga adj. Relativo al verano : *temporada veraniega.* ‖ *Fig.* Ligero, que se lleva en verano : *traje veraniego.*

veranillo m. Tiempo breve en que suele hacer calor a finales de septiembre : *el veranillo de San Miguel, del membrillo* (España), *de San Juan* (en algunas partes de América).

verano m. Estío, estación más calurosa del año. — En el hemisferio septentrional, el verano comprende los meses de junio, julio y agosto. En el hemisferio austral, los meses de diciembre, enero y febrero. En el Ecuador, la temporada de sequía, que dura unos seis meses.

verapacense adj. y s. De Verapaz (Guatemala).

Verapaz (Alta y Baja), departamentos del centro de Guatemala ; cap. *Cobán* y *Salamá.* Agricultura ; ganadería.

veras f. pl. Realidad, verdad en las cosas que se dicen o hacen : *De veras,* realmente, de verdad : *enfermo, feo de veras ; en serio, no en broma : lo digo de veras.*

veraz adj. Que dice siempre la verdad o que corresponde a ella.

verbal adj. Que se hace de palabra y no por escrito : *promesa verbal.* ‖ Relativo al verbo : *formas verbales.* ‖ Aplícase a las palabras que se derivan del verbo.

verbalismo m. Propensión a dar más importancia a las palabras que a los conceptos.

verbasco m. *Bot.* Gordolobo.

verbena f. Planta verbenácea de hermosas flores usadas en farmacia. ‖ Feria y fiesta popular : *la verbena de San Juan.*

verbenáceo, a adj. Dícese de las plantas dicotiledóneas de fruto drupáceo, como la verbena, la hierba luisa y el sauzgatillo (ú. t. c. s. f.). ‖ — F. pl. Familia que forman.

verbenero, ra adj. Referente a la verbena : *noche verbenera.*

verbigracia y **verbi gratia** expr. lat. Por ejemplo.

Verbitsky (Bernardo), novelista argentino (1907-1979), autor de *Es difícil empezar a vivir, En esos años, Villamiseria también es América, La esquina, Calles de tango, Un hombre de papel,* etc. Ha publicado también ensayos.

verbo m. Segunda persona de la Santísima Trinidad, encarnada en Jesús : *el Verbo divino.* ‖ Lenguaje, palabra. ‖ *Gram.* Palabra que, en una oración, expresa la acción con el estado del sujeto.

verborragia, verborrea y **verbosidad** f. Abundancia de palabras inútiles : *me molesta su verborrea.*

Vercelli, c. del NO. de Italia en el Piamonte, cap. de la prov. homónima. Arzobispado. Textiles. Los cimbros fueron derrotados aquí por Mario (101 a. de J. C.).

Vercingétorix, caudillo galo (¿ 72 ? - 46 a. de J. C.), defensor de Gergovia y sitiado en Alesia por César. M. decapitado en Roma.

Vercors (Jean), escritor francés, n. en 1902, autor del relato *El silencio del mar.*

verdad f. Condición de lo que es cierto : *la verdad es que no puede hacerlo.* ‖ Conformidad de lo que se dice con lo que se piensa : *decir la verdad.* ‖ Cosa cierta : *esto es*

verdad. ‖ Veracidad, autenticidad, certeza : *verdad histórica, científica, filosófica.* ‖ Sinceridad, buena fe : *un acento de verdad.* ‖ — *Bien es verdad que* (o *verdad es que*), expr. que se usan para explicar o atenuar. ‖ *Fam. Cantarle* (o *decirle*) a uno *cuatro verdades* (o *las verdades del barquero*), criticarle crudamente con franqueza. ‖ *De verdad, de veras,* realmente ; verdadero, auténtico : *un torero de verdad ; en serio, no en broma : ¡lo dices de verdad ?* ‖ *En verdad,* por cierto, verdaderamente. ‖ *La hora de la verdad,* en el momento en que se verifica algo. ‖ *La pura verdad,* la verdad en toda su realidad. ‖ *Fig. y fam. Una verdad como un puño* (o como *un templo* o *verdades como un puño*), una verdad evidente. ‖ *Verdad ?, ¿ es cierto ?* ‖ *Verdad de Perogrullo,* perogrullada, cosa sabida por todos y que es preciso repetir.

Verdad sospechosa (*La*), comedia de Ruiz de Alarcón (1630).

Verdad y Ramos (Francisco Primo de), protomártir de la independencia mexicana (1760-1808).

verdadero, ra adj. Conforme a la verdad, a la realidad : *nada hay de verdadero en lo que afirma.* ‖ Auténtico, que tiene los caracteres esenciales de su naturaleza : *un topacio verdadero ; el Dios Verdadero ; un verdadero bandido.* ‖ Real, principal : *el verdadero motivo de su acción.* ‖ Conveniente, adecuado : *éste es su verdadero sitio.*

Verdaguer (Mosén Jacinto), poeta español de la Renaixença catalana (1845-1902), autor de epopeyas (*La Atlántida, Canigó*) y de otras composiciones (*Idilios y cantos místicos, Montserrat, Patria, Flores de calvario, Aires de Montseny*).

verde adj. De color semejante al de la hierba fresca, la esmeralda, etc., y que resulta de una mezcla de azul y amarillo. ‖ Que tiene savia y no está seco : *leña verde.* ‖ Fresco : *hortalizas verdes.* ‖ Que aún no está maduro : *uvas verdes ; vino verde.* ‖ Aplícase a los años juveniles : *en mis verdes años.* ‖ *Fig.* Inmaduro, sin sus comienzos : *el negocio está aún verde.* ‖ Libre, escabroso, licencioso : *chiste verde.* ‖ Que tiene inclinaciones galantes a pesar de su edad : *viejo verde.* ‖ Aplícase a los movimientos ecologistas y a sus partidarios (ú. t. c. s.). ‖ — *Fig. y fam. Poner verde a uno,* insultarle o criticarle. ‖ *Zona o espacio verde,* parte arbolada de una ciudad. ‖ — M. Color verde : *no me gusta el verde.* ‖ Verdor de la planta. ‖ Conjunto de hierbas del campo ; follaje. ‖ *Fig.* Carácter escabroso : *lo verde del dicho.* ‖ *Pop.* Billete de mil pesetas. ‖ *Riopl.* Mate.

Verde, peníns. al E. de la Argentina, al S. de la prov. de Buenos Aires. — Río del Brasil (Mato Grosso), afl. del Paraná ; 320 km. — Río que señala una parte de la frontera del Brasil con Bolivia, afl. del Guaporé. — Río en el O. de México (Zacatecas y Jalisco), afl. del río Grande de Santiago ; de 273 a 336 km. — Río al O. del Paraguay, afl. del río Paraguay. — (**Cabo**). V. CABO VERDE.

verdear v. i. Volverse una cosa de color verde. ‖ Tirar a verde. ‖ Empezar a cubrirse de plantas : *verdeaban los campos.* ‖ — V. t. Coger la aceituna.

verdecer v. i. Cubrirse de verde los campos o los árboles.

verdemar adj. Dícese del color verdoso parecido al que tiene a veces el mar (ú. t. c. s. m.).

verdeo m. Recolección de las aceitunas antes de que maduren.

verdeoscuro, ra adj. Verde de color oscuro (ú. t. c. s. m.).

verderón m. Ave canora parecida al gorrión, con plumaje verde y amarillo. ‖ Berberecho.

Verdi (Giuseppe), músico italiano (1813-1901), autor de óperas (*La Traviata, El Trovador, Don Carlos, Rigoletto, Aída, Otelo, Las vísperas sicilianas, Falstaff,* etc.) y de un *Réquiem.*

verdiales m. pl. Ciertos cantes y bailes propios de los montes de Málaga.

verdín m. Algas verdes o mohos que se crían en un lugar húmedo o

VE

cubierto de agua. || Cardenillo. || Color verde claro.

verdinegro, gra adj. De color verde muy oscuro (ú. t. c. s. m.).

verdón m. Verderón, pájaro.

verdor m. Color verde. || Color verde vivo de las plantas. || Fig. Vigor, juventud : *en el verdor de mi vida.*

verdoso, sa adj. Que tira a verde. || Muy pálido : *tenía la tez verdosa.*

verdugado m. Prenda que las mujeres usaban debajo de la falda para ahuecarla.

verdugazo m. Latigazo, azote.

verdugo m. Funcionario de la justicia que ejecuta las penas de muerte. || Brote, vástago de árbol. || Vara flexible para azotar. || Verdugón o señal en la piel. || Prenda de punto para abrigar que cubre la cabeza a modo de capucha. || Alcaudón. || *Arq.* Serie horizontal de ladrillos en una construcción de tierra o de mampostería. || Fig. Persona muy cruel que castiga sin piedad : *este maestro es un verdugo.* | Cosa que mortifica mucho. || *Taurom.* Verduguillo. || *Méx.* Pájaro arriero.

verdugón m. Señal o roncha, coloreada o hinchada, que deja en el cuerpo un latigazo o un golpe.

verduguillo m. *Taurom.* Espada para descabellar.

verdulería f. Tienda donde se venden verduras. || *Fam.* Palabra o acción escabrosa, verde. | Obscenidad.

verdulero, ra m. y f. Persona que vende verduras. || Fig. Persona verde o escabrosa. || — F. Fig. y fam. Mujer ordinaria y vulgar.

Verdún, c. en el NE. de Francia (Meuse) a orillas del Mosa. Obispado. En 1916, el ejército francés derrotó a las fuerzas alemanas en la primera guerra mundial. — Suburbio al SE. de Montreal (Canadá).

verdura f. Hortaliza, legumbre verde. || Verdor, color verde.

verdusco, ca adj. Verdoso.

verecundia f. Vergüenza.

vereda f. Senda, camino estrecho. || *Amer.* Acera de las calles. || Fig. Hacer entrar (o meter) a *uno* en vereda, hacerle seguir una vida muy seria cumpliendo con sus deberes.

veredicto m. *For.* Declaración en la que un jurado responde a las preguntas hechas por el presidente del tribunal : *veredicto de culpabilidad.* || Juicio, parecer dado sobre cualquier asunto : *el veredicto de la opinión.*

Vereeniging, c. al NE. de la Rep. de África del Sur (Transvaal). Metalurgia.

verga f. Miembro genital de los mamíferos. || *Mar.* Palo colocado horizontalmente en un mástil para sostener la vela.

Verga (Giovanni), escritor italiano (1840-1922), autor de novelas naturalistas (*Caballería rusticana, Maestro don Gesualdo,* etc.).

vergajo m. Verga del toro que, seca y retorcida, sirve de látigo. || Cualquier clase de látigo.

Vergara, v. en el N. de España (Guipúzcoa). Aquí tuvo lugar en 1839 la reconciliación entre carlistas y liberales, conocida con el nombre de *Abrazo de Vergara.*

Vergara, familia de escultores valencianos. El más conocido fue FRANCISCO (1713-1761), decorador de la catedral de Cuenca. || ~ (JOSÉ IGNACIO), matemático, ingeniero y político chileno (1837-1889). || ~ (JOSÉ MANUEL), escritor chileno, n. en 1929, autor de novelas (*Daniel y los leones dorados*). || — **y Vergara** (JOSÉ MARÍA), poeta, novelista, dramaturgo, crítico literario y biógrafo colombiano, n. en Bogotá (1831-1872).

vergé adj. (pal. fr.). Dícese del papel que lleva una filigrana de rayado muy fino cruzado por otras rayas bastante separadas.

vergel m. Huerto con variedad de flores y árboles frutales.

Vergés (Pedro), escritor dominicano, n. en 1903, autor de novelas (*Anacaona*) y de libros históricos.

vergonzante adj. Que tiene o que produce vergüenza : *su actitud fue en cierta manera vergonzante.*

vergonzoso, sa adj. Que es motivo de vergüenza : *hecho vergonzoso.* || Que se avergüenza fácilmente : *niña vergonzosa* (ú. t. c. s.).

Vergonzoso en Palacio (El), comedia de Tirso de Molina (1621).

vergoña f. (Ant.). Vergüenza.

vergüenza f. Turbación del ánimo causada por alguna ofensa recibida, por una falta cometida, por temor a la deshonra, al ridículo, etc. : *pasar vergüenza ; morir de vergüenza.* || Timidez, apocamiento : *tener vergüenza.* || Estimación de la dignidad : *si tiene vergüenza hará lo que debe hacer.* || Honor, pundonor : *hombre de vergüenza.* || Oprobio : *ser la vergüenza de la familia.* || Cosa que indigna, escándalo : *¡ eso es una vergüenza !* || Pena o castigo infamante que consistía en exponer al reo en público. || Pl. Partes pudendas. || — Fig. Caérsele a *uno* la cara de vergüenza, tener mucha vergüenza. | *Dar vergüenza,* ser motivo de vergüenza. | *Perder la vergüenza,* descararse, insolentarse. | *Señalar* a *uno* a la vergüenza, pública, hacer públicas sus faltas.

Verhaeren (Emile), poeta belga, de lengua francesa (1855-1916). Escribió también cuentos, obras de teatro y crítica literaria.

vericueto m. Caminillo estrecho, tortuoso y escarpado por donde se anda con dificultad. || Fig. Complicación, lío, enredo.

verídico, ca adj. Conforme con la verdad : *historia verídica.*

verificación f. Comprobación.

verificador, ra adj. Encargado de verificar, de controlar algo (ú. t. c. s.). || — M. Aparato que sirve para verificar. || — F. Verificador.

verificar v. t. Comprobar la verdad o exactitud de una cosa : *verificar la declaración de un testigo, el resultado de una operación.* || Realizar, ejecutar, efectuar : *verificar un sondeo.* || — V. pr. Efectuarse : *el acto se verificó hace tiempo.* || Resultar cierto y verdadero lo que se dijo o pronosticó : *se verificó su predicción.*

Verin, v. en el noroeste de España (Orense).

verismo m. Veracidad, realismo. || Nombre dado en Italia a una escuela literaria y musical que procura llevar el realismo al extremo (s. XX).

Veríssimo (Erico Lopes), escritor brasileño (1905-1976), autor de relatos (*Saga, Caminos cruzados,* etc.) y de la obra *Literatura brasileña.*

verista adj. Relativo al verismo. || Partidario de él (ú. t. c. s.).

verja f. Enrejado metálico utilizado para cerrar una casa, una ventana, un parque, etc.

Verjoiansk o **Verkhoiansk,** c. y montes al E. de la U. R. S. S. (Rusia), en Siberia oriental. Es uno de los puntos más frío del globo.

verjurado, da adj. Vergé.

Verlaine [verlén] (Paul), poeta francés, n. en Metz (1844-1896). Influyó poderosamente en la escuela simbolista y en la moderna lírica castellana (Antonio Machado) e hispanoamericana (Rubén Darío). Autor de *Poemas saturnianos, Fiestas galantes, La buena canción, Romanzas sin palabras,* etc.

Vermeer de Delft (Johannes), llamado también Van der Meer, pintor holandés, n. en Delft (1632-1675), autor de paisajes (*Vista de Delft*), interiores y retratos (*La encajera, El geógrafo*).

vermicida adj. Vermífugo (ú. t. c. s. m.).

vermiforme adj. Con forma de gusano.

vermífugo, ga adj. Que mata las lombrices intestinales. Ú. t. c. s. m. : *administrar un vermífugo.*

Vermont, Estado del NE. de Norteamérica, en Nueva Inglaterra. Cap. Montpelier.

Vermudo. V. BERMUDO.

vermut o **vermú** m. Licor aperitivo hecho con vino blanco y varias sustancias amargas o tónicas. || Función de cine o teatro por la tarde. (Pl. *vermuts*.)

vernáculo, la adj. Propio del país de quien se habla : *idioma vernáculo.*

Verne (Jules), escritor francés, n. en Nantes (1828-1905), autor de novelas de aventuras y de anticipación científica (*Viaje al centro de la Tierra, Los hijos del capitán Grant, Veinte mil leguas de viaje submarino, La vuelta*

---

al mundo en 80 días, Miguel Strogoff, De la Tierra a la Luna, etc.).

vernier m. *Tecn.* Nonio.

vernissage m. (pal. fr.). Inauguración de una exposición artística.

Vernon (Edward), almirante inglés (1684-1757). Saqueó Portobelo en 1739, pero fue vencido por Blas de Lezo en Cartagena de Indias (1741).

Vero (Lucio) [130-169], emperador romano, hijo adoptivo de Antonino Pío y asociado al Imperio por Marco Aurelio desde 161.

Verona, c. en el NE. de Italia en Venecia, a orillas del Adigio, cap. de la prov. homónima. Obispado. Monumentos medievales y renacentistas.

veronal m. Analgésico derivado del ácido barbitúrico.

veronés, esa adj. y s. De Verona (Italia).

Veronés (Paolo CALIARI, llamado), pintor italiano de la escuela veneciana (1528-1588), autor de *La tentación de San Antonio, Las bodas de Caná, El triunfo de Venecia, Los discípulos de Emaús, El rapto de Europa, La vida de San Sebastián,* etc.

verónica f. Planta escrofulariácea de flores azules en espigas. || *Taurom.* Lance que consiste en pasar al toro la capa extendida con ambas manos. || *Verónica de los jardines,* planta ornamental mexicana.

Verónica (Santa), mujer judía que, según la leyenda, vio a Jesús camino del Calvario y le enjugó el rostro con un lienzo en el que quedó impresa la divina faz. Fiesta el 12 de julio.

verosímil adj. Que parece verdadero y puede creerse.

verosimilitud f. Lo que parece verdad. || Probabilidad.

verraco m. Cerdo padre. || *Amer.* Cerdo de monte o pecarí. || *Fam.* Gritar como un verraco, gritar muy fuerte.

verraquear v. i. *Fam.* Gruñir como el cerdo. || *Fig. y fam.* Berrear, llorar los niños con rabia.

Verrazano (Giovanni da), explorador italiano (1485-1528) que, enviado por Francisco I de Francia, bordeó las costas atlánticas de América del Norte, estuvo en el estuario del Hudson y llegó hasta Terranova (1524). M. en otra expedición al Brasil.

Verres (Cayo Licinio), procónsul romano (119 ?-43 a. de J. C.), famoso por sus depredaciones y atropellos.

Verrocchio (Andrea DI CIONE, llamado Del), escultor, pintor y orfebre italiano (1435-1488).

verruga f. Excrecencia cutánea pequeña formada por hipertrofia de las papilas dérmicas.

verrugosidad f. Calidad de verrugoso. || Lesión cutánea con verrugas.

verrugoso, sa adj. Con verrugas o relativo a ellas : *manos verrugosas.*

versado, da adj. Entendido, instruido : *versado en sociología.*

versal adj. Mayúscula (ú. t. c. s. f.).

versalilla o **versalita** adj. Mayúscula pequeña (ú. t. c. s. f.).

Versalles, c. de Francia, a 14 km al SO. de París, cap. del dep. de Yvelines. Obispado. Palacio edificado por Luis XIV. Pequeño y Gran Trianón. Centro administrativo. Turismo. — En 1783 se firmó en Versalles el Tratado que reconoce la independencia de los Estados Unidos de Norteamérica. En 1789 fue lugar de la reunión de la Asamblea de los Estados Generales, preludio de la Revolución Francesa, y aquí se firmó en 1919 el Tratado que puso fin a la primera guerra mundial entre los Aliados y Alemania.

versallesco, ca adj. Relativo a Versalles (Francia), y sobre todo a la corte allí establecida cuyo apogeo tuvo lugar en el siglo XVIII. || *Fam.* Muy afectado, cortés o refinado : *modales versallescos.*

versar v. i. Tratar de, referirse a.

versátil adj. Fig. Inconstante.

versatilidad f. Carácter de versátil.

versículo m. Cada una de las pequeñas divisiones de los capítulos de ciertos libros, particularmente de la Biblia o del Corán. || Parte del responsorio que se reza en las horas canónicas.

versificación f. Arte de versificar. ||

Manera en que está versificada una obra.

versificador, ra adj. Que hace o compone versos (ú. t. c. s.).

versificante adj. Que versifica.

versificar v. i. Hacer o componer versos. || — V. t. Poner en verso.

versión f. Traducción : *versión castellana de « La Odisea »*. || Modo que tiene cada uno de referir o interpretar un mismo suceso. || *En versión original*, aplícase a una película de cine no doblada.

verso m. Reunión de palabras combinadas con arreglo a la cantidad de las sílabas (versos griegos o latinos), al número de sílabas, a su acentuación y a su rima (versos castellanos, alemanes, ingleses) o sólo al número de sílabas y a su rima (versos franceses). || Reverso de una hoja. || — *Verso blanco* o *suelto*, el que no rima con otros. || *Verso libre*, el que no está sujeto a rima ni a metro fijo.

versolari m. Improvisador de versos en las provincias vascas.

versus prep. (pal. lat.). Por oposición a, frente a.

vértebra f. Cada uno de los huesos cortos que, enlazados entre sí, forman la columna vertebral.

vertebrado, da adj. Aplícase a los animales que tienen vértebras (ú. t. c. s.). || — M. pl. División o tipo del reino animal formado por estos animales, en el que se encuentran los *peces*, los *reptiles* o *batracios*, las *aves* y los *mamíferos*.

vertebral adj. Relativo a las vértebras : *columna vertebral*.

vertebrar v. t. Dar una estructura, unir para formar un conjunto.

vertedora f. Orejera del arado que voltea la tierra levantada por la reja.

vertedero m. Sitio por donde se vierte o echa algo : *vertedero de basuras*. || Desaguadero o aliviadero de un pantano.

vertedor, ra adj. y s. Que vierte.

verter v. t. Derramar, dejar caer líquidos o sustancias pulverulentas : *verter cerveza en el mantel*. || Echar una cosa de un recipiente a otro. || Traducir : *verter un texto inglés al castellano*. || Fig. Tratándose de máximas, conceptos, etc., decirlos. || — V. i. Correr un líquido por una cosa inclinada (ú. t. c. pr.). || Desembocar.

vertical adj. Que tiene la dirección de la plomada. || *Geom.* Aplícase a la recta o plano perpendicular al horizonte (ú. t. c. s. f.). || Dícese del piano cuyas cuerdas y caja de resonancia están en posición vertical. || Relativo al verticalismo : *sindicato vertical*.

verticalidad f. Estado o calidad de lo vertical.

verticalismo m. Sistema sindical mixto creado en España en 1938 y mantenido oficialmente bajo el régimen de Franco con la denominación de *Central Nacional Sindicalista* (C. N. S.), en la que fueron agrupados, por ramas, obreros y empresarios en unos sindicatos llamados *verticales*.

vértice m. *Geom.* Punto en que concurren los dos lados de un ángulo. || Punto donde se unen tres o más planos. | Cúspide de un cono o pirámide.

vertido m. Residuo de la descomposición, combustión o destrucción de una cosa : *echar los vertidos al mar, a los ríos, a una fosa*.

vertiente adj. Que vierte. || — F. Cada una de las pendientes de una montaña : *la vertiente oeste de los Andes*. || Cada una de las partes inclinadas de un tejado. || Fig. Aspecto, lado : *examinar una cuestión por vertientes opuestas*. || Arg. Manantial. | Fuente.

Vertientes, mun. en el centro de Cuba (Camagüey).

vertiginosidad f. Calidad de vertiginoso.

vertiginoso, sa adj. Que causa vértigo : *altura vertiginosa*. || Relativo al vértigo. || Aplicado a velocidad, muy grande.

vértigo m. Sensación de pérdida del equilibrio, vahído, mareo : *padecer vértigo*. || Fig. Ataque de locura momentáneo. | Apresuramiento o actividad anormalmente intensos. | Asombro, estupor.

vertimiento m. Derrame.

Vértiz (José María), médico mexicano (1812-1876). || ~ **y Salcedo** (JUAN JOSÉ DE), político español, n. en México (1719-1799), gobernador (1771) y virrey del Río de la Plata (1778-1784). Llevó a cabo importantes reformas.

Veruela, monasterio cisterciense de España, construido en 1147, en Vera de Moncayo (Zaragoza).

Verviers, c. en el sureste de Bélgica (Lieja). Centro textil.

Vervins [-van], c. en el N. de Francia (Aisne). Tratado de Paz entre Felipe II y Enrique IV que terminó con la guerra hispano-francesa (1598).

vesania f. Locura, demencia.

vesánico, ca adj. Dícese de la persona que padece vesania (ú. t. c. s.).

vesical adj. Relativo a la vejiga.

vesícula f. Vejiguilla, ampolla en la epidermis llena de líquido seroso. || Bolsa membranosa parecida a una vejiga : *la vesícula biliar*.

Vesinet (Le), c. de Francia (Yvelines), al NO. de París.

Vesoul [-sul], c. del E. de Francia, cap. del dep. de Haute-Saône.

vespasiana f. Arg. y Chil. Urinario público.

Vespasiano (Tito Flavio) [9-79], emperador romano desde 69. Pacificó Judea, reformó el Senado y construyó el Coliseo. Fue padre de Tito y de Dominiciano.

vesperal adj. De la tarde, vespertino. || — M. Libro de canto llano que contiene el de vísperas.

vespertino, na adj. De la tarde. || — M. Diario de la tarde.

Vespucio (Américo), navegante italiano, n. en Florencia (1454-1512). Se cree que efectuó los viajes al Nuevo Mundo al servicio de España (1499-1500) o de Portugal (1501-1502) y fue el primero en afirmar que éste era otro continente. El cosmógrafo alemán Waldseemüller propuso dar en su honor el nombre de *América* al nuevo continente, denominación que apareció por primera vez en 1507.

Vesta, diosa romana del Fuego y del Hogar. Es la *Hestia* griega.

vestal f. Cada una de las sacerdotisas consagradas al culto de Vesta.

Vesteralen, archipiélago al NO. de Noruega y al N. de las islas Lofoten.

Vesteras. V. VÄSTERÅS.

vestibular adj. Del vestíbulo, cavidad del oído.

vestíbulo m. Sala o pieza que da entrada a un edificio o casa y generalmente a sus distintas habitaciones. || En los grandes hoteles, sala muy grande situada cerca de la entrada del edificio. || Cavidad irregular del laberinto óseo del oído interno que comunica con la caja del tímpano por las ventanas oval y redonda.

vestido m. Prenda usada para cubrir el cuerpo humano : *los hombres primitivos hacían sus vestidos con la piel de los animales*. || Estas prendas consideradas como género : *historia del vestido*. || Prenda de vestir de mujer compuesta de cuerpo y falda montados en una sola pieza.

vestidura f. Vestido. || — Pl. Ornamentos eclesiásticos usados para el culto divino. || Fig. Rasgarse las vestiduras, mostrar gran descontento o indignación por algo que se hace o dice.

vestigio m. Huella, señal, resto.

vestimenta f. Conjunto de todas las prendas de vestir llevadas por una persona : *una vestimenta ridícula*.

vestir v. t. Cubrir el cuerpo con vestidos : *vestir a su hermano* (ú. t. c. pr.). || Proveer de vestidos : *vestir a sus hijos* (ú. t. c. pr.). || Hacer la ropa para alguien : *vestir viste a toda la familia*. || Cubrir : *vestir un sillón de hojas*; *las hojas nuevas visten ya los árboles*. || Fig. Dar mayor consistencia y elegancia a un discurso o escrito. | Disimular, encubrir una cosa con otra. | Adoptar cierto gesto : *vestir su rostro de maldad*. || — Fig. y fam. *Quedarse una mujer para vestir imágenes* o *santos*, quedarse soltera. | Fig. *Vísteme despacio que tengo prisa*, no conviene obrar atropelladamente. || — V. i. Ir vestido : *vestir bien* o *mal*. | Ser elegante, ser apropiado para una fiesta o solemnidad : *la seda viste*

mucho; *un traje de vestir*. || Fig. y fam. Dar categoría : *tener un coche deportivo viste mucho*. || — V. pr. Cubrirse : *el cielo se vistió de nubarrones*. || — Vestirse de largo una joven, presentarse en sociedad. | Fam. Vestirse de tiros largos, vestirse con suma elegancia.

vestuario m. Conjunto de los trajes de una persona. || Conjunto de trajes para una representación teatral o cinematográfica. || Guardarropa, sala o local donde se dejan el abrigo, impermeable, paraguas y otros objetos que no se pueden llevar consigo mismo para entrar en algunos establecimientos públicos. || Lugar para cambiarse de ropa. || Sitio del teatro donde se visten los actores.

vesubiano, na adj. Relativo al Vesubio.

Vesubio, volcán de Italia meridional, a ocho km al SE. de Nápoles ; 1 270 m. La erupción del año 79 d. de J. C. sepultó a Herculano y Pompeya.

veta f. Filón, yacimiento de mineral de forma alargada. || Vena de ciertas piedras y maderas.

vetar v. t. Poner el veto.

veteado, da adj. Que tiene vetas.

vetear v. t. Pintar vetas.

veteranía f. Antigüedad.

veterano, na adj. Entre los romanos, decíase del soldado que obtenía su licencia (ú. t. c. s. m.). || Aplícase a la persona que ha desempeñado mucho tiempo el mismo empleo (ú. t. c. s.) : *periodista veterano*. || Dícese del soldado que lleva muchos años de servicio (ú. t. c. s. m.).

veterinario, ria adj. Referente a la veterinaria. || — M. y f. Persona que se dedica a la veterinaria. — F. Arte de curar las enfermedades de los animales.

veto m. Derecho que tienen algunos jefes de Estado de oponerse a la promulgación de una ley y algunas grandes potencias de declararse en contra de la adopción de una resolución que ha sido aprobada por la mayoría de los votantes en ciertas organizaciones internacionales. || Oposición, denegación : *padre que pone el veto a un casamiento*.

vetón adj. Dícese de un pueblo de España en tiempos de los romanos, que vivía entre el Duero y el Tajo (ú. t. c. s.).

Vetter, en sueco *Vättern*, lago en el centro de Suecia, que vierte sus aguas en el Báltico ; 1 900 km².

vetustez f. Estado de deterioro causado por el tiempo : *la vetustez de un edificio*.

vetusto, ta adj. Muy viejo, desgastado por el tiempo : *casa vetusta*.

Vevey, c. en el SO. de Suiza (Vaud), al N. del lago Leman. Turismo.

Veytia (Mariano FERNÁNDEZ DE ECHEVERRÍA Y), historiador mexicano (1718-1779).

vez f. Usado con un numeral, indica cada realización de un hecho o acción, o el grado de intensidad de una cosa : *he visto esta película dos veces*; *esta lámpara alumbra tres veces más*. || Ocasión : *una vez se comió un pollo entero*. | Tiempo en que le toca a uno actuar, turno : *le tocó su vez*. || — A la vez, simultáneamente. | A su vez, por su turno. | Algunas veces o a veces, no siempre, en ciertas circunstancias. | De una vez, de un golpe, en una sola acción. | De una vez para siempre, definitivamente. | De vez en cuando, de cuando en cuando, en ocasiones. | En vez de, en sustitución de : *érase una vez*, fórmula con que empiezan muchos cuentos infantiles. | Hacer las veces de, servir de. | Muchas veces, con mucha frecuencia. | Rara vez, raramente. | Tal vez, quizá, acaso. | Una (o alguna) que otra vez, en pocas ocasiones.

Vézelay [-lé], pobl. de Francia (Yonne), al SE. de París.

vía f. Camino : *vía pública*. || Calle. | Todo lo que conduce de un sitio a otro : *vía terrestre, marítima, aérea*. || Doble línea de rieles paralelos, afianzados sobre traviesas, que sirven de camino de rodadura a los trenes : *vía férrea*. | Canal, conducto : *vías respiratorias, digestivas, urinarias*. | Tecn.

VE

693

Espacio entre las ruedas del mismo eje de un coche. ‖ Entre los ascéticos, orden de vida espiritual : *vía purgativa*. ‖ Conducto anatómico de un sistema : *vías respiratorias, urinarias*. ‖ *For.* Ordenamiento procesal : *vía ordinaria, sumarísima, ejecutiva*. ‖ Cada una de las divisiones longitudinales de una autopista. ‖ — *Dar vía libre*, dejar libre el paso ; dejar libertad de acción. ‖ *Fig. De vía estrecha*, mediocre, de poca entidad. ‖ *Estar en vías de*, estar en curso de. ‖ *Las vías del Señor*, sus mandatos y leyes, incomprensibles para los hombres. ‖ *Por vía de*, a modo de. ‖ *Vía de agua*, agujero, grieta en el casco del barco por donde penetra el agua. ‖ *Vía de apremio*, petición del demandante en un proceso civil de que se haga efectivo el pago de su crédito. ‖ *Vía de comunicación*, cualquier camino terrestre, línea marítima o aérea que permite la circulación de personas y objetos. ‖ *Vía férrea*, ferrocarril. ‖ *Vía muerta*, vía férrea sin salida ; (fig.) camino sin salida. ‖ *For. Vías de hecho*, malos tratos que no constituyen violencias sino más bien afrenta. ‖ *Vía pública*, calle, carretera, plaza. ‖ — Prep. Pasando por : *Madrid-Londres vía París*.

viabilidad f. Calidad de viable.

viable adj. Que puede vivir : *una criatura viable*. ‖ *Fig.* Dícese de lo que reúne las condiciones necesarias para realizarse o llevarse a cabo : *no hemos encontrado ningún proyecto viable*.

via crucis o **viacrucis** m. inv. Conjunto de catorce cuadros o bajorrelieves que representan la Pasión de Jesucristo y que los fieles recorren rezando el Viernes Santo. ‖ *Fig.* Largo padecimiento moral, tormento.

Viacha, c. de Bolivia, al S. de La Paz ; cap. de la prov. de Ingaví. Centro ferroviario.

viaducto m. Puente construido sobre una hondonada para el paso de una carretera o del ferrocarril.

viajante adj. Dícese de la persona que viaja (ú. t. c. s.). ‖ — M. y f. Representante comercial que viaja para vender mercancías en varias plazas.

viajar v. i. Efectuar uno o varios viajes : *no le gusta viajar en avión*.

viaje m. Ida de un sitio a otro bastante alejado : *hacer un viaje a América*. ‖ Ida y venida : *mudas todo el piso en tres viajes*. ‖ Cantidad de una cosa que se transporta de una vez. ‖ Relato hecho por un viajero. ‖ *Fam.* Ataque con arma blanca : *le tiró dos viajes al pecho*. ‖ *Taurom.* Cornada. ‖ *Fam.* Estado alucinatorio provocado por la utilización de drogas. ‖ *Amer.* Agarrar viaje, aceptar una propuesta o invitación ; tomar la decisión de efectuar algo. ‖ *Buen viaje*, expresión utilizada para despedir a alguien que se va de viaje ; (fig.) expresión empleada para mostrar que importa poco que alguien se vaya o que salga mal algo. ‖ *Amer. De un viaje*, de una vez. ‖ *Fig. El último viaje*, la muerte.

viajero, ra adj. Que viaja. ‖ — M. y f. Persona que viaja.

vial adj. Relativo a la vía. ‖ Viario. ‖ — M. Calle bordeada de árboles.

Vía Láctea. V. LÁCTEA *(Vía)*.

vialidad f. Conjunto de servicios relacionados con las vías públicas.

Viana, mun. al N. del Brasil (Maranhão). — C. en el N. de España (Navarra). ‖ — **del Bollo,** v. al NO. de España (Orense). ‖ — **do Castelo,** c. y puerto de Portugal septentrional, cap. del distrito homónimo.

Viana (Javier de), escritor uruguayo (1868-1926), autor de novelas en las que describe la vida rural *(Yuyos, Leña seca, Gurí, Macachines y Gauchas)*, de poesías y de obras de teatro. ‖ — *(Príncipe de)*. V. CARLOS DE VIANA.

vianda f. Cualquier clase de alimento para las personas.

viandante com. Persona que va a pie por un camino.

Vianney (Juan Bautista María). V. JUAN BAUTISTA MARÍA VIANNEY *(San)*.

Viareggio, c. de Italia en Toscana (prov. de Lucca), a orillas del mar Tirreno. Balneario.

viario, ria adj. Referente a las carreteras : *red viaria*.

Viasa o **Vyasa,** supuesto compila-

dor legendario de los *Vedas* y autor de la epopeya india *Mahabharata*. (V. este n.)

viático m. Dinero o provisiones que se dan a la persona que va de viaje, dieta. ‖ Sacramento de la Eucaristía administrado a un enfermo en peligro de muerte.

Viatka, río de la U. R. S. S., afl. del Kama. Pasa por Kírov ; 1 367 km. — V. KÍROV.

víbora f. Serpiente venenosa, de cabeza triangular, que vive en los lugares pedregosos y soleados. ‖ *Fig.* Persona maldiciente, que murmura o habla mal de los demás.

viborezno m. Víbora pequeña.

Viborg, c. de Dinamarca, en el centro de la penins. de Jutlandia. Catedral del s. XII. — V. VYBORG.

vibración f. Rápido movimiento oscilatorio. ‖ Movimiento de vaivén periódico de un cuerpo alrededor de su posición de equilibrio. ‖ Tratamiento que se aplica al hormigón recién vaciado y que consiste en someterlo a vibraciones para hacerlo más compacto.

vibrado adj. m. Dícese del hormigón sometido a la vibración. ‖ — M. Vibración del hormigón.

vibrador, ra adj. Que vibra. ‖ — M. Aparato que transmite las vibraciones eléctricas. ‖ Aparato para efectuar la vibración del hormigón.

vibráfono m. Instrumento de música que se compone de una serie de láminas de acero que se golpean con martillos y que están provistas de tubos de resonancia situados en la parte inferior.

vibrar v. t. Dar un movimiento rápido de vaivén a alguna cosa larga, delgada y elástica. ‖ Emitir la voz. ‖ — V. i. Hallarse un cuerpo sujeto a vibraciones. ‖ *Fig.* Conmoverse.

vibrátil adj. Que puede vibrar.

vibratorio, ria adj. Que vibra.

vibrión m. Bacteria en forma de coma : *el vibrión del cólera*.

Vic. V. VICH.

Vicálvaro, pobl. industrial en el área metropolitana de Madrid (España).

vicaria f. En los conventos de monjas, religiosa inmediatamente inferior a la superiora.

vicaría f. Dignidad de vicario. ‖ Territorio de su jurisdicción. ‖ Oficina o residencia del vicario. ‖ *Pasar por la vicaría*, casarse.

vicarial adj. De la vicaría.

vicariato m. Vicaría y tiempo que dura. ‖ *Vicariato apostólico*, circunscripción eclesiástica regida por un vicario apostólico.

vicario m. Cura párroco. ‖ El que sustituye a otro. ‖ — *Vicario apostólico*, clérigo que gobierna un territorio eclesiástico en nombre del Papa y no en el del obispo. ‖ *Vicario de Jesucristo*, el Papa. ‖ *Vicario general*, suplente de un obispo.

Vicario (Leona), heroína mexicana (1787-1842) que luchó por la independencia de su patria. Era esposa de Quintana Roo.

vice-, partícula invariable que, en palabras compuestas, indica función de suplente o adjunto de un titular.

vicealmirantazgo m. Dignidad de vicealmirante.

vicealmirante m. Oficial general de marina, inferior al almirante. (Equivale a teniente general en el ejército de tierra.)

vicecanciller m. Cardenal de la curia romana que preside el despacho de bulas y breves. ‖ El que hace las veces de canciller.

vicecancillería f. Cargo de vicecanciller. ‖ Su oficina.

vicecónsul m. y f. Funcionario inmediatamente inferior al cónsul.

viceconsulado m. Cargo de vicecónsul. ‖ Su oficina.

vicegobernador, ra m. y f. Persona que hace las veces de gobernador.

vicejefe m. y f. Persona que sustituye o reemplaza al jefe.

Vicente ‖ — **Guerrero,** mun. de México (Puebla). — N. de 25 pobl. de diferentes Estados de México. ‖ — **López,** pobl. de la Argentina, en el NO. del Gran Buenos Aires. Indus-

trias. ‖ — **Noble,** distrito al SO. de la Rep. Dominicana (Barahona).

Vicente ‖ — **de Paúl** *(San)*, sacerdote francés (1581-1660). Fundó, con Louise de Marillac, la congregación de las *Hermanas de la Caridad* y la de los *Sacerdotes de la Misión* (1634), llamados más tarde *lazaristas* o *paúles*. Fiesta el 19 de julio. ‖ — **Ferrer** *(San)*, predicador dominico español (¿ 1350 ?-1419). Representó al reino de Valencia en el *Compromiso de Caspe*. Fiesta el 5 de abril.

Vicente (Eduardo), pintor español (1908-1968). ‖ — (GIL), autor dramático portugués (¿ 1470-1536 ?) que escribió en castellano, autor de *Auto de la Sibila Casandra, Trilogía de las Barcas, Don Duardos*, etc.

vicentino, na adj. y s. De San Vicente (El Salvador).

Vicenza, c. del NE. de Italia en Venecia, cap. de la prov. homónima.

vicepresidencia f. Cargo de vicepresidente o vicepresidenta.

vicepresidente, ta m. y f. Persona que suple al presidente o a la presidenta.

vicerrector, ra m. y f. Funcionario que suple al rector o a la rectora : *vicerrector de la Universidad*.

vicesecretaria f. Cargo o funciones del vicesecretario. ‖ Oficina de éste.

vicesecretario, ria m. y f. Persona que suple al secretario o a la secretaria.

vicetiple f. Corista.

viceversa adv. Recíprocamente, inversamente.

viciar v. t. Corromper física o moralmente : *viciar el aire, las costumbres*. ‖ Adulterar los géneros : *viciar la leche*. ‖ Falsificar : *viciar un escrito*. ‖ Quitar validez a un acto : *viciar un contrato*. ‖ *Fig.* Deformar (ú. t. c. pr.). ‖ — V. pr. Entregarse a los vicios. ‖ Enviciarse. ‖ Deformarse algo.

vicio m. Defecto, imperfección grave : *vicio de conformación*. ‖ Mala costumbre : *fumar puede llegar a ser un vicio*. ‖ Inclinación al mal : *el vicio se opone a la virtud*. ‖ Licencia, libertinaje : *entregarse al vicio*. ‖ Mimo, exceso de condescendencia con que se trata a un niño. ‖ Deformación. ‖ *Fig. Llorar, quejarse de vicio*, llorar, quejarse sin motivo. ‖ *Vicio de dicción*, falta de pronunciación. ‖ *Vicio de forma*, falta de alguna formalidad exigida por la ley. ‖ *Vicio oculto*, defecto de una cosa vendida que el comprador desconoce.

vicioso, sa adj. Que tiene algún vicio o imperfección : *locución viciosa*. ‖ Entregado a los vicios, al libertinaje : *hombre vicioso* (ú. t. c. s.). ‖ *Fam.* Mimado. ‖ *Círculo vicioso*, v. CÍRCULO.

vicisitud f. Sucesión de cosas opuestas. ‖ — Pl. Sucesión de acontecimientos felices o desgraciados.

Vico (Giambattista), filósofo italiano (1668-1744), autor de *Principios de la Filosofía de la Historia*.

víctima f. Persona o animal sacrificado a los dioses : *víctima propiciatoria*. ‖ *Fig.* Persona que se sacrifica voluntariamente : *víctima del deber*. ‖ Persona que padece por culpa ajena o suya : *fue víctima de una estafa*. ‖ Persona dañada por algún suceso : *ser víctima de un accidente*.

Víctor ‖ — **I** *(San)*, papa de 189 a 199. Fiesta el 28 de julio. ‖ — **II**, papa de 1055 a 1057. ‖ — **III**, papa de 1086 a 1087.

Víctor Fajardo, prov. al S. del Perú (Ayacucho) ; cap. *Huancapi*.

Víctor Manuel ‖ — **I** (1759-1824), rey de Cerdeña de 1802 a 1821. ‖ — **II** (1820-1878), rey de Cerdeña de 1849 a 1861 y de Italia desde 1861 hasta su muerte. Fue, con Cavour, el creador de la unidad italiana. ‖ — **III** (1869-1947), rey de Italia en 1900, hijo de Humberto I. Apoyó el régimen fascista y abdicó en favor de su hijo Humberto II en 1946.

Víctor Manuel (Víctor Manuel GARCÍA, llamado), pintor modernista cubano, n. en 1897.

victorense adj. y s. De Ciudad Victoria (México).

victoria f. Ventaja sobre el contrario en la guerra o cualquier contienda : *la victoria de un ejército, de un equipo*. ‖ *Fig.* Dominio de los vicios o pasiones.

‖ Coche de caballos descubierto con cuatro ruedas. ‖ Género de plantas ninfáceas. ‖ — *Cantar uno victoria*, jactarse del triunfo. ‖ *Victoria pírrica*, la obtenida con muchas pérdidas.

Victoria, isla interior en el centro de la Argentina, en el lago de Nahuel Huapí ; 15 km². Vivero y parque zoológico. — Sierra en el NE. de la Argentina (Misiones). — Dep. y c. al NE. de la Argentina (Entre Ríos), a orillas del Paraná. — Estado de Australia al SE. del país ; cap. *Melbourne.* — C. en el E. del Brasil (Espíritu Santo). — C. y puerto de la colonia británica de Hong Kong, cap. de la isla ; 1 300 000 h. — C. y puerto del Canadá, cap. de Colombia Británica, en el SE. de la isla de Vancouver. Universidad. — C. del centro de Chile en la IX Región (Araucanía) y en la prov. de Malleco, cap. de la com. del mismo nombre. — Mun. en el centro norte de El Salvador (Cabañas). — C. de Filipinas en la isla de Luzón. — Mun. en el E. de México (Tamaulipas). ‖ ~ **(La),** mun. al NE. de Colombia (Valle de Arauca). — Mun. del Perú, en la zona metropolitana de Lima. — C. al N. de Venezuela (Aragua). ‖ ~ (CATARATA), catarata del río Zambeze en la frontera de Zimbabwe y Zambia ; 120 m de altura. ‖ ~ (LAGO), ant. *Victoria Nyanza*, lago de África ecuatorial, ,el mayor de todo el continente ; 68 100 km². En él nace el Nilo y está dividido entre Uganda, Tanzania y Kenia. ‖ ~ (TIERRA), región de la Antártida, entre el mar de Ross y la Tierra de Wilkes. ‖ ~ **de Acentejo (La),** v. de España en la isla de Tenerife (Santa Cruz de Tenerife). ‖ ~ **de Durango,** V. DURANGO, México. ‖ ~ **de las Tunas.** V. TUNAS, Cuba.

Victoria ‖ ~ **I** (1819-1901), reina de Gran Bretaña e Irlanda desde 1837 y emperatriz de la India desde 1876. Aconsejada por lord Melbourne y por Disraeli, gobernó en la época del máximo esplendor del imperio británico. ‖ ~ **Eugenia de Battenberg,** princesa inglesa (1887-1969), reina de España (1906-1931) por su matrimonio con Alfonso XIII. Murió en Suiza.

Victoria (Manuel Félix FERNÁNDEZ, llamado **Guadalupe**), militar y político mexicano (1786-1843). Combatió en las guerras de la Independencia, ayudó a Iturbide y luego colaboró a su derrocamiento. Fue el primer pres. federalista (1824-1829). ‖ ~ (TOMÁS LUIS DE), compositor español, n. en Ávila (¿ 1540 ?-1611). Discípulo de Palestrina, fue autor de abundante música religiosa (motetes, misas, salmos, oficios).

Victoria and Albert Museum, museo de arte decorativo y de bellas artes fundado en Londres en 1835.

Victoria de Junín o *Canto a Bolívar,* poema de estilo neoclásico escrito por José Joaquín Olmedo (1803).

victoriano, na adj. Dícese de una clase de boquerones que tienen tamaño pequeño y sabor exquisito (ú. t. c. s. m.). ‖ Relativo a la reina Victoria I de Gran Bretaña.

Victorica (Miguel Carlos), pintor argentino (1884-1955), autor de bodegones, paisajes, retratos.

victorioso, sa adj. Que ha conseguido una victoria : *ejército, equipo victorioso.* ‖ Que ha conducido a la victoria.

vicuña f. Mamífero rumiante de los Andes, parecido a la llama y cubierto de pelo largo y fino. ‖ Tejido hecho con su pelo.

Vicuña, c. de Chile en la IV Región (Coquimbo) y en la prov. de Elqui, cap. de la com. del mismo nombre. Centro frutícola. ‖ ~ **Mackenna,** sierra de Chile, parte de la Cord. de la Costa.

Vicuña ‖ ~ **Cifuentes** (Julio), poeta y erudito chileno (1865-1936). ‖ ~ **Mackenna** (BENJAMÍN), historiador y político chileno (1831-1886). ‖ ~ **Subercaseaux** (BENJAMÍN), escritor chileno (1876-1911).

Vich, en cat. **Vic,** c. en el NE. de España (Barcelona), cap. de la comarca catalana de Osona. Catedral románica. Obispado. Museo de arte religioso catalán. Centro agrícola e industrial.

Vichada, río en el E. de Colombia, afl. izq. del Orinoco ; 720 km. —

Comisaría al E. de Colombia ; cap. *Puerto Carreño.* Agricultura ; pesca.

vichadense o **vichaense** adj. y s. De Vichada (Colombia).

vichador m. Riopl. Espía.

vichar y **vichear** v. i. Riopl. Espiar.

Vichuquén, c. del centro de Chile, en la VII Región (Maule) y en la prov. de Curicó, cap. de la com. de su n.

vichy m. (pal. fr.). Cierta tela de algodón de cuadritos o rayas.

Vichy, c. en el centro de Francia (Allier), a orillas del río Allier. Estación termal. Residencia del Gobierno de Pétain (1940-1944).

vichyssoise [-*suas*] f. (pal. fr.). Sopa fría de puerros, a veces de calabacines, y patatas hecha con crema o nata de leche.

vid f. Planta arbustiva, a menudo trepadora, de tronco retorcido, vástagos muy largos, nudosos y flexibles, hojas grandes alternas, cuyo fruto es la uva.

vida f. Conjunto de los fenómenos que concurren al desarrollo y la conservación de los seres orgánicos : *el principio de la vida de un ser.* ‖ Espacio de tiempo que transcurre desde el nacimiento hasta la muerte : *larga vida.* ‖ Lo que ocurre durante este tiempo : *le encanta contar su vida.* ‖ Actividad : *la vida intelectual de un país.* ‖ Sustento, alimento necesario para vivir : *ganarse bien la vida.* ‖ Modo de vivir : *vida de lujo.* ‖ Costo de la subsistencia : *la vida no deja de subir.* ‖ Biografía : *las « Vidas » de Plutarco.* ‖ Profesión : *abrazar la vida religiosa.* ‖ Duración de las cosas : *la vida de un régimen político.* ‖ Fig. Viveza, expresión : *mirada llena de vida.* ‖ Actividad, vitalidad : *persona llena de vida.* ‖ Palo del triunfo en algunos juegos. ‖ — *Buscarse la vida,* tratar de conseguir los medios necesarios para vivir. ‖ *Dar mala vida a alguien,* maltratarlo, molestarle constantemente. ‖ *Darse buena vida,* llevar una vida muy agradable y fácil. ‖ *De por vida,* para siempre. ‖ *De toda la vida,* siempre. ‖ *Fam. Echarse a la vida o ser una mujer de la vida,* dedicarse a la prostitución. ‖ *En la vida,* nunca. ‖ *Entre la vida y la muerte,* en gran peligro de muerte. ‖ *Escapar con vida,* librarse de un gran peligro. ‖ *Fam. Hacer uno por la vida,* comer. ‖ *Pasar a mejor vida,* morir en gracia de Dios. ‖ *Fig. y fam. Tener la vida pendiente de un hilo,* estar en peligro de muerte. ‖ *Tener siete vidas como los gatos,* ser muy resistente. ‖ *Fig. Vender cara su vida,* defenderse porfiadamente hasta la muerte. ‖ *Vida de perros,* la muy dura y miserable. ‖ *Vida eterna,* la del alma de los elegidos después de la muerte. ‖ *Vida futura,* la del alma tras la muerte.

Vida es sueño (La), drama filosófico en verso de Calderón de la Barca (1635).

vidala f. Vidalita.

Vidales (Luis), poeta colombiano, n. en 1904.

vidalita f. Riopl. Canción popular acompañada con la guitarra.

vide, voz latina que significa *véase* usada para remitir de un sitio a otro en un escrito. (Abrev., V.)

Videla (Jorge Rafael), militar argentino, n. en 1925, pres. de la Rep. de 1976 a 1981.

vidente adj. y s. Que ve.

video o **vídeo** m. Técnica que permite grabar la imagen y el sonido en un soporte magnético, mediante una cámara de televisión y un magnetoscopio, y reproducir posteriormente esta grabación en un televisor. ‖ Magnetoscopio. ‖ — Adj. inv. Relacionado con esta técnica.

videocable m. Cable que transmite las señales de vídeo.

videocasete m. o f. Casete formado por una cinta vídeo con la imagen y el sonido que, al colocarse en un aparato lector unido a un televisor, permite ver nuevamente un programa.

videocinta f. Cinta que permite grabar la imagen y el sonido de un programa de televisión.

videoclub m. Establecimiento donde se alquilan cintas de vídeo.

videodisco m. Disco en el cual se han grabado el sonido y la imagen de

tal manera que puedan reproducirse en pantallas de televisores.

videofonía f. Vídeo.

videófono m. Combinación del teléfono y de la televisión por la cual las dos personas que hablan a distancia pueden verse en una pantalla.

videofrecuencia f. Frecuencia de la señal suministrada por el tubo que capta las imágenes en la cadena de aparatos que constituye un emisor de televisión.

videotape m. Denominación inglesa del magnetoscopio y de la cinta vídeo.

videoteca f. Archivo de cintas de vídeo. ‖ Local donde se exhiben estas cintas.

videoteléfono m. Videófono.

videoterminal m. Terminal en un sistema vídeo.

videotex o **videotexto** m. Teletex.

vidicón m. .Tubo analizador de las imágenes de televisión.

vidorra f. Fam. Vida comodona.

vidriado, da adj. Vidrioso, quebradizo. ‖ Barnizado. ‖ — M. Revestimiento vítreo con que se cubren las piezas de alfarería para hacerlas impermeables y mejorar su aspecto. ‖ Loza cubierta con este barniz vítreo.

vidriar v. t. Cubrir la loza con barniz vítreo. ‖ — V. pr. Fig. Ponerse vidrioso : *se vidriaron mis ojos en mi vejez.*

vidriera f. Bastidor con vidrios con que se cierran puertas y ventanas. Ú. t. c. adj. : *puerta vidriera.* ‖ Ventana grande cerrada por esta clase de bastidor con vidrios generalmente de colores : *las vidrieras de una catedral.* ‖ Amer. Escaparate de una tienda.

vidriería f. Fábrica de cristales.

vidriero, ra m. y f. Persona que fabrica, vende o pone vidrios. ‖ Persona que coloca o arregla cristales. ‖ Amer. Dueño de un escaparate.

vidrio m. Sustancia dura, frágil y transparente que proviene de la fusión de la sílice con potasa o sosa : *fibra de vidrio.* ‖ Objeto hecho con esta sustancia. ‖ Cristal de ventana. ‖ Fig. y fam. Pagar uno los vidrios rotos, ser el único en sufrir injustamente las consecuencias de un acto cometido con o por otras personas.

vidriosidad f. Calidad de vidrioso.

vidrioso, sa adj. Quebradizo como el vidrio. ‖ Fig. Resbaladizo. ‖ Delicado, difícil de tratar, espinoso : *tema vidrioso.* ‖ Susceptible, que se ofende fácilmente. ‖ Dícese de los ojos que ya no brillan, sin transparencia.

Viedma, lago en el S. de la Argentina (Santa Cruz), a 250 m de altura ; 1 088 km². — C. en el E. de la Argentina, cap. de la prov. de Río Negro en la desembocadura del río n. Obispado.

vieira f. Molusco comestible muy común en Galicia, cuya concha es la venera. ‖ Esta concha.

Vieira (António), escritor y jesuita portugués (1608-1697). ‖ ~ **da Silva** (Maria Elena), pintora francesa de origen portugués, n. en 1908.

vieja f. Pez del Pacífico, de unos 10 centímetros de largo, de cabeza grande y tentáculos cortos sobre las cejas. ‖ Nombre de algunos peces del golfo de México.

Vieja (CERRO DE LA), monte al E. de México, en el límite de los Estados de Tamaulipas y San Luis Potosí ; 2 566 m.

viejito, ta adj. y s. Dim. de *viejo.* ‖ *Danza de los viejitos,* baile mexicano, típico del Estado de Michoacán.

viejales com. Fam. Persona vieja.

viejo, ja adj. De mucha edad : *mujer vieja.* ‖ Que existe desde hace tiempo : *pueblo viejo ; chiste viejo.* ‖ Deslucido, estropeado por el uso : *coche viejo.* ‖ Que ejerce una profesión desde mucho tiempo : *un viejo profesor.* ‖ De viejo, de segunda mano : *una librería de viejo.* ‖ — *Hacerse viejo,* envejecer. ‖ *Más viejo que andar a gatas* (o *a pie*), muy antiguo. ‖ — M. y f. Persona de mucha edad. ‖ And. y Amer. Voz de cariño aplicada a los padres, cónyuges, amigos, etc. : ¡ *buenos días, viejo* ! ‖ *Los viejos, los padres.* ‖ *Viejo verde,* persona mayor a quien le gustan las cosas escabrosas, libidinosas.

Viejo ‖ ~ (VOLCÁN). V. SAN CRISTÓ- **695**

VI

VIETNAM

BAL. ‖ — **(El)**, pobl. en el suroeste de Nicaragua (Chinandega).

Viejo Pancho. V. ALONSO TRELLES.

Viella, c. del NE. de España (Lérida), cap. de la comarca catalana del Valle de Arán. Túnel, bajo el Pirineo leridano y en la carretera entre Tortosa y Francia, que tiene 6 km. Estación de deportes de invierno de *Baqueira-Beret.*

Viena, en alem. *Wien*, cap. de la Rep. Federal de Austria, puerto fluvial a orillas del Danubio ; 2 000 000 h. Arzobispado. Universidad. Gran centro cultural, artístico, bancario.

vienés, esa adj. y s. De Viena (Austria).

Vienne, río de Francia, afl. del Loira ; 350 km. — C. en el E. de Francia (Isère), a orillas del Ródano. Tejidos, metalurgia. Monumentos románicos. — Dep. en el centro de Francia ; cap. *Poitiers.* ‖ **(Haute-).** V. HAUTE-VIENNE.

Vientiane, cap. administrativa de Laos, en el sur del país ; 200 000 h. Puerto fluvial. Centro comercial.

viento m. Corriente de aire que se desplaza horizontalmente : *vientos alisios.* ‖ Olor que deja la caza. ‖ Olfato de ciertos animales. ‖ Cuerda o alambre para mantener erguida una cosa : *tensar los vientos de una tienda.* ‖ *Mar.* Rumbo. ‖ *Fam.* Ventosidad. ‖ *Fig.* Jactancia, vanidad. ‖ Poco contenido. ‖ — *Fig. Beber los vientos por una persona o cosa,* desvivirse por ella. ‖ *Como el viento,* muy de prisa. ‖ *Contra viento y marea,* a pesar de todos los obstáculos. ‖ *Correr malos vientos,* ser las circunstancias adversas. ‖ *Fam. Despedir o echar a uno con viento fresco,* echarle de un sitio violentamente. ‖ *Gritar algo a los cuatro vientos,* decirlo para que se entere todo el mundo. ‖ *Instrumento de viento,* el que se hace sonar impeliendo aire dentro de él. ‖ *Fig. Lleno de viento,* vacío ; vanidoso. ‖ *Llevarse el viento algo,* desaparecer, esfumarse. ‖ *Quien siembra vientos recoge tempestades,* el que suscita discordias y acaba por ser víctima de ellas. ‖ *Sembrar a los cuatro vientos,* divulgar por todas partes. ‖ *Viento en popa,* con buena suerte.

Viento (CANAL DEL), paso entre Cuba y Haití que comunica el Caribe y el Atlántico ; 85 km de anchura. Llamado tb. *Paso de los Vientos.*

vientre m. Cavidad del cuerpo donde están los intestinos. ‖ Región donde está situada esta cavidad : *dar una puñalada en el vientre.* ‖ Con-

junto de las vísceras contenidas en esta cavidad. ‖ *Fig.* Estómago : *tener el vientre vacío.* ‖ Panza que tiene una vasija. ‖ *Fís.* Parte más ancha de una onda estacionaria. ‖ — *Bajo vientre,* hipogastrio. ‖ *De vientre,* dícese de la hembra destinada a la reproducción. ‖ *Evacuar, exonerar, hacer de o del vientre,* expeler el excremento.

Vieques, isla de las Antillas, al SE. de Puerto Rico, de cuyo Estado constituye una municipalidad (Humacao).

viera f. Vieira.

Viera (Feliciano), político uruguayo (1872-1927), pres. de la Rep. de 1915 a 1919.

viernes m. Sexto día de la semana. ‖ — *Fig. y fam. Cara de viernes,* la macilenta y triste. ‖ *¿ Te lo has aprendido en viernes ?,* siempre repites la misma cosa. ‖ *Viernes Santo,* día aniversario de la muerte de Jesucristo.

Viernyi. V. ALMA ATA.

vierteaguas m. inv. Superficie inclinada en la parte baja de puertas y ventanas para que por ella escurra el agua de la lluvia.

Vierzon, c. en el centro de Francia (Cher). Industrias.

Viesca, laguna y pobl. en el N. de México (Coahuila).

Vietcong, nombre dado, durante la guerra civil, a los miembros del Frente Nacional de Liberación de Vietnam del Sur, creado en 1960.

Vietminh, frente político vietnamita, formado en 1941 por la unión del Partido Comunista de Indochina y los elementos nacionalistas. Su jefe, Ho Chi-Minh, logró imponerse en Vietnam del Norte al expulsar a las tropas francesas en el año 1954.

Vietnam, región de Asia del Sudeste (Indochina), y a orillas del mar de China meridional ; 335 000 km²; 52 870 000 h. Cap. *Hanoi,* 1 075 000 h. C. pr. *Ciudad Ho Chi-Min,* ant. *Saigón,* 1 850 000 h. ; *Hué,* 210 000 ; *Haifong,* 370 000 ; *Nam Dinh,* 90 000. El país, formado por Cochinchina, Anam y Tonkín, fue conquistado por los franceses entre 1857 y 1884 y recibió el nombre de Indochina. En 1946 empezó la guerra de la independencia y en 1954 los franceses fueron derrotados y reconocieron a la República Democrática del Vietnam. Un año después se separó de ésta el sur del país y en 1962 estalló otro conflicto bélico en el que intervinieron los Estados Unidos. En 1969 se creó un gobierno provisional de la República del Vietnam del Sur y murió Ho Chi-Minh, presidente comunista de la República del Norte. La guerra terminó con la paz firmada en París en 1973. Las tropas del norte invadieron el sur (1974), se apoderaron de todo el país (1975) y crearon la *República Socialista de Vietnam* acabando con la división que existía en el territorio nacional.

vietnamita adj. y s. Del Vietnam : *política vietnamita.* ‖ — M. Lengua hablada en Vietnam.

Viéytes (Hipólito), patriota y economista argentino (1762-1815).

Vifredo. V. WIFREDO.

viga f. Pieza larga de madera, metal o cemento que se utiliza para sostener techos o pisos en las construcciones. ‖ Pieza arqueada que en algunos coches enlazaba el juego delantero con el trasero. ‖ Madero para prensar en los molinos de aceite y las fábricas de paños. ‖ *Viga maestra,* la que soporta el peso de otras vigas o de los cuerpos superiores de un edificio.

Vigarny (Felipe), arquitecto y escultor francés (¿ 1475 ?-1543). Trabajó en España (Burgos). Conocido por el nombre de *Felipe de Borgoña.*

vigencia f. Calidad de vigente.

vigente adj. Que se usa o es válido en el momento actual de que se trata : *leyes, costumbres vigentes.*

vigesimal adj. Que tiene como base el número veinte.

vigésimo, ma adj. Que ocupa el lugar veinte. ‖ — M. Cada una de las veinte partes iguales de un todo.

vigía f. Atalaya. ‖ Acción de vigilar. ‖ *Mar.* Escollo que sobresale en el mar. ‖ — M. Centinela en la arboladura de un barco. ‖ Hombre dedicado a vigilar el mar o la campiña. — M. y f. Vigilante.

Vigil (Constancio C.), escritor uruguayo (1876-1954), autor de libros infantiles. ‖ ~ **(DIEGO),** político hondureño (1799-1845), jefe del Estado de 1828 a 1829 y de El Salvador de 1836 a 1838. ‖ ~ (JOSÉ MARÍA), escritor mexicano (1829-1909).

vigilancia f. Cuidado y atención extremados en lo que está a cargo de uno. ‖ Servicio encargado de vigilar.

vigilante adj. Que vigila. ‖ — Com. Persona encargada de velar por la seguridad de algo : *el vigilante nocturno de una calle, de una fábrica.* ‖ — M. Agente de policía, guardia.

vigilar v. i. y t. Velar con mucho cuidado por una persona o cosa procurando que no ocurra nada perjudicial : *vigilar un trabajo, a los presos.*

vigilia f. Estado del que está despierto o en vela. ‖ Privación voluntaria o no de sueño durante la noche. ‖ Víspera de una festividad religiosa importante. ‖ Oficio que se reza en esos días. ‖ Oficio de difuntos que se canta o reza en la iglesia. ‖ Comida con abstinencia por precepto de la Iglesia. ‖ *Comer de vigilia o hacer vigilia,* no comer carne. ‖ *Día de vigilia,* día en que no se puede comer carne.

vigitano, na adj. y s. De la ciudad de Vich (España).

Viglietti (Daniel), compositor y cantante uruguayo, n. en 1939.

Vignemale [viñmal], punto culminante de los Pirineos franceses, en la frontera con España (prov. de Huesca) ; 3 298 m.

Vignola (Iacopo BAROZZI DA), arquitecto italiano (1507-1573), autor de obras de transición entre el renacentismo y el barroco.

Vigny (Alfred de), escritor francés, n. en Loches (Indre-et-Loire) [1797-1863], autor de poemas líricos (*Poemas antiguos y modernos*), de novelas (*Cinq-Mars, Stello, Servidumbre y grandeza militares*) y de dramas (*La mariscala de Ancre, Chatterton*).

Vigo, ría y puerto del NO. de España (Pontevedra), a orillas de la ría homónima. Sede del obispado de Tuy-Vigo. Fabricación de automóviles.

vigor m. Fuerza física : *joven dotado de mucho vigor.* ‖ Vitalidad de las plantas. ‖ Energía : *actuar con vigor.* ‖ *Fig.* Fuerza de expresión : *estilo lleno de vigor.* ‖ *Estar en vigor,* estar vigente.

vigorizar v. t. Dar vigor.

vigorosidad f. Vigor, fuerza.

vigoroso, sa adj. Que tiene vigor. ‖ Hecho con vigor : *defensa vigorosa.*

viguería f. Conjunto de vigas de una construcción.

vigués, esa adj. y s. De Vigo (España).

vigueta f. Viga pequeña.

vihuela f. Instrumento músico de cuerda parecido a la guitarra, muy en boga durante el siglo XVI.

vihuelista com. Persona que toca la vihuela.

Viipuri. V. VYBORG.

Vijayavada. V. BEZWADA.

vikingo, ga adj. Relativo a los vikingos. ‖ — M. pl. Guerreros y navegantes de los países escandinavos quienes, del siglo VIII a principios del XI, hicieron incursiones por el norte de Europa y llegaron hasta la costa de Labrador en América.

vil adj. Bajo, despreciable : *conducta vil.* ‖ Indigno, infame : *hombre vil.*

Vila, cap. de las Nuevas Hébridas, hoy *Vanuatu,* en la isla Vaté. Llamada tb. *Puerto Vila.* ‖ ~ **Nova de Gaia,** c. al N. de Portugal, enfrente de Oporto. ‖ ~ **Real,** c. del N. de Portugal, cap. de la prov. de Tras-os-Montes e Alto Douro. Obispado. ‖ ~ **Velha,** c. al N. del Brasil (Amapá).

Viladecans, mun. al NE. de España, en las cercanías de la ciudad de Barcelona. Industrias.

Viladomat (Antonio), pintor español (1678-1755).

Vilafranca del Penedés. V. VILLAFRANCA.

Vilalta (Maruxa), escritora mexicana, n. en Barcelona (España) en 1932, autora de novelas y obras de teatro.

Vilanova ‖ **~ del Camí,** mun. al NE. de España (Barcelona). ‖ **~ i la Geltrú.** V. VILLANUEVA Y GELTRÚ.

Vilanova (Arnau de). V. ARNAU DE VILANOVA. ‖ **~** (EMILIO), escritor catalán (1840-1905), autor de cuadros de costumbres.

Vilar (Manuel), escultor español (1812-1860). Vivió en México.

Vilariño (Idea), poetisa uruguaya, n. en 1920.

Vilaseca y Salou, pobl. del NE. de España (Tarragona).

vilayato m. División administrativa turca.

Vilcabamba, cordillera al S. del Perú (Cuzco). — Región del antiguo Perú en la que estuvieron los últimos incas.

Vilcanota, nevado al SE. del Perú, entre los dep. de Puno y Cuzco y punto de unión de las cord. Occidental y Central ; 5 486 m. — V. URUBAMBA.

Vilcún, c. del centro de Chile, en la IX Región (Araucanía) y en la prov. de Cautín, cap. de la com. del mismo nombre.

vileza f. Bajeza, ruindad. ‖ Acción vil.

vilipendiador, ra adj. y s. Que vilipendia.

vilipendiar v. t. Tratar a alguien con vilipendio.

vilipendio m. Desprecio, denigración de una persona o cosa.

vilipendioso, sa adj. Que causa o implica vilipendio.

Vilnius, ant. *Vilna,* c. en el NO. de la U. R. S. S., cap. de la Rep. de Lituania. Arzobispado. Universidad. Perteneció a Polonia de 1920 a 1939.

vilo (en) m. adv. Suspendido, sin el fundamento o apoyo necesario, inestable : *mantener en vilo.* ‖ *Fig.* Inquieto por saber lo que va a pasar : *este relato nos tiene en vilo.*

viloreño, ña adj. y s. De la c. de Zacatecoluca y del dep. de La Paz (El Salvador).

Vilos (Los), c. de Chile en la IV Región (Coquimbo) y en la prov. de Choapa, cap. de la com. del mismo nombre.

villa f. Población pequeña, menor que la ciudad y mayor que la aldea. ‖ Casa de recreo en el campo. ‖ *La Villa del Oso y el Madroño o la Villa y Corte,* Madrid.

Villa ‖ ~ Ahumada, c. de la Rep. Dominicana (San Cristóbal). ‖ **~ (La),** río de Panamá (Herrera y Los Santos), que desemboca en el golfo de Parita. ‖ **~ Aberastain,** c. al O. de la Argentina (San Juan), cab. del dep. de Pocito. ‖ **~ Acuña,** mun. en el N. de México (Coahuila). ‖ **~ Alegre,** c. del centro de Chile, en la VII Región (Maule) y en la prov. de Linares, cap. de la com. del mismo nombre. ‖ **~ Alemana,** c. del centro de Chile en la V Región y en la prov. de Valparaíso, cap. de la com. de su nombre. ‖ **~ Alhué,** c. de Chile en la Región Metropolitana de Santiago y en la prov. de Melipilla, cap. de la com. de Alhué. ‖ **~ Altagracia,** mun. de la Rep. Dominicana (San Cristóbal). ‖ **~ Azurduy,** v. al SE. de Bolivia, cap. de la prov. de Azurduy (Chuquisaca). ‖ **~ Bella.** V. BELLA VISTA. ‖ **~ Bruzual,** mun. al O. de Venezuela (Portuguesa). ‖ **~ Canales,** c. de Guatemala, en el dep. de este nombre. ‖ **~ Carlos Paz,** c. de la Argentina (Córdoba). ‖ **~ Cisneros,** actualmente *Dakhla,* c. y puerto del Sáhara Occidental. ‖ **~ Clara,** prov. en el centro de Cuba con 13 municipios, creada en 1976 con parte de la ant. prov. de Las Villas ; cap. *Santa Clara.* Azúcar, tabaco. Ganadería. ‖ **~ Colón,** c. de Costa Rica (San José). ‖ **~ Constitución,** pobl. al N. de la Argentina (Santa Fe), puerto fluvial en el Paraná. ‖ **~ Corona,** mun. al O. de México (Jalisco). Siderurgia. ‖ **~ Corzo,** mun. al SE. de México (Chiapas). ‖ **~ Cruces,** v. al NO. de España (Pontevedra). Minas. ‖ **~ de Allende,** mun. de México, en el Estado de este nombre. ‖ **~ de Cura,** mun. al N. de Venezuela (Aragua). ‖ **~ de Don Fadrique (La),** v. en el centro de España (Toledo). ‖ **~ de Hidalgo,** mun. en el centro de México (San Luis Potosí). ‖ **~ del Carmen,** pobl. en el centro del Uruguay (Durazno). ‖ **~ del Cerro,** pobl. al S. del Uruguay, en las cercanías de Montevideo. ‖ **~ de Leiva o Leyva,** v. al E. de Colombia (Boyacá), al NO. de Tunja. Turismo. ‖ **~ Delgado,** mun. de El Salvador (San Salvador). ‖ **~ del Río** v. del sur de España (Córdoba). ‖ **~ del Rosario,** pobl. de la Argentina (Córdoba). ‖ **~ de Mazo,** v. de España en la isla de La Palma (Santa Cruz de Tenerife). Agricultura. Tabaco. Pesca. ‖ **~ de Reyes,** mun. de México (San Luis Potosí). ‖ **~ Flores,** mun. al SE. de México (Chiapas). ‖ **~ Frontera,** mun. al N. de México (Coahuila). ‖ **~ Gesel,** c. del E. de la Argentina (Buenos Aires). ‖ **~ Guerrero,** mun. de México en el Estado de este nombre. ‖ **~ Hayes,** c. del Paraguay, a orillas del río Paraguay (Presidente Hayes). Comercio. Fue llamada anteriormente *Nueva Burdeos.* ‖ **~ Hermosa,** mun. de Arequipa (Perú) y de Alajuela (Costa Rica). ‖ **~ Independencia,** c. en el centro de Bolivia, cap. de la prov. de Ayopaya (Cochabamba). ‖ **~ Isabel,** com. en el NO. de la Rep. Dominicana (Monte Cristi). ‖ **~ Juárez,** mun. de México (San Luis Potosí). ‖ **~ María,** c. de la Argentina (Córdoba), a orillas del río Tercero. Agricultura, ganadería. Industrias. Obispado. ‖ **~ Nador.** V. NADOR. ‖ **~ Nueva,** c. al O. de la Argentina, en el área metropolitana de Mendoza. — Mun. de Guatemala en el dep. de este nombre. — Mun. al NO. de Honduras (Cortés). ‖ **~ Obregón,** arrabal de la ciudad de México. ‖ **~ O'Higgins,** c. del S. de Chile, en la XI Región (Aisén del Gral Carlos Ibáñez del Campo) y en la prov. Capitán Prat, cap. de la com. de O'Higgins. ‖ **~ Oropeza,** ant. *Yotala,* pobl. al SE. de Bolivia (Chuquisaca), cap. de la prov. de Oropeza. ‖ **~ Pucarani,** c. al O. de Bolivia, cap. de la prov. de Los Andes (La Paz). ‖ **~ Riva,** c. en el centro norte de la Rep. Dominicana (Duarte). ‖ **~ Salamanca,** pobl. al SO. de Bolivia, cap. de la prov. de Manuel Martín (Potosí). ‖ **~ Sanjurgo.** V. ALHUCEMAS. ‖ **~ Talavera o Puna,** pobl. al SO. de Bolivia, cap. de la prov. de Linares (Potosí). ‖ **~ Tapia,** distrito en el centro norte de la Rep. Dominicana (Salcedo). ‖ **~ Tehuelches,** c. al S. de Chile en la XII Región (Magallanes), cap. de la com. de Laguna Blanca. ‖ **~ Uriondo,** ant. *Villa Concepción,* c. al S. de Bolivia, cap. de la prov. de Avilés (Tarija). ‖ **~ Vaca de Guzmán,** pobl. al SE. de Bolivia, cap. de la prov. de Luis Calvo (Chuquisaca). ‖ **~ Vázquez,** mun. al NO. de la Rep. Dominicana (Monte Cristi). ‖ **~ Victoria,** mun. de México en el Estado de este nombre. ‖ **~ y Gatimi,** pobl. del Paraguay (Caaguazú).

Villa (Doroteo ARANGO, llamado **Pancho**), revolucionario mexicano (1878-1923). Apoyó a Madero contra Porfirio Díaz (1910) y a Carranza contra Huerta. Después mantuvo la rebeldía contra Carranza hasta 1920. Es la figura más popular de la Revolución Mexicana. M. asesinado.

Villacañas, en el centro de España (Toledo).

Villacarrillo, c. en el S. de España (Jaén). Agricultura.

villaclareño, ña adj. y s. De Santa Clara (Cuba).

Villacoublay. V. VÉLIZY-VILLACOUBLAY.

Villada (Manuel), médico y botánico mexicano (1841-1924).

Villadiego, c. en el N. de España (Burgos). (Se suele emplear la expr. fam. *coger o tomar las de Villadiego,* que significa irse, marcharse.)

Villaespesa (Francisco), escritor español, n. en Laujar (Almería) [1877-1936], autor de dramas históricos en verso (*La leona de Castilla, Doña María de Padilla, El alcázar de las perlas y El Rey Galaor),* de obras líricas (*Intimidades, Flores de almendro, Las horas que pasan,* etc.) y de novelas (*Las palmeras del oasis, Resurrección*).

Villafranca, v. en el N. de Italia (Verona), a orillas del Po. ‖ **~ de los Barros,** c. en el O. de España (Badajoz). ‖ **~ del Bierzo,** v. en el N. de España (León). Castillo. ‖ **~ del Castillo,** lugar en el centro de España (Madrid). Estación de seguimiento espacial. ‖ **~ de los Caballeros,** v. en el centro de España (Toledo). ‖ **~ del Panadés,** c. en el NE. de España. Cárdés, c. en el NE. de España (Barcelona), cap. de la comarca catalana de Alto Panadés. Vinos. ‖ **~ de Ordizia,** v. al N. de España (Guipúzcoa). ‖ **~ de Urrechu,** v. al N. de España (Guipúzcoa).

Villagarcía de Arosa, v. y puerto del NO. de España (Pontevedra).

Villagra (Francisco de), conquistador español (¿ 1512 ?-1563). Participó en la expedición de Valdivia a Chile y le sucedió en el cargo de gobernador. ‖ **~ Marsal** (CARLOS), escritor paraguayo, n. en 1932, autor de novelas (*Mancuello y la perdiz).* Escribe en guaraní.

Villagrán, mun. y v. en el centro de México (Guanajuato).

Villagrán García (José), arquitecto mexicano, n. en 1901.

Villaguay, dep. al E. de la Argentina (Entre Ríos).

villahayense adj. y s. De la ciudad de Villa Hayes (Paraguay).

Villahermosa, mun. y c. en el O. de Colombia (Tolima). C. en el S. de México, a orillas del río Grijalva, cap. del Estado de Tabasco. Universidad. Obispado.

Villajoyosa, c. y puerto del E. de España (Alicante). Casino de juego.

Villalar de los Comuneros, v. de España (Valladolid). Derrota de los Comuneros de Castilla, al mando de Padilla, Bravo y Maldonado, en 1521.

Villalba, v. al NE. de España (Lugo). — Mun. en el centro del sur de Puerto Rico (Ponce). ‖ **~ de Guadarrama.** V. COLLADO-VILLALBA.

Villalcampo, mun. al NO. de España (Zamora), entre los ríos Duero y Esla.

Villalobos (Antonio), abogado y político mexicano (1891-1964). ‖ **~** (ROSENDO), político, poeta y escritor boliviano (1859-1940).

Villa-Lobos (Heitor), músico brasileño, n. en Río de Janeiro (1887-1959). Inspirado en el folklore del país, cultivó todos los géneros en su obra, compuesta de coros, nueve *Bachianas Brasileñas,* sinfonías, óperas, ballets, poemas sinfónicos, excelentes composiciones para guitarra, etc.

Villalón (Cristóbal de), escritor español (¿ 1510 ?-1581), autor de la sátira social *El crotalón.* ‖ **~** (FERNANDO), poeta español (1881-1930), de inspiración popular andaluza.

Villalonga (Lorenzo), escritor español en lengua catalana (1897-1980), autor de novelas (*Bearn o la sala de las muñecas*).

Villalpando, v. en el NO. de España (Zamora).

Villalpando (Cristóbal de), pintor mexicano (1650-1714), gran artista del barroco. ‖ **~** (Juan), heterodoxo español del s. XVI que, en unión de Catalina de Jesús, creó la secta de los iluminados.

Villamar, mun. al O. de México (Michoacán).

Villamaría, mun. de Colombia, en la cordillera Central.

Villarino, pobl. al E. de la Argentina (Buenos Aires). Gasoducto, oleoducto.

Villamartín, v. en el suroeste de España (Cádiz).

Villamediana (Conde de). V. TASSIS PERALTA (Juan de).

villanada f. Vileza.

villancico m. Composición poética popular con estribillo, de asunto religioso, que se suele cantar por Navidad. ‖ Forma de poesía tradicional castellana parecida al zéjel.

villanería f. Villanía.

villanesco, ca adj. Relativo a los villanos : *vestido, estilo villanesco.* — F. Cancioncilla y danza rústicas antiguas.

villanía f. Condición de villano. ‖ *Fig.* Vileza, acción ruin. ‖ Expresión indecente.

villano, na adj. Que era vecino de una villa o aldea, y pertenece al estado llano (ú. t. c. s.). ‖ *Fig.* Rústico, grosero. ‖ Ruin.

Villanueva, mun. al NE. de Colombia (La Guajira). — Mun. de México (Zacatecas). || ~ **de Arosa,** v. al NO. de España (Pontevedra), en las Rías Bajas. || ~ **de Castellón,** v. al E. de España (Valencia). Carbón. Industrias. || ~ de **Córdoba,** v. al S. de España (Córdoba). Plomo. || ~ **de la Fuente,** v. de España (Ciudad Real). || ~ **de la Serena,** c. al O. de España (Badajoz). Centro comercial. Industrias. || ~ **del Duque,** v. en el S. de España (Córdoba). || ~ **de los Infantes,** c. de España (Ciudad Real). Agricultura. || ~ **del Arzobispo,** c. al S. de España (Jaén). Industrias. || ~ **del Fresno,** v. al O. de España (Badajoz). || ~ **del Rey,** v. al S. de España (Córdoba). || ~ **del Río y Minas,** v. al S. de España (Sevilla). Agricultura. Hulla. || ~ **y Geltrú,** en cat. *Vilanova i la Geltrú,* c. del NE. de España (Barcelona), a orillas del Mediterráneo ; cap. de la comarca catalana de Garraf.

Villanueva (Carlos Raúl), arquitecto venezolano, n. en 1900. Dirigió la construcción de la ciudad universitaria de Caracas. || ~ (FELIPE), músico mexicano (1862-1893), autor de obras para piano. || ~ (JUAN DE), arquitecto neoclásico español (1739-1811). Construyó el museo del Prado, en Madrid. || ~ (LAUREANO), historiador, médico y político venezolano (1840-1920).

Villarejo (José), escritor paraguayo, n. en 1908, autor de novelas en las que describe la guerra del Chaco.

villareño, ña adj. y s. De la ant. prov. de Las Villas (Cuba).

Villarino, c. al NE. de Argentina (Buenos Aires). — Mun. al O. de España (Salamanca). Central hidroeléctrica.

Villarino (María de), escritora argentina, n. en 1909, autora de *La sombra iluminada, Pueblo en la tiniebla,* etc.

Villarreal ~ **de los Infantes,** c. del E. de España (Castellón). Industrias. || ~ **de Urrechu o Urretxu,** v. al N. de España (Guipúzcoa). Industrias.

Villarreal (Antonio I.), general y político mexicano (1879-1944). || ~ (CONCHA DE), poetisa mexicana (1908-1956).

Villarrica, cono volcánico y lago del centro de Chile (Cautín y Valdivia) ; 2 840 m. — C. del centro de Chile, en la IX Región (Araucanía) y en la prov. de Cautín, cap. de la com. del mismo nombre. Central hidroeléctrica. Estación de deportes de invierno. — C. del Paraguay, cap. del dep. de Guairá. Centro comercial. Industria azucarera. Obispado. Fundada en 1576. || ~ **de Oropeza.** V. HUANCAVELICA.

villarriqueño, ña adj. y s. De Villarrica (Paraguay).

Villarrobledo, v. de España (Albacete). Vinos.

Villarroel (Diego de), conquistador español del s. XVI, fundador de las ciudades de Potosí (1545), en Bolivia, y San Miguel de Tucumán (1565), en Argentina. || ~ (GUALBERTO), militar boliviano (1908-1946), pres. de la Rep. de 1943 a 1946. M. asesinado.

Villarrubia de los Ojos, v. de España (Ciudad Real). En sus cercanías están los *Ojos del Guadiana,* paraje en el que este río deja de estar a flor de tierra.

Villas (Las), ant. prov. del centro de Cuba, dividida en 1976 entre las de Cienfuegos, Sancti Spíritus y Villa Clara.

Villasandino (Alonso ÁLVAREZ DE). V. ÁLVAREZ DE VILLASANDINO (Alonso).

Villate (Blas). V. VALSAMEDA (*Conde de*).

Villaurrutia (Xavier), escritor mexicano (1903-1950), autor de poemas (*Reflejos, Nocturnos,* recogidos en *Nostalgia de la muerte,* etc.), de novelas (*Dama de corazones*), de obras de teatro (*La hiedra, Autos profanos, Invitación a la muerte, La mulata de Córdoba,* etc.) y de obras de crítica (*Textos y pretextos*).

Villava, mun. al norte de España (Navarra).

Villaverde, pobl. de España en la zona suburbana de S. de Madrid. Centro industrial ; automóviles.

Villaverde (Cirilo), novelista romántico cubano (1812-1894), autor de *Cecilia Valdés o La loma del Ángel, Dos amores, El penitente, La cruz negra, El Guajiro,* etc.

698 Villavicencio, c. de Colombia al SE.

de Bogotá, cap. del dep. del Meta. Obispado. Centro ganadero y agrícola.

villavicense o **villavicenciuno, na** adj. y s. De Villavicencio (Colombia).

Villaviciosa, pobl. en el centro de España (Guadalajara). Derrota de los aliados por los franceses en la guerra de Sucesión de España (1710). — V. y puerto en el N. de España (Asturias). || ~ **de Córdoba,** v. al S. de España (Córdoba). || ~ **de Odón,** v. en el centro de España (Madrid).

Villaviciosa (José de), sacerdote y escritor español (1598-1658), autor de poema burlesco *La mosquea.*

Villazón (Eliodoro), político boliviano (1848-1939), pres. de la Rep. de 1909 a 1913.

Villeda Morales (Ramón), político hondureño (1909-1971), pres. de la Rep. en 1957. Fue derrocado en 1963.

Ville-d'Avray, c. de Francia (Hauts-de-Seine), al SO. de París.

Villefranche-sur-Saône, c. en el centro este de Francia (Rhône). Industrias.

Villegas (Esteban Manuel de), poeta español (1599-1669), autor de *Eróticas* o *Amatorias.* || ~ (MICAELA). V. PERRICHOLI. || ~ **Coras** (JOSÉ ANTONIO), escultor barroco mexicano del s. XVIII, autor de obras de carácter religioso.

Villehardouin (Geoffroi de), cronista francés (¿ 1150-1213 ?).

Villejuif, c. de Francia (Val-de-Marne), al S. de París. Instituto de cancerología.

Villena, c. del E. de España (Alicante). Castillo (s. XV). Industrias.

Villena (Enrique DE ARAGÓN, mal llamado marqués DE), escritor español (1384-1434), autor de *Arte cisoria,* del *Libro de astrología* y de *Los doce trabajos de Hércules.*

Villeneuve [vilnev] (Pierre Charles de), marino francés (1763-1806), almirante de la escuadra hispanofrancesa vencida por Nelson en Trafalgar (1805). Puso fin a su vida.

Villeneuve ~ **-la-Garenne,** c. de Francia (Hauts-de-Seine), al N. de París. || ~ **-le-Roi,** c. de Francia (Val-de-Marne), al SE. de París. || ~ **-Saint-Georges,** c. de Francia (Val-de-Marne). || ~ **-sur-Lot,** c. de Francia (Lot-et-Garonne). Central hidroeléctrica.

Villeta, mun. en el centro de Colombia (Cundinamarca). — Pobl. del Paraguay (Central).

Villetaneuse, c. de Francia (Seine-Saint-Denis), al N. de París. Centro universitario.

Villeurbanne, c. del E. de Francia (Ródano), en los arrabales de Lyon.

Villiers de L'Isle-Adam (Auguste, conde de), escritor francés (1838-1889), autor de cuentos, novelas, poesías y dramas.

Villiers-sur-Marne, c. de Francia, al E. de París (Val-de-Marne).

Villon ~ (FRANÇOIS), poeta francés, n. en París (1431-¿ 1465 ?), autor de una obra de gran lirismo (*Pequeño Testamento* o *Layes, Gran Testamento, Balada de los ahorcados,* etc.). || ~ (GASTON DUCHAMP, llamado **Jacques**), pintor cubista, dibujante y grabador francés (1875-1963).

Villonaco, cumbre de los Andes del Ecuador, en la Cord. Occidental ; 2 946 m.

villorrio m. Aldehuela.

Villuercas (Las), comarca en el O. de España (Cáceres), en las sierras de Guadalupe y Altamira.

vinagre m. Producto que resulta de la fermentación acética del vino y que se emplea como condimento. || Fam. Cara de vinagre, cara de pocos amigos.

vinagrera f. Vasija para el vinagre. || Acedera. || *Amer.* Acidez de estómago. || Pl. Angarillas en que se ponen el aceite y vinagre en la mesa.

vinagreta f. Salsa de aceite, cebolla y vinagre.

vinajera f. Cada uno de los dos jarrillos en que se sirven en la misa el vino y el agua. || Pl. Conjunto de estos dos jarrillos y de la bandeja donde se colocan.

Vinalopó, comarca y río al E. de España (Alicante). Turismo.

Vinaroz, c. y puerto en el E. de España (Castellón de la Plana).

Vinasco, río en el E. de México (Veracruz). Forma el Tuxpan al confluir con el Pantepec.

vinatero, ra adj. Relativo al vino : *industria vinatera.* || M. y f. Comerciante en vinos.

vinazo m. *Fam.* Vino espeso de sabor fuerte. | Vino malo.

vinca f. *Arg.* Nopal.

vincapervinca f. Planta de flores azules, llamada tb. *hierba doncella.*

Vincennes [vansén], c. de Francia (Val-de-Marne), al E. de París.

Vinces, río del Ecuador (Pichincha, Los Ríos y Guayas), afl. del Babahoyo ; 275 km. — C. en el centro oeste del Ecuador (Los Ríos).

Vinci (Leonardo de), pintor, escultor, arquitecto, físico, ingeniero, escritor y músico italiano, n. en Vinci, cerca de Florencia, m. en Francia (1452-1519). Se le conoce principalmente como pintor de la escuela florentina (*La Gioconda, La última Cena, La Virgen de las Rocas, Leda,* etc.). Fue rival de Miguel Ángel y de Rafael. Realizó una intensa labor de investigación en cosmología, ingeniería, arquitectura.

vinculable adj. Que se puede vincular.

vinculación f. Acción de vincular. || Lo que vincula. || *For.* Sujeción de una propiedad a vínculo.

vinculante adj. Que vincula.

vincular v. t. Unir, ligar : *dos familias vinculadas entre sí.* || *Fig.* Supeditar, hacer depender : *vincular uno sus esperanzas en su suerte.* || *For.* Sujetar ciertos bienes a vínculo, generalmente en un testamento, para perpetuarlos en una familia.

vínculo m. Lazo, atadura. || *Fig.* Unión de una persona con otra : *el vínculo conyugal.* | Nexo, lo que une : *España sirve de vínculo entre Francia y África.* || *For.* Hecho de ser obligatoriamente transmitidos los bienes a determinados herederos por la voluntad de su dueño.

vincha f. *Amer.* Pañuelo o cinta con que se ciñe la frente para sujetar el pelo.

Vinchina, altiplanicie al NO. de la Argentina (La Rioja), en las sierras pampeanas ; 1 970 m. — N. que toma el río Bermejo (Argentina) al bajar de la puna de Catamarca.

vinchuca f. *Amer.* Chinche.

Vindhya, cordillera de la India en el N. de Decán ; 850 m.

vindicación f. Venganza.

vindicador, ra adj. Dícese de la persona que vindica o venga, vengador (ú. t. c. s.).

vindicar v. t. Vengar. || Defender, generalmente por escrito, al que ha sido calumniado. || *For.* Reivindicar.

vindicativo, va adj. Vengativo, predispuesto a vengarse. || Que vindica : *discurso vindicativo.*

vindicatorio, ria adj. Que sirve para vindicar.

vindicta f. Venganza.

vinería f. *Amer.* Despacho de vinos.

Vinh, c. del N. del Vietnam, al S. de Hanoi. || ~ **Long,** c. del S. del Vietnam, cap. de la prov. homónima, al SO. de Ciudad Ho Chi-Minh, antes *Saigón.* Obispado. Puerto fluvial.

vinícola adj. Relativo al cultivo de la vid y la fabricación del vino.

vinicultor, ra m. y f. Persona que se dedica a la vinicultura.

vinicultura f. Elaboración de vinos.

vinífero, ra adj. Que produce vino.

vinificación f. Transformación del mosto de la uva en vino por fermentación.

vinílico, ca adj. Aplícase a una clase de resinas sintéticas obtenidas a partir del acetileno.

vinilo m. Radical etilénico monovalente existente en los compuestos vinílicos.

Vinnitsa, c. en el SO. de la U. R. S. S. (Ucrania), a orillas del río Bug.

vino m. Bebida alcohólica que se obtiene por fermentación del zumo de las uvas : *vino tinto.* || Zumo sacado de otras plantas. || Preparación medicinal en la que el vino sirve de excitante. || *Fig. y fam.* Dormir el vino, dormir después de emborracharse. | Tener mal vino, ser agresivo en la embriaguez. || *Vino blanco,* el de color dorado, obtenido por fermentación del mosto sin el hollejo de la uva. || **Vino de campanilla,** vino pobre del maguey que se obtiene en América. || **Vino de honor,** el ofrecido a un personaje importante para celebrar algo. || **Vino de lágrima,** el que destila de la uva sin exprimir el racimo. || **Vino de mesa, de pasto,** el corriente y poco fuerte que se suele beber durante las comidas. || **Vino generoso,** el más fuerte y añejo que el común. || **Vino de solera,** el más añejo que se mezcla al nuevo para darle sabor. || **Vino peleón,** el más ordinario. || **Vino seco,** el que no tiene sabor dulce. || **Vino tinto,** el de color rojo oscuro, que se obtiene dejando el hollejo de la uva en contacto líquido durante la fermentación.

Vinson (MONTE), cumbre en el O. de la Antártida y al S. de Tierra del Fuego ; 5 139 m.

vintén m. Nombre de monedas de níquel uruguayas de uno y dos céntimos de peso.

viña f. Sitio plantado de vides. || *Fig. De todo hay en la viña del Señor,* en todo hay cosas buenas y malas.

Viña || **~ (La),** presa de la Argentina (Córdoba), en el río Sauces. || **~ del Mar,** c. del centro de Chile, en la V Región y en la prov. de Valparaíso, cap. de la com. de su n. Fue fundada en 1874. Balneario. Centro industrial y turístico.

viñador, ra m. y f. Cultivador de viñas.

viñal m. *Arg.* Viñedo.

Viñales, térm. mun. y sierra en el oeste de Cuba (Pinar del Río).

viñamarino, na adj. y s. De Viña del Mar (Chile).

Viñas (David), escritor argentino, n. en 1929, autor de novelas (*Los hombres de a caballo*) y ensayos.

viñatero, ra m. y f. Viñador.

Viñaza (Cipriano MUÑOZ MANZANO, conde de la), filólogo español (1862-1933).

viñedo m. Terreno extenso plantado de vides.

viñeta f. Dibujo puesto como adorno al principio o al final de un libro o capítulo, o en los márgenes de las páginas. || Dibujo de una historieta o tebeo. || Dibujo en una etiqueta que tienen los cigarros puros, etc.

viola f. Instrumento músico de cuerda parecido al violín, aunque algo mayor, equivalente al contralto. || — Com. Persona que toca este instrumento.

Viola (Roberto), general argentino, n. en 1924, pres. de la Rep. de marzo a diciembre de 1981.

violáceo, a adj. De color violeta. || — M. Color violeta.

violación f. Penetración en un lugar en contra de la religión, la ley o la moral : *la violación de una iglesia.* || Quebrantamiento de la ley social o moral. || Delito que consiste en abusar de una mujer o menor de edad mediante violencia.

violado, da adj. De color violeta (ú. t. c. s. m.).

violador, ra adj. Dícese de la persona que viola. || Ú. t. c. s. : *violador de los derechos más sagrados.*

violar v. t. Infringir, quebrantar : *violar la ley.* || Abusar de una mujer o menor de edad por violencia o por astucia. || Entrar en un sitio prohibido o sagrado : *violar un domicilio.*

violencia f. Fuerza extremada : *la violencia del viento.* || Intensidad : *la violencia de las pasiones.* || Abuso de la fuerza. || Violación de una mujer. || *Fig.* Molestia, embarazo. || *For.* Fuerza ejercida sobre una persona para obligarla a hacer lo que no quiere. || Hecho de actuar sin el consentimiento de una persona. || *Fig. Hacer violencia a alguien,* obligarlo a hacer algo.

violentar v. t. Vencer por la fuerza la resistencia de una persona o cosa : *violentar la voluntad, la conciencia.* || *Fig.* Entrar en un lugar o abrir algo contra la voluntad de su dueño. || Deformar, desvirtuar : *violentar un texto.* || — V. pr. *Fig.* Obligarse uno mismo a hacer algo que le molesta.

violento, ta adj. De mucha fuerza o intensidad : *tormenta violenta ; dolor violento.* || Propenso a encolerizarse, iracundo : *hombre violento.* || Cohi-

bido, avergonzado : *se sentía muy violento en su presencia.* || Molesto, que va en contra de la inclinación natural de uno : *me es violento decírselo.* || *Muerte violenta,* la que ocurre de repente y de modo trágico.

violero, ra m. y f. Constructor de instrumentos músicos de cuerdas.

violeta f. Planta de flores de color morado muy perfumadas. || Flor de esta planta. || De color de estas flores, mezcla de azul y rojo (ú. t. c. s. m.)

violetera f. Vendedora de violetas por la calle.

violín m. Instrumento músico derivado de la viola, de cuatro cuerdas templadas de quinta en quinta (sol, re, la, mi), que se toca con un arco. || — M. y f. Violinista. || — *Méx. Fam. Pintar un violín,* hacer burla con la mano. || *Fig. Violín de Ingres,* ocupación secundaria y predilecta para la cual uno tiene mucho talento.

violinista com. Persona que toca el violín.

violón m. Contrabajo, instrumento músico de cuatro cuerdas, parecido al violín, pero de mayor tamaño, tono más grave y que se toca de pie apoyándolo en el suelo. || — M. y f. Persona que lo toca.

violoncelista o **violonchelista** com. Persona que toca el violoncelo, instrumento músico.

violoncelo o **violonchelo** m. Instrumento músico de cuatro cuerdas, parecido al violón, pero más pequeño, que se apoya en el suelo por medio de una varilla. || — M. y f. Violoncelista.

Viollet-le-Duc (Eugène), arquitecto y escritor francés (1814-1879), restaurador de monumentos de la Edad Media (*Nuestra Señora de París*).

V. I. P. m. y f. Abreviatura de la frase inglesa *very important person,* es decir persona muy importante.

viperino, na adj. Relativo a la víbora o que se le parece. || *Fig. Lengua viperina,* persona muy maldiciente.

viracocha m. Nombre dado por los antiguos peruanos y chilenos a los conquistadores españoles.

Viracocha, dios inca de la Lluvia, que residía en el lago Titicaca, creador del mundo y de los hombres. — Octavo inca del Perú, m. en 1430.

virada f. *Mar.* Acción de virar.

virago f. Mujer varonil.

viraje m. Cambio de dirección de un vehículo. || Curva en una carretera. || *Fig.* Cambio completo de orientación, de conducta : *ciertos acontecimientos marcaron un viraje en la historia.* || *Fot.* Operación que consiste en modificar el tono de las pruebas haciéndolas pasar por diversos baños.

virar v. t. En fotografía, someter las pruebas a la acción de ciertas sustancias químicas para variar su color. || Cambiar la nave de rumbo o de bordada (ú. t. c. i.). || — V. i. Cambiar de dirección un vehículo : *virar a derecha, a izquierda.* || *Fig. Virar en redondo,* cambiar completamente de parecer.

Virasoro Argento (Miguel Ángel), filósofo existencialista y jurisconsulto argentino (1900-1966).

virgen adj. Dícese de la persona que no ha tenido contacto sexual : *una mujer virgen* (ú. t. c. s.). || *Fig.* Intacto, íntegro : *nieve virgen.* || *Aceite virgen,* el que se saca de las aceitunas en la primera presión. || *Cera virgen,* la no fundida ni trabajada. || *Película virgen,* la no impresionada. || *Selva virgen,* la que está sin explorar. || *Tierra virgen,* la que nunca ha sido cultivada. || *Fam. Un viva la Virgen,* vivalavirgen.

Virgen f. La madre de Cristo. || Pintura o escultura que la representa.

Virgen María. V. MARÍA.

Vírgenes, cabo del S. de Argentina, a la entrada del estrecho de Magallanes. || (ISLAS), archip. de las Antillas Menores, al E. de Puerto Rico, dividido entre Gran Bretaña (*Leeward Islands*) y Estados Unidos (*Santa Cruz, Santo Tomás* y *Saint-John*).

virgiliano, na adj. Propio de Virgilio.

Virgilio Marón (Publio), poeta latino (70-19 a. de J. C.), autor de *Las Bucólicas,* diez églogas de inspiración pastoril, de *Las Geórgicas,* poema en

cuatro libros para cantar las excelencias de la vida campestre, y de *La Eneida,* epopeya inacabada en la que glorifica la historia y la grandeza del Imperio Romano.

virginal adj. Relativo a una virgen. || Propio de una virgen : *un candor virginal.* || De la Virgen María. || *Fig.* Puro.

Virginia, Estado del este de América del Norte, a orillas del Atlántico ; cap. *Richmond.* Tabaco, algodón y maíz. Hulla. Industrias. || **~ Occidental,** Estado en el noreste de América del Norte, a orillas del Atlántico ; cap. *Charleston.* Agricultura. Minas (hulla). || **~ (La),** mun. al O. de Colombia (Risaralda).

virginiano, na adj. y s. De Virginia (Estados Unidos).

virginidad f. Entereza corporal de la persona que no ha tenido contacto sexual. || *Fig.* Pureza, candor.

virgo m. Virginidad. || *Pop.* Himen.

Virgo, constelación situada casi en el ecuador y que se extiende algo hacia el sur. — Signo del Zodiaco que va del 22 de agosto al 21 de septiembre.

virguería f. *Fam.* Cosa fina, bonita, difícil de hacer. | Cosa inútil, innecesaria.

Viriato, jefe de los lusitanos rebeldes contra la dominación romana. Sostuvo una guerra durante ocho años y fue asesinado mientras dormía (139 a. de J. C.).

vírico, ca adj. Del virus.

viril adj. Varonil. || — M. Custodia pequeña colocada dentro de la grande.

virilidad f. Calidad de viril, fuerza o energía propia del hombre. || Aspecto viril. || Edad viril o adulta. || Capacidad de engendrar.

virilizar v. t. Adquirir caracteres masculinos (ú. t. c. pr.).

Viroflay, c. de Francia (Yvelines), al SO. de París.

virola f. Casquillo, abrazadera de metal que se ajusta en el extremo de algunos instrumentos, como navajas, etc. || Anillo en la punta de la garrocha para evitar que ésta penetre demasiado. || *Arg.* y *Méx.* Rodaja de plata con que se adornan los arreos de las caballerías.

viroleño, ña adj. y s. De Zacatecoluca (El Salvador).

virología f. Tratado de los virus.

virreina f. Mujer del virrey o que desempeña las funciones de éste.

virreinal adj. Del virrey, de la virreina o del virreinato.

virreinato m. Cargo y dignidad de virrey. || Tiempo que duraba este cargo y territorio que se ejercía. || Instituciones que encarnaban el poder de la Corona española en las colonias de América.
— Hubo cuatro virreinatos en América : *Nueva España* (1535), *Perú* (1544), *Nueva Granada* (1718), suspendido en 1723 y restablecido en 1739, y *Río de la Plata* (1776).

virreino m. Virreinato.

virrey m. El que gobierna un territorio en nombre y con autoridad del rey.

virtual adj. Posible, que no tiene efecto actual : *todos tenemos la capacidad virtual de ser buenos.* || *Fís.* Que tiene existencia aparente pero no real : *imagen, objeto virtual.*

virtualidad f. Calidad, condición de virtual, posibilidad.

virtud f. Capacidad para producir cierto efecto : *la virtud de un medicamento.* || Disposición constante a obrar bien : *persona de gran virtud.* || Cualidad que se estima como buena en las personas : *la lealtad es una virtud.* || Castidad en las mujeres. || *En virtud de,* como consecuencia de. || *Virtud cardinal,* cada una de las cuatro (prudencia, justicia, fortaleza y templanza) que son principio de otras. || *Virtud teologal,* cada una de las tres (fe, esperanza y caridad) cuyo objeto directo es Dios.

virtuosidad f. y **virtuosismo** m. Gran habilidad técnica en un arte : *la virtuosidad de un pianista.*

virtuoso, sa adj. Que tiene virtud (ú. t. c. s.). || Inspirado por la virtud : *conducta virtuosa.* || — M. y f. Artista, particularmente

VI

699

músico ejecutante, que domina la técnica de su arte.

Virú, distr. en el NO. del Perú en la prov. de La Libertad (Trujillo). Estaciones arqueológicas preincaicas entre 500 a. de J. C. y 350 d. de J. C.

viruela f. Enfermedad infecciosa, contagiosa y epidémica caracterizada por una erupción de manchas rojizas que se convierten en vesículas y luego en pústulas, las cuales dejan, al secarse, cicatrices permanentes en la piel (ú. t. en pl.). || Cada una de estas pústulas. || — *Picado de viruelas,* con la piel marcada por cicatrices debidas a esta enfermedad. || *Viruelas locas,* varicela.

Virués (Cristóbal de), escritor español (¿ 1550-1609 ?), autor de *El Montserrate,* poema religioso, y de tragedias.

virulé (a la) loc. adv. *Fam. Ojo a la virulé,* ojo rodeado de una equimosis.

virulencia f. Estado de lo que es virulento : *la virulencia de un microbio.* || *Fig.* Mordacidad, saña.

virulento, ta adj. Ocasionado por un virus : *enfermedad virulenta.* || Dícese de aquello cuyo poder de multiplicación es máximo : *microbio virulento.* || *Fig.* Violento, ensañado, mordaz : *fueron ataques extremadamente virulentos.*

virus m. *Med.* Microbio invisible con el microscopio ordinario, causante de las enfermedades contagiosas : *el virus del cólera, de la tifoidea.* || *Fig.* Fuente de contagio moral : *el virus de la holgazanería.*

viruta f. Laminilla de madera o metal que salta al cepillar un objeto o al someterlo a una operación semejante.

Viry-Châtillon, pobl. de Francia (Essonne), al SO. de París.

vis f. Fuerza : *vis cómica.*

visa f. *Amer.* Visado.

visado, da adj. Que ha sido visado. || — M. Visto bueno o autorización que se hace constar en ciertos documentos, especialmente pasaportes, para darles validez.

visaje m. Gesto, mueca.

Visakhapatnam. V. VISHAKHA-PATNAM.

visar v. t. Examinar un documento, poniéndole el visto bueno para darle validez : *visar un pasaporte.* || Examinar, verificar para dar la aprobación. || Dirigir la puntería o visual : *los artilleros visaron la torre de la iglesia.*

Visayas o **Bisayas** (ISLAS), archipiélago de las Filipinas que pertenecen las islas de Cebú, Leyte, Samar, Masbate, Panay y Negros ; 65 880 km². Las Visayas.

visayo, ya o **bisayo, ya** adj. y s. De las Visayas.

Visby, c. y puerto del sur de Suecia, cap. de la isla Gotland. Turismo.

Viscarra ~ **Fabre** (Guillermo), poeta español boliviano (1901-1980). — **Monje** (HUMBERTO), poeta y compositor boliviano (1898-1968), autor de obras musicales (*Rondino, Altiplano*) y líricas (*Tierra amarga*).

víscera f. Cualquiera de los órganos situados en las principales cavidades del cuerpo como el estómago, el corazón, los pulmones, el hígado, etc.

visceral adj. De las vísceras : *cavidad visceral.* || *Fig.* Muy profundo : *odio visceral.*

visceralmente adv. *Fig.* Profundamente.

Visconti, familia de Italia que reinó en Milán de 1277 a 1447.

viscosa f. Celulosa sódica empleada en la fabricación de rayón, fibrana y películas fotográficas.

viscosidad f. Propiedad que tiene un fluido de resistir a un movimiento uniforme de su masa. || Condición de viscoso.

viscoso, sa adj. Pegajoso, peguntoso : *una piel viscosa.* || Que tiene viscosidad.

visera f. Parte del yelmo o casco, generalmente movible, que cubría el rostro, parcial o totalmente. || Parte delantera de la gorra, del quepis, etc., que sirve para proteger los ojos. || Trozo de cartón o plástico de forma parecida empleada para el mismo uso.

Viseu o **Viseo,** c. y distrito en el centro del norte de Portugal (Beira Alta). Obispado. Catedral (s. XII). Vinos.

Vishakhapatnam, ant. *Vizagapat-*

nam, c. en el E. de la India (Andhra Pradesh), en el golfo de Bengala. Obispado. Astilleros.

visibilidad f. Calidad de visible. || Posibilidad de ver a cierta distancia.

visibilizar v. t. Hacer visible.

visible adj. Perceptible con la vista : *estrella visible.* || *Fig.* Evidente, manifiesto : *enojo visible.* || *Fam.* En disposición de recibir, presentable : *no estar visible.*

visigodo, da adj. Dícese del individuo de una parte del pueblo godo que fundó un reino en España (ú. t. c. s.). || Visigótico.
— Los visigodos o godos de *Occidente* invadieron primero la Galia y luego España (412), donde permanecieron hasta la derrota, a orillas del Guadalete, del rey Don Rodrigo por los árabes (711).

visigótico, ca adj. Relativo a los visigodos : *reino visigótico.*

visillo m. Cortinilla transparente que se pone detrás de los cristales de las ventanas (ú, m. en pl.).

visión f. Percepción por medio del órgano de la vista : *visión de cerca, de lejos, binocular.* || Vista : *perdió la visión de un ojo.* || Lo que se ve. || Percepción imaginaria de objetos irreales : *tener visiones.* || *Fig.* Punto de vista, parecer, manera de ver las cosas. || *Fig. y fam.* Esperpento, persona fea. || *Teol.* Cosas que permite Dios ver a algunas personas. || *Fig. y fam. Quedarse uno con quien se visiones,* quedarse uno muy asombrado. || *Ver visiones,* dejarse llevar mucho por la imaginación.

visionadora f. *Fot.* Aparato de óptica que sirve para ampliar y examinar clichés fotográficos de formato reducido. || Aparato que permite ver las películas de cine y que se utiliza para el montaje de éstas.

visionar v. t. Ver una película de cine o televisión privadamente.

visionario, ria adj. y s. Que ve visiones. || *Fig.* Que tiene ideas quiméricas.

visionero, ra adj. *Méx.* Dícese de la persona extravagante en el vestir (ú. t. c. s.).

visir m. Ministro de un príncipe musulmán. || *Gran visir,* primer ministro del antiguo sultán de Turquía.

visita f. Acción de ir a visitar a alguien : *visita de cumplido, de pésame.* || Acción de ir a ver con interés alguna cosa : *la visita de un museo.* || Persona que visita : *recibir visitas.* || Acción del médico de ir a ver o de recibir a un enfermo. || Reconocimiento médico. || Cualquier clase de inspección : *visita de aduana, de hospitales, de cárceles.* || Derecho de visita, autorización de a ver a sus hijos los cónyuges separados ; derecho que tienen los buques de guerra a hacer una visita de inspección a los mercantes. || *Fig. y fam. No me hagas la visita,* no andes con cumplidos. || *Visita de médico,* la muy corta. || *Visita pastoral,* la realizada por un obispo a las parroquias de su diócesis.

visitación f. Visita de la Virgen Santísima a su prima Santa Isabel y fiesta con que la Iglesia la celebra el 2 de julio.
— La orden religiosa de la *Visitación* de *Santa María* fue fundada en Annecy (Francia) por San Francisco de Sales y Santa Juana de Chantal en 1610.

visitador, ra adj. y s. Dícese de la persona que hace o es aficionada a hacer visitas. || — M. y f. Funcionario encargado de hacer visitas de inspección. || Representante de un laboratorio farmacéutico que presenta a los médicos los productos fabricados por aquél. || Religioso o religiosa que inspecciona los conventos de su orden. — F. *Amer.* Lavativa.

visitandina adj. Aplícase a la religiosa perteneciente a la orden de la Visitación de Santa María (ú. t. c. s. f.).

visitante adj. Que visita (ú. t. c. s.). || En deportes, dícese del equipo que juega en el terreno del adversario.

visitar v. t. Ir a ver a uno en su casa. || Recorrer para ver : *visitar un museo, una exposición.* || Ir a ver como turista : *visitar Galicia.* || Ir a un templo o santuario por devoción. || Ir el médico a casa del enfermo para

reconocerle. || Inspeccionar. || Registrar en las aduanas, etc.

visiteo m. El hecho de hacer o recibir muchas visitas : *le encanta ir de visiteo constantemente.*

vislumbrar v. t. Ver un objeto confusamente (ú. t. c. pr.). || *Fig.* Tener indicios de algo (ú. t. c. pr.).

vislumbre f. Reflejo o tenue resplandor de una luz lejana. || Indicio.

Visnú, segundo término de la trinidad bramánica o *Trimurti,* conservadora del mundo.

viso m. Reflejo cambiante y en forma de ondas que aparece en la superficie de algunas cosas lisas : *tela de seda azul con visos morados.* || Reflejo. || Forro de color que llevan las mujeres debajo de un vestido transparente. || Altura o eminencia desde donde se descubre mucho terreno. || *Fig.* Apariencia : *visos de verdad.* || Tendencia. || *De viso,* de importancia, de categoría : *persona de viso.*

Viso ~ **(El)** v. del S. de España (Córdoba). || — **del Alcor (El),** v. del S. de España (Sevilla). || — **del Marqués,** v. de España (Ciudad Real).

visón m. Mamífero carnívoro parecido a la nutria, muy apreciado por su piel. || Esta piel.

visor m. Dispositivo óptico que sirve para enfocar con máquinas fotográficas o cinematográficas o para apuntar con armas de fuego, etc.

víspera f. Día inmediatamente anterior a otro : *el lunes es la víspera del martes.* || — Pl. Una de las divisiones del día romano, que correspondía al crepúsculo. || Una de las horas del oficio canónico. || *En vísperas,* cerca de, próximo a.

vista f. Facultad de ver, de percibir la luz, los colores, el aspecto de las cosas : *vista aguda.* || Los ojos, órgano de la visión : *tener buena vista.* || Mirada : *dirigir la vista a.* || Aspecto, apariencia. || Extensión de terreno que se ve desde algún sitio, paisaje, panorama : *esta habitación tiene una vista espléndida.* || Cuadro, fotografía, dibujo de un lugar, monumento, etc. : *una vista de París.* || Vistazo. || *Fig.* Ojo, sagacidad : *tiene mucha vista en los negocios.* || *For.* Conjunto de actuaciones llevadas a cabo en una causa, audiencia. || — Pl. Ventanas u otras aberturas de un edificio. || — *A la vista,* viéndolo, al parecer ; evidente, notorio ; a su presentación : *pagadero a la vista.* || *A la vista de,* en vista de. || *A primera* (o *simple*) *vista,* sin examen. || *A vista de,* en presencia de. || *A vista de pájaro,* desde un punto elevado, desde el aire. || *Fig. Aguzar la vista,* mirar con mucha atención. || *Apartar la vista de algo,* dejar de mirarlo o procurar no verlo. || *Fig. y fam. Comerse con la vista,* mirar a uno con ansia. || *Con visitas a,* con el propósito de. || *Conocer a una persona de vista,* conocerla sólo por haberla visto alguna vez. || *En vista de,* en consideración a, dado : *en vista de las circunstancias.* || *Estar a la vista,* ser evidente ; fácil de ver, visible ; *Fig.*) ocupar una situación de primer plano. || *Fig. Hacer la vista gorda,* fingir uno que no se da cuenta de una cosa. || *Méx. Hacerse la vista gorda,* hacer alguien como si no se enterara de algo. || *Hasta la vista,* hasta pronto, fórmula de despedida. || *Hasta perderse de vista,* muy lejos. || *Fig. Írsele a uno la vista tras algo,* tener muchos deseos de algo. || *No perder de vista,* tener siempre en cuenta ; vigilar mucho a una persona o cosa. || *Perder de vista,* dejar de ver. || *Fig. Punto de vista,* criterio, modo de ver. || *Fig. Saltar una cosa a la vista,* ser muy visible o evidente. || *Segunda o doble vista,* facultad de ver por medio de la imaginación. || *Ser corto de vista,* ser poco perspicaz. || *Fig. Ser largo de vista,* ser muy clarividente, perspicaz. || *Tener a la vista,* tener en perspectiva : *tengo un viaje a la vista ; vigilar ; ver. || Tener vista una persona,* ser muy sagaz o perspicaz. || *Fig. y fam. Tragarse con la vista,* comerse con la vista. || *Fam. Uno de la vista baja,* un cerdo. || *Vista cansada,* la del présbita. || *Vista corta o baja,* la del miope. || *Fig. Vista de águila o de lince,* la muy penetrante.

vista m. Empleado que se encarga de registrar en las aduanas.

vistazo m. Mirada rápida o superficial : *dar* o *echar un vistazo a todo.*

visto, ta p.p. irreg. de *ver.* ‖ — Adj. Juzgado, fórmula con que se da por concluida la vista pública de una causa : *visto para sentencia.* ‖ Muy conocido : *esta clase de espectáculos están muy vistos.* ‖ — *Bien* (o *mal*) *visto,* considerado bien (o mal). ‖ *Está visto,* expr. con que se da una cosa por cierta y segura. ‖ *Ni visto ni oído,* con suma rapidez. ‖ *No visto* o *nunca visto,* raro, extraordinario. ‖ *Por lo visto,* por lo que se ve ; según parece, aparentemente. ‖ *Visto bueno* (o *visto y conforme*), fórmula que se pone, generalmente abreviada (V.º B.º), al pie de ciertos documentos para autorizarlos ; conformidad, acuerdo. ‖ *Visto que,* pues que, una vez que. ‖ *Visto y no visto,* rápidamente. ‖ — M. *Visto bueno,* aprobación : *dar el visto bueno a.*

vistosidad f. Apariencia llamativa, que atrae la vista o la atención.

vistoso, sa adj. Que atrae mucho la atención, llamativo : *vestido vistoso.* ‖ Que agrada a la vista.

Vístula, río de Polonia, que nace en los Cárpatos occidentales, atraviesa Cracovia y Varsovia y desemboca en el mar Báltico por el golfo de Gdansk ; 1 090 km.

visu (de) loc. lat. Después de haber visto como testigo ocular.

visual adj. Relativo a la visión : *imagen visual.* ‖ ~ *Memoria visual,* la que conserva recuerdo de lo que se ha visto (por oposición a *memoria auditiva*). ‖ — F. Línea recta que se considera tirada desde el ojo del espectador hasta el objetivo.

visualidad f. Vistosidad.

visualización f. Acción y efecto de visualizar. ‖ En informática, representación de los resultados de un proceso de tratamiento de datos, bajo forma alfanumérica o gráfica, en una pantalla de rayos catódicos.

visualizar v. t. Imaginar con rasgos visibles algo que no se ve. ‖ Formar en la mente una imagen visual de algo abstracto. ‖ Representar con imágenes ópticas fenómenos de otro carácter. ‖ En informática, representar en una pantalla los resultados de un proceso de datos.

Visviri, c. al N. de Chile en la I Región (Tarapacá) y en la prov. de Parinacota, cap. de la com. de General Lagos.

Vitacura, com. de Chile en el Área Metropolitana de Santiago.

vital adj. Perteneciente o relativo a la vida : *funciones vitales.* ‖ Fundamental, esencial, de suma importancia : *problema vital.* ‖ — *Centro vital,* centro urbano para cuyas actividades son esenciales para un país, una región. ‖ *Impulso vital,* según Bergson, impulso original de la vida a través de la materia y creador de las diversas formas de organización. ‖ *Mínimo vital,* ingresos económicos mínimos sin necesarios para vivir.

Vital (San), mártir en Ravena en 52, padre de San Gervasio y San Protasio. La iglesia que le está consagrada en Ravena (Italia) es uno de los monumentos más ricos del arte bizantino (s. VI). Fiesta el 20 de abril.

vitalicio, cia adj. Que dura toda la vida : *cargo vitalicio.* ‖ Dícese de la persona que disfruta de un cargo de esa clase : *senador vitalicio.* ‖ Aplícase a la renta o pensión que se paga durante la vida del beneficiario (ú. t. c. s. m.). ‖ — M. Seguro de vida.

vitalidad f. Actividad o eficacia de las facultades vitales. ‖ Energía, dinamismo. ‖ Importancia fundamental.

vitalismo m. Doctrina fisiológica que explica los fenómenos orgánicos por la acción de las fuerzas vitales. ‖ Doctrina filosófica que sostiene que la vida humana es la realidad fundamental de nuestra existencia.

vitalista adj. Del vitalismo. ‖ Dícese del partidario del vitalismo o que sigue sus doctrinas (ú. t. c. s.).

vitalizar v. t. Dar los caracteres de la vida a, hacer vital, dar vigor.

vitamina f. Cada una de las sustancias químicas orgánicas existentes en los alimentos en cantidades muy pequeñas y necesaria al metabolismo animal. (Hay numerosas vitaminas : A, B_1, B_2, B_6, B_{12}, C, D, E, K, P, PP, etc. La carencia o insuficiencia, llamada *avitaminosis,* ocasiona graves trastornos.)

vitaminado, da adj. Que tiene una o varias vitaminas.

vitamínico, ca adj. Relativo a las vitaminas : *pastilla vitamínica.*

vitaminización f. Preparación de una vitamina.

Vitebsk, c. en el NO. de la U. R. S. S. (Bielorrusia), a orillas del Duina.

vitelo m. Materia nutritiva no viva contenida en un huevo o cigoto.

Viterbo, c. en el centro de Italia (Lacio), cap. de la prov. homónima. ‖ — Mun. en el centro oeste de Colombia y en el valle del Risaralda (Caldas).

Viterico, rey visigodo de España de 603 a 610. M. asesinado.

Viti. V. FIDJI. ‖ ~ **Levu,** la mayor de las islas Fidji ; cap. *Suva.* Caña de azúcar, algodón. Oro.

vitícola adj. Relativo al cultivo de la vid. ‖ — Com. Viticultor.

viticultor, ra m. y f. Persona dedicada a la viticultura.

viticultura f. Cultivo de la vid.

Vitier (Cintio), escritor cubano (1921-1976), autor de poesías (*Vísperas, Testimonios*), obras de historia y crítica literaria. ‖ ~ (MEDARDO), escritor cubano (1886-1960).

Vitiges, rey de los ostrogodos de Italia de 536 a 540. Fue derrotado por Belisario. Murió en 542.

Vitigudino, v. en el O. de España (Salamanca).

vitíligo m. Enfermedad cutánea caracterizada por manchas blancas debidas a una despigmentación de la piel.

vitivinícola adj. Relativo a la vitivinicultura. ‖ — Com. Vitivinicultor.

vitivinicultor, ra m. y f. Persona dedicada a la vitivinicultura.

vitivinicultura f. Arte de cultivar las vides y elaborar el vino.

Vitiza. V. WITIZA.

vitola f. Baile andaluz de movimientos muy rápidos. ‖ Su música. ‖ V. BAILE.

vitola f. Anillo de papel con dibujos que rodea al cigarro puro. ‖ *Fig.* Facha o traza de una persona. ‖ Aspecto.

vítor m. Grito de aclamación o aplauso : *dar vítores a un héroe.* ‖ — Interj. Expresa alegría o aclamación.

vitorear v. t. Aplaudir, dar vivas, aclamar : *vitorear a un campeón.*

Vitoria, c. del N. de España, cap. de la prov. de Álava, y de la Comunidad Autónoma del País Vasco o Euskadi, a orillas del Zadorra, del Ebro. Obispado. Industrias. Su nombre en vasco es *Gasteiz.*

Vitoria (Francisco de), religioso dominico, jurista y teólogo español, n. en Vitoria (Álava) [1486-1546], fundador del derecho internacional. Autor de *Relectiones de indis,* en la que condena el aspecto belicoso de la conquista de América, y *Relectiones de iure belli,* en la que defiende la guerra justa.

Vitória, c. y puerto del Brasil en la isla homónima, al N. de Río de Janeiro, cap. del Estado de Espíritu Santo. Obispado. Industrias. ‖ ~ **da Conquista,** c. al este del Brasil (Bahía).

vitoriano, na adj. y s. De Vitoria (España).

vitoriano, na m. adj Victoriano, boquerón (ú. t. c. s. m.).

vitral m. Vidriera.

vítreo, a adj. De vidrio o semejante a él : *roca vítrea.* ‖ *Humor vítreo,* líquido intraocular detrás del cristalino y antes de la retina.

vitrificable adj. Que se puede convertir en vidrio.

vitrificación f. o **vitrificado** m. Acción y efecto de vitrificar.

vitrificar v. t. Convertir, mediante fusión, una sustancia en materia vítrea. ‖ Dar a los entarimados una capa de materia plástica que los protege. ‖ Dar a algo aspecto de vidrio. ‖ — V. pr. Convertirse en vidrio.

vitrina f. Armario o caja con puertas de cristales en que se exponen objetos de arte. ‖ *Amer.* Escaparate de una tienda.

vitriólico, ca adj. Relativo al vitriolo

o que posee las características propias de él.

vitriolizar v. t. Someter a la acción del ácido sulfúrico.

vitriolo m. Nombre dado antiguamente a todos los sulfatos. ‖ *Aceite de vitriolo* o *vitriolo,* ácido sulfúrico.

vitro (in), loc. adv. Dícese de las investigaciones biológicas realizadas en el laboratorio, fuera del organismo.

vitrola f. *Amer.* Gramola.

Vitry. ‖ ~**-le-François,** c. de Francia (Marne), al NE. de París. Industrias. ‖ ~**-sur-Seine,** c. de Francia (Val-de-Marne), al SE. de París. Centrales térmicas.

Vittel, pobl. en el NE. de Francia (Vosges). Aguas minerales.

Vittoria, c. de Italia en el S. de Sicilia (Ragusa). Agricultura. Vinos.

Vittorio Véneto, c. en el NE. de Italia en Venecia (prov. de Treviso). Obispado. Aguas termales. Textiles.

vituallas f. pl. Víveres.

Vitullo (Sesostris), escultor argentino (1899-1953), autor de obras de tema de su país (gauchos, etc.).

vituperable adj. Censurable, criticable, reprochable.

vituperación f. Censura, crítica.

vituperador, ra adj. y s. Que vitupera.

vituperar v. t. Censurar, reprender duramente a una persona.

vituperio m. Censura, reproche. ‖ Vergüenza, baldón, oprobio.

viudedad f. Viudez. ‖ Pensión que cobra el cónyuge que vive más que su marido o mujer.

viudez f. Condición de viudo.

viudo, da adj. Dícese de la persona cuyo cónyuge ha muerto y que no ha vuelto a casarse (ú. t. c. s.). ‖ *Fam.* Dícese de un alimento o de cualquier otra cosa sin compañía.

viva m. Grito de aclamación : *dar vivas a la patria.* ‖ *Un viva la Virgen,* vivalavirgen. ‖ — Interj. Expresa aclamación.

vivac m. Vivaque.

vivace adj. o adv. (pal. ital.). *Mús.* Vivo, rápido, animado : *allegro vivace.*

vivacidad f. Rapidez en obrar, en comprender, viveza.

vivalavirgen com. *Fam.* Persona informal y despreocupada.

Vivaldi (Antonio), violinista y compositor italiano, n. en Venecia (1678-1741), autor de música religiosa, óperas, sonatas, conciertos y sinfonías. Se le considera como creador del concierto y ejerció una gran influencia.

vivales com. inv. *Fam.* Fresco, tuno.

Viva Méxco, colonia agrícola al SE. de México, en Tapachula (Chiapas).

Vivanco (Luis Felipe), escritor español (1907-1975), autor de poesías (*Tiempo de dolor, El descampado*) y de críticas literarias de arte. ‖ ~ (MANUEL IGNACIO DE), general peruano (1806-1873), supremo director de la Rep. de 1843 a 1844. Se sublevó más tarde y sin éxito contra Ramón Castilla (1856).

vivaque m. Campamento provisional al raso.

vivaquear v. i. Acampar la tropa.

vivar m. Lugar donde viven los conejos de campo. ‖ Vivero de peces.

vivar v. t. *Amer.* Vitorear.

vivaracho, cha adj. *Fam.* Muy vivo y alegre : *joven vivaracha.*

vivaz adj. Que vive de mucho tiempo : *alegría vivaz.* ‖ Vigoroso. ‖ De pronta comprensión.

vivencia f. Hecho vivido, experiencia.

vivenciar v. t. *Arg.* Vivir, conocer por experiencia propia.

víveres m. pl. Comestibles.

vivero m. Terreno en que se trasladan las plantas desde la almáciga para recriarlas. ‖ Lugar donde se crían o guardan vivos dentro del agua peces, moluscos, etc. ‖ *Fig.* Semillero, cantera : *un vivero de artistas.* ‖ Manantial, fuente : *vivero de disgustos.*

Vivero, c. y puerto del NO. de España (Lugo).

Vives (Amadeo), músico español (1871-1932), autor de óperas (*Maruxa*) y zarzuelas (*Don Lucas del Cigarral, Bohemios, Doña Francisquita*). ‖ ~ (JUAN LUIS), humanista español, n. en Valencia (1492-1540), preceptor de la hija de Enrique VIII de Inglaterra, María I Tudor, y catedrático en Oxford. En su obra (*Diálogos, De anima et vita, De causis corruptarum artium, Introductio ad veram Sapientiam*, etc.) se revela como un precursor de la moderna psicología.

viveza f. Prontitud en las acciones o agilidad en la ejecución : *la viveza de los niños*. ‖ Perspicacia, sagacidad, agudeza : *la viveza del ingenio*. ‖ Realismo, carácter expresivo. ‖ Brillo vivo, intensidad : *la viveza de un color*. ‖ Expresión en la mirada : *ojos llenos de viveza*.

vívido, da adj. Dícese de lo que es producto de la inmediata experiencia del sujeto : *historia vívida*.

vivido, da adj. Expresivo, vivaz.

vividor, ra adj. Que vive (ú. t. c. s.). ‖ Aprovechón, persona que vive a costa de los demás o a quien le gusta vivir bien, cómodamente (ú. t. c. s.).

vivienda f. Lugar donde habitan una o varias personas, morada. ‖ Acción de alojarse : *crisis de la vivienda*. ‖ Casa : *bloque de viviendas lujosas*.

viviente adj. Dotado de vida : *los seres vivientes* (ú. t. c. s.).

vivificación f. Acción de vivificar o vivificarse.

vivificador, ra y **vivificante** adj. Que vivifica o da vida.

vivificar v. t. Dar fuerzas o energía, animar : *el Sol vivifica la naturaleza*.

vivíparo, ra adj. Dícese de los animales, en oposición a los ovíparos, en los que el feto, como ocurre en los mamíferos, se desarrolla por completo, antes de que nazca, en el vientre de la madre (ú. t. c. s.).

vivir m. Vida.

vivir v. t. Participar, tomar parte : *los que vivimos aquellos momentos de felicidad*. ‖ Pasar : *vivir unos momentos de angustia*. ‖ Estar presente : *vivi aquellas discusiones sin fin*. ‖ Tener el placer, la alegría : *viví, olvidándome de casi cuatro lustros de reconcomios, un amor inefable en la patria de Rubén Darío*. ‖ — V. i. Estar vivo : *quien sabe si mañana vivirá*. ‖ Gozar, disfrutar los placeres de la vida : *vivió agradablemente*. ‖ Estar tranquilo, sosegado : *vivir con pocas preocupaciones*. ‖ Durar, subsistir : *sus hazañas vivirán siempre en el recuerdo de todos*. ‖ Habitar, residir : *vivo en París*. ‖ Mantenerse : *gana para poder vivir; vivir de esperanzas*. ‖ Conducirse, portarse : *vivir austeramente*. ‖ Hacer de algo el fin, la razón de ser de su existencia : *vivo sólo para hacer diccionarios*. ‖ Llevar cierto género de vida : *vivir como un santo*. ‖ Tratar : *hay que vivir con todo el mundo*. ‖ Cohabitar : *vivo con mi hermana*. ‖ Aceptar y adoptar las costumbres sociales : *allí aprendimos a vivir*. — *Ir viviendo*, vivir con estrechez. ‖ *No dejar vivir a uno*, molestarle, no dejarle tranquilo. ‖ *¿ Quién vive ?*, voz de alarma del centinela cuando se acerca alguien. ‖ *Saber vivir*, saber tratar con la gente, conocer las reglas mundanas, mundología. ‖ *Vivir al día*, vivir con lo que se gana o se tiene cada día, sin preocuparse del porvenir. ‖ *Vivir para ver*, hacer ver la extrañeza que causa algo extraño, no esperado.

vivisección f. Disección de los animales vivos.

vivito, ta adj. *Fam.* Que está muy vivo. ‖ *Fam. Vivito y coleando*, muy vivo ; vivaracho ; dicho de un asunto, de actualidad, vigente.

vivo, va adj. Que está en vida, que vive : *los seres vivos*. Ú. t. c. s. : *los vivos y los muertos*. ‖ Que sigue existiendo, que aún dura. ‖ Fuerte, intenso : *dolor muy vivo*. ‖ Agudo : *olor vivo*. ‖ Brillante : *luz viva; colores vivos*. ‖ Rápido, ágil en sus movimientos. ‖ *Fig.* Que concibe pronto : *ingenio vivo*. ‖ Rápido en enfadarse : *Despabilado*, despierto, listo : *un niño muy vivo*. ‖ Astuto, hábil. Ú. t. c. s. : *eres un vivo*. ‖ Expresivo, realista, que da la impresión de vida : *vivos relieves; una descripción viva*. ‖ Grande : *tenía una viva curiosidad en verle*. ‖ Duradero, que sobrevive, que no ha desaparecido : *un recuerdo vivo*. ‖ Dícese de la arista, filo o ángulo muy agudos. ‖ Dícese de las lenguas que se hablan todavía. ‖ — *Fig. Como de lo vivo a*

lo pintado, muy diferente. ‖ *En carne viva*, dícese de la carne de un ser vivo que no está cubierta por la piel a causa de una herida, etc. ‖ *En vivo*, aplícase a una res antes de ser matada. ‖ *Lo vivo*, la parte más sensible, el punto más delicado : *tocar en lo vivo*. ‖ *Obra viva*, parte del barco sumergida en el agua. ‖ *¡ Vivo !*, rápidamente.

Vivó (Jorge A.), geógrafo y antropólogo mexicano (1906-1979).

Vixtocíhuatl, diosa de la Sal, entre los ant. mexicanos.

Vizagapatnam. V. VISHAKHAPATNAM.

Vizapur. V. BIJAPUR.

Vizarrón (Juan Antonio de), arzobispo de México (1730-1747) y virrey de Nueva España (1734 a 1740). M. en 1747.

vizcacha f. Mamífero roedor semejante a la liebre, de cola larga, que vive en el Perú, Bolivia, Chile y Argentina.

vizcachera f. Madriguera de la vizcacha. ‖ *Arg.* Cuarto de los trastos viejos, trastero.

vizcaínada f. Hecho o expresión propios de vizcaínos.

vizcaíno, na adj. De Vizcaya (ú. t. c. s.). ‖ — *Fig. A la vizcaína*, al modo de los vizcaínos. ‖ *Bacalao a la vizcaína*, bacalao aderezado con tomates. ‖ — M. Uno de los ocho dialectos del vascuence.

Vizcaíno (~ (SEBASTIÁN), navegante español, m. en 1616, que exploró California y las costas mexicanas. ‖ ~ Casas (FERNANDO), escritor español, n. en 1926, autor de novelas (*Niñas, al salón, De camisa vieja a chaqueta nueva*) y obras de teatro (*El baile de los muñecos*).

vizcaitarra adj. Relativo o partidario de la autonomía o independencia del País Vasco (ú. t. c. s.).

Vizcaya, prov. en el N. de España, una de las Vascongadas ; cap. Bilbao. Minas de hierro. Siderurgia. ‖ ~ (GOLFO DE), parte más profunda del mar Cantábrico, entre Francia y España. Recibe tb. el n. de *Golfo de Gascuña*.

vizcondado m. Título, dignidad y territorio de vizconde.

vizconde m. Título nobiliario inferior al de conde.

vizcondesa f. Mujer del vizconde. ‖ La que tiene este título.

Vlaardingen, c. y puerto en el O. de Holanda, a orillas del Mosa y cerca de Rotterdam. Industrias.

Vladikavkaz o **Vladicáucaso.** V. ORDJONIKIDZE.

Vladimir, c. de U. R. S. S. (Rusia), al NE. de Moscú.

Vladivostok, c. y puerto al SE. de la U. R. S. S. (Rusia), en Extremo Oriente y a orillas del mar del Japón. Universidad. Industrias.

Vlaminck (Maurice de), pintor fauvista francés (1876-1958), autor de retratos y paisajista.

Vlora o **Vlorë**, en ital. *Valona*, c. y puerto al S. de Albania. Base naval.

Vltava. V. MOLDAU.

V. M., abreviatura que significa *vuestra majestad*.

vocablo m. Palabra.

vocabulario m. Conjunto de palabras utilizadas en una lengua, en el lenguaje de una colectividad : *vocabulario castellano*. ‖ Conjunto de palabras empleadas por una persona, por un escritor. ‖ Conjunto de términos propios de una ciencia, de una técnica. ‖ Diccionario abreviado que sólo tiene cierta clase de palabras (usuales, técnicas, etc.).

vocación f. Destino natural del hombre : *la vocación de cualquier persona es la de ser útil a sus semejantes*. ‖ Inclinación, tendencia que se siente por cierta clase de vida, por una profesión : *tener vocación para el teatro*. ‖ Inclinación a la vida sacerdotal o religiosa.

vocacional adj. Relativo a la vocación.

vocal adj. Relativo a la voz: *cuerdas vocales*. ‖ — F. Sonido del lenguaje producido por la vibración de la laringe mediante una simple aspiración. ‖ Letra que representa un sonido vocálico : el alfabeto castellano tiene cinco vocales (a, e, i, o, u), *a las que se puede añadir en determinados casos*

la y. ‖ — Com. Miembro de una junta, consejo, etc., que no tiene asignado un cargo o función especial en el organismo a que pertenece.

vocalía f. Caracter o condición de vocal de una junta, consejo, etc.

vocálico, ca adj. Dícese de cualquier emisión de voz o de elemento fónico sonoro. ‖ Relativo a las vocales.

vocalista com. Artista que canta en una orquesta.

vocalización f. Transformación de una consonante en vocal. ‖ Acción de vocalizar. ‖ Pieza de música compuesta para enseñar a vocalizar.

vocalizador, ra adj. Que vocaliza (ú. t. c. s.).

vocalizar v. i. Pronunciar claramente las letras o sílabas. ‖ Hacer ejercicios de canto sin decir las notas ni las palabras, pronunciando sólo una misma vocal, pues es casi siempre la a. ‖ Transformarse en vocal una consonante (ú. t. c. pr.).

vocativo m. *Gram.* Caso de la declinación, en las lenguas flexivas, que expresa invocación, ruego o mandato.

voceador, ra adj. Que grita mucho (ú. t. c. s.). ‖ — M. Pregonero. ‖ *Méx.* Vendedor callejero de periódicos.

vocear v. i. Dar voces o gritos, vociferar. ‖ — V. t. Pregonar los vendedores. ‖ Llamar a uno a voces. ‖ Aclamar con voces. ‖ *Fig.* Decir, difundir lo que debía mantenerse secreto. ‖ Manifestar, hacer patente. ‖ Publicar, pregonar jactanciosamente una cosa : *le gusta vocear los favores que nos hizo*.

voceo m. Acción y efecto de vocear.

voceras m. inv. *Fam.* Boceras.

vocería f. y **vocerío** m. Griterío.

vocero m. Portavoz.

vociferación f. Palabras dichas gritando y de forma colérica.

vociferador, ra adj. Que vocifera (ú. t. c. s.).

vociferante adj. Que vocifera.

vociferar v. t. e i. Decir gritando.

vocinglería f. Ruido de muchas voces, griterío. ‖ Clamor.

vocinglero, ra adj. y s. Que habla mucho y muy vana y superficialmente. ‖ Que suele hablar muy fuerte.

Vocos Lescano (Jorge), escritor argentino, n. en 1924, autor de libros de poemas (*Días tras días*).

Vodanovic (Sergio), escritor chileno, n. en Yugoslavia en 1926, autor de obras de teatro realistas.

vodevil m. Vaudeville.

vodevilesco, ca adj. Relativo al vodevil.

vodka m. Aguardiente de centeno muy común en la U. R. S. S. y Polonia. — La palabra *vodka*, aunque la Academia la da como ambigua, se usa más corrientemente en masculino.

Vogelweide. V. WALTHER VON DER VOGELWEIDE.

voivoda m. En los países balcánicos y en Polonia, alto dignatario civil o militar. ‖ En Polonia y Yugoslavia, capital de una región administrativa.

Voivodina, territorio autónomo en el NE. de la Rep. federativa de Serbia (Yugoslavia) ; cap. *Novi Sad*.

voladizo, za adj. *Arq.* Dícese de la parte de un edificio que sobresale de la pared : *viga voladiza* (ú. t. c. s. m.).

volado, da adj. Aplícase a los tipos pequeños de imprenta que se ponen más alto que los otros, como en 1.°, 2.°, 3.°. ‖ — *Fig.* y *fam.* Estar volado, estar muy avergonzado ; hacer algo volado, hacerlo con mucha rapidez. ‖ — M. *Méx.* Juego de cara y cruz, con una moneda que se lanza. ‖ — F. Vuelo corto.

volador, ra adj. Que vuela : *artefacto volador; pez volador*. ‖ — M. Árbol lauráceo de la América tropical cuya madera se emplea en construcciones navales. ‖ Cohete. ‖ Pez marino acantopterigio, cuyas aletas pectorales son tan largas que sirven al animal para saltar a alguna distancia sobre el agua. ‖ Calamar de mayor tamaño y carne menos fina. ‖ Juego de los indios mexicanos consistente en un palo alrededor del cual giran varios hombres colgados de una cuerda a gran distancia del suelo. ‖ — F. *Guat.* Bofetada.

voladura f. Acción de volar una cosa con un explosivo.

volandas (en) m. adv. Por el aire,

sin que toquen los pies el suelo : *lo llevaban en volandas.* ‖ *Fig. y fam.* En seguida : *iré en volandas a hacer lo que me mandan.*

volandillas (en) m. adv. En volandas.

volando adj. *Fam.* Rápidamente : *ir, llegar volando.*

volante adj. Que vuela, que tiene la facultad de moverse en el aire como los pájaros. ‖ No fijo o sujeto : *cuerda volante.* ‖ Móvil, que se puede trasladar fácilmente : *equipo volante de cirugía.* ‖ Itinerante : *campo volante.* ‖ Que cambia de sitio, sin asiento fijo : *campo volante.* ‖ Medio volante, medio ala en fútbol. ‖ — M. Órgano, generalmente circular, que sirve para dirigir los movimientos de las ruedas de un vehículo por medio de un engranaje o una transmisión. ‖ Rueda parecida empleada para regularizar los movimientos de cualquier máquina. ‖ *Fig.* Automovilismo : *los ases del volante.* ‖ Parte libre que se puede separar de cada hoja de un talonario. ‖ Impreso que rellena y firma un médico de cabecera para dirigir el enfermo a un especialista. ‖ Tira de tela fruncida que se pone en un vestido femenino o en la ropa de algunos muebles : *falda con un volante.* ‖ Aro en los relojes, movido por la espiral, que regulariza los movimientos de la rueda de escape. ‖ Hoja de papel alargada que se utiliza para hacer una comunicación. ‖ Esfera de corcho con un penacho de plumas que sirve para lanzárselas los jugadores por medio de raquetas. ‖ Juego así realizado. (Se le llama también *juego del volante o badminton.*) ‖ Jugador que juega como medio lateral en un equipo de fútbol.

volantón, ona adj. *Fig.* Que cambia constantemente de sitio o lugar.

volapié m. *Taurom.* Estocada a toro parado, dando salida a éste con la muleta : *mató bien a volapié.*

volapuk m. Lengua universal inventada y difundida en 1880 por el sacerdote alemán Johann Martin Schleyer (1831-1912).

volar v. i. Moverse, sostenerse en el aire ya sea por medio de alas o valiéndose de cualquier otro medio : *pájaro, avión que vuela.* ‖ Hacer un vuelo en avión : *volar encima de la ciudad.* ‖ Ir, correr a gran velocidad : *volé en socorro de los heridos.* ‖ Hacer con gran rapidez : *trabajando no corro sino que vuelo.* ‖ Propagarse rápidamente : *sus hazañas vuelan de boca en boca.* ‖ *Fig.* Pasar muy de prisa : *el tiempo vuela.* ‖ Elevarse en el aire y moverse en él : *las hojas secas vuelan.* ‖ Arrojar con violencia : *las sillas volaban durante la pelea.* ‖ Desaparecer alguien : *voló el ladrón.* ‖ Gastarse : *el dinero vuela en ciudades tan caras.* ‖ Sobresalir fuera de la fachada de un edificio. ‖ Estar uno muy enojado o muy confuso : *el jefe está que vuela.* ‖ — V. t. Hacer saltar o explotar con un explosivo : *volar un puente, un buque.* ‖ Poner una letra o signo impreso a una altura superior a los demás. ‖ — V. pr. Emprender el vuelo. ‖ Elevarse en el aire. ‖ *Amer.* Irritarse, encolerizarse. ‖ *Méx.* Enamorar por diversión.

volatería f. Conjunto de aves, especialmente las comestibles. ‖ Cetrería.

volátil adj. Que se volatiliza o se evapora : *alcohol volátil.* ‖ *Fig.* Que vuela o es capaz de volar (ú. t. c. s. m.). ‖ *Fig.* Inconstante, cambiadizo, mudable (ú. t. c. s.).

volatilidad f. Condición de volátil.

volatilizable adj. Que se volatiliza.

volatilización f. Evaporación.

volatilizar v. t. Transformar un cuerpo sólido o líquido en gaseoso (ú. t. c. pr.). ‖ — V. pr. *Fig. y fam.* Desaparecer de modo inesperado y rápido.

volatinero, ra m. y f. Acróbata.

vol-au-vent [*volován*] m. (pal. fr.). Pastel de hojaldre relleno de carne o pescado con salsa, setas, trufas, aceitunas, etc.

volcadura f. *Amer.* Vuelco.

volcán m. Montaña formada por lavas y otras materias procedentes del interior del Globo y expulsadas por

una o varias aberturas del suelo. ‖ *Fig.* Persona de carácter ardiente, fogoso, apasionado. ‖ Pasión ardiente. ‖ Cosa muy agitada : *mi cabeza era un volcán.* ‖ Situación tranquila en apariencia, pero que encierra un peligro : *estamos sobre un volcán.*

Volcán (El), pobl. de Chile en la región metropolitana de Santiago y río afluente del Maipo. Industrias. Central hidroeléctrica.

volcancito m. *Amer.* Volcán pequeño que arroja lodo caliente.

Volcánica ‖ ~ (CORDILLERA), montañas de Costa Rica desde el norte del país hasta el centro de éste. Abarca las cordilleras de Guanacaste y Central, con los volcanes Turrialba e Irazú. ‖ ~ (CADENA), cordillera de Nicaragua, paralela al Pacífico.

volcanicidad f. Volcanismo.

volcánico, ca adj. Relativo al volcán : *reinado volcánico.* ‖ *Fig.* Agitado, ardiente, fogoso : *pasión volcánica.* ‖ *Fig.* Muy ardiente.

volcanismo m. Conjunto de los fenómenos volcánicos y de las teorías que explican sus causas.

volcanización f. Formación de rocas volcánicas o eruptivas. ‖ Vulcanismo.

volcar v. t. Inclinar o invertir un objeto, de modo que caiga su contenido : *volcar un vaso.* ‖ Tumbar, derribar : *volcar a un adversario.* ‖ Turbar la cabeza un olor muy fuerte. ‖ *Fig.* Hacer mudar de parecer : *le volcó con sus argumentos.* ‖ — V. i. Caer hacia un lado un vehículo : *el camión volcó* (ú. t. c. pr.). ‖ — V. pr. *Fig.* Poner uno el máximo interés o esfuerzo para algún fin : *se volcó para conseguir el cargo.* ‖ Extremar, hacer el máximo : *se volcó en atenciones.*

volea f. *Vol.* trayectoria parabólica de la pelota. ‖ *Tiro de volea,* en fútbol, empalme con el balón todavía en el aire.

volear v. t. Dar a una cosa en el aire para impulsarla. ‖ Sembrar a voleo. ‖ — V. i. Hacer voleas con la pelota.

voleibol m. Balonvolea.

voleo m. Golpe que se da a una cosa en el aire antes de que caiga : *cogió la pelota a voleo.* ‖ Cierto movimiento de la danza española. ‖ Guantazo : *dar un voleo.* ‖ — A o al voleo, esparciendo al aire la semilla : *sembrar al voleo;* (fig.) al buen tuntún, de modo arbitrario. ‖ *Fig. Del primer (o de un) voleo,* bruscamente ; rápidamente.

volframio m. Metal (símb., W) de densidad 19,2 que funde a 3 660 ºC, de un color gris casi negro, utilizado para fabricar los filamentos de las lámparas de incandescencia. (Llámase tb. *tungsteno.*)

Volga, río en el O. de la U. R. S. S., el más largo de Europa ; des. en el Caspio ; 3 700 kms. Navegable. Presas. Pasa por Yaroslavl, Gorki, Kazán, Kuibichev, Saratov, Volgogrado y Astracán.

Volgogrado, c. en el SO. de la U. R. S. S. (Rusia) a orillas del Volga. Centro industrial. Centrales hidroeléctricas. De 1925 a 1961 llamóse *Stalingrado.*

volición f. Acto de voluntad.

Volinia, en polaco *Wolyn,* región de la U. R. S. S. al NO. de Ucrania.

volitivo, va adj. De la voluntad.

Voljov, río al O. de la U. R. S. S., que desemboca en el lago Ladoga ; 224 km.

Voljski, c. al SO. de la U. R. S. S., a orillas del Volga y frente a Volgogrado.

Völklingen, c. en el S. de Alemania Occidental (Sarre). Acerías.

Vologda, c. en la U. R. S. S., al NE. de Moscú (Rusia). Nudo ferroviario.

Volos, c. y puerto al O. de Grecia (Tesalia), a orillas del golfo homónimo. Ant. *Yolos.*

volován m. Vol-au-vent.

Volpone o **El Zorro,** comedia, en cinco actos y en verso, de Ben Jonson (1606).

volquetazo m. *Fam.* Vuelco.

volquete m. Vehículo utilizado para el transporte de materiales que se descarga haciendo girar sobre el eje la caja que sostiene el bastidor.

volsco, ca adj. Dícese de los miembros y de lo relativo a un pueblo del

Lacio, sometido a Roma en 338 a. de J. C. (ú. t. c. s.).

volt m. *Fís.* Voltio en la nomenclatura internacional.

Volta, río de Ghana formado al confluir el *Volta Negro,* el *Volta Blanco* y el *Volta Rojo,* nacidos en el Alto Volta ; 1 600 km. Presa de Akosombo en el lago Volta (8 730 km²). ‖ ~ **(Alto).** V. ALTO VOLTA. ‖ ~ **Redonda,** c. en el E. del Brasil (Río de Janeiro). Gran centro siderúrgico.

Volta (Alessandro, *conde de*), físico italiano (1745-1827), inventor de la pila eléctrica que lleva su nombre.

voltaico, ca adj. Aplícase a la pila eléctrica de Volta y a los efectos que produce. ‖ *Arco voltaico,* v. ARCO.

Voltaire (François-Marie AROUET, llamado), escritor francés, n. en París (1694-1778), autor de epopeyas (*La Henriada*), tragedias (*Zaira, La muerte de César, Mérope*), poemas (*Discursos sobre el hombre*), relatos (*Zadig, Micromegas, Cándido*). Espíritu práctico, Voltaire funda su moral natural en la tolerancia y la razón.

voltaje m. Fuerza electromotriz de una corriente o diferencia de potencial en los terminales de un conductor o circuito. ‖ Tensión, medida en voltios, a la que funciona un aparato eléctrico.

voltámetro m. Aparato utilizado para medir una corriente. ‖ Aparato donde se produce una electrólisis.

voltamperio m. Unidad de potencia aparente (símb., VA) de las corrientes alternas, equivalente a la potencia de una corriente de un amperio cuya tensión alterna es de un voltio.

volteada f. *Arg.* Operación que consiste en separar una parte del ganado acorralándolo los jinetes.

volteado m. *Méx.* Sodomita, afeminado, invertido.

volteador, ra adj. Que voltea. ‖ — M. y f. Acróbata.

voltear v. t. Dar vueltas a una persona o cosa. ‖ Poner una cosa al revés o boca abajo : *voltear el heno.* ‖ Hacer dar vueltas a las campanas para que suenen. ‖ *Fig.* Trastocar, mudar. ‖ Derribar, derrocar : *voltear un gobierno.* ‖ *Fam.* Suspender en un examen. ‖ *Amer.* Volcar, derramar. ‖ Derribar con violencia. ‖ Cambiar radicalmente la dirección o la posición de algo. ‖ — V. i. Dar vueltas una persona o cosa. ‖ Repicar, echar a vuelo las campanas. ‖ — V. pr. *Amer.* Cambiar de ideas políticas o de partido.

volteo m. Toque repetido de campanas. ‖ Ejercicio de equitación que consiste en saltar de diversas maneras sobre un caballo en marcha o parado.

voltereta f. Trecha, vuelta dada con el cuerpo en el aire, apoyando las manos en el suelo : *dar volteretas.* ‖ *Fig.* Cambio repentino, pirueta.

volterianismo m. Filosofía de Voltaire y de sus discípulos. ‖ Espíritu de incredulidad.

volteriano, na adj. Relativo a Voltaire, a sus ideas, a su filosofía. ‖ Dícese del partidario de Voltaire o de su filosofía (ú. t. c. s.). ‖ *Fig.* Que denota impiedad, incredulidad (ú. t. c. s.).

Volterra, c. en el O. de Italia en Toscana (prov. de Pisa). Obispado. Restos etruscos, romanos y de la Edad Media.

voltímetro m. Instrumento para medir en voltios la diferencia de potencial eléctrico entre dos puntos.

voltio m. Unidad de fuerza electromotriz y de diferencia de potencial o tensión (símb., V), equivalente a la diferencia de potencial existente entre los puntos de un conductor por el cual pasa una corriente de un amperio cuando la potencia perdida entre los mismos es de un vatio.

Volturno, río del S. de Italia que atraviesa la ciudad de Capua y des. en el mar Tirreno ; 185 km.

volubilidad f. Versatilidad, inconstancia : *su mente se deja regida por su gran volubilidad.*

volubilis m. Enredadera ornamental.

Volubilis, emplazamiento arqueológico de Marruecos, al N. de Mequínez. Ruinas romanas.

voluble adj. Versátil, cambiante.

volumen m. Libro : *enciclopedia en*

tres volúmenes. ‖ Extensión del espacio de tres dimensiones ocupado por un cuerpo : *el volumen de un paralelepípedo.* ‖ Espacio ocupado por un cuerpo : *un paquete de gran volumen.* ‖ Masa de agua que lleva un río o que sale de una fuente. ‖ Intensidad : *voz de mucho volumen.* ‖ *Rad.* Mando que regula la intesidad sonora. ‖ Cantidad de dinero empleada o que sirve para realizar las operaciones comerciales : *volumen de ventas, del capital invertido.* ‖ Importancia : *volumen de negocios.*

volumetría f. Ciencia que trata de la medida de los volúmenes.

volumétrico, ca adj. Relativo al volumen o a la volumetría.

voluminoso, sa adj. De mucho volumen, de gran tamaño, grande.

voluntad f. Facultad o potencia que mueve a hacer o no una cosa : *carece de voluntad.* ‖ Energía mayor o menor con la que se ejerce esta facultad : *ésta es mi voluntad.* ‖ Intención firme de realizar algo : *dar a conocer su voluntad.* ‖ Deseo : *ésa no fue mi voluntad.* ‖ Capricho, antojo : *siempre hacía su santa voluntad.* ‖ Libertad para obrar : *hizo aquellos actos por su propia voluntad.* ‖ Afecto, cariño : *le tienes poca voluntad a tus profesores.* ‖ Cantidad discrecional que se entrega a alguien por un servicio : *¿ qué le debo ? — La voluntad.* ‖ — *A voluntad,* si se quiere o cuando se quiere. ‖ *Buena voluntad,* intención de hacer bien las cosas. ‖ *De buena voluntad,* con agrado. ‖ *Ganar la voluntad de uno,* lograr su cariño o convencerle de lo que se quiere o desea. ‖ *Mala voluntad,* deseo contrario a que se haga cierta cosa ; antipatía hacia alguien. ‖ *Última voluntad,* testamento, deseos de una persona expresados antes de su muerte.

voluntariado m. Alistamiento voluntario para efectuar el servicio militar.

voluntariedad f. Libertad, espontaneidad de una decisión. ‖ Carácter facultativo de una cosa.

voluntario, ria adj. Que nace de la propia voluntad : *acto voluntario.* ‖ Hecho por propia voluntad : *movimiento voluntario.* ‖ Voluntarioso. ‖ Dícese de la persona que realiza voluntariamente un acto : *un soldado voluntario* (ú. t. c. s.).

voluntarioso, sa adj. Lleno de buena voluntad, de buenos deseos. ‖ Que sólo quiere hacer su voluntad, obstinado.

voluntarismo m. Doctrina del que cree que la voluntad es el fundamento de todo, que es lo más importante que existe.

voluntarista adj. Relativo al voluntarismo. ‖ Partidario de esta doctrina (ú. t. c. s.).

voluptuosidad f. Placer de los sentidos, goce intenso.

voluptuoso, sa adj. Que inspira la voluptuosidad o la hace sentir : *vida voluptuosa.* ‖ Dado a los placeres sensuales (ú. t. c. s.).

voluta f. Adorno en espiral o caracol que decora los capiteles de orden jónico. ‖ Que tiene forma de espiral : *voluta de humo.* ‖ Molusco gasterópodo univalvo que tiene concha espiral. ‖ Parte superior del mástil del violín.

volver v. t. Cambiar de posición o de dirección mediante un movimiento de rotación : *volver la cabeza.* ‖ Dirigir : *volver los ojos hacia uno.* ‖ Dar vuelta : *volver una tortilla.* ‖ Pasar : *volver las páginas de un libro.* ‖ Poner al revés : *volver un vestido.* ‖ Hacer girar una puerta o ventana para cerrarla o entornarla. ‖ *Fig.* Convertir : *volver el vino en vinagre.* ‖ Tornar, hacer que una persona o cosa cambie de estado : *el éxito le ha vuelto presumido.* ‖ Retornar : *han vuelto contra él sus propios argumentos.* ‖ Devolver : *producto que vuelve el pelo a su color.* ‖ Poner : *volver una frase en la forma pasiva.* ‖ *Fig.* Volver loco a uno, trastornarle la razón. ‖ — V. i. Regresar, retornar : *volver a casa.* ‖ Ir de nuevo : *este año volveremos al mar.* ‖ Torcer de camino : *volver a la derecha.* ‖ Reanudar, proseguir : *volvamos a nuestro tema.* ‖ Reaparecer : *el tiempo pasado*

no vuelve. ‖ Repetir, reiterar, reincidir (con la prep. a y verbo en infinitivo) : *volver a llover ; volvió a decir lo mismo.* ‖ *Méx.* Vomitar, devolver. ‖ — *Fig.* Volver a la carga o al ataque, solicitar algo con insistencia ; Volver *en sí,* recobrar el conocimiento después de un desmayo. ‖ — V. pr. Mirar hacia atrás, tornarse : *me volví para verlo mejor.* ‖ Regresar : *vuélvete pronto.* ‖ Cambiar, tornarse, trocarse : *el tiempo se ha vuelto lluvioso.* ‖ Ponerse : *volverse triste.* ‖ — *Volverse atrás,* retroceder ; (fig.) desdecirse. ‖

Volverse contra alguien (o en *contra de alguien*), enfadarse con él, ponerse radicalmente en contra suyo.

volley-ball [*voleibol*] m. (pal. ingl.). Balonvolea.

vómico, ca adj. Vomitivo, que hace vomitar. ‖ *Nuez vómica,* semilla de la que se extrae la estricnina.

vomitar v. t. Arrojar violentamente por la boca lo contenido en el estómago : *vomitar la comida.* ‖ *Fig.* Arrojar de sí una cosa algo que tiene dentro : *los volcanes vomitan lava.* ‖ *Fig.* y *fam.* Decir de modo violento :

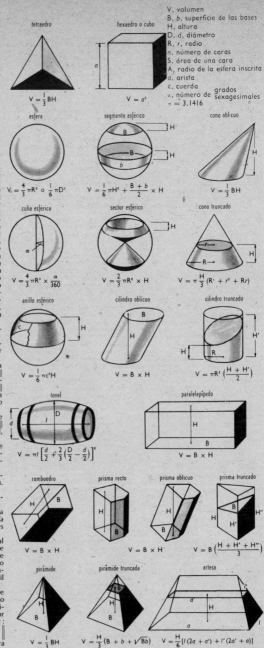

tetraedro

$$V = \frac{1}{3} BH$$

hexaedro o cubo

$$V = a^3$$

V, volumen
B, b, superficie de las bases
H, altura
D, d, diámetro
R, r, radio
n, número de caras
S, área de una cara
A, radio de la esfera inscrita
a, arista
c, cuerda
α, número de grados sexagesimales
π = 3,1416

esfera

$$V = \frac{4}{3} \pi R^3 \ o \ \frac{1}{6} \pi D^3$$

segmento esférico

$$V = \frac{1}{6} \pi H^3 + \frac{B + b}{2} \times H$$

cono oblicuo

$$V = \frac{1}{3} BH$$

cuña esférica

$$V = \frac{4}{3} \pi R^3 \times \frac{\alpha}{360}$$

sector esférico

$$V = \frac{2}{3} \pi R^2 \times H$$

cono truncado

$$V = \pi \frac{H}{3} (R^2 + r^2 + Rr)$$

anillo esférico

$$V = \frac{1}{6} \pi c^3 H$$

cilindro oblicuo

$$V = B \times H$$

cilindro truncado

$$V = \pi R^2 \left(\frac{H + H'}{2} \right)$$

tonel

$$V = \pi l \left[\frac{d}{2} + \frac{2}{3} \left(\frac{D}{2} - \frac{d}{2} \right) \right]^2$$

paralelepípedo

$$V = B \times H$$

romboedro

$$V = B \times H$$

prisma recto

$$V = B \times H$$

prisma oblicuo

$$V = B \times H$$

prisma truncado

$$V = B \left(\frac{H + H' + H''}{3} \right)$$

pirámide

$$V = \frac{1}{3} BH$$

pirámide truncada

$$V = \frac{H}{3} (B + b + \sqrt{Bb})$$

artesa

$$V = \frac{H}{6} [l (2a + a') + l' (2a' + a)]$$

vomitar insultos. | Confesar, revelar lo que se mantenía callado.

vomitivo, va adj. Aplícase a un medicamento o sustancia que hace vomitar (ú. t. c. s. m.).

vómito m. Acción de devolver o arrojar por la boca lo que se tenía en el estómago. | Sustancias vomitadas. | — *Vómito de sangre,* hemoptisis. | *Vómito negro,* fiebre amarilla.

vomitorio, ria adj. Vomitivo (ú. t. c. s.). | — M. En los circos o teatros romanos, y actualmente en los estadios o plazas de toros, puerta de acceso y de salida en los graderíos.

Voorburg, c. del N. de Holanda.

voracidad f. Gran avidez para comer. | *Fig.* Avidez, ansia.

vorágine f. Remolino impetuoso que forma el agua. | *Fig.* Pasión desenfrenada. | Lío, confusión.

Vorágine (La), novela del escritor colombiano José Eustasio Rivera, descripción realista de la naturaleza tropical (1925).

Vorarlberg, prov. en el O. de Austria, al pie de los Alpes homónimos ; c. pr. *Bregenz.*

voraz adj. Que devora o come con avidez : *persona voraz.* | Aplícase al hambre muy grande. | *Fig.* Destructor : *un voraz incendio.*

Vorochilov. V. USURINSK.

Vorochilov (Kliment Iefremovich), mariscal soviético (1881-1969), comisario del pueblo para la Defensa (1925-1940) y pres. del Consejo Supremo de la U. R. S. S. (1953-1960).

Vorochilovgrado, c. al noroeste de la U. R. S. S. (Ucrania), en el Donbass. Metalurgia. Llamada *Lugansk* antes de 1935 y de 1958 a 1970.

Vorochilovsk. V STAVROPOL.

Voronej, c. en el O. de la U. R. S. S. (Rusia), a orillas del río del mismo n. Central nuclear.

Voronov (Sergio), fisiólogo ruso (1861-1951). Sus experimentos de rejuvenecimiento tuvieron poca eficacia.

vos pron de la 2.ª persona del s. y del pl. Usted. | *Amer.* Tú. | — Se emplea vos en lugar de usted en estilo poético u oratorio para dirigirse a Dios *(Señor, Vos sois nuestra Providencia),* a los santos o a una persona de gran respeto, generalmente en este caso con tono enfático. Vos concuerda siempre con el verbo como vosotros. En el castellano clásico este tratamiento correspondía a una forma intermedia entre el tuteo y Vuestra Merced. Actualmente el empleo de vos o voseo es general en Argentina, Uruguay, Paraguay, Guatemala, El Salvador, Honduras y Nicaragua, se aplica indiferentemente con el tuteo en Chile, Ecuador, Colombia, Venezuela y Costa Rica y se desconoce en México, Perú, Bolivia y en las costas colombiana, ecuatoriana y venezolana. Cuando se usa sustituye a tú y la conjugación del verbo sufre cierta alteración *(vos tenés, vos sos).* El complemento *te,* a pesar de esto, permanece en la frase, aunque constituye una repetición inútil *(a vos te parece bien; vos te comerís o te comerás este pastel).*

Vos (Cornelis de), pintor flamenco (¿ 1584 ?-1651), notable retratista.

vosear v. t. Hablar de usted. | *Amer.* Tutear. (V. VOS.)

voseo m. Acción de hablar de usted. | *Amer.* Tuteo. (V. VOS.)

Vosges, dep. del NE. de Francia, cap. *Epinal.* Bosques. Industrias. Energía hidroeléctrica.

Vosgos, cordillera al NE. de Francia, entre las regiones de Alsacia y Lorena. — V. VOSGES.

vosotros, tras pron. de 2.ª pers. de ambos, gén. y núm. pl. : *vosotros lo haréis.*

votación f. Acción de votar : *modo de votación.* | Operación consistente en expresar cada uno su opinión en una asamblea : *votación a mano alzada.* | Conjunto de votos emitidos.

votador, ra adj. y s. Votante.

Votán, personaje mitológico de América Central que, según la tradición, fundó un imperio en el actual territorio de Chiapas (México).

Votán o **Wotán,** otro n. con que se conoce al dios escandinavo *Odín.*

votante adj. Que vota (ú. t. c. s.).

votar v. i. Dar su voto en una elección o deliberación : *un extranjero no vota.* | — V. t. Decidir, dar su parecer : *votar una ley.* | Sancionar por votación. | ¡ *Voto a !,* expr. dicha para manifestar la admiración, el asombro, la amenaza.

votivo, va adj. Ofrecido por voto.

voto m. Promesa hecha a Dios, a la Virgen, a los santos por devoción o para obtener determinada gracia. | Cada una de las tres promesas de renunciamiento (pobreza, castidad y obediencia) que se pronuncian al tomar el hábito religioso. | Opinión emitida por cada una de las personas que votan, sufragio : *diez votos a favor y tres en contra.* | Derecho a votar : *tener uno voz y voto.* | Votante, persona que da su voto. | Deseo ardiente : *formular un voto ; votos de felicidad.* | Juramento, reniego; blasfemia : *echar votos.* | — *Hacer votos por,* desear. | *Voto de calidad,* el que, por ser de persona de mayor autoridad, decide la cuestión en caso de empate. | *Voto de confianza,* aprobación del Gobierno a la actuación del Gobierno en determinado asunto. | *Voto directo, indirecto,* aquel en el que el elector designa directamente a la persona que debe ocupar un puesto o a un delegado, quien a su vez escoge a ésta.

Vouvray, c. de Francia (Indre-et-Loire), cerca de Tours. Vinos.

voyeur adj. (pal. fr.). Mirón, dícese de la persona que observa con delectación las escenas eróticas realizadas por otros (ú. t. c. s.).

voyeurismo m. (del fr.). Acción o calidad de voyeur.

voz f. Sonido que produce el aire expelido por los pulmones al hacer vibrar las cuerdas vocales : *voz chillona.* | Aptitud para cantar : *voz de bajo.* | Parte vocal o instrumental de una composición musical : *fuga a tres voces.* | Sonido de un instrumento musical. | Persona que canta. | Grito : *le di una voz que por poco vuelves.* U. t. en pl. : *dar voces de dolor.* | Derecho de expresar su opinión en una asamblea : *tiene voz, pero no voto.* | *Fig.* Rumor : *corre la voz de que se ha marchado.* | Impulso, llamada interior : *la voz del deber.* | Consejo : *oír la voz de un amigo.* | Manifestación de una colectividad o algo que, en realidad, no puede hablar : *la voz de pueblo, de la moral.* | *Gram.* Forma que toma el verbo para indicar si la acción es hecha o sufrida por el sujeto : *voz activa, pasiva.* | Vocablo, palabra : *una voz oscura.* | — *A media voz,* en voz poco fuerte. | *Amer.* *A toda voz,* hablando muy alto o fuerte. | *A una voz,* de modo unánime. | *A voces, a gritos.* | *A voz en cuello* (o *en grito*), gritando. | *Ahuecar la voz,* hacerla más grave o ronca. | *Fig. Anudársele a uno la voz,* no poder hablar de emoción. | *Dar una voz a uno,* llamarle gritando. | *Dar voces en el desierto, al viento,* clamar inútilmente. | *De viva voz,* hablando, de palabra. | *Fig. Donde Cristo dio las tres voces,* muy lejos. | *Levantar la voz a uno,* hablarle con tono insolente. | *Llevar uno la voz cantante,* ser el que manda. | *No tener voz ni voto,* no tener influencia alguna. | *Pedir a voces,* tener gran necesidad. | *Tener la voz tomada* o *tomada la voz,* estar ronco o afónico. | *Fig. Voz del pueblo, voz del cielo,* la opinión general suele ser prueba de la verdad. | *Voz pública,* la opinión general. | *Voz y voto,* facultad de votar en una asamblea.

vozarrón m. Voz muy potente.

Vrangel. V. WRANGEL.

vudú m. Culto que algunos negros de las Antillas o del sur de los Estados Unidos profesan a varias divinidades. | Divinidad venerada en este culto.

vuecelencia y **vuecencia** m. Metaplasmo de *vuestra excelencia.*

vuelapluma (a) adv. *Escribir a vuelapluma,* hacerlo de prisa.

vuelco m. Acción y efecto de volcar un vehículo, una embarcación, etc. | Caída. | Mareo. | *Fig.* Cambio. | Ruina, hundimiento : *este negocio va a dar al vuelco.* | *Fig. Darle a uno un vuelco el corazón,* sobresaltarse, estremecerse.

vuelo m. Acción de volar : *el vuelo de las aves.* | Recorrido hecho volando sin posarse. | Desplazamiento en el aire de una aeronave : *vuelo sin visibilidad.* | Viaje en avión : *vuelo de varias horas.* | Envergadura de un ave. | Amplitud de un vestido : *el vuelo de una falda.* | *Arq.* Parte saliente de una obra de fábrica. | *Fig.* Arrojo, ímpetu. | Amplitud de la inteligencia, de la voluntad, envergadura : *no tener suficiente vuelo para emprender tamaña obra.* | — *Al vuelo,* durante el vuelo ; (fig.) con presteza, diestramente, sagazmente : *coger al vuelo.* | *Alzar* (o *emprender* o *levantar*) *el vuelo,* echarse a volar ; (fig.) marcharse. | *Fig. Cortar los vuelos a uno,* ponerle trabas, privarle de hacer lo que se le antoja. | *Fig. Méx. Darse vuelo,* actuar u obrar sin limitaciones y con gran placer. | *Fig. De altos vuelos* o *de mucho vuelo,* de mucha importancia o amplitud. | *De* (o *en*) *un vuelo,* con mucha rapidez. | *Muchas horas de vuelo,* mucha experiencia. | *No oírse el vuelo de una mosca,* no haber mucho ruido o gozar de gran tranquilidad. | *Tocar a vuelo las campanas,* tocarlas al mismo tiempo. | *Fig. Tomar vuelo una cosa,* desarrollarse, tomar importancia.

vuelta f. Movimiento de un cuerpo que gira sobre sí mismo o que describe un círculo : *la vuelta de la Tierra alrededor de su eje.* | Movimiento con el que se coloca una cosa en la posición opuesta a la que estaba : *el camión dio una vuelta al tropezar con el pretil.* | Recodo, curva : *carretera con muchas vueltas.* | Movimiento con el que una persona abandona un lugar para volver a él : *el león daba vueltas en su jaula ; dar la vuelta a España.* | En ciclismo y otros deportes, carrera por etapas en torno a un país, región, provincia, etc. | *Paseo : me di una vuelta por el parque.* | Vez, turno : *elegido en la primera vuelta de las votaciones.* | Regreso, retorno : *estar de vuelta de un viaje.* | Revés : *la vuelta de una página.* | Fila : *collar con tres vueltas.* | Entrega del dinero que se devuelve cuando la cantidad pagada excede al precio de lo comprado : *me dio la vuelta en calderilla.* | Devolución de una cosa prestada. | Acción de girar o hacer girar un objeto : *dar dos vueltas a la llave.* | Parte doblada en el extremo de una prenda de vestir : *las vueltas del pantalón, de las bocamangas.* | Cambio, alteración : *la vida da muchas vueltas.* | Cambio repentino y total en una situación. | *Fig.* Figura circular que toma una cosa arrollada : *le dio varias vueltas con una cuerda.* | Fila de mallas en las labores de punto. | Parte que sigue a un ángulo : *está a la vuelta de la esquina.* | *Arq.* Curva de intradós de un arco o bóveda. | Unidad de medida de ángulo equivalente a un ángulo de 2 π. | — *A la vuelta de,* al regreso de ; después de : *a la vuelta de diez años.* | *Fig. A la vuelta de la esquina,* muy cerca ; en cualquier sitio. | *A vuelta de correo,* en el mismo día en que se recibe una carta. | *Fig. Buscarle a uno las vueltas,* intentar cogerle en falta. | *Cogerle las vueltas a alguien* o *a algo,* llegar a conocerlo bien. | *Dar la vuelta de campana,* dar una vuelta completa en el aire. | *Fig. Darle cien vueltas a alguien,* superarlo con mucho. | *Dar media vuelta,* irse. | *Dar vueltas, girar ; pensar mucho en algo, examinarlo : dar vueltas a un asunto.* | *Dar vueltas la cabeza,* estar mareado. | *De vuelta,* al regresar. | *Fig. Estar de vuelta de todo,* saber las cosas por experiencia y sentir por esto cierto desengaño. | *No andar con vueltas,* no andarse con rodeos. | *No hay que darle más vueltas,* no hay por qué pensarlo más. | *No tener una cosa vuelta de hoja,* ser evidente, incuestionable. | *Ponerle a uno de vuelta y media,* insultarle ; hablar muy mal de él. | *Tener muchas vueltas,* ser muy complicado. | *Vuelta al ruedo,* recorrido que hace un torero alrededor de la plaza para saludar al público después de haber realizado una buena faena.

Vueltabajo o **Vuelta Abajo,** comarca en el O. de Cuba (Pinar del Río). Tabaco.

Vueltas, cerro de Costa Rica, en la cord. de Talamanca ; 3 033 m.

vuelto m. *Amer.* Vuelta de dinero, cambio.

vuestro, tra adj. pos. de la 2.ª pers. del pl. : *vuestros hijos y vuestra hija.* || — Pron. pos. de la 2.ª pers. del pl. : *los vuestros serán los mejores.*

Vuillard (Edouard), pintor postimpresionista francés (1868-1940).

vulcanidad f. Actividad de un volcán.

vulcanismo m. Actividad de los volcanes. || Plutonismo.

vulcanita f. Material duro y aislante obtenido por la acción del azufre sobre el caucho.

vulcanización f. Operación de añadir azufre al caucho para darle mayor elasticidad, impermeabilidad y duración.

vulcanizado, da adj. Que ha sido tratado por vulcanización : *caucho vulcanizado.*

vulcanizador m. Aparato para vulcanizar.

vulcanizar v. t. Combinar azufre con el caucho para que tenga mayor elasticidad, impermeabilidad y duración.

Vulcano, dios romano del Fuego y de la Metalurgia, hijo de Júpiter y de Juno y esposo de Venus. Corresponde al *Hefestos* de los griegos.

vulcanología f. Parte de la geología que estudia los volcanes.

vulcanólogo, ga m. y f. Especialista en vulcanología.

vulgar adj. Característico del vulgo. || Que carece de educación, de distinción : *hombre vulgar.* || Poco distinguido : *gusto muy vulgar.* || Corriente, ordinario : *llevar una vida vulgar.* || Que no es especial o técnico : *niña del ojo es el nombre vulgar de pupila.* || Dícese de la lengua del pueblo, por oposición a la lengua literaria : *latín vulgar.*

vulgaridad f. Carácter del que o de lo que carece de distinción : *la vulgaridad de su conducta.* || Cosa vulgar : *decir vulgaridades.*

vulgarismo m. Término o giro empleado por gente poco educada.

vulgarización f. Acción de dar a conocer a gentes sin gran cultura nociones difíciles o complejas : *revista de vulgarización.* || Acción de dar un carácter vulgar, de mal gusto.

vulgarizador, ra adj. Que expone de un modo simple los conocimientos complejos de algo. Ú. t. c. s. : *vulgarizador científico.*

vulgarizar v. t. Poner al alcance de todo el mundo, divulgar : *vulgarizar un método.* || Hacer perder a algo su carácter distinguido : *vulgarizar las costumbres folklóricas.* || — V. pr. Hacerse vulgar u ordinaria una cosa.

Vulgata, versión latina de la Biblia (384-405), usada por la Iglesia católica y hecha en su mayor parte por San Jerónimo. (Declarada en 1546 como texto auténtico para el uso religioso, el Concilio de Trento decidió subsanar algunos errores de traducción observados, labor que concluyó en 1592).

vulgo m. La mayoría de los hombres, la masa, el pueblo. || Conjunto de personas que desconoce la materia de que se trata.

vulnerabilidad f. Carácter vulnerable.

vulnerable adj. Que puede recibir un daño. || Que puede ser atacado. || Defectuoso, que puede ser perjudicado.

vulneración f. Violación : *la vulneración de un tratado.* || Herida.

vulnerar v. t. Herir. || *Fig.* Dañar, perjudicar. | Violar, infringir una ley, un contrato. | Lesionar : *vulnerar un derecho.*

vulpeja f. Zorra, mamífero.

vultúrido, ra adj. Dícese de las aves rapaces diurnas como el buitre, cóndor, urubú, etc. (ú. t. c. s. m.). || — M. pl. Familia que forman.

vulva f. Órgano genital externo de la mujer.

vulvario, ria adj. De la vulva.

vulvitis f. Inflamación de la vulva.

Vyasa. V. VIASA.

Vyborg o **Viborg,** en finés *Viipuri,* c. y puerto del NO. de la U. R. S. S. (Rusia), en el golfo de Finlandia. Fue cedida por Finlandia en 1947.

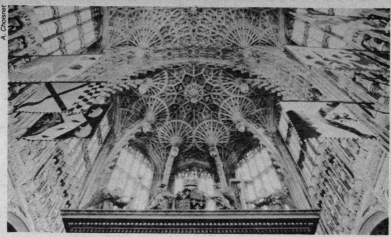

Interior de la abadía de **Westminster**

W

w f. Letra de las lenguas nórdicas que no figura propiamente en el alfabeto castellano. ‖ — **W**, símbolo químico del *volframio*. ‖ Símbolo del *vatio*.
— Se da a la w el nombre de *üve doble*. Úsase únicamente en las palabras tomadas de ciertas lenguas extranjeras sin cambiar su ortografía Tiene el sonido de la v ordinaria en los nombres alemanes (*Wagram* se dice *vagram*) y el de la u en los ingleses y holandeses (*Wellington* se pronuncia *uelington*). Equivale excepcionalmente a v en la palabra *wagon*.

Waal, brazo meridional del delta del Rin que atraviesa Nimega (Holanda) y se une al Mosa.

Wabasch, río del centro de Estados Unidos, afl. del Ohio ; 960 km.

Waco, c. del S. de Estados Unidos (Texas).

Wad Ras (*Batalla de*), combate en que los españoles, al mando de O'Donell, derrotaron a los marroquíes en este valle (1860). El *Tratado de Wad Ras* puso término a la guerra de África.

Wageningen, c. del centro de Holanda (Güeldres).

Wagner [*vagner*] (Max Leopoldo), filólogo hispanista alemán, n. en 1880. ‖ ~ (RICHARD), músico alemán, n. en Leipzig (1813-1883), autor de *El buque fantasma, Tannhäuser, Lohengrin, Los maestros cantores de Nuremberg, El anillo de los Nibelungos, Tristán e Isolda, Parsifal.* Escribió él mismo los libretos de estas óperas, sacadas generalmente de las leyendas nacionales de Germania.

wagneriano, na [vag-] adj. Relativo a Wagner : *tema wagneriano.* ‖ — M. y f. Amante de la música de Wagner.

wagon-lit [vagon-*li*] m. Coche cama en un tren.

Wagram [va-] pobl. de Austria, al NE. de Viena. Victoria de Napoleón en 1809.

wahabita o **uahabita** adj. Relativo a una secta islámica fundada en Arabia (Nedjd), al final del s. XVIII, por Mohamed Abdul Wahab. (La secta *wahabita* luchó contra Mehemet Alí de 1815 a 1818 y predomina actualmente en la Arabia central después de la toma del Poder por la familia de Ibn Saud en 1902.) ‖ Partidario o seguidor de ella.

wahabismo m. Secta de los wahabitas.

Wakamatsu [*ua*-], ant. c. del Japón en el N. de la isla de Kiusiu, actualmente parte de Kita Kiusiu.

Wakayama [*ua*-], c. y puerto del Japón en el S. de la isla de Honshu.

Wake [*ueic*], atolón de Estados Unidos en el Pacífico, entre Hawai y Guam. Base aérea comercial.

Wakefield [*uekfild*], c. de Gran Bretaña en el N. de Inglaterra (York). Obispado. Hulla. Textiles.

Waksman [*ua*-] (Selman Abraham), especialista en microbiología ruso, naturalizado norteamericano, n. cerca de Kiev (1888-1973). Descubrió la estreptomicina. (Pr. Nobel, 1952.)

Walbrzych, en alemán *Waldenburg,* c. en el SE. de Polonia (Baja Silesia).

Walcheren, ant. isla de Holanda en el mar del Norte (Zelanda), hoy unida al continente.

Waldeck (Federico), pintor francés (1790-1832). Residió en México.

Waldenburg. V. WALBRZYCH.

Waldseemüller (Martin), geógrafo y cartógrafo alemán (¿ 1475-1521 ?). Propuso que se diera el nombre de *América* a las Indias Occidentales en honor de Américo Vespucio, por haber sido éste el primero en afirmar que se trataba de un mundo nuevo.

Wales [*uels*], nombre inglés del *País de Gales.*

Walesa (Lech), sindicalista polaco, n. en 1943, promotor de movimientos de reivindicación para crear sindicatos libres (1980). [Pr. Nobel de la Paz, 1983].

Walewska (María), condesa polaca (1789-1817), amante de Napoleón.

Walfish Bay. V. WALVIS BAY.

Walhalla, morada de los héroes muertos en los combates en la mitología escandinava.

Walia, cuarto rey de los visigodos en España (415-418), sucesor de Sigerico. Derrotó a suevos, vándalos y alanos.

Walidi, califa de Damasco en cuyo reinado los árabes invadieron España. M. en 715.

Walker [*uoka*] (William), aventurero norteamericano (1824-1860). En 1855 desembarcó en Nicaragua y se adueñó del Poder. Fue derrotado por la acción conjunta de los Estados centroamericanos en Rivas (1857). Volvió en 1860 y, hecho prisionero, fue condenado a muerte en Honduras. ‖ ~ Martínez (CARLOS), político, historiador y autor de teatro chileno (1842-1905).

walkie-talkie [*uokitoki*] m. (pal. ingl.). Talkie-walkie, radioteléfono.

Walkiria o **Valquiria,** divinidad escandinava del Destino de los guerreros, mensajera de Odín.

Walkiria (*La*), drama musical en tres actos de R. Wagner (1870).

walk-over [*uokóva*] m. (pal. ingl.). Carrera en la que toma parte un solo caballo que debe terminar su recorrido en un tiempo determinado previamente. ‖ Abandono, victoria de un participante en un torneo cuyo contrincante ha abandonado.

walón, ona [*ua*-] adj. y s. Valón.

Walpole [*ualpol*] (Horace Seymour), novelista inglés (1884-1941). ‖ ~ (ROBERT), político inglés (1676-1745), jefe del Partido Liberal y primer ministro. — Su hijo HORACE (1717-1797) escribió novelas de terror (*El cas-*

tillo de Otranto). Publicó asimismo su correspondencia, fiel cuadro de las costumbres imperantes en el s. XVIII.

Walsall, c. de Gran Bretaña en el centro de Inglaterra (Stafford).

Walsh (María Elena), escritora y cantautora argentina, n. en 1930. Ha publicado poesías (*Otoño imperdonable, Hecho a mano*) y libros infantiles. ‖ ~ (RODOLFO), escritor argentino (1927-1977), autor de narraciones (*Los oficios terrestres, Un kilo de oro*), obras de teatro (*La granada*) y reportajes.

Walsum, c. de Alemania Occidental (Rin Septentrional-Westfalia). Puerto fluvial. Industrias (textiles).

Waltam Forest, c. de Inglaterra, al NO. de Londres.

Waltari (Mika), escritor finlandés (1908-1979), autor de novelas (*Sinué el egipcio,* etc.).

Walther von der Vogelweide, poeta alemán (¿ 1170-1230 ?), uno de los minnesinger.

Wallace [*uoles*] (Edgar), escritor inglés (1875-1932), autor de novelas policíacas de gran celebridad. ‖ ~ (LEWIS), escritor norteamericano (1827-1905), autor de una novela de evocación romana (*Ben Hur*). ‖ ~ (Sir WILLIAM), héroe de la Independencia escocesa (1270-1305). Combatió contra Eduardo I y, hecho prisionero, fue decapitado.

Wallasey [*uolasi*], c. y puerto de Gran Bretaña en el NO. de Inglaterra (Chester), a orillas del Mersey.

Wallenstein [*valenstain*] (Albrecht Eusebius WENZEL VON), militar alemán (1583-1634). Se distinguió en la guerra de Treinta Años al servicio del emperador Fernando II. Derrotado por Gustavo II Adolfo de Suecia en Lutzen (1632), fue asesinado por sus oficiales.

Wallis, archipiélago de Polinesia (Oceanía) que forma, con Futuna y Alofi, un territorio francés de ultramar (*Wallis-et-Futuna*). Situado al NE. de las islas Fidji ; 96 km² en Wallis y 255 km² en todo el territorio. Cap. *Mata-Utu,* en la isla Uvea.

Wallsend [*uol-*], c. de Gran Bretaña en el N. de Inglaterra (Northumberland).

Wall Street [*uol strit*], calle de Nueva York, centro del mundo financiero.

Wamba, rey visigodo de España (672-680), sucesor de Recesvinto y antecesor de Ervigio. Se retiró a un convento.

Wandsworth, c. de Inglaterra, al sur de Londres.

Wan Hien, c. en el O. de China (Sechuán), a orillas del alto Yang tse.

Wanne-Eickel, c. de Alemania Occidental en el Ruhr (Rin Septentrional-Westfalia). Metalurgia.

wapití [ua-] m. (pal. ingl.). Ciervo de América del Norte y Siberia.

Warangal, c. al NO. de la India (Andhra Pradesh).

Waregem, pobl. en el O. de Bélgica (Flandes Occidental). Textiles. Hulla.

Warnemünde, antepuerto de Rostock en el Báltico (U. R. S. S.).

Warnes, pobl. al E. de Bolivia, cap. de la prov. homónima (Santa Cruz).

Warnes (Ignacio), militar argentino (1772-1816), que se distinguió en la defensa de Buenos Aires contra los ingleses (1807) y en las campañas del Alto Perú. M. en la batalla de Pari (Santa Cruz).

warrant [uorant] m. (pal. ingl.). Com. Recibo que ampara una mercancía depositada en los docks o almacenes especiales, y negociable como una letra de cambio.

Warren, c. del N. de Estados Unidos (Michigan), en la zona urbana de Detroit.

Warrington [uo-], c. de Gran Bretaña, al O. de Inglaterra (Lancashire).

Warta, río de Polonia, principal afl. del Oder ; 762 km.

Wartburg (Walther VON), filólogo romanista suizo (1888-1971).

Wartburgo, castillo de Sajonia-Weimar, cerca de Eisenach, donde Lutero (1521) tradujo el Nuevo Testamento al alemán.

Warwick [uorec], condado de Gran Bretaña, en el centro de Inglaterra ; cap. Warwick.

Warwick [uorec] (Richard NEVILLE, conde de), general inglés en la guerra de las Dos Rosas (1428-1471), llamado el Hacedor de Reyes. M. en la batalla de Barnet.

Wasatch, cordillera del O. de los Estados Unidos (Utah) ; 3 750 m.

Wash [uoch], golfo de la costa oriental de Gran Bretaña (Inglaterra).

Washington [uochington], cap. federal de los Estados Unidos de Norteamérica, en el distrito federal de Columbia, al este del país y a orillas del Potomac ; 800 000 h. (más de 3 millones con sus alrededores). Centro administrativo. Universidad. Capitolio. Residencia del pres. de la Rep. (Casa Blanca). — Uno de los Estados Unidos de Norteamérica, en el NO. y a orillas del Pacífico ; cap. Olympia. Minería. Industria aeronáutica.

Washington (George), general y político norteamericano, n. en Virginia (1732-1799). Derrotó a los ingleses en Yorktown. (1781) y hizo votar (1787) la Constitución federal todavía vigente. Fue elegido dos veces pres. de su país (1789-1797) y rehusó un tercer mandato.

washingtoniano, na adj. y s. De la ciudad y del Estado de Washington (Estados Unidos).

Waspán, mun. del NE. de Nicaragua (Zelaya). Puerto fluvial en el río Coco.

Wassermann (August VON), médico alemán (1866-1925), inventor de una reacción para diagnosticar la sífilis. ‖ — (JAKOB), escritor alemán (1873-1934), autor de novelas (El hombrecillo de los gansos y El caso Maurizius) y de una biografía (Cristóbal Colón).

Wast (Gustavo MARTÍNEZ ZUVIRÍA, llamado **Hugo**), escritor argentino, n. en Córdoba (1883-1962), autor de numerosas y célebres novelas (Flor de durazno, La casa de los cuervos, Desierto de piedra, Las espigas de Ruth, Oro, El jinete de fuego, etc.).

wat [uat] m. Fís. Nombre del vatio en la nomenclatura internacional.

waterballast [uaterbalast] m. (pal. ingl.). Compartimiento situado en la parte inferior de un barco para la transporte de agua dulce, de petróleo o, a veces, de agua de mar que sirve de lastre. ‖ Depósito que, al llenarse, permite a un submarino sumergirse.

Waterbury [uotaberi], c. al NE. de los Estados Unidos (Connecticut).

watercloset o **water** [váter] m. (pal. ingl.). Retrete.

Waterford, c. y puerto del sur de Irlanda (Munster), cap. de condado.

Watergate, edificio en Washington, sede del partido demócrata en 1972.

Ciertas maniobras de espionaje de los republicanos obligaron a dimitir a R. Nixon de la presidencia de los Estados Unidos (1974).

Waterloo [uaterlo], pobl. de Bélgica (Brabante), al S. de Bruselas, donde los ingleses y prusianos vencieron a Napoleón en 1815. — C. de Canadá (Ontario), al SE. de Toronto. — C. del centro de Estados Unidos (Iowa).

water-polo [uater-] m. (pal. ingl.). Polo acuático.

waterproof [uaterpruf] m. (pal. ingl.). Abrigo impermeable.

Watling, n. con el que se conoce hoy la isla de Guanahaní o San Salvador (Bahamas).

Watson-Watt [uotson-uot] (Sir Alexander), físico escocés (1892-1973), inventor del radar.

watt [uat] m. Vatio.

Watt [uat] (James), ingeniero escocés (1736-1819). Perfeccionó el sistema de las máquinas de vapor.

Watteau [vató] (Antoine), pintor francés (1684-1721), autor de obras de asunto campestre o mundano.

Wattrelos, c. de Francia (Nord).

wau [uau] f. Nombre dado en lingüística a la u cuando se la considera como semiconsonante explosiva, agrupada con la consonante anterior (guarda), o como semivocal implosiva, agrupada con la vocal precedente (auto).

Waugh [uo] (Evelyn), escritor inglés (1903-1966), autor de novelas (Retorno a Brideshead, Los seres queridos) y de la trilogía titulada La espada del honor.

Wawa, río en el NE. de Nicaragua (Zelaya).

Wb, símbolo del weber.

w. c., abreviatura de watercloset.

Weber (Carl Maria VON), músico romántico alemán (1786-1826), autor de óperas (Freischütz, Oberón, etc.) y de obras para piano, violín, de cámara, conciertos, etc. ‖ ~ (MAX), sociólogo y economista alemán (1864-1920). ‖ — (WILHELM EDUARD), físico alemán (1804-1891). Estudió la inducción electromagnética.

weber [veber] m. (pal. alem.). Unidad de flujo magnético (símb., Wb), equivalente al flujo magnético que, al atravesar un circuito de una sola espira, produce una fuerza electromotriz de un voltio si se reduce a cero en un segundo por medio de una disminución uniforme.

Webern (Anton von), compositor austriaco (1883-1945), uno de los iniciadores del dodecafonismo.

webmeter m. Weber.

Webster (Noah), lexicógrafo norteamericano (1758-1843).

Weddell [uedel] (MAR DE), mar de la Antártida, en el interior del circuito polar. Fue descubierto por el navegante inglés James Weddell (1787-1834) en 1823.

Wedding, suburbio residencial en el norte de Berlín Oeste. Industrias.

Wedekind (Frank), dramaturgo alemán (1864-1918).

Wednesbury [uendnsberî], c. de Gran Bretaña en el centro de Inglaterra (Stafford). Hulla.

week-end [uikend] m. (pal. ingl.). Fin de semana.

Wehrmacht [vermajt] f. (pal. alem.). Ejército de tierra, mar y aire alemán de 1935 a 1945.

Weiden, c. en el S. de Alemania Occidental (Baviera).

Weifang, c. en el E. de China (Chantung). Hulla.

Weihai, c. y puerto de China, en el N. de Chantung. Textiles.

Weill (Kurt), compositor norteamericano de origen alemán (1900-1950), autor de la música para las obras de teatro de Bertolt Brecht.

Weimar, c. de Alemania Oriental en Turingia, al SO. de Leipzig (Erfurt). Aquí fue redactada la primera Constitución republicana de Alemania (1919). Industrias.

Weipa, c. y puerto de Australia en el N. del Queensland. Bauxita.

Weiss (Peter Ulrich), escritor sueco de origen alemán (1916-1982), autor de obras de teatro (Marat-Sade, El fantoche lusitano, La investigación) y novelas (La sombra del cuerpo del cochero, Estética de la Resistencia).

Weissenfels, c. de Alemania Oriental, a orillas del río Saale.

Weizmann [vaisman] (Chaim), químico y político israelí (1874-1952), primer pres. de Israel (1949-1952).

Welkom, c. de la Rep. de África del Sur (Orange). Metalurgia.

Wels, c. al N. de Austria (Alta Austria). Central hidroeléctrica. Petróleo.

Welser, familia de banqueros alemanes de Augsburgo del s. XIV. La sociedad fundada por sus miembros se estableció en Canarias (1509) y más tarde en Santo Domingo. Carlos V le concedió autorización para explotar las minas de cobre de esta isla y el derecho de colonizar una parte de Tierra Firme (Venezuela) en 1528. Esta concesión cesó en 1556.

welter [uuelter] m. (pal. ingl.). En boxeo, semimedio.

Welwyn Garden City, población residencial en el norte de Londres.

Welland, c. del Canadá (Ontario). El canal de igual nombre (44 km) comunica los lagos Erie y Ontario. Metalurgia. Industria textil.

Wellesley (Richard COLLEY WELLESLEY, marqués de), político británico (1760-1842), gobernador de la India (1798-1805) y de Irlanda. ‖ — (Sir ARTHUR). V. WELLINGTON.

Wellington, archip. del S. de Chile compuesto de las islas de Wellington, Prat, Serrano y Campana, entre el golfo de Penas y el estrecho de Magallanes. — Prov., cap. y puerto de Nueva Zelanda, en el S. de la isla de Norte ; 360 000 h. Arzobispado. Universidad.

Wellington [uelington] (Arthur WELLESLEY, duque de), general y político británico (1769-1852). Derrotó a las tropas francesas en Portugal y en España (1808-1814) y en 1815 a Napoleón en Waterloo. Recibió el sobrenombre del El Duque de Hierro.

Wells, c. de Gran Bretaña en el S. de Inglaterra (Somerset). Catedral (s. XII).

Wells [uels] (Herbert George), novelista inglés (1866-1946), autor de relatos de costumbres (El amor y Mr. Levisham) y de imaginación (La máquina de explorar el tiempo, El hombre invisible, La guerra de los mundos, etc.).

Wembley [uembli], c. de Gran Bretaña en Inglaterra, en el barrio NO. de Londres. Estadio olímpico.

Wenceslao, n. de varios reyes de Bohemia y Hungría.

Wenchou, c. y puerto en el E. de China (Chekiang).

Werra, río en el centro de Alemania que se une al Fulda para formar el Weser ; 292 km.

Werther (Las cuitas del joven), novela epistolar de Goethe (1774).

Wervik, c. al NO. de Bélgica (Flandes Occidental).

Weser, río de Alemania Occidental, formado por la confluencia del Werra y del Fulda. Desemboca en el mar del Norte ; 480 km.

Wesley [uesle] (John), predicador y reformador protestante inglés (1703-1791), fundador de la secta religiosa de los metodistas.

Wesseling, c. de Alemania Occidental, cerca de Colonia. Puerto fluvial.

Wessex [uesex], reino anglosajón que, fundado hacia 495, permitió a sus soberanos conseguir la unidad del país.

West ‖ — **Bromwich,** c. de Gran Bretaña en el centro de Inglaterra (Stafford). Metalurgia. ‖ — **End,** barrio residencial en el O. de Londres. ‖ — **Ham,** c. de Gran Bretaña en Inglaterra, suburbio este de Londres. ‖ — **Hartlepool,** c. y puerto de Gran Bretaña en el N. de Inglaterra (Durham). Metalurgia. ‖ — **Point,** campo militar en el NE. de Estados Unidos (Nueva York). Academia militar.

western [uestern] m. (pal. ingl.). Película de cowboys o vaqueros del Oeste norteamericano.

Westfalia, ant. prov. del O. de Alemania ; cap. Münster. Desde 1946 forma parte del Estado de Rin Septentrional-Westfalia.

Westfalia (Tratados de), tratados concertados en 1648 en Münster y Osnabrück entre el emperador germánico y Francia y Suecia para poner fin a la guerra de los Treinta Años. Francia obtuvo Alsacia y se crearon Holanda y Suiza.

Westminster [*ues-*], antigua abadía e iglesia de Londres (s. XIII) en la que se entierran los reyes y los hombres ilustres de Inglaterra. — El *Palacio de Westminster,* construido en Londres en 1840 a orillas del Támesis, es de estilo neogótico, y en él se encuentra el Parlamento.

Wetterhorn, monte del Oberland Bernés, al O. de Suiza ; 3 703 m.

Wetzlar, c. de Alemania Occidental (Hesse). Metalurgia.

Weyden. V. VAN DER WEYDEN.

Weygand (Maxime), general francés (1867-1965). Combatió en la primera y en la segunda guerras mundiales.

Weyler (Valeriano), general español (1838-1930). Fue capitán general de Cuba en 1896 y después gobernador.

Weymouth and Melcombe Regis, c. de Gran Bretaña, al SE. de Inglaterra (Dorset).

Wh, símbolo del *vatio-hora.*

Wharton [*uoton*] (Edith NEWBOLD JONES, *Mrs.*), novelista norteamericana (1862-1937).

Wheatstone [*uitston*] (Sir Charles), físico inglés (1802-1875). Inventó un telégrafo eléctrico con cuadrante y un aparato para medir las resistencias eléctricas (puente de Wheatstone).

Wheeling [*úiling*], c. en el E. de Estados Unidos (Virginia Occidental). Obispado. Siderurgia.

whig [*uig*] adj. (pal. ingl.). Dícese en Gran Bretaña de lo relativo o perteneciente a un partido político liberal, creado en 1680, que se oponía al partido tory (ú. t. c. s.).

whisky [*uíski*] m. (pal. ingl.). Bebida alcohólica fabricada con granos de cereales, principalmente cebada, hecha en Escocia, Irlanda, Canadá y Estados Unidos.

whist [*uist*] m. (pal. ingl.). Juego de naipes en que participan cuatro personas, dos contra dos.

Whistler [*uisler*] (James), pintor norteamericano (1834-1903), autor de paisajes y retratos.

White ‖ ~ **Mountains,** cordillera en el NE. de los Estados Unidos (Nueva Inglaterra) ; alt. máx. en el monte Washington, 1 917 m. ‖ ~ **Plains,** localidad residencial de Nueva York, al NE. de los Estados Unidos. ‖ ~ **River,** río en el sur del centro de los Estados Unidos, afl. del Misisipí ; 1 100 km.

White (Patrick), novelista y dramaturgo australiano, n. en 1912. (Pr. Nobel, 1973).

Whitehorse [*uaitors*], cap. del territorio de Yukon en el NO. de Canadá.

Whitelocke [*uaitloc*] (John), general inglés (1757-1835), jefe de la expedición británica a Buenos Aires (1807). Venció a Liniers, pero se rindió ante la acción de Martín de Alzaga.

Whitman [*uitman*] (Walt), poeta lírico norteamericano (1819-1892), autor de *Hojas de hierba.*

Whitney [*uitni*], cumbre más alta en los Estados Unidos (sin contar Alaska) en Sierra Nevada (California) y al norte de Los Ángeles ; 4 418 m.

Whyalla, c. y puerto de Australia (Australia Meridional). Centro industrial. Astilleros.

wicket [*uiket*] m. (pal. ingl.). En el juego del cricket, aparato formado por tres estacas sobre las cuales se cruzan dos palitos que hay que derribar con la pelota.

Wickham, monte del SE. de la Argentina, en la isla Oriental de las Malvinas ; 605 m.

Wiclef (John), teólogo y reformador religioso inglés (¿ 1320 ?-1384), precursor de la Reforma.

Wichita [*uíchita*], c. en el centro de Estados Unidos (Kansas). Obispado. Construcciones aeronáuticas. ‖ ~ **Falls,** c. en el S. de Estados Unidos (Texas).

Widnes [*uidnes*], c. de Gran Bretaña en el NO. de Inglaterra (Lancashire). Metalurgia.

Wieland (Christoph Martin), escritor alemán (1733-1813), autor del poema caballesco *Oberón,* de relatos (*Agatón*) y de ensayos.

Wieliczka, c. del S. de Polonia en Galitzia (Cracovia). Minas de sal.

Wiener (Norbert), científico norteamericano (1894-1964), inventor de la cibernética.

Wiertz (Antoine Joseph), pintor belga (1806-1865).

Wiesbaden, c. de Alemania Occidental, cap. del Estado de Hesse. Estación termal. Industrias.

Wifredo el Velloso, primer conde independiente de Barcelona de 878 a 897.

Wigan [*uigan*], c. de Gran Bretaña en Inglaterra (Lancashire), al NE. de Liverpool.

Wight [*uait*] (ISLA DE), isla de Gran Bretaña en el canal de la Mancha ; 381 km² ; cap. *Newport.* Turismo.

wigwam [*uiguam*] m. (pal. ingl.). En Norteamérica, aldea o choza de indios.

Wilde (Eduardo), escritor, médico y político argentino (1844-1913), autor de novelas (*Aguas abajo, Tiempo perdido, Prometeo y Cía, Por mares y por tierras*) y de algunas obras políticas y científicas. ‖ ~ [*uaild*] (OSCAR), escritor inglés, n. en Dublín (1854-1900), autor de comedias (*El abanico de lady Windermere, Una mujer sin importancia, La importancia de llamarse Ernesto, Un marido ideal,* etc.), poemas (*Balada de la cárcel de Reading*), una novela (*El retrato de Dorian Gray*), cuentos (*El crimen de lord Arthur Saville*) y ensayos.

Wilder [*uailda*] (Thornton Niven), escritor norteamericano (1897-1975), autor de novelas (*El puente de San Luis Rey*) y obras de teatro (*Nuestra ciudad*).

Wilhelmshaven, c. y puerto de Alemania Occidental en el mar del Norte (Baja Sajonia). Centro industrial. Estación balnearia.

Wilkes [*uilcs*] (Charles), marino y explorador norteamericano (1798-1877). Descubrió las costas de la Antártida llamadas en su honor *Tierra de Wilkes.*

Wilkes-Barre, c. en el E. de Estados Unidos (Pensilvania). Metalurgia.

Wilmington [*uil-*], c. y puerto en el E. de Estados Unidos (Delaware). Ind. química. — C. y puerto en el SE. de Estados Unidos (Carolina del Norte). Metalurgia.

Wilrijk, c. de Bélgica (Amberes).

Wilson [*uilson*] (MONTE), pico de las Montañas Rocosas en el SO. de Estados Unidos (California) ; 1 731 m. Observatorio.

Wilson (Angus), dramaturgo y novelista inglés, n. en 1913. ‖ ~ (HAROLD), político laborista inglés, n. en 1916, primer ministro de 1964 a 1970 y de 1974 a 1976. Dimitió de su cargo. ‖ ~ (THOMAS WOODROW), político demócrata norteamericano (1856-1924), pres. del país de 1913 a 1920. En su mandato los Estados Unidos entraron en la primera guerra mundial y en 1918 expuso al Congreso los célebres « catorce puntos », bases de la fundación de la Sociedad de Naciones. (Pr. Nobel de la Paz, 1919.)

Wiltshire [*uiltcha*], condado del S. de la Gran Bretaña en Inglaterra ; cap. *Trowbridge.*

Willemstad, c. y puerto en el SO. de la isla de Curazao, cap. de las Antillas Holandesas ; 50 000 h. Refinería de petróleo.

Willendorf, localidad de Austria (Baja Austria). En una estación paleolítica cercana se encontró una estatuilla femenina, llamada *Venus de Willendorf.*

Willesden [*uilsden*], suburbio NO. de Londres (Gran Bretaña).

Williams (Adolfo Tomás), fisioquímico argentino (1887-1953), autor de estudios espectroscópicos. ‖ ~ (ALBERTO), compositor y crítico musical argentino (1862-1952), autor de obras para piano (*En la sierra*), nueve sinfonías (*Los batracios, La bruja de la montaña*), cinco suites, dos poemas sinfónicos, danzas argentinas, etc. ‖ ~ (THOMAS LANIER, llamado **Tennessee**), escritor norteamericano (1911-1983), autor de obras de teatro (*La rosa tatuada, El zoo de cristal, Un tranvía llamado Deseo, La noche de la iguana, La gata sobre el tejado de cinc caliente, Verano y humo, Dulce pájaro de juventud,* etc.) y de *Memorias.*

Willimam (Claudio), político uruguayo (1863-1934), pres. de la Rep. de 1907 a 1911.

Wimbledon [*uimbeldon*], c. de Gran Bretaña (Surrey), suburbio al SO. de Londres. Célebres campeonatos anuales de tenis.

Winckelmann (Johann Joachin), arqueólogo alemán (1717-1768). Fue asesinado.

winch m. (pal. ingl.). *Mar.* Chigre.

winchester [*uin-*] m. Fusil de repetición de origen norteamericano.

Winchester [*uin-*], c. del S. de Gran Bretaña, en Inglaterra, cap. del condado de Hampshire. Catedral románica y gótica.

Windhoek, cap. de África del Sudoeste o Namibia ; 70 000 h.

Windsor [*uindso*], c. al S. de Canadá (Ontario), puerto en el río Detroit. Automóviles. — C. de Gran Bretaña en Inglaterra (Berkshire), a orillas del Támesis y al O. de Londres. Castillo real.

Windsor (CASA DE), n. de la familia real británica desde 1917 (Hannover-Sajonia-Coburgo-Gota). ‖ ~ (DUQUE DE). V. EDUARDO VIII.

windsurf m. (pal. ingl.). Tabla a vela. ‖ Deporte practicado con ella.

Windward Islands. V. BARLOVENTO.

wing m. (pal. ingl.). Extremo, ala de un equipo de fútbol.

Winnipeg [*uini-*], lago en el S. del Canadá (Manitoba) que vierte sus aguas por el río Nelson en la bahía de Hudson ; 24 600 km². — C. al S. de Canadá, cap. de Manitoba. Arzobispado. Universidad. Centro comercial e industrial. Refinería de petróleo.

Winnipegosis, lago en el sur del centro del Canadá (Manitoba), al O. del lago de Winnipeg ; 5 430 km².

Winston-Salem [*uin-*], c. en el SE. de los Estados Unidos (Carolina del Norte). Tabaco.

Winterhalter (Franz Xaver), pintor alemán (1805-1873), retratista de la emperatriz Eugenia de Montijo y de su corte.

Winterthur, c. en el N. de Suiza (Zurich). Industrias. Metalurgia.

Wiracocha. V. VIRACOCHA.

Wisconsin [*uis-*], río de Estados Unidos, afl. izq. del Misisipí ; 1 000 km. — Estado en el centro norte de Norteamérica ; cap. *Madison.*

Wiseman [*uaiseman*] (Nicholas Patrick), cardenal y escritor inglés, n. en Sevilla (1802-1865), autor de la novela histórica *Fabiola.*

Wismar, c. y puerto del N. de Alemania Oriental en el Báltico.

Witerico. V. VITERICO.

Witiza, rey visigodo español (701-710), hijo de Egica y predecesor de Don Rodrigo.

Witt (Cornelis de), político holandés (1623-1672). Tanto él como su hermano JOHAN (1625-1672) fueron adversarios de la casa de Orange y ambos perecieron en un motín popular.

Witten, c. de Alemania Occidental (Rin Septentrional-Westfalia).

Wittenberg, c. de Alemania Oriental, a orillas del Elba. Lutero, en la puerta de la iglesia del castillo, fijó sus proposiciones contra las indulgencias (1517).

Wittgenstein (Ludwig), filósofo neopositivista inglés, n. en Austria (1889-1951).

Witwatersrand, región aurífera del Transvaal (Rep. de África del Sur).

Wloclawek, c. de Polonia, al NO. de Varsovia. Metalurgia.

w. o. m. Abrev. de *walk-over.*

Wodehouse (Pelham Grenville), escritor humorista inglés (1881-1975).

Wöhler (Friedrich), químico alemán (1800-1882), que realizó la síntesis de la urea.

Wolf (Friedrich August), filólogo alemán (1759-1824). ‖ ~ (FERDINAND), romanista austriaco (1796-1866), autor de estudios sobre la literatura española. ‖ ~ (HUGO), compositor austriaco (1860-1903), autor de lieder.

Wolfe [*uolf*] (James), general británico (1727-1759). Venció al general francés Montcalm en Quebec, muriendo ambos en la batalla. ‖ ~ (THOMAS CLAYTON), novelista norteamericano (1900-1938), autor de *El ángel que nos mira.*

WA

Wolff (Christian), filósofo racionalista alemán (1679-1754). ‖ ~ (EGON), dramaturgo chileno, n. en 1926, autor de *Los invasores, Flores de papel*, etc.

wolfram o **wolframio** [*vol*-] m. Volframio.

Wolfram von Eschenbach, poeta alemán (¿ 1170-1220 ?), autor de poemas épicos (*Parzival*) y líricos.

Wolfsburg, c. de Alemania Occidental (Baja Sajonia). Gran centro de construcción de automóviles.

Wolsey (Thomas), cardenal inglés (¿ 1473 ?-1530), arzobispo de York y ministro del rey Enrique VIII (1514-1515).

Woluwe ‖ ~-**Saint-Lambert**, c. de Bélgica, en las cercanías de Bruselas. ‖ ~ -**Saint-Pierre**, c. de Bélgica, en las cercanías de Bruselas.

Wolverhampton [*uulverampton*], c. de Gran Bretaña en Inglaterra, al E. de Birmingham (Stafford). Metalurgia. Neumáticos. Industria aeronáutica.

Wollongong, ant. *Greater Wollongong*, c. y puerto al SE. de Australia (Nueva Gales del Sur). Siderurgia.

Wollstonecraft [*uol*-] (Mary). V. SHELLEY.

Wonju, c. de la Rep. de Corea, al SE. de Seúl.

Wonsan, c. y puerto de Corea del Norte, en el mar del Japón.

Wood [*uud*] (Leonard), general norteamericano (1860-1927), gobernador militar de Cuba (1899-1902) y de Filipinas (1921-1927).

Woodstock, c. al sur del Canadá (Ontario).

Woolf [*uulf*] (Virginia), escritora inglesa (1882-1941), autora de novelas (*Mrs. Dalloway, El cuarto de Jacob, Al faro, Los años, Noche y día, Fin de viaje, Una habitación propia, Las olas, Entre actos, Momentos de vida, Orlando*, etc.). Publicó también ensayos, obras de crítica y *Memorias*. Se suicidó.

Woolwich [*uulich*], c. de Gran Bretaña, en el suburbio E. de Londres.

Woomera, localidad al SE. de Australia (Australia Meridional). Base de cohetes espaciales.

Worcester [*uusta*], c. en el NE. de Estados Unidos (Massachusetts).

Obispado. — C. del S. de Gran Bretaña, en Inglaterra, cap. de condado homónimo.

Wordsworth [*uodsuoz*] (William), poeta inglés de la escuela lakista (1770-1850), autor de *Baladas líricas*.

wormiano, na adj. m. Dícese de cada uno de los huesecillos irregulares entre las suturas del cráneo.

Worms [*vorms*], c. de Alemania Occidental (Renania-Palatinado), a orillas del Rin. Catedral románica y gótica. En la ciudad se firmó un concordato entre el papa Calixto II y el emperador Enrique V que solucionó la querella de las Investiduras (1122), y se reunió en 1521 una dieta que desterró a Lutero del Imperio.

Worthing [*uorcing*], c. de Gran Bretaña en el sur de Inglaterra (Essex). Playas.

Woss y Gil (Alejandro), general dominicano, pres. de la Rep. de 1885 a 1887 y en 1903.

Wotán. V. ODÍN.

Wouwerman (Philips), pintor holandés (1619-1668), autor de marinas y de escenas de caza.

Wrangel o **Vrangel**, isla de la U.R.S.S. en el Ártico, al NO. del estrecho de Bering ; 7 300 km².

Wrangel (Carl Gustaf), general sueco (1613-1676). Combatió en la guerra de los Treinta Años. ‖ ~ (PIOTR NIKOLAIEVICH, *barón de*), general ruso (1878-1928). Al mando del ejército blanco, luchó contra los bolcheviques en Ucrania y Crimea (1920).

Wren [*ren*] (Sir Christopher), arquitecto inglés (1632-1723), constructor de la catedral de San Pablo (Londres).

Wright [*rait*] (Frank Lloyd), arquitecto norteamericano (1869-1959). ‖ ~ (RICHARD), escritor norteamericano (1908-1960), autor de novelas (*Los hijos del tío Tom, Sangre Negra, Mi vida de negro, El extraño, España pagana*, etc.). ‖ ~ (WILBUR) [1867-1912] y su hermano ORVILLE (1871-1948), aviadores norteamericanos que fueron los primeros en volar con un aparato más pesado que el aire (1903).

Wroclaw, en alem. *Breslau*, c. en el SO. de Polonia (Silesia). Obispado. Universidad. Industrias.

Wuchan, c. de la China central (Hupé), en Wuhan. Obispado.

Wucheu, c. de China (Kuangsi). Industrias. Universidad.

Wuhan, concentración urbana de la China central formada por la unión de Hankeu, Hanyan y Wuchan ; cap. de la prov. de Hupé. Siderurgia.

Wuhu, c. de la China oriental (Nganhuei), a orillas del río Yang tse Kiang.

Wundt (Wilhelm), filósofo alemán (1832-1920), uno de los fundadores de la psicología experimental. ·

Wuppertal, c. de Alemania Occidental (Rin Septentrional-Westfalia), en el Ruhr. Formada por la reunión de las ciudades de *Barmen* y *Elberfeld*. Centro industrial.

wurmiense adj. Relativo a la última glaciación cuaternaria.

Wurtemberg, ant. Estado de Alemania del SO., hoy unido a Baden (*Baden-Wurtemberg*) ; cap. *Stuttgart*.

wurtemburgués, esa adj. y s. De Wurtemberg.

Wurtz (Adolphe), químico francés (1817-1884), uno de los creadores de la teoría atómica. Descubrió las aminas y el glicol.

Wurzburgo, en alem. *Würzburg*, c. de Alemania Occidental (Baviera). Obispado. Universidad. Industrias.

Wusi, c. del E. de China (Kiangsú). Industrias.

Wutongqiao, c. de China.

Wyclif (John). V. WICLEF.

Wyld Ospina (Carlos), escritor guatemalteco (1891-1956), autor de poesías (*Las dádivas simples*), cuentos y novelas (*La gringa, Los lares apagados*).

Wylfa Head, central nuclear de Gran Bretaña en la isla de Anglesey (Gales).

Wyoming [*uai*-], Estado del O. de Norteamérica en las Montañas Rocosas ; cap. *Cheyenne*. Riquezas minerales (hulla, petróleo, hierro, cobre).

Wyse (Luciano Napoleón Bonaparte), marino francés (1847-1909), uno de los promotores del canal de Panamá.

Wyspianski (Stanislaw), dramaturgo, poeta y pintor polaco (1869-1907).

Wyss (Johann David), pastor protestante y escritor suizo (1743-1818), autor de la novela *Robinsón suizo*.

Musico tocando el **xilófono**

x f. Vigésima sexta letra del alfabeto castellano y vigésima primera de sus consonantes (su nombre es *equis*). ‖ ~ **x,** representación de la incógnita o de una de las incógnitas en una ecuación algebraica. ‖ ~ **X,** cifra romana que equivale a diez, pero que, precedida de I, sólo vale nueve. ‖ ~ **X,** cromosoma sexual que el hombre tiene en una unidad y la mujer en dos. ‖ Sirve también para designar a una persona o cosa que no se quiere o no se puede nombrar más explícitamente : *el señor X ; a la hora X.* ‖ *Rayos X.* V. RAYO.
— La x tenía anteriormente un sonido muy parecido de la la *ch* francesa *(dixe),* sonido que se ha convertido en el español moderno en el de *j* actual. En México, se conserva esta x en palabras que se escriben con j en español *(Oajaca),* pero con valor de sonido j.
Xalapa y otros nombres mexicanos con x inicial. V. en la letra J.
xalcanautli m. *Méx.* Ave de los lagos de Chiapas.
Xamán Ek, dios maya de la Estrella Polar, guía de los caminantes.
Xamantún, lugar arqueológico del ant. imperio maya en El Petén.
Xammar (Luis Fabio), poeta, profesor y crítico literario peruano (1911-1947).
xana f. En la mitología popular asturiana, ninfa de las Fuentes y de los Montes.
Xanthi, c. de Grecia (Tracia).
xantofila f. *Bot.* Pigmento amarillo de las células vegetales que acompaña a la clorofila.
xantoma m. Tumor benigno lleno de colesterol formado en la piel o debajo de ella, principalmente en los párpados.
Xapecó, mun. y pobl. en el SE. del Brasil (Santa Catarina). Aguas minerales.
Xaragua (LAGO). V. ENRIQUILLO *(Lago).*
Xarátanga, divinidad estelar tarasca representada por la Luna.
Xareni, divinidad tarasca venerada en una isla del lago de Pátzcuaro.
Xaudaró (Joaquín), dibujante y caricaturista español (1872-1933).
Xauen, c. santa de Marruecos septentrional, en el Rif.
Xculoc, lugar arqueológico maya al S. de Uxmal (México).
Xe, símbolo químico del *xenón.*
Xenakis (Yannis), compositor francés de origen griego, n. en 1922. Autor de música estructural matemática.
Xenes (Nieves), poetisa romántica cubana (1859-1915).
Xenius. V. D'ORS (Eugenio).

xenofilia f. Simpatía hacia los extranjeros.
xenófilo, la adj. y s. Amigo de los extranjeros.
xenofobia f. Aversión hacia los extranjeros.
xenófobo, ba adj. y s. Relativo a la xenofobia. ‖ Que la tiene (ú. t. c. s.).
xenón m. Elemento químico, de la familia de los gases raros, de número atómico 54, que se encuentra en la atmósfera en proporciones ínfimas (símb., Xe).
Xeres. V. JEREZ.
xerocopia f. Copia fotográfica lograda con la xerografía.
xerocopiar v. t. Reproducir en copia xerográfica.
xerodermia f. Enfermedad congénita caracterizada por un endurecimiento de la piel con descamación abundante.
xeroftalmia f. Forma de conjuntivitis, provocada por la falta de vitamina A, en la cual el globo del ojo aparece seco y sin brillo.
xerografía f. Procedimiento electrostático para hacer fotocopias.
xerografiar v. t. Reproducir textos o imágenes por la xerografía.
xerográfico, ca adj. Relativo a la xerografía u obtenido por medio de ella.
xi f. Décimocuarta letra del alfabeto griego, que corresponde a la *equis* castellana.
Xibalbay, entre los antiguos mayas, el mundo subterráneo.
Xicoténcatl, mun. al E. de México (Tamaulipas). Agricultura, ganadería.
Xicoténcatl, caudillo tlaxcalteca ahorcado en Texcoco por las tropas de Hernán Cortés en 1521.
Xictle. V. XITLE.
xifoideo, a adj. Relativo al apéndice xifoides.
xifoides adj. inv. Aplícase al apéndice situado en la extremidad inferior del esternón (ú. t. c. s. m.).
xihuitl m. Año azteca, compuesto de 20 meses.
xileno m. Hidrocarburo bencénico que se extrae del alquitrán de hulla.
Xilitla, mun. en el centro de México (San Luis Potosí).
xilócopo m. Insecto himenóptero, parecido a la abeja, con cuerpo negro y alas azuladas, llamado tb. **abeja carpintera** porque fabrica sus panales en troncos de árboles.
xilófago, ga adj. Aplícase a los insectos que suelen roer la madera (ú. t. c. s.).
xilófon y **xilófono** m. Instrumento músico de percusión compuesto de unas varillas de madera o de metal de diferentes longitudes que se golpean con dos macillos.

xilofonista com. Persona que toca el xilófono.
xilografía f. Grabado hecho en madera. ‖ Impresión tipográfica hecha con esta clase de grabado.
xilógrafo, fa m. y f. Artista que graba en madera.
xilol m. Xileno.
Xilonen, una de las advocaciones de la diosa azteca Chicomecóatl.
xiloxóchitl, m. Nombre de várias leguminosas de México.
Xinantécatl. V. TOLUCA.
Xingú, río del Brasil (Mato Grosso), afluente derecho del Amazonas ; 1 980 km.
Xipelotepec, uno de los dioses aztecas de las Enfermedades.
Xipetotec, dios azteca del Maíz, de la Primavera y de los Sacrificios.
Xirau (Ramón), escritor mexicano, n. en Barcelona (España) en 1924, autor de numerosos ensayos literarios y filosóficos. ‖ ~ **Palau** (JOAQUÍN), filósofo español (1895-1946), padre del anterior, autor de *El sentido de la verdad* y *Amor y mundo.* Residió en México desde 1939.
Xirgu (Margarita), actriz española (1888-1969).
Xitle o **Xictle,** volcán de México en el Distrito Federal ; 3 121 m.
xiuhmolpilli m. Siglo azteca, equivalente a 52 años.
Xiuhtecuhtli, divinidad azteca del Fuego.
Xochicalco, estación arqueológica tolteca de México (Morelos), cerca de Cuernavaca. Ruinas arqueológicas (pirámide, con revestimientos de piedra labrada, juego de pelota).
Xochicatzin, divinidad azteca, protectora del Parto.
Xochilhuitl, fiesta de las flores, celebrada por los aztecas en honor de Xochipilli.
xochimilca adj. Dícese de lo relativo o perteneciente a una tribu nahua que fundó el señorío de Xochimilco, en el valle de México (ú. t. c. s.).
Xochimilco, delegación de México (Distrito Federal), a 18 km. de la capital. Chinampas. Turismo.
Xochipilli, dios azteca de las Flores, del Amor y de las Danzas.
xóchitl m. Día vigésimo del mes azteca, que tenía veinte días.
Xólotl, jefe de los chichimecas que sometieron a los toltecas (1244-1304).
Xolotlán (LAGO). V. MANAGUA.

WC

Basseau

yacs

Y

y f. Vigésima séptima letra del alfabeto castellano y vigésima segunda de sus consonantes. (Su nombre es *i griega* o *ye*. Esta letra puede ser a la vez vocal y consonante.) ‖ — **Y,** símbolo químico del *itrio.* ‖ — **Y,** cromosoma sexual específico del hombre, que tiene uno por célula.

y conj. copulativa. Sirve para enlazar dos palabras o dos oraciones con idéntica función gramatical. ‖ Denota idea de adición, oposición o consecuencia. ‖ Cuando va precedida y seguida de una misma palabra, expresa repetición : *días y días.* ‖ Al principio de una cláusula, se emplea para dar énfasis a lo que se dice (*¡y yo me lo habías dicho!*) o con valor de adverbio interrogativo (*¿ y tu padre, cómo está ?*).

— OBSERV. Por motivos fonéticos, la letra *y* se cambia en *e* delante de palabras que comienzan por *i* o *hi.*

ya adv. En tiempo anterior : *ya ocurrió lo mismo.* ‖ Actualmente, ahora : *ya no es así.* ‖ Más adelante, más tarde, después : *ya hablaremos.* ‖ Por fin, por último : *ya se decidió.* ‖ Al instante, en seguida : *ya voy.* ‖ Equivale a veces a un adv. de afirmación con el sentido de sí, de acuerdo. ‖ Sirve para dar énfasis a lo que expresa el verbo : *ya lo sé.* ‖ Úsase como conj. distributiva, ora, ahora : *ya en la paz, ya en la guerra.* ‖ — *Pues ya,* por supuesto, ciertamente. ‖ *Si ya, si,* siempre que. ‖ *¡ Ya !,* interj. fam. usada para indicar que se da uno por enterado o, irónicamente, para mostrar incredulidad o indiferencia acerca de lo que se dice. ‖ *¡ Ya caigo !,* estoy en ello, he comprendido. ‖ *Ya mismo,* ahora mismo. ‖ *Ya que,* puesto que.

yaacabó m. Pájaro de América del Sur, con pico y uñas fuertes.

yaba f. *Amer.* Árbol cuya madera se usa en la construcción.

Yabalpur o **Yubbulpor.** V. JABALPUR.

yabirú m. *Arg.* Jabirú.

Yabú, río de Cuba (Las Villas), afl. del Sagua la Grande.

Yabucoa, mun. y puerto al este de Puerto Rico (Humacao).

yac m. Mamífero rumiante doméstico, con largos pelos en la parte inferior del cuerpo y en las patas.

yacamar m. Pájaro de la América tropical.

yacaré m. *Amer.* Caimán.

yácata f. Restos arquitectónicos de la arqueología tarasca (México).

yacente adj. Que yace : *estatua yacente.* ‖ *Herencia yacente,* aquella en sucesión abierta y que aún no ha sido reclamada por los herederos.

yacer v. i. Estar echada o tendida una persona. ‖ Estar enterrado en una tumba : *aquí yace el salvador de la patria.* ‖ Existir o estar una persona o cosa en algún sitio : *aquel tesoro yace sepultado.* ‖ Tener relaciones carnales con una persona.

yaciente adj. Yacente.

yacija f. Lecho, cama. ‖ Sepultura.

yacimiento m. Disposición de las capas de minerales en el interior de la Tierra. ‖ Acumulación de minerales en el sitio donde se encuentran naturalmente : *yacimiento de uranio.* ‖ Lugar en donde hay vestigios arqueológicos bajo tierra, excavaciones.

yacío m. Árbol euforbiáceo propio de los bosques de la América tropical.

Yaciretá. V. YACYRETÁ.

yack m. Yac.

yaco m. *Per.* Nutria.

yacolla f. *Per.* Manta que los indios se echaban sobre los hombros.

Yacopí, mun. en el centro de Colombia (Cundinamarca).

yacú m. *Arg.* Ave negra del tamaño de una gallina pequeña.

Yacuiba, c. en el SE. de Bolivia, cap. de la prov. de Gran Chaco (Tarija). Petróleo. Oleoducto.

Yacuma, río de Bolivia (Beni), afl. del Mamoré ; 320 km. — Prov. en el N. de Bolivia (Beni) ; cap. *Santa Ana.*

Yacyretá, isla en el SO. de Paraguay (Itapúa y Misiones). Proyecto conjunto de una gran central hidroeléctrica con Argentina.

yacht [iot] m. (pal. ingl.). Yate.

yachting [iating] m. (pal. ingl.). Navegación de recreo.

yachtman m. (pal. ingl.) Hombre aficionado al yachting. (En f. : yachtwoman. Pl. yachtmen, yachtwomen.)

yagan o **yamana** adj. Dícese de los indios de una ant. tribu del litoral de la Tierra del Fuego (ú. t. c. s.). [Los yaganes habitan actualmente en la isla de Navarino.]

Yaggernat. V. JAGGERNAT.

Yago, personaje de la tragedia de Shakespeare *Otelo,* personificación de la hipocresía y de la envidia.

yagua f. *Col., Mex., Per.* y *Venez.* Palmera cuyas fibras se usan para techar chozas, hacer cestos, sombreros, etc. ‖ Esta fibra y tejido hecho con ella.

Yaguachi, río del Ecuador, afl. del Guayas. — C. en el O. del Ecuador (Guayas).

Yaguajay, mun. en el centro de Cuba (Sancti Spíritus).

yagual m. *Amer. C.* y *Méx.* Rodete para llevar fardos sobre la cabeza.

yaguar m. Jaguar.

Yaguaraparo, mun., pobl. y puerto en el N. de Venezuela (Sucre).

yaguareté m. *Arg.* Jaguar.

Yaguari, río en el N. de Uruguay (Tacuarembó y Rivera), afl. del Tacuarembó.

Yaguarón, río en la frontera de Brasil y Uruguay ; des. en la laguna Merín ; 217 km. — Pobl. al O. del Paraguay (Paraguarí).

yaguarú m. *Arg.* Nutria.

yaguarundi m. *Amer.* Eyrá.

Yaguate, distr. al E. de la Rep. Dominicana (San Cristóbal) ; cap. *Villa de Yaguate.*

yaguré m. *Amer.* Mofeta (animal).

Yahata, ant. c. del Japón (Kiusiu), actualmente parte de Kita Kiusiu.

yahgán adj. Dícese de una tribu india que existía en el litoral de la Tierra del Fuego (ú. t. c. s.).

Yahualica de González Gallo, mun. al O. de México (Jalisco).

Yahuar Huaca, séptimo inca del Perú (s. XIV), hijo de Inca Roca.

Yahvé, n. de Dios en la Biblia.

Yaipur. V. JAIPUR.

Yakarta, ant. *Batavia,* c. y puerto en el N. de la isla de Java, cap. del Estado de Indonesia ; 5 500 000 h. Metalurgia.

Yakutia, república autónoma de la U. R. S. S. (Rusia), en el E. de Siberia ; cap. *Yakutsk.*

Yakutsk, c. del E. de la U. R. S. S. (Rusia), cap. de Yakutia, en Siberia, a orillas del río Lena.

Yale [yéil] (*Universidad*), universidad de Estados Unidos fundada en 1701 por *Elihu Yale* (1648-1721) en New Haven (Connecticut).

Yalong Kiang, río del centro de China, afluente del Yang tse Kiang ; 1 300 km.

Yalta, c. y puerto al SO. de la U. R. S. S. y al sur de Crimea (Ucrania). Estación balnearia. Conferencia entre Churchill, Roosevelt y Stalin (1945) para unificar los planes aliados en la guerra contra Alemania y establecer las bases de cómo sería la paz.

Yalú, río de Asia del E. que corre en la frontera NO. de China y de Corea ; 790 km. Centrales hidroeléctricas.

Yamagata, c. del Japón en el centro de la isla de Honshu. Metalurgia.

Yamaguchi, c. del Japón, en el SE. de la isla de Honshu.

Yamamoto (Isoroku), marino japonés (1884-1943), almirante de la escuadra de su país en el océano Pacífico (1941 a 1943).

Yamasá, mun. al este de la Rep. Dominicana (San Cristóbal) ; cap. *Villa de Yamasá.*

yámbico adj. Relativo al yambo : *versos yámbicos.*

yambo m. Pie de la poesía griega y latina compuesto de una sílaba breve y otra larga.

yambucear v. t. *Méx.* Entre los mineros, trabajar mal.

Yamena. V. N'DJAMENA.

712

Yamparáez, prov. en el S. de Bolivia (Chuquisaca) ; cap. *Villa Tarabuco.*

yanacón y **yanacona** adj. Dícese del indio que estaba al servicio personal de los españoles en algunos países de América Meridional (ú. t. c. s.). || — M. *Bol.* y *Per.* Indio aparcero de una finca.

yanaconaje m. Trabajo de los yanaconas.

Yanahuara, distrito en el sur del Perú, al SO. del volcán Misti.

Yanaoca, c. al S. del Perú, cap. de la prov. de Canas (Cuzco).

Yanaon, c. del S. de la India, en el litoral de Coromandel, antiguo establecimiento francés (1763-1954).

Yanatili, río del Perú (Cuzco), afl. del Urubamba.

Yanaurcu, monte del Ecuador, en la Cord. Occidental, entre las prov. de Imbabura y Pichincha, 4 538 m.

yancófilo, la adj. y s. *Amer.* Admirador, amigo de los Estados Unidos.

Yangcheu, c. de China, al NE. de Nankín (Kiangsú).

Yangku. V. TAIYUÁN.

Yangsiuán, c. en el N. de China (Chansi). Centro metalúrgico.

Yang tse Kiang o **Río Azul,** río de China, uno de los más largos del mundo, que nace en el Tíbet y des. en el mar de China, cerca de Changhai ; 5 598 km.

Yanina, c. en el O. de Grecia (Epiro), en el litoral del lago homónimo.

Yankas (Manuel SOTO MORALES, llamado **Lautaro**), novelista chileno, n. en 1902, autor de *Flor Lumao, El cazador de pumas, El vado de la noche, La llama, La ciudad dormida,* etc.

yankee, yanque y **yanqui** adj. y s. De los Estados Unidos de América.

yantar m. (Ant.). Comida.

yantar v. t. (Ant.). Comer.

Yáñez (Agustín), abogado, político y escritor mexicano (1904-1980), autor de novelas (*Al filo del agua, Las tierras flacas, Ojerosa y pintada, Las vueltas del tiempo,* etc.) y de cuentos (*Archipiélago de mujeres,* etc.). || ~ **Pinzón** (VICENTE). V. PINZÓN.

Yaotl, n. de *Tezcatlipoca* como dios azteca de los Guerreros.

yapa m. *Amer.* Azogue que se agrega al plomo argentífero para aprovecharlo. | Regalo que hace el vendedor al comprador para atraerlo. || *Méx.* Propina, gratificación. || *Riopl.* Parte última y más fuerte del lazo. (Escríbese también *llapa* y *ñapa.*)

yapar v. t. *Amer.* Hacer un regalo.

Yapeyú, pobl. en el NE. de la Argentina (Corrientes). Lugar de nacimiento de San Martín.

yapó m. *Amer.* Cierto tipo de marsupial pequeño.

yapú m. Ave de América del Sur.

Yapura. V. JAPURÁ.

Yaque, cima de la Rep. Dominicana (Santiago), en la Cord. Central ; 2 995 m. || ~ **del Norte,** río en el NO. de la Rep. Dominicana, que des. en el Atlántico por la bahía de Manzanillo (Monte Cristi) ; 280 km. || ~ **del Sur,** río en el SO. de la Rep. Dominicana que des. en el mar Caribe por la bahía de Neiba (Barahona) ; 200 km.

yaqui adj. Dícese de lo relativo a un pueblo indio mexicano, establecido en el Estado de Sonora (ú. t. c. s.).

Yaqui, río septentrional de México (Sonora), que des. en el golfo de California ; de 680 a 740 km.

Yara, río al E. de Cuba (Granma) que des. en el golfo de Guacanayabo ; 50 km. — Mun. al E. de Cuba (Granma), en el área metropolitana de Manzanillo. En esta población se dio el llamado *grito de Yara,* primera declaración de la independencia del país de la dominación española, hecha por Carlos Manuel de Céspedes el 10 de octubre de 1868.

Yaracuy, río al N. de Venezuela, en el Est. homónimo, que des. en el mar Caribe ; 125 km. — Estado septentrional de Venezuela ; cap. *San Felipe.* || ~ **-Lara-Falcón** o **Sistema Coriano,** región en el NO. de Venezuela que ocupa la casi totalidad de estos tres Estados. Gran riqueza agrícola.

yaracuyano, na adj. y s. De Yaracuy (Venezuela).

yararará f. *Arg., Bol.* y *Parag.* Víbora de gran tamaño, de color gris.

yaraví m. Canto lento y melancólico de los indios de Perú, Bolivia, Ecuador y norte de la Argentina.

yarda f. Unidad de longitud anglosajona equivalente a 0,914 m.

yare m. Jugo venenoso de la yuca amarga.

yarey m. *Cub.* Palmera con cuyas fibras se tejen sombreros.

Yari, río al sur de Colombia, afl. del Caquetá ; 610 km. Recibe tb. el n. de *río de los Engaños.*

Yariguá, río al E. de Cuba que des. en el Atlántico por la bahía de Sabana la Mar ; 110 km.

Yaritagua, distr. y c. en el N. de Venezuela (Yaracuy).

Yarkand o **Soche,** oasis de China en el SO. de la prov. de Sinkiang, a orillas del río *Yarkand-Daria.*

Yarmouth o **Great Yarmouth,** c. y puerto de Gran Bretaña, en el O. de Inglaterra (Norfolk).

Yaroslavl, c. de la U. R. S. S. (Rusia), al NE. de Moscú y a orillas del Volga.

Yarumal, mun. y c. de Colombia (Antioquia).

yatagán m. Especie de sable de doble curvatura.

Yataity, pobl. en el sur del Paraguay (Guairá).

yátaro m. *Col.* Tucán, ave.

yate m. Barco de recreo de velas o con motor.

Yateras, mun. al este de Cuba (Guantánamo).

Yatsushiro, c. y puerto del Japón en el O. de la isla de Kiusiu.

Yauco, mun. en el SO. de Puerto Rico (Mayagüez). Central hidroeléctrica.

Yauli, prov. del centro del Perú (Junín) ; cap. *La Oroya.*

Yaundé, cap. del Camerún, al sur del país ; 300 000 h. Arzobispado.

Yauri, c. al S. del Perú, cap. de la prov. de Espinar (Cuzco).

yauri m. *Amer.* Serpiente coral.

Yautepec, mun. y c. de México (Morelos). Minas. Turismo. — Distrito sur de México (Oaxaca) ; cap. *San Carlos Yautepec.*

yautía f. *Amer.* Planta tropical de tubérculos feculentos comestibles.

Yauyos, prov. del Perú, en la prov. homónima (Lima).

Yavari o **Javari,** río de Perú y Brasil, afl. der. del Amazonas.

Yavi, cerro de Venezuela (Bolívar) ; 2 283 m. — Dep. al NO. de la Argentina (Jujuy) ; cab. *Quiaca.* Minas.

Yaxartes. V. SIR DARIA.

Yaxchilán, c. maya del SE. de México (Chiapas), en el valle del río Usumacinta. Templos.

Yaxuná, lugar arqueológico maya cercano a Chichén Itzá.

Yayapura. V. DJAJAPURA.

yaz m. Jazz.

Yb, símbolo químico del *iterbio.*

Ybycuí, cerro del Paraguay ; 630 m. — Distrito y pobl. al S. del Paraguay (Paraguarí). Minas.

ybycuiense adj. y s. De Ybycuí (Paraguay).

Ybytimí, ramal de la cord. paraguaya de Ybytyruzú. — Pobl. al S. del Paraguay (Paraguarí).

Ybytypané, ramal de la cord. de Ybytyruzú, al O. de Paraguay.

Ybytyruzú, cord. al O. del Paraguay, ramificación de la Caaguazú.

Ycumandy-Yú. V. SAN PEDRO (Paraguay).

Ydígoras Fuentes (Miguel), general guatemalteco (1895-1983), pres. de la Rep. de 1958 a 1963.

ye f. Nombre de la *y.*

Yeats (William Butler), escritor irlandés (1865-1939), autor de poemas y dramas *(Deirdre).* [Pr. Nobel, 1923.]

Yébenes, sierra y pobl. del centro de España, en los montes de Toledo. || ~ **(Los),** mun. de España (Toledo).

Yebes, mun. en el centro de España (Guadalajara). Observatorio astronómico en el cerro de la Palera.

Yecapixtla, mun. de México, al S. de la capital del país (Morelos).

Yecla, c. en el SE. de España (Murcia).

Yecuatla, v. y mun. en el E. de México (Veracruz).

Yeddah. V. JEDDAH.

yedra f. Hiedra.

yegreño, ña adj. y s. De Yegros (Paraguay).

Yegros, pobl. al sur del Paraguay (Caazapá).

Yegros (Fulgencio), militar y político paraguayo, m. en 1821, jefe de la revolución de mayo de 1811 y pres. de la Junta Gubernativa hasta 1813. Nombrado Cónsul, alternativamente con Rodríguez de Francia, de 1813 a 1814, se rebeló contra su colega y m. ejecutado.

yegua f. Hembra del caballo. || *Amer.* C. Colilla del cigarro.

yeguada f. Rebaño de ganado caballar || *Amer.* C. Burrada, disparate.

yeguarizo, za adj. Caballar.

Yeguas, punta al sur del Uruguay, al O. de Montevideo.

yegüerizo o **yegüero** m. El que cuida las yeguas.

yeísmo m. Pronunciación de la elle como ye, diciendo, por ejemplo, *caye* por *calle, poyo* por *pollo.* (El *yeísmo,* fenómeno muy extendido en España y en Hispanoamérica, predomina en las zonas del Río de la Plata y en las Antillas, así como en Filipinas.)

yeísta adj. Relativo al yeísmo. || Que practica el yeísmo (ú. t. c. s.).

Yela Gunther (Rafael), escultor guatemalteco (1888-1942).

Yelets o **Elets,** c. de la U. R. S. S. (Rusia), al sur de Moscú.

yelmo m. Pieza de la armadura que cubría la cabeza y el rostro.

Yellowstone, río del NE. de los Estados Unidos, afl. del Misuri, que atraviesa el *Parque Nacional de Yellowstone* y el lago homónimo (Wyoming) ; 1 600 km.

yema f. Brote que nace en el tallo de una planta o en la axila de una hoja y que da origen a una rama, una flor o a varias hojas. | Parte central del huevo de las aves, de color amarillo, también llamada *vitelo.* || Parte de la punta del dedo, opuesta a la uña. | Mosto de primera calidad : *vino de yema.* | Golosina hecha con azúcar y yema de huevo. || *Fig.* Lo mejor de algo : *la yema de la sociedad.* | *Yema mejida,* la de huevo batida con azúcar y disuelta en leche caliente.

Yemen, nombre de dos Estados de Arabia. — La *República Democrática y Popular del Yemen,* ant. Federación de Arabia del Sur, logró la independencia en 1967 y se llamó, de este año a 1970, *Yemen del Sur*; 290 000 km² ; 1 897 000 h. Cap. Adén, 286 000 h. Agricultura. Refinerías de petróleo. — La *República Árabe del Yemen* se encuentra en el SO. de Arabia, a orillas del mar Rojo ; 195 000 km² ; 6 500 000 h. (*yemeníes* o *yemenitas*). Cap. *Sana,* 500 000 h. Otras c. Taíz, 320 000 h. ; *Hodeida,* 150 000 h. Café.

yemení y **yemenita** adj. y s. Del Yemen.

yen m. Unidad monetaria del Japón (símb., Y), que se divide en 1 000 rin o en 100 sen.

Yenisei, río de la U. R. S. S. (Rusia), en el O. de Siberia ; en el Océano Glacial Ártico (mar de Kara) ; 3 800 km. Centrales hidroeléctricas.

Yentai, ant. *Chefu,* c. y puerto en el E. de China (Chantung).

yeros, mun. de España (Toledo).

Yepes (José Ramón), marino y poeta romántico venezolano (1822-1881). || ~ (JUAN DE). V. CRUZ (San Juan de la). || ~ (NARCISO), guitarrista español, n. en 1927.

yeral m. Campo de yeros.

yerba f. Hierba. || *Amer.* Mate. | *Yerba mate,* mate.

Yerba Buena, dep. en el NO. de la Argentina. Está en la gran área urbana de Tucumán.

Yerbabuena, parte de la Sierra Madre Oriental de México (San Luis Potosí). — Nombre de 24 pobl. de distintos Estados de México.

yerbajo m. *Despect.* Yerba.

yerbal m. *Amer.* Campo de hierba mate. | Herbazal.

Yerbas Buenas, lugar en el centro de Chile en la VII Región (Maule) y en la prov. de Linares, cerca del cerro del mismo nombre.

yerbatero, ra adj. Relativo al mate : *industria yerbatera.* || — M. y f. *Amer.* Persona que recoge mate o comercia con él. | Curandero.

yerbear v. t. Dar hierba al ganado. ||

yerbero, ra m. y f. *Méx.* Persona que vende hierbas en los mercados. ‖ — F. *Arg.* Vasija para poner mate.

Yerma, tragedia de Federico García Lorca (1934), relato del drama de la mujer obsesionada por ser madre.

yermar v. t. Dejar yermo.

yermo, ma adj. Despoblado. ‖ Inhabitado. ‖ Inculto, sin cultivar : *campo, terreno yermo.* ‖ — M. Despoblado, terreno inhabitado. ‖ Sitio inculto.

yerna f. *Amer.* Nuera.

yerno m. Respecto de una persona, marido de una hija suya. (Su femenino es *nuera.*)

yero m. Planta leguminosa que se emplea para alimento de animales.

Yerovi (Leónidas N.), escritor peruano (1881-1917), autor de poesías (*Mandolinata, Recóndita, Madrigalerías*) y obras de teatro (*La de cuatro mil, Tarjetas postales, Gente loca*). Murió asesinado.

yerra f. *Amer.* Hierra.

yerro m. Falta, equivocación cometida por ignorancia. ‖ Falta contra los preceptos morales o religiosos.

yersey y **yersi** m. Jersey.

Yersin (Alexandre), bacteriólogo francés, de origen suizo (1863-1943). Descubrió el microbio de la peste.

yerto, ta adj. Tieso, rígido, por efecto del frío, del miedo, de la muerte. ‖ *Fig. Quedarse yerto,* quedarse horrorizado o espantado de una cosa.

Yerupaja, pico en el centro oeste del Perú (Huánuco) ; 6 632 m.

yesal o **yesar** m. Terreno abundante en mineral de yeso.

yesca f. Materia muy combustible en la que prende fácilmente una chispa. ‖ *Fig.* Incentivo de una pasión o afecto.

yesería f. Fábrica de yeso.

yesero, ra adj. Del yeso : *industria yesera.* ‖ — M. y f. Fabricante de yeso.

Yesilköy, ant. *San Stefano,* pobl. de Turquía, cerca de Estambul y a orillas del mar Mármara.

yeso m. Roca sedimentaria formada de sulfato de cal hidratado y cristalizado. ‖ Polvo que resulta de moler este mineral previamente calcinado a unos 150 ºC. (Amasado con agua, este polvo se endurece rápidamente y se utiliza para la reproducción de esculturas, la inmovilización de los miembros fracturados, en la construcción, etc.) ‖ Obra vaciada en yeso.

Yeso, ant. nombre de la isla japonesa de *Hokkaido.*

yesoso, sa adj. Parecido al yeso.

Yeste, mun. en el este de España (Albacete). Embalse.

yeta f. *Arg. Fam.* Mala suerte.

yeti m. Animal legendario que vive en el Himalaya, llamado también *abominable hombre de las nieves.*

Yeutecatl, divinidad del Pulque, entre los aztecas.

yeyuno m. Segunda porción del intestino delgado comprendida entre el duodeno y el íleon.

Yezd, c. de Irán, al E. de Ispahán, cap. de la prov. homónima.

Ygurey o **Carapá,** río del Paraguay (Alto Paraná), afl. del Paraná.

Yháguih o **Yhaguy,** río del Paraguay donde fue vencida y aniquilada, durante la guerra de la Triple Alianza de 1870, la escuadra paraguaya.

Yi, río del Uruguay (Durazno, Florida y Flores), afl. del río Negro ; 193 km.

Yibuti. V. JIBUTI.

Yidda. V. JEDDAH.

yiddish m. Lengua judeoalemana (ú. t. c. adj.).

Yin. V. CHANG.

Yinchuan. V. NINGHIA.

Yingkeu, c. y puerto en el NE. de China (Liaoning).

Yining, c. y oasis al NO. de China (Sinkiang).

Yipin, c. central de China (Sechuán).

yira f. *Pop. Arg.* Prostituta.

yirar v. i. *Arg. lunf.* Dar vueltas.

ylang-ylang m. V. ILANG-ILANG.

yo pron. pers. de primera pers. : *yo iré a verle.* ‖ *Yo que usted,* yo en su lugar, si yo fuera usted. ‖ — M. Lo que constituye la propia personalidad, la individualidad. ‖ Apego a sí mismo, egoísmo : *el culto del yo.* ‖ *Fil.* El sujeto pensante y consciente por oposición a lo exterior a él. — *El yo pecador,* rezo que empieza con esas palabras y se dice en latín *confi-*

teor. ‖ *Fig. Entonar el yo pecador,* confesar sus culpas.

Yoalticitl, entre los aztecas, divinidad que cuidaba el sueño de los niños.

Yocasta, esposa de Layo, rey de Tebas, y madre de Edipo, con quien casó sin saber que era su hijo. Se ahorcó de desesperación. (*Mit.*)

Yocippa, entre los otomíes, dios de la fertilidad.

yod f. Nombre dado en lingüística a la y cuando se la considera como semiconsonante explosiva, agrupada con la consonante anterior, o como semivocal implosiva, agrupada con la vocal que la precede.

yodación f. Esterilización del agua por medio del yodo.

yodado, da adj. Con yodo.

yodar v. t. Tratar con yodo.

yodhídrico, ca adj. Aplícase a un ácido que se compone de yodo e hidrógeno.

yodo m. Cuerpo simple (I) de número atómico 53, color gris negruzco, brillo metálico, densidad 4,93, que funde a 114 ºC. y se desprende, cuando se calienta, vapores de color violeta. (Tiene propiedades antisépticas.)

yodoformo m. Cuerpo compuesto que se obtiene por acción del yodo sobre el alcohol y se usa como antiséptico.

yoduro m. Cualquier cuerpo compuesto de yodo y otro elemento.

Yof, pobl. al O. del Senegal. Aeropuerto de Dakar.

yoga m. Sistema filosófico de la India que hace consistir el estado perfecto en la contemplación, la inmovilidad absoluta, el éxtasis y las prácticas ascéticas.

yogi o **yoghi** o **yogui** m. y f. Asceta indio que, por medio de meditación, éxtasis y mortificaciones corporales, llega a conseguir la sabiduría y la pureza perfectas. ‖ Persona que practica los ejercicios físicos del yoga.

yogur o **yogurt** o **yoghourt** m. Leche cuajada por el fermento láctico. (Pl. *yogures.*)

yogurtera f. Aparato doméstico para hacer yogures.

yohimbina f. Alcaloide afrodisíaco.

Yohualtecuchtli, entre los aztecas, señor de la Noche, representado por la estrella Aldebarán.

Yojoa, lago al O. de Honduras (Santa Bárbara, Cortés y Comayagua) ; 400 km². Se conoce tb. por el n. de *Taulabé.*

Yokkaichi, puerto del Japón, al S. de la isla de Honshu.

Yokohama, c. y puerto del Japón, al O. de la isla de Honshu.

Yokosuka, c. y puerto del Japón (Honshu), en la bahía de Tokio.

Yokyakarta, c. de la República de Indonesia, en el S. del centro de la isla de Java.

yola f. Barco muy ligero movido a remo y con vela.

Yolcos, ant. c. de Grecia en Tesalia, hoy *Volo.*

Yolombó, mun. y pobl. de Colombia (Antioquia). Oro.

Yom Kippur, fiesta hebrea de expiación que se celebra diez días después del año nuevo judío (octubre).

Yonago, c. y puerto del Japón en el SO. de la isla de Honshu.

Yonkers, c. en el NE. de Estados Unidos, a orillas del Hudson, barrio obrero al norte de Nueva York.

Yonne [ión], río de Francia afl. izq. del Sena ; 295 km. — Dep. de Francia al S. de París ; cap. Auxerre.

yonqui com. *Fam.* Persona que se droga con heroína.

Yopal, c. al NE. de Colombia, cap. de la intendencia de Casanare.

yóquey o **yoqui** m. Jockey.

yoreño, ña adj y s. De Yoro (Honduras).

York, c. de Gran Bretaña al NE. de Inglaterra, a orillas del Ouse y del Foss, en el condado de York o Yorkshire. Arzobispado. Catedral de estilo gótico flamígero.

York, dinastía real inglesa que disputó el trono a los Lancaster (guerra de las Dos Rosas) y dio, desde 1385, tres soberanos a Inglaterra (Eduardo IV, Eduardo V y Ricardo III). Le sucedió la de los Tudores en 1485.

Yorkshire, condado de Gran Bretaña, al NE. de Inglaterra, dividido en *North Yorkshire* (cap. Northallerton), *South Yorkshire* (cap. Barnsley) y *West Yorkshire* (cap. Wakefield).

Yorktown [-taun], pueblo al E. de Estados Unidos (Virginia), donde Washington y Rochambeau vencieron a los ingleses en la guerra de Independencia (1781).

Yoro, c. septentrional de Honduras, cap. del dep. homónimo. Agricultura.

Yosemite Valley, valle en el SO. de los Estados Unidos (California). Parque nacional.

Yoshihito (1879-1926), emperador del Japón desde 1912. Combatió con los Aliados en la primera guerra mundial. Fue padre de Hirohito.

Yosy, c. y puerto de Corea del Sur.

Yotala. V. VILLA OROPEZA.

Young [iung] (Edward), poeta prerromántico inglés (1683-1765).

Youngstown, c. de Estados Unidos (Ohio), al NE. del país. Obispado.

Yourcenar (Marguerite), escritora francesa, n. en Bruselas en 1903, autora de poemas (*Las caridades de Alcipo*), obras de teatro y novelas (*Memorias de Adriano, Opus nigrum, Alexis, Fuegos,* etc.). Ha sido la primera mujer elegida miembro de la Academia Francesa de Letras (1980).

yoyó m. Juguete formado por un disco ahuecado interiormente como una lanzadera y que sube y baja a lo largo de una cuerda.

Yozotoyua, entre los mixtecas, dios de los Mercaderes.

Ypacarai, lago del Paraguay entre los dep. de La Cordillera y Central ; 90 km². — Pobl. al sur del Paraguay (Central).

ypacaríense adj. y s. De la ciudad de Ypacaraí (Paraguay).

Ypané, río del Paraguay (Amambay), afl. del río Paraguay. — Pobl. al sur del Paraguay (Central).

Ypiranga, río al SE. del Brasil (São Paulo), en cuyas orillas el príncipe Pedro dio el célebre *grito de Ypiranga,* declaración de independencia del país hecha el 7 de septiembre de 1822.

Ypoá, lago del Paraguay en la frontera de los dep. de Central y Paraguarí ; 260 km².

Ypres, c. al O. de Bélgica (Flandes Occidental).

ypsilón f. Ipsilon.

Yrigoyen (Bernardo de), político y jurista argentino (1822-1906). ‖ ~ (HIPÓLITO), político argentino, n. en Buenos Aires (1852-1933), pres. de la Rep. de 1916 a 1922. Reelegido en 1928, fue derrocado en 1930. Realizó reformas sociales y universitarias.

Yrurtia (Rogelio), escultor argentino (1879-1950), autor del monumento a Rivadavia y *Canto al trabajo,* emplazados en Buenos Aires.

Yser, río de Bélgica, que nace en Francia y des. en el mar del Norte ; 78 km.

Yssel, brazo septentrional del delta del Rin (Holanda), que termina en el lago Ysselmeer ; 146 km.

Ysselmeer, lago interior de Bretlanda, restos del Zuiderzee.

Ystradyfodwg. V. RHONDDA.

Yt, símbolo químico del *itrio.*

yterbio m. Iterbio.

ytrio m. Itrio.

Yzcoatl. V. YZCUAT.

Yubari, c. del Japón, en el S. de la isla de Hokkaido.

Yubbulpor. -V. JABALPUR.

yuca f. Mandioca, planta euforbiácea de raíz feculenta comestible. ‖ Planta liliácea de la América tropical, cultivada en los países templados como planta de adorno.

yucal m. Campo de yuca.

Yucamani, volcán al sur del Perú, entre los dep. de Tacna y Puno ; 5 497 m.

Yucatán, peníns. de América Central, entre el golfo de México, el canal del mismo nombre y el mar Caribe. Constituye una llanura atravesada al NE. al SO. por elevaciones de poca altura. La mayor se encuentra en el SE. de México y el resto en Belice y en Guatemala. Descubierta en 1506 y explorada desde 1517, fue anteriormente uno de los lugares más florecientes de la civilización maya (Chichén Itzá, Uxmal, etc.). — Estado en el SE. de México, en la península homónima ; cap. *Mérida.* Agricultura. Ganadería. Pesca.

yucatanense adj y s. De Yucatán (México).

yucateco, ca adj. y s. De Yucatán (México). ‖ — M. Lengua maya.

Yucumani, volcán del Perú, en la Cord. Oriental ; 5 570 m.

Yucuyácua, cerro del S. de México (Oaxaca) ; 3 376 m.

yudo m. Judo.

yuglandáceo, a adj. Dícese de las plantas angiospermas con fruto en drupa, como el nogal. ‖ — F. pl. Familia que forman.

yugo m. Pieza de madera que se coloca en la cabeza de los bueyes o mulas para uncirlos. ‖ Armazón de madera de la que cuelga la campana. ‖ Cada uno de los tablones curvos que forman la popa del barco. ‖ Horca formada por tres picas, debajo de las cuales los romanos hacían pasar a los enemigos derrotados. ‖ *Fig.* Dominio, sujeción material o moral : *el yugo colonial.* ‖ Velo en la ceremonia de casamiento.

yugoeslavo, va adj. y s. Yugoslavo.

Yugoslavia, república socialista federativa del SE. de Europa, formada por Serbia, Croacia, Eslovenia, Bosnia y Herzegovina, Macedonia y Montenegro, y las regiones autónomas de Voivodina y Kosovo-Metohija ; 255 804 km² ; 22 500 000 h. (yugoslavos) ; cap. *Belgrado,* 1 455 000 h. Otras c. *Zagreb,* 763 000 h. ; *Sarajevo,* 450 000 ; *Skoplje,* 405 000 ; *Liubliana,* 360 000 ; *Novi Sad,* 175 000 ; *Rijeka,* 135 000 ; *Split,* 155 000 ; *Nish,* 165 000 ; *Banjo Luka,* 125 000 ; *Osijek,* 110 000 ; *Maribor,* 100 000 ; *Subótica,* 105 000 ; *Titogrado,* 100 000 ; *Bitola,* 85 000 ; *Kragujevac,* 90 000 ; *Zrenjanin,* 80 000 ; *Tuzla,* 70 000.

GEOGRAFÍA. Yugoslavia es a la vez un país mediterráneo y continental. Las cadenas de los Alpes Dináricos dominan el litoral, con numerosas islas, y desaparecen en el NE. con las llanuras del Save y el Danubio. Los Alpes Eslovenos se extienden por el extremo NO. del país, cuya parte meridional está formada por los macizos de los sistemas del Ródope y del Pindo. La población es una mezcla de nacionalidades, principalmente eslava, lo que ha determinado la estructura federal del Estado. La instauración del régimen socialista ha traído consigo un rápido desarrollo de la industria, basada en las riquezas del subsuelo (lignito, cobre, plomo y, especial-

mente, bauxita) y la creación de numerosas centrales hidroeléctricas. La agricultura, de régimen privado u organizada en cooperativas, y el turismo tienen gran importancia.

yugoslavo, va adj. y s. De Yugoslavia.

yuguillo m. *Arg. Fam.* Tirilla del cuello de una camisa.

yugular adj. Perteneciente o relativo al cuello. ‖ — F. Vena del cuello.

yugular v. t. Cortar el cuello. ‖ *Fig.* Detener el curso de una enfermedad valiéndose de medidas terapéuticas. ‖ Acabar, impedir el desarrollo : *yugular un intento de rebelión.*

Yugurta (¿160 ?-104 a. de J. C.), rey de Numidia (118-105 a. de J. C.). Se enfrentó a los romanos y fue derrotado por Mario (104 a. de J. C.). M. en prisión.

Yukon, río al NO. de Estados Unidos (Alaska) y Canadá, que des. en el mar de Bering ; 3 290 km. — División administrativa de Alaska y territorio del Canadá ; cap. *Whitehorse.* Minas.

Yulo. V. ASCANIO.

Yumbel, c. en el centro de Chile, en la prov. y en la VIII Región de Biobío, cap. de la com. de su n.

Yumbo, mun. al O. de Colombia (Valle del Cauca). Agricultura.

Yumen, centro petrolero en el norte de China (Kansu).

Yum Kax, entre los mayas, señor de los Bosques, y también del Maíz.

Yumurí, río al NO. de Cuba, en la prov. de Matanzas.

Yuna, río del NE. de la Rep. Dominicana, que des. en la bahía de Samaná ; 380 km.

yunga f. Nombre que se da a los valles cálidos del Perú, Bolivia y Ecuador. ‖ — Adj. Aplícase a aquellos que habitan estos valles (ú. t. c. s.).

Yungay, c. en el centro de Chile, en la VIII Región (Biobío) y en la prov. de Nuble, cap. de una com. Las tropas chilenas de Manuel Bulnes derrotaron a las peruboliivanas de Santa Cruz (1839). — C. del Perú, cap. de la prov. del mismo n. (Ancash). Terremoto en 1970.

Yunguyo, distrito al SE. del Perú (Puno), a orillas del lago Titicaca.

Yunnan, prov. del S. de China, cerca de Tonkín ; cap. *Kuenming.*

Yunnanfu. V. KUENMING.

yunque m. Prisma de hierro sobre el que se martilla o forjan los metales en la herrería. ‖ *Fig.* Persona muy paciente o perseverante en el trabajo. ‖ Uno de los huesecillos del oído medio que está intercalado entre el martillo y el estribo.

Yunque, cerro al oeste de Bolivia (La

Paz) ; 5 600 m. ‖ ~ **(El),** pico de Puerto Rico, al NE. de la isla ; 1 404 m.

Yunque (Arístides GANDOLFI HERRERO, llamado **Álvaro**), novelista argentino, n. en 1889, autor de *Tutearse con el peligro, Calfucurá,* etc. Es también poeta (*Poemas gringos, Barcos de papel*), ensayista y crítico literario.

yunta f. Par de mulas, bueyes u otros animales que se uncen juntos.

Yupanqui (Francisco Tito), escultor indígena peruano del s. XVI. Trabajó en La Paz. ‖ ~ (HÉCTOR CHAVERO, llamado **Atahualpa**), cantante y compositor argentino, n. en 1908, autor de innumerables y populares canciones inspiradas en la música nativa.

yupe m. *Chil.* Erizo de mar.

yuqueri m. *Arg.* Planta leguminosa muy espinosa, de fruto parecido a la zarzamora. ‖ Su fruto.

Yurac Llanganati. V. CERRO HERMOSO.

yuracare adj. Relativo a un pueblo indio de Bolivia de la región del Mamoré. ‖ Perteneciente a este pueblo (ú. t. c. s.).

Yurécuaro, v. y mun. en el O. de México (Michoacán).

Yurimaguas, c. y distrito en el NE. del Perú, cap. de la prov. de Alto Amazonas (Loreto).

Yuriria, laguna artificial y mun. en el centro de México (Guanajuato), junto al río Lerma.

Yurkiévich (Saúl), escritor argentino, n. en 1931, autor de poesías vanguardistas y de ensayos literarios.

Yurquin, río de América Central fronterizo entre Panamá y Costa Rica, afl. del Tarire.

Yurubi, parque nacional al N. de Venezuela y en el valle del Tocuyo (Yaracuy).

yuruma f. *Venez.* Médula de una palma con que hacen pan los indios.

Yuscarán, c. del E. de Honduras, cap. del dep. de El Paraíso. Centro agrícola y minero (plata).

yuscaranense adj. y s. De Yuscarán (Honduras).

Yuste (San Jerónimo de), monasterio jerónimo en el oeste de España (Cáceres) donde se retiró Carlos V en los últimos años de su vida (1556-1558).

Yusuf ‖ ~ **I** (Yusuf ben Tasfín), emir almorávide de Marruecos de 1069 a 1106. Derrotó a Alfonso VI en Zalaca o Sagrajas (1086). ‖ ~ **II** (1135-1184), sultán almohade de Marruecos desde 1163. Invadió España (1170). ‖ ~ **III,** soberano almohade de Marruecos de 1224 a 1227. ‖ ~ **IV,** sultán de Marruecos de 1286 a 1307.

Yusuf ‖ ~ **I,** rey moro de Granada de 1333 a 1354. En unión de los benimerines fue derrotado por los cristianos en la batalla del Salado (1340). ‖ ~ **II,** rey moro de Granada de 1390 a 1391. ‖ ~ **III,** rey moro de Granada de 1407 a 1417. M. en 1423. ‖ ~ **IV,** rey moro de Granada en 1432, seis meses antes de morir.

Yusuf (Poema de), poema del mester de clerecía castellano escrito en aljamía por un morisco aragonés hacia la mitad del s. XIV. Narra la vida de José (Yusuf).

Yusupov (Príncipe de), aristócrata ruso (1887-1967). Mató a Rasputín.

yute m. Fibra textil obtenida de una planta con la que se hacen cordeles. ‖ Tejido basto hecho con ella.

yuto-azteca adj. y s. Uto-azteca.

Yuty, pobl. al SE. del Paraguay (Caazapá). Centro ganadero.

yuxtalineal adj. Línea por línea.

yuxtaponer v. t. Poner una cosa al lado de otra (ú. t. c. pr.).

yuxtaposición f. Acción de yuxtaponer. ‖ Situación de una cosa colocada junto a otra.

yuyal m. *Amer.* Sitio lleno de yuyos.

yuyo m. *Amer.* Yerbajo.

Yvelines, dep. de Francia, al O. de París ; cap. *Versalles.*

Yverdon, c. en el SO. de Suiza (Vaud).

Yxart (José), crítico literario catalán (1852-1895), autor de *El teatro catalán, El año pasado,* etc.

Yzcuat o **Ytzcoatl,** uno de los jefes mercenarios aztecas que lucharon contra Chichén Itzá.

YUGOSLAVIA

715

Parque **zoológico**

Z

z f. Vigésima octava y última letra del alfabeto castellano, y vigésima tercera de sus consonantes. Su nombre es zeta o zeda.

zaachila adj. Dícese de un indígena mexicano perteneciente a la tribu zapoteca (ú. t. c. s.).

Zaachila, v. y mun. en el S. de México (Oaxaca). Ant. centro de los reyes zapotecas.

Zab, montes del S. de Argelia. || ~ **Mayor** y **Menor,** dos ríos de Asia occidental (Kurdistán), afl. del Tigris.

Zabala (Bruno Mauricio de), militar español (1682-1736), gobernador de Buenos Aires y fundador de Montevideo (1726). Reprimió la revolución de los comuneros paraguayos.

Zabaleta (Juan de), poeta, costumbrista y dramaturgo español (¿ 1610-1670 ?). || ~ (RAFAEL), pintor expresionista español (1907-1960).

zabordamiento m. Zábordo.

zabordar v. i. Mar. Varar o encallar el barco en tierra.

zabordo m. Mar. Encallamiento.

Zabrze, en alem. *Hindenburg,* c. del SO. de Polonia, en Alta Silesia (Katovice). Hulla. Siderurgia.

Zabulón, uno de los doce hijos de Jacob, jefe de la tribu que lleva su nombre.

zabullir v. t. y sus derivados, v. ZAMBULLIR.

zacamecate m. *Méx.* Estropajo.

Zacapa, c. del E. de Guatemala en el valle del río Motagua, cab. del dep. homónimo. Obispado. Agricultura ; ganadería ; minas. Centro ferroviario.

zacapaneco, ca adj. y s. De Zacapa (Guatemala).

Zacapoaxtla, mun. de México, al S. del país (Puebla).

Zacapu, c. al O. de México (Michoacán). Industrias. Comercio.

Zacarías, uno de los profetas menores judíos (fines de s. VI a. de J. C.). || ~ (*San*), sacerdote judío, esposo de Santa Isabel y padre de San Juan Bautista. Fiesta el 5 de noviembre. || ~ (*San*), papa de 741 a 752. Coronó a Pipino el Breve de Francia. Fiesta el 15 de marzo.

zacatal m. *Amer.* Pastizal.

zacate m. *Amér.* C. Pasto, forraje. | *Méx.* Estropajo de esparto para fregar.

zacatecano, na adj. y s. Zacateco.

Zacatecas, c. del centro de México, cap. del Estado de su mismo nombre. En el Estado se hallan la *Sierra de Zacatecas* y ricas minas (plata, oro, cobre,

plomo, estaño, antimonio, cinc, manganeso, mercurio). La c. es un centro comercial e industrial. Universidad. Obispado.

zacateco, ca adj. y s. De Zacatecas (México).

Zacatecoluca, c. en el S. del centro de El Salvador, cap. del dep. de La Paz.

Zacate Grande, isla del S. de Honduras, en el golfo de Fonseca.

Zacatelco, mun. de México, al E. de la capital del país (Tlaxcala).

Zacatepec, mun. de México, al S. de la capital del país (Morelos).

Zacatlán, mun. de México, en el centro sur del país (Puebla).

Zacatula. V. BALSAS.

Zacoalco de Torres, mun. al O. de México (Jalisco).

Zacualtipán, c. y mun. de México, al SE. del Estado de este mismo nombre (Hidalgo).

Zaculeu, centro arqueológico maya cerca de la ciudad de Huehuetenango (Guatemala).

Zadar, en ital. *Zara,* c. y puerto del O. de Yugoslavia (Croacia), en el Adriático. Arzobispado.

Zadig o *El destino,* cuento filosófico de Voltaire (1747).

Zadkine (Ossip), escultor francés de origen ruso (1890-1967).

Zadorra, río del N. de España, en las prov. de Álava y Burgos, afl. del Ebro ; 70 km.

zafacón m. *P. Rico.* Cubo de hojalata para la basura.

zafado, da adj. *Amer.* Descarado. | Vivo, despierto, espabilado. | Descoyuntado (huesos).

zafadura f. *Amer.* Luxación.

zafaduría f. *Amer.* Desvergüenza.

zafar v. i. *Amer.* Irse, marcharse. || — V. pr. Escaparse. || *Fig.* Evitar, librarse : *zafarse de una obligación.* || *Amer.* Dislocarse un hueso.

zafarrancho m. *Mar.* Acción de quitar estorbos de una parte del barco para realizar una maniobra : *zafarrancho de limpieza.* || *Fig.* y *fam.* Riña, alboroto, reyerta : *se armó un zafarrancho.* | Desorden que resulta. || *Zafarrancho de combate,* preparativos de combate a bordo de un barco.

zafiedad f. Tosquedad.

zafio, fia adj. Grosero, tosco, basto.

zafiro m. Piedra preciosa que es una variedad transparente de corindón, de color azul.

zafra f. Cosecha de la caña de azúcar. | Fabricación de azúcar. | Tiempo que dura esta fabricación. || Vasija grande de metal para guardar aceite.

Zafra, c. en el O. de España (Badajoz). Castillo (s. XV-XVI). Industrias.

zaga f. Parte trasera de una cosa. | En deportes, defensa de un equipo. || — *A la zaga* o *en zaga,* detrás. ||

No ir a la zaga de otro, no serle inferior.

zagal m. Muchacho, adolescente. || Pastor joven que está a las órdenes del mayoral.

zagala f. Muchacha. || Pastora.

zagalejo m. Zagal, muchacho.

zagalón, ona m. y f. Muchacho muy alto y robusto.

Zagazig, c. en el N. de Egipto, en el delta del Nilo. Textiles.

Zagorsk, c. de la U. R. S. S., al N. de Moscú. Centro religioso.

Zagreb, c. en el N. de Yugoslavia, cap. de Croacia, a orillas del Save. Arzobispado. Universidad. Industrias.

Zagros, cord. de Asia occidental entre la Armenia turca y el Azerbaidján del Irán. Petróleo.

zaguán m. Vestíbulo, entrada.

zaguero, ra adj. Que va detrás. || — M. En deportes, defensa. || En el juego de pelota, jugador que se coloca detrás de los demás.

zagüí m. *Arg.* Mono pequeño.

zaheridor, ra adj. y s. Que zahiere o reprende. || Burlón.

zaherimiento m. Crítica, reprensión, censura. | Burla. | Mortificación.

zaherir v. t. Herir el amor propio, escarnecer, mortificar. | Burlarse.

zahones m. pl. Especie de calzón de cuero, con perniles abiertos, que llevan los cazadores y los hombres del campo encima de los pantalones para resguardarlos.

zahorí m. y f. Persona capaz de descubrir lo que está oculto, particularmente aguas subterráneas. | *Fig.* Adivinador, persona muy perspicaz.

Zahrán, puerto de Arabia Saudita en el golfo Pérsico. Centro petrolero.

zahúrda f. Pocilga. || *Fig.* Casa sucia. | Tugurio.

Zaid (Gabriel), escritor mexicano, n. en 1934, autor de poesías (*Cuestionario*) y ensayos.

zaino, na adj. Dícese de las caballerías de color castaño y de la res vacuna de color negro sin ningún pelo blanco.

Zaire, ant. *Congo,* río de África que nace en la meseta de Shaba, ant. Katanga, con el nombre de Lualaba. Describe, cortando el ecuador, un amplio arco y constituye en su tramo final la frontera entre las repúblicas de Zaire y del Congo ; 4 640 km. Pasa por las ciudades de Kisangani, Kinshasa y Brazzaville. Constituye una excelente vía de navegación.

Zaire (República del), ant. **Congo Belga** y **Congo-Kinshasa,** Estado del África ecuatorial en la mayor parte de la cuenca del río del mismo nombre ; 2 345 000 km² ; 28 000 000 de h. Cap. *Kinshasa,* 3 500 000 de h. Otras ciudades : *Lubumbashi,* ant. *Elisabethville,* 460 000 h. ; *Likasi,* 150 000 ; *Kisangani,* ant. *Stanleyville,* 345 000 ; *Kananga,* ant. *Luluaburgo,* 710 000 ; *Mbuji-Mayi,* 340 000 ; *Mbandaka,* ant. *Coquilhat-ville,* 140 000 ; *Bukavu,* 190 000. — Fundado por Leopoldo II de Bélgica en 1879, la Conferencia de Berlín (1885) lo reconoció internacionalmente y el rey lo cedió a su país en 1908. Convertido en colonia, administradora de grandes recursos mineros (cinc, manganeso, tantalio, uranio, diamantes, cobre), se independizó en 1960 en medio de grandes conflictos internos. Adoptó el nombre de Zaire en 1971.

zajones m. pl. Zahones.

Zakopane, c. del S. de Polonia.

Zakupy. V. REICHSTAD.

Zákyamuni. V. BUDA.

Zalaca o **Sagrajas,** lugar próximo a Badajoz (España). Las tropas almorávides de Yusuf I derrotaron aquí a las cristianas de Alfonso VI (1086).

zalagarda f. *Fig.* y *fam.* Argucia, ardid, maña : *valerse de zalagardas.* | Pelea, riña, pendencia ruidosa.

Zalamea || ~ **de la Serena,** v. al O. de España (Badajoz). || ~ **la Real,** v. al S. de España (Huelva).

Zalamea (Jorge), escritor colombiano (1905-1969), autor de relatos (*El gran Burundún Burundá ha muerto*) y ensayos. || ~ **Borda** (EDUARDO), escritor colombiano (1907-1963), autor de novelas (*Cuatro años a bordo de mí mismo. Diario de los cinco sentidos*).

zalamería f. Halago muy empalagoso, carantoña, arrumaco.

zalamero, ra adj. y s. Halagador, adulador, lisonjero.

Zalce (Alfredo), pintor y grabador mexicano, n. en 1908.

Zaldívar (Rafael), político salvadoreño (1834-1903), pres. provisional de la Rep. (1876 a 1880) y constitucional de 1880 a 1885, año en que fue derrocado por el general Francisco Menéndez.

Zaldumbide (Gonzalo), político, crítico y ensayista ecuatoriano (1885-1965). Escribió también una novela (*Égloga trágica*) y poesías. || ~ (JULIO), poeta y político ecuatoriano (1833-1887).

zalea f. Piel de oveja o de carnero curtida con su lana.

zaleazo m. *Fam.* Porrazo. | Caída.

zalema f. *Fam.* Reverencia hecha en señal de sumisión. | Zalamería.

Zama, localidad de África del Norte (Numidia). Escipión el Africano derrotó aquí a Aníbal (202 a. de J. C.) poniendo fin a la segunda guerra púnica.

Zamacois (Eduardo), escritor español, n. en Cuba (1876-1972), autor de novelas realistas y eróticas (*El seductor, Los muertos vivos, Memorias de una cortesana, Memorias de un vagón de ferrocarril,* etc.).

Zamacona (Manuel), político y orador mexicano (1826-1904).

zamacuco, ca m. y f. Persona cazurra. || — F. *Fam.* Borrachera.

zamacueca f. Baile popular de Chile, Perú y otros países sudamericanos. (Llámase generalmente *cueca*.) || Música y canto que acompañan a este baile.

zamarra f. Pelliza, prenda de abrigo en forma de chaquetón hecha con piel de carnero. || Zalea.

zamarrear v. t. Sacudir, zarandear a un lado y a otro. || *Fig.* y *fam.* Maltratar a uno con violencia. | Golpearle. || — V. pr. *Fam.* Hacer, realizar.

zamarreo y **zamarreón** m. Acción de zamarrear, sacudimiento. || *Fig.* y *fam.* Trato malo. | Paliza.

zamarro m. Zamarra. || Zalea. || — Pl. *Amer.* Zahones para montar a caballo.

zamba f. *Arg.* Baile popular derivado de la zamacueca. || Música.

zambaigo, ga adj. *Méx.* Aplícase al mestizo de chino e india o de negro e india o viceversa (ú. t. c. s.).

Zambales, prov. de Filipinas, al O. de la isla de Luzón ; cap. *Iba.*

zambardo m. *Arg.* Suerte, chiripa.

Zambeze, río de África del Sur, que des. en el canal de Mozambique ; 2 660 km. En su curso se encuentra la catarata de Victoria. Centrales hidroeléctricas.

Zambia, Estado de África austral, miembro del Commonwealth, antes protectorado británico de Rodesia del Norte ; 746 253 km² ; 5 800 000 h. Cap. *Lusaka,* 520 000 h. C. pr. *Ndola,* 300 000 h. ; *Kitwe,* 296 000 ; *Chingola,* 170 000. Este Estado fue creado en 1964. Cobre, manganeso, plomo, plata, cinc, cobalto.

zambo, ba adj. Dícese de la persona que tiene las piernas torcidas hacia fuera desde la rodilla (ú. t. c. s.). || *Amer.* Dícese del mestizo de negro e india, o al contrario (ú. t. c. s.). || — M. Mono cinocéfalo americano.

Zamboanga, c. y puerto de Filipinas, en el O. de isla de Mindanao. Arzobispado. Comercio de caucho, madera y copra.

zambomba f. Instrumento músico rudimentario, utilizado principalmente en las fiestas de Navidad, formado por un cilindro hueco cerrado por un extremo con una piel tensa en cuyo centro se sujeta una caña, la cual, frotada con la mano humedecida, produce un sonido ronco y monótono. || ¡ *Zambomba* !, interj. de sorpresa.

zambombazo m. *Fam.* Porrazo. | Explosión estampido. | Cañonazo. | Gran ruido.

zambra f. Fiesta con baile y cante flamencos de los gitanos. || *Fam.* Jaleo, alboroto.

Zambrana (Antonio), patriota y escritor cubano (1846-1922).

Zambrano, mun. al NO. de Colombia (Bolívar).

Zambrano (María), profesora y escritora española, n. en 1904, autora de ensayos literarios y filosóficos.

zambullida f. Acción de zambullirse. || Treta de esgrima. || *Darse una zambullida,* bañarse.

zambullir v. t. Sumergir bruscamente en un líquido. || — V. pr. Meterse en el agua para bañarse : *zambullirse en la piscina.* || Tirarse al agua de cabeza. || *Fig.* Esconderse en alguna parte : *zambullirse en la sombra.* | Meterse de pronto en alguna actividad : *zambullirse en el trabajo.*

zambullo m. *Amer.* Gran cubo de basuras.

Zamenhof (Lejzer Ludwik), lingüista y médico polaco (1859-1917), inventor del esperanto, lengua internacional.

Zamora, río del Ecuador (Oriente) que forma el Santiago al unirse con el Paute. — C. en el SE. del Ecuador, cap. de la prov. de Zamora-Chinchipe. Yacimientos de oro. Santuario apostólico. — C. en el O. de España, a orillas del Duero, cap. de la prov. homónima. Obispado. Catedral (s. XII), iglesias románicas. — C. en el O. de México (Michoacán). Obispado. Su nombre oficial es *Zamora de Hidalgo.* || ~ **-Chinchipe,** prov. en el SE. del Ecuador ; cap. *Zamora.*

Zamora (Antonio de), poeta espa-

ZAMBIA

alturas : 200, 500, 1000 m

ZAIRE

alturas : 200, 500, 1000, 1500 m

ZA

ñol (¿ 1664 ?-1728), autor de dramas y comedias. || ~ **Vicente** (ALONSO), escritor español, n. en 1916, autor de una valiosa obra de crítica y de erudición (*Dialectología española, La novela picaresca*) y de algunos relatos (*A traque y barraque, Mesa, sobremesa*).

zamora-chinchipicense adj. y s. De la prov. de Zamora-Chinchipe (Ecuador).

zamorano, na adj. y s. De Zamora (España, Ecuador).

zamorense adj. y s. De la ciudad de Zamora (Ecuador).

zampa f. Estaca, pilote.

zampabollos com. inv. Fam. Zampatortas.

zampar v. t. Meter o esconder rápidamente una cosa en otra de suerte que no se vea. || Comer de prisa, con avidez. Ú. t. c. pr. : *se zamparon el almuerzo en un decir amén.* || Dar, estampar : *le zampó un par de bofetadas.* || Poner : *le zampo un cero a quien no sepa la lección.* || — V. pr. Meterse bruscamente en alguna parte. || Engullir, tragar.

zampatortas com. inv. Fam. Persona glotona. || Fig. y fam. Persona de muy poca gracia, patosa.

zampeado m. Obra de mampostería o de hormigón armado asentada sobre pilotes que, en los terrenos húmedos o poco firmes, sirve de cimiento a una construcción.

zampear v. t. Afirmar un terreno con zampeados para construir en él.

Zampieri (Doménico). V. DOMINIQUINO.

zampoña f. Caramillo, instrumento rústico pastoril compuesto de varias flautas unidas. || Flautilla de sonido agudo.

zanahoria f. Planta umbelífera de raíz roja y fusiforme, comestible y rica en azúcar. || Sur raíz.

zanca f. Pata de las aves, considerada desde el tarso hasta la juntura del muslo. || Fig. y fam. Pierna del hombre o de cualquier animal cuando es muy larga y delgada. || Viga o pieza de apoyo que limita una escalera por la parte del vano o hueco.

zancada f. Paso largo. || Fig. y fam. *En dos zancadas,* con gran rapidez.

zancadilla f. Acción de derribar a una persona enganchándola con el pie : *echar* (o *poner*) *la zancadilla a uno.* || Fig. y fam. Estratagema, manera hábil pero poco leal de suplantar a alguien : *zancadilla parlamentaria.*

zancadillear v. t. Echar la zancadilla a uno. || Fig. Armar una trampa para perjudicar a uno. || — V. pr. Fig. Perjudicarse, crearse obstáculos a uno mismo.

zancajo m. Hueso que forma el talón y parte del pie en la que está.

Záncara, río de España en la prov. de Cuenca : 220 km.

zanco m. Cada uno de los dos palos largos con soportes para los pies que sirven para andar a cierta altura del suelo, generalmente por juego. || Amer. Comida espesa sin caldo ni salsa.

zancudo, da adj. De piernas largas. || Aplícase a las aves de tarsos muy largos, como la cigüeña y la grulla. || — F. pl. Orden de estas aves. || — M. Amer. Mosquito.

zanfonia f. Instrumento músico de cuerdas que se tocaba dando vueltas con un manubrio a un cilindro provisto de púas.

zanganear v. i. Fam. Holgazanear.

zangania f. Holgazanería.

zángano, na m. y f. Fam. Perezoso, holgazán. || — M. Macho de la abeja maestra, desprovisto de aguijón.

zango m. Amer. Comida hecha con plátanos asados, mandioca, papas, queso y caldo.

zangolotear v. i. Fam. Moverse uno sin ningún provecho.

zangoloteo m. Fam. Agitación vana de una persona.

zangolotino, na adj. Fam. Dícese de un muchacho grandullón que hace cosas propias de niño (ú. t. c. s.).

zanja f. Excavación larga y estrecha que se hace en la tierra para echar los cimientos de un edificio, tender una

canalización, etc. : *zanja de desagüe.* || Amer. Surco hecho por un arroyo.

zanjar v. t. Abrir zanjas en un sitio. || Fig. Resolver : *zanjar una dificultad, un problema.* || Obviar un obstáculo. || Acabar : *zanjaron sus discordias.*

zanjear v. t. Amer. Zanjar.

Zanjón (Pacto del), convenio suscrito por España y los insurgentes cubanos en la pobl. de El Zanjón, cerca de Camagüey, que puso fin a la guerra de los Diez Años (1868-1878).

Zanni (Pedro Leandro), aviador argentino (1891-1942), uno de los pioneros de la navegación aérea.

zanquilargo, ga adj. Fam. De piernas largas (ú. t. c. s.).

Zante, en griego *Zakynthos,* isla y nomo del O. de Grecia en el mar Jónico; cap. Zante.

Zanzibar, isla del océano Índico, en la costa este de África ; 1 658 km² ; 200 000 h. Cap. Zanzíbar, 75 000 h. Ant. protectorado británico (1890), desde 1963 fue, con la isla de Pemba, un Estado independiente y en 1964 formó, en unión de Tanganica, el Estado de Tanzania.

zapa f. Pala pequeña y cortante que usan los zapadores. || Excavación de una galería. || Piel labrada de modo que forme grano como la de la lija. || Fig. Labor o trabajo de zapa, acción llevada a cabo ocultamente con determinado objeto.

zapador m. Soldado de un cuerpo destinado a las obras de excavación o de fortificación.

Zapala, dep. al O. de la Argentina (Neuquen). Petróleo, gas natural.

Zapaleri, cerro al NO. de la Argentina (Jujuy), en la frontera con Chile ; 5 643 m.

zapalote m. Méx. Plátano de fruto largo : *Josey),* conocido de Chile.

Zapaluta. V. TRINITARIA (La).

Zapallar, c. del centro de Chile, en la V Región (Valparaíso) y en la prov. de Petorca, cap. de la com. del mismo nombre.

zapallito m. Riopl. Calabaza.

zapallo m. Amer. Calabacero, planta. || Calabaza. || Arg. Chiripa, suerte.

zapapico m. Piocha, herramienta, semejante a un pico cuyas dos extremidades terminan una en punta y la otra en corte estrecho, que se emplea para excavar en la tierra dura, derribar, etc.

zapar v. t. e i. Trabajar con la zapa : *zapar una posición enemiga.* || Fig. Minar, hacer un trabajo de zapa : *zapar su reputación.*

zapata f. Zapatilla de grifos. || Parte de un freno por la que éste entra en fricción con la superficie interna del tambor. || Dispositivo de un vehículo eléctrico por el que éste recoge la corriente de un cable conductor.

Zapata (Ciénaga de), península de Cuba en el sur de la prov. de Matanzas ; 3 000 km².

Zapata (Emiliano), político y revolucionario mexicano, n. cerca de Ayala (Morelos) [1883-1919], promotor de la reforma agraria. Proclamó el Plan de Ayala (1911) y se enfrentó a las fuerzas del presidente Madero y, más tarde, en unión de Pancho Villa, a las del presidente Victoriano Huerta. Entró triunfante en la ciudad de México a finales de 1914. Murió asesinado. || — (MARCOS), pintor cuzqueño del s. XVIII, autor de cuadros religiosos.

zapatazo m. Golpe dado con el zapato. || Fam. Golpe recio que se da con cualquier cosa. || Fam. Tratar a uno a zapatazos, tratarle muy mal.

zapateado m. Baile español con zapateo. || Su música.

zapatear v. t. Golpear el suelo con los pies calzados. || Fig. Maltratar a uno, pisotearle. || En ciertos bailes, golpear el suelo con los zapatos al compás de la música y con ritmo muy vivo. || En esgrima, tocar varias veces al adversario con el botón o zapatilla. || — V. pr. Fam. Quitarse de encima una cosa o a una persona. || Fam. *Saber zapateárselas uno,* saber componérselas, saber arreglárselas.

zapateo m. Acción de zapatear en el baile.

Zapatera, isla y volcán (740 m) en el O. de Nicaragua, en el lago de Nicaragua (Granada).

zapateria f. Taller donde se hacen o arreglan zapatos. || Tienda donde se venden. || Oficio de hacer zapatos.

zapatero, ra adj. Duro, correoso después de guisado : *bistec zapatero ; patatas zapateras.* || — M. y f. Persona que hace, repara o vende zapatos. || — M. Pez acantopterigio que vive en los mares de la América tropical. || Fam. El que se queda sin hacer baza en el juego. || *¡ Zapatero a tus zapatos !,* cada uno ha de juzgar solamente de lo que entiende. || *Zapatero de viejo* o *remendón,* el que se dedica a componer zapatos.

zapatiesta f. Fam. Trapatiesta, alboroto : *armar una zapatiesta.*

zapatilla f. Zapato ligero, de suela muy delgada : *zapatilla de baile, de torero.* || Zapato sin cordones y ligero que se usa en casa. || Suela, cuero que se pone en el extremo del taco de billar. || Rodaja de cuero o plástico que se emplea para el cierre hermético de llaves de paso o grifos. || Botón de cuero que se pone en la punta de los floretes y espadas.

zapatista adj. Relativo a Emiliano Zapata. || Partidario de él (ú. t. c. s.).

zapato m. Calzado que no pasa del tobillo, generalmente de cuero, y con suela en la parte inferior. || — Fig. *No llegarle a uno a la suela del zapato,* ser muy inferior a él. || *Saber uno donde le aprieta el zapato,* saber lo que le conviene.

Zapatoca, mun. y c. de Colombia (Santander).

zapatón m. Fam. Zapato grande.

Zapatosa, laguna en el NO. de Colombia (Magdalena).

zape m. Fam. Afeminado.

¡ zape ! interj. Fam. Voz para ahuyentar a los gatos.

Zapiola (José), músico chileno (1802-1885), autor del himno patriótico *Canción de Yungay.*

Zapla, pobl. del NE. de la Argentina (Jujuy). Hierro.

Zapopan, mun. y c. del O. de México (Jalisco), en el área urbana de Guadalajara. Peregrinación.

Zaporoshie, c. al SO. de la U. R. S. S. (Ucrania). Metalurgia.

zapotal m. Terreno plantado de zapotes.

Zapotal, isla al NO. del Ecuador (Esmeraldas). — Río del Ecuador, afl. del Guayas.

zapote m. Árbol sapotáceo americano de fruto comestible muy dulce. (Llamado tb. *chico zapote.*) || Su fruto.

Zapote, río de Costa Rica (Alajuela) y de Nicaragua (Chontales) que des. en el lago de Nicaragua.

zapoteca adj. Dícese del pueblo indígena mexicano que, mucho antes de la llegada de los españoles (300-900), habitaba en la región montañosa comprendida entre Tehuantepec y Acapulco, y actualmente en el Estado de Oaxaca (ú. t. c. s.). [Sus dos grandes centros de cultura fueron Monte Albán y Mitla, donde dejaron muestras del estado avanzado de su arquitectura, sus tumbas funerarias, cerámica y grandes monolitos.]

Zapotiltic, mun. al O. de México (Jalisco).

zapotillo m. Amer. Zapote.

Zapotlanejo, mun. al O. de México (Jalisco), cerca del lago Chapala.

zapoyol m. C. Rica. Hueso del fruto del zapote.

zapoyolito m. Amér. C. Ave trepadora parecida al perico pequeño. || Fig. y fam. Borracho.

zaque m. Odre pequeño. || Fig. y fam. Borracho.

zaque m. Cacique chibcha en Tunja (Colombia).

zaquizamí m. Desván. || Cuchitril, cuarto pequeño. || Tugurio. (Pl. *zaquizamíes.*)

zar m. Título que tenían el emperador de Rusia o el rey de Bulgaria.

Zara. V. ZADAR.

zarabanda f. Danza picaresca de España en los siglos XVI y XVII. || Su música. || Fig. Jaleo, alboroto.

zaragata f. Jaleo, tumulto.

zaragate m. Amer. Persona despreciable, bribón.

zaragatero, ra adj. Fam. Peleón, pendenciero.

zaragatona f. Planta herbácea cuya semilla se usa como emoliente.

Zaragoza, c. de España al NE. de Madrid y a orillas del Ebro, cap. de la Comunidad Autónoma de Aragón y de la prov. homónima. Arzobispado. Universidad. Academia General Militar. Basílica de Nuestra Señora del Pilar, La Seo (catedral), la Lonja (s. XVI). Ciudad íbera *(Sálduba),* colonia romana *(Cesaraugusta),* fue conquistada por los árabes (714) y recuperada por Alfonso I el Batallador (1118). En 1808 y 1809 resistió heroicamente el sitio de las tropas napoleónicas.

Zaragoza (Ignacio), general y político mexicano (1829-1862), que derrotó a las tropas invasoras francesas en Puebla (5 de mayo de 1862). ‖ — **Doménech** (AGUSTINA), heroína española (1790-1858), llamada *Agustina de Aragón,* que se distinguió en los dos sitios que sufrió Zaragoza en la guerra de la Independencia contra los franceses (1808-1809).

zaragozano, na adj. y s. De Zaragoza (España). ‖‖ — M. Almanaque en cuyas páginas se encontraban predicciones meteorológicas.

Zaragozano (Victoriano), astrónomo y médico español (1545-1602), autor de unos almanaques que vaticinaban el tiempo.

zaragüelles m. pl. Pantalones de perneras anchas que forman pliegues del traje regional de los labradores de Valencia y Murcia. ‖ Calzoncillos blancos que asoman debajo del calzón corto del traje aragonés.

Zaragüeta (Juan), sacerdote y filósofo neotomista español (1883-1974), autor de la obra *Los veinte temas que he cultivado en mis cincuenta años de labor filosófica.*

zarandajas f. pl. *Fam.* Insignificancias, futilidades, cosas de importancia muy secundaria.

zarandear v. i. Cribar: *zarandear trigo.* ‖ *Fig.* y *fam.* Agitar; sacudir. ‖ Empujar por todas partes: *zarandeado por la muchedumbre.* ‖ — V. pr. *Amer.* Contonearse.

zarandeo m. Cribado. ‖ Meneo, sacudida. ‖ *Amer.* Contoneo.

zarape m. Sarape, poncho. ‖ *Fig.* y *fam.* Hombre afeminado.

zarapito m. Ave zancuda de pico delgado y encorvado que vive en las playas y sitios pantanosos.

Zárate, c. en el E. de la Argentina (Buenos Aires), a orillas del Paraná.

Zárate (Francisco LÓPEZ DE). V. LÓPEZ DE ZÁRATE. ‖ ~ (JESÚS), escritor colombiano (1915-1967). ‖ ~ (JUAN ORTIZ DE). V. ORTIZ DE ZÁRATE.

Zaratustra o **Zoroastro,** reformador de la religión persa (¿ 660-583 ? a. de J. C.).

Zaratustra *(Así hablaba),* poema filosófico en prosa de F. Nietzsche (1883).

Zarauz, c. del N. de España (Guipúzcoa), al O. de San Sebastián. Playas. Industrias.

Zaraza, mun. en el centro norte de Venezuela (Guárico). Industrias. Centro comercial.

zarazo, za adj. *Amér.* C. y Méx. Dícese del fruto a medio madurar.

zarcillo m. Arete o pendiente en forma de aro. ‖ Órgano de ciertas plantas trepadoras que se arrolla en hélice alrededor de los soportes que encuentra.

zarco, ca adj. Azul claro: *ojos zarcos.* ‖ *Arg.* Dícese del animal que tiene ojos albinos.

Zarco (Francisco), político y escritor mexicano (1829-1869).

Zardoya (Concha), escritora chilena, n. en 1914, autora de poesías, cuentos y ensayos.

zarevich o **zarevitz** m. Heredero del zar de Rusia.

Zaria, c. en el N. del centro de Nigeria.

zarigüeya f. Mamífero marsupial americano, cuya hembra tiene una larga cola prensil a la cual se agarran las crías cuando van en su lomo.

zarina f. Esposa del zar. ‖ Emperatriz de Rusia.

zarismo m. Gobierno absoluto de los zares.

zarista adj. Del zarismo. ‖‖ — M. y f. Partidario de los zares.

Zarizin. V. VOLGOGRADO.

zarpa f. Garra de ciertos animales como el tigre, el león, etc. ‖ *Mar.*

Acción de zarpar el ancla. ‖ *Fig.* y *fam.* Echar uno la zarpa a una cosa, apoderarse de ella con violencia.

zarpada f. Zarpazo.

zarpanel adj. *Arq.* Dícese del arco que consta de varias porciones de círculo tangentes entre sí y trazadas desde distintos centros.

zarpar v. i. Levar el ancla un barco, hacerse a la mar : *Colón zarpó del puerto de Palos.* ‖ Partir, irse.

zarpazo m. Golpe dado con la zarpa. ‖ *Fam.* Caída.

zarpear v. t. *Amér.* C. Salpicar de barro.

zarposo, sa adj. Lleno de barro.

Zarqa, c. de Jordania, al NE. de Ammán. Centro industrial.

zarramplín, ona y **zarrapastroso, sa** adj. y s. *Fam.* Poco aseado, andrajoso, desastrado.

Zaruma, cantón y pobl. en el SO. del Ecuador (El Oro). Minas.

Zarumilla, río del Ecuador fronterizo con el Perú (El Oro), que des. en el Pacífico. — C. del NO. del Perú, cap. de la prov. homónima (Tumbes).

zarza f. Arbusto rosáceo muy espinoso cuyo fruto es la zarzamora. ‖ *Fam.* Zarzaparrilla.

Zarza (Vasco de la), escultor renacentista español de principios del s. XVI, autor de obras en las catedrales de Ávila y Toledo.

Zarzaitín, yacimiento petrolífero en el Sáhara argelino.

zarzal m. Terreno cubierto de zarzas. ‖ Matorral de zarzas.

Zarzal, mun. y pobl. del centro de Colombia (Valle del Cauca).

zarzamora f. Fruto comestible de la zarza, de color negro violáceo. ‖ Zarza.

zarzaparrilla f. Planta liliácea, cuya raíz, rica en saponina, se usa como depurativo. ‖ Bebida refrescante preparada con las hojas de esta planta.

zarzo m. Tejido fabricado con varas, cañas o mimbres entrecruzados formando una superficie plana ‖ *Arg.* Fam. Anillo.

zarzuela f. Género musical, genuinamente español, en el que alternan la declamación y el canto. ‖ Su música. ‖ Plato de pescados aderezados con salsa picante.
— La primera *zarzuela,* creada por Calderón en el s. XVII para la Corte, se representó en el Real Sitio de la Zarzuela (El Pardo, Madrid), de donde le viene el nombre. Después de siglo y medio de olvido, volvió a hacer su aparición en los teatros y se distinguieron desde entonces dos clases de obras pertenecientes a la *zarzuela* grande o al género chico. Los principales representantes fueron en aquel momento Gaztambide, Barbieri, Chapí, Chueca, Arrieta, Bretón, Fernández Caballero, Valverde y Vives. Tuvo un nuevo período de esplendor, tras unos años de decadencia, con la aportación de Pablo Luna, Jacinto Guerrero, Moreno Torroba y Sorozábal.

Zarzuela *(Palacio de la),* palacete en el bosque de El Pardo (Madrid), residencia del rey de España.

zarzuelero, ra adj. De la zarzuela : *música zarzuelera.* ‖ — M. Zarzuelista.

zarzuelista m. y f. Autor de la letra o compositor de zarzuelas.

¡ zas ! m. Onomatopeya del ruido de un golpe o que indica la interrupción brusca de algo.

Zas, mun. al noroeste de España (Coruña).

zascandil m. y f. *Fam.* Tarambana, botarate, persona informal.

zascandilear v. i. *Fam.* Curiosear, procurar saber todo lo que pasa : *andar zascandileando.* ‖ Vagar, callejear. ‖ Obrar con poca seriedad.

zascandileo m. *Fam.* Curioseo. ‖ Falta de seriedad. ‖ Callejeo.

Zavala (Bruno Mauricio de). V. ZÁBALA. ‖ ~ (JESÚS), poeta mexicano (1892-1956). ‖ ~ (JOAQUÍN), militar nicaragüense, pres. de la Rep. de 1879 a 1883. Fomentó las obras públicas y la enseñanza. ‖ ~ (SILVERIO), historiador y diplomático mexicano, n. en 1907, autor de notables estudios sobre el período colonial español en América. ‖ ~ **Muniz** (JUSTINO), escritor gauchesco uruguayo (1898-1968), autor de

---

Crónica de Muniz, *Crónica de un crimen* y *Crónica de la reja.* ‖ ~ **y Sáenz** (LORENZO DE), político y escritor mexicano (1788-1837).

Zavaleta (Carlos Eduardo), escritor peruano, n. en 1928, autor de novelas *(El clínico),* cuentos y ensayos.

Zawadrosky, isla volcánica del archipiélago de Sandwich del Sur (Argentina).

Zayas (Alfredo), político y orador cubano (1861-1934), pres. de la Rep. de 1921 a 1925. ‖ ~ **y Sotomayor** (MARÍA DE), escritora española (1590-1661), autora de *Novelas amorosas y ejemplares* y *Novelas y saraos,* serie de relatos cortos.

Zaza, río del centro de Cuba (Villa Clara y Sancti Spíritus), que des. en el mar Caribe ; 150 km.

Zea (Francisco), escritor, poeta y comediógrafo español (1825-1857). ‖ ~ (FRANCISCO ANTONIO), político, botánico y escritor colombiano, n. en Medellín (1766-1822), primer vicepresidente de Venezuela y de Gran Colombia. ‖ (LEOPOLDO), filósofo existencialista mexicano, n. en 1912, autor de *Esquemas para una historia de las ideas en Iberoamérica, En torno a una filosofía, América como conciencia, La esencia de lo americano, Latinoamérica, tercer mundo,* etc. ‖ ~ **Bermúdez.** V. CEA BERMÚDEZ.

Zebedeo, padre de los apóstoles Santiago el Mayor y San Juan Evangelista.

zeda f. Zeta.

Zedelgem, c. al oeste de Bélgica (Flandes Occidental).

zedilla f. Cedilla.

Zeebrugge, c. al oeste de Bélgica (Flandes Occidental). Es el puerto de Brujas.

zegrí adj. y s. Dícese de una dinastía mora del reino nazarí de Granada (s. XV), enemiga de los abencerrajes. (Pl. *zegríes* o *cegríes.*)

Zeist, c. de Holanda (Utrecht).

Zeitlin (Israel). V. TIEMPO (César).

Zeitz, c. de Alemania Oriental (Sajonia). Metalurgia.

zéjel m. Composición poética popular de origen hispanoárabe, propia de la Edad Media.

Zela (Francisco Antonio de), patriota peruano (1768-1819), que lanzó en Tacna el grito de Independencia (1811).

Zelanda o **Zelandia,** prov. meridional de Holanda, compuesta de islas en la desembocadura del Escalda y del Mosa ; cap. *Middelburgo.* ‖ ~ (Nueva). V. NUEVA ZELANDA.

zelandés, esa adj. De Zelanda o Zelandia (ú. t. c. s.). ‖ Relativo a esta provincia de Holanda.

Zelaya, dep. oriental de Nicaragua en el litoral del mar Caribe ; cap. *Bluefields.* Yacimientos de oro.

Zelaya (José SANTOS), general nicaragüense, n. en Managua (1853-1919), pres. de la Rep. de 1893 a 1909. Fue liberal y partidario de la Unión de Centroamérica. Incorporó Mosquitia al país (1894).

zelayense adj. y s. De Zelaya (Nicaragua).

Zele, c. en el NO. de Bélgica (Flandes Oriental).

Zeledón Brenes (José María), escritor costarricense (1877-1949), autor de la letra del himno nacional de su país.

Zelenchukskaia, pobl. al SO. de la U. R. S. S., al N. del Cáucaso. Observatorio astronómico.

Zelten o **Bin Zelten,** yacimiento de petróleo en Libia.

Zelzate, c. al noroeste de Bélgica (Flandes Oriental).

Zeller (Ludwig), escritor chileno, n. en 1905, autor del poema surrealista *Mujer en sueño.* Reside en Canadá.

zempaxúchitl m. *Méx.* BOT. Cempasúchil.

Zempoala. V. CEMPOALA.

zemstvo m. En la Rusia antigua, asamblea provincial.

zen adj. Dícese de una secta budista nacida en China y existente en el Japón desde finales del siglo XII (ú. t. c. s. m.): *la doctrina zen recomienda la meditación y exalta la belleza.*

Zend Avesta. V. AVESTA.

Zendejas (Miguel Jerónimo), pintor mexicano (¿ 1723-1815 ?). Su abundante obra se encuentra en las iglesias de Puebla.

zendo, da adj. Dícese de un idioma de la familia indoeuropea del norte de Persia en el que está escrito el texto del *Avesta* (ú. t. c. s. m.).

Zenea (Juan Clemente), patriota y poeta cubano (1832-1871), autor de la elegía *Fidelia*, de *Cantos de la tarde* y del poema *En días de esclavitud* o *Diario de un mártir*. M. fusilado.

Zenica, c. en el centro de Yugoslavia (Bosnia). Metalurgia.

zenit m. Cenit.

Zeno Gandia (Manuel), escritor puertorriqueño (1855-1930), autor de novelas (*La charca, Garduña, Rosa de mármol, Piccola, Aquella noche, El negocio, Redentores*, etc.) y poesías.

Zenobia, reina de Palmira, vencida y hecha prisionera por el emperador romano de Oriente Aureliano en 272. M. en 274.

Zenón ‖ ~ **de Citio**, filósofo griego (¿ 335-264 ? a. de J. C.), fundador de la escuela estoica. Se suicidó. ‖ ~ **de Elea**, filósofo griego, n. en Elea (¿490-430 ? a. de J. C.), autor de sofismas con los que negaba la existencia del movimiento. M. torturado. ‖ ~ **el Isáurico** (¿ 426 ?-491), emperador romano de Oriente desde 474.

Zenta, río al NO. de la Argentina (Salta), afl. del Bermejo. — Sierra del NO. de la Argentina (Salta). — C. del N. de Yugoslavia, a orillas del Tisza. Llamada tb. *Senda*.

zenzontle m. Sisonte.

Zepeda (Eraclio), poeta, cuentista y autor de obras de teatro mexicano, n. en 1937. ‖ ~ **Henríquez** (EDUARDO), poeta y ensayista nicaragüense, n. en 1930, autor de *Mástiles* y de estudios literarios.

Zepita, distrito en el sur del Perú (Puno), a orillas del lago Titicaca. Agricultura. Ganadería.

zepelin m. Globo dirigible rígido de estructura metálica inventado por el conde Ferdinand Zeppelin. (Pl. *zepelines*.)

Zeppelin (Ferdinand, conde de), industrial alemán (1838-1917), constructor de un dirigible rígido que lleva su nombre (1900).

Zermatt, c. del sur de Suiza (Valais).

zeta f. Nombre de la letra z. ‖ Sexta letra del alfabeto griego.

zeugma y **zeuma** f. Construcción que consiste en unir gramaticalmente dos o varios sustantivos a un adjetivo o a un verbo que, propiamente, no se refiere más que a uno de los sustantivos o que está tomado con sentidos diferentes.

Zeus, dios supremo de los griegos, hijo de Cronos y de Rea. Es el *Júpiter* de los romanos.

Zeuxis, uno de los más ilustres pintores griegos (464-398 a. de J. C.).

Zgorzelec, c. del SO. de Polonia, en la Baja Silesia (Wroclaw).

Zhuravno. V. ZURAWNO.

Zielona Gora, en alem. *Grünberg*, c. del O. de Polonia en la Baja Silesia.

ziemstvo m. Zemstvo.

zigoma f. Hueso del pómulo.

zigomático, ca adj. Anat. Relativo a la mejilla o al pómulo.

zigoto m. Cigoto.

Ziguinchor, c. y puerto en el SO. del Senegal, en el estuario del río Casamance. Obispado.

zigurat f. Torre escalonada de los templos caldeos o babilónicos.

zigzag m. Serie de líneas quebradas que forman alternativamente ángulos entrantes y salientes. ‖ Modo de andar serpenteando de un lado para otro. (Pl. *zigzags* o *zigzags*.)

zigzaguear v. i. Serpentear, andar en zigzag. ‖ Hacer zigzags.

zigzagueo m. Zigzag.

Zihuatanejo, pobl. y puerto al SO. de México (Guerrero). Turismo.

Zilahy (Lajos), escritor húngaro (1891-1974), autor de novelas (*El alma se apaga, El desertor, Algo flota sobre el agua. Primavera mortal, La ciudad errante*, etc.) y poesías.

Zimapán, mun. de México, al NE. del Estado de este nombre.

Zimbabue. V. ZIMBABWE.

Zimbabwe, ant. *Rodesia* y después *Zimbabwe-Rodesia*, Estado de África sudoriental ; 389 362 km² ; 8 300 000 h. Cap. *Salisbury*, hoy *Harare*, 650 000 h. C. pr. *Bulawayo*, 380 000 h. ; *Gwelo*, 78 000 ; *Umtali*, 70 000. Minas (cobre, oro, amianto), tabaco, ganadería. Fue colonia británica desde 1923, para el Estado, dirigido por una minoría blanca, se proclamó independiente en 1965 bajo el mandato de Ian Smith. Se instauró la República en 1970 y en 1980 el país adquirió la independencia total adoptando el nombre de Zimbabwe.

Zinapécuaro, mun. y c. del oeste de México (Michoacán), al O. de la cap. federal. Centro comercial.

zinc m. Cinc. (Pl. *zines*.)

zincuate m. Reptil ofidio de México.

Zinder, c. en el S. de Níger, fronteriza con Nigeria.

zíngaro, ra adj. y s. Gitano nómada húngaro.

zinnia f. Planta compuesta originaria de México, cultivada por sus flores ornamentales. ‖ Su flor.

Zion, central nuclear en Illinois, cerca de Chicago (Estados Unidos).

zipa m. Cacique chibcha de Bogotá.

Zipaquirá, c. en el centro de Colombia (Cundinamarca). Obispado. Salinas. Minas. Agricultura.

ziper m. Amer. Cremallera.

zipizape m. Fam. Gresca, trifulca.

zircón m. Circón.

zirconio m. Circonio.

zirian o **komi** adj. Dícese de un pueblo finés de la U. R. S. S. (ú. t. c. s.). Los zirianos forman hoy una república autónoma al O. del Ural ; cap. Syktyvkar.

¡ zis, zas ! interj. Fam. Voces con que se expresa un ruido de golpes repetidos.

Zistersdorf, pobl. de Austria al NE. de Viena. Petróleo.

ziszás m. Zigzag.

Zitácuaro, mun. y pobl. de México (Michoacán), al O. de la cap. federal. Industrias. Turismo. En esta pobl. se constituyó, el 21 de agosto de 1811, la Junta encargada de organizar los ejércitos para liberar el país de la dominación española.

Zittau, c. en el sur de Alemania Oriental (Dresde). Minas.

Zlatoust, c. de la U. R. S. S. (Rusia).

Zlin. V. GOTTWALDOV.

zloty m. Unidad monetaria polaca, dividida en 100 groszy.

Zn, símbolo químico del cinc.

zoantropía f. Manía que hace que el enfermo piense que se ha convertido en un animal.

Zóbel (Fernando), pintor filipino, n. en Manila (1924-1984). Fundó el Museo de Arte Abstracto de Cuenca. Vivió durante mucho tiempo en España.

zócalo m. Parte inferior de un edificio. ‖ Parte ligeramente saliente en la base de una pared, que suele pintarse de un color diferente del resto. ‖ Pedestal. ‖ Base de un pedestal. ‖ Nombre dado en México a la parte central de la plaza mayor de algunas poblaciones y, por extensión, a la plaza entera. ‖ Conjunto de terrenos primitivos, muchas veces cristalinos, que forman como una plataforma extensa, cubierta en su mayor parte por terrenos sedimentarios más recientes. ‖ *Zócalo continental*, plataforma continental.

zocato, ta adj. y s. Zurdo.

zoco, ca adj. y s. Fam. Zocato, zurdo : *mano zoca*. ‖ — M. En Marruecos, mercado.

zodiacal adj. Del zodiaco.

Zodiaco m. Nombre dado a una zona de la esfera celeste que se extiende en 8,5° a ambas partes de la eclíptica y en la cual se mueven el Sol, en su movimiento aparente, la Luna y los planetas. Se llama *signo del Zodiaco* cada una de las 12 partes, de 30° de longitud, en que se divide éste, y que tiene el nombre de las constelaciones que allí se encontraban hace 2000 años (*Aries, Tauro, Géminis, Cáncer, Leo, Virgo, Libra, Escorpión, Sagitario, Capricornio, Acuario y Piscis*).

Zogú I (1895-1961), pres. de la Rep. (1924) y luego rey de Albania de 1928 a 1939. Se exilió, primero en Grecia y luego en Francia, al invadir su país los italianos.

Zogoibi (*el Infeliz*), nombre dado a Boabdil, último rey moro de Granada.

Zola (Emile), escritor naturalista francés, n. en París (1840-1902), que creó por sus dotes de observación. Autor de la serie de *Los Rougon-Macquart* (*La taberna, Nana, Germinal, El vientre de París, La carnaza, Teresa Raquin, El Sueño, La bestia humana*, etc.) y artículos periodísticos, entre los cuales sobresale el titulado *Yo acuso*, en defensa del capitán Dreyfus, acusado de espionaje.

zollipar v. i. Fam. Sollozar.

Zomba, ant. cap. de Malawi al S. del país. Obispado.

zombi o **zombie** m. Dios serpiente en el culto vudú, capaz de devolver la vida a un cadáver. ‖ Muerto resucitado por un hechicero para tenerlo a su servicio. ‖ Fig. Persona carente de voluntad.

zompopo m. Amér. C. Hormiga de cabeza grande.

zona f. Extensión de territorio cuyos límites están determinados por razones agrarias, económicas, políticas, etc.: *zona fiscal, militar, vinícola.* || *Fig.* Todo lo que es comparable a un espacio cualquiera: *zona de influencia.* || *Geogr.* Cada una de las grandes divisiones de la superficie de la Tierra determinadas por los círculos polares y los trópicos (la *zona tórrida* o *tropical* entre los dos trópicos, dos *zonas templadas* entre los trópicos y los círculos polares, y dos *zonas glaciales,* más allá de los círculos polares). || Cualquier parte determinada de la superficie terrestre o de otra cosa. || *Geom.* Parte de una superficie de la esfera comprendida entre dos planos paralelos. (La superficie de una zona es igual al producto de la circunferencia de un círculo que tiene el mismo radio que la esfera por la altura de esta misma zona o distancia que separa los dos planos paralelos.). || — M. *Med.* Enfermedad debida a un virus, que se caracteriza por una erupción de vesículas en la piel, sobre el trayecto de ciertos nervios sensitivos. || — *Zona azul,* nombre dado a un sector de una ciudad en el que el estacionamiento de vehículos sólo está permitido un determinado espacio de tiempo. || *Zona de ensanche,* la destinada en las cercanías de las poblaciones a una futura extensión de éstas. || *Zona de libre cambio* o *de libre comercio,* conjunto de dos o más territorios o países entre los que han suprimido los derechos arancelarios. || *Zona franca,* parte de un país que, a pesar de estar situada dentro de las fronteras de éste, no está sometida a las disposiciones arancelarias vigentes para la totalidad del territorio y un régimen administrativo especial. || *Zona monetaria,* conjunto de países entre los cuales las monedas pueden transferirse libremente: *zona del dólar, de la libra.* || *Zonas verdes,* superficies reservadas a los parques y jardines en una aglomeración urbana.

zonación f. Distribución de animales o vegetales en zonas, según factores climáticos como la altitud, humedad, etc.

zonal adj. Que presenta zonas o fajas transversales coloreadas. || Relativo a una zona.

zoncear v. i. *Arg.* Hacer o decir zonceras.

zoncera o **zoncería** f. *Arg.* Condición de zonzo. | Dicho o hecho tonto, tontería. | Dicho o hecho insignificante, sin importancia. | Cosa insignificante, cosa de poco o ningún valor.

zonchiche m. *Amér. C.* Zopilote.

zonda f. *Arg.* y *Bol.* Viento cálido de los Andes.

zongolica f. Anacardiácea ornamental de México.

Zongolica, c. y mun. al oeste de México (Veracruz).

Zonguldak, c. y puerto del N. de Turquía, a orillas del mar Negro.

zonificación f. División en zonas.

zonificar v. t. Dividir en zonas.

zonte m. Medida azteca que se utiliza en México para contar el maíz, frutos, leña, etc., equivalente a cuatrocientas unidades.

Zontehuitz, volcán del sureste de México (Chiapas): 2 703 m.

zonzapote m. *Méx.* Zapote.

zonzo, za adj. y s. *Arg.* Soso. | Tonto, simple. | De poca importancia.

zonzorrión, ona adj. *Arg.* Que es muy zonzo.

zoo m. Abreviatura de *parque zoológico: el zoo de París.* (Pl. zoos.)

zoofagia f. Condición de zoófago.

zoófago, ga adj. Que se alimenta con carne animal (ú. t. c. s.).

zoófito m. Aplícase a algunos animales en los que se creía reconocer caracteres propios de los seres vegetales (ú. t. c. s. m.). || — M. pl. Grupo de la antigua clasificación zoológica que comprendía los animales con aspecto de plantas, como medusas, pólipos, etc.

zoofobia f. Temor mórbido a los animales.

zoogenia f. Parte de la zoología que estudia el desarrollo de los animales y de sus órganos.

zoogeografía f. Estudio de la repartición geográfica de los animales.

zoografía f. Parte de la zoología dedicada a la descripción de los animales.

zoográfico, ca adj. De la zoografía.

zoólatra adj. Dícese del que rinde adoración religiosa a los animales (ú. t. c. s.).

zoolatría f. Culto religioso a los animales.

zoolito m. Parte fósil o petrificada de un animal.

zoología f. Parte de las ciencias naturales que estudia los animales.

zoológico, ca adj. De la zoología. || *Parque zoológico,* parque donde se encuentran fieras y otros animales.

zoólogo, ga m. y f. Especialista en zoología.

zoom m. (pal. ingl.). Objetivo de distancia focal variable en una cámara fotográfica o de cine. || Efecto de travelling obtenido con este objetivo.

zoomorfo, fa adj. Con forma de animal.

zoospora m. Célula reproductora, provista de cilios vibrátiles que le permiten moverse, que tienen las algas y los hongos acuáticos.

zoosporangio m. *Bot.* Esporangio que produce zoosporas.

zootecnia f. Ciencia de la producción y explotación de los animales domésticos.

zootécnico, ca adj. De la zootecnia o de su objeto: *estudio zootécnico.* || — M. y f. Persona que se dedica a la zootecnia.

zooterapéutico, ca adj. Relativo a la zooterapia. || — F. Zooterapia.

zooterapia f. Terapéutica aplicada al tratamiento de los animales.

zoótropo m. Aparato que al girar muestra las diferentes fases del movimiento que realizan los dibujos animados.

zopas com. Persona que cecea.

zope m. Zopilote, ave.

zopenco, ca adj. y s. *Fam.* Tonto.

zopilote m. *Amer.* Ave de rapiña negra, de gran tamaño, cabeza pelada, patas rojas y cuerpo desgarbado.

zopilotear v. t. *Méx.* Comer con gran voracidad.

zopo, pa adj. Dícese del pie o mano torcidos o de la persona que los tiene así. || Torpe.

zoquete m. Tarugo, pedazo de madera pequeño sin labrar. || *Fig.* Mendrugo, pedazo de pan duro. | *Fam.* Persona muy torpe y estúpida, cernícalo (ú. t. c. adj.).

zoquiqui m. *Méx.* Lodo, barrizal.

zorcico m. Composición musical vasca, en compás de cinco por ocho. || Su letra. || Baile ejecutado acompañado de esta música.

Zorita de los Canes, pobl. en el centro de España (Guadalajara). Central nuclear.

zorito, ta adj. Zurito.

zoroástrico, ca adj. y s. Del zoroastrismo.

zoroastrismo m. Mazdeísmo, religión de los antiguos persas.

Zoroastro. V. ZARATUSTRA.

Zorobabel, príncipe de Judá, jefe de la primera expedición de los judíos repatriados después del edicto de Ciro y la cautividad de Babilonia (537 a. de J. C.).

zorongo m. Pañuelo que llevan arrollado en la cabeza los labradores aragoneses y navarros. | Moño aplastado y ancho. || Baile popular andaluz. || Su música y canto.

zorra f. Mamífero carnicero de la familia de los cánidos, de cola peluda y hocico puntiagudo, que ataca a las aves y otros animales pequeños. (Su piel es muy estimada en peletería. || Hembra de este animal. || Carro bajo para transportar cosas pesadas. || *Fig.* y *fam.* Borrachera: *coger una zorra.* | *dormir la zorra.* | Prostituta. | Persona astuta y taimada.

zorrastrón, ona adj. Dícese de una persona astuta y taimada (ú. t. c. s.).

zorrear v. i. *Fam.* Conducirse astutamente. | Llevar una vida disoluta, licenciosa.

zorrera f. Guarida de zorros.

zorro m. *Fam.* Astucia, marrullería.

zorrilla f. Vehículo que rueda sobre rieles y que se usa para la inspección de las vías férreas y para algunas obras.

Zorrilla (José), poeta romántico español, n. en Valladolid (1817-1893), autor de memorias (*Recuerdos del tiempo viejo*), dramas en verso (*El puñal del godo, El zapatero y el rey, Traidor, inconfeso y mártir, Don Juan Tenorio,* su obra más célebre), leyendas (*El capitán Montoya, Cantos del trovador, La leyenda de Cid, Margarita la Tornera, A buen juez, mejor testigo,* etc.). Vivió en México de 1855 a 1866. || ~ **de San Martín** (JUAN), poeta romántico uruguayo, n. en Montevideo (1855-1931), autor del poema nacional *Tabaré,* en seis cantos, y de otras obras en verso (*Notas de un himno, Leyenda patria*) y en prosa. Su hijo JOSÉ LUIS, n. en 1891, es pintor y escultor (*Monumento al gaucho*). || ~ (MANUEL RUIZ). V. RUIZ ZORRILLA.

zorrillo y **zorrino** m. *Amer.* Mofeta.

Zorritos, c. y puerto del NO. del Perú, cap. de la prov. de Contralmirante Villar (Tumbes). Refinería de petróleo.

zorro m. Macho de la zorra. || Piel de la zorra empleada en peletería. || *Fig.* y *fam.* Hombre astuto y taimado. | Perezoso, remolón que se hace el tonto para no trabajar. || *Amer.* Mofeta. || — Pl. Utensilio para sacudir el polvo hecho con tiras de piel, paño, etc., sujetas a un mango. || — *Fig.* y *fam. Hacerse el zorro,* aparentar ignorancia o distracción, hacerse el tonto. | *Hecho unos zorros,* molido, reventado, muy cansado.

zorrón m. *Fig.* y *fam.* Borrachera. | Hombre astuto. | Prostituta.

zorrona f. *Fam.* Prostituta.

zorruno, na adj. Relativo a la zorra. | Dícese de lo que huele a humanidad.

zortzico m. Zorcico.

zorullo m. Zurullo.

zorzal m. Pájaro dentirrostro, semejante al tordo, que tiene el plumaje pardo en la parte superior, rojizo en la inferior y blanco en el vientre. || *Fig.* Zorro, hombre astuto. || *Bol.* y *Chil.* Inocentón, primo. || *Zorzal marino,* pez acantopterigio, de cabeza grande, común en los mares de España.

zote adj. y s. Tonto, zopenco.

Zottegem, c. al NO. de Bélgica (Flandes Oriental).

zoyatanate m. *Méx.* Cesta o bolsa hecha de zoyate.

zoyate m. *Méx.* Nombre de algunas plantas textiles de México.

zozobra f. Naufragio de un barco. || Vuelco. || *Fig.* Intranquilidad, desasosiego, inquietud, ansiedad: *vivir en una perpetua zozobra.*

zozobrar v. i. *Mar.* Naufragar, irse a pique un barco. || Volcarse. || *Fig.* Fracasar, frustrarse una empresa, unos proyectos, etc. || — V. pr. Acongojarse, estar desasosegado, afligirse.

Zr, símbolo químico del *circonio.*

Zrenjanin, c. de Yugoslavia (Voivodina), al NE. de Belgrado.

zuavo m. Soldado de infantería francés perteneciente a un cuerpo creado en Argelia en 1831.

Zubia, v. al S. de España (Granada).

Zubiaurre (Valentín) [1879-1963] y su hermano RAMÓN (1882-1969), pintores españoles autores de cuadros realistas de temas vascos y castellanos.

Zubiri (Xavier), filósofo neoescolástico y ensayista español, n. en San Sebastián (1898-1983), autor de *Naturaleza, Historia y Dios, Sobre la esencia, Cinco lecciones de filosofía* y de la trilogía *Inteligencia sentiente, Inteligencia y logos* e *Inteligencia y razón.*

Zuckermann (Conrado), médico y escritor mexicano, n. en 1900.

Zucucarao, sacerdotisa tarasca.

Zudáñez, c. al SE. de Bolivia, cap. de la prov. homónima (Chuquisaca).

Zudáñez (Jaime de), prócer de la independencia americana, n. en Bolivia. Fue presidente del congreso de Tucumán (1817-1819). M. en Montevideo en 1832.

zueco m. Zapato de madera de una sola pieza. || Zapato de cuero con suela de madera o de corcho.

Zuera, v. al NE. de España (Zaragoza).

Zuerate, centro minero en el N. de Mauritania. Hierro.

Zug, c. en el E. del centro de Suiza, al pie de los Alpes y a orillas del lago homónimo. Es cap. del cantón del mismo nombre.

Zuiderzee o **Zuyderzee,** ant. golfo de Holanda cuya comunicación con el mar del Norte fue cerrada por un dique y constituye actualmente un lago interior *(Ysselmeer)* que, desecado en parte, ha servido a la construcción de cinco pólders.

zuindá m. *Arg.* Ave parecida a la lechuza.

zuinglianismo m. Doctrina predicada por Zuinglio.

zuingliano, na adj. De Zuinglio. ‖ Dícese del adepto de la doctrina de Zuinglio (ú. t. c. s.).

Zuinglio o **Zwingli** (Ulrich o Huldrych), humanista y reformador suizo (1484-1531). Su doctrina protestante exigía el recurso exclusivo a la Biblia, recusaba el magisterio de Roma, abolía el celibato eclesiástico y otros puntos dogmáticos. M. en la batalla de Kappel, al sur de Zurich, en combate contra los católicos.

Zújar, río afluente del Guadiana y v. al sur de España (Granada). Embalse.

zulaque m. Pasta hecha con estopa, cal, aceite y escorias que se emplea para tapar juntas de cañerías.

Zulia, río de Colombia y Venezuela, afl. del Catatumbo. — Estado al NO. de Venezuela, fronterizo con Colombia ; cap. Maracaibo.Petróleo, gas natural. Ganadería. En su interior se encuentra el lago de Maracaibo.

zuliano, na adj. y s. De Zulia (Venezuela).

Zuloaga (Félix), militar y político mexicano (1814-1876), pres. de la Rep. desde enero de 1858 a febrero de 1859. ‖ ~ (IGNACIO), pintor realista español (1870-1945), de estilo sobrio, autor de tipos españoles, retratos y paisajes.

zulú adj. Dícese del individuo perteneciente a un pueblo negro de África austral (Natal) de lengua bantú (ú. t. c. s.).

Zululandia, región del NO. de la prov. de Natal (República de África del Sur). Constituye hoy una reserva para los indígenas bantúes con el nombre de *Kwazulu.*

zumacal y **zumacar** m. Tierra plantada de zumaque.

Zumalacárregui (Tomás de), general carlista español (1788-1835). Obtuvo innumerables victorias sobre el ejército liberal y murió al ser herido en el sitio de Bilbao.

zumaque m. Arbusto anacardiáceo que contiene mucho tanino ‖ Este tanino, empleado como curtiente.

Zumárraga, mun. en el norte de España (Guipúzcoa). Agricultura. Ganadería. Industrias.

Zumárraga (Juan de), franciscano español (1476-1548), primer prelado de México (1527-1548) y más tarde inquisidor (1535) y arzobispo (1547). Hizo construir la catedral de la ciudad de México, introdujo la imprenta y fundó el Colegio indígena de Santa Cruz de Tlaltelolco. Protegió a los indios.

zumaya f. Autillo, ave. ‖ Chotacabras. ‖ Ave zancuda de paso de pico negro y patas amarillentas.

Zumaya, v. en el N. de España (Guipúzcoa). Industrias.

Zumaya (Francisco), pintor mexicano, n. en España en 1532. M. en fecha desconocida. Su hija, Isabel de Ibía, casó con Baltasar de Echave Orio. ‖ ~ (MANUEL DE), compositor mexicano (1678-1756), autor de óperas, motetes, salmos, etc.

zumba f. *Fig.* Chanza, burla, broma, guasa. ‖ *Amer.* Paliza.

Zumba, pobl. en el sureste del Ecuador, cab. del cantón de Chinchipe (Zamora-Chinchipe).

zumbador, ra adj. Que zumba. ‖ — M. Lengüeta oscilante que, al entrar en vibración, produce el sonido en un timbre. ‖ *Méx.* Colibrí.

zumbar v. i. Producir un sonido sordo y continuado ciertos insectos al volar o algunos objetos dotados de un movimiento giratorio muy rápido, etc.: *un abejorro, un motor, una peonza que zumba.* ‖ *Amer.* Lanzar, arrojar. ‖ — *Fam. Ir zumbando,* ir

con mucha rapidez. ‖ *Zumbarle a uno los oídos,* tener la sensación de oír un zumbido. ‖ — V. t. Asestar, dar, propinar : *zumbarle una bofetada.* ‖ Pegar a uno. ‖ Burlarse de uno. ‖ — V. pr. Pegarse mutuamente varias personas.

zumbel m. Cuerda para hacer bailar el trompo.

zumbido m. Sonido producido por lo que zumba : *el zumbido de un motor.* ‖ Ruido sordo y continuo: *zumbido de oídos.*

zumbón, ona adj. *Fam.* Burlón, guasón. ‖ Divertido, jocoso.

zumeles m. pl. *Chil.* Botas de potro de los indios araucanos.

Zumeta (César), ensayista venezolano (1864-1955), de carácter pesimista. Autor de *Escrituras y lecturas, la ley del cabestro,* etc.

Zum Felde (Alberto), crítico y ensayista uruguayo, n. en Argentina (1890-1976), autor de *Literatura del Uruguay, Evolución histórica del Uruguay, El problema de la cultura americana,* etc.

zumo m. Jugo, líquido que se saca de las hierbas, flores o frutas exprimiéndolas : *zumo de naranja.* ‖ *Fig.* Jugo, utilidad, provecho : *sacar zumo a un capital.* ‖ *Fig. y fam. Sacarle el zumo a uno,* sacar de él todo el provecho posible.

Zumpango ‖ ~ **de Ocampo,** c. de México en el Estado de este n., cab. del mun. de Zumpango. Existía antes de la Conquista. ‖ ~ **del Río,** mun. al SO. de México (Guerrero). Minas.

zunchado, da adj. Operación consistente en unir o reforzar con zunchos.

zunchar v. t. Mantener con un zuncho.

zuncho m. Abrazadera, anillo de metal que sirve para mantener unidas dos piezas yuxtapuestas o para reforzar ciertas cosas, como tuberías, pilotes, etc.

Zungaria, región de la China occidental (Sinkiang), entre el Altai mongol y Tianchan.

Zunil, cima volcánica al SO. de Guatemala, entre los dep. de Retalhuleu, Quezaltenango y Suchitepéquez ; 3 533 m.

zunzuncillo m. *Cub.* Pájaro mosca.

Zunzunegui (Juan Antonio de), escritor español, n. en Portugalete (1901-1982), autor de novelas *(El barco de la muerte, La úlcera, La quiebra, Las ratas del barco, La vida como es, Esta oscura desbandada, El chiplichandle, ¡Ay... estos hijos!, El don más hermoso,* etc.).

Zúñiga (Baltasar de), virrey de Nueva España de 1716 a 1722. ‖ ~ (FRANCESILLO DE), bufón de Carlos I de España, autor de una *Crónica* de la vida de este monarca de 1516 a 1528. M. en 1532. ‖ ~ (GASPAR DE), gobernante español (¿ 1550 ?-1606), virrey de Nueva España (1595-1603) y del Perú (1604-1606). ‖ ~ (MATEO), escultor guatemalteco del s. XVII. Sus obras se encuentran en Antigua Guatemala. ‖ ~ **y Ávila** (LUIS DE). V. ÁVILA Y ZÚÑIGA. ‖ ~ **y Requeséns.** V. REQUESÉNS.

Zurawno o **Zhuravno,** c. en el SO. de la U. R. S. S. (Ucrania), a orillas del Dniéster. Anteriormente perteneció a Polonia.

Zurbano (Martín), militar español (1788-1844), guerrillero contra la ocupación francesa de su país (1809-1814), luchó después a favor de los liberales en la guerra contra los carlistas. Sublevado en 1844 contra Narváez, fue hecho prisionero y fusilado.

Zurbarán (Francisco de), pintor español, n. en Fuente de Cantos (Badajoz) [1598-1664]. Sus cuadros sobresalen por su realismo, la intensidad del color y la fiel transposición de temas religiosos *(La Anunciación, La adoración de los pastores, La Circuncisión, Vida de San Buenaventura, San Gregorio, Inmaculada, La Virgen y el Niño,* etc.). Fue autor también de excelentes bodegones.

zurcido m. Acción de zurcir. ‖ Remiendo hecho a un tejido roto : *hacer un zurcido a un calcetín.* ‖ *Fig. Un zurcido de mentiras,* hábil combinación de mentiras que dan apariencia de verdad.

zurcidor, ra adj. y s. Que zurce. ‖ *Fig. Zurcidor, zurcidora de voluntades,* alcahuete, alcahueta.

zurcir v. t. Coser el roto de una tela. ‖ Suplir con puntadas muy juntas y entrecruzadas el agujero de un tejido : *zurcir unos calcetines.* ‖ *Fig.* Combinar hábilmente mentiras para dar apariencia de verdad. ‖ Unir, enlazar una cosa con otra. ‖ — *Fig. y fam. ¡ Anda y que te zurzan !,* expr. de enfado para desentenderse de uno. ‖ *Zurcir voluntades,* alcahuetear.

zurdazo m. En fútbol, tiro en el que se golpea el balón con el pie izquierdo.

zurdera o **zurdería** f. Calidad de zurdo.

zurdo, da adj. Izquierdo : *mano zurda.* ‖ Que usa la mano izquierda mejor que la derecha (ú. t. c. s.). ‖ — F. Mano izquierda. ‖ Pie izquierdo de los futbolistas. ‖ — *A zurdas,* con la mano izquierda ; (fig.) al contrario de como debía hacerse. ‖ *Fig. y fam. No ser zurdo,* ser hábil o listo.

zurear v. i. Arrullar la paloma.

zúreo m. Arrullo de la paloma.

zuri m. *Fam.* Darse el zuri, irse.

Zurich, c. del N. de Suiza, cap. del cantón homónimo, a orillas del río Limmat y del *lago de Zurich* (88,5 km²). Universidad. Museos. Centro financiero e industrial.

Zurita (Jerónimo de), historiador español, n. en Zaragoza (1512-1580), autor de *Anales de la Corona de Aragón.*

zurito, ta adj. Aplícase a las palomas y palomos silvestres.

zurra f. Curtido de las pieles. ‖ *Fig. y fam.* Tunda, paliza.

zurrapa f. Poso, sedimento que depositan los líquidos : *la zurrapa del café.* ‖ *Fig. y fam.* Desecho, cosa despreciable.

zurrapelo m. *Fam.* Rapapolvo.

zurrapiento, ta y **zurraposo, sa** adj. Que tiene zurrapas, turbio.

zurrar v. t. Ablandar y suavizar mecánicamente las pieles ya curtidas. ‖ *Fig. y fam.* Dar una paliza, pegar. ‖ Azotar. ‖ Reprender a uno con dureza, especialmente en público. ‖ *Fig. y fam. Zurrar la badana a uno,* golpearlo o maltratarlo de palabra. ‖ — V. pr. *Fig. y fam.* Hacer de vientre. ‖ Tener mucho miedo.

zurriaga f. Zurriago, látigo.

zurriagar v. t. Pegar con el zurriago.

zurriagazo m. Golpe dado con el zurriago. ‖ *Fig.* Desgracia, acontecimiento desgraciado, imprevisto. ‖ Caída, costalazo.

zurriago m. Látigo, azote. ‖ Cuerda o correa con la que se lanza el trompo.

zurribanda f. *Fam.* Zurra.

zurrido m. Sonido desagradable y confuso. ‖ *Fam.* Golpe, porrazo.

zurrón m. Morral.

zurubí m. *Arg.* Pez de agua dulce, semejante al bagre.

zurullo m. *Pop.* Mojón.

zurumbela f. *Amer.* Ave de canto armonioso.

zutano, na m. y f. Nombre usado, como Fulano y Mengano, al hacer referencia a una tercera persona indeterminada.

Zuyderzee. V. ZUIDERZEE.

¡ zuzo ! interj. ¡ Chucho !

Zweibrücken. V. DOS PUENTES.

Zweig (Arnold), novelista alemán (1887-1968), autor de *El Sargento Grischa.* ‖ ~ (STEFAN), escritor austríaco (1881-1942), autor de biografías, ensayos históricos o literarios, novelas *(Momentos estelares de la humanidad, Amok, Los ojos del hermano eterno, Veinticuatro horas en la vida de una mujer)* y dramas. Se suicidó en Brasil.

Zwelitsha, cap. del Estado bantú de Ciskei.

Zwickau, c. en el S. de Alemania Oriental (Karl-Marx-Stadt), a orillas del Mulde. Industrias.

Zwingli (Ulrich). V. ZUINGLIO.

Zwolle, c. al E. de Holanda, cap. de la prov. de Overijsel, en la orilla derecha del río Yssel. Industrias.

Zworykin (Vladimir), ingeniero norteamericano de origen ruso (1889-1982). Inventó un tubo de rayos catódicos utilizado por las cámaras de televisión *(iconoscopio).*

gramatica
sobre la lengua castellana

COMPENDIO DE GRAMÁTICA ESPAÑOLA

EL ALFABETO CASTELLANO

Consta de 28 letras que son : a, b, c, ch, d, e, f, g, h, i, j, k, l, ll, m, n, ñ, o, p, q, r, s, t, u, v, x, y, z.
A éstas hay que añadir la w, que no es propiamente castellana, pero que sirve para transcribir palabras o nombres propios extranjeros, como *whisky*, *Washington*, etc.
Las letras se dividen en dos grupos: las vocales (a, e, i, o, u) y las consonantes (todas las demás).
Se pronuncian todas, excepto la *u* cuando sigue a una *g* o una *q* y no lleva diéresis (no se pronuncia en *guerra* pero sí en *cigüeña*).
Pueden ser minúsculas o mayúsculas.

USO DE LAS LETRAS MAYÚSCULAS

Reglas generales

Cualquier palabra debe escribirse con letra inicial mayúscula en los siguientes casos:
Al comienzo de un escrito o después de punto, de signo de interrogación (salvo en caso de que la interrogación complete la frase: *Yo voy al teatro, ¿y tú?*) o admiración: *En un lugar de la Mancha...; ¿Cuándo vienes?; ¡Viva México!*
Los nombres propios: *Miguel de Cervantes; Colombia; La Habana; El Cairo.*
Los nombres que expresan atributos, títulos, dignidades y apodos: *el Redentor; Marqués de Cañete; Su Majestad; Alfonso el Sabio.*
Los tratamientos y sus abreviaturas: *Sr. D. (Señor Don).*
Los nombres de instituciones y corporaciones: *Casa de Contratación; Archivo de Indias; Museo del Prado.*
Ciertos nombres colectivos: *la Iglesia y el Estado.*
Los sustantivos y adjetivos que forman parte del título de una obra artística, publicación, establecimiento comercial, nombre de sociedades, etc.: *Las Hilanderas; Diario de Noticias; Posada de la Sangre; Organización de las Naciones Unidas,* etc.
La primera palabra del título de un libro, obra teatral o cinematográfica, artículo, etc.: *A secreto agravio, secreta venganza.* Sin embargo, se pondrá también mayúscula en las demás palabras, cuando el título del libro exprese la materia de que se trata: *Enciclopedia Metódica.*
Después de los dos puntos del encabezamiento de una carta o de una cita: *Querido amigo: Recibí tu carta; César exclamó: Llegué, vi, vencí.*

OBSERVACIONES

Las vocales mayúsculas, cuando les corresponda, deben llevar el acento gráfico: *Érase una vez... Églogas.*
En las letras dobles *ch* y *ll,* solamente irá en mayúsculas el primer elemento de las mismas: *Chile; Chocano; Llullaillaco; Llobregat.*

ORTOGRAFÍA

La ortografía es la parte de la gramática que enseña a escribir correctamente las palabras y a emplear con acierto los signos auxiliares de la escritura. La ortografía castellana se funda en la pronunciación, la etimología y el uso de los que mejor han escrito. Los gramáticos han intentado siempre que la lengua escrita coincida con la hablada para evitar así las complicaciones ortográficas. Sin embargo, no siempre es posible conservar la armonía entre la fonética y la escritura, y a veces la grafía que corresponde a la pronunciación en una época determinada dejará de corresponder a ella en otra posterior. A continuación damos algunas reglas ortográficas:

Se escriben con B

Todos los tiempos de los verbos cuyo infinitivo acaba por el sonido -BER *(beber)*, -BIR *(recibir)* y -BUIR *(imbuir)*, menos *precaver, ver, volver, hervir, servir, vivir* y sus compuestos.
Las terminaciones del pretérito imperfecto de indicativo de la 1.ª conjugación *(amaba, jugabas, cantabais)* y del verbo *ir (iba, ibas, etc.).*
Las palabras que comienzan por los sonidos BAN- *(bandera)*, BAR- *(barco)*, BAS- *(bastante)*, BAT- *(batalla)*, BOR- *(borde)* y BOT- *(botella).* Se exceptúan: *vándalo, vanguardia y vanidad; vara, varear, variar, varilla y varón; vasallo, vasco, vaselina, vasija, vaso, vástago y vasto (muy grande); vate, Vaticano y vaticinar; voracidad y vorágine, y votar.*
Las voces que empiezan con el sonido BIBL- *(biblioteca)*, BU- *(bula)*, BUR- *(burguesía)* y BUS- *(busca).* Se exceptúa *vuestro.*
Las voces acabadas por el sonido -BILIDAD *(amabilidad)*, -BUNDO *(meditabundo)*, -BUNDA *(moribunda)*, -ÍLABO *(monosílabo)* e -ÍLABA *(polisílaba).* Se exceptúan *civilidad y movilidad.*
Las sílabas que llevan el sonido *b* seguido de consonante: *amable, brusco.*
Los finales de dicción: *Jacob.*
Después de *m* se escribirá siempre *b: bomba, ambiente.*

Se escriben con V

Cuando existe este sonido después de las sílabas AD- *(adversario)*, CLA- *(clave)*, CON- *(convencer)*, DI- *(diván)*, IN- *(invierno)*, JO- *(joven)*, PRI- *(privilegio).* Se exceptúa *dibujo.*
Los adjetivos acabados por los sonidos -AVA *(octava)*, -AVE *(suave)*, -AVO *(esclavo)*, -EVA *(nueva)*, -EVE *(leve)*, -EVO *(longevo)*, -IVA *(cautiva)* e -IVO *(activo).* Excepciones: *árabe* y sus compuestos, y los adjetivos formados con el sustantivo *sílaba (bisílabo, bisílaba; trisílabo, trisílaba).*
Todos los presentes del verbo *ir (voy, va, vaya, ve).*
Las personas de los verbos cuyo infinitivo no tiene *b* ni *v (anduve, estuviera)*, menos las terminaciones del pretérito imperfecto de indicativo.
Los verbos terminados por el sonido -SERVAR *(conservar, reservar)*, menos *desherbar.*
Los compuestos que empiezan por VICE- *(vicecónsul)*, VILLA- *(Villanueva)* y VILLAR- *(Villarejo).*
Las voces terminadas por los sonidos -ÍVORO *(carnívoro)*, -ÍVORA *(herbívora)*, -VIRO *(triunviro)* y -VIRA *(Elvira).* Excepción: *víbora.*

Se escriben con G delante de E o I

Las voces que comienzan por GEO- *(geografía, geología, geometría).*
Las voces que terminan por los sonidos -GÉLICO *(angélico)*, -GEN *(origen)*, -GENARIO *(octogenario)*, -GÉNEO *(heterogéneo)*, -GÉNICO *(fotogénico)*, -GENIO *(ingenio)*, -GÉNITO *(primogénito)*, -GESIMAL *(cegesimal)*, -GÉSIMO *(trigésimo)*, -GÍNEO *(virgíneo)*, -GINOSO *(caliginoso)*, -GISMO *(neologismo)*, -GIA *(magia)*, -GIO *(litigio)*, -GIÓN *(religión)*, -GIONAL *(regional)*, -GIONARIO *(legionario)*, -GIOSO *(religioso)*, -GÍRICO *(panegírico)*, -ÍGENA *(indígena)*, -ÍGENO *(oxígeno)*, -OGÍA *(teología)*, -ÓGICO *(lógico)*, así como sus femeninos y plurales, si los tienen. Se exceptúan *comején, ojén, aguajinoso, espejismo y salvajismo.*
Los infinitivos terminados en -IGERAR *(morigerar)*, -GER *(recoger)*, -GIR *(surgir)* y los demás tiempos que conserven el sonido de *g.* Se exceptúan los verbos *tejer y crujir.*

Se escriben con J delante de E o I

Los sonidos *je* y *ji* de los verbos cuyo infinitivo no tiene *g* ni *j: dije, reduje.*
Las palabras acabadas por los sonidos -JE *(equipaje),*

-JERO (*viajero*), -JERÍA (*cerrajería*) y -JÍN (*cojín*). Se exceptúan *ambage, magín, auge, cónyuge, esfinge, falange, faringe, laringe, paragoge* y algunas palabras más.

Las derivadas de voces donde entra el sonido de la *j* seguido de las vocales *a, o* y *u*: *ajillo* de ajo, *cajista* de caja.

Se escriben con H

Las palabras que tenían *f* en su origen: *harina* (farina), *hacer* (facere).

Las voces que empiezan por los sonidos IA- (*hiato*), IE- (*hierático*), UE- (*hueso*), IDR- (*hidráulica*), IGR- (*higrómetro*), UI- (*huida*), IPER- (*hipérbole*), IPO- (*hipódromo*), OG- (*hogaza*), OLG- (*holgazán*) y OSP- (*hospicio*). Se exceptúa *ogro*.

Todas la formas verbales de HABER y HACER.

Las palabras que empiezan por ELIO- (*heliotropo*), EMA- (*hematoma*), EMI- (*hemiciclo*), EMO- (*hemoptisis*), EPTA- (*heptarquía*), ETERO- (*heterodoxo*), OME- (*homeopatía*), OMO- (*homologar*). Se exceptúan, entre otras, *emanar, emancipar, emitir, emigrar, eminencia, emir, emoción, emoliente, emolumento, omóplato*.

Llevan generalmente *h* intercalada las palabras que tienen dos vocales juntas sin formar diptongo, como *almohada, alcohol, ahorcar, vahído*.

Los compuestos y derivados de las palabras que se escriben con *h*, como: *deshonra, deshonesto*. Se exceptúan *orfandad* y *orfanato* (de *huérfano*); *osario, osamenta* y *óseo* (de *hueso*); *oquedad* (de *hueco*); *oval, ovalado, óvalo, ovario, óvulo, ovíparo, ovo* y *ovoide* (de *huevo*), y *oscense* (de *Huesca*) porque no la llevan en su origen latino.

Al final de dicción solamente se pone *h* en las interjecciones de una sola sílaba (¡*ah*!, ¡*bah*!, ¡*oh*!) y en algunas voces extranjeras.

Uso ortográfico de K

Esta letra se emplea sólo en voces extranjeras incorporadas al castellano: (*kan, kilo, kermesse*).

Se escribe M

Siempre antes de *b* (*imberbe*) y de *p* (*amparo*) se escribe *m* en lugar de *n*.

También se escribirá *m* delante de *n* (*amnesia, himno*), salvo en los compuestos de las preposiciones *en* (*ennegrecer*), *in* (*innecesario*), *con* (*connivencia*) y *sin* (*sinnúmero*).

Se escribe R

Al principio de palabra, y después de *l, n, s*, la *r* sencilla produce sonido fuerte: *rosa, alrededor, honrado, Israel*. Para producir ese mismo sonido entre vocales se usa *r* doble: *arribar, error*.

Se escribe X en vez de S

Al comienzo de una palabra antes de vocal y de *h* (*exaltar, exhalación*).

Casi siempre antes de CR (*excretor*), PLA (*explayar*), PLE (*expletivo*), PLI (*explícito*), PLO (*explotar*), PRE (*expresar*), PRI (*exprimir*), PRO (*expropiar*).

En las palabras formadas con los prefijos EX (*extender, extraer, extemporáneo*) y EXTRA (*extramuros, extrajudicial, extraordinario*).

Además de sustituir a veces a la *s*, la letra *x* sirve para transcribir la jota en los nombres mexicanos en los que se quiere conservar la ortografía antigua (México, Oaxaca).

PUNTUACIÓN

Signos	Empleo	Ejemplos
. punto	Indica pausa completa. Se emplea: — Después de un período con sentido completo. El *punto y seguido* separa frases independientes dentro de un mismo párrafo. El *punto y aparte* separa los diferentes párrafos. — En las abreviaturas y, a veces, después de cada elemento de una sigla.	Es este café un lujoso establecimiento. La sala inmensa está cuajada de mesas en que se sirven diluvios de café. Es un punto de reunión diaria y constante, pues en España la vida del café es notoria y llamativa. Pues bien, estaba en el Café Colón ... (RUBÉN DARÍO.) Sr. D.; O. N. U.
, coma	Indica pausa breve. Sirve para indicar la división de las frases o miembros más cortos de la oración o del período. Se usa: — En las enumeraciones. — Para separar las palabras que están en vocativo. — Para separar las diversas oraciones de un período, palabras o frases explicativas. — Cuando se invierte el orden natural de la cláusula y se pone delante la oración que debe ir después.	Aragón tiene tres provincias: Zaragoza, Huesca y Teruel. Éstos, Fabio, ¡ay dolor!, que ves ahora. (RODRIGO CARO.) A las ocho, todos los días, invariablemente, fatalmente, el hidalgo sale de casa, el rosario en la mano... (AZORÍN.) Donde interviene conocerse las personas, tengo para mí, aunque simple y pecador, que no hay encantamiento alguno. (CERVANTES.)
; punto y coma	Indica pausa algo mayor que la coma. Sirve para separar cláusulas independientes entre sí, pero subordinadas a la unidad lógica del pensamiento.	Él [San Martín] llegó a Buenos Aires; no hizo discursos; levantó un escuadrón de caballería; en San Lorenzo fue su primera batalla. (JOSÉ MARTÍ.)
: dos puntos	Indica pausa mayor que la del punto y coma. Se usa: — Siempre que se citan palabras textuales. — Cuando a una o varias oraciones sigue otra que es consecuencia, aclaración o demostración de lo que antecede. — En exposiciones, solicitudes, sentencias, decretos, etc. — Después del encabezamiento de una carta.	El marqués, con gran ánimo, decía a su hermano: " Mueran, que traidores son. " (EL INCA GARCILASO DE LA VEGA.) Suelo sentir que las plantas son emociones de la tierra: los magueyes son versos de fortalezas, estrofas heroicas. (GABRIELA MISTRAL.) El alcalde de la ciudad hace saber: Que debiéndose empadronar... Querido amigo: Contesto tu carta...
... puntos suspensivos	— Cuando conviene dejar la oración incompleta o el sentido en suspenso. — Si en una cláusula se necesita pararse un poco, expresando temor o duda, o para sorprender al lector con palabras contrarias a las que deben constituir el sentido. — Cuando se cita un texto y no es imprescindible copiarlo íntegro. En este caso los puntos suspensivos pueden ir también al principio o en medio de la frase.	Lo digo porque luego saltan con... Bien que si uno hubiera de hacer caso... ¿Y fue niño o niña? (LEANDRO FERNÁNDEZ DE MORATÍN.) Sí, debo morir... pero a vuestras manos. (DUQUE DE RIVAS.) La edad de oro amanecía, y los griegos... contemplaban aún... (VALLE INCLÁN.)

Signos	Empleo	Ejemplos
¿ ? interrogación	— Para formular una pregunta o expresar una duda. — Para señalar la incertidumbre de un dato.	¿Para quién edifiqué torres? ¿Para quién adquirí honras? ¿A dónde hallará abrigo mi desconsolada vejez? (LA CELESTINA.) El Arcipreste de Hita nació en 1283 (?).
¡ ! admiración	— Expresa admiración, queja, ponderación o énfasis. — Para significar ironía. · — Cuando la frase es a la vez interrogativa y exclamativa se pone el signo de admiración al principio y el de interrogación al final, o viceversa.	¡Ancha es Castilla! y ¡qué hermosa la tristeza reposada de ese mar petrificado y lleno de cielo! (MIGUEL DE UNAMUNO.) Sí, tú eres fuerte (!), mira cómo te tiemblan las piernas. ¡Tú también, hijo mío?
( ) paréntesis	— Para cortar el sentido del discurso con una oración incidental, de sentido independiente de la anterior. — Para intercalar fechas u otros datos aclaratorios. — Para las acotaciones y los apartes en las obras dramáticas.	Si acaso enviudares (cosa que puede suceder), y con el cargo mejorares de consorte... (CERVANTES.) El descubrimiento de América (1492) significó... (Asiéndole del brazo.) No, tú no saldrás de aquí.
[] corchetes	— Para sustituir conjeturalmente lo que falta en una inscripción, códice o referencia. — Para encerrar una frase que ya tiene un paréntesis o para evitar la repetición seguida de dos paréntesis.	Llegó... a un pueblo grande de los mismos indios [pipiles], Obispado [Guatemala] y visita [de clérigos], llamado Izalco. Francisco de Goya y Lucientes, n. en Fuendetodos (Zaragoza) [1746-1828], fue un pintor de prodigiosa actividad...
{ llave	— Para abrazar varios conceptos, partidas de una cuenta, divisiones, etc., que guardan relación entre sí y forman un grupo que se diferencia de los demás.	La oración puede ser } simple compuesta
* asterisco	— Para remitir al lector a una nota aclaratoria puesta al pie de la página. — Para indicar la fecha de nacimiento de una persona. — Para sustituir, cuando se pone detrás de X, una denominación, un nombre, un sitio o una palabra cualquiera que no se quiere mencionar o indicar. — Para llamar la atención.	La Marquesa de X***.
" " « » comillas	— Para transcribir un texto o palabra dicha o escrita por alguien. — Para señalar el título de una obra, periódico, etcétera.	El uno insinúa: " Podía ser "; el otro añade: " Se dice "; un tercero agrega: " Ocurrió así ", y el último asegura: " Lo he visto ". Los monumentos más importantes de la novela, como el « Amadís », son refundiciones de libros anteriores.
- guión	— Para dividir una palabra que va al fin de línea y no cabe entera en ella. — Entre dos palabras que, sin llegar a fundirse, forman una compuesta.	... constitucional. Cólera-morbo; teórico-práctico.
— raya	— Para indicar diálogo. — Para sustituir un paréntesis. — Para separar los enunciados de un programa y para evitar, al principio de una línea, la repetición de una palabra o concepto.	— ¿Qué hiciste ayer ? — Nada. Sr. Redactor —me dice una carta seductora—, confío en el talento de Vd... (LARRA.) Trabajar a destajo. — de sastre. — para ganarse la vida.

ACENTO

Acento fonético, prosódico o silábico es la mayor intensidad acústica con que destacamos un sonido. Cada palabra posee un acento silábico que, a veces, es señalado con una *tilde* ('). La sílaba acentuada se denomina *tónica*, y *átonas* las restantes. Por razón del acento, las palabras se dividen en: 1) *Agudas*, cuyo acento reposa en la última sílaba; 2) *Llanas*, las que tienen acentuada la penúltima sílaba ; 3) *Esdrújulas* y *sobresdrújulas*, según se acentúe la sílaba antepenúltima o su precedente.

Principales reglas para el empleo de la tilde

Llevan tilde: 1) Las palabras *agudas* polisílabas acabadas en *vocal*, *n* o *s*, v. gr., *sofá, canción, París ;* 2) Las palabras *llanas* acabadas en *consonante* que no sea *n* o *s*, v. gr., *César, mármol ;* 3) Todas las *esdrújulas* y *sobresdrújulas*, por ejemplo: *ácido, diciéndoselo ;* 4) Las palabras que contienen una reunión de *fuerte átona* y *débil tónica*, y al revés, v. gr., *raíl, ría, raíz ;* 5) Los *compuestos* de verbo y enclítica, cuya resultante es esdrújula o sobresdrújula, por ejemplo: *díjolo, hízoseme*, o cuando el verbo iba ya acentuado y el resultante es llana, por ejemplo: *cayóse.*

ALGUNOS CASOS ESPECIALES:

1. — *Llevan tilde: a)* Los pronombres *éste, ése* y *aquél,* en todas sus formas, para evitar la confusión con los adjetivos; *b) Cuál, quién, qué, cómo, dónde, cuándo, tánto, cuánto* siempre que tienen valor afectivo, interrogativo o admirativo; *c)* Los adverbios *sólo* (solamente) y *aún* cuando equivale a *todavía.*

2. — *Se escribe sin tilde* el primer elemento de un compuesto. Así: *decimoséptimo, rioplatense.* Se exceptúan de esta regla los adverbios acabados en -*mente,* y los adjetivos compuestos unidos por un guión, v. gr., *lícitamente, histórico-crítico.* También se escriben sin tilde, haciendo excepción a la anterior regla 5), los *compuestos de verbo* con enclítica más complemento: *sabelotodo.*

Según las *Nuevas Normas de Prosodia y Ortografía*, promulgadas por la Real Academia en 1952 y preceptivas desde 1959, la acentuación debe ajustarse a las siguientes reglas: *a*) Los nombres terminados en *oo*, como *Campoo* y *Feijoo*, no llevarán tilde; *b*) Los infinitivos en *uir*, no se acentuarán (*constituir*, *huir*); *c*) La combinación *ui* se considera diptongo, y no llevará por lo tanto tilde: *sustituido*, *constituido*, *jesuita*, *casuista*, salvo cuando sea necesario destruir el diptongo, en cuyo caso el acento se pondrá sobre la segunda vocal débil: *casuístico*, *jesuítico*, *benjuí*, *huí*; *d*) Los monosílabos verbales *fue*, *fui*, *dio*, *vio*, se escribirán sin tilde, e igualmente los otros monosílabos, a no ser que puedan dar lugar a una anfibología: *se* (reflexivo) y *sé* (verbo saber), *si* (condicional) y *sí* (afirmativo), *te* (pronombre) y *té* (planta); *e*) Los nombres propios extranjeros se escribirán sin ningún acento, salvo en el caso en que hayan sido incorporados al idioma en una forma castellanizada, para la cual regirán las normas generales de acentuación.

ARTÍCULO

El artículo es una parte variable de la oración que sirve para limitar la extensión de la palabra que precede (el tren, la casa, un perro, una mariposa).

	artículo definido		artículo indefinido	
	singular	plural	singular	plural
masculino	el	los	un	unos
femenino	la	las	una	unas

El artículo definido masculino *el* se contrae con las preposiciones *a* y *de* adoptando las formas AL, DEL: *ir al colegio; salir del cine.*
Se sustituye la forma femenina *la* por la forma masculina *el* delante de las palabras femeninas que empiezan por una *a* o *ha* acentuada tónicamente: *el águila, el hacha.*
Además de sus empleos normales, el artículo definido sirve para designar un día próximo o pasado en su forma masculina (*llegó el viernes*) y para señalar la hora en la forma femenina (*son las dos*).
El artículo se suprime:
— delante de los sustantivos señor, señora, señorita cuando están en caso vocativo: *buenos días, señora.*
— delante de la mayoría de los nombres de países cuando no van seguidos de adjetivo o complemento: *Francia, Alemania,* pero *La España del Siglo de Oro, la Rusia soviética.* Hay varias excepciones como el *Brasil, el Japón,* etc.
— delante de ciertos sustantivos, como *casa, caza, pesca, misa, paseo, Palacio, presidio, clase,* etc., cuando estas palabras siguen un verbo de movimiento o de estado: *ir a misa; estar en presidio.*
— delante de los nombres propios de persona; sin embargo, no es raro su empleo en el lenguaje popular; *el Paco, la Lola.* A veces se utiliza por gente culta, para añadir un fuerte matiz despectivo.
El artículo indefinido femenino *una* es sustituido frecuentemente por el masculino *un* delante de un sustantivo femenino que empieza por *a* o *ha* acentuados tónicamente: *un ala; un hacha.*

SUSTANTIVO

El sustantivo es la palabra que sirve para designar un ser, una cosa o una idea (hombre, ciudad, amor).

GÉNERO

Género es el accidente gramatical que sirve para indicar el sexo de las personas y animales y el que el uso atribuye a las cosas. Los géneros son esencialmente el *masculino* y el *femenino.* El llamado género *neutro* ha quedado reducido en castellano al adjetivo, los pronombres y a algunos sustantivos adjetivados (*lo sublime de su conducta; hay que respetar lo mío; ¡hay que ver lo mujer que es!*).
Son masculinos los sustantivos acabados en -o (excepto *la mano*) o en -OR (excepto *la flor, la labor, la sor*).
Son femeninos los sustantivos terminados en -A, excepto el *día,* las palabras de origen griego como *teorema, poeta,* etc., y los términos que tienen una misma terminación para ambos géneros cuando se aplican a un ser masculino, como en el caso de *un dentista, un sinvergüenza.*

Los nombres de mares, ríos y montañas suelen ser masculinos (*el Mediterráneo, el Amazonas, los Pirineos*), salvo pocas excepciones como *la Mancha, las Alpujarras.*

Formación del femenino

— Los sustantivos masculinos terminados en -o sustituyen esta letra por una -a en el femenino (*abuelo, abuela*).
— Los que acaban en consonante forman el femenino añadiéndole una -a (*español, española*).
— Algunos femeninos tienen una forma completamente distinta del masculino (*el padrino, la madrina; el hombre, la mujer*).

NÚMERO

El número es el accidente gramatical que sirve para indicar si una palabra se refiere a una sola persona, cosa o idea, o a varias. Son dos: *singular* y *plural.*

Formación del plural

Plural de los nombres comunes

REGLAS GENERALES:

a) Se añade *s* al singular en las palabras acabadas en vocal no acentuada o en *e* acentuada.	hombre, crónica, café,	hombres. crónicas. cafés.
b) Se añade *es* al singular en las palabras acabadas en consonante o en vocal acentuada, salvo la *e.*	tizón, alhelí,	tizones. alhelíes.

Excepciones: *papás, mamás, sofás, dominós.*
Maravedí tiene tres plurales, en *is, íes, ises.*

Los sustantivos esdrújulos o graves acabados en *s* no varían en su plural, y su número se distingue por el artículo.	la crisis, el jueves,	las crisis. los jueves.
Algunos sustantivos, al pluralizarse, desplazan el acento.	régimen, carácter, espécimen,	regímenes. caracteres. especímenes.

Al formar el plural, la *z* final se transforma en *c*.

luz,	*luces.*
aprendiz,	*aprendices.*

NOTAS: 1) Carecen de plural los nombres genéricos de sustancias que son ilimitadas en su cantidad, cuando se habla de ellas en absoluto: *el agua, el vino, la plata.* Igualmente los nombres de ciencias, artes, virtudes, profesiones, etc., cuando se usan con su significación propia: *la física, la pintura, la caridad, la ingeniería,* etc. No obstante, estos nombres admiten plural cuando se refieren a un objeto concreto o a las manifestaciones de dichas cualidades abstractas: *las aguas medicinales, las pinturas primitivas.* Tampoco tienen plural muchos nombres terminados en -ISMO, como *cristianismo, vandalismo,* etc.

2) Carecen de singular los sustantivos que expresan variedad de partes o acciones: *enseres, exequias, andaderas, gafas, nupcias, víveres,* etc., pero existe una tendencia a singularizar algunos: *tijera, tenaza, pantalón.*

Plural de los nombres propios

Generalmente los nombres propios no tienen plural.

Los apellidos se ponen en plural para designar una familia o un grupo de gentes del mismo nombre. Sin embargo, la costumbre clásica de pluralizar los apellidos se va perdiendo poco a poco. Actualmente hay una tendencia a pluralizar solamente el artículo.

García,	*los García.*
Moncada,	*los Moncada.*
Montero,	*los Montero.*

Un ejemplo clásico de pluralización nos lo da Cervantes: " *Los antiguos Curcios, Gayos y Cipiones romanos... los modernos Colomas y Ursinos... los Moncadas y Requesenes...* " (EL QUIJOTE.)

Los apellidos compuestos pluralizan sólo el segundo elemento.

Buendía,	*los Buendías.*
Calzacorta,	*los Calzacortas.*

No varían los patronímicos graves y esdrújulos acabados en *z*.

López,	*los López.*
Díaz,	*los Díaz.*

Los apellidos extranjeros no se pluralizan.

Duval,	*los Duval.*
Smith,	*los Smith.*

Precedidos de la palabra *hermanos* son invariables.

Los hermanos Pinzón.

Los apellidos, cuando tienen un carácter apelativo, admiten el plural: *había tres Murillos en el museo,* e igualmente cuando toman una significación genérica: *la época de los Riberas, Zurbaranes,* etc.

Los nombres propios geográficos carecen en general de plural: *Francia, Perú,* etc., a no ser que ellos mismos sean plurales, como *los Pirineos, los Andes, las Canarias.* También se puede decir *las Castillas, las Américas* (por ser varios los componentes de estas entidades geográficas), o *las Españas* (plural que abarca los antiguos reinos peninsulares y los extensos dominios que España poseía).
A veces se ponen en plural nombres que representan objetos únicos, cuando los consideramos multiplicados: " *abrasar dos mil Troyas, si dos mil Troyas hubiera".* (EL QUIJOTE.)

Plural de los nombres abstractos

Algunos nombres que en singular designan cosas abstractas al formar el plural toman una significación concreta.

interés,	*intereses.*
bien,	*bienes.*

Se usan plurales abstractos para designar fuertes estados de ánimo, pasiones, momentos emocionales, etc. Por ejemplo: *mis temores* me perderán; *aquellos arrebatos* de un momento desaparecieron más tarde.

Plural de las palabras extranjeras

Las palabras extranjeras no se ajustan a una regla fija de formación del plural:

frac,	*fraques.*	*clown,*	*clowns.*	*cabaret,*	*cabarets.*	*récord,*	*récords.*
lord,	*lores.*	*cóctel,*	*cócteles.*	*chófer,*	*chóferes.*	*mitin,*	*mítines.*
jeep,	*jeeps.*	*álbum,*	*álbumes.*	*bloc,*	*blocs.*	*coñac,*	*coñacs.*

Plural de las palabras compuestas

No existe regla fija para la pluralización de los compuestos, que depende en cada caso particular del tipo de unión de los elementos. Lo más habitual es que pluralicen el segundo elemento y el primero permanezca invariable. Sin embargo, pueden darse los siguientes casos:

a) Que permanezcan invariables.	*cortaplumas,*	*los cortaplumas.*
	sacapuntas,	*los sacapuntas.*
b) Que pluralicen el primer componente.	*hijodalgo,*	*hijosdalgo,*
	cualquiera,	*cualesquiera.*
c) Que pluralicen el segundo componente.	*pasodoble,*	*pasodobles.*
	ferrocarril,	*ferrocarriles.*
d) Que pluralicen ambos elementos.	*ricohombre,*	*ricoshombres.*

DERIVACIÓN

Se entiende por derivación la formación de vocablos nuevos a partir de otros, mediante la adición de ciertas terminaciones llamadas *sufijos.* (Véase la palabra SUFIJOS en el diccionario.)

Sufijos diminutivos

Terminación	Forma del diminutivo	Ejemplos
a, o, consonante (excepto n y r)	-ito, a -illo, a -uelo, a	casita trapillo rapazuelo
e, n, r	-cito, a -cillo, a -zuelo, a	nubecita cancioncilla pastorzuelo
monosílabos, palabras con diptongo	-ecito, a -ecillo, a -ezuelo, a	panecito crucecilla reyezuelo

Sufijos aumentativos

— El sufijo más empleado es -ÓN, -ONA (*paredón, casona*). El empleo de este sufijo implica frecuentemente el cambio de género (*una cuchara, un cucharón*).
— Existen también los sufijos -AZO, -AZA; -ACHÓN, -ACHONA; -OTE, -OTA, que añaden generalmente un matiz despectivo (*manaza, corpachón, librote*).

Otros sufijos

— Los despectivos: -AJO, -EJO, -IJA (*caballejo*), -ACO (*libraco*), -UCO (*frailuco*), -ACHO (*poblacho*), -ASTRO (*medicastro*), -ORRIO (*villorrio*), -UZA (*gentuza*), -ORRO (*ventorro*) y -UCHO (*casucho*).
— Los que representan un golpe: -AZO, -ADA (*cañonazo, puñalada*).
— Los que designan un lugar plantado o lleno de ciertas cosas: -AL, -AJE, -AR, -EDO, -EDA (*pedregal, ramaje, olivar, viñedo, arboleda*).

ADJETIVO

El adjetivo es la palabra que califica o determina al sustantivo. Hay varias clases de adjetivos: los *calificativos* y los *determinativos* (posesivos, demostrativos, numerales e indefinidos).

ADJETIVO CALIFICATIVO

El adjetivo calificativo es el que expresa una cualidad del sustantivo.

Formación del femenino

— Los adjetivos terminados por -o en su forma masculina sustituyen esta letra por una -A en el femenino (*cansado, cansada*).
— Los que acaban por -ÁN, -ÍN, -ÓN, -OR, -ETE, -OTE, o que designan una nacionalidad, forman el femenino con la terminación -a (*holgazana, cantarina, gordinflona, trabajadora, regordeta, vulgarota, inglesa*).
— Los demás tienen una forma idéntica para ambos géneros (*agrícola, verde, cursi, ruin, azul, popular, gris, feliz*, etc.).

Formación del plural

Se forma del mismo modo que en los sustantivos.

Grados de significación de los adjetivos

1. — COMPARATIVO
— El comparativo de igualdad se forma anteponiendo TAN al adjetivo y COMO al complemento (*soy tan inteligente como tú*).
— Los comparativos de superioridad e inferioridad se forman anteponiendo respectivamente MÁS o MENOS al adjetivo y QUE al complemento (*es más simpático que su hermano pero menos que su hermana*).

2. — SUPERLATIVO
— El superlativo absoluto se forma anteponiendo al adjetivo el adverbio MUY o añadiendo el sufijo -ÍSIMO, -ÍSIMA (*muy grande, grandísimo*).
— El superlativo relativo se forma con los comparativos de superioridad e inferioridad, pero anteponiendo un artículo definido o un adjetivo posesivo (*la más hermosa de las mujeres*).

3. — COMPARATIVOS Y SUPERLATIVOS IRREGULARES

Positivo	Comparativo	Superlativo
bueno	mejor	óptimo
malo	peor	pésimo
grande	mayor	máximo
pequeño	menor	mínimo
alto	superior	supremo
bajo	inferior	ínfimo

Los adjetivos acre, célebre, libre, íntegro, pulcro y pobre forman el superlativo absoluto con la terminación -ÉRRIMO y un cambio del radical: *acérrimo, celebérrimo, libérrimo, integérrimo, pulquérrimo, paupérrimo.* Sin embargo, al lado de estas formas cultas, suelen encontrarse las formas corrientes.

Concordancia del adjetivo con varios sustantivos

— Antepuesto a los sustantivos:
sólo concuerda con el primero (*en sosegada paz y reposo*), excepto si los sustantivos son nombres propios o comunes de persona.
— Pospuesto a los sustantivos:
1. — si los sustantivos están en singular y son del mismo género, se pone en plural (*historia y geografía mexicanas*);
2. — si los sustantivos están en singular pero no son del mismo género, concuerda con el último (*el hombre y la mujer española*) o se pone, entonces, en masculino plural (*el hombre y la mujer españoles*);
3. — si los sustantivos están en plural y son de diferente género, puede concordar con el último o mejor ponerse en masculino plural (*bailes y canciones argentinas o bailes y canciones argentinos*);
4. — si los sustantivos son de distinto número y género, suele ir en masculino plural (*la ciudad y los suburbios adormecidos*).

ADJETIVO NUMERAL

El adjetivo numeral delimita de una manera cuantitativa y precisa la extensión de la palabra que precede.
Los adjetivos numerales se dividen en:
— *cardinales:* uno, dos, tres... diez, veinte, treinta... cien, doscientos... mil, etc.
— *ordinales* que expresan una idea de sucesión u ordenación: primero, segundo, tercero, cuarto,

quinto, sexto, séptimo, octavo, noveno, décimo, undécimo, duodécimo, decimotercio (o decimotercero), decimocuarto... vigésimo, vigésimo primero... trigésimo, cuadragésimo, quincuagésimo, sexagésimo, septuagésimo, octogésimo, nonagésimo, centésimo, ducentésimo, tricentésimo, etc.
— *numerales múltiplos:* doble, triple, etc.
— *partitivos:* medio, cuarto, octavo, etc.

PRONOMBRE

El pronombre es la palabra que sustituye al nombre.

ADJETIVOS Y PRONOMBRES DEMOSTRATIVOS

Expresan las relaciones de distancia en el espacio y en el tiempo que existen entre los seres y las cosas.

		MASCULINO	FEMENINO	NEUTRO
Cerca de mí	*Singular*	este	esta	esto
	Plural	estos	estas	
Cerca de ti	*Singular*	ese	esa	eso
	Plural	esos	esas	
Lejos de ambos	*Singular*	aquel	aquella	aquello
	Plural	aquellos	aquellas	

Los adjetivos y pronombres tienen la misma forma, con la sola diferencia que estos últimos llevan acento gráfico en la vocal tónica, salvo los neutros, que pueden únicamente ser pronombres.

ADJETIVOS Y PRONOMBRES POSESIVOS

Son los que establecen relaciones de posesión o pertenencia.

		UN POSEEDOR		VARIOS POSEEDORES	
		un objeto poseído	varios objetos poseídos	un objeto poseído	varios objetos poseídos
1.ª pers.	*adj.*	mío, mía mi (antepuesto)	míos, mías mis (antepuesto)	nuestro, a	nuestros, as
	pron.	mío, mía	míos, mías	nuestro, a	nuestros, as
2.ª pers.	*adj.*	tuyo, a tu (antepuesto)	tuyos, as tus (antepuesto)	vuestro, a	vuestros, as
	pron.	tuyo, a	tuyos, as	vuestro, a	vuestros, as
3.ª pers.	*adj.*	suyo, a su (antepuesto)	suyos, as sus (antepuesto)	suyo, a su (antepuesto)	suyos, as sus (antepuesto)
	pron.	suyo, a	suyos, as	suyo, a	suyos, as

PRONOMBRES PERSONALES

Los pronombres personales son aquellos que designan a las tres personas gramaticales: *la primera* es la que habla, *la segunda*, a la que se habla y *la tercera* de la que se habla.

	COMPLEMENTO			
SUJETO	SIN PREPOSICIÓN		CON PREPOSICIÓN	REFLEXIVO
	directo	*indirecto*		
yo		me		me
tú		te		te
él	le, lo	le	mí	se
ella	la	le	ti	se
ello (neutro)	lo	le	él	se
nosotros, as	nos		ella	nos
vosotros, as	os		ello	os
ellos	los	les	nosotros, as	se
ellas	las	les	vosotros, as	se

Las formas **usted** y **ustedes**, que corresponden a la segunda persona " de respeto ", exigen el verbo en tercera persona (*usted no vino ayer*). Los pronombres correspondientes son los mismos que los de él y ella, según que la persona con quien se habla sea hombre o mujer.
Los pronombres con función de sujeto sólo se emplean para insistir: *yo me quedaré aquí; tú saldrás.*
El pronombre complemento se coloca antes del verbo (*le miro*), excepto en el infinitivo (*mirarle*), el imperativo (*mírale*) y el gerundio (*mirándole*), en los que se pospone en forma enclítica.
Cuando el verbo tiene dos complementos, el indirecto precede siempre al directo (*me lo dio, dámelo*).

PRONOMBRES RELATIVOS

Los pronombres relativos son aquellos que hacen referencia a una persona o cosa anteriormente mencionada.

	SINGULAR			PLURAL	
	Masculino	Femenino	Neutro	Masculino	Femenino
Con función sustantiva.	(el) que (el) cual quien	(la) que (la) cual quien	(lo) que (lo) cual —	(los) que (los) cuales quienes	(las) que (las) cuales quienes
Con función adjetiva..	cuyo	cuya	—	cuyos	cuyas
Con función adjetiva o sustantiva	cuanto	cuanta	cuanto	cuántos	cuantas

PRONOMBRES INTERROGATIVOS Y EXCLAMATIVOS

Los pronombres interrogativos se sustituyen al sustantivo que se desconoce o por el cual se pregunta.

	SINGULAR			PLURAL	
	Masculino	*Femenino*	*Neutro*	*Masculino*	*Femenino*
Con función sustantiva.	¿quién? —	¿quién? —	— ¿qué? ¿cuánto?	¿quiénes? —	¿quiénes? —
Con función adjetiva..	¿qué?	¿qué?	—	¿qué?	¿qué?
Con función adjetiva o sustantiva	¿cuánto? ¿cuál?	¿cuánta? ¿cuál?	—	¿cuántos? ¿cuáles?	¿cuántas? ¿cuáles?

Los pronombres exclamativos tienen idéntica forma que los interrogativos.

PRONOMBRES INDEFINIDOS

Los pronombres indefinidos designan de un modo vago la persona o cosa a la cual se refieren.

Relativos a personas	Relativos a cosas
alguien: *alguien vino* nadie: *no hay nadie* quienquiera: *quienquiera que lo sepa* cualquiera: *cualquiera lo diría* uno: *querer mucho a uno* alguno: *lo hizo alguno* ninguno: *ninguno se presenta*	algo: *hacer algo* nada: *no ver nada* cualquiera: *toma cualquiera de los dos*

ADVERBIO

El adverbio es una palabra invariable que califica o modifica la significación de un verbo, de un adjetivo o de otro adverbio.

Existen varias clases de adverbios:

— *de tiempo:* hoy, siempre, tarde, nunca, cuando, antes, luego, después, pronto, ya, etc.
— *de lugar:* aquí, cerca, abajo, lejos, dentro, delante, encima, enfrente, alrededor, etc.
— *de cantidad:* mucho, bastante, nada, etc.

— *de modo:* bien, mal, así, etc. y los acabados en -MENTE.
— *de afirmación:* sí, cierto, verdaderamente, demasiado, casi, más, apenas, etc.
— *de negación:* no, ni, tampoco, nunca, jamás.
— *de duda:* quizá o quizás, acaso.

PREPOSICIÓN

La preposición es una parte invariable de la oración que enlaza dos palabras para expresar la relación que existe entre ellas.
Las preposiciones son: *a, ante, bajo, cabe, con, contra, de, desde, en, entre, hacia, hasta, para, por, según, sin, so, sobre, tras.*

CONJUNCIÓN

La conjunción es una palabra invariable que sirve para coordinar o subordinar las partes de una oración o varias oraciones.

Existen varias clases de conjunción:
— *coordinativas:* y, ni, que, o, etc.
— *subordinativas:* pues, porque, si, como, aunque, mas, etc.

VERBO

El verbo es una palabra que designa acción, pasión o estado de una persona o cosa. Se compone de dos partes: una invariable, el radical, y otra variable, la terminación, que indica la persona, el tiempo y el modo.

CLASES

Existen varias clases de verbos:
— *transitivos,* que expresan una acción que cae o puede recaer en un objeto; llevan un complemento directo: *comer una manzana;*
— *intransitivos,* que pueden tener un complemento indirecto o circunstancial o bastarse por sí mismos: *hablar a su madre; venir en otoño; Juan ha muerto;*
— *pronominales* o *reflexivos,* que indican que la acción expresada por el verbo recae sobre el sujeto representado por un pronombre personal: *me arrepiento; se viste;*
— *impersonales,* que sólo se emplean en el infinitivo

y en la tercera persona del singular: *nevar mucho; llovió durante tres horas; ahora anochece tarde;*
— *defectivos,* que sólo se conjugan en ciertos tiempos y personas, como *balbucir;*
— *auxiliares,* que sirven para formar la voz pasiva y los tiempos compuestos de la activa. Los principales son *ser,* para la forma pasiva (*ser querido*), y *haber,* para los tiempos compuestos (*ha llegado tarde*).
Se emplean también como auxiliares los verbos estar, tener, llevar, quedar: *estoy decidido; lo tengo pensado; llevar estudiada una lección; queda acordada tal cosa.*

ACCIDENTES DEL VERBO

Voz

Voz es el accidente verbal que denota si la acción del verbo es ejecutada o recibida por el sujeto.

Las voces son dos: la voz activa que expresa que el sujeto ejecuta la acción (*el obispo bendijo a los fieles*) y la voz pasiva, que indica que es el sujeto quien la recibe (*los fieles fueron bendecidos por el obispo*).

Modo

Se llama modo a cada una de las distintas maneras de expresar la significación del verbo. Los modos son tres:

— *indicativo*, que expresa una acción considerada como real (*el profesor explica la lección*) o probable, en el caso del condicional (*si tuviera dinero, me compraría una casa*), considerado anteriormente como un modo, llamado *potencial*.

— *subjuntivo*, que indica que la acción es un deseo o una hipótesis (*¡ojalá viniese!*; *si vinieses estaría contento*).

— *imperativo*, que expresa una orden o un ruego (*ven aquí; hazme este favor*).

Existen también formas verbales que participan de la índole del verbo y tienen al mismo tiempo un carácter de sustantivo, adjetivo o adverbio. Estas formas son: infinitivo (*amar*), participio (*amado*) y gerundio (*amando*). El infinitivo y el gerundio son invariables, mientras que el participio sólo lo es cuando está empleado con el verbo auxiliar *haber*.

Tiempo

Tiempo es el accidente verbal que expresa la época en que sucede lo que el verbo expresa.

Atendiendo a la forma, los tiempos pueden ser *simples* o *compuestos*. Los primeros constan de una sola palabra (*amo*) y los segundos están formados por un tiempo del verbo auxiliar *haber* y el participio del verbo que se conjuga.(*he amado*).

En cuanto al significado, los tiempos pueden ser: *presente*, para expresar una acción que se realiza en el momento en que se habla; *pretérito*, para una acción realizada en el pasado, y *futuro*, para una acción aún no realizada.

1. — Tiempos del indicativo

Fuera de su uso corriente, el presente se puede emplear en un relato para darle más vida (presente histórico) o al mencionar un hecho habitual: *su madre viene y le dice...; me acuesto siempre tarde*.

El futuro sirve a veces para indicar una probabilidad: *serán las tres*.

Mientras que el pretérito perfecto simple corresponde a una acción completamente terminada en el momento en que se habla (*ayer le vi*), el pretérito perfecto compuesto indica que la acción se acaba de realizar o que se sigue efectuando en el presente (*he empezado este trabajo hace tres días*).

El condicional perfecto, denominado anteriormente potencial compuesto, expresa una acción posible y pasada determinada por otra anterior.

2. — Tiempos del subjuntivo

Después de una conjunción de tiempo o de un relativo, el presente representa una acción futura (*cuando llegue, dile que venga*).

El empleo del imperfecto del subjuntivo es obligatorio cuando el verbo de la proposición principal está en pasado o en condicional o potencial (*temía que no recibieras mi carta; me alegraría de que vinieses*).

El pretérito imperfecto tiene dos formas, una con la terminación -RA y la otra con -SE.

El futuro no se emplea actualmente, salvo en ciertas expresiones, como *venga lo que viniere*.

3. — Tiempo del imperativo

Sólo existe el presente.

CONJUGACIÓN

La conjugación es la serie de todas las variaciones o diversas formas que puede tomar el verbo para expresar la acción. Estos cambios indican los accidentes de voz, modo, tiempo, número y persona.

Se conjuga un verbo agregando al radical las desinencias o terminaciones. Generalmente el verbo presenta seis formas que corresponden a las tres personas gramaticales del singular y del plural.

Atendiendo a su forma de conjugación, los verbos pueden ser *regulares* o *irregulares*. En este segundo grupo están incluidos los auxiliares *ser* y *haber*.

Los verbos regulares son los que no modifican las letras del radical y cuyas terminaciones se ajustan a las del verbo que se ha tomado como tipo. Se dividen

en tres conjugaciones: 1.ª (verbos terminados en -AR, como *amar*); 2.ª (verbos terminados en -ER, como *temer*), y 3.ª (verbos terminados en -IR, como *partir*).

Los verbos irregulares son aquellos cuya conjugación se aparta de los modelos regulares que les corresponde por su terminación. Una lista de estos verbos se incluye más adelante.

Existen unos verbos regulares fonéticamente, pero que, por razones ortográficas, presentan una irregularidad aparente en el lenguaje escrito. No se incluyen en la lista de los verbos irregulares y se señalan las modificaciones que sufren en los cuadros siguientes.

VERBOS EN -LLIR, -ÑER, -ÑIR

INFINITIVO	GERUNDIO	PRETÉRITO	IMPERFECTO SUBJUNTIVO	FUTURO SUBJUNTIVO
-llir	engullir	engullendo	engulló..., engulleron	engullera... engullese...	engullere...
-ñer	atañer	atañendo	atañó..., atañeron	atañera... atañese...	atañere...
-ñir	astriñir	astriñendo	astriñó..., astriñeron	astriñera... astriñese...	astriñere...

La «i» no acentuada desaparece entre ll, ñ, y una vocal, es decir en el gerundio, en la tercera persona singular y plural del pretérito indefinido y en los tiempos derivados de este último.

VERBOS EN -CAR, -GAR, -GUAR, -ZAR

	INFINITIVO	PRESENTE SUBJUNTIVO	PRETÉRITO
-car	: c → qu	tocar	toque, etc.	toqué
-gar	: g → gu	pagar	pague, etc.	pagué
-guar	: gu → gü	amortiguar	amortigüe, etc.	amortigüé
-zar	: z → c	alcanzar	alcance, etc.	alcancé

La última consonante de la raíz se modifica cuando la terminación empieza por -e, es decir en el presente de subjuntivo y en la primera persona del singular del pretérito indefinido de los verbos en -ar.

VERBOS EN -CER, -CIR, -GER, -GIR, -GUIR, -QUIR

	INFINITIVO	PRESENTE INDICATIVO	PRESENTE SUBJUNTIVO
-cer, -cir	: c → z	mecer resarcir	mezo resarzo	meza, mezas, etc. resarza, resarzas, etc.
-ger, -gir	: g → j	proteger dirigir	protejo dirijo	proteja, protejas, etc. dirija, dirijas, etc.
-guir	: gu → g	distinguir	distingo	distinga, distingas, etc.
-quir	: qu → c	delinquir	delinco	delinca, delincas, etc.

La última consonante de la raíz se modifica delante de una terminación que empiece por -o o por -a, o sea, en la 1ª pers. del sing. del pres. de indicativo y en el pres. de subjuntivo de los verbos en -er e -ir.

Verbos terminados en -iar

Los verbos cuyo infinitivo termina en -iar se dividen en dos grupos, según se acentúe (ej. *guiar*) o no (ej. *aliviar*) la «i» en las personas del singular y en la tercera del plural de los tres presentes (indicativo, subjuntivo e imperativo).

Los principales verbos que se conjugan como «guiar» son los siguientes :

aliar	chirriar	hastiar
amnistiar	desafiar	inventariar
ampliar	descarriar	liar
arriar	desconfiar	litografiar
ataviar	desliar	malcriar
averiar	desvariar	mecanografiar
aviar	desviar	ortografiar
biografiar	enfriar	piar
cablegrafiar	enviar	pipiar
calcografiar	espiar	porfiar
caligrafiar	esquiar	radiografiar
cartografiar	estriar	resfriar
ciar	expiar	rociar
cinematografiar	extasiarse	taquigrafiar
confiar	extraviar	telegrafiar
contrariar	fiar	variar
criar	fotografiar	xerografiar

Los demás verbos terminados en -iar, al tener el acento prosódico en la sílaba que antecede la i, no presentan ninguna anomalía y se adaptan totalmente al paradigma de la primera conjugación *(amar)*. Este segundo grupo es mucho más numeroso que el anterior e incluye, entre otros, los verbos siguientes :

abreviar	beneficiar	elogiar
acariciar	calumniar	enjuiciar
agobiar	cambiar	ensuciar
agraviar	codiciar	enturbiar
aliviar	comerciar	envidiar
angustiar	compendiar	escanciar
anunciar	contagiar	evidenciar
apropiar	copiar	expoliar
arreciar	denunciar	fastidiar
asediar	desahuciar	incendiar
atrofiar	desperdiciar	iniciar
auspiciar	desquiciar	injuriar

licenciar	potenciar	reverenciar
lidiar	premiar	saciar
limpiar	presenciar	sentenciar
maliciar	promediar	sitiar
mediar	pronunciar	tapiar
negociar	rabiar	terciar
odiar	radiar	testimoniar
oficiar	refugiar	vanagloriarse
parodiar	remediar	vendimiar
plagiar	renunciar	viciar

Para algunos verbos se vacila entre la acentuación -io e -ío.

Verbos terminados en -uar

Los verbos cuyo infinitivo termina en -uar se dividen en dos grupos según se acentúe (ej. *actuar*) o no (ej. *averiguar*) la u en las personas del singular y en la tercera del plural de los tres presentes (indicativo, subjuntivo e imperativo).

Los principales verbos que se conjugan como «actuar» son los siguientes :

acentuar	efectuar	perpetuar
atenuar	evaluar	puntuar
avaluar	fluctuar	redituar
continuar	graduar	revaluar
deshabituar	habituar	situar
desvirtuar	individuar	tatuar
devaluar	infatuar	usufructuar
discontinuar	insinuar	valuar

Los demás verbos terminados en -uar, al tener el acento prosódico en la sílaba que antecede la u (concretamente los terminados en -cuar o -guar), no presentan ninguna anomalía y se conjugan conforme al paradigma de la primera conjugación *(amar)* o al verbo *averiguar*.

Los principales verbos de este segundo grupo son los siguientes :

adecuar	anticuar	evacuar
aguar	apaciguar	fraguar
amenguar	atestiguar	menguar
amortiguar	averiguar	oblicuar

Licuar admite las dos pronunciaciones.

DIFERENTES MODELOS DE CONJUGACIÓN

VERBOS AUXILIARES

Infinitivo haber
Gerundio habiendo
Participio habido

HABER

MODO INDICATIVO

FORMAS SIMPLES

Presente

Yo he
Tú has
Él ha
Nosotros hemos
Vosotros habéis
Ellos han

Pretérito imperfecto

Yo había
Tú habías
Él había
Nosotros habíamos
Vosotros habíais
Ellos habían

Pretérito indefinido

Yo hube
Tú hubiste
Él hubo
Nosotros hubimos
Vosotros hubisteis
Ellos hubieron

Futuro imperfecto

Yo habré
Tú habrás
Él habrá
Nosotros habremos
Vosotros habréis
Ellos habrán

FORMAS COMPUESTAS

Pretérito perfecto

Yo he habido
Tú has habido
Él ha habido
Nosotros hemos habido
Vosotros habéis habido
Ellos han habido

Pretérito pluscuamperfecto

Yo había habido
Tú habías habido
Él había habido
Nosotros habíamos habido
Vosotros habíais habido
Ellos habían habido

Pretérito anterior

Yo hube habido
Tú hubiste habido
Él hubo habido
Nosotros hubimos habido
Vosotros hubisteis habido
Ellos hubieron habido

Futuro perfecto

Yo habré habido
Tú habrás habido
Él habrá habido
Nosotros habremos habido
Vosotros habréis habido
Ellos habrán habido

MODO POTENCIAL

Simple o imperfecto

Yo habría
Tú habrías
Él habría
Nosotros habríamos
Vosotros habríais
Ellos habrían

El verbo *haber* puede ser también impersonal y en este caso la 3.ª persona del presente de indicativo es *hay*.

GRAMÁTICA

734

Compuesto o perfecto

Yo habría habido
Tú habrías habido
Él habría habido
Nosotros habríamos habido
Vosotros habríais habido
Ellos habrían habido

MODO SUBJUNTIVO

FORMAS SIMPLES

Presente

Yo haya
Tú hayas
Él haya
Nosotros hayamos
Vosotros hayáis
Ellos hayan

Pretérito imperfecto

Yo hubiera o hubiese
Tú hubieras o hubieses
Él hubiera o hubiese
Nosotros hubiéramos o hubiésemos

Vosotros hubierais o hubieseis
Ellos hubieran o hubiesen

Futuro imperfecto

Yo hubiere
Tú hubieres
Él hubiere
Nosotros hubiéremos
Vosotros hubiereis
Ellos hubieren

FORMAS COMPUESTAS

Pretérito perfecto

Yo haya habido
Tú hayas habido
Él haya habido
Nosotros hayamos habido
Vosotros hayáis habido
Ellos hayan habido

Pretérito pluscuamperfecto

Yo hubiera o hubiese habido
Tú hubieras o hubieses habido

Él hubiera o hubiese habido
Nosotros hubiéramos o hubiésemos habido
Vosotros hubierais o hubieseis habido
Ellos hubieran o hubiesen habido

Futuro perfecto

Yo hubiere habido
Tú hubieres habido
Él hubiere habido
Nosotros hubiéremos habido
Vosotros hubiereis habido
Ellos hubieren habido

MODO IMPERATIVO

Presente

He tú
Haya él
Hayamos nosotros
Habed vosotros
Hayan ellos

SER

Infinitivo ser
Gerundio siendo
Participio sido

MODO INDICATIVO

FORMAS SIMPLES

Presente

Yo soy
Tú eres
Él es
Nosotros somos
Vosotros sois
Ellos son

Pretérito imperfecto

Yo era
Tú eras
Él era
Nosotros éramos
Vosotros erais
Ellos eran

Pretérito indefinido

Yo fui
Tú fuiste
Él fue
Nosotros fuimos
Vosotros fuisteis
Ellos fueron

Futuro imperfecto

Yo seré
Tú serás
Él será
Nosotros seremos
Vosotros seréis
Ellos serán

FORMAS COMPUESTAS

Pretérito perfecto

Yo he sido
Tú has sido
Él ha sido
Nosotros hemos sido
Vosotros habéis sido
Ellos han sido

Pretérito pluscuamperfecto

Yo había sido
Tú habías sido
Él había sido
Nosotros habíamos sido
Vosotros habíais sido
Ellos habían sido

Pretérito anterior

Yo hube sido
Tú hubiste sido
Él hubo sido
Nosotros hubimos sido
Vosotros hubisteis sido
Ellos hubieron sido

Futuro perfecto

Yo habré sido
Tú habrás sido
Él habrá sido
Nosotros habremos sido
Vosotros habréis sido
Ellos habrán sido

MODO POTENCIAL

Simple o imperfecto

Yo sería
Tú serías
Él sería
Nosotros seríamos
Vosotros seríais
Ellos serían

Compuesto o perfecto

Yo habría sido
Tú habrías sido
Él habría sido
Nosotros habríamos sido
Vosotros habríais sido
Ellos habrían sido

MODO SUBJUNTIVO

FORMAS SIMPLES

Presente

Yo sea
Tú seas
Él sea
Nosotros seamos
Vosotros seáis
Ellos sean

Pretérito imperfecto

Yo fuera o fuese
Tú fueras o fueses
Él fuera o fuese
Nosotros fuéramos o fuésemos
Vosotros fuerais o fueseis
Ellos fueran o fuesen

Futuro imperfecto

Yo fuere
Tú fueres
Él fuere
Nosotros fuéremos
Vosotros fuereis
Ellos fueren

FORMAS COMPUESTAS

Pretérito perfecto

Yo haya sido
Tú hayas sido
Él haya sido
Nosotros hayamos sido
Vosotros hayáis sido
Ellos hayan sido

Pretérito pluscuamperfecto

Yo hubiera o hubiese sido
Tú hubieras o hubieses sido
Él hubiera o hubiese sido
Nosotros hubiéramos o hubiésemos sido
Vosotros hubierais o hubieseis sido
Ellos hubieran o hubiesen sido

Futuro perfecto

Yo hubiere sido
Tú hubieres sido
Él hubiere sido
Nosotros hubiéremos sido
Vosotros hubiereis sido
Ellos hubieren sido

MODO IMPERATIVO

Presente

Sé tú
Sea él
Seamos nosotros
Sed vosotros
Sean ellos

VERBOS REGULARES

AMAR

Infinitivo amar
Gerundio amando
Participio amado

MODO INDICATIVO

FORMAS SIMPLES

Presente

Yo amo
Tú amas
Él ama
Nosotros amamos
Vosotros amáis
Ellos aman

Pretérito imperfecto

Yo amaba
Tú amabas
Él amaba
Nosotros amábamos
Vosotros amabais
Ellos amaban

Pretérito indefinido

Yo amé
Tú amaste
Él amó
Nosotros amamos
Vosotros amasteis
Ellos amaron

Futuro imperfecto

Yo amaré
Tú amarás
Él amará
Nosotros amaremos
Vosotros amaréis
Ellos amarán

FORMAS COMPUESTAS

Pretérito perfecto

Yo he amado
Tú has amado
Él ha amado
Nosotros hemos amado
Vosotros habéis amado
Ellos han amado

Pretérito pluscuamperfecto

Yo había amado
Tú habías amado
Él había amado
Nosotros habíamos amado
Vosotros habíais amado
Ellos habían amado

Pretérito anterior

Yo hube amado
Tú hubiste amado
Él hubo amado
Nosotros hubimos amado
Vosotros hubisteis amado
Ellos hubieron amado

Futuro perfecto

Yo habré amado
Tú habrás amado
Él habrá amado
Nosotros habremos amado
Vosotros habréis amado
Ellos habrán amado

MODO POTENCIAL

Simple o imperfecto

Yo amaría
Tú amarías
Él amaría
Nosotros amaríamos
Vosotros amaríais
Ellos amarían

Compuesto o perfecto

Yo habría amado
Tú habrías amado
Él habría amado
Nosotros habríamos amado
Vosotros habríais amado
Ellos habrían amado

MODO SUBJUNTIVO

FORMAS SIMPLES
Presente

Yo ame
Tú ames
Él ame
Nosotros amemos
Vosotros améis
Ellos amen

Pretérito imperfecto

Yo amara o amase
Tú amaras o amases
Él amara o amase
Nosotros amáramos o amásemos

Vosotros amarais o amaseis
Ellos amaran o amasen

Futuro imperfecto

Yo amare
Tú amares
Él amare
Nosotros amáremos
Vosotros amareis
Ellos amaren

FORMAS COMPUESTAS
Pretérito perfecto

Yo haya amado
Tú hayas amado
Él haya amado
Nosotros hayamos amado
Vosotros hayáis amado
Ellos hayan amado

Pretérito pluscuamperfecto

Yo hubiera o hubiese amado
Tú hubieras o hubieses amado
Él hubiera o hubiese amado
Nosotros hubiéramos o hubiésemos amado
Vosotros hubierais o hubieseis amado
Ellos hubieran o hubiesen amado

Futuro perfecto

Yo hubiere amado
Tú hubieres amado
Él hubiere amado
Nosotros hubiéremos amado
Vosotros hubiereis amado
Ellos hubieren amado

MODO IMPERATIVO

Presente

Ama tú
Ame él
Amemos nosotros
Amad vosotros
Amen ellos

TEMER

Infinitivo temer
Gerundio temiendo
Participio temido

MODO INDICATIVO

FORMAS SIMPLES

Presente

Yo temo
Tú temes
Él teme
Nosotros tememos
Vosotros teméis
Ellos temen

Pretérito imperfecto

Yo temía
Tú temías
Él temía
Nosotros temíamos
Vosotros temíafs
Ellos temían

Pretérito indefinido

Yo temí
Tú temiste
Él temió
Nosotros temimos
Vosotros temisteis
Ellos temieron

Futuro imperfecto

Yo temeré
Tú temerás
Él temerá
Nosotros temeremos
Vosotros temeréis
Ellos temerán

FORMAS COMPUESTAS

Pretérito perfecto

Yo he temido
Tú has temido
Él ha temido
Nosotros hemos temido
Vosotros habéis temido
Ellos han temido

Pretérito pluscuamperfecto

Yo había temido
Tú habías temido
Él había temido
Nosotros habíamos temido
Vosotros habíais temido
Ellos habían temido

Pretérito anterior

Yo hube temido
Tú hubiste temido
Él hubo temido
Nosotros hubimos temido

Vosotros hubisteis temido
Ellos hubieron temido

Futuro perfecto

Yo habré temido
Tú habrás temido
Él habrá temido
Nosotros habremos temido
Vosotros habréis temido
Ellos habrán temido

MODO POTENCIAL

Simple o imperfecto

Yo temería
Tú temerías
Él temería
Nosotros temeríamos
Vosotros temeríais
Ellos temerían

Compuesto o perfecto

Yo habría temido
Tú habrías temido
Él habría temido
Nosotros habríamos temido
Vosotros habríais temido
Ellos habrían temido

MODO SUBJUNTIVO

FORMAS SIMPLES
Presente

Yo tema

Tú temas
Él tema
Nosotros temamos
Vosotros temáis
Ellos teman

Pretérito imperfecto

Yo temiera *o* temiese
Tú temieras *o* temieses
Él temiera *o* temiese
Nosotros temiéramos *o* temiésemos
Vosotros temierais *o* temieseis
Ellos temieran *o* temiesen

Futuro imperfecto

Yo temiere
Tú temieres
Él temiere
Nosotros temiéremos
Vosotros temiereis
Ellos temieren

FORMAS COMPUESTAS

Pretérito perfecto

Yo haya temido
Tú hayas temido
Él haya temido
Nosotros hayamos temido
Vosotros hayáis temido
Ellos hayan temido

Pretérito pluscuamperfecto

Yo hubiera *o* hubiese temido
Tú hubieras *o* hubieses temido
Él hubiera *o* hubiese temido
Nosotros hubiéramos *o* hubiésemos temido
Vosotros hubierais *o* hubieseis temido
Ellos hubieran *o* hubiesen temido

Futuro perfecto

Yo hubiere temido
Tú hubieres temido
Él hubiere temido
Nosotros hubiéremos temido
Vosotros hubiereis temido
Ellos hubieren temido

MODO IMPERATIVO

Presente

Teme *tú*
Tema *él*
Temamos *nosotros*
Temed *vosotros*
Teman *ellos*

P A R T I R

Infinitivo partir
Gerundio partiendo
Participio partido

MODO INDICATIVO

FORMAS SIMPLES

Presente

Yo parto
Tú partes
Él parte
Nosotros partimos
Vosotros partís
Ellos parten

Pretérito imperfecto

Yo partía
Tú partías
Él partía
Nosotros partíamos
Vosotros partíais
Ellos partían

Pretérito indefinido

Yo partí
Tú partiste
Él partió
Nosotros partimos
Vosotros partisteis
Ellos partieron

Futuro imperfecto

Yo partiré
Tú partirás
Él partirá
Nosotros partiremos
Vosotros partiréis
Ellos partirán

FORMAS COMPUESTAS

Pretérito perfecto

Yo he partido
Tú has partido
Él ha partido
Nosotros hemos partido
Vosotros habéis partido
Ellos han partido

Pretérito pluscuamperfecto

Yo había partido
Tú habías partido
Él había partido
Nosotros habíamos partido
Vosotros habíais partido
Ellos habían partido

Pretérito anterior

Yo hube partido
Tú hubiste partido
Él hubo partido
Nosotros hubimos partido
Vosotros hubisteis partido
Ellos hubieron partido

Futuro perfecto

Yo habré partido
Tú habrás partido
Él habrá partido
Nosotros habremos partido
Vosotros habréis partido
Ellos habrán partido

MODO POTENCIAL

Simple o imperfecto

Yo partiría
Tú partirías
Él partiría
Nosotros partiríamos
Vosotros partiríais
Ellos partirían

Compuesto o perfecto

Yo habría partido
Tú habrías partido
Él habría partido
Nosotros habríamos partido
Vosotros habríais partido
Ellos habrían partido

MODO SUBJUNTIVO

FORMAS SIMPLES

Presente

Yo parta
Tú partas
Él parta
Nosotros partamos
Vosotros partáis
Ellos partan

Pretérito imperfecto

Yo partiera *o* partiese
Tú partieras *o* partieses
Él partiera *o* partiese
Nosotros partiéramos *o* partiésemos
Vosotros partierais *o* partieseis
Ellos partieran *o* partiesen

Futuro imperfecto

Yo partiere
Tú partieres
Él partiere
Nosotros partiéremos
Vosotros partiereis
Ellos partieren

FORMAS COMPUESTAS

Pretérito perfecto

Yo haya partido
Tú hayas partido
Él haya partido
Nosotros hayamos partido
Vosotros hayáis partido
Ellos hayan partido

Pretérito pluscuamperfecto

Yo hubiera *o* hubiese partido

Tú hubieras *o* hubieses partido
Él hubiera *o* hubiese partido
Nosotros hubiéramos *o* hubiésemos partido
Vosotros hubierais *o* hubieseis partido
Ellos hubieran *o* hubiesen partido

Futuro perfecto

Yo hubiere partido
Tú hubieres partido
Él hubiere partido
Nosotros hubiéremos partido
Vosotros hubiereis partido
Ellos hubieren partido

MODO IMPERATIVO

Presente

Parte *tú*
Parta *él*
Partamos *nosotros*
Partid *vosotros*
Partan *ellos*

VERBOS IRREGULARES

A

abastecer. — Se conjuga como *parecer.*
abnegarse. — Como *negar.*
abolir. — Defectivo. Sólo se conjuga en los tiempos y personas cuya terminación tiene una i. *Ind. pres.* : abolimos, abolís ; *Pret. imperf.* : abolía, abolías, etc. ; *Pret. perf.* : abolí, aboliste, abolió, etc. ; *Fut.* : aboliré, abolirás, etc. ; *Condicional* : aboliría, abolirías, etc. ; *Imper.* : abolid ; *Subj. pres.* : (no existe) ; *Imperf. subj.* : aboliera, etc., *o* aboliese, etc. ; *Fut. subj.* : aboliere, etc. ; *Ger.* : aboliendo ; *Part.* abolido.
aborrecer. — Como *parecer.*
absolver. — Como *volver.*
abstenerse. — Como *tener.*
abstraer. — Como *traer.*
acaecer. — Defectivo. Como *parecer.*
acertar. — *Ind. pres.* : acierto, aciertas, acierta, acertamos, acertáis, aciertan ; *Subj. pres.* : acierte, aciertes, acierte, acertemos, acertéis, acierten ; *Imper.* : acierta, acierte, acertemos, acertad, acierten.
acollar. — Como *contar.*
acontecer. — Defectivo impers. Como *parecer.*
acordar. — Como *contar.*
acostar. — Como *contar.*
acrecentar. — Como *acertar.*
acrecer. — Como *nacer.*
adherir. — Como *sentir.*
adolecer. — Como *parecer.*
adormecer. — Como *parecer.*
adquirir. — *Ind. pres.* : adquiero, adquieres, adquiere, adquirimos, adquirís, adquieren ; *Subj. pres.* : adquiera, adquieras, adquiera, adquiramos, adquiráis, adquieran ; *Imper.* : adquiere, adquiera, adquiramos, adquirid, adquieran.
aducir. — *Ind. pres.* : aduzco, aduces, etc. ; *Pret. perf.* : aduje, adujiste, adujo, adujimos, adujisteis, adujeron ; *Imper.* : aduce, aduzca, aduzcamos, aducid, aduzcan ; *Subj. pres.* aduzca, aduzcas, etc. ; *Imperf. subj.* adujera, etc., *o* adujese, etc. ; *Fut. subj.* : adujere, etc.
advenir. — Como *venir.*
advertir. — Como *sentir.*
aferrar. — Como *acertar.*
afluir. — Como *huir.*
agorar. — Como *contar* (las formas con diptongo llevan una diéresis).
agradecer. — Como *parecer.*
agredir. — Como *abolir.*
aguerrir. — Como *abolir.*
ahilarse. — Como *airar.*
ahincar. — *Ind. pres.* : ahínco, ahíncas, ahínca, ahincamos, ahincáis, ahíncan ; *Pret. perf.* : ahinqué, ahincaste, etc. ; *Imper.* : ahínca, ahínque, ahinquemos, ahincad, ahinquen ; *Subj. pres.* : ahínque, ahínques, ahínque, ahinquemos, ahinquéis, ahínquen.
ahitar. — Como *airar.*
airar. — *Ind. pres.* : aíro, aíras, aíra, airamos, airáis, aíran ; *Subj. pres.* : aíre, aíres, aíre, airemos, airéis, aíren ; *Imper.* : aira, aíre, airemos, airad, aíren.
aislar. — Como *airar.*
alentar. — Como *acertar.*
aliquebar. — Como *acertar.*
almorzar. — Como *forzar.*
amanecer. — Defectivo impers. Como *parecer.*
amarillecer. — Como *parecer.*
amohinar. — Como *airar.*
amolar. — Como *contar.*
andar. — *Ind. pret. perf.* : anduve, anduviste, anduvo, anduvimos, anduvisteis, anduvieron ; *Imperf. subj.* : anduviera, etc., *o* anduviese, etc. ; *Fut. subj.* : anduviere, etc.
anochecer. — Defectivo impers. Como *parecer.*
antedecir. — Como *decir.*
anteponer. — Como *poner.*
apacentar. — Como *acertar.*
aparecer. — Como *parecer.*
apetecer. — Como *parecer.*
aporcar. — Como *trocar.*
apostar. — Como *contar* (con el sentido de «hacer una apuesta»).
apretar. — Como *acertar.*

aprobar. — Como *contar.*
arborecer. — Como *parecer.*
arcaizar. — Como *enraizar.*
argüir. — Como *huir.*
arrendar. — Como *acertar.*
arrepentirse. — Como *sentir.*
ascender. — Como *tender.*
asentar. — Como *acertar.*
asentir. — Como *sentir.*
aserrar. — Como *acertar.*
asir. — *Ind. pres.* : asgo, ases, ase, asimos, asís, asen ; *Imper.* : ase, asga, asgamos, asid, asgan ; *Subj. pres.* : asga, asgas, etc.
asolar. — Como *contar.*
astreñir. — Como *teñir.*
atardecer. — Defectivo impers. Como *parecer.*
atender. — Como *hender.*
atenerse. — Como *tener.*
aterirse. — Defectivo. Como *abolir.*
aterrar. — Como *acertar* (excepto con el sentido de «causar terror»).
atestar. — Como *acertar* (con el sentido de «llenar»).
atraer. — Como *traer.*
atravesar. — Como *acertar.*
atribuir. — Como *huir.*
atronar. — Como *contar.*
aullar. — *Ind. pres.* : aúllo, aúllas, aúlla, aullamos, aulláis, aúllan ; *Subj. pres.* : aúlle, aúlles, aúlle, aullemos, aulléis, aúllen ; *Imper.* : aúlla, aúlle, aullemos, aullad, aúllen.
aunar. — Como *aullar.*
aupar. — Como *aullar.*
avenir. — Como *venir.*
aventar. — Como *acertar.*
autoabastecerse. — Como *parecer.*
autodestruirse. — Como *huir.*
autogobernarse. — Como *acertar.*
autosatisfacerse. — Como *satisfacer.*
avergonzar. — *Ind. pres.* : avergüenzo, avergüenzas, avergüenza, avergonzamos, avergonzáis, avergüenzan ; *Pret. perf.* : avergoncé, avergonzaste, avergonzó, avergonzamos, avergonzasteis, avergonzaron ; *Subj. pres.* : avergüence, avergüences, avergüence, avergoncemos, avergoncéis, avergüencen ; *Imper.* : avergüenza, avergüence, avergoncemos, avergonzad, avergüencen.
azolar. — Como *contar.*

B

balbucir. — Defectivo. No se conjuga en la 1ª pers. del pres. de ind. ni en el pres. de subj.
beldar. — Como *acertar.*
bendecir. — Como *decir.*
bienquerer. — Como *querer.*
blandir. — Defectivo. Como *abolir.*
blanquecer. — Como *parecer.*

C

caber. — *Ind. pers.* : quepo, cabes, cabe, cabemos, cabéis, caben ; *Pret. perf.* : cupe, cupiste, cupo, cupimos, cupisteis, cupieron ; *Fut.* : cabré, cabrás, cabrá, cabremos, cabréis, cabrán ; *Condicional* : cabría, cabrías, etc. ; *Imper.* cabe, quepa, quepamos, cabed, quepan ; *Subj. pres.* : quepa, quepas, etc. ; *Imperf. subj.* : cupiera, etc. *o* cupiese, etc. ; *Fut. subj.* : cupiere, etc.
caer. — *Ind. pres.* : caigo, caes, cae, caemos, caéis, caen ; *Pret. perf.* : caí, caíste, cayó, caímos, caísteis, cayeron ; *Subj. pres.* : caiga, caigas,etc. ; *Imperf. subj.* : cayera, etc., *o* cayese, etc. ; *Imper.* : cae, caiga, caigamos, caed, caigan.
calentar. — Como *acertar.*
carecer. — Como *parecer.*
cegar. — Como *negar.*
ceñir. — Como *teñir.*
cerner. — Como *tender.*
cernir. — Como *discernir.*
cerrar. — Como *acertar.*
cimentar. — Como *acertar.*
circuir. — Como *huir.*

circunferir. — Como *sentir.*
circunvolar. — Como *contar.*
clarecer. — Defectivo impers. Como *parecer.*
clocar. — Como *trocar.*
coadduirir. — Como *adquirir.*
cocer. — *Ind. pres. :* cuezo, cueces, cuece, cocemos, cocéis, cuecen ; *Subj. pres. :* cueza, cuezas, cueza, cozamos, cozáis, cuezan ; *Imper. :* cuece, cueza, cozamos, coced, cuezan.
cohibir. — Como *prohibir.*
colar. — Como *contar.*
colegir. — Como *regir.*
colgar. — *Ind. pres. :* cuelgo, cuelgas, cuelga, colgamos, colgáis, cuelgan ; *Pret. perf. :* colgué, colgaste, colgó, colgamos, colgasteis, colgaron ; *Subj. pres. :* cuelgue, cuelgues, cuelgue, colguemos, colguéis, cuelguen ; *Imper. :* cuelga, cuelgue, colguemos, colgad, cuelguen.
colorir. — Como *abolir.*
comedirse. — Como *pedir.*
comenzar. — *Ind. pres. :* comienzo, comienzas, comienza, comenzamos, comenzáis, comienzan ; *Pret. perf. :* comencé, comenzaste, comenzó, etc.; *Subj. pres. :* comience, comiences, comience, comencemos, comencéis, comiencen ; *Imper. :* comienza, comience, comencemos, comenzad, comiencen.
compadecer. — Como *parecer.*
comparecer. — Como *parecer.*
competir. — Como *pedir.*
complacer. — Como *parecer.*
componer. — Como *poner.*
comprobar. — Como *contar.*
concebir. — Como *pedir.*
concernir. — Defectivo. Como *discernir.*
concertar. — Como *acertar.*
concluir. — Como *huir.*
concordar. — Como *contar.*
condescender. — Como *tender.*
condolerse. — Como *moler.*
conducir. — Como *aducir.*
conferir. — Como *sentir.*
confesar. — Como *acertar.*
confluir. — Como *huir.*
conmover. — Como *mover.*
conocer. — *Ind. pres. :* conozco, conoces, conoce, conocemos, conocéis, conocen ; *Imper. :* conoce, conozca, conozcamos, conoced, conozcan ; *Subj. pres. :* conozca, conozcas, etc.
conseguir. — Como *seguir.*
consentir. — Como *sentir.*
consolar. — Como *contar.*
constituir. — Como *huir.*
constreñir. — Como *teñir.*
construir. — Como *huir.*
contar. — *Ind. pres. :* cuento, cuentas, cuenta, contamos, contáis, cuentan ; *Imper. :* cuenta, cuente, contemos, contad, cuenten ; *Subj. pres. :* cuente, cuentes, cuente, contemos, contéis, cuenten.
contender. — Como *tender.*
contener. — Como *tener.*
contradecir. — Como *predecir.*
contraer. — Como *traer.*
contrahacer. — Como *hacer.*
contraponer. — Como *poner.*
contravenir. — Como *venir.*
contribuir. — Como *huir.*
controvertir. — Como *sentir.*
convalecer. — Como *parecer.*
convenir. — Como *venir.*
convertir. — Como *sentir.*
corregir. — Como *regir.*
corroer. — Como *roer.*
costar. — Como *contar.*
crecer. — Como *parecer.*
creer. — *Ind. pret. perf. :* creí, creíste, creyó, creímos, creísteis, creyeron ; *Imperf. subj. :* creyera, etc., *o* creyese, etc.; *Fut. subj. :* creyere, etc.; *Ger. :* creyendo.

D

dar. — *Ind. pres. :* doy, das, da, damos, dais, dan ; *Pret. perf. :* di, diste, dio, dimos, disteis, dieron ; *Imper. :* da, dé, demos, dad, den ; *Subj. pres. :* dé, des, dé, demos, deis, den ; *Imperf. subj. :* diera, etc., *o* diese, etc.; *Fut. subj. :* diere, etc.
decaer. — Como *caer.*
decentar. — Como *acertar.*
decir. — *Ind. pres. :* digo, dices, dice, decimos, decís, dicen ; *Pret. perf. :* dije, dijiste, dijo, dijimos, dijisteis, dijeron ; *Fut. :* diré, dirás, etc.; *Condicional :* diría, dirías, etc.; *Imper. :* di, diga, digamos, decid, digan ; *Subj. pres. :* diga, digas, diga, etc.; *Imperf. subj. :* dijera, etc., *o* dijese, etc.; *Fut. subj. :* dijere, etc.; *Ger. :* diciendo ; *Part. :* dicho.
decrecer. — Como *parecer.*
deducir. — Como *aducir.*
defender. — Como *tender.*

deferir. — Como *sentir.*
degollar. — Como *contar.*
demoler. — Como *moler.*
demostrar. — Como *contar.*
denegar. — Como *negar.*
denostar. — Como *contar.*
dentar. — Como *acertar.*
deponer. — Como *poner.*
derretir. — Como *pedir.*
derruir. — Como *huir.*
desacertar. — Como *acertar.*
desacordar. — Como *contar.*
desadormecer. — Como *parecer.*
desaferrar. — Como *acertar.*
desaforar. — Como *contar.*
desagradecer. — Como *parecer.*
desairar. — Como *airar.*
desalentar. — Como *acertar.*
desandar. — Como *andar.*
desaparecer. — Como *parecer.*
desapretar. — Como *acertar.*
desaprobar. — Como *contar.*
desarrendar. — Como *acertar.*
desasir. — Como *asir.*
desasosegar. — Como *acertar.*
desatender. — Como *tender.*
desavenir. — Como *venir.*
desbravecer. — Como *parecer.*
descaecer. — Como *parecer.*
descafeinar. — Como *airar.*
descender. — Como *tender.*
descolgar. — Como *colgar.*
descolorir. — Como *abolir.*
descollar. — Como *contar.*
descomedirse. — Como *pedir.*
descomponer. — Como *poner.*
desconcertar. — Como *acertar.*
desconocer. — Como *conocer.*
desconsolar. — Como *contar.*
descontar. — Como *contar.*
desconvenir. — Como *venir.*
descordar. — Como *contar.*
descornar. — Como *contar.*
desdecir. — Como *predecir.*
desdentar. — Como *acertar.*
desembravecer. — Como *parecer.*
desempedrar. — Como *acertar.*
desenfurecer. — Como *parecer.*
desenmohecer. — Como *parecer.*
desenmudecer. — Como *parecer.*
desensoberbecer. — Como *parecer.*
desentenderse. — Como *tender.*
desenterrar. — Como *acertar.*
desentorpecer. — Como *parecer.*
desentumecer. — Como *parecer.*
desenvolver. — Como *volver.*
desfallecer. — Como *parecer.*
desfavorecer. — Como *parecer.*
desgobernar. — Como *acertar.*
desguarnecer. — Como *parecer.*
deshacer. — Como *hacer.*
deshelar. — Como *acertar.*
desherbar. — Como *acertar.*
desherrar. — Como *acertar.*
deshumedecer. — Como *parecer.*
desleír. — Como *reír.*
deslucir. — Como *lucir.*
desmedirse. — Como *pedir.*
desmembrar. — Como *acertar.*
desmentir. — Como *sentir.*
desmerecer. — Como *parecer.*
desobedecer. — Como *parecer.*
desobstruir. — Como *huir.*
desoír. — Como *oír.*
desolar. — Como *contar.*
desollar. — Como *contar.*
desosar. — *Ind. pres. :* deshueso, deshuesas, deshuesa, desosamos, desosáis, deshuesan ; *Imper. :* deshuesa, deshuese, desosemos, desosad, deshuesen ; *Subj. pres. :* deshuese, deshueses, deshuese, desosemos, desoséis, deshuesen.
despavorirse. — Como *abolir.*
despedir. — Como *pedir.*
desperecer. — Como *parecer.*
despernar. — Como *acertar.*
despertar. — Como *acertar.*
desplacer. — Como *nacer.*
desplegar. — Como *negar.*
despoblar. — Como *contar.*
desposeer. — Como *creer.*
desproveer. — Como *creer.*
desteñir. — Como *teñir.*
desterrar. — Como *acertar.*
destituir. — Como *huir.*
destorcer. — Como *cocer.*
destrocar. — Como *trocar.*
destruir. — Como *huir.*
desvanecer. — Como *parecer.*

desvergonzarse. — Como *avergonzar.*
desvestir. — Como *pedir.*
detener. — Como *tener.*
detraer. — Como *traer.*
devenir. — Como *venir.*
devolver. — Como *volver.*
diferir. — Como *sentir.*
digerir. — Como *sentir.*
diluir. — Como *huir.*
discernir. — *Ind. pres.* : discierno, disciernes, discierne, discernimos, discernís, disciernen ; *Subj. pres.* : discierna, disciernas, discierna, discernamos, discernáis, disciernan ; *Imper.* : discierne, discierna, discernamos, discernid, disciernan.
disconvenir. — Como *venir.*
discordar. — Como *contar.*
disentir. — Como *sentir.*
disminuir. — Como *huir.*
disolver. — Como *volver.*
disonar. — Como *contar.*
displacer. — Como *nacer.*
disponer. — Como *poner.*
distender. — Como *tender.*
distraer. — Como *traer.*
distribuir. — Como *huir.*
divertir. — Como *sentir.*
doler. — Como *moler.*
dormir. — *Ind. pres.* : duermo, duermes, duerme, dormimos, dormís, duermen ; *Pret. perf.* : dormí, dormiste, durmió, dormimos, dormisteis, durmieron ; *Imper.* : duerme, duerma, durmamos, dormid, duerman ; *Subj. pres.* : duerma, duermas, duerma, durmamos, durmáis, duerman ; *Imperf. subj.* : durmiera, etc., o durmiese, etc. ; *Fut. subj.* : durmiere, etc. ; *Ger.* : durmiendo.

E

eflorecerse. — Como *parecer.*
elegir. — Como *regir.*
embastecer. — Como *parecer.*
embaular. — Como *aullar.*
embebecer. — Como *parecer.*
embellecer. — Como *parecer.*
embestir. — Como *pedir.*
emblanquecer. — Como *parecer.*
embobecer. — Como *parecer.*
embravecer. — Como *parecer.*
embrutecer. — Como *parecer.*
emparentar. — Como *acertar.*
empecer. — Como *parecer.*
empedernir. — Defectivo. Como *abolir.*
empedrar. — Como *acertar.*
empequeñecer. — Como *parecer.*
empezar. — Como *comenzar.*
emplastecer. — Como *parecer.*
emplebeyecer. — Como *parecer.*
emplumecer. — Como *parecer.*
empobrecer. — Como *parecer.*
enaltecer. — Como *parecer.*
enardecer. — Como *parecer.*
encalvecer. — Como *parecer.*
encallecer. — Como *parecer.*
encandecer. — Como *parecer.*
encanecer. — Como *parecer.*
encarecer. — Como *parecer.*
encarnecer. — Como *parecer.*
encender. — Como *tender.*
encerrar. — Como *acertar.*
encomendar. — Como *acertar.*
encontrar. — Como *contar.*
encordar. — Como *contar.*
encrudecer. — Como *parecer.*
endentar. — Como *acertar.*
endurecer. — Como *parecer.*
enflaquecer. — Como *parecer.*
enfurecer. — Como *parecer.*
engrandecer. — Como *parecer.*
engreír. — Como *reír.*
engrosar. — Como *contar.*
engrumecerse. — Como *parecer.*
enhestar. — Como *acertar.*
enlobreguecer. — Como *parecer.*
enloquecer. — Como *parecer.*
enlucir. — Como *lucir.*
enmelar. — Como *acertar.*
enmendar. — Como *acertar.*
enmohecer. — Como *parecer.*
enmollecer. — Como *parecer.*
enmudecer. — Como *parecer.*
ennegrecer. — Como *parecer.*
ennoblecer. — Como *parecer.*
enorgullecer. — Como *parecer.*
enraizar. — *Ind. pres.* : enraízo, enraízas, enraíza, enraizamos, enraizáis, enraízan ; *Pret. perf.* : enraicé, enraizaste, etc. ; *Imper.* : enraíza, enraíce, enraicemos, enraizad, enraícen ; *Subj. pres.* : enraíce, enraíces, enraíce, enraicemos, enraicéis, enraícen.
enrarecer. — Como *parecer.*

enriquecer. — Como *parecer.*
enrocar. — Como *trocar* (con el sentido de « hacer girar el copo »).
enrojecer. — Como *parecer.*
enronquecer. — Como *parecer.*
ensandecer. — Como *parecer.*
ensangrentar. — Como *acertar.*
ensoberbecer. — Como *parecer.*
ensombrecer. — Como *parecer.*
ensordecer. — Como *parecer.*
entallecer. — Como *parecer.*
entender. — Como *tender.*
entenebrecer. — Como *parecer.*
enternecer. — Como *parecer.*
enterrar. — Como *acertar.*
entontecer. — Como *parecer.*
entorpecer. — Como *parecer.*
entrecerrar. — Como *acertar.*
entrelucir. — Como *lucir.*
entreoír. — Como *oír.*
entretener. — Como *tener.*
entrever. — Como *ver.*
entristecer. — Como *parecer.*
entullecer. — Como *parecer.*
entumecer. — Como *parecer.*
envanecer. — Como *parecer.*
envejecer. — Como *parecer.*
enverdecer. — Como *parecer.*
envilecer. — Como *parecer.*
envolver. — Como *volver.*
equivaler. — Como *valer.*
erguir. — *Ind. pres.* : irgo o yergo, irgues o yergues, irgue o yergue, erguimos, erguís, irguen o yerguen ; *Pret. perf.* : erguí, erguiste, irguió, erguimos, erguisteis, irguieron ; *Imper.* : irgue o yergue, irga o yerga, irgamos o yergamos, erguid, irgan o yergan ; *Subj. pres.* : irga o yerga, irgas o yergas, irga o yerga, irgamos o yergamos, irgáis o yergáis, irgan o yergan ; *Imperf. subj.* : irguiera, etc., o irguiese, etc. ; *Fut. subj.* : irguiere, etc. ; *Ger.* : irguiendo.
errar. — *Ind. pres.* : yerro, yerras, yerra, erramos, erráis, yerran ; *Subj. pres.* : yerre, yerres, yerre, erremos, erréis, yerren ; *Imper.* : yerra, yerre, erremos, errad, yerren.
escarmentar. — Como *acertar.*
escarnecer. — Como *parecer.*
esclarecer. — Como *parecer.*
escocer. — Como *cocer.*
esforzar. — Como *forzar.*
establecer. — Como *parecer.*
estar. — *Ind. pres.* : estoy, estás, está, estamos, estáis, están ; *Pret. perf.* : estuve, estuviste, estuvo, etc. ; *Imper.* : está, esté, estemos, estad, estén ; *Subj. pres.* : esté, estés, esté, estemos, estéis, estén ; *Imperf. subj.* : estuviera, etc., o estuviese, etc. ; *Fut. subj.* : estuviere, etc.
estatuir. — Como *huir.*
estregar. — Como *negar.*
estremecer. — Como *parecer.*
estreñir. — Como *teñir.*
excluir. — Como *huir.*
expedir. — Como *pedir.*
exponer. — Como *poner.*
extender. — Como *tender.*
extraer. — Como *traer.*

F

fallecer. — Como *parecer.*
favorecer. — Como *parecer.*
fenecer. — Como *parecer.*
florecer. — Como *parecer.*
fluir. — Como *huir.*
follar. — Como *contar* (con el sentido de « soplar con un fuelle »).
fortalecer. — Como *parecer.*
forzar. — *Ind. pres.* : fuerzo, fuerzas, fuerza, forzamos, forzáis, fuerzan ; *Pret. perf.* : forcé, forzaste, etc. ; *Subj. pres.* : fuerce, fuerces, fuerce, forcemos, forcéis, fuercen ; *Imper.* : fuerza, fuerce, forcemos, forzad, fuercen.
fosforecer. — Como *parecer.*
fotocomponer. — Como *poner.*
fregar. — Como *negar.*
freír. — Como *reír.*

G

garantir. — Defectivo. Como *abolir.*
gemir. — Como *pedir.*
gobernar. — Como *acertar.*
guarecer. — Como *parecer.*
guarnecer. — Como *parecer.*

H

haber. — V. *conjugación,* en la pág. 733 del *Compendio de gramática.*
hacendar. — Como *acertar.*

hacer. — *Ind. pres.* : hago, haces, hace, hacemos, hacéis, hacen ; *Pret. perf.* : hice, hiciste, hizo, hicimos, hicisteis, hicieron ; *Fut.* : haré, harás, hará, haremos, haréis, harán ; *Condicional* : haría, harías, etc. ; *Imper.* : haz, haga, hagamos, haced, hagan ; *Subj. pres.* : haga, hagas, haga, hagamos, hagáis, hagan ; *Imperf. subj.* : hiciera, etc., *o* hiciese, etc. ; *Fut. subj.* : hiciere, etc. ; *Ger.* : haciendo ; *Part.* ; hecho.
hebraizar. — Como *enraizar.*
heder. — Como *tender.*
helar. — Como *acertar.*
henchir. — *Ind. pres.* : hincho, hinches, hinche, henchimos, henchís, hinchen ; *Pret. perf.* : henchí, henchiste, hinchió, henchimos, henchisteis, hinchieron ; *Imper.* : hinche, hincha, hinchamos, henchid, hinchan ; *Subj. pres.* : hincha, hinchas, hincha, hinchamos, hincháis, hinchan ; *Imperf. subj.* : hinchiera, etc., *o* hinchiese, etc. ; *Fut., subj.* : hinchiere, etc. ; *Ger.* : hinchiendo.
hender. — Como *tender.*
hendir. — Como *discernir.*
herbar. — Como *acertar.*
herbecer. — Como *parecer.*
herir. — Como *sentir.*
herrar. — Como *acertar.*
hervir. — Como *sentir.*
holgar. — Como *colgar.*
hollar. — Como *contar.*
huir. — *Ind. pres.* : huyo, huyes, huye, huimos, huís, huyen ; *Pret. perf.* : huí, huiste, huyó, huimos, huisteis, huyeron ; *Imper.* : huye, huya, huyamos, huid, huyan ; *Subj. pres.* : huya, huyas, huya, huyamos, huyáis, huyan ; *Imperf. subj.* : huyera, etc., *o* huyese, etc. ; *Fut. subj.* : huyere, etc. ; *Ger.* : huyendo.
humedecer. — Como *parecer.*

I

imbuir. — Como *huir.*
impedir. — Como *pedir.*
imponer. — Como *poner.*
incensar. — Como *acertar.*
incluir. — Como *huir.*
indisponer. — Como *poner.*
inducir. — Como *aducir.*
inferir. — Como *sentir.*
influir. — Como *huir.*
ingerir. — Como *sentir.*
injerir. — Como *sentir.*
inmiscuir. — Como *huir.*
inquirir. — Como *adquirir.*
instituir. — Como *huir.*
instruir. — Como *huir.*
interferir. — Como *sentir.*
interponer. — Como *poner.*
intervenir. — Como *venir.*
introducir. — Como *aducir.*
intuir. — Como *huir.*
invernar. — Como *acertar.*
invertir. — Como *sentir.*
investir. — Como *pedir.*
ir. — *Ind. pres.* : voy, vas, va, vamos, váis, van ; *Pret. perf.* : fui, fuiste, fue, fuimos, fuisteis, fueron ; *Pret. imperf.* : iba, ibas, iba, etc. ; *Imper.* : ve, vaya, vayamos, id, vayan ; *Subj. pres.* : vaya, vayas, vaya, etc. ; *Imperf. subj.* : fuera, etc., *o* fuese, etc. ; *Fut. subj.* : fuere, etc. ; *Ger.* : yendo ; *Part.* : ido.

J

jugar. — *Ind. pres.* : juego, juegas, juega, jugamos, jugáis, juegan ; *Pret. perf.* : jugué, jugaste, jugó, jugamos, jugasteis, jugaron ; *Imper.* : juega, juegue, juguemos, jugad, jueguen ; *Subj. pres.* : juegue, juegues, juegue, juguemos, juguéis, jueguen.

L

languidecer. — Como *parecer.*
leer. — Como *creer.*
licuefacer. — Como *hacer.*
lividecer. — Como *parece*
lobreguecer. — Como *parecer.*
lucir. — *Ind. pres.* : luzco, luces, luce, lucimos, lucís, lucen ; *Imper.* : luce, luzca, luzcamos, lucid, luzcan ; *Subj. pres.* : luzca, luzcas, luzca, etc.

LL

llover. — Como *mover.* Defectivo impersonal.

M

maldecir. — Como *predecir.*
malentender. — Como *tender.*
malherir. — Como *sentir.*

malquerer. — Como *querer.*
maltraer. — Como *traer.*
mancornar. — Como *contar.*
manifestar. — Como *acertar.*
manir. — Defectivo. Como *abolir.*
mantener. — Como *tener.*
maullar. — Como *aullar.*
medir. — Como *pedir.*
melar. — Como *acertar.*
mentar. — Como *acertar.*
mentir. — Como *sentir.*
merecer. — Como *parecer.*
merendar. — Como *acertar.*
mohecer. — Como *parecer.*
moler. — *Ind. pres.* : muelo, mueles, muele, molemos, moléis, muelen ; *Imper.* : muele, muela, molamos, moled, muelan ; *Subj. pres.* : muela, muelas, muela, molamos, moláis, muelan.
morder. — Como *moler.*
morir. — Como *dormir.*
mostrar. — Como *contar.*
mover. — *Ind. pres.* : muevo, mueves, mueve, movemos, movéis, mueven ; *Subj. pres.* : mueva, muevas, mueva, movamos, mováis, muevan ; *Imper.* : mueve, mueva, movamos, moved, muevan ; *Ger.* : moviendo ; *Part.* : movido.

N

nacer. — *Ind. pres.* : nazco, naces, nace, nacemos, nacéis, nacen ; *Subj. pres.* : nazca, nazcas, etc. ; *Imper.* : nace, nazca, nazcamos, naced, nazcan.
negar. — *Ind. pres.* : niego, niegas, niega, negamos, negáis, niegan ; *Pret. perf.* : negué, negaste, negó, negamos, negasteis, negaron ; *Imper.* : niega, niegue, neguemos, negad, nieguen ; *Subj. pres.* : niegue, niegues, niegue, neguemos, neguéis, nieguen.
negrecer. — Como *parecer.*
nevar. — Defectivo impers. Como *acertar.*

O

obedecer. — Como *parecer.*
obstruir. — Como *huir.*
obtener. — Como *tener.*
ocluir. — Como *huir.*
ofrecer. — Como *parecer.*
oír. — *Ind. pres.* : oigo, oyes, oye, oímos, oís, oyen ; *Pret. perf.* : oí, oíste, oyó, oímos, oísteis, oyeron ; *Imper.* : oye, oiga, oigamos, oíd, oigan ; *Pret. imperf.* : oía, oías, oía, etc. ; *Subj. pres.* : oiga, oigas, oiga, etc. ; *Subj. imperf.* : oyera, etc., *o* oyese, etc. ; *Fut.* : oyere, etc. ; *Ger.* : oyendo ; *Part.* : oído.
oler. — *Ind. pres.* : huelo, hueles, huele, olemos, oléis, huelen ; *Subj. pres.* : huela, huelas, huela, olamos, oláis, huelan ; *Imper.* : huele, huela, olamos, oled, huelan.
oponer. — Como *poner.*
oscurecer. — Como *parecer.*

P

pacer. — Como *nacer.*
padecer. — Como *parecer.*
palidecer. — Como *parecer.*
parahusar. — Como *aullar.*
parecer. — *Ind. Pres.* : parezco, pareces, parece, etc. ; *Imper.* : parece, parezca, parezcamos, pareced, parezcan ; *Subj. pres.* : parezca, parezcas, parezca, etc.
pedir. — *Ind. pres.* : pido, pides, pide, pedimos, pedís, piden ; *Pret. perf.* : pedí, pediste, pidió, pedimos, pedisteis, pidieron ; *Imper.* : pide, pida, pidamos, pedid, pidan ; *Subj. pres.* : pida, pidas, pida, etc. ; *Imperf. subj.* pidiera, etc., *o* pidiese, etc. ; *Fut. subj.* : pidiere, etc. ; *Ger.* : pidiendo.
pensar. — Como *acertar.*
perder. — Como *tender.*
perecer. — Como *parecer.*
permanecer. — Como *parecer.*
perniquebrar. — Como *acertar.*
perseguir. — Como *seguir.*
pertenecer. — Como *parecer.*
pervertir. — Como *sentir.*
placer. — *Ind. pres.* : plazco, places, place, etc. ; *Pret. perf.* : plací, placiste, plació *o* plugo, placimos, placisteis, placieron *o* pluguieron ; *Imper.* : place, plazca, plazcamos, placed, plazcan ; *Subj. pres.* : plazca, plazcas, plazca *o* plegue, plazcamos, plazcáis, plazcan ; *Imperf. subj.* : placiera *o* placiese, etc., pluguiera *o* pluguiese, etc. ; *Fut. subj.* : placiere *o* pluguiere, etc.
plegar. — Como *negar.*
poblar. — Como *contar.*
poder. — *Ind. pres.* : puedo, puedes, puede, podemos, podéis, pueden ; *Pret. perf.* : pude, pudiste, pudo, pudimos, pudisteis, pudieron ; *Fut.* podré, podrás, podrá, etc. ; *Condicional* : podría, podrías,

podría, etc.; *Imper.* : puede, pueda, podamos, poded, puedan; *Subj. pres.* : pueda, puedas, pueda, podamos, podáis, puedan; *Imperf. subj.* : pudiera, etc., o pudiese, etc.; *Ger.* pudiendo.

poner. — *Ind. pres.* : pongo, pones, pone, ponemos, ponéis, ponen; *Pret. perf.* : puse, pusiste, puso, pusimos, pusisteis, pusieron; *Fut.* : pondré, pondrás, etc.; *Condicional* : pondría, pondrías, etc.; *Imper.* : pon, ponga, pongamos, poned, pongan; *Subj. pres.* : ponga, pongas, ponga, etc.; *Imperf. subj.* : pusiera, etc., o pusiese, etc.; *Fut. subj.* : pusiere, etc.; *Ger.* : poniendo; *Part.* : puesto.

poseer. — Como *creer.*
posponer. — Como *poner.*
precalentar. — Como *acertar.*
predecir. — Como *decir,* excepto en futuro de ind. (predeciré, predecirás, etc.) y condicional (predeciría, predecirías, etc.).
predisponer. — Como *poner.*
preferir. — Como *sentir.*
presentir. — Como *sentir.*
presuponer. — Como *poner.*
preterir. — Defectivo. Como *abolir.*
prevalecer. — Como *parecer.*
prevaler. — Como *valer.*
prevenir. — Como *venir.*
prever. — Como *ver.*
probar. — Como *contar.*
producir. — Como *aducir.*
proferir. — Como *sentir.*
prohibir. — *Ind. pres.* : prohíbo, prohíbes, prohíbe, prohibimos, prohibís, prohíben; *Imper.* : prohíbe, prohíba, prohibamos, prohibid, prohíban; *Subj. pres.* : prohíba, prohíbas, prohíba, prohibamos, prohibáis, prohíban.
prohijar. — Como *airar.*
promover. — Como *mover.*
proponer. — Como *poner.*
proseguir. — Como *seguir.*
prostituir. — Como *huir.*
proveer. — Como *creer.*
provenir. — Como *venir.*

Q

quebrar. — Como *acertar.*
querer. — *Ind. pres.* : quiero, quieres, quiere, queremos, queréis, quieren; *Pret. perf.* : quise, quisiste, quiso, quisimos, quisisteis, quisieron; *Fut.* : querré, querrás, querrá, etc.; *Condicional* : querría, querrías, etc.; *Imper.* : quiere, quiera, queramos, quered, quieran; *Subj. pres.* : quiera, quieras, quiera, queramos, queráis, quieran; *Imperf. subj.* : quisiera, etc., o quisiese, etc.; *Fut. subj.* : quisiere, etc.

R

raer. — Como *caer.*
rarefacer. — Como *hacer.*
reaparecer. — Como *parecer.*
reargüir. — Como *huir.*
reblandecer. — Como *parecer.*
recaer. — Como *caer.*
recalentar. — Como *acertar.*
recentar. — Como *acertar.*
recluir. — Como *huir.*
recocer. — Como *cocer.*
recolar. — Como *contar.*
recomendar. — Como *acertar.*
recomponer. — Como *poner.*
reconducir. — Como *aducir.*
reconocer. — Como *conocer.*
reconstituir. — Como *huir.*
reconstruir. — Como *huir.*
recontar. — Como *contar.*
reconvenir. — Como *venir.*
reconvertir. — Como *sentir.*
recordar. — Como *contar.*
recostar. — Como *contar.*
recrecer. — Como *parecer.*
recrudecer. — Como *parecer.*
redargüir. — Como *huir.*
redecir. — Como *decir.*
redistribuir. — Como *huir.*
reducir. — Como *aducir.*
reelegir. — Como *regir.*
reexpedir. — Como *pedir.*
referir. — Como *sentir.*
reflorecer. — Como *parecer.*
refluir. — Como *huir.*
reforzar. — Como *forzar.*
refregar. — Como *negar.*
refreír. — Como *reír.*
regar. — Como *negar.*
regimentar. — Como *acertar.*
regir. — *Ind. pres.* : rijo, riges, rige, regimos, regís, rigen; *Pret. perf.* : regí, registe, rigió, regimos, registeis, rigieron; *Imper.* : rige, rija, rijamos, regid, rijan;

Subj. pres. : rija, rijas, rija, rijamos, rijáis, rijan; *Imperf. subj.* : rigiera, etc., o rigiese, etc.; *Fut. subj.* : rigiere, etc.; *Ger.* : rigiendo.
regoldar. — Como *contar.*
rehacer. — Como *hacer.*
rehuir. — Como *huir.*
rehumedecer. — Como *parecer.*
reinvertir. — Como *sentir.*
reír. — *Ind. pres.* : río, ríes, ríe, reímos, reís, ríen; *Pret. perf.* : reí, reíste, rió, reímos, reísteis, rieron; *Imper.* : ríe, ría, riamos, reíd, rían; *Subj. pres.* : ría, rías, ría, riamos, riáis, rían; *Imperf. subj.* : riera, etc., o riese, etc.; *Fut. subj.* : riere, etc.; *Ger.* : riendo; *Part.* : reído.
rejuvenecer. — Como *parecer.*
releer. — Como *creer.*
relucir. — Como *lucir.*
remendar. — Como *acertar.*
remoler. — Como *moler.*
remorder. — Como *moler.*
remover. — Como *mover.*
renacer. — Como *nacer.*
rendir. — Como *pedir.*
renegar. — Como *negar.*
renovar. — Como *contar.*
reñir. — Como *teñir.*
repetir. — Como *pedir.*
replegar. — Como *negar.*
repoblar. — Como *contar.*
reponer. — Como *poner.*
reprobar. — Como *contar.*
reproducir. — Como *aducir.*
requebrar. — Como *acertar.*
requerir. — Como *sentir.*
resembrar. — Como *acertar.*
resentirse. — Como *sentir.*
resolver. — Como *volver.*
resollar. — Como *contar.*
resonar. — Como *contar.*
resplandecer. — Como *parecer.*
resquebrar. — Como *acertar.*
restablecer. — Como *parecer.*
restituir. — Como *huir.*
restregar. — Como *negar.*
retemblar. — Como *acertar.*
retener. — Como *tener.*
reteñir. — Como *teñir.*
retorcer. — Como *cocer.*
retostar. — Como *contar.*
retraer. — Como *traer.*
retribuir. — Como *huir.*
retrotraer. — Como *traer.*
revejecer. — Como *parecer.*
reventar. — Como *apretar.*
rever. — Como *ver.*
reverdecer. — Como *parecer.*
revertir. — Como *sentir.*
revestir. — Como *pedir.*
revolcar. — Como *trocar.*
revolver. — Como *volver.*
robustecer. — Como *parecer.*
rodar. — Como *contar.*
roer. — *Ind. pres.* : roo o roigo o royo, roes, roe, etc.; *Pret. perf.* : roí, roíste, royó, roímos, roísteis, royeron; *Subj. pres.* : roa o roiga o roya, roas o roigas o royas, etc.; *Imperf. subj.* : royera, etc., o royese, etc.; *Fut. subj.* : royere, etc.; *Ger.* : royendo.
rogar. — Como *colgar.*

S

saber. — *Ind. pres.* : sé, sabes, sabe, sabemos, sabéis, saben; *Pret. perf.* : supe, supiste, supo, supimos, supisteis, supieron; *Fut.* : sabré, sabrás, sabrá, sabremos, sabréis, sabrán; *Condicional* : sabría, sabrías, etc.; *Imper.* : sabe, sepa, sepamos, sabed, sepan; *Subj. pres.* : sepa, sepas, sepa, etc.; *Imperf. subj.* : supiera, etc., o supiese, etc.; *Fut. subj.* : supiere, etc.; *Ger.* : sabiendo; *Part.* : sabido.
sahumar. — Como *aullar.*
salir. — *Ind. pres.* : salgo, sales, sale, salimos, salís, salen; *Fut.* : saldré, saldrás, etc.; *Condicional* : saldría, etc.; *Imper.* : sal, salga, salgamos, salid, salgan; *Subj. pres.* : salga, salgas, etc.
salpimentar. — Como *acertar.*
satisfacer. — *Ind. pres.* : satisfago, satisfaces, satisface, etc.; *Pret. perf.* : satisfice, satisficiste, satisfizo, satisficimos, satisficisteis, satisficieron; *Fut.* : satisfaré, satisfarás, satisfará, etc.; *Condicional* : satisfaría, satisfarías, etc.; *Imper.* : satisfaz o satisface, satisfaga, satisfagamos, satisfaced, satisfagan; *Subj. pres.* : satisfaga, satisfagas, etc.; *Imperf. subj.* : satisficiera, etc., o satisficiese, etc.; *Fut. subj.* : satisficiere, etc.; *Part.* : satisfecho.
seducir. — Como *aducir.*
segar. — Como *negar.*
seguir. — *Ind. pres.* : sigo, sigues, sigue, seguimos, seguís, siguen; *Pret. perf.* : seguí, seguiste, siguió,

seguimos, seguisteis, siguieron; *Imper.* : sigue, siga,
sigamos, seguid, sigan; *Subj. pres.* : siga, sigas, siga,
sigamos, sigáis, sigan; *Imperf. subj.* : siguiera, etc., o
siguiese, etc.; *Fut. subj.* : siguiere, etc.; *Ger.* :
siguiendo.

sembrar. — Como *acertar.*

sentar. — Como *acertar.*

sentir. — *Ind. pres.* : siento, sientes, siente, sentimos, sentís, sienten; *Pret. perf.* : sentí, sentiste, sintió, sentimos, sentisteis, sintieron; *Imper.* : siente, sienta, sintamos, sentid, sientan; *Subj. pres.* : sienta, sientas, etc.; *Imperf. subj.* : sintiera, etc., o sintiese, etc.; *Fut. subj.* : sintiere, etc.; *Ger.* : sintiendo.

ser. — V. conjugación, en la pág. 734 del *Compendio de gramática.*

serrar. — Como *acertar.*

servir. — Como *pedir.*

sobrecalentar. — Como *acertar.*

sobreentender o **sobrentender.** — Como *tender.*

sobreexponer. — Como *poner.*

sobrehilar. — Como *airar.*

sobreponer. — Como *poner.*

sobresalir. — Como *salir.*

sobreseer. — Como *creer.*

sobresembrar. — Como *acertar.*

sobrevenir. — Como *venir.*

sobrevolar. — Como *contar.*

sofreír. — Como *reír.*

solar. — Como *contar.*

soldar. — Como *contar.*

soler. — Defectivo. Como *moler.*

soltar. — Como *contar.*

sonar. — Como *contar.*

sonreír. — Como *reír.*

soñar. — Como *contar.*

sosegar. — Como *negar.*

sostener. — Como *tener.*

soterrar. — Como *acertar.*

subarrendar. — Como *acertar.*

subexponer. — Como *poner.*

subseguir. — Como *seguir.*

substituir. — Como *huir.*

substraer. — Como *traer.*

subvenir. — Como *venir.*

sugerir. — Como *sentir.*

superponer. — Como *poner.*

suponer. — Como *poner.*

supervenir. — Como *venir.*

sustituir. — Como *huir.*

sustraer. — Como *traer.*

T

tardecer. — Defectivo impersonal. Como *parecer.*

temblar. — Como *acertar.*

tender. — *Ind. pres.* : tiendo, tiendes, tiende, tendemos, tendéis, tienden; *Imper.* : tiende, tienda, tendamos, tended, tiendan; *Subj. pres.* : tienda, tiendas, tienda, tendamos, tendáis, tiendan.

tener. — *Ind. pres.* : tengo, tienes, tiene, tenemos, tenéis, tienen; *Pret. perf.* : tuve, tuviste, tuvo, tuvimos, tuvisteis, tuvieron; *Fut.* : tendré, tendrás, tendrá, etc.; *Condicional* : tendría, tendrías, etc.; *Subj. pres.* : tenga, tengas, tenga, etc.; *Imperf. subj.* : tuviera, etc., o tuviese, etc.; *Fut. subj.* : tuviere, etc.

tentar. — Como *acertar.*

teñir. — *Ind. pres.* : tiño, tiñes, tiñe, teñimos, teñís, tiñen; *Pret. perf.* : teñí, teñiste, tiñó, teñimos, teñisteis, tiñeron; *Imper.* : tiñe, tiña, tiñamos, teñid, tiñan; *Subj. pres.* : tiña, tiñas, tiña, tiñamos, tiñáis, tiñan; *Imperf. subj.* : tiñera, etc., o tiñese, etc.; *Fut. subj.* : tiñere, etc.; *Ger.* : tiñendo; *Part.* : teñido o tinto.

torcer. — Como *cocer.*

tostar. — Como *contar.*

traducir. — Como *aducir.*

traer. — *Ind. pres.* : traigo, traes, trae, traemos, traéis, traen; *Pret. perf.* : traje, trajiste, trajo, trajimos, trajisteis, trajeron; *Imper.* : trae, traiga, traigamos, traed, traigan; *Subj. pres.* : traiga, traigas, traiga, etc.; *Imperf. subj.* : trajera, etc., o trajese, etc.; *Fut. subj.* : trajere, etc.; *Ger.* : trayendo; *Part.* : traído.

transcender. — Como *tender.*

transferir. — Como *sentir.*

transgredir. — Defectivo. Como *abolir.*

translucirse. — Como *lucir.*

transponer. — Como *poner.*

trascender. — Como *tender.*

trasegar. — Como *negar.*

trasgredir. — Defectivo. Como *abolir.*

traslucirse. — Como *lucir.*

trasponer. — Como *poner.*

trastrocar. — Como *trocar.*

trasverter. — Como *tender.*

travestir. — Como *pedir.*

trocar. — *Ind. pres.* : trueco, truecas, trueca, trocamos, trocáis, truecan; *Pret. perf.* : troqué, trocaste, trocó, trocamos, trocasteis, trocaron; *Imper.* : trueca, trueque, troquemos, trocad, truequen; *Subj. pres.* : trueque, trueques, trueque, troquemos, troquéis, truequen.

tronar. — Como *contar.*

tropezar. — Como *comenzar.*

tullecer. — Como *parecer.*

V

valer. — *Ind. pres.* : valgo, vales, vale, valemos, valéis, valen; *Fut.* : valdré, valdrás, valdrá, valdremos, valdréis, valdrán; *Condicional* : valdría, valdrías, etc.; *Imper.* : vale, valga, valgamos, valed, valgan; *Subj. pres.* : valga, valgas, valga, etc.; *Ger.* : valiendo; *Part.* : valido.

venir. — *Ind. pres.* : vengo, vienes, viene, venimos, venís, vienen; *Pret. perf.* : vine, viniste, vino, vinimos, vinisteis, vinieron; *Fut.* : vendré, vendrás, vendrá, vendremos, vendréis, vendrán; *Imper.* : ven, venga, vengamos, venid, vengan; *Condicional* : vendría, vendrías, etc.; *Subj. pres.* : venga, vengas, etc.; *Imperf. subj.* : viniera, etc., o viniese, etc.; *Fut. subj.* : viniere, etc.; *Ger.* : viniendo; *Part.* : venido.

ver. — *Ind. pres.* : veo, ves, ve, vemos, veis, ven; *Imper.* : vea, veas, etc.; *Imper.* : ve, vea, veamos, ved, vean; *Subj. pres.* : vea, veas, vea, etc.; *Ger.* : viendo; *Part.* : visto.

verdecer. — Como *parecer.*

verter. — Como *tender.*

vestir. — Como *pedir.*

volar. — Como *contar.*

volcar. — Como *trocar.*

volver. — *Ind. pres.* : vuelvo, vuelves, vuelve, volvemos, volvéis, vuelven; *Pret. perf.* : volví, volviste, volvió, volvimos, volvisteis, volvieron; *Imper.* : vuelve, vuelva, volvamos, volved, vuelvan; *Subj. pres.* : vuelva, vuelvas, vuelva, volvamos, volváis, vuelvan; *Ger.* : volviendo; *Part.* : vuelto.

Y, Z

yacer. — *Ind. pres.* : yazco, yazgo o yago, yaces, yace, yacemos, yacéis, yacen; *Imper.* : yace o yaz; yazca, yazga o yaga; yazcamos, yazgamos o yagamos, yaced, yazcan, yazgan o yagan; *Subj. pres.* : yazca, yazga o yaga, yazcas, yazgas o yagas, etc.

yuxtaponer. — Como *poner.*

zaherir. — Como *sentir.*

Esta obra se terminó de imprimir y encuadernar en
octubre de 1989, en Editora de Periódicos, S.C.L.
La Prensa, División Comercial Pino
núm. 577, México, D.F.

La edición consta de 25 000 ejemplares.